Münchener Kommentar
zum Handelsgesetzbuch

herausgegeben von

Dr. Ingo Drescher

Vorsitzender Richter am Bundesgerichtshof a.D., Karlsruhe
Honorarprofessor an der Universität Tübingen

Dr. Dr. h.c. mult. Werner F. Ebke, LL.M.

o. Professor em. und Geschäftsführender Direktor des Instituts für deutsches und europäisches
Gesellschafts- und Wirtschaftsrecht an der Universität Heidelberg

Dr. Dr. h.c. Dr. h.c. Holger Fleischer, LL.M.

Direktor des Max-Planck-Instituts für ausländisches und internationales Privatrecht, Hamburg
Affiliate Professor der Bucerius Law School, Hamburg

Dr. Dr. h.c. mult. Karsten Schmidt

o. Professor em. an der Universität Bonn
Professor der Bucerius Law School, Hamburg

Band 4
Drittes Buch. Handelsbücher
§§ 238–342r HGB

Die einzelnen Bände des
Münchener Kommentars zum HGB

Münchener Kommentar zum Handelsgesetzbuch

Band 4
Drittes Buch. Handelsbücher
§§ 238–342r HGB

Redakteur

Dr. Dr. h. c. mult. Werner F. Ebke, LL.M.

o. Professor em. und Geschäftsführender Direktor des Instituts für deutsches und europäisches
Gesellschafts- und Wirtschaftsrecht an der Universität Heidelberg

5. Auflage 2024

C.H.BECK

Zitiervorschlag:
MüKoHGB/Bearbeiter HGB § … Rn. …

www.beck.de

ISBN 978 3 406 3 406 75844 7

© 2024 Verlag C. H. Beck oHG
Wilhelmstraße 9, 80801 München

Druck: Druckerei C.H. Beck Nördlingen
(Adresse wie Verlag)
Satz: Meta Systems Publishing & Printservices GmbH, Wustermark
Umschlag: Druckerei C.H. Beck Nördlingen

chbeck.de/nachhaltig

Die Bearbeiterinnen und Bearbeiter des vierten Bandes

Dr. Dr. h. c. Wolfgang Ballwieser
em. Professor an der Universität München

Dr. Hans-Joachim Böcking
em. Professor an der Goethe-Universität Frankfurt am Main
unter Mitarbeit von Michael Bär, Wirtschaftsprüfer, Frankfurt am Main; Klaus Kögler, Wirtschaftsprüfer, Steuerberater, Frankfurt am Main; Dr. Anja Morawietz, Wirtschaftsprüfer, Professorin an der Technischen Hochschule Nürnberg; Gero Wiechens, Wirtschaftsprüfer, Frankfurt am Main; Markus Winner, Wirtschaftsprüfer, Steuerberater, Frankfurt am Main

Dr. Dr. h. c. mult. Werner F. Ebke, LL.M. (UC Berkeley)
em. Professor und Geschäftsführender Direktor des Instituts für deutsches und europäisches Gesellschafts- und Wirtschaftsrecht an der Ruprecht-Karls-Universität Heidelberg

Dr. Oliver Fehrenbacher
Professor an der Universität Konstanz und an der Privaten Universität im Fürstentum Liechtenstein (UFL)

Dr. Thomas M. Fischer
Professor an der Universität Erlangen-Nürnberg

Dr. Rolf Uwe Fülbier
Steuerberater, Professor an der Universität Bayreuth

Dr. Axel Haller
Professor an der Universität Regensburg

Dr. Michael Hommel
Steuerberater, Professor an der Goethe-Universität Frankfurt am Main
unter Mitarbeit von Carsten Conrad, M.Sc., Wissenschaftlicher Mitarbeiter an der Goethe-Universität Frankfurt am Main; Christian Conrad, M.Sc., Wissenschaftlicher Mitarbeiter an der Goethe-Universität Frankfurt am Main; Dr. Florian Kiy, Frankfurt am Main; Dr. Tessa Kunkel, Kopenhagen; Dr. Sabine Löw, Frankfurt am Main; Dr. Anja Morawietz, Wirtschaftsprüferin, Professorin an der Technischen Hochschule Nürnberg; Dominik Schall, M.Sc., Frankfurt am Main; Dr. Oliver Schulte, Frankfurt am Main; Noellè-Alicia Stein, M.Sc., Wissenschaftliche Mitarbeiterin an der Goethe-Universität Frankfurt am Main; Dr. Nicholas Zeitler, Steuerberater, Frankfurt am Main; Dr. Theresa Zick, München

Dr. Peter Kajüter
Professor an der Universität Münster

Dr. Max Klinger
Rechtsanwalt in Stuttgart und Schorndorf

Dr. Sven Morich
Wirtschaftsprüfer und Steuerberater, Professor an der University of Europe for Applied Sciences, Berlin

Bearbeiterinnen und Bearbeiter

Dr. Boris P. Paal, M.Jur. (Oxford)
Professor an der Technischen Universität München School of Social Sciences and Technology

Dr. Christina Palmes
Rechtsanwältin, München

Dr. Bernhard Pellens
Professor an der Ruhr-Universität Bochum

Dr. Dieter Pfaff
Professor an der Universität Zürich

Dr. Dörte Poelzig, M.Jur. (Oxford)
Professorin an der Universität Hamburg

Dr. Günter Reiner
Professor an der Helmut-Schmidt-Universität Hamburg, Richter am Hanseatischen Oberlandesgericht a.D.

Dipl.-Kfm. Günter Spanier
Wirtschaftsprüfer, Steuerberater, Köln

Dr. Nicolas Traut, LL.M. (Columbia), M.Sc. (Oxford)
Research Fellow am Oxford University Centre for Business Taxation

Verzeichnis der ausgeschiedenen und teilweise ausgeschiedenen Bearbeiterinnen und Bearbeiter

Prof. Dr. Axel Beater: §§ 264–278: 1. Aufl. 2001

Prof. Dr. Andreas Barckow: §§ 341q–341w: 4. Aufl. 2020

Klaus Becker: Vor § 340, § 340, 340b–340d, 340h–340l: 3. Aufl. 2013 (jeweils in Zusammenarbeit mit Prof. Dr. Hans-Joachim Böcking)

Dr. Thomas Berndt: § 341a: 2. Aufl. 2008, 3. Aufl. 2013, 4. Aufl. 2020 (in Zusammenarbeit mit Prof. Dr. Michael Hommel)

Dr. Birka Benecke: §§ 340e Rn. 61–114, 340h, 340i, 340j Rn. 94–119: 1. Aufl. 2001 (in Zusammenarbeit mit Prof. Dr. Hans-Joachim Böcking)

Christoph Bonin: §§ 341e, 340i: 3. Aufl. 2013 (jeweils in Zusammenarbeit mit Prof. Dr. Michael Hommel)

Prof. em. Dr. Dr. h. c. mult. Walther Busse von Colbe: § 315a aF: 2. Aufl. 2008, 3. Aufl. 2013

Prof. em. Dr. Dr. h. c. mult. Werner F. Ebke: §§ 342, 342a: 1. Aufl. 2008, 2. Aufl. 2008, 3. Aufl. 2013; §§ 342b–342e: 2. Aufl. 2008

Dr. Karin Feist: Vor § 341, §§ 341, 341k: 3. Aufl. 2013 (jeweils in Zusammenarbeit mit Prof. Dr. Michael Hommel)

Prof. Dr. Rolf Uwe Fülbier/Prof. Dr. Bernhard Pellens: §§ 313, 314: 1. Aufl. 2001, 2. Aufl. 2008

Prof. Dr. Marius Gros: Vor § 340f, §§ 340f, 340g: 3. Aufl. 2013, 4. Aufl. 2020 (jew. in Zusammenarbeit mit Prof. Dr. Hans Joachim Böcking und Dr. Farhood Torabian)

Anika Hanke: Nachtrag zum ESEF-UG: 4. Aufl. 2020 (in Zusammenarbeit mit Prof. Dr. Hans-Joachim Böcking und Prof. Dr. Werner F. Ebke)

Dr. Jochen Haußer: §§ 265, 266, 268, 269 aF, 273, 274a–278: 2. Aufl. 2008; 3. Aufl. 2013 (jeweils in Zusammenarbeit mit Prof. Dr. Günter Reiner)

Iris Helke: Vor § 340, §§ 340, 340a–340d, 340h–340l: 3. Aufl. 2013 (in Zusammenarbeit mit Prof. Dr. Hans-Joachim Böcking)

Prof. Dr. Michael Hommel: Vor § 341: 2. Aufl. 2008, 3. Aufl. 2013, 4. Aufl. 2020: Dieser Vorparagraph ist entfallen.

Timo Klees: §§ 341i, 341k: 2. Aufl. 2008 (in Zusammenarbeit mit Prof. Dr. Michael Hommel)

Dr. Tessa Kunkel: § 341: 4. Aufl. 2020 (in Zusammenarbeit mit Prof. Dr. Michael Hommel)

Prof. Dr. Knut Lange: §§ 279–288: 1. Aufl. 2001, 2. Aufl. 2008; § 289a: 3. Aufl. 2013; § 289: 4. Aufl. 2020

Prof. Dr. Edgar Löw: Vor §§ 340–340o, §§ 340–340o: 2. Aufl. 2008 (in Zusammenarbeit mit Prof. Dr. Hans-Joachim Böcking)

Dr. Karsten Nowak: §§ 340f, 340g, 340i, 340j Rn. 1–75, 120–122: 1. Aufl. 2001 (in Zusammenarbeit mit Prof. Dr. Hans-Joachim Böcking)

Dr. Iris Oldenburger: Vor §§ 340–340o, §§ 340–340e Rn. 1–60, §§ 340i, 340j Rn. 76–93: 1. Aufl. 2001 (in Zusammenarbeit mit Prof. Dr. Hans-Joachim Böcking)

Dr. Christian Orth: § 340k (in Zusammenarbeit mit Prof. Dr. Hans-Joachim Böcking)

Prof. Dr. Dieter Pfaff: § 302: 1. Aufl. 2001, 2. Aufl. 2008, 3. Aufl. 2013

Dr. Denise Pauly-Grundmann: (ehem. Pauly) Vor § 341, § 341: 2. Aufl. 2008; 3. Aufl. 2013, 4. Aufl. 2020 (in Zusammenarbeit mit Prof. Dr. Michael Hommel)

Dr. Dietrich Quedenfeld: §§ 331–335 Anh: 1. Aufl. 2001, 2. Aufl. 2008, 3. Aufl. 2013; Vor § 331: 3. Aufl. 2013; §§ 335a, 335b: 2. Aufl. 2008, 3. Aufl. 2013; Vor §§ 340m–340o, §§ 340m–340o: 1. Aufl. 2001; 2. Aufl. 2008, 3. Aufl. 2013; Vor § 341m, §§ 341m–341o: 1. Aufl. 2001, 2. Aufl. 2008, 3. Aufl. 2013; § 341p: 2. Aufl. 2008, 3. Aufl. 2013

Stefanie Schmitz: §§ 341j, 341l: 2. Aufl. 2008 (in Zusammenarbeit mit Prof. Dr. Michael Hommel)

Verzeichnis der ausgeschiedenen Bearbeiterinnen und Bearbeiter

Dr. Muriel Schulte (ehem. Benkel): §§ 341j, 341l: 2. Aufl. 2008 (in Zusammenarbeit mit Prof. Dr. Michael Hommel); § 341e: 2. Aufl. 2008, 3. Aufl. 2013, 4. Aufl. 2020 (in Zusammenarbeit mit Prof. Dr. Michael Hommel)

Dr. Caroline Sittmann-Haury: § 340c: 1. Aufl. 2008 (in Zusammenarbeit mit Prof. Dr. Hans-Joachim Böcking)

Dr. Farhood Torabian: § 340e, Vor § 340f, §§ 340f, 340g: 3. Aufl. 2013; Vor § 340f, §§ 340f, 340g: 4. Aufl. 2020 (jew. in Zusammenarbeit mit Prof. Dr. Hans-Joachim Böcking und Prof. Dr. Marius Gros)

Dr. Theresa Ummenhofer: §§ 341a, 341e: 4. Aufl. 2020 (in Zusammenarbeit mit Prof. Dr. Michael Hommel)

Dr. Gabriele Wanitschek-Klein: § 340l: 1. Aufl. 2001 (in Zusammenarbeit mit Prof. Dr. Hans-Joachim Böcking)

Prof. Dr. Barbara E. Weißenberger: §§ 305, 306: 1. Aufl. 2001, 2. Aufl. 2008, 3. Aufl. 2013

Stefan Wittmann: § 341a: 3. Aufl. 2013 (in Zusammenarbeit mit Prof. Dr. Michael Hommel)

Gottfried Wohlmannstetter: Vor §§ 340–340o, §§ 340–340o: 2. Aufl. 2008 (in Zusammenarbeit mit Prof. Dr. Hans-Joachim Böcking)

Andreas Wolsiffer: §§ 340b–340d, 340l: 4. Aufl. 2020 (in Zusammenarbeit mit Prof. Dr. Hans-Joachim Böcking und Michael Bär)

Dr. Nicholas Zeitler: Vor § 341, §§ 341c, 341h: 4. Aufl. 2020 (in Zusammenarbeit mit Prof. Dr. Michael Hommel)

Dr. Theresa Zick: §§ 341k, 341l: 4. Aufl. 2020 (in Zusammenarbeit mit Prof. Dr. Michael Hommel)

Im Einzelnen haben bearbeitet

Vor § 238, §§ 238–263 .... Prof. em. Dr. Dr. h. c. Wolfgang Ballwieser
§§ 264–278 .... Prof. Dr. Günter Reiner
§§ 279–288 .... Prof. Dr. Dörte Poelzig
§ 289 .... Dr. Christina Palmes
§§ 289a–289f .... Prof. Dr. Peter Kajüter
Vor § 290, §§ 290–293 .... Prof. Dr. Oliver Fehrenbacher
§§ 294–296 .... Prof. Dr. Dieter Pfaff
§§ 297–301 .... Prof. Dr. Oliver Fehrenbacher
§§ 303, 304 .... Prof. Dr. Thomas M. Fischer/Prof. Dr. Axel Haller
§ 305 .... Prof. Dr. Boris P. Paal
§ 306 .... Prof. Dr. Oliver Fehrenbacher
§§ 307–309 .... Prof. Dr. Oliver Fehrenbacher
§§ 310–312 .... Prof. Dr. Bernhard Pellens/Prof. Dr. Rolf Uwe Fülbier
§§ 313, 314 .... Prof. Dr. Dörte Poelzig
§§ 315, 315a .... Prof. Dr. Rolf Uwe Fülbier/Prof. Dr. Bernhard Pellens
§§ 315b–315d .... Prof. Dr. Peter Kajüter
§ 315e .... Prof. Dr. Oliver Fehrenbacher
Vor § 316, §§ 316–324a .... Prof. em. Dr. Dr. h. c. mult. Werner F. Ebke
§§ 325–330 .... Prof. Dr. Oliver Fehrenbacher
Vor §§ 331 ff., §§ 331–335c .... Dr. Max Klinger
Vor § 336, §§ 336–339 .... Günter Spanier
Vor §§ 340–340o .... Prof. Dr. Hans-Joachim Böcking/Michael Bär/Prof. Dr. Anja Morawietz
§§ 340, 340a, 340e .... Prof. Dr. Hans-Joachim Böcking/Michael Bär/Prof. Dr. Anja Morawietz
§ 340b, 340h .... Prof. Dr. Hans-Joachim Böcking/Markus Winner/Michael Bär
§§ 340c, 340d, 340l .... Prof. Dr. Hans-Joachim Böcking/Gero Wiechens
Vor §§ 340f, 340g, §§ 340f, 340g, 340i, 340j .... Prof. Dr. Hans-Joachim Böcking/Gero Wiechens/Markus Winner
§ 340k .... Prof. Dr. Hans-Joachim Böcking/Markus Winner/Klaus Kögler
Vor §§ 340m ff., §§ 340m–340o .... Dr. Max Klinger
§ 341 .... Prof. Dr. Michael Hommel
§ 341a .... Prof. Dr. Michael Hommel
§ 341b .... Prof. Dr. Michael Hommel/Dr. Florian Kiy
§ 341c .... Prof. Dr. Michael Hommel/Prof. Dr. Anja Morawietz
§ 341d .... Prof. Dr. Michael Hommel/Dr. Nicholas Zeitler/Carsten Conrad
§ 341e .... Prof. Dr. Michael Hommel
§ 341f .... Prof. Dr. Michael Hommel/Dr. Nicholas Zeitler/Christian Conrad

Im Einzelnen haben bearbeitet

§ 341g .... Prof. Dr. Michael Hommel/Dr. Oliver Schulte/
Theresa Zick
§ 341h .... Prof. Dr. Michael Hommel/Dr. Sabine Löw/
Dominik Schall
§ 341i .... Prof. Dr. Michael Hommel/Dr. Tessa Kunkel/
Noellè-Alicia Stein
§ 341j .... Prof. Dr. Michael Hommel/Dr. Florian Kiy/
Noellè-Alicia Stein
§ 341k .... Prof. Dr. Michael Hommel/Carsten Conrad
§ 341l .... Prof. Dr. Michael Hommel/Christian Conrad
Vor §§ 341m ff., §§ 341m–341p .... Dr. Max Klinger
§§ 341q–341w .... Dr. Sven Morich
§§ 341x, 341y .... Dr. Max Klinger
§§ 342–342n .... Prof. Dr. Oliver Fehrenbacher/Dr. Nicolas Traut
§§ 342o, 342p .... Dr. Max Klinger
§§ 342q–342r .... Prof. Dr. Boris P. Paal

Vorwort

Das Recht der Rechnungslegung, Abschlussprüfung und Publizität gehört auch nach dem Erscheinen der Vorauflage zu den dynamischsten Rechtsgebieten des deutschen, europäischen und internationalen Handels- und Wirtschaftsrechts. Einschneidende Änderungen bewirkt vor allem das Gesetz zur Stärkung der Finanzmarktintegrität (FISG) vom 3.6.2021 (BGBl. 2021 I 1534), mit dem der deutsche Gesetzgeber versucht, den Wirecard-Fall aufzuarbeiten. Das FISG dient u.a. der Umsetzung als vordringlich empfundener Maßnahmen zur Wiederherstellung und dauerhaften Stärkung des Vertrauens in den deutschen Finanzmarkt, insbesondere zur Verhinderung von Bilanzmanipulationen, zur Stärkung der Bilanzkontrolle mit erweiterten Prüfungs-, Auskunfts- und Informationsrechten der Bundesanstalt für Finanzdienstleistungsaufsicht (BaFin), zur weiteren Regulierung der Abschlussprüfung, zur Änderung der Regeln der externen Rotation sowie zur Verschärfung der zivilrechtlichen Verantwortlichkeit des Abschlussprüfers und zu Anpassungen im Bilanzstrafrecht. Das Gesetz vom 19.6.2023 zur Umsetzung der Richtlinie (EU) 2021/2101 im Hinblick auf die Offenlegung von Ertragsteuerinformationen durch bestimmte Unternehmen und Zweigniederlassungen sowie zur Änderung des Verbraucherstreitbeilegungsgesetzes und des Pflichtversicherungsgesetzes (BGBl. 2023 Nr. 154) verpflichtet bestimmte umsatzstarke multinational tätige Unternehmen und Konzerne, jährlich einen Ertragsteuerinformationsbericht zu erstellen und offenzulegen (§§ 342 ff. HGB). Der Bericht enthält unter anderem länderbezogene Angaben zu Erträgen, Vorsteuerergebnissen und Steuern. Der Abschlussprüfer hat zu prüfen, ob der Bericht des Vorjahres offengelegt wurde. Das Gesetz zur Umsetzung der Digitalisierungsrichtlinie (DiRUG) vom 5.7.2021 (BGBl. 2021 I 3338) dreht das bisher in Deutschland geltende System um, wonach die Unterlagen der Rechnungslegung zunächst bei dem Betreiber des Bundesanzeigers einzureichen und im Bundesanzeiger bekannt zu machen waren und erst danach vom Betreiber des Bundesanzeigers an das Unternehmensregister übermittelt wurden. Zukünftig erfolgt die Übermittlung von Rechnungslegungsunterlagen und Unternehmensberichten direkt an das Unternehmensregister. Amtliches Übermittlungsformat für die Offenlegung ist nach dem DiRUG das XML-Format. Eine Einreichung in anderen Formaten (wie zB Word, PDF, Excel) bleibt über die Publikations-Plattform jedoch weiterhin möglich.

Art. 13 des Gesetzes zur Stärkung der Aufsicht bei Rechtsdienstleistungen und zur Änderung weiterer Vorschriften vom 10.3.2023 (BGBl. 2023 I Nr. 64) hat den § 335 Abs. 2 Satz 3 HGB geändert. Das Gesetz zur Ergänzung und Änderung der Regelungen für die gleichberechtigte Teilhabe von Frauen an Führungspositionen in der Privatwirtschaft und im öffentlichen Dienst (FüPoG II) vom 7.8.2021 (BGBl. 2021 I 3311) novelliert die §§ 289f, 334, 340a, 340n und 341n HGB. Art. 10 des Fondsstandortgesetzes (FoStoG) vom 3.6.2021 (BGBl. 2021 I 1498) hat die §§ 285, 290 und 314 HGB geändert. Und schließlich ergänzt das Gesetz zur Umsetzung der Richtlinie (EU) 2019/2034 über die Beaufsichtigung von Wertpapierinstituten (WpIGEG) vom 12.5.2021 (BGBl. 2021 I 990) den bereits bestehenden nationalen und europäischen Regulierungsrahmen für Wertpapierinstitute. Betroffen sind u.a. die §§ 330, 335, 340, 340m, 340n und 340o HGB. Die genannten Gesetze haben auch Änderungen von Gesetzen außerhalb des HGB, zB der WPO, zur Folge. Besondere Hervorhebung verdienen darüber hinaus die zahlreichen Änderungen der Abschlussprüfungsstandards nationaler und internationaler Institutionen, allen voran die ISA [DE] und IDW PS sowie IDW PH. Diese Verlautbarungen sind zwar keine verbindlichen Rechtsnormen und binden insbesondere nicht die Gerichte bei der Auslegung und Konkretisierung der Pflicht des Jahresabschlussprüfers zur gewissenhaften und unparteiischen Prüfung. Als Standards, die in einem geordneten Verfahren entwickelt worden sind, die fachliche Meinung des Berufsstands wiedergeben und die Mitglieder des IDW binden, sind sie in der

Vorwort

Praxis aber eine wichtige Entscheidungsquelle und Entscheidungshilfe, die kraft sachlicher Überzeugung wirken („persuasive, but not conclusive evidence"). Dagegen läuft § 317 Abs. 5 HGB nach wie vor leer, da die EU-Kommission die International Standards on Auditing (ISA) bisher nicht angenommen hat. Geändert wurden ferner einige Bestimmungen betreffend die strafrechtliche Sanktionierung der Verletzung von Rechnungslegungs-, Prüfungs- oder Publizitätsvorschriften. Nicht zuletzt wurden die Ausführungen zum Internationalen Privatrecht der zivilrechtlichen Haftung des Abschlussprüfers gegenüber der geprüften Gesellschaft und Dritten aktualisiert.

Band 4 des Münchener Kommentars zum HGB ist wie schon die Vorauflagen von Interdisziplinarität geprägt. Denn in der Rechnungslegung, Abschlussprüfung und Publizität wirken die Rechts- und Wirtschaftswissenschaften zusammen. Demgemäß setzt sich das Autorenteam in bewährter Weise aus Juristen und Ökonomen zusammen. Das Werk verarbeitet nicht nur die oben aufgeführten gesetzlichen Entwicklungen bis September 2023, sondern auch Rechtsprechung nationaler Gerichte sowie des EuGH. Besonderes Augenmerk liegt außerdem auf der einschlägigen juristischen wie wirtschaftswissenschaftlichen Literatur. Die Herausgeber sowie die Autorinnen und Autoren hoffen, mit der vorliegenden Neuauflage der Wissenschaft und Praxis ein Werk in die Hand zu legen, das Wege für das Erkennen, Strukturieren und Lösen von Fragen auf den Gebieten der Rechnungslegung, der Abschlussprüfung und der Publizität weist und sich auch in der Alltagsarbeit bewährt.

Die Herausgeber danken Frau Anna von Bonhorst und Frau Nelly Altmeyer vom Verlag C.H. Beck für die wie immer kompetente und verlässliche redaktionelle Betreuung der Manuskripte, der Korrektur sowie der Drucklegung. Unser Dank gebührt ferner Herrn stud. iur. Manuel Rothe, Mitarbeiter von Prof. Dr. Boris P. Paal, M.Jur. (Oxford), Chair for Law and Regulation of the Digital Transformation, TU München School of Social Sciences and Technology, für seine tatkräftige und sachkundige Mitwirkung bei der Erstellung des Sachverzeichnisses.

Hamburg und Heidelberg, im Oktober 2023

Die Herausgeber
Karsten Schmidt
Werner F. Ebke

Inhaltsverzeichnis

Handelsgesetzbuch

Drittes Buch. Handelsbücher

Inhaltsverzeichnis

Inhaltsverzeichnis

Verzeichnis der Abkürzungen

Zeitschriften werden, soweit nicht anders angegeben, nach Jahrgang und Seite zitiert.

2. FiMaNoG	Zweites Gesetz zur Novellierung von Finanzmarktvorschriften auf Grund europäischer Rechtsakte (Zweites Finanzmarktnovellierungsgesetz) v. 23.6.2017 (BGBl. 2017 I 1693)
A	Atlantic Reporter
A. B. A.	American Bar Association
A. B. A. J.	American Bar Association Journal (USA)
A. C.	Appeal Cases
A. C.	Law Reports, Appeal Cases
A. L. I.	American Law Institute (USA)
A2d	Atlantic Reporter, Second Series (USA)
aA	anderer Ansicht
AAB	Allgemeine Arbeitsbedingungen; Allgemeine Auftragsbedingungen für Wirtschaftsprüfer und Wirtschaftsprüfungsgesellschaften
aaO	am angegebenen Ort
AAÜG	Gesetz zur Überführung der Ansprüche und Anwartschaften aus Zusatz- und Sonderversorgungssystemen des Beitrittsgebiets (Anspruch- und Anwartschaftsüberführungsgesetz) v. 25.7.1991 (BGBl. 1991 I 1606)
ABB LH	Allgemeine Beförderungsbedingungen für Fracht der Lufthansa Cargo AG
Abb.	Abbildung
ABB-CIM	Allgemeine Beförderungsbedingungen für den internationalen Eisenbahngüterverkehr
ABGB	Allgemeines Bürgerliches Gesetzbuch v. 1.6.1811 (Österreich)
Abh.	Abhandlung(en)
Abk.	Abkommen
abl.	ablehnend
ABl.	Amtsblatt
ABl. EU C	Amtsblatt der Europäischen Union, Ausgabe C (Mitteilungen und Bekanntmachungen)
ABl. EU L	Amtsblatt der Europäischen Union, Ausgabe L (Rechtsvorschriften)
Abs.	Absatz, Absätze
Abschlussprüfer-RL	Richtlinie 2006/43/EG des Europäischen Parlaments und des Rates v. 17.5.2006 über Abschlussprüfungen von Jahresabschlüssen und konsolidierten Abschlüssen, zur Änderung der Richtlinien 78/660/EWG und 83/349/EWG des Rates und zur Aufhebung der Richtlinie 84/253/EWG des Rates (ABl. EG 2006 L 157, 87)
Abschlussprüfer-VO	Verordnung (EU) 537/2014 des Europäischen Parlaments und des Rates v. 16.4.2014 über spezifische Anforderungen an die Abschlussprüfung bei Unternehmen von öffentlichem Interesse und zur Aufhebung des Beschlusses 2005/909/EG der Kommission (ABl. EU 2014 L 158, 77; berichtigt)
Abschn.	Abschnitt
Abt.	Abteilung
abw.	abweichend
abzgl.	abzüglich
Acc. Rev	The Accounting Review (Zeitschrift)
AcP	Archiv für die civilistische Praxis (Zeitschrift; zitiert nach Band und Seite; in Klammern Erscheinungsjahr des jeweiligen Bandes)
Act. Jur. Hung.	Acta Juridica Academiae Scientiarum Hungaricae (Ungarn)
Actes	Conférence diplomatique sur l'Unification du droit en matière de la vente internationale, Den Haag, 2.–25.4.1964, Actes et Documents de la Conférence, Bd. I: Actes, Ministère de la Justice des Pays-Bas (Hrsg.), Den Haag: Imprimerie Nationale (1966)
ADC	Anuario de Derecho Civil (Spanien)
ADHGB	Allgemeines Deutsches Handelsgesetzbuch von 1861
ADNR-VO	Verordnung über die Beförderung gefährlicher Güter auf dem Rhein v. 12.7.2003 (BGBl. 2003 II 648)

Verzeichnis der Abkürzungen

ADR	Accord europeén relatif au transport international des marchandises dangereuses par route
ADS Güterversicherung	Allgemeine Deutsche Seeversicherungsbedingungen von 1919. Besondere Bestimmungen für die Güterversicherung von 1973 idF von 1984
ADSp	Allgemeine Deutsche Spediteurbedingungen
Adv.	The Advocate (Kanada)
Advoc. Q.	The Advocates' Quarterly
ADWO	Allgemeine Deutsche Wechselordnung
aE	am Ende
AE	Arbeitsrechtliche Entscheidungen
AEntG	Gesetz über zwingende Arbeitsbedingungen für grenzüberschreitend entsandte und für regelmäßig im Inland beschäftigte Arbeitnehmer und Arbeitnehmerinnen (Arbeitnehmer-Entsendegesetz) v. 20.4.2009 (BGBl. 2009 I 799)
AETR	Europäisches Übereinkommen über die Arbeit des im internationalen Straßenverkehr beschäftigten Fahrpersonals
AEUV	Vertrag über die Arbeitsweise der Europäischen Union idF der Bek. v. 9.5.2008 (ABl. EU 2008 C 115, 47)
aF	alte Fassung
AfA	Absetzung für Abnutzung
AfaA	Absetzung für außergewöhnliche Abnutzung
AfP	Archiv für Presserecht (Zeitschrift)
Afr. J. Int'l L.	African Journal of International Law (Großbritannien)
AG	Aktiengesellschaft; Die Aktiengesellschaft (Zeitschrift); Amtsgericht (mit Ortsnamen)
AGB	Allgemeine Geschäftsbedingungen
AGB-BSK	AGB der Bundesfachgruppe Schwertransporte und Kranarbeiten
AGBG	Gesetz zur Regelung des Rechts der Allgemeinen Geschäftsbedingungen idF der Bek. v. 29.6.2000 (BGBl. 2000 I 946); aufgehoben
AGBGB	Ausführungsgesetz zum BGB (Landesrecht)
AGG	Allgemeines Gleichbehandlungsgesetz v. 14.8.2006 (BGBl. 2006 I 1897)
AGNB	Allgemeine Beförderungsbedingungen für den gewerblichen Güternahverkehr mit Kraftfahrzeugen
AgrarR	Agrarrecht, Zeitschrift für das gesamte Recht der Landwirtschaft, der Agrarmärkte und des ländlichen Raumes
AGV	Außer-Geschäftsraum-Verträge
AHB	Allgemeine Versicherungsbedingungen für die Haftpflichtversicherung
AHK	Alliierte Hohe Kommission
AHKBl.	Amtsblatt der Alliierten Hohen Kommission in Deutschland
AHKG	Gesetz der Alliierten Hohen Kommission
AiB	Arbeitsrecht im Betrieb (Zeitschrift)
AICPA	American Institute of Certified Public Accountants, New York
AIFM-RL	Richtlinie 2011/61/EU des Europäischen Parlaments und des Rates v. 8.6.2011 über die Verwalter alternativer Investmentfonds und zur Änderung der Richtlinien 2003/41/EG und 2009/65/EG und der Verordnungen (EG) Nr. 1060/2009 und (EU) Nr. 1095/2010 (ABl. 2011 L 174, 1; berichtigt)
AIN-APB	Accounting Interpretations, Accounting Principles Board
Air L.	Air Law (Zeitschrift)
AIZ	Allgemeine Immobilien-Zeitung
AJP/PJA	Aktuelle juristische Praxis/Practique juridique actuelle (Zeitschrift)
AK	Anschaffungskosten
AKB	Allgemeine Bedingungen für die Kfz-Versicherung (Musterbedingungen des GDV) v. 12.10.2017
AkDR	Akademie für Deutsches Recht
AktG	Aktiengesetz v. 6.9.1965 (BGBl. 1965 I 1089)
Aktienrechtsnovelle 2016	Gesetz zur Änderung des Aktiengesetzes v. 22.12.2015 (BGBl. 2015 I 2565)
Aktionärsrechte-RL	Richtlinie 2007/36/EG des Europäischen Parlaments und des Rates v. 11.7.2007 über die Ausübung bestimmter Rechte von Aktionären in börsennotierten Gesellschaften (ABl. EG 2007 L 184, 17)
AktuarV	Verordnung über die versicherungsmathematische Bestätigung und den Erläuterungsbericht des Verantwortlichen Aktuars (Aktuarverordnung) v. 18.4.2016 (BGBl. 2016 I 776)
AL	Ad Legendum (Zeitschrift)
ALB	Allgemeine Lagerbedingungen des Deutschen Möbeltransports; Allgemeine Leistungsbedingungen (der Bahnen)

ALG	Gesetz über die Alterssicherung der Landwirte v. 29.7.1994 (BGBl. 1994 I 1890)
All E. R.	The All English Law Reports
allg.	allgemein
allgM	allgemeine Meinung
ALR	American Law Reports
Alt.	Alternative
AltGG	Altersgeldgesetz v. 28.8.2013 (BGBl. 2013 I 3386)
AltZertG	Gesetz über die Zertifizierung von Altersvorsorge- und Basisrentenverträgen (Altersvorsorgeverträge-Zertifizierungsgesetz) v. 26.6.2001 (BGBl. 2001 I 1310)
Am. Bus. L. J.	American Business Law Journal (USA)
Am. Econ. Rev.	The American Economy Review (USA)
Am. For. L. Assn. News-letter	American Foreign Law Association Newsletter (USA)
Am. J. Comp. L.	American Journal of Comparative Law (USA)
Am. J. Int. L.	The American Journal of International Law
Am. U. L. Rev.	American University Law Review
AMG	Gesetz über den Verkehr mit Arzneimitteln (Arzneimittelgesetz) idF der Bek. v. 12.12.2005 (BGBl. 2005 I 3394)
An. Jur.	Anuario jurídico (Mexiko)
AnfG	Gesetz über die Anfechtung von Rechtshandlungen eines Schuldners außerhalb des Insolvenzverfahrens v. 5.10.1994 (BGBl. 1994 I 2911)
Anh.	Anhang
Anl.	Anlage
Anm.	Anmerkung
Ann.	Annalen des (bis 1918: Königlich) Sächsischen Oberlandesgerichts zu Dresden
Ann. Air Sp. L.	Annals of Air and Space Law
Ann. dir. comp.	Annuario di diritto comparato
Ann. dr. mar. & aero-spat	Annuaire de droit maritime et aero-spatiale (Frankreich)
Ann. Genova	Annuario Genova (Italien)
AnwBl.	Anwaltsblatt (Zeitschrift)
AnzV	Verordnung über die Anzeigen und die Vorlage von Unterlagen nach dem Kreditwesengesetz (Anzeigenverordnung) v. 19.12.2006 (BGBl. 2006 I 3245)
AO	Abgabenordnung idF der Bek. v. 1.10.2002 (BGBl. 2002 I 3866; berichtigt)
AöR	Archiv des öffentlichen Rechts (Zeitschrift)
AP	Arbeitsrechtliche Praxis, Nachschlagewerk des Bundesarbeitsgerichts (Nr. ohne Gesetzesangabe bezieht sich auf den gerade kommentierten Paragrafen)
APAG	Gesetz zur Fortentwicklung der Berufsaufsicht über Abschlussprüfer in der Wirtschaftsprüferordnung (Abschlussprüferaufsichtsgesetz) v. 31.12.2004 (BGBl. 2004 I 3846)
APB	Accounting Principles Board (Opinions)
App.	Corte di appello
App. Div.	Appellate Division
AppG	Appellationsgericht
ARB	Allgemeine Bedingungen für die Rechtsschutzversicherung; Accounting Research Bulletin
Arb.	Arbitration
Arb. Int'l	Arbitration International (Großbritannien)
Arb. J.	The Arbitration Journal (USA)
ArbG	Arbeitsgericht (mit Ortsnamen)
ArbGeb	Der Arbeitgeber (Zeitschrift)
ArbGG	Arbeitsgerichtsgesetz idF der Bek. v. 2.7.1979 (BGBl. 1979 I 853; berichtigt)
AR-Blattei	Arbeitsrecht-Blattei, Handbuch für die Praxis, begründet v. Sitzler, hrsg. v. Oehmann und Dietrich
ArbnErfG	Gesetz über Arbeitnehmererfindungen v. 25.7.1957 (BGBl. 1957 I 756)
ArbPlSchG	Gesetz über den Schutz des Arbeitsplatzes bei Einberufung zum Wehrdienst (Arbeitsplatzschutzgesetz) idF der Bek. v. 16.7.2009 (BGBl. 2009 I 2055)
ArbR	Arbeitsrecht
ArbRdGgw	Das Arbeitsrecht der Gegenwart
ArbRspr.	Die Rechtsprechung in Arbeitssachen
ArbSch	Arbeitsschutz (Beilage zum Bundesarbeitsblatt)
ArbSchG	Gesetz über die Durchführung von Maßnahmen des Arbeitsschutzes zur Verbesserung der Sicherheit und des Gesundheitsschutzes der Beschäftigten bei der Arbeit (Arbeitsschutzgesetz) v. 7.8.1996 (BGBl. 1996 I 1246)

Verzeichnis der Abkürzungen

ArbSG .... Gesetz zur Sicherstellung von Arbeitsleistungen für Zwecke der Verteidigung einschließlich des Schutzes der Zivilbevölkerung (Arbeitssicherstellungsgesetz) v. 9.7.1968 (BGBl. 1968 I 787)

ArbStättV .... Verordnung über Arbeitsstätten (Arbeitsstättenverordnung) v. 12.8.2004 (BGBl. 2004 I 2179)

ArbVG .... Arbeitsverfassungsgesetz 1974 (Österreich)

ArbZG .... Arbeitszeitgesetz v. 6.6.1994 (BGBl. 1994 I 1170)

Arch. .... Archiv

ArchBürgR .... Archiv für Bürgerliches Recht (Zeitschrift)

ArchRWPhil. .... Archiv für Rechts- und Wirtschaftsphilosophie (Zeitschrift)

ArchSozG .... Archiv für soziale Gesetzgebung und Statistik (Zeitschrift)

ArchSozWiss .... Archiv für Sozialwissenschaft und Sozialpolitik (Zeitschrift)

ArchVR .... Archiv für Völkerrecht (Zeitschrift)

AReG .... Gesetz zur Umsetzung der prüfungsbezogenen Regelungen der Richtlinie 2014/56/EU sowie zur Ausführung der entsprechenden Vorgaben der Verordnung (EU) Nr. 537/2014 im Hinblick auf die Abschlussprüfung bei Unternehmen von öffentlichem Interesse (Abschlussprüfungsreformgesetz) v. 10.5.2016 (BGBl. 2016 I 1142)

arg. .... argumentum

ARGE .... Arbeitsgemeinschaft

Ariz. J. Int'l L. .... Arizona Journal of International Law (USA)

ArrestÜ .... Brüsseler Übereinkommen v. 10.5.1952 zur Vereinheitlichung von Regeln über den Arrest in Seeschiffe (BGBl. 1972 II 653)

ARS .... Arbeitsrechts-Sammlung. Entscheidungen des Reichsarbeitsgerichts und der Landesarbeitsgerichte (1928–1944)

ARSP .... Archiv für Rechts- und Sozialphilosophie (Zeitschrift; zitiert nach Band und Seite)

ARSt .... Arbeitsrecht in Stichworten (Entscheidungssammlung)

Art. .... Artikel

ARUG .... Gesetz zur Umsetzung der Aktionärsrechterichtlinie v. 30.7.2009 (BGBl. 2009 I 2479)

ARUG II .... Gesetz zur Umsetzung der zweiten Aktionärsrechterichtlinie v. 12.12.2019 (BGBl. 2019 I 2637)

Ärztl. Lab. .... Das Ärztliche Laboratorium (Zeitschrift)

AS .... Amtliche Sammlung der eidgenössischen Gesetze

ASB .... Accounting Standards Board

ASC .... Accounting Standards Committee des CCAB (Consultative Committee of the Accountancy Bodies der Chartered Accountants von England, Wales, Schottland und Irland)

ASiG .... Gesetz über Betriebsärzte, Sicherheitsingenieure und andere Fachkräfte für Arbeitssicherheit v. 12.12.1973 (BGBl. 1973 I 1885)

ASp .... Arbeit und Sozialpolitik (Zeitschrift)

Ass. .... Association

Ass. plén. .... Cour de Cassation, Assemblé plénière

AStG .... Gesetz über die Besteuerung bei Auslandsbeziehungen (Außensteuergesetz) v. 8.9.1972 (BGBl. 1972 I 1713)

AsylG .... Asylgesetz idF der Bek. v. 2.9.2008 (BGBl. 2008 I 1798)

AT .... allgemeiner Teil; außertariflich

AtG .... Gesetz über die friedliche Verwendung der Kernenergie und den Schutz gegen ihre Gefahren (Atomgesetz) idF der Bek. v. 15.7.1985 (BGBl. 1985 I 1565)

AuA .... Arbeit und Arbeitsrecht (Zeitschrift)

AUB 2020 .... Allgemeine Unfallversicherungsbedingungen – Musterbedingungen des GDV, Stand: Dezember 2020

AufenthG .... Gesetz über den Aufenthalt, die Erwerbstätigkeit und die Integration von Ausländern im Bundesgebiet (Aufenthaltsgesetz) idF der Bek. v. 25.2.2008 (BGBl. 2008 I 162)

Aufl. .... Auflage

Aufs. .... Aufsatz

AÜG .... Gesetz zur Regelung der Arbeitnehmerüberlassung (Arbeitnehmerüberlassungsgesetz) idF der Bek. v. 3.2.1995 (BGBl. 1995 I 158)

AuR .... Arbeit und Recht, Zeitschrift für die Arbeitsrechtspraxis

ausf. .... ausführlich

Aust. Bus. L. Rev. .... Australian Business Law Review (Australien)

Aust. J. Corp. L. .... Australian Journal of Corporate Law (Australien)

Aust. L. J.	The Australian Law Journal (Australien)
Aust. YB. Int. L.	Australian Yearbook of International Law (Australien)
AVAG	Gesetz zur Ausführung zwischenstaatlicher Verträge und zur Durchführung von Verordnungen und Abkommen der Europäischen Gemeinschaft auf dem Gebiet der Anerkennung und Vollstreckung in Zivil- und Handelssachen (Anerkennungs- und Vollstreckungsausführungsgesetz) idF der Bek. v. 30.11.2015 (BGBl. 2015 I 2146)
AVB	Allgemeine Versicherungsbedingungen; Allgemeine Vertragsbestimmungen
AVE	Allgemeinverbindlicherklärung
AVmG	Gesetz zur Reform der gesetzlichen Rentenversicherung und zur Förderung eines kapitalgedeckten Altersvorsorgevermögens (Altersvermögensgesetz) v. 26.6.2001 (BGBl. 2001 I 1310)
AVV	Allgemeine Verwaltungsvorschrift
AW	Außenwirtschaft
AWD	Außenwirtschaftsdienst des Betriebsberaters (Zeitschrift) − seit 1975 RIW
AWG	Außenwirtschaftsgesetz v. 6.6.2013 (BGBl. 2013 I 2789)
AW-Prax	Außenwirtschaftliche Praxis (Zeitschrift)
AWV	Außenwirtschaftsverordnung v. 2.8.2013 (BGBl. 2013 I 2865)
Az.	Aktenzeichen
B. B. J.	Boston Bar Journal (USA)
B. C.	British Columbia
B. R. H.	Belgische Rechtspraak in Handelszaaken
B. U. Int'l L. J.	Boston University International Law Journal
B. Y. U. L. Rev.	Brigham Young University Law Review
B.Bl.	Betriebswirtschaftliche Blätter (Zeitschrift)
B.R.H.	Belgische Rechtspraak in Handelszaken
B/L	Bill of Lading
BABl.	Bundesarbeitsblatt (Zeitschrift)
BadNotZ	Badische Notar-Zeitschrift
BadRpr.	Badische Rechtspraxis
BaFin	Bundesanstalt für Finanzdienstleistungsaufsicht
BaföG	Bundesgesetz über die individuelle Förderung der Ausbildung (Bundesausbildungsförderungsgesetz) idF der Bek. v. 7.12.2010 (BGBl. 2010 I 1952; berichtigt)
BAG	Bundesarbeitsgericht
BAG	Bundesarbeitsgericht
BAGE	Entscheidungen des Bundesarbeitsgerichts
Bahngastrechte-VO	Verordnung (EG) Nr. 1371/2007 des Europäischen Parlaments und des Rates v. 23.10.2007 über die Rechte und Pflichten der Fahrgäste im Eisenbahnverkehr (ABl. EG 2007 Nr. L 315, 14)
BAKred	Bundesaufsichtsamt für das Kreditwesen (ab 2002: BAFin)
BankA	Bank-Archiv, Zeitschrift für Bank- und Börsenwesen
Bank-BiRiLiG	Gesetz zur Durchführung der Richtlinie des Rates der Europäischen Gemeinschaften über den Jahresabschluß und den konsolidierten Abschluß von Banken und anderen Finanzinstituten (Bankbilanzrichtlinie-Gesetz) v. 30.11.1990 (BGBl. 1990 I 2570)
Banken-RL	Richtlinie 2006/48/EG des Europäischen Parlaments und des Rates v. 14.6.2006 über die Aufnahme und Ausübung der Tätigkeit der Kreditinstitute (ABl. EG 2006 L 177, 1); aufgehoben
BAnz.	Bundesanzeiger
BAT	Bundes-Angestelltentarif
BauGB	Baugesetzbuch idF der Bek. v. 23.9.2004 (BGBl. 2004 I 2414)
BauR	Zeitschrift für das gesamte öffentliche und private Baurecht
BauSparkG	Gesetz über Bausparkassen (Bausparkassengesetz) idF der Bek. v. 15.2.1991 (BGBl. 1991 I 454)
BAV	Bundesaufsichtsamt für das Versicherungswesen (ab 2002: BAFin)
BAWe	Bundesaufsichtsamt für das Wertpapierhandel (ab 2002: BAFin)
Bay., bay.	Bayern, bayerisch
BayBS	Bereinigte Sammlung des bayerischen Landesrechts
BayJMBl.	Bayerisches Justizministerialblatt
BayNotZ	Bayerische Notariats-Zeitung und Zeitschrift für die freiwillige Rechtspflege der Gerichte in Bayern
BayObLG	Bayerisches Oberstes Landesgericht

Verzeichnis der Abkürzungen

bez.	bezüglich
BezG	Bezirksgericht (Österreich)
BFA	Bankenfachausschuss des Instituts der Wirtschaftsprüfer in Deutschland e.V.
BfA	Bundesversicherungsanstalt für Angestellte
BfAI	Bundesstelle für Außenhandelsinformation
BFH	Bundesfinanzhof
BFH/NV	Sammlung amtlich nicht veröffentlichter Entscheidungen des Bundesfinanzhofs
BFHE	Sammlung der Entscheidungen und Gutachten des Bundesfinanzhofs
BFinBl.	Amtsblatt des Bundesfinanzministeriums
BFuP	Betriebswirtschaftliche Forschung und Praxis (Zeitschrift)
BG	Berufsgenossenschaft; (schweizerisches) Bundesgericht
BGB	Bürgerliches Gesetzbuch idF der Bek. v. 2.1.2002 (BGBl. 2002 I 42; berichtigt)
BGBl. I, II, III	Bundesgesetzblatt Teil I, Teil II, Teil III
BGE	Entscheidungen des Schweizerischen Bundesgerichts, Amtliche Sammlung
BGebG	Gesetz über Gebühren und Auslagen des Bundes (Bundesgebührengesetz) v. 7.8.2013 (BGBl. 2013 I 3154)
BGG	Gesetz zur Gleichstellung von Menschen mit Behinderungen (Behinderten-gleichstellungsgesetz) v. 27.4.2002 (BGBl. 2002 I 1468)
BGH	Bundesgerichtshof
BGHR	Rechtsprechung des Bundesgerichtshofs (Band und Seite)
BGH-Report	Schnelldienste zur Zivilrechtsprechung des Bundesgerichtshofs und der Oberlan-desgerichte (Zeitschrift)
BGHSt	Entscheidungen des Bundesgerichtshofs in Strafsachen
BGHWarn	Rechtsprechung des Bundesgerichtshofs in Zivilsachen – in der Amtlichen Sammlung nicht enthaltene Entscheidungen (als Fortsetzung von WarnR)
BGHZ	Entscheidungen des Bundesgerichtshofs in Zivilsachen
BHO	Bundeshaushaltsordnung v. 19.8.1969 (BGBl. 1969 I 1284)
BI/GF	Bankinformation und Genossenschaftsforum (Zeitschrift)
Bilanz-RL	Richtlinie 2013/34/EU des Europäischen Parlaments und des Rates v. 26.6.2013 über den Jahresabschluss, den konsolidierten Abschluss und damit ver-bundene Berichte von Unternehmen bestimmter Rechtsformen und zur Ände-rung der Richtlinie 2006/43/EG des Europäischen Parlaments und des Rates und zur Aufhebung der Richtlinien 78/660/EWG und 83/349/EWG des Rates (ABl. EU 2013 L 182, 19)
BilKoG	Gesetz zur Kontrolle von Unternehmensabschlüssen (Bilanzkontrollgesetz) v. 15.12.2004 (BGBl. 2004 I 3408)
BilMoG	Gesetz zur Modernisierung des Bilanzrechts (Bilanzrechtsmodernisierungsge-setz) v. 25.5.2009 (BGBl. 2009 I 1102)
BilReG	Gesetz zur Einführung internationaler Rechnungslegungsstandards und zur Sicherung der Qualität der Abschlussprüfung (Bilanzrechtsreformgesetz) v. 4.12.2004 (BGBl. 2004 I 3166)
BilRUG	Gesetz zur Umsetzung der Richtlinie 2013/34/EU des Europäischen Parla-ments und des Rates vom 26.6.2013 über den Jahresabschluss, den konsolidier-ten Abschluss und damit verbundene Berichte von Unternehmen bestimmter Rechtsformen und zur Änderung der Richtlinie 2006/43/EG des Europä-ischen Parlaments und des Rates und zur Aufhebung der Richtlinien 78/660/EWG und 83/349/EWG des Rates (Bilanzrichtlinie-Umsetzungsgesetz) v. 17.7.2015 (BGBl. 2015 I 1245)
BIMCO	Baltic and International Maritime Council
BImSchG	Gesetz zum Schutz vor schädlichen Umwelteinwirkungen durch Luftverunrei-gungen, Geräusche, Erschütterungen und ähnliche Vorgänge (Bundes-Immissi-onsschutzgesetz) idF der Bek. v. 17.5.2013 (BGBl. 2013 I 1274)
BinSchG	Gesetz betreffend die privatrechtlichen Verhältnisse der Binnenschiffahrt (Bin-nenschiffahrtsgesetz) idF der Bek. v. 20.5.1898 (RGBl. 1898 I 868)
BinSchLV	Verordnung über die Lade- und Löschzeiten sowie das Liegegeld in der Binnen-schifffahrt (Lade- und Löschzeitenverordnung) v. 23.11.1999 (BGBl. 1999 I 2389)
BiRiLiG	Gesetz zur Durchführung der Vierten, Siebenten und Achten Richtlinie des Rates der Europäischen Gemeinschaften zur Koordinierung des Gesellschafts-rechts (Bilanzrichtlinien-Gesetz) v. 19.12.1985 (BGBl. 1985 I 2355)
BJM	Basler Juristische Mitteilungen (Schweiz)
BKartA	Bundeskartellamt
BKGG	Bundeskindergeldgesetz idF der Bek. v. 28.1.2009 (BGBl. 2009 I 142; berich-tigt)

Verzeichnis der Abkürzungen

BKR	Bank- und Kapitalmarktrecht (Zeitschrift)
Bl.	Blatt
BLeistG	Bundesleistungsgesetz idF der Bek. v. 27.9.1961 (BGBl. 1961 I 1769; berichtigt)
BlfG	Blätter für Genossenschaftswesen (Zeitschrift)
BlGBW	Blätter für Grundstücks-, Bau- und Wohnungsrecht
BlgNR	Beilagen zu den Stenographischen Protokollen des Nationalrats (Österreich)
Bln.	Berlin(er)
BlStSozArbR	Blätter für Steuerrecht, Sozialversicherung und Arbeitsrecht (Zeitschrift)
BMA	Bundesminister(ium) für Arbeit und Sozialordnung
BMF	Bundesminister(ium) der Finanzen
BMJV	Bundesminister(ium) der Justiz und für Verbraucherschutz
BMWi	Bundesminister(ium) für Wirtschaft und Energie
BNotO	Bundesnotarordnung idF der Bek. v. 24.2.1961 (BGBl. 1961 I 97)
BOE	Boletín Oficial del Estado (Spanien)
BöhmsZ	Zeitschrift für internationales Privat- und Strafrecht (ab 12.1903: für internationales Privat- und Öffentliches Recht), begründet von Böhm
Bol. mex. der. comp.	Boletín Méxicano de Derecho Comparado (Mexiko)
BORA	Berufsordnung für Rechtsanwälte
BörsG	Börsengesetz idF der Bek. v. 16.7.2007 (BGBl. 2007 I 1330)
BörsZulV	Verordnung über die Zulassung von Wertpapieren zum regulierten Markt an einer Wertpapierbörse (Börsenzulassungs-Verordnung) idF der Bek. v. 9.9.1998 (BGBl. 1998 I 2832)
BOStB	Berufsordnung für Steuerberater
Boston College L. Rev.	Boston College Law Review
Boston Industr. Com. Rev.	Boston College Industrial and Commercial Law Review
BPatG	Bundespatentgericht
BPersVG	Bundespersonalvertretungsgesetz v. 15.3.1974 (BGBl. 1974 I 693)
BpO 2000	Allgemeine Verwaltungsvorschrift für die Betriebsprüfung (Betriebsprüfungsordnung) v. 15.3.2000 (BStBl. 2000 I 368)
BPolBG	Bundespolizeibeamtengesetz idF der Bek. v. 3.6.1976 (BGBl. 1976 I 1357)
BR	Bundesrat
BR/DC	Baurecht/Droit de la construction; Mitteilungen zum privaten und öffentlichen Baurecht, Seminar für Schweizerisches Baurecht, Universität Freiburg (Schweiz)
BRAK-Mitt.	Mitteilungen der Bundesrechtsanwaltskammer (Zeitschrift)
BRAO	Bundesrechtsanwaltsordnung v. 1.8.1959 (BGBl. 1959 I 565)
BRD	Bundesrepublik Deutschland
BR-Drs.	Drucksache des Deutschen Bundesrates
BReg.	Bundesregierung
Brem., brem.	Bremen, bremisch
Brit. YB. Int. L.	The British Year Book of International Law
Brooklyn J. Int'l L.	Brooklyn Journal of International Law (USA)
BR-Prot.	Protokoll des Deutschen Bundesrates
BRRG	Rahmengesetz zur Vereinheitlichung des Beamtenrechts (Beamtenrechtsrahmengesetz) idF der Bek. v. 31.3.1999 (BGBl. 1999 I 654)
BRTV	Bundesrahmentarifvertrag
BRTV-Bau	Bundesrahmentarifvertrag für das Baugewerbe
Brüssel Ia-VO	Verordnung (EU) Nr. 1215/2012 des Europäischen Parlaments und des Rates 12.12.2012 über die gerichtliche Zuständigkeit und die Anerkennung und Vollstreckung von Entscheidungen in Zivil- und Handelssachen (ABl. EU 2012 L 351, 1; berichtigt)
Brüssel IIa-VO	Verordnung (EG) Nr. 2201/2003 des Rates v. 27.11.2003 über die Zuständigkeit und die Anerkennung und Vollstreckung von Entscheidungen in Ehesachen und in Verfahren betreffend die elterliche Verantwortung und zur Aufhebung der Verordnung (EG) Nr. 1347/2000 (ABl. EG 2003 L 338, 1; berichtigt)
Brüssel IIb-VO	Verordnung (EU) 2019/1111 des Rates v. 25.6.2019 über die Zuständigkeit, die Anerkennung und Vollstreckung von Entscheidungen in Ehesachen und in Verfahren betreffend die elterliche Verantwortung und über internationale Kindesentführungen (ABl. EU 2019 L 178, 1); im Wesentlichen anwendbar ab dem 1.8.2022
Brüssel I-VO	Verordnung (EG) Nr. 44/2001 des Rates v. 22.12.2000 über die gerichtliche Zuständigkeit und die Anerkennung und Vollstreckung von Entscheidungen in Zivil- und Handelssachen (ABl. EG 2001 L 12, 1; berichtigt); aufgehoben

BrZ	britische Zone
BRZ	Bruttoraumzahl
BS WP/vBP	Berufssatzung für Wirtschaftsprüfer/vereidigte Buchprüfer
BSchuWG	Gesetz zur Regelung des Schuldenwesens des Bundes (Bundesschuldenwesengesetz) v. 12.6.2006 (BGBl. 2006 I 1466)
BSG	Bundessozialgericht
BSGE	Entscheidungen des Bundessozialgerichts
BSK	Bundesfachgruppe Schwertransporte und Kranarbeiten
Bsp.	Beispiel
bspw.	beispielsweise
BStBl.	Bundessteuerblatt
BT	Besonderer Teil; Bundestag; Bulletin des transports (Frankreich)
BT-Drs.	Drucksache des Deutschen Bundestages
BTL	Bulletin des transports et de la logistique (Frankreich)
BtPrax	Betreuungsrechtliche Praxis (Zeitschrift)
BT-Prot.	Protokoll des Deutschen Bundestages
BuB	Bankrecht und Bankpraxis, Loseblattsammlung
Bull. Civ.	Bulletin des arrêts de la Cour de cassation. Chambres civiles
Bull. EG	Bulletin der Europäischen Gemeinschaften
Bull. EU; Bull. EG	Bulletin der Europäischen Union; bis 1993 Bulletin der Europäischen Gemeinschaften
Bull. transp.	Bulletin des Transports Internationaux Ferroviaires/Zeitschrift für den internationalen Eisenbahnverkehr (Schweiz)
BUrlG	Mindesturlaubsgesetz für Arbeitnehmer (Bundesurlaubsgesetz) v. 8.1.1963 (BGBl. 1963 I 2)
Büro	Das Büro (Zeitschrift)
Bus. L. J.	The Business Law Journal (Zeitschrift)
Bus. L. Rev.	Business Law Review (Zeitschrift)
Bus. Lawyer	The Business Lawyer (Zeitschrift)
Busch's Arch.	Archiv für Theorie und Praxis des Allgemeinen Deuschen Handelsrechts
Busgastrechte-VO	Verordnung (EU) Nr. 181/2011 des Europäischen Parlaments und des Rates v. 16.2.2011 über die Fahrgastrechte im Kraftomnibusverkehr und zur Änderung der Verordnung (EG) Nr. 2006/2004 (ABl. EU 2011 L 55, 1)
BUV	Betriebs- und Unternehmensverfassung (Zeitschrift)
BuW	Betrieb und Wirtschaft (Zeitschrift)
BVerfG	Bundesverfassungsgericht
BVerfGE	Entscheidungen des Bundesverfassungsgerichts
BVerfGG	Gesetz über das Bundesverfassungsgericht (Bundesverfassungsgerichtsgesetz) idF der Bek. v. 11.8.1993 (BGBl. 1993 I 1473)
BVersTG	Gesetz über die interne Teilung beamtenrechtlicher Ansprüche von Bundesbeamtinnen und Bundesbeamten im Versorgungsausgleich (Bundesversorgungsteilungsgesetz) v. 3.4.2009 (BGBl. 2009 I 700)
BVerwG	Bundesverwaltungsgericht
BVerwGE	Entscheidungen des Bundesverwaltungsgerichts
BW	Baden-Württemberg
BWGZ	Die Gemeinde (Zeitschrift)
BWNotZ	Mitteilungen aus der Praxis, Zeitschrift für das Notariat in Baden-Württemberg (früher WürttNotV)
BYIL	British Yearbook of International Law
BZ	Börsen-Zeitung
bzgl.	bezüglich
BZRG	Gesetz über das Zentralregister und das Erziehungsregister (Bundeszentralregistergesetz) idF der Bek. v. 21.9.1984 (BGBl. 1984 I 1229; berichtigt)
bzw.	beziehungsweise
C. C.	Code Civil (Frankreich); Codice civile (Italien)
C. Com.	Code de Commerce (Frankreich); codice di commercio (Italien); Código de Comercio (Spanien)
C. L. J.	The Cambridge Law Journal (Zeitschrift)
C. L. R.	Commonwealth Law Reports (Australien)
C. P.	Recueils de jurisprudence du Québec, Cour provinciale
C. R. S.	Revue des travaux de l'Académie des Sciences Morales Politiques et Comptes Rendus de ses Séances (Frankreich)
C. S.	Recueils de jurisprudence du Québec, Cour supérieure du Québec
C/P	Charterparty

Verzeichnis der Abkürzungen

CLOUT	Case Law on UNCITRAL Texts
Clunet	Clunet, Journal du droit international
CMI	Comité Maritime International
CMLRev	Common Market Law Review
CMNI	Budapester Übereinkommen über den Vertrag über die Güterbeförderung in der Binnenschifffahrt (Convention de Budapest relative au contrat de transport de marchandises en navigation intérieure) v. 22.6.2001 (BGBl. 2007 II 298)
CMR	Convention relative au contrat de transport international de marchandises par route/Übereinkommen v. 19.5.1956 über den Beförderungsvertrag im internationalen Straßengüterverkehr
Co.	Company
cod	cash on delivery (Lieferung gegen Nachnahme, incoterms)
Cod. nav.	Codice della navigazione
COGSA	Carriage of goods by sea act
Colo. Law.	The Colorado Lawyer (USA)
Colum. J. Transnat. L.	Columbia Journal of Transnational Law (USA)
Colum. L. Rev.	Columbia Law Review (USA)
Com.	Tribunal de commerce
Com. L. Eur.	Commercial Laws of Europe
Com. L. J.	Commercial Law Journal (USA)
Comm. int.	Commercio internazionale
Commonw. L. Bull.	Commonwealth Law Bulletin
Comp. & Sec. L. J.	Companies and Securities Law Journal
Comp. L. J.	Comparative Law Journal
Comp. L. YB.	Comparative Law Yearbook
Complutense	Revista de la facultad de derecho de la Universidad Complutense (Curso) (Spanien)
Computer L. J.	Computer Law Journal (USA)
Computer Law.	The Computer Lawyer (USA)
Conf.	Conference
Cong.	Congress
Conn. B. J.	Connecticut Bar Journal (USA)
Conn. L. Rev.	Connecticut Law Review
Cons. Fin. L. Q. R.	Consumer Finance Law Quarterly Report (USA)
Contemp. Trends	Contemporary Trends (Großbritannien)
Contr. Imp.	Contratto e Impresa (Italien)
Contr. Imp. E.	Contratto e Impresa, Europa (Italien)
Cornell Int'l L. J.	Cornell International Law Journal (USA)
Cornell L. Rev.	Cornell Law Review (USA)
Corp.	Corporation
Corr. giur.	Corriere giuridico
Cost.	Corte Costituzionale
COTIF	Convention relative aux transports internationaux ferroviaires (COTIF) du 9.5.1980 dans le teneur du Protocole de modification du 3.6.1999/Übereinkommen über den internationalen Eisenbahnverkehr (COTIF) v. 9.5.1980 idF des Änderungsprotokolls v. 3.6.1999
COVFAG	Gesetz zur Abmilderung der Folgen der COVID-19-Pandemie im Zivil-, Insolvenz- und Strafverfahrensrecht v. 27.3.2020 (BGBl. 2020 I 569)
COVID-19	coronavirus disease 2019, deutsch: Coronavirus-Krankheit-2019
COVInsAG	Gesetz zur vorübergehenden Aussetzung der Insolvenzantragspflicht und zur Begrenzung der Organhaftung bei einer durch die COVID-19-Pandemie bedingten Insolvenz (COVID-19-Insolvenzaussetzungsgesetz) v. 27.3.2020 (BGBl. 2020 I 569)
COVMG	Gesetz über Maßnahmen im Gesellschafts-, Genossenschafts-, Vereins-, Stiftungs- und Wohnungseigentumsrecht zur Bekämpfung der Auswirkungen der COVID-19-Pandemie v. 27.3.2020 (BGBl. 2020 I 569)
COVuR	COVID-19 und Recht (Zeitschrift)
CR	Computer und Recht (Zeitschrift)
CRTD	Convention sur la Responsabilité civile pour les dommages causés au cours du Transport de marchandises Dangereuses par route, rail et bateaux de navigation intérieure v. 10.10.1989, TranspR 1990, 83; deutsche Übersetzung in VersR 1992, 806: Internationales Übereinkommen über die zivilrechtliche Haftung für Schäden bei der Beförderung gefährlicher Güter auf der Straße, auf der Schiene und auf Binnenschiffen; noch nicht in Kraft

Verzeichnis der Abkürzungen

DepotG	Gesetz über die Verwahrung und Anschaffung von Wertpapieren (Depotgesetz) idF der Bek. v. 11.1.1995 (BGBl. 1995 I 34)
Der Konzern	Der Konzern (Zeitschrift)
Der. com. int.	Derecho del comercio internacional (Kolumbien)
Der. comp.	Derecho comparado (Argentinien)
Der. neg.	Derecho de los negocios (Mexico)
DesignG	Gesetz über den rechtlichen Schutz von Design (Designgesetz) v. 24.2.2014 (BGBl. 2014 I 122)
DFG	Deutsche Freiwillige Gerichtsbarkeit (Zeitschrift, 11.936–9.1944)
DFGT	Deutscher Familiengerichtstag
DGB	Deutscher Gewerkschaftsbund
dgl.	desgleichen, dergleichen
DGRV	Deutscher Genossenschafts- und Raiffeisen Verband eV
DGV	Der Güterverkehr (Zeitschrift)
DGVZ	Deutsche Gerichtsvollzieher-Zeitung
DGWR	Deutsches Gemein- und Wirtschaftsrecht (Zeitschrift, 1.1935–7.1942)
dh	das heißt
Dick. J. Int'l L.	Dickinson Journal of International Law
Dick. L. Rev.	Dickinson Law Review
Die AG	Die Aktiengesellschaft (Zeitschrift)
Die Bank	Die Bank (Zeitschrift)
Die BB	Die Bundesbahn (Zeitschrift)
diff.	differenzierend
Dig.	Digesten
Dig. Com. L.	Digest of Commercial Laws of the World (USA)
Digitale-Inhalte-RL	Richtlinie (EU) 2019/770 des Europäischen Parlaments und des Rates v. 20.5.2019 über bestimmte vertragsrechtliche Aspekte der Bereitstellung digitaler Inhalte und digitaler Dienstleistungen (ABl. EU 2019 L 136, 1; berichtigt)
DIHT	Deutscher Industrie- und Handelstag
DIJuF	Deutsches Institut für Jugendhilfe und Familienrecht
Dir. com. int.	Diritto del Commercio Internazionale (Italien)
Dir. comun. sc. int.	Diritto Comunitario e degli scambi Internazionale (Italien)
DiRUG	Gesetz zur Umsetzung der Digitalisierungsrichtlinie (DiRUG) v. 5.7.2021 (BGBl. 2021 I 3338)
DiskE	Diskussionsentwurf
Diss.	Dissertation
DIV	Deutsches Institut für Vormundschaftswesen
DJ	Deutsche Justiz (Zeitschrift)
DJT	Deutscher Juristentag
DJZ	Deutsche Juristenzeitung (Zeitschrift)
DLK	Der langfristige Kredit (Zeitschrift)
DM	Deutsche Mark
DMBilG	Gesetz über die Eröffnungsbilanz in Deutscher Mark und die Kapitalneufestsetzung (D-Markbilanzgesetz) idF v. 28.7.1994 (BGBl. 1994 I 1842)
DNG	Gesetz für die Nutzung von Daten des öffentlichen Sektors (Datennutzungsgesetz) v. 16.7.2021 (BGBl. 2021 I 2941; berichtigt)
DNotV	Zeitschrift des Deutschen Notarvereins (1.1901–33.1933), dann DNotZ
DNotZ	Deutsche Notar-Zeitung (Zeitschrift)
Doc.	Document(s); Conférence diplomatique sur l'Unification du droit en matière de la vente internationale, Den Haag, 2.–25. April 1964, Actes et Documents de la Conférence, Bd. II: Documents, Ministère de la Justice des Pays-Bas (Hrsg.), Den Haag: Imprimerie Nationale (1966)
Doc. dir. comp.	Documentacao e Direito Comparado (Portugal)
DÖD	Der öffentliche Dienst (Zeitschrift)
DogmJ	Jahrbücher für die Dogmatik des heutigen römischen und deutschen Privatrechts
DÖH	Der öffentliche Haushalt (Zeitschrift)
Dok.	Dokument(e)
DONot	Dienstordnung für Notare – Bundeseinheitliche Verwaltungsvorschrift der Landesjustizverwaltungen
Doppelbuchst.	Doppelbuchstabe
DÖV	Die öffentliche Verwaltung (Zeitschrift)
DPMA	Deutsches Patent- und Markenamt
DPR	Deutsche Prüfstelle für Rechnungslegung

Verzeichnis der Abkürzungen

EAR	The European Accounting Review (Zeitschrift)
EBAO	Einforderungs- und Beitreibungsanordnung
EBE	Eildienst: Bundesgerichtliche Entscheidungen (Zeitschrift)
EBIT	Earnings Before Interest and Taxes
EBITDA	Earnings Before Interest, Taxes, Depreciation and Amortization
EBO	Eisenbahn-Bau- und Betriebsordnung v. 8.5.1967 (BGBl. 1967 II 1563)
EBOR	European Business Organization Law Review (Jahr und Seite)
ECE	United Nations Economic Commission for Europe/Wirtschaftskommission der Vereinten Nationen für Europa
ECFR	European Company and financial law review
ecolex	Fachzeitschrift für Wirtschaft ecolex (Österreich)
E-Commerce-RL	Richtlinie 2000/31/EG des Europäischen Parlaments und des Rates über bestimmte rechtliche Aspekte der Dienste der Informationsgesellschaft, insbesondere des elektronischen Geschäftsverkehrs, im Binnenmarkt („Richtlinie über den elektronischen Geschäftsverkehr") v. 8.6.2000 (ABl. EG 2000 L 178, 1)
Ecu	European Currency Unit
ED	Exposure Draft
Ed.	Edition; Editor
EdBWL	Enzyklopädie der Betriebswirtschaftslehre
EDI	Electronic Data Interchange
ED-IFRS	Exposure Draft-International Financial Reporting Standards
EDL-G	Gesetz über Energiedienstleistungen und andere Energieeffizienzmaßnahmen v. 4.11.2010 (BGBl. 2010 I 1483)
E-DRS	Entwurf eines Deutschen Rechnungslegungsstandards
E-DRS	Entwurf eines Deutschen Rechnungslegungsstandards
EDV	Elektronische Datenverarbeitung
EFG	Entscheidungen der Finanzgerichte
EFRAG	European Financial Reporting Advisory Group
EFTA	European Free Trade Association
EFZG	Gesetz über die Zahlung des Arbeitsentgelts an Feiertagen und im Krankheitsfalle (Entgeltfortzahlungsgesetz) v. 26.5.1994 (BGBl. 1994 I 1014)
eG	eingetragene Genossenschaft
EG	Europäische Gemeinschaft (jetzt: Europäische Union)
EGAktG	Einführungsgesetz zum Aktiengesetz v. 6.9.1965 (BGBl. 1965 I 1185)
EGBGB	Einführungsgesetz zum Bürgerlichen Gesetzbuche idF der Bek. v. 21.9.1994 (BGBl. 1994 I 2494; berichtigt)
EGG	Erwerbsgesellschaftengesetz (Österreich)
EGHGB	Einführungsgesetz zum Handelsgesetzbuch v. 10.5.1897 (RGBl. 1897, 437)
EGInsO	Einführungsgesetz zur Insolvenzordnung v. 5.10.1994 (BGBl. 1994 I 2911)
EGKS	Europäische Gemeinschaft für Kohle und Stahl
EGKSV	Vertrag über die Gründung der Europäischen Gemeinschaft für Kohle und Stahl v. 18.4.1951 (BGBl. II S. 447); aufgehoben
EGMR	Europäischer Gerichtshof für Menschenrechte
EGV	Vertrag zur Gründung der Europäischen Gemeinschaften (EG-Vertrag) idF v. 2.10.1997 (ABl. EG 1997 C 340, 1); s. jetzt AEUV
EGZPO	Gesetz betreffend die Einführung der Zivilprozessordnung v. 30.1.1877 (RGBl. 1877, 244)
EHUG	Gesetz über elektronische Handelsregister und Genossenschaftsregister sowie das Unternehmensregister v. 10.11.2006 (BGBl. 2006 I 2553)
eIDAS-VO	Verordnung (EU) Nr. 910/2014 des Europäischen Parlaments und des Rates v. 23.7.2014 über elektronische Identifizierung und Vertrauensdienste für elektronische Transaktionen im Binnenmarkt und zur Aufhebung der Richtlinie 1999/93/EG (ABl. EU 2014 L 257, 73; berichtigt)
EigBG	Eigenbetriebsgesetz (Landesrecht)
EigBV	Eigenbetriebsverordnung (Landesrecht)
Eigenkapitalanforde-rungs-RL	Richtlinie 2013/36/EU („CRD IV") des Europäischen Parlaments und des Rates v. 26.6.2013 über den Zugang zur Tätigkeit von Kreditinstituten und die Beaufsichtigung von Kreditinstituten und Wertpapierfirmen, zur Änderung der Richtlinie 2002/87/EG und zur Aufhebung der Richtlinien 2006/48/EG und 2006/49/EG (ABl. EU 2013 L 176, 338; berichtigt)
Einf.	Einführung
einhM	einhellige Meinung
Einl.	Einleitung

Verzeichnis der Abkürzungen

einschr.	einschränkend
EITF	Emerging Issues Task Force
EJF	Entscheidungen aus dem Jugend- und Familienrecht (Abschnitt und Nr.)
EJRR	European Journal of Risk Regulation
EK	Eigenkapital mit jeweiliger Körperschaftsteuerbelastung
EKG	Einheitliches Gesetz über den internationalen Kauf beweglicher Sachen v. 17.7.1973 (BGBl. 1973 I 856)
EKV	Europäische Kooperationsvereinigung
EL	Ergänzungslieferung
El Derecho	El Derecho (Argentinien)
El Foro	El Foro (Mexiko)
ELJ	European Law Journal
ELR	European Law Review
Emory Int'l L. Rev.	Emory International Law Review (USA)
Emory J. Int'l Disp. Resol.	Emory Journal of International Dispute Resolution (USA)
EMRK	Konvention zum Schutz der Menschenrechte und Grundfreiheiten idF der Bek. v. 22.10.2010 (BGBl. 2010 II 1198)
EMRKZusProt	1. Zusatzprotokoll zur Konvention zum Schutz der Menschenrechte und Grundfreiheiten v. 20.3.1952 (BGBl. 1952 II 1879)
endg.	endgültig
EnEV	Verordnung über energiesparenden Wärmeschutz und energiesparende Anlagentechnik bei Gebäuden (Energieeinsparverordnung) v. 24.7.2007 (BGBl. 2007 I 1519)
engl.	englisch
Entsch.	Entscheidung
entspr.	entsprechend
EntwLStG	Gesetz über steuerliche Maßnahmen zur Förderung von privaten Kapitalanlagen in Entwicklungsländern idF der Bek. v. 21.5.1979 (BGBl. 1979 I 564)
EO	Executionsordnung (Österreich)
EPS	Entwurf eines Prüfungsstandards
EPÜ	Europäisches Patentübereinkommen v. 5.10.1973 (BGBl. 2007 II 1082, 1129)
ER	Einheitliche Richtlinien
ERA	Einheitliche Richtlinien und Gebräuche für Dokumenten-Akkreditive
ErbbauRG	Gesetz über das Erbbaurecht (Erbbaurechtsgesetz – früher ErbbauVO) v. 15.1.1919 (RGBl. 1919, 72; berichtigt)
ErbR	Erbrecht
ErbStG	Erbschaftsteuer- und Schenkungsteuergesetz (ErbStG) idF der Bek. v. 27.2.1997 (BGBl. 1997 I 378)
ErbStR 2019	Allgemeine Verwaltungsvorschrift zur Anwendung des Erbschaftsteuer- und Schenkungsteuerrechts (Erbschaftsteuer-Richtlinien 2019) v. 16.12.2019 (BStBl. I Sondernummer 1 S. 2)
ERCL	European Review of Contract Law (Zeitschrift)
Erg.	Ergänzung
ErgBd.	Ergänzungsband
Erl.	Erlass; Erläuterung
ERPL	European Review of Private Law (Europäische Zeitschrift für Privatrecht)
Esq.	Esquire
ESt	Einkommensteuer
EStDV 2000	Einkommensteuer-Durchführungsverordnung 2000 (EStDV 2000) idF der Bek. v. 10.5.2000 (BGBl. 2000 I 717)
EStG	Einkommensteuergesetz idF der Bek. v. 8.10.2009 (BGBl. 2009 I 3366; berichtigt)
EStR	Einkommensteuer-Richtlinien
ESUG	Gesetz zur weiteren Erleichterung der Sanierung von Unternehmen v. 7.12.2011 (BGBl. 2011 I 2582; berichtigt)
et al.	et alteri, et alii
etc	et cetera
ETL	European Transport Law
ETR	Europäisches Transportrecht (European Transport Law)
EU	Europäische Union
EuErbVO	Verordnung (EU) Nr. 650/2012 des Europäischen Parlaments und des Rates v. 4.7.2012 über die Zuständigkeit, das anzuwendende Recht, die Anerkennung und Vollstreckung von Entscheidungen und die Annahme und Vollstreckung

	öffentlicher Urkunden in Erbsachen sowie zur Einführung eines Europäischen Nachlasszeugnisses (ABl. EU 2012 L 201, 107; berichtigt)
EuG	Europäisches Gericht Erster Instanz
EuGFVO	Verordnung (EG) Nr. 861/2007 des Europäischen Parlaments und des Rates v. 11.7.2007 zur Einführung eines Verfahrens für geringfügige Forderungen (ABl. EG 2007 L 199, 1)
EuGH	Gerichtshof der Europäischen Union
EuGRZ	Europäische Grundrechte-Zeitschrift
EuGüVO	Verordnung (EU) 2016/1103 des Rates v. 24.5.2016 zur Durchführung einer Verstärkten Zusammenarbeit im Bereich der Zuständigkeit, des anzuwendenden Rechts und der Anerkennung und Vollstreckung von Entscheidungen in Fragen des ehelichen Güterstands (ABl. EU 2016 L 183, 1; berichtigt)
EuGVÜ	Übereinkommen über die gerichtliche Zuständigkeit und die Vollstreckung gerichtlicher Entscheidungen in Zivil- und Handelssachen v. 27.9.1968 (BGBl. 1972 II 773)
EuInsVO	Verordnung (EU) 2015/848 des Europäischen Parlaments und des Rates v. 20.5.2015 über Insolvenzverfahren (ABl. EU 2015 L 141, 19; berichtigt)
EuLF	The European Legal Forum
EuMVVO	Verordnung (EG) Nr. 1896/2006 des Europäischen Parlaments und des Rates v. 12.12.2006 zur Einführung eines Europäischen Mahnverfahrens (ABl. EG 2006 L 339, 1)
EuPartVO	Verordnung (EU) 2016/1104 des Rates v. 24.6.2016 zur Durchführung der Verstärkten Zusammenarbeit im Bereich der Zuständigkeit, des anzuwendenden Rechts und der Anerkennung und Vollstreckung von Entscheidungen in Fragen güterrechtlicher Wirkungen eingetragener Partnerschaften (ABl. EU 2016 L 183, 30; berichtigt)
EUR	Euro
EuR	Europarecht (Zeitschrift)
Eur. Acc. Rev	European Accounting Review (Zeitschrift)
Eur. L. Rev.	European Law Review
Eur. Transp. L.	European Transport Law (Belgien)
EurA	Europa-Archiv
EuroBilG	Gesetz zur Anpassung bilanzrechtlicher Bestimmungen an die Einführung des Euro, zur Erleichterung der Publizität für Zweigniederlassungen ausländischer Unternehmen sowie zur Einführung einer Qualitätskontrolle für genossenschaftliche Prüfungsverbände (Euro-Bilanzgesetz) v. 10.10.2001 (BGBl. 2001 I 3414)
EuroEG	Gesetz zur Einführung des Euro (Euro-Einführungsgesetz) v. 9.6.1998 (BGBl. 1998 I 1242)
EuZW	Europäische Zeitschrift für Wirtschaftsrecht
eV	eingetragener Verein
EvBl.	Evidenzblatt der Rechtsmittelentscheidungen (Beilage zur ÖJZ)
EVertr	Vertrag zwischen der Bundesrepublik Deutschland und der Deutschen Demokratischen Republik über die Herstellung der Einheit Deutschlands (Einigungsvertrag) v. 31.8.1990 (BGBl. 1990 I 889)
EVHGB	Verordnung zur Einführung handelsrechtlicher Vorschriften im Lande Österreich
EVO	Eisenbahn-Verkehrsordnung (EVO) idF der Bek. v. 20.4.1999 (BGBl. 1999 I 782)
evtl.	eventuell
EVÜ	(Europäisches) Übereinkommen über das auf vertragliche Schuldverhältnisse anzuwendende Recht v. 19.6.1980 (BGBl. 1986 II 809; ABl. EG 1980 L 226, 1)
EWGV	Vertrag zur Gründung der Europäischen Wirtschaftsgemeinschaft v. 25.3.1957 (BGBl. 1957 I 766)
EWiR	Entscheidungen zum Wirtschaftsrecht (Zeitschrift)
EWIV	Europäische Wirtschaftliche Interessenvereinigung
EWIVAG	Gesetz zur Ausführung der EWG-Verordnung über die Europäische Wirtschaftliche Interessenvereinigung (EWIV-Ausführungsgesetz – EWIVAG) v. 14.4.1988 (BGBl. 1988 I 514)
EWIV-VO	Verordnung (EWG) Nr. 2137/85 des Rates über die Schaffung einer Europäischen wirtschaftlichen Interessenvereinigung (EWIV) v. 25.7.1985 (ABl. EU 1985 L 199, 1)
eWpG	Gesetz über elektronische Wertpapiere v. 3.6.2021 (BGBl. 2021 I 1423)
EWR	Europäischer Wirtschaftsraum

Verzeichnis der Abkürzungen

EWRAbk	Abkommen über den europäischen Wirtschaftsraum v. 2.5.1992 (BGBl. 1993 II 266; ABl. EG 1994 L 1, 3)
EWS	Europäisches Wirtschafts- und Steuerrecht (Zeitschrift)
EWWU	Europäische Wirtschafts- und Währungsunion
ex ship	ab Schiff
Ex.	Court of Exchequer
EZ	Erhebungszeitraum
EzA	Entscheidungen zum Arbeitsrecht, hrsg. von Stahlhacke (Nr. ohne Gesetzesstelle bezieht sich auf den gerade kommentierten Paragraphen)
EZB	Europäische Zentralbank
EzFamR	Entscheidungen zum Familienrecht
F.	Federal Reporter
F. Supp.	Federal Supplement (USA)
f., ff.	folgend(e)
FAMA	Fachausschuss für moderne Abrechnungssysteme des Instituts der Wirtschaftsprüfer in Deutschland e.V.
FamFG	Gesetz über das Verfahren in Familiensachen und in den Angelegenheiten der freiwilligen Gerichtsbarkeit v. 17.12.2008 (BGBl. 2008 I 2586)
FamFR	Familienrecht und Familienverfahrensrecht (Zeitschrift)
FamGKG	Gesetz über Gerichtskosten in Familiensachen v. 17.12.2008 (BGBl. 2008 I 2586)
FamR	Familienrecht
FamRB	Der Familien-Rechts-Berater
FamRZ	Ehe und Familie im privaten und öffentlichen Recht, Zeitschrift für das gesamte Familienrecht
FA-Recht	Fachausschuss Recht des Instituts der Wirtschaftsprüfer in Deutschland e.V.
fas	free alongside ship (Frei Längsseite Seeschiff, Incoterm)
FAS	Statement(s) of Financial Accounting Standards; Frankfurter Allgemeine Sonntagszeitung
FASB	Financial Accounting Standards Board of the Financial Accounting Foundation (USA)
FASB OrigPron I, II	Financial Accounting Standards Board (Hrsg.), Original Pronouncements 1997/98 Edition, Accounting Standards as of June 1, 1997; Band I: FASB Statements of Standards, 1997; Band II: AICPA Pronouncements, FASB Interpretations, FASB Concepts Statements, FASB Technical Bulletins, 1997
FAV	Fernabsatzverträge
FAZ	Frankfurter Allgemeine Zeitung
FB	Finanz-Betrieb (Zeitschrift)
FBG	Firmenbuchgesetz 1991 (Österreich)
FBI	Federal Bureau of Investigation
FBL	FIATA Combined Transport Bill of Lading
FBL	FIATA Multimodal Transport Bill of Lading
FCR	Forwarders Certificate of Receipt
FCT	Forwarders Certificate of Transport
FD-ErbR	Fachdienst Erbrecht (Online-Zeitschrift)
FD-RVG	Fachdienst Vergütungs- und Kostenrecht (Online-Zeitschrift)
FD-SWVR	Fachdienst Straßenverkehrsrecht (Online-Zeitschrift)
FD-VersR	Fachdienst Versicherungsrecht (Online-Zeitschrift)
Fed. Ct.	Federal Court
Fed. Reg.	Federal Register
Fed'n Def. & Corp. Couns. Q.	Federation of Defense and Corporate Counsel Quarterly
FEE	Féderation des Experts Comptables Européens
Fernabsatz-RL	Richtlinie 97/7/EG des Europäischen Parlaments und des Rats über den Verbraucherschutz bei Vertragsschlüssen im Fernabsatz (Fernabsatz-Richtlinie) v. 20.5.1997 (ABl. EG 1997 L 144, 19), aufgehoben
FernUSG	Gesetz zum Schutz der Teilnehmer am Fernunterricht (Fernunterrichtsschutzgesetz) v. 4.12.2000 (BGBl. 2000 I 1670)
FernUSG-VO	Verordnung (EU) 2018/302 des Europäischen Parlaments und des Rates v. 28.2.2018 über Maßnahmen gegen ungerechtfertigtes Geoblocking und andere Formen der Diskriminierung aufgrund der Staatsangehörigkeit, des Wohnsitzes oder des Ortes der Niederlassung des Kunden innerhalb des Binnenmarkts und zur Änderung der Verordnungen (EG) Nr. 2006/2004 und (EU) 2017/2394 sowie der Richtlinie 2009/22/EG (ABl. EU 2018 L 60I, 1; berichtigt)

FeV	Verordnung über die Zulassung von Personen zum Straßenverkehr (Fahrerlaubnis-Verordnung) v. 13.12.2010 (BGBl. 2010 I 1980)
FEVS	Fürsorgerechtliche Entscheidungen der Verwaltungs- und der Sozialgerichte
FF	Forum Familien- und Erbrecht (Zeitschrift)
FG	Festgabe; Fachgutachten; Finanzgericht
FG/IdW	Fachgutachten des Instituts der Wirtschaftsprüfer in Deutschland e.V.
FGG	Gesetz über die Angelegenheit der freiwilligen Gerichtsbarkeit idF der Bek. v. 20.5.1898 (RGBl. 1898, 771); aufgehoben
FGG-RG	Gesetz zur Reform des Verfahrens in Familiensachen und in den Angelegenheiten der freiwilligen Gerichtsbarkeit (FGG-Reformgesetz) v. 17.12.2008 (BGBl. 2008 I 2586)
FGO	Finanzgerichtsordnung idF der Bek. v. 28.3.2001 (BGBl. 2001 I 442; berichtigt)
FGPrax	Praxis der Freiwilligen Gerichtsbarkeit (Zeitschrift)
FIATA	Fédération Internationale des Associations de Transitaires et Assimilés
FIFO	First In First Out
Finanzdienstleistungs-Fernabsatz-RL	Richtlinie 2002/65/EG des Europäischen Parlaments und des Rates v. 23.9.2002 über den Fernabsatz von Finanzdienstleistungen an Verbraucher und zur Änderung der Richtlinie 90/619/EWG des Rates und der Richtlinien 97/7/EG und 98/27/EG (ABl. EG 2002 L 271, 16)
FinG	Finanzgericht
FinVermV	Verordnung über die Finanzanlagenvermittlung (Finanzanlagenvermittlungsverordnung) v. 2.5.2012 (BGBl. 2012 I 1006)
FIW	Forschungsinstitut für Wirtschaftsverfassung und Wettbewerb e.V.
Fla. B. J.	Florida Bar Journal (USA)
Fla. Distr. C. A.	Florida District Court of Appeal
Fla. Int'l L. J.	Florida International Law Journal (USA)
Fla. St. U. L. Rev.	Florida State University Law Review
FLF	Finanzierung Leasing Factoring
FlRG	Gesetz über das Flaggenrecht der Seeschiffe und die Flaggenführung der Binnenschiffe (Flaggenrechtsgesetz) v. 26.10.1994 (BGBl. 1994 I 3140)
FlRV	Flaggenrechtsverordnung v. 4.7.1990 (BGBl. 1990 I 1389)
Fluggastrechte-VO	Verordnung (EG) Nr. 261/2004 des Europäischen Parlaments und des Rates v. 11.2.2004 über eine gemeinsame Regelung für Ausgleichs- und Unterstützungsleistungen für Fluggäste im Fall der Nichtbeförderung und bei Annullierung oder großer Verspätung von Flügen und zur Aufhebung der Verordnung (EWG) Nr. 295/91 (ABl. EG 2004 L 46, 1; berichtigt)
FN	Fachnachrichten des Instituts der Wirtschaftsprüfer in Deutschland e.V. (Mitteilungsblatt)
Fn.	Fußnote
FNA	Fundstellennachweis A, Beilage zum Bundesgesetzblatt Teil I
FNB	Fundstellennachweis B, Beilage zum Bundesgesetzblatt Teil II
FN-IDW	Fachnachrichten des Instituts der Wirtschaftsprüfer in Deutschland eV
fob	free on board (Frei an Bord, Incoterm)
Ford. L. Rev.	Fordham Law Review
FördG	Gesetz über Sonderabschreibungen und Abzugsbeträge im Fördergebiet (Fördergebietsgesetz) idF der Bek. v. 23.9.1993 (BGBl. 1993 I 1654); aufgehoben
Fordham Int'l L. J.	Fordham International Law Journal (USA)
Fordham L. Corp. & Fin. L.	Fordham Journal of Corporate & Financial Law
FormB FA-FamR	Jüdt/Kleffmann/Weinreich, Formularbuch des Fachanwalts Familienrecht, 5. Aufl. 2017
Foro it.	Il foro italiano (Italien)
Foro it. Mass.	Massimario del foro italiano
Foro pad.	Il foro padano (Italien)
FPA	Free of Particular Average
FPfZG	Gesetz über die Familienpflegezeit (Familienpflegezeitgesetz) v. 6.12.2011 (BGBl. 2011 I 2564)
FPR	Familie Partnerschaft Recht (Zeitschrift)
FR	Finanz-Rundschau (Zeitschrift)
FrankfRdsch.	Rundschau, Sammlung von Entscheidungen in Rechts- und Verwaltungssachen aus dem Bezirke des OLG Frankfurt (ab 1914: Frankfurter Rundschau)
FREP	Financial Reporting Enforcement Panel

Verzeichnis der Abkürzungen

GFT	Tarif für den Güterfernverkehr mit Kraftfahrzeugen
GG	Grundgesetz für die Bundesrepublik Deutschland v. 23.5.1949 (BGBl. 1949, 1)
GGBefG	Gesetz über die Beförderung gefährlicher Güter (Gefahrgutbeförderungsgesetz – GGBefG) idF der Bek. v. 7.7.2009 (BGBl. 2009 I 1774; berichtigt)
ggf.	gegebenenfalls
GGVSEB	Verordnung über die innerstaatliche und grenzüberschreitende Beförderung gefährlicher Güter auf der Straße, mit Eisenbahnen und auf Binnengewässern (Gefahrgutverordnung Straße, Eisenbahn und Binnenschifffahrt) idF der Bek. v. 26.3.2021 (BGBl. 2021 I 481)
GGVSee	Verordnung über die Beförderung gefährlicher Güter mit Seeschiffen (Gefahrgutverordnung See) idF der Bek. v. 21.10.2019 (BGBl. 2019 I 1475)
GI	Gerling – Informationen für wirtschaftsprüfende, rechts- und steuerberatende Berufe
Giur. comm.	Giurisprudenza commerciale (Italien)
Giur. compl. Cass. civ	Giurisprudenza completa della Suprema Corte di Cassazione (sezioni civili)
Giur. it.	Giurisprudenza italiana (Italien)
Giur. merito	Giurisprudenza di Merito (Zeitschrift)
Giust. civ.	Giustizia civile (Italien)
Giust. civ. mass.	Giustizia civile-massimario annotato dalla Cassazione
GIW	Gesetz über internationale Wirtschaftsverträge der Deutschen Demokratischen Republik
GKG	Gerichtskostengesetz idF der Bek. v. 5.5.2004 (BGBl. 2004 I 718)
GKV	Gesetzliche Krankenversicherung
GKV-WSG	Gesetz zur Stärkung des Wettbewerbs in der gesetzlichen Krankenversicherung (GKV-Wettbewerbsstärkungsgesetz) v. 26.3.2007 (BGBl. 2007 I 378)
GL	Gefährliche Ladung (Deutschland)
GmbH	Gesellschaft mit beschränkter Haftung
GmbH & Co. (KG)	Gesellschaft mit beschränkter Haftung und Compagnie (Kommanditgesellschaft)
GmbHG	Gesetz betreffend die Gesellschaften mit beschränkter Haftung idF der Bek. v. 20.5.1898 (RGBl. 1898, 846)
GmbHG-E I	Entwurf eines Gesetzes, betreffend die Gesellschaften mit beschränkter Haftung nebst Begründung und Anlage, Amtliche Ausgabe, Berlin 1891
GmbHG-E II	Entwurf eines Gesetzes, betreffend die Gesellschaften mit beschränkter Haftung, vorgelegt dem Reichstag am 11.2.1892
GmbH-Konzern	Der GmbH-Konzern, Bericht über die Arbeitstagung der Centrale für GmbH Dr. Otto Schmidt in Bonn v. 11.12.–12.12.1975, mit Referaten sowie Diskussionen, 1976
GmbH-Novelle	Gesetz zur Änderung des Gesetzes betreffend die Gesellschaften mit beschränkter Haftung und anderer handelsrechtlicher Vorschriften v. 4.7.1980 (BGBl. 1980 I 836)
GmbHR	GmbH-Rundschau (Zeitschrift)
GmbHRspr	Die GmbH in der Rechtsprechung der deutschen Gerichte (Zeitschrift bis 1942)
GmbH-StB	GmbH-Steuerberater (Zeitschrift)
GmbH-Stpr	GmbH-Steuerpraxis (Zeitschrift)
GMBl.	Gemeinsames Ministerialblatt
GmS-OGB	Gemeinsamer Senat der obersten Gerichte des Bundes
GNotKG	Gesetz über Kosten der freiwilligen Gerichtsbarkeit für Gerichte und Notare (Gerichts- und Notarkostengesetz) v. 23.7.2013 (BGBl. 2013 I 2586)
GNT	Tarif für den Güternahverkehr mit Kraftfahrzeugen
GoA	Geschäftsführung ohne Auftrag; Grundsätze ordnungsgemäßer Abschlussprüfung
GoB	Grundsätze ordnungsmäßiger Buchführung
GoDV	Grundsätze für ordnungsgemäße Datenverarbeitung
GoF	Grundsätze ordnungsgemäßer Unternehmensführung
GoI	Grundsätze ordnungsgemäßer Inventur
GoS	Grundsätze ordnungsgemäßer Speicherführung
GoU	Grundlagen und Systemstruktur von Führungsgrundsätzen für die Unternehmensleitung
GoÜ	Grundlagen und Systemstruktur von Führungsgrundsätzen für die Überwachung
GPR	Zeitschrift für das Privatrecht der Europäischen Union
GRCh	Charta der Grundrechte der Europäischen Union v. 12.12.2007 (ABl. EU 2007 C 303, 1)

Verzeichnis der Abkürzungen

grdl.	grundlegend
grds.	grundsätzlich
GrdstVG	Gesetz über Maßnahmen zur Verbesserung der Agrarstruktur und zur Sicherung land- und forstwirtschaftlicher Betriebe (Grundstücksverkehrsgesetz) v. 28.7.1961 (BGBl. 1961 I 1091; berichtigt)
GrEStG	Grunderwerbsteuergesetz idF der Bek. v. 26.2.1997 (BGBl. 1997 I 418; berichtigt)
Gruchot	Beiträge zur Erläuterung des (bis 15.1871: Preußischen) Deutschen Rechts, begründet von Gruchot (1.1857–73.1933)
GrünhutsZ	Zeitschrift für das Privat- und öffentliche Recht der Gegenwart, begründet von Grünhut
GRUR	Gewerblicher Rechtsschutz und Urheberrecht (Zeitschrift)
GRUR Ausl	Gewerblicher Rechtsschutz und Urheberrecht, Auslands- und internationaler Teil (Zeitschrift), 1952–1969
GRUR Int.	Gewerblicher Rechtsschutz und Urheberrecht, Internationaler Teil (Zeitschrift, 1970 ff.)
GS	Gedächtnisschrift; Gedenkschrift; Großer Senat; Der Gerichtssaal (Zeitschrift);
GSZ	Großer Senat in Zivilsachen
GüKG	Güterkraftverkehrsgesetz v. 22.6.1998 (BGBl. 1998 I 1485)
GüKUMB	Beförderungsbedingungen für den Umzugsverkehr und für die Beförderung von Hausmöbeln in besonders für die Möbelbeförderung eingerichteten Fahrzeugen im Güterfernverkehr und Güternahverkehr
GuV	Gewinn- und Verlustrechnung
GVBl.	Gesetz- und Verordnungsblatt
GVG	Gerichtsverfassungsgesetz idF der Bek. v. 9.5.1975 (BGBl. 1975 I 1077)
GvKostG	Gesetz über Kosten der Gerichtsvollzieher (Gerichtsvollzieherkostengesetz) v. 19.4.2001 (BGBl. 2001 I 623)
GWB	Gesetz gegen Wettbewerbsbeschränkungen idF der Bek. v. 26.6.2013 (BGBl. 2013 I 1750; berichtigt)
GwG	Gesetz über das Aufspüren von Gewinnen aus schweren Straftaten (Geldwäschegesetz) v. 23.6.2017 (BGBl. 2017 I 1822)
GWR	Gesellschafts- und Wirtschaftsrecht (Zeitschrift)
GYIL	German Yearbook of International Law
H. C.	High Court
H. K.	Hikakohu Kenkyu (Japan)
H. L.	House of Lords
H. R.	Hoge Raad
Habilschr.	Habilitationsschrift
HAG	Heimarbeitsgesetz v. 14.3.1951 (BGBl. 1951 I 191)
Halbbd.	Halbband
Hamb.; hamb.	Hamburg; hamburgisch
HambR	Übereinkommen der Vereinten Nationen von 1978 über die Beförderung von Gütern auf See (Hamburg-Regeln)
Hansa	Hansa, Zentralorgan für Schiffahrt, Schiffbau, Hafen
HansGZ	Hanseatische Gerichtszeitung
HansRGZ	Hanseatische Rechts- und Gerichtszeitschrift
HansRZ	Hanseatische Rechtszeitschrift für Handel, Schifffahrt und Versicherung, Kolonial- und Auslandsbeziehungen
Harv. Int'l L. J.	Harvard International Law Journal (USA)
Harv. L. Rev.	Harvard Law Review
Hast. L. Journ.	The Hastings Law Journal
Hastings Int'l & Comp. L. Rev.	Hastings International and Comparative Law Review (USA)
HAVE	Haftung und Versicherung (Zeitschrift, Schweiz)
HB	Handelsbilanz
HBÜ	Londoner Übereinkommen v. 19.11.1976 über die Beschränkung der Haftung für Seeforderungen (BGBl. 1986 II 786)
HD	Högsta domstolen
HdB	Handbuch
HeimG	Heimgesetz idF der Bek. v. 5.11.2001 (BGBl. 2001 I 2970)
Hess., hess.	Hessen, hessisch
HessRspr.	Hessische Rechtsprechung
HEZ	Höchstrichterliche Entscheidungen (Entscheidungssammlung)
HFA IDW	Hauptfachausschuss des IDW

HFR	Höchstrichterliche Finanzrechtsprechung
HG	Handelsgericht (Schweiz)
HGB	Handelsgesetzbuch v. 10.5.1897 (RGBl. 1897, 219)
HGB-E	HGB-Entwurf
HGrG	Gesetz über die Grundsätze des Haushaltsrechtes des Bundes und der Länder (Haushaltsgrundsätzegesetz) v. 19.8.1969 (BGBl. 1969 I 1273)
HGÜ	(Haager) Übereinkommen über Gerichtsstandsvereinbarungen (Haager Gerichtsstandübereinkommen) v. 30.6.2005 (ABl. EU 2009 L 133, 3)
hins.	hinsichtlich
HintG	Hinterlegungsgesetz (Landesrecht)
HK	Herstellungskosten
HKÜ	Haager Übereinkommen über die zivilrechtlichen Aspekte internationaler Kindesentführung v. 25.10.1980 (BGBl. 1990 II 206)
hL	herrschende Lehre
HLB	Hamburger Lagerungsbedingungen
hM	herrschende Meinung
Hmb.; hmb.	Hamburg; hamburgisch
HNS-Übk 2010	Internationales Übereinkommen von 2010 über Haftung und Entschädigung für Schäden bei der Beförderung gefährlicher und schädlicher Stoffe auf See v. 30.4.2010 (BGBl. 2021 II 685)
HOAI	Verordnung über die Honorare für Architekten- und Ingenieurleistungen (Honorarordnung für Architekten und Ingenieure) v. 10.7.2013 (BGBl. 2013 I 2276)
HöfeO	Höfeordnung idF der Bek. v. 26.7.1976 (BGBl. 1976 I 1933)
Holdheims Manuskript	Monatszeitschrift für Handelsrecht und Bankenwesen, begründet v. Holdheim
Hong Kong L. J.	Hong Kong Law Journal
Houst. J. Int'l L.	Houston Journal of International Law (USA)
HP	Haager Protokoll von 1955 zum Warschauer Abkommen
HPflG	Haftpflichtgesetz idF der Bek. v. 4.1.1978 (BGBl. 1978 I 145)
HR	Hooge Raad (Niederlande); Internationales (Brüsseler) Übereinkommen v. 25.8.1924 zur einheitlichen Feststellung von Regeln über Konnossemente (sog. Haager Regeln)
HRefG	Gesetz zur Neuregelung des Kaufmanns- und Firmenrechts und zur Änderung anderer handels- und gesellschaftsrechtlicher Vorschriften (Handelsrechtsreformgesetz) v. 22.6.1998 (BGBl. 1998 I 1474)
HRegGebV	Verordnung über Gebühren in Handels-, Partnerschafts- und Genossenschaftsregistersachen (Handelsregistergebührenverordnung) v. 30.9.2004 (BGBl. 2004 I 2562)
HRG	Hochschulrahmengesetz idF der Bek. v. 19.1.1999 (BGBl. 1999 I 18)
HRR	Höchstrichterliche Rechtsprechung (Zeitschrift)
Hrsg.; hrsg.	Herausgeber; herausgegeben
HRV	Verordnung über die Einrichtung und Führung des Handelsregisters (Handelsregisterverordnung) v. 12.8.1937 (DJ 1937, 1251)
HS	Handelsrechtliche Entscheidungen, begründet v. Stanzl, hrsg. v. Steiner (Österreich)
Hs.	Halbsatz
HuW	Haus und Wohnung (Zeitschrift)
HV	Hauptversammlung
HVisbyR	Haager Regeln idF der Visby-Regeln
HVR	Handelsvertreterrecht, Entscheidungen und Gutachten, hrsg. vom Forschungsverband für den Handelsvertreter- und Handelsmaklerberuf
HVuHM	Der Handelsvertreter und Handelsmakler (Zeitschrift)
HWB	Handwörterbuch
HwO	Gesetz zur Ordnung des Handwerks (Handwerksordnung) idF der Bek. v. 24.9.1998 (BGBl. 1998 I 3074; berichtigt)
I. A. L. S.	International Association of Legal Science
I. C. A. B.	The ICC International Court of Arbitration Bulletin
I. C. J. Rep.	International Court of Justice Reports
I. L. A. Rep.	The International Law Association, Report of the … Conference
IAPS	International Auditing Practice Statements
IAS	International Accounting Standard(s)
IASB	International Accounting Standards Board (seit 2001)
IASC	International Accounting Standards Committee

Verzeichnis der Abkürzungen

IAS-VO	Verordnung (EG) Nr. 1606/2002 des Europäischen Parlaments und des Rates v. 19.7.2002 betreffend die Anwendung internationaler Rechnungslegungsstandards (ABl. EG 2002 L 243, 1)
IATA	International Air Transport Association
IATA Rev.	IATA Review
ICA	Interclub Agreement
ICAO	International Civil Aviation Organization
ICC	International Chamber of Commerce; Interstate Commerce Commission
ICC Ct. Arb.	Court of Arbitration of the International Chamber of Commerce, Paris
ICC Ct. Bull.	ICC International Court of Arbitration Bulletin (Frankreich)
ICC Pract. J	ICC Practitioners Journal
ICCAP	International Coordination Committee for the Accountants Profession
ICLQ	International & Comparative Law Quarterly
idF	in der Fassung
IDIT	Institut de droit international des transports, Rouen
idR	in der Regel
idS	in diesem Sinne
IDW	Institut der Wirtschaftsprüfer in Deutschland e. V.
IDW EPH	Entwurf eines IDW Prüfungshinweises
IDW EPS	Entwurf eines IDW Prüfungsstandards
IDW ERS	Entwurf einer IDW Stellungnahme zur Rechnungslegung
IDW ES	Entwurf eines IDW-Standards
IDW PH	IDW Prüfungshinweise
IDW PS	IDW Prüfungsstandard
IDW RH	IDW Rechnungslegungshinweise des HFA
IDW RS	IDW Rechnungslegungsstandard
IDW S	IDW Standard
IDW SR	IDW Stellungnahme zur Rechnungslegung
IdW-Fachtag	Bericht über die Fachtagung (Jahr) des Instituts der Wirtschaftsprüfer in Deutschland e.V.
IDW-FAMA	Stellungnahme des Fachausschusses für moderne Abrechnungssystem des IDW
IDW-FAR	Stellungnahme des Fachausschusses Recht des IDW
IDW-FN	IDW-Fachnachrichten
IDW-HFA	Stellungnahme des Hauptfachausschusses des IDW
IDW-SABI	Stellungnahme des Sonderausschusses des IDW; Bilanzrichtlinien-Gesetz des IDW
iE	im Einzelnen
IEL	International Encyclopedia of Laws
iErg	im Ergebnis
ieS	im engeren Sinne
IFAC	International Federation of Accountants
IFG	Gesetz zur Regelung des Zugangs zu Informationen des Bundes (Informationsfreiheitsgesetz) v. 5.9.2005 (BGBl. 2005 I 2722)
IFLR	International Financial Law Review
IFRIC	International Financial Reporting Interpretations Committee
IFRS	International Financial Reporting Standards (seit 2001)
IFSB	International Financial Standards Board (seit 2001)
IfSG	Gesetz zur Verhütung und Bekämpfung von Infektionskrankheiten beim Menschen (Infektionsschutzgesetz) v. 20.7.2000 (BGBl. 2000 I 1045)
iG	in Gründung
IGH	Internationaler Gerichtshof
IHK	Industrie- und Handelskammer
IHR	Internationales Handelsrecht (Zeitschrift)
iHv	in Höhe von
IKS	Internes Kontrollsystem
ILM	International Legal Materials (USA)
ILO	International Labour Organization
IMF	International Monetary Fund
ImmoKWPLV	Verordnung zur Festlegung von Leitlinien zu den Kriterien und Methoden der Kreditwürdigkeitsprüfung bei Immobiliar-Verbraucherdarlehensverträgen (Immobiliar-Kreditwürdigkeitsprüfungsleitlinien-Verordnung) v. 24.4.2018 (BGBl. 1994 I 529)
ImmoWertV	Verordnung über die Grundsätze für die Ermittlung der Verkehrswerte von Grundstücken (Immobilienwertermittlungsverordnung) v. 19.5.2010 (BGBl. 2010 I 639)

XL

Verzeichnis der Abkürzungen

iRd	im Rahmen des; im Rahmen der
IRZ	Zeitschrift für Internationale Rechnungslegung
iS	im Sinne
ISA	International Standards of Auditing
iSd	im Sinne des, im Sinne der
Israel L. Rev.	Israel Law Review (Israel)
IStR	Internationales Steuerrecht (Zeitschrift)
iSv	im Sinne von
it.	italienisch
It. Y. B. Int'l L.	Italian Yearbook of International Law (Italien)
iÜ	im Übrigen
IÜB	Übereinkommen v. 28.4.1989 über Bergung
IÜS	Internationales Übereinkommen v. 23.9.1910 zur einheitlichen Feststellung von Regeln über Hilfsleistung und Bergung in Seenot
Ius commune	Veröffentlichungen des MPI für Europäische Rechtsgeschichte
IÜZ	Internationales Übereinkommen v. 23.9.1910 zur einheitlichen Feststellung von Regeln über den Zusammenstoß von Schiffen (RGBl. 1913, 49)
IÜZZ	Internationales Übereinkommen zur Vereinheitlichung von Regeln über die zivilgerichtliche Zuständigkeit bei Schiffszusammenstößen v. 10.5.1952 (BGBl. 1972 II 663)
iVm	in Verbindung mit
IVR	Internationales Vertragsrecht
IVTB	Internationale Verlade- und Transportbedingungen des VBW und der IVR (idF 2010) für die Binnenschifffahrt
IWB	Internationale Wirtschafts-Briefe
IWF-Übereinkommen	Übereinkommen über den Internationalen Währungsfonds idF v. 30.4.1976 (BGBl. 1978 II 13)
iwS	im weiteren Sinne
IZPR	Internationales Zivilprozessrecht
J.	Justice
J. Acct'g & Econ	The Journal of Accounting and Economics
J. Acct'g & Pub. Pol'y	Journal of Accounting and Public Policy (Zeitschrift)
J. Acct'g Res.	Journal of Accounting Research (Zeitschrift)
J. Air L. & Com.	Journal of Air Law and Commerce (USA)
J. Bus. L.	The Journal of Business Law (Großbritannien)
J. Bus., Fin. & Acc.	Journal of Business, Finance & Accounting
J. C. P.	Juris classeur périodique. La semaine juridique
J. Com. Arb.	Journal of Commercial Arbitration (Süd Korea)
J. Cont. L.	Journal of Contract Law (Australien)
J. Corp. L.	The Journal of Corporation Law
J. Corp. L. Stud.	Journal of Corporate Law Studies
J. D. I.	Journal du droit international
J. der. marítimo	Jornadas de Derecho Marítimo, Universidad de la Rabida
J. Int'l Arb.	Journal of International Arbitration (Schweiz)
J. Int'l Bus. L.	Journal of International Business Law (USA)
J. Közlöny	Jogtudományi Közlöny (Türkei)
J. L. & Com.	The Journal of Law and Commerce (USA)
J. L. Econ. & Org.	The Journal of Law, Economics and Organization
J. Leg. Stud.	The Journal of Legal Studies (USA)
J. Leg. Stud. in Bus.	The Journal of Legal Studies in Business
J. M. M.	Journal de la Marine Marchande
J. Mar. L. & Com.	Journal of Maritime Law and Commerce (USA)
J. O.	Journal officiel
J. World Trade L.	Journal of World Trade Law (Großbritannien)
JA	Juristische Arbeitsblätter (Zeitschrift); Jahresabschluss
JAmt	Das Jugendamt (bis 2000: DAVorm)
JAP	Juristische Ausbildung und Praxis (Zeitschrift) (Österreich)
jap.	japanisch
JArbSchG	Gesetz zum Schutze der arbeitenden Jugend (Jugendarbeitsschutzgesetz) v. 12.4.1976 (BGBl. 1976 I 965)
Jb.	Jahrbuch
Jb. f. SozWiss	Jahrbuch für Sozialwissenschaften
Jb. it. Recht	Jahrbuch für italienisches Recht (Zeitschrift)
JbDStJG	Jahrbuch der Deutschen Steuerjuristischen Gesellschaft e.V.

JBeitrG	Justizbeitreibungsgesetz idF Bek. v. 27.6.2017 (BGBl. 2017 I 1926)
JbFAStR	Jahrbuch der Fachanwälte für Steuerrecht
JbFSt	Jahrbuch der Fachanwälte für Steuerrecht (1967 ff.)
JbIntR	Jahrbuch des internationalen Rechts
JbJZivRWiss	Jahrbuch Junger Zivilrechtswissenschaftler
JBl	Juristische Blätter (Österreich)
JBL.	The Journal of Business Law
JBlSaar	Justizblatt des Saarlandes
JbPraxSchG	Jahrbuch für die Praxis der Schiedsgerichtsbarkeit
JbSozWiss	Jahrbuch für Sozialwissenschaften
JCP	Journal of Consumer Policy
JF	Jura Falconis (Belgien)
JfB	Jahrbuch für Betriebswirte (Zeitschrift)
JFG	Jahrbuch für Entscheidungen in Angelegenheiten der freiwilligen Gerichtsbarkeit und des Grundbuchrechts, begründet von Ring (1.1924–23.1943)
JFT	Tidskrift, utgiven av juridiska föreningen i Finland (Finnland)
Jg.	Jahrgang
JGG	Jugendgerichtsgesetz idF der Bek. v. 11.12.1974 (BGBl. 1974 I 3427)
Jh.	Jahrhundert
JherJb	Jherings Jahrbücher für die Dogmatik des bürgerlichen Rechts (Zeitschrift, Band und Seite)
JIBFL.	Journal of International Banking and Financial Law
JIBL.	Journal of International Biotechnology Law
JIPITEC	Journal of Intellectual Property, Information Technology and Electronic Commerce
JKomG	Gesetz über die Verwendung elektronischer Kommunikationsformen in der Justiz (Justizkommunikationsgesetz) v. 22.3.2005 (BGBl. 2005 I 837; berichtigt)
jM	juris – Die Monatszeitschrift
JM	Justizministerium
JMBl.	Justizministerialblatt
JoA	Journal of Accountancy
JöR	Jahrbuch des öffentlichen Rechts der Gegenwart
Journ. Air L.Com	The Journal of Air Law and Commerce
Journ. Com. Mkt.Stud.	Journal of Common Market Studies
Journ. Cons. Aff.	Journal of Consumer Affairs
Journ. Mar. L. Com	Journal of Maritime Law and Commerce
Journ. Media L. Pract.	Journal of Media Law and Practice
Journ. Pol. Econ.	Journal of Political Economy
Journal des Tribunaux	Journal des Tribunaux (Belgien)
jP	juristische Person
JR	Juristische Rundschau (Zeitschrift)
JRfPrV	Juristische Rundschau für die Privatversicherung (Zeitschrift)
JT	Juridisk Tidskrift (Schweden)
JÜ	Jahresüberschuss
Jur. Dr. unif.	Jurisprudence du droit uniforme – Uniform Law Cases
Jur. gén.	Jurisprudence générale, Répertoire méthodique et alphabéthique de législation, de doctrine et de jurisprudence, Dalloz (Frankreich)
JurA	Juristische Analysen (Zeitschrift)
Jura	Juristische Ausbildung (Zeitschrift)
JurBl.	Juristische Blätter
JurBüro	Das juristische Büro (Zeitschrift)
JurJb	Juristen-Jahrbuch
JuS	Juristische Schulung (Zeitschrift)
JuSchG	Jugendschutzgesetz v. 23.7.2002 (BGBl. 2002 I 2730)
Justiz	Die Justiz (Zeitschrift)
JVBl.	Justizverwaltungsblatt (Zeitschrift)
JVEG	Gesetz über die Vergütung von Sachverständigen, Dolmetscherinnen, Dolmetschern, Übersetzerinnen und Übersetzern sowie die Entschädigung von ehrenamtlichen Richterinnen, ehrenamtlichen Richtern, Zeuginnen, Zeugen und Dritten (Justizvergütungs- und -entschädigungsgesetz) v. 5.5.2004 (BGBl. 2004 I 718)
JW	Juristische Wochenschrift (Zeitschrift)
JZ	Juristenzeitung (Zeitschrift)
K & R	Kommunikation und Recht (Zeitschrift)

Verzeichnis der Abkürzungen

K. B.	Law Reports, King's Bench Division (Großbritannien)
KAGB	Kapitalanlagegesetzbuch v. 4.7.2013 (BGBl. 2013 I 1981)
Kaigai S. H.	Kaigai Shoji Homu (Japan)
Kan.	Kansas Supreme Court (USA)
Kap.	Kapital; Kapitel
KapAEG	Gesetz zur Verbesserung der Wettbewerbsfähigkeit deutscher Konzerne an Kapitalmärkten und zur Erleichterung der Aufnahme von Gesellschafterdarlehen (Kapitalaufnahmeerleichterungsgesetz) v. 20.4.1998 (BGBl. 1998 I 707)
KapCoRiLiG	Gesetz zur Durchführung der Richtlinie des Rates der Europäischen Union zur Änderung der Bilanz- und der Konzernbilanzrichtlinie hinsichtlich ihres Anwendungsbereichs (90/605/EWG), zur Verbesserung der Offenlegung von Jahresabschlüssen und zur Änderung anderer handelsrechtlicher Bestimmungen (Kapitalgesellschaften- und Co-Richtlinie-Gesetz) v. 24.2.2000 (BGBl. 2000 I 154)
KapErhStG	Gesetz über steuerrechtliche Maßnahmen bei Erhöhung des Nennkapitals aus Gesellschaftsmitteln idF der Bek. v. 10.10.1967 (BGBl. 1967 I 977)
KapESt	Kapitalertragsteuer
KapGesR	Kapitalgesellschaftsrecht
Kapitaladäquanz-VO	Verordnung (EU) Nr. 575/2013 des Europäischen Parlaments und des Rates v. 26.6.2013 („CRR") über Aufsichtsanforderungen an Kreditinstitute und Wertpapierfirmen und zur Änderung der Verordnung (EU) Nr. 646/2012 (ABl. EU 2013 L 176, 1; berichtigt)
KartG	Kartellgericht
KartRdsch	Kartell-Rundschau (Schriftenreihe)
KBO	Unverbindliche Empfehlung für Allgemeine Geschäftsbedingungen der Kaiumschlagsunternehmen im Hafen Hamburg (Kaibetriebsordnung), hrsg. vom Unternehmensverband Hafen Hamburg e.V.
KE	Kommissionsentwurf
KfW	Kreditanstalt für Wiederaufbau
Kfz.	Kraftfahrzeug
KG	Kammergericht (Berlin); Kommanditgesellschaft
kg	Kilogramm
KGaA	Kommanditgesellschaft auf Aktien
KGBl.	Blätter für Rechtspflege im Bereich des Kammergerichts in Sachen der freiwilligen Gerichtsbarkeit in Kosten-, Stempel- und Strafsachen (Zeitschrift)
KGJ	Jahrbuch für Entscheidungen des Kammergerichts in Sachen der freiwilligen Gerichtsbarkeit, in Kosten-, Stempel- und Strafsachen (bis 19.1899: in Sachen der nichtstreitigen Gerichtsbarkeit), 1.1881–53.1922
KGSG	Gesetz zum Schutz von Kulturgut (Kulturgutschutzgesetz) v. 31.7.2016 (BGBl. 2016 I 1914)
Kh.	Rechtbank van Koophandel
KIDL	Kontoinformationsdienstleistern
Kifo	Konzern in first out
Kilo	Konzern in last out
Kind-Prax	Kindschaftsrechtliche Praxis (Zeitschrift)
KiStG	Kirchensteuergesetz (Landesrecht)
KKG	Gesetz zur Kooperation und Information im Kinderschutz v. 22.12.2011 (BGBl. 2011 I 2975)
Klausel-RL	Richtlinie 93/13/EWG des Rates v. 5.4.1993 über mißbräuchliche Klauseln in Verbraucherverträgen (ABl. EG 1993 L 95, 29)
KleinAnlSchG	Kleinanlegerschutzgesetz v. 3.7.2015 (BGBl. 2015 I 1114)
KO	Konkursordnung idF der Bek. v. 20.5.1898 (RGBl. 1898, 612); aufgehoben
Kokusai S. H.	Kokusai Shoji Homu (Japan)
KoL	Oberlandesgericht Koblenz – Unterhaltsrechtliche Leitlinien der Familiensenate, Stand 1.1.2018
KölnZfSoz.	Kölner Zeitschrift für Soziologie und Sozialpsychologie
KOM	Dokument der Kommission bestimmt für die Öffentlichkeit
KommBer	Beschlüsse der XXV. Kommission des Reichstages (RT-Drs., 8. Legislaturperiode, I. Session 1890/92, Nr. 744)
KonsularG	Gesetz über die Konsularbeamten, ihre Aufgaben und Befugnisse (Konsulargesetz) v. 11.9.1974 (BGBl. 1974 I 2317)
KonTraG	Gesetz zur Kontrolle und Transparenz im Unternehmensbereich v. 27.4.1998 (BGBl. 1998 I 786)
Konzern	Der Konzern (Zeitschrift)

KoR	Zeitschrift für internationale und kapitalmarktorientierte Rechnungslegung
KÖSDI	Kölner Steuerdialog (Zeitschrift)
KostO	Gesetz über die Kosten in Angelegenheiten der freiwilligen Gerichtsbarkeit (Kostenordnung) idF der Bek. v. 26.7.1957 (BGBl. 1957 I 861, 960); aufgehoben
KR	Kontrollrat
KRG	Kontrollratsgesetz
KrG	Kreisgericht (DDR)
krit.	kritisch
Krit. Zs. ges. Rechtsw.	Kritische Zeitschrift für die gesamte Rechtswissenschaft
KritJ	Kritische Justiz (Zeitschrift)
KritV	Kritische Vierteljahresschrift für Gesetzgebung und Rechtswissenschaft
KrWG	Gesetz zur Förderung der Kreislaufwirtschaft und Sicherung der umweltverträglichen Bewirtschaftung von Abfällen (Kreislaufwirtschaftsgesetz) v. 24.2.2012 (BGBl. 2012 I 212)
KSchG	Kündigungsschutzgesetz idF der Bek. v. 25.8.1969 (BGBl. 1969 I 1317)
KSt	Körperschaftsteuer
KStDV 1994	Körperschaftsteuer-Durchführungsverordnung 1994 idF der Bek. v. 22.2.1996 (BGBl. 1996 I 365)
KStG	Körperschaftsteuergesetz idF der Bek. v. 15.10.2002 (BGBl. 2002 I 4144)
KStR 2015	Körperschaftsteuer-Richtlinien 2015 – Allgemeine Verwaltungsvorschrift zur Anwendung des Körperschaftsteuerrechts v. 6.4.2016 (BStBl. I Sondernummer 1 S. 2)
KStZ	Kommunale Steuer-Zeitschrift
KTS	Zeitschrift für Konkurs-, Treuhand- und Schiedsgerichtswesen; ab 1989 Zeitschrift für Insolvenzrecht – Konkurs, Treuhand, Sanierung
KunstUrhG	Gesetz betreffend das Urheberrecht an Werken der bildenden Künste und der Photographie v. 9.1.1907 (RGBl. 1907, 7)
KUR	Kunstrecht und Urheberrecht (Zeitschrift)
KuT	Konkurs- und Treuhandwesen (Zeitschrift); ab 1989 ersetzt durch KTS
KWG	Gesetz über das Kreditwesen (Kreditwesengesetz) idF der Bek. v. 9.9.1998 (BGBl. 1998 I 2776)
L. Ed.	U. S. Supreme Court Reports, Lawyers' Edition
L. J.	DePaul Business & Commercial Law Journal; Lord Justice
L. J. Ex.	Law Journal Reports, Exchequer, New Series, 1831–1875 (Großbritannien)
L. Pol. Int. Bus.	Law and Policy in International Business
L. Q. Rev.	The Law Quarterly Review (Großbritannien)
L. Soc. J.	Law Society Journal (USA)
L. T.	Law Times Reports (Großbritannien)
L.Contemp. Probl.	Law and Contemporary Problems
La Ley	La Ley (Spanien)
La. L. Rev.	Louisiana Law Review (USA)
LAG	Landesarbeitsgericht (mit Ortsnamen); Gesetz über den Lastenausgleich (Lastenausgleichsgesetz) idF der Bek. v. 2.6.1993 (BGBl. 1993 I 845)
LAG	Landesarbeitsgericht (mit Ortsnamen); Lastenausgleichsgesetz
LAGE	Entscheidungssammlung der Landesarbeitsgerichte
LASH	Lighter Aboard Ship
Law Inst. J.	Law Institute Journal (Australien)
Law YB China	Law Yearbook of China (Volksrepublik China)
Lesotho L. J.	Lesotho Law Journal
Lex Mundi W. R.	Lex Mundi World Reports
LFGB	Lebensmittel-, Bedarfsgegenstände- und Futtermittelgesetzbuch idF der Bek. v. 24.7.2009 (BGBl. 2009 I 2205)
LG	Landgericht (mit Ortsnamen)
li. Sp.	linke Spalte
Lifo	Last in first out
lit.	litera (Buchstabe)
Lit.	Literatur
LiqV	Verordnung über die Liquidität der Institute (Liquiditätsverordnung) v. 14.12.2006 (BGBl. 2006 I 3117)
Liverpool L. Rev.	Liverpool Law Review (Großbritannien)
LKV	Landes- und Kommunalverwaltung (Zeitschrift)
Lkw	Lastkraftwagen
Lloyd's L. Rep.	Lloyd's List Law Reports (Großbritannien)

Verzeichnis der Abkürzungen

Lloyd's Mar. & Com. L. Q.	Lloyd's Maritime and Commercial Law Quarterly (Großbritannien)
LM	Lindenmaier/Möhring, Nachschlagewerk des Bundesgerichtshofs (Nr. ohne Gesetzesstelle bezieht sich auf den gerade kommentierten Paragraphen)
LMCLQ	Lloyd's Maritime and Commercial Law Quarterly
LMK	Lindenmaier/Möhring, Kommentierte BGH-Rechtsprechung (Zeitschrift)
LOF	Lloyd's Open Form
LoI	Letter of Indemnity
LöschG	Gesetz über die Auflösung und Löschung von Gesellschaften und Genossenschaften v. 9.10.1934 (RGBl. 1934 I 914); aufgehoben
Lou. L. Rev.	Louisiana Law Review (USA)
Loy. L. A. Int'l & Comp. L. J.	Loyola of Los Angeles International and Comparative Law Journal (USA)
Loy. L. A. L. Rev.	Loyola University of Los Angeles Law Review (USA)
LPartG	Gesetz zur Beendigung der Diskriminierung gleichgeschlechtlicher Gemeinschaften: Lebenspartnerschaften v. 16.2.2001 (BGBl. 2001 I 266)
LPerVG	Landespersonalvertretungsgesetz (Landesrecht)
Ls.	Leitsatz
LSA	Sachsen-Anhalt
LSG	Landessozialgericht (mit Ortsnamen)
LSpG	Gesetz zur Durchführung der Rechtsakte der Europäischen Gemeinschaft oder der Europäischen Union über Bescheinigungen besonderer Merkmale von Agrarerzeugnissen und Lebensmitteln (Lebensmittelspezialitätengesetz) v. 29.10.1993 (BGBl. 1993 I 1814)
LStDV	Lohnsteuerdurchführungsverordnung
LStR 2015	Lohnsteuerrichtlinien 2015
lt.	laut
Ltd.	Limited
LuftRG	Gesetz über Rechte an Luftfahrzeugen (LuftRG) v. 26.2.1959 (BGBl. 1959 I 57; berichtigt)
LuftVG	Luftverkehrsgesetz idF der Bek. v. 27.3.1999 (BGBl. 1999 I 550)
LuftVZO	Luftverkehrs-Zulassungs-Ordnung idF der Bek. v. 10.7.2008 (BGBl. 2008 I 1229)
LugÜ	Lugano Übereinkommen über die gerichtliche Zuständigkeit und die Vollstreckung gerichtlicher Entscheidungen in Zivil- und Handelssachen v. 30.10.2007 (ABl. EU 2009 L 147, 5; berichtigt)
lux.	luxemburgisch
LVA	Landesversicherungsanstalt
LZ	Leipziger Zeitschrift für Deutsches Recht
MaBV	Verordnung über die Pflichten der Makler, Darlehens- und Anlagenvermittler, Bauträger und Baubetreuer (Makler- und Bauträgerverordnung) idF der Bek. v. 7.11.1990 (BGBl. 1990 I 2479)
mAnm	mit Anmerkung(en)
MAR	Verordnung (EU) 596/2014 des Europäischen Parlaments und des Rates v. 16.4.2014 über Marktmissbrauch (Marktmissbrauchsverordnung) und zur Aufhebung der Richtlinie 2003/6/EG des Europäischen Parlaments und des Rates und der Richtlinien 2003/124/EG, 2003/125/EG und 2004/72/EG der Kommission (ABl. EU 2014 L 173, 1; berichtigt)
Mar. Law	The Maritime Lawyer
MARC	Maastricht Accounting and Auditing Research Centre
MarkenG	Gesetz über den Schutz von Marken und sonstigen Kennzeichen (Markengesetz) v. 25.10.1994 (BGBl. 1994 I 3082; berichtigt)
MARPOL	Internationales Übereinkommen von 1973 zur Verhütung der Meeresverschmutzung durch Schiffe und Protokoll von 1978 zu diesem Übereinkommen idF der Bek v. 12.3.1996 (BGBl. 1996 II 399, Anlageband)
Mass. Giur. it.	Giurisprudenza italiana, Massimario
Mat.	Materialien
max.	maximal
MB/KK	Musterbedingungen für die Krankheitskosten- und Krankenhaustagegeldversicherung
MBl.	Ministerialblatt
McGill L. J.	McGill Law Journal (Kanada)
MD&A	Management Discussion and Analysis of Financial Conditions and Results of Operations

Md. J. Int'l L. & Trade ..	Maryland Journal of International Law and Trade (USA)
MDAX	Mid-Cap-DAX
MDR	Monatsschrift für Deutsches Recht (Zeitschrift)
mE	meines Erachtens
MedR	Medizinrecht (Zeitschrift 1.1983 ff.)
Meredith Lect.	Meredith Memorial Lectures (Kanada)
MessEG	Gesetz über das Inverkehrbringen und die Bereitstellung von Messgeräten auf dem Markt, ihre Verwendung und Eichung sowie über Fertigpackungen (Mess- und Eichgesetz) v. 25.7.2013 (BGBl. 2013 I 2722)
Mich. B. J.	Michigan Bar Journal (USA)
Mich. J. Int'l L.	Michigan Journal of International Law (USA)
Mich. St. L. Rev.	Michigan State University Law Review
MietRB	Der Miet-Rechtsberater (Zeitschrift)
MIF-VO	Verordnung (EU) 2015/751 des Europäischen Parlaments und des Rates v. 29.4.2015 über Interbankenentgelte für kartengebundene Zahlungsvorgänge („Multi-lateral Interchange Fee") (ABl. EU 2015 L 123, 1)
MiLoG	Gesetz zur Regelung eines allgemeinen Mindestlohns (Mindestlohngesetz) v. 11.8.2014 (BGBl. 2014 I 1348)
MindZV	Verordnung über die Mindestbeitragsrückerstattung in der Lebensversicherung (Mindestzuführungsverordnung) v. 18.4.2016 (BGBl. 2016 I 831)
Minn. J. Global Trade ...	Minnesota Journal of Global Trade (USA)
Mio.	Million(en)
MitbestBeiG	Gesetz zur Beibehaltung der Mitbestimmung beim Austausch von Anteilen und der Einbringung von Unternehmensteilen, die Gesellschaften verschiedener Mitgliedstaaten der Europäischen Union betreffen (Mitbestimmungs-Beibehaltungsgesetz) v. 23.8.1994 (BGBl. 1994 I 2228)
MitbestErgG	Gesetz zur Ergänzung des Gesetzes über die Mitbestimmung der Arbeitnehmer in den Aufsichtsräten und Vorständen der Unternehmen des Bergbaus und der Eisen und Stahl erzeugenden Industrie v. 7.8.1956 (BGBl. 1956 I 707)
MitbestG	Gesetz über die Mitbestimmung der Arbeitnehmer (Mitbestimmungsgesetz) v. 4.5.1976 (BGBl. 1976 I 1153)
Mitt.	Mitteilung(en)
Mitt. AGJ	Mitteilungen der Arbeitsgemeinschaft für Jugendhilfe (Zeitschrift)
Mitt. AGJJ	Mitteilungen der Arbeitsgemeinschaft für Jugendpflege und Jugendfürsorge (Zeitschrift)
MittBayNot	Mitteilungen des Bayerischen Notarvereins, der Notarkasse und der Landesnotarkammer
MittBl.	Mitteilungsblatt
MittBlBLJA	Mitteilungsblatt des Bayerischen Landesjugendamtes
MittPat	Mitteilungen der deutschen Patentanwälte (Zeitschrift)
MittRhNotK	Mitteilungen der Rheinischen Notarkammer (jetzt: RNotZ = Rheinische Notar-Zeitschrift)
MiZi	Allgemeine Verfügung über Mitteilungen in Zivilsachen
MJ	Maastricht Journal of European and Comparative Law
MLR	The Modern Law Review
MMA	Madrider Abkommen über die internationale Registrierung von Marken v. 14.4.1891, Stockholmer Fassung v. 14.7.1967 (BGBl. 1970 II 293, 418)
MMR	Multi-Media und Recht (Zeitschrift)
mN	mit Nachweisen
Mod. L. Rev.	The Modern Law Review
Molengrafica	Molengrafica (Niederlande)
MoMiG	Gesetz zur Modernisierung des GmbH-Rechts und zur Bekämpfung von Missbräuchen v. 23.10.2008 (BGBl. 2008 I 2026)
mon.	monatlich
Mon.	Moniteur belge
MontanMitbestErgG	Gesetz zur Ergänzung des Gesetzes über die Mitbestimmung der Arbeitnehmer in den Aufsichtsräten und Vorständen des Bergbaus und der Eisen und Stahl erzeugenden Industrie v. 7.8.1956 (BGBl. 1956 I 707)
MontanMitbestG	Gesetz über die Mitbestimmung der Arbeitnehmer in den Aufsichtsräten und Vorständen der Unternehmen des Bergbaus und der Eisen und Stahl erzeugenden Industrie v. 21.5.1951 (BGBl. 1951 I 347)
MontÜG	Gesetz zur Durchführung des Übereinkommens vom 28.5.1999 zur Vereinheitlichung bestimmter Vorschriften über die Beförderung im internationalen Luftverkehr und zur Durchführung der Versicherungspflicht zur Deckung der Haf-

Verzeichnis der Abkürzungen

NblLVABa	Nachrichtenblatt, Zeitschrift der Landesversicherungsanstalt Baden
NDBZ	Neue Deutsche Beamtenzeitung (Zeitschrift)
NdBZ	Zeitschrift für die notarielle Beratungs- und Beurkundungspraxis
Nds., nds.	Niedersachsen, niedersächsisch
NdsRpfl	Niedersächsische Rechtspflege (Zeitschrift)
NDV-RD	Rechtsprechungsdienst, Beilage zum Nachrichtendienst des Deutschen Vereins für öffentliche und private Fürsorge
NE Int'l Bus.	Northeast International Business (USA)
NetzDG	Gesetz zur Verbesserung der Rechtsdurchsetzung in sozialen Netzwerken (Netzwerkdurchsetzungsgesetz) v. 1.9.2017 (BGBl. 2017 I 3352)
nF	neue Fassung
NF	Neue Folge
NiemeyersZ	Niemeyers Zeitschrift für internationales Recht (25.1915–52.1937/38; vorher s. BöhmsZ)
NILR	Netherlands International Law Review (Niederlande)
NIPR	Nederlands Internationaal Privaatrecht (Niederlande)
NJ	Nederlandse Jurisprudentie (Niederlande); Neue Justiz (DDR-Zeitschrift)
NJB	Nederlands Juristenblad (Niederlande)
NJOZ	Neue Juristische Online-Zeitschrift
NJW	Neue Juristische Wochenschrift (Zeitschrift)
NJWE-VHR	Neue Juristische Wochenschrift, Entscheidungsdienst Versicherungs- und Haftungsrecht
NJW-FER	NJW-Entscheidungsdienst Familien- und Erbrecht (Zeitschrift, vereinigt mit FPR ab 2002)
NJW-MietR	NJW-Entscheidungsdienst Miet- und Wohnungsrecht (Zeitschrift)
NJW-RR	Neue Juristische Wochenschrift Rechtsprechungs-Report Zivilrecht (Zeitschrift)
NJW-Spezial	Neue Juristische Wochenschrift – Spezial
NJW-VHR	NJW-Entscheidungsdienst Versicherungs- und Haftungsrecht (Zeitschrift)
NKNKFG NRW	Neues Kommunales Finanzmanagement für Gemeinden im Land NRW
NL	Niederlande
norddt.	norddeutsch
Nordic J. Int'l L.	Nordic Journal of International Law (Dänemark)
notar	Zeitschrift notar
NotBZ	Zeitschrift für die notarielle Beratungs- und Beurkundungspraxis
Noviss. dig. it.	Novissimo digesto italiano
npor	Zeitschrift für das Recht der Non Profit Organisationen
Nr.	Nummer(n)
NRW	Nordrhein-Westfalen
NStZ	Neue Zeitschrift für Strafrecht
NStZ-RR	NStZ-Rechtsprechungs-Report Strafrecht (Zeitschrift)
NSWLR	New South Wales Law Reports
NTBR	Nederlands Tijdschrift voor Burgerlijk Recht
Nuove leggi civ. comm.	Le Nuove leggi civili commentate
nv	nicht veröffentlicht
NVersZ	Neue Zeitschrift für Versicherung und Recht
NvWR	Neues vom Wirtschaftsrecht (Zeitschrift; Rundschreiben des BDI)
NVwZ	Neue Zeitschrift für Verwaltungsrecht
NVwZ-RR	Neue Zeitschrift für Verwaltungsrecht – Rechtsprechungs-Report
NVZ	Neue Zeitschrift für Verkehrsrecht
Nw. J. Int'l L.	Northwestern Journal of International Law
Nw. J. Int'l L. & Bus.	Northwestern Journal of International Law and Business (USA)
Nw. U. L. Rev.	Northwestern University Law Review
NWB	Neue Wirtschaftsbriefe, Loseblatt-Sammlung
NYSBA	New York State Bar Association
NYSE	New York Stock Exchange
NYU J. Int'l L. & Pol.	New York University Journal of International Law & Politics
NZ	Notariatszeitung (Österreich)
NZA	Neue Zeitschrift für Arbeits- und Sozialrecht
NZA-RR	Neue Zeitschrift für Arbeits- und Sozialrecht – Rechtsprechungs-Report
NZBau	Neue Zeitschrift für Baurecht und Vergaberecht
NZFam	Neue Zeitschrift für Familienrecht
NZG	Neue Zeitschrift für Gesellschaftsrecht
NZI	Neue Zeitschrift für Insolvenz und Sanierungsrecht

Verzeichnis der Abkürzungen

NZM	Neue Zeitschrift für Mietrecht
NZS	Neue Zeitschrift für Sozialrecht
NZV	Neue Zeitschrift für Verkehrsrecht
NZZ	Neue Züricher Zeitung
O. R.	Official Records, Ontario Reports
oÄ	oder Ähnliches
OAG	Oberappellationsgericht
öAktG	Österreichisches Aktiengesetz
ÖBA	Österreichisches BankArchiv (Zeitschrift)
OBDI	Online-Bereitstellung digitaler Inhalte
ObG	Obergericht
öBGBl.	Österreichisches Bundesgesetzblatt
ÖBl.	Österreichische Blätter für gewerblichen Rechtsschutz und Urheberrecht (Zeitschrift)
obs.	observation
OCI	other comprehensive income
OECD	Organization of Economic Cooperation and Development
OFD	Oberfinanzdirektion
OFH	Oberster Finanzgerichtshof
og	oben genannte(r, s)
OG	Oberster Gerichtshof der DDR
OGH	Oberster Gerichtshof (Österreich)
OGH-BrZ	Oberster Gerichtshof für die Britische Zone
OGHSt	Entscheidungen des Obersten Gerichtshofes für die Britische Zone in Strafsachen (Band und Seite)
OGHSZ	Entscheidungen des Obersten Gerichtshofes in Zivil- und Justizverwaltungssachen (Österreich)
OGHZ	Entscheidungen des Obersten Gerichtshofes für die Britische Zone in Zivilsachen (Band und Seite)
öGmbHG	Österreichisches Gesetz über Gesellschaften mit beschränkter Haftung
OHG	offene Handelsgesellschaft
öHGB	Österreichisches Handelsgesetzbuch; aufgehoben
Ohio St. L. J.	Ohio State University Law Journal
öHypBkG	Österreichisches Hypothekenbankgesetz
oJ	ohne Jahrgang
öJBl.	Österreichische Juristische Blätter
ÖJZ	Österreichische Juristenzeitung
Okla L. Rev.	Oklahoma Law Review
OLDI	Online-Bereitstellung digitaler Inhalte
ÖlFondsÜbk 1992	Internationales Übereinkommen von 1992 über die Errichtung eines Internationalen Fonds zur Entschädigung für Ölverschmutzungsschäden (Fondsübereinkommen von 1992) idF der Bek. v. 23.4.1996 (BGBl. 1996 II 685)
OLG	Oberlandesgericht
OLGE	Die Rechtsprechung der Oberlandesgerichte auf dem Gebiete des Zivilrechts, hrsg. v. Mugdan und Falkmann (1.1900–46.1928)
OLG-NL	OLG-Rechtsprechung Neue Länder (Zeitschrift)
OLGR	Schnelldienste zur Zivilrechtsprechung des Bundesgerichtshofs und der Oberlandesgerichte (Zeitschrift)
OLGRspr.	Die Rechtsprechung der Oberlandesgerichte auf dem Gebiete des Zivilrechts, hrsg. v. Mugdan und Falkmann (1.1900–46.1928; aufgegangen in HRR)
OLGZ	Rechtsprechung der Oberlandesgerichte in Zivilsachen, Amtliche Entscheidungssammlung
ÖlHaftÜbk 1992	Internationales Übereinkommen von 1992 über die zivilrechtliche Haftung für Ölverschmutzungsschäden (Haftungsübereinkommen von 1992) idF der Bek. v. 23.4.1996 (BGBl. 1996 II 670)
ÖlmeldV	Verordnung zur Ermittlung der zum Internationalen Entschädigungsfonds für Ölverschmutzungsschäden nach dem Ölschadengesetz beitragspflichtigen Ölmengen (Ölmeldeverordnung) v. 10.6.1996 (BGBl. 1996 I 812)
ÖlSG	Gesetz über die Haftung und Entschädigung für Ölverschmutzungsschäden durch Seeschiffe (Ölschadengesetz) v. 30.9.1988 (BGBl. 1988 I 1770)
Ont.	Ontario
OR	Schweizerisches Obligationenrecht
Or.	Supreme Court of Oregon
Or. Ct. App.	Court of Appeals of Oregon

OrdlagV	Verordnung über Orderlagerscheine v. 16.12.1931 (BGBl. 1931 I 763); aufgehoben
ORDO	ORDO, Jahrbuch für die Ordnung von Wirtschaft und Gesellschaft
öRdW	(öst.) Recht der Wirtschaft
öRiZ	Österreichische Richter-Zeitung
öst.	österreichisch
ÖStZ	Österreichische Steuer-Zeitung
OTC-VO	Verordnung (EU) Nr. 648/2012 des Europäischen Parlaments und des Rates v. 4.7.2012 über OTC-Derivate, zentrale Gegenparteien und Transaktionsregister („European Market Infrastructure Regulation – EMIR") (ABl. EU 2012 L 201, 1)
oV	ohne Verfasser
OV spezial	Offene Vermögensfragen spezial – Informationsdienst zum Vermögens- und Entschädigungsrecht in den neuen Bundesländern
OVG	Oberverwaltungsgericht
OWiG	Gesetz über Ordnungswidrigkeiten idF der Bek. v. 19.2.1987 (BGBl. 1987 I 602)
Oxford J. Leg. Stud.	Oxford Journal of Legal Studies (Großbritannien)
öZfRV	Österreichische Zeitschrift für Rechtsvergleichung (siehe auch ZfRV)
öZöffR	Österreichische Zeitschrift für öffentliches Recht und Völkerrecht (zitiert nach Band und Seite)
ÖZW	Österreichische Zeitschrift für Wirtschaftsrecht
P & I	Protection and Indemnity
P.	Pacific Reporter
P. L.	Public Law
P2B-VO	Verordnung (EU) 2019/1150 des Europäischen Parlaments und des Rates v. 20.6.2019 zur Förderung von Fairness und Transparenz für gewerbliche Nutzer von Online-Vermittlungsdiensten (ABl. EU 2019 L 186, 57)
Pa. BarAssoc. Q.	Pennsylvania Bar Association Quarterly
Pace Int'l L. Rev.	Pace International Law Review (USA)
PachtkredG	Pachtkreditgesetz v. 5.8.1951 (BGBl. 1951 I 494)
PAngV	Preisangabenverordnung idF der Bek. v. 12.11.2021 (BGBl. 2021 I 4921)
Par.	Paragraph
ParteiG	Gesetz über die politischen Parteien (Parteiengesetz) idF der Bek. v. 31.1.1994 (BGBl. 1994 I 149)
PartGG	Gesetz über Partnerschaftsgesellschaften Angehöriger Freier Berufe (Partnerschaftsgesellschaftsgesetz) v. 25.7.1994 (BGBl. 1994 I 1744)
Pas.	Pasicrisie belge
Pas. lux.	Pasicrisie luxembourgeoise
PatG	Patentgesetz idF der Bek. v. 16.12.1980 (BGBl. 1981 I 1)
PBefG	Personenbeförderungsgesetz idF der Bek. v. 8.8.1990 (BGBl. 1990 I 1690)
PCAOB	Public Company Accounting Oversight Board
PDLV	Postdienstleistungsverordnung v. 21.8.2001 (BGBl. 2001 I 2178).
PECL	Principles of European Contract Law, in Lando/Clive/Prüm/Zimmermann, Principles of European Contract Law, Part III, 2003, 205; deutsche Fassung in ZEuP 2003, 895; PECL aF: Principles of European Contract Law alter Fassung, abgedruckt in ZEuP 2001, 400
PersGes	Personengesellschaft
PF	Poincaré-Franken
PfandBG	Pfandbriefgesetz v. 22.5.2005 (BGBl. 2005 I 1373)
PflVG	Gesetz über die Pflichtversicherung für Kraftfahrzeughalter (Pflichtversicherungsgesetz) idF der Bek. v. 5.4.1965 (BGBl. 1965 I 213)
Phi	Produkthaftpflicht (Zeitschrift)
PHI	Produkthaftpflicht International (Zeitschrift)
Philippine L. J.	Philippine Law Journal (Philippinen)
PICC	UNIDROIT Principles of International Commercial Contracts idF von 2010 mit Änderungen von Mai 2016, www.unidroit.org
PIE	public interest entities
PiR	NWB Internationale Rechnungslegung (früher Praxis der internationalen Rechnungslegung)
PISTB	Praxis Internationale Steuerberatung (Zeitschrift)
PkewBV	Verordnung zur Bestimmung von Pensionskassen als Unternehmen von erheblicher wirtschaftlicher Bedeutung
Pol. YB. Int. L.	Polish Yearbook of International Law

Verzeichnis der Abkürzungen

port.	portugiesisch
Pos.	Position
PostG	Postgesetz v. 22.12.1997 (BGBl. 1997 I 3294)
pr.	principium
PrALR	Allgemeines Landrecht für die Preußischen Staaten von 1794 (zitiert nach §, Teil und Titel)
Praxis	Die Praxis des Bundesgerichts (Zeitschrift)
Preadviezen	Preadviezen uitgebracht voor de Vereniging voor Burgerlijk Recht (Niederlande)
PreisklG	Gesetz über das Verbot der Verwendung von Preisklauseln bei der Bestimmung von Geldschulden (Preisklauselgesetz) v. 7.9.2007 (BGBl. 2007 I 2246)
PresseG	Pressegesetz (Landesrecht)
PRIIP	Packed Retail and Insurance-Based Investment Products
PrObTr	Preußisches Obertribunal
PrObTrE	Entscheidungen des Preußischen Obertribunals
ProdHaftG	Gesetz über die Haftung für fehlerhafte Produkte (Produkthaftungsgesetz) v. 15.12.1989 (BGBl. 1989 I 2198)
ProdSG	Gesetz über die Bereitstellung von Produkten auf dem Markt (Produktsicherheitsgesetz) v. 8.11.2011 (BGBl. 2011 I 2178; berichtigt)
Prospekt-VO	VO (EU) 2017/1129 des Europäischen Parlaments und des Rates v. 14.6.2017 über den Prospekt, der beim öffentlichen Angebot von Wertpapieren oder bei deren Zulassung zum Handel an einem geregelten Markt zu veröffentlichen ist und zur Aufhebung der RL 2003/71/EG (ABl. EU 2017 L 168, 12)
Prot. I–VI	Protokolle der Kommission für die zweite Lesung des Entwurfs des BGB (Bände I und IV 1897; Band II 1898; Band III, V und VI 1899)
Prot. zum ADHGB	Protokolle zum ADHGB
Prot. zum BGB	Protokolle der Kommission für die zweite Lesung des Entwurfs des BGB (Bd. I und IV 1897; Bd. II 1898; Bd. III und V 1899)
Prot. zum prHGB-E	Protokolle zum preußischen HGB-Entwurf
PrOVG	Preußisches Oberverwaltungsgericht
PrProt. I–VI	Protokolle der Kommission für die zweite Lesung des Entwurfs des BGB (Bände I und IV 1897; Band II 1898; Band III, V und VI 1899)
PrüfbV	Verordnung über die Prüfung der Jahresabschlüsse der Kreditinstitute und Finanzdienstleistungsinstitute sowie über die darüber zu erstellenden Berichte (Prüfungsberichtsverordnung) v. 11.6.2015 (BGBl. 2015 I 930)
PrüfZV	Entwurf der Prüfungsberichtezusatzverordnung
PS	Prüfungsgegenstand; Prüfungsstandard
PStG	Personenstandsgesetz v. 19.2.2007 (BGBl. 2007 I 122)
PSV	Pensionssicherungsverein
PSVaG	Pensionssicherungsverein auf Gegenseitigkeit
PublG	Gesetz über die Rechnungslegung von bestimmten Unternehmen und Konzernen (Publizitätsgesetz) v. 15.8.1969 (BGBl. 1969 I 1189; berichtigt)
Publizitäts-RL	Richtlinie 2009/101/EG des Europäischen Parlaments und des Rates v. 16.9.2009 zur Koordinierung der Schutzbestimmungen, die in den Mitgliedstaaten den Gesellschaften im Sinne des Artikels 48 Absatz 2 des Vertrags im Interesse der Gesellschafter sowie Dritter vorgeschrieben sind, um diese Bestimmungen gleichwertig zu gestalten (ABl. EG 2009 L 258, 11); aufgehoben
Publizitäts-RL 1968	Erste Richtlinie 68/151/EWG zur Koordinierung der Schutzbestimmungen, die in den Mitgliedstaaten den Gesellschaften im Sinne des Artikels 58 Absatz 2 des Vertrages im Interesse der Gesellschafter sowie Dritter vorgeschrieben sind, um diese Bestimmungen gleichwertig zu gestalten (ABl. EG 1968 L 65, 8); aufgehoben
PucheltsZ	Zeitschrift für französisches Zivilrecht
PVÜ	Pariser Verbandsübereinkunft zum Schutz des gewerblichen Eigentums v. 20.3.1883 idF von Stockholm v. 14.7.1967
pVV	positive Vertragsverletzung
Q. B.	Law Reports, Queen's Bench Division (Großbritannien)
Q. B. (D.)	Queen's Bench (Division)
Q. C.	Queen's Counsel
Queen's L. J.	Queen's Law Journal
Queensl. L. S. J.	Queensland Law Society Journal (Australien)
R. D. A. I.	Revue de Droit des Affaires Internationales/International Business Law Journal (Frankreich)
R. D. I. D. C.	Revue de Droit International et de Droit Comparé (Belgien)

R. W.	Rechtskundig Weekblad
r+s	recht und schaden (Zeitschrift)
RA	Rechtsausschuss, Rechtsanwalt
RabelsZ	Rabels Zeitschrift für ausländisches und internationales Privatrecht
RAG	Reichsarbeitsgericht
RAG	Reichsarbeitsgericht, zugleich amtliche Sammlung der Entscheidungen (Band und Seite)
RAGE	Entscheidungen des Reichsarbeitsgerichts
RAnz.	Deutscher Reichs-Anzeiger
RAnz.	Reichs- und preußischer Staatsanzeiger
RAP	Rechnungsabgrenzungsposten
RB	Arrondissementsrechtbank (niederländisches Landgericht)
Rb.	Arrondissementsrechtbank (früher: niederländisches Landgericht)
RCEA	Revista de la Corte Española de Arbitraje (Spanien)
rd.	rund
RdA	Recht der Arbeit (Zeitschrift)
RdErl.	Runderlass
RDG	Gesetz über außergerichtliche Rechtsdienstleistungen (Rechtsdienstleistungsgesetz) v. 12.12.2007 (BGBl. 2007 I 2840)
RdJ	Recht der Jugend (Zeitschrift)
RdJB	Recht der Jugend und des Bildungswesens (Zeitschrift)
RdL	Recht der Landwirtschaft (Zeitschrift)
RdTW	Recht der Transportwirtschaft (Zeitschrift)
RDU	Revue de droit uniforme, hrsg. von UNIDROIT, Rom
RDV	Recht der Datenverarbeitung
RdW	Recht der Wirtschaft (Zeitschrift) (Österreich)
RE	Rechtsentscheid
re. Sp.	rechte Spalte
Rec. des Cours	Recueil des Cours de l'Académie de droit international de La Haye
Rec. SdN	Recueil des Traités, Société des Nations
RechKredV	Verordnung über die Rechnungslegung der Kreditinstitute und Finanzdienstleistungsinstitute (Kreditinstituts-Rechnungslegungsverordnung) idF der Bek. v. 11.12.1998 (BGBl. 1998 I 3658)
RechPensV	Verordnung über die Rechnungslegung von Pensionsfonds (Pensionsfonds-Rechnungslegungsverordnung) v. 25.2.2003 (BGBl. 2003 I 246)
Recht	Das Recht (Zeitschrift, Schweiz)
Rechtstheorie	Rechtstheorie (Zeitschrift)
RechVersV	Verordnung über die Rechnungslegung von Versicherungsunternehmen (Versicherungsunternehmens-Rechnungslegungsverordnung) v. 8.11.1994 (BGBl. 1994 I 3378)
RechZahlV	Verordnung über die Rechnungslegung der Zahlungsinstitute und E-Geld-Institute (Zahlungsinstituts-Rechnungslegungsverordnung) v. 2.11.2009 (BGBl. 2009 I 3680)
Record of N. Y. C. B. A.	Record of the Association of the Bar of the City of New York (USA)
RefE	Referentenentwurf
RegBl.	Regierungsblatt
RegE	Regierungsentwurf
Relazione	Relazione al codice civile (1942)
Rep. Foro it.	Repertorio del Foro italiano
Rep. Giur. it.	Repertorio della Giurisprudenza italiana
rev.	revised
Rev. banq.	La Revue de la banque
Rev. CISG	Cornell Review of the Convention on Contracts for the International Sale of Goods (USA)
Rev. crit. dr. int. privé	Revue critique de droit international privé (Frankreich)
Rev. Der. Com. Oblig.	Revista del Derecho Comercial y de las Obligaciones (Argentinien)
Rev. der. merc.	Revista de derecho mercantil
Rev. Der. Mercantil	Revista de Derecho Mercantil (Venezuela)
Rev. der. priv.	Revista de derecho privado (Mexiko)
Rev. Dir. Econ.	Revista de Direito e Economia
Rev. dir. merc. ind.	Revista de direito mercantil, industrial, econômico e financeiro (Brasilien)
Rev. dr. aff. int.	Revue de droit des affaires internationales
Rev. dr. com. belge	Revue de droit commercial belge (Belgien)

Verzeichnis der Abkürzungen

Rev. dr. int.	Revue de droit international et de droit comparé (Belgien)
Rev. dr. int. lég. comp. .	Revue de droit international et de législation comparée
Rev. dr. unif.	Revue de droit uniforme
Rev. est. marit.	Revista de estudios marítimos
Rev. fac. der. México	Revista de la facultad de derecho de México
Rev. Fac. Dir. UFRGS ..	Revista da Faculdade de Direito da UFRGS (Brasilien)
Rev. for.	Revista forense (Brasilien)
Rev. fr. dr. aérien	Revue française de droit aérien
Rev. gén. air	Revue générale de l'air
Rev. gen. der.	Revista general de derecho (Spanien)
Rev. Ghana L.	Review of Ghana Law
Rev. Inf. Leg.	Revista de Informação Legislativa (Brasilien)
Rev. Inst. belge	Revue de droit international et de droit comparé (Belgien)
Rev. int. dr. comp.	Revue internationale de droit comparé
Rev. Int'l Bus. L.	Review of International Business Law (Kanada)
Rev. inv. jur.	Revista de investigaciones jurídicas (Mexiko)
Rev. jur. Cat.	Revista jurídica de Catalunya (Spanien)
Rev. jur. com.	Revue de jurisprudence commerciale
Rev. Jur. Thémis	La Revue Juridique Thémis (Kanada)
Rev. jur. Univ. Puerto Rico	Revista jurídica de la Universidad de Puerto Rico (USA)
Rev. roumaine d'études int.	Revue roumaine d'études internationales
Rev. Sup. Trib. Just. Dur.	Revista del Suprema Tribunal de Justicia de Durango (Mexiko)
Rev. trim. dr. civ.	Revue trimestrielle de droit civil
Rev. trim. dr. com.	Revue trimestrielle de droit commercial
Rev. trim. dr. europ.	Revue trimestrielle de droit européen
Rev. Univ. Panamericana	Revista del Instituto de Documentacion e Investigacion Jurdicas de la Facultad de la Universidad Panamericana (Mexiko)
Rev. Ur. Der. Int. Priv. .	Revista uruguaya de derecho internacional privado
RfB	Rückstellung für Beitragsrückerstattung
RFH	Reichsfinanzhof
RFHE	Amtliche Sammlung der Entscheidungen des Reichsfinanzhofs (Band und Seite)
RG	Reichsgericht
RGBl.	Reichsgesetzblatt
RG-Praxis	Die Reichsgerichtspraxis im deutschen Rechtsleben
RGSt	Entscheidungen des Reichsgerichts in Strafsachen
RGZ	Amtliche Sammlung von Entscheidungen des Reichsgerichts in Zivilsachen
Rh.-Pf.; rh.-pf.	Rheinland-Pfalz; rheinland-pfälzisch
RheinZ	Rheinische Zeitschrift für Zivil- und Prozeßrecht (1909–1926)
RhPf.	Rheinland-Pfalz, rheinland-pfälzisch
RiA	Recht im Amt (Zeitschrift)
RICO-Gesetz	Racketeer Influenced and Corrupt Organizations Act (USA)
RID	Règlement concernant le transport international ferroviaire des marchandises dangereuses/Ordnung für die internationale Eisenbahnbeförderung gefährlicher Güter
Riv. arb.	Rivista dell' arbitrato (Italien)
Riv. di diritto privato	Rivista di diritto privato (Italien)
Riv. dir. civ.	Rivista di diritto civile
Riv. dir. com.	Rivista del diritto commerciale e del diritto generale delle obbligazioni
Riv. dir. int.	Rivista di diritto internazionale
Riv. dir. int. priv. proc. ..	Rivista di diritto internazionale privato e processuale
Riv. dir. nav.	Rivista del diritto della navigazione
Riv. dir. priv.	Rivista di diritto privato
Riv. it. leasing	Rivista italiana del leasing
Riv. trim. dir. proc. civ. .	Rivista trimestrale di diritto e procedura civile
RIW	Recht der Internationalen Wirtschaft, Außenwirtschaftsdienst des BetriebsBeraters
RJA	Entscheidungen in Angelegenheiten der freiwilligen Gerichtsbarkeit und des Grundbuchrechts, zusammengestellt im Reichsjustizamt (1.1900–17.1922)
RJA-E I	Entwurf eines Handelsgesetzbuchs für das Deutsche Reich. Aufgestellt im Reichs-Justizamt, Berlin 1895

RJA-E II	Entwurf eines Handelsgesetzbuchs mit Ausschluß des Seehandelsrechts. Aufgestellt im Reichs-Justizamt. Amtliche Ausgabe, Berlin 1896
rkr.	rechtskräftig
RKW	Rationalisierungs-Kuratorium der deutschen Wirtschaft
RL	Richtlinie
RL 91/674/EWG	Richtlinie 91/674/EWG des Rates v. 19.12.1991 über den Jahresabschluß und den konsolidierten Abschluß von Versicherungsunternehmen (EG-Versicherungsbilanzrichtlinie) (ABl. EG 1991 L 374, 7)
RLA	Rundschau für den Lastenausgleich (1.1952 ff.)
RMBl.	Reichsministerialblatt
Rn.	Randnummer(n)
RNotZ	Rheinische Notar-Zeitschrift
ROHG	Reichsoberhandelsgericht
ROHGE	Entscheidungen des Reichsoberhandelsgerichts (amtliche Sammlung, 1872–1880)
Rom II-VO	Verordnung (EG) Nr. 864/2007 des Europäischen Parlaments und des Rates v. 11.7.2007 über das auf außervertragliche Schuldverhältnisse anzuwendende Recht (ABl. EG 2007 L 199, 40; berichtigt)
Rom I-VO	Verordnung (EG) Nr. 593/2008 des Europäischen Parlaments und des Rates v. 17.6.2008 über das auf vertragliche Schuldverhältnisse anzuwendende Recht (ABl. EG 2008 L 177, 6; berichtigt)
RoRo	Roll-on/Roll-off
ROW	Recht in Ost und West (Zeitschrift)
Rpfleger	Der Deutsche Rechtspfleger (Zeitschrift)
RPflG	Rechtspflegergesetz idF der Bek. v. 14.4.2013 (BGBl. 2013 I 778)
RPT-Forderungen	Forderungen aufgrund von Regressen, Provenues und Teilungsabkommen
R-Quote	Rückgewährquote
RR	(UN-) Übereinkommen v. 11.12.2008 über Verträge über die internationale Beförderung von Gütern ganz oder teilweise auf See (Rotterdam-Regeln)
RRa	ReiseRecht aktuell (Zeitschrift)
Rs.	Rechtssache
RSiedlG	Reichssiedlungsgesetz v. 11.8.1919 (RGBl. 1919, 1429)
Rspr.	Rechtsprechung
RStBl.	Reichssteuerblatt
RTD com.	Revue trimestrielle de droit commercial et économique (Frankreich)
RT-Drs.	Reichstagsdrucksache
RTVorl.	Entwurf eines Handelsgesetzbuchs von 1897, Reichstags-Drucksache Nr. 632
RückAbzinsV	Rückstellungsabzinsungsverordnung (RückAbzinsV) v. 18.11.2009 (BGBl. 2009 I 3790)
Rutgers Computer Tech. L. J.	Rutgers Computer and Technology Law Journal (USA)
RuW	Recht und Wirtschaft (Zeitschrift)
RV	Die Rentenversicherung (Zeitschrift)
RvdW	Rechtspraak van de Week
RVG	Gesetz über die Vergütung der Rechtsanwältinnen und Rechtsanwälte (Rechtsanwaltsvergütungsgesetz) v. 15.3.2022 (BGBl. 2022 I 613)
RvglHWB	Rechtsvergleichendes Handwörterbuch für das Zivil- und Handelsrecht des In- und Auslandes (Band und Seite)
RVJ	Revue valaisanne de jurisprudence
RVO	Reichsversicherungsordnung
RVR	Rundschau für Vertreterrecht (Zeitschrift)
RWP	Rechts- und Wirtschaftspraxis (Loseblatt-Ausgabe)
RWS-Dok.	RWS-Dokumentation
RWS-Skript	Kommunikationsforum Recht, Wirtschaft, Steuern
RWZ	Zeitschrift für Recht und Rechnungswesen
RZ	Richterzeitung (Österreich)
RzW	Rechtsprechung zum Wiedergutmachungsrecht (Zeitschrift)
S & S	Schip & Schade
S.	Seite; Satz
s.	siehe; section
S. Afr. L. J.	The South African Law Journal (Südafrika)
S. C. R.	South Carolina Reporter
S. Cal. L. Rev.	Southern California Law Review
S. Cal. L. Rev.	Southern California Law Review

Verzeichnis der Abkürzungen

SeeLG	Gesetz über das Seelotswesen v. 13.9.1984 (BGBl. 1984 I 1213)
SeeRÄndG	Gesetz zur Änderung des Handelsgesetzbuches und anderer Gesetze (Seerechtsänderungsgesetz): 1. SeeRÄndG v. 21.6.1972 (BGBl. 1972 I 966), 2. SeeRÄndG v. 25.7.1986 (BGBl. 1986 I 1120), 3. SeeRÄndG v. 16.5.2001 (BGBl. 2001 I 898)
SeeSchStrO	Seeschiffahrtsstraßen-Ordnung idF der Bek. v. 22.10.1998 (BGBl. 1998 I 3209; berichtigt)
Sem. Jud.	La Semaine Judiciaire (Schweiz) (Zeitschrift)
Sem. jur.	La semaine juridique
Sess.	Session
Sess. Cas.	Session Cases, Court of Sessions (Schottland)
SeuffA	Seufferts Archiv für Entscheidungen der obersten Gerichte in den deutschen Staaten (Zeitschrift, zitiert nach Band und Nr.; 1.1847–98.1944)
SeuffBl.	Seufferts Blätter für Rechtsanwendung (Zeitschrift, zitiert nach Band und Seite)
SE-VO	Verordnung (EG) Nr. 2157/2001 des Rates 8.10.2001 über das Statut der Europäischen Gesellschaft (SE), ABl. EG 2001 L 294, 1
SFAC	Statement of Financial Accounting Concepts
SFH/RSprBau	Schäfer/Finnern/Hochstein, Rechtsprechung zum privaten Baurecht, Stand Juni 2000
sfr	Schweizer Franken
SG	Sozialgericht; Gesetz über die Rechtsstellung der Soldaten idF v. 5.2.2009 (BGBl. 2009 I 160); Schmalenbach – Gesellschaft für Betriebswirtschaft e.V.
SGA	Sale of Goods Act 1979, zuletzt geändert durch den Sale and Supply of Goods Act 1994 und den Sale of Goods (Amendment) Act 1995 (Großbritannien)
SGAA 1995	Sale of Goods (Amendment) Act 1995 (Großbritannien)
SGb	Die Sozialgerichtsbarkeit (Zeitschrift)
SGB I–XII	Sozialgesetzbuch 1. bis 12. Buch
SGG	Sozialgerichtsgesetz idF der Bek. v. 23.9.1975 (BGBl. 1975 I 2535)
SGVNW	Sammlung des bereinigten Gesetz- und Verordnungsblattes für das Land Nordrhein-Westfalen, 1962 ff., Loseblatt-Sammlung
SIC	Standing Interpretations Committee
SigG	Gesetz zur digitalen Signatur v. 22.7.1997 (BGBl. 1997 I 1870); aufgehoben
SJZ	Süddeutsche Juristenzeitung (Zeitschrift)
skand.	skandinavisch
Slg.	Sammlung der Rechtsprechung des Gerichtshofs der Europäischen Gemeinschaft und des Gerichts erster Instanz
SME	Small and Medium-Sized Entity
So.	Southern Reporter
So. Cal. L. Rev.	Southern California Law Review
SoBedWp	Sonderbedingungen für Wertpapiergeschäfte v. 1.1.2018
Soc. Pravo	Socialticesko Pravo (Bulgarien)
SoergRspr.	Soergel(s) Rechtsprechung zum gesamten Zivil-, Handels- und Prozeßrecht (Jahr, Paragraph und Nr.)
Software L. J.	Software Law Journal (USA)
sog.	sogenannt
SolZG	Solidaritätszuschlagsgesetz v. 24.6.1991 (BGBl. 1991 I 1318)
Sonderbeil.	Sonderbeilage
SOP	Statement of Position
South. Cal. L. Rev.	Southern California Law Review (USA)
Sozialer Fortschritt	Sozialer Fortschritt (Zeitschrift)
SozR	Sozialrecht (Zeitschrift), Rechtsprechung und Schrifttum, bearbeitet von den Richtern des Bundessozialgerichts
SozVers.	Die Sozialversicherung (Zeitschrift)
SozW	Sozialwissenschaft(en)
Sp.	Spalte
span.	spanisch
SpkG	Sparkassengesetz (Landesrecht)
SpP	Speditions-Police
SprAuG	Gesetz über Sprecherausschüsse der leitenden Angestellten (Sprecherausschußgesetz) v. 20.12.1988 (BGBl. 1988 I 2312)
SpTrUG	Gesetz über die Spaltung der von der Treuhandanstalt verwalteten Unternehmen (Spaltungsgesetz) v. 5.4.1991 (BGBl. 1991 I 854)
SRa	SozialRecht aktuell

Verzeichnis der Abkürzungen

SRG .... Gesetz zur Reform des Seehandelsrechts v. 20.4.2013 (BGBl. 2013 I 831)
SRTB .... Schweizer Rheintransport-Bedingungen
SSGA 1994 .... Sale and Supply of Goods Act 1994 (Großbritannien)
SSM-VO .... Verordnung (EU) Nr. 1024/2013 des Rates v. 15.10.2013 zur Übertragung besonderer Aufgaben im Zusammenhang mit der Aufsicht über Kreditinstitute auf die Europäische Zentralbank (ABl. EU 2013 L 287, 63; berichtigt)
ST .... Der Schweizer Treuhänder (Zeitschrift)
St. Clara L. Rev. .... Santa Clara Law Review
Staat .... Der Staat. Zeitschrift für Staatslehre, öffentliches Recht und Verfassungsgeschichte (Band und Seite)
StAG .... Staatsangehörigkeitsgesetz v. 22.7.1913 (RGBl. 1913 I 583)
Stan. J. Int'l L. .... Stanford Journal of International Law (USA)
StÄndG .... Steueränderungsgesetz
StAnpG .... Steueranpassungsgesetz
Stanzl .... Handelsrechtliche Entscheidungen des OGH Wien
StaRUG .... Gesetz über den Stabilisierungs- und Restrukturierungsrahmen für Unternehmen (Unternehmensstabilisierungs- und -restrukturierungsgesetz) v. 22.12.2020 (BGBl. 2020 I 3256)
StatJb .... Statistisches Jahrbuch für die Bundesrepublik Deutschland, hrsg. v. Statistischen Bundesamt (Jahr und Seite)
Status:Recht .... Status:Recht (Zeitschrift)
StB .... Der Steuerberater (Zeitschrift)
StBerG .... Steuerberatungsgesetz idF der Bek. v. 4.11.1975 (BGBl. 1975 I 2735)
Stbg .... Die Steuerberatung (Zeitschrift)
StbJb .... Steuerberater-Jahrbuch
StBKongrRep .... Steuerberaterkongreß-Report
StBp .... Die steuerliche Betriebsprüfung (Zeitschrift)
STEG .... Gesetz über die Sicherheit technischer Einrichtungen und Geräte (Schweiz)
StEK .... Steuererlasse in Karteiform, bearbeitet v. Felix, 1962 ff.
Sten. Prot. .... Stenographisches Protokoll
stenogr. .... stenographisch
StFG .... Gesetz zur Errichtung eines Finanzmarkt- und eines Wirtschaftsstabilisierungsfonds (Stabilisierungsfondsgesetz) v. 17.10.2008 (BGBl. 2008 I 1982)
StGB .... Strafgesetzbuch idF der Bek. v. 13.11.1998 (BGBl. 1998 I 3322)
StGH .... Staatsgerichtshof
StiftG .... Stiftungsgesetz (Landesrecht)
StoffR .... Zeitschrift für Stoffrecht (Zeitschrift)
StPO .... Strafprozessordnung idF der Bek. v. 7.4.1987 (BGBl. 1987 I 1074; berichtigt)
str. .... streitig
StraFo .... Strafverteidiger Forum (Zeitschrift)
StRK .... Steuerrechtsprechung in Karteiform. Höchstgerichtliche Entscheidungen in Steuersachen, Loseblattsammlung (1922–1944, 1951 ff.)
StrlSchG .... Gesetz zum Schutz vor der schädlichen Wirkung ionisierender Strahlung (Strahlenschutzgesetz v. 27.6.2017 (BGBl. 2017 I 1966)
stRspr .... ständige Rechtsprechung
Stu. mez. práva .... Studie z mezinárodního práva (Tschechoslowakei; ab 1982 Tschechische Republik)
StuB .... Unternehmensteuern und Bilanzen (Zeitschrift)
StückAG .... Stückaktiengesetz v. 25.3.1998 (BGBl. 1998 I 590)
Stud. L. & Econ. .... Studies of Law and Economics (Japan)
Stud. Transnat'l Econ. L. .... Studies in Transnational Economic Law (USA)
StuR .... Staat und Recht (Zeitschrift)
StuW .... Steuer und Wirtschaft (Zeitschrift)
StV .... Strafverteidiger (Zeitschrift)
StVG .... Straßenverkehrsgesetz idF der Bek. v. 5.3.2003 (BGBl. 2003 I 310; berichtigt)
StVO .... Straßenverkehrs-Ordnung v. 6.3.2013 (BGBl. 2013 I 367)
StVZO .... Straßenverkehrs-Zulassungs-Ordnung v. 26.4.2012 (BGBl. 2012 I 679)
StWa .... Steuerwarte (Zeitschrift)
Suffolk Transnat'l L. Rev. .... Suffolk Transnational Law Review
SUG .... Gesetz zur Verbesserung der Sicherheit der Seefahrt durch die Untersuchung von Seeunfällen und anderen Vorkommnissen (Seesicherheits-Untersuchungs-Gesetz) v. 1.3.2012 (BGBl. 2012 I 390)

Sup. Ct.	Supreme Court
Sup. Ct. (Rev.)	Supreme Court (Review)
SV-Abk.	Sozialversicherungsabkommen
Svensk Jurist.	Svensk Juristtidning (Schweden)
SVertO	Gesetz über das Verfahren bei der Errichtung und Verteilung eines Fonds zur Beschränkung der Haftung in der See- und Binnenschiffahrt (Schifffahrtsrechtliche Verteilungsordnung) idF v. 23.3.1999 (BGBl. I 530; BGBl. 2000 I 149)
SVS/RVS	Speditions- und Rollfuhrversicherungsschein
SWK	Steuer und Wirtschaftskartei (Zeitschrift)
SWZ	Schweizerische Zeitschrift für Wirtschaftsrecht
Syracuse J. Int'l L. & Com.	Syracuse Journal of International Law and Commerce (USA)
SZ	Entscheidungen des österreichischen Obersten Gerichtshofes in Zivilsachen
SZGerm	Zeitschrift der Savigny-Stiftung für Rechtsgeschichte, Germanische Abteilung
SZIER	Schweizerische Zeitschrift für internationales und europäisches Recht
SZR	Sonderziehungsrecht
SZW/RSDA	Schweizerische Zeitschrift für Wirtschaftsrecht; Revue Suisse de droit des affaires (Zeitschrift)
t	Tonne
T. A. R.	Tribunale amministrativo regionale
T. civ.	Tribunale civile (Zivilgericht, Italien)
T. S.	Tribunal Supremo
TD	Transportdienst
tdw	tons deadweight
TEE	Trans-Europa-Express
TEHG	Gesetz über den Handel mit Berechtigungen zur Emission von Treibhausgasen v. 21.7.2011 (BGBl. 2011 I 1475)
Temp. Int'l & Comp. L. J.	Temple International and Comparative Law Journal (USA)
Tex. Int'l L. J.	Texas International Law Journal (USA)
Tex. L. Rev.	Texas Law Review (USA)
TfR	Tidsskrift for Rettsvitenskap (Norwegen)
TG	Bundesgesetz über den Transport im öffentlichen Verkehr (Transportgesetz, Schweiz)
TKG	Telekommunikationsgesetz idF der Bek. v. 22.6.2004 (BGBl. 2004 I 1190)
Tort & Ins. L. J.	Tort & Insurance Law Journal
Torts L. J.	Torts Law Journal
TPG	Gesetz über die Spende, Entnahme und Übertragung von Organen und Geweben (Transplantationsgesetz) idF der Bek. v. 4.9.2007 (BGBl. 2007 I 2206)
Transnat'l Law.	The Transnational Lawyer
Transp. L. J.	Transportation Law Journal
TranspR	Transport- und Speditionsrecht (Zeitschrift)
TranspR-IHR	Transportrecht (Zeitschrift) – Beilage „Internationales Handelsrecht"
TransPuG	Gesetz zur weiteren Reform des Aktien- und Bilanzrechts, zu Transparenz und Publizität (Transparenz- und Publizitätsgesetz) v. 19.7.2002 (BGBl. 2002 I 2681)
Trav. dr. comp.	Travaux de droit comparé
TreuhG	Gesetz zur Privatisierung und Reorganisation des volkseigenen Vermögens (Treuhandgesetz) v. 17.6.1990 (GBl. 1990 I 300)
TRG	Gesetz zur Neuregelung des Fracht-, Speditions- und Lagerrechts (Transportrechtsreformgesetz) v. 25.6.1998 (BGBl. 1998 I 1588)
Trib.	Tribunale
Trib. civ.	Tribunal Civil
Trib. com.	Tribunal de Commerce
Trib. gr. inst.	Tribunal de grande instance (Frankreich)
Trib.civ.	Tribunal Civil
TSAR	Tydskrif vir die suid-afrikaanse reg/Journal of South African Law
TTDSG	Gesetz über den Datenschutz und den Schutz der Privatsphäre in der Telekommunikation und bei Telemedien (Telekommunikation-Telemedien-Datenschutz-Gesetz) v. 23.6.2021 (BGBl. 2021 I 1982)
TUG	Gesetz zur Umsetzung der Richtlinie 2004/109/EG des Europäischen Parlaments und des Rates vom 15. Dezember 2004 zur Harmonisierung der Transparenzanforderungen in Bezug auf Informationen über Emittenten, deren Wertpapiere zum Handel auf einem geregelten Markt zugelassen sind, und zur

Verzeichnis der Abkürzungen

	Änderung der Richtlinie 201/34/EG (Transparenzrichtlinie-Umsetzungsgesetz) v. 5.1.2007 (BGBl. 2007 I 10)
Tul. Civ. L. F.	Tulane Civil Law Forum (USA)
Tul. Eur. & Civ. L. Forum	Tulane European & Civil Law Forum (USA)
Tul. J. Int'l & Comp. L.	Tulane Journal of International and Comparative Law
Tul. L. Rev.	Tulane Law Review
türk.	türkisch
TÜV	Technischer Überwachungsverein
TVG	Tarifvertragsgesetz idF der Bek. v. 25.8.1969 (BGBl. 1969 I 1323)
TvP	Tijdschrift voor privaatrecht (Belgien)
Tz.	Textziffer
TzBfG	Gesetz über Teilzeitarbeit und befristete Arbeitsverträge (Teilzeit- und Befristungsgesetz) v. 21.12.2000 (BGBl. 2000 I 1966)
U. B. C. L. Rev.	University of British Columbia Law Review (Kanada)
U. B. L. R.	University of Baltimore Law Review (USA)
U. Chic. L. Rev.	University of Chicago Law Review (USA)
U. Cin. L. Rev.	University of Cincinnati Law Review (USA)
U. Colo. L. Rev.	University of Colorado Law Review
U. D. P.	Institut International pour l'Unification du Droit privé/International Institut for the Unification of Private Law (s. auch UNIDROIT)
U. D. P.	Institut International pour l'Unification du Droit privé/International Institut for the Unification of Private Law (s. auch UNIDROIT)
U. Detr. L. Rev.	University of Detroit Law Review (USA)
U. Ill. L. Rev.	University of Illinois Law Review
U. Miami Inter-Am. L. Rev.	University of Miami Inter-American Law Review (USA)
U. Miami Y. B. Int'l L.	University of Miami Yearbook of International Law (USA)
U. N. B. L. J.	University of New Brunswick Law Journal
U. Pa. J. Int'l Bus. L.	University of Pennsylvania Journal of International Business Law (USA)
U. Pa. J. Int'l Econ. L.	University of Pennsylvania Journal of International Economic Law (USA)
U. Pa. L. Rev.	University of Pennsylvania Law Review (USA)
U. Pitt. L. Rev.	University of Pittsburgh Law Review (USA)
U. S.	United States Reports
U. S. C.	United States Code
U. S. C. A.	United States Code Annotated
U. So. Fla. L. Rev.	University of Southern Florida Law Review (USA)
U. Tasmania L. Rev.	University of Tasmania Law Review
U. W. Ont. L. Rev.	University of Western Ontario Law Review (Kanada)
ua	unter anderem; und andere
UA	Untersuchungsausschuss
uÄ	und Ähnliche(s)
UAbs.	Unterabsatz
uam	und andere mehr
überwM	überwiegende Meinung
UBGG	Gesetz über Unternehmensbeteiligungsgesellschaften v. 9.9.1998 (BGBl. 1998 I 2765)
UCC	Uniform Commercial Code
UCC L. J.	Uniform Commercial Code Law Journal (USA)
UCC Law Journ.	Uniform Commercial Code Law Journal
UCC Rep. Serv.	Uniform Commercial Code Reporting Service (Callaghan) (USA)
UdSSR	Union der Sozialistischen Sowjetrepubliken
uE	unseres Erachtens
UEC	Union Européenne des Experts Comptables Economiques et Financiers
UFITA	Archiv für Urheber-, Film-, Funk- und Theaterrecht (Zeitschrift, zitiert nach Band und Seite)
UfR	Ugeskrift for Retsvaesen (Dänemark)
UGB	Unternehmensgesetzbuch (Österreich)
UGP-RL	Richtlinie 2005/29/EG des Europäischen Parlaments und des Rates v. 11.5.2005 über unlautere Geschäftspraktiken von Unternehmen gegenüber Verbrauchern im Binnenmarkt und zur Änderung der Richtlinie 84/450/EWG des Rates, der Richtlinien 97/7/EG, 98/27/EG und 2002/65/EG des Europäischen Parlaments und des Rates sowie der Verordnung (EG) Nr. 2006/2004

	des Europäischen Parlaments und des Rates (Richtlinie über unlautere Geschäftspraktiken) (ABl. EG 2005 L 149, 22; berichtigt)
UKlaG	Gesetz über Unterlassungsklagen bei Verbraucherrechts- und anderen Verstößen (Unterlassungsklagengesetz) idF der Bek. v. 27.8.2002 (BGBl. 2002 I 3422; berichtigt)
ULIS	Uniform Law on the International Sale of Goods (s. auch EKG)
ULR	Uniform Law Review, hrsg. von UNIDROIT, Rom
UM	Unternehmensbewertung & Management
UMAG	Gesetz zur Unternehmensintegrität und Modernisierung des Anfechtungsrechts v. 22.9.2005 (BGBl. 2005 I 2802)
UmstG	Drittes Gesetz zur Neuordnung des Geldwesens (Umstellungsgesetz) v. 20.6.1948 (WiGBl-Beil. 5/1948, 13)
UmweltHG	Umwelthaftungsgesetz v. 10.12.1990 (BGBl. 1990 I 2634)
UmwG	Umwandlungsgesetz v. 28.10.1994 (BGBl. 1994 I 3210; berichtigt)
UmwStErl	Umwandlungssteuererlass
UmwStG	Umwandlungssteuergesetz v. 7.12.2006 (BGBl. I 2782, 2791)
UN	United Nations
UNCITRAL	United Nations Commission for International Trade Law/Ausschuss der Vereinten Nationen für Internationales Handelsrecht
UNCTAD	United Nations Congress of Trade and Development
UN-Dok.	UN-Dokumente
UNIDROIT	Institut International pour l'Unification du Droit Privé/International Institute for the Unification of Private Law (Rom)
Unif. L. Conf.	Uniform Law Conference of Canada, Proceedings of the Annual Meeting (Kanada)
Uniform L. Rev.	Uniform Law Review/Revue de droit uniforme (Hrsg. UNIDROIT)
UNILEX	International Case Law, UNIDROIT
UN-KaufR	siehe unter CISG
UNO	United Nations Organization
unstr.	unstreitig
Unternehmensrechts-kommission-Bericht	Bericht über die Verhandlungen der Unternehmensrechtskommission, hrsg. v. Bundesministerium der Justiz, 1980
UNTS	United Nations Treaty Series
unzutr.	unzutreffend
UPU	Union Postale Universelle; Universal Postal Union
UR	Umsatzsteuer-Rundschau (Zeitschrift); auch UStR
UrhG	Gesetz über Urheberrecht und verwandte Schutzrechte (Urheberrechtsgesetz) v. 9.9.1965 (BGBl. 1965 I 1273)
US	United States Reports
US Dep. Agric.	United States Department of Agriculture
US Dist. LEXIS	LEXIS Datenbank der Entscheidungen der US-District Courts
US F. L. Rev.	University of San Francisco Law Review (USA)
USA	United States of America
USC	United States Code
USCA	United States Code Annotated
USchadG	Gesetz über die Vermeidung und Sanierung von Umweltschäden (Umweltschadensgesetz) v. 10.5.2007 (BGBl. 2007 I 666)
USCS	United States Code Service
US-GAAP	United States Generally Accepted Accounting Principles
USt	Umsatzsteuer
USt	Umsatzsteuer
UStDV	Umsatzsteuer-Durchführungsverordnung
UStG	Umsatzsteuergesetz idF der Bek. v. 21.2.2005 (BGBl. 2005 I 386)
UStR	Umsatzsteuerrichtlinien; Umsatzsteuer-Rundschau (Zeitschrift)
usw	und so weiter
uU	unter Umständen
uvam	und vieles andere(s) mehr
uvm	und viele mehr
UVR	Umsatzsteuer- und Verkehrsteuer-Recht (Zeitschrift)
UVV	Unfallverhütungsvorschrift
UWG	Gesetz gegen den unlauteren Wettbewerb idF der Bek. v. 3.3.2010 (BGBl. 2010 I 254)
v.	von; vom; versus

Verzeichnis der Abkürzungen

V. J.	Vindobona Journal
VA	Vermittlungsausschuss
Va. J. Int. L.	Virginia Journal of International Law
Va. J. Transnat. L.	Vanderbilt Journal of Transnational Law
VAE	Verkehrsrechtliche Abhandlungen und Entscheidungen (Zeitschrift)
VAG	Gesetz über die Beaufsichtigung der Versicherungsunternehmen (Versicherungsaufsichtsgesetz) v. 1.4.2015 (BGBl. 2015 I 434)
Vand. J. Transnat'l L.	Vanderbilt Journal of Transnational Law (USA)
Var.	Variante
VBGL	Vertragsbedingungen für den Güterkraftverkehrs-, Speditions- und Logistikunternehmer
VBL	Versorgungsanstalt des Bundes und der Länder
VBlBW	Verwaltungsblätter für Baden-Württemberg
VDG	Vertrauensdienstegesetz (VDG) v. 18.7.2017 (BGBl. 2017 I 2745)
VDV	Verordnung zu Vertrauensdiensten (Vertrauensdiensteverordnung) v. 15.2.2019 (BGBl. 2019 I 114)
VerBAV	Veröffentlichungen des Bundesaufsichtsamtes f. das Versicherungs- und Bausparwesen (Zeitschrift)
Verbraucherkredit-RL	Richtlinie 2008/48/EG des Europäischen Parlaments und des Rates über Verbraucherkreditverträge und zur Aufhebung der Richtlinie 87/102/EWG des Rates v. 23.4.2008 (ABl. EU 2008 L 133, 66; berichtigt)
Verbraucherkredit-RL 1987	Richtlinie 87/102/EWG des Rates zur Angleichung der Rechts- und Verwaltungsvorschriften der Mitgliedstaaten über den Verbraucherkredit v. 22.12.1986 (ABl. EG 1987 L 42, 48), aufgehoben
Verbraucherrechte-RL	Richtlinie 2011/83/EU des Europäischen Parlaments und des Rates über die Rechte der Verbraucher, zur Abänderung der Richtlinie des Rates 93/13/EWG und der Richtlinie des Europäischen Parlaments und des Rates 1999/44/EG sowie zur Aufhebung der Richtlinie des Rates 85/577/EWG und der Richtlinie des Europäischen Parlaments und des Rates 97/7/EG v. 25.10.2011 (ABl. EU 2011 L 304, 64)
Verbrauchsgüterkauf-RL	Richtlinie 1999/44/EG des Europäischen Parlaments und des Rates zu bestimmten Aspekten des Verbrauchsgüterkaufs und der Garantien für Verbrauchsgüter v. 25.5.1999 (ABl. EG 1999 L 171, 12)
VerbrKrG	Gesetz über Verbraucherkredite, zur Änderung der Zivilprozessordnung und anderer Gesetze idF der Bek. v. 29.6.2000 (BGBl. 2000 I 940), aufgehoben
VereinsG	Vereinsgesetz idF der Bek. v. 5.8.1964 (BGBl. 1964 I 593)
Verf.	Verfasser
VerglO	Vergleichsordnung v. 26.2.1935 (RGBl. 1935 I 321; berichtigt); aufgehoben
Verh.	Verhandlung(en)
VerjÜbk	Convention on the Limitation Period in the International Sale of Goods (Übereinkommen über die Verjährung beim internationalen Warenkauf) v. 14.6.1974 (A/CONF. 63/15), YB V (1974), 210–215 in der Fassung des Protocol Amending the Convention on the Limitation Period in the International Sale of Goods v. 11.4.1980 (A/CONF. 97/18, annex II), YB XI (1980), 162–164
Verk. Mitt.	Verkehrsrechtliche Mitteilungen
Verk. Rdsch.	Verkehrsrechtliche Rundschau
VerkBl.	Verkehrsblatt, Amtsblatt des Bundesministers für Verkehr
VerkMitt.	Verkehrsrechtliche Mitteilungen (Zeitschrift)
VerkRdsch.	Verkehrsrechtliche Rundschau (Zeitschrift)
VerlG	Gesetz über das Verlagsrecht
VermAnlG	Gesetz über Vermögensanlagen (Vermögensanlagengesetz) v. 6.12.2011 (BGBl. 2011 I 2481)
Veröff.	Veröffentlichung
VerschG	Verschollenheitsgesetz idF der Bek. v. 15.1.1951 (BGBl. 1951 I 63)
VerschmG	Verschmelzungsgesetz (Österreich)
VersKapAG	Gesetz zur Änderung von Vorschriften über die Bewertung der Kapitalanlagen von Versicherungsunternehmen und zur Aufhebung des Diskontsatz-Überleitungs-Gesetzes (Versicherungskapitalanlagen-Bewertungsgesetz) v. 26.3.2002 (BGBl. 2002 I 1219)
VersR	Versicherungsrecht, Juristische Rundschau für die Individualversicherung (Zeitschrift)
VersRdsch	Versicherungsrundschau (Österreich)
VersR-R	Versicherungsrecht-Rechtsprechung (Zeitschrift)

VersVerm	Versicherungsvermittlung (Zeitschrift)
VersW	Versicherungswirtschaft (Zeitschrift)
VerwA	Verwaltungsarchiv (Zeitschrift)
VerwG	Verwaltungsgericht
VerwGH	Verwaltungsgerichtshof
VerwR	Verwaltungsrecht
VerwRspr	Verwaltungsrechtsprechung in Deutschland (Band und Seite)
VFA	Versicherungsfachausschuss des IDW
Vfg.	Verfügung
vGA	verdeckte Gewinnausschüttung
VGH	Verfassungsgerichtshof
vgl.	vergleiche
VGR	Wissenschaftliche Vereinigung für Gesellschafts- und Unternehmensrecht e.V. (Gesellschaftsrechtliche Vereinigung)
vH	von (vom) Hundert
VIA	Verbraucherinsolvenz aktuell (Zeitschrift)
Vict. U. Well. L. Rev.	Victoria University of Wellington Law Review (Neuseeland)
Vill. L. Rev.	Villanova Law Review
VisbyR	Protokoll v. 23.2.1968 zur Änderung des Brüsseler Übereinkommens v. 25.8.1924 zur Vereinheitlichung von Regeln über Konnossemente, sowie die dadurch geänderte Fassung der HR (sog. Visby-Regeln)
VIZ	Zeitschrift für Vermögens- und Investitionsrecht (seit 1997: Immobilienrecht)
VkBl.	Verkehrsblatt, Amtsblatt des Bundesministers für Verkehr
VMBl.	Ministerialblatt des Bundesministers für (ab 1962: der) Verteidigung
VO	Verordnung
VO (EU) 2018/389	Delegierte Verordnung (EU) 2019/979 der Kommission v. 27.11.2017 zur Ergänzung der Richtlinie (EU) 2015/2366 des Europäischen Parlaments und des Rates durch technische Regulierungsstandards für eine starke Kundenauthentifizierung und für sichere offene Standards für die Kommunikation (ABl. EU 2018 L 69, 23; berichtigt)
VOB/A, VOB/B	Vergabe- und Verdingungsordnung für Bauleistungen, Teil A: Allgemeine Bestimmungen für die Vergabe von Bauleistungen, Teil B: Allgemeine Vertragsbedingungen für die Ausführung von Bauleistungen, idF der Bek. v. 30.5.2002 (BAnz. 2002 Beilage Nr. 202a, 19)
VOBl.	Verordnungsblatt
VOL	Verdingungsordnung für Leistungen
Vol.	Volume (= Band)
Vorb.	Vorbemerkung(en)
VorstAG	Gesetz zur Angemessenheit der Vorstandsvergütung v. 31.7.2009 (BGBl. 2009 I 2509)
VorstOG	Gesetz über die Offenlegung der Vorstandsvergütungen (Vorstandsvergütungs-Offenlegungsgesetz) v. 3.8.2005 (BGBl. 2005 I 2267)
VP	Die Versicherungspraxis
VR	Verwaltungsrundschau (Zeitschrift)
VRG	Gesetz zur Förderung von Vorruhestandsleistungen (Vorruhestandsgesetz) v. 13.4.1984 (BGBl. 1984 I 601)
VRS	Verkehrsrechts-Sammlung (Zeitschrift; Band und Seite)
VRV	Vereinsregisterverordnung v. 10.2.1999 (BGBl. 1999 I 147)
vs.	versus
VStR	Vermögensteuer-Richtlinien für die Vermögensteuer-Hauptveranlagung
VUBR	Bilanzierungsrichtlinien für Versicherungsunternehmen
VuR	Verbraucher und Recht (Zeitschrift)
VVaG	Versicherungsverein auf Gegenseitigkeit
VVDStRL	Veröffentlichungen der Vereinigung Deutscher Staatsrechtslehrer
VVG	Gesetz über den Versicherungsvertrag v. 23.11.2007 (BGBl. 2007 I 2631)
VW	Versicherungswirtschaft (Zeitschrift)
VwGO	Verwaltungsgerichtsordnung idF der Bek. v. 19.3.1991 (BGBl. 1991 I 686)
VwVfG	Verwaltungsverfahrensgesetz idF der Bek. v. 23.1.2003 (BGBl. 2003 I 102)
VwZG	Verwaltungszustellungsgesetz v. 12.8.2005 (BGBl. 2005 I 2354)
VZ	Veranlagungszeitraum
VZS	Vereinigte Zivilsenate
W. G.	Working Group
W. L. R.	The Weekly Law Reports (Großbritannien)
W. R.	Weekly Reporter (Großbritannien)

Verzeichnis der Abkürzungen

WA	Warschauer Abkommen v. 12.10.1929 zur Vereinheitlichung von Regeln über die Beförderung im internationalen Luftverkehr
WA (MP 4) 1975	Montreal Protocol No. 4 to amend Convention for the Unification of Certain Rules relating to International Carriage by Air, signed at Warsaw on 12.10.1929, as amended by the Protocol done at Hague on 28.9.1955, signed at Montreal on 25.9.1975
WA 1929	ursprüngliche Fassung des WA
WA 1955	WA idF des Protokolls von Den Haag v. 28.9.1955
WA 1971	WA idF des Protokolls von Guatemala v. 8.3.1971
WährG	Währungsgesetz (Gesetz Nr. 61 der amerikanischen und der britischen Militärregierung); aufgehoben
Warenkauf-RL	Richtlinie (EU) 2019/771 des Europäischen Parlaments und des Rates v. 20.5.2019 über bestimmte vertragsrechtliche Aspekte des Warenkaufs, zur Änderung der Verordnung (EU) 2017/2394 und der Richtlinie 2009/22/EG sowie zur Aufhebung der Richtlinie 1999/44/EG, ABl. EU 2019 L 136, 28
WarnR	Rechtsprechung des Reichsgerichts, hrsg. von Warneyer (Band und Nr.), ab 1961: Rechtsprechung des Bundesgerichtshofs in Zivilsachen
Wash. L. Rev.	Washington Law Review (USA)
Wash. U. L. Q.	Washington University Law Quarterly (USA)
wbl	Wirtschaftsrechtliche Blätter (Österreich)
WBVG	Gesetz zur Regelung von Verträgen über Wohnraum mit Pflege- oder Betreuungsleistungen (Wohn- und Betreuungsvertragsgesetz) v. 29.7.2009 (BGBl. 2009 I 2319)
WEG	Gesetz über das Wohnungseigentum und das Dauerwohnrecht (Wohnungseigentumsgesetz) In der Fassung der Bekanntmachung v. 12.1.2021 (BGBl. 2021 I 34)
West Int'l L. Bull.	West's International Law Bulletin (USA)
WG	Wechselgesetz v. 21.6.1933 (RGBl. 1933 I 399)
WGV	Verordnung über die Anlegung und Führung der Wohnungs- und Teileigentumsgrundbücher (Wohnungsgrundbuchverfügung) idF der Bek. v. 24.1.1995 (BGBl. 1995 I 134)
WHG	Gesetz zur Ordnung des Wasserhaushalts (Wasserhaushaltsgesetz) v. 31.7.2009 (BGBl. 2009 I 2585)
WHO	World Health Organization
WiB	Wirtschaftsrechtliche Beratung (Zeitschrift) bis zum 31.12.1997; ab 1.1.1998 ersetzt durch NZG
WiGBl.	Gesetzblatt der Verwaltung des Vereinigten Wirtschaftsgebiets
WImmoT	Weimarer Immobilienrechtstage (Dokumentation)
WiR	Wirtschaftsrat; Wirtschaftsrecht (Zeitschrift)
WiRO	Wirtschaft und Recht in Osteuropa (Zeitschrift)
Wis. B. Bull.	Wisconsin Bar Bulletin (USA)
WiSt	Wirtschaftswissenschaftliches Studium (Zeitschrift)
WiSta	Wirtschaft und Statistik, hrsg. vom Statistischen Bundesamt (Zeitschrift)
WiStG	Gesetz zur weiteren Vereinfachung des Wirtschaftsstrafrechts (Wirtschaftsstrafgesetz 1954) idF der Bek. v. 3.6.1975 (BGBl. 1975 I 1313)
wistra	Zeitschrift für Wirtschaft, Steuer und Strafrecht
WISU	Das Wirtschaftsstudium (Zeitschrift)
WiuStat	Wirtschaft und Statistik (1.1921–24.1944, N.F. 1.1949 ff.)
WL	West Law (Online-Datenbank)
WM	Wertpapiermitteilungen, Zeitschrift für Wirtschaft und Bankrecht (Zeitschrift)
wN	weitere Nachweise
WO	Erste Verordnung zur Durchführung des Betriebsverfassungsgesetzes (Wahlordnung) v. 11.12.2001 (BGBl. 2001 I 3494)
WoM	Wohnungswirtschaft und Mietrecht (Informationsdienst des Deutschen Mieterbundes; Zeitschrift)
WP	Wahlperiode; Wirtschaftsprüfer; Das Wertpapier (Zeitschrift)
WpAV	Verordnung zur Konkretisierung von Anzeige-, Mitteilungs- und Veröffentlichungspflichten nach dem Wertpapierhandelsgesetz (Wertpapierhandelsanzeigeverordnung) v. 13.12.2004 (BGBl. 2004 I 3376)
WpDPV	Verordnung über die Prüfung der Wertpapierdienstleistungsunternehmen nach § 89 des Wertpapierhandelsgesetzes (Wertpapierdienstleistungs-Prüfungsverordnung) v. 17.1.2018 (BGBl. 2018 I 140)
WPflG	Wehrpflichtgesetz idF der Bek. v. 15.8.2011 (BGBl. 2011 I 1730)
WPg	Die Wirtschaftsprüfung (Zeitschrift)

WpHG	Gesetz über den Wertpapierhandel (Wertpapierhandelsgesetz) idF der Bek. v. 9.9.1998 (BGBl. 1998 I 2708)
WPK	Wirtschaftsprüferkammer
WPK-Mitt	Wirtschaftsprüferkammer-Mitteilungen (Zeitschrift)
WPNR	Weekblad voor privaatrecht, notariaat en registratie (Niederlande)
WPO	Gesetz über eine Berufsordnung der Wirtschaftsprüfer (Wirtschaftsprüferordnung) idF der Bek. v. 5.11.1975 (BGBl. 1975 I 2803)
WpPG	Gesetz über die Erstellung, Billigung und Veröffentlichung des Prospekts, der beim öffentlichen Angebot von Wertpapieren oder bei der Zulassung von Wertpapieren zum Handel an einem organisierten Markt zu veröffentlichen ist (Wertpapierprospektgesetz) v. 22.6.2005 (BGBl. 2005 I 1698)
WpÜG	Wertpapiererwerbs- und Übernahmegesetz v. 20.12.2001 (BGBl. 2001 I 3822)
WpÜG-AnwendbV	WpÜG-Anwendbarkeitsverordnung
WpÜG-AV	WpÜG-Angebotsverordnung
WpÜG-BV	WpÜG-Beiratsverordnung
WpÜG-GV	WpÜG-Gebührenverordnung
WpÜG-WV	WpÜG-Widerspruchsausschuss-Verordnung
WPV	Weltpostvertrag v. 15.9.1999 (BGBl. 2002 II 1446, 1470)
WRP	Wettbewerb in Recht und Praxis (Zeitschrift)
WRV	Weimarer Reichsverfassung v. 11.8.1919 (RGBl. 1919, 1383)
WStBG	Gesetz zur Beschleunigung und Vereinfachung des Erwerbs von Anteilen an sowie Risikopositionen von Unternehmen des Finanzsektors durch den Fonds „Finanzmarktstabilisierungsfonds – FMS" und der Realwirtschaft durch den Fonds „Wirtschaftsstabilisierungsfonds – WSF" (Wirtschaftsstabilisierungsbeschleunigungsgesetz) v. 17.10.2008 (BGBl. 2008 I 1982)
WT	Der Wirtschaftstreuhänder (Zeitschrift)
WuB	Wirtschafts- und Bankrecht (Zeitschrift)
WuM	Wohnungswirtschaft und Mietrecht (Informationsdienst des Deutschen Mieterbundes; Zeitschrift)
WuM	Wohnungswirtschaft und Mietrecht (Zeitschrift)
WuR	Die Wirtschaft und das Recht (Zeitschrift)
WürttNV	Mitteilungen aus der Praxis, hrsg. v. Württembergischen Notarverein (bis 20.1954), dann BWNotZ
WürttRpflZ	Württembergische Zeitschrift für Rechtspflege und Verwaltung
WürttZ	Zeitschrift für die freiwillige Gerichtsbarkeit und Gemeindeverwaltung in Württemberg
WuSta	Wirtschaft und Statistik (Zeitschrift)
WuW	Wirtschaft und Wettbewerb (Zeitschrift)
WuW/E	Wirtschaft und Wettbewerb – Entscheidungssammlung
WVRK	Wiener Übereinkommen über das Recht der Verträge v. 23.5.1969 (in Kraft seit 27.1.1980)
Yale J. Int'l L.	The Yale Journal of International Law (USA)
Yale L. & Pol'y Rev.	The Yale Law and Policy Review
Yale L. J.	The Yale Law Journal (USA)
YAR	York-Antwerp Rules
YB	UNCITRAL-Yearbook, New York: United Nations Publication (1971 ff.)
YB. Comm. Arb.	Yearbook Commercial Arbitration (USA)
ZADL	Zahlungsauslösungsdienstleister
ZAG	Gesetz über die Beaufsichtigung von Zahlungsdiensten (Zahlungsdiensteaufsichtsgesetz) v. 17.7.2017 (BGBl. 2017 I 2446)
ZAGWAbk	Zusatzabkommen von Guadalajara v. 18.9.1961 zum WA 1929/1955 zur Vereinheitlichung von Regeln über die von einem andern als dem vertraglichen Luftfrachtführer ausgeführte Beförderung im internationalen Luftverkehr (BGBl. 1963 II 1159)
Zahlungsdienste-RL	Richtlinie (EU) 2015/2366 des Europäischen Parlaments und des Rates über Zahlungsdienste im Binnenmarkt, zur Änderung der Richtlinien 2002/65/EG, 2009/110/EG und 2013/36/EU und der Verordnung (EU) Nr. 1093/2010 sowie zur Aufhebung der Richtlinie 2007/64/EG v. 25.11.2015 (ABl. EU 2015 L 337, 35; berichtigt)
Zahlungsdienste-RL 2007	Richtlinie 2007/64/EG des Europäischen Parlaments und des Rates v. 13.11.2007 über Zahlungsdienste im Binnenmarkt, zur Änderung der Richtlinien 97/7/EG, 2002/65/EG, 2005/60/EG und 2006/48/EG sowie zur Aufhebung der Richtlinie 97/5/EG (ABl. EG 2007 L 319, 1; berichtigt)

Verzeichnis der Abkürzungen

Zahlungsverzugs-RL	Richtlinie 2011/7/EU des Europäischen Parlaments und des Rates zur Bekämpfung von Zahlungsverzug im Geschäftsverkehr v. 16.2.2011 (ABl. EU 2011 L 48, 1)
ZaiP	Zeitschrift für ausländisches und internationales Privatrecht
ZAkDR	Zeitschrift der Akademie für Deutsches Recht
ZaöRV	Zeitschrift für ausländisches öffentliches Recht und Völkerrecht (Zeitschrift, zitiert nach Band und Seite)
ZAP	Zeitschrift für die Anwaltspraxis
ZAR	Zeitschrift für Ausländerrecht und Ausländerpolitik
ZAS	Zeitschrift für Arbeits- und Sozialrecht (Österreich)
zB	zum Beispiel
ZBB	Zeitschrift für Bankrecht und Bankwirtschaft
ZBergR	Zeitschrift für Bergrecht
ZBernJV	Zeitschrift des Bernischen Juristenvereins
ZBIHR	Zentralblatt für Handelsrecht
ZBl.	Zentralblatt für die juristische Praxis (Zeitschrift)
ZBlFG	Zentralblatt für freiwillige Gerichtsbarkeit und Notariat (ab 12.1911/12: für freiwillige Gerichtsbarkeit, Notariat und Zwangsversteigerung), 1.1900/01–22.1921/22
ZBlHR	Zentralblatt für Handelsrecht
ZBlJugR	Zentralblatt für Jugendrecht und Jugendwohlfahrt
ZblSozVers	Zentralblatt für Sozialversicherung, Sozialhilfe und -versorgung
ZBR	Zeitschrift für Beamtenrecht
ZdtRudtRWiss	Zeitschrift für deutsches Recht und deutsche Rechtswissenschaft
ZDUG	Gesetz zur Umsetzung der Zweiten Zahlungsdiensterichtlinie (Zahlungsdiensterichtlinie-UmsetzungsG) v. 17.7.2017 (BGBl. 2017 I 2446)
ZErb	Zeitschrift für Steuer- und Erbrechtspraxis
ZEuP	Zeitschrift für Europäisches Privatrecht
ZEV	Zeitschrift für Erbrecht und Vermögensnachfolge
ZevKR	Zeitschrift für evangelisches Kirchenrecht
ZfA	Zeitschrift für Arbeitsrecht
ZfB	Zeitschrift für Betriebswirtschaft
ZfbF	Schmalenbachs Zeitschrift für betriebswirtschaftliche Forschung
ZfBR	Zeitschrift für deutsches und internationales Baurecht
ZfBSch	Zeitschrift für Binnenschifffahrt und Wasserstraßen
ZfCM	Zeitschrift für Controlling & Management
ZFE	Zeitschrift für Familien- und Erbrecht
ZfF	Zeitschrift für das Fürsorgewesen (Zeitschrift)
ZfgG	Zeitschrift für das gesamte Genossenschaftswesen
ZfgK	Zeitschrift für das gesamte Kreditwesen
ZfIR	Zeitschrift für Immobilienrecht (Zeitschrift)
ZfJ	Zeitschrift für Jugendrecht (Zeitschrift)
ZfKiJugPsychiatrie	Zeitschrift für Kinder- und Jugendpsychiatrie
ZfPW	Zeitschrift für die gesamte Privatrechtswissenschaft
ZfR	Zeitschrift für das gesamte Rechnungswesen
ZfRV	Zeitschrift für Rechtsvergleichung (Österreich)
ZfS	Zeitschrift für Schadensrecht
ZfSH	Zeitschrift für Sozialhilfe (1.1962 ff.)
ZfSoz	Zeitschrift für Soziologie
ZfSozReform	Zeitschrift für Sozialreform
ZfSozW	Zeitschrift für Sozialwissenschaft
ZfV	Zeitschrift für Versicherungswesen
ZfZ	Zeitschrift für Zölle und Verbrauchsteuern
ZG	Zeitschrift für Gesetzgebung
ZGB	Zivilgesetzbuch (jeweils mit erlassendem Staat, zB Schweiz)
ZGB DDR	Zivilgesetzbuch der Deutschen Demokratischen Republik v. 19.6.1975 (GBl. DDR 1975 I 465)
ZgesGenW	Zeitschrift für das gesamte Genossenschaftswesen
ZgesKredW	Zeitschrift für das gesamte Kreditwesen
ZgesStaatsW	Zeitschrift für die gesamte Staatswissenschaft
ZgesStrafW	Zeitschrift für die gesamte Strafrechtswissenschaft
ZGR	Zeitschrift für Unternehmens- und Gesellschaftsrecht
ZGS	Zeitschrift für das gesamte Schuldrecht
ZGS	Zeitschrift für das gesamte Schuldrecht

ZgS	Zeitschrift für die gesamte Staatswissenschaft (Band, Jahr, Seite)
ZGV	Zeitschrift für Gebühren und Verkehrssteuern
ZHR	Zeitschrift für das gesamte Handels- und Wirtschaftsrecht (bis 1960: Zeitschrift für das gesamte Handelsrecht und Konkursrecht)
ZHR	Zeitschrift für das gesamte Handelsrecht und Wirtschaftsrecht
Ziff.	Ziffer(n)
ZIK	Zeitschrift für Insolvenzrecht und Kreditschutz
ZImmunForsch	Zeitschrift für Immunitätsforschung, Allergie und klinische Immunologie
ZInsO	Zeitschrift für das gesamte Insolvenzrecht
ZIntEisenb	Zeitschrift für den internationalen Eisenbahnverkehr/Bulletin des transports internationaux ferroviaires (Schweiz)
ZIP	Zeitschrift für Wirtschaftsrecht (bis 1982: Zeitschrift für Wirtschaftsrecht und Insolvenzpraxis)
ZIP	Zeitschrift für Wirtschaftsrecht und Insolvenzpraxis
ZIR	Zeitschrift für interne Revision
ZivG	Zivilgericht
ZKA	Zentraler Kreditausschuss
ZKM	Zeitschrift für Konfliktmanagement
ZLR	Zeitschrift für Lebensmittelrecht
ZLR	Zeitschrift für Luftrecht
ZLW	Zeitschrift für Luftrecht und Weltraumrechtsfragen
ZMR	Zeitschrift für Miet- und Raumrecht
ZNotP	Zeitschrift für die NotarPraxis
ZNR	Zeitschrift für Neuere Rechtsgeschichte
ZöffR	Zeitschrift für öffentliches Recht
ZPO	Zivilprozessordnung idF der Bek. v. 5.12.2005 (BGBl. 2005 I 3202; berichtigt)
Z-Quote	Zuführungsquote
ZRechtsmed	Zeitschrift für Rechtsmedizin
ZRG	Zeitschrift der Savigny-Stiftung für Rechtsgeschichte (germ. Abt. = germanistische Abteilung; rom. Abt. = romanistische Abteilung, kanon. Abt. = kanonistische Abteilung)
ZRP	Zeitschrift für Rechtspolitik
ZRvgl	Zeitschrift für Rechtsvergleichung
ZS	Zivilsenat
ZSR	Zeitschrift für Sozialreform; Zeitschrift für schweizerisches Recht
ZStrW	Zeitschrift für die gesamte Strafrechtswissenschaft (Band und Seite)
zT	zum Teil
ZTR	Zeitschrift für Tarifrecht
ZUM	Zeitschrift für Urheber- und Medienrecht – Film und Recht
zust.	zustimmend
ZustErgG	Gesetz zur Ergänzung von Zuständigkeiten auf den Gebieten des Bürgerlichen Rechts, des Handelsrechts und des Strafrechts (Zuständigkeitsergänzungsgesetz) v. 7.8.1952 (BGBl. 1952 I 407)
zutr.	zutreffend
ZVerkR	Zeitschrift für Verkehrsrecht (Österreich)
ZVersWiss	Zeitschrift für die gesamte Versicherungswissenschaft (1.1901–43.1943; 49.1960 ff.)
ZVG	Gesetz über die Zwangsversteigerung und Zwangsverwaltung idF der Bek. v. 20.5.1898 (RGBl. 1898, 713)
ZVglRWiss	Zeitschrift für vergleichende Rechtswissenschaft (Band, Jahr und Seite)
ZVölkR	Zeitschrift für Völkerrecht
ZVR	(öst.) Zeitschrift für Verkehrsrecht
ZWE	Zeitschrift für das Wohnungseigentum
Zweigniederlassungs-RL	Elfte Richtlinie 89/666/EWG des Rates v. 21.12.1989 über die Offenlegung von Zweigniederlassungen, die in einem Mitgliedstaat von Gesellschaften bestimmter Rechtsformen errichtet wurden, die dem Recht eines anderen Staates unterliegen (ABl. EG 1989 L 395, 36); aufgehoben
ZWeR	Zeitschrift für Wettbewerbsrecht, Journal of Competition Law
ZZP	Zeitschrift für Zivilprozess (Band und Seite)
ZZPInt	Zeitschrift für Zivilprozess International

Verzeichnis der abgekürzt zitierten Literatur

Achilles	Achilles, Kommentar zum UN-Kaufrechtsübereinkommen (CISG), 2. Aufl. 2019
Adler/Düring/Schmaltz .	Adler/Düring/Schmaltz, Rechnungslegung nach Internationalen Standards, 7. Aufl. 2011
AK-BGB	Wassermann, Alternativkommentar zum Bürgerlichen Gesetzbuch, 1. Aufl. 1979
Althanns/Buth/Leißl Genossenschafts-HdB	Althanns/Buth/Leißl, Genossenschafts-Handbuch, 2. Aufl. 2020
Altmeppen	Altmeppen, GmbHG, 11. Aufl. 2023
Anders/Gehle	Anders/Gehle, ZPO, 81. Aufl. 2023
Andres/Leithaus	Andres/Leithaus, Insolvenzordnung, 4. Aufl. 2018
Angerer/Brandi/ Süßmann	Angerer/Brandi/Süßmann, Wertpapiererwerbs- und Übernahmegesetz, 4. Aufl. 2023
Arens/Tepper Prax-FormB GesR	Arens/Tepper, Praxisformularbuch Gesellschaftsrecht, 4. Aufl. 2012
Armbrüster/Preuß/ Renner	Armbrüster/Preuß/Renner, BeurkG DONot, 8. Aufl. 2020
Ascheid/Preis/Schmidt ..	Ascheid/Preis/Schmidt, Kündigungsrecht, 6. Aufl. 2021
Assmann/Pötzsch/ Schneider WpÜG	Assmann/Pötzsch/Schneider, Wertpapiererwerbs- und Übernahmegesetz, 3. Aufl. 2019
Assmann/Schneider/ Mülbert	Assmann/Schneider/Mülbert, Wertpapierhandelsrecht, 7. Aufl. 2019
Assmann/Schütze/Buck-Heeb KapAnlR-HdB	Assmann/Schütze/Buck-Heeb, Handbuch des Kapitalanlagerechts, 5. Aufl. 2020
Assmann/Wallach/ Zetzsche	Assmann/Wallach/Zetzsche, KAGB, 2. Aufl. 2022
Backhaus/Tielmann	Backhaus/Tielmann, Der Aufsichtsrat, 2. Aufl. 2023
Baetge/Kirsch/Thiele	Baetge/Kirsch/Thiele, Bilanzrecht, 104. Aufl. 2022
Baetge/Kirsch/Thiele Bilanzen	Baetge/Kirsch/Thiele, Bilanzen, 16. Aufl. 2021
Baetge/Kirsch/Thiele Konzernbilanzen	Baetge/Kirsch/Thiele, Konzernbilanzen, 14. Aufl. 2021
Baetge/Wollmert/ Kirsch/Oser/Bischof	Baetge/Wollmert/Kirsch/Oser/Bischof, Rechnungslegung nach IFRS – Kommentar auf der Grundlage des deutschen Bilanzrechts, 2. Aufl. 2011
Baranowski Besteuerung	Baranowski, Besteuerung von Auslandsbeziehungen, 2. Aufl. 2000
Barz/Forster/Knur/ Limbach/Rehbinder/ Teichmann GmbH-Reform	Barz/Forster/Knur/Limbach/Rehbinder/Teichmann, GmbH-Reform, 1. Aufl. 1970
Bassenge/Roth	Bassenge/Roth, FamFG/RPflG, 12. Aufl. 2009
Bauer/Schaub	Bauer/Schaub, GBO, 5. Aufl. 2023
Baumbach/Hefermehl/ Casper	Baumbach/Hefermehl/Casper, Wechselgesetz, Scheckgesetz, Recht des Zahlungsverkehrs, 24. Aufl. 2020
Baumbach/Hueck AktG	Baumbach/Hueck, Aktiengesetz, 13. Aufl. 1968
Baums/Thoma	Baums/Thoma, WpÜG, 13. Aufl. 2020
Baur/Stürner InsolvenzR II	Baur/Stürner, Zwangsvollstreckungs-, Konkurs- und Vergleichsrecht, Band 2: Insolvenzrecht, 12. Aufl. 1990
Baur/Stürner SachenR ..	Baur/Stürner, Sachenrecht, 18. Aufl. 2009
Baur/Stürner/Bruns ZVR	Baur/Stürner/Bruns, Zwangsvollstreckungsrecht, 14. Aufl. 2022

Verzeichnis der abgekürzt zitierten Literatur

Bayer/Habersack AktR
im Wandel .... Bayer/Habersack, Aktienrecht im Wandel, Band I, II, 1. Aufl. 2007
BeBiKo .... Grottel/Schubert/Justenhoven/Störk, Beck'scher Bilanz-Kommentar, 13. Aufl.
2022
Beck HdR .... Böcking/Gros/Oser/Scheffler/Thormann, Beck'sches Handbuch der Rech-
nungslegung, 69. Aufl. 2022
Beck IFRS-HdB .... Beck'sches IFRS-Handbuch, 6. Aufl. 2020
Beck/Depré/Ampferl
Insolvenz .... Beck/Depré/Ampferl, Praxis der Sanierung und Insolvenz, 4. Aufl. 2023
BeckFormB BHW .... Gebele/Scholz, Beck'sches Formularbuch Bürgerliches, Handels- und Wirt-
schaftsrecht, 14. Aufl. 2022
BeckFormB ZivilR .... Walz, Beck'sches Formularbuch Zivil-, Wirtschafts- und Unternehmensrecht:
Deutsch-Englisch, 5. Aufl. 2022
BeckHdB AG .... Drinhausen/Eckstein, Beck'sches Handbuch der AG, 3. Aufl. 2018
BeckHdB Holding .... Hasselbach/Nawroth/Rödding, Beck'sches Holding-Handbuch, 3. Aufl. 2020
BeckHdB IFRS .... Brune/Driesch/Schulz-Danso/Senger, Beck'sches IFRS-Handbuch, 6. Aufl.
2020
BeckHdB PersGes .... Prinz/Kahle, Beck'sches Handbuch der Personengesellschaften, 5. Aufl. 2020
BeckHdB Unterneh-
menskauf .... Ettinger/Jaques, Beck'sches Handbuch Unternehmenskauf im Mittelstand,
3. Aufl. 2021
BeckM&A-HdB .... Meyer-Sparenberg/Jäckle, Beck'sches M&A-Handbuch, 2. Aufl. 2022
BeckOGK .... beck-online.GROSSKOMMENTAR Zivilrecht hrsg. von Gsell/Krüger/
Lorenz/Reymann; Handelsrecht hrsg. von Henssler/Dichen/Fehrenbacher/
Hennricks/Kleindiek/Watrin, 2023
BeckOK BGB .... Hau/Poseck, BeckOK BGB, 65. Edition 2023
BeckOK FamFG .... Hahne/Schlögel/Schlünder, BeckOK FamFG, 45. Edition 2023
BeckOK GBO .... Hügel, BeckOK GBO, 48. Edition 2023
BeckOK GewO .... Pielow, BeckOK GewO, 58. Edition 2022
BeckOK GmbHG .... Ziemons/Jaeger/Pöschke, BeckOK GmbHG, 55. Edition 2023
BeckOK HGB .... Häublein/Hoffmann-Theinert, BeckOK HGB, 39. Edition 2023
BeckOK KStG .... Micker/Pohl, BeckOK KStG, 15. Edition 2023
BeckPFormB .... Mes, Beck'sches Prozessformularbuch, 15. Aufl. 2022
BeckRA-HdB .... Hamm, Beck'sches Rechtsanwalts-Handbuch, 12. Aufl. 2022
BeckStB-HdB 2021/
2022 .... Pelka/Petersen, Beck'sches Steuerberater-Handbuch 2021/2022, 18. Aufl. 2021
Bengel/Reimann TV-
HdB .... Bengel/Reimann, Handbuch der Testamentsvollstreckung, 8. Aufl. 2023
Bertelsmann Stiftung
Stiftungen-HdB .... Bertelsmann Stiftung, Handbuch Stiftungen, 2. Aufl. 2003
Beurskens/Ehricke/
Ekkenga .... Beurskens/Ehricke/Ekkenga, Wertpapiererwerbs- und Übernahmegesetz,
2. Aufl. 2021
Beuthien .... Beuthien, Genossenschaftsgesetz, 16. Aufl. 2018
Bieg/Hossfeld/Kußmaul/
Waschbusch Rechnungs-
legung-HdB .... Bieg/Hossfeld/Kußmaul/Waschbusch, Handbuch der Rechnungslegung nach
IFRS, 2. Aufl. 2009
Binz/Sorg GmbH & Co.
KG-HdB .... Binz/Sorg, Die GmbH & Co. KG, 12. Aufl. 2018
BK-VVG .... Honsell, Berliner Kommentar zum Versicherungsvertragsgesetz, 1. Aufl. 1999
Blaurock Stille Gesell-
schaft-HdB .... Blaurock, Handbuch Stille Gesellschaft, 9. Aufl. 2020
Bokelmann FirmenR .... Bokelmann, Das Recht der Firmen- und Geschäftsbezeichnungen, 5. Aufl.
2000
Boldt MitbestErgG .... Boldt, Mitbestimmungsgesetz Eisen und Kohle, Mitbestimmungsergänzungs-
gesetz, Ergänzungsband, 1. Aufl. 1957
Boldt MitbestG .... Boldt, Mitbestimmungsgesetz Eisen und Kohle, 1. Aufl. 1952
Bordewin/Brandt .... Bordewin/Brandt, Kommentar zum Einkommensteuergesetz (EStG), 447. Aufl.
2022
Bork/Schäfer .... Bork/Schäfer, GmbHG, 5. Aufl. 2022
Brandis/Heuermann ..... Blümich, Ertragsteuerrecht, 165. Aufl. 2022
Brandmüller/Sauer Pers-
Ges-HdB .... Brandmüller/Sauer, Bonner Handbuch Personengesellschaften, 87. Aufl. 2013

Braun	Braun, InsO, 9. Aufl. 2022
Brox/Henssler HandelsR	Brox/Henssler, Handelsrecht, 23. Aufl. 2020
Bruck/Möller	Bruck/Möller, VVG, Band 4, 10. Aufl. 2021
BuB	Hellner/Steuer, Bankrecht und Bankpraxis, 125. Aufl. 2015
Bülow	Bülow, Wechselgesetz, Scheckgesetz, 5. Aufl. 2013
Bumiller/Harders/Schwamb	Bumiller/Harders/Schwamb, FamFG, 13. Aufl. 2022
Bunte/Zahrte	Bunte/Zahrte, AGB-Banken, AGB-Sparkassen, Sonderbedingungen, 6. Aufl. 2023
Bürgers/Fett KGaA-HdB	Bürgers/Fett, Die Kommanditgesellschaft auf Aktien, 3. Aufl. 2022
Bürgers/Körber/Lieder AktG	Bürgers/Körber/Lieder, Heidelberger Kommentar Aktiengesetz, 5. Aufl. 2021
v. Campenhausen/Richter StiftungsR-HdB	von Campenhausen/Richter, Stiftungsrechts-Handbuch, 5. Aufl. 2018
Canaris HandelsR	Canaris, Handelsrecht, 24. Aufl. 2006
Canaris Vertrauenshaftung	Canaris, Die Vertrauenshaftung im deutschen Privatrecht, 1. Aufl. 1971
Coenenberg/Haller/Schultze Jahresabschluss	Coenenberg/Haller/Schultze, Jahresabschluss und Jahresabschlussanalyse – Betriebswirtschaftliche, handelsrechtliche, steuerrechtliche und internationale Grundsätze, 26. Aufl. 2021
Dehmer	Dehmer, Umwandlungsrecht Umwandlungssteuergesetz, 1. Aufl. 1995
Diregger/Kalss/Winner öst. ÜbernahmeR	Diregger/Kalss/Winner, Das österreichische Übernahmerecht – Ein Gesamtüberblick, 2. Aufl. 2006
Doralt/Nowotny/Kalss	Doralt/Nowotny/Kalss, Kommentar zum Aktiengesetz, Band 1, 2, 3. Aufl. 2021
Dörner/Menold/Pfitzer/Oser	Dörner/Menold/Pfitzer/Oser, Reform des Aktienrechts, der Rechnungslegung und Prüfung, 2. Aufl. 2003
Dörschell/Franken/Schulte Kapitalisierungszinssatz	Dörschell/Franken/Schulte, Kapitalisierungszinssatz in der Unternehmensbewertung, 2. Aufl. 2012
Dreier/Fritzsche/Verfürth	Dreier/Fritzsche/Verfürth, Berliner Kommentare SpruchG – Spruchverfahrensgesetz, 2. Aufl. 2016
Drukarczyk/Schüler Unternehmensbewertung	Drukarczyk/Schüler, Unternehmensbewertung, 8. Aufl. 2021
Ebenroth/Boujong/Joost/Strohn	Ebenroth/Boujong/Joost/Strohn, Handelsgesetzbuch, Band 1, 2, 4. Aufl. 2020
Ebke WP	Ebke, Wirtschaftsprüfer und Dritthaftung, 1. Aufl. 1983
Eidenmüller Ausl. KapGes	Eidenmüller, Ausländische Kapitalgesellschaften im deutschen Recht, 1. Aufl. 2004
Ellenberger/Bunte BankR-HdB	Ellenberger/Bunte, Bankrechts-Handbuch, 6. Aufl. 2022
Emmerich/Habersack	Emmerich/Habersack, Aktien- und GmbH-Konzernrecht, 10. Aufl. 2022
Emmerich/Habersack KonzernR	Emmerich/Habersack, Konzernrecht, 11. Aufl. 2020
ErfK	Müller-Glöge/Preis/Schmidt, Erfurter Kommentar zum Arbeitsrecht, 23. Aufl. 2023
Erman	Erman, BGB, 16. Aufl. 2020
EuArbRK	Franzen/Gallner/Oetker, Kommentar zum europäischen Arbeitsrecht, 4. Aufl. 2022
Fischer/Pütz/Weiser	Fischer/Pütz/Weiser, Kapitalanlagegesetzbuch: KAGB, 1. Aufl. 2018
Fischer/Schulte-Mattler	Fischer/Schulte-Mattler, KWG, CRR-VO, 6. Aufl. 2023
Fitting	Fitting, Betriebsverfassungsgesetz, 31. Aufl. 2022
FK-InsO	Wimmer, FK-InsO: Frankfurter Kommentar zur Insolvenzordnung, 9. Aufl. 2018

Verzeichnis der abgekürzt zitierten Literatur

Fleischer VorstandsR-HdB	Fleischer, Handbuch des Vorstandsrechts, 1. Aufl. 2006
Fleischer/Kalss Neues WpÜG	Fleischer/Kalss, Das neue Wertpapiererwerbs- und Übernahmegesetz, 1. Aufl. 2002
Flöther KonzernInsR-HdB	Flöther, Konzerninsolvenzrecht, 2. Aufl. 2018
Flume BGB AT I 1	Flume, Allgemeiner Teil des Bürgerlichen Rechts Band 1 Erster Teil: Die Personengesellschaft, 1. Aufl. 1977
Flume BGB AT I 2	Flume, Allgemeiner Teil des Bürgerlichen Rechts, Band 1 Zweiter Teil: Die juristische Person, 1. Aufl. 1983
Flume BGB AT II	Flume, Allgemeiner Teil des Bürgerlichen Rechts, Band 2: Das Rechtsgeschäft, 4. Aufl. 1992
Fock	Fock, Gesetz über Unternehmensbeteiligungsgesellschaften, Wagniskapitalbeteiligungsgesetz: UBGG – WKBG, 2. Aufl. 2018
Fritz COVInsAG	Fritz, COVInsAG, 2. Aufl. 2022
Frodermann/Jannott AktR-HdB	Frodermann/Jannott, Handbuch des Aktienrechts, 9. Aufl. 2017
Fuchs	Fuchs, Wertpapierhandelsgesetz: WpHG, 2. Aufl. 2016
Gehrlein/Born/Simon GmbHG	Gehrlein/Born/Simon, GmbHG: Gesetz betreffend die Gesellschaften mit beschränkter Haftung, 5. Aufl. 2020
Germelmann/Matthes/Prütting	Germelmann/Matthes/Prütting, Arbeitsgerichtsgesetz, 10. Aufl. 2022
Geßler/Hefermehl/Eckardt/Kropff	Geßler/Hefermehl/Eckardt/Kropff, Aktiengesetz, 2. Aufl. 1986
GK-HGB	Ensthaler, Gemeinschaftskommentar zum HGB mit UN-Kaufrecht, 8. Aufl. 2015
Glanegger/Stuhlfelner/Cordes	Glanegger/Stuhlfelner/Cordes, Heidelberger Kommentar zum Handelsgesetzbuch, 8. Aufl. 2022
v. Godin/Wilhelmi	von Godin/Wilhelmi, Kommentar zum Aktiengesetz, 4. Aufl. 1972
Goette/Goette GmbH	Goette/Goette, Die GmbH, 3. Aufl. 2019
Goette/Habersack MoMiG	Goette/Habersack, Das MoMiG in Wissenschaft und Praxis, 1. Aufl. 2009
Gottwald/Haas InsR-HdB	Gottwald/Haas, Insolvenzrechts-Handbuch, 6. Aufl. 2020
Goutier/Knopf/Tulloch	Goutier/Knopf/Tulloch, Kommentar zum Umwandlungsrecht, 1. Aufl. 1996
Graumann Prüfungswesen	Graumann, Wirtschaftliches Prüfungswesen, 6. Aufl. 2020
Grigoleit	Grigoleit, AktG – Aktiengesetz, 2. Aufl. 2020
Grigoleit/Rieder GmbHR	Grigoleit/Rieder, GmbH-Recht nach dem MoMiG, 1. Aufl. 2009
Groß KapMarktR	Groß, Kapitalmarktrecht, 8. Aufl. 2022
Großfeld IntUnternehmensR	Großfeld, Internationales und Europäisches Unternehmensrecht, 2. Aufl. 1995
Großfeld/Egger/Tönnes Unternehmensbewertung	Großfeld/Egger/Tönnes, Recht der Unternehmensbewertung, 9. Aufl. 2020
GroßkommAktG	Hirte/Mülbert/Roth, AktG, 5. Aufl. 2015
Grundmann BankR	Grundmann, Bank- und Kapitalmarktrecht, 3. Aufl. 1997
Grundmann EurGesR	Grundmann, Europäisches Gesellschaftsrecht, 2. Aufl. 2011
Grüneberg	Grüneberg, Bürgerliches Gesetzbuch, 82. Aufl. 2023
Grunewald GesR	Grunewald, Gesellschaftsrecht, 11. Aufl. 2020
Gustavus Handelsregister-Anmeldungen	Gustavus, Handelsregister-Anmeldungen, 11. Aufl. 2022
Haarmeyer/Wutzke/Förster InsO-HdB	Haarmeyer/Wutzke/Förster, Handbuch zur Insolvenzordnung: InsO/EGInsO, 4. Aufl. 2013
Haas/Hommelhoff Eigenkapitalersatz	Haas/Hommelhoff, Vom Eigenkapitalersatz zur Gesellschafterfremdfinanzierung zur Gesellschafterfremdfinanzierung, 3. Aufl. 2012
Habersack EurGesR	Habersack, Europäisches Gesellschaftsrecht, 2. Aufl. 2003

Verzeichnis der abgekürzt zitierten Literatur

Habersack/Bayer AktR im Wandel	Habersack/Bayer, Aktienrecht im Wandel – Band I: Entwicklung des Aktienrechts Band II: Grundsatzfragen des Aktienrechts, 1. Aufl. 2017
Habersack/Casper/Löbbe	Habersack/Casper/Löbbe, GmbHG, 3. Aufl. 2019
Habersack/Drinhausen	Habersack/Drinhausen, SE-Recht, 3. Aufl. 2022
Habersack/Henssler	Habersack/Henssler, Mitbestimmungsrecht, 4. Aufl. 2018
Habersack/Mülbert/Schlitt KapMarktInfo-HdB	Habersack/Mülbert/Schlitt, Handbuch der Kapitalmarktinformation, 3. Aufl. 2020
Habersack/Mülbert/Schlitt Unternehmensfinanzierung	Habersack/Mülbert/Schlitt, Unternehmensfinanzierung am Kapitalmarkt, 4. Aufl. 2019
Habersack/Verse EuGesR	Habersack/Verse, Europäisches Gesellschaftsrecht, 5. Aufl. 2019
Hachenburg	Hachenburg, Gesetz betreffend die Gesellschaften mit beschränkter Haftung, Band 1, 2, 3, 8. Aufl. 1992
Hachmeister/Kahle/Mock/Schüppen	Hachmeister/Kahle/Mock/Schüppen, Bilanzrecht, 3. Aufl. 2022
Hahn/Mugdan	Hahn/Mugdan, Die gesamten Materialien zu den Reichsjustizgesetzen, Band 4, 5, 1. Aufl. 1897
HaKo-HGB	Heidel/Schall, HGB, 3. Aufl. 2019
Hannes FormB Vermögensnachfolge	Hannes, Formularbuch Vermögens- und Unternehmensnachfolge, 2. Aufl. 2017
Happ AktR	Happ, Aktienrecht, Band 1, 2, 5. Aufl. 2019
Haufe HGB	Haufe HGB Bilanz Kommentar, 12. Aufl. 2021
Häsemeyer InsR	Häsemeyer, Insolvenzrecht, 4. Aufl. 2007
Hauschka/Moosmayer/Lösler Corporate Compliance	Hauschka/Moosmayer/Lösler, Corporate Compliance, 3. Aufl. 2016
Heckschen/Heidinger GmbH-Gestaltungspraxis	Heckschen/Heidinger, Die GmbH in der Gestaltungs- und Beratungspraxis, 4. Aufl. 2018
Heidel/Pauly/Amend AnwForm	Heidel/Pauly/Amend, AnwaltFormulare, 9. Aufl. 2018
Heinze EurKapMarktR	Heinze, Europäisches Kapitalmarktrecht, 1. Aufl. 1999
Henssler	Henssler, Partnerschaftsgesellschaftsgesetz: PartGG, 3. Aufl. 2018
Henssler/Strohn	Henssler/Strohn, Gesellschaftsrecht, 5. Aufl. 2021
Henssler/Willemsen/Kalb	Henssler/Willemsen/Kalb, Arbeitsrecht, 10. Aufl. 2022
Herrmann/Heuer/Raupach	Herrmann/Heuer/Raupach, Einkommensteuer- und Körperschaftsteuergesetz: EStG KStG, Kommentar, 312. Aufl. 2022
Hess InsR	Hess, Insolvenzrecht, Band 1, 2, 3, 2. Aufl. 2013
Heymann	Horn/Balzer/Borges/Herrmann, HGB, Band 1, 2, 3, 3. Aufl. 2019
Hirte KapGesR	Hirte, Kapitalgesellschaftsrecht, 9. Aufl. 2021
HK-BGB	Dörner/Ebert/Fries/Friesen/Himmen/Hoeren/Kemper/Saenger/Scheuch/Schreiber/Schulte-Nölke/Schulze/Staudinger/Wiese, Bürgerliches Gesetzbuch, 11. Aufl. 2021
HK-GmbHG	Saenger/Inhester, GmbHG, 4. Aufl. 2020
HK-UmwG	Maulbetsch/Klumpp/Rose, Heidelberger Kommentar zum Umwandlungsgesetz, 2. Aufl. 2017
HK-ZPO	Saenger, Zivilprozessordnung, 9. Aufl. 2021
Hoffmann/Lüdenbach	Hoffmann/Lüdenbach, NWB Kommentar Bilanzierung, 13. Aufl. 2021
Hölters Unternehmenskauf-HdB	Hölters, Handbuch Unternehmenskauf, 10. Aufl. 2022
Hölters/Deilmann/Buchta Die kleine AG	Hölters/Deilmann/Buchta, Die kleine Aktiengesellschaft, 2. Aufl. 2002
Hölters/Weber	Hölters/Weber, Aktiengesetz, 4. Aufl. 2022
Hommelhoff Konzernleitungspflicht	Hommelhoff, Die Konzernleitungspflicht, 1. Aufl. 1982

Verzeichnis der abgekürzt zitierten Literatur

Hommelhoff/Hopt/ Lutter KonzernR	Hommelhoff/Hopt/Lutter, Konzernrecht und Kapitalmarktrecht, 1. Aufl. 2001
Hopt	Hopt, Handelsgesetzbuch, 42. Aufl. 2023
Hopt GesR	Hopt, Handels- und Gesellschaftsrecht, 4. Aufl. 1996
Hopt HandelsR	Hopt, Handels- und Gesellschaftsrecht, Band 1: Handelsrecht, Band I, 2. Aufl. 1999
Hopt HandelsvertreterR	Hopt, Handelsvertreterrecht, 6. Aufl. 2019
Hopt/Merkt	Hopt/Merkt, Bilanzrecht, 1. Aufl. 2010
Hopt/Merkt VertrFormB	Hopt/Merkt, Vertrags- und Formularbuch zum Handels-, Gesellschafts- und Bankrecht, 5. Aufl. 2022
Hueck OHG	Hueck, Das Recht der Offenen Handelsgesellschaft, 4. Aufl. 1971
IDW WP-HdB	Institut der Wirtschaftsprüfer e.V. (IDW), WP Handbuch 2021, 17. Aufl. 2021
Immenga/Mestmäcker ...	Immenga/Mestmäcker, Wettbewerbsrecht, Band 1, 2, 3, 4, 5, 6. Aufl. 2019
Jabornegg HGB	Jabornegg, Kommentar zum HGB, 1. Aufl. 1997
Jarass/Pieroth	Jarass/Pieroth, Grundgesetz für die Bundesrepublik Deutschland, 17. Aufl. 2022
Jauernig	Jauernig, Bürgerliches Gesetzbuch, 19. Aufl, 2023
Jung GesR	Jung, Gesellschaftsrecht, 1. Aufl. 2008
Jung HandelsR	Jung, Handelsrecht, 12. Aufl. 2019
Jung/Krebs/Stiegler GesR-HdB	Jung/Krebs/Stiegler, Gesellschaftsrecht in Europa, 1. Aufl. 2019
jurisPK-BGB	Herberger/Martinek/Rüßmann/Weth/Würdinger, juris PraxisKommentar BGB
Kallmeyer	Kallmeyer, Umwandlungsgesetz, 7. Aufl. 2020
Kalss/Hügel	Kalss/Hügel, Europäische Aktiengesellschaft – SE-Kommentar, 1. Aufl. 2004
Kalss/Kunz AR-HdB	Kalss/Kunz, Handbuch für den Aufsichtsrat, 2. Aufl. 2016
Kalss/Nowotny/Schauer öGesR	Kalss/Nowotny/Schauer, Österreichisches Gesellschaftsrecht – Systematische Darstellung sämtlicher Rechtsformen, 2. Aufl. 2017
Kalss/Probst Familienun-ternehmen	Kalss/Probst, Familienunternehmen, 1. Aufl. 2013
Kalss/Schauer GA Reform KapGesR	Kalss/Schauer, Zivilrecht – Die Reform des österr. Kapitalgesellschaftsrechts – Gutachten zum 16. Österreichischen Juristentag, 1. Aufl. 2006
Karollus UN-KaufR	Karollus, UN-Kaufrecht, 1. Aufl. 1991
Kastner/Doralt/ Nowotny	Kastner/Doralt/Nowotny, Grundriss des Österreichischen Gesellschaftsrechts, 5. Aufl. 1990
KK-SpruchG	Riegger/Wasmann, Kölner Kommentar zum SpruchG (Kölner Komm SpruchG), 1. Aufl. 2005
KK-UmwG	Dauner-Lieb/Simon, Kölner Kommentar zum Umwandlungsgesetz: UmwG, 1. Aufl. 2009
KK-WpHG	Hirte/Möllers, Kölner Kommentar zum WpHG (Kölner Komm WpHG), 2. Aufl. 2014
Klöcker/Frowein	Klöcker/Frowein, Spruchverfahrensgesetz, 1. Aufl. 2004
Knobbe-Keuk BilanzR/ UnternehmensSteuerR ..	Knobbe-Keuk, Bilanz- und Unternehmenssteuerrecht, 9. Aufl. 1993
Koch	Koch, Aktiengesetz, 17. Aufl. 2023
Koch GesR	Koch, Gesellschaftsrecht, 12. Aufl. 2021
Köhler/Bornkamm/ Feddersen	Köhler/Bornkamm/Feddersen, UWG, 41. Aufl. 2023
Koller/Kindler/Drüen ...	Koller/Kindler/Drüen, HGB, 10. Aufl. 2023
Kölner Komm AktG	Noack/Zetzsche, Kölner Kommentar zum Aktiengesetz, 4. Aufl. 2020
Kölner Komm InsO	Hess, Kölner Kommentar zur Insolvenzordnung, 2017
Kölner Komm WpÜG ..	Hirte/Seibt, Kölner Kommentar zum WpÜG, 3. Aufl. 2021
Koppensteiner/Rüffler ..	Koppensteiner/Rüffler, GmbH-Gesetz, 3. Aufl. 2007
Korintenberg	Korintenberg, Gerichts- und Notarkostengesetz: GNotKG, 22. Aufl. 2022
Koziol/Bydlinski/ Bollenberger ABGB	Koziol/Bydlinski/Bollenberger, ABGB, 6. Aufl. 2020
KR	Bader/Fischermeier/Gallner/Klose/Kreft/Kreutzberg-Kowalczyk/Krumbiegel/ Link/Lipke/Rinck/Rachor/Spelge/Spilger/Treber/Vogt/Weigand, Gemein-schaftskommentar zum Kündigungsschutzgesetz und zu sonstigen kündigungs-schutzrechtlichen Vorschriften, 13. Aufl. 2021
Krafka RegisterR	Krafka, Registerrecht, 11. Aufl. 2019

Kremer/Bachmann/
Favoccia/v. Werder .... Kremer/Bachmann/Favoccia/von Werder, Deutscher Corporate Governance
Kodex, 9. Aufl. 2023
Krieger/Schneider
Managerhaftung-HdB ... Krieger/Schneider, Handbuch Managerhaftung, 3. Aufl. 2017
Kropff .... Kropff, Aktiengesetz – Textausgabe, 1. Aufl. 1965
Kubis/Tödtmann Vor-
stand-HdB .... Kubis/Tödtmann, Arbeitshandbuch für Vorstandsmitglieder, 3. Aufl. 2022
Kübler/Assmann GesR .. Kübler/Assmann, Gesellschaftsrecht, 6. Aufl. 2006
Kümpel/Hammen/
Ekkenga KapMarktR-
HdB .... Kümpel/Hammen/Ekkenga, Kapitalmarktrecht, 1. Aufl. 2019
Kümpel/Mülbert/Früh/
Seyfried Bank-/Kap-
MarktR .... Kümpel/Mülbert/Früh/Seyfried, Bank- und Kapitalmarktrecht, 6. Aufl. 2022
Küting/Weber Konzern-
abschluss .... Küting/Weber, Der Konzernabschluss – Praxis der Konzernrechnungslegung
nach HGB und IFRS, 14. Aufl. 2018
Küting/Weber Rech-
nungslegung-HdB .... Küting/Weber, Handbuch der Rechnungslegung – Einzelabschluss, 35. Aufl.
2022
Landmann/Rohmer
GewO .... Landmann/Rohmer, Gewerbeordnung, 88. Aufl. 2022
Lang/Weidmüller .... Lang/Weidmüller, GenG, 40. Aufl. 2021
Langenbucher AktKap-
MarktR .... Langenbucher, Aktien- und Kapitalmarktrecht, 5. Aufl. 2022
Langenbucher/Bliesener/
Spindler .... Langenbucher/Bliesener/Spindler, Bankrechts-Kommentar, 3. Aufl. 2020
Langheid/Rixecker .... Langheid/Rixecker, VVG, 7. Aufl. 2022
Langheid/Wandt .... Langheid/Wandt, Münchener Kommentar zum Versicherungsvertragsgesetz,
Band 1, 3. Aufl. 2022
Larenz/Canaris Metho-
denlehre .... Larenz/Canaris, Methodenlehre der Rechtswissenschaft, 3. Aufl. 1995
Leibholz/Rinck .... Leibholz/Rinck, Grundgesetz für die Bundesrepublik Deutschland, 84. Aufl.
2022
Lettl HandelsR .... Lettl, Handelsrecht, 5. Aufl. 2021
Liebscher GmbH-Kon-
zernR .... Liebscher, GmbH-Konzernrecht, 1. Aufl. 2006
Limmer Unternehmens-
umwandlung-HdB .... Limmer, Handbuch der Unternehmensumwandlung, 6. Aufl. 2019
Lutter .... Lutter, UmwG, 6. Aufl. 2019
Lutter EurUnterneh-
mensR .... Lutter, Europäisches Unternehmensrecht, 4. Aufl. 1996
Lutter/Bayer Holding-
HdB .... Lutter/Bayer, Holding-Handbuch, 6. Aufl. 2020
Lutter/Bayer/Schmidt
EurUnternehmensR ..... Lutter/Bayer/Schmidt, Europäisches Unternehmens- und Kapitalmarktrecht,
6. Aufl. 2018
Lutter/Hommelhoff ...... Lutter/Hommelhoff, GmbH-Gesetz, 20. Aufl. 2019
Lutter/Hommelhoff EU-
Gesellschaft .... Lutter/Hommelhoff, Die Europäische Gesellschaft – Prinzipien, Gestaltungs-
möglichkeiten und Grundfragen aus der Praxis, 1. Aufl. 2005
Lutter/Hommelhoff/
Teichmann .... Lutter/Hommelhoff/Teichmann, SE-Kommentar SE-VO – SEAG – SEBG –
Arbeitsrecht – Steuerrecht – Konzernrecht, 2. Aufl. 2015
Lutter/Krieger/Verse
Rechte und Pflichten .... Lutter/Krieger/Verse, Rechte und Pflichten des Aufsichtsrats, 7. Aufl. 2020
Lutter/Scheffler/
Schneider Konzernfinan-
zierung-HdB .... Lutter/Scheffler/Schneider, Handbuch der Konzernfinanzierung, 1. Aufl. 1998
MAH AktR .... Schüppen/Schaub, Münchener Anwaltshandbuch Aktienrecht, 3. Aufl. 2018
MAH PersGesR .... Gummert, Münchener Anwaltshandbuch Personengesellschaftsrecht, 3. Aufl.
2019

Verzeichnis der abgekürzt zitierten Literatur

Manz/Mayer/Schröder AG	Manz/Mayer/Schröder, Die Aktiengesellschaft, 7. Aufl. 2014
Marsch-Barner/Schäfer Börsennotierte AG-HdB	Marsch-Barner/Schäfer, Handbuch börsennotierte AG, 5. Aufl. 2022
Meilicke/Graf von Westphalen/Hoffmann/Lenz/Wolff	Meilicke/Graf von Westphalen/Hoffmann/Lenz/Wolff, Partnerschaftsgesellschaftsgesetz, 3. Aufl. 2015
Melot de Beauregard/Lieder/Liersch Managerhaftung	Melot de Beauregard, Managerhaftung, 1. Aufl. 2022
Meyer-Landrut/Miller/Niehus	Meyer-Landrut/Miller/Niehus, Gesetz betreffend die Gesellschaften mit beschränkter Haftung (GmbH) einschließlich Rechnungslegung, 1. Aufl. 1987
Meyn/Richter/Koss/Gollan Stiftung-HdB	Meyn/Richter/Koss/Gollan, Die Stiftung, 3. Aufl. 2013
MHdB ArbR	Kiel/Lunk/Oetker, Münchener Handbuch zum Arbeitsrecht, Band 1, 2, 3, 4, 5. Aufl. 2021
MHdB GesR I	Gummert/Weipert, Münchener Handbuch des Gesellschaftsrechts, Band 1: BGB-Gesellschaft, Offene Handelsgesellschaft, Partnerschaftsgesellschaft, Partenreederei, EWIV, 5. Aufl. 2019
MHdB GesR II	Gummert/Weipert, Münchener Handbuch des Gesellschaftsrechts, Band 2: Kommanditgesellschaft, GmbH & Co. KG, Publikums-KG, Stille Gesellschaft, 5. Aufl. 2019
MHdB GesR III	Priester/Mayer/Wicke, Münchener Handbuch des Gesellschaftsrechts, Band 3: Gesellschaft mit beschränkter Haftung, 5. Aufl. 2018
MHdB GesR IV	Hoffmann-Becking, Münchener Handbuch des Gesellschaftsrechts, Band 4: Aktiengesellschaft, 5. Aufl. 2020
MHdB GesR V	Beuthien/Gummert/Schöpflin, Münchener Handbuch des Gesellschaftsrechts, Band 5: Verein, Stiftung bürgerlichen Rechts, 5. Aufl. 2021
MHdB GesR VI	Leible/Reichert, Münchener Handbuch des Gesellschaftsrechts, Band 6: Internationales Gesellschaftsrecht, Grenzüberschreitende Umwandlungen, 5. Aufl. 2022
MHdB GesR VII	Born/Ghassemi-Tabar/Gehle, Münchener Handbuch des Gesellschaftsrechts, Band 7: Gesellschaftsrechtliche Streitigkeiten (Corporate Litigation), 6. Aufl. 2020
MHdB GesR VIII	Lieder/Wilk/Ghassemi-Tabar, Münchener Handbuch des Gesellschaftsrechts, Umwandlungsrecht, Band 8: Umwandlungsrecht, 5. Aufl. 2018
Michalski OHG-R	Michalski, OHG-Recht – Kommentar zum Recht der offenen Handelsgesellschaften §§ 105–160 HGB, 1. Aufl. 2000
Michalski/Heidinger/Leible/Schmidt	Michalski/Heidinger/Leible/Schmidt, Kommentar zum Gesetz betreffend die Gesellschaften mit beschränkter Haftung (GmbH-Gesetz), 4. Aufl. 2023
Mock GesR	Mock, Gesellschaftsrecht, 2. Aufl. 2019
MüKoAktG	Goette/Habersack/Kalss, Münchener Kommentar zum Aktiengesetz, 5. Aufl. 2019; Bd. 2 und 5 6. Aufl. 2022
MüKoBGB	Säcker/Rixecker/Oetker/Limperg, Münchener Kommentar zum Bürgerlichen Gesetzbuch, Band 1, 2, 3, 4/2, 5, 6, 8, 9, 11, 9. Aufl. 2021
MüKoBilanzR	Hennrichs/Kleindiek/Watrin, Münchener Kommentar zum Bilanzrecht, Band 1, 2014
MüKoFamFG	Rauscher, Münchener Kommentar zum FamFG, Band 1, 2, 3. Aufl. 2018
MüKoGmbHG	Fleischer/Goette, Münchener Kommentar zum Gesetz betreffend die Gesellschaften mit beschränkter Haftung, 4. Aufl. 2022
MüKoHGB	Drescher/Fleischer/K. Schmidt, Münchener Kommentar zum Handelsgesetzbuch: HGB, Band 1, 2, 5, 7, 5. Aufl. 2021
MüKoInsO	Stürner/Eidenmüller/Schoppmeyer, Münchener Kommentar zur Insolvenzordnung, 4. Aufl. 2019
MüKoStGB	Erb/Schäfer, Münchener Kommentar zum Strafgesetzbuch, Band 1, 2, 3, 4, 5, 6, 7, 9, 4. Aufl. 2020
MüKoZPO	Krüger/Rauscher, Münchener Kommentar zur ZPO 6. Aufl. 2020
Mülbert Aktiengesellschaft, Unternehmensgruppe und Kapitalmarkt	Mülbert, Aktiengesellschaft, Unternehmensgruppe und Kapitalmarkt, 2. Aufl. 1996

Verzeichnis der abgekürzt zitierten Literatur

Musielak/Borth/Frank .. Musielak/Borth/Frank, FamFG, 7. Aufl. 2022
Musielak/Voit .... Musielak/Voit, ZPO, 20. Aufl. 2023
MVHdB I GesR .... Böhm/Burmeister, Münchener Vertragshandbuch, Band 1: Gesellschaftsrecht, 8. Aufl. 2018

Nagel/Freis/Kleinsorge
SE .... Nagel/Freis/Kleinsorge, SEBG, SCEBG, MgVG – Beteiligung der Arbeitneh-mer im Unternehmen auf der Grundlage europäischen Rechts, 3. Aufl. 2018
Nerlich/Römermann .... Nerlich/Römermann, Insolvenzordnung, 46. Aufl. 2022
NK-AktR .... Heidel, Aktienrecht und Kapitalmarktrecht, 5. Aufl. 2020
NK-BGB .... Nomos Kommentar BGB
NK-SE .... Manz/Mayer/Schröder, Europäische Aktiengesellschaft SE, 3. Aufl. 2019
NK-UmwR .... Böttcher/Habighorst/Schulte, Umwandlungsrecht, 2. Aufl. 2019
NK-WpÜG .... Thaeter/Abbas, Wertpapiererwerbs- und Übernahmegesetz, 2. Aufl. 2017
Noack/Servatius/Haas ... Noack/Servatius/Haas, GmbH-Gesetz, 23. Aufl. 2022
Nomos-BR/Heidel
WpHG .... Heidel, Wertpapierhandelsgesetz, 4. Aufl. 2013

Obermüller/Hess InsO .. Obermüller/Hess, Insolvenzordnung (InsO) – Eine systematische Darstellung des neuen Insolvenzrechts, 4. Aufl. 2003
Oetker .... Oetker, Handelsgesetzbuch (HGB), 7. Aufl. 2021
Ott Bonner GmbH-
HdB .... Ott, Bonner Handbuch GmbH, 1. Aufl. 2020

Peemöller Unterneh-
mensbewertung-HdB .... Peemöller, Praxishandbuch der Unternehmensbewertung, 7. Aufl. 2019
Petersen/Zwirner/
Zimny Unternehmens-
bewertung-HdB .... Petersen/Zwirner/Zimny, Handbuch Unternehmensbewertung, 3. Aufl. 2022
Pöhlmann/Fandrich/
Bloehs .... Pöhlmann/Fandrich/Bloehs, GenG, 4. Aufl. 2012
Prölss/Dreher .... Prölss/Dreher, Versicherungsaufsichtsgesetz: VAG, 13. Aufl. 2017
Prölss/Martin .... Prölss/Martin, Versicherungsvertragsgesetz, 31. Aufl. 2021
Prütting/Gehrlein .... Prütting/Gehrlein, ZPO, 13. Aufl. 2021
Prütting/Helms .... Prütting/Helms, FamFG, 5. Aufl. 2020
Prütting/Wegen/
Weinreich .... Prütting/Wegen/Weinreich, BGB Kommentar, 17. Aufl. 2022
Prütting/Weller Han-
delsR/GesR .... Prütting/Weller, Handels- und Gesellschaftsrecht, 10. Aufl. 2020

Rabe/Bahnsen .... Rabe/Bahnsen, Seehandelsrecht, 5. Aufl. 2018
Raiser/Veil KapGesR .... Raiser/Veil, Recht der Kapitalgesellschaften, 6. Aufl. 2015
Raiser/Veil/Jacobs .... Raiser/Veil/Jacobs, Mitbestimmungsgesetz und Drittelbeteiligungsgesetz, 7. Aufl. 2020
RGRK-BGB .... Mitglieder des Bundesgerichtshofes/RGRK, Das Bürgerliche Gesetzbuch mit besonderer Berücksichtigung der Rechtsprechung des Reichsgerichts und des Bundesgerichtshofes, 12. Aufl. 2010
Röhricht/Graf v. West-
phalen/Haas .... Röhricht/Graf von Westphalen/Haas, HGB, 5. Aufl. 2019
Römermann .... Römermann, PartGG, 5. Aufl. 2017
Römermann COVIn-
sAG .... Römermann, COVInsAG, 2. Aufl. 2022
Rowedder/Pentz .... Rowedder/Pentz, GmbH-Gesetz, 7. Aufl. 2022

Sagasser/Bula/Brünger
Umwandlungen .... Sagasser/Bula/Brünger, Umwandlungen, 5. Aufl. 2017
Schäfer/Hamann .... Schäfer/Hamann, Kapitalmarktgesetze – Kommentar zu WpHG, BörsG, Börs-ZulV, WpPG, VerkProspG, WpÜG, 7. Aufl. 2013
Schaps/Abraham .... Schaps/Abraham, Seehandelsrecht, 4. Aufl. 1978
Scharpf/Schaber Bankbi-
lanz-HdB .... Scharpf/Schaber, Handbuch Bankbilanz, 8. Aufl. 2020
Scharpf/Sohler Leitfaden
zum Jahresabschluß .... Scharpf/Sohler, Leitfaden zum Jahresabschluß nach dem Bankbilanzrichtlinie-Gesetz: Bilanz, GuV und Anhang, 1992
Scherrer Konzernrech-
nungslegung .... Scherrer, Konzernrechnungslegung nach HGB, 3. Aufl. 2012

Verzeichnis der abgekürzt zitierten Literatur

Schildbach/Stobbe/ Freichel/Hamacher Jahresabschluss	Schildbach/Stobbe/Freichel/Hamacher, Der handelsrechtliche Jahresabschluss, 11. Aufl. 2019
Schlegelberger	Schlegelberger, Handelsgesetzbuch, 5. Aufl. 1973
K. Schmidt HandelsR	K. Schmidt, Handelsrecht: Unternehmensrecht I, 6. Aufl. 2014
K. Schmidt InsO	K. Schmidt, Insolvenzordnung. 20. Aufl. 2023
K. Schmidt/Lutter	K. Schmidt/Lutter, AktG, 4. Aufl. 2019
K. Schmidt/Uhlenbruck Die GmbH in Krise	K. Schmidt/Uhlenbruck, Die GmbH in Krise, Sanierung und Insolvenz, 5. Aufl. 2015
Schmidt	Schmidt, EStG, 41. Aufl. 2022
Schmidt-Kessel/Leutner/ Müther	Schmidt-Kessel/Leutner/Müther, Handelsregisterrecht: HandelsregisterR, 1. Aufl. 2010
Schmitt/Hörtnagl	Schmitt/Hörtnagl, Umwandlungsgesetz, Umwandlungssteuergesetz, 9. Aufl. 2020
Scholz	Scholz, GmbH-Gesetz, 13. Aufl. 2022
Schönke/Schröder	Schönke/Schröder, Strafgesetzbuch, 30. Aufl. 2019
Schroeter UN-KaufR	Schroeter, UN-Kaufrecht und Europäisches Gemeinschaftsrecht, 1. Aufl. 2005
Schulte-Bunert/ Weinreich	Schulte-Bunert/Weinreich, FamFG, 6. Aufl. 2019
Schüppen	Schüppen, Abschlussprüfung, 2. Aufl. 2022
Schwarz	Schwarz, Verordnung (EG) Nr. 2157/2001 des Rates über das Statut der Europäischen Gesellschaft (SE): SE-VO, 1. Aufl. 2006
Schwintowski BankR	Schwintowski, Bankrecht, 6. Aufl. 2021
Semler Leitung und Überwachung	Semler, Leitung und Überwachung der Aktiengesellschaft, 2. Aufl. 1996
Semler/Stengel/Leonard	Semler/Stengel/Leonard, Umwandlungsgesetz, 5. Aufl. 2021
Semler/v. Schenck/Wilsing AR-HdB	Semler/von Schenck/Wilsing, Arbeitshandbuch für Aufsichtsratsmitglieder, 5. Aufl. 2021
Seyfarth VorstandsR	Seyfarth, Vorstandsrecht, 1. Aufl. 2016
Simon SpruchG	Simon, Spruchverfahrensgesetz: SpruchG, 1. Aufl. 2007
Soergel	Soergel, Bürgerliches Gesetzbuch mit Einführungsgesetz und Nebengesetzen (BGB), Band 11, 32, 33, 14. Aufl. 2021
Spahlinger/Wegen IntGesR	Spahlinger/Wegen, Internationales Gesellschaftsrecht in der Praxis, 1. Aufl. 2005
Staub	Staub, Handelsgesetzbuch: HGB, 6. Aufl. 2021
Staudinger	Staudinger, BGB – J. von Staudingers Kommentar zum Bürgerlichen Gesetzbuch mit Einführungsgesetz, 13. Bearbeitung 1993 ff.
Steinmeyer WpÜG	Steinmeyer, Berliner Kommentare WpÜG – Wertpapiererwerbs- und Übernahmegesetz, 4. Aufl. 2019
Strachwitz/Mercker Stiftungen-HdB	Strachwitz/Mercker, Stiftungen in Theorie, Recht und Praxis, 1. Aufl. 2005
Straube	Straube, Kommentar zum Handelsgesetzbuch, Band 1, 3. Aufl. 2003
Straube UGB	Straube, Wiener Kommentar zum Unternehmensgesetzbuch, Band 1, 4. Aufl. 2009
Straube/Ratka/Rauter UGB	Straube/Ratka/Rauter, Wiener Kommentar zum UGB, Band 1, 2, 4. Aufl. 2022
Stumpf/Suerbaum/ Schulte-Pauli	Stumpf/Suerbaum/Schulte-Pauli, Stiftungsrecht: StiftR, 3. Aufl. 2018
Sudhoff GmbH	Sudhoff, Der Gesellschaftsvertrag der GmbH, 8. Aufl. 1992
Sudhoff Personengesellschaften	Sudhoff, Personengesellschaften, 8. Aufl. 2004
Thomas/Putzo	Thomas/Putzo, Zivilprozessordnung: ZPO, 44. Aufl. 2023
Uhlenbruck	Uhlenbruck, InsO, Band 1, 2, 15. Aufl. 2019
Ulmer/Brandner/ Hensen	Ulmer/Brandner/Hensen, AGB-Recht, 13. Aufl. 2022
Ulmer/Habersack/ Löbbe	Ulmer/Habersack/Löbbe, GmbHG – Gesetz betreffend die Gesellschaften mit beschränkter Haftung, Großkommentar, Band 3: §§ 53 bis 88 (sowie EGGmbHG), Band 3, 2. Aufl. 2016

Verzeichnis der abgekürzt zitierten Literatur

Van Hulle/Maul/Drin-hausen SE-HdB	Van Hulle/Maul/Drinhausen, Handbuch zur Europäischen Gesellschaft (SE), 2. Aufl. 2022
Wachter	Wachter, AktG, 3. Aufl. 2018
Wachter Stiftungen	Wachter, Stiftungen, 1. Aufl. 2001
Wegen/Spahlinger/Barth Corporate Laws	Wegen/Spahlinger/Barth, Corporate Laws of the World, 1. Aufl. 2018
Weitnauer/Boxberger/ Anders	Weitnauer/Boxberger/Anders, KAGB, 3. Aufl. 2021
Westermann/ Wertenbruch PersGes-HdB	Westermann/Wertenbruch, Handbuch Personengesellschaften, 79. Aufl. 2021
Wicke	Wicke, GmbHG, 4. Aufl. 2020
Widmann/Mayer	Widmann/Mayer, Umwandlungsrecht, 202. Aufl. 2022
Wiedemann GesR I	Wiedemann, Gesellschaftsrecht Bd. 1: Grundlagen, 1. Aufl. 1980
Wiedemann GesR II	Wiedemann, Gesellschaftsrecht Bd. 2: Recht der Personengesellschaften, 1. Aufl. 2004
Wiedemann Wertpa-pierR	Wiedemann, Wertpapierrecht, 6. Aufl. 1994
Wiedemann/Frey GesR	Wiedemann/Frey, Gesellschaftsrecht, 9. Aufl. 2016
Wiedmann/Böcking/ Gros	Wiedmann/Böcking/Gros, Bilanzrecht, 4. Aufl. 2019
Wilhelm KapGesR	Wilhelm, Kapitalgesellschaftsrecht, 5. Aufl. 2020
Wilsing	Wilsing, Deutscher Corporate Governance Kodex: DCGK, 1. Aufl. 2012
Windbichler GesR	Windbichler, Gesellschaftsrecht, 24. Aufl. 2017
Winnefeld Bilanz-HdB ..	Winnefeld, Bilanz-Handbuch, 5. Aufl. 2015
Wißmann/Kleinsorge/ Schubert	Wißmann/Kleinsorge/Schubert, Mitbestimmungsrecht, 5. Aufl. 2017
Wolf/Lindacher/Pfeiffer .	Wolf/Lindacher/Pfeiffer, AGB-Recht, 7. Aufl. 2020
Wolff/Bachof/Stober VerwR III	Wolff/Bachof/Stober, Verwaltungsrecht III, Band 3, 5. Aufl. 2004
Wp-HdB	Wirtschaftsprüfer-Handbuch, 17. Aufl. 2021
Würdinger AktR	Würdinger, Aktienrecht und das Recht der verbundenen Unternehmen, 4. Aufl. 1981
Ziemons/Binnewies AG-HdB	Ziemons/Binnewies, Handbuch der Aktiengesellschaft, 87. Aufl. 2021
Zöller	Zöller, ZPO – Zivilprozessordnung, 34. Aufl. 2022
Zöllner Schranken	Zöllner, Die Schranken mitgliedschaftlicher Stimmrechtsmacht bei den privatrechtlichen Personenverbänden, 1. Aufl. 1963
Zöllner WertpapierR	Zöllner, Wertpapierrecht, 14. Aufl. 1987

Handelsgesetzbuch

vom 10. Mai 1897 (RGBl. 1897, 219),
zuletzt geändert durch Gesetz vom 19. Juni 2023 (BGBl. 2023 I Nr. 154)

Band 4
§§ 238–342r

Drittes Buch. Handelsbücher

Vorbemerkung (Vor § 238)

Schrifttum: Ballwieser, Steuerliche Gewinnermittlung: Plädoyer für die Maßgeblichkeit, in Kahle/Overesch/Ruf/Spengel, Kernfragen der Unternehmensbesteuerung, 2017, S. 103; Ballwieser, IFRS-Rechnungslegung. Konzept, Regeln und Wirkungen, 3. Aufl. 2013; Ballwieser, Möglichkeiten und Grenzen der Erstellung einer Einheitsbilanz – Zur Rolle und Entwicklung des Maßgeblichkeitsprinzips, FS Spindler, 2011, 577; Ballwieser, Das BilMoG zwischen Entrümpelung und Neugestaltung des HGB, FS Küting, 2009, 593; Beisse, Zum neuen Bild des Bilanzrechtssystems, FS Moxter, 1994, 3; Erb/Pelger, Das neue Rahmenkonzept des IASB, WPg 2018, 872; Hommel/Rammert/Kiy, Die Reform des Abzinsungssatzes für Pensionsrückstellungen nach § 253 Abs. 2 HGB – GoB-konform oder Beihilfe zur Bilanzpolitik?, DB 2016, 1585; Oser/Orth/Wirtz, Das Bilanzrichtlinie-Umsetzungsgesetz (BilRUG) – Wesentliche Änderungen und Hinweise zur praktischen Umsetzung, DB 2015, 1729; Scheffler, Steuerliche Gewinnermittlung als Two-Book-System, in Kahle/Overesch/Ruf/Spengel, Kernfragen der Unternehmensbesteuerung, 2017, 117; Schneider, Ein Jahrhundert Unmaßgeblichkeit des Maßgeblichkeitsgrundsatzes, FS Krawitz, 2010, 705; Solmecke, Auswirkungen des Bilanzrechtsmodernisierungsgesetzes (BilMoG) auf die handelsrechtlichen Grundsätze ordnungsmäßiger Buchführung, 2009; Wüstemann/Koch, Rückstellungsbewertung nach BilMoG – Regelungsziele, Regelungslösungen und Regelungsbegründungen aus Sicht von Bilanzrecht und Betriebswirtschaftslehre, in Küting/Pfitzer/Weber, IFRS und BilMoG, 2010, 315; Zwirner, BilRUG: Wesentliche Änderungen für Einzel- und Konzernabschluss – Darstellung, Beispiele sowie Tipps für die Erstanwendung und Umsetzung in der Praxis, DB-Beil. Nr. 6 zu 48/2015; Zwirner/Petersen, Wie reformiert das BilRUG das Bilanzrecht? – Wesentliche Änderungen für Einzel- und Konzernabschluss sowie Offenlegung, WPg 2015, 811.

Übersicht

I. Berücksichtigung von BilRUG und IFRS

Das Handelsbilanzrecht hat nach der tiefgreifenden Veränderung durch das „Gesetz zur **1** Modernisierung des Bilanzrechts" (Bilanzrechtsmodernisierungsgesetz; BilMoG) v. 28.5.2009[1] eine weitere Änderung durch das am 23.7.2015 in Kraft getretene Bilanzrichtlinie-Umsetzungsgesetz (BilRUG) (BGBl. 2015 I 1245)[2] erfahren. Mit dem BilMoG hat der Gesetzgeber einerseits das Handelsbilanzrecht an die IFRS (International Financial Reporting Standards)[3] angenähert, andererseits Bezüge zur steuerrechtlichen Rechnungslegung, die über die Maßgeblichkeit handelsrechtlicher Grundsätze ordnungsmäßiger Buchführung (§ 5 Abs. 1 S. 1 EStG aF)[4] und die sog. Umkehrmaßgeblichkeit (§ 5 Abs. 1 S. 2 EStG aF)

---

[1] Vgl. zu Gegenüberstellungen mit altem Recht, Materialien und Entstehungsgeschichte von neuem Recht insbes. Ernst/Naumann, Das neue Bilanzrecht, 2009, und Petersen/Zwirner, Bilanzrechtsmodernisierungsgesetz – BilMoG, 2009, sowie zur Auslegung der neuen Vorschriften insbes. Gelhausen/Fey/Kämpfer, Rechnungslegung und Prüfung nach dem Bilanzrechtsmodernisierungsgesetz, 2009.

[2] Gesetz zur Umsetzung der Richtlinie 2013/34/EU des Europäischen Parlaments und des Rates v. 26.6.2013 über den Jahresabschluss, den konsolidierten Abschluss und damit verbundene Berichte von Unternehmen bestimmter Rechtsformen und zur Änderung der Richtlinie 2006/43/EG des Europäischen Parlaments und des Rates und zur Aufhebung der Richtlinien 78/660/EWG und 83/349/EWG des Rates (Bilanzrichtlinie-Umsetzungsgesetz) v. 17.7.2015.

[3] Vgl. zu einem Überblick insbes. PFGS IntRechnungslegung; Ballwieser, IFRS-Rechnungslegung, 2013.

[4] Vgl. zu dessen Begründung und Bedeutung insbes. Kahle/Overesch/Ruf/Spengel, Kernfragen der Unternehmensbesteuerung/Ballwieser, 2017, S. 103; Ballwieser FS Spindler, 2011, 577; Moxter Bilanzrechtsprechung; Beisse FS Moxter, 1994, 3; krit. Kahle/Overesch/Ruf/Spengel, Kernfragen der Unternehmensbesteuerung/Scheffler, 2017, S. 117; Schneider FS Krawitz, 2010, 705.

geschaffen wurden, verringert und per Saldo einen eigenständigen Weg zwischen altem HGB, IFRS und EStG verfestigt.[5] Durch das BilRUG ergaben sich wesentliche Änderungen für den Einzel- und Konzernabschluss,[6] die insbesondere zu einer Neudefinition der Umsatzerlöse (§ 277 Abs. 1), dem Wegfall des gesonderten Ausweises von außerordentlichen Aufwendungen und Erträgen in der Gewinn- und Verlustrechnung (§ 275), einer Typisierungsregelung für die Schätzung der Nutzungsdauer für selbst geschaffene immaterielle Vermögensgegenstände und des entgeltlich erworbenen Geschäfts- oder Firmenwerts (§ 253 Abs. 3 S. 3 und 4) und einer Klarstellung der Zurechenbarkeit von Anschaffungspreisminderungen (§ 255 Abs. 1) führten. Davon unabhängig wurde durch das „Gesetz zur Umsetzung der Wohnimmobilienkreditrichtlinie und zur Änderung handelsrechtlicher Vorschriften" v. 11.3.2016 (BGBl. 2016 I 396) der Abzinsungssatz für Pensionsrückstellungen geändert und eine damit verbundene Ausschüttungssperregelung (§ 253 Abs. 2 und 6) geschaffen.

2   In der Folgezeit ergaben sich Änderungen durch das im Nachtrag zur Vorauflage behandelte Gesetz zur weiteren Umsetzung der Transparenzrichtlinie-Änderungsrichtlinie im Hinblick auf ein einheitliches elektronisches Format für Jahresfinanzberichte (ESEF-UG) v. 12.8.2020, danach durch das Gesetz zur Stärkung der Finanzmarktintegrität (FISG) v. 3.6.2021 (BGBl. 2021 I 1534), das Gesetz zur Umsetzung der Digitalisierungsrichtlinie (DiRUG) v. 5.7.2021 (BGBl. 2021 I 3338) und das Gesetz zur Ergänzung und Änderung der Regelungen für die gleichberechtigte Teilhabe von Frauen an Führungspositionen in der Privatwirtschaft und im öffentlichen Dienst (FüPoG) v. 7.8.2021 (BGBl. 2021 I 3311).

3   Das FISG führte zur Veränderung, Ergänzung oder Streichung der §§ 264, 264b, 316a, 317, 318, 319a, 319b, 321, 322–324, 331, 331a, 332, 333, 334, 335c, 340a, 340k, 340m, 340n, 341a, 341k, 341m, 341n, 342b–342e. Das DiRUG änderte die §§ 264, 325, 325a, 326, 327, 328, 329, 339, 340l–340o, 341l, 341w. Das FüPoG änderte die §§ 289f, 334, 340a, 340n, 341n.

4   Die Kommentierung trägt diesen Änderungen Rechnung, indem sie sämtliche HGB-Regelungen auch in neuer Form behandelt und – wie bisher – ergänzend auf IFRS und damit verbundene Abweichungen gegenüber dem HGB eingeht, ohne die IFRS for SMEs zu thematisieren,[7] weil diese bisher für Deutschland bedeutungslos sind.

II. Ziele und Wirkungen von BilRUG und Neubewertung von Pensionsrückstellungen

5   **1. Ziele.** Mit dem BilRUG verfolgte der Gesetzgeber nach der Begründung des Regierungsentwurfs insbesondere das Ziel, bürokratische Belastungen für kleinere Kapitalgesellschaften und Konzerne durch Anhebung der Größenschwellenwerte zu senken. Zugleich sollten kleine Kapitalgesellschaften von solchen Anhangangaben befreit werden, „die typischerweise nur für das Verständnis von Kapitalgesellschaften ab einer gewissen Größe nachgefragt werden".[8] „Das deutsche Bilanzrecht wurde durch das Bilanzrechtsmodernisierungsgesetz v. 25.5.2009 (…) modernisiert und behutsam fortentwickelt. Die Reform ist auf breite Zustimmung gestoßen. Änderungen im Handelsbilanzrecht über die Richtlinienumsetzung hinaus sieht der Gesetzentwurf daher nur sehr begrenzt vor. Es handelt sich dabei insbesondere um einzelne Präzisierungen und Verbesserungen bilanzrechtlicher Vorschriften, um die Anwendbarkeit der Vorschriften zu erleichtern und die Vergleichbarkeit der Rechnungslegung zu erhöhen."[9] Diese Aussage ist vor dem Hintergrund des Ziels für das vorausgehende BilMoG zu sehen, den Unternehmen gegenüber den IFRS „eine gleichwertige, aber einfachere und kostengünstigere Alternative zu bieten. Dabei bleibt der handelsrechtliche Jahresabschluss Grundlage der Gewinnausschüttung und werden die Vorzüge der

---

[5]   Vgl. zB Ballwieser FS Küting, 2009, 593.
[6]   Vgl. zu einem Überblick, auch über die hier erwähnten Regelungen hinaus, Oser/Orth/Wirtz DB 2015, 1729; Zwirner DB-Beil. Nr. 6 48/2015; Zwirner/Petersen WPg 2015, 811.
[7]   Vgl. hierzu insbes. Bruns/Eierle/Klein/Knorr/Marten, IFRS for SMEs, 2010.
[8]   BR-Drs. 23/15, 55.
[9]   BR-Drs. 23/15, 56.

Maßgeblichkeit des handelsrechtlichen Jahresabschlusses für die steuerliche Gewinnermittlung bewahrt, und bleiben die Eckpfeiler der handelsrechtlichen Rechnungslegung ebenso bestehen, wie das System der Grundsätze ordnungsmäßiger Buchführung".[10]

Grund der Änderung für die Bewertung von Pensionsrückstellungen war hingegen das **6** anhaltende Niedrigzinsniveau im Gefolge von Finanz- und Schuldenkrise. Hier drohte die Gefahr, dass durch sinkende durchschnittliche Vergangenheitszinsen cet. par. immer höhere Rückstellungen anzusetzen waren. Durch die Ausdehnung des Zeitraums, über den der Vergangenheitsdurchschnitt zu berechnen ist, von sieben auf zehn Jahre ließ sich der Anstieg der Rückstellungen etwas vermindern.

2. Wirkungen. Die Verlängerung des vergangenen Zeitraums von sieben auf zehn **7** Jahre für die Berechnung des durchschnittlichen Marktzinssatzes, mit dem die Pensionsrückstellungen abzuzinsen sind, schuf bei anhaltendem Niedrigzinsniveau den Bilanzierenden nur einen temporären Vorteil. Die Unternehmen erhielten für die cet. par. gebotene Aufstockung der Rückstellung nur etwas mehr an Zeit. Durch eine rückwirkende Gesetzesänderung konnte der Buchwert der Pensionslasten gegenüber der alten Regelung sogar stark verringert werden.[11] „Durch die gesetzliche Maßnahme steigt der zum 31.12.2015 anwendbare Diskontierungszins sprunghaft von 3,89% auf 4,30%. Bleibt das gegenwärtige Marktzinsniveau in den kommenden Jahren stabil, fällt der Diskontierungszins nach der Neuregelung bis Ende 2018 deutlich langsamer als nach der bisherigen Bestimmung (...)."[12] Geschätzt wurden Minderungen der Pensionsrückstellungen zum 31.12.2015 um ca. 4–10%, bei konstantem Zinsniveau bis Ende 2018 sogar um ca. 9–20%.[13]

Zu Recht konstatierten Hommel/Rammert/Kiy, dass die Gesetzesänderung ein Abrü- **8** cken von der Annäherung an die IFRS bedeute, welche seinerzeit als Begründung für das BilMoG herangezogen wurde. „Ungeachtet der bilanzpolitischen Möglichkeiten liegen die von den DAX-30-Unternehmen nach IFRS verwendeten Diskontierungssätze in den letzten Jahren deutlich unter den § 253 Abs. 2 HGB aF vorgeschriebenen Abzinsungssätzen. Diese Kluft wird durch die Einführung des 10-Jahresdurchschnittszinses (...) noch deutlich erweitert."[14] Diesen Befund schätzten sie zwar als unbedenklich ein, weil er auf unterschiedliche Bilanzkonzepte von HGB und IFRS zurückgeht. „Er führt aber gegenüber weniger versierten Marktteilnehmern, die beide Jahresabschlüsse (Jahresabschluss und Konzernabschluss; Verf.) zur Kenntnis nehmen, zu einem größeren Erklärungsbedarf."[15]

Die neue Definition der Umsatzerlöse erzeugte veränderte Bilanzkennzahlen, zB **9** Umsatzrenditen (Gewinn/Umsatz), Umschlagshäufigkeiten (Umsatz/Vorräte) oder Umschlagsdauern ((Vorräte/Umsatz)*365). Entsprechendes galt für den Wegfall außerordentlicher Aufwendungen und Erträge in der GuV.

Die Behauptung der Aufrechterhaltung von System und Inhalt der GoB durch das **10** BilMoG[16] wurde bereits in der 3. Auflage als falsch qualifiziert.[17] Auch ließ sich fragen, inwieweit die vom Gesetzgeber angestrebte Anhebung des Informationsniveaus bei gleichzeitiger Kostengünstigkeit der Rechnungslegung erzielt oder gefördert werden konnte. Zweifellos waren etliche Neuregelungen weniger kostentreibend als die IFRS. Zugleich ließ sich die Anhebung des Informationsniveaus bestreiten, wenn zB bei der Bewertung von Pensionslasten der Barwert der Schuld dergestalt berechnet wird, dass man im Zähler der Barwertformel in die Zukunft, im Nenner hingegen in die Vergangenheit blickt.[18] Daran hat sich – auch nach der neuen Zinssatzmodifikation – nichts geändert.

---

[10] BR-Drs. 344/08, 65; Petersen/Zwirner BilMoG S. 159.
[11] Vgl. Hommel/Rammert/Kiy DB 2016, 1585.
[12] Hommel/Rammert/Kiy DB 2016, 1586.
[13] Geilenkothen/Rasch KoR 2016, 132.
[14] Hommel/Rammert/Kiy DB 2016, 1588.
[15] Hommel/Rammert/Kiy DB 2016, 1592.
[16] Vgl. BR-Drs. 344/08, 65; Petersen/Zwirner BilMoG S. 159.
[17] → 3. Aufl. 2013, Vor § 238 Rn. 9.
[18] Das ist im Übrigen der wesentliche Grund, weshalb die gewünschte Dämpfung der Schwankung der Pensionslasten misslingt. Vgl. Küting/Pfitzer/Weber, IFRS und BilMoG/Wüstemann/Koch, 2010, S. 315.

11   Zwar wird der vergangenheitsorientierte Diskontierungszins als GoB-konform eingeschätzt. Begründet wird das mit der bilanztheoretischen Annahme, dass der Pensionsberechtigte dem Unternehmen ein Darlehen zu einem bestimmten Zins gewährt, dessen komplexe
und kaum nachvollziehbare Schätzung aus Vorsichts- und Objektivierungsgründen der
Deutschen Bundesbank überlassen wird.[19] Mit der Vorgabe eines Vergangenheitsdurch-
schnitts muss man jedoch zugleich annehmen, „dass sich die Zinsen über den Zeitablauf
hinweg um ein natürliches Zinsniveau herum bewegen, sodass ein repräsentativer Durchschnittszins für eine Zinsperiode ein beliebiges Vielfaches dieser Periode bei der Abzinsung
abdeckt".[20] Über die Berechtigung dieser Annahme lässt sich aber zweifellos streiten, nicht
erst seit der Zinspolitik der Europäischen Zentralbank. Insofern könnte eine Normierung
mit einem festen Wert – nicht etwa dem steuerlich gebotenen – vorteilhafter sein.

III. Bedeutung, Rechtsnatur, Zielsetzung und Inhalt von IFRS

12   **1. Bedeutung.** International Financial Reporting Standards (IFRS) sind gem. IAS 1.7
der Oberbegriff für IFRS, International Accounting Standards (IAS) und Interpretationen
des International Financial Reporting Interpretations Committee (IFRIC) und seiner Vorgängerinstitution Standing Interpretations Committee (SIC). IAS und SIC-Interpretationen
wurden bis zum 31.3.2001 vom International Accounting Standards Committee (IASC)
und dem SIC verabschiedet. Die IAS tragen auch nach Umbenennung des ganzen Systems
in IFRS diesen Namen und werden seit 1.4.2001 vom International Accounting Standards
Board (IASB) verbessert. Neue Standards tragen den Namen IFRS; neue Interpretationen
schafft das IFRIC.

13   Das IASB ist Organ der International Accounting Standards Committee Foundation
(IASCF), die im März 2001 als unabhängige Dachorganisation in Delaware, USA, gegründet
wurde. Die Satzung der IFRS Foundation, die das IASB über der Stiftung zugehörige
Treuhänder als Standardsetzer etabliert, enthält die Ziele der Stiftung, damit auch die Ziele
von IASB und IFRS. Wir lesen in ihr:

> „The objectives of the IFRS Foundation are:
> (a) to develop, in the public interest, a single set of high quality, understandable, enforceable and globally
>   accepted financial reporting standards based upon clearly articulated principles. These standards
>   should require high quality, transparent and comparable information in financial statements and other
>   financial reporting to help investors, other participants in the world's capital markets and other users
>   of financial information make economic decisions.
> (b) to promote the use and rigorous application of those standards.
> (c) in fulfilling the objectives associated with (a) and (b), to take account of, as appropriate, the needs
>   of a range of entities and types of entities in diverse economic settings.
> (d) to promote and facilitate adoption of IFRS Standards, being the Standards and IFRIC Interpretations
>   issued by the Board, through the convergence of national accounting standards and IFRS Standards."
> (IFRS Foundation Constitution, Stand Dezember 2018, Abs. 2).

14   Die IFRS sollen unabhängig von der Rechtsform, Größe und Branche eines Unternehmens für den Jahres- wie den Konzernabschluss gelten („a single set of (…) financial reporting standards"), auch wenn das IASB getrennte Standards für Unternehmen ohne öffentliche
Rechenschaftspflicht entwickelt hat.[21] Dies geschieht unter dem Stichwort „small and
medium-sized entities" (SMEs), obwohl die Unternehmen nicht nach quantitativen Größenkriterien abgegrenzt werden sollen.

15   **2. Rechtsnatur.** Die IFRS haben lediglich Empfehlungscharakter für nationale oder
internationale Standardsetzer. Sie können somit nur dann Rechtskraft entfalten, wenn sie
mit allgemeinen Rechtsvorstellungen einer Rechtsgemeinschaft übereinstimmen oder in
nationale Gesetze oder als nationale Standards übernommen werden. Tatsächlich orientieren

---

[19]   Vgl. Hommel/Rammert/Kiy DB 2016, 1592.
[20]   Hommel/Rammert/Kiy DB 2016, 1591.
[21]   Vgl. hierzu insbes. Bruns/Eierle/Klein/Knorr/Marten, IFRS for SMEs, 2010.

sich 167 Nationen an IFRS (Stand August 2022); die wichtigste Bedeutung in Europa erlangten sie durch die IAS-VO vom 19.7.2002.

Aufgrund der Umsetzung dieser Verordnung müssen kapitalmarktorientierte Konzerne **16** gem. § 315e Abs. 1 Konzernabschlüsse nach IFRS aufstellen (→ § 315e Rn. 1 ff.). Kapitalmarktorientierung verlangt die (uU nur beantragte) Zulassung eines Wertpapiers zum Handel an einem organisierten Markt (§ 315e Abs. 2). Als Wertpapiere kommen nach § 2 Abs. 1 WpHG Aktien, Zertifikate, die Aktien vertreten (zB American Depository Receipts oder ADR), Schuldverschreibungen, Genussscheine, Optionsscheine und andere Wertpapiere, die mit Aktien oder Schuldverschreibungen vergleichbar sind, in Frage. Ein organisierter Markt ist ein „durch staatliche Stellen genehmigtes, geregeltes und überwachtes multilaterales System, das die Interessen einer Vielzahl von Personen am Kauf und Verkauf von dort zum Handel zugelassenen Finanzinstrumenten innerhalb des Systems und nach nichtdiskretionären Bestimmungen in einer Weise zusammenbringt oder das Zusammenbringen fördert, die zu einem Vertrag über den Kauf dieser Finanzinstrumente führt" (§ 2 Abs. 11 WpHG). Die Pflicht zur Verwendung der IFRS galt grundsätzlich ab dem Geschäftsjahr 2005, für in den USA börsennotierte Unternehmen und kapitalmarktorientierte Unternehmen, die nicht börsennotiert sind, ab 2007. Nicht kapitalmarktorientierte Konzerne dürfen gem. § 315e Abs. 2 Konzernabschlüsse nach IFRS aufstellen. Große Kapitalgesellschaften dürfen anstelle eines Jahresabschlusses nach HGB einen Einzelabschluss nach IFRS zum Zwecke der Information offenlegen (§ 325 Abs. 2a); auch anderen Gesellschaften ist dies möglich. Gewinnansprüche entstehen hingegen nach dem HGB-Abschluss.

Die IFRS entfalten auch nach Verabschiedung und Umsetzung der IAS-Verordnung **17** keine unmittelbare Rechtswirkung, da sie erst von der EU-Kommission übernommen werden müssen. Sofern dies geschieht, werden sie aber unmittelbar auch in der Bundesrepublik rechtlich wirksam, dh es ist kein nationaler Gesetzgebungs- oder Prüfungsakt mehr nötig und möglich (sog. Komitologieverfahren).

3. Ziele. Das Ende März 2018 verabschiedete neue Rahmenkonzept („Conceptual **18** Framework for Financial Reporting") des IASB betont wie sein Vorgänger vom September 2010 die Informationsfunktion der Abschlüsse. Danach gilt als Zielsetzung der Rechnungslegung für allgemeine Zwecke die Zurverfügungstellung von Finanzinformationen über das berichtende Unternehmen, die für bestehende und potenzielle Investoren, Kreditgeber und andere Gläubiger nützlich sind, um Entscheidungen für die Bereitstellung von Ressourcen an das Unternehmen zu treffen („decision usefulness concept"). Zu diesen Entscheidungen gehören das Kaufen, Verkaufen oder Halten von Eigenkapital- und Schuldinstrumenten, Kreditvergabeentscheidungen und – erstmals erwähnt – Entscheidungen über die Ausübung von Rechten zur Abstimmung über oder zur anderweitigen Beeinflussung von Handlungen des Managements, welche die wirtschaftlichen Ressourcen des Unternehmens beeinflussen (CF.1.2). Zu den neu genannten Entscheidungen zählen zB solche zur Besetzung des Aufsichtsrats. Die Bilanzierung als Grundlage von Gewinnansprüchen bleibt unbehandelt, auch wenn auf Kapitalerhaltungskonzepte eingegangen wird (CF.8.3–8.9). Im Vordergrund stehen kapitalgeber- und kapitalmarktbezogene Informationen (→ § 243 Rn. 79 f.). Damit unterscheiden sich die IFRS grds. vom deutschen Bilanzrecht, das neben der Informationsfunktion die Zahlungsbemessungsfunktion betont und bezüglich der GoB die Zahlungsbemessungsfunktion vielfach dominieren lässt.

Wegen der starken Ausrichtung an kapitalmarktorientierten Konzernen wird heute **19** auch beim IASB die Eignung der IFRS für alle Unternehmen in Frage gestellt. Das führte zu der bereits in → Rn. 2 erwähnten Beschäftigung mit dem SME-Projekt. Nach heutigem Stand ist nicht zu erwarten, dass es das HGB ablösen oder ergänzen kann; das BilMoG sollte nach dem Willen des Gesetzgebers eine bewusste Alternative zu ihm sein.[22] Mit dem Projekt wird insbesondere auf wirtschaftlich weniger entwickelte Länder gezielt.

---

[22]   BR-Drs. 344/08, 65; Petersen/Zwirner BilMoG S. 159.

20   **4. Inhalt.** Der Aufbau der Rechnungslegungskonzeption des IASB ist dem der US-GAAP sehr ähnlich. Hier wie dort existiert ein zweistufiges Regelwerk, bestehend aus Rahmenkonzept und einzelnen Standards, wobei das Rahmenkonzept selbst nicht zu den IFRS zählt (während dies bei den Interpretationen der Fall ist), aber diese verständlich machen und dem IASB als Leitlinie dienen soll. Das dem Rahmenkonzept 1989 vorangestellte Vorwort (Preface), dessen Stellung nicht näher bestimmt war, ist heute mit geringfügigen sprachlichen Änderungen in die Einführung (Introduction) eingegangen. Das Rahmenkonzept legt insbesondere die Zielsetzung der Rechnungslegung, qualitative Anforderungen an nützliche Finanzinformationen, Definitionen der Posten des Jahresabschlusses und deren Kriterien für Ansatz, Bewertung, Darstellung und Ausweis fest.

21   Heute gibt es auf EU-Ebene 15 IFRS, 25 IAS, 15 IFRIC und 5 SIC-Interpretationen (Stand: 9.8.2022), die ab 1.1.2022 pflichtgemäß anzuwenden sind. Das IASB zeigt auf seiner Website 16 IFRS, von denen neun in Entwicklung sind, 25 IAS, von denen acht in Entwicklung sind, 15 IFRIC- und 5 SIC-Interpretationen (Stand: 9.8.2022). Die Standards sind – anders als das HGB – nicht in dem Sinne vom Allgemeinen zum Besonderen ausgerichtet, dass zB Jahres- und Konzernabschluss unterschieden werden, eine Diskussion getrennt nach Bilanz, Gewinn- und Verlustrechnung und anderen Instrumenten der Rechnungslegung erfolgt und innerhalb der Bilanz nach Ansatz, Bewertung, Gliederung und Offenlegung unterschieden wird. Sie entstanden vielmehr aus einem bestimmten Problemdruck bei einzelnen Rechnungslegungsfragen und aufgrund der Einschätzung, wie leicht oder schwer eine Einigung über die zu entwickelnden Regeln zu erzielen sei. Innerhalb eines bestimmten Themengebiets – wie Rückstellungen – wird aber nach Ansatz, Erst- und Folgebewertung sowie Informations- und Präsentationspflichten unterschieden. Trotz des beachtlichen Umfangs an Regeln (die ab 1.1.2022 in der EU anzuwendenden IFRS in deutscher Sprache belaufen sich auf 1294 Seiten)[23] zeigen sich Lücken in den geregelten Gebieten, weshalb IFRS ständig erweitert und ergänzt werden.

22   **5. Anwendung.** Ein Problem der Anwendung von IFRS resultiert aus folgenden Gründen: Erstens muss keine Deckungsgleichheit der vom IASB in London verabschiedeten mit den von der EU-Kommission in Brüssel übernommenen IFRS bestehen. Das war zB für einige Zeit für einige Regelungen im heftig umstrittenen IAS 39 der Fall. Da IFRS nach dem Selbstverständnis des IASB nur in Gänze oder gar nicht angewendet werden dürfen, die in der EU rechnungslegungspflichtigen Unternehmen aber dem EU-Recht unterworfen sind, stellt sich das Problem, was Wirtschaftsprüfer hinsichtlich der Anwendung der IFRS testieren. Das IASB verlangt das Testat der IFRS in der Londoner Fassung, die EU erlaubt nur ein Testat der EU-gültigen IFRS. Zweitens werden nicht alle vom IASB verabschiedeten Regelungen aus dem Englischen ins Deutsche übersetzt. Das betrifft insbesondere die „Basis for Conclusions", die „Illustrative Examples" und die „Implementation Guidance". Alle drei zählen formal nicht zu den IFRS, werden aber zugleich vom IASB als wichtig angesehen, um den Inhalt der IFRS zu verstehen und sie richtig anzuwenden. Da es sich hierbei um voluminöse Informationen handeln kann (bei IAS 39 handelt es sich um 210 Druckseiten für die drei Komponenten), ist dieser Zustand unbefriedigend. Die autorisierte EU-Übersetzung reicht nicht; der Anwender der IFRS und der Nutzer der Rechnungslegung muss entweder von vornherein auf die englische Fassung zurückgreifen oder mit zwei unterschiedlichen Fassungen arbeiten. Drittens enthalten oder enthielten die IFRS Widersprüche untereinander oder im Hinblick auf das ihnen zugrunde liegende Rahmenkonzept. Beispielsweise besteht für Rückstellungen gem. IAS 37.15 und IAS 37.23 eine doppelte Wahrscheinlichkeitshürde hinsichtlich des Bestehens einer am Bilanzstichtag bestehenden Verpflichtung und eines damit verbundenen Ressourcenabflusses, wohingegen das Rahmenkonzept von 2010 mit Rückgriff auf den verbliebenen Text von 1989 in CF.4.4(b) nur auf die Wahrscheinlichkeit des Ressourcenabflusses abstellte.[24] Das Rahmen-

---

[23]   Vgl. Grathwohl, EU-IFRS 2022, http://eu-ifrs.de/wp-content/uploads/EU-IFRS_2022.pdf (Abruf: 26.8.2022).

[24]   Vgl. Ballwieser, IFRS-Rechnungslegung, 3. Aufl. 2013, S. 82 f. und 235.

konzept von 2018 ist diesbezüglich sorgfältiger geworden. Gleichermaßen gab es im Rahmenkonzept von 2010 keine überschneidungsfreie Trennung von revenues (Erlösen) und gains (andere Erträge) und von expenses und losses (andere Aufwendungen).[25] Viertens drücken oftmals die deutschen (autorisierten) Übersetzungen nicht das aus, was der englische Text enthält (zB „Valutieren" für „settling" in R.OB2 im Rahmenkonzept von 2010), was einen Rückgriff auf die Originalsprache sinnvoll werden lässt, die aber zugleich eine Fehlerquelle für die Anwendung von IFRS darstellen kann.

Im Ergebnis führen die beschriebenen Anwendungsprobleme zu einer Vielfalt an Kommentaren zur Auslegung von IFRS, was nicht nur die Menge der vom Anwender herangezogenen Seiten (neben den bereits voluminösen IFRS; → Rn. 21) erhöht, sondern auch ein vermeintliches Abgrenzungsmerkmal gegenüber dem HGB (knapper Text, aber umfangreiche Kommentierung) fragwürdig werden lässt. **23**

---

[25] Vgl. auch Kirsch DB 2003, 2451.

Erster Abschnitt. Vorschriften für alle Kaufleute

Erster Unterabschnitt. Buchführung. Inventar

§ 238 Buchführungspflicht

(1) [1]Jeder Kaufmann ist verpflichtet, Bücher zu führen und in diesen seine Handelsgeschäfte und die Lage seines Vermögens nach den Grundsätzen ordnungsmäßiger Buchführung ersichtlich zu machen. [2]Die Buchführung muß so beschaffen sein, daß sie einem sachverständigen Dritten innerhalb angemessener Zeit einen Überblick über die Geschäftsvorfälle und über die Lage des Unternehmens vermitteln kann. [3]Die Geschäftsvorfälle müssen sich in ihrer Entstehung und Abwicklung verfolgen lassen.

(2) Der Kaufmann ist verpflichtet, eine mit der Urschrift übereinstimmende Wiedergabe der abgesandten Handelsbriefe (Kopie, Abdruck, Abschrift oder sonstige Wiedergabe des Wortlauts auf einem Schrift-, Bild- oder anderen Datenträger) zurückzubehalten.

Schrifttum: Baetge, Grundsätze ordnungsmäßiger Buchführung, DB-Beil. 26/1986, 1; Becker, Die Entwicklung des Kaufmannsbegriffs, 2004; Beisse, Normqualität und Normstruktur von Bilanzvorschriften und Standards, BB 1999, 2180; Beisse, Wandlungen der Grundsätze ordnungsmäßiger Bilanzierung, GS Knobbe-Keuk, 1997, 385; Beisse, Zum neuen Bild des Bilanzrechtssystems, FS Moxter, 1994, 3; Beisse, Rechtsfragen der Gewinnung von GoB, BFuP 1990, 499; BMF-Schreiben v. 14.11.2014, Grundsätze zur ordnungsmäßigen Führung und Aufbewahrung von Büchern, Aufzeichnungen und Unterlagen in elektronischer Form sowie zum Datenzugriff (GoBD), BStBl. 2014 I 1450; BMF-Schreiben v. 1.2.1984, Grundsätze für die Mikroverfilmung von gesetzlich aufbewahrungspflichtigem Schriftgut (Mikrofilm-Grundsätze), BStBl. 1984 I 155; Büchel, EG-einheitliche Grundsätze ordnungsmäßiger Buchführung als Postulat der Gemeinschaftsrechtsordnung, 1994; Budde, Grundsätze ordnungsmäßiger Rechenschaftslegung, FS Semler, 1993, 789; Döllerer, Grundsätze ordnungsmäßiger Bilanzierung, deren Entstehung und Ermittlung, BB 1959, 1217; Euler, Das System der Grundsätze ordnungsmäßiger Bilanzierung, 1996; Fey, Imparitätsprinzip und GoB-System im Bilanzrecht 1986, 1987; Herzig, Derivate-Bilanzierung und GoB-System, FS Baetge, 1997, 37; Hüttche, Virtual Close – Ordnungsmäßigkeit virtueller Jahresabschlüsse, BB 2002, 1639; IDW RS FAIT 1 Grundsätze ordnungsmäßiger Buchführung bei Einsatz von Informationstechnologie, WPg 2002, 1157; Jüttner, GoB-System, Einzelbewertungsgrundsatz und Imparitätsprinzip, 1993; Kropff, Vorsichtsprinzip und Wahlrechte, FS Baetge, 1997, 65; Kruse, Grundsätze ordnungsmäßiger Buchführung, 3. Aufl. 1978; Loitz, Die Erstellung von lokalen Abschlüssen in Shared Service Centern als Beitrag zur Industrialisierung der Finanzfunktion, DB 2014, 849; Mehnert, Der „sachverständige Dritte" aus § 145 I AO bei der Beurteilung der Ordnungsmäßigkeit der Buchführung, 1984; Moxter, Grundsätze ordnungsgemäßer Rechnungslegung, 2003; Moxter, Grundsätze ordnungsmäßiger Buchführung – ein handelsrechtliches Faktum, von der Steuerrechtsprechung festgestellt, FS 75 Jahre Reichsfinanzhof – Bundesfinanzhof, 1993, 533; Moxter, Zum Sinn und Zweck des handelsrechtlichen Jahresabschlusses nach neuem Recht, FS Goerdeler, 1987, 361; Moxter, Das System der handelsrechtlichen Grundsätze ordnungsmäßiger Bilanzierung, FS v. Wysocki, 1985, 17; Moxter, Die handelsrechtlichen Grundsätze ordnungsmäßiger Buchführung und das neue Bilanzrecht, ZGR 1980, 254; Moxter, Fundamentalgrundsätze ordnungsmäßiger Rechenschaft, FS Leffson, 1976, 87; Müller, Der Europäische Gerichtshof und die Grundsätze ordnungsmäßiger Buchführung, in Herzig, Europäisierung des Bilanzrechts, 1997, 87; Ruhnke Konzernbuchführung, 1995; Schaefer, Das Handelsreformgesetz nach dem Abschluß des parlamentarischen Verfahrens, DB 1998, 1269; K. Schmidt, HGB-Reform und gesellschaftsrechtliche Gestaltungspraxis, DB 1998, 61; Schruff, Zur Bilanzierung von Beteiligungserträgen nach dem Urteil des EuGH v. 27. Juni 1996, FS Baetge, 1997, 427; Schülen, Grundsätze ordnungsmäßiger Buchführung – Quellen und Auslegungskompetenzen, in IDW, 50 Jahre Wirtschaftsprüferberuf, 1981, 71; Taupitz, Die Entwicklung von Grundsätzen ordnungsmäßiger Buchführung durch die Wirtschaftsprüferkammer, BB 1990, 2367; Walz, Der Einfluß von Globalisierung und Europäisierung auf die Auslegung des geltenden Bilanzrechts (Einzelabschluß), in Ballwieser/Schildbach, Rechnungslegung und Steuern international, 1998, S. 83.

Übersicht

I. Normzweck

§ 238 enthält die Buchführungspflicht des Kaufmanns, um die gesetzlichen Schutzfunk- **1** tionen der Rechnungslegung erfüllen zu können und Grundlage der Erstellung des Jahresabschlusses zu sein. Die gesetzlichen Schutzfunktionen liegen (1) in der Dokumentation von Geschäftsvorfällen und damit verbundenem Vermögen und Erfolg sowohl zum Zwecke der **Beweissicherung** und Beweisführung als auch zur **Selbstinformation** des Kaufmanns, (2) in der gesellschaftsrechtlichen **Vermögens- und Gewinnverteilung** (Zahlungs- oder Ausschüttungsbemessung) und (3) in der **Rechenschaft** gegenüber Vertragspartnern und der darüber hinausgehenden Information gegenüber Dritten, insbesondere Kapitalgebern. Mit der Erfolgsermittlung werden zugleich Kompetenzen abgegrenzt;[1] Gewinnentstehung und Gewinnverwendung sind zu trennen. Darüber hinaus erleichtert die handelsrechtlich gebotene Buchführung die **Ermittlung von Steuerbemessungsgrundlagen.** Das Steuerrecht greift auf die handelsrechtliche Buchführungspflicht zurück (abgeleitete Buchführungspflicht gem. § 140 AO), enthält aber auch – wegen zT anderer Kriterien – eine darüber hinausgehende eigenständige Buchführungspflicht (originäre Buchführungspflicht gem. § 141 AO).[2]

II. Der Kaufmann als Normadressat

1. Kaufleute. § 238 adressiert grds. „jeden Kaufmann" als zur Buchführung Verpflich- **2** teten; ausgenommen sind Einzelkaufleute mit nach Umsatz und Jahresüberschuss geringer Größe (§ 241a). Kaufmann im Sinne des HGB ist, wer ein Handelsgewerbe betreibt (§ 1 Abs. 1). Handelsgewerbe ist jeder Gewerbebetrieb, es sei denn, das Unternehmen erfordert nach Art oder Umfang keinen in kaufmännischer Weise eingerichteten Geschäftsbetrieb (§ 1 Abs. 2). § 1 Abs. 2 ist als Beweislastregel so ausgestaltet, dass er die (widerlegbare) Vermutung enthält, dass jeder Gewerbebetrieb Handelsgewerbe ist. Der Gewerbetreibende hat ggf. nachzuweisen, dass für ihn die Vermutung nicht gilt. Dies erzeugt Kritik an der Ausrichtung an dem in kaufmännischer Weise eingerichteten Gewerbebetrieb, weil dieser strittig sein soll.[3] Zur Klärung kann auf die Kommentierung von § 4 aF verwiesen werden.[4]

Als **Handelsgewerbe** zählt jede selbstständige nachhaltige Betätigung, die mit Gewinn- **3** erzielungsabsicht unternommen wird und sich als Beteiligung am allgemeinen wirtschaftlichen Verkehr darstellt.[5] Da sich die Begriffe Gewerbe und Freier Beruf ausschließen,[6] erfasst § 1 keine freien Berufe.[7]

Die in § 1 Abs. 2 aF enthaltene Aufzählung von bestimmten Geschäften als Grundhan- **4** delsgewerbe ist durch das Handelsrechtsreformgesetz v. 22.6.1998 (BGBl. 1998 I 1474)

---

[1]   Schildbach/Stobbe/Freichel/Hamacher Jahresabschluss S. 39–55; BGH NJW 1996, 1678 = JZ 1996, 856 mAnm Moxter.
[2]   Vgl. HKMS/Drüen Rn. 2.
[3]   Vgl. Kögel DB 1998, 1802.
[4]   → 1. Aufl. 1997, § 4 Rn. 4–6 mwN.
[5]   Vgl. BeBiKo/Störk/Lewe Rn. 9.
[6]   Vgl. → § 1 Rn. 13 und 24 (Ergbd. 1. Aufl. 1999, § 1 Rn. 17 und 28).
[7]   Vgl. Schaefer DB 1998, 1270.

entfallen, ebenso die in § 4 aF enthaltene Definition des Minderkaufmanns. Die Begriffspaare Muss- und Sollkaufmann sowie Voll- und Minderkaufmann wurden damit aufgegeben. Folglich wurde auch § 262 aF im Rahmen des Handelsrechtsreformgesetzes aufgehoben.

5   Ein gewerbliches Unternehmen, dessen Gewerbebetrieb nicht schon nach § 1 Abs. 2 Handelsgewerbe ist, wird erst mit Eintragung der Firma in das Handelsregister Handelsgewerbe. Der Unternehmer ist nur berechtigt, aber nicht verpflichtet, die Eintragung nach den für die Eintragung kaufmännischer Firmen geltenden Vorschriften herbeizuführen (§ 2). Diese Regelung gilt für Kleingewerbetreibende und vermögensverwaltende Gesellschaften (§ 105 Abs. 2).[8] Die Eintragung hat konstitutive Wirkung für die Kaufmannseigenschaft.

6   Auf Betriebe der Land- und Forstwirtschaft findet § 1 keine Anwendung. Sie zählen nicht als Handelsgewerbe. Jedoch können sich land- und forstwirtschaftliche Unternehmen, die nach Art und Umfang einen in kaufmännischer Weise eingerichteten Geschäftsbetrieb erfordern, ebenfalls in das Handelsregister eintragen lassen. Sie werden dann Kaufmann kraft Eintragung (§ 3 Abs. 2).

7   Für Betreiber eines Handelsgewerbes (§ 1 Abs. 1) kommt es zur Erlangung der Kaufmannseigenschaft auf die Handelsregistereintragung nicht an; sie wird vielmehr mit dem ersten Vorbereitungsgeschäft für die Eröffnung des Betriebes begründet.[9] Kleingewerbetreibende oder vermögensverwaltende Gesellschaften, die unter § 2 fallen, und land- und forstwirtschaftliche Unternehmen (§ 3) werden hingegen erst mit Eintragung zum Kaufmann.

8   „Die in betreff der Kaufleute gegebenen Vorschriften finden auch auf die Handelsgesellschaften Anwendung" (§ 6 Abs. 1). Zu den Handelsgesellschaften zählen Personengesellschaften (OHG, KG), Kapitalgesellschaften (vgl. für die AG § 3 AktG, für die KGaA § 278 Abs. 3 AktG, für die GmbH § 41 GmbHG) und die der deutschen OHG gleichgestellte Europäische Wirtschaftliche Interessenvereinigung (EWIV). Keine Handelsgesellschaften sind die Stille Gesellschaft, die GbR, die Genossenschaft und der VVaG. Eingetragene Genossenschaften gelten aber gem. § 17 Abs. 2 GenG als Kaufmann iSd § 238 Abs. 1. Dasselbe gilt für VVaG gem. § 16 VAG. GbR, die die Kriterien des § 1 erfüllen, werden automatisch (kraft Gesetzes) zu OHG.[10]

9   **Wirtschaftsbetriebe der öffentlichen Hand** liegen vor, wenn sie wirtschaftlich verwertbare Waren und Leistungen anbieten. Unternehmensträger können nur juristische Personen des öffentlichen Rechts sein. Hierzu zählen Körperschaften, rechtsfähige Anstalten und rechtsfähige Stiftungen des öffentlichen Rechts.[11] Sie sind Kaufmann im Sinne des Abschnitts, wenn eine selbstständige nachhaltige Betätigung vorliegt, die mit Gewinnerzielungsabsicht unternommen wird und sich als Beteiligung am allgemeinen wirtschaftlichen Verkehr darstellt. Das gilt nicht für Hoheitsbetriebe (zB Friedhof) und Monopole (zB Schlachthöfe, Einfuhr- und Vorratsstellen).[12] Eigengesellschaften oder Beteiligungsgesellschaften der öffentlichen Hand in der Rechtsform der AG oder der GmbH sind stets Kaufmann gem. § 6.

10   Die Privilegierung von gewerblichen Unternehmen der öffentlichen Hand, die früher gem. § 36 aF von der Handelsregisterpflicht befreit waren, ist durch den Wegfall dieses Paragraphen durch das Handelsrechtsreformgesetz v. 22.6.1998 (BGBl. 1998 I 1474) entfallen.[13] Damit sind alle juristischen Personen, die gem. § 33 Abs. 1 eintragungspflichtig sind, auch buchführungspflichtig.

11   Für die buchführungspflichtigen Unternehmen des öffentlichen Rechts ohne eigene Rechtspersönlichkeit (insbesondere Eigenbetriebe) gelten die Vorschriften der §§ 238 ff. nur dann nicht, wenn landesrechtliche Vorschriften davon abweichen (§ 263).

---

8   Vgl. K. Schmidt DB 1998, 61.
9   Vgl. BGHZ 10, 96; → § 1 Rn. 5 (Ergbd. § 1 Rn. 5).
10   Vgl. Schaefer DB 1998, 1271.
11   Vgl. BeBiKo/Störk/Lewe Rn. 38.
12   Vgl. BeBiKo/Störk/Lewe Rn. 40.
13   Vgl. Schaefer DB 1998, 1271.

Juristische Personen des Privatrechts wie **Stiftungen** und **Vereine,** die keine Handels- 12 gesellschaften sind, sind buchführungspflichtig, wenn sie die Anforderungen des § 1 erfül-len.[14]

Inländische **Zweigniederlassungen** von Kaufleuten, deren Hauptniederlassung bzw. 13 Sitz im Ausland liegt, unterliegen ebenfalls der Buchführungspflicht.[15]

2. Beginn der Buchführungspflicht. Die Buchführungspflicht beginnt mit der 14 Erlangung der Kaufmannseigenschaft. Das ist bei den Kaufleuten gem. § 1 die Aufnahme des Handelsgewerbes im Gewerbebetrieb, wenn sie einen in kaufmännischer Art und Weise eingerichteten Geschäftsbetrieb benötigen. Bei den Kaufleuten nach § 2 und § 3 beginnt die Buchführungspflicht erst mit der Eintragung in das Handelsregister.[16] Die für den nach altem Recht definierten Sollkaufmann schon vor Eintragung in das Handelsregister beste-hende Buchführungspflicht ist entfallen, weil der Sollkaufmann aufgegeben wurde.

3. Ende der Buchführungspflicht. Die Buchführungspflicht endet mit Erlöschen 15 der Kaufmannseigenschaft. Großbetriebe, die das Kriterium des in kaufmännischer Art und Weise eingerichteten Geschäftsbetriebs nicht mehr erfüllen, können von Amts wegen, ggf. auf Anregung des Unternehmens, gelöscht werden.[17] Kleingewerbetreibende, die gem. § 2 Kaufmann wurden, können nach § 2 S. 3 ebenfalls die Löschung beantragen; hingegen findet bei eingetragenen Land- und Forstwirten eine Löschung „nur nach den allgemeinen Vorschriften" statt (§ 3 Abs. 2).

III. Anforderungen an die Buchführung

1. Ersichtlichmachung der Handelsgeschäfte und der Lage des Vermögens. 16 Die Buchführung soll die Handelsgeschäfte und die Lage des Vermögens nach den Grundsät-zen ordnungsmäßiger Buchführung (GoB) ersichtlich machen. „Buchführung ist die lfd, systematische und in Geldgrößen vorgenommene Dokumentation von Geschäftsvorfällen (…)".[18] Damit sind Geschäftsvorfälle zu definieren.

Geschäftsvorfälle verändern das kaufmännische Vermögen in Höhe und Struktur und 17 schlagen sich insofern im Jahresabschluss (für den Kaufmann gem. § 242 Abs. 3 Bilanz und Gewinn- und Verlustrechnung) nieder. Die in der Buchführung zu erfassenden Geschäfts-vorfälle gehen aber faktisch darüber hinaus, weil auch schwebende Geschäfte, die das Ver-mögen und die Struktur der Posten des Jahresabschlusses grundsätzlich unberührt lassen (Ausnahme: Drohverlustrückstellung gem. § 249 Abs. 1 S. 1), erfasst werden müssen. Ferner müssen mithilfe der Buchführung auch die Rechenschafts- und darüber hinausgehenden Informationspflichten der Kapitalgesellschaft, wie sie in Anhang und Lagebericht (§ 264 Abs. 1 S. 1), und des Konzerns,[19] wie sie im Konzernabschluss (§ 297 Abs. 1) und Konzern-lagebericht (§ 315) zu erfüllen sind, unterstützt werden können. Man muss zB aus der Buchführung eine Kapitalflussrechnung und einen Eigenkapitalspiegel, die von der Mutter eines Konzerns gem. § 297 Abs. 1 S. 1 aufzustellen sind, ggf. auch einen Segmentbericht, ableiten können. Zwar erwähnt § 238 nur die Lage des Vermögens, was Informationen, die in einer Kapitalflussrechnung oder einem Eigenkapitalspiegel enthalten sind, abzuwehren scheint. Jedoch gibt es keine weiteren Regelungen zur Buchführungs- im Sinne von Doku-mentationspflicht, so dass § 238 auch hierauf zu beziehen ist. Die Regelung mit dem engen Verweis auf das Vermögen ist allein historisch zu sehen.[20]

---

[14] Vgl. BeBiKo/Störk/Lewe Rn. 48.
[15] Vgl. ADS Rn. 18.
[16] Vgl. HKMS/Drüen Rn. 9.
[17] Vgl. Schaefer DB 1998, 1270.
[18] BeBiKo/Störk/Lewe Rn. 90 (im Original zT hervorgehoben).
[19] Vgl. hierzu ADS Rn. 54.
[20] Auch nach ADS Rn. 39 ist hier die Lage des Unternehmens in einem umfassenden Sinn zu verstehen.

18   Die Buchführung muss – entgegen dem Wortlaut – nicht in Büchern vorgenommen werden. In welcher Form „Bücher" geführt werden können, bestimmt sich nach § 239 und den GoB.[21]

19   **2. Verweis auf GoB.** Der Verweis auf GoB bezieht sich (1) auf technische Regeln der Buchführung, (2) auf inhaltliche Regeln, die bestimmen, in welchem Sinne die Lage des Vermögens, und damit auch die des Erfolgs als Vermögensänderung, zu verstehen und zu dokumentieren ist. Das Vermögen stellt kein ökonomisches Effektivvermögen im Sinne des potentiellen Kauf- oder Verkaufspreises des Unternehmens, sondern ein Buchvermögen dar.[22] Hier wird zuerst auf die allgemeine Bedeutung der GoB eingegangen. Zur Buchführungstechnik → Rn. 27 ff.; zur inhaltlichen Bestimmung des Vermögens → § 243 Rn. 4, → § 243 Rn. 14 ff., → § 252 Rn. 9 ff.

20   GoB sind überindividuelle Verhaltensnormen, die eine zweckgerechte Rechnungslegung sichern sollen. Auf sie wird – neben § 238 – an zahlreichen Stellen des Gesetzes verwiesen; s. § 239 Abs. 4 S. 1 (Buchführung und Aufzeichnungsverfahren nach GoB), § 241 Abs. 1 S. 2 (stichprobenweise Bestandsermittlung der Vermögensgegenstände für das Inventar nach mathematisch-statistischem Verfahren, das den GoB entsprechen muss), § 241 Abs. 2 (körperliche Bestandsaufnahme für Inventar unnötig, soweit durch ein den GoB entsprechendes Verfahren sichergestellt ist, dass der Bestand der Vermögensgegenstände nach Art, Menge und Wert festgestellt werden kann), § 241 Abs. 3 Nr. 2 (Bestandsbewertung der Vermögensgegenstände für das Inventar nach einem den GoB entsprechenden Verfahren), § 243 Abs. 1 (der Jahresabschluss ist nach den GoB aufzustellen), § 256 (Bewertungsvereinfachungsverfahren müssen den GoB entsprechen), § 257 Abs. 3 S. 1 (Aufbewahrung von Unterlagen nach Verfahren, die den GoB entsprechen), § 264 Abs. 2 S. 1, § 297 Abs. 2 S. 2 (Vermittlung eines Bildes der Vermögens-, Finanz- und Ertragslage der Kapitalgesellschaft und des Konzerns unter Beachtung der GoB), § 321 Abs. 2 S. 3 (Prüfungsberichtfeststellung zur GoB-Entsprechung des Jahresabschlusses), § 322 Abs. 3 S. 1 (uneingeschränkter Bestätigungsvermerk des Abschlussprüfers mit Verweis auf das in § 264 Abs. 2 S. 1, § 297 Abs. 2 S. 2 geforderte Bild), § 342 Abs. 2 (Vermutung der Beachtung der die Konzernrechnungslegung betreffenden GoB, soweit Empfehlungen des privaten Rechnungslegungsgremiums vom Bundesministerium der Justiz und für Verbraucherschutz bekannt gemacht worden sind). Weitere Verweise auf die GoB enthalten Art. 27 Abs. 1 S. 1 EGHGB, § 4 Abs. 2 S. 1 EStG, § 5 Abs. 1 S. 1 EStG und § 6 Abs. 1 Nr. 2a S. 1 EStG sowie § 146 Abs. 5 S. 1 AO und § 147 Abs. 2 S. 1 AO. Sinngemäße Verweise auf ordnungsmäßige Buchführung finden sich in § 41 GmbHG und § 33 Abs. 1 S. 1 GenG.

21   Wegen der Funktion, eine **zweckgerechte Bilanzierung zum Schutz Dritter** zu sichern (die in → Rn. 1 angesprochene Selbstinformation ist nachrangig), können GoB nicht einfach induktiv durch Rückgriff auf das Verhalten der Kaufleute gewonnen werden, denn die Kaufleute sind Partei. Ihr Verhalten gilt es zu steuern. Auch hilft kein Hinweis auf das Verhalten ehrenwerter Kaufleute, weil sich die Ehrenwertigkeit erst durch Einhaltung von GoB ergibt. Der Verweis wäre zirkulär. Vielmehr ist die Spiegelung der GoB an den im Gesetz vorzufindenden Bilanzierungszwecken und dem darin zum Ausdruck kommenden Interessenschutz nötig.[23] Da die Bilanzierungszwecke selbst nicht expliziert sind, sondern erst aufgrund einer Gesetzesauslegung gewonnen werden müssen, sind Bilanzierungszwecke und GoB nur interdependent zu gewinnen[24] bzw. simultan zu konkretisieren. Die rein logische Ableitung aus dem Gesetzeszweck gelingt nicht. Das mit der simultanen Konkretisierung verbundene Wertungsproblem ist unübersehbar, aber unumgänglich und Voraussetzung jeder Textauslegung.

---

[21]   Vgl. BeBiKo/Störk/Lewe Rn. 90.
[22]   Vgl. Moxter Bilanzlehre II S. 65.
[23]   Vgl. Döllerer BB 1959, 1217 (1220).
[24]   Vgl. Moxter FS Goerdeler, 1987, 363; Euler, Das System der Grundsätze ordnungsmäßiger Bilanzierung, 1996, S. 17.

GoB schließen alle **Spielräume und Lücken,** die das Gesetz durch mehrdeutige **22** Formulierungen oder fehlende explizite Regelungen gelassen hat. Explizite Regelungen fehlen ua immer dann, wenn Kaufleute neue Vertragsgestaltungen ersinnen (in den 60er Jahren Leasinggeschäfte, in den 80er Jahren Finanzderivate). Die Bilanzierung der nicht antizipierbaren Gestaltungsformen wird durch GoB aufgefangen; der Gesetzgeber muss die Normen grds. nicht anpassen. Schließlich verbinden GoB, soweit sie die Vermögens- und Gewinnermittlung betreffen, Handels- und Steuerbilanz: Gemäß § 5 Abs. 1 S. 1 EStG ist von Gewerbetreibenden, die aufgrund gesetzlicher Vorschriften verpflichtet sind, Bücher zu führen und regelmäßig Abschlüsse zu machen, oder die ohne eine solche Verpflichtung Bücher führen und regelmäßig Abschlüsse machen, das Betriebsvermögen anzusetzen, das nach handelsrechtlichen GoB auszuweisen ist, es sei denn, im Rahmen der Ausübung eines steuerlichen Wahlrechts wird oder wurde ein anderer Ansatz gewählt. Diese als **Maßgeblichkeitsprinzip**[25] bezeichnete Regelung gilt, soweit eigenständige steuerliche Normen fehlen. Sie hat subsidiären Charakter.[26]

Die GoB werden als **System** verstanden.[27] Dies passt zum Bild des rationalen Gesetzge- **23** bers und der rationalen, hermeneutischen Gesetzesauslegung. Für die GoB gilt zB nach *Moxter* ein Grundgefüge von sich wechselseitig ergänzenden und beschränkenden Fundamentalprinzipien, Folgeprinzipien und Einzelnormen, wobei das Grundgefüge als offenes und bewegliches System zu verstehen ist.[28]

Die Entwicklung von einem dem Gesetz entsprechenden GoB-System fördert es, die **24** Vielfalt der Einzelregelungen zu strukturieren und damit nicht nur besser zu verstehen, sondern auch die GoB zweckgerecht anzuwenden. Problem ist, welches Auslegungssystem dem Willen des (als rational handelnd unterstellten) Gesetzgebers am besten gerecht wird. Bei Streitfällen hierüber entscheidet der BFH[29] und – viel seltener – der BGH.[30] Der mögliche Einfluss des EuGH ist noch offen.[31]

Die **Strukturierung von GoB** kann nach verschiedenen Kriterien erfolgen. Das **25** Gesetz trägt zur Strukturierung nur indirekt bei. GoB lassen sich unterscheiden nach[32]
– dem Bezugsobjekt in „Grundsätze ordnungsmäßiger Buchführung ieS" (im Sinne der Buchführungstechnik), „Grundsätze ordnungsmäßiger Inventur (oder Inventarisierung)", „Grundsätze ordnungsmäßiger Bilanzierung" (im Sinne der Vermögens- und Gewinnhöhe beeinflussenden, insofern materiellen Grundsätze) und „Grundsätze ordnungsmäßiger Information (oder Rechenschaft)" sowie – mit anderer Abgrenzung des Bezugsobjekts – in „Grundsätze für die Einzelrechnungslegung" und „Grundsätze über die Konzernrechnungslegung" (§ 342 Abs. 1 S. 1),
– der mehr oder minder direkten Erwähnung im Gesetz in „kodifizierte GoB" gegenüber „nichtkodifizierten GoB",

---

[25]   Zu Vor- und Nachteilen der Verbindung von Handels- und Steuerbilanz → § 254 Rn. 2 und Ballwieser FS Spindler, 2011, 577.
[26]   Zu Inhalt und begrenzter Reichweite des Maßgeblichkeitsprinzips vgl. HKMS/Hiller Anh. § 243 HGB.
[27]   Vgl. insbes. Leffson GoB S. 22; Moxter FS v. Wysocki, 1985, 17; Fey, Imparitätsprinzip und GoB-System im Bilanzrecht 1986, 1987, S. 52; Beisse BFuP 1990, 500 f.; Jüttner, GoB-System, Einzelbewertungsgrundsatz und Imparitätsprinzip, 1993, S. 6 ff., 47 ff. und 99 ff.; Beisse FS Moxter, 1994, 9 ff.; Baetge/Kirsch/Thiele Bilanzen S. 109 ff.; Euler, Das System der Grundsätze ordnungsmäßiger Bilanzierung, 1996, S. 15 ff. und S. 109 ff.; Moxter Bilanzrechtsprechung S. 6; Herzig FS Baetge, 1997, 39 f.; HdJ/Baetge/Zülch Abt. I/2 Rn. 3.
[28]   Vgl. HKMS/Drüen Rn. 25 und 29; Moxter Bilanzrechtsprechung S. 6 mit Verweis auf Beisse FS Beusch, 1993, 77; Euler, Das System der Grundsätze ordnungsmäßiger Bilanzierung, 1996, S. 16 f. mwN; gegen die Offenheit der GoB aber HdJ/Baetge/Zülch Abt. I/2 Rn. 16.
[29]   Vgl. Moxter Bilanzrechtsprechung S. 5; Moxter FS Reichsfinanzhof, 1993, 533. Zur Vorfragenkompetenz des BFH bei Auslegung von GoB vgl. HdJ/Wüstemann/Rost Abt. III/5 Rn. 8.
[30]   Vgl. Münzinger, Bilanzrechtsprechung der Zivil- und Strafgerichte, 1987.
[31]   Vgl. Beisse BB 1999, 2183 f.; Beisse BFuP 1990, 510 ff.; Moxter BB 1995, 1463; Kropff FS Baetge, 1997, 72 f.; Ballwieser/Schildbach, Rechnungslegung und Steuern international/Walz, 1998, S. 94 f.; Schruff FS Baetge, 1997, 444 f.; Back, Richtlinienkonforme Interpretation des Handelsbilanzrechts, 1999; Kahle StuW 2001, 126.
[32]   Vgl. Beck HdR/Ballwieser B 105 Rn. 13.

– ihrem Allgemeinheits- oder Spezialisierungsgrad in „obere GoB" gegenüber „unteren GoB",
– ihrer Aufgabe in „Vermögensermittlungs-GoB",[33] „Gewinnermittlungs-GoB"[34] und darüber hinausgehende „Informations-GoB" oder „Grundsätze ordnungsmäßiger Rechenschaft",[35]
– ihrer Bedeutung für die Gewinnermittlung in „Fundamentalprinzipien" und „Folgeprinzipien".[36]

26   Zu GoB zur Buchführungstechnik → Rn. 27 ff., → § 239 Rn. 2 ff.; zu GoB zur Inventarisierung → § 240 Rn. 14 f.; zu GoB zur inhaltlichen Bestimmung des Vermögens → § 243 Rn. 4, → § 243 Rn. 14 ff., → § 252 Rn. 9 ff.; zu Informations-GoB → § 243 Rn. 57 ff.

27   **3. Buchführungsorganisation. a) Leitsätze.** „Die Buchführung muß so beschaffen sein, daß sie einem sachverständigen Dritten innerhalb angemessener Zeit einen Überblick über die Geschäftsvorfälle und über die Lage des Unternehmens vermitteln kann. Die Geschäftsvorfälle müssen sich in ihrer Entstehung und Abwicklung verfolgen lassen" (§ 238 Abs. 1 S. 2 und 3). Verlangt werden **Ordnungsmäßigkeit** und damit ua verbundene **Nachvollziehbarkeit** und **Zeitgerechtheit**[37] der Aufzeichnungen über die Geschäftsvorfälle (zu weiteren aus der Ordnungsmäßigkeit ableitbaren Grundsätzen → Rn. 30). Die Buchführung ist so zu organisieren, dass diese Anforderungen erfüllt werden. Die Ordnungsmäßigkeit der Aufzeichnungen ist Voraussetzung zur Erfüllung der mit der Rechnungslegung verbundenen Aufgaben der Selbstinformation des Kaufmanns, der Vermögens- und Gewinnverteilung (Zahlungsbemessung) und der Rechenschaft und darüber hinausgehenden Information gegenüber Dritten (→ Rn. 1).

28   Die Nachvollziehbarkeit der Aufzeichnungen muss nicht für jeden gesichert werden. Nur der sachverständige Dritte muss innerhalb angemessener Zeit einen Überblick über die Geschäftsvorfälle und über die Lage des Unternehmens gewinnen können. Zu den sachverständigen Dritten zählen Buchhalter, Steuerberater, vereidigte Buchprüfer und Wirtschaftsprüfer.[38] Die angemessene Zeit ist nicht absolut anzugeben, weil sie von Umfang und Komplexität der Geschäftsvorfälle sowie Sachkunde des Dritten abhängt.[39]

29   Wesentliche Bestandteile der Buchführungsorganisation sind die Einrichtung eines Buchführungssystems (→ Rn. 31 ff.), die Einrichtung der systemgerecht zu führenden Bücher (→ Rn. 34 ff.) und die Nutzung einer systemgerechten Buchführungstechnik (→ Rn. 37). Sämtliche Organisationsbestandteile sind angemessen, zB in Handbüchern, Flussdiagrammen und Organigrammen, zu dokumentieren, damit die Systemkomponenten, die Verarbeitungsschritte und die Zuständigkeiten nachvollziehbar werden.

30   Aus der Notwendigkeit der Ordnungsmäßigkeit der Buchführung lassen sich damit die Grundsätze der Vollständigkeit, Klarheit und Zeitgerechtheit der Aufzeichnungen und die Grundsätze der System- und der Ergebnisdokumentation ableiten, die man als GoB im Sinne der Buchführungstechnik bezeichnen kann.

31   **b) Buchführungssystem.** Als Buchführungssysteme werden doppelte, einfache und kameralistische Buchführung unterschieden. Die doppelte Buchführung zeichnet sich durch

---

[33] Vgl. Moxter FS Reichsfinanzhof, 1993, 535 ff.; Moxter Bilanzlehre I S. 5 ff.; Euler, Das System der Grundsätze ordnungsmäßiger Bilanzierung, 1996, S. 127 ff.

[34] Zum Gegensatz von beidem vgl. Moxter Bilanzrechtsprechung S. 6 ff.: Eine zinslose, zum Anlagevermögen gehörende Forderung ist nach dem Vermögensermittlungsprinzip zum Barwert anzusetzen, weil ein Erwerber des Unternehmens nicht mehr vergüten und nur dieser Wert als Einlage gutgeschrieben werden würde. Nach dem bilanzrechtlichen Gewinnermittlungsprinzip wird sie hingegen im Allgemeinen zum Nominalwert aktiviert.

[35] Vgl. Budde FS Semler, 1993, 789; Moxter FS Leffson, 1976, 87.

[36] Vgl. Moxter Bilanzrechtsprechung S. 6.

[37] Vgl. hierzu auch ADS Rn. 40.

[38] Nach ADS Rn. 45 muss man nicht zwangsläufig den Wirtschaftsprüfer zugrunde legen. Der Buchungsstoff determiniere die Anforderung an die Sachkunde.

[39] Vgl. ADS Rn. 40 ff.; BeBiKo/Störk/Lewe Rn. 102.

die Existenz von Bestands- und Erfolgskonten aus, die in die Bilanz und die GuV abgeschlossen werden. Jeder vermögenswirksame Geschäftsvorfall wird im Soll und Haben mit identischen Beträgen gebucht. Der Erfolg der abgelaufenen Periode wird sowohl durch Vermögensvergleich in der Bilanz als auch durch Gegenüberstellung von Erträgen und Aufwendungen in der GuV gezeigt.

Die einfache Buchführung sieht nur Bestandskonten vor. Die Erfolgsermittlung erfolgt **32** allein durch Vermögensvergleich. Sie erfüllt damit die Voraussetzungen des § 242 Abs. 3 nicht.[40]

Die kameralistische Buchführung[41] unterscheidet sich durch Rechnungslogik, Konten- **33** bild und Rechnungsverläufe von der doppelten Buchführung.[42] Ihr zugrunde liegt eine Einteilung in Zeit- und Sachbücher. Das Zeitbuch ist mit dem System der doppelten Buchführung vergleichbar, hält jedoch nur pagatorische Vorfälle fest und dient somit als Kassenbuch. Das Sachbuch, das im staatlichen Bereich als Titelbuch bezeichnet wird, enthält die Einnahmen und Ausgaben entsprechend der Haushalte.[43] Dies bedingt unterschiedliche Buchungssätze.[44] Es ist die Verwaltungs- und die Betriebskameralistik zu unterscheiden. Während erstgenannte für öffentliche Haushalte rein auf Einnahmen- und Ausgabenverrechnung abzielt, gilt letztgenannte als Versuch, die Kameralistik zu einer leistungswirtschaftlichen Unternehmensrechnung fortzuentwickeln.[45]

c) Zu führende Bücher. In der Buchführungspraxis werden Grund- und Hauptbuch **34** und Nebenbücher unterschieden. Hierbei ist „Buch" nicht wörtlich zu verstehen; man denke an EDV-Aufzeichnungen. In welcher Form „Bücher" geführt werden können, bestimmt sich nach § 239 und den GoB.[46]

Im Grundbuch (Journal) werden die Geschäftsvorfälle chronologisch erfasst, während **35** sie im Hauptbuch nach sachlichen Kriterien abgebildet werden. Der Einrichtung der Sachkonten liegt idR ein Kontenrahmen zugrunde, der Vorschläge enthält, wie in einem dekadischen System sachlich wichtige Konten organisiert werden können. Hervorzuheben sind hier der Industrie-Kontenrahmen (IKR) des BDI von 1986 oder der vom Hauptverband des Deutschen Einzelhandels erstellte Einzelhandelskontenrahmen (EKR).[47] Die konkrete Ausgestaltung der Konten in dem betreffenden Unternehmen findet sich im Kontenplan.

Nebenbücher ergänzen das Hauptbuch und enthalten Einzelinformationen, die aus **36** Gründen der Übersichtlichkeit aus dem Hauptbuch verdrängt werden. Wichtige Nebenbücher sind die Anlagen-, Kontokorrent-, Kassen-, Wechsel-, Lohn- und Gehaltsbuchhaltung.

d) Buchführungstechnik. In der amerikanischen Journalbuchführung sind Grund- **37** und Hauptbuch in einem Buch miteinander kombiniert. Diese Art der Buchführung kann nur bei Unternehmen mit einer geringen Anzahl von Geschäftsvorfällen und Konten realisiert werden.[48] Bei einer Durchschreibebuchführung, die eine Lose-Blatt-Buchführung voraussetzt, werden Geschäftsvorfälle im Durchschreibeverfahren zugleich im Grund- und Hauptbuch erfasst. Bei einer Übertragungsbuchführung werden die Geschäftsvorfälle zunächst im Grundbuch erfasst und dann in die Haupt- bzw. Nebenbücher übertragen. In EDV-gestützten Buchführungen werden die Geschäftsvorfälle mit PCs oder mit Großrechnern bewältigt (→ § 239 Rn. 12, → § 239 Rn. 14).

e) Buchführungsort. Die Buchführung im eigenen Haus ist nicht zwingend. Die **38** Fernbuchführung im Inland ist handels- und steuerrechtlich erlaubt.[49] Hat ein deutsches

---

[40]　　AA BeBiKo/Störk/Lewe Rn. 120, wonach sie zB in Gründungsphasen anzuwenden wäre.
[41]　　Vgl. Engels/Eibelshäuser, Öffentliche Rechnungslegung – Von der Kameralistik zur Doppik, 2010, S. 15–24.
[42]　　Vgl. HWR/Oettle Sp. 1048 f.
[43]　　Vgl. v. Wysocki, Kameralistisches Rechnungswesen, 1964, S. 20 f.
[44]　　Vgl. Oettle DBW 1987, 221.
[45]　　Vgl. Schierenbeck FS Mühlhaupt, 1987, 115 ff.
[46]　　Vgl. BeBiKo/Störk/Lewe Rn. 90.
[47]　　Vgl. Beck HdR/Brüggemann A 130 Rn. 13 ff.; HWRev/Matthes Sp. 1129 ff.
[48]　　Vgl. BeBiKo/Störk/Lewe Rn. 130.
[49]　　Vgl. ADS Rn. 53; BeBiKo/Störk/Lewe Rn. 140.

Unternehmen ausländische Niederlassungen oder Töchter, so müssen die Geschäftsvorfälle der ausländischen Betriebsstätten nicht einzeln im Inland aufgenommen werden. Es reicht die Übernahme von verdichteten Zahlen in das in Deutschland geführte Rechenwerk.[50] Steuerrechtlich sind gem. § 146 Abs. 2 S. 1 AO hingegen die Bücher und Aufzeichnungen von im Ausland befindlichen Betriebsstätten im Inland zu führen, wenn nicht ausländisches Recht etwas anderes vorsieht.

IV. Dokumentationspflichten

39   **1. Belegprinzip.** Jede Buchung benötigt einen Buchungsbeleg. Der Beleg dokumentiert den Geschäftsvorfall auf knappe, für die Buchführung geeignete Art und bezeichnet den Grund der Buchung. Wird keine EDV genutzt, ist der Beleg regelmäßig optisch lesbar (Klarschriftbeleg). Bei EDV-gestützter Buchführung werden stattdessen meist keine Klarschriftbelege, sondern Disketten, Bänder oder Platten verwendet. Von diesen müssen sich Klarschriftbelege herstellen lassen (§ 239 Abs. 4 S. 2).

40   Das Belegprinzip ist nicht nur wichtig im Hinblick darauf, dass der dokumentierte Geschäftsvorfall stattgefunden hat. Es kommt auch darauf an, festzuhalten, wer und ob er berechtigterweise entschieden hat, dass der Geschäftsvorfall erfasst wird (Autorisation).[51]

41   **2. Wiedergabe von abgesandten Handelsbriefen.** Der Kaufmann muss eine mit der Urschrift übereinstimmende Wiedergabe der abgesandten Handelsbriefe (Kopie, Abdruck, Abschrift oder sonstige Wiedergabe des Wortlauts auf einem Schrift-, Bild- oder anderen Datenträger) zurückbehalten. Handelsbriefe sind nur Schriftstücke, die ein Handelsgeschäft betreffen (§ 257 Abs. 2). Die übereinstimmende Wiedergabe verlangt eine vollständige Wiedergabe.[52] Zu den Schriftträgern zählen Lochkarte und Lochstreifen, die freilich beide heute nicht mehr verwendet werden; als Bildträger zählen Fotographien, Fotokopien und Mikroverfilmungen; als andere Datenträger kommen Computer-Festplatten, Magnetbänder und optische Speicherplatten in Frage (→ § 257 Rn. 15). Die Wiedergaben der abgesandten Handelsbriefe sind gem. § 257 Abs. 1 geordnet aufzubewahren.

V. Regelungen nach IFRS

42   Die IFRS sehen keine expliziten Regelungen zur Buchführungspflicht und zur Buchhaltungsform vor.[53]

§ 239 Führung der Handelsbücher

(1) [1]Bei der Führung der Handelsbücher und bei den sonst erforderlichen Aufzeichnungen hat sich der Kaufmann einer lebenden Sprache zu bedienen. [2]Werden Abkürzungen, Ziffern, Buchstaben oder Symbole verwendet, muß im Einzelfall deren Bedeutung eindeutig festliegen.

(2) Die Eintragungen in Büchern und die sonst erforderlichen Aufzeichnungen müssen vollständig, richtig, zeitgerecht und geordnet vorgenommen werden.

(3) [1]Eine Eintragung oder eine Aufzeichnung darf nicht in einer Weise verändert werden, daß der ursprüngliche Inhalt nicht mehr feststellbar ist. [2]Auch solche Veränderungen dürfen nicht vorgenommen werden, deren Beschaffenheit es ungewiß läßt, ob sie ursprünglich oder erst später gemacht worden sind.

(4) [1]Die Handelsbücher und die sonst erforderlichen Aufzeichnungen können auch in der geordneten Ablage von Belegen bestehen oder auf Datenträgern geführt

---

[50]   Vgl. BeBiKo/Störk/Lewe Rn. 142.
[51]   Vgl. ADS Rn. 34.
[52]   Vgl. ADS Rn. 67; BeBiKo/Störk/Lewe Rn. 150.
[53]   Vgl. HdR/Pfitzer/Oser Rn. 22.

werden, soweit diese Formen der Buchführung einschließlich des dabei angewandten Verfahrens den Grundsätzen ordnungsmäßiger Buchführung entsprechen. [2]**Bei der Führung der Handelsbücher und der sonst erforderlichen Aufzeichnungen auf Datenträgern muß insbesondere sichergestellt sein, daß die Daten während der Dauer der Aufbewahrungsfrist verfügbar sind und jederzeit innerhalb angemessener Frist lesbar gemacht werden können.** [3]**Absätze 1 bis 3 gelten sinngemäß.**

Schrifttum: AWV, Muster-Verfahrensdokumentation zur Belegablage, Version: V1.0 v. 19.10.2015, http://www.awv-net.de/themen/fachergebnisse/musterverfahrensdoku/index.html, Abruf 3.1.2019; BMF-Schreiben v. 14.11.2014, Grundsätze zur ordnungsmäßigen Führung und Aufbewahrung von Büchern, Aufzeichnungen und Unterlagen in elektronischer Form sowie zum Datenzugriff (GoBD), BStBl. 2014 I 1450; BMF-Schreiben v. 16.7.2001, Grundsätze zum Datenzugriff und zur Prüfbarkeit digitaler Unterlagen (GDPdU), BStBl. 2001 I 415 = WPg 2001, 852; BMF-Schreiben v. 7.11.1995, Grundsätze ordnungsmäßiger DV-gestützter Buchführungssysteme (GoBS), BStBl. 1995 I 738 = WPg 1996, 124 = DB-Beil. 2/1996; BMF-Schreiben v. 5.7.1978, Grundsätze ordnungsmäßiger Speicherbuchführung (GoS), BStBl. 1978 I 250; Goldshteyn/Thelen, Ordnungsmäßigkeit einer Buchführung und Haftungsrisiken bei Verstößen gegen die GoBD, DB 2015, 1126; Groß/Heinrich/Brand/Möslein, GoBD Leitfaden – Die GoBD in der Praxis, Version 1.1 v. 4. Mai 2015, 2015; Henn, Verfahrensdokumentation nach den GoBD, DB 2016, 254; IDW RS FAIT 5 Grundsätze ordnungsmäßiger Buchführung bei Auslagerung von rechnungslegungsrelevanten Prozessen und Funktionen einschließlich Cloud Computing, IDW Life 2016, 35; IDW RS FAIT 4 Anforderungen an die Ordnungsmäßigkeit und Sicherheit IT-gestützter Konsolidierungsprozesse, WPg Supplement 4/2012, 115; IDW RS FAIT 3 Grundsätze ordnungsmäßiger Buchführung beim Einsatz elektronischer Archivierungsverfahren, WPg 2006, 1465 und WPg Supplement 4/2015, 48; IDW RS FAIT 2 Grundsätze ordnungsmäßiger Buchführung bei Einsatz von Electronic Commerce, WPg 2003, 1258; IDW RS FAIT 1 Grundsätze ordnungsmäßiger Buchführung bei Einsatz von Informationstechnologie, WPg 2002, 1157; Kammerl, Vollständige und richtige Aufzeichnungen nach § 239 Abs. 2 HGB und die Organisation der Geschäftstätigkeit, DB 1991, 2352; Pößl, Der Grundsatz der zeitgerechten Erfassung, WPg 1988, 559; Schuppenhauer, GoDV-Handbuch. Grundsätze ordnungsmäßiger Datenverarbeitung und DV-Revision, 6. Aufl. 2007; Zepf, Ordnungsmäßige optische Archivierung, WPg 1999, 569; Zepf, Grundsätze ordnungsmäßiger DV-gestützter Buchführungssysteme, DStR 1996, 1259.

Übersicht

I. Normzweck

Die Vorschrift enthält (überwiegend technische) Anforderungen an die Führung von **1** Handelsbüchern, zu denen auch Aufzeichnungsmedien wie Cloud-Server, Computer-Festplatten, Compact Discs (CD), Disketten oder Magnetbänder zählen. Sie korrespondiert mit der steuerlich relevanten Vorschrift in § 146 AO. In den **Handelsbüchern** werden Bestände, Geschäftsvorfälle und daraus resultierende Rechenwerke (Inventar, Bilanz, GuV, etc) aufgezeichnet und festgehalten. Zu einem engeren Begriff der Handelsbücher → § 257 Rn. 3; zu Geschäftsvorfällen → § 238 Rn. 17. Die Dokumentation der Bestände und Geschäftsvorfälle dient der Selbstinformation des Kaufmanns, der Beweissicherung und Beweisführung, der Erstellung von Inventar, Jahresabschluss und Konzernabschluss und damit neben dem Geschäftsführungsinteresse dem Interessenschutz Dritter. Mit den Regeln für die Dokumentation der Handelsgeschäfte und für deren Sicherung trägt die Vorschrift dazu bei, alle Rechnungslegungszwecke zu erfüllen. Zu den Zwecken der Rechnungslegung → § 238 Rn. 1.

II. Dokumentationsgrundsätze

2   **1. Funktionserfüllung des Buchführungssystems.** Das Buchführungssystem des Kaufmanns muss sicherstellen, dass jeder buchungsrelevante Geschäftsvorfall einzeln erfasst und zeitlich und sachlich angemessen und nachvollziehbar abgebildet wird. Hierzu sind die nachprüfbare Identifikation des Geschäftsvorfalls, seine Erfassung in einem Buchungssatz und seine Verarbeitung auf Sachkonten und in Bilanz und/oder GuV notwendig. Ein internes Kontrollsystem (IKS) hat sicherzustellen, dass das Buchführungssystem seine Aufgaben zweckgerecht und gegen Manipulationen geschützt erfüllen kann.[1] Das IKS ist zu dokumentieren und auf seine Aufgabenerfüllung hin zu überprüfen.

3   Das Buchführungssystem hat eine **Journal- und Kontenfunktion** zu erfüllen. Die Journalfunktion sichert die zeitliche, die Kontenfunktion die sachliche Aufzeichnung des Geschäftsvorfalls. Ausführungen zu Grund- und Hauptbuch → § 238 Rn. 35. Jeder Buchung liegt ein (nicht notwendigerweise papiermäßiger) **Beleg** zugrunde, der
– den zu erfassenden Geschäftsvorfall,
– den zu buchenden Betrag,
– den Zeitpunkt des Geschäftsvorfalls,
– die Autorisation des Geschäftsvorfalls durch den dazu Berechtigten
erkennen lässt.[2] Für die Buchung ist der Beleginhalt um die Kontierung (Benennung der zu berührenden Konten), das Buchungsdatum und ein Ordnungsmerkmal für das jederzeitige Wiederauffinden (zB die Belegnummer) zu ergänzen. Die im Folgenden benannten Dokumentationsgrundsätze präzisieren Anforderungen bezüglich der Erfassung und Verarbeitung der Geschäftsvorfälle. Sie sichern Dritten die nachvollziehbare Abbildung von Geschäftsvorfällen in Bilanz und GuV.

4   **2. Lebende Sprache und eindeutige Abkürzungen.** Abs. 1 verlangt für die Führung der Handelsbücher eine Aufzeichnung in lebender Sprache, die aber nicht der Sprache des Landes entsprechen muss, in der der Kaufmann eingetragen ist oder seine Geschäfte betreibt. Keine lebende Sprache ist zB Latein, Altgriechisch oder Esperanto.

5   Abkürzungen, Ziffern, Buchstaben und Symbole können bei der Führung verwendet werden, wenn deren Bedeutung im Einzelfall eindeutig festlegt. Hierbei können die Abkürzungen zB auch lateinischen Ursprungs sein.

6   **3. Vollständige, richtige, geordnete und zeitgerechte Aufzeichnungen.** Die Aufzeichnungen müssen vollständig, richtig, geordnet und zeitgerecht erfolgen. Die Vollständigkeit verhindert Aufzeichnungslücken. Die Richtigkeit verlangt eine sachlich zutreffende Aufzeichnung und verbietet fiktive Buchungen und die Verwendung fiktiver Konten.[3] Die geordnete Aufzeichnung verlangt ein planmäßig gegliedertes Kontensystem (→ § 238 Rn. 35 zu Kontenrahmen und Kontenplan) und die sachgerechte Identifizierung und Kontierung der Geschäftsvorfälle. Die Zeitgerechtheit gebietet, Buchungen zeitnah vorzunehmen, weil andernfalls die Gefahr fehlender Nachprüfbarkeit der Geschäftsvorfälle besteht oder wächst. Die Geschäftsvorfälle sind täglich im Journal zu dokumentieren, von Kassenvorgängen abgesehen ist damit jedoch nicht unbedingt eine tägliche Erfassung im Hauptbuch verbunden (→ § 238 Rn. 35 zu Journal und Hauptbuch). Konkretere Anforderungen resultieren aus Art und Umfang der Geschäftsvorfälle.

7   Zu Details der Buchführungsorganisation im Sinne von Buchführungssystem, zu führende Bücher, Buchführungstechnik und Buchführungsort → § 238 Rn. 31 ff.

8   **4. Bestandsschutz und Änderungstransparenz.** Die Beweissicherungsfunktion der Aufzeichnungen verlangt, ihren ursprünglichen Inhalt erkennbar werden zu lassen und Änderungen für Dritte nachvollziehbar vorzunehmen. Aufzeichnungen mit Bleistift sind unzulässig. Es ist dokumentenechtes Schreibmaterial zu verwenden.[4] Radierungen und

---

[1]   Vgl. zB ADS Rn. 4 und 23.
[2]   Vgl. ADS § 238 Rn. 37.
[3]   Vgl. BeBiKo/Störk/Lewe Rn. 13.
[4]   Vgl. Wiedmann/Böcking/Gros/Böcking/Gros Rn. 9.

Rasuren in Büchern sind ebenso unzulässig wie Überschreibungen im PC ohne Dokumentation der ursprünglichen Inhalte und der vorgenommenen Änderungen. Änderungen sind durch Stornierungen und Neubuchungen vorzunehmen.[5]

5. Buchhaltungsformen. a) Loseblatt- und Offene-Posten-Buchhaltung. Abs. 4 **9** erwähnt mit Verweis auf die geordnete Belegablage die Loseblatt- und die Offene-Posten-Buchhaltung sowie die Buchführung auf Datenträgern, ohne in Einzelheiten zu gehen. Das erlaubt Flexibilität in der Buchhaltungsform, die angesichts technischer Entwicklungen geboten ist.[6]

Bei der Loseblatt-Buchhaltung fehlt die Bindung der Bücher. Das erfordert organisato- **10** rische Maßnahmen gegen das Verschwinden einzelner Seiten und zur Sicherung der Lückenlosigkeit der Aufzeichnungen.

Die Offene-Posten-Buchhaltung ist für die Verwaltung von Debitoren und Kreditoren **11** geeignet. Hierbei werden die Rechnungsbelege so abgelegt, dass nach erledigten und nicht erledigten Geschäftsvorfällen unterschieden wird.[7] Beide Formen der Buchhaltung sind nur für kleine Betriebe mit einer überschaubaren Zahl von Geschäftsvorfällen und Konten geeignet.

b) Sonstige Formen. Der EDV-Buchführung kommt heute die größte Bedeutung **12** zu. Hierbei ist sicherzustellen, dass die Daten während der Dauer der Aufbewahrungsfrist verfügbar sind und jederzeit innerhalb angemessener Frist lesbar gemacht werden können. Zu Datenumfang und Aufbewahrungsfrist → § 257 Rn. 3 ff. Neben Handelsbüchern, Inventar und Jahres- und Konzernabschlüssen sind auch die zu ihrem Verständnis erforderlichen Arbeitsanweisungen und sonstigen Organisationsunterlagen aufbewahrungspflichtig (§ 257 Abs. 1 Nr. 1).

c) GoB-Entsprechung. Die Buchführungsform einschließlich des dabei angewandten **13** Verfahrens muss den GoB entsprechen. Hierzu gehört zB, dass die Buchführung willkürfrei, für sachverständige Dritte nachprüfbar, aufgrund von Belegen, sachlich richtig, geordnet und zeitgerecht erfolgt, damit sie den Zielen der Rechnungslegung dienen kann (§ 238 Abs. 1 S. 2). Da der Kaufmann seine Handelsgeschäfte und die Lage seines Vermögens nach den GoB ersichtlich machen muss (§ 238 Abs. 1 S. 1) und der Jahresabschluss nach den GoB aufzustellen ist (§ 243 Abs. 1), ist der Hinweis auf die GoB-Entsprechung der Buchführungsform redundant. Ohne eine den GoB entsprechende Buchführungsform sind die beiden anderen Anforderungen nicht zu erfüllen.

Wenn der Gesetzgeber in § 239 erneut auf die GoB verweist, so lässt sich dies heute **14** als Betonung verstehen, die GoB insbesondere auch bei den (relativ) neuen **Buchführungssystemen mithilfe der EDV** einzuhalten. Sie haben andere Eigenschaften als die traditionelle Buchführung und schaffen neue Risiken für die Jahresabschluss-Adressaten. Es bedarf insofern zwar keiner neuen GoB, aber der sinngemäßen Auslegung bisheriger GoB in neuem Umfeld,[8] die im Einzelfall schwierig sein kann. GoS (Grundsätze ordnungsmäßiger Speicherbuchführung),[9] GoBS (Grundsätze ordnungsmäßiger DV-gestützter Buchführungssysteme)[10] und GoBD (Grundsätze zur ordnungsmäßigen Führung und Aufbewahrung von Büchern, Aufzeichnungen und Unterlagen in elektronischer Form sowie zum Datenzugriff)[11] sind solche Auslegungen von GoB. Wesentliche Punkte bei einer EDV-Buchführung sind die vollständige und sichere Übertragung von Daten, ihre sichere und dauerhafte

---

[5]   Vgl. ADS Rn. 43.
[6]   Vgl. BeBiKo/Störk/Lewe Rn. 27.
[7]   Vgl. Wiedmann/Böcking/Gros/Böcking/Gros Rn. 14.
[8]   Vgl. ADS Rn. 48 ff.; Wiedmann/Böcking/Gros/Böcking/Gros Rn. 16.
[9]   Vgl. Zwank DStZ 1981, 298; Feuerbaum DB 1981, 2344.
[10]   Vgl. Schuppenhauer WPg 1996, 691; BMF-Schreiben v. 7.11.1995, WPg 1996, 124.
[11]   Vgl. BMF-Schreiben v. 14.11.2014, BStBl. I 2014, 1450 sowie insbes. Goldshteyn/Thelen DB 2015, 1126.

Speicherung, die genaue Verfahrensdokumentation und die Verfahrens- und Einzelfallprüfungsmöglichkeit. Zu dem genauen Inhalt wird auf die Literatur verwiesen.[12]

III. Regelungen nach IFRS

15   Nach IFRS bestehen keine dem § 239 vergleichbaren expliziten Grundsätze zur Führung der Handelsbücher.

§ 240 Inventar

(1) Jeder Kaufmann hat zu Beginn seines Handelsgewerbes seine Grundstücke, seine Forderungen und Schulden, den Betrag seines baren Geldes sowie seine sonstigen Vermögensgegenstände genau zu verzeichnen und dabei den Wert der einzelnen Vermögensgegenstände und Schulden anzugeben.

(2) [1]Er hat demnächst für den Schluß eines jeden Geschäftsjahrs ein solches Inventar aufzustellen. [2]Die Dauer des Geschäftsjahres darf zwölf Monate nicht überschreiten. [3]Die Aufstellung des Inventars ist innerhalb der einem ordnungsmäßigen Geschäftsgang entsprechenden Zeit zu bewirken.

(3) [1]Vermögensgegenstände des Sachanlagevermögens sowie Roh-, Hilfs- und Betriebsstoffe können, wenn sie regelmäßig ersetzt werden und ihr Gesamtwert für das Unternehmen von nachrangiger Bedeutung ist, mit einer gleichbleibenden Menge und einem gleichbleibenden Wert angesetzt werden, sofern ihr Bestand in seiner Größe, seinem Wert und seiner Zusammensetzung nur geringen Veränderungen unterliegt. [2]Jedoch ist in der Regel alle drei Jahre eine körperliche Bestandsaufnahme durchzuführen.

(4) Gleichartige Vermögensgegenstände des Vorratsvermögens sowie andere gleichartige oder annähernd gleichwertige bewegliche Vermögensgegenstände und Schulden können jeweils zu einer Gruppe zusammengefaßt und mit dem gewogenen Durchschnittswert angesetzt werden.

Schrifttum: von Ahsen, Sammelbewertung des Vorratsvermögens, 1977; Arbeitskreis Ludewig der Schmalenbach-Gesellschaft, Die Vorratsinventur, 1967; AWV, Übersicht über die Inventurverfahren, 2. Aufl. 2010; AWV, Inventarisierung unfertiger Erzeugnisse und Leistungen im Anlagenbau, 1993; Bäcker, Die Möglichkeit der Bildung von Festwerten nach neuem Bilanzrecht, DStZ 1989, 400; BMF-Schreiben v. 8.3.1993, Bewertung des beweglichen Anlagevermögens und des Vorratsvermögens (§ 6 Abs. 1 Nr. 1 und 2 EStG), DB 1993, 612 = DStR 1993, 516; BMF-Schreiben v. 26.2.1992, Bewertung des beweglichen Anlagevermögens und des Vorratsvermögens: Voraussetzungen für den Ansatz von Festwerten sowie deren Bemessung, DStR 1992, 542; Breidenbach, Bewertungsproblematik des Festwertverfahrens im Zusammenhang mit Werkzeugen, WPg 1975, 109; Buchner, Die Festwertrechnung in der europäischen Rechnungslegung, BB 1995, 2259; Buchner, Zur Bestimmung der Höhe des Festwertes bei Gegenständen des abnutzbaren Sachanlagevermögens, BB 1995, 816; Burghardt/Gliesche/Wolz, Formulierung von Grundsätzen ordnungsmäßiger RFID-gestützter Inventur, DB 2006, 2245; Büttner/Wenzel, Die Bewertung von Wirtschaftsgütern mit einem Festwert, DB 1992, 1893; Disselkamp, Ansatzprobleme beim Vorratsvermögen in Handelsbilanz und Steuerbilanz sowie Vermögensaufstellung, StbJb 1988/89, 1989, 147; Faller, Zur Problematik der Zulässigkeit des Abweichens vom Grundsatz der Einzelerfassung und Einzelbewertung im aktienrechtlichen Jahresabschluß, 1985; Fülling, Grundsätze ordnungsmäßiger Bilanzierung für Vorräte, 1976; Funk, Festwerte in der Handelsbilanz – ein überholtes Instrument vereinfachender Bilanzierung?, FS v. Wysocki, 1985, 73; Harrmann, Anwendung der Festbewertung, BB 1991, 303; Harrmann, Aufnahmetechniken bei der körperlichen Bestandsaufnahme von Vorräten, DB 1978, 2377; Hofmann, Die Aufgaben der Inventur, DB 1964, 1197; HuRB/Scherrer, Inventur und Inventar, Sp. 1915; IDW HFA 1/1990, Zur körperlichen Bestandsaufnahme im Rahmen von Inventurverfahren, WPg 1990, 143; Köhler, Verfahren zur Ermittlung der Anschaffungskosten beim Vorratsvermögen, StBp 1986, 205; KPMG Deutsche Treuhand Gruppe, Die Lifo-Bewertung nach Handels- und Steuerrecht: Zur Abgrenzung des Begriffs „Gleichartigkeit", 1989; Nestle, Die Inventur zum Jahresende, BB 1973, 1620; Pooten, Einzelbewertungsgrundsatz und erstmalige Festbewertung von Neubeständen des abnutzbaren Sachanlagevermögens, BB 1996, 839; Quick, Inventur, 2000; Quick, Analyse von Inventurdifferenzen, DStR 2000, 2201; Quick, Aufnahmeplan und Inventuranweisungen,

---

[12]   Vgl. ADS Rn. 61 ff.; BeBiKo/Störk/Lewe Rn. 30 ff.

BB 1991, 723; Quick, Inventurdifferenzen – Ursachen und Vermeidungsstrategien, DB 1991, 713; Römer, Die Bewertung von Werkzeugen mit dem Festwert, BB 1981, 588; Roolf, Probleme bei der Bewertung von Werkzeugen, WPg 1974, 209; Schlottmann, Festwertverfahren für Sachanlagen sowie Buch- und Durchschnittsbewertungen bei Gleisanlagen, Rohr- und Kabelleitungen, 1970; Schulte, Zur Notwendigkeit jährlicher körperlicher Bestandsaufnahme, WPg 1973, 357; Schulze zur Wiesch, Grundsätze ordnungsmäßiger Inventur, 1961; Stuers, Wirtschaftlichkeit und Qualität der Lagerbuchführung, 2005; Trappmann, Bewertungsvereinfachungsverfahren für Grundstücke zulässig?, DB 1996, 391; Unvericht, Bewertung von Erzeugnisbeständen des Vorratsvermögens, DB 1988, 1560; Zehetmeier/Hofmann, Zur Bestimmung der Höhe des Festwerts bei Gegenständen des abnutzbaren Sachanlagevermögens, BB 1996, 261.

Übersicht

I. Normzweck

Die Regelung verlangt die Aufstellung eines Inventars zu Beginn des Handelsgewerbes **1** und für den Schluss eines jeden Geschäftsjahrs (Eröffnungs- und Schlussinventar), bestimmt dessen Dauer und nennt Voraussetzungen für die Fest- und Gruppenbewertung.

Im **Inventar** sind sämtliche Vermögensgegenstände und Schulden aufzuführen. Es dient **2** der Dokumentation, insbesondere zum Gläubiger- und Gesellschafterschutz, der Beweissicherung und Beweisführung und der Vorbereitung von Jahresabschluss und Konzernabschluss. Gegenüber der Bilanz ist das Inventar weiter und enger zugleich: Es enthält neben den in der Bilanz allein enthaltenen Werten auch Mengen und erfasst solche Vermögensgegenstände, deren Aktivierung verboten ist (§ 248 Abs. 2)[1] oder die bereits vollständig abgeschrieben sind, aber noch selbst genutzt werden oder anders verwertet werden können. Andernfalls ist der Gläubiger- und Gesellschafterschutz nicht vollständig zu leisten. Dafür enthält das Inventar idR statt der am Bilanzstichtag geltenden Werte, die unter bestimmten Bedingungen für die Bewertung von Anlage- und Umlaufvermögen maßgeblich sind (§ 253 Abs. 3–5), lediglich Anschaffungs- oder Herstellungskosten. Unterschiede zwischen Bilanz und Inventar kann es auch bei der Bewertung von Schulden geben. Die Übereinstimmung von Bilanz- und Inventarwert ist für den Bestands- und Wertnachweis nicht nötig. Auch fehlt die Position Eigenkapital. Strittig ist die Behandlung von Rechnungsabgrenzungsposten (→ Rn. 10). Keine Inventarpflicht besteht für Anlagegegenstände von geringem Wert (bis 250 EUR), die im Jahre der Anschaffung oder Herstellung sofort als Aufwand verbucht werden.[2]

II. Inventar und Inventur

1. Funktionen von Inventar und Inventur. Das Inventar zeigt sämtliche Vermögens- **3** gegenstände und erschwert damit ihre Unterschlagung oder Veruntreuung. Es dokumentiert

---

[1] Ohne Angabe eines Grundes aA ADS Rn. 15.
[2] Vgl. BeBiKo/Schubert/Andrejewski § 253 Rn. 275.

weiterhin die Schulden und bewahrt vor einer Überschätzung der (Rein-)Vermögenslage. In erster Linie kommt dem Inventar Dokumentations- und Beweissicherungsfunktion zu. In zweiter Linie hilft es, die Erstellung von Jahresabschluss und Konzernabschluss vorzubereiten.

4   Dem Inventar als Bestandsverzeichnis geht die **Inventur** als Erhebungs-, Beurteilungs- und Bewertungsprozess voraus. Sie hat den tatsächlichen Bestand an Vermögensgegenständen und Schulden zu erfassen und erfüllt insofern eine Korrekturfunktion, als sie bestehende Aufzeichnungen im Hinblick auf ihre Richtigkeit überprüft und ggf. Veränderungen veranlasst. Sie besteht grundsätzlich im vollständigen körperlichen Erfassen der einzelnen Vermögensgegenstände nach Art, Menge und Wert (§ 241 Abs. 1) zu einem bestimmten Zeitpunkt durch Zählen, Messen und Wiegen (§ 241 Abs. 2 erlaubt Ausnahmen der körperlichen Bestandsaufnahme für den Bilanzstichtag; für Forderungen und weitere Rechte gibt es notgedrungen die Buchinventur), während die einzelnen Schulden nur durch Auswertung von Verträgen (Buchinventur) und Analyse und Ermittlung von unsicheren Verbindlichkeiten („Inventur der Risiken“)[3] erfasst werden können. Zur Erfüllung der Korrekturfunktion muss die Inventur unabhängig von der Erfassung der Vermögensgegenstände und Schulden in den Büchern vorgenommen werden.[4] Die Bücher können nur erste Anhaltspunkte für das Vorliegen von Posten geben; deren tatsächliches Vorhandensein ist erst festzustellen.

5   Der Bestand an Vermögensgegenständen (nicht jedoch an Schulden) darf unter den in § 241 Abs. 1 genannten Bedingungen aufgrund von Stichproben ermittelt werden. Die Inventur kann im Allgemeinen aus technischen und ökonomischen Gründen nicht am Bilanzstichtag vorgenommen werden; gem. Abs. 2 muss sie es auch nicht, denn es ist (beim jährlichen Inventar) ein Inventar „für den Schluß“ des Geschäftsjahrs, nicht an seinem Schluss aufzustellen.[5] Vor- und nachverlegte Inventuren sind nach Maßgabe von § 241 Abs. 3 erlaubt; weiterhin gibt es die unter § 241 Abs. 2 fallende permanente Inventur (→ § 241 Rn. 14).

6   Als Bilanzstichtagsinventur zählt nicht nur eine am Bilanzstichtag vorgenommene Inventur. Zeitspannen von bis zu zehn Tagen zwischen Bestandsaufnahme und Bilanzstichtag gelten als hinnehmbar.[6] Während nach- oder vorverlegte Inventuren sich noch immer auf einen Stichtag, der aber vom Bilanzstichtag abweicht, beziehen, gilt dies nicht für die permanente Inventur. Bei ihr wird aufgrund zahlreicher Bestandsaufnahmen, die über das ganze Jahr verteilt sind, zusammen mit einer Buchinventur der Bestandswert der Vermögensgegenstände festgestellt.

7   **2. Form des Inventars.** Anders als bei Bilanz und GuV gibt es zur Form des Inventars keine Vorschriften (die Bilanz der Kapitalgesellschaft ist gem. § 266 Abs. 1 S. 1 in Kontoform aufzustellen, die GuV der Kapitalgesellschaft gem. § 275 Abs. 1 S. 1 in Staffelform). Das **Inventar** ist **idR kein einheitliches Verzeichnis,** sondern setzt sich zumeist aus unterschiedlichen Teilen zusammen, die für bestimmte Gruppen von Vermögensgegenständen und Schulden erstellt werden (zB Anlagenkartei, Debitorenliste, Gutachten zu Umfang und Höhe von Pensionsrückstellungen).[7] Eine besondere Zusammenfassung der diversen Unterlagen ist nicht nötig,[8] jedoch müssen die Unterlagen klar, aktuell, geordnet, dem Inventar zuordenbar, auffindbar und nachprüfbar sein. Obwohl eine **Unterzeichnung** des Inventars gesetzlich nicht gefordert wird, sollten die einzelnen Teile des Inventars von den autorisierten Personen unterzeichnet sein. Dies resultiert aus den Anforderungen an ein funktionsfähiges Internes Kontrollsystem (→ § 239 Rn. 2).[9]

---

[3]   Vgl. ADS Rn. 20; Leffson GoB S. 222.
[4]   Vgl. ADS Rn. 7.
[5]   Vgl. ADS Rn. 5.
[6]   Vgl. IDW HFA 1/1990, WPg 1990, C. I. b.; BeBiKo/Störk/Lewe Rn. 44 (für die Steuerbilanz EStR 5.3 Abs. 1 S. 2).
[7]   Vgl. ADS Rn. 3; HdR/Knop Rn. 47 f.
[8]   Vgl. ADS Rn. 64.
[9]   Vgl. ADS Rn. 65.

3. Eröffnungsinventar. Jeder Kaufmann muss ein Inventar zu Beginn seines Handels- **8** gewerbes erstellen. Das entspricht der Pflicht zur Erstellung einer Eröffnungsbilanz (§ 242 Abs. 1). Der Begriff des Kaufmanns entspricht dem in § 238 (→ § 238 Rn. 2 ff.). Zum Aufstellungszeitpunkt des Inventars → § 242 Rn. 13 f.

Inhalt des Inventars sind sämtliche Vermögensgegenstände und Schulden. Beide **9** Begriffe entsprechen denjenigen für die Bilanzierung (→ § 246 Rn. 7 ff.). Jedoch sind bei der Aufstellung des Inventars aus Gründen der vollständigen Dokumentation Aktivierungsverbote, die sich auf Vermögensgegenstände beziehen, irrelevant. Das betrifft § 248 Abs. 2, der die Aktivierung bestimmter selbsterstellter immaterieller Anlagegegenstände verbietet.

Abs. 1 nennt als Inhalt des Inventars Vermögensgegenstände und Schulden und grenzt **10** damit Rechnungsabgrenzungsposten (RAP) aus, die zB in § 246 Abs. 1 von den vorgenannten Posten getrennt werden. Aktive RAP unterscheiden sich materiell aber nur geringfügig von Vermögensgegenständen, wenn sie überwiegend Vertragsansprüche aus gegenseitigen Verträgen darstellen (→ § 250 Rn. 8). Entsprechendes gilt für passive RAP, die Leistungsansprüche Dritter aufgrund von gegenseitigen Verträgen verkörpern (→ § 250 Rn. 23). Beide Posten gehören zum Zweck vollständiger Dokumentation in das Inventar, weil sie das Vermögen des Kaufmanns iSv § 238 Abs. 1 S. 1 bestimmen.[10]

Latente Steuern (§ 274) und Aufwandsrückstellungen (→ § 249 Rn. 78 ff.) gehören **11** nicht in das Inventar, weil sie keine Vermögensgegenstände oder Schulden ieS (→ § 246 Rn. 91 ff.) darstellen.

Gründungsaufwendungen können schon vor der Eröffnung anfallen und sind in der **12** Eröffnungsbilanz zu aktivieren und im ersten Geschäftsjahr aufzulösen (→ § 242 Rn. 18). Für das Inventar sind sie irrelevant, weil sie keinen Vermögensgegenstand begründen (§ 248 Abs. 1) und die Auflösung des aktivierten Postens zum Zwecke der GuV-Belastung für eine Dokumentation der Vermögensgegenstände unerheblich ist.

4. Schlussinventar. Das Inventar ist weiterhin auf den Schluss eines jeden Geschäfts- **13** jahrs aufzustellen. Dieses darf 12 Monate nicht überschreiten, kann aber kürzer sein (Rumpfgeschäftsjahr). Gegenüber dem Eröffnungsinventar ergeben sich keine Besonderheiten, auch wenn sich die Verfahren der Inventur, zB wegen einer vorverlegten Stichtagsinventur gem. § 241 Abs. 3, unterscheiden können.

5. Grundsätze ordnungsmäßiger Inventur. Die Inventur muss zweckgerecht erfol- **14** gen; Grundsätze ordnungsmäßiger Inventur (oder Inventarisierung) sollen dazu beitragen. Sie sind Bestandteil der GoB (→ § 238 Rn. 25). Zu den Grundsätzen ordnungsmäßiger Inventur lassen sich der Vollständigkeitsgrundsatz, der Grundsatz richtiger Bestandsaufnahme, der Grundsatz der Einzelerfassung und der Nachprüfbarkeitsgrundsatz zählen.[11] Zum Vollständigkeitsgrundsatz → Rn. 2, → Rn. 4 und → Rn. 9 ff. Der Grundsatz der Einzelerfassung wird bei Posten, für die eine Fest- und Gruppenbewertung erlaubt sind (→ Rn. 19 ff. und → Rn. 27 ff.), im Hinblick auf die Objektabgrenzung und die Häufigkeit der körperlichen Bestandsaufnahme eingeschränkt.[12] Der Nachprüfbarkeitsgrundsatz verlangt eine Dokumentation der Verfahren der Bestandsaufnahme und von deren Ergebnissen derart, dass sich ein sachverständiger Dritter innerhalb angemessener Zeit einen Überblick über Art, Menge, Beschaffenheit und Wert der aufgenommenen Bestände verschaffen kann.[13]

Für die Inventur bedeutsam ist ein im Einzelnen nicht genau umrissener Grundsatz **15** der Wirtschaftlichkeit der Erfassung von Beständen.[14] Er äußert sich in den gesetzlich erlaubten Vereinfachungen der Fest- und Gruppenbewertung für bestimmte Posten

---

[10] AA BeBiKo/Störk/Lewe Rn. 22. Nach ADS Rn. 8 kann dahingestellt bleiben, ob die sowieso aufzeichnungspflichtigen RAP „als Inventar aufgrund einer Buchinventur betrachtet werden oder nicht".

[11] Vgl. IDW HFA 1/1990, WPg 1990, 144 f.; ADS Rn. 19 ff.; Wiedmann/Böcking/Gros/Böcking/Gros Rn. 5 ff.

[12] Vgl. ADS Rn. 2.

[13] Vgl. IDW HFA 1/1990, WPg 1990, 145.

[14] Vgl. ADS Rn. 25.

(→ Rn. 19 ff., → Rn. 27 ff.), der Bestandserhebung von Vermögensgegenständen mit Stichproben (→ § 241 Rn. 3 ff.) und der Möglichkeit, die Erhebung der Bestände über die Zeit zu strecken (→ Rn. 6). Darüber hinaus wird er im Hinblick auf schwer erfassbare Vermögensgegenstände (wie Schüttgüter und Kleinteile),[15] bestimmte Lagerungsverfahren (Hochregale)[16] oder Messverfahren (Schätzung bei Halden)[17] geltend gemacht. Das ist – gerade bei unwesentlichen Posten – nicht zu beanstanden. Ob freilich Aufzeichnungen und Belege ausreichend genaue Ersatzverfahren zur Bestandserhebung sein können,[18] ist nur im Einzelfall zu prüfen.[19] Wirtschaftlichkeitsüberlegungen und Interessenschutz Dritter stehen im Konflikt zueinander.

16   **6. Inventurverfahren.** Die Inventurverfahren lassen sich (1) nach der Art der Erfassung von Vermögensgegenständen und Schulden, (2) nach der Vollständigkeit der erfassten Posten und (3) nach dem Zeitpunkt oder Zeitraum, in dem sie eingesetzt werden, unterscheiden.[20] Danach gibt es (1) körperliche Bestandsaufnahme und Buchinventur, (2) vollständige Bestandsaufnahme und Bestandsaufnahme aufgrund von Stichproben, (3) Stichtagsinventur, ausgeweitete Stichtagsinventur,[21] vor- und nachverlegte Stichtagsinventur und permanente Inventur. Die Verfahren sind miteinander kombinierbar. Zur körperlichen Bestandsaufnahme und Buchinventur → Rn. 4. Bei der Buchinventur muss man sich auf Soll-Bestände stützen, was Bestätigungen Dritter, insbesondere in Form von Saldenbestätigungen, verlangt.[22] Zu den anderen Inventurverfahren → § 241 Rn. 3 ff.

17   **7. Aufstellungsfrist.** Gemäß Abs. 2 ist das Inventar „innerhalb der einem ordnungsmäßigen Geschäftsgang entsprechenden Zeit" aufzustellen. Dies stimmt mit der Formulierung in § 243 Abs. 3 zum Jahresabschluss des Kaufmanns überein, was eine identische Frist nahelegt. Da aber das Inventar Grundlage für die Bilanzerstellung ist, bedeutet dies, dass es so rechtzeitig aufgestellt werden muss, dass die Erstellungszeit für die Bilanz nicht überschritten wird. „Im praktischen Ergebnis werden dies Tage oder Wochen sein, die das Inventar vor der Bilanz angefertigt sein muß."[23] Es ist zeitnah zum Abschlussstichtag aufzustellen.[24] Ein konkreter Zeitraum folgt daraus nicht, weil dieser von der Größe des Unternehmens, der geographischen Lage seiner Betriebsstätten und der Geschwindigkeit, mit der der Jahresabschluss erstellt werden soll und kann, abhängt.

III. Bewertungsverfahren

18   **1. Grundsatz der Einzelerfassung und Einzelbewertung.** Grundsätzlich hat der Kaufmann seine Vermögensgegenstände und Schulden für das Inventar und für den Jahresabschluss einzeln zu erfassen und zu bewerten. Dadurch werden ein Bewertungsausgleich und ein Verstoß gegen das Realisations- und das Imparitätsprinzip vermieden. Die in Abs. 3 enthaltene Festbewertung und die in Abs. 4 geregelte Gruppenbewertung stellen Ausnahmen von diesem Grundsatz für die Erstellung des Inventars dar. Wegen § 256 S. 2 sind diese Ausnahmen auch auf den Jahresabschluss anwendbar. Zwischen Fest- und Gruppenbewertung einerseits und den in § 256 geregelten Verfahren der Bewertungsvereinfachung andererseits besteht der Unterschied darin, dass letztere eine Einzelerfassung der Vermögensge-

---

[15]   Vgl. Beck HdR/Petersen/Zwirner A 210 Rn. 62.
[16]   Vgl. ADS Rn. 25.
[17]   Vgl. ADS Rn. 21; BeBiKo/Störk/Lewe Rn. 23.
[18]   Nach ADS Rn. 21 kommen sie in Betracht.
[19]   Gelegentlich wird man dazu keine sinnvolle Alternative haben. Vgl. zB ADS Rn. 33 mit dem Hinweis, dass jährliche körperliche Bestandsaufnahmen der Sachanlagen in größeren Unternehmen faktisch unmöglich sind.
[20]   Vgl. ADS Rn. 26.
[21]   Sie ist idR auf einen Zeitraum von 10 Tagen vor oder nach dem Stichtag begrenzt. Vgl. IDW HFA 1/1990, WPg 1990, 145; ADS Rn. 38.
[22]   Vgl. ADS Rn. 32.
[23]   ADS Rn. 61.
[24]   Vgl. Beck HdR/Petersen/Zwirner A 210 Rn. 57; ADS Rn. 61.

genstände verlangen, während diese bei den erstgenannten Verfahren unterbleiben kann bzw. nicht am Schluss eines jeden Geschäftsjahrs vorzunehmen ist.[25]

2. Festbewertung. a) Anwendungsvoraussetzungen. Der Festbewertung wird eine **19** gleich bleibende Menge zugrunde gelegt, die mit einem gleich bleibenden Wert angesetzt wird. Sie darf nur auf Vermögensgegenstände des Sachanlagevermögens und Roh-, Hilfs- und Betriebsstoffe angewendet werden. Zu deren Abgrenzung → § 247 Rn. 14 ff. und → § 247 Rn. 39. Während bei Roh-, Hilfs- und Betriebsstoffen auf Anschaffungs- oder Herstellungskosten zurückgegriffen wird, sind als Orientierungsgröße für die Bewertung abnutzbaren Sachanlagevermögens die um planmäßige Abschreibungen geminderten Anschaffungs- oder Herstellungskosten heranzuziehen.[26]

Die Vermögensgegenstände müssen weiterhin (1) regelmäßig ersetzt werden, (2) in **20** ihrem Gesamtwert für das Unternehmen von nachrangiger Bedeutung sein, (3) und ihr Bestand darf bezüglich Größe, Wert und Zusammensetzung nur geringen Veränderungen unterliegen. Auch bei Erfüllung dieser Kriterien ist idR alle drei Jahre eine körperliche Bestandsaufnahme durchzuführen. Die Kriterien zeigen, dass die Festbewertung eine Arbeitsvereinfachung für die Inventur darstellen soll, mit deren Hilfe zugleich Fehler minimiert werden sollen.

b) Regelmäßiger Ersatz. Werden Vermögensgegenstände regelmäßig ersetzt, bleibt **21** der Bestand mengenmäßig gleich: Zu- und Abgänge der Vermögensgegenstände gleichen sich aus. Das Kriterium korrespondiert insofern mit der Anforderung von geringen Bestandsveränderungen. Es ist jedoch enger, weil es nicht abnutzbares, aber auch langlebiges Sachanlagevermögen als Anwendungsfälle der Festbewertung ausschließt. Für diese ist uU geringe Bestandsveränderung gegeben, aber kein regelmäßiger Ersatz. Umgehender, monatlicher oder jährlicher Ersatz ist nicht zwingend: Es reicht, dass der Verbrauch bis zum Jahresende ersetzt wird; bei fehlendem Verbrauch innerhalb eines Jahres ist kein Ersatz nötig.[27]

c) Nachrangige Bedeutung des Wertes. Die mit einem Festwert angesetzten Ver- **22** mögensgegenstände müssen in ihrem Gesamtwert für das Unternehmen von nachrangiger Bedeutung sein. Die Nachrangigkeit wird gesetzlich nicht quantifiziert und kann nur im Einzelfall gewürdigt werden. Anhaltspunkte können die Anteile des Festwertes am Wert des übergeordneten Bilanzpostens, am Eigenkapital oder an der Bilanzsumme liefern. Hierbei sind Branchenbesonderheiten, die die Bilanzstruktur beeinflussen (zB Handelsunternehmen gegenüber Energieversorgern), zu berücksichtigen. Oft werden 5 % der Bilanzsumme noch als nachrangig angesehen.[28] Dies ist bei sehr niedrigem Eigenkapital bedenklich. Die Leitlinie bei der Würdigung besteht darin, die mit der Festbewertung verbundene Arbeitsvereinfachung gegen das Fehlerpotential und dessen mögliche Konsequenzen abzuwägen.[29]

d) Geringe Bestandsveränderungen. Der Bestand darf in seiner Größe, seinem Wert **23** und seiner Zusammensetzung nur geringen Veränderungen unterliegen. Da Größe und Wert getrennt aufgeführt werden, muss sich die Größe auf Mengen beziehen. Wann geringe Veränderungen vorliegen, ist ähnlich schwer zu beurteilen wie die nachrangige Bedeutung des Wertes. Allerdings schließt das Kriterium grundsätzlich solche Vermögensgegenstände aus, die erfahrungsgemäß beträchtlichen Preisschwankungen unterliegen, insbesondere Metalle, die zu Weltmarktpreisen gehandelt werden.[30] Dasselbe gilt für abnutzbare Gegenstände des Sachanlagevermögens mit stark unterschiedlichen Nutzungsdauern.

---

[25]   Vgl. ADS Rn. 72.
[26]   Vgl. ADS Rn. 100.
[27]   Vgl. ADS Rn. 78.
[28]   Vgl. BMF v. 26.2.1992, DStR 1992, 542; ADS Rn. 80.
[29]   Vgl. ADS Rn. 81; Staub/Pöschke, 5. Aufl. 2014, Rn. 49.
[30]   Vgl. ADS Rn. 85.

24   **e) Körperliche Bestandsaufnahme.** In der Regel ist alle drei Jahre eine körperliche Bestandsaufnahme vorzunehmen, welche die Festbewertung entweder bestätigt oder sie aufzugeben oder anzupassen verlangt. Der Zeitraum von drei Jahren kann nur aus sachlichen Gründen verlängert werden, was aber nicht mehrfach hintereinander oder gar ständig erlaubt ist.[31] Gibt es vor Ablauf der drei Jahre Anhaltspunkte dafür, dass die Voraussetzungen der Festbewertung nicht mehr erfüllt sind, besteht schon vorher die Pflicht zur körperlichen Bestandsaufnahme.

25   Veränderungen des Festwertes resultieren aus Abgängen und Abschreibungen sowie Zugängen und Zuschreibungen. Laufende Preissteigerungen der mit einem Festwert bewerteten Vermögensgegenstände führen nicht zu einer Wertanpassung.[32] Die Werterhöhung würde bei denjenigen Vermögensgegenständen, die zu niedrigeren Anschaffungs- oder Herstellungskosten zugegangen sind, zu Verstößen gegen das Realisationsprinzip führen. Die isolierte Erfassung der mit höheren Preisen in der betrachteten Periode zugegangenen Vermögensgegenstände würde die vereinfachte Bewertung aufheben. Selbst dann, wenn eine mit dem Anschaffungskostenprinzip in Einklang stehende Bewertung leicht möglich wäre, ist die Aufwertung nicht geboten. Das Beibehalten des Festwertes ist in diesem Fall mit der Anwendung des Lifo-Verfahrens (§ 256) vergleichbar.[33] Der denkbare Einwand, dass dieses Verfahren nur für die Bewertung gleichartiger Vermögensgegenstände des Vorratsvermögens im Jahresabschluss angewendet werden kann, während die Festbewertung Sachanlagevermögen und Roh-, Hilfs- und Betriebsstoffe betrifft, geht fehl. Es gibt – außerhalb der Notwendigkeit zur Ermittlung niedrigerer Werte gem. § 253 Abs. 3 und 4 – keinen Grundsatz, wonach Vermögensgegenstände mit aktuellen Marktwerten zu bewerten sind. Bei Preissenkungen ist hingegen das Niederstwertprinzip zu beachten. Hierbei ist auf den Gesamtwert der zur Festbewertung zusammengefassten Vermögensgegenstände abzustellen.[34]

26   **f) Anwendungsfälle.** Anwendungsfälle der Festbewertung gibt es zB bei Hotelgeschirr, Büromöbel, Schreib- und Rechenmaschinen, Laboreinrichtungen, Werkzeugen, Gerüst- und Schalungsteilen, zur Vorratshaltung bestimmten Brennstoffen und Kantinenvorräten.[35]

27   **3. Gruppenbewertung. a) Anwendungsvoraussetzungen.** Die Gruppenbewertung ist für (1) gleichartige Vermögensgegenstände des Vorratsvermögens, (2) andere gleichartige oder annähernd gleichwertige bewegliche Vermögensgegenstände des Anlage- oder Umlaufvermögens und (3) gleichartige oder annähernd gleichwertige Schulden erlaubt. Anzusetzen ist der gewogene Durchschnittswert.

28   **b) Gleichartigkeit.** Die Gleichartigkeit verlangt keine Gleichheit und bezieht sich auf die Beschaffenheit oder Funktion der Vermögensgegenstände oder Schulden. Strittig ist, ob mit Gleichartigkeit auch annähernde Gleichwertigkeit verbunden sein muss.[36] Dagegen spricht die im Gesetz explizit vorgenommene Trennung der Begriffe „gleichartig" und „annähernd gleichwertig" bei beweglichen Vermögensgegenständen und Schulden. ADS als Verfechter der Auffassung, dass annähernde Gleichwertigkeit eine ungeschriebene Voraussetzung der Gleichartigkeit sei,[37] verweisen darauf, dass eine Durchschnittsbewertung nur bei annähernder Gleichwertigkeit „auf praktikable Weise durchgeführt werden kann, ohne das Risiko erheblicher Verzerrungen der Jahreserfolge in Kauf zu nehmen".[38] Die Anwendung einer Bewertungsvereinfachung dürfe im Vergleich zu einer Einzelbewertung

---

[31]   Vgl. ADS Rn. 96.
[32]   Vgl. ADS Rn. 106.
[33]   Vgl. ADS Rn. 106.
[34]   Vgl. ADS Rn. 107.
[35]   Vgl. ADS Rn. 93 und 94.
[36]   Dafür ADS Rn. 121 ff.; HuRB/Bernert 220; dagegen zB BeBiKo/Störk/Lewe Rn. 136; Beck HdR/
        Petersen/Zwirner A 220 Rn. 103; HKMS/Drüen Rn. 35; HdR/Mayer-Wegelin § 256 Rn. 28; Kupsch/
        Achter BB 1997, 1408.
[37]   Vgl. ADS Rn. 121.
[38]   ADS Rn. 122.

nicht zu einer wesentlichen Verzerrung bei der Darstellung von Vermögens- und Ertragslage führen. Ich halte dies mit den in → Rn. 25 angegebenen Gründen für nicht überzeugend.

c) Annähernde Gleichwertigkeit. Diese Voraussetzung verlangt, dass eine Einzeler- **29** fassung und Einzelbewertung annähernd denselben Wert erzeugt, wie er aus der Gruppenbewertung resultiert. Der in diesem Zusammenhang genannte zulässige Spielraum von 20% zwischen höchstem und niedrigstem Preis bei geringem Wert der einzelnen Vermögensgegenstände in der Gruppe[39] wird als zu hoch angesehen, wenn sich die Zusammensetzung der Gruppe im Laufe eines Geschäftsjahres stark verändert. Dies kann nach *ADS* zu einer beachtlichen Überbewertung des Bestands führen.[40] Angesichts der starken Bedeutung von Realisations- und Anschaffungskostenprinzip (→ § 252 Rn. 63 ff.) wird man dies selbst im Hinblick auf eine vereinfachte Bewertung bejahen müssen. Wenig hilfreich ist der Verweis auf „eine differenzierte Beurteilung im Einzelfall anhand einer prognostizierten Fehlerauswirkung im Hinblick auf die Beurteilung der Finanz-, Vermögens- oder Ertragslage",[41] da die Definition eines Fehlers die Kenntnis des fehlerfreien Zustands voraussetzt, um die es erst geht.

d) Gewogener Durchschnittswert. In Frage kommen der einfache und der gleitende **30** gewogene Durchschnittswert. Beim einfachen gewogenen Durchschnittswert werden die jeweiligen Mengen von Anfangsbestand und Zugängen mit den jeweils zugehörigen Preisen multipliziert, die so erzeugten Werte addiert und die sich ergebende Wertsumme durch den Endbestand dividiert. Der Durchschnittspreis wird nur einmal pro Geschäftsjahr errechnet. Hingegen wird bei gleitenden gewogenen Durchschnittswerten nach jedem Zugang ein neuer Durchschnittspreis gebildet und jeder Abgang mit dem neuen Durchschnittspreis bewertet. Um eine aussagefähige Rechnung zu erhalten, müssen Preisminderungen (Rabatte, Boni, Skonti) möglichst synchron mit den Mengenbewegungen erfolgen.[42] Zu Rechenbeispielen vgl. die Literatur.[43]

Die Ermittlung des Wertes der zB in einer Gruppe zusammengefassten Vermögensge- **31** stände mithilfe eines gewogenen Durchschnitts, der aus den ihnen zugehörigen Einzelwerten gebildet wird, bedeutet keine Bewertungsvereinfachung. Sie ergibt sich erst, wenn die aus anderen gleichartigen und ggf. gleichwertigen Vermögensgegenständen gebildeten Durchschnittswerte auf Zugänge im Rahmen der Schätzung angewendet werden können.[44] Zu Möglichkeiten seiner Schätzung vgl. die Literatur.[45]

e) Anwendungsfälle. Posten, auf die die Gruppenbewertung angewendet werden kann, **32** sind neben Vorräten Wertpapiere des Anlage- oder Umlaufvermögens.[46] Bei den Schulden ist an Garantie-, Urlaubs- und versicherungstechnische Rückstellungen zu denken.[47]

IV. Regelungen nach IFRS

Zu Inventur und Inventar existieren keine IFRS. Allgemein gilt jedoch der Einzelbe- **33** wertungsgrundsatz. Die Festbewertung ist – wie im HGB (→ Rn. 19 ff., insbesondere Rn. 22) – nur bei untergeordneter Bedeutung zulässig und kann insofern lediglich mit dem Grundsatz der Wesentlichkeit begründet werden.[48] Vielmehr verlangt IAS 2.23 f. für Gegenstände des Vorratsvermögens, welche die Voraussetzungen der Durchschnitts- oder Fifo-Methode nicht erfüllen, die Einzelbewertung.[49]

---

[39] Vgl. BeBiKo/Störk/Lewe Rn. 137.
[40] Vgl. das Bsp. bei ADS Rn. 127.
[41] HKMS/Drüen Rn. 36 mit Verweis auf Kölner Komm RechnungslegungsR/Braun Rn. 37.
[42] Vgl. ADS Rn. 133.
[43] Vgl. ADS Rn. 134; BeBiKo/Störk/Lewe Rn. 140 f.
[44] Vgl. HuRB/Hömberg 210.
[45] Vgl. HuRB/Hömberg 212 ff.
[46] Vgl. ADS Rn. 117; BeBiKo/Störk/Lewe Rn. 134.
[47] Vgl. BeBiKo/Störk/Lewe Rn. 134; ADS Rn. 117a.
[48] Vgl. Haufe IFRS-Komm/Lüdenbach/Hoffmann/Freiberg § 17 Rn. 39.
[49] Vgl. Haufe IFRS-Komm/Lüdenbach/Hoffmann/Freiberg § 17 Rn. 33.

§ 241 Inventurvereinfachungsverfahren

(1) [1]Bei der Aufstellung des Inventars darf der Bestand der Vermögensgegenstände nach Art, Menge und Wert auch mit Hilfe anerkannter mathematisch-statistischer Methoden auf Grund von Stichproben ermittelt werden. [2]Das Verfahren muß den Grundsätzen ordnungsmäßiger Buchführung entsprechen. [3]Der Aussagewert des auf diese Weise aufgestellten Inventars muß dem Aussagewert eines auf Grund einer körperlichen Bestandsaufnahme aufgestellten Inventars gleichkommen.

(2) Bei der Aufstellung des Inventars für den Schluß eines Geschäftsjahrs bedarf es einer körperlichen Bestandsaufnahme der Vermögensgegenstände für diesen Zeitpunkt nicht, soweit durch Anwendung eines den Grundsätzen ordnungsmäßiger Buchführung entsprechenden anderen Verfahrens gesichert ist, daß der Bestand der Vermögensgegenstände nach Art, Menge und Wert auch ohne die körperliche Bestandsaufnahme für diesen Zeitpunkt festgestellt werden kann.

(3) In dem Inventar für den Schluß eines Geschäftsjahrs brauchen Vermögensgegenstände nicht verzeichnet zu werden, wenn
1. der Kaufmann ihren Bestand auf Grund einer körperlichen Bestandsaufnahme oder auf Grund eines nach Absatz 2 zulässigen anderen Verfahrens nach Art, Menge und Wert in einem besonderen Inventar verzeichnet hat, das für einen Tag innerhalb der letzten drei Monate vor oder der ersten beiden Monate nach dem Schluß des Geschäftsjahrs aufgestellt ist, und
2. auf Grund des besonderen Inventars durch Anwendung eines den Grundsätzen ordnungsmäßiger Buchführung entsprechenden Fortschreibungs- oder Rückrechnungsverfahrens gesichert ist, daß der am Schluß des Geschäftsjahrs vorhandene Bestand der Vermögensgegenstände für diesen Zeitpunkt ordnungsgemäß bewertet werden kann.

Schrifttum: Angele, Anerkannte mathematisch-statistische Methoden zur Stichprobeninventur, 1989; AWV, Übersicht über die Inventurverfahren, 2. Aufl. 2010; AWV, Warenwirtschaftssystem-gestützte Inventur im Handel, 1996; AWV, Systemgestützte Werkstattinventur, 1989; AWV, Sequentialtest für die Inventur mit Stichproben bei ordnungsmäßiger Lagerbuchführung, 1985; AWV, Stichprobeninventur in Vertriebseinrichtungen des Handels, 1984; AWV, Permanente Inventur mit Stichproben, 1982; AWV, Sequentialtest für die Inventur von nicht bewegten Lagereinheiten in automatisch gesteuerten Lagersystemen, 1980; AWV, Stichprobenverfahren zur Inventur buchmäßig geführter Vorräte im Lagerbereich, 1979; AWV, Rationalisierung der Inventur unter Berücksichtigung neuer Techniken und Verfahren, 1976; Bäuerle, Körperliche Bestandsaufnahme bei der Einlagerungsinventur, BB 1986, 846; Brendel/Zimmermann, Programmsysteme zur Stichprobeninventur mit oder ohne Bestandsfortschreibung, in Stahlknecht, EDV-Systeme im Finanz- und Rechnungswesen, 1982, 390; Bruse, Erfahrungen beim Einsatz von Stichprobeninventuren, WPg 1985, 481, 518; Bruse/Kunz/Nies/Riemer/Schmitz, Stichprobeninventuren – Erkenntnisse und Bewertung der Verfahren 10 Jahre nach der Gesetzesnovelle, StBp 1988, 101, 129; Bruse/Riedlinger, Ansätze zur Vereinheitlichung der Werkstattinventur, DB 1987, 2001; Bühler, Zum optimalen Stichprobenumfang bei der Stichprobeninventur, ZfbF 1984, 699; Burkel, Möglichkeiten und Grenzen der Lagerinventur mit Hilfe des Stichprobenverfahrens (Stichprobeninventur), DB 1985, 821; Cochran, Stichprobenverfahren, 1972; Deindl, Zur Problematik der Stichprobeninventur, StBp 1977, 269; de Vries, Anwendungsmöglichkeiten mathematisch-statistischer Stichprobenmethoden für Inventurzwecke, DB 1981, 1245; Drexl, Erhebungskosten versus Schätzungsgenauigkeit bei der Stichprobeninventur, ZfB 1986, 509; Eckmann/Peters, Stichprobeninventur mit dem PC, DB 1990, 1832; Ehrt, Die Anwendung von Stichprobenverfahren im Rechnungswesen, 1967; Fandel/Dyckhoff/Müller, Stichprobeninventur, DBW 1985, 278; Frank/Schneweis, Verzerrte Stichproben trotz Zufallsauswahl, ZfbF 1985, 579; Gans, Inventurvereinfachungen: Vor- oder nachverlegte Inventur, permanente Inventur, DStR 1995, 306; Gans/Quick, Inventurvereinfachungen: Die Stichprobeninventur, insbesondere das Sequentialtestverfahren, DStR 1995, 1162; Göbel, Stichprobeninventur mit homogradem Sequentialtest, WPg 1992, 677; Harrmann, Aufnahmetechniken bei der körperlichen Bestandsaufnahme von Vorräten, DB 1978, 2377; Herbold, Erfahrungen beim Einsatz der Inventur mit Stichproben, in Kilger/ Scheer, Rechnungswesen und EDV, 1986, 264; Hömberg, Grundlagen und Organisation einer Stichprobeninventur nach § 39 Abs. 2a HGB, DB 1985, 2057, 2112; Hömberg, Zur Ordnungsmäßigkeit von Wertkorrekturen bei Stichprobeninventuren, ZfbF 1985, 67; Hömberg, Zur Anwendung alternativer Stück- und Wertkorrekturverfahren bei Stichprobeninventuren, ZfbF 1985, 593; IDW HFA 1/1990, Zur körperlichen Bestandsaufnahme im Rahmen von Inventurverfahren, WPg 1990, 143; IDW HFA 1/1981 idF 1990,

Stichprobenverfahren für die Vorratsinventur zum Jahresabschluß (Abschnitt V. ersetzt durch IDW PS 301), WPg 1990, 649; Janssen, Die Zweijahresinventur des Vorratsvermögens, WPg 1978, 296; Jaspers, Stichprobeninventur – Anwendungsvoraussetzungen für die praktische Durchführung, DB 2004, 264; Jaspers, Zeitlich verlegte Stichtags- und permanente Stichprobeninventur, BB 1996, 45; Jaspers, Durchführung der Stichprobeninventur, DB 1995, 985; Köhle/Sturm, Die permanente Stichprobeninventur mit Annahmetest, WPg 1983, 369; Köpper, Sequentialtests für die Stichprobeninventur, 1987; Korn, Die Vollerhebungsschicht im Rahmen der mathematisch-statistischen Verfahren zur Durchführung der Stichprobeninventur, BB 1988, 2210; Kraushaar/Müller, Inventur bei automatisch gesteuerten Lagersystemen, WPg 1979, 7; Kunz, Zu Fragen der Stichprobeninventur, WPg 1981, 309; Martienß, Körperliche Bestandsaufnahme bei automatisch gesteuerten Hochregal-Lagersystemen ohne gekoppelte Bestandsfortschreibung, ZfB 1980, 47; Nagels/Plüschke/Zimmermann, Darstellung verschiedener Stichprobenverfahren und ihre Anwendung bei Stichtags- und permanenter Inventur, 1979; Nagels/Zimmermann, Stichprobeninventur – Durchführung in Lagern ohne artikelgenaue Bestandsfortschreibung, ZfbF 1982, 1055; Pack/Wendt/Zimmermann, Erfahrungen mit der Stichprobeninventur, DBW 1984, 263; Plüschke, Anwendung von Stichprobenverfahren bei der Stichtagsinventur und der permanenten Inventur, 1982; Plüschke/Zimmermann, Stichprobenverfahren bei automatisch gesteuerten Lagersystemen, WPg 1981, 317; Quick, Inventur, 2000; Quick, Aufnahmeplan und Inventuranweisungen, BB 1991, 723; Scherrer/Obermeier, Stichprobeninventur, 1981; Schmitz, Überlegungen zur Anwendung der Stichprobeninventur gem. § 39 Abs. 2a HGB, WPg 1982, 430; Schöttler, Statistische Methoden zur Vereinfachung der Inventur, 1979; Strieder/Habel, Rationalisierung der permanenten Inventur, DB 1996, 1836; Sturm, Vorratsinventuren mit Stichprobenverfahren, 1983; Uhlig, Überlegungen zur Anwendung der Stichprobeninventur, WPg 1982, 476; Weiss/Schmidt, Anmerkungen zur Zulässigkeit des Sequentialtests als Verfahren der Werkstattinventur, DB 1987, 2006; Weiss/Zaich, Anmerkungen zur Zulässigkeit des Sequentialtests als Stichprobenverfahren für die Vorratsinventur, DB 1986, 1029; Werners, Zur Ordnungsmäßigkeit von Wertkorrekturen bei Stichprobeninventuren, ZfbF 1985, 587; v. Wysocki, Lagerdisposition, Stichprobeninventur und der handelsrechtliche Grundsatz der Einzelbewertung, in Gaugler/Meissner/Thom, Zukunftsaspekte der anwendungsorientierten Betriebswirtschaftslehre, 1986, 377; v. Wysocki, Überlegungen zu den Grundsätzen ordnungsmäßiger Stichproben-Inventur, FS Loitlsberger, 1981, 273; v. Wysocki, Einzelfragen zur Verwendung gebundener Schätzverfahren bei der Stichproben-Inventur, WPg 1980, 28; v. Wysocki/Schmidle, Die Verwendung gebundener Schätzverfahren bei der Stichprobeninventur, WPg 1979, 417.

Übersicht

I. Normzweck

Die Regelung erlaubt vereinfachte Inventurverfahren, indem der Bestand an Vermö- **1** gensgegenständen durch Stichproben anstelle von Vollerhebungen festgestellt wird und Abweichungen von Inventuren auf den Bilanzstichtag erlaubt werden. Sie präzisiert die Anforderungen an solche vereinfachten Verfahren. Die Möglichkeiten zur vereinfachten Inventarisierung sind wegen technischer Probleme und ökonomischer Erwägungen geboten.

II. Inventurvereinfachungen

1. Varianten und Anwendungsbereich. § 241 erlaubt Stichprobeninventuren **2** (Abs. 1), Inventuren ohne körperliche Bestandsaufnahmen für den Bilanzstichtag (Abs. 2) sowie vor- oder nachverlegte Stichtagsinventuren (Abs. 3). Sämtliche Inventurvereinfachungen sind nach dem Wortlaut nur für Vermögensgegenstände, nicht hingegen für Schulden erlaubt. Nach Teilen der Literatur sollten keine Bedenken bestehen, die Vereinfachungen sinngemäß auch für Schulden heranzuziehen.[1] Das kann nicht überzeugen, weil der Gesetzgeber die Möglichkeit zur Gesetzesänderung mehrfach gehabt hat und in § 240 Abs. 4 zur Durchschnittsbewertung explizit die Schulden aufgenommen hat, während § 241 unverändert belassen wurde. Bei den Vermögensgegenständen sind die Vorräte am bedeutendsten; für Forderungen und Wertpapiere in Giro-Sammelverwahrung zB sind keine Stichprobeninventuren möglich.

3   **2. Stichprobeninventur. a) Zweck.** Stichprobeninventuren sind Bestandserhebungen von Vermögensgegenständen ohne Vollerhebung. Sie reduzieren erheblich die mit der Inventur verbundene Zeit (auch der Betriebsunterbrechung) und ihre Kosten. Um Mängel der Bestandserhebung, die sich in den Jahresabschluss fortpflanzen können, zu vermeiden, muss das Verfahren den GoB entsprechen und auf anerkannten mathematisch-statistischen Methoden basieren. Der Aussagewert des aufgrund von Stichproben aufgestellten Inventars muss gem. Abs. 1 S. 3 dem Aussagewert eines aufgrund einer vollen körperlichen Bestandsaufnahme aufgestellten Inventars gleichkommen.

4   **b) Anerkannte mathematisch-statistische Methoden.** Mathematisch-statistische Methoden beschäftigen sich mit den Fragen, welche Bedingungen (zB für die Anzahl und Eigenschaften von Elementen in der Grundgesamtheit oder für Fehlerarten) für einen aussagefähigen Schluss von Stichproben auf die Grundgesamtheit erfüllt sein müssen, wie Stichprobenelemente zu gewinnen sind (durch Zufallsauswahl oder bewusste Auswahl, geschichtet oder nicht geschichtet), wie viele Stichprobenelemente auf welche Art (simultan oder sequentiell) ausgewertet werden müssen, um Aussagen mit einer bestimmten Aussagesicherheit treffen zu können, und welche Risiken (Irrtumsgefahren) im Schluss von Ergebnissen der Stichprobe auf Eigenschaften der Grundgesamtheit liegen. Sie zeigen, wie man Bestandswerte aus Stichproben für die Grundgesamtheit hochrechnet und beschäftigen sich mit der Fehlerfortpflanzung aufgrund verkehrter Aussagen.

5   Der Vorteil mathematisch-statistischer Methoden auf Basis einer Zufallsauswahl gegenüber anderen, zB intuitiven Methoden mit bewusster Auswahl liegt in der Möglichkeit, Bestandswerte und Aussagesicherheiten für Dritte nachprüfbar zu quantifizieren und zu kommunizieren.

6   Was als anerkannte mathematisch-statistische Methoden gilt und welche Fragestellungen mit ihnen beantwortet werden können, ergibt sich aus der Theorie der schließenden (induktiven) Statistik und ist in einschlägigen Lehrbüchern festgehalten.[2] Nach der Fragestellung lassen sich zB Schätz- und Teststichproben unterscheiden, die Schätzverfahren können frei oder gebunden sein, die Festlegung des optimalen Stichprobenumfangs, der die kleinste Stichprobenmenge für eine vorgegebene Aussagesicherheit bestimmt, kann im Vorhinein (a priori) oder im Nachhinein (sequentiell) erfolgen. Im ersten Fall werden alle Stichprobenelemente vorab bestimmt und erst nach ihrer Ziehung simultan ausgewertet, im zweiten Fall bestimmt das Auswertungsergebnis jedes einzelnen Stichprobenelements, ob eine weitere Stichprobe gezogen wird.

7   Aus Schätzstichproben lässt sich nur mit einer bestimmten Aussagesicherheit, die unter 100% liegt, auf die Grundgesamtheit zurückschließen. Als Sicherheitsgrad wird 95% gefordert.[3] Der akzeptierte relative Stichprobenfehler (das ist die Abweichung vom wahren Wert der Grundgesamtheit) beträgt 1%.[4] Bei Teststichproben entstehen zwei Fehler, die als α- und β-Fehler bezeichnet werden. Der α-Fehler ist das Risiko, die Nullhypothese über einen bestimmten Bestandswert verkehrterweise abzulehnen; der β-Fehler bezeichnet das Risiko, die Gegenhypothese über einen bestimmten Bestandswert verkehrterweise abzulehnen. Die

---

[1]   Vgl. zB ADS Rn. 2 mwN; Wiedmann/Böcking/Gros/Böcking/Gros Rn. 22 (Ausweitung wird für vertretbar gehalten); dagegen Staub/Pöschke, 5. Aufl. 2014 Rn. 5; nicht eindeutig BeBiKo/Störk/Lewe Rn. 55.

[2]   Vgl. allg. zB Cochran, Stichprobenverfahren, 1972, S. 15 ff.; anwendungsorientiert Scherrer/Obermeier, Stichprobeninventur, 1981, S. 26 ff.; Sturm, Vorratsinventuren mit Stichprobenverfahren, 1983, S. 28 ff.

[3]   Vgl. IDW HFA 1/1981 idF 1990, WPg 1990, 654 (Abschnitt V. ersetzt durch IDW PS 301).

[4]   Vgl. IDW HFA 1/1981 idF 1990, WPg 1990, 654.

Fehler stehen bei gegebener Stichprobenlänge in gegenläufiger Beziehung: Eine Verringerung des β-Fehlers führt zu einer Erhöhung des α-Fehlers und umgekehrt. Für die Festlegung akzeptabler Fehler gibt es keine festen Normen. Sie folgt Konventionen.

c) GoB-Entsprechung. Der Verweis auf die GoB bedeutet, dass mithilfe der Stichpro- **8** beninventur der Zweck der Inventarisierung, wie er in → § 240 Rn. 3 ff. beschrieben wurde, erfüllt werden können muss. Insofern spezifiziert das Verlangen, dass der Aussagewert des aufgrund eines mit einer Stichprobeninventur aufgestellten Inventars dem Aussagewert eines aufgrund einer körperlichen Bestandsaufnahme aufgestellten Inventars gleichkommen muss, die GoB-Anforderung. Aus der Forderung nach GoB-Entsprechung lässt sich auch die Notwendigkeit ableiten, mathematisch-statistische Methoden zu verwenden, weil andernfalls die für Dritte nachprüfbare Bestandsermittlung und -bewertung nicht gesichert werden kann. Die Literatur verbindet mit der GoB-Entsprechung die Einhaltung der Grundsätze der Vollständigkeit, der Richtigkeit, der Einzelerfassung und der Nachprüfbarkeit.[5]

d) Gesicherter Aussagewert. Die Stichprobeninventur soll ein Inventar erlauben, **9** dessen Aussagewert dem einer Vollerhebung mittels körperlicher Bestandsaufnahme entspricht. Das kann deshalb nicht wörtlich genommen werden, weil mit jeder Stichprobeninventur Fehlerrisiken in der Bestandsbewertung verbunden sind (das gilt auch für Vollerhebungen, jedoch werden hier die Risiken im Allgemeinen geringer sein). Insofern kann die Anforderung nur dahin gehen, dass das mit der Stichprobeninventur in Kauf genommene Fehlerrisiko vernachlässigbar sein muss.[6] Zu unwesentlichen Fehlerrisiken → Rn. 7.

§ 240 Abs. 1 verlangt den Einzelnachweis des Bestandes nach Art, Menge und Wert. **10** Dies ist auch bei Anwendung von Stichprobenverfahren zu sichern und verlangt bei bestimmten Verfahren eine bestandszuverlässige Lagerbuchführung.[7]

3. Fehlende körperliche Bestandsaufnahme für Bilanzstichtag. a) Zweck. Die **11** körperliche Bestandsaufnahme ist weder immer möglich, zB weil nur buchmäßig dokumentierte Rechte vorliegen, die Güter aus produktionstechnischen Gründen körperlich nicht aufgenommen werden dürfen (Halbleiterproduktion und Reinheitsgebot),[8] sie an schwer zugänglichen Orten liegen (Ausland, Hochregal) oder nicht voneinander zu trennen sind (Schüttgüter), noch ist sie immer zweckmäßig (Zeit- und Arbeitsaufwand, Kosten). Andere als körperliche Bestandsaufnahmen müssen deshalb zulässig sein.

b) GoB-Entsprechung. Andere Verfahren als solche mit körperlicher Bestandsauf- **12** nahme müssen den GoB entsprechen. Es handelt sich bei ihnen um eine Buchinventur iwS, wobei diese idR mit einer körperlichen Bestandsaufnahme zu einem anderen Zeitpunkt verbunden wird. Der Verweis auf die GoB verlangt, die Zwecke der Inventarisierung zu beachten. Die Grundsätze der Vollständigkeit der Bestandserfassung, der Richtigkeit und Nachprüfbarkeit sind einzuhalten (→ Rn. 8).

c) Varianten. Als Varianten der anderen als körperlichen Bestandsaufnahmen für den **13** Bilanzstichtag kommen die permanente Inventur, die Einlagerungsinventur und die systemgestützte Werkstattinventur in Betracht.[9]

Bei der **permanenten Inventur** werden die körperlichen Bestandsaufnahmen über **14** das ganze Jahr hinweg verteilt. Die dabei festgestellten Arten, Mengen und Werte von Vermögensgegenständen werden sodann auf den Bilanzstichtag fortgeschrieben. Das verlangt nach der erstmaligen unterjährigen Bestandserhebung die zuverlässige Erhebung und

---

5   Vgl. HKMS/Drüen Rn. 7; IDW HFA 1/1981 idF 1990, WPg 1990, 650 (ohne Einzelerfassung); ADS Rn. 9; BeBiKo/Störk/Lewe Rn. 20 ff. (ohne Einzelerfassung).
6   Vgl. auch Wiedmann/Böcking/Gros/Böcking/Gros Rn. 9.
7   Vgl. BeBiKo/Störk/Lewe Rn. 28 f.
8   Vgl. BeBiKo/Störk/Lewe Rn. 45.
9   Zur Inventur bei geschlossenen Warenwirtschaftssystemen vgl. AWV, Warenwirtschaftssystem-gestützte Inventur.

Aufzeichnung aller Zu- und Abgänge nach Tag, Art, Menge und Wert, die regelmäßige Kontrolle der Aufzeichnungen durch körperliche Bestandsaufnahmen in bestimmten Intervallen und die Korrektur von Fehlern. Die grundsätzlich gebotene körperliche Erfassung der Vermögensgegenstände einmal im Jahr erscheint dann nicht zwingend, wenn Zu- und Abgänge erfahrungsgemäß sehr selten vorkommen (zB bei bestimmten Sachanlagen) und zuverlässige Lagerungssysteme, bei denen die Bestandsfortschreibung mit der Lagersteuerung verbunden ist und menschliche Eingriffe nicht oder nur sehr schwer möglich sind, vorliegen.[10] Die permanente Inventur ist für Vermögensgegenstände mit Gefahren von Schwund, Verdunstung oder Verderb verboten,[11] weil Bestandsabgänge unkontrollierbar erfolgen können; aus Sicherheitsgründen ist sie für aus Unternehmenssicht besonders wertvolle Vermögensgegenstände ebenfalls verboten.[12]

15   Bei der **Einlagerungsinventur**[13] findet die körperliche Bestandsaufnahme grundsätzlich nur bei der Einlagerung statt. Bei ihr sind die bei der permanenten Inventur genannten Bedingungen zur zuverlässigen Bestandsermittlung und -bewertung aufgrund von Aufzeichnungen zu sichern. Vollautomatische Lagersysteme, in denen menschliche Eingriffe kaum möglich sind, erlauben diese Form der Inventur.[14]

16   Bei Werkstattbeständen handelt es sich um Aufträge in unterschiedlichen Phasen des Produktionsprozesses.[15] Bei der systemgestützten **Werkstattinventur** werden die im computergestützten Produktionsplanungs- und Steuerungssystem (PPS) am Inventurstichtag erfassten Bestände in das Inventar übernommen.[16] Erneut sind die bei der permanenten Inventur genannten Bedingungen zur zuverlässigen Bestandsermittlung zu sichern.

17   **4. Vor- und nachverlegte Stichtagsinventur.** Diese Inventuren werden statt auf den Bilanzstichtag auf einen früher oder später liegenden Stichtag bezogen. Die Stichtage dürfen bis zu drei Monaten vor und bis zu zwei Monaten nach dem Bilanzstichtag liegen. Hierbei können die zehn Tage an Unterschied zwischen Bestandsaufnahme und Stichtag, die mit einer Bilanzstichtagsinventur noch vereinbar sind (→ § 240 Rn. 6), analog genutzt werden.[17]

18   Anders als bei der Stichtagsinventur oder der permanenten Inventur wird das Mengengerüst der Vermögensgegenstände nicht in das Inventar zum Abschlussstichtag aufgenommen. Vielmehr ist der jeweilige Bestand nach Art, Menge und Wert gem. Abs. 3 Nr. 1 in einem besonderen Inventar zu verzeichnen. Er muss gem. Abs. 3 Nr. 2 durch ein den GoB entsprechendes Fortschreibungs- oder Rückrechnungsverfahren auf den Bilanzstichtag ordnungsgemäß bewertet werden; auf die mengenmäßige Darstellung für diesen Tag kommt es nicht mehr an. Man kann deshalb das Verfahren als **Inventur mit Wertfortschreibung** oder **Wertrückrechnung** bezeichnen.[18] Das Fortschreibungs- oder Rückrechnungsverfahren muss nicht artikelgenau und mengenmäßig erfolgen, wie dies bei der permanenten Inventur verlangt wird.[19] Bei Handelsbetrieben würde dies zu großen Problemen führen, ohne dass der Dokumentationszweck wesentlich besser erfüllt werden könnte.

19   Abs. 3 Nr. 1 spricht eine körperliche Bestandsaufnahme und ein anderes Verfahren gem. Abs. 2 an, ohne die Stichprobeninventur gem. Abs. 1 explizit zu erwähnen. Sie ist auch hier zulässig, weil Gründe für ihre Ablehnung nicht erkennbar sind.[20]

---

[10] Vgl. BeBiKo/Störk/Lewe Rn. 36; ADS Rn. 27.
[11] Vgl. ADS Rn. 24; BeBiKo/Störk/Lewe Rn. 37.
[12] Vgl. BeBiKo/Störk/Lewe Rn. 37.
[13] Vgl. IDW HFA 1/1990, WPg 1990, 147 f.; Bäuerle BB 1986, 846; Horchler WPg 1977, 58; Stiegert WPg 1972, 213.
[14] Vgl. ADS Rn. 30; BeBiKo/Störk/Lewe Rn. 41; Quick, Inventur, 2000, 56–59.
[15] Vgl. Wiedmann/Böcking/Gros/Böcking/Gros Rn. 16.
[16] Vgl. IDW HFA 1/1990, WPg 1990, 148; ADS Rn. 31; Bruse/Riedlinger DB 1987, 2001.
[17] Vgl. ADS Rn. 37.
[18] Vgl. ADS Rn. 32.
[19] Vgl. ADS Rn. 38; BeBiKo/Störk/Lewe Rn. 58.
[20] Vgl. BeBiKo/Störk/Lewe Rn. 57.

Die vor- oder nachverlegte Inventur ist wie die permanente Inventur für Vermögensge- **20** genstände mit Gefahren von Schwund, Verdunstung oder Verderb verboten, weil Bestandsabgänge unkontrollierbar erfolgen können; aus Sicherheitsgründen ist sie für aus Unternehmenssicht besonders wertvolle Vermögensgegenstände ebenfalls nicht erlaubt.[21]

Steuerlich ist durch EStR 6a Abs. 18 S. 2 mit Bezug auf das HGB („in Anwendung **21** von § 241 Abs. 3") eine Vorverlegung der Bestandsaufnahme für Pensionszusagen explizit vorgesehen. Handelsrechtlich gilt hingegen entsprechend dem Wortlaut des Abs. 3 Nr. 2 die Einschränkung auf Vermögensgegenstände; es wird jedoch als zulässig erachtet, dass – auch im Hinblick auf die vorangegangenen Gesetzesberatungen – eine Ausweitung auf Rückstellungen und insbesondere auf Pensionsrückstellungen zulässig ist.[22] Rechtssystematisch ist der steuerliche Bezug falsch. Es bleibt abzuwarten, ob das Handelsrecht irgendwann die steuerliche Regelung übernehmen wird.

5. Methodenbindung. Der Kaufmann muss nicht dasselbe Inventurverfahren für alle **22** Vermögensgegenstände (und Schulden) verwenden. Das geht schon technisch nicht, weil für Rechte körperliche Bestandsaufnahmen unmöglich sind. Aber auch für organisatorisch trennbare Lager können unterschiedliche Verfahren eingesetzt werden,[23] um Zeit und Kosten zu sparen. Weiterhin ist der Kaufmann nicht an die stetige Anwendung desselben Verfahrens gebunden. Das Gebot der Bewertungsmethodenstetigkeit bezieht sich nicht auf die Inventurverfahren.

III. Regelungen nach IFRS

Inventurvereinfachungsverfahren sind nach IFRS nicht explizit vorgesehen.   **23**

§ 241a Befreiung von der Pflicht zur Buchführung und Erstellung eines Inventars

[1]Einzelkaufleute, die an den Abschlussstichtagen von zwei aufeinander folgenden Geschäftsjahren nicht mehr als jeweils 600 000 Euro Umsatzerlöse und jeweils 60 000 Euro Jahresüberschuss aufweisen, brauchen die §§ 238 bis 241 nicht anzuwenden. [2]Im Fall der Neugründung treten die Rechtsfolgen schon ein, wenn die Werte des Satzes 1 am ersten Abschlussstichtag nach der Neugründung nicht überschritten werden.

Schrifttum: Kußmaul/Meyering, BilMoG-Regierungsentwurf: Wen entlastet § 241a HGB?, DB 2008, 1445; Theile, Der neue Jahresabschluss nach dem BilMoG, DStR 2009, 21.

I. Normzweck

Die Norm befreit Einzelkaufleute von handelsrechtlichen Buchführungs- und Inventa- **1** risierungsvorschriften, wenn sie gemessen an Umsatz und Jahresüberschuss als klein erscheinen. Sie soll zur Kostensenkung beitragen.[1]

II. Begrenzung auf Einzelkaufleute

Die Befreiung gilt ausschließlich für Einzelkaufleute (→ § 238 Rn. 2 ff.). Die ursprüng- **2** lich vorgesehene Befreiung von kleinen Personenhandelsgesellschaften und Genossenschaften wurde aufgrund ungeklärter gesellschaftsrechtlicher Folgefragen vertagt. Eine diesbezügliche Entscheidung soll erst im Lichte der mit Einzelkaufleuten gewonnenen Erfahrungen getroffen werden.[2]

---

21   Vgl. ADS Rn. 35; HdR/Weiss/Heiden Rn. 32.
22   Vgl. Wiedmann/Störk/Lewe Rn. 55; HdJ/Hachmeister/Zeyer Abt. I/14 Rn. 149.
23   Vgl. BeBiKo/Störk/Lewe Rn. 67.
1   Vgl. BR-Drs. 344/08, 70; Petersen/Zwirner BilMoG S. 164.
2   Vgl. BR-Drs. 344/08, 100; Petersen/Zwirner BilMoG S. 187.

III. Schwellenwerte

3   Die Umsatzerlöse in Höhe von 600.000 EUR und die Jahresüberschüsse in Höhe von 60.000 EUR dürfen an zwei aufeinander folgenden Abschlussstichtagen nicht überschritten werden, um in den Genuss der Befreiung zu kommen. Wenn eine GuV wegen Neugründung noch nicht vorliegt, reicht eine erwartete Nichtüberschreitung der Schwellenwerte für Umsatzerlöse und Jahresüberschuss am ersten Abschlussstichtag (§ 242 Abs. 4). Wollte man die Realisierung dieser Werte abwarten, würde die Aufstellung einer GuV nötig, von der gerade befreit werden soll. Wenn mit einem Überschreiten der Schwellenwerte zu rechnen ist, sind die §§ 238 ff. ex nunc anzuwenden.[3]

IV. Rechtsfolgen

4   Der Einzelkaufmann hat ein Wahlrecht, einzelne Regelungen der §§ 238–241 und § 242 Abs. 4 nicht anzuwenden. Das Gesetz besagt nicht, was an die Stelle des Nichtangewendeten tritt; praktisch wird dies regelmäßig eine Einnahmen-Überschuss-Rechnung nach § 4 Abs. 3 EStG sein.[4] Das Wahlrecht gilt nur für die Zukunft, aber nicht rückwirkend, nicht zuletzt, weil damit Rechtsunsicherheiten vermieden werden.[5]

V. Bezug zum Steuerrecht

5   Steuerrechtlich gibt es mit § 140 AO eine derivative Buchhaltungspflicht, die an andere als Steuergesetze anknüpft. Wer von § 241a Gebrauch macht, wird danach auch steuerlich von der Buchführungs- und Aufzeichnungspflicht befreit. Daneben enthält § 141 AO eine originäre Buchhaltungspflicht. Mit § 241a „erfolgt eine Annäherung an die Schwellenwerte des § 141 AO, ohne diese Vorschrift unmittelbar in Bezug zu nehmen. Folge ist, dass § 141 AO und § 241a HGB in ihrer Anwendung in Randbereichen nicht vollständig kongruent sind."[6]

VI. Regelungen nach IFRS

6   Die IFRS kennen keine dem § 241a entsprechende Befreiungslösung.

Zweiter Unterabschnitt. Eröffnungsbilanz. Jahresabschluß

Erster Titel. Allgemeine Vorschriften

§ 242 Pflicht zur Aufstellung

(1) **[1]Der Kaufmann hat zu Beginn seines Handelsgewerbes und für den Schluß eines jeden Geschäftsjahrs einen das Verhältnis seines Vermögens und seiner Schulden darstellenden Abschluß (Eröffnungsbilanz, Bilanz) aufzustellen. [2]Auf die Eröffnungsbilanz sind die für den Jahresabschluß geltenden Vorschriften entsprechend anzuwenden, soweit sie sich auf die Bilanz beziehen.**

(2) Er hat für den Schluß eines jeden Geschäftsjahrs eine Gegenüberstellung der Aufwendungen und Erträge des Geschäftsjahrs (Gewinn- und Verlustrechnung) aufzustellen.

(3) Die Bilanz und die Gewinn- und Verlustrechnung bilden den Jahresabschluß.

(4) [1]Die Absätze 1 bis 3 sind auf Einzelkaufleute im Sinn des § 241a nicht anzuwenden. [2]Im Fall der Neugründung treten die Rechtsfolgen nach Satz 1 schon ein, wenn die Werte des § 241a Satz 1 am ersten Abschlussstichtag nach der Neugründung nicht überschritten werden.

---

[3]   Vgl. BeBiKo/Störk/Lawall Rn. 4.
[4]   Vgl. BR-Drs. 344/08, 99; Petersen/Zwirner BilMoG S. 186.
[5]   Vgl. BeBiKo/Störk/Lawall Rn. 10.
[6]   BR-Drs. 344/08, 99 f.; Petersen/Zwirner BilMoG S. 186.

Schrifttum: Crezelius, Die werdende GmbH – Gesellschaftsrechtliche Grundlagen, bilanz- und steuerrechtliche Konsequenzen, DStR 1987, 743; Herrmann, Zur Bilanzierung bei Personenhandelsgesellschaften, WPg 1994, 500; IDW RS HFA 7, Handelsrechtliche Rechnungslegung bei Personenhandelsgesellschaften, IDW-FN 2012, 189; IDW RS HFA 42, Auswirkungen einer Verschmelzung auf den handelsrechtlichen Jahresabschluss, IDW-FN 2012, 701; Joswig, Der Stichtag der Gründungsbilanz von Kapitalgesellschaften, DStR 1996, 1907; Rodewald, Der maßgebliche Zeitpunkt für die Aufstellung von GmbH-Eröffnungsbilanzen, BB 1993, 1693; Sarx, Bilanzierungsfragen im Rahmen einer Gründungsbilanz/Eröffnungsbilanz, DStR 1991, 692, 724; Schellein, Der Einfluß der §§ 264–289 HGB auf die Rechnungslegung der Personenhandelsgesellschaften, WPg 1988, 693; Schiller, Die bilanzielle Abbildung des aktienrechtlichen Gründungsprozesses – einmalige oder kontinuierliche Berichterstattung?, DB 1992, 281; Schulze-Osterloh, Aufstellung und Feststellung des handelsrechtlichen Jahresabschlusses der Kommanditgesellschaft, BB 1995, 2519; Schulze-Osterloh, Die Personengesellschaft als Bilanzierungssubjekt und Bilanzierungsobjekt, in IDW, Personengesellschaft und Bilanzierung, 1990, 129; Schulze-Osterloh, Die Vorbelastungsbilanz der GmbH auf den Eintragungszeitpunkt und der Ausweis des Anspruchs aus der Vorbelastungshaftung im Jahresabschluß, FS Goerdeler, 1987, 531.

Übersicht

I. Normzweck

Die Norm enthält die öffentlich-rechtliche Verpflichtung des Kaufmanns, bei Beginn **1** seines Handelsgewerbes einmalig eine Eröffnungsbilanz und zum Schluss eines jeden Geschäftsjahres einen Jahresabschluss, bestehend aus Bilanz und GuV, aufzustellen. Damit soll der Kaufmann die Bilanzierungszwecke der Selbstinformation, Zahlungsbemessung, Rechenschaft und darüber hinausgehende Information erfüllen (→ § 238 Rn. 1). Der handelsrechtliche Aufstellungsgrundsatz gilt nach § 140 AO auch für steuerliche Zwecke.

Unabhängig von der Neugründung eines Geschäftsbetriebs, der zum Beginn eines **2** Handelsgewerbes führt, können aus anderen Gründen Eröffnungsbilanzen nötig werden,[1] zB wenn das Unternehmen erstmals einen in kaufmännischer Art und Weise eingerichteten Geschäftsbetrieb benötigt (§ 1 Abs. 2), bei Übernahme eines bestehenden Handelsgewerbes unter Lebenden oder von Todes wegen oder wenn aus einer Einzelfirma eine Personengesellschaft wird.[2] Weitere Anlässe für eine Eröffnungsbilanz stellen Neugründungen von Unternehmen im Rahmen von Umwandlungsvorgängen (Verschmelzung, Aufspaltung, Abspaltung und Ausgliederung) dar.[3] Hingegen begründet ein Gesellschafterwechsel in einer Personengesellschaft keine Eröffnungsbilanz.[4] Daneben wurden DM-Eröffnungsbilanzen bei Einführung der DM in der Bundesrepublik und in der ehemaligen DDR nötig. Sie wurden in eigenen Gesetzen geregelt (DMBilG) und fallen nicht unter die wiedergegebene Norm.

---

[1] Vgl. für einen allg. Überblick über die verschiedenen Anlässe Deubert/Förschle/Störk/Förschle/Kropp/Roland Sonderbilanzen B 30 ff.

[2] Vgl. Schlegelberger/Hildebrandt § 39 Rn. 7; ADS Rn. 22; Deubert/Förschle/Störk/Förschle/Kropp/Roland Sonderbilanzen B 31 f.

[3] Vgl. Deubert/Förschle/Störk/Förschle/Kropp/Roland Sonderbilanzen B 38 und Deubert/Förschle/Störk/Klingberg Sonderbilanzen I 1.

[4] Vgl. ADS Rn. 22; BeBiKo/Störk/Lewe Rn. 4.

3   Die Norm enthält Legaldefinitionen für Eröffnungsbilanz, Bilanz, GuV und Jahresabschluss des Kaufmanns. Sie ist im Verbund mit § 238 (Buchführungspflicht), § 240 (Inventarerstellung) und § 264 (erweiterter Jahresabschluss und weitere Rechnungslegungsinstrumente für Kapitalgesellschaften) zu sehen. Mit dem BilReG von 2004 wurde neben dem Begriff Jahresabschluss der Begriff Einzelabschluss ins Gesetz aufgenommen (§ 325 Abs. 2a S. 1). Während die Begriffe umgangssprachlich identisch gebraucht werden, bezeichnet Einzelabschluss den allein für Zwecke der Offenlegung nach IFRS erstellten Jahresabschluss. Er ist für die Gewinnverwendung unmaßgeblich.

4   An Umsatzerlösen und Jahresüberschüssen als klein befundene Einzelkaufleute iSd § 241a werden seit Umsetzung des BilMoG von der Pflicht zur Erstellung eines Abschlusses ausgenommen. Ihnen würden wegen Befreiung von der Pflicht zur Buchführung und Erstellung eines Inventars bereits die technischen Grundlagen hierzu fehlen.

II. Aufstellung der Eröffnungsbilanz

5   **1. Kaufmann als Normadressat.** Der Kaufmann hat die Eröffnungsbilanz und den Jahresabschluss aufzustellen. Der Kaufmannsbegriff entspricht dem in § 238 (→ § 238 Rn. 2 ff.).

6   **2. Definition der Eröffnungsbilanz.** Eröffnungsbilanz und Bilanz werden jeweils als ein das Verhältnis des Vermögens und der Schulden des Kaufmanns darstellender Abschluss definiert. Sie sind stichtagsbezogen.

7   Nach hM ist nur das Betriebsvermögen, nicht das Privatvermögen auszuweisen. Hierfür spricht die Formulierung „seines" (des Kaufmanns) Vermögens und „seiner" Schulden, aber auch § 5 Abs. 4 PublG. Danach dürfen das Privatvermögen des Einzelkaufmanns oder der Gesellschafter einer Personenhandelsgesellschaft nicht in die Bilanz „und die auf das Privatvermögen entfallenden Aufwendungen und Erträge nicht in die Gewinn- und Verlustrechnung aufgenommen werden."

8   Für die Abgrenzung von Betriebs- und Privatvermögen gibt es keine expliziten handelsrechtlichen Regelungen. Unproblematisch sind (1) Kapitalgesellschaften, weil es sich hier um juristische Personen handelt, bei denen das gesamte in ihrem (wirtschaftlichen) Eigentum befindliche Vermögen Betriebsvermögen darstellt, und (2) die Fälle, in denen Vermögensgegenstände eindeutig der betrieblichen oder privaten Sphäre zuzurechnen sind, weil sie nur dort nutzbar und genutzt sind.[5] Problematisch ist es, wenn der Kaufmann die Vermögensgegenstände und Schulden selbst widmen kann.

9   Steuerrechtliche Regelungen finden sich in den § 5 Abs. 1 S. 1 EStG iVm § 4 Abs. 1 S. 1 EStG sowie §§ 95, 97 BewG. Hier wird notwendiges Betriebsvermögen, notwendiges Privatvermögen und gewillkürtes Betriebsvermögen unterschieden.[6] Bei unterstellter Deckungsgleichheit des handels- und steuerrechtlichen Vermögensausweises[7] sind handelsrechtlich das notwendige und das gewillkürte Betriebsvermögen vollständig zu erfassen.

10   Nach IDW RS HFA 7 ist bei Personengesellschaften steuerliches Sonderbetriebsvermögen handelsrechtlich nicht bilanzierungsfähig. Gesamthandsvermögen von Personengesellschaften ist anzusetzen. Hierbei kommt es nicht darauf an, ob die Vermögensgegenstände tatsächlich betrieblich genutzt werden.[8] Bei fehlender eindeutiger Zuordnung zum handelsrechtlichen Betriebs- oder Privatvermögen hat der Kaufmann (Einzelkaufmann und Personenhandelsgesellschaft) ein Widmungswahlrecht. Diesem ist grds. zu folgen. Ausgenommen sind Fälle, in denen der Kaufmann etwas in die Eröffnungsbilanz einstellen will, was seiner Art nach nicht unternehmerisch genutzt werden kann.[9]

---

[5]   Vgl. ADS Rn. 15.
[6]   Vgl. Schmidt/Loschelder EStG § 4 Rn. 34–53; BeBiKo/Justenhoven/Meyer § 246 Rn. 94 ff.
[7]   Vorbehalte bei Weber-Grellet SteuerBilanzR 6 f.: die sachliche Zuordnung bestimmt sich steuerlich ausschließlich nach dem einkommensteuerrechtlichen Begriff Betriebsvermögen.
[8]   Vgl. HKMS/Kahle/Wildermuth Rn. 18; entgegen BFHE 151, 360 = BStBl. II 1988, 420.
[9]   Vgl. auch ADS Rn. 17–18.

Die Definition der Bilanz ist insofern unvollständig, als sie auch zwingend Eigenkapital **11** (§ 247 Abs. 1) enthalten muss, darüber hinaus Rechnungsabgrenzungsposten (§ 247 Abs. 1), Bilanzierungshilfen (§ 274 Abs. 1) sowie Korrekturposten für Aktiva (zB Zuschüsse) enthalten kann. Das gilt grds. auch für die Eröffnungsbilanz.

Die Eröffnungsbilanz bezieht sich auf den Zeitpunkt des Beginns des Handelsgewerbes, **12** die Bilanz auf das abgelaufene Geschäftsjahr. Das Geschäftsjahr darf 12 Monate nicht übersteigen (§ 240 Abs. 2). In der Regel ist das erste Geschäftsjahr ein Rumpfgeschäftsjahr.

3. Aufstellungszeitpunkt. Der Kaufmann hat zu Beginn seines Handelsgewerbes die **13** Eröffnungsbilanz aufzustellen. Handelsgewerbe ist jeder Gewerbebetrieb, es sei denn, das Unternehmen erfordert nach Art und Umfang keinen in kaufmännischer Weise eingerichteten Geschäftsbetrieb (§ 1 Abs. 2). Der Beginn des Handelsgewerbes wird mit dem ersten Vorbereitungsgeschäft für die Eröffnung des Betriebes begründet.[10] Fraglich ist, ob auf diesen Zeitpunkt bereits die Eröffnungsbilanz aufzustellen ist. Bei umfangreichen Vorbereitungshandlungen erscheint es zulässig, die Eröffnungsbilanz erst auf den Zeitpunkt aufzustellen, zu dem die Vorbereitungshandlungen im Wesentlichen abgeschlossen sind. Das muss spätestens dann sein, wenn sich der erste Geschäftsvorfall auf die GuV auswirkt.[11]

Bei Gründung einer Kapitalgesellschaft ist die Eröffnungsbilanz auf den Zeitpunkt des **14** Beginns der Buchführungspflicht aufzustellen; auf die Handelsregistereintragung kommt es nicht an.[12] Tritt ein Gesellschafter in das Unternehmen eines Einzelkaufmanns ein, ist auf diesen Zeitpunkt eine Eröffnungsbilanz aufzustellen. Bei Umwandlungsvorgängen ist die Eröffnungsbilanz zum Zeitpunkt des Übergangs des wirtschaftlichen Eigentums aufzustellen.[13]

4. Anzuwendende Bilanzvorschriften. Anzuwenden sind auf die Eröffnungsbilanz **15** alle Vorschriften im Kaufmannsrecht, die sich auf die Bilanz beziehen, dh §§ 243–261. Für Kapitalgesellschaften gelten ergänzend die §§ 264–274a. Die Aufstellungsfristen ergeben sich durch Verweis auf § 243 Abs. 3 („innerhalb der einem ordnungsmäßigen Geschäftsgang entsprechenden Zeit") und § 264 Abs. 1 S. 3 und 4, dh maximal 6 Monate für kleine Kapitalgesellschaften, 3 Monate sonst.

5. Aufstellungsform. Die Bilanz kann in Konto- oder Staffelform aufgestellt werden. **16** Während für Kapitalgesellschaften die Kontoform zwingend ist (§ 266 Abs. 1 S. 1), gilt dies nicht für den Kaufmann.[14]

Der Grundsatz der Klarheit des Jahresabschlusses (§ 243 Abs. 2) verlangt zusammen mit **17** § 247 Abs. 1 eine hinreichende Aufgliederung der Bilanz.[15] § 266 Abs. 2 und 3 liefern hierfür Vorlagen.

6. Besonderheiten der Eröffnungsbilanz. Gründungskosten können zT schon vor **18** dem Stichtag der Eröffnungsbilanz angefallen sein. Sie müssen als eigenständiger Posten in der Eröffnungsbilanz ausgewiesen werden. Der Posten ist im ersten Geschäftsjahr aufzulösen und unter den sonstigen betrieblichen Aufwendungen zu verrechnen.[16]

III. Bilanz und GuV

1. Jahresabschluss. Abs. 3 enthält die Legaldefinition des Jahresabschlusses eines Kauf- **19** manns. Dieser besteht aus Bilanz und GuV. Die Definition wird für die Kapitalgesellschaft um den Anhang erweitert (§ 264 Abs. 1 S. 1). Der für Offenlegungszwecke nach IFRS erstellte Jahresabschluss heißt Einzelabschluss (§ 325 Abs. 2a S. 1).

---

[10] Vgl. BGHZ 10, 96; → § 1 Rn. 5 (Ergbd. § 1 Rn. 5).
[11] Vgl. ADS Rn. 19; HdR/Ellerich/Swart Rn. 7; HKMS/Kahle/Wildermuth Rn. 24; nach BeBiKo/ Störk/Lewe Rn. 3 begründet bereits die Errichtung des Geschäftsbetriebs die Notwendigkeit der Aufstellung einer Eröffnungsbilanz.
[12] Vgl. ADS Rn. 23.
[13] Vgl. Deubert/Förschle/Störk/Förschle/Kropp/Roland Sonderbilanzen B 38.
[14] Vgl. ADS § 247 Rn. 29.
[15] Vgl. auch ADS § 247 Rn. 20–27.
[16] Vgl. ADS § 248 Rn. 6a.

20   **2. Bilanz.** Für die Jahresbilanz ergeben sich bezüglich Definition und Aufstellungsfrist keine Besonderheiten gegenüber der Eröffnungsbilanz. Die Jahresbilanz ist ebenso wie für den Schluss eines jeden Geschäftsjahrs auch für das letzte (Rumpf-)Geschäftsjahr vor Aufgabe einer kaufmännischen Tätigkeit aufzustellen.[17]

21   **3. GuV. a) Definition.** Nach der in Abs. 2 enthaltenen Legaldefinition ist die GuV eine Gegenüberstellung der Aufwendungen und Erträge. Wie bei der Bilanz ist sie unvollständig, weil der Saldo (Gewinn oder Verlust) fehlt. Anders als bei der Bilanz (§ 247) gibt es im Kaufmannsrecht keine explizite weitere Regelung über den Inhalt der GuV. Sie findet sich nur bei Kapitalgesellschaften (§§ 275–277) und ist für Einzelkaufleute nicht zwingend anzuwenden. Sie wird aber regelmäßig verwendet.[18] Die GuV ist – anders als die stichtagsbezogene Bilanz – eine Zeitraumrechnung.

22   **b) Aufwendungen und Erträge.** Aufwendungen sind periodisierte Ausgaben, Erträge periodisierte Einnahmen. Ausgaben umfassen Auszahlungen und Verbindlichkeitszunahmen einer Periode; Einnahmen umfassen Einzahlungen und Forderungserhöhungen. Aufwendungen und Erträge werden an Zahlungen verankert (§ 252 Abs. 1 Nr. 5) und sind deshalb pagatorische Größen. Alles andere würde einer Entobjektivierung der Rechnungslegung und einer Benachteiligung der zu schützenden Interessen(gruppen) Vorschub leisten.

23   **c) Aufstellungsform.** Die GuV kann nach Konto- oder Staffelform unter Bezug auf das Gesamtkosten- oder das Umsatzkostenverfahren (§ 275) aufgestellt werden. Während für Kapitalgesellschaften die Staffelform zwingend ist (§ 275 Abs. 1 S. 1), gilt dies für den Kaufmann nicht.[19]

24   Der Grundsatz der Klarheit des Jahresabschlusses (§ 243 Abs. 2) verlangt eine hinreichende Aufgliederung der GuV.[20] § 275 Abs. 2 und 3 liefern hierfür Vorlagen.

IV. Folgen der Nichtbeachtung

25   Rechtsformunabhängig gelten die Vorschriften der §§ 283–283b StGB im Konkursfall. Bei Kapitalgesellschaften werden unrichtige Darstellungen in der Eröffnungsbilanz und im Jahresabschluss mit Freiheitsstrafen und Geldbußen, Ordnungswidrigkeiten mit Geldbußen geahndet (§ 331 Nr. 1 und 1a sowie § 335 Abs. 1 S. 1 Nr. 1).

V. Regelungen nach IFRS

26   **1. Jahresabschluss.** Anders als nach HGB gibt es ausgabenlose Aufwendungen, zB bei Aktienoptionen (IFRS 2). Hier wird der Wert einer Aktienoption, der mit keiner Ausgabe des Unternehmens verbunden ist, in der GuV erfasst.

27   Wer einen Abschluss für Offenlegungszwecke nach IFRS erstellt, muss sämtliche IFRS anwenden (IAS 1.16). Ein vollständiger IFRS-Abschluss umfasst neben Bilanz und Gesamtergebnisrechnung, welche die GuV enthält, auch einen Eigenkapitalspiegel, eine Kapitalflussrechnung (IAS 7), einen Anhang und eine Bilanz zu Beginn der frühesten Vergleichsperiode, wenn ein Unternehmen eine Rechnungslegungsmethode rückwirkend anwendet oder Abschlussposten rückwirkend anpasst oder umgliedert (IAS 1.10) und ggf. einen Segmentbericht. Der Segmentbericht ist nur zwingend bei einem Unternehmen, dessen Eigenoder Fremdkapital börsennotiert ist oder das die Börsennotierung des Kapitals beantragt (IFRS 8.2). Die Posten von Bilanz und GuV und deren Bewertung und Gliederung sind nur zT mit dem HGB identisch.

28   **2. Eröffnungsbilanz.** Für die Eröffnungsbilanz gibt es nach IFRS keine eigenständigen Regeln. Es gelten die allgemeinen Bilanzierungsvorschriften.

---

[17]   Vgl. Deubert/Förschle/Störk/Förschle/Weisang Sonderbilanzen R 60 ff.
[18]   Vgl. BeBiKo/Störk/Lewe Rn. 8; engere Sicht bei ADS Rn. 38.
[19]   Vgl. ADS § 247 Rn. 86.
[20]   Vgl. ADS Rn. 37.

§ 243 Aufstellungsgrundsatz

(1) Der Jahresabschluß ist nach den Grundsätzen ordnungsmäßiger Buchführung aufzustellen.

(2) Er muß klar und übersichtlich sein.

(3) Der Jahresabschluß ist innerhalb der einem ordnungsmäßigen Geschäftsgang entsprechenden Zeit aufzustellen.

Schrifttum Abs. 1: Baetge, Grundsätze ordnungsmäßiger Buchführung, DB-Beil. 26/1986, 1; Ballwieser, Das BilMoG zwischen Entrümpelung und Neugestaltung des HGB, FS Küting, 2009, 593; Ballwieser, Informations-GoB auch im Lichte von IAS und US-GAAP, KoR 2002, 115; Ballwieser, HGB-Konzernabschlußbefreiung und privates Rechnungslegungsgremium, FS C.-P. Weber, 1999, 433; Ballwieser, Zur Frage der Rechtsform-, Konzern- und Branchenunabhängigkeit der Grundsätze ordnungsmäßiger Buchführung, FS Budde, 1995, 43; Ballwieser, Zur Bedeutung von Aufwandsrückstellungen gemäß § 249 Abs. 2 HGB für Kapitalgesellschaften, FS Beusch, 1993, 63; Ballwieser, Grundsätze ordnungsmäßiger Buchführung und neues Bilanzrecht, in Albach/Forster, Beiträge zum Bilanzrichtlinien-Gesetz, 1987, 3 (= ZfB-Ergänzungsheft 1/1987, 3); Ballwieser, Sind mit der neuen Generalklausel zur Rechnungslegung auch neue Prüfungspflichten verbunden?, BB 1985, 1034; Beisse, Normqualität und Normstruktur von Bilanzvorschriften und Standards, BB 1999, 2180; Beisse, Wandlungen der Grundsätze ordnungsmäßiger Bilanzierung, GS Knobbe-Keuk, 1997, 385; Beisse, Zum neuen Bild des Bilanzrechtssystems, FS Moxter, 1994, 3; Beisse, Gläubigerschutz – Grundprinzip des deutschen Bilanzrechts, FS Beusch, 1993, 77; Beisse, Rechtsfragen der Gewinnung von GoB, BFuP 1990, 499; Beisse, Die Generalnorm des neuen Bilanzrechts und ihre steuerrechtliche Bedeutung, in Mellwig/Moxter/Ordelheide, Handelsbilanz und Steuerbilanz, 1989, 15; Beisse, Die Generalnorm des neuen Bilanzrechts, FS Döllerer, 1988, 25; Beisse, Die wirtschaftliche Betrachtungsweise bei der Auslegung der Steuergesetze in der neueren deutschen Rechtsprechung, StuW 1981, 1; Büchel, EG-einheitliche Grundsätze ordnungsmäßiger Buchführung als Postulat der Gemeinschaftsrechtsordnung, 1994; Budde, Grundsätze ordnungsmäßiger Rechenschaftslegung, FS Semler, 1993, 789; Budde/Steuber, Normsetzungsbefugnis eines deutschen Standard Setting Body, DStR 1998, 1181; Burkhardt, Grundsätze ordnungsmäßiger Bilanzierung für Fremdwährungsgeschäfte, 1988; Döllerer, Grundsätze ordnungsmäßiger Bilanzierung, deren Entstehung und Ermittlung, BB 1959, 1217; Ebke, Der Deutsche Standardisierungsrat und das Deutsche Rechnungslegungs Standards Committee: Aussichten für eine professionelle Entwicklung von Rechnungslegungsgrundsätzen, ZIP 1999, 1193; Euler, Das System der Grundsätze ordnungsmäßiger Bilanzierung, 1996; Euler, Grundsätze ordnungsmäßiger Gewinnrealisierung, 1989; Fey, Imparitätsprinzip und GoB-System im Bilanzrecht, 1987; Friederich, Grundsätze ordnungsmäßiger Bilanzierung für schwebende Geschäfte, 2. Aufl. 1976; Gelhausen, Das Realisationsprinzip im Handels- und im Steuerbilanzrecht, 1985; Glaser/Hachmeister, „True and fair view" für Nicht-Kapitalgesellschaften aus europarechtlicher Sicht – Mögliche Implikationen für die Umsetzung der Rechnungslegungs-Richtlinie 2013 durch das Bilanzrichtlinie-Umsetzungsgesetz, DB 2015, 565; Gross, Die Unternehmensfortführungsannahme als Bewertungskriterium, FS Budde, 1995, 243; Henrichs, GoB im Spannungsfeld von BilMoG und IFRS, WPg 2012, 9; Hennrichs/Schulze-Osterloh, Das Fortführungsprinzip gemäß § 252 Abs. 1 Nr. 2 HGB im Lichte der EU-Bilanz-Richtlinie. Zugleich Erwiderung zu Mader/Seitz DStR-Beih. 2018, 1, DStR 2018, 1731; Herzig, Derivatebilanzierung und GoB-System, FS Baetge, 1997, 37; Hommel, Grundsätze ordnungsmäßiger Bilanzierung für Dauerschuldverhältnisse, 1992; Hommel/Rammert/Kiy, Die Reform des Abzinsungssatzes für Pensionsrückstellungen nach § 253 Abs. 2 HGB – GoB-konform oder Beihilfe zur Bilanzpolitik?, DB 2016, 1585; Hommelhoff/Schwab, Gesellschaftliche Selbststeuerung im Bilanzrecht – Standard Setting Bodies und staatliche Regulierungsverantwortung nach deutschem Recht, BFuP 1998, 38; IDW RS HFA 17, Auswirkungen einer Abkehr von der Going Concern-Prämisse auf den handelsrechtlichen Jahresabschluss, IDW Life 12/2016, 1035; IDW RS HFA 38, Ansatz- und Bewertungsstetigkeit im handelsrechtlichen Jahresabschluss, WPg Supplement 3/2011, 74, FN-IDW 8/2011, 560; Jäger, Grundsätze ordnungsmäßiger Aufwandsperiodisierung, 1996; Jüttner, GoB-System, Einzelbewertungsgrundsatz und Imparitätsprinzip, 1993; Kämpfer, Zum Ansatz von Aufwandsrückstellungen nach § 249 Abs. 2 HGB, FS Moxter, 1994, 257; Kropff, Vorsichtsprinzip und Wahlrechte, FS Baetge, 1997, 65; Kruse, Grundsätze ordnungsmäßiger Buchführung, 3. Aufl. 1978; Leffson, Die beiden Generalnormen, FS Goerdeler, 1987, 315; Lorenz, Wirtschaftliche Vermögenszugehörigkeit im Bilanzrecht 2002; Lüders, Der Zeitpunkt der Gewinnrealisierung im Handels- und Steuerbilanzrecht, 1987; Mader/Seitz, Unternehmensfortführung („Going concern") – Prämisse, Prinzip oder Prognose? Replik zur Erwiderung von Hennrichs/Schulze-Osterloh, DStR 2018, 1731, DStR 2018, 1933; Mader/Seitz, Hinweispflichten bei der Jahresabschlusserstellung – Bilanzrichtlinie(n) und „Fortführungsprognose", DStR-Beih 2018, 1; Moxter, IFRS als Auslegungshilfe für handelsrechtliche GoB?, WPg 2009, 7; Moxter, Grundsätze ordnungsgemäßer Rechnungslegung, 2003; Moxter, Deutsches Rechnungslegungs Standards Committee: Aufgaben und Bedeutung, DB 1998, 1425; Moxter, Rückstellungskriterien im Streit, ZfbF 1995, 311; Moxter, Zum Verhältnis von handelsrechtlichen Grundsätzen ordnungsmäßiger Bilanzierung und True-and-fair-view-Gebot bei Kapitalgesellschaften, FS Budde, 1995, 419; Moxter, Grundsätze ordnungsmäßiger Buchführung – ein handelsrechtliches

Faktum, von der Rechtsprechung festgestellt, FS 75 Jahre Reichsfinanzhof – Bundesfinanzhof, 1993, 533; Moxter, Zur wirtschaftlichen Betrachtungsweise im Bilanzrecht, StuW 1989, 232; Moxter, Zum Sinn und Zweck des handelsrechtlichen Jahresabschlusses nach neuem Recht, FS Goerdeler, 1987, 361; Moxter, Das System der handelsrechtlichen Grundsätze ordnungsmäßiger Bilanzierung, FS v. Wysocki, 1985, 17; Moxter, Wirtschaftliche Gewinnermittlung und Bilanzsteuerrecht, StuW 1983, 300; Moxter, Die handelsrechtlichen Grundsätze ordnungsmäßiger Buchführung und das neue Bilanzrecht, ZGR 1980, 254; Moxter, Die Jahresabschlußaufgaben nach der EG-Bilanzrichtlinie: Zur Auslegung von Art. 2 EG-Bilanzrichtlinie, AG 1979, 141; Moxter, Fundamentalgrundsätze ordnungsmäßiger Rechenschaft, FS Leffson, 1976, 87; Moxter/Engel-Ciric, Erosion des bilanzrechtlichen Vorsichtsprinzips?, BB 2014, 489; Müller, Der Europäische Gerichtshof und die Grundsätze ordnungsmäßiger Buchführung, in Herzig, Europäisierung des Bilanzrechts, 1997, 87; Müller, Die Grundsätze ordnungsmäßiger Bilanzierung und ihre Kodifizierung nach neuem Bilanzrecht, in Mellwig/Moxter/Ordelheide, Einzelabschluß und Konzernabschluß, 1988, 3; Mundt, Offene Fragen zur Bilanzierungspraxis von Personengesellschaften, in IDW, Personengesellschaft und Bilanzierung, 1990, 147; Niehus, Zur Entwicklung von „konzernarteigenen" GoB durch Paradigmawechsel, FS Moxter, 1994, 623; Scheffler, Internationale Rechnungslegung und deutsches Bilanzrecht, DStR 1999, 1285; Schneider, Betriebswirtschaftslehre, Bd. 2: Rechnungswesen, 2. Aufl. 1997; Schneider, Betriebswirtschaftliche Analyse von Bundesfinanzhofurteilen als Grundlage einer Deduktion handelsrechtlicher GoB, FS Ludewig, 1996, 921; Schneider, Rechtsfindung durch Deduktion von Grundsätzen ordnungsmäßiger Buchführung aus gesetzlichen Jahresabschlußzwecken?, StuW 1983, 141; Schülen, Grundsätze ordnungsmäßiger Buchführung, Quellen und Auslegungskompetenzen, in IDW, 50 Jahre Wirtschaftsprüferberuf, 1981, 71; Serve, Die Notwendigkeit zur Modifikation der Grundsätze ordnungsmäßiger Buchführung im Rahmen der Konzernrechnungslegung, WPg 1993, 653; Siegel, Das Realisationsprinzip als allgemeines Periodisierungsprinzip?, BFuP 1994, 1; Siegel, Metamorphosen des Realisationsprinzips?, FS Forster, 1992, 585; Solmecke, Auswirkungen des Bilanzrechtsmodernisierungsgesetzes (BilMoG) auf die handelsrechtlichen Grundsätze ordnungsmäßiger Buchführung, 2009; Taupitz, Die Entwicklung von Grundsätzen ordnungsmäßiger Buchführung durch die Wirtschaftsprüferkammer, BB 1990, 2367; Thies, Rückstellungen als Problem der wirtschaftlichen Betrachtungsweise, 1996; Walz, Der Einfluß von Globalisierung und Europäisierung auf die Auslegung des geltenden Bilanzrechts (Einzelabschluß), in Ballwieser/Schildbach, Rechnungslegung und Steuern international, 1998, 83; Wesner, Altlast und Aufwandsrückstellung – ein Widerspruch?, FS Moxter, 1994, 433; Wiedmann, Die Bewertungseinheit im Handelsrecht, FS Moxter, 1994, 453; Windmöller, Deckungsgeschäfte und Grundsätze ordnungsmäßiger Buchführung, IDW-Fachtagung 1988, 1989, 89; v. Wysocki, Grundsätze ordnungsmäßiger Bilanzierung und Prüfung, in Busse von Colbe/Lutter, Wirtschaftsprüfung heute: Entwicklung oder Rechtsform?, 1977, 175.

Schrifttum Abs. 2: Gesellschaft für Finanzwirtschaft in der Unternehmensführung e. V. (GEFIU), Stellungnahme des Arbeitskreises „Rechnungslegungsvorschriften der EG-Kommission" der GEFIU: Erfüllung der Forderung nach Klarheit und Übersichtlichkeit durch Rundung von Beträgen im Jahresabschluß auf volle DM oder größere Einheiten, DB 1988, 1078.

Schrifttum Abs. 3: Blumers, Bilanzierungstatbestände und Bilanzierungsfristen im Handelsrecht und Strafrecht, 1983; Blumers, Neue handelsrechtliche und steuerrechtliche Bilanzierungsfristen und die Risiken der neuen Rechtslage, DB 1986, 2033.

Schrifttum IFRS: Ballwieser, Ansätze und Ergebnisse einer ökonomischen Analyse des Rahmenkonzepts zur Rechnungslegung, ZfbF 2014, 451; Ballwieser, IFRS-Rechnungslegung. Konzept, Regeln und Wirkungen, 3. Aufl. 2013; Ballwieser, Die Konzeptionslosigkeit des International Accounting Standards Board (IASB), FS Röhricht, 2005, 727; Biener, Können die IAS als GoB in das deutsche Recht eingefügt werden?, FS Ludewig, 1996, 85; Helmschrott/Buhleier, Die Konsequenzen einer GoB-widrigen Anwendung internationaler Rechnungslegungsnormen aus der Perspektive des Handelsrechts und des Strafrechts, WPg 1997, 10; Kümpel, Vorratsbewertung und Auftragsfertigung nach IFRS – Grundlagen, Bewertungsverfahren und Folgebewertung, 2005; Wüstemann/Wüstemann, IFRS 15: Grundsätze für die Erfassung von Umsatzerlösen aus Verträgen mit Kunden, WPg 2014, 929.

Übersicht

I. Normzweck

Die Regelung enthält in Abs. 1 die **Generalklausel** des Bilanzrechts für den Kaufmann. **1** Danach hat der Jahresabschluss, bestehend aus Bilanz und GuV (§ 242 Abs. 3), den GoB zu entsprechen. Der in Abs. 2 angesprochene Grundsatz der Klarheit und Übersichtlichkeit ist selbst ein GoB und wird hier kodifiziert. Zugleich wird in Abs. 3 die Frist zur Aufstellung des Jahresabschlusses festgelegt.

Für den Jahresabschluss einer Kapitalgesellschaft und für den Konzernabschluss gelten **2** eigenständige, über § 243 hinausgehende Definitionen (§ 264 Abs. 1, § 297 Abs. 1) und Generalnormen (§ 264 Abs. 2, § 297 Abs. 2).[1] Für Kapitalgesellschaften wird das Gebot der Klarheit ua durch Gliederungsregeln für Bilanz (§ 266) und GuV (§ 275) konkretisiert.

Die Aufstellungsfristen sind für kleine Kapitalgesellschaften sechs Monate, für alle ande- **3** ren Kapitalgesellschaften drei Monate (§ 264 Abs. 1 S. 2 und 3). Drei Monate gelten ferner für unter das PublG fallende Einzelkaufleute und Personenhandelsgesellschaften (§ 5 Abs. 1 PublG). Eigenständige Regelungen gelten für Genossenschaften (fünf Monate; § 336 Abs. 1 S. 2), Kreditinstitute (drei Monate; § 26 Abs. 1 S. 1 KWG), Versicherungsunternehmen (vier Monate; § 341a Abs. 1) und reine Rückversicherungsunternehmen (zehn Monate; § 341a Abs. 5).

II. GoB-Verweis

1. Bedeutung von GoB. Die für den Jahresabschluss geltenden GoB bestimmen, in **4** welchem Sinne die in ihm gezeigte Vermögens-, Finanz- und Ertragslage (§ 264 Abs. 2 S. 1) des Kaufmanns zu verstehen ist. Das bilanzielle Vermögen ist kein Effektivvermögen im Sinne des potentiellen Marktpreises des Unternehmens, sondern ein Buchvermögen. Es weicht wegen der Vernachlässigung von originärem Geschäftswert (zB aus Standortvorteil, Managementqualität oder Markennamen), unvollständig aktiviertem selbsterstellten immateriellen Anlagevermögen (§ 248 Abs. 2), bestimmten Schulden (nicht passivierten Pensionsaltzusagen), bilanzrechtlich gebotener Einzelbewertung (§ 252 Abs. 1 Nr. 3), die Verbundeffekte vernachlässigen muss, über den Anschaffungs- oder Herstellungskosten liegenden Werten von Vermögensgegenständen (oftmals bei Immobilien) und ausnutzbaren Wahlrechten bei Ansatz und Bewertung (zB bei Disagio oder Herstellungskosten) von dem Effektivvermögen mehr oder minder weit ab, ohne ein im Zeitablauf konstantes Verhältnis zu ihm aufzuweisen.

Gleichermaßen zeigt die Ertragslage im Jahresabschluss **nicht** das **Erfolgspotential**[2] **5** und die zu erwartenden zukünftigen Ausschüttungen an die Gesellschafter,[3] sondern den

---

[1]　Vgl. Beisse FS Döllerer, 1988, 25; Mellwig/Moxter/Ordelheide, Handelsbilanz und Steuerbilanz/Beisse, 1989, S. 15 (16).

[2]　Vgl. HuRB/Coenenberg S. 157 f.

[3]　Vgl. zur Konkretisierung Moxter Bilanzlehre I S. 122 f. und 151 f.

sich aufgrund der Anwendung der Bilanzierungsregeln ergebenden Erfolg. Hierbei werden in der GuV ordentliche iSv regelmäßig zu erwartende und außerordentliche iSv selten vorkommende Erfolgsquellen nicht unterschieden. Auch ist der Einblick in die Finanzlage kein Einblick in die künftige Liquidität; hierzu wäre ein Finanzplan nötig.[4] Geboten wird stattdessen ua ein auf Buchwerte begrenzter Einblick in Eigen- und Fremdkapital und in die damit verbundene Kapitalstruktur.

6   GoB sind überindividuelle Verhaltensnormen, die eine zweckgerechte Rechnungslegung sichern sollen. Hierzu werden sie auch zur Darstellung von Sachverhalten herangezogen, die der Gesetzgeber nicht oder nur mit auslegungsbedürftigen Normen geregelt hat.[5] Auf sie wird – neben § 243 – an zahlreichen Stellen des Gesetzes verwiesen (→ § 238 Rn. 20). Weitere Verweise auf die GoB enthalten Art. 27 Abs. 1 S. 1 EGHGB, § 4 Abs. 2 S. 1 EStG, § 5 Abs. 1 S. 1 EStG, § 6 Abs. 1 Nr. 2a S. 1 EStG sowie § 146 Abs. 5 S. 1 AO und § 147 Abs. 2 S. 1 AO. Sinngemäße Verweise auf ordnungsmäßige Buchführung finden sich in § 41 GmbHG und § 33 Abs. 1 S. 1 GenG.

7   GoB stellen ein offenes und bewegliches System dar.[6] Sie sind zusammen mit den konkreten Bilanzierungszwecken simultan zu gewinnen und unterliegen in ihrer Konkretisierung einer Wertung. Sie schließen alle Lücken, die das Gesetz durch mehrdeutige Formulierungen oder fehlende explizite Regelungen gelassen hat. Nach hM können GoB kodifiziert und nicht kodifiziert sein.[7] Wegen des Maßgeblichkeitsprinzips (§ 5 Abs. 1 S. 1 EStG) entscheidet in Streitfällen oft der BFH über den konkreten GoB-Inhalt.[8] In jüngerer Zeit hat sich neben dem BGH[9] auch der EuGH[10] hierzu geäußert.

8   **2. Strukturierung von GoB.** GoB lassen sich verschieden strukturieren (→ § 238 Rn. 25). Formal kann nach kodifizierten und nicht kodifizierten GoB getrennt werden. Materiell sind für den Jahresabschluss des Kaufmanns (1) Grundsätze ordnungsmäßiger Bilanzierung im die Vermögens- und Gewinnhöhe beeinflussenden Sinne (Bilanzierungsgrundsätze oder Gewinnermittlungs-GoB) und (2) Grundsätze ordnungsmäßiger Information im darüber hinausgehenden Rechenschafts- und Informationssinne bedeutend. Bei den Bilanzierungsgrundsätzen lassen sich wiederum wesentliche Grundsätze von aus diesen ableitbaren oder diese ergänzenden Prinzipien unterscheiden.

9   **Kodifizierte GoB** sieht man insbesondere im
– Prinzip der Klarheit des Jahresabschlusses (Abs. 2),
– Vollständigkeitsprinzip (§ 246 Abs. 1 S. 1),
– Verrechnungsverbot (§ 246 Abs. 2 S. 1),
– Prinzip wirtschaftlicher Betrachtungsweise (§ 246 Abs. 1 S. 2 und S. 3),
– Bilanzidentitätsprinzip (§ 252 Abs. 1 Nr. 1),
– Fortführungsprinzip (§ 252 Abs. 1 Nr. 2),
– Einzelbewertungsprinzip (§ 252 Abs. 1 Nr. 3),
– Stichtagsprinzip (§ 252 Abs. 1 Nr. 3),
– Vorsichtsprinzip (§ 252 Abs. 1 Nr. 4, § 341d),
– Realisationsprinzip (§ 252 Abs. 1 Nr. 4),
– Imparitätsprinzip (§ 252 Abs. 1 Nr. 4),

---

4   Vgl. HuRB/Rückle S. 177 ff.; Moxter AG 1979, 143 f.; Ballwieser BB 1985, 1041 f.
5   Vgl. HdJ/Baetge/Zülch Abt. I/2 Rn. 3.
6   Vgl. zu dieser und den folgenden Aussagen → § 238 Rn. 21–25.
7   Vgl. Beisse FS Döllerer, 1988, 31 und 40; Leffson GoB S. 27; Baetge DB 1986, 2; Moxter FS v. Wysocki, 1985, 21–27; ADS § 252 Rn. 2; Beck HdR/Ballwieser B 105 Rn. 7–8, 10; Baetge/Kirsch/Thiele/ Kirsch/Brötzmann/Wätjen Rn. 22; Mellwig/Moxter/Ordelheide, Einzelabschluß und Konzernabschluß/Müller, 1988, S. 3 (11–12).
8   Zur dessen Vorfragenkompetenz bei GoB-Auslegung vgl. HdJ/Wüstemann/Rost Abt. III/5 Rn. 8.
9   Vgl. Münzinger, Bilanzrechtsprechung der Zivil- und Strafgerichte, 1987.
10   Der konkrete Einfluss des EuGH ist noch offen. Vgl. Kahle StuW 2001, 126; Back, Richtlinienkonforme Interpretation des Handelsbilanzrechts, 1999; Beisse BB 1999, 2183 f.; Beisse BFuP 1990, 510 ff.; Kropff FS Baetge, 1997, 72 f.; Schruff FS Baetge, 1997, 444 f.; Moxter BB 1995, 1463; Ballwieser/Schildbach, Rechnungslegung und Steuern international/Walz, 1998, S. 94 f.

– Wertaufhellungsprinzip (§ 252 Abs. 1 Nr. 4),
– Periodisierungsprinzip (§ 252 Abs. 1 Nr. 5),
– Stetigkeitsprinzip (§ 252 Abs. 1 Nr. 6, § 265 Abs. 1 S. 1),
– Anschaffungskostenprinzip (§ 253 Abs. 1 S. 1),
– Prinzip einheitlicher Bewertung (§ 308 Abs. 1 S. 1).

Die kodifizierten GoB werden unterschiedlich gewonnen: Während § 341d den **10** Grundsatz der Vorsicht explizit erwähnt, ergeben sich kodifizierte Prinzipien sonst als Kondensat bestimmter Umschreibungen, zB das Fortführungsprinzip aus dem Satz: „Bei der Bewertung ist von der Fortführung der Unternehmenstätigkeit auszugehen, sofern dem nicht tatsächliche oder rechtliche Gegebenheiten entgegenstehen." (§ 252 Abs. 1 Nr. 2). § 342 Abs. 1 S. 1 enthält einen Hinweis auf die „Grundsätze über die Konzernrechnungslegung", deren Verhältnis zu den GoB noch zu klären ist (§ 342).[11]

Um die GoB zu strukturieren und deren Zahl zu begrenzen, lassen sich GoB verdichten. **11** Man kann das Anschaffungskostenprinzip als Implikation des Realisationsprinzips (→ § 252 Rn. 65) und das Verrechnungsverbot als Konsequenz des Prinzips der Klarheit des Jahresabschlusses auffassen. Für eine Begrenzung der Anzahl von GoB spricht, dass nicht jede Einzelnorm als Grundsatz formuliert werden sollte, weil sonst die Trennung von Einzel- und Generalnormen völlig verwischt wird. Auch haben Einzelnormen einen relativ eindeutigen Anwendungsbereich, während Generalnormen nicht nur darüber hinausgehen, sondern idR auch auslegungsbedürftiger sind.

Zu den unkodifizierten GoB werden zB **12**
– der Grundsatz der Wahrheit[12] oder der Bilanzwahrheit,[13]
– der Grundsatz der Richtigkeit,[14]
– der Grundsatz der Willkürfreiheit,[15]
– das Objektivierungsprinzip[16] und
– das Prinzip der Vernachlässigung ausgeglichener schwebender Geschäfte[17]
gezählt. Wegen fehlender direkter Hinweise aus dem Gesetzestext auf das Vorliegen unkodifizierter GoB ist die Frage ihrer Gewinnung und Vollständigkeit umstrittener als bei kodifizierten GoB.

Die Grundsätze der Richtigkeit, Willkürfreiheit und Objektivierung sind eng miteinan- **13** der verbunden[18] und müssen im bilanzrechtlichen Sinne verstanden werden. Richtigkeit und Willkürfreiheit heißt, die Bilanzierungsregeln zweckgerecht zu erfüllen. Zur Objektivierung → Rn. 40 ff. und → § 252 Rn. 100 ff. Der Grundsatz der Wahrheit wird im Folgenden ausgespart, weil er (1) entgegen der Aufgabe der Bilanzierung, Gewinn nach bestimmten Regeln zu konstruieren, einen abbildungstheoretischen Gewinnbegriff voraussetzt,[19] (2) angesichts der Tatsache, dass die Rechnungslegung Schätzungen verarbeitet und der Interessenregelung dient, wobei Informationsgrenzen beachtet werden müssen, irreführend und vage bleiben muss. Dasselbe geschieht mit dem Grundsatz der Redlichkeit im Sinne des „true and fair view", weil diese Vokabel auf das Recht der Kapitalgesellschaften und der Konzernabschlüsse bezogen ist (§ 264 Abs. 2 S. 1, § 297 Abs. 2 S. 2) und damit nicht zum allgemeinen Kaufmannsrecht gehört. Darüber hinaus ist der „true and fair view"

---

[11]   Vgl. Ballwieser FS C.-P. Weber, 1999, 433; Beisse BB 1999, 2180; Budde/Steuber DStR 1998, 1198; Ebke ZIP 1999, 1193; Hommelhoff/Schwab BFuP 1998, 38; Moxter DB 1998, 1425; Scheffler DStR 1999, 1291.
[12]   Vgl. HKMS/Drüen § 239 Rn. 13; Moxter FS Leffson, 1976, 91 f.
[13]   Vgl. Weber-Grellet SteuerBilanzR S. 63.
[14]   Vgl. Baetge/Kirsch/Thiele Bilanzen S. 115 f.
[15]   Vgl. Beck HdR/Bieg/Waschbusch A 100 Rn. 66 ff.; HdJ/Baetge/Zülch Abt. I/2 Rn. 63.
[16]   Vgl. Moxter Bilanzrechtsprechung S. 4 f.; Moxter, Grundsätze ordnungsgemäßer Rechnungslegung, 2003, S. 16 f.
[17]   Vgl. Beck HdR/Ballwieser B 131 Rn. 29 f.; Babel, Ansatz und Bewertung von Nutzungsrechten 1997, S. 62–72.
[18]   Vgl. insbes. Baetge/Kirsch/Thiele Bilanzen S. 115 f.
[19]   Vgl. hiergegen zu Recht Schneider, Betriebswirtschaftslehre, Bd. 2: Rechnungswesen, 2. Aufl. 1997, S. 96.

unter Beachtung der GoB zu vermitteln. Das würde, wenn er selbst einen GoB darstellte, eine Zirkularität bedeuten. Es erscheint deshalb sinnvoll, die Generalnorm von Kapitalgesellschaften und Konzernen von den GoB sprachlich zu trennen.[20] Zum Grundsatz der Vernachlässigung ausgeglichener schwebender Geschäfte → § 246 Rn. 30 f., → § 249 Rn. 53.

14   **3. Wesentliche Gewinnermittlungs-GoB. a) Überblick.** Aus der Menge an kodifizierten GoB lassen sich
– das Periodisierungsprinzip,
– das Fortführungsprinzip,
– das Vorsichtsprinzip mit damit verbundenem Realisations- und Imparitätsprinzip und
– das Objektivierungsprinzip in den Formen von Vermögensermittlungsprinzip, Vollständigkeitsprinzip und Einzelbewertungsprinzip
als wesentliche Gewinnermittlungs-GoB verstehen. Das Kriterium für Wesentlichkeit ist, dass sich andere Prinzipien aus den genannten Prinzipien entweder ableiten lassen oder als Ergänzung zu ihnen angesehen werden können. Das wird im Folgenden belegt.

15   **b) Periodisierungsprinzip.** Nach dem Periodisierungsprinzip sind Aufwendungen und Erträge des Geschäftsjahrs unabhängig von den Zeitpunkten der zugrunde liegenden Zahlungen im Jahresabschluss zu berücksichtigen (§ 252 Abs. 1 Nr. 5). Das besagt, dass Gewinn als Differenz von Erträgen und Aufwendungen auf Zahlungen basiert (pagatorisch ist), aber nicht durch eine Zahlungsüberschussrechnung bestimmt wird, sondern auf bestimmten Perioden zugewiesene (periodisierte) Zahlungen zurückgeht.[21] Davon unabhängig lässt § 252 Abs. 1 Nr. 5 offen, nach welchen Regeln die Zahlungen zu periodisieren sind. Zur Klärung dieser Frage helfen das Fortführungs-, das Vorsichts-, das Realisations- und das Imparitätsprinzip.

16   **c) Fortführungsprinzip.** Das Fortführungsprinzip liegt implizit dem Periodisierungsprinzip zugrunde: Ohne Fortführungsabsicht für das Unternehmen wird die Periodisierung von Zahlungen entweder überflüssig oder trivial. Es wirkt auf den ersten Blick wie eine reine Bewertungsregel, weil bei der Bewertung der Vermögensgegenstände und Schulden „von der Fortführung der Unternehmenstätigkeit auszugehen (ist), sofern dem nicht tatsächliche oder rechtliche Gegebenheiten entgegenstehen" (§ 252 Abs. 1 Nr. 2). Abgewehrt wird damit idR eine Bewertung der Vermögensgegenstände mit Zerschlagungs- oder Liquidationswerten und der Schulden mit Ablösebeträgen; vielmehr sind Fortführungswerte zugrunde zu legen. Tatsächlich geht das Fortführungsprinzip über die Bewertung hinaus, weil zerschlagungsspezifische Schulden in Form von Rückstellungen erst dann angesetzt werden dürfen, wenn hinreichende Anhaltspunkte für eine Zerschlagung vorliegen. Insofern bestimmt die Annahme der Unternehmensfortführung auch den Bilanzansatz, weil es idR den Ansatz bestimmter Schulden abwehrt.

17   Welche Werte im Einzelnen für Vermögensgegenstände und Schulden gelten, regelt das Gesetz in Einzelvorschriften (§§ 253–256a). Jedoch klärt es zB nicht explizit, wie die planmäßige Abschreibung abnutzbaren Anlagevermögens zu bemessen ist. Eine Konsequenz des Fortführungsprinzips besteht nun darin, dass die planmäßige Abschreibung abnutzbaren Anlagevermögens nicht so bemessen werden muss, dass mit ihr die am Bilanzstichtag geltenden Markt- oder Zerschlagungswerte angenähert werden müssen (→ § 253 Rn. 24).[22]

18   Die Annahme der Unternehmensfortführung ist aufzugeben, wenn ihr tatsächliche oder rechtliche Gegebenheiten entgegenstehen (→ § 252 Rn. 11 ff.).

19   **d) Vorsichtsprinzip.** Die besondere Stellung des Vorsichtsprinzips wird durch die Formulierung in § 252 Abs. 1 Nr. 4 deutlich. Danach gilt: „Es ist vorsichtig zu bewerten,

---

[20]   Vgl. Beisse FS Döllerer, 1988, 25; Beisse FS Moxter, 1994, 3; Moxter FS Budde, 1995, 419; vermittelnd Kropff FS Baetge, 1997, 78–80.
[21]   Zu Vorbehalten vgl. Beck HdR/Pittroff/Schmidt/Siegel B 161 Rn. 106.
[22]   Vgl. Gross FS Budde, 1995, 250 ff.; LdR/Ballwieser 5; aA Siegel BFuP 1998, 601.

namentlich sind" – sinngemäß – das Realisationsprinzip und das Imparitätsprinzip zu beachten. Das Vorsichtsprinzip steht danach über den wichtigen, in → Rn. 24 ff. diskutierten Periodisierungsprinzipien für die Gewinnermittlung. Zwar erscheint es von der Systematik (§ 252 ist mit „Allgemeine Bewertungsgrundsätze" überschrieben) und vom Wortlaut her als reine Bewertungsvorschrift. Da es aber in der genannten Vorschrift zugleich in einem Gewinnrealisationsprinzip und in einem Risiko- und Verlustantizipationsprinzip konkretisiert wird und diese Prinzipien Ansatzkonsequenzen haben (→ § 252 Rn. 63 ff., → § 252 Rn. 35 ff., → § 252 Rn. 44), geht es über die Bewertung hinaus.[23]

Fraglich ist, ob das Vorsichtsprinzip mehr als die „namentlich" genannten Folgeprinzi- **20** pien, das Realisations- und das Imparitätsprinzip, zur Konsequenz hat. Das ist der Fall. Es kommt zB bei der Schätzung der Nutzungsdauer abnutzbaren Anlagevermögens,[24] der Wahl der Abschreibungsmethode und der Einschätzung der Absetzbarkeit von Produkten bei gesättigten oder zurückgehenden Märkten zum Tragen. Darüber hinaus hat es Auswirkungen auf den Zeitpunkt der Bildung und die Höhe einer Rückstellung (→ § 249 Rn. 13, → § 249 Rn. 17 ff., → § 252 Rn. 73 ff.).

Bei Verbindlichkeitsrückstellungen ist idR die Existenz der künftigen Belastung unsi- **21** cher. Das Vorsichtsprinzip verlangt, eine Rückstellung dann zu bilden, wenn hinreichende Anhaltspunkte für das Vorliegen der Verpflichtung gegeben sind. Damit wird nicht eine mehr als fünfzigprozentige Eintrittswahrscheinlichkeit verlangt, was unter dem Gesichtspunkt der Sicherheit der angesetzten Last plausibel wäre. Vielmehr wird eine geringere Wahrscheinlichkeit bereits für hinreichend angesehen, ohne dass man durch Studium und Auslegung des Gesetzestextes oder Verweis auf praktische Übung eine konkrete Zahl angeben könnte. Sie hätte auch insofern keine nachhaltige Wirkung, als sie durch die kaum zu objektivierende Schätzung der Wahrscheinlichkeitsverteilung unterlaufen werden kann. Wenn der BFH verlangt, dass für die Bildung einer ungewissen Verbindlichkeit mehr Gründe für als gegen sie sprechen müssen,[25] dann ist dies weder wörtlich zu nehmen (die Gründe müssten gleiches Gewicht haben, damit die Aussage Sinn gibt) noch in dem Sinne zu verstehen, dass über 50% an Eintrittswahrscheinlichkeit vorliegen muss (ein Grund ist nicht gleich einer Eintrittswahrscheinlichkeit und die Wahrscheinlichkeitsverteilung ist nicht objektivierbar), → § 249 Rn. 13.

Das Vorsichtsprinzip verlangt ferner bei Rückstellungen, für deren Bildung keine empi- **22** rischen Häufigkeitsverteilungen (wie zB bei Pensions- oder Garantielasten) vorliegen, den Ansatz eines Wertes oberhalb des Erwartungswertes.

Der Grad der zu berücksichtigenden Vorsicht ist nur schwer zu objektivieren. So stellt **23** Leffson im Zusammenhang mit der Festlegung des Sicherheitsgrades für Rückstellungshöhen fest, es fehle „bislang eine Komponente zur verbindlichen Formulierung dieses Grundsatzes ordnungsmäßiger Buchführung".[26] Das ist kein Grund, das Prinzip nicht zur Kenntnis zu nehmen. Die Bilanzierenden (und Abschlussprüfer) müssen dem Einzelfall gerecht werden. Unstrittig ist, dass hierbei Wertungen in die Bilanzierung einfließen müssen.

e) Realisationsprinzip. Das Realisationsprinzip wird in § 252 Abs. 1 Nr. 4 mit dem **24** Satz beschrieben: „Gewinne sind nur zu berücksichtigen, wenn sie am Abschlußstichtag realisiert sind." Aus der Formulierung werden hier folgende Konsequenzen gezogen (→ § 252 Rn. 63 ff.):
– Das Realisationsprinzip ist (dem Wortlaut nach) ein Gewinnrealisationsprinzip und legt deshalb die Entstehung von Ertrag und Aufwand fest.
– Ertrag und daraus resultierender Gewinn (genauer: Gewinnbeitrag) entsteht grds. durch Lieferung oder sonstige Leistung an Dritte; beide Größen sind grds. umsatzbezogen. Die Einschränkung „grds." resultiert (a) aus der Existenz von nicht umsatzbezogenem Ertrag (zB aufgrund einer Wertaufholung nach Wegfall der Abwertungsgründe) und (b) aus

---

[23] Vgl. Kropff FS Baetge, 1997, 77, 80 und 87.
[24] Vgl. Moxter Bilanzlehre II S. 53.
[25] Vgl. BFHE 142, 226 = BStBl. II 1985, 44.
[26] Leffson GoB S. 490.

dem Imparitätsprinzip, das verlangt, bereits vor dem Umsatzakt entstandene erkennbare negative Gewinne (Verluste bzw. Verlustbeiträge) zu antizipieren.

– Aufwand ist grds. nach dem Alimentationsprinzip dem Ertrag einer Periode zuzuordnen.[27] Danach ist zu fragen, welche Auszahlungen dazu beitragen, die Umsatzerlöse einer Periode zu erzielen. Daraus resultiert zB der Ansatz bestimmter Verbindlichkeitsrückstellungen, zB für Pensionen, Garantien und Kulanzen.

25   Dass das Realisationsprinzip neben der Festlegung von Erträgen auch die Aufwandszurechnung regelt, ist umstritten. Als Gegenargument wird angeführt, dass die Buchführung bei der Realisation nur Erlöse, aber keine Erfolgsbeiträge erfasse.[28] Auch werde eine Aufwandszurechnung mithilfe des Realisationsprinzips nicht nötig; die durch das Alimentationsprinzip begründete Zurechnung sei wegen expliziter Normen (zB zur Berechnung von Herstellungskosten) überflüssig oder untauglich[29] und die aus dem Realisationsprinzip resultierenden Ansatzkonsequenzen für Rückstellungen ergäben sich schon aus der im Gesetz enthaltenen Notwendigkeit zur vollständigen Erfassung der Schulden sowie aus ihrer Definition.[30]

26   Die Einwendungen überzeugen nicht. Wer mit dem Realisationsprinzip nur den Zeitpunkt der Ertragsrealisation festlegen will, bemüht idR – neben häufig zweideutigen expliziten Gesetzesregelungen – ein in dieser Form im HGB nicht kodifiziertes weiteres Prinzip: das Prinzip der Abgrenzung der Sache und der Zeit nach.[31] Damit ist wenig gewonnen. Auch spricht das Gesetz von Gewinnen statt Erträgen bzw. Erlösen. Wer die Ansatzkonsequenzen des Realisationsprinzips leugnet, verwendet einen bestimmten Schuldenbegriff, der problematisch ist.[32]

27   Die Ertragsrealisation an Lieferung oder sonstige Leistung im Rechtssinne zu knüpfen, ist nicht zwingend. Es lassen sich andere Gewinn(beitrags)realisationszeitpunkte vorstellen (→ § 252 Rn. 67). Durch die konventionelle Art der Risikoberücksichtigung wird das Vorsichtsprinzip konkretisiert.[33]

28   Die Gewinnentstehung an den einzelnen Umsatzakt zu binden, bedeutet, dass sich Beschaffungs- und Herstellungsvorgänge erfolgsneutral auswirken müssen und für Aktiva eine Wertobergrenze in Höhe der Anschaffungs- oder Herstellungskosten besteht. Das Realisationsprinzip impliziert deshalb neben dem Einzelbewertungsprinzip das Anschaffungskostenprinzip. Es grenzt zugleich insofern das Vorsichtsprinzip ein, als Vermögensgegenstände und Schulden bei Zugang mit Anschaffungs- oder Herstellungskosten bewertet werden müssen.

29   Das Realisationsprinzip hat neben Bewertungs- auch Ansatzkonsequenzen, denn: „Auf der Erfolgsneutralisierung von Ausgaben, die erst in späteren Perioden zu Aufwand werden, beruht das Grundprinzip der Aktivierung und damit die Bilanz überhaupt."[34] Die Ansatzkonsequenzen ergeben sich daraus, dass (1) bei Lieferung oder sonstiger Leistung Liquide Mittel oder eine Forderung einzubuchen und der Bestand auszubuchen ist und (2) den bei Lieferung oder sonstiger Leistung erfassten Umsatzerlösen (Erträgen) die Aufwendungen (= periodisierte Ausgaben) gegenübergestellt werden müssen, die der Lieferung oder Leistung (unmittelbar) zurechenbar sind. Anders kann man nicht von Gewinn(beitrags)realisation sprechen.

30   Im Umkehrschluss bedeutet dies, dass **grds.** alle in der Bilanzierungsperiode anfallenden Auszahlungen, die keinen Lieferungen oder sonstigen Leistungen der Periode (unmittelbar)

[27]   Vgl. Moxter FS Goerdeler, 1987, 367.
[28]   Vgl. Leffson GoB S. 248.
[29]   Vgl. Siegel FS Forster, 1992, 596–598; Siegel BFuP 1994, 9–12.
[30]   Vgl. Siegel FS Forster, 1992, 599–605; Siegel BFuP 1994, 12–20.
[31]   Vgl. Leffson GoB S. 299–331; Baetge/Kirsch/Thiele Bilanzen 133 f.
[32]   Vgl. Moxter ZfbF 1995, 312–315.
[33]   Zur Diskussion der Vor- und Nachteile verschiedener Realisationszeitpunkte vgl. insbes. Gelhausen, Das Realisationsprinzip im Handels- und im Steuerbilanzrecht, 1985, S. 90–135; Leffson GoB S. 257–299; Lüders, Der Zeitpunkt der Gewinnrealisierung im Handels- und Steuerbilanzrecht, 1987, 46–84; Euler, Grundsätze ordnungsmäßiger Gewinnrealisierung, 1989, S. 67–120.
[34]   Leffson GoB S. 251.

zuzurechnen sind, aktiviert werden müssen. Gleichermaßen sind nach der Bilanzierungsperiode anfallende Auszahlungen, die auf Lieferungen oder sonstige Leistungen der Periode zurückgehen, grds. mit einer Rückstellung zu antizipieren. Weiterhin müssen umsatzzugehörige Einzahlungen, die erst nach dem Umsatzakt zugehen, aktiviert und umsatzzugehörige Einzahlungen, die bereits vor dem Umsatzakt eingehen, passiviert werden.[35] Die Bilanz wird so gesehen zum Zahlungsspeicher, wobei die Vollständigkeit der gespeicherten Posten (§ 246 Abs. 1) und die Bilanzidentität für zwei aufeinanderfolgende Perioden (§ 252 Abs. 1 Nr. 2) als unmittelbare (und insofern triviale) Implikationen erscheinen.

Das erste Problem der Ansatzkonsequenzen des Realisationsprinzips besteht in der **31** Klärung der Frage, welche Auszahlungen den Lieferungen oder sonstigen Leistungen einer Periode zuzurechnen und dem Ertrag gewinnwirksam gegenüberzustellen sind.[36] Das zweite Problem besteht darin, dass auch bei Kenntnis der nicht zurechenbaren Auszahlungen diese zwar grds. zu aktivieren sind, das Gesetz aber verlangt, dass die aktivierten Auszahlungen für Vermögensgegenstände, Rechnungsabgrenzungsposten (§ 246 Abs. 1 S. 1) oder Aktivierungshilfen (§ 246 Abs. 1 S. 4, § 274 Abs. 1) geleistet wurden. Bei den Aktiva wird grds. auf das mit den Auszahlungen Erworbene abgestellt. Das sind materielle und immaterielle Vermögensgegenstände und – bei aktiven Rechnungsabgrenzungsposten – bestimmte geldwerte Ansprüche, wobei entgeltlicher Erwerb nicht verlangt wird (insbesondere § 248 Abs. 2). Durch Bezug auf das mit den Auszahlungen Erworbene greift durchgängig das Objektivierungsprinzip in Form des Vermögensermittlungsprinzips.[37]

Als Konsequenz des Realisationsprinzips erscheint nicht nur die Notwendigkeit, Rück- **32** stellungen für ungewisse Verbindlichkeiten im Rechtssinne, zB für Pensionen und Garantien, zu bilden, sondern auch die Pflicht zur Bildung von Rückstellungen für Gewährleistungen ohne rechtliche Verpflichtung (§ 249 Abs. 1 S. 2). Obwohl die Kulanzleistungen auf die Kundenbindung in Zukunft und damit auf die Erzielung **künftiger** Umsatzerlöse abzielen, können die Gewährleistungen ohne rechtliche Verpflichtung **auch** als Auszahlungen verstanden werden, die mit den Umsätzen der Abrechnungsperiode in Beziehung stehen und sie alimentieren. Die Kulanzleistungen haben bezüglich ihrer Umsatzzurechnung also eine Zwitterstellung. Die eindeutige Passivierungspflicht enthebt den Bilanzierenden von der Notwendigkeit, die Periodenzurechnung selbst vorzunehmen.

Zusammenfassend lässt sich festhalten, dass das Realisationsprinzip mehrere, häufig als **33** eigenständig bezeichnete Prinzipien zur Konsequenz hat. Aus ihm ableitbar sind:
– das Anschaffungskostenprinzip,
– das Vollständigkeitsprinzip,
– das Bilanzidentitätsprinzip und
– das Einzelbewertungsprinzip.
Das Realisationsprinzip konkretisiert das Periodisierungsprinzip und – wegen der kompromisshaften Art der Risikoabwägung bei der Festlegung des Gewinnrealisationszeitpunktes – das Vorsichtsprinzip. Andererseits ist es selbst durch das Vorsichtsprinzip bedingt, was durch die Gesetzesformulierung in § 252 Abs. 1 Nr. 4 zum Ausdruck kommt. Es dient dazu, quasi-sichere Ansprüche zu aktivieren.

f) Imparitätsprinzip. Für eine Durchbrechung umsatzbezogener Gewinnermittlung **34** sorgt das Imparitätsprinzip. Danach sind „alle vorhersehbaren Risiken und Verluste, die bis zum Abschlußstichtag entstanden sind, zu berücksichtigen, selbst wenn diese erst zwischen dem Abschlußstichtag und dem Tag der Aufstellung des Jahresabschlusses bekannt geworden sind" (§ 252 Abs. 1 Nr. 4). Das Imparitätsprinzip kann nicht mit dem Zweck der Rechenschaft oder der darüber hinausgehenden Information begründet werden; es wird nur ver-

---

[35]   Vgl. Moxter Bilanzlehre I S. 161.
[36]   Vgl. Moxter StuW 1983, 305.
[37]   Vgl. Beisse FS Moxter, 1994, 16: „In materieller Hinsicht bedeutet Objektivierung schlicht ‚Vergegenständlichung'." S. 17: „Objektivierung als Vergegenständlichung des Bilanzinhalts schließt es aus, die Bilanz im Rechtssinne als bloßes Sammelkonto für Verrechnungsposten zu verstehen, wie die dynamische Bilanzlehre sie sieht".

ständlich unter dem Gesichtspunkt vorsichtiger, die Risiken und Chancen von Umsatzprozessen ungleich behandelnder Gewinnermittlung. Es soll dem **Gläubiger- und Gesellschaftsschutz durch Gewinnbeschneidung** statt durch symmetrische Information dienen.[38] Dass der Gläubigerschutz in irgendeinem Sinne optimal sei, wird damit nicht behauptet: Der Gewinnbeschneidung in einer Periode steht oftmals ein Umkehreffekt in einer anderen Periode gegenüber; die Effektivität und Effizienz anderer Schutzmaßnahmen hat der Gesetzgeber nicht getestet.

35   Für die Berücksichtigung der vorhersehbaren Risiken und Verluste sind Konkretisierungen nötig. Zu klären ist, (1) was Risiken von Verlusten trennt, (2) auf welchen Tag sich die Berechnung von beidem zu beziehen hat, (3) welche Informationen zugrunde zu legen sind, (4) was als „Verlustträger" fungiert und (5) wie Verluste definiert werden. Die Konkretisierungen werden zum Teil durch weitere GoB geleistet.

36   Die Trennung von Risiken und Verlusten erfolgt dergestalt, dass **Verluste vergangenheitsbezogen, Risiken** hingegen **zukunftsbezogen** verstanden werden. „Ein zu berücksichtigender ‚Verlust' liegt vor, wenn sämtliche, den Erfolg eines Absatzgeschäftes in negativer Weise beeinflussenden Ursachen oder sämtliche Ursachen einer verlustbringenden anderen Aktivität des Unternehmens bis zum Abschlußstichtag eingetreten sind. Bei letzteren ist zB an die Verursachung von Umweltschäden oder von Unfällen zu denken. Ein zu berücksichtigendes ‚Risiko' liegt vor, wenn bis zum Abschlußstichtag wenigstens eine der Ursachen eingetreten ist, die einen negativen Erfolgsbeitrag eines Absatzgeschäftes oder einer anderen Aktivität des Unternehmens wahrscheinlich werden lassen."[39]

37   Darüber hinaus gelten im Einzelnen

– das Stichtagsprinzip, dh die Risiken oder Verluste müssen aus am Abschlussstichtag schwebenden Geschäften oder aus an ihm vorhandenen Aktiva und Passiva drohen,[40]
– das Wertaufhellungsprinzip, dh es sind alle bis zur Aufstellung des Jahresabschlusses bekannt gewordenen, zum Stichtag vorhandenen Risiken und Verluste zu erfassen,[41]
– das Einzelbewertungsprinzip, dh es sind – sofern nicht bestimmte Sicherungsgeschäfte vorliegen (§ 254) – globale, durch Zusammenfassung von einzelnen Aktiva und Passiva und/oder schwebenden Geschäften sich ergebende Risiko- oder Verlustantizipationen unzulässig,[42]
– der Grundsatz der Vernachlässigung von Opportunitätskosten bei der Berechnung von Verlusten.[43]

38   Das Imparitätsprinzip hat Ansatz- und Bewertungskonsequenzen: Es verlangt die Bildung von Rückstellungen für drohende Verluste aus schwebenden Geschäften (§ 249 Abs. 1 S. 1)[44] und hat das Prinzip der verlustfreien Bewertung von Vermögensgegenständen und Schulden zur Folge. Aus dem letztgenannten resultiert für Vermögensgegenstände das Niederstwertprinzip, für bestimmte Schulden ein korrespondierendes Höchstwertprinzip.[45] Das Verbot von Drohverlustrückstellungen in der Steuerbilanz (§ 5 Abs. 4a EStG) widerspricht deshalb den handelsrechtlichen GoB. Der genaue Inhalt des Niederstwertprinzips wird durch Abschreibungsvorschriften für Aktiva festgelegt (§ 253 Abs. 3 und 4). Das Höchstwertprinzip für bestimmte Schulden ist nicht kodifiziert und lässt sich nur im Wege eines Analogieschlusses gewinnen (→ § 253 Rn. 104 ff.). Zu Gründen der Ungleichbehandlung in der Kodifizierung vgl. Burkhardt.[46]

---

[38]   Vgl. Beisse FS Beusch, 1993, 84; Beisse FS Moxter, 1994, 18; Moxter Bilanzlehre II S. 17 f.; Moxter FS Goerdeler, 1987, 366; HdJ/Wüstemann/Rost Abt. III/5 Rn. 1–4.

[39]   HuRB/Baetge/Knüppe 397.

[40]   Vgl. Fey, Imparitätsprinzip und GoB-System im Bilanzrecht, 1987, S. 19; Leffson GoB S. 393–397; Burkhardt, Grundsätze ordnungsmäßiger Bilanzierung für Fremdwährungsgeschäfte, 1988, S. 48.

[41]   Vgl. Moxter FS Rose, 1991, 171 f.

[42]   Vgl. Leffson GoB S. 340.

[43]   Vgl. Koch WPg 1957, 61.

[44]   Vgl. ferner Friederich, Grundsätze ordnungsmäßiger Bilanzierung für schwebende Geschäfte, 2. Aufl. 1976, S. 97 ff.; Hommel, Grundsätze ordnungsmäßiger Bilanzierung für Dauerschuldverhältnisse, 1992, S. 172, 186 und 221.

[45]   Vgl. Jüttner, GoB-System, Einzelbewertungsgrundsatz und Imparitätsprinzip, 1993, S. 179–197.

[46]   Vgl. Burkhardt, Grundsätze ordnungsmäßiger Bilanzierung für Fremdwährungsgeschäfte, 1988, S. 52 f.

Um einen Konflikt zwischen verlustfreier Bewertung von Vermögensgegenständen und **39** der Regelung in § 253 Abs. 3 und 4 zu vermeiden, muss man den beizulegenden Wert auf der Basis von Absatzpreisen berechnen[47] (→ § 253 Rn. 58). Das schafft dann Probleme, wenn die künftige Absatzleistung noch nicht fertiggestellt wurde. Hierbei sind – beim Anlagevermögen wie bei der sog. retrograden Bewertung für unfertige Erzeugnisse – Vereinfachungen unumgänglich.

g) Objektivierungsprinzip. Rechnungslegung dient dem Interessenschutz Dritter **40** und kann damit nur in objektivierter Form ihrer Aufgabe genügen. So gesehen ist ein Objektivierungsprinzip für die Rechnungslegung unstrittig; fraglich sind seine Inhalte.

Zur Objektivierung tragen das Vermögensermittlungs-, das Einzelbewertungs- und das **41** Vollständigkeitsprinzip bei. Gleichermaßen helfen eindeutige Verbote für Ansatz (§§ 248, 249 Abs. 2) und Bewertung (zB § 255 Abs. 2 S. 4). Weiterhin → § 252 Rn. 100 ff.

Es gelingt nicht immer, eine Regelung allein auf Objektivierung zurückzuführen. Zum **42** Beispiel lassen sich die Aktivierungsverbote des § 248 auch mit dem Vorsichtsprinzip begründen.

h) Vermögensermittlungsprinzip. Das Vermögensermittlungsprinzip besagt, dass **43** die Bilanz kein reiner Zahlungsspeicher ist, sondern (im Wesentlichen) einzeln identifizierbare und bewertbare, insofern objektivierbare, Vermögensgegenstände und Schulden aufnehmen muss. Das Eigenkapital ergibt sich als Saldo.

Die zu aktivierenden Vermögensgegenstände stellen deshalb nicht lediglich Investitions- **44** ausgaben im ökonomischen Sinne dar. Dazu würden auch Gründungs-, Ingangsetzungs-, Werbefeldzugs-, Personalschulungs- oder Forschungsausgaben zählen. Vielmehr sind die aus der GuV verdrängten Zahlungen nur insoweit zu aktivieren, als sie hinter den Vermögensgegenständen stehende Sachen, Rechte und (bilanzrechtlich abgegrenzte) Werte (§ 266 Abs. 2 A. I. 1) oder aktive Rechnungsabgrenzungsposten begründen. Indem auf das mit den Auszahlungen Erlangte abgestellt wird, finden eine **Vergegenständlichung des Bilanzinhalts** und eine so gesehene Objektivierung statt.[48]

Dieselbe Objektivierung gilt grds. für die Passivseite.[49] Hier sind Schulden anzusetzen, **45** die aus sicheren Verbindlichkeiten und aus bezüglich Existenz, Höhe und Fälligkeit unsicheren Auszahlungen, für die Rückstellungen gebildet werden, bestehen. Hierbei gilt grds. die Regel, dass Außenverpflichtungen gegenüber Dritten vorliegen müssen. Sie bestimmen neben den Verbindlichkeiten die Verbindlichkeits- und Drohverlustrückstellungen (§ 249 Abs. 1 S. 1). Die Außenverpflichtung kann auf privat- oder öffentlich-rechtlichen Grundlagen oder einer faktischen Leistungsverpflichtung beruhen (zB Kulanzen). Von dem Prinzip, Außenverpflichtungen, die grundsätzlich gut nachprüfbar sind, zu passivieren, wird nur in Ausnahmefällen abgewichen. Dann handelt es sich um Aufwandsverpflichtungen, die in § 249 Abs. 1 S. 2 Nr. 1 explizit geregelt sind.

Wegen der unsicheren Existenz und/oder Höhe der Lasten, die Verbindlichkeits- und **46** Drohverlustrückstellungen begründen, gelingt die Objektivierung nur bedingt. Das liegt in der Natur der Sache, wenn man unsichere Objekte erfassen will.

Eine weitere Einschränkung der Objektivierung bei der Vermögensermittlung resultiert **47** daraus, dass das bilanzielle Vermögen sich nicht allein nach (zivil- oder öffentlich-)rechtlichen Kategorien bemisst: Der Kaufmann aktiviert weder nur die in seinem Eigentum befindlichen Sachen und Rechte (§ 246 Abs. 1 S. 2) noch passiviert er allein Verbindlichkeiten im Rechtssinne. Es gilt vielmehr bilanzrechtlich eine **wirtschaftliche Betrachtungsweise**,[50] die im Gegensatz zur formalen (zivil- oder öffentlich-)rechtlichen Betrachtungsweise steht. Da sie, von wenigen Ausnahmen abgesehen (§ 246 Abs. 1 S. 2 und 3, § 249

---

[47] Beck HdR/Pittroff/Schmidt/Siegel B 161 Rn. 172 f.
[48] Vgl. Beisse FS Beusch, 1993, 83.
[49] Vgl. Thies, Rückstellungen als Problem der wirtschaftlichen Betrachtungsweise, 1996, S. 86–161.
[50] Vgl. Beisse StuW 1981, 1; Moxter Bilanzrechtsprechung S. 3 f.; Moxter StuW 1989, 232 ff.; Thies, Rückstellungen als Problem der wirtschaftlichen Betrachtungsweise, 1996, passim; HdJ/Wüstemann/ Rost Abt. III/5 Rn. 5 f. und Rn. 10–61.

Abs. 1 S. 2 Nr. 2), nicht kodifiziert ist, ist ihre Auslegung oft umstritten. Dies trägt zur Entobjektivierung bei.

48   **i) Vollständigkeitsprinzip.** Es erscheint als bare Selbstverständlichkeit, dass die GuV alle Aufwendungen und Erträge und die Bilanz alle Vermögensgegenstände, Schulden und Rechnungsabgrenzungsposten enthalten muss. Alles andere würde der Willkür bei der Rechnungslegung Tür und Tor öffnen. Wenn der Gesetzgeber die Vollständigkeit in § 246 Abs. 1 S. 1 nochmals betont, dann in der Absicht, auf die **Relativität des Vollständigkeitsgebotes** hinzuweisen. Vollständigkeit gilt nur, „soweit gesetzlich nichts anderes bestimmt ist". Andere Bestimmungen gelten zB für selbst geschaffene immaterielle Vermögensgegenstände des Anlagevermögens (§ 248 Abs. 2), für das Disagio (§ 250 Abs. 3), das unter die Definition von aktiven Rechnungsabgrenzungsposten fällt (§ 250 Abs. 1), und für Pensionsaltlasten, die nach Art. 28 Abs. 1 EGHGB vom Ansatz befreit werden, obwohl sie eindeutig ungewisse Schulden sind. Gleichermaßen kann man in einer zulässigen Verrechnung von Aktiva und Passiva, wie sie bei Deckungsvermögen für (im Wesentlichen) Schulden aus Altersversorgungsverpflichtungen (§ 246 Abs. 2 S. 2) und bei Sicherungsgeschäften durch Bildung von Bewertungseinheiten (§ 254) möglich ist, eine Ausnahme vom Vollständigkeitsgebot sehen. Andererseits lässt sich die Verrechnung als lediglich vereinfachte Darstellung mit Anwendung eines Netto- statt Bruttoprinzips ansehen.

49   **j) Einzelbewertungsprinzip.** Zur Objektivierung der Rechnungslegung trägt das Einzelbewertungsprinzip entscheidend bei. Es bezieht sich auf Vermögensgegenstände und Schulden (Rechnungsabgrenzungsposten werden nach dem Wortlaut des Gesetzes nicht bewertet) und verbietet grds. die Aggregation von mehreren Vermögensgegenständen, Schulden und schwebenden Verträgen zu Bewertungseinheiten. Eine solche Aggregation hebelt das Realisations- und das Imparitätsprinzip aus. Trotz des grds. geltenden Einzelbewertungsprinzips gibt es hiervon Ausnahmen, die kodifiziert sind (§ 246 Abs. 2 S. 2 und S. 3, § 254).

50   Einzelbewertung verlangt die Abgrenzung der Bewertungseinheit[51] und die Wahl einer Bewertungsmethode (→ § 252 Rn. 28 ff.).

51   **4. Weitere Gewinnermittlungs-GoB. a) Stichtagsprinzip.** Das Prinzip legt den Zeitpunkt des Ansatzes und der Bewertung von Vermögensgegenständen und Schulden fest (→ § 252 Rn. 43 ff.).

52   **b) Wertaufhellungsprinzip.** Umstände, die bei der Bewertung am Abschlussstichtag berücksichtigt werden müssen, können erst im Zeitraum nach dem Stichtag bis zum Tag der Aufstellung des Jahresabschlusses bekannt geworden sein. Ein Beispiel ist die nach dem Abschlussstichtag zugegangene Information über den Untergang einer Sendung vor dem Abschlussstichtag. Sie ist bei der Bewertung zu berücksichtigen, weil sie die Wertverhältnisse am Abschlussstichtag erhellt. Das gilt nicht für davon zu unterscheidende wertbegründende Umstände, zB die Information über den nach dem Abschlussstichtag erfolgenden Untergang der Sendung. Die Trennung beider Informationsmengen fällt nicht immer leicht.[52]

53   **c) Ansatz- und Bewertungsmethodenstetigkeit.** Gemäß § 246 Abs. 3 S. 1 sind die auf den vorhergehenden Jahresabschluss angewandten Ansatzmethoden beizubehalten. § 252 Abs. 1 Nr. 6 verlangt, dass die auf den vorhergehenden Jahresabschluss angewandten Bewertungsmethoden beizubehalten sind. Ansatz- und Bewertungsmethodenstetigkeit dienen der Vergleichbarkeit der Jahresabschlüsse und können deshalb auch als Informations-GoB gezählt werden (→ § 252 Rn. 92 ff.). Für Kapitalgesellschaften gilt ferner grundsätzlich das Gebot der Darstellungsstetigkeit (§ 265 Abs. 1).

54   **5. Mit den Gewinnermittlungs-GoB verbundenes Gewinnkonzept.** Die Gewinnermittlungs-GoB lassen ein im HGB verankertes Gewinnkonzept erkennen. Danach

---

51   Vgl. Wiedmann FS Moxter, 1994, 453.
52   Vgl. zB HuRB/Baetge/Knüppe 402.

geht es dem Gesetz um die Ermittlung einer vorsichtig bemessenen, umsatzabhängigen und verlustantizipierenden **Ausschüttungsbemessungsrichtgröße durch Vermögensvergleich.**[53] Die Adjektive werden durch die herausgehobene Stellung von Vorsichts-, Realisations- und Imparitätsprinzip deutlich; sie beschreiben nur ihren Inhalt. Die Ausschüttungsbemessungsrichtgröße ergibt sich zum einen aus der Funktion, dass bei Kapitalgesellschaften Ausschüttungen auf den Bilanzgewinn beschränkt sind (§ 57 Abs. 3 AktG, § 58 Abs. 4 AktG, § 29 Abs. 1 GmbHG), der sich grds. aus dem Jahresüberschuss und Veränderungen der Gewinnrücklagen ergibt. Einzelkaufleute und Gesellschafter von Personengesellschaften können mehr als den Bilanzgewinn entnehmen. Hier können Jahresüberschuss und Bilanzgewinn nur einen Ausschüttungsindikator darstellen. „In der Beschränkung auf den ausschüttbaren Unternehmenserfolg kommt die überragende Bedeutung des Vorsichtsprinzips in der deutschen Rechnungslegung zum Ausdruck. Eine Ausschüttung darf nur erfolgen, wenn sichergestellt ist, daß keine künftigen Erfolge erforderlich sind, um frühere Ausschüttungen ‚nachzufinanzieren'."[54]

Eine vorsichtig und verlustantizipierend bemessene **Gewinngröße** lässt sich **nicht** als   55
informativ einstufen, weil das Ausmaß der Vorsicht und der Verlustantizipation für Dritte nicht offenbar wird und unter Informationsaspekten unverzerrte Größen gesucht sind. Hintergrund der Gewinnermittlung ist deshalb der **Gläubiger- und Gesellschaftsschutz** auf eine ganz besondere Art: **durch (anfängliche) Gewinnverkürzung statt Information.**[55]

Zugleich lassen die Gewinnermittlungs-GoB im Zusammenhang mit sonstigen Einzel-   56
vorschriften das Objektivierungsziel des Gesetzgebers dergestalt erkennen, dass die Bilanz nicht die Funktion hat, Zahlungsspeicher für aus der GuV verdrängte Zahlungen zu sein. Sie speichert vielmehr (grds.) Vermögensgegenstände, Schulden und Rechnungsabgrenzungsposten. Das zu ermittelnde Vermögen wird insofern vergegenständlicht. Der Gewinn entsteht durch so verstandenen Vermögensvergleich.

6. Wesentliche Informations-GoB. a) Grundsatz der Adressatenorientierung   57
und der Entscheidungsrelevanz. Die Informationsfunktion der Rechnungslegung hat die Aufgabe des Interessenschutzes Dritter. Information wird hierbei im Sinne von Rechenschaft und darüber hinausgehende Information verstanden. Die zu schützenden Dritten sind die Adressaten der Rechnungslegung. Ihre Informationsbedürfnisse müssen Grundlage der Rechnungslegung sein: „Ohne einen wohldefinierten Adressaten ist keine sinnvolle Rechenschaft denkbar."[56] Schwierigkeiten der Adressatenfestlegung „dürfen nicht umgangen werden durch eine ‚adressatenneutrale' und deshalb sinnentleerte Rechenschaft."[57] Dies bedeutet im Wesentlichen, dass sich der Bilanzierende vorstellen können muss, dass er mit der gegebenen Rechenschaft den Adressaten in dem Sinne informiert, dass entscheidungsrelevantes Wissen geboten wird.

Mit der Forderung nach Vermittlung entscheidungsrelevanter Information geht nicht die   58
Forderung nach beliebig viel Information einher. Im- wie explizite Informationsgrenzen ergeben sich aus der Natur der Sache (Adressaten könnten beliebig viel Information verlangen; Bilanzierende verfügen über Unmengen an Daten; nicht alles kann gleichermaßen wichtig sein), dem Wesentlichkeitsprinzip (→ Rn. 63), den mit der Publikation der Daten verbundenen Nachteilen für das Unternehmen oder die an ihm beteiligten Gruppen sowie aus Kosten- und Nutzen-Abwägungen. Dementsprechend kennt das Gesetz in § 286 für Kapitalgesellschaften Schutzklauseln zur Unterlassung von Angaben, insbesondere wenn das Wohl der Bundesrepublik Deutschland oder eines ihrer Länder gefährdet ist (Abs. 1) oder wenn der Kapitalge-

---

53   Vgl. Moxter Bilanzlehre II S. 17; Moxter Bilanzlehre I S. 158; Moxter FS v. Wysocki, 1985, 24.
54   Gross FS Budde, 1995, 248.
55   Vgl. Beisse FS Beusch, 1993, 77; Beisse FS Moxter, 1994, 15. Das „anfänglich" soll den oftmaligen Umkehreffekt im Zeitablauf deutlich machen. Zum Beispiel führen anfangs hohe Abschreibungen zu später niedrigen Abschreibungen oder die Antizipation von künftigen Ausgaben durch Bildung einer Rückstellung zu einem später fehlenden Aufwand.
56   Moxter FS Leffson, 1976, 94.
57   Moxter FS Leffson, 1976, 95.

sellschaft ein erheblicher Nachteil zugefügt werden kann (Abs. 2, Abs. 3 S. 1 Nr. 2). Bei solchen Informationsbeschränkungen trägt der Rechenschaftspflichtige die Beweislast zum Nachweis ihrer Notwendigkeit, weil er die Vermutung gegen sich gelten lassen muss, dass eine Informationsbegrenzung in seinem Interesse liegt.[58] Das verlangt eine hinreichende Gefahrenkonkretisierung und -abwägung, die dem Abschlussprüfer mitzuteilen ist.

59 **b) Prinzip der neutralen Berichterstattung und der Unbeachtlichkeit von Vorsicht.** Die Information mit Abschlüssen soll nicht darauf gerichtet sein, bestimmte Handlungen auszulösen; insofern muss sie neutral sein. Eng damit verbunden ist der Grundsatz der Unbeachtlichkeit des Vorsichtsprinzips für Zwecke der Information. Zum Beispiel darf im Lagebericht nicht nur über die künftigen Risiken aus Forschung und Entwicklung (§ 289 Abs. 1 S. 4 iVm § 289 Abs. 2 Nr. 2), sondern muss gleichermaßen über ihre Chancen berichtet werden, damit der Informationsfunktion genüge getan wird.

60 **c) Klarheitsprinzip.** „Der Grundsatz der ‚Klarheit‘ verbietet einen ‚mehrdeutigen‘ und insofern irreführenden Berichtsinhalt. (…) ‚Klarheit‘ meint auch ‚Verständlichkeit‘.“[59] Die Klarheit bezieht sich einerseits auf Bilanz und GuV, in denen eine Zusammenfassung von Posten die Klarheit erhöhen kann (§ 265 Abs. 7 Nr. 2), andererseits (bei Kapitalgesellschaften) auf Anhang, Lagebericht und (für den Konzernabschluss) auf Kapitalflussrechnung, Eigenkapitalspiegel und Segmentbericht.

61 Der Klarheitsgrundsatz verlangt, verständliche, eindeutige, nicht vollkommen globale Information zu geben. Er hat die materielle Konsequenz des Vollständigkeitsgebots und des Verrechnungsverbots (§ 246) und führt zur Pflicht, in der Bilanz das Anlage- und das Umlaufvermögen, das Eigenkapital, die Schulden sowie die Rechnungsabgrenzungsposten gesondert auszuweisen und hinreichend aufzugliedern (§ 247 Abs. 1).

62 Mit dem gesonderten Ausweis und der hinreichenden Aufgliederung ist das Erfinden eigenständiger Posten – wie zwischen dem Anlage- und Umlaufvermögen stehendes Leasingvermögen – nicht vereinbar, wenn dadurch die Ansatz- und Bewertungskonsequenzen für den Bilanzleser nicht erkennbar werden.

63 **d) Wesentlichkeitsprinzip.** Das Gesetz kennt ein Wesentlichkeitsprinzip, das in einer Vielzahl von Einzelvorschriften zum Ausdruck kommt. Vgl. insbesondere die Formulierungen in § 265 Abs. 7 Nr. 1 (nicht erheblicher Betrag), § 268 Abs. 5 (Beträge größeren Umfangs), § 284 Abs. 2 Nr. 3 (erheblicher Unterschied), § 285 Nr. 3a (Angabe von Bedeutung), § 285 Nr. 4 (erheblich unterscheiden), § 285 Nr. 12 (nicht unerheblicher Umfang), § 286 Abs. 2 und Abs. 3 Nr. 2 (erheblicher Nachteil), § 286 Abs. 3 Nr. 1 (von untergeordneter Bedeutung).

64 Erkennbar greift die Wesentlichkeit erst in den Vorschriften zur Gliederung (§ 265) und zur Information über einzelne Posten von Bilanz und GuV. Man kann nicht etwa mit dem Grundsatz der Wesentlichkeit den Ansatz von Aktiva und Passiva unterlassen, wenn man von der Möglichkeit der Sofortabschreibung geringwertiger Wirtschaftsgüter absieht; § 6 Abs. 2 EStG wird als in Übereinstimmung mit den GoB angesehen. Auch ist centgenau zu rechnen, wenn auch nicht unbedingt darzustellen.

65 Besonders bedeutsam wird das Wesentlichkeitsprinzip für Anhang, Lagebericht und weitere Berichtsinstrumente. Hier ist Wichtiges und damit Nichttriviales zu berichten; der Bezug zum Grundsatz der Adressatenorientierung und Entscheidungsrelevanz wie zum Grundsatz der Klarheit ist evident.

66 **e) Verlässlichkeitsprinzip.** Die Informationen eines Abschlusses müssen für die Adressaten verlässlich sein, um ihnen zu nützen. Während Berichte über Vergangenes relativ leicht zu erhärten sind, ist dies bei Informationen über Zukünftiges schwierig. Hier geht es nicht um richtig oder falsch, sondern um plausibel oder wenig plausibel.

---

58 Vgl. Moxter FS Leffson, 1976, 97 f.
59 Moxter FS Leffson, 1976, 93.

Das Management muss im Hinblick auf den Grad hinreichender Verlässlichkeit abwä- **67** gen, weil die Mitteilung von selbst noch relativ unsicheren Erwartungen für die Adressaten relevant sein kann, während ihre Verlässlichkeit in Frage steht. Für den Konflikt gibt es keine allgemeingültige Lösung.[60]

f) Prinzip der Darstellungsstetigkeit. Der Grundsatz der Darstellungsstetigkeit ist **68** unerlässlich zur Sicherung der Vergleichbarkeit aufeinanderfolgender Jahresabschlüsse. Nun sind Stetigkeitsunterbrechungen nicht immer zu vermeiden. Dann ist der Abschlussadressat über ergänzende Informationen in die Lage zu versetzen, die Auswirkungen der Stetigkeitsunterbrechungen nachvollziehen zu können (§ 265 Abs. 2). Das kann nicht nur qualitativ erfolgen, sondern verlangt quantitative Angaben.

7. GoB und Wahlrechte. Strittig ist die Frage, ob GoB mit Wahlrechten vereinbar **69** sind. Nach den Auffassungen von Beisse[61] und Clemm[62] sind alle handelsrechtlichen Rechnungslegungsvorschriften als kodifizierte GoB anzusehen, insbesondere auch die vor Geltung des BilMoG vorhandenen Öffnungsklauseln für rein steuerliche Abschreibungen (§ 254 aF). Das ist formal dadurch begründbar, dass der Jahresabschluss nach den GoB aufzustellen ist (§ 243 Abs. 1) und die den Jahresabschluss prägenden Vorschriften insofern nicht GoB-widrig sein können.

Diese Auffassung erscheint nicht überzeugend, weil (1) ein Grundsatz eine möglichst **70** eindeutige Handlungsempfehlung aufweisen muss, damit er seinem Namen gerecht wird, und (2) bei den den GoB entsprechenden Aktivierungs- und Passivierungswahlrechten es unverständlich bleiben muss, weshalb die durch die Wahlrechte erfassten Posten nicht auch steuerlich relevant sind.[63] Wenn zB die Aufwandsrückstellungen gem. § 249 Abs. 2 aF GoB entsprechen und zugleich bei fehlenden entgegenstehenden Regeln im EStG die handelsrechtlichen GoB maßgeblich sind (§ 5 Abs. 1 S. 1 EStG), müssten diese Aufwandsrückstellungen auch steuerlich anerkannt werden. Dem steht der Verweis auf ein Wahlrecht und der Beschluss des Großen Senats[64] entgegen. Der Beschluss dürfte bei Richtigkeit der ersten These aber gar keine Wirkung mehr entfalten.

Zu Recht wird betont, dass Wahlrechte weder durch das Vorsichtsprinzip noch durch **71** einen das Gesetz überlagernden (anderen) GoB legitimiert werden.[65] Insbesondere kann § 253 Abs. 4 aF nicht darauf zurückgeführt werden.[66]

8. Rechtsform-, Branchen- und Konzernunabhängigkeit von GoB. Nach allge- **72** meinem Verständnis sind GoB rechtsform-, branchen- und konzernunabhängig. Diese These lässt sich ua damit stützen, dass § 5 Abs. 1 S. 1 EStG nur auf „die" handelsrechtlichen GoB verweist, ohne zu differenzieren.

Trotz dieser bis heute bestehenden Mehrheitsmeinung mehren sich die Zweifel an **73** dieser These aus folgenden Gründen:
1. Es könnte sein, dass GoB in ihrer Auslegung branchenspezifisch variieren. So haben zB Banken den Grundsatz der Einzelbewertung für ihre Handelsbestände wohl oft anders als Industrieunternehmen verstanden. Es gab Versuche, die branchenspezifischen Unterschiede als geschäftsspezifische Besonderheiten zu begründen.[67]
2. Nach Kropff kann das „true and fair view"-Prinzip des § 264 Abs. 2 „durchaus als kodifizierter GoB für Kapitalgesellschaften eingeordnet"[68] werden.

---

[60] Vgl. Kuhner BFuP 2001, 528–539.
[61] Vgl. Beisse FS Moxter, 1994, 25, 26 und 29.
[62] Vgl. Clemm BFuP 1990, 547 und 558.
[63] Vgl. Ballwieser BFuP 1990, 485.
[64] Vgl. BFHE 95, 31 = BStBl. II 1969, 291 ff.
[65] Vgl. Kropff FS Baetge, 1997, 87.
[66] Vgl. Kropff FS Baetge, 1997, 86.
[67] Vgl. Windmöller, Deckungsgeschäfte und Grundsätze ordnungsmäßiger Buchführung, IDW-Fachtagung 1988, 1989, 91–101; Krumnow et al. § 340e Rn. 68; Ballwieser FS Budde, 1995, 58–62.
[68] Kropff FS Baetge, 1997, 85.

3. Erörtert werden konzernspezifische Auslegungen der GoB, zB „Metamorphosen des Vorsichtsprinzips" oder die Aktivierungspflicht für ein Disagio.[69] Begründet wird das mit § 298 Abs. 1, wonach auf den Konzernabschluss, „soweit seine Eigenart keine Abweichung bedingt oder in den folgenden Vorschriften nichts anderes bestimmt ist", bestimmte Ansatz- und Bewertungsvorschriften zum Jahresabschluss (nur) „entsprechend anzuwenden" sind.

4. Der Gesetzgeber verwendet in § 342 Abs. 1 S. 1 Nr. 1 die Formulierung „Grundsätze über die Konzernrechnungslegung", zu der das Private Rechnungslegungsgremium Empfehlungen zur Anwendung entwickeln soll. „Die Beachtung der die Konzernrechnungslegung betreffenden Grundsätze ordnungsmäßiger Buchführung wird vermutet, soweit vom Bundesministerium der Justiz und für Verbraucherschutz bekanntgemachte Empfehlungen (des Privaten Rechnungslegungsgremiums, Verf.) (…) beachtet worden sind." (§ 342 Abs. 2). Danach gibt es die Konzernrechnungslegung betreffende GoB, konkretisiert durch die „Grundsätze über die Konzernrechnungslegung".

5. Rechtsform- oder konzernspezifische GoB könnten sich insoweit entwickeln, als nur im HGB erfasste Konzernmütter verpflichtet sind, eine Kapitalflussrechnung, einen Eigenkapitalspiegel und ggf. eine Segmentberichterstattung vorzulegen (§ 297 Abs. 1 S. 1). Die im HGB erfassten Konzernmütter sind inländische Kapitalgesellschaften (§ 290 Abs. 1).

74   Die Thesen sind weitgehend zurückzuweisen. Es ist nicht einzusehen, dass das Prinzip der Einzelbewertung im Banken- und Industriebereich unterschiedlich zu verstehen ist. Wenn es um Sicherungsgeschäfte geht, sind die im Bankensektor zwar häufiger, aber nicht auf ihn beschränkt. Die GoB müssen allgemein regeln, wie gesicherte Geschäfte zu erfassen sind. Allein in einer bestimmten Branche anfallende Geschäftsvorfälle – wie der Abschluss von Versicherungsverträgen – benötigen keine branchenspezifischen GoB. Hier reichen Einzelregelungen und die allgemein geltenden GoB. Das BilMoG hat diese Sicht mit der Neugestaltung von § 254 zur Bildung von Bewertungseinheiten bestätigt.

75   Das „true and fair view"-Prinzip entfaltet auch als Generalnorm für Kapitalgesellschaften Wirkung, ohne als GoB klassifiziert zu werden. Da der „true and fair view" unter Beachtung der GoB zu vermitteln ist, wäre die Klassifikation des Prinzips als GoB sogar verwirrend und widersprüchlich. Gleichermaßen sind keine konzernspezifischen Auslegungen von GoB nötig, weil Konzernspezifika hinreichend durch Einzelvorschriften und die Generalnorm für den Konzernabschluss erfasst werden. Unschädlich ist es hingegen, GoB für bestimmte Instrumente zu entwickeln, die nicht jeder Kaufmann vorlegen muss. Dies entspricht schon geltender Übung, wenn man an Grundsätze ordnungsmäßiger Lageberichterstattung denkt.[70]

76   Von besonderem Interesse ist, inwieweit durch die Entwicklung von Empfehlungen zur Anwendung der Grundsätze über die Konzernrechnungslegung durch den Standardisierungsrat die induktive GoB-Ermittlung gefördert wird. Anders formuliert ist zu fragen, welche rechtliche Wirkung und Bindungskraft die Empfehlungen haben können. Hier ist festzuhalten, dass GoB nach deutschem Rechtsverständnis nach wie vor nur vom Gesetzgeber und den das Recht verbindlich interpretierenden Gerichten etabliert und weiterentwickelt werden können.[71] In diesen Zusammenhang passt die Beobachtung, dass Verstöße gegen vom DRSC entwickelte DRS in praxi ohne Ahndung geblieben sind.[72]

III. Aufstellungsfrist

77   **1. Geltungsbereich.** Für Kapitalgesellschaften und ihnen gleichgestellte bestimmte Personenhandelsgesellschaften (§ 264a) gibt es konkrete Aufstellungsfristen in § 264 Abs. 1.

---

[69]   Vgl. Niehus FS Moxter, 1994, 636–638.

[70]   Vgl. Baetge/Fischer/Paskert, Der Lagebericht: Aufstellung, Prüfung und Offenlegung, 1989.

[71]   Vgl. Beisse BB 1999, 2182 und 2185; Budde/Steuber DStR 1998, 1181; Hommelhoff/Schwab BFuP 1998, 38; Moxter DB 1998, 1425; Beck HdR/Ballwieser B 105 Rn. 91; Ballwieser FS C.-P. Weber, 1999, 442 ff.

[72]   Vgl. Gebhardt/Heilmann Der Konzern 2004, 109; Ballwieser/Zimmermann WPg-Sonderheft 2004, 82 f.

Für unter das PublG fallende große Einzelkaufleute und Personengesellschaften gilt § 5 Abs. 1 PublG. Die Regelung in Abs. 3 gilt deshalb nur für die nicht vom PublG erfassten Einzelkaufleute und Personengesellschaften sowie die Personenhandelsgesellschaften, die Kapitalgesellschaften nicht gleichgestellt werden.

2. Anforderungen. Die konkrete Anforderung des Abs. 3 ist umstritten. Als einem **78** ordnungsmäßigen Geschäftsgang entsprechende Zeit gelten sechs Monate,[73] sechs bis neun Monate[74] und zwölf Monate.[75] Angesichts der Schutzfunktion der Rechnungslegung erscheinen zwölf Monate als zu lang.

IV. Regelungen nach IFRS

1. Zielsetzung von IFRS.[76] Die IFRS sind primär für Abschlüsse mit Wirkung auf **79** den organisierten Kapitalmarkt gedacht, auch wenn das SME-Project eine darüber hinausgehende Wirkung beabsichtigt. Die Kapitalmarktorientierung zeigt sich in den Zielen der IFRS Foundation, welche die Arbeit des IASB erst ermöglicht,[77] und in der im Rahmenkonzept als vorrangig deutlich werdenden Orientierung an den Interessen der Kapitalgeber (CF.1.2). Auch hat das IASC mit der internationalen Vereinigung von Börsenzulassungsbehörden, der IOSCO, einen Vertrag geschlossen, wonach die IFRS weltweit für die Börsenzulassung akzeptiert werden sollen, wenn sie bestimmte Anforderungen erfüllen.

Die Zielsetzung der IFRS liegt nach dem Rahmenkonzept, das insbesondere das **80** Board bei der Entwicklung von IFRS konzeptionell unterstützen soll, in einer Rechnungslegung mit dem Ziel der Information, genauer: dem Ziel der Entscheidungsnützlichkeit, zu der relevante und glaubwürdige Informationen[78] beitragen sollen: „The objective of general purpose financial reporting is to provide financial information about the reporting entity that is useful to existing and potential investors, lenders and other creditors in making decisions relating to providing resources to the entity. Those decisions involve decisions about: (a) buying, selling or holding equity and debt instruments; (b) providing or settling loans and other forms of credit; or (c) exercising rights to vote on, or otherwise influence, management's actions that affect the use of the entity's economic resources." (CF.1.2). Zwar wurde in der Einführung des früheren Rahmenkonzepts von 2010 auch das Ziel erwähnt, „ausschüttbare Gewinne und Dividenden zu bestimmen", aber das hat mit Ausnahme der Diskussion von Kapitalerhaltungsmaßnahmen für die weiteren Ausführungen im Rahmenkonzept und für die Entwicklung der IFRS keine erkennbaren Konsequenzen.

2. Abschlussgrundsätze im Rahmenkonzept. Das IASC hat im Jahr 1989 – US- **81** amerikanischer Übung für börsennotierte Gesellschaften folgend – ein Rahmenkonzept verabschiedet, das die Konzeptionen darlegen sollte, die den Abschlüssen nach IAS zugrunde liegen sollten. Das IASB hat dieses Rahmenkonzept im Jahr 2001 für die IFRS übernommen und im September 2010 die ersten Änderungen in Form neuer Kapitel 1 und 3 über „Die Zielsetzung der Rechnungslegung für allgemeine Zwecke" und über „Qualitative

---

[73] Vgl. Hopt/Merkt Rn. 11.

[74] Vgl. HdR/Baetge/Fey/Fey/Klönne Rn. 93.

[75] Vgl. BeBiKo/Justenhoven/Usinger Rn. 91.

[76] → Vor § 238 Rn. 13 f.

[77] Ziel der IASC Foundation ist es insbes., „to develop, in the public interest, a single set of high quality, understandable, enforceable and globally accepted financial reporting standards based upon clearly articulated principles. These standards should require high quality, transparent and comparable information in financial statements and other financial reporting to help investors, other participants in the world's capital markets and other users of financial information make economic decisions." IASC Foundation Satzung, Abs. 2, Stand Dezember 2016.

[78] Im (teilweise) überarbeiteten Rahmenkonzept 2010 wurde zur Konkretisierung von Entscheidungsnützlichkeit anstelle von Relevanz („relevance") und Verlässlichkeit („reliability") der Information von Relevanz und glaubwürdiger Darstellung („faithful representation") gesprochen. Eine Implikation hiervon war die Aufgabe des eigenständigen Grundsatzes wirtschaftlicher Betrachtungsweise („substance over form"), weil er redundant zur glaubwürdigen Darstellung wäre; vgl. RBC3.26.

Anforderungen an nützliche Finanzinformationen" verabschiedet. Der für Kapitel 2 über „Das berichtende Unternehmen" im März 2010 veröffentlichte Entwurf wurde ab September 2012 nicht weiterverfolgt, weil das übergeordnete Projekt von IASB und FASB zum Rahmenkonzept im selben Jahr durch ein allein vom IASB bestrittenes, umfassendes Projekt ersetzt wurde. Daraufhin veröffentlichte das IASB im Juli 2013 ein Diskussionspapier (DP/2013/1) zum neuen Rahmenkonzept mit weniger ambitionierter Zielsetzung. Ihm schloss sich ein Entwurf vom 28.5.2015 (ED/2015/3) an, der folgende Neustrukturierung der zu behandelnden Themen vorschlug:

Kapitel	Thema
	Einführung
1	Die Zielsetzung von Mehrzweckfinanzberichterstattung
2	Qualitative Merkmale entscheidungsnützlicher Finanzinformationen
3	Der Abschluss und die Berichtseinheit
4	Elemente des Abschlusses
5	Ansatz
6	Bewertung
7	Ausweis und Angaben
8	Kapital- und Kapitalerhaltungskonzepte
Anhang A	Zahlungsstrombasierte Bewertungsmethoden
Anhang B	Glossar

In ihm schlug das IASB ua vor, in das neue Kapitel 2 über „Qualitative Merkmale entscheidungsnützlicher Finanzinformationen" wieder einen expliziten Verweis auf das vorher getilgte Konzept der Vorsicht mit dem Verweis aufzunehmen, dass das Ausüben von Vorsicht das Merkmal der Neutralität unterstütze. Vorsicht wird als umsichtige Ausübung beim Fällen von Ermessensentscheidungen unter Unsicherheit definiert. Das Kapitel enthält auch eine vorgeschlagene Klarstellung, dass getreue Darstellung die Darstellung des Gehalts eines wirtschaftlichen Phänomens und nicht nur die Darstellung seiner rechtlichen Form bedeutet. Die Kommentierungsfrist für diesen Entwurf endete im November 2015. Erst im März 2018 legte daraufhin das IASB ein revidiertes Rahmenkonzept zur Ablösung der Version von 2010 vor, das grds. der oben dargestellten Neustrukturierung folgt. Das neue Konzept bindet seitdem die Arbeit von IASB und IFRIC. Für Unternehmen ist es ab 1.1.2020 verbindlich, konnte jedoch früher angewendet werden.

Aus dem aktuellen Rahmenkonzept werden Annahmen für und Anforderungen an die Rechnungslegung erkennbar, die auf den ersten Blick mit GoB korrespondieren:

(1) Zugrunde liegende Annahme: Unternehmensfortführung (CF.3.9)
(2) Grundlegende qualitative Anforderungen an nützliche Finanzinformationen (CF.2.5–CF.2.22)
    (a) Relevanz (CF.2.6–CF.2.10, CF.5.12, CF.6.49)
       – Wesentlichkeit (CF.2.11)
    (b) Glaubwürdige Darstellung (CF.2.12–CF.2.19)
(3) Unterstützende qualitative Anforderungen an nützliche Finanzinformationen (CF.2.23–CF.2.38)
    Vergleichbarkeit (CF.2.24–CF.2.29)
    Nachprüfbarkeit (CF.2.30–CF.2.32)
    Zeitnähe (CF.2.33)
    Verständlichkeit (CF.2.34–CF.2.36)
(4) Kostenrestriktion bei nützlicher Rechnungslegung (CF.2.39–CF.2.43).

82   Aus diesen Darstellungen lassen sich folgende Korrespondenzen gewinnen:

HGB	IFRS
Periodisierungsprinzip	nicht (mehr) im Rahmenkonzept, jedoch in IAS 1.27 als Konzept der Periodenabgrenzung
Fortführungsprinzip	Unternehmensfortführung (CF.3.9)

HGB	IFRS
Vorsichtsprinzip	Vorsicht als Unterstützung von Neutralität als Bestandteil von Glaubwürdiger Darstellung: „Prudence is the exercise of caution when making judgements under conditions of uncertainty. The exercise of prudence means that assets and income are not overstated and liabilities and expenses are not understated." (CF.2.16) „The exercise of prudence does not imply a need for asymmetry, for example, a systematic need for more persuasive evidence to support the recognition of assets or income than the recognition of liabilities or expenses. Such asymmetry is not a qualitative characteristic of useful financial information. Nevertheless, particular Standards may contain asymmetric requirements if this is a consequence of decisions intended to select the most relevant information that faithfully represents what it purports to represent." (CF.2.17) Inhaltlich sich zB in IFRS 15 Erlöse aus Verträgen mit Kunden niederschlagend.
Realisationsprinzip	nicht im Rahmenkonzept, inhaltlich sich aber in mehreren Standards niederschlagend, speziell in IFRS 15 Erlöse aus Verträgen mit Kunden
Anschaffungskostenprinzip	Historische Anschaffungs- oder Herstellungskosten (CF.6.4–CF.6.9); als eine von mehreren Bewertungsgrundlagen erwähnt
Imparitätsprinzip	in dieser Form unbekannt, inhaltlich sich aber in mehreren Standards niederschlagend, speziell in IAS 2.9 für Vorräte (lower of cost and net realisable value), IAS 37.66–69 für belastende Verträge (onerous contracts) oder IAS 36.104 zum Wertminderungsaufwand für eine zahlungsmittelgenerierende Einheit (impairment loss for a cash-generating unit)
Niederstwertprinzip	In dieser Form unbekannt, inhaltlich sich aber in IAS 2.9 für Vorräte (lower of cost and net realisable value) niederschlagend
Höchstwertprinzip	in dieser Form unbekannt
Objektivierungsprinzip	im Rahmenkonzept 1989 mit Verlässlichkeit (R.31–32) verbunden, 2010 durch Glaubwürdige Darstellung ersetzt, das im Kern dieselben Anforderungen enthalten soll (CF.BC3.24); übernommen in Rahmenkonzept 2018
Wirtschaftliche Betrachtungsweise	Nicht im Rahmenkonzept, weil nach Rahmenkonzept 2010 redundant zu Glaubwürdige Darstellung (CF.BC3.26). Aktuell: „To be useful, financial information must not only represent relevant phenomena, but it must also faithfully represent the substance of the phenomena that it purports to represent. In many circumstances, the substance of an economic phenomenon and its legal form are the same. If they are not the same, providing information only about the legal form would not faithfully represent the economic phenomenon (...)." (CF.2.12)
Vollständigkeitsprinzip	Vollständigkeit wird als Unterkategorie von Glaubwürdige Darstellung angesehen (CF.2.13–14)

HGB	IFRS
Einzelbewertungsprinzip	in dieser Form unbekannt, inhaltlich sich aber in mehreren Standards niederschlagend
Stetigkeitsprinzip	Als Bestandteil von Vergleichbarkeit zu verstehen: „Consistency refers to the use of the same methods for the same items, either from period to period within a reporting entity or in a single period across entities. Comparability is the goal; consistency helps to achieve that goal." (CF.2.26)
Wesentlichkeitsprinzip	Wesentlichkeit (CF.2.11)

83   Diese Gegenüberstellung darf nicht darüber hinwegtäuschen, dass der Stellenwert und die Inhalte der einzelnen Prinzipien zum Teil stark voneinander abweichen. Zugleich finden sich im Rahmenkonzept der IFRS-Grundsätze, die dem HGB fremd sind, zB Neutralität und Zeitnähe. Zum jeweiligen Inhalt insbesondere → § 252 Rn. 8, → § 252 Rn. 25 ff., → § 252 Rn. 47, → § 252 Rn. 61, → § 252 Rn. 78 ff., → § 252 Rn. 89, → § 252 Rn. 91, → § 252 Rn. 97 ff., → § 252 Rn. 103, → § 252 Rn. 109; → § 253 Rn. 107 ff.

84   Die Unterschiede der im Rahmenkonzept genannten Anforderungen gegenüber den handelsrechtlichen GoB liegen insbesondere in

– der Bindungswirkung: GoB sind unbestimmte Rechtsbegriffe, die die Gewinnermittlung und Information über Einzelnormen hinaus prägen, zwingend einzuhalten sind und bei Auslegungsstreit durch oberste Gerichte (BFH, BGH) präzisiert werden, während das Rahmenkonzept selbst kein IFRS ist. „The Conceptual Framework is not a Standard. Nothing in the Conceptual Framework overrides any Standard or any requirement in a Standard." (CF.SP1.2) Es erzeugt keine Rechtsbindung; zum Auslegungsstreit über Grundsätze des Rahmenkonzepts kommt es nicht,

– der Zielsetzung: Während der nach GoB zu ermittelnde Gewinn im Jahresabschluss (auch und überwiegend) die Funktion der Ausschüttungsbemessung aufweist, ist diese Funktion den IFRS und den Grundsätzen des Rahmenkonzepts fremd,

– dem Inhalt und der Gewichtung einzelner Grundsätze: Während das Vorsichtsprinzip nach HGB insbesondere im Realisationsprinzip und im Imparitätsprinzip konkretisiert wird und der Ausschüttungserschwernis zum Zwecke des Gläubigerschutzes dienen soll, ist das Vorsichtsprinzip im Sinne des HGB im Rahmenkonzept der IFRS kein expliziter Bestandteil. Es darf nicht die Neutralität der Informationsvermittlung, dh das Freisein von verzerrenden Einflüssen, gefährden.

85   Aufgrund dieser Unterschiede kann es keine Auslegung von GoB durch Rückgriff auf IFRS geben. Zum einen wären sonst aufgrund des Maßgeblichkeitsprinzips Folgerungen für die Steuerbilanz zu erwarten, was rechtlich nicht möglich ist.[79] Zum anderen ist das System der IFRS in seinen Normen zu unbestimmt, um GoB präzisieren zu helfen.[80] Selbst wenn man beiden Regelwerken das gemeinsame Ziel der Information zubilligen würde, wären nicht zwingend einheitliche Informationsgrenzen zu erwarten, „denn das setzte einheitliche Interessenwertungen voraus. Auch Informationsgrenzen ergeben sich nicht etwa aus der ‚Natur der Sache'; die geläufige Orientierung am ‚Unternehmensinteresse' verdeckt das Problem."[81] Schließlich ist den IFRS die Gewinnanspruchsbemessung fremd. Deshalb „muss es verwegen erscheinen, IFRS als Auslegungshilfe für handelsrechtliche Gewinnermittlungs-GoB heranziehen zu wollen."[82] Wie sehr unterschiedliche Zielsetzungen auf die Gewinnermittlung wirken, sieht man am klarsten bei der Behandlung von Fertigungsaufträgen nach HGB und IFRS 15.

86   **3. Aufstellungsfristen.** Hierzu existiert keine explizite Regelung.

---

[79] Vgl. Arbeitskreis Bilanzrecht der Hochschullehrer Rechtswissenschaft BB 2002, 2380.
[80] „Ein in seinen Normen unbestimmt bleibendes Regelungswerk kann schwerlich einem ähnlich unbestimmt bleibenden anderen Regelungswerk zur Bestimmtheit verhelfen." Moxter WPg 2009, 9.
[81] Moxter WPg 2009, 9 f.
[82] Moxter WPg 2009, 10.

§ 244 Sprache. Währungseinheit

Der Jahresabschluß ist in deutscher Sprache und in Euro aufzustellen.

Schrifttum: Arbeitskreis „Externe Unternehmensrechnung" der Schmalenbach-Gesellschaft, Die dritte Stufe der Europäischen Währungsunion – Auswirkungen auf die externe Rechnungslegung, DB 1997, 237; Heusinger, Die Einführung der EURO-Währung und ihre Auswirkungen auf die Rechnungslegung, DStR 1997, 427; IDW HFA, Positionspapier zu wesentlichen Rechnungslegungsfragen im Zusammenhang mit der Einführung des Euro, WPg 1997, 400; Lemnitzer/Stein, Auswirkungen der Währungsunion auf Unternehmen, WPK-Mitt. 1997, 90; Plewka/Schlösser, Ausgewählte handelsbilanzielle Probleme bei der Einführung des EURO, DB 1997, 337; Schmitz, Auswirkungen der Europäischen Währungsunion auf die Bilanzierung, DB 1997, 1480.

I. Normzweck

Die Norm legt die Regeln für eine für deutsche Adressaten verständliche Rechnungsle- **1** gung fest. Sie gilt für inländische Kaufleute und ausländische Zweigniederlassungen oder Betriebsstätten eines deutschen Kaufmanns, nicht jedoch für ausländische Tochtergesellschaften deutscher Unternehmen.[1] Für inländische Niederlassungen ausländischer Unternehmen gilt sie nur, sofern diese Kaufmannseigenschaft besitzen,[2] weil es um den Jahresabschluss geht, den der Kaufmann nach HGB aufzustellen hat.

II. Sprache

Der Jahresabschluss ist in deutscher Sprache aufzustellen. Das lässt die (lebende) Sprache, **2** in der die Buchführung betrieben wird (§ 239 Abs. 1 S. 1), unberührt. Für den Kaufmann besteht der Jahresabschluss aus Bilanz und GuV, für die Kapitalgesellschaft kommt (grds. nur) der Anhang hinzu (§ 264 Abs. 1 S. 1 und 2). Der Lagebericht ist nicht Bestandteil des Jahresabschlusses (§ 264 Abs. 1 S. 1), muss aber gleichermaßen in deutscher Sprache aufgestellt werden.[3] Dasselbe gilt für HGB-Konzernabschlüsse (§ 298 Abs. 1) und für Konzernabschlüsse nach IFRS gem. § 315e Abs. 1 und § 325 Abs. 2a S. 3. Wegen § 242 Abs. 1 S. 2 gilt die deutsche Sprache auch für die Eröffnungsbilanz.

III. Währung

Der Jahresabschluss ist mWv 1.1.1999 grds. in EUR aufzustellen. Übergangsweise durf- **3** ten Jahresabschlüsse und Konzernabschlüsse noch in DM aufgestellt werden. Die Übergangsregelung galt letztmalig für das im Jahr 2001 endende Geschäftsjahr (Art. 42 Abs. 1 S. 2 EGHGB).

Aus der Aufstellungspflicht in EUR ergeben sich Umrechnungsnotwendigkeiten für **4** einzelne Posten von Bilanz und GuV oder für ganze Jahresabschlüsse, die nicht auf EUR lauten. Zur Umrechnung bei Anschaffungsvorgängen → § 255 Rn. 30 ff., zur Umrechnung von Vermögensgegenständen und Verbindlichkeiten bei der Folgebewertung → § 256a Rn. 1 ff. und zur Umrechnung ganzer Jahresabschlüsse → § 298 Rn. 7 f., → 308a Rn. 8 ff.

Mit dem Verweis auf EUR ist kein Hinweis auf ein Nominalwertprinzip verbunden. **5** § 244 lässt die Frage der Bereinigung von nominalen Währungseinheiten um Kaufkraftverluste unberührt,[4] auch steht er einer Bewertung von Vermögensgegenständen zu gegenüber den Anschaffungs- oder Herstellungskosten höheren Wiederbeschaffungspreisen nicht entgegen. Sie werden durch das Realisationsprinzip verhindert (§ 252 Abs. 1 Nr. 4).

IV. Sanktionen bei Nichtbeachtung

Die Verletzung von § 244 stellt gem. § 334 Abs. 1 Nr. 1 eine Ordnungswidrigkeit dar **6** und kann nach § 334 Abs. 3 mit einer Geldbuße bis zu 50.000 EUR geahndet werden.

---

[1]   Vgl. ADS Rn. 4.
[2]   Vgl. ADS Rn. 4; BeBiKo/Justenhoven/Meyer Rn. 7.
[3]   Vgl. ADS Rn. 1.
[4]   Vgl. ADS Rn. 7.

V. Regelungen nach IFRS

7   IFRS enthalten keine Regelung zur Sprache. Bezüglich der Währung wird im Zusammenhang mit Wechselkursänderungen zwischen der Darstellungswährung und der funktionalen Währung unterschieden (IAS 21.8). Bei Auseinanderfallen von funktionaler und Darstellungswährung muss eine Umrechnung der Vermögens-, Finanz- und Ertragslage in die Darstellungswährung erfolgen.[5] Für deutsche Unternehmen folgt aus IAS 21 keine zwingende Anwendung des EUR als Berichtswährung. Dies ergibt sich aber aus § 315e Abs. 1 iVm § 298 Abs. 1 und § 244.[6]

§ 245 Unterzeichnung

[1]Der Jahresabschluß ist vom Kaufmann unter Angabe des Datums zu unterzeichnen. [2]Sind mehrere persönlich haftende Gesellschafter vorhanden, so haben sie alle zu unterzeichnen.

Schrifttum: Erle, Unterzeichnung und Datierung des Jahresabschlusses bei Kapitalgesellschaften, WPg 1987, 637; Küting/Kaiser, Aufstellung oder Feststellung: Wann endet der Wertaufhellungszeitpunkt?, WPg 2000, 577; Oser/Eisenhardt, Zur Unterzeichnungspflicht von Jahresabschlüssen im Fall von Meinungsverschiedenheiten zwischen den Geschäftsführern einer GmbH, DB 2011, 717.

I. Zweck

1   Mit der Unterzeichnung des Jahresabschlusses dokumentiert der Kaufmann die Abgabe der in ihm enthaltenen Aussagen; die Unterzeichnung hat Beweisfunktion.[1] Der Unterzeichnende übernimmt die Verantwortung für die Richtigkeit und Vollständigkeit des unterschriebenen Abschlusses.[2]

2   Die Unterzeichnung ist eine öffentlich-rechtliche Verpflichtung, die höchstpersönlich wahrgenommen werden muss. Vertretung und faksimilierte Unterschrift genügen nicht.[3]

Schrifttum Vermögensgegenstände: Babel, Ansatz und Bewertung von Nutzungsrechten, 1997; Bareis/Brönner, Die Bilanz nach Handels- und Steuerrecht, 9. Aufl. 1991; BFA 1/1966, Pensionsgeschäfte mit eigenen Emissionen, WPg 1966, 159; Clausen, Zur Bilanzierung von Nutzungsverhältnissen (insbesondere Miete, Pacht, Nießbrauch, Lizenzen), JbFSt 1976/77, 1977, 120; Euler, Zur wirtschaftlichen Betrachtungsweise bei Wirtschaftsgütern des immateriellen Anlagevermögens, FS Ballwieser, 2014, 143; Fabri, Grundsätze ordnungsmäßiger Bilanzierung entgeltlicher Nutzungsverhältnisse, 1986; Fülling, Grundsätze ordnungsmäßiger Bilanzierung für Vorräte, 1976; Groh, Einlegung und Ausschüttung immaterieller Wirtschaftsgüter, StbJb 1988/89, 1989, 187; Gschwendtner, Mietereinbauten als Vermögensgegenstand und Wirtschaftsgut im Sinne des Handels- und Steuerbilanzrechts, FS Beisse, 1997, 215; Haas, Gesellschaftsrechtliche Kriterien zur Sacheinlagefähigkeit von obligatorischen Nutzungsrechten, FS Döllerer, 1988, 169; Hinz, Bilanzierung von Pensionsgeschäften, BB 1991, 1153; Hommel, Vermögenszurechnung und Ertragsrealisation nach HGB und IFRS, FS Ballwieser, 2014, 347; Hommel, Bilanzierung immaterieller Anlagewerte, 1998; Jahn, Pensionsgeschäfte und ihre Behandlung im handelsrechtlichen Jahresabschluß von Kapitalgesellschaften, 1990; Jorde/Wetzel, Bilanzierung von Dividenden bei Personenhandelsgesellschaften, WPg 1995, 444; Knapp, Was darf der Kaufmann als seine Vermögensgegenstände bilanzieren?, DB 1971, 1121; Körner/Weiken, Wirtschaftliches Eigentum nach § 5 Abs. 1 S. 1 EStG, BB 1992, 1033; Körner/Weiken, Aktivierung und Absetzung für Substanzverringerung bei Entdeckung von Bodenschätzen, BB 1988, 1006; Küppers, Der Firmenwert in Handels- und Steuerbilanz nach Inkrafttreten des Bilanzrichtlinien-Gesetzes – Rechtsnatur und bilanzpolitische Spielräume, DB 1986, 1633; Kußmaul, Nutzungsrechte an Grundstücken in Handels- und Steuerbilanz, 1987; Kußmaul, Sind Nutzungsrechte Vermögensgegenstände bzw. Wirtschaftsgüter?, BB 1987, 2053; Kusterer, Handelsrechtliche Bilanzierung von Bauten auf fremdem Grund und Boden, DStR 1996, 438; Lamers, Aktivierungsfähigkeit und Aktivierungspflicht immaterieller Werte, 1981; Ley, Der Begriff „Wirtschaftsgut" und seine Bedeutung für die Aktivierung, 2. Aufl. 1987; Lorenz, Wirtschaftliche Vermögenszugehörigkeit im Bilanzrecht, 2002; Lutz, Der Vermögensgegenstand – ein Abbild der Gewinnerwartung?, in IDW, Neuorientierung der Rechen-

---

[5]   Vgl. IAS 21.38; weitere Angabepflichten regelt IAS 21.53.
[6]   Vgl. Haufe IFRS-Komm/Lüdenbach/Hoffmann/Freiberg § 27 Rn. 8 ff.
[1]   Vgl. BeBiKo/Justenhoven/Meyer Rn. 15.
[2]   Vgl. ADS Rn. 1; HdR/Ellerich Rn. 1.
[3]   Vgl. BeBiKo/Justenhoven/Meyer Rn. 9; HdR/Ellerich/Swart Rn. 5.

schaftslegung, 1995, 81; Mathews, Bilanzierung von Treuhandvermögen, BB 1992, 738; Mathews, Das Treu-
handvermögen und der Gesetzentwurf zur Durchführung der EG-Richtlinie, BB 1989, 435; Mathews, Die
Behandlung von Treuhandverhältnissen im Bilanzrichtlinien-Gesetz, BB 1987, 642; Meyer-Scharenberg, Sind
Nutzungsrechte Wirtschaftsgüter?, BB 1987, 874; Mörstedt, Wann ist der Anspruch auf den Gewinn aus
einer Kapitalgesellschaft zu aktivieren?, DStR 1997, 1225; Moxter, Zur bilanzrechtlichen Behandlung von
Mietereinbauten nach der neueren höchstrichterlichen Rechtsprechung, BB 1998, 259; Roland, Der Begriff
des Vermögensgegenstandes im Sinne der handels- und aktienrechtlichen Rechnungslegungsvorschriften,
1980; Roß, Gemeinsamkeiten und Unterschiede handels- und steuerrechtlicher Aktivierungskonzeptionen,
in Baetge, Rechnungslegung und Prüfung 1996, 231; Roß, Rechtsgeschäftliche Treuhandverhältnisse im
Jahres- und Konzernabschluß, 1994; Tiedchen, Der Vermögensgegenstand im Handelsbilanzrecht, 1991; von
Treuberg/Scharpf, Pensionsgeschäfte und deren Behandlung im Jahresabschluß von Kapitalgesellschaften nach
§ 340b HGB, DB 1991, 1233; Werndl, Wirtschaftliches Eigentum: Grundsätzliche Betrachtungen über die
Zurechnung von Wirtschaftsgütern im Steuerrecht, 1983; Westerfelhaus, Zwei-Stufen-Ermittlung zum bilanzierungsfähigen Vermögensgegenstand, DB 1998, 885; Wichmann, Der Vermögensgegenstand als Bilanzierungsobjekt nach dem HGB, DB 1988, 192; Winter, Aktivierungsfähigkeit von Finanzderivaten, BB 1996,
2083.

II. Unterzeichnungsobjekt und Datum

Die Unterschrift schließt den Jahresabschluss räumlich ab. Der Jahresabschluss ist für **3**
den Kaufmann Bilanz und GuV (§ 242 Abs. 3), für die Kapitalgesellschaft Bilanz, GuV und
(grds. nur) Anhang (§ 264 Abs. 1 S. 1 und 2). Die zum Jahresabschluss gehörenden Papiere
sind so miteinander zu verbinden, dass eine nachträgliche Trennung sichtbar wird.[4] Andernfalls ist jeder einzelne Teil des Jahresabschlusses zu unterzeichnen,[5] um die Beweisfunktion
zu erfüllen.

Die Unterzeichnungspflicht gilt analog für die Eröffnungsbilanz (§ 242 Abs. 1 S. 2) und **4**
den Konzernabschluss (§ 298 Abs. 1), nicht jedoch für den Lagebericht.[6] Zur Erfüllung der
Beweisfunktion ist aber auch dessen Unterzeichnung sinnvoll.[7]

Ob der aufgestellte oder der festgestellte Jahresabschluss unterzeichnet werden muss, **5**
wird unterschiedlich beurteilt.[8] Üblich und zweckgerecht erscheint die Unterzeichnung
des festgestellten, für den Kaufmann verbindlichen Jahresabschlusses.[9] Seine Unterzeichnung
macht zB neue Unterschriften, die bei üblichen Änderungen nach der Aufstellung nötig
werden würden, überflüssig. Bei der Zusammenfassung von Konzernanhang und Anhang
der Muttergesellschaft (§ 298 Abs. 2) reicht eine Unterschrift.[10]

Unterzeichnet werden muss das Original des Jahresabschlusses. Dieses hat der Kaufmann **6**
gem. § 257 Abs. 1 selbst aufzubewahren. Offenlegungspflichtige Kapitalgesellschaften müssen den Jahresabschluss gem. § 325 Abs. 1 so beim Betreiber des Bundesanzeigers elektronisch einreichen, dass er den maßgeblichen Vorschriften für die Aufstellung entspricht.
Wenn keine öffentlich beglaubigte Abschrift des Originals eingereicht wird, ist das zum
Handelsregister einzureichende Exemplar ebenfalls zu unterzeichnen.[11]

Bei der Unterzeichnung ist das Datum anzugeben. Es muss aus Gründen der Beweis- **7**
funktion Tag, Monat und Jahr enthalten.

III. Unterzeichnungspflichtige

Unterzeichnungspflichtig ist der Kaufmann. Damit stimmt der Kreis der Unterzeich- **8**
nungspflichtigen mit demjenigen der Buchführungspflichtigen gem. § 238 überein
(→ § 238 Rn. 2 ff.). Unterzeichnen müssen bei einem Einzelhandelsgeschäft der Einzelkaufmann, bei einer OHG alle Gesellschafter, bei einer KG alle Komplementäre, bei einer
AG und Genossenschaft alle Vorstände, bei einer KGaA alle persönlich haftenden Gesell-

---

[4]   Vgl. Maluck/Göbel WPg 1978, 625.
[5]   Vgl. ADS Rn. 6; HdR/Ellerich/Swart Rn. 10.
[6]   Vgl. HKMS/Schüppen Rn. 5; aA Strieder DB 1998, 1679.
[7]   Vgl. ADS Rn. 3; BeBiKo/Störk/Rimmelspacher § 264 Rn. 15; HKMS/Schüppen Rn. 5.
[8]   Vgl. die Argumente bei ADS Rn. 7; HdR/Ellerich/Swart Rn. 13, jeweils mwN.
[9]   Vgl. BGH BeckRS 2009, 10067; ADS Rn. 8; BeBiKo/Justenhoven/Meyer Rn. 10; Hopt/Merkt Rn. 1.
[10] Vgl. ADS Rn. 3; HdR/Ellerich/Swart Rn. 17.
[11] Vgl. ADS Rn. 4; HdR/Ellerich/Swart Rn. 11.

schafter, bei einer GmbH sämtliche Geschäftsführer, bei einer GmbH & Co. KG die GmbH, für die sämtliche Geschäftsführer handeln.[12] Die jeweilige Eigenschaft der Unterzeichnungspflichtigen muss zum Zeitpunkt der Erstellung bzw. Feststellung des Jahresabschlusses vorliegen.[13]

IV. Regelung nach IFRS

9 Die IFRS enthalten keine entsprechenden Anforderungen.

Zweiter Titel. Ansatzvorschriften

§ 246 Vollständigkeit. Verrechnungsverbot

1) [1]**Der Jahresabschluss hat sämtliche Vermögensgegenstände, Schulden, Rechnungsabgrenzungsposten sowie Aufwendungen und Erträge zu enthalten, soweit gesetzlich nichts anderes bestimmt ist.** [2]**Vermögensgegenstände sind in der Bilanz des Eigentümers aufzunehmen; ist ein Vermögensgegenstand nicht dem Eigentümer, sondern einem anderen wirtschaftlich zuzurechnen, hat dieser ihn in seiner Bilanz auszuweisen.** [3]**Schulden sind in die Bilanz des Schuldners aufzunehmen.** [4]**Der Unterschiedsbetrag, um den die für die Übernahme eines Unternehmens bewirkte Gegenleistung den Wert der einzelnen Vermögensgegenstände des Unternehmens abzüglich der Schulden im Zeitpunkt der Übernahme übersteigt (entgeltlich erworbener Geschäfts- oder Firmenwert), gilt als zeitlich begrenzt nutzbarer Vermögensgegenstand.**

(2) [1]**Posten der Aktivseite dürfen nicht mit Posten der Passivseite, Aufwendungen nicht mit Erträgen, Grundstücksrechte nicht mit Grundstückslasten verrechnet werden.** [2]**Vermögensgegenstände, die dem Zugriff aller übrigen Gläubiger entzogen sind und ausschließlich der Erfüllung von Schulden aus Altersversorgungsverpflichtungen oder vergleichbaren langfristig fälligen Verpflichtungen dienen, sind mit diesen Schulden zu verrechnen; entsprechend ist mit den zugehörigen Aufwendungen und Erträgen aus der Abzinsung und aus dem zu verrechnenden Vermögen zu verfahren.** [3]**Übersteigt der beizulegende Zeitwert der Vermögensgegenstände den Betrag der Schulden, ist der übersteigende Betrag unter einem gesonderten Posten zu aktivieren.**

(3) [1]**Die auf den vorhergehenden Jahresabschluss angewandten Ansatzmethoden sind beizubehalten.** [2]**§ 252 Abs. 2 ist entsprechend anzuwenden.**

Schrifttum Allgemein: Bieg, Schwebende Geschäfte in Handels- und Steuerbilanz, 1977; Böcking, Betriebswirtschaftslehre und wirtschaftliche Betrachtungsweise im Bilanzrecht, FS Beisse, 1997, 85; Brezing, „True and Fair View", Vollständigkeitsgebot und Ausweis des „vollen Gewinns", DB 1981, 701; Döller, Handelsbilanz und Steuerbilanz nach dem Bilanzrichtlinien-Gesetz, in Mellwig/Moxter/Ordelheide, Einzelabschluß und Konzernabschluß, 1988, 91; Döllerer, Bilanz des Unternehmens oder des Betriebs?, BB 1981, 25; Ekkenga, Gibt es „wirtschaftliches Eigentum" im Handelsbilanzrecht?, ZGR 1997, 262; Ehmcke, Bilanzierung von Forderungen und Verbindlichkeiten in Handels- und Steuerbilanz, DStZ 1995, 691; Freericks, Bilanzierungsfähigkeit und Bilanzierungspflicht in Handels- und Steuerbilanz, 1976; Gelhausen/Fey/Kämpfer, Rechnungslegung und Prüfung nach dem Bilanzrechtsmodernisierungsgesetz, 2009; Gruber, Der Bilanzansatz in der neueren BFH-Rechtsprechung, 1991; Haas, Das Verhältnis des Zivilrechts zum Steuerrecht und das wirtschaftliche Eigentum in der Rechtsprechung des Bundesfinanzhofs, DStZ 1975, 363; Herrmann, Zur Bilanzierung bei Personenhandelsgesellschaften, WPg 1994, 500; IDW ERS HFA 7 nF, Handelsrechtliche Rechnungslegung bei Personenhandelsgesellschaften, IDW Life 2017, 321; IDW RS HFA 18, Bilanzierung von Anteilen an Personenhandelsgesellschaften im handelsrechtlichen Jahresabschluss, IDW-FN 2012, 24; IDW RS HFA 38, Ansatz- und Bewertungsstetigkeit im handelsrechtlichen Jahresabschluss, IDW-FN 2011, 560; Kammann, Stichtagsprinzip und zukunftsorientierte Bilanzierung, 1988; Körner, Die wirtschaftliche Betrachtungsweise im Bilanzsteuerrecht, BB 1974, 797; Küting, Die Erfassung von erhaltenen und gewährten

---

12 Vgl. BeBiKo/Justenhoven/Meyer Rn. 5.
13 Vgl. HdR/Ellerich/Swart Rn. 4.

Zuwendungen im handelsrechtlichen Jahresabschluß, DStR 1996, 276, 313; Küting/Tesche, Wirtschaftliche Zurechnung, in Küting/Pfitzer/Weber, Das neue deutsche Bilanzrecht, 2. Aufl. 2009, 183; Raupach/Herrmann/Heuer, Aktivierung und Passivierung bei wichtigen Rechtsverhältnissen, 1986; D. Schneider, Betriebswirtschaftslehre, Bd. 2: Rechnungswesen, 2. Aufl. 1997; D. Schneider, Bilanzrechtsprechung und wirtschaftliche Betrachtungsweise, BB 1980, 1225; Wiedmann, Die Bewertungseinheit im Handelsrecht, FS Moxter, 1994, 453; Woerner, Grundsatzfragen zur Bilanzierung schwebender Geschäfte, FR 1984, 489.

Schrifttum Leasinggegenstände: Arbeitskreis „Leasing" der Gesellschaft für Finanzwirtschaft in der Unternehmensführung e. V. (GEFIU), Die Behandlung von Leasingverträgen in der Rechnungslegung, DB 1995, 333; Baetge/Ballwieser, Ansatz und Ausweis von Leasing-Objekten in Handels- und Steuerbilanz, DBW 1978, 3; Bähr/Weigell, Auswirkungen der vorzeitigen Kündigung eines Leasingvertrags im Jahresabschluß, DB 1989, 1633; Bink, Bilanzierung bei der Forfaitierung von Leasing-Restwertansprüchen, DB 1994, 1304; Bink, Teilwert bei Leasinggütern?, DB 1989, 1984; Bink, Bilanzierung bei der Forfaitierung von Leasingforderungen, DB 1987, 1106; Blauberger, Die sachgerechte Auflösung des passiven Rechnungsabgrenzungspostens aus der Forfaitierung von Leasingforderungen, DStR 1994, 148; Döllerer, Leasing – wirtschaftliches Eigentum oder Nutzungsrecht?, BB 1971, 535; Fahrholz, Leasing in der Bilanz, 1979; Forster, Grundsätze für die Abgrenzung von Leasingraten, FS Döllerer, 1988, 147; Grewe, Grundfragen der Bilanzierung beim Leasinggeber, WPg 1990, 161; Hastedt, Gewinnrealisation beim Finanzierungs-Leasing, 1992; Havermann, Leasing: Eine betriebswirtschaftliche, handels- und steuerrechtliche Untersuchung, 1965; Helmschrott, Leasinggeschäfte im Handels- und Steuerbilanz, 1997; HWR/Mellwig, Leasing, Sp. 1347; Knaus, Passivierungsverbot bei Rückzahlungspflichten des Leasinggebers?, BB 1988, 666; IDW HFA 1/1989, Zur Bilanzierung beim Leasinggeber, WPg 1989, 625; Köhlertz, Die Bilanzierung von Leasing, 1989; Leffson, Die Darstellung von Leasingverträgen im Jahresabschluß, DB 1976, 637; Milatz, Forfaitierung von Andienungsrechten bei Teilamortisations-Mobilien-Leasingverträgen, DB 1996, 841; Pinkos, Rechtssicherheit gefragt: Anmerkungen zum neuen Leasingerlaß der Finanzverwaltung, DB-Beil. 7/1992, 20; Runge, Leasing im Steuerrecht des letzten Jahrzehnts, DB 1990, 959; Schimmelschmidt/Happe, Off-Balance-Sheet-Finanzierung am Beispiel der Bilanzierung von Leasingverträgen im Einzelabschluss und im Konzernabschluss nach HGB, IFRS und US-GAAP, DB-Beil. 9/2004 zu Heft 48; Schirduan, Finanzierungs-Leasing in der Bilanz des Leasinggebers, 1994; Schnoor, Ist Paragraph 251 HGB (Bestellung von Sicherheiten für fremde Verbindlichkeiten) nicht auf Leasinggesellschaften anzuwenden?, DB 1988, 2421; Schulz, Wirtschaftliches Eigentum beim Immobilien-Leasing, BB 1986, 2173; Stobbe, Ist der Maßgeblichkeitsgrundsatz bei der Zurechnung des wirtschaftlichen Eigentums anwendbar?, BB 1990, 518; Stoll, Leasing: Steuerrechtliche Beurteilungsgrundsätze, 2. Aufl. 1977; Tacke, Tendenzen des Software-Leasing, DB-Beil. 7/1991, 6; Tonner, Leasing im Steuerrecht, 6. Aufl. 2014.

Schrifttum Eigenkapital: → § 247 Rn. 1.

Schrifttum Schulden: Bigus, Zur bilanziellen Abgrenzung von Eigen- und Fremdkapital, BFuP 2007, 7; Christiansen, Das Erfordernis der wirtschaftlichen Verursachung ungewisser Verbindlichkeiten vor dem Hintergrund der Rechtsprechung des Bundesfinanzhofs – Versuch einer kritischen Analyse, BFuP 1994, 25; Döllerer, Zur Bilanzierung des schwebenden Vertrags, BB 1974, 1541; Eifler, Grundsätze ordnungsmäßiger Bilanzierung für Rückstellungen, 1976; Glaubig, Grundsätze ordnungsmäßiger Bilanzierung für Dauerrechtsverhältnisse, 1993; Graf v. Kanitz, Rechnungslegung bei Personenhandelsgesellschaften – Anmerkungen zu IDW RS HFA 7, WPg 2003, 324; Gosch, Einige Bemerkungen zur aktuellen bilanzrechtlichen Rechtsprechung des I. Senats des BFH, DStR 2002, 977; Hüttemann, Grundsätze ordnungsmäßiger Bilanzierung für Verbindlichkeiten, 2. Aufl. 1976; HWR/Sigloch, Schulden, Sp. 1769; IDW RS HFA 7 nF, Handelsrechtliche Rechnungslegung bei Personenhandelsgesellschaften, IDW Life 2018, 258; Korth, Zur Aufwands- und Ertragskompensation bei Rückstellungen, FS Claussen, 1997, 639; Kußmaul, Kapitalersatz: Der Rangrücktritt in der Krise?, DB 2002, 2258; Matschke/Schellhorn, Gibt es einen neuen Verbindlichkeitsbegriff?, FS Sieben, 1998, 447; Moxter, Neue Ansatzkriterien für Verbindlichkeitsrückstellungen?, DStR 2004, 1057, 1098; Moxter, Rückstellungskriterien im Streit, ZfbF 1995, 311; Moxter, Rückstellungen: Neuere höchstrichterliche Rechtsprechung, in Baetge, Rückstellungen in der Handels- und Steuerbilanz, 1990, 1; Ossendot, Die Bildung von Rückstellungen für Rekultivierung, Sanierung und Nachsorge bei oberirdischen Deponien nach Handels- und Steuerrecht, 1996; Schulze zur Wiesch, Zur Bilanzierung von typischen stillen Beteiligungen, FS Budde, 1995, 579; Siegel, Rückstellungsbildung nach dem Going-Concern-Prinzip – eine unzweckmäßige Innovation, DStR 2002, 1636; Siegel, Das Realisationsprinzip als allgemeines Periodisierungsprinzip?, BFuP 1994, 1; Thies, Rückstellungen als Problem der wirtschaftlichen Betrachtungsweise, 1996; Wassermeyer, Aktuelle Rechtsprechung des I. Senats des BFH – Inhalt und Auswirkungen, WPg 2002, 10; Weber-Grellet, Realisationsprinzip und Belastungsprinzip – Zum zeitlichen Ausweis von Ertrag und Aufwand, DB 2002, 2180; Woerner, Zeitpunkt der Passivierung von Schulden und Verbindlichkeitsrückstellungen, FS Moxter, 1994, 483; Woerner, Der schwebende Vertrag im Gefüge der Grundsätze ordnungsmäßiger Bilanzierung – Vollständigkeitsgebot, Vorsichtsprinzip, Realisationsprinzip, in Mellwig/Moxter/Ordelheide, Handelsbilanz und Steuerbilanz, 1989, 33; Woerner, Die Gewinnrealisierung bei schwebenden Geschäften – Vollständigkeitsgebot, Vorsichts- und Realisationsprinzip, BB 1988, 769.

Schrifttum Rechnungsabgrenzungsposten: → § 250 Rn. 1.

Schrifttum Verrechnungsverbot: HuRB/Ebke Verrechnungsverbot 365.

Schrifttum GuV: Beck HdR/Castan/Böcking, Gliederung der Gewinn- und Verlustrechnung, 2016, B 300; Förschle/Kropp, Mindestinhalt der Gewinn- und Verlustrechnung für Einzelkaufleute und Personenhandelsgesellschaften, DB 1989, 1037.

Schrifttum Altersversorgungsverpflichtungen und Deckungsvermögen: Hasenburg/Hausen, Zur Umsetzung der HGB-Modernisierung durch das BilMoG: Bilanzierung von Altersversorgungsverpflichtungen (insbesondere aus Pensionszusagen) und vergleichbaren langfristig fälligen Verpflichtungen unter Einbeziehung der Verrechnung mit Planvermögen, DB-Beil. 5/2009, 28; Höfer/Rhiel/Veit, Die Rechnungslegung für betriebliche Altersversorgung im Bilanzrechtsmodernisierungsgesetz (BilMoG), DB 2009, 1605; IDW RS HFA 30, Handelsrechtliche Bilanzierung von Altersversorgungsverpflichtungen, IDW Life 2017, 102; Küting/Kessler/Keßler, Bilanzierung von Pensionsverpflichtungen, in Küting/Pfitzer/Weber, Das neue deutsche Bilanzrecht, 2. Aufl. 2009, 339; Reitmeier/Peun/Schönberger, Anwendungsfragen zur handelsrechtlichen Bilanzierung von Altersversorgungsverpflichtungen. Mehr als nur Klarstellungen – Die Neufassung von IDW RS HFA 30, WPg 2017, 813.

Schrifttum IFRS: Ballwieser, IFRS-Rechnungslegung. Konzept, Regeln und Wirkungen, 3. Aufl. 2013; Ballwieser, Die Konzeptionslosigkeit des International Accounting Standards Board (ISAB), FS Röhricht, 2005, 727; Barckow/Schmidt, Abgrenzung von Eigenkapital und Fremdkapital – Der Entwurf des IASB zu Änderungen an IAS 32, WPg 2006, 950; Cairns, IASC – Individual Accounts, in Ordelheide/KPMG, Transnational Accounting, Vol. 2, 2001, 1661; Götz/Spanheimer, Nutzungsrechte im Anwendungsbereich von IAS 17, BB 2005, 259; Hachmeister, Verbindlichkeiten nach IFRS – Bilanzierung von kurz- und langfristigen Verbindlichkeiten, Rückstellungen und Eventualschulden, 2006; Hommel, Vermögenszurechnung und Ertragsrealisation nach HGB und IFRS, FS Ballwieser, 2014, 347; Kampmann, Zur aktuellen Diskussion um die Abgrenzung von Eigen- und Fremdkapital in der internationalen Rechnungslegung: Abkehr von der dichotomen Kapitalgliederung als Lösungsansatz?, KoR 2007, 185; KPMG Deutsche Treuhand-Gesellschaft, Eigenkapital versus Fremdkapital nach IFRS, 2006; Kümpel, Vorratsbewertung und Auftragsfertigung nach IFRS – Grundlagen, Bewertungsverfahren und Folgebewertung, 2005; Kümpel/Becker, Leasing nach IFRS – Beurteilung, Bilanzierung und Berichtspflichten, 2006; Küting/Hellen/Koch, Das Leasingverhältnis: Begriffsabgrenzung nach IAS 17 und IFRIC 4 sowie kritische Würdigung, KoR 2006, 649; Matena, Bilanzielle Vermögenszurechnung nach IFRS, 2004; Mellwig, Die bilanzielle Darstellung von Leasingverträgen nach den Grundsätzen des IASC, DB-Beil. 12/1998; Mellwig/Weinstock, Die Zurechnung von mobilen Leasingobjekten nach deutschem Handelsrecht und den Vorschriften des IASC, DB 1996, 2345; Scheffler, Eigenkapital im Jahres- und Konzernabschluss nach IFRS – Abgrenzung, Konsolidierung, Veränderung, 2006; Schildbach, Das Eigenkapital deutscher Unternehmen im Jahresabschluss nach IFRS – Analyse eines Problems, BFuP 2006, 325; Vater, Bilanzierung von Leasingverhältnissen nach IAS 17: Eldorado bilanzpolitischer Möglichkeiten, DStR 2002, 2094; Weinstock, Die Bilanzierung von Leasingverträgen nach IASC, 2000.

Übersicht

I. Normzweck

1. GoB-Konkretisierung. § 246 konkretisiert wichtige GoB: das Vollständigkeitsgebot, die wirtschaftliche Betrachtungsweise und das Verrechnungsverbot. Sie dienen der Dokumentationsaufgabe der Rechnungslegung, der richtigen Ermittlung der Ausschüttungsbemessungsrichtgröße und der geforderten Rechenschaft und darüber hinausgehenden Information über die Vermögens-, Finanz- und Ertragslage des Kaufmanns (→ § 243 Rn. 4 f.). **1**

Das Vollständigkeitsgebot und das Verrechnungsverbot beziehen sich auf den Jahresabschluss des Kaufmanns, dh Bilanz und GuV (§ 242 Abs. 3). Die wirtschaftliche Betrachtungsweise äußert sich in Abs. 1 S. 2, wonach der Nichteigentümer einen Vermögensgegenstand in seiner Bilanz ausweisen muss, wenn er ihm wirtschaftlich zuzurechnen ist. Trotz der im Wortlaut nicht eindeutigen Regelung, wonach Schulden in die Bilanz des Schuldners aufzunehmen sind (Schuldner im Rechtssinne oder Schuldner im wirtschaftlichen Sinne?), geht die wirtschaftliche Betrachtungsweise über die Aktivseite hinaus, weil nicht nur Schulden im Rechtssinne, dh mit anspruchsberechtigtem Dritten, sondern auch rein faktische Verpflichtungen passiviert werden müssen. Das macht insbesondere die in § 249 Abs. 1 S. 2 Nr. 2 enthaltene Ansatzpflicht für Gewährleistungen ohne rechtliche Verpflichtung (Kulanzen) deutlich. **2**

2. Vollständigkeitsgebot. Bilanz und GuV müssen vollständig sein, soweit gesetzlich nichts anderes bestimmt ist. Zu Ausnahmen der Vollständigkeit → Rn. 96 ff. **3**

Inhalt der Bilanz sind Vermögensgegenstände, Schulden, Rechnungsabgrenzungsposten und, als Saldo, das Eigenkapital (§ 247 Abs. 1). Nur auf diese Posten bezieht sich das Vollständigkeitsgebot. Tatsächlich kann der Bilanzinhalt über die genannten Posten hinausgehen. Das Gesetz kennt ein Ansatzwahlrecht für aktive latente Steuern (§ 274 Abs. 1 S. 2), die **4** noch bis zum Inkrafttreten des BilMoG explizit als Bilanzierungshilfe bezeichnet wurden (§ 274 Abs. 2 S. 1 aF), die Ansatzpflicht für passive latente Steuern (§ 274 Abs. 1 S. 1), die nicht mehr unter Rückstellungen, sondern in einem eigenen Posten (§ 266 Abs. 3 E.) auszuweisen sind und nach der Begründung des BilMoG-RegE einen „Sonderposten eigener Art"[1] darstellen, und weitere, nicht näher ausgeführte Sonderposten (vgl. auch die Aufzählung in § 300 Abs. 1 S. 2 zur Kapitalkonsolidierung im Konzernabschluss). Letztere beziehen sich zB auf den in § 246 Abs. 2 S. 3 durch das BilMoG neu geschaffenen aktiven Unterschiedsbetrag aus der Vermögensverrechnung und den schon früher in § 268 Abs. 3 geregelten Posten „Nicht durch Eigenkapital gedeckter Fehlbetrag". Anders als diese Sonderposten sind die Ansatzwahlrechte für selbst geschaffene immaterielle Vermögensgegenstände des Anlagevermögens (§ 248 Abs. 2 S. 1) und für das Disagio (§ 250 Abs. 3 S. 1) zu sehen. Sie erfüllen die Eigenschaften von Vermögensgegenständen oder Rechnungsabgrenzungsposten und werden explizit vom Vollständigkeitsgebot ausgenommen. Sonderposten begründen hingegen über Vermögensgegenstände, Schulden und Rechnungsabgrenzungsposten hinausgehende Bilanzposten. Weiterhin gibt es uU Korrekturposten zu Aktiva, zB den Anschaffungskosten eines Vermögensgegenstandes auf der Passivseite gegenübergestellte Zuschüsse.

5   Dem Vollständigkeitsgebot wird bereits Genüge getan, wenn ein Vermögensgegenstand mit seinem Erinnerungsposten erscheint.[2]

6   Inhalt der GuV sind Aufwendungen und Erträge und, als Saldo, der Erfolg, dh Gewinn oder Verlust. Auch hier geht der Inhalt über die genannten Posten hinaus. → Rn. 122 zu Gewinn- und Verlustvorträgen und zu Entnahmen aus und Einstellungen in Rücklagen (§ 275 Abs. 4). Die vollständige Erfassung der Aufwendungen und Erträge ist geboten, um die Eigenkapitaländerungen der Periode richtig abzubilden.

7   **3. Wirtschaftliche Betrachtungsweise.** Die Forderung nach vollständiger Erfassung der Vermögensgegenstände, Schulden und Rechnungsabgrenzungsposten in der Bilanz lässt offen, was diese Posten inhaltlich auszeichnet und wer sie wann anzusetzen hat. Notwendig werden sachliche, persönliche und zeitliche Zuordnungsregeln. Die persönliche Zuordnung wird in Abs. 1 S. 2 und 3 konkretisiert: Auch wenn grds. der Eigentümer den Vermögensgegenstand aktiviert, wird dieser Grundsatz durchbrochen, wenn der Vermögensgegenstand ihm wirtschaftlich nicht zuzurechnen ist. Gleichermaßen durchbricht § 249 Abs. 1 S. 2 Nr. 2 eine rein formalrechtliche Betrachtungsweise von Schulden.

8   Abs. 1 S. 2 konkretisiert einerseits eine wirtschaftliche Betrachtungsweise, die im Gegensatz zu einer denkbaren formalrechtlichen Betrachtungsweise steht, die auf das Eigentum als Zuordnungsregel für zu aktivierende Vermögensgegenstände abstellt. Sie ist andererseits Resultat des Realisationsprinzips als maßgebliche Gewinnermittlungsnorm (§ 252 Abs. 1 Nr. 4). Gewinnbeiträge gelten danach grundsätzlich mit Lieferung oder Leistung als realisiert (→ § 243 Rn. 24 ff., → § 252 Rn. 63 ff.). Zu diesem Zeitpunkt bucht der Lieferant seinen Umsatzerlös ein und seinen Vermögensgegenstand aus. Da dies auch für unter Eigentumsvorbehalt gelieferte Vermögensgegenstände gilt, muss der Empfänger den gelieferten Gegenstand aktivieren. Andernfalls würde der Lieferant Forderung und Vermögensgegenstand zugleich ausweisen. Bei sicherungsübereigneten Vermögensgegenständen hat der Erwerber des Gegenstands einen Kredit aufgenommen und dafür Geld erhalten. Der Tausch des Geldes in den damit erworbenen Vermögensgegenstand muss beim Käufer erfolgen. Der Kreditgeber hat bereits die Forderung gegenüber dem Kreditnehmer aktiviert und kann nicht noch den mit dem Kredit erworbenen Vermögensgegenstand ausweisen. Entsprechendes gilt für verpfändete Vermögensgegenstände.[3]

9   **4. Verrechnungsverbot.** Während das Vollständigkeitsgebot und die wirtschaftliche Betrachtungsweise die Höhe des Gewinns festlegen, bestimmt das Verrechnungsverbot die

---

[1]   BR-Drs. 344/08, 146; Petersen/Zwirner BilMoG S. 226.
[2]   Vgl. Kirsch, Rechnungslegung Kommentar 1994 Rn. 41; BeBiKo/Justenhoven/Meyer Rn. 3.
[3]   Vgl. Bareis/Brönner, Die Bilanz nach Handels- und Steuerrecht, 9. Aufl. 1991, Rn. 232; Schmidt/Weber-Grellet EStG § 5 Rn. 154; BeBiKo/Justenhoven/Meyer Rn. 31.

Darstellung der Gewinnermittlung. Posten der Aktivseite dürfen nicht mit Posten der Passivseite, Aufwendungen nicht mit Erträgen, Grundstücksrechte nicht mit Grundstückslasten verrechnet werden. Das dient der in § 243 Abs. 2 geforderten Klarheit des Jahresabschlusses und der damit verbundenen Pflicht zu gesondertem Ausweis und hinreichender Aufgliederung der Bilanzposten (§ 247 Abs. 1). Obwohl das Verrechnungsverbot – anders als das Vollständigkeitsgebot – keinen Hinweis auf Ausnahmen aufgrund gesetzlicher Vorschriften enthält, wird es zB bei der Ermittlung latenter Steuern außer Kraft gesetzt, wenn aktive und passive Steuerabgrenzungen saldiert werden (§ 274 Abs. 1 S. 1 und 2). Gleichermaßen sorgt die Verrechnung von Planvermögen mit Schulden aus Altersversorgungsverpflichtungen gem. Abs. 2 S. 2 und 3 für eine Ausnahme vom Verrechnungsverbot.

II. Vollständigkeit der Bilanz

1. Bilanzinhalt. Die Bilanz muss – vorbehaltlich von Ausnahmeregelungen – sämtliche **10** Vermögensgegenstände, Schulden, aktive und passive Rechnungsabgrenzungsposten sowie das Eigenkapital enthalten. Sie kann – wie in → Rn. 4 ausgeführt – Sonder- und Korrekturposten aufnehmen.

2. Sachliche Charakterisierung von Vermögensgegenständen. a) Betriebliche 11 und private Vermögensgegenstände. Sachlich ist nach betrieblichen und privaten Vermögensgegenständen zu unterscheiden; in der Bilanz des Kaufmanns ist nur Betriebsvermögen anzusetzen. Dies ergibt sich aus der Funktion, die Vermögenslage des Kaufmanns darzustellen (§ 238 Abs. 1, § 242 Abs. 1),[4] und aus der in § 5 Abs. 4 PublG enthaltenen Regelung, dass in die Bilanz einer nach diesem Gesetz publizitätspflichtigen Großunternehmung „das sonstige Vermögen des Einzelkaufmanns oder der Gesellschafter (Privatvermögen)" nicht aufgenommen werden darf. Personengesellschaften dürfen damit nur Gesamthandsvermögen ausweisen. Bei Kapitalgesellschaften stellt das gesamte in ihrem (wirtschaftlichen) Eigentum befindliche Vermögen Betriebsvermögen dar.

Das Handelsrecht verwendet den Ausdruck Betriebsvermögen nicht explizit, anders als **12** die § 4 Abs. 1 S. 1 EStG, § 5 Abs. 1 S. 1 EStG und §§ 95, 97 BewG. Steuerrechtlich werden notwendiges Betriebsvermögen, notwendiges Privatvermögen und gewillkürtes Betriebsvermögen unterschieden.[5] Bei unterstellter Deckungsgleichheit des handels- und steuerrechtlichen Vermögensausweises[6] sind handelsrechtlich das notwendige und das gewillkürte Betriebsvermögen vollständig zu erfassen (→ § 242 Rn. 9).

b) Eigenschaften von Vermögensgegenständen. aa) Gesetzeshinweise. Das **13** Gesetz unterscheidet Vermögensgegenstände und aktive Rechnungsabgrenzungsposten (§ 246 Abs. 1, § 247 Abs. 1). Innerhalb der Vermögensgegenstände sind zB Anlagevermögen vom Umlaufvermögen (§ 247 Abs. 1), immaterielle von materiellen (§ 248 Abs. 2) und abnutzbare Vermögensgegenstände von nicht abnutzbaren (§ 253 Abs. 2) Vermögensgegenständen zu trennen. Jedoch fehlt eine Legaldefinition für Vermögensgegenstände. Lediglich die Bilanzgliederung für Kapitalgesellschaften enthält in § 266 Abs. 2 Hinweise darauf, dass zu den Vermögensgegenständen Sachen, Rechte und Werte zählen können. Aus der fehlenden Legaldefinition resultiert ein Streit um die Merkmale von Vermögensgegenständen. Diskutiert werden insbesondere die selbstständige oder Einzelverkehrsfähigkeit,[7] die selbstständige oder Einzelverwertbarkeit,[8] die Einzelvollstreckbarkeit[9] und die Kriterien der

---

4   Krit. hierzu D. Schneider, Betriebswirtschaftslehre, Bd. 2: Rechnungswesen, 2. Aufl. 1997, 101.
5   Vgl. Schmidt/Loschelder EStG § 4 Rn. 34–53; Hopt/Merkt Rn. 24.
6   Vgl. aber Weber-Grellet SteuerBilanzR 6 f. zu möglichen Ansatz- und Bewertungsunterschieden zwischen Handels- und Steuerrecht.
7   Zust. Freericks, Bilanzierungsfähigkeit und Bilanzierungspflicht in Handels- und Steuerbilanz, 1976, S. 142 und 145; Wichmann DB 1988, 192.
8   Zust. ADS Rn. 28; Baetge/Kirsch/Thiele Bilanzen S. 162–165; Fabri, Grundsätze ordnungsmäßiger Bilanzierung entgeltlicher Nutzungsverhältnisse, 1986, S. 39 f.; Lamers, Aktivierungsfähigkeit und Aktivierungspflicht immaterieller Werte, 1981, S. 205–216.
9   Zust. Tiedchen, Der Vermögensgegenstand im Handelsbilanzrecht, 1991, S. 44–59.

Steuer-Rechtsprechung.[10] Die Abgrenzung wird insbesondere für die immateriellen Vermögensgegenstände nötig, weil sie im Allgemeinen die kritische Menge darstellen.

14   **bb) Einzelverkehrsfähigkeit.** Einzelverkehrsfähigkeit bedeutet, dass man einen Gegenstand einzeln beschaffen und einzeln veräußern kann. Zum Teil wird das Kriterium auf die Einzelveräußerbarkeit verengt.[11] Für die Einzelverkehrsfähigkeit werden das Realisationsprinzip,[12] der Gläubigerschutz[13] und die Objektivierungswirkung des Kriteriums[14] angeführt. Danach entsteht Gewinn aus dem Marktumsatz einzelner Güter, verlangt der Gläubigerschutz im Konkurs- wie Fortführungsfall einzelverkehrsfähige Güter und beschert die alternative Vorstellung, statt einzelverkehrsfähiger Güter „Ausgaben, die einen künftigen Nutzen stiften," zu aktivieren, den Rechnungslegenden zu viel Täuschungspotential.

15   Versteht man das Kriterium eng im Sinne der konkreten Einzelverkehrsfähigkeit, sind durch Vertrag oder Gesetz an der einzelnen Verkehrsfähigkeit gehinderte Posten, wie zB Gebäude, personengebundene Konzessionen und – bis zur Aufhebung des § 8 WZG durch das seit 1.1.1995 geltende MarkenG – das nicht isoliert handelbare Warenzeichenrecht, ebenso wenig Vermögensgegenstände wie der derivative Geschäfts- oder Firmenwert (Abs. 1 S. 4), der aus der Natur der Sache heraus nicht einzeln verkehrsfähig ist. Letzterer „gilt als zeitlich begrenzt nutzbarer Vermögensgegenstand" (Abs. 1 S. 4), wobei die Betonung nicht auf der zeitlichen Begrenzung liegen dürfte, sondern auf der Geltung als Vermögensgegenstand. Das ergibt sich insbesondere aus der Gesetzessystematik, wonach der derivative Geschäfts- oder Firmenwert nunmehr gegenüber § 255 Abs. 4 aF im Zusammenhang mit dem Vollständigkeitsgebot und damit unter Ansatzvorschriften anstelle von Bewertungsvorschriften geregelt wird. Um die mit den oben beispielhaft genannten Posten einhergehenden Beschränkungen des Vermögensgegenstandsbegriffs zu umgehen, hat die Literatur den Begriff der „abstrakten Einzelverkehrsfähigkeit" entwickelt.[15] Hiernach müssen die Posten nur „ihrer Natur nach" einzelverkehrsfähig sein; gesetzliche und vertragliche Verbote belegen dies gerade. Diese Erweiterung ist zwar bezüglich einiger Posten hilfreich, enthält aber auch eine starke Unschärfe und lässt die Zuordnung von Posten zu Vermögensgegenständen gelegentlich willkürlich werden.[16] Insbesondere sind die Grenzen abstrakter Einzelverkehrsfähigkeit unbestimmt. Damit werden die Objektivierungswirkung des Kriteriums, der Beitrag zum Gläubigerschutz und zur sachgerechten Information über die Vermögenslage entwertet. Auch folgt aus dem Realisationsprinzip nicht allein die Einzelverkehrsfähigkeit; es lässt sich auch mit anderen Eigenschaften für Vermögensgegenstände vereinbaren. Die Einzelverkehrsfähigkeit ist deshalb als Kriterium für einen Vermögensgegenstand ungeeignet.

16   **cc) Einzelverwertbarkeit.** Das Kriterium der Einzelverwertbarkeit ist weiter als die konkrete Einzelverkehrsfähigkeit und ersetzt die abstrakte Einzelverkehrsfähigkeit. Einzelverwertbarkeit liegt vor, wenn der betrachtete Posten einen Zahlungsüberschuss[17] bzw. Einzahlungsstrom[18] begründen kann. Die Einzelverkehrsfähigkeit im Sinne des isolierten Verkaufs ist für die Einzelverwertbarkeit zwar hinreichend, aber nicht notwendig. Es reichen zB Nutzungsüberlassungen. Mit ihnen war bereits nach (dem heute aufgehobenen) § 8 WZG das Warenzeichenrecht als Vermögensgegenstand zu klassifizieren, weil man an diesem

---

[10]   Vgl. hierzu Moxter Bilanzrechtsprechung S. 6–34; Weber-Grellet SteuerBilanzR S. 88–120.
[11]   Vgl. D. Schneider, Betriebswirtschaftslehre, Bd. 2: Rechnungswesen, 2. Aufl. 1997, S. 123.
[12]   Vgl. D. Schneider, Betriebswirtschaftslehre, Bd. 2: Rechnungswesen, 2. Aufl. 1997, S. 123.
[13]   Vgl. ADS Rn. 27; Lutz in IDW (Hrsg.), Neuorientierung der Rechenschaftslegung, 1995, S. 81 (82); Schildbach/Stobbe/Freichel/Hamacher Jahresabschluss S. 185.
[14]   Vgl. ADS Rn. 27; Küppers DB 1986, 1634; D. Schneider, Betriebswirtschaftslehre, Bd. 2: Rechnungswesen, 2. Aufl. 1997, S. 123 f.
[15]   Zust. ADS Rn. 19; BeBiKo/Schubert/Huber § 247 Rn. 290; Knobbe-Keuk S. 77.
[16]   Vgl. Beck HdR/Ballwieser B 131 Rn. 11; Tiedchen, Der Vermögensgegenstand im Handelsbilanzrecht, 1991, S. 6; Hommel, Bilanzierung immaterieller Anlagewerte, 1998, S. 93 f. mwN.
[17]   Vgl. Lamers, Aktivierungsfähigkeit und Aktivierungspflicht immaterieller Werte, 1981, S. 211 f.
[18]   Vgl. Fabri, Grundsätze ordnungsmäßiger Bilanzierung entgeltlicher Nutzungsverhältnisse, 1986, S. 40.

Lizenzen bestellen konnte.[19] Gleichermaßen reichen die Vorteile aufgrund eines bedingten Verzichts auf die Ausübung von Konzessionen. Zum Beispiel verzichtete, bis zur Änderung des GüKG v. 9.7.1979, häufig der „Verkäufer" einer Güterfernverkehrskonzession, die ein personengebundenes subjektives öffentliches Recht darstellt und nicht handelbar ist, gegenüber der Konzessionsbehörde unter der Bedingung auf die Konzession, dass die zurückgegebene Konzession an den von ihm benannten „Käufer" neu erteilt wurde. Die genannte Änderung des GüKG verwehrt zwar heute den bedingten Verzicht, erlaubt aber weiterhin den Handel mit Güterfernverkehrskonzessionen derart, dass Teilbetriebe, zB bestehend aus einem Lkw und der Konzession, ausgegliedert und veräußert werden.[20] Sie sind nicht mehr einzeln, aber gemeinsam mit anderen Vermögensgegenständen verwertbar.

Die Einzelverwertbarkeit hat eine der abstrakten Einzelverkehrsfähigkeit vergleichbare **17** Unschärfe. Dies zeigt sich, wenn man einen im Rahmen eines Unternehmenskaufs miterworbenen Kundenstamm abgrenzen will.[21] Darüber hinaus ist das Kriterium wegen der Abhängigkeit von konkreten Vertragsgestaltungen vom Bilanzierenden so ausnutzbar, dass sich dieser ein Aktivierungswahlrecht verschaffen kann.[22] Deshalb ist unter Objektivierungsgesichtspunkten auch die Einzelverwertbarkeit nicht ideal.

dd) Einzelvollstreckbarkeit. Nach diesem Kriterium muss auf den Posten im Wege **18** der Einzelvollstreckung (Pfändung) zurückgegriffen werden können. Das schließt die in § 266 Abs. 2 A. I.1 genannten ähnlichen Werte sowie das Urheberrecht, das gem. § 113 UrhG ohne Einwilligung des Urhebers nicht zwangsvollstreckbar ist, aus und macht es dadurch ungeeignet.[23] Es steht darüber hinaus dem Fortführungsgedanken der Bilanzierung (§ 252 Abs. 1 Nr. 2) entgegen.

ee) Eigenschaften eines Wirtschaftsguts und dessen Beziehung zu Vermögens- **19** **gegenständen.** Nach ständiger Rechtsprechung des BFH kann der Wirtschaftsgutbegriff nicht weiter gehen als der Begriff des Vermögensgegenstandes.[24] Dementsprechend ist die Rechtsprechung von BFH und RFH geeignet, den Begriff des Vermögensgegenstandes zu konkretisieren. Der BFH verlangt:[25] (a) die Existenz eines Vermögensvorteils über den betrachteten Stichtag hinaus, (b) die hinreichende Konkretisierung bzw. Greifbarkeit des Vorteils, (c) dessen „Übertragbarkeit, sei es einzeln oder im Zusammenhang mit dem Betriebe",[26] und (d) die selbstständige Bewertbarkeit. Das Teilkriterium (a) erscheint unproblematisch, weil sonst nichts aktiviert werden könnte; die Teilkriterien (b) bis (d) sind klärungsbedürftig und miteinander verwoben.

Die hinreichende Konkretisierung bzw. **Greifbarkeit** des Vermögensvorteils dient der **20** Nachprüfbarkeit der bilanzierten Vermögensgegenstände. Sie ist keine notwendige Voraussetzung für die selbstständige Bewertbarkeit:[27] Die Feststellung der Höhe der Reklameausgaben mag grundsätzlich einer selbstständigen (Zugangs-)Bewertung genügen, ohne dass das für die Ausgaben Erlangte, der Vermögensvorteil, greifbar ist. Auch ist die Greifbarkeit für die selbstständige Bewertbarkeit uU nicht hinreichend. Greifbarkeit bedeutet, den Vermögensvorteil nachprüfbar vom Goodwill abgrenzen zu können.

Die **Übertragbarkeit** des Wirtschaftsguts kann grundsätzlich beschaffungs- oder **21** absatzorientiert betrachtet werden. Das RFH-Urteil v. 21.10.1931 begründet eine Absatzorientierung.[28] Danach stellt „nicht jeder gegen Entgelt erlangte wirtschaftliche Vorteil ein

---

[19]   Vgl. Hommel, Bilanzierung immaterieller Anlagewerte, 1998, S. 95; Lamers, Aktivierungsfähigkeit und Aktivierungspflicht immaterieller Werte, 1981, S. 254.

[20]   Vgl. Hommel, Bilanzierung immaterieller Anlagewerte, 1998, S. 119 f.

[21]   Vgl. Hommel, Bilanzierung immaterieller Anlagewerte, 1998, S. 96.

[22]   Vgl. v. Keitz, Immaterielle Güter in der internationalen Rechnungslegung, 1997, S. 25.

[23]   Vgl. Baetge/Kirsch/Thiele Bilanzen S. 164.

[24]   Vgl. zB BFHE 115, 243 = BStBl. II 1976, 14; BFHE 151, 523 = BStBl. II 1988, 348.

[25]   Vgl. Schmidt/Weber-Grellet EStG § 5 Rn. 94 ff.; Moxter Bilanzrechtsprechung S. 6–9.

[26]   BFHE 136, 222 = BStBl. II 1982, 695 (696).

[27]   Vgl. Moxter Bilanzrechtsprechung S. 8 f.

[28]   Grdl. Becker, Die Entwicklung des Kaufmannsbegriffs, 2004 und RFH Urt. v. 27.3.1928 – I A 470/ 27, RStBl. 1928, 260 = StuW II 1928, 705 (709); vgl. Hommel, Bilanzierung immaterieller Anlagewerte, 1998, S. 99 mwN; zur Beschaffungsorientierung vgl. Kußmaul BB 1987, 2058.

solches steuerrechtlich aktivierungspflichtiges Gut dar. Es muß sich immer um ein Gut handeln, das bei Veräußerung des ganzen Betriebs sozusagen greifbar ist, dh. als Einzelheit ins Gewicht fällt oder um etwas, das dem Betrieb zwar für die Zukunft zugute kommt, sich aber nicht so ins Allgemeine verflüchtigt, daß es nur als Steigerung des good will des ganzen Unternehmens in die Erscheinung tritt.“[29] Diesem Urteil ist die Steuer-Rechtsprechung mehrfach gefolgt.[30] Für die selbstständige Bewertbarkeit reicht die Ausgabenzurechnung bei dem Erwerb eines ganzen Unternehmens. Greifbar und selbstständig bewertbar ist ein Wirtschaftsgut, wenn ein fiktiver Erwerber dieses „im Falle der Fortführung des Unternehmens als Vermögenswert bei der Kaufpreisbemessung berücksichtigen würde“.[31] Der fiktive Erwerber kann der jetzige Eigentümer sein, andernfalls wären nur von ihm nutzbare Vorteile nicht aktivierbar.[32]

22   Die Kriterien lassen das (nach altem Recht gem. § 8 WZG nicht isoliert handelbare) Warenzeichenrecht sowie personengebundene Konzessionen und den derivativen Geschäfts- oder Firmenwert (Abs. 1 S. 4) zum Wirtschaftsgut – und damit Vermögensgegenstand – werden. Sie tragen der expliziten steuerlichen Anerkennung des derivativen Geschäfts- oder Firmenwertes als Wirtschaftsgut (§ 7 Abs. 1 S. 3 EStG) Rechnung. Sie sind weiter als die Einzelverkehrsfähigkeit, weil sie andere Verwertungsformen erlauben, zB durch Nutzung, bedingten Verzicht und nur interne Verwendung. Unscharf sind sie hinsichtlich der Greifbarkeit und der selbstständigen Bewertbarkeit.

23   Als negative Abgrenzungskriterien der Übertragbarkeit von Werten (anstelle von Sachen und Rechten) gelten die Grundsätze (1) der Nichtaktivierung persönlicher Vorteile, wie Arbeitskraft, wissenschaftliche Vorbildung, Ansehen im Geschäftsverkehr,[33] und (2) der Nichtaktivierung von im Allgemeingebrauch stehenden Vorteilen, zB aufgrund eines Zuschusses für den Bau einer öffentlichen Straße, die neben dem Zuschussgeber der Allgemeinheit zusteht,[34] nicht aber das Kriterium der Einzelzurückhaltbarkeit.[35] Dieses Kriterium würde Mietereinbauten auf fremdem Grund entgegen der Rechtsprechung[36] nicht als Wirtschaftsgut zu klassifizieren erlauben, weil die Einbauten untrennbar mit dem Mietvertrag verbunden sind.[37]

24   Bei der Übertragbarkeit von Rechten kommt es auf die formalrechtliche Übertragbarkeit nicht an.[38] Es reichen stattdessen ua die wirtschaftliche Übertragbarkeit, die Übertragbarkeit dem Werte nach und die Übertragbarkeit des wirtschaftlichen Substituts.[39]

25   Im Rahmen der wirtschaftlichen Übertragbarkeit wird zB ein prozentualer Anteil von Grundstückseigentum als Wirtschaftsgut anerkannt.[40] Die Übertragbarkeit dem Werte nach „berücksichtigt, daß es im Rechtsverkehr möglich ist, den wirtschaftlichen Gehalt eines Objektes einem Dritten zuzuwenden, ohne sich des Objektes selbst zu entäußern.“[41] Der typische Fall ist das Nießbrauchrecht, das grundsätzlich (vgl. §§ 1059a–1059e BGB zu Ausnahmen) einem Dritten nicht rechtswirksam übertragen werden kann. Eine Überlassung an Dritte wird aber nicht verwehrt. Aktiviert wird der aus der Überlassung resultierende

---

29   RFHE 30, 142 = RStBl. 1932, 305 (307).
30   Vgl. zB RFH Urt. v. 27.1.1932 – VI A 1495/31, StuW II 1932, 523 (525); RFH Urt. v. 30.1.1935 – VI A 1012/33, RStBl. 1935, 1111; RFH Urt. v. 22.1.1936 – VI A 911/34, StuW II 1936, 519 (520); BFHE 136, 222 = BStBl. II 1982, 695 (696) sowie Hommel, Bilanzierung immaterieller Anlagewerte, 1998, S. 100 f.
31   BFHE 116, 474 = BStBl. II 1975, 809 (811).
32   Vgl. Babel, Ansatz und Bewertung von Nutzungsrechten, 1997, S. 107 mwN.
33   Vgl. zB BFHE 175, 33 = BStBl. II 1994, 903 (905); Hommel, Bilanzierung immaterieller Anlagewerte, 1998, S. 102 f. mwN.
34   BFHE 160, 278 = BStBl. II 1990, 569 (570).
35   So Ringling, Aktivierung und Passivierung in der Steuerbilanz, 1978, S. 153.
36   BFHE 160, 278 = BStBl. II 1990, 569 (570); BFHE 172, 333 = BStBl. II 1994, 164 (165).
37   Vgl. Hommel, Bilanzierung immaterieller Anlagewerte, 1998, S. 111 f.
38   BFHE 141, 509 = BStBl. II 1984, 825 (827); BFHE 155, 132 (134) = BStBl. II 1989, 82; Hommel, Bilanzierung immaterieller Anlagewerte, 1998, S. 113 ff.
39   Vgl. Hommel, Bilanzierung immaterieller Anlagewerte, 1998, S. 116–138.
40   BFHE 136, 222 = BStBl. II 1982, 695.
41   Hommel, Bilanzierung immaterieller Anlagewerte, 1998, S. 122.

Vermögensvorteil. Das „Kriterium der Übertragbarkeit des wertmäßigen Substituts weist darüber hinaus auch jenen wirtschaftlichen Vorteilen die Vermögensgegenstandseigenschaft zu, die bei einem Unternehmensverkauf endgültig untergehen, so daß sie weder auf den Erwerber übertragen werden können noch als belastungsfähige Rechtspositionen beim Veräußerer verbleiben. Voraussetzung ist jedoch, daß der Untergang des Vermögensgegenstandes gleichzeitig ein neues Wirtschaftsgut entstehen lässt, das der Kaufmann zumindest dem Werte nach auf den potentiellen Erwerber übertragen kann.“[42] Musterfälle sind familienrechtlich gewährte Nutzungsrechte.

Die **selbstständige Bewertbarkeit** gilt als erfüllt, wenn dem Vorteil im Zugangszeit- **26** punkt und an den folgenden Bilanzstichtagen ein ermessensbeschränkter Wert beigelegt werden kann.[43] Der Zugangswert kann grundsätzlich an den Ausgaben für den erlangten Vorteil orientiert werden. Allerdings ist erstens eine Ausgabe nicht zwingend für das Entstehen eines Vermögensgegenstandes. Der Bilanzierende kann etwas unentgeltlich erlangen. Der Verweis, dass es reiche, dass für das Erlangte bei einem Dritten Ausgaben angefallen sind, schließt zu wenige Vorteile von ihrer Aktivierung aus (zB einen Wettbewerbsvorteil, weil der Konkurrent seine Unternehmung schließt und dafür Ausgaben aufzuwenden hat).[44] Zweitens kann die Ausgabe für eine Fehlmaßnahme getätigt werden, so dass stets die Werthaltigkeit und Bewertbarkeit des für die Ausgabe Erlangten zu prüfen ist. Drittens kann nicht jede Ausgabe geeignet sein, einen Vermögensgegenstand zu begründen. Aufwendungen und zu aktivierende Posten wären sonst nicht mehr zu trennen. Die Rechtsprechung stellt deshalb auf einmalige, eindeutig und klar abgrenzbare Ausgaben gegenüber laufenden Ausgaben ab.[45] Viertens ergibt sich das Problem der Ausgabenzurechnung beim Erwerb eines ganzen Unternehmens oder mehrerer Vorteile zugleich. Die selbstständige Bewertbarkeit muss sich deshalb auf den Ausgabengegenwert bzw. den ohne Ausgaben erlangten Vermögensvorteil beziehen. Entscheidend ist, dass „im Falle der Veräußerung des Unternehmens als Ganzes eine nachvollziehbare Relation zwischen dem Vorhandensein des immateriellen Wirtschaftsguts und der Höhe des Kaufpreises besteht“.[46]

Selbstständige Bewertbarkeit kann zB mit der Restwertmethode oder aufgrund von **27** Schätzungen gesichert werden. Erwirbt der Kaufmann zB einen Teilbetrieb, allein bestehend aus Lkw und Güterfernverkehrskonzession, für einen Betrag von X, so lässt sich von X der Marktwert des gebrauchten Lkw in Höhe von Y abziehen, um zum Wert der isoliert nicht handelbaren Güterfernverkehrskonzession (Z = X−Y) zu gelangen. Weitergehende Aufteilungsregeln, und damit Schätzungen, werden nötig, wenn dem erworbenen Teilbetrieb mehrere sog. rein wirtschaftliche Güter (keine Sachen oder Rechte) angehören und damit der Betrag X nicht mehr durch einfache Differenzenbildung verteilt werden kann.

Als selbstständig bewertbar erscheint so gesehen auch der derivative Geschäfts- oder **28** Firmenwert, weil er sich residual als Unterschiedsbetrag aus für den Kauf eines Unternehmens bewirkter Leistung und dem Wert der bilanzierten Vermögensgegenstände und Schulden ergibt. Seine Bewertung erfolgt zwar nicht losgelöst von den bilanzierten Vermögensgegenständen und Schulden, in diesem Sinne nicht selbstständig. Auch entzieht er sich einer verlässlichen und leicht durchführbaren Objektivierung[47] im Hinblick auf das für die Ausgabensumme Erlangte. In der Steuer-Rechtsprechung gilt er jedoch ebenso wie in den § 7 Abs. 1 S. 3 EStG als Wirtschaftsgut. Obwohl umstritten, konnte auch § 266 Abs. 2 A. I. 2, dh die Bilanzgliederung für Kapitalgesellschaften mit Subsumtion des derivativen Geschäfts- oder Firmenwertes unter immaterielle Vermögensgegenstände, für die handelsrechtliche Einordnung als Vermögensgegenstand sprechen. Abs. 1 S. 4 spricht heute jedoch dagegen.

---

42   Hommel, Bilanzierung immaterieller Anlagewerte, 1998, S. 130 f.
43   Vgl. Hommel, Bilanzierung immaterieller Anlagewerte, 1998, S. 216.
44   Vgl. Hommel, Bilanzierung immaterieller Anlagewerte, 1998, S. 228 f.
45   Vgl. zB BFHE 97, 350 = BStBl. II 1970, 178 (180).
46   BFHE 158, 53 = BStBl. II 1990, 15 (16).
47   Vgl. Hommel, Bilanzierung immaterieller Anlagewerte, 1998, S. 235.

29   Der Überblick über die unterschiedlichen Kriterien oder Kriterienkataloge macht deutlich, dass kein Katalog vollständig überzeugt; angesichts der Feststellung von GoB überwiegend durch den BFH haben aber die BFH-Kriterien faktisch die größte Bedeutung.

30   **c) Grundsatz der Nichtbilanzierung schwebender Verträge.** Ausgeglichene
schwebende Verträge werden nicht bilanziert. Als schwebend gilt nach hM ein zweiseitig
verpflichtender Vertrag, der auf einen Leistungsaustausch gerichtet ist und bei dem der zur
Sach- oder Dienstleistung Verpflichtete noch nicht erfüllt hat.[48] Die Ansprüche aus dem
Vertrag bleiben bei Ausgeglichenheit unbilanziert. Bei Unausgeglichenheit resultieren
unterschiedliche Folgen: Vorleistungen im Rahmen schwebender Geschäfte werden als
Anzahlungen oder Rechnungsabgrenzungsposten bilanziert; im Falle eines drohenden Verlustes aus einem schwebenden Geschäft muss, dem Imparitätsprinzip entsprechend, eine
Rückstellung gebildet werden (§ 249 Abs. 1 S. 1). Klassifiziert man Nutzungsrechte als
immaterielle Vermögensgegenstände, die unter den Grundsatz der Nichtbilanzierung
schwebender Verträge fallen,[49] so ergibt sich durch diesen Grundsatz eine unvollständige
Vermögenserfassung.

31   Der Grundsatz ist nicht kodifiziert. Zu begründen versucht wird er – neben dem
keineswegs eindeutigen Umkehrschluss aus § 249 Abs. 1 S. 1 (die notwendige Erfassung
von drohenden Verlusten aus schwebenden Geschäften lässt offen, ob schwebende Geschäfte
bilanziell anzusetzen oder zu vernachlässigen sind) – mit der Vermutung der Ausgeglichenheit der Ansprüche, dem Vorsichtsprinzip, dem Realisationsprinzip, bilanziellen Vereinfa-
chungserwägungen und der Bilanzierungstradition.[50]

32   **d) Problemfälle. aa) Nutzungsrechte.** Wichtige obligatorische Nutzungsrechte sind
Miete und Pacht, wichtige dingliche Nutzungsrechte sind Erbbaurecht und Nießbrauch.
Sie stellen nach hM Ansprüche aus schwebenden Dauerschuldverhältnissen dar, da sie auf
einen fortwährenden Leistungsaustausch gerichtet sind und somit nur ratierlich über die
Zeit hinweg erfüllt werden können.[51] Ihre bilanzielle Behandlung ist umstritten. Erstens ist
strittig, ob die aus den Nutzungsrechten resultierenden Vorteile als Wirtschaftsgüter, und
damit als Vermögensgegenstände (→ Rn. 19), klassifiziert werden können, oder ob der
Anspruch aus einem schwebenden Geschäft „die Eigenschaft eines Wirtschaftsguts (Vermögensgegenstands) noch nicht besitzt."[52] Letzteres wird von der hM abgelehnt.[53] Allerdings
wird die Klassifizierung als Vermögensgegenstand auch ohne Bezug auf den schwebenden
Charakter des Rechtsgeschäfts kontrovers diskutiert.[54] Da jedoch der BFH Nutzungsrechte
wiederholt als immaterielle Wirtschaftsgüter anerkannt hat,[55] ist auch handelsrechtlich von
einer abstrakten Bilanzierungsfähigkeit auszugehen. Zweitens ist strittig, ob die Zugehörigkeit zu schwebenden Verträgen der konkreten Aktivierbarkeit entgegensteht. Dies wurde
vom BFH bejaht, „soweit der Anspruch auf die künftigen Nutzungen (Nutzungsrecht) und
die Verpflichtung zu künftigen Gegenleistungen (Nutzungsentgelt) sich am Bilanzstichtag

---

[48]   Vgl. Babel, Ansatz und Bewertung von Nutzungsrechten, 1997, S. 51 mwN.

[49]   Vgl. zB Groh StbJb 1988/89, 193; BFHE 138, 53 = BStBl. II 1983, 413 (416), zur Pacht; Babel, Ansatz
        und Bewertung von Nutzungsrechten, 1997, S. 43, zum Nießbrauch; zum Überblick Babel, Ansatz und
        Bewertung von Nutzungsrechten, 1997, S. 112.

[50]   Vgl. Babel, Ansatz und Bewertung von Nutzungsrechten, 1997, S. 62–72 mwN.

[51]   Vgl. Babel, Ansatz und Bewertung von Nutzungsrechten, 1997, S. 1, 3, 5; v. Wysocki, Wirtschaftliches
        Prüfungswesen, Bd. I, 4. Aufl. 2005, S. 30. Speziell zur Miete vgl. BFH BB 1997, 2156 = BStBl. II
        1997 810; HdB/Kußmaul 91 Rn. 11; Crezelius FS Döllerer, 1988, 83 und 88: „Liegt ein Dauerschuld-
        verhältnis vor, dann wird der Gewinn der Gesamtleistung nicht in einem Akt realisiert, sondern derjenige
        der Teilleistungen pro rata temporis; das Restgeschäft bleibt ein schwebendes Geschäft." AA Clausen
        DStZ A 1976, 376, der den Schwebezustand bei Mietverträgen mit dem Einzug des Mieters für beendet
        hält.

[52]   Döllerer BB 1980, 1335. Zu ähnlichen Meinungen vgl. Babel, Ansatz und Bewertung von Nutzungsrech-
        ten, 1997, S. 112.

[53]   Vgl. Babel, Ansatz und Bewertung von Nutzungsrechten, 1997, S. 113 ff. mwN.

[54]   Vgl. zu einem Überblick Kußmaul BB 1987, 2058 f.

[55]   Vgl. HdB/Kußmaul 91 Rn. 29 f.

gleichwertig gegenüberstehen."[56] Kritiker dieser Auffassung versuchen zu begründen, dass die mit einem Nutzungsrecht verbundenen Risiken „wirtschaftlich betrachtet sogar geringer sind als beim Kauf",[57] so dass der Verzicht auf eine Aktivierung nicht gerechtfertigt sei. Folgt man dieser Auffassung, sind Nutzungsrechte aktivierungspflichtig, sofern sie nicht selbst erstellt sind. Dies ist unstrittig zu bejahen, wenn ein entgeltlicher Eintritt in ein bestehendes Nutzungsverhältnis erfolgt. Bei einer originären Begründung eines Nutzungsrechts im Betriebsvermögen des Veräußerers wird hingegen von Döllerer das steuerlich relevante Aktivierungskriterium des entgeltlichen Erwerbs abgelehnt.[58] Ob sich daraus zwingende Implikationen für das handelsrechtlich (§ 248 Abs. 2 S. 1) relevante Kriterium der Selbsterstellung ergeben, ist fraglich. Da aber mit guten Gründen auch bei der originären Entstehung eines Nutzungsrechts von einem entgeltlichen Erwerb gesprochen werden kann,[59] ist es nahe liegend, die handelsrechtliche Aktivierungspflicht zu befürworten.

„Als Anschaffungskosten für den Erwerb eines Nutzungsrechts kommen nur einmalige **33** Aufwendungen in Betracht, die im Zusammenhang mit dem Vertragsabschluß anfallen oder die als Entgelt für das Zustandekommen des Vertrags geleistet werden".[60] Hierzu zählen ua Gebühren für die Vermittlung eines Mietverhältnisses, Beratungskosten, Einstandsgeld.[61] Ausgaben für die Einräumung des Erbbaurechtes werden hierbei gem. § 266 Abs. 2 unter der Position A. II. 1. „grundstücksgleiche Rechte", dh als materielle Vermögensgegenstände ausgewiesen.[62]

bb) Unentgeltlich erworbene Vermögensgegenstände. Für unentgeltlich erwor- **34** bene Vermögensgegenstände materieller Natur stellt sich die Frage ihrer Aktivierungspflicht. Sie ist bei Werthaltigkeit des Vermögensgegenstandes uneingeschränkt zu bejahen.[63] Den in der Literatur zT (faktisch) eingeräumten Wahlmöglichkeiten[64] fehlt die Gesetzesgrundlage. Sie verstoßen gegen den Vollständigkeitsgrundsatz und enthalten mit dem Verweis auf die hM keine inhaltliche Begründung. Das Vollständigkeitsgebot geht hier dem Realisationsprinzip vor. Selbst bei umgekehrter Wertung würde sich kein Wahlrecht ergeben können. Die Frage der Bewertung dieser Vermögensgegenstände ist der Klärung der Ansatzfrage nachgelagert und kann hier zurückgestellt werden (→ § 255 Rn. 44 ff.).

3. Persönliche Zuordnung von Vermögensgegenständen. a) Wirtschaftliche **35** **Betrachtungsweise.** Für die Aktivierung von Vermögensgegenständen ist Eigentum keine notwendige Voraussetzung. Dies verdeutlicht Abs. 1 S. 2. Es reicht die Verfügungsmacht über den Gegenstand in Form des (dauerhaften) Besitzes und die damit verbundene Möglichkeit, den Eigentümer dauerhaft von der Nutzung ausschließen zu können. In diesem Fall liegt „wirtschaftliches Eigentum" vor.[65] Zum Teil ist dies Vorstufe von Eigentum (zB bei unter Eigentumsvorbehalt gekauften oder sicherungsübereigneten Gegenständen), zT wird der wirtschaftliche Eigentümer nie Eigentümer im Sinne des BGB (zB bei bestimmten Leasingverträgen).

Abs. 1 S. 2 erfasst unter Eigentumsvorbehalt erworbene, sicherungsübereignete und **36** verpfändete Gegenstände. Er regelt aber auch in anderer Weise als Sicherheit übertragene Vermögensgegenstände, zB Sicherungsabtretungen von Forderungen.[66]

---

[56] BFHE 136, 280 = BStBl. II 1982, 696 (700). Vgl. auch BFH BB 1997, 2156 = BStBl. II 1997, 810.
[57] Babel, Ansatz und Bewertung von Nutzungsrechten, 1997, S. 126, mit ausf. Begründung dieser Auffassung auf S. 122–126.
[58] Vgl. Döllerer BB 1984, 2039.
[59] Vgl. Babel, Ansatz und Bewertung von Nutzungsrechten, 1997, S. 44 mwN.
[60] BFHE 140, 177 = BStBl. II 1984, 267 (269).
[61] Vgl. Babel, Ansatz und Bewertung von Nutzungsrechten, 1997, S. 33 mwN.
[62] Vgl. Babel, Ansatz und Bewertung von Nutzungsrechten, 1997, S. 35.
[63] Vgl. Döllerer BB 1966, 1405; Fülling, Grundsätze ordnungsmäßiger Bilanzierung für Vorräte, 1976, S. 93–95.
[64] Vgl. ADS § 255 Rn. 95; BeBiKo/Schubert/Hutzler § 255 Rn. 100.
[65] Vgl. § 39 Abs. 2 Nr. 1 AO; BFHE 124, 259 = BStBl. II 1978, 280.
[66] Vgl. Schmidt/Weber-Grellet EStG § 5 Rn. 154; BeBiKo/Justenhoven/Meyer Rn. 32.

37   **b) Treuhandgegenstände.** Für Treuhandgegenstände fehlt eine explizite Regelung. Den Gegenstand aktivieren muss nach dem Prinzip der wirtschaftlichen Betrachtungsweise der wirtschaftliche Eigentümer. Strittig ist, ob unter bestimmten Bedingungen neben dem Treugeber auch der Treuhänder den Vermögensgegenstand zu aktivieren und gleichzeitig eine Herausgabeverpflichtung zu passivieren hat.

38   Bei Treuhandschaften sind die fiduziarische (echte oder Vollrechts-)Treuhandschaft, die Ermächtigungstreuhandschaft (unechte Treuhandschaft), die Vollmachttreuhandschaft und die doppelseitige Treuhandschaft zu unterscheiden.

39   Bei der **fiduziarischen Treuhandschaft** erwirbt der Treuhänder das Treugut zu vollem zivilrechtlichen Eigentum, darf das Recht am Treugut aber nur im Interesse des Treugebers ausüben. Ist das wirtschaftliche Eigentum dem Treugeber zuzurechnen, muss er das Treugut aktivieren. Hat der Treuhänder das Treugut von einem Dritten erworben oder selbst hergestellt, wurde statt der Aktivierung des Treuguts beim Treugeber auch die Aktivierung des Herausgabeanspruchs gegen den Treuhänder diskutiert.[67] Meines Erachtens ist aus Gründen der Klarheit das Gut selbst zu aktivieren.

40   Bei der **Ermächtigungstreuhandschaft** bleibt der Treugeber zivilrechtlicher Eigentümer. Der Treuhänder ist lediglich nach § 185 BGB ermächtigt, über das Treugut in eigenem Namen zu verfügen oder Erklärungen im Namen des Treugebers abzugeben. Da der Treugeber zivilrechtlicher und idR auch wirtschaftlicher Eigentümer ist, hat er den Vermögensgegenstand zu aktivieren. Dasselbe gilt für die **Vollmachtstreuhandschaft,** bei der der Bevollmächtigte in fremdem Namen und für fremde Rechnung tätig wird.

41   Ein offener Ausweis von Treuhandvermögen in der Bilanz des Treuhänders ist ausdrücklich nur für Kreditinstitute vorgeschrieben (§ 6 Abs. 1 RechKredV). Man kann davon ausgehen, dass der Gesetzgeber eine darüber hinausgehende Verpflichtung für alle Kaufleute wünscht. Strittig ist, ob bei der fiduziarischen Treuhandschaft eine Aktivierung des Treugutes mit gleichzeitiger Passivierung der Herausgabeverpflichtung beim Treuhänder zulässig ist. Der gleichzeitige Ausweis wird teilweise begrüßt,[68] aber auch mit dem Hinweis auf eine Bilanzverlängerung und damit verbundene Erschwernis für den Einblick in die Vermögenslage abgelehnt.[69] Auch ohne Ausweis erscheint nach der zweiten Meinung ein Hinweis im Jahresabschluss geboten. Dies kann für Kapitalgesellschaften im Anhang, für Kaufleute aber nur unter dem Strich erfolgen.

42   Anders als Vermögensgegenstände sind Verbindlichkeiten des Treuhänders, die dieser in eigenem Namen eingeht, zu behandeln. Sie sind von ihm wegen des mit ihnen verbundenen wirtschaftlichen Risikos zu passivieren. In gleicher Höhe ist ein Rückgriffsanspruch gegen den Treugeber zu aktivieren.[70]

43   Eine **doppelseitige Treuhandschaft** liegt vor, wenn Treugut auf einen Dritten übertragen wird, der Interessen sowohl des Gläubigers als auch des Schuldners, die beide Treugeber sind, zu wahren hat. Bilanzieren muss der wirtschaftliche Eigentümer, der im Zweifelsfall der Schuldner ist.[71]

44   **c) Leasinggegenstände.** Beim Leasing überlässt der Leasinggeber als zivilrechtlicher Eigentümer für eine vertraglich vereinbarte Zeitdauer einen Gegenstand gegen die wiederkehrende Zahlung einem Dritten (dem Leasingnehmer) zur Nutzung. Der Leasinggeber muss den Gegenstand vor der Nutzungsüberlassung an den Leasingnehmer nicht im Besitz gehabt haben. Der Gegenstand kann beliebiger Natur sein. Anders als beim Miet- und Pachtvertrag trägt der Leasingnehmer idR die Gefahr und Haftung für Nutzung und Untergang. Üblich ist die Unterscheidung nach (1) Operating-, Finanzierungs- und Spezial-Leasing, (2) Voll- und Teilamortisationsverträgen und (3) Immobilien- und Mobilien-Lea-

---

67 Abl. Roß, Rechtsgeschäftliche Treuhandverhältnisse im Jahres- und Konzernabschluß, 1994, S. 144;
    ADS Rn. 282; BeBiKo/Justenhoven/Meyer Rn. 16.
68 Vgl. ADS Rn. 155.
69 So ADS Rn. 291.
70 Vgl. ADS Rn. 294.
71 Vgl. BeBiKo/Justenhoven/Meyer Rn. 20.

sing.[72] Für die Bilanzierung von Leasinggegenständen fehlt eine explizite Gesetzesregelung. Sie folgt den GoB, dh hier dem Grundsatz wirtschaftlicher Betrachtungsweise.[73] Danach zählt nicht das zivilrechtliche Eigentum, sondern die dauerhafte Möglichkeit der Nutzung durch den Besitzer und die dauerhafte Möglichkeit des Ausschlusses des zivilrechtlichen Eigentümers von dieser Nutzung.

Als **Operating-Leasing** zählt man die in Relation zur betriebsgewöhnlichen Nut- **45** zungsdauer nur kurzfristige Überlassung des Leasinggegenstands. Da der Leasinggeber das Investitions- und Weiterverwertungsrisiko trägt, entspricht der Vertrag einem modifizierten Miet- oder Pachtvertrag. Es gelten die Regeln für die Bilanzierung schwebender Verträge. Der zivilrechtliche Eigentümer aktiviert den Gegenstand; ausgeglichene schwebende Verträge werden nicht selbstständig bilanziert (→ Rn. 30 f.).

Bei **Finanzierungs-Leasing** werden die Verträge für eine längere, idR unkündbare **46** Grundmietzeit geschlossen und enthalten oft Regelungen, die die Weiternutzung durch den Leasingnehmer nach dieser Zeit wahrscheinlich werden lassen. Zu diesen Regelungen zählen Verlängerungs- oder Kaufoptionen des Leasingnehmers und Andienungsrechte des Leasinggebers. Das Sach- und Investitionsrisiko trägt der Leasingnehmer. Er muss als wirtschaftlicher Eigentümer den Gegenstand aktivieren.

Dasselbe ist grundsätzlich beim **Spezial-Leasing** gegeben, bei dem der Gegenstand **47** entsprechend den Wünschen des Leasingnehmers produziert oder beschafft wird. Die Ausnahme betrifft Grund und Boden, den der Leasinggeber aktivieren muss, wenn der Leasingnehmer keine Kaufoption hat.[74]

Bei **Vollamortisation** decken die Leasingraten während der Grundmietzeit die Kosten **48** des Leasinggebers (aus Anschaffung, Herstellung und Finanzierung) voll, bei **Teilamortisation** nur teilweise; hierbei sichern regelmäßig Schlusszahlungen die volle Amortisation.

Handelsrechtlich bestehen keine Bedenken, den ertragsteuerlichen Normierungen zu **49** folgen, die typisierende und praktikable Lösungen des Zurechnungsproblems beim wirtschaftlichen Eigentümer darstellen.[75] Auf Basis der Grundsatzentscheidung des BFH v. 26.1.1970[76] hat der BMF für Vollamortisationsverträge den Erlass v. 19.4.1971 für bewegliche Wirtschaftsgüter (BStBl. I 264) und den Erlass v. 21.3.1972 für unbewegliche Wirtschaftsgüter (BStBl. I 188) verabschiedet. Für Teilamortisationsverträge gelten die Schreiben des BMF v. 22.12.1975[77] und v. 23.12.1991 (BStBl. 1992 I 13).

Bei unkündbaren **Vollamortisationsverträgen** erfolgt die Zurechnung beim Leasing- **50** nehmer, wenn die Grundmietzeit unter 40% oder über 90% der betriebsgewöhnlichen Nutzungsdauer beträgt. Das gilt auch für Grundmietzeiten zwischen 40% und 90% der betriebsgewöhnlichen Nutzungsdauer, wenn der Leasingnehmer über eine Kaufoption verfügt und der Kaufpreis im Verkaufszeitpunkt den (mit linearer AfA ermittelten) Buchwert oder den niedrigeren gemeinen Wert unterschreitet oder wenn ihm eine Mietverlängerungsoption zu einer Mietrate zusteht, die unter dem Wertverzehr liegt. Dieser entspricht bei Mobilien der linearen AfA, bei Gebäuden 75% der marktüblichen Miete für vergleichbare Immobilien. In allen anderen Fällen aktiviert der Leasinggeber den Leasinggegenstand.

Für **Teilamortisationsverträge** regelt das Schreiben des BMF v. 22.12.1975 die Fälle, **51** in denen der Vertrag eine Kaufverpflichtung des Leasingnehmers ohne Optionsrecht oder eine Abschlusszahlung des Leasingnehmers bei Nichtkauf oder Kündigung vorsieht. Bei beweglichen Gegenständen und einer Grundmietzeit zwischen 40% und 90% muss der Leasinggeber den Leasinggegenstand aktivieren, wenn der Leasingnehmer das Risiko der Wertminderung trägt, ohne an einer Wertsteigerung teilhaben zu können. Hat der Leasingnehmer hingegen eine Teilhabe von mehr als 75% an einer Wertsteigerung, so gilt er als

---

[72] Vgl. zu weiteren Einteilungen LdR/Sigloch, 4. Aufl. 1998, 480 f.
[73] Vgl. ADS Rn. 387 f.
[74] Vgl. ADS Rn. 389.
[75] Vgl. ADS Rn. 392 mwN.
[76] BFHE 97, 466 = BStBl. II 1970, 264 = NJW 1970, 1148.
[77] BMF v. 22.12.1975 = BB 1976, 72.

wirtschaftlicher Eigentümer. Für unbewegliche Wirtschaftsgüter wird nach dem Schreiben des BMF v. 23.12.1991 auf das Gebäude abgestellt. Bei einer Grundmietzeit bis 90% der betriebsgewöhnlichen Nutzungsdauer sind Gebäude und Grund und Boden dem Leasinggeber zuzurechnen, wenn Optionen des Leasingnehmers fehlen. Liegt aufgrund einer Kaufoption der Kaufpreis unter dem Restbuchwert oder ist bei einer Mietverlängerungsoption die Anschlussmiete niedriger als 75% des Mietentgelts vergleichbarer Grundstücke, dann muss der Leasingnehmer den Gegenstand aktivieren (→ § 247 Rn. 27).

52   **d) Pensionsgeschäfte.** Bei Pensionsgeschäften wird durch ein Rechtsgeschäft gegen Zahlung eines Betrags das Eigentum an einem Gegenstand vom bisherigen Eigentümer (dem Pensionsgeber) für eine begrenzte Zeit auf einen anderen (den Pensionsnehmer) übertragen. Die bilanzielle Behandlung ist seit 1990 lediglich für Kreditinstitute in § 340b geregelt.

53   Übernimmt der Pensionsnehmer die Verpflichtung, den Gegenstand zu einem vorher bestimmten oder vom Pensionsgeber noch zu bestimmenden Zeitpunkt zurück zu übertragen, so handelt es sich um ein **echtes Pensionsgeschäft** (§ 340b Abs. 2). Statt eines Anspruchs auf Rückübertragung reicht auch eine entsprechende Option des Pensionsgebers, die erwartungsgemäß ausgeübt wird, aus, um das Pensionsgeschäft als echtes zu klassifizieren.[78] Da das wirtschaftliche Eigentum in diesen Fällen beim Pensionsgeber bleibt, hat er den Vermögensgegenstand zu aktivieren. Der Pensionsgeber hat zugleich eine Verbindlichkeit zu passivieren.

54   Ist der Pensionsnehmer lediglich berechtigt, den Vermögensgegenstand zu einem vorher bestimmten oder von ihm noch zu bestimmenden Zeitpunkt zurück zu übertragen, so handelt es sich um ein **unechtes Pensionsgeschäft** (§ 340b Abs. 3). Wegen der Ungewissheit der Rückübertragung ist in diesem Fall das wirtschaftliche Eigentum dem Pensionsnehmer zuzuordnen. Er hat den Vermögensgegenstand in der Bilanz auszuweisen.

55   **e) Kommissionsgeschäfte.** Bei der Verkaufskommission verbleibt das zivilrechtliche und wirtschaftliche Eigentum bis zum Verkauf durch den Kommissionär beim Kommittenten. Er muss den Vermögensgegenstand aktivieren.

56   Bei der Einkaufskommission wird der Kommissionär mit dem Bezug des für Rechnung des Kommittenten erworbenen Gutes rechtlicher Eigentümer, jedoch fällt das wirtschaftliche Eigentum an den Kommittenten. Erneut hat er das Kommissionsgut zu aktivieren.

57   **f) Factoring.** Factoring bedeutet die Übertragung von Forderungen gegen Entgelt an einen Dritten, den Factor. Die Bilanzierung hängt von der Risikoverteilung zwischen Factor und Factoring-Kunden ab. Entsprechend dieser Verteilung unterscheidet man echtes und unechtes Factoring. Beim echten Factoring haftet der Factoring-Kunde nur für das rechtliche Bestehen der Forderung, während der Factor das Ausfallrisiko trägt. Bleibt dieses hingegen beim Factoring-Kunden, handelt es sich um unechtes Factoring. Indikatoren für unechtes Factoring sind Rückkaufs- oder Austauschverpflichtungen des Factoring-Kunden bei Verzögerungen oder Ausfällen des Debitors.

58   Bei echtem Factoring bucht der Factoring-Kunde die Forderung gegen das erhaltene Entgelt aus. Beim unechten Factoring handelt es sich um ein Kreditgeschäft, was die weitere Bilanzierung der Forderung beim Factoring-Kunden nahelegt, der gleichzeitig eine Verbindlichkeit gegenüber dem Factor auszuweisen hätte. Aus Gründen der Praktikabilität wird aber die Forderung beim Factoring-Kunden ausgebucht und das verbleibende Risiko als Haftungsverhältnis bzw. – bei entsprechender Konkretisierung – in Form einer Rückstellung dokumentiert.[79]

59   **g) Bauten auf fremdem Grund.** Bauten auf fremdem Grund, die mit dem Grund und Boden fest verbunden sind, gehören als wesentliche Grundstücksbestandteile rechtlich

---

[78]   Vgl. BeBiKo/Justenhoven/Meyer Rn. 40.
[79]   Vgl. ADS Rn. 322. Zu einem dem Factoring entsprechenden Sachverhalt bei der Begebung von speziellen Schuldverschreibungen, sog. Asset-Backed-Securities, vgl. ADS Rn. 324 ff. und BeBiKo/Justenhoven/Meyer Rn. 53.

dem Grundstückseigentümer und sind grds. von ihm zu bilanzieren. Ist jedoch an dem Grundstück ein Erbbaurecht bestellt, sind die Gebäude wesentlicher Bestandteil dieses Rechts und nicht des Grund und Bodens. Werden Bauten aufgrund eines obligatorischen oder dinglichen Rechts oder nur vorübergehend auf fremdem Grund und Boden errichtet, können sie unter bestimmten Bedingungen rechtliches und/oder wirtschaftliches Eigentum des Errichtenden sein.[80] Auch Mietereinbauten oder -umbauten können vom Mieter zu aktivierende Vermögensgegenstände sein.[81] Entsprechend der wirtschaftlichen Betrachtungsweise muss der Eigentümer vom Mieter dauerhaft in der Nutzung verdrängt werden können. Dies liegt insbesondere vor, wenn die Nutzungsdauer der Einbauten die Mietzeit unterschreitet oder wenn der Mieter bei Beendigung des Mietverhältnisses den ursprünglichen Zustand wiederherstellen muss.

4. Zeitliche Entstehung von Vermögensgegenständen. a) Wirtschaftliche 60 **Betrachtungsweise.** Wie für die sachliche Zurechnung der Vermögensgegenstände gilt für den Zeitpunkt ihrer erstmaligen Aktivierung eine wirtschaftliche Betrachtungsweise. Vermögensgegenstände resultieren aus Fremdbezug (mit oder ohne Entgelt), Selbsterstellung, Veräußerung bereits vorhandener Vermögensgegenstände (Forderungen, liquide Mittel) oder Unternehmensverträgen (Gewinnabführungen). Die Frage der zeitlichen Entstehung von Vermögensgegenständen korrespondiert mit der Frage der Gewinnentstehung und verlangt damit die Auslegung des Realisationsprinzips (§ 252 Abs. 1 Nr. 4).

b) Das Entstehen von Forderungen. aa) Grundsätzliches. Forderungen aus 61 Umsatzgeschäften entstehen mit Lieferung und Leistung, weil dann der Anspruch auf Gegenleistung als quasisicher angesehen wird. Im Allgemeinen gilt der Zeitpunkt der Übergabe einer Sache, weil damit die Gefahr, die Nutzungen und die Lasten auf den Käufer übergehen (§ 446 BGB). Bei Grundstücken orientiert man sich vereinfachend an der Eintragung des Eigentümerwechsels im Grundbuch.

Die rechtliche Entstehung einer Forderung ist keine notwendige Voraussetzung zu ihrer 62 Aktivierung.[82] So hat der BFH es als hinreichend angesehen, wenn die für die Entstehung des Forderungsrechtes wesentlichen wirtschaftlichen Ursachen im abgelaufenen Geschäftsjahr „gesetzt" worden sind und mit der künftigen zivilrechtlichen Entstehung des Anspruchs durch den Kaufmann fest zu rechnen ist.[83] Hierbei ging es um einen gesellschaftsrechtlichen Anspruch auf Warenrückvergütung aufgrund einer Mitgliedschaft in einer Genossenschaft in Abhängigkeit des mit ihr getätigten Umsatzes. Entsprechendes galt für die Aktivierung eines Dividendenanspruchs gegen ein verbundenes Unternehmen mit gleichem Geschäftsjahr, das durch zwei Gesellschafter beherrscht wurde.[84]

Umgekehrt führt nicht jede rechtlich entstandene Forderung zu einer Aktivierung: 63 Eine Gesellschaft hatte einem Gesellschafter Waren unter dem marktüblichen Preis geliefert und aufgrund der Gesellschaftssatzung einen Anspruch auf Rückgewähr einer verdeckten Gewinnausschüttung erhalten. Da die Gesellschaft nicht den Willen gehabt habe, den Rückerstattungsanspruch geltend zu machen, sei die Forderung nicht hinreichend konkretisiert und kein wirtschaftlicher Wert gewesen.[85]

Zur Behandlung von Langfristfertigungen → § 252 Rn. 68 ff.   64

bb) Aktivierung von Gewinnansprüchen. Dividendenansprüche aus **Beteiligun-** 65 **gen an einer Kapitalgesellschaft** verlangen rechtlich einen Gewinnverwendungsbeschluss. Lässt man Vorabausschüttungen außer Acht, muss dazu der Jahresabschluss festgestellt sein. Der BFH hat sich in mehreren frühen Urteilen dafür ausgesprochen, dass die Dividendenansprüche erst zu aktivieren sind, wenn der Gewinnverwendungsbeschluss des Beteiligungsun-

---

[80]   Vgl. ADS Rn. 408 mwN.
[81]   Vgl. Weber-Grellet SteuerBilanzR S. 111; Gschwendtner FS Beisse, 1997, 215.
[82]   Überblick bei Moxter Bilanzrechtsprechung S. 45 ff.; ferner ADS Rn. 180.
[83]   BFHE 141, 45 = BStBl. II 1984, 554.
[84]   BFHE 131, 196 = BStBl. II 1980, 702.
[85]   BFHE 141, 261 = BStBl. II 1984, 723; vgl. ADS Rn. 68.

ternehmens vorliegt.[86] In einem Urteil von 1989 wurde allerdings verlangt, dass unter bestimmten Bedingungen auch schon vor dem Gewinnverwendungsbeschluss der Gewinnanspruch zu aktivieren ist. Hierzu muss die rechtliche Entstehung des Gewinnanspruchs quasisicher sein.[87] Der Große BFH-Senat hat demgegenüber im Jahr 2000 den Gewinnverwendungsbeschluss als wertbegründendes Ereignis eingestuft, so dass eine Aktivierung des Gewinnanspruchs vor dem Gesellschafterbeschluss grds. abzulehnen sei und nur durch eine extensive Auslegung des Wertaufhellungsprinzips (→ § 252 Rn. 59 f.) gerechtfertigt werden könne.[88] Diese Auffassung ist handelsrechtlich nicht bindend, wie in der Urteilsbegründung des Großen Senats selbst anklingt und wie sich aus der mit dem Entschluss implizierten Relativierung des Bilanzstichtagsprinzips folgern lässt.[89] Handelsrechtlich wird deshalb nach wie vor aufgrund eines BGH-Urteils aus dem Jahr 1975 ein Wahlrecht postuliert. Als Voraussetzungen gelten kumulativ: (1) die Muttergesellschaft kann gegen die Tochtergesellschaft den Inhalt des Gewinnverwendungsbeschlusses bestimmen, (2) das Geschäftsjahr der Tochtergesellschaft endet nicht nach dem Bilanzstichtag der Muttergesellschaft, (3) der Jahresabschluss der Tochtergesellschaft ist festgestellt, bevor die Prüfung des Jahresabschlusses bei der Muttergesellschaft abgeschlossen ist, und (4) es liegt ein Vorschlag für die Gewinnverwendung vor, der den zu vereinnahmenden Beteiligungserträgen entspricht.[90] Bei nicht prüfungspflichtiger Muttergesellschaft muss der Jahresabschluss der Tochtergesellschaft vor dem der Muttergesellschaft festgestellt sein.[91] Das Wahlrecht der Aktivierung ist nicht zu begründen.[92]

66   Bei **Personengesellschaften** ist die Gewinnverteilung kraft Gesetzes nicht an einen Gewinnverwendungsbeschluss geknüpft. Der Anspruch entsteht phasengleich bei den Gesellschaftern. Während früher eine Feststellung der Bilanz in der Aufhellungsphase nicht für nötig erachtet wurde, um den Gewinnanspruch zu aktivieren,[93] tritt dem die jüngere BGH-Rechtsprechung entgegen.[94] Danach ist die Feststellung des Jahresabschlusses ein Grundlagengeschäft, das, ohne abweichenden Gesellschaftsvertrag, der Zustimmung aller Gesellschafter bedarf. Damit wird insoweit die Personengesellschaft der Kapitalgesellschaft gleichgestellt.[95]

67   Bei Gewinnansprüchen aufgrund von Gewinnabführungsverträgen (§ 301 AktG) ist kein Gewinnverwendungsbeschluss nötig, damit der Anspruch entsteht. Er entsteht kraft Gesetzes oder Vertrags. Deshalb wird der Anspruch aktiviert, wenn das Geschäftsjahr der Tochtergesellschaft nicht nach dem Geschäftsjahr der Muttergesellschaft endet. Die Feststellung des Jahresabschlusses der Tochter ist nicht nötig.[96]

68   **5. Sachliche Charakterisierung von Schulden. a) Betriebliche und private Schulden.** Entsprechend den Vermögensgegenständen hat die Bilanz des Kaufmanns nur betriebliche Schulden zu erfassen (→ Rn. 11). Bei der Kapitalgesellschaft sind das alle ihr zugehörigen Schulden, bei der Personengesellschaft ist die betriebliche Verwendung zu prüfen.

69   **b) Eigenschaften von Schulden: wirtschaftliche Betrachtungsweise.** Das Gesetz konkretisiert den Schuldenbegriff nicht explizit. **Schulden ieS** sind gekennzeichnet durch eine am Bilanzstichtag bestehende Auszahlungs- oder Leistungsverpflichtung gegenüber Dritten aufgrund von Gesetz, Vertrag oder faktischem Leistungszwang, die hinreichend

---

[86] Vgl. BFHE 131, 196 (198) = BStBl. II 1980, 702; BFHE 132, 80 (82) = BStBl. II 1981, 184; BFHE 111, 72 (75) = BStBl. II 1974, 234.
[87] Vgl. BFHE 156, 443 = BStBl. II 1989, 714, hier: 717 f.; Moxter Bilanzrechtsprechung S. 50–52.
[88] Vgl. ausf. Moxter Bilanzrechtsprechung S. 52 f.
[89] Vgl. Moxter Bilanzrechtsprechung S. 54 f.
[90] BGHZ 65, 230 (237) = WPg 1976, 80 (81).
[91] Vgl. ADS Rn. 214.
[92] Vgl. Kraneis DB 1997, 57; Küting DStR 1996, 1947.
[93] Vgl. RS HFA 18 Rn. 12 f.
[94] BGH NJW 1996, 1678 = DB 1996, 926.
[95] Vgl. ADS Rn. 226.
[96] Vgl. ADS Rn. 236 f.

konkretisiert bzw. greifbar und unkompensiert ist. Die Höhe und Fälligkeit der Schuld muss nicht mit Sicherheit feststehen. Genauso wenig verlangt die Greifbarkeit eine sichere Existenz der Schuld.[97] **Schulden iwS** erfassen zusätzlich zu den Schulden ieS sog. Aufwandsrückstellungen gem. § 249 Abs. 1 S. 2 Nr. 1. Ihnen liegt keine Auszahlungs- oder Leistungsverpflichtung gegenüber Dritten zugrunde.

Die wirtschaftliche Betrachtungsweise im Gegensatz zu einer zivilrechtlichen Betrach- **70** tungsweise konkretisiert sich bei Schulden ieS in der Subsumtion von faktischen Leistungsverpflichtungen gegenüber Dritten, bei Schulden iwS ferner in der Subsumtion von Innenverpflichtungen.

c) Verbindlichkeiten. Verbindlichkeiten sind hinsichtlich Existenz und Betrag sichere **71** Schulden.

d) Rückstellungen. Rückstellungen weisen gegenüber Verbindlichkeiten eine Unsi- **72** cherheit hinsichtlich Existenz und/oder Höhe der Schuld auf. Unstrittig zählen alle Rückstellungen, die für (potentielle) Ansprüche Dritter gebildet werden, zu Schulden. Das sind die Verbindlichkeits- und Drohverlustrückstellungen. Hierbei genügen faktische Verpflichtungen (zB Kulanzen). Strittig ist der Einbezug sog. Aufwandsrückstellungen, unabhängig von ihrer Passivierungspflicht.

6. Persönliche Zuordnung von Schulden. Für einen Treugeber übernommene Ver- **73** bindlichkeiten sind beim Treuhänder gesondert auszuweisen, wenn dieser im eigenen Namen Verpflichtungen gegenüber Dritten eingegangen ist. Der aus dem Treuhandvertrag resultierende Anspruch gegenüber dem Treugeber ist zu aktivieren. Der Treugeber hat davon unabhängig ebenfalls die Schuld zu passivieren.[98]

Zu einem Mehrfachausweis ein und derselben Schuld kommt es auch bei einer Gesamt- **74** schuld, sofern keine Vereinbarung im Innenverhältnis nur eine anteilige Schuldübernahme regelt oder bei einer Schuldmitübernahme nur eine zusätzliche Sicherheit bestellt werden soll, die nach realistischer Erwartung nicht beansprucht werden wird.[99]

7. Zeitliche Entstehung von Schulden. a) Wirtschaftliche Betrachtungsweise. **75** Die zeitliche Entstehung von Schulden kann von der zivilrechtlichen Entstehung von Verbindlichkeiten abweichen, weil eine wirtschaftliche Betrachtungsweise gilt. Das zeigt sich bei Kulanzrückstellungen, die zivilrechtlich nie zur Schuld werden, und bei sonstigen Verbindlichkeitsrückstellungen, zB für noch nicht geltend gemachte Schadenersatzverpflichtungen oder Gewährleistungsansprüche. Hier kann der Rechtsanspruch grundsätzlich folgen. Liegt die wirtschaftliche Entstehung vor der rechtlichen, so ist sie hinreichend für den Ansatz der Schuld.

Umstritten ist, ob bei gegenüber der rechtlichen Entstehung späterer wirtschaftlicher **76** Entstehung die letztgenannte maßgeblich ist.[100] Die Begründung für die Relevanz der früheren rechtlichen Entstehung sieht man im Vollständigkeitsgrundsatz und im Vorsichtsprinzip. Die Relevanz der späteren wirtschaftlichen Entstehung wird mit dem Realisationsprinzip und der sachgerechten Zuordnung von Aufwendungen zu Erträgen begründet.[101] Der I. Senat des BFH hat hierzu mit Urteil v. 27.6.2001 entschieden, dass eine rechtlich entstandene Verbindlichkeit unabhängig von der Zuordnung künftiger Erträge zu bilanzieren ist.[102] Er stützt sich dabei neben dem Vollständigkeitsgrundsatz va auf das Imparitätsprinzip des § 252 Abs. 1 Nr. 4 Hs. 1 sowie das Saldierungsverbot nach § 246 Abs. 2. Auch nach

---

[97]   Vgl. auch HdJ/Wüstemann/Rost Abt. III/5 Rn. 10–43.

[98]   Vgl. ADS Rn. 414 f.

[99]   Vgl. ADS Rn. 419 ff.

[100]   Zust. Förschle/Scheffels DB 1993, 1198; HdJ/Wüstemann/Rost Abt. III/5 Rn. 44–46, 55, 57 f.; abl. ADS Rn. 105 und ADS § 249 Rn. 69; BeBiKo/Schubert § 249 Rn. 65 mwN; Christiansen BFuP 1994, 36; Siegel BFuP 1994, 16 f.; Woerner FS Moxter, 1994, 505.

[101]   Vgl. Moxter Bilanzrechtsprechung S. 117 ff.

[102]   BFH DB 2001, 1698 = DStR 2001, 1384.

diesem Urteil bleibt die Frage in der Literatur und Rechtsprechung aber umstritten.[103] Der Vollständigkeitsgrundsatz ist unergiebig, weil er erst zu präzisieren ist. Versteht man ferner das Realisationsprinzip als Konkretisierung des Vorsichtsprinzips (§ 252 Abs. 1 Nr. 4), so ist der Bedeutung der wirtschaftlichen Entstehung der Vorzug zu geben (→ § 249 Rn. 17 ff.).

77   **b) Verbindlichkeiten.** Die Passivierung von Verbindlichkeiten kann vor ihrem rechtlichen Entstehen notwendig werden. So verlangt § 268 Abs. 5 S. 3 für Kapitalgesellschaften die Erläuterung von Verbindlichkeiten, „die erst nach dem Abschlußstichtag rechtlich entstehen", wenn sie einen größeren Umfang haben. Da bei ungewisser Existenz und/oder Höhe der Verbindlichkeit eine Rückstellung zu bilden ist, sind Beispiele nur schwer zu finden. „In Frage kommt etwa eine nicht auf Vertrag beruhende Verlustübernahme, wenn ein faktischer Übernahmezwang gegeben ist (…) und der Betrag des zu übernehmenden Verlustes feststeht."[104] Da der faktische Leistungszwang bei hinreichender Konkretisierung aber schon den Ansatz einer Verbindlichkeitsrückstellung verlangt, ist das Beispiel fragwürdig.

78   **c) Rückstellungen.** Rückstellungen sind zu bilden, wenn die in § 249 Abs. 1 genannten Bedingungen erfüllt sind. Danach muss eine ungewisse Verbindlichkeit (inklusive Kulanzen), ein drohender Verlust aus einem schwebenden Geschäft oder eine unterlassene Instandhaltung oder Abraumbeseitigung mit den in § 249 Abs. 1 S. 2 Nr. 1 genannten Nachholungsfristen vorliegen. Die rechtliche Entstehung einer Schuld ist nicht notwendig, weil den Rückstellungen bereits die Ungewissheit der Existenz einer Auszahlungsverpflichtung anhaften kann.

79   **8. Rechnungsabgrenzungsposten.** Rechnungsabgrenzungsposten (RAP) sind terminologisch weder Vermögensgegenstand noch Schuld, obwohl starke Ähnlichkeiten mit beiden Posten bestehen (→ § 250 Rn. 3, → § 250 Rn. 20). Gemäß § 250 sind aktive (passive) RAP Ausgaben (Einnahmen) vor dem Abschlussstichtag, soweit sie Aufwand (Ertrag) für eine bestimmte Zeit nach diesem Tag darstellen. Zur Konkretisierung der bestimmten Zeit → § 250 Rn. 9. Das Besondere bei aktiven RAP ist, dass man bei ihnen (zumindest auf den ersten Blick, → § 250 Rn. 3) auf Ausgaben statt – wie bei Vermögensgegenständen – auf das dafür Erlangte abstellt. Entsprechend orientiert man sich bei passiven RAP an Einnahmen statt der geschuldeten Leistungen.

80   **9. Weitere Bilanzposten. a) Eigenkapital. aa) Eigenschaften.** Eigenkapital stellt den Saldo aus allen Aktiva und allen neben dem Eigenkapital bestehenden Passiva dar. Es hat verschiedene Schichten, die je nach Rechtsform des Unternehmens unterschiedliche Namen aufweisen (→ Rn. 82).

81   Eigenkapital haftet für die Verluste des Unternehmens und ist bei Kapitalgesellschaften die einzige Haftungsgrundlage. Es ist damit gegenüber Gläubigeransprüchen nachrangig im Konkurs- oder Liquidationsfall. Es steht dem Unternehmen langfristig zur Verfügung und erwirtschaftet im Gegensatz zum Fremdkapital, das vertraglich geregelte Festbetragsansprüche der Gläubiger aufweist, Residualeinkommen, dh den Überschuss, der nach Befriedigung aller gesetzlichen und vertraglichen Ansprüche übrig bleibt. Eine gewinnunabhängige Mindestverzinsung (gem. § 57 Abs. 2 AktG verboten für AG) steht der Zuordnung zum Eigenkapital nicht entgegen. Einseitige Rückforderungsrechte des Eigenkapitalinhabers dürfen nicht bestehen.[105] Hingegen sind Beteiligungsrechte nicht notwendig für die Zuordnung zum Eigenkapital.

82   **bb) Komponenten.** Zum Eigenkapital gehören bei Kapitalgesellschaften das gezeichnete Kapital (bei AG Grundkapital, § 1 Abs. 2 AktG; bei GmbH Stammkapital, § 3 Abs. 1 GmbHG), die Kapitalrücklage, Gewinnrücklagen, Gewinn- bzw. Verlustvorträge und der Jahresüberschuss bzw. Jahresfehlbetrag als Differenz von Erträgen und Aufwendungen

---

[103]   Abl. Weber-Grellet DB 2002, 2182 f.; Siegel DStR 2002, 1636; Moxter DStR 2004, 1057 (Teil 1), 1098 (Teil 2). Zust. Wassermeyer WPg 2002, 10; Gosch DStR 2002, 977.
[104]   BeBiKo/Schubert § 268 Rn. 42; vgl. auch ADS § 268 Rn. 118.
[105]   Vgl. ADS Rn. 83.

(→ § 272 Rn. 3 ff., → § 272 Rn. 64 ff., → § 272 Rn. 105 ff.). Bei der eG ist an Stelle des gezeichneten Kapitals der Betrag der Geschäftsguthaben der Genossen auszuweisen (§ 7 GenG, § 19 Abs. 1 GenG, § 337 Abs. 1), → § 337 Rn. 1 ff., → § 337 Rn. 14 ff., → § 337 Rn. 26 ff., → § 337 Rn. 29 ff., → § 337 Rn. 38 ff.

cc) Problemfälle. Der Einblick in das Eigenkapital, und damit in die Vermögens- **83** und Finanzlage, wird erschwert, wenn (1) (wirtschaftliches) Eigenkapital bilanzrechtlich unter Schulden ausgewiesen wird, (2) Zuordnungen zum Eigen- oder Fremdkapital schwerfallen und (3) Posten Mischungen aus Eigen- und Fremdkapital darstellen.

Der bilanzielle Ausweis von wirtschaftlichem Eigenkapital unter Schulden erfolgt bei **84** Aufwandsrückstellungen (wegen des Fehlens einer Verpflichtung gegenüber Dritten, sei sie gewiss oder ungewiss) und bei den Teilen von Verbindlichkeits- und Drohverlustrückstellungen, die gemessen an realistischen Erwartungen durch Ausnutzung von Ermessensspielräumen überhöht gebildet werden. Er resultiert ferner bei sog. **eigenkapitalersetzenden Gesellschafterdarlehen** bei Kapitalgesellschaften, die durch das MoMiG mit Wirkung zum 1.11.2008 im Insolvenzrecht neu geregelt wurden. Danach sind Gesellschafterdarlehen „auch dann als Verbindlichkeiten zu bilanzieren, wenn eine Rückzahlung an den Gester nicht erfolgen darf und das Darlehen insolvenzrechtlich wie EK behandelt wird".[106]

Zuordnungen zum Eigen- oder Fremdkapital können bei **stillen Beteiligungen** und **85** variablen Konten der Gesellschafter bei Personengesellschaften schwerfallen. Folgt die Ausgestaltung der stillen Gesellschaft den dispositiven gesetzlichen Vorschriften, kann der stille Gesellschafter im Konkursfall eine Forderung als Konkursgläubiger geltend machen, soweit die Einlage den auf ihn entfallenden Teil übersteigt. Die stille Beteiligung ist dann Fremdkapital; eine Verlustteilnahme allein rechtfertigt keinen Ausweis als Eigenkapital.[107] Als Eigenkapital ist die stille Beteiligung hingegen auszuweisen, wenn sie unkündbar ist, eine Verlustbeteiligung vorliegt, die Einlage bei Liquidation hinter den Forderungen der Gläubiger zurücktritt und der Beteiligte die Einlage im Konkursfall entgegen § 236 Abs. 1 nicht als Konkursgläubiger geltend machen kann.[108]

Bei **variablen Konten der Gesellschafter von Personengesellschaften** kann es sich **86** je nach Ausgestaltung um Posten des Eigen- oder des Fremdkapitals handeln. Eigenkapital liegt nur vor, wenn der Posten (1) für Verluste voll haftet, (2) er nicht als Insolvenzforderung geltend gemacht werden kann und (3) bei Liquidation erst nach Befriedigung aller Gesellschaftsgläubiger auszugleichen ist.[109] Stehengelassene Gewinne sind unabhängig von ihrer Verbuchung auf diese Eigenschaften hin zu untersuchen.

Mischungen aus Eigen- und Fremdkapital sind zB Genussrechtskapital oder Wandel- **87** und Optionsschuldverschreibungen.

Genussrechte sind Gläubigerrechte schuldrechtlicher Art, keine Mitgliedschaftsrechte. **88** Sie weisen im Allgemeinen eine jahresüberschussabhängige Vergütung auf, jedoch sind auch feste Verzinsungen denkbar und üblich. Für den Ausweis als Eigenkapital wird die kumulative Erfüllung folgender Merkmale verlangt: Nachrangigkeit des Rückzahlungsanspruchs bei Konkurs oder Liquidation, Erfolgsabhängigkeit der Vergütung, Teilnahme am Verlust bis zur vollen Höhe und Längerfristigkeit der Kapitalüberlassung.[110] Da sich das Genussrechtskapital keinem der in § 266 Abs. 3 für Eigenkapital vorgesehenen Posten zuordnen lässt, wird ein neuer Posten innerhalb des Postens Eigenkapital gefordert.[111] Das gilt auch für Personengesellschaften.

Wandel- und Optionsschuldverschreibungen sind als Verbindlichkeiten auszuweisen. **89** Wandelanleihen enthalten ein Umtauschrecht in Aktien, Optionsschuldverschreibungen enthalten ein Bezugsrecht auf Aktien. Zu den Erläuterungspflichten im Anhang → § 284 Rn. 28.

---

[106]   BeBiKo/Schubert § 247 Rn. 199.
[107]   Vgl. ADS Rn. 90; BeBiKo/Schubert § 247 Rn. 215; Schulze zur Wiesch FS Budde, 1995, 588.
[108]   Vgl. ADS Rn. 91.
[109]   Vgl. IDW RS HFA 7 Rn. 13.
[110]   Vgl. ADS Rn. 88.
[111]   Vgl. ADS Rn. 89 mwN.

90   **b) Korrekturposten zu Aktiva.** Korrekturposten zu Aktiva können in Form passivierter Zuschüsse zur Anschaffung eines Vermögensgegenstandes entstehen. Sie werden teils eigenständig als Zuschüsse, teils als Sonderposten ausgewiesen.

91   **c) Bilanzierungshilfen. aa) Eigenschaften.** Das Bilanzrecht kannte den Ausdruck Bilanzierungshilfen in den § 269 S. 1, § 274 Abs. 2 S. 1 und § 301 Abs. 1 S. 2 aF im Zusammenhang mit Aufwendungen für die Ingangsetzung und Erweiterung des Geschäftsbetriebs, aktiven latenten Steuern und der Kapitalkonsolidierung. Der Begriff ist im aktuellen Bilanzrecht nicht mehr zu finden, aber nach wie vor gebräuchlich, weshalb auf ihn im Folgenden eingegangen wird.

92   Bilanzierungshilfen sind, eng verstanden, ein aliud gegenüber Vermögensgegenständen, Schulden und Rechnungsabgrenzungsposten; weit verstanden erfassen sie auch mit einem Ansatzwahlrecht versehene Vermögensgegenstände, Schulden und Rechnungsabgrenzungsposten. Es ist nicht zwingend, dass sie nur wahlweise angesetzt werden dürfen.

93   Als Bilanzierungshilfen jenseits von Vermögensgegenständen und aktiven Rechnungsabgrenzungsposten lassen sich aktive latente Steuern (§ 274 Abs. 1 S. 2) und der derivative Geschäfts- oder Firmenwert (§ 246 Abs. 1 S. 4) ansehen. Aktive latente Steuern sind ansatzfähig, aber nicht ansatzpflichtig, während der derivative Geschäfts- oder Firmenwert zwingend anzusetzen ist, weil er den Vermögensgegenständen gleichgestellt wird (er „gilt als (…) Vermögensgegenstand"). Als Bilanzierungshilfen jenseits von Schulden und passiven Rechnungsabgrenzungsposten lassen sich die zwingend anzusetzenden Aufwandsrückstellungen gem. § 249 Abs. 1 S. 2 Nr. 1 ansehen.

94   Die Literatur verwendet den Begriff der Bilanzierungshilfe noch in einem weiteren Sinne, wenn sie damit alle mit einem Ansatzwahlrecht versehenen Posten meint. Dann zählen hierzu auch die selbst geschaffenen immateriellen Vermögensgegenstände des Anlagevermögens (§ 248 Abs. 2 S. 1), das Disagio (§ 250 Abs. 3 S. 1) und die sog. Pensionsaltzusagen gem. Art. 28 Abs. 1 S. 1 EGHGB. Die Verwendung des engen oder weiten Begriffs ist wegen der bestehenden expliziten Regelungen für den Kaufmann folgenlos.

95   **bb) Geltung für Nichtkapitalgesellschaften.** Obwohl die aktiven latenten Steuern explizit nur im ergänzenden Recht für Kapitalgesellschaften zu finden sind, ist zu prüfen, ob auch Nichtkapitalgesellschaften von ihnen Gebrauch machen dürfen. Das wird in der Literatur teils bejaht,[112] teils verneint.[113] Für die Übertragung der Regelungen auf Nichtkapitalgesellschaften wird angeführt, dass die Regelungen bereits für unter das PublG fallende Unternehmen (§ 5 Abs. 1 S. 2 PublG) und eG (§ 33 GenG iVm § 336 Abs. 2 S. 1) entsprechend anzuwenden sind, so dass eine Übertragung auf andere Nichtkapitalgesellschaften nicht verwehrt werden könne. Auch hätte die gem. § 269 aF erlaubte Aktivierung von Ingangsetzungskosten bereits vor dem BiRiLiG als GoB gegolten.[114] Letzteres ist mit der steuerlichen Regelung inkompatibel, die ohne Sondervorschrift trotz Maßgeblichkeitsprinzips der GoB für die Steuerbilanz (§ 5 Abs. 1 S. 1 EStG) die Aktivierung verbietet.[115] Davon unabhängig wird man der Übertragung der Regelung auf Nichtkapitalgesellschaften zustimmen können.

96   **10. Ausnahmen von der Vollständigkeit. a) Gesetzesverweis.** Die Bilanz hat nur insoweit sämtliche Vermögensgegenstände, Schulden und Rechnungsabgrenzungsposten zu enthalten, „soweit gesetzlich nichts anderes bestimmt ist" (Abs. 1 S. 1). Das lässt explizite Ausnahmen erwarten, die vorliegen.

97   **b) Unvollständigkeit der Erfassung von Vermögensgegenständen.** § 248 Abs. 2 S. 1 begründet eine Unvollständigkeit der Erfassung von Vermögensgegenständen. Nach ihm sind selbst geschaffene immaterielle Vermögensgegenstände des Anlagevermögens nicht

112   Vgl. ADS § 274 Rn. 7; BeBiKo/Grottel/Larenz § 274 Rn. 85.
113   Vgl. Döllerer BB-Beil. 12/1987, 4.
114   Vgl. ADS § 269 Rn. 7.
115   Vgl. BFHE 95, 31 = BStBl. II 1969, 291.

aktivierungspflichtig, sondern nur aktivierungsfähig. Die Ausnahme vom Vollständigkeitsgebot wird dadurch deutlich, dass das Gesetz sie selbst Vermögensgegenstände nennt. Zu den Gründen der Ausnahme → § 248 Rn. 2.

Eine unvollständige bilanzielle Erfassung von Vermögensgegenständen liegt für gering- **98** wertige Anlagegüter vor, wenn diese – wie steuerlich zulässig (§ 6 Abs. 2 S. 4 EStG) – auch handelsrechtlich nicht in ein Anlagenverzeichnis aufgenommen werden, sowie für abnutzbares bewegliches Anlagevermögen mit Anschaffungskosten bis zu 800 EUR (§ 6 Abs. 2 S. 1 EStG und Grundsatz der Wesentlichkeit), das bei Zugang voll abgeschrieben wird. Obwohl § 6 Abs. 2 EStG eine Bewertungsvorschrift ist, wirkt sie wie eine Ansatzregel. Ihre Anwendung im Handelsrecht ist zwar nicht gesetzlich verankert, da aber in der Begründung zum Regierungsentwurf des BilMoG eine Übertragung der in § 6 Abs. 2a EStG kodifizierten Sammelbewertung auf das Handelsrecht erlaubt wird,[116] erscheint auch eine Übertragung der vereinfachten Ansatzregeln vertretbar.

Zur weiteren Durchbrechung der Vollständigkeit bezüglich Nutzungsrechten → Rn. 32. **99**

c) Unvollständigkeit der Erfassung von Schulden. Schulden werden unvollständig **100** erfasst im Hinblick auf (1) Pensionen aufgrund einer unmittelbaren Zusage, bei denen der Rechtsanspruch vor dem 1.1.1987 entstanden ist oder sich ein vor diesem Zeitpunkt erworbener Rechtsanspruch nach dem 31.12.1986 erhöht hat, (2) mittelbare Verpflichtungen aus einer Zusage für eine laufende Pension oder eine Anwartschaft auf eine Pension sowie (3) eine ähnliche unmittelbare oder mittelbare Verpflichtung (Art. 28 Abs. 1 EGHGB). Die Unvollständigkeit resultiert aus dem bis 1986 eingeräumten Wahlrecht der Bilanzierung von Pensionsrückstellungen im AktG 1965. Eine nachträgliche Passivierung aller Schulden erschien im Rahmen der Gesetzesänderung aufgrund des BiRiLiG 1986 als nicht opportun. Der mangelnde Einblick in die Vermögens- und Finanzlage wird durch die Angabepflicht der nicht passivierten Rückstellungen geheilt (Art. 28 Abs. 2 EGHGB).

Bei Subsumtion der Aufwandsrückstellungen (→ Rn. 69) unter die Schulden werden **101** diese unvollständig wiedergegeben, wenn ihre Passivierung trotz erfüllter Kriterien unterbleibt.

d) Unvollständigkeit der Erfassung aktiver Rechnungsabgrenzungsposten. Das **102** Disagio gem. § 250 Abs. 3 erfüllt die Legaldefinition der aktiven Rechnungsabgrenzungsposten, die grundsätzlich alle zu aktivieren sind (§ 250 Abs. 1 S. 1). Die Wahlmöglichkeit der sofortigen Aufwandserfassung stellt eine Ausnahme vom Vollständigkeitsgebot dar.

11. Vermögenswerte und Schulden nach IFRS. a) Definition der Vermögens- **103** **werte.** Im Rahmenkonzept des IASB finden sich als Definitionen: „An asset is a present economic resource controlled by the entity as a result of past events. An economic resource is a right that has the potential to produce economic benefits" (CF.4.3 f.). CF.4.13 verweist darauf, dass die Existenz des Rechts unsicher sein kann. Die Frage des Ansatzes hängt davon ab, ob entscheidungsnützliche Information vermittelt werden kann: „An asset (…) is recognised only if recognition of that asset (…) provides users of financial statements with information that is useful, ie with: (a) relevant information about the asset (…); and (b) a faithful representation of the asset (…)" (CF.5.7). CF.5.14 besagt zur Unsicherheitsimplikation: „In some cases, that uncertainty, possibly combined with a low probability of inflows (…) of economic benefits and an exceptionally wide range of possible outcomes, may mean that the recognition of an asset (…), necessarily measured at a single amount, would not provide relevant information. Whether or not the asset (…) is recognised, explanatory information about the uncertainties associated with it may need to be provided in the financial statements." Jedoch könne ein Ansatz des Asset auch dann in Frage kommen, wenn die Wahrscheinlichkeit für den Nutzenzufluss gering sei: „An asset (…) can exist even if the probability of an inflow of economic benefits is low" (CF.5.15). Hier seien weitere Faktoren zu beachten (CF.5.17).

---

[116] Vgl. Begr. RegE, BT-Drs. 16/10067, 38.

104 Mit diesen Formulierungen hat man einen Ersatz für die frühere Regelung gefunden, wonach ein Vermögenswert aktiviert werden muss, wenn es wahrscheinlich (probable) ist, dass mit ihm verbundene zukünftige wirtschaftliche Vorteile dem Unternehmen zufließen werden, und seine verlässliche Bewertung möglich ist. Diese Regelung wurde angegriffen. Denn nach *Cairns* gibt das frühere Rahmenkonzept (oder ein IFRS) keine Hilfe bei der Bestimmung von „wahrscheinlich" (probable): „Some argue that probable means more likely than not but many accountants look to a higher threshold of perhaps 70–80 per cent or even more, particular in the case of assets and income."[117] Dass die neue Regelung von Kritik befreit sein wird, ist zu bezweifeln, denn die damalige Kritik dürfte sich leicht auf die Bestimmung des Ausdrucks „low" und die Würdigung der weiteren Faktoren, die auch bei einer geringen Wahrscheinlichkeit den Ansatz nötig machen, übertragen lassen.

105 Das rechtliche Eigentum an dem Vermögenswert ist keine notwendige Voraussetzung für die Aktivierung; es reicht wirtschaftliches Eigentum: „Control of an economic resource usually arises from an ability to enforce legal rights. However, control can also arise if an entity has other means of ensuring that it, and no other party, has the present ability to direct the use of the economic resource and obtain the benefits that may flow from it. For example, an entity could control a right to use know-how that is not in the public domain if the entity has access to the know-how and the present ability to keep the know-how secret, even if that know-how is not protected by a registered patent." (CF.4.22)

106 **b) Abweichungen gegenüber HGB. aa) Sonderposten und Wahlrechte.** Den als Sonderposten anzusehenden aktiven Unterschiedsbetrag aus der Vermögensverrechnung gem. Abs. 2 S. 3 kennen die IFRS nicht, weil IAS 19.8 die Übertragung von Deckungsvermögen für Altersversorgungsverpflichtungen auf Dritte verlangt und deshalb kein Aktivum bei dem Unternehmen, dessen Arbeitnehmer durch die Versorgungszusagen begünstigt sind, gebildet werden kann (→ Rn. 154 f.). Aktive latente Steuern sind hingegen zwingend in der Bilanz als Vermögenswert anzusetzen (IAS 12.24). Ein Aktivierungswahlrecht im Jahresabschluss entsprechend § 274 Abs. 1 S. 2 kennen die IFRS nicht. Aktive Rechnungsabgrenzungsposten werden bilanziert, wenn sie die Definition von Vermögenswerten erfüllen, ohne unter einem anderen Namen ausgewiesen zu werden.[118]

107 **bb) Leasinggegenstände.** IAS 17 regelte früher die Bilanzierung von Leasinggegenständen, wurde aber am 13.1.2016 durch IFRS 16 Leasingverhältnisse ersetzt. Dessen erstmalige Anwendung gilt für Geschäftsjahre, die am oder nach dem 1.1.2019 beginnen. Eine vorzeitige Anwendung war zulässig, sofern auch die Vorschriften in IFRS 15 Erlöse aus Verträgen mit Kunden (ggf. vorzeitig) vollständig zur Anwendung kamen.

108 IFRS 16 unterscheidet – entgegen IAS 17 – nicht mehr zwischen Finanzierungsleasing und Operating-Leasing. Nach ihm geht es nicht nur oder nicht vorrangig um die Bilanzierung des dem Leasingvertrag zugrunde liegenden Vermögenswertes, sondern um die mit diesem Vermögenswert verbundenen Nutzungsrechte und Verbindlichkeiten. Es gilt grds. der Nutzungsrecht-Ansatz.

109 Der Leasingnehmer bilanziert danach im Zugangszeitpunkt ein Nutzungsrecht und die damit verbundene Leasingverbindlichkeit zu Anschaffungskosten (IFRS 16.22). Die Leasingverbindlichkeit entspricht dem Barwert der Leasingzahlungen (IFRS 16.26), die in IFRS 16.27 detailliert konkretisiert werden. Als Diskontierungszins ist der interne Zinsfuß des Leasingverhältnisses zu verwenden. Danach müssen die abgezinsten Leasingzahlungen inkl. des nicht garantierten Restwerts wertgleich sein mit dem beizulegenden Zeitwert des Vermögenswerts zuzüglich anfänglicher direkter Kosten des Leasinggebers (IFRS 16.A). Falls dieser Zins nicht ohne Weiteres bestimmt werden kann, ist der Grenzverschuldungssatz des Leasingnehmers zu verwenden (IFRS 16.26). Dieser würde sich aus einem fiktiv fremdfinanzierten Kauf des Vermögenswerts bei vergleichbarer Nutzungsdauer und Besicherung ergeben (IFRS 16.A). Der Wert des Nutzungsrechts ergibt sich aus dem Wert der Leasing-

---

[117] Cairns in Ordelheide/KPMG (Hrsg.), Transnational Accounting, Vol. 2, 2001, 1661 (1694).
[118] Vgl. IAS 1.28.

verbindlichkeit zuzüglich anfänglicher direkter Kosten. Weitere Anpassungen der Verbindlichkeit können aufgrund von erhaltenen Leasinganreizen, für geleistete Zahlungen am oder vor Beginn des Leasingverhältnisses und für Rückbau- und vergleichbare Verpflichtungen erforderlich sein (IFRS 16.24).

In der Folge wird die Leasingverbindlichkeit unter Verwendung der Effektivzinsme- **110** thode fortgeschrieben. Das Nutzungsrecht wird über die Vertragslaufzeit oder, falls kürzer, über die Nutzungsdauer des Vermögenswertes planmäßig, idR linear oder degressiv, abgeschrieben. Für einen einzelnen Leasingvertrag ergibt sich aufgrund des degressiven Verlaufs des Gesamtaufwands in Form von Abschreibung plus Verbindlichkeitsaufzinsung der sog. Front-Load-Effekt, der schon nach Veröffentlichung des ersten Standardentwurfs von 2010 (ED/2010/9) für Kritik sorgte. Moniert wird, dass viele Adressaten einen gleich hohen Gesamtaufwand über die Nutzungsdauer bevorzugen, weil sie diesen als Näherung für periodische Zahlungsstromprognosen verwenden.

Optionen zur Leasingverlängerung oder zur vorzeitigen Kündigung sind nur zu berück- **111** sichtigen, wenn deren Ausübung aus Sicht des Leasingnehmers hinreichend sicher („reasonably certain"; IFRS 16.19) ist. Die Wahrscheinlichkeit muss vor dem Hintergrund aller Fakten und Umstände gewürdigt werden, die die Entscheidungssituation des Leasingnehmers beeinflussen (IFRS 16.19). Es ist eine Technik zur Bestimmung des Erwartungswerts bei der Ermittlung der Leasingzahlungen anzuwenden, um bedingte Leasingzahlungen, Zahlungen im Falle von Optionen zur Mietverlängerung oder zur vorzeitigen Kündigung sowie Restwertgarantien zu berücksichtigen, auch wenn der Standard den Ausdruck Erwartungswert vermeidet. Die Bestimmung des Erwartungswertes verlangt bspw. die Schätzung des Zeitpunkts und der Höhe von bedingten Mietzahlungen und der Wahrscheinlichkeit für die Ausübung von Mietverlängerungsoptionen.

Die Bewertung muss angepasst werden, wenn aufgrund von Tatsachen oder Umständen **112** wesentliche Änderungen der Vermögenswerte oder der Leistungsverpflichtung im Vergleich zur vorherigen Berichtsperiode angezeigt sind. Diese Beurteilung ist an jedem Bilanzstichtag vorzunehmen.

Der Leasinggeber hat jedes Leasingverhältnis als Finanzierungsleasing oder Operating- **113** Leasing zu unterscheiden (IFRS 16.61). Es ist als Finanzierungsleasing zu klassifizieren, falls die mit dem wirtschaftlichen Eigentum verbundenen Chancen und Risiken am Leasinggegenstand im Wesentlichen übertragen worden sind. Anderenfalls liegt ein Operating-Leasing vor (IFRS 16.62). Hat der Leasinggeber alle wesentlichen Risiken und Nutzen auf den Leasingnehmer übertragen, erfolgt die Ausbuchung des Vermögenswertes beim Leasinggeber. Der Leasinggeber realisiert den Ertrag und bucht den Barwert der zu erwartenden Leasingzahlungen als Forderung ein. Die möglichen Komponenten der Leasingzahlungen konkretisiert IFRS 16.70. Diskontiert wird mit dem Internen Zinsfuß des Leasingverhältnisses. Dieser Zins ist so definiert, dass er die anfänglichen direkten Kosten des Leasinggebers mit umfasst, so dass sie nicht getrennt addiert werden müssen (IFRS 16.69). In den Folgeperioden wird die Forderung um die eingegangenen Zahlungen vermindert. Zudem realisiert der Leasinggeber über die Laufzeit des Vertrags Finanzerträge nach IFRS 16.75.

Zu Recht moniert wird der konzeptionelle Bruch in IFRS 16, weil beim Leasingneh- **114** mer der Nutzungsrecht-Ansatz gilt, während beim Leasinggeber der für IAS 17 geltende Risiko-Chancen-Ansatz verbleibt.[119] Die ursprünglich intendierte symmetrische Behandlung von Leasingverhältnissen bei beiden Vertragsparteien wurde aufgrund starker Kritik aus Theorie und Praxis nicht realisiert. Möglich werden dadurch Doppelerfassungen, „denn der Leasinggeber aktiviert beim Operating-Leasing den Leasinggegenstand, während der Leasingnehmer – unabhängig von der Klassifizierung des Leasingverhältnisses beim Leasinggeber – gleichzeitig das Nutzungsrecht am Leasinggegenstand ansetzt."[120]

c) Definition der Schulden. „A liability is a present obligation of the entity to **115** transfer an economic resource as a result of past events" (CF.4.26). Da eine wirtschaftliche

---

[119] Vgl. PFGS IntRechnungslegung S. 727 und 745 f.
[120] PFGS IntRechnungslegung S. 755.

Betrachtungsweise gilt, sind rechtliche Verpflichtungen nicht nötig (C.F.4.31); es reichen faktische Verpflichtungen, zB für Kulanzen.[121] Die Trennung zwischen Fremd- und Eigenkapital richtet sich nach IAS 32 und gestaltet sich zuweilen schwierig.[122]

116   **d) Abweichungen gegenüber HGB.** Aufwandsrückstellungen sehen die IFRS nicht vor; sie sind verboten. Passive Rechnungsabgrenzungsposten erfüllen die Definition einer Schuld und werden daher entsprechend ausgewiesen (IAS 1.27 f.).

III. Vollständigkeit der GuV

117   **1. GuV-Inhalt.** Die GuV erfasst Erträge und Aufwendungen und als Saldo den Gewinn oder Verlust, der bei Kapitalgesellschaften als Jahresüberschuss und Jahresfehlbetrag bezeichnet wird. Im Rahmen der Gewinnverwendung gibt es mit Gewinn- und Verlustvorträgen, Entnahmen aus und Einstellungen in die Rücklagen sowie dem zur Ausschüttung vorgesehenen Betrag weitere Posten in der GuV.

118   **2. Aufwendungen. a) Begriff und Eigenschaften.** Das Gesetz enthält keine Legaldefinition für Aufwendungen. Aufwendungen mindern das Eigenkapital und stellen periodisierte Auszahlungen dar (§ 252 Abs. 1 Nr. 5). Die Auszahlungen müssen nicht in jedem Fall vom Kaufmann geleistet worden sein. Das zeigt sich zB bei unentgeltlich erworbenem abnutzbarem Anlagevermögen, das planmäßig abzuschreiben ist. Auch wenn das Gesetz unter bestimmten Bedingungen die Abschreibung von Anschaffungs- oder Herstellungskosten verlangt, sind die Kosten pagatorisch zu verstehen. Kalkulatorische Elemente ohne Auszahlungsverpflichtung oder in Form von Opportunitätskosten, wie sie in der Kosten- und Leistungsrechnung in Form von kalkulatorischen Zinsen, kalkulatorischen Mieten oder kalkulatorischen Abschreibungen üblich sind, dürfen nicht als Aufwand erfasst werden.

119   **b) Komponenten.** Die Aufwendungen lassen sich nach dem Gesamt- oder dem Umsatzkostenverfahren gliedern (§ 275 Abs. 2 und 3). Es spricht nichts gegen die Übernahme der für Kapitalgesellschaften geltenden Gliederungsregeln bei Nichtkapitalgesellschaften. Je nach Gliederungsart unterscheiden sich die Komponenten: Das Gesamtkostenverfahren ist produktions- und kostenartenorientiert. Es weist zur Korrektur der Produktionskosten bei Verwerfungen zwischen Produktion und Absatz bewertete Lagerbestandsveränderungen und andere aktivierte Eigenleistungen in den Zeilen 2 und 3 aus, um einen umsatzabhängigen Gewinn zu berechnen. Die Herstellungskosten der umgesetzten Güter sind nicht ersichtlich. Das Umsatzkostenverfahren ist absatz- und kostenstellen- oder kostenträgerorientiert und zeigt neben den Herstellungskosten der umgesetzten Güter Vertriebskosten und allgemeine Verwaltungskosten (Zeile 4 bzw. 5). Durch die unterschiedliche Gliederung wird die Gewinnhöhe nicht berührt, jedoch ist der in beiden Verfahren gleichlautende Posten „sonstige betriebliche Aufwendungen" inhaltlich verschieden. Zur Erläuterung der einzelnen Posten → § 275 Rn. 73 ff. und → § 275 Rn. 152 ff.

120   **3. Erträge. a) Begriff und Eigenschaften.** Wie bei den Aufwendungen fehlt eine Legaldefinition für Erträge. Erträge erhöhen das Eigenkapital und stellen periodisierte Einzahlungen dar (§ 252 Abs. 1 Nr. 5).

121   **b) Komponenten.** Das Gesetz unterscheidet auf der Ertragsseite unabhängig vom GuV-Verfahren die Komponenten Umsatzerlöse, sonstige betriebliche Erträge, Erträge aus Beteiligungen, Erträge aus anderen Wertpapieren und Ausleihungen des Finanzanlagevermögens, sonstige Zinsen und ähnliche Erträge. Über die in beiden GuV-Verfahren identischen Komponenten hinaus enthält das Gesamtkostenverfahren die Posten „Erhöhung oder Verminderung des Bestands an fertigen und unfertigen Erzeugnissen" und „andere aktivierte Eigenleistungen". Zum Inhalt aller Posten → § 275 Rn. 26 ff., → § 275 Rn. 77 ff., → § 275 Rn. 122 ff., → § 275 Rn. 150 f.

---

[121] Vgl. PFGS IntRechnungslegung S. 106.
[122] Vgl. zB KPMG 3 ff.; Schildbach BFuP 2006, 325 ff.

4. Weitere GuV-Posten. Neben dem Gewinn oder Verlust als Saldo der Erträge und 122 Aufwendungen enthält die GuV im Rahmen der Gewinnverwendung mit Gewinn- und Verlustvorträgen, Entnahmen aus und Einstellungen in die Rücklagen sowie dem zur Ausschüttung vorgesehenen Betrag, der bei Kapitalgesellschaften Bilanzgewinn heißt, weitere Posten.

5. Keine Ausnahmen von der Vollständigkeit. Aufwendungen und Erträge sind 123 vollständig auszuweisen. Da sie Änderungen des Eigenkapitals bewirken, ist eine Ausnahme der Vollständigkeit nicht zu begründen.

6. Regelungen nach IFRS. Nach IFRS ist die GuV Bestandteil der Gesamtergebnis- 124 rechnung. Letztere muss Gewinn oder Verlust, sonstiges Ergebnis insgesamt und Gesamtergebnis als Summe der beiden vorgenannten Posten ausweisen (IAS 1.81A). Wird eine gesonderte GuV aufgestellt, entfällt in der Gesamtergebnisrechnung der Posten Gewinn oder Verlust. IAS 1.82 enthält eine Liste von einzelnen Posten, die in der gesonderten GuV oder im Posten Gewinn und Verlust auszuweisen sind, wobei die Aufzählung nicht erschöpfend ist, sondern auch in allgemeiner Form auf weitere, in anderen IFRS vorgeschriebene Posten verweist. Außerordentliche Posten dürfen nicht dargestellt werden (IAS 1.87).

Das Rahmenkonzept des IASB 2018 definiert: „Income is increases in assets, or decrea- 125 ses in liabilities, that result in increases in equity, other than those relating to contributions from holders of equity claims" (C.F.4.68).

Spiegelbildlich gilt: „Expenses are decreases in assets, or increases in liabilities, that 126 result in decreases in equity, other than those relating to distributions to holders of equity claims" (C.F.4.69).

Als Format für die GuV sind das Gesamtkostenverfahren und das Umsatzkostenverfah- 127 ren möglich (IAS 1.102 f.). Unternehmen, die das Umsatzkostenverfahren anwenden, unterliegen nach IAS 1.103 weiteren Informationspflichten. Dies betrifft insbesondere die Art der Aufwendungen, planmäßige und außerplanmäßige Abschreibungen und den Personalaufwand.

IV. Verrechnungsverbot

1. Zwecksetzung. Nach dem Verrechnungsverbot dürfen Posten der Aktivseite nicht 128 mit Posten der Passivseite, Aufwendungen nicht mit Erträgen, Grundstücksrechte nicht mit Grundstückslasten verrechnet werden. Das dient der in § 243 Abs. 2 geforderten Klarheit des Jahresabschlusses und der damit verbundenen Pflicht zu gesondertem Ausweis und hinreichender Aufgliederung der Bilanzposten (§ 247 Abs. 1).

Obwohl das Verrechnungsverbot – anders als das Vollständigkeitsgebot – keinen Hin- 129 weis auf Ausnahmen aufgrund gesetzlicher Vorschriften enthält, wird es zB bei der Ermittlung latenter Steuern außer Kraft gesetzt, wenn aktive und passive Steuerabgrenzungen saldiert werden. Darüber hinaus wird es bei Deckungsvermögen für Schulden aus Altersversorgungsverpflichtungen suspendiert (→ Rn. 137 ff.).

2. Inhalt. In der **Bilanz** ist die Verrechnung von Posten der Aktivseite mit Posten der 130 Passivseite verboten. Damit sind Vermögensgegenstände, Schulden, Rechnungsabgrenzungsposten, Sonderposten und Eigenkapital angesprochen.

Nicht unter das Verrechnungsverbot fallen (1) Forderungen oder Verbindlichkeiten, 131 die gemäß vertraglicher Abrede in ein Kontokorrent einzustellen sind, das laufend oder periodisch verrechnet wird, (2) die Zusammenfassung negativer und positiver Kapitalkonten eines Gesellschafters bei Personengesellschaften, (3) die Saldierung aktiver und passiver Steuerlatenzen, (4) die Minderung von Anschaffungs- oder Herstellungskosten um erhaltene Zulagen, Zuschüsse oder Subventionen, (5) die aktivische statt passivische Wertberichtigung auf Sachanlagen oder Forderungen.

Als Ausnahme vom Verrechnungsverbot kann unter bestimmten Bedingungen bei Per- 132 sonenidentität eine Forderung mit einer Verbindlichkeit aufgerechnet werden. Dies gilt insbesondere bei gleichartigen Leistungen, die zivilrechtlich nach § 387 BGB gegeneinander aufgerechnet werden können.[123] Auch stellt die Saldierung von mit arabischen Zahlen versehenen Bilanzposten, die erlaubt ist, wenn die Beträge für die Vermittlung des den tatsächlichen Verhältnissen entsprechenden Bildes unerheblich sind (§ 265 Abs. 7 Nr. 1), eine durch lex specialis erlaubte Ausnahme vom Verrechnungsverbot dar. Dies ist anders, wenn die Posten aus Gründen der Klarheit zusammengefasst werden (§ 265 Abs. 7 Nr. 2). Sie sind dann im Anhang wieder gesondert anzugeben. Insofern hat sich nur der Ort der Information verändert: Die Verrechnung in der Bilanz kann durch den Abschlussleser rückgängig gemacht werden.

133   In der **GuV** ist die Verrechnung von Aufwendungen und Erträgen verboten. Die Minderung von Anschaffungs- oder Herstellungskosten um Zulagen, Zuschüsse oder Subventionen ist wie der Abzug von Erlösschmälerungen von Umsatzerlösen kein Verstoß gegen das Verrechnungsverbot.

134   Als (erlaubte) Ausnahme vom Verrechnungsverbot kann hingegen die Saldierung von Bestandserhöhungen mit Bestandsminderungen zu einer Größe als Bestandsänderung bei Anwendung des Gesamtkostenverfahrens angesehen werden.[124] Die für kleine und mittelgroße Kapitalgesellschaften erlaubte Zusammenfassung bestimmter Posten zu einem Rohergebnis stellt eine explizite Ausnahme vom Verrechnungsverbot dar (§ 276 S. 1). Die Übertragung der Regelung auf Nichtkapitalgesellschaften wird als zulässig angesehen, wenn damit dem Grundsatz der Klarheit und Übersichtlichkeit gefolgt wird und die Gesellschafter die zusammengefassten Posten in Ausübung der ihnen gesetzlich (§ 118 und § 166) oder vertraglich zustehenden Kontrollrechte einsehen können.[125]

135   **3. Regelungen nach IFRS.** Gemäß IAS 1.29 sind im Abschluss alle wesentlichen Gruppen gleichartiger Posten gesondert darzustellen, um den Abschluss klar und verständlich zu machen.

136   Eine Saldierung von Vermögenswerten und Schulden sowie Posten der GuV ist nach IAS 1.32 grds. nicht gestattet. Ausnahmsweise ist eine Saldierung aber zulässig, wenn sie in anderen IFRS explizit verlangt oder erlaubt wird, und darüber hinaus für die GuV in den in IAS 1.34 und 1.35 genannten Fällen. Zu nennen sind hier bspw. IAS 32.42–50 zur Saldierung von Finanzinstrumenten, IAS 19.116 für Kosten der Altersversorgung oder IAS 12.71–76 zur Saldierung von aktiven und passiven latenten Steuern.

V. Ausnahme vom Verrechnungsverbot bei Deckungsvermögen für Schulden aus Altersversorgungsverpflichtungen

137   **1. Zwecksetzung.** Abs. 2 S. 2 regelt eine Ausnahme von dem Verrechnungsverbot für Aktiva und Passiva und für Erträge und Aufwendungen. Stattdessen gilt ein Saldierungsgebot für „Vermögensgegenstände, die dem Zugriff aller übrigen Gläubiger entzogen sind und ausschließlich der Erfüllung von Schulden aus Altersversorgungsverpflichtungen oder vergleichbaren langfristig fälligen Verpflichtungen dienen, (…) mit diesen Schulden (…); entsprechend ist mit den zugehörigen Aufwendungen und Erträgen aus der Abzinsung und aus dem zu verrechnenden Vermögen zu verfahren. Übersteigt der beizulegende Zeitwert der Vermögensgegenstände den Betrag der Schulden, ist der übersteigende Betrag unter einem gesonderten Posten zu aktivieren" (Abs. 2 S. 2 und 3). Die hierin angesprochenen Vermögensgegenstände werden im Folgenden als Deckungsvermögen bezeichnet.

138   Zielsetzung der durch das BilMoG erstmals eingeführten Regelung ist eine Verbesserung des Einblicksgebots in die Vermögens-, Finanz- und Ertragslage[126] (das explizit freilich nur bei Kapitalgesellschaften und ihnen gleichgestellten Personenhandelsgesellschaften gilt; § 264 Abs. 2 S. 2) und eine Annäherung des HGB an die IFRS,[127] was technisch zu einer

---

[123]   Vgl. ADS Rn. 465 ff. mwN.
[124]   So zB BeBiKo/Justenhoven/Meyer Rn. 161.
[125]   Vgl. ADS § 247 Rn. 92.
[126]   Vgl. Begr. RegE, BT-Drs. 16/10067, 48 f.
[127]   Vgl. Begr. RegE, BT-Drs. 16/10067, 48.

Verkürzung der Bilanz und materiell zu einer damit verbundenen Änderung von Bilanz-kennzahlen führt. Unberührt bleibt das grundsätzliche Gebot der Einzelbewertung der saldierten Posten; die Saldierung betrifft nur den Ausweis.[128]

Neben der Tatsache, dass die Unterschiede des allgemeinen Bilanzierungsrechts für **139** Kaufleute (§§ 238–263) und in den ergänzenden Vorschriften für Kapitalgesellschaften und bestimmte Personenhandelsgesellschaften (§§ 264–289a) vernachlässigt werden, weil sich § 246 im Kaufmannsrecht befindet, sind Unterschiede zwischen HGB und IFRS denkbar, weil IAS 19.8 die Übertragung des Deckungsvermögens (dort Planvermögen genannt) auf eine rechtlich selbstständige Einheit verlangt, was das HGB nicht erzwingt.[129]

2. Anwendungsbereich und Voraussetzungen. In der Bilanz zu saldieren sind **140** „Schulden aus Altersversorgungsverpflichtungen oder vergleichbaren langfristig fälligen Ver-pflichtungen" und „Vermögensgegenstände, die dem Zugriff aller übrigen Gläubiger entzo-gen sind und ausschließlich der Erfüllung (…) (dieser) Schulden dienen". Die erwähnten Verpflichtungen werden im Gesetz nicht weiter konkretisiert. Durch Rückgriff auf § 1 Abs. 1 BetrAVG lassen sich aber als Altersversorgungsverpflichtungen grds. alle unmittelba-ren oder mittelbaren Zusagen zur Gewährung von Leistungen der Alters-, Invaliditäts- und Hinterbliebenenversorgung ansehen. Auch dürften für Zwecke der Bilanzierung Altersver-sorgungs- und Pensionsverpflichtungen übereinstimmen.[130]

Als Beispiele für vergleichbare langfristig fällige Verpflichtungen nennt die Regierungs- **141** begründung des BilMoG Altersteilzeitverpflichtungen und Schulden aus Lebensarbeitszeit-modellen.[131] „Neben den in der Gesetzesbegründung genannten o.a. Verpflichtungen kön-nen unter den Anwendungsbereich des § 246 Abs. 2 S. 2 auch Verpflichtungen zur Gewährung von Übergangs-, Überbrückungs- und Sterbegelder, Beihilfen im Krankheits-fall, pensionsähnliche Verpflichtungen und Altersfreizeitvereinbarungen fallen. Im Einzelfall kann die Abgrenzung zu Abfindungszahlungen im Rahmen der Beendigung eines Arbeits-verhältnisses fließend sein."[132]

Das Deckungsvermögen schließt bereits begrifflich Rechnungsabgrenzungsposten und **142** Bilanzierungshilfen (wie aktive latente Steuern) aus, schreibt aber keine bestimmte Anlage-form des Vermögens vor.[133] Hingegen muss es ausschließlich der Erfüllung der og Schulden dienen, dem Zugriff aller sonstigen Gläubiger entzogen und jederzeit einzeln verwertbar sein. Man verbindet mit ihm deshalb die Begriffe der Zweckexklusivität, der Vollstreckungs- und Insolvenzfestigkeit und der jederzeitigen Einzelverwertbarkeit.[134] Die Zweckexklusivi-tät und die jederzeitige Einzelverwertbarkeit schließen aus, dass die Vermögensgegenstände zur Aufrechterhaltung des Geschäftsbetriebs benötigt werden und in diesem Sinne betriebs-notwendig sind.[135] Ausgeschlossen wird auch der (nur) als abnutzbares Anlagevermögen geltende derivative Geschäfts- oder Firmenwert, weil er nicht einzeln verwertbar ist und keinen Vermögensgegenstand darstellt. Die Zweckexklusivität verlangt die separate Erfas-sung und Dokumentation des Deckungsvermögens, was seine rechtliche Ausgestaltung und seinen Dokumentationsort noch offen lässt.

3. Vermögenstrennung und –dokumentation. Zur Sicherung von Zweckexklusi- **143** vität, Vollstreckungs- und Insolvenzfestigkeit und jederzeite Einzelverwertbarkeit bieten sich Verpfändungs- und Treuhandmodelle an, wobei erstere praktische Nachteile haben, weil genaue Zuordnungen der Vermögensgegenstände zu den berechtigten Verwertern nötig

---

[128] Vgl. Gelhausen/Fey/Kämpfer S. 18.
[129] Vgl. Gelhausen/Fey/Kämpfer S. 20.
[130] Vgl. Gelhausen/Fey/Kämpfer S. 21.
[131] Vgl. Begr. RegE, BT-Drs. 16/10067, 48; Gelhausen/Fey/Kämpfer S. 21.
[132] Gelhausen/Fey/Kämpfer S. 22.
[133] Vgl. Gelhausen/Fey/Kämpfer S. 23.
[134] Vgl. Gelhausen/Fey/Kämpfer S. 23 f.
[135] Vgl. Gelhausen/Fey/Kämpfer S. 31; aA Küting/Pfitzer/Weber, Das neue deutsche Bilanzrecht/Küting/Kessler/Keßler, 2. Aufl. 2009, S. 361 mit Verweis auf ein ausgelagertes betriebliches Grundstück, das vom Unternehmen gemietet wird.

werden und Mitwirkungsrechte der Begünstigten bei der Pfandbestellung zu bedenken sind.[136] Bei den Treuhandmodellen sind einseitige und doppelseitige Treuhandschaften denkbar; im ersten Fall übernimmt der Treuhänder nur eine Verwaltungsfunktion gegenüber dem Arbeitgeber, im zweiten Fall auch eine Sicherungsfunktion gegenüber den begünstigten Arbeitnehmern. Die international bekannten Konstruktionen von CTA (Contractual Trust Agreement) sind dementsprechend ausgestaltet.

144   Zur Sicherung der Vollstreckungs- und Insolvenzfestigkeit ist die Frage des Absonderungs- und Aussonderungsrechtes relevant. Bei Aussonderung zählt der Vermögensgegenstand nicht zur Insolvenzmasse und der Aussonderungsberechtigte kann den Vermögensgegenstand frei nach eigenen Vorstellungen verwerten. Der Absonderungsberechtigte hat hingegen einen Anspruch auf den Erlös, den der Insolvenzverwalter aus der Verwertung des Vermögensgegenstandes zieht. Da funktional auch bei Absonderung der Anspruch des Begünstigten gesichert erscheint, spricht Vieles dafür, dass auch ein Absonderungsrecht zur Erfüllung des Kriteriums der Insolvenzfestigkeit reicht. Jedoch verweisen Gelhausen/Fey/Kämpfer darauf, dass höchstrichterliche Rechtsprechung im Rahmen von CTA-Modellen fehlt und dadurch eine Rechtsunsicherheit verbleibt.[137]

145   **4. Vermögens- und Schuldenbewertung.** Das Deckungsvermögen ist einzeln mit dem beizulegenden Zeitwert zu bewerten. Der beizulegende Zeitwert ist in § 255 Abs. 4 definiert und entspricht grds. einem Marktpreis auf einem aktiven Markt. Nur hilfsweise soll er durch Rückgriff auf allgemein anerkannte Bewertungsmethoden oder fortgeführte Anschaffungs- oder Herstellungskosten ermittelt werden. „Im Gegensatz zum (niedrigeren) beizulegenden Wert nach § 253 Abs. 3 und 4 verkörpert der beizulegende Zeitwert einen Wertansatz, der keine unternehmensspezifische(n) Faktoren oder Synergieeffekte berücksichtigt, sondern grds. auf den Preis abstellt, der sich an einem Markt für einen bestimmten Vermögensgegenstand unter fremden Dritten bildet.“[138] Sollten im Einzelfall für Teile des Deckungsvermögens die Bedingungen zur Bildung von Bewertungseinheiten nach § 254 erfüllt sein, gelangen abweichend vom Prinzip der Einzelbewertung andere Methoden zur Anwendung. Hier ist es geboten, von der „Einfrierungsmethode" (→ § 254 Rn. 20) abzuweichen, wenn die Voraussetzungen der Spezialvorschrift des § 253 Abs. 1 S. 3 zur Bewertung von Rückstellungen für Altersversorgungen zum beizulegenden Zeitwert von die Versorgungsverpflichtungshöhe bestimmenden Wertpapieren erfüllt sind.[139] Grundsätzlich werden die Rückstellungen in Höhe des nach vernünftiger kaufmännischer Beurteilung notwendigen Erfüllungsbetrags (§ 253 Abs. 1 S. 2) – und bei Restlaufzeiten von mehr als einem Jahr – unter Berücksichtigung von Abzinsungen gem. § 253 Abs. 2 bewertet.

146   **5. Saldierung und Bilanzierungskonsequenzen.** Übersteigen die Schulden das Deckungsvermögen, wird eine Nettoschuld ausgewiesen, die begrifflich als solche, dh als nach Saldierung mit dem Deckungsvermögen entstanden, gekennzeichnet werden sollte. Andernfalls „ist der übersteigende Betrag unter einem gesonderten Posten zu aktivieren" (Abs. 2 S. 3). Das Gliederungsschema des § 266 Abs. 2 weist ihn hinter Anlage- und Umlaufvermögen, Rechnungsabgrenzungsposten und aktiven latenten Steuern als „Aktiver Unterschiedsbetrag aus der Vermögensverrechnung" aus. Der Posten ist nicht selbstständig verwertbar und stellt keinen Vermögensgegenstand dar. Er ist ein Sonderposten oder Verrechnungsposten eigener Art, der nach § 268 Abs. 8 ausschüttungsgesperrt ist.

147   Da das Saldierungsgebot steuerrechtlich nicht greift und auch die Altersversorgungslasten unabhängig vom HGB bewertet werden müssen, ergeben sich aus der Regelung des § 246 Abs. 2 S. 2 und 3 latente Steuern.

148   **6. GuV-Wirkungen.** In der GuV sind die den Altersversorgungsschulden zugehörigen Aufwendungen und Erträge aus der Abzinsung mit den aus dem zu verrechnenden Vermö-

---

[136]   Vgl. Gelhausen/Fey/Kämpfer S. 25.
[137]   Vgl. Gelhausen/Fey/Kämpfer S. 30.
[138]   Gelhausen/Fey/Kämpfer S. 33 mit Bezug auf IDW RH HFA 1.005 Rn. 7 ff.
[139]   Vgl. Gelhausen/Fey/Kämpfer S. 38.

gen resultierenden Aufwendungen und Erträgen zu saldieren.[140] Das ergibt sich aus dem Wortlaut von § 246 Abs. 2 S. 2 und widerspricht der Auffassung des Rechtsausschusses des Deutschen Bundestags, wonach Aufwendungen und Erträge aus der Abzinsung und aus dem zu verrechnenden Vermögen „nur innerhalb des Finanzergebnisses zu verrechnen sind".[141]

7. Regelungen nach IFRS. Die dem HGB entsprechende Regelung findet sich in **149** IAS 19. Als Leistungen nach Beendigung des Arbeitsverhältnisses werden Leistungen des Unternehmens klassifiziert, die nach dem Ende des Arbeitsverhältnisses gezahlt werden und ihrem wirtschaftlichen Charakter nach als Versorgungsleistungen anzusehen sind. Unterschieden werden beitrags- und leistungsorientierte Pläne (IAS 19.7). Für beitragsorientierte Pläne stehen in Deutschland Pensionskassen, Direktversicherungen und (seit 2002) Pensionsfonds zur Verfügung. Die vom Unternehmen geleisteten Zahlungen sind zeitkongruent mit der Erbringung der Arbeitsleistung durch den Arbeitnehmer als Betriebsaufwand zu erfassen. Über- oder Unterzahlungen im Vergleich zur vertraglichen Vereinbarung sind bilanziell abzugrenzen und bei Rückständen über 12 Monate abzuzinsen (IAS 19.51–52).

Leistungsorientierte Pläne werden negativ gegenüber beitragsorientierten Plänen abge- **150** grenzt (IAS 19.8). In Deutschland stehen für diese Form der betrieblichen Altersvorsorge unmittelbare Pensionszusagen, mittelbare Zusagen, die in Form von Unterstützungskassen, Pensionskassen, Direktversicherungen und seit 2002 auch von Pensionsfonds ausgestaltet sein können, zur Verfügung. Die beim Unternehmen entstehenden Aufwendungen begründen Rückstellungen für eine ungewisse Verbindlichkeit. Die Bewertung der Ansprüche der Arbeitnehmer erfolgt durch das Anwartschaftsbarwertverfahren oder – gleichbedeutend – die Methode der laufenden Einmalprämien (IAS 19.67 f.).

Nach IAS 19.57 ergibt sich die anzusetzende Schuld folgendermaßen: **151**

Barwert der leistungsorientierten Verpflichtung zum Bilanzstichtag

+/– versicherungsmathematische Gewinne/Verluste (Neubewertungen), die noch nicht erfolgswirksam erfasst worden sind,

– laufender und nachzuverrechnender Dienstzeitaufwand und Abgeltungen

– Nettozinsaufwand

– beizulegender Zeitwert des Planvermögens

= in der Bilanz zu erfassende Schuld.

Im Barwert der leistungsorientierten Verpflichtung wird nur der vom Arbeitnehmer **152** bis zum Bilanzstichtag kumuliert erdiente Leistungsanspruch berücksichtigt.

Planvermögen sind (zwingend) außerhalb des Unternehmens angesammelte Mittel zur **153** Erfüllung der Leistungen an die Arbeitnehmer in Form von Vermögenswerten, die von einem Fonds gehalten werden, oder qualifizierte Versicherungsverträge. Das Planvermögen ist mit dem beizulegenden Zeitwert zu bewerten, der sich aus dem aktuellen Marktwert oder Schätzungen des Wertes der Vermögensanlagen ergibt (IAS 19.113–115).

Da das Unternehmen keine Verfügungsmacht über das Planvermögen besitzt, ist der **154** Ansatz eines eigenen Vermögenswerts nicht möglich. Allerdings reduziert das Planvermögen die anzusetzende Schuld.

In der Gesamtergebnisrechnung ist folgender Aufwandsposten als Saldogröße zu erfas- **155** sen:

Dienstzeitaufwand der Periode

+ Zinsaufwand

– erwartete Erträge aus dem Planvermögen

–/+ versicherungsmathematische Gewinne/Verluste

+ nachzuverrechnender Dienstzeitaufwand

–/+ Gewinne/Verluste aus Plankürzung oder Abgeltung

= Aufwand der Periode.

---

[140] Vgl. Gelhausen/Fey/Kämpfer S. 41.
[141] Begr. Beschlussempfehlung und Bericht des Rechtsausschusses, BT-Drs. 16/12407, 84.

156   Dienstzeitaufwand entsteht durch im Geschäftsjahr neu erdiente Pensionsansprüche; Zinsaufwand resultiert aus der Aufzinsung der leistungsorientierten Verpflichtung zu Beginn des Geschäftsjahres auf dessen Ende. Erwartete Erträge aus dem Planvermögen resultieren aus erwarteten Zinsen, Dividenden und Kurssteigerungen des Planvermögens. Versicherungsmathematische Gewinne oder Verluste ergeben sich aus außerplanmäßigen Wertschwankungen der Pensionsverpflichtung und/oder des Planvermögens. Neuzusagen oder Änderungen bestehender Leistungsansprüche führen zu nachzuverrechnendem Dienstzeitaufwand, der linear über den durchschnittlichen Zeitraum bis zum Eintritt der Unverfallbarkeit der Anwartschaften zu verteilen ist. Sollten die Anwartschaften bereits unverfallbar sein, ist der Aufwand sofort zu erfassen.

VI. Ansatzmethodenstetigkeit

157   **1. Zwecksetzung.** § 246 Abs. 3 enthält eine erstmals durch das BilMoG eingeführte explizite Ansatzmethodenstetigkeit als Ergänzung der bereits mit dem BiRiLiG von 1985 explizit geregelten Bewertungsmethodenstetigkeit (§ 252 Abs. 1 Nr. 6) und Gliederungsmethodenstetigkeit (§ 265 Abs. 1 S. 1). Die gegenüber dem vorhergehenden Jahresabschluss eingehaltene Stetigkeit bei Ansatz, Bewertung und Gliederung fördert die Vergleichbarkeit der mit dem Jahresabschluss gelieferten Informationen im Zeitablauf. Sie wirkt hingegen nicht auf den Vergleich zwischen verschiedenen Unternehmen.

158   Das BilMoG hat das Gebot der Ansatzmethodenstetigkeit schon durch die in ihm zugleich enthaltene Beseitigung von früher im HGB bestehenden Ansatzwahlrechten (zB für den derivativen Geschäfts- oder Firmenwert, Aufwendungen für die Ingangsetzung und Erweiterung des Geschäftsbetriebs, Sonderposten mit Rücklageanteil oder Aufwandsrückstellungen gem. § 249 Abs. 1 S. 3 und Abs. 2 aF) unterstützt. Zugleich hat es jedoch dem Management für selbst geschaffene immaterielle Vermögensgegenstände des Anlagevermögens neue Ansatzoptionen geschaffen (§ 248 Abs. 2 S. 1) und für aktive latente Steuern eine alte Ansatzoption belassen (§ 274 Abs. 1 S. 2). Das Gebot der Ansatzmethodenstetigkeit hat deshalb Bedeutung. Durch seine Kodifizierung in Abs. 3 ist die vor dem BilMoG bestehende Uneinigkeit über seine Gültigkeit entschieden.

159   Während sich die Ansatz- und Bewertungsmethodenstetigkeit im Bilanzrecht für alle Kaufleute findet, ist die Gliederungsmethodenstetigkeit bei den ergänzenden Vorschriften für Kapitalgesellschaften und ihnen gleichgestellte Personenhandelsgesellschaften geregelt. Nach hM wird sie aber als GoB angesehen, der auch für Nichtkapitalgesellschaften Gültigkeit besitzt.[142]

160   **2. Ansatzmethode.** Unter Ansatzmethode ist das planvolle Umgehen bei der Ausübung von expliziten Ansatzwahlrechten und bei der Ausübung von Ermessensspielräumen im Rahmen der Entscheidung über den Ansatz von Bilanzposten zu verstehen.[143] Im Gesetz findet er sich außerhalb von Abs. 3 nicht; er ist Bestandteil des Begriffs Bilanzierungsmethode iSd § 284 Abs. 2 Nr. 1 und 2.

161   **3. Konsequenzen der Stetigkeitsdurchbrechung.** Die Ansatzmethodenstetigkeit kann wie die Bewertungsmethodenstetigkeit durchbrochen werden. Hierzu muss ein begründeter Ausnahmefall vorliegen: Abs. 3 S. 2 verweist auf § 252 Abs. 2, der dieses Erfordernis enthält. Zu solchen Ausnahmefällen → § 252 Rn. 104 ff. Die IDW Stellungnahme RS HFA 38 sieht sachliche Rechtfertigungen einer Stetigkeitsdurchbrechung nur dann als erfüllt an, wenn die Abweichung (a) durch eine Änderung der Rechtslage veranlasst wurde, (b) unter Beachtung der GoB ein besseres Bild der Vermögens-, Finanz- und Ertragslage zu vermitteln hilft, (c) dazu dient, Ansatz- oder Bewertungsvereinfachungsverfahren zu beanspruchen, (d) im Jahresabschluss zur Anpassung an konzerneinheitliche Bilanzierungsrichtlinien erfolgt oder (e) nötig ist, um steuerliche Ziele zu verfolgen.[144]

---

[142]   Vgl. Beck HdR/Böcking/Hanke B 141 Rn. 38 mwN; ADS Rn. 34.
[143]   Vgl. IDW RS HFA 38 Rn. 7.
[144]   Vgl. IDW RS HFA 38 Rn. 15.

Konsequenz jeglicher Durchbrechung ist eine Erläuterungspflicht, die die Durchbre- **162** chung transparent macht. Vgl. hierzu § 284 Abs. 2 Nr. 1 und 2.

4. Regelungen nach IFRS. Die IFRS kennen den Begriff der Ansatzmethodenstetig- **163** keit nicht. Das lässt sich darauf zurückführen, dass ihnen explizite Ansatzwahlrechte fehlen und das IASB glaubt, Ermessensspielräume beim Ansatz von Vermögenswerten und Schulden durch explizite Definitionen der Posten und einschlägige Standards ausgeräumt zu haben. Im Rahmenkonzept findet sich das Prinzip der Vergleichbarkeit. „Consistency refers to the use of the same methods for the same items, either from period to period within a reporting entity or in a single period across entities. Comparability is the goal; consistency helps to achieve that goal." (CF.2.26), → § 243 Rn. 82.

§ 247 Inhalt der Bilanz

(1) In der Bilanz sind das Anlage- und das Umlaufvermögen, das Eigenkapital, die Schulden sowie die Rechnungsabgrenzungsposten gesondert auszuweisen und hinreichend aufzugliedern.

(2) Beim Anlagevermögen sind nur die Gegenstände auszuweisen, die bestimmt sind, dauernd dem Geschäftsbetrieb zu dienen.

Schrifttum Vermögensgegenstände: → § 246 Rn. 1.

Schrifttum Leasinggegenstände: → § 246 Rn. 1.

Schrifttum Anlagevermögen: Hoffmann, Einführung in die Brutto-Entwicklung des Anlagevermögens nach dem Bilanzrichtlinien-Gesetz, BB 1986, 1398; Riese, Die Bilanzierung des Anlagevermögens, in Albach/Klein, Harmonisierung der Rechnungslegung in Europa, 1988, 37.

Schrifttum Immaterielles Anlagevermögen: Flies, Auftragsbestand und Firmenwert, DB 1996, 21; Glade, Immaterielle Anlagewerte in Handelsbilanz, Steuerbilanz und Vermögensaufstellung, 1991; Hommel, Bilanzierung immaterieller Anlagewerte, 1998; Kählert/Lange, Zur Abgrenzung immaterieller von materiellen Vermögensgegenständen, BB 1993, 613; Marx, Objektivierungserfordernisse bei der Bilanzierung immaterieller Anlagewerte, BB 1994, 2379; s. auch § 248.

Schrifttum Sachanlagen: Groh, Bauten auf fremdem Grund: BGH vs. BFH, BB 1996, 1487; HWR/Reinhard, Sachanlagen, Sp. 1757.

Schrifttum Finanzanlagen: HdJ/Hachmeister/Glaser, Das Finanzanlagevermögen, Abt. II/4; Kuhn/Hachmeister, Rechnungslegung und Prüfung von Finanzinstrumenten. Handbuch nach IFRS, HGB und EMIR, 2015.

Schrifttum Umlaufvermögen: Fischer/Neubeck, Umsatzrealisationszeitpunkt bei Werklieferungsverträgen nach der Schuldrechtsreform, BB 2004, 657; Fülling, Grundsätze ordnungsmäßiger Bilanzierung von Vorräten, 1976; Kammerl, Buchungen zwischen Anlage- und Umlaufvermögen in der Reparaturproduktion, DB 1991, 1688; Rogler/Jacob, Bilanzierung unfertiger Bauten bei Bauunternehmen, BB 2000, 2407.

Schrifttum Eigenkapital: Beine, Eigenkapitalersetzende Gesellschafterleistungen, 1999; Bigus, Zur bilanziellen Abgrenzung von Eigen- und Fremdkapital, BFuP 2007, 7; Castor, Das Recht der eigenkapitalersetzenden Gesellschafterleistungen, 1997; Duske, Rechnungslegung beim Eigenkapitalersatz – Erwiderung auf Küffner in DStR 1993, 180, DStR 1993, 925; Fleck, Die Bilanzierung kapitalersetzender Gesellschafterdarlehen in der GmbH, FS Döllerer, 1988, 109; Fleischer, Finanzplankredite und Eigenkapitalersatz im Gesellschaftsrecht, 1995; Freidank, Der Ausweis des Eigenkapitals bei Personengesellschaften in der handelsrechtlichen Jahresschlußrechnung, WPg 1994, 397; Goertzen, Die Rechtsprechungsgrundsätze zu eigenkapitalersetzenden Gesellschafterdarlehen, DB 1988, 2445; Graf v. Kanitz, Rechnungslegung bei Personenhandelsgesellschaften – Anmerkungen zu IDW RS HFA 7, WPg 2003, 324; Groh, Genußrechtskapital und Maßgeblichkeitsgrundsatz, BB 1995, 559; Groh, Eigenkapitalersatz in der Bilanz, BB 1993, 1882; Groß, Eigenkapitalersetzende Gesellschafterdarlehen in der KG, BB 1991, 2386; HWR/Siegel, Eigenkapital, Sp. 481; IDW RS HFA 7 nF, Handelsrechtliche Rechnungslegung bei Personenhandelsgesellschaften, IDW Life 2018, 258; Klatte, Die Rechnungslegung über eigenkapitalersetzende Gesellschafterdarlehen, in Seicht, Jahrbuch für Controlling und Rechnungswesen '93, 1993, 157; Klaus, Eigenkapitalersetzende Gesellschafterdarlehen in der Handelsbilanz der verpflichteten GmbH, BB 1994, 680; Klaus, Gesellschafterfremdfinanzierung und Eigenkapitalersatzrecht bei der Aktiengesellschaft und der GmbH, 1994; Küffner, Rechnungslegung beim Eigenkapitalersatz, DStR 1993, 180; Lutter, Ausgabe von Genußrechten und Jahresabschluß, FS Döllerer, 1988, 383; W. Müller, Wohin entwickelt sich der bilanzrechtliche Eigenkapitalbegriff?, FS Budde, 1995, 445; K. Schmidt, Quasi-Eigenkapital als haftungsrechtliches und bilanzielles Problem, FS Goerdeler, 1987, 487; Schulze-Osterloh, Rangrücktritt, Besserungsschein, eigenkapitalersetzende Darlehen, WPg 1996, 97; Sieker, Die Verzinsung eigenkapitalersetzender Darlehen, ZGR 1995, 250; Sieker, Eigenkapital und Fremdkapital der Personengesellschaft, 1991; Thiele, Das Eigenkapital im handelsrechtlichen Jahresabschluß, 1998; von Keitz, Immaterielle Güter in der internationalen Rechnungslegung, 1997; Voßbeck, Der gesonderte Ausweis von Eigenkapitalersatz im Jahresabschluß von GmbH und AG, 1994; Weber, Eigenkapitalersetzende Darlehen des GmbH-Gesellschafters, BB 1992, 525; Weber/Lepper, Das eigenkapitalersetzende Darlehen des GmbH-Gesellschafters, DStR 1991, 980; Weyershaus, Probleme bei der Ermittlung und dem Ausweis des Eigenkapitals und der Sonderposten mit Rücklageanteil, Besonderheiten bei der Bilanzierung von Rückstellungen, in Lück, Rechnungslegung nach neuem Bilanzrecht, 1985, 175; Wiedemann, Eigenkapital und Fremdkapital, FS Beusch, 1993, 893.

Schrifttum Schulden: → § 246 Rn. 1.

Schrifttum IFRS: Achleitner/Behr/Schäfer, Internationale Rechnungslegung. Grundlagen, Einzelfragen und Praxisanwendungen, 4. Aufl. 2009; Baetge/Wollmert/Kirsch/Oser/Bischof, Rechnungslegung nach IFRS, 2. Aufl. 2017; Ballwieser, IFRS-Rechnungslegung. Konzept, Regeln und Wirkungen, 3. Aufl. 2013; Hachmeister, Verbindlichkeiten nach IFRS – Bilanzierung von kurz- und langfristigen Verbindlichkeiten, Rückstellungen und Eventualschulden, 2006; HdJ/Hachmeister/Kahle, Das Sachanlagevermögen nach IFRS (Abt. X/6), 2015; Heyd/Lutz-Ingold, Immaterielle Vermögenswerte und Goodwill nach IFRS – Bewertung, Bilanzierung und Berichterstattung, 2005; Kuhn/Hachmeister, Rechnungslegung und Prüfung von Finanzinstrumenten. Handbuch nach IFRS, HGB und EMIR, 2015; Kümpel, Vorratsbewertung und Auftragsfertigung nach IFRS – Grundlagen, Bewertungsverfahren und Folgebewertung, 2005; Lüdenbach/Hoffmann, Verbindliches Gliederungsschema für die IFRS-Bilanz, KoR 2004, 89; Scheffler, Eigenkapital im Jahres- und Konzernabschluss nach IFRS – Abgrenzung, Konsolidierung, Veränderung, 2006; Schmidt/Klingels/Pitroff, Finanzinstrumente nach IFRS – Bewertung, Absicherung, Bilanzierung, 2006; Tanski, Sachanlagen nach IFRS – Bewertung, Bilanzierung und Berichterstattung, 2005.

Übersicht

I. Normzweck

1   Die Regelung verlangt in Abs. 1 die Aufgliederung der Bilanz und gibt zur **Mindestaufgliederung** deren wichtigste Posten wieder. Die Aufzählung ist wegen nicht erwähnter Bilanzierungshilfen oder Sonderposten (aktive latente Steuern gem. § 274 Abs. 1 S. 2; aktiver Unterschiedsbetrag aus der Vermögensverrechnung gem. § 246 Abs. 2 S. 3), Korrekturposten zu Aktiva (passivisch ausgewiesene Zuschüsse; § 265 Abs. 5 S. 2) und Korrekturposten zu Passiva („Nicht durch Eigenkapital gedeckter Fehlbetrag" gem. § 268 Abs. 3) unvollständig. Für diese Posten existieren nur zT eigenständige Ausweisvorschriften. Ein aktiver Unterschiedsbetrag aus der Vermögensverrechnung ist gem. Abs. 2 S. 3 ohne Verweis auf einen konkreten Ort gesondert auszuweisen; für aktive latente Steuern wird der Ausweisort in § 274 Abs. 1 S. 2 präzisiert (Aktivseite, Buchst. D.); gleichermaßen eindeutig ist die

Regelung für den nicht durch Eigenkapital gedeckten Fehlbetrag („am Schluß der Bilanz auf der Aktivseite"; § 268 Abs. 3); für passivisch ausgewiesene Zuschüsse fehlt jede explizite Regelung. Jedoch sieht die Bilanzgliederung für Kapitalgesellschaften den gesonderten Ausweis des aktiven Unterschiedsbetrags aus der Vermögensverrechnung hinter dem Anlage- und Umlaufvermögen sowie den aktiven Rechnungsabgrenzungsposten unter Buchst. E. vor (§ 266 Abs. 2). Es spricht nichts dagegen, diese Regelung für das Kaufmannsrecht zu übernehmen. Zuschüsse pflegen in praxi zwischen Eigenkapital und Rückstellungen ausgewiesen zu werden.[1]

Die Pflicht zum gesonderten Ausweis und zur hinreichenden Aufgliederung der Bilanz- **2** posten konkretisiert das Gebot der Bilanzklarheit (§ 243 Abs. 2). Für die GuV des Kaufmanns existiert keine vergleichbare Mindestaufgliederung. Hier hat man sich am Klarheitsgebot und an § 275 für die Kapitalgesellschaft zu orientieren.

Der Bilanzinhalt wird ergänzend geregelt zB für Kapitalgesellschaften, die detaillierte **3** Gliederungsvorschriften kennen (§ 266), für Konzerne (§ 307 Abs. 1), eingetragene Genossenschaften (§ 337), Kreditinstitute (§ 340a Abs. 2 S. 2, § 340g) und Versicherungen (§ 341a Abs. 2 S. 2). Die zusätzlichen Regelungen für bestimmte Kaufleute haben gegenüber der für alle Kaufleute geltenden Vorschrift des § 247 Vorrang.[2]

Abs. 2 definiert Anlagevermögen. Im Umkehrschluss ergibt sich die Definition für **4** Umlaufvermögen.

II. Bilanzinhalt

1. Bilanzform. Das Gesetz lässt im Recht für alle Kaufleute offen, ob die Bilanz in **5** Konto- oder Staffelform aufzustellen ist. Beide Varianten sind erlaubt.[3]

2. Gesonderter Ausweis und hinreichende Aufgliederung von Bilanzposten. **6** Die Vermögensgegenstände sind in Anlage- und Umlaufvermögen zu trennen. Die Aufzählung ist vollständig; es gibt keine dritte Vermögensgegenstandskategorie. Wichtig wird deshalb die in Abs. 2 enthaltene Definition von Anlagevermögen. Was die vom Kaufmann zu bilanzierenden Vermögensgegenstände sind, ergibt sich aus Einzelvorschriften und den GoB (→ § 246 Rn. 11 ff.). Neben Vermögensgegenständen sind auf der Aktivseite aktive Rechnungsabgrenzungsposten auszuweisen. Sie sind in § 250 Abs. 1 S. 1 explizit definiert; vgl. weiterhin § 250 Abs. 3.

Für die Passivseite unterscheidet das Gesetz Schulden, passive Rechnungsabgrenzungs- **7** posten (§ 250 Abs. 2) und Eigenkapital (für Kapitalgesellschaften § 272). Schulden ist der Oberbegriff für Verbindlichkeiten und Rückstellungen. Die beiden Posten unterscheiden sich hinsichtlich der Sicherheit über Existenz und/oder Höhe der Verpflichtung (→ § 246 Rn. 69 f., → § 249 Rn. 1).

Gesonderter Ausweis verlangt, auch mit Blick auf § 243 Abs. 2 iVm Abs. 1, dass die **8** Bilanzposten für Adressaten erkennbar voneinander unterschieden und gleichrangig ausgewiesen werden müssen.[4] Hinreichende Aufgliederung setzt an dem gesetzlich gewollten Schutz der Interessen Dritter durch Rechnungslegung an. Durch die Aufgliederung müssen Ausschüttungsbemessungen nachvollziehbar und Informationen gehaltvoll werden. Globale Informationen, zB die Angabe von Vermögensgegenständen und Schulden in jeweils einem Betrag, werden dieser Anforderung nicht gerecht. Zu detaillierte Informationen können den Blick für das Wesentliche verstellen. Insofern ist ein Optimum für den Einzelfall zu finden.

Unstrittig ist, dass Schulden in (sichere) Verbindlichkeiten und (unsichere) Rückstellun- **9** gen aufzugliedern sind. Beim Eigenkapital sind Gewinn- und Kapitalrücklagen jeweils vom Grund-, Stamm- oder eingelegten Kapital zu trennen. Für Kapitalgesellschaften enthält

---

[1] Vgl. die beispielhafte Kontendarstellung bei Bachert, Buchführung und Bilanzierung, 2005, S. 146.
[2] Vgl. ADS Rn. 7.
[3] Vgl. BeBiKo/Schubert/Waubke Rn. 7.
[4] Vgl. BeBiKo/Schubert/Waubke Rn. 5.

§ 272 bezüglich des Eigenkapitals explizite Anforderungen. Rechnungsabgrenzungsposten dürfen nicht saldiert als Aktivum oder Passivum ausgewiesen werden. Das verbieten das Klarheitsprinzip (§ 243 Abs. 2; → § 243 Rn. 60 ff.) und das Verrechnungsverbot (§ 246 Abs. 2; → § 246 Rn. 128 ff.).

10   Mit dem gesonderten Ausweis und der hinreichenden Aufgliederung ist das Erfinden eigenständiger Posten – wie zwischen dem Anlage- und Umlaufvermögen stehendes Leasingvermögen – nicht vereinbar, weil dadurch die Ansatz- und Bewertungskonsequenzen für den Bilanzleser nicht erkennbar werden. S. jedoch § 265 Abs. 5 S. 2 (→ § 265 Rn. 7 ff.).

11   Nicht vorgeschrieben ist für den Kaufmann eine Aufgliederung, wie sie für Kapitalgesellschaften in § 266 kodifiziert ist. Das Gesetz verlangt deshalb zB einen Ausweis von Forderungen und Verbindlichkeiten gegenüber Beteiligungsgesellschaften und verbundenen Unternehmen nur dann, wenn er für die Einschätzung der Vermögens- und Finanzlage des Kaufmanns wesentlich ist.[5]

12   Auch muss der Kaufmann keinen Anlagespiegel iSv § 284 Abs. 3 erstellen. Jedoch gilt für ihn als GoB der Grundsatz der Darstellungsstetigkeit, wie er in § 265 Abs. 1 für Kapitalgesellschaften explizit kodifiziert ist.[6] Im Anlagespiegel sind die Vermögensgegenstände des Anlagevermögens allein nach der direkten Bruttomethode auszuweisen. Zur direkten Bruttomethode → § 284 Rn. 94. Stellen Nichtkapitalgesellschaften den Anlagespiegel freiwillig auf, sind sie nicht an die direkte Bruttomethode des § 284 Abs. 3 gebunden.[7]

13   **3. Gliederungsprinzipien.** Die Bilanz ist auf der Aktivseite grds. nach sinkendem Geldwerdungsabstand gegliedert. Nach dem Anlagevermögen folgen das Umlaufvermögen und die Rechnungsabgrenzungsposten. Da das Anlagevermögen dauernd dem Geschäftsbetrieb zu dienen bestimmt ist, wird es weniger schnell zu Geld als das Umlaufvermögen. Auch grenzen die aktiven Rechnungsabgrenzungsposten Zahlungen oft nur über kurze Zeiträume ab (zB Mieten, Zinsen oder Steuern). Auf der Passivseite erfolgt der Kapitalausweis grundsätzlich nach der Fälligkeit. Nach dem Eigenkapital kommen die Schulden und die Rechnungsabgrenzungsposten. Eigenkapital steht dem Unternehmen unbefristet zur Verfügung, während die Schulden in bestimmten Fristen bedient werden müssen. Die Gliederungsprinzipien gelten nur idealtypisch; im Detail sind Verstöße gegen sie festzustellen; zB können kurzfristige Rückstellungen vor langfristigen Krediten ausgewiesen sein.

14   **4. Anlagevermögen. a) Abgrenzung.** Anlagevermögen ist dazu bestimmt, dauernd dem Geschäftsbetrieb zu dienen. Es ist damit zweckabhängig und muss aufgrund seiner Sacheigenschaften geeignet sein, den Zweck zu erfüllen. Anlagevermögen wird gebraucht, Umlaufvermögen verbraucht.[8] Ein Gebrauchsgut liegt nach steuerlicher Rechtsprechung vor, wenn die mehrmalige betriebliche Verwendung beabsichtigt wird.

15   „Dauernd" ist nicht im Sinne von „immer", sondern im Sinne von „für eine bestimmte, längere Zeit" zu verstehen. Steuerlich erfüllt „wiederholt" schon das Kriterium für „dauernd".[9] Änderungen der Vermögensart sind möglich: Aus Anlage- kann Umlaufvermögen werden und umgekehrt.[10]

16   Abgrenzungsschwierigkeiten zwischen Anlage- und Umlaufvermögen können sich insbesondere bei Werkzeugen, Pkw, Ausleihungen und Wertpapieren ergeben. Bei Werkzeugen ist auf die Häufigkeit des Gebrauchs abzustellen; ein mehrmaliger Einsatz im Betrieb spricht für Anlagevermögen. Vorführwagen eines Pkw-Händlers und Mietwagen eines Mietwagenunternehmens sind Anlagevermögen.[11] Bei Ausleihungen wird bei einer Laufzeit

---

5   Vgl. BeBiKo/Schubert/Waubke Rn. 8.
6   Vgl. BeBiKo/Schubert/Waubke Rn. 5; ADS Rn. 34.
7   ADS Rn. 43.
8   Vgl. BFHE 106, 142 = BStBl. II 1972, 744; BFHE 195, 551 = BStBl. II 2001, 673 = BFH/NV 2001, 1485 f.; BeBiKo/Schubert/Berberich/Huber Rn. 251; Hopt/Merkt Rn. 4–7.
9   Vgl. BFHE 114, 354 = BStBl. II 1975, 352; BeBiKo/Schubert/Huber Rn. 252 f.
10   Vgl. BeBiKo/Schubert/Huber Rn. 260.
11   Vgl. BFHE 135, 35 = BStBl. II 1982, 344; BeBiKo/Schubert/Huber Rn. 253.

von bis zu einem Jahr Umlaufvermögen, ab vier Jahre Anlagevermögen angenommen. Für Laufzeiten dazwischen gelten die subjektiven Verwendungen des Kaufmanns.[12]

b) Gliederung. Für das Anlagevermögen bietet sich als Mindestgliederung an:[13]   **17**
I. Immaterielle Vermögensgegenstände
   1. Selbst geschaffene immaterielle Vermögensgegenstände
   2. Geschäfts- oder Firmenwert
   3. Sonstige immaterielle Vermögensgegenstände
II. Sachanlagen
   1. Grundstücke und Gebäude
   2. Maschinen, Anlagen, Betriebs- und Geschäftsausstattung
   3. Geleistete Anzahlungen und Anlagen im Bau
III. Finanzanlagen
   1. Anteile an verbundenen Unternehmen und Beteiligungsgesellschaften
   2. Wertpapiere des Anlagevermögens
   3. Sonstige Finanzanlagen.

c) Immaterielle Vermögensgegenstände. Immaterielle Vermögensgegenstände des   **18** Anlagevermögens sind weder materielle Werte des Anlagevermögens noch Finanzanlagen. Materielle Vermögensgegenstände haben körperliche oder physische Substanz, die den Finanzanlagen und den bilanzrechtlich davon getrennten immateriellen Vermögensgegenständen fehlt.[14] Zwar sind Finanzanlagen gleichermaßen immateriell, sie sind aber gegenüber immateriellen Vermögensgegenständen im Sinne des Bilanzrechts monetär und dienen dem Unternehmen im finanziellen statt im operativen Bereich der Güter- oder Dienstleistungserstellung.

Immaterielle Vermögensgegenstände werden zT in Rechte und rein wirtschaftliche   **19** Güter, zT in Immaterialgüterrechte, wirtschaftliche Werte und rein wirtschaftliche Vorteile eingeteilt. Immaterialgüterrechte sind vertraglich oder gesetzlich geschützt; wirtschaftliche Werte sind keine Rechte, können aber Gegenstand des Rechtsverkehrs sein (zB ungeschützte Erfindungen); rein wirtschaftliche Vorteile sind weder Immaterialgüterrechte noch wirtschaftliche Werte; zu ihnen zählt der (nicht aktivierbare) originäre Goodwill. Zum gesondert auszuweisenden derivativen Geschäfts- oder Firmenwert → § 246 Rn. 93 und → § 255 Rn. 49.

Die Trennung der materiellen von den immateriellen Vermögensgegenständen nach   **20** dem Kriterium der Körperlichkeit gelingt nicht immer. Zahlreiche Gegenstände haben körperliche wie nicht körperliche Eigenschaften (zB ein Manuskript oder ein Softwarepaket). Zur weiteren Abgrenzung werden als Kriterien diskutiert:[15]
1. die Wertanteile von körperlichen und nicht körperlichen Komponenten,
2. der Nutzungs- und Funktionszusammenhang der Komponenten,
3. die Einschätzung eines Produkts als körperliches Substrat der Rechteüberlassung mittels Vervielfältigung.

Das erste Kriterium versagt, wenn die Wertanteile in etwa gleich hoch sind. Es ist   **21** zudem die Frage zu klären, ob Anschaffungs- oder Herstellungskosten oder der Wert für das Unternehmen relevant sind und wie der Wert nachprüfbar gemessen werden kann.

Das zweite Kriterium bezieht subjektives Ermessen des Bilanzierenden ein. Das wird   **22** kritisch gesehen,[16] ist aber zB auch bei der Qualifikation von Anlagevermögen, mindestens ergänzend zur Feststellung von Sacheigenschaften, nötig.

---

12   Vgl. BeBiKo/Schubert/Huber Rn. 257.
13   Vgl. § 266 Abs. 2; BeBiKo/Schubert/Huber Rn. 265.
14   Vgl. v. Keitz, Immaterielle Güter in der internationalen Rechnungslegung, 1997, S. 5 f.
15   Vgl. v. Keitz, Immaterielle Güter in der internationalen Rechnungslegung, 1997, S. 45 f.; Kählert/Lange BB 1993, 615 f.
16   Nach v. Keitz, Immaterielle Güter in der internationalen Rechnungslegung, 1997, S. 45 ist es „als eigenständiges Abgrenzungskriterium ungeeignet".

23   Das dritte Kriterium wird im Zusammenhang mit dem Masterband eines Musikstücks, dem Masterfilm einer Filmproduktion, einem Buchmanuskript und dem Quellprogramm einer Software diskutiert. Diese Urprodukte gelten als immateriell, ihre Kopien hingegen als materiell, weil sich in ihnen der geistige Gehalt der Erfindung „materialisiert". Probleme können sich bezüglich der Anzahl der Kopien, die erfolgen müssen, damit die Einordnung als materieller Vermögensgegenstand gelingt, und der Behandlung von Lizenzen, die an eine Vielzahl von Lizenznehmern vergeben werden, ergeben.[17]

24   Da jedes Kriterium bei isolierter Verwendung Probleme aufweist, sollten im konkreten Fall alle Kriterien verwendet werden, wenn eine Trennschärfe sonst nicht erreicht wird.[18]

25   **d) Sachanlagen. aa) Überblick.** Sachanlagen haben grundsätzlich körperliche Substanz. Zu ihnen zählen Grundstücke, (immaterielle) grundstücksgleiche Rechte und (materielle) Gebäude, Maschinen und Anlagen sowie die Betriebs- und Geschäftsausstattung.

26   **bb) Grundstücke und Gebäude.** Zu den Grundstücken gehören alle im wirtschaftlichen Eigentum des Kaufmanns befindlichen bebauten und unbebauten Grundstücke. Zum wirtschaftlichen Eigentum an Grundstücken vgl. BFH v. 21.12.1978.[19] Die Gebäude können auf eigenem oder fremdem Grund stehen. Zum wirtschaftlichen Eigentum über ein Gebäude auf fremdem Grund und Boden vgl. BGH v. 6.11.1995;[20] → § 246 Rn. 59. In besonderem Nutzungs- und Funktionszusammenhang stehende Gebäudeteile sind selbstständige Vermögensgegenstände, zB Außen- und Gartenanlagen,[21] Mietereinbauten,[22] Garagen, Fahrstühle, Rolltreppen.

27   Die von der Finanzverwaltung entwickelten typisierenden Abgrenzungskriterien für wirtschaftliches Eigentum bei Immobilienleasing[23] sind auch handelsrechtlich anerkannt.[24] Bei Vollamortisationsverträgen liegt das wirtschaftliche Eigentum in folgenden Fällen beim Leasingnehmer:
–   Grundstücke werden bei Spezial-Leasing-Verträgen nur dann beim Leasingnehmer bilanziert, wenn eine Kaufoption vorliegt. Bei Gebäuden liegt das wirtschaftliche Eigentum immer beim Leasingnehmer, unabhängig davon, ob eine Kauf- oder Mietverlängerungsoption im Vertrag festgelegt wurde oder nicht.
–   Wird im Vertrag eine Kaufoption vereinbart und beträgt die Grundmietzeit weniger als 40% oder mehr als 90% der betriebsgewöhnlichen Nutzungsdauer, werden Gebäude und Grundstücke (aufgrund der Vermutung eines verdeckten Ratenkaufvertrags) dem Vermögen des Leasingnehmers zugerechnet. Bei einer Grundmietzeit von 40–90% der betriebsgewöhnlichen Nutzungsdauer erfolgt die Bilanzierung beim Leasingnehmer, wenn beim Verkauf der Kaufpreis des Gebäudes oder Grundstücks niedriger als der Buchwert ist.
–   Gebäude werden bei Leasing-Verträgen mit Mietverlängerungsoption dem Vermögen des Leasingnehmers zugerechnet, falls die Grundmietzeit höchstens 40% oder mindestens 90% der betriebsgewöhnlichen Nutzungsdauer beträgt. Bei einer Grundmietzeit von 40–90% der betriebsgewöhnlichen Nutzungsdauer ist das Gebäude beim Leasingnehmer nur zu berücksichtigen, falls die Anschlussmiete niedriger als der Wertverzehr ist, dh niedriger als 75% der marktüblichen Miete für vergleichbare Objekte.

28   Liegt ein Teilamortisationsvertrag bei Immobilien vor, dh sind im Gegensatz zum Vollamortisationsvertrag mit Ablauf der Grundmietzeit die Anschaffungs- oder Herstellungskos-

---

[17]   Vgl. v. Keitz, Immaterielle Güter in der internationalen Rechnungslegung, 1997, S. 46.
[18]   Vgl. v. Keitz, Immaterielle Güter in der internationalen Rechnungslegung, 1997, S. 46.
[19]   Vgl. BFHE 127, 423 = BStBl. II 1979, 466.
[20]   Vgl. BGH BB 1996, 155.
[21]   Vgl. BFHE 180, 65 = BStBl. II 1997, 25.
[22]   Vgl. BFHE 182, 344 = BStBl. II 1997, 533.
[23]   Vgl. zu Vollamortisationsverträgen BMF-Schreiben v. 21.3.1972, BStBl. I 1972, 188; zu Teilamortisationsverträgen BMF-Schreiben v. 23.12.1991, BStBl. I 1992, 13; vgl. auch zu Vollamortisationsverträgen BFHE 97, 466 = BStBl. II 1970, 264; BFHE 141, 509 = BStBl. II 1984, 825.
[24]   Vgl. BeBiKo/Schubert/Huber Rn. 332.

ten durch die zu entrichtenden Raten nicht gedeckt, werden Gebäude und Grundstücke grundsätzlich dem Vermögen des Leasinggebers zugerechnet. Zu Ausnahmen kommt es in folgenden Fällen:
- Bei Spezial-Leasing wird das wirtschaftliche Eigentum beim Leasingnehmer angenommen und führt bei diesem zur Bilanzierung.
- Ist im Leasingvertrag eine Kaufoption vereinbart, wird der Leasinggegenstand regelmäßig dem Leasingnehmer zugerechnet, wenn die Grundmietzeit mindestens 90% der betriebsgewöhnlichen Nutzungsdauer beträgt oder der nach der Grundmietzeit veranschlagte Kaufpreis niedriger ist als der Restbuchwert des Gegenstands bei berücksichtigter AfA gem. § 7 Abs. 4 EStG.
- Enthält der Leasingvertrag eine Mietverlängerungsoption, hat der Leasingnehmer den Leasinggegenstand zu bilanzieren, falls die Grundmietzeit mindestens 90% der betriebsgewöhnlichen Nutzungsdauer oder die Anschlussmiete nicht mehr als 75% der marktüblichen Miete für vergleichbare Objekte beträgt.
- Aufgrund der möglichen Typenvielfalt bei Teilamortisationsverträgen wird entsprechend auf die Ausführungen des BMF zu Vollamortisationsverträgen verwiesen.[25]

Zu den Sachanlagen zählen ebenfalls die grundstücksgleichen Rechte, die den Vor- **29** schriften des bürgerlichen Rechts über Grundstücke unterliegen.[26] Als grundstücksgleiche Rechte sind insbesondere das Erbbaurecht, die Bergwerksgerechtigkeit (Bergwerkseigentum) und das Dauerwohn- und Dauernutzungsrecht nach § 31 WEG zu nennen.

cc) Maschinen und Anlagen. Unter diesem Posten werden alle technischen Anlagen **30** und Maschinen, die der Produktion dienen, ausgewiesen. Technische Anlagen und Maschinen verlieren ihre Eigenständigkeit als Bilanzposten auch dann nicht, wenn sie durch feste Verbindung zivilrechtlich wesentlicher Bestandteil des Gebäudes geworden sind.[27] Beispiele sind Lastenaufzüge in Fabriken oder Autoaufzüge in Parkhäusern.

Vorrichtungen, die für die Betätigung einer Maschine unbedingt nötig sind, gehören **31** zu den Maschinen und Anlagen, wenngleich sie nicht unmittelbar mit ihnen verbunden sind.[28] Die Argumentation gilt analog für Werkzeuge, die Maschinenbestandteile sind.

dd) Betriebs- und Geschäftsausstattung. Hierzu gehören insbesondere Büro- und **32** Werkstatteinrichtungen, Telefonanlagen, Arbeitsgeräte, Kraftwagen und Werkzeuge.[29]

ee) Geleistete Anzahlungen und Anlagen im Bau. Geleistete Anzahlungen impli- **33** zieren als Vorleistungen einen Anspruch auf eine von der vertraglichen Gegenseite noch zu erbringende Lieferung oder Leistung. Die Vorleistungen im Rahmen eines schwebenden Geschäfts sind zu aktivieren, um die Erfolgsneutralität im Schwebezustand zu sichern. Der Anspruch ist auch dann zu aktivieren, wenn der Gegenstand der Gegenleistung nicht aktivierungsfähig ist.[30] Wenn mit der Anzahlung Umsatzsteuer zu leisten war, ist die Anzahlung ohne Umsatzsteuer auszuweisen, wenn diese für den Kaufmann abzugsfähig ist.

Als Anlagen im Bau sind die bis zum Bilanzstichtag getätigten Investitionsausgaben für **34** Vermögensgegenstände des Anlagevermögens, die bis zum Ablauf des Geschäftsjahres noch nicht endgültig fertiggestellt sind, zu aktivieren. Zwingende Voraussetzung für die Aktivierung sämtlicher für die Herstellung des Vermögensgegenstandes notwendigen Aufwendungen ist die Aktivierungsfähigkeit der fertiggestellten, sich zum Bilanzstichtag aber noch im Bau befindenden Anlage.[31] Bei den zu aktivierenden Aufwendungen wird nicht nach Eigen- oder Fremdleistung differenziert.[32] Ist der Bau der Anlage abgeschlossen, wird sie in den entsprechenden Posten des Anlagevermögens umgebucht, „weil eine direkte Verbuchung

---

[25]   Vgl. BMF-Schreiben v. 23.12.1991, BStBl. I 1992, 14.
[26]   Vgl. BeBiKo/Schubert/Huber Rn. 336.
[27]   Vgl. BeBiKo/Schubert/Huber Rn. 340.
[28]   Vgl. BeBiKo/Schubert/Huber Rn. 344.
[29]   Vgl. BeBiKo/Schubert/Huber Rn. 348 f. mwN.
[30]   Vgl. BFHE 176, 359 = BStBl. II 1995, 315; BeBiKo/Schubert/Huber Rn. 352.
[31]   Vgl. BeBiKo/Schubert/Huber Rn. 364.
[32]   Vgl. BeBiKo/Schubert/Huber Rn. 364.

als Zugang bei den einzelnen Posten des Sachanlagevermögens ein falsches Bild der tatsächlichen Verhältnisse vermitteln würde."[33]

35   **e) Finanzanlagen.** Finanzanlagen sind monetärer Natur und dienen dem Unternehmen im finanziellen statt im operativen Bereich der Güter- und Dienstleistungserstellung. Hierzu zählen insbesondere Beteiligungen (§ 271 Abs. 1), Ausleihungen (→ Rn. 16) und Wertpapiere des Anlagevermögens. Zum eigenständigen Ausweis der Anteile an verbundenen Unternehmen → Rn. 11.

36   Wertpapiere sind festverzinsliche Kapitalmarktpapiere (insbesondere Industrie-, Bank- oder Staatsobligationen inklusive Zerobonds, Commercial Papers, Schatzanweisungen, Pfandbriefe, Wandelschuldverschreibungen, Optionsschuldverschreibungen), Kapitalmarktpapiere mit Residualansprüchen (insbesondere Aktien, Gewinnschuldverschreibungen, Investmentanteile, Anteile an Immobilienfonds, entgeltlich erworbene Genussscheine) und sammelverwahrungsfähige wertpapierähnliche Rechte (wie Bundesschatzbriefe), jedoch keine Schuldscheindarlehen, die Ausleihungen darstellen.[34]

37   **5. Umlaufvermögen. a) Abgrenzung.** Die Definition des Umlaufvermögens ergibt sich im Umkehrschluss aus der Definition des Anlagevermögens. Umlaufvermögen dient nicht dauernd dem Geschäftsbetrieb und wird veräußert oder verbraucht.

38   **b) Gliederung.** Für das Umlaufvermögen bietet sich als Mindestgliederung an:[35]
I.   Vorräte
   1. Roh-, Hilfs- und Betriebsstoffe
   2. Unfertige Erzeugnisse, unfertige Leistungen
   3. Fertigerzeugnisse, Waren
   4. Geleistete Anzahlungen
II.   Forderungen und sonstige Vermögensgegenstände
   1. Forderungen aus Lieferungen und Leistungen
   2. Forderungen gegen verbundene Unternehmen
   3. Sonstige Vermögensgegenstände
III.   Wertpapiere
   1. Anteile an verbundenen Unternehmen
   2. Eigene Anteile
   3. Sonstige Wertpapiere
IV.   Liquide Mittel
Zum getrennten Ausweis der Beziehungen zu verbundenen Unternehmen → Rn. 11.

39   **c) Vorräte. aa) Roh-, Hilfs- und Betriebsstoffe.** Rohstoffe sind Hauptbestandteile eines Produkts, zB Metalle, Holz, Garne, Motoren, Rohlinge. Hilfsstoffe sind untergeordnete Bestandteile, zB Schrauben, Nägel, Beschläge, Scharniere, Flaschen oder ähnliche Behälter. Betriebsstoffe gehen als Verbrauchsmaterial in das Produkt ein, zB Öl, Leim, Schleifmaterialien. Roh-, Hilfs- und Betriebsstoffe sind gegenüber unfertigen und fertigen Erzeugnissen noch nicht be- oder verarbeitet.[36]

40   **bb) Unfertige Erzeugnisse und Leistungen.** Diese Produkte und Dienstleistungen sind noch nicht absatzreif. Sie können einen eigenen Absatzmarkt haben, sind aber vom Kaufmann für diesen nicht vorgesehen. Andernfalls wären sie als Fertigerzeugnisse auszuweisen. Die unfertigen Leistungen sind bilanzierungsfähig, wenn ein Vergütungsanspruch für die angefallenen Aufwendungen besteht; die Aufwendungen müssen nicht zu einem materiellen Vermögensgegenstand geführt haben.[37]

---

[33]   HWR/Reinhard Sp. 1759 f.
[34]   Vgl. ADS § 266 Rn. 84 f.
[35]   Vgl. § 266 Abs. 2; aggregierter bei BeBiKo/Schubert/Berberich Rn. 55.
[36]   Vgl. BeBiKo/Schubert/Waubke § 266 Rn. 92.
[37]   Vgl. BeBiKo/Schubert/Berberich Rn. 65.

cc) Fertigerzeugnisse und Waren. Fertigerzeugnisse sind selbst hergestellte, für den **41** Verkauf vorgesehene Erzeugnisse; Waren sind angeschaffte Vermögensgegenstände, die ohne oder nach geringfügiger Be- oder Verarbeitung zum Absatz vorgesehen sind. Der Ausweis von Fertigerzeugnissen verlangt ihre Versandfertigkeit.[38]

dd) Geleistete Anzahlungen. Erfasst werden hier Anzahlungen auf Vorratsvermögen. **42**

d) Forderungen und sonstige Vermögensgegenstände. aa) Forderungen aus 43 Lieferungen und Leistungen. Sie entstehen mit Lieferung und Leistung aufgrund eines Vertrages. Erlösschmälerungen und vor Lieferung oder Leistung erhaltene Anzahlungen sind vom Gegenwert der erbrachten Vertragsleistung abzuziehen.[39] Die Forderungen entsprechen den Umsatzerlösen in der GuV.[40]

Die Forderung wird eingebucht, wenn der Zahlungseingang quasisicher erwartet werden **44** kann und nur noch Gewährleistungs- und (allgemeine) Bonitätsrisiken bestehen;[41] → § 252 Rn. 67. Die Rechnung muss noch nicht erteilt worden sein.[42]

Bei Kaufverträgen kommt es für die Gewinnrealisierung grundsätzlich auf den Über- **45** gang der Preisgefahr an, dh auf den Übergang des Risikos des zufälligen Untergangs und der zufälligen Verschlechterung.[43] Bei einer Bringschuld geht die Preisgefahr mit der Übergabe der verkauften Sache über (§ 446 Abs. 1 BGB), bei einer Schickschuld mit der Auslieferung an den Spediteur oder an die sonst zur Beförderung beauftragte Person (§ 447 Abs. 1 BGB). Bei Überseehandel greifen idR Vertragsklauseln wie fob oder c.i.f.

Bei Teillieferungen entsteht die Forderung nur, wenn entweder der noch ausstehende **46** Teil von nur völlig untergeordneter Bedeutung ist oder wenn vertraglich vorgesehen ist, dass Teillieferungen einzeln bezahlt werden müssen.[44] Lieferungen von Kommissionsgut an den Kommissär begründen keine Gewinnrealisation (→ § 246 Rn. 55).

Wird der Kaufvertrag unter der aufschiebenden Bedingung geschlossen, dass der Käufer **47** die Ware bis zu einem bestimmten Tag nicht zurückgibt, wird vor Erreichen dieses Tags kein Gewinn realisiert. Dasselbe gilt bei einem Kaufvertrag unter der auflösenden Bedingung der Rückgabe der Ware.[45]

Bei Werkverträgen kann die Preisgefahr mit der Fertigstellung des Werks auf den Bestel- **48** ler übergehen (§ 646 BGB). Meist geht sie aber durch Abnahme des Bestellers (§ 644 Abs. 1 BGB) oder Übergabe an die Beförderungsperson (§ 644 Abs. 2 BGB) über.

Bei Dienstleistungen ist die Forderung grds. dann zu bilanzieren, wenn die Leistung **49** vereinbarungsgemäß erbracht oder an den Gläubiger bewirkt worden ist.[46] Wenn die Entstehung von weiteren Ereignissen abhängt, kommt es auf ihren Eintritt an.

Forderungen aus Mietverträgen werden zeitraumbezogen bis zum Bilanzstichtag, unab- **50** hängig von der Fälligkeit, aktiviert.[47] Zur Forderungsrealisierung bei Beteiligungserträgen vgl. BGH v. 12.1.1998.[48]

bb) Sonstige Vermögensgegenstände. Sonstige Vermögensgegenstände ist ein Sam- **51** melposten für Vermögensgegenstände, die nicht unter einen anderen Posten des Umlaufvermögens oder des Anlagevermögens, zB geleistete Anzahlungen, fallen. Hierzu gehören nach bürgerlichem oder öffentlichem Recht entstandene Ansprüche, die nicht aus Lieferungen oder Leistungen resultieren und hinreichend konkretisiert sind,[49] zB Zins-, Miet-, Pachter-

---

[38] Vgl. ADS § 266 Rn. 110; BeBiKo/Schubert/Berberich Rn. 62.
[39] Vgl. BeBiKo/Schubert/Berberich Rn. 75.
[40] Vgl. ADS § 266 Rn. 120.
[41] Vgl. BeBiKo/Schubert/Berberich Rn. 79 ff. mwN.
[42] Vgl. BeBiKo/Schubert/Berberich Rn. 81 mwN.
[43] Vgl. BeBiKo/Schubert/Berberich Rn. 82.
[44] Vgl. BeBiKo/Schubert/Berberich Rn. 86.
[45] Vgl. BeBiKo/Schubert/Berberich Rn. 90.
[46] Vgl. BeBiKo/Schubert/Berberich Rn. 99.
[47] Vgl. BFHE 168, 182 = BStBl. II 1992, 904.
[48] BGHZ 137, 378 = DB 1998, 567; BeBiKo/Schubert/Waubke § 266 Rn. 120 mwN.
[49] Vgl. BeBiKo/Schubert/Berberich Rn. 120.

träge, Schadenersatz-, Versicherungs- und Steuererstattungsansprüche, Mietrückzahlungen, Prämien für Optionen und Zinsbegrenzungen (Caps, Floors, Collars),[50] Einschüsse (margins) bei Börsentermingeschäften.

52   **e) Wertpapiere.** Die hier ausgewiesenen Posten müssen zum Umlaufvermögen gehören. Zur inhaltlichen Charakterisierung → Rn. 36.

53   **f) Liquide Mittel.** Bestandteile liquider Mittel sind Kassenbestand, inkl. Postwertzeichen, Guthaben auf Frankiergeräten, Steuer- und Beitragsmarken,[51] Schecks, Guthaben bei Kreditinstituten, inklusive Bundes- und Postbankguthaben. Besitzwechsel werden unter den zugrunde liegenden Forderungen ausgewiesen.[52]

54   **6. Aktive Rechnungsabgrenzungsposten.** Zum Inhalt → § 250 Rn. 2 ff. Obwohl die Definition für Rechnungsabgrenzungsposten in § 250 Abs. 1 nicht erfüllt wird, wurden in der Vergangenheit oftmals hier auch aktive latente Steuern ausgewiesen, weil § 274 Abs. 2 aF den gesonderten Ausweis in der Bilanz ohne genaue Postenangabe verlangt hat. Mit Umsetzung des BilMoG ist der Posten hingegen als eigenständig hinter den Rechnungsabgrenzungsposten spezifiziert worden (§ 266 Abs. 2 D.).

55   **7. Eigenkapital. a) Grundlagen.** Das Eigenkapital resultiert als Saldo aus dem Wert aller Aktiva und (sonstigen) Passiva. Bei positivem Betrag wird es als erster Posten der Passivseite, bei negativem Betrag auf der Aktivseite nach allen sonstigen Posten ausgewiesen. Der Saldo resultiert nur aus Aktiva und Passiva, die der Gesellschaft, nicht den Gesellschaftern gehören; → § 246 Rn. 11 und 68 ff.

56   Eigenkapital haftet voll für die Schulden der Gesellschaft und kann bei Insolvenz nicht als Insolvenzforderung geltend gemacht werden;[53] → § 246 Rn. 81.

57   Während für Kapitalgesellschaften § 272, für AG § 152 AktG und für KGaA § 286 Abs. 2 AktG gilt und für Personengesellschaften, die nach § 264a die Regeln für Kapitalgesellschaften zu beachten haben, auch § 264c Abs. 2 zu berücksichtigen ist, fehlen gesetzliche Vorschriften zur Bilanzierung des Eigenkapitals bei Einzelkaufleuten sowie bei OHG und KG mit mindestens einem persönlich haftenden Gesellschafter. Jedoch ist auch bei diesen Gesellschaften das Eigenkapital vom Fremdkapital getrennt auszuweisen, auch wenn das Fremdkapital aus Geschäftsbeziehungen mit Gesellschaftern stammt.[54] Diese Gesellschaften können sich an der Systematik der gesetzlichen Regelungen in § 266 Abs. 3 iVm § 272 oder § 264c orientieren.[55] Bei der KG sind wegen der unterschiedlichen Haftung von Kommanditisten und Komplementären die Einlagen und ggf. vertraglich vorgesehene Rücklagen beider Gruppen getrennt zu bilanzieren.[56] Weitere Anhaltspunkte bietet die vom Berufsstand der Wirtschaftsprüfer erarbeitete Stellungnahme zur Rechnungslegung IDW RS HFA 7 nF „Handelsrechtliche Rechnungslegung bei Personenhandelsgesellschaften".

58   Ansprüche der Gesellschaft gegen die Eigenkapitalgeber sind Gesellschaftsvermögen und werden entweder als Forderungen aktiviert oder auf der Passivseite offen von den Kapitalanteilen abgesetzt. Nicht eingeforderte Beträge sind offen vom gezeichneten Kapital zu kürzen.[57]

59   **b) Kapitalkonto.** Im Kapitalkonto wird das Beteiligungsrecht des Gesellschafters, sein Kapitalanteil (§ 120 Abs. 2), ziffernmäßig ausgedrückt.[58] Jeder Gesellschafter einer OHG oder KG kann nur einen Kapitalanteil haben. Der Kapitalanteil ergibt sich als Saldo von

50 Vgl. Burkhardt FS Moxter, 1994, 145.
51 Vgl. ADS § 266 Rn. 148; BeBiKo/Schubert/Berberich Rn. 125.
52 Vgl. ADS § 266 Rn. 126; BeBiKo/Schubert/Waubke § 266 Rn. 115.
53 Vgl. ADS Rn. 60; BeBiKo/Justenhoven/Roland Rn. 135.
54 Vgl. BeBiKo/Justenhoven/Roland Rn. 130.
55 Vgl. HdR/Hütten/Lorson/Haustein Rn. 29 mwN.
56 Vgl. ADS Rn. 62.
57 Vgl. BeBiKo/Störk/Kliem/Meyer § 272 Rn. 10.
58 Vgl. Hopt/Roth § 120 Rn. 12 f.

Einlagen und Gewinnanteilen einerseits und Entnahmen und Verlustanteilen andererseits (§ 120 Abs. 2). Unterkonten zur buchungsmäßigen Erleichterung der Bewegungen des Kapitalanteils sind üblich und erlaubt.

Um die Haftungsfunktion des Komplementärkapitals auszudrücken, darf für die Kapi- 60 talanteile von Komplementären oder darauf ausstehende Einlagen bei OHG und KG nur die Bezeichnung „Kapitalanteile" verwendet werden. Das haftende Kapital der Kommanditisten heißt „Gezeichnetes Kapital".

Einlagen sind Beiträge der Gesellschafter iSv §§ 705, 706 BGB. Der Gegenstand der 61 Einlage muss übertragbar und bilanzierungsfähig sein.[59] Die Einlage kann als Bar- oder Sacheinlage, in Form von Dienstleistungen und Nutzungen erfolgen. Sacheinlagen dürfen höchstens mit dem Zeitwert angesetzt werden; es ist strittig, ob sie exakt mit diesem Wert angesetzt werden müssen.[60]

Entnahmen sind jede Art einer Leistung von der Gesellschaft an die Gesellschafter.[61] 62 Was handelsrechtlich eingelegt werden kann, kann auch entnommen werden.[62] Das Entnahmerecht des Gesellschafters und demzufolge die Höhe der Entnahme sind grundsätzlich im HGB kodifiziert: für den Gesellschafter der OHG in § 122, bei der KG für den Komplementär in § 161 Abs. 2 iVm § 122 und für den Kommanditisten in § 169. Im Gesellschaftervertrag können zu den gesetzlichen Regelungen abweichende Vereinbarungen zwischen den Gesellschaftern getroffen werden. Für die Bewertung von Sachentnahmen gilt grundsätzlich der Gesellschaftsvertrag.[63]

Die hinreichende Aufgliederung des Eigenkapitals ist erfüllt, wenn entweder die Endbe- 63 stände der Kapitalanteile pro Gesellschafter und als Summe ausgewiesen werden oder die Kapitalanteile nach Gruppen („Persönlich haftende Gesellschafter" getrennt von „Kommanditisten") ausgewiesen werden. Die Saldierung negativer Kapitalanteile persönlich haftender Gesellschafter mit positiven ist erlaubt.[64]

c) Trennung von Eigen- und Fremdkapital. Forderungen und Verbindlichkeiten 64 der Gesellschaft gegenüber den Gesellschaftern sind vom Kapitalkonto strikt zu trennen. Die Verzinsung ist wegen § 121 mit der Verzinsungsmöglichkeit für Kapitalkonten für die Trennung von Eigen- und Fremdkapital nicht entscheidend. „Eigenkapital ist bei Personenhandelsgesellschaften nur dann gegeben, wenn die bereitgestellten Mittel als Verlustdeckungspotenzial zur Verfügung stehen. Dies ist dann der Fall, wenn künftige Verluste mit diesen Mitteln bis zur vollen Höhe – auch mit Wirkung gegenüber den Gesellschaftsgläubigern – zu verrechnen sind und wenn im Fall der Insolvenz der Gesellschaft eine Insolvenzforderung nicht geltend gemacht werden kann oder wenn bei einer Liquidation der Gesellschaft Ansprüche erst nach Befriedigung aller Gesellschaftsgläubiger mit dem sonstigen Eigenkapital auszugleichen sind."[65] Darlehensbeziehungen zu Gesellschaftern sollten bei Wesentlichkeit kenntlich gemacht werden.[66]

Zu Problemfällen der Trennung von Eigen- und Fremdkapital und Mischungen aus 65 beidem → § 246 Rn. 83 ff.

8. Schulden. a) Definition. → § 246 Rn. 68 ff. 66

b) Hinreichende Aufgliederung. Verbindlichkeiten sind von Rückstellungen zu 67 trennen. Wenngleich die in § 266 Abs. 3 enthaltene Aufgliederung nur für mindestens mittelgroße Kapitalgesellschaften gilt, empfiehlt sich bei Wesentlichkeit der einzelnen Posten

---

[59] Vgl. BeBiKo/Justenhoven/Roland Rn. 143; aA bzgl. Bilanzierungsfähigkeit Koch AktG, 16. Aufl. 2022, AktG § 27 Rn. 13 ff.

[60] Vgl. BeBiKo/Justenhoven/Roland Rn. 155.

[61] Vgl. Hopt/Roth § 122 Rn. 1.

[62] Vgl. BeBiKo/Justenhoven/Roland Rn. 150.

[63] Vgl. BeBiKo/Justenhoven/Roland Rn. 149.

[64] Vgl. Beck HdR/Heymann B 231 Rn. 34.

[65] IDW RS HFA 7 Rn. 13.

[66] Vgl. IDW RS HFA 7 Rn. 55.

die Aufgliederung auch bei Nichtkapitalgesellschaften.[67] Danach sind Rückstellungen zu unterteilen in:
1. Rückstellungen für Pensionen und ähnliche Verpflichtungen
2. Steuerrückstellungen
3. sonstige Rückstellungen.

68   Der Inhalt der erstgenannten Rückstellungen ergibt sich aus → § 249 Rn. 26 ff. Steuerrückstellungen sind Verbindlichkeitsrückstellungen und solche für latente Steuern. Zu den ersten → § 249 Rn. 10 ff., zu den zweiten → § 274 Rn. 7 ff. Sonstige Rückstellungen sind ein Sammelposten für alle sonstigen Verbindlichkeitsrückstellungen (→ § 249 Rn. 10 ff.), Drohverlustrückstellungen (→ § 249 Rn. 53 ff.) und Aufwandsrückstellungen (→ § 249 Rn. 78 ff.).

69   Verbindlichkeiten lassen sich gliedern in:
1. Anleihen
2. Verbindlichkeiten gegenüber Kreditinstituten
3. Erhaltene Anzahlungen auf Bestellungen
4. Verbindlichkeiten aus Lieferungen und Leistungen
5. Wechselverbindlichkeiten
6. Verbindlichkeiten gegenüber verbundenen Unternehmen
7. Verbindlichkeiten gegenüber Beteiligungsunternehmen
8. Sonstige Verbindlichkeiten.
Zur Hervorhebung der Verbindlichkeiten gegenüber verbundenen und Beteiligungsunternehmen → Rn. 11.

70   Anleihen sind am Kapitalmarkt gehandelte Obligationen (Schuldverschreibungen) inkl. Zerobonds, Commercial Papers, Wandelschuldverschreibungen, Optionsschuldverschreibungen, Gewinnschuldverschreibungen, Genussscheine, sofern das Genussrechtskapital Fremdkapital darstellt, jedoch keine Schuldscheindarlehen, die sonstige Verbindlichkeiten oder Verbindlichkeiten gegenüber Kreditinstituten darstellen.

71   Die weiteren Posten sind problemlos und folgen zT spiegelbildlich der Aufgliederung des Umlaufvermögens (→ Rn. 38 ff., → Rn. 51).

72   **9. Passive Rechnungsabgrenzungsposten.** Näher → § 250 Rn. 20 ff.

73   **10. Vorjahreswerte und Leerposten.** Vorjahreswerte müssen von Kaufleuten, anders als von Kapitalgesellschaften (§ 265 Abs. 2 S. 1), nicht angegeben werden.[68] Leerposten sind grundsätzlich nicht verpflichtend auszuweisen (§ 265 Abs. 8). Für Kapitalgesellschaften ändert sich dies aber, wenn im Vorjahr unter dem betreffenden Posten ein Betrag angegeben wurde. Analog zur Gliederungsstetigkeit (→ § 246 Rn. 159) lässt sich die Gültigkeit dieser Vorschrift auch für Nichtkapitalgesellschaften vertreten.

74   **11. Regelungen nach IFRS.** IAS 1 „Darstellung des Abschlusses" klärt Struktur und Inhalt des Jahresabschlusses, indem Gliederungsschemata und/oder Mindestinhalte für die Abschlussbestandteile, insbesondere Bilanz (IAS 1.54), Gesamtergebnisrechnung (IAS 1.81A, .82 und .82A), Eigenkapitalveränderungsrechnung (IAS 1.106) und Anhang (IAS 1.112), vorgegeben werden (IAS 1.47). Aufbau und Inhalt der Kapitalflussrechnung als weiterer Abschlussbestandteil werden in IAS 7 behandelt. Durch IAS 1 wird allen Unternehmen (IAS 1.2), auch Kreditinstituten und Versicherungen, verbindlich vorgegeben, in welchen Abschlussbestandteilen die erforderlichen Informationen auszuweisen sind, um „die Vermögens-, Finanz- und Ertragslage sowie die Cashflows eines Unternehmens den tatsächlichen Verhältnissen entsprechend darzustellen" (IAS 1.15). Der Standard ist nach Abs. 2 bei der Darstellung aller Abschlüsse für allgemeine Zwecke, die in Übereinstimmung mit den IFRS aufgestellt und dargestellt werden, anzuwenden. Zwischenberichte sind gem. IAS 34 aufzustellen. IAS 1 ist dafür bis auf die Abs. 15–35 nicht anzuwenden (IAS 1.4).

---

[67] Vgl. HdR/Hütten/Lorson/Haustein Rn. 5, 23; ADS Rn. 24 mwN.
[68] Vgl. ADS Rn. 30.

Ferner enthält er im Einzelnen keine Vorschriften zu Ansatz, Bewertung oder Darstellung bestimmter Geschäftsvorfälle.

Für die Bilanz sind nach IAS 1.54 folgende Posten als Mindestgliederungsposten ver- **75** bindlich vorgegeben:
(a) Sachanlagen;
(b) als Finanzinvestitionen gehaltene Immobilien;
(c) immaterielle Vermögenswerte;
(d) finanzielle Vermögenswerte (ohne die Beträge, die unter (e), (h) und (i) ausgewiesen werden);
(e) nach der Equity-Methode bilanzierte Finanzanlagen;
(f) biologische Vermögenswerte;
(g) Vorräte;
(h) Forderungen aus Lieferungen und Leistungen und sonstige Forderungen;
(i) Zahlungsmittel und Zahlungsmitteläquivalente;
(j) die Summe der Vermögenswerte, die gem. IFRS 5 als zur Veräußerung gehalten eingestuft werden, und der Vermögenswerte, die zu einer als zur Veräußerung gehalten eingestuften Veräußerungsgruppe gehören;
(k) Verbindlichkeiten aus Lieferungen und Leistungen und sonstige Verbindlichkeiten;
(l) Rückstellungen;
(m) finanzielle Schulden (ohne die Beträge, die unter (k) und (l) ausgewiesen werden);
(n) Steuerschulden und -erstattungsansprüche gem. IAS 12;
(o) latente Steueransprüche und -schulden gem. IAS 12;
(p) die Schulden, die den Veräußerungsgruppen zugeordnet sind, die gem. IFRS 5 als zur Veräußerung gehalten eingestuft werden;
(q) nicht beherrschende Anteile, die im Eigenkapital dargestellt werden;
(r) gezeichnetes Kapital und Rücklagen, die den Eigentümern der Muttergesellschaft zuzuordnen sind.

RAP sind nach IAS 1.15 nur dann zu aktivieren oder zu passivieren, wenn sie die **76** Definition von Vermögenswerten oder Schulden erfüllen, und werden dann entsprechend darunter subsumiert. Daher finden sich für sie keine eigenen Posten in der Mindestgliederung der Bilanz nach IFRS.

IAS 1 schreibt für die Bilanz nicht vor, in welchem Präsentationsformat und in welcher **77** Reihenfolge die Posten darzustellen sind (IAS 1.57). Weder Konto- noch Staffelform ist explizit gefordert. Nach IAS 1.60 haben die Unternehmen gem. IAS 1.66–76 kurzfristige und langfristige Vermögenswerte und kurzfristige und langfristige Schulden zu unterscheiden und getrennt in der Bilanz auszuweisen. Ist ausnahmsweise eine Unterscheidung nach Liquidität zuverlässig und relevanter, müssen die Posten nach dem Kriterium der Liquidität gegliedert werden (IAS 1.60). Die Definition für kurzfristige Vermögenswerte findet sich in IAS 1.66 und die für kurzfristige Schulden in IAS 1.69.[69] Die verbleibenden Vermögenswerte und Schulden, die diese Definitionen nicht erfüllen, sind als langfristig einzuordnen. Entsprechend gegenläufig ist das Gliederungskriterium zum deutschen Vorgehen bei der Gliederung der Bilanz.

Die Veränderungen des Eigenkapitals müssen in einer Eigenkapitalveränderungsrech- **78** nung (einem Eigenkapitalspiegel) gem. IAS 1.106 dargestellt werden. Der Eigenkapitalspiegel enthält (1) das Gesamtergebnis der Periode, getrennt nach Beträgen, die den Eigentümern des Mutterunternehmens und den nicht beherrschenden Anteilen zuzurechnen sind, (2) für jeden Eigenkapitalbestandteil den Einfluss einer rückwirkenden Anwendung oder Anpassung gem. IAS 8 sowie (3) für jeden Eigenkapitalbestandteil eine Überleitung vom Buchwert zu Beginn der Periode zum Buchwert am Ende der Periode.

Dem Jahresabschluss nach HGB ist eine derartige Eigenkapitalveränderungsrechnung **79** unbekannt, zumal in ihr auch Eigenkapitalveränderungen aufgezeigt werden, die nicht erfolgswirksam, sondern erfolgsneutral zustande gekommen sind (in Anlehnung an US-

---

[69] Vgl. zu Definitionen und Bsp. zB Haufe IFRS-Komm/Lüdenbach/Hoffmann/Freiberg § 2 Rn. 34 ff.

GAAP in der Summe als „other comprehensive income" oder „sonstiges Ergebnis" (IAS 1.90) bezeichnet). Die erfolgsneutralen Veränderungen des Reinvermögens sind mit dem Realisationsprinzip nach HGB nicht vereinbar. Allerdings wird ein Eigenkapitalspiegel nach internationalem Vorbild für den Konzernabschluss durch § 297 Abs. 1 vorgeschrieben.

80   Insgesamt versucht IAS 1 eine geschlossene Form des Abschlusses vorzugeben, um ein den tatsächlichen Verhältnissen entsprechendes Bild des Unternehmens zu vermitteln (IAS 1.15). Soweit es nicht schon andere IFRS für die Bilanz erfordern, müssen zusätzliche Posten, veränderte Bezeichnungen, Reihenfolgen oder Aggregierungen von Posten verwendet werden, um diesem Anspruch zu genügen (IAS 1.57). Darüber hinaus verlangt IAS 1.29, dass nach ihrer Art oder Funktion unterschiedliche Gruppen von Geschäftsvorfällen im Abschluss gesondert darzustellen sind, soweit sie wesentlich sind. Die vorgeschriebenen Posten der Bilanz sind somit nicht als starres und allein in dieser Form zulässiges (Mindest-) Gliederungsschema zu verstehen. Eine Saldierung von Posten in der Bilanz und GuV ist nur ausnahmsweise erlaubt, nämlich wenn Regelungen außerhalb des IAS 1 ein solches Vorgehen verlangen oder erlauben (IAS 1.32).

81   Vorjahreszahlen sind nach IAS 1.38 für alle Posten des Abschlusses anzugeben. „Ein Unternehmen legt zumindest zwei Bilanzen, zwei Gesamtergebnisrechnungen, zwei gesonderte Gewinn- und Verlustrechnungen (falls vorgelegt), zwei Kapitalflussrechnungen und zwei Eigenkapitalveränderungsrechnungen und die zugehörigen Anhangangaben vor." (IAS 1.38A). Werden die Darstellung oder Gliederung von Abschlussposten geändert, sind auch die Vorjahreszahlen entsprechend anzupassen und weitere Angaben zu machen, es sei denn, die Anpassung ist praktisch nicht durchführbar (IAS 1.41). Wie bei Undurchführbarkeit dieser Anpassungen vorzugehen ist, regelt IAS 8.50–53 und IAS 1.42. Leerposten sind aufzuführen, wenn im vorhergehenden Geschäftsjahr unter dem Posten ein Betrag ausgewiesen wurde. Die Verpflichtung zum Ausweis von Leerposten ist auf das Stetigkeitsgebot gem. IAS 1.38 zurückzuführen. Der Anlagespiegel als Abschlussbestandteil ist nicht in IAS 1, sondern in IAS 16 „Sachanlagen" geregelt (IAS 16.73 (e)).

§ 248 Bilanzierungsverbote und -wahlrechte

(1) In die Bilanz dürfen nicht als Aktivposten aufgenommen werden
1. Aufwendungen für die Gründung eines Unternehmens,
2. Aufwendungen für die Beschaffung des Eigenkapitals und
3. Aufwendungen für den Abschluss von Versicherungsverträgen.

(2) ¹Selbst geschaffene immaterielle Vermögensgegenstände des Anlagevermögens können als Aktivposten in die Bilanz aufgenommen werden. ²Nicht aufgenommen werden dürfen selbst geschaffene Marken, Drucktitel, Verlagsrechte, Kundenlisten oder vergleichbare immaterielle Vermögensgegenstände des Anlagevermögens.

Schrifttum: Arbeitskreis Bilanzrecht der Hochschullehrer Rechtswissenschaft, Stellungnahme zu dem Entwurf eines BilMoG: Grundkonzept und Aktivierungsfragen, BB 2008, 152; Arbeitskreis „Immaterielle Werte im Rechnungswesen" der Schmalenbach-Gesellschaft für Betriebswirtschaft e. V., Leitlinien zur Bilanzierung selbstgeschaffener immaterieller Vermögensgegenstände des Anlagevermögens nach dem Regierungsentwurf des BilMoG, DB 2008, 1813; Arbeitskreis „Immaterielle Werte im Rechnungswesen" der Schmalenbach-Gesellschaft für Betriebswirtschaft e. V., Kategorisierung und bilanzielle Erfassung immaterieller Werte, DB 2001, 989; Barth/Kneisel, Entgeltlich erworbene Warenzeichen in der Handels- und Steuerbilanz, WPg 1997, 473; Beisse, Zum neuen Bild des Bilanzrechtssystems, FS Moxter, 1994, 3; Bentele, Immaterielle Vermögenswerte in der Unternehmensberichterstattung, 2004; Bormann, Software-Bilanzierung beim Hersteller, WPg 1991, 8; Bertram, § 248 HGB, in Bertram/Brinkmann/Kessler/Müller, Haufe HGB Bilanz Kommentar, 7. Aufl. 2016; Buchtela/Pichler/Schwingenschlögl/Gotwald/Riener-Micheler/Siller, Bilanzierung von Patenten im internationalen Vergleich, 2010; Buciek, Zur Bilanzierung von Güterfernverkehrsgenehmigungen, BB 1987, 1979; Clausen, Zur Bilanzierung von Nutzungsverhältnissen (insbesondere Miete, Pacht, Nießbrauch, Lizenzen), JbFSt 1976/77, 1977, 120; Dawo, Immaterielle Güter in der Rechnungslegung nach HGB, IAS/IFRS und US-GAAP, 2003; Dobler/Kurz, Aktivierungspflicht für immaterielle Vermögensgegenstände in der Entstehung nach dem RegE eines BilMoG, KoR 2008, 485;

Döllerer, Die Maßgeblichkeit der Handelsbilanz für die Steuerbilanz, BB 1969, 501; Dziadkowski, Besteht eine Aktivierungspflicht für Güterfernverkehrsgenehmigungen?, BB 1971, 473; Eibelshäuser, Immaterielle Anlagewerte in der höchstrichterlichen Finanzrechtsprechung, 1983; Fabri, Grundsätze ordnungsmäßiger Bilanzierung entgeltlicher Nutzungsverhältnisse, 1986; Fick, Bilanzierung und Bewertung von Warenzeichen, StBP 1995, 136; Flies, Auftragsbestand und Firmenwert, DB 1996, 846; George, Software-Programme – materielle oder immaterielle Wirtschaftsgüter, FR 1987, 579; Glade, Immaterielle Anlagewerte in der Handelsbilanz, Steuerbilanz und Vermögensaufstellung, 1991; Gruber, Der Bilanzansatz in der neueren BFH-Rechtsprechung, 1991; Günkel, Immaterielle Vermögensgegenstände – selbst geschaffene gewerbliche Schutzrechte und ähnliche Rechte und Werte, in Fischer/Günkel/Neubeck/Pannen, Die Bilanzrechtsreform 2010/11, 2010, 139; Hennrichs, Immaterielle Vermögensgegenstände nach dem Entwurf des Bilanzrechtsmodernisierungsgesetzes (BilMoG). Gemeinsamkeiten und verbleibende Unterschiede zwischen modernisiertem HGB-Bilanzrecht und IFRS (IAS 38, IFRS 3), DB 2008, 537; Herzig/Söffing, Bilanzierung und Abschreibung von Fernsehrechten, WPg 1994, 601, 656; Hoffmann/Lüdenbach, Die Bilanzierung von Treibhaus-Emissionsrechten im Rechtsvergleich, DB 2006, 57; Hommel, Bilanzierung immaterieller Anlagewerte, 1998; Husemann, Grundsätze ordnungsmäßiger Bilanzierung für Anlagegegenstände, 2. Aufl. 1976; Hüttemann, Transferentschädigungen im Lizenzfußball als Anschaffungskosten eines immateriellen Wirtschaftsguts, DStR 1994, 490; IDW RS HFA 15, Bilanzierung von Emissionsberechtigungen nach HGB, WPg 2006, 574; IDW RS HFA 11, Bilanzierung entgeltlich erworbener Software beim Anwender, WPg, Supplement 3/2010, 57; IDW HFA 1/1992, Zur bilanziellen Behandlung von Güterfernverkehrskonzessionen, WPg 1992, 609; Kählert, Die Abbildung immaterieller Güter im handelsrechtlichen Jahresabschluß, 1995; Kählert/Lange, Zur Abgrenzung immaterieller von materiellen Vermögensgegenständen, BB 1993, 613; Klein/Völker-Lehmkuhl, Die Bilanzierung von Emissionsrechten nach den deutschen Grundsätzen ordnungsmäßiger Bilanzierung, DB 2004, 332; Knepper, Software im Handels- und Steuerbilanz, FS Döllerer, 1988, 299; Kronner, Entgeltlicher Erwerb und Erwerb im Tauschwege bei immateriellen Wirtschaftsgütern des Anlagevermögens, DStR 1996, 1185; Kronner, GoB für immaterielle Anlagewerte und Tauschgeschäfte, 1995; Kupsch, Sind Zuschüsse und Abstandszahlungen immaterielle Anlagewerte (Wirtschaftsgüter)?, WPg 1977, 663; Kußmaul, Sind Nutzungsrechte Vermögensgegenstände bzw. Wirtschaftsgüter?, BB 1987, 2053; Küting/Ellmann, Immaterielles Vermögen, in Küting/Pfitzer/Weber, Das neue deutsche Bilanzrecht, 2. Aufl. 2009, 263; Küting/Weller, Die Bilanzierung von Güterfernverkehrskonzessionen nach der Vollendung des gemeinsamen Marktes 1992, BB 1989, 1302; Küting/Zwirner, Bilanzierung und Bewertung bei Film- und Medienunternehmen des Neuen Marktes, FB-Beil. 3/2001 zu Heft 4; Lamers, Aktivierungsfähigkeit und Aktivierungspflicht immaterieller Werte, 1981; Ley, Der Begriff „Wirtschaftsgut" und seine Bedeutung für die Aktivierung, 2. Aufl. 1987; Löcke, Aktivierung konzernintern erworbener immaterieller Vermögensgegenstände des Anlagevermögens?, BB 1998, 415; Lüdenbach/Freiberg, Zweifelsfragen der abstrakten und konkreten Bilanzierungsfähigkeit immaterieller Anlagen, BFuP 2009, 131; Marx, Objektivierungserfordernisse bei der Bilanzierung immaterieller Anlagewerte, BB 1994, 2379; Meyer-Scharenberg, Sind Nutzungsrechte Wirtschaftsgüter?, BB 1987, 874; Mindermann/Brösel, § 248 HGB. Bilanzierungsverbote und Wahlrechte, in Petersen/Zwirner, Bilanzrechtsmodernisierungsgesetz – BilMoG, 2009, 390; Moxter, Aktivierungspflicht für selbsterstellte immaterielle Anlagewerte, DB 2008, 1514; Moxter, Die BFH-Rechtsprechung zur Aktivierung von beim Erwerb von Nutzungsrechten anfallenden Nebenkosten, DStR 1999, 51; Moxter, Immaterielle Anlagewerte im neuen Bilanzrecht, BB 1979, 1102; Moxter, Die Aktivierungsvoraussetzung „entgeltlicher Erwerb" im Sinne von § 5 Abs. 2 EStG, DB 1978, 1804; Niehues, Die bilanzielle Behandlung von Güterfernverkehrsgenehmigungen, BB 1987, 1429; Nonnenmacher, Bilanzierung von Forschung und Entwicklung, DStR 1993, 1231; Peter, Zwischen Standard- und Individualsoftware: Bilanzielle Behandlung von ERP-Programmen, DB 2003, 1341; Petersen/Zwirner, Bilanzrechtsmodernisierungsgesetz – BilMoG, 2009; Pfeiffer, Begriffsbestimmung und Bilanzfähigkeit des immateriellen Wirtschaftsgutes, StuW 1984, 326; Pfeiffer, Das immaterielle Wirtschaftsgut, 1982; Rade/Stobbe, Auswirkungen des Bilanzrechtsmodernisierungsgesetzes auf die Bilanzierung von Fußballspielerwerten in der Handelsbilanz. Kriterien zur Aktivierung immaterieller Vermögensgegenstände nach altem und neuem Recht, DStR 2009, 1109; Reuleaux, Immaterielle Wirtschaftsgüter, 1987; Roland, Der Begriff des Vermögensgegenstandes im Sinne der handels- und aktienrechtlichen Rechnungslegungsvorschriften, 1980; Rudloff, Die bilanzielle Behandlung von Güterverkehrsgenehmigungen, BB 1991, 1743; von Rütte/Hoenes, Rechnungslegung immaterieller Werte, Gemeinschaftsdissertation, 1995; Schick/Nolte, Bilanzierung von Internetauftritten nach Handels- und Steuerrecht, DB 2002, 541; Schmidtbauer, Die Bilanzierung und Bewertung immaterieller Vermögensgegenstände bzw. Vermögenswerte in der deutschen Rechnungslegung sowie nach IAS, DStR 2003, 2035; Siegel, Der Auftragsbestand – Immaterieller Vermögensgegenstand oder schwebendes Geschäft?, DB 1997, 941; Spieler, Aktivierungsfähigkeit von selbsterstellter Standardsoftware zur anonymen Vermarktung gemäß Handels und Steuerrecht, 1986; Stapperfend, Die steuer- und bilanzrechtliche Behandlung von Software, 1991; Stein/Ortmann, Bilanzierung und Bewertung von Warenzeichen, BB 1996, 787; Stüdemann, Grundlagen zur Unterscheidung von materiellen und immateriellen Gütern und zu ihrer Aktivierung in der Bilanz, DB 1985, 345; Tiedchen, Der Vermögensgegenstand im Handelsbilanzrecht, 1991; Treiber, Die Behandlung von Software in der Handels- und Steuerbilanz, DStR 1993, 887; Vogel, Die Aktivierung originärer immaterieller Anlagewerte im aktienrechtlichen Jahresabschluß, 1982; Walter, Zur Aktivierungsfähigkeit immaterieller Anlagewerte in der Handels- und Steuerbilanz, 1982; Westerfelhaus, Zwei-Stufen-Ermittlung zum bilanzierungsfähigen Vermögensgegenstand, BB 1995, 885; Wurl, Zum Problem der Bilanzierung von Aufwendungen für Forschung und Entwicklung, ZfB 1974, 159.

Schrifttum IFRS: Ballwieser, IFRS-Rechnungslegung. Konzept, Regeln und Wirkungen, 3. Aufl. 2013; Busse von Colbe/Seeberg, Empfehlungen des Arbeitskreises „Externe Unternehmensrechnung" der Schmalenbach-Gesellschaft – Deutsche Gesellschaft für Betriebswirtschaft e. V., Vereinbarkeit internationaler Konzernrechnungslegung mit handelsrechtlichen Grundsätzen, 2. Aufl., ZfbF-Sonderheft 43/1999; Grüner, Behandlung der immateriellen Vermögenswerte im Rahmen der Erstkonsolidierung nach IAS/IFRS, 2006; Hennrichs, Immaterielle Vermögensgegenstände nach dem Entwurf des Bilanzrechtsmodernisierungsgesetzes (BilMoG). Gemeinsamkeiten und verbleibende Unterschiede zwischen modernisiertem HGB-Bilanzrecht und IFRS (IAS 38, IFRS 3), DB 2008, 537; Heyd/Lutz-Ingold, Immaterielle Vermögenswerte und Goodwill nach IFRS – Bewertung, Bilanzierung und Berichterstattung, 2005; Leibfried/Pfanzelt, Praxis der Bilanzierung von Forschungs- und Entwicklungskosten gemäß IAS/IFRS, KoR 2004, 491; Ruhnke/Nehrlich, Abbildung von Filmrechten in einem IAS/IFRS-Jahresabschluss, WPg 2003, 753; von Keitz, Immaterielle Güter in der internationalen Rechnungslegung, 1997; Wulf, Immaterielle Vermögenswerte nach IFRS – Ansatz, Bewertung, Goodwill-Bilanzierung, 2008.

Übersicht

I. Normzweck

1   Die Regelung verhindert die Aktivierung von Posten, denen die Eigenschaften eines Vermögensgegenstands völlig fehlen (Abs. 1) oder deren Werthaltigkeit und damit Einzelbewertbarkeit nur schwer nachprüfbar sind (Abs. 2). Sie schafft zugleich ein Wahlrecht zur Aktivierung bestimmter selbst geschaffener immaterieller Vermögensgegenstände des Anlagevermögens. Sie ersetzt mit Abs. 2 das vor BilMoG geltende Aktivierungsverbot von immateriellen Vermögensgegenständen des Anlagevermögens, die unentgeltlich erworben wurden.

2   Das Aktivierungswahlrecht für bestimmte selbst geschaffene immaterielle Vermögensgegenstände des Anlagevermögens schränkt das allgemeine Vollständigkeitsgebot des § 246 Abs. 1 ein. Es stellt eine dort angesprochene Regelung dar, die „gesetzlich (…) anderes bestimmt". Während vor Verabschiedung des BilMoG bei selbst erstellten immateriellen Anlagewerten die fehlende Bestätigung des zugegangenen Wertes am Markt und das Problem späterer Abgangskontrolle und Folgebewertung,[1] zusammen mit Verweis auf Vorsichtsprinzip[2] oder Objektivierungsprinzip,[3] als überzeugende Gründe für das Verbot ihrer Akti-

---

[1]   Vgl. Moxter BB 1979, 1102 f.
[2]   Vgl. Döllerer BB 1969, 505.
[3]   Vgl. Moxter BB 1979, 1104; Baetge/Kirsch/Thiele Bilanzen, 6. Aufl. 2002, 133. Auf beide Prinzipien wird die Regelung zurückgeführt von ADS Rn. 1 und 14.

vierung galten, wurden diese Argumente mit Verabschiedung des BilMoG als weniger bedeutend angesehen und die Bilanzierungsrestriktionen gelockert. Zugleich erfolgte eine gewisse, allerdings durch das Aktivierungswahlrecht nur partielle, Annäherung an die IFRS.

Dass die Regelung als konzeptionell nicht überzeugender Kompromiss aus im Ergebnis **3** sich widersprechender Wertungen anzusehen ist, zeigt sich im Aktivierungswahlrecht und der bei Aktivierung für Kapital- und ihnen bilanzrechtlich gleichgestellten Personengesellschaften erfolgenden Ausschüttungssperre gem. § 268 Abs. 8. Wäre der Gesetzgeber der Überzeugung gewesen, dass die zu aktivierenden Posten grds. werthaltige Vermögensgegenstände darstellen, hätte er keinen Grund für das Aktivierungswahlrecht und die Ausschüttungssperre gehabt. Eine Aktivierungspflicht wäre auch dann zwingend gewesen, wenn man die das HGB dominierende Zahlungsbemessungsfunktion zugunsten der Informationsfunktion völlig vernachlässigt hätte.

Der Versuch, das Aktivierungswahlrecht damit zu begründen, dass die Aktivierungs- **4** pflicht eine verlässliche Trennung von nicht aktivierungsfähigen Forschungsaufwendungen und aktivierungspflichtigen Entwicklungsaufwendungen mit starker Dokumentationspflicht bedinge, die man durch das Wahlrecht verhindern könne,[4] ist nicht überzeugend.[5] Zwar werden Unternehmen, bei denen die Entwicklung nur eine geringe Bedeutung besitzt, durch das Wahlrecht bei Nichtausübung entlastet, aber für aktivierungswillige Unternehmen bleibt die Dokumentationslast nicht nur bestehen, sondern sie erhalten zugleich bilanzpolitisches Gestaltungsmaterial zur Informationsvermittlung. Das stört die angeblich mit dem BilMoG angestrebte nationale wie internationale Vergleichbarkeit von Jahresabschlüssen.[6] Zugleich besteht ein Widerspruch zur gesetzlich angeblich angestrebten Anhebung des Informationsniveaus durch eine Beseitigung von Wahlrechten.[7]

II. Gründungsaufwendungen

Gründungsaufwendungen müssen im Jahr ihres Anfallens den Erfolg schmälern, auch **5** wenn man ihre Aktivierung mit dem Argument rechtfertigen könnte, dass ohne sie keine späteren Umsatzerlöse erzielbar seien und sie deshalb in Form von Abschreibungen diesen gegenüberzustellen wären. Hintergrund ist, dass mit den Ausgaben für die Gründung weder ein Vermögensgegenstand im Sinne einer Sache, eines Rechts oder eines (ähnlichen) Wertes (§ 266 Abs. 2 A. I. 2.) noch ein Rechnungsabgrenzungsposten (§ 250 Abs. 1) entsteht. „Das Ansatzverbot des § 248 Abs. 1 Nr. 1 HGB hat damit regelmäßig nur deklaratorischen Charakter."[8]

Zur Gründung zählen alle Maßnahmen, die das rechtliche Entstehen des Unternehmens **6** zum Ziel haben. Gründungsaufwendungen betreffen zB Notariatskosten, Gerichtsgebühren, Genehmigungskosten, Kosten der Gründungsprüfung, Beratungskosten und Vermittlungsprovisionen, die das Unternehmen im Zusammenhang mit der Gründung zu tragen hat.[9] Aufwendungen der Gründer sind ggf. Anschaffungskosten der Anteile.[10]

Ein Teil der Ausgaben kann schon vor der Gründung angefallen sein. Sie müssen nach **7** voriger Kommentierung als eigenständiger Posten in der Eröffnungsbilanz ausgewiesen und im ersten Geschäftsjahr aufgelöst werden.[11] Dieser Auslegung wird nicht mehr gefolgt, da sie inkonsistent ist.[12]

Umgründungen, zB in Form einer Umwandlung, verursachen ebenfalls Gründungsaus- **8** gaben. Sie sind wie ursprüngliche Gründungsausgaben zu behandeln, dürfen also nicht aktiviert werden.[13]

---

4   Vgl. BR-Drs. 344/08 (Beschluss), 7 f.
5   Vgl. auch Küting/Pfitzer/Weber, Das neue deutsche Bilanzrecht/Küting/Ellmann, 2. Aufl. 2009, S. 274.
6   Vgl. BR-Drs. 344/08, 108; Petersen/Zwirner BilMoG S. 194.
7   Vgl. zu diesem Ziel BR-Drs. 344/08, 71.
8   HKMS/Vogel/Burger Rn. 11.
9   Vgl. ADS Rn. 5; Hopt/Merkt Rn. 1.
10   Vgl. ADS Rn. 7.
11   Vgl. ADS Rn. 6a.
12   Vgl. auch BeBiKo/Justenhoven/Usinger Rn. 1.
13   Vgl. ADS Rn. 5.

III. Aufwendungen für die Beschaffung des Eigenkapitals

9   Aufwendungen für die Beschaffung des Eigenkapitals betreffen die erstmalige Kapitalbeschaffung und spätere Kapitalerhöhungen. Eigenkapital sind bei Kapitalgesellschaften das Stamm- oder Grundkapital, Agios (Aufgelder) oder Zuzahlungen der Gesellschafter. Bei Personengesellschaften zählt das als Eigenkapital zur Verfügung gestellte Kapital, nicht hingegen Gesellschafterdarlehen. Einlagen stiller Gesellschafter stellen ebenfalls Eigenkapital dar. Aufwendungen für die Beschaffung des Eigenkapitals dürfen weder aktiviert noch mit einem Agio verrechnet werden.[14]

10   Die Aufwendungen können in Form von Notariats-, Gerichts-, Genehmigungsgebühren, Prospekt- oder sonstigen Veröffentlichungskosten, Steuern, Gutachterkosten für die Bewertung von Sacheinlagen uÄ anfallen.[15]

11   Aus dem Verbot der Aktivierung von Ausgaben für die Beschaffung von Eigenkapital darf nicht geschlossen werden, dass Ausgaben für die Beschaffung von Fremdkapital ohne weiteres aktiviert werden dürfen. Sie müssen die Kriterien der Rechnungsabgrenzungsposten (§ 250 Abs. 1) erfüllen, soweit sie nicht in die Herstellungskosten eingehen. Vermögensgegenstände werden durch sie nicht begründet.[16]

IV. Aufwendungen für den Abschluss von Versicherungsverträgen

12   Das Verbot der Aktivierung von Aufwendungen für den Abschluss von Versicherungsverträgen wurde aus § 56 Abs. 2 VAG aF übernommen und wörtlich durch das VersRiLiG v. 24.6.1994 in das allgemeine Bilanzrecht des Kaufmanns eingeführt. Es ist eine allein versicherungsspezifische Regelung für Versicherungsgeber. Sie betrifft die unmittelbaren und mittelbaren Ausgaben im Zusammenhang mit dem Abschluss eines Versicherungsvertrags. Dazu zählen Abschlussprovisionen, Vergütungen für Außendienstmitarbeiter, Werbungs- und Schulungsausgaben.[17] Die Aufwendungen begründen keinen Vermögensgegenstand oder Rechnungsabgrenzungsposten.

V. Selbst geschaffene immaterielle Anlagewerte

13   **1. Aktivierungsvoraussetzungen immaterieller Anlagewerte.** Selbst geschaffene immaterielle Vermögensgegenstände des Anlagevermögens dürfen aktiviert werden, soweit es sich nicht um die in Abs. 2 genannten Marken, Drucktitel, Verlagsrechte, Kundenlisten oder vergleichbaren immateriellen Vermögensgegenstände des Anlagevermögens handelt. Letztere werden nach der Begründung des BilMoG-RegE mit Verweis auf die schwierige Einzelbewertbarkeit und die Gültigkeit des Vorsichtsprinzips von der Aktivierung ausgeschlossen: „Der Grund für diese eingeschränkte Aufrechterhaltung des bisherigen Aktivierungsverbots besteht darin, dass den genannten selbst geschaffenen immateriellen Vermögensgegenständen des Anlagevermögens Herstellungskosten teilweise nicht zweifelsfrei zugerechnet – sie nicht selbstständig bewertet – werden können, d.h. eine Abgrenzung zwischen den zu aktivierenden Aufwendungen und den für die Entwicklung des Unternehmens in seiner Gesamtheit – also regelmäßig auf den selbst geschaffenen Geschäfts- oder Firmenwert – anfallenden aufwandswirksam zu erfassenden Aufwendungen, nicht zweifelsfrei möglich ist. Beispielhaft sei hier auf den Aufwand für Werbemaßnahmen verwiesen. Dieser kann alternativ ebenso einer Marke wie dem selbst geschaffenen Geschäfts- oder Firmenwert zugerechnet werden. (…) Die Vorschrift stellt eine Ausprägung des Vorsichtsprinzips dar. Danach sind bereits bisher einem Vermögensgegenstand nicht zweifelsfrei zurechenbare Aufwendungen aufwandswirksam zu erfassen.“[18] Eine zur Aktivierung alternativ denkbare Anhangangabe wird in der Begründung des BilMoG-RegE mit Verweis auf das

---

14   Vgl. Veit WPg 1984, 70; BeBiKo/Justenhoven/Usinger Rn. 1.
15   Vgl. ADS Rn. 10; Hopt/Merkt Rn. 1.
16   Vgl. ADS Rn. 11; BeBiKo/Justenhoven/Usinger Rn. 4; HdR/Baetge/Fey/Sommerhoff Rn. 11 f.
17   Vgl. ADS Rn. 25 und 27 mwN.
18   BR-Drs. 344/08, 107 f.; Petersen/Zwirner BilMoG S. 193.

mit dem Gesetz verbundene Ziel der „Verbesserung der Vergleichbarkeit des handelsrechtlichen Jahresabschlusses – national und international –"[19] verworfen.

Eindeutig nicht erlaubt ist die Aktivierung von Aufwendungen für die Ingangsetzung **14** und Erweiterung des Geschäftsbetriebs und für die selbstständige Schaffung von Goodwill. Letzterer ist nur zu aktivieren, wenn er bei Übernahme eines Unternehmens als Kaufpreisbestandteil entgeltlich erworben wurde. Dann gilt er gem. § 246 Abs. 1 S. 4 als zeitlich begrenzt nutzbarer Vermögensgegenstand, ohne als Vermögensgegenstand qualifiziert worden zu sein (→ § 246 Rn. 15). Die Aktivierung von Aufwendungen für die Ingangsetzung und Erweiterung des Geschäftsbetriebs war zwar nach § 269 aF möglich, erfolgte aber nach explizitem Gesetzeswortlaut als Bilanzierungshilfe, die von einem Vermögensgegenstand und Rechnungsabgrenzungsposten abzugrenzen war. Das BilMoG hat dieser Aktivierungsmöglichkeit ein Ende bereitet, ohne die Bilanzierungshilfe in einen Vermögensgegenstand umzudeuten.

Zweideutig ist hingegen die Begründung des BilMoG-RegE zur Notwendigkeit des **15** Vorliegens eines Vermögensgegenstandes. Einerseits wird darauf verwiesen, es sei „immer zu prüfen, ob das zu aktivierende Gut als Vermögensgegenstand im handelsbilanziellen Sinn klassifiziert werden kann. Nur in diesem Fall kommt die Aktivierung überhaupt in Betracht. Vom Vorliegen eines Vermögensgegenstandes ist auszugehen, wenn das selbst erstellte Gut nach der Verkehrsauffassung einzeln verwertbar ist."[20] Andererseits wird im Zusammenhang mit dem Ansatz von Entwicklungskosten in der Begründung von § 255 Abs. 2a festgestellt: „Nach § 255 Abs. 2a S. 1 sind die bei der Entwicklung eines selbst geschaffenen immateriellen Vermögensgegenstandes des Anlagevermögens anfallenden Herstellungskosten zu aktivieren. Der Wortlaut der Vorschrift macht deutlich, dass eine Aktivierung nicht erst vorzunehmen ist, wenn ein selbst geschaffener immaterieller Vermögensgegenstand des Anlagevermögens vorliegt, sondern die Aktivierung schon bei der Entwicklung zu erfolgen hat. Dies wiederum setzt eine Zukunftsprognose des bilanzierungspflichtigen Unternehmens voraus. Im Zeitpunkt der Aktivierung – gleichsam ex ante – muss mit hoher Wahrscheinlichkeit davon ausgegangen werden können, dass ein einzeln verwertbarer immaterieller Vermögensgegenstand des Anlagevermögens zur Entstehung gelangt. Kann die Vermögensgegenstandseigenschaft nicht bejaht werden, kommt die Aktivierung der Entwicklungskosten nicht in Betracht. Demgemäß ist für Zwecke der Abschlussprüfung eine hinreichende Dokumentation erforderlich, aus der sich entnehmen lässt, aus welchen Gründen von der künftigen Entstehung eines selbst geschaffenen immateriellen Vermögensgegenstandes des Anlagevermögens ausgegangen werden muss. Aufgrund der bestehenden Ausschüttungssperre spricht nichts dagegen, hier ebenso zu verfahren, wie bei der Herstellung materieller Vermögensgegenstände."[21] Zwar wich der erste Satz von § 255 Abs. 2a im BilMoG-RegE von demjenigen des verabschiedeten BilMoG ab, aber daraus resultiert kein inhaltlicher Unterschied für die Aussage des obigen Zitats. Er lautete im Entwurf: „Die bei der Entwicklung eines selbst geschaffenen immateriellen Vermögensgegenstandes des Anlagevermögens anfallenden Herstellungskosten sind zu aktivieren." Das HGB besagt nun: „Herstellungskosten eines selbst geschaffenen immateriellen Vermögensgegenstands des Anlagevermögens sind die bei dessen Entwicklung anfallenden Aufwendungen nach Absatz 2."

In der Kommentierung wird zu Recht wegen § 255 Abs. 2a – entgegen dem Wortlaut **16** von Abs. 2 – keine Existenz eines immateriellen Vermögensgegenstands gefordert.[22] Es soll eine hohe Wahrscheinlichkeit reichen, „dass ein einzeln verwertbarer immaterieller

[19]   BR-Drs. 344/08, 108; Petersen/Zwirner BilMoG S. 194.
[20]   BR-Drs. 344/08, 107; Petersen/Zwirner BilMoG S. S. 193.
[21]   BR-Drs. 344/08, 130; vgl. auch Petersen/Zwirner/Mindermann/Brösel BilMoG S. 392.
[22]   Vgl. BeBiKo/Schubert/Hutzler § 255 Rn. 462; Wiedmann/Böcking/Gros/Böcking/Gros Rn. 9; Gelhausen/Fey/Kämpfer S. 76 Rn. 42; Petersen/Zwirner/Mindermann/Brösel BilMoG S. 392 f.; Kölner Komm RechnungslegungsR/Braun Rn. 13; Günkel in Fischer/Günkel/Neubeck/Pannen, Die Bilanzrechtsreform 2010/11, 2010, 139 (141 f.; Rn. 307); aA HKMS/Vogel/Burger Rn. 27 mit Bezug auf Wortlaut und vermiedene, sonst schwer lösbare Objektivierungsprobleme.

Vermögensgegenstand des Anlagevermögens zur Entstehung gelangt."[23] Für die Aktivierung hinreichend sind danach (1) das Vorliegen eines einzeln verwertbaren immateriellen Vermögensgegenstandes oder der Wahrscheinlichkeit seines Entstehens und (2) – wegen § 255 Abs. 2a S. 4 – die verlässliche Unterscheidbarkeit der Phase der Entwicklung von derjenigen der Forschung.[24]

17   Fraglich ist, ob eine Einzelverwertbarkeit auch bei ausschließlich interner Nutzung bejaht werden kann. Nach Gelhausen/Fey/Kämpfer stellt die ausschließlich interne Nutzung kein Ausschlusskriterium für die Einzelverwertbarkeit dar. „Es ist daher stets im Einzelfall zu entscheiden, ob ein immaterielles Gut außer in dem seine Entwicklung betreibenden Unternehmen keiner abstrakten, externen Verwendung zugeführt werden kann, bspw. ein ausschließlich auf die besonderen individuellen Unternehmensstrukturen abgestimmter Ablaufplan."[25] Unstrittig ist, dass das immaterielle Gut nicht durch ein Recht geschützt sein muss.[26]

18   Damit das aus der Wahrscheinlichkeitseinschätzung der Entstehung eines Vermögensgegenstands folgende Objektivierungsproblem gelöst werden kann, soll eine Orientierung an IAS 38.57 erfolgen.[27] Es geht danach um (1) technische Realisierbarkeit, (2) Fertigstellungsabsicht, (3) Fähigkeit zu Nutzung oder Verkauf, (4) Nutzennachweis, (5) ausreichende technische, finanzielle und sonstige Ressourcen zu Fertigstellung und Verwendung sowie (6) verlässliche Bewertbarkeit. Der Begriff der in der Begründung des BilMoG-RegE angeführten „hohen Wahrscheinlichkeit" (→ Rn. 16) wird im Gesetz weder genannt noch definiert. Er wird von Gelhausen/Fey/Kämpfer als „deutlich mehr Gründe für als gegen das Entstehen eines immateriellen Vermögensgegenstands"[28] verwendet, was allenfalls Sinn gäbe, wenn die Gründe gleichgewichtig wären (→ § 249 Rn. 13). Die genannten Autoren halten jedoch zu Recht eine allgemeingültige Präzisierung des Begriffs für kaum ermittelbar und erwähnen deshalb als Anhaltspunkte für das Vorliegen hoher Wahrscheinlichkeit zB behördliche Genehmigungen, bestimmte Testergebnisse oder Veräußerungsgeschäfte für gleiche oder ähnliche Vermögensgegenstände.[29]

19   Von ähnlicher Problematik wie die Wahrscheinlichkeitsbestimmung des Entstehens eines einzeln verwertbaren Vermögensgegenstands ist die für eine Aktivierung nötige Abgrenzung von Forschung und Entwicklung. Die Legaldefinitionen beider Begriffe in § 255 Abs. 2a S. 2 und 3 sind teilweise zirkulär (so bei „Entwicklung ist die Anwendung von (…) für die Neuentwicklung von Gütern und Verfahren (…)"; § 255 Abs. 2a S. 2) und verwenden mit „Gütern" und „Verfahren" weitere auslegungsbedürftige Begriffe. Auch wenn die Begründung des BilMoG-RegE zur Abgrenzung von Forschung und Entwicklung auf den „Zeitpunkt des Übergangs vom systematischen Suchen zum Erproben und Testen der gewonnenen Erkenntnisse oder Fertigkeiten"[30] rekurriert, verweist sie zugleich auf die Notwendigkeit der Einzelfallprüfung: „Die Feststellung des Zeitpunktes des Übergangs von der Forschungs- zur Entwicklungsphase ist in jedem Einzelfall gesondert zu beurteilen. Wenn beispielsweise die auf die Erlangung neuer Kenntnis gerichteten Aktivitäten abgeschlossen sind, endet die Forschungsphase. Erfolgen nunmehr Entwurf, Konstruktion und Test neuer Prototypen und Modelle vor der Aufnahme der eigentlichen Produktion, ist dies grundsätzlich bereits der Entwicklungsphase zuzurechnen. Denkbar ist auch, dass die Forschungsphase mit der Suche nach Alternativen für Materialien, Vorrichtungen, Produkte, Verfahren, Systeme oder Dienstleistungen beendet ist und mit dem Entwerfen, Konstruieren

---

23   BR-Drs. 344/08, 130.

24   Vgl. Gelhausen/Fey/Kämpfer S. 76 Rn. 42.

25   Gelhausen/Fey/Kämpfer S. 81 Rn. 60; aA Arbeitskreis Bilanzrecht der Hochschullehrer Rechtswissenschaft BB 2008, 157 f.

26   Vgl. ADS § 246 Rn. 40; Gelhausen/Fey/Kämpfer S. 81 Rn. 61; HKMS/Vogel/Burger Rn. 23.

27   Vgl. Petersen/Zwirner/Mindermann/Brösel BilMoG S. 392. Nach Gelhausen/Fey/Kämpfer S. 77 Rn. 47 ist zwar ein vollständiger Gleichlauf der Aktivierung nach HGB und IFRS nicht zu erwarten. „Es ist aber anzunehmen, dass ein Vermögenswert, der die Aktivierungskriterien des IAS 38 erfüllt, regelmäßig auch nach §§ 246 Abs. 1 S. 1, 248 Abs. 2 HGB aktiviert werden darf."

28   Gelhausen/Fey/Kämpfer S. 83 Rn. 69.

29   Vgl. Gelhausen/Fey/Kämpfer S. 83 Rn. 70.

30   BR-Drs. 344/08, 131; Petersen/Zwirner BilMoG S. 213.

und Testen einer gewählten Alternative für neue Materialien, Vorrichtungen, Produkte, Verfahren, Systeme oder Dienstleistungen die Entwicklungsphase begonnen hat. Als Entwicklung sind auch der Entwurf, die Konstruktion und der Betrieb einer Pilotanlage, die für die kommerzielle Nutzung ungeeignet ist, sondern nur als Prototyp dient, einzustufen. Das Gleiche gilt für den Entwurf von Werkzeugen, Spannvorrichtungen, Prägestempeln oder Gussformen unter Verwendung neuer Technologien. Grundsätzlich ist der Zeitpunkt des Übergangs vom systematischen Suchen zum Erproben und Testen der gewonnenen Erkenntnisse oder Fertigkeiten als Übergang von der Forschung zur Entwicklung anzusehen. Problematisch wird die Abgrenzung, wenn der vorstehend angenommene sequentielle Ablauf – erst Forschung dann Entwicklung – nicht eingehalten wird. Denkbar ist beispielsweise auch, dass Forschungs- und Entwicklungsprozesse alternierend verlaufen."[31] Aufgrund dieser Schwierigkeiten erscheint es Gelhausen/Fey/Kämpfer „vertretbar, von einer rein zeitraumbezogenen Trennbarkeit der Phasen abzusehen,"[32] sofern eine abweichende Abgrenzung hinreichend dokumentiert wird und die zugehörigen Kosten nachvollziehbar voneinander abgegrenzt werden können.

2. Nur aktivierungsfähige immaterielle Anlagewerte. § 266 Abs. 2 A. I. 1. gibt **20** begrenzte Hinweise auf die aktivierungsfähigen selbst geschaffenen immateriellen Vermögensgegenstände des Anlagevermögens. Danach sind von mindestens mittelgroßen Kapitalgesellschaften und ihnen bilanzrechtlich gleichgestellten Personengesellschaften auszuweisen: „Selbst geschaffene gewerbliche Schutzrechte und ähnliche Rechte und Werte".

Zu den gewerblichen Schutzrechten gehören Patente, Gebrauchsmuster-, Geschmacks- **21** muster-, Urheber- und Leistungsschutzrechte, Abbau- und Nutzungsrechte sowie Lizenzen. Die ebenfalls ihnen zugehörigen Marken sind hingegen explizit von der Aktivierung ausgeschlossen.

Die zu den gewerblichen Schutzrechten zählenden Patent-, Gebrauchsmuster- und **22** Geschmacksmusterrechte lassen sich einzeln verwerten[33] und müssen bei entgeltlichem Erwerb aktiviert werden. Die Rechte sind nicht selbst zu schaffen, sondern entstehen per Verwaltungsakt. Ihnen liegen jedoch Ideen, Maßnahmen, Verfahren und Prozesse zugrunde, die selbst geschaffene immaterielle Vermögensgegenstände darstellen können oder deren Entstehen mit hoher Wahrscheinlichkeit erwarten lassen. Gelingt die Abgrenzung der Entwicklung von der Forschung, können die der Entwicklung zugehörigen Ausgaben aktiviert werden.

Urheber- und Leistungsschutzrechte sind den gewerblichen Schutzrechten ähnliche **23** Rechte. Das Urheberrecht entsteht mit Vollendung des Werkes und wird – vom Einzelkaufmann abgesehen – vom Arbeitnehmer erworben (§ 43 UrhG). Es ist nicht übertragbar und kann damit vom bilanzierenden Kaufmann nicht erworben oder einzeln verwertet werden.

Anders ist dies mit den im UrhG kodifizierten Leistungsschutzrechten. Sie gewähren **24** dem Arbeitgeber ein gesetzliches Schutzrecht ähnlich wie bei einem Urheberrecht.[34] Relevant sind die Bestimmungen für Computerprogramme (§ 69b UrhG), Tonträger (§§ 85, 86 UrhG) und Filme (§§ 88–94 UrhG).[35] Bei Computerprogrammen und Tonträgern stehen dem Arbeitgeber die Verwertungs- und Schutzrechte zu; das gilt auch für Filme, soweit nichts anderes vereinbart ist. Die Hersteller der Computerprogramme, Tonträger und Filme können die Leistungsschutzrechte als immaterielles Anlagevermögen aktivieren, wenn die Leistungsschutzrechte beim Erwerber dauerhaft dem Geschäftsbetrieb zu dienen bestimmt sind. Zur Behandlung von weiteren Nutzungsrechten → § 246 Rn. 32 f.

Lizenzen sind vertragliche Vereinbarungen der Überlassung von gewerblichen Schutz- **25** rechten, Urheberrechten oÄ. Der Lizenzgeber gestattet dem Lizenznehmer die Nutzung gegen Gebühr. Da Lizenzen erst durch ein Rechtsgeschäft zwischen Lizenzgeber und

---

[31] BR–Drs. 344/08, 131; Petersen/Zwirner BilMoG S. 213.
[32] Gelhausen/Fey/Kämpfer S. 85 Rn. 77.
[33] Vgl. v. Keitz, Immaterielle Güter in der internationalen Rechnungslegung, 1997, S. 65–67.
[34] Vgl. v. Keitz, Immaterielle Güter in der internationalen Rechnungslegung, 1997, S. 70.
[35] Vgl. v. Keitz, Immaterielle Güter in der internationalen Rechnungslegung, 1997, S. 70 f.

Lizenznehmer entstehen, kann eine Lizenz aus Sicht des Lizenznehmers nicht selbst geschaffen sein.[36] Ihre bilanzielle Behandlung wird deshalb erst in Rn. 41 diskutiert.

26   Zu den neben Rechten genannten Werten könnten Kundendateien zählen. Jedoch werden Kundenlisten explizit von der Aktivierung ausgeschlossen. Anders ist dies bei urheberrechtlich nicht geschützten Computerprogrammen oder rechtlich ungeschützten Rezepten und Erfindungen, die Gegenstand des Rechtsverkehrs sein können. Bei gegebener Einzelverwertbarkeit und dauerhafter Nutzung im Geschäftsbetrieb sind sie als Anlagevermögen aktivierungsfähig.

27   Weitere aktivierbare selbst geschaffene immaterielle Vermögensgegenstände des Anlagevermögens können durch Aufwendungen für Kundengewinnung, zB bei Abgabe eines verbilligten Mobiltelefons bei gleichzeitigem Abschluss eines Nutzungsvertrags mit einem Mobilfunkanbieter, und Aufwendungen eines Fußballproficlubs für einen besonders talentierten Nachwuchsfußballer begründet werden.[37]

28   **3. Aktivierungsverbot vergleichbarer immaterieller Vermögensgegenstände des Anlagevermögens.** Während das Verbot der Aktivierung selbst geschaffener Marken, Drucktitel, Verlagsrechte oder Kundenlisten einigermaßen klar abgrenzbare Güter zum Inhalt hat, ist die Auslegung von mit diesen Gütern vergleichbaren immateriellen Vermögensgegenständen des Anlagevermögens, die ebenfalls nicht aktiviert werden dürfen, schwierig. Diese Einschätzung bleibt auch dann bestehen, wenn man als Hilfsmaßstab die Einmaligkeit von Ausgaben heranzieht: „Es ist nicht sinnvoll, daß der Kaufmann sämtliche laufenden Ausgaben daraufhin überprüft, ob sie immaterielle Gegenstände des Anlagevermögens verkörpern; anders ist dies bei einmaligen, also außergewöhnlichen Ausgaben.“[38] Die Frage stellt sich auch dann, welche Güter als vergleichbar zu Marken, Drucktitel, Verlagsrechten und Kundenlisten anzusehen sind.

29   Zwar gibt die Begründung des BilMoG-RegE den Hinweis, dass die aktivierungsfähigen selbst erstellten immateriellen Vermögensgegenstände vom selbst geschaffenen Geschäftswert abgrenzbar sein müssen und Werbeausgaben diese Bedingung nicht erfüllen,[39] aber damit werden die nicht erlaubten Posten „nicht trennscharf umrissen“.[40]

30   Forschungsausgaben führen nicht zu aktivierungsfähigen vergleichbaren immateriellen Vermögensgegenständen des Anlagevermögens.

31   **4. Unentgeltlich erworbene Vermögensgegenstände.** Von selbst geschaffenen Vermögensgegenständen sind unentgeltlich erworbene Vermögensgegenstände zu trennen. Für sie gibt es keine explizite Regelung. Nach Gelhausen/Fey/Kämpfer sind sie „nach Sinn und Zweck der Vorschrift wie selbst geschaffene nach § 248 Abs. 2 S. 1 HGB aktivierbar (…)“.[41] Das lässt die Frage nach der Aktivierungspflicht noch offen. Diese wird jedoch mit Verweis auf die Ähnlichkeit selbst geschaffener und unentgeltlich erworbener immaterieller Vermögensgegenstände des Anlagevermögens, „insb. weil die Höhe ihrer Anschaffungs- oder Herstellungskosten nicht durch eine Markttransaktion bestätigt wurden“,[42] verneint. Das gilt auch für die bei Selbsterstellung nicht aktivierungsfähigen Marken, Drucktitel, Verlagsrechte, Kundenlisten oder vergleichbaren immateriellen Vermögensgegenstände.[43]

32   **5. Stetigkeitsgebot.** Für aktivierte selbst geschaffene immaterielle Gegenstände des Anlagevermögens gilt das Ansatzstetigkeitsgebot des § 246 Abs. 3. „Der Stetigkeit unterliegen insbes. unternehmens- und produktindividuell festgelegte Kriterien, ab wann die Voraussetzungen der Aktivierbarkeit vorliegen (…).“[44]

---

[36]   Vgl. v. Keitz, Immaterielle Güter in der internationalen Rechnungslegung, 1997, S. 77.
[37]   Vgl. Haufe-HGB/Bertram S. 227 Rn. 31 f.
[38]   HuRB/Moxter 248.
[39]   BR-Drs. 344/08, 107 f.; Petersen/Zwirner BilMoG S. 193.
[40]   Gelhausen/Fey/Kämpfer S. 87 Rn. 83.
[41]   Gelhausen/Fey/Kämpfer S. 74 Rn. 34.
[42]   Gelhausen/Fey/Kämpfer S. 89 Rn. 91.
[43]   Vgl. Gelhausen/Fey/Kämpfer S. 89 Rn. 92.
[44]   Gelhausen/Fey/Kämpfer S. 76 Rn. 41.

VI. Ansatzpflicht entgeltlich erworbener immaterieller Vermögensgegenstände des Anlagevermögens

1. Erwerb. a) Definition und Erwerbsvorgänge. Aktiviert wird aus Gründen der **33** Objektivierung nicht die Ausgabe, sondern der damit erworbene Vermögensgegenstand.[45] Erwerb bedeutet Zugang und damit Erweiterung der Verfügungsmacht,[46] dementsprechend verliert sie der Veräußerer.

Erworben wird mit Kauf, Tausch, Schenkung und durch bestimmte gesellschaftsrechtliche **34** Vorgänge. Beim Kauf kann der Vermögensgegenstand schon bestanden haben oder durch das Rechtsgeschäft mit dem Dritten erst begründet werden, zB durch Einräumung eines Rechts.[47] Der Erwerb kann auf einem Vermögensübergang kraft Gesetzes beruhen, zB bei der Gesamtrechtsnachfolge anlässlich einer übertragenden Umwandlung.[48] Strittig ist der Erwerb beim Tausch eines selbsterstellten immateriellen Anlagewertes gegen einen anderen.[49]

Ein im Rahmen eines Werkvertrags hergestellter und gekaufter immaterieller Vermö- **35** gensgegenstand gilt grds. ebenfalls als entgeltlich erworben.[50] Hierbei darf aber der Auftraggeber nicht die Planung und Gestaltung des Werkes so bestimmen, dass wirtschaftlich gesehen eine Selbsterstellung vorliegt.[51] Die Zusammenfügung oder Weiterverarbeitung fremd gelieferter Teile zu einem neuen Vermögensgegenstand wird zT – wie auch hier vertreten – als einem Erwerb entgegenstehend,[52] zT aber auch als unschädlich angesehen.[53]

Im Rahmen eines Dienstvertrags von Arbeitnehmern erlangte Erfindungen sind nicht **36** erworben, auch wenn dafür eine angemessene Erfindervergütung zu zahlen ist.[54] Nur freie, außerhalb des Dienstvertrags entgeltlich erworbene Erfindungen sind aktivierungspflichtig.

Der Kauf von oder Tausch mit einem Konzernunternehmen ist grundsätzlich unschäd- **37** lich.[55] Allerdings ist die Wertbestätigung durch den Markt, wie sie der Gesetzgeber im entgeltlichen Erwerb sieht, besonders zu prüfen, dh die Existenz und Werthaltigkeit des Vermögensgegenstandes sind kritisch zu sehen und bei wesentlichen Zweifeln zu verneinen.[56]

Ein Hilfsmaßstab für die Prüfung eines Erwerbsvorgangs ist die Einmaligkeit von Ausga- **38** ben. Allerdings reicht dies nicht zur Aktivierung eines Vermögensgegenstandes, weil sonst einmalige Ausgaben für einen Wegebeitrag schon einen immateriellen Anlagewert indizieren könnten. Es müssen weiterhin die Kriterien für Vermögensgegenstände erfüllt sein.

b) Erworbene Vermögensgegenstände. aa) Überblick. § 266 Abs. 2 A. I. 2. gibt **39** Hinweise auf das potentiell Erworbene. Danach sind von mindestens mittelgroßen Kapitalgesellschaften und bilanzrechtlich ihnen gleichgestellten Personengesellschaften auszuwei-

---

[45] Vgl. Beisse FS Moxter, 1994, 16: „In materieller Hinsicht bedeutet Objektivierung schlicht ‚Vergegenständlichung‘." S. 17: „Objektivierung als Vergegenständlichung des Bilanzinhalts schließt es aus, die Bilanz im Rechtssinne als bloßes Sammelkonto für Verrechnungsposten zu verstehen, wie die dynamische Bilanzlehre sie sieht."

[46] Vgl. Döllerer BB 1969, 502 ff.; Moxter DB 1978, 1805 (und 1807).

[47] Vgl. BeBiKo/Justenhoven/Usinger Rn. 36; v. Keitz, Immaterielle Güter in der internationalen Rechnungslegung, 1997, S. 40. Zum Bierlieferungsrecht BFHE 115, 243 = BStBl. II 1976, 13; zum Wettbewerbsverbot BFHE 127, 180 = BStBl. I 1979, 369; abl. zu beidem Roland, Der Begriff des Vermögensgegenstandes im Sinne der handels- und aktienrechtlichen Rechnungslegungsvorschriften, 1980, S. 201.

[48] Vgl. BeBiKo/Justenhoven/Usinger Rn. 37.

[49] Abl. Hopt/Merkt Rn. 4; bejahend ADS Rn. 16.

[50] Vgl. v. Keitz, Immaterielle Güter in der internationalen Rechnungslegung, 1997, 41. Ähnlich BeBiKo/Justenhoven/Usinger Rn. 36.

[51] Vgl. ADS Rn. 22.

[52] Vgl. ADS Rn. 22; HdR/Baetge/Fey/Sommerhoff Rn. 29.

[53] Vgl. BeBiKo/Justenhoven/Usinger Rn. 36.

[54] Vgl. v. Keitz, Immaterielle Güter in der internationalen Rechnungslegung, 1997, S. 41 f.; BeBiKo/Justenhoven/Usinger Rn. 38; aA ADS Rn. 18.

[55] Vgl. ADS Rn. 15; BeBiKo/Justenhoven/Usinger Rn. 35; aA Moxter Bilanzrechtsprechung S. 27 („innerhalb einer Gruppe von im Rechtssinne verbundenen Unternehmen kann kein entgeltlicher Erwerb stattfinden") und S. 31.

[56] Löcke BB 1998, 419 verneint hier generell eine Wertkonkretisierungsmöglichkeit.

sen: „Konzessionen, gewerbliche Schutzrechte und ähnliche Rechte und Werte sowie Lizenzen an solchen Rechten und Werten". Mit v. Keitz kann man sie in Immaterialgüterrechte und wirtschaftliche Werte bündeln.[57]

40   **bb) Immaterialgüterrechte.** Die Nennung bestimmter Immaterialgüterrechte in § 266 Abs. 2 A. I. 2. bedeutet nicht, dass diese Rechte aktiviert werden müssen. Sie müssen vielmehr entgeltlich erworben worden sein und die Kriterien für Vermögensgegenstände erfüllen. Legt man Vermögensgegenständen das Kriterium der Einzelverwertbarkeit zugrunde (→ § 246 Rn. 16 f.), so sind sowohl bestimmte Realkonzessionen (zB die Genehmigung zur Errichtung einer Anlage nach § 4 BImSchG) als auch bestimmte Personalkonzessionen (zB Schankkonzessionen) nicht einzeln verwertbar und können damit nicht aktiviert werden. Anders ist dies mit Abbaugerechtigkeiten, Personenbeförderungs- und Güterfernverkehrskonzessionen, die bei entgeltlichem Erwerb aktiviert werden müssen.[58]

41   Die zu den gewerblichen Schutzrechten zählenden Patent-, Gebrauchsmuster-, Geschmacksmuster- und Markenrechte lassen sich einzeln verwerten[59] und müssen bei entgeltlichem Erwerb aktiviert werden. Die Zahlung von Gebühren bei der Anmeldung von Patenten begründet keinen Erwerbsvorgang.[60] Das Patent enthält zwar Abwehrrechte gegenüber Dritten, das Patentamt hat aber kein auf den Vermögensgegenstand bezogenes Rechtsgeschäft mit dem Anmelder geschlossen, in dem der Vermögensgegenstand von diesem erworben wurde. Bei Lizenzen ist zwischen einfachen und ausschließlichen Lizenzen zu unterscheiden. Erstere verschaffen dem Lizenznehmer ein gewöhnliches Benutzungsrecht, das er gegenüber Dritten nicht verwerten kann.[61] Er kann die Lizenz deshalb nicht als Vermögensgegenstand aktivieren,[62] so dass allenfalls ein Ansatz als aktiver Rechnungsabgrenzungsposten in Betracht zu ziehen ist.[63] Bei ausschließlichen Lizenzen werden andere Personen von der Nutzung des Rechts ausgeschlossen und der Lizenznehmer hat grundsätzlich das Recht, Unterlizenzen zu vergeben oder die Lizenz an Dritte zu veräußern. Wird für die ausschließliche Lizenz eine im Vorhinein bestimmbare Lizenzgebühr festgelegt, so ist diese vom Lizenznehmer entgeltlich erworben und muss bei dauernder Nutzung als Anlagevermögen aktiviert werden. Zu Urheber- und Leistungsschutzrechten → Rn. 23 f.

42   **cc) Wirtschaftliche Werte.** Zu den wirtschaftlichen Werten können Kundendateien, urheberrechtlich nicht geschützte Computerprogramme oder rechtlich ungeschützte Rezepte und Erfindungen zählen. Sie stellen keine Rechte dar, können aber Gegenstand des Rechtsverkehrs sein. Bei gegebener Einzelverwertbarkeit, entgeltlichem Erwerb und dauerhafter Nutzung im Geschäftsbetrieb sind die wirtschaftlichen Werte als Anlagevermögen aktivierungspflichtig.

43   **dd) BFH-Rechtsprechung.** Die BFH-Rechtsprechung hat in jüngerer Zeit die Grenzen für das Erworbene eng gezogen. Sie verlangt den Zugang eines Rechts oder eines rechtsähnlichen Wertes im Wege eines gegenseitigen Vertrags.[64] Da mit einem Wegebeitrag kein Vorteil eingeräumt wurde, für den eine Gegenleistung zu zahlen war, begründete er keinen immateriellen Anlagewert.[65] Gleichermaßen abgelehnt[66] wurde der Erwerb immate-

---

[57]   Vgl. v. Keitz, Immaterielle Güter in der internationalen Rechnungslegung, 1997, S. 6.
[58]   Vgl. v. Keitz, Immaterielle Güter in der internationalen Rechnungslegung, 1997, S. 59–64.
[59]   Vgl. v. Keitz, Immaterielle Güter in der internationalen Rechnungslegung, 1997, S. 65–67.
[60]   Vgl. ADS Rn. 18.
[61]   Vgl. v. Keitz, Immaterielle Güter in der internationalen Rechnungslegung, 1997, S. 75 ff.
[62]   Vgl. v. Keitz, Immaterielle Güter in der internationalen Rechnungslegung, 1997, S. 79; Lamers, Aktivierungsfähigkeit und Aktivierungspflicht immaterieller Werte, 1981, S. 292. Ähnlich auch HdR/Baetge/Fey/Sommerhoff Rn. 42, die eine Aktivierung ablehnen, wenn der Lizenznehmer nicht wie ein Eigentümer über den Vermögensgegenstand verfügen kann, sondern die Lizenzgebühr nur eine Vergütung für künftige Nutzung darstellt.
[63]   Vgl. v. Keitz, Immaterielle Güter in der internationalen Rechnungslegung, 1997, S. 76 f.
[64]   Vgl. Moxter Bilanzrechtsprechung S. 29.
[65]   Vgl. BFHE 130, 155 = BStBl. II 1980, 687; HuRB/Moxter 249.
[66]   Vgl. zum Überblick Moxter Bilanzrechtsprechung S. 32–34, auch mit weiteren Urteilen.

rieller Vermögensgegenstände bei Mieterumbauten[67] und Vermittlungsprovisionen eines Zeitschriftenverlags.[68] Auch entsteht kein Vermögensgegenstand aus dem Erwerb und der Liquidation eines Konkurrenzunternehmens.[69]

Bejaht wurde der entgeltliche Erwerb[70] hingegen bei Bierlieferungsrechten,[71] bestimm- **44** ten Nutzungsrechten,[72] Vergütungen für Gussformen[73] und Transferentschädigungen für Bundesliga-Fußballspieler.[74]

2. Entgeltlichkeit. Entgeltlichkeit verlangt Ausgaben oder Ausgabenäquivalente (zB **45** bei Tausch). Die Ausgaben müssen für den Vermögensgegenstand selbst als Anschaffungskosten zu interpretieren sein. Ausgaben an betriebszugehörige Mitarbeiter (zB für die Erstellung von Plänen oder Software) reichen ebenso wenig wie Ausgaben an Dritte für die Lieferung von Gütern oder die Erstellung von Dienstleistungen, mit deren Hilfe etwas selbst erstellt wird (→ Rn. 35). Ausgabenäquivalente können zB in der Gewährung von Gesellschaftsanteilen bestehen.[75]

Bei einer Schenkung fehlt die Entgeltlichkeit.[76] Geschenkte immaterielle Vermögens- **46** gegenstände des Anlagevermögens müssen deshalb nicht aktiviert werden; das Wahlrecht von Abs. 2 erlaubt jedoch ihre Aktivierung (→ Rn. 31).

VII. Regelungen nach IFRS

1. Selbsterstellte immaterielle Anlagewerte. Die Bilanzierung immaterieller Ver- **47** mögenswerte ist grundsätzlich in IAS 38 geregelt. Jedoch gibt es eine Vielzahl weiterer IFRS, die bei der Bilanzierung spezieller immaterieller Vermögenswerte zu beachten sind und IAS 38 insoweit vorgehen. Zu nennen sind hier zB IAS 2 (Vorräte), IAS 12 (Ertragsteuern), IAS 19 (Leistungen an Arbeitnehmer), IAS 32 (Finanzinstrumente: Ausweis), IFRS 3 (Unternehmenszusammenschlüsse), IFRS 5 (Zur Veräußerung gehaltene langfristige Vermögenswerte und aufgegebene Geschäftsbereiche), IFRS 15 (Erlöse aus Verträgen mit Kunden), IFRS 16 (Leasingverhältnisse) oder IFRS 17 (Versicherungsverträge) (IAS 38.3).

Ein immaterieller Vermögenswert wird gem. IAS 38.8 als identifizierbarer, nichtmone- **48** tärer Vermögenswert ohne physische Substanz definiert. Identifizierbarkeit bedeutet die Abgrenzbarkeit oder Unterscheidbarkeit vom Geschäfts- oder Firmenwert (IAS 38.11). Das ist nach IAS 38.12 gegeben, wenn der Vermögenswert (a) separierbar ist, dh er kann vom Unternehmen getrennt und anschließend verkauft, übertragen, lizenziert, vermietet oder getauscht werden, wobei dies einzeln oder in Verbindung mit einem Vertrag, einem Vermögenswert oder einer Schuld erfolgen kann, oder wenn er (b) aus vertraglichen oder anderen gesetzlichen Rechten entsteht, unabhängig davon, ob diese Rechte vom Unternehmen oder von anderen Rechten und Verpflichtungen übertragbar oder separierbar sind.

Immaterielle Vermögenswerte sind dann unabhängig vom entgeltlichen Erwerb zu **49** bilanzieren, wenn sie wahrscheinlich dem Unternehmen einen zukünftigen ökonomischen Nutzen versprechen, dieser Nutzen dem Vermögenswert eindeutig zugeordnet werden kann und die mit seiner Erlangung verbundenen Ausgaben verlässlich bestimmbar sind (IAS 38.21). Der Nutzen muss von dem Unternehmen beherrscht werden (IAS 38.13–16). Dies ist beim Know-how von Mitarbeitern, Kundenbeziehungen, Kundenstamm, Kundenloyalität oder Marktanteilen für gewöhnlich nicht gegeben.[77] Bei Erwerb im Rahmen eines

---

67 Vgl. BFHE 115, 238 = BStBl. II 1975, 443.
68 Vgl. BFHE 174, 31 = BStBl. II 1994, 444.
69 Vgl. BFHE 118, 456 = BStBl. II 1976, 475.
70 Vgl. zum Überblick Moxter Bilanzrechtsprechung S. 28–32.
71 Vgl. BFHE 115, 243 = BStBl. II 1976, 13.
72 Vgl. BFHE 136, 280 = BStBl. II 1982, 696.
73 Vgl. BFHE 157, 185 = BStBl. II 1989, 830.
74 Vgl. BFHE 150, 136 = BStBl. II 1987, 777; BFHE 169, 163 = BStBl. II 1992, 977.
75 Vgl. ADS Rn. 21; BeBiKo/Justenhoven/Usinger Rn. 40.
76 Vgl. Döllerer BB 1969, 505; v. Keitz, Immaterielle Güter in der internationalen Rechnungslegung, 1997, S. 34.
77 Vgl. IAS 38.15–16; Haufe IFRS-Komm/Lüdenbach/Hoffmann/Freiberg § 13 Rn. 5, 13, 16.

Unternehmenszusammenschlusses kommt es nach IFRS 3 für die Aktivierung von immateriellen Vermögenswerten allein auf deren Identifizierbarkeit und die zuverlässige Ermittelbarkeit des beizulegenden Zeitwertes an. Der wahrscheinliche Zufluss zukünftigen ökonomischen Nutzens wird hier als gegeben unterstellt.[78]

50 Bei selbst erstellten immateriellen Werten sind – neben der Erfüllung der Kriterien eines Vermögenswerts – eine Forschungs- und eine zeitlich nachgelagerte Entwicklungsphase zu unterscheiden (IAS 38.52 und IAS 38.54–59). Forschungsaufwendungen dürfen nicht aktiviert werden; hingegen sind Entwicklungsaufwendungen bei Vorliegen der in IAS 38.57 festgehaltenen, kumulativ zu erfüllenden Bedingungen aktivierungspflichtig. Die fehlende Trennschärfe von Forschung und Entwicklung und die Ermessensspielräume bei der Prüfung der Kriterien des IAS 38.57 werden zu Recht kritisiert.[79] Für eine selbst erstellte eigene Internetpräsenz ist SIC 32 zur Differenzierung von Forschungs- und Entwicklungsphase zu beachten.

51 Ein ausdrückliches Aktivierungsverbot besteht nach IAS 38.63 allerdings für selbst erstellte Markennamen, Drucktitel, Verlagsrechte, Kundenlisten und ähnliche Posten, da hier davon ausgegangen wird, dass deren Entwicklungsaufwendungen sich nicht hinreichend scharf von den sonstigen Aufwendungen für die Entwicklung des originären Geschäfts- oder Firmenwertes abgrenzen lassen (IAS 38.64).

52 **2. Aufwendungen für Gründung, Kapitalbeschaffung und Versicherungsvertragsabschluss.** Aufwendungen für die Gründung und den Anlauf eines Geschäftsbetriebs sind nach IAS 38.69 (a) nicht zu aktivieren, sondern Aufwand der Periode. Aufwendungen zur Beschaffung von Eigenkapital sind auf Nach-Steuer-Basis direkt erfolgsneutral vom Eigenkapital abzuziehen, soweit es sich um externe, der Transaktion direkt zurechenbare Kosten handelt. Die übrigen Kosten der Transaktion sind als Aufwand in der Periode zu erfassen (IAS 32.35, 32.37 und IAS 32.BC33). Eigenkapitalbeschaffungskosten im Rahmen eines Unternehmenserwerbs sind hingegen laut IFRS 3.53 entsprechend der Vorschriften in IAS 32 und IFRS 9 zu behandeln. Die bilanzielle Behandlung von Versicherungsverträgen war bis Ende 2022 in IFRS 4 geregelt, wobei dieser grds. allein für Versicherungsgeber galt.[80] Die Behandlung von Aufwendungen im Zusammenhang mit dem Abschluss von Versicherungsverträgen wurde explizit offengelassen (IFRS 4.BC115 ff.). Da IFRS 4.13 explizit das gem. IAS 8.10 ff. vorgesehene Vorgehen bei Regelungslücken für nicht zwingend anzuwenden erklärt, war von einem faktischen Wahlrecht auszugehen. Solche Aufwendungen konnten daher entweder aktiviert und über die Vertragslaufzeit abgegrenzt oder sofort aufwandswirksam erfasst werden. Fraglich war, ob Versicherungsverträge aus Sicht des Versicherungsnehmers (immaterielle) Vermögenswerte darstellen und die dafür angefallenen Abschlusskosten in den Anschaffungskosten zu berücksichtigen sind. Da die Wahrscheinlichkeit des Zuflusses des künftigen ökonomischen Nutzens iSv IAS 38.8 iVm IAS 38.18 ff. weder hinreichend sicher noch abschätzbar ist, war dies zu verneinen.

53 Ab 1.1.2023 gilt der im Jahr 2021 von der EU übernommene IFRS 17.[81] Die Neuregelung kennt zwar ein Wahlrecht, beschränkt es aber: Gem. IFRS 17.28A hat ein Unternehmen „seine Abschlusskosten (…) nach einer systematischen und rationalen Methode auf Gruppen von Versicherungsverträgen aufzuteilen, es sei denn, es übt das Wahlrecht aus, sie unter Anwendung von Paragraph 59(a) als Aufwand zu erfassen." Para. 59(a) erlaubt bei Anwendung des Prämienallokationsansatzes, „jegliche Abschlusskosten als Aufwand zu erfassen, wenn diese Kosten entstehen, vorausgesetzt der Deckungszeitraum eines jeden Vertrags in der Gruppe beim erstmaligen Ansatz beträgt höchstens ein Jahr". Wird Para. 59(a) nicht

---

[78] Vgl. IFRS 3.46; Haufe IFRS-Komm/Lüdenbach/Hoffmann/Freiberg § 13 Rn. 24.
[79] Vgl. v. Keitz, Immaterielle Güter in der internationalen Rechnungslegung, 1997, S. 192.
[80] Vgl. IFRS 4.4 f.
[81] Verordnung (EU) 2021/2036 der Kommission vom 19. November 2021 zur Änderung der Verordnung (EG) Nr. 1126/2008 zur Übernahme bestimmter internationaler Rechnungslegungsstandards gemäß der Verordnung (EG) Nr. 1606/2002 des Europäischen Parlaments und des Rates im Hinblick auf den International Financial Reporting Standard 17.

angewendet, muss das Unternehmen „die gezahlten Abschlusskosten (oder Abschlusskosten, die unter Anwendung eines anderen IFRS-Standards als Verbindlichkeit angesetzt wurden) als Vermögenswert ansetzen, bevor die zugehörige Gruppe von Versicherungsverträgen bilanziert wird. Ein Unternehmen hat für jede zugehörige Gruppe von Versicherungsverträgen einen solchen Vermögenswert auszuweisen." (IFRS 17.28B).

§ 249 Rückstellungen

(1) [1]**Rückstellungen sind für ungewisse Verbindlichkeiten und für drohende Verluste aus schwebenden Geschäften zu bilden.** [2]**Ferner sind Rückstellungen zu bilden für**

1. im Geschäftsjahr unterlassene Aufwendungen für Instandhaltung, die im folgenden Geschäftsjahr innerhalb von drei Monaten, oder für Abraumbeseitigung, die im folgenden Geschäftsjahr nachgeholt werden,
2. Gewährleistungen, die ohne rechtliche Verpflichtung erbracht werden.

(2) [1]**Für andere als die in Absatz 1 bezeichneten Zwecke dürfen Rückstellungen nicht gebildet werden.** [2]**Rückstellungen dürfen nur aufgelöst werden, soweit der Grund hierfür entfallen ist.**

Schrifttum Allgemein: Ballwieser, Die Berücksichtigung von Umweltlasten und Umweltrisiken im Rechnungswesen, in Schmalenbach-Gesellschaft, Unternehmensführung und externe Rahmenbedingungen, 1994, 143; Ballwieser, Zur Passivierung von Verpflichtungen zum Schutz und zur Wiederherstellung der Umwelt, in IDW, Bericht über die Fachtagung 1991 des IDW, 1992, 131; Ballwieser, Bilanzielle Vorsorge zur Bewältigung des personellen Strukturwandels, ZfbF 1989, 955; Bartels, Jahresabschlußrelevante Umweltrisiken, in Baetge, Umweltrisiken im Jahresabschluß, 1994, 1; Bartels, Umweltrisiken im Jahresabschluß, 1992; Beck, Aktuelle Fragen der Rückstellungsbilanzierung, DB 1994, 2557; Beier/Grimme, Pauschalrückstellungen wegen Produkthaftung, BB 1995, 1686; Biener, Rückstellungen wegen der Anschaffung nicht werthaltiger Vermögensgegenstände, FS Moxter, 1994, 127; Böcking, Verbindlichkeitsbilanzierung, 1994; Böcking, Anpassungsverpflichtungen und Rückstellungsbildung, in Herzig, Bilanzierung von Umweltlasten und Umweltschutzverpflichtungen, 1994, 124; Bordewin, Umweltschutzbedingte Aufwendungen in der Bilanz, DB 1994, 1685; Bordewin, Umweltschutzrückstellungen – Einzelfragen zur Konkretisierung und wirtschaftlichen Verursachung bei Sanierungs- und Anpassungsverpflichtungen, DB 1992, 1097; Bordewin, Rückstellungen für Produzentenhaftung, BB 1979, 413; Busch, Rückstellungen wegen Produkthaftung, 1992; Christiansen, Kurskorrekturen bei der Passivierung öffentlich-rechtlicher Verpflichtungen?, DStZ 2002, 163; Christiansen, Das Erfordernis der wirtschaftlichen Verursachung ungewisser Verbindlichkeiten vor dem Hintergrund der Rechtsprechung des Bundesfinanzhofs, BFuP 1994, 25; Christiansen, Rückstellungen für öffentlich-rechtliche Verpflichtungen, StBp 1987, 193; Clemm, Zur Nichtpassivierung entstandener Verbindlichkeiten wegen nachträglicher wirtschaftlicher Verursachung (Realisation) oder: Wie dynamisch ist die Bilanz im Rechtssinne? FS Moxter, 1994, 167; Crezelius, Zur Bildung von Rückstellungen für Umweltschutzmaßnahmen, DB 1992, 1353; Daub, Rückstellungen nach HGB, US GAAP und IAS, 2000; Deutsches Steuerberaterinstitut e. V./Lauth, Rückstellungen im Handels- und Steuerrecht, 1996; Döllerer, Grundsätzliches zum Begriff der Rückstellung, DStZ 1975, 291; Eibelshäuser, Rückstellungsbildung nach neuem Handelsrecht, BB 1987, 860; Eifler, Grundsätze ordnungsmäßiger Bilanzierung für Rückstellungen, 1976; Eilers, Rückstellungen für Altlasten, DStR 1991, 101; Fatouros, Rückstellungen für ungewisse Verbindlichkeiten – Beginn einer Kehrtwende in der Rechtsprechung?, DB 2005, 117; Förschle/Scheffels, Die Bilanzierung von Umweltschutzmaßnahmen aus bilanztheoretischer Sicht, DB 1993, 1197; Friedemann, Umweltschutzrückstellungen im Bilanzrecht, 1996; Führich, Theorie und Praxis der Rückstellungsbildung für die Entsorgung von Kernbrennelementen nach deutschem Bilanzrecht (Teil 1 und 2), WPg 2006, 1271 und 1349; Gail, Rechtliche Entstehung und wirtschaftliche Verursachung als Voraussetzung für die Bildung von Rückstellungen, in Albach/Forster, Beiträge zum Bilanzrichtlinien-Gesetz, 1987, 51; Geib/Wiedmann, Zur Abzinsung von Rückstellungen in der Handels- und Steuerbilanz, WPg 1994, 369; Gelhausen/Fey, Rückstellungen für ungewisse Verbindlichkeiten und Zukunftsbezogenheit von Aufwendungen, DB 1993, 593; Glaschke, Rückstellungen für Umweltschutzmaßnahmen im Bilanzrecht, StuB 2004, 897; Gotthardt, Rückstellungen und Umweltschutz, 1995; Gosch, Einige Bemerkungen zur aktuellen bilanzsteuerrechtlichen Rechtsprechung des I. Senat des BFH, DStR 2002, 977; Groh, Altlasten: Abweichung von den Rückstellungsregeln?, StbJb 1994/95, 1995, 23; Groh, Künftige Verluste in der Handels- und Steuerbilanz, StuW 1976, 32; Günkel, Rückstellungen für Umweltschutzverpflichtungen, StbJb 1990/91, 1991, 97; Hahne/Sievert, Abgrenzung von Drohverlustrückstellungen und Rückstellungen für ungewisse Verbindlichkeiten – Zugleich Anmerkungen zum BFH-Urteil v. 18.12.2002, I R 17/02, DStR 2003, 1992; Hartung, Berücksichtigung aufwandsgleicher Gemeinkosten bei der Bewertung von Rückstellungen, BB 1985, 32; Herzig,

Umweltschutzrückstellungen und Bilanzierungsprinzipien, in Baetge, Umweltrisiken im Jahresabschluß, 1994, 67; Herzig, Aktivische Abwertung versus Rückstellungsbildung bei Umweltschutzverpflichtungen, in Wagner, Betriebswirtschaft und Umwelt, 1993, 161; Herzig, Die rückstellungsbegrenzende Wirkung des Realisationsprinzips, FS L. Schmidt, 1993, 209; Herzig, Rückstellungen wegen öffentlich-rechtlicher Verpflichtungen, insbesondere Umweltschutz, DB 1990, 1341; Herzig, Rückstellungen für Verbindlichkeiten aus Arbeitsverhältnissen, StbJb 1985/86, 1986, 61; Herzig/Bohn, Rückstellungspflichten aus den ERA-Einführungstarifverträgen in der Metall- und Elektroindustrie, BB 2006, 1551; Herzig/Köster, Rückstellungen wegen öffentlich-rechtlich begründeter Verpflichtungen, insbesondere wegen Altlastsanierungsverpflichtungen, BB-Beil. 23/1994, 1; Hoffmann, Rückstellungen für die Aufbewahrung von Geschäftsunterlagen, PiR 2007, 145; Hoffmann, Zinseffekte bei der Rückstellungsbewertung, PiR 2006, 63; Hommel/Schulte, Schätzungen von Rückstellungen in Fast-Close-Abschlüssen, BB 2004, 1671; Hommel/Wich, Die Bilanzierung von Entfernungsverpflichtungen gemäß HGB und SFAS 143 in der kritischen Betrachtung, KoR 2004, 16; Hug/Ross/Seidler, Bilanzielle Bewältigung der Rückwirkungsproblematik durch das Altfahrzeug-Gesetz (AltfahrzeugG), DB 2002, 1013; Hug/Ross/Seidler, Rückstellungen auf Grund einer noch nicht umgesetzten EU-Richtlinie, BB 2000, 2510; IDW RS HFA 34, Einzelfragen zur handelsrechtlichen Bilanzierung von Verbindlichkeitsrückstellungen, IDW-FN 2015, 380; IDW RH HFA 1.009, Rückstellungen für die Aufbewahrung von Geschäftsunterlagen sowie für die Aufstellung, Prüfung und Offenlegung von Abschlüssen und Lageberichten nach § 249 Abs. 1 HGB, WPg 2007, 93; Jonas, Die in der aktienrechtlichen Handelsbilanz zulässige Rückstellung für ungewisse Verbindlichkeiten, DB 1986, 337, 389; Korth, Altlasten – Ein Umwelt- und Bilanzierungsproblem, FS Budde, 1995, 105; Köster, Umweltschutzverpflichtungen im handelsrechtlichen Jahresabschluß und in der Steuerbilanz, 1994; Kraus, Rückstellungen in der Handels- und Steuerbilanz, 1987; Kupsch, Bilanzierung von Umweltlasten in der Handelsbilanz, BB 1992, 2320; Kupsch, Neuere Entwicklungen bei der Bilanzierung und Bewertung von Rückstellungen, DB 1989, 53; Kußmaul/Delp/Meyering, Bilanzielle Behandlung von „Handysubventionen" auf Seiten des Empfängers, BB 2004, 1551; Küting/Cassel/Metz, Ansatz und Bewertung von Rückstellungen, in Küting/Pfitzer/Weber, Das neue deutsche Bilanzrecht, 2. Aufl. 2009, 321; Lüdenbach/Hoffmann, Faktische Verpflichtungen und (verdeckte) Aufwandsrückstellungen nach IFRS und HGB/EStG, BB 2005, 2344; Matschke/Schellhorn, Gibt es einen neuen Verbindlichkeitsbegriff?, FS Sieben, 1998, 447; Mayer-Wegelin, Die wirtschaftliche Verursachung von Verbindlichkeitsrückstellungen, DB, 1995, 1241; Mayr, Schließt das Eigeninteresse eine Verbindlichkeitsrückstellung aus?, DB 2003, 921; Moxter, Neue Ansatzkriterien für Verbindlichkeitsrückstellungen? Teil I, DStR 2004, 1057; Moxter, Neue Ansatzkriterien für Verbindlichkeitsrückstellungen? Teil II, DStR 2004, 1098; Moxter, Die BFH-Rechtsprechung zu den Wahrscheinlichkeitsschwellen bei Schulden, BB 1998, 2464; Moxter, Rückstellungskriterien im Streit, ZfbF 1995, 311; Moxter, Zum Passivierungszeitpunkt von Umweltschutzrückstellungen, FS Forster, 1992, 427; Moxter, Periodengerechte Gewinnermittlung und Bilanz im Rechtssinne, FS Döllerer, 1988, 447; Moxter, Rückstellungskriterien nach neuem Bilanzrecht, BB 1979, 433; Müller, Gedanken zum Rückstellungsbegriff in der Bilanz, ZGR 1981, 126; Naumann, Rechtliches Entstehen und wirtschaftliche Verursachung als Voraussetzung der Rückstellungsbilanzierung, WPg 1991, 529; Naumann, Die Bewertung von Rückstellungen in der Einzelbilanz nach Handels- und Ertragsteuerrecht, 1989; Oser/Pfitzer, Rückstellungspflicht für Umweltlasten, DB 1994, 845; Ossendot, Die Bildung von Rückstellungen für Rekultivierung, Sanierung und Nachsorge bei oberirdischen Deponien nach Handels- und Steuerrecht, 1996; Osterloh/Konrad, Rückstellungen für Prozessrisiken in Handels- und Steuerbilanz – Kriterien der Risikokonkretisierung und ihre Anwendung auf die Prozesssituation, DStR 2003, 1631 und 1675; Pfitzer/Schaum/Oser, Rückstellungen im Lichte aktueller Rechtsentwicklungen, BB 1996, 1373; Pfleger, Bilanzierungsprobleme bei der Bildung von Rückstellungen für Rekultivierungsverpflichtungen, DB 1981, 1686; Reinhard, Rückstellungen für die Entsorgung von Kernkraftwerken, in Baetge, Rechnungslegung und Prüfung nach neuem Recht, 1987, 11; Roser, Verbindlichkeitsrückstellungen dem Grunde und der Höhe nach – Auswirkungen der aktuellen Rechtsprechung?, WPg 2015, 693; Rürup, Rückstellungen für Verpflichtungen aus Umwelthaftung, FS Forster, 1992, 519; Sarrazin, Zweifelsfragen zur Rückstellungsbildung – dargestellt am Beispiel der Rückstellung wegen Schadstoffbelastung, WPg 1993, 1; Schmidt/Roth, Bilanzielle Behandlung von Umweltschutzverpflichtungen, DB 2004, 553; Schneider, Streitfragen der Rückstellungsbilanzierung als Problem der Risikokapitalbildung, DB 1995, 1421; Schön, Der Bundesfinanzhof und die Rückstellungen, BB-Beil. 9/1994, 1; Schulze-Osterloh, Rückzahlungsbetrag und Abzinsung von Rückstellungen und Verbindlichkeiten – Überlegungen zur Reform des HGB-Bilanzrechts, BB 2003, 351; Schurbohm/Ebneth, Rückstellungen für Risiken wegen Produkthaftung und Umwelthaftung, 1995; Siegel, Rückstellungsbildung nach dem Going-Concern-Prinzip – eine unzweckmäßige Innovation, DStR 2002, 1636; Siegel, Umweltschutz im Jahresabschluß, BB 1993, 326; Solmecke, Auswirkungen des Bilanzrechtsmodernisierungsgesetzes (BilMoG) auf die handelsrechtlichen Grundsätze ordnungsmäßiger Buchführung, 2009; Streim, Realisationsprinzip und Rückstellungsbildung, BFuP 1994, 39; Thies, Rückstellungen als Problem der wirtschaftlichen Betrachtungsweise, 1996; Tischbierek, Der wirtschaftliche Verursachungszeitpunkt von Verbindlichkeitsrückstellungen, 1994; Wassermeyer, Aktuelle Rechtsprechung des I. Senat des BFH – Inhalt und Auswirkungen, WPg 2002, 10; Weber-Grellet, Rechtsprechung des BFH zum Bilanzsteuerrecht im Jahr 2002, BB 2003, 351; Woerner, Zeitpunkt der Passivierung von Schulden und Verbindlichkeitsrückstellungen – Problematik der „wirtschaftlichen Verursachung", FS Moxter, 1994, 483; Woerner, Kriterien zur Bestimmung des Passivierungszeitpunkts bei Verbindlichkeitsrückstellungen, BB 1994, 246.

Schrifttum Pensionsrückstellungen: Bicanski/Brandis, Pensionszusage, Pensionsrückstellung, Absicherung der Versorgung – Zur Zukunftssicherung eines GmbH-Gesellschafter-Geschäftsführers, DStZ 1987, 24; BMF-Schreiben v. 16.12.2005, Bewertung von Pensionsrückstellungen nach § 6a EStG; Übergang auf die „Richttafeln 2005 G" von Professor Klaus Heubeck, DB 2005, 2773; BMF-Schreiben v. 16.12.2005, Betriebliche Altersversorgung; Berücksichtigung von Renten aus der gesetzlichen Rentenversicherung bei der bilanzsteuerrechtlichen Bewertung von Pensionsverpflichtungen und bei der Ermittlung der als Betriebsausgaben abzugsfähigen Zuwendungen an Unterstützungskassen (sog. Näherungsverfahren), DB 2005, 2774; BMF-Schreiben v. 16.12.2005, Bilanzsteuerliche Behandlung der Übernahme von Pensionsverpflichtungen gegen Entgelt; Beitritt eines Dritten in eine Pensionsverpflichtung (Schuldbeitritt), DB 2005, 2778; Cramer, Ist die Üblichkeit ein Kriterium für Pensionszusagen?, BB 1996, 2239; Dornberger/Förster, Zur Bilanzierung zukünftiger Anpassungen von laufenden Betriebsrenten aufgrund unterlassener Anpassungen, BB 1993, 70; Förschle, Die Bilanzierung von Anpassungsverpflichtungen nach § 16 BetrAVG aus unmittelbaren Versorgungszusagen, DStR 1993, 697; Förschle/Klein, Zur handelsrechtlichen Bilanzierung und Bewertung der betrieblichen Altersversorgungsverpflichtungen, DB 1987, 341; Friederich/Weigel, Übertragung von Pensionsverpflichtungen auf einen Pensionsfonds, DB 2003, 2564; Heubeck, Die neuen flexiblen Altersgrenzen und ihr Ansatz bei Pensionsrückstellungen, BB 1990, 818; Heubeck, Pensionsrückstellungen als Rückstellungen für ungewisse Verbindlichkeiten, BFuP 1987, 332; Höfer, Pensionsrückstellungen und angemessenes Versorgungsniveau, BB 1996, 41; Höfer, Betriebliche Altersversorgung nach dem Bilanzrichtlinien-Gesetz, in Baetge, Bilanzierung und Bewertung, Bilanzanalyse und Bilanzpolitik, 1989, 203; Höfer/Rhiel/Veit, Die Rechnungslegung für betriebliche Altersversorgung im Bilanzrechtsmodernisierungsgesetz (BilMoG), DB 2009, 1605; IDW RS HFA 30 nF, Handelsrechtliche Bilanzierung von Altersversorgungsverpflichtungen, IDW Life 2017, 102; IDW RS HFA 3, Handelsrechtliche Bilanzierung von Verpflichtungen aus Altersteilzeitregelungen, IDW-FN 7/2013, 309; Reitmeier/Peun/Schönberger, Anwendungsfragen zur handelsrechtlichen Bilanzierung von Altersversorgungsverpflichtungen, WPg 2017, 813; Stuhrmann, Nachholverbot bei Pensionsrückstellungen und Bilanzrichtlinien-Gesetz, BB 1988, 98; Thurmayr, Vorsichtsprinzip und Pensionsrückstellungen, 1992; Wellisch, Auslagerungen von Pensionsverpflichtungen: aktuelle Lösungen und offen gebliebene Fragen, BB 2006, 1.

Schrifttum Drohverlustrückstellungen: Babel, Zum Saldierungsbereich bei Rückstellungen für drohende Verluste aus schwebenden Geschäften, ZfB 1998, 825; Benne, Die Bedeutung von Gewinnerwartungen aus schwebenden Geschäften für die Bewertung der Aktiva und Passiva, BB 1979, 1653; Bieg, Schwebende Geschäfte in Handels- und Steuerbilanz, 1977; Biener, Rückstellungen für drohende Verluste aus schwebenden Geschäften bei Dauerrechtsverhältnissen, Handelsrecht und Steuerrecht, FS Döllerer, 1988, 45; BMF-Schreiben v. 1.3.2002, Abzinsung von Rückstellungen für drohende Verluste aus schwebenden Mietverhältnissen, DB 2002, 609; Christiansen, Drohende Verluste aus Beschaffungsdauerschuldverhältnissen, DStR 1993, 1242; Christiansen, Rückstellungen für drohende Verluste aus schwebenden Geschäften und Erfüllungsrückstände, 1990, 129; Clemm, Zur Bilanzierung von Rückstellungen für drohende Verluste, vor allem aus schwebenden Dauerschuldverhältnissen, FS Beisse, 1997, 123; Crezelius, Das sogenannte schwebende Geschäft in Handels-, Gesellschafts- und Steuerrecht, FS Döllerer, 1988, 81; Döllerer, Die Grenzen des Imparitätsprinzips – Bilanzrechtliche Möglichkeiten, künftige Verluste vorwegzunehmen, StbJb 1977/78, 1978, 129; Döllerer, Zur Bilanzierung des schwebenden Vertrags, BB 1974, 1541; Duske/Stalf, Verluste aus unfertigen Bauaufträgen auf dem Prüfstand: Abschied vom Grundsatz des Vorrangs der verlustfreien Bewertung vor der Drohverlustrückstellung? Anmerkungen zum Urteil des FG Rheinland-Pfalz v. 18.11.2002 und der Verwaltungsauffassung, DStR 2003, 533; Eckstein/Fuhrmann, Steuerliche Nichtanerkennung von Drohverlustrückstellungen – Abgrenzung zu anderen Rückstellungen, DB 1998, 529; Euler, Der Ansatz von Rückstellungen für drohende Verluste aus schwebenden Dauerrechtsverhältnissen, ZfbF 1990, 1036; Fey, Imparitätsprinzip und GoB-System im Bilanzrecht 1986, 1987; Forster, Überlegungen zur Bildung von Rückstellungen für drohende Verluste aus Gewinnabführungsverträgen, FS Stimpel, 1985, 759; Forster, Rückstellungen für Verluste aus schwebenden Geschäften, WPg 1971, 393; Friederich, Grundsätze ordnungsmäßiger Bilanzierung für schwebende Geschäfte, 2. Aufl. 1976; Glaubig, Grundsätze ordnungsmäßiger Bilanzierung für Dauerrechtsverhältnisse, 1993; Groh, Verbindlichkeitsrückstellung und Verlustrückstellung: Gemeinsamkeiten und Unterschiede, BB 1988, 27; Hartung, Negative Firmenwerte als Verlustrückstellungen, FS Beisse, 1997, 235; Hartung, Verlustrückstellung und Ganzheitsbetrachtung, BB 1988, 376; Heddäus, Handelsrechtliche Grundsätze ordnungsmäßiger Bilanzierung für Drohverlustrückstellungen, 1997; Heddäus, Grenzen der Bilanzierung von Drohverlustrückstellungen nach geltendem Recht und nach dem Entwurf eines Steuerreformgesetzes 1998, BB 1997, 1463; Herzig, Drohverlustrückstellungen für wirtschaftlich ausgewogene Geschäfte?, DB 1994, 1429; Herzig, Bilanzrechtliche Ganzheitsbetrachtung und Rückstellung bei Dauerrechtsverhältnissen, ZfbF 1988, 212; Herzig/Rieck, Saldierungsbereich bei Drohverlustrückstellungen im Gefolge der Apothekerentscheidung, DB 1997, 1881; Herzig/Rieck, Abgrenzung des Saldierungsbereiches bei Rückstellungen für drohende Verluste aus schwebenden Geschäften, Stbg, 1995, 529; Hommel, Grundsätze ordnungsmäßiger Bilanzierung für Dauerschuldverhältnisse, 1992; IDW RS HFA 4, Zweifelsfragen zum Ansatz und zur Bewertung von Drohverlustrückstellungen, IDW-FN 7/2010, 298 und IDW-FN 1/2013, 61; Janke, Dauerschuldverträge und Grundsätze ordnungsmäßiger Bilanzierung, 1997; Jonas, Die in der aktienrechtlichen Handelsbilanz zulässige Rückstellung für drohende Verluste aus schwebenden Geschäften, DB 1986, 1733; Jüttner, GoB-System, Einzelbewertungsgrundsatz und Imparitätsprinzip, 1993; Kessler, Rückstellungen und Dauerschuldverhältnisse, 1992; Knobloch/Baumeister, Aspekte der handelsrechtlichen Bilanzierung schwebender Warenbeschaffungsgeschäfte, DB 2015, 2769; Kupsch, Zur Bewertung der Rückstellungen für drohende Verluste aus schwebenden Liefergeschäften, DB 1975, 941; Küting/Kessler, Rückstellungsbildung nach der Entscheidung im „Apotheker-Fall", DStR 1997, 1665; Moxter, Künftige Verluste in der Handels- und Steuerbilanz, DStR 1998, 509; Moxter, Zur Abgrenzung von Verbindlichkeitsrückstellungen und (künftig grundsätzlich unzulässigen) Verlustrückstellungen, DB 1997, 1477; Moxter, Saldierungs- und Abzinsungsprobleme bei Drohverlustrückstellungen, zum Vorlagebeschluß des X. Senats, BB 1993, 2481; Moxter, Beschränkung der gesetzlichen Verlustantizipation auf die Wertverhältnisse des Abschlußstichtags?, FS Rose, 1991, 165; Olbrich, Rückstellungen für drohende Verluste bei geschäftswerterhöhenden Ausgaben, FS Börner, 1998, 127; Oser, Zum Saldierungsbereich bei Rückstellungen für drohende Verluste aus schwebenden Dauerschuldverhältnissen, BB 1997, 2367; Rohse, Rückstellungen für drohende Verluste aus schwebenden Geschäften, DStR 1985, 462; Sarx, Aktuelle Probleme der Verlustrückstellungen für Dauerschuldverhältnisse aus der Sicht der Handelsbilanz, FS v. Wysocki, 1985, 91; Thomas, Rückstellungen für drohende Verluste aus schwebenden Absatzgeschäften unter besonderer Berücksichtigung von Forschung und Entwicklung, 1995; Weber-Grellet, Der Apotheker-Fall – Anmerkungen und Konsequenzen zum Beschluß des Großen Senats v. 23.6.1997 GrS 2/93, DB 1997, 2233; Woerner, Passivierung schwebender Dauerschuldverhältnisse in der Bilanz des Unternehmers, StbJb 1984/85, 1985, 177; Woerner., Grundsatzfragen zur Bilanzierung schwebender Geschäfte, FR 1984, 489.

Schrifttum IFRS: Ballwieser, IFRS-Rechnungslegung. Konzept, Regeln und Wirkungen, 3. Aufl. 2013; Daub, Rückstellungen nach HGB, US GAAP und IAS, 2000; Engel-Ciric, Einschränkung der Aussagekraft des Jahresabschlusses nach IAS durch bilanzpolitischen Spielraum, DStR 2002, 780; Euler/Engel-Ciric, Rückstellungskriterien im Vergleich – HGB versus IFRS, WPg 2004, 139; Förschle/Kroner/Heddäus, Ungewisse Verpflichtungen nach IAS 37 im Vergleich zum HGB, WPg 1999, 41; Groh, Drohverlustrückstellungen nach HGB und IAS, FS Beisse, 1997, 207; Haaker, Das Wahrscheinlichkeitsproblem bei der Rückstellungsbilanzierung nach IAS 37 und IFRS 3, KoR 2005, 8; Hachmeister, Verbindlichkeiten nach IFRS – Bilanzierung von kurz- und langfristigen Verbindlichkeiten, Rückstellungen und Eventualschulden, 2006; Kayser, Ansatz und Bewertung von Rückstellungen nach HGB, US-GAAP und IAS, 2002; Kirchhof, Die Bilanzierung von Restrukturierungsrückstellungen nach IFRS, WPg 2005, 589; Kleinmanns, Rückstellungsbilanzierung gem. IAS 37 – Darstellung, Unterschiede zum HGB und künftige Entwicklungen, StuB 2005, 204; Kußmaul/ Kühn, Vergleich der Bewertung von Pensionsrückstellungen nach deutschem und österreichischem Recht sowie nach IAS 19, in Seicht, Jahrbuch für Controlling und Rechnungswesen '97, 1997, 371; Lieb/Rhiel, Bilanzierung von Altersteilzeitverpflichtungen nach IFRS und US-GAAP, PiR 2006, 87; Moxter, Rückstellungen nach IAS, BB 1999, 519; Mühlberger/Schwinger, Betriebliche Altersversorgung und sonstige Leistungen an Arbeitnehmer nach IFRS, 2. Aufl. 2011; Petersen, Rechnungslegung für Pensionsverpflichtungen nach HGB, US-GAAP und IAS, 2002; Rhiel, Pensionsverpflichtungen im IFRS-Abschluss, DB 2004, 293; Scheffler, Eigenkapital im Jahres- und Konzernabschluss nach IFRS – Abgrenzung, Konsolidierung, Veränderung, 2006.

Übersicht

I. Normzweck

§ 249 regelt zusammen mit Art. 28 EGHGB den Ansatz von am Bilanzstichtag vorhandenen Schulden, die bezüglich Existenz und/oder Höhe ungewiss sind. Für sie sind Rückstellungen zu bilden. Ist nur die Fälligkeit unsicher, wird die Position als Verbindlichkeit ausgewiesen. **1**

Tatsächlich ist die Rückstellungsregelung von § 249 und Art. 28 EGHGB nicht vollständig. Weitere Rückstellungspflichten gelten für Versicherungen gem. §§ 341e–341h HGB und § 139 VAG. Weitere Posten, die grds. als Rückstellungen zu qualifizieren sind, finden sich unter dem neuen Posten „Passive latente Steuern" gem. § 266 Abs. 3 E. Zwar wurde die generelle Zuordnung von passiven latenten Steuern zu Rückstellungen, wie sie § 274 Abs. 1 S. 1 aF enthielt, aufgegeben, weil „den passiven latenten Steuern zwar teilweise der Charakter von Rückstellungen zukommen mag, dieser aber nicht für den Posten in seiner Gesamtheit gilt."[1] Als Beispiel führt die Begründung des BilMoG-RegE eine Beteiligung an, deren unterschiedlicher Wertansatz in Handels- und Steuerbilanz nur bei Verkauf ausgeglichen werden würde. Die aus dem unterschiedlichen Wertansatz folgenden passiven latenten Steuern wären weder als rechtliche noch als faktische Verpflichtung des Kaufmanns zu interpretieren.[2] Das passt zu der in der Vorauflage enthaltenen Einschätzung, dass nach § 274 Abs. 1 S. 1 aF zu bildende Rückstellungen auch Steuerabgrenzungen ohne Schuldcharakter aufwiesen und damit eine eigenständige Ansatzpflicht begründeten.[3] Aber trotz dieses berechtigten Arguments sind damit auch in dem nunmehr nach § 274 Abs. 1 S. 1 zu bildenden und getrennt auszuweisenden Posten „Passive latente Steuern", den die Begründung des BilMoG-RegE als „Sonderposten eigener Art"[4] qualifiziert, zT Rückstellungen enthalten. **2**

Schulden sind am Bilanzstichtag mit Sicherheit oder hinreichender Wahrscheinlichkeit bestehende unkompensierte Leistungsverpflichtungen des Unternehmens. Schulden ieS umfassen nur Leistungsverpflichtungen gegenüber Dritten. Hierzu zählen die nach Abs. 1 S. 1 und Abs. 1 S. 2 Nr. 2 zu bildenden Rückstellungen. Schulden iwS umfassen darüber hinaus auch Innenverpflichtungen des Unternehmens. Hierzu zählen die nach Abs. 1 S. 2 Nr. 1 anzusetzenden Rückstellungen. **3**

Für den Ansatz von Schulden gilt, soweit gesetzlich nichts anderes geregelt ist, das Vollständigkeitsgebot (§ 246 Abs. 1). Die gesetzliche Regelung für Pensionslasten (Art. 28 Abs. 1 EGHGB) führt zu einer Ausnahme vom Vollständigkeitsgebot für Schulden ieS. **4**

Der Katalog an Gründen, wegen derer Rückstellungen gebildet werden dürfen und müssen, ist – mit Ausnahme der in → Rn. 2 genannten Regelungen – in Abs. 1 vollständig genannt. Die in Art. 28 EGHGB geregelten Pensionslasten sind ungewisse Verbindlichkeiten gem. Abs. 1 S. 1. Da alle Rückstellungen erfolgswirksam gebucht werden und den Gewinn mindern, sind sie aufzulösen, wenn die Gründe für ihre Bildung entfallen sind. Ein nicht abschließender Katalog an Gründen und die Nichtauflösung bei Wegfall der Gründe würden die Ausschüttungsansprüche der Gesellschafter unangemessen beschneiden. **5**

II. Rückstellungseinteilung

Nach dem Verpflichtungsgrad sind **obligatorische und wahlweise Rückstellungsbildungen** zu unterscheiden. Zwingend ist grundsätzlich der Ansatz von Rückstellungen **6**

---

[1] BR-Drs. 344/08, 146; Petersen/Zwirner BilMoG S. 226.
[2] BR-Drs. 344/08, 146; Petersen/Zwirner BilMoG S. 226.
[3] → § 249 Rn. 2 mit Verweis auf ADS Rn. 18 und Beck HdR/Scheffler B 233 Rn. 260 (alt).
[4] BR-Drs. 344/08, 146; Petersen/Zwirner BilMoG S. 226.

für ungewisse Verbindlichkeiten (inklusive Kulanzen), für drohende Verluste aus schwebenden Geschäften und für unterlassene Instandhaltung bzw. Abraumbeseitigung, soweit die Unterlassungen innerhalb von drei Monaten bzw. einem Jahr nach dem Bilanzstichtag nachgeholt werden (Abs. 1). Die Ausnahme vom Grundsatz gilt für bestimmte Pensionslasten gem. Art. 28 EGHGB.

7   **Inhaltlich** werden Rückstellungen für **Außenverpflichtungen** (Abs. 1 S. 1 und Abs. 1 S. 2 Nr. 2) von solchen für **Innenverpflichtungen** (Abs. 1 S. 2 Nr. 1) unterschieden. Das ergibt die Aufteilung in (1) Verbindlichkeitsrückstellungen (Abs. 1 S. 1 und Abs. 1 S. 2 Nr. 2) und Drohverlustrückstellungen (Abs. 1 S. 1) und (2) Aufwandsrückstellungen (Abs. 1 S. 2 Nr. 1).

8   Die Verbindlichkeitsrückstellungen lassen sich auf das Realisationsprinzip und die Drohverlustrückstellungen auf das Imparitätsprinzip zurückführen,[5] während die Aufwandsrückstellungen allenfalls teilweise mit dem Realisationsprinzip in Verbindung gebracht werden können. Für den Umfang der Verbindlichkeitsrückstellungen und den Ansatzzeitpunkt gilt das Prinzip wirtschaftlicher Betrachtungsweise. Es äußert sich im Einschließen von Kulanzen und der zeitlichen Erfassung unabhängig von der rechtlichen Entstehung; → § 246 Rn. 69 f.

9   Steuerlich werden Drohverlustrückstellungen (Abs. 1 S. 1) nicht anerkannt. Drohverlustrückstellungen verbietet § 5 Abs. 4a EStG. Für Verbindlichkeitsrückstellungen gibt es Einschränkungen in § 5 Abs. 2a, 3, 4, 4b, § 6a EStG.

III. Verbindlichkeitsrückstellungen

10   **1. Inhalt.** Verbindlichkeitsrückstellungen umfassen unkompensierte, quantifizierbare Leistungsverpflichtungen (= wirtschaftliche Lasten) am Bilanzstichtag gegenüber Dritten, deren Existenz und/oder Höhe unsicher, aber hinreichend wahrscheinlich sind. Ist nur die Fälligkeit unsicher, wird die Position als Verbindlichkeit ausgewiesen. Wichtige Beispiele für Verbindlichkeitsrückstellungen sind Rückstellungen für rechtliche Gewährleistungen (Garantien), unmittelbare Pensionsverpflichtungen, Schadenersatzforderungen, Steuern, Entsorgungs- und Rekultivierungsleistungen, nicht genommenen Urlaub oder Jahresabschlussprüfungskosten.

11   **2. Rechtliche oder faktische Verpflichtung.** Die Leistungsverpflichtungen gegenüber Dritten können zivilrechtliche, öffentlich-rechtliche oder faktische Grundlage haben. Beispiele für die drei Kategorien sind rechtliche Gewährleistungen aufgrund von Kaufverträgen (Garantien), Rekultivierungsverpflichtungen aufgrund von bestimmten Landesgesetzen und Kulanzen (= Gewährleistungen ohne rechtliche Verpflichtung; Abs. 1 S. 2 Nr. 2) oder Weihnachtsgratifikationen ohne Rechtsgrundlage. Eine faktische Verpflichtung, der sich ein Kaufmann nicht entziehen kann oder will, steht einer rechtlichen Verpflichtung gleich.[6] Aus Objektivierungsgründen sind an die faktische Verpflichtung hohe Anforderungen zu stellen, dh es muss nachprüfbare Anhaltspunkte geben, dass das Unternehmen diesen Verpflichtungen tatsächlich nachkommen will. Hierzu dienen ua entsprechende Verhaltensweisen in der Vergangenheit, dokumentierte Beschlüsse der Geschäftsleitung mit entsprechenden Handlungsanweisungen und konkrete Ankündigungen gegenüber den Begünstigten. Die rechtliche Verpflichtung muss nicht einklagbar sein.[7] Bei zivilrechtlichen Verpflichtungen muss nicht die Person des Dritten im Einzelnen feststehen, aber der Kreis der möglichen Anspruchsberechtigten.[8]

12   Bei öffentlich-rechtlicher Grundlage müssen nach der BFH-Rechtsprechung ein inhaltlich genau bestimmtes Handeln innerhalb eines bestimmten Zeitraumes vorgeschrieben

---

[5]   Vgl. auch Weber-Grellet SteuerBilanzR S. 139 und 153.
[6]   Vgl. auch *BGH* BB 1991, 507.
[7]   Vgl. BeBiKo/Schubert Rn. 58 und Weber-Grellet SteuerBilanzR 141.
[8]   Vgl. BeBiKo/Schubert Rn. 58 und Beck HdR/Scheffler B 233 Rn. 103.

sein und Sanktionen bei Nichterfüllen drohen.[9] Zur Konkretisierung des inhaltlich genau bestimmten Handelns muss eine diesbezüglich eindeutige gesetzliche Regelung vorliegen oder eine behördliche Verfügung ergangen sein.[10] Letzteres wird als Überobjektivierung kritisiert.[11]

Zum Bestehen der unsicheren rechtlichen oder faktischen Verpflichtung gehört die **13** hinreichende Wahrscheinlichkeit. Diese Anforderung ist nicht sinnvoll durch eine Wahrscheinlichkeitsziffer (mindestens 51% oä) quantifizierbar, da die Subjektivität der sie bestimmenden Erwartungen im Allgemeinen nicht zu beseitigen ist.[12] Die Verpflichtung muss aber so wahrscheinlich sein, dass sie ein gedachter Erwerber des Unternehmens bei der Kalkulation des Kaufpreises berücksichtigen würde.[13] Stellt man die Quantifizierungsschwierigkeiten der Wahrscheinlichkeit hintan, ist bereits eine Eintrittswahrscheinlichkeit von 25% ausreichend.[14] Von Pensionslasten, Garantiefällen und Versicherungen abgesehen, lassen sich im Allgemeinen keine empirischen Häufigkeitsverteilungen als Grundlage von Wahrscheinlichkeitsverteilungen über künftige Inanspruchnahmen des Unternehmens gewinnen. Insofern lässt sich die Anforderung an die unsichere Verbindlichkeit nur qualitativ umschreiben. Nach der BFH-Rechtsprechung muss die Verpflichtung „mit einiger Wahrscheinlichkeit" gegeben sein bzw. es muss mit ihr „ernsthaft zu rechnen" sein.[15] Eine Verpflichtung und eine daraus entstehende Inanspruchnahme sind „wahrscheinlich, wenn mehr Gründe für als gegen das Be- oder Entstehen einer Verbindlichkeit und eine künftige Inanspruchnahme sprechen".[16] Die Literatur ist sich einig, dass nicht allein die Zahl der Gründe, sondern deren Gewicht entscheidend ist.

3. Fehlende Kompensation (Aufwendungsüberschuss; wirtschaftliche Belas- **14** **tung).** Die Verpflichtung muss eine Nettovermögensbelastung darstellen, dh sie darf nicht durch erwartete Vermögenszugänge (über)kompensiert werden.[17] So gesehen muss ein Aufwendungsüberschuss vorliegen. Als kompensierte Lasten gelten zB solche aus schwebenden Geschäften. Hier darf freilich kein Erfüllungsrückstand oder drohender Verlust vorliegen. Der Erfüllungsrückstand würde eine Verbindlichkeitsrückstellung, der drohende Verlust eine Drohverlustrückstellung begründen. Als kompensiert gilt nach der BFH-Rechtsprechung der Ausgleichsanspruch des Handelsvertreters nach § 89b.[18]

Auch wenn eine kompensierte Verpflichtung nicht zu einer Verbindlichkeit oder Ver- **15** bindlichkeitsrückstellung führt, müssen wirtschaftlich kompensierte Verpflichtungen dann passiviert werden, wenn sie bereits realisierten Aktivenzugängen zuzurechnen sind.[19] Erwirbt zB ein Unternehmen eine Maschine mit der Maßgabe, dass der Kaufpreis aus künftigen Gewinnen zu tilgen ist, so kann die Passivierung nicht unterlassen werden, weil sonst ein nicht vorhandener realisierter Gewinn ausgewiesen würde.

---

[9] Vgl. BFHE 130, 165 = BStBl. II 1980, 297; BFHE 139, 41 = BStBl. II 1983, 670; BFHE 168, 527 = BStBl. II 1992, 1010; BFH WPg 2000, 820; BFH Urt. v. 8.11.2000, BStBl. II 2001, 570; BFH DB 2001, 1698.

[10] Vgl. BFHE 130, 165 = BStBl. II 1980, 297; BFHE 138, 443 = BStBl. II 1983, 572; BFHE 158, 58 = BStBl. II 1989, 893.

[11] Vgl. Herzig DB 1990, 1345; Ballwieser Passivierung 138; Kämpfer FS Moxter, 1994, 264; Wesner FS Moxter, 1994, 438 f.; Mayr DB 2003, 740 mwN.

[12] Vgl. Moxter Bilanzrechtsprechung S. 85; Friedemann, Umweltschutzrückstellungen im Bilanzrecht, 1996, S. 31; Eibelshäuser BB 1987, 863; so iErg auch Beck HdR/Scheffler B 233 Rn. 124. Im Einzelfall sind Erfahrungswerte zur Beurteilung der Wahrscheinlichkeit heranzuziehen, vgl. BMF-Schreiben v. 23.4.2001, DB 2001, 1224.

[13] Vgl. BeBiKo/Schubert Rn. 62.

[14] Vgl. Moxter DStR 2004, 1058.

[15] BFHE 133, 363 = BStBl. II 1981, 669.

[16] BFHE 142, 226 = BStBl. II 1985, 44.

[17] Vgl. Böcking, Verbindlichkeitsbilanzierung, 1994, S. 50–55.

[18] Vgl. BFHE 96, 101 = BStBl. II 1969, 581; Böcking, Verbindlichkeitsbilanzierung, 1994, S. 117 und 132; BFHE 195, 121 = DB 2001, 1227. Zu den Bedingungen der Rückstellungsbildung BeBiKo/Schubert Rn. 130 (Stichwort Handelsvertreter).

[19] Vgl. Böcking, Verbindlichkeitsbilanzierung, 1994, S. 55.

16   **4. Quantifizierbarkeit.** Die Verbindlichkeit muss in der Höhe begründet quantifiziert werden können, um dem Gebot der Einzelbewertung zu entsprechen. Quantifizierbarkeit kann nicht im Sinne einer exakten Quantifizierbarkeit verstanden werden. Dies widerspräche der Definition unsicherer Verbindlichkeiten (→ Rn. 10). Vielmehr wird die Quantifizierbarkeit innerhalb einer bestimmten Bandbreite verlangt, die bspw. durch den Rückgriff auf Vergangenheitswerte ermöglicht wird. Die Quantifizierbarkeit fehlt zB, wenn man allgemeine Unternehmerrisiken erfassen möchte. Dieser Sachverhalt ist nicht passivierbar.

17   **5. Ansatzzeitpunkt. a) Wirtschaftliche Verursachung und rechtliche Entstehung.** Die Verpflichtung entsteht nach wirtschaftlicher Betrachtung. Die rechtliche Existenz von Verbindlichkeiten ist nur ein Indikator für das Bestehen der Last; sie ist aber weder notwendig noch hinreichend für das Bestehen einer Verpflichtung.[20] So kann es Rechtsverpflichtungen geben, die erkennbar nicht eingetrieben werden und auch nicht zu bilanzieren sind. Es widerspricht „den Grundsätzen ordnungsmäßiger Buchführung, wenn ein Kaufmann Verbindlichkeiten in seiner Bilanz ausweist, obwohl mit einer Inanspruchnahme durch den Gläubiger mit an Sicherheit grenzender Wahrscheinlichkeit nicht mehr zu rechnen ist, so daß die – bestehende – rechtliche Verpflichtung für ihn keinerlei wirtschaftliche Bedeutung mehr hat.“[21] Auch existieren bilanzrechtliche Verbindlichkeiten, ohne dass jemals rechtliche Verpflichtungen entstehen (zB Kulanzen oder rein faktische Weihnachtsgratifikationen).[22]

18   Rechtsprechung und Literatur sehen zT die rechtliche Entstehung einer Verpflichtung nur als spätesten Zeitpunkt ihrer Entstehung an, dh eine wirtschaftliche Verursachung kann der rechtlichen Entstehung lediglich vor-, aber nicht nachgelagert sein. Danach ist eine Verbindlichkeit bereits nach wirtschaftlicher Verursachung zu passivieren, wenn diese vor der rechtlichen Entstehung liegt.[23] Andernfalls reicht die rechtliche Entstehung. Eine frühere wirtschaftliche gegenüber einer späteren rechtlichen Entstehung kann zB bei Gewinnansprüchen resultieren, die einen Gewinnverwendungsbeschluss voraussetzen, der noch nicht getroffen wurde, von dem es aber aufgrund von Mehrheitsverhältnissen und Erfahrung hinreichend sicher ist, dass er entsprechend getroffen werden wird.

19   Wirtschaftliche Verursachung wird (1) als Verwirklichung der wirtschaftlich wesentlichen Tatbestandsmerkmale verstanden[24] oder (2) als Konkretisierung der Zugehörigkeit zukünftiger Ausgaben zu bereits realisierten Erträgen.[25] Was wirtschaftlich wesentliche Tatbestandsmerkmale sind, kann nur kasuistisch festgelegt werden und bleibt insofern unbefriedigend.[26] Das zweite Kriterium ist hingegen allgemeiner Natur und geht auf das (Gewinn-)Realisationsprinzip zurück, das nicht nur festlegt, ob und wann Ertrag entsteht, sondern auch zukünftige Ausgaben den Umsatzerlösen der betrachteten Periode zuordnet. Danach sind die zukünftigen Ausgaben zu passivieren, welche die Umsatzerlöse der betrachteten oder einer früheren Periode alimentiert haben (Alimentationsformel;[27] → § 243 Rn. 24 ff.; → § 252 Rn. 73 ff.).

20   Das Alimentationsprinzip hat zwar eine gewisse Unschärfe.[28] Das gilt aber für andere Interpretationen der wirtschaftlichen Verursachung wie „Verwirklichung der wirtschaftlich

---

[20]   Vgl. Moxter Bilanzrechtsprechung S. 84; Böcking, Verbindlichkeitsbilanzierung, 1994, S. 33; HdJ/Wüstemann/Rost Abt. III/5 Rn. 55.
[21]   BFHE 155, 322 = BStBl. II 1989, 361 („Gutmünzen“).
[22]   Vgl. Moxter BB 1999, 520.
[23]   Vgl. BFHE 97, 164 = BStBl. II 1970, 104; BFHE 150, 140 = BStBl. II 1987, 848. Zur Diskussion dieser Frage vgl. I. Senat des BFHE 196, 216 = DB 2001, 1698; Weber-Grellet BB 2003, 37; Weber-Grellet DB 2002, 2180; Siegel DStR 2002, 1636; Wüstemann BB 2002, 1688; Moxter DStR 2004, 1057 (und 1098); Wassermeyer WPg 2002, 10; Gosch DStR 2002, 977 und für eine Zusammenfassung BeBiKo/Schubert Rn. 65–68.
[24]   Vgl. BFHE 142, 226 = BStBl. II 1985, 44; BFHE 196, 216 = DB 2001, 1699.
[25]   Vgl. BFHE 158, 58 = BStBl. II 1989, 893; BGH BB 1991, 507. Zu beidem Moxter BB 1999, 521; Moxter Bilanzrechtsprechung S. 117–120.
[26]   Vgl. auch HdJ/Wüstemann/Rost Abt. III/5 Rn. 50.
[27]   Vgl. Moxter FS Döllerer, 1988, 449 f.; Moxter Bilanzrechtsprechung S. 119; Moxter ZfbF 1995, 316; Moxter BB 1984, 1783–1784.
[28]   Vgl. Müller ZGR 1981, 129; Woerner FS Moxter, 1994, 496–506.

wesentlichen Tatbestandsmerkmale" oder „Abgeltung von Vergangenem" in noch stärkerem Maße.[29] Weil das Kriterium zu prüfen zwingt, ob künftige Auszahlungen nach ihrem Auszahlungszeitpunkt liegende Umsätze oder Umsätze der vergangenen Periode oder früherer Perioden unterstützen, hilft es, Streitfälle systematisch und damit nachvollziehbar zu entscheiden. Zum Beispiel wehrt es die Passivierung von Inspektionsauszahlungen für die Hubschrauberüberholung ab, weil mit diesen Auszahlungen zukünftige Umsätze alimentiert werden.[30] Wo es zweideutig bleibt, hilft der Rückgriff auf das Vorsichtsprinzip, wonach im Zweifel die Verbindlichkeitsrückstellung zu passivieren ist.[31]

Die These, dass spätestens mit der rechtlichen Entstehung der Verpflichtung zu passivieren sei, wird hier nicht geteilt. Es gibt, so gesehen, eine rückstellungsbegrenzende Wirkung des Realisationsprinzips: Es ist denkbar, dass Verpflichtungen rechtlich, aber noch nicht wirtschaftlich entstanden sind.[32] Als Beispiele dienen die Analyseverpflichtung von Arzneimitteln[33] und die Anpassungsverpflichtung nach TA Luft.[34] **21**

b) Hinreichende Sicherheit. Nach der BFH-Rechtsprechung müssen mehr Gründe für als gegen das Be- oder Entstehen der Verbindlichkeit sprechen[35] (→ Rn. 13). **22**

6. Keine Verbindlichkeitsrückstellung für Anschaffungs- oder Herstellungskosten. Für künftige Ausgaben, die aktivierungspflichtige abnutzbare Vermögensgegenstände und insofern Anschaffungs- oder Herstellungskosten begründen, dürfen keine Rückstellungen gebildet werden.[36] Es käme andernfalls zu einer Doppelerfassung von Aufwendungen: zuerst bei der Rückstellungsbildung, später bei der planmäßigen Abschreibung des Vermögensgegenstandes. Der aktivierungspflichtige abnutzbare Vermögensgegenstand alimentiert künftige Umsatzerlöse. Die damit verbundenen Aufwendungen sind nach dem Realisationsprinzip diesen künftigen Umsatzerlösen gegenüberzustellen. Sie dürfen nicht vergangene Umsatzerlöse belasten.[37] **23**

Strittig ist die Behandlung von Ausgaben für Gegenstände, die nicht zur künftigen Umsatzerzielung eingesetzt werden und für die eine Anschaffungs- oder Herstellungspflicht besteht.[38] Diskutiert wird dies insbesondere im Zusammenhang mit dem Umweltschutz, zB bei Maßnahmen für den „Bau einer Wasseraufbereitungsanlage auf einem stillgelegten Zechengelände (…), die ausschließlich dazu dienen soll, bereits in der Vergangenheit einge- **24**

---

[29] Vgl. insbes. Moxter ZfbF 1995, 315; HdJ/Wüstemann/Rost Abt. III/5 Rn. 50.

[30] Vgl. auch BFHE 150, 140 = BStBl. II 1987, 849: Die Erfüllung der öffentlich-rechtlichen Verpflichtung gilt nicht Vergangenes ab, sondern ist in die Zukunft gerichtet. Vgl. zum Bezug dieser Entscheidung zum Realisationsprinzip Moxter Bilanzrechtsprechung S. 118.

[31] Vgl. Moxter FS Forster, 1992, 435; HdJ/Wüstemann/Rost Abt. III/5 Rn. 45; HKMS/Kahle/Kopp/Baltromejus § 246 Rn. 121.

[32] Vgl. Herzig DB 1990, 1347; Böcking, Verbindlichkeitsbilanzierung, 1994, S. 112; HdJ/Wüstemann/Rost Abt. III/5 Rn. 44 und 55. Gegen die Rückstellungsbegrenzung Beck HdR/Scheffler B 233 Rn. 107. Roser WPg 2015, 699 zit. BFHE 243, 256 = BStBl. II 2014, 302, wonach eine Verpflichtung spätestens im Zeitpunkt ihrer rechtlichen Entstehung auch wirtschaftlich verursacht sei, fügt aber später hinzu: „Zu beachten ist allerdings, dass der Vorrang der rechtlichen Verursachung in seiner Allgemeingültigkeit relativiert wird, da für die sondergesetzlich normierten Ansammlungsrückstellungen (…) die Ursächlichkeit im wirtschaftlichen Sinne im Vordergrund steht – offenbar zur Vermeidung der Bildung wirtschaftlicher stiller Reserven. Ein solcher Zuordnungsgrundsatz ist handelsrechtlich nicht normiert." (Ebda, 700).

[33] Vgl. BFHE 158, 58 = BStBl. II 1989, 893; Böcking, Verbindlichkeitsbilanzierung, 1994, S. 185 f.; Moxter Bilanzrechtsprechung S. 118 f.

[34] Vgl. Ballwieser in IDW (Hrsg.), Bericht über die Fachtagung 1991 des IDW, 1992, 147–149; Böcking, Verbindlichkeitsbilanzierung, 1994, S. 209: Abwehr einer Verbindlichkeitsrückstellung wegen kompensierter Last.

[35] Vgl. BFHE 142, 226 = BStBl. II 1985, 44; BFHE 169, 423 = BStBl. II 1993, 153; BFHE 191, 517 = BStBl. II 2000, 612.

[36] AA BeBiKo/Schubert Rn. 130 (Stichwort Anschaffungs- und Herstellungskosten).

[37] Vgl. auch Thies, Rückstellungen als Problem der wirtschaftlichen Betrachtungsweise, 1996, S. 217.

[38] Vgl. Thies, Rückstellungen als Problem der wirtschaftlichen Betrachtungsweise, 1996, S. 217; BeBiKo/Schubert Rn. 130 (Stichwort Umweltschutzverpflichtungen); Schmidt/Weber-Grellet EStG § 5 Rn. 369.

tretene Wasserverunreinigungen zu reduzieren (...)".[39] Daraus soll eine Rückstellungsbildung folgen, weil keine Herstellung eines werthaltigen Vermögensgegenstandes erfolgt.

25   Für die Klärung des werthaltigen Vermögensgegenstandes liefert die Frage nach dem Zwang zum Bau der Wasseraufbereitungsanlage entscheidende Indizien: Einerseits wirkt der Bau der Wasseraufbereitungsanlage wie eine Nachleistung und wäre – analog der Rückstellung für Garantien oder für Entsorgungsleistungen – zu passivieren. Andererseits kann der Bau der Unternehmensfortführung dienen und – wenn auch nur indirekt – künftige Umsatzerlöse begründen. Das letztere ist besonders dann zu vermuten, wenn der Kaufmann die Anlage freiwillig baut. Der freiwillige Bau gibt für ihn nur Sinn, wenn der Nutzen die Kosten übersteigt. Wird der Kaufmann hingegen aus privat- oder öffentlich-rechtlichen Gründen oder aber aus faktischem Druck gezwungen, die Wiederaufbereitungsanlage zu bauen, und gehen davon keinerlei weitere Ertragswirkungen aus, so sind die früheren Erlöse aus dem Zechengelände mit den Baukosten zwangsläufig belastet. In diesem Fall ist eine Rückstellung zu bilden, während sie im ersten Fall nicht gebildet werden darf. Schwierig einzuschätzen sind der faktische Druck und die künftigen Ertragswirkungen. Hier kann es keine generelle Regel zur Konkretisierung geben.

26   **7. Pensionsrückstellungen. a) Begriff.** Pensionsrückstellungen werden für unkompensierte Pensionsverpflichtungen gebildet. Zu Pensionsverpflichtungen zählt man alle Verpflichtungen zur betrieblichen Altersversorgung,[40] die nach § 1 Abs. 1 BetrAVG alle Leistungen der Alters-, Invaliditäts- oder Hinterbliebenenversorgung umfasst, die ein Arbeitgeber seinen Arbeitnehmern aus Anlass eines Arbeitsverhältnisses gewährt. Sie werden im Allgemeinen durch eine vertragliche Vereinbarung des Arbeitgebers mit einem einzelnen Arbeitnehmer oder mit der gesamten Belegschaft begründet;[41] jedoch reicht auch ein faktischer Leistungszwang.[42] Das Rechtsverhältnis zwischen Pensionszusage und vor Eintritt des den Versorgungsanspruch auslösenden Ereignisses wie Alter, Invalidität oder Tod wird als **Pensionsanwartschaft** und vom Beginn der Versorgungszahlungen bis zum Lebensende des Begünstigten als **laufende Pensionsverpflichtung** bezeichnet.

27   Die Abwicklung der betrieblichen Altersversorgung kann verschieden erfolgen. Bei einer **unmittelbaren oder direkten Pensionsverpflichtung** erbringt der Arbeitgeber die Leistungen im Versorgungsfall selbst aus eigenen Mitteln. Bei einer **mittelbaren oder indirekten Pensionsverpflichtung** schaltet der Arbeitgeber eine Unterstützungs- oder eine Pensionskasse ein oder er schließt eine Direktversicherung für den Begünstigten ab.

28   **b) Ungewisse Verbindlichkeit.** Unmittelbare Pensionsverpflichtungen erfüllen die Kriterien einer ungewissen Verbindlichkeit. Sie stellen eine unkompensierte rechtliche oder faktische Verpflichtung dar, die quantifizierbar und hinreichend sicher ist. Zwar begründet eine Pensionszusage zunächst eine aufschiebend bedingte Verpflichtung des Arbeitgebers iSv § 158 BGB.[43] Wenn jedoch mit dem Eintritt der Bedingung hinreichend sicher gerechnet werden kann, ist die Verbindlichkeit wirtschaftlich entstanden. Eine bilanzierungsfähige Verpflichtung liegt auch vor, wenn eine Wartezeit oder Vorschaltzeit vereinbart ist, wonach ein Versorgungsanspruch erst nach Ablauf einer bestimmten Dienstzeit oder nach Erreichen eines bestimmten Alters des Begünstigten entsteht.

29   Bei mittelbaren Pensionsverpflichtungen ist die konkrete Gestaltung über Unterstützungskasse, Pensionskasse oder Direktversicherung maßgeblich für die Erfüllung der Krite-

---

[39]   Herzig FS Moxter, 1994, 250.
[40]   Vgl. Thoms-Meyer, Grundsätze ordnungsmäßiger Bilanzierung für Pensionsrückstellungen unter Berücksichtigung von SFAS 87 und SFAS 106, 1996, S. 6.
[41]   Vgl. Thoms-Meyer, Grundsätze ordnungsmäßiger Bilanzierung für Pensionsrückstellungen unter Berücksichtigung von SFAS 87 und SFAS 106, 1996, S. 7.
[42]   Vgl. Thoms-Meyer, Grundsätze ordnungsmäßiger Bilanzierung für Pensionsrückstellungen unter Berücksichtigung von SFAS 87 und SFAS 106, 1996, S. 15; IDW HFA 2/1988, WPg 1988, 403; BeBiKo/Grottel/Johannleweling Rn. 174.
[43]   Vgl. Thoms-Meyer, Grundsätze ordnungsmäßiger Bilanzierung für Pensionsrückstellungen unter Berücksichtigung von SFAS 87 und SFAS 106, 1996, S. 16.

rien einer ungewissen Verbindlichkeit. Eine Unterstützungskasse wird von einem oder mehreren Unternehmen (= Trägerunternehmen) zur Abwicklung der betrieblichen Altersversorgung gegründet. Die Trägerunternehmen wenden der Unterstützungskasse die erforderlichen Mittel zur Altersversorgung zu. Diese darf keinen Rechtsanspruch auf Versorgungsleistungen gewähren, kann jedoch Leistungen nur nach billigem Ermessen widerrufen. Deshalb sind die Ansprüche der Begünstigten den Ansprüchen aus Direktzusagen gleichwertig.[44] Reicht das Vermögen der Unterstützungskasse nicht aus, die übernommenen Verpflichtungen zu erfüllen, so gilt für die Trägerunternehmen nach der Rechtsprechung des BAG die Subsidiärhaftung. In Höhe der Unterdeckung als Differenz zwischen Verpflichtungsumfang und Wert des Kassenvermögens ist für die Trägerunternehmen eine Rückstellung für ungewisse Verbindlichkeiten zu bilden.

Bei Pensionskassen und Direktversicherungen fehlt die Subsidiärhaftung des Arbeitge- **30** bers. Der Arbeitgeber zahlt Beiträge oder Versicherungsprämien, die von der empfangenden Institution so bemessen werden, dass sie die zugesagten Leistungen und die Verwaltungskosten decken.[45] Rückstände des Arbeitgebers stehen dem Grunde und der Höhe nach fest und führen deshalb zu Verbindlichkeiten, nicht zu Rückstellungen.

c) Ausnahmen vom Vollständigkeitsgebot. Für Pensionsverpflichtungen gibt es **31** explizite Ausnahmen vom Gebot, Rückstellungen für (sämtliche) ungewisse Verbindlichkeiten zu bilden (Abs. 1 S. 1), und damit vom Gebot vollständiger Schuldenerfassung (§ 246 Abs. 1 S. 1). Gemäß Art. 28 Abs. 1 EGHGB braucht für eine laufende Pension oder eine Anwartschaft auf eine Pension aufgrund einer unmittelbaren Zusage eine Verbindlichkeitsrückstellung nicht gebildet zu werden, „wenn der Pensionsberechtigte seinen Rechtsanspruch vor dem 1.1.1987 erworben hat oder sich ein vor diesem Zeitpunkt erworbener Rechtsanspruch nach dem 31.12.1986 erhöht. Für eine mittelbare Verpflichtung aus einer Zusage für eine laufende Pension oder eine Anwartschaft auf eine Pension sowie für eine ähnliche unmittelbare oder mittelbare Verpflichtung braucht eine Rückstellung in keinem Fall gebildet zu werden." Haben Pensionsberechtigte ihren Rechtsanspruch vor dem 1.1.1987 erworben, so spricht man von Altzusagen, andernfalls von Neuzusagen. Danach gilt für unmittelbare oder direkte Pensionsaltzusagen und deren Erhöhungen sowie für mittelbare oder indirekte Alt- oder Neuzusagen ein Passivierungswahlrecht, während (nur) unmittelbare Neuzusagen passivierungspflichtig sind.

Für die unvollständige Schuldenerfassung gibt es keinen rechtssystematischen Grund. **32** Sie ist als politische Entscheidung zur Vermeidung von (steuermindernden) Nachholungen zu verstehen, da bis zum Inkrafttreten des neuen Bilanzrechtes von 1986 die Pensionsrückstellungen handelsrechtlich nach höchstrichterlicher Rechtsprechung mit einem Wahlrecht versehen waren (der zweideutige § 152 Abs. 7 AktG 1965 wurde im Sinne des BGH-Urteils v. 27.2.1961 als Wahlrecht interpretiert).[46] Kapitalgesellschaften müssen den Betrag der nicht passivierten Rückstellungen für Verpflichtungen aus Altzusagen im Anhang bzw. Konzernanhang angeben (Art. 28 Abs. 2 EGHGB).

d) Abgrenzung von Alt- und Neuzusagen. Da unmittelbare Neuzusagen ansatz- **33** pflichtig sind, müssen sie von Altzusagen eindeutig getrennt werden können. Abgrenzungsprobleme ergeben sich beim Wechsel des verpflichteten Arbeitgebers und beim Wechsel von einer mittelbaren zu einer unmittelbaren Pensionsverpflichtung.[47]

---

[44] Vgl. Thoms-Meyer, Grundsätze ordnungsmäßiger Bilanzierung für Pensionsrückstellungen unter Berücksichtigung von SFAS 87 und SFAS 106, 1996, S. 38 f.

[45] Vgl. Thoms-Meyer, Grundsätze ordnungsmäßiger Bilanzierung für Pensionsrückstellungen unter Berücksichtigung von SFAS 87 und SFAS 106, 1996, S. 41. Zurückhaltender BeBiKo/Grottel/Johannleweling Rn. 252 ff.

[46] Vgl. BGH DB 1961, 498. Vgl. auch zB Thoms-Meyer, Grundsätze ordnungsmäßiger Bilanzierung für Pensionsrückstellungen unter Berücksichtigung von SFAS 87 und SFAS 106, 1996, S. 25 f.

[47] Vgl. Thoms-Meyer, Grundsätze ordnungsmäßiger Bilanzierung für Pensionsrückstellungen unter Berücksichtigung von SFAS 87 und SFAS 106, 1996, S. 35 und BeBiKo/Grottel/Johannleweling Rn. 189 f.

34   Beim Wechsel des Arbeitgebers ist die Einzel- und die Gesamtrechtsnachfolge zu unterscheiden. Bei der Einzelrechtsnachfolge nach § 613a BGB und bei einer Gesamtrechtsnachfolge tritt der Rechtsnachfolger in die Pflichten des Rechtsvorgängers ein, mit der Konsequenz, dass eine vorhergehende Altzusage ihren Charakter bewahrt, wenn der neue
Arbeitgeber keine eigene Zusage erteilt.[48] Hingegen entsteht eine Passivierungspflicht bei
der Einzelrechtsnachfolge nach § 613a BGB, wenn Vermögenswerte als Entgelt für die
Verpflichtungsübernahme übertragen werden. Dann existiert eine passivierungspflichtige
Kaufpreisschuld.

35   Beim Wechsel von einer mittelbaren zu einer unmittelbaren Pensionsverpflichtung interessiert derjenige von der Unterstützungskasse zur Direktzusage. War die Leistung der
Unterstützungskasse vor dem 1.1.1987 zugesagt und erfolgt der Wechsel nach diesem Tag,
so wird eine unmittelbare Zusage erstmals erteilt und ist deshalb passivierungspflichtig, auch
wenn sich wirtschaftlich insofern nur wenig geändert hat, weil aus der Subsidiärhaftung mit
mittelbarer Leistungspflicht nun die unmittelbare Leistungspflicht wird.[49]

36   **e) Ähnliche Verpflichtungen.** Art. 28 Abs. 1 S. 2 EGHGB unterscheidet Pensionsverpflichtungen von ähnlichen Verpflichtungen, für die ein Passivierungswahlrecht
besteht. Der Versuch, nach einem formalen Kriterium der Rechtsverbindlichkeit rechtsverbindlich zugesagte Pensionsverpflichtungen von rein faktischen ähnlichen Verpflichtungen zu trennen, wird der wirtschaftlichen Betrachtungsweise im Bilanzrecht ebenso
wenig gerecht wie dem § 1 Abs. 1 S. 3 BetrAVG, wonach eine auf betrieblicher Übung
oder dem Grundsatz der Gleichbehandlung beruhende Versorgungsverpflichtung der Verpflichtung aus einer Versorgungszusage gleichsteht.[50] Auch sind Vorruhestandszahlungen
keine ähnlichen Verpflichtungen, weil bei diesen der Abfindungscharakter im Vordergrund steht,[51] während die Pensionszusage als Entgelt für Betriebstreue[52] und als Lohnbe-
standteil klassifiziert wird. Vorruhestandszahlungen sind passivierungspflichtig. In der Entstehungsgeschichte des BiRiLiG wurde zwischen Pensionsrückstellungen und ähnlichen
Verpflichtungen im Sinne der mittelbaren Verpflichtungen unterschieden. Durch die
Änderung der Entwürfe des Gesetzes wurden die mittelbaren von den unmittelbaren aber
sprachlich getrennt, so dass der Begriff der ähnlichen Verpflichtung sinnentleert wurde.[53]
Versuche, ähnliche Verpflichtungen zu konkretisieren, sind seitdem gescheitert.[54]

37   **f) Beiträge an den Pensionssicherungsverein.** Strittig war die Behandlung der Beiträge an den Pensionssicherungsverein.[55] Dieser übernimmt die Pensionsverpflichtungen
aus laufenden Leistungen und aus unverfallbaren Anwartschaften, wenn ein Arbeitgeber
insolvent wird und seine Versorgungsverpflichtungen nicht mehr erfüllen kann. Zur Erfüllung der Verpflichtungen erhob der Pensionssicherungsverein bis 2005 im Rentenwertum-
lageverfahren Beiträge von allen Arbeitgebern, die Leistungen der betrieblichen Altersversorgung gewährten. Die übernommenen laufenden Renten waren durch dieses
Umlageverfahren voll finanziert. Hingegen entstand beim Pensionssicherungsverein eine
ungedeckte Last für die unverfallbaren Anwartschaften, weil die Beiträge nicht bereits im
Jahr der Insolvenz des Arbeitgebers, sondern erst bei Eintritt des Versorgungsfalls (Errei-

[48]   Vgl. Thoms-Meyer, Grundsätze ordnungsmäßiger Bilanzierung für Pensionsrückstellungen unter
         Berücksichtigung von SFAS 87 und SFAS 106, 1996, S. 36.
[49]   Vgl. Thoms-Meyer, Grundsätze ordnungsmäßiger Bilanzierung für Pensionsrückstellungen unter
         Berücksichtigung von SFAS 87 und SFAS 106, 1996, S. 37 f.
[50]   Vgl. Thoms-Meyer, Grundsätze ordnungsmäßiger Bilanzierung für Pensionsrückstellungen unter
         Berücksichtigung von SFAS 87 und SFAS 106, 1996, S. 49.
[51]   Vgl. Thoms-Meyer, Grundsätze ordnungsmäßiger Bilanzierung für Pensionsrückstellungen unter
         Berücksichtigung von SFAS 87 und SFAS 106, 1996, S. 51.
[52]   Vgl. BAG DB 1972, 1486; BAG DB 1982, 46.
[53]   Vgl. ADS EGHGB Art. 28 Rn. 20.
[54]   Vgl. Thoms-Meyer, Grundsätze ordnungsmäßiger Bilanzierung für Pensionsrückstellungen unter
         Berücksichtigung von SFAS 87 und SFAS 106, 1996, S. 52.
[55]   Vgl. Thoms-Meyer, Grundsätze ordnungsmäßiger Bilanzierung für Pensionsrückstellungen unter
         Berücksichtigung von SFAS 87 und SFAS 106, 1996, S. 44 f.

chen der Altersgrenze) erhoben werden. Die unverfallbaren Anwartschaften wurden beim Pensionssicherungsverein lediglich registriert.

Nach dem BFH dürfen für die registrierten Anwartschaften keine Rückstellungen **38** bei Unternehmen, die Leistungen der betrieblichen Altersversorgung gewähren und später zur Finanzierung der Anwartschaften herangezogen werden, gebildet werden.[56] Der BFH sieht die wirtschaftliche Ursache der künftigen Beitragszahlungen nicht im Entstehen des Anwartschaftsrechts, sondern im Beginn der zu erbringenden Leistungen. Dies widerspricht der Alimentationsformel, wonach den Erträgen alle Ausgaben gegenüberzustellen sind, welche die Erträge haben entstehen lassen (→ Rn. 19 f.).[57] Mit den künftigen Beiträgen an den Pensionssicherungsverein werden Leistungen abgegolten, die die insolvenzgesicherten Arbeitnehmer in der Vergangenheit erbracht haben. Strittig kann nur sein, ob die Beiträge als unmittelbare oder als mittelbare Pensionsverpflichtungen anzusehen sind. Die von der Finanzverwaltung vorgenommene Einschätzung als mittelbare Pensionsverpflichtungen, die nur passivierungsfähige, statt passivierungspflichtige Rückstellungen erzeugen würde, ist nicht sachgerecht. Mittelbare Pensionsverpflichtungen betreffen zB die eigenen Arbeitnehmer, während es hier um Leistungen an Arbeitnehmer anderer Unternehmen geht.[58]

Ab 2006 wurde die Finanzierung beim Pensionssicherungsverein auf volle Kapitalde- **39** ckung umgestellt. Damit werden neben den laufenden Betriebsrenten auch die unverfallbaren Anwartschaften im Insolvenzfall finanziert. Insofern gibt es keine unverfallbare Last des insolvenzgesicherten Unternehmens mehr, die zu einer Rückstellungsbildung führt.[59]

Zur Bewertung von Verbindlichkeits- inklusive Pensionsrückstellungen (§ 253 Abs. 1 **40** und Abs. 2) → § 253 Rn. 67 ff.

8. Regelungen nach IFRS. a) Rückstellungen und Eventualverbindlichkeiten. 41 Die dem HGB entsprechenden Rückstellungen für ungewisse Verbindlichkeiten und für drohende Verluste aus schwebenden Geschäften werden überwiegend in IAS 37 Rückstellungen, Eventualverbindlichkeiten und Eventualforderungen geregelt. Rückstellungen werden passiviert (IAS 37.13 (a)), Eventualverbindlichkeiten werden nur offengelegt (IAS 37.13 (b)). Rückstellungen und Eventualverbindlichkeiten werden auch behandelt in IFRS 3 Unternehmenszusammenschlüsse, IFRS 4 Versicherungsverträge, IFRS 15 Erlöse aus Verträgen, IFRS 16 Leasingverhältnisse, IAS 12 Ertragsteuern und IAS 19 Leistungen an Arbeitnehmer (IAS 37.5).

„Eine Rückstellung ist eine Schuld, die bezüglich ihrer Fälligkeit oder ihrer Höhe **42** ungewiss ist." (IAS 37.10) Sie ist nach IAS 37.14 dann und nur dann anzusetzen, wenn (a) ein Unternehmen eine gegenwärtige rechtliche oder faktische Verpflichtung als Resultat eines vergangenen Ereignisses hat, (b) es wahrscheinlich im Sinne von „more likely than not" (IAS 37.23) ist, dass zur Erfüllung der Verpflichtung ein Abfluss von Ressourcen mit wirtschaftlichem Nutzen erforderlich ist, und (c) die Höhe der Verpflichtung verlässlich geschätzt werden kann. Es wird explizit darauf hingewiesen, dass eine verlässliche Schätzung nur in äußerst seltenen Ausnahmefällen nicht möglich sein dürfte (IAS 37.26).

Rückstellungen erfassen nur Außenverpflichtungen: „Eine Verpflichtung betrifft immer **43** eine andere Partei, gegenüber der die Verpflichtung besteht." (IAS 37.20) Zwar zählen hierzu unter bestimmten Bedingungen[60] auch Aufwendungen für Restrukturierung, aber

---

56   Vgl. BFHE 166, 222 = BStBl. II 1992, 336 (339).
57   Moxter Bilanzrechtsprechung S. 126: „Bei einer Orientierung am Realisationsprinzip hätte die Entscheidung zu einem anderen Ergebnis führen müssen."
58   Vgl. Herzig StbJb 1985/86, 107; Thoms-Meyer, Grundsätze ordnungsmäßiger Bilanzierung für Pensionsrückstellungen unter Berücksichtigung von SFAS 87 und SFAS 106, 1996, S. 47 f.; Beck HdR/Scheffler B 233 Rn. 199 (alt).
59   Vgl. Beck HdR/Scheffler B 233 Rn. 486.
60   Neben den og allgemeinen Bedingungen werden weitere in IAS 37.72 genannt. Dazu zählt insbesondere die Existenz von einem „detaillierten, formalen Restrukturierungsplan", der bestimmte explizit genannte Sachverhalte als Mindestvoraussetzung enthalten muss.

daraus darf nicht geschlossen werden, dass Innenverpflichtungen passiviert werden dürfen.[61] Die Restrukturierungsaufwendungen müssen vielmehr die allgemeinen Rückstellungskriterien erfüllen, mithin eine faktische Verpflichtung darstellen. Zu ihnen zählen faktische Verpflichtungen (IAS 37.72) aufgrund der Aufgabe von Geschäftszweigen, der Schließung oder Verlagerung von Niederlassungen, von Veränderungen der Führungsstruktur und wesentlichen Reorganisationen mit Auswirkungen auf die Geschäftätigkeit (IAS 37.70).

44   Eine Eventualverbindlichkeit erfasst zwei Sachverhalte (IAS 37.10): Sie stellt (1) eine mögliche Verpflichtung dar, die aus vergangenen Ereignissen entsteht und deren Bestehen durch den Eintritt oder Nichteintritt eines oder mehrerer unsicherer künftiger Ereignisse, die nicht vollständig vom Unternehmen beherrscht werden können, erst bestätigt wird. Sie ist (2) eine gegenwärtige Verpflichtung, die auf vergangenen Ereignissen beruht, jedoch nicht erfasst wird, weil (i) ein Abfluss von Ressourcen mit wirtschaftlichem Nutzen zur Erfüllung dieser Verpflichtung nicht wahrscheinlich ist oder weil (ii) die Höhe der Verpflichtung nicht ausreichend verlässlich geschätzt werden kann. In beiden Fällen darf keine Rückstellung gebildet werden (IAS 37.27), sondern die Eventualverbindlichkeit muss offengelegt werden; es sei denn, der Abfluss des wirtschaftlichen Nutzens ist unwahrscheinlich (IAS 37.28). Dann unterbleibt auch die Offenlegung.

45   IAS 37.11 unterscheidet Rückstellungen von „sonstigen Schulden (…) sowie abgegrenzten Schulden". Danach sind abgegrenzte Schulden „Schulden zur Zahlung von erhaltenen oder gelieferten Gütern oder Dienstleistungen, die weder bezahlt wurden noch vom Lieferanten in Rechnung gestellt oder formal vereinbart wurden. Hierzu gehören auch an Mitarbeiter geschuldete Beträge (zum Beispiel im Zusammenhang mit der Abgrenzung von Urlaubsgeldern). Auch wenn zur Bestimmung der Höhe und des zeitlichen Eintretens der abgegrenzten Schulden gelegentlich Schätzungen erforderlich sind, ist die Unsicherheit im Allgemeinen deutlich geringer als bei Rückstellungen" (IAS 37.11(b)).[62]

46   **b) Ansatzzeitpunkt der Rückstellungen.** Die gegenwärtige Verpflichtung als Ergebnis eines vergangenen Ereignisses (IAS 37.10) muss hinreichend sicher sein. „Vereinzelt gibt es Fälle, in denen unklar ist, ob eine gegenwärtige Verpflichtung existiert. In diesen Fällen führt ein Ereignis der Vergangenheit zu einer gegenwärtigen Verpflichtung, wenn unter Berücksichtigung aller verfügbaren substanziellen Hinweise für das Bestehen einer gegenwärtigen Verpflichtung zum Abschlussstichtag mehr dafür als dagegen spricht" (IAS 37.15).

47   Das „Ereignis der Vergangenheit" wird als wenig aussagekräftig kritisiert.[63] Entscheidend für den Ansatz der Rückstellung ist neben der Tatsache, dass sie nicht im Zusammenhang mit „künftigen betrieblichen Verlusten" (IAS 37.63) gebildet werden darf, dass das Unternehmen „keine realistische Alternative" (IAS 37.17) hat, sich der Verpflichtung durch eigene Entscheidungen zu entziehen. Dies ist der Fall, wenn die Erfüllung der Verpflichtung durch Gesetz erzwungen werden kann oder – bei faktischen Verpflichtungen – wenn „das Ereignis (das aus einer Handlung des Unternehmens bestehen kann) gerechtfertigte Erwartungen bei anderen Parteien hervorruft, dass das Unternehmen die Verpflichtung erfüllen wird" (IAS 37.17 (b)).

48   Als kompensiert gilt nach der BFH-Rechtsprechung der Ausgleichsanspruch des Handelsvertreters nach § 89b,[64] dh eine Verbindlichkeitsrückstellung entfällt. Nach Förschle/Kroner/Heddäus verlangt IAS 37 hingegen die Passivierung nach Beendigung des Vertragsverhältnisses, „da das verpflichtende Ereignis, nämlich die rechtliche Entstehung des

---

[61]   So Moxter BB 1999, 520 („ … zB die aus dem Aufgeben bestimmter Produkte erwachsenden künftigen Demontagekosten bei Dritten …") und 524 („ … Durchbrechung des Prinzips der Außenverpflichtung …"). Anders Förschle/Kroner/Heddäus WPg 1999, 47, 50 und 52.

[62]   Krit. zur Abgrenzung Moxter BB 1999, 522.

[63]   Moxter BB 1999, 521: „Was IAS 37, 14(a) den past event nennt, könnte kaum unbestimmter sein (…)".

[64]   Vgl. BFHE 96, 101 = BStBl. II 1969, 581; Böcking, Verbindlichkeitsbilanzierung, 1994, S. 117 und 132.

Anspruchs, zu diesem Zeitpunkt eingetreten ist und sich das bilanzierende Unternehmen der Verpflichtung nicht mehr entziehen kann."[65]

c) Pensionsverpflichtungen. Pensionsverpflichtungen sind in IAS 19 (Leistungen an **49** Arbeitnehmer) geregelt. Die Leistungen beinhalten: (a) kurzfristig fällige Leistungen an Arbeitnehmer wie Löhne, Gehälter und Sozialversicherungsbeiträge, Urlaubs- und Krankengeld, Gewinn- und Erfolgsbeteiligungen sowie geldwerte Leistungen (wie medizinische Versorgung, Unterbringung und Dienstwagen sowie kostenlose oder vergünstigte Waren oder Dienstleistungen) für aktive Arbeitnehmer; (b) Leistungen nach Beendigung des Arbeitsverhältnisses wie Renten, sonstige Altersversorgungsleistungen, Lebensversicherungen und medizinische Versorgung; (c) andere langfristig fällige Leistungen an Arbeitnehmer, einschließlich Sonderurlaub nach langjähriger Dienstzeit und andere vergütete Dienstfreistellungen, Jubiläumsgelder oder andere Leistungen für langjährige Dienstzeit, Versorgungsleistungen im Falle der Erwerbsunfähigkeit und – sofern diese Leistungen nicht vollständig innerhalb von 12 Monaten nach Ende der Berichtsperiode zu zahlen sind – Gewinn- und Erfolgsbeteiligungen, sowie später fällige Vergütungsbestandteile; und (d) Leistungen aus Anlass der Beendigung des Arbeitsverhältnisses (IAS 19.4).

Bei Pensionsverpflichtungen wird zwischen beitragsorientierten und leistungsorientier- **50** ten Plänen unterschieden (IAS 19.26–152). Im ersten Fall zahlt das Unternehmen feste Beiträge in einen Fonds und hat keine rechtliche oder faktische Verpflichtung, weitere Beiträge zu leisten, falls der Fonds nicht genügend Vermögen hat, um alle Leistungsverpflichtungen zu bedienen, die die Arbeitnehmer in der gegenwärtigen oder einer früheren Periode verdient haben (IAS 19.8). Leistungsorientierte Pläne sind solche Altersversorgungen, die keine beitragsorientierten Pläne darstellen (IAS 19.8).

Ausstehende Beiträge führen bei einem beitragsorientierten Plan zu Aufwand und einer **51** Verbindlichkeit (IAS 19.50).

Bei einem leistungsorientierten Plan besteht grundsätzlich Passivierungspflicht für die **52** Pensionsverpflichtungen, die nicht durch das Fondsvermögen (IAS 19.113) gedeckt sind (IAS 19.63). Zur Bestimmung des Barwertes der Leistungsverpflichtungen ist die „Methode der laufenden Einmalprämien" (IAS 19.67) heranzuziehen.

IV. Drohverlustrückstellungen

1. Inhalt. Drohverlustrückstellungen erfassen nicht beliebige Verluste, die drohen, son- **53** dern nur drohende Verluste aus schwebenden Geschäften. Als schwebend gilt nach hM ein zweiseitig verpflichtender Vertrag, der auf einen Leistungsaustausch gerichtet ist und bei dem der zur Sach- oder Dienstleistung Verpflichtete noch nicht erfüllt hat.[66] „Dieses enge Verständnis eines Geschäfts greift indes zu kurz und kann höchstens als Typisierung dienen. Bei der Beurteilung, ob ein schwebendes Geschäft vorliegt, muss auch der wirtschaftliche Kontext des Sachverhalts berücksichtigt werden. In diesem Sinne erfüllt auch bereits ein bindendes Vertragsangebot den Geschäftsbegriff. Gleiches gilt für nichtige Verträge, die von den Vertragsparteien aber als wirksam betrachtet werden."[67] Die Ansprüche aus dem Vertrag bleiben bei Ausgeglichenheit unbilanziert. Bei Unausgeglichenheit resultieren unterschiedliche Folgen: Vorleistungen im Rahmen schwebender Geschäfte werden als Rechnungsabgrenzungsposten bilanziert; im Falle eines drohenden Verlustes aus einem schwebenden Geschäft muss, entsprechend dem Imparitätsprinzip, eine Drohverlustrückstellung gebildet werden (Abs. 1 S. 1). Die Rückstellung ist auch dann zu bilden, wenn das verlustbringende Geschäft bewusst eingegangen wurde.[68]

---

[65] Förschle/Kroner/Heddäus WPg 1999, 46.
[66] Vgl. BFHE 164, 448 = BStBl. II 1991, 620.
[67] HdJ/Wüstemann/Rost Abt. III/5 Rn. 88 mit Bezug auf weitere Literatur.
[68] Vgl. BFH BFHE 139, 244 = BStBl. II 1984, 59; BeBiKo/Schubert Rn. 99; Woerner FR 1984, 493; aA Weber-Grellet SteuerBilanzR S. 156.

54   Die schwebenden Geschäfte können Absatz- oder Beschaffungsgeschäfte darstellen und einmalig oder mehrmalig stattfinden.[69] Eine besondere Form des mehrmaligen Leistungsaustausches stellen Dauerschuldverhältnisse dar. Sie haben über einen längeren Zeitraum ein dauerndes Verhalten oder eine in bestimmten Zeitabschnitten wiederkehrende einzelne Leistung zum Inhalt, wobei eine Kündigung nur unter bestimmten Bedingungen möglich ist.[70]

55   Verluste aus schwebenden Geschäften drohen, wenn der Wert der Leistung den Wert der Gegenleistung überschreitet. Hierbei ist der Blick in die Zukunft gerichtet, dh bei Dauerschuldverhältnissen interessiert allein der noch nicht abgewickelte Teil.[71] Soweit Leistungen in der Vergangenheit nicht erbracht wurden, liegt ein Erfüllungsrückstand vor, der zu einer Verbindlichkeit oder einer Verbindlichkeitsrückstellung führt.

56   Der Beginn des Schwebezustands des Geschäftes ist nicht zwingend der Vertragsabschluss (s.o. Rn. 53).[72] Bilanzrechtlich beginnt der Schwebezustand schon mit der faktischen Bindung des Kaufmanns durch ein Vertragsangebot, dessen Annahme hinreichend sicher zu erwarten ist.[73] Er endet grundsätzlich mit der Absatzleistung. Liegt der Realisationszeitpunkt vor dem Zugang des wirtschaftlichen Eigentums (zB beim Versendungskauf), so endet der Schwebezustand erst mit dem Zugang.[74] Ein schwebendes Geschäft liegt auch bei bürgerlich-rechtlich nichtigem Vertrag vor, wenn die Geschäftspartner ihn als wirksam betrachten.[75]

57   **2. Abgrenzung zu Verbindlichkeitsrückstellungen.** Drohverlustrückstellungen unterscheiden sich von Verbindlichkeitsrückstellungen auf dreifache Art:[76] Erstens wird bei Drohverlustrückstellungen ein Verpflichtungsüberschuss durch Saldierung künftiger Ausgaben mit künftigen Einnahmen ermittelt, so dass nur diese Differenz passiviert wird. Dagegen wird bei einer Verbindlichkeitsrückstellung die gesamte Verpflichtung passiviert. Zweitens sind Drohverlustrückstellungen zukunftsorientiert, weil sich der zu erfassende Verlust allein auf die Zukunft bezieht, während Verbindlichkeitsrückstellungen an realisierten Erträgen der Vergangenheit anknüpfen. Drittens gehen Verbindlichkeitsrückstellungen auf das Realisationsprinzip zurück, während Drohverlustrückstellungen Ausfluss des Imparitätsprinzips sind. Gemeinsam ist beiden die Orientierung an Außenverpflichtungen.

58   **3. Bemessung des Drohverlustes. a) Bilanzrechtliches Synallagma.** Für die Ermittlung des Drohverlusts sind die Abgrenzung des schwebenden Geschäfts, dh der einzubeziehenden Leistungen und Gegenleistungen, und die Bewertung der Leistungskomponenten nötig. Insofern sind die Fragen von Ansatz und Bewertung miteinander verbunden.[77]

59   Das schwebende Geschäft ist nicht zivilrechtlich abzugrenzen. Es gilt stattdessen ein bilanzrechtliches Synallagma:[78] Zu dem schwebenden Geschäft gehören auch Aufwendungen aus anderen Rechtsbeziehungen, soweit sie ursächlich den Erträgen aus dem zu bewertenden Vertrag gegenüberzustellen sind.[79] Erträge sind zu berücksichtigen, wenn sie ohne das zu bewertende Geschäft nicht entstanden wären (zB Zuschüsse).[80] Das stellt zwar klar,

---

69   Vgl. auch BeBiKo/Schubert Rn. 88 f.
70   Vgl. Larenz SchuldR AT 29–31; Thies, Rückstellungen als Problem der wirtschaftlichen Betrachtungsweise, 1996, S. 79.
71   Vgl. Beck HdR/Scheffler B 233 Rn. 326; BeBiKo/Schubert Rn. 119; Ballwieser ZfbF 1989, 965; Thies, Rückstellungen als Problem der wirtschaftlichen Betrachtungsweise, 1996, S. 209.
72   Vgl. Jüttner, GoB-System, Einzelbewertungsgrundsatz und Imparitätsprinzip, 1993, S. 182; IDW RS HFA 4 Rn. 7 f.; BeBiKo/Schubert Rn. 91.
73   Vgl. zB Babel ZfB 1998, 829. Nach BFHE 137, 427 = BStBl. II 1983, 363 ist Sicherheit verlangt. Das ist zu weitgehend.
74   Vgl. Jüttner, GoB-System, Einzelbewertungsgrundsatz und Imparitätsprinzip, 1993, S. 185.
75   Vgl. Woerner FR 1984, 490; BeBiKo/Schubert Rn. 91.
76   Vgl. Groh BB 1988, 27; Thies, Rückstellungen als Problem der wirtschaftlichen Betrachtungsweise, 1996, S. 81.
77   Vgl. Jüttner, GoB-System, Einzelbewertungsgrundsatz und Imparitätsprinzip, 1993, S. 185.
78   Vgl. Herzig ZfB 1988, 215.
79   Vgl. BeBiKo/Schubert Rn. 103; Babel ZfB 1998, 830 f.
80   Vgl. Groh BB 1988, 29; BeBiKo/Schubert Rn. 103.

dass nicht die kleinste zivilrechtliche Einheit die Verlustkalkulation bestimmt, grenzt aber die Bewertungseinheit noch nicht abschließend ab.[81]

Nicht zwingend ist es, dass die Gegenleistung aktivierbar ist.[82] Ihr Empfang kann zu **60** Aufwand führen. Jedoch müssen die mit dem schwebenden Geschäft verbundenen Aufwendungen und Erträge greifbar sein. Das ist mit einer „Erhöhung des Ansehens" bei Abschluss von Ausbildungsverhältnissen nicht gegeben.[83] Umstritten war dies beim „Standortvorteil", den eine Apotheke bei der Anmietung und anschließend mit Verlust erfolgenden Untervermietung von im Nachbargebäude gelegenen Räumen an einen Arzt hatte.[84] Für einen „sich bei isolierter Betrachtung nur der vertraglichen Hauptleistungen" ergebenden Verlust dürfe keine Rückstellung gebildet werden, wenn er „durch wirtschaftliche Vorteile aus dem Geschäft in seiner Gesamtheit kompensiert wird".[85]

Grundsätzlich ist auf einzelne Verträge abzustellen, nicht auf eine Summe gleichartiger **61** Verträge. Auch ist eine Saldierung mit Vorteilen aus andersartigen Verträgen grds. unzulässig. Eine Ausnahme resultiert, wenn die Verträge wirtschaftlich als Einheit zu betrachten sind. Das gilt zB bei Kurssicherungsgeschäften zu einem Grundgeschäft.[86]

b) Bewertungsgrundsatz. Soweit mit den schwebenden Geschäften aktivierungs- **62** pflichtige Vermögensgegenstände verbunden sind, antizipiert die Drohverlustrückstellung die aus dem Niederstwertprinzip folgende Bestandsbewertung. Drohverlustrückstellung und Niederstwertprinzip haben im Imparitätsprinzip ihre gemeinsame Basis. So ist zB bei einem schwebenden Beschaffungsgeschäft der Wert von Leistung und Gegenleistung gegenüberzustellen. Die Ermittlung des Wertes der Gegenleistung von aktivierungspflichtigen Gütern orientiert sich an der Bewertung der Bestände von Anlage- und Umlaufvermögen. Während bei einem bereits im Bestand befindlichen Vermögensgegenstand eine Abwertung auf den sich aus dem Börsen- oder Marktpreis ergebenden Wert (Umlaufvermögen) oder den beizulegenden Wert (Anlage- und Umlaufvermögen) stattfindet, wenn der jeweils relevante Wert (bei Anlagevermögen nicht nur vorübergehend) unter den Anschaffungs- oder Herstellungskosten liegt, kann diese Abwertung bei schwebenden Geschäften noch nicht erfolgen. Die Drohverlustrückstellung antizipiert die Abwertung und muss deshalb die für die Bestandsbewertung relevanten Werte berücksichtigen. Anders ist dies allein bei nicht aktivierungsfähigen Gütern, die ebenfalls eine Drohverlustrückstellung rechtfertigen können. Hier können Fehlmaßnahmen der Grund sein.[87]

c) Einmalige Beschaffungsgeschäfte. Bei Beschaffungsgeschäften ergibt sich die **63** Leistung idR aus dem Kaufpreis. Er ist dem Wert des zu beschaffenden Gegenstandes gegenüberzustellen. Dieser ergibt sich aus dem (erwarteten) Veräußerungspreis des Gegenstands. Eine Orientierung an gesunkenen Wiederbeschaffungskosten würde Opportunitätskosten anstelle von Verlusten erfassen.[88] Dies gibt bei Waren keinen Sinn, wird aber erlaubt bei Anlagevermögen.[89]

Beispiel: Beschaffungspreis einer Ware laut Kaufvertrag 800 GE. Wiederbeschaffungs- **64** preis am Bilanzstichtag 700 GE. Erwarteter Veräußerungspreis 900 GE. Es droht kein Verlust aus dem schwebenden Geschäft, da der Gegenstand mit Gewinn verkauft werden kann.

---

[81] Vgl. Jüttner, GoB-System, Einzelbewertungsgrundsatz und Imparitätsprinzip, 1993, S. 187.

[82] Vgl. BFHE 130, 165 = BStBl. II 1980, 297 und IDW RS HFA 4 Rn. 32. Anders BFHE 146, 146 = BStBl. II 1986, 465.

[83] Anders BFHE 170, 247 = BStBl. II 1993, 441.

[84] Den Einbezug befürwortete der Vorlagebeschluss des BFHE 171, 455 = BStBl. II 1993, 855. Abl. hingegen der Große Senat in BFHE 183, 199 = BStBl. II 1997, 735. Gegen Einbezug Thies, Rückstellungen als Problem der wirtschaftlichen Betrachtungsweise, 1996, S. 154: Standort hat kaum quantifizierbaren und nachprüfbaren positiven Einfluss auf Umsatzentwicklung. Vgl. zum Austausch der Argumente auch Babel ZfB 1998, 831–834 und 837–838.

[85] BFHE 183, 199 = BStBl. II 1997, 735.

[86] Vgl. Weber-Grellet SteuerBilanzR S. 155; BeBiKo/Schubert Rn. 104.

[87] Vgl. BeBiKo/Schubert Rn. 114.

[88] Vgl. Thies, Rückstellungen als Problem der wirtschaftlichen Betrachtungsweise, 1996, S. 133 und 136.

[89] Vgl. BeBiKo/Schubert Rn. 111; Jüttner, GoB-System, Einzelbewertungsgrundsatz und Imparitätsprinzip, 1993, S. 200.

65   **d) Einmalige Absatzgeschäfte.** Bei schwebenden Absatzgeschäften drohen Verluste, wenn die Anschaffungs- oder Herstellungskosten des zu liefernden Gegenstandes den vertraglich festgelegten Absatzpreis übersteigen. Während die Anschaffungskosten kein Ermittlungsproblem enthalten, ist unklar, wie die Herstellungskosten zu kalkulieren sind. Gelten Teilkosten im Sinne von Einzelkosten, variable (beschäftigungsabhängige) Kosten oder Vollkosten (Einzel- oder variable Kosten zuzüglich anteiliger Gemeinkosten)? Gelten Kosten am Bilanzstichtag oder sind erwartete zukünftige Kosten einzubeziehen? Wie sind Gewinnzuschläge zu behandeln?

66   Die Literatur verlangte in der Vergangenheit mindestens die Saldierung von variablen Kosten, erlaubte aber auch den Ansatz von Vollkosten.[90] ZT wurde die Antwort davon abhängig gemacht, ob der zu betrachtende Auftrag wegen voller Kapazität andere lukrative Aufträge verdrängt.[91] Wenn dies nicht gegeben ist, seien variable Kosten anzusetzen. Andernfalls sollte die Differenz zwischen den Absatzpreisen der beiden Geschäfte (= entgangener Ertrag) auf die variablen Kosten addiert werden, bis die Vollkosten erreicht sind. Hiergegen spricht, dass entgehende Mehrerlöse meist nicht nachprüfbar nachzuweisen sind.[92]

67   Aus der Korrespondenz von Bestandsbewertung und Drohverlustermittlung wird heute ein sehr eingeschränktes Wahlrecht für sinnvoll gehalten:[93] § 255 Abs. 2 S. 2 geht bereits in Richtung eines Vollkostenansatzes für die Bestandsbewertung an unfertigen und fertigen Erzeugnissen, weil auf die Einzelkosten angemessene Teile von Material- und Fertigungsgemeinkosten sowie Abschreibungen addiert werden müssen. Die Bestände würden ohne Abwertungszwang zu diesen Kosten bewertet; da kann für die Drohverlustermittlung nichts anderes gelten. Dasselbe gilt für den Ansatz von Beständen, wenn wahlweise in deren Werte noch die in § 255 Abs. 2 S. 3 angesprochenen weiteren Gemeinkostenkomponenten einfließen. Nur in diesem Fall sind diese Kosten für die Ermittlung der Voraussetzungen zur Bildung einer Drohverlustrückstellung relevant.

68   Erwartete Kostensteigerungen oder -senkungen sind bei hinreichend sicherer Erwartung zu antizipieren. Das Imparitätsprinzip verlangt eine Gegenüberstellung künftiger Aufwendungen und Erträge.[94] Der Hinweis auf das Stichtagsprinzip bei der Bestandsbewertung trägt nicht: Bestände liegen am Bilanzstichtag noch nicht vor. Die Bestandsbewertung hätte der bis zum Bilanzstichtag erfolgenden Preissteigerung aber Rechnung zu tragen. Diese Meinung wird – zu Unrecht – vom BFH nicht akzeptiert.[95]

69   Gewinnzuschläge und kalkulatorische Kosten dürfen in die Bewertung der Leistungen nicht eingerechnet werden. Entgangene Gewinne sind keine Verluste im Sinne des Bilanzrechts. Kalkulatorische Kosten sind nicht zahlungswirksam. Ihr Ansatz würde der Zahlungsbemessungsfunktion des Jahresabschlusses ebenso wenig wie dem Anspruch der Gesellschafter auf eine Mindestausschüttung gerecht werden, weil das Management beliebige Posten ansetzen könnte.

70   **e) Dauerschuldverhältnisse.** Bei Dauerschuldverhältnissen, zB aus Kredit-, Miet-, Leasing- und Arbeitsverträgen, resultieren besondere Probleme der Ermittlung des Wertes der Gegenleistung. Will man keine Opportunitätskosten erfassen, können nach Vertragsabschluss gesunkene Kreditzinsen, Miet- und Leasingraten sowie Arbeitskosten keine Drohverluste erzeugen. Für Dauerschuldverhältnisse gilt eine Ausgeglichenheitsvermutung: Leistung und Gegenleistung entsprechen sich wertmäßig.[96] Das ist insbesondere für die Bewertung von Arbeitsverhältnissen vorteilhaft. Eine Drohverlustrückstellung wird vom BFH nur zuge-

---

[90]   Vgl. BeBiKo/Hoyos/M. Ring, 6. Aufl. 2006, § 253 Rn. 169.
[91]   Vgl. Forster WPg 1971, 394.
[92]   Vgl. BeBiKo/Hoyos/M. Ring, 6. Aufl. 2006, § 253 Rn. 170.
[93]   Vgl. BeBiKo/Schubert § 253 Rn. 170. Einschr. Thies, Rückstellungen als Problem der wirtschaftlichen Betrachtungsweise, 1996, S. 131.
[94]   Vgl. BeBiKo/Schubert § 253 Rn. 173; Woerner StbJb 1984/85, 197 f.
[95]   Vgl. BFHE 139, 244 = BStBl. II 1984, 56; BFHE 137, 25 = BStBl. II 1983, 104; Weber-Grellet SteuerBilanzR S. 158.
[96]   Vgl. Thies, Rückstellungen als Problem der wirtschaftlichen Betrachtungsweise, 1996, S. 138.

lassen, wenn der Betrieb „in einem ungewöhnlichen Maße belastet ist, weil der Arbeitnehmer keinen oder keinen nennenswerten Erfolgsbeitrag mehr erbringt."[97]

Strittig war, ob sich die Verlustermittlung allein auf die Zukunft eines Dauerschuldverhältnisses (Restwertbetrachtung) oder auf das gesamte Vertragsverhältnis ab dem Zeitpunkt seiner Begründung (Ganzheitsbetrachtung) bezieht. Nach dem VIII. und dem IV. Senat des BFH war eine Ganzheitsbetrachtung anzustellen,[98] nach dem I. Senat war die Restwertbetrachtung maßgeblich.[99] Nur das letzte kann überzeugen.[100] Soweit sich in der Vergangenheit Leistung und Gegenleistung ausgeglichen haben, besteht kein schwebendes Geschäft mehr.[101] Für die Drohverlustrückstellung sind nur künftige Aufwendungen und Erträge und deren Unausgeglichenheit maßgeblich. **71**

f) Abzinsung. Die Abzinsung bei Drohverlustrückstellungen war lange Zeit strittig. **72** Der BFH verlangte zT die Abzinsung künftiger Erträge und Aufwendungen zur Ermittlung des Drohverlustes,[102] zT berechnete er den Drohverlust ohne Abzinsung.[103] Nach dem BMF-Schreiben v. 17.8.1998 (BStBl. I 1998, 1045 = DB 1998, 1739) waren Rückstellungen für drohende Verluste aus schwebenden Mietverhältnissen abzuzinsen. Nach dem Ergebnis einer Erörterung mit den obersten Finanzbehörden der Länder wurde mit dem BMF-Schreiben v. 1.3.2002, DB 2002, 609, an dieser Auffassung nicht mehr festgehalten; das BMF-Schreiben v. 17.8.1998 wurde aufgehoben. Neuere Urteile fehlen, weil Drohverlustrückstellungen steuerlich nicht mehr erlaubt wurden.

Rückstellungen durften gem. § 253 Abs. 1 S. 2 aF nur abgezinst werden, soweit die **73** ihnen zugrunde liegenden Verbindlichkeiten einen Zinsanteil enthielten. Diese Formulierung schien allein auf die Abzinsung von Verbindlichkeitsrückstellungen zu verweisen, von denen Drohverlustrückstellungen unterschieden werden müssen. Aber auch davon abgesehen, wäre die Abzinsung falsch erschienen, da die gegenüberzustellenden Aufwendungen und Erträge aus dem schwebenden Geschäft regelmäßig keinen Zinsanteil enthalten. Man würde gegen das Prinzip der verlustfreien Bewertung verstoßen. Die Abzinsung dieser Größen in der BFH-Rechtsprechung wurde deshalb zu Recht kritisiert.[104] Das Gegenargument, wonach zukünftige Zahlungen aus Sicht des Bewertungsstichtags weniger wert sind, trifft ökonomisch gesehen zu. Jedoch ist die Art der Gewinn- und Verlusterfassung im Bilanzrecht eine andere als die ökonomische: Gewinne und Verluste entstehen durch eine Saldierung periodenbezogener, undiskontierter Erträge und Aufwendungen. Langfristige Verbindlichkeiten werden ebenfalls nicht diskontiert, wenn man die vertragsgemäße Erfüllung erwartet (§ 253 Abs. 1 S. 2). Hintergrund ist das Realisationsprinzip. Die Abzinsung einer Verbindlichkeit führt zu einem unrealisierten Gewinn.[105]

Trotz dieser Argumente sind Rückstellungen mit einer Restlaufzeit von mehr als einem **74** Jahr abzuzinsen (§ 253 Abs. 2 S. 1 und 2). Nach der Begründung des BilMoG-RegE „kann nicht unberücksichtigt bleiben, dass die in den Rückstellungen gebundenen Finanzmittel investiert und daraus Erträge realisiert werden können".[106] Das unterstellt im Unternehmen vorhandene Mittel in Höhe des zur Bildung der Rückstellung erfassten Aufwands und

97 BFHE 146, 146 = BStBl. II 1986, 467; vgl. Ballwieser ZfbF 1989, 967; Thies, Rückstellungen als Problem der wirtschaftlichen Betrachtungsweise, 1996, S. 139.
98 Vgl. BFHE 139, 244 = BStBl. II 1984, 56; BFHE 151, 153 = BStBl. II 1988, 57.
99 Vgl. BFHE 140, 449 = BStBl. II 1984, 344.
100 Vgl. Beck HdR/Scheffler B 233 Rn. 326; BeBiKo/Schubert Rn. 119; Ballwieser ZfbF 1989, 965; Thies, Rückstellungen als Problem der wirtschaftlichen Betrachtungsweise, 1996, S. 209; IDW RS HFA 4 Rn. 14.
101 Vgl. Weber-Grellet SteuerBilanzR S. 159.
102 Vgl. BFH BB 1993, 1981 (1984).
103 Vgl. BFHE 185, 144 = BStBl. II 1998, 331.
104 Vgl. Thies, Rückstellungen als Problem der wirtschaftlichen Betrachtungsweise, 1996, S. 129 f. und 159 f.
105 Vgl. Ballwieser ZfbF 1989, 967; aA Jüttner, GoB-System, Einzelbewertungsgrundsatz und Imparitätsprinzip, 1993, S. 241 f.; er will die einem Bewertungsobjekt zuzurechnenden periodischen Aufwands- und Ertragsüberschüsse mit einem einheitlichen Zinssatz diskontieren.
106 BR-Drs. 344/08, 116; Petersen/Zwirner BilMoG S. 201.

antizipiert mit ihnen verbundene unrealisierte Erträge.[107] Die Rückstellungen werden damit grundsätzlich anders als sichere Verbindlichkeiten, zB aus Lieferbeziehungen, behandelt (eine Ausnahme gilt für Rentenverpflichtungen ohne Gegenleistung gem. § 253 Abs. 2 S. 3), und es gibt keine Ausnahmeregelung hinsichtlich einer Abzinsung für Rückstellungen für drohende Verluste aus schwebenden Geschäften. Das ist inkonsistent und ändert das vor Verabschiedung des BilMoG geltende Verständnis verlustfreier Bewertung. Es wird zu Recht als Verstoß gegen die GoB, konkret: das Realisations- und das Imparitätsprinzip, gewertet.[108]

75   **4. Keine Konkurrenz von Drohverlustrückstellungen mit Abschreibungen.**
Eine Konkurrenz von Drohverlustrückstellungen mit Abschreibungen ist nicht denkbar: Bei schwebenden Beschaffungsgeschäften liegen keine aktivierbaren Bestände vor, die abgeschrieben werden könnten. Bei schwebenden Absatzgeschäften muss ein Verlust durch Abwertung der unfertigen oder fertigen Erzeugnisse erfasst werden;[109] Drohverlustrückstellungen können nur den Verlustbetrag betreffen, der über das Abschreibungspotential hinausgeht.

76   **5. Regelungen nach IFRS.** IAS 37.66 verlangt Rückstellungen für drohende Verluste aus belastenden Verträgen, bei denen die unabwendbaren eigenen Verpflichtungen die erwartete Gegenleistung übersteigen. Das Unternehmen hat hierbei die jeweils günstigeren finanziellen Folgen von Vertragserfüllung und Vertragsausstieg (den Mindestbetrag der unvermeidbaren Nettokosten) zu berücksichtigen (IAS 37.68). Das heißt, es sind nur diejenigen Verluste zu erfassen, denen sich das Unternehmen, durch welche Politik auch immer, nicht entziehen kann („Unentziehbarkeitstheorem").[110] Kann der Vertrag (beispielsweise ein Standard-Kaufauftrag) ohne Zahlung einer Entschädigung an die andere Partei storniert werden, besteht keine Verpflichtung zur Bildung einer Drohverlustrückstellung (IAS 37.67).

77   Genaue Regeln für die Ermittlung des drohenden Verlustes fehlen. Insbesondere wird die Frage der Abzinsung im Zusammenhang mit schwebenden Geschäften nicht eigenständig behandelt. Man wird davon ausgehen müssen, dass die allgemeine Regelung über Rückstellungen anzuwenden ist. Danach gilt: „Bei einer wesentlichen Wirkung des Zinseffektes ist im Zusammenhang mit der Erfüllung der Verpflichtung eine Rückstellung in Höhe des Barwerts der erwarteten Ausgaben anzusetzen." (IAS 37.45) Der Abzinsungssatz hat „die aktuellen Markterwartungen im Hinblick auf den Zinseffekt sowie die für die Schuld spezifischen Risiken" widerzuspiegeln. „Risiken, an die die Schätzungen künftiger Cashflows angepasst wurden, dürfen keine Auswirkung (…) haben." (beide Zitate IAS 37.47) Das im Anhang C von IAS 37 gebrachte Beispiel 8 über einen Leasingvertrag mit drohenden Verlusten aus den Leasingraten der nächsten 4 Jahre erwähnt hingegen die Diskontierung nicht.

V. Aufwandsrückstellungen

78   **1. Inhalt.** Aufwandsrückstellungen heißen jene Rückstellungen, denen keine (unsichere) Außenverpflichtung zugrunde liegt. Hierzu zählen die Rückstellungen für Aufwendungen für im Geschäftsjahr unterlassene Instandhaltung und unterlassene Abraumbeseitigung, soweit keine rechtliche oder faktische Verpflichtung am Bilanzstichtag vorliegt. Beide Rückstellungen sind passivierungspflichtig (Abs. 1 S. 2 Nr. 1).

79   **2. Rückstellungen für unterlassene Instandhaltung.** Unterlassene Instandhaltung bezieht sich auf am Bilanzstichtag vorhandene abnutzbare Gegenstände des Sachanlagevermögens. Unterlassene Instandhaltung führt normalerweise zu einer Wertminderung. Statt der Vornahme einer außerordentlichen Abschreibung (Teilwertabschreibung bzw. Absetzung

---

[107]   So auch BR-Drs. 344/08, 121; Petersen/Zwirner BilMoG S. 204: „die mit der Abzinsung verbundene Einschränkung des (…) Realisationsprinzips".

[108]   Vgl. Solmecke, Auswirkungen des Bilanzrechtsmodernisierungsgesetzes (BilMoG) auf die handelsrechtlichen Grundsätze ordnungsmäßiger Buchführung, 2009, S. 216 f.; Küting/Pfitzer/Weber, Das neue deutsche Bilanzrecht/Küting/Cassel/Metz, 2. Aufl. 2009, S. 330; Wüstemann/Wüstemann FS Krawitz, 2010, 768 f.; Schulze-Osterloh BB 2003, 354 f.

[109]   Vgl. auch BeBiKo/Schubert Rn. 108.

[110]   Vgl. Moxter BB 1999, 521.

für außergewöhnliche Abnutzung) hat der BFH die Bildung einer Rückstellung aus Vereinfachungsgründen akzeptiert. Zwar sei die mangelnde Instandhaltung grds. durch Abschreibungen zu berücksichtigen, aber wenn dies nicht geschehe, „so bestehen keine Bedenken, den Betrag für die Kosten der Instandhaltung unter den Passiven der Bilanz einzusetzen."[111] Verlangt werden geringfügige zeitliche Verschiebungen der Instandhaltung. Diese lägen vor, „wenn die Instandhaltungsarbeiten innerhalb von drei Monaten nach dem Bilanzstichtag durchgeführt worden sind".[112] Spätere Urteile haben hiergegen erhebliche Bedenken geäußert[113] oder die Rückstellungsbildung verneint.[114] Trotz dieser Entwicklung wurden die Rückstellungen für unterlassene Aufwendungen, die im folgenden Geschäftsjahr innerhalb von drei Monaten nachgeholt werden, im Handelsrecht passivierungspflichtig, um – wie die Begründung des Regierungsentwurfs des BiRiLiG ausführt – die steuerrechtliche Anerkennung nicht zu gefährden.[115] Ein handelsrechtliches Wahlrecht wäre steuerrechtlich unerheblich gewesen, hätte mithin nach dem Beschluss des Großen Senats v. 3.2.1969[116] zu einem Passivierungsverbot geführt.

Die Ableitung dieser Rückstellung aus den handelsrechtlichen GoB misslingt. Würde **80** sie den GoB entsprechen, hätte ihre steuerliche Anerkennung durch eine handelsrechtliche Passivierungspflicht nicht gesichert werden müssen. Da eine eigenständige steuerrechtliche Regelung fehlt, gilt § 5 Abs. 1 S. 1 EStG, wonach die handelsrechtlichen GoB für den Ansatz des Betriebsvermögens und damit für die Gewinnermittlung maßgeblich sind. Entsprächen diese Rückstellungen den handelsrechtlichen GoB, so hätte man sowohl auf die explizite Regelung in § 249 verzichten können als auch die Begründung für die steuerrechtliche Anerkennung verändern müssen. Der Beschluss des Großen Senats wäre insofern überholt gewesen.

Die Instandhaltung kann durch das Unternehmen selbst oder durch fremde Dritte **81** durchgeführt werden. Ihre Unterlassung im laufenden Geschäftsjahr muss durch Pläne dokumentiert sein. Soweit die Nachholung der unterlassenen Instandhaltung bis zur Aufstellung des Jahresabschlusses noch nicht realisiert wurde, muss sie erwartungsgemäß in den ersten drei Monaten nachgeholt werden, damit die Rückstellungspflicht greift.

3. Rückstellungen für unterlassene Abraumbeseitigung. Die unterlassene **82** Abraumbeseitigung muss eine Innenverpflichtung darstellen, darf also zB nicht auf eine rechtliche oder faktische Verpflichtung zurückgehen. Zu den Fällen mit öffentlich-rechtlicher Verpflichtung vgl. BFH v. 19.5.1983.[117]

Die Rückstellungen haben wie diejenigen für unterlassene Instandhaltung einen steuer- **83** rechtlichen Hintergrund. Der BFH hatte 1951 solche Rückstellungen als reine Innenverpflichtungen zugelassen. Einem Steinbruchunternehmen waren wegen Arbeitskräftemangels Sicherungsarbeiten unmöglich. Damit fehlte „Aufwand für das gebrochene Gestein".[118] Er behandelte damals den Tatbestand als eine selbstständig bewertungsfähige Last.

4. Regelungen nach IFRS. Eine Rückstellung ist nach IFRS „eine Schuld, die **84** bezüglich ihrer Fälligkeit oder ihrer Höhe ungewiss ist" (IAS 37.10). Sie ist dann und nur dann anzusetzen, wenn ein Unternehmen eine gegenwärtige rechtliche oder faktische Verpflichtung als Resultat eines vergangenen Ereignisses hat (IAS 37.10). Da eine Verpflichtung stets als Außenverpflichtung verstanden wird (IAS 37.20: „Eine Verpflichtung betrifft immer eine andere Partei, gegenüber der die Verpflichtung besteht."), gibt es die oben genannten Aufwandsrückstellungen nicht.

---

[111]   BFHE 60, 448 = BStBl. III 1955, 172. Vgl. zur umfangreicheren Entstehungsgeschichte Moxter Bilanzrechtsprechung S. 93–96.
[112]   BFHE 60, 448 = BStBl. III 1955, 172.
[113]   Vgl. BFHE 115, 362 = BStBl. II 1975, 535.
[114]   Vgl. BFHE 139, 398 = BStBl. II 1984, 277.
[115]   BT-Drs. 10/317 nach Biener/Bernecke BiRiLi S. 84.
[116]   Vgl. BFHE 95, 31 = BStBl. II 1969, 291.
[117]   BFHE 139, 41 = BStBl. II 1983, 670. Ferner Esser StbJb 1984/85, 155.
[118]   BFHE 55, 517 = BStBl. III 1951, 211.

VI. Auflösung von Rückstellungen

85   Rückstellungen dürfen nur aufgelöst werden, soweit der Grund hierfür entfallen ist. In diesem Fall sind sie auch zwingend aufzulösen.

§ 250 Rechnungsabgrenzungsposten

(1) Als Rechnungsabgrenzungsposten sind auf der Aktivseite Ausgaben vor dem Abschlußstichtag auszuweisen, soweit sie Aufwand für eine bestimmte Zeit nach diesem Tag darstellen.

(2) Auf der Passivseite sind als Rechnungsabgrenzungsposten Einnahmen vor dem Abschlußstichtag auszuweisen, soweit sie Ertrag für eine bestimmte Zeit nach diesem Tag darstellen.

(3) [1]Ist der Erfüllungsbetrag einer Verbindlichkeit höher als der Ausgabebetrag, so darf der Unterschiedsbetrag in den Rechnungsabgrenzungsposten auf der Aktivseite aufgenommen werden. [2]Der Unterschiedsbetrag ist durch planmäßige jährliche Abschreibungen zu tilgen, die auf die gesamte Laufzeit der Verbindlichkeit verteilt werden können.

Schrifttum: Ahrens, Rechnungsabgrenzungsposten nach neuem Aktienrecht, DB 1968, 273; Bachem, Das Auszahlungsdisagio in Bilanz und Vermögensaufstellung des Darlehensnehmers, BB 1991, 1671; Ballwieser, Rechnungsabgrenzung, Steuerlatenz und Bilanztheorie, in Bertl/Egger/Gassner/Lang/Nowotny, Erfolgsabgrenzungen in Handels- und Steuerbilanz, 2001, 13; Beisse, Wandlung der Rechnungsabgrenzung, FS Budde, 1995, 67; Berndt, Grundsätze ordnungsmäßiger passiver Rechnungsabgrenzung, 1998; Biener, Fragen zum Bilanzrichtlinien-Gesetz, in Mellwig/Moxter/Ordelheide, Handelsbilanz und Steuerbilanz, 1989, S. 157; BMF-Schreiben v. 15.3.1995, IV B 2 – S 2133–5/95: Rechnungsabgrenzung: Mindestzeitraum, BB 1995, 721; Brosch, Das Disagio als Schuldposten im Bewertungsrecht: Anmerkungen zum BFH-Urteil v. 8.11.1989 – II R 29/86, DB 1990, 652; Crezelius, Bestimmte Zeit und passive Rechnungsabgrenzung, DB 1998, 633; Döllerer, Disagio als Kapitalertrag des Gläubigers bei Schuldverschreibungen, BB 1988, 883; Döllerer, Die Bedeutung des Begriffs „Wirtschaftsgut" bei der aktiven Rechnungsabgrenzung, BB 1965, 326; Federmann, Zeitbestimmtheit bei transitorischer Rechnungsabgrenzung in der Handels- und Steuerbilanz, BB 1984, 246; Forster, Grundsätze für die Abgrenzung von Leasingraten, FS Döllerer, 1988, 147; Grewe, Grundfragen der Bilanzierung beim Leasinggeber, WPg 1990, 161; Hahne, Behandlung des Emissionsdisagios in der Handels- und Steuerbilanz des Emittenten, DB 2003, 1397; Hartung, Rechnungsabgrenzungsposten und richtlinienkonforme Auslegung, FS Moxter, 1994, 213; Herzig/Söffing, Rechnungsabgrenzungsposten und die Lehre vom Mindestzeitraum, BB 1993, 465; Kueffner, Das „neue" Disagio in Handels- und Steuerbilanz, DStR 1986, 555; Kußmaul/Delp/Meyering, Bilanzielle Behandlung von „Handysubventionen" auf Seiten des Empfängers, BB 2004, 1551; Marx/Löffler, Die „bestimmte Zeit" als Voraussetzung für handels- und steuerrechtliche Rechnungsabgrenzungen, DB 2015, 2765; Melzer, Vorfälligkeitsentschädigung als Gegenanspruch der Bank bei anteiliger Rückzahlung des Disagios?, BB 1995, 321; Meyer-Scharenberg, Zweifelsfragen bei der Bilanzierung transitorischer Rechnungsabgrenzungsposten, DStR 1991, 754; Moxter, Zum Wechseldiskonturteil des Bundesfinanzhofs, BB 1995, 1997; Nieland, Die Rechnungsabgrenzung, DBW 1995, 34; Niemann, Zeitliche Bestimmtheit bei Rechnungsabgrenzungsposten, 1987; Plewka/Krumbholz, Das Wechseldiskonturteil des BFH als neuer Maßstab für die Realisierung von Diskonterträgen bei Schuldverschreibungen, DB 1996, 342; Rose, Die Rechnungsabgrenzungsposten im Lichte der neueren Rechtsprechung des Bundesfinanzhofs, StbJb 1983/84, 1984, 141; Stapf, Immaterielle Anlagewerte und aktive Rechnungsabgrenzungsposten, 1968; Strieder, Cap-Prämien im Jahresabschluß des Erwerbers bei veränderten Marktverhältnissen, DB 1996, 1198; Tiedchen, Rechnungsabgrenzung und „bestimmte Zeit", DB 1997, 2471; Veit, Das Aktivierungswahlrecht für ein Disagio – eine Bilanzierungshilfe?, BB 1989, 524; Watermeyer, Bilanzierungshilfen in der Handels- und Steuerbilanz, 1991; Windmöller, Nominalwert und Buchwert: Überlegungen zur bilanziellen Behandlung des Disagios, FS Forster, 1992, 689.

Übersicht

I. Normzweck

§ 250 definiert Rechnungsabgrenzungsposten (RAP) in Abhebung von Vermögensgegenständen und Schulden (§ 246 Abs. 1, § 247 Abs. 1) und gebietet deren Ansatz. Da der in Abs. 3 genannte Unterschiedsbetrag (idR ein Disagio) definitorisch unter die aktiven RAP fällt,[1] kodifiziert das in ihm enthaltene Wahlrecht zur Aktivierung des Unterschiedsbetrags eine Ausnahme von der Regel. **1**

II. Aktive Rechnungsabgrenzungsposten

1. Definition. Aktive RAP sind gem. Abs. 1 Ausgaben vor dem Bilanzstichtag, die Aufwand für eine bestimmte Zeit danach darstellen. § 5 Abs. 5 EStG enthält eine entsprechende Regelung. Diese Definition erfüllen, wenn man die Nutzungsdauer als bestimmte Zeit akzeptiert,[2] auch planmäßige Abschreibungen, die aber keine aktiven RAP darstellen. Das macht deutlich, dass bei Ausgaben zuerst zu prüfen ist, ob sie Vermögensgegenstände begründen. Diese sind nach dem Vollständigkeitsgebot (§ 246 Abs. 1 S. 1) zwingend anzusetzen, soweit gesetzlich nichts anderes geregelt ist; → § 246 Rn. 3. Erst wenn keine Vermögensgegenstände begründet werden, stellt sich die Frage, ob aktive RAP vorliegen. **2**

Die Aktivierung von RAP kann mit der sachgerechten Gegenüberstellung von Aufwendungen und Erträgen gemäß Periodisierungs- und Realisationsprinzip (→ § 243 Rn. 15, → § 243 Rn. 24 ff.) und mit der Bilanzierung von Ausgaben, für die ein vertraglicher Gegenleistungsanspruch besteht und mit denen deshalb ein Vermögensbestandteil erlangt wird,[3] begründet werden. Der erste (erfolgsrechnerische) Grund wird als dynamische, der zweite (vermögensrechnerische) Grund als statische Interpretation von RAP angesehen. **3**

Von vielen Ausgaben kann vermutet werden, dass sie künftige Ertragswirkungen erzielen, was gemäß Periodisierungs- und Realisationsprinzip ihre Aktivierung und spätere Verrechnung als Aufwand begründen könnte. Hierzu zählen zB Gründungs-, Kapitalbeschaffungs-, Ingangsetzungs-, Forschungs- und Entwicklungs- sowie Werbeausgaben. Das Gesetz grenzt deren Aktivierung insbesondere durch das Aktivierungsverbot für Gründungs- und Eigenkapitalbeschaffungskosten (§ 248 Abs. 1) ein. Weitere Grenzen für die Aktivierung ergeben sich aus den Anforderungen an Vermögensgegenstände (→ § 246 Rn. 11 ff.) und RAP. Bei RAP sind (1) Ausgaben vor dem Bilanzstichtag und (2) Aufwendungen für eine bestimmte Zeit danach nötig. Die „bestimmte Zeit" wurde mit dem AktG 1965 zur Voraussetzung der Rechnungsabgrenzung gemacht, um unerwünschte Wirkungen dynamischen Bilanzdenkens von der Aktivseite fernzuhalten.[4] **4**

Ausgaben umfassen Auszahlungen (Geldabflüsse) und Verbindlichkeitszunahmen.[5] Insofern ist der Unterschiedsbetrag zwischen (höherem) Rückzahlungsbetrag und (niedrige- **5**

---

[1] Vgl. ADS Rn. 1; BeBiKo/Schubert/Waubke Rn. 39.
[2] Hiergegen BFHE 167, 69 = BStBl. II 1992, 488.
[3] Vgl. Moxter Bilanzrechtsprechung S. 72 f.
[4] Vgl. Beisse FS Budde, 1995, 76; Moxter Bilanzrechtsprechung S. 79 f.
[5] Vgl. BeBiKo/Schubert/Waubke Rn. 20.

rem) Auszahlungsbetrag einer Verbindlichkeit (das Disagio) eine Ausgabe.[6] Ausgaben, die am Bilanzstichtag, aber vor dessen Ablauf erfolgen, sind solche vor dem Abschlussstichtag.[7]

6   Aufwendungen sind periodisierte (zeitlich verteilte) Ausgaben. Die Einschränkung einer Verteilung bei aktiven RAP besteht darin, dass die Ausgaben Aufwendungen für eine bestimmte Zeit nach dem Abschlussstichtag darstellen müssen. Dieses Kriterium ist bei einem Disagio, das auf einen Kredit mit fester Laufzeit in Kauf genommen wurde, erfüllt, nicht hingegen bei Forschungs- und Entwicklungs- oder Werbefeldzugsausgaben. Typische Fälle von aktiven RAP stellen vorausbezahlte Honorare, Mieten, Leasingraten, Lizenzgebühren, Versicherungsprämien, Zinsen und Steuern dar.[8]

7   **2. Grundsätzlicher Aktivierungszwang.** Grundsätzlich sind alle aktiven RAP zu aktivieren. Das resultiert aus dem Vollständigkeitsgebot (§ 246 Abs. 1 S. 1) und Abs. 1 S. 1 („sind … auszuweisen").

8   **3. Beschränkung auf Vertragsverhältnisse.** Nach BFH-Rechtsprechung liegen aktiven RAP gegenseitige Verträge zugrunde, bei denen für eine bestimmte Zeit Leistungen zu erbringen sind.[9] Die Leistungen der Verträge sind so gesehen zeitraumbezogen. Sie können aber auch zeitpunktbezogen sein,[10] wobei die Zeitpunkte der einzelnen Leistungen auseinander fallen. RAP können aber auch ihre Grundlage im öffentlichen Recht haben, wenn die Situation wirtschaftlich gesehen gegenseitigen Verträgen gleichwertig ist.[11] Das ist zB bei der Kfz-Steuer der Fall.[12]

9   **4. Kriterium der bestimmten Zeit.** Das Kriterium verhindert nach dynamischer Interpretation die Aktivierung solcher Ausgaben, die in ihrer Ertragswirkung besonders fraglich sind. Nach statischer Interpretation wird durch das Kriterium eine unvorsichtige Vermögenserfassung verhindert. Die bestimmte Zeit kann als
– Zeitraum zwischen zwei fest umschriebenen Zeitpunkten (kalendermäßig genau bestimmt),
– Intervall von einem fest umschriebenen Zeitpunkt bis zu einem bestimmten Jahr (kalendermäßig bestimmt),
– berechenbare Zeit (aus anderen Rechengrößen mathematisch ableitbar),[13]
– Mindestzeitraum[14] oder
– durch kontrollierbare Schätzung bestimmbare Zeit[15]
verstanden werden.[16] Gegen die durch Schätzung bestimmbare Zeit bestehen auf der Aktivseite Einwendungen, die mit dem Vorsichtsprinzip begründet werden.[17] Trotz identischer Erwähnung des Kriteriums bei aktiven und passiven RAP ist zu prüfen, ob es aufgrund von GoB, insbesondere Vorsichts- und Realisationsprinzip, für die beiden Bilanzseiten unterschiedlich zu interpretieren ist.[18]

---

[6]   Vgl. BeBiKo/Schubert/Waubke Rn. 39.
[7]   Vgl. ADS Rn. 28; BeBiKo/Schubert/Waubke Rn. 21.
[8]   Zu Sonderproblemen des Leasing vgl. ADS Rn. 119 ff. und HdR/Ostermann/Hellen, Kap. 6B, Miet-, Pacht- und Leasingverhältnisse, 2013, Rn. 116 ff.
[9]   Vgl. zur nicht ganz einheitlichen Abgrenzung in der Rspr. Moxter Bilanzrechtsprechung S. 72 mwN.
[10] Der Zeitpunkt darf nicht ungewiss sein; vgl. ADS Rn. 37.
[11] Vgl. BeBiKo/Schubert/Waubke Rn. 8; BFHE 151, 386 = BStBl. II 1988, 327; BFHE 141, 31 = BStBl. II 1984, 552.
[12] Vgl. Moxter Bilanzrechtsprechung S. 73; ADS Rn. 41.
[13] Vgl. zB ADS Rn. 32.
[14] Vgl. Herzig/Söffing BB 1993, 469 f.
[15] Vgl. BFHE 176, 359 = BStBl. II 1995, 312; Moxter Bilanzrechtsprechung S. 79 f.; BFHE 173, 393 = BStBl. II 1995, 202.
[16] Vgl. zu allem Beisse FS Budde, 1995, 68–71.
[17] Vgl. Beisse FS Budde, 1995, 78. Nach ADS Rn. 36 gilt ein Verlust an Rechtssicherheit; auch werde gegen den Wortlaut verstoßen.
[18] Bejahend ADS Rn. 115; BeBiKo/Schubert/Waubke Rn. 26; Beisse FS Budde, 1995, 78; HWRev/Sarx Sp. 1596.

5. Höhe des Rechnungsabgrenzungspostens. RAP werden definitorisch nicht 10
bewertet (nach § 252 Abs. 1 Nr. 3, § 253 werden Vermögensgegenstände und Schulden
bewertet), sondern zu jedem Bilanzstichtag neu berechnet. Liegen ihnen gegenseitige Verträge zugrunde, so bestimmt sich ihre Höhe nach dem Verhältnis aus noch ausstehender
Gegenleistung zur Gesamtleistung.[19]

Strittig ist die Behandlung von RAP, wenn der künftigen Gegenleistung des Vertrags- 11
partners der Wert fehlt, zB bei vorausbezahlten Mieten für einen nicht mehr genutzten
Raum. Während nach einer Meinung unter diesen Umständen der RAP aufzulösen ist,[20]
ist nach einer anderen Meinung eine Rückstellung zu bilden.[21] Die Rückstellung ist als
Drohverlustrückstellung zu verstehen, die auch für Dauerschuldverhältnisse, die typischerweise den RAP zugrunde liegen, gebildet werden muss (→ § 249 Rn. 70 ff.). Da das
Ansatzkriterium der Rückstellung erfüllt ist, wird hier diese Lösung bevorzugt,[22] auch wenn
die Auflösung des RAP erfolgsrechnerisch zur selben Lösung führt.

III. Unterschiedsbetrag

1. Charakter. Gemäß Abs. 3 darf der Unterschiedsbetrag aus höherem Rückzahlungs- 12
und niedrigerem Auszahlungsbetrag bei Aufnahme einer Verbindlichkeit in den aktiven
RAP aufgenommen werden. Der Unterschiedsbetrag kann aus einem Auszahlungs-Abgeld
(Disagio) oder einem Rückzahlungs-Aufgeld (Agio) resultieren. Im Allgemeinen spricht
man nur von Disagio (alternativ Damnum oder Abgeld).

Auch wenn sich bürgerlich-rechtlich das Abgeld sowohl als Zins als auch als Nebenkos- 13
ten gestalten lässt, ist es wirtschaftlich betrachtet vorweggenommener Zins. Das erklärt die
Möglichkeit der Verteilung des Abgeldes über die Laufzeit des Kredits.

Ausgabekosten von Verbindlichkeiten zählen wegen ihres Einmalcharakters und ihrer 14
Unabhängigkeit von der Verbindlichkeitslaufzeit nicht zum Unterschiedsbetrag. Dasselbe
gilt für Aufwendungen, die bei Darlehensaufnahme durch Zahlungen an Dritte entstehen
(zB Provisionen). Mit ihnen ist keine Vertragsleistung des Kreditgebers verbunden.[23] Beide
Posten sind laufender Aufwand. Anders ist dies bei den Bearbeitungsgebühren an ein Kreditinstitut für die Übernahme einer Bürgschaft.[24] Sie gehören jedoch nicht zum Unterschiedsbetrag, sondern sind als aktive RAP ansatzpflichtig.

2. Ansatzwahlrecht. Während das Abgeld steuerlich aktiviert werden muss, besteht 15
handelsrechtlich ein Wahlrecht. Dieses ist angesichts der Tatsache, dass die Definition aktiver
RAP erfüllt wird, nur mit der Möglichkeit zur vorsichtigen Gewinnermittlung, insofern
freiwillig betriebener „Substanzerhaltung" und entsprechendem Gläubigerschutz, vereinbar.

Das Wahlrecht sollte nach früherer Auffassung für jeden Kredit neu ausgeübt[25] und 16
auch in Form von Teilbeträgen des Unterschiedsbetrags[26] berücksichtigt werden können.
Es muss jedoch im Jahr der Kreditaufnahme ausgeübt werden.[27] Die Neuausübung des
Wahlrechts bei jeder Verbindlichkeit begegnet Bedenken, weil es sich faktisch um eine
Schuldenbewertung handelt, wenn auch nur in schematisierter Form (→ Rn. 18 f.). Bewertungswahlrechte können nicht grundlos von Jahr zu Jahr neu wahrgenommen werden, da
sie dem Gebot der Bewertungsmethodenstetigkeit (§ 252 Abs. 1 Nr. 6) unterliegen. Auch
wenn die Wahlrechtsausübung auf unterschiedliche Schulden innerhalb eines Jahres bezogen
sein sollte, ist das Prinzip einheitlicher Bewertung (horizontaler Stetigkeit) zu beachten,

---

[19]   Vgl. zB BFHE 113, 115 = BStBl. II 1974, 684; ADS Rn. 2.
[20]   Vgl. ADS Rn. 47; BeBiKo/Schubert/Waubke Rn. 30.
[21]   Vgl. ADS Rn. 46 f.
[22]   Eingewendet werden kann, dass Drohverlustrückstellungen sonst nur gebildet werden, wenn Aktivposten
fehlen.
[23]   Vgl. Moxter Bilanzrechtsprechung S. 74 f.
[24]   Vgl. BFHE 124, 320 = BStBl. II 1978, 262; BeBiKo/Schubert/Waubke Rn. 43.
[25]   Vgl. zB HdR/Küting/Trützschler Rn. 88.
[26]   Vgl. BeBiKo/Ellrott/Krämer, 7. Aufl. 2010, Rn. 38.
[27]   Vgl. ADS Rn. 85; BeBiKo/Schubert/Waubke Rn. 40.

nach dem unterschiedliche Wertansätze sachliche Unterschiede verlangen (→ § 252 Rn. 95). Hinzu kommt das nunmehr in § 246 Abs. 3 verankerte Gebot der Ansatzmethodenstetigkeit, das einem Ansatz von Teilbeträgen widerspricht.[28]

17   **3. Planmäßige Abschreibung.** Der Unterschiedsbetrag ist durch planmäßige Abschreibungen zu tilgen. Gemäß Abs. 3 S. 2 „können" die planmäßigen Abschreibungen auf die gesamte Laufzeit der Verbindlichkeit verteilt werden. Während sie steuerlich grundsätzlich[29] auf diese Zeit verteilt werden müssen, kann handelsrechtlich der planmäßigen Abschreibung ein kürzerer Zeitraum zugrunde gelegt werden. Als Abschreibungsmethoden kommen die für abnutzbares Anlagevermögen gängigen Verfahren in Frage (→ § 253 Rn. 22 ff.). Einschränkungen der Abschreibungsverfahren befürworten ADS (Abschreibungen mindestens in Höhe der Kapitalinanspruchnahme, gemessen durch das Verhältnis der auf die einzelnen Jahre entfallenden Zinsen zu den Gesamtzinsen)[30] und Moxter (Abschreibung nach Nutzungsverlauf).[31] Hier fallen die gegen die Feststellung des Nutzungsverlaufs geltend gemachten Bedenken ins Gewicht (→ § 253 Rn. 26), die sich auf die Feststellung der Kapitalinanspruchnahme übertragen lassen.

18   Für außerplanmäßige Abschreibungen fehlt eine Regelung. Das korrespondiert damit, dass RAP nicht bewertet werden. Sie müssen vorgenommen werden, wenn die Verbindlichkeiten vorzeitig getilgt werden oder die Laufzeit verkürzt wird.[32] Nach ADS kann auch eine wesentliche Senkung des Zinsniveaus eine außerplanmäßige Abschreibung erfordern. Der Grund wird in der fehlenden Rechtfertigung gesehen, die künftigen Geschäftsjahre aufwandsmäßig mit Zins plus Abschreibung zu belasten.[33] Das kann nicht überzeugen, weil die handelsrechtliche Bilanzierung nicht der Einkommensapproximation in dem Sinne dient, dass künftige Zahlungsbedingungen abgebildet werden sollen. Darüber hinaus lässt gerade das Wahlrecht zur Aktivierung (oder Aufwandsverbuchung) des Unterschiedsbetrages die These fragwürdig werden, dass mit dessen Bilanzierung ein bestimmtes Einblicksziel verfolgt werde. Gleichermaßen kann es angesichts dieses Wahlrechtes nicht um die „richtige" Schuldenbewertung gehen.[34]

19   Freiwillige außerplanmäßige Abschreibungen sind vom Wortlaut nicht gedeckt. Die Literatur sieht sie zT bis zur Vollabschreibung als mit dem Zweck der Aktivierung als vereinbar an.[35] Auch dies überzeugt nicht. Zwar kann man mit dem Wahlrecht zur Aktivierung kein bestimmtes Einblicksziel begründen. Daraus folgt jedoch nicht, dass jede Aktivierung beliebig verändert werden kann. Bilanzadressaten werden durch freiwillige außerplanmäßige Abschreibungen zweifellos größere Interpretationsschwierigkeiten bezüglich Ertrags- und Vermögenslage haben, als wenn nur planmäßig abgeschrieben wird. Das gilt umso mehr, als die Berichterstattung über die Entwicklung der Rechnungsabgrenzungsposten diesbezüglich nicht weiter normiert ist.

IV. Passive Rechnungsabgrenzungsposten

20   **1. Definition.** Passive RAP werden in Abs. 2 spiegelbildlich zu aktiven RAP definiert. Voraussetzungen sind fehlende Schulden im Sinne des Wortlautes des Gesetzes und Einnahmen vor dem Abschlussstichtag, die Ertrag für eine bestimmte Zeit nach diesem Tag darstellen. Die Passivierung von RAP kann mit der sachgerechten Gegenüberstellung von Aufwendungen und Erträgen gemäß Periodisierungs- und Realisationsprinzip (→ § 243 Rn. 15,

---

[28]   Abl. zum Teilbetrag BeBiKo/Schubert/Waubke Rn. 38; hingegen eine einheitliche Vorgehensweise in einem Geschäftsjahr für jedes Disagio nur empfehlend BeBiKo/Schubert/Waubke Rn. 40.

[29]   Bei kürzerem Zinsfestschreibungszeitraum ist dieser erlaubt. Vgl. BFHE 153, 545 = BStBl. II 1989, 722.

[30]   Vgl. ADS Rn. 90.

[31]   Vgl. Moxter Bilanzrechtsprechung S. 82 f.

[32]   Vgl. ADS Rn. 98; BeBiKo/Schubert/Waubke Rn. 49. Vgl. BFHE 141, 522 = BStBl. II 1984, 713.

[33]   Vgl. ADS Rn. 98. Zustimmend BeBiKo/Schubert/Waubke Rn. 49.

[34]   Vgl. zur steuerlichen Ablehnung BFHE 141, 522 = BStBl. II 1984, 713; BFHE 97, 418 = BStBl. II 1970, 209. Krit. hierzu Moxter Bilanzrechtsprechung S. 81 mit Hinweis auf Unterbewertung der Verbindlichkeit.

[35]   So BeBiKo/Schubert/Waubke Rn. 51.

→ § 243 Rn. 24 ff.) und mit der Bilanzierung von Einnahmen, für die ein vertraglicher Gegenleistungsanspruch besteht und mit denen deshalb eine Vermögensminderung verursacht wird,[36] begründet werden. Der erste (erfolgsrechnerische) Grund wird als dynamische, der zweite (vermögensrechnerische) Grund als statische Interpretation von RAP angesehen.

Einnahmen umfassen Einzahlungen (Geldzuflüsse) und Forderungszunahmen. Erträge **21** sind periodisierte Einnahmen. Typische Fälle von passiven RAP stellen im Voraus erhaltene Mieten, Leasingraten und Zinsen dar.

2. Passivierungszwang. Soweit Einzelregelungen fehlen, sind sämtliche passiven RAP **22** anzusetzen. Anders als auf der Aktivseite mit dem Unterschiedsbetrag sind auf der Passivseite keine abweichenden Regelungen erkennbar, so dass vollständiger Passivierungszwang besteht.

3. Beschränkung auf Vertragsverhältnisse. Nach BFH-Rechtsprechung liegen **23** RAP gegenseitige Verträge zugrunde, bei denen für eine bestimmte Zeit Leistungen zu erbringen sind.[37] Die Leistungen der Verträge sind zeitbezogen, wobei die Zeitpunkte der einzelnen Leistungen auseinander fallen.

4. Kriterium der bestimmten Zeit. Für aktive und passive RAP gilt gleichermaßen **24** das Kriterium der bestimmten Zeit. Während aus der wörtlichen Übereinstimmung einerseits auf eine identische Interpretation geschlossen wird,[38] wird andererseits eine GoB-gerechte Auslegung der Begriffe verlangt[39] und darauf verwiesen, dass es keinen Rechtssatz gebe, „der es geböte, den gleichen Ausdruck in verschiedenem Zusammenhang gleich auszulegen".[40] Danach fordert das Vorsichtsprinzip für aktive RAP enge Maßstäbe, weshalb die bestimmte Zeit als kalendermäßig bestimmt oder als berechenbar definiert werden sollte,[41] während für die Passivseite das Realisationsprinzip maßgeblich sei,[42] was statt einer restriktiven eine extensive Auslegung der bestimmten Zeit geböte. Damit wird im Zweifel weniger aktiviert als passiviert.

Die unterschiedliche Auslegung ist sachgerecht und wird durch die neuere BFH-Recht- **25** sprechung gestützt. Die Orientierung am Realisationsprinzip verlangt, dass Einnahmen noch nicht zu Ertrag führen, wenn der Vermögenszugang am Bilanzstichtag nicht so gut wie sicher ist, weil der Kaufmann noch zeitbezogene Gegenleistungsverpflichtungen zu erfüllen hat, die risikobehaftet sind.[43] Es reicht zur Abgrenzung der bestimmten Zeit die nachprüfbare Schätzung eines begrenzten Zeitraums: „Bei Maßgeblichkeit der Gewinnrealisationsgrundsätze darf die bestimmte Zeit nicht eng interpretiert werden; das Vorhandensein objektiver Schätzgrundlagen muss angesichts der aus der Berücksichtigung unrealisierter Gewinne drohenden Gefahren ausreichen."[44]

V. Regelungen nach IFRS

Für RAP gibt es in den IFRS keine explizite Regelung. Sie fallen unter die Definition **26** der assets und liabilities (→ § 246 Rn. 103 ff., → § 246 Rn. 115).

---

[36] Vgl. Moxter Bilanzrechtsprechung S. 170 f.

[37] Vgl. zu der nicht ganz einheitlichen Abgrenzung in der Rspr. Moxter Bilanzrechtsprechung S. 72 f. mwN.

[38] Vgl. Kirsch, Rechnungslegung Kommentar 1994 Rn. 81; Meyer-Scharenberg DStR 1991, 756.

[39] Vgl. Beisse FS Budde, 1995, 78; HWRev/Sarx Sp. 1596.

[40] Beisse FS Budde, 1995, 79 mit Verweis auf Engisch, Einführung in das juristische Denken, 8. Aufl. 1989, 78, 161 f., 234.

[41] Vgl. Beisse FS Budde, 1995, 78.

[42] Vgl. Beisse FS Budde, 1995, 79; Moxter Bilanzrechtsprechung S. 170 f. AA Marx/Löffler DB 2015, 2767, mit Verweis auf Gesetzeszweck und Systematik: „RAP dienen – unter Beachtung des Vorsichtsprinzips – einheitlich einer periodengerechten Erfolgszuordnung. Aufgabe aktiver wie passiver Abgrenzungsposten ist es, eine willkürliche Gewinnbeeinflussung durch nicht nachprüfbare Annahmen zu verhindern. Der Zeitraumbezug ist daher einheitlich zu interpretieren." Periodengerechte Erfolgszuordnung ist jedoch eine Leerformel, und es geht nicht um „nicht nachprüfbare Annahmen".

[43] Vgl. Moxter Bilanzrechtsprechung S. 171 f.

[44] Moxter Bilanzrechtsprechung S. 172.

§ 251 Haftungsverhältnisse

¹Unter der Bilanz sind, sofern sie nicht auf der Passivseite auszuweisen sind, Verbindlichkeiten aus der Begebung und Übertragung von Wechseln, aus Bürgschaften, Wechsel- und Scheckbürgschaften und aus Gewährleistungsverträgen sowie Haftungsverhältnisse aus der Bestellung von Sicherheiten für fremde Verbindlichkeiten zu vermerken; sie dürfen in einem Betrag angegeben werden. ²Haftungsverhältnisse sind auch anzugeben, wenn ihnen gleichwertige Rückgriffsforderungen gegenüberstehen.

Schrifttum: Bordt, Die Bedeutung von Patronatserklärungen für die Rechnungslegung, WPg 1975, 285; Fey, Probleme bei der Rechnungslegung von Haftungsverhältnissen, WPg 1992, 1; Fey, Grundsätze ordnungsmäßiger Bilanzierung für Haftungsverhältnisse, 1989; Gerth, Rechnungslegung bei Eventualverbindlichkeiten nach geltendem und künftigem Recht, BB 1981, 1611; Gerth, Atypische Kreditsicherheiten unter Berücksichtigung der Vorschriften über die Rechnungslegung, 2. Aufl. 1980; Heni, Haftungsverhältnisse in der künftigen Rechnungslegung, DStR 1986, 821; IDW RH HFA 1.013, Handelsrechtliche Vermerk- und Berichterstattungspflichten bei Patronatserklärungen, WPg Supplement 1/2008, 37; Kortmann, Zur Darlegung von Haftungsverhältnissen im Jahresabschluß, DB 1987, 2577; Kosfeld, Die Stellung von Sicherheiten für fremde Verbindlichkeiten durch Kreditinstitute, BB 1981, 1250; Küffner, Patronatserklärungen im Bilanzrecht, DStR 1996, 146; Limmer, „Harte" und „weiche" Patronatserklärungen in der Konzernpraxis, DStR 1993, 1750; Mosch, Patronatserklärungen deutscher Konzernmuttergesellschaften und ihre Bedeutung für die Rechnungslegung, 1978; Obermüller, Ersatzsicherheiten im Kreditgeschäft, 1987; Rieke, Haftungsverhältnisse im Konzernabschluß, 1993; Roß, Angabepflicht gesetzlicher Haftungen als Haftungsverhältnis i.S. der §§ 251, 268 Abs. 7 HGB, DB 2011, 2221; Roß, Rechtsgeschäftliche Treuhandverhältnisse im Jahres- und Konzernabschluß, 1994; Schnoor, Ist § 251 HGB (Bestellung von Sicherheiten für fremde Verbindlichkeiten) nicht auf Leasinggesellschaften anzuwenden?, DB 1988, 2421.

Übersicht

I. Regelungsinhalt

1   **1. Vermerkpflicht.** Die Regelung enthält Berichtspflichten für Haftungsverhältnisse oder (gleichbedeutend) Eventualverbindlichkeiten, die unter der Bilanz („unter dem Strich") angegeben werden müssen. Als Haftungsverhältnisse oder Eventualverbindlichkeiten gelten am Bilanzstichtag bestehende einseitige vertragliche Verpflichtungen,[1] die beim künftigen Eintritt eines Ereignisses oder einer Bedingung zu einer Vermögensbelastung des Kaufmanns führen.[2] Der Zweck der Regelung besteht darin, auf eventuelle Risiken in Form zukünftiger Vermögensbelastungen aufmerksam zu machen.

2   Konstitutiv für die Vermerkpflicht unter dem Strich ist, dass es sich nicht um eine sichere oder unsichere Verbindlichkeit handelt, die passiviert werden muss. Die Passivierung ist vor der Vermerkpflicht zu prüfen. Zum Ansatz von Schulden → § 246 Rn. 68 ff. und zu Verbindlichkeitsrückstellungen → § 249 Rn. 10 ff. Eine hinreichend sichere Außenverpflichtung darf damit nicht vorliegen. Auch handelt es sich um keine von Kapitalgesellschaften im Anhang anzugebende (wesentliche) sonstige finanzielle Verpflichtung (§ 285 Nr. 3a)

---

[1]   Vgl. Beck HdR/Wiehn B 250 Rn. 11.
[2]   Vgl. HdR/Fey Rn. 1; Wiedmann/Böcking/Gros/Böcking/Gros Rn. 1.

und um kein Haftungsverhältnis zugunsten bestimmter Personen (wie Mitglieder von Geschäftsführung, Aufsichtsrat oder Beirat) iSv § 285 Nr. 9 lit. c. Sonst gäbe deren jeweils eigenständige Regelung keinen Sinn. Die Aufzählung der unter dem Strich vermerkpflichtigen Haftungsverhältnisse in § 251 ist somit erschöpfend.[3] Für Banken und Versicherungen gelten besondere Vorschriften (§ 26 RechKredV und § 51 Abs. 3 RechVersV).

2. Vermerkort. Als Ort des Vermerks wird „unter der Bilanz" genannt. Es empfiehlt 3 sich die Angabe unter der Passivseite. Stehen gleichwertige Rückgriffsforderungen gegenüber, darf nicht saldiert werden. Für die Rückgriffsforderungen empfiehlt sich der Bereich unter der Aktivseite. Kapitalgesellschaften können gem. § 268 Abs. 7 für den Vermerk auch den Anhang wählen.

3. Betragsangabe. Kaufleute können die Haftungsverhältnisse in einem Betrag ange- 4 ben. Dies ist Kapitalgesellschaften verwehrt (§ 268 Abs. 7 verlangt die gesonderte Angabe für jedes einzelne Haftungsverhältnis, auch gegenüber verbundenen Unternehmen; die Regelung gilt gem. § 5 Abs. 1 PublG für unter das PublG fallende große Nichtkapitalgesellschaften sinngemäß). Bei gleichwertigen Rückgriffsforderungen entstehen mindestens zwei Beträge.

Anzugeben ist der volle, nicht der wahrscheinliche Haftungsbetrag. Er ist ggf. zu schät- 5 zen. Lässt sich das Schätzergebnis nicht quantifizieren, ist ein Merkposten anzugeben, der weiterer Erläuterung bedarf.[4] Teilpassivierungen eines Haftungsrisikos werden für möglich gehalten: „In der Praxis wird der im Gesetz verwendete Begriff ‚sofern' als ‚soweit' ausgelegt (…)."[5] In diesem Fall ist nur der nicht passivierte Teil unter der Bilanz zu vermerken.[6]

II. Vermerkpflichtige Haftungsverhältnisse

1. Verbindlichkeiten aus der Begebung und Übertragung von Wechseln. Der 6 Kaufmann kann als Aussteller oder als Indossant von Wechseln haften (Art. 9 Abs. 1 WG und Art. 15 Abs. 1 WG). Anzugeben ist der Betrag, mit dem er aus dem Wechsel verpflichtet ist; Nebenkosten (wie Zinsen oder Kosten des Protests) bleiben unberücksichtigt.[7] Wird zwischen Bilanzstichtag und Bilanzaufstellungstag eine Inanspruchnahme aus dem Wechselobligo bekannt oder hinreichend wahrscheinlich, ist eine Rückstellung für ungewisse Verbindlichkeiten zu bilden und der Vermerkbetrag entsprechend zu reduzieren.[8]

Schließt der Indossant durch bestimmte Formen seines Indossaments seine Haftung aus 7 übertragenen Wechseln gegenüber möglichen „Nachmännern" aus (offenes Vollmachtsindossament gem. Art. 18 WG, offenes Pfandindossament gem. Art. 19 WG, das mit einer Angstklausel – „ohne Obligo" – versehene Indossament gem. Art. 15 WG), entfällt die Vermerkpflicht.[9]

2. Verbindlichkeiten aus Bürgschaften, Wechsel- und Scheckbürgschaften. Bei 8 Bürgschaften verpflichtet sich der Kaufmann vertraglich gegenüber dem Gläubiger eines Dritten, für die Erfüllung der Verbindlichkeit des Dritten einzustehen (§ 765 Abs. 1 BGB). Die konkrete Form der Bürgschaft, wie Kreditbürgschaft, Ausfallbürgschaft oder Höchstbetragsbürgschaft, ist vielfältig.

---

3 Vgl. Wiedmann/Böcking/Gros/Böcking/Gros Rn. 1.
4 Vgl. ADS Rn. 109; HdR/Fey Rn. 37; Wiedmann/Böcking/Gros/Böcking/Gros Rn. 3; Fey, Grundsätze ordnungsmäßiger Bilanzierung für Haftungsverhältnisse, 1989, S. 124; BeBiKo/Grottel/Berberich Rn. 31.
5 Beck HdR/Wiehn B 250 Rn. 15 mit Verweis auf ADS Rn. 6 und BeBiKo/Ellrott, 7. Aufl. 2010, Rn. 3.
6 Vgl. ADS Rn. 6; BeBiKo/Grottel/Berberich Rn. 3; Wiedmann/Böcking/Gros/Böcking/Gros Rn. 1.
7 Vgl. ADS Rn. 41; BeBiKo/Grottel/Berberich Rn. 46; Beck HdR/Wiehn B 250 Rn. 192; Wiedmann/Böcking/Gros/Böcking/Gros Rn. 4. Den Einbezug der Nebenkosten oder weitere Erläuterungen fordert Fey, Grundsätze ordnungsmäßiger Bilanzierung für Haftungsverhältnisse, 1989, S. 190.
8 Vgl. Wiedmann/Böcking/Gros/Böcking/Gros Rn. 4.
9 Vgl. ADS Rn. 38; Beck HdR/Wiehn B 250 Rn. 80; BeBiKo/Grottel/Berberich Rn. 42; Baetge/Kirsch/Thiele Bilanzen 580.

9   Wechselbürgschaften sichern die Zahlung einer Wechselsumme ab. Die Bürgschaftser-
klärung wird auf den Wechsel oder einen Anhang gesetzt; Details regeln Art. 31 Abs. 2
und 3 WG. Scheckbürgschaften sichern die Zahlung einer Schecksumme. Die gesetzliche
Regelung (Art. 25 ff. ScheckG) entspricht weitgehend der für Wechselbürgschaften.

10   Die Vermerkpflicht liegt nur dann vor, wenn die Hauptschuld am Bilanzstichtag bestanden hat (§ 767 Abs. 1 BGB). Damit teilt der zu vermerkende Betrag das Schicksal der
Hauptschuld.[10]

11   **3. Verbindlichkeiten aus Gewährleistungsverträgen.** Anders als zB Bürgschaften
sind Gewährleistungsverträge gesetzlich nicht definiert und geregelt. Man verbindet mit
ihnen jede nicht als Bürgschaft zu qualifizierende vertragliche Verpflichtung, mit der eine
Gewährleistung bezweckt wird.[11] Gesetzliche Gewährleistungspflichten oder Haftungen für
fremde Verbindlichkeiten aufgrund gesetzlicher Bestimmungen fallen nicht darunter.[12] Es
kann sich zB um kumulative Schuldübernahmen, Freistellungsverpflichtungen oder Patronatserklärungen handeln.[13]

12   **4. Haftungsverhältnisse aus der Bestellung von Sicherheiten für fremde Verbindlichkeiten.** Hier handelt es sich um dingliche Sicherheiten, die für fremde Verbindlichkeiten geleistet werden, zB in Form von Grundpfandrechten, Verpfändungen beweglicher Sachen und Rechte, Sicherungsübereignungen und Sicherungsabtretungen des
bilanzierenden Kaufmanns.

III. Regelungen nach IFRS

13   Werden die Voraussetzungen zur Bildung von Rückstellungen nicht erfüllt, so sind
nach IAS 37.86 eine kurze Beschreibung der Eventualschuld und, falls praktikabel, folgende
Angaben notwendig: (a) eine Schätzung der finanziellen Auswirkungen; (b) die Angabe
von Unsicherheiten hinsichtlich des Betrages oder der Fälligkeiten von Abflüssen; und (c) die
Möglichkeit einer Erstattung. Von der Offenlegung einer Eventualschuld darf nur abgesehen
werden, wenn ein künftiger Nutzenabfluss als unwahrscheinlich einzustufen ist.[14]

Dritter Titel. Bewertungsvorschriften

§ 252 Allgemeine Bewertungsgrundsätze

**(1) Bei der Bewertung der im Jahresabschluß ausgewiesenen Vermögensgegen-
stände und Schulden gilt insbesondere folgendes:**

**1. Die Wertansätze in der Eröffnungsbilanz des Geschäftsjahrs müssen mit denen
der Schlußbilanz des vorhergehenden Geschäftsjahrs übereinstimmen.**

**2. Bei der Bewertung ist von der Fortführung der Unternehmenstätigkeit auszu-
gehen, sofern dem nicht tatsächliche oder rechtliche Gegebenheiten entgegenstehen.**

**3. Die Vermögensgegenstände und Schulden sind zum Abschlußstichtag einzeln
zu bewerten.**

**4. Es ist vorsichtig zu bewerten, namentlich sind alle vorhersehbaren Risiken und
Verluste, die bis zum Abschlußstichtag entstanden sind, zu berücksichtigen,
selbst wenn diese erst zwischen dem Abschlußstichtag und dem Tag der Aufstellung des Jahresabschlusses bekanntgeworden sind; Gewinne sind nur zu
berücksichtigen, wenn sie am Abschlußstichtag realisiert sind.**

---

[10]   Vgl. Wiedmann/Böcking/Gros/Böcking/Gros Rn. 7.
[11]   Vgl. Wiedmann/Böcking/Gros/Böcking/Gros Rn. 8.
[12]   Vgl. ADS Rn. 60; Beck HdR/Wiehn B 250 Rn. 94; Wiedmann/Böcking/Gros/Böcking/Gros Rn. 9;
BeBiKo/Grottel/Berberich Rn. 55; aA Fey, Grundsätze ordnungsmäßiger Bilanzierung für Haftungsverhältnisse, 1989, S. 79.
[13]   Vgl. zu Patronatserklärungen IDW RH HFA 1.013; Beck HdR/Wiehn B 250 Rn. 119 und 157–164;
Limmer DStR 1993, 1750.
[14]   Vgl. IAS 37.28 und Reinhart BB 1998, 2519.

5. Aufwendungen und Erträge des Geschäftsjahrs sind unabhängig von den Zeitpunkten der entsprechenden Zahlungen im Jahresabschluß zu berücksichtigen.

6. Die auf den vorhergehenden Jahresabschluss angewandten Bewertungsmethoden sind beizubehalten.

(2) Von den Grundsätzen des Absatzes 1 darf nur in begründeten Ausnahmefällen abgewichen werden.

Schrifttum Abs. 1 (Allgemein): Bardy, Wechselkursänderungen und Grundsätze ordnungsmäßiger Buchführung, in Baetge, Bilanzanalyse und Bilanzpolitik, 1989, 269; Euler, Das System der Grundsätze ordnungsmäßiger Bilanzierung, 1996; Hommel/Rammert/Kiy, Die Reform des Abzinsungssatzes für Pensionsrückstellungen nach § 253 Abs. 2 HGB – GoB-konform oder Beihilfe zur Bilanzpolitik?, DB 2016, 1585; Langenbucher, Die Umrechnung von Fremdwährungsgeschäften, 1988; Moxter, IFRS als Auslegungshilfe für handelsrechtliche GoB?, WPg 2009, 7; W. Müller, Zur Rangordnung der in § 252 Abs. 1 Nr. 1–6 HGB kodifizierten allgemeinen Bewertungsgrundsätze, FS Goerdeler, 1987, 397; Solmecke, Auswirkungen des Bilanzrechtsmodernisierungsgesetzes (BilMoG) auf die handelsrechtlichen Grundsätze ordnungsmäßiger Buchführung, 2009.

Schrifttum Nr. 1 (Bilanzidentitätsprinzip): Hense, Rechtsfolgen nichtiger Jahresabschlüsse für Folgeabschlüsse, WPg 1993, 716; IDW RS HFA 6, Änderung von Jahres- und Konzernabschlüssen, WPg Supplement 2/2007, 77.

Schrifttum Nr. 2 (Unternehmensfortführungsprinzip): Baetge, Möglichkeiten der Früherkennung negativer Unternehmensentwicklungen mit Hilfe statistischer Jahresabschlußanalysen, ZfbF 1989, 792; Baetge/Krause/Mertens, Zur Kritik an der Klassifikation von Unternehmen mit neuronalen Netzen und Diskriminanzanalysen, ZfB 1994, 1181; Beck, Fragestellungen und Herausforderungen im Zusammenhang mit der Going-Concern-Prämisse in Jahres- und Konzernabschluss im aktuellen Umfeld, in Küting/Pfitzer/Weber, IFRS und BilMoG, 2010, 157; Burger, Zur Klassifikation von Unternehmen mit neuronalen Netzen und Diskriminanzanalysen, ZfB 1994, 1165; Gross, Die Unternehmensfortführungsannahme als Bewertungskriterium, FS Budde, 1995, 243; Groß, Zur Beurteilung der handelsrechtlichen Fortführungsprognose durch den Abschlussprüfer, WPg 2010, 119; Groß, Die Wahrung, Einschätzung und Beurteilung des „Going Concern" im den Pflichten und Verantwortungsrahmen von Unternehmensführung und Abschlussprüfung (Teil 1 und Teil 2), WPg 2004, 1357 und 1433; Groß/Amen, Going-Concern-Prognosen im Insolvenz- und im Bilanzrecht, DB 2006, 1861; Hauschildt, 1. Teil: Unternehmenskrisen – Herausforderung an die Bilanzanalyse, in Hauschildt/Leker, Krisendiagnose durch Bilanzanalyse, 2. Aufl. 2000, 1; Hennrichs/Schulze-Osterloh, Das Fortführungsprinzip gemäß § 252 Abs. 1 Nr. 2 HGB im Lichte der EU-Bilanz-Richtlinie. Zugleich Erwiderung zu Mader/Seitz DStR-Beih. 2018, 1, DStR 2018, 1731; IDW RS HFA 17, Auswirkungen einer Abkehr von der Going-Concern-Prämisse auf den handelsrechtlichen Jahresabschluss, IDW Life, 2016, 1035; IDW PS 270, Die Beurteilung der Fortführung der Unternehmenstätigkeit im Rahmen der Abschlussprüfung, IDW-FN 2010, 423; Janssen, Überlegungen zum „Going concern concept", WPg 1984, 341; Leffson, Die Going-Concern-Prämisse bei Unsicherheit über den Fortbestand der Unternehmung, WPg 1984, 604; Luik, Das Going-Concern-Prinzip im deutschen Bilanzrecht, FS v. Wysocki, 1985, 61; Mader/Seitz, Unternehmensfortführung („Going concern") – Prämisse, Prinzip oder Prognose? Replik zur Erwiderung von Hennrichs/Schulze-Osterloh DStR 2018, 1731, DStR 2018, 1933; Mader/Seitz, Hinweispflichten bei der Jahresabschlusserstellung – Bilanzrichtlinie(n) und „Fortführungsprognose", DStR-Beih 2018, 1; Moxter, Ist bei drohendem Unternehmenszusammenbruch das bilanzrechtliche Prinzip der Unternehmensfortführung aufzugeben?, WPg 1980, 345; Nonnenmacher, Sanierung, Insolvenz und Bilanz, FS Moxter, 1994, 1313; Sarx, Grenzfälle des Grundsatzes der Unternehmensfortführung im deutschen Bilanzrecht, FS Budde, 1995, 561; Sarx, Ausgewählte Einzelprobleme der Bilanzierung, in Mellwig/Moxter/Ordelheide, Handelsbilanz und Steuerbilanz, 1989, 127; Sarx, Einzelprobleme des Grundsatzes der Unternehmensfortführung, in Albach/Forster, Beiträge zum Bilanzrichtlinien-Gesetz, 1987, 25; Schulze-Osterloh, Fortführungsprinzip und Stichtagsprinzip, DStR 2007, 1006; Semler/Goldschmidt, Zur Anwendung des Grundsatzes der Unternehmensfortführung bei Zweifeln an der Überlebensfähigkeit des Unternehmens, ZIP 2005, 3.

Schrifttum Nr. 3 (Einzelbewertungs- und Stichtagsprinzip): Anstett, Financial Futures im Jahresabschluß deutscher Kreditinstitute, 1997; Arbeitskreis „Externe Unternehmensrechnung" der Schmalenbach-Gesellschaft für Betriebswirtschaft, Bilanzierung von Finanzinstrumenten im Währungs- und Zinsbereich auf der Grundlage der HGB, DB 1997, 637; Ballwieser/Kuhner, Rechnungslegungsvorschriften und wirtschaftliche Stabilität, 1994; Beckmann, Zur Bilanzierung bei Kurssicherung durch Termingeschäfte, RIW 1993, 387; Beckmann, Termingeschäfte und Jahresabschluß, 1992; Benne, Bewertung bei geschlossenen Positionen, BB 1992, 1172; Benne, Einzelbewertung bei gegenseitigen Leistungsbeziehungen, WPg 1992, 245; Benne, Einzelbewertung und Bewertungseinheit, DB 1991, 2601; Benne, Die Bedeutung von Gewinnerwartungen aus schwebenden Geschäften für die Bewertung der Aktiva und Passiva, BB 1979, 1653; Brackert/Prahl/Naumann, Neue Verfahren der Risikosteuerung und ihre Auswirkungen auf die handelsrechtliche Gewinnermittlung, WPg 1995, 544; Brakensiek, Bilanzneutrale Finanzierungsinstrumente in der nationalen und internationalen Rechnungslegung, 2001; Burkhardt, Grundsätze ordnungsmäßiger Bilanzierung für Fremdwährungsgeschäfte, 1988; Christiansen, Zum Grundsatz der Einzelbewertung – insbesondere zur. Bildung so genannter Bewertungseinheiten, DStR 2003, 264; Dombek, Die Bilanzierung von strukturierten Produkten nach deutschem Recht und nach den Vorschriften des IASB, WPg 2002, 1065; Faller, Zur Problematik der Zulässigkeit des Abweichens vom Grundsatz der Einzelerfassung und Einzelbewertung im aktienrechtlichen Jahresabschluß, 1985; Glanegger, Bewertungseinheit und einheitliches Wirtschaftsgut, FS L. Schmidt, 1993, 145; Göth, Financial Futures aus der Sicht des Bilanz- und Steuerrechts, 1993; Göttgens/Prahl, Bilanzierung und Prüfung von Financial Futures und Forward Rate Agreements, WPg 1993, 503; Groh, Zur Bilanzierung von Fremdwährungsgeschäften, DB 1986, 869; Grünewald, Finanzterminkontrakte im handelsrechtlichen Jahresabschluß, 1993; Grützemacher, Bewertung und bilanzielle Erfassung der Preisrisiken ausgewählter Finanzinnovationen, 1989; Herzig, Derivatebilanzierung und GoB-System, FS Baetge, 1997, 37; Herzig, Bilanzrechtliche Ganzheitsbetrachtung und Rückstellung bei Dauerrechtsverhältnissen, ZfB 1988, 212; Herzig/Rieck, Saldierungsbereich bei Drohverlustrückstellungen im Gefolge der Apothekerentscheidung, DB 1997, 1881; IDW RS BFA 1, Handelsrechtliche Behandlung von Kreditderivaten im Nichthandelsbestand, IDW-FN 2015, 279; IDW RS BFA 5, Handelsrechtliche Bilanzierung von Financial Futures und Forward Rate Agreements bei Instituten, IDW-FN 2011, 653; IDW RS BFA 6, Handelsrechtliche Bilanzierung von Optionsgeschäften bei Instituten, IDW-FN 2011, 656; IDW RS HFA 22, Zur einheitlichen oder getrennten handelsrechtlichen Bilanzierung strukturierter Finanzinstrumente, IDW Life 2015, 607; Institut „Finanzen und Steuern", Zum Gebot der Einzelbewertung bei der Bildung von Rückstellungen und deren nachträglicher Änderung, 1993; Jüttner, GoB-System, Einzelbewertungsgrundsatz und Imparitätsprinzip, 1993; Jutz, Bilanzierung und Bewertung von Financial Futures, BB 1990, 1515; Jutz, Swaps und Financial Futures und ihre Abbildung im Jahresabschluß, 1989; Karrenbrock, Zum Saldierungsbereich und zur Abzinsung von Drohverlustrückstellungen, WPg 1994, 97; Knüppe, Die Berücksichtigung einer Delkredereversicherung bei der Forderungsbewertung, DB 1985, 2361; Kuhner, Geschäftszweckgebundene Bewertungskonzeptionen in der externen Rechnungslegung von Unternehmen, 1994; Kupsch, Zum Verhältnis von Einzelbewertungsprinzip und Imparitätsprinzip, FS Forster, 1992, 339; Langenbucher, Die Umrechnung von Fremdwährungsgeschäften, 1988; Menninger, Die Abbildung von Hedgegeschäften mittels Zins-Futures im Jahresabschluß großer Kapitalgesellschaften, RIW 1994, 300; Menninger, Spekulative Zins-Futures im Jahresabschluß großer Kapitalgesellschaften, BB 1994, 175; Menninger, Financial Futures und deren bilanzielle Behandlung, 1993; Möhler, Absicherung des Wechselkurs-, Warenpreis- und Erfüllungsrisikos im Jahresabschluß, 1992; Müller, Die Bildung von Bewertungseinheiten bei zentralem Zins- und Währungsmanagement im Konzern, DB 1995, 1973; Naumann, Bewertungseinheiten im Gewinnermittlungsrecht der Banken, 1995; Naumann, Fremdwährungsumrechnung nach neuem Recht, 1992; Oestreicher, Grundsätze ordnungsmäßiger Bilanzierung von Zinsterminkontrakten, 1992; Olbrich, Die Abgrenzung bilanzieller Bewertungseinheiten als Wirtschaftsgüter des Sachanlagevermögens, FS Ludewig, 1996, 753; Pößl, Die Zulässigkeit von Saldierungen bei der Bilanzierung von wirtschaftlich ineinandergreifenden Vorgängen, DStR 1984, 428; Prahl, Bilanzierung und Prüfung von Financial Instruments in Industrie- und Handelsunternehmen, WPg 1996, 830; Prahl/Naumann, Moderne Finanzinstrumente im Spannungsfeld zu traditionellen Rechnungslegungsvorschriften: Barwertansatz, Hedge Accounting und Portfolio-Approach, WPg 1992, 709; Prahl/Naumann, Zur Bilanzierung von portfolio-orientierten Handelsaktivitäten der Kreditinstitute, WPg 1991, 729; Rübel, Devisen- und Zinstermingeschäfte in der Bankbilanz, 1990; Rückle, Bewertungseinheiten in Handels- und Steuerbilanz, FS Sigloch, 2009, 715; Scharpf/Luz, Risikomanagement, Bilanzierung und Aufsicht von Finanzderivaten, 2. Aufl. 2000; Scheffler, Hedge-Accounting, 1994; Siegel, Saldierungsprobleme bei Rückstellungen und die Subventionswirkung des Maßgeblichkeitsprinzips, BB 1994, 2237; Tönnies/Schiersmann, Die Zulässigkeit von Bewertungseinheiten in der Handelsbilanz, DStR 1997, 714, 756; Troost/Troost, Die Abgrenzung des Saldierungsbereichs bei Verlustrückstellungen, DB 1996, 485; Walter, Portfolio-Bewertung im Risikocontrolling und im Jahresabschluß, 1995; Wichmann, Der Vermögensgegenstand als Bilanzierungsobjekt nach dem HGB, DB 1988, 192; Wiedmann, Die Bewertungseinheit im Handelsrecht, FS Moxter, 1994, 453; Windmöller, Deckungsgeschäfte und Grundsätze ordnungsmäßiger Buchführung, in IDW, Bericht über die Fachtagung '88, 1989, 89; Windmöller/Breker, Bilanzierung von Optionsgeschäften, WPg 1995, 389; Winter, Die handelsrechtliche Bilanzierung von Zinsbegrenzungsvereinbarungen, DB 1997, 1985.

Schrifttum Nr. 4 (Vorsichts-, Realisations-, Imparitäts- und Wertaufhellungsprinzip): Apel, Realisationszeitpunkt bei Investmentanteilen, BB 1994, 111; Backhaus, Gewinnrealisierung im Anlagengeschäft vor dem Hintergrund nationaler und internationaler Rechnungslegungsvorschriften, FS Ludewig, 1996, 21; Beisse, Gewinnrealisierung – Ein systematischer Überblick über Rechtsgrundlagen, Grundtatbestände und grundsätzliche Streitfragen, in Ruppe, Gewinnrealisierung im Steuerrecht, 1981, 13; Bertsch, Bewertungseinheiten nach dem BilMoG, FS Sigloch, 2009, 531; Biener, Rückstellungen für drohende Verluste aus schwebenden Geschäften bei Dauerrechtsverhältnissen, FS Döllerer, 1988, 45; BMF-Schreiben v. 3.4.1990, IV B 2 – S 2134–2/90, Wertpapieranleihe und Realisationsprinzip, BB 1990, 1802; Böcking, Der Grundsatz umsatzbezogener Gewinnrealisierung beim Finanzierungsleasing, ZfbF 1989, 491; Borchert, Die Sicherung von Wechselkursrisiken in der Rechnungslegung nach deutschem Handelsrecht und International Financial Reporting Standards (IFRS), 2006; Burkhardt, Realisation von Währungserfolgsbeiträgen aus gegenläufigen Geschäften,

WPg 1989, 495; Christiansen, Die bilanzielle Berücksichtigung sogenannter bewußter Verluste, StBp 1988, 265; Ciric, Grundsätze ordnungsmäßiger Wertaufhellung, 1995; Clemm, Zur Nichtpassivierung entstandener Verbindlichkeiten wegen nachträglicher wirtschaftlicher Verursachung (Realisation) oder: Wie dynamisch ist die Bilanz im Rechtssinne? FS Moxter, 1994, 167; Crezelius, Das sogenannte schwebende Geschäft im Handels-, Gesellschafts- und Steuerrecht, FS Döllerer, 1988, 81; Döll, Bilanzierung langfristiger Fertigung, 1984; Döllerer, Grundsätze ordnungswidriger Bilanzierung, BB 1982, 777; Döllerer, Die Grenzen des Imparitätsprinzips – Bilanzrechtliche Möglichkeiten, künftige Verluste vorwegzunehmen –, StbJb 1978/79, 1978, 129; Eibelshäuser, Abschreibungen und Realisationsprinzip, FS Beisse, 1997, 153; Eilers, Zeitpunkt der Gewinnrealisierung bei langfristigen Outsourcing-Verträgen, BB 1996, 2399; Engel-Ciric, Die Interpretation des Abschlußstichtagsprinzips in der höchstrichterlichen Rechtsprechung, DStR 1996, 1298; Euler, Zur Verlustantizipation mittels des niedrigeren beizulegenden Wertes und des Teilwertes, ZfbF 1991, 191; Euler, Der Ansatz von Rückstellungen für drohende Verluste aus schwebenden Dauerrechtsverhältnissen, ZfbF 1990, 1036; Euler, Grundsätze ordnungsmäßiger Gewinnrealisierung, 1989; Fey, Imparitätsprinzip und Grundsätze ordnungsmäßiger Buchführung im Bilanzrecht 1986, 1986; Gelhausen, Das Realisationsprinzip im Handels- und im Steuerbilanzrecht, 1985; Groh, Künftige Verluste in der Handels- und Steuerbilanz, StuW 1976, 32; Hastedt, Gewinnrealisation beim Finanzierungs-Leasing, 1992; Hennrichs, Zur handelsrechtlichen Beurteilung von Bewertungseinheiten bei Auslandsbeteiligungen, WPg 2010, 1185; Herzig, Derivatebilanzierung und GoB-System, FS Baetge, 1997, 37; Herzig, Die rückstellungsbegrenzende Wirkung des Realisationsprinzips, FS L. Schmidt, 1993, 209; Herzig/Mauritz, Ökonomische Analyse von Konzepten zur Bildung von Bewertungseinheiten: Micro-Hedges, Macro-Hedges und Portfolio-Hedges – wünschenswert im deutschen Bilanzrecht?, ZfbF 1998, 99; Herzig/Mauritz, Micro-Hedges, Macro-Hedges und Portfolio-Hedges für derivative Finanzinstrumente, WPg 1997, 141; Hesse, Periodischer Unternehmenserfolg zwischen Realisations- und Antizipationsprinzip, 1996; Hoffmann, Umsatzrealisation bei strukturierten Geschäftsmodellen, PiR 2006, 46; Hoffmann, Die neue Qualität der Verbindlichkeitsrückstellung als Realisationsverhinderer, BB 1996, 1821; Hoffmann., Wertaufhellung – das Bilanzierungsproblem schlechthin, BB 1996, 1157; Hoffmann/Lüdenbach, Umsatzrealisierung bei strukturierten Geschäftsmodellen – Dargestellt am Beispiel des Autoverkaufes mit Rückkaufverpflichtung, DStR 2005, 1331; Hommel, Vermögenszurechnung und Ertragsrealisation nach HGB und IFRS, FS Ballwieser, 2014, 347; Hommel, Grundsätze ordnungsmäßiger Bilanzierung für Dauerschuldverhältnisse, 1992; Hommel/Berndt, Das Realisationsprinzip – 1884 und heute, BB 2009, 2190; Hommel/Rammert/Kiy, Die Reform des Abzinsungssatzes für Pensionsrückstellungen nach § 253 Abs. 2 HGB – GoB-konform oder Beihilfe zur Bilanzpolitik?, DB 2016, 1585; IDW RS HFA 35, Handelsrechtliche Bilanzierung von Bewertungseinheiten, IDW-FN 2011, 445; IDW RS HFA 8, Zweifelsfragen der Bilanzierung von asset backed securities-Gestaltungen und ähnlichen Transaktionen, WPg 2002, 1151 und IDW-FN 2004, 28; Kammann, Stichtagsprinzip und zukunftsorientierte Bilanzierung, 1988; Kessler, Die Wahrheit über das Vorsichtsprinzip?, DB 1997, 1; Kindor, Gewinnrealisierung beim Tausch, 1995; Koch, Das Realisationsprinzip und die Berücksichtigung von Preisänderungen im Jahresabschluß, ZfbF 1987, 419; Koch, Die Ermittlung der Durchschnittskosten als Grundprinzip der Kostenrechnung, ZfhF 1953, 303; Kohl, Gewinnrealisierung bei langfristigen Aufträgen, 1994; Kohler, Mehrjährig schwebende Geschäfte des Industrieanlagenbaus, 1989; Krawitz, Die bilanzielle Behandlung der langfristigen Auftragsfertigung und Reformüberlegungen unter Berücksichtigung internationaler Entwicklungen, DStR 1997, 886; Kropff, Vorsichtsprinzip und Wahlrechte, FS Baetge, 1997, 65; Kropff, Sind neue Erkenntnisse (Wertaufhellungen) auch noch bei der Feststellung des Jahresabschlusses zu berücksichtigen?, FS Ludewig, 1996, 521; Lang, Gewinnrealisierung – Rechtsgrundlagen, Grundtatbestände und Prinzipien im Rahmen des Betriebsvermögensvergleichs nach § 4 Abs. 1 EStG, in Ruppe, Gewinnrealisierung im Steuerrecht, 1981, 45; Langel, Bilanzierungs- und Bewertungsfragen bei Wechselkursänderungen, StbJb 1979/80, 1980, 259; Leuschner, Gewinnrealisierung bei langfristiger Fertigung, FS Budde, 1995, 377; Lüdenbach/Hoffmann, Erlösrealisierung bei Mehrkomponentengeschäften nach IFRS und HGB/EStG, DStR 2004, 153; Lüders, Der Zeitpunkt der Gewinnrealisierung im Handels- und Steuerbilanzrecht, 1987; Luik, Grundprobleme des Realisationszeitpunktes, dargestellt an den Fällen der Lieferung mit Rückgaberecht, des Umtauschgeschäfts und der Liquidation, in Ruppe, Gewinnrealisierung im Steuerrecht, 1981, 97; Mellwig, Herstellungskosten und Realisationsprinzip, FS Budde, 1995, 397; Mellwig/Hastedt, Gewinnrealisation bei Unbestimmbarkeit der Gegenleistung, DB 1992, 1589; Meyer-Sievers, Gewinnrealisation bei Wertpapierpensionsgeschäften, WPg 1988, 291; Moxter, Unterschiede im Wertaufhellungsverständnis zwischen den handelsrechtlichen GoB und den IAS/IFRS, BB 2003, 2559; Moxter, Grenzen vorsichtiger Rückstellungsbewertung, FS Claussen, 1997, 677; Moxter, Zur Prüfung der Stichtagsbezogenheit, FS Vodrazka, 1996, 475; Moxter, Zum Passivierungszeitpunkt von Umweltschutzrückstellungen, FS Forster, 1992, 427; Moxter, Beschränkung der gesetzlichen Verlustantizipation auf die Wertverhältnisse des Abschlußstichtags?, FS Rose, 1991, 165; Moxter, Funktionales Teilwertverständnis, FS Loitlsberger, 1991, 473; Moxter, Das Realisationsprinzip – 1884 und heute, BB 1984, 1780; Niehus, „Vorsichtsprinzip" und „Accrual Basis", DB 1997, 1421; Niemann, Probleme der Gewinnrealisierung innerhalb des Konzerns, 1968; Ordelheide, Kaufmännischer Periodengewinn als ökonomischer Gewinn, FS Busse von Colbe, 1988, 275; Reiß, Phasengleiche Gewinnrealisierung bei Beteiligung an Personengesellschaften, in Herzig, Europäisierung des Bilanzrechts, 1997, 117; Richter, Gewinnrealisierung bei langfristiger Fertigung, in Ballwieser, US-amerikanische Rechnungslegung – Grundlagen und Vergleiche mit deutschem Recht, 4. Aufl. 2000, 139; Rist, Bilanzierung von Forderungsverkäufen bei wirtschaftlicher Betrachtungsweise – zugleich Anmerkungen zur IDW-Stellungnahme RS HFA 8, StuB 2003, 385; Rückle, Bewertungseinheiten in Handels- und Steuerbilanz, FS Sigloch, 2009, 715; Schneider, Zu den Grundsätzen ordnungsmäßiger Buchführung: Realisationsprinzip und Einkommensbegriff, FS Leffson, 1976, 101; Schulze-Osterloh, Der Ausweis von Aufwendungen nach dem Realisations- und dem Imparitätsprinzip, FS Forster, 1992, 653; Schumacher, Optionsgeschäfte im Betriebsvermögen und Realisationsprinzip, DStR 1997, 1236; Seifried, Zur Frage der Gewinnrealisierung bei Ausgliederung einzelner Wirtschaftsgüter, DB 1990, 1473, 1525; Selchert, Das Realisationsprinzip, DB 1990, 797; Siegel, Das Realisationsprinzip als allgemeines Periodisierungsprinzip?, BFuP 1994, 1; Siegel, Metamorphosen des Realisationsprinzips?, FS Forster, 1992, 585; Siegel/Lorchheim, Teilgewinnrealisierung bei Auftragsfertigung: Regelung nach IAS 11 und ihre Kompatibilität mit den deutschen Rechnungslegungsvorschriften, 1998; Strobl, Matching Principle und deutsches Bilanzrecht, FS Moxter, 1994, 407; Thies, Rückstellungen als Problem der wirtschaftlichen Betrachtungsweise, 1996; Thurmayr, Vorsichtsprinzip und Pensionsrückstellungen, 1992; von Treuberg, Die Bedeutung der Wertaufholung aus betriebswirtschaftlicher und bilanzpolitischer Sicht, in Albach/Forster, Beiträge zum Bilanzrichtlinien-Gesetz, 1987, 119; Wacket, Realisations- und Imparitätsprinzip bei monetärer Interpretation von Warenbeschaffung und -absatz, BB 1990, 239; K. Weber, Gewinnrealisierung durch Ausgliederung von Vermögensgegenständen auf Tochter-Personengesellschaften, DStR 1994, 592; K. Weber, Grundzüge des Preisvergleichs im Konzernbereich zur Beurteilung von Gewinnrealisationen zwischen verbundenen Kapitalgesellschaften, StBp 1987, 117, 141; Weber-Grellet, Realisationsprinzip und Rückstellungen unter Berücksichtigung der neueren Rechtsprechung, DStR 1996, 896; Weidmann, Einkommensbegriff und Realisation, 1996; Weidmann, Bewertungseinheit und Realisationsprinzip, in IDW, Neuorientierung der Rechenschaftslegung, 1995, 101; Woerner, Zeitpunkt der Passivierung von Schulden und Verbindlichkeitsrückstellungen, FS Moxter, 1994, 483; Woerner, Der schwebende Vertrag im Gefüge der Grundsätze ordnungsmäßiger Bilanzierung, in Mellwig/Moxter/Ordelheide, Handelsbilanz und Steuerbilanz, 1989, 33; Woerner, Die Gewinnrealisierung bei schwebenden Geschäften, BB 1988, 769; Zieger, Gewinnrealisierung bei langfristiger Fertigung, 1990.

Schrifttum Nr. 5 (Periodisierungsprinzip): Bertl, Periodengewinn und Totalgewinn aus betriebswirtschaftlicher und steuerlicher Sicht, GS Lechner, 1987, 39; Hax, Investitionsrechnung und Periodenerfolgsmessung, FS Koch, 1989, 153; Hesse, Periodischer Unternehmenserfolg zwischen Realisations- und Antizipationsprinzip, 1996; HWR/Chmielewicz, Periodisierung, Sp. 1514; Krümmel, Pagatorisches Prinzip und nominelle Kapitalerhaltung, FS Forster, 1992, 307; Marx/Recktenwald, Periodengerechtes Bilanzieren von unterverzinslichen Ausleihungen, BB 1992, 1526; Moxter, Periodengerechte Gewinnermittlung und Bilanz im Rechtssinne, FS Döllerer, 1988, 447; Wagner, Periodenabgrenzung als Prognoseverfahren, FS Moxter, 1994, 1175.

Schrifttum Nr. 6 (Stetigkeitsprinzip): Claussen/Korth, Zum Grundsatz der Bewertungsstetigkeit im Handels- und Steuerrecht, DB 1988, 921; Dusemond, Ausprägungen und Reichweite des Stetigkeitsgrundsatzes im Konzern, WPg 1994, 721; Förschle/Kropp, Die Bewertungsstetigkeit im Bilanzrichtlinien-Gesetz, ZfB 1986, 873; Hafner, Der Grundsatz der Bewertungsstetigkeit nach § 252 Abs. 1 Nr. 6 HGB, WPg 1985, 593; Hoffmann, Bilanzberichtigung, PiR 2006, 14; IDW RS HFA 38, Ansatz- und Bewertungsstetigkeit im handelsrechtlichen Jahresabschluss, IDW-FN 2011, 560; Kalabuch, Der Stetigkeitsgrundsatz in der Einzelbilanz nach Handels- und Ertragsteuerrecht, 1994; Kammers, Der Grundsatz der Bewertungsstetigkeit gemäß § 252 Abs. 1 Nr. 6 HGB, 1988; Kupsch, Einheitlichkeit und Stetigkeit der Bewertung gemäß § 252 Abs. 1 Nr. 6 HGB, DB 1987, 1101, 1157; Leffson, Das Gebot der Stetigkeit im europäischen Bilanzrecht, WPg 1988, 441; Müller, Das Stetigkeitsprinzip im neuen Bilanzrecht, 1989; Müller, Das Stetigkeitsprinzip im neuen Bilanzrecht, BB 1987, 1629; Sahner/Kammers, Bilanzpolitik im Einzelabschluß und der Grundsatz der Bewertungsstetigkeit gem. § 252 Abs. 1 Nr. 6 HGB, BB 1988, 1077; Schneeloch, Maßgeblichkeitsgrundsätze und Bewertungsstetigkeit, WPg 1990, 221; Schulz, Der Stetigkeitsgrundsatz im Konzernabschluß, WPg 1990, 357.

Schrifttum Abs. 2 (Begründete Ausnahmen): Müller, Zur Rangordnung der in § 252 Abs. 1 Nr. 1–6 HGB kodifizierten allgemeinen Bewertungsgrundsätze, FS Goerdeler, 1987, 397; Pfleger, In welchen Ausnahmefällen darf vom Grundsatz der Bewertungsstetigkeit abgewichen werden?, DB 1986, 1133.

Schrifttum IFRS: Ballwieser, IFRS-Rechnungslegung. Konzept, Regeln und Wirkungen, 3. Aufl. 2013; Ballwieser, Die Konzeptionslosigkeit des International Accounting Standards Board (ISAB), FS Röhricht, 2005, 727; Bender, Umsatzerfassung nach US-GAAP und IFRS – Konzeption, Problembereiche, Lösungsansätze, 2005; Burkhardt/Weis, Bilanzierung von Kreditderivaten nach IAS 39, IRZ 2007, 37; Dobler, Ertrags- und Aufwandserfassung nach Leistungsfortschritt abseits der cost-to-cost-Methode, PiR 2006, 147; Grau, Gewinnrealisierung nach International Accounting Standards, 2002; Große, Ablösung von IAS 39, Implikationen für das hedge accounting, KoR 2010, 191; Große, Die Problematik des Hedge Accounting nach IAS 39, 2007; Hommel, Vermögenszurechnung und Ertragsrealisation nach HGB und IFRS, FS Ballwieser, 2014, 347; Kölbinger-Engelmann/Müller/Pirker, Die Bilanzierung langfristiger Auftragsfertigung im internationalen Vergleich, FS Egger, 1997, 101; IDW RS HFA 9, Einzelfragen zur Bilanzierung von Finanzinstrumenten nach IFRS, IDW-FN 2007, 326, IDW-FN 2011, 326 und IDW Life 2016, 493; IFRS-Komm/Bellavite-Hövermann/Barckow, IAS 39 Finanzinstrumente: Ansatz und Bewertung; Kuhn/Scharpf, Rechnungslegung von Financial Instruments nach IFRS: IAS 32, IAS 39 und IFRS 7, 3. Aufl. 2006; Kuhner/Schwecht, Fremdwährungsgeschäfte und Fremdwährungsumrechnung nach IFRS, 2011; Kümpel, Vorratsbewertung und Auftragsfertigung nach IFRS – Grundlagen, Bewertungsverfahren und Folgebewertung, 2005; Lopatta/Gäbel,

Embedded Derivatives und Hedge Accounting in Wertpapierspezialfonds – Praktische Anwendung von Bilanzierungsvarianten des IAS 39 und Vergleich mit Spezialfonds-Bilanzierung nach HGB, WPg 2007, 296; Matena, Bilanzielle Vermögenszurechnung nach IFRS, 2004; Moxter, Unterschiede im Wertaufhellungsverständnis zwischen den handelsrechtlichen GoB und den IAS/IFRS, BB 2003, 2559; Pilhofer, Umsatz- und Gewinnrealisation im internationalen Vergleich – Bilanzpolitische Gestaltungsmöglichkeiten nach HGB, US-GAAP und IFRS, 2002; Plock, Ertragsrealisation nach International Financial Reporting Standards (IFRS), 2004; Scharpf, Hedge Accounting nach IAS 39: Ermittlung und bilanzielle Behandlung der Hedge (In)-Effektivität, KoR 2004 Beilage zu Heft 11; Scheffler, Eigenkapital im Jahres- und Konzernabschluss nach IFRS – Abgrenzung, Konsolidierung, Veränderung, 2006; Schmidt/Klingels/Pitroff, Finanzinstrumente nach IFRS – Bewertung, Absicherung, Bilanzierung, 2007; Wüstemann/Wüstemann, IFRS 15: Grundsätze für die Erfassung von Umsatzerlösen aus Verträgen mit Kunden, WPg 2014, 929.

Übersicht

I. Normzweck

1. Ansatz- und Bewertungsgrundsätze. Die Regelung enthält gemäß Überschrift **1** nur allgemeine Bewertungsgrundsätze,[1] konkretisiert jedoch wichtige GoB, die auch Ansatzkonsequenzen aufweisen. Das zeigt sich insbesondere am Periodisierungs- und am Realisationsprinzip:[2] Nicht als Aufwand oder Ertrag erfasste Zahlungen sind in der Bilanz zu speichern; durch die Fertigung entstehende Vermögensgegenstände, die noch nicht abgesetzt und deren Gewinnbeiträge dementsprechend unrealisiert sind, müssen als Umlaufvermögen aktiviert werden. Auch führt das Realisationsprinzip zur Periodisierung von Ausgaben[3] und zum Ansatz von Rückstellungen (→ § 243 Rn. 24 ff., → § 249 Rn. 17 ff.).

---

[1] Vgl. Hopt/Merkt Rn. 5.

[2] Ansatzkonsequenzen hat zB auch das Bilanzidentitätsprinzip. Vgl. ADS Rn. 13.

[3] Vgl. Moxter BB 1984, 1783 f.; Beck HdR/Ballwieser B 105 Rn. 40; Böcking ZfbF 1989, 496; Euler, Grundsätze ordnungsmäßiger Gewinnrealisierung, 1989, S. 58–65; Herzig FS Baetge, 1997, 48; aA Siegel BFuP 1994, 1.

2 **2. GoB-Konkretisierung.** Die in Abs. 1 genannten Grundsätze sind kodifizierte GoB. Zum Teil werden mit einer Nummer von Abs. 1 mehrere GoB zugleich angesprochen; vgl. insbesondere Nr. 4 zum Vorsichts-, Realisations-, Wertaufhellungs- und Imparitätsprinzip. Die GoB sind die Einzelvorschriften zur Rechnungslegung ergänzende und vervollständigende Generalklauseln, die in Form eines offenen Systems Entwicklungen der Sachverhaltsgestaltung auffangen können (→ § 238 Rn. 22 ff., → § 243 Rn. 7). Dies zeigte sich zB bei der vom Gesetzgeber iE nicht geregelten Bewertung von Derivaten, deren Vielfalt beachtlich ist. Hier war es nötig, eine Lösung mithilfe des Realisations-, Imparitäts- und Einzelbewertungsprinzips zu finden. Der durch das BilMoG neu geschaffene § 254 gibt hierzu erstmals eine explizite Hilfestellung.

3 **3. Systemcharakter der GoB.** Die in Abs. 1 genannten GoB sind Bestandteil der Gewinnermittlungs-GoB (→ § 238 Rn. 25). Sie müssen sowohl im Verbund mit anderen Gewinnermittlungs-GoB, wie dem Vollständigkeitsprinzip (§ 246 Abs. 1), als auch im Verbund mit Informations-GoB, wie dem Verrechnungsverbot (§ 246 Abs. 2) oder dem Grundsatz der Darstellungsstetigkeit (§ 265 Abs. 1), gesehen werden. Insofern ist Abs. 1 nicht der einzige Ort einer GoB-Konkretisierung.

4 Die in Abs. 1 genannten GoB lassen sich als Subsystem innerhalb des Systems aller GoB ordnen. Ordnungen werden nötig, um zu klären, ob es von jedem der in Abs. 1 genannten GoB einen begründeten Ausnahmefall geben kann, demzufolge von dem GoB gem. Abs. 2 abgewichen werden darf. Ordnungen sind ferner zweckmäßig, um das Regelungssystem des Gesetzes besser erkennen zu können. Es wird sich zeigen, dass für die Gewinnermittlung das Vorsichts-, das Realisations- und das Imparitätsprinzip besonders bedeutsam werden, weil sich aus diesen Prinzipien zahlreiche andere GoB ableiten lassen. So ist das Vorsichtsprinzip Grundlage des Realisations- und Imparitätsprinzips. Das Realisationsprinzip ist Basis des Periodisierungs-, Einzelbewertungs-, Vollständigkeits-, Wertidentitäts- und Anschaffungskostenprinzips (→ Rn. 64 f.); das Imparitätsprinzip impliziert das (strenge) Niederstwertprinzip und das Höchstwertprinzip (→ Rn. 88).

II. Grundsätze ordnungsmäßiger Buchführung

5 **1. Bilanzidentitätsprinzip (Abs. 1 Nr. 1). a) Grundsatz.** Die Wertansätze in der Eröffnungsbilanz (nicht iSv § 242) müssen mit denen der Schlussbilanz des vorhergehenden Geschäftsjahrs übereinstimmen. Wertidentität bedeutet auch Identität der angesetzten Bilanzposten, also Bilanzidentität.[4] Bilanzidentität ist nötig, damit der Gewinn über die gesamte Lebensdauer eines Unternehmens, der Totalgewinn, mit der Summe der Periodengewinne übereinstimmt (sog. Kongruenzprinzip). Bilanzierung hat die Aufgabe, den Totalgewinn in Periodengewinne zu zerlegen. Schlussbilanz und Eröffnungsbilanz sind nur durch eine logische Sekunde voneinander getrennt. Die Identität beider Bilanzen erscheint insofern trivial.

6 Das Bilanzidentitätsprinzip verhindert nicht die Korrektur von Fehlern in früheren Bilanzen. Sie führt zu nachträglichen Anpassungen von Vorjahreswerten, die aber den Grundsatz der Identität des Wertansatzes in Schluss- und darauf folgender Eröffnungsbilanz nicht außer Kraft setzen.

7 Ausnahmen von der Wertidentität sind Resultat einer Änderung des Rechnungslegungssystems, zB aufgrund einer erstmaligen Ausnutzung des HGB im Sinne von IFRS, wie dies Unternehmen im Jahresabschluss oder Konzernabschluss gemacht haben (sog. duale Bilanzierung mit gleichzeitiger Erfüllung der Regeln beider Normensysteme) oder aufgrund von § 315e (→ § 315e Rn. 1 ff.).

8 **b) Regelungen nach IFRS.** Das Bilanzidentitätsprinzip gilt grds. auch nach IFRS, ohne explizit geregelt zu sein. Es ist ableitbar aus den IFRS,[5] wird aber durch mehrere Einzelregelungen eingeschränkt (IAS 8.14–53; IAS 21.35 und 21.54).

---

4   Vgl. ADS Rn. 13.
5   Vgl. zB IAS 1.27.

2. Prinzip der Unternehmensfortführung (Abs. 1 Nr. 2). a) Grundsatz. Der 9
Bewertung muss der Grundsatz der Unternehmensfortführung zugrunde liegen, sofern
dem nicht tatsächliche oder rechtliche Gegebenheiten entgegenstehen. Der Grundsatz
bestimmt, dass nur in Ausnahmefällen Bewertungen unter dem Gesichtspunkt der Liquidation maßgeblich sind. Der erstmals mit dem BiRiLiG von 1985 in das HGB aufgenommene
Grundsatz galt schon vorher als GoB.[6] „Wie aus Erwägungsgrund 16 EU-Bilanzrichtlinie
ersichtlich, soll der Grundsatz der Unternehmensfortführung Vergleichbarkeit und Gleichwertigkeit der Informationen gewährleisten, bei Ansatz und Bewertung."[7] Da die Abkehr
von der Fortführungsannahme zB für eine etwa erforderliche Sanierung kontraproduktiv
wäre,[8] besteht in der Literatur grds. Einigkeit darüber, dass die Ausnahmefälle eng auszulegen sind.[9] Mit Bezug auf erhebliche Unsicherheiten über die Wertermittlung bei einer
Bilanzierung unter Liquidationsaspekten „soll von der Fortführungsprämisse erst abgegangen werden, wenn zweifelsfreie Kenntnis von der Unmöglichkeit der Fortführung
besteht".[10] Welche Werte stattdessen zu verwenden sind, ergibt sich aus den Bewertungsvorschriften des Gesetzes (§§ 253–256a).

Der Grundsatz lässt sowohl offen, an welche tatsächlichen oder rechtlichen Gegebenhei- 10
ten zu denken ist, die eine Abkehr vom Fortführungsprinzip begründen, als auch, über
welchen Zeitraum die Unternehmensfortführung erwartet werden muss.[11] Nach einer Meinung muss der Zeitraum den nächsten Bilanzstichtag einschließen;[12] nach einer anderen
Meinung ist es hinreichend, die nächsten Monate, für die die Unternehmensentwicklung
hinreichend sicher übersehen werden kann, zugrunde zu legen.[13] Das können die nächsten
zwölf Monate sein, mit einzelfallbedingten Abweichungen.[14] Die Vorgabe solcher Zeiträume wird jedoch weitgehend zwecklos, wenn eine Abweichung von dem Grundsatz „die
zweifelsfreie Kenntnis von der Unmöglichkeit der Fortführung" als Voraussetzung hat, wie
in → Rn. 9 beschrieben.[15] Über die Berechtigung dieser Voraussetzung – und damit über
Gründe für ein Abweichen vom Fortführungsprinzip – hat sich jüngst eine Kontroverse
entwickelt, die durch ein Urteil des BGH v. 26.1.2017 zur verschärften Haftung von Steuerberatern bei Aufstellung eines Jahresabschlusses ausgelöst wurde.[16] Die amtlichen Leitsätze
halten hierzu fest: „Der mit der Erstellung eines Jahresabschlusses für eine GmbH beauftragte
Steuerberater ist verpflichtet zu prüfen, ob sich auf der Grundlage der ihm zur Verfügung
stehenden Unterlagen und der ihm sonst bekannten Umstände tatsächliche oder rechtliche
Gegebenheiten ergeben, die einer Fortführung der Unternehmenstätigkeit entgegenstehen
können. Hingegen ist er nicht verpflichtet, von sich aus eine Fortführungsprognose zu
erstellen und die hierfür erheblichen Tatsachen zu ermitteln (…). (…) Der mit der Erstellung
eines Jahresabschlusses für eine GmbH beauftragte Steuerberater hat die Mandantin auf
einen möglichen Insolvenzgrund und die daran anknüpfende Prüfungspflicht ihres
Geschäftsführers hinzuweisen, wenn entsprechende Anhaltspunkte offenkundig sind und er
annehmen muss, dass die mögliche Insolvenzreife der Mandantin nicht bewusst ist." Auf
diese Kontroverse ist im Folgenden einzugehen.

---

6   Vgl. Moxter FS Beisse, 1997, 351.
7   Mader/Seitz DStR-Beih. 2018, 12.
8   Moxter WPg 1980, 349: „Der Patient stürbe an der Medizin."
9   Hennrichs/Schulze-Osterloh DStR 2018, 1732.
10 Schulze-Osterloh DStR 2007, 1007 mzN.
11 Wertbegründende Ereignisse nach dem Bilanzstichtag sind hierbei nicht zu berücksichtigen. Vgl.
    Schulze-Osterloh DStR 2007, 1010. So auch IDW PS 203 nF Rn. 8; aA IDW RS HFA 17 Rn. 25;
    Küting/Pfitzer/Weber/Beck, IFRS und BilMoG/Beck, 2010, S. 161.
12 Vgl. Janssen WPg 1984, 346; Sarx in Albach/Forster (Hrsg.), Beiträge zum Bilanzrichtlinien-Gesetz,
    1987, 29; BeBiKo/Störk/Büssow Rn. 16 (längere Zeiträume können unter unternehmensspezifischen
    Gesichtspunkten geboten sein).
13 Vgl. ADS Rn. 24. Zur Prognose der Unternehmensfortführung vgl. Groß/Amen DB 2005, 1864–1868.
14 Vgl. Gross FS Budde, 1993, 249.
15 Schulze-Osterloh DStR 2007, 1007 mzN.
16 Vgl. BGH NJW 2017, 1611; Mader/Seitz DStR-Beiheft 2018, 1; Hennrichs/Schulze-Osterloh DStR
    2018, 1731; Mader/Seitz DStR 2018, 1933.

11   **b) Abweichende Bewertung.** Die Annahme der Unternehmensfortführung muss aufgegeben werden, sofern ihr tatsächliche oder rechtliche Gegebenheiten entgegenstehen. Die Auslegung dieser Bedingungen ist strittig. Tatsächliche Gegebenheiten könnten entgegenstehen, wenn sich für die Geschäftsleitung ökonomische Schwierigkeiten abzeichnen, die die Zahlungsfähigkeit des Unternehmens zweifelhaft werden lassen und zur Insolvenz führen können.[17] Vor dem Eintreten einer Insolvenz gibt es zumeist eine Vielzahl von Frühindikatoren, zB das überraschende Ausbleiben, der Rückgang oder das Stornieren von Aufträgen, Produktionsausfälle aufgrund höherer Gewalt oder technischer Probleme, Schwierigkeiten bei der Finanzierung von Investitionen sowie erfolglose Versuche, kurzfristige Verbindlichkeiten abzulösen und zu erneuern.

12   Da es schwer ist, zuverlässige Frühindikatoren für ökonomische Krisen zu erhalten,[18] und die Fehlerquote dieser Indikatoren beachtlich sein kann, stellt sich die Frage, ob nach dem Vorsichtsprinzip erwartete Risiken über- und Chancen untergewichtet werden müssen, weil sich die Annahme der Unternehmensfortführung selten streng fundieren lässt. Dies ist zu verneinen: die Einschätzung der Unternehmensfortführung ist eine Faktenfrage, deren Antwort nicht durch das Vorsichtsprinzip verzerrt werden darf.

13   Rechtliche Gegebenheiten könnten entgegenstehen, wenn der Konkursantrag gestellt worden ist oder Ereignisse eingetreten sind, die in einer Liquidation aus vertraglichen oder gesetzlichen Gründen enden.

14   Beiden Auslegungen treten mE zu Recht Mader/Seitz entgegen. Mit Bezug auf die Entstehungsgeschichte der Norm stellen sie fest, dass diese für alle Kaufleute gilt und der Gesetzgeber grds. eine einheitliche Auslegung für alle Rechtsformen wollte: „Jedenfalls für den typischen Einzelunternehmer und Personenhandelsgesellschaften mit überschaubarem Aktionsradius wäre das Abarbeiten umfangreicher Kataloge von Gegebenheiten (bzw. Umständen) und die routinemäßige Prüfung von Insolvenzgründen anlässlich der Aufstellung des Jahresabschlusses mit erheblichem Aufwand verbunden, zumal ggf. nicht die Pflicht aus § 15a Abs. 1 InsO bestünde, Insolvenzantrag zu stellen. Das spricht dafür, dass sich der historische Gesetzgeber die ‚Unterstellung der Unternehmensfortführung‘ nicht allzu kompliziert vorgestellt hat. Gegen eine gespaltene (bei Kapitalgesellschaften strengere) Auslegung von § 252 Abs. 1 Nr. 2 HGB spricht auch, dass der Gesetzgeber von Anfang darauf bedacht war, die Vierte Richtlinie so weit wie möglich rechtsformneutral und größenunabhängig umzusetzen, nicht zuletzt um die Gleichmäßigkeit der Besteuerung zu gewährleisten.

15   Einen wichtigen Anhaltspunkt, wann das Abgehen von der Fortführungsprämisse (nicht) geboten ist, liefert § 71 Abs. 2 S. 2 und 3 GmbHG (Rechnungslegung bei Liquidation): danach gelten für die Liquidationseröffnungsbilanz und den erläuternden Bericht die Vorschriften über den Jahresabschluss entsprechend. Vermögensgegenstände des Anlagevermögens sind (erst dann) wie Umlaufvermögen zu bewerten, wenn ihre Veräußerung innerhalb eines übersehbaren Zeitraums beabsichtigt ist oder sie nicht mehr dem Geschäftsbetrieb dienen; das gilt nach dem letzten Halbsatz der Vorschrift auch für den Jahresabschluss, also nicht nur für die Liquidationseröffnungsbilanz.

16   Dh im Umkehrschluss, dass selbst bei bereits erfolgter Auflösung der Gesellschaft (insbes. durch Gesellschafterbeschluss oder Zeitablauf, § 60 GmbHG) die bisherige Bewertung beizubehalten ist, solange Vermögensgegenstände des Anlagevermögens dem Geschäftsbetrieb dienen und ihre Veräußerung innerhalb eines überschaubaren Zeitraums (noch) nicht beabsichtigt ist. Das entspricht dem ‚normalen‘ Ansatz beim ‚lebenden‘ Unternehmen (...).

17   Trotz bereits beschlossener Auflösung ist jedenfalls für die Schlussbilanz der werbenden Gesellschaft noch von Unternehmensfortführung auszugehen. Die Liquidatoren haben gemäß § 70 GmbHG die Aufgabe, die laufenden Geschäfte zu beenden und können dazu auch noch neue Geschäfte eingehen. Aus § 71 Abs. 2 S. 2 GmbHG folgt außerdem, dass

---

[17]   Vgl. zur Abwägung des allg. Unternehmerrisikos mit einer Unternehmenskrise Groß WPg 2004, 1360–1365.

[18]   Vgl. hierzu insbes. Hauschildt in Hauschildt/Leker, Krisendiagnose durch Bilanzanalyse, 2. Aufl. 2000, S. 1; Baetge ZfbF 1989, 792.

die Fortführung der Unternehmenstätigkeit grundsätzlich auch während der Liquidation noch unterstellt werden muss; diese Angleichung an die Rechnungslegung werbender Unternehmen wurde damit begründet, dass die Liquidation nur in Ausnahmefällen zu einer sofortigen Einstellung des Geschäftsbetriebs führt. Diese Begründung spricht dafür, dass der historische Gesetzgeber des Bilanzrichtliniengesetzes erst die tatsächliche Einstellung des Geschäftsbetriebs als ‚Gegebenheit' ansah, die der Annahme der Unternehmensfortführung entgegenstehen würde.

Der Auflösungsbeschluss und die anderen Auflösungsgründe sind also nicht etwa ‚recht- **18** liche Gegebenheiten' iSv § 252 Abs. 1 Nr. 2 HGB, die der Fortführung entgegenstehen würden."[19]

Die abgestuften Wertungen des Gesetzgebers hinsichtlich Berichts-, Prüfungs- und **19** Dokumentationspflichten würden eingeebnet, wenn man all diese Pflichten schon in § 252 Abs. 1 Nr. 2 hineinliest.[20]

Die oben unter Rn. 11 genannten Indikatoren für wirtschaftliche Schwierigkeiten **20** mögen nach der Ansicht von Mader/Seitz „Herausforderungen für Unternehmen und Geschäftsleiter sein, stehen der Fortführung aber nicht entgegen. Mit solchen Schwierigkeiten umzugehen, ist für Unternehmen ‚täglich Brot'."[21]

Sie kommen zum Ergebnis, dass § 252 Abs. 1 Nr. 2 richtlinienkonform auszulegen **21** ist und der IX. Senat „Sinn und Zweck der europarechtlichen Going-Concern-Prämisse (verkennt), wenn er in die angeblich erforderliche Fortführungsprognose auch noch die Prüfung von Insolvenzgründen hineininterpretiert (oder zu solchen Interpretationen einlädt). (…) Die Fortführungsprämisse gemäß § 252 Abs. 1 Nr. 2 HGB ist erst aufzugeben, wenn der Geschäftsbetrieb am Abschlussstichtag bereits endgültig eingestellt ist oder im Rahmen der Liquidation die Einstellung unmittelbar bevorsteht; beides ist dem Mandanten bei Erteilung des Auftrags zur Erstellung des Jahresabschlusses bekannt, wie auch eine etwaige Auflösung der Gesellschaft, so dass er den beauftragten Steuerberater ggf. ungefragt über diese Gegebenheiten informieren sollte."[22]

Nach Hennrichs/Schulze-Osterloh ist die letztgenannte These von Mader/Seitz zu **22** weitgehend. Begründet wird dies mit § 264 Abs. 2 S. 1 und der darin ausgedrückten Informationsfunktion des Jahresabschlusses, die es den Abschlussadressaten ermöglichen solle, die wirtschaftliche Lage der Gesellschaft realistisch einschätzen zu können.[23] Zwar stehe das mögliche Vorliegen von Insolvenzgründen für sich genommen der Bilanzierung unter Fortführungsgesichtspunkten nicht zwingend entgegen. Aber sofern sich die Krisenzeichen bereits so weit verdichtet hätten, „daß ein Insolvenzgrund gegeben ist, verlagert sich danach die Argumentationslast auf das Unternehmen, wenn es dennoch weiter zu Fortführungswerten bilanzieren will. Das erscheint uns sachgerecht."[24] Sie verlagern insofern die Beweislast auf den Bilanzierenden.

Mader/Seitz lassen dieses Argument – mE begründet – für das allgemeine Kaufmanns- **23** recht nicht gelten. „Solange nicht feststeht, dass die Unternehmenstätigkeit zum Stichtag eingestellt ist oder alsbald aufgegeben werden muss, ist davon auszugehen, dass sie aufrechterhalten bleibt."[25]

Auch bei Aufgabe der Fortführungsannahme gelten das Stichtagsprinzip[26] und die **24** Grundsätze der Einzelbewertung,[27] der Vorsicht, der Realisation und der Imparität.[28] Vermögensgegenstände sind mit Veräußerungspreisen anzusetzen, ohne dass die (fortgeschriebe-

---

[19]   Mader/Seitz DStR-Beiheft 2018, 10.
[20]   Vgl. Mader/Seitz DStR-Beiheft 2018, 11.
[21]   Mader/Seitz DStR-Beiheft 2018, 13.
[22]   Mader/Seitz DStR-Beiheft 2018, 28.
[23]   Vgl. Hennrichs/Schulze-Osterloh DStR 2018, 1732.
[24]   Hennrichs/Schulze-Osterloh DStR 2018, 1733.
[25]   Mader/Seitz DStR 2018 1933 f.
[26]   Vgl. IDW RS HFA 17 Rn. 24.
[27]   Vgl. IDW RS HFA 17 Rn. 22.
[28]   Vgl. IDW RS HFA 17 Rn. 19.

nen) Anschaffungs- oder Herstellungskosten überschritten werden dürfen.[29] Kann ein gegenseitiger Vertrag nicht mehr erfüllt werden, ist ein auf dieser Basis gebildeter Rechnungsabgrenzungsposten erfolgswirksam aufzulösen.[30] Entsprechendes gilt grds. für einen aktivierten Geschäfts- oder Firmenwert.[31] „Ein nach § 250 Abs. 3 HGB aktiviertes Disagio ist insoweit auszubuchen, als die korrespondierende Verbindlichkeit vorzeitig zurückgezahlt wird."[32] Schulden sind mit dem Erfüllungsbetrag zu bewerten, wobei ggf. zu berücksichtigen ist, dass sie vorzeitig fällig gestellt werden.[33] Ansammlungsrückstellungen sind entsprechend auf den Erfüllungsbetrag aufzuwerten.[34]

25   **c) Regelungen nach IFRS.** Das Rahmenkonzept 2018 für die Rechnungslegung besagt: „Financial statements are normally prepared on the assumption that the reporting entity is a going concern and will continue in operation for the foreseeable future. Hence, it is assumed that the entity has neither the intention nor the need to enter liquidation or to cease trading. If such an intention or need exists, the financial statements may have to be prepared on a different basis. If so, the financial statements describe the basis used." (CF.3.9).

26   IAS 1.25–26 zählt den Grundsatz der Unternehmensfortführung zu den Allgemeinen Merkmalen eines Abschlusses. „Bei der Aufstellung eines Abschlusses hat das Management die Fähigkeit des Unternehmens, den Geschäftsbetrieb fortzuführen, einzuschätzen." (IAS 1.25). Dabei soll das Management sämtliche verfügbaren Informationen für die Zukunft in Betracht ziehen, „die mindestens zwölf Monate nach dem Abschlussstichtag umfasst, aber nicht auf diesen Zeitraum beschränkt ist" (IAS 1.26). Sollte der Abschluss nicht auf dieser Grundlage aufgestellt werden, werden die Angabe der Nichtbefolgung der Fortführungsprämisse und eine Begründung nötig. Daneben ist anzugeben, auf welcher Grundlage die Erstellung stattdessen erfolgt ist. Welche Anpassungen nötig werden, wird nicht behandelt.

27   IAS 1.25 verlangt, den Abschluss „solange auf der Grundlage der Annahme der Unternehmensfortführung aufzustellen, bis das Management entweder beabsichtigt, das Unternehmen aufzulösen oder das Geschäft einzustellen oder bis das Management keine realistische Alternative mehr hat, als so zu handeln" (vgl. auch IAS 10.14).

28   **3. Einzelbewertungsprinzip (Abs. 1 Nr. 3). a) Grundsatz.** Das Einzelbewertungsprinzip bezieht sich nach dem Wortlaut des Gesetzes auf Vermögensgegenstände und Schulden. Rechnungsabgrenzungsposten und Sonderposten (wie latente Steuern; → § 246 Rn. 4) werden danach nicht bewertet, obwohl sich die Frage des Wertansatzes auch bei ihnen stellt.

29   Das Einzelbewertungsprinzip resultiert aus dem Vorsichtsprinzip, konkretisiert das Imparitätsprinzip und dient der Einschränkung subjektiven Ermessens bei der Wertermittlung. Es verhindert eine Gesamtbewertung von Bilanzbeständen und trägt wegen der Ausschaltung von nur schwer ermittelbaren Kombinationseffekten (Mehrwerten aus der Kombination von Vermögensgegenständen und Schulden) zur Objektivierung der Rechnungslegung bei. Einzelbewertung steht im Gegensatz zu einer Gesamtbewertung mithilfe von Ertragswert- oder Discounted Cash Flow-Verfahren, die Verbundeffekte berücksichtigen. Verbundeffekte lassen sich nicht willkürfrei einzelnen Vermögensgegenständen und Schulden zurechnen.

30   Die Einzelbewertung ist Voraussetzung des Saldierungsverbotes (§ 246 Abs. 2). Sie ist aus dem Realisationsprinzip ableitbar, da eine Gewinnermittlung auf Basis einer Gesamtbewertung gegen den konventionell festgelegten Realisationszeitpunkt (bei Lieferung und Leistung von einzelnen Absatzeinheiten) verstößt.

---

[29]   Vgl. IDW RS HFA 17 Rn. 20.
[30]   Vgl. IDW RS HFA 17 Rn. 9.
[31]   Vgl. IDW RS HFA 17 Rn. 27.
[32]   Vgl. IDW RS HFA 17 Rn. 10.
[33]   Vgl. IDW RS HFA 17 Rn. 18.
[34]   Vgl. IDW RS HFA 17 Rn. 31.

Einzelbewertung verlangt die Abgrenzung der Bewertungseinheit und die Wahl einer **31** Bewertungsmethode. Bewertungseinheiten sind nicht etwa die kleinsten Einheiten, die technisch oder zivilrechtlich voneinander abgegrenzt werden können. Nach hM ist die Bewertungseinheit vielmehr nach dem speziellen Nutzungs- und Funktionszusammenhang im betreffenden Unternehmen zu definieren. So kann eine Rolltreppe ein eigenständig genutztes Gut in einem Unternehmen sein, während es in einem anderen Unternehmen in einem umfassenderen Gut aufgeht. Entsprechend unterschiedlich ist die Bedeutung eines Reifens für einen Reifenhersteller und den Nutzer eines Geschäftswagens.

Das Realisationsprinzip hilft bei der Abgrenzung von Bewertungseinheiten: Da **32** Gewinnbeiträge bilanzrechtlich mit der Lieferung oder Leistung von Gütern entstehen ($\rightarrow$ Rn. 66), ist es konsequent, die für das Unternehmen üblichen Absatzeinheiten als Bewertungseinheiten zu verwenden. Einzelbewertet wird der Vermögensgegenstand, der einzeln dem Markt überlassen wird. Die gleiche Überlegung lässt sich für solche Güter verwenden, die direkt in eine Absatzeinheit eingehen. Bewertungseinheit ist nach dem Realisationsprinzip in diesem Fall, was auf der nächstfolgenden Produktionsstufe zusammenhängend weiterverarbeitet wird,[35] zB Einzelteil (Rohling), Baugruppe oder Zwischenerzeugnis (Halbfabrikat). Im Einzelfall ist sowohl Weiterverarbeitung als auch Verwertung am Markt möglich.

Schwieriger ist die Abgrenzung solcher Bewertungseinheiten, die als Potentialfaktoren **33** Nutzleistungen zur Erstellung von Absatzgütern abgeben. Bei ihnen lässt sich der Beitrag zu einer einzigen Absatzleistung nicht willkürfrei erheben. „Die vom Realisationsprinzip geforderte Zuordnung von Aufwendungen zu einzelnen Umsatzakten bedingt damit grundsätzlich zunächst eine Zuordnung der verbrauchten Nutzleistungen zu einzelnen Perioden und zusätzlich zu einzelnen Gewinnentstehungseinheiten."[36] Die Zuordnung der verbrauchten Nutzleistungen zu einzelnen Perioden verlangt einen möglichst übereinstimmenden Werteverzehr der Einsatzgüter, der insbesondere durch gleiche oder ähnliche Nutzungsdauer indiziert wird. Andernfalls würde die planmäßige Abschreibung des Vermögensgegenstandes dem Werteverzehr nicht gerecht. Zugleich verlangt die Zuordnung zu einzelnen Gewinnentstehungseinheiten die isolierte Nutzbarkeit des Objekts, weil nicht selbstständig nutzbare Einheiten nicht zur Erstellung von Absatzleistungen beitragen können. Die Kriterien widersprechen sich: Der möglichst übereinstimmende Werteverzehr führt zur Atomisierung von einzeln zu bewertenden Vermögensgegenständen (zB zur Zerlegung eines Pkw in Zündkerze, Scheibenwischer, Motor, Chassis, Gepäckträger wegen Unterschieden in Nutzungsdauer und Werteverzehr), die isolierte Nutzbarkeit führt hingegen zur Bündelung von Gütern (Pkw mit Gepäckträger statt Pkw und Gepäckträger wegen fehlender isolierter Nutzbarkeit des Gepäckträgers). Der Kompromiss im Hinblick auf die Abgrenzung der Bewertungseinheiten wird damit willkürlich.

Für die Abgrenzung von Gebäuden bemüht die Steuer-Rechtsprechung das Kriterium **34** des einheitlichen Nutzungs- und Funktionszusammenhangs.[37] Danach ist einerseits bei unterschiedlicher Nutzung ein Gebäude in mehrere Bewertungseinheiten zu zerlegen (zB Produktions-, Lager- und Büroräume), andererseits werden unverbundene Bauten oder unbewegliche Vermögensgegenstände zu einer Bewertungseinheit aggregiert, wenn ohne die Aggregation die Nutzung unmöglich wäre.

Bei beweglichen Gütern ist der einheitliche Nutzungs- und Funktionszusammenhang **35** kein geeignetes Kriterium zur Abgrenzung von Bewertungseinheiten. Wurden bewegliche Güter miteinander verbunden, stellt sich die Frage, ob sie ohne Zerstörung der Substanz wieder voneinander getrennt werden können. Kann man einen der vorher unverbundenen Teile nicht selbstständig nutzen, ergibt sich die Bewertungseinheit erst aus der Verbindung. Andernfalls handelt es sich um getrennt zu bewertende Vermögensgegenstände.

---

[35] Vgl. Wichmann DB 1988, 193; Jüttner, GoB-System, Einzelbewertungsgrundsatz und Imparitätsprinzip, 1993, S. 126.

[36] Jüttner, GoB-System, Einzelbewertungsgrundsatz und Imparitätsprinzip, 1993, S. 127.

[37] Vgl. Kupsch FS Forster, 1992, 343; Jüttner, GoB-System, Einzelbewertungsgrundsatz und Imparitätsprinzip, 1993, S. 145.

36   Wie Vermögensgegenstände sind Schulden einzeln zu bewerten. Schulden können nach dem Bilanzstichtag anfallende Ausgaben erfolgsneutral (Kreditaufnahme) oder erfolgswirksam (Verbindlichkeits- und Drohverlustrückstellungen) antizipieren. Die Abgrenzung der einzelnen Schuld erfolgt nach dem isolierbaren Grund und Anspruch des Dritten gegenüber dem Unternehmen. Im Falle der erfolgsneutralen Zugänge gibt es damit kein Abgrenzungsproblem. Dies ist anders bei den erfolgswirksamen Zugängen, weil als Bewertungsobjekt nur etwas in Frage kommt, dem konkrete künftige Ausgaben isoliert zugerechnet werden können.[38] Das gilt nicht für allgemeine Unternehmerrisiken.

37   **b) Sicherungsgeschäfte.** Bei Sicherungsgeschäften war es lange Zeit fraglich, ob isolierbare Grund- und Sicherungsgeschäfte jeweils einzeln zu bewerten sind oder ob beide Geschäfte zusammen zwingend und nicht als Ausnahme gem. Abs. 2 eine Bewertungseinheit ergeben. Zu klären war ferner, was als Sicherungsgeschäft zählt und wie Geschäfte zu behandeln sind, in denen ein Grund- und Sicherungsgeschäft nicht oder nur willkürlich isolierbar sind.

38   Nach hM war eine strenge Einzelbewertung und ein sich wegen des Realisations- und des Imparitätsprinzips ergebender Verlustausweis nicht erlaubt, wenn zwei gegenläufige Positionen bewusst so gebildet werden, dass ein Grundgeschäft durch ein Sicherungsgeschäft für Dritte nachvollziehbar und erfolgreich gesichert wird.[39] Es handelt sich dann um einen sog. Mikro-Hedge. Jede andere Bilanzierung würde nicht nur einen Verlust ausweisen, der nicht eintreten kann, sondern auch Anreize schaffen, Sicherungsgeschäfte zu unterlassen, damit man erfolgsrechnerisch nicht bestraft wird.[40] Das kann nicht Sinn des Einzelbewertungsgrundsatzes sein.

39   Strittig war, unter welchen konkreten Bedingungen gegenläufige Bewertungserfolge beim Mikro-Hedge kompensiert werden dürfen und inwieweit über ihn hinausgehend weitere Einheiten gebündelt werden dürfen (Makro- und Portfolio-Hedge). Makro-Hedges fassen originäre und derivative Finanzinstrumente innerhalb eines organisatorisch abgegrenzten Verantwortungsbereichs zusammen, soweit diese gleichen Risiken (Zins-, Währungs-, andere Preisrisiken) unterliegen.[41] Es werden für jede Risikoart separat Nettorisikopositionen gebildet, die abgesichert werden.[42] Portfolio-Hedges gehen über die bezüglich einer Risikoart homogene Zusammenfassung von Geschäften hinaus. Der Portfolio-Hedge sollte insbesondere bei Handelsbeständen von Kreditinstituten anwendbar sein.[43]

40   Der Streit wurde grds. durch den durch das BilMoG neu gefassten § 254 zur Bildung von Bewertungseinheiten entschieden. Durch ihn werden in bestimmtem Umfang Ausnahmen von der Gültigkeit des Einzelbewertungsgrundsatzes, des Vorsichts-, Realisations- und Imparitätsprinzips erlaubt und erzwungen. Sie haben auch Auswirkungen auf den Ansatz von Rückstellungen für Außenverpflichtungen und die Regeln zur Währungsumrechnung (→ § 254 Rn. 16).

41   **c) Regelungen nach IFRS.** Der Grundsatz der Einzelbewertung ist in den IFRS nicht explizit geregelt. Er lässt sich nur aus dem Rahmenkonzept und einzelnen IFRS ableiten. Gemäß Rahmenkonzept wird ein Vermögenswert in der Bilanz erfasst, wenn er entscheidungsnützliche Information liefert: „An asset (…) is recognised only if recognition of that asset (…) provides users of financial statements with information that is useful, ie with: (a) relevant information about the asset (…); and (b) a faithful representation of the asset (…)" (CF.5.7). Spiegelbildliches gilt für eine Schuld. Die Ausführungen zur Bewertungsbasis enthalten mit dem Bezug auf die Kosten oder den Wert des Vermögenswerts und den Erfüllungsbetrag der Schuld Hinweise auf eine Einzelbewertung: „Elements recognised in

---

[38]   Vgl. Jüttner, GoB-System, Einzelbewertungsgrundsatz und Imparitätsprinzip, 1993, S. 130.

[39]   Vgl. Herzig FS Baetge, 1997, 42; Krumnow et al. § 340e Rn. 331–333.

[40]   Vgl. Ballwieser/Kuhner, Rechnungslegungsvorschriften und wirtschaftliche Stabilität, 1994, S. 103 f.

[41]   Vgl. Herzig FS Baetge, 1997, 43.

[42]   Vgl. Brackert/Prahl/Naumann WPg 1995, 552.

[43]   Vgl. Prahl/Naumann WPg 1991, 735; Prahl/Naumann WPg 1992, 715 f.; Herzig FS Baetge, 1997, 43; Krumnow et al. § 340e Rn. 343 f.

financial statements are quantified in monetary terms. This requires the selection of a measurement basis. A measurement basis is an identified feature – for example, historical cost, fair value or fulfilment value – of an item being measured. Applying a measurement basis to an asset or liability creates a measure for that asset or liability and for related income and expenses." (CF.6.1). Explizit vorgeschrieben ist die Einzelbewertung zB bei außerplanmäßigen Abschreibungen („Einzelwertberichtigungen") von Vorräten gem. IAS 2.29 und beim Ansatz von erworbenen Vermögenswerten und übernommenen Schulden bei der Kapitalkonsolidierung gem. IFRS 3.18.

IAS 39 (Finanzinstrumente: Ansatz und Bewertung) enthält Vorschriften zur Bildung **42** von Bewertungseinheiten in den Abs. 71–102 und AG.94–AG.132. Sicherungsgeschäfte werden nach IAS 39.86 eingeteilt in solche zur Absicherung des beizulegenden Zeitwertes, Absicherung von Zahlungsströmen und Absicherung einer Nettoinvestition in einen ausländischen Geschäftsbetrieb im Sinne von IAS 21. Zu Details → § 254 Rn. 23.

4. Stichtagsprinzip (Abs. 1 Nr. 3). a) Inhalt. Das Stichtagsprinzip legt den Zeit- **43** punkt des Ansatzes und der Bewertung von Vermögensgegenständen und Schulden fest. Es ergibt sich bereits aus dem Imparitätsprinzip, das verlangt, dass die bis zum Abschlussstichtag entstandenen Risiken und Verluste vollständig zu berücksichtigen sind. Hierzu sind neben der Abwertung von Vermögensgegenständen und der Aufwertung von Schulden ggf. auch Rückstellungen für drohende Verluste aus schwebenden Geschäften zu bilden.

Die Formulierung in Abs. 1 Nr. 3 lässt offen, ob Abschlussstichtagszeitwerte maßgeblich **44** sind. Die geltenden Werte ergeben sich erst aus Einzelvorschriften, die aber selbst nicht ganz eindeutig sind. So bezieht sich § 253 Abs. 4 S. 1 auf einen Wert, der sich aus einem Börsen- oder Marktpreis am Abschlussstichtag ergibt. Bei Verbindlichkeiten, die zu ihrem Erfüllungsbetrag anzusetzen sind (§ 253 Abs. 1 S. 2), ergibt sich der Wert am Abschlussstichtag aus dem Zeitwert zum (späteren) Rückzahlungszeitpunkt, sofern der Nominalwert anzusetzen ist. Dieser Wert entspricht nicht dem Zeitwert am Abschlussstichtag selbst. Anders erscheint dies bei Rückstellungen mit einer Restlaufzeit von mehr als einem Jahr, die gem. § 253 Abs. 2 zu diskontieren sind. Aber auch hier können die berechneten Werte vom Zeitwert am Abschlussstichtag abweichen, weil die Abzinsungssätze normiert werden und nur zufällig den Marktgegebenheiten am Abschlussstichtag entsprechen.

Insofern prägen lediglich die Verhältnisse am Abschlussstichtag die Bewertung. Dem **45** steht nicht entgegen, dass diese Verhältnisse uU erst nach dem Abschlussstichtag bekannt geworden sind. Wertaufhellende Tatsachen müssen gem. Abs. 1 Nr. 4 bei der Erfassung von Risiken und Verlusten, die bis zum Abschlussstichtag entstanden sind, berücksichtigt werden (→ Rn. 59).

Mit Verweis auf das Stichtagsprinzip hat man früher den Einbezug künftiger Ereignisse **46** wie Lohn- und Gehaltssteigerungen und daran geknüpfte Erhöhungen von Pensionsansprüchen abgewehrt. Dies ist durch das BilMoG mit der damit verbundenen Einführung des Erfüllungsbetrages als Bewertungsansatz für Rückstellungen verändert und nicht mehr aufrechtzuerhalten.[44]

b) Regelungen nach IFRS. Nach IFRS gilt ebenfalls das Stichtagsprinzip, dh die **47** Vermögenswerte und Schulden sind nach den Verhältnissen am Bilanzstichtag zu erfassen.[45] Dabei kann es notwendig sein, die Zukunft zu antizipieren. Bspw. sind für Rückstellungen künftige Ereignisse, die den Erfüllungsbetrag beeinflussen, in die Bewertung einzubeziehen: „Künftige Ereignisse, die den zur Erfüllung einer Verpflichtung erforderlichen Betrag beeinflussen können, sind bei der Höhe einer Rückstellung zu berücksichtigen, sofern es ausreichende objektive substanzielle Hinweise auf deren Eintritt gibt" (IAS 37.48).

Eine Abweichung vom Stichtagsprinzip ergibt sich nach IAS 10.12, wonach Dividen- **48** denansprüche, die nach dem Bilanzstichtag entstanden sind, anzusetzen sind. Eine weitere legt IAS 10.14 fest, wonach vom Grundsatz der Unternehmensfortführung abzuweichen

---

[44] Vgl. BR-Drs. 344/08, 112; Petersen/Zwirner BilMoG S. 197.
[45] Vgl. IFRS-Komm/Baetge/Kirsch/Wollmert/Brüggemann/Wätjen Kap. II Rn. 142.

ist, wenn nach dem Bilanzstichtag Ereignisse eintreten, die die Annahme der Unternehmensfortführung nicht mehr rechtfertigen.

49   **5. Vorsichtsprinzip (Abs. 1 Nr. 4). a) Vorsichtige Bewertung.** Gemäß Abs. 1 Nr. 4 sind Vermögensgegenstände und Schulden vorsichtig zu bewerten; „namentlich sind alle vorhersehbaren Risiken und Verluste, die bis zum Abschlussstichtag entstanden sind, zu berücksichtigen (…)". Der Nachsatz geht über die Bewertung hinaus, weil er den Ansatz von Drohverlustrückstellungen erzwingen kann. Hierfür findet sich in § 249 Abs. 1 S. 1 zusätzlich eine eigenständige Ansatzforderung (→ § 249 Rn. 53 ff.).

50   Die vorsichtige Bewertung ist Ausfluss eines allgemeinen Vorsichtsprinzips, dessen Konkretisierung insbesondere
1. im eingeschränkten Ansatz selbst geschaffener immaterieller Anlagewerte (§ 248 Abs. 2),
2. in der Pflicht zur Bildung von Rückstellungen für ungewisse Verbindlichkeiten und drohende Verluste aus schwebenden Geschäften (§ 249 Abs. 1 S. 1),
3. in der Pflicht, diese Rückstellungen schon dann anzusetzen, wenn die Wahrscheinlichkeit für das Bestehen der ungewissen Verbindlichkeit oder des drohenden Verlustes unter 50% liegt,
4. im Realisationsprinzip mit der konventionellen Festlegung des Realisationszeitpunktes bei Lieferung und Leistung (→ Rn. 66),
5. in der imparitätischen Erfassung von erwarteten Gewinn- und Verlustbeiträgen (→ Rn. 88) und
6. in der Pflicht zur Einzelbewertung mit dem Ausschluss von Verbundeffekten (→ Rn. 29) gesehen werden kann. Dem widerspricht nicht, dass bestimmte Regelungen statt mit dem Vorsichtsprinzip auch mit einer objektivierten Informationsvermittlung begründet werden können, zB die konventionelle Festlegung des Realisationszeitpunktes.

51   Vorsichtige Bewertung allein als Bewertungsregel verlangt, bei unsicheren Werteinschätzungen Vermögensgegenstände mit einem Wert unterhalb und Schulden mit einem Wert oberhalb des Erwartungswertes der Werteverteilung anzusetzen, solange es nicht in einem statistischen Kollektiv zu einem nachweisbaren Wertausgleich kommt (zB bei Pensionslasten, die mit dem Erwartungswert anzusetzen sind). Solange keine Wahrscheinlichkeitsverteilung geschätzt und damit auch kein Erwartungswert berechnet werden kann, ist für Vermögensgegenstände der niedrigste, für Schulden der höchste Wert anzusetzen. Unrealistische Werte sind hierbei unberücksichtigt zu lassen.

52   Die wichtigsten Konsequenzen einer vorsichtigen Bewertung betreffen die Schätzung der Nutzungsdauer von abnutzbaren Vermögensgegenständen, die Wahl der Abschreibungsmethode, die Ermittlung des Wertes von wahrscheinlich nicht vollständig einbringbaren Forderungen und die Ermittlung des Wertes für Verbindlichkeits- und Drohverlustrückstellungen.

53   Weder das allgemeine (→ Rn. 49) noch das allein auf die Bewertung bezogene (→ Rn. 50) Vorsichtsprinzip kann Wahlrechte begründen.[46] Ansatzwahlrechte, zB für selbst geschaffene immaterielle Vermögensgegenstände des Anlagevermögens (§ 248 Abs. 2), das Disagio (§ 250 Abs. 3) oder für aktive latente Steuern (§ 274 Abs. 1 S. 2), und Bewertungswahlrechte, zB für die Ermittlung von Herstellungskosten (§ 255 Abs. 2 S. 3 und § 255 Abs. 3), sind kein Ausfluss des Vorsichtsprinzips, weil die vorsichtige Gewinnermittlung nicht in das Belieben des Bilanzierenden gestellt werden kann. Diese Wahlrechte haben andere Gründe; einerseits sollen sie die Angleichung an IFRS erlauben, andererseits gehen sie auf politische Kompromisse bei Verabschiedung des BilMoG zurück.

54   **b) Vorhersehbare Risiken und Verluste.** Das Gesetz verlangt die Erfassung aller vorhersehbaren Risiken und Verluste, die bis zum Abschlussstichtag entstanden sind. Da Gewinne erst bei Realisation zu erfassen sind, während Risiken und Verluste bereits bei

---

[46]   Vgl. Kropff FS Baetge, 1997, 76 (mit Bezug auf den Gläubigerschutz) und 87 (mit Bezug auf die Rechnungslegungszwecke schlechthin).

ihrer Entstehung berücksichtigt werden müssen, konkretisiert sich in der Regelung das Imparitätsprinzip.[47]

Die vorhersehbaren Risiken und Verluste sind als solche aus einzelnen Vermögensge- **55** genständen und Schulden sowie aus einzelnen schwebenden Geschäften zu verstehen;[48] andernfalls wären Verstöße gegen das Realisations- und das Einzelbewertungsprinzip die Folge. Dies schließt zB die Erfassung allgemeiner Konjunktur- oder Wechselkursrisiken aus.

Die Literatur versteht die Verluste vergangenheits-, die Risiken zukunftsbezogen **56** (→ § 243 Rn. 36). Dementsprechend bezieht sich die Vokabel „vorhersehbar" nur auf Risiken.[49] Beide müssen aber bis zum Abschlussstichtag entstanden sein. Wollte man die Entstehung nur für die Verluste fordern, so wäre die Antizipation sämtlicher, am Abschluss- stichtag noch nicht entstandener Risiken verlangt.[50] Das widerspräche sowohl dem Periodi- sierungsprinzip als auch der für die Bilanzierung nötigen Objektivierung. Insofern ist die Trennung von Risiken und Verlusten künstlich.

Risiken und Verluste lassen sich trennen im Hinblick auf die Zahl der diese Ereignisse **57** bedingenden und eingetretenen Sachverhalte: „Ein zu berücksichtigender ‚Verlust' liegt vor, wenn sämtliche, den Erfolg eines Absatzgeschäftes beeinflussenden Ursachen oder sämtliche Ursachen einer verlustbringenden anderen Aktivität des Unternehmens bis zum Abschluss- stichtag eingetreten sind. Bei letzteren ist zB an die Verursachung von Umweltschäden oder von Unfällen zu denken. Ein zu berücksichtigendes ‚Risiko' liegt vor, wenn bis zum Abschlussstichtag wenigstens eine der Ursachen eingetreten ist, die einen negativen Erfolgs- beitrag eines Absatzgeschäftes oder einer anderen Aktivität des Unternehmens wahrschein- lich werden lassen."[51] Diese Abgrenzung gelingt nur tendenziell, wenn als Verlustursache die Lieferung und Leistung noch fehlt, der Verlust mithin unrealisiert ist. Jedoch ist es denkbar, dass der Verlust am Abschlussstichtag schon realisiert ist, die Information hierüber aber erst nach dem Abschlussstichtag zugeht. In diesem Fall ist die wertaufhellende Informa- tion (→ Rn. 59) zu berücksichtigen, und die Abgrenzung erfasst bei dem Verlust alle Ursachen.

Das Gesetz verlangt die Erfassung aller vorhersehbarer Risiken und Verluste, die bis **58** zum Abschlussstichtag entstanden sind. Zu fragen ist, welche Anforderungen an die Voll- ständigkeit bzw. Vorhersehbarkeit der Risiken und Verluste zu stellen sind: Der Kaufmann hat (nur) die ihm im Rahmen seiner Geschäftstätigkeit üblicherweise begegnenden Risiken und Verluste vorherzusehen und zu berücksichtigen, nicht das, was man bei höchstem Einsatz an Zeit und Kosten überhaupt hätte voraussehen können. Das bedeutet zB die aktive Erkundung der wirtschaftlichen Lage wesentlicher Schuldner und die Überprüfung der Forderungsbewertung, wenn bekannt wird, dass der Schuldner wirtschaftliche Schwie- rigkeiten hat, nicht jedoch die Suche nach Anhaltspunkten für einen Schiffsuntergang, wenn Lieferungen per Schiff unterwegs sind und Anhaltspunkte für eine Schwierigkeit beim Schiffstransport weder zu erwarten noch bekannt sind. Ein allgemeingültiger Katalog von Risikoeinflussfaktoren lässt sich nicht entwickeln, da er von zu vielen, auch unterneh- mensspezifischen, Faktoren abhängig ist.[52]

c) **Wertaufhellungsprinzip.** Umstände, die bei der Bewertung am Abschlussstichtag **59** berücksichtigt werden müssen, können erst im Zeitraum nach dem Stichtag bis zum Tag der Aufstellung des Jahresabschlusses bekannt geworden sein. Ein Beispiel ist die nach dem Abschlussstichtag erfolgende Information über den Untergang einer Sendung *vor* dem Abschlussstichtag. Sie sind bei der Bewertung zum Abschlussstichtag zu berücksichtigen, weil sie die Wertverhältnisse am Abschlussstichtag erhellen. Das gilt nicht für davon zu

---

[47] Vgl. HuRB/Baetge/Knüppe 394.
[48] Vgl. Leffson GoB S. 388–393; Herzig FS Baetge, 1997, 51.
[49] Vgl. HuRB/Baetge/Knüppe 396.
[50] Vgl. HuRB/Baetge/Knüppe 396.
[51] HuRB/Baetge/Knüppe 397.
[52] Vgl. HuRB/Baetge/Knüppe 401.

trennende wertbegründende Umstände, zB die Information nach dem Abschlussstichtag über den Untergang der Sendung *nach* dem Stichtag.

60   Die Trennung von werterhellenden und wertbegründenden Informationen ist nicht immer leicht vorzunehmen. Das folgende Beispiel verdeutlicht dies:[53] Eine Forderung aus einem Zielverkauf über 100 werde vor dem Abschlussstichtag fällig. Der Schuldner zahlt nicht fristgemäß. Der Gläubiger verlängert das Zahlungsziel und erwartet den Eingang von 80 nach dem Bilanzstichtag. Der Schuldner begleicht jedoch die Forderung nach dem Abschlussstichtag und vor dem Erstellungstag mit 90. Ist der Forderungsansatz zu 100, 90 oder 80 geboten? Die Literatur hält den Ansatz von 90 für geboten, weil zum Zeitpunkt des Abschlussstichtages Unsicherheit über den Forderungseingang bestand und eingetretene Entwicklungen zur Beseitigung dieser Unsicherheit hilfsweise herangezogen werden dürfen.[54]

61   **d) Regelungen nach IFRS.** Das Vorsichtsprinzip hat nach IFRS eine geringere Bedeutung als nach HGB. Die IFRS verlangen
1. unter bestimmten Bedingungen den Ansatz von selbsterstellten immateriellen Anlagewerten (IAS 38.21 und 38.57),
2. grundsätzlich höhere Eintrittswahrscheinlichkeiten für zukünftige Belastungen, um für diese Rückstellungen zu bilden (IAS 37.14 und 37.15),
3. unter bestimmten Bedingungen die Gewinnrealisierung bei Fertigungsaufträgen entsprechend dem Fertigungsfortschritt (IAS 11.22–24 und IFRS 15.35–37),
4. die Gewinnrealisation bei bestimmten Finanzinstrumenten, deren Tageswerte die Buchwerte überschreiten (IAS 39.45 und 39.46),
5. die Gewinnrealisation bei Fremdwährungsforderungen bzw. Fremdwährungsverbindlichkeiten, deren Tageswerte über bzw. unter den Buchwerten liegen (IAS 21.28), und
6. erlauben für immaterielle Vermögenswerte (unter bestimmten Bedingungen) und für Sachanlagevermögen eine Neubewertung zu Tageswerten, die gegenüber (fortgeführten) Anschaffungs- oder Herstellungskosten höher sind (IAS 38.72 und IAS 16.29).

62   Das Wertaufhellungsprinzip regelt IAS 10. Nach Abs. 3 ist zu unterscheiden in wertaufhellende und wertbegründende Ereignisse. Nach dem Abschlussstichtag eintretende wertbegründende Ereignisse dürfen nach IAS 10.10 nicht zu einer Betragskorrektur von Vermögenswerten und Schulden führen. Werterhellende Tatsachen sind hingegen zu berücksichtigen. IAS 10.9 nennt zB die Beilegung eines Gerichtsverfahrens nach dem Abschlussstichtag oder nachträglich zugegangene Informationen über Wertminderungen von Vermögenswerten, die am Bilanzstichtag bereits bestanden haben und zu einer außerplanmäßigen Abschreibung führen müssen.

63   **6. Realisationsprinzip (Abs. 1 Nr. 4). a) Bedeutung.** Abs. 1 Nr. 4 besagt: „(…) Gewinne sind nur zu berücksichtigen, wenn sie am Abschlußstichtag realisiert sind." Damit ist das Realisationsprinzip als Gewinnrealisationsprinzip zu verstehen, das nicht nur den Zeitpunkt der Ertragsrealisation festlegt, sondern auch die Zuordnung von Aufwendungen zu den Erträgen bestimmt,[55] weil Gewinne als Differenz aus Ertrag und Aufwand entstehen. Die Literatur verengt zT das Realisationsprinzip auf die Ertragsrealisation[56] und benötigt zur Aufwandszurechnung dann ein weiteres Prinzip, den sie als Grundsatz der Abgrenzung der Sache und der Zeit nach bezeichnet.

64   Das Realisationsprinzip ist durch die Festlegung von Ertragsrealisationszeitpunkt und Aufwandszurechnung zum Ertrag wesentliche Basis des Periodisierungsprinzips, wonach Aufwendungen und Erträge unabhängig von den Zeitpunkten der entsprechenden Zahlun-

---

[53]   Vgl. HuRB/Baetge/Knüppe 402.
[54]   Vgl. HuRB/Baetge/Knüppe 402; Leffson GoB S. 237 f.; Moxter Bilanzlehre II S. 35 f.; Moxter, Grundsätze ordnungsgemäßer Rechnungslegung, 2003, 17 f.
[55]   Vgl. HKMS/Kahle/Braun Rn. 182; Moxter Bilanzlehre I S. 161; Moxter BB 1984, 1783 f.; Beck HdR/Ballwieser B 105 Rn. 31 f.; Böcking ZfbF 1989, 496; Euler, Grundsätze ordnungsmäßiger Gewinnrealisierung, 1989, S. 58–65; Herzig FS Baetge, 1997, 48.
[56]   Vgl. BFH DStR 2001, 1384; Siegel BFuP 1994, 1; Siegel FS Forster, 1992, 585; ADS Rn. 79 ff.

gen anzusetzen sind (Abs. 1 Nr. 5). Da nicht als Ertrag oder Aufwand in der GuV erfasste Posten in der Bilanz gespeichert werden müssen, hat das Realisationsprinzip, zusammen mit Einzelvorschriften zum Bilanzansatz, Ansatzkonsequenzen.[57]

Weil der Ertragsrealisationszeitpunkt grundsätzlich am Zeitpunkt von Lieferung und **65** Leistung verankert wird, hat das Realisationsprinzip Konsequenzen für die Abgrenzung von Bewertungseinheiten als Grundlage des Einzelbewertungsprinzips (Abs. 1 Nr. 3) und impliziert das Anschaffungskostenprinzip, wonach Anschaffungs- oder Herstellungskosten die Wertobergrenze von Vermögensgegenständen sind (§ 253 Abs. 1 S. 1). Gleichermaßen folgen der Vollständigkeitsgrundsatz (§ 246 Abs. 1) und das Wertidentitätsprinzip (Abs. 1 Nr. 1) aus dem Realisationsprinzip. Verstöße gegen diese Prinzipien würden dem Realisationsprinzip und der Funktion der Bilanz als Zahlungsspeicher zuwiderlaufen.

b) Zeitpunkt der Gewinnrealisation. Gewinne oder genauer: Gewinnbeiträge wer- **66** den grds. durch Lieferung und Leistung an Dritte realisiert; sie sind umsatzbezogen. Die Einschränkung resultiert daraus, dass Gewinnbeiträge nicht nur aus Absatzgeschäften resultieren, sondern sich auch aus Korrekturen früherer Wertansätze ergeben können, zB bei einer Aufwertung von Vermögensgegenständen, nachdem die Gründe für die vorherige Abwertung entfallen sind (§ 253 Abs. 5), oder bei der Auflösung von Rückstellungen, nachdem die Gründe entfallen oder die Belastung überschätzt worden ist (§ 249 Abs. 2 S. 2).[58] Auch Verluste oder genauer: Verlustbeiträge werden grds. erst durch Lieferung und Leistung realisiert; sie entstehen aber schon im Jahr ihrer Vorhersehbarkeit und müssen antizipiert werden (→ Rn. 88). Wie bei den Gewinnen gibt es auch hier umsatzunabhängige Verlustbeiträge, zB aufgrund der Vernichtung einer Produktionsstätte durch ein Erdbeben.

Die Gewinnrealisation an Lieferung oder Leistung im Rechtssinne zu knüpfen, ist nicht **67** zwingend und geht auf eine Risiko-Chancen-Abwägung des Gesetzgebers zurück. Diese Abwägung ergibt sich aus der Interpretation des Gesetzes, nicht aus dem Gesetzestext selbst. Alternativ wäre zu denken an die Zeitpunkte des Vertragsabschlusses, der erfolgreichen Produktion und Aufnahme in das Lager, der bewirkten Gegenleistung, des Ablaufs von Gewährleistungsfristen oder des Ausschlusses von Produkthaftungsrisiken.[59] Gewinnrealisationen vor Lieferung und Leistung vernachlässigen das Beschaffungs-, Finanzierungs- und Produktionsrisiko. Spätere Gewinnrealisationszeitpunkte erfassen zT oder ganz das Delkredere-, das Verzugs-, das Gewährleistungs- und das Haftungsrisiko. Konventionell ist Gewinnrealisation an Lieferung und Leistung geknüpft, weil damit ein „quasisicherer" Anspruch[60] auf Gegenleistung besteht und das Delkredere-, Verzugs-, Gewährleistungs- und Haftungsrisiko im Allgemeinen zu vernachlässigen ist. Gibt es hingegen Anhaltspunkte für diese Risiken, so sind die Risiken in Form von Wertberichtigungen für Forderungen und die Bildung von Garantie- und Produktrisikorückstellungen zu berücksichtigen.

c) Gewinnrealisation bei Langfristfertigung. Langfristfertigung ist eine Fertigung **68** über mindestens zwei Bilanzstichtage hinaus. Eine Kennzeichnung der Langfristfertigung durch Auftragsdauer über einen Bilanzstichtag hinaus verwischt die Unterschiede zu anderen Fertigungsprozessen ohne die Probleme der Langfristfertigung.[61] Ihre Kennzeichen sind im Allgemeinen:[62] Absatz vor Fertigung mit hohen Kosten vor Vertragsabschluss und einer

---

57 Krit. hierzu die in Fn. 56 genannten Quellen.

58 Vgl. Herzig FS Baetge, 1997, 48: „Die Umsatzbindung als Realisationskriterium stellt daher lediglich einen Spezialfall des allgemeinen Realisationstatbestandes für realwirtschaftliche Vorgänge dar."

59 Zu den Vor- und Nachteilen verschiedener Zeitpunkte vgl. insbes. Ordelheide FS Busse von Colbe, 1988, 282 f.; Leffson GoB S. 257–299; Lüders, Der Zeitpunkt der Gewinnrealisierung im Handels- und Steuerbilanzrecht, 1987, 46–84; Gelhausen, Das Realisationsprinzip im Handels- und im Steuerbilanzrecht, Diss. Frankfurt a. M., 1985, S. 90–135.

60 Vgl. insbes. Ruppe/Beisse, Gewinnrealisierung – Ein systematischer Überblick über Rechtsgrundlagen, Grundtatbestände und grundsätzliche Streitfragen, 1981, 21; Leffson GoB S. 257 ff.; Moxter, Grundsätze ordnungsmäßiger Rechnungslegung, 2003, S. 43 f.

61 Vgl. Ballwieser/Richter, US-amerikanische Rechnungslegung, 4. Aufl. 2000, S. 143 f.

62 Vgl. Ballwieser/Richter, US-amerikanische Rechnungslegung, 4. Aufl. 2000, S. 142–145 mwN.

niedrigen Abschlussquote; Langfristigkeit der Auftragsabwicklung; Individualität, Einmaligkeit und Komplexität der Fertigung; Preisbildung ohne feste Anhaltspunkte im Markt; hohe Wertigkeit des einzelnen Auftrags; diskontinuierliche Auftragseingänge; besondere Finanzierungserfordernisse.

69   Wenn vor (End-)Lieferung oder Leistung des derart gefertigten Gutes kein Gewinn realisiert wird („completed contract"-Methode), wird der Einblick in die Vermögens- und Ertragslage im folgenden Sinne beeinträchtigt: Perioden vor der Lieferung oder Leistung weisen nicht nur keine Gewinnbeiträge, sondern wegen verbotener Vertriebskostenaktivierung (§ 255 Abs. 2 S. 4) und bei unvollständiger Herstellungskostenaktivierung (§ 255 Abs. 2 S. 3 und § 255 Abs. 3) sogar Verlustbeiträge aus, die im Jahr der Lieferung oder Leistung überkompensiert werden. Um diese Beeinträchtigung zu verhindern, werden folgende Vorschläge unterbreitet:[63]

1. Aktivierung von über die Herstellungskosten gem. § 255 Abs. 2 und 3 hinausgehenden auftragsbezogenen Selbstkosten ohne Gewinnanteil (Selbstkostenansatz);
2. vorgezogene Teilgewinnrealisierung bei qualifizierter Teilleistung wie Teilabnahmen;
3. vorgezogene Teilgewinnrealisierung ohne qualifizierte Teilleistung nach Fertigungsfortschritt („percentage-of-completion-Methode").

70   Soweit die Alternativen mit einem Wahlrecht versehen sein sollen, können sie nicht mit dem verbesserten Einblick in die Vermögens- und Ertragslage oder der Schutzfunktion der Rechnungslegung begründet werden, weil man die Erfüllung dieser Zwecke nicht dem Bilanzierenden anheim stellen kann. Die Literatur wendet sich zT auch gegen jegliche Alternativen.[64]

71   Hier wird der endgültige Wegfall des Liefer- und Leistungsrisikos als Zeitpunkt der Gewinnrealisation bei Langfristfertigung vertreten. Teilabnahmen führen deshalb nicht zu einer Gewinnrealisation, wenn ein Gesamtfunktionsrisiko beim Lieferanten verbleibt und spätere Funktionsstörungen dazu führen können, dass die frühere Teilabnahme obsolet wird.[65] Andernfalls ist das Kriterium des „quasisicheren Anspruchs" auf Gegenleistung nicht erfüllt. Versuche, andere Regelungen mit Verweis auf die Generalklausel des § 264 Abs. 2 zu begründen, schlagen schon allein deshalb fehl, weil diese Generalklausel nur für Kapitalgesellschaften gilt. Aber auch bei diesen steht sie hinter den GoB, und das heißt hier: dem rechtsformunabhängigen Realisationsprinzip, zurück.[66] Die bei Entstehung des BilMoG geführte Diskussion zur Teilgewinnrealisierung brachte lt. Regierungsbegründung des Gesetzes keine Auffassungsänderung.[67]

72   Aktivierungen von Vertriebseinzelkosten, die in diesem Zusammenhang als zulässig angesehen werden,[68] sind aufgrund des eindeutigen Gesetzeswortlauts in § 255 Abs. 2 S. 4 verboten.

73   **d) Aufwandszuordnung.** Das (Gewinn-)Realisationsprinzip verlangt, den Erträgen die zugehörigen Aufwendungen zuzuordnen. Dies betrifft insbesondere die Bildung von Rückstellungen sowie die Berechnung von Herstellungskosten und planmäßigen Abschreibungen.

74   Für den Ansatz von Rückstellungen gilt § 249. Er ist jedoch zB hinsichtlich des Ansatzes von Verbindlichkeitsrückstellungen insofern unergiebig, als es auf ungewisse Rechtsverbindlichkeiten allein nicht ankommt. Aufgrund wirtschaftlicher Betrachtungsweise müssen (1) rein faktische Verpflichtungen angesetzt werden, die nie zu rechtlichen Verbindlichkeiten erstarken (Kulanzen), sind (2) rechtliche Verbindlichkeiten in bestimmten Fällen vor ihrer

---

[63]   Vgl. Ballwieser/Richter, US-amerikanische Rechnungslegung, 4. Aufl. 2000, S. 151 f.
[64]   Vgl. Döllerer BB 1982, 778; Backhaus FS Ludewig, 1996, 28 Fn. 16; Krawitz DStR 1997, 892; eingeschränkt Euler, Grundsätze ordnungsmäßiger Gewinnrealisierung, 1989, S. 94–96, der Alternative 2 befürwortet.
[65]   Vgl. Ballwieser/Richter, US-amerikanische Rechnungslegung, 4. Aufl. 2000, S. 152 Fn. 53; HdJ/Wüstemann/Wüstemann/Müller Abt. IV/1 Rn. 26.
[66]   So auch HdJ/Wüstemann/Wüstemann/Müller Abt. IV/1 Rn. 25 f.
[67]   Vgl. BT-Drucks. 16/10067, 38; HdJ/Wüstemann/Wüstemann/Müller Abt. IV/1 Rn. 27.
[68]   Vgl. Backhaus FS Ludewig, 1996, 42 f.

vollen Rechtsentstehung anzusetzen (Garantien) und müssen (3) Verbindlichkeitsrückstel-
lungen unter bestimmten Bedingungen ratierlich statt in voller Höhe aufgebaut werden
(bestimmte Entsorgungslasten). Der dritte Sachverhalt bedeutet, dass rechtlich entstandene
Verbindlichkeiten aufgrund wirtschaftlicher Betrachtungsweise nicht bzw. nicht in voller
Höhe angesetzt werden dürfen. Hintergrund dieser Regeln ist eine Zuordnungsregel für
Aufwendungen zu Erträgen, die trotz gesetzlicher Einzelregelungen (in § 249 Abs. 1 S. 1,
Abs. 1 S. 2 Nr. 2) nötig wird. Das verkennt die Literatur, die auf explizite Gesetzesnormen
und das Kriterium der Rechtsverbindlichkeiten verweist.[69]

Eine bedeutsame Regel zur Aufwandszurechnung ist die Alimentationsformel von *Mox-* **75**
ter.[70] Danach sind Aufwendungen den Erträgen zuzuordnen, die sie alimentieren. Demnach
alimentieren zB künftige Garantieausgaben Erträge der abgesetzten Güter und müssen in
der Umsatzperiode in der GuV als Aufwand und in der Bilanz als Rückstellung erfasst
werden. Grundsätzlich sind so auch Kulanzen zu behandeln. Das Problem bei ihnen besteht
freilich darin, dass sie nicht nur mit vergangenen Erträgen in Beziehung gebracht werden
können, sondern wie Werbeausgaben auch künftige Erträge begründen und insofern alimentieren sollen. Das ist eindeutig so bei Kulanzleistungen, die ein Produzent für Güter
erbringt, die von ihm nicht vertrieben wurden. Für sie erlaubt die BFH-Rechtsprechung
keine Rückstellung.[71] Bei anderen Kulanzleistungen lässt sich objektivierungsbedingt ein
Vergangenheitsbezug herstellen.

Die Alimentationsformel erlaubt die Abwehr unberechtigter Rückstellungen, indem **76**
sie verlangt, den Bezug von künftigen Ausgaben zu Erträgen der betrachteten oder einer
früheren Periode herzustellen. Soweit künftige Ausgaben dazu dienen, Erträge zu begründen, die nach der Ausgabe liegen, ist eine Rückstellung verboten. Wenn die Alimentationsformel unscharf ist, müssen Zusatzkriterien herangezogen werden. Hilfreich sind das Vor-
sichts- und das Imparitätsprinzip.[72] Zu Einwendungen gegen die Alimentationsformel
→ § 249 Rn. 20.

Mit der Alimentationsformel sind zeitliche Abgrenzungen aufgrund von Durchschnitts- **77**
betrachtungen, zB Vollkostenansatz bei den Herstellungskosten oder lineare Abschreibungen
des Disagios, vereinbar.[73]

e) Regelungen nach IFRS. aa) Ertragsrealisation. Dem Realisationsprinzip ist ein **78**
eigener Standard, IFRS 15 Erlöse aus Verträgen mit Kunden, als Nachfolger von IAS 18
Umsatzerlöse und IAS 11 Fertigungsaufträge, gewidmet.

IFRS 15 knüpft an gegenseitige Verträge an (IFRS 15.9) und schließt damit zB „Erlöse **79**
in Form von Dividenden, aus einseitigen Geschäften und aus Wertänderungen, die im
Rahmen der gewöhnlichen Geschäftstätigkeit anfallen, wie etwa aus landwirtschaftlicher
Tätigkeit",[74] aus. Da zB Leasing- und Versicherungsverträge sowie bestimmte Finanzinstru-
mente und andere vertragliche Rechte und Verpflichtungen ebenfalls ausgenommen sind
(IFRS 15.5), bleibt auch der Bereich der Kundenverträge unvollständig. **IFRS 15.9** verlangt:

„Ein Unternehmen darf einen in den Anwendungsbereich dieses Standards fallenden Vertrag
mit einem Kunden nur bilanziell erfassen, wenn alle folgenden Kriterien erfüllt sind:

(a) die Vertragsparteien haben dem Vertrag (schriftlich, mündlich oder gemäß anderer
Geschäftsgepflogenheiten) zugestimmt und zugesagt, ihre vertraglichen Pflichten zu erfüllen;

(b) das Unternehmen kann für jede Vertragspartei feststellen, welche Rechte diese hinsichtlich
der zu übertragenden Güter oder Dienstleistungen besitzt;

---

[69]   Vgl. Siegel BFuP 1994, 5–7.
[70]   Vgl. Moxter BB 1984, 1783 f.
[71]   Vgl. Thies, Rückstellungen als Problem der wirtschaftlichen Betrachtungsweise, 1996, S. 113–115 mwN.
[72]   Vgl. Moxter FS Forster, 1992, 435.
[73]   Vgl. hierzu insbes. Koch ZfhF 1953, 303 (307); Leffson GoB S. 316; Baetge/Kirsch/Thiele Bilanzen
1335 f. und 264.
[74]   Wüstemann/Wüstemann WPg 2014, 931.

(c) das Unternehmen kann die Zahlungsbedingungen für die zu übertragenden Güter oder Dienstleistungen feststellen;

(d) der Vertrag hat wirtschaftliche Substanz (d.h., das Risiko, der Zeitpunkt oder die Höhe der künftigen Zahlungsströme des Unternehmens) wird sich infolge des Vertrags voraussichtlich ändern; und

(e) das Unternehmen wird die Gegenleistung, auf die es im Austausch für die auf den Kunden zu übertragenden Güter oder Dienstleistungen Anspruch hat, wahrscheinlich erhalten. Bei der Bewertung, ob der Erhalt einer Gegenleistung wahrscheinlich ist, trägt das Unternehmen ausschließlich der Fähigkeit und Absicht des Kunden zur Zahlung des entsprechenden Betrags bei Fälligkeit Rechnung. Bei variabler Gegenleistung kann der Betrag, der dem Unternehmen als Gegenleistung zusteht, auch niedriger sein als der im Vertrag angegebene Preis, da das Unternehmen dem Kunden einen Preisnachlass gewähren kann (...)."

80   Als Zugeständnis an die Bilanzierungspraxis darf von der Betrachtung von Einzelverträgen abgesehen werden und eine Portfoliobildung ähnlich ausgestalteter Verträge erfolgen (IFRS 15.4 und IFRS 15.BC70).

81   Jeder Vertrag ist in einzelne Leistungsverpflichtungen aufzuteilen, wobei diese neben rechtlich durchsetzbaren auch rein faktische Verpflichtungen erfassen. „Dies ist darin begründet, dass ein Vertrag mit einem Kunden Zusagen enthalten kann, die aufgrund von Geschäftsgepflogenheiten, veröffentlichten Leitlinien oder spezifischen Aussagen eines Unternehmens beim Kunden zum Zeitpunkt des Vertragsabschlusses implizit die gerechtfertigte Erwartung wecken, dass das Unternehmen ein Gut oder eine Dienstleistung auf den Kunden überträgt." (IFRS 15.24).

82   Die einzelnen Leistungsverpflichtungen müssen eigenständig sein (IFRS 15.22 (a)). Die Eigenständigkeit verlangt, dass (a) der Kunde „aus dem Gut oder der Dienstleistung entweder gesondert oder zusammen mit anderen, für ihn jederzeit verfügbaren Ressourcen einen Nutzen ziehen" kann und (b) „die Zusage des Unternehmens, das Gut oder die Dienstleistung auf den Kunden zu übertragen, (...) von anderen Zusagen aus dem Vertrag trennbar" ist (beide Zitate IFRS 15.27). Damit sind die abgrenzbare Nutzenstiftung für den Kunden und die Eigenständigkeit gegenüber anderen Vertragsleistungen gemeinsam zu erfüllen. Eine „Reihe eigenständiger abgrenzbarer Güter oder Dienstleistungen, die im Wesentlichen gleich sind und nach dem gleichen Muster auf den Kunden übertragen werden" (IFRS 15.22 (b)), begründen ebenfalls eine eigenständige Leistungsverpflichtung.

83   Als Prinzip der Umsatzerfassung fungiert die Erfüllung einer Leistungsverpflichtung aufgrund des Übergangs der Verfügungsgewalt über den Vermögenswert auf den Kunden (IFRS 15.31), auch Kontrollübergang genannt. Zu Recht moniert wird, dass „der Kontrollübergang – wie auch die Übertragung des wirtschaftlichen Eigentums nach den handelsrechtlichen GoB – ‚nur' ein Hilfsmaßstab bei der Beurteilung der Erlangung des umsatzauslösenden Gegenleistungsanspruchs"[75] ist. „Schwierig ist die Anwendung beispielsweise beim Verkauf mit Rückgaberecht, wenn der Kunde ab dem Zeitpunkt der Übergabe die Ware kontrolliert, der Erlös aber wegen der noch ausstehenden erheblichen Risiken in Einzelfällen – auch nach IFRS 15 – nicht erfasst werden darf."[76]

84   Für jede identifizierte Leistungsverpflichtung hat ein Unternehmen bei Vertragsbeginn zu bestimmen, ob es diese über einen bestimmten Zeitraum oder zu einem bestimmten Zeitpunkt erfüllen wird. „Kommt ein Unternehmen einer Leistungsverpflichtung nicht über einen bestimmten Zeitraum nach, wird sie zu einem bestimmten Zeitpunkt erfüllt." (IFRS 15.32). Ein Musterfall für kontinuierlichen Kontrollübergang sind Dienstverträge (IFRS 15 Anhang B3). Schwierigkeiten schaffen Werkverträge, zB über einen Transport. Hier wird ein in IFRS 15 BC126 f. vorgeschlagenes Hilfskriterium herangezogen: „Sofern ein anderes Unternehmen auf der Grundlage bereits erbrachter Leistungen den Vertrag übernehmen und erfüllen könnte, zieht der Kunde annahmegemäß mit fortschreitender

---

75   Wüstemann/Wüstemann WPg 2014, 934.
76   Wüstemann/Wüstemann WPg 2014, 934.

Leistungserbringung einen Nutzen. Bei Transportverträgen (…) überzeugt das Hilfskriterium konzeptionell nicht."[77]

Die Zukunft der in IAS 11 enthaltenen percentage-of-completion-Methode war im **85** Laufe des zwölfjährigen Entstehungsprozesses von IFRS 15 ungewiss, wurde aber auf Druck von Bilanzersteller und Adressaten im Endstadium gesichert. IFRS 15.35 (c) fingiert einen kontinuierlichen Kontrollübergang, wenn durch die Leistung des Unternehmens ein Vermögenswert erstellt wird, „der keine alternative Nutzungsmöglichkeiten durch das Unternehmen aufweist (…) und das Unternehmen (…) einen Rechtsanspruch auf Bezahlung der bereits erbrachten Leistungen" hat. Das „hat freilich mit Kontrolle wenig zu tun".[78] Wüstemann/Wüstemann verweisen darauf, dass wegen der mit der Neuregelung verbundenen faktischen Abschaffung der bisherigen Restriktion in IAS 11.3 es zu einer Ausweitung der Erlöserfassung bei kundenspezifischer Fertigung kommt.[79]

Der bei Erfüllung der Leistungsverpflichtung zu erfassenden Erlöse ist der anteilige **86** Transaktionspreis (IFRS 15.46). „Der Transaktionspreis ist die Gegenleistung, die ein Unternehmen im Austausch für die Übertragung zugesagter Güter oder Dienstleistungen auf einen Kunden voraussichtlich erhalten wird." (IFRS 15.47). Er ist auf die Leistungsverpflichtungen nach Maßgabe der Einzelveräußerungspreise aufzuteilen (IFRS 15.73–80).

bb) Aufwandszuordnung. Nach dem Rahmenkonzept von 2018 gilt: "The initial **87** recognition of assets or liabilities arising from transactions or other events may result in the simultaneous recognition of both income and related expenses. For example, the sale of goods for cash results in the recognition of both income (from the recognition of one asset – the cash) and an expense (from the derecognition of another asset – the goods sold). The simultaneous recognition of income and related expenses is sometimes referred to as the matching of costs with income. Application of the concepts in the Conceptual Framework leads to such matching when it arises from the recognition of changes in assets and liabilities. However, matching of costs with income is not an objective of the Conceptual Framework. The Conceptual Framework does not allow the recognition in the statement of financial position of items that do not meet the definition of an asset, a liability or equity." (CF.5.5). Aufwendungen und Erträge werden damit strikt an vorliegenden Vermögenswerten und Schulden verankert.

7. Imparitätsprinzip (Abs. 1 Nr. 4). a) Grundsatz und Auswirkungen. Während **88** erwartete Gewinnbeiträge nicht antizipiert werden dürfen, sind Verlustbeiträge schon im Jahr ihres Entstehens vorwegzunehmen. Sie entstehen, wenn (1) beim Anlagevermögen der beizulegende Wert dauerhaft und (2) beim Umlaufvermögen der sich aus dem Börsen- oder Marktpreis ergebende oder der beizulegende Wert unter dem Buchwert liegt, (3) Schulden aufgewertet werden müssen oder (4) Verluste aus schwebenden Geschäften drohen. Konsequenzen des Imparitätsprinzips sind deshalb das Niederstwertprinzip für Vermögensgegenstände (§ 253 Abs. 3 S. 5, Abs. 4), das Höchstwertprinzip für bestimmte Schulden und die Pflicht zur Bildung von Rückstellungen für drohende Verluste aus schwebenden Geschäften (§ 249 Abs. 1 S. 1). Das Höchstwertprinzip ist nicht kodifiziert und lässt sich nur durch Auslegung gewinnen (→ § 253 Rn. 102 ff.).

b) Regelungen nach IFRS. Im Rahmenkonzept findet sich das Imparitätsprinzip **89** nicht als Grundsatz der Rechnungslegung. Einzelregelungen, in denen das Imparitätsprinzip jedoch implizit verankert ist, sind zB IAS 2.28 für Vorräte, IAS 11.36 für Fertigungsaufträge bzw. IFRS 15.100–102 für Erlöse aus Verträgen mit Kunden, IAS 16.63 iVm IAS 36 für Sachanlagen, IAS 38.111 iVm IAS 36 für immaterielle Vermögenswerte und IAS 37.66 für

---

[77] Wüstemann/Wüstemann WPg 2014, 934.
[78] Wüstemann/Wüstemann WPg 2014, 934, mit Bezug auf Fink/Ketterle/Scheffel DB 2012, 1998; Wagenhofer Accounting in Business Research 2014, 367.
[79] Vgl. Wüstemann/Wüstemann WPg 2014, 934, mit Bezug auf Bösser/Oppermann/Pilhofer PiR 2012, 244; Scharr/Usinger IRZ 2012, 106.

belastende Verträge, die zu einer Rückstellung für drohende Verluste aus schwebenden Verträgen führen.[80]

90   **8. Periodisierungsprinzip (Abs. 1 Nr. 5). a) Grundsatz.** Mit dem Grundsatz, dass Aufwendungen und Erträge unabhängig von den Zeitpunkten der entsprechenden Zahlungen im Jahresabschluss zu erfassen sind, wird einerseits die Zahlungsabhängigkeit der Aufwendungen und Erträge (pagatorische Rechnung), andererseits die Eigenschaft einer bilanziellen Gewinnermittlung (Periodisierung von Zahlungen statt Zahlungsrechnung) betont. Jedoch folgen keinerlei weitere materielle Konsequenzen, da sich die Periodisierungsregeln nur aus den Einzelvorschriften und anderen GoB erschließen lassen.

91   **b) Regelungen nach IFRS.** Die IFRS kennen das Periodisierungsprinzip unter der Bezeichnung „Konzept der Periodenabgrenzung" (IAS 1.27). Daraus resultiert nach dem aktuellen Rahmenkonzept jedoch – wie in → Rn. 79 erwähnt – kein originäres „matching principle": "The simultaneous recognition of income and related expenses is sometimes referred to as the matching of costs with income. Application of the concepts in the Conceptual Framework leads to such matching when it arises from the recognition of changes in assets and liabilities. However, matching of costs with income is not an objective of the Conceptual Framework. The Conceptual Framework does not allow the recognition in the statement of financial position of items that do not meet the definition of an asset, a liability or equity." (CF.5.5.).

92   **9. Bewertungsmethodenstetigkeit (Abs. 1 Nr. 6). a) Grundsatz.** Die Bewertungsmethodenstetigkeit verlangt, dass die auf den vorhergehenden Jahresabschluss angewandten Bewertungsmethoden beibehalten werden müssen. Sie dient der Vergleichbarkeit der Jahresabschlüsse.

93   Bewertungsmethoden sind systematische Vorgehensweisen zur Wertermittlung aufgrund von Buchhaltungsaufzeichnungen. Sie betreffen insbesondere die Ermittlung der Anschaffungs- und Herstellungskosten, die Anwendung von Bewertungsvereinfachungen, die Ermittlung der Barwerte für Pensionsrückstellungen, die Umrechnung von Jahresabschlüssen in Fremdwährungen und die planmäßigen Abschreibungen.

94   Neben der Bewertungsmethodenstetigkeit gibt es die durch das BilMoG erstmals kodifizierte Ansatzmethodenstetigkeit gem. § 246 Abs. 3 und die für Kapitalgesellschaften und ihnen bilanzrechtlich gleichgestellte Personengesellschaften schon früher geltende Darstellungsstetigkeit gem. § 265 Abs. 1 S. 1.

95   Mit Bezug auf die im vorhergehenden Jahresabschluss angewandten Bewertungsmethoden wird nur die sog. vertikale Stetigkeit (über die Zeit), nicht aber die horizontale Stetigkeit (gleicher Wertansatz für gleichartige Güter) angesprochen. Die horizontale Stetigkeit folgt aus dem nicht kodifizierten, sich aber aus der Funktion der Rechnungslegung ergebenden Willkürverbot.

96   Bei vertikaler Stetigkeit stellt sich die Frage, wie Güter zu behandeln sind, die im vorhergehenden Jahresabschluss noch nicht vorhanden waren. Soweit sie vorhandenen und bereits im früheren Jahresabschluss bewerteten Gütern gleichartig sind, müssen sie wegen der horizontalen Stetigkeit wie die bereits vorhandenen Güter bewertet werden.

97   **b) Regelungen nach IFRS.** Nach IFRS gilt ebenfalls der Grundsatz der Stetigkeit der Bilanzierungs- und Bewertungsmethoden (CF.2.26; IAS 1.45–46). Mit IAS 8 widmet sich ein eigener Standard der Anwendung und den Änderungen von Rechnungslegungsmethoden: „Dieser Standard ist bei der Auswahl und Anwendung von Rechnungslegungsmethoden sowie zur Berücksichtigung von Änderungen der Rechnungslegungsmethoden, Änderungen von rechnungslegungsbezogenen Schätzungen und Korrekturen von Fehlern aus früheren Perioden anzuwenden." (IAS 8.3). Die Rechnungslegungsmethoden sind nach Abs. 13 im Regelfall stetig anzuwenden.

---

[80]   Vgl. dazu auch TransAcc/Knorr/Ebbers IASC – Individual Accounts 1483.

„Eine Schätzung muss überarbeitet werden, wenn sich die Umstände, auf deren Grund- **98** lage die Schätzung erfolgt ist, oder als Ergebnis von neuen Informationen oder zunehmender Erfahrung ändern" (IAS 8.34). Als Beispiele für eine geänderte Schätzung nennt Abs. 32 die Bewertung risikobehafteter Forderungen, die Überalterung von Vorräten, die Ermittlung beizulegender Zeitwerte, Nutzungsdauerschätzungen und Gewährleistungsverpflichtungen. Die Auswirkung der Änderung einer Schätzung ist gem. Abs. 36 prospektiv ergebniswirksam zu erfassen, es sei denn, die Änderung führt zu Änderungen von Vermögenswerten oder Schulden oder bezieht sich auf einen Eigenkapitalposten. Dann ist der Buchwert des entsprechenden Postens in der Periode der Änderung anzupassen (IAS 8.37). Eine Anpassung der Vorjahresabschlüsse erfolgt nicht.

Änderungen der Rechnungslegungsmethoden und Fehlerkorrekturen sind grundsätz- **99** lich rückwirkend anzuwenden (IAS 8.19 und 8.42). Die Auswirkung der Änderung wird grds. im Jahr der Änderung erfolgswirksam. Eine Methodenänderung darf nur vorgenommen werden, „wenn die Änderung (a) aufgrund eines IFRS erforderlich ist; oder (b) dazu führt, dass der Abschluss zuverlässige und relevantere Informationen über die Auswirkungen von Geschäftsvorfällen, sonstigen Ereignissen oder Bedingungen auf die Vermögens-, Finanz- oder Ertragslage oder die Cashflows des Unternehmens vermittelt." (IAS. 8.14). Ein möglicher Änderungsgrund ist gem. Abs. 19 die erstmalige Anwendung eines IFRS.

10. Objektivierungsprinzip. a) Grundsatz. Jahresabschlussinformation ist nützlich, **100** wenn sie unverzerrt, eindeutig und fein ist.[81] Für den Jahresabschlussadressat ist es darüber hinaus wichtig, dass die Rechnungslegung für ihn glaubhaft ist. Daraus folgt, dass die Information objektiv und willkürfrei bereitgestellt werden muss. Objektivität heißt in diesem Zusammenhang, dass die Darstellung des wirtschaftlichen Geschehens in der Rechnungslegung intersubjektiv nachprüfbar und allgemeingültig ist.[82] Dazu muss der Jahresabschluss unter Beachtung der kodifizierten und nicht kodifizierten GoB aufgestellt werden.

Das Objektivierungsprinzip ist nicht explizit im Gesetz geregelt, es lässt sich aber aus **101** verschiedenen Einzelregelungen ableiten. Es manifestiert sich zB im:
1. Grundsatz der Unternehmensfortführung (→ Rn. 9),
2. Einzelbewertungsprinzip (→ Rn. 28),
3. Realisationsprinzip (→ Rn. 63),
4. Stetigkeitsprinzip (→ Rn. 92) und
5. Anschaffungskostenprinzip (→ § 253 Rn. 1).

Das Objektivierungsprinzip soll vor allem ausschließen, dass die im Jahresabschluss **102** gegebene Information durch subjektive Urteile des Bilanzierenden beeinträchtigt wird.[83] Die Normierung durch Gesetze und GoB soll den Adressaten vor willkürlicher, interessengeleiteter Bilanzierung schützen.[84]

b) Regelungen nach IFRS. Das Objektivierungsprinzip ist nach IFRS aus dem Rah- **103** menkonzept ableitbar. Es wurde im Rahmenkonzept 1989 konkretisiert durch den Grundsatz der Verlässlichkeit, der eine zentrale Stellung einnahm (R.31). Seit 2010 wird es durch die Glaubwürdige Darstellung (faithful representation) konkretisiert. Das aktuelle Rahmenkonzept übernimmt das Konzept und sagt hierzu (wie bereits 2010): „Finanzberichte stellen wirtschaftliche Vorgänge in Worten und Zahlen dar. Um nützlich zu sein, müssen Finanzinformationen nicht nur relevante Vorgänge darstellen, sondern sie müssen auch die Vorgänge, die sie vorgeben darzustellen, glaubwürdig darstellen. (…) Für eine perfekte glaubwürdige Darstellung würde eine Abbildung drei Merkmale aufweisen. Sie wäre vollständig, neutral und fehlerfrei. Perfektion ist natürlich selten, wenn überhaupt erreichbar. Die Zielsetzung des Board besteht darin, diese Qualitäten so weit wie möglich zu maximieren." (CF.2.12 f.).

---

81   Vgl. Ballwieser FS Kropff, 1997, 376 f.
82   Vgl. Baetge/Kirsch/Thiele Bilanzen S. 115 und Leffson GoB S. 81.
83   Vgl. Moxter Bilanzlehre II S. 21.
84   Vgl. Leffson GoB S. 82.

III. Begründete Ausnahmefälle

104   **1. Grundsatz.** Gemäß Abs. 2 darf von den in Abs. 1 genannten Bewertungsgrundsätzen nur in begründeten Fällen abgewichen werden. Der Gesetzeswortlaut „darf nur" begründet kein Wahlrecht, sondern deutet auf ein grundsätzliches Abweichungsverbot hin. Eventuelle Abweichungen sind die Ausnahme und müssen begründet sein. Von den in Abs. 1 aufgeführten Grundsätzen wird in Abs. 2 keiner ausgeschlossen, dh in begründeten Ausnahmefällen könnte von jedem der Prinzipien abgewichen werden.[85] Strittig ist jedoch, ob eine Abweichung von Vorsichts-, Realisations- und Imparitätsprinzip möglich ist. Einerseits hieße die Abweichung von diesen Grundsätzen, dass in begründeten Ausnahmefällen unvorsichtig zu bewerten sei, was dem Sinn und Zweck der gesetzlichen Bilanz zuwider läuft.[86] Andererseits wird Abs. 1 Nr. 4 mitunter in der Weise interpretiert, dass der Wortlaut „namentlich" auf das Vorhandensein von begründeten Ausnahmefällen hindeutet.[87] Beispielhaft wird die Gewinnrealisierung bei Langfristfertigung genannt, bei der eine Teilgewinnrealisierung vor dem endgültigen Wegfall des Liefer- und Leistungsrisikos als Zeitpunkt der Gewinnrealisation vertreten wird.[88] Hier wird mit Moxter die Auffassung vertreten, dass ein Abweichen von den genannten Prinzipien nicht begründet werden kann. „Der grundlegende Sinn und Zweck der gesetzlichen Bilanz, die Ermittlung einer vorsichtig bemessenen, durch Realisationsprinzip und Imparitätsprinzip konkretisierten Ausschüttungsrichtgröße, muß auch bei Konflikten zwischen den (…) Einzelprinzipien beachtet werden."[89] Konsequenterweise wird eine Teilgewinnrealisierung bei Langfristfertigung abgelehnt (→ Rn. 71).[90]

105   Welche Sachverhalte als begründete Ausnahmefälle gelten, wird in Abs. 2 nicht spezifiziert. Um einen Ausnahmefall zu begründen, müssen Argumente vorliegen, die ein Abweichen gegenüber der Einhaltung der Grundsätze vorziehenswürdig erscheinen lassen. Die Beurteilung der Argumente muss unter Berücksichtigung der Zwecke des Jahresabschlusses erfolgen. Keine Ausnahmefälle begründen Sachverhalte, für die spezielle Bewertungsvorschriften gelten, weil diese den allgemeinen Grundsätzen vorgehen.[91] Ein Konkurrenzverhältnis zwischen allgemeinen und speziellen Bewertungsvorschriften kann in zwei Arten vorkommen:

1. Die speziellen Bewertungsvorschriften erzwingen eine Abweichung, indem sie eine von den allgemeinen Vorschriften abweichende Bewertung fordern, zB außerplanmäßige Abschreibung nach § 253 Abs. 3 S. 5 und Abs. 4 S. 1 und 2.
2. Die speziellen Bewertungsvorschriften erlauben eine Abweichung von den allgemeinen Vorschriften in Form eines Wahlrechts, zB Wahlrecht zur Anwendung von Bewertungsvereinfachungsverfahren gem. § 256. Davon zu trennen sind solche Wahlrechte, bei denen ein Konkurrenzverhältnis zu den allgemeinen Grundsätzen nicht besteht. In diesen Fällen, zB Ansatz der Herstellungskosten gem. § 255 Abs. 2 und 3, sind die Wahlrechte im Sinne der allgemeinen Grundsätze auszuüben; es liegt dann kein Ausnahmefall vor.

106   In beiden Fällen kommt die Anwendung von § 252 Abs. 2 nicht in Betracht, weil hier die speziellen Bewertungsvorschriften vorgehen und die allgemeinen Grundsätze ohnehin nicht zum Tragen kommen.

107   **2. Abweichungen von einzelnen Bewertungsgrundsätzen.** Mögliche Abweichungen von den Grundsätzen wurden bei der Darstellung der jeweiligen Einzelregelung behandelt. Zum Bilanzidentitätsprinzip → Rn. 5, zur Unternehmensfortführung → Rn. 9, zum Einzelbewertungsgrundsatz → Rn. 28, zum Stichtagsprinzip → Rn. 43 sowie zum Stetigkeitsprinzip → Rn. 92.

---

[85]   Vgl. BeBiKo/Störk/Büssow Rn. 92.
[86]   Vgl. Moxter Bilanzlehre II S. 40 f.
[87]   Vgl. BeBiKo/Störk/Büssow Rn. 92.
[88]   Vgl. ADS Rn. 86.
[89]   Moxter Bilanzlehre II S. 41.
[90]   Vgl. auch HKMS/Kahle/Braun Rn. 177 und 179.
[91]   Vgl. HdR/Fülbier/Federsel Rn. 24; aA BeBiKo/Störk/Büssow Rn. 73 ff.

3. Angabepflichten. Kapitalgesellschaften müssen gem. § 284 Abs. 2 Nr. 2 Abwei- **108** chungen von Bilanzierungs- und Bewertungsmethoden im Anhang angeben und begründen sowie deren Einfluss auf die Vermögens-, Finanz- und Ertragslage gesondert darstellen.

4. Regelungen nach IFRS. Nach IFRS darf in Ausnahmefällen ebenfalls von den **109** einzelnen Grundsätzen abgewichen werden. Dies ergibt sich aus verschiedenen Einzelvorschriften (zB → Rn. 41 zum Einzelbewertungsgrundsatz und → Rn. 97 zum Stetigkeitsprinzip) und aus dem Rahmenkonzept.

§ 253 Zugangs- und Folgebewertung

(1) [1]Vermögensgegenstände sind höchstens mit den Anschaffungs- oder Herstellungskosten, vermindert um die Abschreibungen nach den Absätzen 3 bis 5, anzusetzen. [2]Verbindlichkeiten sind zu ihrem Erfüllungsbetrag und Rückstellungen in Höhe des nach vernünftiger kaufmännischer Beurteilung notwendigen Erfüllungsbetrages anzusetzen. [3]Soweit sich die Höhe von Altersversorgungsverpflichtungen ausschließlich nach dem beizulegenden Zeitwert von Wertpapieren im Sinn des § 266 Abs. 2 A. III. 5 bestimmt, sind Rückstellungen hierfür zum beizulegenden Zeitwert dieser Wertpapiere anzusetzen, soweit er einen garantierten Mindestbetrag übersteigt. [4]Nach § 246 Abs. 2 Satz 2 zu verrechnende Vermögensgegenstände sind mit ihrem beizulegenden Zeitwert zu bewerten. [5]Kleinstkapitalgesellschaften (§ 267a) dürfen eine Bewertung zum beizulegenden Zeitwert nur vornehmen, wenn sie von keiner der in § 264 Absatz 1 Satz 5, § 266 Absatz 1 Satz 4, § 275 Absatz 5 und § 326 Absatz 2 vorgesehenen Erleichterungen Gebrauch machen. [6]Macht eine Kleinstkapitalgesellschaft von mindestens einer der in Satz 5 genannten Erleichterungen Gebrauch, erfolgt die Bewertung der Vermögensgegenstände nach Satz 1, auch soweit eine Verrechnung nach § 246 Absatz 2 Satz 2 vorgesehen ist.

(2) [1]Rückstellungen mit einer Restlaufzeit von mehr als einem Jahr sind abzuzinsen mit dem ihrer Restlaufzeit entsprechenden durchschnittlichen Marktzinssatz, der sich im Falle von Rückstellungen für Altersversorgungsverpflichtungen aus den vergangenen zehn Geschäftsjahren und im Falle sonstiger Rückstellungen aus den vergangenen sieben Geschäftsjahren ergibt. [2]Abweichend von Satz 1 dürfen Rückstellungen für Altersversorgungsverpflichtungen oder vergleichbare langfristig fällige Verpflichtungen pauschal mit dem durchschnittlichen Marktzinssatz abgezinst werden, der sich bei einer angenommenen Restlaufzeit von 15 Jahren ergibt. [3]Die Sätze 1 und 2 gelten entsprechend für auf Rentenverpflichtungen beruhende Verbindlichkeiten, für die eine Gegenleistung nicht mehr zu erwarten ist. [4]Der nach den Sätzen 1 und 2 anzuwendende Abzinsungszinssatz wird von der Deutschen Bundesbank nach Maßgabe einer Rechtsverordnung ermittelt und monatlich bekannt gegeben. [5]In der Rechtsverordnung nach Satz 4, die nicht der Zustimmung des Bundesrates bedarf, bestimmt das Bundesministerium der Justiz und für Verbraucherschutz im Benehmen mit der Deutschen Bundesbank das Nähere zur Ermittlung der Abzinsungszinssätze, insbesondere die Ermittlungsmethodik und deren Grundlagen, sowie die Form der Bekanntgabe.

(3) [1]Bei Vermögensgegenständen des Anlagevermögens, deren Nutzung zeitlich begrenzt ist, sind die Anschaffungs- oder die Herstellungskosten um planmäßige Abschreibungen zu vermindern. [2]Der Plan muss die Anschaffungs- oder Herstellungskosten auf die Geschäftsjahre verteilen, in denen der Vermögensgegenstand voraussichtlich genutzt werden kann. [3]Kann in Ausnahmefällen die voraussichtliche Nutzungsdauer eines selbst geschaffenen immateriellen Vermögensgegenstands des Anlagevermögens nicht verlässlich geschätzt werden, sind planmäßige

Abschreibungen auf die Herstellungskosten über einen Zeitraum von zehn Jahren vorzunehmen. [4]Satz 3 findet auf einen entgeltlich erworbenen Geschäfts- oder Firmenwert entsprechende Anwendung. [5]Ohne Rücksicht darauf, ob ihre Nutzung zeitlich begrenzt ist, sind bei Vermögensgegenständen des Anlagevermögens bei voraussichtlich dauernder Wertminderung außerplanmäßige Abschreibungen vorzunehmen, um diese mit dem niedrigeren Wert anzusetzen, der ihnen am Abschlussstichtag beizulegen ist. [6]Bei Finanzanlagen können außerplanmäßige Abschreibungen auch bei voraussichtlich nicht dauernder Wertminderung vorgenommen werden.

(4) [1]Bei Vermögensgegenständen des Umlaufvermögens sind Abschreibungen vorzunehmen, um diese mit einem niedrigeren Wert anzusetzen, der sich aus einem Börsen- oder Marktpreis am Abschlussstichtag ergibt. [2]Ist ein Börsen- oder Marktpreis nicht festzustellen und übersteigen die Anschaffungs- oder Herstellungskosten den Wert, der den Vermögensgegenständen am Abschlussstichtag beizulegen ist, so ist auf diesen Wert abzuschreiben.

(5) [1]Ein niedrigerer Wertansatz nach Absatz 3 Satz 5 oder 6 und Absatz 4 darf nicht beibehalten werden, wenn die Gründe dafür nicht mehr bestehen. [2]Ein niedrigerer Wertansatz eines entgeltlich erworbenen Geschäfts- oder Firmenwertes ist beizubehalten.

(6) [1]Im Falle von Rückstellungen für Altersversorgungsverpflichtungen ist der Unterschiedsbetrag zwischen dem Ansatz der Rückstellungen nach Maßgabe des entsprechenden durchschnittlichen Marktzinssatzes aus den vergangenen zehn Geschäftsjahren und dem Ansatz der Rückstellungen nach Maßgabe des entsprechenden durchschnittlichen Marktzinssatzes aus den vergangenen sieben Geschäftsjahren in jedem Geschäftsjahr zu ermitteln. [2]Gewinne dürfen nur ausgeschüttet werden, wenn die nach der Ausschüttung verbleibenden frei verfügbaren Rücklagen zuzüglich eines Gewinnvortrags und abzüglich eines Verlustvortrags mindestens dem Unterschiedsbetrag nach Satz 1 entsprechen. [3]Der Unterschiedsbetrag nach Satz 1 ist in jedem Geschäftsjahr im Anhang oder unter der Bilanz darzustellen.

Schrifttum Abs. 1: Ballwieser, Das Anschaffungs- und Höchstwertprinzip für Schulden, FS Forster, 1992, 45; Bartels, Umweltrisiken und Jahresabschluß, 1992; Böcking, Verbindlichkeitsbilanzierung, 1994; Böcking, Bilanzrechtstheorie und Verzinslichkeit, 1988; Bordewin, Einzelfragen der Bewertung von Rückstellungen, DB 1992, 1533; Christiansen, Das Erfordernis der wirtschaftlichen Verursachung ungewisser Verbindlichkeiten vor dem Hintergrund der Rechtsprechung des Bundesfinanzhofs – Versuch einer kritischen Analyse, BFuP 1994, 25; Clemm, Zur Bilanzierung von Rückstellungen für drohende Verluste, vor allem aus schwebenden Dauerschuldverhältnissen, FS Beisse, 1997, 123; Clemm, Abzinsung von umweltschutzbezogenen Rückstellungen?, BB 1993, 687; Clemm, Der Einfluß der Verzinslichkeit auf die Bewertung von Aktiva und Passiva, in Raupach, Werte und Wertermittlung im Steuerrecht, 1984, 219; Eifler, Grundsätze ordnungsmäßiger Bilanzierung für Rückstellungen, 1976; Esser/Sieben, Betriebliche Altersversorgung, 1997; Fürst/Angerer, Die vernünftige kaufmännische Beurteilung in der neuesten Rechtsprechung des BFH bei der Rückstellungsbildung, WPg 1993, 425; Geib/Wiedmann, Zur Abzinsung von Rückstellungen in der Handels- und Steuerbilanz, WPg 1994, 369; Groh, Abzinsung von Rückstellungen?, in Mellwig/Moxter/Ordelheide, Handelsbilanz und Steuerbilanz, 1989, 119; Groh, Verbindlichkeitsrückstellung und Verlustrückstellung: Gemeinsamkeiten und Unterschiede, BB 1988, 27; Groh, Abzinsung von Verbindlichkeitsrückstellungen, BB 1988, 1919; Herzig, Das Magische Dreieck der Umweltschutzbilanzierung, FS Moxter, 1994, 227; Heubeck, Betriebliche Versorgungspflichten nach dem neuen Bilanzrecht (Teil I und II), WPg 1986, 317 und 356; Hommel, Rückstellungen für Abbruchverpflichtungen nach dem BilMoG, in Seicht, Jahrbuch für Controlling und Rechnungswesen 2009, 2009, 69; Hüttemann, Grundsätze ordnungsmäßiger Bilanzierung für Verbindlichkeiten, 1970; Karrenbrock, Zum Saldierungsbereich und zur Abzinsung von Drohverlustrückstellungen, WPg 1994, 97; Kropp/Weisang, Erfolgsneutrale Neubewertung von Schulden und Aufstockung abgezinster Rückstellungen im Jahresabschluß 1995 – für alle Kaufleute zulässig?, DB 1995, 2485; Kühnberger, Planmäßige Abschreibungen als Bestandteil von Rückstellungen, BB 1997, 829; Moxter, Rückstellungskriterien im Streit, ZfbF 1995, 311; Moxter, Saldierungs- und Abzinsungsprobleme bei Drohverlustrückstellungen, BB 1993, 2481; Moxter, Rückstellungen für ungewisse Verbindlichkeiten und Höchstwertprinzip, BB 1989, 945; Moxter, Fremdkapitalbewertung nach neuem Bilanzrecht, WPg 1984, 397; Naumann, Rechtliches Entstehen und wirtschaftliche Verursachung als Voraussetzung der Rückstellungsbilanzierung, WPg 1991, 529; Naumann, Die Bewertung von Rückstellungen in der Einzelbilanz nach Handels- und Ertragsteuerrecht, 1989; Perlet/Baumgärtel, Zur Bedeutung der Pauschalbewertung bei Rückstellungen für ungewisse Verbindlichkeiten, FS Beisse, 1997, 389; Reinhard, Rückstellungen für die Entsorgung von Kernkraftwerken, in Baetge, Rechnungslegung und Prüfung nach neuem Recht, 1987, 11; Richter, Der Wertansatz von Pensionsverpflichtungen nach dem Bilanzrichtlinien-Gesetz, BB 1986, 2162; Rückle, Bewertungseinheiten in Handels- und Steuerbilanz, FS Sigloch, 2009, 715; Sarrazin, Teilwertabschreibung wegen Schadstoffverunreinigung und ausgewählte Aspekte der Rückstellungsbewertung, in Herzig, Bilanzierung von Umweltlasten und Umweltschutzverpflichtungen, 1994, 67; Schroeder, Abzinsung von Rückstellungen und Verbindlichkeiten in der Steuerbilanz, 1990; Schulze-Osterloh, Rückzahlungsbetrag und Abzinsung von Rückstellungen und Verbindlichkeiten – Überlegungen zur Reform des HGB-Bilanzrechts, BB 2003, 351; Schwarz, Die Bilanzierung bedingter Verbindlichkeiten in Handels- und Steuerbilanz, 1986; Siegel, Das Realisationsprinzip als allgemeines Periodisierungsprinzip?, BFuP 1994, 1; Siegel, Umweltschutz im Jahresabschluß – Probleme und Lösungsansätze, BB 1993, 326; Strobl, Zur Abzinsung von Verbindlichkeiten und Rückstellungen für ungewisse Verbindlichkeiten, FS Döllerer, 1988, 615; Thoms-Meyer, Grundsätze ordnungsmäßiger Bilanzierung für Pensionsrückstellungen unter Berücksichtigung von SFAS 87 und SFAS 106, 1996; Thurmayr, Moderne Ansätze zur Bewertung von Pensionsrückstellungen, DB 1992, 693; Windmöller, Nominalwert und Buchwert, FS Forster, 1992, 689; Woerner, Zeitpunkt der Passivierung von Schulden und Verbindlichkeitsrückstellungen – Problematik der „wirtschaftlichen Verursachung", FS Moxter, 1994, 483.

Schrifttum Abs. 2: Hommel/Rammert/Kiy, Die Reform des Abzinsungssatzes für Pensionsrückstellungen nach § 253 Abs. 2 HGB – GoB-konform oder Beihilfe zur Bilanzpolitik?, DB 2016, 1585; IDW RS HFA 30 nF, Handelsrechtliche Bilanzierung von Altersversorgungsverpflichtungen, IDW Life 2017, 102; Kuhn/Moser, Änderung der Vorschriften zur Abzinsung von Pensionsrückstellungen, WPg 2016, 381; Mellwig, Zur Abzinsung von Verbindlichkeiten und Rückstellungen im deutschen Bilanzrecht, FS Krawitz, 2010, 667; Reitmeier/Peun/Schönberger, Anwendungsfragen zur handelsrechtlichen Bilanzierung von Altersversorgungsverpflichtungen, WPg 2017, 813; Stapf/Elgg, Abzinsung von Rückstellungen nach dem BilMoG: Ermittlung und Bekanntgabe der Zinssätze durch die Deutsche Bundesbank, BB 2009, 2134; Thurnes/Rasch/Geilenkothen, Betriebliche Altersversorgung im Jahresabschluss nach nationalen und internationalen Bilanzierungsgrundsätzen – Bewertungsannahmen zum 31.12.2015, DB 2015, 2945; Wüstemann/Koch, Rückstellungsbewertung nach BilMoG – Regelungsziele, Regelungslösungen und Regelungsbegründungen aus Sicht von Bilanzrecht und Betriebswirtschaftslehre, in Küting/Pfitzer/Weber, IFRS und BilMoG, 2010, 315; Wüstemann/Koch, Zinseffekte und Kostensteigerungen in der Rückstellungsbewertung nach BilMoG, BB 2010, 1075.

Schrifttum Abs. 3: LdR/Ballwieser, 5. Aufl. 2011, 3; Breidert, Grundsätze ordnungsmäßiger Abschreibungen auf abnutzbare Anlagegegenstände, 1994; Dziadkowski/Robisch, Gebäudebilanzierung in Handels- und Steuerbilanz, BB 1997, 355; Eibelshäuser, Abschreibungen und Realisationsprinzip, FS Beisse, 1997, 153; Euler, Zur Verlustantizipation mittels des niedrigeren beizulegenden Wertes und des Teilwertes, ZfbF 1991, 191; Hachmeister/Ruthardt, Bewertung von Beteiligungen mit dem niedrigeren beizulegenden Wert – GoU- und GoB-konforme Umsetzung des Ertragswertkalküls, FS Schirmeister, 2016, 89; Harrmann, Unverzinsliche oder niedrig verzinsliche langfristige Darlehensforderungen, BB 1990, 1450; IDW RH HFA 1.1016, Handelsrechtliche Zulässigkeit einer komponentenweisen planmäßigen Abschreibung von Sachanlagen, WPg Supplement 3/2009, 39; Knigge, Die Bewertung niedrig verzinslicher Forderungen, 1994; Kühnberger, Planmäßige Abschreibungen auf das Anlagevermögen, BB 1997, 87; Moxter, Über dynamische Abschreibungen, WPg 1978, 478; Scheffler, Der beizulegende Wert von Auslandsbeteiligungen im handelsrechtlichen Jahresabschluß, in Herzig, Bewertung von Auslandsbeteiligungen, 1992, 1; Selchert, Die kaufmännisch vernünftige Beurteilung eines niedrigeren Wertansatzes in der Bilanz, DStR 1986, 283.

Schrifttum Abs. 4: Fülling, Grundsätze ordnungsmäßiger Bilanzierung von Vorräten, 1976; Häuselmann, Zur Bilanzierung von Investmentanteilen, insbesondere von Anteilen an Spezialfonds, BB 1992, 312; Kammerl, Der beizulegende Wert nach § 253 Abs. 3 HGB für Vorräte aus Fremdwährungsgebieten, DB 1991, 821; Kessler, Die verlustfreie (Niederst-)Bewertung des Vorratsvermögens, DStR 1995, 839; Koch, Die Problematik des Niederstwertprinzips, WPg 1957, 1, 31, 60; Loitz/Winnacker, Die dauernde Wertminderung im Umlaufvermögen vor dem Hintergrund der handelsrechtlichen und steuerrechtlichen Bilanzierung, DB 2000, 2229; J. Schneider, Gängigkeitsabschläge bei der Vorratsbewertung, StBp 1988, 272; Stalschus, Risiken im Vorratsvermögen, in IDW, Risiken erkennen – Risiken bewältigen, 1989, 129; Tubbesing, Zur verlustfreien Bewertung unfertiger Erzeugnisse, WPg 1965, 617; Unvericht, Bewertung von Erzeugnisbeständen des Vorratsvermögens, DB 1988, 1560.

Schrifttum Abs. 5: Fluri, Wertaufholungsgebot, BB 1988, 1146; Küting, Offene Fragen der Wertaufholung im neuen Bilanzrecht, DStR 1989, 227, 270; Moxter, Zum Wechseldiskonturteil des Bundesfinanzhofs, BB 1995, 1997; Sarrazin, Zwang zur Wertaufholung aufgrund werterhöhenden Aufwands, FS Moxter, 1994, 379;

Treuberg, Die Bedeutung der Wertaufholung aus betriebswirtschaftlicher und bilanzpolitischer Sicht, ZfB-Ergänzungsheft 1/1987, 119.

Schrifttum Abs. 6: Hommel/Rammert/Kiy, Die Reform des Abzinsungssatzes für Pensionsrückstellungen nach § 253 Abs. 2 HGB – GoB-konform oder Beihilfe zur Bilanzpolitik?, DB 2016, 1585; Kuhn/Moser, Änderung der Vorschriften zur Abzinsung von Pensionsrückstellungen, WPg 2016, 381.

Schrifttum IFRS: Ballwieser, IFRS-Rechnungslegung. Konzept, Regeln und Wirkungen, 3. Aufl. 2013; Budde, Bilanzierung der betrieblichen Altersversorgung in Deutschland – Ein Vergleich mit internationalen Bewertungs- und Ausweisgrundsätzen, FS Ahrend, 1992, 363; Ernsting/von Keitz, Bilanzierung von Rückstellungen nach IAS 37 – Eine kritische Analyse des neuen Standards sowie ein Vergleich zu IAS 10, DB 1998, 2477; Fischer/Wenzel, Wertaufholung nach handels-, steuerrechtlichen und internationalen Rechnungslegungsvorschriften, WPg 2001, 597; Förschle/Kroner/Heddäus, Ungewisse Verpflichtungen nach IAS 37 im Vergleich zum HGB, WPg 1999, 41; Groh, Drohverlustrückstellungen nach HGB und IAS, FS Beisse, 1997, 207; Hachmeister, Verbindlichkeiten nach IFRS, 2006; Kümpel, Vorratsbewertung und Auftragsfertigung nach IFRS – Grundlagen, Bewertungsverfahren und Folgebewertung, 2005; Kußmaul/Kühn, Vergleich der Bewertung von Pensionsrückstellungen nach deutschem und österreichischem Recht sowie nach IAS 19, in Seicht, Jahrbuch für Controlling und Rechnungswesen '97, 1997, 371; Moxter, Rückstellungen nach IAS, BB 1999, 519; Mühlberger/Schwinger, Altersversorgungspläne und Leistungen an Arbeitnehmer nach IFRS, 2. Aufl., 2012; Schmidt/Pitroff/Klingels, Finanzinstrumente nach IFRS, 2007; Tanski, Sachanlagen nach IFRS, 2005; Thurnes/Rasch/Geilenkothen, Betriebliche Altersversorgung im Jahresabschluss nach nationalen und internationalen Bilanzierungsgrundsätzen – Bewertungsannahmen zum 31.12.2015, DB 2015, 2945; Zeimes, Fair-Value-Bewertung von Rückstellungen nach IFRS, DB 2003, 2077.

Übersicht

I. Normzweck

1   **1. Umsetzung des Realisationsprinzips.** Die Regelung definiert die Werte für Vermögensgegenstände und Schulden im Zeitpunkt des Zugangs und an späteren Bilanzstichtagen (Zugangs- und Folgebewertung). Die Zugangsbewertung von Vermögensgegenständen mit Anschaffungs- oder Herstellungskosten und von Verbindlichkeiten mit dem Erfüllungsbetrag sichert grds. die Erfolgsneutralität des Zugangs (Erfolgsneutralitätsprinzip).[1] Zu einer Einschränkung → Rn. 8. Die Erfolgsneutralität ist nach dem Realisationsprinzip geboten. Da Vermögensgegenstände auch nach Zugang höchstens zu Anschaffungs- oder Herstellungskosten anzusetzen sind (Anschaffungskostenprinzip), werden unrealisierte Gewinne vermieden, die sich bei höherem Wertansatz ergeben würden (§ 252 Abs. 1 Nr. 4).

2. Umsetzung des Imparitätsprinzips. Nach dem Imparitätsprinzip sind bis zum **2** Abschlussstichtag entstandene Risiken und Verluste schon vor Realisation zu erfassen (§ 252 Abs. 1 Nr. 4): Es gilt das Prinzip verlustfreier Bewertung. Verluste resultieren aus gegenüber Buchwerten niedrigeren Fortführungswerten oder Absatzmarktpreisen, während gesunkene Wiederbeschaffungspreise Opportunitätskosten erzeugen, die bilanzrechtlich grds. unerheblich sind.[2] Zu einer Einschränkung → Rn. 60. Für die verlustfreie Bewertung sind an jedem Bilanzstichtag die Buchwerte der Vermögensgegenstände des Umlaufvermögens mit dem Wert zu vergleichen, der sich aus dem Börsen- oder Marktpreis ergibt. Fehlt er oder handelt es sich um Anlagevermögen, so sind die Buchwerte mit dem beizulegenden Wert zu vergleichen.

Für Umlaufvermögen gilt ein strenges, für Anlagevermögen ein mildes Niederstwert- **3** prinzip: Umlaufvermögen ist bei niedrigeren Vergleichswerten immer (außerplanmäßig) abzuschreiben, während außerplanmäßige Abschreibungen des Anlagevermögens unterbleiben können, wenn der beizulegende Wert nur vorübergehend niedriger als die Anschaffungs- oder Herstellungskosten oder der Buchwert ist. Für sichere Verbindlichkeiten als bestimmte Art von Schulden gilt ein dem Niederstwertprinzip entsprechendes Höchstwertprinzip.

3. Weitere (prinzipienfreie) Bewertungen. Rechnungsabgrenzungsposten werden **4** in der Terminologie des Gesetzes nicht bewertet (§ 252 Abs. 1 Nr. 3). Die ihnen zugrunde liegenden Zahlungen werden über den Abgrenzungszeitraum verteilt (zB § 250 Abs. 3 S. 2). Faktisch stellt die Verteilung ebenfalls eine Bewertung dar.

Bei den in der Begründung des BilMoG-RegE als Sonderposten bezeichneten aktiven **5** latenten Steuern[3] (§ 274 Abs. 1 S. 2) ergibt sich der Wert durch einen Vergleich von Steuerbelastung nach handels- und steuerrechtlichem Ergebnis.

Das Realisationsprinzip ist auch bei Rechnungsabgrenzungsposten nicht gefährdet, weil **6** Aufwertungen über die Zugangswerte nicht stattfinden; für Sonderposten hat es keine Bedeutung. Entsprechend werden sichere Verbindlichkeiten nicht abgewertet.

II. Vermögensgegenstände

1. Zugangsbewertung. Ein Ansatz von Vermögensgegenständen über den Anschaf- **7** fungs- oder Herstellungskosten bedeutet den Ausweis unrealisierter Gewinne. Dies ist nach dem Realisationsprinzip verboten (§ 252 Abs. 1 Nr. 4). Deshalb stellen die Anschaffungs- oder Herstellungskosten zu jedem Bewertungszeitpunkt die Wertobergrenze der Vermögensgegenstände dar.

Im Zeitpunkt ihres Zugangs sind Vermögensgegenstände exakt mit den Anschaffungs- **8** oder Herstellungskosten anzusetzen, dh Abwertungen finden allein aufgrund des Zugangs nicht statt. Dies sichert Erfolgsneutralität. Während sie bei Anschaffungsvorgängen vollständig erreicht wird, ist sie bei selbst hergestellten Vermögensgegenständen insofern eingeschränkt, als nicht alle werthaltigen Herstellungskosten aktiviert werden müssen. Da der Bilanzierende einige Vollkostenbestandteile nicht aktivieren muss (§ 255 Abs. 2 S. 3 und

---

[1]   Vgl. Moxter Bilanzrechtsprechung S. 183, 208.
[2]   Vgl. Mellwig FS Moxter, 1994, 1082; Koch WPg 1957, 60 f.; aA ADS Rn. 457 und BeBiKo/Schubert/ Andrejewski Rn. 306 zum Anlagevermögen mit Verweis auf Fortführungsprinzip; BeBiKo/Schubert/ Berberich Rn. 518 zu Handelswaren.
[3]   Vgl. BR-Drs. 344/08, 146; Petersen/Zwirner BilMoG S. 226.

Abs. 3), können Herstellungskosten zT gewinnmindernd verrechnet werden (→ § 255 Rn. 54 ff.).

9   Die Anschaffungskosten von Forderungen entsprechen dem Nominalwert.

10   **2. Folgebewertung.** Die Folgebewertung findet nach dem Zugang an jedem Abschlussstichtag statt. Vermögensgegenstände sind nach Anschaffungs- oder Herstellungskosten, vermindert um die Abschreibungen nach den Abs. 3–5, zu bewerten. Die Abschreibungen können planmäßig oder außerplanmäßig sein. Planmäßige Abschreibungen gibt es nur für Anlagevermögen, dessen Nutzung zeitlich begrenzt ist (abnutzbares Anlagevermögen). Sie sind in Abs. 3 S. 1 und 2 geregelt. Sonstiges Anlagevermögen und das gesamte Umlaufvermögen wird ggf. außerplanmäßig abgeschrieben.

11   Bei nicht abnutzbarem Anlagevermögen ist der Buchwert mit dem beizulegenden Wert zu vergleichen. Liegt er unter dem Buchwert, dürfen bei voraussichtlich vorübergehender Wertminderung außerplanmäßige Abschreibungen auf den beizulegenden Wert vorgenommen werden; bei voraussichtlich dauernder Wertminderung sind sie zwingend vorzunehmen (Abs. 3 S. 5).

12   Bei Umlaufvermögen ist der Buchwert mit dem Wert zu vergleichen, der sich aus einem Börsen- oder Marktpreis am Abschlussstichtag ergibt. Liegt er unter dem Buchwert, so ist auf ihn abzuschreiben. „Ist ein Börsen- oder Marktpreis nicht festzustellen und übersteigen die Anschaffungs- oder Herstellungskosten den Wert, der den Vermögensgegenständen am Abschlussstichtag beizulegen ist, so ist auf diesen Wert abzuschreiben" (Abs. 4 S. 2). Der beizulegende Wert ist hier – anders als beim Anlagevermögen – nur Ersatz für den nicht feststellbaren Börsen- oder Marktpreis.

13   Sind die Gründe für außerplanmäßige Abschreibungen entfallen, kann der niedrigere Wert nicht beibehalten werden, vielmehr ist Wertaufholung, aber nicht über die Anschaffungs- oder Herstellungskosten hinaus, geboten (Abs. 5 S. 1).

14   **3. Abnutzbares Anlagevermögen. a) Planmäßige Abschreibung. aa) Begriff und Grundlagen.** Abnutzbares Anlagevermögen ist planmäßig abzuschreiben. Für planmäßige Abschreibungen sind Ausgangswert, Restwert, Abschreibungsdauer und Abschreibungsverfahren festzulegen. Die Planmäßigkeit der Abschreibung ist erfüllt, wenn vor der ersten Abschreibung die rechnerischen Grundlagen feststehen, nach denen der Wertansatz des abnutzbaren Anlagevermögens in jedem späteren Geschäftsjahr zu ermitteln ist.[4]

15   Als **Ausgangswert** dienen gem. Abs. 3 S. 1 die Anschaffungs- oder Herstellungskosten; Abs. 3 S. 2 verlangt ihre Verteilung auf die Geschäftsjahre, „in denen der Vermögensgegenstand voraussichtlich genutzt werden kann" (voraussichtliche Nutzungsdauer). Aus der Formulierung ist nicht zu schließen, dass die vollen Anschaffungs- oder Herstellungskosten verteilt werden. Bei hinreichend sicher zu schätzendem Restwert mindert er die Abschreibungssumme.[5] Sie ergibt sich aus Anschaffungs- oder Herstellungskosten abzgl. Restwert.

16   Die **Abschreibungsverfahren** sind nicht explizit geregelt. Jedoch scheiden Abschreibungen nach Maßgabe späterer Gewinne und Abschreibungen mit jährlich neu festgelegtem Betrag aus, weil sie die Bedingung der Planmäßigkeit nicht erfüllen.[6] Ein Aussetzen der Abschreibung in einem Jahr, zB mit dem Hinweis auf fehlende Abnutzung, ist unzulässig.[7]

17   **bb) Voraussichtliche Nutzungsdauer.** Die voraussichtliche Nutzungsdauer des abnutzbaren Vermögensgegenstandes muss nachprüfbar geschätzt werden. Steuerliche Tabellen über die betriebsgewöhnliche Nutzungsdauer können nur erste Annäherungen geben,

---

[4]   Vgl. MüKoAktG/Tiedchen, 2. Aufl. 2003, Rn. 39; HuRB/Ballwieser 31; BeBiKo/Schubert/Andrejewski Rn. 220.
[5]   Vgl. BeBiKo/Schubert/Andrejewski Rn. 223; sie verlangen noch erhebliche Bedeutung des Restwerts.
[6]   Vgl. MüKoAktG/Tiedchen, 2. Aufl. 2003, Rn. 49; HuRB/Ballwieser 37; ADS Rn. 414 und 436.
[7]   Vgl. ADS Rn. 419; BeBiKo/Schubert/Andrejewski Rn. 239.

die angesichts individueller Bedingungen auf ihr Zutreffen einzuschätzen sind; sie sind handelsrechtlich unverbindlich.

Die voraussichtliche Nutzungsdauer wird nur zu geringen Teilen von der technischen **18** Nutzungsmöglichkeit bestimmt. Diese ist durch Reparaturen und Ersatz einzelner Komponenten des Vermögensgegenstandes bis hin zur „Runderneuerung" nahezu beliebig verlängerbar. Ausschlaggebend ist idR die wirtschaftliche Vorteilhaftigkeit des Einsatzes des abnutzbaren Vermögensgegenstandes, die von der Beschaffenheit und Entwicklung der Absatzmärkte, Produkte und erwarteten Marktanteile aufgrund von Nachfrage- und Wettbewerbsverhalten, Kosten-, Preisspannen u.a.m. determiniert wird.

Wegen des Vorsichtsprinzips ist die Nutzungsdauer im Zweifel eher kürzer als länger **19** zu schätzen.[8] Das bedeutet nicht, unrealistische Nutzungsdauern wider besseres Wissen zu unterstellen. Das Vorsichtsprinzip greift vielmehr dann, wenn ähnlich wichtige Argumente für wie gegen eine bestimmte Nutzungszeit sprechen, ohne dass eine Überlegenheit der Argumente festzustellen ist.[9]

Durch das BilRuG wurde die neue Regelung geschaffen, dass die Abschreibung eines **20** selbst geschaffenen immateriellen Vermögensgegenstands und eines entgeltlich erworbenen Geschäfts- oder Firmenwerts über einen Zeitraum von zehn Jahren vorzunehmen ist, sofern in Ausnahmefällen die voraussichtliche Nutzungsdauer nicht verlässlich geschätzt werden kann (Abs. 3 S. 3 und 4).

cc) Restwert. Der abnutzbare Vermögensgegenstand ist planmäßig auf den erwarteten **21** Restwert abzuschreiben. Der Restwert stellt den Nettoveräußerungspreis (nach Abzug der mit der Veräußerung, Stilllegung oder Entsorgung verbundenen Kosten) am Ende der erwarteten Nutzungsdauer dar. Seine Schätzung ist regelmäßig unsicher. Deshalb ist oft der Ansatz von Restwerten in Höhe von Null zu beobachten. Das kann aus Vorsichtsgründen – oder aus Gründen der Wesentlichkeit – vertretbar sein, jedoch ist im Einzelfall zu prüfen, ob diesem Ansatz nicht bedeutsame Informationen entgegenstehen. Liegt dies vor, ist der realistischerweise zu erwartende Restwert anzusetzen. Negative Nettorestwerte werden mit Null angesetzt, um Abschreibungen unter Null zu vermeiden. Steuerlich ist ein Restwert nur dann von Bedeutung, wenn er im Vergleich zu den historischen Anschaffungs- oder Herstellungskosten erheblich ist.[10]

dd) Planmäßiges Abschreibungsverfahren. Das Gesetz lässt offen, welches **22** Abschreibungsverfahren anzuwenden ist. Während steuerlich die lineare Abschreibung als Normalverfahren gilt, von der nur unter bestimmten Bedingungen abgewichen werden darf, fehlt eine vergleichbare handelsrechtliche Regelung.

Vor der Festlegung des Abschreibungsverfahrens ist zu klären, welche **Funktion** die **23** planmäßige Abschreibung hat. Hierzu kommen in Frage
– die Approximation des Einzelveräußerungspreises des Vermögensgegenstandes im Zeitablauf,
– die Abbildung des durch interne Nutzung bestimmten unternehmensindividuellen Fortführungswerts,
– die Abbildung des Entwertungsverlaufs,[11]
– die Abbildung der Leistungsabgabe,[12]
– die Ertragskompensation nach dem Realisationsprinzip,[13]
– die nachprüfbare Verteilung der Anschaffungs- oder Herstellungskosten.[14]

---

8   Vgl. Moxter, Bilanzlehre II 54.
9   Vgl. Eibelshäuser FS Beisse, 1997, 159.
10   Vgl. BFHE 103, 63 = BStBl. II 1971, 800.
11   Vgl. BeBiKo/Schubert/Andrejewski Rn. 239; ADS Rn. 385 und 435.
12   Vgl. Leffson GoB S. 310.
13   Vgl. Moxter WPg 1978, 480 ff.; Breidert, Grundsätze ordnungsmäßiger Abschreibungen auf abnutzbare Anlagegegenstände, 1994, S. 10; Moxter ZfbF 1995, 318; Eibelshäuser FS Beisse, 1997, 160.
14   Vgl. Leffson GoB S. 310; HuRB/Ballwieser S. 34 und 37.

24   Die Approximation des Einzelveräußerungswertes kann keine sinnvolle Leitlinie zur Bestimmung planmäßiger Abschreibungen sein. Dagegen sprechen das Prinzip der Unternehmensfortführung als Grundlage der Bewertung (§ 252 Abs. 1 Nr. 2), die bei Gültigkeit der These gegebene Notwendigkeit, Spezialmaschinen unmittelbar nach Zugang nahezu auf Null abwerten zu müssen, obwohl sie noch eine beträchtliche (technisch wie ökonomisch begründete) Lebensdauer aufweisen, und die Schwierigkeiten, Einzelveräußerungspreise zuverlässig zu schätzen. Schließlich wäre bei einer planmäßigen Approximation von Einzelveräußerungspreisen die Funktion der außerplanmäßigen Abschreibung unklar.

25   Die Abbildung des unternehmensindividuellen Fortführungswertes ist plausibel, verlangt aber die begründete und nachprüfbare Zurechnung der den Unternehmensgesamtwert ergebenden Zahlungen auf einzelne abnutzbare Vermögensgegenstände. Das ist nur in seltenen Fällen, wie bei bestimmten Leasinggütern, möglich. Für die Ermittlung des Fortführungswertes dürfen keine Verbundeffekte vorliegen und die Zahlungen müssen allein dem betrachteten Vermögensgegenstand zurechenbar sein. Diese Voraussetzungen sind bei der Mehrheit der abnutzbaren Vermögensgegenstände (Gebäude, Maschinen, Betriebs- und Geschäftsausstattung usw) nicht erfüllt. Die Abbildung des Fortführungswertes versagt schließlich gänzlich, wenn Marktprozesse den Fortführungswert des abnutzbaren Vermögensgegenstandes über die historischen Kosten steigen lassen, wie dies zB bei Gebäuden der Fall sein kann.

26   Abschreibungen nach dem Entwertungsverlauf oder der Leistungsabgabe kämpfen mit denselben Problemen wie die Abschreibung nach dem individuellen Fortführungswert, weil die technische Entwertung oder Leistungsabgabe nicht interessiert. Maßgeblich ist die ökonomische Entwertung oder Leistungsabgabe, die durch den Verlauf des Barwerts der mit dem Vermögensgegenstand erzielbaren Zahlungen, mithin dem Fortführungswert, ausgedrückt wird.

27   Auch aus dem Realisationsprinzip ergeben sich oft keine eindeutigen Lösungen für die Bestimmung der planmäßigen Abschreibungen. Danach sind die Ausgaben denjenigen Erträgen zuzurechnen, welche durch sie alimentiert werden.[15] Sinken die Erträge erwartungsgemäß im Zeitablauf, so sind degressive Abschreibungen geboten; steigen sie im Zeitablauf, so sind progressive Abschreibungen anzusetzen. Fraglich ist auch hier, inwieweit die Ertragszurechnung zu einzelnen Vermögensgegenständen gelingt, mit welcher Sicherheit die Ertragsverläufe prognostiziert werden können und ob den Erträgen die Anschaffungs- oder Herstellungskosten isoliert oder zusammen mit weiteren Ausgaben, zB für Instandhaltung und Reparatur, gegenüberzustellen sind, um das Abschreibungsverfahren zu bestimmen. Nur in seltenen Fällen dürfte die isolierte Ertragszurechnung gelingen und eine gute Prognose möglich sein. Das sehen auch die Verfechter von Abschreibungen nach dem Realisationsprinzip;[16] sie geben es sogar relativ schnell zugunsten des Vorsichtsprinzips auf: „Gemäß dem Vorsichtsprinzip wird in der Regel mit im Zeitablauf gleich bleibenden oder fallenden Umsätzen gerechnet."[17]

28   Können die Anschaffungs- oder Herstellungskosten nachprüfbar nach dem Alimentationsgedanken verteilt werden, ist dagegen nichts einzuwenden. Hierbei sind aber sonstige Ausgaben (wie für Reparaturen oder Wartung) außer Acht zu lassen,[18] weil der Bezug auf diese sonstigen Ausgaben zur Festlegung der planmäßigen Abschreibungen sich nicht aus dem Gesetzeswortlaut ergibt, die Einbeziehung von Reparaturen und Wartung insofern

[15] Vgl. Moxter WPg 1978, 480; Breidert, Grundsätze ordnungsmäßiger Abschreibungen auf abnutzbare Anlagegegenstände, 1994, S. 10; Moxter ZfbF 1995, 318; Eibelshäuser FS Beisse, 1997, 160. Krit. hierzu Siegel BFuP 1994, 10.

[16] Vgl. Eibelshäuser FS Beisse, 1997, 160.

[17] Eibelshäuser FS Beisse, 1997, 160. Ähnlich Breidert, Grundsätze ordnungsmäßiger Abschreibungen auf abnutzbare Anlagegegenstände, 1994, S. 11.

[18] AA Moxter WPg 1978, 481; Breidert, Grundsätze ordnungsmäßiger Abschreibungen auf abnutzbare Anlagegegenstände, 1994, S. 12; Eibelshäuser FS Beisse, 1997, 161.

willkürlich ist, als zB auch Finanzierungskosten einbezogen werden könnten, und all diese Ausgaben idR nur sehr unsicher zu schätzen sind.

Im Allgemeinen muss man sich deshalb mit einer nachprüfbaren Verteilung der **29** Anschaffungs- oder Herstellungskosten zufrieden geben. Wenn in der Literatur verlangt wird, dass diese Verteilung der tatsächlichen Nutzung, dem tatsächlichen Entwertungsverlauf[19] oder den wirtschaftlichen Gegebenheiten[20] nicht zuwider laufen dürfe, so bedingt das, dass Nutzungs-, Entwertungsverlauf oder wirtschaftliche Gegebenheiten identifizierbar sind. Was wirtschaftliche Gegebenheiten sind, ist unklar. Weil nicht die technische, sondern die ökonomische Nutzung und Entwertung interessiert, wird man auf das im Allgemeinen unlösbare Problem der Unternehmensgesamtwertverteilung auf den abnutzbaren Vermögensgegenstand zurückgeworfen.

Abschreibungen erfüllen damit idR nur eine Verteilungsfunktion der Anschaffungs- **30** oder Herstellungskosten, jedoch keine Wertangleichungsfunktion im Sinne der oben beschriebenen ersten fünf Thesen.[21]

Als nachprüfbare Verteilungen der Anschaffungs- oder Herstellungskosten lassen sich **31** **nutzungs- und zeitabhängige Verfahren** unterscheiden, die miteinander kombiniert werden können. Bei nutzungsabhängigen Verfahren wird ein Nutzungspotential definiert und geschätzt, zB die Gesamtkilometerleistung eines Lkw oder die Gesamtproduktionsmenge einer Maschine. Sodann wird jährlich in Abhängigkeit der empirisch gemessenen Inanspruchnahme des geschätzten Nutzungspotentials abgeschrieben. Diese Abschreibung indiziert im Allgemeinen nicht den Fortführungswert des Vermögensgegenstandes, weil Verbundeffekte des Vermögensgegenstandes mit anderen Vermögensgegenständen ebenso unberücksichtigt bleiben wie sich ändernde Preise und Kosten für die mit dem abnutzbaren Anlagevermögen gefertigten Güter. Insofern ergibt sich kein Widerspruch zu der Aussage, dass eine Approximation des Fortführungswertes durch die planmäßige Abschreibung nicht gelingt.

Bei zeitabhängigen Verteilungen sind Abschreibungen mit konstanten Beträgen (line- **32** are Methode), mit fallenden Beträgen (degressive Methoden) oder mit steigenden Beträgen (progressive Methoden) zu unterscheiden. Zu den degressiven Methoden zählen die arithmetisch-degressive (digitale), die geometrisch-degressive und die degressive Methode mit Staffelsätzen. Bei der arithmetisch-degressiven Methode sinken die Abschreibungsbeträge von Jahr zu Jahr um einen konstanten Betrag. Bei der geometrisch-degressiven Methode ergibt sich die Abschreibung durch Multiplikation eines zeitlich konstanten Abschreibungssatzes mit dem Buchwert des Vermögensgegenstandes im Vorjahr. Weil der Buchwert von Jahr zu Jahr sinkt, nehmen auch die Abschreibungsbeträge ab. Die degressive Methode mit Staffelsätzen verlangt die Vorgabe von sinkenden Prozentsätzen, die mit der Abschreibungssumme multipliziert werden. Im Gegensatz zu den vorher beschriebenen Verfahren ergibt sich durch die Anwendung der Staffelsätze keine arithmetische oder geometrische Reihe von Abschreibungen, dh das Bildungsgesetz ist (mit Ausnahme der Degression) unbestimmt.

Progressive Abschreibungen sind Spiegelbilder der degressiven, wobei die zeitliche Rei- **33** henfolge umgekehrt wird. Aus sinkenden Abschreibungsbeträgen werden steigende, wobei die Bildungsgesetze denen der degressiven Methoden entsprechen.

Das folgende **Beispiel** zeigt die Anwendung der Methoden:

Anschaffungs- oder Herstellungskosten AHK = 120.000
Restwert RW = 10.000
Abschreibungssumme: AHK − RW = 110.000
Erwartete Nutzungsdauer n = 10 Jahre
Abschreibungsprozentsatz A_p = 22,0%
Staffelsätze: 20%, 16%, 12%, 11%, 10%, 9%, 8%, 7%, 5%, 2%

---

[19] Vgl. BeBiKo/Schubert/Andrejewski Rn. 239.
[20] Vgl. ADS Rn. 385.
[21] Vgl. HuRB/Ballwieser S. 34; Leffson GoB S. 310.

Nutzung: siehe Tabelle

Jahr	Linear	Arithmetisch-degressiv	Geometrisch-degressiv	Degressiv mit Staffelsätzen	Arithmetisch-progressiv	Geometrisch-progressiv	Progressiv mit Staffelsätzen	Nach Nutzung
1	11.000	20.000	26.400	22.000	2.000	2.825	2.200	4.000
2	11.000	18.000	20.592	17.600	4.000	3.617	5.500	16.000
3	11.000	16.000	16.062	13.200	6.000	4.637	7.700	20.000
4	11.000	14.000	12.528	12.100	8.000	5.945	8.800	28.000
5	11.000	12.000	9.772	11.000	10.000	7.622	9.900	18.000
6	11.000	10.000	7.622	9.900	12.000	9.772	11.000	11.000
7	11.000	8.000	5.945	8.800	14.000	12.528	12.100	6.000
8	11.000	6.000	4.637	7.700	16.000	16.062	13.200	3.000
9	11.000	4.000	3.617	5.500	18.000	20.592	17.600	2.000
10	11.000	2.000	2.825	2.200	20.000	26.400	22.000	2.000
Summe	110.000	110.000	110.000	110.000	110.000	110.000	110.000	110.000

Tabelle 1: Abschreibungsverfahren

Die zu den Abschreibungsvarianten gehörende Buchwerttabelle ist:

Jahr	Linear	Arithmetisch-degressiv	Geometrisch-degressiv	Degressiv mit Staffelsätzen	Arithmetisch-progressiv	Geometrisch-progressiv	Progressiv mit Staffelsätzen	Nach Nutzung
0	120.000	120.000	120.000	120.000	120.000	120.000	120.000	120.000
1	109.000	100.000	93.600	98.000	118.000	117.175	117.800	116.000
2	98.000	82.000	73.008	80.400	114.000	113.558	112.300	100.000
1	87.000	66.000	56.946	67.200	108.000	108.921	104.600	80.000
4	76.000	52.000	44.418	55.100	100.000	102.976	95.800	52.000
5	65.000	40.000	34.646	44.100	90.000	95.354	85.900	34.000
6	54.000	30.000	27.024	34.200	78.000	85.582	74.900	23.000
1	43.000	22.000	21.079	25.400	64.000	73.054	62.800	17.000
8	32.000	16.000	16.442	17.700	48.000	56.992	49.600	14.000
9	21.000	12.000	12.825	12.200	30.000	36.400	32.000	12.000
10	10.000	10.000	10.000	10.000	10.000	10.000	10.000	10.000

Tabelle 2: Zu den Abschreibungsverfahren gehörende Buchwerte

34   Die lineare Abschreibung resultiert aufgrund der Division der Abschreibungssumme (110.000) durch die Anzahl der Jahre (10). Bei der arithmetisch-degressiven Methode ergibt sich der Betrag, um den die Abschreibung jährlich sinkt, aus der Formel: $(AHK–RW)/(n(n+1)/2) = (120.000–10.000)/(10(10+1)/2) = 110.000/55 = 2.000$. Die Abschreibung ist im letzten Jahr mit diesem Betrag identisch; für jedes frühere Jahr erhöht sie sich um den Betrag. Im ersten Jahr ist sie das 10fache des Betrags, im zweiten das 9fache, usw.

35   Bei der geometrisch-degressiven Abschreibungsmethode darf man den Abschreibungsprozentsatz A_p nicht beliebig vorgeben, denn das würde nur zufällig die Abschreibung auf den erwarteten Restwert ergeben. Der Abschreibungsprozentsatz, der eine Abschreibung auf ihn sichert, wird nach der Formel:

$$A_p = 1 - \sqrt[n]{\frac{RW}{AHK}} = 1 - \left(\frac{10000}{120000}\right)^{1/10} = 22\%$$

bestimmt. Die Staffelsätze und die Beanspruchungen des Nutzungspotentials sind im obigen Beispiel jeweils angenommen.

Fraglich ist, ob progressive Abschreibungen und welche Mischungen einzelner Verfah- 36
ren zulässig sind. Gegen progressive Abschreibungen werden das Vorsichtsprinzip[22] und
der von dem Verfahren unterstellte irreale Abnutzungsverlauf[23] eingewendet. Ein irrealer
Abnutzungsverlauf gilt für die Approximation des Einzelveräußerungspreises, die bilanzrechtlich irrelevant ist. Das Realisationsprinzip verlangt progressive Abschreibungen, wenn
man erst im Laufe der Zeit in die Erträge „hineinwächst",[24] was zB nach Eröffnung einer
neuen Eisenbahn- oder Fluglinie vorliegen kann. Ihre Abwehr gelingt dann nur mit Verweis
auf die Unsicherheit der Ertragsprognose, das Risiko der wirtschaftlichen Überholung[25]
und das Vorsichtsprinzip.[26]

Mischungen der zeitabhängigen Verfahren sind zulässig. Beliebt ist der Übergang von 37
einer degressiven auf die lineare Methode. Die umgekehrte Reihenfolge ist steuerlich verboten; mE steht ihr handelsrechtlich nichts entgegen.[27] Auch Mischungen von nutzungs- und
zeitabhängigen Verfahren sind erlaubt.[28]

ee) Abschreibungsbeginn. Oft ist der Beginn der Nutzung des abnutzbaren Anlage- 38
vermögens mit dem Zugangszeitpunkt des Vermögensgegenstandes identisch. Dann wird
von diesem Zeitpunkt an abgeschrieben. Fraglich ist, wie zu verfahren ist, wenn die Nutzung
erst nach Anschaffung oder Herstellung aufgenommen wird. Da die wirtschaftliche Abnutzung bereits mit Zugang des Vermögensgegenstandes beginnt, spricht dies dafür, den
Zugangszeitpunkt als Abschreibungsbeginn zu verwenden.[29] Nach *ADS* bestehen aber auch
keine Bedenken dagegen, mit der Abschreibung erst im Zeitpunkt der Ingebrauchnahme
zu beginnen, wenn dieser nicht wesentlich vom Beschaffungs- oder Fertigstellungszeitpunkt
abweicht.[30]

Da der Zugangszeitpunkt irgendwann im Geschäftsjahr liegt, müssten die planmäßigen 39
Abschreibungen im ersten Jahr zeitanteilig (entsprechend der tatsächlichen Nutzungszeit
bezogen auf das gesamte Geschäftsjahr) verrechnet werden. Das ist aufwendig und unüblich.
Stattdessen wird meist für Vermögensgegenstände, die im ersten Halbjahr zugegangen sind,
die volle Abschreibung berechnet, während später zugegangene Vermögensgegenstände mit
halber Abschreibung belastet werden. Aus Vereinfachungs- und Wesentlichkeitsgesichtspunkten ist dies nicht zu beanstanden. Für steuerliche Zwecke ist die Abschreibung zwingend monatsgenau zu ermitteln (§ 7 Abs. 1 S. 4 EStG).

Entsprechende Vereinfachungen lassen sich bei Abgang von abnutzbarem Anlagevermö- 40
gen vornehmen. Hier sind fehlende Abschreibungen für den Abgangsmonat, für das
Abgangshalbjahr oder für das Abgangsjahr denkbar.

b) Außerplanmäßige Abschreibung. Die planmäßig abgeschriebenen Anschaf- 41
fungs- oder Herstellungskosten sind an jedem folgenden Bilanzstichtag mit dem beizulegenden Wert zu vergleichen. Liegt dieser unter dem Wert, der sich nach planmäßiger Abschreibung im betrachteten Geschäftsjahr ergibt (Fortführungswert), so ist auf ihn außerplanmäßig
abzuschreiben, wenn die Wertminderung dauerhaft ist. Andernfalls darf auf den niedrigeren
beizulegenden Wert abgeschrieben werden.

Die außerplanmäßige Abschreibung soll eine verlustfreie Bewertung sichern. Da aber 42
abnutzbares Anlagevermögen idR dazu dient, eine Menge höchst unterschiedlicher Vermögensgegenstände zu bearbeiten oder herzustellen, die zT lediglich Vorprodukte darstellen,
ist der begründete und nachvollziehbare Rückschluss von Absatzmarktpreisen[31] für Fertiger-

---

[22] Vgl. Kölner Komm RechnungslegungsR/Ekkenga Rn. 111.
[23] Vgl. MüKoAktG/Tiedchen, 2. Aufl. 2003, Rn. 56.
[24] Vgl. Moxter Bilanzlehre II S. 54.
[25] Vgl. ADS Rn. 402; BeBiKo/Schubert/Andrejewski Rn. 246.
[26] Vgl. ADS Rn. 402.
[27] AA Baetge/Kirsch/Thiele Bilanzen 272.
[28] Vgl. Baetge/Kirsch/Thiele Bilanzen 272.
[29] So BeBiKo/Schubert/Andrejweski Rn. 224.
[30] Vgl. ADS Rn. 439.
[31] AA BeBiKo/Schubert/Andrejewski Rn. 306, die mit Verweis auf das Fortführungsprinzip Wiederbeschaffungspreise als relevant ansehen.

zeugnisse auf den Wert des in der Produktion eingesetzten Potentialfaktors sehr erschwert oder unmöglich. Deshalb ist der beizulegende Wert als Abschreibungskorrekturwert zu verstehen.[32] Die Korrektur bisher überhöhter planmäßiger Abschreibungen durch Zuschreibung ist unzulässig, weil hierzu eine Vorschrift fehlt.

43   Der beizulegende Wert liegt unter dem Fortführungswert, wenn sich die Parameter der planmäßigen Abschreibung ungünstig verändert haben: die erwartete Nutzungsdauer kann sich verkürzt, der Restwert kann sich verringert oder die Anschaffungs- oder Herstellungskosten können sich als überhöht herausgestellt haben. Dann ist der Plan aus Sicht des Zugangszeitpunktes mit diesen neuen Parametern erneut aufzustellen, und die planmäßigen Abschreibungen sind neu zu berechnen. Führt die Neuberechnung zu einem Wert unter dem Fortführungswert, wie er sich nach alter planmäßiger Abschreibung ergibt, so muss oder darf eine außerordentliche Abschreibung in Höhe der Differenz vorgenommen werden. Verteilungen der außerplanmäßigen Abschreibung auf künftige Perioden sind wegen Verstoßes gegen das Vorsichtsprinzip unzulässig.[33]

Beispiel:
Anschaffungs- oder Herstellungskosten AHK = 120.000
Restwert RW = 10.000
Abschreibungssumme: AHK − RW = 110.000
Ursprünglich erwartete Nutzungsdauer n = 10 Jahre
Lineare Abschreibung
Am Ende des 3. Jahres erwartet man eine Gesamtnutzungsdauer von 8 Jahren und einen Restwert von 0.

Jahr	Planmä-ßige Abschrei-bung	Buchwert nach planmäßi-ger Abschrei-bung	Planmäßige Abschrei-bung nach Information im 3. Jahr	Buchwert nach neuer planmäßi-ger Abschrei-bung	Differenz der plan-mäßigen Abschrei-bungen	Neue planmä-ßige Abschrei-bung im 3. Jahr	Außer-planmä-ßige Abschrei-bung	Buchwert
1	11.000	109.000	15.000	105.000	4.000			109.000
2	11.000	98.000	15.000	90.000	4.000			98.000
3	11.000	87.000	15.000	75.000	4.000	15.000	8.000	75.000
4	11.000	76.000	15.000	60.000	4.000			60.000
5	11.000	65.000	15.000	45.000	4.000			45.000
6	11.000	54.000	15.000	30.000	4.000			30.000
7	11.000	43.000	15.000	15.000	4.000			15.000
8	11.000	32.000	15.000	0	4.000			0
9	11.000	21.000	0		−11.000			
10	11.000	10.000	0		−11.000			
Summe	110.000		120.000		10.000			

Tabelle 3: außerplanmäßige Abschreibung

44   Im dritten Jahr ist die planmäßige Abschreibung aus Sicht des Zugangszeitpunktes 15.000; sie wird als solche verbucht. Die außerplanmäßige Abschreibung in Höhe von 8.000 korrigiert die um 4.000 zu niedrigen Abschreibungen über die ersten beiden Perioden.

45   Strittig ist die Behandlung von gesunkenen Wiederbeschaffungskosten für den abnutzbaren Vermögensgegenstand. So könnte sich im dritten Jahr herausstellen, dass die Anschaffungskosten des vor drei Jahren angeschafften Vermögensgegenstandes von 120.000 auf 80.000 gesunken sind. Legt man die Neuinformation dem Abschreibungsplan zugrunde und nimmt im dritten Jahr eine außerplanmäßige Abschreibung vor, so resultieren folgende Werte:
Anschaffungs- oder Herstellungskosten AHK = 120.000
Restwert RW = 10.000

---

[32]   Vgl. Moxter, Bilanzlehre, 1. Aufl. 1974, S. 445; Eibelshäuser FS Beisse, 1997, 164.
[33]   Vgl. Leffson GoB S. 448 ff.; Euler ZfbF 1991, 194 f.; aA ADS Rn. 423 f.

Abschreibungssumme: AHK − RW = 110.000
Erwartete Nutzungsdauer n = 10 Jahre
Lineare Abschreibung
Am Ende des 3. Jahres kostet der Vermögensgegenstand 80.000; alle anderen Parameter von Tabelle 1 gelten unverändert.

Jahr	Planmäßige Abschreibung	Buchwert nach planmäßiger Abschreibung	Planmäßige Abschreibung auf gesunkene Anschaffungskosten	Buchwert nach neuer planmäßiger Abschreibung	Differenz der Buchwerte	Neue planmäßige Abschreibung im 3. Jahr	Außerplanmäßige Abschreibung	Buchwert
1	11.000	109.000	7.000	73.000	36.000			109.000
2	11.000	98.000	7.000	66.000	32.000			98.000
3	11.000	87.000	7.000	59.000	28.000	7.000	32.000	59.000
4	11.000	76.000	7.000	52.000	24.000			52.000
5	11.000	65.000	7.000	45.000	20.000			45.000
6	11.000	54.000	7.000	38.000	16.000			38.000
7	11.000	43.000	7.000	31.000	12.000			31.000
8	11.000	32.000	7.000	24.000	8.000			24.000
9	11.000	21.000	7.000	17.000	4.000			17.000
10	11.000	10.000	7.000	10.000	0			10.000
Summe	110.000		70.000					

Tabelle 4: Außerplanmäßige Abschreibung wegen gesunkener Anschaffungskosten

Die außerplanmäßige Abschreibung wurde in der Literatur zT vertreten; mE ist sie **46** unzulässig.[34] Sie erfasst Opportunitätskosten in Höhe von 40.000 (tatsächliche Anschaffungskosten abzüglich fiktive Anschaffungskosten 120.000–80.000) abzüglich damit verbundener Abschreibungskorrekturen der ersten beiden Jahre in Höhe von 8.000 (2 × Differenz von Abschreibung und fiktiver Abschreibung = 2 × (11.000−7.000) = 2 × 4.000). Opportunitätskosten sind jedoch keine bilanzrechtlich zu erfassenden Verluste.

Gesunkene Wiederbeschaffungskosten können nur dann eine außerplanmäßige **47** Abschreibung erzeugen, wenn durch sie die Restnutzungsdauer oder der Restwert des abnutzbaren Anlagevermögens vermindert wird. Beides kann sich zB aufgrund von Konkurrenzverhalten ergeben, das durch die günstige Wiederbeschaffung gefördert wird.

Sonderfälle einer außerplanmäßigen Abschreibung liegen bei geringwertigen Wirt- **48** schaftsgütern vor. Diese aus § 6 Abs. 2 EStG stammende Regelung ist auch handelsrechtlich zulässig, ohne an die im EStG genannten Wertgrenzen für die Geringwertigkeit gebunden zu sein. Als mit den GoB zu vereinbarende Obergrenze werden 1.000 EUR angesehen.[35]

4. Nicht abnutzbares Anlagevermögen. Nicht abnutzbares Anlagevermögen (zB **49** Grundstücke, Beteiligungen) erfährt keine planmäßige Abschreibung. Liegt der beizulegende Wert unter den Anschaffungs- oder Herstellungskosten oder dem Buchwert, so ist auf den beizulegenden Wert abzuschreiben, wenn die Wertminderung voraussichtlich dauerhaft ist.

Der beizulegende Wert des nicht abnutzbaren Anlagevermögens ergibt sich aus Markt- **50** preisen oder Marktpreisschätzungen. So lassen sich für Grundstücke idR Verkehrswerte aufgrund vergangener Transaktionen oder aufgrund des Handels mit vergleichbaren Grundstücken schätzen. Sachverständige publizieren Marktpreisschätzungen oder nehmen auf-

---

[34] Vgl. Eibelshäuser FS Beisse, 1997, 165.
[35] Vgl. BeBiKo/Schubert/Andrejewski Rn. 275.

tragsgemäß Bewertungen vor. Um die Abschreibungsnotwendigkeit erkennen zu können, sind im Zweifel solche Gutachten in Auftrag zu geben.

51   Wenn für Beteiligungen (§ 271 Abs. 1) Marktpreise fehlen, so lassen sie sich nach den Verfahren der Unternehmensbewertung schätzen. Hierzu zählen insbesondere das Ertragswertverfahren, die Varianten des Discounted Cash Flow und marktorientierte Verfahren in Form von Marktkapitalisierung plus Paketzuschlag oder Verfahren mit Marktmultiplikatoren.[36]

52   **5. Voraussichtlich dauernde Wertminderung.** Beim Anlagevermögen ist die außerplanmäßige Abschreibung auf den niedrigeren beizulegenden Wert nur zwingend „bei voraussichtlich dauernder Wertminderung" (Abs. 3 S. 5) vorzunehmen. Andernfalls darf die Wertminderung berücksichtigt werden. Das Gesetz lässt offen, woran man die voraussichtlich dauernde Wertminderung erkennt.

53   Da fraglich ist, ob eine begründete und nachprüfbare Beurteilung einer Werterholung möglich ist, muss aufgrund des Vorsichtsprinzips im Zweifel von einer dauernden Wertminderung ausgegangen werden.[37] Sie ist anzunehmen, wenn bis zum Tag der Bilanzaufstellung noch keine Werterholung eingetreten ist.

54   **6. Umlaufvermögen. a) Der sich aus dem Börsen- oder Marktpreis ergebende Wert.** Die Anschaffungs- oder Herstellungskosten oder der Buchwert sind beim Umlaufvermögen mit dem Wert zu vergleichen, der sich aus dem Börsen- oder Marktpreis ergibt. Liegt dieser Wert unter den erstgenannten, so ist zwingend abzuwerten (strenges Niederstwertprinzip).

55   An funktionierenden Börsen oder Märkten sind – von Spesen abgesehen – Beschaffungs- und Absatzmarktpreise identisch. Börsen- oder Marktpreise existieren insbesondere für Wertpapiere, Automobile, eingeschränkter für Grundstücke und Gebäude. Dass nicht auf Börsen- oder Marktpreise abgestellt wird, sondern auf den Wert, der sich aus ihnen ergibt, hat erstens den Grund in der verlustfreien Bewertung. Sie verlangt die Erfassung des bei Veräußerung des Umlaufvermögens zufließenden Geldbetrages. So wird beim Verkauf von Wertpapieren der Börsenkurs um Spesen und Steuern vermindert. Für die Bewertung ist der netto zugehende Betrag relevant. Zweitens kann am Abschlussstichtag selbst ein Börsen- oder Marktpreis fehlen, während er kurz zuvor vorhanden war. Aus diesem zeitnahen Börsen- oder Marktpreis ist dann der Vergleichswert für den Abschlussstichtag abzuleiten.

56   Börsen- oder Marktpreise müssen auf tatsächlich stattgefundene Umsätze zurückgehen. Ein Geld- oder Briefkurs, zu dem keine Umsätze stattgefunden haben, genügt nicht.[38]

57   Die Vernachlässigung von Stichtagskursen mit Hinweis auf Zufallskurse, die vom allgemeinen oder zutreffenden Kursniveau abweichen, ist nicht gerechtfertigt.[39] Bei effizienten Börsen und Märkten sind Zufallskurse von zutreffenden Kursen nicht zu unterscheiden. Bei (teilweise) ineffizienten Märkten widerspricht es der Objektivierung der Wertermittlung, vorhandene Kurse durch (vermeintlich) besser geschätzte zu ersetzen.

58   **b) Der beizulegende Wert.** Der beizulegende Wert ist Ersatz für einen nicht festzustellenden Börsen- oder Marktpreis. Fraglich ist, von welchem Markt er abzuleiten ist. Zur verlustfreien Bewertung kann nur der Absatzmarkt relevant sein.[40] Fehlende Börsen- oder Marktpreise gibt es insbesondere bei Roh-, Hilfs- und Betriebsstoffen und unfertigen Erzeugnissen, aber auch bei Sonderfertigungen wie Spezialmaschinen.

59   Sofern der zu bewertende Vermögensgegenstand einen wesentlichen Teil des Fertigerzeugnisses (oder der zu erbringenden Dienstleistung) ausmacht und relativ absatznah ist, dh nur noch wenige Arbeitsschritte bis zur Erzeugung des abzusetzenden Fertigerzeugnisses

---

[36]   Vgl. Ballwieser/Hachmeister, Unternehmensbewertung – Prozess, Methoden und Probleme, 6. Aufl. 2021, S. 15–241 und 253–263.

[37]   Vgl. ADS Rn. 476; BeBiKo/Schubert/Andrejewski Rn. 316; HKMS/Marx Rn. 140.

[38]   Vgl. ADS Rn. 509.

[39]   AA ADS Rn. 512 für den Fall, dass der Stichtagswert über dem allgemeinen Kursniveau liege.

[40]   Vgl. Koch WPg 1957, 60 f.; aA ADS Rn. 513 und 521 mit Verweis auf die Relevanz von beiden Märkten bei Handelswaren und bei unfertigen und fertigen Erzeugnissen.

fehlen, bietet sich eine retrograde Bewertung an: Ausgehend von dem Absatzpreis des Fertigerzeugnisses (inklusive des in ihm enthaltenen Gewinnbeitrages) werden die für die Fertigstellung und Veräußerung notwendigen Ausgaben abgezogen.[41] Der derart erzeugte Wert wird mit dem Buchwert des Vermögensgegenstandes verglichen. Ist der Buchwert höher, ist die Differenz außerplanmäßig abzuschreiben. Niedrigere Wiederbeschaffungspreise sind irrelevant, weil sie Opportunitätskosten abbilden.

Bei Roh-, Hilfs- und Betriebsstoffen versagt dieses Verfahren, weil diese Stoffe einen **60** unwesentlichen Teil des Fertigerzeugnisses ausmachen und relativ absatzfern sind. Allein aus diesem Grund erlaubt man hier die Abschreibung auf gesunkene Wiederbeschaffungspreise.[42]

Forderungen als Bestandteil des Umlaufvermögens sind ebenfalls zum beizulegenden **61** Wert zu bewerten, wenn dieser den Buchwert unterschreitet. Er ergibt sich bei unterverzinslichen Forderungen durch Abzinsung mit einem marktüblichen Zinsfuß, sofern die Restlaufzeit ein Jahr übersteigt.[43] Zweifelhafte Forderungen sind auf den erwartungsgemäß eingehenden Betrag abzuwerten; uneinbringliche Forderungen sind voll abzuschreiben.

7. Wertaufholungsgebot. Sind die Gründe einer außerplanmäßigen Abschreibung **62** entfallen, müssen grds. die Werte der Vermögensgegenstände durch Zuschreibung erhöht werden. Die Obergrenze der Zuschreibungen ergibt sich aus den fortgeführten Anschaffungs- oder Herstellungskosten, die sich ergeben hätten, wenn die außerplanmäßige Abschreibung unterlassen worden wäre. Die Ausnahme vom Grundsatz gilt für einen entgeltlich erworbenen Geschäfts- oder Firmenwert, dessen niedrigerer Wertansatz beizubehalten ist (Abs. 5 S. 2). Hintergrund ist zum einen die Schwierigkeit, die Wertaufholung dieses nicht einzelverwertbaren Postens nachprüfbar festzustellen. Zum anderen könnte die Wertaufholung selbst geschaffen worden sein, dh die unerlaubte Aktivierung eines originären Geschäfts- oder Firmenwertes darstellen.[44]

III. Schulden

1. Bewertungskategorien im Überblick. Schulden ist der Oberbegriff für Verbind- **63** lichkeiten und Rückstellungen. Verbindlichkeiten sind bezüglich Existenz und Höhe, meist auch Fälligkeit, sicher, während bei Rückstellungen mindestens Existenz oder Höhe der Belastung unsicher ist.

Verbindlichkeiten sind bei Zugang grds. erfolgsneutral zu erfassen.[45] Ihr Ansatz erfolgt **64** mit dem Erfüllungsbetrag (Abs. 1 S. 2). Gegen die Erfolgsneutralität wird verstoßen, wenn Kredite mit einem Disagio aufgenommen werden und dessen Aktivierung wegen § 250 Abs. 3 S. 1 unterbleibt.

Rückstellungen antizipieren zukünftige Auszahlungen hingegen stets gewinnwirksam, **65** dh erfolgsneutrale Zugänge sind undenkbar. Sie sind „in Höhe des nach vernünftiger kaufmännischer Beurteilung notwendigen Erfüllungsbetrages anzusetzen" (Abs. 1 S. 2).

Rückstellungen mit einer Restlaufzeit von mehr als einem Jahr und Rentenverpflich- **66** tungen, für die eine Gegenleistung nicht mehr zu erwarten ist, sind zu ihrem Barwert, dh dem abgezinsten Erfüllungsbetrag, anzusetzen (Abs. 2 S. 1–3). Soweit die Rentenverpflichtung bezüglich Existenz und Höhe sicher ist, handelt es sich um eine Verbindlichkeit; bei Unsicherheit über Existenz oder Höhe wird eine Rückstellung ausgewiesen.

2. Erfüllungsbetrag von Verbindlichkeiten. a) Erfüllungsbetrag oder „Weg- 67 schaffungskosten". Der Erfüllungsbetrag besteht grds., dh von einer Abzinsung auf den Bilanzstichtag abgesehen, aus dem Wert der Leistungsverpflichtung am Erfüllungstag. Die

---

[41] Vgl. ADS Rn. 525 f.; BeBiKo/Schubert/Berberich Rn. 521–523.
[42] Vgl. Leffson GoB S. 371 ff.
[43] Vgl. ADS Rn. 532; BeBiKo/Schubert/Berberich Rn. 592.
[44] Nur auf den zweiten Grund stellt die Begründung des BilMoG-RegE ab. Vgl. BR-Drs. 344/08, 124; Petersen/Zwirner BilMoG S. 207.
[45] Vgl. Moxter WPg 1984, 399; Moxter BB 1989, 946; Böcking, Bilanzrechtstheorie und Verzinslichkeit, 1988, S. 137; Ballwieser FS Forster, 1992, 57.

Leistungsverpflichtung kann in Sachleistungen anstelle von Geldbeträgen bestehen, welche bewertet werden müssen. Ist der Erfüllungsbetrag unsicher, ist er „nach vernünftiger kaufmännischer Beurteilung" (Abs. 1 S. 2), nicht nur nach dem Grundsatz der Vorsicht, zu schätzen. Soweit keine im- oder expliziten Zinsen vorliegen, ist bei Geldverbindlichkeiten der Nominalwert als Erfüllungsbetrag anzusetzen; bei Sachleistungsverpflichtungen gilt der nominale EUR-Gegenwert zur Erfüllung der Verpflichtung. Bei Geldschulden kann der Erfüllungsbetrag vom Ausgabebetrag abweichen, wenn ein Disagio vereinbart wird (§ 250 Abs. 3). In Analogie zu für Vermögensgegenstände geltenden Anschaffungskosten lässt sich der Erfüllungsbetrag als „Wegschaffungskosten" bezeichnen.[46]

68   **b) Berücksichtigung von Zinsen.** Der Rückzahlungsbetrag eines Schuldners kann Zinsanteile aufweisen, zB bei Zerobonds. Die Zinsanteile bei Fälligkeit der Anleihe sind kein Bestandteil des Erfüllungsbetrages. Zu passivieren ist der Ausgabebetrag zuzüglich aufgelaufener Zinsen.[47] Eine Abzinsung der Summe aus Erfüllungsbetrag und Zinsen bei Fälligkeit kommt nicht in Frage, weil sich Abs. 1 S. 2 nur auf die Abzinsung von Rückstellungen und bestimmten Rentenverpflichtungen bezieht.

69   Verbindlichkeiten können nach Aufnahme überverzinslich werden, dh zu späteren Bilanzstichtagen wäre es möglich, den Kredit bei sonst identischen Bedingungen (Betrag, Restlaufzeit, Tilgungsmodus) zu niedrigeren Zinsen aufzunehmen. Eine Aufwertung der deshalb als überverzinslich bezeichneten Verbindlichkeit auf den höheren Barwert kommt nicht in Betracht, wenn keine vorzeitige Ablösung der Schuld geplant ist (→ Rn. 104).[48] Die bei umgekehrten Zinskonditionen sich ergebenden unterverzinslichen Verbindlichkeiten dürfen nicht abgewertet werden.[49] Dies würde zu einem unrealisierten Gewinn führen.

70   **3. Barwert von langfristigen Rückstellungen und Rentenverpflichtungen. a) Langfristige Rückstellungen.** Als langfristige Rückstellungen werden hier die im Gesetz genannten Rückstellungen mit einer Restlaufzeit von mehr als einem Jahr bezeichnet. Sie sind nach Abs. 2 S. 1 oder 2 abzuzinsen. Nach der ersten Regelung ist für Rückstellungen für Altersversorgungsverpflichtungen der ihrer Restlaufzeit entsprechende durchschnittliche Marktzinssatz der vergangenen zehn Geschäftsjahre zu verwenden. Im Falle sonstiger Rückstellungen bemisst sich der Zinssatz aus den vergangenen sieben Geschäftsjahren. Die sieben Jahre wurden mit einem erwünschten Glättungseffekt, der Ertragsschwankungen beseitigt, die nicht durch die Geschäftstätigkeit der Unternehmen verursacht werden, begründet.[50] Abweichend davon dürfen nach der zweiten Regelung „Rückstellungen für Altersversorgungsverpflichtungen oder vergleichbare langfristig fällige Verpflichtungen pauschal mit dem durchschnittlichen Marktzinssatz abgezinst werden, der sich bei einer angenommenen Restlaufzeit von 15 Jahren ergibt." (Abs. 2 S. 2). Durch die pauschale Abzinsung ergibt sich – anders als nach der erstgenannten Regelung – eine Durchbrechung des Einzelbewertungsgrundsatzes.[51] Bei der Methodenwahl ist der Bilanzierende an den Grundsatz der Bewertungsmethodenstetigkeit gebunden (§ 252 Abs. 1 Nr. 6).

71   Beide Abzinsungsregelungen gelten entsprechend für auf Rentenverpflichtungen beruhende Verbindlichkeiten, für die eine Gegenleistung nicht mehr zu erwarten ist (Abs. 2 S. 3). Das trägt zur Vereinheitlichung der Abzinsungssätze bei.[52]

72   Die relevanten Zinssätze werden „von der Deutschen Bundesbank nach Maßgabe einer Rechtsverordnung ermittelt und monatlich bekannt gegeben" (Abs. 2 S. 4). Die Zinsstrukturkurve der Deutschen Bundesbank enthält aus den vergangenen sieben Jahren gewonnene

---

[46] Vgl. Knobbe-Keuk S. 231.
[47] Vgl. ADS Rn. 85 f.; BeBiKo/Schubert Rn. 65.
[48] Vgl. Moxter WPg 1984, 406 und 407. Nach BeBiKo/Schubert Rn. 60 ist unter bestimmten Bedingungen (vollends fehlende oder nicht nennenswerte Nutzungs- oder Verwertungsmöglichkeit der beschafften Leistung) eine Rückstellung für drohende Verluste aus schwebenden Geschäften zu bilden.
[49] Vgl. BeBiKo/Schubert Rn. 63; ADS Rn. 81; Moxter WPg 1984, 401 f.
[50] Vgl. BR-Drs. 344/08, 117; Petersen/Zwirner BilMoG S. 201.
[51] Vgl. BR-Drs. 344/08, 118; Petersen/Zwirner BilMoG S. 202.
[52] Vgl. BR-Drs. 344/08, 119; Petersen/Zwirner BilMoG S. 203.

Durchschnittszinsen für ganzjährige Restlaufzeiten zwischen einem und fünfzig Jahren. Es handelt sich um eine Null-Kupon-Zinsswap-Kurve, berechnet aus auf EUR lautenden Festzinsswaps. Sie soll grds. auch für Rückstellungen für Verpflichtungen in fremder Währung angewendet werden.[53] „Für die Restlaufzeiten der Pensionsverpflichtungen ist der zur Verfügung gestellte Zinssatz zu interpolieren."[54]

Die nach Abs. 1 S. 1 bestehende Regelung für Rückstellungen für Altersversorgungsver- **73** pflichtungen wurde durch das BilRuG eingeführt. Ziel war, die durch die fortwährende Niedrigzinsperiode in Folge der Finanz- und Schuldenkrise cet. par. bewirkte jährliche Erhöhung der Pensionslasten dadurch abzumildern, dass der Zeitraum der Vergangenheit, aus dem der durchschnittliche Marktzinssatz gebildet wird, von vorher geltenden sieben Jahren auf zehn Jahre erhöht wird. Der ebenfalls neu geschaffene Abs. 6 verlangt in diesem Zusammenhang, den Unterschiedsbetrag anzugeben, der sich aus sieben- und zehnjähriger Durchschnittsbildung ergibt, und schafft eine damit zusammenhängende Ausschüttungsbegrenzung: „Gewinne dürfen nur ausgeschüttet werden, wenn die nach der Ausschüttung verbleibenden frei verfügbaren Rücklagen zuzüglich eines Gewinnvortrags und abzüglich eines Verlustvortrags mindestens dem Unterschiedsbetrag nach Satz 1 entsprechen." (Abs. 6 S. 2). Unter Informationsgesichtspunkten bringt die Regelung dem Bilanzadressaten nichts.[55] Systematisch ist die Ausschüttungssperrregelung im Recht für alle Kaufleute fehlplatziert, weil sie aufgrund der unterschiedlichen Haftungsregeln nur für Kapitalgesellschaften gilt.[56]

b) Vielfalt von Rentenverpflichtungen. Rentenverpflichtungen, für die eine Gegen- **74** leistung nicht mehr zu erwarten ist, sind ebenfalls zu ihrem Barwert anzusetzen. Sie können, je nach Art der Verpflichtung, Verbindlichkeiten oder Rückstellungen begründen. Die wichtigste Rentenverpflichtung ohne Gegenleistung ist die Pensionszusage an Arbeitnehmer.

Der Barwertansatz für Renten stimmt mit den allgemeinen Regelungen, wonach (1) **75** der Erfüllungsbetrag anzusetzen ist und (2) eine Abzinsung gefordert wird, soweit die ihnen zugrunde liegenden Verbindlichkeiten einen Zinsanteil enthalten, überein, weil Rentenbeträge neben einem Tilgungs- einen Zinsanteil enthalten und der Zinsanteil zur Ermittlung des Erfüllungsbetrages eliminiert werden muss.[57]

c) Pensionsrückstellungen. aa) Grundlagen. Die Bewertung von Pensionsrückstel- **76** lungen war vor Gültigkeit des BilMoG handelsrechtlich bezüglich Bewertungsverfahren und Diskontierungssatz nicht geregelt. Mit Verabschiedung des BilMoG wurde der Zinssatz erstmals durch Abs. 2 normiert. Steuerrechtlich gilt § 6a EStG, der das Teilwertverfahren und einen Diskontierungssatz von 6% festlegt. Das Teilwertverfahren war vor Gültigkeit des BilMoG auch handelsrechtlich zulässig; jedoch galt der aus diesem Verfahren resultierende Wert nur als Minimum. Diese Aussage ist angesichts der in Abs. 2 enthaltenen Zinssatzregelung nicht mehr aufrechtzuerhalten.

Um die Pensionsrückstellung berechnen zu können, muss man ua die vertraglichen **77** Zusagen, die Lebenserwartungen der Begünstigten, die Fluktuationsraten und die damit verbundenen Konsequenzen kennen. Sie gehen in versicherungsmathematische Gutachten ein, deren detaillierte Grundlagen und Berechnungsmethodik im Folgenden nicht behandelt werden.[58]

bb) Verfahren. Handelsrechtlich zulässig sind die aus Deutschland stammenden **78** Gegenwartswert- und Teilwertverfahren sowie die aus den USA stammende Projected Unit Credit-Methode.[59]

---

[53] Vgl. BR-Drs. 344/08, 117 f.; Petersen/Zwirner BilMoG S. 201.
[54] BR-Drs. 344/08, 117; Petersen/Zwirner BilMoG S. 201.
[55] Vgl. Hommel/Rammert/Kiy DB 2016, 1592.
[56] Vgl. IDW RS HFA 30 Rn. 55c; Schaflitzl/Crezelius DB Beilage 6 zu Heft 50, 3.
[57] Vgl. Moxter Bilanzrechtsprechung S. 231.
[58] Vgl. hierzu zB Thoms-Meyer, Grundsätze ordnungsmäßiger Bilanzierung für Pensionsrückstellungen unter Berücksichtigung von SFAS 87 und SFAS 106, 1996, S. 61–123.
[59] Für die Zulässigkeit der Projected Unit Credit-Methode BeBiKo/Grottel/Johannleweling § 249 Rn. 239; keine Erwähnung der Methode bei ADS Rn. 323 ff.; gegen die Zulässigkeit Heubeck WPg 1986, 328; Richter BB 1986, 2163.

79   Nach dem Gegenwartswert- und dem Teilwertverfahren wird der Barwert des erwarteten Gesamtaufwands für die betriebliche Altersversorgung in gleich bleibenden Beträgen über die aktive Dienstzeit des Versorgungsberechtigten verteilt. Die Zeiträume für die Verteilung unterscheiden sich: Nach dem Gegenwartsverfahren wird der Zeitraum zwischen Zusage der Altersversorgung und erwartetem Eintritt des Versorgungsfalls genommen, nach dem Teilwertverfahren ist der Zeitraum zwischen Diensteintritt und erwartetem Eintritt des Versorgungsfalls maßgeblich. Da die Pensionsrückstellung erst nach der Zusage gebildet wird, erfolgt beim Teilwertverfahren im Jahr der Zusage eine einmalige Buchung in Höhe des Barwertes der Lasten, die zwischen Diensteintritt und Zusagezeitpunkt entstanden sind.

80   Spätere Erhöhungen der Zusage werden beim Teilwertverfahren so behandelt, als wären sie beim Eintrittszeitpunkt des begünstigten Arbeitnehmers bereits bekannt gewesen. Sie werden damit auf die zurückliegenden Jahre verteilt. Beim Gegenwartswertverfahren führen sie erst ab den jeweiligen Erhöhungszeitpunkten zu erhöhten jährlichen Beträgen.

81   Die Projected Unit Credit-Methode[60] unterscheidet sich in vielerlei Hinsicht von Gegenwartswert- und Teilwertverfahren. Sie ist ein Anwartschaftsbarwert- statt ein Anwartschaftsdeckungsverfahren. Als solches erfasst sie nur den Barwert der bereits erdienten künftigen Pensionsleistungen, während die Anwartschaftsdeckungsverfahren den Barwert der gesamten zukünftigen Pensionsleistungen erfassen. Sieht der Leistungsplan zu Beginn der Tätigkeit große, später geringe Zuwächse vor (sog. frontloading; bei umgedrehter Reihenfolge backloading), so schlägt sich das bei der Projected Unit Credit-Methode anfangs in hohen, später in geringen Aufwendungen nieder, während es für die anderen Verfahren (von Zinseffekten abgesehen) unerheblich ist, wie der Leistungsplan gestaffelt wird.

82   Auch wenn das Anwartschaftsbarwertverfahren verwendet wird, bedeutet das nicht, dass die Bewertung den IFRS entspricht.[61] Neue Lasten aufgrund nachträglicher Pensionszusagen werden nach der Projected Unit Credit-Methode der IFRS nicht in voller Höhe, sondern über mehrere Perioden verteilt gebucht. Diese Buchungen erfolgen zT erfolgsneutral. Darüber hinaus wird der Zinsfuß zur Diskontierung nach einem Verfahren bestimmt, das mit dem deutschen idR nicht übereinstimmt.

83   **4. Wert nach vernünftiger kaufmännischer Beurteilung für Rückstellungen.** Rückstellungen sind „in Höhe des nach vernünftiger kaufmännischer Beurteilung notwendigen Erfüllungsbetrages anzusetzen" (Abs. 1 S. 2). Damit sollen gleichermaßen unrealistisch hohe wie unrealistisch niedrige Werte abgewehrt werden.

84   Für die Schätzung des Wertes gilt es zu unterscheiden, ob man auf aussagekräftiges statistisches Material in Form von empirischen Häufigkeiten zurückgreifen kann. Empirische Häufigkeiten lassen sich zB bei der Bewertung von Pensionslasten (wegen des Vorhandenseins von Sterbetabellen, Fluktuationsraten ua), Garantien oder Kulanzen für bereits länger im Markt befindliche Produkte, Produktgruppen oder Versicherungsschäden verwenden. Sie sind nur erster Anhaltspunkt und müssen auf ihre Übertragbarkeit auf die Zukunft geprüft werden. Gibt es hiergegen keine Einwendungen, so lassen sich mit ihrer Hilfe Erwartungswerte für die Ausgaben bilden, die der vernünftigen kaufmännischen Beurteilung genügen.

85   Empirische Häufigkeiten fehlen zB hingegen bei neuartigen oder selten vorkommenden Fällen wie Schadenersatzklagen, Produkthaftungen, Steuerstreitigkeiten. Der Bewertung zugrunde gelegte Wahrscheinlichkeitsverteilungen können hier nur subjektiv sein und allenfalls plausibilisiert werden.

86   Als nicht vernünftig wird man bei Bandbreitenschätzungen mit gleichwahrscheinlichen Werten innerhalb der Bandbreite den Ansatz des Maximalwertes ansehen müssen.[62] Nach hM gilt vielmehr ein Wert zwischen Erwartungswert und dem Wert an der oberen Band-

---

[60]   Vgl. hierzu Thoms-Meyer, Grundsätze ordnungsmäßiger Bilanzierung für Pensionsrückstellungen unter Berücksichtigung von SFAS 87 und SFAS 106, 1996, S. 188–191.
[61]   Vgl. a. Gelhausen/Fey/Kämpfer S. 197 Rn. 83.
[62]   So jedoch BeBiKo/Schubert Rn. 136; aA ADS Rn. 192.

breite, wobei aber die genaue Wertfestlegung nicht aus dem Gesetz heraus zu begründen ist. Selbst wenn dies der Fall wäre, würde das Problem der Wertermittlung nur auf die Schätzung der Wahrscheinlichkeitsverteilung verschoben werden.

5. Abzinsung von Rückstellungen. Langfristige Rückstellungen und bestimmte 87 Rentenverpflichtungen müssen abgezinst werden.

Aus ökonomischer Sicht liegt der Zeitwert jeder Auszahlung, die nach dem Bilanzstich- 88 tag zu leisten ist, unter ihrem Nominalwert. Der für die Zeitwertermittlung benötigte Zinssatz entspricht dem fristadäquaten Verschuldungszins des Kreditmarktes. Die in Abs. 2 enthaltene Zinsnormierung führt nur zufällig zu diesem Zinssatz.[63]

Zinsanteile von Schulden lassen sich erkennen bei[64] (1) Vereinbarung eines im Vergleich 89 zum Ausgabebetrag höheren Rückzahlungsbetrags, (2) Vereinbarung eines niedrigeren Erfüllungsbetrags bei sofortiger statt späterer Erfüllung oder (3) Vereinbarung einer Wahl-möglichkeit zwischen sofortiger Erfüllung und Zahlungsaufschub. Diese Voraussetzungen sind bei ungewissen Schulden, mit Ausnahme der Rentenverpflichtungen, aber oftmals nicht erfüllt. Das gilt insbesondere auch für Drohverlustrückstellungen. Insofern ist die Diskontierung von bestimmten ungewissen Schulden fragwürdig und verstößt ggf. gegen das Realisationsprinzip.

Der BFH hat die Abzinsung bei Verbindlichkeitsrückstellungen für Gratifikationsver- 90 pflichtungen gegenüber Arbeitnehmern[65] und für Jubiläumszuwendungen,[66] nicht jedoch bei Verbindlichkeitsrückstellungen für bedingt rückzahlbare Bausparkassen-Abschlussgebüh-ren[67] verlangt. Auch zur Ermittlung von Drohverlustrückstellungen wurden Abzinsungen gefordert.[68] Die Abzinsung der Gratifikationen und Jubiläumszuwendungen ist nur dann berechtigt, wenn die Leistungen verdeckte Zinsen enthalten. Das erscheint kaum begründ-bar. Der Barwertansatz von Drohverlustrückstellungen hält künftige Gewinn- und Verlust-rechnungen nicht verlustfrei und verstößt gegen das Imparitätsprinzip (§ 252 Abs. 1 Nr. 4).[69] Er wird schon allein deshalb zu Recht abgelehnt.[70]

Rückstellungen für Sachleistungsverpflichtungen sind zinsfrei. Zinsen können nur für 91 zur Verfügung gestelltes Kapital gezahlt werden.[71]

6. Stichtagswerte. Bei Sachleistungsverpflichtungen ist der EUR-Gegenwert ihrer 92 Erfüllung zu ermitteln. Fraglich ist, welche Preisverhältnisse gelten. Nach der BFH-Recht-sprechung ist auf die „an den Bilanzstichtagen maßgebenden Preisverhältnisse"[72] zur Schät-zung des unsicheren Erfüllungsbetrags abzustellen. Dem wird handelsrechtlich widerspro-chen.[73]

7. Kostenansatz. Wird die zu erbringende Leistung des Unternehmens durch Dritte 93 erbracht, so sind die dafür aufzuwendenden Ausgaben relevant. Werden die Leistungen

---

63 Allenfalls zufällig erreicht wird damit die Abbildung der wahren Belastung, die gem. BT-Drs. 16/10067, 54 gewollt ist. Bei sinkenden Zinssätzen im Zeitablauf droht aufgrund der Durchschnittsbildung die Unterdotierung der Rückstellungen. Vgl. Küting/Pfitzer/Weber, IFRS und BilMoG/Wüstemann/Koch, 2010, S. 319.

64 Vgl. Geib/Wiedmann WPg 1994, 372 f.; ADS Rn. 199.

65 Vgl. BFHE 80, 138 = BStBl. III 1964, 525; BFHE 139, 154 = BStBl. II 1983, 753.

66 Vgl. BFHE 149, 55 = BStBl. II 1987, 845.

67 Vgl. BFHE 163, 157 = BStBl. II 1991, 485.

68 Vgl. BFHE 139, 244 = BStBl. II 1984, 56 (Vermietung von Heizwerken); BFHE 171, 455 = BStBl. II 1993, 855 (Apotheker-Fall); aA BFHE 185, 144 = BStBl. II 1998, 331 (Miete für nutzlos gewordene Geschäftsräume).

69 Vgl. Moxter Bilanzrechtsprechung S. 235; Böcking, Bilanzrechtstheorie und Verzinslichkeit, 1988, S. 25 und 287.

70 Vgl. Clemm FS Beisse, 1997, 133; Moxter BB 1993, 2483; Karrenbrock WPg 1994, 101; aA ADS Rn. 201; Herzig BB 1994, 1431.

71 Vgl. IDW WPg 1993, 252.

72 BFHE 115, 218 = BStBl. II 1975, 480. Vgl. auch BFH Urt. v. 3.12.1991 – VIII R 88/87, BStBl. II 1993, 89 (Abwehr historischer Anschaffungskosten von Pachtgegenständen für Pachterneuerungsrückstellung).

73 Vgl. BeBiKo/Schubert Rn. 141 und 173.

durch dem Unternehmen zugehörige Arbeitnehmer erbracht, stellt sich neben der unstrittigen Einrechnung von Einzelkosten die Frage der Behandlung von Gemeinkosten. Nach der BFH-Rechtsprechung sind Gemeinkosten einzurechnen,[74] jedoch nur soweit, bis die fiktiven externen Kosten erreicht werden.[75]

94   **8. Nettolast.** Unsichere Verbindlichkeiten sind nach der BFH-Rechtsprechung[76] um Rückgriffsforderungen zu mindern, auch wenn diese bilanzrechtlich noch nicht entstanden sind. So gesehen wird eine Bewertungseinheit gebildet.[77] Voraussetzungen für die Kompensation sind, dass die Rückgriffsansprüche (1) in unmittelbarem Zusammenhang mit der drohenden Inanspruchnahme des Unternehmens stehen, dass sie (2) in rechtlich verbindlicher Weise der Entstehung oder Erfüllung der Verbindlichkeit zwangsläufig nachfolgen (zB wegen eines Versicherungsvertrags)[78] und (3) vollwertig sind. Nur die nicht abgedeckte Last ist zu passivieren.

95   **9. Einzelbewertungsprinzip. a) Grundsatz.** Die Rückstellungen sind wie alle Schulden einzeln zu bewerten. Die in → Rn. 92 ermittelte Nettolast steht dem nicht entgegen. Die Einzelbewertung verlangt die vollständige Inventur der Risiken (→ § 240 Rn. 4), dh die vollständige Überprüfung des Vorhandenseins unsicherer Schulden.

96   **b) Verbindlichkeitsrückstellungen.** Die Bewertung erfolgt zum vollen Erfüllungsbetrag.[79] Auch wenn Einzelrückstellungen grundsätzlich geboten sind, kommt die Praxis ohne eine Sammelbewertung, die zu Pauschalrückstellungen führt, nicht aus.[80] Zum Teil werden Einzel- und Sammelrückstellungen kombiniert.

97   Sammelbewertungen werden zB bei Garantierückstellungen in Höhe eines bestimmten Prozentsatzes vom Umsatz gebildet. Der Prozentsatz ergibt sich aus (ggf. modifizierten) Erfahrungen aus der Vergangenheit über Garantielasten für gleiche oder ähnliche Produkte. Eine Kombination von Einzel- und Sammelbewertungen liegt vor, wenn für schon im Einzelnen bekannte Garantiefälle Einzelrückstellungen und für noch nicht im Einzelnen bekannte Garantiefälle Sammelrückstellungen gebildet werden.[81] Umstritten ist, ob die Sammelbewertung eine gem. § 252 Abs. 2 erlaubte Ausnahme vom Einzelbewertungsgrundsatz ist.[82] Es spricht nichts für eine Ausnahme, denn sie findet „nur dort Anwendung, wo eine Einzelbewertung (noch) nicht möglich ist, weil dem Grunde nach keine Anhaltspunkte für eine drohende Inanspruchnahme im Einzelfall vorliegen."[83]

98   Strittig ist die ratierliche Bildung (Ansammlung) von Rückstellungen. Theoretisch kann die ratierliche Rückstellungsbildung verursachungsgerecht,[84] ertragsproportional[85] oder pro rata temporis erfolgen. Nicht ratierlich ist hingegen der Ausweis des vollen

---

[74]   Vgl. BFH VersR 1972, 838 = BStBl. II 1972, 392 (Schadenermittlungskosten bei Versicherungen; freilich ohne Verwaltungskosten); BFH NJW-RR 1987, 533 = BStBl. II 1987, 788 (Abrechnungsverpflichtungen nach VOB). Vgl. insgesamt Moxter Bilanzrechtsprechung S. 236 ff.

[75]   Vgl. BFH BeckRS 1983, 22006708 = BStBl. II 1984, 301 (Jahresabschlusskosten).

[76]   Vgl. BFH DStR 1993, 870 = BStBl. II 1993, 437 (Rückgriffsforderungen gegen Subunternehmer). So auch BeBiKo/Schubert Rn. 139.

[77]   Vgl. Moxter Bilanzrechtsprechung S. 240.

[78]   Vgl. ADS Rn. 207 mit dem Begriff der „wechselseitigen Kausalität".

[79]   Vgl. Moxter Bilanzrechtsprechung S. 230.

[80]   Vgl. ADS Rn. 184; Perlet/Baumgärtel FS Beisse, 1997, 390 (392).

[81]   Vgl. ADS Rn. 185.

[82]   Bejahend ADS Rn. 184; verneinend Perlet/Baumgärtel FS Beisse, 1997, 395 mit Hinweis auf den Grundsatz der Vollständigkeit des Schuldenausweises.

[83]   Perlet/Baumgärtel FS Beisse, 1997, 396.

[84]   Vgl. ADS Rn. 210: „Soweit eine Verpflichtung in verschiedenen Rechnungsperioden (Geschäftsjahren) verursacht wird, ist – ggf. auch in Teilbeträgen nach Maßgabe der tatsächlichen Verursachung oder einer sachgerechten Schätzung – jeweils nur der Betrag zurückzustellen, der auf die zurückliegenden Geschäftsjahre entfällt." Vgl. BFHE 115, 218 = BStBl. II 1975, 480 (Abbruch fester Betriebsgebäude): „entscheidend für die Bemessung der Rückstellung muss aber auch hier sein, in welchem Umfang das einzelne Wirtschaftsjahr für die Entstehung der Verbindlichkeit im wirtschaftlichen Sinne ursächlich ist".

[85]   Vgl. Moxter ZfbF 1995, 317; Böcking, Verbindlichkeitsbilanzierung, 1994, S. 111 ff.; Herzig FS Forster, 1994, 233; Naumann WPg 1991, 531.

Erfüllungsbetrags aus Sicht des jeweiligen Bilanzstichtags,[86] auch wenn dieser im Zeitablauf steigen kann.

Der Nachteil von „verursachungsgerecht" liegt darin, dass die Vokabel eine Leerformel **99** darstellt.[87] Nach Moxter heißt im wirtschaftlichen Sinne verursachungsgerecht ertragsgerecht.[88] Konsequenterweise dürfen bei fehlenden Erträgen keine Rückstellungen gebildet werden. Die Zulässigkeit dieser Lösung wird bei vorhandener rechtlicher Entstehung – mE zu Unrecht – angegriffen.[89] Jedoch ist zu beobachten, dass – ohne erkennbare Beanstandung durch Gesetzgeber oder Wirtschaftsprüfer – Rückstellungen nicht ertragsgerecht aufgebaut werden.

So werden Dekontaminierungskosten für die Stilllegung und Beseitigung von Kern- **100** kraftwerken sowie die Kosten der Entsorgung der bestrahlten Brennelemente während der Nutzung der Kernkraftwerke zeitanteilig oder abbrandabhängig zurückgestellt.[90] Da die Entsorgungsverpflichtungen schon mit der erstmaligen Stromerzeugung entstehen, kann die zeitanteilige Rückstellungsbildung nicht verursachungsgerecht im rechtlichen Sinne sein. Versteht man verursachungsgerecht als ertragsgerecht, wird man dieser Anforderung mit der abbrandabhängigen oder zeitanteiligen Rückstellungsbildung allenfalls zufällig gerecht.

Trotz dieser Problematik ist der volle Ansatz des Erfüllungsbetrags gerade im betrachte- **101** ten Fall keine Alternative.[91] Sein Ansatz hätte bei Energieunternehmen wahrscheinlich zu einer Überschuldung geführt. Um dies zu vermeiden, will Siegel eine Aktivierungshilfe ansetzen.[92] Für sie ist de lege lata aber kein Raum.

c) Drohverlustrückstellungen. Drohende Verluste aus schwebenden Geschäften **102** ergeben sich aus der Gegenüberstellung von Wert der Leistung und Wert der Gegenleistung aus dem schwebenden Geschäft. Ansatz und Bewertung sind deshalb nicht voneinander zu trennen. Für schwebende Geschäfte gilt ein bilanzrechtliches Synallagma; Zu weiteren Details → § 249 Rn. 59 ff.

d) Aufwandsrückstellungen. Aufwandsrückstellungen stellen Innenverpflichtungen **103** dar, die gem. § 249 Abs. 1 S. 2 Nr. 1 zwingend anzusetzen sind. Die Einzelbewertung ist bei ihnen kein Problem, da sie sich auf konkrete unterlassene Maßnahmen der Instandhaltung oder Abraumbeseitigung beziehen müssen.

10. Höchstwertprinzip. Die Gültigkeit eines Höchstwertprinzips für Schulden analog **104** dem Niederstwertprinzip für Vermögensgegenstände ist umstritten.[93] Es lässt sich auf einen fehlenden Gesetzestext hierzu verweisen; auch wirkt eine Analogisierung des milden und des strengen Niederstwertprinzips künstlich,[94] weil Anlage- und Umlaufschulden keine Gesetzeskategorien darstellen.

Aus dem Sinn der Gesetzesregelung, der Generalnorm im Kaufmannsrecht (§ 243 **105** Abs. 1) mit Verweis auf GoB und dem Imparitätsprinzip (§ 252 Abs. 1 Nr. 4) lässt sich jedoch das Höchstwertprinzip für sichere Verbindlichkeiten ableiten.[95] Für Rückstellungen

---

[86]　Vgl. Siegel BB 1993, 333 f.; Bartels, Umweltrisiken und Jahresabschluß, 1992, S. 195–200. Hierfür plädiert jedoch Kölner Komm RechnungslegungsR/Altenburger § 249 HGB Anm. 68 f.; er verweist auch auf den relativ geringen Barwert bei einer langen Restlaufzeit.

[87]　Vgl. Moxter Bilanzrechtsprechung S. 243; Moxter ZfbF 1995, 315.

[88]　Vgl. Moxter Bilanzrechtsprechung S. 243.

[89]　Vgl. Woerner FS Moxter, 1994, 490; Siegel BFuP 1994, 17; Christiansen BFuP 1994, 37; ADS Rn. 209.

[90]　Vgl. ADS Rn. 211; Reinhard in Baetge, Rechnungslegung und Prüfung nach neuem Recht, 1987, S. 27–29.

[91]　Auch geht die Begr. zum BilMoG von der Zulässigkeit von Verteilungs- und Ansammlungsrückstellungen aus. Vgl. BT-Drs. 16/10067, 38.

[92]　Vgl. Siegel BFuP 1994, 19.

[93]　Vgl. Ballwieser FS Forster, 1992, 50 ff.

[94]　Vgl. jedoch Moxter Bilanzlehre II S. 61.

[95]　Vgl. Moxter WPg 1984, 406 und 407; Ballwieser FS Forster, 1992, 58.

kann ein dem Anschaffungskostenprinzip analoges Zugangswertprinzip nicht gelten,[96] weil diese in Höhe des nach vernünftiger kaufmännischer Beurteilung notwendigen Erfüllungsbetrags anzusetzen sind. Zugangswerte sind dementsprechend nach im Zeitablauf veränderter Kenntnis zu verändern, ggf. zu verringern.[97]

106   Das Höchstwertprinzip für sichere Verbindlichkeiten besagt, dass Verbindlichkeitsabwertungen nur bis auf den Zugangswert erlaubt sind (das entspricht dem Anschaffungskostenprinzip für Vermögensgegenstände), Verbindlichkeitsaufwertungen jedoch geboten sind, wenn aus den Verbindlichkeiten Verluste drohen. Es wirkt insbesondere bei Fremdwährungsverbindlichkeiten, sicheren Sachwertschulden, sicheren Renten und überverzinslichen Verbindlichkeiten, die (nachprüfbar) vor Fälligkeit abgelöst werden sollen. Für eine dem Imparitätsprinzip entsprechende Trennung in mildes und strenges Höchstwertprinzip gibt es keine überzeugenden Anhaltspunkte,[98] damit entfallen Wahlmöglichkeiten der Aufwertung bei nur vorübergehender Verbindlichkeitserhöhung.

IV. Regelungen nach IFRS

107   **1. Durchbrechungen des Anschaffungskostenprinzips.** Gemäß IFRS gelten für die verschiedenen Arten von Vermögenswerten unterschiedliche Regelungen und nicht wie im HGB eine Vorschrift für sämtliche Bilanzposten. Im Zeitpunkt des Zugangs werden Sachanlagen (IAS 16.15), immaterielle Vermögenswerte (IAS 38.24), Vorräte (IAS 2.9–10),[99] Forderungen und sonstige Vermögensgegenstände analog zum HGB mit Anschaffungs- oder Herstellungskosten bewertet. Zwar sind Finanzinstrumente bei Zugang zum beizulegenden Zeitwert zu bewerten (IAS 39.43 und IFRS 9.5.1.1), dieser ergibt sich aber grds. aus dem notierten Preis an einem aktiven Markt (IAS. 39.48A). Sofern finanzielle Vermögenswerte in der Folgezeit nicht erfolgswirksam zum beizulegenden Zeitwert bewertet werden sollen, sind dem Erwerb des Vermögenswerts direkt zuzurechnende Kosten mit zu aktivieren (IAS 39.43 und IFRS 9.5.1.1). Das entspricht den Anschaffungskosten inklusive Anschaffungsnebenkosten. Unterschiede zum HGB ergeben sich hingegen in der Folgebewertung; zunehmend ist eine Hinwendung der IFRS zur Fair Value-Bilanzierung zu beobachten.[100]

108   **2. Planmäßige Abschreibungen.** Für die Folgebewertung der Sachanlagen existieren zwei Methoden, das Anschaffungskosten- und das Neubewertungsmodell (IAS 16.29). Nach dem Anschaffungskostenmodell sind die Vermögenswerte zu Anschaffungs- oder Herstellungskosten abzüglich planmäßiger Abschreibungen und außerplanmäßiger Wertminderungen zu bewerten (IAS 16.30). Gemäß IAS 16.43 ist jeder Teil einer Sachanlage mit einem bedeutsamen Anschaffungswert im Verhältnis zum gesamten Wert des Gegenstandes getrennt abzuschreiben. Die Abschreibungsmethode muss den erwarteten Verbrauch des wirtschaftlichen Nutzens des Vermögenswerts widerspiegeln (IAS 16.60). Die nach HGB bekannten Abschreibungsmethoden sind anwendbar. Alternativ zulässig ist die Methode der Neubewertung: Der Vermögenswert wird zum beizulegenden Zeitwert, abzgl. planmäßiger Abschreibungen seit dem Zeitpunkt der Neubewertung, bewertet. Eine Überschreitung der Anschaffungs- oder Herstellungskosten ist möglich. Für immaterielle Vermögenswerte gibt es ebenfalls die Wahl zwischen Anschaffungskosten- und Neubewertungsmodell; die Anwendung des Neubewertungsmodells verlangt jedoch die Existenz eines aktiven Marktes für die immateriellen Vermögenswerte (IAS 38.72).

109   **3. Außerplanmäßige Abschreibungen/Wertminderungen.** Für Sachanlagen, immaterielle Vermögenswerte und bestimmte Finanzanlagen ist IAS 36 maßgeblich. Der

---

[96] Vgl. BeBiKo/Schubert Rn. 131; aA Moxter BB 1989, 947 (mit Verweis auf die Wiederkehrvermutung des Zugangswertes). Vgl. auch Ballwieser FS Forster, 1992, 60 f.

[97] Vgl. BeBiKo/Schubert Rn. 131. Er befürwortet in Rn. 131 zwar ein Höchstwertprinzip für Rückstellungen, meint damit aber die Erfassung gestiegener Erfüllungsbeträge.

[98] Vgl. Ballwieser FS Forster, 1992, 58 f.; aA Moxter Bilanzlehre II S. 61; Rückle FS Sigloch, 2009, 726 f.

[99] Vgl. zu den Vorräten und die Ausführungen zu den Verbrauchsfolgeverfahren → § 256 Rn. 13.

[100] Krit. hierzu zB Ballwieser/Küting/Schildbach BFuP 2004, 529. Zur Bilanzierung zum Fair Value vgl. auch Hitz, Rechnungslegung zum fair value, 2005.

Buchwert dieser Vermögenswerte darf nicht über dem erzielbaren Betrag liegen (IAS 36.1 und 36.59). Der erzielbare Betrag ist das Maximum aus beizulegendem Zeitwert abzgl. Verkaufskosten und Nutzungswert (IAS 36.6). Liegt der Buchwert über dem erzielbaren Betrag, wird der Vermögenswert als wertgemindert bezeichnet und muss auf den erzielbaren Betrag abgeschrieben werden. Die Abschreibung stellt einen Wertminderungsaufwand dar. Ein Unternehmen hat spätestens an jedem Bilanzstichtag zu prüfen (IAS 36.66), ob ein Anhaltspunkt dafür vorliegt, dass ein Vermögenswert wertgemindert sein könnte. Wenn ein solcher Anhaltspunkt vorliegt, hat das Unternehmen den erzielbaren Betrag des Vermögenswertes zu schätzen.

Der erzielbare Betrag ist der höhere Wert aus beizulegendem Zeitwert abzgl. Verkaufs- **110** kosten und Nutzungswert (IAS 36.18).

Der Nutzungswert basiert auf der Summe der diskontierten geschätzten Zahlungsüber- **111** schüsse des Vermögenswertes (IAS 36.30 ff.). Die Hinweise zur Ermittlung des Nutzungswertes sind unvollständig und teilweise inkonsistent.[101]

Eine Abschreibung unterbleibt, sobald einer der beiden Werte größer ist als der Buch- **112** wert. Auch auf eine Bestimmung des zweiten Wertes kann in diesem Fall verzichtet werden (IAS 36.19).

Für Vorräte ist nach IAS 2.9 der niedrigere Wert aus Anschaffungs- oder Herstellungs- **113** kosten und Nettoveräußerungswert anzusetzen. Der Nettoveräußerungswert ergibt sich aus dem Verkaufserlös abzgl. eventuell noch anfallender Fertigstellungs- und Verkaufsaufwendungen (IAS 2.6).

4. Wertaufholung. Eine Zuschreibungspflicht entsteht bei Sachanlagevermögen gem. **114** IAS 36.110 ff. bei Änderung der Schätzannahmen, die eine außerplanmäßige Abschreibung begründet haben. Bei Vorräten sind Zuschreibungen geboten, wenn die Abwertungsgründe entfallen sind (IAS 2.33).

5. Bewertung von Schulden. Finanzielle Verbindlichkeiten werden in IAS 32.11 **115** definiert und umfassen ua vertragliche Verpflichtungen eines Unternehmens, die durch flüssige Mittel oder andere finanzielle Vermögenswerte erfüllt werden. Sie sind bei erstmaligem Ansatz zu ihrem beizulegenden Zeitwert zu bewerten, im Falle einer finanziellen Verbindlichkeit, die nicht erfolgswirksam zum beizulegenden Zeitwert bewertet wird, unter Einbezug von Transaktionskosten, die direkt der Emission der finanziellen Verbindlichkeit zuzurechnen sind (IAS 39.43 und IFRS 9.5.1.1). Im Rahmen der Folgebewertung ist für finanzielle Verbindlichkeiten je nach der gem. IAS 39.45 bzw. IFRS 9.2.2.1 und 9.2.2.2 erfolgenden Zuordnung zu einer bestimmten Kategorie die Bewertung zum beizulegenden Zeitwert (IAS 39.46) oder zu fortgeführten Anschaffungskosten unter Anwendung der Effektivzinsmethode (IAS 39.47) geboten. Erfüllen Verbindlichkeiten die Kriterien des IAS 32.11 nicht, erfolgt die Bewertung nach den Grundsätzen des Rahmenkonzeptes.

Pensionslasten sind gem. IAS 19 mit der Projected Unit Credit-Methode zu bewerten **116** (IAS 19.67–69; → Rn. 81).

Rückstellungen sind nach IAS 37.36 mit der bestmöglichen Schätzung der Ausgabe **117** anzusetzen, die zur Erfüllung der gegenwärtigen Verpflichtung zum Bilanzstichtag erforderlich ist. Bei unsicheren Erwartungen und Häufigkeitsfällen (zB Garantien) ist der Erwartungswert anzusetzen (IAS 37.39). Bei unsicheren Erwartungen ohne zugrunde liegenden Häufigkeitsfall kann der wahrscheinlichste Wert angesetzt werden: „Wenn eine einzelne Verpflichtung bewertet wird, dürfte das jeweils wahrscheinlichste Ergebnis die bestmögliche Schätzung der Schuld darstellen. Aber auch in einem derartigen Fall betrachtet das Unternehmen die Möglichkeit anderer Ergebnisse. Wenn andere mögliche Ergebnisse entweder größtenteils über oder größtenteils unter dem wahrscheinlichsten Ergebnis liegen, ist die bestmögliche Schätzung ein höherer bzw. niedrigerer Betrag." (IAS 37.40). Die Regelung ist unklar, weil „größtenteils über" (im Original „mostly higher") und „größtenteils unter"

---

[101]   Vgl. Ballwieser, Unternehmensbewertung in der IFRS-Bilanzierung, in Börsig/Wagenhofer (Hrsg.), IFRS in Rechnungswesen und Controlling, 2006, S. 265–282.

(im Original „mostly lower") unerklärt bleiben. Bei Unsicherheit gibt es immer höhere oder niedrigere Werte als den wahrscheinlichsten Wert. Auf ihre Zahl allein kann es nicht ankommen; genauso wichtig erscheint ihre Eintrittswahrscheinlichkeit.

118   Bei Wesentlichkeit des Abzinsungseffektes ist gem. IAS 37.45 der Barwert der Ausgaben anzusetzen, die nötig sind, um die Verpflichtung zu erfüllen. „Der (die) Abzinsungssatz (-sätze) ist (sind) ein Satz (Sätze) vor Steuern, der (die) die aktuellen Markterwartungen im Hinblick auf den Zinseffekt sowie die für die Schuld spezifischen Risiken widerspiegelt (widerspiegeln, Verf.). Risiken, an die die Schätzungen künftiger Cashflows angepasst wurden, dürfen keine Auswirkung auf den (die) Abzinsungssatz (-sätze) haben" (IAS 37.47). Während die durch den letztgenannten Satz ausgeschlossene Doppelerfassung von Risiken geboten ist, bleiben die Wesentlichkeit des Abzinsungseffektes und die Bestimmung des risikoangepassten Zinses offen.

119   Kurzfristige Verbindlichkeiten, zB aus Lieferungen und Leistungen, werden nicht abgezinst und insofern zum Erfüllungsbetrag ausgewiesen. Unsichere Sachleistungsverpflichtungen sind mit dem Gegenwert der erwarteten Leistungen zu bewerten. Hinreichend sicher zu erwartende künftige Kostenverhältnisse sind zu antizipieren (IAS 37.48).

§ 254 Bildung von Bewertungseinheiten

[1]**Werden Vermögensgegenstände, Schulden, schwebende Geschäfte oder mit hoher Wahrscheinlichkeit erwartete Transaktionen zum Ausgleich gegenläufiger Wertänderungen oder Zahlungsströme aus dem Eintritt vergleichbarer Risiken mit Finanzinstrumenten zusammengefasst (Bewertungseinheit), sind § 249 Abs. 1, § 252 Abs. 1 Nr. 3 und 4, § 253 Abs. 1 Satz 1 und § 256a in dem Umfang und für den Zeitraum nicht anzuwenden, in dem die gegenläufigen Wertänderungen oder Zahlungsströme sich ausgleichen.** [2]**Als Finanzinstrumente im Sinn des Satzes 1 gelten auch Termingeschäfte über den Erwerb oder die Veräußerung von Waren.**

Schrifttum HGB: Bertsch, Bewertungseinheiten nach dem BilMoG, FS Sigloch, 2009, 531; Fischer/Flick/ Krakuhn, Möglichkeiten und Grenzen zur Übernahme der nach IFRS 9 berechneten Risikovorsorge in die handelsrechtliche Rechnungslegung, IRZ 2014, 435; Gelhausen/Fey/Kämpfer, Rechnungslegung und Prüfung nach dem Bilanzrechtsmodernisierungsgesetz, 2009; Glaser/Hachmeister, Pflicht oder Wahlrecht zur Bildung bilanzieller Bewertungseinheiten nach dem BilMoG, BB 2011, 555; Hennrichs, Zur handelsrechtlichen Beurteilung von Bewertungseinheiten bei Auslandsbeteiligungen, WPg 2010, 1185; IDW RS HFA 35, Handelsrechtliche Bilanzierung von Bewertungseinheiten, IDW-FN 2011, 445; Kuhn/Hachmeister, Rechnungslegung und Prüfung von Finanzinstrumenten. Handbuch nach IFRS, HGB und EMIR, 2015; Löw/ Scharpf/Weigel, Auswirkungen des Regierungsentwurfs zur Modernisierung des Bilanzrechts auf die Bilanzierung von Finanzinstrumenten, WPg 2008, 1011; Lüdenbach/Freiberg, Kasuistik und Prinzip bei der Zugangsbewertung gesicherter Anschaffungsgeschäfte nach HGB, DB 2011, 2213; Patek, Bilanzielle Implikationen der handelsrechtlichen Normierung von Bewertungseinheiten, DB 2010, 1077; Petersen/Zwirner/Froschhammer, § 254 HGB, in Petersen/Zwirner, Bilanzrechtsmodernisierungsgesetz – BilMoG, 2009, 424; Pfitzer/ Scharpf/Schaber, Voraussetzungen für die Bildung von Bewertungseinheiten und Plädoyer für die Anerkennung antizipativer Hedges (Teil 1) u. (Teil 2), WPg 2007, 675 und 721; Rückle, Bewertungseinheiten in Handels- und Steuerbilanz, FS Sigloch, 2009, 715; Scharpf, Finanzinstrumente, in Küting/Pfitzer/Weber, Das neue deutsche Bilanzrecht, 2. Aufl. 2010, S. 185; Schmidt, Bewertungseinheiten nach dem BilMoG, BB 2009, 882; Velte/Haaker, Bewertungseinheiten bei kompensatorischen Risikosicherungsbeziehungen in der Handels- und Steuerbilanz, StuW 2013, 182; Windmöller/Breker, Bilanzierung von Optionsgeschäften, WPg 1995, 389; Zwirner/Boecker, Bewertungseinheiten in Form antizipativer Hedges – Besonderheiten und Probleme, BB 2012, 2935.

Schrifttum IFRS: Berger/Struffert/Nagelschmitt, Neue Klassifizierungs- und Bewertungsvorschriften für Finanzinstrumente – Endgültige Fassung von IFRS 9 veröffentlicht (Teil 1) und (Teil 2), WPg 2014, 1075 und 1127; Haaker, Nummer 9 lebt! – Auswirkungen des finalen IFRS 9 auf die Bilanzierung von Finanzinstrumenten, DB 2014, 279; Kuhn/Hachmeister, Rechnungslegung und Prüfung von Finanzinstrumenten. Handbuch nach IFRS, HGB und EMIR, 2015; Kuhn/Scharpf, Rechnungslegung von Financial Instruments nach IFRS: IAS 32, IAS 39 und IFRS 7, 3. Aufl. 2006; Scharpf, Hedge Accounting nach IAS 39: Ermittlung und bilanzielle Behandlung der Hedge (In)-Effektivität, KoR 2004, Beilage zu Heft 11; Scharpf, Rechnungslegung von Financial Instruments nach IAS 39, 2001.

Übersicht

I. Normzweck

Die durch das BilMoG neu eingeführte Regelung soll den in Theorie und Praxis **1** ausgetragenen Streit darüber beenden, unter welchen Bedingungen bestimmte Grund- und Sicherungsgeschäfte gegen Zahlungsstrom- und Preisrisiken zu einer Bewertungseinheit zusammengefasst werden dürfen oder müssen, damit es nicht zum Ausweis von Verlusten kommt, die nicht oder mit an Sicherheit grenzender Wahrscheinlichkeit nicht eintreten werden. Nach der Begründung des BilMoG-RegE sollen mit der Vorschrift keine Änderungen der bisherigen Bilanzierungspraxis einhergehen. Vielmehr diene sie der „gesetzlichen Verankerung der im Schrifttum als Grundsätze ordnungsmäßiger Bilanzierung eingestuften bilanziellen Abbildung von Bewertungseinheiten."[1] Die Norm hätte insoweit nur deklaratorischen Charakter.

Trotz der Tatsache, dass sie handelsrechtlich etwas klarstellt, auf was seit dem Jahr 2006 **2** durch § 5 Abs. 1a S. 2 EStG („Die Ergebnisse der in der handelsrechtlichen Rechnungslegung zur Absicherung finanzwirtschaftlicher Risiken gebildeten Bewertungseinheiten sind auch für die steuerliche Gewinnermittlung maßgeblich.") in abstrakterer Form bereits steuerrechtlich verwiesen wurde, geht sie nach Ansicht zahlreicher früherer Kommentierungen aber über das bisherige Recht hinaus, weil sie ua auch die Bildung von Bewertungseinheiten bei Makro-Hedges (→ Rn. 3) und bei antizipativen Hedges, dh mit geplanten, aber noch nicht vertraglich festgelegten Markttransaktionen, erzwingt. Beides war – ungeachtet bestimmter Praxis, speziell bei Kreditinstituten – früher sehr umstritten.[2] Darauf verweist indirekt auch die Begründung des BilMoG-RegE, wenn sie „eine handelsrechtliche Vorschrift zur Beschreibung der in der Praxis bereits angewandten handelsrechtlichen Grundsätze zur Bildung von Bewertungseinheiten (als) dringend erforderlich"[3] beschreibt, um den auslegungsbedürftigen steuerrechtlichen Verweis in § 5 Abs. 1a S. 2 EStG zu präzisieren.[4] Im Übrigen gelten für Finanzinstrumente des Handelsbestands von Kredit- und Finanzdienstleistungsinstituten mit § 340e Abs. 3 S. 1 (Zeitwertbewertung und Risikoabschlag) und – darüber hinausgehend – mit § 340e Abs. 4 (Fonds für allgemeine Bankrisiken) besondere Regelungen.

Interessanterweise verweist die Begründung des BilMoG-RegE auch an weiterer Stelle **3** auf das Vorgehen in der Praxis, um die Norm inhaltlich zu begründen: „Bewertungseinheiten werden in der Praxis in der Weise gebildet, dass entweder das aus einem einzelnen Grundgeschäft resultierende Risiko durch ein einzelnes Sicherungsinstrument unmittelbar abgesichert wird (auch sog. micro-hedging), dass die Risiken mehrerer gleichartiger Grundgeschäfte durch ein oder mehrere Sicherungsinstrumente abgedeckt werden (auch sog. portfolio-hedging) oder dass die risikokompensierende Wirkung ganzer Gruppen von Grundgeschäften zusammenfassend betrachtet wird (sog. macro-hedging). Mit § 254 wird

---

[1] BR-Drs. 344/08, 124; Petersen/Zwirner BilMoG S. 207.
[2] Vgl. → 2. Aufl. 2008, § 252 Rn. 26 ff. und zu Makro-Hedges Bertsch FS Sigloch, 2009, 539; Gelhausen/Fey/Kämpfer S. 127 Rn. 6. Vgl. zu antizipativen Hedges zB Windmöller/Breker WPg 1995, 389; Gelhausen/Fey/Kämpfer S. 128 Rn. 11 (abl.) ggü. Pfitzer/Scharpf/Schaber WPg 2007, 721–725 (zust.).
[3] BR-Drs. 344/08, 124; Petersen/Zwirner BilMoG S. 207.
[4] Vgl. auch Bertsch FS Sigloch, 2009, 548.

weder die eine noch die andere Art von Bewertungseinheiten bevorzugt oder gar ausgeschlossen."[5]

4   Diese Begründung erinnert an eine induktive Gewinnung von Grundsätzen ordnungsmäßiger Buchführung, die zu Recht spätestens seit 1959[6] zugunsten einer Ableitung dieser Grundsätze aus den gesetzlich verankerten Rechnungslegungszielen kritisiert wird. Mit der Kodifikation in § 254 werden die Rechnungslegungsziele in bestimmtem Umfang neu definiert.

5   Da § 254 neben einer Absicherung durch Finanzinstrumente nur auf ihnen gleichgestellte Termingeschäfte verweist, blendet er Fremdwährungsforderungen und -verbindlichkeiten aus der Transaktion nichtfinanzieller Werte aus.[7] Für diese gilt die von ihm losgelöste Auslegung des nach § 252 Abs. 1 Nr. 3 geltenden Prinzips der Einzelbewertung.

II. Elemente und Ziel der Bewertungseinheit

6   **1. Abgrenzung und Ziel.** Elemente der Bewertungseinheit sind gewisse Risiken tragende Vermögensgegenstände (wie Zins- oder Fremdwährungsforderungen), Schulden (wie Lieferantenverbindlichkeiten oder Bankkredite), schwebende Geschäfte (wie Leasingverträge) oder „mit hoher Wahrscheinlichkeit erwartete Transaktionen" (wie Warenkäufe oder -verkäufe) als absicherungsfähige Grundgeschäfte einerseits und die gewisse Risiken in bestimmtem Umfang oder über bestimmte Zeit kompensierenden Sicherungsinstrumente (wie Zinsswaps oder Fremdwährungsverbindlichkeiten) andererseits. Die Elemente müssen bewusst „zum Ausgleich gegenläufiger Wertänderungen oder Zahlungsströme aus dem Eintritt vergleichbarer Risiken mit Finanzinstrumenten zusammengefasst" werden (Absicherungsabsicht), um Bestandteil einer Bewertungseinheit werden zu können.

7   Auch wenn grds. Finanzinstrumente, aber nicht nur derivative Finanzinstrumente (sondern zB auch Fremdwährungsforderungen), zur Absicherung dienen, sind weder die absicherungsfähigen Grundgeschäfte noch die Sicherungsgeschäfte auf Finanzinstrumente begrenzt. „Vielmehr sollen bereits praktizierte Absicherungen – beispielsweise aus dem künftigen Bezug von Roh-, Hilfs- oder Betriebsstoffen – auch weiterhin zulässig sein."[8] Hierzu helfen zB Warentermingeschäfte.

8   Obwohl im Gesetz verwendet, wird der Ausdruck Finanzinstrumente im HGB nicht präzisiert. Grund ist neben ihrer Vielfalt die ständige Weiterentwicklung, die eine zufrieden stellende und längere Zeit gültige Definition erschwert.[9] Vorgeschlagen wird, den Begriff in Übereinstimmung mit der bankrechtlichen Definition nach § 1a Abs. 3 KWG und mit IAS 32.11 abzugrenzen. „Danach ist ein Finanzinstrument ein Vertrag, der für eine Vertragspartei zu einem finanziellen Vermögensgegenstand/Vermögenswert und für die andere Vertragspartei zu einer finanziellen Verbindlichkeit/Schuld oder zu einem Eigenkapitalinstrument führt."[10]

9   Sicherungsgeschäfte können kombiniert werden, um eine Absicherung zu erreichen. Gleichermaßen können sie mengen- oder zeitmäßig nur anteilig einem Grundgeschäft zugeordnet werden.[11] Entsprechende Bündelungen oder Anteilsbildungen können auch für die Grundgeschäfte vorgenommen werden, insbesondere wenn man an die Möglichkeiten der Portfolio- oder Macro-Hedges (→ Rn. 3) denkt.

10   **2. Mit hoher Wahrscheinlichkeit erwartete Transaktionen.** Den mit hoher Wahrscheinlichkeit erwarteten Transaktionen als absicherungsfähigem Grundgeschäft liegt kein

---

5   BR-Drs. 344/08, 126; Petersen/Zwirner BilMoG S. 208. Bertsch FS Sigloch, 2009, 542 kritisieren zu Recht die kaum nachvollziehbare Abgrenzung von Makro- und Portfolio-Hedge. Sie ist aber für die Rechtsfolgen nicht erheblich.

6   Vgl. Döllerer BB 1959, 1217.

7   Vgl. Rückle FS Sigloch, 2009, 734 f.

8   BR-Drs. 344/08, 125; Petersen/Zwirner BilMoG S. 208.

9   Vgl. auch Petersen/Zwirner/Petersen/Zwirner/Froschhammer BilMoG S. 425 f.

10   Gelhausen/Fey/Kämpfer S. 131 f. Rn. 23.

11   Vgl. auch Petersen/Zwirner/Petersen/Zwirner/Froschhammer BilMoG S. 426.

abgeschlossenes Rechtsgeschäft zugrunde. Nach der Begründung des BilMoG-RegE muss „der tatsächliche Abschluss so gut wie sicher sein,"[12] wofür vergangene Verhaltensweisen des Unternehmens einen Indikator darstellen könnten. Allenfalls dürften außergewöhnliche Umstände außerhalb des Einflussbereichs des Unternehmens dem Abschluss entgegenstehen.

Die Regelung eröffnet erkennbar Spielräume, die auch nicht dadurch geschlossen werden **11** können, dass man dafür den Abschlussprüfer in die Pflicht nehmen will.[13] Dieser braucht nachprüfbare Bedingungen oder nachvollziehbare Wertungen, um seinem Prüfungsauftrag gerecht zu werden. Aber schon der Bilanzierende muss wissen, was das Gesetz verlangt.

3. Ausgleich gegenläufiger Wertänderungen oder Zahlungsströme. Der Aus- **12** gleich gegenläufiger Wertänderungen oder Zahlungsströme muss effektiv und gewollt sein sowie überwacht und angemessen dokumentiert werden. „Bereits im Zeitpunkt der Begründung einer Bewertungseinheit muss also deren Eignung zur Absicherung der Risiken objektiv gegeben sein."[14]

Die Bewertungseinheit ist grds. bis zur Erreichung des Zwecks der Absicherung beizu- **13** behalten (Durchhalteabsicht). Wird sie ausnahmsweise vorzeitig beendet, finden die allgemeinen Ansatz- und Bewertungsvorschriften Anwendung.[15]

Zur Messung der Effektivität des Ausgleichs, zur Überwachung und zur Dokumenta- **14** tion finden sich im Gesetz keine Vorgaben. Zwingende Vorgaben sind nach der Begründung des BilMoG-RegE „im Hinblick auf die Vielzahl der möglichen Formen von Bewertungseinheiten nicht sachgerecht."[16] In Abhängigkeit des Absicherungsgeschäfts und eines angemessenen und wirksamen Risikomanagementsystems könne zB von einer wirksamen Bewertungseinheit ausnahmsweise schon ausgegangen werden, „wenn – entsprechend den international üblichen Gepflogenheiten – zum Bilanzstichtag dargelegt wird, dass die Wirksamkeit der gebildeten Bewertungseinheiten sich im vergangenen Geschäftsjahr zwischen 80% und 120% bewegt hat und sich im künftigen Geschäftsjahr ebenfalls innerhalb dieser Spannbreite bewegen wird. Die Auswahl der Methoden zur Feststellung der Wirksamkeit der Bewertungseinheit bleibt den Unternehmen überlassen. Darüber hinaus ist es auch von der Art und dem Umfang der gebildeten Bewertungseinheiten abhängig, ob deren Wirksamkeit nur retro- oder auch prospektiv festgestellt wird."[17] Zu den retrospektiven Feststellungen zählen zB Regressionsanalysen, zu den prospektiven Simulationsrechnungen.

4. Vergleichbare Risiken. Die abzusichernden Risiken müssen eindeutig präzisiert, **15** quantifiziert und durch Sicherungsinstrumente einzeln kompensiert werden. Die wichtigsten Risiken betreffen neben den erwarteten Zahlungsströmen Zins-, Währungs- und andere Preisänderungen. Sollen zB Zins- und Währungsänderungsrisiken zugleich abgesichert werden, reicht kein Zinsswap. Jedoch kommt ein Zins-Währungs-Swap hierfür in Frage.[18]

III. Rechtsfolgen

Durch die Bildung einer Bewertungseinheit werden das Realisationsprinzip, das Impari- **16** tätsprinzip und das Einzelbewertungsprinzip eingeschränkt.[19] Unrealisierte Gewinne werden mit unrealisierten Verlusten innerhalb der Bewertungseinheit verrechnet. Dies ist nur erlaubt, wenn ein Eintritt der abgesicherten Risiken verhindert wird.

---

[12] BR-Drs. 344/08, 125; Petersen/Zwirner BilMoG S. 208.
[13] So hingegen BR-Drs. 344/08, 125; Petersen/Zwirner BilMoG S. 208.
[14] BR-Drs. 344/08, 126; Petersen/Zwirner BilMoG S. 209.
[15] Vgl. BR-Drs. 344/08, 127; Petersen/Zwirner BilMoG S. 209.
[16] BR-Drs. 344/08, 126; Petersen/Zwirner BilMoG S. 209.
[17] BR-Drs. 344/08, 127; Petersen/Zwirner BilMoG S. 209.
[18] Vgl. auch IDW RS HFA 35 Rn. 38 im Zusammenhang mit einer durch Aufnahme eines Fremdwährungsdarlehens finanzierten Auslandsbeteiligung. Zu letzterer als Grundgeschäft vgl. insbes. Hennrichs WPg 1185.
[19] Vgl. BR-Drs. 344/08, 125; Petersen/Zwirner BilMoG S. 207 f.

IV. Wahlrecht oder Pflicht zur Bildung einer Bewertungseinheit

17   Der Text von § 254 scheint mit der Betonung von „sind (…) nicht anzuwenden" eine Pflicht zur Bildung von Bewertungseinheiten anzuzeigen. Tatsächlich knüpft die Bildung von Bewertungseinheiten aber an der Absicht des Bilanzierenden an, Absicherungen herbeizuführen („Werden (…) zum Ausgleich (…) zusammengefasst") und durchzuhalten. Insofern hat er ein faktisches Wahlrecht, diesen Zustand herbeizuführen. „Trotz teilweise gegenteiliger Auffassungen in der Literatur ist damit faktisch von einem Wahlrecht auszugehen."[20]

18   Die Frage bleibt offen, ob dieses Wahlrecht bilanziell auch dann besteht, wenn für Zwecke des Risikomanagements intern eine Absicherung vorgenommen und dokumentiert wird. Dafür spricht angeblich der Regelungskontext im Rahmen der Bewertungsvorschriften. Jedoch wird zugleich die „Bildung von Bewertungseinheiten in Übereinstimmung mit dem praktizierten Risikomanagement (…) empfohlen."[21]

19   Der Auffassung zur eigenständigen Wahlrechtsausübung wird hier nicht gefolgt.[22] Es gibt aus der Gesetzesbegründung keinen Hinweis darauf, dem Bilanzierenden gegenüber dem alten Rechtszustand mehr Wahlrechte zuzugestehen; vielmehr ist das Gegenteil der Fall.[23] Es ist ferner inkonsistent, zugleich auf die Kodifikation von GoB zu verweisen (→ Rn. 1) und davon abzusehen, dass GoB keine Wahlrechte außerhalb von Vereinfachungen erlauben (→ § 243 Rn. 69 ff.). Schließlich gibt es die Rechtsfigur des konkludenten Verhaltens, die hier verwendet werden kann.[24]

V. Abbildung der Bewertungseinheit

20   Das Gesetz lässt offen, in welcher Form die Bewertungseinheit bilanziell darzustellen ist. Hierzu kommen die Einfrierungs- und die Durchbuchungsmethode in Frage. Bei der ersten Methode werden die Wert- oder Zahlungsstromänderungen des effektiven Teils der Sicherungsbeziehung weder in Bilanz noch in GuV berücksichtigt. Ein positiver ineffektiver Teil, der einen Ertrag erzeugen würde, ist wegen des Realisationsprinzips ebenfalls zu vernachlässigen, während ein negativer ineffektiver Teil, der einen Aufwand erzeugt, gemäß Imparitätsprinzip erfolgswirksam erfasst werden muss. Bei der zweiten Methode werden entweder sämtliche Wert- und Zahlungsstromänderungen bilanz- und erfolgswirksam erfasst oder die Erfassung der Wert- und Zahlungsstromänderungen erfolgt nur bilanziell.[25] Für den effektiven Teil der Sicherungsbeziehung folgt nach beiden Vorgehensweisen per Saldo kein Ergebnisbeitrag; der ineffektive Teil wird wiederum imparitätisch behandelt. Die Ergebniswirkung ist identisch mit der Einfrierungsmethode, jedoch resultieren andere Bilanzwerte, welche die imparitätische Wirkung erst erzeugen.

---

[20]   Rückle FS Sigloch, 2009, 736.

[21]   IDW RS HFA 35 Rn. 12.

[22]   Vgl. auch Glaser/Hachmeister BB 2011, 555 ff.; Küting/Pfitzer/Weber, Das neue deutsche Bilanzrecht/Scharpf, 2. Aufl., 2009, S. 202; HdR/Scharpf Rn. 19–28; Haufe-HGB/Kessler/Cassel Rn. 5; Kölner Komm RechnungslegungsR/Prinz Rn. 1; Herzig DB 2008, 1344; Göllert DB 2008, 1167; aA zB Lüdenbach/Freiberg BB 2010, 2683 f.; Gelhausen/Fey/Kämpfer S. 149 Rn. 86; BeBiKo/Justenhoven/Usinger Rn. 3.

[23]   Vgl. BT-Drs. 16/10067, 34: „Die Aufrechterhaltung eines im Verhältnis zu den IFRS gleichwertigen, aber einfacheren und kostengünstigeren Regelwerks erfordert (…) eine maßvolle Annäherung der handelsrechtlichen Rechnungslegungsvorschriften an die IFRS. Ein Weg dazu ist die Beseitigung bestehender handelsrechtlicher Ansatz-, Ausweis- und Bewertungswahlrechte. Damit ist gleichzeitig eine Anhebung des Informationsniveaus des handelsrechtlichen Jahresabschlusses verbunden. Diese mündet gleichwohl nicht in die Aufgabe der bisherigen handelsrechtlichen Bilanzierungsprinzipien und -grundsätze. Vielmehr wird das Informationsniveau des handelsrechtlichen Jahresabschlusses unter Berücksichtigung der bereits bisher geltenden handelsrechtlichen Bilanzierungsprinzipien und -grundsätze in zumutbarem und realistischem Umfang angehoben, ohne den Detaillierungsgrad der IFRS anzustreben."

[24]   Zustimmend HKMS/Glaser Rn. 121.

[25]   Letzteres wird zB bevorzugt in IDW RS HFA 35 Rn. 81, um ein Aufblähen der GuV zu vermeiden und die GuV wie bei der Einfrierungsmethode darzustellen. Zust. mit Hinweis auf die Darstellung von Vermögens- und Ertragslage zB Hennrichs WPg 2010, 1188.

Die Durchbuchungsmethode kann als informativer als die Einfrierungsmethode **21** betrachtet werden, weil nur sie die Bewertungsänderungen aufgrund des effektiven Teils der Sicherungsbeziehung in der Bilanz zeigt.[26] Sie bildet die Sicherungsbeziehung brutto statt netto ab. Dafür sind eine Bilanzverlängerung und eine geringere Eigenkapitalquote gegenüber der Einfrierungsmethode in Kauf zu nehmen.

Ein besonderes Problem schafft ein antizipiertes absicherungsfähiges Grundgeschäft, zB **22** zur Festschreibung von Anschaffungs- oder Verkaufspreisen, weil es bilanziell nicht erfassbar ist. Hier bietet es sich an, die Wertänderungen des Sicherungsinstruments so lange bilanz- und ergebnisunwirksam in einer Nebenrechnung zu erfassen, bis das Grundgeschäft realisiert wird. Gegebenenfalls festgestellte negative ineffektive Teile der Sicherungsbeziehung sind durch eine Rückstellung zu erfassen.[27]

VI. Regelungen nach IFRS

Die IFRS hatten explizite Regelungen zur Bildung von Bewertungseinheiten nur bei **23** Finanzinstrumenten in IAS 39.71–102 und AG.94–AG.132. Da er häufig als zu komplex, regelbasiert und als unvollständig gegenüber gängiger Praxis der Risikosteuerung in Unternehmen kritisiert wurde, begann das IASB im November 2008 das „IAS 39 Replacement Project". Das Projekt mündete in IFRS 9 Finanzinstrumente, den das IASB am 19.11.2013 veröffentlichte und der eine Woche später von der EU übernommen wurde. Seine Anwendung unterliegt analog IAS 39 einem Wahlrecht für das bilanzierende Unternehmen.[28] Verpflichtend ist er für Geschäftsjahre, die am oder nach dem 1.1.2018 beginnen. Seine wesentlichen Änderungen gegenüber IAS 39 betreffen die neuen Vorschriften zur Klassifizierung von finanziellen Vermögenswerten, ein (hier nicht interessierendes) neues Modell zur Erfassung von Wertänderungen und eine (vermeintliche) Annäherung der Vorschriften zu Sicherungsgeschäften an die Praxis des Risikomanagements. Die finanziellen Vermögenswerte hat ein Unternehmen als zu fortgeführten Anschaffungskosten, als erfolgsneutral zum beizulegenden Zeitwert im sonstigen Ergebnis oder als erfolgswirksam zum beizulegenden Zeitwert bewertet zu klassifizieren (IFRS 9.4.1.1). Die Anschaffungskostenbewertung ist an enge Voraussetzungen geknüpft.[29] „Die spezifischen Vorschriften für die Bilanzierung von Sicherungsbeziehungen auf Makroebene sind weiterhin kein Bestandteil von IFRS 9. Ein spezielles Bilanzierungsmodell für Makro-Sicherungsbeziehungen wird das IASB in einem separaten, bereits aktiven Projekt entwickeln."[30]

Nach IFRS 9.6.5.2 werden (wie in IAS 39.86) die Sicherungsgeschäfte eingeteilt in **24** solche (a) zur Absicherung des beizulegenden Zeitwertes, (b) zur Absicherung von Zahlungsströmen und (c) zur Absicherung einer Nettoinvestition in einen ausländischen Geschäftsbetrieb (IAS 21.15 und .15A). Die Nettoinvestition in einen ausländischen Geschäftsbetrieb fällt nach deutschem Recht unter ein Grundgeschäft in Form eines Vermögensgegenstands (Auslandsbeteiligung) und wird deshalb im HGB nicht explizit geregelt. Während nach IAS 39.72 nicht derivative Finanzinstrumente nur dann als Sicherungsinstrument dienen konnten, wenn sie ein Währungsrisiko absichern sollen, erlaubt IFRS 9 zusätzlich, originäre Finanzinstrumente, die erfolgswirksam zum beizulegenden Zeitwert bilanziert werden, uneingeschränkt als Sicherungsinstrumente zu designieren.[31]

Weiterhin gelten gegenüber dem HGB insbesondere folgende Unterschiede: **25**
1. Ein gesichertes Grundgeschäft kann eine bilanzunwirksame feste Verpflichtung darstellen (IFRS 9.6.3.1).
2. Für die Effektivität, Überwachung und Dokumentation des Sicherungsgeschäfts enthält IFRS 9.6.4.1 bestimmte, nicht gleichermaßen konkrete Anforderungen.

[26]   Vgl. Petersen/Zwirner/Petersen/Zwirner/Froschhammer BilMoG S. 432.
[27]   Vgl. Küting/Pfitzer/Weber, Das neue deutsche Bilanzrecht/Scharpf, 2. Aufl. 2009, S. 207 f.; Petersen/Zwirner/Petersen/Zwirner/Froschhammer BilMoG S. 432.
[28]   Vgl. Kuhn/Hachmeister, Rechnungslegung und Prüfung von Finanzinstrumenten, 2015, S. 362 f.
[29]   Vgl. Haaker DB 2014, 2791.
[30]   Kuhn/Hachmeister, Rechnungslegung und Prüfung von Finanzinstrumenten, 2015, S. 363.
[31]   Vgl. Kuhn/Hachmeister, Rechnungslegung und Prüfung von Finanzinstrumenten, 2015, S. 366.

3. Die IFRS verlangen einen retrospektiven Effektivitätsnachweis (IAS 39.88 (e)),[32] was nach HGB nicht geboten ist.[33]

4. Der Teil des Erfolgs aus einem Sicherungsinstrument, der als wirksame Absicherung von Zahlungsströmen ermittelt wird, ist im sonstigen Ergebnis statt in der GuV zu erfassen (IFRS 9.6.5.11 (b)). Entsprechendes gilt für Absicherungen einer Nettoinvestition (IFRS 9.6.5.13 (a)).

5. Bei der Absicherung des beizulegenden Zeitwertes ist zwingend die Durchbuchungsmethode zu verwenden (IAS 39.89).

§ 255 Bewertungsmaßstäbe

(1) [1]Anschaffungskosten sind die Aufwendungen, die geleistet werden, um einen Vermögensgegenstand zu erwerben und ihn in einen betriebsbereiten Zustand zu versetzen, soweit sie dem Vermögensgegenstand einzeln zugeordnet werden können. [2]Zu den Anschaffungskosten gehören auch die Nebenkosten sowie die nachträglichen Anschaffungskosten. [3]Anschaffungspreisminderungen, die dem Vermögensgegenstand einzeln zugeordnet werden können, sind abzusetzen.

(2) [1]Herstellungskosten sind die Aufwendungen, die durch den Verbrauch von Gütern und die Inanspruchnahme von Diensten für die Herstellung eines Vermögensgegenstands, seine Erweiterung oder für eine über seinen ursprünglichen Zustand hinausgehende wesentliche Verbesserung entstehen. [2]Dazu gehören die Materialkosten, die Fertigungskosten und die Sonderkosten der Fertigung sowie angemessene Teile der Materialgemeinkosten, der Fertigungsgemeinkosten und des Werteverzehrs des Anlagevermögens, soweit dieser durch die Fertigung veranlasst ist. [3]Bei der Berechnung der Herstellungskosten dürfen angemessene Teile der Kosten der allgemeinen Verwaltung sowie angemessene Aufwendungen für soziale Einrichtungen des Betriebs, für freiwillige soziale Leistungen und für die betriebliche Altersversorgung einbezogen werden, soweit diese auf den Zeitraum der Herstellung entfallen. [4]Forschungs- und Vertriebskosten dürfen nicht einbezogen werden.

(2a) [1]Herstellungskosten eines selbst geschaffenen immateriellen Vermögensgegenstands des Anlagevermögens sind die bei dessen Entwicklung anfallenden Aufwendungen nach Absatz 2. [2]Entwicklung ist die Anwendung von Forschungsergebnissen oder von anderem Wissen für die Neuentwicklung von Gütern oder Verfahren oder die Weiterentwicklung von Gütern oder Verfahren mittels wesentlicher Änderungen. [3]Forschung ist die eigenständige und planmäßige Suche nach neuen wissenschaftlichen oder technischen Erkenntnissen oder Erfahrungen allgemeiner Art, über deren technische Verwertbarkeit und wirtschaftliche Erfolgsaussichten grundsätzlich keine Aussagen gemacht werden können. [4]Können Forschung und Entwicklung nicht verlässlich voneinander unterschieden werden, ist eine Aktivierung ausgeschlossen.

(3) [1]Zinsen für Fremdkapital gehören nicht zu den Herstellungskosten. [2]Zinsen für Fremdkapital, das zur Finanzierung der Herstellung eines Vermögensgegenstands verwendet wird, dürfen angesetzt werden, soweit sie auf den Zeitraum der Herstellung entfallen; in diesem Falle gelten sie als Herstellungskosten des Vermögensgegenstands.

(4) [1]Der beizulegende Zeitwert entspricht dem Marktpreis. [2]Soweit kein aktiver Markt besteht, anhand dessen sich der Marktpreis ermitteln lässt, ist der beizule-

---

[32]   Vgl. ausf. Kuhn/Scharpf, Rechnungslegung von Financial Instruments nach IFRS, 3. Aufl. 2006, Rn. 2460 ff.

[33]   Vgl. auch Gelhausen/Fey/Kämpfer S. 143 Rn. 63.

gende Zeitwert mit Hilfe allgemein anerkannter Bewertungsmethoden zu bestimmen. [3]Lässt sich der beizulegende Zeitwert weder nach Satz 1 noch nach Satz 2 ermitteln, sind die Anschaffungs- oder Herstellungskosten gemäß § 253 Abs. 4 fortzuführen. [4]Der zuletzt nach Satz 1 oder 2 ermittelte beizulegende Zeitwert gilt als Anschaffungs- oder Herstellungskosten im Sinn des Satzes 3.

Schrifttum Abs. 1: Ballwieser, Das Anschaffungs- und Höchstwertprinzip für Schulden, FS Forster, 1992, 45; Döllerer, Anschaffungskosten und Herstellungskosten nach neuem Aktienrecht unter Berücksichtigung des Steuerrechts, BB 1966, 1405; Glanegger, Anschaffungs- und Herstellungskosten bei Grundstücken und Gebäuden, DB 1987, 2115, 2173; Grube, Anschaffungsnaher Aufwand bei Rückgängigmachung des Kaufs, DStR 1989, 159; Heuermann, Anschaffungsnaher Aufwand, DB 1992, 600; Huseman, Grundsätze ordnungsmäßiger Bilanzierung für Anlagegegenstände, 2. Aufl. 1976; Hüttemann, Transferentschädigungen im Lizenzfußball als Anschaffungskosten eines immateriellen Wirtschaftsguts, DStR 1994, 490; HWRP/Hommel, Anschaffungskosten, Sp. 78; Kofler, Die Anschaffungswertkonzeption des HGB und die Behandlung vorperiodischer Anschaffungs(neben)kosten, in Bertl/Mandl, Rechnungswesen und Controlling, 1997, 119; Kofler, Handels- und steuerrechtliche Behandlung von Zuwendungen aus öffentlichen Mitteln (Subventionen) zur Anschaffung oder Herstellung von Anlagegütern (einschließlich Zinsenzuschüsse), in Seicht, Jahrbuch für Controlling und Rechnungswesen '94, 1994, 161; Köhler, Verfahren zur Ermittlung der Anschaffungskosten beim Vorratsvermögen, StBP 1986, 205; Kupsch, Zur Problematik der Ermittlung von Anschaffungskosten, StbJb 1989/90, 1990, 93; Kupsch, Bilanzierung öffentlicher Zuwendungen Stellungnahme zum Verlautbarungsentwurf des HFA zur Bilanzierung von Zuschüssen, WPg 1984, 369; Küting, Die Erfassung von erhaltenen und gewährten Zuwendungen im handelsrechtlichen Jahresabschluß, DStR 1996, 276, 313; Laicher, Zur bilanziellen Behandlung von Investitionszuschüssen und Investitionszulagen in Steuer- und Handelsbilanz, DStR 1993, 292; Maas, Falsche Bilanzierung durch die herrschende Auffassung über Anschaffungskosten und schwebende Verträge?: Eine Entgegnung auf Martin in DStR 1982, 243, DStR 1982, 678; Martin, Falsche Bilanzierung durch die herrschende Auffassung über Anschaffungskosten und schwebende Verträge?, DStR 1982, 243; Mathiak, Anschaffungs- und Herstellungskosten, in Raupach, Werte und Wertermittlung im Steuerrecht, 1984, 97; Nordmeyer, Anschaffungsnaher Aufwand im Handelsrecht, FS Baetge, 1997, 373; Nordmeyer, Anschaffungs- und Herstellungskosten nach neuem Recht, in Baetge, Bilanzanalyse und Bilanzpolitik, 1989, 215; Obermeier, Thesen zum anschaffungsnahen Aufwand, DStR 1990, 409; Oser/Orth/Wirtz, Das Bilanzrichtlinie-Umsetzungsgesetz (BilRUG) – Wesentliche Änderungen und Hinweise zur praktischen Umsetzung, DB 2015, 1729; Pfleger, Die Beeinflussung der Aufteilung von Anschaffungskosten auf mehrere Wirtschaftsgüter als legale bilanzpolitische Sachverhaltsgestaltung, DB 1986, 925; Pusecker/Schruff, Anschaffungswertprinzip und „negativer Geschäftswert", BB 1996, 735; Rabenhorst, Anschaffungskosten bei der effektiven Erfüllung von Finanzterminkontrakten und bilanzielle Risikoberücksichtigung, DB 1994, 741; Saage, Die Bewertung von Anschaffungen zwischen Konzerngesellschaften nach geltendem Aktienrecht, AG 1961, 221; Völker-Lehmkuhl, Die Bilanzierung von Emissionsrechten nach den deutschen Grundsätzen ordnungsgemäßer Buchführung, DB 2004, 332; Weber-Grellet, Zeit und Zins im Bilanzsteuerrecht, FS L. Schmidt, 1993, 161; Wichmann, Die Aufteilungsproblematik bei den Anschaffungskosten für ein bebautes Grundstück, FR 1988, 513; Wichmann, Anschaffung und Herstellung als Vorgänge im Wirtschaftsleben, DStR 1984, 547; Wichmann, Die Aufteilungsproblematik hinsichtlich der Anschaffungskosten für ein bebautes Grundstück, DStR 1983, 379; Wollny, Zur Behandlung der Grunderwerbsteuer als Teil der Anschaffungskosten beim Erwerb eines bebauten Grundstücks, BB 1988, 1572.

Schrifttum Abs. 2: Bachem, Bilanzielle Herstellungskosten des Kuppelproduktvermögens, BB 1997, 1037; Baetge, Herstellungskosten: Vollaufwand versus Teilaufwand, FS Ludewig, 1996, 53; Baetge/Sell, Zur Ermittlung der handelsrechtlichen Herstellungskosten bei Einsatz der Prozeßkostenrechnung, FS Coenenberg, 1998, 263; Beater, Zur Abgrenzung von Herstellungs- und Erhaltungsaufwand bei Softwareumstellungen, DStR 1990, 201; Christiansen, Der Umfang der steuerlich aktivierungspflichtigen Herstellungskosten, StBp 1991, 201; Christiansen, Herstellungskosten bei nicht ausgenutzten Produktionskapazitäten, StBp 1986, 173; Döllerer, Handelsbilanz und Steuerbilanz – nach den Vorschriften des Bilanzrichtlinien-Gesetzes, BB-Beil. 12/1987; Egger, Die Herstellungskosten im Spannungsfeld von Kostenrechnung und Jahresabschluß, FS Moxter, 1994, 195; Fischer/Klein, Einsatz der Prozeßkostenrechnung zur Ermittlung bilanzieller Herstellungskosten, ZfB 1995, 1255; Förschle, Bilanzierung sogenannter Sondereinzelkosten des Vertriebs aus handelsrechtlicher Sicht, in Albach/Forster, Beiträge zum Bilanzrichtlinien-Gesetz, 1987, 95; Freidank, Der Einsatz des innerbetrieblichen Rechnungswesens zum Zwecke der Herstellungskostenermittlung, 1981; Gail, Herstellungs- und Erhaltungsaufwand bei Sanierungsmaßnahmen, in Herzig, Bilanzierung von Umweltlasten und Umweltschutzverpflichtungen, 1994, 87; Hartung, Herstellungskosten bei Kuppelproduktion, BB 1997, 1627; Hartung, Lohnfortzahlung im Krankheitsfall und bilanzielle Herstellungskosten, BB 1991, 872; Hauser/Hagenau, Einbeziehung der Aufwendungen nach dem Lohnfortzahlungsgesetz in die Herstellungskosten?, DB 1990, 440; Hottmann, Herstellungskosten von Gebäuden, StBp 1991, 265; Hueser, Unfertige Erzeugnisse in der Steuerbilanz, 1988; IDW RS HFA 31, Aktivierung von Herstellungskosten, WPg Supplement 3/2010, 70; F. Klein, Der Herstellungsbegriff in § 255 Abs. 21 Satz 1 des Handelsgesetzbuches und seine Prägung durch den Bundesfinanzhof bei Gebäuden, FS Moxter, 1994, 277; Kleinjohann, Zur Abgrenzung von Herstellungs- und Erhaltungsaufwand in der Steuerbilanz, 1986; König, Abgrenzung von Herstellungs- und Erhaltungsaufwand bei Softwareumstellungen, DStR 1992, 810; Kraus-Grünewald, Zur Bewertung von Halb- und Fertigerzeugnissen mit den Herstellungskosten, ZfbF 1994, 32; Kühnberger, Planmäßige Abschreibungen als Bestandteil der Herstellungskosten, BB 1997, 672; Kupsch, Betriebswirtschaftliche Funktionsanalyse und ihre Bedeutung für die Ermittlung von Herstellungskosten im Jahresabschluß, FS Heinen, 1989, 235; Küting, Aktuelle Probleme bei der Ermittlung der handelsrechtlichen Herstellungskosten, BB 1989, 587; Küting, Auswirkungen des neuen Handelsbilanzrechts auf die Wertuntergrenze der steuerrechtlichen Herstellungskosten, GmbHR 1987, 359; Küting/Lorson, Grundsatzfragen der Ermittlung von Herstellungskosten in der Handelsbilanz, DStR 1994, 666; Küting/Lorson, Kritische Anmerkungen zum Umfang der Herstellungskosten in der Steuerbilanz im Spiegel von Literatur und BFH-Rechtsprechung, DStR 1994, 729; Märkle, Herstellungs- und Erhaltungskosten bei Gebäuden, 8. Aufl. 2011; Mellwig, Herstellungskosten und Realisationsprinzip, FS Budde, 1995, 397; Moxter, Kosten der allgemeinen Verwaltung als Bestandteil der steuerrechtlich einrechnungspflichtigen Herstellungskosten?, FS Dieter Schneider, 1995, 445; Moxter, Aktivierungspflichtige Herstellungskosten in Handels- und Steuerbilanz, BB 1988, 937; Nordmeyer, Ansatz- und Bewertungsprobleme: Herstellungskosten, in Busse von Colbe/Reinhard, Erste Erfahrungen mit dem neuen Rechnungslegungsvorschriften, 1990, 29; Nordmeyer, Anschaffungs- und Herstellungskosten nach neuem Recht, in Baetge, Bilanzanalyse und Bilanzpolitik, 1989, 215; Ordelheide, Zum Verbot der Aktivierung von Vertriebskosten in den Herstellungskosten gem. § 255 Abs. 2 Satz 6 HGB, FS Forster, 1992, 507; Pezzer, Die Instandsetzung und Modernisierung von Gebäuden nach der jüngsten Rechtsprechung des BFH, DB 1996, 849; Reintges, Steuerliche Herstellungskosten und neues Handelsrecht, in Mellwig/Moxter/Ordelheide, Handelsbilanz und Steuerbilanz, 1989, 73; Rößler, Erhaltungsaufwand während der Herstellungsphase eines Gebäudes, DStR 1983, 731; Scharfenberg, Zu der Abgrenzung von Herstellungs- und Erhaltungsaufwand bei der Instandsetzung und Modernisierung von Gebäuden, DStR 1997, 473; Schmeisser/Steinle, Sind die Lohnnebenkosten Bestandteil der handelsbilanziellen Wertuntergrenze der Herstellungskosten gemäß § 255 Abs. 2 HGB?, DB 1987, 2317; Schneeloch, Herstellungskosten in Handels- und Steuerbilanz, DB 1989, 285; Seeger, Die neue handelsrechtliche Definition der Herstellungskosten und die Bewertungswahlrechte des § 255 HGB, StBJb 1987/1988, 1988, 91; Selchert, Probleme der Unter- und Obergrenze von Herstellungskosten, BB 1986, 2298; Siegel, Herstellungskosten und Grundsätze ordnungsmäßiger Buchführung, FS Dieter Schneider, 1995, 635; Spindler, Zur Abgrenzung von Herstellungs- und Erhaltungsaufwand bei Instandsetzungs- und Modernisierungsmaßnahmen an Gebäuden, DStR 1996, 765; Stuible/Treder, Zur Abgrenzung von Herstellungskosten und Erhaltungsaufwand bei Ortsnetzen der Versorgungswirtschaft, BB 1993, 1628; Weber, Die Einordnung von Sondereinzelkosten des Vertriebs aus handelsrechtlicher Sicht, DB 1987, 393; Wichmann, Herstellung von Beteiligungen, BB 1992, 1241; Wichmann, Die Bedeutung der Herstellung für die Bilanzierung nach dem HGB, DStR 1987, 718; v. Wysocki, Zur Ermittlung der Untergrenze der Herstellungskosten von Vorräten aus betriebswirtschaftlicher Sicht, FS Beusch, 1993, 929.

Schrifttum Abs. 2a: Arbeitskreis „Immaterielle Werte im Rechnungswesen der Schmalenbach-Gesellschaft für Betriebswirtschaft e.V.", Leitlinien zur Bilanzierung selbstgeschaffener immaterieller Vermögensgegenstände des Anlagevermögens nach dem Regierungsentwurf des BilMoG, DB 2008, 1813; Dobler/Kurz, Aktivierungspflicht für immaterielle Vermögensgegenstände in der Entstehung nach dem Regierungsentwurf eines BilMoG, KoR 2008, 485; Hennrichs, Immaterielle Vermögensgegenstände nach dem Entwurf des Bilanzrechtsmodernisierungsgesetzes (BilMoG), DB 2008, 537; Kahle/Haas, Herstellungskosten selbst geschaffener immaterieller Vermögensgegenstände des Anlagevermögens, WPg 2010, 34; Küting/Ellermann, Die Herstellungskosten von selbst geschaffenen immateriellen Vermögensgegenständen des Anlagevermögens, DStR 2010, 1300; Laubach/Kraus/Bornhofen, Die Bilanzierung selbst geschaffener immaterieller Vermögensgegenstände, DB-Beil. 5/2009, 19; Mindermann, Zur Aktivierung selbst erstellter immaterieller Vermögensgegenstände nach dem Entwurf eines Bilanzrechtsmodernisierungsgesetzes (BilMoG), WPg 2008, 273; Schmidt, Grundfragen zur abstrakten Aktivierungsfähigkeit selbst geschaffener immaterieller Vermögensgegenstände des Anlagevermögens, DB 2014, 1273; Seidel/Grieger/Muske, Bilanzierung von Entwicklungskosten nach dem BilMoG, BB 2009, 1286.

Schrifttum Abs. 3: Fasold, Fremdkapitalzinsen und 4. EG-(Bilanz-)Richtlinie, DB 1980, 12; IDW HFA, Die Aktivierung von Fremdkapitalzinsen als Teil der Herstellungskosten, WPg 1974, 324; Köhler, Ausgewählte Einzelprobleme bei der Aktivierung von Fremdkapitalzinsen, StBp 1992, 220; Pyszka, Steuerliche Aspekte des handelsbilanziellen Aktivierungswahlrechtes für Fremdkapitalzinsen als Teil der Herstellungskosten, DStR 1996, 809; Rudolph, Zur Aktivierung von Fremdkapitalzinsen, DB 1975, 1563.

Schrifttum Abs. 4: Goldschmidt/Weigel, Die Bewertung von Finanzinstrumenten bei Kreditinstituten in illiquiden Märkten nach IAS 39 und HGB, WPg 2009, 192; Helke/Wiechens/Klaus, Zur Umsetzung der HGB-Modernisierung durch das BilMoG: Die Bilanzierung von Finanzinstrumenten, DB-Beil. 5/2009, 30; IDW PS 314 nF, Die Prüfung von geschätzten Werten in der Rechnungslegung einschließlich von Zeitwerten, IDW-FN 2009, 415; Klaus/Pelz, Zum Referentenentwurf des Bilanzrechtsmodernisierungsgesetzes (BilMoG): Zeitwertbilanzierung von zu Handelszwecken erworbenen Finanzinstrumenten, DB-Beil. 1/2008, 24; Löw/Scharpf/Weigel, Auswirkungen des Regierungsentwurfs zur Modernisierung des Bilanzrechts auf die Bilanzierung von Finanzinstrumenten, WPg 2008, 1011; Schildbach, Fair Value – Leitstern für Wege ins Abseits, DStR 2010, 69; Schmidt, Die BilMoG-Vorschläge zur Bilanzierung von Finanzinstrumenten, KoR 2008, 1.

Schrifttum IFRS: Ballwieser, IFRS-Rechnungslegung. Konzept, Regeln und Wirkungen. 3. Aufl. 2013; Beck, Änderungen bei der Bilanzierung von Sachanlagen nach IAS 16 durch den Komponentenansatz, StuB 2004, 590; Heyd/Lutz-Ingold, Immaterielle Vermögenswerte und Goodwill nach IFRS, 2005; Kuhn/Hachmeister, Rechnungslegung und Prüfung von Finanzinstrumenten. Handbuch nach IFRS, HGB und EMIR, 2015; Kümpel, Vorratsbewertung und Auftragsfertigung nach IFRS – Grundlagen, Bewertungsverfahren und Folgebewertung, 2005; Kümpel, Bilanzierung und Bewertung des Vorratsvermögens nach IAS 2 (revised 2003), DB 2003, 2609; Tanski, Sachanlagen nach IFRS, 2005; Wohlgemuth/Radde, Der Bewertungsmaßstab „Anschaffungskosten" nach HGB und IAS, WPg 2000, 903; Wohlgemuth/Ständer, Der Bewertungsmaßstab „Herstellungskosten" nach HGB und IAS, WPg 2003, 203.

Übersicht

I. Normzweck

§ 255 definiert bestimmte, entgegen der Überschrift keineswegs alle Bewertungsmaß- **1** stäbe für Vermögensgegenstände, indem er sich auf Anschaffungs- und Herstellungskosten und den beizulegenden Zeitwert konzentriert. Er lässt Bewertungsmaßstäbe für Schulden, insbesondere den Erfüllungsbetrag und den abgezinsten Erfüllungsbetrag (§ 253 Abs. 1 S. 2 und Abs. 2), sowie den gegenüber (fortgeschriebenen) Anschaffungs- oder Herstellungskosten niedrigeren beizulegenden Wert (§ 253 Abs. 2 und 3) außer Acht. Zugleich grenzt er in Abs. 2a Forschung und Entwicklung voneinander ab, was wegen des Verbots der Aktivierung von Forschungsaufwendungen und des Wahlrechts der Aktivierung von Entwicklungsaufwendungen systematisch an verkehrter Stelle geschieht. Die Abgrenzung gehört inhaltlich zu § 248 Abs. 2.

2   Anschaffungs- oder Herstellungskosten sind die Zugangswerte für fremd beschaffte oder selbst erstellte Vermögensgegenstände und bilden zugleich deren Wertobergrenze (§ 253 Abs. 1 S. 1). Anschaffungsvorgänge werden wegen der Pflicht zur Aktivierung sämtlicher Anschaffungskosten streng, Herstellungsvorgänge wegen Wahlmöglichkeiten beim Ansatz der Herstellungskosten nur grds. erfolgsneutral gehalten. Die Funktion von Anschaffungs- oder Herstellungskosten als Wertobergrenze liegt darin, unrealisierte Gewinne zu verhindern (→ § 243 Rn. 28).

3   § 255 definiert in den Abs. 1–3, was Anschaffungs- und Herstellungskosten sind, und konkretisiert damit Zugangswert und Wertobergrenze. Anschaffungs- oder Herstellungskosten fallen gem. Abs. 1–3 nur für Vermögensgegenstände an, nicht jedoch für Rechnungsabgrenzungsposten (§ 250), Sonderposten oder Bilanzierungshilfen (§ 274 Abs. 1 S. 2) und Korrekturposten für Passiva (§ 268 Abs. 3). Diese werden in der Terminologie des Gesetzes nicht bewertet. Auch haben Schulden keine Anschaffungskosten (Abs. 1 S. 2). Jedoch wird die Kategorie in der Literatur auch auf sie übertragen, um einen Referenzpunkt für andere Wertkategorien zu haben, die nach dem Zugang von Schulden am Bilanzstichtag relevant sein können.[1]

II. Anschaffungskosten

4   **1. Definition und Komponenten.** Anschaffungskosten sind Ausgaben, die geleistet werden, um einen Vermögensgegenstand zu erwerben und ihn in einen betriebsbereiten Zustand zu versetzen, soweit sie dem Vermögensgegenstand einzeln zugeordnet werden können. Das Gesetz verwendet statt „Ausgaben" den Ausdruck „Aufwendungen". Aufwendungen sind jedoch periodisierte Ausgaben, so dass Ausgaben der grundlegende Begriff ist.

5   Die Ausgaben müssen geleistet werden und werthaltig sein. Danach zählen zB ausgenutzte Rabatte nicht zu den Anschaffungskosten. So gesehen ist Abs. 1 S. 3 mit dem Verweis, dass Anschaffungspreisminderungen abzusetzen seien, deklaratorisch.

6   Die Ausgaben müssen mit dem Erwerb des Vermögensgegenstandes oder dem Versetzen in den betriebsbereiten Zustand verbunden sein. Zu den Erwerbsausgaben zählen insbesondere der Kaufpreis, Frachtgebühren und Zölle (→ Rn. 25); zu den Ausgaben für das Versetzen in den betriebsbereiten Zustand zählen zB Ausgaben für die Herstellung des Fundamentes einer Maschine und einen Probelauf (→ Rn. 27). Das Gesetz nennt diese den Kaufpreis ergänzenden Ausgaben auch „Nebenkosten" (Abs. 1 S. 2). Anschaffungskosten können auch nachträglich erfolgen. Mehrwertsteuer ist nur dann Bestandteil der Anschaffungskosten, wenn ein Vorsteuerabzug nicht möglich ist.

7   Anschaffungskosten ergeben sich somit nach folgendem Schema:
        Kaufpreis
    –   Anschaffungspreisminderungen
    +   Kosten der Versetzung in die Betriebsbereitschaft
    +   weitere Anschaffungsnebenkosten
    +   nachträgliche Anschaffungskosten
    =   Anschaffungskosten

8   Hierbei ist zu beachten, dass die Kosten mit Ausgaben verbunden (pagatorisch) sein müssen, mithin bilanzrechtlich, nicht kostenrechnerisch zu verstehen sind (→ Rn. 4).

9   **2. Einzelkostenvorbehalt.** Abs. 1 S. 1 enthält einen Verweis auf (ausgabengleiche) Einzelkosten, dessen Bezug unklar ist: Der Verweis kann sich auf Ausgaben für Erwerb und Versetzung in einen betriebsbereiten Zustand beziehen oder allein dem letzten Vorgang vorbehalten sein. Einzelkosten sind solche Kosten, die ohne Schlüsselung einem Bezugsobjekt zugerechnet werden können. Da die Zurechnung direkt erfolgt, heißen sie auch direkte Kosten.

10   Der Verweis auf die Einzelkosten bezieht sich auf den Erwerb und/oder die Versetzung in einen betriebsbereiten Zustand. Jedoch ist die Kategorie der Einzelkosten weit, dh bilanz-

---

[1]   Vgl. insbes. Moxter Bilanzlehre II S. 44; Ballwieser FS Forster, 1992, 56 f.

rechtlich im Gegensatz zur betriebswirtschaftlichen Kostentheorie, zu verstehen. Das zeigt sich zB am Erwerb von Vermögensgegenständen aufgrund einer Mengenrabattstaffelung:

Ein Käufer muss für die ersten 5 Vermögensgegenstände einen Preis von EUR 100/ **11** Stück entrichten; der 6. bis 8. angeschaffte Vermögensgegenstand kostet EUR 90/Stück; ab dem 9. Gegenstand sind EUR 80/Stück zu zahlen. Werden 10 Vermögensgegenstände beschafft, so haben die ersten 5 Gegenstände Anschaffungskosten von EUR 100/Stück, die nächsten 3 solche von EUR 90/Stück und die letzten beiden Anschaffungskosten von EUR 80/Stück. Bei Anschaffung in einer Lieferung erfasst man aber die Vermögensgegenstände zu dem Durchschnittspreis von EUR 93/Stück. Die Durchschnittspreisbildung ist bereits eine Schlüsselung und steht einem streng verstandenen Begriff von Einzelkosten entgegen.

Man kann dieses Argument nur zu entkräften versuchen, indem man das Bezugsobjekt **12** des Anschaffungsvorgangs von 10 einzelnen Vermögensgegenständen auf die Summe der 10 Vermögensgegenstände verschiebt. Das widerspricht der Abgrenzung von Vermögensgegenständen und dem Gebot der Einzelbewertung. Auch geht die Verschiebung des Bezugsobjekts nur bei simultaner Anschaffung der 10 Vermögensgegenstände, sie schafft aber Probleme beim sequentiellen Erwerb über eine längere Frist. Hierbei ändert sich der Durchschnittswert im Zeitablauf; ab der Anschaffung des 6. Vermögensgegenstandes fällt er von EUR 100/Stück auf einen niedrigeren Wert. Um die Änderung zu berücksichtigen, müsste ständig neu bewertet werden. Hierbei belässt man es stattdessen bei den Einzelpreisen.

Der Einzelkostenbegriff wird bilanzrechtlich auf Kostengütermengen, nicht auf Ausga- **13** ben bezogen.[2] Dh Ausgaben für den Fahrer des Kunden, der Maschinen mit dem Lkw vom Lieferanten zum Erwerber transportiert, werden auch dann als Anschaffungsnebenkosten aktiviert, wenn der Fahrer nicht nur eine Maschine pro Transport bringt und nicht stückweise, sondern mit einem Monatslohn bezahlt wird. Würde die Einzelzurechnung hingegen auf Ausgaben bezogen, stellten die Anschaffungsnebenkosten Gemeinkosten dar. Allerdings sind damit nicht beliebig die Fahrerkosten zu aktivieren. Vielmehr gilt das Marginalprinzip, dh es dürfen nur solche Ausgaben berücksichtigt werden, die aufgrund der Anschaffung zusätzlich angefallen sind. Das trifft bei Lohnstunden für eigene, dem Unternehmen zugehörige Fahrer nicht zu.

3. Ausschluss von Finanzierungskosten. Finanzierungskosten sind kein Bestandteil **14** von Anschaffungskosten, auch dann nicht, wenn die direkte Zuordnung der Finanzierung zum Anschaffungsvorgang möglich wäre. Da Eigenkapital nicht explizit entgolten wird, kann nur die Erfassung von Fremdkapitalzinsen interessieren. Hier ergibt sich die Besonderheit, dass Fremdkapitalzinsen unter bestimmten Bedingungen wie Herstellungskosten behandelt werden (→ Rn. 78), während eine vergleichbare Erfassung bei der Ermittlung von Anschaffungskosten nicht möglich ist. Für diese These spricht erstens, dass eine explizite Ausnahmeregelung zur Erfassung von Fremdkapitalzinsen, wie sie bei den Herstellungskosten in Abs. 3 gegeben ist, bei den Anschaffungskosten fehlt, zweitens die Tatsache, dass sich die einrechenbaren Fremdkapitalzinsen bei den Herstellungskosten auf den Zeitraum der Herstellung erstrecken müssen, während Anschaffungsvorgänge nur zu einem Zeitpunkt statt über einen Zeitraum hinweg stattfinden. Der Anschaffungszeitpunkt liegt im Zeitpunkt der Verschaffung der wirtschaftlichen Verfügungsmacht über den Vermögensgegenstand.[3] Nach ADS schließt zwar der Wortlaut von Abs. 3 S. 2 „eine Aktivierung von Zinsen als Anschaffungsnebenkosten nicht prinzipiell aus",[4] aber man muss fragen, was bei Gültigkeit ihrer These die explizite Regelung bei den Herstellungskosten soll. Deshalb überzeugt ihr Hinweis nicht.

Indirekt werden Fremdkapitalzinsen zu Anschaffungskosten, wenn der Verkäufer eines **15** Vermögensgegenstandes seine Zinsen in den Veräußerungspreis einrechnet. Auch wenn es ökonomisch – bei entsprechender Vertragsgestaltung – gleichgültig ist, ob der Lieferant

---

2   Vgl. LdR/Ordelheide, 4. Aufl. 1998, S. 337.
3   Vgl. BeBiKo/Schubert/Hutzler Rn. 20.
4   ADS Rn. 37.

eines Vermögensgegenstandes sich verschuldet und Kreditzinsen im Verkaufspreis weiterreicht oder ob er die Verschuldung unterlässt, einen niedrigeren Preis als bei Fremdfinanzierung, aber zugleich Anzahlungen des Kunden verlangt, sind die beiden Vorgänge bilanzrechtlich unterschiedlich zu behandeln.[5] Anzahlungen werden getrennt vom erworbenen
Vermögensgegenstand bilanziert. Der Vermögensgegenstand ist mit den tatsächlichen
Anschaffungskosten anzusetzen.

16   **4. Nachträgliche Anschaffungskosten.** Das Gesetz nennt in Abs. 1 S. 2 nachträgliche Anschaffungskosten, die in einen Gegensatz zu ursprünglichen Anschaffungskosten zu
stellen sind. Die nachträglichen Anschaffungskosten entstehen (1) bei der Ergänzung, Erweiterung oder Verbesserung eines bereits vorhandenen und aktivierten Vermögensgegenstandes durch Fremdleistungen und (2) durch Veränderungen ursprünglicher Anschaffungspreise. Im ersten Fall ist an Ausgaben für Aufstockungen von Häusern, Anbauten, Mauern
zur Unterteilung von Räumen, Treppen, etc zu denken. Beispiele für den zweiten Fall
resultieren bei rückwirkenden Erhöhungen des Kaufpreises, zB aufgrund von Prozessstreitig-
keiten oder Schiedssprüchen, aber auch bei Preisfestlegungen, die vom Eintritt bestimmter
Ereignisse abhängig gemacht werden.[6] Hierzu zählen auch erst später zu zahlende Straßenan-
lieger- oder Kanalgebühren und Erschließungsbeiträge.

17   Nachträgliche Anschaffungskosten sind abzugrenzen von
(1) laufendem Aufwand für den Vermögensgegenstand, der nicht aktiviert werden darf,
(2) Ausgaben, die an Dritte geleistet werden und einen neuen Vermögensgegenstand
    begründen,
(3) Ausgaben, die der Selbsterstellung eines neuen Vermögensgegenstands dienen und Her-
    stellungskosten sind.

18   Laufender Aufwand sind Ausgaben für die gebrauchsmäßige Nutzung des bereits vorhandenen Vermögensgegenstandes, nicht für seine (wesentliche) Verbesserung oder Erweiterung. Dazu zählen insbesondere laufende Instandhaltungs- und Reparaturausgaben.

19   Neue ursprüngliche anstelle von nachträglichen Anschaffungskosten liegen vor, wenn
mit der Anschaffung ein neuer Vermögensgegenstand entsteht. Damit werden die Kriterien
eines Vermögensgegenstandes und der Einzelbewertung relevant (→ § 246 Rn. 13 ff.,
→ § 252 Rn. 28 ff.).

20   Strittig ist die Behandlung gebraucht erworbener und anschließend selbst umgerüsteter
oder von Grund auf instand gesetzter Vermögensgegenstände. Fraglich ist, ob die damit
verbundenen Ausgaben als sog. anschaffungsnaher Aufwand Anschaffungskosten oder aber
Herstellungskosten oder gar laufenden Aufwand darstellen.[7] Eindeutig ist der Fall, wenn
die Ausgaben dazu dienen, den Vermögensgegenstand in den betriebsbereiten Zustand zu
versetzen, der subjektiv, dh aus der Sicht des Unternehmens, definiert wird. In diesem Fall
liegen Anschaffungskosten vor. Zur Umrüstung oder grundsätzlichen Instandsetzung zählt
jedoch nicht der Erwerb eines Gebäudes in Abbruchabsicht, dessen Abbruch und anschließender Bau eines neuen, völlig veränderten Gebäudes. In diesem Fall ist der alte Vermögensgegenstand untergegangen und ein neuer entstanden, der bei Selbsterstellung Herstellungskosten erzeugt (→ Rn. 52). Für den laufenden Aufwand → Rn. 18.

21   **5. Anschaffungspreisminderungen.** Anschaffungspreisminderungen können in
Form von Rabatten, Boni, Diskonten oder Skonti vorliegen. Rabatte, Boni und Diskonte
werden insbesondere mengen-, betrags- oder kundenzeitabhängig gewährt. Aber auch Jubi-
läumsrabatte sind üblich. Der Rabatt wird zT terminologisch vom Bonus dadurch getrennt,
dass ersterer beim Kauf, letzterer hingegen später eingeräumt wird.[8] Dies wird der Praxis
nur unzulänglich gerecht, weil dann der Ausdruck Treuerabatt als Treuebonus verstanden
werden müsste.

---

5   AA ADS Rn. 36; BeBiKo/Schubert/Hutzler Rn. 501.
6   Vgl. ADS Rn. 45 f.
7   Vgl. ADS Rn. 14.
8   Vgl. Baetge/Kirsch/Thiele Bilanzen S. 197 f.

Je nach Gestaltung kennt der Kunde die Anschaffungspreisminderung zu unterschiedli- **22** chen Zeitpunkten. Beim Kauf bereits bekannte Rabatte, Boni oder Diskonte mindern die Anschaffungskosten unmittelbar. Nachträglich erzielte Preisnachlässe führen zu späteren Anschaffungspreisminderungen derjenigen Vermögensgegenstände, die noch im Bestand des Unternehmens sind. Da insbesondere bei bereits erfolgter Weiterverarbeitung fremd bezogener Vermögensgegenstände die Verfolgung und Korrektur der Anschaffungskosten sehr aufwendig werden kann, sind vereinfachende Korrekturen wie auch das spätere Unterlassen jeglicher Korrektur üblich und erlaubt.

Skonti können innerhalb eines bestimmten Zeitraums ausgenutzt werden, müssen aber **23** nicht beansprucht werden. Damit stellt sich die Frage, welchen Zugangswert Vermögensgegenstände erhalten, solange das Skonto unausgenutzt ist. Hier ist von der empirisch beobachtbaren Verhaltensweise des Kaufmanns bezüglich der Skontoausnutzung auszugehen.

Für den Fall der Nichtausnutzung des Skontos wird zT empfohlen, den Anschaffungs- **24** vorgang in ein reines Erwerbs- und ein Finanzierungsgeschäft zu trennen.[9] Danach wäre der Vermögensgegenstand mit dem Barwert auszuweisen. Der Gedanke überzeugt nicht, weil er dem Prinzip der Erfolgsneutralität des Anschaffungsvorgangs widerspricht. Auch spricht dagegen, dass es selbst bei einer gedanklichen Trennung von zwei Geschäften möglich ist, Fremdkapitalzinsen als Bestandteil der Herstellungskosten zu erfassen. Die Vermischung von Erwerbs- und Finanzierungsvorgang bei der Herstellung wäre mit der Trennung bei der Anschaffung nicht kompatibel.

6. Nebenkosten im Detail. Mit dem Erwerb eines Vermögensgegenstandes sind ins- **25** besondere folgende Nebenkosten verbunden, die als Anschaffungskosten zählen:
– Ausgaben für Vertragsabschluss wie Reisekosten, Maklergebühren, Notariatsgebühren, Übersetzerhonorare,
– öffentliche Abgaben beim Erwerb wie Grunderwerbsteuer und Kapitalverkehrsteuer,
– Ausgaben für Überführung des Gegenstandes in die Verfügungsgewalt wie Frachtgebühren, Rollgelder, weitere Transportkosten,
– Ausgaben in unmittelbarem Zusammenhang mit dem Transport wie Versicherungsgebühren, Kosten für Begleitpersonal,
– öffentliche Abgaben im Zusammenhang mit dem Transport wie Zölle.

Ausgaben zur Entscheidungsvorbereitung und Entscheidungsfindung, zB für Bewer- **26** tungsgutachten, Besichtigung, Beurteilung, werden zT als Anschaffungsnebenkosten angesehen. Das Vorsichtsprinzip steht dem jedoch entgegen. Ihre Aktivierung könnte zum Ausweis des Vermögensgegenstands mit einem Wert führen, der über dem Wert des Gegenstandes beim Erwerb liegt. Auch sind diese Kosten entscheidungsunabhängig, dh sie fallen unabhängig davon an, ob der Vermögensgegenstand erworben wird oder nicht.

Mit der Versetzung des Vermögensgegenstandes in den betriebsbereiten Zustand sind **27** insbesondere folgende Ausgaben als Anschaffungskosten verbunden:
– Ausgaben für den Transport des Vermögensgegenstandes, nachdem die Verfügungsgewalt über ihn bereits erlangt wurde,
– Ausgaben für Einlagerung oder für Aufbereitung des Aufstellungsplatzes,
– Ausgaben zur Überprüfung erstmaliger Bereitschaft (Probelauf),
– Ausgaben für Maßnahmen zur Sicherung der Betriebsgenehmigung (Sicherheitsüberprüfungen, Abnahmen).

7. Besondere Anschaffungsdetails. a) Marktpreisübersteigende Kaufpreise. **28** Marktpreisübersteigende Kaufpreise können gegenüber fremden Dritten und im Konzern bezahlt werden. Die Frage ist, ob sie die Anschaffungskosten bestimmen.

Nach dem Prinzip erfolgsneutraler Zugangsbewertung als Ausfluss des Realisationsprin- **29** zips müssten beliebige Kaufpreise angesetzt werden,[10] weil jede Auf- oder Abwertung

---

9   Vgl. Fülling, Grundsätze ordnungsmäßiger Bilanzierung von Vorräten, 1976, S. 87–89 mwN.
10   Vgl. ADS Rn. 18.

Gewinnkonsequenzen hat. Auch konzernzugehörige Unternehmen sind wie fremde Unternehmen zu behandeln.[11] Eine andere Betrachtung ist geboten, wenn im Konzern die Anschaffungskosten den Zeitwert der bezogenen Vermögensgegenstände erkennbar übersteigen. In diesem Fall gilt der Zeitwert.[12] Bei Beschaffung von konzernfremden Unternehmen kann der unmittelbare Zeitwertansatz erfolgen oder es kann zuerst der Kaufpreis angesetzt werden, der sodann auf den niedrigeren beizulegenden Wert vermindert wird.

30   **b) Kaufpreise in Fremdwährung.** Bei Anschaffungen in Fremdwährung sind folgende Fälle zu unterscheiden:
– Barkauf,
– Kauf gegen Kredit,
– Kauf gegen Kredit mit Abzinsung der Verbindlichkeit,
– Kauf gegen Kredit mit Kursabsicherungsgeschäft.

31   Beim Barkauf mit eigenen Fremdwährungsbeständen ergibt sich kein Problem, wenn der Buchkurs der Fremdwährung dem Tageskurs entspricht. Liegt der Tageskurs niedriger, ist wegen des Imparitätsprinzips die Abwertung auf den Buchkurs geboten. Liegt er höher, könnte man den Anschaffungsvorgang erfolgsneutral (zum Buchkurs) oder gewinnwirksam (zum Tageskurs) vornehmen. Hier wird – mit ADS[13] – für die Erfolgsrealisierung plädiert, denn wenn der Wert des Vermögensgegenstandes nicht über den Anschaffungskosten liegen würde, wie sie mit Hilfe des Tageskurses berechnet werden, wäre es für den Kaufmann vorteilhafter, die Fremdwährung zu verkaufen und die Anschaffung des Vermögensgegenstandes zu unterlassen. Dieses Vorgehen ist auch steuerlich geboten.[14]

32   Bei Kreditkäufen sollten die Anschaffungskosten des Vermögensgegenstandes mit demselben Kurs wie die Verbindlichkeit umgerechnet werden, um die Erfolgsneutralität des Anschaffungsvorgangs zu sichern.[15] Der Kurs zum Erfüllungstag der Verbindlichkeit ist unsicher. Deshalb nimmt man den Briefkurs zum Zeitpunkt des Entstehens der Verbindlichkeit. Die Verbindlichkeit entsteht idR zum Anschaffungszeitpunkt des Vermögensgegenstandes.

33   Bei Anschaffung mit diskontierter Verbindlichkeit gibt es zwei Möglichkeiten, identische Anschaffungskosten anzusetzen: eine ist die Abzinsung der Fremdwährungsverbindlichkeit mit dem ausländischen Geldmarktzins und Umrechnung des abgezinsten Betrags zum Kassakurs („spot rate"-Ansatz), die zweite ist die Umrechnung der Verbindlichkeit zum Devisenterminkurs und ihre Abzinsung mit dem deutschen Geldmarktzins („forward rate"-Ansatz). Der Terminkurs wird dabei mit der Swapsatzformel berechnet, ist also ein rechnerischer Terminkurs.

34   Bei Anschaffung mit kursgesicherter Fremdwährung (Deckungsgeschäft) sind die Anschaffungskosten mit dem Sicherungskurs zu ermitteln, weil andernfalls nicht entstehende Verluste ausgewiesen werden würden.

35   **c) Langfristige Kaufpreisstundung.** Bei langfristiger Kaufpreisstundung (über ein Jahr) sind die Ausgaben auf den Barwert abzuzinsen, um die Anschaffungskosten zu erhalten. Diskontierungssatz ist der fristadäquate Verschuldungssatz. Die Verbindlichkeit wird mit dem Erfüllungsbetrag, verstanden als Nominalwert, angesetzt (§ 253 Abs. 1 S. 2). Der Differenzbetrag zwischen Nominal- und Barwert darf als Disagio aktiviert werden (§ 250 Abs. 3). Steuerlich ist dies zwingend.

36   **d) Ratenkauf.** Der Ratenkauf wird analog der Kaufpreisstundung behandelt.

37   **e) Wertsicherungsklauseln.** Bei Wertsicherungsklauseln werden die Ausgaben für den Erwerb des Vermögensgegenstandes an sich verändernde Preise angepasst, um den Verkäufer gegen Kaufkraftverlust zu sichern. Üblicherweise werden solche Klauseln bei der

---

[11]   Vgl. ADS Rn. 70.
[12]   Vgl. ADS Rn. 71.
[13]   Vgl. ADS Rn. 63: Es zählt der tatsächlich gezahlte Betrag; Umrechnung zum Briefkurs.
[14]   Vgl. BFHE 124, 296 = BStBl. II 1978, 233.
[15]   Vgl. ADS Rn. 63.

Berechnung der Anschaffungskosten vernachlässigt, weil die Verbindlichkeit nicht aufgewertet werden kann. Ist es hingegen geboten, eine Rückstellung für ungewisse Verbindlichkeiten zu bilden, dann erfordert der Grundsatz der Erfolgsneutralität des Anschaffungsvorgangs den Einbezug des Rückstellungsbetrags in die Anschaffungskosten.

f) Zuschüsse. Der Erwerbsvorgang kann durch Zuschüsse, Zulagen, Subventionen, **38** Beihilfen oder Prämien Dritter begünstigt werden. Sie alle werden hier unter den Begriff Zuschüsse subsumiert. Fraglich ist, ob die Zuschüsse im Jahr des Erwerbs des bezuschussten Vermögensgegenstandes erfolgswirksam oder erfolgsneutral zu behandeln sind. Eine erfolgsneutrale Behandlung setzt voraus, dass die Ausgaben für den Erwerb des Vermögensgegenstandes und seine Versetzung in den betriebsbereiten Zustand um den Zuschuss gemindert werden (direkte Methode) oder den ungeminderten Ausgaben als Passivposten gegenübergestellt werden (indirekte Methode).

Die erfolgsneutrale Behandlung im Jahr des Erwerbs verlangt, dass die Zuschüsse dem **39** Unternehmen als ökonomischer Vorteil endgültig zuwachsen (also nicht bedingt zurückzuzahlen sind und keinen Ausgleich für Leistungen des Unternehmens darstellen) und mit dem Erwerb unmittelbar im Zusammenhang stehen (also zB nicht dem Ausgleich bereits entstandener Verluste dienen).

Die indirekte Methode wird mit Verweis auf den richtigen Einblick in die Vermögens-, **40** Finanz- und Ertragslage begründet,[16] weil die Zuschüsse die Beschaffungspreise am Markt und die Abschreibungen nicht beeinflussen würden. Hiergegen wird eingewendet, dass mit den Anschaffungskosten nicht die Kosten am Beschaffungsmarkt, „sondern der Wert des Vermögensgegenstandes für die Unternehmung"[17] wiederzugeben seien. „Die Nichtabsetzung der Zuwendung führt gerade zu einer unzutreffenden Darstellung der Vermögens-, Finanz- und Ertragslage."[18]

Steuerlich schafft R 6.5 Abs. 2 EStR ein Wahlrecht, den Zuschuss ergebniserhöhend **41** oder erfolgsneutral im Jahr des Erwerbs des Vermögensgegenstandes zu behandeln.

g) Tausch. Der Tausch von Vermögensgegenständen ist nicht explizit geregelt. Die **42** Literatur enthält vier Auffassungen zur Berechnung der Anschaffungskosten:
- Die Anschaffungskosten entsprechen dem Buchwert des hingegebenen Vermögensgegenstandes,[19] evtl. nach notwendigen, aber bisher unterlassenen Abschreibungen[20] bzw. erhöht um die durch den Tausch verursachten Ertragsteuerbelastungen.[21]
- Die Anschaffungskosten entsprechen dem Zeitwert des hingegebenen Vermögensgegenstandes,[22] evtl. begrenzt durch den Zeitwert des empfangenen Vermögensgegenstandes.[23]
- Es gibt eine (inhaltlich weitgehend) unbegrenzte Wahlmöglichkeit zwischen den beiden zuerst genannten Auffassungen.[24]
- Es ist der beste Indikator für die zukünftigen Zahlungsströme, die aus der Nutzung des Vermögensgegenstandes resultieren, zu verwenden.[25] „Bei Funktionsgleichheit und etwa gleichen Eigenschaften der Vermögensgegenstände muß daher der Buchwert fortgeführt werden (...)."[26]

Auch wenn die letzte Auffassung bestimmte Schätzprobleme enthält, erscheint sie am **43** angemessensten.

[16] Vgl. Kupsch WPg 1984, 373.
[17] Beck HdR/Ordelheide B 162 aF Rn. 127.
[18] Beck HdR/Ordelheide B 162 aF Rn. 127.
[19] Vgl. HdR/Knop/Küting/Knop Rn. 111; BeBiKo/Schubert/Hutzler Rn. 32.
[20] Vgl. ADS Rn. 90.
[21] Vgl. ADS Rn. 92; BeBiKo/Schubert/Hutzler Rn. 32.
[22] Vgl. Döllerer BB 1966, 1406; ADS Rn. 91; BeBiKo/Schubert/Hutzler Rn. 32.
[23] Vgl. ADS Rn. 91.
[24] Vgl. ADS Rn. 89 und Rn. 93 („Zwischenwerte sind nicht zulässig"); Hopt/Merkt Rn. 5.
[25] Vgl. Beck HdR/Ordelheide B 162 aF Rn. 149–151.
[26] Beck HdR/Ordelheide B 162 aF Rn. 151.

44   **h) Unentgeltlicher Erwerb.** Ähnlich uneinheitlich wie beim Tausch von Vermögensgegenständen sind die Auffassungen über die Behandlung von Vermögensgegenständen, die unentgeltlich erworben wurden. Eine Ausnahme besteht: Unentgeltlich erworbenes Geldvermögen muss angesetzt werden.[27]

45   Nach früherem BeckBilKomm ist primär der gesetzlichen Vorstellung des erfolgsneutralen Anschaffungsvorgangs entsprechend „ein Ansatz zu null Euro geboten".[28] Jedoch könne ein dem Anschaffenden bekannter Zweck der Zuwendung einen gewinnrealisierenden Ansatz rechtfertigen. Das heißt, die Behandlung soll nach Zuwendungszweck erfolgen.[29] Nach ADS sollen die geschenkten Vermögensgegenstände grds. aktiviert werden, jedoch sei ein Ausweis im Inventar hinreichend. Es sei unmöglich, einen Merkposten in der Bilanz zu verlangen.[30]

46   Den Auffassungen kann nicht gefolgt werden. Vermögensgegenstände sind gem. § 246 Abs. 1 vollständig auszuweisen, „soweit gesetzlich nichts anderes bestimmt ist". Der Nichtansatz kann nicht mit Verweis auf eine gesetzlich geregelte Ausnahme vom Vollständigkeitsgebot begründet werden. Man kann das Vollständigkeitsgebot nicht von (mehr oder minder beliebigen) Zuwendungszwecken des Schenkenden abhängig machen. Da sich auch aus den Zielsetzungen der Bilanzierung kein Wahlrecht der Bilanzierung rechtfertigen lässt, sind alle unentgeltlich erworbenen Vermögensgegenstände aktivierungspflichtig.[31] Das betrifft auch solche immateriellen Anlagewerte, die bei Selbsterstellung gem. § 248 Abs. 2 S. 2 nicht aktiviert werden dürfen.[32] Maßgebend für die Anschaffungskosten ist der Marktpreis des Vermögensgegenstandes im Erwerbszeitpunkt.

47   Die Frage der Gewinnwirkung stellt sich nur, soweit eine Kapitaleinlage in Form einer Sacheinlage erfolgt. Hier ist das Gegenkonto zur Verbuchung des Vermögensgegenstands jedoch kein Ertragskonto, sondern die Kapitalrücklage.

48   **i) Leasing.** Sind Leasinggüter dem Leasingnehmer zuzurechnen, so sind die Anschaffungskosten gleich dem Barwert der Leasingraten, soweit diese nicht für Dienstleistungen des Leasinggebers gezahlt werden. Die steuerliche Regelung muss damit nicht übereinstimmen.

49   **j) Anschaffungskosten als Bestandteil eines Gesamtkaufpreises.** Wurde der Anschaffungspreis für eine Gesamtheit von einzelnen Vermögensgegenständen und Schulden, die ein Unternehmen ausmachen, bezahlt, wird die Summe der Zeitwerte der Vermögensgegenstände zum Zeitpunkt des Erwerbs abzgl. Schulden mit dem Kaufpreis verglichen. Übersteigt der Kaufpreis die Summe der Zeitwerte der Vermögensgegenstände abzgl. Schulden, liegt ein derivativer Geschäfts- oder Firmenwert vor, der aktiviert werden muss (§ 246 Abs. 1 S. 4). Bei umgekehrtem Wertverhältnis entsteht ein Zuteilungsproblem für die Ermittlung der Anschaffungskosten. Eine denkbare Lösung besteht in einer Zuteilung des Kaufpreises abzgl. (ggf. korrigierter) Schulden proportional zu den Zeitwerten der Vermögensgegenstände.

50   Die Festlegung einzelner Werte im Kaufvertrag kann nur Indiz für die Anschaffungskosten einzelner Vermögensgegenstände sein. Der Zeitwert (Verkehrswert) im Erwerbszeitpunkt bildet die Wertobergrenze.

51   **8. Regelungen nach IFRS.** Auch nach IFRS sind die Anschaffungskosten grundsätzlich so definiert wie im deutschen Recht. Es sind sämtliche Kosten zu erfassen, die notwendig sind, einen Vermögenswert in einen betriebsbereiten Zustand oder an seinen Betriebsort zu versetzen (IAS 2.10; IAS 16.16 ff.; IAS 38.24 ff.). Allerdings werden Zuschüsse für die Anschaffung eines Vermögenswerts, die zurückbezahlt werden müssen, anders behandelt: Sie

---

[27]   Vgl. BeBiKo/Ellrott/Brendt, 7. Aufl. 2010, Rn. 101; dies ist in späteren Aufl. entfallen.
[28]   BeBiKo/Schubert/Hutzler Rn. 100.
[29]   Vgl. BeBiKo/Schubert/Hutzler Rn. 100.
[30]   Vgl. ADS Rn. 83.
[31]   Vgl. Döllerer BB 1966, 1405; Husemann, Grundsätze ordnungsmäßiger Bilanzierung für Anlagegegenstände, 2. Aufl. 1976, S. 109; Fülling, Grundsätze ordnungsmäßiger Bilanzierung von Vorräten, 1976, S. 93; HdR/Knop/Küting/Knop Rn. 107.
[32]   AA Gelhausen/Fey/Kämpfer S. 89 Rn. 92, die ein Aktivierungswahlrecht befürworten.

müssen den Wertansatz des Vermögenswerts erhöhen bzw. den passiven Abgrenzungsposten mindern. Auch sind Fremdkapitalzinsen, die direkt dem Erwerb eines qualifizierten Vermögenswerts zugeordnet werden können, aktivierungspflichtig (IAS 23.8). Im Gegensatz zum HGB sind ferner unter bestimmten Bedingungen die Kosten für Abbruch oder Entsorgung zu aktivieren (IAS 16.16 (c)).

III. Herstellungskosten

1. Definition und Komponenten. Herstellungskosten sind Ausgaben (das Gesetz 52 sagt Aufwendungen), die durch den Verbrauch von Gütern und die Inanspruchnahme von Diensten für die Herstellung eines Vermögensgegenstandes, seine Erweiterung oder für eine über seinen ursprünglichen Zustand hinausgehende wesentliche Verbesserung entstehen. Sie müssen, soweit sie zeitraumbezogen sind, auf den Zeitraum der Herstellung entfallen. Wenn im Folgenden von Kosten gesprochen wird, ist der Vorbehalt der Ausgabenwirksamkeit zu bedenken (→ Rn. 4). Zum Beispiel kann Material nur zu tatsächlichen Anschaffungskosten, nicht aber fiktiv entgoltenen Wiederbeschaffungskosten in die Herstellungskosten einfließen; es sind Ist-Kosten maßgeblich.[33] Wie bei den Anschaffungskosten müssen die Herstellungskosten werthaltig sein.

Zu den Herstellungskosten zählen Materialkosten, Fertigungskosten, Sonderkosten der 53 Fertigung, Kosten der allgemeinen Verwaltung und Kosten für soziale Leistungen, nicht hingegen Vertriebskosten. Zinsen für Fremdkapital sind terminologisch keine Herstellungskosten (Abs. 3 S. 1), gelten aber unter bestimmten Umständen als solche (Abs. 3 S. 2). Diese umständliche Handhabung erklärt sich aus dem Zusammenhang von Handels- und Steuerbilanz: Steuerrechtlich besteht ein Einbeziehungswahlrecht der Finanzierungskosten in die Herstellungskosten. Wären die Fremdkapitalzinsen definitorisch Bestandteil der Herstellungskosten, so würde steuerrechtlich eine Aktivierungspflicht folgen, sofern nichts anderes geregelt wird. Dieses Ergebnis wollte man vermeiden.

Der Bilanzierende kann bei den Herstellungskosten aus einer Bandbreite von Werten 54 wählen, weil nur Teile der Kosten (Einzel- und bestimmte Gemeinkosten) zwingend anzusetzen sind, während es für andere Teile (weitere Gemeinkosten) Wahlmöglichkeiten gibt. Einrechnungspflichtig sind die Materialeinzelkosten, die Fertigungseinzelkosten und die Sondereinzelkosten der Fertigung sowie angemessene Teile der Materialgemeinkosten, der Fertigungsgemeinkosten und des Werteverzehrs des Anlagevermögens (Abschreibungen), soweit dieser durch die Fertigung veranlasst ist. Hingegen besteht eine Wahlmöglichkeit für den Ansatz von angemessenen Teilen der Kosten der allgemeinen Verwaltung, der Kosten für soziale Einrichtungen des Betriebs, für freiwillige soziale Leistungen, für die betriebliche Altersversorgung und für Fremdkapitalzinsen, soweit sie auf den Zeitraum der Herstellung entfallen. Die Herstellungskostenbandbreite wird durch folgendes Bild verdeutlicht:

Materialeinzelkosten
+ Fertigungseinzelkosten
+ Sondereinzelkosten der Fertigung
+ angemessene Teile der Materialgemeinkosten
+ angemessene Teile der Fertigungsgemeinkosten
+ angemessene Teile des durch Fertigung veranlassten Werteverzehrs des Anlagevermögens (= der Abschreibungen)
= **Herstellungskostenuntergrenze**
+ angemessene Teile der Kosten der allgemeinen Verwaltung
+ angemessene Teile der Kosten für soziale Einrichtungen des Betriebs
+ angemessene Teile der Kosten für freiwillige soziale Leistungen
+ angemessene Teile der Kosten für betriebliche Altersversorgung
= **Herstellungskostenobergrenze ieS**
+ Fremdkapitalzinsen

---

[33] Vgl. Moxter Bilanzrechtsprechung S. 208.

= **Herstellungskostenobergrenze iwS**

55   Die handelsrechtliche Herstellungskostenuntergrenze entspricht der steuerrechtlichen. Nach R 6.3 Abs. 1 EStR sind zwingend anzusetzen: die Materialkosten einschließlich der notwendigen Materialgemeinkosten, die Fertigungskosten, insbesondere Fertigungslöhne, einschließlich der notwendigen Fertigungsgemeinkosten, die Sonderkosten der Fertigung und der Wertverzehr des Anlagevermögens, soweit er durch die Herstellung veranlasst ist. Wahlweise dürfen die nach S. 3 des § 255 Abs. 2 genannten Kosten sowie die Fremdkapitalzinsen angesetzt werden.

56   **2. Ansatzpflichtige Einzelkosten. a) Abgrenzung von Einzel- und Gemeinkosten.** Einzelkosten sind solche Kosten, die ohne Schlüsselung einem Bezugsobjekt zugerechnet werden können. Da die Zurechnung direkt erfolgt, heißen sie auch direkte Kosten (→ Rn. 9). Der Einzelkostenbegriff wird bilanzrechtlich auf Kostengütermengen, nicht auf Ausgaben bezogen.[34] Danach sind zB Fertigungslöhne als Einzelkosten zu verstehen, auch wenn in der Fertigung Tätige stunden- und nicht produktweise bezahlt werden. Nur bei der produktweisen Bezahlung könnte die Schlüsselung entfallen. Bei der stundenweisen Entlohnung wird der Lohn zB minutenweise auf das Produkt umgelegt, mithin geschlüsselt. Diese rein mengenmäßige Schlüsselung ist bilanzrechtlich ungefährlich, gefährdet also nicht die Klassifikation als Einzelkosten. Eine solche mengenmäßige Schlüsselung findet auch statt, wenn im Produktionsprozess eingesetzte Materialien mit einem Mengenrabatt erworben worden sind (→ Rn. 10 ff.).

57   Jedoch ist für die Zuordnung zu Einzelkosten nicht jede Schlüsselung erlaubt. Zum Beispiel erzeugen Abschreibungen Fertigungsgemeinkosten, wenn abnutzbares Anlagevermögen zeitabhängig (zB linear oder degressiv) abgeschrieben wird. Hier findet, anders als beim Fertigungslohn, keine Messung von Kostengütermengen statt. Anders wäre dies nur bei einer leistungsabhängigen Abschreibung, zB nach gefahrenen Kilometern. Dh Gemeinkosten im Sinne des Gesetzes sind Kosten, die eine Verteilungsbasis benötigen, die sich von einer reinen Mengenstruktur unterscheidet.

58   **b) Behandlung unechter Gemeinkosten.** Unechte Gemeinkosten sind Kosten, die bei entsprechender Messung als Einzelkosten erfasst werden könnten, aus Gründen der Aufwandsersparnis aber als Gemeinkosten erfasst werden. Echte Gemeinkosten lassen sich hingegen durch keine Form der Messung als Einzelkosten erfassen.

59   Da die unechten Gemeinkosten nicht als Einzelkosten erfasst wurden, muss man sie schätzen. Soweit sie Material- oder Fertigungsgemeinkosten darstellen, müssen sie in die Herstellungskosten zwingend eingerechnet werden. Zweifellos ist damit die Objektivierbarkeit der Herstellungskostenuntergrenze eingeschränkt. Diese Einschränkung ist hinzunehmen, sie wird durch den Informationszuwachs überkompensiert.

60   **c) Materialeinzelkosten.** Zu den Materialeinzelkosten gehören insbesondere Ausgaben für Rohstoffe sowie für Halb- und Fertigfabrikate. Rohstoffe wie Holz oder Metall sind Hauptbestandteile des Produktes. Ausgaben für Hilfs- und Betriebsstoffe wie Nägel, Schrauben oder Leim werden meist als Gemeinkosten verrechnet, sind aber unechte Gemeinkosten, deren Höhe als Einzelkosten geschätzt werden kann. Es handelt sich bei allen Kosten um mengenabhängige, insofern variable Kosten. Bewertungsbasis für die Einzelkosten sind ihre Anschaffungskosten. Halb- und Fertigfabrikate gehen mit den Herstellungskosten ein.

61   Verpackungsmaterial muss mit der Produktion zusammenhängen, damit die Ausgaben als Materialeinzelkosten zählen (zB die Hülle einer CD). Verbrauchsbedingter Schwund führt ebenfalls zu aktivierungspflichtigen Einzelkosten (zB aufgrund nicht wieder verwendbaren Abfalls bei Holzteilen).[35]

62   Für die Bestandsbewertung und Herstellungskostenermittlung ist der Ausweis unrealisierter Gewinne unzulässig. Hierzu sind Nebenrechnungen vorzunehmen. ADS bringen

---

[34]   Vgl. LdR/Ordelheide, 4. Aufl. 1998, S. 337.
[35]   Vgl. ADS Rn. 144.

folgenden Fall:[36] Einkauf von drei Einheiten Rohstoffen zu 70, 80 und 90. Eine Einheit wird in der betrachteten Periode verarbeitet, zwei liegen am Bilanzierungsstichtag auf Lager. Bei Anwendung der Fifo-Methode für die Lagerbewertung und gleichzeitiger Anwendung der Durchschnittskostenbewertung für das Produkt ergibt sich eine Gesamtbewertung, die unrealisierte Gewinne erzeugt: Der Lagerbestand wird mit 170 bewertet (80 + 90); in das Produkt geht 80 ein. 170 + 80 = 250 übersteigt aber die Summe der Anschaffungskosten von 240. Dies ist unzulässig.

d) Fertigungseinzelkosten. Zu den Fertigungseinzelkosten zählen insbesondere **63** Löhne und Gehälter, soweit sie nicht zu den betrieblichen Sozialkosten oder zur Verwaltung gehören. Neben reinen Produktions-, Werkstatt- und Verarbeitungslöhnen sind auch Überstunden-, Feiertags- und Sonderzuschläge anzusetzen. Dazu zählen auch die Arbeitgeberanteile zur Sozialversicherung und die vom Unternehmen übernommene Lohn- und Kirchensteuer.[37] Sog. Hilfslöhne sind Gemeinkostenbestandteil.

e) Sondereinzelkosten der Fertigung. Sondereinzelkosten der Fertigung fallen zB **64** für Modelle, Entwürfe, Schablonen, Spezialwerkzeuge, Lizenzgebühren (soweit keine Vertriebslizenzen) oder Rezepturen an.

Bei den Sondereinzelkosten der Fertigung ergibt sich die Notwendigkeit der Abgren **65** zung zu nicht aktivierbaren Forschungskosten. Hingegen sind auftrags- oder objektgebundene Kosten, zB für Planung und Konstruktion, aktivierungspflichtige Sondereinzelkosten. Strittig war früher die Behandlung von Kosten für die Weiterentwicklung von bereits in der Produktion befindlichen Produkten. Sie sind nach Abs. 2a jetzt eindeutig aktivierbar.

3. Ansatzpflichtige Gemeinkosten. a) Überblick. Gemeinkosten müssen und dür **66** fen nicht generell als Herstellungskosten angesetzt werden. Für bestimmte Gemeinkostenkomponenten (zB für freiwillige soziale Leistungen) besteht ein Wahlrecht. Für andere Gemeinkosten (zB für Fertigung) besteht die Einrechnungspflicht nur für deren angemessenen Teile. Alle Kosten müssen auf den Zeitraum der Herstellung entfallen.

b) Angemessenheit. Durch die Nebenbedingung der Angemessenheit werden ausge **67** schlossen:[38]
– betriebsfremde Kosten, dh mit dem Sachziel des Betriebs nicht oder allenfalls nur sehr indirekt verbundene Kosten wie Parteispenden, Abschreibungen von Finanzanlagen in einem Produktionsunternehmen, Kosten der Stilllegung von Teilbetrieben,
– periodenfremde Kosten, zB Nachholungen von Pensionsrückstellungen, etwa aufgrund geänderter Sterbetafeln oder verändertem Diskontierungszins, oder Abschreibungen von Forderungen aus Bonitätsgründen,
– außergewöhnliche im Sinne von selten vorkommenden Kosten, zB aufgrund von Wasserschäden, Bränden, Verwüstungen,
– ungewöhnlich hohe Kosten, zB lange Rüstzeiten wegen kleiner Losgrößen,[39]
– Unterbeschäftigungs- oder Leerkosten (= durch Unterbeschäftigung nicht gedeckte Fixkosten).

c) Zeitraum der Herstellung. Der Zeitraum der Herstellung beginnt, wenn Produk **68** tionsmaßnahmen zum ersten Mal vorgenommen werden. Produktion versteht man hierbei üblicherweise in einem technischen Sinne. Kontrovers wird der Einbezug von Kosten zur Vorbereitung der Produktion (zB Planungskosten) diskutiert, die insbesondere bei langfristiger Einzelfertigung bedeutsam sind. Diesbezügliche Einzelkosten müssen einbezogen werden; strittig ist die Behandlung von Gemeinkosten.[40]

---

36 Vgl. ADS Rn. 146.
37 Vgl. ADS Rn. 147.
38 Vgl. ADS Rn. 158.
39 Vgl. Moxter Bilanzlehre II S. 51.
40 Für den Einbezug ADS Rn. 166; aA HdR/Knop/Küting/Knop Rn. 229.

69   Angemessene Teile der Materialgemeinkosten müssen gem. Abs. 2 S. 2 einbezogen werden. Sie umfassen ua Lagerkosten für Fertigungsmaterial, nicht hingegen die Lagerkosten der Fertigprodukte, die zu den Vertriebskosten zählen. Also beginnt der Zeitraum der Herstellung mit dem Zeitpunkt, zu dem der Prozess des Anschaffens der Materialien endet, was den Einbezug von Kosten der Lagerung der Materialien erlaubt[41] und verlangt.

70   Der BFH hat die Beschaffung eines in Abbruchabsicht erworbenen Gebäudes schon zum Zeitraum der Herstellung eines später errichteten anderen Gebäudes gerechnet.[42] Dies wird zT akzeptiert,[43] verstößt aber mE gegen die Abgrenzung von Vermögensgegenständen und den Grundsatz der Einzelbewertung.[44] Das neu errichtete Gebäude ist ein anderer Vermögensgegenstand als das abgerissene und kann nur mit seinen Herstellungskosten aktiviert werden, wozu die Abbruchkosten des alten Gebäudes nicht zählen.[45]

71   Der Zeitraum der Herstellung endet, wenn die Produkte für den bestimmungsgemäßen Gebrauch genutzt werden können. Bei Umlaufvermögen ist das üblicherweise der Zeitpunkt, zu dem die Produkte in das Fertiglager genommen werden.

72   **d) Materialgemeinkosten.** Zu den Materialgemeinkosten gehören die Ausgaben für Hilfsstoffe und Aufwendungen der Einkaufsabteilung, der Warenannahme, der Material- und Rechnungsprüfung, der Materialläger, der Materialverwaltung und -bewachung sowie bestimmte auf Material bezogene Versicherungsprämien und Ausgaben für innerbetrieblichen Transport.[46] Bezüglich der Hilfsstoffe liegen unechte Gemeinkosten vor.

73   **e) Fertigungsgemeinkosten.** Zu den Fertigungsgemeinkosten gehören die nicht als Einzelkosten oder unechte Gemeinkosten erfassten Ausgaben des Fertigungsbereichs, wobei das Gesetz die Abschreibungen auf Fertigungsanlagen terminologisch ausnimmt und gesondert als Wertverzehr des Anlagevermögens benennt. Hierzu zählen zB[47] Ausgaben für Betriebsstoffe einschließlich Energie, soweit nicht als unechte Gemeinkosten erfasst, für Konstruktion, Wartung, Instandhaltung und Reparaturen der Fertigungsanlagen, für Betriebsbauten, Einrichtungen, Werkzeuge und Vorrichtungen, für Betriebsleitung, Werkstattverwaltung und Meister, für Arbeitsvorbereitung, Fertigungs- und Qualitätskontrolle, Transport, Sicherheits- und Unfallverhütungsdienste des Fertigungsbereiches sowie für das Lohnbüro.

74   **f) Wertverzehr des Anlagevermögens.** Wertverzehr des Anlagevermögens ist ein anderer Ausdruck für Abschreibungen. Der Wertverzehr muss durch die Fertigung veranlasst sein, und es dürfen nur angemessene Teile des Wertverzehrs in die Herstellungskosten einbezogen werden. Durch den Bezug auf die Fertigung werden Abschreibungen auf Anlagen des Materialbereichs,[48] des Verwaltungsbereichs und des Vertriebsbereichs ausgeschlossen. Unangemessen sind Abschreibungen auf technisch nicht notwendige Reserveanlagen oder auf stillgelegte oder nicht benutzte Anlagen.

75   **4. Ansatzfähige Gemeinkosten. a) Kosten der allgemeinen Verwaltung.** Zu den Kosten der allgemeinen Verwaltung zählen Gehälter und Löhne, Abschreibungen und sonstige Gemeinkosten des Verwaltungsbereichs.

76   **b) Aufwendungen für soziale Leistungen.** Aufwendungen für soziale Leistungen sind hier der Sammelbegriff für Aufwendungen für soziale Einrichtungen des Betriebs, Aufwendungen für freiwillige soziale Leistungen und Aufwendungen für betriebliche Altersversorgung. Von ihnen dürfen angemessene Teile in die Herstellungskosten einbezogen werden (→ Rn. 54).

---

41   Vgl. ADS Rn. 167.
42   Vgl. BFHE 125, 516 = BStBl. II 1978, 620.
43   Vgl. Beck HdR/Ordelheide B 163 aF Rn. 142 mit Verweis auf die „institutionelle Bilanztheorie", wonach Aktiva (objektivierte) Einzahlungserwartungen repräsentieren (Ertragswertbeiträge).
44   Vgl. BeBiKo/Schubert/Hutzler Rn. 306.
45   Vgl. BeBiKo/Schubert/Hutzler Rn. 313.
46   Vgl. ADS Rn. 172.
47   Vgl. ADS Rn. 175.
48   Vgl. Beck HdR/Ordelheide B 163 aF Rn. 123 (sie sind Materialgemeinkosten); aA ADS Rn. 190.

Zu den sozialen Einrichtungen zählen zB Betriebskantinen, Sporteinrichtungen, Erho- **77**
lungsheime, Unfallstationen und der Betriebsarzt.[49] Zu den freiwilligen Leistungen gehören
zB Jubiläums- und Weihnachtszuwendungen, Beihilfen (zB für Wohnung, Auto, Kleidung)
und Aufwendungen für Betriebsausflüge.[50] Zu den Aufwendungen für betriebliche Altersversorgung gehören Zuführungen zu Pensionsrückstellungen, Beiträge an Pensions- und
Unterstützungskassen und Prämien für Direktversicherungen. Bei Erhöhungen der Pensionsrückstellungen ist der Zinsanteil grundsätzlich zu eliminieren. Soweit er zur Finanzierung
des hergestellten Vermögensgegenstandes dient, kann er in die Herstellungskosten einbezogen werden.[51]

c) Fremdkapitalzinsen. Fremdkapitalzinsen sind keine Herstellungskosten; jedoch **78**
dürfen sie unter bestimmten Bedingungen angesetzt werden (→ Rn. 53). Verlangt wird ein
sachlicher und ein zeitlicher Bezug.[52] Sachlich muss das Fremdkapital, dessen Zinsen erfasst
werden, zur Finanzierung der Herstellung eines Vermögensgegenstandes verwendet werden;
zeitlich müssen die diesbezüglichen Zinsen auf den Zeitraum der Herstellung entfallen.

Der sachliche Bezug liegt nur selten eindeutig vor, so zB, wenn ein Kreditvertrag unter **79**
Bezug auf die Herstellung abgeschlossen wird; idR ist die Zuordnung von Kapital auf
beschaffte oder selbsterstellte Aktiva willkürlich. Nach ADS kann im Allgemeinen vereinfachend davon ausgegangen werden, dass die Vermögensgegenstände entsprechend der bilanziellen Kapitalstruktur finanziert werden.[53] Dies ist erlaubt, sollte jedoch auf die Fälle
beschränkt bleiben, in denen keine individuelle Zurechnung möglich oder wesentlich ist.[54]

Das gebundene Kapital darf vereinfacht als Durchschnittswert berechnet werden. Bei **80**
dem Zinssatz ist nicht von aktuellen Kapitalmarktsätzen, sondern den tatsächlich geleisteten
Zinsen auszugehen. Schwanken sie im Zeitablauf, ist auch hier eine Durchschnittsberech-
nung der Zinsen erlaubt. Etwaige Disagio- oder Agiobeträge sind zeitanteilig zu erfassen.[55]

Für die Berücksichtigung der Fremdkapitalzinsen gilt wie bei anderen Bewertungsme- **81**
thoden das Gebot der Bewertungsmethodenstetigkeit.[56]

5. Vertriebskosten. Vertriebskosten sind keine Herstellungskosten und müssen deshalb **82**
von diesen eindeutig abgegrenzt werden. Zum Vertrieb zählen insbesondere Maßnahmen
der Marktforschung, Werbung, Auftragserlangung, des Verkaufs, der verwaltungsmäßigen
Auftragsabwicklung, des Transports, der Lagerung, des Versands und des Kundendienstes.
Die Werthaltigkeit der zugehörigen Ausgaben steht in Frage.

Probleme der Abgrenzung bestehen insbesondere bei der Behandlung von Ausgaben für **83**
die Vorbereitung und Erlangung von Aufträgen, für Verpackung und Lagerung. Unterschiedliche Meinungen gelten für Kosten der Auftragsvorbereitung und Auftragserlangung, die bei
Einzelfertigung wesentliche Bedeutung haben. Der Ansatz von Einzelkosten des Auftrags ist
nach mehreren Quellen zulässig.[57] Gelegentlich wird verlangt, dass nur solche Kosten der Auftragsvorbereitung einbezogen werden dürfen, die nach Auftragserlangung angefallen sind.[58]
Nach Ordelheide ist die spezielle Verbindung der Ausgaben mit Produktion und Verkauf zu
untersuchen.[59] Oft ist eine eindeutige Zuordnung unmöglich. Dann soll die dominante Funktion der Kosten den Ausschlag geben. In jedem Fall müssen die Kosten werthaltig sein.

Verpackungen sind danach zu unterscheiden, ob sie nötig sind, damit der Vermögensge- **84**
genstand aufgrund seiner Eigenart absatzfähig wird. Hier ist an Flaschen, Tüten oder Beutel

---

[49] Vgl. ADS Rn. 197.
[50] Vgl. ADS Rn. 198.
[51] Vgl. ADS Rn. 199.
[52] Vgl. ADS Rn. 202.
[53] Vgl. ADS Rn. 204.
[54] Vgl. Ordelheide FS Forster, 1992, 516.
[55] Vgl. Beck HdR/Ordelheide B 163 aF Rn. 186.
[56] Vgl. ADS Rn. 210; aA BeBiKo/Schubert/Hutzler Rn. 502: Bewertungshilfe statt Bewertungswahlrecht.
[57] Vgl. Selchert BB 1986, 2305; Förschle ZfB-Ergänzungsheft 1/1987, 103; Weber DB 1987, 398; aA Döllerer BB-Beil. 12/1987, 8.
[58] Vgl. ADS Rn. 214; einrechnungspflichtig nach BeBiKo/Schubert/Hutzler Rn. 399.
[59] Vgl. Ordelheide FS Forster, 1992, 516.

für Getränke, Tuben oder sonstige Spender für Zahnpasta oder Kartons für Waschmittel zu denken. Dies gilt nach der Rechtsprechung des BFH als Innenverpackung,[60] und die zugehörigen Ausgaben sind Herstellungskosten. Dies gilt nicht für Verpackungen, die mehrere bereits verpackte Güter zu einer größeren Verkaufseinheit bündeln, zB bei Kartonierung von Schokoriegeln. Hier handelt es sich um Ausgaben für nicht aktivierungsfähige Außenverpackung.

85   Lagerkosten sind nur dann Herstellungskosten, wenn die Lagerung das Produkt verbessert (Käse, Branntwein, Holz) und dessen Wert erhöht.

86   **6. Verbrauchsteuern.** Handelsrechtlich werden bestimmte Verbrauchsteuern (wie Mineralöl-, Tabak- und Biersteuer) anteilig als Sonderkosten der Fertigung zu den Herstellungskosten gerechnet.[61] Da jedoch der BFH die Aktivierung der Biersteuer bei den Herstellungskosten untersagte,[62] wurde im EStG die Aktivierung unter den Rechnungsabgrenzungsposten zur Pflicht, um die ungewünschte Auswirkung der BFH-Rechtsprechung zu vermeiden. Um handelsbilanziell dieselbe Bilanzierung zu ermöglichen, wurde das Aktivierungswahlrecht für bestimmte Zölle und Verbrauchsteuern geschaffen (§ 250 Abs. 1 S. 2 Nr. 1 aF). Dieses ist mit Verabschiedung des BilMoG kompensationslos entfallen.

87   Hintergrund für die Aktivierung der Biersteuer zB ist, dass sie bei Entfernung des Bieres aus der Brauerei auch dann anfällt, wenn das Bier in die eigene Niederlassung oder ein Auslieferungslager verbracht wird, also nicht von einer Leistungsverpflichtung gegenüber Dritten abhängt. Bei noch unverkauftem Bier sollte der aktive Rechnungsabgrenzungsposten verhindern, dass der sich aus der Verbringung ergebende Steueraufwand erfolgswirksam wird. Dasselbe Ergebnis wird schon durch eine Einrechnung der Biersteuer in die Herstellungskosten erreicht.

88   **7. Ausgaben für Erweiterung oder wesentliche Verbesserung.** Herstellungskosten fallen auch bei Erweiterung oder wesentlicher Verbesserung des Vermögensgegenstandes über seinen ursprünglichen Zustand hinaus an (Abs. 2 S. 1). Erweiterung bedeutet Substanzmehrung eines bereits vorhandenen Vermögensgegenstandes, die aber dessen Eigenart unverändert lässt,[63] zB durch Anbau, Aufstockung, Anbringung eines Balkons, Raumteilung durch Mauern. Hingegen führen der Einbau von Rolltreppen oder Fahrstühlen oder der Umbau einer Lagerhalle zu einem Verwaltungsgebäude zu neuen Vermögensgegenständen. Wesentliche Verbesserungen liegen zB beim Ersatz von einfachen Fenstern durch schalldichte oder sonnenabweisende Fenster vor sowie beim Ersatz von Fassaden oder Dächern durch haltbarere Produkte. (Widerlegbare) Indizien für wesentliche Verbesserungen sind[64]
– Änderungen der Funktion des Vermögensgegenstandes,
– wesentliche Erhöhungen der Nutzungsdauer oder Produktionskapazität,
– wesentliche Veränderungen im äußeren Erscheinungsbild,
– unverhältnismäßig hohe Ausgaben in Relation zum Buchwert des Vermögensgegenstandes.

89   Die Erweiterung ist von der Verbesserung häufig nicht eindeutig abzugrenzen, aber auch unnötig, weil die Bilanzierungskonsequenz identisch ist. Wichtig ist hingegen die Abgrenzung eines neu entstehenden Vermögensgegenstandes von einem bereits bestehenden. Der neue Gegenstand ist eigens zu aktivieren und verursacht neue Herstellungskosten. Für die Abgrenzung → Rn. 17 ff.

90   **8. Langfristfertigung.** Näher → § 252 Rn. 68 ff.

91   **9. Übertragung der Herstellungskostenbestimmungen auf Entwicklungsprozesse.** Abs. 2a überträgt die Regelungen zur Bestimmung der Herstellungskosten auf Entwicklungsprozesse. Er grenzt hierzu Forschung von Entwicklung ab, weil für selbst zu

---

60 Vgl. BFHE 125, 70 = BStBl. II 1978, 413 (414); BFHE 151, 191 = BStBl. II 1987, 789.
61 Vgl. ADS Rn. 153; BeBiKo/Schubert/Hutzler Rn. 395.
62 Vgl. BFHE 115, 243 = BStBl. II 1976, 13; BFHE 128, 243 = BStBl. II 1979, 625.
63 Vgl. ADS Rn. 122.
64 Vgl. ADS Rn. 125.

nutzende Forschungsaktivitäten kein Bilanzansatz möglich ist. Das Gesetz definiert: „Entwicklung ist die Anwendung von Forschungsergebnissen oder von anderem Wissen für die Neuentwicklung von Gütern oder Verfahren oder die Weiterentwicklung von Gütern oder Verfahren mittels wesentlicher Änderungen. Forschung ist die eigenständige und planmäßige Suche nach neuen wissenschaftlichen oder technischen Erkenntnissen oder Erfahrungen allgemeiner Art, über deren technische Verwertbarkeit und wirtschaftliche Erfolgsaussichten grundsätzlich keine Aussagen gemacht werden können." (Abs. 2a S. 2 und 3).

10. Regelungen nach IFRS. Die Herstellungskostendefinition für Vorräte ergibt sich 92 nach IAS 2.12–22. Es gilt ein Vollkostenansatz, weil Herstellungskosten „systematisch zugerechnete fixe und variable Produktionsgemeinkosten" (IAS 2.12) umfassen. „Die Zurechnung fixer Produktionsgemeinkosten zu den Herstellungskosten basiert auf der normalen Kapazität der Produktionsanlagen" (IAS 2.13). Bei Kuppelprodukten sollen die Kosten den Produkten auf einer vernünftigen und sachgerechten Basis zugerechnet werden (IAS 2.14). Der Einbezug nicht produktionsbezogener Gemeinkosten oder von Kosten der Produktionsentwicklung für bestimmte Kunden „kann (…) sachgerecht sein" (IAS 2.15). Vertriebskosten sind keine Herstellungskosten (IAS 2.16). Fremdkapitalkosten, die direkt dem Bau oder der Herstellung eines qualifizierten Vermögenswertes zugeordnet werden können, sind als Teil der Herstellungskosten zu erfassen (IAS 23.8).

Die Herstellungskosten für Sachanlagen sind in IAS 16.16–22 definiert. Hierzu können, 93 anders als nach HGB, auch Abbruch- und Beseitigungskosten zählen (IAS 16.16 (c)).

Entwicklungskosten sind nach IFRS bei Erfüllung bestimmter Voraussetzungen zwin- 94 gend zu aktivieren (IAS 38.57). IAS 38.65–67 definiert die Herstellungskosten eines selbst geschaffenen immateriellen Vermögenswerts. Zu ihnen gehören „alle direkt zurechenbaren Kosten, die erforderlich sind, den Vermögenswert zu entwerfen, herzustellen und so vorzubereiten, dass er für den vom Management beabsichtigten Gebrauch betriebsbereit ist" (IAS 38.66). Keine Herstellungskosten sind „(a) Vertriebs- und Verwaltungsgemeinkosten sowie sonstige allgemeine Gemeinkosten, es sei denn, diese Kosten dienen direkt dazu, die Nutzung des Vermögenswerts vorzubereiten; (b) identifizierte Ineffizienzen und anfängliche Betriebsverluste, die auftreten, bevor der Vermögenswert seine geplante Ertragskraft erreicht hat; und (c) Ausgaben für die Schulung von Mitarbeitern im Umgang mit dem Vermögenswert" (IAS 38.67). Die Einbeziehung von Fremdkapitalkosten richtet sich nach der Regelung für qualifizierte Vermögenswerte (IAS 23 und Rn. 91).

IV. Beizulegender Zeitwert

1. Bedeutung. Der beizulegende Zeitwert ist relevant (1) für dem Handelsbestand 95 zugeordnete Finanzinstrumente von Kredit- und Finanzdienstleistungsinstituten (§ 340e Abs. 3 S. 1), (2) für Vermögensgegenstände, die ausschließlich der Erfüllung von Schulden aus Altersversorgungsverpflichtungen oder vergleichbaren langfristig fälligen Verpflichtungen dienen (§ 246 Abs. 2 S. 2; sog. Deckungsvermögen, → § 246 Rn. 137), (3) für Rückstellungen für Altersversorgungsverpflichtungen, soweit sich deren Höhe ausschließlich nach dem beizulegenden Zeitwert von Wertpapieren des Anlagevermögens bestimmt (§ 253 Abs. 1 S. 3; sog. fondsgebundene Altersversorgungsverpflichtungen), (4) für die Kapitalkonsolidierung im Konzernabschluss nach der Erwerbsmethode (§ 301 Abs. 1 S. 2) und für die Erläuterungspflichten im Anhang gem. § 285 Nr. 19 (Derivate) sowie Nr. 18 und Nr. 20 (Bewertungsergebnisse bei Finanzinstrumenten). Die im RegE des BilMoG für alle Kaufleute vorgesehene Bewertung von zu Handelszwecken erworbenen Finanzinstrumenten (§ 253 Abs. 1 S. 3 RegE) mit dem beizulegenden Zeitwert wurde hingegen auf Intervention des Bundesrates nicht umgesetzt.

Der beizulegende Zeitwert ist abzugrenzen von dem inhaltlich nicht identischen, als 96 Wertuntergrenze von Vermögensgegenständen fungierenden beizulegenden Wert iSd § 253 Abs. 3 und 4, bei dem unternehmensspezifische Elemente zum Tragen kommen können.

Seine Definition in Abs. 4 ersetzt die in § 285 S. 3–6 aF enthaltene Regelung im Zusammenhang mit Angabepflichten für bestimmte Finanzinstrumente.

97   **2. Definition und Ermittlung.** Abs. 4 definiert den beizulegenden Zeitwert als Marktpreis eines aktiven Marktes. Ersatzweise ist er mit Hilfe allgemein anerkannter Bewertungsmethoden zu bestimmen. Die Regelung lässt offen, (1) wie der Marktpreis zu verstehen ist (als Beschaffungs- oder Absatzmarktpreis), (2) was ein aktiver Markt ist und (3) welche Bewertungsmethoden allgemein anerkannt sind, um bei fehlendem aktiven Markt den beizulegenden Zeitwert zu ermitteln.

98   Nur auf vollkommenen und (unter Berücksichtigung von Unsicherheit) vollständigen Märkten sind Beschaffungs- und Absatzmarktpreise identisch. Der Verweis auf den Marktpreis (eines aktiven Marktes) lässt deshalb offen, von welcher Marktseite auszugehen ist, um den beizulegenden Zeitwert zu bestimmen. Die Begründung des BilMoG-RegE klärt diese Frage nicht, wenn sie auf einen öffentlich notierten Marktpreis ohne Paketzu- oder -abschläge verweist.[65] Die Kommentierung definiert ihn mit Verweis auf IDW PS 314 nF Rn. 15 als den „Betrag, zu dem zwischen sachverständigen, vertragswilligen und voneinander unabhängigen Kfl ein VG getauscht oder eine Verbindlichkeit beglichen werden könnte (…). IW entspricht er demnach dem Einzelveräußerungspreis des VG bzw. der Schuld."[66] Für die Funktion des beizulegenden Zeitwerts als Bewertungsmaßstab von Deckungsvermögen und fondsgebundener Altersversorgung erscheint dies angemessen. Das Deckungsvermögen ist keineswegs auf Finanzvermögen oder Finanzinstrumente beschränkt, muss jedoch jederzeit einzelverwertbar sein (→ § 246 Rn. 143 f.). Zur Einzelverwertbarkeit passt der Einzelveräußerungspreis. Für viele Finanzinstrumente des Handelsbestands dürfte hingegen die Differenz von Beschaffungs- und Absatzmarktpreisen gering sein, weil diese idR auf relativ friktionslosen Märkten gehandelt werden.

99   Zum aktiven Markt äußert die Begründung des BilMoG-RegE: „Der Marktpreis kann als an einem aktiven Markt ermittelt angesehen werden, wenn er an einer Börse, von einem Händler, von einem Broker, von einer Branchengruppe, von einem Preisberechnungsservice oder von einer Aufsichtsbehörde leicht und regelmäßig erhältlich ist und auf aktuellen und regelmäßig auftretenden Markttransaktionen zwischen unabhängigen Dritten beruht. Das Vorhandensein öffentlich notierter Marktpreise ist der bestmögliche objektive Hinweis für den beizulegenden Zeitwert (…). Vom Vorliegen eines aktiven Marktes kann nicht ausgegangen werden, wenn beispielsweise wegen einer geringen Anzahl umlaufender Aktien im Verhältnis zum Gesamtvolumen der emittierten Aktien nur kleine Volumina gehandelt werden oder in einem engen Markt keine aktuellen Marktpreise verfügbar sind."[67]

100   Der Bezug auf aktuelle und regelmäßig auftretende Markttransaktionen weckt Assoziationen zu liquiden Märkten für homogene Güter.[68] Das passt zu den in der Literatur genannten Indikatoren, die zur Abgrenzung von aktiven Märkten zB auf abweichende Preisquotierungen von Brokern oder Market Makern oder bestimmte Höhen von Geld-/Briefspannen abstellen.[69]

101   Zu den allgemein anerkannten Bewertungsmethoden werden neben einem „Vergleich mit dem vereinbarten Marktpreis jüngerer vergleichbarer Geschäftsvorfälle zwischen sachverständigen, vertragswilligen und unabhängigen Geschäftspartnern"[70] insbesondere Kapitalwertverfahren und Optionspreismodelle[71] gezählt. Obwohl das Gesetz Vergleichsverfahren nicht explizit benennt, sollen diese anderen Verfahren vorgehen. Begründet wird das mit dem Hinweis, dass diejenige Bewertungsmethode zu verwenden sei, „in die in größt-

---

[65] Vgl. BR-Drs. 344/08, 132; Petersen/Zwirner BilMoG S. 214.
[66] BeBiKo/Schubert/Hutzler Rn. 513.
[67] BR-Drs. 344/08, 132; Petersen/Zwirner BilMoG S. 214.
[68] Vgl. hierzu auch Kölner Komm RechnungslegungsR/Ekkenga Rn. 157, der aber wohl die Interpretation als organisierter Markt bevorzugt.
[69] Vgl. Goldschmidt/Weigel WPg 2009, 195 f.; Helke/Wiechens/Klaus DB-Beil. 5/2009; Haufe-HGB/Brinkmann Rn. 228.
[70] BR-Drs. 344/08, 132; Petersen/Zwirner BilMoG S. 214.
[71] Vgl. BeBiKo/Schubert/Hutzler Rn. 519.

möglichem Umfang Marktdaten und so wenig wie möglich unternehmensspezifische Daten einfließen. I.d.R. werden in ein Vergleichsverfahren mehr Marktdaten einfließen als in ein anderes wirtschaftlich anerkanntes Bewertungsverfahren wie z.B. ein Optionspreismodell. Im Ergebnis entspricht die Bewertungshierarchie des § 255 Abs. 4 sowohl § 285 Sätze 3 und 4 HGB aF als auch Art. 42b Abs. 1 der Vierten RL 78/660/EWG".[72]

Stützen könnte man diese These auf den ersten Blick mit der Gesetzesbegründung, **102** die die Notwendigkeit einer verlässlichen Bewertung unter Bezug auf das Vorsichtsprinzip betont.[73] „Von einer nicht verlässlichen Ermittlung des Marktwertes ist beispielsweise auszugehen, wenn die angewandte Bewertungsmethode eine Bandbreite möglicher Werte zulässt, die Abweichung der Werte voneinander signifikant ist und eine Gewichtung der Werte nach Eintrittswahrscheinlichkeiten nicht möglich ist."[74] Ein zweiter Blick lässt erkennen, dass auch Vergleichsverfahren zahlreiche subjektive Einschätzungen benötigen hinsichtlich der Vergleichbarkeit von Geschäftsvorfällen sowie der Relevanz historischer Transaktionen.[75] Die hierbei meist nötigen Bereinigungsschritte[76] tragen ähnlich zur Entobjektivierung bei wie die Verwendung von Bewertungsverfahren.

3. Auffanglösung. Lässt sich der beizulegende Zeitwert weder als Marktpreis noch **103** mittels allgemein anerkannter Bewertungsmethoden bestimmen, sind die Anschaffungs- oder Herstellungskosten gem. § 253 Abs. 4 fortzuführen. Hierbei gilt der zuletzt als Marktpreis auf einem aktiven Markt oder mit Hilfe allgemein anerkannter Bewertungsmethoden ermittelte beizulegende Zeitwert als Anschaffungs- oder Herstellungskosten. Der Verweis auf die gebotene Fortführung der Anschaffungs- oder Herstellungskosten gem. § 253 Abs. 4 soll die Einhaltung des strengen Niederstwertprinzips sichern,[77] wobei als Deckungsvermögen eingesetztes Anlagevermögen wie Umlaufvermögen behandelt wird.[78] Zwar läuft der Verweis auf das strenge Niederstprinzip beim Umlaufvermögen leer, weil ein Börsen- oder Marktpreis oder ein beizulegender Wert nicht zu bestimmen sind.[79] Es werden lediglich der zuletzt ermittelte Marktpreis oder sein Surrogat festgeschrieben. „Von einer Rückkehr zum strengen Niederstwertprinzip (…) kann dann freilich nicht mehr gesprochen werden; vielmehr gilt das Prinzip: Der einmal gefundene Zeitwert ist unumkehrbar, soweit es die planmäßige Bewertung betrifft."[80] Dies kann hingegen bei abnutzbarem Anlagevermögen als Deckungsvermögen, das ebenfalls nach dem strengen Niederstwertprinzip zu bewerten ist, anders sein.

4. Regelungen nach IFRS. Der beizulegende Zeitwert spielte in zahlreichen IFRS **104** mit teilweise abweichenden Definitionen eine Rolle. Im Jahr 2005 wurde deshalb ein Projekt aufgesetzt, wonach der beizulegende Zeitwert vereinheitlicht werden sollte, was im Mai 2011 zu IFRS 13 führte, der ab dem Jahr 2013 auch in der EU gilt, aber vorher angewendet werden durfte.

IFRS 13 definiert den beizulegenden Zeitwert und die neue Definition ersetzte – mit **105** zwei Ausnahmen (IAS 19.8; IFRS 2 Anh. A) – eine in den einzelnen Standards enthaltene abweichende Regelung. Danach wird „der beizulegende Zeitwert als der Preis definiert, der in einem geordneten Geschäftsvorfall zwischen Marktteilnehmern am Bemessungsstichtag für den Verkauf eines Vermögenswerts eingenommen bzw. für die Übertragung einer Schuld gezahlt würde" (IFRS 13.9). Für seine Bemessung „wird davon ausgegangen, dass der Geschäftsvorfall, in dessen Rahmen der Verkauf des Vermögenswerts oder die Übertragung der Schuld erfolgt, entweder auf dem (a) Hauptmarkt für den Vermögenswert oder

---

72 Haufe-HGB/Brinkmann Rn. 244.
73 BR-Drs. 344/08, 132; Petersen/Zwirner BilMoG S. 214.
74 BR-Drs. 344/08, 132; Petersen/Zwirner BilMoG S. 214.
75 Zu Recht krit. hierzu Schildbach DStR 2010, 72; Kölner Komm RechnungslegungsR/Ekkenga Rn. 160.
76 Vgl. hierzu auch Haufe-HGB/Brinkmann Rn. 247.
77 Vgl. BeBiKo/Schubert/Hutzler Rn. 521.
78 Vgl. Gelhausen/Fey/Kämpfer S. 34 Rn. 60; Haufe-HGB/Brinkmann Rn. 250.
79 IdS auch Kölner Komm RechnungslegungsR/Ekkenga Rn. 163: „Indes ist nicht auf Anhieb klar, wie das funktionieren soll (…)". So auch HKMS/Krumm Rn. 101.
80 Kölner Komm RechnungslegungsR/Ekkenga Rn. 164.

die Schuld stattfindet, oder (b) auf dem vorteilhaftesten Markt für den Vermögenswert bzw. die Schuld, sofern kein Hauptmarkt vorhanden ist" (IFRS 13.16, i.O. zT hervorgehoben).

106   Für die Marktteilnehmer wird unterstellt, dass sie in ihrem wirtschaftlich besten Interesse handeln (IFRS 13.22), und für den Preis gilt: „Der beizulegende Zeitwert ist der Preis, den man in einer gewöhnlichen Transaktion in dem Hauptmarkt (oder dem vorteilhaftesten Markt) am Bewertungsstichtag unter aktuellen Marktbedingungen beim Verkauf eines Vermögenswerts erhalten würde oder bei der Übertragung einer Schuld zu zahlen hätte (dh ein Abgangspreis), unabhängig davon, ob dieser Preis direkt beobachtbar ist oder unter Verwendung eines anderen Bewertungsverfahrens geschätzt wurde." (IFRS 13.24).

107   Der derart ermittelte Preis „ist nicht um Transaktionskosten zu bereinigen. Transaktionskosten sind in Übereinstimmung mit anderen IFRS zu bilanzieren" (IFRS 13.25). „Transaktionskosten enthalten keine Transportkosten. Falls der Standort ein Merkmal für den Vermögenswert ist (wie es beispielsweise bei einem Rohstoff der Fall sein könnte), ist der Preis in dem Hauptmarkt (oder dem vorteilhaftesten Markt) gegebenenfalls um die Kosten zu bereinigen, die beim Transport des Vermögenswerts von seinem aktuellen Standort zu diesem Markt entstehen würden." (IFRS 13.26).

108   IFRS 13.61 verlangt bei Anwendung eines Bewertungsverfahrens: „Ein Unternehmen hat Bewertungsverfahren zu verwenden, die unter den Umständen angemessen sind und für die genügend Datenmaterial zur Verfügung steht, um den beizulegenden Zeitwert durch Maximierung der Verwendung von relevanten beobachtbaren Eingangsparametern und durch Minimierung der Verwendung von nicht beobachtbaren Eingangsparametern zu ermitteln." Als weit gebräuchliche Bewertungsverfahren werden die Marktmethode, die Kostenmethode und die Kapitalwertmethode genannt (IFRS 13.62) Für deren Anwendung gilt grds. ein Stetigkeitsgebot (IFRS 13.65).

109   „Um die Vergleichbarkeit und Stetigkeit bei Bewertungen zum beizulegenden Zeitwert und den zugehörigen Angaben zu erhöhen, legt dieser IFRS eine Hierarchie für den beizulegenden Zeitwert fest, die die in die Bewertungsverfahren zur Ermittlung des beizulegenden Zeitwerts eingehenden Eingangsparameter drei Stufen (…) zuordnet. Die Hierarchie räumt den an aktiven Märkten für identische Vermögenswerte oder Schulden notierten (unverändert übernommenen) Preisen (Eingangsparameter der Stufe 1) höchste Priorität und den nicht beobachtbaren Eingangsparametern (Eingangsparameter der Stufe 3) geringste Priorität ein." (IFRS 13.72).

110   Der aktive Markt wird definiert als „Markt, in dem Transaktionen über den Vermögenswert oder die Schuld mit ausreichender Häufigkeit und ausreichendem Volumen stattfinden, um fortlaufend Preisinformationen bereitzustellen." (IFRS 13.A). Die Liquidität im Sinne der Abwicklung einer größeren Transaktion ohne starke Preiswirkung wird seltsamerweise nicht betont.

111   Für die nicht beobachtbaren Eingangsparameter der dritten Stufe gilt: „Ein Unternehmen hat unter Verwendung der unter den Umständen am besten verfügbaren Informationen, die eigene Daten des Unternehmens enthalten könnten, nicht beobachtbare Eingangsparameter zu entwickeln. Bei der Entwicklung nicht beobachtbarer Eingangsparameter kann ein Unternehmen mit seinen eigenen Daten beginnen, aber es hat diese Daten anzupassen, falls angemessenerweise verfügbare Informationen darauf hindeuten, dass andere Marktteilnehmer unterschiedliche Daten verwenden würden oder es eine Unternehmensbesonderheit gibt, die anderen Marktteilnehmern nicht zur Verfügung steht (z.B. eine unternehmensspezifische Synergie). Ein Unternehmen braucht keine allumfassenden Anstrengungen zu unternehmen, um Informationen über die Annahmen der Marktteilnehmer einzuholen. Ein Unternehmen hat jedoch alle Informationen über Annahmen der Marktteilnehmer zu berücksichtigen, die angemessenerweise verfügbar sind. Die in der oben beschriebenen Weise hergeleiteten nicht beobachtbaren Eingangsparameter werden als Annahmen der Marktteilnehmer angesehen und erfüllen die Zielsetzung einer Bewertung zum beizulegenden Zeitwert." (IFRS 13.89).

112   Die Darstellung zeigt, dass (1) keineswegs nur Marktpreise den beizulegenden Zeitwert bestimmen, (2) bei fehlenden oder aussagelosen Marktpreisen Bewertungsmethoden verwendet werden müssen, (3) bei der Anwendung der Bewertungsmethoden der Bewerter sich in die Rolle der Marktteilnehmer versetzen und sein spezifisches Wissen über das Unternehmen vergessen soll, (4) Angemessenheitskriterien angesprochen werden, deren Nachvollziehbarkeit (zwangsläufig) offen bleibt. Es liegt nahe, dass sich hieraus Probleme der Verlässlichkeit ergeben.

§ 256 Bewertungsvereinfachungsverfahren

[1]Soweit es den Grundsätzen ordnungsmäßiger Buchführung entspricht, kann für den Wertansatz gleichartiger Vermögensgegenstände des Vorratsvermögens unterstellt werden, daß die zuerst oder daß die zuletzt angeschafften oder hergestellten Vermögensgegenstände zuerst verbraucht oder veräußert worden sind. [2]§ 240 Abs. 3 und 4 ist auch auf den Jahresabschluß anwendbar.

Schrifttum: Bareis/Elschen/Siegel/Sigloch/Streim, Lifo, Jahresabschlußziele und Grundsätze ordnungsmäßiger Buchführung, DB 1993, 1249; Bäuerle, Praktische Anwendung des LIFO-Verbrauchsfolgeverfahrens, BB 1990, 1732; Bäuerle, Das LIFO-Verbrauchsfolgeverfahren, BB 1989, 2435; Forster/Weirich, Lifo-, Fifo- und ähnliche Verfahren nach § 155 Abs. 1 Satz 3 AktG 1965, WPg 1966, 481; Fülling, Grundsätze ordnungsmäßiger Bilanzierung für Vorräte, 1976; Gasper, Die Lifo-Bewertung, 1996; GEFIU, Anwendung der Lifo-Methode im handelsrechtlichen Jahresabschluß, DB 1990, 1977; Herzig, Vorratsbewertung nach der Lifo-Methode ab 1990/1990; Herzig/Gasper, Eine Zwischenbilanz zur Lifo-Diskussion, DB 1992, 1301; Herzig/Gasper, Die Lifo-Methode in der Handels- und Steuerbilanz, DB 1991, 557; Hörtig/Puderbach, Vorratsbewertung nach der Lifo-Methode, DB 1991, 977; Hörtig/Uhlich, Vier Jahre Lifo: Wandel in der Gruppenstruktur, DB 1994, 1045; Jungkunz/Köbrich, Anwendung des Lifo-Verfahrens, DB 1989, 2285; Kronewett/Maisenbacher, Lifo-Bewertung in der NE- und edelmetallbearbeitenden Industrie, FR 1987, 187; Mayer-Wegelin, Die Lifo-Bewertung: Regelungszweck einerseits und Ausgestaltung andererseits, DB 2001, 554; Mayer-Wegelin, Die praktische Anwendung der Lifo-Verfahren nach § 256 HGB, BB 1991, 2256; Mayer-Wegelin, Zum Anwendungsbereich der Lifo-Methode bei der Bewertung von Vorräten, DB 1989, 937; Moxter, Lifo-Methode: Durch Vereinfachungszweck eingeschränkter Geltungsbereich in der Steuerbilanz?, DB 2001, 157; Müller/Gatermann, Zur Zulässigkeit von Indexverfahren bei der Bewertung nach der sogenannten Lifo-Methode, FR 1991, 9; Oechsle/Rudolph, Zur betriebswirtschaftlichen Bedeutung und zu den Anwendungsproblemen des Lifo-Verfahrens in Handels- und Steuerrecht, FS Luik, 1991, 91; Pelzer/Klein, Steuerbilanzpolitik: Bildung stiller Reserven durch Gestaltung des Lifo-Ausgangswerts, DStR 1996, 774; Richter, Nicht „Lifo" und nicht „Fifo", DStR 1994, 575; Schneider/Siegel, Das Index-Lifo-Verfahren als „Fortentwicklung" von Grundsätzen ordnungsmäßiger Buchführung?, WPg 1995, 261; Schulz/Fischer, Die Lifo-Bewertung nach Handels- und Steuerrecht, WPg 1989, 489, 525; Siegel, Grundsatzproblem der Lifo-Methode und des Index-Verfahrens, DB 1991, 1941; Siepe/Husemann/Borges, Ist das Index-Verfahren mit den Grundsätzen ordnungsmäßiger Buchführung vereinbar?, WPg 1995, 365; Siepe/Husemann/Borges, Das Index-Verfahren als Bewertungsvereinfachungsverfahren iSd. § 256 HGB, WPg 1994, 645; Stalschus, Risiken im Vorratsvermögen, in IDW, Risiken erkennen – Risiken bewältigen, 1989, 129; Treptow/Weismüller, Die Bewertung des Vorratsvermögens nach der Lifo-Methode, WPg 1991, 571; Unverricht, Bewertung von Erzeugnisbeständen des Vorratsvermögens, DB 1988, 1560; Weber/Standke, Vorratsbewertung und Lifo-Verfahren, BB 1993, 393.

Schrifttum IFRS: Kümpel, Bilanzierung und Bewertung des Vorratsvermögens nach IAS 2 (revised 2003), DB 2003, 2609.

Übersicht

I. Normzweck

Die Regelung erlaubt vereinfachte Bewertungen von gleichartigen Vermögensgegen- **1** ständen des Vorratsvermögens, indem die Anschaffungs- oder Herstellungskosten aufgrund von bestimmten Verbrauchsfolgeannahmen ermittelt oder mittels Fest- oder Gruppenbewertung (letztere mit Durchschnittswerten) angesetzt werden dürfen. Zur Gleichartigkeit → § 240 Rn. 28. Während die Fest- und Gruppenbewertung schon beim Inventar erlaubt war (→ § 240 Rn. 18 ff.), geht die Bewertung mit Verbrauchsfolgeverfahren darüber hinaus. Die auch als Sammelbewertung bezeichneten Verfahren tragen erheblich zur Arbeitserleichterung, Zeit- und Kostenersparnis bei. Aufgrund des Niederstwertprinzips gebotene oder erlaubte Wertanpassungen bleiben davon unberührt (→ § 253 Rn. 54 ff.).

II. Bewertungsverfahren

2   **1. Überblick.** Das Gesetz verweist auf die Unterstellungen, „daß die zuerst oder daß die zuletzt angeschafften oder hergestellten Vermögensgegenstände zuerst verbraucht oder veräußert worden sind". Daraus lassen sich explizit das Fifo- (first in, first out) und das Lifo-Verfahren (last in, first out) ableiten. Beide sind zeit- und mengenbezogene Verfahren. Darüber hinaus wird das Lifo-Verfahren aber auch als wertbezogenes Verfahren diskutiert (Index-Lifo-Verfahren).[1] Die nach altem HGB mit Verweis auf eine sonstige bestimmte Folge denkbaren Verfahren wie Hifo- (highest in, first out), Lofo- (lowest in, first out), Kifo- (Konzern in, first out) und Kilo-Verfahren (Konzern in, last out) sind durch den geänderten Wortlaut ausgeschlossen.

3   **2. GoB-Entsprechung.** Die Wahl des Verfahrens wird durch die GoB begrenzt. Die GoB verlangen eine zweckgerechte Bewertung, was hier bedeutet, dass die Aspekte der Bewertungsvereinfachung einerseits und die allgemeinen Bilanzierungsziele andererseits zu beachten sind.

4   Um Bewertungsvereinfachungen zu erlauben, kann es nicht darauf ankommen, dass die unterstellte Verbrauchs- oder Veräußerungsfolge der tatsächlichen entspricht. Jedoch wird nach hM die Unterstellung einer Verbrauchsfolge dann als unerlaubt angesehen, wenn sie gegenüber der tatsächlichen Folge undenkbar erscheint, zB wenn verderbliche Waren nach der Lifo-Methode bewertet werden sollen.[2] Dies kann man zB mit dem Grundsatz der Willkürfreiheit begründen; → § 243 Rn. 12 f.

5   **3. Verfahrensarten. a) Fifo-Methode.** Die Fifo-Methode unterstellt, dass die zuerst zugegangenen Vermögensgegenstände zuerst abgehen. Bei Bestands- und Preisänderungen gehen damit die letzten Zugänge mit zeitnahen Werten in den Bestand, die ersten Zugänge mit zeitfernen Werten in den Verbrauch. Das führt zu Thesen, dass die Vermögenslage gut, die Ertragslage schlecht abgebildet werde. So führe das Verfahren bei steigender Preistendenz dazu, dass „somit ggf. Scheingewinne ausgewiesen werden".[3]

6   Hier sind Vorbehalte geboten, weil Scheingewinne mit dieser Aussage erst implizit definiert werden. Offenbar wird (1) von der Notwendigkeit der Wiederbeschaffung der verbrauchten oder veräußerten Vorräte und (2) der Prognoseeignung des Jahreserfolges für die Zukunft, sei es in Form von einem absolut gleich bleibenden Betrag oder sich darstellenden Tendenzen im Hinblick auf Steigerung oder Senkung der Gewinne, ausgegangen. Beides ist alles andere als selbstverständlich. Angesichts imparitätischer Bewertung ist die Prognoseeignung überhaupt nicht zu erwarten: Unrealisierte Verluste werden immer antizipiert, während unrealisierte Gewinne nicht vorweggenommen werden dürfen. Schon das mindert die Prognoseeignung jeder Erfolgsziffer. Verschätzungen bei unsicheren Verbindlichkeiten oder drohenden Verlusten leisten ein Übriges.

7   **b) Lifo-Methode.** Die Lifo-Methode unterstellt, dass die zuletzt zugegangenen Vermögensgegenstände zuerst abgehen. Bei Bestands- und Preisänderungen gehen damit die frühen Zugänge mit zeitfernen Werten in den Bestand, die späten Zugänge hingegen in

---

[1]   Vgl. Siepe/Husemann/Borges WPg 1995, 365; Siepe/Husemann/Borges WPg 1994, 645; Bareis/Elschen/Siegel/Sigloch/Streim DB 1993, 1249; Siegel DB 1991, 1941.

[2]   Vgl. ADS Rn. 16; Wiedmann/Böcking/Gros/Böcking/Gros Rn. 3; aA HdR/Mayer-Wegelin Rn. 21 f.; BeBiKo/Grottel/Huber Rn. 28.

[3]   Wiedmann/Böcking/Gros/Böcking/Gros Rn. 7.

den Verbrauch. Dadurch werde grundsätzlich der Einblick in die Ertragslage verbessert, jedoch würde der zutreffende Vermögensausweis beeinträchtigt.[4] Hier gelten die obigen Einwendungen analog.

Die Lifo-Methode existiert in den Varianten von (mengenbezogenem) permanentem **8** Lifo-, Perioden-Lifo- und (wertbezogenem) Index-Lifo-Verfahren, die bei Bestands- und Preisänderungen unterschiedliche Werte ergeben. Beim **permanenten Lifo-Verfahren** erfasst man die Abgänge unterjährig während des Geschäftsjahrs mit den Wertansätzen der letzten Zugänge. Das setzt eine mengen- und wertmäßige Erfassung aller Zu- und Abgänge während des Geschäftsjahrs voraus und konterkariert das Ziel der Bewertungsvereinfachung. Deshalb ist es in praxi weniger gebräuchlich. Beim **Perioden-Lifo-Verfahren** wird der Bestand lediglich am Ende des Geschäftsjahrs bewertet, wobei der Endbestand – bei einer mengenmäßigen Erhöhung gegenüber dem Anfangsbestand – mit dem Anfangswert und mit den frühesten Zugängen des Geschäftsjahrs bewertet wird. Bei einer Verringerung des Endbestands wird der Anfangswert um den Wert verringert, der den zuletzt zugegangenen Gütern früherer Geschäftsjahre entspricht, die in dem aktuellen Geschäftsjahr verbraucht wurden.

Beim **Index-Lifo-Verfahren** werden die Bestandswerte nicht durch einen Vergleich **9** von Mengen, sondern durch einen Vergleich von Werten des in einer Schicht (layer) zusammengefassten Vorratsvermögens ermittelt. Wertsteigerungen von Beständen werden mithilfe gruppenspezifischer, gewogener Indizes in die Komponenten Preissteigerung und mengenmäßige (reale) Mehrbestände zerlegt. Hierbei werden als Maßstab der Preissteigerung nicht die Werte eines bestimmten Basisjahrs herangezogen, sondern es wird auf Vorjahreswerte zurückgegriffen. Preissteigerungen des Geschäftsjahres sollen sich nur auf die mengenmäßigen (realen) Mehrbestände auswirken. Hat sich der Wert des Vorratsvermögens aufgrund einer geänderten Zusammensetzung, wobei für die Komponenten des Vorratsvermögens unterschiedliche Preisentwicklungen gelten, geändert, so wird das durch das Index-Lifo-Verfahren aufgefangen. Die – hier nicht geteilte – Anforderung der annähernden Gleichwertigkeit für gleichartige Vermögensgegenstände (→ § 240 Rn. 28) ist deshalb nicht mehr entscheidend.[5] Ein **Beispiel** macht das Verfahren deutlich:

Bei Preissteigerungen ergibt sich der Wert der Schicht aus folgenden Daten:[6] **10**

(a) Endbestand des Geschäftsjahrs zu Preisen des Geschäftsjahrs
(b) Endbestand des Geschäftsjahrs zu Preisen des Vorjahrs
(c) Endbestand des Vorjahrs zu Preisen des Vorjahrs
(d) Preisindex = (a)/(b)
(e) Preisanstieg = (d) − 1 = (a)/(b) − 1
(f) „Realer Mehrwert" = (b) − (c)
(g) Wert der Schicht = (f) × (d)
(h) Bilanzwert = (c) + (g)
(i) Lifo-Reserve = (c) × (e)

Der Kaufmann habe im **Vorjahr** einen Endbestand aus zwei Gütern A und B mit folgenden Mengen und Preisen P:[7]

A	10 Einheiten	mit P =	100	Wert	1 000
B	40 Einheiten	mit P =	50	Wert	2 000
Summe	50 Einheiten			Wert	3 000

Im **Geschäftsjahr** ergebe sich der Endbestand aus

A	30 Einheiten	mit P =	150	Wert	4 500
B	20 Einheiten	mit P =	75	Wert	1 500
Summe	50 Einheiten			Wert	6 000

Daraus resultiert nach dem obigen Schema:

(a) 6.000
(b) 4.000 (= 30 × 100 + 20 × 50)
(c) 3.000

---

[4] Vgl. Wiedmann/Böcking/Gros/Böcking/Gros Rn. 8.
[5] Vgl. ADS Rn. 62; Wiedmann/Böcking/Gros/Böcking/Gros Rn. 11; Siepe/Husemann/Borges WPg 1994, 655.
[6] Vgl. Herzig/Gasper DB 1991, 562 f.
[7] Ähnlich ADS Rn. 57.

(d) 1,5 (= 6.000 / 4.000)
(e) 0,5
(f) 1.000 (= 4.000 − 3.000)
(g) Wert der Schicht = 1.500 (= 1.000 × 1,5)
(h) Bilanzwert = 4.500 (= 3.000 + 1.500)
(i) Lifo-Reserve = 1.500 (= 3.000 × 0,5)

Der Bestand wird nur mit 4.500 statt mit 6.000 bewertet. Ausgangspunkt sind die Preise des Vorjahres für den Bestand des Geschäftsjahrs. Danach ergibt sich ein mengenmäßiger (realer) Mehrwert von 1.000: 30 Einheiten von A zu alten Preisen von 100 und 20 Einheiten von B zu alten Preisen von 50 ergeben 4.000, mithin gegenüber dem alten Bestandswert von 3.000 eine Werterhöhung von 1.000. Dieser mengenmäßige Mehrwert wird mit dem Preisindex 1,5 multipliziert und führt zu einer Werterhöhung von 1.500. Ausgehend vom Basiswert von 3.000 ergibt sich der neue Bestandswert von 4.500.

Im Falle einer Vermögensminderung aufgrund einer Strukturverschiebung oder eines mengenmäßigen Bestandsabbaus resultiert für (f) ein realer Minderwert. Dieser ist mit den Schichten vergangener Perioden zu verrechnen, wobei mit der Schicht der Vorperiode begonnen wird. Der Bestandsabbau hat dabei zu dem Preisniveau des Zugangs zu erfolgen. Beim Abbau der Vorjahresschicht ergeben sich hieraus noch keine Probleme. Eine über die Vorjahresschicht hinausgehende Wertminderung ist vor der Saldierung mittels Division durch (d) auf das ursprüngliche Preisniveau umzurechnen.

Für das **nächste Geschäftsjahr** ergebe sich eine Bestandsminderung:[8]

A	20 Einheiten	mit P =	200	Wert	4 000
B	10 Einheiten	mit P =	100	Wert	1 000
Summe	30 Einheiten			Wert	5 000

Der mengenmäßige (reale) Mehrwert, der wegen seines negativen Vorzeichens nun ein Minderwert ist, wird berechnet als: 20 Einheiten von A zu alten Preisen von 150 und 10 Einheiten von B zu alten Preisen von 75 abzüglich des mit Preisen des Vorjahres bewerteten Vorjahresbestands von 6.000 = − 2.250. Der Preisindex ist 1,33 (bei A 200/150, bei B 100/75); er wird für die folgende Rechnung aber nicht mehr benötigt. Die Wertminderung von 2.250 ist zuerst mit dem Mehrwert der letzten Periode (Wert der Vorjahresschicht) zu saldieren: 1.500 − 2.250 = −750. Die verbleibende Wertminderung wird mit dem Preisindex der ersten Periode (1,5) in einen realen Minderwert von −750/1,5 = −500 umgerechnet. Dieser wird mit dem Basiswert von 3.000 aus der ersten Periode saldiert, was einen Bestandswert von 2.500 ergibt.

Die Bestandswerte nach dem Index-Lifo-Verfahren sind also 3.000 im ersten Jahr, 4.500 im zweiten Jahr und 2.500 im dritten Jahr.

11   Entwickeln sich die Preise für die einzelnen Güter unterschiedlich im Jahr, so wird ein gewogener Index verwendet. Im obigen Beispiel war dies wegen der Annahme gleichmäßiger Preisentwicklung für beide Vermögensgegenstände nicht nötig.

12   Das Index-Lifo-Verfahren bezieht sich auf Werte statt auf Mengen. Nach ADS erscheint dies „gerechtfertigt, wenn die in einer Gruppe zusammengefassten Vermögensgegenstände zumindest teilweise substituierbar sind."[9] Da das Verfahren zu logisch begründbaren und ableitbaren Ergebnissen führe, an eine bestimmte, nicht willkürlich beeinflussbare Folge anknüpfe und auch nicht in Widerspruch zu den handelsrechtlichen Bilanzierungszielen stehe, bestünden gegen seine Anwendung keine Bedenken.[10] Hiergegen ist einzuwenden, dass der Wortlaut des Gesetzes den Verbrauch oder die Veräußerung von Mengen anspricht und nicht auf Werteinheiten rekurriert.[11] Das Verfahren kann sich daher nur auf eine teleologische Auslegung stützen.[12] Während einerseits die Bereinigung von Strukturverschiebungen bei der Bewertung einer Gruppe von gleichartigen Vermögensgegenständen[13] und die Vermeidung von Scheingewinnen[14] als bilanzierungszweckgerecht angesehen werden, werden andererseits die Legung stiller Reserven und damit verbundene Beschneidungen von Ausschüttungsansprüchen moniert.[15] Auch ist die Frage der Gruppenbildung unabhängig von dem gewählten Bewertungsvereinfachungsverfahren zu entscheiden; Erleichterungen der Gruppenbildung können deshalb keine Rolle spielen.[16] Entscheidend ist weiterhin, dass die zur vereinfachten

---

[8]   Vgl. hierzu auch Siepe/Husemann/Borges WPg 1994, 647.
[9]   ADS Rn. 62.
[10] Vgl. ADS Rn. 63.
[11] Vgl. BeBiKo/Grottel/Huber Rn. 67.
[12] Vgl. Herzig/Gasper DB 1991, 53.
[13] Vgl. Siepe/Husemann/Borges WPg 1994, 646; Siepe/Husemann/Borges WPg 1995, 368.
[14] Vgl. Herzig/Gasper DB 1992, 1301.
[15] Vgl. Schneider/Siegel WPg 1995, 265.
[16] Vgl. Herzig/Gasper DB 1992, 1305.

Bewertung gebildete Gruppe zunächst in ihre Einzelbestandteile bezüglich Mengen und Preise zerlegt werden muss, um sie nach Bereinigungen von Strukturveränderungen anhand dieser Ausgangsdaten wieder zu einer Bewertungseinheit zusammenzufassen. Durch isolierte rein mengenmäßige Lifo-Bewertungen der zusammengefassten Vermögensgegenstände jeweils für eine Untergruppe lassen sich insofern bessere Ergebnisse erzielen, als die Strukturveränderung nicht mehr herausgerechnet werden muss. All dies spricht dafür, das Lifo-Index-Verfahren als nicht den GoB entsprechend anzusehen. Es ergibt sich nicht aus dem Wortlaut, stellt angesichts der notwendigen Datenerhebung keine wesentliche Bewertungsvereinfachung dar und ist angesichts der mit ihm bei steigenden Preisen gegebenen Gefahr der Ausschüttungsverkürzung auch vor dem Hintergrund der Bilanzierungsziele unangemessen. Soweit man das Vorsichtsprinzip als Begründung heranziehen möchte, würde dieser Verweis fehlgehen, weil er die Abwertungsnotwendigkeit (den Niederstwerttest), nicht jedoch die (vereinfachte) Ermittlung der Anschaffungs- oder Herstellungskosten betrifft.

III. Regelungen nach IFRS

Gemäß IAS 2.23 besteht ein Grundsatz der Einzelbewertung: „Die Anschaffungs- oder 13 Herstellungskosten solcher Vorräte, die normalerweise nicht austauschbar sind, und solcher Erzeugnisse, Waren oder Leistungen, die für spezielle Projekte hergestellt und ausgesondert werden, sind durch Einzelzuordnung ihrer individuellen Anschaffungs- oder Herstellungskosten zu bestimmen." IAS 23.25 schreibt für Vorräte, für die keine Einzelbewertung möglich ist, die Durchschnittsmethode und die Fifo-Methode vor. Andere Verfahren sind nicht zulässig. Für alle Vorräte, die von ähnlicher Beschaffenheit sind und ähnlich verwendet werden, ist das gleiche Zuordnungsverfahren anzuwenden. Bei unterschiedlicher Verwendung oder Beschaffenheit dürfen auch unterschiedliche Vereinfachungsverfahren angewendet werden (IAS 2.25). Unterschiedliche Lagerungsorte (oder Steuervorschriften) alleine rechtfertigen gem. IAS 2.26 den Einsatz unterschiedlicher Methoden nicht.

§ 256a Währungsumrechnung

¹Auf fremde Währung lautende Vermögensgegenstände und Verbindlichkeiten sind zum Devisenkassamittelkurs am Abschlussstichtag umzurechnen. ²Bei einer Restlaufzeit von einem Jahr oder weniger sind § 253 Abs. 1 Satz 1 und § 252 Abs. 1 Nr. 4 Halbsatz 2 nicht anzuwenden.

Schrifttum: Gebhardt/Breker, Bilanzierung von Fremdwährungstransaktionen im handelsrechtlichen Einzelabschluss – unter Berücksichtigung von § 340h HGB, DB 1991, 1529; Groh, Zur Bilanzierung von Fremdwährungsgeschäften, DB 1986, 664; Hommel/Laas, Währungsumrechnung im Einzelabschluss – die Vorschläge des BilMoG-RegE, BB 2008, 1666; Küting/Mojadadr, Währungsumrechnung im Einzel- und Konzernabschluss nach dem RegE zum BilMoG, DB 2008, 1869; Rückle, Bewertungseinheiten in Handels- und Steuerbilanz, FS Sigloch, 2009, 715; HWRP/Scherrer, Währungsumrechnung im Einzelabschluss, Sp. 2626; Schmidbauer, Die Fremdwährungsumrechnung nach deutschem Recht und nach den Regelungen des IASB, DStR 2004, 699.

Schrifttum IFRS: Kümpel, Bilanzierung und Bewertung des Vorratsvermögens nach IAS 2 (revised 2003), DB 2003, 2609.

Übersicht

I. Normzweck

1   Der Jahres- und der Konzernabschluss sind gem. § 244 und § 298 Abs. 1 in EUR aufzustellen. § 256a schafft erstmals eine explizite Vorschrift zur Währungsumrechnung am Abschluss- oder Bilanzstichtag,[1] dh für die Folgebewertung, im Jahresabschluss. Bisher musste gem. § 243 Abs. 1 auf die Grundsätze ordnungsmäßiger Buchführung zurückgegriffen werden. Für den Konzernabschluss ist zusätzlich § 308a zu beachten.

2   Die neue Norm bildet nach der Gesetzesbegründung die gängige Praxis der Währungsumrechnung ab[2] und etabliert die Stichtagskursmethode für auf fremde Währung lautende Vermögensgegenstände und Verbindlichkeiten, ohne explizit (1) sämtliche Bilanzposten (es fehlen Rechnungsabgrenzungsposten, Rückstellungen,[3] Sonderposten und Eigenkapital) und deren Zugangsbewertung, (2) die Umrechnung von Erträgen und Aufwendungen und (3) die erfolgsrechnerische Behandlung des Umrechnungserfolgs zu regeln. Zu den ersten beiden Punkten → Rn. 4–17. Die erfolgsrechnerische Behandlung ergibt sich aus § 277 Abs. 5 S. 2, wonach Erträge aus der Währungsumrechnung in der Gewinn- und Verlustrechnung gesondert unter dem Posten „Sonstige betriebliche Erträge" und entsprechende Aufwendungen unter „Sonstige betriebliche Aufwendungen" auszuweisen sind.[4] Sie gehen damit über die Gewinn- und Verlustrechnung in das Jahresergebnis ein.

3   Das Realisationsprinzip (§ 252 Abs. 1 Nr. 4) und das mit ihm verbundene Anschaffungskostenprinzip (§ 253 Abs. 1 S. 1) werden für die Umrechnung von in Fremdwährung vorliegenden Vermögensgegenständen und Verbindlichkeiten mit einer Restlaufzeit von bis zu einem Jahr außer Kraft gesetzt. Nach der Gesetzesbegründung beruht diese Ausnahme auf Praktikabilitätserwägungen.[5] Für Bewertungseinheiten ist § 254 und für Kredit- und Finanzdienstleistungsinstitute ist § 340h zu beachten.

II. Beschränkung auf am Abschlussstichtag in Fremdwährung lautende Vermögensgegenstände und Verbindlichkeiten

4   **1. Beschränkungsgründe.** Die Regelung nimmt Rechnungsabgrenzungsposten mit dem Argument aus, dass die damit verbundenen Einnahmen und Ausgaben bereits im Zeitpunkt des Ansatzes umgerechnet werden, so dass spätere Währungsschwankungen nicht mehr erfolgswirksam werden.[6] „Diese Behandlung geht von einer störungsfreien Abwicklung des Geschäfts aus."[7] Entsprechendes gilt für die stets aufwandswirksam zu buchenden Rückstellungen sowie für latente Steuern. Das Eigenkapital wiederum liegt nicht in Fremdwährung vor. Auch wenn dies zutrifft, bleiben die Frage der Umrechnung von Ertrag und Aufwand sowie die Zugangsbewertung offen. Für diese soll laut Gesetzesbegründung die Folgebewertung analogisiert werden.[8] Tatsächlich gelten die Grundsätze ordnungsmäßiger Buchführung.[9]

---

[1]   AA Kölner Komm RechnungslegungsR/Claussen Rn. 14: „Abschlussstichtag könnte der Bilanzstichtag sein. Das ist hier aber nicht gemeint sondern gemeint ist der Zeitpunkt der Erstverbuchung, denn mit dem Entstehen der Forderung oder Verbindlichkeit entsteht die Verbuchungspflicht, die bei fremder Währung in Euro umzurechnen ist." Dem wird hier, wie allg. in der Lit., nicht gefolgt.

[2]   Vgl. BR-Drs. 344/08, 134; Petersen/Zwirner BilMoG S. 216.

[3]   AA Kölner Komm RechnungslegungsR/Claussen Rn. 28, nach dessen Auffassung Rückstellungen Verbindlichkeiten sind. Das widerspricht der Terminologie des HGB, das Schulden als Oberbegriff für Rückstellungen und Verbindlichkeiten verwendet. Vgl. zB die § 247 Abs. 1, § 266 Abs. 3. Auch gibt sonst der Satz „Rückstellungen sind für ungewisse Verbindlichkeiten (…) zu bilden" (§ 249 Abs. 1 S. 1) keinen Sinn.

[4]   Zu gewissen Einschränkungen dieser Aussage vgl. BeBiKo/Grottel/Koeplin Rn. 232 ff.

[5]   Vgl. BR-Drs. 344/08, 134; Petersen/Zwirner BilMoG S. 216. Wegen Konterkarierung des Vereinfachungseffektes sprechen sich Haufe-HGB/Kessler/Veldkamp Rn. 20 f. jedoch gegen einen Zwang zur Außerkraftsetzung aus.

[6]   Vgl. BR-Drs. 344/08, 135; Petersen/Zwirner BilMoG S. 216.

[7]   Haufe-HGB/Kessler/Veldkamp Rn. 29.

[8]   Noch mit Bezug allein auf den Devisenkassakurs vgl. BR-Drs. 344/08, 135; Petersen/Zwirner BilMoG S. 216.

[9]   Vgl. BeBiKo/Grottel/Koeplin Rn. 33; Gelhausen/Fey/Kämpfer S. 232 Rn. 62.

2. Devisenkassamittelkurs. Devisen sind auf ausländische Währungen lautende Gut- **5** haben bei Kreditinstituten, Wechsel und Schecks. Bargeldbestände in Fremdwährung werden hingegen als Sorten bezeichnet.

Der Kassakurs ist der Kurs, zu dem ein Fremdwährungsgeschäft bei sofortiger Erfüllung **6** abgewickelt wird. Er steht im Gegensatz zu dem Terminkurs, der heute für einen späteren Erfüllungszeitpunkt gilt.

Der Mittelkurs ist das arithmetische Mittel aus Geld- und Briefkurs. Geldkurs ist der **7** Kurs, zu dem Kreditinstitute EUR ankaufen und Fremdwährungen verkaufen (Angebotskurs). Er gibt an, wie viele Fremdwährungsmengeneinheiten man für einen EUR erhält. Zum Briefkurs werden von Kreditinstituten EUR verkauft und Fremdwährungen angekauft (Nachfragekurs). Er besagt, wie viele Fremdwährungseinheiten für einen EUR zu zahlen sind. Der Geldkurs übersteigt den Briefkurs, seit der EUR und die Notierung in Form von 1 EUR = X Fremdwährungseinheiten (Mengen- statt Preisnotierung) eingeführt wurden.[10]

Der Devisenkassamittelkurs ist das arithmetische Mittel aus Geld- und Briefkassakurs. **8**

III. Zugangsbewertung nach GoB

Die Zugangsbewertung von Vermögensgegenständen, deren Anschaffungs- oder Her- **9** stellungskosten auf Fremdwährung lauten, und von damit korrespondierenden Verbindlichkeiten erfolgt grundsätzlich mit dem Geldkurs (Angebotskurs), weil man die Fremdwährung von Banken in EUR kaufen muss. Für Fremdwährungsforderungen, die aus Lieferung oder Leistung entstehen, und für flüssige Mittel in fremder Währung ist mit analoger Begründung der Briefkurs (Nachfragekurs) relevant. Aus Vereinfachungsgründen lässt sich auch der Mittelkurs verwenden.[11]

Für aktive Rechnungsabgrenzungsposten wie vorausbezahlte Miete oder Kfz-Steuer **10** erfolgt am Abschlussstichtag keine Währungsumrechnung mehr, weil sie bereits am Vorauszahlungstag notwendig war. Da die Fremdwährung bei einer Bank zu kaufen war, gilt der Geldkurs (Angebotskurs). Entsprechend gilt für passive Rechnungsabgrenzungsposten der Briefkurs (Nachfragekurs).[12]

Für Währungsverbindlichkeiten, die aus erhaltener Lieferung oder Leistung entstehen, **11** ist grds. der Devisenkassageldkurs (Angebotskurs) im Zeitpunkt von Lieferung oder Leistung maßgeblich.[13]

Rückstellungen und latente Steuern sind an jedem Bilanzstichtag ggf. erstmals zu **12** ermitteln und anzusetzen. Es hängt von der Art der Rückstellung ab, ob der Kassa- oder der Terminmarkt maßgeblich und der Geld- oder der Briefkurs anzusetzen ist.[14] Rückstellungen für ungewisse Verbindlichkeiten sind mit ihrem Erfüllungsbetrag oder diskontierten Erfüllungsbetrag anzusetzen (§ 253 Abs. 1 und 2) und der Fremdwährungsbetrag ist mit dem Devisenkassageldkurs (Angebotskurs) umzurechnen. Bei schwebenden (einmaligen) Absatzgeschäften in Fremdwährung ist der Wert der in EUR bewerteten Leistung mit dem Wert der durch Umrechnung mit dem Devisenterminbriefkurs (Nachfragekurs) ermittelten Gegenleistung zu vergleichen. Decken die in Fremdwährung eingehenden Erträge nach Umrechnung nicht die in EUR aufzuwendenden Kosten, ist eine Drohverlustrückstellung zu bilden. Bei schwebenden (einmaligen) Beschaffungsgeschäften in Fremdwährung ist der mit dem Devisenkassageldkurs (Angebotskurs) ermittelte Wert der Leistung mit dem Wert der Gegenleistung zu vergleichen. Ist der Absatzmarktpreis (→ § 249 Rn. 64) in EUR unter den Beschaffungsmarktpreis in EUR gesunken, droht ein Verlust, der durch die Bildung einer Rückstellung zu antizipieren ist. Die Überlegun-

---

10   Vgl. BeBiKo/Grottel/Koeplin Rn. 13; Kölner Komm RechnungslegungsR/Claussen Rn. 8.
11   Vgl. BeBiKo/Grottel/Koeplin Rn. 33.
12   Vgl. BeBiKo/Grottel/Koeplin Rn. 195.
13   Vgl. BeBiKo/Grottel/Koeplin Rn. 176.
14   Nur zu Letzterem vgl. BeBiKo/Grottel/Koeplin Rn. 166. Ohne Differenzierung bei Rückstellungen
     hingegen Gelhausen/Fey/Kämpfer S. 234 Rn. 71 und Rn. 81.

gen lassen sich auf Dauerschuldverhältnisse (wie Arbeits-, Miet- oder Leasingverhältnisse) übertragen.

13   Für aufgenommene Fremdwährungsdarlehen ist der Devisenkassageldkurs (Angebotskurs) am Tag der Aufnahme maßgeblich. „Dies gilt auch dann, wenn der in fremder Währung zugeflossene Betrag zum Devisenbriefkurs in Euro umgetauscht wurde. Auch un- und unterverzinsliche Währungsverbindlichkeiten sind mit dem so umgerechneten Erfüllungsbetrag zu passivieren."[15]

14   Latente Steuern stellen weder Vermögensgegenstände noch (allein) Schulden dar, sondern sind als Sonderposten zu qualifizieren (→ § 246 Rn. 4). Für aktive latente Steuern gilt der Brief-, für passive der Geldkurs.[16]

15   Erträge und Aufwendungen in Fremdwährung sind im Zeitpunkt ihrer Entstehung umzurechnen. Dabei gelten grds. der Devisenbriefkurs (Nachfragekurs) für Erträge, der Devisengeldkurs (Angebotskurs) für Aufwendungen.[17]

IV. Folgebewertung

16   Bei der Folgebewertung ist für Vermögensgegenstände grds. ein Niederstwerttest durch Vergleich der umgerechneten Fremdwährungsbeträge mit den (fortgeführten) Anschaffungs- oder Herstellungskosten[18] und für Verbindlichkeiten mit beabsichtigter vorzeitiger Ablösung ein entsprechender Höchstwerttest[19] (→ § 253 Rn. 104 ff.) nötig. Die Ausnahme betrifft auf in fremder Währung lautende Vermögensgegenstände und Verbindlichkeiten mit einer Restlaufzeit von bis zu einem Jahr. Ist zur Ermittlung des beizulegenden Werts der Absatzmarkt mit fremder Währung maßgeblich (das gilt grds. für die Verlustermittlung; → § 253 Rn. 58 f.), ist auf den Briefkurs (Nachfragekurs) abzustellen; bei ausnahmsweise geltender Maßgeblichkeit des Beschaffungsmarktes (→ § 253 Rn. 60) gilt der Geldkurs (Angebotskurs). Erneut ist aus Vereinfachungsgründen der Mittelkurs akzeptabel.

17   „Für langfristige Posten ist § 256a in sich widersprüchlich: Wenn zB die Umrechnung einer Währungsforderung zum Kurs des Bilanzstichtags einen höheren Wert als bei Begründung der Forderung ergibt, darf wegen des Anschaffungskostenprinzips und des Imparitätsprinzips eben nicht aufgewertet werden. Es darf dann wohl gegen den Wortlaut des Gesetzes in der Bilanz nicht zum Tageskurs des Abschlussstichtages bewertet werden."[20]

V. Regelungen nach IFRS

18   Für die Fremdwährungsumrechnung gilt IAS 21. Gemäß IAS 21.21 gilt bei Fremdwährungstransaktionen die erstmalige Umrechnung mit dem Kassakurs am Tag des Geschäftsvorfalls, wobei gem. IAS 21.22 im Falle nicht stark schwankender Wechselkurse auch Wochen- oder Monatsdurchschnittskurse verwendet werden dürfen. Die Folgebewertung erfolgt nach IAS 21.23 (1) für monetäre Posten zum Stichtagskurs, (2) für „nicht monetäre Posten, die zu historischen Anschaffungs- oder Herstellungskosten in einer Fremdwährung bewertet wurden, zum Kurs am Tag des Geschäftsvorfalls" und (3) für nicht monetäre Posten, die zum beizulegenden Zeitwert in einer Fremdwährung bewertet wurden, zu dem Kurs, der am Tag der Ermittlung des Wertes gültig war. Eine Begrenzung nach oben auf Anschaffungskosten oder nach unten auf den erstmaligen Erfüllungsbetrag fehlt.

---

15   BeBiKo/Grottel/Koeplin Rn. 178; im Original zT hervorgehoben.
16   Vgl. BeBiKo/Grottel/Koeplin Rn. 201.
17   Vgl. BeBiKo/Grottel/Koeplin Rn. 52.
18   Vgl. BeBiKo/Grottel/Koeplin Rn. 36.
19   Vgl. Gelhausen/Fey/Kämpfer S. 235 Rn. 76; BeBiKo/Grottel/Koeplin Rn. 36.
20   Rückle FS Sigloch, 2009, 733 mit Verweis auf Küting/Mojadadr DB 2008, 1871 f.

Dritter Unterabschnitt. Aufbewahrung und Vorlage

§ 257 Aufbewahrung von Unterlagen. Aufbewahrungsfristen

(1) Jeder Kaufmann ist verpflichtet, die folgenden Unterlagen geordnet aufzubewahren:
1. **Handelsbücher, Inventare, Eröffnungsbilanzen, Jahresabschlüsse, Einzelabschlüsse nach § 325 Abs. 2a, Lageberichte, Konzernabschlüsse, Konzernlageberichte sowie die zu ihrem Verständnis erforderlichen Arbeitsanweisungen und sonstigen Organisationsunterlagen,**
2. **die empfangenen Handelsbriefe,**
3. **Wiedergaben der abgesandten Handelsbriefe,**
4. **Belege für Buchungen in den von ihm nach § 238 Abs. 1 zu führenden Büchern (Buchungsbelege).**

(2) Handelsbriefe sind nur Schriftstücke, die ein Handelsgeschäft betreffen.

(3) ¹Mit Ausnahme der Eröffnungsbilanzen und Abschlüsse können die in Absatz 1 aufgeführten Unterlagen auch als Wiedergabe auf einem Bildträger oder auf anderen Datenträgern aufbewahrt werden, wenn dies den Grundsätzen ordnungsmäßiger Buchführung entspricht und sichergestellt ist, daß die Wiedergabe oder die Daten
1. **mit den empfangenen Handelsbriefen und den Buchungsbelegen bildlich und mit den anderen Unterlagen inhaltlich übereinstimmen, wenn sie lesbar gemacht werden,**
2. **während der Dauer der Aufbewahrungsfrist verfügbar sind und jederzeit innerhalb angemessener Frist lesbar gemacht werden können.**
²Sind Unterlagen auf Grund des § 239 Abs. 4 Satz 1 auf Datenträgern hergestellt worden, können statt des Datenträgers die Daten auch ausgedruckt aufbewahrt werden; die ausgedruckten Unterlagen können auch nach Satz 1 aufbewahrt werden.

(4) Die in Absatz 1 Nr. 1 und 4 aufgeführten Unterlagen sind zehn Jahre, die sonstigen in Absatz 1 aufgeführten Unterlagen sechs Jahre aufzubewahren.

(5) Die Aufbewahrungsfrist beginnt mit dem Schluß des Kalenderjahrs, in dem die letzte Eintragung in das Handelsbuch gemacht, das Inventar aufgestellt, die Eröffnungsbilanz oder der Jahresabschluß festgestellt, der Einzelabschluss nach § 325 Abs. 2a oder der Konzernabschluß aufgestellt, der Handelsbrief empfangen oder abgesandt worden oder der Buchungsbeleg entstanden ist.

Schrifttum: AWV, Aufbewahrungspflichten und Aufbewahrungsfristen nach Handels- und Steuerrecht, Aufbewahrungsformen, -formate und -orte – Dokumente, Dateien und Daten – Dokumentation – GoBD, 9. Aufl. 2016; BMF-Schreiben v. 1.2.1984, Grundsätze für die Mikroverfilmung von gesetzlich aufbewahrungspflichtigem Schriftgut (Mikrofilm-Grundsätze), BStBl. I 155; FAMA 1/1995, Aufbewahrungspflichten bei Einsatz von EDI, WPg 1995, 168; IDW RS FAIT 1, Grundsätze ordnungsmäßiger Buchführung bei Einsatz von Informationstechnologie, WPg 2002, 1157; IDW RS FAIT 2, Grundsätze ordnungsmäßiger Buchführung bei Einsatz von Electronic Commerce, WPg 2003, 1258; IDW ERS FAIT 3, Grundsätze ordnungsmäßiger Buchführung beim Einsatz elektronischer Archivierungsverfahren, WPg 2003, 1258, und IDW-FN 2015, 538; Offerhaus, Zu den neuen Aufbewahrungsfristen für Buchführungsunterlagen, BB 1977, 174; Radke, Grenzen der Buchführungs- und Aufbewahrungsvorschriften, BB 1977, 1529; Schuppenhauer, Zur Aufbewahrung der EDV-Dokumentation, DB 1983, 725; Trappmann, Archivierung von Geschäftsunterlagen, DB 1989, 1482; Trappmann, Handelsrechtliche und steuerliche Aufbewahrungspflichten und der Begriff des Handelsbriefs, DB 1989, 2437; Zepf, Ordnungsmäßige optische Archivierung – Die handels- und steuerrechtlichen Anforderungen an das Brutto- und Netto-Imaging, WPg 1999, 569.

Übersicht

I. Normzweck

1   Die Aufbewahrung der Unterlagen hat Dokumentationsfunktion und erlaubt Nachprü-
fungen, Beweissicherungen und Beweisführungen.[1] Die Regelung ist Ausfluss der Ordnungsmäßigkeit der Buchführung und konkretisiert die Anforderung des § 238 Abs. 1 S. 2,
wonach die Buchführung so beschaffen sein muss, dass sie einem sachverständigen Dritten
innerhalb angemessener Zeit einen Überblick über die Geschäftsvorfälle und über die Lage
des Unternehmens vermitteln kann.[2] Die Regelung ist weitgehend wortgleich mit § 147
AO. Steuerlich sind jedoch der Adressatenkreis und die aufzubewahrenden Unterlagen weiter gefasst.[3]

II. Adressatenkreis

2   Adressat der Aufbewahrung ist der Kaufmann. Der Begriff ist iSv § 238 zu verstehen
(→ § 238 Rn. 2 ff.). Inländische Zweigniederlassungen ausländischer Unternehmen unterliegen der deutschen Buchführungs- und Bilanzierungspflicht und sind deshalb entsprechend
§ 257 aufbewahrungspflichtig. Erfüllt ein inländisches Unternehmen mit Zweigniederlassungen im Ausland eine sich aus ausländischem Recht ergebende Aufbewahrungspflicht,
entfällt eine solche Pflicht im Inland.[4]

III. Aufzubewahrende Unterlagen nach Fristen

3   **1. Aufbewahrung über zehn Jahre. a) Handelsbücher.** Für Handelsbücher fehlt
eine Legaldefinition. Da nach dem Wortlaut von Abs. 1 Inventare, Eröffnungsbilanzen, Jahresabschlüsse, Einzelabschlüsse nach § 325 Abs. 2a, Lageberichte, Konzernabschlüsse, Konzernlageberichte nicht zu den Handelsbüchern gezählt werden, ist von einem engen Begriffsinhalt
iSv laufenden Aufzeichnungen, zB Grundbuch, Hauptbuch und Nebenbüchern, auszugehen.[5]
Während das Grund- und das Hauptbuch zehn Jahre aufbewahrt werden müssen, wird die
Aufbewahrung der Nebenbücher davon abhängig gemacht, ob das Grund- und Hauptbuch
ihre Funktionen nur in Zusammenhang mit den Nebenbüchern erfüllen können.[6] Ist dies zu
bejahen, ist das jeweilige Nebenbuch ebenfalls zehn Jahre aufzubewahren.

4   **b) Inventare.** Inventare sind sämtliche Aufzeichnungen über die Bestandsaufnahme
von Vermögensgegenständen und Schulden (→ § 240 Rn. 2). Bei einer körperlichen
Bestandsaufnahme sind die Aufnahmelisten aufzubewahren, nicht jedoch solche Unterlagen,
die lediglich vorbereitende Funktion erfüllen und deren Daten in die Inventarlisten über-

---

[1]   Vgl. HdR/Isele Rn. 5.
[2]   Vgl. HdR/Isele Rn. 8.
[3]   Vgl. ADS Rn. 5 ff.
[4]   Vgl. HdR/Isele Rn. 16.
[5]   Vgl. HdR/Isele Rn. 37.
[6]   Vgl. ADS Rn. 7; HdR/Isele Rn. 37; G. Müller WPg 1965, 561.

nommen werden. Letztgenannte sind jedoch steuerrechtlich als sonstige Unterlagen gem. § 147 AO sechs Jahre lang aufbewahrungspflichtig.[7]

c) Eröffnungsbilanzen. Gemeint ist hiermit die zu Beginn des Handelsgewerbes zu **5** erstellende Eröffnungsbilanz (§ 242 Abs. 1 S. 1), nicht die in § 252 Abs. 1 Nr. 1 angesprochene Eröffnungsbilanz des Geschäftsjahrs. Diese stimmt mit der Bilanz am Ende des vergangenen Geschäftsjahres überein und wird nicht eigens aufgestellt.[8]

d) Jahresabschlüsse. Sie umfassen beim Kaufmann Bilanz und GuV (§ 242 Abs. 3), **6** bei der Kapitalgesellschaft zusätzlich den Anhang (§ 264 Abs. 1 S. 1). Aufbewahrungspflichtig sind die vom Kaufmann unterzeichneten Jahresabschlüsse (→ § 245 Rn. 6). Bei prüfungspflichtigen Gesellschaften (§ 316, § 6 PublG iVm § 3 PublG) müssen sie den Bestätigungsvermerk oder den Vermerk über dessen Versagung aufweisen (§ 322 Abs. 1 und 4).[9] Abschlüsse für Rumpfgeschäftsjahre zählen zu den Jahresabschlüssen und sind aufbewahrungspflichtig.[10] Zwischenabschlüsse bei abweichendem Stichtag des Konzernabschlusses (§ 299 Abs. 2 S. 2) und bei Kapitalerhöhung aus Gesellschaftsmitteln (§ 209 Abs. 2 AktG, § 57f GmbHG) sind gleichermaßen aufbewahrungspflichtig.[11]

Offengelegte Jahresabschlüsse sind mit auf- und festgestellten Jahresabschlüssen nicht **7** identisch, wenn Offenlegungserleichterungen gem. §§ 326 ff. beansprucht werden. Sie müssen nicht aufbewahrt werden, weil sie keine Zusatzinformation zu den nicht offengelegten Jahresabschlüssen enthalten.[12]

e) Lageberichte. Lageberichte müssen von Kapitalgesellschaften, zur Konzernrech- **8** nungslegung verpflichteten und bestimmten, unter das PublG fallenden Unternehmen erstellt werden (§ 264 Abs. 1 S. 1; § 290 Abs. 1; § 5 Abs. 2 PublG). Ihr Inhalt ergibt sich aus den §§ 289, 315.

f) Konzernabschlüsse und Konzernlageberichte. Konzernabschlüsse umfassen **9** Konzernbilanz, Konzern-GuV, Konzernanhang, Kapitalflussrechnung, Eigenkapitalspiegel und ggf. einen Segmentbericht (§ 297 Abs. 1 S. 1). Kapitalmarktorientierte Konzerne benötigen einen Konzernabschluss nach IFRS; nicht kapitalmarktorientierte Konzerne können einen solchen anstelle eines HGB-Konzernabschlusses erstellen (§ 315e).

g) Zum Verständnis erforderliche Arbeitsanweisungen und sonstige Organisa- **10** **tionsunterlagen.** Die Regelung ist im Zusammenhang mit § 238 Abs. 1 zu sehen, wonach ein sachverständiger Dritter sich anhand der Buchführung in angemessener Frist einen Überblick über die Geschäftsvorfälle und die Lage des Unternehmens bilden können muss. Je nach Organisation der Buchführung ergeben sich unterschiedliche Anforderungen. Zu denken ist insbesondere an Kontenpläne, Kontierungsanweisungen, EDV-Programmbeschreibungen, Programmablaufpläne, Datenflusspläne, Umwandlungslisten, Programmprotokolle, Abkürzungs- und Kodierungsverzeichnisse.[13]

2. Aufbewahrung über sechs Jahre. a) Handelsbriefe. Für Handelsbriefe gibt **11** Abs. 2 eine Legaldefinition im Sinne einer Abwehrregelung: Sie sind nur Schriftstücke, die ein Handelsgeschäft betreffen. Zum Handelsgeschäft vgl. §§ 343 ff. Die Schriftstücke müssen dessen Vorbereitung, Abschluss, Durchführung oder Rückgängigmachung zum Gegenstand haben.[14] Der Begriff ist enger als der Begriff der Geschäftsbriefe in § 125a. Diese sind jedoch steuerlich wegen § 147 Abs. 1 Nr. 2 und 3 AO aufbewahrungspflichtig.

---

7   Vgl. HdR/Isele Rn. 41.
8   Vgl. HdR/Isele Rn. 42; ADS Rn. 21.
9   Vgl. ADS Rn. 24.
10 Vgl. ADS Rn. 26.
11 Vgl. ADS Rn. 26.
12 Vgl. ADS Rn. 25; HdR/Isele Rn. 45.
13 Vgl. HdR/Isele Rn. 51 f.
14 Vgl. ADS Rn. 34.

12   Der Begriff Briefe ist im übertragenen Sinne zu verstehen. Zu ihm gehören Telegramme, Faxe, E-Mails und andere neuere schriftliche Kommunikationsformen.[15]

13   **b) Buchungsbelege.** Sie erfüllen eine Dokumentations- und Beweisfunktion für das Vorliegen von Geschäftsvorfällen und Beständen. Die Belege müssen nicht in Papierform existieren (→ § 239 Rn. 3).

IV. Aufbewahrungsformen

14   **1. Grundsatz und Aufbewahrung von Originalen.** Sämtliche Unterlagen sind geordnet aufzubewahren (Abs. 1 S. 1). Die Eröffnungsbilanz, die Jahres- und die Konzernabschlüsse müssen nach Abs. 3 S. 1 im Original (mit Unterschrift und ggf. Bestätigungsvermerk oder Vermerk über dessen Versagung) aufbewahrt werden.[16] Handelsbriefe können kopiert sein. Soweit sie im Computer gespeichert sind, gibt es zwar kein Original im üblichen Sinne. Jedoch ist der weggeschickte Brief unterschrieben, der gespeicherte nicht. Insofern sind die gespeicherten Daten nicht automatisch das Original.[17]

15   **2. Aufbewahrung auf Bild- und sonstigen Datenträgern. a) Formen.** Außer bei Eröffnungsbilanzen, Jahres- und Konzernabschlüssen können sämtliche Unterlagen auf einem Bild- oder sonstigen Datenträger aufbewahrt werden, wenn dies den GoB entspricht und sichergestellt ist, dass Originale und Abbildungen übereinstimmen, die Unterlagen während der Aufbewahrungsfrist verfügbar sind und jederzeit innerhalb angemessener Frist lesbar gemacht werden können. Als Bildträger zählen Fotographien, Fotokopien, Mikroverfilmungen. Als sonstige Datenträger kommen Bildplatten, Computer-Festplatten, Compact Discs, Kassetten, Lochkarten, Lochstreifen, Magnetplatten, Magnetbänder und optische Speicherplatten in Frage.[18] Sie unterscheiden sich von den Bildträgern dadurch, dass elektromagnetische oder elektrooptische Verfahren zur Umwandlung optischer in elektrische Signale (und umgekehrt) nötig werden.[19]

16   **b) GoB-Entsprechung.** Die Aufbewahrung auf einem Bild- oder sonstigen Datenträger muss den GoB entsprechen. Mit dieser Forderung sollen die Zwecke der Aufbewahrung, dh die gegen Änderungen geschützte Dokumentation von Geschäftsvorfällen und von daraus resultierenden buchhalterischen Erfassungen und die Nachprüfbarkeit der Sachverhalte durch Dritte, erreicht werden. Das verlangt zB Aufzeichnungen in lebender Sprache, Speicherung von Endprodukten statt Entwürfen (zB Diktat auf Tonband), Sicherungen gegen unbeabsichtigte oder beabsichtigte Löschung, Nachvollziehbarkeit von Änderungen.[20]

17   **c) Übereinstimmung mit dem Original.** Die bildliche Übereinstimmung wird für empfangene Handelsbriefe und Buchungsbelege gefordert. Für die anderen Unterlagen ist inhaltliche Übereinstimmung zu erzielen.

18   Strittig ist, ob nur Bildträger in dem in → Rn. 15 genannten Sinne eine bildliche Überreinstimmung bewirken können. Lassen sich durch andere Datenträger wort- und darstellungsgetreue Wiedergaben des Originals erzeugen, so sind diese mE auch verwendbar.[21]

19   Inhaltliche Übereinstimmung ist weniger als auch bildliche Übereinstimmung und verlangt wörtliche, nicht nur sinngemäße, auf das Wesentliche verkürzte Übereinstimmung.[22]

---

[15]   Vgl. auch ADS Rn. 34.
[16]   Vgl. HdR/Isele Rn. 62.
[17]   Vgl. HdR/Isele Rn. 62.
[18]   Vgl. HdR/Isele Rn. 67.
[19]   Vgl. HdR/Isele Rn. 66.
[20]   Vgl. HdR/Isele Rn. 67.
[21]   Vgl. HdR/Isele Rn. 67 und 74 ff.; ADS Rn. 63.
[22]   Vgl. HdR/Isele Rn. 79.

V. Aufbewahrungsorte

Handelsrechtlich fehlen explizite Bestimmungen zum Aufbewahrungsort. Indirekt **20** ergeben sich Anforderungen aus § 238 Abs. 1 S. 2, § 239 Abs. 4 S. 2, § 257 Abs. 3 S. 1 Nr. 2, wonach die Unterlagen innerhalb angemessener Frist verfügbar sein müssen.[23] Inländische Zweigniederlassungen ausländischer Unternehmen unterliegen zwar der deutschen Buchführungs- und Bilanzierungspflicht und sind deshalb aufbewahrungspflichtig, jedoch muss dies nicht im Inland geschehen, wenn die sonstigen Bedingungen (Verfügbarkeit, Lesbarkeit innerhalb angemessener Frist) erfüllt werden.[24] Steuerlich gilt wegen § 146 Abs. 2 S. 1 AO die Aufbewahrungspflicht im Inland.

VI. Regelungen nach IFRS

Vergleichbare Regelungen fehlen nach IFRS, da sich diese nur mit der Rechnungslegung beschäftigen. **21**

§ 258 Vorlegung im Rechtsstreit

(1) Im Laufe eines Rechtsstreits kann das Gericht auf Antrag oder von Amts wegen die Vorlegung der Handelsbücher einer Partei anordnen.

(2) Die Vorschriften der Zivilprozeßordnung über die Verpflichtung des Prozeßgegners zur Vorlegung von Urkunden bleiben unberührt.

→ § 260 Rn. 1 ff. **1**

§ 259 Auszug bei Vorlegung im Rechtsstreit

¹Werden in einem Rechtsstreit Handelsbücher vorgelegt, so ist von ihrem Inhalt, soweit er den Streitpunkt betrifft, unter Zuziehung der Parteien Einsicht zu nehmen und geeignetenfalls ein Auszug zu fertigen. ²Der übrige Inhalt der Bücher ist dem Gericht insoweit offenzulegen, als es zur Prüfung ihrer ordnungsmäßigen Führung notwendig ist.

→ § 260 Rn. 1 ff. **1**

§ 260 Vorlegung bei Auseinandersetzungen

Bei Vermögensauseinandersetzungen, insbesondere in Erbschafts-, Gütergemeinschafts- und Gesellschaftsteilungssachen, kann das Gericht die Vorlegung der Handelsbücher zur Kenntnisnahme von ihrem ganzen Inhalt anordnen.

I. Normenzwecke

Die Normen regeln Vorlagepflichten und Vorlagemodalitäten von Handelsbüchern zum **1** Zwecke der Beweiserhebung und betonen damit deren Dokumentations-, Beweissicherungs- und Beweisführungsfunktion. Während sich §§ 258, 259 auf schwebende Zivilrechtsstreite beschränken, geht § 260 über Rechtsstreite hinaus. In §§ 258, 259 geht es um die Vorlegung von einzelnen konkreten Inhalten der Handelsbücher, die für den Rechtsstreit relevant sind, in § 260 geht es um die Vorlage zur Kenntnisnahme des gesamten Inhalts der Handelsbücher.

---

[23] Vgl. HdR/Isele Rn. 80.
[24] Vgl. ADS Rn. 48; HdR/Isele Rn. 88.

II. § 258

2   § 258 enthält eine selbstständige Rechtsgrundlage zur Vorlegung von Handelsbüchern in Zivil- und Arbeitsgerichtsprozessen (auch Schiedsverfahren), nicht jedoch in Strafprozessen.[1] Der Begriff Handelsbücher wird wie in § 257 Abs. 1 Nr. 1 eng verstanden, ohne Einbezug von Handelsbriefen, Inventaren, Bilanzen oder Jahresabschlüssen.[2] Das zuständige Gericht kann auf Antrag oder von Amts wegen die Vorlage anordnen. Der Rechtsstreit braucht sich nicht auf Handelssachen zu beschränken; die gerichtliche Anordnung kann nur eigene oder gegnerische Handelsbücher betreffen.[3] Nach Ablauf der Aufbewahrungsfrist nicht vernichtete Handelsbücher werden von der Vorlagepflicht weiterhin erfasst, da das Gesetz auf deren Vorhandensein abstellt.[4] Der Umfang der Einsichtnahme wird in § 259 geregelt.

3   Der Verweis in Abs. 2 betrifft §§ 415 ff. ZPO. Sie beziehen sich auf alle Urkunden, auf die im Rechtsstreit Bezug genommen wird, nicht nur Handelsbücher.[5] § 423 ZPO verlangt die Vorlage solcher Urkunden, auf die sich der Gegner zur Beweisführung bezogen hat. Der Gegner ist zur Vorlage verpflichtet, wenn der Beweisführer nach bürgerlichem Recht die Herausgabe oder Vorlage verlangen kann.[6] Zur Beweiskraft der vorgelegten Handelsbücher vgl. § 286 ZPO.

4   Grundsätzlich sind die Originale der Urkunden vorzulegen;[7] allerdings kann das Gericht darauf verzichten.[8]

III. § 259

5   § 259 regelt Modalitäten der Einsichtnahme und Auszugsfertigung bei Vorlage von Handelsbüchern im Zivilrechtsstreit, betrifft aber nicht nur die von Gericht oder von Amts wegen angeordnete Vorlegung.[9]

6   Die Einsichtnahme bezieht sich auf konkrete Einzelinhalte der Handelsbücher, die den Streitpunkt betreffen.[10] Hierzu sind neben der Spezifizierung des Handelsbuches vor allem Kontoart, Betrag und Buchungszeitraum anzugeben.[11]

7   Die Einsicht ist unter Hinzuziehung beider Parteien zu nehmen. Übrige Inhalte der Handelsbücher sind dem Gericht insoweit offenzulegen, als es zur Prüfung ihrer ordnungsmäßigen Führung notwendig ist. Die Offenlegung ist auf das Gericht beschränkt. Unberührt bleibt der Umfang von Einblicksrechten, die auf besonderen gesellschaftsrechtlichen Rechtsverhältnissen beruhen.[12]

IV. § 260

8   § 260 betrifft die Anordnung des Gerichts zur Vorlegung der Handelsbücher zur Kenntnisnahme von ihrem ganzen Inhalt in besonderen Fällen. Die Einsichtnahme geht damit über einzelne konkrete Inhalte der Handelsbücher hinaus. Sie kann in Verfahren der freiwilligen Gerichtsbarkeit außerhalb eines Rechtsstreits in Betracht kommen.[13] Hierbei muss es sich um Vermögensauseinandersetzungen handeln, wobei die aufgeführten Fälle der Erbschafts-, Gütergemeinschafts- und Gesellschaftsteilungssachen nur beispielhaft, nicht abschließend genannt sind.[14]

---

[1]   Vgl. ADS § 258 Rn. 2; BeBiKo/Störk/Lewe § 258 Rn. 1.
[2]   Vgl. ADS § 258 Rn. 4; BeBiKo/Störk/Lewe § 258 Rn. 2; HdR/Eichenlaub/Weber § 258 Rn. 7.
[3]   Vgl. BeBiKo/Störk/Lewe § 258 Rn. 2.
[4]   Vgl. ADS § 258 Rn. 6.
[5]   Vgl. BeBiKo/Störk/Lewe § 258 Rn. 3.
[6]   Vgl. BeBiKo/Störk/Lewe § 258 Rn. 5.
[7]   Vgl. BeBiKo/Störk/Lewe § 258 Rn. 4.
[8]   Vgl. ADS § 258 Rn. 13.
[9]   Vgl. BeBiKo/Störk/Lewe § 259 Rn. 1.
[10]   Vgl. BeBiKo/Störk/Lewe § 259 Rn. 1; HdR/Eichenlaub/Weber § 259 Rn. 3.
[11]   Vgl. ADS § 259 Rn. 4.
[12]   Vgl. ADS § 259 Rn. 2.
[13]   Vgl. ADS § 260 Rn. 4; BeBiKo/Störk/Lewe § 260 Rn. 1.
[14]   Vgl. ADS § 260 Rn. 3.

§ 261 Vorlegung von Unterlagen auf Bild- oder Datenträgern

Wer aufzubewahrende Unterlagen nur in der Form einer Wiedergabe auf einem Bildträger oder auf anderen Datenträgern vorlegen kann, ist verpflichtet, auf seine Kosten diejenigen Hilfsmittel zur Verfügung zu stellen, die erforderlich sind, um die Unterlagen lesbar zu machen; soweit erforderlich, hat er die Unterlagen auf seine Kosten auszudrucken oder ohne Hilfsmittel lesbare Reproduktionen beizubringen.

Die Vorschrift ist in Zusammenhang mit § 238 Abs. 2 (Zurückbehaltung von Kopien **1** der abgesandten Handelsbriefe auf einem Schrift-, Bild- oder anderen Datenträger), § 239 Abs. 4 (Führen der Handelsbücher und sonst erforderlichen Aufzeichnungen auf Datenträgern) und § 257 Abs. 3 (Aufbewahrung) zu sehen. Sie regelt, dass der Buchführungspflichtige auf seine Kosten die Hilfsmittel beschaffen muss, um die gem. § 257 Abs. 3 auf einem Bildträger oder auf anderen Datenträgern aufbewahrten Unterlagen lesbar zu machen. Gleichermaßen trägt er die Kosten für notwendige Ausdrucke oder Reproduktionen.

§ 261 gilt nicht nur für die Vorlage der Handelsbücher gem. §§ 258–260, sondern für **2** alle Vorlagen von Buchführungsunterlagen in Rechtsstreitigkeiten zum Urkundenbeweis oder zur Vorlage bzw. Einblicksgewährung aufgrund eines Anspruchs eines anderen,[1] nicht jedoch für Strafverfahren.[2]

Das Gesetz lässt offen, ob der Vorlageverpflichtete den Nachweis zu führen hat, dass **3** die lesbare Reproduktion mit dem Original übereinstimmt. Man wird dies nach dem Sinn und Zweck der Vorschrift annehmen müssen.[3]

Vierter Unterabschnitt. Landesrecht

§ 262 *[aufgehoben]*

§ 263 Vorbehalt landesrechtlicher Vorschriften

Unberührt bleiben bei Unternehmen ohne eigene Rechtspersönlichkeit einer Gemeinde, eines Gemeindeverbands oder eines Zweckverbands landesrechtliche Vorschriften, die von den Vorschriften dieses Abschnitts abweichen.

Schrifttum: HWÖ/Adamaschek/Adams, Regiebetriebe, Sp. 1390; HWÖ/Zeiß, Eigenbetriebe, Sp. 282; HWR/Caspari, Jahresabschluß öffentlicher Unternehmen, Sp. 999; Püttner, Die öffentlichen Unternehmen, 2. Aufl. 1985; von Zwehl, Kameralistik ade! Zur Eröffnungsbilanz eines Eigenbetriebs, FS Ludewig, 1996, 1147; Zeiß, Das Recht der gemeindlichen Eigenbetriebe, 4. Aufl. 1993.

Die Vorschrift betrifft Einrichtungen einer Gemeinde, eines Gemeindeverbandes oder **1** eines Zweckverbandes, die ohne eigene Rechtspersönlichkeit als Eigen- oder Regiebetriebe der genannten öffentlich-rechtlichen Körperschaften Kaufmann gem. § 1 sind und deshalb zur Buchführung nach §§ 238–262 verpflichtet wären. Weichen landesrechtliche Vorschriften für diese Unternehmen von den Regelungen der §§ 238–262 ab, so haben die landesrechtlichen Regelungen Vorrang. Das PublG übernimmt inhaltlich diese Regelung (§ 3 Abs. 2 S. 1 Nr. 1a PublG).

Das Eigenbetriebsrecht fällt in die Gesetzgebungskompetenz der einzelnen Länder.[1] **2**

---

[1]   Vgl. HdR/Eichenlaub/Weber Rn. 7 zu unterschiedlichen Auffassungen.
[2]   Vgl. BeBiKo/Störk/Lewe Rn. 3.
[3]   Vgl. ADS Rn. 5; BeBiKo/Störk/Lewe Rn. 2; HdR/Eichenlaub/Weber Rn. 9.
[1]   Vgl. BeBiKo/Störk/Lewe Rn. 2.

Zweiter Abschnitt. Ergänzende Vorschriften für Kapitalgesellschaften (Aktiengesellschaften, Kommanditgesellschaften auf Aktien und Gesellschaften mit beschränkter Haftung) sowie bestimmte Personenhandelsgesellschaften

Erster Unterabschnitt. Jahresabschluß der Kapitalgesellschaft und Lagebericht

Erster Titel. Allgemeine Vorschriften

§ 264 Pflicht zur Aufstellung; Befreiung

(1) [1]Die gesetzlichen Vertreter einer Kapitalgesellschaft haben den Jahresabschluß (§ 242) um einen Anhang zu erweitern, der mit der Bilanz und der Gewinn- und Verlustrechnung eine Einheit bildet, sowie einen Lagebericht aufzustellen. [2]Die gesetzlichen Vertreter einer kapitalmarktorientierten Kapitalgesellschaft, die nicht zur Aufstellung eines Konzernabschlusses verpflichtet ist, haben den Jahresabschluss um eine Kapitalflussrechnung und einen Eigenkapitalspiegel zu erweitern, die mit der Bilanz, Gewinn- und Verlustrechnung und dem Anhang eine Einheit bilden; sie können den Jahresabschluss um eine Segmentberichterstattung erweitern. [3]Der Jahresabschluß und der Lagebericht sind von den gesetzlichen Vertretern in den ersten drei Monaten des Geschäftsjahrs für das vergangene Geschäftsjahr aufzustellen. [4]Kleine Kapitalgesellschaften (§ 267 Abs. 1) brauchen den Lagebericht nicht aufzustellen; sie dürfen den Jahresabschluß auch später aufstellen, wenn dies einem ordnungsgemäßen Geschäftsgang entspricht, jedoch innerhalb der ersten sechs Monate des Geschäftsjahres. [5]Kleinstkapitalgesellschaften (§ 267a) brauchen den Jahresabschluss nicht um einen Anhang zu erweitern, wenn sie

1. die in § 268 Absatz 7 genannten Angaben,
2. die in § 285 Nummer 9 Buchstabe c genannten Angaben und
3. im Falle einer Aktiengesellschaft die in § 160 Absatz 3 Satz 2 des Aktiengesetzes genannten Angaben

unter der Bilanz angeben.

(1a) [1]In dem Jahresabschluss sind die Firma, der Sitz, das Registergericht und die Nummer, unter der die Gesellschaft in das Handelsregister eingetragen ist, anzugeben. [2]Befindet sich die Gesellschaft in Liquidation oder Abwicklung, ist auch diese Tatsache anzugeben.

(2) [1]Der Jahresabschluß der Kapitalgesellschaft hat unter Beachtung der Grundsätze ordnungsmäßiger Buchführung ein den tatsächlichen Verhältnissen entsprechendes Bild der Vermögens-, Finanz- und Ertragslage der Kapitalgesellschaft zu vermitteln. [2]Führen besondere Umstände dazu, daß der Jahresabschluß ein den tatsächlichen Verhältnissen entsprechendes Bild im Sinne des Satzes 1 nicht vermittelt, so sind im Anhang zusätzliche Angaben zu machen. [3]Die Mitglieder des vertretungsberechtigten Organs einer Kapitalgesellschaft, die als Inlandsemittent (§ 2 Absatz 14 des Wertpapierhandelsgesetzes) Wertpapiere (§ 2 Absatz 1 des Wertpapierhandelsgesetzes) begibt und keine Kapitalgesellschaft im Sinne des § 327a ist, haben in einer dem Jahresabschluss beizufügenden schriftlichen Erklärung zu versichern, dass der Jahresabschluss nach bestem Wissen ein den tatsächlichen Verhältnissen entsprechendes Bild im Sinne des Satzes 1 vermittelt oder der Anhang Angaben nach Satz 2 enthält. [4]Macht eine Kleinstkapitalgesellschaft von der Erleichterung nach Absatz 1 Satz 5 Gebrauch, sind nach Satz 2 erforderliche zusätzliche Angaben unter der Bilanz zu machen. [5]Es wird vermutet, dass ein unter Berücksichtigung der Erleichterungen für Kleinstkapitalgesellschaften aufgestellter Jahresabschluss den Erfordernissen des Satzes 1 entspricht.

(3) [1]Eine Kapitalgesellschaft, die nicht im Sinne des § 264d kapitalmarktorientiert ist und die als Tochterunternehmen in den Konzernabschluss eines Mutterunternehmens mit Sitz in einem Mitgliedstaat der Europäischen Union oder einem anderen Vertragsstaat des Abkommens über den Europäischen Wirtschaftsraum einbezogen ist, braucht die Vorschriften dieses Unterabschnitts und des Dritten und Vierten Unterabschnitts dieses Abschnitts nicht anzuwenden, wenn alle folgenden Voraussetzungen erfüllt sind:

1. alle Gesellschafter des Tochterunternehmens haben der Befreiung für das jeweilige Geschäftsjahr zugestimmt;

2. das Mutterunternehmen hat sich bereit erklärt, für die von dem Tochterunternehmen bis zum Abschlussstichtag eingegangenen Verpflichtungen im folgenden Geschäftsjahr einzustehen;

3. der Konzernabschluss und der Konzernlagebericht des Mutterunternehmens sind nach den Rechtsvorschriften des Staates, in dem das Mutterunternehmen seinen Sitz hat, und im Einklang mit folgenden Richtlinien aufgestellt und geprüft worden:

   a) Richtlinie 2013/34/EU des Europäischen Parlaments und des Rates vom 26. Juni 2013 über den Jahresabschluss, den konsolidierten Abschluss und damit verbundene Berichte von Unternehmen bestimmter Rechtsformen und zur Änderung der Richtlinie 2006/43/EG des Europäischen Parlaments und des Rates und zur Aufhebung der Richtlinien 78/660/EWG und 83/349/EWG des Rates (ABl. L 182 vom 29.6.2013, S. 19), die zuletzt durch die Richtlinie (EU) 2021/2101 (ABl. L 429 vom 1.12.2021, S. 1) geändert worden ist,

   b) Richtlinie 2006/43/EG des Europäischen Parlaments und des Rates vom 17. Mai 2006 über Abschlussprüfungen von Jahresabschlüssen und konsolidierten Abschlüssen, zur Änderung der Richtlinien 78/660/EWG und 83/349/EWG des Rates und zur Aufhebung der Richtlinie 84/253/EWG des Rates (ABl. L 157 vom 9.6.2006, S. 87), die zuletzt durch die Richtlinie 2014/56/EU (ABl. L 158 vom 27.5.2014, S. 196) geändert worden ist;

4. die Befreiung des Tochterunternehmens ist im Anhang des Konzernabschlusses des Mutterunternehmens angegeben und

5. für das Tochterunternehmen sind nach § 325 Absatz 1 bis 1b offengelegt worden:

   a) der Beschluss nach Nummer 1,
   b) die Erklärung nach Nummer 2,
   c) der Konzernabschluss,
   d) der Konzernlagebericht und
   e) der Bestätigungsvermerk zum Konzernabschluss und Konzernlagebericht des Mutterunternehmens nach Nummer 3.

[2]Hat bereits das Mutterunternehmen einzelne oder alle der in Satz 1 Nummer 5 bezeichneten Unterlagen offengelegt, braucht das Tochterunternehmen die betreffenden Unterlagen nicht erneut offenzulegen, wenn sie im Unternehmensregister unter dem Tochterunternehmen auffindbar sind; § 326 Absatz 2 ist auf diese Offenlegung nicht anzuwenden. [3]Satz 2 gilt nur dann, wenn das Mutterunternehmen die betreffende Unterlage in deutscher oder in englischer Sprache offengelegt hat oder das Tochterunternehmen zusätzlich eine beglaubigte Übersetzung dieser Unterlage in deutscher Sprache nach § 325 Absatz 1 bis 1b offenlegt.

(4) Absatz 3 ist nicht anzuwenden, wenn eine Kapitalgesellschaft das Tochterunternehmen eines Mutterunternehmens ist, das einen Konzernabschluss nach den Vorschriften des Publizitätsgesetzes aufgestellt hat, und wenn in diesem Konzernabschluss von dem Wahlrecht des § 13 Absatz 3 Satz 1 des Publizitätsgesetzes Gebrauch gemacht worden ist; § 314 Absatz 3 bleibt unberührt.

Schrifttum: Abendroth, Der Bilanzeid – sinnvolle Neuerung oder systematischer Fremdkörper?, WM 2008, 1147; Aisbitt/Nobes, The true and fair view requirement in recent national implementations, in Nobes, Developments in the international harmonization of accounting, Cheltenham ua 2004, S. 300; Alexander, A European true an fair view?, EAR, 2 (1993), 59; Alsheimer, Das den tatsächlichen Verhältnissen entsprechende Bild der Vermögens-, Finanz- und Ertragslage, RIW 1992, 645; Altenburger, Inwieweit sind die deutschen Rechnungslegungsvorschriften EU-konform, BFuP 1997, 721; Altenhain, Der strafbare falsche Bilanzeid, WM 2008, 1141; Arbeitskreis Bilanzrecht der Hochschullehrer Rechtswissenschaft, Zur Fortentwicklung des deutschen Bilanzrechts, BB 2002, 2372; Arbeitskreis Bilanzrecht der Hochschullehrer Rechtswissenschaft, Stellungnahme zu dem Entwurf eines BilMoG: Grundkonzept und Aktivierungsfragen, BB 2008, 152; Arbeitskreis Bilanzrecht der Hochschullehrer Rechtswissenschaft, Stellungnahme zu dem Entwurf eines BilMoG: Einzelfragen zum materiellen Bilanzrecht, BB 2008, 209; Arbeitskreis Bilanzrecht der Hochschullehrer Rechtswissenschaft, Stellungnahme zum BilRUG-RefE, BB 2014, 2731; Arbeitskreis Externe Unternehmensrechnung der Schmalenbach-Gesellschaft für Betriebswirtschaft e.V., Stellungnahme zu dem Referentenentwurf eines Bilanzrechtsmodernisierungsgesetzes, BB 2008, 994; Arbeitskreis Externe Unternehmensrechnung der Schmalenbach-Gesellschaft für Betriebswirtschaft e.V., Interpretation des mit dem Kapitalaufnahmeerleichterungsgesetz (KapAEG) neu in das HGB aufgenommenen § 264 Abs. 3 HGB, DB 1999, 493; Arminger, Solvenztest – eine Alternative zur bilanziellen Kapitalerhaltung in der Europäischen Union?, IRZ 2012, 343, Arnold, Zur ökonomischen Theorie des Solvenztests, Der Konzern 2007, 118; Asche, Europäisches Bilanzrecht und nationales Gesellschaftsrecht, 2007; Baetge, Das neue Bilanzrecht: Ein Kompromiss divergierender Interessen?, 1985; Baetge/Thiele, Gesellschafterschutz versus Gläubigerschutz: Rechenschaft versus Kapitalerhaltung, FS Beisse, 1997, 11; Baetge/Kirsch/Solmecke, Auswirkungen des BilMoG auf die Zwecke des handelsrechtlichen Jahresabschlusses, WPg 2009, 1211; Ballwieser, Zum Nutzen handelsrechtlicher Rechnungslegung, FS Clemm, 1996, 1; Ballwieser, Sind mit der neuen Generalklausel zur Rechnungslegung auch neue Prüfungspflichten verbunden?, BB 1985, 1034; Bartram, Einblick in die Finanzlage eines Unternehmens aufgrund seiner Jahresabschlüsse, DB 1989, 2389; Beiersdorf/Buchheim, Entwurf des Gesetzes zur Umsetzung der EU-Transparenzrichtlinie: Ausweitung der Publizitätspflichten, BB 2006, 1674; Beine, Scheinkonflikte mit dem True and Fair View, WPg 1995, 467; Beisse, Die paradigmatischen GoB, FS W. Müller, 2001, 731; Beisse, Zehn Jahre „True and fair view", FS Clemm, 1996, 27; Beisse, Die Generalnorm des neuen Bilanzrechts, FS Döllerer, 1988, 25; Beisse, Grundsatzfragen der Auslegung des neuen Bilanzrechts, BB 1990, 2007; Berndt, Vorsichtsprinzip und Grundsatz der Bilanzwahrheit im Rahmen der Jahresabschlussrichtlinie, ZfbF 53 (2001), 366–390; Biener, Auswirkungen der Vierten Richtlinie der EG auf den Informationsgehalt der Rechnungslegung deutscher Unternehmen, BFuP 1979, 1; Biener, Interessenkonflikte bei der Anpassung der Rechnungslegungsvorschriften in der Europäischen Wirtschaftsgemeinschaft, WPg 1982, 421; Bihr, Der Entwurf des Kapitalgesellschaften- und Co.-Richtlinie-Gesetzes, BB 1999, 1862; Biletzki, Außenhaftung des GmbH-Geschäftsführers – Im Blickpunkt: § 823 Abs. 2 BGB iVm. § 41 GmbHG, BB 2000, 521; Binse, Die Dichotomie der Bilanzforschung – Entwicklungslinien und Metaebenen, DStR 2021, 52; Bird, What is „A True and Fair View"?, J. Bus. L. 1984, 480; Blumers, Neue handels- und steuerrechtliche Bilanzierungsfristen und die Risiken der neuen Rechtslage, DB 1986, 2033; Böcking/Dreisbach/Gros, Der fair value als Wertmaßstab im Handelsbilanzrecht und den IFRS: eine Diskussion vor dem Hintergrund des Referentenentwurfs des BilMoG, Der Konzern 2008, 207; Böcking/Herold/Wiederhold, Modernisierung des HGB in Richtung IAS/IFRS: Auswirkungen der Änderungen der 4. und 7. EU-Richtlinie vom 6.5.2003, Der Konzern 2003, 394; Böcking/Althoff, Konzernlagebericht: Änderungen von DRS 20, WP 2017, 1450; Bohl, Der Jahresabschluss nach neuem Recht, WPg 1986, 29; Braun, Weisen wir in den Bilanzen den richtigen Gewinn aus?, StuW 1987, 214; Brete/Thomsen, Nichtigkeit und Heilung von Jahresabschlüssen der GmbH, GmbHR 2008, 176; Burlaud, Commentaires sur l'article de David Alexander ‚A European true and fair view?', EAR 2 (1993), 95; Budde, Überlegungen zur Umsetzung des „True and Fair View" in das deutsche Recht, Wirtschaftsprüfung und Wirtschaftsrecht 1980, 109; Budde/Steuber, Verfassungsrechtliche Voraussetzungen zur Transformation internationaler Rechnungslegungsgrundsätze, DStR 1998, 504; Budde/Steuber, Rechnungslegung im Spannungsfeld zwischen Gläubigerschutz und Information der Gesellschafter, AG 1996, 542; Busse v. Colbe, Die neuen Rechnungslegungsvorschriften aus betriebswirtschaftlicher Sicht, WPg 1987, 117; Claussen, Zum Stellenwert des § 264 Abs. 2 HGB, FS Goerdeler, 1987, 81; Clemm, Zur Problematik einer wahren Rechnungslegung, FS Röhricht, 2005, 767; Clemm, § 264 HGB und Wahlrechte, FS Budde, 1995, 135; Clemm, Jahresbilanzen – ein Gemisch von Wahrheit und Dichtung?, DStR 1990, 780; Clemm, Bilanzpolitik und Ehrlichkeits-(„true and fair view"-)Gebot, WPg 1989, 357; Commandeur, Die Bilanzierung der Aufwendungen für die Ingangsetzung und Erweiterung des Geschäftsbetriebs, 1986; Commandeur/Commandeur, Die Inanspruchnahme handelsrechtlicher Bilanzierungshilfen – Ein Mittel zur Verhinderung eines Konkurses wegen Überschuldung?, DB 1988, 661; Deilmann, EHUG: Neuregelung der Jahresabschlusspublizität und mögliche Befreiung nach § 264 Abs. 3 HGB, BB 2006, 2347; Deutscher Anwaltverein e.V., Stellungnahme zum Regierungsentwurf eines Gesetzes über die unternehmerischen Sorgfaltspflichten in Lieferketten, NZG 2021, 546; Dörner/Wirth, Die Befreiung von Tochter-Kapitalgesellschaften nach § 264 Abs. 3 HGB idF des KapAEG hinsichtlich Inhalt, Prüfung und Offenlegung des Jahresabschlusses, DB 1998, 1525; Drygala, Stammkapital heute: Zum veränderten Verständnis vom System des festen Kapitals und seinen Konsequenzen, ZGR 2006, 587; Ebke, Die Internationalisierung der Rechnungslegung, Revision und Publizität und die Schweiz, ZSR 119 (2000), 39; Eierle/Ther/Klamer, Bilanzpolitische Motive im deutschen Mittelstand – Eine empirische Analyse, DB 2019, 677; Eisolt/Schmidt, Praxisfragen der externen Rechnungslegung in der Insolvenz, BB 2009, 654; Ekkenga, Einzelabschlüsse nach IFRS: Ende der aktien- und GmbH-rechtlichen Kapitalerhaltung?, AG 2006, 389; Ekkenga, Anlegerschutz, Rechnungslegung und Kapitalmarkt, 1998; Ekkenga/Schröer (Hrsg.), Handbuch der AG-Finanzierung, 2014; Farr, Aufstellung, Prüfung und Offenlegung des Anhangs im Jahresabschluss der AG, AG 2000, 1; Fleischer, Der deutsche „Bilanzeid" nach § 264 Abs. 2 Satz 3 HGB, ZIP 2007, 97; Forster, Anmerkung zu EuGH vom 27.6.1996 (Tomberger), AG 1996, 419; Fresl, Die Europäisierung des deutschen Bilanzrechts, 2000; Gehling/Ott/ Lüneborg, Das neue Lieferkettensorgfaltspflichtengesetz – Umsetzung in der Unternehmenspraxis, CCZ 2021, 230; Gelhausen/Gelhausen, Die „Zuweisung" des Gewinns – eine neue bilanzrechtliche Kategorie?, Anmerkung zu einem Urteil des EuGH vom 27.6.1996 (Tomberger), WPg 1996, 573; Gelhausen/Mujkanovic, Der Entwurf eines Kapitalaufnahmeerleichterungsgesetzes: Bedeutung für die Rechnungslegung, Prüfung und Offenlegung, AG 1997, 337; Geßler Diskussionsbeitrag, BFuP 1979, 86; Giese/Rabenhorst/Schindler, Erleichterungen bei der Rechnungslegung, Prüfung und Offenlegung von Konzerngesellschaften, BB 2001, 511; Goerdeler, A True and Fair View – or Compliance with the Law and the Company Statutes, WPg 1973, 517; Goerdeler, Bilanzierung und Publizität im internationalen Vergleich, ZfbF 1982, 235; Groh, Bilanzrecht vor dem EuGH, DStR 1996, 1206; Groh, Der Fall Tomberger – Nachlese und Ausblick, DStR 1998, 813; Großfeld, Wandel der Unternehmensverfassung, NZG 2005, 1; Großfeld, Bilanzrecht für Juristen – Das Bilanzrichtlinien-Gesetz vom 19.12.1985, NJW 1986, 955; Gross/Fink, Besserungsscheine im Jahresabschluss der GmbH, BB 1991, 1379; Grund, Zum Entwurf eines Gesetzes zur Kapitalaufnahmeerleichterung – Flucht oder Pflicht des Gesetzgebers?, ZIP 1996, 1969; Haase, Interview zur CSR-Richtlinie: „Akzeptanz unseres Tuns in den Mittelpunkt stellen", WPg 2017, 697; Hakelmacher, BilMoGelei und andere Zerreißproben, WPg 2010, 173; Hakelmacher, Vom simplen Jahresabschluß zur anspruchsvollen Kapitalflußrechnung, WPg 1982, 79; Hamann, Der Bilanzmeineid nach § 331 Nr. 3a HGB: Zur Dogmatik eines neuen Wirtschaftsstraftatbestandes, Der Konzern 2008, 145; Havermann, Der Aussagewert des Jahresabschlusses, WPg 1988, 612; Heldt/Ziemann, Sarbanes Oxley in Deutschland? Zur geplanten Einführung eines strafbewehrten „Bilanzeides" nach dem Regierungsentwurf eines Transparenzrichtlinie-Umsetzungsgesetzes, NZG 2006, 652; Hennrichs, Haftung für falsche Ad-hoc-Mitteilungen und Bilanzen, FS Kollhosser, 2004, 201; Hennrichs, Fehlerhafte Bilanzen, Enforcement und Aktienrecht, ZHR 168 (2004), 383; Hennrichs, Die Bedeutung der EG-Bilanzrichtlinie für das deutsche Handelsbilanzrecht, ZGR 1997, 66; Hennrichs, Wahlrechte im Bilanzrecht der Kapitalgesellschaften, 1999; Hennrichs, Zur normativen Reichweite der IFRS: zugleich Anmerkungen zu den Urteilen des EuGH und des FG Hamburg in der Rechtssache „BIAO", NZG 2005, 783; Henssler, Die phasengleiche Aktivierung von Gewinnansprüchen im GmbH-Konzern, JZ 1998, 701; Herzig, Anmerkung zu EuGH vom 27.6.1996 (Tomberger), DB 1996, 1401; Herzig/Rieck, Europäisierung der handels- und steuerrechtlichen Gewinnermittlung im Gefolge der Tomberger-Entscheidung, IStR 1998, 309; Hofbauer, Die Grundzüge der Bilanzierungsvorschriften des Bilanzrichtlinie-Gesetzes, DStR-Sonderbeilage Heft 15/1982, 1; Hoffmann, Jahresabschlusspolitik und die Generalnorm des § 264 Abs. 2 HGB, DB 1995, 1821; Hommelhoff, Modernisiertes HGB-Bilanzrecht im Wettbewerb der Regelungssysteme, ZGR 2008, 250; Van Hulle, The true and fair view override in the European Accounting Directives, in Nobes (Hrsg.), Developments in the international harmonization of accounting, Cheltenham ua 2004, 264–273; Van Hulle, Die Zukunft der europäischen Rechnungslegung im Rahmen einer sich ändernden internationalen Rechnungslegung, WPg 1998, 138; Van Hulle, The true and fair view override in the European Accounting Directives, EAR 6 (1997), 711; Van Hulle, „True and Fair View", im Sinne der 4. Richtlinie, FS Budde, 1995, 313; Van Hulle, Truth and untruth about true and fair: a commentary on „A European true and fair view" comment, EAR 2 (1993), 99; Hutter/Kaulamo, Transparenzrichtlinie-Umsetzungsgesetz: Änderung der Regelpublizität und das neue Veröffentlichungsregime für Kapitalmarktinformation, NJW 2007, 550; Hutter/Kaulamo, Das Transparenzrichtlinie-Umsetzungsgesetz: Änderung der anlassabhängigen Publizität, NJW 2007, 471; IDW, PH 9.200.1: Pflichten des Abschlussprüfers des Tochterunternehmens und des Konzernabschlussprüfers in Zusammenhang mit § 264 Abs. 3 HGB, WPg 2000, 283; Janke/Mietke, IFRS/IAS statt GoB: Zukunft des handelsrechtlichen Einzelabschlusses, BuW 2003, 749; Jonas, Die EG-Bilanzrichtlinie: Grundlagen und Anwendung in der Praxis, 1980; Kalweit, Informationsrechte der Aktionäre: bilanz- und gesellschaftsrechtliche Überlegungen vor dem Hintergrund der deutschen und US-amerikanischen Unternehmensverfassung (Corporate Governance), Humboldt-Universität zu Berlin, Institut für Management, Forschungsbericht 2000–7, abgerufen am 13.5.2007 unter http://www.wiwi.hu-berlin.de/im/publikdl/2000–7.pdf; Kessler, Der EuGH und das Gebot des true and fair view: Anmerkungen zum Vorlagebeschluss des FG Hamburg vom 22.4.1999 – II 23/97, StuB 1999, 1314; Kirsch, Zukunft der HGB-Rechnungslegung und des steuerlichen Maßgeblichkeitsprinzips im Zeitalter der IFRS-Rechnungslegung?, DStZ 2004, 470; Kirsch, Kapitalflussrechnung nach DRS 21: ein Schritt zur Konvergenz mit IAS 7, IRZ 2014, 272; Kliem/Deubert, Konsequenzen aus der Entscheidung des OLG Köln vom 13.7.2018 zur isolierten Verlustübernahmeerklärung nach § 264 Abs. 3 Nr. 2 HGB a.F. – Unzulänglicher Gläubigerschutz durch eine (isolierte) Verlustübernahmeerklärung für das Folgejahr, Der Konzern 2019, 23; Kraft, Die Mitwirkung der Gesellschafter bei der Befreiung nach § 264 Abs. 3 HGB, FS W. Müller, 2001, 463; Kreide, Selbst geschaffene immaterielle Vermögensgegenstände im Recht der Rechnungslegung junger Technologieunternehmen, 2014; Krolop, Ergänzungen und Änderungen bei den Bausteinen einer Governance der Abschlussprüfung in der finalen Fassung des FISG, NZG 2021, 853; Kropff, Vorsichtsprinzip und Wahlrechte, FS Baetge, 1997, 65; Kropff, Phasengleiche Gewinnvereinnahmung aus Sicht des Europäischen Gerichtshofs, ZGR 1997, 115; Kropff, Zur Wirksamkeit bilanzpolitisch motivierter Rechtsgeschäfte, ZGR 1993, 41; Kühner/Richter, Einstandspflicht des Mutterunternehmens als Voraussetzung für Erleichterungen bei Tochter-Kapitalgesellschaften nach BilRUG-RegE, BB 2015, 877; Küting, Der Stellenwert der Bilanzanalyse und Bilanzpolitik im HGB- und IFRS-Bilanzrecht, DB 2006, 2753; Küting, Auf der Suche nach dem richtigen Gewinn, DB 2006, 1441; Küting, Der Wahrheitsgehalt deutscher Bilanzen, DStR 1997, 84; Küting, Die phasengleiche Dividendenvereinnahmung nach der EuGH-Entscheidung „Tomberger", DStR 1996, 1947; Küting/Hayn, Wesentliche Unterschiede der Rechnungslegung in Großbritannien und Deutschland, ZGR 1995, 111; Küting/Lauer, Die Jahresabschlusszwecke nach HGB und IFRS – Polarität oder Konvergenz?, DB 2011, 1985; Kuntze-Kaufhold, Verschärfung der Jahresabschlusspublizität und Publizitätswegfall bei Einbeziehung in den Konzernabschluss eines gebietsfremden Mutterunternehmens, BB 2006, 428; Lachnit, „True and fair view" und Rechnungslegung über stille Rücklagen im Jahresabschluss von Kapitalgesellschaften, WPg 1993, 193; Lambert, Die Rolle des § 264 Abs. 2 HGB: – true and fair view – im deutschen Bilanzrecht, 2005; Lanfermann, CSR-Berichterstattung: EU-Leitlinien für Unternehmen, WPg 2017, 1252; Lanfermann/Richard, Ausschüttungen auf Basis von IFRS: Bleibt die deutsche Bundesregierung zu zögerlich?, DB 2008, 1925; Lange, Zur Publizitätspflicht „zusätzlicher Angaben" im Anhang, WPg 1991, 369; Lanfermann/Röhricht, § 268 Abs. 8 HGB als neue Generalnorm für außerbilanzielle Ausschüttungssperren, DStR 2009, 1216; Leffson, Leges generales und leges speciales im Bilanzrecht der Europäischen Gemeinschaft, 1989; Leffson, Die beiden Generalnormen, FS Goerdeler, 1987, 315; Leibfried, Konvergenz der Rechnungslegung – Bestandesaufnahme und Versuch einer Prognose, Der Schweizer Treuhänder, Bd. 80, Heft 04/2006, 210–215; Leuering/Bläser, Die Offenlegung von Rechnungslegungsunterlagen nach dem DiRUG, NJW-Spezial 2022, 335; Lohse, Zuständigkeit des EuGH für Auslegung des Gemeinschaftsrechts: Bezugnahme des deutschen Steuerbilanzrechts auf Bilanzrichtlinie, EWS 2003, 129; Ludewig, Die Einflüsse des „true and fair view" auf die zukünftige Rechnungslegung, AG 1987, 12; Luik, Einblick in die tatsächlichen Verhältnisse – Ein neues Ziel der Rechnungslegung?, 50 Jahre Wirtschaftsprüferberuf 1981, 53; Lutter, Rechnungslegung nach künftigem Recht, DB 1979, 1285; Luttermann, Europäisches Bilanzrecht für mittelständische Gesellschaften: IFRS (for SMEs) als Reformkonzept?, RIW 2010, 417; Luttermann, Das Bilanzstatut: Über Abkoppelungspraxis und Schadensersatz von Vorständen, Aufsichtsräten und Abschlussprüfern bei Bilanztatbeständen, AG 2010, 341; Luttermann, Zum Gesetz zur Modernisierung des Bilanzrechts, ZIP 2008, 1605; Luttermann, Bilanzwahrheit international: die Rechtsbindung von Rechnungslegung und Wirtschaftsprüfung, ZVglRWiss 103 (2004), 18–30; Luttermann, Juristische Übersetzung als Rechtspolitik im Europa der Sprachen, EuZW 1998, 151; Lüdenbach/Schubert, BB-IFRS- Report 2021, 3051–3055; Marks, Entwicklungstendenzen beim Bestätigungsvermerk, WPg 1989, 121; Marten/Zürn, Prüfungsbefreiung für den Einzelabschluss im Konzern – keine Erleichterung in der Praxis, BB 2004, 1615; Maul/Lanfermann/Richard, Zur Leistungsfähigkeit der Ausschüttungsmodelle in Europa und Drittstaaten, AG 2010, 279; Mayer, Die Fortentwicklung des Jahresabschlusses in Deutschland nach dem BilMoG, DStR 2009, 129; Melcher/Schaier, Zur Umsetzung der HGB-Modernisierung durch das BilMoG: Einführung und Überblick, DB 2009, Beilage 5 zu Heft 23, 4; Mertes, Strafrechtliche Auswirkungen von § 264 Abs. 1 Satz 3 HGB, wistra 1991, 251; Moxter, IFRS als Auslegungshilfe für handelsrechtliche GoB?, WPg 2009, 7; Moxter, Über Bilanztheorien, FS Baetge, 2007, 403; Moxter, Erosion von Georg Döllerers Bilanzrechtskonzeption beim BFH?, DStR 2003, 1586; Moxter, Die Zukunft der Rechnungslegung?, DB 2001, 605; Moxter, Zum Verhältnis von handelsrechtlichen Grundsätzen ordnungsmäßiger Bilanzierung und True-and-fair-view-Gebot bei Kapitalgesellschaften, FS Budde, 1995, 419; Moxter, Sinn und Zweck des handelsrechtlichen Jahresabschlusses nach neuem Recht, FS Goerdeler, 1987, 361; Moxter, Die Jahresabschlussaufgaben nach der EG-Bilanzrichtlinie: Zur Auslegung von Art. 2 EG-Bilanzrichtlinie, AG 1979, 141; Moxter, Prüfverfahren und Jahresabschlussnichtigkeit nach dem Bilanzkontrollgesetz, ZHR 168 (2004), 414; Moxter, Der Europäische Gerichtshof und die deutschen Grundsätze ordnungsmäßiger Buchführung, FS Claussen, 1997, 707; W. Müller, Bilanzentscheidungen und Business Judgment Rule, FS Happ, 2006, 179; Mylich, Die vollständige Vermeidung von Bilanzpublizität bei Kapitalgesellschaften im Konzernverbund ohne Haftungsrisiken für die Muttergesellschaft, ZIP 2020, 2102; Mylich, Die Vermeidung von Bilanzpublizität, ZGR 2021, 86; Naumann, Neukonzeption der Kapitalerhaltung und IFRS-Anwendung im Jahresabschluss?, FS Baetge, 2007, 421; Niehus, „True and Fair View" – in Zukunft auch ein Bestandteil der deutschen Rechnungslegung?, DB 1979, 221; Niehus, Zur Transformation der 4. EG-(Bilanz-)Richtlinie in die Mitgliedstaaten der Europäischen Gemeinschaft, ZGR 1985, 536; Noack, Neue Publizitätspflichten und Publizitätsmedien für Unternehmen: eine Bestandsaufnahme nach EHUG und TUG, WM 2007, 377; Ordelheide, True and fair view: a European and a German perspective II, EAR 5 (1996), 495; Ordelheide, True and fair view: a European and a German perspective. A commentary on ‚A European true and fair view‘, EAR 2 (1993), 81; Ordelheide/Hartle, Rechnungslegung und Gewinnermittlung von Kapitalgesellschaften nach dem Bilanzrichtlinien-Gesetz, GmbHR 1986, 9; Oser/Roß/Wader/Drögemüller, Änderungen des Bilanzrechts durch das Bilanzrechtsmodernisierungsgesetz (BilMoG), WPg 2009, 573; Oser, Änderungen der Befreiungsvoraussetzungen für Tochter-Kapitalgesellschaften durch das BilRUG, WP 2017, 691; Oser, OLG Köln zur Verlustübernahmepflicht nach § 264 Abs. 3 Nr. 2 HGB a.F. – Kritische Würdigung des Beschlusses vom 13.7.2018 – 28 Wx 2/18, DB 2019, 322; Oser/Ollinger, Zweifelsfragen der Anwendung handelsrechtlicher Befreiungsvorschriften von Rechnungslegungspflichten, DB 2017, 2045; Ossadnik, Die Darstellung der Finanzlage im Jahresabschluss der Kapitalgesellschaft, BB 1990, 813; Petersen, Erforderlicher Inhalt einer Verlustübernahmeverpflichtung zur Befreiung von der Offenlegungspflicht der Tochtergesellschaft – Kritische Würdigung der Entscheidung des OLG Köln vom 13.7.2018, WPg 2018, 1493; Plaumann, Auslegungshierarchie des HGB: eine Analyse der Auslegungsquellen und bestehender Wechselwirkungen, 2013; Prinz/Hick, Der neue § 5 Abs. 1a EStG – Gelungene gesetzliche Verankerung der steuerbilanziellen Bildung von Bewertungseinheiten?, DStR 2006, 771; Rammert/Thies, Mit dem Bilanzrechtsmodernisierungsgesetz zurück in die Zukunft: Was wird aus Kapitalerhaltung und Besteuerung?, WPg 2009, 34; Reiner, Derivative Finanzinstrumente im Recht, 2002; Reinke/Müller, Auswirkungen von klima- und umweltbezogenen Aspekten auf HGB-Abschlüsse, BC 2022, 299; Richter, Die Generalklausel des § 264 Abs. 2 HGB und die Forderung des true and fair view, BB 1988, 2212; Rimmelspacher/Reitmeier, DRS 21: Neue Grundsätze für die handelsrechtliche Kapitalflussrechnung, WPg 2014, 789; Risse, Tax Accounting, FS Herzig, 2010, 651; Rodewald/Unger, Zusätzliche Transparenz für die europäischen Kapitalmärkte – die Umsetzung der EU-Transparenzrichtlinie in Deutschland, BB 2006, 1917; von Rosen, Sarbanes-Oxley ante portas? – Der geplante Bilanzeid und seine Folgen, FAZ Nr. 184 vom 10.8.2006, 13; Roß, § 264 Abs. 3 S. 1 Nr. 2 HGB: Für welchen Zeitraum und bis wann bedarf es einer Verlustübernahmeerklärung durch das Mutterunternehmen?, BB 2019, 427; Santella/Turrini, Capital Maintenance in the EU: Is the Second Company Law Directive Really That Restrictive?, EBOR 2008, 427; Sarx, Einzelprobleme des Grundsatzes der Unternehmensfortführung, ZfB-Ergänzungsheft 1/1987, 25; Schäfer, Besondere Regelungen für börsennotierte und für nichtbörsennotierte Gesellschaften?, NJW 2008, 2536; E. Scheffler, Der Grundsatz der Wesentlichkeit bei Rechnungslegung und Bilanzkontrolle, FS Baetge, 2007, 505; W. Scheffler, Europäisierung des Bilanzsteuerrechts: Anmerkungen zum Urteil des FG Hamburg vom 28.11.2003 auf der Grundlage des EuGH-Urteils vom 7.1.2003 (BIAO), StuB 2004, 776; Schellhorn, Der Bilanzeid nach § 264 Abs. 2 Satz 3 HGB – Anwendungsfragen und Bedeutung, DB 2009, 2363; Schildbach, Zeitbewertung, Gewinnkonzeptionen und Informationsgehalt: Stellungnahme zu „Financial Assets and Liabilities: Fair Value or Historical Cost?", WPg 1999, 177; Schildbach, Externe Rechnungslegung und Kongruenz – Ursache für die Unterlegenheit deutscher verglichen mit angelsächsischer Bilanzierung ?, DB 1999, 1813; Schildbach, Die neue Generalklausel für den Jahresabschluss von Kapitalgesellschaften, BFuP 1987, 1; Schildbach, Die Auswirkungen der Generalklausel des Artikel 2 der 4. EG-Richtlinie auf die Rechnungslegung der Aktiengesellschaften, WPg 1979, 277; Schiller, Grundungsrechnungslegung: dargestellt am Beispiel der Aktiengesellschaft, 1990; Schindler/Rabenhorst, Auswirkungen des KonTraG auf die Abschlussprüfung (Teil I), BB 1998, 1886; K. Schmidt, Eigenkapitalersatz, oder: Gesetzesrecht versus Rechtsprechungsrecht? Überlegungen zum Referentenentwurf eines GmbH-Reformgesetzes (MoMiG) von 2006, ZIP 2006, 1925; Schön, Kompetenzen der Gerichte zur Auslegung von IAS/IFRS, BB 2004, 763; Schön, Gesellschafter-, Gläubiger- und Anlegerschutz im Europäischen Bilanzrecht, ZGR 2000, 706; Schön, Entwicklung und Perspektiven des Handelsbilanzrechts: vom ADHGB zum IASC, ZHR 161 (1997), 133; Scholtissek, True and fair view im Vereinigten Königreich und in der Bundesrepublik Deutschland, RIW 1986, 966; Schoor, Frist für die Aufstellung des Jahresabschlusses nach Handels- und Steuerrecht, StBp 1999, 216; Schoppen, Darstellung der Finanzlage mit Hilfe der Kapitalflussrechnung, 1982; Schruff, Der neue Bestätigungsvermerk vor dem Hintergrund internationaler Entwicklungen, WPg 1986, 181; Schülen, Die Aufstellung des Anhangs, WPg 1987, 223; Schulze-Osterloh, Jahresabschluss, Abschlussprüfung und Publizität der Kapitalgesellschaften nach dem Bilanzrichtlinien-Gesetz, ZHR 150 (1986), 532; Schulze-Osterloh, Vorabentscheidungen des Europäischen Gerichtshofs zum Handelsbilanzrecht, ZGR 1995, 170; Schulze-Osterloh, Der Europäische Gerichtshof zur phasengleichen Aktivierung von Dividendenansprüchen, ZIP 1996, 1453; Schulze-Osterloh, IFRS und HGB-Reform, FS 100 Jahre Südtreu/Deloitte 1907 bis 2007, 413; Schulze-Osterloh, Nichtigkeit des Jahresabschlusses einer AG wegen Überbewertung, ZIP 2008, 2241; Schüppen, Der Regierungsentwurf des Gesetzes zur Stärkung der Finanzmarkt-Integrität (FISG) – Hart, bissig, unausgegoren, DStR 2021, 246; Schwark, Grundsätzliche rechtliche Aspekte des Bilanzrichtlinie-Gesetzentwurfs, BB 1982, 1149; Seicht Bilanztheorien, 1982; Selchert, Die sonstigen finanziellen Verpflichtungen, DB 1987, 545; Selchert, Zur Generalnorm für offenlegungspflichtige Unternehmen, BB 1993, 753; Siebler, Internationalisierung der Rechnungslegung und deren Auswirkungen auf Handels- und Steuerbilanz nicht auf den geregelten Kapitalmarkt ausgerichteter Unternehmen, 2008; Simon, Ausschüttungs- und Abführungssperre als gläubigerschützendes Institut in der reformierten HGB-Bilanzierung: Zur Regelung des § 268 VIII HGB n.F., NZG 2009, 1081; Stibi/Fuchs, Zur Umsetzung der HGB-Modernisierung durch das BilMoG: Konzeption des HGB: Auslegung und Interpretation der Grundsätze ordnungsmäßiger Buchführung unter dem Einfluss der IFRS?, DB 2009, Beilage 5 zu Heft 23, 9; Streim, Die Generalnorm des § 264 Abs. 2 HGB, FS Moxter, 1994, 391; Strobel, Der Entwurf eines DRS 2 zur Kapitalflussrechnung, DStR 1999, 1044; Theile, Die Publizität des Einzel- oder Konzernabschlusses bei der GmbH & Co. KG nach neuem Recht?, GmbHR 2000, 215; Tromp/Nagler/Gehrke, Die Möglichkeit einer Befreiung von der Offenlegung von Jahresabschlüssen nach § 264 Abs. 3 HGB bei (un-)mittelbarer Konzernmutter im EU-/EWR-Ausland? Eine Analyse im Lichte verschärfter Sanktionsmechanismen nach EHUG, GmbHR 2009, 641; Tubbesing, „A True and Fair View" im englischen Verständnis und 4. EG-Richtlinie, AG 1979, 91; Verse, Das Projekt einer Société Européenne Simplifiée (SES), GPR 2021, 271; Volk, Das Informationsinteresse der Jahresabschlussadressaten, BB 1987, 723; Walz, Strategien zur Überwindung des bilanzrechtlichen Anpassungsbedarfs, FS Kübler, 1997, 557;

Walz, Der Einfluss von Globalisierung und Europäisierung auf die Auslegung des geltenden Bilanzrechts (Einzelabschluss), in Ballwieser/Schildbach, Rechnungslegung und Steuern international, 1998, 83; Weber-Grellet, Bilanzrecht im Lichte, Bilanzsteuerrecht im Schatten des EuGH, DB 1996, 2089; de Weerth, Bilanzsteuerrecht und Europarecht: Anmerkungen zum BIAO-Urteil des EuGH, RIW 2003, 460; de Weerth, Bilanzrecht und Europarecht, RIW 1996, 763; Wehrheim, Krisenprognose mit Hilfe einer Kapital-flussrechnung?, DStR 1997, 1699; V. Weilep/J.-H. Weilep, Nichtigkeit von Jahresabschlüssen: Tatbestands-voraussetzungen sowie Konsequenzen für die Unternehmensleitung, BB 2006, 147; J.-H. Weilep, Die Nichtigkeit des Jahresabschlusses: eine umfassende Analyse: Tatbestandsvoraussetzungen und Rechtsfolgen sowie straf- und zivilrechtliche Konsequenzen für Vorstand, Aufsichtsrat und Abschlussprüfer, 2011; Wichmann, Die Gefährdung der Bestandskraft von Jahresabschlüssen nur durch wesentliche Überbewertung?, DB 1993, 340; Wöhe, Möglichkeiten und Grenzen der Bilanzpolitik im geltenden und im neuen Bilanzrecht, DStR 1985, 715; Wölk, Die Generalnorm für den Einzelabschluss von Kapitalgesellschaften, 1992; Wüstemann, Generally accepted accounting principles. Zur Bedeutung und Systembildung der Rechnungslegungsregeln der USA, 1999; Wüstemann/Kierzek, Das europäische Harmonisierungsprogramm zur Rechnungslegung: Endorsement und Enforcement von IFRS, BB 2006, Special zu Heft 17, 14; von Wysocki, Das Dritte Buch des HGB 1985 und die Grundsätze ordnungsmäßiger Konzernrechnungslegung, WPg 1986, 177; Zeitler, Rechnungslegung und Rechtsstaat: Übernahme der IAS oder Reform des HGB?, DB 2003, 1529; Zwirner/Busch, Befreiungsmöglichkeiten von Rechnungslegungs-, Prüfungs- und Publizitätspflichten, BC 2016, 509.[1]

Übersicht

---

[1]   Der Verf. dankt seinem wissenschaftlichen Mitarbeiter Ass. jur. Felix Arlt für die wertvolle Vorarbeit zur Neuauflage und die zahlreichen inhaltlichen Anregungen. Entsprechend der Redaktionsrichtlinie wurden in den Fn. sämtliche Angaben zu Datum und Aktenzeichen der zitierten Gerichtsentscheidungen gestrichen.

I. Anwendungsbereich

Die §§ 264 ff. gehen in ihrer ursprünglichen Fassung auf das BiRiLiG (BGBl. 1985 I **1** 2355 ff.) von 1985 zurück, das das deutsche Recht an die Vorgaben von drei (inzwischen aufgehobenen, dazu gleich) EG-Richtlinien anpassen sollte: der RL 78/660/EWG (4. Gesellschaftsrechtliche Richtlinie[2]), der RL 83/349/EWG (7. Gesellschaftsrechtliche Richtlinie"[3]) und der RL 84/253/EWG (8. Gesellschaftsrechtliche Richtlinie – Abschlussprüfer-RL[4]). Im Jahre 2009 wurden diese Vorschriften durch das BilMoG (BGBl. 2009 I 1102), zum Teil wiederum ausgelöst durch Änderungen der zugrunde liegenden Richtlinien,[5] erheblich „modernisiert". Mit Inkrafttreten der **Bilanz-RL** im Jahre 2013 wurden die 4. und die 7. Richtlinie aufgehoben sowie die zwischenzeitlich an die Stelle der RL 84/253/EWG getretene Abschlussprüfer-RL ergänzt.[6] Durch das Bilanzrichtlinie-Umsetzungsgesetz (BilRUG) vom 17.7.2015 (BGBl. 2015 I 1245) wurde die Bilanz-RL in nationales Recht umgesetzt; es trat in der vom BT-Rechtsausschuss geänderten Fassung[7] am 22.7.2017 in Kraft. Dieser **europarechtliche Hintergrund** ist bei der Anwendung der Vorschriften zu berücksichtigen; im Verhältnis der §§ 264 ff. zu den allgemeinen Rechnungslegungsvorschriften der §§ 238 ff. kann er uU wegen der Gefahr des Einflusses systemfremder Elemente durch die Rechtsprechung des EuGH Probleme verursachen. Im Übrigen finden sich Teile des Regelungsgehalts der Bilanz-RL, die schon vor Inkrafttreten des BiRiLiG nach allgemeiner Auffassung für alle Kaufleute galten, wie zB die allgemeinen Grundsätze der Vorsicht und Einzelbewertung,[8] im Ersten Abschnitt des Dritten Buchs des HGB (§§ 238–263, im Beispiel § 252 Abs. 1 Nr. 3 und 4).[9] Im Hinblick auf die Gleichbehandlung von Kapitalgesellschaften und Nichtkapitalgesellschaften in diesem Bereich kann das zu weiteren Problemen führen.[10]

---

[2] Richtlinie 78/660/EWG des Rates v. 25.7.1978 auf Grund von Art. 54 Abs. 3 lit. g des Vertrages über den Jahresabschluss von Gesellschaften bestimmter Rechtsformen, ABl. EG 1978 L 222, 11; aufgehoben durch die Bilanz-RL.

[3] Richtlinie 83/349/EWG des Rates v. 13.6.1983 aufgrund von Artikel 54 Abs. 3 lit. g des Vertrages über den konsolidierten Abschluß, ABl. EG 1983 L 193, 1 v. 18.7.1983; aufgehoben durch die Bilanz-RL.

[4] Richtlinie 84/253/EWG des Rates v. 10.4.1984 aufgrund von Artikel 54 Absatz 3 Buchstabe g) des Vertrages über die Zulassung der mit der Pflichtprüfung der Rechnungslegungsunterlagen beauftragten Personen, ABl. EG 1984 L 126, 20; mittlerweile aufgehoben durch die Abschlussprüfer-RL.

[5] S. Begr. RegE BilMoG, BT-Drs. 16/10067, 1: dort werden die neue Abschlussprüfer-RL (RL 2006/43/EG) und die sog. Abänderungs-RL 2006/46/EG genannt, die ua Änderungen der 4. und 7. Richtlinie mit sich brachte.

[6] RL 2013/34/EU des Europäischen Parlaments und des Rates v. 26.6.2013 über den Jahresabschluss, den konsolidierten Abschluss und damit verbundene Berichte von Unternehmen bestimmter Rechtsformen und zur Änderung der Richtlinie 2006/43/EG des Europäischen Parlaments und des Rates und zur Aufhebung der Richtlinien 78/660/EWG und 83/349/EWG des Rates, ABl. EU 2013 L 182, 19.

[7] BT-Drs. 18/5256.

[8] Art. 31 Abs. 1 lit. c und e RL 78/660/EWG aF, jetzt Art. 6 Abs. 1 lit. c und f Bilanz-RL.

[9] S. zB die Darstellung der Entstehungsgeschichte des BiRiLiG im Vorlagenschluss des BFH an den EuGH BStBl. II 1999, 129 = DStR 1999, 151 mwN unter III. 2. b.

[10] S. zB FG Hamburg EFG 1999, 1022 = DStRE 2000, 171 – BIAO, unter I. 1. i.: „Auch wenn die für alle Kaufleute geltenden §§ 238 ff. HGB nicht wortidentisch unter dem Primat des ‚true and fair view'" (§ 264 Abs. 2) stünden und mit den Vorschriften der Richtlinie 78/660/EWG „nicht in jeder Hinsicht deckungsgleich" seien, würden „dennoch Kapitalgesellschaften und andere Kaufleute bei den Übernahmen von Inhalten der BiRiLi in §§ 238 ff. HGB gleichbehandelt".

2   Der Zweite Abschnitt (§§ 264–335c) regelt, wie bereits seine Überschrift zum Ausdruck bringt, die Rechnungslegung der Kapitalgesellschaften nicht abschließend, sondern nur **„ergänzend"**. Soweit sie nicht von den §§ 264 ff. bzw. den aktienrechtlichen (zB §§ 150–160 AktG, § 283 Nr. 9–11 AktG, § 286 Abs. 2 AktG, § 300 AktG) oder GmbH-rechtlichen Vorschriften (§§ 41–42a GmbHG) oder den ebenfalls spezielleren Vorschriften für einzelne Geschäftszweige (§§ 340 ff., 341 ff., § 330 Abs. 1 ua iVm RechKredV, RechVersV, Krankenhaus-Buchführungsverordnung – KHBV; §§ 341q–341y[11]) verdrängt werden, bleiben die §§ 238 ff. auf Kapitalgesellschaften (und Personenhandelsgesellschaften ohne unmittelbar oder mittelbar haftende natürliche Person) anwendbar.[12] Ergänzend ist auf den unbestimmten Rechtsbegriff[13] der Grundsätze „ordnungsmäßiger" (nicht: „ordnungsgemäßer")[14] Buchführung (GoB, § 264 Abs. 2 S. 1; ferner zB § 238 Abs. 1 S. 1, § 243 Abs. 1) sowie das ebenfalls in § 264 Abs. 2 S. 1 genannte Gebot einer wirklichkeitsgetreuen Abbildung der Vermögens-, Finanz- und Ertragslage („true and fair view"; → Rn. 23 ff.) zurückzugreifen. Das Verhältnis dieser beiden Generalklauseln zueinander ist umstritten (ausführlich → Rn. 50 ff., → Rn. 63 ff.).

3   Die Vorschriften des Zweiten Abschnitts gelten für **„Kapitalgesellschaften"** iSd. HGB (AG, KGaA und GmbH einschließlich der UG [haftungsbeschränkt])[15] sowie gemäß der Verweisung in Art. 61 SE-VO auch für Europäische Aktiengesellschaften (SE).[16] Ferner sind die §§ 264 ff. seit der Umsetzung der GmbH & Co.-RL[17] durch das KapCoRiLiG 2000 auf „bestimmte Personenhandelsgesellschaften"[18] anwendbar (§ 264a). Darunter sind OHG und KG zu verstehen, bei denen nicht wenigstens eine natürliche Person unmittelbar (als Gesellschafter) oder mittelbar (im mehrstufigen Gesellschaftsverhältnis) persönlich haftet (§ 264a Abs. 1; → § 264a Rn. 3 ff.). Die Frage, ob die §§ 264 ff. auf die **Vor-Kapitalgesellschaft** (Vor-AG, Vor-GmbH, Vor-KGaA, Vor-SE) Anwendung finden, wird selten erörtert. Hiergegen scheint zunächst der Umstand zu sprechen, dass die Vorgesellschaft gerade keine Kapitalgesellschaft, sondern eine „körperschaftlich strukturierte Gesellschaft sui generis"[19] ist. Auf der anderen Seite gilt die Formel, dass auf die Vorgesellschaft die Vorschriften über die eingetragene AG oder GmbH entsprechend anzuwenden sind, soweit sie nicht die juristische Persönlichkeit voraussetzen. Bei den §§ 264 ff. ist das offenbar nicht der Fall, wie ihre Verbindlichkeit für bestimmte Personenhandelsgesellschaften gem. § 264a Abs. 1 belegt. Man könnte zwar auf den ersten Blick geneigt sein anzunehmen, dass bei der Vorgesellschaft aus Gläubigersicht wegen der von der Rechtsprechung angenommenen Differenzhaftung der Gesellschafter, sei sie auch Innenhaftung,[20] nicht der gleiche Publizitätsbedarf besteht wie bei der eingetragenen Kapitalgesellschaft. Dass dieser Aspekt aber kein Grund ist, auf die Einbeziehung der Vorgesellschaft in den Anwendungsbereich der §§ 264 ff. zu verzichten, zeigt die Überlegung, dass die strengeren und detaillierteren Regeln für Kapitalgesellschaften gerade auch der praktischen Realisierbarkeit der Differenzhaftung

---

[11]   Die §§ 341q–341y wurden durch das BilRUG eingeführt und betreffen inländische Kapitalgesellschaften, die in der mineralgewinnenden Industrie tätig sind oder Holzeinschlag in Primärwäldern betreiben.

[12]   S. zB FG Hamburg EFG 1999, 1022 = DStRE 2000, 171, unter I. 2. b aa: „unproblematisch".

[13]   ZB Schmidt/Weber-Grellet, 41. Aufl. 2022, EStG § 5 Rn. 58 mwN; → § 243 Rn. 84.

[14]   So versehentlich zB BFH BStBl. II 2002, 731 = DStR 2002, 625, unter II. 2. c. aa.; ebenso FG Hamburg EFG 2004, 746 = DStRE 2004, 613 unter II. 1. c. und II. 3. a. dd– BIAO. Während „ordnungsmäßig" wertneutral ist und „nach einer bestimmten Ordnung" (nach einem bestimmten Schema) bedeutet, bezieht sich „ordnungsgemäß" auf einen bestimmten Sollenssatz und bedeutet „wie vorgeschrieben".

[15]   S. die in der Überschrift zum Zweiten Abschnitt enthaltene Legaldefinition der „Kapitalgesellschaften".

[16]   S. zB MüKoAktG/Fischer, 5. Aufl. 2021, SE-VO Art. 61 Rn. 15; BeckOGK/Casper, 1.2.2022, SE-VO Art. 61 Rn. 4: „Sondervorschriften für Kapitalgesellschaften in den §§ 264–341p HGB".

[17]   Richtlinie 90/605/EWG des Rates v. 8.11.1990 zur Änderung der Richtlinien 78/660/EWG und 83/349/EWG über den Jahresabschluß bzw. den konsolidierten Abschluß hinsichtlich ihres Anwendungsbereichs, ABl. EG 1990 L 317, 60, mittlerweile aufgehoben durch die Bilanz-RL.

[18]   So die Bezeichnung in der Überschrift zum Zweiten Abschnitt.

[19]   ZB für die Vor-AG Koch, 16. Aufl. 2022, AktG § 41 Rn. 4.

[20]   ZB für die Vor-AG Koch, 16. Aufl. 2022, AktG § 41 Rn. 8 f.; für die GmbH zB MHLS/Blath, 3. Aufl. 2017, GmbHG § 11 Rn. 64 ff.

dienen könnten.[21] Für **Unternehmen anderer Rechtsformen** sind die **§§ 264 ff.** grundsätzlich nur einschlägig, soweit es explizit gesetzlich bestimmt ist. Dies betrifft – für einen jeweils unterschiedlichen Ausschnitt aus den §§ 264 ff. – zB Kredit- und Finanzdienstleistungsinstitute (§§ 340a, 340 Abs. 1 und 4) sowie Versicherungsunternehmen und Pensionsfonds (§ 341 Abs. 1 und 4), auch wenn sie nicht in der Rechtsform einer Kapitalgesellschaft betrieben werden, externe Kapitalverwaltungsgesellschaften (§ 38 Abs. 1 S. 1 KAGB iVm § 340a), registrierungspflichtige AIF-Kapitalverwaltungsgesellschaften (§ 45 KAGB), eingetragene Genossenschaften (§ 336 Abs. 2), Europäische Genossenschaften (§ 32 SCE-Ausführungsgesetz iVm § 336 Abs. 2) sowie Unternehmen, die aufgrund ihrer Bilanzsumme, Umsatzerlöse oder Arbeitnehmerzahl nach dem PublG rechnungslegungspflichtig sind (§§ 1, 5 PublG). Dazu gehören Einzelkaufleute, Personenhandelsgesellschaften außerhalb der § 264a und § 264b, wirtschaftliche Vereine, gewerbliche rechtsfähige Stiftungen des bürgerlichen Rechts und juristische Personen des öffentlichen Rechts mit Kaufmannseigenschaft (s. im Einzelnen § 3 PublG). Gemäß § 24 Abs. 1 VermAnlG haben Emittenten von Vermögensanlagen mit Sitz im Inland, auch wenn sie bilanzrechtlich nicht verpflichtet sind, einen HGB-Jahresabschluss offenzulegen, als Bestandteil des in diesem Falle zu veröffentlichenden „Jahresberichts" (§ 23 VermAnlG) ua einen Jahresabschluss und Lagebericht gem. den §§ 264–289 f. zu erstellen. Kraft Verweisung ist speziell § 264 Abs. 1 S. 1 ebenfalls auf „Bundesbetriebe, die nach den Regeln der kaufmännischen doppelten Buchführung buchen", anwendbar (§ 87 BHO). Ferner können sich die für alle Kaufleute geltenden GoB (§ 238 Abs. 1 S. 1, § 243 Abs. 1) inhaltlich mit einzelnen Regeln der §§ 264 ff. decken (zB hinsichtlich des Begriffs der Umsatzerlöse in § 277 Abs. 1).[22] Bei der Konkretisierung solcher GoB mag auf den Inhalt der §§ 264 ff. „geschielt" werden, auch wenn insofern kein zwingender Zusammenhang besteht.[23] Die Möglichkeit einer **analogen Anwendung** der §§ 264 ff. auf Einzelkaufleute und Personenhandelsgesellschaften (außerhalb des Anwendungsbereichs des PublG und der § 264a und § 264b), die nicht nach § 241a von der Pflicht zur Buchführung befreit sind oder die Befreiung nicht in Anspruch nehmen, wird im Schrifttum teilweise – jedenfalls im Grundsatz – verneint.[24] Die Bundesregierung hatte sich in ihrem zweiten, in der 10. Legislaturperiode vorgelegten Entwurf zum BiRiLiG ausdrücklich gegen die analoge Anwendung von Rechnungslegungsvorschriften für Kapitalgesellschaften auf reine (nicht unter § 264a fallende) Personenhandelsgesellschaften und Einzelkaufleute ausgesprochen.[25] Gleiches soll für inländische Zweigniederlassungen von Kapitalgesellschaften ausländischen Rechts gelten,[26] wobei sich für inländische Zweignie-

---

21 IE wohl auch Schiller, Grundungsrechnungslegung: dargestellt am Beispiel der Aktiengesellschaft, 1990, S. 30: Die (§§ 238–263 sowie) §§ 264–289 setzten „die Rechtsfähigkeit der Vorgesellschaft nicht voraus" und seien „deshalb auf die Gründungsrechnungen dieser Gesellschaft anzuwenden".

22 HdR/Isele/Urner-Hemmeter/Hold § 277 Rn. 8 (Stand Mai 2017).

23 Hierzu näher HdJ/Schulze-Osterloh Abt. I/1 Rn. 94 ff., unter III. (Stand: Oktober 2016) („Anwendbarkeit einzelner Vorschriften des Zweiten Abschnitts").

24 ADS Rn. 6 („analoge Anwendung auf Kaufleute anderer Rechtsform" komme „grundsätzlich nicht in Betracht"); KKRD/Morck/Drüen Rn. 1 („grundsätzlich"); strenger mittlerweile BeBiKo/Störk/ Rimmelspacher, 13. Aufl. 2022, Rn. 1 („nur im Fall einer gesetzlichen Verweisung [...] oder einer besonderen Vereinbarung").

25 S. Begr. RegE, BT-Drs. 10/317, 64 unter III. („Aufbau und Inhalt des Entwurfs"): „Personenhandelsgesellschaften und Einzelkaufleute werden nach dem Entwurf besser als bisher gegen die analoge Anwendung von Rechnungslegungsvorschriften geschützt, die nur für Kapitalgesellschaften bestimmt sind. Denn der Entwurf stellt bei der Formulierung der Vorschriften des neuen Dritten Buchs des HGB jeweils ausdrücklich klar, für welche Unternehmen die Regeln gelten sollen. Die sichere Abgrenzung des Anwendungsbereichs der einzelnen Vorschriften ist im Interesse der Rechtssicherheit geboten". S. auch den Bericht des BT-RA, der ausdrücklich ablehnt, das Gebot des getreuen Bildes nach § 264 Abs. 2 in den Ersten Abschnitt zu übernehmen, BT-Drs. 10/4268, 91.

26 BeBiKo/Störk/Rimmelspacher, 13. Aufl. 2022, Rn. 1. Eine Ausnahme dürfte allerdings nach § 53 Abs. 1, Abs. 2 Nr. 2 S. 2 KWG („Die Vorschriften des HGB über Handelsbücher gelten insoweit entsprechend") für Zweigstellen ausländischer Unternehmen gelten, die im Inland Bankgeschäfte betreiben oder Finanzdienstleistungen erbringen, denn die zitierte Verweisung dürfte auch § 340 und damit § 340a iVm §§ 264 ff. HGB erfassen (Boos/Fischer/Schulte-Mattler/Vahldiek, 5. Aufl. 2016, KWG § 53 Rn. 76). Zur grundsätzlichen Pflicht von Zweigniederlassungen zur (gesonderten) Buchführung

derlassungen von Kapitalgesellschaften mit Sitz in einem anderen EU-/EWR-Staat die alleinige Maßgeblichkeit des Rechnungslegungsrechts[27] am Sitz der ausländischen Hauptniederlassung bereits aus § 325a Abs. 1 S. 1 ergibt. Besser ist es, **Analogien** nicht grundsätzlich abzulehnen, sondern von den Besonderheiten der jeweiligen Einzelnorm abhängig zu machen.[28] So ist beispielsweise anerkannt, dass die Bilanz wegen des allgemeinen Gebots der Klarheit (§ 243 Abs. 2) bei Einzelhandelsunternehmen und reinen Personengesellschaften zumindest in ihrer „Grundform" ebenfalls dem § 266 zu entsprechen hat.[29] Weitere Beispiele betreffen die § 275 und § 276 (→ § 276 Rn. 5). Ob man dann gar nicht mehr von Analogie sprechen möchte, sondern – methodisch weicher und unverfänglicher – nur von „Orientierungshilfe bei der Auslegung der allgemeinen Vorschriften"[30] ist im Wesentlichen Geschmacksache. In jedem Fall ist bei solchen Anleihen an die §§ 264 ff. zu berücksichtigen, dass diese Vorschriften ggf. **richtlinienkonform auszulegen** sind und der Ausfüllung durch den EuGH unterliegen,[31] während die Regeln der §§ 242 ff., soweit sie nicht auf der Bilanz-RL basieren, ein anderes Schicksal nehmen können. Nicht zuletzt wegen des fortschreitenden Paradigmenwechsels der europarechtlichen Rechnungslegungsvorschriften in Richtung Kapitalmarktorientierung (→ Rn. 32 ff., 46) droht ein inhaltliches Auseinanderdriften beider Bereiche, das der Gesetzgeber durch die Neuregelung des Handelsbilanzrechts mit dem BiRiLiG an sich vermeiden wollte. Im Schrifttum wurde daher teilweise gefordert, auch den nicht auf die Richtlinie zurückgehenden, aber ihr sozusagen „angekoppelten" Rechtsbereich „richtlinienkonform" auszulegen.[32] Dieses Vorgehen ist allerdings aus heutiger Sicht schon deshalb problematisch, weil die kapitalmarktorientierte Rechnungslegung wegen des unterschiedlichen Informationsbedarfs der jeweiligen Bilanzadressaten keineswegs auf alle Kaufleute passt.

4   Gesellschaften, die nicht kapitalmarktorientiert im Sinne von § 264d und die als Tochterunternehmen in den Konzernabschluss eines Mutterunternehmens mit Sitz in einem Mitgliedstaat der Europäischen Union oder einem anderen EWR-Vertragsstaat einbezogen sind, brauchen die §§ 264–289f (Einzelabschluss), §§ 316–324a (Prüfung) und §§ 325–329 (Offenlegung, Veröffentlichung, Prüfung durch Registergericht) nicht anzuwenden (§ 264 Abs. 3 und Abs. 4, → Rn. 124 ff. bzw. → Rn. 133), wenn dies aufgrund bestimmter Voraussetzungen wegen mangelnden Interesses der Gesellschafter und Gläubiger für entbehrlich erscheint.

II. Abs. 1

5   **1. Erweiterter Jahresabschluss.** Der „Jahresabschluss" von Kapitalgesellschaften (zB § 170 Abs. 1 S. 1 AktG, § 171 Abs. 1 AktG, § 175 Abs. 1 und 2 AktG, § 270 Abs. 1 AktG, § 283 Nr. 9 AktG, § 286 AktG; § 42a Abs. 1 S. 1 GmbHG, § 71 Abs. 1 GmbHG) ist gegenüber sonstigen Jahresabschlüssen (zusammengesetzt aus **Bilanz**[33] und **GuV**, § 242 Abs. 3) mit dem **Anhang (§§ 284–288)** um einen dritten zwingenden Bestandteil erweitert (§ 264 Abs. 1 S. 1). Diese Regelung entspricht Art. 4 Abs. 1 Bilanz-RL (bzw. Art. 2 Abs. 1 RL

[   ] → § 238 Rn. 13; ferner Staub/Pöschke, 6. Aufl. 2021, § 238 Rn. 21: „Filialbuchhaltung", Rn. 26 f. zu ausländischen Unternehmen.

[27] Anstelle des eingeführten Begriffs des „Bilanzrechts" wird der übergeordnete Begriff des Rechnungslegungsrechts gewählt. Damit soll der zunehmenden Bedeutung anderer Berichtsinstrumente, wie beispielsweise GuV, Anhang, Lagebericht, Kapitalflussrechnung und Segmentberichterstattung, Rechnung getragen werden.

[28] Vorsichtiger Weber-Grellet DB 1996, 2089 unter II. 1.: Die §§ 264 ff. HGB seien auch für die Auslegung des § 243 HGB „bedeutsam"; sie dürfen allerdings „nicht pauschal und ohne nähere Begründung als GoB übernommen werden"; ebenso Hopt/Merkt, 41. Aufl. 2022, § 243 Rn. 3.

[29] Knobbe-Keuk § 3 III 2 S. 45; zust. Hopt/Merkt, 41. Aufl. 2022, § 243 Rn. 4 unter Berufung auf § 243 Abs. 2 S. 1 und auf GoB.

[30] So (unter ausdrücklicher Abgrenzung vom Verf.) Staub/Meyer, 6. Aufl. 2021, Rn. 3.

[31] Zu Einzelheiten Müller FS Claussen, 1997, 707 ff.

[32] Groh DStR 1996, 1206 (1208); Schulze-Osterloh ZGR 1995, 170 (177); grds. auch Müller FS Claussen, 1997, 707 (716 f.); aA Hennrichs ZGR 1997, 66 (76 ff.).

[33] In der Terminologie des § 17 Abs. 2 S. 2 UmwG: „Jahresbilanz".

78/660/EWG – alte Jahresabschluss-RL). Gemäß Art. 4 Abs. 2 Bilanz-RL (bzw. Art. 2 Abs. 1 S. 3 RL 78/660/EWG idF der sog. Modernisierungs-Richtlinie 2003/51/EG[34]) können die Mitgliedstaaten „Unternehmen, bei denen es sich nicht um kleine Unternehmen handelt", vorschreiben, dass der Jahresabschluss zusätzlich „weitere Bestandteile" umfasst. Der deutsche Gesetzgeber hat mit dem BilMoG eine Sonderregelung für kapitalmarktorientierte Kapitalgesellschaften geschaffen und diese Unternehmen zur Erweiterung ihres Jahresabschlusses um eine **Kapitalflussrechnung** und einen **Eigenkapitalspiegel** verpflichtet, soweit sie beide Rechnungslegungsinstrumente nicht ohnehin im Rahmen eines Konzernabschlusses erstellen (Abs. 1 S. 2 Hs. 1 ggf. iVm § 5 Abs. 2a S. 2 PublG, → Rn. 10 ff.). Fehlt einer der drei (Bilanz, GuV, Anhang) bzw. – in den Fällen des § 264 Abs. 1 S. 2 – der fünf (Bilanz, GuV, Anhang, Kapitalflussrechnung, Eigenkapitalspiegel) Pflichtbestandteile, liegt noch kein Jahresabschluss vor,[35] weil alle Bestandteile eine Einheit bilden (→ Rn. 7). Der **Anhang** (§ 285) stärkt als zusätzliches Instrument die Aussagekraft des Jahresabschlusses und entlastet gleichzeitig Bilanz und GuV. Er kann dabei helfen, Konflikte zwischen den unterschiedlichen Funktionen der Rechnungslegung (insbesondere Information der potentiellen Gläubiger und der Kapitalmarktteilnehmer einerseits und Ausschüttungsbegrenzung andererseits) aufzulösen. Dies geschieht dadurch, dass bestimmte Informationen, zB über stille Reserven, in den Anhang verlagert werden. Wegen der „Gleichstellung des Anhangs mit der Bilanz und der GuV" können Angaben „ohne Informationsverlust" in den Anhang übernommen werden, die sonst in der Bilanz oder der GuV zu machen wären.[36] Der Anhang muss bestimmte Pflicht- und sog. Wahlpflichtangaben enthalten (→ § 284 Rn. 27 ff.), die einen besseren Einblick in die Vermögens-, Finanz- und Ertragslage des Unternehmens ermöglichen (Abs. 2) und das „starre Zahlenwerk" von Bilanz und GuV „in das richtige Licht" stellen sollen.[37] Die Pflichtangaben wurden im Zuge des BilMoG zum Teil wesentlich erweitert. Darüber hinaus sind weitere **freiwillige Angaben** zulässig, soweit ein sachlicher Zusammenhang mit dem Jahresabschluss besteht und die Klarheit und Übersichtlichkeit der Darstellung nicht beeinträchtigt wird.[38] Beispiele sind Erläuterungen zu anderen Posten der Bilanz und GuV als den in § 285 genannten Angaben zur Arbeitnehmerschaft, Bewegungsbilanzen, Eigenkapitalspiegel und Kapitalflussrechnungen,[39] soweit sie nicht ohnehin gem. § 264 Abs. 1 S. 2 Hs. 1 erstellt werden müssen, Segmentberichte (§ 264 Abs. 1 S. 2 Hs. 2 iVm § 5 Abs. 2a S. 2 PublG),[40] Sozialbilanzen

---

34   RL 2003/51/EG v. 18.6.2003 zur Änderung der Richtlinien 78/660/EWG, 83/349/EWG, 86/635/EWG und 91/674/EWG über den Jahresabschluss und den konsolidierten Abschluss von Gesellschaften bestimmter Rechtsformen, von Banken und anderen Finanzinstituten sowie von Versicherungsunternehmen, ABl. EG 2003 L 178, 16–22.

35   So auch Gelhausen/Fey/Kämpfer K Rn. 1 („alle in § 264 Abs. 1 geforderten Bestandteile"); anders scheinbar BeBiKo/Störk/Rimmelspacher, 13. Aufl. 2022, Rn. 8: Der Jahresabschluss iSd Gesetzes liege noch nicht vor, „solange einer der drei Bestandteile" fehle. Offenbar wollen die Autoren ihre Aussage nicht auf die zusätzlichen Bestandteile nach § 264 Abs. 1 S. 2 Hs. 1 erstrecken; so wohl auch KKRD/Morck/Drüen Rn. 2: Ein Jahresabschluss liege so lange nicht vor, wie einer dieser Bestandteile fehle. Damit könnten „Prüfung, Feststellung, Unterzeichnung und Offenlegung nur dann ordnungsgemäß erfolgen, wenn alle drei gesetzlichen Bestandteile des Jahresabschlusses einer Kapitalgesellschaft vorhanden" seien. Aus der Zeit vor dem BilMoG (zu den drei Pflichtbestandteilen gemäß § 264 Abs. 1 S. 1) wie hier etwa ADS Rn. 11, 12, 15; HdR/Baetge/Commandeur/Waldenbuch/Hippel Rn. 3 (Stand: 9.12.2013).

36   Begr. RegE, BT-Drs. 10/317, 75; zB auch Baetge/Kirsch/Thiele/Ballwieser Rn. 22 (Stand: 1.5.2019).

37   Hopt/Merkt, 41. Aufl. 2022, Rn. 12.

38   BeBiKo/Grottel, 13. Aufl. 2022, § 284 Rn. 92.

39   Vgl. IAS 1.10(d): Danach enthält ein „vollständiger Abschluss" ua eine Kapitalflussrechnung für die Periode gemäß IAS 7. IAS 1 wurde übernommen durch VO (EG) Nr. 1274/2008 v. 17.12.2008, ABl. EG 2008 L 339, 3, 5, zuletzt geändert durch ÄndVO (EU) 2022/357 v. 2.3.2022, ABl. EU 2022 L 68, 1.

40   Vgl. IFRS 8.2: Danach ist (a) beim Einzelabschluss von Unternehmen bzw. (b) beim Konzernabschluss einer Gruppe mit einem Mutterunternehmen, „dessen Schuld- oder Eigenkapitalinstrumente an einem öffentlichen Markt gehandelt werden (d.h. einer inländischen oder ausländischen Börse oder einem OTC-Markt, einschließlich lokaler und regionaler Märkte)", eine „Segmentberichterstattung" vorzunehmen. IFRS 8 ersetzt IAS 14.

oder Mehrjahresrückblicke.[41] Solche Zusätze unterliegen der Offenlegungspflicht und bei „mittelgroßen" (§ 267 Abs. 2) und „großen" Gesellschaften (§ 267 Abs. 3) der Prüfungspflicht.[42] Der Umstand, dass § 264 Abs. 1 S. 2 Hs. 2 Segmentberichte als Ergänzung zum Einzelabschluss inzwischen – speziell für kapitalmarktorientierte Gesellschaften – ausdrücklich zulässt (wie § 297 Abs. 1 S. 2 früher bereits für die Konzernbilanz), hat klarstellenden Charakter, rechtfertigt aber nicht die Schlussfolgerung, dass freiwillige Ergänzungen anderer Art nicht (mehr) zulässig wären bzw. dass nicht kapitalmarktorientierte Unternehmen (mittlerweile) keine freiwilligen Ergänzungen mehr vorlegen dürften. Eine dahingehende Intention des Gesetzgebers ist nicht ersichtlich. Aus den Materialien zum BilMoG ergibt sich nur, dass der Gesetzgeber wohl mit Blick auf die höheren Kosten eines Segmentberichts im Vergleich zu den nicht „ins Gewicht fallenden" Kosten einer Kapitalflussrechnung und eines Eigenkapitalspiegels auf eine entsprechende Aufstellungspflicht verzichtet hat.[43] In § 264 Abs. 1 nicht erwähnt wird die durch Gesetz vom 19.6.2023 eingeführte Pflicht für bestimmte Kapitalgesellschaften (& Co.) zur Ertragsteuerinformationsberichterstattung nach den §§ 342 ff.

6   Für Kleinstkapitalgesellschaften iSd § 267a entfällt gem. Abs. 1 S. 5, eingefügt durch Art. 1 Nr. 4 lit. a MicroBilG mWv 27.12.2012, die Verpflichtung zur Erweiterung des Jahresabschlusses um den Anhang, sofern sie in der Bilanz bestimmte Angaben ua über die Haftungsverhältnisse ausweisen (→ Rn. 24).

7   Die drei Grundbestandteile jedes Jahresabschlusses, bei bestimmten kapitalmarktorientierten Kapitalgesellschaften zuzüglich der beiden hinzutretenden weiteren Bestandteile, sind vom Gesetz als **Einheit** gedacht (Abs. 1 S. 1 bzw. S. 2 Hs. 1; vgl. für Bilanz, GuV und Anhang auch Art. 4 Abs. 1 Bilanz-RL), sodass alle Vorschriften, die den (erweiterten) „Jahresabschluss der Kapitalgesellschaft" betreffen, auf die Gesamtheit von Bilanz, GuV und Anhang, ggf. erweitert um Kapitalflussrechnung und Segmentberichterstattung, bezogen werden müssen.[44] Die wichtigste Konsequenz daraus ist, dass nur die drei bzw. fünf Bestandteile des Jahresabschlusses zusammen ein Bild vermitteln müssen, das den tatsächlichen Verhältnissen (Abs. 2 S. 1) entspricht.[45] Einzelnen Bestandteilen, insbesondere der Bilanz oder der GuV, können die tatsächlichen Verhältnisse für sich genommen nicht immer hinreichend entnommen werden, etwa bei der Ausübung von Bewertungswahlrechten. Es reicht dann aus, wenn ein anderer Teil des Jahresabschlusses – in der Regel wird es der Anhang sein[46] – die erforderlichen Zusatzinformationen gewährt (vgl. Abs. 2 S. 2).[47] Ergibt sich ein nicht aus Bilanz und GuV erkennbarer, für die Darstellung eines getreuen Bilds (→ Rn. 28) aber wesentlicher Umstand zumindest aus der (zwingenden) Kapitalflussrechnung oder dem (zwingenden) Eigenkapitalspiegel iSd Abs. 1 S. 2, ist eine

---

[41]   ADS Rn. 14; einschr. WP-HdB/Störk, 17. Aufl. 2021, F Rn. 951: „Viele Unternehmen verwenden in ihren Abschlusserläuterungen Tabellen, Statistiken, Grafiken u.ä., die insbes. der Darstellung von Zusammenhängen und Mehrjahresentwicklungen dienen. Auch hier kann zweifelhaft sein, ob es sich um Pflicht- oder um freiwillige Angaben handelt. Würde ohne diese Abschlusserläuterungen das in § 264 Abs. 2 HGB verlangte Bild nicht vermittelt, gehören sie zu den Pflichtangaben".

[42]   BeBiKo/Grottel, 13. Aufl. 2022, § 284 Rn. 90; ADS Rn. 14, § 284 Rn. 30; Biener/Bernecke BiRiLiG S. 132: „Werden in den Anhang zusätzliche Angaben aufgenommen, wie z.B. eine Kapitalflussrechnung oder ein Sozialbericht, so gelten die Vorschriften über den Anhang auch insoweit und sind die Angaben in die Prüfung einzubeziehen".

[43]   Vgl. Begr. RegE BilMoG, BT-Drs. 16/10067, 63: „Allein die Erstellung eines Segmentberichts wäre aufwändiger, dessen Erstellung ist jedoch in das Belieben der Unternehmen gestellt".

[44]   MüKoAktG/Luttermann, 2. Aufl. 2003, HGB § 264 Rn. 7, noch zu § 264 aF, also ohne Einbeziehung der Erweiterungen nach Abs. 1 S. 2 Hs. 1; wie hier zB auch Merkt/Probst/Fink/Anzinger Kap. 4 Rn. 8.

[45]   Vgl. auch Merkt/Probst/Fink/Anzinger Kap. 4 Rn. 34: Das Ziel des getreuen Bildes könne „gleichrangig in der Bilanz, in der GuV und im Anhang verwirklicht werden". Dieser Aussage kann zumindest für solche Fälle zugestimmt werden, wo das Gesetz ein Wahlrecht zwischen einer Angabe in der Bilanz oder im Anhang gewährt.

[46]   MüKoAktG/Luttermann, 2. Aufl. 2003, HGB § 264 Rn. 8.

[47]   Moxter AG 1979, 141 f.; Jonas, Die EG-Bilanzrichtlinie, 1980, S. 29 f.; ADS Rn. 16 unter Rückgriff auf § 131 Abs. 3 Nr. 4 AktG; BeBiKo/Störk/Rimmelspacher, 13. Aufl. 2022, Rn. 9; KKRD/Morck/Drüen Rn. 2.

ergänzende Anhangangabe gem. Abs. 2 S. 2 (→ Rn. 87 ff.) entbehrlich, weil Kapitalflussrechnung und Eigenkapitalspiegel Teil des „Jahresabschlusses" im Sinne dieser Vorschrift sind. Anders wird man wohl entscheiden müssen, wenn es sich nicht um zwingende, sondern um freiwillige Dokumente handelt. Ferner ist der Jahresabschluss erst aufgestellt, geprüft, unterzeichnet, festgestellt und offengelegt, wenn alle drei bzw. fünf Bestandteile geprüft worden sind (bereits → Rn. 5). Der Abschlussprüfer kann sein Testat nicht in Bezug auf einzelne Bestandteile, sondern nur für den Jahresabschluss im Ganzen erteilen; die gesetzlichen Vertreter der Kapitalgesellschaft (→ Rn. 19) können den Jahresabschluss nur im Ganzen „unterzeichnen" (§ 245 S. 1, → Rn. 18) und die drei Bestandteile des Jahresabschlusses müssen gleichzeitig und in unmittelbarem räumlichen Zusammenhang miteinander offengelegt werden.[48]

2. Lagebericht. Große und mittelgroße (§ 267 Abs. 2 und 3) Kapitalgesellschaften **8** müssen ferner einen **Lagebericht** aufstellen (§ 264 Abs. 1 S. 1, 4, § 289; § 170 Abs. 1 S. 1 AktG, § 171 Abs. 1 AktG, § 175 Abs. 1 und 2 AktG, § 270 Abs. 1 AktG, § 283 Nr. 10 AktG, § 286 AktG; § 42a Abs. 1 GmbHG, § 71 Abs. 1 GmbHG); Gleiches gilt für kapitalmarktorientierte Unternehmen iSd §§ 1, 3 PublG (§ 5 Abs. 2a S. 1 PublG idF ab 1.7.2021). Der Lagebericht ist kein Bestandteil des Jahresabschlusses, sondern rechtlich eigenständig.[49] Er ist neben dem Anhang ein zweites Informationselement und soll den Jahresabschluss durch „zusätzliche Informationen allgemeiner Art"[50] (Geschäftsverlauf, Lage der Kapitalgesellschaft, voraussichtliche Entwicklung) ergänzen. In der Praxis kapitalmarktorientierter Unternehmen wird der Lagebericht gerne mit der Bilanz (einschließlich Anhang), der GuV und weiteren Informationen (zB dem Bericht des Aufsichtsrats nach § 171 AktG) in einem einheitlichen Dokument, dem sog. „Geschäftsbericht", zusammengefasst. Das ist zulässig; der Umstand, dass der Lagebericht gegenüber dem Jahresabschluss rechtlich selbstständig ist, steht dem nicht entgegen.[51] Damit setzt die Praxis zumindest äußerlich die alte Rechtslage nach §§ 148, 160 AktG aF fort. Diese Vorschriften verpflichteten den Vorstand zur Aufstellung eines Jahresabschlusses (ohne Bilanzanhang) sowie eines „Geschäftsberichts", der neben einem Bericht zum Geschäftsverlauf und zur Lage der Gesellschaft (§ 160 Abs. 1 AktG aF, von Praxis und Schrifttum schon damals „Lagebericht" genannt[52]) auch einen – dem heutigen Anhang funktionell vergleichbaren – Teil mit Erläuterungen des Jahresabschlusses (§ 160 Abs. 2 und 3 AktG aF, von Praxis und Schrifttum „Erläuterungsbericht" genannt[53]) zu enthalten hatte. Seit dem Inkrafttreten des Gesetzes zur Stärkung der nichtfinanziellen Berichterstattung der Unternehmen in ihren Lage- und Konzernlageberichten (CSR-Richtlinie-Umsetzungsgesetz)[54] vom 11.4.2017 (BGBl. 2017 I 802) ist die Lageberichterstattung durch eine nichtfinanzielle Komponente erweitert (§ 289b–§ 289e). Der folgenschwere Einsturz einer Textilfabrik in Bangladesch im Jahre 2013 hatte die EU im Jahre 2014 zur Verabschiedung der CSR-RL veranlasst,[55] mit der die gesellschaftliche Ver-

---

[48]   ADS Rn. 15; BeBiKo/Störk/Rimmelspacher, 13. Aufl. 2022, Rn. 8.
[49]   ADS Rn. 18; BeBiKo/Störk/Rimmelspacher, 13. Aufl. 2022, Rn. 10; Hopt/Merkt, 41. Aufl. 2022, Rn. 5; KKRD/Morck/Drüen Rn. 3; MüKoAktG/Luttermann, 2. Aufl. 2003, HGB § 264 Rn. 10.
[50]   Begr. RegE, BT-Drs. 10/317, 94.
[51]   WP-HdB/Winkeljohann, 15. Aufl. 2016, F Rn. 1349 (Aussage bei Störk ab 16. Aufl. 2019 nicht mehr auffindbar); ADS § 289 Rn. 14 und 36; wohl auch BeBiKo/Grottel, 13. Aufl. 2022, § 289 Rn. 12: Für freiwillige Angaben könnten „in einem Geschäftsbericht deutlich abgegrenzte Abschnitte" eingerichtet werden, „die selbst keinen gesetzlichen Vorschriften" unterlägen; ähnlich WP-HdB/Winkeljohann, 15. Aufl. 2016, F Rn. 1349 (Aussage bei Störk ab 16. Aufl. 2019 nicht mehr auffindbar): freiwillige Angaben im Geschäftsbericht seien „deutlich vom LB im gesetzlichen Sinne abzugrenzen".
[52]   GroßkommAktG/Mellerowicz, 3. Aufl. 1970, § 160 Anm. 2.
[53]   GroßkommAktG/Mellerowicz, 3. Aufl. 1970, § 160 Anm. 2.
[54]   Dieses Gesetz dient der Umsetzung der RL 2014/95/EU des Europäischen Parlaments und des Rates v. 22.10.2014 zur Änderung der Richtlinie 2013/34/EU im Hinblick auf die Angabe nichtfinanzieller und die Diversität betreffender Informationen durch bestimmte große Unternehmen und Gruppen (ABl. EU 2014 L 330, 1; ABl. EU 2014 L 369, 79).
[55]   Böcking/Althoff WPg 2017, 1450.

antwortung der Unternehmen und ihrer Lieferketten hervorgehoben werden soll.[56] Eingeführt wurde mit § 315b und § 315c iVm § 289c auch die Pflicht zur „nichtfinanziellen Konzernerklärung"; DRS 20 wurde in diesem Zusammenhang überarbeitet.[57] Das Gesetz über die unternehmerischen Sorgfaltspflichten zur Vermeidung von Menschenrechtsverletzungen in Lieferketten (Lieferkettensorgfaltspflichten-gesetz – LkSG), welches großteils (vgl. Art. 2 LkSG) zum 1.1.2023 in Kraft treten wird, führt weitere Pflichten auf dem Feld des Menschenrechtsschutzes für Unternehmen mit zunächst mindestens 3.000, ab 2024 mindestens 1.000 Arbeitnehmern ein (§ 1 Abs. 1 S. 1 Nr. 2 bzw. S. 3 LkSG). Dem Vorschlag, den in § 10 Abs. 2 LkSG vorgesehenen „Bericht über die Erfüllung seiner Sorgfaltspflichten im vergangenen Geschäftsjahr" in die nichtfinanzielle Berichterstattung des § 289b ff. zu integrieren,[58] ist der Gesetzgeber nicht gefolgt (vgl. § 10 Abs. 2 LkSG).[59]

9   Kleine Kapitalgesellschaften iSd § 267 Abs. 1 werden von der Verpflichtung zur Aufstellung eines Lageberichts befreit, für sie besteht diesbezüglich ein **Wahlrecht** (Abs. 1 S. 4 Hs. 1[60]). Auf eine ausdrückliche Befreiung kleiner Kapitalgesellschaften von der Erstellung der zusätzlichen Pflichtinstrumente für kapitalmarktorientierte Gesellschaften gem. Abs. 1 S. 2 Hs. 1 (Kapitalflussrechnung, Eigenkapitalspiegel, → Rn. 15 f.), konnte der Gesetzgeber verzichten, weil kapitalmarktorientierte Gesellschaften (iSd § 264d) immer als große Kapitalgesellschaften gelten (§ 267 Abs. 3 S. 2; → § 267 Rn. 21). Den Gesellschaften steht es frei, das Privileg des Abs. 1 S. 4 durch Satzungsbestimmung zu derogieren und eine uneingeschränkte Pflicht zur Aufstellung eines Lageberichts vorzusehen.[61] Die aktienrechtliche Satzungsstrenge des § 23 Abs. 5 AktG steht einer solchen Bestimmung nicht entgegen.[62] Eine entsprechende Satzungsregelung wirkt im Innenverhältnis, so dass der Vorstand pflichtwidrig iSd § 93 Abs. 2 und ggf. auch § 84 Abs. 3 S. 2 („grobe Pflichtverletzung") handelt, wenn er keinen Lagebericht aufstellt und dem Aufsichtsrat vorlegt (vgl. § 170 Abs. 1 AktG). Kündigt der Vorstand in der Einladung zur Hauptversammlung (§ 121 AktG) irreführend die Vorlage eines Lageberichts an, der dann (satzungswidrig) fehlt, kann dies die Anfechtbarkeit der Entlastungsbeschlüsse (§ 120 Abs. 1 AktG) und des Gewinnverwendungsbeschlusses (§ 174 AktG) begründen.[63]

10   **3. Erweiterungen bei kapitalmarktorientierten Kapitalgesellschaften, Abs. 1 S. 2. a) Hintergrund.** Das BilMoG hat den Kreis der Pflichtbestandteile des Jahresabschlusses für **kapitalmarktorientierte** Kapitalgesellschaften (§ 264d; → § 264d Rn. 3) um eine **Kapitalflussrechnung** und einen **Eigenkapitalspiegel** erweitert, sofern sie nicht zur Aufstellung eines Konzernabschlusses verpflichtet sind, und zudem ein Wahlrecht zur Erweiterung des Jahresabschlusses um eine **Segmentberichterstattung** geschaffen (Abs. 1 S. 2).[64]

---

[56]   Hierzu Haase Interview in WPg 2017, 697; Lanfermann WPg 2017, 1252.
[57]   Böcking/Althoff WPg 2017, 1450.
[58]   So der Vorschlag des DAV in seiner Stellungnahme zum LkSG-Regierungsentwurf, DAV NZG 2021, 546 (549).
[59]   Es sei aber ratsam, die „formell separaten Berichtspflichten [...] anzugleichen und die gesetzgeberischen Entwicklungen auf europäischer und deutscher Ebene zur geplanten Erweiterung der CSR-Berichtspflichten zu verfolgen", vgl. Gehling/Ott/Lüneborg CCZ 2021, 230 (239). Das Bundesamt für Wirtschaft und Ausfuhrkontrolle hat für die Unternehmen inzwischen einen 38-seitigen formularartigen „Fragenkatalog zur Berichterstattung gemäß § 10 Abs. 2 LkSG" veröffentlicht.
[60]   In § 264 eingefügt wurde Abs. 1 S. 3 aF (= Abs. 1 S. 4 idF des BilMoG) durch das Gesetz „zur Änderung des D-Markbilanzgesetzes und anderer handelsrechtlicher Bestimmungen" v. 25.7.1994, BGBl. 1994 I 1682.
[61]   Vgl. BGH NJW-RR 2008, 907 Rn. 3 f.
[62]   LG Nürnberg-Fürth AG 2005, 262 unter II. 2. B. – DIC Asset AG.
[63]   BGH NJW-RR 2008, 907 Rn. 5.
[64]   Krit. Kessler/Leinen/Strickmann/Budde/Heusinger-Lange BilMoG, 2. Aufl. 2010, Kap. 3. 2. 5 S. 159: Das Wahlrecht betreffend der Segmentberichterstattung stelle „eine wesentliche Komponente dar, die die Vergleichbarkeit der Abschlüsse ggf. signifikant einschränkt und daher für eine internationale Akzeptanz eines nach deutschen Rechnungslegungsvorschriften erstellten Jahresabschlusses vermutlich nicht förderlich" sei, denn in einem gemäß § 315a Abs. 1 zu erstellenden Konzernabschluss sei gemäß IFRS 8.2 (b) zwingend über die Geschäftssegmente zu berichten. Gleiches gelte für freiwillige IFRS-Einzelabschlüsse kapitalmarktorientierter Unternehmen (IFRS 8.2 (a)).

Damit möchte der Gesetzgeber diese Gesellschaften „im Hinblick auf ihre handelsrechtlichen Berichterstattungspflichten" mit konzernrechnungslegungspflichtigen kapitalmarktorientierten Unternehmen „vollumfänglich" gleichstellen; auf diese Weise will er eine „im Sinn der [allerdings nicht näher genannten] europäischen Vorgaben" bestehende „Lücke" im Umfang der Berichterstattungspflichten schließen, die „zu einer unterschiedlichen Informationsversorgung der Kapitalmarktteilnehmer in Abhängigkeit von der Struktur des kapitalmarktorientierten Unternehmens" geführt habe.[65] In der Tat ist für konzernrechnungspflichtige Kapitalgesellschaften die Kapitalflussrechnung und der Eigenkapitalspiegel bereits seit Längerem neben Bilanz, GuV und Anhang zwingender und die Segmentberichterstattung freiwilliger Bestandteil der Konzernbilanz (§ 297 Abs. 1), lediglich Personenhandelsgesellschaften und Einzelkaufleuten stand es als Mutterunternehmen bis zum BilMoG frei, Kapitalflussrechnung und Eigenkapitalspiegel in den Konzernabschluss aufzunehmen (§ 13 Abs. 3 S. 2 PublG aF[66]). Erstellt die (Mutter-)Gesellschaft ihren Konzernabschluss zwingend oder freiwillig nach IFRS (§ 315e Abs. 1 und 2; Abs. 3), hat sie diese Bestandteile ebenfalls zu erstellen, wobei eine Segmentberichterstattung im Fall der Kapitalmarktorientierung nach IFRS 8.2 sogar obligatorisch ist.[67]

    b) Anwendungsbereich. Gemäß § 264a Abs. 1 gilt die Erweiterung des Jahresab- **11** schlusses nach Abs. 1 S. 2 auch für **Kapitalgesellschaften & Co.;** eine „sinngemäße" Anwendung fordert § 5 Abs. 2a S. 2 PublG im Fall von sonstigen, **dem PublG unterliegenden kapitalmarktorientierten Unternehmen,** sofern sie „in sinngemäßer Anwendung des § 264d des Handelsgesetzbuchs kapitalmarktorientiert sind" (§ 5 Abs. 2a S. 1 PublG). Mögliche Abweichungen vom Gesetzeswortlaut im Rahmen der „sinngemäßen" Anwendung sind beispielsweise beim rechtsformspezifischen Ausweis von Eigenkapital denkbar.[68]

    Abs. 1 S. 2 stellt ausdrücklich auf die (fehlende) **Verpflichtung** des Unternehmens zur **12** Aufstellung eines **Konzernabschlusses** ab. Eine solche Pflicht kann sich aus § 290 sowie aus § 11 PublG ergeben. Der erweiterte Jahresabschluss ist auch dann aufzustellen, wenn die Gesellschaft zwar nicht selbst zur Aufstellung eines Konzernabschlusses verpflichtet ist, jedoch als Tochterunternehmen in den Konzernabschluss eines Mutterunternehmens mit Sitz in einem Mitgliedstaat der Europäischen Union oder einem anderen EWR-Vertragsstaat **einzubeziehen** oder **einbezogen** ist.[69] Damit werden auch die Tochtergesellschaften gem. § 291 Abs. 1 S. 1 (iVm § 290 Abs. 1 S. 1) erfasst, die ihrerseits nicht konsolidierungspflichtige Tochtergesellschaften haben, denn die Befreiungen nach den § 291 und § 293 sind für kapitalmarktorientierte Unternehmen nicht einschlägig (§ 291 Abs. 3 Nr. 1, § 293 Abs. 5). Die praktische Bedeutung des Abs. 1 S. 2 ist dennoch gering, weil kapitalmarktorientierte Gesellschaften regelmäßig zur Aufstellung eines Konzernabschlusses verpflichtet sein dürften.[70] Zudem ist die vom Gesetzgeber bezweckte Gleichstellung entgegen dem Gesetzes-

---

65   Begr. RegE BilMoG, BT-Drs. 16/10067, 62 f.; in der Ungleichbehandlung konzernrechnungspflichtiger und nicht konzernrechnungslegungspflichtiger Unternehmen sah die BReg. (BT-Drs. 16/10067, 62 f.) gar einen „Widerspruch". Krit. Theile Bilanzrechtsmodernisierungsgesetz, 2009, S. 117: vergleichbarkeit „in der Anzahl der Berichtsinstrumente ... nicht jedoch in den Inhalten", im Hinblick auf Vergleichbarkeit „IFRS-Einzelabschluss für die kapitalmarktorientierten Einzelunternehmen der bessere Weg"; s. auch Merkt/Probst/Fink/Anzinger Kap. 7 Rn. 284: Der Eigenkapitalspiegel eines Konzernabschlusses sei „mit dem Eigenkapitalspiegel eines Jahresabschlusses nicht notwendig funktions- und inhaltsgleich".

66   Vgl. inzwischen aber die Neufassung dieser Regelung (§ 13 Abs. 3 S. 2 Hs. 2 PublG idF des BilMoG), die nur noch nicht kapitalmarktorientierte Personenhandelsgesellschaften und Einzelkaufleute befreit.

67   So ausdrücklich Begr. RegE BilMoG, BT-Drs. 16/10067, 63. Dazu Kirsch/Kirsch Rn. 36 (Stand: 1.10.2021); Gelhausen/Fey/Kämpfer K Rn. 2. → Rn. 134.

68   S. dazu Gelhausen/Fey/Kämpfer K Rn. 4.

69   S. auch Gelhausen/Fey/Kämpfer K Rn. 5 aE mwN: „Einbeziehung ... befreit nicht".

70   So auch die Einschätzung des Gesetzgebers, vgl. RegE BilMoG, BT-Drs. 16/10067, 43: „Kreis der betroffenen Unternehmen marginal"; ähnlich BeBiKo/Winkeljohann/Schellhorn, 11. Aufl. 2018, Rn. 5: kapitalmarktorientiertes Unternehmen, das (etwa mangels Tochterunternehmen) keinen Konzernabschluss aufzustellen brauche, werde „eher selten sein" (Aussage in Neuauflage 2022 nicht mehr enthalten); Hoffmann/Lüdenbach NWB Kommentar Bilanzierung, 13. Aufl. 2022, § 264 Rn. 6: „von geringerer praktischer Bedeutung".

wortlaut gar nicht berührt, wenn die kapitalmarktorientierte Gesellschaft zwar keiner Verpflichtung zur Aufstellung eines Konzernabschlusses unterliegt, aber **freiwillig** einen solchen (vollständig) aufstellt, prüft und veröffentlichen lässt. In diesem Fall ist eine Pflicht zur Erweiterung des *Einzel*abschlusses nicht gerechtfertigt, so dass eine entsprechende teleologische Reduktion des Abs. 1 S. 2 angezeigt ist.[71]

13   **c) Einzelheiten.** Die **Begriffe** „Kapitalflussrechnung", „Eigenkapitalspiegel" und „Segmentberichterstattung" lässt das Gesetz wie auch in § 297 Abs. 1 offen; sie werden insbesondere nicht gesondert definiert. Anders als zu Bilanz, GuV, Anhang und Lagebericht gibt es auch keine konkretisierenden Normen. Form, (Mindest-) Gliederung und Inhalt dieser Bestandteile sind insofern nicht zwingend vorgegeben. Jedoch hatte der Gesetzgeber die **geübte Praxis** in der Konzernrechnungslegung im Blick, wo bislang offensichtlich kein Bedarf nach einer gesetzlichen Konkretisierung der entsprechenden Begriffe aufgetreten ist. Daher haben sich die zusätzlichen Bestandteile für den Einzelabschluss kapitalmarktorientierter Unternehmen sinngemäß an den Kriterien zu orientieren, die für den Konzernabschluss entwickelt wurden (→ § 297 Rn. 21 ff., → § 297 Rn. 30 ff. und → § 297 Rn. 36 ff.). Insofern kann – muss aber nicht (vgl. § 342 Abs. 2) – eine Orientierung an den vom BMJ bekannt gemachten Standards des DSR zur Auslegung des § 297 Abs. 1 (DRS 21,[72] DRS 3[73]) erfolgen.[74] Auch eine „analoge Anwendung" von IAS 7 (Statement of Cash Flows) und IFRS 8 (Operating Segments) für Kapitalflussrechnung und Segmentberichterstattung „unter Berücksichtigung der deutschen handelsrechtlichen Vorschriften" wird – im Hinblick auf das gesetzgeberische Anliegen einer „Gleichstellung aller kapitalmarktorientierten Unternehmen" wohl nicht zu Unrecht – für zulässig erachtet.[75] Nur eingeschränkt auf den Eigenkapitalspiegel im Einzelabschluss übertragbar sind die IAS 1.106 ff. (Statement of changes in equity), weil die Zeilen- und Spalteninhalte grundsätzlich bereits durch die handelsrechtlichen Postenbezeichnungen vorgegeben sind.[76]

14   Anders als für Bilanz und GuV (§ 265 Abs. 2 S. 1) ist für die Bestandteile des iSv Abs. 1 S. 2 erweiterten Jahresabschlusses die Angabe von **Vorjahreszahlen** nicht zwingend vorgeschrieben. Der Gesetzgeber hat (bewusst oder unbewusst) auf eine Ergänzung des § 265 Abs. 2 S. 1 bzw. eine Bezugnahme auf diese Vorschrift in Abs. 1 S. 2 verzichtet. Daraus wird sich aber nicht im Umkehrschluss ableiten lassen, dass Vorjahreszahlen nicht erforderlich sind,[77] denn die implizite Verweisung des Gesetzgebers auf § 297 Abs. 1 geht § 265 Abs. 2 S. 1 vor; im Anwendungsbereich des § 297 Abs. 1 (im Zweiten Unterabschnitt des Zweiten Abschnitts) entfaltet § 265 Abs. 2 S. 1 (im Ersten Unterabschnitt des Zweiten Abschnitts) aber weder positive noch negative Wirkung. Bezüglich der Vorjahreszahlen wird daher auf den konzernbilanzrechtlichen Erkenntnisstand verwiesen.[78] DRS 22.21 empfiehlt, neben dem Konzerneigenkapitalspiegel für das Berichtsjahr auch den für das Vorjahr aufzustellen. Aus Gründen der Übersichtlichkeit wird in den Anlagen auf die Angabe von Beträ-

---

71   So wohl auch Kirsch/Kirsch Rn. 38 (Stand: 1.10.2021).
72   Für nach dem 31.12.2014 beginnende Geschäftsjahre hat DRS 21 „Kapitalflussrechnung" den vorher geltenden DRS 2 ersetzt. Vgl. dazu Rimmelspacher/Reitmeier WPg 2014, 789; Kirsch IRZ 2014, 272.
73   Mit Bekanntmachung des DRS 22 „Konzerneigenkapital" gem. § 342 Abs. 2 durch das BMJ am 23.2.2016 wurde DRS 7 „Konzerneigenkapital und Konzerngesamtergebnis" v. 3.4.2001 aufgehoben; der Grundsatz war letztmals auf das vor dem 1.1.2017 beginnende Geschäftsjahr anzuwenden.
74   So auch Gelhausen/Fey/Kämpfer K Rn. 6; Petersen/Zwirner/Brösel/Mindermann BilMoG S. 456 f.; tendenziell wohl auch Kirsch/Kirsch Rn. 46 ff. (Stand: 1.10.2021); skeptisch Petersen/Zwirner/Brösel/ Mindermann BilMoG, 2009, S. 458: Ein „unreflektierter Rückgriff" auf die DRS 21, 3 und 7, die „unter Konzernrechnungslegungsaspekten entwickelt" worden seien, sei aus Sicht von kapitalmarktorientierten Unternehmen, die nicht konzernrechnungslegungspflichtig seien, „nicht ohne weiteres möglich".
75   Gelhausen/Fey/Kämpfer K Rn. 7.
76   Gelhausen/Fey/Kämpfer K Rn. 7, 16 ff.
77   So aber Gelhausen/Fey/Kämpfer K Rn. 8 (ausdrücklich unter Bezugnahme auf § 265 Abs. 2 S. 1): Angabe von Vorjahreszahlen „nicht verpflichtend", aber „wünschenswert".
78   Ähnlich noch Bonner HdR/Kirsch Rn. 40 (Stand: Januar 2016): „in Analogie zur Diskussion" bei der Konzernrechnungslegung (Aussage in Neuauflage 2021 nicht mehr enthalten).

gen des Vorjahres verzichtet (DRS 22.67). Für die Kapitalflussrechnung empfiehlt DRS 21.22, die Vergleichszahlen der Vorperiode anzugeben.

Die **Funktion** der zusätzlichen Bestandteile des Jahresabschlusses kapitalmarktorientier- **15** ter Gesellschaften besteht darin, einen **stärker detaillierten Einblick in die Vermögens-, Finanz- und Ertragslage** der Unternehmung zu gewährleisten.[79] Ziel der **Kapitalflussrechnung** ist es, Zweck, Verwendung und Herkunft der Finanzmittel (zahlungsstromorientierte Fondsrechnung[80]) durch Aufgliederung des „Cash Flow" aus der laufenden Geschäftstätigkeit, der Investitions- und der Finanzierungstätigkeit aufzuzeigen.[81] Sie berichtet über die Veränderung des sog. Finanzmittelfonds des Unternehmens, der Zahlungsmittel und Zahlungsmitteläquivalente umfasst,[82] durch Angabe der reinen Ein- und Auszahlungsströme. Indem sie vom Grundsatz der Periodenabgrenzung (s. § 252 Abs. 1 Nr. 5) abstrahiert,[83] soll sie auch prospektiv darstellen, ob künftige finanzielle Überschüsse erzielt, Zahlungspflichten erfüllt und Ausschüttungen vorgenommen werden können.[84] Damit wird insbesondere über die **Finanzlage** des Unternehmens und seine künftige Zahlungsfähigkeit (Liquidität) erheblich detailreicher berichtet als allein auf Grundlage von Bilanz, GuV, Anhang und ggf. Lagebericht (→ Rn. 83).[85] Probleme entstehen vor allem bei der Zuordnung von Vermögensgegenständen zum Finanzmittelfonds[86] sowie der Abgrenzung der drei verschiedenen CashFlow-Größen voneinander.

Der sog. **Eigenkapitalspiegel** dient dem Zweck, die **Vermögenslage** (→ Rn. 81 f.) **16** hinsichtlich der Eigenkapitalentwicklung der Berichtsperiode näher zu veranschaulichen. Er bildet in einer komprimierten Übersicht sämtliche ergebniswirksamen und ergebnisunwirksamen Veränderungen der einzelnen Eigenkapitalposten ab.[87] Durch die aufgegliederte Darstellung, insbesondere auch der ergebnisneutralen Veränderungen, ergibt sich eine wesentliche Informationsverbesserung gegenüber den Darstellungen von Bilanz, GuV und Anhang, die – vor allem in Gestalt der rechtsformspezifischen Rücklagenveränderungs- und Ergebnisverwendungsrechnung (vgl. § 152 Abs. 2 und 3 AktG, § 158 Abs. 1 AktG) – nur Teilaspekte der Entwicklung des Eigenkapitals ausweisen.[88]

Die freiwillige **Segmentberichterstattung** berichtet über den Erfolgsbeitrag der ein- **17** zelnen Geschäftsbereiche des Unternehmens[89] und bezieht sich insofern hauptsächlich auf einen detaillierten Ausweis der **Ertragslage** (→ Rn. 84). Sie soll den Abschlussadressaten eine verbesserte Risikoeinschätzung der Geschäftsaktivitäten und zugleich eine bessere Prognose der Ertragsaussichten durch einen Einblick in die Chancen der einzelnen Geschäftsbereiche der Gesellschaft ermöglichen.[90] Zugleich gewährt sie damit aber auch eine differenziertere Einschätzung der Finanz- und Vermögenslage der Gesellschaft.

---

[79] Zu Einzelheiten der Berichtsinstrumente → § 297 Rn. 21 ff. (Konzernkapitalflussrechnung), → § 297 Rn. 30 ff. (Konzerneigenkapitalspiegel) und → § 297 Rn. 36 ff. (Konzern-Segmentberichterstattung); ferner Gelhausen/Fey/Kämpfer K Rn. 11 ff.; Kirsch/Kirsch Rn. 46 ff. (Stand: 1.10.2021); ADS Ergbd. § 297 nF Rn. 9 ff. (zu Kapitalflussrechnung und Segmentberichterstattung); BeBiKo/Störk/ Rimmelspacher, 13. Aufl. 2022, § 297 Rn. 20 ff. (zur Kapitalflussrechnung), Rn. 100 ff. (zum Eigenkapitalspiegel), Rn. 150 ff. (zur Segmentberichterstattung).

[80] ADS Ergbd. § 297 nF Rn. 9.

[81] S. dazu auch die Übersicht bei Kirsch/Kirsch Rn. 48 (Stand: 1.10.2021); Gelhausen/Fey/Kämpfer K Rn. 11; ADS Ergbd. § 297 nF Rn. 16.

[82] ZB BeBiKo/Störk/Rimmelspacher, 13. Aufl. 2022, § 297 Rn. 28 unter Berufung auf DRS 21.33.

[83] S. dazu ADS Ergbd. § 297 nF Rn. 9.

[84] Kirsch/Kirsch Rn. 46 (Stand: 1.10.2021).

[85] ADS Ergbd. § 297 nF Rn. 10; BeBiKo/Störk/Rimmelspacher, 13. Aufl. 2022, § 297 Rn. 21.

[86] Hierzu zB ADS Ergbd. § 297 nF Rn. 11; BeBiKo/Störk/Rimmelspacher 13. Aufl. 2022 § 297 Rn. 28.

[87] S. dazu zB ADS § 272 Rn. 8; Kirsch/Kirsch Rn. 51 f. (Stand: 1.10.2021); Gelhausen/Fey/Kämpfer K Rn. 19.

[88] Hierzu BeBiKo/Störk/Rimmelspacher, 13. Aufl. 2022, § 297 Rn. 101.; s. auch dies., Rn. 102–111 („Grundsätze der Darstellung der Entwicklung des Konzerneigenkapitals für alle Unternehmen").

[89] ADS Ergbd. § 297 nF Rn. 36 f.; ähnlich BeBiKo/Winkeljohann/Rimmelspacher, 11. Aufl. 2018, § 297 Rn. 151: Die Segmentierung bestimmter Abschlussdaten diene „vor allem der Erhöhung der Transparenz des konzernspezifischen Chancen- und Risikoprofils" (Aussage in Neuauflage 2022 nicht mehr enthalten).

[90] Vgl. dazu ADS Ergbd. § 297 nF Rn. 37; BeBiKo/Störk/Rimmelspacher, 13. Aufl. 2022, § 297 Rn. 150.

18   **4. Aufstellungspflicht. a) Inhalt der Pflicht.** Abs. 1 beschränkt sich auf die Pflicht, Jahresabschluss und Lagebericht „aufzustellen". **„Aufstellung"** meint **technisches Anfertigen des Jahresabschlusses** (§§ 242 ff.), dh seine „Vorbereitung bis zur Beschlussreife".[91] Dazu werden die einzelnen Bestandskonten (Aktiv- und Passivkonten) und Erfolgskonten (Aufwands- und Ertragskonten) der doppelten Buchführung zum Bilanzstichtag abgeschlossen, und ihre Salden (Unterschied von Soll und Haben) werden jeweils zu einem Abschlusskonto (Sammelkonto) zusammengeführt. Die **Bilanz** ist das Abschlusskonto der Bestandskonten, die **GuV** das Abschlusskonto der Erfolgskonten. Hinzu kommt das Erstellen des Anhangs und der weiteren Bestandteile nach Abs. 1 S. 2 bei Kapitalmarktorientierung. Abzugrenzen ist die Aufstellung des Jahresabschlusses und des Lageberichts von der **Unterzeichnung** dieser Dokumente. Für die (eigenhändige → § 245 Rn. 2) Unterzeichnung des (festgestellten[92]) Jahresabschlusses (§ 245 S. 1) ist bei AG, SE und GmbH die Unterschrift sämtlicher Vorstandsmitglieder,[93] geschäftsführender Direktoren bzw. Geschäftsführer (einschließlich der Stellvertreter von Vorstandsmitgliedern und Geschäftsführern, § 94 AktG, § 44 GmbHG)[94] und bei der KGaA sämtlicher persönlich haftender Gesellschafter (§ 278 Abs. 1 AktG, § 245 S. 2 HGB) ohne Rücksicht auf ihre etwaige Ressortzuständigkeit erforderlich (→ Rn. 19).[95] Die darin zum Ausdruck kommende **kollektive Verantwortlichkeit** (Gesamtverantwortung) der Mitglieder der „Verwaltungs-, Leitungs- und Aufsichtsorgane" von Kapitalgesellschaften für die „Erstellung" (und „Veröffentlichung") des Jahresabschlusses und des Lageberichts wurde in Art. 50b RL 78/660/EWG (Pflicht) und Art. 50c RL 78/660/EWG aF idF der RL 2006/46/EG (Haftung) erstmals europarechtlich ausdrücklich festgeschrieben[96] und in der aktuellen Bilanz-RL bestätigt (Erwägungsgrund 41 Bilanz-RL, Art. 33 Abs. 1 Bilanz-RL). Im Gegensatz zum Jahresabschluss (§ 245) ist eine Unterzeichnung des Lageberichts jedenfalls bislang im deutschen Recht nicht vorgesehen.[97] Ferner von der Aufstellung von Jahresabschluss und Lagebericht zu unterscheiden sind die **Prüfung** dieser Dokumente durch den Abschlussprüfer (§ 316) und den Aufsichtsrat (§ 170 Abs. 1 S. 1 AktG; § 42a Abs. 1 S. 3 GmbHG; § 25 Abs. 1 Nr. 2 MitbestG; § 3 MontanMitbestG; § 1 Abs. 1 Nr. 3 Drittelbeteiligungsgesetz) sowie die **Feststellung** speziell des Jahresabschlusses durch Vorstand und Aufsichtsrat (§ 172 AktG) oder den Verwaltungsrat (§ 47 Abs. 5 SEAG) bzw. durch die Hauptversammlung (§ 173 AktG) oder die Gesellschafterversammlung (§ 42a Abs. 1 S. 1 GmbHG, 46 Nr. 1 GmbHG). Im Einzelnen bestimmen sich Voraussetzungen und Wirkungen der Feststellung nach den gesellschaftsrechtlichen Vorschriften für die jeweilige Rechtsform.[98] In jedem Fall wird der Jahresabschluss durch die Feststellung für Gesellschafter und Gesellschaftsorgane sowie ggf. auch für Dritte (zB Genussrechtsinhaber) verbindlich.[99] Bei der **AG** legt die Verwaltung durch den (in der

---

[91]   Vgl. BGHZ 132, 263 = NJW 1996, 1678 unter I., zur KG: „Aufstellung, dh. Vorbereitung bis zur Beschlussreife des Jahresabschlusses".

[92]   So mit überzeugenden Argumenten → 4. Aufl. 2020, § 245 Rn. 5.

[93]   OLG Karlsruhe AG 1989, 35, zur Frage, ob der Jahresabschluss des abhängigen Unternehmens im faktischen Konzern nichtig ist, wenn das herrschende Unternehmen die Organe des beherrschten Unternehmens mit Strohmännern beschickt hat, die sich seinem Diktat gebeugt haben.

[94]   WP-HdB/Gelhausen/Hennrichs, 15. Aufl. 2016, B Rn. 143, zu § 44 GmbHG (Aussage in 16. Aufl. 2019 nicht mehr auffindbar).

[95]   ADS § 245 Rn. 12; BeBiKo/Justenhoven/Meyer, 13. Aufl. 2022, § 245 Rn. 5 mwN.

[96]   Richtlinie 2006/46/EG v. 14.6.2006 „zur Änderung der Richtlinien des Rates 78/660/EWG über den Jahresabschluss von Gesellschaften bestimmter Rechtsformen, 83/349/EWG über den konsolidierten Abschluss, 86/635/EWG über den Jahresabschluss und den konsolidierten Abschluss von Banken und anderen Finanzinstituten und 91/674/EWG über den Jahresabschluss und den konsolidierten Abschluss von Versicherungsunternehmen", ABl. EG 2006 L 224, 1.

[97]   Für eine analoge Anwendung des § 245 auf den Lagebericht Strieder DB 1998, 1677 unter III. 2. Vgl. auch WP-HdB/Feldmüller/Hennrichs, 17. Aufl. 2021, B Rn. 163: Eine freiwillige Unterzeichnung des Lageberichts sei „zulässig und wünschenswert".

[98]   Zur AG s. zB Koch, 16. Aufl. 2022, AktG § 172 Rn. 2 ff.; ADS AktG § 173 Rn. 14 f.; BeckOGK/Euler/Klein, 1.7.2022, AktG § 173 Rn. 13. Zur GmbH zB Noack/Servatius/Haas/Kersting, 23. Aufl. 2022, GmbHG § 29 Rn. 8 f.; MüKoGmbHG/Lieder, 4. Aufl. 2022, GmbHG § 57c Rn. 29.

[99]   Zu den Personenhandelsgesellschaften BGHZ 132, 263 unter I. (KG). Zur GmbH s. zB MüKoGmbHG/Lieder, 4. Aufl. 2022, GmbHG § 57c Rn. 29.

Regel bereits festgestellten § 172 AktG) Jahresabschluss, den Lagebericht und den Bericht des Aufsichtsrats (§ 171 Abs. 2 AktG) Rechenschaft ab. Dementsprechend hat der Vorstand diese Unterlagen im Vorfeld der ordentlichen Hauptversammlung, die über die Entlastung der Mitglieder des Vorstands und des Aufsichtsrats beschließt, in den Geschäftsräumen der Gesellschaft zur Einsicht der Aktionäre auszulegen und Aktionären auf Verlangen unverzüglich in Kopie zu übermitteln (§ 175 Abs. 2 S. 1 und 2 AktG), wenn sie nicht über die Internetseite der Gesellschaft zugänglich sind (§ 175 Abs. 2 S. 4 AktG idF des EHUG). Ein Entlastungsbeschluss, der gefasst wird, ohne dass der Jahresabschluss und der Lagebericht (oder Aufsichtsratsbericht) vorgelegt werden, ist nach § 243 Abs. 1 AktG anfechtbar.[100]

b) Zuständigkeit. Die **Aufstellung** des Jahresabschlusses ist Teil der Geschäftsfüh- **19** rung.[101] Sie obliegt den **gesetzlichen Vertretern** der Kapitalgesellschaft (Abs. 1 S. 1), also den Mitgliedern des AG- bzw. SE-Vorstands (§ 78 Abs. 1 AktG, vgl. auch § 170 Abs. 1 AktG; Art. 9 Abs. 1 lit. b Ziff. ii SE-VO), den geschäftsführenden Direktoren einer SE (§§ 41 Abs. 1, 47 Abs. 1 S. 1 SEAG), den persönlich haftenden Gesellschaftern der KGaA (§ 283 Nr. 9 AktG, vgl. auch § 278 Abs. 1 AktG, §§ 161 Abs. 2, 125 HGB) und den Geschäftsführern der GmbH (§ 35 Abs. 1 GmbHG) bzw. den Abwicklern/Liquidatoren der Gesellschaften i.L. (§§ 269 f., 290 AktG, §§ 70 f. GmbHG), die in der Regel, außerhalb eines Insolvenzverfahrens, mit den Mitgliedern der Geschäftsleitung identisch sind (§ 264 Abs. 1 AktG, § 265 Abs. 1 AktG; § 66 Abs. 1 GmbHG). Keine „gesetzlichen Vertreter" sind durch Rechtsgeschäft oder Satzung bestellte Vertreter wie Aufsichtsratsmitglieder,[102] Generalbevollmächtigte oder Prokuristen. Im Insolvenzverfahren ist der Insolvenzverwalter für das Aufstellen des Jahresabschlusses und des Lageberichts in Bezug auf die Insolvenzmasse zuständig (§ 155 Abs. 1 S. 2 InsO). Dabei sollen die für die außergerichtliche Liquidation geschaffenen § 270 AktG und § 71 GmbHG anzuwenden sein.[103] Die gesetzliche Aufstellungspflicht ist der Satzungsautonomie entzogen. Bei Leitungsorganen mit mehreren Mitgliedern trifft sie nach Gesellschaftsrecht die Gesamtheit der Organmitglieder als gemeinschaftliche Schuld.[104] Da die Pflicht nicht höchstpersönlich ist,[105] kann ihre Erfüllung (im Sinne einer Zusammenfassung der Zahlen der Buchführung) im Wege der Geschäftsverteilung intern auf einzelne Organmitglieder übertragen werden,[106] die ihrerseits Hilfspersonen, insbesondere Wirtschaftsprüfer (aber nicht den Abschlussprüfer, s. § 319 Abs. 3 Nr. 3 lit. a) einschalten können.[107] Die übrigen Organmitglieder trifft dann eine Überwachungspflicht.[108] Soweit Satzung oder Gesellschaftsvertrag nichts Abweichendes regeln, hat das Kollektivorgan über die Aufstellung bzw. über den Inhalt von Jahresabschluss und Lagebericht einstimmig zu entscheiden (vgl. § 77 Abs. 1 AktG, § 35 Abs. 2 S. 1 GmbHG).[109] Das

---

[100]   Koch, 16. Aufl. 2022, AktG § 175 Rn. 5 f.; vgl. auch BGHZ 62, 193 (194 f.), unter I., zur Anfechtung eines Entlastungsbeschlusses wegen Verstoßes gegen die Berichtspflicht nach den §§ 312 ff. AktG; KG AG 2001, 355, unter 2. d., zur Anfechtung eines Entlastungsbeschlusses wegen Verletzung von Auskunftspflichten nach § 131 AktG.

[101]   Hopt/Merkt, 41. Aufl. 2022, Rn. 8.

[102]   MüKoAktG/Luttermann, 2. Aufl. 2003, HGB § 264 Rn. 11.

[103]   Braun/Haffa, 9. Aufl. 2022, InsO § 155 Rn. 3.

[104]   Vgl. BGH NJW 1986, 54 (55) unter 1. a.: „Für die Buchführung verantwortlich sind nach § 41 Abs. 1 GmbHG grundsätzlich alle Geschäftsführer"; ADS Rn. 20: „Kollektivgremien als solche verantwortlich"; Biener/Bernecke BiRiLiG S. 130.

[105]   ADS Rn. 20; MüKoAktG/Luttermann, 2. Aufl. 2003, HGB § 264 Rn. 12.

[106]   BGH NJW-RR 2009, 618 Rn. 8; hierzu MüKoGmbHG/Fleischer, 3. Aufl. 2019, GmbHG § 41 Rn. 13: Eine solche horizontale Arbeitsteilung sei „nicht nur zulässig und üblich, sondern bei größeren Unternehmen heute praktisch zwingend, zumal Buchführung und Bilanzierung wegen der stets zu beachtenden steuerlichen Gesichtspunkte eine besondere Sachkunde" verlangten.

[107]   Hopt/Merkt, 41. Aufl. 2022, Rn. 8; HdR/Baetge/Commandeur/Waldenbuch/Hippel Rn. 7 (Stand: 9.12.2013); Biener/Bernecke BiRiLiG S. 130; BeBiKo/Störk/Rimmelspacher, 13. Aufl. 2022, Rn. 12: „Aufstellung nicht durch sämtliche gesetzlichen Vertreter höchstpersönlich"; KKRD/Morck/Drüen Rn. 5.

[108]   ZB BGH NJW 1986, 54 (55), unter 1. a.; Staub/Pöeschke 6. Aufl. 2021, § 238 Rn. 20.

[109]   ADS Rn. 21; Hopt/Merkt, 41. Aufl. 2022, Rn. 8: „Die Aufstellung ist Teil der Geschäftsführung (grundsätzlich einstimmig)".

gesetzliche Vertretungsorgan erstellt Jahresabschluss und Lagebericht eigenverantwortlich, kann aber gesellschaftsrechtlich an Weisungen gebunden sein,[110] zB aufgrund eines Beherrschungsvertrags (§ 308 Abs. 2 AktG), einer Eingliederung (§ 323 Abs. 1 AktG) oder entsprechender Beschlüsse der Gesellschafterversammlung (vgl. § 37 Abs. 1 GmbHG, § 46 Nr. 1 GmbHG).[111]

20   **c) Fristen.** Jahresabschluss und Lagebericht sind innerhalb der ersten drei Monate des sich anschließenden Geschäftsjahres aufzustellen (§ 264 Abs. 1 S. 3). Dies ist eine Konkretisierung der „einem ordnungsmäßigen Geschäftsgang entsprechenden Zeit" iSd § 243 Abs. 3 für große und mittelgroße (§ 267 Abs. 2 und 3) Kapitalgesellschaften sowie bilanzmäßig gleichgestellte sonstige Unternehmen (→ Rn. 3).[112] Für Unternehmen, die nach dem PublG rechnungslegungspflichtig sind, gilt nach § 5 Abs. 1 S. 1 PublG die gleiche Frist („ersten drei Monaten des Geschäftsjahrs"). Die Frist soll die Geschäftsführung zu **pünktlicher Erledigung der bilanzrechtlichen Pflichten** anhalten. Der Beschleunigungszweck steht nicht zur Disposition der Gesellschafter; die Frist ist zwingend und kann nicht durch Satzung oder Gesellschaftsvertrag verlängert werden.[113] Die **Verkürzung** der Frist **durch Satzung** oder Gesellschaftsvertrag ist nur mit Wirkung für das Innenverhältnis der Gesellschaft zulässig,[114] ein Ordnungsgeld (§ 335 Abs. 1 S. 1 Nr. 1; → Rn. 23) kann erst bei Überschreitung der gesetzlichen Frist, und zwar nicht derjenigen zur Aufstellung, sondern nur derjenigen (einjährigen bzw. viermonatigen) zur Offenlegung, dh Einreichung und Veranlassung der Bekanntmachung bei der das Unternehmensregister führenden Stelle[115] (§ 325 Abs. 1a idF des DiRUG vom 1.8.2022, Abs. 4) festgesetzt werden. **Kleine Kapitalgesellschaften** (§ 267 Abs. 1) dürfen sich mit der Aufstellung bis zu drei Monaten länger Zeit lassen als mittelgroße und große, „wenn" dies einem „ordnungsgemäßen Geschäftsgang" entspricht (Abs. 1 S. 4 Hs. 1).[116] Ob der „Wenn"-Vorbehalt dahingehend zu verstehen ist, dass sechs Monate die Regel und von einer kürzeren Dauer nur unter besonderen Umständen auszugehen ist,[117] oder ob umgekehrt besondere Umstände für die Ausschöpfung des vollen Zeitrahmens gegeben sein müssen,[118] ist umstritten. Das praktische Bedürfnis nach Rechtsklarheit und der vom Gesetzgeber verfolgte Entlastungszweck sprechen dafür, die sechs Monate ebenso als Regelfrist[119] und gesetzliche Konkretisierung des § 243

---

[110]   ADS Rn. 25; KKRD/Morck/Drüen Rn. 5.

[111]   Zum Weisungsrecht der GmbH-Gesellschafterversammlung s. zB Altmeppen, 10. Aufl. 2021, GmbHG § 37 Rn. 3.

[112]   Für die analoge Anwendung des § 264 Abs. 1 S. 2 aF auf (bayrische) Sparkassen offenbar BGHSt 46, 30 unter 2.a. (dabei fälschlicherweise § 264 Abs. 1 S. 3 zitierend).

[113]   BayObLG NJW-RR 1987, 927, zur Satzung einer kleinen Kapitalgesellschaft (§ 267 Abs. 1), die die Frist für die Aufstellung des Jahresabschlusses und des Lageberichts entgegen § 264 Abs. 1 S. 3 pauschal auf den Ablauf des sechsten Monats nach dem abgelaufenen Geschäftsjahr festlegte; ebenso BayObLG NJW-RR 1987, 1178. Aus dem Schrifttum HdR/Baetge/Commandeur/Waldenbuch/Hippel Rn. 5 (Stand: 9.12.2013) „eine in jedem Fall zu beachtende gesetzliche Regelung"; BeBiKo/Störk/Rimmelspacher, 13. Aufl. 2022, Rn. 17.

[114]   OLG Stuttgart GmbHR 1989, 418; HdR/Baetge/Commandeur/Waldenbuch/Hippel Rn. 5 (Stand: 9.12.2013); BeBiKo/Störk/Rimmelspacher, 13. Aufl. 2022, Rn. 17; KKRD/Morck/Drüen Rn. 5; aA ADS Rn. 33.

[115]   Seit der Neuregelung des § 325 Abs. 1 S. 2 durch das DiRUG sind die Rechnungslegungsunterlagen direkt der Stelle, die das Unternehmensregister führt, zu übermitteln. Die Unterlagen gelangen also nicht mehr über den Betreiber des Bundesanzeigers zum Unternehmensregister, sodass die bisherige Doppelpublizität beendet ist. Von dem Mitgliedstaatenwahlrecht in Art. 16 Abs. 3 S. 2 GesR-RL idF der RL 2019/1151/EU, neben der Veröffentlichung im „Register" nach Art. 16 Abs. 2 GesR-RL iVm Art. 16 Abs. 1 GesR-RL eine zusätzliche Veröffentlichung „in einem dafür bestimmten Amtsblatt [Bundesanzeiger] oder in einer anderen ebenso wirksamer Form" anzuordnen, hat der deutsche Gesetzgeber keinen Gebrauch gemacht. Hierzu Ganzen Leuering/Bläser NJW-Spezial 2022, 335 (335).

[116]   Eingehend Staub/Pöschke, 6. Aufl. 2021, § 243 Rn. 31 ff. mwN, zum entsprechenden Merkmal im Rahmen der allgemeinen Aufstellungsfrist des § 243 Abs. 3; → § 243 Rn. 78.

[117]   So zB Heymann/Herrmann, 3. Aufl. 2020, Rn. 6.

[118]   BayObLG NJW-RR 1987, 927 (928).

[119]   So zB auch Heymann/Herrmann, 3. Aufl. 2020, Rn. 6; Mertes wistra 1991, 251 (253): Sechsmonatsfrist als Regelfall.

Abs. 3 zu betrachten, wie man dies bezüglich der drei Monate des Abs. 1 S. 3 auch für mittelgroße und große Gesellschaften tut. Die Gegenmeinung liest das Kriterium der „einem ordnungsmäßigen Geschäftsgang entsprechenden Zeit" (§ 243 Abs. 3; vgl. auch § 264 Abs. 1 S. 4 Hs. 2) iE wie „so schnell wie möglich" oder „unverzüglich" (§ 121 Abs. 1 BGB), was der gesetzgeberischen Intention nicht gerecht wird. Dass die Aufstellung nicht „willkürlich", dh ohne jeden sachlichen Grund bis zum Ablauf der Sechsmonatsfrist aufgeschoben werden darf,[120] ist eine nicht weiter erwähnenswerte Selbstverständlichkeit, die sich bereits aus der Funktion der gesetzlichen Vertreter als Sachwalter fremden Vermögens ergibt. Wird ein **Insolvenzverfahren** über das Vermögen der Gesellschaft eröffnet und endet aus diesem Grund das laufende Geschäftsjahr vorzeitig (§ 155 Abs. 2 S. 1 InsO), verlängern sich für die Aufstellung des Jahresabschlusses über das Rumpfgeschäftsjahr („Schlussbilanz")[121] diese Fristen (ebenso wie die gesetzlichen Fristen für die Offenlegung) gem. § 155 Abs. 2 S. 2 InsO um die Zeitspanne zwischen der Verfahrenseröffnung und dem Berichtstermin (§ 156 InsO).

Die **Aufstellungsfrist beginnt** (§ 187 Abs. 1 BGB) mit Ablauf des Geschäftsjahres. **21** Das Geschäftsjahr deckt sich mit dem Kalenderjahr, sofern der Gesellschaftsvertrag bzw. die Satzung nichts Abweichendes regelt.[122] Die Umstellung des Geschäftsjahres (steuerrechtlich: „Wirtschaftsjahres") auf einen vom Kalenderjahr abweichenden Zeitraum bedarf zudem der Zustimmung des Finanzamts (§ 4a Abs. 1 Nr. 2 S. 2 EStG, § 7 Abs. 4 S. 3 KStG). Die Aufstellungsfrist endet (§ 188 Abs. 2 BGB) nach drei Monaten. Im Fall einer Unternehmenskrise, wenn Überschuldung oder Zahlungsunfähigkeit droht, kann es ggf. erforderlich sein, den Jahresabschluss früher oder sogar unverzüglich nach Ende des Geschäftsjahres aufzustellen.[123] Für den Liquidator einer aufgelösten Gesellschaft beginnt die Aufstellungsfrist bezüglich der letzten Jahresabschlussbilanz der werbenden Gesellschaft nicht erst mit seiner Bestellung, vielmehr tritt er in die Pflichten und laufenden Fristen der bisherigen Geschäftsleitung ein.[124] Für Versicherungsunternehmen und Pensionsfonds sowie für Kreditinstitute und Finanzdienstleistungsinstitute gelten Sonderregelungen mit zum Teil abweichenden Fristen (§ 341a Abs. 1 und 5, § 341 Abs. 1 und 4; § 26 Abs. 1 S. 1 KWG iVm § 1 Abs. 1b KWG).

Jahresabschluss und Lagebericht sind **fristgerecht aufgestellt,** wenn sie den gesetzlichen Vorgaben entsprechend zum Ende der Frist bei prüfungspflichtigen Kapitalgesellschaften dem Abschlussprüfer (§ 320) und bei den übrigen Kapitalgesellschaften dem Aufsichtsrat (§ 170 Abs. 1 S. 1 AktG) bzw. der Gesellschafterversammlung (§ 42a Abs. 1 S. 1 GmbHG) übergeben werden können. In den Fällen des § 270 schließt die Aufstellungsphase aufgrund der anderen Zielrichtung der Vorschrift als Kompetenznorm dagegen auch die Zeitdauer einer etwaigen Abschlussprüfung mit ein (→ § 270 Rn. 4). In jedem Fall empfiehlt es sich, den Abschlussprüfer bei strittigen Fragen zur Rechnungslegung bereits vor oder während des Aufstellens des Rechenwerkes heranzuziehen, wenn sich hierdurch spätere Meinungsverschiedenheiten vermeiden lassen.[125] Dabei sind die Grenzen der §§ 319 f., insbesondere des § 319 Abs. 3 Nr. 3 lit. a zu beachten. Nachträgliche Änderungen des Jahresabschlusses aufgrund von Feststellungen der Abschlussprüfer verletzen die Aufstellungsfrist nicht, wenn sie für den Bestätigungsvermerk (§ 322) erforderlich sind[126] und den Fortgang der Abschlussprüfung nicht über Gebühr hinauszögern.[127] Werden Jahresabschluss oder Lagebe- **22**

---

[120] So zB ADS Rn. 28a; BeBiKo/Störk/Rimmelspacher, 13. Aufl. 2022, Rn. 17; KKRD/Morck/Drüen Rn. 5.

[121] Hierzu Eisolt/Schmidt BB 2009, 654 (655 f.).

[122] S. zB Staub/Pöschke 6. Aufl. 2021, § 240 Rn. 35 ff. mwN und Einzelheiten.

[123] HdR/Baetge/Commandeur/Waldenbuch/Hippel Rn. 6 (Stand: 9.12.2013); Blumers DB 1986, 2033 (2035 f.); Biener/Bernecke BiRiLiG S. 130; BeBiKo/Winkeljohann/Schellhorn, 11. Aufl. 2018, Rn. 17 (Aussage in Neuauflage 2022 nicht mehr enthalten); Schoor StBp 1999, 216 (217).

[124] BayObLG BB 1990, 600 unter II. 1. a. zur GmbH.

[125] ADS Rn. 22.

[126] ADS Rn. 31; HdR/Baetge/Commandeur/Waldenbuch/Hippel Rn. 6 (Stand: 9.12.2013); BeBiKo/Störk/Rimmelspacher, 13. Aufl. 2022, Rn. 19.

[127] Ähnlich ADS Rn. 31.

richt nach der Abschlussprüfung geändert, so ist eine Nachtragsprüfung (§ 316 Abs. 3) erforderlich. Nach (durchaus plausibler) steuerrechtlicher Rechtsprechung ist der Ablauf der Aufstellungsfrist, nicht die uU erst danach erfolgende tatsächliche Aufstellung der maßgebliche Zeitpunkt, bis zu dem sog. **„wertaufhellende Lebenssachverhalte"** (→ § 243 Rn. 52) bei der Bilanzierung berücksichtigt werden dürfen.[128]

23   **d) Sanktionen.** Das Überschreiten der Aufstellungsfrist kann unterschiedliche Sanktionen auslösen. Eine Sanktionsnorm, die speziell und vorbehaltlos an die Verletzung der Aufstellungsfrist (Abs. 1 S. 3) anknüpft, existiert nicht.[129] Nach § 335 Abs. 1 hat das Bundesamt für Justiz **von Amts wegen** gegen die Mitglieder des Vorstands bzw. die Geschäftsführer oder gegen die Kapitalgesellschaft selbst „wegen des pflichtwidrigen Unterlassens der rechtzeitigen Offenlegung" ein **Ordnungsgeldverfahren** durchzuführen, wenn die von der Aufstellung zu unterscheidende „Offenlegung" gem. §§ 325 f. (→ Rn. 20) pflichtwidrig nicht befolgt, insbesondere die Offenlegungsfrist (§ 325 Abs. 1a S. 1, Abs. 4 S. 1) überschritten wurde. Ferner kommen insbesondere die Insolvenzstraftatbestände des „Bankrotts" (§ 283 Abs. 1 Nr. 7 lit. b StGB) und der „Verletzung der Buchführungspflicht" (§ 283b Abs. 1 Nr. 3 lit. b StGB) in Betracht. **Zivilrechtlich** riskieren die Geschäftsleiter Schadensersatzpflichten gegenüber ihrer Gesellschaft wegen schuldhafter Verletzung ihrer Sorgfaltspflichten (§ 93 AktG, § 43 GmbHG; §§ 283, 283b StGB iVm § 823 Abs. 2 BGB).[130] Die Nichtigkeit des Jahresabschlusses wegen Überschreiten der Aufstellungsfrist ist nicht vorgesehen;[131] sie wäre sogar kontraproduktiv. Zur Haftung wegen fehlerhafter Jahresabschlüsse → Rn. 94 ff.

24   **5. Befreiung von Kleinstkapitalgesellschaften (Abs. 1 S. 5).** Kleinstkapitalgesellschaften (§ 267a) sind durch den mit Inkrafttreten des MicroBilG[132] neu eingefügten Abs. 1 S. 5 von der Verpflichtung zur Erweiterung des Jahresabschlusses um den **Anhang befreit,** wenn sie unter der Bilanz die folgenden Informationen angeben: **Angaben betreffend Haftungsverhältnisse** gem. § 268 Abs. 7 iVm § 251 (Abs. 1 S. 5 Nr. 1), **Angaben zu Vorschüssen und Krediten** an Mitglieder der Verwaltungsorgane gem. § 285 Nr. 9 lit. c (Abs. 1 S. 5 Nr. 2) sowie **Angaben zur Zahl der Aktien jeder Gattung** gem. § 160 Abs. 3 S. 2 AktG (Abs. 1 S. 5 Nr. 3). Der Konditionssatz des Abs. 1 S. 5 („wenn sie […]") macht damit gleichzeitig klar, dass sich die Befreiung unter der genannten Bedingung auch gegenüber der aktienrechtlichen Anhangpflicht durchsetzt. Ob Angaben unter der Bilanz selbst Bestandteil des Jahresabschlusses sind und damit offengelegt werden müssen, ist unklar.[133] Der Vergleich mit § 264 Abs. 2 S. 5, wonach Kleinstkapitalgesellschaften ohne Bilanzanhang die im Interesse eines getreuen Bildes erforderlichen zusätzlichen Angaben ersatzweise ebenfalls „unter der Bilanz" zu machen haben (→ Rn. 122), spricht dort für eine Einbeziehung in die Offenlegungspflicht,[134] denn ohne die Angaben unter der Bilanz würde in solchen Fällen ja eine Bilanz offengelegt, die definitionsgemäß kein getreues Bild

---

[128] BFH BStBl. II 1991, 802, unter 2. d. = DStR 1991, 1485; sich anschließend zB FG Köln BeckRS 2011, 95564 = EFG 2011, 1768 = DStRE 2012, 265, mwN (zur Bildung einer Rückstellung für ungewisse Verbindlichkeiten): Da der Gesetzgeber in § 243 Abs. 3 und § 264 Abs. 1 „die Verpflichtung zur Aufstellung des Jahresabschlusses innerhalb einer dem ordnungsgemäßen Geschäftsgang entsprechenden Zeit geregelt" habe, könne „nach Überzeugung des Senats nicht davon ausgegangen werden, dass diese Verpflichtung im Rahmen der Anwendung des § 252 Abs. 1 Nr. 4 HGB unbeachtlich sein" solle; aA BFH BStBl. II 1973, N = BeckRS 1972, 22001740 unter II. (obiter dictum).

[129] Vgl. so auch BeBiKo/Störk/Rimmelspacher, 13. Aufl. 2022, Rn. 20.

[130] Zum Schutzgesetzcharakter der §§ 283 ff. StGB s. zB OLG Potsdam GmbHR 2005, 879, unter 3.

[131] So auch OLG München Der Konzern 2018, 347 = BeckRS 2018, 17265, dort Rn. 74.

[132] Gesetz zur Umsetzung der Richtlinie 2012/6/EU des Europäischen Parlaments und des Rates v. 14.3.2012 zur Änderung der Richtlinie 78/660/EWG des Rates über den Jahresabschluss von Gesellschaften bestimmter Rechtsformen hinsichtlich Kleinstbetrieben v. 20.12.2012, BGBl. I 2751.

[133] S. hierzu BeckOK HGB/Merk, 35. Ed. 15.1.2022, Rn. 15 („umstritten"); Küting/Eichenlaub DStR 2012, 2615 (2619) mwN. Zu den Neuerungen für Kleinstkapitalgesellschaften s. auch BeBiKo/Störk/Rimmelspacher, 13. Aufl. 2022, Rn. 75 f.

[134] Vgl. zB auch Küting/Eichenlaub DStR 2012, 2615 (2619): „Prinzipiell sollte dies (insb. da auch Angaben nach § 264 Abs. 2 S. 2 HGB unter der Bilanz anzugeben sind), um die ohnehin eingeschränkte Aussagefähigkeit nicht noch weiter zu begrenzen, gefordert werden".

abgibt. Dies kann der Gesetzgeber an sich nicht gewollt haben. Zwingend ist das Argument aber deshalb nicht, weil der Kleinstkapitalgesellschaft in Abs. 2 S. 5 ebenso wie in Abs. 1 S. 5 die Möglichkeit verbleibt, der Offenlegung der Angaben zu entgehen: Anstatt sie unter der Bilanz zu notieren, kann sie sie in einen freiwilligen Anhang aufnehmen,[135] der selbst offenbar von der Hinterlegungspflicht befreit ist (§ 326 Abs. 2 nF).[136]

6. Pflichtangaben zur Identifikation der Kapitalgesellschaft (Abs. 1a). Durch **25** Art. 1 Nr. 5 lit. c BilRUG mWv 22.7.2015[137] wurde § 264 in Abs. 1a um die Pflicht zur Aufnahme bestimmter Pflichtangaben in den Jahresabschluss erweitert, die der Identifikation der Kapitalgesellschaft dienen. Damit wurde Art. 5 Bilanz-RL iVm Art. 5 lit. a und b RL 2009/101/EG aF (Publizitäts-RL; nunmehr ersetzt durch die GesR-RL) umgesetzt. Pflichtangaben sind die Firma, der Sitz, das Registergericht mit der Handelsregisternummer sowie ggf. auch die Tatsache, dass sich die Gesellschaft in Liquidation oder Abwicklung befindet. Als geeignete Stelle, an der die Angaben platziert werden können, schlägt die Bundesregierung in ihrem Gesetzesentwurf „bspw." die „Überschrift des Jahresabschlusses", ein „gesondertes Deckblatt" oder eine „andere herausgehobene Stelle" vor. Im Übrigen weist sie darauf hin, in der Praxis würden „diese Angaben überwiegend schon heute dem Jahresabschluss vorangestellt, um eine eindeutige Zuordnung zu ermöglichen". „Umstellungsaufwand dürfte damit nicht entstehen".[138] Eine entsprechende Verpflichtung, eingefügt durch Art. 1 Nr. 31 BilRUG, enthält § 297 Abs. 1a für den Konzernabschluss.[139]

III. Der Grundsatz des getreuen Bildes (Abs. 2)

Nach Abs. 2 S. 1 hat der Jahresabschluss „unter Beachtung der GoB ein den tatsächli- **26** chen Verhältnissen entsprechendes Bild der Vermögens-, Finanz- und Ertragslage der Kapitalgesellschaft zu vermitteln". Ganz entsprechend definiert § 297 Abs. 2 S. 2 die Zielsetzung des Konzernabschlusses (→ § 297 Rn. 45 ff.).[140] Im Vergleich dazu kommt die Aufgabenbeschreibung des Lageberichts (§ 289 Abs. 1) bzw. des Konzernlageberichts (§ 315 Abs. 1 S. 1) ohne die Verweisung auf die inhaltlich nicht einschlägigen[141] GoB aus. Sie ist dort zudem sprachlich verkürzt („ein den tatsächlichen Verhältnissen entsprechendes Bild") und damit inhaltlich weiter, weil sie darauf verzichtet, den Gegenstand des „Bildes" („nur" die Vermögens-, Finanz- und Ertragslage, nicht die Gesamtheit der rechtlichen und wirtschaftlichen Beziehungen) näher zu konkretisieren.

1. Europarechtlicher Hintergrund. Die Anforderung des Abs. 2 S. 1 entspricht bei- **27** nahe wörtlich Art. 2 Abs. 3 der inzwischen aufgehobenen RL 78/660/EWG[142] (4. Gesell-

---

[135] ZB Hopt/Merkt, 41. Aufl. 2022, Rn. 22; BeBiKo/Störk/Rimmelspacher, 13. Aufl. 2022, Rn. 75; EBJS/Böcking/Gros, 3. Aufl. 2014, Rn. 21.

[136] Küting/Eichenlaub DStR 2012, 2615 (2619).

[137] Gesetz zur Umsetzung der Richtlinie 2013/34/EU des Europäischen Parlaments und des Rates v. 26.6.2013 über den Jahresabschluss, den konsolidierten Abschluss und damit verbundene Berichte von Unternehmen bestimmter Rechtsformen und zur Änderung der Richtlinie 2006/43/EG des Europäischen Parlaments und des Rates und zur Aufhebung der Richtlinien 78/660/EWG und 83/349/EWG des Rates (Bilanzrichtlinie-Umsetzungsgesetz – BilRUG), BGBl. 2015 I 1245.

[138] Begr. RegE BilRUG, BT-Drs. 18/4050, 57; s. auch BeBiKo/Störk/Rimmelspacher, 13. Aufl. 2022, Rn. 21 mwN: „Zweckmäßigerweise wird die Angabe in einem einleitenden Satz zu Beginn des Anhangs erfolgen".

[139] S. hierzu auch BeckOK HGB/Merk, 35. Ed. 15.1.2022, Rn. 6; zur Frage, an welcher Stelle im Jahresabschluss die Angaben zu erfolgen haben BeBiKo/Störk/Rimmelspacher, 13. Aufl. 2022, Rn. 21 mwN.

[140] Umfassend zum Inhalt der Generalnorm, ihrer europarechtlichen Grundlage und zur Frage nach ihrem Rang (Stichwort overriding principle) s. zB Peffekoven, Wahlrechtsproblematik der Konzernrechnungslegung, 1997, S. 135–188.

[141] Zu Grundsätzen ordnungsmäßiger Lageberichterstattung s. BeckOGK/Kleindiek, 1.6.2022, § 289 Rn. 49 ff.; WP-HdB/Winkeljohann, 15. Aufl. 2016, F Rn. 1344, 1354 (Aussage in späteren Auflagen nicht mehr enthalten); EBJS/Böcking/Gros/Koch, 4. Aufl. 2020, § 289 Rn. 9–13.

[142] Zur Transformation von Art. 2 Abs. 2–5 RL 78/660/EWG in deutsches Recht Beine WPg 1995, 467 (469 ff.); Biener WPg 1982, 421 (425 f.); Biener/Bernecke BiRiLiG 132; Ekkenga, Anlegerschutz, Rechnungslegung und Kapitalmarkt, 1998, S. 114 ff.; Goerdeler ZfbF 1982, 235 (243 f.); Goerdeler WPg 1973, 517 (521 f.); Großfeld NJW 1986, 955 (959); Hofbauer DStR-Sonderbeilage 15/1982, 1,

schaftsrechtlichen Richtlinie) sowie Art. 4 Abs. 3 Bilanz-RL, die an ihre Stelle getreten ist. Der europarechtliche Hintergrund des Abs. 2 ist im Rahmen der richtlinienkonformen Auslegung[143] – ggf. auf der Grundlage der bindenden Auslegung des europäischen Rechts durch den EuGH – zu berücksichtigen.

28   **a) Getreues Bild.** Nach Art. 4 Abs. 3 Bilanz-RL (früher Art. 2 Abs. 4 RL 78/660/ EWG) hat der Jahresabschluss „ein den tatsächlichen Verhältnissen entsprechendes Bild der Vermögens-, Finanz- und Ertragslage der Gesellschaft" (in der gleichermaßen verbindlichen[144] englischsprachigen Fassung: „a true and fair view of the undertaking's assets, liabilities, financial position and profit or loss") „zu vermitteln", wobei dort der Vorbehalt „unter Beachtung der GoB" fehlt (→ Rn. 66 ff.). Nach Art. 4 Abs. 4 S. 1 Bilanz-RL muss „in Ausnahmefällen" von einer der übrigen Vorschriften der Richtlinie abgewichen werden, wenn die Anwendung der Vorschrift dazu führen würde, dass das durch den Jahresabschluss vermittelte Bild nicht „den tatsächlichen Verhältnissen" entspricht. Die Abweichung ist nach Art. 4 Abs. 4 S. 2 Bilanz-RL im Anhang „anzugeben und zu begründen und ihr Einfluss auf die Vermögens-, Finanz- und Ertragslage des Unternehmens darzulegen". Der EuGH bezeichnete es als **„Hauptziel"** der insoweit wortgleichen Vorgängerrichtlinie (Art. 2 Abs. 3 RL 89/660/EWG), dass der Jahresabschluss der Kapitalgesellschaften „ein den tatsächlichen Verhältnissen entsprechendes Bild der Vermögens-, Finanz- und Ertragslage der Gesellschaft vermitteln muss".[145] Der Gerichtshof sprach insoweit vom „Grundsatz der Bilanzwahrheit".[146] Das ist eine doppelte sprachliche Verkürzung. Zum einen beschränkt sich Art. 4 Abs. 3 Bilanz-RL nicht auf die Bilanz, sondern erfasst den gesamten Jahresabschluss. Zum anderen geht es bei Art. 4 Abs. 3 Bilanz-RL nicht nur um die **„Wahrheit"** iSv „Übereinstimmung mit den Tatsachen", wie die deutschsprachige Fassung der Richtlinie suggerieren könnte („ein den tatsächlichen Verhältnissen entsprechendes Bild"), sondern auch um die **„Redlichkeit"**[147] des Jahresabschlusses, was in den zahlreichen fremdsprachli-

5 f.; Ludewig AG 1987, 12 (13 ff.); Niehus DB 1979, 221 ff.; Schildbach WPg 1979, 277 (279 ff.); Schulze-Osterloh ZHR 150 (1986), 532 ff.; Schwark BB 1982, 1149 (1150); Tubbesing AG 1979, 91 (92 f.); Budde, Wirtschaftsprüfung und Wirtschaftsrecht, 1980, S. 111 ff.; Beisse FS Döllerer, 1988, 25 (36 ff.); Claussen FS Goerdeler, 1987, 79 (84 ff.); ADS Rn. 5, 36 ff.; Beisse FS Clemm, 1996, 27 (30 ff.); HdR/Baetge/Commandeur/Waldenbuch/Hippel Rn. 21 (Stand: 9.12.2013); HuRB/Großfeld S. 193 ff.

143   Allg. zur richtlinienkonformen Auslegung des Bilanzrechts MüKoAktG/Luttermann, 2. Aufl. 2003, Einf. BilanzR Rn. 252 ff.; speziell zur richtlinienkonformen Auslegung des § 264 Abs. 2 s. zB ADS Rn. 51; s. auch BVerfG NZG 2013, 464 Rn. 35: Das Gericht schien es grds. für möglich zu halten, § 264 Abs. 3 aF (s. 3. Aufl. 2013) entgegen seinem durchaus eindeutigen Wortlaut richtlinienkonform auf Mutterunternehmen mit Sitz im EU- oder EWR-Ausland anzuwenden (zur inhaltlichen Problematik → Rn. 124).

144   S. die VO Nr. 1 des Rates v. 15.4.1958 zur Regelung der Sprachenfrage für die Europäische Wirtschaftsgemeinschaft, ABl. EG 1958 Nr. 17, 385, zuletzt geändert durch VO (EU) Nr. 517/2013 des Rates v. 13.5.2013, ABl. 2013 L 158, 1, 71.

145   EuGH Slg. 2005 I-3565 = EuZW 2005, 369 Rn. 54 – Berlusconi mAnm Gross, unter Verweisung auf EuGH Slg. I 2003, 1 = DStRE 2003, 69 Rn. 72 – BIAO. Dort ist vom „fundamentalen Grundsatz" des Art. 2 Abs. 3 RL 89/660/EWG die Rede, „dass der Jahresabschluss ein den tatsächlichen Verhältnissen entsprechendes Bild der Vermögens-, Finanz- und Ertragslage der Gesellschaft vermitteln muss". Zuvor schon EuGH Slg. 1999, I-5331 = NZG 1999, 1051 Rn. 26 und 36 – DE + ES Bauunternehmung GmbH gegen Finanzamt Bergheim: Die Beachtung des „Grundsatzes der Bilanzwahrheit" stelle „die Hauptzielsetzung" der Richtlinie 78/660/EG dar; ebenso schon EuGH Slg. 1996, I-3133 = NJW 1996, 2363 Rn. 17 – Tomberger: Nach dem „Grundsatz der Bilanzwahrheit" müssten die Jahresabschlüsse der Gesellschaften, für die die Vierte Richtlinie gelte, „ein den tatsächlichen Verhältnissen entsprechendes Bild ihrer Vermögens-, Finanz- und Ertragslage vermitteln". Nachfolgend EuGH NZG 2014, 36 Rn. 30 – GIMLE SA: Die Beachtung des „Grundsatzes der ‚Bilanzwahrheit'" stelle die „Hauptzielsetzung" der RL 78/660/EWG dar.

146   S. hierzu die vorstehend zit. Entscheidungen Tomberger und DE + ES Bauunternehmung GmbH gegen Finanzamt Bergheim, wo Deutsch Verfahrenssprache war. Anders die im Original ebenfalls deutschsprachige Entscheidung BIAO, wo der Gerichtshof den Begriff „Bilanzwahrheit" nicht verwendet. S. zur „Bilanzwahrheit" auch EuGH NZG 2014, 36 Rn. 22, 25, 30 ff. – GIMLE SA: „le principe de l'image fidèle" in der französischen Verfahrenssprache.

147   S. BFH BStBl. II 2000, 632 = DStR 2000, 1682, unter C. II. 7., der in Zusammenhang mit dem „true-and-fair-view"-Grundsatz vom „Prinzip der Redlichkeit" spricht.

chen Fassungen der Richtlinie mit gleicher Verbindlichkeit besser zum Ausdruck kommt.[148] Die Redlichkeit ist selbstverständlicher, wertbezogener Begleiter der Wahrheit, denn Wahrheit bedeutet in diesem Zusammenhang mehr als richtige Zahlenangaben. Die korrekte Abbildung der „tatsächlichen" wirtschaftlichen Verhältnisse in der Rechnungslegung betrifft anders als etwa das Aufnehmen einer Fotografie durch einen Automaten nicht nur die Seins-, sondern auch die Sollenswelt. Die **notwendige Selektion der zu berichtenden Ausschnitte** aus der Wirklichkeit ist ein Bewertungsvorgang.[149] Soll sie – zumindest in einem bestimmten Rahmen – justiziabel sein, bedarf sie rechtlicher Vorgaben. Das Merkmal der „Redlichkeit" nimmt diese Wertungen in sich auf. Eine wichtige Ausprägung der Redlichkeit und Konkretisierung der Abschlusswahrheit ist das allgemein anerkannte Prinzip der **Wesentlichkeit,**[150] das nicht nur Teil der deutschen GoB (→ Rn. 87),[151] sondern auch des europäischen und selbst des internationalen[152] Rechnungslegungsrechts ist (→ § 266 Rn. 14 f.). Die IFRS (IAS 1.7 idF v. 2.3.2022) definieren die Wesentlichkeit entsprechend ihrem Hauptzweck als Bereitstellung entscheidungsrelevanter Informationen. Auslassungen oder fehlerhafte Darstellungen eines Postens sind danach wesentlich, wenn „davon auszugehen ist, dass ihre unterlassene, falsche oder verschleierte Angabe die von den Hauptadressaten […] getroffenen Entscheidungen beeinflusst". Der Einfachheit halber ist nachfolgend in Bezug auf Art. 4 Abs. 3 Bilanz-RL vom Grundsatz der Bilanzwahrheit oder des **„getreuen Bilds"** (true and fair view) die Rede.[153] Das ist auch der Begriff, den der österreichische Gesetzgeber bei der Umsetzung des Art. 2 RL 89/660/EWG aF in § 222 Abs. 2 S. 1 UBG gewählt und idF dieser Regelung vom 9.9.2017 beibehalten hat.[154]

b) Rechnungslegungszwecke. So selbstverständlich es zunächst erscheinen mag, dass 29 ein Jahresabschluss – wenn er denn nun schon zu erstellen ist – „wahr" zu sein hat, so schwierig kann es im Einzelfall zu entscheiden sein, welche Angaben oder Auslassungen

---

[148] S. neben der bereits zitierten englischen Fassung zB den französischen („une image fidèle du patrimoine, de la situation financière et des résultats de l'entreprise"), italienischen („una rappresentazione veritiera e corretta forniscono una rappresentazione veritiera e corretta della situazione patrimoniale e finanziaria dell'impresa, nonché del risultato economico dell'esercizio") spanischen („una imagen fiel del patrimonio, de la situación financiera y de los resultados de la sociedad"), portugiesischen („uma imagem verdadeira e apropriada dos elementos do ativo e do passivo, da posição financeira e dos resultados da empresa") und niederländischen Text („een getrouw beeld van de activa, de passiva, de financiële positie en de winst of het verlies van de onderneming").

[149] S. MüKoAktG/Luttermann, 2. Aufl. 2003, HGB § 264 Rn. 156: Rechnungslegung als Bewertungsvorgang sei „auch Ermessensausübung".

[150] S. dazu E. Scheffler FS Baetge, 2007, 505 ff.

[151] E. Scheffler FS Baetge, 2007, 505 (510): „Obwohl eine ausdrückliche Erwähnung" fehle [s. aber § 285 Nr. 9 lit. c und Nr. 20 lit. b, ferner zB § 289 Abs. 1 S. 4 und 5, Abs. 4 idF v. 19.4.2017], sei „der Grundsatz der Wesentlichkeit ohne Zweifel impliziter Bestandteil der handelsrechtlichen GoB". S. auch E. Scheffler: Für den Zweck der Ausschüttungsbegrenzung habe „die Wesentlichkeit eine eher untergeordnete Bedeutung". Indessen verdiene sie „für die weitere Funktion des Jahresabschlusses Beachtung". Allgemein zu den GoB → § 243 Rn. 4 ff.

[152] S. Nr. 29 f. (Materiality) des IASC-Rahmenkonzepts (Framework for the Preparation and Presentation of Financial Statements) v. Juli 1989, das im April 2001 vom IASB angenommen wurde; insbes. Nr. 30 S. 1: „Information is material if its omission or misstatement could influence the economic decisions of users taken on the basis of the financial statements" (deutsche Fassung v. Nr. 30 S. 1: „Informationen sind wesentlich, wenn ihr Weglassen oder ihre fehlerhafte Darstellung die auf der Basis des Abschlusses getroffenen wirtschaftlichen Entscheidungen der Adressaten beeinflussen könnten"; ferner IAS 1.29–31: „Materiality and Aggregation". Zum Rahmenkonzept s. auch E. Scheffler FS Baetge, 2007, 505 (510), und → Rn. 47.

[153] So bezogen auf Art. 2 Abs. 3 RL 78/660/EWG zB auch MüKoAktG/Luttermann, 2. Aufl. 2003, HGB § 264 Rn. 42 ff.; Luttermann ZVglRWiss 2004, 18 (24): „ein „getreues Bild" von der Kapitalgesellschaft als der europarechtlich verbindliche Begriff der Bilanzwahrheit". S. bereits Art. 2 Abs. 2 des Geänderten Kommissionsvorschlags zur RL 78/660/EWG v. 26.2.1974 (zitiert nach MüKoAktG/Luttermann, 2. Aufl. 2003, HGB § 264 Rn. 23), der von einem „getreuen Einblick in die Vermögens-, Finanz- und Ertragslage" sprach [Hervorhebung durch Verf.]; zur Entstehungsgeschichte der RL auch Kirsch/Kirsch Rn. 77 f. (Stand: 1.10.2021).

[154] § 222 Abs. 2 S. 1 öUBG lautet wie folgt: „Der Jahresabschluss hat ein möglichst getreues Bild der Vermögens-, Finanz- und Ertragslage des Unternehmens zu vermitteln."

„wahr" und „falsch" sind, solange nicht klar ist, was mit „Bilanzwahrheit" oder dem „getreuen Bild" konkret gemeint ist. Ginge es nur um die formelle Einhaltung der übrigen Rechnungslegungsgrundsätze der Bilanz-RL, wäre der Grundsatz inhaltslos. Stellt man dagegen auf den „richtigen" Periodengewinn ab, muss man zunächst einen eindeutigen **Rechnungslegungszweck** als Maßstab definieren, von dem der „wahre" Gewinn dann abhängt.[155]

30   Bekanntlich dient der Einzelabschluss in der *deutschen* Rechtsordnung gleichzeitig aber einer Reihe von unterschiedlichen Zwecken.[156] Zunächst ist er – vermittelt über die Tatbestandsmerkmale des Jahresüberschusses und des Bilanzgewinns – Grundlage für die Bestimmung des gesellschaftsrechtlich ausschüttbaren Gewinns (§ 57 Abs. 3 AktG, § 58 Abs. 4 AktG, §§ 62, 158, 174 Abs. 1 S. 2 AktG; §§ 30 f. GmbHG[157]) im Gesellschafter- bzw. Gläubigerinteresse **(Kapitalerhaltungsfunktion)** sowie, über den Umweg des im Zuge des BilMoG zwar modifizierten, grundsätzlich aber nach wie vor geltenden steuerrechtlichen **Maßgeblichkeitsprinzips** (§ 5 Abs. 1 S. 1 EStG), des zu versteuernden Gewinns im Interesse der Finanzverwaltung. Weiter dient er der **Selbstkontrolle** der Geschäftsleitung sowie ihrer **Kontrolle durch die Gesellschafter** (Anteilseigner). Darüber hinaus soll er gegenwärtige oder potentielle Gläubiger und Kapitalmarktteilnehmer im Vorfeld ihrer Entscheidungen über das Einräumen oder Aufrechterhalten von Kredit[158] bzw. den An- und Verkauf von Eigen- und Fremdkapital informieren, ferner Arbeitnehmer[159] und angeblich auch die „interessierte Öffentlichkeit"[160] **(Informationsfunktion).** Gleichzeitig kommt ihm eine **Dokumentationsfunktion** zu, die sich aus den §§ 238 f., 257 ff. ableiten lässt und in erster Linie der Rechtspflege dient. Schließlich ist er Hilfsmittel für die **aufsichtsrechtliche Kontrolle** von Spezialunternehmen (s. für Kreditinstitute und Finanzdienstleistungsinstitute zB die § 7 Abs. 1 S. 2 KWG, § 10 Abs. 2 KWG,[161] § 26 Abs. 1 und 2 KWG, § 29 KWG).

31   Mit Ausnahme des Maßgeblichkeitsgrundsatzes finden sich diese Funktionen des Jahresabschlusses auch auf **europarechtlicher Ebene** wieder. Die Kapitalerhaltungsfunktion der Einzelbilanz ergibt sich dort zB aus der Ausschüttungsbegrenzung in Art. 56 Abs. 1 und 3 GesR-RL (früher Art. 15 Abs. 1 lit. a und c RL 77/91/EWG – 2. Gesellschaftsrechtliche Richtlinie, die allerdings nur für die AG galt)[162] sowie aus dem Vorsichtsprinzip

---

[155]   D. Schneider BWL, Bd. 2, 2. Aufl. 1997, 96; zust. Küting DB 2006, 1441 (1449). Generalanwalt Thesauro spricht in seinen Schlussanträgen v. 25.1.1996 in der Sache Tomberger (C-234/94, Rn. 4) von der „relativen Bedeutung", die dem Adjektiv „wahr" (true) „im Bilanzrecht herkömmlich und notwendig beigemessen wird".

[156]   Statt aller s. Arbeitskreis Bilanzrecht der Hochschullehrer Rechtswissenschaft BB 2002, 2372, unter II. 1.: Er spricht von „mehreren Funktionen", zu deren „gewachsenem Kern" er die Information von Geschäftsführern und Gesellschaftern und – über die Hinterlegung im Handelsregister – von „weiteren Informationsinteressenten wie zB Anlegern, Gläubigern oder Arbeitnehmern" sowie die „Kapitalerhaltung im Verhältnis zu den Gesellschaftern" rechnet. Zur historischen Entwicklung der Bilanzzwecke in Deutschland Schön ZHR 161 (1997), 133 (135 ff.).

[157]   Zur Maßgeblichkeit der HGB-Bilanz zur Beantwortung der Frage, ob eine Auszahlung an einen Gesellschafter gegen § 30 Abs. 1 GmbHG (idF vor dem MoMiG) verstößt, s. zB BGH NJW-RR 2006, 760, unter IV. 2. b.

[158]   Vgl. § 18 Abs. 1 S. 1 KWG (Kreditunterlagen) idF v. 21.3.2016: Danach sind die Kreditinstitute bei Krediten über 750.000 EUR oder über 10% des nach Art. 4 Abs. 1 Nr. 71 Kapitaladäquanz-VO anrechenbaren Eigenkapitals des Instituts grundsätzlich dazu verpflichtet, sich die „Jahresabschlüsse" des Kreditnehmers offen legen zu lassen.

[159]   S. § 108 Abs. 5 BetrVG: Danach ist der Jahresabschluss „dem Wirtschaftsausschuss unter Beteiligung des Betriebsrats zu erläutern".

[160]   ZB BeBiKo/Störk/Rimmelspacher, 13. Aufl. 2022, Rn. 40.

[161]   § 10 KWG betrifft die aufsichtsrechtlich zu erfüllende Eigenkapitalquote. Zeitler DB 2003, 1529 (1533) spricht insoweit – in begrifflicher Anlehnung an das Steuerrecht – plastisch von der „Maßgeblichkeit" der Handelsbilanz für das Bankaufsichtsrecht.

[162]   Art. 56 GesR-RL: „Die Koordinierung der nationalen Vorschriften über die Gründung von Aktiengesellschaften sowie die Aufrechterhaltung, die Erhöhung und die Herabsetzung ihres Kapitals ist vor allem bedeutsam, um beim Schutz der Aktionäre einerseits und der Gläubiger der Gesellschaft andererseits ein Mindestmaß an Gleichwertigkeit sicherzustellen."

des Art. 6 Abs. 1 lit. c Bilanz-RL (früher Art. 31 Abs. 1 lit. c RL 78/660/EWG). Die Informationsfunktion des Jahresabschlusses zugunsten der Gesellschafter, Gläubiger oder sonstiger „interessierter Personen"[163] einschließlich der Arbeitnehmer[164] ist ebenfalls in der Bilanz-RL angelegt. Neben den Art. 11 Bilanz-RL und Art. 13 Abs. 2 Bilanz-RL, wo – speziell in Bezug auf die Gliederung der Bilanzposten bzw. GuV – ausdrücklich vom „Informationsgehalt" die Rede ist, gehören dazu vor allem Art. 4 Abs. 3 und 4 Bilanz-RL in Gestalt des Gebots eines „getreuen Bildes", das durch den obligatorischen Anhang (Art. 4 Abs. 1 Bilanz-RL) unterstützt wird, und Art. 30 Bilanz-RL mit der Pflicht zur „Offenlegung" der Rechnungslegungsunterlagen,[165] die noch durch Art. 30 Abs. 1 lit. g GesR-RL (früher Art. 2 lit. f Publizitäts-RL, Art. 7 lit. a Publizitäts-RL) verstärkt wird.[166]

c) Vordringen der Kapitalmarktinformation. Das beachtliche, im Vergleich zum **32** damaligen deutschen Recht verstärkte Gewicht der Informationsfunktion der Bilanz, wie es im Gebot des getreuen Bildes zum Ausdruck kommt, ist auf den Einfluss der britischen Delegation bei den Verhandlungen zur RL 83/349/EWG aF zurückzuführen.[167] Hinzu kommen die späteren Änderungen, die die damalige RL 78/660/EWG aF (4. Richtlinie) durch die RL 2001/65/EG[168] (sog. „Fair-Value-RL") als Reaktion auf den Druck der internationalen Kapitalmärkte[169] in Richtung „international anerkannter Rechnungslegungsgrundsätze" (vgl. § 292a Abs. 2 Nr. 2 lit. a aF)[170] in Gestalt der Art. 42a ff. RL 78/660/EWG (Bewertung mit dem beizulegenden Zeitwert) erfuhr. Mit dem ausdrücklichen Ziel, „die gemeinschaftsweite Vergleichbarkeit der Finanzinformationen zu gewährleisten", wurden die Mitgliedstaaten verpflichtet, bei bestimmten Finanzinstrumenten eine am beizu-

---

[163] So die Formulierung des EuGH Slg. 1997, I-6843 = NJW 1998, 129 Rn. 22: Die „Offenlegung" der Rechnungslegungsunterlagen iSd Art. 2 Abs. 1 lit. f RL 68/151/EWG aF (ua iVm RL 78/660/EWG) diene der Information „jeder interessierten Person". Der Begriff der „Dritten" iSd Art. 54 Abs. 2 lit. g EGV (= Art. 44 Abs. 2 lit. g EG, nunmehr Art. 50 Abs. 2 lit. g AEUV), der im Rahmen der Niederlassungsfreiheit zum Erlass von „Schutzbestimmungen [...] im Interesse der Gesellschafter sowie Dritter" ermächtigt, könne nicht auf die Gläubiger der Gesellschaft beschränkt werden.

[164] Spätestens seit Erlass der RL 77/187/EWG v. 14.2.1977 „zur Angleichung der Rechtsvorschriften der Mitgliedstaaten über die Wahrung von Ansprüchen der Arbeitnehmer beim Übergang von Unternehmen, Betrieben oder Betriebsteilen" (ABl. EG 1977 L 61, 26, erlassen in Zusammenhang mit der Fusions-RL 1978 (RL 78/855/EWG), inzwischen aufgehoben durch die Betriebsübergangs-RL – RL 2001/23/EG) ist anerkannt, dass Arbeitnehmer zu den „Dritten" iSd Art. 54 Abs. 2 lit. g EGV (= Art. 50 Abs. 2 lit. g AEUV) zählen.

[165] Anders das Verständnis von Schön ZGR 2000, 206 (216): Die Präambel spreche ausschließlich von der Informationsfunktion der Bilanz, die über das „true-and-fair-view"-Prinzip auch die bilanzrechtliche Generalklausel präge; demgegenüber beruhten „die Einzelregelungen eindeutig auf der Kapitalschutzfunktion der Bilanz".

[166] S. (noch zur ursprünglichen RL 68/151/EWG) EuGH Slg. 2005 I-3565 = EuZW 2005, 369 Rn. 62 – Berlusconi: Die „Offenlegung der Jahresabschlüsse der Kapitalgesellschaften und umso mehr noch die der nach den harmonisierten inhaltlichen Regeln erstellten Jahresabschlüsse" spielten „für den Schutz der Interessen Dritter" eine „überragende Rolle". Diese sei „sowohl in den Begründungserwägungen als auch in der Ersten und der Vierten Richtlinie klar hervorgehobenes Ziel".

[167] Hierzu eingehend Ekkenga, Anlegerschutz, Rechnungslegung und Kapitalmarkt, 1998, S. 114 ff. mwN und zahlreichen Anwendungsfällen unter rechtsvergleichender Einbeziehung des britischen Rechts; s. auch ADS Rn. 50 mwN, zum Vorbildcharakter des englischen „true and fair view" für Art. 2 Abs. 3 RL 78/660/EWG aF; MüKoAktG/Luttermann, 2. Aufl. 2003, HGB § 264 Rn. 45 ff., 51, mit weiteren Einzelheiten zum britischen Bilanzrecht; ferner zur Entstehungsgeschichte der RL 78/660/EWG und insbes. des Art. 2 RL 78/660/EWG, Schön ZGR 2000, 706 (715 f.).

[168] Richtlinie 2001/65/EG v. 27.9.2001 „zur Änderung der Richtlinien 78/660/EWG, 83/349/EWG und 86/635/EWG des Rates im Hinblick auf die im Jahresabschluss bzw. im konsolidierten Abschluss von Gesellschaften bestimmter Rechtsformen und von Banken und anderen Finanzinstituten zulässigen Wertansätze", ABl. EG 2001 L 283, 28.

[169] S. dazu den Vorschlag der EU-Kommission v. 24.2.2000 für die Fair-Value-RL (KOM [2000] 80 endg.), S. 4: „Jede weitere Konsolidierung und Integration der EU-Kapitalmärkte wird den Druck auf die auf diesen Märkten tätigen EU-Gesellschaften nur weiter verstärken, ihre Abschlüsse nach international anerkannten Rechnungslegungsnormen zu erstellen".

[170] Der mWv 10.12.2004 aufgehobene § 292a (→ 1. Aufl. 2001, § 292a) war 1998 durch das KapAEG im Vorgriff auf eine EU-einheitliche Regelung (s. jetzt die IAS-VO) eingeführt worden.

legenden Zeitwert (englisch: „fair value") orientierte Rechnungslegung wahlweise „für den Jahresabschluss und den konsolidierten Abschluss oder lediglich für den konsolidierten Abschluss" zu gestatten.[171] Mit Wirkung für Geschäftsjahre, die am oder nach dem 1.1.2005 begannen, erlaubt Art. 5 IAS-VO den Mitgliedstaaten sogar, kapitalmarktorientierten und nicht kapitalmarktorientierten Gesellschaften „zu gestatten oder vorzuschreiben", Jahresabschlüsse (Einzelabschlüsse) abweichend von den Einzelbestimmungen der Bilanz-RL nach den **„internationalen Rechnungslegungsstandards"** (IFRS/IAS) aufzustellen. Der deutsche Gesetzgeber hat von dieser Ermächtigung freilich bewusst **keinen umfassenden Gebrauch** gemacht.[172] In Gestalt des § 325 Abs. 2a und 2b hat er die rechtliche Anerkennung von *Einzelabschlüssen* nach IFRS/IAS bislang auf die handelsrechtliche Offenlegung und damit auf die Informationsfunktion beschränkt.[173] Mit der Bilanz-RL dürften die europarechtlichen Gewichte noch ein weiteres Stück in Richtung des Bilanzzwecks „Kapitalmarktinformation" verschoben worden sein.[174]

33   Parallel zu den bilanzrechtlichen Entwicklungen tritt die Informationsfunktion des Einzelabschlusses, *neben* dem Konzernabschluss oder – sofern nicht vorhanden – *an seiner Stelle,* durch die mehr und mehr verästelten und detailverliebten Regelungen des **europäischen Kapitalmarktrechts** immer stärker in den Vordergrund. So enthält die Transparenz-RL,[175] die vor allem die Pflichten zur regelmäßigen und laufenden Finanzberichterstattung für die Emittenten von Wertpapieren erweitert, an mehreren Stellen, insbesondere in Zusammenhang mit der **Jahres- und Halbjahresfinanzberichterstattung**[176] (Art. 4 Abs. 2 lit. c Transparenz-RL, Art. 5 Abs. 2 lit. c Transparenz-RL), Bezugnahmen auf den Grundsatz des „getreuen Bildes".[177] In ähnlicher Weise geht die Delegierte VO (EU) 2019/980 der Kom-

---

[171] So wörtlich der Erwägungsgrund Nr. 11 RL 2001/65/EG; vgl. dazu Art. 8 Bilanz-RL („Alternative Bewertungsgrundlage des beizulegenden Zeitwerts"). Im Zuge des BilMoG wurde in § 255 Abs. 4 S. 1 der „beizulegende Zeitwert" als Bewertungsmaßstab kodifiziert, der nach § 253 Abs. 1 S. 3 HGB-RegE (RegE BilMoG, BT-Drs. 16/10067, 6, 53) zunächst für alle zu „Handelszwecken erworbenen Finanzinstrumente" vorgesehen war; nunmehr gilt dies nur für Kreditinstitute (mit Risikoabschlag) gem. § 340e Abs. 3; ferner gilt dieser Bewertungsmaßstab für bestimmte Vermögensgegenstände im Zusammenhang mit Altersversorgungsverpflichtungen (§ 246 Abs. 2 S. 2 f., § 253 Abs. 1 S. 3 f., s. ferner auch die Spezialvorschrift § 341b Abs. 4).

[172] Zum verfassungsrechtlichen Spielraum s. zB Zeitler DB 2003, 1529 (1533): Gewichtige verfassungsrechtliche Bedenken (insbes. Wesentlichkeitstheorie, rechtsstaatliches Bestimmtheitsgebot) sprächen gegen eine Wahrnehmung der dem Gesetzgeber in der EU-VO eingeräumten Option, das Bilanzrecht durch Verweisung auf IAS zu regeln, selbst wenn die Maßgeblichkeit der Handels- für die Steuerbilanz zugleich aufgegeben würde.

[173] Zu Reformüberlegungen auf europäischer und nationaler Ebene, den Einzelabschluss und die Ausschüttungsbemessung auf IFRS/IAS umzustellen und den Gläubigerschutz über einen sog. „Solvenztest" zu gewährleisten, → Rn. 35.

[174] Vgl. Erwägungsgrund 4 Bilanz-RL: „Mit Jahresabschlüssen werden verschiedene Ziele verfolgt, und sie bieten nicht lediglich Informationen für Anleger in Kapitalmärkten, sondern enthalten auch Angaben über frühere Geschäfte und unterstützen die gute Unternehmensführung [...]".

[175] S. auch die „Durchführungsbestimmungen" gemäß der RL 2007/14/EG der Kommission v. 8.3.2007 (ABl. EG 2007 L 69, 27).

[176] Eine Pflicht zur Quartalsberichterstattung ist bislang nicht vorgesehen. Im Gegenteil wurde durch die Änderungsrichtlinie 2013/50/EU ein zuvor bestehender Anreiz für eine freiwillige Quartalsberichterstattung aufgehoben. Nach Art. 6 Abs. 2 RL 2004/109/EG idF bis zum 26.11.2013 waren Emittenten, die „entweder nach den Vorschriften des nationalen Rechts oder den Regeln des geregelten Marktes oder von sich aus Quartalsfinanzberichte gemäß den genannten Vorschriften des Rechts veröffentlichen", noch von der Pflicht zur Veröffentlichung von Halbjahresberichten („Zwischenmitteilungen der Geschäftsführung") entbunden. S. hierzu den Erwägungsgrund 4 RL 2013/50/EU: „[...] Für die Förderung nachhaltiger Wertschöpfung und langfristig orientierter Investitionsstrategien ist es entscheidend, den kurzfristigen Druck auf Emittenten zu verringern und den Anlegern einen Anreiz für eine längerfristige Sichtweise zu geben. Die Verpflichtung zur Vorlage von Zwischenmitteilungen der Geschäftsleitung sollte daher abgeschafft werden".

[177] Vgl. Art. 4 Abs. 3 S. 1 RL 2004/109/EG: Danach sind Emittenten, die einen „konsolidierten Abschluss" nach der 7. Gesellschaftsrechtlichen Richtlinie 83/349/EWG aufzustellen haben, verpflichtet, ihrem Jahresfinanzbericht zusätzlich zu diesem Konzernabschluss noch den Einzelabschluss der Muttergesellschaft beizufügen. Die anderen Emittenten haben nach S. 2 der genannten Vorschrift ausschließlich ihren eigenen Jahresabschluss zu veröffentlichen.

mission[178] in Konkretisierung („Umsetzung") der Prospekt-VO in ihren diversen Anhängen davon aus, dass der in den **Wertpapierprospekt** aufgenommene Jahresabschluss ein „getreues Bild" (dort verkürzt „ein den tatsächlichen Verhältnissen entsprechendes Bild" ohne den Zusatz „der Vermögens-, Finanz- und Ertragslage" genannt) abzugeben hat. Bezüglich der hierzu in den Prospekt aufzunehmenden „geprüften historischen Finanzinformationen" verweisen die einschlägigen Bestimmungen auf die Vorgaben der IAS-VO, soweit diese Verordnung anwendbar ist. Bei Emittenten aus Drittstaaten sind die Finanzinformationen sogar zwingend nach den von der EU übernommenen IFRS/IAS-Standards bzw. „gleichwertigen nationalen Rechnungslegungsgrundsätzen" zu erstellen. Daraus wird eine, allerdings punktuell begrenzte, Ausstrahlung deutlich, die die **IFRS/IAS** schon nach geltendem Europarecht für die Informationsfunktion des Jahresabschlusses entfalten (→ Rn. 49 ff.).

Im Rahmen von **Reformüberlegungen** auf europäischer und nationaler Ebene zu **34** Gläubigerschutz und Kapitalerhaltung wurde bzw. wird noch immer die Frage aufgeworfen, ob die Informationsfunktion des Jahresabschlusses im Verhältnis zur Kapitalschutzfunktion in Zukunft auch durch eine **Neugestaltung des gesellschaftsrechtlichen Gläubigerschutzes** weiter gestärkt werden sollte. Dazu sollen – in Abkehr vom bisherigen, durch die Bilanz-RL fortgeschriebenen System – Einzelabschlüsse nach IFRS/IAS vorgeschrieben und der Gläubigerschutz durch einen umfassenden sog. **„Solvenztest"** sichergestellt werden. Auf **europäischer Ebene** hat die „Hochrangige Gruppe von Experten auf dem Gebiet des Gesellschaftsrechts" (sog. Winter-Kommission), die im September 2001 von der EU-Kommission eingesetzt worden war, um Empfehlungen über moderne gesellschaftsrechtliche Rahmenbedingungen in der EU auszuarbeiten, in ihrem Abschlussbericht vom 4.11.2002 vorgeschlagen, den Mitgliedstaaten zu erlauben, das „aktuelle Mindestnennbetragssystem" abzuschaffen und durch ein alternatives System zu ersetzen, das auf einer „angemessenen Solvenzprüfung" als Ausschüttungsbegrenzung aufbaut.[179] Die EU-Kommission hat diesen Vorschlag in ihren Aktionsplan zur „Modernisierung des Gesellschaftsrechts und Verbesserung der Corporate Governance" vom 21.5.2003 aufgenommen.[180] Durch das im Februar 2008 vorgestellte Ergebnis der von ihr im Oktober 2006 in Auftrag gegebenen „Durchführbarkeitsstudie" (sog. *feasibility study*), die insbesondere die bisherigen Erfahrungen in verschiedenen Mitgliedstaaten und außereuropäischen Rechtssystemen zur Verwendung von IFRS als Maßstab der Ausschüttungsbegrenzung analysiert und die Eignung des „Solvenztests" als Mittel des Gläubigerschutzes untersucht hatte, sah sie sich nicht zu einer Änderung der damaligen 2. Gesellschaftsrechtlichen Richtlinie (RL 77/91/EWG – Kapital-RL 1977) veranlasst.[181] Dementsprechend bleibt es bis auf Weiteres[182] **den Mitgliedstaaten überlassen**, innerhalb des (inzwischen weiten) Rahmens der gesellschafts- und bilanzrechtlichen Richtlinien das Zusammenwirken von Rechnungslegung und Ausschüttungsbegrenzung neu zu justieren.[183]

---

[178] Delegierte VO (EU) 2019/980 der Kommission v. 14.3.2019 zur Ergänzung der Verordnung (EU) 2017/1129 des Europäischen Parlaments und des Rates hinsichtlich der Aufmachung, des Inhalts, der Prüfung und der Billigung des Prospekts, der beim öffentlichen Angebot von Wertpapieren oder bei deren Zulassung zum Handel an einem geregelten Markt zu veröffentlichen ist, und zur Aufhebung der Verordnung (EG) Nr. 809/2004 der Kommission, ABl. EU 2019 L 166, 26 v. 21.6.2019, zuletzt geändert durch Art. 1 und 2 VO (EU) 2020/1273 v. 4.6.2020 (ABl. EU 2020 L 300, 6).

[179] Bericht der „Hochrangigen Gruppe von Experten auf dem Gebiet des Gesellschaftsrechts", 14, 16, 94–96, 100.

[180] Mitteilung der Kommission an den Rat und das europäische Parlament, KOM(2003) 284 endg., 21.

[181] S. die Stellungnahme der Generaldirektion Binnenmarkt „Results of the external study on the feasibility of an alternative to the Capital Maintenance Regime of the Second Company Law Directive and the impact of the adoption of IFRS on profit distribution", 2008; dazu zB Mayer DStR 2009, 129 (131). Die Kapitalrichtlinie ist inzwischen in der GesR-RL aufgegangen.

[182] Soweit ersichtlich, ist diesbezüglich auch in näherer Zukunft kein neuer Ansatz der Kommission zu erwarten, vgl. zu jüngsten Initiativen im Bereich des Gesellschaftsrechts „Report of the Reflection Group On the Future of EU Company Law" v. 5.4.2011. Für eine Fortentwicklung der 2. Gesellschaftsrechtlichen Richtlinie und einen Solvenztest nach schwedischem Vorbild plädieren hingegen zB Maul/Lanfermann/Richard AG 2010, 279 (290 f.).

[183] Vgl. auch den Überblick über die IFRS-Anwendung zu diesem Zweck in den einzelnen Mitgliedstaaten bei Risse FS Herzig, 2010, 651 (657); ferner Santella/Turrini EBOR 2008, 427 ff.

35   Seit Beginn der Reformüberlegungen auf EU-Ebene häuften sich auch im **deutschen
Schrifttum** die Stimmen, die sich für eine Abschaffung des gegenwärtigen Systems des
festen Gesellschaftskapitals zugunsten eines Übergangs zu einem System beweglicher Ausschüttungssperren wie im anglo-amerikanischen Rechtskreis einsetzen.[184] Der 66. DJT
sprach sich, bezogen auf die GmbH, bereits im September 2006 sehr deutlich (166:14:0
Stimmen) für die Beibehaltung des Mindestkapitals als zwingende Voraussetzung der Haftungsbeschränkung der Gesellschafter aus[185] und lehnte die Einführung spezieller „Solvenztests", insbesondere als Alternative zur bilanziellen Ausschüttungssperre, ab.[186] Der Antrag
Marcus Lutters, zu empfehlen, die Ausschüttungssperre, ergänzt durch einen formalisierten
Solvenztest, an die IFRS-Bilanz anzuknüpfen, wurde dabei allerdings nur mit einer überraschend knappen Mehrheit (56:60:53 Stimmen) zurückgewiesen.[187] Auf den folgenden
Tagungen wurde das Thema IFRS-Abschluss und Gesellschaftsrecht nicht erneut aufgegriffen. Die Reformüberlegungen und die Diskussion über Vor- und Nachteile beider Gläubiger-
schutzsysteme, „bilanzgestützter Ausschüttungssperren (balance sheet test) [...] einerseits und
situativer Ausschüttungssperren (solvency test) andererseits",[188] gehen dennoch weiter.[189]
Der **deutsche Gesetzgeber** hat einen radikalen Systemwechsel dieser Art bislang nicht in
Erwägung gezogen und hält nach wie vor am tradierten Kapitalschutzsystem fest, wenngleich
er im Jahre 2008 in Gestalt der sog. Insolvenzverursachungshaftung der Geschäftsleiter (§ 64
S. 3 GmbHG aF, § 92 Abs. 2 S. 3 AktG aF idF des MoMiG; inzwischen § 15b Abs. 5 InsO)
ergänzend – nicht zuletzt als Ersatz für die Abschaffung der sog. „Rechtsprechungsregeln"
zum früheren Eigenkapitalersatzrecht (§ 30 Abs. 1 S. 3 GmbHG, § 57 Abs. 1 S. 4 AktG)[190] –
Elemente des Solvenztests einführte.[191] Mit dem BilMoG jedenfalls, das doch gerade eine
„moderate Heranführung des Handelsbilanzrechts an die internationalen Rechnungslegungsstandards" (sowie die Umsetzung von EU-Richtlinien) bezweckte,[192] hat sich der Gesetzgeber ausdrücklich dazu bekannt, dass die „HGB-Bilanz ... Grundlage der Ausschüttungsbemessung" (sowie der steuerlichen Gewinnermittlung) bleiben und „das bisherige System der
GoB" nicht aufgegeben werden soll,[193] und an Stellen, wo aufgrund der Konzessionen an
die IFRS die Gläubigerschutzfunktion des Jahresabschlusses ausnahmsweise doch zu kurz zu
kommen drohte, das Gesellschaftsrecht mit gezielten außerbilanziellen Schutzmechanismen

---

[184]   S. zB Lanfermann/Röhricht DStR 2009, 1216 (1222); ausf. auch Naumann FS Baetge, 2007, 421 ff.;
        wN zB bei Haaker DStR 2010, 663 ff.; Mayer DStR 2009, 129 (131). Zur Systemdebatte zB auch
        Drygala ZGR 2006, 587 ff.; Arnold Der Konzern 2007, 118; Arminger IRZ 2012, 343; BeckOK
        GmbHG/Schmolke, 52. Ed. 1.6.2022, GmbHG § 30 Rn. 12 ff.; MüKoGmbHG/Ekkenga, 4. Aufl. 2022,
        GmbHG § 30 Rn. 40 f., jeweils mwN.
[185]   Beschlüsse des 66. DJT, Stuttgart, 19.–22.9.2006, E. – Abteilung Wirtschaftsrecht, I. Vorfragen, Rn. 2.
[186]   Beschlüsse des 66. DJT, Stuttgart, 19.–22.9.2006, E. – Abteilung Wirtschaftsrecht, III. Insolvenzprophy-
        laxe, Rn. 10 f.
[187]   Beschlüsse des 66. DJT, Stuttgart, 19.–22.9.2006, E. – Abteilung Wirtschaftsrecht, III. Insolvenzprophy-
        laxe, Rn. 11 lit. b.
[188]   BeckOK GmbHG/Schmolke, 52. Ed. 1.6.2022, GmbHG § 30 Rn. 12.
[189]   MüKoGmbHG/Ekkenga, 4. Aufl. 2022, GmbHG § 30 Rn. 40.
[190]   Näher zu den Rechtsprechungsregeln und ihrer Beendigung durch die Reform des Eigenkapitalersatz-
        rechts, in Ekkenga/Reiner/Buck, 2. Aufl. 2018, Kap. 14, B. I. 2. Rn. 176 ff., und B. II., Rn. 255 ff.;
        speziell zur sog. Insolvenzverursachungshaftung B. II. 3. Rn. 314 ff.
[191]   Vgl. Begr. RegE MoMiG, BT-Drs. 16/6140, 46, zu § 64 S. 3 GmbHG aF: Der erweiterte § 64 GmbHG
        richte sich „gegen den Abzug von Vermögenswerten". Es fänden sich in dieser Bestimmung „Parallelen
        zum sog. solvency test". S. auch K. Schmidt ZIP 2006, 1925 (1932 f.): Die Insolvenzverursachungshaf-
        tung lasse „den möglichen Einstieg in ein neues Konzept" erahnen: Der Gesetzgeber „kokettiere" mit
        dem „Solvency Test".
[192]   Begr. RegE BilMoG, BT-Drs. 16/10067, 45, ähnlich S. 72 (zu § 285 Nr. 21 HGB-E = § 285 Nr. 13):
        „Annährung der handelsrechtlichen Berichtspflichten an die internationale Rechnungslegung
        bezweckt".
[193]   Begr. RegE BilMoG, BT-Drs. 16/10067, 1, ähnlich S. 32: „handelsrechtlicher Jahresabschluss Grundlage
        der Gewinnausschüttung", ferner S. 33: In den IFRS trete das „die handelsrechtliche Rechnungslegung
        dominierende Vorsichtsprinzip" „in den Hintergrund". „Damit" bringe „der Übergang auf die IFRS
        [...] nur keinen zusätzlichen Nutzen [...]"; ebenso Bericht RA zum BilMoG, BT-Drs. 16/12407, 83:
        „handelsrechtlicher Jahresabschluss auch weiterhin Grundlage der Gewinnausschüttung".

flankiert (§ 268 Abs. 8,[194] § 172 Abs. 4 S. 3 HGB; § 301 S. 1 AktG; → Rn. 65).[195] Mit seinem Ziel, den reformierten HGB-Abschluss als eine Alternative zu den IFRS/IAS zu etablieren,[196] dürfte sich der deutsche[197] Gesetzgeber mittel- bis langfristig **gegen einen Systemwechsel beim gesellschaftsrechtlichen Kapitalschutz** ausgesprochen haben.[198]

d) Zielkonflikte. Grundsätzlich liegt es nicht nur im Anlegerinteresse, sondern auch 36 im Interesse der gegenwärtigen und zukünftigen Gläubiger, ein möglichst umfassendes Bild von der „tatsächlichen" Lage der Gesellschaft zu erhalten. Anleger und Gläubiger betrachten die Gesellschaft aber nicht aus demselben Blickwinkel; für sie sind daher unterschiedliche Informationen von Interesse, bzw. sie gewichten die zur Verfügung gestellten Informationen unterschiedlich. Zudem sind die Interessen der Anleger und Gläubiger auch gruppenintern keineswegs gleichgerichtet. Speziell für die Gläubiger kommt hinzu, dass ihr gesetzlicher Schutz vor den Folgen der beschränkten Haftung zweispurig ausgestaltet ist und beide „Spuren" auf der Rechnungslegung aufbauen. Neben dem immateriellen Schutz durch Transparenz (Information) steht der materielle Schutz in Gestalt eines obligatorischen Verlustpuffers (Kapitalschutz). Die Kapitalschutz- und die Informationsfunktion der Rechnungslegung können miteinander in Konflikt[199] stehen mit der Folge, dass im Einzelfall bei der Frage, ob und wie ein bestimmter Vorgang im Sinne eines „getreuen Bilds" und der Ermittlung des „richtigen" Gewinns zu bilanzieren ist, aus dem gesellschafts- und insolvenzrechtlichen Blickwinkel der Kapitalerhaltung zur Insolvenzvermeidung eine andere Antwort zu erteilen ist als aus dem kapitalmarktrechtlichen Blickwinkel der sachgerechten Vorbereitung von Anlageentscheidungen. Der zuletzt genannte **Zielkonflikt** spiegelt sich ua im Streit zwischen dem sog. **statischen** und dem **dynamischen Bilanzverständnis** (→ Rn. 80) wider, die unterschiedliche Empfehlungen für die Ermittlung des „richtigen" Gewinns aussprechen. Während die „Statiker" den Akzent auf die richtige Ermittlung des (Rein-)Vermögens zum Bilanzstichtag legen („asset-liability approach"), steht bei der dynamischen Bilanzlehre die „periodengerechte Erfolgsermittlung", dh die genaue Zuordnung der in der Totalperiode anfallenden Aufwendungen und Erträge auf die einzelnen Geschäftsperioden („matching principle"), im Vordergrund („revenue-expense approach").[200]

---

[194] Zur entsprechenden Anwendung dieser Vorschrift bei ausstehenden Einlagen und eigenen Anteilen → § 272 Rn. 10 ff. und 34. Krit. gegenüber „außerbilanziellen Ausschüttungssperren" als Instrument, um das infolge der Rechnungslegung nach informationsorientierten Vorschriften abgesunkene Gläubigerschutzniveau anzuheben Lanfermann/Röhricht DStR 2009, 1216 (1220 ff.). Angesichts negativer Erfahrungen mit einer § 268 Abs. 8 vergleichbaren Regelung in Großbritannien halten die Autoren den „Solvenztest" für „konzeptionell überlegen".

[195] S. etwa Begr. RegE BilMoG, BT-Drs. 16/10067, 64, zu § 268 Abs. 8: „Bedeutung des § 268 Abs. 8 für den Gläubigerschutz".

[196] S. Begr. RegE BilMoG, BT-Drs. 16/10067, 1: „Ziel" des BilMoG sei es, „das bewährte HGB-Bilanzrecht zu einer dauerhaften und im Verhältnis zu den internationalen Rechnungslegungsstandards vollwertigen, aber kostengünstigeren und einfacheren Alternative weiterzuentwickeln, ohne die Eckpunkte des HGB-Bilanzrechts ... aufzugeben"; ähnlich Bericht BT-RA, BT-Drs. 16/12407, 83: „Ziel ..., eine gleichwertige aber einfachere und kostengünstigere Alternative zu bieten".

[197] In jüngerer Zeit wurde freilich im Rahmen der privaten Initiative „Code Européen des Affaires" der Pariser Association Henri Capitant sowie der Fondation pour le droit continental der Vorschlag für das Statut einer neuen europäischen Rechtsform, der „société européenne simplifiée" (SES), vorgelegt. Diese Kapitalgesellschaft, die der französischen SAS nachgebildet ist, soll nach dem Willen der Verfasser ein Kapitalschutzsystem mit Elementen eines Solvenztests haben. S. hierzu Verse GPR 2021, 271, 272 ff., 281 f.

[198] So wohl schon Lanfermann/Richard DB 2008, 1925 (1932), angesichts der Aufgabe von § 264e HGB-E des RefE BilMoG durch den RegE BilMoG; vgl. auch MüKoGmbHG/Ekkenga, 4. Aufl. 2022, GmbHG § 30 Rn. 41: „Mit dem MoMiG 2008 hat sich der Gesetzgeber entschieden, das bisherige Kapitalschutzsystem einschließlich Mindestkapital im Grundsatz beizubehalten".

[199] Schön ZHR 161 (1997), 133 (134), spricht von einem „latenten Widerspruch" (zwischen der Informationsfunktion und der Ausschüttungsbemessungsfunktion der Bilanz); noch deutlicher Küting/Lauer DB 2011, 1985 (1990): Die handelsrechtlichen Rechnungslegungsnormen und die IFRS verfolgten „divergierende Zwecke zur Befriedigung der Bedürfnisse unterschiedlicher Adressaten" und seien „daher nicht kompatibel".

[200] S. hierzu sehr anschaulich Küting DB 2006, 1441 (1442 f.); zu den verschiedenen Bilanztheorien ferner Seicht Bilanztheorien S. 17 ff.; HdWW/Moxter, Stichwort „Bilanztheorien", S. 670 ff., 675 ff., 682 ff.; Baetge/Thiele FS Beisse, 1997, 11 (12 ff.); Ballwieser FS Clemm, 1996, 1 ff.; Budde/Steuber AG 1996, 542 ff.

37   Angesichts ihrer gleichzeitig nebeneinander verfolgten unterschiedlichen Rechnungslegungszwecke stellen die Rechnungslegungsvorschriften des europäischen und diesem folgend auch des deutschen Rechts notwendigerweise einen **Kompromiss** zwischen den Empfehlungen der unterschiedlichen Bilanzierungstheorien dar. Demgegenüber hatte sich das frühere, damals noch autonome deutsche Rechnungslegungsrecht in Gestalt des Gebots eines „möglichst *sicheren* Einblicks" [Hervorhebung durch *Verf.*] eindeutig zum Schutz von Aktionären und Gläubigern vor übermäßigen Gewinnausschüttungen als Hauptanliegen des Jahresabschlusses (noch ohne Bilanzanhang als dessen integrierter Teil) bekannt (§ 149 Abs. 1 S. 2 AktG 1965 aF).[201] Dies bedeutete zwar nicht, dass der Informationsgehalt des Jahresabschlusses der Sicherheit (Vorsicht) um jeden Preis unterzuordnen gewesen wäre. So hielt es zB der BGH schon nach § 149 Abs. 1 S. 2 AktG aF für zulässig, in der Bilanz einer Muttergesellschaft den bei der Tochtergesellschaft erzielten und vom Vorstand zur Ausschüttung vorgeschlagenen Gewinn noch für das gleiche Geschäftsjahr als Forderung auszuweisen, obwohl der Gewinnauszahlungsanspruch rechtlich noch nicht entstanden war (sog. **phasengleiche Gewinnrealisierung;** → Rn. 46).[202] Dennoch konnte sich der Wortlaut der deutschen Regelung bei den Beratungen zur Generalklausel der damaligen RL 78/660/EWG nicht durchsetzen, denn für einzelne Mitgliedstaaten (darunter das Vereinigte Königreich[203]) hätte diese „vorsichtige" und nach Ansicht der Bundesregierung „den Realitäten hinsichtlich der Aussagekraft eines Jahresabschlusses besser entsprechende Formulierung" bedeutet, „dass bestehende Generalklauseln hätten eingeschränkt werden müssen".[204] Jedenfalls bezogen auf die deutsche Fassung (§ 264 Abs. 2 S. 1) der daraus entstandenen europäischen Generalklausel (früher Art. 2 Abs. 3 RL 78/660/EGW, inzwischen Art. 2 Abs. 3 Bilanz-RL) geht man überwiegend davon aus, dass sie zwar über § 149 Abs. 1 S. 2 AktG aF hinausgeht, aber keine „grundlegenden Änderungen" mit sich bringt.[205]

38   **2. Auslegung des europarechtlichen „getreuen Bildes". a) Autonomer Begriff.** Der Grundsatz des „getreuen Bildes" (true and fair view) gem. Art. 4 Abs. 3 Bilanz-RL geht zwar auf britischen Einfluss bei den Verhandlungen zur Vorgängerrichtlinie (RL 78/660/EWG) zurück,[206] hat das britische Verständnis aber nicht einfach übernom-

---

[201]   GroßkommAktG/Mellerowicz, 3. Aufl. 1970, § 149 Anm. 1: Angestrebt sei ein „sicherer Schutz vor Überbewertung".

[202]   BGHZ 65, 230, unter II. 3.: Es könne „das Bilanzbild verzerren und damit einen zeitgerechten Einblick in die wirkliche Vermögens- und Ertragslage erschweren, wenn dieses Ergebnis bei der Holdinggesellschaft nicht schon in dem Jahr, in dem es tatsächlich erwirtschaftet wurde, sondern erst aus einem späteren Jahresabschluss ersichtlich" sei; ferner, nun unter dem Eindruck der inzwischen hinzugetretenen europarechtlichen Vorgaben BGHZ 137, 378 – Tomberger; anders zum Steuerrecht der BFH BStBl. II 2000, 632 = DStR 2000, 1682: Aktivierung grundsätzlich erst ab Gewinnverwendungsbeschluss sofern nicht durch objektiv nachprüfbare Umstände belegt ist, dass der beherrschende Gesellschafter am maßgeblichen Bilanzstichtag unwiderruflich zur Ausschüttung eines bestimmten Betrages entschlossen war; bestätigt durch BFH BStBl. II 2008, 340; s. dazu auch Schmidt/Weber-Grellet, 41. Aufl. 2022, EStG § 5 Rn. 270 (Stichwort: „Dividendenansprüche"), Rn. 677; BMF-Schreiben v. 1.11.2000 – IV A 6-S 2134-9/00, BStBl. I 2000, 1510 = DStR 2000, 1997. Aus europarechtlicher Sicht → Rn. 46 aE.

[203]   Zur Richtlinie 78/660/EWG als Gesprächsthema bei den Beitrittsverhandlungen mit dem Vereinigten Königreich s. Schön ZGR 2000, 206 (215 f.).

[204]   Begr. RegE zum BiRiLiG, BT-Drs. 10/317, 76, zu § 237 RegE.

[205]   S. Baumbach/Hopt/Hopt, 30. Aufl. 2000, Rn. 11, unter Berufung auf die hL. S. bereits Begr. RegE BiRiLiG, BT-Drs. 10/317, 76, zu § 237 HGB-E: „Trotz der anspruchsvolleren Formulierung" sei „davon auszugehen, dass sich für die Praxis, soweit § 149 AktG bisher im Einzelfall nicht zu großzügig angewendet" worden sei, „keine grundsätzlichen Änderungen" ergäben.

[206]   S. § 149 Abs. 1 des damals geltenden Companies Act 1948: „Every balance sheet of a company shall give a true and fair view of the state of affairs of the company as at the end of its fiscal year, and every profit and loss account of a company shall give a true and fair view of the profit or loss for the financial year […]" (zit. nach MüKoAktG/Luttermann, 2. Aufl. 2003, HGB § 264 Rn. 48). Fast wortgleich die heutige Regelung des § 226 Abs. 2 Companies Act 1985 idF von 1989: „The balance sheet shall give a true and fair view of the state of affairs of the company as at the end of the financial year; and the profit and loss account shall give a true and fair view of the profit or loss of the company for the financial year."

men,[207] sondern ist ein **autonomer Begriff** des Gemeinschaftsrechts.[208] Nach der Rechtsprechung des EuGH gebietet er zum einen, „dass die Abschlüsse die Tätigkeiten und Vorgänge wiedergeben, die sie beschreiben sollen, und zum anderen, dass die Angaben so gemacht werden, dass sie möglichst verlässlich und in möglichst geeigneter Weise das Informationsbedürfnis Dritter befriedigen, ohne die Interessen der Gesellschaft zu beeinträchtigen".[209] Als autonomer Begriff hängt der „true and fair view" freilich nicht in der Luft,[210] sondern wird entsprechend dem Harmonisierungsauftrag der EG von einem rechtsvergleichend zu ermittelnden[211] Vorverständnis bezüglich der Bilanzzwecke in den einzelnen Mitgliedstaaten geprägt, zu denen auch, aber eben nicht nur, das Vereinigte Königreich zählt. Im britischen Recht steht der „true and fair view" wegen dessen besonderer Trennung zwischen den Bilanzzielen „Information" und „Insolvenzvorsorge" in einem anderen Funktionszusammenhang[212] und lässt sich schon deshalb nicht ohne Weiteres in die Systematik des europäischen Bilanzrechts übertragen. Erst in den methodologischen Grenzen der historischen Auslegung und deren Nachrangs gegenüber anderen Auslegungsarten[213] könnte das **britische Verständnis** vom „true and fair view" in Einzelfällen in bevorzugter Weise in die Auslegung der Richtlinie und damit auch in die Auslegung des Abs. 4 der Bilanz-RL hineinwirken.[214] In der Regel dürften Gesetzeswortlaut, systematische Stellung und Gesetzeszweck von Abs. 2 S. 1 für die Auslegung der Vorschrift aber hinreichend ergiebig sein.[215] Davon abgesehen ist der Grundsatz des „true and fair view" im britischen Recht seinerseits **inhaltlich keineswegs klar umrissen**[216] und eignet sich schon wegen dieser Unschärfe kaum als konkrete Auslegungshilfe. Es wäre also falsch, Art. 4 Abs. 3 Bilanz-RL unter Berufung auf das britische Verständnis ausschließlich als Ausprägung des Bilanzzwecks der Informationsvermittlung verstehen zu wollen.[217]

b) Vorrang des getreuen Bildes. aa) Art. 4 Abs. 4 Bilanz-RL. Nach Art. 4 Abs. 4 **39** S. 1 Bilanz-RL (früher Art. 2 Abs. 5 S. 1 RL 78/660/EWG), genießt das Prinzip des getreuen Bildes im Konfliktfall **Vorrang** vor den übrigen Vorschriften der Richtlinie zu Ansatz und Bewertung, weshalb man auch – nicht nur im englischsprachigen Schrifttum – vom „overriding principle" spricht.[218] Der europäische Gesetzgeber selbst ging davon aus,

---

[207] Leffson, Leges speciales, 1989, S. 7; ebenso MüKoAktG/Luttermann, 2. Aufl. 2003, HGB § 264 Rn. 7. S. ferner Biener/Bernecke BiRiLiG S. 132: Es sei „davor zu warnen", die Generalklausel iSd früheren britischen Rechts zu verstehen (§ 149 „Companies Act").

[208] ADS Rn. 50; Ordelheide EAR 8 (1993), 81 („an autonomous European norm").

[209] EuGH Slg. 1999, I-5331 = NZG 1999, 1051 Rn. 27 – DE + ES Bauunternehmung GmbH gegen Finanzamt Bergheim. Zur Auslegung des „true-and-fair-view"-Grundsatzes durch den EuGH s. ferner Fresl, Die Europäisierung des deutschen Bilanzrechts, 2000, S. 113 ff.

[210] So zu Recht MüKoAktG/Luttermann, 2. Aufl. 2003, HGB § 264 Rn. 44.

[211] MüKoAktG/Luttermann, 2. Aufl. 2003, HGB § 264 Rn. 45, 81 f.

[212] Schön ZHR 161 (1997), 133 (153) mwN; s. auch Küting/Hayn ZGR 1995, 111 ff.

[213] Dauses/Bleckmann/Pieper EU-WirtschaftsR-HdB B.I. Rn. 47 f. (Stand: April 2022): Die Gesetzesmaterialien spielten im Gemeinschaftsrecht eine noch geringere Rolle als im Völkerrecht.

[214] ADS Rn. 50 (noch zur Richtlinie 78/660/EWG): Die englische Vorstellung könne „lediglich einen Beitrag zur Interpretation der Richtlinie leisten"; Kirsch/Kirsch Rn. 81 (Stand: 1.10.2021): Das in Großbritannien vorherrschende Verständnis des „true and fair view" liefere „Anhaltspunkte zur Interpretation". Ähnlich auf Ebene des nationalen Rechts BeBiKo/Störk/Rimmelspacher, 13. Aufl. 2022, Rn. 24, die für die Auslegung des § 264 Abs. 2 S. 1 mit Blick auf das „englische Prinzip des true and fair view" ebenfalls auf die nachrangige Bedeutung der historischen Auslegung verweisen.

[215] Schulze-Osterloh ZHR 150 (1986), 532 (539 f.); Biener WPg 1982, 421 (425 f.); Biener/Bernecke BiRiLiG S. 132; ähnlich BeBiKo/Störk/Rimmelspacher, 13. Aufl. 2022, Rn. 24: Das englische „true-and-fair-view"-Prinzip habe „keine konkrete Bedeutung" für die Auslegung des § 264 Abs. 2 S. 1; wohl auch Luik, 50 Jahre Wirtschaftsprüferberuf, 1981, S. 55 ff.; großzügiger gegenüber dem britischen Verständnis im Sinne eines Rückgriffs bei Zweifelsfragen Schwark BB 1982, 1149 (1150 f.).

[216] Zum Inhalt des Grundsatzes im britischen Recht MüKoAktG/Luttermann, 2. Aufl. 2003, HGB § 264 Rn. 46 ff.; Kirsch/Kirsch Rn. 81–85 (Stand: 1.10.2021); Streim FS Moxter, 1994, 391 (393 f.); Ekkenga, Anlegerschutz, Rechnungslegung und Kapitalmarkt, 1998, S. 116 ff.; Bird (1984) J. B. L. 480 ff.

[217] So aber wohl Siebler, Internationalisierung der Rechnungslegung, 2008, S. 194 (→ Rn. 56).

[218] ZB Kirsch/Kirsch Rn. 91 (Stand: 1.10.2021); ADS Rn. 51; MüKoAktG/Luttermann, 2. Aufl. 2003, HGB § 264 Rn. 150; Staub/Meyer, 6. Aufl. 2021, Rn. 16 f.

„dass es normalerweise ausreicht, die Richtlinie anzuwenden, damit das gewünschte den tatsächlichen Verhältnissen entsprechende Bild entsteht"[219] und dass es sich bei möglichen Konflikten, die zum Abweichen von der „betreffenden" sonstigen Vorschrift zwingen, nur um „Ausnahmefälle"[220] handeln kann. In diesem Rahmen passt die Feststellung des EuGH, die „Anwendung des Grundsatzes der Bilanzwahrheit" habe sich „möglichst weitgehend" an den in Art. 31 RL 78/660/EWG (inzwischen: Art. 6 Bilanz-RL) enthaltenen allgemeinen Grundsätzen, dh den Bewertungsgrundsätzen einschließlich des Vorsichtsprinzips, zu orientieren[221] und speziell dem Vorsichtsprinzip komme bei der Anwendung des Grundsatzes der Bilanzwahrheit „besondere Bedeutung" zu.[222] Die Vorschrift des Art. 4 Abs. 4 S. 1 Bilanz-RL (früher Art. 2 Abs. 5 S. 1 RL 78/660/EWG) erklärt sich aus dem vom Common Law geprägten **britischen Rechtsverständnis,** nach dem Gesetze (statute laws) traditionell „Fremdkörper" sind und Rechtsanwendung über den Gesetzeswortlaut hinaus nur schwer möglich ist.[223]

40   **bb) Spezielle Öffnungsklauseln.** Die speziellen Öffnungsklauseln der Bilanz-RL **gehen** dem Art. 4 Abs. 4 Bilanz-RL allerdings **vor** (s. hierzu § 252 Abs. 2, § 253 Abs. 1 S. 4, §§ 254, 255 Abs. 4, § 284 Abs. 2 Nr. 3). So können die Mitgliedstaaten nach Art. 6 Abs. 2 Bilanz-RL den Unternehmen „in besonderen Fällen eine Verrechnung zwischen Aktiv- und Passivposten sowie zwischen Aufwands- und Ertragsposten gestatten oder vorschreiben, sofern die verrechneten Beträge im Anhang zum Abschluss als Bruttobeträge angegeben sind"; nach Art. 6 Abs. 3 Bilanz-RL iVm Art. 6 Abs. 1 lit. h Bilanz-RL können sie Unternehmen vom Gebot der „Berücksichtigung des wirtschaftlichen Gehalts des betreffenden Geschäftsvorfalls oder der betreffenden Vereinbarung" ausnehmen, nach Art. 6 Abs. 4 Bilanz-RL können sie den Wesentlichkeitsgrundsatz (Art. 6 Abs. 1 lit. j Bilanz-RL) auf Darstellung und Offenlegung begrenzen und insb. Ansatz und Bewertung davon ausnehmen. In entsprechender Weise sind gem. Art. 9 Abs. 1 S. 2 Bilanz-RL (früher Art. 3 S. 2 RL 78/660/EWG) „in Ausnahmefällen" Abweichungen vom Grundsatz der Stetigkeit von Bilanz und GuV zulässig. In diesem Zusammenhang ist ferner Art. 8 Abs. 1 Bilanz-RL (früher Art. 42a RL 78/660/EWG) zu nennen, der den Mitgliedstaaten gebietet, es „für alle Unternehmen oder einzelne Unternehmenskategorien" zu gestatten oder vorzuschreiben, „die Bewertung von Finanzinstrumenten, einschließlich derivativer Finanzinstrumente" und bestimmter „Arten von Vermögensgegenständen, die keine Finanzinstrumente sind", „zum beizulegenden Zeitwert" oder „auf der Grundlage des beizulegenden Zeitwerts" zu bewerten (vgl. § 340e Abs. 3). Dies gilt gemäß dem Erwägungsgrund 19 der Bilanz-RL „sowohl in Bezug auf Jahresabschlüsse und konsolidierte

---

[219]   Erklärung von Rat und Kommission für das Ratsprotokoll zu Art. 2 Abs. 4 der damaligen 4. Richtlinie 78/660/EWG (abgedruckt bei Biener/Bernecke BiRiLiG S. 831, Nr. 2). Ähnlich FG Hamburg EFG 1999, 1022 = DStRE 2000, 17 – BIAO, unter I. 1. j.: Das Prinzip von „true and fair view" nach Art. 2 4. Richtlinie werde „in erster Linie durch eine den Grundsätzen der Richtlinie entsprechende Rechnungslegung verwirklicht" (unter Berufung auf EuGH Slg. 1996 I, 3133 = NJW 1996, 2363 – Tomberger). Zum deutschen Recht → Rn. 85 aE.

[220]   So ausdrücklich der Wortlaut der Vorschrift: „Ist in **Ausnahmefällen** die Anwendung einer Vorschrift dieser Richtlinie mit der in Absatz 3 vorgesehenen Verpflichtung unvereinbar [...]" [Hervorhebung durch Verf.]. S. hierzu die „Mitteilung der Kommission zu Auslegungsfragen im Hinblick auf bestimmte Artikel der Vierten und der Siebenten Richtlinie des Rates auf dem Gebiet der Rechnungslegung", 98/C 16/04, ABl. 1998 C 16, 5, Rn. 4–6, insbes. 5.

[221]   EuGH Slg. 1996, I-03133 = NJW 1996, 2363 Rn. 18 – Tomberger.

[222]   EuGH Slg. 1996, I-3133 = NJW 1996, 2363 Rn. 18 – Tomberger; bestätigt durch EuGH NZG 2014, 36 Tz. 32 – GIMLE SA.

[223]   MüKoAktG/Luttermann, 2. Aufl. 2003, HGB § 264 Rn. 150 mwN: Bei der Auslegung von Gesetzen im englischen Common-Law-System dominiere die Wortlautinterpretation („literal rule"), die nur „bei extremem Ergebnis" durchbrochen werden könne (golden rule). In diesem „Kulturkontext" sei die „overriding function" des Art. 2 Abs. 5 RL 78/660/EWG (heute Art. 4 Abs. 4 Bilanz-RL) zu verorten. S. auch Heymann/Walz, 2. Aufl. 1999, Einl. Rn. 109, der diese Sichtweise teilt, aber anmahnt, dass der true-and-fair-view-Grundsatz bei der Auslegung des Gesetzes auch „tatsächlich zum Tragen gebracht wird".

Abschlüsse als auch – je nach Wahl des Mitgliedstaats – nur in Bezug auf konsolidierte Abschlüsse."

Wie der EuGH klargestellt hat, ist „**im Licht** des mit der Richtlinie verfolgten Zwe- **41** ckes" **der Bilanzwahrheit** auszulegen, was unter „Ausnahmefällen" zu verstehen ist.[224] „Ausnahmefälle" iSv Art. 4 Abs. 4 Bilanz-RL (früher Art. 31 Abs. 2 RL 78/660/EWG) sind also diejenigen Fälle, in denen die Anwendung der Grundsätze des Art. 6 Abs. 1 Bilanz-RL (früher Art. 31 Abs. 1 RL 78/660/EWG) kein getreues Bild vermitteln würde.[225] Das Entstehen stiller Reserven, selbst von erheblichem Umfang, durch Unterbewertung als Folge des Anschaffungskostenprinzips (Art. 6 Abs. 1 lit. i Bilanz-RL bzw. früher Art. 32 RL 78/660/EWG) im Einklang mit dem Vorsichtsprinzip ist kein solcher Ausnahmefall. Im Gegenteil stünde eine Bewertung in Höhe des tatsächlichen Werts „im Widerspruch" zum Realisierungsprinzip des Art. 6 Abs. 1 lit. c Ziff. i Bilanz-RL (= Art. 31 Abs. 1 lit. c aa RL 78/660/EWG).[226]

c) Vorrang des Kapitalschutzes. Der unbestreitbare **Vorrang des getreuen Bildes** **42** nach der Bilanz-RL ist keineswegs gleichbedeutend mit einem Vorrang der Informations-funktion der Bilanz gegenüber dem Gläubigerschutz, soweit es hierbei überhaupt zu Kon-flikten kommen sollte (→ Rn. 36).

aa) Ausgangssituation. Der Jahresabschluss soll zwar „möglichst verlässlich und in **43** möglichst geeigneter Weise das Informationsbedürfnis Dritter befriedigen", darf dabei aber „die Interessen der Gesellschaft" nicht beeinträchtigen.[227] Die Bilanzwahrheit steht somit in einem Spannungsfeld zwischen dem **Informationsinteresse** der Öffentlichkeit und dem **Gesellschaftsinteresse.** Da die Gesellschaft als sozialer Zweckverband für sich genommen kein Selbstzweck ist, ist auch das „Gesellschaftsinteresse" nicht etwa von den Interessen der Personen hinter der Gesellschaft und um sie herum losgelöst, sondern deren Platzhalter. Welche Personen durch die Bindung des Jahresabschlusses an das Gesellschaftsinteresse im Einzelnen geschützt sind, ergibt sich aus den einschlägigen privatautonomen (primäres und sekundäres Gesellschaftsinnenrecht sowie Vertragsbeziehungen mit Dritten) und gesetzli-chen (europarechtlichen und nationalen) Vorschriften und nicht etwa aus einem diffusen Eigeninteresse des „Unternehmens an sich".[228] Dazu gehören neben den Anteilseignern jedenfalls auch die **Gesellschaftsgläubiger,** die europarechtlich ua durch das Vorsichtsprin-zip und auf nationaler Ebene ggf. noch durch weitergehende Vorschriften des Gesellschafts- und Bilanzrechts geschützt werden.

Wie der EuGH noch 2003 in Bezug auf das Streitjahr 1989 betont hat, ist bei der **44** Bewertung der Posten der **Grundsatz der Vorsicht** (inzwischen: Art. 6 Abs. 1 lit. c Bilanz-RL) „in jedem Fall" zu beachten.[229] Im gleichen Zusammenhang verweist das Gericht darauf, dass der Grundsatz des getreuen Bildes auch im Licht anderer in der Bilanz-RL aufgestellter Grundsätze (inzwischen: Art. 4 Bilanz-RL) und insbesondere des Grundsatzes der **Einheit** von Bilanz (und GuV) und Anhang (inzwischen: Art. 4 Abs. 1 Bilanz-RL) zu sehen ist.[230] Dies lässt sich dahingehend interpretieren, dass das getreue Bild über entspre-chende Angaben im **Bilanzanhang** herzustellen ist, falls es andernfalls zu einem Konflikt

---

[224] EuGH Slg. 1999, I-5331 = NZG 1999, 1051 Rn. 31 – DE + ES Bauunternehmung GmbH gegen Finanzamt Bergheim, zum früheren Art. 31 Abs. 2 S. 1 RL 78/660/EWG.

[225] EuGH Slg. 1999, I-5331 = NZG 1999, 1051 Rn. 32 zur Bildung einer einheitlichen Rückstellung für gleichartige Gewährleistungsrisiken entgegen dem Einzelbewertungsgrundsatz; bestätigt durch EuGH DStRE 2003, 69 Rn. 116 f. – BIAO, zu pauschalierten Wertberichtigungen bzw. -rückstellungen.

[226] EuGH NZG 2014, 36 Rn. 40 – GIMLE SA.

[227] EuGH Slg. 1999, I-5331 = NZG 1999, 1051 Rn. 27 – DE + ES Bauunternehmung GmbH gegen Finanzamt Bergheim.

[228] Näher hierzu Reiner, Unternehmerisches Gesellschaftsinteresse und Fremdsteuerung, 1995, S. 12 f. mwN (auch zum französischen Gesellschaftsrecht); Reiner, Shareholder Value und Nachhaltigkeit, ZVglR Wiss. 110 (2011), 433 (454 ff.).

[229] EuGH DStRE 2003, 69 Rn. 75 – BIAO, zum früheren Art. 2 Abs. 1 RL 78/660/EWG.

[230] EuGH Slg. I 2003, 1–77 = DStRE 2003, 69 Rn. 74 – BIAO, zum früheren Art. 2 Abs. 1 RL 78/660/ EWG.

mit dem Vorsichtsprinzip käme.[231] Für den **ergebnisrelevanten** Teil des Jahresabschlusses würde dies auf einen **Vorrang** der Vorsicht und **des Gläubigerschutzes** durch Ausschüttungsbegrenzung hinauslaufen. Das ist sachgerecht, selbst wenn ergebniswirksame Jahresabschlussangaben im kaufmännischen Verkehr einen größeren Überzeugungswert haben sollten und wenn die (ohnehin nur beschränkte) Vergleichbarkeit des Jahresabschlusses mit (gleichen Regeln unterworfenen) Abschlüssen anderer Unternehmen[232] darunter leiden sollte. Denn während auf diese Weise der Jahresabschluss in seiner Gesamtheit das Informations- und das Kapitalschutzziel zumindest teilweise miteinander versöhnt, würde der Kapitalschutz bei einem Vorrang der Informationsinteressen der Anleger (zB in Gestalt des Prinzips der Marktbewertung) gegenüber dem Vorsichtsprinzip (zB in Gestalt des Realisationsprinzips, Art. 6 Abs. 1 lit. c Ziff. i Bilanz-RL) innerhalb von Bilanz und GuV notwendigerweise auf der Strecke bleiben, weil er sich seinerseits nicht in den Anhang verlagern lässt.

45   **bb) Öffnung des europäischen Bilanzrechts für IFRS/IAS.** Seit Beginn dieses Jahrtausends ist die **Informationsfunktion** der Rechnungslegung entsprechend einer von den USA dominierten internationalen Tendenz auch im europäischen Recht **im Vordringen** begriffen (→ Rn. 32 ff.). Nach dem Verständnis der EU-Kommission sollte die IAS-VO in ihrem Anwendungsbereich das (frühere) Bilanzrichtlinienrecht nicht ersetzen, sondern „ergänzen".[233] Die Anwendung von IAS ist danach eine „zusätzliche Verpflichtung für börsennotierte Gesellschaften".[234] Dementsprechend enthält Art. 3 Abs. 2 IAS-VO einen Vorbehalt, nach dem die IFRS/IAS von der Kommission nur übernommen werden dürfen, wenn sie ua dem „Prinzip des Art. 2 Abs. 3 RL 78/660/EWG" (inzwischen: Art. 4 Abs. 3 Bilanz-RL), also des „getreuen Bildes", entsprechen. Wie der Erwägungsgrund 9 IAS-VO präzisiert, ist diese „Grundanforderung" der früheren RL 78/660/EWG (sowie der früheren RL 83/349/EWG über Konzernbilanzen) „im Lichte" dieser Richtlinie(n) zu verstehen, „ohne dass damit eine strenge Einhaltung jeder einzelnen Bestimmung dieser Richtlinien erforderlich wäre".

46   Nachdem bislang (Stand: August 2022) fast sämtliche IASB-Standards von der EU-Kommission früher oder später im Rahmen des sog. Komitologieverfahrens (Art. 6 Abs. 2 IAS-VO iVm dem Beschluss 1999/468/EG des Rates vom 28.6.1999)[235] übernommen wurden,[236] deutet vieles auf einen **Paradigmenwechsel** – zumindest der Kommission – in Bezug auf das Verständnis des „getreuen Bildes". Zwar haben Abschlüsse nach IAS 1.15 (2022) ebenfalls „die Vermögens-, Finanz- und Ertragslage" (sowie die „Cash Flows") eines Unternehmens „den tatsächlichen Verhältnissen entsprechend darzustellen".[237] Trotz des mit Art. 4 Abs. 3 Bilanz-RL (zuvor: Art. 2 Abs. 3 RL 78/660/EWG) in ihrer deutschen

---

[231] Dazu, dass „getreues Bild" und „Vorsicht" auch Hand in Hand gehen können s. EuGH Slg. I 2003, 1–77 = DStRE 2003, 69 Rn. 110 – BIAO, zu Drohverlustrückstellungen: Mit den „Grundsätzen der Vorsicht und des den tatsächlichen Verhältnissen entsprechenden Bildes wäre es […] nicht vereinbar, wenn ein wahrscheinlicher oder sicherer Verlust in der Bilanz nicht ausdrücklich erwähnt würde"; ähnlich zur Passivierung von Gewährleistungsrückstellungen EuGH Slg. 1999, I-5331 = NZG 1999, 1051 Rn. 26 – DE + ES Bauunternehmung GmbH gegen Finanzamt Bergheim.

[232] Hierzu Ekkenga, Anlegerschutz, Rechnungslegung und Kapitalmarkt, 1998, S. 111.

[233] Kommissionsvorschlag zur IAS-VO v. 13.2.2001, KOM(2001) 80 endg., 2001/0044 (COD), unter 3. 2.; ebenso 3. Erwägungsgrund der IAS-VO.

[234] Kommissionsvorschlag zur IAS-VO v. 13.2.2001, KOM(2001) 80 endg., 2001/0044 (COD), unter 3. 2.

[235] Beschluss des Rates 1999/468/EG v. 28.6.1999 zur Festlegung der Modalitäten für die Ausübung der der Kommission übertragenen Durchführungsbefugnisse, ABl. L 184, 2, aufgehoben und ersetzt durch Art. 12 ÄndVO (EU) 182/2011 v. 16.2.2011, ABl. 2011, L 55, 13; hierzu zB HdJ/Schulze-Osterloh Abt. I/1, 2016, Rn. 104 (Stand: Oktober 2016).

[236] S. die aktuelle konsolidierte Fassung der IAS-VO mit allen derzeit anerkannten IASB-Standards (IFRS/IAS) unter https://eur-lex.europa.eu/legal-content/EN/TXT/?uri=CELEX%3A02008R1126-20220101 (letzter Abruf v. 20.8.2022); ferner (IFRS/IAS/IFRIC) EFRAG, The EU Endorsement Status Report – Position as at 1 February 2022, https://www.efrag.org. Zum Sonderfall der IFRS-SME → § 267 Rn. 24.

[237] Zum Grundsatz der Bilanzwahrheit nach IFRS/IAS → Rn. 136 f.; ferner FG Hamburg Urt. v. 22.4.1999 – II 23/97, EFG 1999, 1022 = DStRE 2000, 17 – BIAO, unter I. 1. k. der Entscheidungsgründe.

Fassung beinahe identischen Wortlauts[238] war aber jedenfalls bislang **nicht dieselbe Art von Bilanzwahrheit** gemeint. Nach eigenem Bekenntnis hält die Kommission mittlerweile die IFRS/IAS im Vergleich zu den „Mindestanforderungen der Rechnungslegungs-Richtlinien" für die „höher entwickelte Rechnungslegung".[239] Das veranlasste sie – geduldet von den Mitgliedstaaten – offensichtlich dazu, hinter der Fassade der Kontinuität und einer **dynamischen Auslegung**[240] selbst wesentliche Anforderungen der früheren RL 78/660/ EWG (inzwischen: Bilanz-RL) sowie indirekt auch der früheren RL 77/91/EWG (Kapital-RL 1977; inzwischen: GesR-RL) immer mehr durch **widersprechende** „internationale Rechnungslegungsgrundsätze" zu überlagern.[241] Im Schrifttum[242] wurde diesbezüglich ua auf das Beispiel von IAS 18.30(c)[243] verwiesen, wonach Dividenden „mit der Entstehung des Rechtsanspruches [des Anteilseigners] auf Zahlung zu erfassen" sind. Denn nach der Rechtsprechung des EuGH im Fall Tomberger[244] rechtfertigt (und erfordert) der Grundsatz der Bilanzwahrheit es unter bestimmten Voraussetzungen, dass eine Muttergesellschaft die Gewinne ihrer Tochtergesellschaft bereits als „Forderung gegen verbundene Unternehmen" aktiviert, obwohl der Dividendenanspruch noch nicht entstanden ist (sog. phasengleiche Aktivierung des Gewinns, → Rn. 37, → § 272 Rn. 130 ff.); in Art. 9 Abs. 7 lit. b (und lit. c) Bilanz-RL wird die phasengleiche Aktivierung in diesen Fällen implizit anerkannt, wenn den Mitgliedstaaten dort ausdrücklich erlaubt wird, zu „gestatten oder vorzuschreiben, dass der auf Beteiligungen entfallende Teil des Ergebnisses in der Gewinn- und Verlustrechnung nur ausgewiesen wird, soweit er Dividenden entspricht, die bereits eingegangen sind oder auf deren Zahlung ein Anspruch besteht".[245] Nur ausnahmsweise zeigen sich die IFRS/IAS im genannten Beispiel sogar vorsichtiger als das EU-Bilanzrecht.

---

[238] Im Englischen weicht der Wortlaut stärker voneinander ab: Während es in Art. 4 Abs. 3 Bilanz-RL „The annual financial statements shall give a true and fair view of the undertaking's assets, liabilities, financial position and profit or loss" heißt, wird in IAS 1.15 S. 1 wie folgt formuliert: „Financial statements shall present fairly the financial position, financial performance and cash flows of an entity". Das „getreue Bild" wird in den IFRS/IAS (wie in den US-GAAP) also nicht über den „true and fair view", sondern über das Merkmal der „fair presentation" (so auch die Überschrift zu IAS 1.15.–24) bestimmt. Das IASC-Rahmenkonzept von 1989 behandelt die Begriffe „True and Fair View/Fair Presentation" allerdings (noch) als gleichwertig, wie die gleich lautende Überschrift zu Rn. 46 („F.46") belegt.

[239] Kommissionsvorschlag zur IAS-VO v. 13.2.2001, KOM(2001) 80 endg., unter 3. 2; aA zB Ballwieser FS Röhricht, 2005, 727 (730 ff.); Küting DB 2006, 2753 (2762) (auch mN zu den zahlreichen IFRS-Anhängern): Es sprächen gewichtige Argumente dafür, „dass die IFRS-Bilanzierung im Vergleich zur HGB-Welt nicht zu einer Einschränkung, sondern vielmehr zu einer Erhöhung der bilanzpolitischen Gestaltungsspielräume" führe. Die „Stille und Anonymität der Bilanzpolitik im IFRS-Bilanzrecht" im Vergleich zur im Anhang offenzulegenden Wahlrechtsausübung nach HGB könne dazu führen, dass Unternehmenskrisen vielfach erst dann erkannt würden, wenn der Zusammenbruch unvermeidbar sei.

[240] So ausdrücklich Van Hulle WPg 1998, 138 (147). Zu Recht krit. zB Schön ZGR 2000, 706 (721): Eine „Änderung der politischen Zielsetzungen im Bilanzrecht und damit eine Verschiebung der Richtlinientexte hin zu einer stärker kapitalmarktorientierten Sichtweise" könne nur „im förmlichen Gesetzgebungsverfahren" beschlossen werden.

[241] Im Vorgriff auf die Internationalisierung des europäischen Bilanzrechts hatte bereits der deutsche Gesetzgeber im Rahmen des früheren (auf die IAS und US-GAAP zielenden) § 292a aF darauf gesetzt, dass das dort in Abs. 2 Nr. 2 lit. b (angesichts europarechtlicher Zwänge notgedrungen) geregelte Erfordernis des „Einklangs" eines Konzernabschlusses nach „international anerkannten Rechnungslegungsgrundsätzen" mit der früheren RL 83/349/EWG (jetzt: Bilanz-RL) nicht allzu ernst genommen wird. S. hierzu → 1. Aufl. 2001, § 292a Rn. 18 ff.

[242] Wüstemann/Kierzek BB 2006, Special zu Heft 17, S. 14, 16 („Unvereinbarkeit des IAS 18.30(c) mit dem europäischen True-and-Fair-View-Grundsatz in wichtigen Einzelfällen").

[243] IAS 18 wurde zwar durch IFRS 15 ersetzt. Allerdings fallen Dividendenforderungen nicht in den Anwendungsbereich von IFRS 15, sodass man zunächst weiterhin auf IAS 18 zurückgreifen konnte (Arbeitskreis Bilanzrecht Hochschullehrer Rechtswissenschaft, BB 2014, 2731 Fn. 3). Nunmehr sind Dividendenforderungen in IFRS 9 (dort 5.7.1A) geregelt.

[244] EuGH Slg. 1996 I-03133 = NJW 1996, 2363 Rn. 23 f. – Tomberger; folgend BGHZ 137, 378 – Tomberger.

[245] Vgl. Begr. RegE BilRUG, BT-Drs. 18/4040, 63, zu § 272 HGB: Aus Art. 9 Abs. 7 lit. b und c RL 2013/ 34/EU ergebe sich „der Grundsatz, dass eine phasengleiche Gewinnausschüttung bei der Beteiligung und dem beteiligten Unternehmen (insbesondere im Mutter-Tochter-Verhältnis) möglich ist".

47   Der Grundsatz der **Vorsicht** (Art. 6 Abs. 1 lit. c Bilanz-RL bzw. früher Art. 31 Abs. 1 lit. c RL 78/660/EWG), der nach (bisheriger) Aussage des EuGH „in jedem Fall" zu beachten ist (→ Rn. 44), ist den IAS auch begrifflich zwar nicht völlig fremd, wie sich aus dem IASB-Rahmenkonzept ergibt. Der Unterschied insbesondere zum Realisationsprinzip des Art. 6 Abs. 1 lit. c Ziff. i Bilanz-RL wird aber schnell deutlich, wenn die „Vorsicht" dort auf „ein gewisses Maß an Sorgfalt bei der Ermessensausübung" reduziert wird und es ausdrücklich heißt, eine vorsichtige Vorgehensweise gestatte „beispielsweise nicht, stille Reserven zu legen …".[246] Das Rahmenkonzept selbst ist kein IFRS/IAS und wurde daher nicht in das Gemeinschaftsrecht übernommen. Es ist aber „Grundlage für die Urteilsbildung bei der Lösung von Rechnungslegungsproblemen"[247] und zumindest Indiz für die Auslegung der IFRS/IAS.[248]

48   **cc) Folgerungen für die Vorrangfrage.** Mit Sicherheit hat die Bedeutung des Vorsichtsprinzips innerhalb des europäischen Bilanzrechts mittlerweile unter dem Einfluss des → Rn. 32 ff. beschriebenen Vordringens der Informationsfunktion abgenommen. Von einem (umgekehrten) europarechtlichen **Vorrang der Informationsfunktion** gegenüber dem Gläubigerschutz kann man auf europäischer Ebene aber dennoch **nicht ausgehen**.[249] Vielmehr deuten die Wahlrechte, mit denen es die IAS-VO und die „Fair-Value"-Richtlinie den Mitgliedstaaten anheimstellen, den Unternehmen das Aufstellen kompletter Jahresabschlüsse nach IFRS/IAS bzw. die (inhaltlich an IAS 39 angelehnte) Bilanzierung von Finanzinstrumenten zu (unrealisierten) Marktwerten zu gestatten oder gar vorzuschreiben, darauf, dass die Vorrangfrage mittlerweile wohl auf europäischer Ebene **offen** und durch die nationalen Rechtsordnungen zu entscheiden ist.

49   **d) IFRS/IAS als Auslegungshilfe.** Die in → Rn. 45 beschriebene Überlagerung des Bilanzrichtlinienrechts durch die von der EU-Kommission übernommenen IFRS/IAS wirft die Frage auf, ob und in welchem Umfang diese internationalen Rechnungslegungsgrundsätze die Auslegung der Richtlinien zu beeinflussen vermögen. Die von der Kommission zum Zwecke der Übernahme der Standards praktizierte „dynamische Auslegung" (→ Rn. 46) der Richtlinien und insbesondere des Grundsatzes des „getreuen Bildes" (Art. 4 Abs. 3 Bilanz-RL) müsste konsequenterweise einheitlich gelten und dürfte sich nicht auf die Fälle beschränken, wo es kraft Anordnung bzw. Gestattung der nationalen Gesetzgeber in Ausübung der Ermächtigung nach Art. 5 IAS-VO tatsächlich zu Jahresabschlüssen entsprechend den IFRS/IAS kommt.

50   Tatsächlich finden sich in der **Rechtsprechung** Anhaltspunkte in diese Richtung. In seiner „BIAO"-Entscheidung aus dem Jahre 2003 stellt der EuGH bereits bezogen auf die damalige Richtlinie 78/660/EWG fest, dass diese „nicht im Einzelnen alle Fragen der Rechnungslegung regeln soll, die sich aus einem konkreten Sachverhalt ergeben", sondern „im Wesentlichen allgemeine Grundsätze" aufstellt. Diese Grundsätze müssten „zwangsläu-

---

[246]   Nr. 37 (Prudence) des IASC-Rahmenkonzepts (Framework for the Preparation and Presentation of Financial Statements) vom April, angenommen durch den IASB im April 2001): „… However, the exercise of prudence does not allow, for example, the creation of hidden reserves …". Hierzu zB Baetge/ Kirsch/Thiele/Ballwieser Rn. 537 (September 2007): Das Vorsichtsprinzip werde im IAS-Rahmenkonzept als „Sorgfaltsregel" verstanden (Aussage bei Baetge/Kirsch/Thiele/Ballwieser Stand 1.5.2019 nicht mehr enthalten).

[247]   EU-Kommission, „Kommentare zu bestimmten Artikeln der Verordnung (EG) Nr. 1606/2002 des Europäischen Parlaments und des Rates v. 19.7.2002 betreffend die Anwendung internationaler Rechnungslegungsstandards und zur Vierten Richtlinie 78/660/EWG des Rates v. 25.7.1978 sowie zur Siebenten Richtlinie 83/349/EWG des Rates v. 13.6.1983 über Rechnungslegung", November 2003, S. 6 (mit dem Abdruck des IASC-Rahmenkonzepts in deutscher Übersetzung im Anhang).

[248]   S. Nr. 2 des Rahmenkonzepts (F.2): „Dieses Rahmenkonzept ist kein IAS und definiert damit keine Grundsätze für bestimmte Fragen der Bewertung oder von Angaben. Keine Passage aus diesem Rahmenkonzept geht einem IAS vor". Vgl. auch IAS 1.21 und 1.22, wo jeweils das „Ziel des Abschlusses gemäß dem Rahmenkonzept" für maßgeblich erklärt wird.

[249]   S. auch Arbeitskreis Bilanzrecht der Hochschullehrer Rechtswissenschaft BB 2002, 2372 (2373): Neben die Informationsfunktion trete „im deutschen und europäischen Gesellschaftsrecht seit langem zumindest gleichrangig die Aufgabe des Bilanzrechts, die Anwendbarkeit der Vorschriften zu sichern, die der Kapitalerhaltung im Verhältnis zu den Gesellschaftern" dienten.

fig durch Erlass nationaler Regelungen durchgeführt werden" und orientierten sich an der jeweiligen Buchführungspraxis in den betreffenden Mitgliedstaaten.[250] In diesem Zusammenhang bemerkt das Gericht, „dass sich die nationalen Praktiken im Laufe der Jahre tendenziell immer stärker internationalen Rechnungslegungsstandards, den sog. ‚IAS‘, angleichen".[251] In Ermangelung von Detailregelungen der Richtlinie (zur Bildung von Rückstellungen) seien die offenen Fragen „gegebenenfalls unter Berücksichtigung internationaler Rechnungslegungsstandards (IAS)" nach dem nationalen Recht vorzunehmen.[252] Auf die Frage, ob diese durch den EuGH unterstellte **freiwillige Angleichung der nationalen Bilanzrechtsordnungen an die IFRS/IAS** Rückwirkungen auf die Auslegung der Richtlinie entfaltet, geht das Gericht nicht ein. Auffällig ist der Hinweis des Gerichts auf die IAS sowie deren Einbindung in das Europarecht aber allemal, denn der Inhalt der nationalen Bilanzrechtsordnungen für sich genommen war für die Vorlagefrage nach der Auslegung der Art. 14 und 20 der damaligen 4. Richtlinie eigentlich ohne Belang.[253] Teilweise wird im Schrifttum bereits die Auffassung vertreten, der EuGH folge damit der Politik der EU-Kommission zur Übernahme der IAS, und es erscheine als nicht ausgeschlossen, dass die Verweisung auf die IAS zu einer Einschränkung der Wahlrechte nach der Bilanz-RL und zu einer Konkretisierung der unbestimmten Rechtsbegriffe und damit insbesondere des „true and fair view" führe.[254]

Wesentlich deutlicher war der zweite Senat des **FG Hamburg** in seinem der og EuGH- **51** Entscheidung zugrunde liegenden Vorlagebeschluss. Nach seiner Auffassung dürfe das Prinzip des „true and fair view" in der RL 78/660/EWG (inzwischen: Bilanz-RL) „ähnlich zu verstehen sein wie im Bereich der IAS, gegenüber denen mit der Bilanz-RL Kompatibilität" bestehe „und eine konforme Anwendung durch die EG angestrebt oder erwartet" werde „bzw. seitens der meisten Mitgliedsländer der EG bereits realisiert" sei.[255] An anderer Stelle des Beschlusses wird ausdrücklich auf die „für die Auslegung der Bilanz-RL heranzuziehenden IAS" Bezug genommen.[256] In seinem im Anschluss an die Vorabentscheidung des EuGH ergangenen Urteil zum Streitgegenstand wiederholt der dritte Senat des FG Hamburg diesen Standpunkt. In Ermangelung eigener Detailregelungen (Bildung von Rückstellungen) seien „bei der Auslegung der Bilanz-RL die IAS in der für das Streitjahr maßgeblichen Fassung ergänzend heranzuziehen".[257] Der 3. Senat beruft sich für diese Aussage auf die Vorentscheidung des EuGH, obwohl das europäische Gericht an der zitierten Stelle[258] zur Konkretisierung der Grundsätze der Richtlinie unmittelbar gar nicht auf die IAS, sondern auf das nationale Recht verweist und lediglich in *diesem* Rahmen – wie oben dargelegt – auch die Berücksichtigung internationaler Rechnungslegungsstandards für möglich hält („ggf.").

Der **BFH** ist allerdings in der Revisionsinstanz dem forschen Vorpreschen des FG **52** Hamburg in Bezug auf die schleichende (dynamische) „Internationalisierung" der Bilanz-RL und den demgegenüber zaghaften Andeutungen des EuGH in dieselbe Richtung nicht gefolgt. Vielmehr stellt er nüchtern fest, die IAS seien ua deshalb für den Streitfall nicht

---

[250] EuGH Slg. I 2003, 1–77 = DStRE 2003, 69 Rn. 76 – BIAO.

[251] EuGH Slg. I 2003, 1–77 = DStRE 2003, 69 Rn. 77 – BIAO, unter Hinweis auf die Mitteilung der Kommission v. 14.11.1995 mit dem Titel „Harmonisierung auf dem Gebiet der Rechnungslegung: Eine neue Strategie im Hinblick auf die internationale Harmonisierung" (KOM [1995] 508 endg.) sowie auf die IAS-VO; ferner → Rn. 106 und 121.

[252] EuGH Slg. I 2003, 1–77 = DStRE 2003, 69 Rn. 118 – BIAO.

[253] Krit. zB Lohse EWS 2003, 129 f., dem die Hinweise des EuGH auf die Berücksichtigung des IAS im nationalen Recht befremdlich erscheinen.

[254] ZB de Weerth RIW 2003, 460 (461).

[255] FG Hamburg EFG 1999, 1022 = DStRE 2000, 17 – BIAO, unter I. 1. k. der Entscheidungsgründe, ebenfalls mit Hinweis auf die weiter oben zit. Mitteilung der Kommission von 1995 sowie einschlägiges Schrifttum.

[256] FG Hamburg EFG 1999, 1022 – BIAO, unter II., vor 1., unter Hinweis auf die Umsetzung und Anwendung der Bilanz-RL „im europäischen Ausland", die „überwiegend konform mit den IAS" erfolge.

[257] FG Hamburg EFG 2004, 746 = DStRE 2004, 613 – BIAO, unter II. 3. a. dd.

[258] EuGH Slg. I 2003, 1–77 = DStRE 2003, 69 Rn. 118 – BIAO.

einschlägig, weil die IAS-VO nur für *konsolidierte* Abschlüsse börsennotierter Gesellschaften verbindlich sei.[259] Die Zukunft wird zeigen, ob der EuGH den in seiner „BIAO"-Entscheidung zumindest angedeuteten Weg einer IFRS/IAS-orientierten Konkretisierung der Bilanz-RL fortsetzen wird. Der rechtspolitische Zeitgeist spricht dafür – trotz aller **methodologischen Bedenken** (→ Rn. 70).[260]

53   **3. Nationale Umsetzung.** Der deutsche Gesetzgeber hat Art. 4 Abs. 3 Bilanz-RL in § 264 Abs. 2 S. 1 umgesetzt. Die **speziellen Öffnungsklauseln** der Art. 9 Abs. 1 S. 2 Bilanz-RL und Art. 4 Abs. 4 Bilanz-RL finden sich in § 252 Abs. 2 und § 265 Abs. 1 S. 1 wieder. Wie auf europäischer Ebene (→ Rn. 40 f.) genießen sie Vorrang vor § 264 Abs. 2 S. 1 und sind ihrerseits **im Lichte** des Gebots der Bilanzwahrheit auszulegen (→ Rn. 62, → Rn. 76).[261]

54   **a) Funktion des Abs. 2 S. 1. aa) Angeblicher Vorrang der Vorschrift („overriding principle").** Die Frage, welcher Stellenwert dem § 264 Abs. 2 S. 1 im Verhältnis zu den Einzelvorschriften zum Jahresabschluss (§§ 238 ff., 264 ff.) zukommt, ist heftig umstritten. Die Gegenpole des Meinungsspektrums markieren auf der einen Seite die Ansicht vom Vorrang der Generalklausel[262] und auf der anderen Seite die Auffassung, die Generalklausel sei nachrangig[263] und ihre Bedeutung reduziere sich auf zusätzliche Angaben im Anhang.[264]

55   Diese Diskussion wird deshalb so intensiv geführt, weil dabei unterschiedliche Rechnungslegungskonzeptionen aufeinanderprallen und weil § 264 Abs. 2, hätte er einen weit zu verstehenden Vorrangcharakter, für die Anhänger einer „dynamischen", IFRS/IAS-freundlichen Auslegung bzw. „Fortbildung" des deutschen Bilanzrechts ein willkommenes Hilfsmittel darstellen würde. Dabei wäre der Vorrang des § 264 Abs. 2 ebenso wenig wie

---

[259] BFH BFH/NV 2005, 421 = DStR 2005, 238 mAnm Bärenz, unter II. 2.; s. deutlich ferner BFH BStBl. II 2011, 215 = DStR 2010, 2453, Rn. 23 (zur erfolgsneutralen Bilanzierung der Ausgabe von Aktienoptionen an Mitarbeiter, hierzu auch → § 272 Rn. 95): Der Vorinstanz (FG München Urt. v. 28.9.2009 – 7 K 1513/07, EFG 2010, 250) sei „darin beizupflichten, dass die International Accounting Standards bzw. die IFRS die steuerrechtliche Gewinnermittlung nicht" bestimmten.

[260] Krit. auch Moxter WPg 2009, 7 (8 ff.): Insbesondere angesichts ihrer (normativen) Unbestimmtheit und Auslegungsbedürftigkeit seien die IFRS nicht als Konkretisierungsmaßstab geeignet; diff. hingegen BeBiKo/Störk/Rimmelspacher, 13. Aufl. 2022, Rn. 32, die dabei maßgeblich auf die Intention des nationalen BilMoG-Gesetzgebers abstellen und so die Auslegung nationalen Rechnungslegungsrechts anhand der IFRS nur unter einem, mehr oder weniger engen, nationalen Vorbehalt zulassen; s. auch Baetge/Kirsch/Solmecke WPg 2009, 1211 (1222), die die Heranziehung der IFRS nur für Einzelfragen „als induktive ‚Informationsquelle" für sinnvoll erachten, während „eine deduktive Verknüpfung der IFRS … wegen der unterschiedlichen Zwecksysteme der beiden Rechnungslegungsregime auf keinen Fall in Frage" komme; die IFRS seien keine „primäre Auslegungsbasis für die handelsrechtlichen Normen".

[261] ZB Staub/Meyer, 6. Aufl. 2021, Rn. 45, am Beispiel des § 252 Abs. 2.

[262] ZB MüKoAktG/Luttermann, 2. Aufl. 2003, HGB § 264 Rn. 140: Die Generalnorm werde nicht durch bilanzrechtliche Einzelregeln „verdrängt"; in abgeschwächter Form auch Hoffmann/Lüdenbach NWB Kommentar Bilanzierung, 13. Aufl. 2022, § 264 Rn. 18. Der Gesetzgeber gehe „gerade nicht von einem unbedingten Vorrang der GoB und der gesetzlichen Einzelvorschriften vor der Generalklausel aus", halte vielmehr „im Ausnahmefall eine Abweichung von den Einzelnormen für geboten". Explizit dagegen zB Baetge/Kirsch/Thiele/Ballwieser Rn. 65 (Stand: 1.5.2015): Der Hinweis auf Art. 2 Abs. 5 RL 78/660/EWG im Zusammenhang mit der Feststellung, § 264 Abs. 2 S. 1 sei ein „overriding principle" im britischen Sinne, sei „weder überzeugend noch ergiebig"; ADS Rn. 50 f., 93: Das „overriding principle" der Richtlinie sei nicht in deutsches Recht transformiert worden; ADS Rn. 59 mwN mit einer Übersicht zum Meinungsstand.

[263] So zB BeBiKo/Störk/Rimmelspacher, 13. Aufl. 2022, Rn. 25 f.; KKRD/Morck/Drüen Rn. 8a: Die Einhaltung der GoB habe immer Vorrang vor einer ungeschminkten Darstellung der tatsächlichen Verhältnisse; WP-HdB/Störk, 17. Aufl. 2021, F Rn. 25: Ein „Außerkraftsetzen von Einzelvorschriften mit Verweis auf die Generalnorm (‚overriding')" sei „im deutschen Bilanzrecht nicht zulässig"; wohl auch HdR/Baetge/Commandeur/Waldenbuch/Hippel Rn. 19 (Stand: 9.12.2013): Auch für die Generalnorm gelte „lex specialis derogat legi generali"; ebenso EBJS/Böcking/Gros/Oser, 4. Aufl. 2020, Rn. 27.

[264] S. zB FG Hamburg EFG 1999, 1022 = DStRE 2000, 17 – BIAO, unter I. 2. b. bb. der Entscheidungsgründe: Der deutsche Gesetzgeber habe das Gebot des „true and fair view" nur in § 264 Abs. 2, § 289 Abs. 1 ausdrücklich umgesetzt im Hinblick auf zusätzliche Angaben im Anhang und im Lagebericht. Diese änderten „nichts an der Bilanz und ihrer steuerrechtlichen Maßgeblichkeit". S. Kirsch/Kirsch Rn. 99 (Stand: 1.10.2021): Die Generalklausel des § 264 Abs. 2 habe „allenfalls nur eine sehr eingeschränkte Bedeutung für die Bilanz und die GuV-Rechnung".

beim europarechtlichen Prinzip der Bilanzwahrheit (→ Rn. 42.) gleichbedeutend mit dem etwaigen Vorrang der Informations- vor der Kapitalschutzfunktion (→ Rn. 63 ff.).

Tatsächlich sind die Qualifikationen „Vorrang" und „Nachrang" in Bezug auf Abs. 2 **56** S. 1 gleichermaßen missverständlich. In der Konzeption der §§ 264 ff. stehen Generalklausel und Einzelvorschriften auf derselben hierarchischen Stufe und ergänzen sich gegenseitig.[265] Auf die ausdrückliche **Übernahme der Vorrangregelung** des damaligen Art. 2 Abs. 5 RL 78/660/EWG aF (inzwischen: Art. 4 Abs. 4 Bilanz-RL) in § 264 verzichtete der deutsche Gesetzgeber dementsprechend. Er hielt diese Maßnahme für **entbehrlich,** „weil nach allgemeinen Grundsätzen des deutschen Rechts die Anwendung gesetzlicher Vorschriften jeweils so zu erfolgen hat, dass der den gesetzlichen Vorschriften vom Gesetzgeber beigelegte Sinn und Zweck erfüllt wird."[266] Diese Sichtweise ist zutreffend.[267] Sie korrespondiert mit der Erkenntnis, dass die europarechtliche Vorrangklausel als Konzession an das britische Rechtsverständnis zu betrachten ist (→ Rn. 39) und nicht in die Systematik des kontinentaleuropäischen (Rechnungslegungs-)Rechts hineinpasst (s. aber → Rn. 90).

Die Generalklausel des Art. 4 Abs. 3 Bilanz-RL und dementsprechend auch diejenige **57** des § 264 Abs. 2 S. 1 „steht nicht in dem Sinne über der gesetzlichen Regelung, dass sie es erlauben würde, den Inhalt und Umfang des Jahresabschlusses in Abweichung von den gesetzlichen [Einzel-]Vorschriften zu bestimmen".[268] § 264 Abs. 2 S. 1 nimmt den Regelungsgehalt der Einzelbestimmungen zu Bilanz, GuV und Anhang also nicht etwa zurück, sondern **ergänzt** diese, indem er deren Zielrichtung konkretisiert. Die Vorschrift ist somit in Anlehnung an die hM im Schrifttum[269] nur heranzuziehen, „wenn Zweifel bei der Auslegung und Anwendung einzelner Vorschriften entstehen oder Lücken in der gesetzlichen Regelung zu schließen sind".[270]

Weicht das bilanzierende Unternehmen zB bei der Bewertung einer Wertpapierposition, **58** die durch ein Termingeschäft gesichert ist, von einer Vorschrift, etwa dem Niederstwertprinzip des § 253 Abs. 3 S. 5 bzw. 6, Abs. 4 idF v. 17.3.2016 im Rahmen einer Bewertungseinheit

---

[265] Insofern zu Recht MüKoAktG/Luttermann, 2. Aufl. 2003, HGB § 264 Rn. 136: Generalnorm und Einzelregeln wirkten „in einem Verhältnis der Komplementarität", sie „ergänzten" sich.

[266] Begr. RegE, BT-Drs. 10/317, 76 f.; zur Kritik an der gesetzgeberischen Begründung ADS Rn. 43.

[267] IErg ebenso die hM, zB Schulze-Osterloh ZHR 150 (1986), 532 (542). S. auch Niehus ZGR 1985, 536 (544); Scholtissek RIW 1986, 966 (968 ff.); aA Streim FS Moxter, 1994, 391 (396); v. Wysocki WPg 1986, 177 (178 f.); Altenburger BFuP 1997, 721 (723 f.); zweifelnd Siebler, 2008, 194: Die generelle Nichtübernahme des Art. 2 Abs. 5 RL 78/660/EWG (jetzt: Art. 4 Abs. 4 Bilanz-RL) sei „problematisch". Der Verzicht auf die Umsetzung sei nur dann zu rechtfertigen, „wenn bereits die Einzelvorschriften sowie die GoB im Sinne der durch Art. 2 gebotenen Informationsvermittlung auszulegen" wären. Dies könne jedoch – insbes. im Hinblick auf die steuerlichen Konsequenzen – nicht angenommen werden. Dazu, dass die europäische Generalklausel eben gerade nicht ausschließlich im Sinne der Informationsvermittlung ausgelegt werden darf, → Rn. 29 ff.

[268] Begr. RegE, BT-Drs. 10/317, 76, bezogen auf § 237 RegE BiRiLiG und Art. 2 Abs. 3 RL 78/660/ EWG.

[269] Die Rechtsprechung hat sich noch nicht festgelegt. S. BGH BeckRS 2021, 23478 Rn. 72: Ob § 264 Abs. 2 HGB geeignet sei, „einen nach § 255 Abs. 1 HGB statthaften Ansatz von Anschaffungsnebenkosten [eines Golddepots] zu korrigieren", könne offenbleiben, weil sich die Überbewertung „bereits aus dem Verstoß gegen § 253 Abs. 1 S. 1, Abs. 3 S. 3 aF bzw. § 253 Abs. 4 HGB" ergebe.

[270] Begr. RegE, BT-Drs. 10/317, 76, zu § 237 RegE. Zust. zB WP-HdB/Störk, 17. Aufl. 2021, F Rn. 25. Ähnlich KKRD/Morck/Drüen Rn. 9: § 264 Abs. 2 sei „wesentlich nur eine Auslegungshilfe"; BeBiKo/ Störk/Rimmelspacher, 13. Aufl. 2022, Rn. 25, 31; Baetge/Kirsch/Thiele/Ballwieser Rn. 3, 68 (Stand: 1.5.2019); ADS Rn. 45 ff., ferner Rn. 59 mwN; Hopt/Merkt, 41. Aufl. 2022, Rn. 18 („in erster Linie eine Auslegungshilfe"); Baumbach/Hueck/Schulze-Osterloh, 18. Aufl. 2006, GmbHG § 42 Rn. 32; EBJS/Böcking/Gros/Oser, 4. Aufl. 2020, Rn. 27 f.; HdR/Baetge/Commandeur/Waldenbuch/Hippel Rn. 20 (Stand: 9.12.2013); Biener GmbHR 1982, 53 (56); Bohl WPg 1986, 29 ff.; Busse v. Colbe WPg 1987, 117 (120); Clemm WPg 1989, 357 (365); Ludewig AG 1987, 12 (15); Marks WPg 1989, 121 (124); Schülen WPg 1987, 223 (226); Biener/Bernecke BiRiLiG S. 132. Krit. in Bezug auf die Begr. RegE MüKoAktG/Luttermann, 2. Aufl. 2003, HGB § 264 Rn. 138, der in der zit. Formulierung das von ihm festgestellte „Komplementärverhältnis" zwischen Generalnorm und Einzelregeln (dort Rn. 136) nicht ausreichend berücksichtigt zu sehen scheint; aA Kirsch/Kirsch Rn. 100 (Stand: 1.10.2021): Die Generalklausel „als oberste Informationsregel" könne „nur zur Auslegung der relativ wenig kodifizierten Informationsregeln" („im Wesentlichen" Gliederungs- und Ausweisregeln) herangezogen werden.

(§ 254) nach der Bilanztechnik der „Festbewertung",[271] ab, verstößt es damit nicht gegen die genannte Einzelvorschrift, sondern **reduziert** sie **zweckentsprechend** (Rechtsfortbildung). Ein Beispiel für die Berücksichtigung des Abs. 2 S. 1 bei der Auslegung bildet die Rechtsprechung des BFH zur Rückstellungsbildung nach § 249 Abs. 1 S. 1. Eine „einseitige übervorsichtige Beurteilung" – so das Gericht – entspreche „nicht dem Sinn einer aussagefähigen Rechnungslegung [...] und damit auch nicht dem Ziel einer den tatsächlichen Verhältnissen entsprechenden Darstellung der Vermögens- und Ertragslage (true and fair view)".[272]

59   Aus dem Blickwinkel des kontinentaleuropäischen, insbesondere deutschen Rechtsverständnisses ist die Generalklausel lediglich Ausdruck dessen, was in Gestalt der **teleologischen Auslegung,** der herkömmlichen Instrumente der **Rechtsfortbildung** jenseits des Gesetzeswortlauts (Analogie, teleologische Reduktion) sowie des unbestimmten, auslegungsbedürftigen Rechtsbegriffs[273] „GoB" (→ Rn. 66 ff.) als spezifisch bilanzrechtlichem Lückenfüllungsinstrument[274] **ohnehin selbstverständlich** ist, dass nämlich die Anwendung der einzelnen Ansatz- und Bewertungsvorschriften nicht stur dem Gesetzeswortlaut folgen darf, sondern am Gesetzeszweck zu messen ist. Vordergründiger Ausdruck, quasi „Platzhalter", dieses auf nachgelagerter Ebene vielgestaltigen Gesetzeszwecks ist das Merkmal des „getreuen Bildes". Hier liegt der eigentliche Regelungsgehalt des Abs. 2 S. 1.[275] Als **Instrument zur Korrektur** von Einzelvorschriften ist der Grundsatz des „getreuen Bildes" dagegen im Grunde **überflüssig.**

60   Für die sog. **Abkoppelungsthese,** die es für die Bilanz und GuV teleologisch möglichst bei den Grundsätzen des alten Rechts aus der Zeit vor dem BiRiLiG belassen will und das Korrekturpotential des europarechtlich geprägten „getreuen Bildes" nach Abs. 2 S. 1 in den Anhang verweist,[276] ist nach dem Wortlaut und Sinn und Zweck, gerade auch vor dem Hintergrund des Art. 4 Abs. 4 Bilanz-RL (früher Art. 2 Abs. 5 RL 78/660/EWG),[277] kein Raum.[278]

61   Die **Angabepflicht** des **Abs. 2 S. 2** (→ Rn. 87–90) steht der vorstehenden Deutung nicht entgegen. Sie zeigt zwar, dass der Gesetzgeber es – zumindest bei „besonderen Umständen" – für denkbar hielt, dass der Jahresabschluss trotz Abs. 2 S. 1 doch kein getreues

---

271 Hierzu sowie zur zweiten Bilanzierungstechnik der Marktbewertung (Durchbuchungsmethode) s. zB Reiner, Derivative Finanzinstrumente, 2002, S. 264 ff.; BeBiKo/Justenhoven/Usinger, 13. Aufl. 2022, § 254 Rn. 52 f.

272 BFH BFH/NV 2005, 421 = DStR 2005, 238 – BIAO, unter II. 5. A.

273 BFH BStBl. III 1961, 372 = BeckRS 1961, 21000426; BFH BStBl. III 1967, 607 = BeckRS 1967, 21000867; aA (aber wohl aus rein begrifflichen Gründen) Großfeld/Luttermann BilanzR Rn. 62: Der „Gedanke vom 'unbestimmten Rechtsbegriff'", der angesichts der Wendung „GoB" weithin auftrete, sei „abwegig", schon die Bezeichnung sei „paradox". Juristisch müsse „ein Begriff fixiert", dürfe „eben nicht beliebig (unbestimmt) sein".

274 → § 243 Rn. 7: Die GoB schließen alle Lücken, die das Gesetz durch mehrdeutige Formulierung oder fehlende explizite Regelungen gelassen hat; ferner Hopt/Merkt, 41. Aufl. 2022, Rn. 12: Für Einzelkaufleute und Personengesellschaften könnten im Einzelfall „gleiche Anforderungen [wie aus § 264 Abs. 2 S. 1] aus dem Grundsatz der Bilanzwahrheit folgen"; Hopt/Merkt, 41. Aufl. 2022, § 243 Rn. 5 im Kontext der GoB: Es gelte der Grundsatz der Bilanzwahrheit.

275 S. Begr. RegE BiRiLiG v. 27.7.1982, BT-Drs. 9/1878, 77: Auf die ausdrückliche Übernahme des Art. 2 Abs. 5 RL 78/660/EWG (→ Rn. 39) werde verzichtet, „weil nach allgemeinen Grundsätzen des deutschen Rechts die Anwendung gesetzlicher Vorschriften jeweils so zu erfolgen hat, daß der den gesetzlichen Vorschriften vom Gesetzgeber beigelegte Sinn und Zweck erfüllt" werde; s. auch Kirsch/Kirsch Rn. 99 (Stand: 1.10.2021), der § 254 Abs. 2 anschaulich als „Zielnorm" bezeichnet, die Bedeutung der Vorschrift aber dennoch im Wesentlichen auf den Anhang beschränken will.

276 S. zB Moxter AG 1979, 141; Moxter Bilanzlehre II S. 67 f.; Knobbe-Keuk § 3 II 2 S. 44; Beisse FS Clemm, 1996, 27 (38), unter Berufung auf die (damals) „hM".

277 S. zB Van Hulle WPg 1998, 138 (142); Van Hulle FS Budde, 1995, 313 ff.; Walz FS Kübler, 1997, 557 (574 f.); Schön ZHR 161 (1997), 133 (153).

278 IErg ebenso zB MüKoAktG/Luttermann, 2. Aufl. 2003, HGB § 264 Rn. 151: Die Ansicht sei „abwegig"; Luttermann AG 2010, 341 (342): „krasser Mangel an Rechtsverständnis"; Ebke ZSR 119 (2000), 39 (63); BeBiKo/Winkeljohann/Schellhorn, 11. Aufl. 2018, Rn. 30: Die Abkoppelungsthese sei mit der Bedeutung des Abs. 2 „spätestens seit dem Tomberger-Urteil" unvereinbar (Aussage in Neuauflage 2022 nicht mehr enthalten); HKMS/Stöber 2. Aufl. 2020, 53: „mit den unionsrechtlichen Vorgaben der BilRL nicht vereinbar"; ausf. Lambert, Die Rolle des § 264 Abs. 2 HGB: – true and fair view – im deutschen Bilanzrecht, 2005, 161–163 mwN.

Bild vermittelt. Damit spricht sie aber weder **gegen** den Vorrang von S. 1 des § 264[279] noch **zugunsten** dessen Subsidiarität gegenüber den bilanzrechtlichen Einzelbestimmungen (→ Rn. 53). Wie aber ist es möglich, dass der Jahresabschluss im Einzelfall kein „getreues Bild" abgibt, wenn die Einzelbestimmungen nach dem hier vertretenen Verständnis des Abs. 2 S. 1 so auszulegen und die GoB so zu konkretisieren sind, dass sie ein „getreues Bild" erzeugen? Das erklärt sich bei teleologischer Rechtsanwendung nicht etwa damit, dass Abs. 2 S. 1 ggf. gegenüber dem eindeutigen Wortlaut und Regelungszweck bestimmter Einzelregelungen zurücktritt (s. zB § 276 Rn. 1), sondern hängt im Wesentlichen mit der **Relativität des „getreuen Bildes"** zusammen, also mit der Abhängigkeit der Bilanzwahrheit von den Rechnungslegungszwecken und dem Umstand, dass nach geltendem deutschen Recht der einheitliche Jahresabschluss unterschiedlichen Zwecken dienen muss (→ Rn. 29 ff.), von denen einer – die **Kapitalschutzfunktion** – den anderen **vorgeht** (→ Rn. 63 ff.). Nur so weit, wie Informationen über die tatsächliche Lage, die ein den Einzelregelungen entsprechender Jahresabschluss normalerweise erteilt, wegen eines **ausnahmsweise** (besondere Umstände) auftretenden **Zielkonfliktes** der unterschiedlichen Bilanzzwecke verborgen bleiben, sind in der Regel „zusätzliche" erklärende Anhangangaben erforderlich. Damit soll lediglich eine Irreführung der Jahresabschlussadressaten ausgeschlossen werden. Abs. 2 S. 2 dient also nicht dazu, Volltransparenz im Sinne eines allumfassenden Einblicks in die Vermögens-, Finanz- und Ertragslage herzustellen, der – ungeachtet des ergänzenden Auskunftsrechts nach § 131 AktG[280] – keine Informationswünsche der Adressaten, insbesondere der Anleger offen ließe.[281] Abs. 2 in seiner Gesamtheit will „die dem Jahresabschluss eigenen Informationsgrenzen nicht aufheben".[282]

Schon wegen der Besonderheiten der deutschen (Bilanz-)Rechtsordnung im Vergleich **62** zu anderen Mitgliedstaaten war eine besondere Umsetzung des Art. 4 Abs. 4 Bilanz-RL (früher Art. 2 Abs. 5 Jahresabschluss-RL) in deutsches Recht nicht erforderlich (→ Rn. 56). Darüber hinaus stehen in den praktisch bedeutsamen Fällen, wo im Interesse eines „getreuen Bildes" Abweichungen von Bewertungs- und Gliederungsbestimmungen erforderlich sind, ohnehin die **speziellen Öffnungsklauseln** der § 252 Abs. 2 – mit dem BilMoG ergänzt durch § 254 (→ Rn. 77) – und § 265 Abs. 1 zur Verfügung, die auf die Art. 3 S. 2 RL 78/660/EWG, Art. 31 Abs. RL 78/660/EWG zurückgehen. Die Voraussetzungen eines „Ausnahmefalles" iSd genannten Vorschriften sind dann regelmäßig gegeben. Die Auffassung, früher Art. 2 Abs. 5 RL 78/660/EWG bzw. jetzt Art. 4 Abs. 4 Bilanz-RL sei bereits im Hinblick auf die genannten Öffnungsklauseln ausreichend transformiert,[283] dürfte ange-

---

279 So aber BeBiKo/Störk/Rimmelspacher, 13. Aufl. 2022, Rn. 25: gegen die Primärfunktion des § 264 Abs. 2 S. 1 spreche formallogisch die Existenz des § 264 Abs. 2 S. 2.

280 Zur ergänzenden Rolle des § 131 AktG s. LG München I BeckRS 2021, 38012 Rn. 20 zum Auskunftsbegehren bezgl. Bewertungsgrundsätzen im Zusammenhang mit einer Werthaltigkeitsprüfung, die sich bereits aus dem Jahresabschluss ergeben. Das Auskunftsrecht des Aktionärs nach § 131 AktG gewährt freilich keinen Anspruch auf Offenlegung stiller Reserven (§ 131 Abs. 3 S. 1 Nr. 3 AktG). Zur verfassungsrechtlichen Zulässigkeit s. BVerfG NJW 2000, 129, unter II. 2. b. (2): Die damit verbundene „grundrechtliche Belastung" für den Aktionär werde zum einen durch § 279 Abs. 1 S. 1 HGB und zum anderen durch „internationale Rechtsentwicklungen", vor allem die „zunehmend angewandten internationalen Rechnungslegungswerke (IAS und US-GAAP)" „entschärft", die „Möglichkeiten, stille Reserven zu bilden oder geheim zu halten, stärker als nach deutschem Bilanzrecht" beschränke.

281 So auch Kalweit S. 4. S. ferner Biener/Bernecke BiRiLiG S. 132: Auf Grund der Generalklausel des § 264 Abs. 2 könnten „nicht generell Auskünfte zusätzlicher Art verlangt werden, wie zB eine Kapitalflussrechnung, die Angabe von Wiederbeschaffungswerten, die Aufdeckung stiller Reserven oder die Mitteilung von Kennzahlen, wie zB des Gewinns pro Aktie".

282 So zu Recht Kalweit S. 4; zuvor schon Wüstemann, Generally accepted accounting principles. Zur Bedeutung und Systembildung der Rechnungslegungsregeln der USA, 1999, S. 118–121; Wölk, Die Generalnorm für den Einzelabschluss von Kapitalgesellschaften, 1992, S. 157.

283 So ADS Rn. 44–47: Es sei davon auszugehen, dass auch Art. 2 V „dem Sinne nach" transformiert worden sei. Die § 252 Abs. 2 und § 265 Abs. 1 enthielten „ausreichende Öffnungsklauseln, um ggf. von den gesetzlichen Bestimmungen abzuweichen". Von einer „vollständigen Transformation" soll dann auszugehen sein, wenn man § 252 Abs. 2 in dem Sinne auslege, dass sich der Ermessensrahmen (im Hinblick auf § 264 Abs. 2) auf Null reduzieren könne.

sichts des zwar weiten, aber insgesamt doch nicht allumfassenden Anwendungsbereichs zu weit gehen.

63   **bb) Vorrang des Kapitalschutzes.** Die andere, von derjenigen nach dem Rang des Abs. 2 S. 1 zu trennende Frage ist diejenige nach dem **Rang des Gläubigerschutzes durch Ausschüttungsbegrenzung** im Vergleich zu den anderen Rechnungslegungszwecken, insbesondere der Informationsfunktion im Rahmen des ausfüllungsbedürftigen Rechnungslegungsziels der Erzeugung eines getreuen Bildes.

64   Wie oben dargelegt, ließ sich dem europäischen Rechnungslegungsrecht bis zu seiner grundsätzlichen Öffnung für die internationalen Rechnungslegungsgrundsätze auch im Einzelabschluss eine Priorität des Gläubigerschutzes in Bilanz und GuV, also im ergebniswirksamen Teil des Jahresabschlusses, entnehmen. Inzwischen deuten die insofern den Mitgliedstaaten eingeräumten Wahlrechte darauf hin, dass der europäische Gesetzgeber es den nationalen Rechtsordnungen überlassen hat zu bestimmen, welchen bilanzrechtlichen Stellenwert sie dem Kapitalschutz einräumen wollen. Deutschland hat von diesem Wahlrecht bislang keinen Gebrauch gemacht und die ausschließlich an der Informationsfunktion ausgerichteten IFRS/IAS[284] bisher nicht für den gesellschaftsrechtlich maßgeblichen (→ Rn. 30) Einzelabschluss zugelassen.[285] Im Konfliktfall ist daher von einem **Vorrang des Ausschüttungsschutzes im Rahmen des Abs. 2 S. 1** auszugehen,[286] ohne dass das BilMoG daran etwas geändert hätte (→ Rn. 65). Entsprechend der Bedeutung der Generalklausel als Maßstab einer teleologischen Rechtsanwendung bedeutet Konfliktfall, dass die Auslegung einer bestimmten Bilanzierungsregel im Einzelfall zu unterschiedlichen Ergebnissen führt, je nachdem, ob man das „getreue Bild" mehr am Informationsinteresse Dritter oder mehr am Ziel des effektiven Kapitalschutzes misst. Dann ist der vorsichtigen Rechnungslegungsvariante der Vorzug zu geben (vgl. § 252 Abs. 1 Nr. 4).

65   Dieser Vorrang ist ein Gebot des **gesellschaftsrechtlichen Kapitalschutzes,** der jedenfalls im deutschen[287] Kapitalgesellschaftsrecht in Gestalt der Ausschüttungsbegren-

---

[284]   Zur Ungeeignetheit der Gewinnermittlung und -feststellung nach IFRS für die Ausschüttungsbemessung s. Ekkenga AG 2006, 389 (395); Moxter WPg 2009, 7 (12); wohl auch Baetge/Kirsch/Solmecke WPg 2009, 1211 (1222).

[285]   Die befreiende Wirkung des IFRS/IAS-Einzelabschlusses nach § 325 Abs. 2a und 2b betrifft allein die Offenlegungspflicht, nicht aber die aktien- und GmbH-rechtliche Pflicht zur Aufstellung des Jahresabschlusses.

[286]   Ebenso wohl BeBiKo/Störk/Rimmelspacher, 13. Aufl. 2022, Rn. 39: „Gläubigerschutzfunktion... – auch nach BilMoG... – im Vordergrund"; ADS Rn. 103: Für den Bilanzansatz müsse das Vorsichtsprinzip „im Zweifel dominant" sein; Moxter Bilanzlehre II S. 67; auch Kreide, Selbst geschaffene immaterielle Vermögensgegenstände im Recht der Rechnungslegung junger Technologieunternehmen, 2014, S. 399–409. Krit. zB Budde/Steuber AG 1996, 542 (544): Das Vorsichtsprinzip müsse seine Grenze am Prinzip des „true and fair view" (§ 264 Abs. 2 S. 1) finden, „welches zunehmend als overriding principle oder als Generalnorm angesehen" werde; sie scheinen dabei aber ausschließlich das (aus ihrer Sicht entbehrliche) Informationsbedürfnis der Gläubiger, nicht aber die Kapitalerhaltung im Blick zu haben; Schildbach WPg 1999, 177; Kirsch/Kirsch Rn. 99 (Stand: 1.10.2021): Man könne § 264 Abs. 2 Satz 1 als „Generalklausel der Informationsvermittlung" bezeichnen. Gleichzeitig stellt er allerdings die Bedeutung der Vorschrift für Bilanz und GuV in Frage; anders wohl auch Baetge/Kirsch/Solmecke WPg 2009, 1211 (1213): Sie verneinen die generelle Dominanz eines der Abschlusszwecke (Gleichrangigkeit derselbigen), allerdings ohne Stellungnahme zur konkreten Bedeutung im Rahmen des § 264 Abs. 2 S. 1; ähnlich Coenenberg/Haller/Schultze Jahresabschluss, 26. Aufl. 2021, S. 17 ff., die überdies in Bezug auf § 264 Abs. 2 von einer „Zirkeldefinition" sprechen. S. auch Hommelhoff ZGR 2008, 250 (251), der ein „unhierarchisiertes Nebeneinander von Informations- und Ausschüttungsbemessungsfunktion der Rechnungslegung" feststellen will.

[287]   Speziell für die AG besteht diese Verzahnung nach der GesR-RL ganz wie früher nach der 2. Gesellschaftsrechtlichen RL 77/91/EWG auch im Europarecht. S. zB „Allgemeine Bestimmungen zur Ausschüttung" Art. 56 Abs. 1 GesR-RL: „Ausgenommen in den Fällen einer Kapitalherabsetzung darf keine Ausschüttung an die Aktionäre erfolgen, wenn bei Abschluss des letzten Geschäftsjahres das Nettoaktivvermögen, wie es der Jahresabschluss ausweist, den Betrag des gezeichneten Kapitals zuzüglich der Rücklagen, deren Ausschüttung das Gesetz oder die Satzung nicht gestattet, durch eine solche Ausschüttung unterschreitet oder unterschreiten würde". Durch die Öffnung des europäischen Einzelbilanzrechts für die Informationsbilanz (→ Rn. 43 zum Paradigmenwechsel) wird das Funktionieren dieser Verzahnung nunmehr in Frage gestellt.

Reiner

zung – ausweislich des ausdrücklichen Bekenntnisses des Gesetzgebers auch nach dem BilMoG[288] – noch so fest mit dem handelsbilanzrechtlichen Einzelabschluss verzahnt ist, dass die Ausschüttungsbegrenzung ggf. dort, wo sie mittlerweile vereinzelt aufgrund der neuesten Konzessionen des Gesetzgebers an die „Informationsfunktion" des handelsrechtlichen Jahresabschlusses[289] bilanziell versagt, **außerbilanziell** ergänzt wird (§ 268 Abs. 8 direkt oder analog, vgl. auch § 172 Abs. 4 S. 3 HGB [auch idF des MoPeG], § 301 S. 2 AktG). Außerbilanzielle Korrekturen gab es bereits vor dem BilMoG (vgl. § 269 S. 2 aF und § 274 Abs. 2 S. 3 aF), und soweit der Gesetzgeber sie nun ergänzt bzw. ersetzt hat, sind sie **punktuelle,** als absolute Ausnahmen zu verstehende **Eingriffe** in den Grundsatz der Maßgeblichkeit der Handelsbilanz für die Ausschüttungsbemessung. Keinesfalls dürften sie als Alibi für eine generelle Abkehr vom Vorrang des Ausschüttungsschutzes und für ein „ungezügelt" auf die Entscheidungsrelevanz der Rechnungslegung für die Bilanzadressaten fokussiertes Verständnis des getreuen Bildes missbraucht werden.[290] § 268 Abs. 8 ist zwar analogiefähig; seine entsprechende Anwendung muss sich aber auf diejenigen Fälle beschränken, wo – wie beim Nettoausweis nicht eingeforderter ausstehender Einlagen und eigener Anteile (→ § 272 Rn. 10 ff., → § 272 Rn. 34) – der Gesetzgeber selbst anlässlich einer gezielten Stärkung der Informationsfunktion des Jahresabschlusses eine ungewollte Lücke im Gläubigerschutz hinterlassen hat.[291] Die **Verzahnung** von Kapitalschutz und Handelsbilanz entfaltet – im Rahmen des europarechtlich Erlaubten – zwingende Rückwirkungen auf die Auslegung des Bilanzrechts. Wie es der BFH treffend ausgedrückt hat, bedeutet der „true-and-fair-view"-Grundsatz „keine Aufgabe des Realisationsgrundsatzes und des Vorsichtsprinzips". Er ergänzt „beide Grundsätze, macht sie jedoch weder überflüssig, noch verkehrt er sie in ihr Gegenteil".[292] Die Informationsfunktion der Rechnungslegung wird bei Interessenkonflikten mit der Ausschüttungsbegrenzung aber keineswegs völlig lahmgelegt, sondern schützt im Rahmen eines **Abwägungsvorgangs** ihrerseits vor einer „einseitigen übervorsichtigen Beurteilung", wie es der BFH ausgedrückt hat (→ Rn. 58).

b) GoB und „getreues Bild". Im Gegensatz zu Art. 4 Abs. 3 Bilanz-RL (früher: **66** Art. 2 Abs. 3 RL 78/660/EWG) enthält die deutsche Fassung der Generalklausel einen **Vorbehalt zugunsten der GoB** („unter Beachtung der Grundsätze ordnungsgemäßer Buchführung", § 264 Abs. 2 S. 1),[293] der die gesetzlichen Rechnungslegungsvorschriften

---

[288] S. aus dem Allgemeinen Teil der Begr. RegE BilMoG, BT-Drs. 16/10067, zB S. 32 (handelsrechtlicher Jahresabschluss bleibe „Grundlage der Gewinnausschüttung"), S. 33 („Das die handelsrechtliche Rechnungslegung dominierende Vorsichtsprinzip …") und S. 34 („Funktion des handelsrechtlichen Jahresabschlusses als Grundlage der Gewinnausschüttung" bleibe gewahrt); dagegen angesichts des Gesamtbilds missverständlich aus dem Besonderen Teil S. 59 (speziell zur Aufhebung des § 254 in seiner Eigenschaft als Baustein der „umgekehrten Maßgeblichkeit" der Steuerbilanz für die Handelsbilanz nach altem Recht): Die Aufhebung des § 254 S. 1 sei geboten, weil „die Gläubigerschutz- und die Informationsfunktion des handelsrechtlichen Jahresabschlusses auf gleicher Ebene" stünden. S. auch → Rn. 35.

[289] S. nur aus dem Allgemeinen Teil der Begr. RegE BilMoG, BT-Drs. 16/10067, zB S. 33 (Beschleunigung des „Internationalisierungsprozesses hin zu einer mehr informationsorientierten Rechnungslegung", Erhöhung des „Informationswertes" der handelsrechtlichen Rechnungslegung), S. 34 („Anhebung des Informationsniveaus des handelsrechtlichen Jahresabschlusses", ausreichende Berücksichtigung der „Anforderungen des Kapitalmarkts an eine informationsorientierte Rechnungslegung") und S. 35 („stärkere Betonung" der „Informationsfunktion des handelsrechtlichen Jahresabschlusses").

[290] Vgl. Küting/Lauer DB 2011, 1985 (1989): Die „Installation einer Ausschüttungssperre" sei „nicht anders als das Eingeständnis, dass die Bilanz ohne dieses Instrument seiner Aufgabe hinsichtlich des Gläubigerschutzes und der Ausschüttungsbemessung nicht entsprechen könnte".

[291] Ähnlich Hommelhoff ZGR 2008, 250 (251, 271) (zum RefE BilMoG): „Allein dort", wo das BilMoG „die Gesellschaftsgläubiger neu und zusätzlich" gefährde, sollten „diese zu Recht durch eine Ausschüttungssperre als Substitut zur vorsichtigen Ausschüttungsbemessung geschützt werden".

[292] BFH BStBl. II 2000, 632 = DStR 2000, 1682, unter C. II. 7., zur phasengleichen Aktivierung von (zukünftigen) Dividendenforderungen.

[293] Begr. RegE, BT-Drs. 9/1878, 76.

und die nicht kodifizierten Grundsätze der Rechnungslegung gleichermaßen meint. Dieser Vorbehalt ist im Hinblick auf die Vorgaben der Bilanz-RL nicht nur unschädlich,[294] sondern aus dem Blickwinkel des deutschen Bilanzrechtssystems sogar folgerichtig.

67   Die **GoB** ihrerseits stehen nämlich nicht neben der Bilanz*rechts*ordnung, sondern sind ihr Bestandteil und dem **Ziel des „getreuen Bildes"** iSd Abs. 2 S. 1 und des Art. 4 Abs. 3 Bilanz-RL **verpflichtet.**[295] Das ergibt sich zumindest aus der gebotenen **richtlinienkonformen** Auslegung des deutschen Handelsbilanzrechts[296] und wird im Ergebnis auch von der Finanzrechtsprechung[297] und einem Teil des Schrifttums[298] anerkannt. Auf diese Weise trägt der europarechtliche Grundsatz des „getreuen Bildes" zur Ermittlung der GoB bei.[299] Von einem „Vorrang" der GoB gegenüber dem getreuen Bild[300] kann daher keine Rede sein.

68   Dem wird im Schrifttum zum Teil entgegengehalten, das Prinzip des „getreuen Bildes" könne kein GoB sein, weil Einzelvorschriften Generalnormen regelmäßig vorgingen und

---

[294]   So MüKoAktG/Luttermann, 2. Aufl. 2003, HGB § 264 Rn. 131: Für die Praxis bringe der ausdrückliche Bezug „unter Beachtung der Grundsätze ordnungsmäßiger Buchführung" keine Besonderheit. Er erscheine „als Relikt des früheren § 149 Abs. 1 S. 1 AktG 1965" und sei „überflüssig". Zur Begründung verweist Luttermann auf die Begründung des Kommissionsentwurfs zur 4. Richtlinie, wonach der Begriff des „getreuen Bilds" die GoB einschließen soll.

[295]   Vgl. zB Knobbe-Keuk § 3 II 2 S. 44 f., die die Bilanzwahrheit vor allem auf die materiell richtige Buchführung als Grundlage und die Vollständigkeit der erfassten Aktiva und Passiva und weniger auf die Bewertung der einzelnen Vermögensgegenstände bezieht. Diesbezüglich gehe es nur um die Einhaltung der Bewertungsvorschriften und -grundsätze sowie um Willkürfreiheit; s. auch Plaumann, Auslegungshierarchie des HGB: eine Analyse der Auslegungsquellen und bestehender Wechselwirkungen, 2013, S. 79: Den GoB sei „vorrangig der Charakter einer Auslegungsquelle zuzuschreiben". Aus der Rspr. FG Kiel BeckRS 2000, 15667 = EFG 2000, 1057, unter I.: Die GoB hätten „den Zweck, dazu beizutragen, dass die Bilanz ein den tatsächlichen Verhältnissen entsprechendes Bild der Vermögens-, Finanz- und Ertragslage vermittelt (vgl. § 149 AktG [aF], § 264 Abs. 2 HGB)"; aA zB KKRD/Morck/Drüen Rn. 8a: Die (vorrangige) Beachtung der GoB könne zu einer Beeinträchtigung des Einblicks in die tatsächlichen Verhältnisse der Kapitalgesellschaft führen; wohl eher auf begrifflicher Ebene abweichend Beisse FS W. Müller, 2001, 731 (743), der die GoB als „Vorschriften für alle Kaufleute" unberührt sieht und abweichendes Richterrecht unter dem Einfluss des europarechtlichen Grundsatzes der Bilanzwahrheit den „Vorschriften für Kapitalgesellschaften" zuordnet; in diese Richtung auch Ballwieser (→ § 243 Rn. 13): Der „true and fair view" sei „unter Beachtung der GoB zu vermitteln". Dies „würde, wenn er selbst einen Teil der GoB darstellte, eine Zirkularität bedeuten". Es erscheine deshalb „sinnvoll, die Generalnorm von Kapitalgesellschaften und Konzernen von den GoB sprachlich zu trennen".

[296]   S. FG Hamburg EFG 2004, 746 = DStRE 2004, 613 – BIAO, unter II. 3. a. dd: Die Bilanz-RL sei für die Bestimmung der handelsrechtlichen GoB „zu berücksichtigen" (speziell zur Bildung von Rückstellungen gem. § 249); ferner de Weerth RIW 2003, 460 (461): Aufgrund einer gemeinschaftsfreundlichen Auslegung müssten die GoB dem „True and Fair View" in der durch den EuGH vorgegebenen Auslegung entsprechen.

[297]   S. BFH BStBl. II 2000, 632 = NJW 2000, 3804 = DStR 2000, 1682, unter C. II. 7., wo der Senat im Rahmen der Konkretisierung des Begriffs „Wirtschaftsgut" (Vermögensgegenstand) am Maßstab der GoB ua auch den „true-and-fair-view"-Grundsatz heranzieht. Zuvor FG Hamburg EFG 1999, 1022 = DStRE 2000, 17 – BIAO, unter I. 1. c.: „Auch ohne die wortgleiche Übernahme des Gebots des ‚true and fair view' seien „die Vorschriften für alle Kaufleute dahin zu verstehen, dass die Bilanz nach § 242 Abs. 1 S. 1 HGB ein zutreffendes Bild der Vermögensverhältnisse und der Schulden" gebe.

[298]   ZB Claussen FS Goerdeler, 1987, 89, der das Gebot des getreuen Bildes „den wichtigsten GoB" nennt; Kropff FS Baetge, 1997, 85: § 264 Abs. 2 S. 1 könne „durchaus als kodifizierter GoB für Kapitalgesellschaften eingeordnet werden"; de Weerth RIW 2003, 460 (461, 462): Die GoB hätten dem „True and Fair View" zu entsprechen (unter Berufung auf die Vorgaben des EuGH); Christiansen DStR 2003, 264: § 264 Abs. 2 S. 1 könne „zumindest als Maßgabe für eine Auslegung und Anwendung der GoB gewertet werden, die einer den tatsächlichen wirtschaftlichen Verhältnissen entsprechenden Darstellung des Unternehmens jedenfalls nicht zuwiderläuft".

[299]   S. die Begr. RegE zum österreichischen Rechnungslegungsgesetz von 1990: Die Generalnorm solle einen Maßstab für die Auslegung und die GoB sowie für deren Umsetzung im jeweiligen Einzelfall vorgeben (GP XVII RV 1270, zit. nach MüKoAktG/Luttermann, 2. Aufl. 2003, HGB § 264 Rn. 34, dieser nach Weilinger, Rechnungslegungsbestimmungen des HGB idF des EU-Gesellschaftsrechtsänderungsgesetzes 1996, 1996, S. 94 f.). Deutlich auch Walz, Freundesgabe Kübler, 1997, 557 (567 ff., 571 ff.) (§ 264 Abs. 2 als Ansatzpunkt für eine Neubestimmung der GoB); Walz, Rechnungslegung und Steuern international 1998, S. 83, 98 ff.

[300]   So zB KKRD/Morck/Drüen Rn. 8a; Schruff WPg 1986, 181 (183); HdR/Baetge/Commandeur/Waldenbuch/Hippel Rn. 42 (Stand: 9.12.2013).

Abs. 2 S. 1 die Beachtung der GoB selbst verlange.[301] Das ist einerseits rechtsmethodologisch zweifelhaft und verkennt andererseits das rechtliche Phänomen, dass sich Grundsätze (ordnungsmäßige Bilanzierung; getreues Bild) wechselseitig beeinflussen können. Im Übrigen war bereits nach früherem, autonomen deutschen Bilanzrecht anerkannt, dass die GoB einen Grundsatz der Bilanzwahrheit kennen,[302] der mit Art. 4 Abs. 3 Bilanz-RL zwar nicht identisch, aber doch verwandt ist.[303]

    c) „Getreues Bild" und IFRS/IAS. Wie oben dargestellt (→ Rn. 45 ff.), lässt sich   **69** im **europäischen Bilanzrecht** ein **Paradigmenwechsel** in Richtung einer Öffnung auch des Einzelabschlusses zugunsten der IFRS/IAS und der von diesen ausschließlich bedienten Informationsfunktion verzeichnen. Gleichzeitig respektiert der europäische Gesetzgeber bislang aber noch die Bedeutung des Jahresabschlusses als Maßstab des gesellschaftsrechtlichen Kapitalschutzes in einigen Mitgliedstaaten. Er gestattet daher zwar den nationalen Rechtsordnungen, Einzelabschlüsse nach IFRS/IAS zuzulassen, zwingt sie aber nicht dazu. Der **deutsche Gesetzgeber** hat von diesem Wahlrecht bewusst keinen Gebrauch gemacht – insbesondere auch nicht im Rahmen des BilMoG (→ Rn. 32). Vor diesem Hintergrund können **IFRS/IAS** bei der Konkretisierung der GoB und der Auslegung des „getreuen Bildes" nur **mit großer Vorsicht herangezogen** werden.[304] Das FG Hamburg hat diesen Weg vorgezeichnet (→ Rn. 51 f.), zwar noch nicht direkt in Bezug auf die GoB, aber mit gleichem Effekt in Bezug auf die Auslegung der Bilanz-RL. In dieser Beziehung deutlicher war inzwischen das FG München in einem Urteil aus dem Jahre 2009: Die „internationalen Standards" hätten rechtlich „nichts mit der in § 5 Abs. 1 S. 1 EStG geregelten Gewinnermittlung zu tun", denn der Abschluss nach den Standards sei „losgelöst von nationalen Vorschriften und mithin für die Besteuerung unmaßgeblich".[305] Der BFH, der im Fall des FG Hamburg den „Ball" noch nicht aufgenommen, sondern sich auf die formale Argumentation zurückgezogen hatte, die IAS-VO gelte nur für den Konzernabschluss (→ Rn. 52), hat dem FG München nun ausdrücklich darin beigepflichtet, „dass die International Accounting Standards bzw. die IFRS die steuerrechtliche Gewinnermittlung nicht bestimmen".[306] Angesichts des Grundsatzes der Maßgeblichkeit (§ 5 Abs. 1 S. 1 EStG) bezieht sich diese Aussage gleichermaßen auf die handelsrechtlichen Grundsätze ordnungsmäßiger Buchführung.

    Das **Inkrafttreten des BilMoG** hat keine neue Einschätzung der Rechtslage erforder-   **70** lich gemacht. Im Gesetzgebungsverfahren zum BilMoG hatte der Bundesrat in seiner Stellungnahme zum RegE im Zusammenhang mit der von der Bundesregierung vorgeschlagenen Überarbeitung des einkommensteuerrechtlichen Maßgeblichkeitsgrundsatzes die Frage

---

[301] Baetge/Kirsch/Thiele/Ballwieser Rn. 55 (Stand: 1.5.2019).

[302] GroßkommAktG/Mellerowicz, 3. Aufl. 1970, § 149 Anm. 74–76. Aus der Rspr. s. BGHZ 65, 230 = NJW 1976, 241, unter II. 3., zur phasengleichen Bilanzierung von (zukünftigen) Dividendenansprüchen: Es könne „das Bilanzbild verzerren und damit einen zeitgerechten Einblick in die wirkliche Vermögens- und Ertragslage erschweren, wenn dieses Ergebnis bei der Holdinggesellschaft nicht schon in dem Jahr, in dem es tatsächlich erwirtschaftet" worden sei, „sondern erst aus einem späteren Jahresabschluss ersichtlich" sei.

[303] S. zu Art. 2 Abs. 3 RL 78/660/EWG etwa die Stellungnahme der Bundesregierung im BIAO-Verfahren vor dem EuGH (berichtet in nach EuGH Slg. I 2003, 1–77 = DStRE 2003, 69 Rn. 85 – BIAO): Es sei nicht erforderlich gewesen, den Grundsatz des den tatsächlichen Verhältnissen entsprechenden Bildes in den §§ 238–263 zu wiederholen, da dieser Grundsatz in den früheren nationalen Vorschriften enthalten gewesen sei.

[304] Bereits aus praktischen Gründen skeptisch (sowohl in Bezug auf „Informations-GoB" als auch „Gewinnermittlungs-GoB") Moxter WPg 2009, 7 (8 ff.), s. etwa S. 9 (am Beispiel der Abgrenzung außerordentlicher und aperiodischer Posten): Ein Rückgriff auf die IFRS „potenzierte die Unklarheiten"; es sei „nicht einmal sicher, dass IFRS und handelsrechtliche Informations-GoB einheitliche Informationsgrenzen" aufwiesen; Moxter WPg 2009, 11: „Unbestimmt gebliebene handelsrechtliche Gewinnermittlungs-GoB durch Heranziehung von einschlägigen IFRS zur Bestimmtheit zu verhelfen", müsse „auch daran scheitern, dass entsprechende IFRS-Normen im Allgemeinen nicht weniger unbestimmt" seien.

[305] FG München EFG 2010, 250 = DStRE 2010, 1108 = BeckRS 2009, 26028670 Rn. 17, zur bilanziellen Behandlung der Gewährung von Aktienoptionsrechten, wenn die Aktien im Rahmen einer bedingten Kapitalerhöhung beschafft werden (→ § 272 Rn. 90 ff.).

[306] BFH BStBl. II 2011, 215 = DStR 2010, 2453 = BeckRS 2010, 24004204 Rn. 23 (Streitjahr 2001). Zu dieser Entscheidung auch → § 272 Rn. 91.

aufgeworfen, „ob an der bisherigen Auffassung festgehalten werden" solle, „dass die IAS/ IFRS für die Konkretisierung der Grundsätze ordnungsmäßiger Buchführung ohne jede Bedeutung" seien.[307] In ihrer Gegenäußerung hat sich die Bundesregierung diesbezüglich bedeckt gehalten und nur darauf hingewiesen, dass sich die aus einer etwaigen „Weiterentwicklung" der „nationalen handelsrechtlichen Grundsätze ordnungsmäßiger Buchführung" „resultierenden Änderungen über den Grundsatz der Maßgeblichkeit der Handelsbilanz für die Steuerbilanz auch auf die steuerlichen Ansätze und/oder Bewertungen" erstreckten und dass ggf. zu prüfen sei, „ob steuerrechtliche Anpassungen erforderlich" würden.[308] Da die Frage im weiteren Gesetzgebungsverfahren nicht mehr aufgegriffen wurde, dürfte es für den Gesetzgeber bei dem geblieben sein, was schon in der ursprünglichen Regierungsbegründung diesbezüglich zu lesen war, nämlich dass „die Auslegung der handelsrechtlichen Vorschriften ... weiterhin im Lichte der handelsrechtlichen Grundsätze ordnungsmäßiger Buchführung zu erfolgen, letztlich also aus den eigenen handelsrechtlichen Wertungen heraus" zu erfolgen habe.[309] Dass zuletzt auch der Rechtsausschuss des Bundestags betont hat, die deutschen Rechnungslegungsvorschriften im Wesentlichen als *Alternative* zu den IFRS weiterentwickeln zu wollen,[310] bestätigt diesen Eindruck. Als objektiver, über den Willen des historischen Gesetzgebers hinausreichender Aspekt dürfte insbesondere auch die **lediglich punktuelle Anlehnung** an einige Aspekte der IFRS,[311] zB der Konzeptionswechsel in den §§ 274, 290, die vorsichtige Annäherung an die „fair-value"-Bewertung in den § 253 Abs. 1 S. 4, § 246 Abs. 2 S. 2 oder die verbindlichen Anhangangaben zu Geschäften mit nahe stehenden Unternehmen und Personen gem. §§ 285 Nr. 21, 314 Abs. 1 Nr. 13, eher *gegen* als *für* ihre umfängliche Heranziehung zur GoB-Konkretisierung und damit gegen einen umfassenden Paradigmenwechsel auch im HGB-Rechnungslegungsrecht sprechen. Umso mehr gilt dies für diejenigen (bereits bisher bestehenden) Rechnungslegungsgrundsätze, hinsichtlich der der Gesetzgeber eine Anpassung an IFRS/IAS erwogen, aber *ausdrücklich* verworfen hat.[312] Dies betrifft namentlich[313] den Vorschlag einer Einführung der Umsatz- und Gewinnrealisierung nach Auftragsfortschritt (Percentage of Completion Method, vgl. IAS 11)[314] sowie die Aktivierung zukünftiger Ausgaben für Rekultivierungs-, Entsorgungs- und ähnliche Verpflichtungen (vgl. IAS 16 und 37).[315] Nur hinsichtlich derjenigen neuen Regelungen, die der Gesetzgeber ersichtlich an IFRS/IAS-Grundsätze angelehnt hat, erscheint es zulässig, aber auch geboten, sich bei Auslegungszweifeln an diesen internationalen Rechnungslegungsgrundsätzen zu orientieren (zu § 274 → Rn. 74).[316]

---

[307]   BR-Stellungnahme zum RegE BilMoG, BT-Drs. 16/10067, 116, 120, § 5 Abs. 1 EStG-E.

[308]   Gegenäußerung der BReg. zur BR-Stellungnahme zum RegE BilMoG, BT-Drs. 16/10067, 122, 124.

[309]   Begr. RegE BilMoG, BT-Drs. 16/10067, 35.

[310]   Beschlussempfehlung des BT-RA, BT-Drs. 16/12407, 1 f.; auch → Rn. 35.

[311]   S. Begr. RegE BilMoG, BT-Drs. 16/10067, 35: „lediglich punktuelle" „stärkere Betonung" der „Informationsfunktion des handelsrechtlichen Jahresabschlusses".

[312]   Vgl. Begr. RegE BilMoG, BT-Drs. 16/10067, 38: „In der Diskussion" seien nachfolgend (dort S. 38 f.) iE aufgezählte „Vorschläge aus der Praxis und der Forschung" gewesen, „die aber gegenwärtig keinen Eingang in den Gesetzesentwurf gefunden" hätten.

[313]   Weitere Beispiele bei BeBiKo/Störk/Rimmelspacher, 13. Aufl. 2022, Rn. 32.

[314]   Diesen Vorschlag lehnt die BReg ab mit – allerdings ungenauem – Hinweis auf die zivilrechtliche Lage („rechtliche Zahlungsverpflichtung regelmäßig erst mit der Abnahme des Werkes entsteht", vgl. § 641 BGB) und – insofern hier von besonderem Interesse – auf die Verpflichtung zu Anhangangaben nach § 264 Abs. 2 S. 2, damit eine „Verzerrung der Ertragslage" vermieden werde.

[315]   Hierzu Begr. RegE BilMoG, BT-Drs. 16/10067, 38: Die „informativere Ausweisform nach den internationalen Rechnungslegungsstandards" lasse sich „nicht auf das Handelsbilanzrecht übertragen"; „dies würde eine Neuausrichtung des Anschaffungskostenprinzips erfordern".

[316]   Ähnlich BeBiKo/Störk/Rimmelspacher, 13. Aufl. 2022, Rn. 32: Die IFRS seien „zwingend [...] bei dem einen Fall" zur Auslegung des HGB heranzuziehen, „bei dem der Gesetzgeber direkt auf IFRS zurückgreift"; s. auch Baetge/Kirsch/Solmecke WPg 2009, 1211 (1222), die die Heranziehung der IFRS nur für Einzelfragen „als induktive ‚Informationsquelle'" für sinnvoll erachten, für die aber „eine deduktive Verknüpfung der IFRS ... wegen der unterschiedlichen Zwecksysteme der beiden Rechnungslegungsregime auf keinen Fall in Frage" komme. Die IFRS seien keine „primäre Auslegungsbasis für die handelsrechtlichen Normen"; iE auch Stibi/Fuchs DB-Beilage 5/2009, 9 (15): Das BilMoG bleibe „auf dem Boden des ‚mehrfunktionalen' Bilanzrechts", aus den Neuregelungen könne „nicht auf eine

4. Praktische Konsequenzen. Im Rahmen der Auslegung und des Füllens von echten **71** und unechten Gesetzeslücken kann das Gebot des „getreuen Bildes" bei jeder Einzelbestimmung der §§ 264 ff., aber auch der §§ 238 ff. Bedeutung entfalten. Primär wird der Streit über die Bedeutung des Abs. 2 S. 1 aber für die Frage ausgetragen, ob die Vorschrift Rechtswirkungen für die Ausübung von (expliziten) **Wahlrechten** sowie **Ermessens- und Beurteilungsspielräumen** (auch „implizite oder faktische" Wahlrechte genannt[317]) entfalten kann.

a) Wahlrechte. Das Gesetz kennt eine ganze Reihe von expliziten **Wahlrechten,** die **72** dem bilanzierenden Unternehmen in bestimmten Situationen – regelmäßig mit den Worten „können" oder „dürfen" – verschiedene Varianten für die Gestaltung der Rechnungslegung anheimstellen.[318] Streitig ist, ob dort die Wahl über die ausdrücklichen gesetzlichen Anforderungen oder Einschränkungen hinaus wegen Abs. 2 S. 1 so ausgeübt werden muss, dass der eingeschlagene Weg die tatsächlichen Verhältnisse bestmöglich wiedergibt. Manche plädieren dafür, die Wahlmöglichkeiten im Hinblick auf das Gebot des „getreuen Bildes" generell einzuschränken,[319] während andere solche Bindungen generell ablehnen.[320]

Die besten Argumente besitzen diejenigen, die sich nach dem **Zweck des Wahlrechts** **73** richten wollen. Sie unterscheiden zwischen „echten"[321] Wahlrechten, die zu „bilanzfremden" (genauer: bilanzzweckfremden) Zwecken gewährt werden oder zumindest ausgeübt werden dürfen, und Wahlrechten, die dem Bilanzziel des „getreuen Bildes" untergeordnet sind („bilanzzweckgebundene" Wahlrechte).[322] Hintergrund dieser **Differenzierung** ist das allgemeine Gebot der zweckgerechten Ausübung von Rechten, das auch für Wahlrechte

---

fundamentale Neuinterpretation des Vorsichtsprinzips (oder des Vermögensgegenstandsbegriffs) mit Auswirkung auch für andere Sachverhalte geschlossen werden". Vgl. auch Küting/Lauer DB 2011, 1985 (1991) (auch in Bezug auf die „teleologische Auslegung durch den Rechnungslegenden und den Prüfer" bei „interpretationsbedürftigen Handlungsspielräumen", S. 1985): Die „gläubigerschutzorientierte Zahlungsbemessungsfunktion des HGB und die investororientierte Entscheidungsnützlichkeit des IFRS-Regelwerks" stünden „sich völlig konträr gegenüber". „Eine Bilanz, die beide Ausrichtungen zugleich" erfülle, könne „es nicht geben". Vgl. auch Hennrichs NZG 2005, 783 (788): Der Anwender werde „bei offenen Bilanzierungsfragen künftig zwar wohl stets auch in die IFRS blicken". Diese strahlten „in das nationale Bilanzrecht der Jahresabschlüsse und Steuerbilanzen aber nicht ex officio wegen einer angeblich gebotenen IFRS-konformen Auslegung ein, sondern nur ‚kraft der Argumente'".

[317] ZB Baetge/Kirsch/Thiele/Ballwieser Rn. 58 (Stand: 1.5.2019).
[318] Für Ansatzwahlrechte s. etwa § 240 Abs. 3 S. 1 und Abs. 4 iVm § 256 S. 2; § 248 Abs. 2 S. 1, § 250 Abs. 3 S. 1; § 255 Abs. 2 S. 3, Abs. 3 S. 2; § 274 Abs. 1 S. 2 und 3; Art. 28 Abs. 1, Art. 67 Abs. 1 S. 2, Abs. 5 S. 1 EGHGB. Für Gliederungswahlrechte s. zB § 264c Abs. 1 S. 1, § 268 Abs. 1; § 272 Abs. 1 S. 2, § 275 Abs. 1 S. 1, § 276. Für Bewertungswahlrechte s. zB § 240 Abs. 3 S. 1 und Abs. 4 iVm § 256 S. 2; § 253 Abs. 2 und 3, Abs. 3 S. 4; § 255 Abs. 2 S. 3; § 256 S. 1; Art. 67 Abs. 4 S. 1 EGHGB; ferner der Wahl der Abschreibungsmethode nach § 253 Abs. 3 S. 1. Für Anhangwahlrechte s. zB § 264c Abs. 1 S. 1, § 265 Abs. 3, § 268 Abs. 1 S. 3, § 286 Abs. 3. Zu Arten, Abgrenzungen und Ergebnisbeeinflussungspotentialen von Bilanzierungswahlrechten und zur rechtspolitischen Kritik s. Hennrichs, Wahlrechte im Bilanzrecht der Kapitalgesellschaften, 1999, S. 35 ff., 53 ff., 55 ff., 74 ff.; s. auch Kropff FS Baetge, 1997, 65 f.
[319] Mit Unterschieden iE MüKoAktG/Luttermann, 2. Aufl. 2003, HGB § 264 Rn. 158; Geßler BFuP 1979, 86 (86 f.); Claussen FS Goerdeler, 1987, 89; HuRB/Leffson S. 94, 98; wohl auch HuRB/Großfeld S. 192, 203 f.
[320] ADS Rn. 107, unter Hinweis auf die zwingenden Angaben im Anhang nach § 284 Abs. 2 Nr. 1 und 3; ebenso WP-HdB/Störk, 17. Aufl. 2021, F Rn. 25; KKRD/Morck/Drüen; Beisse FS Döllerer, 1997, 25 (42); Moxter FS Budde, 1995, 419 (426 ff.); Biener/Bernecke BiRiLiG S. 133; Clemm FS Budde, 1995, 135 (145 ff.); Kirsch/Kirsch Rn. 110 (Stand: 1.10.2021), zu allen Wahlrechten, „welche die Gewinnerzielung zum Zwecke der Ausschüttung betreffen" (ohne ein Gegenbeispiel zu nennen). Gegen das Argument, der Anhang genüge als Korrektiv, Hennrichs, Wahlrechte im Bilanzrecht der Kapitalgesellschaften, 1999, S. 336 f.
[321] So die Begrifflichkeit von BeBiKo/Winkeljohann/Schellhorn, 11. Aufl. 2018, Rn. 28, die nur für „echte Wahlmöglichkeiten" davon ausgehen, dass sie dem Anwendungsbereich der Generalklausel entzogen sind. Auch HdR/Baetge/Commandeur/Waldenbuch/Hippel Rn. 46 (Stand: 9.12.2013) sprechen in Anlehnung an BeBiKo (dort Budde/Karig, 4. Aufl. 1999) von „echten" Wahlrechten.
[322] HdR/Baetge/Commandeur/Waldenbruch/Hippel Rn. 44–46 (Stand: 9.12.2013); Commandeur/Commandeur DB 1988, 661 (661 f.); Commandeur, Die Bilanzierung der Aufwendungen für die Ingangsetzung und Erweiterung des Geschäftsbetriebs, 1986, 32 f.; Baumbach/Hueck/Schulze-Osterloh, 18. Aufl. 2006, GmbHG § 42 Rn. 33; s. auch die weitergehende Differenzierung zwischen handelsrechtlichen Wahlrechten mit und ohne „Steuerungsfunktion" bei Hennrichs, Wahlrechte im Bilanzrecht der Kapitalgesellschaften, 1999, S. 340 ff.; ferner Staub/Meyer, 6. Aufl. 2021, Rn. 42 f.; HuRB/Siegel 425 f.

gilt. Während **bilanzzweckfremde** Wahlrechte anderen Zwecken dienen, besteht der Sinn **bilanzzweckgebundener** Wahlrechte gerade darin, das Bilanzziel des „getreuen Bildes" dadurch zu fördern, dass die Bewertung des Sachverhalts und die Wahl der angemessenen bilanziellen Gestaltung der pflichtgemäßen Einschätzung (vernünftigen kaufmännischen Beurteilung[323]) des Bilanzierenden überlassen wird. Solche Wahlrechte, die von ihrer Funktionsweise her einem kombinierten **Ermessens- und Beurteilungsspielraum**[324] entsprechen, sind somit nicht frei, sondern an das Gebot des getreuen Bildes gebunden. Von einer „echten" Wahl kann hier also keine Rede sein.[325]

74   Beispiele für **bilanzzweckgebundene** Wahlrechte sind die Wahl der Abschreibungsmethode nach § 253 Abs. 3 S. 1 (zu den Grenzen aber → Rn. 78), das Wahlrecht nach § 255 Abs. 2 S. 3 im Rahmen der Ermittlung von Herstellungskosten[326] sowie das Wahlrecht nach § 264c Abs. 1 S. 1 (→ § 264a Rn. 17). Beispiele für **bilanzzweckfremde** Wahlrechte sind im Zuge der BilMoG-Bilanzrechtsreform, die nicht zuletzt das Ziel hatte, Wahlrechte abzuschaffen,[327] selten geworden. Vor dem BilMoG waren hier vor allem Wahlrechte zu nennen, die aus steuerlichen Gründen gewährt wurden (zB §§ 254 aF iVm 279 Abs. 2 aF);[328] sie sind mit der sog. umgekehrten Maßgeblichkeit der Steuerbilanz für die Handelsbilanz weggefallen. Geblieben sind Wahlrechte aus sozialpolitischen oder wirtschaftlichen Gründen. Zu denken ist etwa an das Ansatzwahlrecht für aktive latente Steuern (§ 274 Abs. 1 S. 2), das vornehmlich einer (angeblichen) Entlastung der Unternehmen vom Ermittlungs- und Dokumentationsaufwand dienen soll,[329] an das Vereinfachungswahlrecht nach § 256,[330] außerdem an größenabhängige Erleichterungen, zB nach § 264 Abs. 1 S. 4 und § 276, sowie an die fakultative Segmentberichterstattung nach § 264 Abs. 1 S. 2 Hs. 2. Regelmäßig genannt wurden in diesem Zusammenhang bislang auch die Bilanzierungshilfen (zB §§ 269 aF, 274 Abs. 2 aF; Art. 44, 53 Abs. 2 EGHGB);[331] von Bedeutung ist insofern noch das Wahlrecht zur Beibehaltung einer Bilanzierungshilfe nach § 269 aF im Rahmen der Übergangsregelung des Art. 67 Abs. 5 S. 1 EGHGB. **Im Zweifel** wird man davon ausgehen müssen, dass ein bestimmtes Wahlrecht – ebenso wie der Jahresabschluss insgesamt – der Herstellung eines getreuen Bildes dient; bilanzzweckgebundene Wahlrechte sind also die Regel, bilanzzweckfremde die Ausnahme.[332] Die Bilanzierungspraxis scheint dieser

---

[323] HdR/Baetge/Commandeur/Waldenbruch/Hippel Rn. 46 (Stand: 9.12.2013).

[324] Zum Beurteilungsspielraum als Unterfall des unternehmerischen Ermessens allg. Roth, Unternehmerisches Ermessen und Haftung des Vorstands, 2001, S. 10 ff., 224 ff.; zur Abgrenzung von Wahlrechten und Ermessensspielräumen s. Peffekoven, Wahlrechtsproblematik der Konzernrechnungslegung, 1997, S. 23 f.

[325] Weniger streng hingegen BeBiKo/Störk/Rimmelspacher, 13. Aufl. 2022, Rn. 28, denen es „ausgeschlossen" erscheint, dass „der Gesetzgeber einerseits nach Gesetzeswortlaut und -zweck eindeutige Wahlmöglichkeiten […] in das HGB aufgenommen hat, andererseits aber zugleich gewollt hat, dass das Unternehmen in den betreffenden Fällen stets diejenige Abbildung ‚wählen' muss, die im konkreten Fall den objektiv besten Einblick vermittelt".

[326] HdR/Baetge/Commandeur/Waldenbuch/Hippel Rn. 46 (Stand: 9.12.2013).

[327] Vgl. Begr. RegE BilMoG, BT-Drs. 16/10067, 34: Ein Weg zur „Annäherung der handelsrechtlichen Rechnungslegungsvorschriften an die IFRS" sei „die Beseitigung bestehender handelsrechtlicher Ansatz-, Ausweis- und Bewertungswahlrechte"; hierzu auch Naumann FS Krawitz, 2010, 689 (694).

[328] S. auch BeBiKo/Winkeljohann/Schellhorn, 11. Aufl. 2018, Rn. 28. Zu § 274 aF s. noch Baumbach/Hueck/Schulze-Osterloh, 18. Aufl. 2006, GmbHG § 42 Rn. 33: Auszunehmen aus dem Anwendungsbereich des § 264 Abs. 2 seien Abschreibungen und Passivposten aus steuerlichen Gründen.

[329] S. dazu die Stellungnahme des Bundesrates v. 4.7.2008 zum RegE BilMoG, BT-Drs. 16/10067, 119; krit. Zu diesem Wahlrecht zB Naumann FS Krawitz, 2010, 689 (694): Es sei „konzeptionell unbefriedigend" und „letztlich nur als politischer Kompromiss" zu werten.

[330] Vgl. Staub/Meyer, 6. Aufl. 2021, Rn. 43: „Vereinfachungswahlrechte (vgl. etwa § 256)" seien „unter Informationsgesichtspunkten unbedenklich".

[331] HdR/Baetge/Commandeur/Waldenbuch/Hippel Rn. 44, 45 (Stand: 9.12.2013); Baumbach/Hueck/Schulze-Osterloh, 18. Aufl. 2006, GmbHG § 42 Rn. 33.

[332] Ähnlich Staub/Meyer, 6. Aufl. 2021, Rn. 43: Soweit sich aus dem konkreten Normzweck „keine gesetzliche Wertung für einen ‚echten' Spielraum" ergebe, folge „aus der Generalklausel", „dass Wahlrechte im Interesse eines möglichst hohen Informationswertes des Jahresabschlusses nicht zweckwidrig ausgeübt" werden dürfen; aA wohl BeBiKo/Störk/Rimmelspacher, 13. Aufl. 2022, Rn. 28, die die Differenzierung der Vorauflage (siehe Fn. 323) aufgegeben haben und auch die Möglichkeit rechtsmissbräuchlicher Wahlrechtsausübung nicht mehr in Betracht ziehen.

Erkenntnis freilich zu widersprechen, wenn zumindest bei der Publizitätspolitik der nichtkapitalmarktorientierten Unternehmen vor allem im Vordergrund steht, das Unternehmen für Außenstehende möglichst positiv darzustellen und möglichst wenige Informationen an Außenstehende zu vermitteln.[333]

Im Grunde denselben, am Zweck des Wahlrechts ausgerichteten Ansatz vertreten – **75** wohl ohne sich dessen bewusst zu sein und ohne die Wahlrechte nach ihrer Zweckrichtung zu differenzieren – diejenigen, die die Grenzen der Wahlrechtsausübung lediglich über den **Rechtsmissbrauch**[334] bzw. das **Willkürverbot**[335] definieren. Denn Rechtsmissbrauch und Willkürverbot bedeuten nichts anderes als zweckwidriger Gebrauch eines Rechts,[336] und Zweck des Wahlrechts ist definitionsgemäß immer dann die getreue Abbildung der Vermögens-, Finanz- und Ertragslage, wenn es bilanzzweckgebunden ist (→ Rn. 73). Soweit die Vertreter dieses Ansatzes aus dem Missbrauchsverbot für sämtliche, also auch die bilanzzweckfremden Wahlrechte verlangen, dass sie „willkürfrei" und aufgrund sachlicher Überlegungen getroffen werden,[337] bringen sie – im Ergebnis wohl zu Recht – zum Ausdruck, dass selbst die **echten** (bilanzzweckfremden) Wahlrechte in der Regel **nicht völlig zweckfrei,** dh zur Ausübung nach Belieben, gewährt werden, sondern dann zumindest an außerbilanziellen Zwecken zu messen sind. Wahlrechte zur Steuerersparnis sollen demnach jedenfalls dann willkürfrei (ermessensfehlerfrei) ausgeübt werden, wenn eine Steueroptimierung bezweckt wird.[338] Das ist aber letztlich eine Frage der Auslegung des Wahlrechts im Einzelfall und lässt sich nicht allgemeinverbindlich beantworten. Die Frage, ob es rechtsmissbräuchlich ist, wenn ein steuerrechtliches Wahlrecht wie zB nach § 254 iVm § 6b Abs. 1 EStG subjektiv aus anderen Gründen, zB als Verlustpuffer, ausgeübt wird, ist vor allem akademischer Natur, denn in der Praxis wird man dem Bilanzierenden in solchen Fällen ohnehin keine zweckwidrige Absicht nachweisen können. Schon von daher ist es schwer vorstellbar, dass es dem Gesetzgeber bei Wahlrechten auf subjektive Elemente ankommt.

b) (Sonstige) Ermessens- und Beurteilungsspielräume. Dass Ermessens- und **76** Beurteilungsspielräume außerhalb von expliziten Wahlrechten, zB bei der Bewertung von

---

[333] So das Ergebnis einer empirischen Untersuchung, s. Eierle/Ther/Klamer DB 2019, 677 (686). Weitere bilanzpolitische Ziele sind das Erreichen definierter Ergebnisziele (große Unternehmen) sowie eine bestimmte Größenklasse einzuhalten, mindestens das Ergebnis des Vorjahres zu erreichen, keine Verluste auszuweisen, Kreditvertragsklauseln einzuhalten und Handels- und Steuerbilanz zu vereinheitlichen (kleine und mittelgroße Unternehmen).

[334] ZB Hopt/Merkt, 41. Aufl. 2022, Rn. 20 („missbräuchliche Ausnutzung"); auch HKMS/Stöber, 2. Aufl. 2020, Rn. 53: Der Autor sieht Grenzen der Wahlrechte nur in „Ausnahmefällen", und zwar „namentlich jene Fälle, in denen ein Wahlrecht missbräuchlich" ausgeübt werde. Allerdings wird bei denjenigen, die von „Rechtsmissbrauch" sprechen, nicht immer klar, ob sie (begrifflich) zu Unrecht „Missbrauch" mit „Manipulation", also dem gezielten Erzeugen eines falschen Bildes gleichsetzen (so möglicherweise MüKoAktG/Luttermann, 2. Aufl. 2003, HGB § 264 Rn. 157). Manipulation ist mit Sicherheit vom Zweck keines Wahlrechts gedeckt und daher in jedem Fall rechtsmissbräuchlich. Rechtsmissbrauch kann aber auch vorliegen, ohne dass man von Manipulation sprechen könnte, zB wenn das Unternehmen allein aus steuerrechtlichen Gründen auf die Einbeziehung der Verwaltungskosten in die Herstellungskosten (§ 255 Abs. 3 S. 4) verzichtet oder wenn es auf die Ausübung des (bilanzzweckgebundenen) Bewertungswahlrechts nach § 253 Abs. 3 S. 2 nur aus Bequemlichkeit verzichtet, um nicht näher über in Zukunft notwendige Wertansätze nachdenken zu müssen.

[335] In diese Richtung zB Baetge/Kirsch/Thiele/Ballwieser Rn. 59 (Stand: 1.5.2019), wenn er die GoB als einzige Grenze der Wahlrechtsausübung („wird [...] nicht aber darüber hinaus durch § 264 Abs. 2 S. 1 HGB behindert") betrachtet und dabei neben dem Stetigkeitsgebot das „Willkürverbot" hervorhebt.

[336] So zu Recht HdR/Baetge/Commandeur/Waldenbuch/Hippel Rn. 43 (Stand: 9.12.2013): Eine Auslegung entgegen dem Sinn und Zweck einer Vorschrift sei zugleich auch eine missbräuchliche Auslegung und umgekehrt. Grundlegend zum Rechtsmissbrauch oder, wie man in Frankreich genauer sagt, zum „détournement du droit de sa fonction sociale" Josserand, De l'esprit des droits et de leur relativité: théorie dite de l'abus des droits, 2. Aufl. 1939, Nr. 291 ff., S. 394 ff. Kritisch (ohne Begründung) Merkt/Probst/Fink/Mylich Kap. 3 Rn. 36: Es sei „zweifelhaft", ob die Ansichten „zu gleichen Ergebnissen gelangen".

[337] So noch BeBiKo/Winkeljohann/Schellhorn, 11. Aufl. 2018, Rn. 29, 34 (Ausführungen in Neuauflage 2022 nicht mehr enthalten). S. auch Luik, 50 Jahre Wirtschaftsprüferberuf, 1981, 58.

[338] BeBiKo/Winkeljohann/Schellhorn, 11. Aufl. 2018, Rn. 29.

Vermögensgegenständen zum beizulegenden Wert (§ 253 Abs. 1 S. 3, Abs. 3 S. 5, Abs. 4 S. 2), ebenfalls **im Lichte des Gebots der Bilanzwahrheit** auszulegen und **auszuüben** sind,[339] ist nach den vorstehenden Ausführungen (→ Rn. 73, 75) selbstverständlich. Denn insoweit stellen sich die bilanzzweckgebundenen Wahlrechte, die der vernünftigen kaufmännischen Beurteilung unterliegen, nur als verallgemeinerungsfähiger Spezialfall der bilanzzweckgebundenen Ermessens- und Beurteilungsspielräume dar. In seinem BIAO-Urteil hat der BFH im Anschluss an den EuGH diese Auffassung in Zusammenhang mit dem Spielraum zur Risikobeurteilung beim Bilden von Rückstellungen für drohende Verluste bestätigt. Danach kann es eine an den „Grundsätzen der Vorsicht und des den tatsächlichen Verhältnissen entsprechenden Bildes der Vermögenslage" orientierte Ermessensausübung im Rahmen des § 249 Abs. 1 gebieten, in Abweichung vom Gebot der Einzelbewertung (§ 252 Abs. 1 Nr. 3; Art. 6 Abs. 1 lit. f Bilanz-RL) eine Vielzahl von Einzelrisiken unter Berücksichtigung der rechnerisch ermittelten Gesamtwahrscheinlichkeit (Gesetz der großen Zahl) pauschal in ihrer Gesamtheit als **zusammenfassende Bewertungseinheit** abzubilden (vgl. inzwischen für ähnliche Konstellationen § 254).[340] Angesichts der speziellen Öffnungsklausel des § 252 Abs. 2 (Art. 4 Abs. 4 Bilanz-RL) gilt das Gebot des getreuen Bildes hier nicht direkt im Wege der teleologischen Reduktion des Einzelbewertungsgrundsatzes, sondern **indirekt** im Rahmen der Auslegung des Tatbestandsmerkmals „in begründeten Ausnahmefällen" (→ Rn. 41, → Rn. 53).

77   In ähnlicher Weise wirkt Abs. 2 S. 1 bei der Bildung **kompensatorischer Bewertungseinheiten**[341] aus bilanzwirksamen oder -unwirksamen Markt- oder Kreditrisiko-Einzelpositionen (zB aus Wertpapieren, Fremdwährungsguthaben oder -forderungen, Rohstoffen, laufenden Termingeschäften bzw. ausfallgefährdeten Darlehensforderungen), deren Wertschwankungen untereinander negativ korrelieren und sich daher in der Gesamtschau zu einer bestimmten synthetischen Bilanzposition ausgleichen. Bei allen bestehenden bilanzrechtlichen Unklarheiten im Detail, insbesondere bezüglich der Zusammenfassung einer Vielzahl oder ganzer Portfolios solcher risikobehafteter Positionen,[342] war die Zulässigkeit und sogar Notwendigkeit kompensatorischer Bewertungseinheiten im Rahmen der GoB im Grundsatz bereits vor Einführung des § 254 allgemein anerkannt,[343] ohne dabei § 254

---

[339]   ZB HdR/Baetge/Commandeur/Waldenbuch/Hippel Rn. 46 (Stand: 9.12.2013) unter Verweis auf Lutter: Bei solchen Spielräumen und Wahlrechten sei die Generalnorm grds. als verpflichtende Leitlinie bei der Ausfüllung des Freiraums zu sehen; aA ADS Rn. 106: Bei der Ausfüllung von Ermessensspielräumen spiele § 264 Abs. 2 „grundsätzlich keine Rolle". Allerdings müssten die Spielräume „gleichbleibend" ausgenutzt werden, um nicht „Entwicklungen" zu „verdecken". Demnach ist das im Rahmen der Ermessensausübung erzeugte Bild also doch nicht ganz ohne Bedeutung.

[340]   BFH BFH/NV 2005, 421 = DStB 2005, 238 – BIAO, unter II. 5. c., unter Berufung auf EuGH Slg. I 2003, 1–77 = DStRE 2003, 69 Rn. 119 – BIAO.

[341]   Zur Unterscheidung zwischen kompensatorischen und zusammenfassenden Bewertungseinheiten s. Tönnies/Schiersmann DStR 1997, 714.

[342]   → § 254 Rn. 9 (Ballwieser); ferner zB BeBiKo/Schmidt/Usinger, 13. Aufl. 2022, § 254 Rn. 4, 55. Aus dem Schrifttum aus der Zeit vor dem BilMoG zB Reiner, Derivative Finanzinstrumente, 2002, S. 266 ff.; Prinz/Hick DStR 2006, 771 (773). Aus der Rspr. FG Kiel EFG 2000, 1057 = BeckRS 2000, 15667, unter I., zu Fremdwährungsgeschäften: Bei geschlossenen Risikopositionen sei nach GoB und § 264 Abs. 2 eine Bewertungseinheit zu bilden, um ein sinnwidriges Ergebnis zu vermeiden. Dabei sei es unerheblich, ob für jedes Hauptgeschäft ein eigenes Sicherungsgeschäft abgeschlossen worden sei. Zum beiderseitig für erledigt erklärten Revisionsverfahren gegen dieses Urteil s. Prinz/Hick DStR 2006, 771.

[343]   ZB Reiner, Derivative Finanzinstrumente, 2002, S. 261 ff. mwN und mit weiteren Ausführungen zur bilanztechnischen Realisierung der Bewertungseinheit im Wege der Festbilanzierung oder der Marktbewertung; auch → § 252 Rn. 33. Aus der Rspr. in dieselbe Richtung gehend zB BFH BStBl. II 1998, 249 = DStR 1998, 480, unter II. 3., zum Vorteilsausgleich bei der Bemessung einer Drohverlustrückstellung: Die Festlegung des Bewertungsgegenstandes sei „nicht Selbstzweck", sondern solle „letztlich dem Ziel eines zutreffenden Ausweises der Vermögens- und Ertragslage dienen (vgl. § 264 Abs. 2 HGB)". Zurückhaltender BFH BStBl II 2016, 831 = DStR 2016, 1314 Rn. 27: „Konsentiert war allenfalls, dass unter dem Gesichtspunkt des ‚True and fair view' (vgl. § 264 Abs. 2 aF) ein Abgehen vom Einzelbewertungsgrundsatz dann geboten sein kann, wenn dessen strikte Berücksichtigung in Verbindung mit dem Imparitätsprinzip des § 252 Abs. 1 Nr. 4 HGB aF dazu führen würde, dass ein den tatsächlichen wirtschaftlichen Verhältnissen des Unternehmens widersprechendes Bild entsteht" [Hervorhebung vom Verf. hinzugefügt]. S. ferner (ohne handelsrechtlich zwischen Mikro-, Makro- bzw. Portfolio-Hedges zu

„gleichsam rückwirkend für die Vergangenheit" den Charakter eines GoB zuzusprechen.[344] Imparitätsprinzip, Saldierungsverbot und die Bilanzunwirksamkeit schwebender Verträge haben auch hier ausnahmsweise vor dem Gebot des getreuen Bildes zurückzuweichen,[345] denn angesichts der Kompensationseffekte besteht ein Grund zur Vorsicht gerade nicht. In Gestalt des § 254, der an Art. 4 Abs. 4 Bilanz-RL (früher: Art. 2 Abs. 5 RL 78/660/EWG) anknüpft (→ Rn. 39),[346] hat der BilMoG-Gesetzgeber diesen GoB nun gesetzlich verankert[347] – wenn auch nur teilweise, nämlich soweit die Bewertungseinheiten zum Hedging eingesetzte Finanzinstrumente erfassen. Bei der Auslegung dieser neuen Vorschrift kommt § 264 Abs. 2 S. 1 eine zentrale Rolle zu.[348]

Die gleiche Bindung gilt im Grundsatz auch für das Auswahlermessen bezüglich der **78** **Methode für die planmäßige Abschreibung von abnutzbarem Anlagevermögen** nach § 253 Abs. 3 S. 1 (→ § 253 Rn. 14 ff.). Diesbezüglich wurde der vorstehend vertretenen Ansicht im Schrifttum entgegengehalten, der Rückgriff auf das Gebot der Bilanzwahrheit (offensichtlich verstanden als Gebot des Ansatzes eines wahren Wertes) sei unergiebig, eine bestimmte (lineare, degressive oder progressive) Abschreibungsmethode lasse sich aus dem Gebot nicht ableiten.[349] Das ist sicherlich richtig, widerspricht aber nicht der These, gesetzliche Ermessens- einschließlich Bewertungsspielräume seien im Grundsatz wie alle anderen Einzelbestimmungen im Lichte des Abs. 2 S. 1 auszulegen. Denn damit steht die **Bilanzwahrheit** ja auch gleichzeitig **unter dem Vorbehalt** dieser Bestimmungen. Es geht also gar nicht um eine vom Gesetz losgelöste „Wahrheit" aus Sicht des Rechtsanwenders, sondern um die Bilanzwahrheit iSd Gesetzes (→ Rn. 85). Wenn das Gesetz für abnutzbare Vermögensgegenstände des Anlagevermögens planmäßige und daher schematische Abschreibungen vorschreibt, nimmt es etwaige Abweichungen des angesetzten Wertes (jedenfalls nach unten, § 253 Abs. 3 S. 1 und 2) im Verhältnis zum (wie auch immer zu ermittelnden) wahren Wert bewusst in Kauf. Insoweit *kann* das getreue Bild, an dem sich die Ermessensausübung bei der Auswahl der Abschreibungsmethode auszurichten hat, gar nicht mit dem wahren Wert identisch sein. Gerade deshalb ist es ja auch aus Sicht der deutschen Bilanzrechtssystematik missverständlich, vom Vorrang des Abs. 2 S. 1 zu sprechen (→ Rn. 56). Dennoch bleibt Abs. 2 S. 1 für die Wahl der Abschreibungsmethode nach § 253 Abs. 3 S. 1 nicht ohne Bedeutung. Zwar vermag die Vorschrift nichts gegen den Umstand als solchen auszurichten, dass die Abschreibungen nicht den wahren Wertverlust reflektieren. Sie wirkt sich aber in Extremfällen aus, wenn die gewählte Abschreibungsmethode (zB degressive Abschreibung) den wahren Wertver-

---

unterscheiden) Begr. RegE des Gesetzes zur Verringerung steuerlicher Missbräuche und Umgehungen, BT-Drs. 16/520, 8 zu § 5 Abs. 1a EStG nF: In der handelsrechtlichen Rechnungslegung würden „die Chancen und Risiken aus den Grund- und Sicherungsgeschäften kompensatorisch in Bewertungseinheiten zusammengefasst".

[344] Einer solchen Rückbeziehung eine Absage erteilend BFH BStBl. II 2016, 831 = DStR 2016, 1314 Rn. 27.

[345] ZB Reiner, Derivative Finanzinstrumente, 2002, S. 263 f.; Prinz/Hick DStR 2006, 771 (772); auch Staub/Meyer, 6. Aufl. 2021, Rn. 44, der allerdings die Abweichung vom Einzelbewertungsgrundsatz nicht nur mit der (im Licht von § 264 Abs. 2 S. 1 auszulegenden) Öffnungsklausel des § 252 Abs. 2, sondern auch – damit wohl den Nachrang des § 264 Abs. 2 S. 1 gegenüber der speziellen Öffnungsklausel verkennend – mit einer „teleologischen Reduktion" des Einzelbewertungsgrundsatzes begründet.

[346] S. Begr. RegE BilMoG, BT-Drs. 16/10067, 59: „Die Neufassung des § 254 HGB beruht auf Art. 2 Abs. 5 S. 3 Bilanz-RL", nunmehr Art. 4 Abs. 4 S. 3 Bilanz-RL.

[347] So ausdrücklich Begr. RegE BilMoG, BT-Drs. 16/10067, 57; dies.: „Änderungen der bisherigen Bilanzierungspraxis" sollten mit der Vorschrift „nicht einher gehen". Vgl. auch WP-HdB/Störk, 17. Aufl. 2021, F Rn. 202: „§ 254 HGB lässt die Bildung aller Arten von Bewertungseinheiten [Micro-Hedge, Portfolio-Hedge, Macro-Hedge] zu, wenn auch mit teilweise unterschiedlichen Voraussetzungen".

[348] S. Begr. RegE BilMoG, BT-Drs. 16/10067, 59: Mit § 254 werde „die Darstellung der Vermögens-, Finanz- und Ertragslage stärker als bisher und in Abweichung von dem in Art. 31 Abs. 1 lit. e Bilanz-RL (Grundsatz der Einzelbewertung) an den tatsächlichen (wirtschaftlichen) Verhältnissen eines Unternehmens orientiert".

[349] Baetge/Kirsch/Thiele/Ballwieser Rn. 60 f. (Stand: 1.5.2019).

lauf völlig verzerrt, wohingegen eine andere Methode (progressive Abschreibung) wesentlich besser passen würde.[350]

IV. Abs. 2 S. 1 und 2 im Einzelnen

79   Der Jahresabschluss soll ein getreues Bild der **Vermögens-, Finanz- und Ertragslage** des Unternehmens darstellen. Inhaltlich überschneiden sich Vermögens-, Finanz- und Ertragslage und stehen zueinander in **Wechselwirkungen.**[351] Die Vermögens- und Finanzlage ist beispielsweise von der Ertragslage abhängig. Umgekehrt kann die Ertragslage auch von der Vermögenslage abhängen, wenn man zB an Erträge aus Finanzanlagen denkt.

80   Ferner kann das Bestreben nach gleichzeitiger getreuer Abbildung der Vermögens-, Finanz- und Ertragslage zu **Zielkonflikten** führen.[352] Für die Wichtigkeit aller drei Komponenten als Darstellungsgegenstände in ihrem Verhältnis zueinander lässt sich rechtlich keine Hierarchie aufstellen, alle drei Aspekte sind dem Gesetzeswortlaut nach **gleichwertig,**[353] auch wenn sie für den einzelnen Adressaten durchaus von unterschiedlichem Interesse sein können. Nur die Darstellung aller drei Komponenten zusammen genügt dem gesetzlichen Gebot.[354] Dies ist Folge daraus, dass den Normen über den Jahresabschluss von Kapitalgesellschaften keine eindeutige Bilanztheorie, sondern unterschiedliche Teile insbesondere der statischen (bzw. asset-liability approaches) und der dynamischen (revenue-expense approaches) Bilanztheorien zugrunde liegen.[355] Während die statischen Bilanztheorien die jährliche Ableitung des Reinvermögens in den Vordergrund stellen und den Gewinn als Reinvermögenszuwachs begreifen, sieht die dynamische Bilanzlehre, die in Deutschland eng mit dem Namen *Eugen Schmalenbach* verbunden ist, die Rechnungslegung „als Instrument der periodengerechten Erfolgsermittlung", bei der die genaue Zuordnung der in der Totalperiode anfallenden Aufwendungen und Erträge auf die einzelnen Geschäftsperioden (matching principle) oberstes Ziel ist (→ Rn. 36).[356]

81   **1. Vermögens-, Finanz- und Ertragslage. a) Vermögenslage.** Das Vermögen, dessen Lage berichtet werden soll, ist der Saldo zwischen den Vermögensgegenständen und den Schulden der Gesellschaft (Reinvermögen). Die Darstellung des Vermögens ist in erster Linie Aufgabe der **Bilanz,**[357] daneben auch der ergänzenden Informationen im Anhang, zB über Bilanzierungs- und Bewertungsmethoden (§§ 284 ff.). Vermögensgegenstände, Schulden und Rechnungsabgrenzungsposten des Unternehmens müssen vollständig (§ 246 Abs. 1 S. 1) berücksichtigt und richtig bewertet werden.[358] Grundlage der Darstellung in der Bilanz ist jedoch allein das **bilanzrechtlich** relevante Vermögen zu bilanzrechtlich maßgebenden Werten, so dass die Bilanz keine Aussagekraft in Bezug auf andere Vermögensbegriffe zu besitzen braucht. Das betrifft insbesondere die Vermögenszuordnung (bilanzielle statt zivilrechtlicher Kriterien) und die Bewertungsmethoden, die sowohl vom zivilrechtli-

---

[350]   Auch im umgekehrten Fall progressiver Abschreibungen trotz linearen oder degressiven Wertverfalls wird § 264 Abs. 2 S. 1 relevant. Dann greift aber auch bereits das Vorsichtsprinzip (§ 252 Abs. 1 Nr. 4). Hierzu BeBiKo/Schubert/Andrejewski, 13. Aufl. 2022, § 253 Rn. 246.

[351]   ADS Rn. 61; HdR/Baetge/Commandeur/Waldenbuch/Hippel Rn. 24 (Stand: 9.12.2013); Hopt/Merkt, 41. Aufl. 2022, Rn. 13: „soweit möglich einzeln als Teillagen (aber Interdependenz)".

[352]   ZB Baetge/Kirsch/Thiele/Ballwieser Rn. 63 (Stand: 1.5.2019), mit einem Beispiel für den Konflikt zwischen Ertrags- und Vermögenslage.

[353]   HdR/Baetge/Commandeur/Waldenbuch/Hippel Rn. 24 (Stand: 9.12.2013).

[354]   Selchert BB 1993, 753 (754 ff.); Moxter AG 1979, 141 f.; Schildbach BFuP 1987, 1 (5 f., 13); Schulze-Osterloh ZHR 150 (1986), 532 (542); Moxter FS Goerdeler, 1987, 361 (371 ff.); Havermann WPg 1988, 612 ff.

[355]   Vgl. BeBiKo/Störk/Rimmelspacher, 13. Aufl. 2022, Rn. 39 („neostatische", „neodynamische" Bilanztheorien). Zu den verschiedenen Bilanztheorien s. Küting DB 2006, 1441 (1442 ff.); Seicht, Bilanztheorien, 1982, 17 ff.; HdWW/Moxter, Stichwort „Bilanztheorien", 670 ff., 675 ff., 682 ff.; Baetge/Thiele FS Beisse, 1997, 11 (12 ff.); Ballwieser FS Clemm, 1996, 1 ff.; Budde/Steuber AG 1996, 542 ff; zu einer wissenschaftstheoretischen Einordnung der Bilanztheorien s. Binse DStR 2021, 52 ff.

[356]   Küting DB 2006, 1441 (1442 f.) mwN.

[357]   BeBiKo/Störk/Rimmelspacher, 13. Aufl. 2022, Rn. 42.

[358]   BeBiKo/Störk/Rimmelspacher, 13. Aufl. 2022, Rn. 42.

chen als auch vom ökonomischen Vermögensverständnis abweichen können. Dadurch bedingte Fehlvorstellungen bei den Bilanzadressaten werden teilweise durch die Pflicht zu erläuternden Angaben, insbesondere im Anhang, kompensiert[359] und sind nach der herrschenden Ansicht zum Grundsatzverständnis des Abs. 2 S. 1 im Übrigen hinzunehmen, soweit der vorrangige Bilanzzweck des Gläubigerschutzes dies gebietet (→ Rn. 63 ff.). Weitere Informationen zur Vermögenslage enthalten der Lagebericht (§ 289) sowie der freiwillige bzw. bei kapitalmarktorientierten Gesellschaften auch zwingende (Konzern-)Eigenkapitalspiegel (§ 297 Abs. 1; § 264 Abs. 1 S. 2 Hs. 1, → Rn. 16).

Beispiele für das spezifisch bilanzrechtliche, von rein ökonomischen Kriterien abweichende Vermögensverständnis beim **Bilanzansatz** bilden das Aktivierungsverbot für selbst geschaffene immaterielle Gegenstände des Anlagevermögens (§ 248 Abs. 2 S. 1) sowie die Aktivierungswahlrechte für bestimmte Posten (zB § 274 Abs. 1 S. 2), deren Wahrnehmung immerhin im Anhang zu erläutern ist (§ 284 Abs. 2 Nr. 1). Abweichungen vom ökonomischen Vermögensverständnis bei der **Bewertung** von Bilanzposten entstehen zB aufgrund des Niederstwertprinzips (§ 253 Abs. 1 S. 1). Abweichungen der bilanzrechtlichen von der zivilrechtlichen **Vermögenszuordnung** schließlich ergeben sich zB beim wirtschaftlichen Eigentum (§ 246 Abs. 1 S. 2 Hs. 2), etwa Vorbehalts- oder Sicherungseigentum, sowie bei bestimmten zivilrechtlichen Verbindlichkeiten (zB aus Bürgschaften), deren Inanspruchnahme noch nicht ausreichend wahrscheinlich ist (→ § 251 Rn. 2 (Ballwieser)). Sie sind lediglich als Haftungsverhältnisse unter der Bilanz zu vermerken oder im Anhang anzugeben (§§ 251, 268 Abs. 7). 82

b) Finanzlage. Die Finanzlage gibt Auskunft über die Finanzstruktur,[360] also die Herkunft des Unternehmenskapitals (Finanzierung), seine Verwendung und – schwerpunktmäßig,[361] soweit die vergangenheitsorientierte Konzeption des Jahresabschlusses erlaubt[362] – über die gegenwärtige und zukünftige Liquidität des Unternehmens.[363] Das schließt Fristigkeiten der Forderungen und finanziellen Verpflichtungen, Finanzierungsspielräume, Investitionsvorhaben, schwebende Bestellungen und Kreditlinien ein.[364] Die exakte Darstellung ist schwierig, weil die Finanzlage stärker als die Vermögens- und die Ertragslage dynamisch zu sehen ist[365] und Informationen über die Zukunft verlangt, die ein überwiegend retrospektiv konzipierter Jahresabschluss nur schwer geben kann.[366] Leichter als mit dem Jahresabschluss lässt sich die Finanzlage mit einer Kapitalflussrechnung darstellen.[367] Art. 4 Abs. 5 Bilanz-RL (früher: Art. 2 Abs. 6 RL 78/660/EWG) hat es den Mitgliedstaaten freigestellt, weitere Angaben im Jahresabschluss zu verlangen, „die über die gemäß dieser Richtlinie geforderten hinausgehen", wozu auch eine Kapitalflussrechnung zählt.[368] Der deutsche Gesetzgeber hat darauf unter Kritik in der Literatur[369] bislang weitge- 83

---

[359] Umfangreiche Zusammenstellung der Angabepflichten bei HdR/Baetge/Commandeur/Waldenbuch/Hippel Rn. 28 (Stand: 9.12.2013).

[360] ZB WP-HdB/Störk, 17. Aufl. 2021, F Rn. 27. Andere Akzentuierung bei Ekkenga, Anlegerschutz, Rechnungslegung und Kapitalmarkt, 1998, S. 107 ff.: „Vermögenslage" sei auf das Eigenkapital, „Finanzlage" auf das Fremdkapital bezogen; zur Interpretationsbedürftigkeit des Begriffes „Finanzlage" auch Kirsch/Kirsch Rn. 126 (Stand: 1.10.2021).

[361] KKRD/Morck/Drüen Rn. 9.

[362] HdR/Baetge/Commandeur/Waldenbuch/Hippel Rn. 36 aE (Stand: 9.12.2013).

[363] ADS Rn. 73, 74; Hopt/Merkt, 41. Aufl. 2022, Rn. 14; HdR/Baetge/Commandeur/Waldenbuch/Hippel Rn. 36 (Stand: 9.12.2013); WP-HdB/Störk, 17. Aufl. 2021, F Rn. 27.

[364] Vgl. WP-HdB/Störk, 17. Aufl. 2021, F Rn. 27.

[365] BeBiKo/Störk/Rimmelspacher, 13. Aufl. 2022, Rn. 42.

[366] Leffson FS Goerdeler, 1987, 315 (323). Zu den Grenzen des Jahresabschlusses in Bezug auf die Abbildung der künftigen Liquidität s. auch HdR/Baetge/Commandeur/Waldenbuch/Hippel Rn. 36 (Stand: 9.12.2013).

[367] Hierzu zB Ertl BC 2003, 17 ff.; Kirsch/Kirsch Rn. 126 (Stand: 1.10.2021).

[368] S. hierzu die Erklärungen von Rat und Kommission für das Ratsprotokoll zum früheren Art. 2 Abs. 6 RL 78/660/EWG (abgedr. bei Biener/Bernecke BiRiLiG S. 831 Nr. 3).

[369] Schindler/Rabenhorst BB 1998, 1886 (1892); Ballwieser BB 1985, 1034 (1041); Bartram DB 1989, 2389 (2395); HFA 1/1978 WPg 1978, 207 f.; Lange WPg 1991, 369 (372 f.); Moxter AG 1979, 141 (143 ff.); Ossadnik BB 1990, 813 ff.; SABI 3/86 WPg 1986, 667 (670); ADS Rn. 75; Hopt/Merkt,

hend verzichtet und verlangt – eingeführt durch das BilMoG – eine Kapitalflussrechnung als Erweiterung des Einzelabschlusses allein für kapitalmarktorientierte Gesellschaften iSv § 264d (→ Rn. 10 ff.) sowie bereits seit 1998 generell für den Konzernabschluss (§ 297 Abs. 1 S. 1 bzw. § 315e iVm der IAS-VO und IAS 1.111, IAS 7). Für die Darstellung der Finanzlage der Gesellschaft gibt es somit in aller Regel **keinen Hauptindikator,** wie es die Bilanz für die Vermögenslage und die GuV für die Ertragslage sind; nur bei Kapitalmarktorientierung übernimmt diese Funktion im Wesentlichen die Konzern- oder Einzel-**Kapitalflussrechnung** (vgl. § 264 Abs. 1 S. 2; → Rn. 15).[370] Im Übrigen muss die Finanzlage verstreuten Einzelangaben, insbesondere in Bilanz und Anhang entnommen werden. Die Passivseite der Bilanz zeigt die Mittelherkunft, die Aktivseite die Mittelverwendung. Das Gesetz sichert die Abbildung der Finanzlage durch eine Fülle von Einzelvorschriften zur Gliederung der Bilanz (§§ 266, 268) und zu Angaben im Anhang.[371] Beispielsweise gibt es besondere Vermerk- und Angabepflichten zu Restlaufzeiten von Forderungen bzw. Verbindlichkeiten für alle Kapitalgesellschaften und Kapitalgesellschaften & Co. (§ 268 Abs. 4 S. 1, § 268 Abs. 5 S. 1, § 285 Nr. 1 lit. a, Nr. 3 und Nr. 3a) bzw. – noch wesentlich detaillierter – für Kreditinstitute und Finanzdienstleistungsinstitute in Gestalt der Fristengliederung im Anhang nach § 9 RechKredV.[372] Über die künftige Finanzlage kann ferner die GuV informieren, „da sie in der Regel Rückschlüsse auf zeitablaufbedingte Veränderungen der Bilanzposten" ermöglicht.[373] Außerhalb des Jahresabschlusses gibt schließlich der Lagebericht weiteren Aufschluss über die Finanzlage (s. insbesondere § 289 Abs. 1 S. 3 [„die für die Geschäftstätigkeit bedeutsamsten finanziellen Leistungsindikatoren"] sowie § 289 Abs. 1 S. 4, Abs. 2 Nr. 2 [„voraussichtliche Entwicklung mit ihren wesentlichen Chancen und Risiken", „Forschung und Entwicklung"]).

84   **c) Ertragslage.** Mit Ertragslage (richtiger: Erfolgslage[374]) ist der Erfolg des ökonomischen Wirkens gemeint, dh der pagatorische Gewinn als Differenz zwischen den erwirtschafteten Erträgen und den Aufwendungen des Unternehmens,[375] die mit dem Jahresüberschuss identisch ist.[376] Auskunft über die Ertragslage erteilt insbesondere die periodenbezogene **GuV,** die die Aufwands- und Ertragsstruktur kenntlich machen soll[377] und ua Höhe und Zusammensetzung des Ergebnisses der laufenden Geschäftstätigkeit und die Einordnung als außerordentliches und periodenfremdes Ergebnis mitteilt (→ § 275 Rn. 1, → § 277 Rn. 1). Daneben sind zahlreiche Angaben des Anhangs für die Beurteilung der Ertragslage wichtig,[378] insbesondere über die angewandten Bilanzierungs- und Bewertungsmethoden (§ 284 Abs. 2 Nr. 1, Nr. 3), soweit Wahlrechte bestehen oder es sich um Sonderfälle handelt

---

41. Aufl. 2022, Rn. 15: „Kapitalflussrechnung […] wünschenswert"; speziell zur Diskussion während des Gesetzgebungsverfahrens Ordelheide/Hartle GmbHR 1986, 9 (13).

[370] S. zu dieser Funktion der Kapitalflussrechnung auch Kirsch/Kirsch Rn. 126 (Stand: 1.10.2021); ferner im Zusammenhang des Konzernabschlusses BeBiKo/Störk/Rimmelspacher, 13. Aufl. 2022, § 297 Rn. 20 f.

[371] S. die Zusammenstellung bei ADS Rn. 72 ff.; s. auch HdR/Baetge/Commandeur/Waldenbuch/Hippel Rn. 37 (Stand: 9.12.2013), mit einer Auflistung der Vorschriften zu Angaben in Bilanz oder Anhang, die für die Beurteilung der künftigen Liquidität von Bedeutung sein können; ferner Kirsch/Kirsch Rn. 128 (Stand: 1.10.2021).

[372] Der deutsche Gesetzgeber hat bislang darauf verzichtet, von der Möglichkeit nach Art. 11 Bilanz-RL Gebrauch zu machen, den Unternehmen oder bestimmten Unternehmenskategorien zu gestatten oder vorzuschreiben, bei der Gliederung der Bilanzposten zwischen kurz- und langfristigen Posten zu unterscheiden.

[373] BeBiKo/Störk/Rimmelspacher, 13. Aufl. 2022, Rn. 42.

[374] HdR/Baetge/Commandeur/Waldenbuch/Hippel Rn. 26 (Stand: 9.12.2013), unter Hinweis auf den Begriff profit or loss in der englischen Fassung des Art. 2 Abs. 4 und 3 RL 78/660/EWG.

[375] Kommission Rechnungswesen im Verband der Hochschullehrer für Betriebswirtschaft eV DBW 1980, 589 (594); ADS Rn. 78; HuRB/Coenenberg 155, 160; Hopt/Merkt, 41. Aufl. 2022, Rn. 16; HdR/Baetge/Commandeur/Waldenbuch/Hippel Rn. 26 (Stand: 9.12.2013).

[376] Küting DB 2006, 1441: „Pagatorischer Gewinnbegriff (buchhalterisch, bilanziell) Erträge – Aufwendungen = Jahresüberschuss".

[377] ADS Rn. 79.

[378] S. die Zusammenstellung bei ADS Rn. 79 ff.

(auch → § 284 Rn. 34),[379] und ggf. über Veränderungen gegenüber früheren Jahresabschlüssen, die die Vergleichbarkeit beeinträchtigen (§ 265 Abs. 2). Bedeutsam für die Einschätzung der Ertragslage können darüber hinaus Angaben nach weiteren Vorschriften sein,[380] nämlich insbesondere über den Ausweis der Verwendung des Jahresergebnisses (zB § 268 Abs. 1; § 152 Abs. 2, 3 AktG; § 158 AktG; § 29 Abs. 4 GmbHG) und über die Bilanzierungspflicht passivischer latenter Steuern (§ 274 Abs. 1 S. 1 und 3). Über die **zukünftige** Ertragslage kann und darf die GuV als Vergangenheitsrechnung direkt allerdings keine Auskunft geben. Immerhin ermöglicht der Lagebericht gewissen Aufschluss, weil er die „voraussichtliche Entwicklung mit ihren wesentlichen Chancen und Risiken" und hierzu ua „Vorgänge von besonderer Bedeutung, die nach dem Schluss des Geschäftsjahrs eingetreten sind", „die Risikomanagementziele und -methoden der Gesellschaft", „die Preisänderungs-, Ausfall- und Liquiditätsrisiken" sowie den „Bereich Forschung und Entwicklung" erläutert (§ 289 Abs. 1, 2 Nr. 1–3). Als Prognosehilfe dient ferner eine sog. Bewegungsbilanz im Lagebericht, in der ein Zeitvergleich mehrerer Bilanzen desselben Unternehmens für die Zukunft fortgeschrieben wird.[381] Weitere Informationen zur Ertragslage enthält ggf. die (freiwillige) Segmentberichterstattung (vgl. § 297 Abs. 1, § 264 Abs. 1 S. 2 Hs. 2, → Rn. 17).

2. Tatsächliche Verhältnisse. Der Jahresabschluss soll ein den „**tatsächlichen Verhältnissen**" entsprechendes Bild" vermitteln. Was als „tatsächliches Verhältnis" anzusehen ist, ist abhängig vom maßgeblichen Rechnungslegungszweck (→ Rn. 61 ff.) und unterliegt einer **rechtlichen Wertung**, ebenso die Frage, ob das vermittelte „Bild" den Verhältnissen entspricht (→ Rn. 86). Beide Aspekte hängen eng miteinander zusammen. Ein den tatsächlichen Verhältnissen entsprechendes Bild setzt jedenfalls Vollständigkeit voraus. Es müssen sämtliche Informationen erfasst sein, die für die Einschätzung der Vermögens-, Finanz- und Ertragslage relevant sind. Diese gehen über den Inhalt der Buchführungsunterlagen hinaus und erfassen uU auch das sonstige wirtschaftliche Verhalten des Unternehmens sowie äußere Einflüsse aller Art, die sich auf die wirtschaftliche Lage des Unternehmens auswirken.[382] Dazu gehören auch die Beziehungen der Gesellschaft zu anderen Unternehmen, zur öffentlichen Hand, zu den Gewerkschaften sowie das gesamtwirtschaftliche und politische Umfeld.[383] Die Beurteilung der Relevanz soll – wie jede Rechtsanwendung – in gutem Glauben erfolgen;[384] ferner soll sie einem „objektiven" Maßstab folgen,[385] was wohl bedeuten soll, dass sie von einem möglichst breiten Adressatenkreis geteilt würde, würde dieser die tatsächlichen Verhältnisse kennen. Allerdings zählen solche Umstände nicht zu den „tatsächlichen Verhältnissen", deren Offenlegung ausdrücklich untersagt ist. Das betrifft zB nicht aktivierungsfähige Vermögensgegenstände oder im Rahmen der Niederstbewertung gebildete Zwangsreserven.[386] Nicht zuletzt darin zeigt sich der Wertungscharakter der Bilanzwahrheit. Neben der rechtlichen unterliegt die Beurteilung der tatsächlichen Verhältnisse auch einer **wirtschaftlichen** Wertung, soweit es um Prognosen und Schätzungen unter Annahme der Unternehmensfortführung (going concern, s. § 252 Abs. 1 Nr. 2)

---

[379] So sinngemäß WP-HdB/Störk, 17. Aufl. 2021, F Rn. 958, zum Anwendungsbereich des § 284 Abs. 2 Nr. 1.

[380] Zusammenstellungen bei HdR/Baetge/Commandeur/Waldenbuch/Hippel Rn. 28 (Stand: 9.12.2013); Heymann/Jung, 1. Aufl., Rn. 34. Die noch in der 2. Aufl. 2008 an dieser Stelle (→ 2. Aufl. 2008, Rn. 72) erwähnten „steuerrechtlichen Bestimmungen" sind wegen des Wegfalls der umgekehrten Maßgeblichkeit seit dem BilMoG nicht mehr relevant.

[381] D. Schneider, BWL, Bd. 2: Rechnungswesen, S. 48.

[382] BeBiKo/Störk/Rimmelspacher, 13. Aufl. 2022, Rn. 45; dazu, inwieweit klima- und umweltbezogene Aspekte zu berücksichtigen sein können, s. Reinke/Müller BC 2022, 299 ff.

[383] BeBiKo/Winkeljohann/Schellhorn, 11. Aufl. 2018, Rn. 40 (Auflistung in der Neuauflage 2022 nicht mehr enthalten).

[384] HdR/Baetge/Commandeur/Waldenbuch/Hippel Rn. 39 (Stand: 9.12.2013).

[385] HdR/Baetge/Commandeur/Waldenbuch/Hippel Rn. 39 (Stand: 9.12.2013); BeBiKo/Störk/Rimmelspacher, 13. Aufl. 2022, Rn. 46.

[386] Begrifflichkeit nach BeBiKo/Winkeljohann/Schellhorn, 11. Aufl. 2018, Rn. 44 f.: „gesetzliche Zwangsreserven".

geht.[387] Spätestens in diesem Punkt zeigt sich, dass es bei den tatsächlichen Verhältnissen nicht zwingend um Tatsachen der Vergangenheit oder Gegenwart geht, die einem Beweis zugänglich wären (vgl. § 138 Abs. 1 ZPO: „tatsächliche Umstände").[388]

86   Die Beantwortung der Frage, ob das durch den Jahresabschluss vermittelte Bild den tatsächlichen Verhältnissen **entspricht** (Abs. 2 S. 1) oder ein solches Bild nicht vermittelt wird (Abs. 2 S. 2), ist ebenfalls problematisch. Abzustellen ist jedenfalls auf den vermittelten **Gesamteindruck** von der Lage der Gesellschaft.[389] Dem Gesetz ist nicht zu entnehmen, wie das vorhandene Tatsachenmaterial **gewichtet und bewertet** werden soll. Die relevanten ökonomischen Aspekte lassen sich nicht absolut, sondern immer nur **hinsichtlich eines betreffenden Adressatenkreises richtig** darstellen.[390] Dennoch soll die Bewertung der Richtigkeit aber im Hinblick auf **alle** maßgeblichen Adressaten möglichst ausgewogen und fair sein.[391] Dabei soll der Gesamteindruck, den der Jahresabschluss vom Zustand des Unternehmens vermittelt, unter Anlegen eines objektiven Maßstabs bestimmt werden.[392] Angesichts der Erkenntnis, dass es keine absolute Wahrheit des Jahresabschlusses gibt, nimmt sich dieses Gebot freilich wie die **Quadratur des Kreises** aus. Ähnlich wie bei der Feststellung der tatsächlichen Verhältnisse (→ Rn. 36) kann mit objektivem Maßstab nichts anders gemeint sein, als dass der nach fairer Abwägung ermittelte Gesamteindruck von einem möglichst breiten Adressatenkreis geteilt wird. Nach hM besitzt ein den GoB entsprechend aufgestellter Jahresabschluss gleichsam den **Beweis des ersten Anscheins** dafür, dass das von ihm vermittelte Bild den tatsächlichen Verhältnissen entspricht.[393] Die Erkenntnis, dass die für den Jahresabschluss geltenden GoB gleichzeitig bestimmen, in welchem Sinne die in ihm gezeigte Vermögens-, Finanz- und Ertragslage (Abs. 2 S. 1) des Kaufmannes zu verstehen ist (→ § 243 Rn. 4), nehmen dieser Aussage einen Großteil ihrer Brisanz. Im Übrigen sollen besondere Umstände (Abs. 2 S. 2) den Anscheinstatbestand ausräumen.

87   **3. Angabepflicht nach Abs. 2 S. 2.** Nach Abs. 2 S. 2 sind zusätzliche Angaben im Anhang zu machen, wenn der Jahresabschluss **aufgrund besonderer Umstände** kein den tatsächlichen Verhältnissen entsprechendes Bild der Unternehmenslage vermittelt (zur Funktion der Vorschrift → Rn. 61). Da für diesen Fall bereits spezielle Öffnungsklauseln entsprechende Angaben vorschreiben, hat die Vorschrift ergänzende Funktion (→ Rn. 62). Die Angabepflicht nach Abs. 2 S. 2 setzt voraus, dass der Jahresabschluss ohne entsprechende Zusatzangabe nicht den inhaltlichen Erwartungen entspricht, die ein ordentlicher Kaufmann an einen Abschluss der fraglichen Art stellt.[394] Der Jahresabschluss muss **hinter dem zurückbleiben,** was ein **maßgeblicher Bilanzleser** üblicherweise an Erkenntnis bei einem Unternehmen dieser Größe, Rechtsform und Branche **erwarten darf. Unwesentliche,** nicht entscheidungsrelevante[395] Abweichungen bleiben außer Betracht.[396] Gerade der GoB der Wesentlichkeit (→ Rn. 28, → Rn. 91) hat durch die Betonung des

---

[387] Luttermann ZVglRWiss 2004, 18 (21); MüKoAktG/Luttermann, 2. Aufl. 2003, HGB § 264 Rn. 20.

[388] Luttermann ZVglRWiss 2004, 18 (21, 23 f.).

[389] ADS Rn. 100; BeBiKo/Störk/Rimmelspacher, 13. Aufl. 2022, Rn. 48.

[390] Moxter AG 1979, 141 (143); Ekkenga, Anlegerschutz, Rechnungslegung und Kapitalmarkt, 1998, S. 89 ff.; BeBiKo/Störk/Rimmelspacher, 13. Aufl. 2022, Rn. 40, 48.

[391] BeBiKo/Störk/Rimmelspacher, 13. Aufl. 2022, Rn. 48.

[392] Moxter Bilanzlehre II S. 98; BeBiKo/Störk/Rimmelspacher, 13. Aufl. 2022, Rn. 48.

[393] BeBiKo/Störk/Rimmelspacher, 13. Aufl. 2022, Rn. 50; KKRD/Morck/Drüen Rn. 10; s. auch Biener BFuP 1979, 1 (3 f.).

[394] BeBiKo/Störk/Rimmelspacher, 13. Aufl. 2022, Rn. 55.

[395] Baetge/Kirsch/Thiele/Ballwieser Rn. 102 (Stand: 1.5.2019): „Informationsökonomisch" führe Wesentlichkeit „zurück zur Entscheidungsrelevanz".

[396] So zB (im Kontext des § 264 Abs. 2 S. 2) auch Staub/Meyer, 6 Aufl. 2021, Rn. 50: Eine ergänzende Erläuterungspflicht könne nur dazu dienen, „die Einblicksadressaten auf ‚wesentliche' Abweichungen zwischen ‚Jahresabschlusslage und Effektivlage' des Unternehmens aufmerksam zu machen, die sie ansonsten nicht erkennen könnten"; ebenso schon Lange WPg 1991, 369 (373). Zum Wesentlichkeitsprinzip als Teil der GoB s. zB BFH BStBl. II 1995, 742 = DStR 1995, 1020, unter II. 5. (keine Verpflichtung zur Rückstellungsbildung, „wenn der passivierte Aufwand als unwesentlich anzusehen ist"); → § 243 Rn. 63 ff.

getreuen Bildes in Abs. 2 einen besonderen Stellenwert für den gesamten Jahresabschluss erlangt.[397] Ein Verstoß gegen den Grundsatz des getreuen Bildes kann sich auch erst daraus ergeben, dass der Vergleich des Jahresabschlusses mit vorausgehenden Jahresabschlüssen unzutreffende Entwicklungstendenzen erkennen lässt.[398] Kein Fall des Abs. 2 S. 2 ist dagegen die unzulässige Abweichung von den handelsrechtlichen Vorschriften. Der Jahresabschluss ist dann fehlerhaft. Zusätzliche Angaben im Anhang heilen solche Fehler nicht, da sie nicht von der Pflicht befreien, gesetzliche Einzelvorschriften und die GoB zu beachten.[399] Die Beschränkung auf zusätzliche Angaben wird aber ausnahmsweise für zulässig gehalten, wenn zB wegen einer uneinheitlichen Rechtsprechung oder der Neuheit eines Bilanzierungsproblems objektiv zweifelhaft ist, ob ein Ansatz in der Bilanz oder in der GuV zu erfolgen hat oder ein Wahlrecht besteht.[400]

a) Abweichendes Bild der Unternehmenslage. Die Abweichung kann sich auf ein **88** zu günstiges oder auf ein zu ungünstiges Bild der Unternehmenslage beziehen. Jede **relevante Abweichung** löst für sich die Angabepflicht aus. Wenn also der Jahresabschluss die Unternehmenslage in Teilen zu günstig und in anderen Teilen zu ungünstig darstellt, so sind jeweils entsprechende Angaben zu machen; eine „Saldierung" würde gegen den Grundgedanken der Vollständigkeit und des Verrechnungsverbots (§ 246 Abs. 1, Abs. 2) verstoßen und ist unzulässig. Ein **zu günstiges Bild** der Unternehmenslage kann etwa auf Scheingewinnen basieren, die bei hohem, sich nicht ausreichend im Wechselkurs widerspiegelnden Inflationsgefälle in ausländischen Betriebsstätten erwirtschaftet wurden,[401] auf Gewinnen, die über § 268 Abs. 8 (vgl. § 285 Nr. 28) hinaus außerbilanziell gegen Ausschüttung geschützt sind (etwa → § 272 Rn. 10 ff., 34), auf bilanzpolitischen Maßnahmen wie dem Sale-and-Lease-Back-Verfahren,[402] auf dem Festhalten am Bewertungsgrundsatz des going concern (§ 252 Abs. 1 Nr. 2) trotz ungesicherter Fortführung des Unternehmens[403] bzw. von Filialen, Werken oder Betriebsabteilungen,[404] auf dem Ablauf des Schutzes (§ 47 MarkenG) einer bilanziell nicht auszuweisenden (§ 248 Abs. 2 S. 2), aber wichtigen selbst geschaffenen Marke oder auf dem Ausfall eines nicht ersetzbaren Lieferanten.[405] Ein **zu ungünstiges Bild** kann etwa bei einem betragsmäßig erheblichen Forderungsverzicht mit Besserungsschein entstehen[406] oder bei erst zukünftiger Gewinnrealisierung, wenn aufgrund langfristiger Fertigung erst nach Jahren endgültig abgerechnet wird und deshalb keine Teilgewinnrealisierung gegeben ist (zB Schiffs- oder Anlagenbau).[407] In gleicher Weise kann die Angabepflicht positive Entwicklungsmöglichkeiten erfassen, wenn diese nicht bilanzierungsfähigen Risiken gegenüberstehen, über die

---

[397] Vgl. E. Scheffler FS Baetge, 2007, 505 (517) mwN: Starke Betonung des True and Fair View habe „den Stellenwert der Wesentlichkeit innerhalb des deutschen Bilanzrechts erhöht" und sei „möglicherweise neu zu definieren".

[398] ADS Rn. 59, 99, 111 ff. mwN.

[399] BeBiKo/Störk/Rimmelspacher, 13. Aufl. 2022, Rn. 60.

[400] BeBiKo/Winkeljohann/Schellhorn, 11. Aufl. 2018, Rn. 53 (Aussage in Neuauflage 2022 nicht mehr enthalten); aA Hopt/Merkt, 41. Aufl. 2022, Rn. 24.

[401] Biener BFuP 1979, 1 (5); ADS Rn. 119; HdR/Baetge/Commandeur/Waldenbuch/Hippel Rn. 47 (Stand: 9.12.2013); Hopt/Merkt, 41. Aufl. 2022, Rn. 24; Rowedder/Pentz/Kessler GmbHG, 7. Aufl. 2022, Anh. I nach § 42a Rn. 204. S. auch Baetge/Reuter, Das neue Bilanzrecht, 1985, 177 ff.

[402] HdR/Baetge/Commandeur/Waldenbuch/Hippel Rn. 47 (Stand: 9.12.2013); BeBiKo/Winkeljohann/Schellhorn, 11. Aufl. 2018, Rn. 50 (mittlerweile an dieser Einordnung zweifelnd BeBiKo/Störk/Rimmelspacher, 13. Aufl. 2022, Rn. 58); Baetge/Kirsch/Thiele/Ballwieser Rn. 68 (Stand: 1.5.2019).

[403] Sarx ZfB-ErgHeft 1/1987, 25 (39); Schülen WPg 1987, 223 (226); aA Hopt/Merkt, 41. Aufl. 2022, Rn. 24: nur unter Voraussetzungen des § 252 Abs. 1 Nr. 2; Baumbach/Hueck/Schulze-Osterloh, 18. Aufl. 2006, GmbHG § 42 Rn. 38: Selbst unter den Voraussetzungen des § 252 Abs. 1 Nr. 2 werde das Bild der wirtschaftlichen Lage bei Zweifeln über die Unternehmensfortführung durch Jahresabschluss unter Fortführungsprämisse in der Regel nicht verfälscht.

[404] Hopt/Merkt, 41. Aufl. 2022, Rn. 24.

[405] ADS Rn. 120; Hopt/Merkt, 41. Aufl. 2022, Rn. 24.

[406] Gross/Fink BB 1991, 1379 f.

[407] ADS Rn. 122 mwN; Baetge/Kirsch/Thiele/Ballwieser Rn. 69 (Stand: 1.5.2019); Hopt/Merkt, 41. Aufl. 2022, Rn. 25; KKRD/Morck/Drüen Rn. 10.

nach § 285 Nr. 3 Bericht zu erstatten ist.[408] Auch die Bildung stiller Reserven als Folge der Anwendung zwingender Bewertungsgrundsätze (zB § 253 Abs. 1, Abs. 2 S. 1, Abs. 3–5) kann Anlass zu einer Angabe nach § 264 Abs. 2 S. 2 geben, sofern „besondere Umstände" vorliegen (→ Rn. 89). Gegenüber Vorschriften, die von bestimmten Anhangangaben befreien (zB §§ 274a, 276 S. 2, §§ 286, 288), tritt § 264 Abs. 2 S. 2 zurück.[409]

89　　**b) Besondere Umstände.** Das Abweichen des vermittelten Bildes von den tatsächlichen Verhältnissen muss auf **besondere Umstände** zurückgehen, darf also nicht allgemein oder bezogen auf die jeweilige Branche die Regel sein, denn dann ist davon auszugehen, dass der Gesetzgeber die Abweichung bewusst in Kauf genommen hat (Beispiel: stille Reserven als Folge der Niederstbewertung). Deshalb kann die Angabepflicht nur bei **erheblichen Abweichungen** vom Üblichen entstehen, geringfügige Unterschiede sind systemimmanent hinzunehmen (zum Merkmal der Erheblichkeit s. auch in anderem Kontext § 265 Abs. 7 Nr. 1).[410] Für die Erheblichkeit ist jeweils das Gesamtbild von Vermögens-, Finanz- oder Ertragslage entscheidend.[411] Von besonderen Umständen, die Angaben zu gesetzlich vorgeschriebenen **stillen Reserven** (mit negativem Unterton „Zwangsreserven" genannt) gebieten, wird man nur **in gravierenden Fällen** ausgehen können, wenn die Bilanz zB einen falschen Eindruck über die Entwicklungstendenz des Unternehmens vermittelt.[412] Angesichts der praktischen Schwierigkeiten, stille Reserven auch nur grob zu schätzen, dürfte es aber überzogen sein, eine Anhangangabe immer schon dann zu verlangen, wenn die stillen Reserven eine branchenunübliche Höhe erreichen.[413]

90　　**c) Zusätzliche Angaben.** Welche **zusätzlichen Angaben** im Anhang zu machen sind, bestimmt sich nach Art und Ausmaß der Abweichung. Abstrakt formuliert sind alle notwendigen Informationen zu erteilen, um das Gesamtbild des Abschlusses nunmehr den tatsächlichen Verhältnissen anzupassen.[414] Der Rest hängt vom konkreten Einzelfall ab.[415] Jedenfalls müssen die Angaben in Bezug auf Wortlaut oder etwaige Zahlenangaben klar und übersichtlich sein (§ 243 Abs. 2). Ein allgemeiner Hinweis, der Jahresabschluss vermittle zumindest in Teilen kein den tatsächlichen Verhältnissen entsprechendes Bild, reicht nicht aus.[416] Reichen zusätzliche Angaben allein nicht aus, um eine zutreffende Abbildung der Vermögens-, Finanz- und Ertragslage des Unternehmens zu erreichen, ist die Darstellung im Jahresabschluss selbst zu korrigieren, selbst wenn dies vorderhand zur Abweichung von verbindlichen Rechnungslegungsbestimmungen führen sollte. Diese Bestimmungen dürfen nämlich nie so angewendet werden, dass die Jahresabschlussadressaten in die Irre geführt werden. Sollte diese Gefahr bestehen, sind sie entsprechend der Vorgabe des Art. 4 Abs. 4 Bilanz-RL teleologisch zu reduzieren (→ Rn. 56). In solchen Fällen ist die Nichtanwendung der Bestimmung „im Anhang anzugeben und zu begründen und ihr Einfluss auf die Vermögens-, Finanz- und Ertragslage des Unternehmens darzulegen" (Art. 4 Abs. 4 S. 2 Bilanz-RL).

---

[408]　Schulze-Osterloh ZHR 150 (1986), 532 (563 f.); Baumbach/Hueck/Schulze-Osterloh, 18. Aufl. 2006, GmbHG § 42 Rn. 38; Hopt/Merkt, 41. Aufl. 2022, Rn. 24.

[409]　WP-HdB/Störk, 17. Aufl. 2021, F Rn. 984.

[410]　HdR/Baetge/Commandeur/Waldenbuch/Hippel Rn. 47 (Stand: 9.12.2013); BeBiKo/Störk/Rimmelspacher, 13. Aufl. 2022, Rn. 56.

[411]　ZB Luttermann AG 2010, 341 (343): entscheidend sei „das Gesamtbild".

[412]　ADS Rn. 123; BeBiKo/Störk/Rimmelspacher, 13. Aufl. 2022, Rn. 58.

[413]　So zu Recht HdR/Baetge/Commandeur/Waldenbuch/Hippel Rn. 47 (Stand: 9.12.2013); iErg auch ADS Rn. 123; BeBiKo/Störk/Rimmelspacher, 13. Aufl. 2022, Rn. 59: „auch dann nicht, wenn sie ungewöhnlich hoch sind"; aA Lachnit WPg 1993, 193 (199 ff.); ebenfalls strenger als hier vertreten Baumbach/Hueck/Schulze-Osterloh, 18. Aufl. 2006, GmbHG § 42 Rn. 38: „Berichtspflicht, wenn die stillen Reserven den nach der Unternehmensstruktur üblichen Umfang wesentlich übersteigen"; Staub/Meyer, 6. Aufl. 2021, Rn. 54: „ungewöhnlich hohe stille Reserven, mit denen der Bilanzleser – auch unter Berücksichtigung von Vermögenszusammensetzung und Branche – nicht rechnet".

[414]　BeBiKo/Störk/Rimmelspacher, 13. Aufl. 2022, Rn. 62; WP-HdB/Störk, 17. Aufl. 2011, F Überschrift vor Rn. 982: zusätzliche Angaben „zur Vermittlung des in § 264 Abs. 2 S. 1 HGB geforderten Bildes".

[415]　BeBiKo/Störk/Rimmelspacher, 13. Aufl. 2022, Rn. 63.

[416]　BeBiKo/Störk/Rimmelspacher, 13. Aufl. 2022, Rn. 62.

4. Sanktionen. Der Verstoß gegen Abs. 2 S. 1 oder S. 2 (zu S. 3 → Rn. 114 ff.) kann **91** unterschiedliche Folgen auslösen. Die Vorschrift ist (mit beiden Sätzen) eine **gläubiger-schützende Norm** iSv **§ 256 Abs. 1 Nr. 1 AktG,**[417] die – soweit sachlich übertragbar – analog auf die **GmbH** anzuwenden ist (auch → § 266 Rn. 16);[418] ihre Verletzung kann, soweit der Gläubigerschutz betroffen ist, zur **Nichtigkeit des festgestellten Jahresab-schlusses** (§ 256 AktG) führen.[419] Gegenstand der Nichtigkeit ist nach § 256 AktG immer der festgestellte Jahresabschluss selbst, dh genauer das gesamte zur Feststellung des Jahresab-schlusses führende kooperationsrechtliche Rechtsgeschäft, nicht aber der Zahlen- oder Wortbericht für sich und auch nicht – in den Fällen des § 173 AktG – der Beschluss der Hauptversammlung über den Jahresabschluss.[420] Nach der hier vertretenen Ansicht zum Rechtscharakter der Generalklausel (→ Rn. 57 ff.) kommt die Nichtigkeitsfolge als *selbst-ständige* Sanktion nur bei **Verstößen gegen** die Pflicht zu zusätzlichen Angaben nach **S. 2** zum Tragen, nicht aber bei Verstößen gegen das Gebot der Bilanzwahrheit nach S. 1. Ist die Generalklausel nämlich lediglich Ausdruck dessen, was in Gestalt einer teleologischen Auslegung der bilanzrechtlichen Einzelbestimmungen (einschließlich des Rechtsbegriffs der GoB) sowie einer Rechtsfortbildung im herkömmlichen Sinn ohnehin selbstverständlich ist (→ Rn. 56, → Rn. 59), ist eine isolierte Verletzung des Abs. 2 S. 1 ohne gleichzeitige **Verletzung einer Einzelbestimmung** gar nicht denkbar.[421] In jedem Falle ist die Nichtig-keit wegen Verstößen gegen Abs. 2 auf Fälle zu beschränken, in denen die Darstellung der Vermögens-, Finanz- oder Ertragslage **wesentlich beeinträchtigt** ist.[422] Die Beschränkung auf wesentliche Verstöße folgt aus dem Rechtsgedanken des § 256 Abs. 4 AktG (Verstoß gegen Gliederungsvorschriften), der als verallgemeinerungsfähig[423] und auf § 256 Abs. 1

---

[417] ADS Rn. 138; BeBiKo/Störk/Rimmelspacher, 13. Aufl. 2022, Rn. 65: Abs. 2 S. 1 sei „eine Vorschrift, die wesentlich auch im Interesse der Gläubiger und im öffentlichen Interesse geschaffen worden" sei.

[418] Aus der Rspr. s. BGHZ 83, 341 (347) = NJW 1983, 42, speziell zur analogen Anwendung von § 256 Abs. 5 AktG „mit Rücksicht auf die gebotenen Gläubigerschutz"; offengelassen in BFH DB 2006, 1654 = DStR 2006, 1406, unter II. 1. c. Aus dem Schrifttum s. zB Brete/Thomsen GmbHR 2008, 176 (176 f.); Baumbach/Hueck/Schulze-Osterloh, 18. Aufl. 2006, GmbHG § 42 Rn. 24; MüKoAktG/ J. Koch 5. Aufl. 2021, § 256 Rn. 87; ADS Rn. 137; Weilep/Weilep BB 2006, 147 (150). Nach Ansicht der Bundesregierung (Begr. RegE BiRiLiG [BT-Drs. 10/317, 112]) ist für die GmbH eine mit § 256 AktG übereinstimmende Nichtigkeitsregelung schon europarechtlich geboten, da die Bilanz-RL nicht zwischen AG und GmbH unterscheidet. Gleichwohl wurde der im RegE (S. 38) vorgesehene § 42g GmbHG nicht umgesetzt; s. auch Beschlussempfehlung und Bericht RA, BT-Drs. 10/4268, 131.

[419] So auch (jeweils allerdings ohne Differenzierung zwischen § 264 Abs. 2 S. 1 und S. 2) BeBiKo/Störk/ Rimmelspacher, 13. Aufl. 2022, Rn. 65; ADS Rn. 137 ff.; Staub/Meyer, 6. Aufl. 2021, Rn. 59; KKRD/ Morck/Drüen Rn. 11: „wohl nur in Ausnahmefällen denkbar"; s. auch BeckOGK-AktG/Jansen AktG § 256 Rn. 11 (Stand: 1.7.2022), zur bewussten Entscheidung des BiRiLi-Gesetzgebers von 1985 gegen eine Sanktionierung jedweder (wesentlicher) Verstöße gegen § 264 Abs. 2, also auch anderer als der in § 256 Abs. 1 Nr. 1 AktG genannten, mit der Nichtigkeit des Jahresabschlusses.

[420] So OLG Stuttgart AG 2003, 527 = NZG 2003, 778 unter 1. d. aa., zur KGaA, das hinzufügt, eine auf Feststellung der Nichtigkeit des Beschlusses gerichtete Klage sei entsprechend umzudeuten; aA Weilep/ Weilep BB 2006, 147: Für den Fall der Feststellung des Jahresabschlusses durch die Hauptversammlung gemäß § 173 AktG sei Gegenstand der Nichtigkeit der Hauptversammlungsbeschluss.

[421] So wohl auch Hopt/Merkt, 41. Aufl. 2022, Rn. 22 (zu Abs. 2 S. 1), der eine Verletzung von (anderen) „Gläubigerschutzbestimmungen" für erforderlich zu halten scheint.

[422] Koch, 16. Aufl. 2022, AktG § 256 Rn. 7; MHdB GesR IV/Hoffmann-Becking 5. Aufl. 2020, § 48 Rn. 5; Hennrichs ZHR 168 (2004), 383 (388 f.); Zöllner FS Scherrer, 2004, 355 (364 f.); Staub/Meyer, 6. Aufl. 2021, Rn. 59; ADS AktG § 256 Rn. 12 (jeweils ohne Unterscheidung zwischen § 264 Abs. 2 S. 1 und S. 2); großzügiger aus Sicht der Bilanzierenden ADS Rn. 138: Nichtigkeit wegen isolierten Verstoßes gegen § 264 Abs. 2 „nur in extremen Ausnahmefällen denkbar", selbst wenn man davon ausgehe, dass § 264 Abs. 2 nicht nur Auslegungsregel sei, sondern den Inhalt des Anhangs bestimme; ähnlich KKRD/Morck/Drüen Rn. 11: Nichtigkeit bei bloßem (gravierendem) Verstoß gegen § 264 Abs. 2 „wohl nur in Ausnahmefällen denkbar".

[423] S BGHZ 83, 341 (347) = NJW 1983, 42: Nichtigkeit bei Überbewertung iSd § 256 Abs. 5 S. 1 Nr. 1 AktG nur, wenn eine den GoB widersprechende Bilanzierung „ihrem Umfange nach nicht bedeutungs-los" sei; bestätigt für die (vorsätzliche) Unterbewertung nach § 256 Abs. 5 S. 1 Nr. 2 AktG durch BGHZ 137, 378 = DStR 1998, 383 – Tomberger, unter I. 4.; Frage, ob die Überbewertung eines Bilanzpostens (§ 256 Abs. 5 Nr. 1 AktG) wesentlich sein muss, zuletzt allerdings offen gelassen in BGH BeckRS 2010, 28287 Rn. 5 – Deutsche Bank (Nichtzulassungsbeschwerde, → Rn. 92).

Nr. 1 (und Abs. 5) AktG übertragbar angesehen wird.[424] Die Wesentlichkeit ist dabei aus Gläubigersicht zu definieren.[425] Die Wesentlichkeitsgrenze ist somit nicht identisch mit der (niedrigeren) Relevanzschwelle, die das Gebot des getreuen Bildes tatbestandlich ohnehin voraussetzt und die sich aus dem Beurteilungsspielraum bei der notwendigen Gewichtung und Bewertung der maßgeblichen Umstände (→ Rn. 41 f.) ergibt.

92   Ferner kann es bei einem Verstoß gegen Abs. 2 S. 1 zur Nichtigkeit des festgestellten Jahresabschlusses nach **§ 256 Abs. 5 AktG** unter dem Gesichtspunkt der Über- oder Unterbewertung[426] kommen.[427] Dann sind aber wiederum (→ Rn. 91, zu § 256 Abs. 1 Nr. 1 AktG) regelmäßig zugleich Einzelvorschriften, hier in Gestalt von Bewertungsvorschriften (ggf. einschließlich ihrer Öffnungsklauseln), verletzt, die ihrerseits im Lichte des § 264 Abs. 2 auszulegen und anzuwenden sind (→ Rn. 57, → Rn. 76 f.). Der gleichzeitige Verstoß gegen Abs. 1 S. 1 wirkt sich insofern praktisch nicht aus. Entsprechendes gilt, wenn das Gebot des getreuen Bildes durch die *Art* verletzt wird, wie das Unternehmen seinen Jahresabschluss *gliedert*. Die Verletzung des **§ 256 Abs. 4 iVm Abs. 1 Nr. 1 AktG**[428] ergibt sich dann bereits in Bezug auf die gliederungsrechtlichen Einzelvorschriften, die entgegen dem Prinzip der Bilanzwahrheit angewendet worden sind.[429] Verstöße gegen Abs. 2 S. 2 bleiben im Anwendungsbereich des § 256 Abs. 5 AktG ohne Bedeutung, weil sich die Nichtigkeitsgründe der Über- bzw. Unterbewertung auf den ergebniswirksamen Teil des Jahresabschlusses,[430] also nicht auf den Anhang beziehen. Die Nichtigkeit nach § 256 Abs. 1 Nr. 1 sowie Abs. 4 und 5 AktG muss innerhalb von drei Jahren seit der Einstellung des Jahresabschlusses in das Unternehmensregister „geltend gemacht werden" (§ 256 Abs. 6 S. 1 AktG). Diese Geltendmachung kann inzident als Vorfrage eines anderen Rechtsstreits oder im Wege der Nichtigkeitsklage nach den § 256 Abs. 7, § 249 AktG erfolgen.[431] Die Nichtigkeit des (noch nicht nach § 256 Abs. 6 AktG geheilten[432]) Jahresabschlusses führt bei der AG nach § 253

---

[424] Hennrichs ZHR 168 (2004), 383 (388). S. auch OLG Hamburg ZIP 2006, 895 = BeckRS 2011, 17233 unter II. C. 4., zur kapitalistisch organisierten GmbH & Co. KG, bei der sämtliche Kommanditisten ihrerseits wieder GmbHs sind: Beim „Wesentlichkeitsmerkmal" des § 256 AktG handele es sich um einen allgemeinen Grundsatz, der auch auf die Feststellung von Jahresabschlüssen bei Personengesellschaften anzuwenden sei.

[425] Vgl. zum Maßstab der Wesentlichkeit OLG Frankfurt a.M. ZIP 2008, 738 = NZG 2008, 429 (431) – Deutsche Bank: „Auf die Relation des Ansatzfehlers zum Bilanzgewinn eines einzelnen Geschäftsjahres […] kann es für das Wesentlichkeitsurteil nicht ankommen, wie sich bereits daraus erhellt, dass dann eine Gesellschaft, die ohne oder mit ganz geringem Gewinn wirtschaftet, durch nahezu jeden Ansatzfehler wesentlich falsch dargestellt wäre". Nachfolgend offen gelassen in BGH BeckRS 2010, 28287 Rn. 5; erneut offengelassen in BGH BeckRS 2021, 23478 Rn. 69: „Ob die Überbewertung eines Bilanzpostens wesentlich im Verhältnis zur Bilanzsumme oder zum Bilanzgewinn sein muss, damit der Jahresabschluss nichtig ist, hat der Senat bisher offen gelassen und kann auch hier offen bleiben".

[426] Als Überbewertung iSv § 256 Abs. 5 S. 1 Nr. 1 AktG (analog) gilt auch eine zu Unrecht vorgenommene Aktivierung und eine zu Unrecht unterlassene Passivierung. S. dazu Schulze-Osterloh ZIP 2008, 2241 (2241) mwN, aus dessen Sicht (S. 2242) sich die Nichtigkeit des Jahresabschlusses in diesen Fällen bereits aus § 256 Abs. 1 Nr. 1 AktG ergibt. Der direkte Weg über Abs. 1 ist allerdings nicht selbstverständlich, wenn man Abs. 5 als Einschränkung des Abs. 1 Nr. 1 betrachtet. Zur Qualifizierung einer unterbliebenen Rückstellung wegen möglicher Schadensersatzverpflichtungen in Milliardenhöhe im Jahresabschluss einer AG als „unwesentlich" (und damit im Rahmen des § 256 Abs. 5 S. 1 Nr. 1 AktG nicht relevant) angesichts einer Bilanzsumme von 840 Mrd. EUR s. OLG Frankfurt a. M. ZIP 2008, 738 = NZG 2008, 429 – Deutsche Bank (Nichtzulassungsbeschwerde zurückgewiesen, BGH BeckRS 2010, 28287); krit. Schulze-Osterloh ZIP 2008, 2241 (2244 f.).

[427] BeBiKo/Störk/Rimmelspacher, 13. Aufl. 2022, Rn. 65; Staub/Meyer, 6. Aufl. 2021, Rn. 59. Als Bsp. einer erfolgreichen Bilanznichtigkeitsklage wg. Überbewertung, bei der § 264 Abs. 2 S. 1 geltend gemacht wurde, aber nicht im Vordergrund stand, s. BGH BeckRS 2021, 23478.

[428] Zum Verhältnis des § 256 Abs. 4 AktG zu Abs. 1 Nr. 1 s. Koch, 16. Aufl. 2022, AktG § 256 Rn. 22: „begrenzende normative Auslegung" des Abs. 1 Nr. 1.

[429] Hierzu Staub/Hüttemann/Meyer, 6. Aufl. 2021, Rn. 59.

[430] Vgl. Koch, 16. Aufl. 2022, AktG § 256 Rn. 25: Relevant sei eine Überbewertung nur, wenn sie sich „auf Bilanzposten" beziehe.

[431] Zum Verhältnis des Verfahrens zur Überwachung von Unternehmensabschlüssen nach §§ 37n ff. WpHG idF des BilKoG (sog. Enforcement) zur Nichtigkeitsklage s. Hennrichs ZHR 168 (2004), 414 (419 f.).

[432] Zur Frage, ob es eine Pflicht zur Neuaufstellung eines nichtigen Jahresabschlusses gibt oder ob die Fristen des § 256 Abs. 6 S. 1 AktG „abgewartet" werden dürfen, s. Brete/Thomsen GmbHR 2008, 176 ff.

Abs. 1 AktG zur **Nichtigkeit des Beschlusses über die Verwendung des Bilanzgewinns.** Bereits erfolgte Dividendenzahlungen sind nach den § 57 Abs. 3 AktG, § 62 Abs. 1 AktG von den Gesellschaftern aber nur **zurückzugewähren,** wenn sie die Nichtigkeit des Jahresabschlusses kannten oder hätten kennen müssen. Bei der GmbH ist § 253 Abs. 1 AktG analog anwendbar,[433] die Rückabwicklung bestimmt sich dann nach den §§ 812 ff. BGB, wobei nach § 31 Abs. 2 GmbHG und § 32 GmbHG ebenfalls Gutglaubensschutz besteht.[434] Im Unterschied zur AG schließt aber leichte Fahrlässigkeit, § 932 Abs. 2 BGB, den guten Glauben noch nicht aus.[435]

Als weitere Sanktionen bei Verstößen gegen Abs. 2 kommen die **Versagung oder** **93** **Einschränkung des Bestätigungsvermerks** (§ 322 Abs. 4, Abs. 2 S. 1 Nr. 2 und 3)[436] und ggf. – bei der AG[437] auf Antrag von Aktionären, deren Anteile zusammen den hundertsten Teil des Grundkapitals oder einen anteiligen Betrag von 100.000 EUR erreichen (§ 258 Abs. 2 S. 3 AktG, § 142 Abs. 2 AktG) – die Bestellung eines **Sonderprüfers** in Betracht.[438] Unternehmen, deren Wertpapiere an einer inländischen Börse zum Handel im amtlichen oder geregelten Markt zugelassen sind und die Gegenstand des Verfahrens zur „**Überwachung von Unternehmensabschlüssen**" nach §§ 106 ff. WpHG iVm § 342b sind, droht ferner, dass die **BaFin** nach § 109 Abs. 2 WpHG idF des DiRUG die **Bekanntmachung des festgestellten Fehlers** auf ihrer Internetseite sowie entweder in einem überregionalen Börsenpflichtblatt oder über ein elektronisch betriebenes Informationsverbreitungssystem anordnet. Darüber hinaus kann der Verstoß gegen § 264 Abs. 2 eine **Straftat** (Vergehen) nach **§ 331 Nr. 1** („Unrichtige Darstellung") oder eine **Ordnungswidrigkeit** nach § 334 Abs. 1 Nr. 1 lit. a begründen; jedenfalls „gravierende Verstöße" gegen die handelsrechtlichen Buchführungspflichten verletzen zudem die strafrechtlich geschützten Vermögensinteressen der betroffenen Gesellschaft und können eine Strafbarkeit der verantwortlichen Organmitglieder wegen Untreue (§ 266 StGB) nach sich ziehen.[439]

Schließlich kann ein Verstoß gegen Abs. 2 S. 1 – in Verbindung mit den betreffenden **94** Einzelvorschriften – und S. 2 **Schadensersatzpflichten** nach sich ziehen. Rechtlich unproblematisch ist dabei die gesellschaftsrechtliche Schadensersatzpflicht der **Mitglieder der Leitungsorgane** (§ 93 Abs. 2 AktG, § 43 Abs. 2 GmbHG),[440] ggf. auch sonstiger Personen (zB §§ 117, 317 AktG) **gegenüber der Gesellschaft,** soweit dieser durch die Bilanzierungsfehler und/oder die damit verbundene Nichtigkeit des festgestellten Jahresabschlusses ein Schaden entstanden ist. Dass sich die nicht justiziablen Bilanzierungsspielräume des Vorstands mit dem Einfügen der sog. business judgement rule in § 93 Abs. 1 S. 2 AktG durch das Gesetz zur Unternehmensintegrität und Modernisierung des Anfechtungsrechts (UMAG) vom 22.9.2005 in der Rechtsprechungspraxis geändert hätten, ist nicht zu beobachten.[441] Jedenfalls

---

[433] ZB OLG Hamm BB 1991, 2122 = BeckRS 2008, 00941; Weilep/Weilep BB 2006, 147 (151).

[434] Weilep/Weilep BB 2006, 147 (151).

[435] ZB Scholz/Verse, 12. Aufl. 2018, GmbHG§ 32 Rn. 12.

[436] BeBiKo/Störk/Rimmelspacher, 13. Aufl. 2022, Rn. 66 (Einschränkung des Bestätigungsvermerks bei sonstiger, nicht zur Nichtigkeit führender Verletzung denkbar).

[437] Zur GmbH, für die keine speziellen Regelungen über Sonderprüfungen existieren, s. Peters/Dechow GmbHR 2007, 236 (239 f.) mit einem Überblick zum Meinungsstand.

[438] Ebenso zB BeBiKo/Störk/Rimmelspacher, 13. Aufl. 2022, Rn. 66.

[439] BGHSt 55, 266 = NJW 2010, 3458 Rn. 32 – Kölner Müllskandal (mAnm Brand) zu bewussten Nicht- und Falschbuchungen zur Verschleierung der Führung „schwarzer Kassen"; aus dem Schrifttum zu dieser iE streitigen Frage s. mwN Schönke/Schröder/Perron, 30. Aufl. 2019, StGB § 266 Rn. 19b (Missbrauchstatbestand), Rn. 45c (zum Sonderproblem der Nachteilszufügung im Fall sog. „schwarzer Kassen" und den dabei erforderlichen Differenzierungen); ferner MüKoStGB/Dierlamm/Becker, 4. Aufl. 2022, StGB § 266 Rn. 212 (manipulative Buchführung), Rn. 275 ff. (insbes. zum Problem der schadensgleichen Vermögensgefährdung bei „schwarzen Kassen").

[440] S. zB BGHSt 55, 266 Rn. 31 = NJW 2010, 3458 – Kölner Müllskandal, mwN (im Kontext des § 266 StGB): Die Buchführungsvorschriften beinhalteten „eine Konkretisierung der Leitungs- und Geschäftsführungsaufgaben des jeweiligen Organs und des ihm durch die Generalklauseln auferlegten Sorgfaltsmaßstabs".

[441] Vgl. dazu Goette ZGR 2008, 436 (446 f.), der von keinem stärkeren Einfluss auf die Rspr. ausgeht („nichts Neues").

dürfte das Ausüben eines Rechnungslegungsspielraums eine unternehmerische Entscheidung im Sinne der genannten Vorschrift darstellen.[442]

95 Schwieriger ist die Frage zu beantworten, ob auch **einzelne Gesellschafter** (Anleger) oder **außenstehende Personen,** insbesondere Gläubiger, von den gesetzlichen Vertretern oder von der Gesellschaft selbst nach **allgemeinem Deliktsrecht** (§§ 823 Abs. 2, 826 BGB, ggf. iVm § 31 BGB) Schadensersatz verlangen können, wenn der Jahresabschluss aufgrund schuldhaften Verhaltens gegen Abs. 2 verstößt. Vom Ausnahmefall der vorsätzlichen sittenwidrigen Schädigung abgesehen hängt dies von der Einordnung des Abs. 2 oder anderer, gleichzeitig verletzter Vorschriften (→ Rn. 96) als Schutzgesetze ab. Die **Schutzgesetzeigenschaft des Abs. 2** zumindest in Bezug auf die **Gesellschafter** wird zum Teil im Schrifttum[443] im Gegensatz zur instanzgerichtlichen Rechtsprechung[444] bejaht mit der Folge, dass Ersatzansprüche einzelner Gesellschafter für möglich gehalten werden. Zugunsten der **Gläubiger** wird der Schutzgesetzcharakter teilweise ebenfalls, allerdings beschränkt auf bestimmte abgrenzbare Gläubigergruppen, anerkannt.[445] Die höchstrichterliche Rechtsprechung hat sich bislang nur in Bezug auf Gläubigerinteressen festgelegt und diesbezüglich mit guten Gründen generell die Schutzgesetzeigenschaft von „Vorschriften über Buchführungs- und Bilanzierungspflichten" abgelehnt. Die Art der relevanten Verletzung und der Kreis der geschützten Personen seien nicht hinreichend klargestellt und bestimmt.[446] Anders ist in Bezug auf die **Gesellschafter** zu argumentieren. Dass die Pflichten der Geschäftsleitung nach § 264 (iVm §§ 41 ff. GmbHG, § 91 Abs. 1 AktG, § 131 Abs. 1 S. 3 AktG, § 170 Abs. 1 AktG) neben Gläubiger –[447] auch Gesellschafterinteressen schützen soll, lässt sich kaum bestreiten,[448] denn die Rechnungslegung ist elementares Element fremdnütziger Geschäftsbesorgung (vgl. § 666 BGB). Die Schutzgesetzeigenschaft setzt auch nicht etwa voraus, dass die betreffende Norm eine

---

[442] S. zur Frage der Qualifizierung von Bilanzentscheidungen als unternehmerische Entscheidungen iSd business judgement rule auch W. Müller FS Happ, 2006, 179 (190 ff.).

[443] So noch BeBiKo/Schellhorn/Winkeljohann, 11. Aufl. 2018, Rn. 59: § 264 Abs. 2 S. 1 bezwecke den Schutz jedes einzelnen Gesellschafters (aA nunmehr wohl BeBiKo/Störk/Rimmelspacher, 13. Aufl. 2022, Rn. 66: Qualifikation als Schutzgesetz „erscheint fraglich"); MüKoAktG/Luttermann, 2. Aufl. 2003, HGB § 264 Rn. 214 (§ 264 Abs. 2 S. 1 sei „jedenfalls für Gesellschafter" Schutzgesetz iSv § 823 Abs. 2 BGB); aA Staub/Meyer, 6. Aufl. 2021, Rn. 62, der nach ausführlicher Abwägung der Argumente für und wider eine Sonderbehandlung des § 264 Abs. 2 bezüglich des Schutzgesetzcharakters „auf Grund der wechselseitigen Verknüpfung von Generalklausel und Einzelvorschriften" ablehnt (ohne Differenzierung der Anspruchsberechtigten); ADS Rn. 141; Kölner Komm AktG/Claussen/Kort, 2. Aufl. 1991, Rn. 50; BeBiKo/Störk/Lewe, 13. Aufl. 2022 238 Rn. 152: „Die Buchführungspflicht ist eine öffentlich-rechtliche Verpflichtung. Eine Verletzung kann […] strafrechtliche Konsequenzen haben".

[444] S. KG ZIP 2009, 1824 = BeckRS 2009, 24902 Rn. 19 zur Klage der Gesellschafter einer KG iSv § 264a Abs. 1 gegen den Konkursverwalter auf Aufstellung eines Jahresabschlusses: Die §§ 264 f. regelten „nicht das Verhältnis des Konkurs-/Insolvenzverwalters zu dem Gemeinschuldner bzw. dessen Gesellschaftern". Die „§§ 238 ff. HGB und damit auch § 242 HGB", auf den die Kläger ihren Anspruch ausdrücklich stützten, seien „dogmatisch dem öffentlichen Recht zuzuordnen"; sie verfolgten „den (überindividuellen) Zweck des institutionellen Gläubigerschutzes und der Unterrichtung der Allgemeinheit"; „sie stellten keine Schutzgesetze iSd. § 823 Abs. 2 BGB dar"; LG Bonn AG 2001, 484 (485) = BeckRS 2010, 15367, unter 2, speziell zu einer Schadensersatzklage von Aktionären gegen eine AG nach § 823 Abs. 2 BGB wegen der Veröffentlichung unrichtiger Bilanzzahlen.

[445] ZB Biletzki BB 2000, 521 (524–526), der eine Außenhaftung des GmbH-Geschäftsführers – beschränkt auf Fälle masseloser Insolvenz – gegenüber der willkürlich anmutenden Gläubigergruppe „Kreditinstituten, Lieferanten, Kunden und Arbeitnehmern" befürwortet.

[446] BGHZ 125, 366 = DNotZ 1994, 638 unter II. 3., zu § 41 GmbHG, § 283 Abs. 1 Nr. 5–7 StGB, § 283b StGB (mit ausf. Begr.); aA (für die Schutzgesetzeigenschaft von Buchführungsnormen) Schnorr ZHR 170 (2006), 9 ff.; vgl. zum Straftatbestand der „Verletzung der Buchführungspflicht" (§ 283b StGB) auch BGH ZIP 2019, 462 = DStR 2019, 805 Rn. 30–33, insbes 31 – Hess AG: „Das in § 283b Abs. 1 Nr. 3 lit. a StGB enthaltene gesetzliche Verbot ist nicht hinreichend konkret, da es an einem bestimmbaren Personenkreis fehlt" (Rn. 31).

[447] S. auch Begr. RegE BiRiLiG, BT-Drs. 9/1878, 63, speziell im Hinblick auf die Kapitalgesellschaft & Co., aber ohne Weiteres übertragbar: „Die Publizität der Rechnungslegung" sei „die mildeste Form aller denkbaren Lösungen zum Schutz der Gläubiger einer Kapitalgesellschaft & Co.".

[448] So aber offenbar KG BeckRS 2009, 24902 Rn. 19 = ZIP 2009, 1824 = NZG 2009, 1182.

bestimmte Personengruppe ausschließlich oder vorrangig schützen soll. Es reicht, wenn sie nach Zweck und Inhalt neben Allgemeininteressen „wenigstens auch auf den Schutz von Individualinteressen vor einer näher bestimmten Art ihrer Verletzung ausgerichtet ist".[449] Zudem dürfte man den Rechnungslegungsvorschriften der §§ 238 ff. einschließlich § 264 Abs. 2 kaum die ausreichende Bestimmtheit des geschützten Gesellschafterkreises absprechen können.[450] Wesentlich schwieriger ist es aber, die *Art* der geschützten Gesellschafterinteressen zu bestimmen. So ist es zB kaum vorstellbar, dass ein Gesellschafter bei einer Bilanz mit unterbewerteten Posten im Rahmen des § 823 Abs. 2 BGB Ausschüttung des Differenzbetrags zum richtigen Wert verlangen kann. Damit würde der gesellschaftsrechtlichen Kompetenzverteilung (Zuständigkeit der Haupt- bzw. Gesellschafterversammlung, § 119 Abs. 1 Nr. 2 AktG, § 174 AktG; § 46 Nr. 1 Fall 2 GmbHG), aber auch dem gesellschaftsrechtlichen Sanktionssystem der § 93 Abs. 2 AktG, § 43 Abs. 2 GmbHG mit dem Ausschluss der Haftung für bloße **Reflexschäden** (vgl. § 117 Abs. 1 S. 2 AktG) vorgegriffen. Ist der Schadensersatzanspruch dagegen nur auf Richtigstellung des Jahresabschlusses gerichtet, steht mit § 256 AktG eine speziellere Regelung zur Verfügung.[451] Soweit es dem Gesellschafter aber darum geht, seine aufgrund eines falschen Jahresabschlusses erworbenen oder verkauften Aktien wieder loszuwerden bzw. wieder zurückzuerlangen, bleibt er auf die einschlägigen kapitalmarktrechtlichen Anspruchsgrundlagen (→ Rn. 97) verwiesen. Somit ist eine **Schadensersatzhaftung** der Gesellschaft und der für sie handelnden Personen nach **§ 823 Abs. 2 BGB iVm § 264 Abs. 2 HGB** insgesamt **abzulehnen** (vgl. auch die Wertung des § 97 Abs. 4 WpHG).

Anders ist es nur, wenn gleichzeitig mit Abs. 2 gegen ein **weiteres**, seinerseits iSd **96** § 823 Abs. 2 BGB „den **Schutz** eines anderen bezweckendes **Gesetz**" verstoßen wird. In Betracht kommen hierfür handelsbilanzrechtliche Straf- oder Ordnungswidrigkeitstatbestände (zB § 331 Nr. 1;[452] § 334 Abs. 1 Nr. 1 lit. a),[453] die qualifizierte, insbesondere vorsätzliche Verstöße gegen Rechnungslegungsvorschriften voraussetzen, ferner die §§ 263, 264a, 265b Abs. 1 Nr. 1 lit. a StGB,[454] soweit der (Kapitalanlage- bzw. Kredit-)Betrug mithilfe eines unrichtigen Jahresabschlusses begangen wird.

Schließlich können sich Schadensersatzpflichten der Gesellschaft wegen fehlerhafter **97** Jahresabschlüsse auch in Verbindung mit der gleichzeitigen Verletzung spezieller **kapitalmarktrechtlicher Publizitätspflichten** ergeben.[455] Zu nennen sind hier insbesondere die *spezialgesetzliche* Prospekthaftung (insbesondere §§ 9, 10 und 12 WpPG, § 20 VermAnlG) und die von der Rechtsprechung[456] entwickelte, an ein typisiertes Vertrauen des Anlegers auf die Richtigkeit und Vollständigkeit der Prospektangaben anknüpfende *allgemeine* Prospekthaftung (sog. c. i. c., § 280 Abs. 1 BGB, § 241 Abs. 2 BGB, § 311 Abs. 2, 3 BGB), die die Gesellschaft als Prospektverantwortliche treffen können. Soweit ein Jahres-

---

[449] BGHZ 105, 121 = NJW 1988, 2794 unter I. 1. (zu § 399 Abs. 1 Nr. 4 AktG).

[450] S. BGHZ 40, 306 (307) = VerwRspr 1964, 649 (zur Reichsgaragenordnung als Schutzgesetz): Ein gesetzliches Gebot oder Verbot sei als Schutzgesetz nur geeignet, soweit „das geschützte Interesse, die Art seiner Verletzung und der Kreis der geschützten Personen hinreichend klargestellt und bestimmt" sei.

[451] Nach allgemeiner Meinung ist § 256 AktG auf die GmbH analog anwendbar (zB MHLS/Römermann 3. Aufl. 2017, GmbHG Anh. § 47 Rn. 187 mwN).

[452] Zum Schutzgesetzcharakter des § 331 s. zB LG Bonn AG 2001, 484 unter 4.a. (Vertrauen „auch der Aktionäre bzw. Gesellschafter und potentieller Anleger" geschützt); aus dem Schrifttum zB Baumbach/Hueck/Schulze-Osterloh, 18. Aufl. 2006, GmbHG Anh. § 82 Rn. 3; Fleischer ZIP 2007, 97 (103); Hennrichs FS Kollhosser, 2004, 201 (214); ferner → Vor § 331 Rn. 80 (Klinger).

[453] Zum Schutzgesetzcharakter des § 334 zB Hennrichs FS Kollhosser, 2004, 201 (214); → § 334 Rn. 13.

[454] Zum Schutzgesetzcharakter des § 264a StGB s. zB BGH NJW 2004, 2668 – Infomatec, unter II. 5.; zu § 265b StGB s. zB BGH ZIP 2019, 462 = DStR 2019, 805 Rn. 14 – Hess AG, (Haftung gegenüber einer Bank wegen Einbuchens von Umsatzerlösen, die tatsächlich nicht bestanden, in die Handelsbücher).

[455] Vgl. § 1 Abs. 1 S. 1 und 4 Nr. 5 KapMuG: Danach kann ein Musterfeststellungsantrag ua in erstinstanzlichen Verfahren gestellt werden, in denen ein Schadensersatzanspruch wegen falscher, irreführender oder unterlassener Information in „Jahresabschlüssen, Lageberichten, Konzernabschlüssen, Konzernlageberichten sowie Zwischenberichten des Emittenten" geltend gemacht wird.

[456] S. zB BGHZ 71, 284 = NJW 1978, 1625; BGH NJW 2004, 2668 unter I.1. – Infomatec.

abschluss in den Prospekt aufgenommen werden muss[457] oder freiwillig aufgenommen wird, können **Rechnungslegungsfehler** die Unrichtigkeit des Prospekts iSd Prospekthaftungsgrundsätze nach sich ziehen. Dafür kann ein trotz fehlerfreier Einzelbilanzierung entstehender **unzutreffender Gesamteindruck** über die Vermögens-, Finanz- und Ertragslage des emittierenden Unternehmens iSd Abs. 2 S. 2 ausreichen.[458] Eine unmittelbare Haftung von **Mitgliedern der Leitungsorgane** gegenüber Anlegern wegen der Verletzung kapitalmarktrechtlicher Pflichten zur (Jahresabschluss-)Publizität ist nach der geltenden Rechtslage grundsätzlich nur bei vorsätzlichem Verhalten vorstellbar.[459] Als Anspruchsgrundlagen kommen § 826 BGB sowie § 823 Abs. 2 BGB, insbesondere iVm §§ 263, 264a StGB bzw. §§ 331, 334 HGB, in Betracht. Das Bundesfinanzministerium musste seinen RefE eines Kapitalmarktinformations-Haftungsgesetzes (KapInHaG-E) vom 7.10.2004, das für die Mitglieder des Leitungs-, Verwaltungs- oder Aufsichtsorgans eines Emittenten eine umfassende Schadensersatzpflicht wegen unrichtiger Angaben oder verschwiegener Umstände vorsah (§ 37a KapInHaG-E), bereits nach kurzer Zeit wegen massiver Kritik an der geplanten Einführung einer verschärften persönlichen Haftung der Organmitglieder auf unbestimmte Zeit zurückstellen.

V. Bilanzeid (Abs. 2 S. 3)

98   **1. Hintergrund.** S. 3 des Abs. 2 wurde durch das TUG eingefügt und idF ab dem 3.1.2018 in Bezug auf den Verweis auf das WpHG angepasst. Die Vorschrift schafft eine strafbewehrte (§ 331 Nr. 3a) Verpflichtung der Leitungsmitglieder kapitalmarktorientierter Gesellschaften zur Abgabe einer **Bilanzeid**[460] genannten Wissenserklärung[461] in Bezug auf den **Einzelabschluss.** Der Begriff Bilanzeid ist missverständlich, zum einen, weil sich die Erklärung nicht nur auf die Bilanz, sondern auf den gesamten Jahresabschluss bezieht, und zum anderen, weil der Wortstamm „Eid" eine größere Nähe zu den Aussagedelikten der §§ 153 ff. StGB suggeriert, als dies tatsächlich der Fall ist (→ Rn. 101). Da der Begriff aber inzwischen weit verbreitet und obendrein handlich ist, wird er auch in der vorliegenden Kommentierung verwendet. In Gestalt des § 297 Abs. 2 S. 4 gibt es für den **Konzernabschluss** eine parallele, fast wortgleiche Regelung (→ § 297 Rn. 54). Ferner finden sich in den § 289 Abs. 1 S. 5 und § 315 Abs. 1 S. 56 idF v. 19.4.2017 entsprechende Pflichten für den **Lagebericht** (→ § 289 Rn. 92–95 (Palmes)) und den **Konzernlagebericht** (→ § 315 Rn. 96 (Fülbier/Peltens)). Sämtliche Gesetzesergänzungen beruhen auf Art. 4 Abs. 2 lit. c (für den Konzernabschluss iVm Art. 4 Abs. 3) der kapitalmarktrechtlichen Transparenz-

---

[457] S. insbes. Art. 12 ff. VO (EU) 2019/980 iVm Anh. 11.1. Delegierte VO (EU) 2019/980 der Kommission v. 14.3.2019 zur Ergänzung der VO (EU) 2017/1129 des Europäischen Parlaments und des Rates hinsichtlich der Aufmachung, des Inhalts, der Prüfung und der Billigung des Prospekts, der beim öffentlichen Angebot von Wertpapieren oder bei deren Zulassung zum Handel an einem geregelten Markt zu veröffentlichen ist, und zur Aufhebung der Verordnung (EG) Nr. 809/2004 der Kommission, ABl. EU 2019 L 166, 26 (früher § 7 WpPG idF v. 26.6.2012 iVm Art. 22 Abs. 1 VO (EG) 809/2004, Anh. I Punkt 20.1, Anhang IV Punkt 13.1, Anh. VII Punkt 8.2, Anh. X Punkt 20.1 und Anh. XI Punkt 11.1 VO (EG) 809/2004 der Kommission v. 29.4.2004 zur Umsetzung der europäischen Prospektrichtlinie 2003/71/EG, aufgehoben durch die Delegierte VO (EU) 2019/980 der Kommission v. 14.3.2019).

[458] Ähnlich BGH NJW 1982, 2823 unter I. (noch zum Bilanzrecht vor Inkrafttreten des BiRiLiG und daher ohne Bezug zu § 264 Abs. 2 S. 2): Für die Frage, ob ein Emissionsprospekt unrichtig oder unvollständig sei, komme es nicht allein auf die darin „bis an die Grenze des Erlaubten und vielleicht schon darüber hinaus" wiedergegebenen Einzeltatsachen, „sondern wesentlich auch darauf an, welches Gesamtbild er durch seine Aussagen von den Verhältnissen und der Vermögenslage, Ertragslage und Liquiditätslage des Unternehmens, dessen Papiere zum Kauf angeboten" würden, dem interessierten Publikum vermittele; Schwark/Zimmer/Heidelbach 5. Aufl. 2020, WpPG, § 9 Rn. 12, zur „Gesamtbildformel", die der BGH in stRspr. „entwickelt und immer wieder bestätigt" habe; Holzborn/Foelsch NJW 2003, 932 (933) mwN.

[459] Grdl. BGH NJW 2004, 2668 – Infomatec, wo die Schutzgesetzeigenschaft des § 15 WpHG aF verneint wurde.

[460] So ausdrücklich die Begr. RegE TUG, BT-Drs. 16/2498, 28.

[461] ZB Abendroth WM 2008, 1147 (1148), die die Erklärung insoweit mit der Entsprechenserklärung nach § 161 AktG vergleicht.

RL.[462] Danach haben die Mitgliedstaaten dafür zu sorgen, dass Emittenten einen **Jahresfinanzbericht** veröffentlichen, der neben dem geprüften Jahresabschluss und dem Lagebericht einen Bilanzeid der verantwortlichen Personen enthält. Ziel der Transparenz-RL und damit auch des Bilanzeids ist es, durch die rechtzeitige Bekanntgabe zuverlässiger und umfassender Informationen über Wertpapieremittenten das Vertrauen der Anleger zu sichern und so den Binnenmarkt zu vollenden. Den Anlegern soll eine hinreichende Grundlage für ihre Investitionsentscheidungen gegeben werden, um ihre Investitionsbereitschaft am Kapitalmarkt zu fördern.[463]

Gerade noch rechtzeitig vor dem Ablauf der Umsetzungsfrist am 20.1.2007 (Art. 31 **99** Abs. 1 Transparenz-RL) ist der deutsche Gesetzgeber dieser Pflicht gefolgt – zunächst in Gestalt des § 37v Abs. 2 Nr. 3 WpHG idF des TUG und seit dem 3.1.2018 in Gestalt des § 114 Abs. 2 Nr. 3 WpHG. Nach letzterer Vorschrift muss der gem. § 114 Abs. 1 WpHG nun zwingende Jahresfinanzbericht „eine den Vorgaben des § 264 Abs. 2 S. 3, § 289 Abs. 1 S. 5 entsprechende Erklärung" enthalten. Aus **europarechtlicher Sicht** wäre es nicht nötig gewesen, die wertpapierhandelsrechtliche Pflicht zum Bilanzeid mit dem HGB zu verschränken und dort zusätzlich handelsrechtlich aufzuhängen. Dadurch wird der Bilanzeid **über die Vorgaben der Transparenz-RL hinaus** für Emittenten kurzum zum Pflichtbestandteil des Jahres- und – soweit vorhanden – Konzernabschlusses. Bei Emittenten innerhalb des personellen Anwendungsbereichs des Abs. 2 wäre er somit im Rahmen des geprüften Abschlusses schon „automatisch" nach § 114 Abs. 2 Nr. 1 WpHG, also selbst ohne die parallele Verpflichtung nach § 114 Abs. 2 Nr. 3 WpHG **im Jahresfinanzbericht enthalten.** Gleichzeitig können Gesellschaften von der handelsrechtlichen Pflicht zum Bilanzeid erfasst werden, die europarechtlich und nach WpHG gar keinen Jahresfinanzbericht (mit Bilanzeid) vorzulegen brauchen (→ Rn. 103). Die strafrechtliche Sanktionierung der „verantwortlichen Personen" (→ Rn. 115 ff.) wird von der Richtlinie ebenfalls nicht verlangt. Im Ergebnis erfolglos hatte der Bundesrat in seiner Stellungnahme zum Gesetzentwurf der Bundesregierung noch vorgebracht, die „Umsetzung des sog. Bilanzeids in das nationale Recht" sei „strikt an den entsprechenden Vorgaben der Transparenz-RL (Art. 4 Abs. 2 lit. c Transparenz-RL, Art. 5 Abs. 2 lit. c Transparenz-RL)[464] auszurichten, wobei nicht über die Richtlinienvorgaben hinauszugehen" sei.[465] Inzwischen hat die RL 2022/206 den Art. 4 Abs. 2 lit. c Transparenz-RL dahingehend erweitert, dass der Jahresfinanzbericht zukünftig auch Erklärungen der verantwortlichen Personen dahingehend enthalten muss, dass der Lagebericht in Übereinstimmung mit den Standards für die Nachhaltigkeitsberichterstattung nach Art. 19b Bilanz-RL erstellt worden ist.[466]

Vorbild des Bilanzeids europäischer und inzwischen auch deutscher Prägung ist das **100** US-amerikanische Kapitalmarktrecht idF des **Sarbanes-Oxley-Act 2002** (H. R. 3763, kurz: SOX),[467] gegen den die damalige Bundesregierung noch heftig protestiert hatte.[468] Die §§ 302 und 906 SOX[469] sehen eine Pflicht der leitenden Personen von Emittenten vor, die veröffentlichten periodischen Finanzberichte (periodic reports) mit einer schriftlichen Erklärung zu versehen. Dort haben sie ua zu bestätigen, dass sie die Finanzberichte über-

---

[462] Speziell zu § 264 Abs. 2 S. 3 s. Begr. RegE TUG, BT-Drs. 16/2498, 54 f.: Der neue S. 3 diene dazu, „Art. 4 Abs. 2 lit. c der Transparenzrichtlinie umzusetzen und die dort genannten Erklärungen der verantwortlichen Personen in deutsches Recht zu übernehmen, soweit es um den Jahresabschluss" gehe.

[463] Begr. RegE TUG, BT-Drs. 16/2498, 26.

[464] Art. 5 Abs. 2 lit. c Transparenz-RL betrifft die Halbjahresfinanzberichte. S. hierzu § 115 WpHG.

[465] BT-Stellungnahme zum RegE TUG, BT-Drs. 16/2917, 3.

[466] Art. 2 Nr. 1 Richtlinie des Europäischen Parlaments und des Rates zur Änderung der Richtlinien 2013/34/EU, 2004/109/EG und 2006/43/EG und der Verordnung (EU) Nr. 537/2014 hinsichtlich der Nachhaltigkeitsberichterstattung von Unternehmen.

[467] S. auch die Begr. RegE des TUG, BT-Drs. 16/2498, 55: „Ebenso" sehe „der US-amerikanische Sarbanes-Oxley Act in Section 302 eine entsprechende, auch als ‚Bilanzeid' bezeichnete Erklärung der verantwortlichen Personen vor".

[468] Berichtet nach v. Rosen FAZ v. 10.8.2006, S. 13.

[469] § 302 SOX ist regelungstechnisch eine Ermächtigung an die SEC zum Erlass einer entsprechenden Verordnung („rule"), § 906 eine Vorschrift zur Änderung von 18 U.S.C. § 1350.

prüft haben und sie ihres Wissens weder unwahr noch unvollständig oder irreführend sind und ein getreues Bild der Finanz- und Ertragslage abgeben. Die weitergehende Pflicht, das Bestehen und ordnungsgemäße Funktionieren eines internen Kontrollsystems (internal controls) und die Offenlegung von Unregelmäßigkeiten zu bestätigen, wurde vom europäischen Gesetzgeber in der Transparenz-RL nicht übernommen. Allerdings gingen die Änderungen der früheren Jahresabschluss-RL (RL 78/660/EWG) und der früheren Konzernbilanz-RL (RL 83/349/EWG) durch die Richtlinie 2006/46/EG[470] teilweise in diese Richtung. Nach Art. 46a RL 78/660/EWG mussten Gesellschaften, deren Wertpapiere zum Handel an einem geregelten Markt zugelassen sind, dazu verpflichtet werden, eine sog. Erklärung zur Unternehmensführung als Teil des Lageberichts oder – nach Wahl der Mitgliedstaaten – in Form eines gesonderten Berichts (Art. 46a Abs. 1, Abs. 2 RL 78/660/EWG) abzugeben. Diese Erklärung hat ua die „wichtigsten Merkmale des internen Kontroll- und des Risikomanagementsystems der Gesellschaft im Hinblick auf den Rechnungslegungsprozess" zu beschreiben (Art. 46a Abs. 1 S. 2 lit. c RL 78/660/EWG, inzwischen: Art. 20 Abs. 1 S. 2 lit. c Bilanz-RL). Im Rahmen des BilMoG hat sich der deutsche Gesetzgeber dafür entschieden, die Erklärung zur Unternehmensführung (§ 289a) in den Lagebericht aufzunehmen. Die Angaben zum internen Kontroll- und Risikomanagementsystem im Hinblick auf den Rechnungslegungsprozess sind ebenfalls Bestandteile des Lageberichts, aber dort offenbar nicht zwingend Teil der Erklärung zur Unternehmensführung (§ 289 Abs. 4 idF vom 19.4.2017). Diese Pflichtangaben werden von dem eigenständigen „Bilanzeid" nach § 289 Abs. 1 S. 5 (→ Rn. 108) erfasst. Letztere ist regelungstechnisch nicht mit dem Bilanzeid nach § 264 Abs. 2 S. 3 vergleichbar, weil seine Verletzung nicht separat sanktioniert wird.

101   Die **rechtliche Bedeutung** des Bilanzeids ist **gering**.[471] Die straf- und zivilrechtlichen Sanktionen eines unrichtigen Bilanzeids gehen in der Regel (materiell- und beweisrechtlich) nicht über das hinaus, was den gesetzlichen Vertretern bzw. der Gesellschaft ohnehin bei unrichtigen Jahresabschlüssen droht (→ Rn. 114 ff., → Rn. 120 ff.). Bereits nach geltendem Recht ist es selbstverständlich, dass die gesetzlichen Vertreter nur Jahresabschlüsse unterzeichnen, die sie persönlich für gesetzeskonform halten und auf der Grundlage einer sorgfältigen Prüfung halten dürfen. Da der Bilanzeid zudem mangels Berichtigungsmöglichkeit (§ 158 StGB) nicht mit dem „richtigem" Eid, der eidesgleichen Bekräftigung oder der eidesstattlichen Erklärung vergleichbar ist, wirkt er in der deutschen Rechtsordnung wie ein Implantat. Ob der Bilanzeid trotz seiner geringen rechtlichen Wirkungen bereits aus **psychologischen** Gründen zu einer Verbesserung der Qualität der Berichterstattung beiträgt und damit das Anlegervertrauen in spürbarer Weise erhöht, ist fraglich.[472] Der Gesetzgeber jedenfalls scheint auf die Appell- und Warnfunktion[473] des Bilanzeids zu spekulieren und sich vorgestellt zu haben, dass sich die Vorstandsmitglieder durch Abgabe der schriftlichen Versicherung zu noch größerer Sorgfalt im Umgang mit Finanzinformationen veranlasst sehen.[474]

102   **2. Einzelne Tatbestandsmerkmale. a) Inlandsemittent.** Von der Pflicht zum Bilanzeid betroffen sind nur Kapitalgesellschaften, die als **Inlandsemittenten** iSd § 2 Abs. 14

---

[470]   RL 2006/46/EG v. 14.6.2006 „zur Änderung der Richtlinien des Rates 78/660/EWG über den Jahresabschluss von Gesellschaften bestimmter Rechtsformen, 83/349/EWG über den konsolidierten Abschluss, 86/635/EWG über den Jahresabschluss und den konsolidierten Abschluss von Banken und anderen Finanzinstituten und 91/674/EWG über den Jahresabschluss und den konsolidierten Abschluss von Versicherungsunternehmen", ABl. EG 2006 L 224, 1.

[471]   Folgend KKRD/Morck/Drüen Rn. 10c.

[472]   Krit. zB v. Rosen FAZ v. 10.8.2006, S. 14: Für die Stärkung des Vertrauens der Anleger sei in den vergangenen Jahren viel und Wichtiges getan worden. Der Bilanzeid bringe „keine Verbesserung".

[473]   Beiersdorf/Buchheim BB 2006, 1674 (1677); Rodewald/Unger BB 2006, 1917 (1919); Fleischer ZIP 2007, 97 (105).

[474]   So zB Fleischer ZIP 2007, 97 (105). Siehe auch Merkt/Probst/Fink/Mylich Kap. 3 Rn. 53, mwN: Die Pflicht bestehe „nicht allein darin, für die kompetente Aufstellung des Jahresabschlusses zu sorgen, sondern diesen auch eigenständig in vollem Umfang zu überprüfen".

WpHG idF v. 3.1.2018 Wertpapiere iSd § 2 Abs. 1 WpHG begeben.[475] Die entsprechende Definition des Inlandsemittenten unterscheidet zwischen inländischen mit Deutschland als Herkunftsstaat (§ 2 Abs. 14 Nr. 1 WpHG) und ausländischen (§ 2 Abs. 14 Nr. 2 WpHG), wobei sich die hier gewählte Unterscheidung am spezifisch kapitalmarktrechtlichen Rechtsbegriff des Herkunftsstaats und nicht am Sitz der Gesellschaft orientiert. **Inländische Inlandsemittenten** iSd § 2 Abs. 14 Nr. 1 WpHG sind alle „Emittenten, für die die **Bundesrepublik Deutschland der Herkunftsstaat**" ist, es sei denn, deren Wertpapiere wären lediglich in einem anderen EU-Mitgliedstaat oder EWR-Vertragsstaat zugelassen und unterlägen bereits dort den Veröffentlichungs- und Mitteilungspflichten nach Maßgabe der Transparenz-RL.[476] Der Begriff der „Emittenten, für die die Bundesrepublik Deutschland der Herkunftsstaat ist", wird durch § 2 Abs. 14 WpHG idF v. 3.1.2018 in einer sehr komplexen Weise definiert, die sich ausschließlich auf den Inlandsbezug konzentriert und den Begriff des **Emittenten** selbst nicht näher konkretisiert. Immerhin lässt sich § 2 Abs. 14 WpHG entnehmen, dass es sich um Personen handelt, die „Finanzinstrumente" (Wertpapiere, Anteile an Investmentvermögen, Geldmarktinstrumente, Derivate, Emmissionszertifikate, Rechte auf Zeichnung von Wertpapieren, Vermögensanlagen iSd Vermögensanlagegesetzes, § 2 Abs. 4 WpHG idF v. 3.1.2018) an einem organisierten Markt (§ 2 Abs. 11 WpHG idF v. 3.1.2018) begeben. Nach Art. 2 Abs. 1 lit. d S. 1 Transparenz-RL idF der Änderungs-RL 2013/50/EU vom 22.10.2013[477] ist „Emittent" nur „eine natürliche oder juristische Person des privaten oder öffentlichen Rechts [...], deren Wertpapiere zum Handel an einem geregelten Markt zugelassen sind [...]". § 2 Nr. 5 WpPG des vorliegend allerdings nicht einschlägigen WpPG definiert den Emittenten als eine Rechtspersönlichkeit iSd Art. 2 lit. h Prospekt-VO, dh als „eine Rechtspersönlichkeit, die Wertpapiere begibt oder zu begeben beabsichtigt". Der **Inlandsbezug** wird – in Abhängigkeit von der Art des Finanzinstruments – entweder durch einen inländischen Sitz (verbunden mit Zulassung der Finanzinstrumente an einem inländischen oder/und an einem organisierten Markt iSv § 2 Abs. 11 WpHG idF v. 3.1.2018[478] innerhalb der EU oder des EWR) oder durch die Zuständigkeit der inländischen Finanzaufsicht begründet. Letztere stützt sich auf eine Zulassung der Finanzinstrumente an einem inländischen organisierten Markt (wobei die Finanzinstrumente nicht gleichzeitig an einem anderen Markt in der EU oder im EWR zugelassen sein dürfen, wenn die Emittenten ihren Sitz im EU-Ausland oder EWR-Ausland unterhalten) oder auf den Umstand, dass der Emittent Deutschland nach Maßgabe des § 4 WpHG idF v. 3.1.2018 als Herkunftsstaat gewählt hat. **Ausländische Inlandsemittenten, für die nicht Deutschland, sondern ein anderer EU- oder EWR-Mitgliedstaat** der Herkunftsstaat ist, sind dann Inlandsemittenten, wenn deren Wertpapiere nur im Inland zum Handel an einem organisierten Markt zugelassen sind (§ 2 Abs. 14 Nr. 2 WpHG idF v. 3.1.2018).

---

[475] Die neue Formulierung „Kapitalgesellschaft, die als Inlandsemittent [...] Wertpapiere begibt", lehnt sich an § 114 Abs. 1 S. 1 WpHG an („Unternehmen, das als Inlandsemittent Wertpapiere begibt") und ersetzt den bisherigen Wortlaut „Kapitalgesellschaft, die Inlandsemittent [...] ist". Die Änderung beruht auf Abs. 2 S. 3 des Gesetzes „zur weiteren Umsetzung der Transparenzrichtlinie-Änderungsrichtlinie im Hinblick auf ein einheitliches elektronisches Format für Jahresfinanzberichte" v. 12.8.2020, BGBl. 2020 I 1874.

[476] Die Begr. RegE zum TUG (BT-Drs. 16/2498, 31) weist darauf hin, dass § 2 Abs. 7 WpHG (aF, entspricht § 2 Abs. 14 WpHG 2018) insoweit über Art. 21 Abs. 3 Transparenz-RL hinaus gehe, als die ausschließliche Zulassung der Papiere im EU- bzw. EWR-Ausland allein für eine Befreiung von der deutschen Finanzaufsicht nicht ausreiche. Mit der weiteren Voraussetzung, dass der Aufnahmestaat diese betreffenden Emittenten auch zur Veröffentlichung und Mitteilung verpflichten müsse, würden „Regelungs- und Aufsichtslücken" vermieden.

[477] ABl. EU 2013 L 294, 13; umgesetzt in Deutschland durch Gesetz mWv 26.11.2015, BGBl. 2015 I 2029.

[478] Die Transparenz-RL spricht von „geregeltem" Markt, den sie in Art. 2 Abs. 1 lit. c Transparenz-RL als „Markt iSv Art. 4 Abs. 1 Nr. 14 der Richtlinie 2004/39/EG" definiert. Die RL 2004/39/EG über Märkte für Finanzinstrumente (MiFID I) wurde inzwischen durch die RL 2014/65/EU (MiFID II) abgelöst, die den „geregelten Markt" in Art. 4 Abs. 1 Nr. 21 praktisch wortgleich definiert.

103   Inlandsemittenten mit **Sitz in einem Drittstaat** können – im Einklang mit Art. 23 Abs. 1 Transparenz-RL – nach § 118 Abs. 4 iVm § 114 WpHG idF v. 3.1.2018 durch die BaFin ua von der Verpflichtung zur Veröffentlichung eines Jahresfinanzberichts (einschließlich eines Bilanzeids gem. Abs. 2 S. 3) befreit werden, soweit diese Emittenten gleichwertigen Regeln eines Drittstaates unterliegen oder sich solchen Regeln unterwerfen.[479] Diese Befreiungen, die auch iVm einer (erst noch zu erlassenden) Rechtsverordnung der BaFin nach § 114 Abs. 3 WpHG bewirkt werden können, entfalten allerdings keine Auswirkungen auf die eigenständige Verpflichtung zum Bilanzeid nach § 264 Abs. 2 S. 3. Nicht zuletzt insofern geht die deutsche Regelung des Bilanzeids über die Vorgaben der Transparenz-RL hinaus (→ Rn. 94).

104   **b) Keine Kapitalgesellschaft iSd § 327a.** Nicht erfasst von der handelsrechtlichen Verpflichtung zum Bilanzeid werden „Kapitalgesellschaften iSd § 327a". § 327a ist eine durch das EHUG eingeführte Vorschrift, die *bestimmte* kapitalmarktorientierte Kapitalgesellschaften von der Pflicht des § 325 Abs. 4 S. 1 befreit, den geprüften Jahresabschluss spätestens innerhalb von vier Monaten nach seiner Vorlage an die Gesellschafter der das Unternehmensregister führenden Stelle elektronisch zur Einstellung in das Unternehmensregister zu übermitteln. Im Einzelnen erfasst werden Gesellschaften, die ausschließlich zum Handel an einem organisierten Markt zugelassene Schuldtitel iSd § 2 Abs. 1 S. 1 Nr. 3 WpHG idF v. 3.1.2018 („insbesondere Genussscheine und Inhaberschuldverschreibungen und Orderschuldverschreibungen sowie Hinterlegungsscheine, die Schuldtitel vertreten") mit einer Mindeststückelung im Wert von 100.000 EUR begeben.[480]

105   **c) Gesetzliche Vertreter.** Der **Begriff der gesetzlichen Vertreter** in Abs. 2 S. 3 entspricht mangels anderweitiger Anhaltspunkte demjenigen nach Abs. 1 S. 1 (→ Rn. 18 f.). Auch unter dem Gesichtspunkt einer europarechtskonformen Auslegung der Vorschrift iVm § 114 Abs. 2 Nr. 3 WpHG idF v. 3.1.2018 (Bilanzeid im Rahmen des Jahresfinanzberichts) ergibt sich kein anderes Begriffsverständnis. Art. 4 Abs. 2 lit. c Transparenz-RL spricht von den „beim Emittenten verantwortlichen Personen" und verweist damit auf diejenigen Personen, die nach **nationalem Recht** für die Rechnungslegung verantwortlich sind.[481] Entsprechend dem Grundsatz der **Gesamtverantwortung** im deutschen Gesellschaftsrecht (→ Rn. 18) haben **sämtliche Mitglieder** der Leitungsorgane unabhängig davon, welches Mitglied konkret mit der Rechnungslegung befasst war, nicht nur den Jahresabschluss, sondern auch den Bilanzeid zu unterschreiben. Ebenso wie bei § 245 ist von einer **höchstpersönlichen Pflicht** auszugehen, die weder durch die Unterschrift eines Vertreters noch durch eine faksimilierte Unterschrift erfüllt werden kann[482] und erst recht nicht delegierbar ist.[483] In Bezug auf die Gesamtverantwortung aller geschäftsführenden Organmitglieder geht das deutsche Recht über das US-amerikanische Vorbild hinaus. Nach den §§ 302 und 906 SOX ist der Bilanzeid bei US-amerikanischen Gesellschaften nur für den „principal executive officer" bzw. „chief executive officer" (CEO) und den „principal financial officer" bzw. „chief financial officer" (CFO) vorgesehen.[484]

---

[479]   Zur Befreiungsvoraussetzung der „Gleichwertigkeit" s. konkretisierend Art. 15 RL 2007/14/EG (Kommissions-RL).

[480]   Der Betrag in § 327a Abs. 1 von ursprünglich 50.000 EUR wurde durch Gesetz v. 20.11.2015 (BGBl. 2015 I 2029) mWv 26.11.2015 auf 100.000 EUR erhöht.

[481]   Vgl. auch die Stellungnahme des BDI zum RegE TUG v. 25.9.2006, 9 f.: Mit den „beim Emittenten verantwortlichen Personen" iSd Transparenzrichtlinie müssten nicht zwingend die „gesetzlichen Vertreter" des Emittenten gemeint sein; ebenso die Stellungnahme des DAV durch den Handelsrechtsausschuss v. Juli 2006, 16.

[482]   Ebenso Fleischer ZIP 2007, 97 (102).

[483]   ZB KKRD/Morck/Drüen Rn. 10b.

[484]   Im Sinne einer entsprechenden Einschränkung auch für das deutsche Recht s. die Stellungnahme des BDI zum RegE TUG v. 25.9.2006, S. 9 f.: „Nur der Vorstandsvorsitzende sowie das nach der Geschäftsverteilung im Vorstand für die Aufstellung des Jahresabschlusses zuständige Vorstandsmitglied" sollten zur Abgabe des Bilanzeids verpflichtet werden, da die anderen Vorstandsmitglieder „faktisch nicht mit der Aufstellung der Abschlüsse befasst" seien; diese Möglichkeit ebenfalls erwägend die Stellungnahme des DAV durch den Handelsrechtsausschuss v. Juli 2006, S. 16.

d) Beizufügende schriftliche Erklärung. Die Unklarheiten bezüglich des bisheri- **106** gen Tatbestandsmerkmals „bei der Unterzeichnung" (→ 4. Aufl. 2020, Rn. 106 ff.) haben sich mit der Neufassung des Abs. 2 S. 3[485] erledigt. Die neue Formulierung „haben in einer dem Jahresabschluss beizufügenden schriftlichen Erklärung zu versichern" (anstatt wie bisher „haben bei der Unterzeichnung schriftlich zu versichern") soll klarstellen, dass es sich „bei dem Bilanzeid um eine eigenständige Erklärung" handelt, die sich „zwar auf den Inhalt des Jahresabschlusses bezieht", aber kein Teil von diesem ist.[486] Die Vorstellung eines vom Jahresabschluss räumlich getrennten Bilanzeids ergab bisher wenig Sinn, weil das HGB keine eigenen Vorschriften zur Publizität eines solchen vom Jahresabschluss getrennten Bilanzeids kannte, diese Publizität aber Voraussetzung der Vertrauensbildungsfunktion des Bilanzeids ist. Aus § 325 Abs. 1 S. 1 Nr. 1 idF v. 19.8.2020 folgt jedoch nunmehr, dass neben dem Jahresabschluss auch die „Erklärungen nach § 264 Abs. 2 S. 3" offenzulegen sind.

Dem Gesetzeswortlaut ist nicht zu entnehmen, ob sich die Versicherung auf den aufge- **107** stellten oder auf den festgestellten Jahresabschlusses bezieht. Wie mit überzeugenden Argumenten an anderer Stelle (→ § 245 Rn. 5) dargelegt, gebietet § 245 lediglich die Unterzeichnung des **festgestellten** (zB §§ 172 ff. AktG) Jahresabschlusses. An diese Unterzeichnung knüpfte § 264 Abs. 2 S. 3 aF an.[487] Es sprach schon vor der Neufassung nichts dafür, dass die Vorschrift eine von § 245 abweichende eigenständige Pflicht zur Unterzeichnung des lediglich aufgestellten, aber noch nicht festgestellten Jahresabschlusses schaffen wollte. Die nun vollzogene Gesetzesänderung bestätigt dieses Ergebnis: Eine offengelegte Erklärung, die sich auf einen bloß aufgestellten, aber noch nicht festgestellten Jahresabschluss bezieht, würde den Schutzzwecken des Bilanzeids (→ Rn. 98) nicht gerecht.

Die Erklärung des Abs. 2 S. 3 kann mit dem Lageberichtseid zusammengefasst und als **108** einheitliche Erklärung abgegeben werden (so schon → 4. Aufl. 2020, Rn. 108).[488]

e) Ein den tatsächlichen Verhältnissen entsprechendes Bild iSd S. 1. Die Mit- **109** glieder der Geschäftsleitung haben zu versichern, dass „der Jahresabschluss ein den tatsächlichen Verhältnissen entsprechendes Bild iSd. Satzes 1" (sog. getreues Bild, → Rn. 26 ff.) vermittelt „oder der Anhang Angaben nach S. 2 enthält" (→ Rn. 87 ff.). Damit ist Art. 4 Abs. 2 lit. c S. 1 Transparenz-RL, der von einem „den tatsächlichen Verhältnissen entsprechenden Bild der Vermögenswerte und Verbindlichkeiten sowie der Finanz- und der Ertragslage des Emittenten und der Gesamtheit der in die Konsolidierung einbezogenen Unternehmen vermittelt" spricht, in Bezug auf den Jahresabschluss ausreichend umgesetzt. Der Hinweis auf die „Gesamtheit der in die Konsolidierung einbezogenen Unternehmen" bezieht sich auf die Konzernbilanz und findet in § 297 Abs. 2 S. 3 Berücksichtigung. Es versteht sich von selbst, dass die Erklärung nur abgegeben werden darf, wenn sie der Wahrheit entspricht, dh wenn die gesetzlichen Vertreter tatsächlich (nach bestem Wissen, → Rn. 104 ff.) davon ausgehen, dass der Abschluss ein getreues Bild vermittelt. Ist dies nicht der Fall, dürfen sie nicht einfach auf den Bilanzeid verzichten, sondern müssen den Jahresabschluss so korrigieren, dass er den gesetzlichen Vorgaben (Abs. 2 S. 1 und 2) entspricht.

Wie oben (→ Rn. 102 f.) dargelegt, können durch die Verweisung in § 114 Abs. 2 **110** Nr. 3 WpHG idF v. 3.1.2018 auf § 264 Abs. 2 S. 3 auch **Gesellschaften mit Sitz im Ausland,** wenn auch nicht unmittelbar handelsrechtlich, so doch zumindest kapitalmarktrechtlich dazu verpflichtet sein, einen **Bilanzeid nach § 264 Abs. 2 S. 3** abzugeben. Dann

---

[485] Eingefügt durch Art. 1 des Gesetzes „zur weiteren Umsetzung der Transparenzrichtlinie-Änderungsrichtlinie im Hinblick auf ein einheitliches elektronisches Format für Jahresfinanzberichte" v. 12.8.2020, BGBl. 2020 I 1874.

[486] Begr. RegE Gesetz „zur weiteren Umsetzung der Transparenzrichtlinie-Änderungsrichtlinie im Hinblick auf ein einheitliches elektronisches Format für Jahresfinanzberichte", BT-Drs. 19/17343, 20. Neben dem Abs. 2 S. 3 hat das Gesetz zugleich mit derselben Zielsetzung die § 289 Abs. 1 S. 5, § 297 Abs. 2 S. 4, § 315 Abs. 1 S. 5 geändert.

[487] IErg auch Fleischer ZIP 2007, 97 (101 f.) zum alten Recht.

[488] Begr. RegE Gesetz zur weiteren Umsetzung der Transparenzrichtlinie-Änderungsrichtlinie im Hinblick auf ein einheitliches elektronisches Format für Jahresfinanzberichte, BT-Drs. 19/17343, 20.

stellt sich die Frage, ob sich das den tatsächlichen Verhältnissen entsprechende Bild des Jahresabschlusses iSd Abs. 2 S. 1, dessen ordnungsgemäße Wiedergabe die gesetzlichen Vertreter bestätigen sollen, wie im originären Anwendungsbereich des HGB-Bilanzrechts, also bei Gesellschaften mit Sitz in Deutschland, nach den §§ 238 ff., 264 ff. (→ Rn. 54 ff.) oder nach dem Bilanzrecht des Heimatlandes richtet. Der **Jahresfinanzbericht,** der nach § 114 Abs. 2 Nr. 3 WpHG idF v. 3.1.2018 durch einen Bilanzeid gem. § 264 Abs. 2 S. 3 zu ergänzen ist, hat ausdrücklich und im Einklang mit der Richtlinie dem nationalen Recht des Sitzstaates des Unternehmens zu entsprechen (§ 114 Abs. 2 Nr. 1 WpHG), so dass sich dann auch der Bilanzeid nach § 114 Abs. 2 Nr. 3 WpHG (iVm § 264 Abs. 2 S. 3) inhaltlich sinnvollerweise nur auf diese (ausländische) Rechtsordnung beziehen kann. Das erscheint deshalb merkwürdig, weil Abs. 2 S. 3 auf das getreue Bild iSd Abs. 2 S. 1, also auf deutsches Recht verweist.[489] Wenn das ausländische Unternehmen in der EU oder im EWR ansässig ist, darf man davon ausgehen, dass die **anwendbare Bilanzrechtsordnung** entsprechend Art. 4 Abs. 3 Bilanz-RL und vorbehaltlich der von der Bilanz-RL eingeräumten Mitgliedstaatenwahlrechte ein den deutschen Anforderungen zumindest einigermaßen vergleichbares (oder gleichwertiges, vgl. Art. 23 Abs. 1 S. 1 Transparenz-RL und § 118 Abs. 4 S. 1 WpHG idF v. 3.1.2018 [gleichwertigen Regeln eines Drittstaates], → Rn. 103) Bild der „tatsächlichen Verhältnisse" vermittelt. Dementsprechend sorgt das WpHG im Einklang mit der Richtlinie auch dafür, dass solche EU- bzw. EWR-Emittenten, deren Wertpapiere gleichzeitig an einem anderen Markt in der EU oder im EWR zugelassen sind, nicht aufgrund deutschen Rechts einen Jahresfinanzbericht veröffentlichen müssen (→ Rn. 102). An die Grenze seiner Sinnhaftigkeit kann ein Bilanzeid gem. Abs. 2 S. 3 aber gelangen, wenn er einem nach dem **Bilanzrecht eines Drittstaates** erstellten Jahresabschluss entsprechend seinem Wortlaut bescheinigt, dass er getreues Bild „iSd § 264 Abs. 2 S. 1" bescheinigt, obwohl die maßgebliche Bilanzrechtsordnung mit den europäischen, geschweige denn den deutschen Grundsätzen überhaupt nicht vergleichbar ist. Abs. 2 S. 3 ist aus diesem Grund dahingehend **teleologisch** (und europarechtskonform) **anzupassen,** dass der Bilanzeid bei Jahresabschlüssen nach ausländischem Recht keine Bezugnahme auf Abs. 2 S. 1 und bei Jahresabschlüssen gemäß der Rechtsordnung eines Nicht-EU- oder EWR-Staates nicht einmal eine Bezugnahme auf den europarechtlich vorgeprägten Begriff des den tatsächlichen Verhältnissen entsprechenden Bildes der Vermögens-, Finanz- und Ertragslage enthalten darf. In den letzteren Fällen muss dann die abstrakte Versicherung eines gesetzeskonformen Jahresabschlusses genügen.

111   **f) Nach bestem Wissen.** Die von den gesetzlichen Vertretern geforderte Versicherung darf und muss eine **subjektive Komponente** enthalten. Mit dem erst durch den Finanzausschuss des Bundestags eingefügten[490] Zusatz „nach bestem Wissen" (oder einer gleichwertigen Formulierung, zB „nach unserer Kenntnis", sog. Wissensvorbehalt) trägt der Gesetzgeber und tragen die Erklärenden dem Umstand Rechnung, dass niemand vor Irrtümern gefeit ist, zumal die Vorstandsmitglieder nicht alle Zahlen und Fakten selbst ermitteln können[491] und die Versicherung ungewollt unrichtig sein kann. Nur dies und nicht etwa eine Freistellung der Geschäftsleiter von ihren Sorgfaltspflichten ist auch gemeint, wenn der Finanzausschuss des Bundestags in seiner Stellungnahme schreibt, mit der Formulierung nach bestem Wissen werde zum Ausdruck gebracht, dass nur vorsätzliches und nicht auch fahrlässiges Handeln bei der Abgabe des Bilanzeids bezogen auf die Richtigkeit der Angaben in den Unternehmensabschlüssen rechtliche Folgen auslösen solle.[492] Der Wissensvorbehalt

---

[489]   Art. 4 Abs. 2 lit. c Transparenz-RL verlangt lediglich eine Versicherung der getreuen Abbildung der Lage des Emittenten ohne Bezugnahme auf eine bestimmte Rechtsordnung.

[490]   BT-Finanzausschuss zum RegE TUG, BT-Drs. 16/3644, 43.

[491]   Darauf verweist die Stellungnahme des zentralen Kreditausschusses der deutschen Bankenverbände zum RegE des TUG v. 8.9.2006, S. 5.

[492]   Vgl. Bericht des Finanzausschusses, BT-Drs. 16/3644, 58: Die gesetzlichen Vertreter hätten „sich grundsätzlich zu bemühen, ein möglichst vollständiges Wissen hinsichtlich der vorgeschriebenen Rechnungslegungsangaben zu erhalten". Dies entspreche der allgemeinen Pflicht zur Sorgfalt eines ordentlichen und gewissenhaften Geschäftsleiters („vgl. § 93 Abs. 1 AktG"), die „uneingeschränkt auch für den Bereich der Rechnungslegung" gelte, „und „bekräftige" sie.

vermeidet nach außen gleichzeitig den Eindruck, die Erklärenden übernähmen eine Garantie für die Ordnungsmäßigkeit der Rechnungslegung, möglicherweise sogar mit der Folge einer verschuldensunabhängigen Haftung, wem gegenüber auch immer (→ Rn. 121).

In Art. 4 Abs. 2 lit. c Transparenz-RL findet sich die schlichte Formulierung „ihres **112** Wissens"; „bestes" Wissen wird nicht verlangt.[493] Eine inhaltliche Abweichung zu Abs. 2 S. 3 ergibt sich daraus aber nicht.[494] Vielmehr sind beide Formulierungen in dem Sinne auszulegen, dass die Erklärenden für ihren Wissensstand selbst verantwortlich sind und sich **nach besten Kräften** im Rahmen des Zumutbaren **um einen optimalen Wissensstand bemühen** müssen.[495] Dementsprechend findet sich in der gleichermaßen verbindlichen englischen Fassung des Art. 4 Abs. 2 lit. c Transparenz-RL die Formulierung „to the best of their knowledge", ebenso wie übrigens in Art. 5 Abs. 2 lit. c Transparenz-RL derselben Richtlinie in Zusammenhang mit dem insoweit ohne Weiteres vergleichbaren *Halb*jahresfinanzbericht. Selbst die deutsche Richtlinienfassung (umgesetzt in § 114 Abs. 2 Nr. 3 WpHG idF v. 3.1.2018 ua iVm § 264 Abs. 2 S. 3) spricht hier von „*bestem* Wissen" [Hervorhebung durch Verf.]. Die unterschiedlichen Formulierungen der deutschen Fassung des Art. 4 Abs. 2 lit. c Transparenz-RL einerseits und Art. 5 Abs. 2 lit. c Transparenz-RL andererseits sind somit nicht mehr als eine sprachliche Ungenauigkeit des europäischen Gesetzgebers.[496] Daher bleibt es ohne Folgen, dass die Bundesregierung die deutsche Fassung des Art. 4 Abs. 2 lit. c Transparenz-RL offensichtlich gar nicht genau gelesen hat.[497] Letztlich teilt auch der Finanzausschuss des Bundestags das hier dargelegte Verständnis der Richtlinie, obwohl er eine Verantwortlichkeit für fahrlässiges Handeln bei der Abgabe des Bilanzeids ablehnt (→ Rn. 111). Denn nach seiner Auffassung genügt es „für die richtige Abgabe des Bilanzeides" ebenfalls nicht, „wenn sich die zur Abgabe verpflichteten gesetzlichen Vertreter nur auf vorhandenes Wissen zurückziehen". Vielmehr hätten sie sich grundsätzlich zu bemühen, ein möglichst vollständiges Wissen hinsichtlich der vorgeschriebenen Rechnungslegungsangaben zu erhalten.[498] Könnten sich die gesetzlichen Vertreter auf ihre eigene Ignoranz oder Blindheit berufen, wäre der Bilanzeid wertlos.

Die mit dem Merkmal des besten Wissens implizierte **Verpflichtung zur Informati- 113 onsbeschaffung** (→ Rn. 120) ist im Übrigen – nicht nur im deutschen Gesellschaftsrecht – Teil der Sorgfalt des ordentlichen und gewissenhaften Geschäftsleiters,[499] was § 93 Abs. 1 S. 2 AktG idF des UMAG mit den Worten „auf der Grundlage angemessener Information" für den Bereich der unternehmerischen Entscheidungen seit dem 1.11.2005 ausdrücklich klarstellt (sog. business judgement rule), aber schon im Überwachungssystem des § 91 Abs. 2 AktG idF des KonTraG angelegt ist.[500] Dies bedeutet auch, dass sich aus Abs. 2 S. 3 keine

---

[493] Vgl. für das US-Kapitalmarktrecht § 302(a)(2) und (3) SOX mit dem Kriterium „based on the officer's knowledge". § 906 SOX verzichtet demgegenüber auf eine entsprechende subjektive Beschränkung der geforderten Erklärung.

[494] So wohl auch Hutter/Kaulamo NJW 2007, 550 (553): Am Ende des Gesetzgebungsverfahrens sei der Bilanzeid „auf das in der Transparenzrichtlinie geforderte Maß eingeschränkt" worden.

[495] Zust. BeckOGK/Fehrenbacher, 1.12.2021, Rn. 99; ebenso zu § 264 Abs. 2 S. 3 („nach bestem [wörtlich: besten] Wissen") Fleischer ZIP 2007, 97 (101): „Bei Lichte besehen" beschränke „sich die Formulierung ‚nach bestem Wissen' nicht auf das vorhandene Wissen der Vorstandsmitglieder", sondern verlange „zusätzlich ein subjektiv redliches Erklärungs- und Informationsverhalten"; BeBiKo/Störk/Rimmelspacher, 13. Aufl. 2022, Rn. 88: „Informationsbeschaffungspflicht und Informationssorgfalt".

[496] Ähnlich Fleischer ZIP 2007, 97 (101): „Möglicherweise" handele „es sich um ein übersetzungsbedingtes Redaktionsversehen".

[497] Dies zeigt folgender Auszug aus der Begr. RegE zu § 264 Abs. 2 S. 3 HGB-E (BT-Drs. 16/2498, 55), der – überdies in Verkennung der unterschiedlichen strafrechtlichen Vorsatzformen (→ Rn. 117) – noch ohne den Zusatz „nach bestem Wissen" auszukommen glaubte: „Auf die einschränkenden Worte ‚nach bestem Wissen' [tatsächlich heißt es dort: ‚ihres Wissens"], die Art. 4 Abs. 2 lit. c Transparenz-RL vorsieht, kann im deutschen Bilanzeid verzichtet werden, da eine Strafbarkeit wegen falschen Bilanzeids nach § 331 ohnehin eine wissentliche Begehung der Tat voraussetzt".

[498] Bericht des Finanzausschusses, BT-Drs. 16/3644, 58.

[499] Ebenso der Bericht des Finanzausschusses, BT-Drs. 16/3644, 58; Zitat → Rn. 111.

[500] S. hierzu den Bericht des Finanzausschusses, BT-Drs. 16/3644, 58: Die gesetzlichen Vertreter würden „zu berücksichtigen haben, dass sie nach § 91 Abs. 2 AktG zur Einrichtung eines Risikoüberwachungssystems verpflichtet" seien und „dabei gewonnene Erkenntnisse einzubeziehen" hätten.

Informationsbeschaffungspflichten ableiten lassen, die über den allgemeinen gesellschaftsrechtlichen Sorgfaltsmaßstab hinausgingen.[501] Über die subjektiven Voraussetzungen der Strafbarkeit ist damit noch nichts gesagt (→ Rn. 117). Jedenfalls wird im Schrifttum den Vorstandsmitgliedern empfohlen, von den für das Rechnungswesen verantwortlichen Mitarbeitern eigene Versicherungen (sog. sub-certifications oder mirror certifications) einzuholen, wie dies in den USA häufig geschehe.[502] Dies entspricht der um sich greifenden Tendenz, Prozessmanagement vor dem Hintergrund gerichtlicher Kontrolle immer stärker zu formalisieren und standardisieren (Stichwort: Checklisten) und damit in gewisser Weise zum Selbstzweck werden zu lassen.[503] Zumindest zivilrechtlich wird sich der Vorstand seiner Gesamtverantwortung für die ordnungsgemäße Rechnungslegung aber nicht allein dadurch entledigen können, dass er sich die Ordnungsmäßigkeit von seinen Mitarbeitern auf unterer Ebene formularmäßig bestätigen lässt.[504]

114   **3. Sanktionen. a) Europarechtliche Grundlagen.** Gemäß Art. 28 Abs. 1 **Transparenz-RL** idF der Änderungen durch die RL 2013/50/EU haben die Mitgliedstaaten unbeschadet ihres Rechts, strafrechtliche Sanktionen vorzusehen, sicherzustellen, dass bei Verstößen gegen die gemäß dieser Richtlinie erlassenen nationalen Vorschriften gegen die verantwortlichen Personen zumindest geeignete „Verwaltungsmaßnahmen und verwaltungsrechtliche Sanktionen" verhängt werden, die „wirksam, verhältnismäßig und abschreckend" zu sein haben. Dazu gehören nach Art. 28b Transparenz-RL zumindest die „öffentliche Bekanntgabe der verantwortlichen natürlichen oder juristischen Person und die Art des Verstoßes", eine Unterlassungsanordnung, finanzielle Sanktionen sowie die Möglichkeit der Aussetzung der Stimmrechte aus Aktien. Gemäß Abs. 2 der genannten Richtlinienvorschrift ist ferner grundsätzlich vorzusehen, „dass in Fällen, in denen juristische Personen gegen ihre Pflichten verstoßen, gegen die Mitglieder des Verwaltungs-, Leitungs- oder Aufsichtsorgans der betreffenden juristischen Person und andere natürliche Personen, die nach nationalem Recht für den Verstoß verantwortlich sind, nach Maßgabe des nationalen Rechts Sanktionen verhängt werden können". Die europarechtliche Pflicht zur Verhängung wirksamer Sanktionen erfasst nach Art. 28a lit. a Transparenz-RL auch die Pflicht nach Art. 4 Abs. 2 lit. c Transparenz-RL, einen **Jahresfinanzbericht** einschließlich eines Bilanzeids zu veröffentlichen. In Deutschland wurde die Pflicht zur Veröffentlichung eines Jahresfinanzberichts in § 114 WpHG idF v. 3.1.2018 (ursprünglich: § 37v WpHG aF) umgesetzt, der dazugehörige Bilanzeid ergibt sich aus § 114 Abs. 2 Nr. 3 WpHG iVm § 264 Abs. 2 S. 3 (so → Rn. 99). Gemäß § 120 Abs. 12 Nr. 5, Abs. 2 Nr. 15 WpHG idF v. 3.1.2018 handelt **ordnungswidrig** und kann mit einem Bußgeld belegt werden, „wer vorsätzlich oder fahrlässig" bzw. „vorsätzlich oder leichtfertig" ua entgegen § 114 Abs. 1 S. 1 oder § 114 Abs. 1 S. 4, jeweils auch iVm § 117, einen Jahresfinanzbericht *einschließlich der Erklärung gemäß § 114 Abs. 2 Nr. 3* „nicht oder nicht rechtzeitig zur Verfügung stellt" bzw. „nicht oder nicht rechtzeitig übermittelt" [Hervorhebung durch Verf.]. Gemäß § 123 WpHG idF v. 3.1.2018 kann die BaFin grundsätzlich „unanfechtbare Maßnahmen", die sie wegen Verstößen gegen Verbote oder Gebote des WpHG getroffen hat, auf ihren Internetseiten[505] **öffentlich bekannt** machen. Mit diesen Regelungen dürfte Deutschland seine vorgenannten Sankti-

[501] Ebenso zB BeBiKo/Störk/Rimmelspacher, 13. Aufl. 2022, Rn. 88; wohl auch Hamann Der Konzern 2008, 145 (149): Die Vorstandsmitglieder seien „gehalten, zumindest ihre gesetzlichen Überwachungs- (§§ 91 Abs. 2, 92 AktG) und Sorgfaltspflichten (§ 93 Abs. 1 AktG) im Rahmen der Versicherung zu beachten".

[502] Fleischer ZIP 2007, 97 (101).

[503] v. Rosen FAZ v. 10.8.2006, S. 14: Die Regelung des Bilanzeids diene „letztlich dazu, die Vorstände zu disziplinieren" und wirke „wie die Schere im Kopf". Der gesamte Vorstand müsse „sich zunehmend mit Kontrollmaßnahmen beschäftigen, statt sich primär seinen unternehmerischen Aufgaben, das heißt dem operativen Geschäft, zu widmen".

[504] Ähnlich Hutter/Kaulamo NJW 2007, 550 (553): Die „haftungsfreistellende Wirkung" von Mitarbeiter-Erklärungen sei angesichts der „Ratio" des Bilanzeids „fraglich".

[505] Im Gesetzestext heißt es, wie übrigens auch in anderen Gesetzen (zB § 124a AktG), „Internetseite" im Singular, dabei ist „Seite" wohl als Übersetzung für das englische Wort „site" gedacht.

onspflichten nach Art. 28 der Richtlinie in Bezug auf den Bilanzeid ausreichend erfüllt haben.[506] Dennoch hat der deutsche Gesetzgeber die aus europarechtlicher Sicht ohnehin überobligatorische **handelsrechtliche Verpflichtung** zur Abgabe eines Bilanzeids (Abs. 2 S. 3) durch eine Erweiterung des Tatbestands der „unrichtigen Darstellung" (§ 331) auch noch **strafrechtlich flankiert** (→ Rn. 115 ff.), und zwar ausdrücklich unter Berufung auf Art. 28 Transparenz-RL.[507] Nach Aussage der Bundesregierung soll damit dazu „beigetragen" werden, „der Forderung nach einer Verschärfung der Strafvorschriften im Kapitalmarktbereich als Reaktion auf die verschiedenen Finanzskandale der letzten Jahre nachzukommen".[508] Daneben kommen noch die allgemeinen zivilrechtlichen Sanktionen in Betracht (→ Rn. 120 f.).

b) Strafbarkeit nach § 331a Abs. 1. Die Strafbarkeit des falschen Bilanzeids wurde **115** durch Art. 1 FISG[509] in Gestalt des neu eingefügten § 331a neu geregelt. Nach § 331a Abs. 1 (zuvor § 331 Nr. 3a idF v. 19.4.2017) wird mit Freiheitsstrafe bis zu fünf Jahren oder mit Geldstrafe bestraft, wer entgegen § 264 Abs. 2 S. 3, auch iVm § 325 Abs. 2a S. 3, entgegen § 289 Abs. 1 S. 5, auch iVm § 325 Abs. 2a S. 4, entgegen § 297 Abs. 2 S. 4 oder entgegen § 315 Abs. 1 S. 5, jeweils auch iVm mit § 315e Abs. 1, eine **unrichtige Versicherung** abgibt" [Hervorhebung durch *Verf.*]. Die **Nichtabgabe des Bilanzeids** steht demgegenüber bewusst nicht unter Strafe, sondern begründet nur eine Ordnungswidrigkeit, sofern der betreffende Jahresabschluss in den Jahresfinanzbericht eingeht (→ Rn. 114). Der Finanzausschuss des Bundestags hatte aus der Formulierung des Regierungsentwurfs („eine Versicherung nicht oder nicht richtig abgibt")[510] die Worte „nicht oder" herausgestrichen und sich dabei auf eine „Anlehnung an die Aussagedelikte der §§ 153 ff. StGB" berufen, die die Verweigerung eines Eids oder einer eidesstattlichen Erklärung ebenfalls nicht sanktionieren.[511] Der Gesetzgeber hat dies mit der Neufassung des Straftatbestands sowohl in der Überschrift („Unrichtige Versicherung") als auch im Text (eine unrichtige Versicherung abgibt") ausdrücklich und bewusst klargestellt;[512] im früheren § 331 Nr. 3a aF war dies noch weniger deutlich („eine Versicherung nicht richtig abgibt"). Mit den Verweisen auf die §§ 315, 325 steht gleichfalls fest, dass auch eine Versicherung, die sich auf nach internationalen Rechnungslegungsvorschriften erstellte offenlegungspflichtige Rechnungslegungsunterlagen bezieht, den Tatbestand erfüllt.[513] Der **Strafrahmen** für den vorsätzlichen unrichtigen Bilanzeid mag manchen selbst nach seiner Erhöhung auf eine Freiheitsstrafe bis zu fünf (anstatt wie früher drei) Jahren durch das FISG im Vergleich zum US-Recht, das je nach Vorsatzform Strafen zwischen 1.000.000 US-Dollar (bzw. 5.000.000 US-Dollar) und zehn (bzw. zwanzig) Jahren Gefängnis vorsieht (18 U. S. C. § 1350(c) idF des § 906 (a) SOX), „eher moderat"[514] erscheinen. Aber immerhin geht das (vorsätzliche) Delikt vom Strafmaß her damit über bspw. die falsche Versicherung an Eides Statt (§ 156 StGB), den Kapitalanlagebetrug (§ 264a StGB) oder den Schwangerschaftsabbruch (§ 218 StGB) hinaus

---

[506]   Vgl. Begr. RegE TUG, BT-Drs. 16/2498, 47: In Umsetzung der Vorgabe aus Art. 28 Transparenz-RL würden in § 39 WpHG Bußgeldtatbestände bezogen auf durch die Transparenz-RL bedingte Gebote und Verbote des WpHG eingeführt.

[507]   Begr. RegE TUG, BT-Drs. 16/2498, 55: Art. 28 Transparenz-RL verpflichte „die Mitgliedstaaten der EU, Verstöße gegen die nationalen Vorschriften zur Umsetzung der Richtlinie zu sanktionieren". S. demgegenüber die BR-Stellungnahme, BT-Drs. 16/2917, 3: Die Verhängung strafrechtlicher Sanktionen bei unrichtigen Versicherungen im Rahmen des Bilanzeids verlange Art. 28 Transparenz-RL nicht. Abweichungen wären „der Harmonisierung des europäischen Kapitalmarkts und Kapitalmarktrechts sowie dem Ziel der Schaffung einheitlicher europäischer Rahmenbedingungen für die Kapitalmarktakteure nicht zuträglich".

[508]   Begr. RegE TUG, BT-Drs. 16/2498, 55.

[509]   Gesetz zur Stärkung der Finanzmarktintegrität (Finanzmarktintegritätsstärkungsgesetz) v. 3.6.2021, BGBl. 2021 I 153, bekannt als „Wirecard"-Gesetz.

[510]   Krit. auch zB v. Rosen FAZ v. 10.8.2006, S. 13, 14: „völlig überzogen".

[511]   Bericht des Finanzausschusses, BT-Drs. 16/3644, 59.

[512]   Begr. RegE FISG, BT-Drs. 19/26966, 105.

[513]   Begr. RegE FISG, BT-Drs. 19/26966, 105.

[514]   Fleischer ZIP 2007, 97 (102).

und liegt nun in der gleichen „Gewichtsklasse" wie der sexuelle Missbrauch von Jugendli-chen (§ 182 StGB) oder die fahrlässige Tötung (§ 222).[515] Die erhöhte Strafandrohung sei, so die Einlassung der Bundesregierung, „erforderlich, um das gegenüber der vorsätzlich unrichtigen Darstellung gesteigerte Unrecht einer vorsätzlich unrichtigen öffentlichen Bekräftigung der Richtigkeit einer solchen Darstellung angemessen ahnden zu können". Durch eine unrichtige Versicherung werde „das Vertrauen eines – aufgrund der Kapital-marktorientierung – typischerweise großen Adressatenkreises erschüttert". Das HGB sehe „auch an anderen Stellen verschärfte Rechtsfolgen für kapitalmarktorientierte Unternehmen vor, diese Verschärfung werde „nunmehr auch im Bereich des Bilanzstrafrechts umge-setzt".[516]

116   „**Nicht richtig**" ist eine Versicherung nach § 264 Abs. 2 S. 3 dann, wenn ihr Inhalt nicht mit der Realität übereinstimmt. Der Inhalt der Erklärung („dass nach besten Wis-sen der Jahresabschluss ein … Bild … vermittelt") bezieht sich auf eine **subjektive Tat-sache,** nämlich die Gewissheit (iSd Bewusstseins des Wissens) des Erklärenden von der Wahrheit des Jahresabschlusses, und eine **objektive Tatsache,** nämlich das in der Ver-gangenheit gezeigte, im Adjektiv „besten" (Wissen) zum Ausdruck kommende pflicht-gemäße Bemühen des Erklärenden, ein möglichst vollständiges Wissen hinsichtlich der vorgeschriebenen Rechnungslegungsangaben zu erhalten (→ Rn. 112). Es reicht, wenn die Unrichtigkeit der Erklärung in der subjektiven *oder* in der objektiven Tatsache begründet liegt.

117   **Subjektiv** unrichtig ist die Erklärung auf jeden Fall, wenn der Erklärende positiv im Sinne direkten Vorsatzes (1. oder 2. Grades) **weiß,** dass der Jahresabschluss wegen Verstößen gegen spezielle Rechnungslegungsvorschriften oder gegen § 264 Abs. 2 S. 2 ein **falsches Bild** vermittelt, denn dann hat er die Versicherung entgegen seiner Behauptung nicht nach „bestem" Wissen abgegeben.[517] Dass er dabei etwa gleichzeitig wissen müsste, *wie* im Einzelnen der Jahresabschluss richtigerweise auszusehen hätte, lässt sich aus dem Gesetzeswortlaut nicht ableiten. Fraglich ist indes, ob es auch ausreicht, wenn der Erklärende iSv **Eventualvorsatz** die Unrichtigkeit des durch den Jahresab-schluss (einschließlich Anhang) vermittelten Bildes bloß für möglich hält, wenn er also lediglich **Zweifel an der Wahrheit** des Jahresabschlusses hat. Dies wird man wohl in dem Maße bejahen müssen, wie diese Zweifel so fundiert sind, dass von „Gewissheit" bez. der Richtigkeit keine Rede sein kann, weil die Erklärung dann in Bezug auf ihr subjektives Element unrichtig ist.[518] Regelmäßig wird sie dann auch objektiv unrichtig sein, denn wenn der Erklärende seiner Verpflichtung zur Informationsbeschaffung wirk-lich genügt, dürfte er kaum begründete Zweifel bezüglich der Ordnungsmäßigkeit des Jahresabschlusses und seiner diesbezüglichen Erklärung besitzen.[519] An der noch in der 2. Auflage (2008) vertretenen Auffassung, das (sinngemäß aus § 331 Nr. 3a aF iVm § 264 Abs. 2 S. 3 abzuleitende) Merkmal „nicht nach bestem Wissen" sei mangels anderweiti-

---

[515]   Die hier zum Ausdruck kommende Bewertung des Strafrahmens offenbar teilend BeckOGK/Fehrenba-cher Rn. 100 (Stand: 1.9.2022).

[516]   Begr. RegE FISG, BT-Drs. 19/26966, 105, mit Hinweis auf § 334 Abs. 3 S. 2 zur Höhe der Bußgelder wegen inhaltlicher Verstöße gegen Rechnungslegungsvorschriften und auf § 335 Abs. 1a zur Höhe der Ordnungsgelder wegen verspäteter Offenlegung.

[517]   Irrt sich der/die Erklärende über den Inhalt bzw. die Auslegung der Rechnungslegungsvorschriften (blankettausfüllende Normen), dürfte dies entsprechend den zu Blankettgesetzen entwickelten Grundsät-zen als vorsatzausschließender Tatbestandsirrtum zu qualifizieren sein (→ § 331a Rn. 18 iVm → § 331 Rn. 94 (Klinger)).

[518]   S. zB BeckOGK/Waßmer, 15.10.2021, § 331a Rn. 25 mwN: Für das Vorsatzdelikt genüge nach hM Eventualvorsatz.

[519]   In diese Richtung (für einen Sonderfall) auch Altenhain WM 2008, 1141 (1146): Erkläre ein Vorstands-mitglied im Vertrauen auf die Redlichkeit seiner Mitarbeiter (zu Unrecht) die Richtigkeit des Jahres-abschlusses, obwohl es wisse, dass es kein effektives innerbetriebliches Informations- und Kontrollsystem gebe, dass es daraus erlangte Informationen nicht beachtet habe oder dass Anhaltspunkte für Unregelmä-ßigkeiten bestünden, mache es sich gem. § 331 Nr. 3a HGB aF selbst dann strafbar, wenn es trotzdem darauf vertraue, dass der Abschluss richtig sei.

ger Anhaltspunkte wie das Tatbestandsmerkmal „wider besseres Wissen" in zahlreichen anderen Strafbeständen (zB §§ 145d, 164, 187 StGB) auszulegen, so dass in Bezug auf die Unrichtigkeit des Wissens bedingter Vorsatz nicht ausreichend sei,[520] wird daher seit der 3. Aufl. 2013 nicht mehr festgehalten. Mit dem FISG ist jetzt auch die **leichtfertige** unrichtige Abgabe einer Versicherung iSd Abs. 1 mit Freiheitsstrafe bis zu zwei Jahren oder mit Geldstrafe bedroht (§ 331a Abs. 2). Die Bundesregierung rechtfertigt diese Verschärfung mit der „Vertrauensbildungsfunktion des ‚Bilanzeides' für die Öffentlichkeit" und dem Bedarf nach einer „ausreichend abschreckenden Ahndung".[521] Das sind aber nur klingende Worte. Eher dürfte die Fahrlässigkeitsstrafbarkeit dem Zweck dienen, oftmals bestehenden Beweisschwierigkeiten auf subjektiver Tatseite aus dem Weg zu gehen.[522] Angesichts der hohen Anforderungen an die Leichtfertigkeit[523] muss sich zeigen, ob die Vorschrift diesem Anliegen gerecht werden kann. Denkbar ist zudem, dass die Einführung des Abs. 2 im Ergebnis eine entlastende Wirkung für potentielle Täter haben wird. Eben weil der Nachweis vorsätzlichen Verhaltens schwierig und jetzt für eine Bestrafung auch nicht mehr zwingend erforderlich ist, besteht ein Anreiz für die Strafverfolgungsbehörden, trotz Anzeichen für bedingten Vorsatz sicherheitshalber auf die Leichtfertigkeitsvariante abzustellen. Anders als bei Abs. 1 sind mit einer Verurteilung nach Abs. 2 keine weitergehenderen, ggf. gravierenden, außerstrafrechtlichen Konsequenzen verbunden (vgl. § 6 Abs. 2 Nr. 3 lit. d GmbHG bzw. § 76 Abs. 3 Nr. 3 lit. d AktG[524]).

Die **tatsächliche Anreizwirkung** des Straftatbestands bezüglich der Abgabe eines **118** wahrheitsgemäßen Bilanzeids (zum Einzelabschluss) hängt auch davon ab, inwieweit § 331a iVm § 264 Abs. 2 S. 3 Verhaltensweisen erfasst, die früher noch nicht nach § 331 oder einer vergleichbaren Vorschrift strafbar waren.[525] Ist der Bilanzeid (vorsätzlich) unrichtig, weil der Jahresabschluss entgegen der Versicherung kein getreues Bild vermittelt, also „unrichtig" ist, sind regelmäßig bereits die Voraussetzungen des § 331 Abs. 1 Nr. 1 (vorsätzliche Falschbilanzierung) erfüllt. Bislang wirkte sich die zusätzliche unrichtige Versicherung allenfalls bei

---

[520] IErg auch DAI, Stellungnahme zum RegE TUG v. 16.8.2006, S. 15 f. = NZG 2006, 696 (700); Heldt/Ziemann NZG 2006, 652 (654) (zum RegE TUG): Für die Annahme eines „Wissensvorbehalts" im (strafrechtlichen) Sinn von dolus directus 2. Grades spreche das dem Tatbestand zugrunde liegende eigenständige Rechtsgut des Vertrauens in die „‚Ehrlichkeit' der Bilanzverantwortlichen" und der Umstand, dass dadurch „Schärfen" des Bilanzeides „aufgefangen" würden; aA Hamann Der Konzern 2008, 145 (148): Eine Erklärung „[gemeint dürfte sein: nicht] nach bestem Wissen" setze „gerade anders als eine solche ‚wider besseres Wissen' nicht die sichere Kenntnis gegenteiliger Tatsachen" voraus.

[521] Begr. RegE FISG, BT-Drs. 19/26966, 106.

[522] So einleuchtend Krolop NZG 2021, 853, 858 (dort Fn. 72) in seiner Interpretation des gesetzgeberischen Motivs der „ausreichend abschreckende[n] Ahndung".

[523] Vgl. Krolop NZG 2021, 853, 858 Fn. 72: Unter Berufung auf Schüppen (DStR 2021, 246, 251), der zum vergleichbaren § 332 Abs. 3 meint, dass leichtfertiges Handeln wegen der zu fordernden Unredlichkeit „aus Gründen der Logik" ausscheide, folgert er, Leichtfertigkeit komme bei § 331a nur in Betracht, „wenn sich die Fahrlässigkeit im Grenzbereich zum Vorsatz bewegt"; s. auch zB BGH NJW 1960, 1678 (1680) zu § 164 Abs. 5 StGB aF: Leichtfertigkeit sei „iS grober Fahrlässigkeit zu verstehen".

[524] Dass die genannten gesellschaftsrechtlichen Vorschriften bislang nicht angepasst und der neue § 331a Abs. 1 dort noch nicht in die Kataloge aufgenommen worden ist, dürfte ein Redaktionsversehen sein. Das Delikt der unrichtigen Versicherung ist in Regelungsgehalt und Ratio unverändert geblieben; der Unrechtsgehalt, den der Gesetzgeber ihm zumisst, hat sich sogar noch erhöht, sodass die Unvereinbarkeit einer Vorverurteilung mit der Stellung als Geschäftsleiter erst recht bejaht werden muss. Zumindest eine analoge Anwendung ist daher angezeigt. AA möglicherweise BeckOK GmbHG/Wisskirchen/Hesser/Zoglowek, 1.8.2022, GmbHG § 6 Rn. 26, die sich aber nicht explizit zu § 331a äußern: Die Autoren halten jedenfalls die Verweisung in § 6 Abs. 2 Nr. 3 lit. e GmbHG auf Strafrechtsnormen in dem Sinne für statisch, dass sie nur die bei Einführung der Regelung zum 1.11.2008 bereits geltenden Straftatbestände erfassen. Sie müssten diese Argumentation dann konsequenterweise auf § 6 Abs. 2 Nr. 3 lit. d GmbHG übertragen, sodass die erst lange nach 2008 eingefügte Nr. 3a des § 331 aF von der Verweisung in § 6 Abs. 2 Nr. 3 lit. d GmbHG nicht erfasst worden sein kann. Die Anwendung der Unvereinbarkeitsnorm auf § 331a liegt nach dieser Logik dann ganz fern.

[525] Vgl. Heldt/Ziemann NZG 2006, 652 (654): Es könne „angezweifelt werden, inwieweit dem ‚Bilanzeid' eine eigenständige Bedeutung gegenüber den bereits bestehenden Bilanzdelikten der Bilanzfälschung und Bilanzverschleierung" zukomme.

der **Strafzumessung** aus.[526] Nach dem erklärten Willen des FISG-Gesetzgebers besteht nunmehr ein qualitativer Unrechtsunterschied zwischen den beiden Tatbeständen. Denn „um das gegenüber der vorsätzlich unrichtigen Darstellung gesteigerte Unrecht einer vorsätzlich unrichtigen öffentlichen Bekräftigung" dieser Darstellung „angemessen ahnden" zu können, ist der Strafrahmen des § 331a Abs. 1 um zwei Jahre höher angesetzt als für die Tatbestände des § 331 Abs. 1.[527] Sofern man der Falschbilanzierung die für eine Begleittat im Sinne der Konsumtionsdogmatik erforderliche „Typizität" zugestehen möchte, würde § 331a Abs. 1 den regelmäßig mitverwirklichten § 331 Abs. 1 Nr. 1 verdrängen; die Mitverwirklichung wäre dann in der Strafzumessung nicht mehr zu berücksichtigen.[528] Die für § 331 Abs. 1 Nr. 1 allgemein angenommene **Erheblichkeitsschwelle** ($\rightarrow$ § 331 Rn. 52 f.) muss auch für § 331a gelten. Das ungeschriebene Kriterium wird aus der notwendigen Abgrenzung des § 331 Abs. 1 Nr. 1 zum Ordnungswidrigkeitstatbestand des § 334 Abs. 1 Nr. 1 lit. a hergeleitet. Letzterer ahndet die Verletzung bestimmter Rechnungslegungsvorschriften einschließlich der Generalklausel des Abs. 2. Wendet man § 331 Abs. 1 Nr. 1 selbst auf unbedeutende (vorsätzliche) Bilanzierungsfehler an, ist dieser Tatbestand in den Fällen des § 334 Abs. 1 Nr. 1 lit. a – abgesehen von der allein durch § 331a nicht erfassten Nichtabgabe der Versicherung[529] – regelmäßig mit verwirklicht, so dass § 334 Abs. 1 Nr. 1 lit. a weitgehend überflüssig wäre (vgl. § 21 Abs. 1 OWiG). Diese Argumentation lässt sich auf § 331a ohne Weiteres übertragen, weil Bilanzierungsfehler bei kapitalmarktorientierten Gesellschaften ($\rightarrow$ Rn. 102 f.) notwendigerweise einen unrichtigen Bilanzeid nach sich ziehen, sofern dort die Vermittlung eines getreuen Bildes bestätigt wird. Im Ergebnis kann ein mangels ordnungsgemäßer Rechnungslegung unrichtiger Bilanzeid daher nur bei erheblichen, auch in der **Gesamtschau** zu einem unwahren oder unklaren Bild der Gesellschaftslage führenden Rechnungslegungsfehlern strafbar sein. Die Erheblichkeitsschwelle dürfte derjenigen des Abs. 2 S. 2 ($\rightarrow$ Rn. 87 und 89) vergleichbar sein, wobei zu beachten ist, dass es bei Abs. 2 S. 2 anders als bei § 331a ausschließlich um Fälle geht, wo *trotz* Einhaltung der (im Lichte des Abs. 2 S. 1 ausgelegten) Einzelvorschriften kein getreues Bild vermittelt wird.

119   Der umgekehrte Fall, dass der Jahresabschluss objektiv in Ordnung ist, die gesetzlichen Vertreter aber erklären, er gebe **kein getreues Bild** wieder,[530] wird in der Praxis nicht zuletzt deshalb kaum eintreten, weil eine negative Erklärung in Abs. 2 S. 3 gar nicht vorgesehen ist. Aus diesem Grunde dürfte die Anwendung des § 331a auf unrichtige negative Erklärungen ausscheiden, denn es fehlt an einer Versicherung „entgegen § 264 Abs. 2 S. 3". Der Tatbestand ist insofern nicht mit § 332 Abs. 1 (Verletzung der Berichtspflicht durch den Abschlussprüfer) vergleichbar.[531] Auch diesbezüglich besitzt § 331a also keinen eigenständigen, von der unrichtigen Bilanzierung (§ 331 Nr. 1) unabhängigen Anwendungsbereich.

120   **c) Zivilrechtliche Haftung.** Gesetzliche Vertreter, die gar keinen oder einen unrichtigen Bilanzeid abgeben, verstoßen gegen die Sorgfalt eines ordentlichen und gewissenhaften Geschäftsleiters und haften ihrer Gesellschaft daher bei Verschulden nach den allgemeinen

---

[526] Vgl. Rodewald/Unger BB 2006, 1917 (1919), zu § 264 Abs. 2 S. 3 idF des RegE TUG: Da auch bislang schon die unrichtige Wiedergabe der Verhältnisse der Kapitalgesellschaft im Jahresabschluss nach § 331 Nr. 1 strafbar sei, würde eine in diesem Zusammenhang abgegebene falsche Versicherung nach § 264 Abs. 2 S. 3 nicht isoliert zu einem strafbaren Verhalten führen. Gegebenenfalls sei „in einschlägig gelagerten Fällen der falsche Bilanzeid aber bei der Strafbemessung zu berücksichtigen".

[527] Begr. RegE FISG, BT-Drs19/26966, 105.

[528] S. zu den Voraussetzungen der Konsumtion MüKoStGB/v. Heintschel-Heinegg, 4. Aufl. 2020, StGB Vor § 52 Rn. 49 f. mwN.

[529] Auf diesen Unterschied zu Recht hinweisend Hamann Der Konzern 2008, 145 (147) Fn. 14.

[530] Dieser Fall schwebt wohl Heldt/Ziemann NZG 2006, 652 (653 f.) vor, wenn sie die eigenständige Bedeutung der Begehensvariante des § 331 Nr. 3a idF des RegE TUG (im Unterschied zur dort noch vorhandenen Unterlassensvariante) in der Pönalisierung der „subjektiv unrichtigen Finanzberichterstattung" zusätzlich zur bereits von Nr. 1 und 2 erfassten „objektiv unrichtigen Finanzberichterstattung" sehen.

[531] So aber Heldt/Ziemann NZG 2006, 652 (654).

Vorschriften auf Ersatz eines hierdurch entstandenen Schadens. Wie in → Rn. 113 ausge-führt, impliziert das Merkmal des „besten Wissens" eine **Verpflichtung zur Informationsbeschaffung.** Die zivilrechtliche Haftungsschwelle bei unrichtigem Bilanzeid ist somit niedriger als die strafrechtliche. Im Vergleich zu den ohnehin bestehenden **Sorgfaltspflichten** der Geschäftsleitung bei der Aufstellung eines (gesetzeskonformen) Jahresabschlusses lässt sich durch die Einführung des Bilanzeids **keine Verschärfung** feststellen. Wer entsprechend den *bisherigen* Maßstäben ohne Verschulden einen fehlerhaften Jahresabschluss aufgestellt und unterzeichnet hat, braucht keine erweiterte Haftung zu befürchten, nur weil er seiner Unterschrift den Bilanzeid hinzugefügt hat und den Jahresabschluss allein *aus diesem Grund* noch genauer hätte prüfen müssen. Bei schuldhaft fehlerhaftem Jahresabschluss und Bilanzeid ist eine über das bisherige Ausmaß hinausgehende Schadensersatzhaftung der gesetzlichen Vertreter allenfalls in dem schwer zu beweisenden Fall denkbar, dass speziell der Bilanzeid einen **zusätzlichen Schaden** verursachen sollte, zB weil der Imageverlust für Gesellschaften gerade wegen des falschen Bilanzeids besonders hoch ist.

Bezüglich der **Außenhaftung** der gesetzlichen Vertreter gegenüber Gesellschaftern, **121** Gläubigern oder sonstigen Dritten kann im Wesentlichen auf die Ausführungen zu Abs. 1 und 2 (→ Rn. 95 ff.) verwiesen werden. Die **Schutzgesetzeigenschaft** im Rahmen der **§ 823 Abs. 2 BGB, § 280 Abs. 1 BGB** ist für § 264 Abs. 2 S. 3 aus denselben Gründen abzulehnen wie für S. 1 und 2 der Vorschrift (→ Rn. 95).[532] Die Strafvorschrift des § 331a ist demgegenüber ebenso als Schutzgesetz zu qualifizieren wie § 331 Nr. 1 (→ Rn. 96). Ein Grund, hier zu einer abweichenden Einschätzung zu gelangen, ist nicht ersichtlich.[533] Wie bei der Innenhaftung (→ Rn. 120) dürfte der Umstand, dass neben dem Jahresabschluss auch der Bilanzeid unrichtig war, selten zu einer im Vergleich zur bisherigen Rechtslage erweiterten Haftung führen, nämlich nur dann, wenn ein **zusätzlicher Schaden** nachweisbar ist. Für eine c. i. c.-Haftung der gesetzlichen Vertreter wegen Inanspruchnahme besonderen persönlichen Vertrauens (§ 241 Abs. 2 BGB, § 311 Abs. 3 S. 2 BGB, § 280 Abs. 1 BGB) dürfte die vom Gesetzgeber angestrebte vertrauensbildende Wirkung des Bilanzeids (→ Rn. 98) für sich genommen nicht ausreichen.

VI. Erleichterungen für Kleinstkapitalgesellschaften (Abs. 2 S. 4 und 5)

Nach Abs. 2 S. 2 sind **zusätzliche Angaben im Anhang** zu machen, wenn der Jahres- **122** abschluss aufgrund besonderer Umstände kein den tatsächlichen Verhältnissen entsprechendes Bild der Unternehmenslage vermittelt (→ Rn. 87). Diese Angabepflicht steht in einem gewissen Konflikt zum Wahlrecht von **Kleinstkapitalgesellschaften,** auf einen Anhang zu verzichten (Abs. 1 S. 5). In Umsetzung des Art. 36 Abs. 4 Bilanz-RL (früher Art. 1a Abs. 5 RL 78/660/EU idF der Micro-RL = RL 2012/6/EU) stellen die S. 4 und 5 des Abs. 2 klar, „dass die für Kleinstkapitalgesellschaften zugelassenen Erleichterungen nicht über die Anwendung des § 264 Abs. 2 S. 1 und 2 […] wieder entfallen.[534] Nach Abs. 2 S. 5 wird (widerleglich) „vermutet, dass ein unter Berücksichtigung der Erleichterungen für Kleinstkapitalgesellschaften aufgestellter Jahresabschluss den Erfordernissen des S. 1 entspricht". Damit wird deutlich, dass das Fehlen eines Anhangs oder sonstiger Angaben, die der Gesetzgeber bei Kleinstkapitalgesellschaften für entbehrlich erachtet, für sich genommen noch nicht als Verstoß gegen das Gebot eines getreuen Bildes gewertet werden kann, weil sich der Gesetzgeber sonst selbst widersprechen würde. Die Tür zu korrigierenden Erläuterungen im Einzelfall bei Gefahr einer Irreführung der Bilanzadressaten ist damit aber nicht verschlossen. Im Gegenteil: Aus Abs. 2 S. 4 ergibt sich, dass die etwaige Erforderlichkeit zusätzlicher Angaben unter dem Blickwinkel des „getreuen Bildes" die Kleinstkapitalgesellschaft zwar nicht dazu zwingt, entgegen ihrer Wahl nun doch einen Anhang zu erstellen. Sie hat die korrigierenden Angaben in diesem Fall aber unter der Bilanz zu platzieren

---

[532] Ebenso zB Merkt/Probst/Fink/Mylich Kap. 3 Rn. 56.
[533] Ebenso Fleischer ZIP 2007, 97 (103) zur Vorgängervorschrift: Jedenfalls liege es auf der Linie der hM, zumindest § 331 Nr. 3a als Schutzgesetz anzusehen.
[534] Begr. RegE MicroBilG, BT-Drs. 17/11292, 16.

(→ Rn. 24 zur Frage der Veröffentlichungspflicht). Anhaltspunkte dafür, dass die Relevanzschwelle für ergänzende Angaben bei Kleinstkapitalgesellschaften im Vergleich zu größeren Kapitalgesellschaften heraufgesetzt wäre, bestehen nicht.[535]

123   Die im Schrifttum geäußerte Befürchtung, die deutsche Regelung sei insoweit nicht richtlinienkonform, als sie Kleinstkapitalgesellschaften überhaupt zu korrigierenden Angaben veranlasse,[536] erscheint unbegründet. Gemäß Art. 36 Abs. 4 Bilanz-RL „wird" bei Kleinstunternehmen „davon ausgegangen", dass der gemäß den gesetzlichen Erleichterungen erstellte Jahresabschluss „ein den tatsächlichen Verhältnissen entsprechendes Bild gem. Art. 4 Abs. 3 Bilanz-RL [→ Rn. 28] vermittelt"; Art. 4 Abs. 4 Bilanz-RL „findet auf derartige Jahresabschlüsse keine Anwendung". Demnach findet Art. 4 Abs. 3 Bilanz-RL selbst, der in § 264 Abs. 2 S. 1 und S. 2 umgesetzt ist, also durchaus Anwendung; die Formulierung „wird davon ausgegangen" ist nicht im Sinne einer Fiktion, sondern wie in der deutschen Umsetzung als widerlegliche Vermutung in dem Sinne zu verstehen, dass die Inanspruchnahme der Befreiungen als irreführend gewertet werden darf. Hätte der europäische Gesetzgeber Kleinstunternehmen generell von der Verpflichtung zu korrigierenden Angaben freistellen wollen, hätte es näher gelegen, Art. 36 Abs. 4 Bilanz-RL auf einen Satz wie „Art. 4 *Abs. 3 und* Abs. 4 Bilanz-RL findet auf derartige Jahresabschlüsse keine Anwendung" zu reduzieren. Aus sachlichen Erwägungen wäre ebenfalls nicht einzusehen, warum Kleinstunternehmen überhaupt rechnungslegungspflichtig sein sollten, wenn doch der Abschluss gar nicht dem Prinzip der Bilanzwahrheit verpflichtet ist.

VII. Befreiung von Tochterunternehmen (Abs. 3 und 4)

124   **1. Überblick zu Abs. 3.** Abs. 3 des § 264 wurde in Ausübung eines entsprechenden Wahlrechts nach dem damaligen Art. 57 RL 78/660/EWG (4. EG-Richtlinie) durch das KapAEG 1998 eingefügt. Das eigentliche Ziel des KapAEG war die Entlastung deutscher Konzerne, die zum Zwecke der Kapitalbeschaffung an ausländischen Kapitalmärkten einen Konzernabschluss nach internationalen Rechnungslegungsgrundsätzen oder ausländischem Recht aufstellen müssen.[537] Abs. 3 geht darüber hinaus und befreit bestimmte Tochtergesellschaften von den Regelungen der §§ 264 ff., 316 ff. und §§ 325 ff. zu Inhalt, Prüfung und Offenlegung des Jahresabschlusses. Die bis zum 27.12.2012 maßgebliche Fassung des Abs. 3 setzte für eine Befreiung voraus, dass die Gesellschaft in den Konzernabschluss eines „nach § 290 zur Aufstellung eines Konzernabschlusses verpflichteten" Mutterunternehmens, also eines Mutterunternehmens mit Sitz im Inland (→ Rn. 127), einbezogen war, das die Verluste des Tochterunternehmens übernimmt. Diese Beschränkung des Abs. 3 auf Mutterunternehmen mit Sitz im Inland wurde durch Art. 1 Nr. 4 lit. c aa MicroBilG vom 20.12.2012 mWv 28.12.2012 zugunsten einer wesentlich großzügigeren Beschränkung auf **Mutterunternehmen mit Sitz in einem EU-Mitgliedstaat oder einem EWR-Vertragsstaat** ersetzt, die mWv 23.7.2015 durch Art. 1 Nr. 5 BilRUG nachfolgend sachlich noch erweitert und konkretisiert wurde. Der Gesetzgeber kam damit einer Entscheidung des EuGH vom 6.2.2014 zuvor. Dort beschied das Gericht auf eine mit Blick auf § 264 Abs. 3 iVm § 290 gestellte Vorlage des LG Bonn vom 12.11.2012,[538] dass Art. 57 RL 78/660/EWG dahin auszulegen sei, „dass er einer Regelung eines Mitgliedstaats entgegensteht, die ein dem

---

535   Vgl. Begr. RegE MicroBilG, BT-Drs. 17/11292, 16: „Um allerdings dem Bedürfnis nach einer vollständigen Berichterstattung über besondere Umstände (bspw. Angabepflichten zu alten Pensionszusagen nach Art. 28 EGHGB) Rechnung zu tragen, bleibt die Pflicht zu zusätzlichen Angaben aus anderen Gründen unberührt; lediglich der Standort wird verlagert, in dem die Angaben unter der Bilanz zu machen sind". In diese Richtung aber EBJS/Böcking/Gros § 264 Rn. 41: Die gesetzliche Vermutung sei nur in „äußerst seltenen Fällen" zu widerlegen; ähnlich BeckOK HGB/Merk, 35. Ed. 15.1.2022, Rn. 72: Die Vermögens-, Finanz- und Ertragslage der Gesellschaft in der vereinfachten, ohne Anhang ausgestatteten Bilanz müsse andernfalls „grob irreführend" dargestellt werden.

536   So noch BeBiKo/Winkeljohann/Schellhorn, 11. Aufl. 2018, Rn. 62; aA wohl nunmehr BeBiKo/Störk/Rimmelspacher, 13. Aufl. 2022, Rn. 76 f.

537   Begr. RegE KapAEG, BT-Drs. 13/7141, 1.

538   LG Bonn ZIP 2013, 416.

Recht dieses Mitgliedstaats unterliegendes Tochterunternehmen nur dann von den Bestimmungen dieser Richtlinie über den Inhalt, die Prüfung und die Offenlegung des Jahresabschlusses befreit, wenn das Mutterunternehmen ebenfalls dem Recht dieses Mitgliedstaats unterliegt".[539] Die daneben bestehenden weiteren Befreiungsvoraussetzungen (→ Rn. 128) sollen den Risiken begegnen, die die Befreiung für die Jahresabschlussadressaten birgt. So wissen etwaige Gläubiger oder Gesellschafter möglicherweise nur die deutschen, nicht aber die internationalen Standards einzuordnen, nach denen der Konzernabschluss ggf. zu erstellen ist (§ 315e). Ferner kann ihnen der Vergleich mit Abschlüssen von Konkurrenzunternehmen (→ § 265 Rn. 2) bis zur Unmöglichkeit erschwert werden, wenn unterschiedliche Rechnungslegungsstandards zur Anwendung gelangen.[540] Auf Kredit- und Finanzdienstleistungsinstitute (§ 340 Abs. 1 und Abs. 4 iVm § 340a Abs. 2 S. 1aF) sowie Versicherungsunternehmen und Pensionsfonds (§ 341 Abs. 1 und 4 iVm § 341a Abs. 2 S. 1 aF) war § 264 Abs. 3 zunächst unabhängig von ihrer (privat- oder öffentlich-rechtlichen) Rechtsform „im Hinblick auf Belange des Aufsichtsrechts"[541] nur mit der Maßgabe anwendbar, dass sich die Befreiung hier auf die Offenlegungsvorschriften der §§ 325–329 beschränkte.[542] Gerade die gesetzlichen Möglichkeiten zur Befreiung von der Offenlegungspflicht waren für die Gesellschaften von besonderem Interesse, als mit dem Inkrafttreten des EHUG die Regelungen zur Offenlegung des Jahresabschlusses und zur Durchsetzung der Offenlegungsverpflichtung erheblich verschärft wurden.[543] Im Zuge des FISG wurde die Befreiung von § 264 Abs. 3 ganz gestrichen, weil es sich bei Kreditinstituten bzw. Versicherungsunternehmen in Rechtsform einer Kapitalgesellschaft grundsätzlich um Unternehmen von öffentlichem Interesse handelt und solchen gem. Art. 40 S. 1 Bilanz-RL keine Befreiungen zu gewähren sind.[544] Gleiches gilt nunmehr für iSv § 264d „kapitalmarktorientierte" Unternehmen. Bei diesen wie auch sonstigen Unternehmen von öffentlichem Interesse „ist eine verlässliche und transparente Rechnungslegung von besonderer Bedeutung", sodass es aus Sicht des Gesetzgebers notwendig ist, „dass die Jahresabschlüsse und Lageberichte dieser Unternehmen auch im Falle der Einbeziehung in einen Konzernabschluss" nach den §§ 264 ff. aufgestellt, geprüft und offengelegt werden.[545]

Seit Inkrafttreten des TUG am 20.1.2007 ist die praktische Bedeutung der Befreiung **125** nach Abs. 3 allerdings durch die kapitalmarktrechtlichen Offenlegungspflichten nach dem WpHG erheblich relativiert. So sind Inlandsemittenten (zum Begriff → Rn. 102 f.) dazu verpflichtet, für den Schluss eines jeden Geschäftsjahres einen **Jahresfinanzbericht** zu erstellen und zu veröffentlichen, der ua einen gemäß dem nationalen Recht des Sitzstaates des Unternehmens aufgestellten und geprüften Jahresabschluss, einen entsprechenden Lagebericht sowie eine Erklärung gemäß den Vorgaben von § 264 Abs. 2 S. 3, § 289 Abs. 1 S. 5 enthalten muss, wenn sie „nicht nach den handelsrechtlichen Vorschriften zur Offenlegung der […] Rechnungslegungsunterlagen verpflichtet" sind (inzwischen § 114 Abs. 1 S. 1 aE, Abs. 2 WpHG; zuvor § 37v Abs. 1 S. 1, Abs. 2 WpHG aF idF des TUG). Eine dem § 264 Abs. 3 entsprechende Befreiungsvorschrift für Tochterunternehmen ist nicht vorgesehen. Mit der Beschränkung der Befreiung § 264 Abs. 3 auf nicht kapitalmarktorientierte Tochterunternehmen durch das FISG haben die kapitalmarktrechtlichen Offenlegungspflichten gem. § 14 Abs. 1 iVm Abs. 2 Nr. 1–3 WpHG allerdings für Kapitalgesellschaften iSd HGB

---

539   EuGH DStR 2014, 436.
540   Zu weiteren Risiken und Adressaten des Jahresabschlusses Grund ZIP 1996, 1969 (1970).
541   Begr. RegE KapAEG, BT-Drs. 13/7141, 10 f.
542   ADS (Ergänzungsband) § 264 nF Rn. 10.
543   S. hierzu ausf. Deilmann BB 2006, 2347 ff. (2351): Es werde in Zukunft nicht mehr möglich sein, „wie es der bisherigen Praxis vieler Unternehmen" entspreche, „die Offenlegungsverpflichtung des § 325 HGB schlicht zu ignorieren".
544   So Bericht des Finanzausschusses zum FISG, BT-Drs. 19/29879, 156, zu § 340a nF: Der „Grundgedanke, einen Wettbewerb der Kreditinstitute über die Rechtsform zu verhindern", rechtfertige es zudem, „die Ausnahme von der Befreiungsmöglichkeit" auf Kreditinstitute bzw. Versicherungsunternehmen „jeglicher Rechtsform zu erstrecken". Zur gleichlautenden Begründung zu § 341a nF, s. ebenda.
545   Beschlussempfehlung und Bericht des Finanzausschusses zum FISG, BT-Drs. 19/29879, 154.

(→ Rn. 3) an Bedeutung verloren, denn regelmäßig werden diese Tochtergesellschaften nun schon handelsrechtliche Offenlegungspflichten treffen (vgl. § 114 Abs. 1 S. 1 aE WpHG).[546]

126   **2. Tochterkapitalgesellschaften.** Die Regelung des Abs. 3 gilt für die Tochtergesellschaft einer Muttergesellschaft, die nach § 290 oder der entsprechenden Bestimmung des ausländischen EU- oder EWR-Mitgliedstaats zur Aufstellung eines Konzernabschlusses verpflichtet ist. Mangels gegenteiliger Anhaltspunkte lehnt sich die Terminologie Muttergesellschaft/Tochtergesellschaft des Abs. 3 direkt oder sinngemäß an die Definition des § 290 an. Die Änderung der in § 290 enthaltenen Definition durch das BilMoG dürfte darauf keinen Einfluss gehabt haben. **Muttergesellschaft** ist somit eine Kapitalgesellschaft mit Sitz im Inland oder im EU-/EWR-Ausland (→ Rn. 127),[547] die auf ein anderes Unternehmen **(Tochtergesellschaft)** „unmittel- oder mittelbar einen beherrschenden Einfluss ausüben kann" (vgl. § 290 Abs. 1 S. 1, Abs. 2, „Control"-Konzept; → § 271 Rn. 19, → § 290 Rn. 25 ff.). Dieses Begriffsverständnis entspricht der Definition des Begriffs „Mutterunternehmen" in Art. 2 Nr. 9 Bilanz-RL („Unternehmen, das ein oder mehrere Tochterunternehmen kontrolliert"). Abs. 3 begründet für das Tochterunternehmen und deren Gesellschafter (s. Abs. 3 Nr. 1) ein handelsbilanzrechtliches **Wahlrecht** („braucht die Vorschriften […] nicht anzuwenden"),[548] bei dessen Ausübung die Geschäftsleitung jedoch intern, ggf. auch im Verhältnis zur Muttergesellschaft (vgl. § 308 Abs. 1 S. 1 AktG),[549] rechtlich gebunden sein kann. Die Befreiung erfasst nur die **speziellen bilanzrechtlichen Vorschriften** für Kapitalgesellschaften (→ Rn. 124), die allgemeinen Bestimmungen (§§ 238–263) und insbesondere die Aufstellungspflicht bleiben unberührt.[550] Es steht dem Unternehmen frei, nur bestimmte Vorschriften des Ersten, Dritten und Vierten Unterabschnitts oder gar keine anzuwenden.[551] Zulässig wäre beispielsweise eine Aufstellung unter Beachtung der §§ 264 ff. bei gleichzeitigem Verzicht auf Prüfung und Offenlegung.[552] Nimmt das Tochterunternehmen alle Erleichterungen in Anspruch, ist es nur noch nach den Vorschriften für alle Kaufleute (§§ 238–263) rechnungslegungspflichtig,[553] dh es muss lediglich einen vereinfachten Jahresabschluss nach § 242, bestehend aus Bilanz und Gewinn- und Verlustrechnung, erstellen, ohne die besonderen Gliederungsvorschriften beachten zu müssen.[554] Gemäß der Verweisung in § 17 Abs. 2 S. 2 UmwG gilt die Befreiung nach § 264 Abs. 3 (genau wie diejenige nach § 264b, → § 264a Rn. 11) auch für die Schlussbilanz des übertragenden Rechtsträgers im Falle einer Verschmelzung durch Aufnahme.[555] „Einige" Registergerichte schienen dies zumindest in der Vergangenheit aber anders gesehen zu haben; sie verlangten für die Anmeldung der Verschmelzung zum Register der übertragenden Kapitalgesellschaft trotz Abs. 3 eine Einzelbilanz.[556] Früher galt im Gegensatz zu Kapitalgesellschaften & Co. (§ 264b, → §§ 264c Rn. 12) die Befreiung für Kapitalgesellschaften nach Abs. 3 nur für **Pflicht-Konzernabschlüsse,** nicht aber für freiwillige Konzernabschlüsse, die zB trotz einer größenabhängigen Befreiung (§ 293), einer Befreiung durch den Konzernabschluss eines ausländischen mittelbaren Mutterunternehmens (§§ 291 f.) oder einer „faktischen"

---

[546] So auch die Erwartung des Finanzausschusses, BT-Drs. 19/29879, 154: „Diese Verpflichtung [nach § 114 Abs. 1 und Abs. 2 Nr. 1 lit. a und Nr. 2 lit. a] entfalle „zukünftig, da insoweit bereits nach handelsrechtlichen Vorschriften eine Pflicht zur Offenlegung besteht (§ 114 Abs. 1 S. 1 letzter Hs. WpHG)".

[547] Anders zur Rechtslage in § 264b Nr. 1 bei der Kapitalgesellschaft & Co. Hier reicht der Konzernabschluss einer EU- oder EWR-Muttergesellschaft.

[548] So auch Staub/Meyer, 6. Aufl. 2021, Rn. 84 (Wahlfreiheit).

[549] S. Koch, 16. Aufl. 2022, AktG § 308 Rn. 12, zur Rechnungslegung als Gegenstand des Weisungsrechts nach § 308 AktG.

[550] Begr. RegE KapAEG, BT-Drs. 13/7141, 10.

[551] ADS Ergbd. § 264 nF Rn. 4, 41, 75; Staub/Meyer, 6. Aufl. 2021, Rn. 84; BeBiKo/Störk/Deubert, 13. Aufl. 2022, Rn. 116; Giese/Rabenhorst/Schindler BB 2001, 511; Dörner/Wirth DB 1998, 1525 (1530).

[552] Zwirner/Busch BC 2016, 509.

[553] Giese/Rabenhorst/Schindler BB 2001, 511.

[554] Kühne/Richter BB 2015, 877; Zwirner/Busch BC 2016, 509 (510).

[555] So mit guten Gründen Scheunemann DB 2006, 797 ff.

[556] So berichtet von Scheunemann DB 2006, 797.

Befreiung von der Konzernrechnungslegungspflicht in einer Situation erstellt werden, wo sämtliche Tochterunternehmen die Voraussetzungen des Konsolidierungswahlrechts (§ 296) erfüllen.[557] Die in der Regierungsbegründung zum KapAEG dargelegte Ansicht des Gesetzgebers, die Erleichterung „dürfte auch für mittelständische Unternehmensgruppen von Bedeutung sein, weil sie auch bei freiwilliger Aufstellung von Konzernabschlüssen" gelte,[558] hatte insoweit hinter dem klaren Gesetzeswortlaut („eines nach § 290 zur Aufstellung eines Konzernabschlusses verpflichteten Mutterunternehmens") zurückzutreten.[559] Die nachfolgende Änderung des Abs. 3 S. 1 mit Wirkung ab 28.12.2012[560] („in den Konzernabschluss eines Mutterunternehmens […] einbezogen ist") verhalf der gesetzgeberischen Intention dann aber zum Durchbruch. Seitdem genügt für die Befreiung – in Einklang mit Art. 37 Abs. 5 Bilanz-RL[561] – ein freiwilliger Konzernabschluss.[562]

Das Wahlrecht steht nur **Kapitalgesellschaften** zu.[563] Es besteht kein Bedürfnis, den **127** Anwendungsbereich des Abs. 3 auf Nichtkapitalgesellschaften zu erstrecken, denn die Vorschrift befreit gerade von Vorschriften, die für Nichtkapitalgesellschaften grundsätzlich ohnehin nicht gelten (→ Rn. 3). Für Kapitalgesellschaften & Co. iSd § 264a gilt die besondere Befreiungsvorschrift des § 264b (→ § 264c Rn. 10 ff.).[564] Unternehmen iSd § 3 Abs. 1 PublG, die in den Konzernabschluss eines Mutterunternehmens iSd § 11 PublG oder des § 290 einbezogen sind, sind bei Vorliegen der entsprechend anwendbaren übrigen Voraussetzungen des § 264 Abs. 3 ebenfalls von der Anwendung der Rechnungslegungsvorschriften für Kapitalgesellschaften (§ 5 Abs. 1–5 PublG) befreit (§ 5 Abs. 6 PublG). Ferner gilt das Wahlrecht nur für **Tochterunternehmen,** die (in Deutschland nach den §§ 300 ff.) der Vollkonsolidierung unterliegen.[565] Der Begriff wird in § 290 Abs. 1 näher bestimmt und knüpft an das „Control"-Konzept an (→ Rn. 126). Als **Mutterunternehmen** iSv Abs. 3 (→ Rn. 126) kommen (grundsätzlich) nur **Kapitalgesellschaften**[566] in Betracht.

3. Weitere Voraussetzungen. Neben der Einbeziehung in einen Konzernabschluss **128** ist die Befreiung an fünf weitere Voraussetzungen gebunden, die kumulativ erfüllt sein

---

[557]   Zur Frage, ob die faktische Befreiung von der Konzernrechnungslegungspflicht über § 296 Abs. 2 auch für kapitalmarktorientierte Mutterunternehmen iSd § 315a aF (seit 23.7.2015: § 315e) gilt, s. Engelmann/Zülch DB 2006, 293 (294 f.) (bejahend).

[558]   Begr. RegE KapAEG, BT-Drs. 13/7141, 10.

[559]   Ebenso Dörner/Wirth DB 1998, 1525 (1526); Grund ZIP 1996, 1969 (1971); aA ADS Ergbd. § 264 nF Rn. 13, 19; BeBiKo/Störk/Deubert, 13. Aufl. 2022, Rn. 127 (unter Berufung auf die „hM"): „Grundvoraussetzung für die Inanspruchnahme der Erleichterungen gemäß Abs. 3 ist die Einbeziehung der KapGes in einen befreienden Konzernabschluss. Es spielt deshalb auch keine Rolle, ob der Konzernabschluss des Mutterunternehmens aufgrund einer expliziten gesetzlichen Verpflichtung oder freiwillig erstellt wird".

[560]   Gesetz v. 20.12.2012, BGBl. 2012 I 2751.

[561]   Nach Art. 37 Abs. 5 Bilanz-RL muss das Tochterunternehmen lediglich tatsächlich „in den von dem Mutterunternehmen nach dieser Richtlinie aufgestellten konsolidierten Jahresabschluss einbezogen" sein.

[562]   S. RegE MicroBilG, BT-Drs. 17/11292, 16: Diese Änderung im Zuge des MicroBilG sei „eine zeitgemäße Angleichung der Vorschriften für Konzerne, deren Mutterunternehmen ihren Sitz im EU-Ausland oder EWR-Ausland haben, an die für Konzerne mit deutschem Mutterunternehmen geltende Regelung".

[563]   Dörner/Wirth DB 1998, 1525; aA (analoge Anwendung auf Tochterunternehmen, die unter das PublG fallen); Arbeitskreis Externe Unternehmensrechnung der Schmalenbach-Gesellschaft DB 1994, 493 ff.

[564]   Zu einer Konzerngestaltung mit einer Kapitalgesellschaft in reiner Holdingfunktion und einer operativ tätigen kapitalistischen Personengesellschaft s. Mylich ZIP 2020, 2102 (2105 ff.). Über eine kombinierte Anwendung von Abs. 3 und § 264b könne Bilanzpublizität vermieden und die Haftungsrisiken der Konzernspitzengesellschaft könnten auf ein Minimum begrenzt werden; zugleich blieben die kapitalgesellschaftlichen steuerrechtlichen Vorteile erhalten. Die Gestaltung sei auch nicht rechtsmissbräuchlich (S. 2109); allg. zur Vermeidung von Bilanzpublizität Mylich ZGR 2021, 86 ff.

[565]   Ebenso BeBiKo/Störk/Deubert, 13. Aufl. 2022, Rn. 125.

[566]   S. aber mit guten Gründen Arbeitskreis Externe Unternehmensrechnung der Schmalenbach-Gesellschaft DB 1999, 493 (494 f.): Nehme ein Mutterunternehmen, das nur nach § 11 PublG zur Aufstellung eines Konzernabschlusses verpflichtet sei, die Erleichterungen des § 13 Abs. 3 S. 1 und 2 PublG nicht in Anspruch und wende die Vorschriften für große Kapitalgesellschaften ausnahmslos an, „dürfte der § 264 Abs. 3 HGB für deren Tochterunternehmen anwendbar sein".

müssen. Im Zuge der Anpassung des Bilanzrechts an geänderte europarechtliche Vorgaben wurden diese Voraussetzungen durch das BilMoG sowohl für Kapitalgesellschaften (§ 264 Abs. 3) als auch für bestimmte Personenhandelsgesellschaften (§ 264b) umfangreich überarbeitet und insbesondere an die Einbeziehung ausländischer Konzernabschlüsse angepasst.[567] Zunächst (Abs. 3 **Nr. 1**) ist aus Gründen des Schutzes insbesondere von außenstehenden Gesellschaftern[568] erforderlich, dass **alle** Gesellschafter dem Verzicht auf die Anwendung der Vorschriften für Kapitalgesellschaften in Form eines „Beschlusses" entsprechend den gesetzlichen oder satzungsmäßigen Vorschriften[569] zustimmen. Auch ein einstimmiger Gesellschafterbeschluss genügt nur, wenn alle Gesellschafter an der Abstimmung teilnehmen.[570] Die Beschlussfassung erfolgt bei Gesellschaften grundsätzlich im Rahmen einer Versammlung. Soweit dies gesellschaftsvertraglich zulässig ist (zB § 48 Abs. 2 GmbHG), sind auch das schriftliche Verfahren oder andere Formen[571] ausreichend.[572] Der Beschluss ist „für das jeweilige Geschäftsjahr" erneut zu fassen, da sich Interessenlage und Kreis der Gesellschafter stetig verändern können.[573] Aus diesem Grund ist eine Generalzustimmung für alle künftigen Geschäftsjahre bis auf Widerruf nicht zulässig.[574]

129   Die beiden folgenden Voraussetzungen in Abs. 3 Nr. 2, Nr. 3 waren aus Sicht des deutschen Gesetzgebers „die wichtigsten". Bei ihrem Vorliegen bestehe „kein Bedürfnis", die Anwendung der Sondervorschriften für Kapitalgesellschaften weiterhin zu verlangen.[575] Gemäß Abs. 3 **Nr. 2,** der insofern Art. 37 Abs. 3 Bilanz-RL fast wörtlich übernimmt, muss sich das Mutterunternehmen **bereit erklärt** haben, „für die von dem Tochterunternehmen bis zum Abschlussstichtag eingegangenen Verpflichtungen im folgenden Geschäftsjahr **einzustehen**". Dann nämlich weist der Konzernabschluss das Vermögen aus, das zur Deckung der Verbindlichkeiten des zu befreienden Tochterunternehmens zur Verfügung steht.[576] Die vor dem BilRUG bis zum 22.7.2015 geltende Fassung hatte sich noch mit einer Verpflichtung zur **Verlustübernahme** begnügt und dabei neben der freiwilligen Verlustübernahme ausdrücklich auch die gesetzliche Verpflichtung zur Verlustübernahme aufgrund § 302 AktG ausreichen lassen, ohne eine zusätzliche Bereiterklärung zu verlangen. Es stellt sich daher die Frage, welche Änderungen mit dem neuen Wortlaut verbunden sind. Dabei ist es nützlich zu wissen, dass Art. 37 Abs. 3 Bilanz-RL, dem § 264 Abs. 3 Nr. 2 idF des BilRUG nachempfunden ist, der Vorgängervorschrift des Art. 57 lit. c Bilanz-RL 1978, die der deutsche Gesetzgeber mit Abs. 3 Nr. 2 aF in nationales Recht umgesetzt hatte, Wort für Wort entspricht. Offenbar hatte sich der deutsche Gesetzgeber im Rahmen des BiRiLiG sprachlich also größere Freiheiten herausgenommen als jüngst beim BilRUG. Angesichts der Kontinuität der europarechtlichen Grundlage in diesem Punkt war aber offenbar keine Änderung der materiellen Rechtslage beabsichtigt. Der Rechtsausschuss des Bundestages war ausdrücklich der Auffassung, „mit der

---

[567]   Ausf. hierzu Zwirner/Busch BC 2016, 509 ff.
[568]   Hierzu Tromp/Nagler/Gehrke GmbHR 2009, 641 (643): Mit Nr. 1 sollten „Minderheitsgesellschafter geschützt werden, z.B. davor, dass ausschließlich der Mehrheitsgesellschafter beschließt, keine Prüfung des Jahresabschlusses der Gesellschaft mehr vornehmen zu lassen".
[569]   ZB Kraft FS W. Müller, 2001, 463 (467), Zwirner/Busch BC 2016, 509 (511).
[570]   Kraft FS W. Müller, 2001, 463 (468); ADS Ergbd. § 264 Rn. 31.
[571]   Für die GmbH s. zur Zulässigkeit der Einholung von Meinungen ohne Zusammenkunft und ohne Wahrung des § 48 Abs. 2 GmbHG zB Roth/Altmeppen, 7. Aufl. 2012, GmbHG § 48 Rn. 39 f. Nach ADS Ergbd. § 264 nF Rn. 42, sollen über den Wortlaut des § 264 Abs. 3 Nr. 1 hinaus entsprechend dem Normzweck sogar andere Formen der Zustimmung (nicht nur der Beschlussfassung) genügen, wenn die Zustimmungserklärung ausreichend dokumentiert wird.
[572]   Kraft FS W. Müller, 2001, 463 (467); BeBiKo/Störk/Deubert, 13. Aufl. 2022, Rn. 136; ADS Ergbd. § 264 nF Rn. 42.
[573]   Dörner/Wirth DB 1998, 1525 (1528). Für Einzelheiten zum Beschlusszeitpunkt s. zB BeBiKo/Störk/Deubert, 13. Aufl. 2022, Rn. 142; Kraft FS W. Müller, 2001, 463 (471 ff.).
[574]   Zwirner/Busch BC 2016, 509 (510); BeBiKo/Störk/Deubert, 13. Aufl. 2022, Rn. 141: „Vorratsbeschlüsse […] nicht zulässig".
[575]   Begr. RegE KapAEG v. 6.3.1997, BT-Drs. 13/7141, 10 (zur ursprünglichen, noch auf deutsche Konzernabschlüsse beschränkten Fassung).
[576]   Vgl. BeBiKo/Störk/Deubert, 13. Aufl. 2022, Rn. 160.

Streichung des Hinweises auf § 302 AktG" sei „keine Änderung der bisherigen Praxis notwendig", eine „infolge eines Beherrschungs- oder Gewinnabführungsvertrages eintretende gesetzliche Verlustübernahme nach § 302 AktG und eine konzernrechtliche Verbundenheit der Unternehmen" reiche „für diese Einstandspflicht im Regelfall aus".[577] Diese Einschätzung erscheint plausibel.[578] Einen im Wege der teleologischen Rechtsanwendung[579] unüberwindbaren Verstoß gegen den Wortlaut des Abs. 3 Nr. 2 (sowie des Art. 37 Abs. 3 Bilanz-RL) wird man in der Einbeziehung **gesetzlicher Schuldeneinstands-** oder (meistens weiter gehender) **Verlustübernahmepflichten** (vgl. §§ 303, 302 AktG) kaum erblicken können: Geben diese den Gläubigern des Tochterunternehmens (und Jahresabschlussadressaten) doch eine mindestens ebenso große Sicherheit wie eine Selbstverpflichtung dafür, dass die veröffentlichte Konzernbilanz auch tatsächlich die Haftungsmasse abbildet, die für die Begleichung ihre Forderungen zur Verfügung steht. Entsprechend dem Meinungsstand zum alten Recht sollte die Voraussetzung nach Abs. 3 Nr. 2 (→ 3. Aufl. 2013, Rn. 124) auch erfüllt sein, wenn die Muttergesellschaft aus anderem gesetzlichen oder vertraglichen Grund in gleichwertiger Weise haftet wie nach § 302 AktG.[580] Dazu gehört auch die gesamtschuldnerische Haftung nach § 322 AktG.[581]

Ganz in der Konsequenz des Regelungszwecks, die Befreiung des Tochterunternehmens nur dann zu gestatten, „wenn die Nutzer der offenzulegenden Jahresabschlüsse des Tochterunternehmens – vor allem Vertragspartner und Kreditgeber – zur Einschätzung wirtschaftlicher Chancen und Risiken auch den Konzernabschluss des Mutterunternehmens zu Grunde legen können",[582] stellt der Rechtsausschuss zudem klar, dass **nicht zwingend eine Außenhaftung** des Mutterunternehmens gegenüber Gläubigern des Tochterunternehmens gemeint ist, sondern „eine Innenhaftung gegenüber dem Tochterunternehmen" ausreicht.[583] Die Verpflichtung kann „beispielsweise durch eine Nachschusspflicht oder eine Patronatserklärung gegenüber dem Tochterunternehmen begründet werden",[584] wobei eine harte Patronatserklärung zu verlangen ist.[585] Ebenfalls möglich sind Einstandspflichten in Form einer Kreditgarantie oder durch Einbeziehung in einen vom Mutterunternehmen

130

---

[577] BT-RA zum RegE BilRUG, Bericht der Abgeordneten Heribert Hirte, Metin Hakverdi, Harald Petzold und Katja Keul, BT-Drs. 18/5256, 74 (80). S. auch Begr. RegE BilRUG, BT-Drs. 18/4050, 58: „Die Neuregelung dient der Bereinigung von Redaktionsversehen und einer sprachlichen Optimierung". Zustimmend zur Ansicht, dass sich keine Änderung der Rechtslage ergibt, BeBiKo/Störk/Deubert, 13. Aufl. 2022, Rn. 164: „gute Gründe"; Haufe-HGB/Müller Rn. 111 (Stand: 11.8.2022): „Klarstellung des Rechtsausschusses"; kritischer (mit umfassender Auseinandersetzung) Hoffmann/Lüdenbach NWB Kommentar Bilanzierung, 13. Aufl. 2022, § 264 Rn. 49a: In Ausnahmefällen – bei „fehlender Liquidität ohne Verlust" – könne eine Verlustübernahmepflicht allein nicht ausreichen. Allerdings werde sich in „entsprechenden Konstellationen […] häufig ein Wegfall der Going-Concern-Annahme […] ergeben und aufgrund der damit verbundenen Umbewertungen auch ein auszugleichender Jahresfehlbetrag, wobei der Ausgleich wiederum zur Beseitigung des Liquiditätsengpasses führen" könne. „Unter diesen Umständen" sei „der Schlussfolgerung des Rechtsausschusses zuzustimmen: In den praxisrelevanten Fällen erfüllt ein Verlustausgleich nach § 302 AktG zugleich die Voraussetzungen des Abs. 3 S. 1 Nr. 2".

[578] AA Kühne/Richter BB 2015, 877 (877): „wesentliche Änderung der Voraussetzungen für die Inanspruchnahme der Erleichterungen für Tochter-Kapitalgesellschaften nach § 264 Abs. 3".

[579] Hierzu der Bericht BT-RA, BT-Drs. 18/5256, 74 (80): „Entscheidend ist, dass das Mutterunternehmen sicherstellt, dass das Tochterunternehmen jederzeit zur Erfüllung seiner Verpflichtungen in der Lage ist und es bei Bedarf mit den notwendigen Mitteln ausstattet".

[580] Ebenso BeBiKo/Störk/Deubert, 13. Aufl. 2022, Rn. 160.

[581] Zum alten Recht Dörner/Wirth DB 1998, 1528; Arbeitskreis Externe Unternehmensrechnung der Schmalenbach-Gesellschaft DB 1999, 493 (495 f.); ADS ErgBd. § 264 Rn. 54 mwN; zum neuen Recht ebenso BeBiKo/Störk/Deubert, 13. Aufl. 2022, Rn. 161; Oser/Ollinger DB 2017, 2045; Kühne/Richter BB 2015, 877 (879).

[582] Begr. RegE BilRUG, BT-Drs. 18/4050, 58.

[583] Bericht BT-RA, BT-Drs. 18/5256, 74 (80). Ähnlich bereits RegE BilRUG, BT-Drs. 18/4050, 58: „Ein unmittelbarer Schuldbeitritt zu den Verpflichtungen des Tochterunternehmens ist dazu nicht erforderlich".

[584] RegE BilRUG, BT-Drs. 18/4050, 58.

[585] BeBiKo/Störk/Deubert, 13. Aufl. 2022, Rn. 149: gängige Grundformen einer harten Patronatserklärung seien „gegenüber dem/den Kreditgeber(n), dh konzernextern, in Bezug auf ein Tochterunternehmen abgegebene Liquiditäts- oder Kapitalausstattungsgarantien".

garantierten Cash-Pool.[586] Ausreichend, aber nicht erforderlich und hinsichtlich ihrer möglichen Interpretation als externer Patronatserklärung sogar gefährlich,[587] ist die Abgabe (und Offenlegung, Abs. 3 S. 1 Nr. 5 lit. b) einer dem Wortlaut des Abs. 3 S. 1 Nr. 2 nachgebildeten Erklärung, wie es teilweise im Schrifttum empfohlen wird.[588] In **zeitlicher Hinsicht** maßgeblich für den inhaltlichen Umfang der Einstandspflicht des Mutterunternehmens ist der Bilanzstichtag: Das Mutterunternehmen hat für alle zu diesem Zeitpunkt bestehenden Verpflichtungen des Tochterunternehmens einzustehen, „auch wenn sie in früheren Geschäftsjahren entstanden sind".[589] Die Einstandspflicht muss in zeitlicher Hinsicht „zumindest während der gesetzlichen Offenlegungsfrist (und damit auch zur Zeit der entfallenden Aufstellung, Prüfung und Feststellung des Jahresabschlusses) durchgehend" bestehen, ein „späteres Erlöschen der Einstandspflicht ist unschädlich".[590] Ein Beschluss des OLG Köln von 2018[591] noch zu Abs. 3 Nr. 2 idF des MicroBilG hat zwischenzeitlich in der Literatur Zweifel an dieser Auslegung geweckt.[592] Wie schon die Vorinstanz[593] neigt das Gericht zu der Auffassung, die Prämisse, dass „die Verlustübernahme den Schutz der Gläubiger durch Einsicht in den Einzelabschluss ersetzen" solle, spreche dafür, „dass die Verlustübernahmepflicht jedenfalls während des Geschäftsjahres (fort-)bestehen muss, ‚in dem' (für den Jahresabschluss des Vorjahres) von einer Erleichterung Gebrauch gemacht werden soll".[594] Vor dem Hintergrund des Gläubigerschutzes[595] scheint diese Annahme zu weitgehend, und auch der neue Wortlaut der Vorschrift dürfte das Urteil überholt haben.[596] Selbst wenn man eine Ausstrahlungswirkung[597] der Entscheidung auch für die Neufassung der Norm annehmen wollte, lässt der geänderte Wortlaut es unwahrscheinlich erscheinen, dass das Bundesamt der Justiz diese Rechtsauffassung des OLG Köln – die es zudem bloß obiter dictum äußerte[598] – in seine Praxis einfließen lassen wird.[599] Darauf, ob das Mutterunternehmen **materiell in der Lage** wäre, die Einstandspflicht zu erfüllen, kann es nicht ankommen.

---

586   BeBiKo/Störk/Deubert, 13. Aufl. 2022, Rn. 150; Oser WPg 2017, 691 (694).
587   So zu Recht BeBiKo/Störk/Deubert, 13. Aufl. 2022, Rn. 151.
588   Oser WPg 2017, 691 (694): „Die A-Gesellschaft (Mutterunternehmen) mit Sitz in (Ort) erklärt sich bereit, für die Verpflichtungen der B-Gesellschaft (Tochterunternehmen) am (Bilanzstichtag) im folgenden Geschäftsjahr einzustehen".
589   Bericht BT-RA, BT-Drs. 18/5256, 74 (80).
590   RegE BilRUG, BT-Drs. 18/4050, 58; zust. Kühne/Richter BB 2015, 877 (878 f.): Sollten die Erleichterungen zB für das Geschäftsjahr 2016 genutzt werden, müsse somit im Geschäftsjahr 2017 eine Einstandspflicht bestehen. Dies entspreche der bisherigen Vorgehensweise bei der Verlustübernahmeverpflichtung.
591   OLG Köln Der Konzern 2019, 33 = BeckRS 2018, 23554.
592   Petersen WPg 2018, 1493, 1495: Der Beschluss habe für „erhebliche Unsicherheit" gesorgt und stehe „im Widerspruch zur herrschenden Meinung in der Fachliteratur und zur langjährigen Praxis der Anwendung der Vorschrift durch die bilanzierenden Unternehmen und Abschlussprüfer."; siehe auch Kliem/Deubert DB 2019, 23, 24: „[E]ntgegen der Einschätzung des OLG Köln" sei diese Auslegung schon vor dem BilRUG „nicht wirklich umstritten" gewesen.
593   LG Bonn Der Konzern 2019, 36 = BeckRS 2017, 149328 Rn. 4: Die Verlustübernahmeerklärung müsse sich auf das Geschäftsjahr beziehen, „für welches die Befreiung vorgenommen wird". „Der Zeitpunkt bzw. Zeitraum des Bestehens einer Verpflichtungserklärung" sei „von dem Geschäftsjahr zu unterscheiden, aus dem ggf. Verluste resultieren, die übernommen werden".
594   OLG Köln Der Konzern 2019, 33 = BeckRS 2018, 23554 Rn. 14: s. auch Rn. 11: „Die Einstandspflicht des Mutterunternehmens muss […] nach Sinn und Zweck der gesetzlichen Regelung diejenigen Verluste des Tochterunternehmens abdecken, die bis zum Abschlussstichtag des Tochterunternehmens […], auf den sich die Befreiung bezieht, entstanden und bis zu eben diesem Abschlussstichtag fortbestanden habe". So auch die Interpretation von Petersen WPg 2018, 1493 (1494); Roß BB 2019, 427; vorsichtiger Oser DB 2019, 322 (325): „Falls der Beschluss […] fordern sollte".
595   S. zB Kliem/Deubert DB 2019, 23, 24 f. zu Sinn und Zweck der Verlustübernahmeerklärung.
596   So auch HKMS/Stöber, 2. Aufl. 2020, Rn. 91; Petersen WPg 2018, 1493, 1495.
597   So Roß BB 2019, 427 f.: Es sei „keine Klärung einer strittigen Rechtsfrage intendiert" gewesen; auch Kliem/Deubert (DB 2019, 23, 27) halten es zumindest für ein „nicht vernachlässigbare[s] Risiko", dass das Unternehmensregister den Beschluss des OLG Köln auch bei Neufällen berücksichtigt.
598   OLG Köln Der Konzern 2019, 33 = BeckRS 2018, 23554 Rn. 15: „nicht entscheidungserheblich".
599   Kliem/Deubert (DB 2019, 23, 28) halten die Bedeutung der Entscheidung schon deshalb für gering, weil bei Beanstandungen eine neue Verlustübernahmeerklärung nachgereicht werden könne und damit die Voraussetzungen des Abs. 3 Nr. 2 „nachträglich herbeigeführt" werden könnten; aA Roß BB 2019, 427 (428 f.).

Zum einen wäre eine solche Differenzierung mit Unsicherheiten verbunden, die die Ausübung des Wahlrechts nach Abs. 3 regelmäßig konterkarieren müsste, und zum anderen erscheint es angesichts der Veröffentlichung der Konzernbilanz sachgerecht, die Beurteilung des Ausfallrisikos dem Bilanzadressaten selbst zu überlassen.[600] Im **mehrstufigen Konzern** muss sich die Einstands- oder Verlustübernahmepflicht nach Sinn und Zweck der Regelung auf das gleiche Mutterunternehmen beziehen, das auch den befreienden Konzernabschluss erstellt.[601] Indessen braucht der finanzielle Beistand bzw. die Verlustübernahme durch das Mutterunternehmen nicht unmittelbar zu erfolgen. Es reicht aus, wenn das Mutterunternehmen durch eine geschlossene Kette von Verlustübernahmen (mittelbar) zur Verlustübernahme gegenüber dem Tochterunternehmen verpflichtet ist.[602] Dagegen ist im Schrifttum der Einwand erhoben worden, das Mutterunternehmen stehe nicht für die Verpflichtungen von mittelbaren Tochterunternehmen ein, wenn sich die Einstandspflicht auf die am Abschlussstichtag bilanzierten Schulden beschränke, da „deren Verpflichtungen zum relevanten Zeitpunkt grundsätzlich nicht von den ‚zwischengeschalteten‘ unmittelbaren Tochterunternehmen passiviert" würden.[603] Bei genauer Betrachtung dürfte hier aber in der Sache gar kein Dissens vorliegen, denn man wird in solchen Konstellation nicht von einer „lückenlosen Kette" sprechen können, wenn die Einstandspflicht des Mutterunternehmens hier nicht auch Eventualschulden der zwischengeschalteten Tochtergesellschaft gegenüber dem Enkelunternehmen einbezieht.

131 Weitere Voraussetzung der Ausübung des Wahlrechts nach Abs. 3 ist gem. **Nr. 3,** dass der befreiende Konzernabschluss und Konzernlagebericht des Mutterunternehmens nach den Rechtsvorschriften des Sitzstaates und **im Einklang** mit den beiden einschlägigen europäischen Richtlinien, der Bilanz-RL sowie der Abschlussprüfungs-RL, aufgestellt wurde; aus Art. 23 Abs. 8 Bilanz-RL ergibt sich, dass dabei ein im Einklang mit gemäß der IAS-VO angenommenen internationalen Rechnungslegungsstandards oder diesen gleichwertigen Vorgaben aufgestellter Konzernabschluss genügt.[604] Regelungstechnisch wird die IAS-VO zugleich über die Verweisung auf die „Rechtsvorschriften des Staates, in dem das Mutterunternehmen seinen Sitz hat", zu denen auch die unmittelbare anwendbare IAS-VO zählt, in Bezug genommen.[605] Das Tochterunternehmen muss nach den (auf europarechtlichen Vorgaben aufbauenden) Regeln des deutschen Rechts **tatsächlich in den Konzernabschluss einbezogen** worden sein. Anders als zB in § 271 Abs. 2 Hs. 2 oder § 291 Abs. 2 Nr. 1 reicht es angesichts des eindeutigen Wortlauts („einbezogen ist") des § 264 Abs. 3 S. 1 und des zugrunde liegenden Art. 37 Abs. 3 Bilanz-RL nicht, wenn die Tochtergesellschaft zwar grundsätzlich zum Konsolidierungskreis gehört, die Einbeziehung aber in Ausübung eines Konsolidierungswahlrechts (zB § 296) unterbleibt.[606]

132 Darüber hinaus hat das Mutterunternehmen im **Anhang** seines Konzernabschlusses die Befreiung des Tochterunternehmens anzugeben (Abs. 3 **Nr. 4**), und zwar für jedes Jahr, für das die Befreiung in Anspruch genommen wird.[607] Diese Voraussetzung ist auch dann nicht entbehrlich, wenn auf Seiten des Mutterunternehmens bezüglich der Pflichtangaben zur

---

[600] Krit. wohl Oser/Ollinger DB 2017, 2045 (2045): Sie bedauern, die Lit. „schweige" insoweit und „überantworte" die „Beurteilung der Bonität des Mutterunternehmens den externen Adressaten des befreienden Konzernabschlusses und -lageberichts der Mutter". Insoweit vermissen sie ein „klärendes Wort des Gesetzgebers".

[601] BeBiKo/Störk/Deubert, 13. Aufl. 2022, Rn. 180.

[602] BeBiKo/Störk/Deubert, 13. Aufl. 2022, Rn. 182, unter Berufung auf die „hM zum bisherigen Rechtsstand". Zur Rechtslage vor dem BilRUG in diesem Sinne auch LG Bonn NZG 2013, 1272, unter II.

[603] Kühne/Richter BB 2015, 877 (879).

[604] Bericht des BT-RA, BT-Drs. 18/5256, 74 (80 f.): Auch ein in Anwendung der in § 315a HGB [jetzt: § 315e] bezeichneten internationalen Rechnungslegungsstandards (IFRS) aufgestellter Konzernabschluss könne befreiende Wirkung vermitteln, wenn die weiteren Voraussetzungen des § 264 Abs. 3 HGB erfüllt seien. Das entspreche der früheren Rechtslage. Zust. BeBiKo/Störk/Deubert, 13. Aufl. 2022, Rn. 190.

[605] So ausdrücklich Bericht des BT-RA, BT-Drs. 18/5256, 74 (81).

[606] ADS Ergbd. § 264 nF Rn. 71; BeBiKo/Störk/Deubert, 13. Aufl. 2022, Rn. 125; HdR/Baetge/Commandeur/Waldenbuch/Hippel Rn. 72 (Stand: 9.12.2013).

[607] BeBiKo/Störk/Deubert, 13. Aufl. 2022, Rn. 195.

Tochtergesellschaft im Konzernanhang (§ 313 Abs. 2) eine Befreiung wegen der Gefahr „erhebliche[r] Nachteile" (§ 313 Abs. 3) eingreifen sollte.[608] Schließlich sind die Unterlagen, auf denen die Ausübung des Wahlrechts beruht, gem. Abs. 3 S. 1 **Nr. 5** und S. 2–4 (vgl. auch Art. 37 Abs. 7 Bilanz-RL iVm Art. 2–7 Publizitäts-RL[609]) nach § 325 Abs. 1–1b offenzulegen und zu diesem Zweck der das Unternehmensregister führenden Stelle innerhalb von einem Jahr nach dem Abschlussstichtag des Geschäftsjahres, für das die Befreiung in Anspruch genommen wird (§ 325 Abs. 1a), in deutscher Sprache (§ 325 Abs. 1) elektronisch zur Einstellung in das Unternehmensregister zu übermitteln.[610] Im Einzelnen sind es die folgenden Unterlagen: der Gesellschafterbeschluss über die Nutzung der Befreiung **(lit. a),** die Erklärung zur Haftungs- oder Verlustübernahme oder, so wird man ergänzen müssen, geeignete Unterlagen, aus denen sich die gesetzliche Haftung ergibt, wie etwa der Beherrschungs- oder ein Gewinnabführungsvertrag[611] **(lit. b),** der Konzernabschluss **(lit. c),** der Konzernlagebericht **(lit. d) sowie** der Bestätigungsvermerk des Abschlussprüfers zum Konzernabschluss und Konzernlagebericht des Mutterunternehmens **(lit. e).** Eine mehrfache Offenlegung ist gem. Abs. 3 S. 2 Hs. 1 idF des DiRUG nicht erforderlich. Wenn bereits das Mutterunternehmen „einzelne oder alle der in S. 1 Nr. 5 bezeichneten Unterlagen" offengelegt hat, braucht das Tochterunternehmen diese „nicht erneut offenzulegen, wenn sie im Unternehmensregister unter dem Tochterunternehmen auffindbar sind".[612] Ausweislich der Regierungsbegründung genügt es dazu, „wenn bei der Suche nach dem Tochterunternehmen im Bundesanzeiger der Konzernabschluss und die anderen Unterlagen des Mutterunternehmens angezeigt werden und diese Unterlagen für den Einsicht nehmenden Dritten dort auf die gleiche Weise zugänglich sind wie ein ordnungsgemäß nach § 325 offengelegter Einzelabschluss".[613] Der Ausschluss der Anwendung von § 326 Abs. 2 (Abs. 3 S. 2 Hs. 2) stellt klar, „dass Kleinstkapitalgesellschaften, die Tochterunternehmen sind, entweder die Hinterlegungsoption des § 326 Abs. 2 oder die Befreiung nach § 264 Abs. 3 anwenden können" und eine „Kombination beider Regelungen" ausscheidet.[614] Gemäß Abs. 3 S. 3 genügt es, wenn das Mutterunternehmen „die betreffende Unterlage in deutscher oder in englischer Sprache offengelegt hat oder das Tochterunternehmen zusätzlich eine beglaubigte Übersetzung dieser Unterlage in deutscher Sprache nach § 325 Absatz 1 bis 1b offen legt". Nach dem Wortlaut scheint sich die sprachliche Öffnung zugunsten der englischen Sprache auf sämtliche Unterlagen nach S. 1 Nr. 5 zu beziehen. Ein sachlicher Grund dafür, dies mit dem Rechtsausschluss, der in diesem Zusammenhang lediglich den Konzernabschluss, den Konzernlagebericht und den Bestätigungsvermerk erwähnt,[615] enger zu sehen, ist nicht ersichtlich.[616] Die Freude der Praxis über Abs. 3 S. 3 wird sich

---

[608] So mit guten Gründen (lex-posterior-Grundsatz, Gesetzeszweck einer „weitgehenden Transparenz") LG Bonn Der Konzern 2010, 434 = BeckRS 2010, 15854, unter II.; ebenso BeBiKo/Störk/Deubert, 13. Aufl. 2022, Rn. 197.

[609] Auch wenn die Publizitäts-RL seit 2017 außer Kraft ist, verweist die Bilanz-RL weiterhin auf sie.

[610] BeBiKo/Störk/Deubert, 13. Aufl. 2022, Rn. 200.

[611] Hierzu BeBiKo/Störk/Deubert, 13. Aufl. 2022, Rn. 134: Ausreichend sei bei einer gesetzlichen Verlustübernahmeverpflichtung (zB § 302 AktG) wie bei einer vertraglichen Übernahme „die sinngemäße Wiedergabe der maßgeblichen Regelung".

[612] Das DiRUG hat mit Wirkung v. 1.8.2022 das Wort „Bundesanzeiger" in § 264 Abs. 3 S. 2 Hs. 1 durch das Wort „Unternehmensregister" ersetzt.

[613] RegE BilRUG, BT-Drs. 18/4050, 59; zust. Zwirner/Busch BC 2016, 509 (514). S. auch Bericht BT-RA, BT-Drs. 18/5256, 74 (81): „Die Auffindbarkeit dieser Unterlagen unter dem Tochterunternehmen [...] wird für die bereits im Bundesanzeiger veröffentlichten Unterlagen vom Betreiber des Bundesanzeigers technisch so umgesetzt, dass keine weitere Handlung dieser Tochterunternehmen erforderlich ist".

[614] RegE BilRUG, BT-Drs. 18/4050, 59.

[615] Bericht des BT-RA, BT-Drs. 18/5256, 74 (81): „die vom Mutterunternehmen nach § 325 oder nach § 326 Abs. 1 oder 2 offengelegten Unterlagen (Konzernabschluss, Konzernlagebericht und Bestätigungsvermerk)".

[616] AA BeBiKo/Störk/Deubert, 13. Aufl. 2022, Rn. 217 mwN, die allerdings darauf verweisen, dass „der Betreiber des BAnz [...] auch eine Offenlegung des Zustimmungsbeschlusses und/oder der Haftungs-/Verlustübernahmeerklärung in englischer Sprache" akzeptiere. Seit Inkrafttreten des DiRUG ist eine Einreichung beim Betreiber des Bundesanzeigers nicht mehr möglich (hierzu Leuering/Bläser NJW-Spezial 2022, 335 (336)). Ob damit ein Ende dieser Praxis zusammenfällt, bleibt abzuwarten.

allerdings in Grenzen halten. Englischsprachige Konzernabschlüsse und -lageberichte reichen nun zwar für die Befreiungswirkung nach § 264 aus; für die Befreiungswirkung nach § 291 erforderlich ist aber nach wie vor eine Konzernrechnungslegung des Mutterunternehmens in deutscher Sprache. Eine analoge Anwendung des Abs. 3 S. 3 auf § 291 dürfte mangels erkennbarer planwidriger Regelungslücke nicht in Betracht kommen.[617]

4. Zusätzliche Voraussetzung bei Konzernabschlüssen nach dem PublG 133 **(Abs. 4).** Das KapCoRiLiG hatte die Erleichterungen nach Abs. 3 (→ Rn. 124 ff.), die damals (bis 27.12.2012) an die Aufstellung eines Konzernabschlusses nach § 290 geknüpft waren, auf Tochterunternehmen in der Rechtsform der Kapitalgesellschaft eines nach § 11 PublG zur Aufstellung eines Konzernabschlusses verpflichteten Mutterunternehmens ausgedehnt.[618] Dazu musste das Mutterunternehmen auf sein Wahlrecht nach § 13 Abs. 3 S. 1 PublG verzichten, in seinem Konzernabschluss (ua) entgegen § 314 Abs. 1 Nr. 6 die Gesamtbezüge der gegenwärtigen und früheren Mitglieder der Verwaltungsorgane sowie die gewährten Vorschüsse und Kredite nicht offenzulegen,[619] dh es musste diese Bezüge offenbaren. Unter dieser Voraussetzung galten die Anforderungen des Abs. 3 entsprechend. Vor dem Inkrafttreten des BilRUG war streitig, ob Abs. 4 auf freiwillige Konzernabschlüsse nach dem PublG anwendbar ist,[620] etwa wenn das Mutterunternehmen die Größenmerkmale nach § 11 Abs. 1 Nr. 1–3 PublG nicht erfüllt (→ Rn. 126 aE). Anlass zu Zweifeln gab die Formulierung „Tochterunternehmen eines nach § 11 des Publizitätsgesetzes zur Aufstellung eines Konzernabschlusses *verpflichteten* Mutterunternehmens" [Hervorhebung hinzugefügt]. In der seit dem 23.7.2015 geltenden Fassung des Abs. 4 ist dank der Umformulierung („Tochterunternehmen eines Mutterunternehmens ist, das einen Konzernabschluss nach den Vorschriften des Publizitätsgesetzes *aufgestellt hat*", Hervorhebung hinzugefügt) nun klargestellt, dass auch freiwillige Konzernabschlüsse gem. §§ 11 ff. PublG die Tochter-Kapitalgesellschaft zur Inanspruchnahme der Befreiung entsprechend Abs. 3 berechtigen, sofern alle anderen Voraussetzungen des Abs. 3 ebenfalls erfüllt sind.[621] Im Zeitraum vom 28.12.2012 bis zum Inkrafttreten des BilRUG war zudem unklar, ob eine Kapitalgesellschaft, die Tochterunternehmen eines nach § 11 PublG zur Aufstellung eines Konzernabschlusses verpflichteten Mutterunternehmens ist, zwischen der Befreiung nach Abs. 3 und der nach Abs. 4 wählen kann, um dem Mutterunternehmen die Offenlegung der Gesamtbezüge nach § 314 Abs. 1 Nr. 6 zu ersparen.[622] Mit dem Wegfall der Bezugnahme auf § 290 in Abs. 3 waren Konzernabschlüsse nach dem PublG nämlich ohne Weiteres auch unter Abs. 3 subsumierbar geworden. Die neue, durch das BilRUG geprägte Fassung des Abs. 4 stellt nun klar, dass Tochterunternehmen die Befreiung nach Abs. 3 nicht in Anspruch nehmen können, wenn die Muttergesellschaft „in Ausübung des Wahlrechts aus § 13 Abs. 3 S. 1 PublG von der für Kapitalgesellschaften geltenden Pflicht zur Darstellung der Organbezüge" abweicht.[623] Für Tochterunternehmen, die keine Kapitalgesellschaften,

---

[617] AA Oser/Ollinger DB 2017, 2045 (2046): Sie meinen, in diesem Zusammenhang eine „planwidrige Unvollständigkeit" zu erkennen, empfehlen den Rechtsanwendern aber „angesichts des eindeutigen Wortlauts des § 291" dennoch, „einstweilen" befreiende Konzernabschlüsse und -lageberichte nach § 291 in deutscher Sprache im Bundesanzeiger offenzulegen, und vermissen im Übrigen ein „klärendes Wort des Gesetzgebers".

[618] Hierzu Begr. RegE KapCoRiLiG, BT-Drs. 14/1806, 17.

[619] In seiner wechselhaften Geschichte hat § 13 Abs. 3 S. 1 PublG das Mutterunternehmen von den folgenden Vorschriften befreit: bis zum 8.3.2000 von den § 279 Abs. 1, § 280, § 314 Nr. 5 und 6; im Zeitraum vom 9.3.2000–9.12.2004 von § 279 Abs. 1, §§ 280, 314 Abs. 1 Nr. 5 und 6; im Zeitraum vom 10.12.2004–28.5.2009: von § 279 Abs. 1, §§ 280, 314 Abs. 1 Nr. 6 und seit dem 29.5.2009 nur noch von § 314 Abs. 1 Nr. 6.

[620] BeBiKo/Störk/Deubert, 13. Aufl. 2022, Rn. 228.

[621] RegE BilRUG, BT-Drs. 18/4050, 59: „Die Änderung von Abs. 4 dient der Klarstellung und geht davon aus, dass die Befreiung von bestimmten Vorgaben der Rechnungslegung auch dann gilt, wenn das Mutterunternehmen einen Konzernabschluss aufstellt, ohne dazu verpflichtet zu sein". BeBiKo/Störk/Deubert, 13. Aufl. 2022, Rn. 228.

[622] Im Sinne eines entsprechenden Wahlrechts Hoffmann/Lüdenbach § 264 Rn. 40a.

[623] RegE BilRUG, BT-Drs. 18/4050, 59.

aber nach dem PublG rechnungslegungspflichtig sind, ist in § 5 Abs. 6 PublG die entsprechende Anwendbarkeit des § 264 Abs. 3 für Konzernabschlüsse nach den § 11 PublG oder § 290 HGB vorgesehen.[624]

VIII. IFRS[625]

134   **1. Bestandteile des Jahresabschlusses.** IAS 1.10 regelt die notwendigen Bestandteile eines IFRS-„Abschlusses", wobei nicht zwischen Jahres- und Konzernabschluss unterschieden wird.[626] Die Regelung geht insoweit über § 264 Abs. 1 S. 1 hinaus, als sie neben Bilanz, Gesamtergebnisrechnung[627] und Anhang verpflichtend eine Kapitalflussrechnung (IAS 1.111, IAS 7) und eine Aufstellung über Veränderungen des Eigenkapitals (IAS 1.106 ff.) verlangt. Ferner sind Vergleichsinformationen hinsichtlich der vorangegangenen Periode anzugeben (IAS 1.38 und IAS 1.38A). Kapitalmarktorientierte Unternehmen müssen außerdem eine Segmentberichterstattung vorlegen (vgl. § 264 Abs. 1 S. 2). Die Veränderungsrechnung (Eigenkapitalspiegel) enthält zwingend
– das Periodenergebnis;
– für jeden Eigenkapitalbestandteil eine Überleitung vom Buchwert zu Beginn der Periode zum Buchwert am Ende der Periode, wobei gesondert die Gewinne bzw. Verluste, das sonstige Ergebnis sowie Geschäftsvorfälle mit Anteilseignern in ihrer Eigenschaft als Anteilseigner anzugeben sind (Eigenkapitalveränderungsrechnung), und
– für jeden Eigenkapitalbestandteil die Auswirkungen der gem. IAS 8 erfassten Änderungen der Bilanzierungs- und Bewertungsmethoden sowie Fehlerberichtigungen.[628]

135   **2. Keine rechtsform- noch größenabhängige Regelungen.** Im Gegensatz zu § 264 Abs. 1 S. 1 (Kapitalgesellschaft) und S. 4 (kleine Kapitalgesellschaften) enthalten die IFRS/IAS weder rechtsform- noch größenabhängige Regelungen und richten sich im Ausgangspunkt an „gewinnorientierte Unternehmen einschließlich Unternehmen des öffentlichen Sektors" (IAS 1.5). Das ist im Hinblick auf die weltweite Anwendung der IFRS und die Verschiedenheit nationaler Gesellschaftsrechtsordnungen unvermeidlich. Implizit gehen die Standards von **kapitalmarktorientierten** Gesellschaften aus (zu Ausnahmen → § 267 Rn. 24),[629] was sich nicht zuletzt an der Ausrichtung der von ihnen geschützten Informationsinteressen von Investoren und damit Kapitalmarktteilnehmern zeigt.[630]

136   **3. Grundsatz der Bilanzwahrheit. a) Inhalt.** IAS 1.15 enthält unter der Überschrift „Vermittlung eines den tatsächlichen Verhältnissen entsprechenden Bildes und Übereinstim-

---

[624] Hierzu Begr. RegE KapCoRiLiG, BT-Drs. 14/1806, 17.
[625] Sämtliche zit. IFRS/IAS beziehen sich auf den für das Geschäftsjahr 2021 gültigen Stand.
[626] Vgl. IAS 1.4 S. 3: „Dieser Standard gilt gleichermaßen für alle Unternehmen, unabhängig davon, ob sie einen Konzernabschluss gemäß IFRS 10, Konzernabschlüsse, oder einen Einzelabschluss gemäß IAS 27 Einzelabschlüsse vorlegen" (idF v. 1.1.2013, zuletzt geändert durch durch VO v. 11.12.2012 (ABl. EU 2012 L 360, 1). Ein Anwendungsfall der Offenlegung eines (separaten) Einzelabschlusses, der nach den IFRS aufgestellt wurde, ist § 325 Abs. 2a; s. dazu MüKoBilanzR/Zülch/Fischer, 1. Aufl. 2013, IAS 1 Rn. 6.
[627] Die Gesamtergebnisrechnung umfasst den Gewinn bzw. Verlust, das sonstige Ergebnis und das Gesamtergebnis für die Periode, dh der Summe aus Gewinn oder Verlust und sonstigem Ergebnis (IAS 1.81A ff., früher IAS 1.81, aufgehoben durch VO v. 5.6.2012, ABl. EU 2012 L 146, 1, und ersetzt durch 1.81 A und B; hierzu ausf. → § 275 Rn. 159 ff.). Beim sonstigen Ergebnis handelt es sich um Aufwands- und Ertragsposten, die nicht in der GuV erfasst werden, sondern erfolgsneutral gebucht werden. Darunter fallen bspw. bestimmte Marktwertveränderungen bei Finanzinstrumenten (vgl. IFRS 9 § 5.7.10). Der bisherige IAS 39.55 wurde mit Wirkung zum 1.1.2015 durch Standard IFRS 9 ersetzt, der durch die VO (EU) 2016/2067 v. 22.11.2016 (ABl. EU 2016 L 323, 1) durch die EU übernommen wurde. Gemäß IFRS 9 § 7.1.1 haben Unternehmen diesen Standard auf Geschäftsjahre anzuwenden, die am oder nach dem 1.1.2018 begonnen haben.
[628] Zu den Änderungen des IAS („amended 2007") im Vergleich zur vormaligen Fassung des IAS 1 („amended 2005") s. MüKoBilanzR/Zülch/Fischer, 1. Aufl. 2013, IAS 1 Rn. 178.
[629] ZB Baumbach/Hopt/Merkt, 34. Aufl. 2010, Rn. 29.
[630] Vgl. etwa IASC Rahmenkonzept Nr. 10: „Da Investoren dem Unternehmen Risikokapital zur Verfügung stellen, werden die Angaben aus den Abschlüssen, die ihrem Informationsbedarf entsprechen, auch den Informationsbedürfnissen der meisten anderen Adressaten entsprechen, die ein Abschluss erfüllen kann".

mung mit den IFRS" (Fair presentation and compliance with IFRSs) eine § 264 Abs. 2 S. 1 vergleichbare Vorschrift (hierzu bereits → Rn. 46). Nach S. 1 haben Abschlüsse „die Vermögens-, Finanz- und Ertragslage sowie die Cash Flows eines Unternehmens den tatsächlichen Verhältnissen entsprechend darzustellen" („Financial statements shall present fairly the financial position, financial performance and cash flows of an entity"). Der darin enthaltene Gesichtspunkt der **fair presentation** ist funktionsgleich mit dem Gesichtspunkt der Bilanzwahrheit. Ebenso wie der britische und europarechtliche „true and fair view" bringt er mit dem Gesichtspunkt der „fairness" (Treu und Glauben) die normative Seite des „getreuen Bildes" (→ Rn. 28) besser zum Ausdruck als der Begriff Wahrheit.[631] Trotz der ähnlichen Terminologie hat die Bilanzwahrheit nach den IFRS/IAS einen anderen Inhalt als nach § 264 Abs. 2. Das hängt damit zusammen, dass der IFRS/IAS-Abschluss nicht wie der Jahresabschluss nach deutschem und bislang auch nach europäischem Recht (zum Paradigmenwechsel → Rn. 46, → Rn. 69 f.) einem Bündel von Rechnungslegungszwecken zu dienen bestimmt ist (→ Rn. 29 ff.), sondern ausschließlich **Informationen** bereitstellen soll, „die für ein breites Spektrum von Adressaten nützlich sind, um wirtschaftliche Entscheidungen zu treffen" (IAS 1.9 S. 2). Mit Adressaten sind primär gegenwärtige und zukünftige Kapitalanleger gemeint, die eine ausreichende Grundlage für ihre Investitionsentscheidungen benötigen. Das Vorsichtsprinzip (prudence) als Entscheidungshilfe bei Bewertungsunsicherheiten spielt als Unterprinzip der Zuverlässigkeit eine nur untergeordnete Rolle[632] und dient insbesondere nicht der Ausschüttungsbegrenzung durch die Bildung stiller Reserven (bereits → Rn. 47).

b) Bedeutung. Auch im Hinblick auf die rechtstechnische Bedeutung der Bilanzwahr-   **137** heit weichen die IFRS/IAS von § 264 Abs. 2, aber auch von Art. 4 Bilanz-RL ab. Deutlich stärker noch als im europäischen Recht (→ Rn. 39) erheben die Einzelregelungen der IFRS/ IAS, nicht zuletzt wohl wegen ihres viel detaillierten Charakters, den Anspruch, bei ihrer Einhaltung **„automatisch"** ein „getreues Bild" des Unternehmens zu erzeugen. IAS 1.17 S. 1 formuliert dies wie folgt: „Unter nahezu allen Umständen wird ein den tatsächlichen Verhältnissen entsprechendes Bild durch Übereinstimmung mit den anzuwendenden IFRS erreicht".[633] Nur in den **„äußerst seltenen Fällen,** in denen das Management zu dem Ergebnis kommt, dass die Einhaltung einer in einem IFRS enthaltenen Anforderung so irreführend wäre, dass es zu einem Konflikt mit dem in dem Rahmenkonzept geschilderten Zweck führen würde", hat ein Unternehmen von diesem Standard abzuweichen, „sofern die geltenden gesetzlichen Rahmenbedingungen eine solche Abweichung erfordern oder ansonsten nicht untersagen" (IAS 1.19, Hervorhebung durch Verf.). Wie in der Bilanz-RL (Art. 4 Abs. 4 Bilanz-RL) besitzt der Grundsatz der Bilanzwahrheit somit Vorrang im Sinne eines „overriding principle" (→ Rn. 39); dessen Anwendungsbereich ist jedoch eingeschränkt.[634] Abweichun-

---

[631] S. MüKoAktG/Luttermann, 2. Aufl. 2003, HGB § 264 Rn. 59: Auch bei den IFRS/IAS trage der „Kerngedanke der Bilanzwahrheit".

[632] So bereits BMF-Monatsbericht Oktober 2002, S. 65.

[633] S. auch IAS 1.15 S. 3: „Die Anwendung der IFRS, gegebenenfalls um zusätzliche Angaben ergänzt, führt annähernd gemäß zu Abschlüssen, die ein den tatsächlichen Verhältnissen entsprechendes Bild vermitteln" („The application of IFRSs, with additional disclosure when necessary, is presumed to result in financial statements that achieve a fair presentation"). S. ferner Nr. 46 S. 2 des Rahmenkonzepts: Die „Anwendung der grundlegenden qualitativen Anforderungen und der einschlägigen Rechnungslegungsstandards" führe „im Regelfall [„normally"] zu einem Abschluss, der das" widerspiegele, „was im Allgemeinen als Vermittlung eines den tatsächlichen Verhältnissen entsprechenden Bildes verstanden" werde.

[634] So auch Baetge/Kirsch/Thiele/Ballwieser § 364 Rn. 522 (Stand: 1.5.2019): IAS 1.15 formuliere „anders als § 264 Abs. 2 HGB – ein ‚true and fair view override', dh einen Vorrang des Einblicksgebots gegenüber der formal einwandfreien Anwendung einzelner Bilanzierungs- und Bewertungsvorschriften"; Beck HdR/Kreuzinger B775 Rn. 68 (Stand: 25.5.2006): Die „fair presentation" bzw. die Gewährung eines „true and fair view" der Vermögens- Finanz- und Ertragslage des jeweiligen Unternehmens stelle „ein der handelsrechtlichen Generalnorm vergleichbares ‚overriding principle' dar"; aA FG Hamburg EFG 1999, 1022 = DStRE 2000, 17 – BIAO, unter I. 1. k. der Entscheidungsgründe: Das IASC sehe das Prinzip von „true and fair view" oder „fair presentation" im Rahmenkonzept und in den IAS nicht als Generalnorm im Sinne eines overriding principle an, sondern als quasi automatisches – Ergebnis des methodengerechten Rechnungslegungs-Prozesses. Abweichungen seien nur in sehr seltenen Ausnahmefällen denkbar. Ebenso MüKoAktG/Luttermann, 2. Aufl. 2003, HGB § 264 Rn. 60: „nicht – wie im anglo-amerikanischen Bilanzverständnis – im Sinne ‚overriding principle'".

gen von den Standards sind nach IAS 1.20 **anzugeben** und **zu begründen.** Dabei sind auch die finanziellen Auswirkungen der betreffenden Abweichung auf jeden Abschlussposten, der bei Einhaltung des Erfordernisses berichtet worden wäre, darzulegen.

§ 264a Anwendung auf bestimmte offene Handelsgesellschaften und Kommanditgesellschaften

(1) Die Vorschriften des Ersten bis Fünften Unterabschnitts des Zweiten Abschnitts sind auch anzuwenden auf offene Handelsgesellschaften und Kommanditgesellschaften, bei denen nicht wenigstens ein persönlich haftender Gesellschafter

1. eine natürliche Person oder

2. eine offene Handelsgesellschaft, Kommanditgesellschaft oder andere Personengesellschaft mit einer natürlichen Person als persönlich haftendem Gesellschafter

ist oder sich die Verbindung von Gesellschaften in dieser Art fortsetzt.

(2) In den Vorschriften dieses Abschnitts gelten als gesetzliche Vertreter einer offenen Handelsgesellschaft und Kommanditgesellschaft nach Absatz 1 die Mitglieder des vertretungsberechtigten Organs der vertretungsberechtigten Gesellschaften.

Schrifttum: Arbeitskreis Bilanzrecht der Hochschullehrer Rechtswissenschaft, Stellungnahme zu dem Entwurf eines BilMoG: Grundkonzept und Aktivierungsfragen, BB 2008, 152; Arbeitskreis Bilanzrecht Hochschullehrer Rechtswissenschaft, Die geplante Reform des Personengesellschaftsrechts: Gesellschaftsrechtliche Grundfragen und steuerliche Implikationen, ZIP 2021, Beilage Heft 2; Barlitz/Bohnert, Die Gesellschafterstruktur der GmbH & Co. KG aus der Perspektive der Digitalen Rechtstatsachenforschung, ZIP 2022, 1244; Biener, Die Transformation der Mittelstands- und der GmbH&Co-Richtlinie, WPg 1993, 707; Bingel/Weidenhammer, Ausweis des Eigenkapitals bei Personenhandelsgesellschaften im Handelsrecht, DStR 2006, 675; Bitter/Grashoff, Anwendungsprobleme des Kapitalgesellschaften- und Co-Richtlinie-Gesetzes, DB 2000, 833; Bundessteuerberaterkammer, Hinweise der Bundessteuerberaterkammer zum Ausweis des Eigenkapitals bei Personengesellschaften im Handelsrecht, DStR 2006, 668; Eisolt/Verdenhalven, Erläuterung des Kapitalgesellschaften und Co-Richtlinie-Gesetzes, NZG 2000, 130; Engelberth, Kapitalkonten bei Personenhandelsgesellschaften – Leitfaden und Praxisbeispiele zur handelsrechtlichen Darstellung der Gesellschafterkonten, NWB 2021, 3747; Fleischer, Änderungen des KG-Rechts im Regierungsentwurf eines Gesetzes zur Modernisierung des Personengesellschaftsrechts, DStR 2021, 483; Funnemann/Kerssenbrock, Ausschüttungssperren im BilMoG-RegE, BB 2008, 2674; Hanke, Neufassung der IDW RS HFA 7, BC 2018, 262; Heni, Transformation der GmbH & Co.-Richtlinie, DStR 1999, 912; Hoffmann, Eigenkapitalausweis und Ergebnisverteilung bei Personenhandelsgesellschaften nach Maßgabe des KapCoRiLiG, DStR 2000, 837; Hoffmann, Gesellschafterkonten oder Eigenkapital bei der Personenhandelsgesellschaft nach § 264c HGB, StuB 2009, 407; IDW, RS HFA 7 – Zur Rechnungslegung bei Personenhandelsgesellschaften (Stand: 1.10.2002, redaktionell geändert 12.2.2005); IDW, RS HFA 7 nF – Handelsrechtliche Rechnungslegung bei Personenhandelsgesellschaften (Stand: 30.11.2017), IDW Life 02.2018, 259; IDW, ERS HFA 18 nF – Bilanzierung von Anteilen an Personenhandelsgesellschaften im handelsrechtlichen Jahresabschluss, Stand: 11.3.2011; v. Kanitz, Rechnungslegung bei Personenhandelsgesellschaften, WPg 2003, 324; v. Kanitz, Rückwirkende Befreiung von Personenhandelsgesellschaften i.S. des § 264a Abs. 1 HGB von den erweiterten Rechnungslegungspflichten bei Eintritt einer natürlichen Person als Vollhafter?, WPg 2008, 1059; Karl, Die Mitunternehmerstellung der Komplementär-GmbH, BB 2010, 1311; Kastrup/Middendorf, Latente Steuern bei Personengesellschaften im handelsrechtlichen Jahresabschluss nach BilMoG, BB 2010, 815; Kirsch, Ertragsteueraufwand bei Personenhandelsgesellschaften nach dem Bilanzrechtsmodernisierungsgesetz, DStR 2009, 1972; Klatte, Zur Transformation der GmbH & Co.-Richtlinie in deutsches Recht, DB 1992, 1637; KPMG, Eigenkapital versus Fremdkapital nach IFRS, 2006; Kusterer/Kirnberger/Fleischmann, Der Jahresabschluss der GmbH & Co. KG nach dem Kapitalgesellschaften- und Co-Richtlinie-Gesetz, DStR 2000, 606; Lanfermann, Die Bilanzierung des Eigenkapitals der GmbH & Co. KG de lege ferenda, FS Ludewig, 1996, 551; Ley, Zur steuerlichen Behandlung der Gesellschafterkapitalkonten sowie der Forderungen und Verbindlichkeiten zwischen einer gewerblichen Personengesellschaft und ihren Gesellschaftern, KÖSDI 2002, 13459; Luttermann, Das Kapitalgesellschaften- und Co.-Richtlinie-Gesetz, ZIP 2000, 517; Meyer/Jahn, Persönliche Steuern der Gesellschafter im Einzel- und Konzernabschluss einer Personenhandelsgesellschaft, StuB 2003, 481; Mylich, Die Vermeidung von Bilanzpublizität, ZGR 2021, 86; Naujok, Gemeinschaftsrechtswidrigkeit der

Offenlegungspflichten der GmbH & Co. KG, GmbHR 2003, 263; Nothhelfer, Die Auswirkungen der GmbH & Co.-Richtlinie auf die Praxis, BB 1996, 1655; Oser, (Außen-)Haftung eines Kommanditisten und Ausschüttungssperre nach § 253 Abs. 6 HGB, StuB 2021, 458; Oser/Ollinger, Zweifelsfragen der Anwendung handelsrechtlicher Befreiungsvorschriften von Rechnungslegungspflichten, DB 2017, 2045; Patt, Einbeziehung bestimmter Personenhandelsgesellschaften in die Rechnungslegungsvorschriften für Kapitalgesellschaften, DStZ 2000, 77; Reiner, Derivative Finanzinstrumente im Recht, 2002, https:// www.nomos-elibrary.de/10.5771/9783845287164-I/; Reiner, Unternehmerisches Gesellschaftsinteresse und Fremdsteuerung: eine rechtsvergleichende Studie zum Schutz der Kapitalgesellschaft vor dem Missbrauch organschaftlicher Leitungsmacht, 1995; Schäfer, Welche Änderungen bringt das neue Personengesellschaftsrecht? Beitrag und Einlage, Kapitalanteil, Gewinnverteilung und Jahresabschluss in der Personenhandelsgesellschaft, WPg 2021, 981; Scherff/Willeke, Der Eigenkapitalausweis der GmbH & Co. KG, BBK Fach 14, 1427; Scheunemann, Die Schlussbilanz bei der Verschmelzung von in einen Konzernabschluss einbezogenen Gesellschaften, DB 2006, 797; K. Schmidt, Zur Binnenverfassung der GmbH & Co. KG, FS Röhricht, 2005, 511; K. Schmidt, Zur Einheits-GmbH & Co. KG, FS Westermann, 2008, 1425; Scholz, Auswirkungen des MoPeG und des KaMöG auf die Bilanzierung von Personenhandelsgesellschaften, StuB 2021, 677; Sieker, Die Funktion des Gesellschaftsrechts für den Ausweis des Eigenkapitals in der Handelsbilanz der Personengesellschaft, FS Westermann, 2008, 1519; Strobel, Die Neuerung des KapCoRiLiG für den Einzel- und Konzernabschluss, DB 2000, 53; Theile, Ausweisfragen beim Jahresabschluss der GmbH & Co. KG nach neuem Recht, BB 2000, 555; Theile, Publizität des Einzel- oder Konzernabschlusses bei der GmbH & Co. KG nach neuem Recht?, GmbHR 2000, 215; Vanas, Ausgewählte Fragen der Rechnungslegung der verdeckten Kapitalgesellschaft, FS Rödler, 2010, 909; Wachter, Aktuelle Probleme bei der Ltd. & Co. KG, GmbHR 2006, 79; Waßmer, Die GmbH & Stroh KG als Publizitäts-Vermeidungsmodell, GmbHR 2002, 412; de Weerth, Ausweitung der Bilanzierungsvorschriften und Sanktionen auf Personengesellschaften, BB 1999, 1487; Weilbach, Die Wirkungen der verfehlten Mittelstands- und GmbH & Co.-Richtlinie, BB 1992, 955; Werner, Die GmbH & Co. KG in der Form der Einheitsgesellschaft, DStR 2006, 706; Wiechmann, Der Jahres- und Konzernabschluss der GmbH & Co KG, WPg 1999, 916; Zeyer, Lösungshinweise zu ausgewählten Bilanzierungsproblemen der Einheits-GmbH & Co. KG, BB 2008, 1442; Zimmer/Eckhold, Das Kapitalgesellschaften & Co.-Richtlinie-Gesetz, NJW 2000, 1361; Zwirner/Busch, Befreiungsmöglichkeiten von Rechnungslegungs-, Prüfungs- und Publizitätspflichten, BC 2016, 509; Zwirner/Busch/Krauß, Die Option zur Körperschaftsbesteuerung nach § 1a KStG – handelsrechtlich bedeutsame Rechtsfolgen, BC 2022, 205.[1]

Übersicht

I. Regelungsgegenstand

Die §§ 264a, 264b und 264c sind die maßgeblichen Normen zur **Umsetzung der** **1** früheren **Kapitalgesellschaft & Co.-RL** (RL 90/605/EWG), durch die der Anwendungsbereich der RL 78/660/EWG aF auf bestimmte Personengesellschaften ausgeweitet

---

[1] Der Verf. dankt seinem wissenschaftlichen Mitarbeiter Felix Arlt für die wertvolle Vorarbeit zur Neuauflage und die zahlreichen inhaltlichen Anregungen.

wurde;[2] beide Richtlinien wurden – zusammen mit anderen Richtlinien – mit Wirkung vom 19.7.2013 aufgehoben und in die Bilanz-RL integriert. Die §§ 264a–264c in ihrer ursprünglichen Fassung wurden durch das KapCoRiLiG vom 24.2.2000[3] mehr als sieben Jahre zu spät in das Gesetz eingefügt, nachdem der EuGH die Bundesrepublik Deutschland bereits wegen der Verspätung (Stichtag: 1.1.1993) verurteilt hatte.[4] Die erforderliche Umsetzung war lange Zeit insbesondere an Widerständen aus der mittelständischen Wirtschaft gescheitert, die sich gegen jede Form von Zwangspublizität sträubte,[5] die zur Folge hat, dass etwa eine GmbH & Co. KG selbst und nicht mehr allein die Komplementär-GmbH unter die Rechnungslegungsvorschriften der §§ 264 ff. fällt. Die daraus resultierenden Folgefragen hat der Gesetzgeber nicht im Zusammenhang mit den jeweils betroffenen Einzelvorschriften, sondern in den §§ 264a, 264b, 264c zusammenfassend normiert. § 264a bestimmt, welche Personengesellschaften den für Kapitalgesellschaften geltenden bilanzrechtlichen Anforderungen unterliegen. § 264b, der im Rahmen des BilRUG vom 17.7.2015 (BGBl. 2015 I 1245) eine größere Anpassung erfahren hat, regelt, unter welchen Voraussetzungen eine Befreiung von den daraus folgenden Publizitätspflichten möglich ist und modifiziert dabei für solche Gesellschaften die Befreiungsvoraussetzungen des § 264 Abs. 3. § 264c regelt diverse Besonderheiten, insbesondere im Zusammenhang mit dem Eigenkapitalausweis. Für Personengesellschaften iSd §§ 264a ff., die künftig die Option auf eine Besteuerung nach den für Kapitalgesellschaften geltenden Regeln ausüben (§ 1a KStG), ändert sich an der Anwendbarkeit der handelsrechtlichen Regelungen nichts.[6]

2   Die Kapitalgesellschaft & Co. (näher → Rn. 3 ff.) ist von ihrer Rechtsform her Personengesellschaft. Sie ist aber einer Kapitalgesellschaft insoweit vergleichbar,[7] als den Gesellschaftsgläubigern keine natürliche Person mit ihrem Privatvermögen als Gesellschafter oder mittelbarer Gesellschafter (unmittelbar oder mittelbar) haftet (vgl. § 19 Abs. 2[8]). Darin liegt

---

[2]   RL 90/605/EWG v. 8.11.1990 „zur Änderung der Richtlinien 78/660/EWG und 83/349/EWG über den Jahresabschluss bzw. den konsolidierten Abschluss hinsichtlich ihres Anwendungsbereichs", ABl. 1990 L 317, 60. Dazu, dass die Richtlinie nicht mit höherrangigem Gemeinschaftsrecht, namentlich mit Gemeinschaftsgrundrechten (Berufs-, Presse- und Rundfunkfreiheit), kollidiert s. EuGH Beschl. v. 23.9.2004 – C-435/02 und C-103/03, Slg. 2004, I-8663 – Axel Springer gg. Zeitungsverlag Niederrhein GmbH & Co. KG und Weske.

[3]   Gesetz zur Durchführung der Richtlinie des Rates der Europäischen Union zur Änderung der Bilanz- und der Konzernbilanzrichtlinie hinsichtlich ihres Anwendungsbereichs (RL 90/605/EWG), zur Verbesserung der Offenlegung von Jahresabschlüssen und zur Änderung anderer handelsrechtlicher Bestimmungen (Kapitalgesellschaften- und Co-Richtlinie-Gesetz (KapCoRiLiG), BGBl 2000 I 154.

[4]   EuGH 22.4.1999 – C-272/97, Slg. 1999, I-2175 – Kommission der EG/BRD. Zur Staatshaftung der BRD gegenüber Gesellschaftsgläubigern wegen der verspäteten Umsetzung s. BGH NJW 2006, 690 unter II. 2.

[5]   Weilbach BB 1992, 955; Strobel DB 1999, 1025 (1026); Nothhelfer BB 1996, 1655 ff.; s. auch Everling ZGR 1993, 153 ff.; Schlussanträge GA Cosmas 5.6.1997 – C-191/95, Slg. 1998, I-5449, I-5452 Rn. 68 – Kommission/Deutschland.

[6]   So Zwirner/Busch/Krauß BC 2022, 205: Die „Bilanzierungs-, Prüfungs- und Offenlegungspflichten" blieben „vom Grundsatz her" unbeeinflusst. Zu bedenken sei aber (S. 206 f.), dass „[s]teuerliche Auswirkungen" die Vermögens-, Finanz- und Ertragslage beeinflussen könnten und sich die Optionsausübung daher insoweit doch im Jahresabschluss niederschlage. So habe die höhere steuerliche Belastung der Gesellschaft selbst durch die Körperschaftsteuer Auswirkungen auf Bilanz sowie Gewinn- und Verlustrechnung (S. 208). Scholz (StuB 2021, 677 (684)) empfiehlt optierenden Gesellschaften, das Eigenkapital in Kapital- und Gewinnrücklagen aufzugliedern. Sollten nämlich später von Gesellschaftern aus den Rücklagen Beträge entnommen werden, sei für die bilanzielle Erfassung dieses Vorgangs beim Gesellschafter entscheidend, ob die Rücklage zuvor aus thesaurierten Gewinnen oder aus Kapitalzuführungen durch die Gesellschafter gebildet worden sei.

[7]   S. zB auch HdJ/Hennrichs/Pöschke Abt. III, A., IV. Rn. 151 (Stand: Juli 2019): „Unter Haftungsaspekten stehen solche Gesellschaften wirtschaftlich betrachtet der GmbH gleich".

[8]   Dazu, dass die firmenrechtliche Regelung des § 19 Abs. 2 ebenso wie § 264a (→ Rn. 3) bei mehrstöckigen Beteiligungen darauf abstellt, dass „auf keiner der Stufen letztlich einer der persönlich haftenden Gesellschafter eine natürliche Person ist", → § 19 Rn. 26. Barlitz/Bohnert (ZIP 2022, 1244 (1251)) haben mit Methoden der „Digitalen Rechtstatsachenforschung" aus den Informationen des Handelsregisters verschiedener Bundesländer herausgearbeitet, dass 2,16% der als GmbH & Co. KG firmierenden Personengesellschaften einen „in gesellschaftsrechtlich letzter Konsequenz persönlich unbeschränkt haftenden Komplementär" aufweisen, also gar nicht als „GmbH & Co. KG" firmieren müssten.

eine **Beschränkung der Haftung auf (mehrere) Gesellschaftsvermögen,** wie sie für Kapitalgesellschaften typisch ist.[9] Dies rechtfertigt es, die Kapitalgesellschaft & Co. auch **bilanzrechtlich wie eine Kapitalgesellschaft** zu behandeln und die §§ 264–330 (dh den 1. bis 5. Unterabschnitt des Abschnitts über die Kapitalgesellschaften) anzuwenden (§ 264a Abs. 1). In Gestalt der Offenlegungspflicht des § 325 wird insbesondere den Informationsinteressen der Gesellschaftsgläubiger Rechnung getragen. Die Abschlusspublizität ist „notwendiger Ausgleich für die Haftungsbeschränkung" bei der Kapitalgesellschaft und folglich auch bei der Kapitalgesellschaft & Co.[10] Die Anwendbarkeit der §§ 264 ff. und die damit verbundene **Gleichbehandlung** der Kapitalgesellschaft & Co. mit „reinen" Kapitalgesellschaften, vor dem BilMoG zB im Zusammenhang mit Abschreibungen und Zuschreibungen (§ 279 aF, § 280 Abs. 1 aF) und danach zB hinsichtlich latenter Steuern[11] (§ 274), zwingender Eigenkapitalgliederung (§ 264c Abs. 2), detaillierter GuV-Gliederung (§ 275) und Anhangangaben[12] (§ 284), berührt daneben einen wettbewerbspolitischen Aspekt. Eine **bilanzielle Regelungsarbitrage** durch Ausweichen auf die Rechtsform der Kapitalgesellschaft & Co. ist grundsätzlich nicht möglich. Ansatzpunkt für bilanzrechtliche Privilegierungen bei Unternehmen mit Haftungsbeschränkung ist grundsätzlich allein die Größe (§§ 267, 267a), nicht aber die Rechtsform. In einzelnen Punkten ergeben sich dennoch spezifische **Unterschiede,** wie zB hinsichtlich der Rücklage für Anteile an einem herrschenden oder mit Mehrheit beteiligten Unternehmen (§ 272 Abs. 4), die bei der Kapitalgesellschaft & Co. teilweise mit dem außerhalb des Postens „Eigenkapital" zu bildenden Sonderposten gem. § 264c Abs. 4 S. 2 konkurriert (→ Rn. 32 ff.), ferner hinsichtlich der Ausschüttungssperren des § 268 Abs. 8 sowie, ab 1.1.2024, des § 253 Abs. 6 S. 2,[13] die durch § 172 Abs. 4 S. 3[14] an die personengesellschaftsrechtlichen Besonderheiten angepasst werden (→ Rn. 37, → § 268 Rn. 39 ff.), oder bezüglich der Eigenkapitalaufgliederung der Kapitalanteile nach Gesellschaftergruppen.[15] Seit dem Inkrafttreten des KapCoRiLiG sind nach den §§ 264 ff. rechnungslegungspflichtige haftungsbeschränkte Personenhandelsgesellschaften iSd § 264a Abs. 1 oder von diesen Vorschriften ausdrücklich befreite Gesellschaften iSd § 264b aus dem Anwendungsbereich des PublG ausgeschlossen (§ 3 Abs. 1 Nr. 1 PublG). Die §§ 264a–264c sind insoweit **lex specialis** im Verhältnis zum PublG.[16]

---

9   In Österreich werden die Kapitalgesellschaften & Co. daher häufig auch als „verdeckte Kapitalgesellschaft" bezeichnet, s. dazu und zu Bilanzierungsproblemen in diesem Zusammenhang aus österreichischer Sicht Vanas FS Rödler, 2010, 909 (910).

10   Begr. RegE KapCoRiLiG, BT-Drs. 14/1806, 18; Luttermann ZIP 2000, 517 (519, 521).

11   BeBiKo/Grottel/Larenz, 13. Aufl. 2022, § 274, Rn. 85; IDW RS HFA 7 nF Rn. 21 (Stand: 30.11.2017); Gelhausen/Fey/Kämpfer M Rn. 53; ausf. dazu Kastrup/Middendorf BB 2010, 815 ff.; ferner → § 274 Rn. 31 ff.; s. auch den BT-RA, Bericht der Abgeordneten Christine Lambrecht, Ronald Pofalla und Rainer Funke zum RegE KapCoRiLiG, BT-Drs. 14/2353, 26: „Der konsequenten Umsetzung des Grundsatzes ,Publizität ist der Preis für die Haftungsbeschränkung' ist zuzustimmen".

12   BeBiKo/Grottel, 13. Aufl. 2022, § 284 Rn. 1.

13   § 172 Abs. 4 S. 3 enthielt bisher keinen Verweis auf § 253 Abs. 3 S. 2, da die Norm noch recht neu ist. Sie wurde durch Art. 7 WohnImmoKredRLUG eingeführt (BGBl. 2016 I 408 f.) und trat erst zum 21.3.2016 in Kraft. Vgl. zum Hintergrund der Ergänzung des § 172 Abs. 4 die Begr. RegE MoPeG, BT-Drs. 19/27635, 257: Da Beträge gem. § 253 Abs. 6 S. 2 wie bei § 268 Abs. 8 einer „besonderen bilanzrechtlichen Ausschüttungssperre" unterlägen, würden wie auch „im Kontext des § 172 Abs. 4 S. 3 wie Beträge nach § 268 Abs. 8 behandelt". Hanke (BC 2018, 262 (266)) vertritt im Anschluss an IDW RS HFA 7 idF Rn. 39a (Stand: 30.11.2017) schon zum geltenden Recht, dass die beiden Ausschüttungssperren „gleichzustellen" seien und daher auch eine Entnahme von gem. § 253 Abs. 6 ausschüttungsgesperrten Beträgen „zu einem Wiederaufleben der Kommanditistenhaftung gemäß § 172 Abs. 4" führe. In der Tat spricht die identische Ratio der Normen und die nicht zuletzt durch die Neufassung der Regelung implizierte Regelungslücke für eine analoge Anwendung von § 172 Abs. 4 auf Beträge iSd § 253 Abs. 6 im bis 31.12.2023 geltenden Recht; so auch Oser StuB 2021, 458: § 172 Abs. 4 idF vor dem MoPeG sei „planwidrig unvollständig".

14   Eingefügt in das HGB (ebenso wie § 268 Abs. 8) durch das BilMoG; um die Bezugnahme auf § 253 Abs. 6 S. 2 mit Wirkung ab dem 1.1.2024 ergänzt durch das MoPeG.

15   S. Sieker FS Westermann, 2008, 1519 (1525).

16   Baetge/Kirsch/Thiele/Thiele/Sickmann § 264a Rn. 6 (Stand: 1.9.2007); HKMS/Stöber, 2. Aufl. 2020, Rn. 5; Staub/Meyer, 6. Aufl. 2021, Rn. 2.

II. § 264a

3 **1. Einzubeziehende Personenhandelsgesellschaften (Abs. 1).** Die Vorschrift des § 264a Abs. 1 bestimmt, unter welchen Voraussetzungen die §§ 264 ff. auf eine Personenhandelsgesellschaft Anwendung finden. Danach darf keiner der persönlich, dh unbeschränkt, haftenden Gesellschafter der Personengesellschaft natürliche Person sein; stattdessen müssen sie entweder **juristische Personen** (einschließlich der KGaA) sein oder **Personengesellschaften ohne** unmittelbar oder mittelbar, nämlich im Rahmen eines mehrstufigen Gesellschaftsverhältnisses, **persönlich haftende natürliche Person.**[17] Bei mehrstöckigen Gesellschaftsverbindungen sind Personenhandelsgesellschaften mit Personengesellschaften als persönlich haftenden Gesellschaftern folglich von den §§ 264 ff. nur befreit, wenn irgendwann am Ende der Beteiligungskette eine natürliche Person als persönlich haftender Gesellschafter (Vollhafter) vorhanden ist.[18]

4 **a) OHG, KG.** Der Anwendungsbereich des § 264a Abs. 1 umfasst nur Gesellschaften in den Rechtsformen der OHG (§§ 105 ff.) oder KG (§§ 161 ff.), nicht aber Personengesellschaften anderer Rechtsform. Eine Gesellschaft bürgerlichen Rechts (§§ 705 ff. BGB), deren Gesellschafter durchweg Kapitalgesellschaften sind, fällt demnach beispielsweise nicht unter die §§ 264 ff.,[19] ebenso wenig eine EWIV oder eine Partnerschaftsgesellschaft.

5 **b) Persönlich haftender Gesellschafter.** Entscheidendes Abgrenzungsmerkmal ist die Rechtsnatur der persönlichen haftenden Gesellschafter (§ 105 Abs. 1, § 128 S. 1 für die OHG; §§ 161 Abs. 1 aE, Abs. 2, 128 S. 1 für die KG; jeweils auch idF des MoPeG). § 264a Abs. 1 erfasst nur solche OHG oder KG, bei denen **keine natürliche Person** mit ihrem **Privatvermögen unbeschränkt** für die Gesellschaftsschulden **haftet. § 264a Abs. 1 Nr. 1** stellt dabei zunächst darauf ab, ob eine natürliche Person (§ 1 BGB) unmittelbar persönlich haftender Gesellschafter ist. Ist dies der Fall,[20] unterliegt die Personenhandelsgesellschaft nicht den §§ 264 ff. Das setzt selbstverständlich voraus, dass die Beteiligung der natürlichen Person an der Personenhandelsgesellschaft rechtswirksam ist. Die Person muss hierzu im Augenblick ihres Beitritts geschäftsfähig (§§ 104 ff. BGB) oder wirksam vertreten sein; der rechtswirksame Beitritt eines Minderjährigen zu einer Personenhandelsgesellschaft bedarf nach § 1643 Abs. 1 BGB iVm § 1852 Nr. 2 BGB (früher § 1822 Nr. 3 BGB aF) der familiengerichtlichen Genehmigung (→ § 105 Rn. 152).[21] Nach einer verbreiteten, hier bis zur Vorauflage ebenfalls vertretenen Auffassung muss die Beteiligung ferner unmittelbar auf den Namen und auf Rechnung der natürlichen Person gehalten werden, sodass eine treuhänderische Verwaltung nicht ausreicht.[22] Diese Beschränkung erscheint dem Verf. mittlerweile aber inkonsequent, wenn man es gleichzeitig generell für unschädlich hält, dass die im Außenverhältnis vollhaftende natürliche Personen von einer dritten Person im Innenverhältnis freigestellt wird (→ Rn. 8). Genau für Letzteres gibt es aber gute Argumente (→ Rn. 8), weshalb der (menschliche) OHG-Gesellschafter oder Komplementär auch als Treuhänder trotz seines Aufwendungsersatz- oder Befreiungsanspruchs iSd § 264a Abs. 1 „persönlich haftet".[23]

---

[17] Vgl. Begr. RegE KapCoRiLiG, BT-Drs. 14/1806, 18: Personenhandelsgesellschaften, bei denen im Rahmen eines mehrstufigen Gesellschaftsverhältnisses eine natürliche Person persönlich haftender Gesellschafter sei, bräuchten die §§ 264 ff. HGB nicht anzuwenden. Dies gelte aber nur, „solange nicht auf einer Gesellschaftsebene ausschließlich Nicht-Personengesellschaften persönlich haftende Gesellschafter" seien, „also Kapitalgesellschaften oder zB Stiftungen oder Genossenschaften".

[18] Ausf. hierzu m. ausf. Nachweisen BeBiKo/Justenhoven/Usinger, 13. Aufl. 2022, Rn. 35 ff.

[19] HdR/Ischebeck/Nissen-Schmidt § 264a Rn. 9 (Stand: 11/2009) m. weit. Bsp.; Haufe-HGB/Stute Rn. 5 (Stand: 25.7.2022): Bei einer GbR liege „kein wirtschaftliches Interesse vor"; Eisolt/Verdenhalven NZG 2000, 130; Merkt/Probst/Fink/Mylich Kap. 3 Rn. 163.

[20] ADS Rn. 26; HdR/Ischebeck/Nissen-Schmidt Rn. 11 (Stand: 11/2009).

[21] BeBiKo/Justenhoven/Usinger, 13. Aufl. 2022, Rn. 23: für minderjährige ausländische Staatsangehörige gelte das jeweilige ausländische Recht.

[22] BeBiKo/Justenhoven/Usinger 13. Aufl. 2020, Rn. 20 – s. aber Rn. 26; BeckOGK/Fehrenbacher, 1.12.2021, Rn. 12.

[23] So HKMS/Stöber, 2. Aufl. 2020, Rn. 10: Entscheidend sei, dass die „natürliche Person auch als Treuhänder im Außenverhältnis" unbeschränkt persönlich hafte.

Selbst wenn keiner der persönlich haftenden Gesellschafter eine natürliche Person ist, **6** fällt die Personenhandelsgesellschaft nicht ohne Weiteres in den Anwendungsbereich der §§ 264 ff. Vielmehr stellt **§ 264a Abs. 1 Nr. 2** weitere Anforderungen. Die Vorschrift unterscheidet dabei nach der Rechtsform der persönlich haftenden (nicht natürlichen) Wirkungseinheiten. Sind alle persönlich haftenden Gesellschafter Kapitalgesellschaften – auch ausländische[24] – oder sonstige juristische Personen (zB Stiftungen, wirtschaftliche Vereine oder eG[25]), also keine Personengesellschaften,[26] unterliegt die Gesellschaft stets den Vorschriften der §§ 264 ff. Besteht der Kreis der persönlich haftenden, nicht natürlichen Gesellschafter aus mindestens einer Personengesellschaft, sind die §§ 264 ff. zunächst dann ausgeschlossen, wenn diese ihrerseits eine natürliche Person als persönlich unbeschränkt haftenden Gesellschafter hat. Hat diese Personengesellschaft auf der zweiten Stufe zwar keinen natürlichen persönlich unbeschränkt haftenden Gesellschafter, haftet dort aber eine Personengesellschaft persönlich, kommt es wiederum darauf an, ob *diese* Personengesellschaft auf der dritten Stufe einen natürlichen persönlich unbeschränkt haftenden Gesellschafter hat. Verneinendenfalls ist zu schauen, ob sich vielleicht auf der vierten Stufe eine unbeschränkt haftende natürliche Person findet, die Gesellschafter der Personengesellschaft auf der dritten Stufe ist und so weiter.[27] Dies ist mit den Worten „oder sich die Verbindung in dieser Art fortsetzt" **(§ 264a Abs. 1 aE)** gemeint. Der gängige, auch vorliegend verwendete Begriff „Kapitalgesellschaft & Co." für die Personenhandelsgesellschaften nach § 264a ist insofern missverständlich, als § 264a wie gesehen uU auch Personenhandelsgesellschaften erfasst, an denen (auf der ersten Stufe) gar keine Kapitalgesellschaften beteiligt sind; er ist dem Umstand geschuldet, dass § 264a Abs. 1 *im Regelfall* Gesellschaften erfasst, in denen Kapitalgesellschaften die Vollhaftung für die OHG oder KG übernehmen. Nach Konzeption und Wortlaut des § 264a sowie der zugrunde liegenden damaligen RL 90/605/EWG befreit die mittelbare unbeschränkte Haftung einer natürlichen Person für die Verbindlichkeiten der OHG oder KG nur dann von der Anwendung der Bilanzierungsvorschriften für Kapitalgesellschaften, wenn sie durch die unmittelbare Mitgliedschaft der Person in einer *Personengesellschaft* vermittelt wird. Daran fehlt es, wenn zB eine GmbH und eine KG die einzigen Gesellschafter einer OHG sind und auf Seiten der KG der einzige **Komplementär eine KGaA,** also eine Kapitalgesellschaft ist, auch wenn deren persönlich haftender Gesellschafter (§ 278 Abs. 1 AktG) eine natürliche Person ist.[28] Insofern unterscheidet sich der Anwendungsbereich des § 264a von demjenigen der firmenrechtlichen Vorschrift des § 19 Abs. 2. Dort blickt man für die Frage, ob eine natürliche Person „in" einer OHG oder KG „persönlich haftet", auf keiner Stufe der Beteiligungskette auf die Art des Beteiligungsverhältnisses (→ § 19 Rn. 26). Die teilweise gebräuchliche Bezeichnung „Personenhandelsgesellschaften ohne Vollhaftung einer natürlichen Person" umschreibt nur den Anwendungsbereich des § 19 Abs. 2, nicht aber denjenigen des § 264a in zutreffender Weise.

c) Natürliche Person. Durch die Aufnahme einer natürlichen Person als persönlich **7** unbeschränkt haftende(n) Gesellschafter(in) können die Anwendung der §§ 264 ff. und damit insbesondere die ungeliebte Publizitätspflicht vermieden werden. Die Offenlegungspflicht nach § 325 soll mit der Aufnahme einer persönlich unbeschränkt haftenden natürlichen Person auch für Zeiträume *vor* deren **Eintritt in die Gesellschaft** entfallen, was mit

---

[24] Vgl. LG Bonn NZG 2018, 1423 Rn. 9, zu einer Ltd. & Co. KG mit einer englischen private limited company als Komplementärin.

[25] Hopt/Merkt, 41. Aufl. 2022, Rn. 1; BeBiKo/Justenhoven/Usinger, 3. Aufl. 2022, Rn. 11. § 264a Abs. 1 geht insoweit über die Vorgaben der Kapitalgesellschaft & Co.-Richtlinie sowie inzwischen diejenigen der Bilanz-RL hinaus.

[26] Auch „nichtrechtsfähige" Vereine iSd § 54 BGB (ab 1.1.2024: „Vereine ohne Rechtspersönlichkeit", § 54 BGB idF des MoPeG) können nach inzwischen hM Gesellschafter einer OHG oder KG sein (→ § 105 Rn. 227 [Fleischer]). Soweit nach dieser Ansicht die Vereinsmitglieder unbeschränkt persönlich für die Gesellschaftsschulden haften, stellt sich die Frage nach einer analogen Anwendbarkeit des § 264a Abs. 1 Nr. 2. Im Lichte einer richtlinienkonformen Auslegung dürfte sie zu verneinen sein.

[27] Dazu Patt DStZ 2000, 77 f.; Hopt/Merkt, 41. Aufl. 2022, Rn. 2.

[28] So ausdrücklich die Begr. RegE KapCoRiLiG, BT-Drs. 14/1806, 18.

der rückwirkenden Haftung des Eintretenden (§ 130 bzw. künftig § 127 idF des MoPeG, jeweils iVm § 161 Abs. 2) begründet wird.[29] Diese Aussage passt allerdings nicht zu der Ansicht, dass maßgeblicher Zeitpunkt, zu dem die unbeschränkte Haftung bestehen müsse, der Abschlussstichtag sei.[30] Miteinander vereinbaren lässt sich beides, wenn man zwischen den stichtagsbezogenen und den nicht stichtagsbezogenen Pflichten im Rahmen der §§ 264 ff. unterscheidet[31] und allein für die stichtagsbezogenen Pflichten – dazu gehören alle Pflichten, die den Inhalt des Jahresabschlusses bestimmen – den Abschlussstichtag als maßgebend betrachtet.[32] Die Offenlegungspflicht nach den §§ 325 ff. gehört zu den nicht stichtagsbezogenen Pflichten, die sich nach dem jeweiligen, auch unterjährigen Sachverhalt richten, und dieser Umstand, nicht etwa die Rückwirkung der persönlichen Haftung des Eintretenden,[33] ist der Grund, warum keine Ordnungsgelder wegen unterlassener Offenlegung von Jahresabschlüssen verhängt werden können, wenn der Gesellschaft zwischenzeitlich ein Vollhafter beitritt. Daraus folgt auch, dass bereits verhängte Ordnungsgelder ungeachtet des nachfolgenden Beitritts eines Vollhafters rechtmäßig bleiben.[34]

8   Eine schuldrechtliche **Verlustübernahme** oder die Übernahme einer Bürgschaft durch eine natürliche Person reicht für eine Ausnahme von den §§ 264 ff. nicht aus, es bedarf nach dem Wortlaut und Schutzzweck des Gesetzes der gesellschaftsrechtlichen Stellung eines Komplementärs.[35] Dafür ist die Eintragung im Handelsregister nicht erforderlich; vielmehr reicht der Abschluss der gesellschaftsvertraglichen Vereinbarung mit den Mitgesellschaftern aus, wenn die Gesellschaft ihre Geschäfte mit Zustimmung des Eintretenden betreibt (§ 123 Abs. 2 analog bzw. künftig § 123 Abs. 1 S. 2 idF des MoPeG analog).[36] Die **Freistellung** der natürlichen Person in der Funktion des Komplementärs durch einen Dritten oder einen anderen Gesellschafter im Innenverhältnis ist zulässig, solange diese Freistellung das Fortbestehen der Haftung des Gesellschafters im Außenverhältnis nicht berührt (speziell zur Treuhand → Rn. 8).[37] Im Schrifttum wurde zu bedenken gegeben, die Freistellung der persönlich haftenden Person könne in Bezug auf § 264a doch schädlich sein, wenn man Sinn und Zweck der Regelung nicht darin sehe, dass den Gläubigern der Personenhandelsgesellschaft letztlich wenigstens eine natürlich Person hafte, sondern darin, dass eine natürliche Person, die für sich selbst und ihr Privatvermögen Haftungskonsequenzen befürchten müsse, das Unternehmen in einer anderen Weise führe als bei fehlendem Haftungsdurchgriff.[38] Irgendwelche Anhaltspunkte für eine in solcher Weise psychologisierende Betrachtung des Gesetzgebers lassen sich allerdings kaum finden. Die Erwägungsgründe der RL 90/605/EWG stellen lediglich auf die „Vergleichbarkeit" von Handelsgesellschaften mit

---

[29]   LG Osnabrück GmbHR 2005, 1618 f. (zu einem in den Jahren 2004/2005 laufenden Ordnungsgeldverfahren gem. der §§ 335 ff. [idF vor den Änderungen durch das EHUG] wegen unterlassener Offenlegung der Jahresabschlüsse 2001 und 2002) mzustAnm C. H. Schmidt; wohl ebenso zust. IDW RS HFA 7 Rn. 4 (Stand: 30.11.2017); Haufe-HGB/Stute Rn. 10 (Stand: 25.7.2022); krit., iErg aber ebenfalls zust. und mit weiteren Hinweisen zum Ordnungsgeldverfahren v. Kanitz WPg 2008, 1059 (1062).

[30]   So (ohne Differenzierung) IDW RS HFA 7 Rn. 5 (Stand: 30.11.2017); nuancierter v. Kanitz WPg 2008, 1059 (1062): Es liege nahe, im Fall des § 264a, „der die stichtagsbezogenen Pflichten der §§ 264 ff." zur Anwendung bringe, „grundsätzlich auf die Verhältnisse des jeweiligen Abschlussstichtages abzustellen".

[31]   Zur Unterscheidung zwischen stichtagsbezogenen und stichtagsunabhängigen Pflichten s. v. Kanitz WPg 2008, 1059 (1062); sich anschließend Heidel/Schall/Roth/Hoffmann, 3. Aufl. 2020, § 263a Rn. 7.

[32]   Noch anders → 2. Aufl. 2008, Rn. 7: Aufstellung des Jahresabschlusses als maßgeblicher Zeitpunkt.

[33]   Ebenfalls die gesellschaftsrechtliche Rückwirkung nicht für ausschlaggebend haltend v. Kanitz WPg 2008, 1059 (1062), der die Entscheidung des LG Osnabrück (Fn. 21) iE allerdings nicht mit der von ihm selbst dargelegten Unterscheidung von stichtagsbezogenen und stichtagsneutralen Pflichten, sondern mit dem Verhältnismäßigkeitsgrundsatz rechtfertigen möchte.

[34]   IE wohl unstreitig; vgl. auch IDW RS HFA 7 Rn. 4 (Stand: 30.11.2017), das von einer Wirkung des Beitritts „ex nunc" ausgeht; v. Kanitz WPg 2008, 1059 (1061 ff.).

[35]   Staub/Meyer, 6. Aufl. 2021, Rn. 11; BeBiKo/Justenhoven/Usinger 13. Aufl. 2022, Rn. 25.

[36]   WP-HdB/Störk, 17. Aufl. 2021, F Rn. 1448; v. Kanitz WPg 2003, 324 (326); IDW RS HFA 7, Rn. 5 (Stand: 30.11.2017); BeBiKo/Justenhoven/Usinger, 13. Aufl. 2022, Rn. 21; Hopt/Roth, 41. Aufl. 2022, § 123 Rn. 4.

[37]   BeBiKo/Justenhoven/Usinger, 13. Aufl. 2022, Rn. 26.

[38]   ADS Rn. 30.

beschränkt haftendem Vollhafter mit den „Rechtsformen iSd RL 68/151/EWG", also mit Kapitalgesellschaften ab. Im Übrigen wäre es bei einer psychologisierenden Betrachtung nicht konsequent, wie gefordert,[39] § 264a ausgerechnet (nur) dann anzuwenden, wenn die den Vollhafter der Personenhandelsgesellschaft intern freistellende Person ihrerseits nur beschränkt haftet, wenn also beim Vollhafter trotz der Freistellung ein offenes Restrisiko verbleibt.

Lässt sich der Umfang der persönlichen Haftung einer natürlichen Person durch die   **9** Anwendung einer entsprechend ausgelegten ausländischen Rechtsordnung einschränken, begründet dies ebenfalls die besonderen Rechnungslegungspflichten der §§ 264 ff. Zwar lässt der Wortlaut des § 264 Abs. 1 jede natürliche Person als persönlich haftenden Gesellschafter ausreichen, eine teleologisch einschränkende Auslegung der Vorschrift ergibt aber, dass das Gesetz die unbeschränkte (Voll-)Haftung der natürlichen Person voraussetzt.[40] Ob, wie bisweilen im Schrifttum angedacht,[41] die (bewusste) Aufnahme einer **mittellosen** natürlichen Person unter Ausschluss von Geschäftsführung und Vertretung[42] in den Kreis der persönlich haftenden Gesellschafter geeignet ist, die Offenlegungspflichten zu vermeiden, ist fraglich. Die Rechtsprechung wertet die Gründung einer KG mit mittellosem Komplementär im Kontext der beschränkten Kommanditistenhaftung des § 171 Abs. 1 zu Recht allerdings nicht *per se* als Gesetzesumgehung.[43] Die Verhängung eines Ordnungsgeldes gegen den Verantwortlichen einer Personenhandelsgesellschaft mit mittellosem persönlich haftendem Gesellschafter gem. §§ 335b, 335 (→ Rn. 38) wegen fehlender Offenlegung des Jahresabschlusses dürfte problematisch sein. Angesichts ihres sanktionierenden Charakters[44] könnte diese Maßnahme nämlich gegen das Analogieverbot aus Art. 103 Abs. 2 GG verstoßen, da der Wortlaut von § 264a Abs. 1 lediglich auf das Fehlen einer unbeschränkt haftenden natürlichen Person im Kreis der Gesellschafter, nicht aber auf deren Zahlungsfähigkeit abstellt. Auch wenn die Aufnahme einer natürlichen Person als Gesellschafter in erkennbar vorsätzlich dem Zweck des Gesetzes zuwider laufender Art und Weise geschieht, zB bei der wiederholten Aufnahme in die Gesellschaft immer unmittelbar vor dem Abschlussstichtag, gefolgt von dem immer unmittelbar darauf folgenden Ausscheiden des gerade aufgenommenen Vollhafters,[45] kann nichts anderes gelten, weil das Sanktionsrecht anders als das Steuerrecht (§ 42 AO) keinen Umgehungsschutz zum Ausgleich für das Analogieverbot kennt. Immerhin ist die Situation im genannten Beispiel für die Gläubiger kaum schlechter

---

[39]   ADS Rn. 30.

[40]   Staub/Meyer, 6. Aufl. 2021, Rn. 11, dort mit dem Beispiel des „beschränkt haftenden Einzelkaufmanns" nach portugiesischem Recht.

[41]   S. Staub/Meyer, 6. Aufl. 2021, Rn. 11: „wirtschaftliche Verhältnisse des persönlich haftenden Gesellschafters ohne Bedeutung"; BeBiKo/Justenhoven/Usinger, 13. Aufl. 2022, Rn. 27: „wirtschaftliche Verhältnisse der natürlichen Person für ihre Funktion als Vollhafter grds ohne Belang"; Bitter/Grashoff DB 2000, 833 (838) (sprechen die Möglichkeit an, das Verhalten als Gesetzesumgehung zu qualifizieren); Grüter/Mitsch INF 2001, 142 (143); Naujok GmbHR 2003, 263 Fn. 7; einschr. Theile GmbHR 2003, 215 (216 f.); Zimmer/Eckhold NJW 2000, 1361 (1363); Waßmer GmbHR 2002, 412 (420); einschr. und auf die Erwerbsfähigkeit des Vollhafters abstellend WP-HdB/Störk 17. Aufl. 2021, F Rn. 1449; ablehnend zB Mylich ZGR 2021, 86, (91 ff.): Werde zur Vermeidung von Bilanzpublizität eine mittellose natürliche Person ohne Geschäftsführungs- oder Vertretungsbefugnis als Komplementär aufgenommen, sei diese auch dann als Scheingesellschafter einzuordnen, wenn ihr eine Haftungsvergütung gezahlt werde.

[42]   Zur Zulässigkeit des Ausschlusses einzelner Gesellschafter von der Geschäftsführung und Vertretung → § 115 Rn. 10, → § 125 Rn. 16.

[43]   BGHZ 45, 204 (208 f.) = NJW 1966, 1309.

[44]   Waßmer GmbHR 2002, 412 (420).

[45]   Beispiel nach Waßmer GmbHR 2002, 412 (419). Die Aussage von Bitter/Grashoff DB 2000, 833 (838), der „Rechtsgedanke des § 42 AO" (Steuerumgehung) greife im Handelsrecht nicht, führt in diesem Zusammenhang nicht weiter, denn § 42 AO ist lediglich Ausprägung des allgemeinen, im Steuerrecht ebenso wie im Handelsrecht geltenden Rechtsgrundsatzes, dass Gesetze nicht „durch Missbrauch rechtlicher Formen und Gestaltungsmöglichkeiten" umgangen (BGH NJW 1994, 2610, unter 3.a.bb.), dh ihrem Zweck zuwider angewendet werden dürfen. Die Vorschrift beruht auf dem Irrtum, die Analogie im Steuerrecht sei aus verfassungsrechtlichen und methodologischen Gründen unzulässig (hierzu Reiner, Derivative Finanzinstrumente im Recht, 2002, S. 315 ff., 318–321).

als bei der permanenten Aufnahme einer mittellosen natürlichen Person als Vollhafter, denn der Kurzzeitgesellschafter unterliegt der Haftung für Altschulden und der Nachhaftung (§§ 130, 160 oder künftig §§ 127, 137 idF des MoPeG) für die entsprechenden Zeiträume.[46] An der Ansicht, dass das Analogieverbot hier mangels Schutzwürdigkeit entfallen dürfte (→ 4. Aufl. 2020, Rn. 8), wird nicht länger festgehalten.

10   **2. Gesetzlicher Vertreter (Abs. 2).** Die Regelung in § 264a Abs. 2 ist erforderlich, weil die §§ 264 ff. Bestimmungen enthalten, die auf die gesetzlichen Vertreter einer Kapitalgesellschaft Bezug nehmen, etwa bei der Aufstellung des Jahresabschlusses[47] bzw. des Konzernabschlusses nach § 264 Abs. 1 bzw. § 290 Abs. 1, bei der Erteilung des Prüfungsauftrags nach § 318 Abs. 1 S. 4, bei der Vorlage des Abschlusses und Lageberichts gegenüber dem Abschlussprüfer (§ 320) oder bei der Verhängung von Buß- oder Zwangsgeldern (§§ 334, 335). Gleichzeitig wird damit klargestellt, dass eine Kapitalgesellschaft & Co. auch insoweit „entsprechend verpflichtet" ist,[48] obwohl Personengesellschaften gemäß dem Prinzip der Selbstorganschaft[49] keine (bestellten) gesetzlichen Vertreter ieS haben,[50] auch wenn teilweise von der „gesetzlichen Vertretung" bei den Personenhandelsgesellschaften gesprochen wird.[51] Die Pflicht zur Aufstellung des Jahresabschlusses trifft bei der Kapitalgesellschaft & Co. iSd § 264a Abs. 1 wie bei sonstigen Personenhandelsgesellschaften an sich die persönlich haftenden Gesellschafter, also die entsprechenden juristischen Personen oder Personengesellschaften (ohne persönlich haftende Gesellschafter oder Hinterleute) als Vertreterinnen iSd § 125 (ab 1.1.2024: § 124 idF des MoPeG). Zumindest juristische Personen sind aber als solche nicht handlungsfähig, sondern müssen ihrerseits durch ihre Organe vertreten werden. Welche der Begehung einer Ordnungswidrigkeit (§ 334) zugänglichen und daher notwendigerweise *natürlichen* Personen (vgl. § 30 OWiG für die juristische Person oder die Personenvereinigung selbst; insofern auch die Sondervorschrift in § 335 Abs. 1 S. 2) den Jahresabschluss konkret (physisch) aufzustellen haben, hängt von der Rechtsform der persönlich haftenden juristischen Person ab. § 264a Abs. 2 beruft hierzu „die Mitglieder des vertretungsberechtigten Organs der vertretungsberechtigten Gesellschaften". Dies sind etwa bei einer AG als OHG-Gesellschafterin oder als Komplementärin deren Vorstandsmitglieder (§ 78 AktG), bei einer GmbH deren Geschäftsführer (§ 35 GmbHG) und bei einer „private company limited by shares" nach englischem Recht (Ltd.)[52] deren directors. Gemäß ihrem Zweck, klare und sanktionierbare Verantwortlichkeiten zuzuordnen, ist die Regelung des § 264a Abs. 2 über ihren Wortlaut (vertretungsberechtigte *Gesellschaften*; Hervorhebung durch Verf.) hinaus neben Kapitalgesellschaften auch auf juristische Personen anderer Art (zB rechtsfähige Vereine, Stiftungen) anzuwenden.[53] Bei Personengesellschaften in der Rolle

---

[46]   Mit diesem Argument halten Justenhoven/Usinger (BeBiKo, 13. Aufl. 2022, Rn. 29) ein unmittelbares Ausscheiden des Vollhafters nach dem Abschlussstichtag für unschädlich; ebenso HKMS/Stöber, 2. Aufl. 2020, Rn. 16.

[47]   Begr. RegE KapCoRiLiG, BT-Drs. 14/1806, 18.

[48]   Begr. RegE KapCoRiLiG, BT-Drs. 14/1806, 18.

[49]   Hierzu zB BGH WM 1982, 394 = NJW 1982, 1817; → § 125 Rn. 6; K. Schmidt FS Röhricht, 2005, 511 (519, 524); vgl. auch K. Schmidt FS Westermann, 2008, 1425 (1433) zum Konzept einer subsidiären Selbstorganschaft bei der GmbH und GmbH & Co. KG, als dessen Ausprägung er die durch das MoMiG geschaffene Gesellschafterverantwortlichkeit bei „Führungslosigkeit" erkennt (vgl. § 35 Abs. 1 S. 2 GmbHG, § 10 Abs. 2 S. 2 InsO, § 15 Abs. 1 S. 2, Abs. 2 S. 2 InsO, § 15a Abs. 3 InsO; auch § 78 Abs. 1 S. 2 AktG).

[50]   → § 125 Rn. 6: Die organschaftliche Vertretungsmacht werde dem Gesellschafter „nicht wie einem GmbH-Geschäftsführer durch Bestellung verliehen", sondern sie wohne „seiner Gesellschafterstellung inne". Vgl. aber Beuthien NJW 1999, 1142 (1145 f.) (noch vor der Entscheidung BGHZ 146, 341 = NJW 2001, 1056, zur Rechtsfähigkeit der Außen-GbR): Die Personengesellschaften bewegten sich „in demselben Maße aus dem Stellvertretungsrecht hinaus" und in „eigenes Außenhandeln" (gemeint ist: durch Organe) hinein, „wie man ihnen Teilrechtsfähigkeit und damit Teilrechtssubjektivität" beimesse.

[51]   ZB BGHZ 33, 105 = NJW 1960, 1997, unter I. 3.: „Grundsatz der gesetzlichen (organschaftlichen) Vertretung".

[52]   Für die Anwendung der §§ 264a ff. auf die Ltd. & Co. KG zB Wachter GmbHR 2006, 79 (80); zur grundsätzlichen Zulässigkeit der Ltd. & Co. KG s. Schlichte DB 2006, 87 m. ausf. Nachw. (dort Fn. 2).

[53]   So zu Recht Staub/Meyer, 6. Aufl. 2021, Rn. 15; HKMS/Stöber, 2. Aufl. 2020, Rn. 19; BeckOGK/ Fehrenbacher, 1.12.2021, Rn. 17.

des vertretungsberechtigten Gesellschafters, die selbst keine natürliche Person als persönlich haftende Gesellschafter besitzen (vgl. § 264a Abs. 1 Nr. 2), ist über den Wortlaut des § 264a Abs. 2 hinaus und entsprechend dem Rechtsgedanken des § 264a Abs. 1 aE („bei denen [...] sich die Verbindung von Gesellschaften in dieser Art fortsetzt") auf die Mitglieder der Vertretungsorgane von deren (nicht natürlichen) persönlich haftenden Gesellschaftern abzustellen, bei einer GmbH & Co. KG also auf die Geschäftsführer der Komplementär-GmbH.[54] Die Bilanz-RL enthält diesbezüglich (ebenso wie bereits die RL 78/660/EWG idF der Kapitalgesellschaft & Co.-RL – RL 90/605/EWG) keine besonderen Vorgaben, die der hier empfohlenen Auslegung des § 264a Abs. 2 entgegenstehen könnten.

III. Befreiung im Zusammenhang mit Konzernabschlüssen, § 264b

§ 264b ist **Sondervorschrift zu § 264 Abs. 3 und 4** für die Kapitalgesellschaft & **11** Co. Und bestimmt, wann diese von der Pflicht zur Aufstellung, Prüfung und Offenlegung eines Einzelabschlusses nach den für Kapitalgesellschaften geltenden Vorschriften des Zweiten Abschnitts (§§ 264–335) befreit ist. Die Vorschrift wurde durch Art. 1 Nr. 6 BilRUG parallel zu § 264 Abs. 3 neu gefasst. Die bis zum 22.7.2015 geltende Fassung beruhte auf der Ausübung der Mitgliedstaatenoption in Art. 57a der damaligen Richtlinie 78/660/EWG.[55] Durch die Neuregelung wird der Text sprachlich vereinfacht und an die Struktur des Art. 38 Abs. 2 lit. b Bilanz-RL angepasst.[56] Darüber hinaus werden mit der Neufassung „die Voraussetzungen für das Wahlrecht für Kapitalgesellschaften und Personenhandelsgesellschaften teilweise angeglichen".[57] Im Gegensatz zum auslegungsfähigen § 264 Abs. 3 (dort: „braucht die Vorschriften [...] nicht anzuwenden", → § 264 Rn. 126) scheint die Befreiung in § 264b nach ihrem eindeutigen Wortlaut („ist von der Verpflichtung befreit") unmittelbar zu wirken, ohne der Personenhandelsgesellschaft die Möglichkeit zu gewähren, freiwillig nach den §§ 264 ff. zu bilanzieren. Der systematische Zusammenhang des § 264b mit § 264 Abs. 3, dem die Regelung nachgebildet ist,[58] spricht trotzdem dafür, der privilegierten Gesellschaft auch bei § 264b ein **Wahlrecht** dahingehend zuzugestehen, dass es ihr frei steht, ob sie von den Erleichterungen Gebrauch macht oder nicht.[59] Bei dessen Ausübung kann das Unternehmen im Innenverhältnis gesellschaftsrechtlich gebunden sein.[60] Bei Kapitalgesellschaften, die zugleich Kreditinstitute oder Versicherungsunternehmen sind, scheidet eine Befreiung aus (§ 340a Abs. 2 S. 1;[61] s. auch → § 264 Rn. 124).[62] Greift die Befreiung ein, so muss das Unternehmen aber

---

[54] S. hierzu Hopt/Merkt, 41. Aufl. 2021, Rn. 3: Bei mehrstöckigen Gesellschaften gelte dies entsprechend auf den zwei oder mehr Ebenen unter der GmbH & Co bzw. Personengesellschaft iSv Abs. 1; BeBiKo/Justenhoven/Usinger, 13. Aufl. 2022, Rn. 58.

[55] Begr. RegE KapCoRiLiG, BT-Drs. 14/1806, 19.

[56] Dazu Begr. RegE BilRUG, BT-Drs. 18/4050, 59: „Zugleich werden die beiden Befreiungsfallgruppen (persönlich haftender Gesellschafter oder Mutterunternehmen einer größeren Gesamtheit von Unternehmen) stärker hervorgehoben".

[57] So ausdrücklich Begr. RegE BilRUG, BT- Drs. 18/4050, 59.

[58] WP-HdB/Störk, 17. Aufl. 2021, F Rn. 1450.

[59] BeBiKo/Störk/Deubert, 13. Aufl. 2022, § 264b Rn. 11; ADS Ergbd. § 264 nF Rn. 4 und § 264b nF Rn. 7, BeckOK HGB/Merk, 39. Ed. 15.1.2023, § 264b Rn. 1. Hiervon geht auch die Bundesregierung im Entwurf zum BilRUG aus, s. Begr. RegE BilRUG, BT- Drs. 18/4050, 59: „Voraussetzungen für das Wahlrecht" [Hervorhebung durch Verf.]; Zwirner/Busch BC 2016, 509 (509); Oser/Ollinger DB 2017, 2045 (2046), die zur Klarstellung eine Anpassung des Gesetzeswortlauts an die Formulierung des § 264 Abs. 3 vorschlagen.

[60] BeBiKo/Störk/Deubert, 13. Aufl. 2022, § 264b Rn. 14 mit dem Bsp. entsprechender Regelungen im Gesellschaftsvertrag oder die Satzung, die die Beachtung der ergänzenden Vorschriften für Kapitalgesellschaften vorschreiben können; ebenso HdR/Ischebeck/Nissen-Schmidt § 264b Rn. 4 (Stand: 11/2017).

[61] Dass anders als in § 340a Abs. 2 S. 1 idF des FISG in § 341a Abs. 2 S. 1 idF des FISG die Anwendbarkeit des § 264b nicht ausdrücklich ausgeschlossen ist, begründet sich damit, dass Versicherungsunternehmen gem. § 8 Abs. 2 VAG gar nicht in der Rechtsform der Personenhandelsgesellschaft betrieben werden können (s. Begr. RegE FISG, BT-Drs. 19/29879, 156).

[62] BeBiKo/Störk/Deubert, 13. Aufl. 2022, § 264b Rn. 15; HdR/Ischebeck/Nissen-Schmidt § 264b Rn. 5 (Stand: 11/2017).

die Bestimmungen des Ersten Abschnitts (§§ 238–263) trotzdem beachten und einen Abschluss nach den für **alle Kaufleute** geltenden Vorschriften aufstellen. Die Befreiung von den §§ 264 ff. birgt gewisse Risiken für die Rechnungslegungsadressaten (→ § 264 Rn. 124 mwN) und ist daher an besondere Anforderungen geknüpft. Dazu gehören die Einbeziehung des Unternehmens in einen Konzernabschluss und in den Konzernlagebericht eines persönlich haftenden Gesellschafters der betreffenden Gesellschaft (Nr. 1 lit. a) oder eines Mutterunternehmens mit Sitz in einem Mitgliedstaat der EU oder einem EWR-Vertragsstaat (Nr. 1 lit. b). Des Weiteren müssen die zusätzlichen Voraussetzungen in § 264 Abs. 3 S. 1 Nr. 3 (Nr. 2) sowie weitere Transparenzanforderungen (Nr. 3, Nr. 4) erfüllt sein. Gegenüber § 264 Abs. 3 (→ § 264 Rn. 124 ff.) ist § 264b großzügiger.[63] Die Vorschrift verzichtet auf die einschränkenden Voraussetzungen von § 264 Abs. 3 Nr. 1 (Zustimmung aller Gesellschafter)[64] sowie von Nr. 2 (Einstandspflicht des Mutterunternehmens) und modifiziert die Voraussetzungen von § 264 Abs. 3 Nr. 3–5 durch § 264b Nr. 2–4.[65] Wie die Befreiung nach § 264 Abs. 3 (→ § 264 Rn. 124) gilt auch die Befreiung nach § 264b gemäß der Verweisung in § 17 Abs. 2 S. 2 UmwG für die Schlussbilanz des übertragenden Rechtsträgers im Falle einer Verschmelzung durch Aufnahme.[66]

12   **1. Einbeziehung in Konzernabschluss und Konzernlagebericht, § 264b Nr. 1.**
§ 264b **Nr. 1** idF des BilRUG entspricht funktionell der Nr. 1 des § 264b Nr. 1 aF. In der alten Regelung waren die beiden Befreiungsfallgruppen, nämlich die Einbeziehung in die Konzernrechnungslegung eines Mutterunternehmens oder aber die Einbeziehung in die Konzernrechnungslegung eines persönlich haftenden Gesellschafters, noch zusammengefasst. Inzwischen werden die beiden Fallgruppen dieser Befreiungsvoraussetzung unter Nr. 1 lit. a und b getrennt voneinander aufgeführt. Nr. 1 **lit. a** geht insoweit (der Sache nach wie schon bisher) über die in § 264 Abs. 3 geregelten Befreiungsmöglichkeiten für Kapitalgesellschaften hinaus, als Personenhandelsgesellschaften iSv § 264a Abs. 1 die Befreiung von den Vorschriften der §§ 264 ff. durch die Aufnahme in den Konzernabschluss (und in den Konzernlagebericht) einer **persönlich haftenden Gesellschafter-Gesellschaft** erlaubt wird (§ 264b Nr. 1 lit. a), die ihrerseits nicht Mutterunternehmen zu sein braucht. Diese Befreiungsfallgruppe gab es bereits in § 264b aF. Nr. 1 (→ Rn. 11). Durch die eigenständige Regelung unter Nr. 1 lit. a nF wird jedoch deutlicher als bisher hervorgehoben, dass die persönlich haftende Komplementär-Gesellschaft nicht Mutterunternehmen der Personenhandelsgesellschaft iSv § 264a Abs. 1 zu sein braucht;[67] frühere, insoweit abweichende Meinungen im Schrifttum[68] dürften damit widerlegt sein.

13   Nr. 1 **lit. b** regelt die Befreiung von den Vorschriften der §§ 264 ff. durch die Aufnahme der Personenhandelsgesellschaft iSv § 264a Abs. 1 in den Konzernabschluss eines **Mutterunternehmens.** Die Voraussetzung, dass „in diesem Konzernabschluss eine größere Gesamtheit von Unternehmen einbezogen" sein muss, entstammt Art. 38 Abs. 2 lit. b (ii) Bilanz-RL. Nach der Interpretation der Bundesregierung dürfte sie „mindestens drei in

---

[63]   So auch BeBiKo/Störk/Deubert, 13. Aufl. 2022, § 264b Rn. 2: „weniger restriktiv".
[64]   Mit ausführlicher Begründung, warum der Gesetzgeber auf die Zustimmung der Gesellschafter verzichten konnte s. BeBiKo/Störk/Deubert, 13. Aufl. 2022, § 264b Rn. 3; s. auch HKMS/Stöber, 2. Aufl. 2020, § 264b Rn. 6.
[65]   Hopt/Merkt, 41. Aufl. 2022, § 264b Rn. 1.
[66]   So mit guten Gründen Scheunemann DB 2006, 797 ff., unter Hinweis auf eine abweichende Praxis „einiger Registergerichte", die eine Schlussbilanz der Tochtergesellschaft auf „stand-alone-Basis" verlangten.
[67]   So auch BeBiKo/Störk/Deubert, 13. Aufl. 2022, § 264b Rn. 23; ähnlich HKMS/Stöber, 2. Aufl. 2020, § 264b Rn. 9 („Umkehrschluss aus § 264b Nr. 1 Buchst. b").
[68]   S. Schulze-Osterloh BB 2002, 1307 (1310): Entgegen dem Wortlaut des § 264b Nr. 1 Fall 2 gebe es keinen Konzernabschluss eines anderen Unternehmens, das persönlich haftender Gesellschafter der Kapitalgesellschaft & Co. sei, der mit der Richtlinie 83/349/EWG in Einklang stehen und damit die Befreiung von den Pflichten der §§ 264 ff. für die Kapitalgesellschaft & Co. bewirken könne. Vgl. auch v. Kanitz WPg 2003, 324 (327), der diese erweiterte Befreiungsmöglichkeit zwar für grundsätzlich bedenklich, angesichts des „klaren Wortlauts" aber für unvermeidlich hielt.

den Konzernabschluss einbezogene Unternehmen erfordern".[69] „Möglich" bleibt nach Einschätzung des Gesetzgebers unter dieser Bedingung „weiterhin, dass die Personenhandelsgesellschaft selbst den Konzernabschluss mit befreiender Wirkung aufstellt".[70] Dies entspricht der hM zum bisherigen Recht.[71] Das **Mutterunternehmen** muss seinen Sitz in einem Mitgliedstaat der EU oder in einem EWR-Vertragsstaat haben, braucht also kein inländisches Unternehmen zu sein, was seit dem MicroBilG nunmehr auch für § 264 Abs. 3 gilt (→ § 264 Rn. 127). Es muss sich um ein Unternehmen iSd § 290 handeln, das beherrschenden Einfluss auf das zu befreiende Unternehmen ausüben kann (zum Begriff → § 264 Rn. 126; → § 271 Rn. 23 f.).[72] Mutterunternehmen iSv § 264b Nr. 1 lit. b sind auch Unternehmen, die nach § 11 PublG konzernabschlusspflichtig sind.[73]

Ist die Muttergesellschaft oder die persönlich haftende Gesellschafter-Gesellschaft – **14** etwa aufgrund eines größenabhängigen Befreiungstatbestandes nach § 293 – nicht zur Konzernrechnungslegung verpflichtet, kann die Aufstellung eines konsolidierten Abschlusses mit befreiender Wirkung nach § 264b dennoch **auf freiwilliger Basis** erfolgen.[74] Die Bilanz-RL setzt zwar voraus, dass der Konzernabschluss im Einklang mit dieser Richtlinie aufgestellt ist (Art. 38 Abs. 2 lit. b (ii) Bilanz-RL), die ua auch den Kreis derjenigen Unternehmen definiert, die zum Aufstellen eines Konzernabschlusses verpflichtet sind. Diese Richtlinie sowie die §§ 290 ff. verbieten aber nicht, dass auch andere Unternehmen Konzernabschlüsse entsprechend ihren Grundsätzen aufstellen.[75] § 264b eröffnet – wie seit dem MicroBilG auch § 264 Abs. 3 (→ § 264 Rn. 126) – den Unternehmen also ein „Wahlrecht zur Aufstellung eines Konzernabschlusses mit befreiender Wirkung".[76] Ob die Aufstellung eines befreienden Konzernabschlusses sinnvoll ist, muss im Einzelfall entschieden werden. Zwar gestattet es dieses Vorgehen beispielsweise, das Ergebnis einer besonders rentablen Tochtergesellschaft den Blicken Dritter zu entziehen und im Konzernabschluss mit den Ergebnissen anderer Gesellschaften zu vermischen.[77] Dieser Vorteil entfällt aber, wenn die Unternehmensgruppe lediglich aus dem konzernbilanzierenden Unternehmen und der Kapitalgesellschaft & Co. besteht.

2. Anforderungen an den Konzernabschluss und Konzernlagebericht, § 264b 15 Nr. 2–Nr. 4. Die Befreiung der Personenhandelsgesellschaften von der Aufstellungs-, Prüfungs- und Offenlegungspflicht nach den § 264a iVm §§ 264 ff. setzt voraus, dass der befrei-

---

[69] So wörtlich die Begr. RegE BilRUG, BT-Drs. 18/4050, 59; iE ebenso der Bericht BT-RA, BT-Drs. 18/5256, 81: „Im Hinblick auf die in § 264b HGB-E eingeführte Bezeichnung der ‚größeren Gesamtheit von Unternehmen' stellt der Ausschuss fest, dass die Richtlinie 2013/34/EU keine Anhaltspunkte für das Begriffsverständnis enthält. Im Hinblick darauf, dass eine Personenhandelsgesellschaft iSd § 264a HGB einen voll haftenden Gesellschafter in Form einer Kapitalgesellschaft haben muss, bilden die von § 264a HGB erfassten Personenhandelsgesellschaften mit ihren Gesellschaftern mindestens zwei Unternehmen. Daher kann die ‚größere Gesamtheit' erst ab drei Unternehmen angenommen werden".

[70] Begr. RegE BilRUG, BT- Drs. 18/4050, 59; ebenso der Bericht RA, BT-Drs. 18/5256, 81: „Wichtig ist aber, zu erreichen, dass auch die an der Spitze eines Konzerns stehende Personenhandelsgesellschaft wie bisher von der Erleichterung profitieren kann. Dazu ist eine Klarstellung erforderlich, die Zweifel der Praxis beseitigt"; s. auch BeBiKo/Störk/Deubert, 13. Aufl. 2022, § 264b Rn. 40, 50; Staub/Meyer, 6. Aufl. 2021, § 264b Rn. 7.

[71] BeBiKo/Störk/Deubert, 13. Aufl. 2022, § 264b Rn. 40, 50; HdR/Ischebeck/Nissen-Schmidt § 264b Rn. 8 (Stand: 11/2017); Haufe-HGB/Stute § 264b Rn. 18 (Stand: 19.10.2021); IDW RS HFA 7, Tz. 7; LG Bonn BB 2010, 1208; aA Baetge/Kirsch/Thiele/Thiele/Sickmann § 264b Rn. 32.3 (September 2007).

[72] S. zum Begriff „Mutterunternehmen" und zum beherrschenden Einfluss auch HdR/Ischebeck/Nissen-Schmidt § 264b Rn. 9 ff. (Stand: 11/2017).

[73] Begr. RegE KapCoRiLiG, BT-Drs. 14/1806, 19.

[74] Begr. RegE KapCoRiLiG, BT-Drs. 14/1806, 19, li. Sp.; Eisolt/Verdenhalven NZG 2000, 130 (133); Strobel DB 2000, 53 (57); Heni DStR 1999, 912 (915); Zimmer/Eckhold NJW 2000, 1361 (1364); Winnefeld L Rn. 894; BeBiKo/Störk/Deubert, 13. Aufl. 2022, § 264b Rn. 24; Hopt/Merkt, 41. Aufl. 2021, § 264b Rn. 1; HdR/Ischebeck/Nissen-Schmidt § 264b Rn. 13 (Stand: 11/2017).

[75] So bereits Begr. RegE KapCoRiLiG, BT-Drs. 14/1806, 19, li. Sp., zur aufgehobenen RL 83/349/EWG.

[76] Begr. RegE KapCoRiLiG, BT-Drs. 14/1806, 19, li. Sp.

[77] Heni DStR 1999, 912 (914 f.).

ende Konzernabschluss und Konzernlagebericht ordnungsgemäß aufgestellt, geprüft und offengelegt ist (§ 264b Nr. 2–Nr. 4). § 264b **Nr. 2** in der durch Art. 1 Nr. 6 BilRUG geänderten und seit dem 23.7.2015 geltenden Fassung legt die **Anforderungen an Inhalt und Prüfung der Konzernrechnungslegung** fest und übernimmt damit bis auf das Element der Offenlegung (hierzu § 264b nF Nr. 4 → Rn. 17) die Funktion der Nr. 2 des § 264b aF. Die Neuregelung verweist nun bezüglich des erforderlichen Inhalts von Konzernabschluss und -lagebericht auf § 264 Abs. 3 S. 1 Nr. 3 (→ § 264 Rn. 131). Beide Dokumente müssen den Anforderungen des nationalen Rechts entsprechen, das für das Unternehmen gilt, das den Konzernabschluss aufstellt, und diese Anforderungen müssen mit den einschlägigen europäischen Richtlinien, also der Bilanz-RL und der Abschlussprüfungs-RL, im Einklang stehen. Genügt der Konzernabschluss zwar den Anforderungen des anwendbaren nationalen Rechts, steht er aber mit den Anforderungen des europäischen Gemeinschaftsrechts nicht im Einklang, weil das nationale Recht zB die Richtlinien nicht angemessen umsetzt, so greift die Befreiung nicht ein.[78] Gleiches wird man auch annehmen müssen, wenn der Konzernabschluss zwar den europäischen, nicht aber den Anforderungen des einschlägigen nationalen Rechts genügt.[79] Andernfalls würde es keinen Sinn ergeben, dass § 264 Abs. 3 S. 1 über die Anforderung des Art. 38 Abs. 2 lit. a Bilanz-RL („sofern a) der Abschluss des betreffenden Unternehmens gemäß den Bestimmungen dieser Richtlinie von einem Unternehmen aufgestellt, geprüft und offengelegt wird") hinaus Übereinstimmung mit den Vorschriften des Sitzstaates verlangt. Ein nach international anerkannten Rechnungslegungsstandards (insbesondere IFRS) aufgestellter Konzernabschluss kann – bei Vorliegen der übrigen Voraussetzungen – ebenfalls Befreiungswirkung entfalten, sofern das für das Mutterunternehmen oder den persönlich haftenden Gesellschafter geltende Recht dies gebietet oder zumindest erlaubt, dass ein solcher internationaler Konzernabschluss befreiende Wirkung hat und das maßgebliche Recht EU-richtlinienkonform ist (→ § 264 Rn. 131).[80] Im deutschen Recht enthält § 315e Abs. 3 eine entsprechende Öffnungsklausel. Mit guten Gründen wird im Schrifttum eine teleologische Reduktion des Verweises auf § 264 Abs. 3 S. 1 Nr. 3 („nach den Rechtsvorschriften [...] aufgestellt und *geprüft* worden", Hervorhebung durch Verf. hinzugefügt) für den Fall verlangt, dass der persönlich haftende Gesellschafter (Nr. 1 lit. a) den befreienden Konzernabschluss und Konzernlagebericht (zB in Gestalt einer Management Discussion & Analysis, MD&A) erstellt und seinen Sitz in einem Drittstaat, zB in den USA, hat (vgl. § 292). In diesem Fall sei nach § 292 Abs. 1 Nr. 3 nur der befreiende Konzernabschluss, nicht aber der befreiende Konzernlagebericht prüfungspflichtig.[81] Im originären Anwendungsbereich des § 264 Abs. 3 kann dieser Fall nicht eintreten, weil die Vorschrift Mutterunternehmen mit Sitz in einem Drittland nicht erfasst.

16   **Nr. 3** idF des BilRUG, der funktionell der Nr. 3 lit. a der alten Fassung entspricht, bestimmt, dass die **Befreiung** der Personenhandelsgesellschaft **im Anhang** des vom persönlich haftenden Gesellschafter oder vom Mutterunternehmen aufgestellten Konzernabschlusses angegeben werden muss. Offen zu legen sind die Tatsache der Befreiung unter ausdrücklicher Bezugnahme auf § 264b und der vollständige Name sowie der Sitz der zu befreienden Personenhandelsgesellschaft.[82] Dies gilt zur Klarstellung auch dann, wenn die Kapitalgesellschaft & Co. selbst das den befreienden Konzernabschluss aufstellende und offenlegende

---

[78] So auch BeckOGK/Fehrenbacher, 1.12.2021, § 264b Rn. 29; aA wohl BeBiKo/Störk/Deubert, 13. Aufl.2022, § 264b Rn. 56: Das Einklangserfordernis sei automatisch erfüllt, wenn der Konzernabschluss und Konzernlagebericht nach den deutschen handelsrechtlichen Vorschriften aufgestellt werden.

[79] AA wohl BeBiKo/Störk/Deubert, 13. Aufl. 2022, § 264b Rn. 57: Das Einklangserfordernis sei ferner immer auch für einen Konzernabschluss und Konzernlagebericht erfüllt, die nach dem Recht eines anderen EU-Mitgliedstaats oder eines EWR-Vertragsstaats aufgestellt werden.

[80] Begr. RegE, BT-Drs. 18/5256, 80 f.; BeBiKo/Störk/Deubert, 13. Aufl. 2022, § 264b Rn. 58; s. auch HdR/Ischebeck/Nissen-Schmidt § 264b Rn. 18 (Stand: 11/2017).

[81] Oser/Ollinger DB 2017, 2045 (2047).

[82] BeBiKo/Störk/Deubert, 13. Aufl. 2022, § 264b Rn. 66; BeckOGK/Fehrenbacher, 1.12.2021, § 264b Rn. 35.

Mutterunternehmen ist.[83] Demgegenüber braucht der Befreiungsumfang nicht angegeben zu werden.[84]

Nr. 4 idF des BilRUG, der auf Art. 38 Abs. 2 lit. b Ziff. ii Bilanz-RL beruht, über- **17** nimmt das Element „Offenlegung" des § 264b Nr. 2 aF. Die Befreiungswirkung kann erst eintreten, wenn der **Konzernabschluss**, der **Konzernlagebericht** und der **Bestätigungsvermerk** des Mutterunternehmens nach § 325 Abs. 1–1b durch Einreichen bei der das Unternehmensregister führenden Stelle **„offengelegt"** wurden.[85] Die Publizität der Befreiung der Tochtergesellschaft ergibt sich aus dem Anhang des offengelegten Konzernabschlusses (§ 264b Nr. 3; → Rn. 16); eine zusätzliche Mitteilung „im Bundesanzeiger für die Personenhandelsgesellschaft unter Bezugnahme auf diese Vorschrift [§ 264b] und unter Angabe des Mutterunternehmens" wird anders als noch in § 264b Nr. 3 lit. b aF nicht mehr verlangt. Die Konzernrechnungslegung muss grundsätzlich auch dann gem. § 264b Nr. 4 offengelegt werden, wenn sie bereits am ausländischen Sitz der Muttergesellschaft offengelegt wurde.[86] Diese Auslegung ergibt sich aus dem Verweis auf § 325 Abs. 1–1b und auf § 264 Abs. 3 S. 2, der die „Auffindbarkeit" im Unternehmensregister zum Maßstab erklärt (noch deutlicher aus dem Wortlaut der bis zum 31.12.2006 geltenden Fassung des § 264b Nr. 3: „*auch* zum Handelsregister des Sitzes der Personenhandelsgesellschaft", Hervorhebung durch *Verf.* hinzugefügt), aus dem Publizitätszweck der Vorschrift und nicht zuletzt aus Art. 37 Abs. 7 Bilanz-RL, der voraussetzt, dass der Konzernabschluss des Mutterunternehmens „für das Tochterunternehmen nach den in den Rechtsvorschriften der einzelnen Mitgliedstaaten vorgesehenen Verfahren […]" offengelegt wird.[87] Im Übrigen ist für den Fall, dass das Mutterunternehmen bzw. der persönlich haftende Gesellschafter bereits einzelne oder alle der vorgenannten Unterlagen in deutscher oder englischer Sprache oder – bei einer Drittsprache – in einer beglaubigten Übersetzung in deutscher Sprache offengelegt hat, eine mehrfache Offenlegung der Unterlagen entbehrlich, „wenn sie im Unternehmensregister unter dem Tochterunternehmen auffindbar sind". Dies ergibt sich aus der Anordnung der „entsprechenden" Anwendung von § 264 Abs. 3 S. 2 und 3 (→ § 264 Rn. 132).

IV. Besonderheiten bei der Bilanzierung, § 264c

Für Kapitalgesellschaften & Co. iSd § 264a gelten für die Gliederung und den Ausweis **18** in der Bilanz neben den allgemeinen Grundsätzen (§ 266) die besonderen Bestimmungen des § 264c. Da die Kapitalgesellschaft & Co. als OHG oder KG Personengesellschaft ist, passen die auf Kapitalgesellschaften bezogenen §§ 264 ff. in vielen Aspekten nicht. Der Gesetzgeber hielt es für „im Interesse der Rechtsanwender […] übersichtlicher", die erforderlichen Sonderregeln in den §§ 264a–c zusammenzufassen, als sie bei den jeweiligen Vorschriften, von denen abgewichen wird, zu ergänzen.[88] Soweit sich Konflikte mit den übrigen Vorschriften des Ersten bis Fünften Unterabschnittes ergeben, hat **§ 264c als Spezialnorm** grundsätzlich Vorrang (s. aber Abs. 5 → Rn. 27).[89] § 264c hat im Rahmen des BilRUG keine Änderungen erfahren.

---

83 Für Formulierungsvorschläge s. BeBiKo/Störk/Deubert, 13. Aufl. 2022, § 264b Rn. 66 und Zwirner/Busch BC 2016, 509 (514).
84 BeBiKo/Störk/Deubert, 13. Aufl. 2022, § 264b Rn. 66; WP-HdB/Störk, 17. Aufl. 2021, F 275; Haufe-HGB/Stute § 264b Rn. 24 (Stand: 19.10.2021).
85 Das DiRUG hat mit Wirkung v. 1.8.2022 das Wort „Bundesanzeiger" in § 325 Abs. 1 S. 2 durch das Wort „Unternehmensregister" ersetzt.
86 LG Bonn Der Konzern 2011, 126 = NJW-RR 2011, 194, unter II., explizit zum Konzernabschluss nach der Rechtslage vor dem BilRUG unter Berufung auf Art. 57 RL 78/660/EWG idF der RL 83/349/EWG (jetzt: Art. 37 Abs. 7 Bilanz-RL).
87 So mit Verweis auf den wortgleichen Art. 57 RL 78/660/EWG, der damaligen Bilanz-RL 1978, die überzeugende Argumentation des LG Bonn Der Konzern 2011, 126 = NJW-RR 2011, 194 unter II.
88 Begr. RegE KapCoRiLiG, BT-Drs. 14/1806, 20.
89 BeBiKo/Justenhoven/Usinger, 13. Aufl. 2022, Rn. 46; BeckOGK/Fehrenbacher, 1.12.2021, § 264c Rn. 2.

19   **1. Kennzeichnung von Ausleihungen, Forderungen und Verbindlichkeiten,**
§ 264c Abs. 1. Ausleihungen (zum Begriff → § 266 Rn. 40), Forderungen (hierzu
→ § 266 Rn. 63 ff.) und Verbindlichkeiten (zum Begriff → § 266 Rn. 121) gegenüber
Gesellschaftern unterwirft § 264c Abs. 1 einer Sonderbehandlung, ebenso wie es bei der
GmbH die im Prinzip wortgleiche Vorschrift des § 42 Abs. 3 GmbHG tut. Ob die Positionen gegenüber unbeschränkt persönlich haftenden Gesellschaftern (OHG-Gesellschaftern,
Komplementären) oder in der Haftung beschränkten Gesellschaftern (Kommanditisten)
bestehen, ist unerheblich. Hinter der Regelung stehen ähnliche Überlegungen wie bei § 42
Abs. 3 GmbHG, dem § 264c wegen der „wirtschaftlichen Vergleichbarkeit" von Kapitalgesellschaft & Co. und GmbH bewusst nachgebildet ist,[90] aber auch wie bei § 266 Abs. 2 A.
III. 1./2., Abs. 2 B. II. 2./3. und Abs. 3 C. 6./7. Die besondere Kenntlichmachung dient
einem Informationsinteresse und soll mögliche **Interessenkonflikte**[91] **offenlegen**
(→ § 271 Rn. 3). Forderungen und Verbindlichkeiten gegenüber Gesellschaftern sind
wegen der Gesellschafterstellung des Vertragspartners möglicherweise nicht zu üblichen
Bedingungen zustande gekommen.

20   Die entsprechenden Positionen sind „in der Regel als solche jeweils **gesondert aus-**
zuweisen oder im **Anhang** anzugeben" (§ 264c Abs. 1 S. 1). Dem Gesetzeswortlaut nach
erscheinen beide Möglichkeiten zunächst gleichwertig, denn die Worte „in der Regel"
beziehen sich auf beide Varianten des S. 1 in § 264c Abs. 1 und drücken lediglich den
Vorrang gegenüber dem Vermerk der Mitzugehörigkeit nach S. 2 aus.[92] Die besondere
Wichtigkeit der in Frage stehenden Informationen für den Adressaten des Jahresabschlusses
spricht wegen des Gebots des getreuen Bilds (§ 264 Abs. 2 S. 1) aber dafür, grundsätzlich
einen gesonderten Ausweis in der **Bilanz** zu verlangen und den Verzicht hierauf zugunsten
einer bloßen Angabe im Anhang an eine spezielle Begründung zu knüpfen (zur Bedeutung
des § 264 Abs. 2 S. 1 für die Wahlrechtsausübung → § 264 Rn. 72 ff.).[93] Werden die
Positionen aufgrund entsprechender Zurechnungsregeln oder Ausweiswahlrechte
(→ § 265 Rn. 11) nicht als Ausleihung, Forderung oder Verbindlichkeit, sondern unter
einem anderen Posten ausgewiesen, ist im Wege des **„Davon"-Vermerks** deutlich zu
machen, wie viele davon gegenüber Gesellschaftern bestehen (§ 264c Abs. 1 S. 2). Ein
„Davon"-Vermerk ist auch dann notwendig, wenn ein Teil der Gesellschafter, gegenüber
denen Ausleihungen, Forderungen oder Verbindlichkeiten bestehen, gleichzeitig als „verbundenes Unternehmen" oder „Unternehmen" zu qualifizieren ist, „mit denen ein Beteiligungsverhältnis besteht". Wie § 42 Abs. 3 GmbHG (→ § 266 Rn. 37) geht auch § 264c
als **lex specialis** der Regelung in § 266 Abs. 2 A. III. 2. und 4., Abs. 2 B. II. 2. und 3
sowie Abs. 3 C. 6. und 7. vor. Abs. 5 stellt klar, dass das Wahlrecht nach § 266 Abs. 1 S. 3
und 4 für kleine und kleinste Kapitalgesellschaften iSd § 267 Abs. 1 bzw. § 267a zur
Aufstellung einer verkürzten Bilanz ohne mit arabischen Zahlen bezeichnete Posten, in
der Ausleihungen, Forderungen und Verbindlichkeiten nicht weiter untergliedert werden,
gegenüber § 264c Abs. 1 Vorrang genießt (→ Rn. 37); für solche Gesellschaften entfällt

[90]   Begr. RegE KapCoRiLiG, BT-Drs. 14/1806, 20 li. Sp.
[91]   Speziell zu Interessenkonflikten im Konzern (konzernspezifische Gefährdungslage) s. Reiner, Unternehmerisches Gesellschaftsinteresse und Fremdsteuerung, 1995, S. 1–6.
[92]   So auch Staub/Meyer, 6. Aufl. 2021, § 264c Rn. 4; aA zu S. 1 und 2 des § 264a Abs. 1 vergleichbaren
Hs. 1 und 2 des § 42 Abs. 3 GmbHG Lutter/Hommelhoff/Kleindiek 20. Aufl. 2020, GmbHG § 42
Rn. 62: Die Worte „in der Regel" beschreiben „den Rang zwischen dem Ausweis in der Bilanz und der
(alternativen) Angabe im Anhang", nicht das Rangverhältnis zwischen dem 1. und Hs. 2 der Vorschrift.
[93]   Ebenso mit ausführlicher Begründung zur entsprechenden Vorschrift des § 42 Abs. 3 GmbHG Rowed-
der/Pentz/Tiedchen, 7. Aufl. 2022, GmbHG § 42 Rn. 22: Die Wahl zwischen gesondertem Bilanzausweis und Anhangangabe („den beiden ‚Regelmöglichkeiten'", so bezeichnet in Abgrenzung zum nach
Auffassung des Autors nur ausnahmsweise möglichen Ausweis innerhalb eines anderen Bilanzpostens mit
Davon-Vermerk gemäß § 42 Abs. 3 Hs. 2 GmbHG, der dem § 264c Abs. 1 S. 2 entspricht) dürfte wegen
der Notwendigkeit eines getreuen Bildes „zumeist" zugunsten des gesonderten Ausweises zu entscheiden
sein; ferner ADS GmbHG § 42 Rn. 37 (Ausweis in der Bilanz „unter den sonstigen Verbindlichkeiten"
als Regelfall); Staub/Meyer, 6. Aufl. 2021, § 264c Rn. 4: „Ausweis in der Bilanz gegenüber der Angabe
im Anhang zu bevorzugen".

also die Pflicht zur Kennzeichnung der Ausleihungen, Forderungen und Verbindlichkeiten gegenüber Gesellschaftern.[94]

2. Eigenkapital, § 264c Abs. 2. Die in § 266 Abs. 3 A. vorgeschriebene Gliederung **21** des Eigenkapitalausweises orientiert sich maßgeblich an den Besonderheiten der Kapitalgesellschaften (→ § 266 Rn. 87 ff.) und passt nur bedingt auf Personenhandelsgesellschaften. OHG oder KG haben insbesondere kein gezeichnetes Kapital iSd § 266 Abs. 3 A. I., § 272 Abs. 1. Wegen der wirtschaftlichen Vergleichbarkeit der Kapitalgesellschaft & Co. mit der GmbH wäre es aber nicht sachgerecht, das Eigenkapital der Gesamtgesellschaft nach § 247 Abs. 1 ggf. ohne weitere zwingende Aufgliederungen in einer Summe auszuweisen. Der Gesetzgeber passt daher die Vorgaben des § 266 Abs. 3 A. und des § 268 Abs. 3 an die Besonderheiten von Personengesellschaften an.[95] Insbesondere setzt er den Einzelposten „Kapitalanteile" (Posten A.I.) an die Stelle des Postens „Gezeichnetes Kapital" und den Posten „Rücklagen" (Posten A.II) an die Stelle der Posten „Kapitalrücklage" und „Gewinnrücklagen". Die Posten „Gewinnvortrag/Verlustvortrag" (Posten A.III.) und „Jahresüberschuss/Jahresfehlbetrag" (Posten A.IV), unter den Voraussetzungen des § 268 Abs. 1 stattdessen auch der Posten „Bilanzgewinn/-verlust", bleiben grundsätzlich erhalten, wenngleich ihnen aufgrund der gesetzlichen Regelungen – vorbehaltlich einer abweichenden gesellschaftsvertraglichen Regelung – eigentlich keine große Bedeutung zukommt (→ Rn. 29). Der Ausweis der „Kapitalanteile" knüpft an den personengesellschaftsrechtlichen Grundsatz **variabler Kapitalkonten** (§§ 120 Abs. 2, 167) an, von dem im Gesellschaftsvertrag abgewichen werden kann.[96] Die Reihenfolge der Posten orientiert sich in Übereinstimmung mit § 266 Abs. 3 A. an der „Verfügbarkeit" der Kapitalbeträge, die von dem ersten zum letzten Posten hin zunimmt (→ § 266 Rn. 87) und im Personengesellschaftsrecht freilich aufgrund des grundsätzlichen Entnahmerechts (§§ 122, 169)[97] geringere Bedeutung besitzt. S. 2–5 des § 264c Abs. 2 sind der Bestimmung des § 286 Abs. 2 AktG „nachgebildet", die sich auf den Kapitalanteil eines persönlich haftenden Gesellschafters einer Kommanditgesellschaft auf Aktien bezieht.[98]

a) Kapitalanteil persönlich haftender Gesellschafter. aa) Begriff. Der Kapitalan- **22** teil des persönlich haftenden Gesellschafters einer OHG oder KG (§ 120 Abs. 2, § 161 Abs. 2) ist eine Rechnungsgröße, die auf eine bestimmte Geldsumme lautet, die wertmäßige Beteiligung des Gesellschafters am Gesellschaftsvermögen im Verhältnis zu den Mitgesellschaftern ausdrückt und in der gesetzestypischen Gesellschaft – vorbehaltlich abweichender Vereinbarungen im Gesellschaftsvertrag – Maßstab für die Berechnung der Gesellschafter-

---

[94] BeBiKo/Justenhoven/Roland, 13. Aufl. 2022, § 264c Rn. 12, 92; BeckOGK/Fehrenbacher, 1.12.2021, § 264c Rn. 56.

[95] Vertiefend und krit. Hoffmann DStR 2000, 837 (838 ff.) einerseits, andererseits Sieker FS Westermann, 2008, 1519 (1523 ff.), insbes. zur Notwendigkeit der Berücksichtigung der gesellschaftsrechtlichen Besonderheiten für den Kapitalausweis in der Bilanz.

[96] Zur gängigen Praxis der ausdifferenzierten Kapitalkontenmodelle und zur Vielfalt der Gestaltungsmöglichkeiten → § 120 Rn. 103 ff.; Baumbach/Hopt/Roth, 41. Aufl. 2022, § 120 Rn. 12 ff.; HdJ/Hennrichs/Pöschke Abt. III/1 Rn. 55 ff. (Stand: Juli 2019); ADS Ergbd. § 264c Rn. 15 f.; BStBK DStR 2006, 668; Bingel/Weidenhammer DStR 2006, 675; Hoffmann StuB 2009, 407; Scherff/Willeke BBK Fach 14 S. 1427.

[97] Hierzu IDW RS HFA 7 Rn. 53 (Stand: 30.11.2017); HdJ/Hennrichs/Pöschke Abt. III/1 Rn. 76 (Stand: Juli 2019); Sieker FS Westermann, 2008, 1519 (1524): Das Personengesellschaftsrecht kenne „außerhalb der §§ 122 Abs. 2, 169 Abs. 1 HGB keine gesetzlichen Entnahmesperren". Eine Grenze findet das Entnahmerecht dort, wo „die Zahlung zum offenbaren Schaden der Gesellschaft gereicht" (§ 122 Abs. 1; ab 1.1.2024: § 122 S. 2 idF des MoPeG). Zudem „hat die Gesellschaft ein Recht zur Leistungsverweigerung, soweit der Gesellschafter seinen geschuldeten Beitrag trotz Fälligkeit nicht geleistet hat" (so zur bereits geltenden Rechtslage RegE MoPeG, BT-Drs. 19/27635, 240). Übersteigende Gewinne können ausgezahlt werden. Grundsätzlich geht der Gesetzgeber für die Personengesellschaft im Übrigen vom „Prinzip der Vollausschüttung allen verfügbaren Gewinns" aus; eines „Beschlusses über die Verwendung des Jahresergebnisses bedarf es daher nur dann", wenn „Teile des Gewinns zur Thesaurierung herangezogen werden sollen"; RegE MoPeG, BT-Drs. 19/27635, 240. Das gewinnunabhängige Entnahmerecht bis zum Betrage von 4% des Kapitalanteils nach § 122 Abs. 1 entfällt freilich zum 1.1.2024.

[98] Begr. RegE KapCoRiLiG, BT-Drs. 14/1806, 20 re. Sp.

rechte aus §§ 122, 155 (ab 1.1.2024: § 148 Abs. 8 nF) sowie §§ 167–169 ist.[99] Der Betrag des Kapitalanteils wird auf einem „Kapitalkonto" oder mehreren „Kapitalkonten" geführt und entspricht der Summe aller Mittel, die dem Unternehmen „auf gesellschaftsrechtlicher Ebene überlassen wurden und Eigenkapitalcharakter haben".[100] Er kann auch einen negativen Wert annehmen (passives Kapitalkonto), was im Falle der Auflösung der Gesellschaft zu Ausgleichsansprüchen der Mitgesellschafter führen kann.[101] Nicht zu verwechseln ist bei der KG der das Innenverhältnis betreffende „Kapitalanteil" mit der übernommenen und im Handelsregister eingetragenen „Einlage" (Haftsumme, §§ 171 f.), die die Haftung der Kommanditisten und damit das Außenverhältnis bestimmt.[102] Die Veränderung des Kapitalanteils ist vor allem von der Ertragssituation einschließlich der Einlagen und Entnahmen, die Haftsumme von einer Einigung der Gesellschafter und der Registereintragung abhängig. Auch die ggf. mit dem Austritt eines Gesellschafters verbundene Abfindungszahlung kann sich auf die Kapitalanteile der verbleibenden Gesellschafter auswirken.[103]

23   **bb) Ausweis.** Die Kapitalanteile der persönlich haftenden Gesellschafter sind auf der Passivseite der Bilanz statt des Postens „Gezeichnetes Kapital" an erster Stelle unter A. I. auszuweisen. Die Anteile aller persönlich haftenden Gesellschafter dürfen ungeachtet der Voraussetzungen von § 265 Abs. 7 zusammengefasst werden (§ 264c Abs. 2 S. 2 Hs. 2). Dies gilt allerdings nur, soweit sie jeweils entweder positiv oder negativ sind.[104] Eine Saldierung negativer und positiver Kapitalkonten einzelner Gesellschafter ist abweichend von der früheren Praxis ausgeschlossen. Dies ergibt sich aus dem Wortlaut des § 264c Abs. 2 S. 3, wonach der auf den Kapitalanteil eines persönlich haftenden Gesellschafters entfallende Verlust von *diesem* Kapitalanteil abzuschreiben ist, und aus dem Wortlaut des S. 4 der Vorschrift, wonach bei negativem Saldo ein Ausweis auf der Aktivseite unter der Bezeichnung „Einzahlungsverpflichtung persönlich haftender Gesellschafter" zu erfolgen hat.[105] Bei einer Saldierung von negativen und positiven Kapitalanteilen wären etwaige Einzahlungsverpflichtungen nicht mehr aus der Bilanz ersichtlich.[106] Zudem würde eine Saldierung gegen das Gebot des getreuen Bildes (§ 264 Abs. 2) und das Verrechnungsverbot aus § 246 Abs. 2 verstoßen.[107]

24   Für die **Höhe des Kapitalanteils** sind zunächst die Höhe der geleisteten Bar- und Sacheinlagen und ggf. die gesellschaftsvertraglichen Bewertungsabsprachen maßgebend.[108]

---

[99]   Dazu Sieker FS Westermann, 2008, 1519 (1523 ff.); HdJ/Hennrichs/Pöschke Abt. III/1 Rn. 52 f. (Stand: Juli 2019); Hopt/Roth, 41. Aufl. 2022, § 120 Rn. 12 f.; Heymann/Hoffmann/Barlitz, 3. Aufl. 2020, § 120 Rn. 34; eingehend Staub/Schäfer, 5. Aufl. 2009, § 120 Rn. 48 ff. mwN; s. auch BGHZ 58, 316 (318 f.) = NJW 1972, 1755.

[100] So Begr. RegE KapCoRiLiG, BT-Drs. 14/1806, 20. Die Begr. RegE nennt als Charakteristika von Eigenkapital, dass die Mittel dem Unternehmen dauerhaft überlassen werden, mit künftigen Verlusten des Unternehmens zu verrechnen sind und im Konkurs- oder Liquidationsfall erst nach Befriedigung aller Gesellschaftsgläubiger geltend gemacht werden können; s. auch Lanfermann FS Ludewig, 1996, 549 (556 ff.); → § 266 Rn. 87 ff.

[101] ZB BGHZ 26, 126 (133) = NJW 1958, 299, unter 4.; BGH DB 1984, 180 = NJW 1984, 435 unter III. 3.; Sieker FS Westermann, 2008, 1519 (1524).

[102] Diese Unterscheidung zwischen der bloß gesellschaftsintern relevanten Pflichteinlage (Einlagesumme) und der das Außenverhältnis prägenden Haftsumme bzw. Hafteinlage hat der MoPeG-Gesetzgeber in einigen Vorschriften (zB §§ 161, 162) nunmehr auch terminologisch nachempfunden. Hierzu RegE MoPeG, BT-Drs. 19/27635, 251 und Fleischer DStR 2021, 483 (485).

[103] Dies hängt davon ab, ob die bilanzierende Gesellschaft sich für die mit IDW RS HFA 7 idF v. 30.11.2017 (Rn. 58a ff.) neu eingeführte (und vom IDW präferierte) „Verrechnungslösung" oder die weiterhin zulässige „Aufstockungslösung" entscheidet. S. hierzu Hanke BC 2018, 262 (265).

[104] Ebenso IDW RS HFA 7 Rn. 43 (Stand: 30.11.2017); ADS Ergbd. § 264c Rn. 22; BeBiKo/Justenhoven/Roland, 13. Aufl. 2022, § 264c Rn. 21, 27, 52; Kölner Komm RechnungslegungsR/Carsten P. Claussen, 1. Aufl. 2011, § 264c Rn. 14; aA zB HdJ/Hennrichs/Pöschke Abt. III/1 Rn. 122 f. (Stand: Juli 2019) mwN.

[105] Staub/Meyer, 6. Aufl. 2021, § 264c Rn. 13 (mit Überblick zum Meinungsstand); HdR/Ischebeck/Nissen-Schmidt § 264c Rn. 16 (Stand: 11/2017): „gesondert für die aktivisch und für die passivisch ausgewiesenen Beträge"; aA wohl Bitter/Grashoff DB 2000, 833 (835).

[106] Staub/Meyer, 6. Aufl. 2021, § 264c Rn. 13.

[107] Staub/Meyer, 6. Aufl. 2021, § 264c Rn. 13.

[108] Hopt/Roth, 41. Aufl. 2022, § 120 Rn. 14 ff.

Auf die ausdrückliche Regelung des Ausweises **ausstehender Einlagen,** zu denen sich der *persönlich haftende* Gesellschafter einer Kapitalgesellschaft & Co. verpflichtet hat, hat der Gesetzgeber wie bei der KGaA (§ 286 Abs. 2 AktG), aber anders als bei den übrigen Kapitalgesellschaften (§ 272 Abs. 1 S. 2) bewusst verzichtet, weil er diesen Fall mit Blick auf die KG (Komplementär-Kapitalgesellschaft) nicht für praktisch relevant gehalten hat.[109] Sollte der persönlich haftende Gesellschafter einer Kapitalgesellschaft & Co. dennoch gesellschaftsvertraglich zur Leistung einer Einlage verpflichtet sein, soll diese Verpflichtung nach Ansicht des Gesetzgebers „als ausstehende Einlage auszuweisen" sein.[110] Dabei wurde bis zum BilMoG ganz überwiegend[111] in Analogie zu § 272 Abs. 1 S. 2 und 3 idF vor dem BilMoG wahlweise der Brutto- oder der Nettoausweis für zulässig gehalten.[112] Seit dem BilMoG beschränkt die Analogie zu § 272 Abs. 1 S. 2 nF die Ausweismöglichkeit auf die sog. **Netto-Methode** (→ § 272 Rn. 7, 18).[113] Im Übrigen kann sich die **Höhe** des Kapitalanteils durch Zu- und Abschreibungen von Gewinnen[114] bzw. Verlusten (§ 120 Abs. 2), durch Entnahmen (§ 122 Abs. 1)[115] oder Vereinbarung bzw. Beschluss der Gesellschafter

---

[109] Begr. RegE KapCoRiLiG, BT-Drs. 14/1806, 20, re. Sp.: Die Komplementär-Kapitalgesellschaft dürfte „nur ausnahmsweise gesellschaftsvertraglich zur Leistung einer Einlage verpflichtet sein".

[110] Begr. RegE KapCoRiLiG, BT-Drs. 14/1806, 20, re. Sp. Ebenso IDW RS HFA 7 Rn. 45 (Stand: 30.11.2017); zur Rechtslage vor dem BilMoG, BGBl. 2009 I 1102); näher hierzu auch v. Kanitz WPg 2003, 324 (332).

[111] HdJ/Hennrichs/Pöschke Abt. III/1 Rn. 77 (Stand: Juli 2019).

[112] BeBiKo/Schmidt/Hoffmann, 6. Aufl. 2006, § 264c Rn. 20.

[113] HdJ/Hennrichs/Pöschke Abt. III/1 Rn. 77; BeBiKo/Justenhoven/Roland, 13. Aufl. 2022, § 264c Rn. 20.

[114] Engelberth NWB 2021, 3747 (3759) bemängelt die „handwerklich nicht saubere Formulierung" der §§ 120, 122 idF des MoPeG. Denn das in § 122 nF niedergelegte Prinzip der Vollausschüttung habe zur Konsequenz, dass jeder Gewinn eine Verbindlichkeit der Gesellschaft gegenüber den Gesellschaftern begründe, weshalb er stets unmittelbar als Fremdkapital zu verbuchen sei. § 120 Abs. 2 nF, der die Zu- bzw. Abschreibung zum Kapitalkonto vorschreibe, könne nur Anwendung finden, wenn die Gesellschaft Verluste zu verzeichnen hat; ebenso Scholz StuB 2021, 677 (680); ähnlich IDW-Stellungnahme zum RefE des MoPeG, 3 f., https://go.nwb.de/eg9kf (zuletzt abgerufen am 3.4.2023): Fraglich sei, ob der Gewinnanteil der persönlich haftenden Gesellschafter „unabhängig von etwaigen gesellschaftsvertraglich getroffenen Bestimmungen […] bereits im aufgestellten Jahresabschluss als Forderung […] erfasst werden" müsse (Der RefE hatte noch die ersatzlose Streichung des § 120 Abs. 2 vorgesehen). Es ist jedoch nicht ersichtlich, warum § 122 S. 1 nF bei Auf- und Feststellung des Jahresabschlusses, dh vor Entstehen des Gewinnanspruchs (vgl. § 122 S. 1: „Jeder Gesellschafter hat aufgrund des festgestellten Jahresabschlusses Anspruch auf Auszahlung seines ermittelten Gewinnanteils"; aA Scholz StuB 2021, 677 (681): Der Anspruch entstehe „bereits mit Ablauf des maßgeblichen Geschäftsjahrs"), einer Zuschreibung des Gewinns zu den Kapitalkonten entgegenstehen sollte. Im Gegenteil ist fraglich, ob die Gewinne stets zunächst den Kapitalanteilen zugeschrieben werden müssen und etwaige Gewinnansprüche dann erst nach dem Feststellungsbeschluss in der laufenden Rechnung in das Fremdkapital umgebucht werden; so zutr. Schäfer WPg 2021, 981 (983). Schäfer befürwortet eine „wirtschaftliche" Betrachtungsweise, nach der die künftigen Gewinnansprüche bereits im Jahresabschluss als Fremdkapital ausgewiesen werden (können). Eine nachträgliche Thesaurierung erfordere dann eine bloße Umbuchung in das Eigenkapital und lasse den festgestellten Jahresabschluss unberührt, da es sich bei dieser Buchung „um einen Geschäftsvorfall des neuen Jahres" handele. Schließlich meint wohl auch der AK Bilanzrecht (ZIP-Beil. 2/2021, 18 noch zum RefE), dass die Gewinne (erst) „mit Durchführung der Gewinnverteilung in das Fremdkapital umgebucht" würden. Die aufgezeigten Unsicherheiten sollten der „Kautelarpraxis", der die Bundesregierung (Begr. RegE, BT-Drs. 19/27635, 240) die nähere „Ausgestaltung im Einzelfall" anvertraut, Anlass sein, darauf hinzuwirken, dass der Gesellschafterkreis sich über den von ihm gewünschten Grundmodus (Bilanzierung von Gewinnen entweder unmittelbar als Fremdkapital oder als Eigenkapital) vorab Gedanken macht.

[115] Das MoPeG hat das einseitige, gewinnunabhängige Entnahmerecht zum 1.1.2024 abgeschafft (→ Rn. 120). Für die Bundesregierung ist im Übrigen „selbsterklärend", dass grundsätzlich kein einseitiges, gewinnabhängiges Entnahmerecht bestehe, weshalb eine klarstellende Regelung wie in § 122 Abs. 2 in der noch geltenden Fassung nicht mehr erforderlich sei; RegE MoPeG, BT-Drs. 19/27635, 240. Künftig bedürfen gewinnunabhängige Entnahmen daher wohl stets der Zustimmung aller Gesellschafter, selbst wenn nach dem Gesellschaftsvertrag Mehrheitsbeschlüsse zulässig sein sollten; zum bisherigen Recht → § 122 Rn. 47. Der nicht durch Gewinne gedeckte Abfluss von Gesellschaftsmitteln in das Privatvermögen eines Gesellschafters dürfte aber auch unabhängig von der Kapitalausstattung der Gesellschaft für die anderen Gesellschafter stets nachteilig sein, da sie mehr als nötig mit dem Insolvenzrisiko ihres Mitgesellschafters belastet werden.

("Kapitalerhöhung/-herabsetzung") **verändern.** Der auf den Kapitalanteil für das Geschäftsjahr entfallende **Verlust** ist von dem Kapitalanteil abzuschreiben (§ 264c Abs. 2 S. 3).[116] Wird der Kapitalanteil dadurch negativ, so ist danach zu unterscheiden, ob der Gesellschafter nach dem Gesellschaftsvertrag gegenüber der Gesellschaft[117] zur Ausgleichung verpflichtet ist oder nicht. Eine solche Ausgleichsverpflichtung ergibt sich keineswegs bereits automatisch aus der persönlichen Haftung des Gesellschafters, sondern bedarf einer speziellen gesellschaftsvertraglichen Grundlage.[118] Besteht eine Ausgleichsverpflichtung und ist der Gesellschafter dieser Pflicht zum Stichtag noch nicht nachgekommen, ist der Differenzbetrag zwischen dem Verlust und dem Kapitalanteil des Gesellschafters auf der Aktivseite (D.) unter der Bezeichnung „Einzahlungsverpflichtungen persönlich haftender Gesellschafter" unter den Forderungen gesondert auszuweisen (§ 264c Abs. 2 S. 4). Besteht dagegen wie im gesetzlichen Regelfall **keine Ausgleichspflicht** (§ 707 BGB bzw. § 710 BGB idF des MoPeG iVm § 105 Abs. 3 bzw. § 105 Abs. 2 idF des MoPeG), ist der Differenzbetrag an gleicher Stelle unter der Bezeichnung „Nicht durch Vermögenseinlagen gedeckter Verlustanteil persönlich haftender Gesellschafter" auszuweisen (§ 264c Abs. 2 S. 5).[119] **Unzulässige Entnahmen** hingegen reduzieren nicht den Kapitalanteil, sondern begründen einen Rückgewähranspruch der Gesellschaft gegen den entnehmenden Gesellschafter (→ § 122 Rn. 44 mwN).

25   **b) Einlagen von Kommanditisten.** Die Einlagen der Kommanditisten mit Eigenkapitalcharakter[120] sind ebenfalls unter A. I. als Kapitalanteile auszuweisen und können dabei zusammengefasst werden, müssen aber getrennt von den Kapitalanteilen der persönlich haftenden Gesellschafter gezeigt werden (§ 264c Abs. 2 S. 6 aE). Die **Höhe** des auszuweisenden Betrags bestimmt sich nach der Höhe der gesellschaftsrechtlich vereinbarten Pflichteinlage des Kommanditisten (§§ 120, 167 Abs. 1, Abs. 2; ab 1.1.2024: § 105 Abs. 2, § 161 Abs. 2 iVm § 709 Abs. 3 BGB idF des MoPeG[121]).[122] Für den bilanziellen Ausweis des Kapitalanteils des Kommanditisten kommt es nicht auf die möglicherweise abweichende Höhe der Haftsumme iSd § 172 Abs. 1, 2 an.[123] Soweit die Pflichteinlage noch nicht

---

[116] HdJ/Hennrichs/Pöschke Abt. III/1 Rn. 86, 124 (Stand: Juli 2019); krit. Dazu Kusterer/Kirnberger/Fleischmann DStR 2000, 606 (609); Bitter/Grashoff DB 2000, 833 (835); Wiechmann WPg 1999, 916 (921).

[117] Baetge/Kirsch/Thiele/Thiele/Sickmann § 264c Rn. 44 (Stand: März 2008).

[118] ZB BeBiKo/Justenhoven/Roland, 13. Aufl. 2022, § 264c Rn. 43. Der bei Baetge/Kirsch/Thiele/Thiele/Sickmann § 264c Rn. 44 (Stand: März 2008) ferner angesprochene Fall der Liquidation der Gesellschaft passt nicht in diesen Kontext, sofern die sich dort ergebenden Ausgleichsansprüche nicht der Gesellschaft, sondern den Mitgesellschaftern mit positivem Kapitalkonto zustehen. S. hierzu BGH DB 1984, 180, unter III. 3.

[119] IErg ebenso BeBiKo/Justenhoven/Roland, 13. Aufl. 2022, § 264c Rn. 43; BeckOGK/Fehrenbacher, 1.12.2021, § 264c Rn. 21.

[120] Vgl. MüKoAktG/Luttermann, 2. Aufl. 2003, HGB §§ 264a–264c Rn. 28: unter dem Posten „Kapitalanteile" seien „grundsätzlich jene Kapitalanteile auszuweisen, die gesellschaftsrechtlich überlassen worden" seien und „Eigenkapitalcharakter" hätten.

[121] Hierzu RegE MoPeG, BT-Drs. 19/27635, 254: § 167 Abs. 1 und Abs. 2 seien „obsolet [geworden], weil die Gewinnermittlung nunmehr nach Maßgabe des § 709 Abs. 3 BGB-E" erfolge. Während § 167 Abs. 1 wohl schon nach altem Recht wegen § 161 Abs. 2 bloß klarstellende Funktion gehabt haben dürfte, sah sich die Streichung des § 167 Abs. 2 während des Gesetzgebungsverfahrens zunächst Kritik ausgesetzt. Verluste würden nun nämlich wie bisher vom Kapitalkonto abgeschrieben, es fehle aber an einer Regelung, dass anschließende Gewinne – auf die wegen des negativen Kapitalkontostandes kein Auszahlungsanspruch besteht – dem Kapitalkonto wieder zugeschrieben würden (s. AK Bilanzrecht, ZIP 2021, Beilage Heft 2, S. 19). Diese Stellungnahme bezieht sich indes auf den Referentenentwurf, der noch eine Streichung auch des § 120 Abs. 2 (Verrechnen von Gewinnen/Verlusten mit dem Kapitalanteil) vorsah. Da der Gesetzgeber jedoch schlußendlich von einer Streichung des § 120 Abs. 2 abgesehen hat, kann angesichts des § 161 Abs. 2 anwendbaren § 120 Abs. 2 „nicht zweifelhaft" sein, dass der Gewinnanteil des Kommanditisten seinem Kapitalkonto zuzuschreiben ist, wenn er wegen § 169 Abs. 1 (ab 1.1.2024: ebenfalls § 169 Abs. 1 idF des MoPeG) keinen Gewinnanspruch hat (Schäfer WPg 2021, 981 (985)).

[122] Begr. RegE KapCoRiLiG, BT-Drs. 14/1806, 20.

[123] Begr. RegE KapCoRiLiG, BT-Drs. 14/1806, 20; zur Unterscheidung von Pflichteinlage und Haftsumme BGHZ 116, 7 = NJW 1992, 241 (242); Lanfermann FS Ludewig, 1996, 549 (563).

vollständig eingezahlt ist, ist sie entsprechend der ausstehenden Einlage persönlich haftender Gesellschafter zu bilanzieren (Netto-Methode, → Rn. 24).[124] Die entsprechenden Aktivposten der eingeforderten ausstehenden Einlagen sind aber für die Kommanditisten und Komplementäre getrennt voneinander zu bilanzieren.[125]

Selbst wenn die nach § 172 Abs. 1 im Handelsregister eingetragenen **Hafteinlagen** **26** den Betrag der bedungenen Pflichteinlagen übersteigen sollten, sind in der Bilanz beim Eigenkapital nur die Pflichteinlagen als Kapitalanteil auszuweisen.[126] Im **Anhang** ist aber im Interesse der Gesellschaftsgläubiger gem. § 264c Abs. 2 S. 9 der Betrag der Hafteinlagen anzugeben, soweit diese noch nicht an die Gesellschaft geleistet sind. Auszuweisen ist die Differenz zwischen Haftsumme und **tatsächlich eingezahlten** Pflichteinlagen, nicht zwischen Haftsumme und bedungenen Pflichteinlagen.[127] Hierfür spreche neben dem Wortlaut („geleistete" Einlagen) auch die Gesetzesbegründung. Danach soll die Anhangangabe verdeutlichen, „inwieweit neben dem in der Bilanz ausgewiesenen Eigenkapital noch eine Haftung der Kommanditisten besteht."[128] Es ist zwar richtig, dass sich die zu leistende Pflichteinlage – auch soweit sie noch nicht eingezahlt ist – bereits aus den Bilanzangaben zum Eigenkapital und den aktivierten Forderungen gegen die Kommanditisten ergibt (vgl. § 272 Abs. 1 S. 2).[129] Mit der Information im Anhang soll aus dem Jahresabschluss jedoch die persönliche Haftung der Kommanditisten direkt ersichtlich sein, soweit diese noch nicht durch Einlageleistung an die Gesellschaft erloschen ist.[130] Diese Überlegungen sprechen im Übrigen dafür, über ein enges Verständnis des Gesetzeswortlauts („Einlagen […], soweit diese […] geleistet sind") hinausgehend nicht nur solche Leistungen von der anzugebenden Haftsumme abzuziehen, die gesellschaftsrechtlich als „Einlageleistung" zu qualifizieren sind, nämlich Leistungen an die Gesellschaft,[131] sondern auch **Leistungen** aufgrund der Kommanditistenhaftung **an Gläubiger,** die zwar keine Einlageleistungen darstellen, den Kommanditisten aber trotzdem im geleisteten Umfang von seiner Haftung befreien.[132]

Sinkt der Kapitalanteil des Kommanditisten aufgrund von **Verlusten** unter den Betrag **27** der gesellschaftsvertraglich vereinbarten Summe oder wird er gar negativ, darf gem. § 264c Abs. 2 S. 7 **Hs. 1** auf der Aktivseite der Bilanz eine **Forderung gegen den Kommanditisten** ebenso wie bei persönlich haftenden Gesellschaftern nur ausgewiesen werden, soweit er gegenüber der Gesellschaft zur Leistung eines Nachschusses verpflichtet ist. Dies ergibt sich bereits aus der Verweisung des § 264c Abs. 2 S. 6 iVm S. 4.[133] Eine entsprechende Nachschussverpflichtung des Kommanditisten kann sich aus dem Gesellschaftsvertrag ergeben; nach dem Gesetz ist der Kommanditist grundsätzlich nicht zum Ausgleich von Verlusten verpflichtet (§ 167 Abs. 3 und ab 1.1.2024 § 167 idF des MoPeG, jeweils iVm § 169

---

[124] BeBiKo/Justenhoven/Roland, 13. Aufl. 2022, § 264c Rn. 31, 20.

[125] BeBiKo/Justenhoven/Roland, 13. Aufl. 2022, § 264c Rn. 30.

[126] BeBiKo/Justenhoven/Roland, 13. Aufl. 2022, § 264c Rn. 30, 60 f.; WP-HdB/Störk, 17. Aufl. 2021, F Rn. 1469.

[127] Begr. RegE KapCoRiLiG, BT-Drs. 14/1806, 20, so auch Staub/Meyer, 6. Aufl. 2021, Rn. 17; BeBiKo/Justenhoven/Roland, 13. Aufl. 2022, § 264c Rn. 60; Merkt/Probst/Fink/Mylich Kap. 3 Rn. 152; so jetzt auch WP-HdB/Störk, 17. Aufl. 2021, F Rn. 1517: Sind Haft- und Pflichteinlage identisch, sei „eine Angabe im Anhang erforderlich, wenn die Einlage noch nicht vollständig erbracht" sei; aA ADS Ergbd. § 264c Rn. 17; HdJ/Hennrichs/Pöschke Abt. III/1 Rn. 125 (Stand: Juli 2019); Theile BB 2000, 555 (560); wohl auch abl. HdR/Ischebeck/Nissen-Schmidt § 264c Rn. 20 (Stand: 11/2017).

[128] Begr. RegE KapCoRiLiG, BT-Drs. 14/1806, 20.

[129] So etwa Theile BB 2000, 555 (560); ebenso noch WP-HdB Bd. I F Rn. 272 (Stand: 2012) – Aussage ab 15. Aufl. 2016 nicht mehr enthalten.

[130] So auch Staub/Meyer, 6. Aufl. 2021, § 264c Rn. 17.

[131] ZB → §§ 171, 172 Rn. 50: Voraussetzung der „Einlageleistung" sei die Überführung von Mitteln in das haftende Gesellschaftsvermögen (K. Schmidt/Grüneberg).

[132] → § 172 Rn. 55, dort auch zur Befreiung des Kommanditisten von seiner Einlageschuld gegenüber der KG durch Aufrechnung mit seinem Regressanspruch.

[133] S. Baetge/Kirsch/Thiele/Thiele/Sickmann § 264c Rn. 52 (Stand: März 2008), die diesbezüglich von „Klarstellung" sprechen.

Abs. 2).[134] § 264c Abs. 2 S. 7 **Hs. 2** („dasselbe gilt [...]") nennt mit der (im Innenverhältnis zur Gesellschaft[135]) **unberechtigten Entnahme** entgegen der Entnahmesperre des § 169 Abs. 1 S. 2 Hs. 2[136] (ab 1.1.2024: § 169 Abs. 1 idF des MoPeG) einen weiteren Fall, der zu einer (gesetzlichen) Einzahlungsverpflichtung des Kommanditisten und damit zu einer aktivierbaren Forderung gegenüber dem Kommanditisten führt.[137] Dieser Fall tritt ein, wenn der Kommanditist Gewinnanteile entnimmt, während sein Kapitalanteil durch Verlust unter den Betrag der geleisteten Einlage herabgemindert ist, oder soweit der Kapitalanteil durch die Entnahme unter den bezeichneten Betrag herabgemindert wird. Entnimmt der Kommanditist dagegen Gewinne und sinkt der Wert seines Kapitalanteils dadurch nicht unter den gesellschaftsvertraglich vorgesehenen Betrag, so liegt kein Fall des § 169 Abs. 1 S. 2 Hs. 2 vor, und es entsteht kein Ausgleichsanspruch. Ebenfalls keine (aktivierbare) „Einzahlungsverpflichtung" des Kommanditisten entsteht durch eine Entnahme, die zwar auf Kosten der Haftsumme (§ 172 Abs. 4 S. 2), nicht aber auf Kosten der (betragsmäßig darunter liegenden) Pflichteinlage geht und lediglich die Kommanditistenhaftung wieder aufleben lässt, ohne Ansprüche der KG zu begründen.[138] In von der Rechtsprechung anerkannten **Ausnahmefällen** kommen zu aktivierende gesetzliche Ausgleichsansprüche der Personengesellschaft selbst (in Anlehnung an bzw. analog §§ 30, 31 GmbHG) in Betracht, wenn die Entnahme gleichzeitig („mittelbar") das Stammkapital der Komplementär-GmbH mindert.[139]

28   **c) Rücklagen.** Das Personengesellschaftsrecht kennt ebenso wenig wie, jedenfalls im Grundsatz, das GmbH-Recht (s. inzwischen aber § 5a Abs. 3 GmbHG idF des MoMiG, → § 272 Rn. 107 f.) gesetzliche Rücklagen, wie sie im Aktienrecht nach §§ 150, 300 AktG bestehen. § 264c Abs. 2 S. 8 stellt daher klar, dass die nach § 264c Abs. 2 S. 1 II. anzusetzenden Rücklagen bei der Kapitalgesellschaft & Co. nur „aufgrund einer gesellschaftsrechtlichen Vereinbarung", dh in Ausführung einer Bestimmung des **Gesellschaftsvertrags** oder eines **Gesellschafterbeschlusses** gebildet werden.[140] Ein gesonderter Ausweis von Gewinn- und Kapitalrücklagen ist nicht erforderlich.[141] Das in der Bilanz der Gesellschaft ungeteilt ausgewiesene Rücklagenkonto ist Teil des den Gesellschaftern rechnerisch anteilig zustehenden Vermögenszuwachses der Gesellschaft und mithin Teil ihres Anteils am Eigenkapital.[142]

29   **d) Gewinnvortrag/Verlustvortrag, Jahresüberschuss/Jahresfehlbetrag.** Die Posten sind unter A. III. bzw. A. IV. am Ende des Eigenkapitals auszuweisen, sofern keine direkte Zu- bzw. Abschreibung der Gewinne bzw. Verluste von den Kapitalanteilen wie im

---

[134] ZB KKRD/Kindler § 167 Rn. 4: Kommanditist könne „gegenüber den Mitgesellschaftern nicht ausgleichspflichtig werden"; Hopt/Roth, 41. Aufl. 2022, § 167 Rn. 4; Heymann/Borges, 3. Aufl. 2020, § 167 Rn. 35 f.

[135] Nicht gemeint ist die Entnahme auf Kosten der gläubigerschützenden Hafteinlage gem. § 172 Abs. 4.

[136] Hierzu → 2. Aufl. 2008, § 169 Rn. 3 ff., §§ 171, 172 Rn. 47.

[137] S. Baetge/Kirsch/Thiele/Thiele/Sickmann § 264c Rn. 53 (Stand: März 2008); missverständlich (weil die Rechnungslegungsvorschrift selbst keine Anspruchsgrundlage für die Gesellschaft darstellt) insoweit Binz/Sorg GmbH & Co. KG, 12. Aufl. 2018, § 15 Rn. 35: „Soweit die Pflichteinlage durch Entnahmen unterschritten" werde, sei „eine Ausgleichsforderung gegen den Kommanditisten zu aktivieren (§ 264c Abs. 2 S. 7 Halbs. 2 HGB)".

[138] IDW RS HFA 7 Rn. 53 (Stand: 30.11.2017): Dies gelte unabhängig davon, dass die Kommanditistenhaftung wiederauflebe; HdJ/Hennrichs/Pöschke Abt. III/1 Rn. 125 aE (Stand: Juli 2019).

[139] S. IDW RS HFA 7 Rn. 53 (Stand: 30.11.2017). Zum Ausgleichsanspruch der KG s. zB BGHZ 110, 342 = NJW 1990, 1725; insofern grdl. BGHZ 67, 171 = NJW 1977, 104; dazu auch Binz/Sorg GmbH & Co. KG, 12. Aufl. 2018, § 8 Rn. 37 (insbes. zur Einheitsgesellschaft); Lutter/Hommelhoff/Hommelhoff, 20. Aufl. 2020, GmbHG § 30 Rn. 60 ff.

[140] Dazu zB IDW RS HFA 7 Rn. 46 (Stand: 30.11.2017); HdJ/Hennrichs/Pöschke Abt. III/1 Rn. 126 (Stand: Juli 2019); Kusterer/Kirnberger/Fleischmann DStR 2000, 606 (609).

[141] Begr. RegE KapCoRiLiG, BT-Drs. 14/1806, 21, li. Sp.; Haufe-HGB/Stute § 264c Rn. 30 (Stand: 26.7.2022); HdJ/Hennrichs/Pöschke Abt. III/1 Rn. 127 (Stand: Juli 2019).

[142] Sieker FS Westermann, 2008, 1519 (1530), die „mit Rücksicht auf diesen materiellen Gehalt der Rücklage" im Dienste der „Übersichtlichkeit der Bilanz einer gesetzestypischen OHG oder KG mit einer überschaubaren Zahl von Gesellschaftern" empfiehlt, den einbehaltenen Gewinn den Gesellschaftern anteilig zuzuweisen und auf getrennten Rücklagenkonten zu erfassen.

gesetzlichen Regelfall (§§ 120 ff., 264c Abs. 2 S. 3[143]) erfolgt.[144] Sie sind daher vor allem dann zu zeigen, wenn der Gesellschaftsvertrag die Ergebnisverwendung einem Gesellschafterbeschluss vorbehält und einen Ergebnisvortrag zulässt. Inhaltliche Abweichungen dieser Posten gegenüber § 266 Abs. 3 A. IV./V. sind nicht erkennbar.[145] Die dortigen Anforderungen (→ § 266 Rn. 93 f.) gelten auch für die Bilanzierung bei der Kapitalgesellschaft & Co. Bei entsprechender Vorgabe des Gesellschaftsvertrages kann auch ein „**Bilanzgewinn/ Bilanzverlust**" ausgewiesen werden (§ 268 Abs. 1 S. 2).[146] Erfolgt infolge direkter Zubzw. Abschreibungen auf den Kapitalkonten kein offener Ausweis des Jahresergebnisses in der Bilanz, kann die „Verwendung" des Jahresergebnisses, insbesondere wenn auch eine Dotation von Rücklagen erfolgt, in Fortführung der Gewinn- und Verlustrechnung oder im Anhang dargestellt werden.[147] Eine Verpflichtung dazu besteht allerdings nicht.

3. Privatvermögen, § 264c Abs. 3. Der Jahresabschluss soll ein getreues Bild von der 30 Lage der Gesellschaft (§ 264 Abs. 2 S. 1) und nicht von der Lage der Gesellschafter vermitteln. § 264c Abs. 3 S. 1 bestimmt daher in gewollter Anlehnung an § 5 Abs. 4 PublG,[148] dass die Personenhandelsgesellschaft nur das **Gesellschaftsvermögen,** nicht aber das Privatvermögen der Gesellschafter in die Bilanz und nur die dem Gesellschaftsvermögen zuzuordnenden Erträge und Aufwendungen in die GuV aufnehmen darf (§ 264c Abs. 3 **S. 1**).[149] Anders als bei der einkommensteuerrechtlichen Gewinnermittlung, die insbesondere bei der gewerblich[150] tätigen Personengesellschaft die Ebene der Gesellschafter als „Mitunternehmer" einbezieht (§ 15 Abs. 1 S. 1 Nr. 2 S. 1 Hs. 2, § 13 Abs. 7 EStG, § 18 Abs. 4 S. 2 EStG), bleibt der sog. Sonderbereich der einzelnen Gesellschafter (Sonderbetriebseinnahmen und -ausgaben, Sonderbetriebsvermögen;[151] ggf. Ergänzungsbilanzen[152]) handelsbilanzrechtlich außer Betracht. **Privatvermögen** der Gesellschafter ist jedes Vermögen, das wirtschaftlich den Gesellschaftern und nicht der Gesellschaft zuzurechnen ist.[153] Dies betrifft

143 Zur Disponibilität der Vorschrift s. HKMS/Stöber, 2. Aufl. 2020, § 264c Rn. 14. Zu Unrecht nimmt Stöber dort (in Fn. 1) den Verf. für die gegenläufige Auffassung, nach der zwingend vom Kapitalanteil abzuschreiben sei, in Anspruch.

144 HdJ/Hennrichs/Pöschke Abt. III/1 Rn. 128 (Stand: Juli 2019); zum Fremdkapitalcharakter des Gewinnanspruchs des Kommanditisten, dessen Kapitalanteil seine Pflichteinlage erreicht (§ 167 Abs. 2 idF vor dem MoPeG), s. HdJ/Hennrichs/Pöschke Abt. III/1 Rn. 94 (Stand: Juli 2019); Hesselmann/Tillmann/ Mueller-Thuns GmbH & Co. KG-HdB/Mueller-Thuns, 20. Aufl. 2009, § 7 Rn. 7.45 ff., zur Gliederung des Jahresabschlusses einer GmbH & Co. KG.

145 Krit. jedoch Kusterer/Kirnberger/Fleischmann DStR 2000, 606 (609 f.); s. auch Bitter/Grashoff DB 2000, 833 (835).

146 IDW RS HFA 7 Rn. 48 (Stand: 30.11.2017); BeBiKo/Justenhoven/Roland, 13. Aufl. 2022, § 264c Rn. 15.

147 IDW RS HFA 7 Rn. 56 (Stand: 30.11.2017): Es sei „sachgerecht", die Verwendung des Jahresergebnisses in Fortführung der GuV oder im Anhang darzustellen, falls das Jahresergebnis aus der Bilanz nicht ersichtlich sei.

148 Begr. RegE KapCoRiLiG, BT-Drs. 14/1806, 21 li. Sp.

149 Vgl. Sieker FS Westermann, 2008, 1519 (1523); Der Handelsbilanz der OHG und KG komme die Aufgabe zu, „das dem Gesellschaftszweck gewidmete Gesamthandsvermögen auszuweisen und die Trennung dieses Vermögens von den Privatvermögen der einzelnen Gesellschafter im Interesse der Gesellschaftsgläubiger zu dokumentieren"; BeckHdB PersGes/Hoffmann/Weidenhammer, 3. Aufl. 2009, § 5 Rn. 33.

150 Vgl. dazu zB Karl BB 2010, 1311 ff., insbes. zur (nicht-)gewerblich infizierten (§ 15 Abs. 3 Nr. 1 EStG) bzw. geprägten (§ 15 Abs. 3 Nr. 2 EStG) Freiberufler-Kapitalgesellschaft & Co. KG; Kölner Komm-RechnungslegungsR/Carsten P. Claussen, 1. Aufl. 2011, § 264c Rn. 18; Kirchhof/Krumm, 21. Aufl. 2022, EStG § 15 Rn. 171.

151 Vgl. dazu zB Schmidt/Wacker, 41. Aufl. 2022, EStG § 15 Rn. 506 ff.

152 Dazu zB Schmidt/Wacker, 41. Aufl. 2022, EStG § 15 Rn. 460 ff.; Brandis/Heuermann/Bode EStG § 15 Rn. 553–560 (Stand: Juli 2020).

153 Die steuerrechtliche Rechtsprechung, nach der uU Bestandteile des Gesellschaftsvermögens einer Personengesellschaft Privatvermögen der Gesellschaft sein können (zB BFH BStBl. II 1988, 418 = BeckRS 1987, 22008132, unter 1.b.; bestätigt durch BFH BFH/NV 2016, 1018 = BeckRS 2016, 94694 Rn. 31; krit. Knobbe-Keuk S. 415 f., mit Rücksicht auf § 15 Abs. 3 Nr. 1 EStG), ist schon wegen der Eigenschaft der Personenhandelsgesellschaft als einheitlicher Formkaufmann (§ 6 Abs. 1) nicht für die handelsrechtliche Rechnungslegung relevant.

selbst solche Teile des Privatvermögens, die steuerrechtlich als notwendiges oder gar nur gewillkürtes Betriebsvermögen[154] einzustufen sind.[155] Die Regelung will damit insbesondere klarstellen, dass persönliche Steuern der Gesellschafter (insbesondere ESt, KSt) für die diesen als Mitunternehmern direkt zugerechneten Gewinne der Personengesellschaft (sog. einkommensteuerliche Transparenz) nicht als Steueraufwand der Gesellschaft (§ 275 Abs. 2 Nr. 14, Abs. 3 Nr. 13, jeweils idF des BilRUG) erfasst werden dürfen.[156] Für die Beurteilung, ob Steuern solche der Gesellschaft oder der Gesellschafter sind, sind nach den allgemeinen Regeln maßgebend, wer Steuerschuldner ist (→ § 275 Rn. 107 mwN).[157] Die Option zur Körperschaftsbesteuerung nach § 1a KStG idF des KöMoG ändert daran nichts. Optiert die Personengesellschaft für die Besteuerung wie eine Kapitalgesellschaft, ist die Körperschaftsteuer eine Steuer der Personengesellschaft und nicht mehr eine solche der Gesellschafter.[158]

31   Ein „dem Steuersatz der Komplementärgesellschaft entsprechender" **fiktiver Steueraufwand** darf am Ende der GuV nach dem Posten Jahresüberschuss/Jahresfehlbetrag (§ 275 Abs. 2 Nr. 17, Abs. 3 Nr. 16, jeweils idF des BilRUG) offen abgesetzt oder hinzugerechnet werden (§ 264c Abs. 3 **S. 2**), um einen Vergleich des Jahresabschlusses der Kapitalgesellschaft & Co. mit dem Jahresabschluss einer reinen Kapitalgesellschaft, bei dem der auf den Gewinn entfallende Körperschaftsteueranteil bereits ertragsmindernd berücksichtigt wird, zu erleichtern.[159] Der maßgebliche „Steuersatz der Komplementärgesellschaft" und die zugrunde zu legende Bemessungsgrundlage werden nicht näher bestimmt. Um dem Zweck der Vorschrift, nämlich einer Verbesserung der Vergleichbarkeit mit Kapitalgesellschaften, gerecht zu werden, ist auf den deutschen KSt-Satz nebst Zusatzabgaben (SolZ) und die (näherungsweise geschätzte; vgl. nur etwa die Besonderheiten der §§ 8 Abs. 3 S. 2 und 8b KStG) Bemessungsgrundlage, die sich ergäbe, wenn die Gesellschaft eine Kapitalgesellschaft gewesen wäre, abzustellen.[160] Die nach dem früheren Körperschaftsteuerrecht zu Zeiten des Anrechnungsverfahrens ferner bestehende Frage, ob der Ausschüttungs- oder der Thesaurierungssteuersatz heranzuziehen ist, hat sich mit dem Systemwechsel zum Halb- und später Teileinkünfteverfahren erledigt.[161]

32   **4. Anteile an Komplementärgesellschaften, § 264c Abs. 4.** Der Gesetzgeber behandelt **Anteile** der Gesellschaft **an Komplementärgesellschaften** (im Sinne von persönlich haftenden Gesellschafterinnen einer OHG oder KG) bilanziell ähnlich wie Anteile an einem herrschenden oder mit Mehrheit beteiligten Unternehmen (vgl. § 272 Abs. 4, → § 272 Rn. 117 ff.), um eine „‚wundersame' Kapitalvermehrung"[162] (dh die **gegensei-**

---

154   Hierzu zB Schmidt/Wacker, 41. Aufl. 2022, EStG § 15 Rn. 481, 484.

155   So BeBiKo/Justenhoven/Roland, 13. Aufl. 2022, § 264c Rn. 70, zum notwendigen Betriebsvermögen. „Das Privatvermögen der Gesellschafter gehört nicht zum Vermögen der Gesellschaft. Das gilt auch für Bestandteile des Privatvermögens des Gesellschafters, die steuerrechtlich als notwendiges Betriebsvermögen einzustufen sind;" → § 246 Rn. 58 ff.

156   Begr. RegE KapCoRiLiG, BT-Drs. 14/1806, 21; Kusterer/Kirnberger/Fleischmann DStR 2000, 606 (611); Meyer/Jahn StuB 2003, 481 (484); aA Kirsch DStR 2009, 1972 (1973 f.), der auch die Aufnahme des Ertragsteueraufwandes „der Gesellschafter, soweit auf die Gewinnanteile aus dem Gesamthandsvermögen entfallend," nach Anrechnung gemäß § 35 EStG und ggf. Thesaurierungsbegünstigung gemäß § 34a EStG in die Handelsbilanz als zulässig ansieht, allerdings auch aufgrund der Ermittlungsprobleme im Einzelfall dieses „Steuerabgrenzungsmodell eher als internes Selbstinformationsinstrument" für geeignet erachtet.

157   Begr. RegE KapCoRiLiG, BT-Drs. 14/1806, 21; krit. und aA Kirsch DStR 2009, 1972 f., der ua die Aufnahme des Gewerbesteueraufwandes, soweit er auf Sonderbetriebseinnahmen der Gesellschafter beruht, als unzulässig und mit § 264c Abs. 3 S. 1 unvereinbar ansieht.

158   BeBiKo/Justenhoven/Roland, 13. Aufl. 2022, § 264c Rn. 70.

159   Begr. RegE KapCoRiLiG, BT-Drs. 14/1806, 21.

160   Staub/Meyer, 6. Aufl. 2021, § 263c Rn. 29; BeBiKo/Justenhoven/Roland, 13. Aufl. 2022, § 264c Rn. 73 f.; strenger hinsichtlich der Bemessungsgrundlage Haufe-HGB/Stute § 264c Rn. 35 (Stand: 26.7.2022).

161   Hierzu zB Kusterer/Kirnberger/Fleischmann DStR 2000, 606 (611 f.), die sich für den Ausschüttungssteuersatz aussprachen.

162   Begr. RegE KapCoRiLiG, BT-Drs. 14/1806, 21, re. Sp.

tige Finanzierung der wechselseitigen Beteiligungen zum Vorteil der übrigen Gesellschafter) und eine damit verbundene Täuschung von Gläubigern über die Vermögenslage der Gesellschaft und ihrer unbeschränkt haftenden Gesellschafterin zu vermeiden.[163] Welche Rechtsform die Komplementärgesellschaft besitzt, ist dafür nicht entscheidend; die Vorschrift ist gleichermaßen auf Komplementärinnen in Form von Personen- und Kapitalgesellschaften anwendbar. Die Gesellschaft hat die Anteile an ihren Komplementärgesellschaften in ihrer Bilanz auf der Aktivseite als Anteile an verbundenen Unternehmen (§ 266 Abs. 2 A. III. 1.) oder als Beteiligung (§ 266 Abs. 2 A. III. 3.) auszuweisen (§ 264c Abs. 4 S. 1), wobei ein gesonderter Ausweis erforderlich ist.[164] Zugleich ist entsprechend § 272 Abs. 4 auf der Passivseite für diese Anteile nach dem Eigenkapital (nach A.) ein **Sonderposten „Ausgleichsposten für aktivierte eigene Anteile"** zu bilden, um die aktivierten Anteile bilanziell zu neutralisieren (§ 264c Abs. 4 S. 2). Die Postenbezeichnung ist mit dem darin enthaltenen Ausdruck „eigene Anteile" vom Gesetzgeber insoweit unglücklich gewählt, als Personengesellschaften anders als Kapitalgesellschaften mangels eigener Rechtspersönlichkeit und vollständiger rechtlicher Verselbstständigung von ihren Mitgliedern keine eigenen Anteile erwerben können.[165] Die Bezeichnung ist aber insoweit passend, als mit der **Rückbeteiligung** an der Komplementärgesellschaft ein Teil der ausgewiesenen Vermögensgegenstände der Gesellschaft auch von ihrem eigenen Geschäftswert abhängig ist. Typischerweise[166] findet sich diese Konstellation bei der sog **Einheits-GmbH & Co. KG,** bei der die KG sogar sämtliche Geschäftsanteile der (einzigen) Komplementär-GmbH hält (vgl. § 172 Abs. 6 bzw. § 172 Abs. 5 idF des MoPeG).[167] Erlangt die KG durch Erwerb von Anteilen an ihrer Kapitalgesellschaft-Komplementärin eine Mehrheitsbeteiligung bzw. beherrschende Stellung, hat die Komplementärin in ihrer Bilanz grundsätzlich ebenfalls eine Rücklage gem. § 272 Abs. 4 zu bilden.[168]

Die Regelung des Abs. 4 wirft eine Reihe von **Anwendungsfragen** auf, deren **33** Lösung sich dem Wortlaut nicht eindeutig entnehmen lässt. Aus der Verweisung auf § 272 Abs. 4 (in der seit dem BilMoG geltenden Fassung) ergibt sich zunächst, dass der Sonderposten (wie die Rücklage für Anteile an einem herrschenden oder mit Mehrheit beteiligten Unternehmen) „aus vorhandenen frei verfügbaren Rücklagen" gebildet werden „darf" (§ 272 Abs. 4 S. 3). Soweit die Rücklagen hierfür nicht ausreichen oder nach dem Willen des Bilanzaufstellers hierfür nicht verwendet werden sollen, ist der Sonderposten aus dem Jahresüberschuss zu bilden.[169] Einigkeit besteht, soweit ersichtlich, ferner dahingehend, dass der Sonderposten, soweit auch der Jahresüberschuss nicht ausreicht,

---

[163] Der in der RegBegr. zum KapCoRiLiG (BT-Drs. 14/1806, 21, re. Sp.) geäußerte Gedanke einer entsprechenden Anwendung des § 71d S. 2 Hs. 1 AktG, der den Erwerb solcher Anteile aktienrechtlich dem Erwerb eigener Anteile gleichstellt, trägt die Verweisung auf § 272 Abs. 4 in § 264c Abs. 4 S. 2 seit der Reform durch das BilMoG insoweit allerdings nicht mehr, als die Rücklage für eigene Anteile aus § 272 Abs. 4 gestrichen wurde (→ § 272 Rn. 117 ff.).

[164] S. Begr. RegE KapCoRiLiG, BT-Drs. 14/1806, 21 re. Sp. („Anteile an Komplementärgesellschaften [in der Regel Kapitalgesellschaften] stets gesondert auszuweisen"); BeBiKo/Justenhoven/Roland, 13. Aufl. 2022, § 264c Rn. 80; Baetge/Kirsch/Thiele/Thiele/Sickmann § 264c Rn. 82 (März 2008); Zeyer BB 2008, 1442 (1443); Kölner Komm-RechnungslegungsR/Carsten P. Claussen, 1. Aufl. 2011, § 264c Rn. 20.

[165] So zu Recht Kusterer/Kirnberger/Fleischmann DStR 2000, 606 (608).

[166] S. K. Schmidt FS Westermann, 2008, 1425 (1427) mwN: Heute werde „diese Variante der GmbH & Co. KG in den Formularwerken wie bei der Mandantenberatung empfohlen, ja, geradezu zum Regelmodell der GmbH & Co. mit geschlossenem Gesellschafterkreis erklärt". Im Untertitel seines Beitrags spricht der Autor daher in Bezug auf die Einheits-GmbH & Co. KG einprägsam von der „Typizität des Atypischen".

[167] Zum Begriff der Einheits-GmbH & Co. KG s. zB K. Schmidt FS Westermann, 2008, 1425 (1426); Binz/Sorg GmbH & Co. KG, 12. Aufl. 2018, § 8 Rn. 3; Kölner Komm-RechnungslegungsR/Carsten P. Claussen, 1. Aufl. 2011, § 264c Rn. 20.

[168] ADS Ergbd. § 264c Rn. 29 aE (Rücklagenbildung auf beiden Unternehmensebenen).

[169] IDW RS HFA 7 Rn. 16. Ähnlich Baetge/Kirsch/Thiele/Thiele/Sickmann § 264c Rn. 87 (Stand: März 2008): Der Sonderposten sei „in entsprechender Anwendung des § 272 Abs. 4 aus dem Jahresüberschuss und den gesamthänderisch gebundenen Rücklagen zu bilden".

zu Lasten von Kapitalanteilen zu bilden ist; während die einen sich aber für die vorrangige Belastung des Kapitalanteils der Gesellschafterin, deren Anteile die Gesellschaft hält, aussprechen,[170] scheinen die anderen die anteilige Belastung sämtlicher Kapitalanteile für geboten zu halten.[171] Auf den ersten Blick erscheint es tatsächlich sachgerecht, die Buchung zu Lasten des Kapitalanteils der Komplementärgesellschaft (sofern sie überhaupt beteiligt ist) vorzunehmen, soweit die OHG oder KG die Einlage in die Komplementärgesellschaft – im Rahmen der Gründung oder eines Beteiligungserwerbs – selbst erbracht hat und die Komplementärgesellschaft außer ihrer Mitgliedschaft in der Personengesellschaft kein weiteres Vermögen besitzt.[172] Dann bewirkt die Buchung nämlich die Korrektur des Eigenkapitals an der Stelle, wo es „aufgebläht" ist.[173] Andererseits ist zu Recht darauf hingewiesen worden, dass der Sonderposten nur dann eine wirksame Ausschüttungsbeschränkung[174] zu schaffen vermag,[175] wenn die Dotierung zu Lasten der Kapitalanteile der Kommanditisten erfolgt.[176] Die mit der anteiligen Dotierung der Kapitalanteile der Kommanditisten verbundene Einschränkung ihres Entnahmerechts erscheint jedenfalls in dem Maße gerechtfertigt, wie sie durch den Erwerb der Anteile an der Komplementärgesellschaft durch die OHG/KG Einlagen zurückgewährt bekommen haben. Dies ist der Fall, wenn sie zuvor selbst Gesellschafter der Komplementärgesellschaft waren, also insbesondere bei der beteiligungsidentischen GmbH & Co. KG.[177]

34   Eine weitere Frage betrifft die Möglichkeit einer **entsprechenden Anwendung** des § 264c Abs. 4 auf **Beteiligungen** der Personengesellschaft (KG) **an** einem nur beschränkt haftenden Gesellschafter **(Kommanditisten).** Hierzu ist vorgetragen worden, es sei nicht nachvollziehbar, warum der Gesetzgeber die Regelung des § 264c Abs. 4 S. 2 auf die Anteile an der Komplementärgesellschaft beschränke, durch eine Beteiligung an einem Kommanditisten könne „ebenfalls eine Kapitalvermehrung erzielt werden, ohne dass der Gesellschaft neue Mittel von außen zugeführt" würden. Es sei daher „ein entsprechender Sonderposten auch bei einer Beteiligung an einem Komman-

---

170   BeBiKo/Justenhoven/Roland, 13. Aufl. 2022, § 264c, Rn. 84: Bildung grundsätzlich zu Lasten des Kapitalanteils der Gesellschafterin, deren Anteile die Gesellschaft hält. Dies sei naheliegend, wenn der Beteiligungsbuchwert an der Komplementärgesellschaft „tatsächlich nur der anteiligen Einlage der Komplementärgesellschaft in die OHG oder KG" entspreche; ähnlich ADS Ergbd. § 264c Rn. 30.

171   So wohl IDW RS HFA 7 Rn. 16 (Stand: 30.11.2017): Der restliche Betrag sei „von den Kapitalanteilen abzubuchen" [Hervorhebung durch den Verf.]; sich anschließend Baetge/Kirsch/Thiele/Thiele/Sickmann § 264c Rn. 87 (Stand: März 2008).

172   Der KapCoRiLi-Gesetzgeber ging bei § 264c Abs. 4 tatsächlich vom „Fall der typischen GmbH und Co. KG, bei der die GmbH außer dem KG-Anteil keine eigenen Vermögenswerte besitzt und die Kommanditgesellschaft im Wege der Rückbeteiligung einen Anteil an der Komplementär-GmbH hält" aus (Begr. RegE KapCoRiLiG, BT-Drs. 14/1806, 21).

173   So BeBiKo/Justenhoven/Roland, 13. Aufl. 2022, § 264c Rn. 84: Dadurch werde „dieser Kapitalanteil um die durch OHG oder KG selbst geleistete Einlage gekürzt und somit der ‚aufgeblähte' Kapitalanteil korrigiert"; sich anschließend Hoffmann/Lüdenbach NWB Kommentar Bilanzierung, 13. Aufl. 2022, § 264c Rn. 62: Es sei „konsequent", die „Ausschüttungssperre" nur „den persönlich haftenden Gesellschaftern (regelmäßig also der Komplementär-GmbH mit Einlagen in das Eigenkapital der KG) zu belasten".

174   Zeyer BB 2008, 1442 (1445): „wirksame Ausschüttungssperre"; s. auch Hoffmann/Lüdenbach NWB Kommentar Bilanzierung, 13. Aufl. 2022, § 264c Rn. 60, die darauf hinweisen, dass eine „Ausschüttungssperre" (ieS) „nicht unbedingt auf die gesellschaftsrechtliche Struktur einer Personenhandelsgesellschaft" passe, „bei der systematisch die Ausschüttung durch eine Entnahme ersetzt" werde.

175   Dazu, dass es dem Gesetzgeber zumindest auch um eine Ausschüttungsbegrenzung ging, s. Begr. RegE KapCoRiLiG, BT-Drs. 14/1806, 21: Der passivische Sonderposten „ersetze" eine „mit dem Recht der Personenhandelsgesellschaft nur schwer vereinbare ausschüttungsgesperrte Rücklage"; s. auch Hoffmann/Lüdenbach NWB Kommentar Bilanzierung, 13. Aufl. 2022, § 264c Rn. 60: Der Bezug auf § 272 Abs. 4 deute „die Zielrichtung des Gesetzgebers auf Installation einer Ausschüttungssperre an".

176   Zeyer BB 2008, 1442 (1445) mwN.

177   IdS Zeyer BB 2008, 1442 (1445); ebenso Haufe-HGB/Stute § 264c Rn. 44 (Stand: 26.7.2022): eine beteiligungsidentische GmbH & Co.KG sei „dann gegeben", wenn die Gesellschafter der GmbH „in gleicher Höhe als Kommanditist an der KG beteiligt" seien.

ditisten zu bilden".[178] Dieser Argumentation ist entgegnet worden, eine Analogie sei vor dem Hintergrund der nicht vergleichbaren Haftungssituation der Kommanditistin „überzogen". Den Gläubigern stehe im Haftungsfall die in der Bilanz der KG ausgewiesene Beteiligung an der Kommanditistin als weiterhin werthaltiger Vermögensgegenstand zur Verwertung zur Verfügung, wogegen bei einer Beteiligung an der Komplementärgesellschaft diese Beteiligung wertlos werde.[179] Der Einwand ist zumindest dann nicht von der Hand zu weisen, wenn die Kommanditistin ihre Hafteinlage bereits erbracht hat oder wenn ihre Haftsumme im Vergleich zu ihrem Netto-Vermögen nur einen unbedeutenden Umfang besitzt. In allen anderen Fällen kommt es im Haftungsfall, wenn das (sonstige) Gesellschaftsvermögen nicht ausreicht, jedoch in gleicher Weise zu einer „Implosion" des Werts der aktivierten Beteiligung an der Kommanditistin wie bei einer Komplementärgesellschaft. *Dann* erscheint eine **Analogie** durchaus sachgerecht. Dagegen spricht auch nicht etwa die Überlegung, dass der Gesetzgeber in § 264c Abs. 4 ganz bewusst nur „Komplementärgesellschaften" und nicht auch beschränkt haftende Gesellschafterinnen erwähnt. Diese Einschränkung rechtfertigt deshalb keinen Umkehrschluss, weil sie sich bereits damit erklären lässt, dass der Gesetzgeber sich ausweislich der Regierungsbegründung am „Fall der typischen GmbH und Co. KG, bei der die GmbH außer dem KG-Anteil keine eigenen Vermögenswerte besitzt und die Kommanditgesellschaft im Wege der Rückbeteiligung einen Anteil an der Komplementär-GmbH hält",[180] orientiert hat.

Ebenfalls analog ist § 264c Abs. 4 anzuwenden, wenn die **Anteile** an der Komplemen- **35** tärgesellschaft von der Personengesellschaft nicht direkt, sondern **mittelbar** durch eine im Mehrheitsbesitz stehende Tochtergesellschaft der KG gehalten werden.[181] Zusätzlich muss die Tochtergesellschaft, je nachdem, ob sie Kapital- oder Personengesellschaft ist, in direkter oder entsprechender Anwendung der § 272 Abs. 4, § 264c Abs. 4 S. 2 selbst eine Rücklage bzw. einen Sonderposten bilden.[182]

Demgegenüber ist § 264c Abs. 4 – im Wege der teleologischen Reduktion – nach **36** mittlerweile wohl allgemeiner Meinung nicht auf **kapital- und stimmrechtslose** Komplementärgesellschaften anwendbar. In einem solchen Fall führt die Beteiligung der Personengesellschaft an der Komplementärgesellschaft nicht zu einer „wundersamen" Kapitalvermehrung (Kapitalaufblähung), weil die Personengesellschaft hier bei wirtschaftlicher Betrachtung keine Einlage bei sich selbst finanziert.[183]

---

[178] Baetge/Kirsch/Thiele/Thiele/Sickmann § 264c Rn. 84 (Stand: März 2008); BeBiKo/Justenhoven/Roland, 13. Aufl. 2022, § 264c, Rn. 83: Es sei nicht verständlich, weshalb die Regelung nicht auch für den Fall einer Beteiligung an einem Kommanditisten gelte, denn auch hier entstehe „ggf. eine Kapitalaufblähung"; HdR/Ischebeck/Nissen-Schmidt § 264c Rn. 37 (Stand: 11/2017): „kein sachlicher Grund, anders als im Fall der Beteiligung der PersG an ihrer Komplementär-GmbH zu verfahren"; Haufe-HGB/Stute § 264c Rn. 40 (Stand: 26.7.2022); Kölner Komm-RechnungslegungsR/Carsten P. Claussen, 1. Aufl. 2011, § 264c Rn. 20; aA HKMS/Stöber, 2. Aufl. 2020, § 264c Rn. 30: Hierfür fehle „jede Stütze im Gesetz". Der Gesetzgeber habe diesen Vorschlag der Literatur „implizit abgelehnt", als er ihn bei den Änderungen des Wortlauts von § 264c nicht berücksichtigt habe.

[179] EBJS/Böcking/Gros/Oser 4. Aufl. 2020, § 264c Rn. 38.

[180] S. Begr. RegE KapCoRiLiG, BT-Drs. 14/1806, 21.

[181] BeBiKo/Justenhoven/Roland 13. Aufl. 2022, § 264c Rn. 88; aA wiederum HKMS/Stöber, 2. Aufl. 2020, § 264c Rn. 30, aus den vorgenannten Gründen.

[182] IDW RS HFA 7 Rn. 17 (Stand: 30.11.2017): „in entsprechender Anwendung von § 272 Abs. 4 S. 4 den Sonderposten nach § 264c Abs. 4 S. 2 bilden"; sich dieser Auffassung wohl anschließend HdR/Ischebeck/Nissen-Schmidt § 264c Rn. 36 (Stand: 11/2017).

[183] Baetge/Kirsch/Thiele/Thiele/Sickmann § 264c Rn. 86.1 (Stand: März 2008); ebenso Theile GmbHR 2000, 1135 (1138); HdR/Ischebeck/Nissen-Schmidt § 264c Rn. 37 (Stand: 11/2017); BeBiKo/Justenhoven/Roland, 13. Aufl. 2022, § 264c Rn. 87: Wenn der Sonderposten im Hinblick auf den Wortlaut dennoch gebildet werde, sei er gegen den Kapitalanteil der Komplementärgesellschaft, der dadurch in Höhe des Sonderpostens negativ werde und dementsprechend gesondert am Ende der Aktivseite der Bilanz auszuweisen sei, zu bilden, um zu verhindern, dass „die anderen Gesellschafter in ihren Rechten durch die Bildung des (überflüssigen) Sonderpostens beeinträchtigt" würden; letzteren folgend auch Zeyer BB 2008, 1442 (1444); Binz/Sorg GmbH & Co. KG, 12. Aufl. 2018, § 15 Rn. 37; Haufe-HGB/Stute § 264c Rn. 40 (Stand: 26.7.2022), zur Komplementär-GmbH ohne Kapitalbeteiligung; iE auch Merkt/Probst/Fink/Mylich Kap. 3 Rn. 155. IDW RS HFA 7 Rn. 16f. (Stand: 30.11.2017) hat diese Frage nicht angesprochen.

37   **5. Verkürzte Bilanz, § 264c Abs. 5.** Abs. 5 wurde durch das Kleinstkapitalgesellschaften-Bilanzrechtsänderungsgesetz (MicroBilG) vom 20.12.2012[184] in § 264c eingefügt. Die Regelung korrespondiert mit der gleichzeitig geschaffenen wahlweisen Erleichterung hinsichtlich der Gliederungstiefe in der Bilanz zugunsten von Kleinstkapitalgesellschaften (nur eine Ebene) und der schon älteren, weniger weit gehenden Erleichterung für kleine Kapitalgesellschaften (zwei Ebenen) gem. § 266 Abs. 1 S. 3 und 4. Sie hat zwei Funktionen: Zum einen stellt sie klar, dass es ungeachtet der Gliederungsvorgaben des § 264c Abs. 1–4, die sich zum Teil auf nachrangige Gliederungsebenen beziehen (zu Abs. 1 → Rn. 20), bei den Wahlrechten für kleine und Kleinstkapitalgesellschaften des § 266 Abs. 1 S. 3 und 4 verbleibt (Abs. 5 S. 1).[185] Das Bedürfnis für gesonderte Einzelangaben ist aus der Sicht des Gesetzgebers „vor dem Hintergrund der unbegrenzten Haftung der Gesellschafter bzw. der Komplementäre für Verbindlichkeiten der Personenhandelsgesellschaft geringer als bei Kapitalgesellschaften ieS". Sei die verkürzte Gliederung bei Kapitalgesellschaften ausreichend, müsse dies „auch für Personenhandelsgesellschaften iSd § 264a HGB gelten".[186] Zum anderen betont Abs. 5 S. 2 die Selbstverständlichkeit, dass die in Abs. 1–4 genannten Posten trotz Ausübung des Wahlrechts zu ermitteln, dh in die übergeordneten Posten einzurechnen sind.[187]

V. Sanktionen

38   Für die Folgen einer Missachtung der Vorgaben aus den §§ 264a–264c bezieht § 335b idF des EHUG[188] die Personengesellschaften iSv § 264a in den Anwendungsbereich der **Straf– und Bußgeldvorschriften** der §§ 331–334 sowie der durch das EHUG vollständig neu gefassten Ordnungsgeldvorschrift des § 335 ein. Die durch Gesetz vom 4.10.2013 (BGBl. 2013 I 3746) in § 335b neu eingefügten S. 2 und 3 stellen zudem klar, dass Ordnungsgeldverfahren sowohl „gegen die persönlich haftenden Gesellschafter oder gegen die Mitglieder der vertretungsberechtigten Organe der persönlich haftenden Gesellschafter" (S. 2) als auch gegen die Personenhandelsgesellschaft selbst (S. 3) gerichtet werden können. Bezüglich der zur Verfügung stehenden Rechtsbehelfe gegen die Festsetzung von Ordnungsgeld bestimmt der außerdem durch das BilRUG in § 335b eingefügte S. 4 die entsprechende Anwendbarkeit des § 335a. Als weitere Sanktion des Verstoßes einer Kapitalgesellschaft & Co. gegen die Gliederungs-, Bewertungs- und Prüfungsvorschriften der §§ 264 ff. kommt die **Nichtigkeit des festgestellten Jahresabschlusses** analog § 256 AktG in Betracht;[189] diese Analogie liegt näher als die Analogie zu § 10 PublG (→ § 266 Rn. 16). Der Anregung des *IDW*, die Anwendbarkeit des § 256 AktG für Personengesellschaften im Zuge des MoPeG ausdrücklich klarzustellen, ist der Gesetzgeber nicht gefolgt.[190]

---

[184]   BGBl. I 2751.

[185]   S. Begr. RegE MicroBilG, BT-Drs. 17/11292, 17: Mit Abs. 5 solle „klargestellt werden", dass diese Vorgaben für Kleinstunternehmen „zwar bei der Ermittlung der Posten zu berücksichtigen" seien, die Gliederungstiefe der Darstellung in der Bilanz sich jedoch „nach Maßgabe der ausgeübten Wahlrechte für kleine Unternehmen bzw. Kleinstunternehmen" bestimmten. Damit solle „vermieden werden, dass die Wahlrechte durch zusätzliche Einzelangaben unterlaufen werden".

[186]   S. Begr. RegE MicroBilG, BT-Drs. 17/11292, 17.

[187]   Hoffmann/Lüdenbach NWB Kommentar Bilanzierung, 13. Aufl. 2022, § 263c Rn. 64: Abs. 5 besage „das eher Selbstverständliche": Der „Nichtausweis von Bilanzposten aufgrund der ausgeübten Option zur verdichteten Gliederung" enthebe „nicht von der Pflicht zur bilanziellen Erfassung (Ansatz) dieser Posten"; s. auch BeBiKo/Justenhoven/Roland, 13. Aufl. 2022, § 264c Rn. 92; EBJS/Böcking/Gros/Oser, 4. Aufl. 2020, § 264c Rn. 39.

[188]   S. die Begr. RegE EHUG, BT-Drs. 16/960, 50, zu § 335b: Es handle „sich um eine Folgeänderung aufgrund der Aufhebung der §§ 335 und 335a".

[189]   Die analoge Anwendung jedenfalls bei der GmbH & Co. KG bejahend OLG München BeckRS 2018, 17265 Rn. 46.

[190]   S. IDW-Stellungnahme v. 16.12.2020 zum RefE des MoPeG, S. 3, https://go.nwb.de/eg9kf (zuletzt abgerufen am 3.4.2023). Die analoge Anwendung dürfte auch künftig möglich sein, obwohl mit § 110 Abs. 2 Nr. 1 idF des MoPeG (mit Wirkung ab 1.1.2024) eine eigene Rechtsfolgennorm, die die Nichtigkeit von Beschlüssen regelt, Einzug in das Recht der Personengesellschaften gefunden hat. S. hierzu Schäfer WPg 2021, 981 (987): Der Gesetzgeber habe sich mit dieser speziellen Frage nicht befasst und zudem wäre eine Nichtigkeit selbst bei geringsten Verstößen „ersichtlich unverhältnismäßig". Auch

VI. IFRS[191]

In den IAS/IFRS finden sich einzelne, den §§ 264a–264c vergleichbare Regelungen. So **39** verlangt etwa IAS 24.18 den Ausweis von Finanzierungstransaktionen mit Gesellschaftern, wie zB Ausleihungen oder Verbindlichkeiten gegenüber Gesellschaftern (vgl. auch IAS 24.21 (g) bzw. (j)).[192] IAS 27.10 enthält eine Vorschrift, wonach unter bestimmten Vorschriften auf die Aufstellung eines Konzernabschlusses verzichtet werden kann. Diese Regelungen gelten aber allesamt **rechtsformunabhängig** (→ § 264 Rn. 135); den §§ 264a–264c vergleichbar auf bestimmte Personenhandelsgesellschaften beschränkte Bestimmungen kennen die IAS/IFRS nicht. Im Hinblick auf den weltweiten Anwendungsanspruch der IFRS wäre eine Bindung an bestimmten, notwendigerweise nationalen Rechtsordnungen zuzuordnende Gesellschaftsformen auch nicht möglich. Freilich verursacht gerade die fehlende Sensibilität der IAS/IFRS für die Besonderheiten der einzelnen Rechtsformen Rechtsanwendungsprobleme, wie nicht zuletzt die schwierige, durch Entnahme- und Kündigungsrechte aufgeworfenen Frage nach der Bilanzierung von Gesellschaftereinlagen in deutsche Personenhandelsgesellschaften als Eigen- oder Fremdkapital im Rahmen des IAS 32 (Finanzinstrumente) belegt.[193] Immerhin hat diese **Eigenkapitalproblematik** mit der Einführung der Ausnahmeregelungen in IAS 32.16A–16D im Jahr 2008 mit Wirkung ab 1.1.2009 an Gewicht verloren.[194]

§ 264b Befreiung der offenen Handelsgesellschaften und Kommanditgesellschaften im Sinne des § 264a von der Anwendung der Vorschriften dieses Abschnitts

Eine Personenhandelsgesellschaft im Sinne des § 264a Absatz 1, die nicht im Sinne des § 264d kapitalmarktorientiert ist, ist von der Verpflichtung befreit, einen Jahresabschluss und einen Lagebericht nach den Vorschriften dieses Abschnitts aufzustellen, prüfen zu lassen und offenzulegen, wenn alle folgenden Voraussetzungen erfüllt sind:

1. **die betreffende Gesellschaft ist einbezogen in den Konzernabschluss und in den Konzernlagebericht**
   a) **eines persönlich haftenden Gesellschafters der betreffenden Gesellschaft oder**
   b) **eines Mutterunternehmens mit Sitz in einem Mitgliedstaat der Europäischen Union oder einem anderen Vertragsstaat des Abkommens über den Europäischen Wirtschaftsraum, wenn in diesen Konzernabschluss eine größere Gesamtheit von Unternehmen einbezogen ist;**
2. **die in § 264 Absatz 3 Satz 1 Nummer 3 genannte Voraussetzung ist erfüllt;**
3. **die Befreiung der Personenhandelsgesellschaft ist im Anhang des Konzernabschlusses angegeben und**
4. **für die Personenhandelsgesellschaft sind der Konzernabschluss, der Konzernlagebericht und der Bestätigungsvermerk nach § 325 Absatz 1 bis 1b offengelegt worden; § 264 Absatz 3 Satz 2 und 3 ist entsprechend anzuwenden.**

Zur Kommentierung → § 264a Rn. 1 ff.   **1**

Scholz (StuB 2021, 677 (682)) meint, die analoge Anwendung sei gerade mit Blick auf die Abschaffung des in § 172 Abs. 5 niedergelegten Haftungsprivilegs für doppelt gutgläubig bezogene ungerechtfertigte Ausschüttungen (→ § 172 Rn. 89 (K. Schmidt/Grüneberg)) „nicht nur sachgerecht, sondern zwingend".

[191] Sämtliche zit. IAS/IFRS beziehen sich auf den für das Geschäftsjahr 2021 gültigen Stand.

[192] Zum Umfang der Angabepflicht s. etwa Haufe IFRS-Komm/Lüdenbach/Hoffmann/Freiberg § 30 Rn. 28 ff. (Stand: 1.1.2022).

[193] S. dazu etwa KPMG, Eigenkapital versus Fremdkapital nach IFRS, 2006, 88 ff.; Haufe IFRS-Komm/ Lüdenbach/Freiberg/Hoffmann § 20 Rn. 31 ff. (Stand: 1.1.2022), zur Umqualifizierung von Eigenkapital in Fremdkapital.

[194] Vgl. dazu zB Haufe IFRS-Komm/Lüdenbach/Hoffmann/Freiberg § 20 Rn. 31 (Stand: 1.1.2022).

§ 264c Besondere Bestimmungen für offene Handelsgesellschaften und Kommanditgesellschaften im Sinne des § 264a

(1) [1]Ausleihungen, Forderungen und Verbindlichkeiten gegenüber Gesellschaftern sind in der Regel als solche jeweils gesondert auszuweisen oder im Anhang anzugeben. [2]Werden sie unter anderen Posten ausgewiesen, so muss diese Eigenschaft vermerkt werden.

(2) [1]§ 266 Abs. 3 Buchstabe A ist mit der Maßgabe anzuwenden, dass als Eigenkapital die folgenden Posten gesondert auszuweisen sind:
I.   Kapitalanteile
II.   Rücklagen
III.   Gewinnvortrag/Verlustvortrag
IV.   Jahresüberschuss/Jahresfehlbetrag.
[2]Anstelle des Postens „Gezeichnetes Kapital" sind die Kapitalanteile der persönlich haftenden Gesellschafter auszuweisen; sie dürfen auch zusammengefasst ausgewiesen werden. [3]Der auf den Kapitalanteil eines persönlich haftenden Gesellschafters für das Geschäftsjahr entfallende Verlust ist von dem Kapitalanteil abzuschreiben. [4]Soweit der Verlust den Kapitalanteil übersteigt, ist er auf der Aktivseite unter der Bezeichnung „Einzahlungsverpflichtungen persönlich haftender Gesellschafter" unter den Forderungen gesondert auszuweisen, soweit eine Zahlungsverpflichtung besteht. [5]Besteht keine Zahlungsverpflichtung, so ist der Betrag als „Nicht durch Vermögenseinlagen gedeckter Verlustanteil persönlich haftender Gesellschafter" zu bezeichnen und gemäß § 268 Abs. 3 auszuweisen. [6]Die Sätze 2 bis 5 sind auf die Einlagen von Kommanditisten entsprechend anzuwenden, wobei diese insgesamt gesondert gegenüber den Kapitalanteilen der persönlich haftenden Gesellschafter auszuweisen sind. [7]Eine Forderung darf jedoch nur ausgewiesen werden, soweit eine Einzahlungsverpflichtung besteht; dasselbe gilt, wenn ein Kommanditist Gewinnanteile entnimmt, während sein Kapitalanteil durch Verlust unter den Betrag der geleisteten Einlage herabgemindert ist, oder soweit durch die Entnahme der Kapitalanteil unter den bezeichneten Betrag herabgemindert wird. [8]Als Rücklagen sind nur solche Beträge auszuweisen, die auf Grund einer gesellschaftsrechtlichen Vereinbarung gebildet worden sind. [9]Im Anhang ist der Betrag der im Handelsregister gemäß § 172 Abs. 1 eingetragenen *Einlagen* [ab 1.1.2024: Haftsummen][1] anzugeben, soweit diese nicht geleistet sind.

(3) [1]Das sonstige Vermögen der Gesellschafter (Privatvermögen) darf nicht in die Bilanz und die auf das Privatvermögen entfallenden Aufwendungen und Erträge dürfen nicht in die Gewinn- und Verlustrechnung aufgenommen werden. [2]In der Gewinn- und Verlustrechnung darf jedoch nach dem Posten „Jahresüberschuss/ Jahresfehlbetrag" ein dem Steuersatz der Komplementärgesellschaft entsprechender Steueraufwand der Gesellschafter offen abgesetzt oder hinzugerechnet werden.

(4) [1]Anteile an Komplementärgesellschaften sind in der Bilanz auf der Aktivseite unter den Posten A.III.1 oder A.III.3 auszuweisen. [2]§ 272 Abs. 4 ist mit der Maßgabe anzuwenden, dass für diese Anteile in Höhe des aktivierten Betrags nach

---

[1]   S. Art. 51 Nr. 21 MoPeG iVm Art. 137 MoPeG. Zu dieser terminologischen Korrektur aus Klarstellungsgründen → Rn. 21. Den Vorschlag des IDW (Stellungnahme zum RefE MoPeG v. 16.12.2020, https:// go.nwb.de/eg9kf, zuletzt abgerufen am 3.4.2023), in § 264c Abs. 2 „den Begriff ‚Kapitalanteil(e)' korrespondierend durch den Begriff ‚vereinbarte Einlage(n)' zu ersetzen bzw. dem Begriff „Einlage(n)" an den Stellen das Adjektiv ‚vereinbarte' voranzustellen, an denen die Pflichteinlage (bedungene Einlage) nach dem Gesellschaftsvertrag angesprochen ist", hat der Gesetzgeber hingegen nicht übernommen. Kri. Scholz StuB 2021, 677 (678): Leider habe es der Gesetzgeber „versäumt, auch den Begriff des Kapitalanteils in den Kontext der Haftsumme bzw. der vereinbarten Einlage zu setzen". Diese Entscheidung sei allerdings insofern nachvollziehbar, als der Kapitalanteil iSd § 120 Abs. 2 „nicht zwingend" kongruent mit der vereinbarten Einlage sei (zum Kapitalanteil → Rn. 21 ff.).

dem Posten „Eigenkapital" ein Sonderposten unter der Bezeichnung „Ausgleichsposten für aktivierte eigene Anteile" zu bilden ist.

(5) ¹Macht die Gesellschaft von einem Wahlrecht nach § 266 Absatz 1 Satz 3 oder Satz 4 Gebrauch, richtet sich die Gliederung der verkürzten Bilanz nach der Ausübung dieses Wahlrechts. ²Die Ermittlung der Bilanzposten nach den vorstehenden Absätzen bleibt unberührt.

Zur Kommentierung → § 264a Rn. 1 ff.   1

§ 264d Kapitalmarktorientierte Kapitalgesellschaft

Eine Kapitalgesellschaft ist kapitalmarktorientiert, wenn sie einen organisierten Markt im Sinne des § 2 Absatz 11 des Wertpapierhandelsgesetzes durch von ihr ausgegebene Wertpapiere im Sinne des § 2 Absatz 1 des Wertpapierhandelsgesetzes in Anspruch nimmt oder die Zulassung solcher Wertpapiere zum Handel an einem organisierten Markt beantragt hat.

Schrifttum (neben den einschlägigen Kommentierungen zum WpHG): Schmidt/Rinker, Kapitalmarktorientierte Unternehmen i.S. des Finanzmarktintegritätsstärkungsgesetzes: Gesetzliche Vorgaben und Anwendbarkeit, StuB 2021, 851; Theile, Prüfung der Größenkriterien von Kapitalgesellschaften – Kleinstkapitalgesellschaft nach MicroBilG, StuB 2013, 411; Zwirner, Kapitalmarktorientierung versus Börsennotierung, PiR 2010, 93; Zwirner, Kapitalmarktorientierung: Legaldefinition und Rechtsfolgen – Geltung und Anwendungsbereich des § 264d HGB, KoR 2010, 1.[1]

I. Hintergrund

§ 264d liefert, worauf bereits die Überschrift hindeutet, eine Legaldefinition des Begriffs 1
der „Kapitalmarktorientierung", wodurch in den Einzelvorschriften, die diesen Begriff verwenden, ein Verweis auf das WpHG entfallen kann.[2] Ist eine Kapitalgesellschaft „kapitalmarktorientiert" in diesem Sinne, ergibt sich daraus eine Vielzahl von besonderen Anforderungen oder Rechtsfolgen, etwa bezüglich des handelsrechtlichen Abschlusses und des Lageberichts, für den Konzernabschluss und -lagebericht sowie hinsichtlich der Aspekte Prüfung sowie Offenlegung.[3] Die Beschreibung der Eigenschaft „kapitalmarktorientiert" in § 264d ist fast wörtlich dem § 267 Abs. 3 S. 2 aF entlehnt, der schon vor Inkrafttreten des BilMoG solche Gesellschaften, freilich ohne die Bezeichnung „kapitalmarktorientierte Gesellschaft" auskommend, als „große Kapitalgesellschaften" fingierte („Kapitalgesellschaft gilt stets als große, wenn sie einen organisierten Markt [...]"). § 264d hat diese Merkmale in Gestalt einer Definition vor die Klammer einer Reihe bilanzrechtlicher Einzelnormen einschließlich des § 267 Abs. 3 S. 2 – seinerseits eine Definitionsnorm, auf die wiederum andere Normen verweisen (zB § 264 Abs. 1 S. 4, § 285 Nr. 11, § 289 Abs. 3) – gezogen. Der Gesetzgeber versprach sich davon eine „erhebliche Verkürzung und bessere Lesbarkeit einer Reihe handelsrechtlicher Vorschriften".[4] Der einzige nennenswerte Unterschied im Wortlaut besteht darin, dass mit der aktivischen Formulierung des letzten Halbsatzes in § 264d klargestellt ist, dass die Gesellschaft *selbst* die Zulassung der Wertpapiere beantragt haben muss, während es § 267 Abs. 3 S. 2 aF durch seine passivische Formulierung sprachlich noch offengelassen hatte, wer diesen Antrag gestellt haben muss. Ein sachlicher Unterschied ist damit nicht verbunden, weil ohnehin nur die Gesellschaft selbst – zusammen mit einem qualifizierten Finanzinstitut mit Berechtigung zur Teilnahme am Börsenhandel (Emissions-

---

[1]   Der Verf. dankt seiner wissenschaftlichen Mitarbeiterin Ref. jur. Melanie Manow für die Vorarbeit zur Neuauflage.

[2]   HdR/Ellerich § 264d Rn. 1 (Stand: 11/2017).

[3]   S. die ausführliche Übersicht bei BeBiKo/Justenhoven/Roland,13. Aufl. 2022, Rn. 10.

[4]   Begr. RegE BilMoG, BT-Drs. 16/10067, 63; ähnlich BT-Drs. 16/10067, 75 (zu § 286 Abs. 3 S. 3). Eine Verbesserung der Lesbarkeit bestätigt Haag/Löffler/Aigner, 2. Aufl. 2014, Rn. 1.

begleiter) – die Zulassung beantragen kann (§ 32 Abs. 2 S. 1 BörsG, vgl. auch § 2 Nr. 11 WpPG). Abzugrenzen ist der Begriff der Kapitalmarktorientierung von ähnlichen Begriffen und Regelungen, die nur Teilaspekte der kapitalmarktorientierten Kapitalgesellschaften iSd § 264d umfassen (→ Rn. 6 f.).[5]

2   Neben dem schon genannten § 267 Abs. 3 S. 2 verweisen auf **§ 264d** ausdrücklich noch § 264 Abs. 1 S. 2, Abs. 3 S. 1, § 264b, § 286 Abs. 3 S. 3, § 289b Abs. 1 S. 1 Nr. 2, § 293 Abs. 5, § 313 Abs. 3 S. 3, § 315 Abs. 4 Nr. 5, § 315b Abs. 1 S. 1 Nr. 1, § 316a S. 2 Nr. 1, § 327a, § 334 Abs. 3 S. 2 und Abs. 3a, S. 1, Abs. 4 Nr. 1, § 335 Abs. 1a S. 1, § 336 Abs. 1 S. 3, § 340n Abs. 3, Abs. 3a S. 1, und § 341 Abs. 3 S. 2, Abs. 3a S. 1 sowie außerhalb des HGB etwa die § 1 Abs. 3 PublG, § 5 Abs. 2a PublG und § 13 Abs. 1 S. 2, Abs. 3 S. 2 Hs. 2 PublG, § 57a S. 1 GenG und § 63h S. 1 GenG, § 19 Abs. 1 S. 2 SCEAG, wobei § 286 Abs. 3 S. 2, § 293 Abs. 5, § 313 Abs. 3 S. 3 der Sache nach bereits früher Sonderregeln für (im untechnischen Sinne) kapitalmarktorientierte Unternehmen enthielten. Die bisherigen aktienrechtlichen Verweise auf § 264d in § 100 Abs. 5 AktG, § 107 Abs. 4 AktG, § 124 Abs. 3 S. 2 AktG, § 404a AktG und § 27 Abs. 1 S. 4 SEAG sowie die Verweise in § 36 Abs. 4 GenG, § 38 Abs. 1a GenG und weiteren Vorschriften des GenG wurden hingegen durch solche auf den neuen § 316a S. 2 HGB (→ Rn. 8) ersetzt.[6] Auch **§ 291 Abs. 3 Nr. 1** betrifft am Kapitalmarkt tätige Kapitalgesellschaften. Eine einfache Bezugnahme auf § 264d (oder § 316a S. 2) war dort aber nicht möglich, weil diese Vorschrift ausschließlich solche (Mutter-)Unternehmen erfassen soll, deren Wertpapiere bereits zum Handel an einem organisierten Markt zugelassen sind („organisierten Markt […] durch […] Wertpapiere […] in Anspruch nimmt"), wohingegen § 264d (oder § 316a S. 2) auch solche Unternehmen einbezieht, die die Zulassung ihrer Wertpapiere zum Handel erst beantragt haben.[7] Vorausgesetzt wird eine bereits erteilte Börsenzulassung auch bei **§ 327a**, der ausweislich seines Titels nur *„bestimmte* kapitalmarktorientierte Kapitalgesellschaften" [Hervorhebung durch *Verf.*] von der für kapitalmarktorientierte Gesellschaften iSd § 264d grundsätzlich auf vier Monate verkürzten Offenlegungsfrist (§ 325 Abs. 4 S. 1) befreit. Bei dieser durch das BilMoG nicht veränderten und bis dahin einzigen Vorschrift des HGB, die die Vokabel „kapitalmarktorientiert" verwendete, wäre eine einfache Bezugnahme auf den neuen § 264d schon allein deshalb sinnwidrig gewesen, weil die Vorschrift eine *Teilmenge* der Gesellschaften iSd § 264d, nämlich solche, die ausschließlich „Schuldtitel" iSd § 2 Abs. 1 S. 1 Nr. 3 WpHG mit einer bestimmten Mindeststückelung, nicht aber zB Aktien begeben, herausgreifen soll. In **§ 315e Abs. 2** schließlich war keine Verweisung auf § 264d (oder § 316a S. 2) möglich, weil dort nur solche (Mutter-)Unternehmen erfasst werden sollen, die den inländischen Kapitalmarkt in Anspruch nehmen. Bei der Auslegung des § 264d ist ggf. der **europarechtliche Hintergrund** der jeweiligen Norm, die auf § 264d verweist, mit zu berücksichtigen. Über ihren Wortlaut („Kapitalgesellschaft") hinaus, der die AG, die GmbH, KGaA sowie die SE umfasst, entfaltet § 264d kraft besonderer Verweisung auch für **Unternehmen anderer Rechtsformen** Bedeutung, nämlich für Personenhandelsgesellschaften iSd § 264a (Kapitalgesellschaften & Co.)[8] sowie im Anwendungsbereich des PublG für Unternehmen „unabhängig von ihrer Rechtsform" (§ 5 Abs. 2a PublG). Außerhalb des eigentlichen Rechnungslegungsrechts ist – ohne Anspruch auf Vollständigkeit – noch § 36 Abs. 4 GenG zu nennen, der für sämtliche Aufsichtsratsmitglieder kapitalmarktorientierter Genossenschaften eine besondere Branchenkenntnis (sowie für mindestens ein Mitglied Sachverstand auf den Gebieten der Rechnungslegung oder Abschlussprüfung) verlangt.

---

[5]   EBJS/Böcking/Gros/Oser, 4. Aufl. 2020, HGB § 264d Rn. 12.
[6]   Hinzu kamen im Laufe der Zeit entsprechend der Tendenz zur kapitalmarktrechtlichen Ausdifferenzierung des Aktienrechts weitere Verweise auf § 316a HGB, zB in § 143 Abs. 2 S. 3 AktG, § 209 Abs. 4 S. 2 AktG, § 316 Abs. 4 S. 2 AktG und § 293d Abs. 1 S. 2 AktG.
[7]   So ausdrücklich Begr. RegE BilMoG, BT-Drs. 16/10067, 79; anders dies. S. 88, wo in Zusammenhang mit § 319a eine entsprechende Ausdehnung des sachlichen Anwendungsbereichs der Vorschrift durch die dort neu eingefügte Verweisung auf § 264d „mangels praktischer Relevanz" ausdrücklich hingenommen wird.
[8]   BeBiKo/Justenhoven/Roland, 13. Aufl. 2022, Rn. 1; HdR/Ellerich Rn. 6 (Stand: 11/2017).

II. Inhalt der Definition

Die Definition des § 264d ist immer dann erfüllt, wenn die Gesellschaft „**Wertpapiere**" 3
iSd § 2 Abs. 1 WpHG ausgegeben hat und diese an einem „organisierten Markt" iSd § 2
Abs. 11 WpHG gehandelt werden oder die Zulassung zum Handel an einem solchen Markt
beantragt wurde. Mögliche „Wertpapiere" im genannten Sinne sind nach § 2 Abs. 1 WpHG
„alle Gattungen von übertragbaren Wertpapieren mit Ausnahme von Zahlungsinstrumenten,
die ihrer Art nach auf den Finanzmärkten handelbar sind", einschließlich von (eigenen) Anteilen der Gesellschaft, Zertifikaten, die Aktien vertreten (zB ADRs, CDIs), Schuldverschreibungen, Genussscheinen, Zertifikaten, die Schuldtitel vertreten,[9] und Optionsscheinen. Dazu
gehören auch elektronische Wertpapiere nach dem eWpG vom 3.6.2021 (vgl. § 2 Abs. 2
eWpG). „Anteile an Investmentvermögen, die von einer Kapitalanlagegesellschaft oder einer
ausländischen Investmentgesellschaft ausgegeben werden", waren bis zum 21.7.2013 nach § 2
Abs. 1 S. 2 WpHG ebenfalls „Wertpapiere". Nach der aktuellen, seit dem 22.7.2013 geltenden
und sich an der Neuordnung des Investmentrechts durch die Einführung des Kapitalanlagegesetzbuchs vom 4.7.2013 (KAGB) orientierenden Systematik des § 2 WpHG stehen Anteile an
„Investmentvermögen" iSd § 1 Abs. 1 KAGB neben Wertpapieren als selbstständige Untergruppe von „Finanzinstrumenten" (§ 2 Abs. 4 Nr. 2 WpHG), die „neben Anteilen an den klassischen Investmentfonds des offenen Typs (mit jederzeitigem Rückgaberecht)" auch „die (ehemaligen) Vermögensanlagen im sog. grauen Kapitalmarkt, namentlich die Anteile an
geschlossenen Fonds in der Form von Personengesellschaften, insbesondere Kommanditisten-
anteile oder Treuhandschaften an solchen Anteilen (in der sog. kupierten KG, vgl. § 1 Abs. 3–
5 KAGB) umfassen".[10] Aus dieser Änderung der in § 264d in Bezug genommenen Norm ohne
Weiteres zu schließen, Anteile an Investmentvermögen gehörten angesichts des klaren Wortlauts des § 2 Abs. 4 Nr. 2 WpHG pauschal, selbst wenn sie börsengehandelt sind (vgl. § 2
Abs. 32 WpHG), nicht (mehr) zum Kreis der Wertpapiere iSd der „Kapitalmarktorientierung",[11] erscheint indessen voreilig, selbst wenn man die Verweisung in § 264d grundsätzlich
als dynamische verstehen möchte. Vielmehr sieht es so aus, als habe der Gesetzgeber bei der
Änderung des WpHG die Folgewirkung auf § 264d schlicht nicht bedacht und eine Anpassung
versäumt. Die besondere Funktion des Konzepts der „Kapitalmarktorientierung", das der
besonderen Bedeutung der Publizität von Unternehmen, die Gelder der Öffentlichkeit in
Anspruch nehmen, Rechnung trägt, spricht dafür, eine Investmentgesellschaft, also eine Gesellschaft, die „von einer Anzahl von Anlegern Kapital einsammelt, um es gemäß einer festgelegten
Anlagestrategie zum Nutzen dieser Anleger zu investieren" (vgl. die Definition des „Investmentvermögens" nach § 1 Abs. 1 KAGB), im Kreis der „kapitalmarktorientierten" Gesellschaften mit besonderen Rechnungslegungsanforderungen zu belassen.[12] Der Umstand, dass das
KAGB auch eigene Vorgaben für die Rechnungslegung enthält (zB § 120 für Investmentaktiengesellschaft mit veränderlichem Kapital, § 135 für Kapitalverwaltungsgesellschaften), gebietet
keine andere Beurteilung. Zu beachten ist, dass Wertpapiere, die von einem Tochterunternehmen des betreffenden Unternehmens ausgegeben wurden, das Mutterunternehmen nicht automatisch selbst zu einem kapitalmarktorientierten Unternehmen iSd § 264d machen.[13] Allerdings greifen bestimmte Verschärfungen für den Konzernabschluss bereits dann, wenn zwar
nicht das Mutterunternehmen, aber eine Tochtergesellschaft kapitalmarktorientiert (ieS bzw.
iwS) ist (zB § 291 Abs. 3 Nr. 1, § 293 Abs. 5, § 313 Abs. 3 S. 3, § 315 Abs. 4).[14]

„**Organisierter Markt**" ist nach § 2 Abs. 11 WpHG (iE ähnlich § 2 Abs. 7 WpÜG) 4
ein im Inland, in einem anderen EU-Mitgliedstaat oder EWR-Vertragsstaat „betriebenes oder

---

[9]   Damit gemeint sind Hinterlegungsscheine, vgl. Art. 4 Abs. 1 Nr. 44 lit. b RL 2014/65/EU (MiFID II).
[10] Staub/Grundmann, 5. Aufl. 2018, WpHG § 2 Rn. 73.
[11] So Haufe-HGB/Stute/Werl, 12. Aufl. 2021, Rn. 6.
[12] Wohl zust. BeckOGK/Suchan, 15.8.2022, Rn. 14.1: Die Erfassung von Investmentanteilen sei „näher
      liegend"; aA BeckOK HGB/Merk, 15.1.2023, Rn. 5: „Nicht zu den Wertpapieren gehören Anteile an
      Investmentvermögen iSd § 1 I KAGB".
[13] WP-HdB/Störk, 17. Aufl. 2021, J Rn. 7; BeBiKo/Schmidt/K. Hoffmann, 13. Aufl. 2022, Rn. 1.
[14] BeBiKo/Schmidt/K. Hoffmann, 13. Aufl. 2022, Rn. 1 sprechen hier vom „Abfärben" einiger Regelun-
      gen in dieser Konstellation auf den Konzernabschluss des Mutterunternehmens.

verwaltetes, durch staatliche Stellen genehmigtes, geregeltes und überwachtes multilaterales System, das die Interessen einer Vielzahl von Personen am Kauf und Verkauf von dort zum Handel zugelassenen Finanzinstrumenten innerhalb des Systems und nach nichtdiskretionären Bestimmungen in einer Weise zusammenbringt oder das Zusammenbringen fördert, die zu einem Vertrag über den Kauf dieser Finanzinstrumente führt". Diese Definition entspricht weitgehend derjenigen des geregelten Marktes iSd Art. 4 Abs. 1 Nr. 21 MiFID II. In Deutschland erfüllt die Voraussetzungen des organisierten Marktes der „regulierte Markt" (§§ 32 ff. BörsG), der seit den Änderungen durch das Finanzmarktrichtlinienumsetzungsgesetz (FRUG) die vormals definierten Marktsegmente „amtlicher Markt" (§§ 30 ff. BörsG aF) und „geregelter Markt" (§§ 49 ff. BörsG aF) abgelöst hat. Auf der Grundlage der gesetzlichen Marktsegmente können Wertpapierbörsen eigene Teilmärkte bilden, die ebenfalls als „organisierte" Märkte zu qualifizieren sind.[15] Als „organisierter Markt" iSd § 2 Abs. 11 WpHG anerkannt ist auch die grenzüberschreitende Terminbörse EUREX.[16] Die Notierung von Wertpapieren an einem entsprechend beaufsichtigten ausländischen Markt in Drittstaaten außerhalb des Geltungsbereichs der Finanzmarkt-RL (EU, EWR) qualifiziert den Emittenten dagegen nicht als „kapitalmarktorientierte Kapitalgesellschaft", weil in diesem Fall die Voraussetzungen des § 2 Abs. 11 WpHG nicht erfüllt sind.[17] Auch Gesellschaften, deren Wertpapiere ausschließlich im sog. Freiverkehr (§ 48 BörsG) gehandelt werden, fallen nicht unter § 264d.[18] Der Freiverkehr ist ein „Multilaterales Handelssystem (MTF)" iSd Art. 4 Abs. 1 Nr. 22 RL 2014/65/EU („MiFID II"), der Nachfolgerichtlinie zur RL 2004/39/EG („MiFID I"), und damit etwas anderes als der „geregelte Markt" iSd Art. 4 Abs. 1 Nr. 21 MiFID II.[19] Gemäß Art. 56 MIFID II (betitelt „Verzeichnis geregelter Märkte") erstellt jeder Mitgliedstaat „ein Verzeichnis der geregelten Märkte, für die er der Herkunftsmitgliedstaat ist, und übermittelt dieses Verzeichnis den übrigen Mitgliedstaaten und der ESMA"; die gleiche Mitteilung hat „bei jeder Änderung dieses Verzeichnisses" zu erfolgen. Die ESMA hat nach Art. 56 MIFID II „ein Verzeichnis aller geregelten Märkte auf ihrer Website" (https://www.esma.europa.eu/) zu veröffentlichen und regelmäßig zu aktualisieren.[20]

5   In **zeitlicher** Hinsicht maßgeblich ist der Zustand zum Bilanzstichtag. Hat die Gesellschaft zum Bilanzstichtag bereits den Antrag auf Zulassung zum Handel gestellt, ist sie „kapitalmarktorientiert". Wird der Antrag erst nach Ablauf des Stichtags in der Erstellungsphase des Jahres- oder Konzernabschlusses gestellt, ist sie es für das abgelaufene Geschäftsjahr noch nicht. Gleiches gilt für den Fall, dass die Gesellschaft während des Geschäftsjahrs ihre Kapitalmarktorientierung verloren hat.[21]

III. Abgrenzung zu verwandten Begriffen

6   Neben der Definition des § 264d finden sich im HGB und anderen Gesetzen noch Bestimmungen mit ähnlichen Tatbestandsmerkmalen, die – ohne Anspruch auf Vollständig-

---

[15]   ZB hat die Frankfurter Wertpapierbörse den General Standard und den Prime Standard als Teilmärkte des organisierten Marktes gebildet, die beide die Voraussetzungen des § 2 Abs. 11 WpHG erfüllen (Beispiel nach Haufe-HGB/Stute/Werl, 12. Aufl. 2021, Rn. 4).

[16]   EBJS/Böcking/Gros/Oser, 4. Aufl. 2020, Rn. 4.

[17]   ZB Assmann/Schneider/Mülbert/Assmann, 7. Aufl. 2019, WpHG § 2 Rn. 214; BeBiKo/Justenhoven/Roland, 13. Aufl. 2022, Rn. 5; aA (ohne Begründung) Hopt/Merkt, 41. Aufl. 2022, Rn. 1: „Börsennotierung oder Inanspruchnahme eines sonstigen organisierten Marktes in einem anderen Mitgliedstaat der EG bzw. des EWR und außerhalb stehen gleich".

[18]   So zB auch Baetge/Kirsch/Thiele/Marx/Dallmann Bilanzrecht § 267 Rn. 43 (September 2015); KKD/Drüen, 10. Aufl. 2023; BeBiKo/Justenhoven/Roland, 13. Aufl. 2022, Rn. 5; Hoffmann/Lüdenbach NWB-Kommentar Bilanzierung, 13. Aufl. 2021, Rn. 3 (Stand: 09.2021).

[19]   Vgl. auch Begr. RegE BilMoG v. 30.7.2008, BT-Drs. 16/10067, 77, zu § 289a: „ein multilaterales Handelssystem – in Deutschland in der Regel im Freiverkehr".

[20]   S. https://www.esma.europa.eu/databases-library/registers-and-data unter der Rubrik „Financial Instruments (MiFID II, MiFID II implementing Regulation, OMNIBUS Directive)" unter der Unterrubrik „MiFID II/MiFIR TV/SI/DRSP" (zuletzt abgerufen am 28.2.2023).

[21]   So mit überzeugender (teleologischer) Argumentation BeBiKo/Justenhoven/Roland, 13. Aufl. 2022, § 264d Rn. 1.

keit – nachstehend von § 264d abgegrenzt werden, soweit dies noch nicht geschehen ist (zu § 291 Abs. 3 Nr. 1, § 315e Abs. 2 und § 327a → Rn. 2). Der Begriff des **„Inlandsemittenten"**, auf den die Vorschriften über den „Bilanzeid" im Rahmen des Einzel- und Konzernabschlusses abstellen (§§ 264 Abs. 2 S. 3, 297 Abs. 2 S. 4), unterscheidet sich von demjenigen der kapitalmarktorientierten Gesellschaft vor allem durch den spezifischen Inlandbezug (→ § 264 Rn. 102 f.), darüber hinaus aber auch insoweit, als „Inlandsemittenten" gem. § 2 Abs. 14 iVm Abs. 13 WpHG einerseits auch Emittenten von anderen „Finanzinstrumenten" (vgl. Definition in § 2 Abs. 4 WpHG: Wertpapiere, Anteile an Investmentvermögen, Geldmarktinstrumente, derivative Geschäfte, Emissionszertifikate, Bezugsrechte und unverbriefte Vermögensanlagen iSd § 1 Abs. 2 VermAnlG) als „Wertpapieren", andererseits aber nur solche Personen sein können, deren Finanzinstrumente zum Handel an einem „organisierten Markt" bereits zugelassen sind.

Der Begriff der **börsennotierten** bzw. nichtbörsennotierten **Gesellschaft,** den das **7** AktG neben dem neueren Begriff des Unternehmens von öffentlichem Interesse (→ Rn. 8)[22] sowie dem Begriff des Emittenten von zugelassenen Wertpapieren iSd § 2 Abs. 1 WpHG[23] ausgiebig und mit zunehmender Tendenz verwendet[24] und den auch das – mit abnehmender Tendenz – HGB einsetzt (§ 285 Nr. 10, Nr. 11b, § 286 Abs. 4, § 289f, § 313 Abs. 2 Nr. 5, § 314 Abs. 1 Nr. 8, § 317 Abs. 4), wird in § 3 Abs. 2 AktG definiert. Danach ist eine AG börsennotiert, „deren Aktien zu einem Markt zugelassen sind, der von staatlich anerkannten Stellen geregelt und überwacht wird, regelmäßig stattfindet und für das Publikum mittelbar oder unmittelbar zugänglich ist". Voraussetzung ist hier zwingend die bereits erfolgte Zulassung zum Markt (vgl. § 3 Abs. 2 AktG: „zugelassen sind"), die Beantragung zur Zulassung reicht im Gegensatz zur Kapitalmarktorientierung des § 264d nicht aus. Eine AG, die Schuldtitel, aber keine Aktien an einem regulierten Markt im EU-Raum bzw. EWR ausgibt, ist somit zwar kapitalmarktorientiert iSd § 264d, aber nicht börsennotiert. Werden hingegen Aktien an einer überwachten Börse außerhalb der EU bzw. des EWR, zB der New York Stock Exchange, ausgegeben, ist die AG als börsennotiert, jedoch nicht als kapitalmarktorientiert iSv § 264d zu qualifizieren.[25] Die Ausgabe von Aktien an einer überwachten Börse innerhalb der EU bzw. des EWR qualifiziert die AG hingegen immer auch als kapitalmarktorientiert, so dass börsennotierte Unternehmen hier eine Untergruppe der kapitalmarktorientierten darstellen.[26]

Der Begriff des „Unternehmens von öffentlichem Interesse" ist Aufhänger für beson **8** dere Anforderungen an die Qualität und Integrität von Abschlussprüfungen. Er ist europarechtlich geprägt (Art. 3 VO (EU) 537/2014 iVm Art. 2 Nr. 13 Abschlussprüfer-RL) und seit der Gesetzesänderung durch das Finanzmarktintegritätsstärkungsgesetz (FISG) mit Wirkung vom 1.7.2021 in § 316a S. 2 über drei Fallgruppen legaldefiniert, von denen die

---

[22] Ohne Anspruch auf Vollständigkeit: § 100 Abs. 5 AktG, § 107 Abs. 4 AktG, § 124 Abs. 3 S. 2 AktG, § 143 Abs. 2 S. 3 AktG, § 209 Abs. 4 AktG, § 256 Abs. 1 Nr. 3 lit. c AktG, § 258 Abs. 4 AktG, § 293d Abs. 1 S. 2 AktG, § 404a Abs. 1 und Abs. 2 AktG, § 405 Abs. 3b, Abs. 3c und Abs. 5 Nr. 1 lit. b AktG.

[23] In den § 20 Abs. 8 AktG und § 21 Abs. 5 AktG hat dieser Begriff den älteren Begriff der börsennotierten Gesellschaft verdrängt.

[24] Im Bemühen um, aber ohne Anspruch auf Vollständigkeit: § 10 Abs. 1 Nr. 1 AktG, § 67 Abs. 6 S. 2 AktG, § 67a Abs. 1 und Abs. 3 AktG, § 67b Abs. 2 AktG, § 67c Abs. 1 und Abs. 2 AktG, § 67d Abs. 1 und Abs. 5 AktG, § 76 Abs. 3a und Abs. 4 S. 1 AktG, § 87 Abs. 1 S. 2 AktG, § 87a AktG, § 91 Abs. 3 AktG, § 93 Abs. 6 AktG, § 96 Abs. 2 S. 1, Abs. 3 AktG, § 100 Abs. 2 Nr. 4 AktG, § 104 Abs. 5 AktG, § 107 Abs. 3 S. 4 AktG, § 110 Abs. 3 AktG, § 111 Abs. 5 S. 1 AktG, § 111a Abs. 2 AktG, § 111b Abs. 1 AktG, § 111c Abs. 1 AktG, § 113 Abs. 3 AktG, § 119 Abs. 1 Nr. 3 AktG, § 120a AktG, § 121 Abs. 3 S. 2, Abs. 4a, Abs. 7 AktG, § 122 Abs. 2 S. 3 AktG, § 123 Abs. 4 und Abs. 5 AktG, § 124 Abs. 1 und Abs. 2 AktG, § 124a AktG, § 125 Abs. 1 und Abs. 5 AktG, § 126 Abs. 1 S. 3 AktG, § 127 S. 4 AktG, § 130 Abs. 1 S. 2, Abs. 2 S. 2 und Abs. 6 AktG, § 134 Abs. 1 S. 2 und Abs. 3 S. 2 und S. 3 AktG, § 134a Abs. 1 Nr. 3 AktG, § 135 Abs. 5 S. 4 AktG, § 142 Abs. 2 S. 1 AktG, § 149 Abs. 1 AktG, § 161 Abs. 1 S. 1 AktG, 162 Abs. 1 AktG, § 171 Abs. 2 S. 2 AktG, § 176 Abs. 1 S. 1 AktG, § 248a AktG, § 328 Abs. 3 AktG, § 393 Abs. 2 AktG, § 404 Abs. 1 und Abs. 2 AktG.

[25] Küting/Weber Rn. 11 (Stand: 11/2017); BeBiKo/Justenhoven/Roland, 13. Aufl. 2022, Rn. 16.

[26] Hierzu näher Zwirner PiR 2010, 93 (94); unzutreffend Schmidt/Rinker StuB 2021, 851, 852: Eine Börsennotierung sei „einer Kapitalmarktorientierung gleichzusetzen".

„kapitalmarktorientierten" Unternehmen (Kapitalgesellschaften) des § 264d eine darstellen (§ 316a S. 2 Nr. 1). Jede „kapitalmarktorientierte" Kapitalgesellschaft ist also gleichzeitig „Unternehmen von öffentlichem Interesse". CRR-Kreditinstitute iSd § 1 Abs. 3d S. 1 KWG (mit Ausnahme bestimmter Zentralbanken und einiger öffentlicher Förderbanken in Deutschland) sowie Versicherungsunternehmen iSd Art. 2 Abs. 1 RL 91/674/EWG sind unabhängig von ihrer Kapitalmarktorientierung per se „Unternehmen von öffentlichem Interesse" (§ 316a S. 2 Nr. 2 und 3). Nach dem älteren Verständnis gemäß der amtlichen Überschrift des zum 1.7.2021 durch das FISG aufgehobenen § 319a („Besondere Ausschlussgründe bei Unternehmen von öffentlichem Interesse"), seinerzeit eingeführt durch das BilReG 2004, waren „Unternehmen von öffentlichem Interesse" noch ausschließlich kapitalmarktorientierte iSd Unternehmen § 264d.

IV. IFRS[27]

9   Eine § 264d vergleichbare, vor die Klammer gezogene Definition enthalten die IAS/IFRS nicht; manche der internationalen Berichtspflichten betreffen aber nur Unternehmen, deren Wertpapiere am Kapitalmarkt gehandelt werden bzw. die die Emission solcher Instrumente beantragt haben (→ § 264 Rn. 136). Kapitalmarktorientiert nach diesem Verständnis sind Unternehmen, die entweder Eigen- oder Fremdkapitaltitel ausgegeben haben, oder die an einem öffentlichen Markt gehandelt werden bzw. deren Handel vorbereitet wird.[28] Ohne Belang ist in diesem Zusammenhang die Frage, ob das Unternehmen die Rechtsform einer Kapitalgesellschaft oder einer Personenhandelsgesellschaft aufweist.[29] Zu den Rechnungslegungsvorschriften, deren Anwendbarkeitsvoraussetzung eine Kapitalmarktorientierung ist, gehören auch die Pflicht zur Erstellung einer Segmentberichterstattung nach IFRS 8 sowie die Pflicht zum Ausweis der Kennzahl „Ergebnis je Aktie" gem. IAS 33.[30] Insbesondere die IFRS-SME gelten *nicht* für kapitalmarktorientierte Unternehmen (→ § 267 Rn. 23 f.).

10   Gemäß § 315e Abs. 2 ergibt sich die Verpflichtung, den Konzernabschluss nach IFRS und nicht nach HGB zu erstellen, bereits dann, wenn ein Antrag auf Zulassung von Eigenkapital- oder Schuldtiteln zu einem organisierten Markt erfolgt ist.[31] Ist eine Zulassung erfolgt, resultiert die Rechnungslegungspflicht nach IFRS unmittelbar aus EU-Recht, das in Art. 4 der IAS-VO ebenfalls auf den organisierten Markt abstellt.[32] In den Fällen, in denen ein Konzernabschluss nach IFRS gem. § 315e Abs. 3 verpflichtend oder freiwillig erstellt wird, sind ergänzend die Regelungen hinsichtlich des Lageberichts und einiger Anhangangaben (insbesondere die § 313 Abs. 2 Nr. 5; Abs. 3 S. 3; § 315 Abs. 4 und § 289a) zu berücksichtigen.[33]

§ 265 Allgemeine Grundsätze für die Gliederung

(1) [1]Die Form der Darstellung, insbesondere die Gliederung der aufeinanderfolgenden Bilanzen und Gewinn- und Verlustrechnungen, ist beizubehalten, soweit nicht in Ausnahmefällen wegen besonderer Umstände Abweichungen erforderlich sind. [2]Die Abweichungen sind im Anhang anzugeben und zu begründen.

(2) [1]In der Bilanz sowie in der Gewinn- und Verlustrechnung ist zu jedem Posten der entsprechende Betrag des vorhergehenden Geschäftsjahrs anzugeben. [2]Sind die Beträge nicht vergleichbar, so ist dies im Anhang anzugeben und zu erläutern. [3]Wird der Vorjahresbetrag angepaßt, so ist auch dies im Anhang anzugeben und zu erläutern.

---

[27]   Die Aussagen zu IAS/IFRS beziehen sich auf den für das Geschäftsjahr 2022 gültigen Stand.
[28]   HaKo-HGB/Hoffmann, 3. Aufl. 2020, Rn. 11.
[29]   HaKo-HGB/Hoffmann, 3. Aufl. 2020, Rn. 11.
[30]   HaKo-HGB/Hoffmann, 3. Aufl. 2020, Rn. 12.
[31]   Hoffmann/Lüdenbach NWB Kommentar Bilanzierung, 13. Aufl. 2022, Rn. 15.
[32]   Hoffmann/Lüdenbach NWB Kommentar Bilanzierung, 13. Aufl. 2022, Rn. 15.
[33]   Hoffmann/Lüdenbach NWB Kommentar Bilanzierung, 13. Aufl. 2022, Rn. 16.

(3) Fällt ein Vermögensgegenstand oder eine Schuld unter mehrere Posten der Bilanz, so ist die Mitzugehörigkeit zu anderen Posten bei dem Posten, unter dem der Ausweis erfolgt ist, zu vermerken oder im Anhang anzugeben, wenn dies zur Aufstellung eines klaren und übersichtlichen Jahresabschlusses erforderlich ist.

(4) [1]Sind mehrere Geschäftszweige vorhanden und bedingt dies die Gliederung des Jahresabschlusses nach verschiedenen Gliederungsvorschriften, so ist der Jahresabschluß nach der für einen Geschäftszweig vorgeschriebenen Gliederung aufzustellen und nach der für die anderen Geschäftszweige vorgeschriebenen Gliederung zu ergänzen. [2]Die Ergänzung ist im Anhang anzugeben und zu begründen.

(5) [1]Eine weitere Untergliederung der Posten ist zulässig; dabei ist jedoch die vorgeschriebene Gliederung zu beachten. [2]Neue Posten und Zwischensummen dürfen hinzugefügt werden, wenn ihr Inhalt nicht von einem vorgeschriebenen Posten gedeckt wird.

(6) Gliederung und Bezeichnung der mit arabischen Zahlen versehenen Posten der Bilanz und der Gewinn- und Verlustrechnung sind zu ändern, wenn dies wegen Besonderheiten der Kapitalgesellschaft zur Aufstellung eines klaren und übersichtlichen Jahresabschlusses erforderlich ist.

(7) Die mit arabischen Zahlen versehenen Posten der Bilanz und der Gewinn- und Verlustrechnung können, wenn nicht besondere Formblätter vorgeschrieben sind, zusammengefaßt ausgewiesen werden, wenn
1. sie einen Betrag enthalten, der für die Vermittlung eines den tatsächlichen Verhältnissen entsprechenden Bildes im Sinne des §264 Abs. 2 nicht erheblich ist,
   oder
2. dadurch die Klarheit der Darstellung vergrößert wird; in diesem Falle müssen die zusammengefaßten Posten jedoch im Anhang gesondert ausgewiesen werden.

(8) Ein Posten der Bilanz oder der Gewinn- und Verlustrechnung, der keinen Betrag ausweist, braucht nicht aufgeführt zu werden, es sei denn, daß im vorhergehenden Geschäftsjahr unter diesem Posten ein Betrag ausgewiesen wurde.

Schrifttum: Baetge, Grundsätze ordnungsmäßiger Buchführung, DB-Beilage 26/1986, 1; Betsche/Betsche, Bilanz- und steuerrechtliche Konsequenzen der Einführung des Euro, DStR 1998, 1805; Coenenberg, Gliederungs-, Bilanzierungs- und Bewertungsentscheidungen bei der Anpassung des Einzelabschlusses nach dem Bilanzrichtlinien-Gesetz, DB 1986, 1581; Dusemond, Ausprägungen und Reichweite des Stetigkeitsgrundsatzes im Konzern, WPg 1994, 721; Emmerich, Fragen der Gestaltung des Jahresabschlusses nach neuem Recht, WPg 1986, 698; Götz/Schütte/Zimmermann, Der Ausweis sonstiger Rückstellungen im handelsrechtlichen Jahresabschluss – Eine empirische Analyse anhand der im DAX gelisteten Unternehmen, DB 2021, 237; Hoffmann, Beteiligungserwerb gegen Zuzahlung des Veräußerers, Anmerkung zu BFH Urt. v. 26.4.2006 – I R 49/04 ua, DStR 2006, 1315; Hoffmann/Lüdenbach, Übergang zu den IFRS mit Rückfahrkarte – HGB-Bilanzierung nach vorübergehender IFRS-Anwendung, BB 2005, 96; IDW, Stellungnahme des HFA 5/1988: Vergleichszahlen im Jahresabschluss und im Konzernabschluss und ihre Prüfung (St/HFA 5/1988), WPg 1989, 42; IDW, PS 318, Prüfung von Vergleichsangaben über Vorjahre (Stand: 24.11.2010), WPg 2001, 909, und WPg 2011 Suppl. 1, 1; IDW, RS HFA 39/2011, Vorjahreszahlen im handelsrechtlichen Jahresabschluss, WPg 2021 Suppl. 1, 90; Kropff, Auswirkungen der Nichtigkeit eines Jahresabschlusses auf die Folgeabschlüsse, FS Budde, 1995, 341; Leffson, Das Gebot der Stetigkeit im europäischen Bilanzrecht, WPg 1988, 441; Löffler/Müller, Vorjahreszahlen im handelsrechtlichen Jahres- und Konzernabschluss: ein Überblick zu IDW RS HFA 39 und IDW RS HFA 44, WPg 2013, 291; Melcher/Mattheus, Zum Referentenentwurf des Bilanzrechtsmodernisierungsgesetzes (BilMoG): Lageberichterstattung, Risikomanagement-Bericht und Corporate Governance-Statement, DB-Beilage 1/2008, 52; Möhrle, Ökonomische Interpretation und bilanzielle Behandlung eines negativen derivativen Geschäftswertes, DStR 1999, 1414; Ossadnik, Grundsatz und Interpretation der „Materiality", WPg 1993, 617; Peun/Rimmelspacher, Änderungen in der handelsrechtlichen GuV durch das BilRUG, DB Beil 5/2015, 12; Preißer/Preißer, Negativer Geschäftswert beim Asset Deal – Handelsrechtliche Überlegungen unter Einbeziehung der Steuersituation der Beteiligten, DStR 2011, 133; Schulze-Osterloh, Passiver Ausgleichsposten beim Erwerb an einer Kapitalgesellschaft gegen Zuzahlung des Verkäufers, BB 2006, 1955; Skoluda/Janitschke, Auswirkungen eines Formwechsels auf den handelsrechtlichen Jahresabschluss: eine Einführung in IDW RS HFA 41, WPg 2013, 521; Withus, Neue Anforderungen nach BilMoG zur Beschreibung der wesentlichen Merkmale des Internen Kontroll- und Risikomanagementsystems im Lagebericht kapitalmarktorientierter Unternehmen, KoR 2009, 440; Zwirner/Boecker, Reformierung des HGB durch das BilRUG: Konsequenzen für die Rechenwerke und einzelne Posten, BC 2014, 460.[1]

Übersicht

I. Überblick und Anwendbarkeit

1   § 265 stellt allgemeine Grundsätze für die Gliederung von Jahresabschlüssen und Lageberichten der Kapitalgesellschaften bzw. Personenhandelsgesellschaften iSd § 264a auf. In erster Linie geht es dabei um Bilanz und GuV. Das ist zunächst historisch zu erklären. In der Vergangenheit standen diese Instrumente im Vordergrund der Berichterstattung. Durch verschiedene gesetzliche Novellierungen, nicht zuletzt durch das BilMoG vom 28.5.2009, haben Anhang und insbesondere Lagebericht[2] eine deutliche Aufwertung erfahren. Darüber hinaus benötigen Bilanz und GuV als Zahlenwerke in stärkerer Weise als Anhang und Lagebericht einen fixierten Ordnungsrahmen. Gliederungsregeln sind im **Interesse einer möglichst weitreichenden Vergleichbarkeit von Jahresabschlüssen** unverzichtbar. Sie dienen der Informationsvermittlung und sind daher aus der Sicht der Jahresabschlussadressaten auszulegen (→ § 266 Rn. 6). Gliederungsanforderungen können diese Informationsvermittlungsfunktion nur dann erfüllen, wenn sie grundsätzlich zwingenden Charakter haben. Deshalb ist eine freiwillige Anwendung abweichender Gliederungsbestimmungen, wie zB die Formblätter für Versicherungsunternehmen, grundsätzlich auch dann unzulässig, wenn dies im Einzelfall zu größerer Klarheit und Übersichtlichkeit des Jahresabschlusses führen würde.[3]

2   Im Einzelnen verfolgt der Gesetzgeber mit den verschiedenen Regelungen in § 265 zwei Ziele. Zum einen soll der Vergleich zeitlich aufeinander folgender Jahresabschlüsse und damit die Kenntnis von Veränderungen der Vermögens-, Finanz- und Ertragslage erleichtert werden, so dass insbesondere die Darstellungsform des früheren Jahresabschlusses auch für den nachfolgenden Jahresabschluss beizubehalten ist (**innerbetriebliche Vergleichbarkeit,** s. Abs. 1 S. 1).[4] Der Leser braucht sich dann nur einmal mit dem Aufbau von Jahresabschlüssen dieses Unternehmens vertraut zu machen und kann Veränderungen schneller identifizieren. Zum anderen erleichtern einheitliche Gliederungsvorschriften den Vergleich mit Jahresabschlüssen anderer Unternehmen, der Aufschluss über die Lage des Unternehmens im

---

[1]   Der Verf. dankt seiner wissenschaftlichen Mitarbeiterin Ref. jur. Melanie Manow für die wertvolle Vorarbeit zur Neuauflage.

[2]   S. hierzu etwa Melcher/Mattheus DB-Beilage 1/2008, 52 ff.; Withus KoR 2009, 440 ff.

[3]   ADS Rn. 48; Kirsch/Kirsch Rn. 2 (Stand: 1.3.2016), jeweils mwN.

[4]   Statt vieler ADS Rn. 2, 25.

Verhältnis zu seinen Wettbewerbern geben kann (**zwischenbetriebliche Vergleichbarkeit**). Der Jahresabschlussadressat muss sich darauf verlassen können, dass Jahresabschlüsse zumindest von Unternehmen des gleichen Geschäftszweigs in einheitlicher Weise gegliedert werden (vgl. Abs. 4). Wird von Gliederungsanforderungen zulässigerweise abgewichen, so wird die hierdurch beeinträchtigte Vergleichbarkeit durch die Pflichtangaben im Anhang ausgeglichen (Abs. 1 S. 2).

Die Gliederungsregeln gelten aufgrund der systematischen Stellung des § 265 für AG, **3** KGaA, GmbH, SE (Art. 61 SE-VO) und Personenhandelsgesellschaften iSd § 264a. Sie sind **entsprechend anwendbar** auf Genossenschaften (§ 336 Abs. 2 S. 1 Hs. 1) sowie, mit Einschränkungen, auf Kreditinstitute (§ 340a Abs. 1, Abs. 2 S. 1) und Versicherungsunternehmen (§ 341a Abs. 1, Abs. 2 S. 1). Weitere Einschränkungen können sich ggf. aus verbindlichen Formblättern ergeben, die die Bundesregierung im Wege der Rechtsverordnung nach § 330 bestimmten Unternehmen vorschreibt, soweit dies ihr Geschäftszweig erfordert (zB RechKredV, RechVersV, → Rn. 13). Unternehmen, die nach dem PublG rechnungslegungspflichtig sind (§§ 1, 3 PublG), haben sich gleichfalls nach den Gliederungsvorschriften der §§ 265, 266, 268–275 und § 277 zu richten (§ 5 Abs. 1 S. 2 PublG). Sofern diese Unternehmen auf die Aufstellung eines Anhangs verzichtet haben (vgl. § 5 Abs. 2 S. 1 PublG), können Erleichterungsvorschriften, wonach Angaben entweder in der Bilanz oder im Anhang gemacht werden können, nicht in Anspruch genommen werden. Für den Jahresabschluss der übrigen Kaufleute gelten die Regeln, soweit sie als GoB (§ 243 Abs. 1) anzusehen sind. Als gesetzlich nicht kodifizierter GoB für alle Kaufleute (jenseits des personellen Anwendungsbereichs des Abs. 1) gilt etwa die Darstellungsstetigkeit (formelle Stetigkeit, → Rn. 4 ff.).[5] Im Übrigen kann auf die sonstigen Gliederungsgrundsätze der Vorschrift nur zurückgegriffen werden, sofern sie aus Gründen der Klarheit und Übersichtlichkeit (§ 243 Abs. 2) geboten sind.

II. Darstellungsstetigkeit (Abs. 1)

1. Anwendungsbereich. Für den Jahresabschluss ist die Darstellungsform beizubehalten, **4** die für den vorhergehenden Jahresabschluss gewählt wurde, um so die Vergleichbarkeit zeitlich nachfolgender Jahresabschlüsse zu ermöglichen.[6] Mit dem Grundsatz der Darstellungsstetigkeit wird der in § 252 Abs. 1 Nr. 1 kodifizierte Grundsatz der **formellen Bilanzkontinuität** auf die Darstellungsform erweitert (zur materiellen Bilanzkontinuität s. § 252 Abs. 1 Nr. 6; → § 252 Rn. 92 ff. (Ballwieser)). Im Fall von Ausweiswahlrechten[7] ist das Unternehmen nur bei der erstmaligen Ausübung frei und in den folgenden Perioden an die gewählte Darstellung gebunden. Der Stetigkeitsgrundsatz gilt nach dem Gesetzeswortlaut „insbesondere" für die Gliederung von Bilanz und GuV. Aufgrund ihres weiten Wortlauts, ihrer systematischen Stellung als allgemeine Bestimmung für den Jahresabschluss und den Lagebericht (laut Überschrift zum ersten Unterabschnitt) und ihrer Informationsvermittlungsfunktion bezieht sich die Vorschrift nicht nur auf die Gliederung, sondern grundsätzlich auf die **gesamte Form der Darstellung,** also ua auf die Bezeichnung, den Inhalt und die Reihenfolge der Einzelposten sowie auf die Aufteilung der Darstellung nach Bilanz, GuV und Anhang (zB nach Abs. 7 Nr. 2).[8] Gegenständlich erfasst sie – jeweils mit unter-

---

[5] Baetge DB-Beilage 26/1986, 1, 9; Leffson GoB S. 436 f.; ADS Rn. 4; KKRD/Morck/Drüen, 9. Aufl. 2019, Rn. 1; BeBiKo/Störk/Büssow, 13. Aufl. 2022, Rn. 50: Die allg. Grundsätze des § 265 seien „mit Ausnahme des Grundsatzes der Darstellungsstetigkeit aus Abs. 1 […] nur eingeschränkt über § 243 Abs. 2 zu beachten".

[6] ADS Rn. 2, 25; HdR/Hütten/Lorson/Haustein Rn. 11 (Stand: 3/2022); Leffson WPg 1988, 441.

[7] Zusammenstellungen (jeweils noch zur Rechtslage vor dem BilMoG) bei ADS Rn. 9 ff.; Glade Praxishandbuch Rn. 9 ff.

[8] ZB HdR/Hütten/Lorsen/Haustein Rn. 8 (Stand: 3/2022); KKRD/Morck/Drüen, 9. Aufl. 2022, Rn. 2; Kirsch/Kirsch Rn. 11 (Stand: 1.3.2016); BeBiKo/Störk/Büssow, 13. Aufl. 2022, Rn. 2; s. auch Merkt/Probst/Fink/Anzinger Kap. 10 Rn. 6: Stetigkeit habe „allgemeine Bedeutung für jegliche Fragen bei der Rechnungslegung".

schiedlicher Reichweite – **alle Elemente des Jahresabschlusses, den Lagebericht**[9] sowie in den Fällen des § 264 Abs. 1 S. 2 idF des BilMoG zudem die **Kapitalflussrechnung,** **den Eigenkapitalspiegel** und ggf. die **Segmentberichterstattung.** Der Leser ist gerade in Bezug auf Anhang[10] und Lagebericht[11] sowie die Zusatzdokumente nach § 264 Abs. 1 S. 2 auf ein gewisses Maß an formaler Kontinuität – zumindest in Bezug auf die wesentlichen Angaben – angewiesen, da ihm das Gesetz keine Anhaltspunkte vermittelt, an welcher Stelle jeweils bestimmte Informationen zu finden sind.[12] Nur auf diese Weise wird dem Einblicksgebot des § 264 Abs. 2 ausreichend Rechnung getragen.

5   **2. Abweichungen.** Das Gesetz lässt Abweichungen in Ausnahmefällen zu (Abs. 1 S. 1 aE). Eine Änderung in der bisherigen Darstellung ist dann geboten, wenn sich die tatsächlichen oder rechtlichen Verhältnisse der Unternehmenslage ändern und es **erforderlich** wird, neue Gliederungsposten aufzunehmen, Sachverhalte in andere Bilanzpositionen zu gliedern oder bislang zusammengefasste Posten einzeln auszuweisen.[13] In diesen Fällen wird erst durch die Änderung der Darstellung die Vergleichbarkeit und Aussagekraft des Jahresabschlusses wieder hergestellt. Hierfür sind allerdings **gewichtige Gründe notwendig,**[14] zB wenn der Jahresabschluss durch die Fortführung der bisherigen Darstellung nicht mehr klar und übersichtlich (§ 243 Abs. 2) wäre oder kein den tatsächlichen Verhältnissen entsprechendes Bild der Unternehmenslage (§ 264 Abs. 2 S. 1) mehr vermittelt würde. In diesen oder ähnlichen Fällen muss von der bisherigen Darstellung abgewichen werden. Es besteht dann eine **Pflicht zur Änderung der Darstellung.**[15] Mögliche Anwendungsfälle[16] sind die Ausgliederung einer geschäftsleitenden Holding, der Wechsel zwischen Gesamtkostenverfahren und Umsatzkostenverfahren (→ § 275 Rn. 22), die Beseitigung von Fehlern in der Rechnungslegung, die Anpassung einer Bilanzierung aufgrund einer geänderten Rechtsprechung oder aufgrund von Feststellungen einer Betriebsprüfung, die Anpassung der Darstellung der GuV an Vorgaben des Konzerns oder der Statuswechsel eines bisher nicht in den Konzernabschluss (§ 265 Abs. 1, § 298 Abs. 1) einbezogenen Tochterunternehmens, wenn sich das Anteilverhältnis ändert und der Anteil an einem verbundenen Unternehmen zu einer Beteiligung iSd § 271 Abs. 1 wird.[17] Gleiches gilt auch für Darstellungen, die zur

---

[9]   Baetge/Kirsch/Thiele/Ballwieser Rn. 21 ff. (Stand: 1.7.2020): Bilanz, GuV, Anhang und Lagebericht; HdR/Hütten/Lorson/Haustein Rn. 7 (Stand: 3/2022): „keinerlei Einschränkung des Geltungsbereichs", daher „Anwendbarkeit auf den gesamten Jahresabschluss und Lagebericht"; Staub/Meyer, 6. Aufl. 2021, Rn. 6: Auch für den Lagebericht sei „eine gewisse Darstellungsstetigkeit als Ausprägung des allgemeinen Prinzips klarer und übersichtlicher Rechenschaftslegung im Interesse der Vergleichbarkeit der Lageberichte nachfolgender Jahre geboten"; aA ADS Rn. 14: Der Stetigkeitsgrundsatz sei zwar im Grundsatz auch auf den Anhang, nicht aber auf den Lagebericht übertragbar; Begr. RegE BiRiLiG, BT-Drs. 10/317, 77 (noch zu § 238 HGB-RegE): Die Vorschrift betreffe „sowohl die Bilanz als auch die GuV", „im Gegensatz zum Ersten Titel aber nicht den Anhang".

[10] Hierzu Baetge/Kirsch/Thiele/Ballwieser Rn. 23 (Stand: 1.7.2020): Die Darstellungsstetigkeit verlange „die Aufrechterhaltung eines einmal eingeführten Fußnotensystems, nicht jedoch die Identität der Fußnotenziffer bei demselben Posten in aufeinanderfolgenden Bilanzen und GuV"; BeBiKo/Störk/Büssow, 13. Aufl. 2022, Rn. 2: Für den Anhang betreffe die Stetigkeit „nur dessen Strukturierung, nicht aber die Einzeldarstellung im Anhang selbst".

[11] Für den Lagebericht ist zumindest eine gewisse Stetigkeit zu verlangen ADS Rn. 7; Staub/Meyer, 6. Aufl. 2021, Rn. 6; s. auch DRS 15.23 (Lageberichterstattung); aA Heymann/Herrmann, 3. Aufl. 2020, Rn. 7; Hopt/Merkt, 41. Aufl. 2022, Rn. 1.

[12] Emmerich WPg 1986, 698 (700).

[13] ADS Rn. 22 mwN; BeBiKo/Störk/Büssow, 13. Aufl. 2022, Rn. 3; Kirsch/Kirsch Rn. 66 (Stand: 1.3.2016).

[14] IErg ähnlich ADS Rn. 19; Glade Praxishandbuch Rn. 3; ausf. HdR/Hütten/Lorson/Haustein Rn. 18 ff. (Stand: 3/2022); WP-HdB/Störk, 17. Aufl. 2021, F Rn. 985 f.

[15] Staub/Meyer, 6. Aufl. 2021, Rn. 8 f.; MüKoBilanzR/Suchan, 1. Aufl. 2013, Rn. 7: „Abweichung in der Darstellungsform zwingend, da nur erforderliche Abweichungen in Betracht kommen"; ADS Rn. 18; EBJS/Gros/Böcking, 4. Aufl. 2020, Rn. 6; HdR/Hütten/Lorson/Haustein Rn. 21 (Stand: 3/2022).

[16] Zu diesen und weiteren Beispielen Baetge/Kirsch/Thiele/Ballwieser Rn. 25 (Stand: 1.7.2020); HdR/Hütten/Lorson/Haustein Rn. 19 f. (Stand: 3/2022); BeckOGK/Suchan, 15.9.2021, Rn. 9 f.; BeBiKo/Störk/Büssow, 13. Aufl. 2022, Rn. 3.

[17] Dusemond WPg 1994, 721 (722).

Nichtigkeit des Vorjahresabschlusses (§ 256 Abs. 4, Abs. 1 Nr. 1 AktG[18]) geführt haben und deshalb von Rechts wegen nicht beibehalten werden dürfen.[19] Das Stetigkeitsgebot tritt schließlich auch bei Veränderungen zurück, die sich aus der **Änderung der Unternehmensgröße** (§§ 267, 267a) ergeben.[20] Ist die Gesellschaft im Geschäftsjahr in eine Größenklasse mit weniger größenabhängigen Erleichterungen einzuordnen, so sind ihr bislang zustehende und genutzte Darstellungserleichterungen verwehrt und entsprechende Korrekturen zwingend (zB § 266 Abs. 1 S. 3 und 4). Durch die Anhebung der Schwellenwerte in § 267 im Zuge des BilRUG wird es umgekehrt künftig verstärkt zur Inanspruchnahme von Erleichterungen kommen. Dabei handelt es sich um keine Abweichung iSv § 265 Abs. 1, so dass eine Angabe von Gründen entbehrlich ist.[21]

Die Abweichung ist **im Anhang anzugeben und zu begründen** (Abs. 1 S. 2). Eine **6** pauschale Begründung oder ein Verweis auf die gesetzliche Grundlage reichen hierfür nicht aus. Es ist vielmehr eine Erläuterung erforderlich, die es dem Jahresabschlussadressaten erlaubt, den Sachverhalt nachzuvollziehen. Hierzu ist der Bilanzposten zu benennen.[22] Unwesentliche Abweichungen sind nicht anzugeben und zu begründen. Wesentliche Abweichungen brauchen ausnahmsweise nicht einzeln angegeben und begründet zu werden, wenn sie Ergebnis einer zulässigen Änderung des Verfahrens zur Aufstellung der GuV sind (→ § 275 Rn. 22). Die Tatsache des Wechsels als solche und die besonderen Gründe hierfür sind allerdings stets anzugeben.

III. Vorjahresbeträge (Abs. 2)

In Bilanz und GuV sind die jeweiligen Vorjahresbeträge anzugeben (Abs. 2 S. 1). Die **7** Vorschrift entspricht Art. 9 Abs. 5 Bilanz-RL (früher Art. 4 Abs. 4 RL 78/660/EWG aF), gibt einen GoB wieder[23] und soll die **Vergleichbarkeit mit den Angaben des zurückliegenden Geschäftsjahres** erleichtern.[24] Mit ihrer Einbeziehung werden die Vorjahresangaben Bestandteil des Jahresabschlusses und sind grundsätzlich prüfungspflichtig (vgl. § 316 Abs. 1 S. 1).[25] Bei den Vorjahresbeträgen sind die **festgestellten,** hilfsweise die Beträge des aufgestellten Vorjahresabschlusses maßgebend.[26] Die Angabepflicht schließt zwingende und freiwillige „Davon"-Vermerke ein.[27] Für die erste Bilanz nach Gründung des Unternehmens sind als Vorjahreszahlen die Beträge der Eröffnungsbilanz

---

[18]   Zum Verhältnis des § 256 Abs. 4 AktG zu Abs. 1 Nr. 1 s. Hüffer/Koch/Koch, 15. Aufl. 2021, AktG § 256 Rn. 6 und 22: „begrenzende normative Auslegung" des Abs. 1 Nr. 1.

[19]   Dazu Kropff FS Budde, 1995, 341 (348 ff.) mwN, der den Vorjahresabschluss nicht für nichtig, sondern ggf. für schwebend unwirksam hält.

[20]   Vgl. BeBiKo/Störk/Büssow, 13. Aufl. 2022, Rn. 3: Änderungen seien „zulässig, wenn die Schwellenwerte nach § 267 unterschritten und damit verbundene Erleichterungen in Anspruch genommen werden" dürften; sie seien „gesetzlich vorgeschrieben, wenn durch Überschreiten von Schwellenwerten bisher in Anspruch genommene Erleichterungen wegfallen"; aA dagegen ADS Rn. 22: „kein Fall des Abs. 1 [...], wenn größenabhängige Erleichterungen [...] erstmalig anwendbar sind und ausgenutzt werden". BeckOGK/Suchan, 15.9.2021, Rn. 10, sehen keine Durchbrechung der Darstellungsstetigkeit, wenn die Gesellschaft kein Wahlrecht zur Anpassung der Darstellung hat. Gleiches gelte etwa für Fälle der Anpassung nach einer Änderung der Rechtsprechung. Eine Pflicht zur Erläuterung könne sich demnach allenfalls aus Abs. 2 S. 2, nicht aber aus Abs. 1 S. 2 ergeben.

[21]   ADS Rn. 22; s. auch BeBiKo/Störk/Büssow, 13. Aufl. 2022, Rn. 3: Änderungen der Darstellungsform infolge des Unterschreitens der Schwellenwerte nach § 267 seien „zulässig".

[22]   Ähnlich ADS Rn. 23; BeBiKo/Störk/Büssow, 13. Aufl. 2022, Rn. 4; zust. Koller/Kindler/Drüen/Drüen, 10. Aufl. 2023, Rn. 2.

[23]   Beck HdR/Böcking/Hanke B 141 Rn. 41 (Stand: September 2020); diff. BeBiKo/Störk/Büssow, 13. Aufl. 2022, Rn. 50: „Gliederungsgrundsätze des § 265 Abs. 2–8" zählten „nur teilweise" zu den GoB.

[24]   Begr. RegE BiRiLiG, BT-Drs. 10/317, S. 77; Hopt/Merkt, 41. Aufl. 2022, Rn. 2.

[25]   IDW PS 318 (Prüfung von Vergleichsangaben über Vorjahre), WPg 2001, 909 in der Fassung vom 24.11.2010, WPg 2011 Supplement. 1.

[26]   Statt vieler IDW HFA 5/1988, WPg 1989, 42.

[27]   ZB Beck HdR/Böcking/Hanke B 141 Rn. 43 (Stand: September 2020); ADS Rn. 26 f.; IDW St/HFA 5/1988, WPg 1989, 42: Angabe von Vorjahreszahlen „auch für Untergliederungen von Posten".

(§ 242 Abs. 1) anzugeben.[28] Die Angabepflicht gilt für jeden Posten einschließlich gesetzlich vorgesehener oder freiwilliger Vermerke, weiterer Untergliederungen und neu hinzugefügter Positionen.[29] Über den Gesetzestext hinausgehend erstreckt sich die Pflicht im Interesse der Vergleichbarkeit auch auf Zahlenangaben im Anhang.[30] Damit soll verhindert werden, dass Angaben aus der Bilanz in den Anhang verlagert werden, um dadurch der Pflicht zur Angabe der Vorjahresbeträge zu entgehen. Abs. 2 S. 1 erfasst auch zusammengefasste und gesondert ausgewiesene Posten (Abs. 7 Nr. 2) sowie gesetzlich vorgeschriebene Erweiterungen der Gliederungsschemata. Die Einzelpositionen sind dann ggf. im Anhang aufzuführen.

8   Die Vorjahresbeträge sind auch dann anzugeben, wenn sich **gegenwärtige und frühere Beträge nicht miteinander vergleichen** lassen. Dazu kommt es in der Praxis bei Rumpfgeschäftsjahren (vgl. § 240 Abs. 2 S. 2) oder beim Zu- bzw. Abgang von Vermögensgegenständen und Schulden im Rahmen von Verschmelzungs- bzw. Spaltungsvorgängen.[31] Auf die **fehlende Vergleichbarkeit** ist dann im **Anhang** hinzuweisen (Abs. 2 S. 2). Die Gesellschaft kann wahlweise auch die **Vorjahresbeträge anpassen** (vgl. Abs. 2 S. 3) und hat dies dann im Anhang anzugeben und zu erläutern.[32] Die Anpassung der Vorjahreszahlen ist aufgrund ihres höheren Informationsgehaltes der bloßen Angabepflicht nach Abs. 2 S. 2 vorzuziehen.[33] Den Informationsinteressen der Jahresabschlussadressaten wird dabei am besten Rechnung getragen, wenn neben den tatsächlichen Vorjahreszahlen und den aktuellen Zahlen auch die angepassten Vorjahreszahlen angegeben werden (**Drei-Spalten-Darstellung**). **Ändern** sich die **Vergleichszeiträume,** weil das Unternehmen ein Rumpfgeschäftsjahr einlegt oder im Vorjahr eingelegt hat, ist eine Anpassung der Vergleichszahlen häufig nicht ohne weiteres möglich. Dann können Pro-Forma-Zahlen in einer separaten Spalte ausgewiesen werden, oder eine Anpassung hat zu unterbleiben. Durch die zunehmend verbreitete unterjährige (zB monatliche) Berichterstattung verringern sich in der Praxis die Probleme der Datenerhebung. Die Anpassung der Vorjahreszahlen ist auch in **Umwandlungsfällen** oder bei Unternehmenserwerben im Wege der **Einzelrechtsnachfolge** möglich.[34] Erwirbt zB der übernehmende Rechtsträger das Unternehmen bzw. den Unternehmensteil zu Beginn seines Geschäftsjahrs, liegt in aller Regel eine passende Schlussbilanz des übertragenden Rechtsträgers vor, weil die meisten Unternehmen identische Geschäftsjahre, nämlich zum 31.12., aufweisen. Deren Werte sind bei Buchwertfortführung (§ 24 UmwG) zu übernehmen und den Werten des übernehmenden Unternehmens hinzuzuaddieren. Für die GuV gilt Entsprechendes. Zur Vermeidung von Doppelzählungen, etwa bei konzerninternem Lieferungs- und Leistungsverkehr oder bei gegenseitiger Darlehensgewährung, sind Konsolidierungsbuchungen vorzunehmen. Wählt der übernehmende Rechtsträger die Neubewertungsmethode, sind diese Werte anzusetzen. Bei Spaltungen stoßen die beteiligten Unternehmen bei der Aufteilung der Aufwendungen und Erträge in der GuV häufig an ihre Grenzen. Sofern Schlüsselungen nicht verlässlich sind, muss es bei einer verbalen Erläuterung der Vorgänge im Anhang bleiben.[35] **Fehlende Vergleichbarkeit** liegt immer dann

---

28   BeBiKo/Störk/Büssow, 13. Aufl. 2022, Rn. 10; WP-HdB/Störk, 17. Aufl. 2021, F Rn. 289.

29   IDW HFA 5/1988, WPg 1989, 42 ff.; ADS Rn. 26 f.; HdR/Hütten/Lorson/Haustein Rn. 30 (Stand: 3/2022); BeBiKo/Störk/Büssow, 13. Aufl. 2022, Rn. 10; WP-HdB/Störk, 17. Aufl. 2021, F Rn. 289.

30   ADS Rn. 28 f.; BeBiKo/Störk/Büssow, 13. Aufl. 2022, Rn. 10; Hopt/Merkt, 41. Aufl. 2022, Rn. 2; Beck HdR/Böcking/Hanke B 141 Rn. 49 (Stand: September 2020); Coenenberg DB 1986, 1581 (1582); HdR/Hütten/Lorson/Haustein Rn. 31 (Stand: 3/2022).

31   Zu weiteren Beispielen s. ADS Rn. 31; Glade Praxishandbuch Rn. 22; HdR/Hütten/Lorson/Haustein Rn. 38 (Stand: 3/2022).

32   S. demgegenüber Art. 9 Abs. 5 S. 2 Bilanz-RL (RL 2013/34/EU). Darin ist nicht von einem Wahlrecht der rechnungslegungspflichtigen Unternehmen, sondern nur von einem Mitgliedstaatenwahlrecht die Rede „Die Mitgliedstaaten können vorschreiben, dass die Zahl des vorhergehenden Geschäftsjahres anzupassen ist, wenn diese Zahlen nicht vergleichbar sind" [Hervorhebung durch Verf.].

33   Vgl. Beck HdR/Böcking/Hanke B 141 Rn. 47: Anpassung von Zahlen, wenn sie „zu einer besseren intertemporalen Vergleichbarkeit führen".

34   AA IDW St/HFA 5/1988, WPg 1989, 42.

35   ADS Rn. 30a, 34 und 37a ff.

vor, wenn die Zahlen nicht auf vergleichbaren Grundlagen (zB dem normalen Geschäftsbetrieb) beruhen.[36] Dementsprechend gilt Abs. 2 S. 2 **unabhängig von der Ursache** für die mangelnde Vergleichbarkeit.[37] Anhaltspunkte dafür, die Vorschrift nur anzuwenden, wenn **Änderungen im Ausweis** die Vergleichbarkeit mit den Vorjahreszahlen beeinträchtigen, nicht aber bei Änderungen in der Ausübung von Ansatz- oder Bewertungswahlrechten, bei Rechtsformwechseln, bei der Stilllegung oder beim Verkauf von Betriebsteilen, bei Änderungen des Geschäftsgegenstands (→ § 277 Rn. 8) oder bei Bilanzberichtigungen oder -änderungen, bestehen nicht.[38] Das Argument, eine solche Einschränkung lasse sich „aus der Einordnung der Regelung im Rahmen der Gliederungsvorschriften" ableiten,[39] überzeugt nicht. Kommt es zu einer Änderung von Bilanzierungs- oder Bewertungsmethoden, ist hingegen zusätzlich § 284 Abs. 2 Nr. 3 zu beachten, wonach die Tatsache der Abweichung anzugeben und zu begründen sowie deren Einfluss auf die Vermögens-, Finanz- und Ertragslage darzustellen ist. Für die Frage, wie mit den Vorjahresbeträgen umzugehen ist, verbleibt es bei Abs. 2. Diese Regelung bezieht sich auf die Darstellung in der Bilanz und der Gewinn- und Verlustrechnung. Gleichwohl gilt sie **entsprechend für Zahlenangaben in Anhang und Lagebericht**[40] sowie ferner in Kapitalflussrechnung, Eigenkapitalspiegel und Segmentberichterstattung (§ 264 Abs. 1 S. 2).

Gemäß Art. 75 Abs. 2 S. 3 EGHGB ist bei der erstmaligen Anwendung der neuen 9 Definition von Umsatzerlösen (§ 277 Abs. 1) „im Anhang oder Konzernanhang auf die fehlende Vergleichbarkeit der Umsatzerlöse hinzuweisen und unter nachrichtlicher Darstellung des Betrags der Umsatzerlöse des Vorjahres, der sich aus der Anwendung von § 277 Abs. 1 in der Fassung des Bilanzrichtlinie-Umsetzungsgesetzes ergeben haben würde, zu erläutern". Dies betrifft die Zahlen des Geschäftsjahres 2016 und des Vorjahres 2015. Im Schrifttum wird die Ansicht vertreten, Art. 75 Abs. 2 S. 3 EGHGB verdränge die allgemeinen Vorschriften des § 265 Abs. 2 zum Vorjahresausweis nicht, ein Unternehmen könne daher „zwischen zwei Darstellungen wählen", nämlich der Anpassung der Vorjahreszahlen an Umsatzdefinition und Gliederung nach BilRUG oder der Beibehaltung der ursprünglichen Werte für das Vorjahr, wobei im Anhang dann je nachdem entweder Erläuterungen zur Anpassung oder zur fehlenden Vergleichbarkeit zu geben seien.[41] Ein Vergleich mit der BilMoG-Übergangsvorschrift des Art. 67 Abs. 8 S. 2 EGHGB, wo der Gesetzgeber ausdrücklich ein entsprechendes Wahlrecht gewährte („Außerdem brauchen die Vorjahreszahlen bei erstmaliger Anwendung nicht angepasst zu werden [...]"), spricht aber eher

---

[36] Ähnlich Beck HdR/Böcking/Hanke B 141 Rn. 44 (Stand: September 2020): „Nichtvergleichbarkeit" sei „gegeben, wenn sich die Zahlen aus Gründen geändert [hätten], die mit dem ‚normalen' Geschäftsbetrieb nichts zu tun" hätten. Für einen weiteren Vergleichbarkeitsbegriff s. IDW St/HFA 5/1988, WPg 1989, 42: Es bestehe Vergleichbarkeit immer dann, „wenn der Posteninhalt sich in seiner Zusammensetzung gegenüber dem Vorjahr nicht verändert hat".

[37] IErg ebenso Kirsch/Kirsch Rn. 85 (Stand: 1.3.2016).

[38] AA ADS Rn. 30, die für „Abweichungen bei der Ausübung von Bilanzierungs- bzw. Bewertungsmethodenwahlrechten" auf § 284 Abs. 2 Nr. 3 verweisen; s. auch HdR/Hütten/Lorson/Haustein Rn. 37 (Stand: 3/2022); WP-HdB/Störk, 17. Aufl. 2021, F Rn. 291: Postenänderungen aufgrund von „geänderten Ansatz- oder Bewertungsmethoden oder Rechtsformwechseln berühren die Vergleichbarkeit [...] nicht" IDW St/HFA 5/1988, WPg 1989, 42: „Rechtsformänderungen, Umstrukturierungen und Fusionen führten nicht zu einer Beeinträchtigung der Vergleichbarkeit".

[39] So ADS Rn. 30.

[40] So auch Beck BeBiKo/Winkeljohann/Büssow, 7. Aufl. 2010, Rn. 6: Für „Anhang und Lagebericht" könne Abs. 2 angewandt werden (Aussage ab 8. Aufl. 2014 nicht mehr enthalten); s. auch Kirsch/Kirsch Rn. 11 mwN (Stand: 1.3.2016): Die „hM" fordere die „(sinngemäße) Anwendung des § 265 HGB auf den Lagebericht bzw. den Konzernlagebericht". Der Autor weist aber zu Recht darauf hin, dass die Berichtsgegenstände im Lagebericht im Vergleich zum Jahresabschluss „deutlich weiter gefasst und weit weniger schematisierbar und kaum auf einwertige Informationen reduzierbar" sind; iE auch Baetge/Kirsch/Thiele/Ballwieser Rn. 32 (Stand: 1.7.2020); mit Einschränkung Hopt/Merkt, 41. Aufl. 2022, Rn. 2 (Angabe im Anhang nur im Fall des Abs. 7 Nr. 2); aA Hoffmann/Lüdenbach NWB Kommentar Bilanzierung, 13. Aufl. 2020, Rn. 20, die jedoch eine mittelbare Angabe von Vorjahreszahlen als geboten erachten, wenn bei Wahlpflichtangaben von einem Ausweiswahlrecht zwischen Anhang und Bilanz oder GuV Gebrauch gemacht wird. Für den Konzernlagebericht vgl. DRS 15.25 ff.

[41] Hoffmann/Lüdenbach NWB Kommentar Bilanzierung, 13. Aufl. 2020, Rn. 18a.

dafür, den Ausweis der unkorrigierten Vorjahres-Umsatzerlöse für verbindlich zu halten. Auch hier (→ Rn. 8) dürfte aber die Drei-Spalten-Darstellung mit tatsächlichen und angepassten Vorjahreszahlen den Informationsinteressen der Jahresabschlussadressaten am besten Rechnung tragen.[42]

IV. Zuordnung zu mehreren Posten (Abs. 3)

10   **1. Regelungsgegenstand.** Die Anwendung des in § 266 vorgegebenen Bilanz-Gliederungsschemas kann dazu führen, dass Vermögensgegenstände und Schulden bei verschiedenen Posten ausgewiesen werden müssten,[43] da die Bilanzgliederung nicht auf einem einheitlichen Gliederungsprinzip beruht, sondern verschiedene Aspekte berücksichtigt und zB den betrieblichen Ablauf, die Bindungsdauer oder die Rechtsverhältnisse widerspiegelt (ausführlich → § 266 Rn. 3 ff.). Deshalb ist die „Mitzugehörigkeit" von Vermögensgegenständen oder Schulden zu mehreren Posten deutlich zu machen, indem sie entweder bei dem ausgewiesenen Posten in der Bilanz, etwa in Form eines „Davon"-Vermerkes angegeben oder wahlweise im Anhang ausgewiesen wird (Abs. 3 S. 1). Die gewählte Form unterliegt in den Folgeperioden dem Stetigkeitsgrundsatz (Abs. 1). Die ergänzende Angabe dient der Klarheit des Jahresabschlusses (§ 243 Abs. 2),[44] erhöht dessen **Informationsgehalt** (§ 264 Abs. 2 S. 1) und seine **Vergleichbarkeit mit den Abschlüssen anderer Unternehmen.** Abs. 3 kann **nicht entsprechend auf** die **GuV angewendet** werden.[45] Obgleich auch die Erfolgsrechnung keinem einheitlichen Gliederungsprinzip folgt (→ § 275 Rn. 6), stellen sich die Fragen der Mitzugehörigkeit bei Aufwendungen und Erträgen nicht. Der Ausweis ist bei GuV-Posten keine Frage der Mitzugehörigkeit, sondern der zutreffenden Qualifizierung.[46] Unterschiedliche Auffassungen im Schrifttum über diese Zuordnung in der GuV begründen keine Angabepflichten über Mitzugehörigkeiten im Anhang.

11   **2. Mitzugehörigkeit.** Die Zuordnung von Bilanzposten (Abs. 3 S. 1) bestimmt sich nach den entsprechenden Gliederungsvorschriften (insbesondere § 266 Abs. 2, Abs. 3) und ist ggf. durch Auslegung zu bestimmen. Im Ausnahmefall kann es passieren, dass sich ein Bilanzierungsobjekt unter mehrere Gliederungsposten der einschlägigen Vorschriften subsumieren lässt (sog. Mitzugehörigkeit), was ua damit zusammenhängt, dass der vorgeschriebene Aufbau der Bilanz auf unterschiedlichen Gliederungsprinzipien beruht (→ § 266 Rn. 3 f.). Die betreffenden Vermögensgegenstände und Schulden sind dann unter dem Posten auszuweisen, dem sie ihrer Eigenart nach und im Interesse an einem den tatsächlichen Verhältnissen entsprechenden Bild der Unternehmenslage (§ 264 Abs. 2 S. 1) vorrangig zugeordnet werden können.[47] Bei gleichwertiger Zugehörigkeit zu mehreren Posten besteht ein **Ausweiswahlrecht.**

12   Ein wichtiger **Anwendungsfall** der Zuordnung zu mehreren Posten ist die Behandlung von Forderungen oder Verbindlichkeiten gegenüber **verbundenen Unternehmen oder Unternehmen, mit denen ein Beteiligungsverhältnis besteht** (→ § 266 Rn. 68). Die einzelnen Positionen können nach hM in dem jeweiligen Bilanzposten (zB „Forderungen

---

[42] Krit. Hoffmann/Lüdenbach, NWB Kommentar Bilanzierung, 8. Aufl. 2017, Rn. 18a: „Eine auch denkbare Drei-Spalten-Lösung" bringe „keinen zusätzlichen Informationsgewinn und tendiert eher zur Unübersichtlichkeit" (Aussage in 10. Aufl. 2019 nicht mehr enthalten).

[43] Beispiele bei HdR/Hütten/Lorson/Haustein Rn. 45 (Stand: 3/2022) und BeBiKo/Störk/Büssow, 13. Aufl. 2022, Rn. 21.

[44] Statt vieler BeBiKo/Störk/Büssow, 13. Aufl. 2022, Rn. 20.

[45] ADS Rn. 41; Staub/Meyer, 6. Aufl. 2021, Rn. 13; HdR/Hütten/Lorson/Haustein Rn. 48 (Stand: 3/2022); Hopt/Merkt, 41. Aufl. 2022, Rn. 5; wohl ebenso BeBiKo/Störk/Büssow, 13. Aufl. 2022, Rn. 24. Differenzierter (§ 265 Abs. 3 kann zur Lückenschließung sinngemäß auch bei Fragen der GuV angewendet werden) Heymann/Herrmann, 3 Aufl. 2020, Rn. 15.

[46] AA BeBiKo/Störk/Büssow, 13. Aufl. 2022, Rn. 24: „ähnliche Fragen des Mitzugehörigkeitsausweises auch in der GuV, insb zwischen Material- oder Personalaufwendungen einerseits und sonstigen betrieblichen Aufwendungen andererseits".

[47] ADS Rn. 44 f.; Hopt/Merkt, 41. Aufl. 2022, Rn. 3; HdR/Hütten/Lorson/Haustein Rn. 46 (Stand: 3/2022).

aus Lieferungen und Leistungen", § 266 Abs. 2 B. II. 1.) ausgewiesen werden, doch muss ein „Davon"-Vermerk deutlich machen, welcher Teilbetrag auch zu einem anderen Posten (zB „Forderungen gegen verbundene Unternehmen", § 266 Abs. 2 B. II. 2.) gehört.[48] Dabei kommt der Offenlegung der Leistungsbeziehungen im Konzernverbund besondere Bedeutung zu. **Ausleihungen, Forderungen und Verbindlichkeiten gegenüber GmbH-Gesellschaftern** sind nach § 42 Abs. 3 GmbHG vorrangig gesondert in der Bilanz auszuweisen oder im Anhang anzugeben. Angesichts der besonderen Bedeutung der Beziehungen des Unternehmens zu nahestehenden Personen ist ein gesonderter Ausweis in der Bilanz einer Anhangangabe vorzuziehen; ein rechtlicher Vorrang des Bilanzausweises lässt sich allerdings nicht erkennen.[49]

V. Mehrere Geschäftszweige (Abs. 4)

Ist ein Unternehmen in mehreren Geschäftszweigen tätig, können neben den allgemei-   **13** nen, insbesondere in den § 266 bzw. § 275 geregelten Gliederungsbestimmungen weitere branchenspezifische Darstellungsvorgaben einschlägig sein, die sich aus den zu § 330 erlassenen Rechtsverordnungen (zB für Kreditinstitute, Versicherungsunternehmen, Wohnungsunternehmen, Krankenhäuser, Pensionsfonds, → Rn. 3 sowie die Übersicht → § 330 Rn. 9) ergeben. § 265 Abs. 4 regelt, dass der Jahresabschluss in diesen Fällen nach der für „einen" Geschäftszweig vorgeschriebenen Gliederung aufzustellen ist, lässt dabei aber offen, welcher Geschäftszweig hierfür maßgeblich sein soll. Die Auswahl des Gliederungsschemas hat sich am Gebot der Bilanzklarheit und Übersichtlichkeit (§ 243 Abs. 2) zu orientieren. Im Interesse der Vergleichbarkeit mit Jahresabschlüssen anderer Unternehmen sollte daher in solchen Fällen grundsätzlich das Gliederungsschema des **Hauptgeschäftszweigs** maßgebend sein.[50] Damit gibt das Unternehmen den besten Einblick in die Lage des Unternehmens (§ 264 Abs. 2 S. 1) und hat den geringsten Anpassungs- und Ergänzungsbedarf. Sind die **Geschäftszweige** dagegen **gleichwertig** und erfüllen die in Betracht kommenden Gliederungen die Vorgaben für einen Jahresabschluss gleichermaßen, so hat das Unternehmen ein **Wahlrecht,**[51] nach welchem Geschäftszweig sich das Gliederungsschema bestimmen, insbesondere, ob es sich nach den allgemeinen oder nach speziellen Regeln richten soll. Wird der Jahresabschluss nach bestimmten Gliederungsanforderungen erstellt, so ist er um die Posten zu ergänzen, die für die Darstellung des anderen Geschäftszweigs vorgeschrieben sind. Die **Ergänzung** ist im Interesse eines den tatsächlichen Verhältnissen entsprechenden Bildes (§ 264 Abs. 2 S. 1) zwingend („ist zu ergänzen"), selbst wenn die zusätzlichen Posten den Jahresabschluss dadurch weniger klar und übersichtlich erscheinen lassen;[52] dass der Grundsatz des § 243 Abs. 2 dabei aber dennoch so weit wie möglich zu beachten ist, versteht sich.[53] Die Ergänzung ist **im Anhang anzugeben und zu begründen** (Abs. 4 S. 2), so dass die verwendeten Gliederungsschemata, die daraus folgenden Ergänzungen des

---

[48]   ADS Rn. 44; Hopt/Merkt, 41. Aufl. 2022, Rn. 3; HdR/Hütten/Lorson/Haustein Rn. 51 ff. (Stand: 3/2022); aA (Ausweis nur unter Forderung gegen verbundene Unternehmen bzw. gegen Unternehmen, mit denen ein Beteiligungsverhältnis besteht) Kirsch/Kirsch Rn. 93 (Stand: 1.3.2016). Ebenso → § 266 Rn. 22, → § 266 Rn. 43, → § 266 Rn. 45.

[49]   ADS Rn. 44, GmbHG § 42 Rn. 52; KKRD/Morck/Drüen, 9. Aufl. 2019, Rn. 4.

[50]   ADS Rn. 49; Baetge/Kirsch/Thiele/Ballwieser Rn. 51 (Stand: 1.7.2020); Staub/Meyer, 6. Aufl. 2021, Rn. 15; Hopt/Merkt, 41. Aufl. 2022, Rn. 4; KKRD/Morck/Drüen, 9. Aufl. 2019, Rn. 5; Kirsch/Streim Rn. 6 (Stand: 1.3.2016); BeBiKo/Störk/Büssow, 13. Aufl. 2022, Rn. 31; iE auch HdR/Hütten/Lorson/Haustein Rn. 61 (Stand: 3/2022). Ähnlich Kirsch/Kirsch Rn. 103 (Stand: 1.3.2016): „Aus Gründen der Klarheit und Übersichtlichkeit" sei „zweckmäßigerweise von der Gliederung auszugehen, die möglichst wenige Ergänzungen erfordert" (unter Verweis ua auf ADS Rn. 49).

[51]   BeBiKo/Störk/Büssow, 13. Aufl. 2022, Rn. 31.

[52]   Baetge/Kirsch/Thiele/Ballwieser Rn. 51(Stand: 1.7.2020); BeBiKo/Störk/Büssow, 13. Aufl. 2022, Rn. 31.

[53]   Kirsch/Kirsch Rn. 105 (Stand: 1.3.2016): Bei der Ergänzung des Grundgliederungsschemas um weitere Posten anderer Geschäftszweige sei „insbesondere auch das Gebot der Klarheit und Übersichtlichkeit zu beachten".

Jahresabschlusses sowie der Grund für die getroffene Wahl offengelegt werden.[54] Der RefE zum BilRUG vom 27.7.2014 sah im Zeichen des „Grundsatzes der Maximalharmonisierung der Anhangangaben für kleine Unternehmen" eine Änderung des Abs. 4 dergestalt vor, dass die Pflicht zu Anhangangaben auf mittelgroße und große Kapitalgesellschaften beschränkt werden sollte; kleine Kapitalgesellschaften sollten lediglich unter den Voraussetzungen des § 264 Abs. 2 S. 2 verpflichtet sein, zusätzliche Angaben im Anhang zu machen, wenn der Jahresabschluss anderenfalls kein zutreffendes Bild von der Vermögens-, Finanz- oder Ertragslage vermittelt.[55] Im RegE wurde diese Idee jedoch fallen gelassen, da der Gesetzgeber mit dem BilRUG allein die vor dem Hintergrund der Bilanz-RL zwingend notwendigen Änderungen umsetzen wollte.[56]

VI. Zusätzliche Untergliederung, neue Posten (Abs. 5)

14   Der Gesetzgeber setzt mit den gesetzlich vorgegebenen Gliederungsschemata einen Mindeststandard, erlaubt aber den Unternehmen darüber hinausgehend **weitere Angaben** zu machen, um branchen- bzw. unternehmensspezifischen Besonderheiten gerecht zu werden. Deshalb dürfen zusätzliche Untergliederungen und neue Posten hinzugefügt werden. Bei der Entscheidung über die Ergänzung ist der **Informationsgewinn** (§ 264 Abs. 2 S. 1) mit einem möglichen **Verlust an Klarheit und Übersichtlichkeit** (§ 243 Abs. 2) abzuwägen.[57] Dabei ist auch zu berücksichtigen, ob hierdurch die Vergleichbarkeit des erweiterten Abschlusses mit früheren Abschlüssen (Abs. 1 S. 1) bzw. mit den Abschlüssen anderer Unternehmen beeinträchtigt wird. Das Gebot der Klarheit und Übersichtlichkeit kann auch gebieten, auf weitergehende Aufgliederungen in der Bilanz und der GuV zu verzichten und diese nur im Anhang zu zeigen.[58] Das Wahlrecht nach § 265 Abs. 5 darf nicht benutzt werden, um den durch das BilRUG angeordneten Wegfall des gesonderten Ausweises außerordentlicher Erträge und Aufwendungen in der GuV (→ § 277 Rn. 4) zu unterlaufen, indem auf Ebene der arabischen Zahlen freiwillig Posten hinzugefügt werden, denn der Inhalt solcher zusätzlicher Posten ist bereits von den „vorgeschriebenen Posten gedeckt" (§ 265 Abs. 5 S 2).[59] Zulässig ist demgegenüber eine weitere Untergliederung in Form eines „Davon-Vermerks" zu den in den Posten enthaltenen Erträgen und Aufwendungen „von außergewöhnlicher Größenordnung oder außergewöhnlicher Bedeutung" iSd § 285 Nr. 31, sofern dadurch die Klarheit und Übersichtlichkeit der GuV (§ 243 Abs. 2) nicht eingeschränkt wird.[60]

---

54   ADS Rn. 52; HdR/Hütten/Lorson/Haustein Rn. 64 (Stand: 3/2022); KKRD/Morck/Drüen, 9. Aufl. 2019, Rn. 5; BeBiKo/Störk/Büssow, 13. Aufl. 2022, Rn. 32; inzwischen auch Kirsch/Kirsch Rn. 106 (Stand: 1.3.2016); noch aA (kein Begründungszwang für Wahl des Hauptschemas) Glade Praxishandbuch Rn. 35.

55   S. 64 f. der immer noch unter https://www.bmjv.de/ verfügbaren PDF-Datei (zuletzt abgerufen am 3.4.2023).

56   E-Mail-Auskunft des zuständigen Referenten im BMJV (Referat III A 3) gegenüber dem Mitarbeiter des Verf. v. 20.7.2017.

57   Ebenso Merkt/Probst/Fink/Anzinger Kap. 10 Rn. 19.

58   ADS Rn. 53, 59; BeBiKo/Justenhoven/Kliem/Müller, 13. Aufl. 2022, § 275 Rn. 17; HdR/Hütten/ Lorson/Haustein Rn. 71 (Stand: 3/2022); HK-HGB/Kirnberger Rn. 6: Zu beachten sei „jedoch stets der Grundsatz der Klarheit und Übersichtlichkeit, der bei einer zu starken Untergliederung leiden könnte"; Kirsch/Kirsch Rn. 113 (Stand: 1.3.2016); BeBiKo/Störk/Büssow, 13. Aufl. 2022, Rn. 35.

59   S. Begr. RegE BilRUG, BT-Drs. 18/4050, 63: Ein Ausweis in der GuV könne „auch nicht auf Art. 9 Abs. 2 der Richtlinie [= Art. 9 Abs. 3 Bilanz-RL] gestützt werden, so dass weitere Untergliederungen oder neue Posten zum Ausweis außerordentlicher Erträge oder Aufwendungen nicht erlaubt werden dürfen". „Vielmehr" habe „ein Ausweis von Erträgen oder Aufwendungen von außergewöhnlicher Größenordnung oder von außergewöhnlicher Bedeutung nach Art. 16 Abs. 1 lit. b der Richtlinie 2013/34/EU fortan zwingend im Anhang zu erfolgen"; auch BeBiKo/Störk/Büssow, 13. Aufl. 2022, Rn. 35; BeBiKo/Justenhoven/Kliem/Müller, 13. Aufl. 2022, § 275 Rn. 17.

60   BeBiKo/Störk/Büssow, 13. Aufl. 2022, Rn. 35: Im Hinblick auf die modifizierte Definition von Umsatzerlösen nach § 277 Abs. 1 könne „nach § 265 Abs. 5 eine entsprechende Untergliederung der Umsatzerlöse innerhalb der GuV erfolgen, um Erlöse kenntlich zu machen, die nicht im Rahmen des für die gewöhnliche Geschäftstätigkeit typischen Leistungsangebotes erzielt werden". BeBiKo/Justenhoven/Kliem/Müller, 13. Aufl. 2022, § 275 Rn. 17; Peun/Rimmelspacher DB Beil. 5/2015, 12 (18): Im Hinblick auf eine weitere Untergliederung der Posten gemäß § 265 Abs. 5 S. 1 HGB liege „die Grenze u.a. in einer etwaigen hieraus resultierenden Einschränkung der Klarheit und Übersichtlichkeit der GuV (§ 243 Abs. 2 HGB)".

1. Untergliederungen. Untergliederungen (Abs. 5 S. 1) sind alle Formen des geson- 15
derten Ausweises einzelner Komponenten von Posten des gesetzlichen Gliederungsschemas.
Sie sind dann zulässig, wenn sie den Einblick in die Unternehmenslage verbessern. In
Betracht kommen insbesondere die Aufgliederung eines Postens in seine wesentlichen
Bestandteile, die Ausgliederung einzelner Bestandteile eines Sammelpostens in eine Vor-
bzw. Hauptspalte sowie der „Davon"-Vermerk.[61] So konnte beispielsweise der nach
alten Rechtslage vor dem Inkrafttreten des BilMoG mögliche Sonderposten mit Rücklageanteil (§ 247 Abs. 3 S. 2 aF, § 273 aF) in eine Rücklage gem. § 6b EStG aF und in eine
Rücklage gem. R 6.6 EStR 2005 untergliedert werden.[62] Ebenso ist es zB möglich und
sinnvoll, den Posten nach § 266 Abs. 2 A. II. 3. („andere Anlagen, Betriebs- und Geschäftsausstattung") weiter zu untergliedern, um der Bedeutung bestimmter Anlagegüter, die den
wesentlichen Teil der Ausstattung ausmachen, gerecht zu werden.[63] Dabei ist die gesetzlich
vorgeschriebene Gliederung, die Nummerierung und die Bezeichnung der Posten zu
beachten (Abs. 5 S. 1 Hs. 2). Eine weitere Aufgliederung kommt nur dort in Betracht, wo
das Gesetz auf Untergliederungen verzichtet hat. Das gilt auch für Gliederungspunkte, die
mit Großbuchstaben oder römischen Zahlen[64] versehen sind. Untergliederungen finden
schließlich eine Grenze in dem Gebot der Klarheit und Übersichtlichkeit, das übermäßige
Untergliederungen in unwesentliche Posten verbietet.

2. Neue Posten und Zwischensummen. Dem gesetzlichen Gliederungsschema sind 16
neue Posten hinzuzufügen, wenn sich die entsprechende Position nicht unter die gesetzlich
vorgesehenen Posten fassen lässt (Abs. 5 S. 2). Das Gesetz räumt insoweit ein **Wahlrecht**
ein („dürfen"), das durch andere gesetzliche Bestimmungen eingeschränkt ist. So müssen
neue Posten aufgenommen werden, wenn dies durch das Vollständigkeitsgebot (§ 246
Abs. 1) oder das Gebot eines sachgerechten Einblicks in die Vermögens-, Finanz- und
Ertragslage (§ 264 Abs. 2 S. 1) vorgeschrieben ist, zB weil der Ausweis von wesentlichen
Beträgen unter einem Posten des gesetzlichen Gliederungsschemas nicht angemessen wäre.[65]
Umgekehrt kann der Grundsatz der Klarheit und Übersichtlichkeit (§ 243 Abs. 1) dem
Ausweis betragsmäßig unwesentlicher neuer Posten entgegenstehen.[66] Mögliche **Beispie-
le**[67] für neue Posten sind der Ausweis von Aufwendungen und Erträgen aus Verlustüberna-
men und von erhaltenen oder abgeführten Gewinnen nach § 277 Abs. 3 S. 2 (→ § 275
Rn. 11, → § 277 Rn. 28 und 31) sowie der passive Ausgleichsposten, der beim Erwerb
eines Vermögensgegenstands unter Verwendung eines öffentlichen Investitionszuschusses
eine zweckwidrige Ergebnisverbesserung durch den Zuschuss verhindern soll[68] oder der
speziell beim Erwerb von Unternehmensanteilen gegen Zuzahlung des Verkäufers dem

---

[61] ADS Rn. 53, 56 ff.; Staub/Meyer, 6. Aufl. 2021, Rn. 17; WP-HdB/Störk, 17. Aufl. 2021, F Rn. 295;
Hopt/Merkt, 41. Aufl. 2022, Rn. 5; BeBiKo/Störk/Büssow, 13. Aufl. 2022, Rn. 35; HdR/Hütten/
Lorson/Haustein Rn. 66 ff. (Stand: 3/2022).
[62] S. dazu Winnefeld Bilanz-HdB, 4. Aufl. 2006, F Rn. 24. Zum Übergangsrecht → 3. Aufl. 2013, Rn. 4 f.
[63] S. Hoffmann/Lüdenbach NWB Kommentar Bilanzierung, 13. Aufl. 2022, Rn. 36–38, mit dem Beispiel
des Fuhrparks eines Speditionsunternehmens und verschiedenen Ausweisvarianten.
[64] ADS Rn. 60; HdR/Hütten/Lorson Rn. 71, 73 (Stand: 3/2022); sinngemäß ebenso BeBiKo/Störk/
Büssow, 13. Aufl. 2022, Rn. 35; BeckOGK/Suchan, 15.9.2021, Rn. 28; aA Hopt/Merkt, 41. Aufl.
2022, Rn. 5; KKD/Drüen, 10. Aufl. 2023, Rn. 7.
[65] ADS Rn. 68; BeBiKo/Störk/Büssow, 13. Aufl. 2022, Rn. 36 m. weit. Bsp.; Hopt/Merkt, 41. Aufl. 2022,
Rn. 5; KKRD/Morck/Drüen, 9. Aufl. 2019, Rn. 7; HdR/Hütten/Lorson/Haustein Rn. 71 (Stand: 3/
2022); Winnefeld Bilanz-HdB F Rn. 25; WP-HdB/Störk, 17. Aufl. 2021, F Rn. 295.
[66] Glade Praxishandbuch Rn. 41; HdR/Hütten/Lorson/Haustein Rn. 71 (Stand: 3/2022); Kirsch/Kirsch
Rn. 113 (Stand: 1.3.2016).
[67] Weitere Beispiele bei Winnefeld Bilanz-HdB F Rn. 24; Hoffmann/Lüdenbach NWB Kommentar Bilanzierung, 13. Aufl. 2020, Rn. 39.
[68] S. BGH NZG 2003, 882 (883) mwN unter 2.a.: Nach handelsrechtlichen GoB kämen hier „neben
einer – dem Zweck des Zuschusses widersprechenden – erfolgswirksamen Verbuchung die Alternative
in Betracht, entweder die Anschaffungskosten der bezuschussten Wirtschaftsgüter auf der Aktivseite der
Bilanz [...] um den Zuschuss zu mindern ... oder den Zuschuss in einen gesonderten Passivposten iSv
§ 265 Abs. 5 S. 2 HGB einzustellen, der entsprechend der Höhe der jährlichen Abschreibung ratierlich
aufzulösen" sei.

Erfordernis einer erfolgsneutralen Behandlung des Anschaffungsvorgangs Rechnung tragen soll.[69] Ein weiteres Beispiel[70] bildet der Ansatz eines passiven Ausgleichspostens für einen negativen derivativen Geschäftswert beim Unternehmenskauf, wenn der Verkäufer dem bilanzierenden Unternehmen eine Zuzahlung leistet („negativer Kaufpreis"). Diese dem Vorsichtsprinzip (§ 252 Abs. 1 Nr. 4) geschuldete Restgröße lässt sich den bekannten bilanzrechtlichen Kategorien Verbindlichkeit, Rückstellung und Rechnungsabgrenzungsposten nicht zuordnen.[71] Zu beachten ist ferner die Ergänzung des § 265 Abs. 5 S. 2 durch das BilRUG („Neue Posten *und Zwischensummen* […]", Hervorhebung durch *Verf.* hinzugefügt), wonach neben neuen Posten fortan ausdrücklich[72] auch **Zwischensummen** eingefügt werden dürfen. Damit steht dem Bilanzierenden eine weitere, in Art. 9 Abs. 2 S. 3 Bilanz-RL (anders noch als in Art. 4 Abs. 1 RL 78/660/EWG) nun ausdrücklich legitimierte Gliederungsoption zur Verfügung. Solche Zwischensummen können zur (auch optischen) Hervorhebung bestimmter Kennzahlen oder Positionen der Bilanz oder GuV dienen.[73] Da eine der Bilanz vergleichbare Struktur mit Großbuchstaben oder römischen Zahlen in der GuV fehlt, bietet sich insbesondere dort ein zusammengefasster Ausweis von Aufwendungen und Erträgen zu Zwischensummen oder eine Zusammenfassung von mit Großbuchstaben versehenen Untergliederungen an.[74] Die Aufnahme der „Zwischensummen" in Abs. 5 S. 2 stellt klar, dass die Einfügung gesetzlich nicht vorgesehener Zwischensummen gleichen Anforderungen unterliegt wie die Einfügung neuer Posten.[75]

VII. Änderung aufgrund von Besonderheiten (Abs. 6)

17   Die Gliederungsanforderungen der §§ 266, 275 orientieren sich an Industrie- und Handelsunternehmen. Deshalb können Unternehmen spezieller Branchen diesen Vorgaben nicht immer gerecht werden. Um in solchen Fällen gleichwohl im Jahresabschluss eine Aussage über die **Besonderheiten des Unternehmens** zu ermöglichen,[76] besteht nach Abs. 6 die Pflicht,[77] von den allgemeinen Bestimmungen abzuweichen, wenn die Gliederung nach den gesetzlichen Vorschriften gegenüber einer anderen Gliederung nachteilig wäre und zu keinem aussagefähigen Bild führen würde.[78] Bei Gleichwertigkeit der Darstellungsweisen sind durchweg die gesetzlichen Anforderungen maßgebend, da deren Einhaltung nicht zur Disposition des Bilanzierenden steht und im Zweifel Vorrang genießt.[79]

---

[69] So BFH BStBl II 2006, 656 = DStR 2006, 1313 (1315). In dieser Entscheidung hatten Verkäufer und Käufer von Anteilen an einer Kapitalgesellschaft wegen deren Überschuldung keinen Kaufpreis des Käufers, sondern eine Zuzahlung des Verkäufers vereinbart. Der BFH verweist auf die Erfolgsneutralität des Anschaffungsvorgangs (dort unter II.7), die zu einem passiven Ausgleichsposten führen müsse. Dagegen könne nicht eingewendet werden, dass es keine gesetzliche Regelung für diesen Sachverhalt gebe. Die Gesetzeslücke zur bilanziellen Behandlung von ,Anschaffungsgewinnen' sei vielmehr durch die nicht abschließend kodifizierten GoB auszufüllen. Darüber hinaus ergebe sich Passivierungsfähigkeit des Ausgleichspostens aus § 265 Abs. 5 S. 2. Das Gericht lässt die Frage offen (mwN), ob mit der Zuzahlung ein „negativer Geschäftswert" realisiert wurde, der anstelle des Postens nach § 268 Abs. 5 S. 2 bereits als solcher bei der Erwerberin der Anteile zu passivieren wäre. Aus dem Schrifttum zust. zur Lösung über § 265 Abs. 5 S. 2 Schulze-Osterloh BB 2006, 1955; diff. Hoffmann DStR 2006, 1316, der zu Recht darauf hinweist, dass die Bezugnahme auf die Gliederungsvorschrift des § 265 Abs. 5 S. 2 für sich allein den Bilanzansatz nicht rechtfertige, sondern die Passivierbarkeit der Zuzahlung aus anderem Grund (nämlich nach GoB) bereits voraussetze.

[70] So mit guten Argumenten Möhrle DStR 1999, 1414 (1419); ebenso zB Preißer/Preißer DStR 2011, 133 (136), speziell zum „Asset Deal"; BFH BStBl. II 2006, 656 = DStR 2006, 1313 = BeckRS 2006, 24002572 Rn. 31, mwN, zum Beteiligungskauf mit Zuzahlung.

[71] Möhrle DStR 1999, 1414 (1419).

[72] Zur bisherigen Rechtslage → 3. Aufl. 2013, Rn. 20.

[73] So Zwirner/Boecker BC 2014, 460 (461); zust. auch BeBiKo/Störk/Büssow, 13. Aufl. 2022, Rn. 36.

[74] ADS Rn. 86; HdR/Hütten/Lorson/Haustein Rn. 86 (Stand: 3/2022); BeBiKo/Störk/Büssow, 13. Aufl. 2022, Rn. 43.

[75] Hoffmann/Lüdenbach NWB Kommentar Bilanzierung, 13. Aufl. 2020, Rn. 39a.

[76] Begr. RegE BiRiLiG, BT-Drs. 10/317, 77.

[77] BeckOGK/Suchan, 15.9.2021, Rn. 34 mwN: Die gesetzliche Anordnung sei „zwingend", erstrecke „sich im Grundsatz jedoch allein auf die mit arabischen Ziffern versehenen Posten".

[78] ADS Rn. 70 mwN; eingehend HdR/Hütten/Lorson/Haustein Rn. 86 f. (Stand: 3/2022).

[79] WP-HdB/Störk, 17. Aufl. 2021, F Rn. 297.

Der Anwendungsbereich der Vorschrift beschränkt sich auf **wenige Branchen,** da die **18** Bestimmungen über die Gliederung des Jahresabschlusses nach Formblättern als speziellere Regelungen ohnehin vorrangig sind.[80] In Betracht kommen Unternehmen der Branchen Transport und Verkehr, Energieversorgung, Bergbau und Bau, ferner Brauereien und Reedereien sowie die Betriebe der Mineralölindustrie, Dienstleistungsbetriebe, Leasingunternehmen und Holdinggesellschaften. Geändert werden können allein **Gliederung und Bezeichnung** der mit arabischen Zahlen versehenen Bilanzposten. Für die GuV ist die Anwendung auf alle Posten möglich, da diese allesamt mit arabischen Zahlen versehen sind. Praktisch relevant ist insbesondere der Austausch einer gesetzlichen durch eine engere Postenbezeichnung, der Austausch einer mehrgliedrigen durch eine reduzierte Postenbezeichnung oder die Ergänzung von Postenbezeichnungen ($\to$ § 277 Rn. 21). Wenn das Verwenden der gesetzlichen Bezeichnung irreführen würde, besteht eine Pflicht zur Anpassung der Postenbezeichnung.[81] Möglich ist auch die Verwendung sachgerechter Kurzbezeichnungen, die den Posteninhalt nicht verfälschen.[82]

VIII. Zusammengefasster Ausweis (Abs. 7)

Die unter bestimmten Voraussetzungen wahlweise zulässige Zusammenfassung einzel- **19** ner Posten soll es dem Unternehmen ermöglichen, Bilanz und GuV im Interesse der **Übersichtlichkeit und Klarheit** der Darstellung zu entlasten.[83] Das Unternehmen kann in der Bilanz die mit **arabischen Ziffern** versehenen Einzelposten innerhalb jeder der durch römische Ziffern bezeichneten Gruppen und die jeweils hierzu vorgeschriebenen „Davon"-Vermerke[84] zusammenfassen. In der GuV können auch Posten zusammengefasst werden, die mit kleinen Buchstaben versehen sind, weil diese lediglich Untergliederungen der arabischen Zahlen sind.[85] Eine besondere Art des zusammengefassten Ausweises sind Zwischensummen ($\to$ Rn. 16).

Das Wahlrecht besteht nur dann, wenn das Unternehmen nicht vorrangig Formblätter **20** (§ 330) zu beachten hat, und hängt im Übrigen von zwei alternativen Voraussetzungen (Abs. Nr. 1 und Nr. 2) ab. Die Zusammenfassung ist zunächst bei **Unwesentlichkeit** des betroffenen Betrags (Abs. 7 **Nr. 1**) zulässig, da Bilanz und GuV durch die Zusammenfassung übersichtlicher und kürzer werden, ohne den Informationsgehalt zu beeinträchtigen. Ob ein Posten für die Vermittlung eines den tatsächlichen Verhältnissen entsprechenden Bildes unerheblich ist, hängt vom Einzelfall ab.[86] In der Regel ist der Anteil des Postens an der Gesamtsumme der entsprechenden Bilanzpostengruppe entscheidend.[87] Die Zusammenfassung kann durch Zuordnung zu einem Sammelposten (Sonstiges) oder Zusammenfassung mehrerer oder aller Einzelposten in einer übergeordneten Bilanzposition erfolgen.[88] Ein zwingend gesondert auszuweisender Posten (zB § 264c Abs. 1, § 268 Abs. 5 S. 2) kann nicht wegen Geringfügigkeit mit anderen Posten zusammengefasst werden.[89]

Eine Zusammenfassung ist des Weiteren zulässig, wenn es die **Klarheit der Darstel- 21 lung vergrößert** (Abs. 7 **Nr. 2**). Im Rahmen der Bilanz können abermals die mit arabi-

[80] BeBiKo/Störk/Büssow, 13. Aufl. 2022, Rn. 40: Der Anwendungsbereich des Abs. 6 sei auf „wenige Wirtschaftsbereiche" beschränkt. „Im Wesentlichen" gehe es um die „Bauindustrie, Reedereien, Mineralölgesellschaften, Bergbaubetriebe, Brauereien und Dienstleistungsbetriebe".
[81] S. ADS Rn. 72 ff., m. zahlr. Bsp.
[82] ZB BeBiKo/Störk/Büssow, 13. Aufl. 2022, Rn. 40; Hopt/Merkt, 41. Aufl. 2022, Rn. 6; HdR/Hütten/Lorson Rn. 104 ff. (Stand: 3/2022).
[83] Begr. RegE BiRiLiG, BT-Drs. 10/317, 77.
[84] HdR/Hütten/Lorson/Haustein Rn. 110 (Stand: 3/2022).
[85] HdR/Hütten/Lorson/Haustein Rn. 110 (Stand: 3/2022); BeBiKo/Störk/Büssow, 13. Aufl. 2022, Rn. 42 f.
[86] HdR/Hütten/Lorson/Haustein Rn. 116. m. Bsp. (Stand: 3/2022); Ossadnik WPg 1993, 617 (622 f.). Zur Praxis der Postenzusammenfassung nach § 265 Abs. 7 bei den DAX-Unternehmen speziell im Bereich der Rückstellungen s. Götz/Schütte/Zimmermann DB 2021, 237, 240–243.
[87] ADS Rn. 88; HdR/Hütten/Lorson/Haustein Rn. 116 (Stand: 3/2022).
[88] Näher hierzu ADS Rn. 88; HdR/Hütten/Lorson/Haustein Rn. 114 (Stand: 3/2022).
[89] ADS Rn. 89; Kirsch/Kirsch Rn. 131 (Stand: 1.3.2016); WP-HdB/Störk, 17. Aufl. 2021, F Rn. 299.

schen Ziffern versehenen Posten unter einer gemeinsamen Bezeichnung zusammengefaßt werden. Die zusammengefaßten Posten von Bilanz oder GuV müssen weiterhin – weil nicht unerheblich iSd Nr. 1 – im Anhang gesondert ausgewiesen werden, so daß die Vorschrift allein die Verlagerung von Informationen in den Anhang erlaubt.[90] Für solche Zusammenfassungen sind deshalb keine strengen Maßstäbe anzulegen.[91] Unzulässig ist es jedoch, wenn große Kapitalgesellschaften auf die in § 266 Abs. 2 und 3 vorgesehene Bilanzgliederung verzichten und stattdessen die für kleine Kapitalgesellschaften vorgesehene verkürzte Darstellung wählen.[92] § 266 Abs. 1 unterscheidet bei der Darstellungstiefe des Bilanzformats zwischen den unterschiedlichen Gesellschaften und ordnet für die großen und mittelgroßen verbindlich das Gliederungsschema in § 266 Abs. 2 und 3 an. Diese Regelung ist lex specialis und verdrängt insoweit die „vor die Klammer gezogene" allgemeine Vorschrift des Abs. 7.

IX. Leerposten (Abs. 8)

22   Die Verpflichtung zur Angabe von Vorjahreszahlen (Abs. 2 S. 1) besteht auch dann, wenn die Posten der Bilanz und GuV in der Berichtsperiode keinen Betrag ausweisen (sog. Leerposten), im Vorjahr aber ein Betrag ausgewiesen wurde. In diesen Fällen stellt der Leerposten die Vergleichbarkeit des Jahresabschlusses sicher (Abs. 8 Hs. 2). Der Ausweis von Leerposten kann der Klarheit und Vergleichbarkeit des Jahresabschlusses mit vorhergehenden Abschlüssen aber auch entgegenstehen.[93] Deshalb räumt Abs. 8 Hs. 1 ein Wahlrecht ein, den Leerposten entweder weiterzuführen oder ihn entgegen dem Stetigkeitsgrundsatz (Abs. 1 S. 1) im zweiten Jahr wegzulassen, wenn bereits im Vorjahr ein Leerposten ausgewiesen wurde. Der (vom Gesetzeswortlaut nicht erfaßte) Ausweis eines Leerpostens im zweiten Jahr, wenn im ersten Jahr – entsprechend dem Wahlrecht des Abs. 8 Hs. 1 – zulässigerweise auf einen Leerposten verzichtet wurde, dürfte demgegenüber gegen das Gebot der Klarheit (§ 243 Abs. 2) und Vergleichbarkeit (Abs. 1) verstoßen. Selbst wenn aber im ersten Jahr ein Leerposten ausgewiesen wurde (etwa in Anwendung des Abs. 8 Hs. 2), dürfte sein Weglassen im zweiten Jahr idR gleichwohl angezeigt sein, weil es den Grundsätzen der Klarheit und Übersichtlichkeit eher entspricht, als die Fortführung des Leerpostens.[94] Die Bestimmung ist auf Zahlenangaben in den übrigen Bestandteilen des erweiterten Jahresabschlusses (→ Rn. 8) entsprechend anwendbar.[95] War die Vorjahreszahl betragsmäßig unerheblich und wäre ihre nachträgliche Zusammenfassung mit anderen Posten zulässig (§ 265 Abs. 7 Nr. 1 analog), kann bei gleichzeitiger Änderung der Vorjahreszahl (Abs. 2 S. 3) von dem Ausweis eines Leerpostens in der Berichtsperiode abgesehen werden.[96] Infolge ihrer Eigenschaft als Teil eines Bilanz- oder GuV-Postens kann auch bei „Davon"-Vermerken auf den Ausweis eines Leerpostens verzichtet werden, ohne dass eine Fehlanzeige erforderlich ist.[97]

---

[90]   Der RefE zum BilRUG sah in Umsetzung des Art. 9 Abs. 3 UAbs. 2 RL 2012/30/EU vor, das Erfordernis des Ausweises im Anhang durch einen Abs. 7 beizufügenden S. 2 auch auf Abs. 7 Nr. 1 auszudehnen; dieser Vorschlag fand jedoch keinen Niederschlag im RegE.

[91]   Biener/Bernecke BiRiLiG S. 141; BeBiKo/Störk/Büssow, 13. Aufl. 2022, Rn. 42 ff.; aA Emmerich WPg 1986, 698 (700 ff.); ADS Rn. 92, die durch eine Verlagerung die Übersichtlichkeit des Anhangs gefährdet sehen.

[92]   So auch BeBiKo/Störk/Büssow, 13. Aufl. 2022, Rn. 42 ff.; aA ADS Rn. 93; Hopt/Merkt, 41. Aufl. 2022, Rn. 7.

[93]   Begr. RegE BiRiLiG, BT-Drs. 10/317, 78; Glade Praxishandbuch Rn. 60.

[94]   ADS Rn. 96; wohl auch KKRD/Morck/Drüen, 9. Aufl. 2019, Rn. 10; weitergehend HdR/Hütten/ Lorson/Haustein Rn. 128 (Stand: 3/2022), die von einer Pflicht zum Weglassen ausgehen.

[95]   BeBiKo/Störk/Büssow, 13. Aufl. 2022, Rn. 48 (analog auch für den Anhang).

[96]   ADS Rn. 95; HdR/Hütten/Lorson/Haustei Rn. 129 (Stand: 3/2022); BeBiKo/Störk/Büssow, 13. Aufl. 2022, Rn. 48.

[97]   ADS Rn. 96; BeBiKo/Störk/Büssow, 13. Aufl. 2022, Rn. 48; aA Heymann/Jung, 1. Aufl. 1988, Rn. 60: Eine Fehlanzeige sei nur entbehrlich, wenn der Leser auch ohne Fehlanzeige wisse, dass der betreffende Sachverhalt nicht gegeben sei.

X. Sanktionen

Ein Verstoß gegen § 265 führt nach § 256 Abs. 4 AktG (analog für GmbH) zur **Nich-** 23 **tigkeit** des Jahresabschlusses, „wenn seine Klarheit und Übersichtlichkeit dadurch **wesentlich beeinträchtigt** sind". Wegen der besonderen Tragweite der Nichtigkeitsfolge sind strenge Maßstäbe anzulegen.[98] Verstößt ein Mitglied eines vertretungsberechtigten Organs oder des Aufsichtsrats einer Kapitalgesellschaft oder eines nach dem PublG publizitätspflichtigen Unternehmens in der Weise gegen die Grundsätze des § 265, dass die Verhältnisse im Jahresabschluss unzutreffend dargestellt werden, macht es sich **strafbar** (§ 331 Abs. 1 Nr. 1; § 17 Nr. 1 PublG). Dies erfordert eine erhebliche Verletzung der Gliederungsschemata der §§ 266, 275.[99] Schließlich kommt eine **Ordnungswidrigkeit** in Betracht (§ 334 Abs. 1 Nr. 1c; § 20 Abs. 1 Nr. 1d PublG), wenn ein Mitglied des vertretungsberechtigten Organs oder des Aufsichtsrats einer Kapitalgesellschaft oder eines publizitätspflichtigen Unternehmens im Zuge der Aufstellung oder Feststellung des Jahresabschlusses gegen § 265 Abs. 2–4, Abs. 6 verstößt.

XI. IFRS[100]

Die IFRS-Standards kennen keine den §§ 266, 275 entsprechenden detaillierten Glie- 24 derungsvorschriften (ausführlich → § 266 Rn. 126 ff.). IAS 1 und das Rahmenkonzept des IASB enthalten jedoch einzelne Regelungen, die mit den Bestimmungen des § 265 vergleichbar sind. Diese finden sich in den grundlegenden Überlegungen (overall considerations) des IAS 1 und verfolgen den Zweck, die Aufstellung von Unternehmensabschlüssen zu ermöglichen, die innerbetrieblich und zwischenbetrieblich vergleichbar sind (IASB, Rahmenkonzept Nr. 39 ff.).

Nach IAS 1.27 ist die Darstellung und der Ausweis von Posten im Abschluss von einer 25 Periode zur nächsten beizubehalten **(Grundsatz der Darstellungsstetigkeit).** Hiervon kann nur abgewichen werden, wenn neue Standards oder Interpretationen des SIC bzw. des IFRIC eine Änderung der Darstellung vorschreiben oder sich die Geschäftstätigkeit des Unternehmens ändert und eine Anpassung der Darstellung entscheidungsrelevantere Informationen (IASB, Rahmenkonzept Nr. 15) vermittelt.

IAS 1.29 verlangt die **gesonderte Darstellung** jeder wesentlichen Postengruppe. 26 Nicht ähnliche Posten dürfen nur zusammengefasst werden, wenn es sich um unwesentliche Bestandteile handelt, die die Vermögens-, Finanz- und Ertragslage nicht verzerren. Dabei ist zu beachten, dass der Grundsatz der Wesentlichkeit (→ § 243 Rn. 63 ff.) nicht nur eine quantitative, sondern auch eine qualitative Komponente hat. Selbst wenn der Posten in der Bilanz, GuV oder im Anhang quantitativ unwesentlich ist, stellt sich die Frage, ob ein Sachverhalt gleichwohl entscheidungsbeeinflussend ist.[101]

Eine **Saldierung** von Posten in der Bilanz oder in der GuV ist grundsätzlich **nicht** 27 **zulässig.** Dies entspricht der handelsrechtlichen Regelung (§ 246 Abs. 2 S. 1) und soll einen umfassenden Einblick in die Vermögens-, Finanz- und Ertragslage gewährleisten. Das Saldierungsverbot ist von vornherein nicht betroffen, wenn erst die Saldierung den wirtschaftlichen Gehalt eines Vorgangs richtig darstellt. So ist zB die Wertberichtigung einer Forderung mit dieser zu verrechnen und netto auszuweisen, da nur der korrigierte Betrag den ökonomischen Gehalt zutreffend wiedergibt (IAS 1.33).[102] Gleiches gilt bei der Veräußerung langfristiger Vermögenswerte. Der beim Verkaufsvorgang erzielte Gewinn errechnet

---

[98] ADS Rn. 98; BeBiKo/Störk/Büssow, 13. Aufl. 2022, Rn. 57; Hopt/Merkt, 41. Aufl. 2022, Rn. 10.
[99] ADS Rn. 99; wohl auch Glade Praxishandbuch Rn. 62; BeBiKo/Störk/Büssow, 13. Aufl. 2022, Rn. 55; BeckOGK/Suchan, 15.9.2021, Rn. 45; auch BeckOK HGB/Poll, 35. Ed. 15.1.2022, Rn. 20: „Lediglich bei einer schwerwiegenden Missachtung [der Verpflichtung nach Abs. 2, 3, 4 oder 6] kommt ein Vergehen nach § 331 Nr. 1 HGB […] in Frage."
[100] Sämtliche zit. IAS/IFRS beziehen sich auf den für das Geschäftsjahr 2021 gültigen Stand.
[101] ADS International Abschn. 1 Rn. 62 ff.
[102] Zur Wertaufholung bei Vorräten vgl. IAS 2.34; zur Verrechnung von Erstattungsansprüchen mit Aufwendungen aus der Bildung von Rückstellungen vgl. IAS 1.34 (b), IAS 37.53 f.

sich aus der Differenz von Veräußerungserlös und dem Buchwert des Vermögenswertes. Die hierbei anfallenden Kosten sind vom Veräußerungserlös in Abzug zu bringen, da erst dadurch der Sachverhalt in der GuV insgesamt richtig erfasst wird (zur Saldierung von Diskonterträgen und Diskontaufwendungen in der GuV nach HGB → § 275 Rn. 92 f.). Die Saldierung von finanziellen Vermögenswerten und Verbindlichkeiten ist nach IAS 32 dann vorzunehmen, wenn das Unternehmen nach dem jeweiligen nationalen Recht bzw. aufgrund einer vertraglichen Regelung aufrechnen darf und dies auch beabsichtigt (IAS 32.42 ff.).

28   Nach IAS 1.36 haben die Unternehmen in ihren Abschlüssen **Vorjahresangaben** zu machen, um Aussagen über die Entwicklung bzw. über Veränderungen zu ermöglichen. Das gilt für Zahlenangaben und, sofern sie für die Beurteilung erheblich sind, auch für verbale Angaben zB im Anhang. Eine Befreiung von der Pflicht zur Angabe von Vorjahresbeträgen ist nur dann möglich, wenn ein Standard oder eine Interpretation dies vorsieht. Eine Änderung der Darstellung bzw. Gliederung in der laufenden Berichtsperiode zieht grundsätzlich auch eine Anpassung der Vorjahresperiode nach sich (IAS 1.38 ff.). Auf die Vorjahresangaben kann ausnahmsweise nur dann verzichtet werden, wenn es aus praktischen Gründen (nahezu) nicht möglich ist, verlässliche Zahlen der vorherigen Periode zu ermitteln. In diesen Fällen sind die Art der Änderung und die Gründe für die unterlassene Anpassung anzugeben (IAS 1.38 f.). **Leerposten** sind wie nach Abs. 8 Hs. 2 zu zeigen, wenn ein Posten im Vorjahr einen Betrag ausgewiesen hat.[103]

Zweiter Titel. Bilanz

§ 266 Gliederung der Bilanz

(1) [1]**Die Bilanz ist in Kontoform aufzustellen.** [2]**Dabei haben mittelgroße und große Kapitalgesellschaften (§ 267 Absatz 2 und 3) auf der Aktivseite die in Absatz 2 und auf der Passivseite die in Absatz 3 bezeichneten Posten gesondert und in der vorgeschriebenen Reihenfolge auszuweisen.** [3]**Kleine Kapitalgesellschaften (§ 267 Abs. 1) brauchen nur eine verkürzte Bilanz aufzustellen, in die nur die in den Absätzen 2 und 3 mit Buchstaben und römischen Zahlen bezeichneten Posten gesondert und in der vorgeschriebenen Reihenfolge aufgenommen werden.** [4]**Kleinstkapitalgesellschaften (§ 267a) brauchen nur eine verkürzte Bilanz aufzustellen, in die nur die in den Absätzen 2 und 3 mit Buchstaben bezeichneten Posten gesondert und in der vorgeschriebenen Reihenfolge aufgenommen werden.**

(2) Aktivseite
A. Anlagevermögen:
    I. Immaterielle Vermögensgegenstände:
        1. Selbst geschaffene gewerbliche Schutzrechte und ähnliche Rechte und Werte;
        2. entgeltlich erworbene Konzessionen, gewerbliche Schutzrechte und ähnliche Rechte und Werte sowie Lizenzen an solchen Rechten und Werten;
        3. Geschäfts- oder Firmenwert;
        4. geleistete Anzahlungen;
    II. Sachanlagen:
        1. Grundstücke, grundstücksgleiche Rechte und Bauten einschließlich der Bauten auf fremden Grundstücken;
        2. technische Anlagen und Maschinen;
        3. andere Anlagen, Betriebs- und Geschäftsausstattung;
        4. geleistete Anzahlungen und Anlagen im Bau;

---

[103]   MüKoBilanzR/Zülch/Fischer IAS 1 Rn. 54.

III. Finanzanlagen:
1. Anteile an verbundenen Unternehmen;
2. Ausleihungen an verbundene Unternehmen;
3. Beteiligungen;
4. Ausleihungen an Unternehmen, mit denen ein Beteiligungsverhältnis besteht;
5. Wertpapiere des Anlagevermögens;
6. sonstige Ausleihungen.

B. Umlaufvermögen:
I. Vorräte:
1. Roh-, Hilfs- und Betriebsstoffe;
2. unfertige Erzeugnisse, unfertige Leistungen;
3. fertige Erzeugnisse und Waren;
4. geleistete Anzahlungen;
II. Forderungen und sonstige Vermögensgegenstände:
1. Forderungen aus Lieferungen und Leistungen;
2. Forderungen gegen verbundene Unternehmen;
3. Forderungen gegen Unternehmen, mit denen ein Beteiligungsverhältnis besteht;
4. sonstige Vermögensgegenstände;
III. Wertpapiere:
1. Anteile an verbundenen Unternehmen;
2. sonstige Wertpapiere;
IV. Kassenbestand, Bundesbankguthaben, Guthaben bei Kreditinstituten und Schecks.

C. Rechnungsabgrenzungsposten.
D. Aktive latente Steuern.
E. Aktiver Unterschiedsbetrag aus der Vermögensverrechnung.

(3) Passivseite
A. Eigenkapital:
I. Gezeichnetes Kapital;
II. Kapitalrücklage;
III. Gewinnrücklagen:
1. gesetzliche Rücklage;
2. Rücklage für Anteile an einem herrschenden oder mehrheitlich beteiligten Unternehmen;
3. satzungsmäßige Rücklagen;
4. andere Gewinnrücklagen;
IV. Gewinnvortrag/Verlustvortrag;
V. Jahresüberschuß/Jahresfehlbetrag.

B. Rückstellungen:
1. Rückstellungen für Pensionen und ähnliche Verpflichtungen;
2. Steuerrückstellungen;
3. sonstige Rückstellungen.

C. Verbindlichkeiten:
1. Anleihen,
davon konvertibel;
2. Verbindlichkeiten gegenüber Kreditinstituten;
3. erhaltene Anzahlungen auf Bestellungen;
4. Verbindlichkeiten aus Lieferungen und Leistungen;
5. Verbindlichkeiten aus der Annahme gezogener Wechsel und der Ausstellung eigener Wechsel;
6. Verbindlichkeiten gegenüber verbundenen Unternehmen;

7. **Verbindlichkeiten gegenüber Unternehmen, mit denen ein Beteiligungsverhältnis besteht;**
8. **sonstige Verbindlichkeiten,**
   davon aus Steuern,
   davon im Rahmen der sozialen Sicherheit.
D. **Rechnungsabgrenzungsposten.**
E. **Passive latente Steuern.**

Schrifttum: Ahrend/Förster/Rößler, Die Auswirkungen des Bilanzrichtlinien-Gesetzes auf die betriebliche Altersversorgung, DB-Beilage 10/1986, 1; App, Überblick über die Aktivierung von Verpackungskosten, StWa 1993, 114; Bachem, Bilanzierung und Besteuerung eigenkapitalersetzender Maßnahmen, DB 1994, 1055; Bacmeister, Bilanzierung von Nennkapitalerhöhungen vor Eintragung im Spannungsfeld zwischen Gläubigerschutz und § 8a KStG, WPg 1994, 449; Bieg, Grundlagen der Bilanzierung und Bewertung von Derivaten, StB 2002, 429 (Teil I), 472 (Teil II); Bieg, Ermessensentscheidungen beim Handelsbilanzausweis von „Finanzanlagen" und „Wertpapieren des Umlaufvermögens" – auch nach neuem Bilanzrecht?, DB-Beilage 24/1985, 1; Blecher/Horx, Zur Bilanzierung von Kryptowährungen nach GoB und IFRS, WPg 2020,267; Bonnecke, Latente Steuern in der handelsrechtlichen Bilanzierungspraxis, StuB 2021, 882; Boorberg/Strüngmann/Spieß, Bilanzierung von Arzneimittelzulassungen, DB 1994, 53; Breidenbach, Steuerliche Probleme im Zusammenhang mit Werkzeugen, WPg 1975, 73; Claussen, Der Genussschein und seine Einsatzmöglichkeiten, FS Werner, 1984, 81; Claussen, Genuss ohne Reue, AG 1985, 77; Dobler/Kurz, Aktivierungspflicht für immaterielle Vermögensgegenstände in der Entstehung nach dem RegE eines BilMoG, KoR 2008, 485; Dötsch/Pung, SEStEG: Die Änderungen des KStG, DB 2006, 2648; Duske, Rechnungslegung beim Eigenkapitalersatz, DStR 1993, 925; Emmerich/Naumann, Zur Behandlung von Genussrechten im Jahresabschluss von Kapitalgesellschaften, WPg 1994, 677; Ernsting, Auswirkungen des SEStEG auf die Bilanzierung von Körperschaftsteuerguthaben in Jahresabschlüssen nach HGB und IFRS, DB 2007, 180; Epstein/Nach/Bragg, Wiley GAAP: Interpretation and application of Generally Accepted Accounting Principles, 2006; Farr, Der Jahresabschluss der mittelgroßen und der kleinen AG, AG 1996, 145; Farr, Der Jahresabschluss der kleinen GmbH, GmbHR 1996, 92, 185; Fleck, Das kapitalersetzende Gesellschafterdarlehen in der GmbH-Bilanz – Verbindlichkeit oder Eigenkapital?, GmbHR 1989, 313; Forster, Zu Ausweis, Ansatz und Bewertung des Programmvermögens von Rundfunkanstalten, WPg 1988, 321; Früh/Klar, Joint Ventures: Bilanzielle Behandlung und Berichterstattung – Zur neuen HFA-Stellungnahme 1/1993 des IDW, WPg 1993, 493; Gerlach/Oser, Ausgewählte Aspekte zur handelsrechtlichen Bilanzierung von Kryptowährung, DB 2018, 1541; Granobs/Raue, Der Ausweis von AKA-Krediten in der Bilanz nach Aktienrecht, WPg 1970, 106; Groh, Eigenkapitalersatz in der Bilanz, BB 1993, 1882; Groh, Genussrechtskapital und Maßgeblichkeitsgrundsatz, BB 1995, 559; Häuselmann, Bilanzierung und Besteuerung von Zinsbegrenzungsverträgen, BB 1990, 2149; Häuselmann, Zur Bilanzierung von Investmentanteilen, insbesondere von Anteilen an Spezialfonds, BB 1992, 312; Häuselmann/Wiesenbart, Die Bilanzierung und Besteuerung von Wertpapier-Leihgeschäften, DB 1990, 2129; Hannes, Sonderfragen zum Eigenkapital in der Handels- und Steuerbilanz, StuB 2018, 1; Harms/Küting, Ermittlung und Ausweis des Eigenkapitals nach dem Bilanzrichtlinie-Gesetz, DB 1983, 1449; Harrmann, Fertige und unfertige Erzeugnisse in der Bilanz nach neuem Bilanzrecht, DB 1986, 1412; Harrmann, Unverzinsliche oder niedrig verzinsliche langfristige Darlehensforderungen, BB 1990, 1450; Haußer, Bewertung von Wertpapieren des Umlaufvermögens nach HGB, US GAAP und IAS, 2003; Heinz/Koetz, Umlaufvermögen bei vermögensverwaltenden Personengesellschaften, GmbHR 2008, 341; Herzig/Vossel, Paradigmenwechsel bei latenten Steuern nach dem BilMoG, BB 2009, 1174; Hirte, Die Behandlung immaterieller Wirtschaftsgüter im Regierungsentwurf eines Bilanzrichtlinie-Gesetzes, DB 1982, 2361; Höfer/Lemitz, Betriebliche Altersversorgung und das neue Bilanzrecht, BB 1986, 426; Hoffmann, Der deregulierte Jahresabschluss der Kleinstkapitalgesellschaft, StuB 2012, 730; Hoffmann/Lüdenbach, Die Bilanzierung von Treibhausgas-Emissionsrechten im Rechtsvergleich, DB 2006, 57; Hommel/Wolf, Emissionshandel im handelsrechtlichen Jahresabschluss – eine kritische Würdigung des Entwurfs der IDW Stellungnahme vom 2.3.2005, BB 2005, 1782; Hultsch/Roß/Drögemüller, Zum Nachrangerfordernis beim Eigenkapitalausweis von Genussrechtskapital im handelsrechtlichen Jahresabschluss, BB 2007, 819; IDW, Stellungnahme RS HFA 30 n.F., Handelsrechtliche Bilanzierung von Altersversorgungsverpflichtungen, IDW Life 1/2017, 102; IDW, Stellungnahme HFA 1/1985: Zur Behandlung der Umsatzsteuer im Jahresabschluss, WPg 1985, 257; IDW, Stellungnahme des Sonderausschusses Bilanzrichtlinien-Gesetz: Zur Steuerabgrenzung im Einzelabschluss (3/1988), WPg 1988, 81; IDW, Stellungnahme HFA 1/1993: Zur Bilanzierung von Joint Ventures, WPg 1993, 441; IDW, Stellungnahme HFA 1/1994: Zur Behandlung von Genussrechten im Jahresabschluss von Kapitalgesellschaften, WPg 1994, 419; IDW, Stellungnahme des Bankenfachausschusses: Bilanzierung von Optionsgeschäften (2/1995), WPg 1995, 421; IDW, Entwurf einer Stellungnahme VFA 1: Zur Bewertung und zum Ausweis von Wertpapieren und Namensschuldverschreibungen im Jahresabschluß der Versicherungsunternehmen, Stand: 28.8.1998, WPg 1998, 1076; IDW, Fachausschuss Recht, Konsequenzen unterlassener Pflichtprüfungen für die Prüfung des Folgeabschlusses, Fachnachrichten 5/2002, 214; IDW, Stellungnahme RS HFA 11: Bilanzierung von Software beim Anwender, WPg 2004, 817; IDW, Stellungnahme RS HFA 15: Bilanzierung von Schadstoffemissionsrechten nach HGB, WPg 2006, 574; IDW, Stellungnahme RS HFA 18: Bilanzierung von Anteilen an Personenhandelsgesellschaften im handelsrechtlichen Jahresabschluss, WPg Supplement 1/2012, 84; IDW, Stellungnahme

RS HFA 7 n.F. – Handelsrechtliche Rechnungslegung bei Personenhandelsgesellschaften (Stand: 30.11.2017), IDW Life 02.2018, 259; Jutz, Bilanzierung und Bewertung von Financial Futures, BB 1990, 1515; Knapp, Mietereinbauten und -umbauten sowie Gebäude auf fremdem Grund in der Handelsbilanz, BB 1975, 1103; Kaufmann, Die Bilanzierung von Rechten zur Berichterstattung und Übertragung von Sportereignissen im Fernsehen, BB 1995, 2103; Kirsch, Beteiligungen an Kapitalgesellschaften im handelsrechtlichen Jahresabschluss, der Steuerbilanz und im separaten Einzelabschluss nach IFRS, PiR 2021, 328; Klein/Völker-Lehmkuhl, Die Bilanzierung von Emissionsrechten nach den deutschen Grundsätzen ordnungsgemäßer Bilanzierung, DB 2004, 332; Knobbe-Keuk, Stille Beteiligung und Verbindlichkeiten mit Rangrücktrittsvereinbarung im Überschuldungsstatus und in der Handelsbilanz des Geschäftsinhabers, ZIP 1983, 127; Knop, Die Gliederungskonzeption des Bilanzrichtlinie-Gesetzes, DB 1984, 569; Köhler, Buchung und Bilanzierung von Anzahlungen, StBp 1998, 320, StBp 1999, 8; Kropff, „Verbundene Unternehmen“ im Aktiengesetz und im Bilanzrichtlinien-Gesetz, DB 1986, 364; K. Küting/Grau, Nicht durch Eigenkapital gedeckter Fehlbetrag: Bilanzrechtliche und bilanzanalytische Würdigung eines handelsrechtlichen Korrekturpostens, DB 2014, 729; K. Küting/Grau, Die Auswirkungen des Bilanzrechtsmodernisierungsgesetzes auf die bilanzanalytische Strukturbilanz, DStR 2012, 1241; K. Küting/Reuter, Der Bilanzausweis des Eigenkapitals nach dem BilMoG-RegE, StuB 2008, 535; K. Küting/Dürr, „Genüsse“ in der Rechnungslegung nach HGB und IFRS sowie Implikationen im Kontext von Basel II, DStR 2005, 938; K. Küting/Kessler, Eigenkapitalähnliche Mittel in der Handelsbilanz und im Überschuldungsstatus, BB 1994, 2103; K. Küting/Kessler/Harth, Genussrechtskapital in der Bilanzierungspraxis, BB-Beilage 8/1996, 1; K. Küting/Seel, Die Ungereimtheiten der Regelungen zu latenten Steuern im neuen Bilanzrecht, DB 2009, 922; P. Küting, Nachhaltige Präsenzmehrheiten als hinreichendes Kriterium zur Begründung eines Konzerntatbestandes, DB 2009, 78; Kupsch, Bilanzierung und Bewertung von Werbemitteln in Handels- und Steuerbilanz, DB 1983, 509; Lätsch, Die Gliederungsvorschriften in der Praxis, StBKongrRep 1988, 271; Lehmann, Finanzinstrumente: vom Wertpapier- und Sachenrecht zum Recht der unkörperlichen Vermögensgegenstände, 2009; Löw/Pietsch, Management und Bilanzierung von Emissionsrechten, 2010; Lüdenbach/Prusaczyk, Internationale Rechnungslegung im Brennpunkt: Gliederungsvorschriften für die Bilanz und Gewinn- und Verlustrechnung nach IAS/IFRS, BC 2004, 128; Lüdenbach/Prusaczyk, Verbindliches Mindestgliederungsschema für die IFRS-Bilanz, KoR 2004, 89; Lühn, Ausweis von Genussrechten auf der Passivseite der IFRS-Bilanz – unter besonderer Berücksichtigung von IDW RS HFA 9, WPg 2006, 1529; Lutter, Zur Bilanzierung von Genussrechten, BB 1993, 2441; Moxter, Immaterielle Anlagewerte im neuen Bilanzrecht, BB 1979, 1102; W. Müller, Wohin entwickelt sich der bilanzrechtliche Eigenkapitalbegriff?, FS Budde, 1995, 445; S. Müller/Weller/Reinke, Entwicklungstendenzen in der Eigenkapitalabgrenzung, DB 2008, 1109; Paelke, Abgrenzung der Herstellungskosten von den Vertriebskosten in der Nahrungs- und Genussmittelindustrie, StBp 1996, 117; Prinz/Ruperg, Latente Steuern nach dem BilMoG: Grundkonzept, Bedeutungswandel, erste Anwendungsfragen, Der Konzern 2009, 343; Reiner, Derivative Finanzinstrumente im Recht, 2002, https://www.nomos-elibrary.de/10.5771/9783845287164-I; Reiner, Finanzierung durch Darlehen, in Ekkenga, Handbuch der AG-Finanzierung, 2. Aufl. 2019, Kap. 14, S. 1277; Reuter, Genuss ohne Reue?, AG 1985, 104; Richter/Augel, Die bilanzielle und ertragsteuerliche Behandlung von virtuellen Währungen anhand des Bitcoins, FR 2017, 937; Richter/Geib, Auswirkungen des Bilanzrichtlinien-Gesetzes auf die Rechnungslegung von Versicherungsunternehmen, WPg 1987, 181; Rogler, Bilanzierung von CO2-Emissionsrechten, KoR 2005, 255; Rudloff, Die bilanzielle Behandlung von Güterverkehrsgenehmigungen, BB 1991, 1743; Sanning, Blockchain im Betrieb – BMF veröffentlicht Schreiben zur Ertragsbesteuerung von virtuellen Währungen und Krypto-Token, DB 2022, 1409; Scholz, Update zur handelsrechtlichen Bilanzierung von Forschungszulagen, StuB 2021, 944; Schulze-Osterloh, Die Einlage des stillen Gesellschafters als bilanzrechtliches Eigenkapital des Inhabers des Handelsgewerbes, FS Hommelhoff, 2012, 1075; Schulze-Osterloh, Passiver Ausgleichsposten beim Erwerb von Anteilen an einer Kapitalgesellschaft gegen Zuzahlung des Verkäufers, BB 2006, 1955; Sauer, Rechnungslegung für Software, DStR 1988, 727; Schiedermair/Maul, Bilanzierungs-, Prüfungs- und Offenlegungspflichten von haftungsbeschränkten & Co.-Gesellschaften nach Inkrafttreten des Kapitalgesellschaften & Co.-Richtlinien-Gesetzes, FS Müller, 2001, 503; Schildbach US-GAAP, 2002; Sixt, Die bilanzielle und ertragsteuerliche Behandlung von Token beim Investor, DStR 2019, 1766; Sixt, Die handelsrechtliche und ertragsteuerliche Behandlung von Token beim Emittenten, DStR 2020, 1871; Skuradszun, Handels- und steuerrechtliche Bilanzierung von Kryptowerten und Kryptowertpapieren iSv § 1 Abs. 11 S. 4 KWG, § 4 Abs. 3 eWpG-E, DStR 2021, 1063; Sontheimer, Die steuerliche Behandlung von Genußrechten, BB-Beilage 19/1984, 1; Tertel, Ein Überblick über zentrale Jahresabschlussvorschriften des Bilanzrichtliniengesetzes, DStR 1986, 113, 147; Treuberg/Scharpf, DTB-Aktienoptionen und deren Abbildung im Jahresabschluss von Industrieunternehmen, DB 1991, 661; Veit (Hrsg.) Sonderprüfungen, 2006; Vollmer, Der Genussschein – ein Instrument für mittelständische Unternehmen zur Eigenkapitalschaffung an der Börse, ZGR 1983, 445; Wagenhofer, Internationale Rechnungslegungsstandards IAS/IFRS, 5. Aufl. 2005; Weber, Bilanzierung und Prüfung von kapitalersetzenden Darlehen an Aktiengesellschaften beim Darlehensgeber (Teil I), WPg 1986, 1; Weirich/Zimmermann, Aufstellung und Offenlegung des Jahresabschlusses kleiner Aktiengesellschaften, AG 1986, 265; Wendholt/Wesemann, Zur Umsetzung der HGB-Modernisierung durch das BilMoG: Bilanzierung von latenten Steuern im Einzel- und Konzernabschluss, DB-Beilage 5/2009, 64; Wengel, Die handelsrechtliche Eigen- und Fremdkapitalqualität von Genussrechtskapital, DStR 2001, 1316; Winter, Die handelsrechtliche Bilanzierung von Zinsbegrenzungsvereinbarungen, DB 1997, 1985; Wirtz, Ausweis von Zöllen und Verbrauchsteuern für Vermögensgegenstände des Vorratsvermögens und der Umsatzsteuer auf erhaltene Anzahlungen, DStR 1986, 749; Wittmann/Ruß, Bilanzierung alternativer

Finanzierungsformen nach HGB, Stbg 2011, 127; Wriedt/Fischer, Zur Bilanzierung von Filmvermögen, DB 1993, 1683; Ziebe, Der Genussschein als kapitalmarktpolitisches Instrument zur Verbesserung der Eigenkapitalausstattung von Unternehmen, BB 1984, 2210; Zimmermann, Bilanzierung langfristiger Fremdwährungsausleihungen in Handels- und Steuerbilanz, BBK 2010, 516; Zimmermann/Dorn/Wrede, Bilanzierung und Bewertung von Finanzanlagen, NWB 2021, 1524; Zimmermann/Wrede/Nasouhi, Bilanzierung, Bewertung sowie steuerliche Besonderheiten, NWB 2022, 760.[1]

Übersicht

[1]   Der Verf. dankt seiner wissenschaftlichen Mitarbeiterin Kseniia Tatarkina, Kandidat der Rechtswissenschaft (Nationale Staatliche Forschungsuniversität Tomsk, Russland) und LL.M. (Univ. Passau), für die hilfreiche Vorarbeit zur Neuauflage.

A. Gliederungsgrundsätze

I. Überblick

Die Gliederungsvorschrift des § 266 regelt den Ausweis der einzelnen Posten in der **1** Bilanz, insbesondere ihre Unterteilung, ihre Reihenfolge und ihre Bezeichnung. Die Regelung dient der Bilanzklarheit und Übersichtlichkeit (vgl. § 243 Abs. 2 und § 265 Abs. 6) und soll zudem einen Einblick in die Vermögenslage des Unternehmens (vgl. § 264 Abs. 2 S. 1) ermöglichen. Damit soll sowohl die Basis für den innerbetrieblichen Vergleich von Bilanzen über verschiedene Perioden hinweg als auch für den zwischenbetrieblichen Vergleich von Bilanzen verschiedener Unternehmen[2] gelegt werden. Eine fundierte Bilanzanalyse setzt voraus, dass die Inhalte der Bilanzposten möglichst präzise festgelegt werden. § 266 trifft keine Aussage über den Ansatz, die Bewertung und den Ausweis von Posten.[3] Dies ergibt sich aus anderen gesetzlichen Regelungen oder den GoB. Ob die betreffende Position zB ein Vermögensgegenstand (§ 246 Abs. 1 S. 1) ist, einem Aktivierungsverbot unterliegt (zB § 248 Abs. 2 S. 1) und dem bilanzierenden Unternehmen gehört oder wirtschaftlich zugerechnet werden kann (§ 246 Abs. 1 S. 2 Hs. 1 und 2), lässt sich nicht anhand von § 266 entscheiden. § 266 setzt vielmehr voraus, dass die materiellen Bilanzierungsanforderungen erfüllt sind. § 266 ist neben § 275 die **zentrale Gliederungsvorschrift** der handelsrechtlichen Rechnungslegung. Ergänzend treten zahlreiche Vermerk- und Erläuterungspflichten hinzu, die überwiegend in Spezialvorschriften geregelt sind[4] und sich darüber hinaus aus GoB ergeben können. Mit der Verordnung des Reichspräsidenten (Notverordnung) „über

---

[2] Ebenso ADS Rn. 2; Baetge/Kirsch/Thiele/Marx/Dallmann Rn. 3 (September 2015); zweifelnd BeBiKo/Schubert/Waubke, 13. Aufl. 2022, Rn. 11: „problematisch" angesichts „nicht unwesentlicher Abweichungen in der Auslegung mehrerer Einzelvorschriften und ihres Verhältnisses zueinander".

[3] Der Begriff Position bezeichnet hier einen rechtlichen oder tatsächlichen Zustand der bilanzierenden Gesellschaft, bezüglich dessen sich die Frage stellt, ob er Vermögensgegenstand, Eigenkapital oder Verbindlichkeit ist. „Posten" ist ein Begriff des Gesetzes und bezeichnet demgegenüber die einzelnen Punkte und Unterpunkte der Bilanz (vgl. nur § 246 Abs. 2, § 247 Abs. 3, § 248 Abs. 1 und 2, § 265, § 266 Abs. 1, § 268, § 270) und GuV (zB § 275 Abs. 1 und 4).

[4] S. die Zusammenstellung der Vermerkpflichten bei ADS Rn. 5.

Aktienrecht, Bankenaufsicht und über eine Steueramnestie" vom 19.9.1931 (RGBl. 1931 I 493), seit deren Erlass es in Deutschland eine staatliche Bankenaufsicht gibt, wurden erstmals Gliederungsvorschriften in das HGB eingefügt. Für Genossenschaften gab es ein verbindlich vorgeschriebenes Gliederungsschema erstmals mit der Verordnung „über die Bilanzierung von Genossenschaften" vom 30.5.1933 (RGBl. 1933 I 317). Die hierdurch vorgeschriebenen Gliederungen der Bilanz wurden in das AktG 1937 (§ 131) und in das AktG 1965 (§ 151 aF) übernommen. Mit dem Bilanzrichtliniengesetz vom 19.12.1985 wurden die aktien- und genossenschaftsrechtlichen Gliederungsvorschriften aufgehoben und durch die Gliederungsschemata der § 266 und § 336 Abs. 2 sowie des § 5 Abs. 1 PublG ersetzt.[5] § 266 beruht auf den Vorgaben der früheren RL 78/660/EWG, insbesondere auf Art. 9 RL 78/660/EWG, der inzwischen in Anh. III Bilanz-RL („Horizontale Gliederung der Bilanz nach Artikel 10") der neuen Bilanz-RL aufgegangen ist und die horizontale Gliederung der Bilanz neben der vertikalen (Anh. IV Bilanz-RL: „Vertikale Gliederung der Bilanz nach Artikel 10") zu einer der beiden zulässigen Darstellungsarten erklärt. Die sog. „Modernisierungsrichtlinie"[6] fügte 2003 in Gestalt des Art. 10a RL 78/660/EWG ein Wahlrecht in die alte L 78/660/EWG ein, das inhaltlich in Art. 11 Bilanz-RL übernommen wurde. Es ermöglicht es den Mitgliedstaaten, allen Kapitalgesellschaften oder bestimmten Unterkategorien zu gestatten oder vorzuschreiben, anders als in den Anh. III und IV Bilanz-RL (Art. 9 und 10 RL 78/660/EWG) festgelegt, „bei der Gliederung […] zwischen kurz- und langfristigen Posten zu unterscheiden, sofern der vermittelte Informationsgehalt […] mindestens gleichwertig ist". Davon hat der deutsche Gesetzgeber bislang (Stand: März 2022) keinen Gebrauch gemacht; auch das am 23.7.2015 in Kraft getretene BilRUG (BGBl. 2015 I 1245) hat an der bisherigen Bilanzgliederung festgehalten.

2   Die Vorschriften über die Gliederung der Bilanz sind grundsätzlich **zwingend.** Abweichende Darstellungen sind nur in gesetzlich bestimmten Ausnahmefällen (vgl. etwa § 265 Abs. 6, § 330 iVm Formblattverordnungen des BMJ, → Rn. 9) zulässig.[7] Der Grund für den zwingenden Charakter ergibt sich aus der Informationsfunktion der Rechnungslegung (→ § 264 Rn. 30; → § 243 Rn. 57 ff.). Bilanzen, die einer einheitlichen Gliederung folgen, sind klar, übersichtlich[8] und vermitteln unter dem Gesichtspunkt der Darstellung ein den tatsächlichen Verhältnissen „getreues Bild" (→ § 264 Rn. 26 ff.), insbesondere der Vermögens- und Finanzlage des Unternehmens (vgl. § 264 Abs. 2). Eine Bilanzanalyse, insbesondere in Form der Kennzahlenanalyse, verlangt eine innere Ordnung des Buchwerkes. Nur bei einheitlicher Gliederung lassen sich Unternehmensabschlüsse in zeitlicher und innerbetrieblicher Sicht in sinnvoller Weise miteinander **vergleichen.**[9] Unterschiedliche Auslegungen von Einzelvorschriften und Unsicherheiten beim Ausweis lassen sich nicht vermeiden, können aber nichts am Erfordernis einer zwingenden Gliederung für Vergleichszwecke ändern.[10]

II. Gliederungsprinzipien

3   § 266 ist nicht durch ein bestimmtes Gliederungsprinzip geprägt, sondern basiert auf mehreren, einander überschneidenden sachlichen Gesichtspunkten.[11] Die Aktivseite zeich-

---

5   Weiterführend Beck HdR/Böcking/Hanke B 200, Rn. 1 (Stand: Oktober 2021).
6   Richtlinie 2003/51/EG v. 18.5.2003 zur Änderung der Richtlinien 78/660/EWG, 83/349/EWG, 86/635/EWG und 91/674/EWG über den Jahresabschluss und den konsolidierten Abschluss von Gesellschaften bestimmter Rechtsformen, von Banken und anderen Finanzinstituten sowie von Versicherungsunternehmen, ABl. EG 2003 L 178, 16.
7   ADS Rn. 1; BeBiKo/Schubert/Waubke, 13. Aufl. 2022, Rn. 5.
8   ADS Rn. 2; HdR/Dusemond/Heusinger-Lange/Knop Rn. 5 (Stand: 12/2021); Glade Praxishandbuch Rn. 1; WP-HdB/Störk, 17. Aufl. 2021, Rn. F 287.
9   S. auch ADS Rn. 2: „wesentliche Voraussetzung für die Perioden- und Betriebsvergleiche"; Bieg DB-Beilage 24/1985, 1 (62).
10   Zweifelnd BeBiKo/Schubert/Waubke, 13. Aufl. 2022, Rn. 11.
11   Eingehend ADS Rn. 6 ff.; Bonner HdR/Matschke Rn. 16 ff. jeweils mwN (Grundlieferung, Aussage ab der 61. EL v. August 2012 nicht mehr enthalten); s. auch den umfassenden Überblick über die betriebswirtschaftlichen Bilanzgliederungsprinzipien bei HdJ/Lenz, Abt. VI/1, Die Bilanzgliederung nach HGB, Rn. 5–10 (Stand: Oktober 2020).

net für einen Produktionsbetrieb idealtypisch betriebliche Organisations- und Produktions-
verhältnisse nach. Mit dem Anlagevermögen werden die Grundlagen des Unternehmens
ausgewiesen, wohingegen das Umlaufvermögen die der Veränderung durch den Produktionsprozess unterliegenden Verbrauchsgüter erfasst. Die Abbildung des **betrieblichen
Ablaufs** zeigt sich auch innerhalb des Umlaufvermögens. Das Vermögen ist zunächst in
den Vorräten gebunden, die nach der Verarbeitung im Produktionsprozess und durch Veräußerung der Fertigerzeugnisse bzw. Handelswaren zu Forderungen werden. Die Forderungen
werden dann ihrerseits bei Zahlung in flüssige Mittel umgewandelt. Auf der Passivseite ist
der Gesetzgeber vom Eigenkapital als vorrangige Finanzierungsquelle ausgegangen. Diese
Einteilung spiegelt die heutige Unternehmenswirklichkeit nur noch sehr unvollkommen
wider. Die Vorstellung vom betrieblichen Ablauf zeigt sich wiederum bei der Reihenfolge
der Eigenkapitalposten: Die gesetzlichen Vertreter der Kapitalgesellschaft haben bei der
Gründung die Einzahlung des gezeichneten Kapitals sicherzustellen. Freiwillige Zuzahlungen von Gesellschaftern oder Aufgelder sind in die Kapitalrücklage (§ 272 Abs. 2) einzustellen. Gewinnrücklagen (§ 272 Abs. 3) und der Gewinn- oder Verlustvortrag enthalten Ergebnisbestandteile früherer Perioden, während der Posten „Eigenkapital" mit dem Ergebnis
des Berichtszeitraums, also des gerade abgelaufenen Jahres, schließt.

Neben dem betrieblichen Ablauf findet sich eine Einteilung nach der **Bindungsdauer** 4
der Posten im Unternehmen bzw. nach ihrer **Fälligkeit**.[12] Dabei soll eine Aussage getroffen
werden, wie lange typischerweise Vermögensgegenstände dem Unternehmen bis zur Verarbeitung bzw. Veräußerung zur Verfügung stehen und wie lange Verbindlichkeiten bis zur
Tilgung bzw. Erfüllung das Unternehmen belasten. Diese Einteilung bildet gleichzeitig den
Prozess der „Geldwerdung", also die **Liquidität** der Posten, ab. Die Liquiditätsnähe ist
dasjenige Gliederungsprinzip, das das Schema nach § 266 am meisten prägt.[13] Im Anlagevermögen werden immaterielle Vermögensgegenstände grundsätzlich länger im Unternehmen
verbleiben als Sachanlagen und Finanzanlagen. Im Umlaufvermögen werden Vorräte üblicherweise zunächst einem Produktionsprozess zugeführt, während die Forderungen regelmäßig schneller zu Geld gemacht werden können. Auf der Passivseite steht dem Unternehmen mit dem gezeichneten Kapital ein Grundstock zur Verfügung, der nur in begrenztem
Umfang ausgeschüttet werden kann. Unter den Rückstellungen dienen die Pensionsrückstellungen naturgemäß der langfristigen Finanzierung der Pensionslasten. Die Steuerrückstellungen und sonstigen Rückstellungen umfassen sowohl langfristige als auch kurzfristige
Verpflichtungen. Die Gliederung der Vermögensgegenstände und Verbindlichkeiten nach
der Bindungsdauer wird abgerundet durch zahlreiche Pflichten zu besonderen Angaben in
Bilanz und Anhang (zB § 268 Abs. 4 S. 1, § 268 Abs. 5 S. 2 und 2, § 285 Nr. 1).

Im Bilanzgliederungsschema finden sich darüber hinaus Elemente einer Gliederung 5
nach **Rechtsverhältnissen.** So erfolgt auf der Aktivseite die Trennung von Ausleihungen,
Anteilen und Beteiligungen (Abs. 2 A. III.) nach originär rechtlichen Kriterien (ausführlich
→ Rn. 37 ff.). Innerhalb der Ausleihungen ist ein separater Ausweis der Ausleihungen an
verbundene Unternehmen, an Unternehmen, mit denen ein (sonstiges) Beteiligungsverhältnis besteht, und der sonstigen Ausleihungen erforderlich (Abs. 2 A. III. 2., 4., 6.). Damit
sollen die rechtlichen Unternehmensverflechtungen transparent gemacht werden. Die Einteilung der Passivseite in die Bereiche Eigen- und Fremdkapital erfolgt gleichfalls nach
rechtlichen Kriterien, oder, in der Terminologie der Neuen Institutionenökonomik, nach
Maßgabe der bestehenden „Verfügungsrechte".

III. Auslegung

Die Gliederungsvorschriften sind so auszulegen, dass sie insbesondere die Informations- 6
vermittlungsfunktion des Jahresabschlusses erfüllen. Da sich die Art der Gliederung nicht
auf das Jahresergebnis auswirkt, braucht diese Aufgabe des Jahresabschlusses hier nicht hinter

---

12 ADS (bei Rn. 8) sprechen vom „Grad der Geldnähe".
13 HdJ/Lenz, Abt. VI/1 (Die Bilanzgliederung nach HGB), Rn. 7 (Stand: 10.2020): „in erster Linie".

der Kapitalerhaltungsfunktion zurückzutreten (→ § 264 Rn. 42 ff., 63 ff.). Die Subsumtion unter einzelne Posten hat sich hauptsächlich nach der Verkehrsanschauung zu richten, weil so den Informationsinteressen der Jahresabschlussadressaten am besten Rechnung getragen werden kann (zu Anwendungsfällen etwa → Rn. 24 und 29). Maßgeblich ist, ob ein Ausweis unter dem Bilanzposten dem entspricht, was der Leser unter der betreffenden Postenbenennung erwartet (zu einem Anwendungsfall im Rahmen der GuV → § 275 Rn. 72). Des Weiteren können sich aus dem Gebot der Transparenz und Vergleichbarkeit Vorgaben für die Rangfolge von Gliederungsmerkmalen ergeben, falls eine bestimmte Position gleichzeitig die Voraussetzungen mehrerer miteinander konkurrierender Gliederungsposten erfüllt. So stellt zB die Vorschrift für den Ausweis von Finanzanlagen im Anlagevermögen (Abs. 2 A. III.) primär auf die Verbundenheit der Gesellschaft mit dem Schuldner bzw. der anderen Gesellschaft, an der die bilanzierende Gesellschaft beteiligt ist, und erst nachrangig auf das Merkmal der Verbriefung ab. Das hat zur Konsequenz, dass verbriefte Ausleihungen an verbundene Unternehmen unter A. III. 2. und nicht unter A. III. 5. auszuweisen sind (Näheres → Rn. 27 und 41). Positionen sind außerdem im Interesse klarer und übersichtlicher Zurechnungen möglichst einem einzigen, nämlich dem Posten zuzuordnen, zu dem sie vorrangig gehören. Eine Mitzugehörigkeit zu mehreren Posten (§ 265 Abs. 3 S. 1) und die Aufnahme neuer Posten (§ 265 Abs. 5 S. 2) müssen auf Ausnahmefälle beschränkt sein.

IV. Anwendbarkeit

7   § 266 gilt für **Kapitalgesellschaften** (zum Begriff → § 264 Rn. 3) sowie für **Genossenschaften** einschließlich Europäischer Genossenschaften (§ 336 Abs. 2 S. 1, § 32 SCE-Ausführungsgesetz). Das **KapCoRiLiG** vom 24.2.2000 unterwirft bestimmte OHG und KG den Regelungen für Kapitalgesellschaften (§§ 264a–264c; → § 264 Rn. 3). Damit ist grundsätzlich auch die Gliederungsvorschrift des § 266 auf diese Gesellschaften anzuwenden. Lediglich für die Gliederung des Eigenkapitals trifft § 264c Abs. 2 (hierzu → § 264a Rn. 18–24) eine Sonderregelung hinsichtlich der Anteile an Komplementärgesellschaften (vgl. § 264c Abs. 4 S. 1). Auf **Unternehmen anderer Rechtsformen** ist die Vorschrift entsprechend anwendbar, wenn das Unternehmen publizitätspflichtig ist (vgl. § 5 Abs. 1 S. 2 PublG) oder fakultativ oder obligatorisch Konzernabschlüsse aufstellt (§ 298 Abs. 1, § 13 Abs. 2 S. 1 PublG), soweit nicht nach der Eigenart des Konzernabschlusses eine Abweichung erforderlich ist oder nach konzernrechtlichen Sonderbestimmungen etwas anderes gilt. Darüber hinaus können auch **andere Kaufleute** freiwillig ihre Bilanz den Anforderungen von § 266 entsprechend aufstellen.[14] Bei Personengesellschaften wird dies teilweise im Gesellschaftsvertrag vereinbart. Aus Gründen der Klarheit und Übersichtlichkeit dürfen die Postenbezeichnungen des § 266 Abs. 2, Abs. 3 dann nur so verwendet werden, wie es das Gesetz vorsieht.[15] Die Grundzüge der Bilanzgliederung nach § 266 werden sich für alle Kaufleute bereits aus dem GoB der Bilanzklarheit ableiten lassen.[16] Entsprechendes gilt für die GuV (→ § 275 Rn. 9).

8   § 266 gilt unmittelbar nur für die Aufstellung der **Jahresbilanz.** Kraft Verweisung ist die Gliederungsvorschrift aber auch anzuwenden auf die **Eröffnungsbilanz** (§ 242 Abs. 1 S. 2), auf die **Abwicklungsbilanz** (§ 270 Abs. 2 S. 2 AktG; § 71 Abs. 2 S. 2 GmbHG) und auf die Bilanz, die einer **Kapitalerhöhung aus Gesellschaftsmitteln** zugrunde gelegt wird (§ 209 Abs. 2 S. 1 AktG; § 57f Abs. 1 S. 1 GmbHG). **Verschmelzungsbilanzen** (§ 17 Abs. 2 S. 2 UmwG), **Spaltungsbilanzen** (§ 125 UmwG iVm § 17 Abs. 2 S. 2 UmwG) sowie Vermögensaufstellungen im Rahmen von **Vermögensübertragungen** (§ 176

---

14   ADS Rn. 12; HdR/Dusemond/Heusinger-Lange/Knop Rn. 1 (Stand 12/2021); BeBiKo/Schubert/Waubke, 13. Aufl. 2022, Rn. 17. Vgl. auch HK-HGB/Kirnberger Rn. 1: In der Praxis habe sich bei Einzelkaufleuten und nicht unter § 264a fallenden Personengesellschaften „weitgehend die Anlehnung an die Gliederungsvorschriften für Kapitalgesellschaften durchgesetzt".
15   BeBiKo/Schubert/Waubke, 13. Aufl. 2022, Rn. 17.
16   Knobbe-Keuk § 3 III 2., S. 45: Die Bilanz von Nichtkapitalgesellschaften sei „zumindest in ihrer Grundform an den Gliederungsvorschriften des § 266 HGB auszurichten"; zust. Hopt/Merkt § 243, 41. Aufl. 2022, Rn. 4.

UmwG iVm § 17 Abs. 2 S. 2 UmwG) sind gleichfalls nach § 266 zu gliedern. Anders ist es bei identitätswahrenden Formwechseln (§§ 190 ff. UmwG), wo keine gesonderten handelsrechtlichen Bilanzen zu erstellen sind.[17] Die Gliederung der **Überschuldungsbilanz** (vgl. § 19 Abs. 2 InsO) unterliegt keinen besonderen Vorgaben. Es liegt aber nahe, sich auch hier an der Gliederung nach § 266 zu orientieren.[18]

V. Ausnahmen

Der Gesetzgeber lässt **Abweichungen** vom Gliederungsschema in folgenden Fällen **9** zu:
- Kapitalgesellschaften sind von der Pflicht zur Anwendung befreit, sofern sie Tochterunternehmen eines Mutterunternehmens mit Sitz in der EU oder im EWR sind und die Voraussetzungen nach **§ 264 Abs. 3** erfüllen.
- Für Personenhandelsgesellschaften (OHG und KG) iSd. § 264a ist der Rechtsform entsprechend eine abweichende Gliederung des Eigenkapitals vorgesehen **(§ 264c Abs. 2)**.
- Hat ein Unternehmen mehrere Geschäftszweige, kann dies ein Abweichen von § 266 erfordern **(§ 265 Abs. 4)**.
- Weitere Untergliederungen der gesetzlichen Posten und das Hinzufügen neuer Posten stellen weiterhin zulässige Änderungen des Bilanzgliederungsschemas dar **(§ 265 Abs. 5)**.
- Eine Änderung der Gliederung oder Bezeichnung der Posten ist zulässig, wenn dies zur Aufstellung eines klaren und übersichtlichen Jahresabschlusses erforderlich ist **(§ 265 Abs. 6)**.
- Eine Zusammenfassung von Posten ist statthaft, wenn entweder eine gesonderte Darstellung aus Gründen des Einblickgebots nicht erforderlich ist oder die Klarheit der Darstellung verbessert wird **(§ 265 Abs. 7)**.
- Leerposten können weggelassen werden **(§ 265 Abs. 8)**.
- Die Bilanz darf unter Berücksichtigung der vollständigen oder teilweisen Verwendung des Jahresergebnisses aufgestellt werden **(§ 268 Abs. 1)**. Das führt zu einer Änderung der Postenbezeichnung im Eigenkapital.
- Das AktG sieht Abweichungen beim Ausweis des Eigenkapitals im Jahresabschluss der KGaA vor **(§ 286 Abs. 2 S. 1–3 AktG)**.
- Die an den Bedürfnissen von Industrie- und Handelsunternehmen orientierte Vorschrift des § 266 gilt nicht, wenn Kapitalgesellschaften (oder gleichgestellte Unternehmen) bei der Aufstellung ihrer Bilanzen **Formblätter** gemäß Formblattverordnungen des BMJ auf der Grundlage des § 330 (für Genossenschaften iVm § 336 Abs. 3) verwenden müssen.[19]

VI. Bilanz und Kontoform (Abs. 1 S. 1)

Die Bilanz ist in **Kontoform** aufzustellen (Abs. 1 S. 1). Aktiva und Passiva können in **10** Form eines „T"-Kontos nebeneinander, aus Gründen der Praktibilität nach Wahl der Gesellschaft aber auch untereinander oder auf zwei unterschiedlichen Seiten dargestellt werden.[20] Kennzeichnend für die Kontoform ist jedenfalls der unsaldierte Ausweis der Bilanzposten; Aktiva und Passiva sind jeweils separat darzustellen.[21] Eine Gliederung in Staffelform mit der Möglichkeit, Zwischensummen zwischen Posten der Aktiv- und der Passivseite zu bilden, ist dagegen nicht zulässig.[22] Der deutsche Gesetzgeber hat von der

---

17　Deubert/Förschle/Störk, Sonderbilanzen/Deubert/Meyer, 6. Aufl. 2021, L Rn. 30.
18　Deubert/Förschle/Störk Sonderbilanzen/Deubert/Meyer, 6. Aufl. 2021, P Rn. 83: Es liege nahe, „sich die im Rechnungswesen für Zwecke der Handelsbilanz eingeführte Gliederung zu Nutzen zu machen".
19　ADS Rn. 13; Für eine Übersicht über die derzeit acht Formblattverordnungen (idF des BilRUG) → § 330 Rn. 10 (Fehrenbacher); BeBiKo/Störk/Lawall, 13. Aufl. 2022, § 330 Rn. 20.
20　HdR/Dusemond/Heusinger-Lange/Knop Rn. 6 (Stand: 12/2021); BeBiKo/Schubert/Waubke, 13. Aufl. 2022, Rn. 5.
21　Kirsch/Matschke/Brösel/Freichel Rn. 7 (Stand: 1.3.2021).
22　ADS Rn. 1; HdR/Dusemond/Heusinger-Lange/Knop Rn. 6 (Stand: 12/2021); BeBiKo/Schubert/Waubke, 13. Aufl. 2022, Rn. 5; Glade Praxishandbuch Rn. 1 f.; Hopt/Merkt, 41. Aufl. 2022, Rn. 1; Kirsch/Matschke/Brösel/Freichel Rn. 7 (Stand: 1.3.2021); KKRD/Morck/Drüen, 9. Aufl. 2019, Rn. 1.

nach Art. 10 Bilanz-RL (entspricht dem früheren Art. 8 Abs. 1 RL 78/660/EG) gewährten Möglichkeit, den Gesellschaften wahlweise die Staffelform („Vertikale Gliederung" → Rn. 1) zu gestatten, keinen Gebrauch gemacht, um unnötige Erschwerungen des Fremdvergleichs zu vermeiden.[23] Selbst bei Kreditinstituten gibt es für die Bilanz anders als für die GuV bisher kein Wahlrecht zwischen Kontenform oder Staffelform (vgl. § 2 Abs. 1 S. 1 RechKredV, → § 275 Rn. 15). Immerhin hat der Gesetzgeber das BMJ aber ermächtigt, im Wege der Formblattverordnung „Abweichungen von der Kontoform nach Abs. 1 S. 1" zu gestatten (§ 330 Abs. 1 S. 4 idF des EHUG).

VII. Größenabhängige Vereinfachungen (Abs. 1 S. 2–4)

11   Mittelgroße und große Kapitalgesellschaften iSd § 267 Abs. 2 und 3 sowie entsprechende Personenhandelsgesellschaften iSd § 264a unterliegen den Anforderungen von § 266 in vollem Umfang. Bei mittelgroßen Gesellschaften ist nach § 327 Nr. 1 die Offenlegung einer verkürzten Bilanz zulässig. **Kleine Gesellschaften** iSd § 267 Abs. 1 haben die Möglichkeit, eine verkürzte Bilanz aufzustellen (§ 266 Abs. 1 S. 3) und offenzulegen (§ 326 S. 1) oder eine unverkürzte Bilanz aufzustellen und nur eine verkürzte Bilanz offenzulegen.[24] „Kleine" Kapitalgesellschaften dürfen die verkürzte Bilanz wie folgt gliedern:

Aktivseite
A. Anlagevermögen
  I. Immaterielle Vermögensgegenstände
  II. Sachanlagen
  III. Finanzanlagen
B. Umlaufvermögen
  I. Vorräte
  II. Forderungen und sonstige Vermögensgegenstände
  III. Wertpapiere
  IV. Kassenbestand, Bundesbankguthaben, Guthaben bei Kreditinstituten und Schecks
C. Rechnungsabgrenzungsposten
D. Aktive latente Steuern
E. Aktiver Unterschiedsbetrag aus der Vermögensverrechnung
Passivseite
A. Eigenkapital
  I. Gezeichnetes Kapital
  II. Kapitalrücklage
  III. Gewinnrücklagen
  IV. Gewinnvortrag/Verlustvortrag
  V. Jahresüberschuss/Jahresfehlbetrag
B. Rückstellungen
C. Verbindlichkeiten
D. Rechnungsabgrenzungsposten
E. Passive latente Steuern

12   Mit dem MicroBilG hat der Gesetzgeber mWv 27.12.2012 in Abs. 1 S. 4 weitere Erleichterungen für **Kleinstkapitalgesellschaften** geschaffen. Dieses Gesetz setzte die damalige Micro-RL[25] der EU in nationales Recht um. Während kleine Einzelbetriebe bereits durch das BilMoG entlastet wurden, wollte der Gesetzgeber durch das MicroBilG Erleichterungen für Kleinstkapitalgesellschaften schaffen, „die aufgrund ihrer geringen Größe typischerweise nicht grenzüberschreitend tätig sind und für die eine Rechnungslegung nach den Vorgaben der RL 78/660/EWG mit übermäßigem Aufwand verbunden ist".[26] Dies geschieht ua durch die Einräumung von „Optionen zur Verringerung der Darstellungstiefe",[27] durch die „der Informationsgehalt der Jahresabschlüsse auf das im Hinblick

---

[23]   Begr. RegE BiRiLiG, BT-Drs. 10/317, 78.
[24]   BeBiKo/Schubert/Waubke, 13. Aufl. 2022, Rn. 25.
[25]   Richtlinie 2012/6/EU des Europäischen Parlaments und des Rates vom 14.3.2012 zur Änderung der Richtlinie 78/660/EWG des Rates über den Jahresabschluss von Gesellschaften bestimmter Rechtsformen hinsichtlich Kleinstbetrieben; inzwischen aufgehoben durch Bilanz-RL.
[26]   Begr. RegE MicroBilG, BT-Drs. 17/11292, 1.
[27]   RegE MicroBilG, BT-Drs. 17/11292, 14.

auf die Unternehmensgröße notwendige Maß beschränkt" wird.[28] Vor diesem Hintergrund gewährt § 266 Abs. 1 S. 4 Kleinstkapitalgesellschaften gem. § 267a die Wahlmöglichkeit, eine verkürzte Bilanz aufzustellen, bei der nur die in den § 266 Abs. 2 und 3 mit Buchstaben bezeichneten Posten gesondert und in der vorgeschriebenen Reihenfolge in die Bilanz aufzunehmen sind.[29] „Kleinstkapitalgesellschaften" dürfen die verkürzte Bilanz wie folgt gliedern:

Aktivseite
A. Anlagevermögen
B. Umlaufvermögen
C. Rechnungsabgrenzungsposten
D. Aktive latente Steuern
E. Aktiver Unterschiedsbetrag aus der Vermögensverrechnung

Passivseite
A. Eigenkapital
B. Rückstellungen
C. Verbindlichkeiten
D. Rechnungsabgrenzungsposten
E. Passive latente Steuern

Die praktische Bedeutung des Gliederungswahlrechts ist für die „kleine" und „kleinste"   **13**
AG (iSd § 267 S. 1 und § 267a) und – über die Verweisung in § 278 Abs. 3 AktG – auch für die „kleine" und „kleinste" KGaA wegen des **Auskunftsrechts** nach § 131 Abs. 1 S. 3 AktG eingeschränkt.[30] Jeder Aktionär kann die Vorlage eines unverkürzten Jahresabschlusses in der Hauptversammlung verlangen, so dass in der Unternehmenspraxis dem Vorstand anzuraten ist, von vornherein eine nach den Abs. 2 und 3 gegliederte Bilanz aufzustellen. Anderes gilt für die „kleine" und „kleinste" GmbH. § 51a Abs. 1 GmbHG räumt dem Gesellschafter einer GmbH nur ein Recht auf Auskunft und Einsichtnahme in die Bücher ein. Das Recht auf die Vorlage einer unverkürzten Bilanz ist gesetzlich nicht vorgesehen, kann hingegen im Gesellschaftsvertrag eingeräumt werden.[31] Da sich die Erleichterungen gem. Abs. 1 S. 3 und S. 4 nach ihrem Wortlaut nur auf die Bilanzgliederung nach Abs. 2 und 3 beziehen, stellt sich die Frage, wie bei kleinen und kleinsten Gesellschaften mit den **speziellen Gliederungsvorschriften** bzw. **Ausnahmevorschriften** außerhalb des § 266 (zB § 264c Abs. 2 S. 1, §§ 265, 268; § 42 Abs. 3 GmbHG) zu verfahren ist, die von den Erleichterungen erfasste Gliederungsebenen betreffen. Teilweise wird die Ansicht vertreten, dass sich die Erleichterungen gegenüber den Einzelvorschriften grundsätzlich durchsetzen.[32] Sinnvoller erscheint es jedoch, hier nach dem Zweck der jeweiligen speziellen Regelung zu differenzieren, sofern sie die Behandlung kleiner oder kleinster Gesellschaft nicht, wie zB § 152 Abs. 4 AktG, explizit selbst bestimmt.[33] Jedenfalls soweit der Zweck über die bilanztypische Informationsfunktion hinausgeht, sollte sich eine schematische erweiternde Auslegung der Erleichterungen des Abs. 1 S. 3 und S. 4 verbieten. Am Beispiel der Pflicht zum gesonderten Ausweis von „Ausleihungen, Forderungen und Verbindlichkeiten gegenüber Gesellschaftern" (§ 264c Abs. 1 HGB; § 42 Abs. 3 GmbHG), die „präventiv wirken und sicherstellen" soll, „dass Drittgeschäfte zwischen Gesellschaft und Gesellschaftern zu Marktbedingungen abgeschlossen" werden,[34] lässt sich der Gedanke illustrieren. Bei kleinen oder kleinsten Gesellschaften besteht diese Gefahr ebenso wie bei größeren, und es besteht kein Anlass, das Anliegen des Gesetzgebers, solche Gesellschaften von übermäßigem Verwal-

---

28   RegE MicroBilG, BT-Drs. 17/11292, 13.
29   Hierzu ausf. mit Darstellung der Gliederung bei Wader/Stäudle WPg 2013, 249.
30   Vgl. auch Hoffmann/Lüdenbach NWB Kommentar Bilanzierung, 13. Aufl. 2021, Rn. 8a: „Unberührt bleiben Auskunftsrechte von Aktionären, Gesellschaftern oder Arbeitnehmervertretern".
31   ADS Rn. 19; BeBiKo/Schubert/Waubke, 13. Aufl. 2022, Rn. 22.
32   IdS zB offenbar BeBiKo/Schubert/Waubke, 13. Aufl. 2022, Rn. 23: Allgemein seien die Einzelvorschriften „bei kleinen KapGes ggf. auch auf die mit Buchstaben oder römischen Zahlen bezeichneten Posten anzuwenden". § 268 Abs. 5 betreffe die Kleinstkapitalgesellschaften.
33   Anders noch die → 1. Aufl. 2013, Rn. 12, die eine erweiternde Auslegung des Abs. 1 S. 3 mit Blick auf den Grundsatz der Bilanzwahrheit und -klarheit für grundsätzlich unzulässig erachtete.
34   So MüKoGmbHG/Fleischer, 3. Aufl. 2019, § 42 Rn. 18.

tungsaufwand bei der Rechnungslegung zu befreien, auf Kosten des präventiven Gläubiger-schutzes durchzusetzen.[35]

VIII. Rechtsfolgen der Verletzung

14   Die Verletzung von zwingenden Gliederungsvorschriften hat rechtliche Folgen für die **Wirksamkeit** des Jahresabschlusses der Kapitalgesellschaft, die **Haftung** der Organe der Gesellschaft und die Zulässigkeit eines (uneingeschränkten) **Bestätigungsvermerks** (§ 322). Verstößt ein festgestellter Jahresabschluss gegen Gliederungsvorschriften oder wur-den die Regelungen über Formblätter nicht beachtet, ist er nach § 256 Abs. 4 iVm Abs. 1 Nr. 1 AktG[36] nur **nichtig**, wenn der Verstoß die „Klarheit und Übersichtlichkeit" des Jahresabschlusses der AG und der KGaA **„wesentlich beeinträchtigt"** (→ § 264 Rn. 28, → § 264 Rn. 91).[37] Ein Verstoß gegen Gliederungsvorschriften muss auch angenommen werden, wenn ein einzelner Vermögensgegenstand oder eine einzelne Verbindlichkeit an falscher Stelle aufgeführt ist.[38] Hinsichtlich des Kreises der **betroffenen Gliederungsvor-schriften** kann auf den Beispielkatalog im früheren, durch das BiRiLiG aufgehobenen S. 2 des § 256 Abs. 4 AktG aF als Interpretationshilfe zurückgegriffen werden.[39] Die Aufzäh-lung dort nahm ua auf § 151 AktG aF (Gliederung der Jahresbilanz) Bezug, der dem heutigen § 266 HGB funktionell entspricht. Damit fällt ein Verstoß gegen das Bilanzgliederungs-schema des § 266 HGB grundsätzlich unter den Nichtigkeitsgrund des § 256 Abs. 4 AktG (analog). Ein solcher Verstoß kommt insbesondere in Betracht, wenn Bilanzposten weggelas-sen werden oder wenn Aktiv- und Passivposten vermengt werden.[40] Gleiches gilt, wenn große oder mittelgroße Kapitalgesellschaften nur die reduzierte Gliederung der kleinen Kapitalgesellschaften oder kleine Gesellschaften diejenige der Kleinstkapitalgesellschaften zugrunde legen oder wenn ein grundsätzlich anderer Aufbau gewählt wird, ohne dass die Änderungen zB nach § 265 Abs. 4–7 gesetzlich zulässig sind.[41]

15   Wann ein **wesentlicher** Verstoß mit der Folge der Nichtigkeit des festgestellten Jahres-abschlusses vorliegt, kann nur im Einzelfall beurteilt werden. Dabei kommt es zunächst auf

---

[35] Wie hier IDW-FN 2013, 359 (361): Angaben zu Bilanz- oder GuV-Posten, die nicht auf Regelungen des HGB, sondern auf gesellschaftsrechtlichen Vorschriften beruhten wie solche nach § 42 Abs. 3 GmbHG, seien „auch im Falle einer Inanspruchnahme der Erleichterungen des MicroBilG zu machen"; aA zB BeBiKo/Schubert/Waubke, 13. Aufl. 2022, Rn. 24: Ausleihungen, Forderungen oder Verbind-lichkeiten nach § 42 Abs. 3 GmbHG seien von kleinen und kleinsten Kapitalgesellschaften „nach § 266 Abs. 1 S. 3 nicht zwingend separat auszuweisen"; Haufe-HGB/Wulf/Sackbrook, 12. Aufl. 2021, Rn. 16 (Stand: 19.10.2021), die den Sonderausweis gem. § 42 Abs. 3 GmbHG sowie die alternative Anhangan-gabe grundsätzlich entfallen lassen wollen. Immerhin sind nach Ansicht der Autoren „zusätzliche Anga-ben zur Erfüllung der Generalnorm notwendig, wenn die Forderungen oder Verbindlichkeiten betreffend Gesellschafter eine derartige Höhe erreichen, dass dies als besonderer Umstand nach § 264 Abs. 2 Satz 2 HGB zu werten wäre" (mwN).

[36] Zum Verhältnis des § 256 Abs. 4 AktG zu Abs. 1 Nr. 1 s. Koch, 16. Aufl. 2022, AktG § 256 Rn. 22: „begrenzende normative Auslegung" des Abs. 1 Nr. 1.

[37] S. zB LG München Der Konzern 2008, 59 = BeckRS 2008, 00381 Rn. 13 ff.

[38] S. zB LG München Der Konzern 2008, 59 = BeckRS 2008, 00381 Rn. 14, mwN (zum Ausweis der Erlöse aus der Veräußerung von Beteiligungen).

[39] Koch, 16. Aufl. 2022, AktG § 256 Rn. 24; Einzelheiten bei Geßler/Hefermehl/Eckardt/Kropff AktG § 256 Rn. 81.

[40] S. LG Mainz DB 1990, 2361 – MASSA/ASKO: Nichtigkeit des festgestellten Jahresabschlusses wegen unterlassener Einstellung einer Rücklage für die (den eigenen Anteilen gleich zu achtenden) Anteile eines herrschenden Unternehmens (§ 272 Abs. 4 aF; zur Abbildung von eigenen Anteilen nach dem BilMoG → § 272 Rn. 21 ff.). Zum Verstoß gegen die Vorschriften zur Gliederung der GuV (§ 275) s. LG Stuttgart AG 1994, 473 f. – Südmilch: Ausweis eines außerordentlichen Ertrags als Minderung des Materialaufwandes. Sofern bereits die Bilanzierung unterblieben ist, liegt ein Fall des § 256 Abs. 5 AktG vor; vgl. hierzu ADS AktG § 256 Rn. 39. Gleichfalls können Verstöße gegen das Saldierungsverbot zur Nichtigkeit führen (Koch, 16. Aufl. 2022, AktG § 256 Rn. 23).

[41] ADS Rn. 265; BeBiKo/Hoyos/Ring, 6. Aufl. 2006, Rn. 265 (Aussage nicht mehr in nachfolgenden Auflagen enthalten); s. auch HdR/Dusemond/Heusinger-Lange/Knop Rn. 199e: Nichtigkeit, wenn die Bilanz in Staffelform aufgestellt wird (Stand 12/2021).

die Bedeutung der betroffenen Gliederungsvorschrift (**qualitative** Wesentlichkeit[42]) an. Ein fehlerhafter Ausweis des Gezeichneten Kapitals zieht stets die Nichtigkeit nach sich.[43] Im Übrigen ist ein Fehler nur dann wesentlich, wenn er in Relation zur Größenordnung der Bilanzposten für die Finanz-, Vermögens- und Ertragslage bedeutsam ist (**quantitative** Wesentlichkeit).[44] Bagatellverstöße gegen Gliederungsvorschriften bleiben insofern unbeachtlich.[45] Die **Nichtigkeit** kann nur innerhalb von drei Jahren nach Bekanntmachung des Jahresabschlusses im Bundesanzeiger geltend gemacht werden (§ 256 Abs. 6 S. 1 AktG).

Für den Jahresabschluss der **GmbH** gilt § 256 AktG entsprechend.[46] Auf **Personen(handels)gesellschaften** ist § 256 AktG demgegenüber grundsätzlich nicht übertragbar.[47] Für solche Gesellschaften, die nicht unter § 264a, aber unter das PublG fallen, enthält § 10 PublG (Nichtigkeit des Jahresabschlusses) eine eigene, sachlich allerdings beschränkte Nichtigkeitsvorschrift. Die bloße Verletzung der Gliederungsvorschriften führt danach noch nicht zur Nichtigkeit des Jahresabschlusses, sondern der Jahresabschluss ist nur nichtig, wenn er nicht nach § 6 Abs. 1 S. 1 und 2 PublG iVm § 316 Abs. 3 oder nur von Personen geprüft worden ist, die nicht zum Abschlussprüfer bestellt sind oder nach § 6 Abs. 1 S. 2 PublG iVm § 319 Abs. 1 keine Abschlussprüfer sein können. Die Nichtigkeitsregelung des § 10 PublG wegen Verletzung von Prüfungsvorschriften soll analog auch für den Jahresabschluss einer Personenhandelsgesellschaft iSd § 264a gelten. Dies wird aus dem Umstand abgeleitet, dass gem. § 264a Abs. 1 iVm § 316 Abs. 1 S. 2 bei diesen Gesellschaften der Jahresabschluss nicht festgestellt werden kann, wenn keine Prüfung stattgefunden hat; es sei daher „allein folgerichtig", dass der Jahresabschluss nichtig sei, wenn keine Prüfung stattgefunden habe.[48] Diese Rechtsfolge ließe sich allerdings auch aus einer Analogie zu § 256 Abs. 1 Nr. 2 und 3 AktG herleiten. Für eine solche Analogie sprechen gute Gründe. Zweck des § 264a ist es, Kapitalgesellschaften & Co., bei denen keine natürliche Person unmittelbar oder mittelbar als Vollhafter zur Verfügung steht, bilanzrechtlich den Kapitalgesellschaften weitgehend gleichzustellen.[49] § 256 AktG steht in einem engen funktionellen Zusammenhang mit den §§ 264 ff., der noch deutlicher sichtbar wäre, wenn die Vorschriften zur Bilanzierung in der AG nicht durch das BiRiLiG in das HGB ausgelagert worden wären. Das OLG München hat sich explizit, wenn auch ohne Not und Begründung, zugunsten einer Analogie zu § 256 AktG ausgesprochen.[50] Ergänzend sind für Personenhandelsgesellschaften die allgemeinen

---

[42] Zum Wesentlichkeitsprinzip → § 243 Rn. 63–65 (Ballwieser).

[43] Zum Fehler beim Ausweis eigener Anteile (§ 272 Abs. 4 aF) s. LG Mainz DB 1990, 2361 – MASSA/ASKO.

[44] BGHZ 124, 111 = NJW 1994, 520, unter II. 3.; s. auch OLG Düsseldorf NJW 1977, 1457 – Bayer/Metzeler, unter I. 2., zur Einstellung der Beteiligung an den drei Tochtergesellschaften in das Anlagevermögen, obwohl der Beteiligungserwerb kartellrechtlich noch nicht genehmigt war.

[45] Kölner Komm AktG/Arnold, 3. Aufl. 2017, AktG § 256 Rn. 63.

[46] ZB Altmeppen, 10. Aufl. 2021, GmbHG § 42a Rn. 37; WP-HdB/Feldmüller/Hennrichs, 17. Aufl. 2021, B 314: § 256 AktG auf GmbH „in wesentlichen Teilen analog anzuwenden". „Wegen der abweichenden Organisationsstruktur der GmbH sowie mangels entsprechender Beurkundungserfordernisse" seien „allerdings § 256 Abs. 2 und Abs. 3 Nr. 2 AktG für die GmbH gegenstandslos". Jedenfalls in Bezug auf § 256 Abs. 2 AktG dürfte diese Einschätzung allerdings übertrieben sein, wenn man an GmbHs mit Aufsichtsrat, zumal solche mit obligatorischem, denkt. Auch → § 264 Rn. 91.

[47] Staub/Kleindiek, 6. Aufl. 2021, § 246 Rn. 115: Auf gesetzestypische Personenhandelsgesellschaften seien die aktienrechtlichen Regelungen des § 256 AktG nicht übertragbar, weil sich die rechtlichen Wirkungen der Bilanzfeststellung in erster Linie auf das Innenverhältnis der Gesellschafter untereinander und zur Gesellschaft bezögen und die gesetzlichen Bilanzierungsregeln in diesem Verhältnis nicht zwingend seien; ähnlich WP-HdB/Feldmüller/Hennrichs, 17. Aufl. 2021, B 315 („Strukturunterschiede zur AG zu groß").

[48] ADS Ergbd. § 264a nF Rn. 58; IDW, Fachausschuss Recht, Fachnachrichten 5/2002, 214 (218).

[49] Priester (→ § 120 Rn. 72) will sogar so weit gehen, „die in § 256 AktG enthaltenen Regeln über die Nichtigkeit von Jahresabschlüssen, genauer: der auf ihnen beruhenden Feststellungsakte", generell auf Personenhandelsgesellschaften anzuwenden.

[50] OLG München Der Konzern 2018, 347 = BeckRS 2018, 17265 Rn. 90: Ob § 256 AktG auf Beschlüsse von Personengesellschaften zur Feststellung von Jahresabschlüssen entsprechend anwendbar sei, sei „nicht abschließend geklärt [...], was nach Ansicht des Senats jedenfalls bei einer – hier vorliegenden – GmbH & Co. KG jedoch anzunehmen" sei.

Regeln zur Nichtigkeit von Rechtsgeschäften (§§ 134, 138 BGB) heranzuziehen.[51] Zu den Schutzgesetzen iSd § 134 BGB gehören auch die handelsrechtlichen Rechnungslegungsvorschriften.[52] Eine Nichtigkeit wegen des Verstoßes gegen Gliederungsvorschriften wird nur in seltenen Ausnahmefällen anzunehmen sein.

17   Für Mitglieder des vertretungsberechtigten Organs oder des Aufsichtsrats kann der Verstoß gegen zwingende Gliederungsvorschriften des § 266 eine **Ordnungswidrigkeit** (§ 334 Abs. 1 Nr. 1 lit. c) oder sogar eine **Straftat** (§ 331 Nr. 1) begründen, wenn dadurch die Verhältnisse der Gesellschaft unzutreffend wiedergegeben oder verschleiert werden. Eine „unrichtige Wiedergabe" iSd § 331 Nr. 1 verlangt eine Darstellung der wirtschaftlichen Situation, die den objektiven Gegebenheiten nicht entspricht (→ § 331 Rn. 42). Fehler können sich sowohl nach „oben" („Schwarzmalerei") als auch nach „unten" („Schönfärberei") auswirken und ergebniswirksam oder ergebnisunwirksam sein.[53] Die Organe haften zudem auf **Schadensersatz**, wenn der Gesellschaft infolge einer schuldhaften Verletzung einer Gliederungsvorschrift Schäden entstehen (§ 93 Abs. 2 S. 1 AktG, § 116 S. 1 AktG, §§ 43, 52 GmbHG). Bei entsprechender Schwere des Verstoßes darf der Abschlussprüfer den **Bestätigungsvermerk** nur eingeschränkt erteilen. Ggf. hat er ihn ganz zu versagen (§§ 322 Abs. 3 und 4; zum Prüfungsumfang vgl. auch § 317 Abs. 1 S. 2 und S. 3).

B. Aktivseite (Abs. 2)

18   Die Aktivseite gibt, dem jeweiligen Verwendungszweck entsprechend in Anlage- und Umlaufvermögen getrennt, vor allem Auskunft über die im wirtschaftlichen Eigentum stehenden Vermögensgegenstände (§ 246 Abs. 1 S. 2) der Gesellschaft.

I. Posten vor dem Anlagevermögen

19   Das HGB kennt derzeit keine Pflichten oder Wahlrechte zum Ausweis von Posten „vor dem Anlagevermögen" (→ 3. Aufl. 2013, Rn. 18 f.). Solche Pflichten können sich allerdings aus speziellen außerhalb des HGB ergeben. Ein Beispiel hierfür ist Art. 53 Abs. 2 EGHGB. Die Vorschrift gestattet den von der AltfahrzeugV (idF vom 21.6.2002) betroffenen Unternehmen, in Zusammenhang mit Verpflichtungen zur Rücknahme und Verwertung von Altfahrzeugen, die vor dem 1.7.2002 in Verkehr gebracht wurden, unter der Bezeichnung „Ausgleichsbetrag nach dem Altfahrzeug-Gesetz" **vor dem Anlagevermögen** eine Bilanzierungshilfe in Höhe jeweils des Unterschiedsbetrags zwischen den für die Rücknahmeverpflichtungen nach Art. 53 Abs. 1 EGHGB sofort anzusetzenden Rückstellungen und dem Rückstellungsbetrag zu aktivieren, der sich bei Ansammlung dieser Rückstellungen in gleichmäßig bemessenen Jahresraten ergäbe.

II. Anlagevermögen (A.)

20   Positionen werden von den unter A. aufgeführten Posten nur erfasst, wenn sie Anlagevermögen sind. Anlagevermögen sind alle **Gegenstände, die bestimmt sind, dauernd dem Geschäftsbetrieb zu dienen** (§ 247 Abs. 2). Bei einem Produktionsunternehmen verwirklichen „immaterielle Vermögensgegenstände" (A. I.) und „Sachanlagen" (A. II.) unmittelbar den Geschäftszweck (Unternehmensgegenstand), während „Finanzanlagen" (A. III.) dem bilanzierenden Unternehmen außerhalb seines Geschäftszwecks dienen.

21   **1. Immaterielle Vermögensgegenstände (A. I.).** Das Gesetz definiert den Begriff des immateriellen Vermögensgegenstands nicht, sondern setzt ihn voraus (§ 248 Abs. 2: „selbst geschaffene immaterielle Vermögensgegenstände des Anlagevermögens"). § 266

---

51   Weilep/Weilep BB 2006, 147 (150); WP-HdB/Feldmüller/Hennrichs, 17. Aufl. 2021, B 315.
52   WP-HdB/Feldmüller/Hennrichs, 17. Aufl. 2021, B 315.
53   MüKoStGB/Leplow, 3. Aufl. 2019, HGB § 331 Rn. 51.

umschreibt lediglich den Kreis der Vermögensgegenstände, die hierunter fallen: Konzessionen, gewerbliche Schutzrechte und ähnliche Rechte und Werte sowie Lizenzen an solchen Rechten und Werten einschließlich der geleisteten Anzahlungen. Auch der Geschäfts- oder Firmenwert gilt als ein zeitlich begrenzt nutzbarer Vermögensgegenstand (§ 246 Abs. 1 S. 4), der zwangsläufig immaterieller Natur ist.[54] DRS 24 („Immaterielle Vermögensgegenstände im Konzernabschluss"),[55] der sich nur auf die Konzernbilanz bezieht, aber durchaus für das Verständnis von § 266 Abs. 2 A. I. nützlich sein kann, definiert „immaterieller Vermögensgegenstand" als „nichtfinanzieller Vermögensgegenstand ohne bedeutende physische Substanz", wobei „Vermögensgegenstand" jedes „Gut" ist, „das nach der Verkehrsauffassung einzeln verwertbar ist".

a) Selbst geschaffene gewerbliche Schutzrechte und ähnliche Rechte und 22 Werte. § 248 Abs. 2 S. 1 gestattet die Aktivierung „selbst geschaffener immaterieller Vermögensgegenstände des Anlagevermögens". Davon ausgenommen sind selbst geschaffene Marken, Drucktitel, Verlagsrechte, Kundenlisten oder vergleichbare immaterielle Vermögensgegenstände des Anlagevermögens (§ 248 Abs. 2 S. 2; → § 248 Rn. 13 ff.). Die aktivierten selbst geschaffenen gewerblichen Schutzrechte und ähnliche Rechte und Werte sind nach Abs. 2 A. I. 1. gesondert auszuweisen. Davon zu trennen sind die entgeltlich erworbenen Konzessionen, gewerblichen Schutzrechte und ähnlichen Rechte und Werte sowie Lizenzen an solchen Rechten und Werten (→ Rn. 26) und der entgeltlich erworbene Geschäfts- oder Firmenwert (→ Rn. 27). Diese sind unter den Posten gem. Abs. 2 A. I. 2. bzw. A. I. 3. darzustellen.

Ein Ausweis als selbst geschaffener immaterieller Vermögensgegenstand unter Abs. 2 **23** A. I. 1. kommt für Aufwendungen in der Entwicklungsphase (zur Abgrenzung von Forschung und Entwicklung vgl. § 255 Abs. 2a S. 2 und 3, → § 255 Rn. 91) auch **vor Fertigstellung** des Vermögensgegenstandes in Betracht. Im Unterschied zu den materiellen Vermögensgegenständen (vgl. Abs. 2 A. II. 4.: „Anlagen im Bau") sieht der Gesetzgeber keinen gesonderten Ausweis von Entwicklungskosten noch nicht fertig gestellter Vermögensgegenstände vor. Es ist daher nicht zu beanstanden, diese Aufwendungen innerhalb der selbst geschaffenen immateriellen Vermögensgegenstände (Abs. 2 A. I. I.) ohne weitere Untergliederung auszuweisen. In diesem Fall sollte die Postenbezeichnung allerdings entsprechend angepasst werden („Selbst geschaffene fertig gestellte und in der Entwicklung befindliche gewerbliche Schutzrechte und ähnliche Rechte und Rechte"). Alternativ dürfen diese Entwicklungskosten auch in einem gesonderten Posten ausgewiesen werden (§ 265 Abs. 5 S. 1).[56]

Das HGB sieht einen gesonderten Ausweis **unentgeltlich erworbener immaterieller 24** Vermögensgegenstände des Anlagevermögens nicht vor (vgl. aber das steuerbilanzrechtliche Aktivierungsverbot nach § 5 Abs. 2 EStG). Sofern es sich um **wesentliche** Beträge handelt, empfiehlt sich nach § 265 Abs. 5 S. 2 die Hinzufügung eines neuen Postens (etwa als Nr. 1a: „Unentgeltlich erworbene Konzessionen, gewerbliche Schutzrechte und ähnliche Rechte und Werte sowie Lizenzen an solchen Rechten und Werten"). Im Übrigen bestehen keine Bedenken, selbst geschaffene und unentgeltlich erworbene immaterielle Vermögensgegenstände unter einem einheitlichen Posten zusammenzufassen und die Postenbezeichnung von Abs. 2 A. I. 1. dementsprechend anzupassen (etwa „Selbst geschaffene und unentgeltlich erworbene gewerbliche Schutzrechte und ähnliche Rechte und Werte").[57]

---

[54] Zum Begriff der immateriellen Vermögensgegenstände zB Staub/Kleindiek, 6. Aufl. 2021, HGB § 248 Rn. 22; zu den Besonderheiten solcher Vermögensgegenstände Moxter BB 1979, 1102 ff.

[55] Verabschiedung durch das DRSC am 30.10.2015, Bekanntmachung der deutschsprachigen Fassung gemäß § 342 Abs. 2 durch das BMJ am 15.2.2016, BAnz AT 23.2.2016 B3, BAnz. Nr. 197a v. 22.10.2002, geändert durch DRÄS Nr. 1 v. 7.11.2003 (BAnz. Nr. 121a) und geändert durch DRÄS Nr. 3 v. 15.7.2005 (BAnz. Nr. 164a). Mit Bekanntmachung des DRÄS Nr. 4 (DRÄS 4) gemäß § 342 Abs. 2 HGB v. 18.2.2010 (Beil. 27a) wurde DRS 12 aufgehoben.

[56] So auch Dobler/Kurz KoR 2008, 485 (490 f.); Gelhausen/Fey/Kämpfer E Rn. 123.

[57] So auch Gelhausen/Fey/Kämpfer E Rn. 128.

25   Kleinstkapitalgesellschaften und gleichgestellte Kleinstpersonenhandelsgesellschaften haben die Möglichkeit, auf den separaten Ausweis immaterieller Vermögensgegenstände innerhalb des Postens „A. Anlagevermögen" ganz zu verzichten (Abs. 1 S. 4). Kleine Kapitalgesellschaften (§ 267 Abs. 1) und kleine Personenhandelsgesellschaften iSv § 264a dürfen eine auf die Posten mit Buchstaben und römischen Zahlen verkürzte Bilanz aufstellen (Abs. 1 S. 3). Damit können sie die **immateriellen Vermögensgegenstände in einer Summe** ausweisen, so dass eine Aufteilung in selbst geschaffene und entgeltlich erworbene entfällt. Mittelgroße Kapitalgesellschaften (§ 267 Abs. 2) und mittelgroße Personenhandelsgesellschaften iSv § 264a genießen eine entsprechende Erleichterung zwar nicht bei der Aufstellung, aber bei der Offenlegung:[58] Sie können die Bilanz gleichfalls in der verkürzten Form des Abs. 1 S. 3 beim Betreiber des Bundesanzeigers einreichen, müssen in der Bilanz oder im Anhang dann aber zusätzlich selbst geschaffene gewerbliche Schutzrechte und ähnliche Rechte und Werte angeben (§ 327 S. 1 Nr. 1 iVm § 325 Abs. 1).

26   **b) Entgeltlich erworbene Konzessionen, gewerbliche Schutzrechte und ähnliche Rechte und Werte sowie Lizenzen an solchen Rechten und Werten. Konzessionen** sind befristete öffentlich-rechtliche (behördliche) Genehmigungen zur Ausübung eines bestimmten Gewerbes bzw. Handels[59] oder zur Nutzung einer öffentlichen Sache, zB 5G-Lizenzen, bergrechtliche (Mineral-)Gewinnungsberechtigungen (§ 4 Abs. 6 BBergG), Verkehrskonzessionen oder bestimmte Wasserrechte. Berechtigungen zur Emission von Treibhausgasen iSd § 7 TEHG[60] sind dem Umlauf- und nicht dem Anlagevermögen zuzuordnen (→ Rn. 57).[61] Anlagen- und Luftfahrzeugbetreiber erhalten die Berechtigungen kostenlos (§§ 9 und 11 TEHG). Dies hindert indes seit der Novellierung des § 248 Abs. 2 durch das BilMoG nicht mehr deren Aktivierung als immaterieller Vermögensgegenstand. **Gewerbliche Schutzrechte** sind Immaterialgüterrechte, die „ihrem Inhaber einen Absolutheitsanspruch gewähren, der vom Gesetzgeber begründet worden ist und nicht durch Parteivereinbarung geschaffen werden kann".[62] Weitere Voraussetzung ist der gewerbliche Bezug, der zum einen in der gewerblichen Anwendbarkeit des Schutzgegenstands (vgl. etwa § 1 Abs. 1 und § 5 PatG) und zum anderen in der Beschränkung der Ausschließlichkeitswirkung auf gewerbliches Verhalten (vgl. § 11 Nr. 1 PatG) zum Ausdruck kommt. Beispiele für gewerbliche Schutzrechte sind Patente, Gebrauchsmuster, Sortenschutzrechte, Topographieschutzrechte,[63] Geschmacksmuster und Marken, nicht aber Urheberrechte mangels zwingender Gewerblichkeit. **Ähnliche Rechte und Werte** sind Positionen, die nicht unter die Begriffe Konzessionen oder gewerbliche Schutzrechte fallen, ihnen aber inhaltlich vergleichbar sind. Als Indizien für eine Vergleichbarkeit kommen in Betracht die gewerbliche Verwertbarkeit, eine faktische oder rechtliche Ausschließlichkeitsstellung im Wettbewerb, die Unkörperlichkeit des Schutzgegenstands und seine Eignung zur häufigen oder unbegrenzten Reproduktion. Vergleichbarkeit ist namentlich bei Urheber- und Verlagsrechten gegeben. Sie sind ebenfalls Ausschließlichkeitsrechte an unkörperlichen Schutzgütern. Auch Domainnamen sind ähnliche Rechte.[64] Eine sog. „Domain" ist zwar kein absolutes Recht,

---

[58]   Dazu, dass die Erleichterung des § 327 nur für die Offenlegung gilt, s. zB BeBiKo/Grottel, 13. Aufl. 2022, § 327 Rn. 1 und 4.

[59]   Statt vieler ADS Rn. 28.

[60]   Gesetz über den Handel mit Berechtigungen zur Emission von Treibhausgasen (Treibhausgas-Emissionshandelsgesetz – TEHG), BGBl. 2011 I 1475, zuletzt geändert durch Art. 18 PersonengesellschaftsrechtsmodernisierungsG (MoPeG) v. 10.8.2021 (BGBl. 2021 I 3436).

[61]   IDW RS HFA 15 Rn. 5 (Stand: 1.3.2006), WPg 2006, 574 (576); Rogler KoR 2005, 255 (261). Für die Finanzverwaltung s. BMF-Schreiben v. 6.12.2005 – IV B 2-S 2134 a-42/05, „Ertragsteuerliche Behandlung von Emissionsberechtigungen nach dem TEHG" (zuletzt geändert durch Schreiben v. 7.3.2013, IV C 6 – S 2134-a/07/10003), unter 2. 2., Rn. 8: „Emissionsberechtigungen sind immaterielle Wirtschaftsgüter und dem Umlaufvermögen zuzuordnen".

[62]   So treffend umschrieben vom BFH im Urt. v. 19.10.2006 – III R 6/05, BStBl. II 2007, 301 = DStR 2007, 335, unter II. 2.

[63]   Topographien sind Schutzrechte für dreidimensionale Strukturen von mikroelektronischen Halbleitererzeugnissen gem. dem Halbleiterschutzgesetz v. 22.10.1987.

[64]   BFH BStBl. II 2007, 301 = DStR 2007, 335, unter II. 2. mwN: Ein Domain-Name sei als „ähnliches Recht" ein „immaterieller Vermögensgegenstand iSd. § 266 Abs. 2 A. I. 1.".

sondern nur eine technische Adresse im Internet, deren ausschließliche Stellung allein technisch bedingt ist.[65] Die faktische, mit einem gesetzlichen Schutzrecht vergleichbare Ausschließlichkeitsstellung des Domaininhabers ist aber durch seinen schuldrechtlichen Anspruch gegen die DENIC eG (www.denic.de) aus dem Registrierungsvertrag abgesichert.[66] Als weitere Beispiele für „ähnliche Rechte und Werte"[67] in Betracht kommen Zuteilungsrechte, Brenn- und Braurechte, Belieferungsrechte,[68] Rechte zur Berichterstattung und Übertragung von Sportereignissen,[69] „Spielerlaubnisse" eines Fußballverbands,[70] Arzneimittelzulassungen[71] oder Forderungen, soweit sie dem Anlagevermögen zuzuordnen sind,[72] ferner (noch) ungeschützte Erfindungen, Rezepte, Know-how, Kundenkarteien, Film- und Tonaufzeichnungen und andere faktische Positionen von wirtschaftlichem Wert.[73] Software ist als selbstständiger, von der Hardware losgelöster immaterieller Vermögensgegenstand auszuweisen, sofern es sich um die im Betriebssystem zusammengefassten Programme (sog. Systemsoftware) oder um Anwendersoftware handelt.[74] Anders, nämlich als unselbstständiger Bestandteil des zugehörigen Produkts, ist die eingebettete Software (sog. Firmware) zu behandeln. Software, bei der die Speicherung allgemein zugänglicher Datenbestände auf einem Datenträger, wie beispielsweise Telefonbücher auf Compact Disc, im Vordergrund steht und die Fähigkeit zur elektronischen Steuerung von Abläufen nachrangig ist, sind als materielle Vermögensgegenstände und steuerlich häufig als geringwertige Wirtschaftsgüter iSd § 6 Abs. 2 EStG (iVm § 4 Abs. 3 S. 3 EStG) auszuweisen.[75] Unter einer **Lizenz** ist die privatrechtliche Befugnis zu verstehen, Rechte oder Werte eines anderen zu benutzen (zB § 31 Abs. 1 S. 1 UrhG, §§ 15, 24 PatG), zB die Berechtigung zur Ausstrahlung fremder Filmwerke.[76] Eine Aktivierung der Lizenz ist aber nur zulässig, wenn es sich um eine

---

[65]　BFH BStBl. II 2007, 301 = DStR 2007, 335, unter II. 2.; zuvor bereits BGH NJW 2005, 3353, unter II. 2. b. bb. (1), zum Begriff des „anderen Vermögensrechts" iSd § 857 Abs. 1 ZPO.

[66]　BFH BStBl. II 2007, 301 = DStR 2007, 335, unter II. 2.

[67]　HdR/Dusemond/Heusinger-Lange/Knop Rn. 14 (Stand: 12/2021); Hopt/Merkt, 41. Aufl. 2022, Rn. 5; Kirsch/Matschke/Brösel/Freichel Rn. 124 (Stand: 1.3.2021); HK-HGB/Kirnberger, 7. Aufl. 2007, Rn. 5.

[68]　Vgl. BFH/NV 2003, 154 = BeckRS 2002, 25001239: Immaterielle Vorteile wie Belieferungsrechte hätten regelmäßig nur dann einen „wirtschaftlichen Wert" (mit der Folge, dass sie in der Steuerbilanz als Wirtschaftsgut auszuweisen seien), „wenn sie ein einer Konzession ähnliches Recht oder einen ähnlichen Wert iSd. § 266 Abs. 2 A. I. 1. HGB" verkörperten.

[69]　Rodewald BB 1995, 2103 (2105).

[70]　So ausdrücklich FG Greifswald StuB 2011, 271 = BeckRS 2011, 94845 Rn. 168, zur Spielerlaubnis des DFB-Ligaausschusses gem. § 26 Nr. 1 DFB-Lizenzspielerstatut idF seit 1.8.1999: „immaterieller Vermögensgegenstand iSd. § 266 Abs. 2 A. I. 1. HGB [aF]"; zu den sportrechtlichen Einzelheiten s. FG Greifswald StuB 2011, 271 = BeckRS 2011, 94845 Rn. 171–173; zur Verkehrsfähigkeit der Spielerlaubnis iS abstrakter Veräußerbarkeit FG Greifswald StuB 2011, 271 = BeckRS 2011, 94845 Rn. 174–176). S. bereits BFH BStBl. II 1992, 977 = DStR 1992, 1611, unter II. B. 1. und 2.: DFB-Spielerlaubnis als „ähnliches Recht bzw. als ein ähnlicher Wert" iSd § 266 Abs. 2 A. I. 1. [aF, entspricht Abs. 2 A. I. 2. nF]; und zu (Spieler-)Transferentschädigungen als Anschaffungskosten für die Spielerlaubnis.

[71]　Boorberg/Strüngmann/Spieß DB 1994, 53 (55).

[72]　Im Schrifttum (Häuselmann BB 1990, 2149 [2151 f.]; Winter DB 1997, 1985 [1986]) werden hier zB Forderungen aus Zinsbegrenzungsvereinbarungen genannt, soweit sie nicht dem Umlaufvermögen (unter dem Posten B. II. 4). zuzuordnen sind. In gleicher Weise kann man hier Positionen in Long Options, aber auch in Futures und Forwards (Festgeschäfte in Gestalt von Terminkäufen) nennen, soweit sie positiven Marktwert zum Bilanzstichtag aufweisen. Entgegen der hM sollte man Festgeschäfte bilanziell nicht als schwebende Geschäfte (so aber zB Bieg StB 2002, 429 [431]), sondern als bereits abgewickelten Austausch von wechselseitigen werthaltigen Ansprüchen bzw. – bei umgekehrter Blickrichtung – Verbindlichkeiten behandeln. Das ergibt sich aus der Überlegung, dass sich jedes Festgeschäft gedanklich in zwei spiegelbildliche Optionen zerlegen lässt (hierzu ausf. Reiner, Derivative Finanzinstrumente, 2002, S. 269 ff., 271).

[73]　GK-HGB/Lezius Rn. 8.

[74]　BFH BStBl. II 1987, 728 (729) = DStR 1987, 623; BFH BStBl. II 1987, 787 (788) = DStR 1987, 728; BMF v. 20.1.1992, IV B 2-S 2180-1/92, Steuerliche Behandlung von Computer-Software, WPg 1992, 365 (365); krit. Sauer DStR 1988, 727 (732). Hardware ist dagegen im Rahmen der Geschäftsausstattung auszuweisen.

[75]　Weiterführend IDW RS HFA 11, Stellungnahme zur Rechnungslegung: Bilanzierung von Software beim Anwender (Stand: 18.12.2017), IDW Life 2/2018, 268 ff.

[76]　Kaufmann BB 1995, 2103 (2107 f.); umf. McGuire, Die Lizenz: Eine Einordnung in die Systemzusammenhänge des BGB und des Zivilprozessrechts, 2012.

einmalige Zahlung handelt, nicht dagegen bei laufenden Lizenzgebühren.[77] Im letzteren Fall liegt ein schwebendes Geschäft vor, das mit Zahlung der Lizenzgebühren beim Rechteinhaber zur Umsatzrealisierung und beim Lizenznehmer zur Aufwandserfassung führt.

27   **c) Geschäfts- oder Firmenwert.** Der entgeltlich erworbene (derivative) **Geschäfts- oder Firmenwert** (Good will) ist nach § 246 Abs. 1 S. 4 der Unterschiedsbetrag zwischen der Gegenleistung, den die Gesellschaft für den Erwerb des gesamten Unternehmens bewirkt hat, und der Summe der Einzelwerte seiner Vermögensgegenstände abzüglich der Schulden. Obwohl der „Geschäfts- oder Firmenwert" in Abs. 2 A. I. 3. unter dem Posten „Immaterielle *Vermögensgegenstände*" [Hervorhebung durch Verf.] steht, ist er wegen der fehlenden Einzelveräußer- und -verwertbarkeit bilanzrechtlich kein echter Vermögensgegenstand, sondern wird lediglich im Wege einer gesetzlichen Fiktion diesem gleichgestellt („[…] gilt als …"). Bei Verschmelzungen, auf die das UmwG 1995 Anwendung findet, ist ein Ausweis des Geschäfts- oder Firmenwerts zur Vermeidung des Entstehens eines Verschmelzungsverlusts anzusetzen und gem. § 246 Abs. 1 S. 4 zu behandeln, wenn der übernehmende Rechtsträger sich gemäß seinem Wahlrecht aus § 24 UmwG (übertitelt „Wertansätze des übernehmenden Rechtsträgers") dafür entscheidet, die in der Schlussbilanz des übertragenden Rechtsträgers angesetzten Werte fortzuführen.[78]

28   **d) Geleistete Anzahlungen.** Für immaterielle Vermögensgegenstände **geleistete Anzahlungen** sind gesondert auszuweisen, soweit es noch nicht zur Übertragung des wirtschaftlichen Eigentums gekommen ist. Es liegt insofern ein bilanzunwirksames schwebendes Geschäft vor, das durch diesen Posten neutralisiert wird.[79] Die weitere Behandlung hängt vom Schicksal des Geschäfts ab:[80] Kommt es nicht zur Übertragung des immateriellen Vermögensgegenstands, muss die geleistete Anzahlung im Umlaufvermögen unter den sonstigen Vermögensgegenständen (B. II. 4.) ausgewiesen werden. Findet die Übertragung dagegen statt, ist die Anzahlung bei der Aktivierung der Anschaffungskosten des Vermögensgegenstands zu berücksichtigen. Bei einem Unternehmenskauf darf eine etwaige Anzahlung nicht auf die zu übernehmenden Gegenstände und den Geschäfts- oder Firmenwert aufgeteilt werden. Aus Gründen der Praktikabilität sollten die Anzahlungen den Sach- und Finanzanlagen und dem Umlaufvermögen zugerechnet werden, es wird aber auch eine Zurechnung nach Quoten als zulässig erachtet.[81] Unter den Posten „geleistete Anzahlungen" fallen auch geleistete Anzahlungen **für selbst geschaffene, in Entwicklung befindliche** (→ Rn. 23) und **entgeltlich erworbene immaterielle Vermögensgegenstände;** aus der Postenbezeichnung lässt sich diesbezüglich keine Einschränkung ableiten.[82] Dem beachtlichen Einwand, es fehle „an der notwendigen Korrespondenz dieses Postens mit der Ausschüttungssperre nach § 268 Abs. 8 Satz 1",[83] lässt sich mit einem Davon-Vermerk unter dem Posten A.I.4. und einer entsprechenden Anwendung der Ausschüttungssperre auf diesen Unterposten begegnen.

29   **2. Sachanlagen (A. II.).** Sachanlagen beziehen sich grundsätzlich auf körperliche Güter, wie bereits Gesetzeswortlaut („Sach"anlagen, vgl. die Definition der Sache in § 90 BGB), die Untergliederungen von A. II. und die Trennung von den immateriellen Vermögensgegenständen deutlich machen. Für die grundstücksgleichen Rechte kann es dagegen zu Abgrenzungsproblemen gegenüber den immateriellen Vermögensgegenständen kommen. Eine allgemeine Regel, welcher Kategorie solche Rechte im Zweifel zuzuordnen

---

[77]   Kirsch/Matschke/Brosel/Freichel Rn. 129 (Stand: 1.3.2021); Merkt/Probst/Fink/Anzinger Kap. 10 Rn. 69.
[78]   HdR/Dusemond/Heusinger-Lange/Knop Rn. 15 (Stand: 12/2021).
[79]   Köhler StBp 1998, 320 (324); Heymann/Herrmann 3. Aufl. 2020, Rn. 11.
[80]   Kirsch/Matschke/Brösel/Freichel Rn. 151 f. (Stand: 1.3.2021).
[81]   ADS Rn. 31.
[82]   AA Merkt/Probst/Fink/Anzinger Kap. 10 Rn. 68: „Keinesfalls" dürften derartige Aufwendungen als Anzahlung auf Immaterialgüterrechte angesetzt werden.
[83]   Merkt/Probst/Fink/Anzinger Kap. 10 Rn. 73, der den hier vorgetragenen Lösungsvorschlag selbst andeutet.

sind, lässt sich nicht aufstellen.[84] Im Hinblick auf die damit zusammenhängenden Bewertungs- und Aktivierungsfragen können sie einer bloßen Gliederungsvorschrift auch nicht entnommen werden. Es kommt ausschließlich darauf an, ob das betreffende Gut nach der Verkehrsanschauung (→ Rn. 6) eher den immateriellen Vermögensgegenständen oder einem Grundstück vergleichbar ist.

a) Grundstücke, grundstücksgleiche Rechte und Bauten einschließlich der 30
Bauten auf fremden Grundstücken. Unter diesem Posten ist das gesamte Grundvermögen einschließlich der Bauten auszuweisen, sofern es dazu bestimmt ist, dauernd dem Geschäftsbetrieb zu dienen (§ 247 Abs. 2). Bei produzierenden Unternehmen fallen hierunter regelmäßig die Betriebsgrundstücke. Beim gewerblichen Grundstückshandel gehören die Grundstücke zum Umlaufvermögen, im Falle der gewerblichen Grundstücksvermietung sind sie dem Anlagevermögen zuzurechnen.[85] Gliederungstechnisch verlangt das Gesetz lediglich die Angabe von „Grundstücken, grundstücksgleichen Rechten und Bauten". Es schreibt entsprechend Art. 12 Abs. 4 Bilanz-RL („Posten ‚Grundstücke und Bauten'") weder einen gesonderten Ausweis von bebauten oder unbebauten Grundstücken bzw. grundstücksgleichen Rechten vor, noch trennt es zwischen Wohnbauten einerseits und Geschäfts-, Fabrik- und sonstigen Bauten andererseits. Die Entscheidung des Gesetzgebers wurde im Schrifttum zu Recht kritisiert.[86] Es werden Informationsinteressen beeinträchtigt, sofern das Unternehmen nicht durch freiwillige Untergliederungen (§ 265 Abs. 5) hierfür einen Ausgleich schafft. Die Untergliederung wird zur Pflicht, wenn eine detaillierte Kenntnis zur Beurteilung der Unternehmenslage (§ 264 Abs. 2 S. 1) erforderlich ist, zB weil der Posten einen wesentlichen Teil des Anlagevermögens ausmacht und die Grundstücke und Bauten besonders heterogen zusammengesetzt sind. Die Postenbezeichnung ist dann ggf. anzupassen (§ 265 Abs. 6).

aa) Grundstücke, grundstücksgleiche Rechte. Juristisch ist ein **Grundstück** 31 (A. II. 1.) „ein durch amtliche Vermessung bestimmter […] und durch die Art seiner Buchung im Grundbuch individualisierter […], räumlich abgegrenzter Teil der Erdoberfläche".[87] Der Informationsfunktion der Rechnungslegung folgend ist diese rechtliche **Betrachtung** durch eine wirtschaftliche zu ergänzen. Bilanziell ist unter einem Grundstück nur der **unbebaute Grund und Boden** zu verstehen.[88] Die Rechnungslegung trennt beim Ansatz und insbesondere bei der Bewertung zwischen Grundstück und Bauten. Dies führt konsequenterweise zu einem gesonderten Ausweis von Grundstück und Gebäude. Dazu ist der Gesamtwert eines bebauten Grundstückes in seinen Grundstücksteil und seinen Gebäudeteil aufzuteilen und jeweils gesondert anzugeben.[89] Damit ist die zivilrechtliche Regelung des § 94 BGB, wonach zu den wesentlichen Bestandteilen eines Grundstücks auch das mit dem Grund und Boden fest verbundene Gebäude gehört, nicht auf die Rechnungslegung übertragbar. Ebenso wie Gebäude werden auch Straßen, Be- und Entwässerungsanlagen, Betriebsvorrichtungen, Maschinen, stehendes Holz, Obst- und Baumschulanlagen, Korbweidenkulturen, Reb- oder Spargelanlagen sowie Feldinventar nicht den jeweiligen Grundstücken zugerechnet.[90] Gleichfalls als unbebautes Grundstück ist ein Grundstück auszuweisen, auf dem ein Pächter ein Gebäude errichtet. Gleiches gilt für ein Gebäude, das ein Erbbauberechtigter auf einem Grundstück errichtet.[91] Der bilanzierenden

---

[84] Nach ADS Rn. 27 soll dagegen im Zweifel eine Sachanlage anzunehmen sein; nach Hirte DB 1982, 2361 (2362) ist im Zweifel ein immaterieller Vermögensgegenstand anzunehmen.
[85] BFH BeckRS 2007, 25011326, unter II. 1. c., mwN.
[86] Tertel DStR 1986, 147 (149).
[87] S. nur MüKoBGB/Lettmaier, 9. Aufl. 2023, Vor § 873 Rn. 1. Zur Bilanzierung von Grundstücken vgl. auch WP-HdB/Störk, 17. Aufl. 2021, F Rn. 324 ff.
[88] BFH BStBl. II 1961, 398 = NJW 1961, 1991.
[89] ADS Rn. 39.
[90] Heymann/Jung, 1. Aufl. 1988, Rn. 30.
[91] ADS Rn. 38. Zum Ausweis beim Erbbauberechtigten s. Rn. 19.

Gesellschaft steht es frei, den Bestand der unbebauten und der bebauten Grundstücke separat anzugeben.

32   **Grundstücksgleiche Rechte** (A. II. 1.) lassen sich nur annehmen, wenn sie dem Inhaber über die bloße Nutzungsmöglichkeit hinaus eine **dem Eigentum** (§ 903 S. 1 BGB) **angenäherte Position** verschaffen (vgl. für ähnliche Verständnisse „grundstücksgleiche Rechte" s. zB § 49 GNotKG, früher § 77 KostO, § 870 ZPO, § 150 Abs. 5 Nr. 1 GBO, § 1 Abs. 19 Nr. 21 KAGB, § 17 Abs. 1 Nr. 1 Pensionsfonds-Aufsichtsverordnung). Deshalb sind zB Wohnungseigentum, Teileigentum, Erbbaurecht, Bergwerkseigentum (§ 9 BBergG)[92] und Abbaurechte als grundstücksgleich anzusehen. Keine grundstücksgleichen Rechte sind der Grundstücksnießbrauch,[93] der zwar ein umfassendes Nutzungsrecht, aber keine wesentliche Einwirkungsmöglichkeit eröffnet (§ 1030 Abs. 1 BGB, § 1037 Abs. 1 BGB), und – erst recht nicht – die auf einzelne Nutzungen beschränkten Grunddienstbarkeiten und persönlichen Dienstbarkeiten (§§ 1018, 1090 Abs. 1 BGB). Gleiches gilt mangels dinglicher Wirkung für die obligatorischen Nutzungsrechte.[94] Keine grundstücksgleichen Rechte sind Schiffe, auch wenn sie in einem inländischen Schiffsregister eingetragen sind (vgl. § 121 Nr. 7 BewG). Gleiches gilt für im Bau befindliche Schiffe (Schiffsbauwerke iSv § 76 Abs. 1 Gesetz über Rechte an eingetragenen Schiffen und Schiffsbauwerken).

33   **bb) Bauten auf eigenen und fremden Grundstücken.** Bauten (A. II. 1.) sind Gebäude, die mit dem Grund und Boden fest verbunden sind, beständig und standfest sind, einen Schutz gegen äußere Einflüsse darstellen und einen dauerhaften Aufenthalt von Menschen ermöglichen.[95] Als Bauten zählen auch selbstständige Grundstückseinrichtungen, wie beispielsweise Straßen, Eisenbahnanlagen, Parkplätze, Hafen- und Kanalanlagen oder Brücken.[96] Zu den Gebäuden gehören auch die ihnen dienenden Gebäudeeinrichtungen wie Fahrstühle, Rolltreppen, Beleuchtungs-, Lüftungs-, Sprinkler-, Heizungseinrichtungen etc, sofern sie dem Produktionsprozess dienen und als „Maschinen" oder „Anlagen" (A. II. 2./ 3.) auszuweisen sind (→ Rn. 34).[97] Ausgewiesen wird nur der Wert des Gebäudes, nicht hingegen der Gesamtwert einschließlich des Grundstückswertes (vgl. spiegelbildlich für das Grundstück → Rn. 31).[98] Als Bauten auf fremden Grundstücken sind alle Baulichkeiten auszuweisen, die aufgrund eines obligatorischen Rechts, zB eines Pachtrechts, errichtet wurden, ohne dass ein dingliches Grundstücksrecht besteht.[99] Gebäude, die hingegen infolge eines dinglichen Rechts, etwa eines Erbbaurechts, errichtet wurden, sind als Bauten auf eigenen Grundstücken auszuweisen, weil das Gebäude zivilrechtlich wesentlicher Bestandteil des Erbbaurechts ist (§ 12 ErbbauRG). Dem folgt die Rechnungslegung. Das dingliche Nutzungsrecht wird als eigenständiges Grundstück betrachtet.[100] Stehen Mieterein- und -umbauten in einem einheitlichen Nutzen- und Funktionszusammenhang mit dem Gebäude, sind sie bei entsprechender wirtschaftlicher Zurechnung ebenfalls unter den Bauten auszuweisen.[101] Dabei kann auf die steuerliche Behandlung zurückgegriffen werden.[102]

---

[92]   Sich anschließend FG Dessau EFG 2011, 1011 = BeckRS 2011, 94310, unter A.I.1.a.aa., vor 1): Gemäß § 9 Abs. 1 S. 1 Hs. 2 BBergG seien „auf das Bergwerkseigentum die für Grundstücke geltenden Vorschriften des BGB entsprechend anzuwenden".

[93]   AA Kirsch/Matschke/Brösel/Freichel Rn. 173 (Stand: 1.3.2021).

[94]   Nach ADS Rn. 40 mwN sind solche Rechte ggf. unter den immateriellen Vermögensgegenständen auszuweisen.

[95]   Winnefeld Bilanz-HdB, 5. Aufl. 2015, F Rn. 190.

[96]   ADS Rn. 42 ff.; HK-HGB/Kirnberger, 7. Aufl. 2007, Rn. 9 f. will die vom Erbbauberechtigten errichteten Gebäude als Bestandteile des Erbbaurechts erfassen.

[97]   ADS Rn. 33, 47; Biener/Bernecke BiRiLiG S. 146; HK-HGB/Kirnberger, 7. Aufl. 2007, Rn. 8.

[98]   Winnefeld Bilanz-HdB, 5. Aufl. 2015, F Rn. 190: „Zu aktivieren sind die reinen Bauwerke, dh ohne Grundstückswert".

[99]   Die Zurechnung ist unproblematisch, wenn das bilanzierende Unternehmen Eigentümer (§ 95 Abs. 1 S. 1 BGB) ist oder ein Wegnahmerecht (§ 258 BGB) hat (s. OLG Hamm BB 1993, 1332, unter I). Bei einem bloßen Verwendungsersatzanspruch ist die Zurechnung umstritten; bejahend Knobbe-Keuk § 4 IV 4b; verneinend Knapp BB 1975, 1103 (1107).

[100] HdR/Dusemond/Heusinger-Lange/Knop Rn. 27 (Stand: 12/2021).

[101] ADS Rn. 35; Biener/Bernecke BiRiLiG S. 146; HK-HGB/Kirnberger, 7. Aufl. 2007, Rn. 10.

[102] BMF-Schreiben BStBl. I 1976, 66.

b) Anlagen, Maschinen, Betriebs- und Geschäftsausstattung. Die einzelnen Pos- 34
ten gem. A. II. 2. und 3. sind durch ihren **Nutzungs- und Funktionszusammenhang**
festgelegt. Ihre Abgrenzung untereinander und gegenüber den Grundstücken und Bauten
richtet sich deshalb nach der jeweiligen Zweckbestimmung und der Verkehrsanschauung
(→ Rn. 6). **Technische Anlagen und Maschinen** sind Einrichtungen, die ihrer Art nach
der Produktion dienen, also der Herstellung, Be- und Verarbeitung von Erzeugnissen.[103]
Hierzu zählen in erster Linie die Produktionsanlagen der Industrieunternehmen. Eine
Unterscheidung zwischen Anlagen und Maschinen ist nicht erforderlich. Im Einzelnen kann
es sich zB um Lagerbehälter, Rohrleitungen, Kräne, Umspannwerke oder Apparate der
chemischen Industrie handeln.[104] Mit auszuweisen sind Erstausstattungen an Ersatz-,
Reserve- und Spezialreserveteilen. **Eigene Werkzeuge** sind, unabhängig davon, ob sie für
viele oder nur für bestimmte Aufträge eingesetzt werden, unter A. II. 2. auszuweisen, weil
die Verkehrsanschauung solche Hilfsmittel nicht unter technische „Anlagen" und „Maschinen" subsumiert.[105] Erwirbt das Unternehmen **fremde Werkzeuge,** die nach der Bearbeitung an den Auftraggeber veräußert werden oder die nach dem Produktionsprozess verbraucht sind, handelt es sich um Vermögensgegenstände des Vorratsvermögens, die im
Umlaufvermögen auszuweisen sind.[106] Weitere Voraussetzung für einen Ausweis unter
A. II. 2. oder 3. ist, dass es sich der Verkehrsanschauung nach um selbstständige Einheiten
und nicht bloß um unselbstständige Bestandteile von Grundstücken oder Gebäuden, wie
zB Fahrstuhl- oder Heizungseinrichtungen, handelt. Unerheblich ist, ob die Vermögensgegenstände zivilrechtlich als wesentliche Bestandteile gelten. Für die Abgrenzung ist die Nähe
zum betrieblichen Leistungserstellungsprozess maßgeblich.[107] Trotz fester Verbindung mit
dem Grund und Boden sind zB Förderanlagen, Transformatorenhäuser, Lastenaufzüge, für
den Leistungsprozess erforderliche Klimaanlagen oder Hochregallager als technische Anlagen auszuweisen, wenn sie unmittelbar und vorrangig dem Produktionsprozess dienen.[108]
Fehlt es daran, wie beispielsweise bei Heizungs- oder Belüftungsanlagen und Personenaufzü-
gen, handelt es sich um einen unselbstständigen Teil eines Gebäudes bzw. des Grund und
Bodens.

Andere Anlagen und die **Betriebs- und Geschäftsausstattung** (A. II. 3.) schließlich 35
sind Sachanlagegegenstände, die nicht unmittelbar der Produktion, sondern zB der kaufmännischen Verwaltung des Unternehmens dienen und deshalb nicht unter den vorhergehenden Unterposten auszuweisen sind.[109] Unter diesen Posten fallen etwa Werkstätten-
richtungen, Lagereinrichtungen, Büroeinrichtungen, Büromaschinen, Hardware,
Arbeitsgeräte, Transportbehälter, Modelle und Musterküchen.[110] Einbauten in eigene oder
fremde Gebäude, wie zB Laden- und Gaststätteneinbauten oder Schalterhalleneinrichtun-
gen, sind den anderen Anlagen bzw. der Betriebs- und Geschäftsausstattung zuzuordnen,
wenn sie für die Nutzung des Gebäudes nicht von erheblicher Bedeutung sind.[111]

c) Geleistete Anzahlungen, Anlagen im Bau. Unter diesen Posten (A. II. 4.) fallen 36
Anzahlungen auf Vermögensgegenstände des Sachanlagevermögens sowie Anschaffungs-
und Herstellungskosten (§ 255) von Sachanlagen, die noch nicht fertig gestellt sind,[112] dh

---

[103] ADS Rn. 46; HdR/Dusemond/Heusinger-Lange/Knop Rn. 29 (Stand: 12/2021); Kirsch/Matschke/
Brösel/Freichel Rn. 181 (Stand: 1.3.2021); KKRD/Morck/Drüen, 9. Aufl. 2019, Rn. 3; HK-HGB/
Kirnberger, 7. Aufl. 2007, Rn. 11; BeBiKo/Schubert/Huber, 13. Aufl. 2022, Rn. 48.
[104] ZB BeBiKo/Schubert/Huber, 13. Aufl. 2022, Rn. 48.
[105] So iErg auch HdR/Dusemond/Heusinger-Lange/Knop Rn. 31 und 33 (Stand: 12/2021); aA Glade
Praxishandbuch Rn. 158 ff. unter Rückgriff auf steuerliche Abgrenzungsregeln; ADS Rn. 50 ff.
[106] ADS Rn. 51 mwN; Breidenbach WPg 1975, 73 (75 f.).
[107] ADS Rn. 33; Kirsch/Matschke/Brösel/Freichel Rn. 182 (Stand: 1.3.2021).
[108] ADS Rn. 33; HK-HGB/Kirnberger, 7. Aufl. 2007, Rn. 8 (Ausweis unter A. II. 2., wenn sie „mit der
Produktion in Zusammenhang stehen").
[109] Heymann/Herrmann, 3. Aufl. 2020, Rn. 14.
[110] Westerfelhaus DStR 1997, 1220 (1221).
[111] ADS Rn. 34 mwN.
[112] Kirsch/Matschke/Brösel/Freichel Rn. 202 (Stand: 1.3.2021).

„Vorleistungen eines Vertragspartners auf ein schwebendes Geschäft, das auf die Anschaffung eines den Posten der Sachanlagen zuzuordnenden Vermögensgegenstandes gerichtet ist".[113] Die Anzahlung wird zu einem Zeitpunkt geleistet, zu dem es noch nicht zu einem vollständigen Leistungsaustausch gekommen ist. Damit liegt bilanziell ein schwebendes Geschäft vor, das mit der Aktivierung der Anzahlung erfolgsneutral gestellt werden soll. Deshalb wird kein Verschaffungs- oder Herausgabeanspruch aktiviert.[114] Kommt es zur Lieferung oder zur Fertigstellung des Sachanlagevermögens, müssen die Anzahlungen auf die zugehörigen Vermögensgegenstände umgebucht werden.[115] Scheitert die Erfüllung, ist der entstehende Rückforderungsanspruch unter den sonstigen Vermögensgegenständen auszuweisen.[116]

37   **3. Finanzanlagen (A. III.).** Finanzanlagen bilden im Unterschied zu den immateriellen Vermögensgegenständen und den Sachanlagen nicht die sachliche Grundlage des bilanzierenden Unternehmens. Sie dienen aber ebenfalls dauerhaft dem Geschäftsbetrieb dieses Unternehmens und müssen daher als Anlagevermögen (§ 247 Abs. 2) ausgewiesen werden. Die Qualifizierung als Vermögensgegenstand des Anlage- oder Umlaufvermögens ist mitunter schwierig,[117] zugleich aber bedeutsam, weil einige der Posten, zB „Anteile an verbundenen Unternehmen", unter identischer Bezeichnung entweder im Anlage- oder im Umlaufvermögen ausgewiesen werden können (A. III. 1. bzw. B. III. 1.). Die Finanzanlagen werden vom Gesetz in sechs Posten untergliedert, deren Anwendungsbereich sich teilweise überschneidet. So ist ein verbundenes Unternehmen iSv § 271 Abs. 2 als Mutter- oder Tochterunternehmen regelmäßig ein Unternehmen, mit dem ein Beteiligungsverhältnis besteht, und erfüllt damit auch die Voraussetzungen einer Beteiligung iSv § 271 Abs. 1. Der Verbundtatbestand ist gegenüber der Beteiligung die speziellere Erscheinungsform,[118] weil er neben der kapitalmäßigen Beziehung auch das Merkmal des „beherrschenden Einflusses" (§ 290 Abs. 1 und 2) verlangt.[119] Deshalb geht der Ausweis einer Unternehmensbeziehung als „verbundenes Unternehmen" dem Ausweis als „Unternehmen, mit denen ein Beteiligungsverhältnis besteht" vor.[120] Als Gegenstand eines zusätzlichen **gesonderten Postens** kommen nach § 42 Abs. 3 GmbHG ferner Ausleihungen an GmbH-Gesellschafter in Betracht. Das gilt auch dann, wenn es sich bei dem GmbH-Gesellschafter um ein verbundenes Unternehmen handelt,[121] weil die gesetzliche Regelung als lex specialis vorgeht. Erst in untergeordneter Linie orientiert sich der Ausweis an der **Art der Finanzanlage** (Anteil bzw. Beteiligung, Ausleihung) und ihrer rechtlichen Verbriefung (Wertpapiere). Im Unterschied zu § 151 AktG idF bis zum 1.1.1986 ist auf grundpfandrechtliche Sicherungen nicht mehr einzugehen, sofern das Einblicksgebot (vgl. § 264 Abs. 2 S. 1, § 265 Abs. 5 S. 1) nicht eine Angabe erfordert. Für zu den Finanzanlagen nach A. III. gehörende Finanzinstrumente sind nach §§ 285 Nr. 18, 314 Nr. 10 spezielle Anhangangaben erforderlich, soweit sie gemäß dem Wahlrecht nach § 253 Abs. 3 S. 6 über ihrem beizulegenden Zeitwert ausgewiesen werden (→ § 285 Rn. 299 ff.).

---

[113] FG Hamburg BeckRS 2011, 95605, unter II.2.b.aa.bbb.; zuvor fast wörtlich schon ADS Rn. 59.

[114] BeBiKo/Schubert/Huber, 13. Aufl. 2022, § 247 Rn. 352.

[115] Vgl. Hoffmann/Lüdenbach NWB Kommentar Bilanzierung, 13. Aufl. 2022, Rn. 46: „Erst nach Fertigstellung und Betriebsbereitschaft der entsprechenden Anlage" erfolge „eine Umbuchung in eine der drei anderen Posten des Sachanlagevermögens".

[116] ZB ADS Rn. 61; sich anschließend FG Hamburg BeckRS 2011, 95605, unter II.2.b.aa.bbb.

[117] Dazu Bieg DB-Beilage 24/1985, 1, 6 ff.

[118] → § 271 Rn. 19; ferner HdR/Dusemond/Heusinger-Lange/Knop Rn. 41 ff. (Stand: 12/2021); BeBiKo/Grottel/Kreher, 13. Aufl. 2022, § 271 Rn. 3.

[119] Das bis zum Inkrafttreten des BilMoG in § 290 Abs. 1 aF maßgebliche weitere Konzept der „einheitlichen Leitung" wurde abgeschafft. Vgl. zum Verhältnis des Konzepts der „einheitlichen Leitung" zum „Control"-Konzept Gehlhausen/Fey/Kämpfer Q Rn. 1–6; Küting/Seel DStR 2009, Beilage Heft 26, 38; P. Küting DB 2009, 78. Auch → § 271 Rn. 16 ff. und → § 290 Rn. 1 und 9 (Fehrenbacher).

[120] Kirsch/Matschke/Brösel/Freichel Rn. 234 (Stand: 1.3.2021), mit Hinweis auf die Konsequenz, dass verbriefte Ausleihungen an verbundene Unternehmen unter III. 2. und nicht unter III. 5. auszuweisen sind.

[121] ADS Rn. 78.

a) Anteile an verbundenen Unternehmen (A. III. 1.). Anteile sind verbriefte oder **38** unverbriefte Mitgliedschaftsrechte an einer anderen Gesellschaft, zB Aktien, GmbH-Geschäftsanteile, OHG- und KG-Anteile, stille Beteiligungen und Genossenschaftsanteile.[122] Von den Anteilen sind insbesondere die daraus entstehenden Gewinnansprüche zu trennen und als Forderungen gegen verbundene Unternehmen auszuweisen (B. II. 2., → Rn. 67 f.).[123] Die Voraussetzungen, unter denen die bilanzierende und eine andere Gesellschaft **verbundene Unternehmen** sind, bestimmen sich ausschließlich nach den bilanzrechtlichen Vorschriften des § 271 Abs. 2. Die aktienrechtliche Regelung des § 15 AktG ist nicht anwendbar (→ § 271 Rn. 15). Es ist nicht nur auf die unmittelbaren kapitalmäßigen Beziehungen dieser beiden Gesellschaften abzustellen. Vielmehr sind alle mit einem bestimmten Unternehmen verbundenen Gesellschaften auch miteinander verbundene Unternehmen, so dass beispielsweise auch Tochter- und Enkelunternehmen im Verhältnis zueinander verbundene Unternehmen sind.[124] Die Kenntnis solcher indirekten Unternehmensbeziehungen ist regelmäßig nur bei der Konzernspitze vorhanden. Um einen zutreffenden Ausweis der Unternehmensbeziehungen in den Jahresabschlüssen aller Konzernunternehmen zu ermöglichen, ist dem Mutterunternehmen zu empfehlen, eine Liste aller verbundenen Unternehmen zu erstellen und den Tochterunternehmen zur Verfügung zu stellen. Maßgebend sind die Verhältnisse am Bilanzstichtag, nicht dagegen der Zeitpunkt, an dem die Forderung entstanden ist. Scheidet das Unternehmen vor dem Bilanzstichtag aus dem Kreis der verbundenen bzw. beteiligten Unternehmen aus, kommt ein Ausweis unter dieser Bezeichnung daher nicht mehr in Betracht.

Ob Anteile an verbundenen Unternehmen im Anlagevermögen oder stattdessen im **39** Umlaufvermögen (B. III. 1.) auszuweisen sind, bestimmt sich nach der allgemeinen Regel des § 247 Abs. 2, also danach, ob die Anteile dazu bestimmt sind, „dauernd dem Geschäftsbetrieb zu dienen". Bei Anteilen an einer herrschenden AG (§ 17 AktG) oder einer AG, in dessen Mehrheitsbesitz die bilanzierende (Tochter-)Gesellschaft steht (§ 16 AktG), sind bei der Beurteilung der Verbundenheit die aktienrechtlichen Grenzen solcher Beteiligungen zu beachten, die sich an die Regeln für den Erwerb eigener Aktien anlehnen (§ 71d S. 2 Fall 1 AktG iVm S. 1, § 71 Abs. 1 Nr. 1–5, 7 und 8, Abs. 2 AktG). Ein Aktienerwerb, der nach den Kriterien des § 71 Abs. 1 und 2 unzulässig ist, ist zwar dinglich wirksam, das zugrunde liegende Kausalgeschäft jedoch nach § 71d S. 4 AktG, § 71 Abs. 4 AktG nichtig.[125] Gemäß § 71d S. 5 AktG kann die Mutter-AG von der Tochtergesellschaft die Übertragung der zu Unrecht gehaltenen Aktien verlangen.[126] Daher können solche Anteile dem Geschäftsbetrieb der Tochtergesellschaft nur dann auf Dauer dienen und Anlagevermögen sein, wenn davon ausgegangen werden kann, dass der Übertragungsanspruch dauerhaft nicht geltend gemacht wird.[127] Daneben können noch die Vorschriften über wechselseitige Beteiligungen (§§ 19, 328 AktG) Bedeutung erlangen.[128] Danach kann eine AG Rechte aus Anteilen an einem anderen Unternehmen unter bestimmten Voraussetzungen nur bis zu einem Viertel aller Anteile ausüben (§ 328 Abs. 1 S. 1 AktG). Das Unternehmen kann dann uU nicht mehr als „verbundenes Unternehmen" iSd § 271 Abs. 2, § 290 Abs. 2 betrachtet werden. Die Verbundenheit scheitert aber nicht bereits daran, dass die bilanzierende Tochtergesellschaft keinen (beherrschenden) Einfluss auf die beherrschende AG ausüben kann,[129] denn der Verbundenheitsbegriff des § 271 Abs. 2 ist bidirektional.

---

[122]   Kirsch/Matschke/Brösel/Freichel Rn. 222 (Stand: 1.3.2021); HK-HGB/Kirnberger, 7. Aufl. 2007, Rn. 14.

[123]   ADS Rn. 72; HdR/Dusemond/Heusinger-Lange/Knop Rn. 49 (Stand:12/2021); KKRD/Morck/Drüen, 9. Aufl. 2019, Rn. 4.

[124]   Kirsch/Matschke/Brösel/Freichel Rn. 226 (Stand: 1.3.2021).

[125]   ZB Koch, 16. Aufl. 2022, AktG § 71d Rn. 16.

[126]   Koch, 16. Aufl. 2022, AktG § 71d Rn. 20.

[127]   ADS Rn. 74 mwN; Richter/Geib WPg 1987, 181 (192 f.); BeBiKo/Schubert/Kreher, 13. Aufl. 2022, Rn. 58.

[128]   Zum schwierig zu bestimmenden Verhältnis des § 19 AktG zu den §§ 71 ff. AktG s. Koch, 16. Aufl. 2022, AktG § 19 Rn. 6.

[129]   So aber offenbar Merkt/Probst/Fink/Mylich Kap. 10 Rn. 84.

40   **b) Ausleihungen an verbundene Unternehmen (A. III. 2.). Ausleihungen** sind Rückforderungsansprüche im Rahmen der entgeltlichen oder unentgeltlichen Überlassung von Kapital.[130] Das Gesetz verwendet nur beim Anlagevermögen den Begriff Ausleihungen. Als Ausleihungen kommen deshalb nur langfristige Darlehen in Betracht, während kurzfristige Darlehen dem Geschäftsbetrieb nicht dauerhaft dienen und folglich als „Forderungen" oder „sonstige Vermögensgegenstände" im Umlaufvermögen auszuweisen sind (B. II. 2.– 4.).[131] Zu den Ausleihungen zählen Ansprüche aus Darlehen wie beispielsweise Hypotheken-, Grund- und Rentenforderungen und Brauereidarlehen, ebenso partiarische Darlehen (→ Rn. 43) und stille Gesellschaften, wenn sie mangels einer Verlustbeteiligung keine „Beteiligung" (A. III. 3.) darstellen. Forderungen aus Lieferungen und Leistungen, insbesondere Warenforderungen, sind grundsätzlich im Umlaufvermögen auszuweisen (B. II. 1.). Sie können jedoch bei entsprechend langer Laufzeit durch Novation (vgl. § 607 Abs. 2 BGB idF vor dem 1.1.2002) ihren Charakter ändern und sich in eine Kapitalforderung umwandeln, so dass sie dann in das Finanzanlagevermögen umzugliedern sind. Zinsansprüche im Zusammenhang mit den Ausleihungen sind als Forderungen bzw. sonstige Vermögensgegenstände im Umlaufvermögen auszuweisen. Je nach Eigenschaft des Schuldners kommt ein Ausweis unter B. II. 2.–4. in Betracht.[132]

41   Die Forderung muss gegenüber einem verbundenen Unternehmen (§ 271 Abs. 2) bestehen. Selbst wenn sie wertpapierrechtlich verbrieft sein sollte, ist sie unter den „Ausleihungen an verbundene Unternehmen" (A. III. 2.) und nicht unter den „Wertpapieren des Anlagevermögens" (A. III. 5.) auszuweisen, ihre Mitzugehörigkeit (§ 265 Abs. 3 S. 1) zu den Wertpapieren ist hingegen zu vermerken.[133] Weitere Voraussetzung für den Ausweis unter A. III. 2. ist schließlich, dass die betreffende Forderung zum Anlagevermögen gehört. Hierfür sind die allgemeinen Regeln (§ 247 Abs. 2, → § 247 Rn. 14 ff.) maßgebend, die lange Laufzeit der Schuld kann aber die Zugehörigkeit zum Anlagevermögen indizieren.[134]

42   **c) Beteiligungen (A. III. 3.).** Beteiligungen sind alle Beteiligungen iSd § 271 Abs. 1, soweit es sich nicht gleichzeitig um Anteile an verbundenen Unternehmen (A. III. 1., → Rn. 38 f.) handelt. Zu den Beteiligungen zählen beispielsweise Aktien oder GmbH-Anteile.[135] Anteile des persönlich haftenden Gesellschafters einer Personenhandelsgesellschaft (OHG, KG) bzw. eines Kommanditisten einer KG sind gleichfalls als Beteiligung auszuweisen, sofern sie zum Anlagevermögen (§ 247 Abs. 2) gehören; die Höhe der Beteiligung ist hierbei anders als bei A. III. 1. nicht maßgeblich.[136] Anteile können freilich nur dann als Beteiligung iSv § 266 ausgewiesen werden, wenn sie sich auf **Unternehmen** beziehen (→ § 271 Rn. 4). Das ist insbesondere bei **Joint Ventures** in Form von BGB-Gesellschaften eingehend zu prüfen. Eine Mitgliedschaft in einer BGB-Gesellschaft ist im Anlagevermögen unabhängig von der Beteiligungsquote als Beteiligung auszuweisen, sofern das Joint Venture die Unternehmenseigenschaft aufweist. Im Rahmen einer Gesamtwürdigung ist zu ermitteln, ob das Joint Venture eine Außengesellschaft darstellt, ein Gesamthandsvermögen besitzt und ob Beitragsleistungen erbracht werden. Sofern sämtliche Krite-

---

[130] Vgl. auch ADS Rn. 76; Hopt/Merkt, 41. Aufl. 2022, Rn. 7; Kirsch/Matschke/Brösel/Freichel Rn. 233 (Stand: 1.3.2021); KKRD/Morck/Drüen, 9. Aufl. 2019, Rn. 4; HK-HGB/Kirnberger, 7. Aufl. 2007, Rn. 15; BeBiKo/Schubert/Kreher, 13. Aufl. 2022, Rn. 63.

[131] Harrmann BB 1990, 1450 f.; KKRD/Morck/Drüen, 9. Aufl. 2019, Rn. 4 („sind idR auf längere Zeit angelegt").

[132] Zu pauschal KKRD/Morck/Drüen, 9. Aufl. 2019, Rn. 4 (Forderungen gegen verbundene Unternehmen, B. II. 2.); ADS Rn. 77a (sonstige Vermögensgegenstände, B. II. 4.).

[133] Kirsch/Matschke/Brösel/Freichel Rn. 235 (Stand: 1.3.2021).

[134] ADS Rn. 76 mwN; aA (Anlagevermögen, wenn vertragliche Kreditlaufzeit länger als 5 Jahre) Kirsch/ Matschke/Brösel/Freichel Rn. 231 (Stand: 1.3.2021); wieder aA (Anlagevermögen, wenn Gesamtlaufzeit länger als 1 Jahr) WP-HdB/Störk, 17. Aufl. 2021, F Rn. 360; HK-HGB/Kirnberger, 7. Aufl. 2007, Rn. 15.

[135] Zum bilanziellen Ausweis des Beteiligungserwerbs gegen Zuzahlung → § 265 Rn. 5.

[136] IDW RS HFA 18 v. 4.6.2014, WPg Supplement 1/2012, 84 ff., Rn. 2: „Anteile an Personenhandelsgesellschaften sind, sofern sie zum Anlagevermögen iSv. § 247 Abs. 2 HGB gehören, stets als Beteiligungen iSv. § 271 Abs. 1 S. 1 HGB auszuweisen. Auf die Beteiligungsquote kommt es dabei nicht an".

rien kumulativ erfüllt sind, ist das Joint Venture als eigenständiges Bilanzierungsobjekt und die Mitgliedschaft als Beteiligung zu behandeln. Es gilt auch hier, dass die Mitgliedschaft in der BGB-Gesellschaft bei Vorliegen der Voraussetzungen des § 271 Abs. 2 unter dem Posten Anteile an verbundenen Unternehmen (A. III. 1.) auszuweisen ist. Fehlt es an der Unternehmenseigenschaft, kommt ein Ausweis der Anteile unter A. III. 6. mit angepasster Postenbezeichnung (§ 265 Abs. 6) als „sonstige Ausleihung gegenüber Joint Ventures" in Betracht.[137] Insbesondere bei wesentlicher Bedeutung der Mitgliedschaft ist es dagegen vorzugswürdiger, in Ergänzung des vorgegebenen Gliederungsschemas eine „Mitgliedschaft in Joint Ventures" (§ 265 Abs. 5) auszuweisen, um dadurch die Beteiligungsstruktur transparenter zu machen.[138] **Genossenschaftsanteile** können dagegen nicht als Beteiligung ausgewiesen werden (§ 271 Abs. 1 S. 5). Sofern das Unternehmen Anteile an Deichgenossenschaften oder an Volks- und Raiffeisenbanken dauerhaft im Bestand hält, sind sie als „Anteile an Genossenschaften" unter A. III. 6. oder in einem gesonderten Posten (§ 265 Abs. 5) auszuweisen.[139] Der Umstand, dass der Erwerb einer Beteiligung wegen Verstoßes gegen das Vollzugsverbot im Rahmen der kartellrechtlichen Zusammenschlusskontrolle (schwebend) unwirksam ist (§ 41 Abs. 1 S. 1 GWB), schließt den Ausweis der Beteiligung beim Anlagevermögen nicht zwingend aus, sofern mit einer Freigabe oder einer Ministererlaubnis zu rechnen ist.[140] Andere Rechte, insbesondere die aus der Beteiligung resultierenden Gewinnansprüche oder Ausleihungen an ein Unternehmen, mit denen ein Beteiligungsverhältnis besteht, werden nicht erfasst und sind an anderer Stelle auszuweisen.[141]

Patriarische Darlehen (Beteiligungsdarlehen)[142] sind anders als stille Beteiligungen **43** (§ 230 Abs. 1) Darlehens- und damit Austauschverträge nichtgesellschaftsrechtlicher Art, bei denen eine Gewinnbeteiligung vereinbart ist. Wegen ihres schuldrechtlichen Charakters können sie nicht als Beteiligungen eingeordnet werden (→ § 271 Rn. 7), sondern sind als Ausleihungen zu zeigen.[143] Erhält der Darlehensgeber für die Kapitalüberlassung anstelle eines Zinsanspruches ein Gewinnbeteiligungsrecht, ist durch Auslegung zu ermitteln, ob die Parteien tatsächlich nur ein Darlehensverhältnis oder nicht vielmehr eine **(stille) Gesellschaft** begründen wollten.[144] Sofern der Darlehensgeber nicht nur am Gewinn, sondern auch am Verlust beteiligt ist, kann er nur Gesellschafter sein.[145] Als Beteiligung gilt eine stille Beteiligung freilich nur, wenn sie Mitwirkungs- und Kontrollrechte einräumt, also atypischer Natur ist.

d) Ausleihungen an Unternehmen, mit denen ein Beteiligungsverhältnis 44 besteht (A. III. 4.). Der Posten umfasst Ausleihungen (→ Rn. 40). Er setzt weiterhin ein Beteiligungsverhältnis (§ 271 Abs. 1, → Rn. 42) zwischen dem bilanzierenden Unternehmen und dem Schuldnerunternehmen voraus. Dafür ist es unerheblich, ob das bilanzierende Unternehmen am Schuldnerunternehmen oder das Schuldnerunternehmen an seinem Gläubiger beteiligt ist.[146] Liegt die Ausleihung im Verhältnis zu einem verbunde-

---

[137] IDW HFA 1/1993, WPg 1993, 441 (442).
[138] Früh/Klar WPg 1993, 493 (497); IDW HFA 1/1993, WPg 1993, 441 (442).
[139] ADS Rn. 74.
[140] Vgl. BGH NJW 1980, 183, unter I. 1. b., noch zu § 24a GWB aF und zum alten Bilanzrecht: „Bedenken" gegen den Ausweis könnten ua bestehen, wenn der Anteilserwerb schwebend unwirksam sei und die bilanzierende Gesellschaft „auf Grund der Erklärungen des Bundeskartellamts ernsthaft mit einer Untersagungsverfügung, damit mit der endgültigen Nichtigkeit und dementsprechend mit einem Verlust der [...] erworbenen Rechte" rechnen müsse.
[141] Gewinnansprüche im Anlagevermögen (B. II. 3.); Ausleihungen entweder im Anlagevermögen (A. II. 4.) oder im Umlaufvermögen (B. II. 3.).
[142] S. hierzu sowie zur Abgrenzung von ähnlichen Finanzierungsformen zB Reiner in Ekkenga, Handbuch der AG-Finanzierung, 2. Aufl. 2018, Kap. 14 Rn. 138 ff.
[143] Wie hier ADS Rn. 81; KKRD/Morck/Drüen, 9. Aufl. 2019, Rn. 4. Ein Ausweiswahlrecht als Ausleihung oder Beteiligung räumt Heymann/Herrmann 3. Aufl. 2020, Rn. 17 ein.
[144] Zu den relevanten Indizien vgl. K. Schmidt GesR S. 1843.
[145] → 4. Aufl. 2019, § 230 Rn. 60 mwN (K. Schmidt).
[146] Kropff DB 1986, 364 ff.; ADS Rn. 82; KKRD/Morck/Drüen, 9. Aufl. 2019, Rn. 4; HK-HGB/Kirnberger, 7. Aufl. 2007, Rn. 17.

nen Unternehmen (§ 271 Abs. 2) vor, ist sie unter dem insoweit vorrangigen Posten A. III. 2. auszuweisen,[147] weil diese intensive Unternehmensbeziehung offengelegt werden soll. Das maßgebliche Darstellungskriterium ist die Unternehmensbeziehung (hierzu bereits → Rn. 37).[148] Das Merkmal der Verbriefung ist bei Gläubigerrechten hingegen entbehrlich.[149] Deshalb sind verbriefte Ausleihungen an Unternehmen, mit denen ein Beteiligungsverhältnis besteht, allein unter diesem Posten und nicht als Wertpapiere des Anlagevermögens auszuweisen. Ihre Mitzugehörigkeit (§ 265 Abs. 3 S. 1) ist zu vermerken.

45   **e) Sonderposten Ausleihungen an GmbH-Gesellschafter, § 42 Abs. 3 GmbHG.** Ausleihungen an GmbH-Gesellschafter sind als solche gesondert auszuweisen oder im Anhang anzugeben (§ 42 Abs. 3 GmbHG). Die besondere Bedeutung dieser Information für den Adressaten des Jahresabschlusses spricht dafür, grundsätzlich einen gesonderten Ausweis in der Bilanz und nicht nur im Anhang zu verlangen.[150] Für den Ausweis von Darlehen an GmbH-Gesellschafter schreibt § 42 Abs. 3 GmbHG keine bestimmte Stelle im Gliederungsschema vor, aus Gründen des Sachzusammenhangs ist ein Ausweis im Anschluss an A. III. 4. sinnvoll.

46   **f) Wertpapiere des Anlagevermögens (A. III. 5.).** Der Posten erfasst Wertpapiere, die *weder* mit Anteilen an verbundenen Unternehmen (A. III. 1.) *noch* mit Beteiligungen (A. III. 3.) im Zusammenhang stehen. Im Schrifttum ist man sich einig, dass als **Wertpapiere** iSd § 266 festverzinsliche Kapitalmarktpapiere oder Kapitalmarktpapiere mit Gewinnbeteiligungsansprüchen angesehen werden. Als **Beispiele** werden genannt: Aktien, Investmentanteile, Inhaber- und Orderschuldverschreibungen einschließlich Gewinn- und Wandelschuldverschreibungen, Genussscheine, Anteile an offenen Immobilienfonds, Industrie- oder Bankobligationen, Kommunalobligationen, Pfandbriefe,[151] ferner Commercial Papers, Euro-notes, Certificates of deposit und Bons de caisse (vgl. § 16 Abs. 1 RechKredV). Angesichts ihrer Fungibilität ebenfalls als Wertpapiere im bilanzrechtlichen Sinne dürften Treibhausgas-Emissionsberechtigungen zu qualifizieren sein,[152] jedenfalls soweit sie im Handelsbestand gehalten werden (→ Rn. 55). Darüber hinaus werden auch verkehrsfähige Schuldbuchforderungen aus Anleihen der öffentlichen Hand, sog. **Wertrechte,** erfasst, die im Geschäftsverkehr genauso wie Effekten behandelt werden und sammelverwahrungsfähig sind (zB Bundesschatzbriefe, Schatzanweisungen).[153] Möglicherweise wird man künftig auch „**Security Token**" (Equity Token, Debt Token) einbeziehen müssen, soweit sie mit herkömmlichen Wertpapieren vergleichbar sind.[154] Man

---

[147]   ADS Rn. 76; Kirsch/Matschke/Brösel/Freichel Rn. 251 (Stand: 1.3.2021).

[148]   Kirsch/Matschke/Brösel/Freichel Rn. 253 (Stand: 1.3.2021).

[149]   Haußer, Bewertung von Wertpapieren des Umlaufvermögens nach HGB, US GAAP und IAS, 2003, S. 48.

[150]   Zurückhaltender (gesonderter Ausweis mit Angabe im Anhang gleichwertig) BeBiKo/Störk/Büssow, 13. Aufl. 2022, § 265 Rn. 21; gegen einen Vorrang des Ausweises in der Bilanz ADS § 265 Rn. 44; ADS GmbHG § 42 Rn. 52; KKRD/Morck/Drüen, 9. Aufl. 2019, § 265 Rn. 4.

[151]   ADS Rn. 84 mit weiteren Beispielen; Biener/Bernecke BiRiLiG S. 147; HdR/Dusemond/Heusinger-Lange/Knop Rn. 52 (Stand: 12/2021); Hopt/Merkt, 41. Aufl. 2022, Rn. 7; Kirsch/Matschke/Brösel/Freichel Rn. 262 (Stand: 1.3.2021); HK-HGB/Kirnberger, 2. Aufl. 2007, Rn. 18; BeBiKo/Schubert/Kreher, 13. Aufl. 2022, Rn. 70; Häuselmann BB 1992, 312 (318).

[152]   AA IDW RS HFA 15 Rn. 4 (Stand: 1.3.2006): „gehören zu den immateriellen Vermögensgegenständen"; ebenso Löw/Pietsch, Management und Bilanzierung von Emissionsrechten 2010, 103, allerdings mit Verweis auf den durch Gesetz v. 21.7.2011 mWv 28.7.2011 außer Kraft gesetzten § 15 TEHG (hierzu → 3. Aufl. 2013, Rn. 48). Auch das weitere Argument von Löw/Pietsch, Emissionsrechte hätten im Gegensatz zu Aktien oder verzinslichen Wertpapieren, denen ein Beteiligungsverhältnis bzw. ein schuldrechtliches Leistungsverhältnis zu Grunde liege, einen „eigenen Rechtsgrund, der sich aus dem Ausstoß von Schadstoffen" ergebe, kann nicht überzeugen. Am Umstand der verbriefungsgleichen Fungibilität ändert es nichts.

[153]   ADS Rn. 85; HdR/Dusemond/Heusinger-Lange/Knop Rn. 52 (Stand: 12/2021); BeBiKo/Schubert/Kreher, 13. Aufl. 2022, Rn. 70.

[154]   Für den Ausweis von Security Token unter „A.III.5 bzw. A.III.6" etwa Sanning DB 2022, 1409 (1410), mwN.

könnte sich hierzu an den wertpapieraufsichtsrechtlichen Kriterien orientieren, wie sie die BAFin entwickelt hat.[155] Das BMF hat dies für die Qualifizierung von Token unter dem Wertpapierbegriff des EStG (§ 4 Abs. 3 S. 4 EStG, § 20 EStG) vorgemacht.[156] Mangels Verbriefung[157] **nicht** als Wertpapiere betrachtet man sonstige Token (→ Rn. 71), zB „Kryptotauschmittel" wie Bitcoin,[158] Genossenschaftsanteile und **GmbH-Geschäftsanteile** (zum Umlaufvermögen → Rn. 72).[159] Sollten GmbH-Anteile nicht ohnehin Anteile an verbundenen Unternehmen (A. III. 1.) oder Beteiligungen (A. III. 3.) darstellen, sind sie mangels Alternative unter dem Posten Sonstige Ausleihungen (A. III. 6.) oder in einem bei den Finanzanlagen hinzuzufügenden Unterposten (§ 265 Abs. 5) zu zeigen (→ Rn. 52). **Anteile an geschlossenen Fonds,** insbesondere Kommanditanteile, sind grundsätzlich ebenfalls keine Wertpapiere; der im Zuge der Umsetzung der ersten Finanzmarktrichtlinie (RL 2004/39/EG – MiFID I) erweiterte kapitalmarktrechtliche Wertpapierbegriff des § 2 Abs. 1 Nr. 2 WpHG und § 1 Abs. 11 S. 2 Nr. 1 KWG („andere Anteile an in- oder ausländischen juristischen Personen, Personengesellschaften [...]") erfasst mangels Vergleichbarkeit mit Aktien sowie mangels für ein Wertpapier erforderlicher Standardisierung keine Anteile an geschlossenen Fonds.[160] Ebenfalls nicht unter A. III. 5. fallen alle **Rektapapiere** (idR Namenspapiere), die nur schuldrechtlich gem. §§ 398, 413 BGB übertragbar und daher nicht uneingeschränkt fungibel[161] sind. Das gilt auch dann, wenn zur Übertragung teilweise zusätzlich die Übergabe der Urkunde erforderlich ist (zB § 1154 BGB). Beispiele sind Hypotheken-, Grund- und Rentenschuldbriefe, soweit sie nicht ausnahmsweise auf den Inhaber lauten, sowie Wechsel und Schecks mit negativer Orderklausel, ferner handelsrechtliche Wertpapiere des § 363, wenn sie nicht an Order ausgestellt sind. Qualifizierte Legitimationspapiere, wie zB Sparbücher (§ 808 BGB) sowie die Zins- oder Dividendenforderungen aus Wertpapieren, sind gleichfalls nicht als Wertpapiere des Anlagevermögens auszuweisen. Bezugsrechte für Aktien sind dagegen Bestandteil des Aktienstammrechts und mit diesem zusammen zu bilanzieren; wurden sie zur Teil-

---

[155] BAFin, Hinweisschreiben (WA) „Aufsichtsrechtliche Einordnung von sog. Initial Coin Offerings (ICOs) zugrunde liegenden Token bzw. Kryptowährungen als Finanzinstrumente im Bereich der Wertpapieraufsicht" v. 20.2.2018, GZ: WA 11-QB 4100-2017/0010. Für die Qualifizierung von „Token" als Wertpapier iSd § 2 Abs. 1 WpHG und zum zugrunde liegenden Art. 4 Abs. 1 Nr. 44 RL 2014/65/EU („MiFID II") stellt die Behörde „insbesondere" auf die Übertragbarkeit, die Handelbarkeit am Finanz- bzw. Kapitalmarkt, die Verkörperung von Rechten und die fehlende Eigenschaft als Zahlungsinstrument ab (aaO S. 2).

[156] S. BMF-Schreiben v. 10.5.2022, Einzelfragen zur ertragsteuerrechtlichen Behandlung von virtuellen Währungen und sonstigen Token, GZ IV C 1 – S 2256/19/10003:001, Rn. 3: Security Tokens seien herkömmlichen Wertpapieren nach Art. 4 Abs. 1 Nr. 44 RL 2014/65/EU („MiFID II") vergleichbar; dass., Rn. 81: „Je nach Ausgestaltung können Token auch als Wertpapiere oder andere Finanzinstrumente anzusehen sein". Das Ministerium verweist dazu auf das genannte BAFin-Hinweisschreiben (WA) v. 20.2.2018.

[157] Zur Unmöglichkeit, GmbH-Geschäftsanteile wertpapierrechtlich zu verbriefen, und zum bloßen Charakter von Anteilsscheinen als Beweisurkunden s. zB Rowedder/Pentz/Pentz, 7. Aufl. 2022, GmbHG § 14 Rn. 42.

[158] S. Kirsch/Matschke/Brösel/Freichel (Stand: 1.3.2021): Eine Darstellung von „Kryptotauschmitteln" unter den Wertpapieren scheitert bisher an der fehlenden Wertpapiereigenschaft gem. § 2 Abs. 1 WpHG.

[159] HdR/Dusemond/Heusinger-Lange/Knop Rn. 52 (Stand: 12/2021); BeBiKo/Schubert/Kreher, 13. Aufl. 2022, Rn. 71 (kein Ausweis unter den Wertpapieren, „auch dann, wenn sie ausnahmsweise nicht Beteiligungen oder Anteile an verbundenen Unternehmen darstellen"); anders offenbar allerdings dies. Rn. 75, speziell für Anteile an einer herrschenden oder mit Mehrheit beteiligten GmbH: Seien diese Anteile weder Beteiligung (§ 271 Abs. 1) noch Anteile an einem verbundenen Unternehmen (§ 271 Abs. 2), seien sie „trotz fehlender Wertpapiereigenschaft vorzugsweise bei den Wertpapieren des Anlagevermögens auszuweisen".

[160] Vgl. Begr. RegE Finanzmarkt-Richtlinie-Umsetzungsgesetz (FRUG), BT-Drs. 16/4028 v. 12.1.2007, 54: „Anteile an geschlossenen Fonds gehören [...] nicht zu diesen [anderen] Anteilen [iSv § 2 Abs. 1 Nr. 2 WpHG], da es an der Vergleichbarkeit zu Aktien und an der Standardisierung mangelt und sie in der Regel nicht geeignet sind, am Kapitalmarkt gehandelt zu werden". Hierzu Bruchwitz/Voß BB 2011, 1226 (1227 f.).

[161] Zum „Wesensmerkmal" der uneingeschränkten Fungibilität von „Wertpapieren", das aus § 341b Abs. 2 ableitbar sein soll, s. IDW ERS VFA 1, Stand: 28.8.1998, WPg 1998, 1076 (1076).

nahme an einer Kapitalerhöhung an der Börse erworben, sind sie gesondert als Wertpapiere des Umlaufvermögens zu zeigen.[162]

47   Eine allgemeine Bestimmung des Kreises der Vermögensgegenstände, die nach § 266 als **Wertpapiere** auszuweisen sind, **nach abstrakten Kriterien** stößt auf Schwierigkeiten. Die etwa in § 1 Abs. 1 DepotG, § 1 Abs. 11 S. 2 KWG, § 2 Abs. 1 WpHG, § 2 Abs. 2 WpÜG oder in § 7 RechKredV enthaltenen **Definitionen** des Begriffs Wertpapiere haben jeweils einen spezifischen banken- und kapitalmarktrechtlichen Hintergrund und sind zu eng, weil sie auf die Vertretbarkeit bzw. auf die Handelbarkeit abstellen. Das wertpapierrechtliche Verständnis, wonach es sich bei **Wertpapieren** um Urkunden handelt, die ein Recht verbriefen und deren Besitz zur Geltendmachung des Rechts erforderlich ist,[163] kann gleichfalls nur eingeschränkt herangezogen werden. Das Merkmal der **Verbriefung** ist weder notwendig noch hinreichend. Es vermag den Geltungsbereich der bilanzrechtlichen Sonderbehandlung von Wertpapieren selbst in seinem allgemein anerkannten Kern nicht eindeutig und abschließend zu beschreiben. Die Fallgruppe der sog. **elektronischen Wertpapiere** iSd eWpG und der **Wertrechte** bereitet dabei noch die geringsten Probleme, denn diese unverbrieften Forderungen werden wegen ihrer (beschränkten) Registerpublizität, die die Verbriefung ersetzt, bereits wertpapierrechtlich wie Wertpapiere behandelt.[164] Nicht zu erklären vermag der Gesichtspunkt der Verbriefung jedoch, warum Rektapapiere bilanzrechtlich nicht als Wertpapiere zu qualifizieren sind. Schon daran sieht man, dass die zivilrechtliche (wertpapierrechtliche) Betrachtung im Bilanzrecht nicht vollständig übernommen wurde. Im Übrigen beruht der separate Ausweis von Wertpapieren nach § 266 auf den europarechtlichen Vorgaben der Bilanz-RL (bzw. der Vorgängerrichtlinie – RL 78/660/EWG), der ein autonomes, von den nationalen (Wertpapier-)Rechtsordnungen losgelöstes Begriffsverständnis zugrunde liegt. Interessanterweise verwendet die englische Fassung der Bilanz-RL (zB in Annex III, Assets, C. III.5. und D.III.) den Begriff „investments" anstelle des eher wertpapierrechtlich geprägten Begriffs „securities". Die französische Fassung spricht in Annexe III., Actifs, D.III. von „valeurs mobilières", was zwar den sachen- und damit wertpapierrechtlichen Bezug zu den beweglichen Gegenständen (meubles, vgl. Art. 527, 529 Code civil), gleichzeitig aber auch – ebenso wie der Begriff titres („ayant le caractère d'immobilisations") an andere Stelle (C. III. 5.) – den Kapitalmarktbezug (vgl. den Begriff bourse de valeurs für Wertpapierbörse) deutlich macht. Auch die **Fungibilität** ist kein notwendiges Kriterium für den bilanzrechtlichen Begriff der Wertpapiere, weil verbriefte Rechte nach allgemeinem Verständnis selbst bei gesetzlichen oder vertraglichen Verfügungsbeschränkungen als Wertpapiere auszuweisen sind.[165]

48   Der Versuch, die allgemein als Wertpapiere im bilanzrechtlichen Sinne anerkannten Positionen unter eine einheitliche Definition zu fassen, dürfte somit an der **fehlenden Homogenität des Beobachtungsbereichs** scheitern. Was verbleibt, ist der Eindruck eines Tatbestandsmerkmals mit variablem Begriffsinhalt, eines Typus, der sich durch bestimmte typische Erkennungskriterien (hier: Verbriefung, Fungibilität[166]) auszeichnet, die für die Anwendung der Norm auf einen konkreten Sachverhalt nicht sämtlich vorliegen müssen, und der daher von einem nicht weiter definierbaren, in seinen Randbereichen diffusen Erscheinungsbild geprägt wird. In Zusammenhang mit dem lange Jahre nicht gesetzlich definierten Begriff Termingeschäft (s. inzwischen aber § 2 Abs. 3 Nr. 1 WpHG 2018) ist

---

[162]   ADS Rn. 88.

[163]   ZB Zöllner WertpapierR 14. Aufl. 1987, § 3 III 1 S. 15 ff.; Baumbach/Hefermehl/Casper Wechselgesetz, Scheckgesetz, Recht des Zahlungsverkehrs, 24. Aufl. 2020, WPR Rn. 16 f. (weiter Wertpapierbegriff).

[164]   Zu „elektronischen Wertpapieren" s. § 1 Abs. 1 S. 3 DepotG idF des Gesetzes zur Einführung von elektronischen Wertpapieren (BGBl. 2021 I 1423 v. 9.6.2021); im Übrigen s. zB Haußer, Bewertung von Wertpapieren des Umlaufvermögens nach HGB, US GAAP und IAS, 2003, S. 35 ff., 40 f., 47.

[165]   Vgl. zB ADS Rn. 87: Ausweis im Finanzanlagevermögen (anstelle des Umlaufvermögens) bei Veräußerungsbeschränkungen trotz Veräußerungsabsicht. Uneinigkeit herrscht lediglich bei der Frage des Ausweises im Anlage- oder Umlaufvermögen.

[166]   Zur Indizwirkung der Fungibilität bereits Haußer, Bewertung von Wertpapieren des Umlaufvermögens nach HGB, US GAAP und IAS, 2003, S. 48 f.

der Typus-Ansatz bereits an anderer Stelle kritisiert worden.[167] Auf die dortigen Ausführungen wird verwiesen. Danach darf der Typus-Ansatz nicht dazu verwendet werden, die vorrangige Bedeutung des **Normzwecks** für die Konkretisierung des Tatbestandsmerkmals zu verdecken. Wie beim Termingeschäft sind auch beim Wertpapier im bilanzrechtlichen Sinn die mit dem Typus-Ansatz überspielten Definitionsprobleme letztlich Ausdruck tiefer liegender Probleme bei der Bestimmung des Normzwecks. In dem Maße nämlich, wie die Kriterien der Fungibilität und der Verbriefung entbehrlich oder unzureichend sind, bleibt der Zweck für den separaten Ausweis von Wertpapieren unklar. Die Liquidität (als Folge der Fungibilität) oder die mit dem Gutgbaubensschutz (als Folge der Verbriefung) verbundene besondere Werthaltigkeit des Rechts und das damit verbundene Informationsinteresse der Bilanzleser (→ Rn. 1 f., → Rn. 6) können insoweit nicht entscheidend sein.

Mangels konkreterer Anhaltspunkte, und solange sich nicht der Gesetzgeber um eine **49** kohärente Bestimmung derjenigen Positionen bemüht, die als Wertpapiere in der Bilanz gesondert gezeigt werden sollen, erscheint es am ehesten sachgerecht, den Wertpapierbegriff entsprechend der Dokumentations- und Informationsfunktion des Jahresabschlusses anhand des **Erwartungshorizonts des durchschnittlichen Adressaten** zu bestimmen (→ Rn. 6). Danach hat der Posten Wertpapiere des Anlagevermögens (A. III. 5.) – ebenso wie der Posten Wertpapiere des Umlaufvermögens (B. III.) – über die (lang- oder kurzfristige) Kapitalanlageaktivitäten der Unternehmen zu informieren.[168] Gemeinsames Merkmal aller Wertpapiere im bilanzrechtlichen Sinn ist somit ihre **Eigenschaft als Kapitalanlage.**[169] Dieses Verständnis deckt sich mit dem englischen Begriff investment (→ Rn. 46) und zeigt sich auch an dem Umstand, dass die Erträge aus Wertpapieren bzw. Abschreibungen auf Wertpapiere jedenfalls in der **GuV** anders als in der Bilanz nicht separat, sondern vereint in einem Posten mit Erträgen aus Ausleihungen des *Finanzanlage*vermögens (§ 275 Abs. 2 Nr. 10 und Abs. 3 Nr. 9) bzw. Abschreibungen auf *Finanzanlagen* auszuweisen sind (§ 275 Abs. 2 Nr. 12 und Abs. 3 Nr. 11). **Geldmarktpapiere,** bei denen nicht ihre Eigenschaft als Zahlungsmittel, sondern ihre Finanzierungs-, dh ihre Kapitalanlagefunktion im Vordergrund steht, müssen somit als Wertpapiere ausgewiesen werden. Dies ist etwa bei Finanzwechseln der Fall. Schecks wiederum haben keinerlei Kapitalanlagefunktion, sie sind lediglich Zahlungsmittel. Konsequenterweise werden sie in der Gruppe der flüssigen Mittel ausgewiesen (§ 266 Abs. 2 B IV.).

Die **IFRS** vermeiden die genannten Schwierigkeiten bei der Abgrenzung des Wertpa- **50** pierbegriffs und verwenden für die Bilanzgliederung den Begriff finanzielle Vermögenswerte (financial assets). Der gleichfalls gebrauchte Begriff der **Finanzinstrumente** (financial instruments) ist denkbar weit und erfasst neben allen Wertpapieren iSd § 266 auch flüssige Mittel und Forderungen aus Lieferungen und Leistungen (vgl. IAS 32.11). Dieser Ansatz hat den Vorzug, dass er sich von den nationalen Wertpapier- und Sachenrechtsordnungen löst, und verfolgt den Zweck, eine umfassende Bewertung von finanziellen Vermögenswerten und Schulden zum beizulegenden Zeitwert (fair value, hierzu IFRS 13 Fair Value Measurements) zu ermöglichen.[170] Hintergrund ist die bilanzielle Sonderbehandlung von Vermögenswerten, deren Marktwert relativ verlässlich zu ermitteln ist und die am Markt besonders leicht zu realisieren, glattzustellen oder zu reproduzieren sind.[171] Damit werden auch unverbriefte Finanzderivate in die Bewertung zum beizulegenden Zeitwert einbezogen. Der Begriff Finanzinstrument hat seit einiger Zeit auch in das HGB Einzug gehalten.

---

[167] Reiner, Derivative Finanzinstrumente im Recht, 2002, S. 159 ff., zum Begriff Börsentermingeschäft gem. §§ 50 ff. BörsG aF.

[168] Zu den Wertpapieren des Kapitalmarktes aus dem Blickwinkel der Typizität s. Kern, Typizität als Strukturprinzip des Privatrechts, Tübingen 2013, S. 527–537.

[169] Haußer, Bewertung von Wertpapieren des Umlaufvermögens nach HGB, US GAAP und IAS, 2003, S. 50.

[170] Haußer, Bewertung von Wertpapieren des Umlaufvermögens nach HGB, US GAAP und IAS, 2003, S. 289 ff.

[171] Hierzu grdl. Reiner, Derivative Finanzinstrumente im Recht, 2002, S. 21 ff.; ferner Reiner, Derivative Finanzinstrumente im Recht, 2002, S. 269 ff. zur Bedeutung der Glattstellbarkeit für die Bewertung von Positionen in Derivaten als Vermögensgegenstände und Verbindlichkeiten.

Mit dem Gesetz zur Einführung internationaler Rechnungslegungsstandards und zur Sicherung der Qualität der Abschlussprüfung (Bilanzrechtsreformgesetz) vom 4.12.2004 wurde ua die RL 2001/65/EG vom 27.9.2001 in Bezug auf denjenigen Teil umgesetzt, der – zwischenzeitlich geändert und erweitert durch das BilMoG – umfassende Angaben über Finanzinstrumente im (Konzern-)Anhang und Lagebericht vorsieht (vgl. zB § 285 Nr. 18 und 19, § 289 Abs. 2 Nr. 2). Die Bewertung von Finanzinstrumenten zum beizulegenden Zeitwert, die gleichfalls in der RL 2001/65/EG vorgesehen ist (Art. 11 RL 2001/65/EG), hat der Gesetzgeber im Hinblick auf die Ausschüttung von unrealisierten Gewinnen und dem darin liegenden Verstoß gegen das Realisationsprinzip (§ 252 Abs. 1 Nr. 4 aE) auch im Rahmen der BilMoG-Reform nicht zugelassen.[172] Abgesehen vom Sonderfall der Deckungsvermögen für Altersversorgungsverpflichtungen (§ 253 Abs. 1 S. 4, § 246 Abs. 2 S. 2) haben lediglich Kreditinstitute und Finanzdienstleistungsinstitute ihre „Finanzinstrumente des Handelsbestandes" zum beizulegenden Zeitwert abzüglich eines Risikoabschlages zu bewerten (§ 340e Abs. 3), wobei der Begriff des Finanzinstruments mangels eigener handels(bilanz)rechtlicher Definition entsprechend der bankenaufsichtsrechtlichen Definition nach § 1 Abs. 11 KWG verstanden wird (→ § 340e Rn. 41). Darüber hinaus ist das Finanzinstrument in Deutschland bislang weder zivilrechtlich noch handels(bilanz)rechtlich als selbstständige und homogene Gattung von Vermögensgegenständen anerkannt.[173]

51   Für den Ausweis im **Anlagevermögen** kommt es darauf an, ob die Wertpapiere der längerfristigen Kapitalanlage dienen. Sofern die Wertpapiere dagegen als Zahlungsmittel vorgesehen sind (zB Schecks), der kurzfristigen Finanzierung (zB Wechsel, Euro-Notes, „normale" Inhaberschuldverschreibungen[174]) oder dem Warenverkehr (zB Konnossemente, Lagerscheine, Ladescheine) dienen, werden sie idR Umlaufvermögen sein.[175]

52   **g) Sonstige Ausleihungen (A. III. 6.), zusätzlicher Posten.** Der **Auffangtatbestand** (sonstige) erfasst Ausleihungen (→ Rn. 30), die nicht als Wertpapiere (→ Rn. 35) verbrieft sind und deren Schuldner im Verhältnis zur bilanzierenden Gesellschaft weder Unternehmen, mit denen ein Beteiligungsverhältnis besteht (§ 271 Abs. 1), noch verbundene Unternehmen (§ 271 Abs. 2) sind. Unter der weiterer Voraussetzung, dass sie zum Anlagevermögen gehören, kommen für den Ausweis Brauereidarlehen, Organkredite (§§ 89, 115, 286 Abs. 2 S. 4 AktG; § 43a GmbHG) und Genussrechte in Betracht, die nicht oder in Gestalt von Namenspapieren verkörpert sind.[176] Ferner fallen Kautionen im Rahmen längerfristiger Miet- und Pachtverträge in die Kategorie der „sonstigen Ausleihungen".[177] Ein entsprechendes Vorgehen empfiehlt sich für sog. Investment-Token (Debt-Token und Equity-Token)[178] und ausnahmsweise auch für Currency- oder Payment-Token

---

[172]   Anders noch § 253 Abs. 1 S. 2 HGB-E idF des RegE BilMoG (BT-Drs. 16/10067, 6): Danach sollten alle „zu Handelszwecken erworbenen Finanzinstrumente […] mit ihrem beizulegenden Zeitwert zu bewerten" sein.

[173]   Der Versuch von Lehmann (S. 291 ff., 388 ff.), die Figur des Finanzinstruments als zivilrechtliche und insbesondere auch sachenrechtliche Kategorie herauszuarbeiten, blieb bisher vereinzelt. Bilanzrechtliche Folgen hat selbst Lehmann nicht gezogen.

[174]   Scherrer DStR 1999, 1205 (1207).

[175]   ADS Rn. 84; KKRD/Morck/Drüen, 9. Aufl. 2019, Rn. 4; HK-HGB/Kirnberger, 7. Aufl. 2007, Rn. 19.

[176]   ADS Rn. 89 f.; KKRD/Morck/Drüen, 9. Aufl. 2019, Rn. 4; BeBiKo/Schubert/Kreher, 13. Aufl. 2020, Rn. 75; IDW HFA 1/1994, WPg 1994, 419 (422 f.).

[177]   KKRD/Morck/Drüen, 9. Aufl. 2019, Rn. 4; ADS Rn. 90 („wenn der zugrunde liegende Vertrag für mehr als ein Jahr oder auf unbestimmte Zeit abgeschlossen ist"); Baetge/Kirsch/Thiele/Marx/Dallmann Rn. 67 (September 2015); s. auch BFH BStBl. II 2010, 232 = DStR 2009, 2474 = BeckRS 2009, 24003838, unter II.2.b.bb.bbbb. (mwN): Kautionen und sonstige Sicherheitsleistungen (hier: Pfandgelder) seien „zu aktivieren, und zwar entweder – bei Zugehörigkeit zum Anlagevermögen – als ‚sonstige Ausleihungen' […] oder als ‚sonstige Vermögensgegenstände'"; aA (Aktivierung allenfalls als RAP) HdR/Dusemond/Heusinger-Lange/Knop Rn. 60 (Stand: 12/2021).

[178]   Zu den Arten von „Token" s. zB Sixt DStR 2019, 1766 (1766 f.); ausführlicher Sixt DStR 2020, 1871 (1871-1873); s. auch BMF-Schreiben v. 10.5.2022, Einzelfragen zur ertragsteuerrechtlichen Behandlung von virtuellen Währungen und von sonstigen Token, GZ: IV C 1 – S 2256/19/10003:001, Rn. 2–5. Allgemein bezeichnet das BMF Token als „Oberbegriff für digitale Einheiten, denen bestimmte Ansprüche oder Rechte zugeordnet sind, deren Funktionen variieren".

(zB Bitcoin) im Anlagevermögen.[179] Genossenschaftsanteile (→ Rn. 42) und in Ausnahmefällen auch **GmbH-Anteile** (→ § 271 Rn. 11) schließlich sind bei geeigneter Anpassung der Postenbezeichnung (§ 265 Abs. 6) unter A. III. 6. oder in einem gesonderten, den Finanzanlagen hinzuzufügenden (§ 265 Abs. 5) Unterposten („A. III. 7.") auszuweisen.[180]

III. Umlaufvermögen (B.)

Positionen werden von den unter B. aufgeführten Posten nicht per se, sondern nur erfasst, **53** wenn sie Teil des Umlaufvermögens sind. Die Definition des Umlaufvermögens ist aus der gesetzlichen Festlegung des davon abzugrenzenden Anlagevermögens in § 247 Abs. 2 abzuleiten (→ § 247 Rn. 37). Zum Umlaufvermögen gehören somit Vermögensgegenstände, die nicht dauernd dem Geschäftsbetrieb des Unternehmens zu dienen bestimmt sind, also insbesondere Güter, die verbraucht oder weiterveräußert werden sollen.[181] Im Einzelnen orientiert sich die Gliederung an den Gegebenheiten von Produktionsbetrieben. Die vom Gesetzgeber gewählte Reihenfolge der Posten richtet sich nach der Liquidität und nennt die schwieriger zu liquidierenden vor den einfacher zu liquidierenden Positionen (Vorräte, Forderungen und sonstige Vermögensgegenstände, Wertpapiere, Schecks und Kassenbestand uÄ).

1. Vorräte (B. I.). a) Einordnungskriterien. Zu den Vorräten gehören die Aus- **54** gangs- und Zwischenprodukte sowie die Ergebnisse des betrieblichen Leistungsprozesses.[182] Werden Gegenstände außerhalb der **üblichen Handelstätigkeit** des Unternehmens erworben, sind sie als sonstige Vermögensgegenstände (B. II. 4.) und nicht innerhalb des Vorratsvermögens auszuweisen.[183] Erwirbt die Gesellschaft beispielsweise im Rahmen einer Zwangsversteigerung Grundstücke oder Mobiliar und sollen diese wieder veräußert werden, kommt eine Zuordnung zum Vorratsvermögen nur in Betracht, wenn diese Vorgehensweise beim Unternehmen üblich ist. Gleiches gilt für Waren, die im Rahmen von Kompensationsgeschäften erworben werden.[184] Die Aktivierung von Vorräten wirft vielfach **Zurechnungsfragen** auf, da Vorräte häufig unter Eigentumsvorbehalt stehen oder sicherungsübereignet sind. Da es insoweit auf das wirtschaftliche Eigentum ankommt (vgl. § 246 Abs. 1 S. 2), sind die Vorräte grundsätzlich beim Erwerber auszuweisen, es sei denn, dass der Eigentumsvorbehalt geltend gemacht oder das Sicherungseigentum verwertet wird. Die Bestellung solcher Sicherheiten ist im Anhang anzugeben (§ 285 Nr. 1 lit. b).

Die Gliederungsreihenfolge der Vorräte bildet den **betrieblichen Produktionspro- 55 zess** ab und führt zunächst die Ausgangsstoffe, dann die Zwischen- und schließlich die Endergebnisse des betrieblichen Produktionsvorgangs auf. Zugleich stellt das Gesetz darauf ab, ob erworbene Dinge unverändert (Ware) oder erst nach Be- oder Verarbeitung veräußert

---

[179] Vgl. zugleich enger und unbestimmter Sixt DStR 2019, 1766 (1770): Sofern Investment-Token im Einzelfall (entsprechend dem BAFin-Schreiben v. 20.2.2018 zu Initial Coin Offerings, GZ: WA 11-QB 4100-2017/0010) als Wertpapier nach § 2 Abs. 4 Nr. 1 WpHG, als Anteil an einem Investmentvermögen nach § 2 Abs. 4 Nr. 2 WpHG oder als Vermögensanlage nach § 2 Abs. 4 Nr. 7 WpHG zu qualifizieren seien, scheint „eine Bilanzierung von Investment-Token als Finanzanlagen iSd § 266 Abs. 2 A. III. HGB zweckmäßig unter der Bedingung, dass diese Token langfristig dem Unternehmen dienen sollen". S. auch BMF-Schreiben v. 10.5.2022, IV C 1 – S 2256/19/10003:001, Rn. 41: Einheiten einer virtuellen Währung seien bei Zuordnung zum Anlagevermögen „unter Finanzanlagen iSd § 266 Abs. 2 A. III. HGB" auszuweisen; ebenfalls vertretbar erscheint die aA von Richter/Augel FR 2017, 937 (943): Dem Bitcoin fehle es an der für Finanzanlagen typischen Kapitalüberlassung an Dritte. Daher sei er, wenn als längerfristige Kapitalanlage erworben werde, innerhalb der „Immateriellen Vermögensgegenstände" als neuer Unterposten „sonstige immaterielle Vermögensgegenstände" bzw. „virtuelle Währungen" auszuweisen.
[180] BeBiKo/Schubert/Kreher, 13. Aufl. 2022, Rn. 71, zu GmbH-Anteilen. Nur für Ausweis unter den sonstigen Ausleihungen zB ADS Rn. 93; bzw. unter „sonstige Vermögensgegenstände" WP-HdB/Störk, 17. Aufl. 2021, F Rn. 392; Baetge/Kirsch/Thiele/Marx/Dallmann Rn. 67 (September 2015). Einen Ausweis unter § 266 Abs. 2 A. III. 5. fordert HdR/Bieg § 271 Rn. 65 ff. (Stand: 11/2016).
[181] Begr. RegE BiRiLiG, BT-Drs. 10/317, 8, 81; Kirsch/Matschke/Brösel/Freichel Rn. 281 (Stand: 1.3.2021); Heymann/Jung, 1. Aufl. 1988, Rn. 85.
[182] Heymann/Jung, 1. Aufl. 1988, Rn. 86; KKRD/Morck/Drüen, 9. Aufl. 2019, Rn. 5.
[183] ADS Rn. 114; BeBiKo/Schubert/Waubke, 13. Aufl. 2022, Rn. 106.
[184] BeBiKo/Schubert/Waubke, 13. Aufl. 2022, Rn. 106.

werden sollen. Im zweiten Fall wird weiterhin danach unterschieden, ob das Erworbene noch nicht (Roh- oder Hilfsstoff) oder noch nicht in vollem Umfang (unfertiges Erzeugnis) oder bereits vollständig (fertiges Erzeugnis) bearbeitet wurde. Die einzelnen Vorratskategorien hängen damit von den Besonderheiten des bilanzierenden Unternehmens ab und lassen sich folglich nicht abstrakt voneinander abgrenzen. Maßgeblich sind Zweckbestimmung und Bedeutung eines Gegenstands im Produktionsvorgang bzw. in der Geschäftstätigkeit des betreffenden Unternehmens.[185] Dachziegel sind beispielsweise für die Ziegelei fertige Produkte, für den Baumarkt Waren und für das Bauunternehmen Rohstoffe.

56   **b) Kein Ausweiswahlrecht.** Die Abgrenzung der verschiedenen Arten von Vorräten kann im Einzelfall zu erheblichen praktischen Schwierigkeiten führen. Dazu kann es insbesondere kommen, wenn das Unternehmen die betreffenden Güter selbst herstellt, mit ihnen handelt und sie außerdem zur weiteren Verarbeitung einsetzt. Zum Zeitpunkt der Inventur steht zudem häufig noch nicht fest, welche Gegenstände weiterverarbeitet und welche als Ware oder als fertige Erzeugnisse verkauft werden. Sofern das Unternehmen in der Lage ist, eine sachgerechte Aufteilung der Vorratsgruppen vorzunehmen, ist diese für Bewertung und Ausweis heranzuziehen. Andernfalls sind die Posten des Vorratsvermögens entsprechend § 265 Abs. 7 Nr. 2 zusammenzufassen und im Anhang zu erläutern. Die Postenbezeichnung sollte sich am **gemeinsamen Merkmal** orientieren, so dass hierfür der Oberbegriff Erzeugnisse und Waren oder fertige und unfertige Erzeugnisse empfohlen wird.[186] Nach anderer Auffassung soll sich die gewählte Postenbezeichnung, die sodann unbearbeitete, teilweise bearbeitete und erworbene Waren enthält, an der niedrigsten Fertigungsstufe ausrichten.[187] Diese Postenbezeichnung vermag zwar dem Vorsichtsprinzip Rechnung zu tragen, soweit man dieses Prinzip überhaupt über die in § 252 Abs. 1 Nr. 4 genannten Folgeprinzipien (Realisations- und Imparitätsprinzip) hinaus ausdehnt und die Risikoabbildung einbezieht (→ § 243 Rn. 19 ff.), selbst wenn sie – wie bei der vorliegenden Frage – nicht ergebnisrelevant ist. Die hier vertretene Meinung gewährt hingegen einen besseren Einblick in die Vermögenslage. Die Informationsfunktion der Bilanz kann sich hier gegenüber dem Vorsichtsprinzip durchsetzen (→ § 264 Rn. 30 ff.), weil die Kapitalerhaltungsfunktion nicht betroffen ist. Ein Ausweiswahlrecht besteht somit nicht.

57   **c) Roh-, Hilfs- und Betriebsstoffe (B. I. 1.).** Rohstoffe, Hilfsstoffe und Betriebsstoffe sind anders als die unfertigen oder fertigen Erzeugnisse am Bilanzstichtag noch nicht be- oder verarbeitet und werden im Unterschied zu Waren erst nach Be- oder Verarbeitung veräußert.[188] Sie können entsprechend ihrer Funktion und Bedeutung für die Herstellung der fertigen Erzeugnisse gliederungstechnisch unterschiedlich einzuordnen sein.[189] Verpackungsmittel beispielsweise können ein Erzeugnis überhaupt erst verkaufsfähig machen (zB Öldose)[190] und sind dann Hilfsstoff;[191] sie können aber auch selbst Erzeugnis sein (zB Jute-Einkaufsbeutel). Ferner können sie dem Abnehmer nur leihweise überlassen worden sein (Pfandbehälter) und sind dann Anlagevermögen. Treibhausgas-Emissionsrechte (hierzu bereits → Rn. 26, → Rn. 46), die für den Produktionsprozess des Unternehmens verwen-

---

185   Zu den Abgrenzungsfragen ADS Rn. 97 ff., 109, 115; HdR/Dusemond/Heusinger-Lange/Knop Rn. 64 (Stand: 12/2021); zur Bilanzierung von Werbemitteln Kupsch DB 1983, 509 ff.
186   ADS Rn. 100.
187   Glade Praxishandbuch Rn. 282; HdR/Dusemond/Heusinger-Lange/Knop Rn. 65 (Stand: 12/2021): Der Ausweis „auf der niedrigeren Fertigungsstufe" entspreche dem Vorsichtsprinzip. S. auch BeBiKo/Schubert/Waubke, 13. Aufl. 2022, Rn. 98: „Es muss [...] zulässig sein, solche Vorräte nur unter einem der in Frage kommenden Posten auszuweisen, wobei der Posten vorzuziehen" sei, „der am weitesten von der Umsatzrealisierung entfernt" sei. Nur in Ausnahmefällen könne die „Zusammenfassung zu einem Posten mit eigener Bezeichnung, zB unfertige und fertige Erzeugnisse als ‚Erzeugnisse'" in Betracht kommen. Nach Harrmann DB 1986, 1412 soll sich der Ausweis hingegen nach der branchenüblichen Praxis richten.
188   BeBiKo/Schubert/Waubke, 13. Aufl. 2022, Rn. 92, 97 f.
189   ADS Rn. 102 ff.; HdR/Dusemond/Heusinger-Lange/Knop Rn. 67 f. (Stand: 12/2021).
190   Solche Verpackungen werden deshalb als Innenverpackungen von sog. Außenverpackungen unterschieden, s. Paelke StBp 1996, 117 (118); App StWa 1993, 114 f.
191   ADS Rn. 104; HdR/Dusemond/Heusinger-Lange/Knop Rn. 68 (Stand: 12/2021).

det werden, sich also nicht zur Weiterveräußerung in seinem Handelsbestand[192] befinden, sollen gleichfalls unter den Vorräten auszuweisen sein.[193] Bei wesentlichen Beträgen empfiehlt sich ein gesonderter Ausweis.[194] **Rohstoffe** sind Hauptbestandteile für die Fertigung und stehen in der Produktionsabfolge vor den Erzeugnissen.[195] Im Produktionsprozess lassen sie sich nur einmal einsetzen und müssen für jeden weiteren Produktionsprozess erneut erworben werden. In Betracht kommen Produkte der Urerzeugung wie beispielsweise selbstgeförderte Erze, Kohle, Rohöl, Holz etc, aber auch von anderen Unternehmen erworbene Erzeugnisse wie zB Einbauteile, die in die eigenen Erzeugnisse eingebaut werden sollen. **Hilfsstoffe** sind Bestandteile untergeordneter Bedeutung für die Fertigung, zB Nägel, Schrauben, Lacke bei der Möbelherstellung, Farb- und Konservierungsstoffe bei Nahrungs- und Genussmitteln.[196] **Betriebsstoffe** sind für die Fertigung und andere betriebliche Funktionen erforderlich, gehen aber nicht in das Produkt ein.[197] Erfasst werden zB Heizungsmaterial, Treibstoffe für Transportmittel und Vorräte der Werksküchen.

d) Unfertige Erzeugnisse, unfertige Leistungen (B. I. 2.). Der Charakter dieses **58** Postens ist umstritten. Teilweise wird die Auffassung vertreten, es handele sich lediglich um eine Bilanzierungshilfe[198] oder eine periodengerechte Aufwandsabgrenzung, die den Rechnungsabgrenzungsposten verwandt sei.[199] Der BFH hat demgegenüber mit gut nachvollziehbaren Gründen die Auffassung vertreten, unfertige Erzeugnisse und unfertige Leistungen seien Vermögensgegenstände (bzw. steuerrechtlich: Wirtschaftsgüter) iSd Bilanzrechts „und entsprechend zu bewerten".[200] Die weitere Frage, ob es sich um Sachen oder Forderungen[201] handelt, hat das Gericht offengelassen. Nach seiner Auffassung spricht zumindest bei **unfertigen** Bauten auf fremdem Grund und Boden viel dafür, den Unternehmer ebenso als wirtschaftlichen Eigentümer zu betrachten wie bei **fertigen** Bauten auf fremdem Grund und Boden.[202] Selbst, wenn man entsprechend der zivilrechtlichen Rechtslage von einer Forderung ausgehe, sei „keine – auch keine anteilige – Kapitalforderung zu aktivieren und zu bewerten", da der Anspruch auf den Werklohn erst mit der Abnahme fällig werde und sich erst in diesem Zeitpunkt als bilanzierbares Wirtschaftsgut realisiere. Bis zu diesem Zeitpunkt liege allenfalls eine „besonders geartete Forderung" (Anführungs-

---

192 Zur freien Übertragbarkeit der Berechtigungen s. § 7 Abs. 3 und 17 TEHG.
193 WP-HdB/Störk, 17. Aufl. 2020, F, 8.4.2.1.1, Rn. 399; Rogler KoR 2005, 255 (261): Eine Zuordnung der Emissionsrechte zum Umlaufvermögen trotz der drei- bzw. fünfjährigen Zuteilungsperiode (§ 6 Abs. 4 TEHG aF) sei gerechtfertigt, weil im Rahmen der Zuteilungsentscheidung die jährlich auszugebenden Teilmengen festgelegt würden (§ 9 Abs. 2 TEHG aF), die auch jährlich abgerechnet werden müssten. Die Emissionsrechte seien „dann entweder in einer eigenen Position unter den Vorräten oder als sonstige Vermögensgegenstände auszuweisen"; IDW RS HFA 15 Rn. 7 (Stand: 1.3.2006), WPg 2006, 574 (575); Klein/Völker-Lehmkuhl DB 2004, 332 (334).
194 IDW RS HFA 15 Rn. 7 (Stand: 1.3.2006), WPg 2006, 574 (575).
195 ADS Rn. 103; Heymann/Herrmann 3. Aufl. 2020, Rn. 21 („Hauptbestandteile"); Kirsch/Matschke/Brösel/Freichel Rn. 314 (Stand: 1.3.2021); BeBiKo/Schubert/Waubke, 13. Aufl. 2022, Rn. 90 f. jeweils mit Beispielen.
196 ADS Rn. 104.
197 ADS Rn. 105; BeBiKo/Schubert/Waubke, 13. Aufl. 2022, Rn. 90 f.; HdR/Dusemond/Heusinger-Lange/Knop Rn. 69 (Stand: 12/2021); KKRD/Morck/Drüen, 9. Aufl. 2019, Rn. 5.
198 Baumbach/Hueck/Schulze-Osterloh, 18. Aufl. 2006, GmbHG § 42 Rn. 159, 84; aA ADS Rn. 109; HdR/Dusemond/Heusinger-Lange/Knop Rn. 71 f. (Stand: 12/2021); BFH BStBl II 2018, 536 = DStR 2018, 1542 = BeckRS 2018, 15268 Rn. 19.
199 So FG Neustadt EFG 2003, 289, unter III. 3. a., speziell zu unfertigen Leistungen am Beispiel halbfertiger Bauten eines Bauunternehmers auf fremdem Grund und Boden; Siegel DB 1997, 941 (942); aA OFD Kiel Verfügung v. 30.3.2000 – S 2174 A – St 233, DStR 2000, 1143.
200 BFH BStBl. II 2006, 298 = DStR 2005, 1975, unter B. 2. b.bb. bbb.; s. auch BFH FR 2019, 276 = BeckRS 2018, 38447 Rn. 30 mwN: „Auch der Bilanzposten ‚unfertige Leistungen' iS von § 266 Abs. 2 B.I.2. HGB setzt die Wirtschaftguteigenschaft voraus […]".
201 So zB ADS Rn. 109 (Forderung besonderer Art); ebenso Hoffmann DStR 2000, 1338; Herzig StbJb 2000/2001, 305; ebenso ohne nähere Begründung BFH DStR 2002, 1810, zu halbfertigen Bauten eines Bauunternehmers auf fremdem Grund und Boden; aA FG Neustadt EFG 2003, 289 = DStRE 2003, 321, unter III. 3. a.
202 BFH BStBl. II 1974, 508 = BeckRS 1974, 22002663, unter 1.

zeichen im Original) in der Form eines Ausgleichs- oder Ersatzanspruchs gegenüber dem Eigentümer des Grundstücks oder gegenüber dem Auftraggeber vor, die wie der fertige Bau mit den Herstellungskosten oder dem niedrigeren beizulegenden Wert (vgl. § 253 Abs. 4 S. 2) zu bewerten sei.[203] Beurteilungsmaßstab für das Aktivieren von Aufwendungen unter B.I.2. ist die Frage, ob diese „dem Kaufmann einen objektiv werthaltigen (greifbaren) Vermögenswert verschaffen".[204] Keineswegs jede Ausgabe ist also geeignet, einen Vermögensgegenstand zu begründen. Erforderlich sind „vielmehr ins Gewicht fallende, eindeutig und klar abgrenzbare Ausgaben [...], die sich von laufenden Ausgaben erkennbar unterscheiden".[205] Andernfalls ließen sich Aufwendungen und zu aktivierende Posten „nicht mehr trennen".[206] Laufende Betriebsausgaben, die sich „nicht **eindeutig bestimmten Aufträgen zurechnen** lassen", sind somit nicht zu aktivieren [Hervorhebung durch *Verf.* hinzugefügt].[207] Dies gilt auch für Aufwendungen, die im wirtschaftlichen Zusammenhang mit den Provisionsvorschüssen stehen; sie sind grundsätzlich nicht als „unfertige Leistung" zu aktivieren.[208]

59   Der Sache nach sind unfertige Erzeugnisse bzw. Leistungen **Zwischenprodukte** des betrieblichen Herstellungsprozesses, die bereits in den Produktionsvorgang eingegangen sind, ohne die für den Verkauf erforderliche bzw. die vorgesehene endgültige Produktionsstufe erreicht zu haben.[209] **Unfertige Erzeugnisse** sind danach zB auch Wein oder Whisky, die den Veräußerungszustand durch Lagerung erst noch erreichen müssen[210] und Produktionsabfälle, die noch in der Fertigung Verwendung finden sollen. Bei Veredelungsprodukten hat der Veredelungsbetrieb die Erzeugnisse mit dem Gesamtwert unter den Vorräten zu aktivieren, sofern er das wirtschaftliche Eigentum erwirbt (vgl. § 246 Abs. 1 S. 2). Das ist dann anzunehmen, wenn der Veredler abredegemäß eigenes Material verwendet und das beigestellte mit dem eigenen Material vermischt ist.[211] Gleichzeitig hat er die Verpflichtung zur Rücklieferung der veredelten Stoffe zu passivieren.[212] Fehlt es am wirtschaftlichen Eigentum des Veredelungsbetriebs, erfolgt bei diesem ein Ausweis unter den unfertigen Leistungen lediglich hinsichtlich der Aufwendungen, dh der Veredelungsleistungen.[213] **Unfertige Leistungen** beziehen sich auf geschuldete, zum Bilanzstichtag aber noch nicht vollständig erbrachte Dienstleistungen, deren Bezahlung vertragsrechtlich noch nicht verlangt werden kann.[214] Hat das Unternehmen einen Zahlungsanspruch erworben, erfolgt der Ausweis der Leistung unter den „Forderungen aus Lieferungen und Leistungen" (B. II. 1.). Die Erfassung der Forderung richtet sich nach den allgemeinen Grundsätzen der Gewinnrealisierung.[215]

---

[203] BFH BStBl. II 2006, 298 = DStR 2005, 1975, unter B. 2. b.bb.ccc.
[204] BFH FR 2019, 276 = BeckRS 2018, 38447 Rn. 32.
[205] BFH FR 2019, 276 = BeckRS 2018, 38447 Rn. 32; zuvor schon BFH BStBl II 2018, 536 = DStR 2018, 1542 = BeckRS 2018, 15268 Rn. 23; auch dasselbe Urt. BFH BStBl II 2018, 536 = DStR 2018, 1542 = BeckRS 2018, 15268 Rn. 22: „[N]icht jeder mögliche Vorteil für einen Betrieb" habe „schon die Eigenschaft eines Wirtschaftsguts". Zum jeweiligen Stichtag müsse „ein wirtschaftlich ausnutzbarer Vermögensvorteil vorliegen, der als realisierbarer greifbarer Vermögenswert angesehen werden kann".
[206] BFH BStBl II 2018, 536 = DStR 2018, 1542 = BeckRS 2018, 15268 Rn. 23 mwN; → § 246 Rn. 26 (Ballwieser).
[207] BFH BStBl II 2018, 536 = DStR 2018, 1542 = BeckRS 2018, 15268 Rn. 25 mwN.
[208] Vgl. BFH BStBl II 2018, 536 = DStR 2018, 1542, Ls. 2.
[209] ADS Rn. 107; KKRD/Morck/Drüen, 9. Aufl. 2019, Rn. 5 („noch nicht verkaufsfertig"); HK-HGB/Kirnberger, 7. Aufl. 2007, Rn. 23; BeBiKo/Schubert/Waubke, 13. Aufl. 2022, Rn. 93.
[210] Harrmann DB 1986, 1412.
[211] BeBiKo/Schubert/Waubke, 13. Aufl. 2022, Rn. 94.
[212] WP-HdB/Störk, 17. Aufl. 2020, F 8.4.2.1.1, Rn. 400: „[...] sind die aus der Materiallieferung entstandenen Verpflichtungen zu passivieren". S. auch Beck HdR/Schmidt/Labrenz B 214 Rn. 16 (Stand: Oktober 2021).
[213] WP-HdB/Störk, 17. Aufl. 2020, F 8.4.2.1.1, Rn. 400.
[214] Statt vieler ADS Rn. 109 mwN.
[215] Nach ADS Rn. 109 und Kirsch/Matschke/Brösel/Freichel Rn. 352 (Stand: 1.3.2021) soll dagegen aus Risikogesichtspunkten der Ausweis als Forderung bei gesonderter Erläuterung im Anhang bereits zulässig sein, wenn nur noch unwesentliche Einwände des Auftraggebers entgegenstehen. S. auch BeBiKo/Schubert/Waubke, 13. Auf. 2022, Rn. 107.

Das Gesetz sieht keinen gesonderten Ausweis von unfertigen **Erzeugnissen** und unfer- 60
tigen **Leistungen** vor. Deshalb kann bei einem Bauunternehmen der Bilanzposten „unfertige Erzeugnisse, unfertige Leistungen" sowohl unfertige Bauten und Anlagen auf fremden
Grundstücken (unfertige Leistungen) als auch Bauten auf eigenen Grundstücken (unfertige
Erzeugnisse) beinhalten.[216] Im Schrifttum zu § 151 Abs. 1 AktG aF, der für die Aktivseite
unter III. A. (Vorräte) den Unterposten „2. unfertige Erzeugnisse" vorschrieb, ohne auf die
unfertigen Leistungen einzugehen, wurde empfohlen, den Posten in „in Arbeit befindliche
Aufträge" umzubenennen oder, bei Unternehmen, die sowohl Dienstleistungen erbringen
als auch Fertigerzeugnisse herstellen, „darauf zu achten, dass nicht beides unter der gleichen
Bezeichnung ausgewiesen wird".[217] Im Hinblick auf das Gebot des getreuen Bildes (§ 264
Abs. 2, → § 264 Rn. 26 ff.) ist dem auch für das geltende Recht zu folgen.[218] Sofern das
Unternehmen nur unfertige Leistungen erbringt, ist die Postenbezeichnung anzupassen
(§ 265 Abs. 6). Immaterielle Vermögensgegenstände, wie zB noch unfertige Sendebeiträge
von Rundfunk- und Fernsehsendern oder zur Veräußerung vorgesehene Computer-Pro-
gramme, die sich noch im Erprobungsstadium befinden, sind unter den unfertigen Erzeugnissen auszuweisen,[219] sofern sie nicht im Fremdauftrag speziell für einen Dritten erstellt
werden.

e) Fertige Erzeugnisse, Waren (B. I. 3.). Fertige Erzeugnisse und Waren sind als 61
Endstufe des Produktionsprozesses im Vorratsvermögen auszuweisen, während fertige bzw.
abgenommene (§ 640 BGB) Dienstleistungen (→ Rn. 65; → § 277 Rn. 12) als Forderungen aus Leistungen (B. II. 1.) auszuweisen sind.[220] **Fertige Erzeugnisse** sind selbst vollständig hergestellte[221] und auslieferungs- und verkaufsfertige[222] Gegenstände. Selbst hergestellte
Ersatzteile für Verkaufsprodukte sind als fertige Erzeugnisse auszuweisen.[223] **Waren** durch-
laufen dagegen nicht den betrieblichen Bearbeitungsprozess und werden in derselben Form
veräußert, wie sie erworben wurden.[224] Fertigerzeugnisse bzw. Waren sind auch Vorräte,
die nicht durch Verkauf aus dem Unternehmensvermögen ausscheiden. In Betracht kommen
ggf. auch unverkäufliche Arzneimittelproben der pharmazeutischen Industrie,[225] Geschenk-
artikel[226] und zur Ausleihe bestimmtes höherwertiges Werbematerial, wenn der Abnehmer zwischen Kauf und Rückgabe wählen kann.[227]

f) Geleistete Anzahlungen (B. I. 4.). Der Posten umfasst seiner systematischen Stel- 62
lung nach allein **geleistete Anzahlungen** auf Lieferungen von Vermögensgegenständen

---

[216] ADS Rn. 109; BeBiKo/Schubert/Berberich, 13. Aufl. 2022, § 247 Rn. 64; HdR/Dusemond/Heusin-
ger-Lange/Knop Rn. 71 (Stand: 12/2022).

[217] GroßkommAktG/Mellerowicz, 3. Aufl. 1970, § 151 Anm. 45; ähnlich Geßler/Hefermehl/Eckardt/
Kropff AktG § 151 Anm. 44.

[218] Für eine Erläuterung im Anhang ADS Rn. 109.

[219] BeBiKo/Schubert/Waubke, 13. Aufl. 2022, Rn. 95; für einen gesonderten Ausweis als Programm- bzw.
Filmvermögen Forster WPg 1988, 321 (321 ff.); Wriedt/Fischer DB 1993, 1683 (1684).

[220] Für bestimmte Ausnahmekonstellationen wird im Schrifttum für das Vorratsvermögen ein gesonderter
Posten „noch nicht abgerechnete Leistungen" vorgeschlagen ADS Rn. 118; HdR/Dusemond/Heusin-
ger-Lange/Knop Rn. 77 (Stand: 12.2021); Kirsch/Matschke/Brösel/Freichel Rn. 321 (Stand: 1.3.2021).

[221] Vgl. zB BFH BStBl II 2022, 279 = BeckRS 2020, 30077 Rn. 36, mwN: „Der Herstellungsvorgang
endet regelmäßig, wenn das Wirtschaftsgut fertiggestellt ist, dh wenn es einen Zustand erreicht hat, der
seine bestimmungsgemäße Nutzung ermöglicht [...]".

[222] ZB BFH BStBl II 2022, 279 = BeckRS 2020, 30077 Rn. 36: „Wirtschaftsgüter des Umlaufvermögens
sind bestimmungsgemäß nutzbar, wenn sie auslieferungs- und verkaufsfähig sind" (mwN); siehe auch
Rn. 37: „Sind solche auslieferungs- und verkaufsfähigen Wirtschaftsgüter des Umlaufvermögens am
Bilanzstichtag noch vorhanden, sind sie nach § 266 Abs. 2 B.I.3. HGB als fertige Erzeugnisse in der
Bilanz auszuweisen [...]".

[223] Kirsch/Matschke/Brösel/Freichel Rn. 322 (Stand: 1.3.2021): „Zwischenoutputs des Produktionsprozesses [...], soweit deren Verkauf an Dritte möglich und zugleich beabsichtigt ist (zB als Ersatzteile)".

[224] Zum Ausweis von Grundstücken als Waren, wenn sie zur alsbaldigen Weiterveräußerung bestimmt sind
vgl. Heymann/Herrmann, 3. Aufl. 2020, Rn. 22.

[225] BFH BStBl. II 1980, 327 = DStR 1980, 444.

[226] BeBiKo/Schubert/Waubke, 13. Aufl. 2022, Rn. 104.

[227] ADS Rn. 115; BeBiKo/Schubert/Waubke, 13. Aufl. 2022, Rn. 105.

des Vorratsvermögens.[228] Damit gemeint sind Anzahlungen auf den Kauf von Roh-, Hilfs- und Betriebsstoffen und Waren oder auf die Inanspruchnahme von Dienstleistungen im Zusammenhang mit der Beschaffung von Vorräten oder mit dem Produktionsprozess.[229] Für **erhaltene Anzahlungen** auf Bestellungen von Vermögensgegenständen des Vorratsvermögens besteht ein Wahlrecht (§ 268 Abs. 5 S. 2), sie entweder als Verbindlichkeiten auszuweisen (§ 266 Abs. 3 C. 3.; → Rn. 112 ff.) oder auf der Aktivseite offen von den Vorräten abzusetzen;[230] der offene Abzug von den Vorräten verkürzt die Bilanzsumme und wirkt sich damit auf ein Größenmerkmal aus (→ § 267 Rn. 2 und 5). Durch den Abzug der Anzahlungen darf der Vorratsbestand indes nicht negativ werden.[231] Eine Saldierung erhaltener und geleisteter Anzahlungen oder der Anzahlungen mit den Vorräten ist unzulässig (§ 246 Abs. 2 S. 1).

63   **2. Forderungen, sonstige Vermögensgegenstände (B. II.).** Während das Vorratsvermögen Auskunft über die Produktionsgrundlagen des Unternehmens gibt, zeigt der Forderungsbestand das Ergebnis der nachfolgenden Vertriebsaktivitäten des Unternehmens. Hat die Gesellschaft ihre Lieferungs- und Leistungsverpflichtung erbracht, fakturiert sie einen Umsatz, der bei ausstehender Zahlung (Gegenleistung) zu einer Forderung führt. Der Betrag der Forderungen mit einer Restlaufzeit von mehr als einem Jahr muss jeweils vermerkt werden (§ 268 Abs. 4 S. 1). Maßgeblich ist der Zeitraum zwischen dem betreffenden Bilanzstichtag und dem bei vorsichtiger Schätzung zu erwartenden Eingang der Forderung.[232] Forderungen dürfen mit Verbindlichkeiten wegen des Vollständigkeitsgebots und des Gebots der Klarheit und Übersichtlichkeit grundsätzlich nicht saldiert werden (§ 246 Abs. 2 S. 1). Eine Saldierung ist nur zulässig, sofern die Voraussetzungen einer Aufrechnung vorliegen. Dazu müssen sich gleichartige Forderungen und Verbindlichkeiten gegenüber derselben Person in der Weise fällig und einredefrei gegenüber stehen, dass sie nach § 387 BGB von beiden Seiten gegeneinander aufgerechnet werden können.[233] Ein Wille zur Aufrechnung ist nicht erforderlich (→ § 246 Rn. 133).[234] Mit dem BilMoG wurde in § 246 Abs. 2 S. 2 Hs. 1 die Möglichkeit eröffnet, Vermögensgegenstände und damit auch Forderungen, die dem Zugriff aller übrigen Gläubiger entzogen sind und ausschließlich der Erfüllung von Altersversorgungsverpflichtungen oder vergleichbaren langfristig fälligen Verpflichtungen dienen, mit diesen Schulden zu saldieren. Mit der Verrechnung dieser sog. plan assets hat sich der deutsche Gesetzgeber den IFRS angenähert (vgl. IAS 19.54 iVm IAS 19.102 [2011]).

64   Bei der **Reihenfolge** der Posten stellt das Gesetz die Forderungen aus der eigentlichen Geschäftstätigkeit (Lieferungen und Leistungen) an die erste Stelle. Auf der Aktivseite der Bilanz geführte Wechsel (sog. **„Besitzwechsel"**) sind deshalb nicht als flüssige Mittel, sondern ggf. unter den Forderungen aus Lieferung und Leistung auszuweisen, wenn ihnen ein entsprechendes Schuldverhältnis zugrunde liegt.[235] Die weitere Gliederung stellt für Forderungen ähnlich wie beim Finanzanlagevermögen (→ Rn. 37 ff.) als entscheidendes Abgrenzungsmerkmal auf die Stellung des Schuldners im Verhältnis zum bilanzierenden Unternehmen (verbundenes Unternehmen, Beteiligungsverhältnis oder keine besonderen Beziehungen) ab.[236] Die Aktivierung unter B. II. setzt außerdem (wie sonst auch, vgl.

---

[228]   ZB ADS Rn. 119; Baetge/Kirsch/Thiele/Marx/Dallmann Rn. 79 (September 2015).
[229]   Vgl. aber FG Cottbus DStRE 2012, 721, unter 2.a., das die „Anzahlungen" iSd Abs. 2 B. I. 4. ganz allgemein als „Vorleistungen auf eine noch zu erbringende Lieferung oder Leistung" (unter Einschluss von Dienstleistungen und Arbeitsleistungen) definiert und den Anzahlungsbegriff des Abs. 3 C. 3. (Rn. 114) damit zu Unrecht mit dem (weiteren) Anzahlungsbegriff gem. Abs. 2 B. I. 4. gleichsetzt.
[230]   Köhler StBp 1998, 320 (325).
[231]   Einzelheiten bei ADS Rn. 99 mwN.
[232]   ADS Rn. 131; BeBiKo/Schubert/Waubke, 13. Aufl. 2022, § 268 Rn. 28: „Zeitraum zwischen dem Bilanzstichtag und dem erwarteten Eingang der Forderung".
[233]   WP-HdB/Störk, 17. Aufl. 2021, F Rn. 411.
[234]   BeBiKo/Justenhoven/Meyer, § 246 Rn. 150.
[235]   BeBiKo/Schubert/Waubke, 13. Aufl. 2022, Rn. 115; HK-HGB/Kirnberger, 7. Aufl. 2007, Rn. 3.
[236]   Kirsch/Matschke/Brösel/Freichel Rn. 351 (Stand: 1.3.2021).

§ 246 Abs. 1 S. 2 Hs. 2) voraus, dass die betreffende Forderung dem bilanzierenden Unternehmen nach den allgemeinen Regeln persönlich zuzurechnen ist (allgemein → § 246 Rn. 35 ff.).[237] Bei Abtretung zur Kreditsicherung oder an eine Factoring-Gesellschaft ohne Übergang des Delkredererisikos ist die Forderung nach wie vor beim bisherigen Gläubiger auszuweisen. Beim echten Factoring dagegen tritt an die Stelle der veräußerten Forderung ein Anspruch gegen den Factor, ein Kassenzufluss oder ein Guthaben bei einem Kreditinstitut.[238] Die sonstigen Vermögensgegenstände schließen als Auffangposten die Aufzählung in B. II. ab.

a) Forderungen aus Lieferungen und Leistungen (B. II. 1.). Forderungen aus **65** Lieferungen und Leistungen (ieS von Dienstleistungen)[239] sind Erfüllungsansprüche aus gegenseitigen Verträgen auf Bezahlung von Leistungen (iwS des § 362 BGB), dh von Produktlieferungen und Dienstleistungen, die im Rahmen der Umsatztätigkeit des Unternehmens bereits erbracht wurden.[240] Entscheidend sind insoweit die Maßstäbe, die bei der Bestimmung von Umsatzerlösen iSv § 277 Abs. 1 gelten (→ § 277 Rn. 11 f.). Mit dem durch das BilRUG erweiterten Verständnis der Umsatzerlöse ist die frühere Beschränkung auf Verträge im Rahmen der Haupttätigkeit weggefallen, sodass nunmehr auch zu sonstigen betrieblichen Erträgen führende Forderungen hier auszuweisen sind.[241] In Betracht kommen insbesondere Liefer-, Werk- und Dienstleistungsverträge. Die Forderung bleibt auch im Fall einer längeren Stundung eine solche aus Lieferung und Leistung, es sei denn, sie wird in ein verzinsliches Darlehen bzw. eine Ausleihung umgewandelt (Novation). Dann ist sie an anderer Stelle (A. III. 2. oder 6.) auszuweisen.[242] Zahlt ein Kunde des Unternehmens bargeldlos mit der Kreditkarte, entsteht mit der Unterzeichnung des Belastungsbelegs ein Zahlungsanspruch gegen das Kreditkartenunternehmen. Dieser Zahlungsanspruch resultiert aus dem Umsatzgeschäft und ist deshalb als Forderung aus Lieferungen und Leistungen und nicht unter den flüssigen Mitteln auszuweisen.[243]

Mit auszuweisen sind die mit Lieferung und Leistung zusammenhängenden Nebenkos- **66** ten, zB den Abnehmern berechnete Versandkosten oder die mit der Forderung zusammenhängenden Finanzierungsaufwendungen abzüglich gewährter Rabatte, Umsatzprämien und ähnlicher Preisnachlässe. Nicht erfasst werden dagegen Forderungen, die mit dem Gegenstand des Unternehmens nicht unmittelbar zusammenhängen, also ggf. Miet- oder Pachtforderungen eines Industrieunternehmens, Forderungen aus der Veräußerung von Anlagevermögen oder von Gegenständen des Umlaufvermögens mit Ausnahme des Vorratsvermögens oder Forderungen, denen kein Umsatzgeschäft zugrunde liegt, wie etwa Darlehens- oder Schadensersatzforderungen, Vorschüsse an Arbeitnehmer oder Gewinnansprüche.[244] Forderungen aus Lieferungen und Leistungen gegen verbundene Unternehmen oder gegen Unternehmen, mit denen ein Beteiligungsverhältnis besteht, sind wegen der Bedeutung einer zutreffenden Darstellung der Unternehmensverflechtungen ausschließlich unter den

---

[237] Allg. auch ADS § 246 Rn. 45 ff.

[238] Kirsch/Matschke/Brösel/Freichel Rn. 355 (Stand: 1.3.2021).

[239] Hierzu zählen zB Leistungen von Dienstleistungsunternehmen und von Bauunternehmen (BeBiKo/Schubert/Berberich § 247 Rn. 63, zu „unfertigen Leistungen".

[240] WP-HdB/Störk, 17. Aufl. 2021, F Rn. 408; BeBiKo/Schubert/Berberich, 13. Aufl. 2022, § 247 Rn. 75 f.; BeBiKo/Schubert/Waubke, 12. Aufl. 2020, Rn. 113; HdR/Dusemond/Heusinger-Lange/Knop Rn. 83 (12/2021); Heymann/Herrmann, 3. Aufl. 2020, Rn. 24; Kirsch/Matschke Rn. 99 (Grundlieferung, Aussage in der 61. EL von Matschke/Brösel/Haaker v. August 2012 und in nachfolgenden EL nicht mehr enthalten); KKRD/Morck/Drüen, 9. Aufl. 2019, Rn. 6; HK-HGB/Kirnberger, 7. Aufl. 2007, Rn. 26.

[241] BeBiKo/Schubert/Berberich, 13. Aufl. 2022, § 247 Rn. 75.

[242] ADS Rn. 122; HdR/Dusemond/Heusinger-Lange/Knop Rn. 84 (Stand: 12/2021); KKRD/Morck/Drüen, 9. Aufl. 2019, Rn. 6.

[243] WP-HdB/Störk, 17. Aufl. 2021, F Rn. 408.

[244] HdJ/Poullie Abt. II/6 Rn. 103 (Stand 9.2010); KKRD/Morck/Drüen, 9. Aufl. 2019, Rn. 6; Kirsch/Matschke Rn. 100 (Grundlieferung, Aussage in der 61. EL von Matschke/Brösel/Haaker v. August 2012 und in nachfolgenden EL nicht mehr enthalten); HdR/Dusemond/Heusinger-Lange/Knop Rn. 83 (Stand: 12/2021).

dafür vorgesehenen Posten (B. II. 2. bzw. B. II. 3.) auszuweisen.[245] Gleiches gilt für Forderungen gegen die Gesellschafter einer GmbH. Ihre Mitzugehörigkeit ist zu vermerken (§ 265 Abs. 3).

67   **b) Forderungen gegen verbundene Unternehmen (B. II. 2.).** Alle Leistungsbeziehungen mit verbundenen Unternehmen sind unabhängig von ihrem Entstehungsgrund unter den „Forderungen gegen verbundene Unternehmen" auszuweisen. Das gilt auch für Forderungen aus Lieferungen und Leistungen gegen verbundene Unternehmen.[246] Ebenso auszuweisen sind Forderungen auf Beteiligungsertrag, aus dem Verrechnungs- und Finanzverkehr sowie aus Unternehmensverträgen iSv §§ 291 f. AktG. Ausleihungen an verbundene Unternehmen hingegen sind an entsprechender Stelle im Anlagevermögen (A. III. 2.; → Rn. 40 f.) zu bilanzieren. Der Begriff der „verbundenen Unternehmen" bestimmt sich wie bei A. III. 1 (→ Rn. 38).

68   **c) Forderungen gegen Unternehmen, mit denen ein Beteiligungsverhältnis besteht (B. II. 3.).** Maßgebendes Kriterium ist wie bei den Forderungen gegen verbundene Unternehmen die rechtliche Beziehung zwischen Gläubiger und Schuldner, so dass insofern vergleichbare Grundsätze gelten. Der Ausweis setzt ein **Beteiligungsverhältnis** (§ 271 Abs. 1; → Rn. 42) zwischen dem bilanzierenden Unternehmen und dem Schuldnerunternehmen voraus. Dafür ist unerheblich, ob das bilanzierende Unternehmen am Schuldnerunternehmen oder umgekehrt das Schuldnerunternehmen an seinem Gläubiger beteiligt ist.[247] Der Posten umfasst somit auch Forderungen gegen Gesellschafter, die eine unmittelbare Beteiligung halten.[248] Besteht die Forderung gegenüber einem verbundenen Unternehmen, ist sie unter dem vorrangigen Posten B. II. 2. auszuweisen,[249] weil dann eine besonders enge Unternehmensbeziehung besteht, über die der Jahresabschlussadressat informiert werden muss. Die Art der Forderung ist unbeachtlich, sofern es sich nicht um anderweitig auszuweisende Ausleihungen (A. III. 4.) oder Beteiligungen (A. III. 3.) handelt.

69   **d) Sonderposten für weitere Forderungen.** Der Gesetzgeber sieht in bestimmten Fällen über § 266 hinaus weitere Sonderposten für bestimmte Forderungen vor. Es handelt sich überwiegend um gesellschaftsrechtlich induzierte Bestimmungen im Zusammenhang mit dem Eigenkapital der Gesellschaft.[250] Wegen der besonderen Bedeutung solcher Forderungen und ihrer Nähe zu den Verflechtungstatbeständen empfiehlt es sich, diese **vor den sonstigen Vermögensgegenständen** (B. II. 4.) zu zeigen (zu Sonderposten vor dem Anlagevermögen → Rn. 19).

70   Unter den Voraussetzungen des § 272 Abs. 1 S. 2 Teilsatz 3 sind **eingeforderte,** aber **noch nicht eingezahlte Einlagen** gesondert unter den Forderungen auszuweisen. Gleiches gilt nach § 286 Abs. 2 S. 3 AktG bei der KGaA für bestimmte **Einzahlungsverpflichtungen persönlich haftender Gesellschafter.** Der Ausweis kann zusammengefasst erfolgen, wenn derartige Forderungen gegen mehrere Komplementäre bestehen (→ Rn. 88).[251] Ein entsprechender Sonderposten ist auch bei Personenhandelsgesellschaften iSv § 264a erforderlich (§ 264c Abs. 2 S. 4). Gleiches gilt für die Einzahlungsverpflichtung eines Kommanditisten, die jedoch von der des Komplementärs getrennt auszuweisen ist (§ 264c Abs. 2

[245] ADS Rn. 124; Kirsch/Matschke/Brösel/Freichel Rn. 361 (Stand: 1.3.2021); aA (Wahlrecht) BeBiKo/Schubert/Waubke, 13. Aufl. 2022, Rn. 116.

[246] ADS Rn. 129; Heymann/Herrmann, 3. Aufl. 2020, Rn. 25; aA (Wahlrecht) HdJ/Poullie Abt. II/6 Rn. 109 (Stand 9.2010); HdR/Dusemond/Heusinger-Lange/Knop Rn. 85 (Stand: 12/2021); BeBiKo/Schubert/Waubke, 13. Aufl. 2022, Rn. 119.

[247] Kropff DB 1986, 364 ff.; ADS Rn. 82; HK-HGB/Kirnberger, 7. Aufl. 2007, Rn. 17.

[248] ADS Rn. 132; BeBiKo/Schubert/Waubke, 13. Aufl. 2022, Rn. 122; WP-HdB/Störk, 17. Aufl. 2021, Rn. 408.

[249] ADS Rn. 132; HdR/Dusemond/Heusinger-Lange/Knop Rn. 85 (Stand: 12/2021); KKRD/Morck/Drüen, 9. Aufl. 2019, Rn. 6; BeBiKo/Schubert/Waubke, 13. Aufl. 2022, Rn. 122.

[250] Zur Behandlung von Treuhand-Unternehmen nach § 24 DMBilG Budde/Forster DM-Bilanzgesetz Ergbd. § 24 Rn. 1 ff.

[251] BeBiKo/Schubert/Waubke, 13. Aufl. 2022, Rn. 124; BeBiKo/Störk/Kliem/Meyer § 272, 13. Aufl. 2022, Rn. 331; WP-HdB/Störk, 17. Aufl. 2021, F Rn. 1483.

S. 6 und 7 Hs. 1 iVm S. 4). Die Gesellschaft hat einen Zahlungsanspruch auch dann zu aktivieren, wenn der Gesellschafter zwar seine Einzahlung bereits geleistet hat, durch Gewinnentnahmen aber seinen Kapitalanteil unter den Betrag der Einlagen gemindert hat bzw. dadurch mindert (§ 264c Abs. 2 S. 7 Hs. 2). Die Frage des Bestehens einer Einzahlungsverpflichtung richtet sich nach dem Verhältnis des Gesellschafters zur Gesellschaft (Innenverhältnis). Die Einzahlungsverpflichtung ist deshalb nicht bereits dann zu bilanzieren, wenn die Haftung des Kommanditisten im Außenverhältnis wieder auflebt (§ 172 Abs. 4 S. 2 iVm § 171 Abs. 1). Vielmehr muss eine Einzahlungsverpflichtung zwischen Kommanditist und Gesellschaft vereinbart worden sein (vgl. § 264c Abs. 2 S. 7).[252] Sofern es – wie in der Praxis üblich – daran fehlt, sind die nicht durch Vermögenseinlagen gedeckten Verlustanteile bzw. Entnahmen getrennt voneinander und als solche gekennzeichnet auszuweisen (→ Rn. 85). Der Betrag der wieder auflebenden Haftung ist im Anhang anzugeben (§ 264c Abs. 2 S. 9).[253]

Bei der GmbH sind **eingeforderte Nachschüsse** (§ 42 Abs. 2 S. 2 GmbHG) gesondert **71** unter dieser Bezeichnung auszuweisen. **Forderungen gegen GmbH-Gesellschafter** sind ebenfalls gesondert auszuweisen oder wahlweise im Anhang anzugeben (§ 42 Abs. 3 GmbHG). Wie bereits weiter oben dargelegt (→ Rn. 45), verlangt die Informationsvermittlungsfunktion des Jahresabschlusses grundsätzlich einen gesonderten Ausweis in der Bilanz. Eine Beschränkung auf eine Angabe im Anhang oder ein Ausweis der Position unter einem anderen Posten bedarf hingegen einer besonderen Begründung.[254]

e) Sonstige Vermögensgegenstände (B. II. 4.). Aktiva sind als sonstige Vermögens- **72** gegenstände auszuweisen, sofern sie keinem anderen Posten zuzurechnen und Umlaufvermögen sind.[255] In Betracht kommen etwa Steuererstattungsansprüche, Kreditforderungen gegen Vorstandsmitglieder, Prokuristen und Aufsichtsratsmitglieder (§§ 89, 115 AktG), Anteile an nicht verbundenen Unternehmen, soweit sie – wie zB **GmbH-Anteile** (zum Anlagevermögen → Rn. 46) – nicht sonstige Wertpapiere (B. III. 3.) sind,[256] Ebenfalls unter B.II.4. auszuweisen sind Genossenschaftsanteile[257] und virtuelle Währungen sowie sonstige Token,[258] soweit sie dem Umlaufvermögen zuzurechnen sind, Ansprüche aus einer Rückdeckungsversicherung für eine Pensionsverpflichtung[259] und ggf. In-the-money-Positionen aus nicht verbrieften Optionsrechten[260] und Festgeschäften,[261] soweit sie nicht sogar ausnahmsweise der Haupttätigkeit der Gesellschaft zuzuordnen sind[262] und unter den Posten

---

[252] v. Kanitz WPg 2003, 324 (334 f.); Schiedermair/Maul FS Müller, 2001, 512 f.

[253] Baetge/Kirsch/Thiele/Thiele/Sickmann Bilanzrecht § 264c Rn. 60 ff.

[254] AA (kein Vorrang des Ausweises in der Bilanz) ADS § 265 Rn. 44, GmbHG § 42 Rn. 52.

[255] S. etwa FG Cottbus DStRE 2012, 721, unter 3.a. (mwN aus dem Schrifttum) = BB 2012, 1786: Bei der Position „sonstige Vermögensgegenstände" handele es sich „um einen Auffangtatbestand für verschiedene, nicht eindeutig zuordenbare Vermögenswerte des Umlaufvermögens".

[256] Haußer, Bewertung von Wertpapieren des Umlaufvermögens nach HGB, US GAAP und IAS, 2003, S. 48; Heymann/Herrmann, 3. Aufl. 2020, Rn. 27.

[257] ADS Rn. 134; HdR/Dusemond/Heusinger-Lange/Knop Rn. 87 (Stand: 12/2021); BeBiKo/Schubert/ Waubke, 13. Aufl. 2022, Rn. 129; WP-HdB/Störk, 17. Aufl. 2021, F Rn. 421 („Genossenschaftsanteile ohne Anlagecharakter"); aA Kirsch/Matschke/Brösel/Freichel Rn. 412 (Stand: 1.3.2021), die einen Ausweis als „sonstige Wertpapiere" präferieren.

[258] So BMF-Schreiben v. 10.5.2022, IV C 1 – S 2256/19/10003:001, Rn. 41; ebenso bereits speziell zu Bitcoins Richter/Augel FR 2017, 937 (942), mwN und mit dem Hinweis, uU sei „eine weitergehende Untergliederung des Bilanzpostens mittels eines Davon-Vermerks [...] zweckmäßig"; Sixt DStR 2019, 1766 (1772), zu Currency-Token; so auch Kirsch/Matschke/Brösel/Freichel Rn. 390 (Stand: 1.3.2021): In den meisten Fällen verbleibe für „Kryptotauschmittel" nur der Posten „B.II.4.", weil ein Ausweis als Vorräte solchen Vermögensgegenständen vorbehalten sei, „die im betrieblichen Leistungserstellungsprozess erworben, ggf. be- oder verarbeitet und veräußert werden" (mwN).

[259] BFH BB 2004, 1557 = DStR 2004, 1118, unter II. 1. a.

[260] IDW St/BFA 2/1995, WPg 1995, 421.

[261] Diff. und zu weiteren Einzelheiten Jutz BB 1990, 1515 (1517 ff.); Treuberg/Scharpf DB 1991, 661 (664 f.); Reiner, Derivative Finanzinstrumente im Recht, 2002, S. 256 ff., 269 ff.

[262] In diesen Fällen dürfte es sich allerdings regelmäßig um Finanzdienstleistungsinstitute iSd § 1 Abs. 1a Nr. 4, Abs. 11 KWG handeln, für die § 266 durch Formblatt I zur RechKredV ersetzt wird (§§ 1, 2 Abs. 1 RechKredV).

B. II. 1. (Forderungen aus Lieferungen oder Leistungen) passen.[263] Innerhalb des Postens „sonstige Vermögensgegenstände" ist eine **weitere Untergliederung** grundsätzlich nicht erforderlich. Diese ist nur angezeigt, wenn einzelne Positionen im Vergleich zur Bilanzsumme eine beachtliche Größe haben (§ 265 Abs. 5 S. 1, § 264 Abs. 2 S. 1).[264] Vermögensgegenstände, die erst nach dem Abschlussstichtag rechtlich entstehen, müssen, sofern die ausgewiesenen Beträge „einen größeren Umfang haben", im Anhang erläutert werden (§ 268 Abs. 4 S. 2 (→ § 268 Rn. 14 f.).

73   **3. Wertpapiere (B. III.).** Der Posten erfasst **Wertpapiere des Umlaufvermögens,** soweit sie nicht, wie zB Schecks, unter anderen Posten (B. IV.) auszuweisen sind. Dem **Umlaufvermögen** werden grundsätzlich nur solche Wertpapiere zuzurechnen sein, die kurzfristig als Liquiditätsreserven gehalten werden.[265] Wertpapiere, die Veräußerungsbeschränkungen unterliegen, erfüllen diese Voraussetzung nicht. Der **Wertpapierbegriff** entspricht im Ausgangspunkt (dh zumindest für A. III. 3.) demjenigen beim Posten A. III. 5. (→ Rn. 46).

74   Bezüglich des Postens A. III. 1. (Anteile an verbundenen Unternehmen), der primär an andere Kriterien als die Verbriefung anknüpft, stellt sich jedoch die Frage, ob die Verbriefung hier wirklich entscheidend ist oder ob auch nicht verbriefte Anteile an verbundenen Unternehmen einzubeziehen sind. Würde man dies verneinen, müsste man zB Anteile an verbundenen GmbHs an anderer Stelle und daher getrennt von Anteilen an verbundenen AGs ausweisen. Daher will die hM Anteile an einem herrschenden oder mit Mehrheit beteiligten Unternehmen zu Recht auch dann unter B. III. 1. fassen, wenn sie nicht als Wertpapier verbrieft sind.[266] Dass die Einordnung der „Anteile an verbundenen Unternehmen" unter die „Wertpapiere" nicht allzu wörtlich genommen werden darf, zeigt bereits der Umstand, dass diese Position nach früherem Recht aus der Zeit vor Inkrafttreten des BiRiLiG (§ 151 Abs. 1, Aktivseite, III. B. 8. und 9. AktG aF) nicht als Unterposten der „Wertpapiere" (§ 151 Abs. 1, Aktivseite, III. B. 7. AktG aF), sondern selbstständig neben ihnen im Umlaufvermögen auszuweisen war. Vor allem wird dadurch die Verflechtung der Gesellschaft mit anderen Unternehmen transparent gemacht. Die Kenntnis konzerninterner Beteiligungsstrukturen ist für die Beurteilung der wirtschaftlichen und finanziellen Lage der Gesellschaft bedeutsam,[267] zudem solche Anteile häufig „unsichere Werte" sind.[268] Das rechtfertigt eine erweiternde Auslegung des Anh. III Aktiva, Posten D.III. Bilanz-RL („Wertpapiere") (zuvor Art. 9 Aktiva D.III. RL 78/660/EWG), den der deutsche Gesetzgeber mit B. III. fast wörtlich umgesetzt hat.

75   **a) Anteile an verbundenen Unternehmen (B. III. 1.).** Auszuweisen sind Anteile an verbundenen Unternehmen (§ 271 Abs. 2), die vorbehaltlich des Sonderausweises in B. III. 1. (→ Rn. 58) Wertpapiereigenschaft besitzen, aber mangels Daueranlageabsicht kein Anlage-, sondern Umlaufvermögen sind.[269] Der Ausweis ist unabhängig davon, ob die

263 Reiner, Derivative Finanzinstrumente im Recht, 2002, S. 274, 277; IDW St/BFA 2/1995, WPg 1995, 421. Zur Bilanzierung von Festgeschäften → Rn. 26 (in der Fn. zu „Forderungen, soweit sie dem Anlagevermögen zuzuordnen sind").

264 Heymann/Jung, 1. Aufl. 1988, Rn. 139.

265 Kirsch/Matschke/Brösel/Freichel Rn. 411 (Stand: 1.3.2021); HK-HGB/Kirnberger, 7. Aufl. 2007, Rn. 33; BeBiKo/Schubert/F. Huber, 13. Aufl. 2022, § 247 Rn. 257.

266 ADS Rn. 138 f.; HdR/Dusemond/Heusinger-Lange/Knop Rn. 89 (Stand: 12/2021); Kirsch/Matschke/Brösel/Freichel Rn. 401, 402 (Stand: 1.3.2021); BeBiKo/Schubert/Waubke, 13. Aufl. 2022, Rn. 136; aA HK-HGB/Kirnberger, 7. Aufl. 2007, Rn. 31 (zu GmbH-Anteilen).

267 Vgl. bereits Schlegelberger/Quassowski/Schmölder § 261a Rn. 2. So auch WP-HdB/Störk, 17. Aufl. 2021, F Rn. 425 mwN, die auf die Sachzusammenhang verweisen.

268 Begr. zu § 144 („Gliederung der Jahresbilanz") RegE AktG v. 3.2.1962, BT-Drs. IV/171, 168, 170. Vgl. auch Haußer, Bewertung von Wertpapieren des Umlaufvermögens nach HGB, US GAAP und IAS, 2003, S. 48.

269 ADS Rn. 138, 140; HdR/Dusemond/Heusinger-Lange/Knop Rn. 88 f., 91 (Stand: 12/2021); Beck HdR/Scheffler B 216 Rn. 42 (Stand: Oktober 2021); Kirsch/Matschke/Brösel/Freichel Rn. 401 (Stand: 1.3.2021); KKRD/Morck/Drüen, 9. Aufl. 2019, Rn. 7; HK-HGB/Kirnberger, 7. Aufl. 2007, Rn. 31; BeBiKo/Schubert/Waubke, 13. Aufl. 2022, Rn. 135.

Gesellschaft die Aktien unter Verstoß gegen die Vorschriften des gesellschaftsrechtlichen Kapitalschutzes erworben hat und daher das schuldrechtliche Erwerbsgeschäft nichtig ist (vgl. § 56 Abs. 2 S. 2 AktG, § 71a Abs. 2 AktG, §§ 71d, 16 f. AktG), solange das dingliche Geschäft wirksam ist. Anteile an verbundenen Unternehmen können daher auch ohne weiteres Aktien einer herrschenden oder mit Mehrheit beteiligten Gesellschaft sein oder für Rechnung eines verbundenen Unternehmens übernommene sog. Vorratsaktien (auch: Verwertungsaktien, Verwaltungsaktien), die das Unternehmen für die Verschmelzung, den Abschluss eines Unternehmensvertrags iSd §§ 291 ff. AktG oder eine Eingliederung nach den §§ 319 ff. AktG angeschafft hat.[270]

b) Eigene Anteile. Eigene Anteile waren in der bis zum Inkrafttreten des BilMoG **76** geltenden Gesetzesfassung, soweit sie nicht nach der Nettomethode (→ § 272 Rn. 21) zu bilanzieren waren, weil sie zur Einziehung erworben oder ihre Veräußerung von einem Hauptversammlungsbeschluss entsprechend § 182 Abs. 1 S. 1 AktG (Kapitalerhöhung gegen Einlagen) abhängig gemacht worden waren (§ 272 Abs. 1 S. 4 bis 6 idF vor dem MoMiG), nach dem damaligen § 265 Abs. 3 S. 2 aF in einem eigenen Posten (unter B. III. 2.) im Umlaufvermögen auszuweisen. Diesen sog. Bruttoausweis eigener Anteile hat das BilMoG abgeschafft und durch den (zwingenden) **Nettoausweis** sämtlicher eigener Anteile unabhängig vom Erwerbszweck ersetzt. Danach ist der den eigenen Anteilen entsprechende Kapitalanteil offen vom Gezeichneten Kapital abzusetzen (§ 272 Abs. 1a; → § 272 Rn. 21). Dieser Ausweis gilt für alle Geschäftsjahre, die nach dem 31.12.2009 begonnen haben (Art. 66 Abs. 3 S. 1 EGHGB). Eine besondere Übergangsvorschrift für eigene Anteile, die vor diesem Zeitpunkt erworben wurden, besteht nicht.[271]

c) Sonstige Wertpapiere (B. III. 2.). Sonstige Wertpapiere setzen (anders als die **77** Anteile gem. B. III. 1., → Rn. 74) eine wertpapierrechtliche Verbriefung voraus. Der Posten ist immer dann einschlägig, wenn das Wertpapier nicht von einem spezielleren Posten (zB B. III. 1., B. IV.) erfasst wird oder zum Anlagevermögen gehört. In Betracht für B. III. 2. kommen Aktien, die keine Anteile an einem verbundenen Unternehmen sind, Finanz- bzw. Finanzierungswechsel, bei denen das Unternehmen nicht selbst Gläubiger der zugrunde liegenden Forderung ist,[272] Schatzwechsel des Bundes (§ 42 Abs. 1 BBankG), der Länder und der Sondervermögen des Bundes, Investmentzertifikate und vergleichbare Titel mit kurzer Laufzeit oder bei vermuteter kurzfristiger Veräußerungsabsicht wie Euro-Notes oder Depositenzertifikate (Certificates of Deposit).[273] Abgetrennte Zins- und Dividendenscheine sind ebenfalls unter den Wertpapieren des Umlaufvermögens auszuweisen.[274]

4. Kassenbestand, Bundesbankguthaben, Guthaben bei Kreditinstituten und 78 Schecks (B. IV.). Der Posten bezieht sich auf Geld (Kassenbestand), geldnahe oder geldgleiche Vermögensgegenstände.[275] Da er grundsätzlich nicht aufgegliedert werden muss, darf er aus Gründen der Praktikabilität statt mit der gesetzlich vorgeschriebenen auch mit der Bezeichnung **flüssige Mittel** benannt werden.[276] Voraussetzung für den Ausweis der

---

[270] HdR/Dusemond/Heusinger-Lange/Knop Rn. 91 (Stand: 12/2021); BeBiKo/Schubert/Waubke, 13. Aufl. 2022, Rn. 135.
[271] Gelhausen/Fey/Kämpfer L Rn. 64.
[272] Haußer, Bewertung von Wertpapieren des Umlaufvermögens nach HGB, US GAAP und IAS, 2003, S. 43 f.
[273] BeBiKo/Schubert/Waubke, 13. Aufl. 2022, Rn. 143. Eine Übersicht der in Betracht kommenden Wertpapiere findet sich bei Haußer, Bewertung von Wertpapieren des Umlaufvermögens nach HGB, US GAAP und IAS, 2003, S. 56.
[274] HdR/Dusemond/Heusinger-Lange/Knop Rn. 97 (Stand: 12/2021); Kirsch/Matschke/Brösel/Freichel Rn. 411 (Stand: 1.3.2021); Baetge/Kirsch/Thiele/Marx/Dallmann Rn. 106 (September 2015); aA (Wahlrecht zwischen sonstigen Wertpapieren und sonstigen Vermögensgegenständen) ADS Rn. 145; BeBiKo/Schubert/Waubke, 13. Aufl. 2022, Rn. 145.
[275] Kirsch/Matschke/Brösel/Freichel Rn. 421 (Stand: 1.3.2021).
[276] ADS Rn. 146; Biener/Bernecke BiRiLiG S. 148; Kirsch/Matschke/Brösel/Haaker Rn. 421 (Stand: 1.3.2021); HK-HGB/Kirnberger, 7. Aufl. 2007, Rn. 3; BeBiKo/Schubert/Waubke, 13. Aufl. 2022, Rn. 150.

betreffenden Gegenstände ist die **Eigenschaft als Zahlungsmittel.** Unternehmen, die Münzen herstellen oder damit handeln, haben Münzen nicht im Kassenbestand, sondern als fertige Erzeugnisse oder Waren auszuweisen,[277] Kreditinstitute in diesem Falle als „sonstige Vermögensgegenstände",[278] weil § 2 RechKredVO iVm Formblatt 1 für diese Institute keine anderen passenden Bilanzposten vorhält. Lediglich für Kreditgenossenschaften, die das Warengeschäft betreiben, ist nach Formblatt 1 der Posten 6a. Warenbestand vorgesehen. Ebenfalls unter den sonstigen Vermögensgegenständen oder unter einem besonderen Posten ist ein bei ausländischen Banken gesperrtes Guthaben auszuweisen[279] oder ein Fremdwährungsguthaben, über das wegen der fehlenden Konvertierbarkeit der Währung nicht verfügt werden kann.[280] Ist der Aussteller des betreffenden Schecks oder die Bank, bei der das Guthaben geführt wird, ein verbundenes Unternehmen oder ein Unternehmen, mit dem ein Beteiligungsverhältnis besteht, ist die entsprechende Forderung allein unter B. II. auszuweisen und die Mitzugehörigkeit entsprechend zu vermerken (§ 265 Abs. 3 S. 1).

79   **Schecks** sind alle Formen von Bar- und Verrechnungsschecks, über die das Unternehmen für eigene Rechnung verfügen kann und die zum Bilanzstichtag noch nicht bei der Bank eingereicht oder noch nicht in alter Rechnung von der Bank gutgeschrieben wurden.[281] Erfasst werden gleichfalls vordatierte Schecks, die nach Art. 28 Abs. 2 ScheckG mit dem Tag der Vorlage fällig werden, nicht dagegen Rektaschecks. Vom Aussteller oder Einreicher zurückgesandte oder mit dem Protestvermerk versehene Schecks sind unter Berücksichtigung der Werthaltigkeit als Forderungen und nicht als flüssige Mittel zu bilanzieren.

80   Zum **Kassenbestand** gehören EUR-Banknoten und fremde Sorten, im Umlauf befindliche in- und ausländische Münzen einschließlich der Bestände von Nebenkassen und der in Automaten befindlichen Münzen sowie Steuer- und Beitragsmarken, Gerichtskostenmarken, Post- und ähnliche Wertzeichen oder auch Guthaben auf Frankiergeräten.[282] Gleiches gilt für den Bargeldbestand in Automaten.[283] Das Automatenpackungen beigepackte Rückgabegeld, zB in der Zigarettenindustrie, ist demgegenüber kein Kassenbestand, sondern zusammen mit den jeweiligen Erzeugnissen auszuweisen.[284] Nicht als Kassenbestand, sondern als Forderungen auszuweisen sind dagegen Edelmetallbarren und Quittungen über Vorschüsse und Darlehen.[285] Ebenfalls (noch) nicht zum Kassenbestand zählen (private) Kryptowährungen;[286] sie sind, abhängig von ihrem Charakter und ihrer Verwendung, als „immaterielle Vermögensgegenstände" des Anlagevermögens oder als „sonstige Vermögensgegenstände" des Umlaufvermögens zu aktivieren.[287]

---

[277]   BeBiKo/Schubert/Waubke, 13. Aufl. 2022, Rn. 153.

[278]   BeBiKo/Schubert/Waubke, 13. Aufl. 2022, Rn. 153.

[279]   ADS Rn. 152; unklar und scheinbar widersprüchlich BeBiKo/Schubert/Waubke, 13. Aufl. 2022, Rn. 155: Das Guthaben sei bei gesperrtem Konto unter den sonstigen Vermögensgegenständen auszuweisen (unter Berufung auf die hM), bei gesperrtem Konto komme ein „gesonderter Ausweis oder […] Vermerk im Anhang" in Betracht; Kirsch/Matschke/Brösel/Freichel Rn. 425 (Stand: 1.3.2021).

[280]   BeBiKo/Schubert/Waubke, 13. Aufl. 2022, Rn. 155, ua allerdings zu Unrecht unter Berufung auf ADS Rn. 152; Kirsch/Matschke/Brösel/Freichel Rn. 425 (Stand: 1.3.2021).

[281]   ADS Rn. 147; HdR/Dusemond/Heusinger-Lange/Knop Rn. 103 (Stand: 12/2021); BeBiKo/Schubert/Waubke, 13. Aufl. 2022, Rn. 158.

[282]   Vgl. ADS Rn. 148; BeBiKo/Schubert/Berberich, 13. Aufl. 2022, § 247 Rn. 125; HdR/Dusemond/Heusinger-Lange/Knop Rn. 99 (Stand: 12/2021); Kirsch/Matschke/Brösel/Freichel Rn. 422 (Stand: 1.3.2021); KKRD/Morck/Drüen, 9. Aufl. 2019, Rn. 8.

[283]   Beck HdR/Scheffler B 217 Rn. 18 (Stand: September 2020); BeckOGK/Suchan, 15.8.2022, Rn. 87: „in Automaten befindliches Bargeld einschließlich ausländischer Sorten".

[284]   Beck HdR/Scheffler B 217 Rn. 19 (Stand: Mai 2013): Der beigepackte Betrag sei „dem Fertigwarenbestand zuzuschlagen" (Aussage in Neuaufl. September 2020 nicht mehr enthalten); Marx/Dallmann in Baetge/Kirsch/Thiele, Bilanzrecht, 1. Aufl. 2002, Rn. 112: [I]n Automaten beigefügtes Rückgabegeld" dürfen „nicht unter den liquiden Mitteln gezeigt werden".

[285]   BeBiKo/Schubert/Waubke, 13. Aufl. 2022, Rn. 153.

[286]   BeckOGK/Suchan, 15.8.2022, Rn. 87, mit dem Beispiel Bitcoin; Hopt/Merkt, 41. Aufl. 2022, Rn. 11, mwN: Bitcoins seien „weder Kassenbestand noch Bankguthaben"; Drewes in: BilR – eKommentar, Rn. 51 (Stand: 21.5.2019), mit der allerdings nicht zwingenden Begründung, dass Kryptowährungen kein gesetzliches Zahlungsmittel seien.

[287]   Drüen in Hachmeister/Kahle/Mock/Schüppen, Bilanzrecht, 3. Aufl. 2022, HGB § 266 Rn. 41.

Guthaben bei Kreditinstituten können bei Kreditinstituten iSv § 1 Abs. 1 KWG, **81** bei der Deutschen Bundesbank, der Europäischen Zentralbank und bei vergleichbaren ausländischen Banken, Sparkassen, Zentralbanken sowie bei Postämtern bestehen.[288] Erfasst werden jederzeit dispositionsfähige **Guthaben,** die auf EUR oder andere konvertible Währungen lauten, einschließlich hierauf entfallender Zinsen, Spesen und Gebühren. Eingeräumte, aber noch nicht in Anspruch genommene Kredite (zB **Kreditlinien**) sind keine Guthaben bei Kreditinstituten.[289] Wegen der fehlenden Valutierung handelt es sich um bilanzunwirksame schwebende Geschäfte.[290] **Festgelder,** die nach den Vertragsbedingungen gegen Vorfälligkeitsentschädigung jederzeit verfügbar sind, sind mit auszuweisen. Nicht sofort disponible Festgelder oder Termineinlagen anderer Art (zB Kündigungsgelder) sind dagegen idR als sonstige Vermögensgegenstände auszuweisen.[291] Gleiches gilt für **Bausparkassenguthaben,**[292] soweit sie nicht als Finanzanlagevermögen dauernd dem Geschäftsbetrieb des Unternehmens dienen sollen. Bankguthaben und -verbindlichkeiten sind bei Bestehen einer Aufrechnungslage (§ 387 BGB) zu saldieren. Darin liegt kein Verstoß gegen das Saldierungsverbot des § 246 Abs. 2 S. 1 (hierzu bereits → Rn. 57 zu B. II.).[293]

IV. Aktive Rechnungsabgrenzungsposten (C.)

Als **Rechnungsabgrenzungsposten** (RAP) auf der **Aktivseite** müssen (§ 250 Abs. 1) **82** Ausgaben (Barausgaben, Begründung von Verbindlichkeiten) auf bereits abgeschlossene Geschäfte vor dem Abschlussstichtag ausgewiesen werden, sofern sie wirtschaftlich einer bestimmten Zeit nach diesem Tag zuzuordnen sind (sog. transitorische RAP, vgl. § 5 Abs. 5 S. 1 Nr. 1 EStG).[294] Speziell für das Abgeld (Disagio, Damnum) bei Kapitalüberlassung auf Zeit besteht nach § 250 Abs. 3 ein entsprechendes Aktivierungswahlrecht, selbst wenn im Rückzahlungsbetrag kein Zinsanteil enthalten sein soll und sich das Abgeld insofern nicht als vorgezogener Aufwand für zukünftige Kapitalnutzung darstellt.[295] Nicht vorgesehen sind auf der Aktivseite (und auf der Passivseite) sog. antizipative RAP für nach dem Bilanzstichtag erwartete Zahlungseingänge (Auszahlungen), die als Ertrag (bzw. Aufwand) des abgelaufenen Jahres anzusehen sind (Beispiel: noch nicht eingegangene Mietzahlungen für den Bilanzierungszeitraum). Derartige Positionen sind nicht als RAP, sondern ggf. als Forderungen (bzw. Verbindlichkeiten) auszuweisen, sofern sie entsprechende Voraussetzungen erfüllen.[296]

---

[288] ADS Rn. 149 ff.; Beck HdR/Scheffler B 217 Rn. 22 (Stand: Oktober 2021); KKRD/Morck/Drüen, 9. Aufl. 2019, Rn. 8.

[289] WP-HdB/Störk, 17. Aufl. 2021, F Rn. 433; Baetge/Kirsch/Thiele/Marx/Dallmann Rn. 115 (September 2015).

[290] WP-HdB/Störk 17. Aufl. 2021, F Rn. 433.

[291] BeBiKo/Schubert/Waubke, 13. Aufl. 2022, Rn. 156; Baetge/Kirsch/Thiele/Marx/Dallmann Rn. 114: Festgelder, die „jederzeit verfügbar" seien, gehörten ebenfalls zu den flüssigen Mitteln gem. B. IV.; HdR/Dusemond/Heusinger-Lange/Knop Rn. 100 f. (Stand: 12/2021); aA WP-HdB/Störk, 17. Aufl. 2021, F Rn. 432: kurzfristige Festgelder seien, selbst wenn sie fortlaufend prolongiert würden, als „Guthaben bei Kreditinstituten" auszuweisen. Ebenso ADS Rn. 150, die immerhin einen „entsprechenden Hinweis im Anhang" fordern, wenn nicht damit zu rechnen sei, „dass die Gelder gegen eine entsprechende Vorfälligkeitsentschädigung ggf. auch früher seitens des Kreditinstituts freigegeben würden".

[292] Baetge/Kirsch/Thiele/Marx/Dallmann Rn. 115 (September 2015), unter Berufung auf die hM; HdR/Dusemond/Heusinger-Lange/Knop Rn. 101 (Stand: 12/2021); BeBiKo/Schubert/Waubke, 13. Aufl. 2022, Rn. 156; aA WP-HdB/Störk, 17. Aufl. 2021, F Rn. 432; ADS Rn. 154: Bausparkassenguthaben seien (ungeachtet ihrer begrenzten Verfügbarkeit) „Guthaben bei Kreditinstituten".

[293] ADS Rn. 153; Heymann/Herrmann, 3. Aufl. 2020, Rn. 30; KKRD/Morck/Drüen, 9. Aufl. 2019, Rn. 8; HK-HGB/Kirnberger, 7. Aufl. 2007, Rn. 34.

[294] S. FG Cottbus DStRE 2012, 721, unter 1.: Danach berechtigen Gehaltszahlungen eines gewerbsmäßigen Arbeitnehmerüberlassers für Arbeitsstunden, die der Arbeitnehmer mangels Vermittlung tatsächlich nicht abgeleistet haben (sog. „Minderstunden"), nicht zur Bildung eines aktiven Rechnungsabgrenzungspostens. Die Zahlungen seien „kein Aufwand für eine bestimmte Zeit nach dem Bilanzstichtag", „weil die Arbeitnehmer ihre Verpflichtung zur Erbringung der Arbeit" („soweit sie tatsächlich tätig" gewesen seien) „bzw. zur Bereitstellung ihrer Arbeitskraft mit Ablauf des jeweiligen Monats erfüllt" hätten und daher „nach dem Bilanzstichtag keine Gegenleistung mehr" schuldete.

[295] Hierzu Knobbe-Keuk S. 138 f., 229 ff.

[296] Knobbe-Keuk S. 137; Hopt/Merkt, 41. Aufl. 2022, § 250 Rn. 1.

Der RAP soll eine periodengerechte Erfolgsermittlung ermöglichen. Er ist selbst kein Vermögensgegenstand und getrennt vom Anlage- und Umlaufvermögen in einem gesonderten Posten C. auszuweisen.[297]

V. Aktive latente Steuern (D.)

83   Der zwingende Ausweis aktiver latenter Steuern (Abs. 2 D.) im Gliederungsschema des § 266 für große und mittelgroße Kapitalgesellschaften (vgl. § 274a Nr. 4) ist eine Folge des § 274, der seit dem BilMoG aktiven latenten Steuern den Charakter eines „Sonderpostens eigener Art"[298] und nicht mehr bloß einer Bilanzierungshilfe verleiht. Nach § 274 Abs. 1 haben die Unternehmen ein Wahlrecht zwischen einem Netto- und einem Bruttoausweis latenter Steuern in der Bilanz. Sie können zukünftige Steuerbe- und -entlastungen, die sich aus Unterschieden zwischen handelsrechtlichen und steuerrechtlichen Wertansätzen von Vermögensgegenständen, Schulden und Rechnungsabgrenzungsposten ergeben (inklusive der Beträge, die auf die Berücksichtigung steuerlicher Verlustvorträge entfallen), *zum einen* miteinander verrechnen und den jeweiligen Überhang dann entweder als aktive oder als passive latente Steuern ansetzen (§ 274 Abs. 1 S. 1 und 2, „sich … insgesamt ergebende"[299]). Im Falle eines Überhangs der zukünftigen Steuerentlastungen steht es dem Unternehmen frei, ob es einen Posten gem. § 266 Abs. 2 D. in Form eines latenten Steueranspruches dotiert. *Zum anderen* können nach § 274 Abs. 1 S. 3 aktive und passive latente Steuern auch unverrechnet jeweils für sich ausgewiesen werden, so dass der Posten gem. § 266 Abs. 2 D. dann die zukünftigen Steuerentlastungen in voller Höhe zeigt. Entsprechend sind im Posten gem. Abs. 3 E. dann die passiven latenten Steuern auszuweisen, die die Steuerbelastung darstellen (→ Rn. 125). Bei dieser Ausweisalternative besteht hinsichtlich der aktiven latenten Steuern kein Ansatzwahlrecht (Verbot der Wahlrechtskombination, → § 274 Rn. 42);[300] sie müssen (in voller Höhe) ausgewiesen werden, denn das Wahlrecht (§ 274 Abs. 1 S. 2) für aktive latente Steuern bezieht sich nur auf den saldierten Überhang („sich […] insgesamt ergebende Steuerentlastung").

VI. Aktiver Unterschiedsbetrag aus der Vermögensverrechnung (E.)

84   In Anlehnung an die internationalen Rechnungslegungsstandards[301] besteht seit dem BilMoG ferner für bestimmte Vermögensgegenstände und Schulden eine Ausnahme vom Saldierungsverbot (§ 246 Abs. 2 S. 1). So sind nach § 246 Abs. 2 S. 2 Vermögensgegenstände, die dem Zugriff aller übrigen Gläubiger entzogen sind und ausschließlich der Erfüllung von Altersversorgungsverpflichtungen oder ähnlichen langfristig fälliger Verpflichtungen dienen (sog. Deckungs- oder Planvermögen, → § 246 Rn. 138 ff.), mit diesen Schulden zu verrechnen. Übersteigt der beizulegende Zeitwert (§ 253 Abs. 1 S. 4) dieser Vermögensgegenstände die Schulden, muss der übersteigende Beitrag (Überdeckung) in einem „gesonderten Posten" ausgewiesen werden (§ 246 Abs. 2 S. 3). Bei diesem Posten („Aktiver Unterschiedsbetrag aus der Vermögensverrechnung", § 266 Abs. 2 E.), der die Aktivseite der Bilanz abschließt, handelt es sich um keinen Vermögensgegenstand, sondern um einen Verrechnungsposten,[302] weil ihm im Geschäftsverkehr kein eigener Wert zukommt und er nicht

---

[297]   Eine Übersicht findet sich bei Winnefeld Bilanz-HdB, 5. Aufl. 2015, F Rn. 561.

[298]   Begr. RegE BilMoG, BT-Drs. 16/10067, 68.

[299]   Zur Auslegung dieses Tatbestandsmerkmals s. Bericht des Rechtsausschusses zum BilMoG, BT-Drs. 16/ 12407, 114.

[300]   So auch Kölner Komm RechnungslegungsR/Korth, 1. Aufl. 2011, Rn. 208: „Teilaktivierungen" unzulässig; Herzig/Vossel BB 2009, 1174 (1177); Küting/Seel DB 2009, 922 (924); Prinz/Ruperg Der Konzern 2009, 343 (349). Anders zB Wendholt/Wesemann DB-Beilage 5/2009, 64 (67).

[301]   Begr. RegE BilMoG, BT-Drs. 16/10067, 48. Das Vorbild zu dieser Saldierung findet sich in IAS 19.54 iVm IAS 19.102 ff.

[302]   So auch BeBiKo/Schubert/Waubke, 13. Aufl. 2022, Rn. 162; vgl. auch Kölner Komm RechnungslegungsR/Korth Rn. 211, der betont, dass dem aktiven Unterschiedsbetrag kein Schuldendeckungspotential zukomme, weshalb es sich um einen Verrechnungsposten eigener Art handle.

selbstständig verkehrsfähig ist.[303] Für einen Betrag in Höhe der Differenz zwischen dem (aggregierten) beizulegenden Zeitwert der Vermögensgegenstände und den (aggregierten) Anschaffungskosten besteht nach § 268 Abs. 8 S. 3 iVm S. 1 eine Ausschüttungssperre (→ § 268 Rn. 31 f.). Können die Verpflichtungen nicht durch das Planvermögen gedeckt werden (Unterdeckung), ist der (negative) Unterschiedsbetrag unter den Rückstellungen für Pensionen und ähnliche Verpflichtungen (§ 266 Abs. 3 B. 1.) auszuweisen. Es wird empfohlen, die Postenbezeichnung entsprechend anzupassen („Rückstellungen für Pensionen und ähnliche Verpflichtungen *nach Verrechnung des Deckungsvermögens*").[304]

VII. Weitere Sonderposten (nach E.)

In bestimmten Fällen sieht das Gesetz weitere Abgrenzungsposten auf der Aktivseite **85** vor, die als **Sonderposten** nach C. darzustellen sind. So muss ein Überschuss der Passivposten über die Aktivposten auf der Aktivseite gesondert unter der Bezeichnung „**Nicht durch Eigenkapital gedeckter Fehlbetrag**" am Schluss der Bilanz ausgewiesen werden (§ 268 Abs. 3). Gleiches gilt bei der KGaA und bei der Kapitalgesellschaft & Co. iSd § 264a Abs. 1, wenn der Verlustanteil den Kapitalanteil eines persönlich haftenden Gesellschafters übersteigt und keine Einzahlungsverpflichtung des Komplementärs besteht. Der Betrag ist dann unter der Bezeichnung **Nicht durch Vermögenseinlagen gedeckter Verlustanteil persönlich haftender Gesellschafter** auszuweisen (§ 286 Abs. 2 S. 3 AktG; § 264c Abs. 2 S. 5 HGB). Besteht dagegen ein Anspruch auf Einzahlung, so sollte er unter den Forderungen und vor den sonstigen Vermögensgegenständen ausgewiesen werden.[305] Wenn die Verlustanteile auf mehrere Gesellschafter entfallen, können die Posten zusammengefasst werden (auch → Rn. 70).[306]

C. Passivseite (Abs. 3)

Die Gliederung der Passivseite ist in § 266 wie für die Aktivseite hinsichtlich der **86** Bezeichnung und der Reihenfolge zwingend, aber nicht abschließend geregelt. Der Gesetzgeber sieht auch hier in weiteren Bestimmungen zusätzliche Posten vor.[307] Die Passivseite gibt unter anderem Auskunft über die finanziellen Mittel, die dem Unternehmen zur Verfügung stehen. Sie werden nach der Mittelherkunft in Eigen- und Fremdkapital unterteilt. Eigenkapital (A.) steht der Gesellschaft insbesondere in Form von (ohne zeitliche Begrenzung überlassenen) Einlagen der Gesellschafter zur Verfügung. Fremdkapital, zB in Form von Darlehen, dagegen stammt von Dritten, aber auch von den Gesellschaftern. Es kann – vorbehaltlich seiner gesetzlichen Verstrickung nach dem Sonderrecht der Gesellschafterdarlehen (→ Rn. 100) oder eines vereinbarten Nachrangs – von der Gesellschaft nur zeitlich begrenzt genutzt werden.

I. Eigenkapital (A.)

Die Gliederung des Eigenkapitals richtet sich nach der Verfügbarkeit der Kapitalbeträge **87** für die Organe der Gesellschaft. Diese Verfügbarkeit nimmt von dem gezeichneten Kapital (A. I.) bis zum Jahresüberschuss/Jahresfehlbetrag (A. V.) als letzten Posten zu[308] und orientiert sich an den Besonderheiten der Kapitalgesellschaften. Der Ausweis des gezeichneten Kapitals (→ § 272 Rn. 3) hat besondere Bedeutung und wird vom Gesetz deshalb an die

---

[303]   Zu den Kriterien eines Vermögensgegenstandes vgl. etwa ADS Rn. 26; BeBiKo/Schubert/Waubke, 13. Aufl. 2022, § 247 Rn. 10, 12 f.
[304]   Gelhausen/Fey/Kämpfer C Rn. 73.
[305]   ADS Rn. 171; WP-HdB/Störk, 17. Aufl. 2021, F Rn. 1483.
[306]   WP-HdB/Störk, 17. Aufl. 2021, F Rn. 1483.
[307]   Zusammenstellung bei ADS Rn. 238 ff. mwN.
[308]   Kirsch/Matschke Rn. 21 (Grundlieferung, Aussage in der 61. EL von Matschke/Brösel/Haaker v. August 2012 und in nachfolgenden Auflagen nicht mehr enthalten).

erste Stelle der Passivseite gesetzt. Einzelunternehmen brauchen dagegen das Eigenkapital nur in einer Summe (§ 247 Abs. 1) auszuweisen.[309] Personenhandelsgesellschaften weisen das Eigenkapital ebenfalls in einer Summe aus, aber getrennt nach Kapitalanteilen der Gesellschafter unter Zuschreibung von geleisteten Einlagen und Gewinnanteilen (bei Kommanditisten nur bis zum Betrag der bedungenen Einlage, § 167 Abs. 2) und unter Abzug von Entnahmen und Verlustanteilen (vgl. § 264c Abs. 2).[310]

88   **1. Gezeichnetes Kapital (A. I.).** Das Gezeichnete Kapital (→ § 272 Rn. 3) erfasst in Höhe des im Handelsregister eingetragenen haftenden Kapitals das **Grundkapital** von AG, SE oder KGaA (§ 152 Abs. 1 S. 1 AktG) und das **Stammkapital** der GmbH (§ 42 Abs. 1 GmbHG). Mit der Bezeichnung „Gezeichnetes Kapital" bringt der Gesetzgeber zum Ausdruck, dass die Einlagepflicht lediglich übernommen, aber noch nicht erfüllt worden sein muss. Nicht eingeforderte ausstehende Einlagen sind vom Gezeichneten Kapital offen abzusetzen (§ 272 Abs. 1 S. 2 Teils. 1, sog. Nettoausweis, → § 272 Rn. 18). Der verbleibende Betrag ist als Posten mit der Bezeichnung Eingefordertes Kapital in der Hauptspalte der Passivseite auszuweisen (§ 272 Abs. 1 S. 2 Teils. 2), während der eingeforderte, nicht eingezahlte Betrag als Forderung gesondert auszuweisen und zu bezeichnen ist (§ 272 Abs. 1 S. 2 Teils. 3). Sind im Rahmen einer Kapitalerhöhung schon Einlagen geleistet worden, ist die Kapitalerhöhung (§ 57 GmbHG) bzw. deren Durchführung (§ 188 AktG) aber noch nicht in das Handelsregister eingetragen, stehen die Einlagen noch nicht als haftendes Eigenkapital zur Verfügung (→ § 272 Rn. 45). Sie sind daher nach dem Eigenkapital in einem Sonderposten „Zur Durchführung der beschlossenen Kapitalerhöhung geleistete Einlagen" oder „Einlagen zur Kapitalerhöhung" auszuweisen (→ Rn. 97).[311] Die **Kapitalanteile der persönlich haftenden Gesellschafter der KGaA** gehören nicht zum Gezeichneten Kapital und sind in einem gesonderten Posten nach dem Gezeichneten Kapital auszuweisen (§ 286 Abs. 2 S. 1 AktG). Dabei können die Kapitalanteile sämtlicher Komplementäre ohne Saldierung zusammengefasst dargestellt werden.[312]

89   Aktienrechtlich gibt es hinsichtlich des Gezeichneten Kapitals von AG und KGaA **zusätzliche Vermerk- oder Angabepflichten.** Bei Existenz verschiedener Aktiengattungen (§ 11 AktG) sind deren Gesamtnennbeträge gesondert anzugeben und im Anhang aufzuführen (§§ 152 Abs. 1 S. 2, 160 Abs. 1 Nr. 3 AktG). Sofern aufgrund eines Beschlusses der Hauptversammlung gem. § 5 Abs. 1 EGAktG noch alte Mehrstimmrechtsaktien bestehen (vgl. § 12 Abs. 2 AktG,), ist deren Gesamtstimmzahl und die der sonstigen Aktien beim gezeichneten Kapital zu vermerken (§ 152 Abs. 1 S. 4 AktG).[313] Bedingtes Kapital muss mit dem Nennbetrag vermerkt und im Anhang aufgeführt werden (§ 152 Abs. 1 S. 3 AktG, § 160 Abs. 1 Nr. 3 Hs. 2 AktG, § 192 Abs. 1 AktG), genehmigtes Kapital ist lediglich im Anhang anzugeben (§ 160 Abs. 1 Nr. 4 AktG, 202 ff. AktG).

90   **2. Kapitalrücklage (A. II.).** Die Kapitalrücklage erfasst Beträge, die von den Gesellschaftern über den Betrag des gezeichneten Kapitals hinaus geleistet wurden.[314] Einzelheiten bestimmen sich nach § 272 Abs. 2 (→ § 272 Rn. 64). AG und KGaA müssen darüber hinaus – wahlweise in Bilanz oder Anhang – die Beträge gesondert angeben, die während des Geschäftsjahres eingestellt oder für das Geschäftjahr entnommen wurden (§ 152 Abs. 2 AktG). Gesondert unter der Kapitalrücklage sind Nachschüsse von Gesellschaftern einer GmbH auszuweisen, die aufgrund eines Beschlusses nach § 42 Abs. 2 GmbHG geleistet

---

[309] ZB Staub/Kleindiek, 6. Aufl. 2021, § 247 Rn. 21.

[310] Staub/Kleindiek § 247, 6. Aufl. 2021, Rn. 23; Heymann/Jung, 1. Aufl. 1988. S. auch → § 264a Rn. 20–25.

[311] Ähnlich BeBiKo/Störk/Kliem/Meyer, 13. Aufl. 2022, § 272 Rn. 54 mwN.

[312] ZB MüKoAktG/Perlitt, 5. Aufl. 2020, AktG § 286 Rn. 83; Koch, 16. Aufl. 2022, AktG § 286 Rn. 3; BeBiKo/Störk/Kliem/Meyer, 13. Aufl. 2022, § 272 Rn. 330.

[313] Durch Art. 1 Nr. 3 KonTraG, BGBl. 1998 I 786 ff. wurden Mehrstimmrechte abgeschafft (§ 12 Abs. 2 AktG). Die noch davor begründeten Mehrstimmrechte sind nur dann nicht erloschen, sofern die Hauptversammlung vor dem 1.6.2003 ihre Fortgeltung beschlossen hat (§ 5 Abs. 1 S. 1 EGAktG).

[314] Kirsch/Matschke/Brösel/Freichel Rn. 481 (Stand: 1.3.2021); HdR/Dusemond/Heusinger-Lange/Knop Rn. 112 (Stand:12/2021); KKRD/Morck/Drüen, 9. Aufl. 2019, Rn. 12.

werden (§ 42 Abs. 2 S. 3 GmbHG). Zur Dokumentation dieses Sachverhaltes ist der Passivposten als Nachschusskapital zu bezeichnen.[315]

3. Gewinnrücklagen (A. III.). Gewinnrücklagen resultieren aus den von der Gesell- **91** schaft erwirtschafteten Ergebnissen.[316] AG, KGaA und UG müssen eine **gesetzliche Rücklage** (A. III. 1.) bilden, deren Einzelheiten sich nach Gesellschaftsrecht bestimmen (§§ 150, 300 AktG, 5a Abs. 3 GmbHG, → § 272 Rn. 107 ff.). Die Bildung einer Rücklage für eigene Anteile (A. III. 2. aF, § 272 Abs. 4 aF) ist seit dem Inkrafttreten des BilMoG nicht mehr zulässig. Der Nennbetrag bzw. der rechnerische Wert der eigenen Anteile ist vielmehr in der Vorspalte offen vom Posten „Gezeichnetes Kapital" abzusetzen (§ 272 Abs. 1a, → § 272 Rn. 26 ff.). Für die Anteile an einem herrschenden oder mit Mehrheit beteiligten Unternehmen ist eine Rücklage zu bilden (A. III. 2.; § 272 Abs. 4; → § 272 Rn. 117 ff.).

Grundlage **satzungsmäßiger Rücklagen** (A. III. 3., → § 272 Rn. 113 f.) ist eine ent- **92** sprechende Bestimmung in Gesellschaftsvertrag oder Satzung, deren Zulässigkeit sich nach kapitalgesellschaftsrechtlichen Normen (§ 29 Abs. 1 GmbHG, § 58 Abs. 1 AktG) bestimmt. Besondere Zweckvorgaben in Gesellschaftsvertrag oder Satzung können die Verwendbarkeit der Rücklagen beschränken.[317] Personenhandelsgesellschaften (hier iSd § 264a) können die Rücklagen mangels gesetzlicher Vorgaben nach freiem Ermessen bilden. Unter **andere Gewinnrücklagen** (A. III. 4.; → § 272 Rn. 115 f.) schließlich fallen Rücklagen, die von Vorstand und Aufsichtsrat bzw. der Hauptversammlung der AG (§ 58 Abs. 1, Abs. 2, Abs. 3) oder der Gesellschafterversammlung der GmbH[318] aus dem Jahresergebnis gebildet werden, ohne dass hierzu eine gesetzliche oder satzungsmäßige Verpflichtung besteht. Es handelt sich um freie Rücklagen, für die kein Sonderausweis unter den spezielleren Gewinnrücklagen vorgeschrieben ist.[319]

4. Gewinnvortrag/Verlustvortrag (A. IV.). Zu einem gesonderten Ausweis des **93** Gewinn- bzw. Verlustvortrags kommt es, wenn die Bilanz **vor Verwendung** des Jahresergebnisses aufgestellt wird, was bei der AG allerdings wegen § 58 AktG nicht üblich ist.[320] Die Höhe des Postens ist dann abhängig von den für das Vorjahr gefassten Beschlüssen zur Ergebnisverwendung. Der **Gewinnvortrag** ergibt sich aus dem Beschluss von Hauptversammlung oder Gesellschafterversammlung (§ 174 Abs. 2 Nr. 4 AktG, § 29 Abs. 2 GmbHG) über die Verwendung des Rests des Vorjahresbilanzgewinns, der weder in Gewinnrücklagen eingestellt noch an die Gesellschafter ausgeschüttet wurde. Der **Verlustvortrag** ist der Bilanzverlust des Vorjahres, der weder durch Gewinne noch durch Rücklagenauflösung ausgeglichen wurde. Die Posten sind dagegen durch den Posten **Bilanzgewinn/Bilanzverlust** zu ersetzen, wenn die Bilanz unter Berücksichtigung der vollen oder – wie bei der AG üblich – teilweisen Verwendung des Jahresergebnisses aufgestellt wird. Der Gewinn- oder Verlustvortrag aus dem Vorjahr ist dann in Bilanz oder Anhang gesondert anzugeben (§ 268 Abs. 1 S. 2). Bei **Umstellung des Geschäftsjahres** kann es dazu kommen, dass der Abschluss für das folgende Rumpfgeschäftsjahr aufgestellt werden muss, noch bevor der Jahresabschluss festgestellt und der Gewinnverwendungsbeschluss getroffen worden ist. In der Praxis werden dann meistens in derselben Hauptversammlung bzw. Gesellschafterversammlung gesonderte Beschlüsse über die Gewinnverwendung für das volle und das Rumpfgeschäftjahr gefasst.[321] Der Ausweis des Bilanzgewinns des vollen Geschäftsjahres kann dabei allein durch Gewinnvortrag in Bilanz

---

315   ADS GmbHG § 42 Rn. 22; WP-HdB/Störk, 17. Aufl. 2021, F Rn. 492; aA offenbar MüKoGmbHG/Lieder, 3. Aufl. 2018, § 57d Rn. 12: „Nachschusskapital […] als ‚Kapitalrücklage' gesondert zu vermerken".

316   Heymann/Herrmann 3. Aufl. 2020, Rn. 36; Kirsch/Matschke/Brösel/Freichel Rn. 491 (Stand: 1.3.2021).

317   Kirsch/Matschke/Brösel/Freichel Rn. 521 (Stand: 1.3.2021).

318   ZB Rowedder/PentzPentz, 7. Aufl. 2022, GmbHG § 29 Rn. 83.

319   Kirsch/Matschke/Brösel/Haaker Rn. 531 (Stand: 1.3.2021).

320   Hopt/Merk, 41. Aufl. 2022, § 268 Rn. 1.

321   BeBiKo/Schubert/Waubke, 13. Aufl. 2022, Rn. 181.

und GuV des anschließenden Rumpfgeschäftsjahres (vgl. § 158 Abs. 1 S. 1 AktG) erfolgen. Zu diesem Gewinnvortrag ist durch entsprechenden Klammerzusatz zu verdeutlichen und in den Anhängen beider Abschlüsse zu erläutern, dass die Beschlussfassung über den Gewinnvortrag noch nicht erfolgt ist.[322]

94   **5. Jahresüberschuss/Jahresfehlbetrag (A. V.).** Der Jahresüberschuss bzw. -fehlbetrag ist die Differenz zwischen den Veränderungen des (Anlage- und Umlauf-)Vermögens und der RAP auf der Aktivseite einerseits und den Veränderungen der Verbindlichkeiten, Rückstellungen und RAP andererseits. Diese ist gleichbedeutend mit der Differenz der Erträge und Aufwendungen der abzurechnenden Periode,[323] wie sie sich aus der GuV ergibt, und stellt damit das wirtschaftliche Ergebnis der Unternehmung dar (s. auch § 275 Abs. 2 Nr. 17, Abs. 3 Nr. 16). Diese Saldogröße hat hohe Bedeutung für die Bewertung des Unternehmenserfolges und der Verzinsung des eingesetzten Kapitals. Sie darf wegen § 268 Abs. 1 S. 2 nur ausgewiesen werden, wenn noch keine Ergebnisverwendung erfolgt ist. Der Ausweis des Jahresüberschusses ist durch den Posten **„Bilanzgewinn/Bilanzverlust"** zu ersetzen, wenn die Bilanz unter teilweiser Verwendung des Jahresergebnisses aufgestellt wird (§ 268 Abs. 1 S. 2). Später ist der Posten entsprechend dem Ergebnisverwendungsbeschluss auf andere Bilanzposten, etwa Eigenkapitalposten, zu verteilen.

95   **6. Sonderposten gemäß DMBilG.** Das DMBilG 1990 verpflichtet speziell Unternehmen, die am 1.7.1990 ihre Hauptniederlassung (Sitz) in der Deutschen Demokratischen Republik hatten, dazu, in den Jahresabschlüssen verschiedene Sonderrücklagen auszuweisen, die grundsätzlich allein zur Verlustdeckung verfügbar sind. Es handelt sich um Sonderrücklagen als Gegenposten zu aktivierten Forderungen nach dem Vermögensgesetz (§ 7 Abs. 6 DMBilG), zum Sonderverlustkonto (§ 17 Abs. 4 S. 3 DMBilG), zum Beteiligungsentwertungskonto (§ 24 Abs. 5 S. 3 DMBilG) und um die gesetzliche Rücklage bei AG bzw. die Sonderrücklage bei GmbH aus der Neufestsetzung des Eigenkapitals nach § 27 DMBilG. Die Sonderrücklagen sollten wegen ihrer Ähnlichkeit mit Kapitalrücklagen wie die gesetzliche Rücklage im Rahmen der Gewinnrücklagen gesondert ausgewiesen werden.[324]

II. Eigenkapitalähnliche Posten (nach A.)

96   § 247 Abs. 1 nennt als Bestandteile der Passivseite der Bilanz neben Rechnungsabgrenzungsposten nur „das Eigenkapital" und „die Schulden" (zur Unvollständigkeit dieser Norm → § 247 Rn. 1). Ein Sonderposten zwischen Eigen- und Fremdkapital ist gesetzlich nicht vorgesehen. In der Praxis hat sich aber das Bedürfnis herausgebildet, bestimmte Positionen, die formell nicht die Voraussetzungen von Abs. 3 A. erfüllen, sondern als Verbindlichkeiten zu qualifizieren sind, im Anschluss an das Eigenkapital als eigenständige Kategorie (sog. **eigenkapitalähnliche Posten, Quasi-Eigenkapital** oder **Eigenkapitalsurrogat**) zu bilanzieren und gesondert auszuweisen.[325] Damit wird der besonderen Bedeutung der dahinter stehenden Sachverhalte Rechnung getragen. Eigenkapitalähnliche Posten gelten als zulässig,[326] doch müssen sie im Interesse einer trennscharfen Abgrenzung an strenge und möglichst klare Anforderungen geknüpft werden. Dabei sind verschiedene

---

[322] BeBiKo/Schubert/Waubke, 13. Aufl. 2022, Rn. 181, zur AG. Für die GmbH soll sich „grundsätzlich keine andere Beurteilung" ergeben.

[323] Biener/Bernecke BiRiLiG S. 149; HdR/Dusemond/Heusinger-Lange/Knop Rn. 115 (12/2021); KKRD/Morck/Drüen, 9. Aufl. 2019, Rn. 12; Kirsch/Matschke Rn. 151 (Grundlieferung, Aussage ab 61. EL von Matschke/Brösel/Haaker v. August 2012 nicht mehr in Kommentierung enthalten); auf dieser Erkenntnis aufbauend BGH Beschl. 30.1.2003 – 3 StR 437/02, wistra 2003, 232 = NStZ 2003, 546, unter 1., in Zusammenhang mit dem Tatbestandsmerkmal der Zahlungsunfähigkeit nach § 84 Abs. 1 Nr. 2 GmbHG.

[324] IDW HFA 1/1991, WPg 1991, 334 (335 f.).

[325] Eingehend Müller FS Budde, 1995, 445 ff.

[326] Statt vieler Küting/Kessler BB 1994, 2103 (2104) mwN und dem Versuch, allgemeine Abgrenzungskriterien zu bilden; aA wohl Groh BB 1995, 559 f.; Groh BB 1993, 1882 (1884 f.), der zB Genussscheinkapital stets als Verbindlichkeit einordnet.

Fallgruppen zu unterscheiden. Die Bestimmungen des § 10 KWG über das Eigenkapital von Kreditinstituten und Finanzdienstleistungsinstituten in Verbindung mit den Eigenmittelgrundsätzen können aufgrund ihrer anderen Zwecksetzung keine entscheidenden Anhaltspunkte liefern.[327]

1. Einlagen zur Kapitalerhöhung. Einlagen zur Kapitalerhöhung können erst dann   **97** als Eigenkapital erfasst werden, wenn die Durchführung der Kapitalerhöhung im Handelsregister eingetragen ist (§ 189 AktG, § 54 Abs. 3 GmbHG).[328] Leisten die Gesellschafter ihre Einlagen nach der Beschlussfassung über die Kapitalerhöhung,[329] ist die Maßnahme aber zum Bilanzstichtag noch nicht eingetragen, sind diese Zahlungen in einem Sonderposten „Zur Durchführung der beschlossenen Kapitalerhöhung geleistete Einlagen" nach dem Eigenkapital auszuweisen (bereits → Rn. 88).[330] Die Eigenkapitalähnlichkeit ergibt sich aus der Eigenschaft als (im untechnischen Sinne) „aufschiebend bedingtes" Eigenkapital, das sich automatisch mit der Eintragung in das Handelsregister in Eigenkapital wandelt und ihm deshalb gleichgestellt werden kann. Erfolgt die Handelsregistereintragung erst nach dem Bilanzstichtag, aber noch bis zur Aufstellung des Jahresabschlusses, sind die Gesellschafterzahlungen innerhalb des Eigenkapitals in einem Sonderposten „Zur Durchführung der beschlossenen Kapitalerhöhung geleistete Einlagen" im Anschluss an das gezeichnete Kapital auszuweisen. Sofern bis zum Bilanzstichtag zwar ein Kapitalerhöhungsbeschluss gefasst wurde, die Gesellschafter aber keine Zahlungen geleistet haben, bleibt dieser Sachverhalt bilanziell unberücksichtigt.[331] Zahlungen der Gesellschafter, die die Rücklagen und nicht das gezeichnete Kapital erhöhen, sind der Kapitalrücklage zuzurechnen.

2. Genussscheinkapital. Genussrechte gewähren schuldrechtliche Ansprüche und   **98** keine mitgliedschaftlichen Berechtigungen.[332] Werden sie ausgegeben, ohne dass dafür Mittel zufließen, zB bei der endgültigen Ablösung von Schulden, ist das Genussrechtskapital idR nicht als solches auszuweisen.[333] Fließen dem Unternehmen dagegen als Gegenleistung für die Ausgabe von Genussrechten Mittel zu, können diese Mittel (Genussrechtskapital) je nach Ausgestaltung des Genussrechts in der Bilanz funktional dem Eigenkapital gleichzustellen sein.[334] Dazu ist erforderlich, dass die Vergütung für die Überlassung des Kapitals **erfolgsabhängig** ist, das Genussscheinkapital ebenso wie das gezeichnete Kapital nach Verbrauch der Rücklagen am Bilanzverlust beteiligt ist, der Rückzahlungsanspruch für das Genussscheinkapital im Konkurs- oder Liquidationsfall erst entsteht, nachdem sämtliche übrige Gläubiger befriedigt worden sind **(Nachrangigkeit),** und dass die Kapitalüberlas-

---

[327]   So aber zB Küting/Kessler BB 1994, 2103 (2110 ff.) zur Beurteilung von Genusskapital.

[328]   BeBiKo/Schubert/Waubke, 13. Aufl. 2022, Rn. 175, 190; BeBiKo/Störk/Kliem/Meyer, 13. Aufl. 2022, § 272, Rn. 51; ADS § 272 Rn. 18.

[329]   Zu zeitlich vor dem Kapitalerhöhungsbeschluss geleisteten Bareinlagen (sog. Voreinzahlungen) → § 272 Rn. 47.

[330]   Nach Bacmeister WPg 1994, 449 (452), sollen geleistete Einlagen als Nennkapital ausgewiesen werden, wenn zum Bilanzstichtag lediglich die Überprüfung durch das Handelsregistergericht nicht abgeschlossen war, die Eintragung aber bis zum Bilanzstichtag „beanstandungslos" vorgenommen wurde. Die Eintragung „bestätige" rückwirkend den Charakter der Einzahlungen oder Einlagen [...] als Nennkapital". Voraussetzung sei aber, dass „Gesellschaft und/oder Gesellschafter" vor dem Bilanzstichtag „alles ihnen Mögliche für die Nennkapitalerhöhung getan" hätten.

[331]   Staub/Meyer, 6. Aufl. 2021, § 272 Rn. 10, 11.

[332]   BGHZ 119, 305 (309) = NJW 1993, 57 – Klöckner, mwN; FG Karlsruhe EFG 2005, 530 = DStRE 2006, 15 – Global Futures Fund I Ltd.; HdR/Dusemond/Heusinger-Lange/Knop Rn. 168 ff. (Stand: 12/2021); Claussen FS Werner, 1984, 81 ff.; Vollmer ZGR 1983, 445 ff.; Ziebe BB 1984, 2210 (2211 f.); Sontheimer BB-Beilage 19/1984, 1 f.; krit. Reuter AG 1985, 104 ff.

[333]   ADS Rn. 190.

[334]   ADS Rn. 195 ff. mwN; BeBiKo/Schubert/Waubke, 13. Aufl. 2022, Rn. 191; WP-HdB/Störk, 17. Aufl. 2021, F Rn. 1323; Hopt/Merkt, 41. Aufl. 2022, Rn. 16; Küting/Dürr DStR 2005, 938 (940 ff.); Wittmann/Ruß Stbg 2011, 127 (130) (Ausweis von Gläubigerrechten als Eigenkapital sei „an strenge Voraussetzungen geknüpft"); aA (Ausweis stets als Verbindlichkeit) Groh BB 1993, 1882 (1884 f.); Groh BB 1995, 559 f.; wohl auch Müller FS Budde, 1995, 445 (460 f.).

sung **längerfristig**[335] ist.[336] Inzwischen wird der Ausweis als eigenkapitalähnlich überwiegend auch im Fall von Kündigungs- und Rückzahlungsregeln für möglich gehalten, wenn das Kapital gleichwohl langfristig und nachhaltig dem Unternehmen zur Verfügung steht,[337] denn auch gezeichnetes Kapital kann in bestimmten Fällen, zB im Wege der Kapitalherabsetzung, zurückgewährt oder über den Börsenhandel mittels Veräußerung realisiert werden. Liegen diese Voraussetzungen kumulativ vor, ist das **Genussrechtskapital** innerhalb des Eigenkapitals (A.) gesondert auszuweisen. Zur Kennzeichnung als funktionelles Haftkapital empfiehlt sich ein Ausweis mittels eines neuen Postens (zB mit der Bezeichnung Genussrechtskapital) nach dem Posten „Gezeichnetes Kapital" (§ 265 Abs. 5 S. 2). Möglich ist auch ein Ausweis nach dem Posten „Gewinnrücklagen" oder am Ende des Eigenkapitals.[338] Enthält das Genussrechtskapital ein Agio oder Disagio, ist hierfür ein entsprechender Rechnungsabgrenzungsposten zu bilden.[339] Fehlt es an den genannten Voraussetzungen für einen Ausweis im Eigenkapital, ist das Genussrechtskapital grundsätzlich gesondert unter den **Verbindlichkeiten** zu zeigen (§ 265 Abs. 5 S. 2).[340] Nur ausnahmsweise kommt es zu einer **erfolgswirksamen Vereinnahmung,** wenn die Genussrechtsinhaber einen Ertragszuschuss gewähren wollten, um mit dem zusätzlichen Kapital die Durchführung von Sanierungsmaßnahmen zu ermöglichen. Im **Anhang** sind Art und Anzahl der ausgegebenen Genussrechte einschließlich der Rechte, die sie verbriefen, anzugeben (§ 285 Nr. 15a).

99   **3. Einlagen stiller Gesellschafter.** Der Ausweis von Einlagen stiller Gesellschafter (§ 230 Abs. 1) auf Seiten des bilanzpflichtigen Unternehmens ist gesetzlich nicht geregelt. Die Behandlung hängt ähnlich wie bei den Genussrechten[341] davon ab, wie die stille Beteiligung im Einzelnen ausgestaltet ist.[342] Bei der typischen stillen Gesellschaft entsprechend den dispositiven Regelungen der §§ 230 ff. sind die Einlagen **grundsätzlich** als **Fremdkapital** anzusehen und folglich als sonstige Verbindlichkeiten (C. 8.) auszuweisen.[343] Sofern die stille Beteiligung aber dem **Eigenkapital funktionell ähnelt,** ist das Kapital nach dem Eigenkapital als Sonderposten **Kapital des stillen Gesellschafters** auszuweisen. Ein solcher Ausweis kommt insbesondere dann in Betracht, wenn die Rückzahlung allein durch Kündigung des Unternehmers möglich ist und das Kapital somit auf Dauer (längerfristig) überlassen wird, wenn volle Verlustbeteiligung vereinbart ist und wenn im Übrigen die Rückzahlung nur nachrangig im Insolvenz- oder Liquidationsfall erfolgen darf.[344] Zusätzliche

335   Küting/Dürr DStR 2005, 938 (941): „bestimmte Mindestüberlassungsdauer"; ausf. zum Kriterium der Längerfristigkeit der Kapitalüberlassung und zu den im Schrifttum hierzu vertretenen Zeiträumen von „mindestens 5" bis „mindestens 15–25 Jahren" Wengel DStR 2001, 1316 (1319 ff.) mwN; s. auch Beck HdR/Heymann B 231 Rn. 6 (Stand: Oktober 2021): mindestens fünf bis sieben Jahre; ohne zeitliche Konkretisierung IDW HFA 1/1994, WPg 1994, 419 (420).

336   IDW St/HFA 1/1994, WPg 1994, 419 (420); Wittmann/Ruß Stbg 2011, 127 (130); Hultsch/Roß/Drögemüller BB 2007, 819 (820 f.); Emmerich/Naumann WPg 1994, 677 (678 ff.); Küting/Kessler BB 1994, 2103 (2112); HdR/Dusemond/Heusinger-Lange/Knop Rn. 170, 171 (Stand: 12/2021); BeBiKo/Schubert/Waubke, 13. Aufl. 2022, Rn. 191; BeBiKo/Schubert, 13. Aufl. 2022, § 247 Rn. 195; s. auch Küting/Kessler/Harth BB-Beilage 4/1996, 1, 5 ff.

337   Küting/Kessler BB 1994, 2103 (2112); Lutter BB 1993, 2441 (2444); HdR/Dusemond/Heusinger-Lange/Knop Rn. 170, 171 (Stand: 12/2021); ADS Rn. 195 ff.; aA Groh BB 1993, 1882 (1884 f.); Groh BB 1995, 559 f. Zum Ausweis von Genussrechten nach IFRS vgl. Lühn WPg 2006, 1529.

338   IDW St/HFA 1/1994, WPg 1994, 419 Tz. 2. 1. 3; WP-HdB/Winkeljohann, 17. Aufl. 2021, F Rn. 1323 mwN; Wittmann/Ruß Stbg 2011, 127 (130) („als letzter Posten des Eigenkapitals").

339   IDW St/HFA 1/1994, WPg 1994, 419 Tz. 2. 1. 4. 1. 1 bzw. Tz. 2. 1. 4. 2. 1; Wittmann/Ruß Stbg 2011, 127 (130).

340   ADS Rn. 199 mwN.

341   Zur Abgrenzung von Genussrechten und stiller Beteiligung s. zB FG Karlsruhe EFG 2005, 530 – Global Futures Fund I Limited.

342   AA (Ausweis stets unter den Verbindlichkeiten) Groh BB 1993, 1882 (1892); Baumbach/Hueck/Schulze-Osterloh, 18. Aufl. 2006, GmbHG § 42 Rn. 217.

343   BeBiKo/Schubert/Waubke, 13. Aufl. 2022, Rn. 192.

344   HdR/Dusemond/Heusinger-Lange/Knop Rn. 120 ff. (12/2021); BeBiKo/Schubert/Waubke, 13. Aufl. 2022, Rn. 192; BeBiKo/Schubert, 13. Aufl. 2022, § 247 Rn. 215 f.; Knobbe-Keuk ZIP 1983, 127 ff.; Küting/Kessler BB 1994, 2103 (2114); ebenso zu Genussrechten der Kapitalgesellschaften auch IDW HFA 1/1994, unter 2.1.1, WPg 1994, 419, 420.

Indizien für den Eigenkapitalcharakter der stillen Beteiligung sind die Beteiligung an stillen Reserven und Geschäftswert bzw. Liquidationserlös oder die Verknüpfung mit einer Gesellschafterstellung.[345] Mit guten Gründen wird im Schrifttum darauf hingewiesen, dass die Ähnlichkeit der stillen Beteiligung an dem Unternehmen mit einer Beteiligung an der Trägergesellschaft in Abhängigkeit von den Besonderheiten der betreffenden Rechtsform betrachtet werden muss.[346] Dementsprechend dürfte die Schwelle zum Eigenkapitalausweis bei der stillen Beteiligung an einer Personenhandelsgesellschaft (Kapitalgesellschaft & Co.) niedriger liegen als bei einer GmbH oder AG.[347] Diese Auffassung findet Bestätigung in der IDW-Stellungnahme RS HFA 7 nF vom 30.11.2017, wo darauf hingewiesen wird, dass die Dauerhaftigkeit der Mittelüberlassung keine notwendige Voraussetzung für die Qualifikation als Eigenkapital der Personenhandelsgesellschaft sei, weil Entnahmen zu Lasten des Eigenkapitals „jederzeit von den Gesellschaftern beschlossen werden können".[348]

4. Gesellschafterdarlehen. Rückzahlungsverpflichtungen aus Gesellschafterdarlehen **100** oder Verbindlichkeiten aus „wirtschaftlich entsprechenden" Rechtshandlungen (vgl. § 39 Abs. 1 Nr. 5 InsO) sind handelsbilanziell **ausnahmslos** als **Fremdkapital** zu bilanzieren.[349] Daran hat die Reform des Rechts der Gesellschafterdarlehen durch das MoMiG 2008 nichts geändert (aus der Sicht des darlehensgebenden Gesellschafters hierzu bereits → 3. Aufl. 2013, Rn. 44); sie hat den sachlichen Anwendungsbereich des früheren Eigenkapitalersatzrechts in Bezug auf seine insolvenzrechtliche Komponente zwar ausgedehnt: Verbindlichkeiten aus Gesellschafterdarlehen und „wirtschaftlich entsprechende Rechtshandlungen" sind – vorbehaltlich des Sanierungs- und Kleinbeteiligungsprivilegs – nun seit dem 1.11.2008 im Insolvenzverfahren nachrangig zu befriedigen (§ 39 Abs. 1 Nr. 5 InsO), und bereits geleistete Rückzahlungen können in den Grenzen des § 135 InsO angefochten werden, ohne dass es noch darauf ankäme, dass das Darlehen in der „Krise" ausgegeben oder stehen gelassen würde. Ein Anlass, Gesellschafterdarlehen mittlerweile handelsrechtlich anders zu bilanzieren als „eigenkapitalersetzende" (oder sonstige) Darlehen nach bisherigem Recht (→ 2. Aufl. 2008, Rn. 96) besteht aber nicht, denn sie sind durch die Reform nicht etwa eigenkapitalähnlicher geworden (→ 3. Aufl. 2013, Rn. 44). Für die Handels- und Steuerbilanz – anders die Überschuldungsbilanz (vgl. § 19 Abs. 2 S. 2 InsO) – ist anerkannt, dass eine Verbindlichkeit selbst bei einem (einfachen oder qualifizierten[350]) **Rangrücktritt** hinter die Forderungen aller anderen Gläubiger dergestalt, dass die Forderungen nur zu Lasten von realisierten Bilanzgewinnen, aus einem Liquidationsüberschuss oder aus dem die sonstigen Verbindlichkeiten der Schuldnerin übersteigenden Vermögen bedient zu werden brauchen, „als solche so lange in der Handels- und Steuerbilanz ausgewiesen werden" muss, „wie die Verbindlichkeit noch besteht".[351] Allein eine Darlehensverbindlichkeit, die vereinbarungsgemäß „nur aus künftigen Gewinnen oder einem eventuellen Liquidationsüberschuss zu bedienen ist",

---

[345] ADS Rn. 189; Hopt/Merkt, 41. Aufl. 2022, Rn. 16, 18.

[346] Schulze-Osterloh FS Hommelhoff, 2012, 1075 (1081 ff., 1099).

[347] Vgl. auch Schulze-Osterloh FS Hommelhoff 2012, 1075 (1083, 1099): Der Autor vertritt sogar die Auffassung, die stille Beteiligung an einer AG könne nie eigenkapitalähnlich sein, weil die Längerfristigkeit der Kapitalüberlassung nicht in dem für diese Rechtsform erforderlichen Maße sichergestellt werden könne.

[348] IDW RS HFA 7 nF v. 30.11.2017, Rn. 14, IDW Life 02.2018, 259 8260). Als notwendige Kriterien nennt die Stellungnahme die Verrechnung künftiger Verluste mit den eingelegten Mitteln und den Nachrang des Mittelgebers in der Insolvenz. Zustimmend BeBiKo/Schubert/Waubke, 13. Aufl. 2022, Rn. 216.

[349] So auch BeBiKo/Schubert, 13. Aufl. 2022, Rn. 257: „Gesellschafterdarlehen mit Rangrücktrittsvereinbarung und kapitalersetzende Gesellschafterdarlehen" seien als Verbindlichkeiten auszuweisen.

[350] Das Begriffspaar einfacher/qualifizierter Rangrücktritt bezieht sich auf die Passivierungspflicht der Verbindlichkeit in der Überschuldungsbilanz (vgl. BGH NJW 2007, 2118, unter II., vor 1., iVm BGHZ 146, 264 [271] = NJW 2001, 1280, unter I.2.c.bb.(2)). Hierzu ausf. Ekkenga, Handbuch der AG-Finanzierung/Reiner, 2. Aufl. 2018, Kap. 14 C. Rn. 434–447.

[351] BFH BStBl. II 1993, 502 = DStR 1993, 871 = NJW 1994, 406, unter I.1.b.aa.; ebenso FG Cottbus EFG 2004, 1440 = BeckRS 2004, 26020272 Rn. 22; indirekt bestätigt durch BFH BStBl II 2012, 332 = DStR 2012, 450, unter II.2.b.

braucht (und darf) – wie (auch sonst) bei einer Besserungsabrede – nicht passiviert zu werden.[352]

III. Sonderposten mit Rücklageanteil

101   Mit der Aufhebung der § 247 Abs. 3 aF, § 273 S. 1 aF durch das BilMoG ist der Ausweis eines **Sonderpostens mit Rücklageanteil,** der bisher vor den Rückstellungen zu zeigen war (§ 273 S. 2 Hs. 1 aF), weggefallen (dazu und zur Übergangsregelung → 3. Aufl. 2013, § 273 Rn. 4).

IV. Rückstellungen (B.)

102   Rückstellungen zählen wie die Verbindlichkeiten zu den Schulden (§ 247 Abs. 1). Es handelt sich um Aufwendungen, deren Existenz oder Höhe zum Bilanzstichtag noch nicht sicher ist und die erst später zur Auszahlung führen. Durch das Bilden einer Rückstellung werden sie erfolgswirksam der Periode ihrer wirtschaftlichen Verursachung zugeordnet. Sobald die Ungewissheit entfällt, etwa weil die geschätzte Steuerschuld festgesetzt wurde, wird der betreffende Posten zur Verbindlichkeit (C.) und ist entsprechend umzugliedern. Rückstellungen sind nur für abschließend bestimmte **Zwecke** (§ 249; Art. 28 EGHGB), insbesondere für ungewisse Verbindlichkeiten einschließlich Pensionslasten und – beschränkt auf die Handelsbilanz (vgl. § 5 Abs. 4a EStG) – drohende Verluste aus schwebenden Geschäften zulässig.[353] Die Einordnung der Rückstellungen in die Gliederung der Bilanz orientiert sich danach, ob sie ihrem **Gegenstand** nach Pensionen, Steuern oder Sonstiges betreffen. Aus dem Umstand, dass § 266 Abs. 3 B. die Rückstellungen mit arabischen, anstatt mit römischen Ziffern untergliedert, folgt, dass kleine Kapitalgesellschaften (§ 266 Abs. 1 S. 3, § 267 Abs. 1) ihre Rückstellungen nicht gesondert auszuweisen brauchen.[354] Für eine künftige Steuerbelastung aus latenten Steuern (§ 274 Abs. 1 S. 1 und 3) sieht § 266 Abs. 3 E. seit dem BilMoG keine Rückstellung (so nach § 274 Abs. 1 aF), sondern einen gesonderten Ausweis vor (→ Rn. 125).

103   **1. Pensionen und ähnliche Verpflichtungen (B. 1.).** Rückstellungen für **Pensionen** erfassen Aufwendungen für laufende Pensionen, für Anwartschaften auf eine Pension oder für eine vergleichbare Verpflichtung, die an einen Versorgungsfall anknüpft.[355] Es kann sich um unmittelbare Zusagen auf eine Pension (Direktzusage) handeln, aber auch um eine mittelbare Verpflichtung, einen Kassenfehlbetrag einer durch das Unternehmen zwischengeschalteten Unterstützungskasse auszugleichen.[356] Als **ähnliche Verpflichtung** erfasst werden sonstige Verbindlichkeiten wegen betrieblicher Altersversorgung aufgrund von Zusagen (s. etwa die Legaldefinition der „Zusage des Arbeitgebers auf betriebliche Altersvorsorge" in § 1 Abs. 1 S. 1 BetrAVG) oder aufgrund anderer Verpflichtungen, soweit sie zu Bezügen führen, die den Ruhestand ermöglichen und der Versorgung dienen sollen,[357] sowie aus Altersteilzeitvereinbarungen[358] nach dem Altersteilzeitgesetz (BGBl. 1996 I 1078).

104   Steht dagegen nicht die Versorgung des Arbeitnehmers, sondern die Abfindung für den Verlust des Arbeitsplatzes im Vordergrund, wie dies zB bei Sozialplanverpflichtungen der Fall ist, sind die anfallenden Aufwendungen als sonstige Rückstellungen unter B. 3.

---

[352]   BFH BStBl II 2012, 332 = DStR 2012, 450, unter II.2.b.; aus dem Schrifttum zB Ekkenga, Handbuch der AG-Finanzierung/Reiner, 2. Aufl. 2018, Kap. 14 C. Rn. 433.
[353]   Statt vieler Hopt/Merkt, 41. Aufl. 2022, § 249 Rn. 1.
[354]   BeBiKo/Schubert, 13. Aufl. 2022, Rn. 205.
[355]   ADS Rn. 204 f.; KKRD/Morck/Drüen, 9. Aufl. 2019, Rn. 13; HK-HGB/Kirnberger, 7. Aufl. 2007, Rn. 41; Kirsch/Matschke/Brösel/Freichel Rn. 581 (Stand: 1.3.2021); s. auch Ahrend/Förster/Rößler DB-Beilage 10/1986, 1 ff.; Höfer/Lemitz BB 1986, 426 ff.
[356]   KKRD/Morck/Drüen, 9. Aufl. 2019, Rn. 13; ADS Rn. 204.
[357]   WP-HdB/Störk, 17. Aufl. 2021, F Rn. 564; s. auch WP-HdB/Störk, 17. Aufl. 2021, F Rn. 541, 661; IDW RS HFA 30 n.F., IDW Life 1/2017, 102.
[358]   WP-HdB/Störk, 17. Aufl. 2021, F Rn. 642; aA HdR/Dusemond/Heusinger-Lange/Knop Rn. 128 (Stand: 12/2021): Ausweis als sonstige Rückstellung.

auszuweisen. Gleiches gilt für Aufwendungen aus Verpflichtungen gegenüber dem Pensions-sicherungsverein, die sich aus der Solidarhaftung der Arbeitgeber für alle Arbeitnehmer ergeben und erst im Falle der Insolvenz des Unternehmens eine Versorgungsfunktion erfüllen. Sofern die Beitragsverpflichtung der Höhe nach feststeht, erfolgt ein Ausweis unter den sonstigen Verbindlichkeiten.[359]

2. Steuern (B. 2.). Steuerrückstellungen beziehen sich auf sämtliche ungewisse Steu- **105** erschulden der Kapitalgesellschaft einschließlich etwaiger Haftungsschulden nach § 37 Abs. 1 AO, §§ 69 ff. AO, Lohnsteuerhaftungsschulden und in Aussicht stehender Nachzahlungen wegen steuerlicher Außenprüfungen.[360] Dazu gehören auch Verrechnungspreisrisiken aus konzerninternen Geschäftsbeziehungen.[361] Für passive latente Steuern sind nach § 274 Abs. 1 S. 1 inzwischen nicht mehr „Rückstellungen", sondern Sonderposten (§ 266 Abs. 3 E.) zu bilden. Nicht von den Steuerrückstellungen erfasst werden Nebenleistungen zu Steuerzahlungsverpflichtungen (zB Verspätungs- und Säumniszuschläge, Zinsen), da es an der Steuereigenschaft gem. § 3 Abs. 1 S. 1 AO fehlt,[362] und – wegen ihres Charakters als sichere Verbindlichkeiten – Umsatzsteuerschulden, die bereits mit der Umsatzsteuer-Voranmeldung (§ 18 UStG) als festgesetzt gelten (§ 168 AO). Gleiches gilt für nicht periodisch verlangte Steuern, über deren Grund und Steuerschuldbetrag aufgrund der eindeutigen Rechtslage kein Zweifel besteht.[363]

3. Sonstige (B. 3.). Als sonstige Rückstellungen schließlich sind alle Rückstellungen **106** auszuweisen, die weder Pensions- noch Steuerrückstellung sind. Eine weitere Untergliederung wird vom Gesetz nicht verlangt, ist aber zulässig (§ 265 Abs. 5 S. 1). Große und mittelgroße Kapitalgesellschaften können außerdem verpflichtet sein, nicht gesondert ausgewiesene „sonstige Rückstellungen" im Anhang zu erläutern (§ 285 Nr. 12, § 288 Abs. 1 Nr. 1).

V. Verbindlichkeiten (C.)

Eine **Verbindlichkeit** iSd § 266 Abs. 3 C. setzt zunächst Gewissheit über Bestehen, **107** Fälligkeit und Höhe der Schuld voraus.[364] Dies ergibt sich im Umkehrschluss aus § 249 Abs. 1 S. 1. Zudem ist eine Vermögensbelastung des Unternehmens erforderlich, die juristisch oder zumindest faktisch erzwingbar ist. Der Begriff der Verbindlichkeit ist speziell bilanzrechtlich zu verstehen und nicht mit dem entsprechenden zivilrechtlichen (zB § 14 Abs. 2 BGB, § 52 Abs. 2 BGB, §§ 1437, 1967 BGB) oder handelsrechtlichen Begriff (zB §§ 25, 128), also mit der zivilrechtlichen „Schuld" identisch. Zivilrechtliche Schulden sind dann nicht zu passivieren, wenn das Unternehmen daraus faktisch nicht in Anspruch genommen werden wird. Umgekehrt kann eine bilanzrechtliche Verbindlichkeit auch ohne Bestehen einer entsprechenden zivilrechtlichen Leistungsverpflichtung angenommen werden. Bedingte oder streitige Schulden sind zu passivieren, wenn das Unternehmen voraussichtlich in Anspruch genommen werden wird. Nicht zu passivieren, sondern nach §§ 251, 268 Abs. 7 unter der Bilanz oder im Anhang zu zeigen ist die Pflicht des Bilanzierenden, nach §§ 1113, 1192 Abs. 1 BGB die Zwangsvollstreckung in sein Grundstück zu dulden, wenn

---

[359] HdR/Dusemond/Heusinger-Lange/Knop Rn. 128, 130 (Stand: 12/2021); aA (Ausweis als ähnliche Verpflichtung) HK-HGB/Kirnberger, 7. Aufl. 2007, Rn. 41; KKRD/Morck/Drüen, 9. Aufl. 2019, Rn. 13.

[360] HdR/Dusemond/Heusinger-Lange/Knop Rn. 133 f. (Stand: 12/2021); BeBiKo/Schubert/Waubke, 13. Aufl. 2022, Rn. 201; aA (Ausweis von Haftungsschulden als sonstige Rückstellung bzw. sonstige Verbindlichkeit) ADS Rn. 206; (Ausweis von Steuernachforderungen aufgrund von Betriebsprüfung nur bei konkreten Anhaltspunkten) KKRD/Morck/Drüen, 9. Aufl. 2019, Rn. 10.

[361] Baetge/Kirsch/Thiele/Marx/Dallmann Rn. 215 (September 2015).

[362] Baetge/Kirsch/Thiele/Marx/Dallmann Rn. 213; Winnefeld Bilanz-HdB F Rn. 844: „entweder unter Position ‚Sonstige Rückstellungen' oder unter ‚Sonstige Verbindlichkeiten'".

[363] BeBiKo/Schubert, 13. Aufl. 2022, Rn. 201; HdR/Dusemond/Heusinger-Lange/Knop Rn. 133, 137 (Stand: 12/2021).

[364] Biener/Bernecke BiRiLiG S. 149; Kirsch/Matschke/Brösel/Freichel Rn. 613 (Stand: 1.3.2021); vgl. auch Hopt/Merkt, 41. Aufl. 2022, Rn. 18 („wirtschaftlich real").

es mit einer Hypothek oder Grundschuld für eine fremde Schuld belastet ist (Haftung ohne persönliche Schuld).[365] Große und mittelgroße Kapitalgesellschaften müssen die rechtlich noch nicht entstandenen Verbindlichkeiten im Anhang erläutern, wenn es sich um wesentliche Beträge handelt (§ 268 Abs. 5 S. 3, § 274a Nr. 2, 267).

108   Das Gesetz orientiert sich bei der Einteilung der Verbindlichkeiten an unterschiedlichen äußeren Merkmalen, hauptsächlich an Eigenschaften des Gläubigers, außerdem an den Entstehungsgründen und an bestimmten rechtlichen Besonderheiten der Verbindlichkeit. Als **vorrangiges Gliederungsmerkmal** sind die **Unternehmensbeziehungen** anzusehen,[366] da diese Informationen für Jahresabschlussadressaten besonders bedeutsam sind und auf diese Weise ein Gleichklang mit der Darstellung der Finanzanlagen und der Forderungen des Umlaufvermögens auf der Aktivseite erreicht wird. Ist der Gläubiger ein verbundenes oder ein Unternehmen, mit dem ein Beteiligungsverhältnis besteht, ist die Verbindlichkeit unter C. 6. oder C. 7. auszuweisen und die Mitzugehörigkeit zu den „Anleihen" (C. 1.) ggf. zu vermerken (§ 265 Abs. 3 S. 1). Dem Informationsinteresse hinsichtlich der **Liquiditätslage** trägt das Gesetz dadurch Rechnung,[367] dass Restlaufzeiten bis zu einem Jahr in der Bilanz vermerkt (§ 268 Abs. 5 S. 1) und Restlaufzeiten von mehr als fünf Jahren im Anhang angegeben werden müssen (§ 285 Nr. 1 lit. a). Die Gliederung der Verbindlichkeiten in arabische statt in römische Zahlen erlaubt es wegen § 266 Abs. 1 S. 3 **kleinen Kapitalgesellschaften** (§ 267 Abs. 1), sämtliche Verbindlichkeiten in einem Posten auszuweisen. Für Kleinstkapitalgesellschaften (§ 267 Abs. 1) ergibt sich dies nun auch direkt aus § 266 Abs. 1 S. 4. Große und mittelgroße Gesellschaften dürfen die jeweiligen Posten dagegen nur ausnahmsweise (§ 265 Abs. 7) zusammenfassen. Verbindlichkeiten müssen schließlich in **EUR** angegeben werden (§ 244), so dass Fremdwährungsschulden oder Schulden, deren Tilgung und Sachwert zB in Wareneinheiten festgelegt sind, umzurechnen sind.[368]

109   **1. Anleihen (C. 1.).** Anleihen sind langfristige Verbindlichkeiten, die am in- oder ausländischen Kapitalmarkt aufgenommen und idR[369] verbrieft oder als elektronisches Wertpapier nach §§ 2, 28 ff. eWpG begeben werden.[370] Als reine Gläubigerpapiere gewähren sie keine Mitgliedschaftsrechte. Unter C. 1. zu bilanzieren sind insbesondere gewöhnliche Schuldverschreibungen (§§ 793 ff. BGB), Optionsanleihen, Wandelschuldverschreibungen, Gewinnschuldverschreibungen (§ 221 Abs. 1 S. 1 Fall 2 AktG) und Genussscheine, sofern das Genussrechtskapital Fremdkapital ist (→ Rn. 75).[371] **„Konvertible"** Anleihen sind entweder als Davon-Vermerk oder als Untergliederung gesondert angabepflichtig. Damit sind Anleihen gemeint, die dem Inhaber ein Umtausch- oder Bezugsrecht auf Anteile an der Gesellschaft gewähren.[372] Das ist der Fall bei Wandelschuldverschreibungen (§ 221

---

[365]   ZB BeBiKo/Grottel/Berberich, 13. Aufl. 2022, § 268, Rn. 54.

[366]   ADS Rn. 213; Kirsch/Matschke/Brösel/Freichel Rn. 614 (Stand: 1.3.2021). Nach Biener/Bernecke BiRiLiG S. 150 sollte dagegen durch die Aufnahme der Posten C. 6. und C. 7. lediglich zum Ausdruck gebracht werden, „dass der gesonderte Ausweis dem Grundsatz der Klarheit und Übersichtlichkeit am besten entspricht".

[367]   Einzelheiten bei ADS Rn. 212; Biener/Bernecke BiRiLiG S. 149.

[368]   Heymann/Jung, 1. Aufl. 1988, Rn. 295.

[369]   Die Möglichkeit der Emission unverkörperter, aber dennoch verkehrsfähiger Wertrechte, die keine Wertpapiere im sachenrechtlichen Bestimmung (vgl. § 2 Abs 3 eWpG) sind, steht bislang nur Hoheitsträgern offen. S. hierzu das Anleihegesetz des Bundes v. 29.3.1951, BGBl.1951 I 218 sowie die entsprechenden Landesschuldbuchgesetze. Näheres zB bei Baumbach/Hefermehl/Casper, Wechselgesetz, Scheckgesetz, Recht des Zahlungsverkehrs, 24. Aufl. 2020, A., Grundzüge des Wertpapierrechts, Rn. 95 ff.

[370]   Vgl. HdR/Dusemond/Heusinger-Lange/Knop Rn. 146 (Stand: 12/2021): Anleihen seien „Fremdkapitalien, die durch Inanspruchnahme des öffentlichen Kapitalmarkts aufgebracht worden" seien; ADS Rn. 218; Kirsch/Matschke/Brösel/Freichel Rn. 621 (Stand: 1.3.2021): „ein langfristiger, auf dem organisierten Kapitalmarkt aufgenommener verbriefter Kredit".

[371]   Die Gegenansicht von BeBiKo/Schubert, 13. Aufl. 2022, Rn. 216, die Genussrechtskapital wegen seines Charakters als Eigenkapitalsurrogat gesondert ausweisen wollen, vernachlässigt, dass Genussrechtskapital in solchen Fällen gerade nicht eigenkapitalähnlich ist.

[372]   ADS Rn. 221; Biener/Bernecke BiRiLiG S. 150; HdR/Dusemond/Heusinger-Lange/Knop Rn. 146 f. (Stand: 12/2021); KKRD/Morck/Drüen, 9. Aufl. 2019, Rn. 14; aA („konvertible" Anleihen seien Fremdwährungsanleihen) Hopt/Merkt, 41. Aufl. 2022, Rn. 22; Winnefeld Bilanz-HdB F Rn. 969.

Abs. 1 S. 1 Fall 1 AktG),[373] die entweder mit einem Recht zum Umtausch in Anteilspapiere ausgestattet sind (Wandelanleihen ieS[374]) oder zusätzlich zur (unbedingten) Gläubigerstellung mit einem Recht zum Erwerb von Gesellschaftsanteilen (Optionsanleihen) ausgestattet sind. Bei marktüblicher Verzinsung sind Optionsanleihen in Höhe des Rückzahlungsbetrags anzusetzen, während das darüber hinaus erzielte Aufgeld als Optionsprämie nach § 272 Abs. 2 Nr. 2 in die Kapitalrücklage eingestellt werden muss (Näheres, insbesondere zur Bilanzierung bei nicht marktgemäßer Verzinsung → § 272 Rn. 75 ff.). Zahl und Art der ausgegebenen Wandelschuldverschreibungen und „vergleichbaren Wertpapiere" sowie der Genussrechte sind bei mittleren und großen Kapitalgesellschaften gem. § 285 Nr. 15a zusätzlich im Anhang zu vermerken. Keine Anleihen sind **Schuldscheindarlehen,** weil sie nicht von Teilnehmern am Kapitalmarkt gewährt werden.[375] Sie werden regelmäßig unter den sonstigen Verbindlichkeiten (C. 8.) oder den Verbindlichkeiten gegenüber Kreditinstituten (C. 2.) ausgewiesen.[376]

Anleihestücke, die die Gesellschaft am Kapitalmarkt **zurückerworben** hat, sind erst **110** dann vom Anleihebetrag abzusetzen, wenn sie vernichtet oder entwertet wurden. Bis zu diesem Zeitpunkt sind sie als Wertpapiere des Anlage- oder Umlaufvermögens auszuweisen.[377]

2. Verbindlichkeiten gegenüber Kreditinstituten (C. 2.). Erfasst werden Verbind- **111** lichkeiten gegenüber inländischen Banken, Sparkassen, Bausparkassen und sonstigen Kreditinstituten iSd § 1 Abs. 1 KWG sowie vergleichbaren ausländischen Kreditinstituten[378] unabhängig von ihrer Laufzeit oder Sicherung und einschließlich zugehöriger Zinsverbindlichkeiten und der antizipativen Zinsabgrenzung.[379] Eine etwaige zusätzliche Zugehörigkeit zu den Wechselverbindlichkeiten (C. 5.) muss ggf. vermerkt oder im Anhang angegeben werden (§ 265 Abs. 3). Gläubiger muss ein inländisches Kreditinstitut (§ 1 Abs. 1 KWG) sein, also eine Bank, Sparkasse oder Bausparkasse, oder vergleichbares ausländisches Unternehmen.[380] Für die Bilanzierung von Exportfinanzierungskrediten (zB der AKA Ausfuhrkredit-Gesellschaft mbH, Frankfurt a. M.), denen ein vom Importeur ausgestellter und von der Bank avalierter eigener Wechsel (Solawechsel) zugrunde liegt und die durch eine Sicherungszession besichert sind, kommt ein Ausweis unter Verbindlichkeiten gegenüber Kreditinstituten, aber auch ein gesonderter Ausweis, etwa als Exportfinanzierungstratten, in Betracht.[381]

3. Erhaltene Anzahlungen auf Bestellungen (C. 3.). Hat die bilanzierende Gesell- **112** schaft die von ihr geschuldete Leistung noch nicht erbracht, liegt ein schwebendes Geschäft vor;[382] eine bereits erhaltene **Anzahlung** (Vorleistung[383]) ist dann zu passivieren, um den

---

373 AA Kirsch/Matschke/Brösel/Freichel Rn. 626 (Stand: 1.3.2021), der den Ausweis unter C. 1. auf solche Anleihen beschränken will, bei denen die bisherige Anleihe in eine neue Anleihe mit verändertem Zinssatz, veränderter Laufzeit oder anderen Tilgungsbedingungen umgewandelt werden kann.

374 Vgl. Koch, 16. Aufl. 2022, AktG § 221 Rn. 3: Nach „heutigem Sprachgebrauch" seien „Wandelschuldverschreibungen (besser: Wandelanleihen) nur solche, die ein Umtauschrecht" gewährten.

375 ZB ADS Rn. 220 mwN; BeBiKo/Schubert, 13. Aufl. 2022, Rn. 219.

376 WP-HdB/Störk, 17. Aufl. 2021, F Rn. 695; Kölner Komm RechnungslegungsR/Korth Rn. 343 („Sonstige Verbindlichkeiten").

377 ADS Rn. 219; HdR/Dusemond/Heusinger-Lange/Knop Rn. 149 (Stand: 12/2021); BeBiKo/Schubert, 13. Aufl. 2022, Rn. 218.

378 BeBiKo/Schubert, 13. Aufl. 2022, Rn. 221.

379 ADS Rn. 222; KKRD/Morck/Drüen, 9. Aufl. 2019, Rn. 14; BeBiKo/Schubert, 13. Aufl. 2022, Rn. 221.

380 ADS Rn. 222; Biener/Bernecke BiRiLiG S. 150; HdR/Dusemond/Heusinger-Lange/Knop Rn. 151 (Stand: 12/2021); BeBiKo/Schubert, 13. Aufl. 2022, Rn. 221; Heymann/Jung, 1. Aufl. 1988, Rn. 311; Hopt/Merkt, 41. Aufl. 2022, Rn. 22; Kirsch/Matschke/Brösel/Freichel Rn. 631 (Stand: 1.3.2021).

381 ADS Rn. 232; Granobs/Raue WPg 1970, 106 f.; HdR/Dusemond/Heusinger-Lange/Knop Rn. 157 (Stand: 12/2021).

382 Statt vieler ADS Rn. 223 mwN.

383 S. BFH BStBl. II 2000, 25 = DStRE 2000, 57, unter 2. (mwN): „Anzahlungen" iSd § 266 Abs. 3 C. 3. lägen „nur dann vor, wenn es sich dabei um Vorleistungen auf eine zu erbringende Lieferung oder Leistung" handele.

Ausweis eines nicht realisierten Gewinnes zu verhindern.[384] Ein zivilrechtlich wirksamer Vertrag ist dazu nicht erforderlich, was aus dem Zusatz „auf Bestellungen" zu schließen ist. Es genügt, wenn ein Vorvertrag oder zumindest ein bindendes Vertragsangebot (§ 145 BGB), mit dessen Annahme zu rechnen ist, vorliegt.[385] Der Wortlaut „auf Bestellungen" legt ferner nahe, dass als erhaltene Anzahlungen nur Vorleistungen ausgewiesen werden, die mit der gewöhnlichen Geschäftätigkeit des Unternehmens unmittelbar zusammenhängen (§ 277 Abs. 1). Andere eingegangene Anzahlungen sind als sonstige Verbindlichkeiten (C. 8.) zu bilanzieren.[386] Ist die geschuldete Leistung erbracht und eine Forderung aktiviert, werden Anzahlung und Forderung miteinander saldiert.[387] Bei drohender Rückgewähr, zB aufgrund eines Rücktritts (§ 346 Abs. 1 BGB), ist die erhaltene Anzahlung in die sonstigen Verbindlichkeiten umzugliedern.

113   Anzahlungen und **Vorräte,** die für das angezahlte Geschäft angeschafft oder hergestellt wurden, dürfen nicht miteinander saldiert werden (§ 246 Abs. 2 S. 1), wohl aber darf das bilanzierende Unternehmen die Anzahlung offen von dem Posten Vorräte absetzen (§ 268 Abs. 5 S. 2, → § 268 Rn. 19), was einen Einfluss auf die Größenklasse der Gesellschaft (§§ 267, 267a) haben kann. Dafür ist jedoch im Hinblick auf die Informationsfunktion der Bilanz und ihre Orientierung auf die tatsächlichen Verhältnisse einschränkend erforderlich, dass unter den Vorräten überhaupt Bestände erfasst sind, die sich dem angezahlten Geschäft zurechnen lassen.[388]

114   Die auf die Anzahlung entfallende **Umsatzsteuer** ist erfolgsneutral zu bilanzieren, wobei abgesehen vom Wahlrecht gem. § 268 Abs. 5 S. 2 seit dem BilMoG nur noch der Ausweis nach der sog. **Nettomethode** zulässig ist.[389] Dabei wird die Umsatzsteuer unter den sonstigen Verbindlichkeiten gezeigt und zusätzlich die Anzahlung ohne Umsatzsteuer-Anteil unter C. 3. passiviert, womit der mit der Anzahlung verbundene Vermögenszuwachs auf der Aktivseite ausgeglichen wird. Ein etwaiger späterer steuerrechtlicher Anspruch auf Rückzahlung der Umsatzsteuer wäre unter den sonstigen Vermögensgegenständen zu bilanzieren. Der sog. **Bruttomethode,** nach der die erhaltene Anzahlung *einschließlich* der darauf entfallenden Umsatzsteuer (neben der Umsatzsteuerschuld gegenüber dem Finanzamt unter den sonstigen Verbindlichkeiten) passiviert und auf der Aktivseite als Gegenposten ein RAP in Höhe der erhaltenen (und idR auch geschuldeten) Umsatzsteuer gebildet wird, wurde mit der Aufhebung des § 250 Abs. 1 Nr. 2 aF durch das BilMoG (vgl. aber für die Steuerbilanz nach wie vor § 5 Abs. 5 S. 2 Nr. 2 EStG) der Boden entzogen. Mit der Entscheidung für die Nettomethode hat der Gesetzgeber die Informationsvermittlungsfunktion des Jahresabschlusses verbessert, denn durch die Trennung von Anzahlung und darauf entfallender Umsatzsteuer wird eine Bilanzverlängerung vermieden.[390] Damit wird zudem ein wünschenswerter Gleichlauf mit der Behandlung des Umsatzgeschäfts erzielt, das der Anzahlung zugrunde liegt und für das § 277 Abs. 1 schon immer den Abzug der Umsatzsteuer vorgeschrieben hat.[391]

---

[384]   ZB BFH BStBl. II 1988, 57 (62) = BeckRS 1987, 22008244, unter 3.: Erhaltene Anzahlungen (im Rahmen eines schwebenden Vertrags) würden „zur Vermeidung des Ausweises noch nicht realisierter Gewinne passiviert, wenn der Empfänger der Anzahlung seine Lieferung oder Leistung noch nicht erbracht" habe.

[385]   Köhler StBp 1999, 8 (10); ADS Rn. 223; BeBiKo/Schubert, 13. Aufl. 2022, Rn. 224; HdR/Dusemond/Heusinger-Lange/Knop Rn. 153 (Stand: 12/2021); aA (Vertragsverhältnis bzw. „bindendes Vertragsangebot, mit dessen Annahme ernsthaft zu rechnen ist") Kirsch/Matschke/Brösel/Freichel Rn. 642 (Stand: 1.3.2021); Biener/Bernecke BiRiLiG S. 150.

[386]   Winnefeld Bilanz-HdB F Rn. 990.

[387]   Vgl. zB BFH BStBl. II 1992, 904 = DStR 1992, 1234.

[388]   HdR/Dusemond/Heusinger-Lange/Knop Rn. 66, 154 mwN (Stand:12/2021); aA (keine Einschränkung der Absetzungsmöglichkeit) BeBiKo/Schubert, 13. Aufl. 2022, Rn. 225; ADS Rn. 99; Biener/Bernecke BiRiLiG S. 150; (keine Absetzung, wenn die Summe der Vorräte dadurch negativ wird) WP-HdB/Störk, 1. Aufl. 2021, F Rn. 404.

[389]   Vgl. zu Netto- und Bruttomethode auch die Bilanzierungsbeispiele bei ADS Rn. 224.

[390]   S. Begr. RegE BilMoG, BT-Drs. 16/10067, 36: Die Aufhebung des § 250 Abs. 1 S. 2 Nr. 2 diene „der Anhebung des Informationsniveaus des handelsrechtlichen Jahresabschlusses". IdS lange zuvor bereits Wirtz DStR 1986, 749 (750), mit der Empfehlung, die § 250 Abs. 1 S. 2 Nr. 2 HGB sowie 5 Abs. 4 S. 2 Nr. 2 EStG aF (= § 5 Abs. 5 S. 2 Nr. 2 EStG nF) „ersatzlos" zu streichen.

[391]   Sich für einen Gleichlauf aussprechend bereits IDW St/HFA 1/1985.

4. Verbindlichkeiten aus Lieferungen und Leistungen (C. 4.). Der Posten umfasst 115 Verpflichtungen aus Geschäften, bei denen der Sachleistungspflichtige bereits erfüllt hat, während die bilanzierende Gesellschaft ihre Gegenleistung, die Zahlung, noch nicht bewirkt hat.[392] Anders als beim Ausweis von *Forderungen* aus Lieferungen und Leistungen (→ Rn. 65) braucht hier das Geschäft nicht unmittelbar mit der üblichen Umsatztätigkeit des Unternehmens zusammenzuhängen. Im Hinblick auf den notwendigen Lieferungs- und Leistungsbezug der Verbindlichkeit muss aber zumindest ein **Umsatzgeschäft** zugrunde liegen.[393] Deshalb fallen Schadensersatz- und Darlehensverbindlichkeiten nicht unter Verbindlichkeiten aus Lieferungen und Leistungen.

Die Passivierung der Verbindlichkeit erfolgt zum **Zeitpunkt der Leistungserbrin-** 116 **gung.** Der Zeitpunkt der Rechnungsstellung ist hingegen nicht entscheidend.[394] Bei der Lieferung von Ware entscheidet der Zeitpunkt des Gefahrenübergangs (§§ 446 f., 326 Abs. 2 BGB, § 300 Abs. 2 BGB) über die Passivierung. Bei Dauerschuldverhältnissen, zB Mietverhältnissen, ist die Verbindlichkeit nach Ablauf der betreffenden Abrechnungsperiode zu passivieren. Auch wenn sie langfristig **gestundet** wird, ist eine Verbindlichkeit aus Lieferung und Leistung nicht etwa umzugliedern in eine sonstige Verbindlichkeit. Anders ist es nur, sofern die Vertragsparteien vereinbaren, die Verpflichtung zur Zahlung des Kaufpreises (§ 433 Abs. 2 BGB) in eine Darlehensschuld umzuwandeln (§ 311 Abs. 1 BGB, früher speziell § 607 Abs. 2 BGB aF).[395] Dann ist die Verbindlichkeit unter den „sonstigen Verbindlichkeiten" auszuweisen.[396] Verbindlichkeiten gegenüber Lieferanten umfassen auch Beträge, die der Bilanzierende nach § 15 UStG als Vorsteuer abziehen kann, selbst wenn sie noch nicht oder unberechtigterweise überhaupt nicht in Rechnung gestellt wurden.[397] Forderungen und Verbindlichkeiten aus Lieferungen und Leistungen gegenüber Lieferanten dürfen nur saldiert werden, wenn eine Aufrechnungslage (§ 387 BGB) besteht.[398]

5. Verbindlichkeiten aus Wechseln (C. 5.). Wechsel sind wertpapiermäßig ver- 117 briefte Zahlungsanweisungen des Ausstellers an den Bezogenen. Nach den Vorschriften des WG ergeben sich aus der Urkunde Zahlungsverpflichtungen für den Aussteller sowie ggf. auch für den Indossanten, Akzeptanten und Wechselbürgen. Beim **Warenwechsel** zieht der Lieferant mit der Lieferung einen Wechsel auf den Kunden, den dieser annimmt, womit er verspricht, am Ende der Laufzeit zu zahlen. Mit Annahme des Wechsels treten ursprüngliche Schuld und Wechselverbindlichkeit (Art. 28 WG) zwar idR nebeneinander (§ 364 Abs. 2 BGB), der Gläubiger (Lieferant) verpflichtet sich jedoch, zunächst Befriedigung aus dem Wechsel zu suchen.[399] Daher hat der Kunde in seiner Bilanz nach Annahme des Wechsels eine „Verbindlichkeit aus Wechsel" und nicht etwa eine Verbindlichkeit aus Lieferung und Leistung auszuweisen.[400] Gleiches gilt für den **Finanzwechsel,** dem keine Warenlieferung oder ein sonstiges Umsatzgeschäft zugrunde liegt, sondern der – regelmäßig auf der Grundlage einer Rahmenkreditvereinbarung – allein der Kreditgewährung (insbesondere im Wege des Bankakzepts) dient. Neben der Wechselverbindlichkeit ist ein Aufwen-

---

[392] Biener/Bernecke BiRiLiG S. 150; KKRD/Morck/Drüen, 9. Aufl. 2019, Rn. 14; BeBiKo/Schubert, 13. Aufl. 2022, Rn. 228.

[393] ADS Rn. 227; KKRD/Morck/Drüen, 9. Aufl. 2019, Rn. 14; HK-HGB/Kirnberger, 7. Aufl. 2007, Rn. 48.

[394] Baumbach/Hueck/Schulze-Osterloh, 18. Aufl. 2006, GmbHG § 42 Rn. 289; Kölner Komm RechnungslegungsR/Korth Rn. 330.

[395] Vgl. Grüneberg/Weidenkaff, 82. Aufl. 2023, BGB § 488 Rn. 27: Da der Darlehensvertrag seit dem Schuldrechtsmodernisierungsgesetz nun eindeutig Verpflichtungsvertrag sei, werde die Umwandlung des Darlehens gem. § 311 Abs. 1 BGB behandelt und bedürfe keiner besonderen Regelung mehr.

[396] ADS Rn. 228; BeBiKo/Schubert, 13. Aufl. 2022, Rn. 230; HdR/Dusemond/Heusinger-Lange/Knop Rn. 155 (Stand: 12/2021).

[397] BeBiKo/Schubert, 13. Aufl. 2022, Rn. 231.

[398] ADS Rn. 227.

[399] BeBiKo/Schubert, 13. Aufl. 2022, Rn. 241; vgl. auch Kölner Komm RechnungslegungsR/Korth Rn. 336.

[400] Biener/Bernecke BiRiLiG S. 150; Haufe-HGB/Wulf/Sackbrook Rn. 157 (Stand: 19.10.2021); HK-HGB/Kirnberger, 7. Aufl. 2007, Rn. 49.

dungsersatzanspruch (sog. Revalierungsanspruch, §§ 675, 670 BGB) gegen den Auftraggeber unter den sonstigen Vermögensgegenständen auszuweisen.[401] Wird dagegen der Wechsel
nur zur Sicherheit begeben (**Kautions-, Sicherungs- oder Depotwechsel**), darf sich der
Gläubiger als begünstigter Anweisungsempfänger aus dem Wechsel erst befriedigen, nachdem die gesicherte Forderung fällig geworden ist und er keine anderweitige Befriedigung
erlangt hat. Die Wechselverbindlichkeit ist auszuweisen, sobald der Sicherungsfall eingetreten und der Gläubiger berechtigt ist, den Wechsel in Verkehr zu bringen.[402] Die gesicherte
Verbindlichkeit darf in diesem Fall nicht gleichzeitig passiviert werden.

118   Wechselverbindlichkeiten gegenüber verbundenen Unternehmen und gegenüber
Unternehmen, mit denen ein Beteiligungsverhältnis besteht, sind vorrangig unter C. 6.
bzw. C. 7. auszuweisen.[403] Die Mitzugehörigkeit zu den Wechselverbindlichkeiten ist zu
vermerken oder im Anhang anzugeben (§ 265 Abs. 3 S. 1). Im Interesse eines möglichst
getreuen Bildes der Finanz- und Vermögenslage hat dies auch dann zu erfolgen, wenn das
empfangende Unternehmen den Wechsel an ein nicht verbundenes Unternehmen weitergibt, denn die Wechselverpflichtung der Gesellschaft gegenüber dem verbundenen Unternehmen erlischt dadurch nicht und könnte im Rahmen des Wechselrücklaufs durchaus
relevant werden.[404]

119   **6. Verbindlichkeiten gegenüber verbundenen Unternehmen (C. 6.).** Verbindlichkeiten gegenüber verbundenen Unternehmen (§ 271 Abs. 2) sind unabhängig vom
zugrunde liegenden Rechtsgeschäft, von der Fristigkeit, Verbriefung oder Sicherung allein
unter diesem Posten auszuweisen, weil die Darstellung der Unternehmensbeziehungen vorrangig ist (→ Rn. 83). Die Mitzugehörigkeit zu einem anderen Posten ist ggf. zu vermerken
oder im Anhang anzugeben (§ 265 Abs. 3 S. 1).[405]

120   **7. Verbindlichkeiten gegenüber Unternehmen, mit denen ein Beteiligungsverhältnis besteht (C. 7.).** Der Ausweis setzt ein **Beteiligungsverhältnis** (§ 271 Abs. 1)
zwischen dem bilanzierenden Unternehmen und dem Gläubigerunternehmen voraus. Dafür
ist es unerheblich, ob das bilanzierende Unternehmen am Gläubigerunternehmen oder das
Gläubigerunternehmen an seinem Schuldner beteiligt ist.[406] Der Ausweis unter diesem
Posten hat im Interesse einer transparenten Darstellung der Unternehmensbeziehungen in
gleicher Weise wie der Ausweis von Verbindlichkeiten gegenüber verbundenen Unternehmen **Vorrang** gegenüber den anderen Verbindlichkeitsposten.

121   **8. Sonderposten „Verbindlichkeiten gegenüber Gesellschaftern", § 42 Abs. 3
GmbHG.** Verbindlichkeiten gegenüber GmbH-Gesellschaftern sind als solche gesondert
auszuweisen oder im Anhang anzugeben (§ 42 Abs. 3 GmbHG). Die besondere Wichtigkeit solcher Informationen für den Adressaten des Jahresabschlusses spricht dafür, grundsätzlich einen gesonderten Ausweis in der Bilanz zu verlangen und die Angabe im Anhang
oder den Ausweis unter einem anderen Posten an eine spezielle Begründung zu knüpfen.[407] Das Gesetz schreibt für den Ausweis keine bestimmte Stelle im Gliederungsschema
vor; aus Gründen des Sachzusammenhangs ist ein Ausweis im Anschluss an C. 7. sinnvoll.
Inhaltlich erfasst der Posten sämtliche Verbindlichkeiten. **Gesellschafterdarlehen** sowie

---

[401]   BeBiKo/Schubert, 13. Aufl. 2022, Rn. 241.
[402]   Statt vieler HdR/Dusemond/Heusinger-Lange/Knop Rn. 159 (Stand: 12/2021).
[403]   ADS Rn. 231.
[404]   AA ADS Rn. 231, für die nach einer Weitergabe „bei wirtschaftlicher Betrachtungsweise" keine Verbindlichkeit gegenüber dem verbundenen Unternehmen mehr besteht.
[405]   ADS Rn. 233; KKRD/Morck/Drüen, 9. Aufl. 2019, Rn. 14; Kirsch/Matschke/Brösel/Freichel
Rn. 671(Stand: 1.3.2021); HdR/Dusemond/Heusinger-Lange/Knop Rn. 161 (Stand: 12/2021); HK-
HGB/Kirnberger, 7. Aufl. 2007, Rn. 50.
[406]   Kropff DB 1986, 364 ff.; ADS Rn. 82; HK-HGB/Kirnberger, 7. Aufl. 2007, Rn. 17; KKRD/Morck/
Drüen, 9. Aufl. 2019, Rn. 6, 14.
[407]   Vgl. die entsprechende Argumentation bei → Rn. 66 zu den Forderungen gegenüber GmbH-Gesellschaftern; aA (kein Vorrang des Ausweises in der Bilanz) ADS § 265 Rn. 44, GmbHG § 42 Rn. 52;
KKRD/Morck/Drüen, 9. Aufl. 2019, § 265 Rn. 4.

Verbindlichkeiten aus Rechtshandlungen, die einem solchen Darlehen wirtschaftlich entsprechen (§ 39 Abs. 1 Nr. 5 InsO), sollten wegen ihrer insolvenzrechtlichen Sonderbehandlung (→ Rn. 100) und ihrer damit verbundenen besonderen Bedeutung für die Vermögens- und Finanzlage der Gesellschaft durch einen Davon-Vermerk oder eine Angabe im Anhang deutlich gemacht werden (§ 264 Abs. 2 S. 1 und 2, § 265 Abs. 5 S. 1).[408] Dies gilt auch für die GmbH; der in § 42 Abs. 3 GmbHG geforderte Sonderausweis von unspezifizierten (Ausleihungen, Forderungen und) „Verbindlichkeiten" gegenüber Gesellschaftern reicht dafür nicht aus. Auch Verbindlichkeiten mit **Rangrücktrittsvereinbarung** sind nach wohl hM durch Bilanzvermerk oder Angabe im Anhang als solche kenntlich zu machen.[409]

9. Sonstige Verbindlichkeiten (C. 8.). Die sonstigen Verbindlichkeiten sind ein **122** Auffangposten und erfassen sämtliche Verbindlichkeiten, die nicht unter einem vorhergehenden Posten auszuweisen sind. In Betracht kommen etwa[410] Verpflichtungen aus Besserungsscheinen bei Eintritt der vereinbarten Bedingung, vereinnahmte Optionsprämien beim Stillhalter bis zur Fälligkeit oder Ablösung des Optionsvertrags,[411] rückständige Gehälter, Darlehensverbindlichkeiten gegenüber anderen Gläubigern als Kreditinstituten (vgl. C. 2.) und Einlagepflichten typischer stiller Gesellschafter, die als Fremdkapital zu qualifizieren sind (→ Rn. 76) und nicht unter einem eigenen Posten (§ 265 Abs. 5 S. 2) ausgewiesen werden. Verbindlichkeiten gegenüber Schuldnern (Kunden), etwa aus Überzahlungen (sog. kreditorische Debitoren), sind gleichfalls in die sonstigen Verbindlichkeiten umzugliedern.

Große und mittelgroße Gesellschaften (§ 267 Abs. 2, Abs. 3) müssen Verbindlichkei- **123** ten **aus Steuern** gesondert vermerken (Davon-Vermerk). Das betrifft alle nach Grund und Höhe feststehenden Steuerschulden des Unternehmens einschließlich einbehaltener und noch nicht abgeführter Steuern.[412] Ebenso zu vermerken sind Verbindlichkeiten **im Rahmen der sozialen Sicherheit.** Im Wesentlichen geht es dabei um die soziale Absicherung der Arbeitnehmer auf gesetzlicher und privatautonomer Grundlage einschließlich der betrieblichen Altersversorgung. Betroffen sind insbesondere Arbeitgeber- und einbehaltene Arbeitnehmeranteile zur Sozialversicherung (Renten-, Kranken-, Pflege- und Arbeitslosenversicherung), zu Ersatzkassen und zu Zusatzversorgungseinrichtungen. Ebenfalls fallen darunter Beiträge zum Pensions-Sicherungs-Verein, Verpflichtungen aus Pensionszusagen, sofern deren Existenz oder Höhe zum Bilanzstichtag bereits ausreichend sicher ist (→ Rn. 103), Verpflichtungen aus Abfindungsvereinbarungen, Altersteilzeitvereinbarungen oder Vorruhestandsregelungen sowie Verbindlichkeiten aufgrund von Vereinbarungen über vermögenswirksame Leistungen und Verbindlichkeiten aus einem Sozialplan.[413]

---

[408] Wie hier BeBiKo/Schubert, 13. Aufl. 2022, Rn. 257; abw. HdR/Küting/Reuter § 272 Rn. 206 (Stand: 04/2011), die von einer Angabepflicht nach § 264 Abs. 2 S. 2 erst in dem Augenblick ausgehen, wo das „Rückgewährsverbot des § 39 Abs. 1 Nr. 5 InsO" wirksam geworden ist. Vernünftigerweise können sie damit nur die Eröffnung des Insolvenzverfahrens meinen; entsprechende Vorwirkungen der Anfechtungsfristen des § 135 InsO auf den Zeitraum vor dem Eröffnungsantrag wären zwar denkbar, aber nicht praktikabel.

[409] Fleck GmbHR 1989, 313 (318); BeBiKo/Schubert, 13. Aufl. 2022, Rn. 257; Hannes StuB 2018, 1, unter V.3.: „Kennzeichnung des Nachrangdarlehens durch einen ‚Davon-Vermerk' in der Bilanz oder alternativ eine entsprechende Angabe im Anhang"; aA ADS GmbHG § 42 Rn. 34 ff.

[410] Umfangreiche Zusammenstellungen ua bei HdR/Dusemond/Heusinger-Lange/Knop Rn. 162 mwN (Stand: 12/2021); KKRD/Morck/Drüen, 9. Aufl. 2019, Rn. 15; HK-HGB/Kirnberger, 7. Aufl. 2007, Rn. 52.

[411] FG Hamburg BB 2002, 933; IDW St/BFA 2/1995, WPg 1995, 421; Häuselmann/Wiesenhart DB 1990, 641 (645).

[412] Statt vieler BeBiKo/Schubert, 13. Aufl. 2022, Rn. 253.

[413] WP-HdB/Störk, 17. Aufl. 2021, F Rn. 709, der noch weitere Beispiele anführt, den Begriff der „sozialen Sicherheit" aber wohl überspannt, wenn er auch „einbehaltene Beiträge für Gewerkschaften, Berufsverbände u. dgl." einbeziehen will; ADS Rn. 236; BeBiKo/Schubert, 13. Aufl. 2022, Rn. 254 mwN; HdR/Dusemond/Heusinger-Lange/Knop Rn. 164 f. (Stand: 12/2021); Biener/Bernecke BiRiLiG S. 151.

VI. Passive Rechnungsabgrenzungsposten (D.)

124   Die unter D. auszuweisenden Rechnungsabgrenzungsposten iSv § 250 Abs. 2 sind sog. **transitorischer** Natur, weil sie die Erfolgswirkung von Einnahmen vor dem Bilanzstichtag in spätere Bilanzierungszeiträume verschieben, denen sie wirtschaftlich zuzuordnen sind. Anwendungsbeispiele sind im Voraus erhaltene Mietzinsen, im Voraus vereinnahmte Zinsen, Pachten, Lizenzen, Provisionen, Kreditgebühren, Einnahmen aus einer Token-Emission[414] oder Entgelte für zeitlich begrenzte Wettbewerbsverbote.[415] Auch der Ausweis der Differenz (Disagio) aus einem höheren Rückzahlungsbetrag (Nominalbetrag) von Ausleihungen an Dritte und dem niedrigeren Auszahlungsbetrag ist in Anlehnung an die spiegelbildliche Situation des § 250 Abs. 3 unter diesem Posten zulässig.[416] Die Forderung wird hierbei mit dem Nominalbetrag bewertet.

VII. Passive latente Steuern (E.)

125   In diesem seit dem BilMoG vorgesehenen Posten (Näheres → Rn. 83) ist die zukünftige Steuermehrbelastung aus **Differenzen** zwischen handelsrechtlichen und steuerlichen **Wertansätzen** von Vermögensgegenständen, Schulden und Rechnungsabgrenzungsposten auszuweisen, welche sich in späteren Geschäftsjahren voraussichtlich **ausgleichen** (§ 274 Abs. 1 S. 1). Es hätte nahe gelegen, den Ausweis einer solchen Steuerbelastung in Form eines Unterpostens oder eines Davon-Vermerks bei den Steuerrückstellungen (Abs. 3 B. 2.) anzuordnen; immerhin hatte die inhaltlich vergleichbare Vorschrift des § 274 Abs. 1 S. 1 aF noch eine Rückstellungsbildung vorgesehen. Der Gesetzgeber hat sich jedoch entschieden, diese Steuerbelastung in einem „Sonderposten eigener Art" nach den Rechnungsabgrenzungsposten darzustellen.[417]

D. IFRS[418]

126   IAS 1 („Darstellung des Abschlusses", Presentation of Financial Statements) idF von 2007 sieht kein bestimmtes, dem § 266 vergleichbares Bilanzgliederungsschema vor. Nach IAS 1.54 sind jedoch folgende **Mindestposten** (line items) vorgesehen, die im Einzelnen in den Standards erläutert werden:

„a)   Sachanlagen;
b)   als Finanzinvestitionen gehaltene Immobilien;
c)   immaterielle Vermögenswerte;
d)   finanzielle Vermögenswerte (ohne die Beträge, die unter (e), (h) und (i) ausgewiesen werden);
da)   Portfolios von Verträgen im Anwendungsbereich des IFRS 17, die Vermögenswerte sind, aufgegliedert wie durch § 78 des IFRS 17 gefordert;
e)   nach der Equity-Methode bilanzierte Finanzanlagen;
f)   biologische Vermögenswerte im Anwendungsbereich von IAS 41 Landwirtschaft;
g)   Vorräte;
h)   Forderungen aus Lieferungen und Leistungen und sonstige Forderungen;
i)   Zahlungsmittel und Zahlungsmitteläquivalente;
j)   die Summe der Vermögenswerte, die gemäß IFRS 5 Zur Veräußerung gehaltene langfristige Vermögenswerte und aufgegebene Geschäftsbereiche als zur Veräußerung

---

[414]   S. Sixt DStR 2020, 1871 (1873), mit dem Bsp., dass „ein Start-up eine Plattform entwickelt und der Token den Inhaber berechtigt, diese Plattform für bspw. fünf Jahre zu nutzen".

[415]   Biener/Bernecke BiRiLiG S. 151; Kirsch/Matschke Rn. 187 (Grundlieferung, Aussage in der 61. EL von Matschke/Brösel/Haaker v. August 2012 und in nachfolgenden Auflagen nicht mehr enthalten).

[416]   BeBiKo/Schubert, 13. Aufl. 2022, Rn. 265.

[417]   Begr. RegE BilMoG, BT-Drs. 16/10067, 67.

[418]   Sämtliche zit. IAS/IFRS beziehen sich auf den für das Geschäftsjahr 2022 gültigen Stand.

gehalten eingestuft werden, und der Vermögenswerte, die zu einer als zur Veräußerung gehalten eingestuften Veräußerungsgruppe gehören;

k) Verbindlichkeiten aus Lieferungen und Leistungen und sonstige Verbindlichkeiten;

l) Rückstellungen;

m) finanzielle Verbindlichkeiten (ohne die Beträge, die unter (k) und (l) ausgewiesen werden);

ma) Portfolios von Verträgen im Anwendungsbereich des IFRS 17, die Verbindlichkeiten sind, aufgegliedert wie durch § 78 des IFRS 17 gefordert;

n) Steuerschulden und -erstattungsansprüche gemäß IAS 12 Ertragsteuern;

o) latente Steueransprüche und -schulden gemäß IAS 12;

p) die Schulden, die den Veräußerungsgruppen zugeordnet sind, die gemäß IFRS 5 als zur Veräußerung gehalten eingestuft werden;

q) nicht beherrschende Anteile, die im Eigenkapital dargestellt werden; sowie

r) gezeichnetes Kapital und Rücklagen, die den Eigentümern der Muttergesellschaft zuzuordnen sind."

Die vorstehende Reihenfolge einschließlich der Bezeichnungen der Bilanzposten ist **127** für das Unternehmen nicht verpflichtend (IAS 1.57 S. 1). Eine Gliederung der Bilanz nach der Bedeutung der Vermögenswerte und Schulden für die Liquidität ist hingegen nur in Ausnahmefällen zulässig.[419] Im Interesse einer zwischenbetrieblichen Vergleichbarkeit (IASB-Rahmenkonzept, Nr. 39 S. 2) empfiehlt sich die Gliederungsanordnung in IAS 1.54. Die Unternehmen können ihre Bilanzen nach der **Kontoform** (horizontal format bzw. account form) **oder** nach der **Staffelform** (vertical format oder report form) aufstellen.[420] Eine einmal gewählte Darstellungsform ist aus Gründen der Stetigkeit grundsätzlich beizubehalten (IAS 1.45). Sofern es die Vermittlung eines umfassenden Bildes in die Finanz-, Vermögens- und Ertragslage erfordert, sind zusätzliche Posten anzubringen (IAS 1.57(a)). Darüber hinaus können sich weitere Untergliederungen aus anderen Standards ergeben. So sind nach IAS 2.37 die Vorräte in Roh-, Hilfs- und Betriebsstoffe, unfertige Erzeugnisse, fertige Erzeugnisse und Handelswaren zu untergliedern.[421] Diese zusätzlichen Angaben können wahlweise in der Bilanz oder im Anhang gemacht werden.

Weitere Angaben sind – ebenfalls wahlweise in der Bilanz oder im Anhang – beim **128** Eigenkapital zu machen (IAS 1.79–1.80A). Diese betreffen – getrennt nach Klassen (Gattungen) von Anteilen – ua die Anzahl der ausgegebenen und voll bzw. nicht voll eingezahlten Anteile, den Nennwert der Anteile, die Anzahl der genehmigten Anteile, die mit den Anteilen verbundenen Rechte und Beschränkungen, die Anzahl der selbst bzw. von Tochterunternehmen oder assoziierten Unternehmen gehaltenen eigenen Anteile sowie Informationen zur Anzahl der im Umlauf befindlichen Anteile. Ferner wird eine Beschreibung „von Art und Zweck jeder Rücklage innerhalb des Eigenkapitals" verlangt. Eigene Anteile sind nach IAS 32.33 vom Eigenkapital abzusetzen. Seit dem BilMoG ist diese Bilanzierung auch im deutschen Recht vorgeschrieben (§ 272 Abs. 1a, → § 272 Rn. 21 ff.). Nach IAS 1.32 gilt ein Saldierungsverbot für Vermögenswerte, Schulden, Aufwendungen und Erträge.

Nach IAS 1.60 und 1.62 iVm IAS 1.66–76 sind Bilanzposten zudem nach **Kurz-** **129** **und Langfristigkeit** einzuteilen. Als kurzfristig gelten dabei flüssige Mittel sowie alle Vermögenswerte bzw. Schulden, von denen zu erwarten ist, dass sie in erster Linie für Handelszwecke gehalten werden *oder* innerhalb eines gewöhnlichen Geschäftszyklus *oder* innerhalb von zwölf Monaten nach dem Bilanzstichtag umgeschlagen bzw. erfüllt werden (IAS 1.66). Zahlungsmittel und Zahlungsmitteläquivalente[422] gelten gleichfalls als kurzfristige Vermögenswerte, sofern ihre Verfügbarkeit, etwa aufgrund von Verpfändungen, nicht über einen Zeitraum von zwölf Monaten oder mehr eingeschränkt ist (IAS 1.66(d)). Alle

---

[419] MüKoBilanzR/Zülch/Fischer IAS 1 Rn. 78.

[420] S. auch Haufe IFRS-Komm/Lüdenbach/Hoffmann § 2 Rn. 56 (Stand: 1.1.2022).

[421] Weitere Beispiele finden sich in IAS 1.78.

[422] Nach IAS 7.7 gelten als Zahlungsmitteläquivalente nur solche finanziellen Vermögenswerte, die eine ursprüngliche Laufzeit von höchstens drei Monaten haben, wie zB jederzeit fällige Bankguthaben oder quartalsmäßig angelegte Festgelder.

anderen Vermögenswerte und Schulden sind als langfristig zu klassifizieren. Lässt sich ein Geschäftszyklus nicht eindeutig bestimmen, sollte für Vermögenswerte und Schulden der Zeitraum von zwölf Monaten als maßgebliches Abgrenzungskriterium zugrunde gelegt werden (IAS 1.68 S. 2).[423] Sollte eine Darstellung nach der Liquidität entscheidungsrelevante Informationen vermitteln, kann (ausnahmsweise)[424] dieses Gliederungsprinzip zugrunde gelegt werden.[425] Die Darstellungen sind unabhängig vom gewählten Format um Angaben zu Fristigkeiten zu erweitern (IAS 1.61). Danach ist für jeden Abschlussposten der Betrag anzugeben, von dem das Unternehmen erwartet, dass er erst nach einem Zeitraum von mehr als zwölf Monaten realisiert oder erfüllt wird.

130   Im Vergleich zu den IAS/IFRS sehen die **US-GAAP** kein festes Gliederungsschema (für die Konzernbilanz) vor. Wie nach den IFRS steht es den Unternehmen frei, ihre Bilanz entweder in Staffel- oder Kontenform aufzustellen.[426] In der Praxis hat sich in Anlehnung an die Gliederungsvorschriften gem. Regulations S-X (Rule 5–02), die für bei der SEC registrierte Unternehmen bindend sind, bei den Aktiva das Liquiditätsprinzip und bei den Passiva das Fristigkeitsprinzip als entscheidendes Gliederungsprinzip durchgesetzt.[427] Danach ist das Vermögen entsprechend der Liquidierbarkeit in der Bilanz von oben nach unten, beginnend mit den Aktiva mit der höchsten Liquidierbarkeit, anzuordnen. Die Aktivseite beginnt deshalb mit den liquiden Mitteln und endet mit den immateriellen Vermögenswerten. Bei den Passiva sind die Posten mit zunehmender Restlaufzeit auszuweisen. Deshalb führt die Passivseite von den kurzfristigen (current liabilities) über die langfristigen Verbindlichkeiten (non-current liabilities) hin zum Eigenkapital (equity).[428]

§ 267 Umschreibung der Größenklassen

(1) Kleine Kapitalgesellschaften sind solche, die mindestens zwei der drei nachstehenden Merkmale nicht überschreiten:
1. **6 000 000 Euro Bilanzsumme.**
2. **12 000 000 Euro Umsatzerlöse in den zwölf Monaten vor dem Abschlußstichtag.**
3. **Im Jahresdurchschnitt fünfzig Arbeitnehmer.**

(2) Mittelgroße Kapitalgesellschaften sind solche, die mindestens zwei der drei in Absatz 1 bezeichneten Merkmale überschreiten und jeweils mindestens zwei der drei nachstehenden Merkmale nicht überschreiten:
1. **20 000 000 Euro Bilanzsumme.**
2. **40 000 000 Euro Umsatzerlöse in den zwölf Monaten vor dem Abschlußstichtag.**
3. **Im Jahresdurchschnitt zweihundertfünfzig Arbeitnehmer.**

(3) ¹Große Kapitalgesellschaften sind solche, die mindestens zwei der drei in Absatz 2 bezeichneten Merkmale überschreiten. ²Eine Kapitalgesellschaft im Sinn des § 264d gilt stets als große.

(4) ¹Die Rechtsfolgen der Merkmale nach den Absätzen 1 bis 3 Satz 1 treten nur ein, wenn sie an den Abschlußstichtagen von zwei aufeinanderfolgenden Geschäftsjahren über- oder unterschritten werden. ²Im Falle der Umwandlung oder Neugründung treten die Rechtsfolgen schon ein, wenn die Voraussetzungen des Absatzes 1, 2

---

423   Hierzu auch Beck IFRS-HdB/Lübbig/Kühnel § 2 Rn. 294 ff.

424   Das in IAS 1.53 aF eingeräumte Wahlrecht, die Bilanz entweder nach Fristigkeit oder nach Bedeutung für die Liquidität zu gliedern, wurde im Rahmen des Improvement Project des IASB abgeschafft.

425   Haufe IFRS-Komm/Lüdenbach/Hoffmann § 2 Rn. 18 (Stand: 1.1.2022), die auf die Gliederung nach Liquiditätsnähe in Bankbilanzen verweisen.

426   Heymann/Roth, 3. Aufl. 2020, Vor § 340 Rn. 25.

427   Vgl. Coenenberg/Haller/Schultze, Jahresabschluss und Jahresabschlussanalyse, 26. Aufl. 2021, 2. Kap. C.III., S. 153 f.: „Aktiva werden entsprechend ihrer Umwandelbarkeit in liquide Mittel in der Bilanz von oben nach unten angeordnet"; Schildbach, US-GAAP, 2002, 133 f.; Heymann/Roth, 3. Aufl. 2020, Vor § 340 Rn. 24.

428   Ein Gliederungsbeispiel findet sich etwa bei Epstein/Nach/Bragg, Wiley GAAP, 2010, S. 72 ff.

oder 3 am ersten Abschlußstichtag nach der Umwandlung oder Neugründung vorliegen. [3]Satz 2 findet im Falle des Formwechsels keine Anwendung, sofern der formwechselnde Rechtsträger eine Kapitalgesellschaft oder eine Personenhandelsgesellschaft im Sinne des § 264a Absatz 1 ist.

(4a) [1]Die Bilanzsumme setzt sich aus den Posten zusammen, die in den Buchstaben A bis E des § 266 Absatz 2 aufgeführt sind. [2]Ein auf der Aktivseite ausgewiesener Fehlbetrag (§ 268 Absatz 3) wird nicht in die Bilanzsumme einbezogen.

(5) Als durchschnittliche Zahl der Arbeitnehmer gilt der vierte Teil der Summe aus den Zahlen der jeweils am 31. März, 30. Juni, 30. September und 31. Dezember beschäftigten Arbeitnehmer einschließlich der im Ausland beschäftigten Arbeitnehmer, jedoch ohne die zu ihrer Berufsausbildung Beschäftigten.

(6) Informations- und Auskunftsrechte der Arbeitnehmervertretungen nach anderen Gesetzen bleiben unberührt.

Schrifttum: Bethmann, Zur Prüfungspflicht einer kleinen Kapitalgesellschaft nach erfolgter Verschmelzung, DB 1992, 797; Beiersdorf, IFRS für kleine und mittelgroße Unternehmen: Veröffentlichung des Arbeitsentwurfs, BB 2006, 1898; Beiersdorf/Davis, IASB-Standard for Small and Medium-sized Entities: keine unmittelbare Rechtswirkung in Europa, BB 2006, 987; Beiersdorf/Schreiber, Entwicklung von internationalen Rechnungslegungsstandards für mittelständische Unternehmen, DStR 2006, 480; Biener, Einzelne Fragen zum Publizitätsgesetz, WPg 1972, 1; Centrale für GmbH, Berücksichtigung von Teilzeitbeschäftigten für Einordnung in Größenklasse bei Rechnungslegung, GmbHR 1992, 599; Ernst, Grundzüge des Referentenentwurfs zum Kapitalgesellschaften- & Co.-Richtlinie-Gesetz, DStR 1999, 903; Farr, Der Jahresabschluß der kleinen GmbH, GmbHR 1996, 92 (Teil I) und 185 (Teil II); Farr, Der Jahresabschluß der mittelgroßen und der kleinen AG, AG 1996, 145; Geitzhaus/Delp, Arbeitnehmerbegriff und Bilanzrichtlinien-Gesetz, BB 1987, 367; Göhner, Neue Größenklassenkriterien der §§ 267 und 293 Abs. 1 HGB: Besteht die Möglichkeit der Rückwirkung?, BB 2005, 207; Göhner, Zur Anwendung der neuen Größenklassenkriterien nach dem Gesetzentwurf der Bundesregierung zum KapCoRiLiG, BB 1999, 1914; Grottke, Operation gelungen – Mittelstand tot? Eine Analyse der Anhangangaben der IFRS for SMEs auf mittelstandsschädliche Wirkungen, DStR 2010, 1147; Haller/Eierle, Accounting Standards for Small and Medium-sized Entities – erste Weichenstellungen durch das IASB, BB 2004, 1838; Haller/Eierle/Beiersdorf, International Financial Reporting Standard for Small and Medium-sized Entities (IFRS for SMEs): Überblick über den finalen Standard des IASB, DB 2009, 1549; Hargarten/Claßen, Praxisfragen zur handelsrechtlichen Größenklassifizierung, BB 2020, 299; IDW PH 9.100.1, Besonderheiten der Abschlussprüfung kleiner und mittelgroßer Unternehmen, WPg Supplement 1/2007, 53; IDW, BilRUG – Erstanwendung und Übergangsvorschriften, IDW-FN 8/2015, 446; Joswig, Größenabhängige Klassifizierung nach § 267 HGB bei Neugründungen und Umwandlungen, BB 2007, 763; Knorr/Zeimes, IASB-Projekt zu Accounting Standards for Non-Publicly Accountable Entities: Status der Diskussion, BB 2005, Beilage zu Heft 20, 20; Kropp/Sauerwein, Bedeutung des Aufstellungszeitpunkts für die Rückwirkung der neuen Größenklassenkriterien des § 267 HGB, DStR 1995, 70; Lehwald, Die Zahl der Beschäftigten als Abgrenzungsmerkmal im Entwurf eines Bilanzrichtlinie-Gesetzes, BB 1981, 2107; Lüdenbach/Hoffmann, Der Standardentwurf des IASB für den Mittelstand, DStR 2007, 544; Marx/Delp, Die Größenklassen der Kapitalgesellschaften nach dem Richtlinien-Gesetz, Stbg 1986, 98; Meyering/Hintzen/Schönrock, Handelsrechtliche Größenklassen im Zeitverlauf – Fortschreitende Deregulierung oder Inflationsausgleich?, DB 2020, 629; Meyering/Hintzen/Schönrock, Die Entwicklung der handelsrechtlichen Größenklassen – Ergebnisse einer quantitativen Untersuchung, KoR 2021, 133; Mohr, Keine Rückwirkung von Schwellenwerten zur Bestimmung der Größenmerkmale einer Gesellschaft?, GmbHR 2007, 86; Mücke, Anhebung der Schwellenwerte für Einzelabschlüsse durch das BilMoG, BBK 5/2008, 229; Muraz, Höhere Schwellenwerte nach § 267 HGB: Auswirkungen auf dem Prüfstand, WPg 2016, 1023; Nemet/Zilch, Zweifelsfragen bei der Größenklassenklassifizierung gemäß § 267 HGB, WPg 2016, 843; Niehus, IFRS für den Mittelstand? Warum eigentlich?, DB 2006, 2529; Ostrowski, Die Offenlegung der Jahresabschlüsse von im Freiverkehr an der Börse gehandelten Aktiengesellschaften, ZBB 1999, 19; Philipps, Rechnungslegungspraxis der KMU nach BilMoG: empirische Befunde im ersten Jahresabschluss nach neuem Bilanzrecht, BBK 7/2011, 307; Pfitzer/Wirth, Die Änderungen des Handelsgesetzbuchs, DB 1994, 1937; Ruhnke/Niephaus, Jahresabschlußprüfung kleiner Unternehmen: Besonderheiten der Prüfung, internationale Prüfungsstandards und Ergebnisse einer empirischen Erhebung, DB 1996, 789; Schildbach/Grottke, IFRS for SMEs: unvereinbar mit den Anforderungen der EU und eine Gefahr für den Mittelstand, DB 2011, 945; Theile, Zweifelsfragen zur Größeneinstufung von Kapitalgesellschaften (& Co.), BKK 2021, 417; Veit, Zur Bedeutung formeller Bilanzpolitik, DB 1994, 2509; Volk, Möglichkeiten zur erfolgsneutralen Beeinflussung des Betriebsgrößenmerkmals „Bilanzsumme", DStR 1988, 380; Weirich/Zimmermann, Aufstellung und Offenlegung des Jahresabschlusses kleiner Aktiengesellschaften, AG 1986, 265; Zabel, Vereinfachte IFRS für ausgewählte Unternehmen des Mittelstands: ein Diskussionsbeitrag und eine Bestandsaufnahme zu Bedeutung, Prozess und Lösungsansätzen des IASB-Projekts „Accounting Standards for Small and Medium-sized Entities", KoR

2005, 207; o.V., BilMoG – Nachträglicher Wegfall der Prüfungspflicht durch Anhebung der Schwellenwerte, WPK Magazin 2/2009, 8; Zwirner, Die wichtigsten Fragen: Vorzeitige Erstanwendung des BilRUG und Auswirkungen auf Prüfungspflicht und Offenlegung, BC 2016, 208.[1]

Übersicht

I. Bedeutung von Größenunterscheidungen

1. Die drei Größenklassen des § 267. § 267 ist ebenso wie § 267a eine Hilfsnorm. Seine Abs. 1–5 (zu Abs. 6 → Rn. 22) definieren drei Kategorien der Unternehmensgröße, an deren Unterscheidung der Gesetzgeber in weiteren Vorschriften bestimmte Rechtsfolgen für den Einzelabschluss (zum Konzernabschluss s. § 293), insbesondere größenabhängige Erleichterungen (Befreiungen) bzw. Verschärfungen (zB § 264 Abs. 1 S. 3, § 266 Abs. 1 S. 3, § 274a, § 276, § 288, § 316 Abs. 1, § 326, § 327) knüpft. Die Definition einer vierten Größenkategorie findet sich in dem durch das BilRuG eingeführten § 267a.[2] Die Begriffsbestimmungen des § 267 (wie auch diejenige des § 267a) gelten für Kapitalgesellschaften, also für AG, KGaA, GmbH und SE mit Sitz im Inland, für Kapitalgesellschaften & Co. iSd § 264a Abs. 1, sowie kraft Verweisung für Genossenschaften und Europäische Genossenschaften (§ 336 Abs. 2 S. 1 Nr. 2; § 32 Abs. 1 SCE-Ausführungsgesetz), nicht dagegen für Kreditinstitute (§ 340a Abs. 2 S. 1; § 32 Abs. 2 SCE-Ausführungsgesetz) und Versicherungsunternehmen (§ 341a Abs. 2 S. 1), für die stets die Vorschriften für große Kapitalgesellschaften gelten (§ 340a Abs. 1 S. 1 und § 341a Abs. 1 S. 1). Rechtsgrundlage der Erleichterungen zugunsten mittlerer und kleiner (sowie kleinster, § 267a) Gesellschaften sind die Art. 3, 14 und 23 Bilanz-RL, die nationale Wahlrechte einräumen. Dahinter steht ähnlich wie bei der Rechnungslegung nach dem PublG (vgl. dort die Größenmerkmale nach den §§ 1 f.) der Gedanke, dass insbesondere der mit dem Aufstellen und der Prüfung von Jahresabschlüssen verbundene Kostenaufwand und die sich aus der Offenlegung ergebende mögliche Preisgabe von Betriebsinterna umso weniger zugemutet werden können, je kleiner das betreffende Unternehmen und damit der Kreis der potentiellen Jahresabschlussadressaten bzw. deren Informationsinteresse **(Kostenvermeidungs-[3] und Geheimhaltungsinteresse der**

---

[1]   Der Verf. dankt seiner wissenschaftlichen Mitarbeiterin Ref. jur. Melanie Manow für die Vorarbeit zur Neuauflage.

[2]   Vgl. auch die 2009 durch das BilMoG mit § 241a geschaffene, mit einer vollständigen Befreiung von der Buchführungspflicht verbundene, auf Umsatzerlöse und Jahresüberschuss abstellende Unternehmensgröße am unteren Ende der Skala, die aber ausdrücklich nur für Einzelkaufleute und nicht für Kapitalgesellschaften oder Personengesellschaften gilt.

[3]   Vgl. Begr. RegE MoMiG, BT-Drs. 16/10067, 43, zur finanziellen Bedeutung allein der jüngsten Anpassung der Schwellenwerte (Rn. 4): „Insbesondere durch den Wegfall der Prüfungspflicht für eine gewisse Zahl von bisher mittelgroßen und künftig kleinen Unternehmen" kämen „beträchtliche Einsparungen – mithin Kostensenkungen – in Betracht". Insgesamt ergebe „sich eine Kostenreduzierung in Höhe von gerundet ungefähr 300 Mio. Euro".

Unternehmen) ist. Große Kapitalgesellschaften (Abs. 3) und Kapitalgesellschaften & Co. (§ 264a Abs. 1) müssen den jeweiligen gesetzlichen Anforderungen stets in vollem Umfang genügen, wobei für Unternehmen, die den Kapitalmarkt in Anspruch nehmen (vgl. § 267 Abs. 3 S. 2), in den letzten Jahren noch diverse Angabepflichten hinzugekommen sind (→ § 264d Rn. 2). Für mittelgroße und noch stärker für kleine Kapitalgesellschaften bestehen demgegenüber Erleichterungen. **Mittelgroße** (und kleine) **Kapitalgesellschaften** (Abs. 2) können eine verkürzte GuV (§ 276 S. 1) und einen verkürzten Anhang (§ 288 Abs. 2 S. 1) aufstellen und als mittelgroße GmbH (oder Kapitalgesellschaft & Co.) den Jahresabschluss auch durch vereidigte Buchprüfer und Buchprüfungsgesellschaften prüfen lassen (§ 319 Abs. 1 S. 2). Die Offenlegung kennt hinsichtlich der Bilanz ebenfalls verschiedene Erleichterungen (§ 327). Die früher im Vergleich zu großen bei mittelgroßen (und kleinen) Kapitalgesellschaften eingeschränkte Publizität (§ 325 Abs. 1 S. 2, Abs. 2 aF: keine Bekanntmachung im gedruckten Bundesanzeiger) ist mit der Neufassung des § 325 durch das EHUG[4] und die Einführung einer zwingenden Veröffentlichung der Jahresabschlüsse aller Kapitalgesellschaften im Bundesanzeiger weggefallen. **Kleine Kapitalgesellschaften** (Abs. 1) profitieren ua von einer großzügigeren Aufstellungsfrist (§ 264 Abs. 1 S. 4) und können eine verkürzte Bilanz (§ 266 Abs. 1 S. 3), eine verkürzte GuV (§ 276 S. 1) und einen verkürzten Anhang (§ 274a, § 276 S. 2, § 288 Abs. 1; § 160 Abs. 3 S. 1 AktG) aufstellen. Sie sind von Lageberichtspflicht (§ 264 Abs. 1 S. 4 Hs. 1) und Prüfungspflicht (§ 316 Abs. 1 S. 1) befreit und können den Jahresabschluss in erleichterter Weise, nämlich ohne GuV und GuV-bezogene Angaben im Anhang offenlegen (§ 326).

2. Wahlrechte. Alle größenabhängigen Begünstigungen bestehen idR in Form von 2 **Wahlrechten** für die rechnungslegende Gesellschaft. Die kleine Kapitalgesellschaft hat im Gegensatz zu mittelgroßen und großen Unternehmen zB das Recht, aber nicht die Pflicht, eine verkürzte Bilanz aufzustellen (§ 266 Abs. 1 S. 3). Aufgrund von sonstigen Bilanzierungswahlrechten zu Ansatz (für die Aktivierung zB § 248 Abs. 2 S. 1, § 250 Abs. 3 S. 1, § 274 Abs. 1 S. 2[5]) und Bewertung (zB § 253 Abs. 2 S. 2 und Abs. 3 S. 3, § 255 Abs. 2 S. 3, Abs. 3 S. 2)[6] können die Unternehmen uU **Einfluss auf ihre Größenklasse nehmen** (→ Rn. 6). Hiergegen ist aber nichts einzuwenden. Da die Gesellschaften über die Ausübung der ihnen zustehenden größenabhängigen Erleichterungen disponieren können, ist kein Grund ersichtlich, warum sie in der Ausübung sonstiger bilanzrechtlicher Wahlmöglichkeiten eingeschränkt sein sollten, nur weil diese im Einzelfall größenrelevant sind. Dafür spricht auch, dass der Gesetzgeber die Größenmerkmale so gewählt hat, dass sie möglichst präzise und einfach zu ermitteln sind (→ Rn. 8, → Rn. 11, → Rn. 15 und → Rn. 16). Diesem Anliegen würden materiell-rechtliche Differenzierungen unter Missbrauchsgesichtspunkten zuwiderlaufen. Etwaige Wahlmöglichkeiten werden deshalb lediglich durch den zwingenden Stetigkeitsgrundsatz (vgl. § 243 Abs. 2; § 246 Abs. 3 S. 1; § 252 Abs. 1 Nr. 1 und 6, Abs. 2; § 265 Abs. 1 S. 1; → § 265 Rn. 4 ff.) eingeschränkt.[7] Die Gesellschaft ist an die erstmalige Entscheidung über die Ausübung eines Ansatz-, Bewertungs- oder Gliederungswahlrechts grundsätzlich auch dann gebunden, wenn im nachfolgenden Jahresabschluss durch eine abweichende Ausübung der erstmalige Wechsel der Größenklasse vermieden werden könnte.[8] Der Grundsatz

---

4   Gesetz „über elektronische Handelsregister und Genossenschaftsregister sowie das Unternehmensregister (EHUG)" v. 10.11.2006, BGBl. 2006 I 2553.

5   Zum Wegfall des Aktivierungswahlrechts nach § 272 Abs. 1 S. 2 und 3 idF vor dem BilMoG und seiner Bedeutung für die Bilanzsumme → § 272 Rn. 8.

6   Näher s. zB Farr GmbHR 1996, 185 (189 f.); Farr AG 1996, 145 (147 f.) (zu den Möglichkeiten zur Herabstufung der Größenklasse durch formelle Bilanzpolitik); s. auch Veit DB 1994, 2509 ff.; Volk DStR 1988, 380 ff.

7   Ähnlich HdR/Knop/Küting Rn. 8 (Stand 11/2016): Die Möglichkeiten, unter Ausnutzung einzelner Bilanzierungswahlrechte auf die Höhe der Bilanzsumme Einfluss zu nehmen, würden „jedoch im Zeitablauf z.T. durch den sämtliche Bereiche […] durchdringenden Stetigkeitsgrundsatz […] eingeschränkt".

8   AA KK/Claussen/Korth, 2. Aufl. 1991, Rn. 7: Wenn „durch die Wahlrechtsinanspruchnahme ein erstmaliges Überschreiten einer Größenklasse" vermieden werden könne, könnten „‚besondere Umstände' iSv. §§ 252 Abs. 2, 265 Abs. 1 vorliegen" (Aussage in der Kommentierung von Kölner Komm RechnungslegungsR/Scherrer nicht mehr enthalten).

der Darstellungsstetigkeit (§ 265 Abs. 1) gilt auch für die Entscheidung über die Inanspruchnahme größenabhängiger Erleichterungen selbst. Wenn das Unternehmen nach den bisher gewählten Bilanzierungsmaßstäben in eine andere Größenklasse hineingelangt, darf dem Bilanzleser diese Entwicklung nicht vorenthalten werden.

3   An der Inanspruchnahme der bilanzrechtlichen Erleichterungen kann die kleine (kleinste) oder mittelgroße Gesellschaft im Einzelfall auch **gesellschaftsrechtlich** im Verhältnis zu den Gesellschaftern **gehindert sein.**[9] Entsprechende Beschränkungen können in der Satzung vorgesehen sein.[9] Ferner können Aktionäre im Rahmen ihres **Auskunftsrechts** in der Hauptversammlung die Vorlage eines nicht um die Erleichterungen nach den § 266 Abs. 1 S. 2, § 276 und § 288 gekürzten Jahresabschlusses verlangen (§ 131 Abs. 1 S. 3 AktG), sodass kleine und mittelgroße AG dann praktisch nur hinsichtlich Prüfung und Offenlegung, nicht aber hinsichtlich der Aufstellung des Jahresabschlusses entlastet werden (näher hierzu sowie zu etwaigen arbeitsrechtlichen Informationspflichten → § 276 Rn. 2 und 3).

II. Größenmerkmale (Abs. 1–3)

4   **1. Grundlagen.** Maßgebliche Kriterien für die Unternehmensgröße sind Kapitalmarktorientierung (Abs. 3 S. 2) sowie Bilanzsumme, (Netto-)Umsatzerlöse und Zahl der Arbeitnehmer (Abs. 2, Abs. 3 S. 1). Sie bestimmt sich damit neben der Kapitalmarktorientierung nach dem ökonomischen Gesamtvolumen (Bilanzsumme), der Ertragskraft (Umsatzerlöse) und nach einem ausgewählten Produktionsfaktor (Arbeitnehmer). Die Größenmerkmale sind in Form von Zahlen präzise formuliert und einfach zu ermitteln; Bilanzsumme und Umsatzerlöse lassen sich unmittelbar aus Bilanz und GuV entnehmen. Als **typisierendes**[10] **gesetzgeberisches Diktum** sind sie keiner Analogie zugänglich; andere Faktoren[11] als die im Gesetz genannten können für die Einordnung eines Unternehmens als groß, mittelgroß, klein oder als Kleinstunternehmen daher keine Rolle spielen. Art. 3 Abs. 13 Bilanz-RL verpflichtet die Kommission, die Schwellenwerte der Richtlinie (gemeint sind: für Bilanzsumme und Umsatzerlöse) **alle fünf Jahre zu überprüfen und ggf.** mittels delegierter Rechtsakte **zu ändern,** „um eine inflationsbedingte Bereinigung vorzunehmen". Die Erleichterungen für kleinste, kleine und mittelgroße Gesellschaften sind als Mitgliedstaaten-Wahlrechte ausgestaltet (Art. 3, 14 und 36 Bilanz-RL); die Umsetzung der Schwellenwert*anpassungen* in nationales Recht ist konsequenterweise ebenso **freiwillig,** denn es ist kein besonderes Interesse ersichtlich, die in einem Festhalten an den bisherigen, niedrigeren Schwellenwerten liegende partielle Ausnutzung des nationalen Erleichterungsrahmens anders zu behandeln als den gänzlichen Verzicht auf Erleichterungen für kleine und mittlere Unternehmen. In der Vergangenheit wurden die freiwilligen Anpassungen der einschlägigen Beträge nur verzögert in das deutsche Recht umgesetzt (→ 3. Aufl. 2013, Rn. 4), teilweise aber **rückwirkend** für anwendbar erklärt. Das inzwischen geltende deutsche Recht idF des BilRUG geht auf die Neuerungen durch Abs. 2–4 des Art. 3 Bilanz-RL (betitelt „Kategorien von Unternehmen und Gruppen") zurück. Die Reform brachte eine erneute Anhebung der Schwellenwerte, die auf alle nach dem 31.12.2015 beginnenden

---

9   LG Nürnberg-Fürth AG 2005, 262 (263): Die AG könne „durch ihre Satzung bestimmen", „dass – entgegen handelsrechtlichen Vorschriften – ein Lagebericht zu erstellen" sei; Weirich/Zimmermann AG 1986, 265 (266).

10   Zu den verfassungsrechtlichen, im Anwendungsbereich des Europarechts (einschließlich der Bilanz-RL) nach hM freilich zurücktretenden Grenzen der Typisierung s. zB BVerfGE 65, 325, unter B. II., vor 1. (baden-württembergische Zweitwohnungsteuer): Ungleichbehandlungen als Folge der Typisierung dürften nicht so weit gehen, dass die Vorteile der Typisierung „nicht mehr im rechten Verhältnis" zu der damit verbundenen Ungleichheit der (steuerlichen) Belastung stünden.

11   ZB die aus Sicht der Prüfungslehre bekannten, an größenabhängige Besonderheiten der Abschlussprüfung anknüpfenden Unterscheidungskriterien. Demnach soll in diesem Sinne ein kleines Unternehmen vorliegen, „wenn seine begrenzte Größe und die geringe Anzahl an Mitarbeitern die Möglichkeiten der Funktionstrennung einschränken und/oder der Eigentümer/die Geschäftsleitung alle wichtigen Geschäfte selbst erledigt/en" (Ruhnke/Niephaus DB 1996, 789 [789], unter Hinweis auf den (seither mehrfach überarbeiteten) „IAPS 1005, par. 2 (s. Abschn. IV.)" und m. weit. Bsp.).

Geschäftsjahre bindend anzuwenden ist (Art. 75 Abs. 2 EGHGB[12]) und dazu geführt hat, dass etwa 7000 vormals „mittelgroße" Unternehmen inzwischen als „klein" eingestuft werden.[13] Für „große" Kapitalgesellschaften war die Änderung des Schwellenwertes nicht so weitreichend. Im Einzelnen sind die geltenden Größenmerkmale für kleine Kapitalgesellschaften eine Bilanzsumme von 6.000.000 EUR (anstelle von früher 4.840.000 EUR) und jährliche Umsatzerlöse von 12.000.000 EUR (anstelle von 9.680.000 EUR) sowie für mittelgroße Kapitalgesellschaften eine Bilanzsumme von 20.000.000 EUR (anstelle von 19.250.000 EUR) und jährliche Umsatzerlösen von 40.000.000 EUR (anstelle von 3.850.000 EUR).[14] Die durch die RL 2012/6/EU[15] zusätzlich geschaffene Kategorie der Kleinstgesellschaften (jetzt: Art. 3 Abs. 1 Bilanz-RL) hat der deutsche Gesetzgeber nicht in § 267, sondern in einer separaten Vorschrift (§ 267a) ausgestaltet.

Im tabellarischen Überblick stellen sich die Größenklassen wie folgt dar 5

Kriterien (2 aus 3) Größenklasse	Bilanzsumme in EUR	Umsatzerlöse in EUR	Arbeitnehmerzahl
kleinst	≤ 350.000	≤ 700.000	≤ 10
klein	> 350.000 ≤ 6.000.000	> 700.000 ≤ 12.000.000	> 10 ≤ 50
mittelgroß	> 6.000.000 ≤ 20.000.000	> 12.000.000 ≤ 40.000.000	> 50 ≤ 250
groß	> 20.000.000	> 40.000.000	> 250

2. Bilanzsumme, Abs. 4a. Die Bilanzsumme „setzt sich aus den Posten zusammen, 6 die in den Buchstaben A bis E des § 266 Abs. 2 aufgeführt sind", ein „auf der Aktivseite ausgewiesener Fehlbetrag (§ 268 Abs. 3) wird nicht einbezogen, wie der durch das BilRUG eingeführte Abs. 4a S. 1 und S. 2 nun ausdrücklich und im Einklang mit Art. 3 Abs. 11 Bilanz-RL sowie bisherigem deutschen Recht (→ 3. Aufl. 2013, Rn. 6) definiert.[16] Die **Definition,** die nicht nur für § 267, sondern auch für die § 267a und § 293 maßgeblich ist, hat den Zusatz „nach Abzug eines auf der Aktivseite ausgewiesenen Fehlbetrags" hinter dem Wort „Bilanzsumme" in § 267 Abs. 1 aF und Abs. 2 aF sowie § 267a aF (v. 20.12.2012) und § 293 aF entbehrlich und diese Vorschriften, wie die Bundesregierung hervorhebt, „leichter lesbar" gemacht.[17] Für die Bestimmung der Bilanzsumme der **KGaA** sowie der **Kapitalgesellschaft & Co.** iSd § 264a bleibt der Posten „Nicht durch Vermögenseinlagen gedeckter Verlustanteil persönlich haftender Gesellschafter" wie bisher unberücksichtigt.[18] Ein solcher Posten ist dort zu zeigen, soweit der Verlust den Kapitalanteil des betreffenden persönlich haftenden Gesellschafters übersteigt und dieser nicht zum Verlustausgleich verpflichtet ist (§ 286 Abs. 2 S. 3 AktG und § 264c Abs. 2 S. 5, → § 266 Rn. 70). Er ist ebenfalls ein „auf der Aktivseite ausgewiesener Fehlbetrag" iSv Abs. 4a S. 2, obwohl er in § 268 Abs. 3 im

---

[12] Die Übergangsvorschrift gestattete die Anwendung der neuen Werte schon für Geschäftsjahre, die nach dem 31.12.2013 beginnen. Zu den Vorteilen s. Zwirner BC 2016, 208 (209 ff.).

[13] Blöink/Knoll-Biermann Der Konzern 2015, 65 (67).

[14] In einer quantitativen Studie kommen Meyering/Hintzen/Schönrock KoR 2021, 133 (134) zu dem Ergebnis, dass die Schwellenwerte weitaus höher angehoben wurden, als für einen reinen Inflationsausgleich erforderlich gewesen wäre. Dies lege den Schluss nahe, dass der Gesetzgeber mit Anhebung der Schwellenwerte zugleich den Zweck der Deregulierung verfolgt habe. Für eine detaillierte Darstellung der Studie s. Meyering/Hintzen/Schönrock DB 2020, 629 ff.

[15] Richtlinie des Europäischen Parlaments und des Rates zur Änderung der Richtlinie 78/660/EWG des Rates über den Jahresabschluss von Gesellschaften bestimmter Rechtsformen hinsichtlich Kleinstbetrieben, ABl. 2012 L 81, 3.

[16] So auch ausdrücklich Begr. RegE BilRUG, BT-Drs. 18/4050, 60, speziell zu Abs. 4a S. 2: „[D]ies entspricht dem geltenden Recht".

[17] Begr. RegE BilRUG, BT-Drs. 18/4050, 60. Die bisher für Kleinstkapitalgesellschaften geregelte Definition der Bilanzsumme in § 267a Abs. 1 S. 2 könne damit ebenfalls entfallen.

[18] BeBiKo/Störk/Lawall, 13. Aufl. 2022, Rn. 6; Kirsch/Schellhorn Rn. 15 (Stand: Mai 2018); noch zur (freilich unveränderten) Rechtslage vor dem BilRUG Baetge/Kirsch/Thiele/Marx/Dallmann Rn. 22 (September 2015); ADS Rn. 10 (speziell zur KGaA).

Gegensatz zum Posten „Nicht durch Eigenkapital gedeckter Fehlbetrag" (AG, SE, GmbH oder auch Genossenschaft) nicht ausdrücklich genannt wird; § 286 Abs. 2 S. 3 AktG und § 264c Abs. 2 S. 5 verweisen bezüglich dieses Postens aber auf § 268 Abs. 3. Bilanzvermerke „unter dem Strich" sind also wie bisher nicht zu berücksichtigen.[19] Die Bilanzsumme muss sich aus der rechtmäßigen Bilanz ergeben, die unter Ausnutzung von Bilanzierungs-, Bewertungs- und Ausweiswahlrechten erstellt werden darf, auch wenn sich diese auf die Aktivseite beziehen und dadurch die Höhe der Bilanzsumme beeinflussen (→ Rn. 2).[20]

7   **3. Umsatzerlöse.** Die Höhe der „Umsatzerlöse" ergibt sich unmittelbar aus der GuV (§ 275 Abs. 2 Nr. 1, Abs. 3 Nr. 1), der Begriff wird in § 277 Abs. 1 einheitlich für das Gesamtkosten- und das Umsatzkostenverfahren und im Einklang mit Art. 2 Nr. 5 Bilanz-RL („Nettoumsatzerlöse") **definiert** (→ Rn. 3). Macht eine mittelgroße oder kleine Gesellschaft von ihrem Saldierungswahlrecht nach § 276 S. 1 Gebrauch und weist in der GuV lediglich ein „Rohergebnis" aus, ist die Höhe der darin enthaltenen Umsatzerlöse für die Zwecke des § 267 dennoch separat zu ermitteln (→ § 276 Rn. 8). Maßgeblich für das Bestimmen der Unternehmensgröße sind die Umsatzerlöse „in den letzten zwölf Monaten vor dem Abschlussstichtag". Ging dem Abschlussstichtag ein **Rumpfgeschäftsjahr,** etwa aufgrund einer **Umstellung des Geschäftsjahres,** voraus, sind hinsichtlich der Erlöse für die im Vergleich zu einem vollen Geschäftsjahr fehlenden Monate die tatsächlichen Umsätze der entsprechenden Monate des vorangehenden Geschäftsjahres maßgebend.[21] Diese Monatsumsätze werden somit für die Größenberechnung an zwei unterschiedlichen Bilanzstichtagen, also doppelt, herangezogen.[22] Eine Schätzung oder Hochrechnung aufgrund der Ergebnisse des vorangegangenen Geschäftsjahres ist grundsätzlich unzulässig, da Umsätze saisonal schwanken können und insofern die Gefahr von Manipulationen besteht.[23] Für den Fall, dass die tatsächlichen Monatsumsätze bei Umstellung des Geschäftsjahres im Ausnahmefall nicht feststellbar sind, wird im Schrifttum überwiegend eine Proportionalisierung der Vorjahresumsatzerlöse auf die einzelnen Monate befürwortet, während das Hochrechnen der Umsatzerlöse auf Basis des Rumpfgeschäftsjahres als unzulässig angesehen wird.[24] Anders ist die Lage, wenn die Ursache für das Vorliegen eines Rumpfgeschäftsjahres nicht in der Umstellung des Geschäftsjahres, sondern in einer **Neugründung** oder **Umwandlung** liegt. Hier sind allein die Beträge des Rumpfgeschäftsjahres maßgebend und auf die fehlenden Monate hochzurechnen (→ Rn. 16 ff.).

8   **4. Arbeitnehmerzahl. a) Arbeitnehmerbegriff.** Die Eigenschaft als Arbeitnehmer soll sich in Ermangelung einer eigenen bilanzrechtlichen Definition (und vorbehaltlich der Besonderheiten gemäß Abs. 5) nach den **arbeitsrechtlichen Grundsätzen** einschließlich der Rechtsprechung des BAG bestimmen.[25] Allerdings beruht § 267 auf den Art. 3 Bilanz-

---

[19]   ZB BeBiKo/Störk/Lawall, 13. Aufl. 2022, Rn. 6.

[20]   Durch den nun zwingenden Nettoausweis des gezeichneten Kapitals gem. § 272 Abs. 1 S. 2 ist die bis zum BilMoG bestehende Möglichkeit entfallen, die Bilanzsumme durch Aktivierung nicht eingeforderter ausstehender Einlagen bzw. durch den Verzicht hierauf zu beeinflussen (→ § 272 Rn. 8).

[21]   ZB ADS Rn. 12; BeBiKo/Störk/Lawall, 13. Aufl. 2022, Rn. 8; BeckOGK/Suchan, 15.9.2021, Rn. 15; HdR/Knop/Küting Rn. 13 (Stand: 11/2016); Kirsch/Schellhorn Rn. 20 (Stand: Mai 2018); KKRD/ Morck/Drüen, Rn. 6; Baetge/Kirsch/Thiele/Marx/Dallmann Rn. 25 (September 2015).

[22]   ADS Rn. 12; BeBiKo/Störk/Lawall, 13. Aufl. 2022, Rn. 8.

[23]   HdR/Knop/Küting Rn. 13 (Stand: 11/2016); ADS Rn. 12; BeBiKo/Störk/Lawall, 13. Aufl. 2022, Rn. 8; Kirsch/Schellhorn Rn. 21 (Stand: Mai 2018): Schätzungsmethoden „nur subsidiär heranzuziehen".

[24]   Ausf. zu Schätzungsmöglichkeiten Kirsch/Schellhorn Rn. 21(Stand: Mai 2018) mwN und Beispiel; ferner ADS Rn. 12; BeBiKo/Störk/Lawall, 13. Aufl. 2022, Rn. 8; HdR/Knop/Küting Rn. 13 (Stand: 11/2016); BeckOGK/Suchan, 15.9.2021, Rn. 15.

[25]   Staub/Meyer, 6. Aufl. 2021, Rn. 12: „der allgemeine Begriff des Arbeitnehmers", „wie er durch das Arbeitsrecht und die Rechtsprechung des BAG geprägt ist"; BeBiKo/Störk/Lawall, 13. Aufl. 2022, Rn. 9; Kirsch/Schellhorn Rn. 23 (Stand: Mai 2018); Kölner Komm RechnungslegungsR/Scherrer Rn. 24; Biener WPg 1972, 1 (3); Lehwald BB 1981, 2107 (2108); Geitzhaus/Delp BB 1987, 367 ff.; ADS Rn. 13; HdR/Knop/Küting Rn. 14 mwN (Stand: 11/2016): „Arbeitnehmerbegriff iS seines sonst im deutschen Rechtssystem üblichen Inhalts auszulegen"; Baetge/Kirsch/Thiele/Marx/Dallmann Rn. 28 (September 2015).

RL, wo von Beschäftigten die Rede ist. Die Verfasser der europäischen Richtlinie (und bereits diejenigen der Vorgängerrichtlinie – RL 78/660/EWG) hatten sicherlich nicht speziell das deutsche Arbeitsrecht im Blick, und deutscher und europäischer Arbeitnehmerbegriff sind nicht deckungsgleich,[26] der europäische ist vielmehr weiter. Der EuGH, der – freilich ohne Begründung – von einem einheitlichen europarechtlichen Arbeitnehmerbegriff auszugehen scheint,[27] definiert den **Arbeitnehmer** über das Arbeitsverhältnis, dessen wesentliches Merkmal er darin sieht, „dass eine Person während einer bestimmten Zeit für eine andere nach deren Weisung Leistungen erbringt, für die sie als Gegenleistung eine Vergütung erhält".[28] Das Element der Weisungsbezogenheit entspricht im deutschen Arbeitsrecht dem Merkmal der persönlichen (im Gegensatz zur wirtschaftlichen) Abhängigkeit, die sich nach Auffassung des BAG insbesondere in der Weisungsgebundenheit zeigt.[29] Der nach der Rechtsprechung des BAG für das deutsche Arbeitsrecht maßgebliche Begriff der Eingliederung[30] hat demgegenüber im europäischen Arbeitsrecht für die Abgrenzung zu Selbstständigen keine Bedeutung.[31] Unter den europarechtlichen Arbeitnehmerbegriff werden zB auch Beamte subsumiert.[32] Im Zusammenhang mit § 267 ist diese weite Auslegung durchaus zweckmäßig, wenn man zB an die beamteten Mitarbeiter früherer Staatsunternehmen denkt. Ob der Vertrag, auf dessen Grundlage die Arbeitsleistung gegen Entgelt erbracht wird, wirksam ist, ist unerheblich.[33] Als in- oder ausländischer Arbeitnehmer (vgl. § 267 Abs. 5: „einschließlich der im Ausland beschäftigten Arbeitnehmer") in Betracht kommen auch Heimarbeiter, wegen Mutterschaft Beurlaubte,[34] in einem Probearbeitsverhältnis Befindliche, unselbstständige Handelsvertreter (§ 84 Abs. 2), wegen einer Wehrübung kurzfristig Freigestellte, Aushilfskräfte sowie Teilzeitbeschäftigte.[35] Teilzeitbeschäftigte und Heimarbeiter sind voll zu berücksichtigen und nicht etwa auf Vollzeitarbeitskräfte umzu-

---

[26] S. zB EuGH EuGHE 1986, 2121 = NVwZ 1987, 41 Rn. 16 – Lawrie-Blum: Da die Freizügigkeit der Arbeitnehmer eines der Grundprinzipien der Gemeinschaft sei, könne der Begriff des Arbeitnehmers iSv Art. 48 EWGV [Art. 45 AEUV] „nicht je nach dem nationalen Recht unterschiedlich ausgelegt werden", sondern er habe „eine gemeinschaftsrechtliche Bedeutung".

[27] S. EuGH NJW 2011, 2343 Rn. 40 – Danosa, wo das Gericht im Kontext der RL 92/85/EWG zum Schwangerenschutz am Arbeitsplatz von der „Arbeitnehmereigenschaft iSd. Unionsrechts" spricht.

[28] EuGH NJW 2011, 2343 Rn. 39 – Danosa, mwN, aus der eigenen Rspr. zur Freizügigkeit der Arbeitnehmer (Art. 45 AEUV, früher Art. 39 EGV, früher Art. 48 EWGV) und zum Grundsatz des gleichen Entgelts für Arbeitnehmer und Arbeitnehmerinnen.

[29] BAGE 19, 324 = NJW 1967, 1982, unter 1., zur Abgrenzung eines Arbeitsverhältnisses gegenüber den Vertragsbeziehungen eines freien Mitarbeiters. Aus der neueren Rspr. s. BAG DB 2010, 2173 = AP BetrVG 1972 § 99 Einstellung Nr. 60, unter II.2.c.aa., zur Anwendung des § 99 BetrVG auf (betrieblich eingliederte) Personen (DRK-Vereinsmitglieder), die zwar nicht Arbeitnehmer sind, aber auf Weisung des Arbeitgebers angewiesen arbeiten zur Verwirklichung der Betriebszwecke tätig sind.

[30] ZB BAG BeckRS 2008, 54162, unter II. 2. c. bb., Rn. 24, in Bezug auf einen Praktikanten: Zur Erfüllung des Arbeitnehmerbegriffs in § 5 Abs. 1, § 9 BetrVG sei „neben der Eingliederung in die Betriebsorganisation eine vertragliche Beziehung zum Betriebsinhaber erforderlich"; BAG DB 2010, 2173 = AP BetrVG 1972 § 99 Einstellung Nr. 60, unter II.2.c.aa.

[31] Deinert Neuregelung des Fremdpersonaleinsatzes im Betrieb, RdA 2017, 65 (73); Krimphove, Europäisches Arbeitsrecht, 2. Aufl. 2001, Rn. 171; aA Wank EuZW 2018, 21 (29), der auf EuGH-Rechtsprechung verweisen kann, welche die Eingliederung berücksichtigt (EuGH NZA 2015, 55, 57 Rn. 36 mwN).

[32] ZB EuGH DStRE 2018, 7 Tz. 33 – Bechtel (in Zusammenhang mit der Arbeitnehmerfreizügigkeit nach Art. 45 AEUV): Der Umstand, dass ein Arbeitnehmer in einem Beamtenverhältnis stehe oder dass sein Beschäftigungsverhältnis nicht dem Privatrecht, sondern dem öffentlichen Recht unterliege, sei insoweit unerheblich; zur Arbeitnehmerstellung eines Universitätsprofessors s. EuGH Beschl. v. 10.3.2005 – C-178/04, Rn. 19 ff. – Marhold; zu derjenigen eines beamteten Studienreferendars (Lehramt) s. EuGH EuGHE 1986, 2121 Rn. 12 ff. – Lawrie-Blum; aA offenbar BeBiKo/Störk/Lawall, 13. Aufl. 2022, Rn. 11, der „die iRe öffentlich-rechtlichen Verhältnisses Tätigen, zB Beamte" ohne weitere Differenzierung nicht als Arbeitnehmer anerkennen will.

[33] Ebenso zB Merkt/Probst/Fink/Mylich Kap. 3 Rn. 198.

[34] Ebenso Haufe-HGB/Wulf Rn. 21 (Stand: 19.10.2021); aA Baetge/Kirsch/Thiele/Marx/Dallmann Rn. 29 (September 2015): „Arbeitnehmer LS. d. Vorschrift gelten üblicherweise nicht [...] Arbeitnehmerinnen im Mutterschutz".

[35] BeBiKo/Störk/Lawall, 13. Aufl. 2022, Rn. 10; KKRD/Morck/Drüen, 9. Aufl. 2019, Rn. 7; ADS Rn. 13.

rechnen,[36] weil die Größenmerkmale ihre Klarheit und Einfachheit (→ Rn. 2) soweit wie möglich behalten sollten und das Gesetz auf die Anzahl der Arbeitnehmer und nicht der Arbeitsplätze abstellt. Keine Arbeitnehmer iSd § 267 sind ua[37] freie Mitarbeiter,[38] erwerbsfähige Leistungsberechtigte mit Mehraufwandsentschädigung nach § 16d SGB II (Inhaber von sog. Ein-Euro-Jobs),[39] bei einem dritten Verleiher beschäftigte Leiharbeitnehmer iSd § 1 Abs. 1 S. 1 AÜG (→ Rn. 9),[40] unentgeltlich mitarbeitende Familienangehörige eines Gesellschafters,[41] und – anders als wegen Mutterschaft Beurlaubte – Arbeitnehmer in Elternzeit (früher: Erziehungsurlaub), da das Arbeitsverhältnis in diesem Fall ruht.[42] Gleiches galt bisher für den Grundwehrdienst leistende Wehrpflichtige[43] oder Zivildienstleistende[44] und gilt wohl auch für freiwillig Dienstleistende iSd Bundesfreiwilligendienstgesetzes. In Abweichung von § 5 Abs. 1 BetrVG nicht erfasst werden zudem aufgrund ausdrücklicher gesetzlicher Anordnung „zu ihrer Berufsausbildung Beschäftigte" (§ 267 Abs. 5 aE), also solche Personen, bei denen das Ausbildungsverhältnis im Vordergrund der betrieblichen Zugehörigkeit steht (Auszubildende, Umschüler, Volontäre, Praktikanten uÄ[45]). Haben die Ausbildungszwecke im Verhältnis zu der Verpflichtung zur Arbeitsleistung untergeordnete Bedeutung, sind diese Personen dagegen den Arbeitnehmern hinzuzuzählen.[46] Bei den Mitgliedern der Leitungsorgane (Geschäftsführung, Vorstand, Aufsichtsrat, Verwaltungsrat, Beirat), die bislang einhellig nicht als Arbeitnehmer galten,[47] wird man im Hinblick auf das „Danosa"-Urteil des EuGH[48] differenzieren müssen.[49] Nach Ansicht des europäischen Gerichts könne die Eigenschaft als Mitglied der Unternehmensleitung einer Kapitalgesellschaft „nicht als solche ausschließen", dass sich die Person „in einem Unterordnungsverhältnis gegenüber der betreffenden Gesellschaft" befinde.[50] Im Einzelfall sei die Qualifizierung eines Mitglieds der Unternehmensleitung als Arbeitnehmer denkbar, wenn es von der Gesellschaft bestellt und in sie eingegliedert sei, seine Tätigkeit nach der Weisung oder unter der Aufsicht eines anderen Organs dieser Gesellschaft ausübe und jederzeit ohne Einschränkung von seinem Amt abberufen werden könne.[51] Bei GmbH-Geschäftsführern, zumindest in gesetzestypischer Ausprägung, sind diese Voraussetzungen regelmäßig erfüllt.

9   **b) Zurechnung zur Gesellschaft.** Voraussetzung ist weiterhin, dass es sich um Arbeitnehmer **der Gesellschaft** handelt. Für die Zurechnung etwa von **Leiharbeitnehmern** ist angesichts des Gesetzeswortlauts (vgl. Abs. 5: „im Ausland *beschäftigte* Arbeitnehmer" [Hervorhebung durch Verf.]) und des Wortlauts der Bilanz-RL (Art. 3 Bilanz-RL: „Beschäf-

---

36 Centrale für GmbH GmbHR 1992, 599 f.; Biener WPg 1972, 1 (2); HdR/Knop/Küting Rn. 15 (Stand: 11/2016); ADS Rn. 13; Glade Praxishandbuch Rn. 27; BeBiKo/Störk/Lawall, 13. Aufl. 2022, Rn. 12; aA Lehwald BB 1981, 2107 (2108).

37 Für weit. Bsp. fehlender Arbeitnehmereigenschaft s. ADS Rn. 13; Kirsch/Schellhorn Rn. 25 (Stand: Mai 2018); BeBiKo/Störk/Lawall, 13. Aufl. 2022, Rn. 11.

38 ADS Rn. 13; Baetge/Kirsch/Thiele/Marx/Dallmann Rn. 29.

39 Kirsch/Schellhorn Rn. 29.1 (Stand: Mai 2018).

40 ADS Rn. 13; Baetge/Kirsch/Thiele/Marx/Dallmann Rn. 29 (September 2015).

41 Ähnlich ADS Rn. 13; Baetge/Kirsch/Thiele/Marx/Dallmann Rn. 29 (Familienangehörige des Gesellschafters, „soweit kein Arbeitsvertrag besteht").

42 BeBiKo/Störk/Lawall, 13. Aufl. 2022, Rn. 11.

43 ADS Rn. 13; Baetge/Kirsch/Thiele/Marx/Dallmann Rn. 29 (September 2015).

44 Baetge/Kirsch/Thiele/Marx/Dallmann Rn. 29 (September 2015).

45 ADS Rn. 13.

46 So auch Kirsch/Schellhorn Rn. 24 (Stand: Mai 2018).

47 ZB → 2. Aufl. 2008, Rn. 8 (Mitglieder der Gesellschaftsorgane); ADS Rn. 13.

48 EuGH NJW 2011, 2343 Rn. 42 ff. – Danosa, zum Arbeitnehmerbegriff der arbeitsschutzrechtlichen Richtlinie 92/85/EWG über die Durchführung von Maßnahmen zur Verbesserung der Sicherheit und des Gesundheitsschutzes von schwangeren Arbeitnehmerinnen, Wöchnerinnen und stillenden Müttern am Arbeitsplatz (Zehnte Einzelrichtlinie iSd Art. 16 Abs. 1 RL 89/391/EWG).

49 Differenzierend nun auch Baetge/Kirsch/Thiele/Marx/Dallmann Rn. 29 (September 2015): „Mitglieder eines gesellschaftsrechtlichen Aufsichtsorgans […], soweit es sich nicht um Arbeitnehmervertreter handelt".

50 EuGH NJW 2011, 2343 Rn. 47.

51 EuGH NJW 2011, 2343 Rn. 51, 56.

tigte") sowie entsprechend dem Regelungszweck (→ Rn. 1 f.) auf das **arbeitsrechtliche Vertragsverhältnis** abzustellen.[52] Überlassene Arbeitnehmer iSd AÜG sind daher grundsätzlich dem überlassenden Unternehmen zuzurechnen (→ Rn. 8). Das gilt bei der Überlassung von Arbeitnehmern innerhalb von Konzernen selbst dann, wenn das überlassende Konzernunternehmen das andere Unternehmen mit den anfallenden Personalaufwendungen (Löhne, Gehälter, Nebenkosten) belastet.[53]

c) Jahresdurchschnitt, Abs. 5. Der Jahresdurchschnitt (Abs. 1 Nr. 3, Abs. 2 Nr. 3)   **10** bzw. die durchschnittliche Zahl (Abs. 5) der beschäftigten Arbeitnehmer ist als einfaches **arithmetisches Mittel** aus den jeweiligen Zahlen zum 31.3., 30.6., 30.9. und 31.12. des betreffenden Geschäftsjahres zu bilden (Abs. 5). Die gesetzlich fixierten Quartalsdaten sind stets maßgeblich, selbst wenn das Geschäftsjahr abweichende Quartale kennt oder infolge eines Rumpfgeschäftsjahres Änderungen denkbar wären.[54] Unerheblich ist ferner, wie lange das Beschäftigungsverhältnis vor dem jeweiligen Quartalsende schon bestanden hat oder wie lange es nach Quartalsende noch weiterbestehen wird. Deshalb sind auch diejenigen Arbeitnehmer einzubeziehen, deren Arbeitsverhältnis am letzten Arbeitstag des betreffenden Quartals endet.[55]

III. Einordnung in die Größenkategorien

1. Überschreiten von Größenmerkmalen. Für die Einordnung in die Größenkate-   **11** gorien ist neben der Kapitalmarktorientierung (§ 264d) das **Überschreiten** (große und mittelgroße Gesellschaften) bzw. das **Nichtüberschreiten** (kleine und mittelgroße Gesellschaften) der einschlägigen Grenzwerte für Bilanzsumme, Umsatzerlöse und Arbeitnehmerzahl entscheidend, die für kleine, mittelgroße und große Gesellschaften jeweils unterschiedlich hoch festgelegt sind (Abs. 1–3). Das genaue Erreichen eines vorgegebenen Euro-Werts oder einer bestimmten Arbeitnehmerzahl ist noch kein Überschreiten.[56] Außerdem müssen **mindestens zwei** der drei in Abs. 2 genannten **Größenmerkmale** überschritten bzw. nicht überschritten werden. Die Größenmerkmale sind dabei **ranggleich**.[57] Differenzierungen danach, aus welchen Merkmalen sich die Größeneinordnung ergibt, würden dem Streben nach klaren und einfachen Abgrenzungen (→ Rn. 2, → § 274a Rn. 3) zuwiderlaufen.

2. Dauerhaftigkeit (Abs. 4 S. 1). Maßgeblich für die größenabhängige Einordnung   **12** sind die Verhältnisse an den **Abschlussstichtagen von zwei aufeinander folgenden Geschäftsjahren** (Abs. 4 S. 1). Damit soll der Einfluss von Zufallsmomenten infolge eines einmaligen Überschreitens der Grenzwerte vermieden und eine größere Stetigkeit für die Einordnung in die jeweilige Größenklasse erreicht werden.[58] Die Größenmerkmale sind auch im intertemporalen Vergleich gleichrangig und daher beliebig untereinander austauschbar, so dass sich die Einordnung als mittelgroße oder große Kapitalgesellschaft an aufeinander folgenden Abschlussstichtagen aus unterschiedlichen Merkmalen ergeben kann.[59] Weist eine Gesellschaft an den Abschlussstichtagen von zwei aufeinander folgenden Geschäftsjahren die Merkmale derselben Größenklasse auf, ist sie ab dem zweiten Stichtag in diese Größenklasse einzuordnen und unterliegt von diesem Zeitpunkt an den für diese Größenklasse geltenden

---

[52] ADS Rn. 14; Baetge/Kirsch/Thiele/Marx/Dallmann Rn. 29 (September 2015): Insbesondere die Versagungsgründe des § 3 AÜG seien zu beachten. In Bezug auf das deutsche Betriebsverfassungsrecht geht das BAG von der ausschließlichen Zugehörigkeit des Leiharbeitnehmers zum Betrieb des Verleihers aus (s. BAG NZA 2004, 1340 [1341 f.]).
[53] ADS Rn. 14; BeckOGK/Suchan, 15.9.2021, Rn. 19.
[54] Kirsch/Schellhorn Rn. 30 (Stand: Mai 2018); Heidel/Schall/Dieckmann Rn. 5.
[55] BeBiKo/Störk/Lawall 13. Aufl. 2022, Rn. 12.
[56] BeBiKo/Störk/Lawall, 13. Aufl. 2022, Rn. 5.
[57] BeBiKo/Störk/Lawall, 13. Aufl. 2022, Rn. 5; HdR/Knop/Küting Rn. 19 (Stand: 11/2016).
[58] ADS Rn. 16; HdR/Knop/Küting Rn. 18 (Stand: 11/2016).
[59] ADS Rn. 1, 16.

Vorschriften. Bei der erstmaligen Anwendung der neuen Schwellenwerte sind die einschlägigen Übergangsvorschriften zu beachten (→ Rn. 5).

13   Fälle **mehrfacher Wechsel** zwischen zwei oder drei Größenklassen **im Jahrestakt** lassen sich nur scheinbar nicht nach dem Gesetzeswortlaut lösen. Gemeinhin wird der Wortlaut des Abs. 4 S. 1 dahingehend verstanden, dass die Gesellschaft nur dann in eine *bestimmte* Größenklasse eingeordnet werden kann, wenn sie speziell *deren* Merkmale an zwei aufeinander folgenden Abschlussstichtagen erfüllt. Wäre dies tatsächlich so, wäre eine Gesellschaft, die im ersten Jahr die Kriterien des Abs. 1, im zweiten diejenigen des Abs. 2 und im dritten diejenigen des Abs. 3 S. 1 erfüllt, jedenfalls im zweiten und dritten Jahr nicht klein, mittelgroß und auch nicht groß. Das wäre ein widersinniges Ergebnis. Um es zu vermeiden, wird im Schrifttum vertreten, in den genannten Fällen auf das Erfordernis des Abs. 4 S. 1 zu verzichten. Zur Bestimmung einer geeigneten Größenklasse für die Gesellschaft für die jeweiligen Geschäftsjahre werden zum Teil komplizierte, kasuistisch anmutende Faustregeln für alle möglichen denkbaren Fallkonstellationen angeboten. So soll zB eine Gesellschaft, die an drei aufeinander folgenden Abschlussstichtagen jeweils die Größenmerkmale für kleine, mittelgroße und große Kapitalgesellschaften in auf- oder absteigender Reihenfolge erfüllt und deshalb nach dem Wortlaut des § 267 Abs. 4 S. 1 („an den Abschlußstichtagen von zwei aufeinanderfolgenden Geschäftsjahren") nicht zugeordnet werden kann, für diese drei Jahre als mittelgroße Kapitalgesellschaft einzuordnen sein.[60]

14   Bei genauer Betrachtung des Gesetzeswortlauts löst sich die Problematik bereits von selbst.[61] Das Merkmal „wenn sie an den Abschlussstichtagen von zwei aufeinander folgenden Geschäftsjahren über- oder unterschritten werden" in Abs. 4 S. 1 verlangt für die Zuordnung zu einer bestimmten Größenklasse **keineswegs,** dass die Gesellschaft zu zwei aufeinander folgenden Stichtagen **unter denselben Absatz des § 267** fällt. Die Größenmerkmale des Abs. 1 werden nämlich nicht nur *über*schritten, wenn die Gesellschaft im darauffolgenden Jahr die Merkmale des Abs. 2 erfüllt, sondern auch dann, wenn sie diese Merkmale im dritten Jahr bereits wieder überschritten hat und somit unter Abs. 3 S. 1 fällt. In diesem Fall ist sie also im dritten Jahr als mittelgroße Gesellschaft einzustufen, weil sie die Kriterien der kleinen Gesellschaften in zwei aufeinander folgenden Jahren iSd Abs. 4 S. 1 „überschritten" hat, aber mangels zweifacher Erfüllung der Kriterien des Abs. 3 nicht als große Gesellschaft qualifiziert werden kann.[62] Entsprechendes gilt im umgekehrten Fall, wenn eine Gesellschaft der höchsten Größenklasse zum Stichtag t_1 an den beiden nachfolgenden Stichtagen t_2 und t_3 zunächst die Schwellenwerte dieser und danach diejenigen der mittleren Größenklasse (Abs. 2) *unter*schreitet. Bezüglich des Jahresabschlusses für das mit t_3 korrespondierende Geschäftsjahr fällt sie demnach bereits nach dem Gesetzeswortlaut in die mittlere Größenklasse, weil dieses Jahr das zweite Jahr ist, in dem die Merkmale für die höchste Größenklasse unterschritten werden. Irgendwelcher an übergeordneten Kriterien, etwa einer möglichst stetigen Zuordnung, orientierter Faustregeln bedarf es nicht, um zu diesem Ergebnis zu gelangen.

15   **3. Abs. 4 S. 2. a) Grundlagen.** Bei neu gegründeten und umgewandelten Kapitalgesellschaften, die erst durch die Umwandlung zu ihrem Unternehmen gekommen sind, liegen keine früheren Werte vor. Deshalb ist entscheidend, welche Merkmale **am ersten Abschlussstichtag nach der Neugründung oder Umwandlung** erfüllt sind (Abs. 4 S. 2).[63] Die Größenmerkmale der Unternehmen, aus denen die Kapitalgesellschaft durch Neugründung oder Umwandlung hervorgegangen ist, haben für die Einordnung als solche dagegen keine Bedeutung. Dies muss wegen des Strebens von § 267 nach einfachen und klaren Abgrenzungen auch gelten, wenn die Kapitalgesellschaft ein anderes Unternehmen

---

[60]   ADS Rn. 17, mit tabellarischer Übersicht; Baetge/Kirsch/Thiele/Marx/Dallmann Rn. 53 und 53.1 (September 2015); BeBiKo/Störk/Lawall, 13. Aufl. 2022, Rn. 18; HdR/Knop/Küting Rn. 19 (Stand: 11/2016); Staub/Meyer, 6. Aufl. 2021, Rn. 14.

[61]   Zust. BeckOGK/Suchan, 15.9.2021, Rn. 24.

[62]   Zust. Baetge/Kirsch/Thiele/Marx/Dallmann Rn. 53 (September 2015).

[63]   Hierzu umf. Joswig BB 2007, 763 (764 ff.).

in Rahmen einer Verschmelzung durch Aufnahme (§§ 4 ff. UmwG) oder einer Vermögensübertragung (§ 174 ff. UmwG) in ihr Vermögen integriert[64] oder wenn sie umgekehrt im
Rahmen der Umwandlung einen Teil ihres Unternehmens verliert und dadurch kleiner
wird.[65] Entsprechendes ist für Personengesellschaften anzunehmen, die erstmals die Voraussetzungen des § 264a Abs. 1 erfüllen, obwohl eine Umwandlung im Rechtssinne hier nicht
stattgefunden hat.[66] Die gesetzliche Regelung erfasst sogar den Fall, dass das erste Geschäftsjahr ein **Rumpfgeschäftsjahr** ist. Für die Bestimmung der Bilanzsumme als zeit*punkt*bezo-
genem (statischem) Kriterium mag dies noch unproblematisch sein. Hinsichtlich der beiden
anderen Größenmerkmale entstehen aber Schwierigkeiten, weil es für die Arbeitnehmerzahl
auf den Jahresdurchschnitt (Abs. 5) ankommt und die Höhe der Umsatzerlöse ein streng
zeit*raum*bezogenes, nämlich auf zwölf Monate bezogenes (dynamisches) Größenmerkmal ist
(Abs. 1 Nr. 2, Abs. 2 Nr. 2: „[…] Umsatzerlöse in den zwölf Monaten vor dem Abschlussstichtag").

b) Einzelheiten bei der Neugründung. Neugründungen sind als Bar- oder Sach-   16
gründungen möglich und mit der Eintragung der neu errichteten Kapitalgesellschaft in das
Handelsregister vollzogen (§ 41 Abs. 1 S. 1 AktG, § 11 Abs. 1 GmbHG). Das Geschäftsjahr
beginnt spätestens mit dem Zeitpunkt der Eintragung.[67] Es beginnt früher, wenn und sobald
die Gesellschaft den Geschäftsbetrieb aufgenommen hat und als Vor-AG, Vor-KGaA, Vor-
GmbHG oder Vor-SE rechtlich bereits existiert. Die Eintragung in das Handelsregister ist
dann im Hinblick auf die tatsächliche wirtschaftliche Unternehmenslage (§ 264 Abs. 2 S. 1)
ein willkürliches Datum, das betrieblich nicht relevant ist und deshalb auch nicht zum
Ausgangspunkt für die Ermittlung der Größenmerkmale gemacht werden sollte.[68] Ist das
erste Geschäftsjahr ein **Rumpfgeschäftsjahr,** ist für die Höhe der **Umsatzerlöse** dem
Gesetzeswortlaut nach lediglich der Zeitraum des Rumpfgeschäftsjahres heranzuziehen.[69]
Dies lässt sich zwar mit dem Streben von § 267 nach einfachen und klaren Einordnungen
rechtfertigen, provoziert jedoch Einstufungen in eine zu niedrige Größenklasse und erlaubt
erst mit Verzögerung von zwei weiteren Geschäftsjahren die Umstufung in die richtige
höhere Größenklasse. Es wäre außerdem unbefriedigend, wenn die wichtige Größeneinordnung mit der Länge des Rumpfgeschäftsjahres letztlich vom Zufall abhängen würde. Da
die gesetzliche Regelung auch eine möglichst stetige Behandlung erreichen will, ist die
Vorschrift dahingehend auszulegen, dass die im Rumpfgeschäftsjahr erzielten Umsatzzahlen
auf das Ergebnis eines vollständigen Geschäftsjahres **hochzurechnen** sind.[70] Zwar lässt sich

---

[64] IErg ebenso BeBiKo/Störk/Lawall, 13. Aufl. 2022, Rn. 22.

[65] AA Bethmann DB 1992, 797, unter Berufung auf den Sinn und Zweck des § 267. Der normale
Sachverhalt, der unter § 267 Abs. 4 S. 2 zu subsumieren sei, nämlich dass „nach der Verschmelzung eine
größere Einheit" entstehe, regele „eine Verschärfung der Rechtsfolgen". Im Fall, dass eine Kapitalgesellschaft den überwiegenden Teil des operativen Geschäfts innerhalb des Konzerns auf eine andere Gesellschaft übertrage und dadurch erstmalig eine kleine Kapitalgesellschaft werde, sei § 267 Abs. 4 S. 2 nicht
anwendbar.

[66] Ebenso Hopt/Merkt, 41. Aufl. 2022, Rn. 10; ADS Rn. 4; aA zB Schellhorn DStR 2009, 2696 (2699);
Staub/Hüttemann/Meyer, 5. Aufl. 2014, Rn. 19 (Aussage in der 6. Aufl. 2021 nicht mehr enthalten).

[67] BeBiKo/Störk/Lawall, 13. Aufl. 2022, Rn. 24: Das erste (Rumpf-)Geschäftsjahr beginne „streng genommen" erst im Zeitpunkt der Eintragung.

[68] So auch ADS Rn. 19; BeBiKo/Störk/Lawall, 13. Aufl. 2022, Rn. 24; Zust. Merkt/Probst/Fink/Mylich
Kap. 3 Rn. 204.

[69] HdR/Knop/Küting Rn. 29 (Stand: 11/2016); ähnlich Staub/Meyer, 6. Aufl. 2021, Rn. 17; Joswig BB
2007, 763 (764).

[70] ADS Rn. 19; BeckOGK/Suchan, 15.9.2021, Rn. 26; aA zB Baetge/Kirsch/Thiele/Marx/Dallmann
Rn. 63 (September 2015): Hochrechnung der Umsatzzahlen des Rumpfgeschäftsjahres auf eine zwölfmo-
natige Periode widerspreche „dem Gesetzeszweck einer eindeutigen und willkürfreien, objektiv-nach-
prüfbaren Ermittlung der zur Bestimmung der Rechtsfolgen bestimmenden Umsatzerlöse"; Kirsch/
Schellhorn Rn. 20 (Stand: Mai 2018): Es sollten grundsätzlich die tatsächlichen Umsätze der fehlenden
Monate aus dem vorangegangenen Geschäftsjahr genommen werden; Hargarten/Claßen (BB 2020, 299
(300)) befürworten eine Hochrechnung, sofern kein vorangegangenes Geschäftsjahr existiert, dessen
Umsätze herangezogen werden könnten, und wollen diese Grundsätze auch auf die wirtschaftliche
Neugründung übertragen; HdR/Knop/Küting Rn. 29 (Stand: 11/2016); Staub/Meyer, 6. Aufl. 2021,
Rn. 17; Joswig BB 2007, 763 (764); BeBiKo/Störk/Lawall, 13. Aufl. 2022, Rn. 8.

bei dieser Berechnungsweise umgekehrt nicht vermeiden, dass eine Gesellschaft uU zunächst in eine zu hohe Größenklasse eingestuft wird.[71] Die Gefahr, dass die tatsächlichen Jahresumsätze am Ende größenklassenentscheidend niedriger liegen als die hochgerechneten, dürfte indessen geringer als der umgekehrte Fall sein. Um überhöhte Hochrechnungen zu vermeiden sind insbesondere, soweit bekannt, saisonale Einflüsse auf die Umsätze zu berücksichtigen.[72] Wo solche Erkenntnisse fehlen, ist die Möglichkeit saisonbedingter Umsatzschwankungen hinzunehmen, da die Wahrscheinlichkeit einer unrichtigen Einordnung hierbei geringer bleibt als bei ausschließlicher Berücksichtigung der tatsächlichen Umsatzerlöse im (ggf. sehr kurzen) Rumpfgeschäftsjahr. Die „durchschnittliche **Zahl der Arbeitnehmer**" iSd Abs. 5 für den ersten Abschlussstichtag kann dagegen angesichts der klaren Vorgaben des Gesetzeswortlauts allein aus den Quartalszahlen des ersten (Rumpf-)Geschäftsjahrs der Gesellschaft gebildet werden.[73] Enthält das Rumpfgeschäftsjahr keine Quartalsenden, ist auf die Arbeitnehmeranzahl zum Abschlussstichtag abzustellen.[74]

17   **c) Einzelheiten bei der Umwandlung. Abs. 4 S. 2** erfasst seinem Wortlaut nach alle Umwandlungen, dh Verschmelzungen, Spaltungen, Vermögensübertragungen und Formwechsel (§ 1 Abs. 1 UmwG), bei denen der aufnehmende oder neu entstehende Rechtsträger eine Kapitalgesellschaft ist. Auch die sog **Anwachsung**, zB im Vermögen der Komplementär-GmbH beim Austritt des letzten Kommanditisten aus einer GmbH & Co., ist „Umwandlung" iSd Abs. 4 S. 2.[75] Für **Vermögensübertragungen** (§§ 174 ff. UmwG) kommt die Vorschrift jedoch nicht zur Anwendung, weil diese Art der Umwandlung die Beteiligung von öffentlich-rechtlichen Gebietskörperschaften, öffentlich-rechtlichen Versicherungsunternehmen, Versicherungsvereinen auf Gegenseitigkeit oder Versicherungs-Aktiengesellschaften, bei denen ein Anteilstausch ausgeschlossen ist, als übernehmende Rechtsträger voraussetzt (§ 175 UmwG)[76] und § 267 auf Gebietskörperschaften und Versicherungsunternehmen nicht anwendbar ist (§ 3 Abs. 1 Nr. 5, § 5 Abs. 1 S. 2 PublG bzw. § 341a Abs. 2 S. 1). Je nach Umwandlungsart unterschiedlich zu lösende Probleme bei der Bestimmung der Umsatzerlöse und der Arbeitnehmerzahl treten auf, wenn das **Geschäftsjahr nach der Umwandlung** weniger als zwölf Monate umfasst **(Rumpfgeschäftsjahr).** Das lässt sich vermeiden, wenn der (schuldrechtliche) Umwandlungsstichtag und der Beginn des ersten Geschäftsjahrs nach der Umwandlung – ggf. rückwirkend soweit zulässig – so bestimmt werden, dass sie zwölf Monate vor dem ersten Abschlussstichtag liegen.[77]

18   **aa) Verschmelzung.** Bei Verschmelzungen (§§ 2 ff. UmwG; Art. 17 ff. SE-VO, §§ 5 ff. SEAG) sind im Fall eines Rumpfgeschäftsjahres die Zahlen des neu entstandenen bzw. aufnehmenden Rechtsträgers wie bei einer Neugründung entsprechend hochzurechnen.[78] Die Zahl der im Jahresdurchschnitt beschäftigten **Arbeitnehmer** ist entsprechend zu bestimmen. Umfasst das Rumpfgeschäftsjahr nicht alle in Abs. 5 genannten Stichtage, wird der Jahresdurchschnitt wie bei der Neugründung (→ Rn. 16) aus den verfügbaren

---

71   So die Sorge von Theile BBK 2021, 417 (420).
72   AA Theile BKK 2021, 417 (421 f.). Der Autor meint, die Berücksichtigung von saisonalen Einflüssen sei mit Unsicherheiten behaftet und willkürlich, weil es an Erfahrungswerten fehle. Dies ist aber nicht zwingend und spricht nicht dagegen, bekannte Einflüsse zu berücksichtigen.
73   ADS Rn. 20 (zeitraumbezogener Durchschnitt); BeBiKo/Störk/Lawall, 13. Aufl. 2022, Rn. 13; HdR/Knop/Küting Rn. 24 ff. (Stand: 11/2016); Kirsch/Schellhorn Rn. 46 (Stand: Mai 2018); Joswig BB 2007, 763 (764).
74   ADS Rn. 20; BeBiKo/Störk/Lawall, 13. Aufl. 2022, Rn. 13, Staub/Meyer, 6. Aufl. 2021, Rn. 17.
75   Kirsch/Schellhorn Rn. 39.1 (Stand: Mai 2018); BeBiKo/Störk/Lawall, 13. Aufl. 2022, Rn. 29; aA Joswig BB 2007, 763 (768, 769), unter Hinweis auf den Wortlaut des § 267 Abs. 4 S. 2.
76   S. auch Kirsch/Schellhorn Rn. 39 (Stand: Mai 2018).
77   BeBiKo/Störk/Lawall, 13. Aufl. 2022, 3. Rn. 27; HdR/Knop/Küting Rn. 26 (Stand: 11/2016).
78   Wie hier BeBiKo/Budde/Karig, 4. Aufl. 1999, Rn. 28; aA BeBiKo/Störk/Lawall, 13. Aufl. 2022, Rn. 28: Die „Daten des übertragenden Rechtsträgers" seien „für die Größeneinordnung der aufnehmenden Gesellschaft [...] heranzuziehen"; wieder aA Staub/Meyer, 6. Aufl. 2021, Rn. 18, der wie im Fall der Neugründung nur die Zahlen des Rumpfgeschäftsjahres berücksichtigen will und auch einen Rückgriff auf die Zahlen der früheren Rechtsträger ablehnt.

Quartalszahlen gebildet;[79] hilfsweise ist die Zahl der Arbeitnehmer zum Abschlussstichtag maßgebend. Die herrschende Gegenansicht[80] möchte dagegen ggf. auf die Umsätze bzw. die Arbeitnehmerzahlen der beteiligten Gesellschaften *vor* Wirksamkeit der Verschmelzung zurückgreifen. Die Größeneinordnung wird mit diesem Verfahren jedoch eher erschwert als vereinfacht, weil beispielsweise Umsatzerlöse zwischen den verschmelzenden Unternehmen als Innenumsätze außer Betracht gelassen und herausgerechnet werden müssten. Finden darüber hinaus, wie in der Praxis nicht selten, im Rahmen der Verschmelzung weitere Umgestaltungen des neuen Unternehmens – etwa durch Ausgliederung bestimmter Unternehmensbereiche – statt, steigt der Aufwand des Herausrechnens weiter. Insofern erscheinen die Ungenauigkeiten der hier vertretenen Hochrechnung der Umsatzerlöse zugunsten einer vereinfachten Ermittlung im Rumpfgeschäftsjahr hinnehmbar.

bb) Spaltung. Ergibt sich für den einzuordnenden Rechtsträger ein Rumpfgeschäftsjahr **19** als Folge einer Spaltung (§§ 123 ff. UmwG), sind die Werte der anderen beteiligten Unternehmen ebenfalls außer Acht zu lassen.[81] Wird auf einen bereits bestehenden (übernehmenden) Rechtsträger aufgespalten, können dessen Arbeitnehmeranzahl und Umsatzerlöse aus der (Rest)Zeit vor dem Spaltungsstichtag berücksichtigt werden. Bei der Spaltung auf einen neuen Rechtsträger finden die für die Neugründung geltenden Grundsätze Anwendung.[82]

cc) Formwechsel. Der Formwechsel (§§ 190 ff. UmwG) wird zwar als Unterart der **20** Umwandlung vom Wortlaut des Abs. 4 S. 2 erfasst, ist aber im Wege der teleologischen Reduktion teilweise vom Anwendungsbereich der Vorschrift auszunehmen, denn er ändert lediglich die rechtliche Struktur des Unternehmensträgers und lässt seine rechtliche Identität sowie die wirtschaftliche Identität des Unternehmens unberührt. Deshalb sind beim Formwechsel **in eine Kapitalgesellschaft anderer Rechtsform** (§§ 238 ff. UmwG; Art. 66 SE-VO) die Werte des bisherigen Unternehmens und allein § 267 Abs. 4 S. 1 maßgeblich; eine Unterbrechung des zweijährigen Betrachtungszeitraums findet nicht statt. Die entsprechende, auch hier vertretene Literaturmeinung (→ 3. Aufl. 2013, Rn. 20), die vermeiden wollte, dass die Kapitalgesellschaft ohne sachlichen Grund uU ein Jahr früher in eine andere Größenklasse fällt als nach den allgemeinen Grundsätzen, hat sich der Gesetzgeber mit dem BilRUG nun in Gestalt des neu eingefügten **Abs. 4 S. 3** ausdrücklich zu Eigen gemacht. Wenn aufgrund des Formwechsels dagegen eine bislang nicht nach den Vorschriften für Kapitalgesellschaften rechnungslegungspflichtige Gesellschaft **zum ersten Mal in eine Kapitalgesellschaft** umgewandelt wird, ist Abs. 4 S. 2 anwendbar.[83] Die Umsatzerlöse und die Arbeitnehmerzahl sind dann ggf. wie bei der Neugründung (→ Rn. 16) aufgrund der Werte des neuen Unternehmens hochzurechnen.

IV. Sonderfall kapitalmarktorientierter Kapitalgesellschaften (Abs. 3 S. 2)

Kapitalmarktorientierte Kapitalgesellschaften iSd § 264d (→ § 264d Rn. 1 ff.) gel- **21** ten stets als große Unternehmen. Damit soll das Regelungsanliegen des Kapitalmarktrechts, Anlegerschutz und Schutz der Funktionsfähigkeit des Kapitalmarktes, unterstützt werden.[84]

---

[79] ZB Kirsch/Schellhorn Rn. 46 (Stand: Mai 2018): „Die durchschnittliche Arbeitnehmerzahl ist in diesem Falle durch die Anzahl der erfassten Quartale zu ermitteln"; Joswig BB 2007, 763 (766, 769).

[80] ADS Rn. 22; Baetge/Kirsch/Thiele/Marx/Dallmann Rn. 58 (September 2015); HdR/Knop/Küting Rn. 26, 28 (Stand: 11/2016); Kirsch/Schellhorn Rn. 42 (Stand: Mai 2018); BeckOGK/Suchan, 15.9.2021, Rn. 28; wohl auch BeBiKo/Störk/Lawall, 13. Aufl. 2022, Rn. 28, die für die Größeneinstufung bei Umwandlung zwar nur auf „die Daten des übertragenden Rechtsträgers" verweisen, sich dazu aber zum Teil auf die vorgenannten Zitate beziehen.

[81] So auch HdR/Knop/Küting Rn. 27 (Stand: 11/2016); aA ADS Rn. 23.

[82] AA zB wohl BeBiKo/Störk/Lawall, 13. Aufl. 2022, Rn. 25, 28, allerdings ohne Differenzierung nach der Art der Umwandlung.

[83] Ebenso Haufe-HGB/Wulf Rn. 10 (Stand: 19.10.2021); zur (identischen) Rechtslage aus der Zeit vor Einfügung des Abs. 4 S. 3 s. ADS Rn. 24; Joswig BB 2007, 763 (767, 769).

[84] Hopt/Merkt, 41. Aufl. 2022, Rn. 9: „wegen der Schutzbedürftigkeit des als Anlegerschaft angesprochenen breiten Publikums und des Funktionenschutzes von Kapitalmarkt und Wirtschaft"; diff. Ostrowski ZBB 1999, 19 (22 ff.).

Endet die Notierung der Wertpapiere des Unternehmens an einem organisierten Markt (zum Beispiel nach einem sog. Delisting), ist die Gesellschaft bereits am nächsten Abschlussstichtag in diejenige Größenklasse einzuordnen, die sich aus den drei numerischen Größenmerkmalen des Abs. 1–3 iVm Abs. 4 S. 1 ergeben.[85]

V. Rechte von Arbeitnehmervertretungen (Abs. 6)

22   Anders als in den Abs. 1–5 des § 267 geht es in **Abs. 6** nicht mehr um bloße Definitionen zur Konkretisierung des personellen Anwendungsbereichs bilanzrechtlicher Erleichterungen und Befreiungen (→ Rn. 1), sondern um die **sachliche Reichweite** dieser Wahlrechte. Danach lassen sie „Informations- und Auskunftsrechte der Arbeitnehmervertretungen nach anderen Gesetzen" unberührt. Der Bericht des Rechtsausschusses zum BiRiLiG[86] nennt hierzu ausdrücklich § 108 Abs. 5 BetrVG, der bestimmt, dass der Jahresabschluss „dem Wirtschaftsausschuss unter Beteiligung des Betriebsrates zu erläutern" ist. Die für kleine und mittelgroße Kapitalgesellschaften vorgesehenen Erleichterungen bei der *Offenlegung* (§§ 326 f.) sollen solche Rechte der Arbeitnehmervertretung (zB Betriebsrat, Betriebsversammlung, Wirtschaftsausschuss gemäß BetrVG) nicht beeinträchtigen, sodass nicht offenlegungspflichtige Teile des Jahresabschlusses „den zuständigen Arbeitnehmervertretungen gleichwohl vorzulegen" sind.[87] Erleichterungen bei der *Aufstellung* des Jahresabschlusses, die der Rechtsausschuss nicht erwähnt,[88] können dagegen nicht mit § 108 Abs. 5 BetrVG in Konflikt geraten, weil sich diese Vorschrift auf den Jahresabschluss in der Gestalt, wie er tatsächlich aufgestellt ist, und nicht etwa, wie er (ohne Erleichterungen) hätte aufgestellt werden müssen, bezieht.[89] Hat das Unternehmen allerdings bei der Aufstellung des Jahresabschlusses auf größenabhängige Erleichterungen verzichtet, können die davon betroffenen Informationen den Arbeitnehmervertretungen nicht mit der Begründung vorenthalten werden, dass diese Informationen nach den gesetzlich geforderten Rechnungslegungsvorschriften nicht hätten gegeben werden müssen (→ § 276 Rn. 3).[90] Ebenfalls von den bilanzrechtlichen Erleichterungen und Befreiungen für kleine und mittelgroße Kapitalgesellschaften unberührt bleibt das Auskunftsrecht des Aktionärs (§ 131 Abs. 1 S. 3 AktG, → Rn. 3).[91]

VI. IFRS[92]

23   Die internationalen Rechnungslegungsstandards sehen keine Erleichterungen oder Befreiungen nach quantitativen Größenmerkmalen vor (auch → § 274a Rn. 8 ff.). Allerdings gelten manche Berichtspflichten, zB IFRS 8 (Operating Segments) und IAS 33 (Earnings per Share) nur für Unternehmen, deren Aktien (IAS 33.2) bzw. Schuld- oder Eigenkapitalinstrumente (IFRS 8.2) am Kapitalmarkt gehandelt werden bzw. die die Emission solcher Instrumente beantragt haben.

24   Am 9.7.2009 hat das IASB einen ca. 230 Seiten starken, in sich geschlossenen Standard veröffentlicht, der für kleine und mittelgroße Unternehmen bestimmt ist („International Financial Reporting Standards for Small and Medium-Sized Entities; IFRS for SME)" und auf mittelständische Bedürfnisse angepasste Version neben den bisherigen IFRS gelten soll

---

[85]   So auch Baetge/Kirsch/Thiele/Marx/Dallmann Rn. 71 (September 2015); BeBiKo/Störk/Lawall, 13. Aufl. 2022, Rn. 4.

[86]   Bericht des Rechtsausschusses zum BiRiLiG, BT-Drs. 10/4268, 104.

[87]   So ausdrücklich Bericht des Rechtsausschusses zum BiRiLiG, BT-Drs. 10/4268, 104; aus dem Schrifttum zB BeBiKo/Störk/Lawall, 13. Aufl. 2022, Rn. 30.

[88]   Bericht des Rechtsausschusses zum BiRiLiG, BT-Drs. 10/4268, 104.

[89]   IErg auch ADS Rn. 32: Würden bereits bei der Aufstellung des Jahresabschlusses Erleichterungen in Anspruch genommen, „so dürfte Abs. 6 im Hinblick auf die Ausführungen des Rechtsausschusses nicht anwendbar sein"; Kirsch/Schellhorn Rn. 48 (Stand: Mai 2018).

[90]   ADS Rn. 32.

[91]   So auch KK/Scherrer Rn. 35.

[92]   Sämtliche zit. IAS/IFRS beziehen sich auf den für das Geschäftsjahr 2022 gültigen Stand.

(für Einzelheiten zum Inhalt → § 274a Rn. 8 ff.).[93] Die Definition kleiner (small) und mittelgroßer (medium-sized) Unternehmen (Section 1) weicht bewusst von den Größenmerkmalen der Bilanz-RL (und des § 267) ab, die **Abgrenzung** erfolgt **qualitativ,** nicht quantitativ (→ § 274a Rn. 8 ff.).[94] Kleine und mittelgroße Unternehmen sind danach solche Unternehmen, die „keiner öffentlichen Rechenschaftspflicht" (entities that … do not have public accountability, Section 1.2 lit. a) unterliegen, sondern lediglich eine allgemeine Finanzberichterstattung gegenüber externen Adressaten betreiben (publish general purpose financial statements for external users, Section 1.2 lit. b), zu denen nicht unternehmerisch beteiligte Gesellschafter, Gläubiger und Rating-Agenturen gezählt werden. Das Merkmal der öffentlichen Rechenschaftspflicht ist nicht mit der handelsbilanzrechtlichen Offenlegungspflicht gleichzusetzen,[95] sondern knüpft an die Kapitalmarktorientierung der Gesellschaft oder alternativ an ihre Eigenschaft als gewerblicher Verwalter fremden Vermögens (zB Banken, Versicherungen, Wertpapierhändler, Investmentfonds) an (Section 1.3). Darüber hinaus hat nach dem Konzept des Standards jedes Land selbst zu konkretisieren, für welche Unternehmen er gelten soll.[96] In der Regierungsbegründung zum BilMoG brachte der deutsche Gesetzgeber zum Ausdruck, dass er neben den IFRS auch die IFRS-SME angesichts ihrer Komplexität und Regelungsdichte nicht für geeignet halte, den Bedürfnissen kleiner und mittlerer Unternehmen nach einer informativen, aber auf das erforderliche Maß beschränkten Rechnungslegung in ausreichender Weise Rechnung zu tragen.[97] Auch die EU-Kommission hat den Standard bislang nicht anerkannt (endorsed).[98] Für eine schlichte Übernahme im Rahmen des sog Komitologieverfahrens eignet er sich mangels einer Konkretisierung der maßgeblichen Größenmerkmale auch gar nicht.[99]

§ 267a Kleinstkapitalgesellschaften

(1) [1]**Kleinstkapitalgesellschaften sind kleine Kapitalgesellschaften, die mindestens zwei der drei nachstehenden Merkmale nicht überschreiten:**
1. **350 000 Euro Bilanzsumme;**
2. **700 000 Euro Umsatzerlöse in den zwölf Monaten vor dem Abschlussstichtag;**
3. **im Jahresdurchschnitt zehn Arbeitnehmer.**
[2]**§ 267 Absatz 4 bis 6 gilt entsprechend.**

(2) **Die in diesem Gesetz für kleine Kapitalgesellschaften (§ 267 Absatz 1) vorgesehenen besonderen Regelungen gelten für Kleinstkapitalgesellschaften entsprechend, soweit nichts anderes geregelt ist.**

(3) **Keine Kleinstkapitalgesellschaften sind:**
1. **Investmentgesellschaften im Sinne des § 1 Absatz 11 des Kapitalanlagegesetzbuchs,**
2. **Unternehmensbeteiligungsgesellschaften im Sinne des § 1a Absatz 1 des Gesetzes über Unternehmensbeteiligungsgesellschaften oder**

---

[93] Krit. gegenüber dem Projekt „IFRS for SME" zB Niehus DB 2006, 2529 (2536): „Unsinnig" (im Anschluss an Baetge BB 2006, 1).

[94] IASB, IFRS for SMEs, Basis for conclusions, 2009, Rn. BC69. Zur Begründung wird ausgeführt, mit Rücksicht auf die über 100 Länder, in denen die IAS/IFRS benutzt würden, sei es nicht möglich, einheitliche und dauerhafte quantitative Kriterien für alle diese Länder zu entwickeln. Vgl. Kußmaul/Henkes BB 2006, 2235 (2237).

[95] S. Kußmaul/Henkes BB 2006, 2235 (2237).

[96] IASB, IFRS for SMEs, Basis for conclusions, 2009, Rn. BC70: Jedem Land stehe es frei, quantitative Größenmerkmale vorzuschreiben. Vgl. Kußmaul/Henkes BB 2006, 2235 (2237).

[97] BT-Drs. 16/10067, 33 (zum IFRS-SME-Entwurf v. Februar 2007).

[98] Vgl. die Übersicht der derzeit anerkannten IFRS unter https://www.efrag.org/Endorsement (Stand: 22.9.2023, letzter Abruf v. 27.2.2023).

[99] Zur „Unvereinbarkeit der Konzeption des IFRS for SMEs" mit den inhaltlichen Anforderungen der IAS-VO s. Schildbach/Grottke DB 2011, 945 ff.

3. **Unternehmen, deren einziger Zweck darin besteht, Beteiligungen an anderen Unternehmen zu erwerben sowie die Verwaltung und Verwertung dieser Beteiligungen wahrzunehmen, ohne dass sie unmittelbar oder mittelbar in die Verwaltung dieser Unternehmen eingreifen, wobei die Ausübung der ihnen als Aktionär oder Gesellschafter zustehenden Rechte außer Betracht bleibt.**

Schrifttum (neben den einschlägigen Kommentierungen zum WpHG): Burek, Verstoß gegen Offenlegungspflicht bei Kleinstkapitalgesellschaft – Herabsetzung des Ordnungsgelds, DStRK 2017, 84; Fey/Deubert/Lewe/Roland, Erleichterungen nach dem MicroBilG – Einzelfragen zur Anwendung der neuen Vorschriften, BB 2013, 107; Henckel/Rimmelspacher, Neuregelungen für Kleinstunternehmen durch das BilRUG, DB 2015, Beil 5, 37; Henckel, Qualifikation als Kleinstkapitalgesellschaft infolge des Eingreifens in die Verwaltung bei nur anteiliger Personenidentität in den Geschäftsführungsorganen der Ober- und Untergesellschaft, StuB Nr. 20 v. 25.10.2019, 791; Hoffmann, Der deregulierte Jahresabschluss der Kleinstkapitalgesellschaft, StuB 2012, 729; Küting/Eichenlaub, Verabschiedung des MicoBilG – Der „vereinfachte" Jahresabschluss für Kleinstkapitalgesellschaften, DStR 2012, 2615; Müller, Neue monetäre Schwellenwerte im HGB – Update zu BB 2015, 241 f., BB 2015, 1838; Müller/Stawinoga, Verschärfung der Voraussetzungen zur rückwirkenden Anwendung der Schwellenwerterhöhungen durch den BilRUG-RegE – Update zu BB 2014, 2411 ff., BB 2015, 241; Müller/Stawinoga, Implikationen der rückwirkenden Schwellenwerterhöhung mit dem BilRUG-RefE bei der Bestimmung der Unternehmensgrößenklassen, BB 2014, 2411; Müller/Kreipl, Rechnungslegungserleichterungen für Kleinstkapitalgesellschaften und Tochterunternehmen ausländischer Konzernmütter durch das MicroBilG, DB 2013, 73; Theile, Erleichterungen bei der Bilanzierung durch das MicoBilG, BBK 2013, 107; Theile, Prüfung der Größenkriterien von Kapitalgesellschaften – Kleinstkapitalgesellschaft nach MicroBilG, StuB 2013, 411; Theile, Vereinfachte Jahresabschlüsse für Kleinstkapitalgesellschaften – eine Kurzkommentierung des Regierungsentwurfs des MicroBilG, GmbHR 12, 1112; Zwirner, MicroBilG: Bilanzierungs- und Offenlegungserleichterungen für Kleinstkapitalgesellschaften fraglich BB 12, 2231; Zwirner, Kleinstkapitalgesellschaften nach BilRUG – ausgewählte Praxisfragen und Lösungen, BC 2018, 316; Zwirner/Froschhammer, Rechnungslegung für Kleinstkapitalgesellschaften gemäß MicroBilG, Stbg 2013, 22.[1]

Übersicht

I. Überblick

1   Ergänzend zu den Begriffsbestimmungen des § 267 **definiert** § 267a die **Kleinstkapitalgesellschaft.** Die Vorschrift wurde durch Art. 1 Nr. 7 MicroBilG mWv 27.12.2012 in das HGB eingefügt und diente der Umsetzung der RL 2012/6/EU (sog. Micro-RL[2]) zur Änderung der alten RL 78/660/EWG, deren Inhalt später in die Bilanz-RL eingeflossen ist. Mit der Definition der Kleinstkapitalgesellschaft sowie den zeitgleich eingefügten, an sie anknüpfenden Erleichterungen verfolgt der Gesetzgeber das **Ziel,** Kleinstbetriebe „mit sehr geringen Umsätzen und Vermögenswerten", bei denen „[d]as Interesse der Gesellschafter und der Allgemeinheit an einer detaillierten Rechnungslegung, durch die das betriebsnotwendige Vermögen von Kleinstbetrieben bestimmt wird, [...] eher gering" ist, „zu entlasten und dazu die Optionen der RL 2012/6/EU [...] zu

---

[1]   Der Verf. dankt seiner wissenschaftlichen Mitarbeiterin Ref. jur. Melanie Manow für die hilfreiche Vorarbeit zur Neuauflage.

[2]   Richtlinie 2012/6/EU des Europäischen Parlaments und des Rates v. 14.3.2012 zur Änderung der Richtlinie 78/660/EWG des Rates über den Jahresabschluss von Gesellschaften bestimmter Rechtsformen hinsichtlich Kleinstbetrieben, ABl. EU 2012 L 81, 3.

nutzen";[3] die Entlastung der Wirtschaft wird von der Bundesregierung mit „mindestens 36 Mio. EUR" veranschlagt,[4] wobei „rund 500.000 Unternehmen" davon profitieren sollen und damit „der größere Teil der Kapitalgesellschaften".[5] Kleinstbetriebe dieser Art, die „in den meisten Fällen auf lokaler oder regionaler Ebene und nicht oder nur sehr begrenzt grenzübergreifend tätig" sind, spielen „bei der Schaffung neuer Arbeitsplätze, der Förderung von Forschung und Entwicklung sowie der Schaffung neuer Wirtschaftstätigkeiten eine große Rolle" (Erwägungsgrund Nr. 4 Bilanz-RL).

Die Definition des Abs. 1 ist so gefasst („Kleinstkapitalgesellschaften sind kleine Kapital- **2** gesellschaften, die [...]"), dass Kleinstkapitalgesellschaften eine Teilmenge der Menge der kleinen Kapitalgesellschaften iSv § 267 Abs. 1 darstellen. Neben den **Erleichterungen,** die für alle kleinen Kapitalgesellschaften gelten,[6] profitieren Kleinstkapitalgesellschaften von weiteren Vereinfachungen (→ Rn. 9).[7] Nach Art. 70 Abs. 1 EGHGB gelten die Erleichterungen für Kleinstkapitalgesellschaften erstmals für Jahres- und Konzernabschlüsse, die sich auf einen nach dem 30.12.2012 liegenden Abschlussstichtag beziehen. § 267a Abs. 3, der mit Wirkung vom 23.7.2015 durch das BilRUG eingefügt wurde, war erstmals für nach dem 31.12.2015 beginnende Geschäftsjahre anzuwenden (Art. 75 Abs. 1 EGHGB).

Aus politischer Sicht sind die Erleichterungen zwar gut gemeint, aber jedenfalls in Bezug **3** auf den Aspekt der Kosteneinsparung angesichts der fortbestehenden steuerbilanzrechtlichen Aufzeichnungs- und Übermittlungspflichten[8] im Rahmen der E-Bilanz (§ 5b Abs. 1 EStG), deren Taxonomie sich an dem Format einer großen Kapitalgesellschaft orientiert und sogar weit über die Gliederungen der §§ 266, 275 hinausgeht,[9] und selbst aus Sicht der betriebswirtschaftlichen Selbstkontrolle kaum von Nutzen.[10] Selbst der durch den Wegfall des Anhangs bewirkte Kostenvorteil wird in Frage gestellt, weil man „üblicherweise Textbausteine" verwende; als „wesentlicher Aspekt" verbleibe allein „die Erleichterung bei der Offenlegung",[11] die nach § 326 Abs. 2 durch Hinterlegung (nur) der Bilanz in elektronischer Form beim Betreiber des Bundesanzeigers erfolgen darf. Sie kann dann nicht mehr elektronisch im Internet auf der Seite des Bundesanzeigers abgefragt werden;[12] vielmehr erfolgt die Einsichtnahme in die Bilanz „nur auf Antrag durch Übermittlung einer Kopie" (§ 9 Abs. 6 S. 3).

II. Erfasste Unternehmenstypen

§ 267a gilt für **Kapitalgesellschaften,** also für AG, KGaA, GmbH und SE mit Sitz **4** im Inland, für **Kapitalgesellschaften & Co.** iSd § 264a Abs. 1 sowie kraft der bedingten Verweisung des § 336 Abs. 2 S. 3 auch für Genossenschaften (→ Rn. 5) und Europäische Genossenschaften (§ 32 SCE-Ausführungsgesetz iVm § 336 Abs. 2), nicht aber für Kreditinstitute (§ 340a Abs. 2 S. 1) und Versicherungsunternehmen (§ 341a Abs. 2 S. 1), für die

---

[3] Begr. RegE MicroBilG, BT-Drs. 17/11292, 12. Vgl. auch Erwägungsgrund 5 RL 2012/6/EU: „Kleinstbetriebe verfügen nur über beschränkte Ressourcen zur Einhaltung anspruchsvoller Regulierungsanforderungen. Dennoch unterliegen sie häufig den gleichen Rechnungslegungsvorschriften wie größere Unternehmen. Dadurch sehen sie sich mit einem Aufwand konfrontiert, der ihrer Größe nicht angemessen ist und für die kleinsten Unternehmen im Vergleich zu den größeren in keinem Verhältnis steht".

[4] Begr. RegE MicroBilG, BT-Drs. 17/11292, 22.

[5] Begr. RegE MicroBilG, BT-Drs. 17/11292, 22, 17. Hierzu auch Küting/Eichenlaub DStR 2012, 2615 (2615): Damit sei „etwa die Hälfte aller offenlegungspflichtigen Unternehmen hiervon betroffen". Krit. Hoffmann StuB 2012, 729 (729): Wie die Bundesregierung die Kostenentlastung errechne, wisse „niemand". Betroffen sollten 500.000 Gesellschaften sein, mache „also pro Gesellschaft eine Kostenersparnis von 70 €".

[6] So ausdrücklich auch Begr. RegE MicroBilG, BT-Drs. 17/11292, 17: „[...] wird hier [...] nochmals klargestellt".

[7] Vgl. BeBiKo/Störk/Lawall, 13. Aufl. 2022, § 267a Rn. 1.

[8] So ausdrücklich auch Begr. RegE MicroBilG, BT-Drs. 17/11292, 15.

[9] BeBiKo/Störk/Lawall, 13. Aufl. 2022, Rn. 16 mwN.

[10] Theile BBK 2013, 107 (117): Eine „Verkleinerung des Kontenplans" sei „betriebswirtschaftlich nicht sinnvoll und wegen der E-Bilanz, der das Format der großen Kapitalgesellschaft zugrunde" lege, „auch nicht möglich". Es werde folglich „kontiert und gebucht wie bisher".

[11] Theile BBK 2013, 107 (117).

[12] Küting/Eichenlaub DStR 2012, 2615 (2618).

stets die Vorschriften für große Kapitalgesellschaften gelten (→ § 267 Rn. 1). Anders als § 267 wird § 267a in den Ausschlüssen der § 340a Abs. 2 und § 341a Abs. 2 nicht ausdrücklich genannt; wenn aber schon die Erleichterungen nach § 267 auf Kreditinstitute und Versicherungsunternehmen nicht anwendbar sind, muss dies erst recht für diejenigen nach § 267a gelten. Hauptanwendungsfälle der Kleinstkapitalgesellschaft dürften – entsprechend der praktischen Verbreitung dieser Rechtsformen – die UG (haftungsbeschränkt), die GmbH (einschließlich) sowie die GmbH & Co. KG in Gestalt sehr kleiner operativ tätiger Unternehmen und gelegentlich auch als nicht kapitalmarktorientierte Holdings sein.[13] Im Anwendungsbereich des PublG ist § 267a ebenfalls nicht anwendbar; hier gelten eigene Größenmerkmale (§§ 1 f. PublG).

5   Durch das BilRUG wurde der Anwendungsbereich der Erleichterungen – mit Modifikationen – auf **Kleinstgenossenschaften** erweitert (§ 336 Abs. 2 S. 3), wobei die Geschäftsguthaben der Mitglieder sowie die gesetzliche Rücklage auch in der verkürzten Bilanz auszuweisen und die Entwicklung der Mitglieder und der Haftsummen, die Identität des zuständigen Prüfverbandes sowie die Geldleistungen an die Organmitglieder unter der Bilanz anzugeben sind, sofern auf einen Anhang verzichtet wird (§ 336 Abs. 3 S. 3 iVm § 337 Abs. 4 und § 338 Abs. 4, Abs. 1 iVm Abs. 2 Nr. 1, Abs. 3). Im Hinblick auf den Umstand, dass die frühere RL 78/660/EWG ebenso wie die aktuelle Bilanz-RL auf Genossenschaften keine Anwendung findet, hatte der deutsche Gesetzgeber diese Unternehmensgruppe zunächst nicht in die Erleichterungen einbezogen.[14] Betroffen sind davon nach Einschätzung des Gesetzgebers etwa 2300 Kleinstgenossenschaften.[15] Soweit die §§ 264 ff. auch auf reine Personenhandelsgesellschaften und Einzelkaufleute übertragbar sind, die nicht nach § 241a von der Pflicht zur Buchführung befreit sind oder die Befreiung nicht in Anspruch nehmen (→ § 264 Rn. 3), sollten dabei die Erleichterungen für Kleinstkapitalgesellschaften berücksichtigt werden, sofern diese Unternehmen die Größenvoraussetzungen des § 267a erfüllen. Zu Recht wird darauf hingewiesen, dass Personenhandelsgesellschaften und Einzelkaufleute nicht strengeren Anforderungen an die Rechnungslegung unterworfen werden dürften als Kapitalgesellschaften.[16]

III. Größenmerkmale (Abs. 1)

6   **1. Schwellenwerte (Abs. 1 S. 1).** Maßgeblich für die Einordnung einer Gesellschaft als „Kleinstkapitalgesellschaft" iSd § 267a ist, dass diese mindestens zwei der drei in Abs. 1 S. 1 niedergelegten **Schwellenwerte** zu Bilanzsumme, Umsatzerlösen und durchschnittlicher Arbeitnehmerzahl (s. die tabellarische Gesamtübersicht bei → § 267 Rn. 4) nicht oder, anders formuliert, **lediglich einen** dieser Werte **überschreitet.**[17] Dabei wird der Begriff der Bilanzsumme seit dem BilRUG in § 267 Abs. 4a zur „Klarstellung" für alle Unternehmenskategorien „entsprechend Art. 3 Abs. 11 der Richtlinie 2013/34/EU"[18] erläutert; die ursprünglich in § 267a Abs. 1 S. 2 enthaltene Definition konnte damit entfallen.[19] Bei der Ermittlung der Bilanzsumme sind § 253 Abs. 1 S. 5 und 6 zu beachten, wonach Kleinstkapitalgesellschaften eine Bewertung von Deckungsvermögen (§ 246 Abs. 2 S. 2) zum beizulegenden Zeitwert nur vornehmen dürfen, wenn sie keine der in § 264 Abs. 1 S. 5, § 266 Abs. 1 S. 4, § 275 Abs. 5 oder § 326 Abs. 2 vorgesehenen Erleichterungen in Anspruch nehmen. Keine Berücksichtigung finden (freiwillige, § 274a Nr. 4) aktive latente Steuern;[20]

---

13   Theile BBK 2013, 107 (112).

14   Begr. RegE MicroBilG, BT-Drs. 17/11292, 18.

15   Begr. RegE BilRUG, BT-Drs. 18/4050, 50.

16   BeBiKo/Störk/Lawall, 13. Aufl. 2022, Rn. 2; zuvor schon Fey/Deubert/Lewe/Roland BB 2013, 107 (110).

17   BeBiKo/Störk/Lawall, 13. Aufl. 2022, Rn. 3; KKRD/Morck/Drüen, 9. Aufl. 2019, Rn. 1a.

18   Begr. RegE BilRUG, BT-Drs. 18/4050, 60.

19   Begr. RegE BilRUG, BT-Drs. 18/4050, 60 f.

20   So ausdrücklich Begr. RegE MicroBilG, BT-Drs. 17/11292, 17 „Die Definition der Bilanzsumme setzt Art. 1a Abs. 8 Bilanz-RL in der Fassung der Micro-Richtlinie um. Dabei sollen aktive latente Steuern außer Betracht bleiben"; sich anschließend BeBiKo/Störk/Lawall, 13. Aufl. 2022, Rn. 3; BeckOK HGB/Poll Rn. 5 (Stand: 15.1.2022); Hopt/Merkt, 41 Aufl. 2022, Rn. 1.

ein auf der Aktivseite ausgewiesener Fehlbetrag ist abzuziehen.[21] Die Begriffe „Umsatzerlöse" und „Arbeitnehmer" entsprechen denen in § 267 (→ § 267 Rn. 7 f.).

2. Sonstige Fragen (Abs. 1 S. 2). Der Charakter eines Unternehmens als Kleinstkapitalgesellschaft muss hinreichend **dauerhaft** sein. Dies ist erst der Fall, wenn die in Abs. 1 S. 1 vorgesehenen Schwellenwerte auch am zweiten der Abschlussstichtage zweier aufeinander folgender Geschäftsjahre gewahrt sind (Abs. 1 S. 2 iVm § 267 Abs. 4 S. 1).[22] Eine Ausnahme bildet § 267 Abs. 3 S. 2, wonach eine **kapitalmarktorientierte Gesellschaft** iSv § 264d stets als große Kapitalgesellschaft gilt (→ § 267 Rn. 21). § 267 Abs. 3 S. 2 brauchte in der Verweisung des § 267a Abs. 1 S. 2 auf § 267 („§ 267 Abs. 4 bis 6 gilt entsprechend") nicht aufgeführt zu werden, weil die Vorschrift unmittelbar einschlägig ist. Praktisch dürfte es für sie bei Gesellschaften der Größenklasse des § 267a indes „kaum Anwendungsfälle"[23] geben. Die Schwellenwerte des Abs. 1 S. 1 sind wie bei § 267 **gleichrangig** (→ § 267 Rn. 4);[24] hinsichtlich der Über- bzw. Unterschreitung kommt es nicht darauf an, dass bzw. ob es sich an beiden Stichtagen jeweils um dieselben Schwellenwerte handelt. Rumpfgeschäftsjahre zählen als volle Geschäftsjahre,[25] wobei bei der Berechnung der Umsatzerlöse und der Arbeitnehmerzahl Besonderheiten zu berücksichtigen sind (→ § 267 Rn. 7, → § 267 Rn. 10).

7

Bei **Neugründungen und Umwandlungen** iSv § 1 UmwG gilt gem. § 267a Abs. 1 S. 2 die Regelung des § 267 Abs. 4 S. 2 (→ § 267 Rn. 15 ff.). Demnach genügt für die *erstmalige* Einordnung als Kleinstkapitalgesellschaft das Über- bzw. Unterschreiten der Größenmerkmale am ersten Bilanzstichtag. Auf diese Weise wird „der Start der Unternehmen in der richtigen Größenklasse sichergestellt" und durch „die anschließend laufende Betrachtung von zwei Abschlussstichtagen eine ausreichende Vorlaufzeit zur Anpassung der Rechnungslegung und der vorgelagerten Systeme an die jeweils höheren quantitativen und qualitativen Ansprüche des Jahresabschlusses ggf. des Lageberichts der höheren Kategorie"[26] gewährleistet. Unter den Begriff der Neugründung fällt dabei auch die sog. wirtschaftliche Neugründung in Gestalt der Neubelebung einer Vorrats- oder nicht mehr operativ tätigen Gesellschaft.[27] Die **Informationsrechte der Arbeitnehmer** bleiben, soweit sie auf Kleinstkapitalgesellschaften anzuwenden sind, nach Abs. 1 S. 2 iVm § 267 Abs. 6 (→ § 267 Rn. 22) unberührt.[28]

8

IV. Rechtsfolgen der Qualifizierung (auch: Abs. 2)

1. Grundlagen. Kleinstkapitalgesellschaften profitieren von **Erleichterungen** bei der Gliederung der **Bilanz** (§ 253 Abs. 1 S. 4 und 5, § 266 Abs. 1 S. 4), der **GuV** (§ 275 Abs. 5 HGB; § 158 Abs. 3 AktG), bei der Pflicht zur Aufstellung eines **Anhangs** (§ 264 Abs. 1 S. 5) sowie bei der **Offenlegung** (zB § 326 Abs. 2).[29] Alle Erleichterungen haben optionalen Charakter und können einzeln gewählt werden („Cherry picking"),[30] wobei der Grundsatz der Stetigkeit zu berücksichtigen ist.[31] Ein jährlicher Wechsel der Methoden ist demnach unzulässig. Nach **§ 264 Abs. 2 S. 5** wird „vermutet, dass ein unter Berücksichtigung der Erleichterungen für Kleinstkapitalgesellschaften aufgestellter Jahresabschluss den Erforder-

9

---

[21] Hopt/Merkt, 41. Aufl. 2022, Rn. 1; BeBiKo/Störk/Lawall, 13. Aufl. 2022, Rn. 3.

[22] BeBiKo/Störk/Lawall, 13. Aufl. 2022, Rn. 4.

[23] So bereits EBJS/Böcking/Gros, 4. Aufl. 2020, Rn. 4.

[24] BeBiKo/Störk/Lawall, 13. Aufl. 2022, Rn. 4.

[25] BeckOK HGB/Poll Rn. 8 (Stand: 15.1.2022).

[26] Haufe-HGB/Müller Rn. 11 (Stand: 1.10.2021).

[27] BeckOK HGB/Poll Rn. 9 (Stand: 15.1.2022); WP-HdB/Störck 17. Aufl. 2021, Abschn. F Rn. 283; BeBiKo/Störk/Lawall, 13. Aufl. 2022, § 267, Rn. 23.

[28] BeBiKo/Störk/Lawall, 13. Aufl. 2022, Rn. 12.

[29] Eine ausführlichere Darstellung der Erleichterungen für Kleinstkapitalgesellschaften liefern: BeBiKo/Störk/Lawall, 13. Aufl. 2022, Rn. 7–11.

[30] So wörtlich Hoffmann/Lüdenbach NWB Kommentar Bilanzierung, 13. Aufl. 2022, Rn. 1; Theile BBK 2013, 113; Hoffmann StuB 2012, 729; BeBiKo/Störk/Lawall, 13. Aufl. 2022, Rn. 5.

[31] BeBiKo/Störk/Lawall, 13. Aufl. 2022, Rn. 5; Küting/Eichenlaub DStR 2012, 2615.

nissen des Satzes 1 entspricht." Dabei handelt es sich um eine Klarstellung, dass die Inanspruchnahme der gesetzlichen Erleichterungen für sich genommen nicht als Verstoß gegen das Gebot des getreuen Bildes (§ 264 Abs. 2 S. 1) gewertet werden kann (→ § 264 Rn. 122), was zum Ausgleich des Informationsdefizits zwingende Anhangangaben oder, bei Ausübung des Wahlrechts nach § 264 Abs. 1 S. 5, Angaben unterhalb der Bilanz (§ 264 Abs. 2 S. 4) zur Folge hätte.

10   Soweit nichts anderes geregelt ist, finden auf Kleinstkapitalgesellschaften zudem alle Erleichterungen zugunsten von **kleinen Kapitalgesellschaften** iSv § 267 Abs. 1 Anwendung.[32] Beispielsweise gelten für sie die längere Frist zur Aufstellung des Jahresabschlusses (§ 264 Abs. 1 S. 4 Hs. 2), die Vereinfachungen im Rahmen von Bilanz, GuV, Anhang (§ 266 Abs. 1 S. 2, § 274a, § 276 S. 1, § 288 Abs. 1) und Offenlegung (§ 326 Abs. 1, → Rn. 11) sowie die Befreiung von der Prüfungspflicht gem. § 316 Abs. 1 S. 1 (→ § 267 Rn. 1 aE). § 267a **Abs. 2** dient insofern gegenüber § 267 Abs. 1 lediglich der Klarstellung.[33]

11   **2. Herabgesetztes Ordnungsgeld.** Die **Sanktionsvorschrift** des § 335 wurde an die Erleichterungen betreffend die Offenlegung angepasst. So können Kleinstkapitalgesellschaften ihren Offenlegungspflichten aus § 325 nunmehr anstelle einer Veröffentlichung auch durch Einreichung (nur) der Bilanz in elektronischer Form zur dauerhaften Hinterlegung beim Betreiber des Bundesanzeigers und durch Erteilung eines entsprechenden Hinterlegungsauftrags genügen (§ 326 Abs. 2 S. 1, → Rn. 3 aE). Im Falle der verspäteten Erfüllung sieht § 335 Abs. 4 S. 2 Nr. 1 ein Mindestordnungsgeld iHv 500 EUR vor.[34] Die Vorschrift wird in der Rechtsprechung uneinheitlich angewandt. So wird zum Teil selbst dann auf § 335 Abs. 4 S. 2 Nr. 1 zurückgegriffen, wenn die Gesellschaft von der Möglichkeit des § 326 Abs. 2 keinen Gebrauch gemacht hat.[35] Andernorts wird in wortlautgetreuer, enger Auslegung der Vorschrift eine Herabsetzung des Ordnungsgelds nur dann vorgenommen, wenn die säumige Kleinstkapitalgesellschaft ihre Bilanz tatsächlich nach § 326 Abs. 2 hinterlegt hat.[36] Zur Minimierung des Ordnungsgeldes empfiehlt sich für die Praxis daher stets die Hinterlegung als Form der Offenlegung.[37]

V. Ausschluss für Investment- und Beteiligungsgesellschaften (Abs. 3)

12   Gemäß **Abs. 3** sind **Investmentgesellschaften** (§ 1 Abs. 11 KAGB) und **Unternehmensbeteiligungsgesellschaften** (§ 1a Abs. 1 UBGG) per se keine Kleinstkapitalgesellschaften, sodass sie von den entsprechenden Erleichterungen nicht profitieren können. Nachdem sich ein entsprechender Ausschluss bisher „überwiegend schon aus Spezialgesetzen"[38] – konkret § 19d des alten InvG und § 8 UBGG – ergeben hatte, man eine „Aufnahme dieser Begrenzung in § 267a" im Zuge des MicroBilG dementsprechend für „nicht erforderlich"[39] gehalten hatte, wurde Abs. 3 durch das BilRUG einerseits „zur Verdeutlichung", andererseits zur Erweiterung des „Kreis[es] der betroffenen Beteiligungsgesellschaften"[40] in Umsetzung von Art. 2 Nr. 15 Bilanz-RL iVm Art. 36 Abs. 7 Bilanz-RL eingeführt. In der Folge erfasst die Vorschrift in Nr. 3 auch Unternehmen, „deren einziger Zweck darin besteht, Beteiligungen an anderen Unternehmen zu erwerben sowie die Verwaltung und

---

[32]   So ausdrücklich auch Begr. RegE MicroBilG, BT-Drs. 17/11292, 17: „[...] wird hier [...] nochmals klargestellt".

[33]   EBJS/Böcking/Gros, 4. Aufl. 2020, Rn. 7; BeBiKo/Störk/Lawall, 13. Aufl. 2022, Rn. 6 – jeweils mit Verweis auf die Begr. RegE MicroBilG, BT-Drs. 17/11292, 17.

[34]   BeckOK HGB/Regierer § 335 Rn. 6 (Stand 15.7.2021); BeBiKo/Grottel/H. Hoffmann, 13. Aufl. 2022, § 335 Rn. 12.

[35]   LG Bonn DStR 2017, 338; wohl mittlerweile hM, vgl. Hopt/Merkt HGB, 41. Aufl. 2022, § 335 Rn. 3 (anders noch 37. Aufl. 2016, aaO) sowie Burek DStRK 2017, 84.

[36]   OLG Köln DStR 2016, 1875.

[37]   So auch Burek DStRK 2017, 84.

[38]   Begr. RegE BiRUG, BT-Drs. 18/4050, 61.

[39]   Begr. RegE MicroBilG, BT-Drs. 17/11292, 17; dazu auch Henckel/Rimmelspacher DB Beil 5/2015, 37.

[40]   Begr. RegE BiRUG, BT-Drs. 18/4050, 61.

Verwertung dieser Beteiligungen wahrzunehmen, ohne dass sie unmittelbar oder mittelbar in die Verwaltung dieser Unternehmen eingreifen".[41] Ein solches Eingreifen in die Verwaltung der Beteiligungsgesellschaften (sog. Führungsholding), das das Kleinstprivileg wieder eröffnet, soll zB bei Bestehen eines Beherrschungsvertrags (§ 291 Abs. 1 S. 1 Fall 1 AktG) gegeben sein,[42] des weiteren, wenn die Geschäftsführungsorgane der Holding- und der Untergesellschaft personenidentisch sind.[43] Sollten die Mitglieder der Geschäftsleitung jeweils einzelvertretungsbefugt sein, dürfte eine partielle Personenidentität genügen.[44] Hauptanwendungsfälle von Abs. 3 **Nr. 3** sind (Finanz-)Holdinggesellschaften[45] sowie Verwaltungsgesellschaften, deren Zweck sich auf den Erwerb, die Verwaltung und die Vertretung von Beteiligungen beschränkt.[46]

VI. IFRS

Eine Unterscheidung nach Größenklassen ist in den IFRS nicht vorgesehen (→ § 276 **13** Rn. 12; → § 267 Rn. 23 f.) und insbesondere eine § 267a vergleichbare Regelung existiert nicht.[47] Funktionell am nächsten kommen die IFRS für kleine und mittelgroße Unternehmen (IFRS for SMEs, hierzu → § 267 Rn. 24).

§ 268 Vorschriften zu einzelnen Posten der Bilanz. Bilanzvermerke

(1) [1]**Die Bilanz darf auch unter Berücksichtigung der vollständigen oder teilweisen Verwendung des Jahresergebnisses aufgestellt werden.** [2]**Wird die Bilanz unter Berücksichtigung der teilweisen Verwendung des Jahresergebnisses aufgestellt, so tritt an die Stelle der Posten „Jahresüberschuß/Jahresfehlbetrag" und „Gewinnvortrag/Verlustvortrag" der Posten „Bilanzgewinn/Bilanzverlust"; ein vorhandener Gewinn- oder Verlustvortrag ist in die Posten „Bilanzgewinn/Bilanzverlust" einzubeziehen und in der Bilanz gesondert anzugeben.** [3]**Die Angabe kann auch im Anhang gemacht werden.**

(2) *(aufgehoben)*

(3) Ist das Eigenkapital durch Verluste aufgebraucht und ergibt sich ein Überschuß der Passivposten über die Aktivposten, so ist dieser Betrag am Schluß der Bilanz auf der Aktivseite gesondert unter der Bezeichnung „Nicht durch Eigenkapital gedeckter Fehlbetrag" auszuweisen.

(4) [1]**Der Betrag der Forderungen mit einer Restlaufzeit von mehr als einem Jahr ist bei jedem gesondert ausgewiesenen Posten zu vermerken.** [2]**Werden unter dem Posten „sonstige Vermögensgegenstände" Beträge für Vermögensgegenstände ausgewiesen, die erst nach dem Abschlußstichtag rechtlich entstehen, so müssen Beträge, die einen größeren Umfang haben, im Anhang erläutert werden.**

(5) [1]**Der Betrag der Verbindlichkeiten mit einer Restlaufzeit bis zu einem Jahr und der Betrag der Verbindlichkeiten mit einer Restlaufzeit von mehr als einem Jahr sind bei jedem gesondert ausgewiesenen Posten zu vermerken.** [2]**Erhaltene Anzahlungen auf Bestellungen sind, soweit Anzahlungen auf Vorräte nicht von dem**

---

[41] Begr. RegE BiRUG, BT-Drs. 18/4050, 61.

[42] Hoffmann/Lüdenbach NWB Kommentar Bilanzierung, 13. Aufl. 2022, Rn. 3b, unter Hinweis auf das Weisungsrecht nach § 308 AktG.

[43] BeBiKo/Störk/Lawall, 13. Aufl. 2022, Rn. 14 („einheitliche Leitung" bspw. „durch Personalunion in der Geschäftsführung"); Hoffmann/Lüdenbach NWB Kommentar Bilanzierung, 13. Aufl. 2022, Rn. 3b: „jedenfalls bei 100%iger Identität der Organe".

[44] Henckel StuB Nr. 20 v. 25.10.2019, 791 f.

[45] Ausf. Henckel/Rimmelspacher DB Beil 5/2015, 37 ff. sowie Zwirner BC 2018, 317 f.

[46] Hoffmann/Lüdenbach NWB Kommentar Bilanzierung, 13. Aufl. 2022, Rn. 3a.

[47] ZB HdR/Eichenlaub/Küting Rn. 13; Heidel/Schall/Dieckmann/Schubert, 3. Aufl. 2020, § 267a Rn. 21.

Posten „Vorräte" offen abgesetzt werden, unter den Verbindlichkeiten gesondert auszuweisen. [3]Sind unter dem Posten „Verbindlichkeiten" Beträge für Verbindlichkeiten ausgewiesen, die erst nach dem Abschlußstichtag rechtlich entstehen, so müssen Beträge, die einen größeren Umfang haben, im Anhang erläutert werden.

(6) Ein nach § 250 Abs. 3 in den Rechnungsabgrenzungsposten auf der Aktivseite aufgenommener Unterschiedsbetrag ist in der Bilanz gesondert auszuweisen oder im Anhang anzugeben.

(7) Für die in § 251 bezeichneten Haftungsverhältnisse sind
1. die Angaben zu nicht auf der Passivseite auszuweisenden Verbindlichkeiten und Haftungsverhältnissen im Anhang zu machen,
2. dabei die Haftungsverhältnisse jeweils gesondert unter Angabe der gewährten Pfandrechte und sonstigen Sicherheiten anzugeben und
3. dabei Verpflichtungen betreffend die Altersversorgung und Verpflichtungen gegenüber verbundenen oder assoziierten Unternehmen jeweils gesondert zu vermerken.

(8) [1]Werden selbst geschaffene immaterielle Vermögensgegenstände des Anlagevermögens in der Bilanz ausgewiesen, so dürfen Gewinne nur ausgeschüttet werden, wenn die nach der Ausschüttung verbleibenden frei verfügbaren Rücklagen zuzüglich eines Gewinnvortrags und abzüglich eines Verlustvortrags mindestens den insgesamt angesetzten Beträgen abzüglich der hierfür gebildeten passiven latenten Steuern entsprechen. [2]Werden aktive latente Steuern in der Bilanz ausgewiesen, ist Satz 1 auf den Betrag anzuwenden, um den die aktiven latenten Steuern die passiven latenten Steuern übersteigen. [3]Bei Vermögensgegenständen im Sinn des § 246 Abs. 2 Satz 2 ist Satz 1 auf den Betrag abzüglich der hierfür gebildeten passiven latenten Steuern anzuwenden, der die Anschaffungskosten übersteigt.

Schrifttum: Althoff, Einbringung immaterieller Vermögensgegenstände des Anlagevermögens – mit Ausschüttungssperre?, BB 2016, 2027; Arbeitskreis Bilanzrecht der Hochschullehrer Rechtswissenschaft, Stellungnahme zu dem Entwurf eines BilMoG: Grundkonzept und Aktivierungsfragen, BB 2008, 152; Bolin/Haeger/Zündorf, Einzelaspekte des künftigen Bilanzrechts – Zugleich ein Ergebnisbericht über die DB-Praxis-Seminare „Der Übergang auf die neue Rechnungslegung", DB 1985, 605; Dötsch, Ausschüttungssperre nach § 274 Abs. 2 S. 3 HGB, Der Konzern 2004, 701; Fey, Grundsätze ordnungsmäßiger Bilanzierung für Haftungsverhältnisse, 1989; Funnemann/Graf Kerssenbrock, Ausschüttungssperren im BilMoG-RegE, BB 2008, 2674; Göllert, Auswirkungen des Bilanzrichtlinie-Gesetzes auf die Bilanzanalyse, BB 1984, 1845; Gelhausen/Althoff, Die Bilanzierung ausschüttungs- und abführungsgesperrter Beträge im handelsrechtlichen Jahresabschluss nach dem BilMoG, WPg 2009, 584 (Teil I) und 629 (Teil 2); Haller, Probleme bei der Bilanzierung der Rücklagen und des Bilanzergebnisses einer Aktiengesellschaft nach neuem Bilanzrecht, DB 1987, 645; Harms/Küting, Ermittlung und Ausweis des Eigenkapitals nach dem Bilanzrichtlinie-Gesetz, DB 1983, 1449; Haußer/Heeg, Überschuldungsprüfung und Patronatserklärung, ZIP 2010, 1427; Hasenburg/Hausen, Zur Umsetzung der HGB-Modernisierung durch das BilMoG: Bilanzierung von Altersversorgungsverpflichtungen (insbesondere aus Pensionszusagen) und vergleichbaren langfristig fälligen Verpflichtungen unter Einbeziehung der Verrechnung mit Planvermögen, DB-Beilage 5/2009, 38; Herrmann, Der ungedeckte Fehlbetrag nach § 268 Abs. 3 HGB und die Folgepflichten für Abschlussprüfer und Gesellschaftsorgane in AG und GmbH, ZGR 1989, 273; Herzig/Vossel, Paradigmenwechsel bei latenten Steuern nach dem BilMoG, BB 2009, 356; Hoffmann, Praxisorientierte Einführung in die Rechnungslegungsvorschriften des Regierungsentwurfs zum Bilanzrichtlinie-Gesetz, BB-Beilage 1/1983, 1; Hoffmann, Einführung in die Brutto-Entwicklung des Anlagevermögens nach dem Bilanzrichtlinien-Gesetz, BB 1986, 1398; Hoffmann, Eigenkapitalausweis und Ergebnisverteilung bei Personenhandelsgesellschaften nach Maßgabe des KapCoRiLiG, DStR 2000, 837; Hoffmann/Lüdenbach, Inhaltliche Schwerpunkte des BilMoG-Regierungsentwurfs, DStR 2008, Beihefter zu Heft 30, 49; IDW, Fachlicher Hinweis v. 6.4.2021, Zweifelsfragen zu den Auswirkungen der Ausbreitung des Coronavirus auf die Rechnungslegung und deren Prüfung, Teil 3, 5. Update, April 2021, kostenlos verfügbar unter https://www.idw.de; IDW, St/HFA 2/1976 idF 1990, Zur handelsrechtlichen Vermerk- und Berichterstattungspflicht bei Patronatserklärungen gegenüber dem Kreditgeber eines Dritten, WPg 1976, 528; v. Kanitz, Rechnungslegung bei Personengesellschaften, WPg 2003, 324; Knop, Die Gliederungskonzeption des Bilanzrichtlinie-Gesetzes, DB 1984, 569; Knop, Die Bilanzaufstellung nach teilweiser oder vollständiger Ergebnisverwendung, DB 1986, 549; Kreide, Selbst geschaffene immaterielle Vermögensgegenstände im Recht der Rechnungslegung junger Technologieunternehmen, 2014; Kropff, Gesellschaftsrechtliche Auswirkungen der Ausschüttungssperre in § 268 Abs. 8 HGB, FS Hüffer, 2010, 539; Kußmaul, Betriebswirtschaftliche Überlegungen bei der Ausgabe von Null-Kupon-Anleihen, BB 1987, 1562; Küting/Weber, Die Darstellung des Eigenkapitals bei der GmbH nach dem Bilanzrichtlinie-Gesetz, GmbHR 1985, 165; Küting/Grau, Nicht durch Eigenkapital gedeckter Fehlbetrag – Bilanzrechtliche und bilanzanalytische Würdigung eines handelsrechtlichen Korrekturpostens –, BB 2014, 729, 733; Lanfermann/Röhricht, § 268 Abs. 8 HGB als neue Generalnorm für außerbilanzielle Ausschüttungssperren, DStR 2009, 1216; Limmer, „Harte" und „weiche" Patronatserklärungen in der Konzernpraxis, DStR 1993, 1750; Lünebach, Aktivierung rechtlich noch nicht entstandener, entscheidungsabhängiger Forderungen, StuB 2021, 137; Mader/Seitz, Hinweispflichten bei der Jahresabschlusserstellung – Bilanzrichtlinie(n) und „Fortführungsprognose", DStR-Beihefter 2018, 1; Marx/Dallmann, Problembereiche und Anwendungsfragen der außerbilanziellen Ausschüttungssperre des § 268 Abs. 8 HGB, Stbg 2010, 453; Mellwig, Zur Ermittlung der Anschaffungskosten von Aktien und Bezugsrechten, DB 1986, 1417; Moser/Siegel, Praxisfragen zur Aufstellung der Bilanz einer GmbH unter Berücksichtigung der Ergebnisverwendung, WPg 2017, 503; A. Müller, Gewinnverwendung der kleinen GmbH zur Abmilderung der Offenlegung, BBK 10/2009, 500 (Teil 1) und 867 (Teil 2); A. Müller/Ziegler, Sonstige finanzielle Verpflichtungen – Neue Angabepflicht für kleine Kapitalgesellschaften und Abgrenzung zu anderen Angabepflichten und Befreiungen, BC 2017, 28; A. Müller/Werner, Die Verwendung des Jahresergebnisses als Mittel der Bilanzpolitik: Wie kleine GmbH und GmbH & Co. KG die Offenlegungspflicht nach EHUG abmildern, BBK 21/2007, 1137; A. Müller/Werner, Die Gewinnverwendung als Gestaltungsinstrument der kleinen GmbH: teilweise oder vollständige Gewinnverwendung zur Vermeidung des Ergebnisausweises bei der kleinen GmbH, NWB 25/2008, 2359; Oser/Orth/Wirtz, Das Bilanzrichtlinie-Umsetzungsgesetz (BilRUG) – Wesentliche Änderungen und Hinweise zur praktischen Umsetzung –, DB 2015, 1729; Rimmelspacher/Henning, Änderungen im (Konzern-)Anhang durch BilRUG DB 2015, 23; Rosenbach, Bewertungs- und Gliederungsvorschriften für Kapitalgesellschaften, BFuP 1986, 129; Seidler, Vorabausschüttungen einer GmbH – Bilanzierung nach HGB und IFRS, BB 2019, 2987; Simon, Ausschüttungs- und Abführungssperre als gläubigerschützendes Institut in der reformierten HGB-Bilanzierung: Zur Regelung des § 268 VIII HGB n.F., NZG 2009, 1081; Verse, Auswirkungen der Bilanzrechtsmodernisierung auf den Kapitalschutz, VGR 15 (2010), 67; Wachter, Sacheinlage von Unternehmen in Kapitalgesellschaften, DB 2010, 2137; Wehrheim/Rupp, Zum Geltungsbereich der Ausschüttungssperre des § 268 Abs. 8 HGB im Regierungsentwurf des BilMoG, DB 2009, 356; Weirich/Zimmermann, Aufstellung und Offenlegung des Jahresabschlusses kleiner Aktiengesellschaften, AG 1986, 265; Wichmann, Herstellung von Beteiligungen, BB 1991, 1241; Wohlgemuth, Die Auswirkungen von Bezugsrechtsverkäufen auf den Buchwert der alten Aktien, AG 1973, 296; Zimmermann, Die Berichterstattung über Beziehungen zu nahe stehenden Personen nach DRS 2002, 889; Zülch/Hoffmann, Probleme und mögliche Lösungsansätze der „neuen" Ausschüttungssperre nach § 268 Abs. 8 HGB, DB 2010, 909; Zwirner, BilRUG – die wesentlichen Änderungen im Einzelabschluss, BC 2015, 390.[1]

Übersicht

---

[1] Der Verf. dankt seiner wissenschaftlichen Mitarbeitern Kseniia Tatarkina, Kandidat der Rechtswissenschaft (Nationale Staatliche Forschungsuniversität Tomsk, Russland) und LL.M. (Univ. Passau), für die hilfreiche Vorarbeit zur Neuauflage.

I. Regelungsinhalt

1　　§ 268 enthält ergänzende Ausweisvorschriften mehrheitlich zwingenden Charakters, die keinem einheitlichen Normzweck folgen.[2] Zum Teil erklären sie sich aus „bilanztechnischen" Überlegungen (Berücksichtigung der Verwendung des Jahresergebnisses, Abs. 1; Ausweis des nicht durch Eigenkapital gedeckten Fehlbetrags, Abs. 3; Ausschüttungssperre, Abs. 8).[3] Überwiegend sieht die Vorschrift bestimmte Pflichtangaben zu einzelnen Bilanzposten vor, um die Aussagefähigkeit der Bilanz zu verbessern, zB hinsichtlich der Liquidität des Unternehmens (Restlaufzeit von Forderungen und Verbindlichkeiten, Abs. 4 S. 1, Abs. 5 S. 1). Bis zum Inkrafttreten des BilRUG konnten mittelgroße und große Kapitalgesellschaften die Entwicklung des Anlagevermögens noch in der Bilanz *oder* im Anhang in Form eines sog. Anlagengitters (Anlagenspiegel) darstellen (Abs. 2 aF). Seit dem BilRUG sind diese Angaben zwingend im Anhang vorzunehmen. Abs. 2 aF wurde gestrichen und aus systematischen Gründen in § 284 Abs. 3 ausgelagert. Zugleich wurde das Anlagengitter inhaltlich an die geänderten europäischen Vorgaben in Art. 17 Abs. 1 lit. a Bilanz-RL angepasst. Erforderlich sind nunmehr ua in Umsetzung des Art. 17 Abs. 1 lit. a Ziff. vi Bilanz-RL Angaben zum Umfang der in die Herstellungskosten von Vermögensgegenständen einbezogenen Fremdkapitalzinsen (§ 284 Abs. 3 S. 2). Für kleine Kapitalgesellschaften (§ 267 Abs. 1 idF des BilRUG) bestehen gem. § 274a idF des BilRUG zahlreiche Erleichterungen von den Erfordernissen des § 268; sie brauchen die antizipativen Aktiva bzw. Passiva im Anhang nicht zu erläutern (§ 274a Nr. 1 und 2 idF des BilRUG, § 268 Abs. 4 S. 2, Abs. 5 S. 3) sowie ein Disagio gem. § 250 Abs. 3 nicht gesondert auszuweisen bzw. im Anhang anzugeben (§ 274a Nr. 3 idF des BilRUG, § 268 Abs. 6). Über Kapitalgesellschaften und gleichgestellte Personengesellschaften (§ 264a) hinaus gilt § 268 ferner gem. § 5 Abs. 1 S. 2 PublG für Unternehmen iSd §§ 1, 3 PublG[4] sowie, mit geschäftszweigspezifischen Einschränkungen bzw. Modifikationen, für Kredit- und Finanzdienstleistungsinstitute (§ 340a Abs. 1, Abs. 2 S. 1 und 2; § 340 Abs. 1 und Abs. 4) sowie für Versicherungsunternehmen und Pensionsfonds (§ 341a Abs. 1, Abs. 2 S. 1 und 2; § 341 Abs. 1 und Abs. 4) unabhängig von ihrer Rechtsform.[5]

II. Bilanzgewinn, Bilanzverlust (Abs. 1)

2　　In Abs. 1 hat der deutsche Gesetzgeber vom Mitgliedstaatenwahlrecht in Art. 9 Abs. 6 Bilanz-RL (früher: Art. 6 RL 78/660/EWG) Gebrauch gemacht. Die Mitgliedstaaten können danach den Unternehmen gestatten oder vorschreiben, „dass die Gliederung der Bilanz und der Gewinn- und Verlustrechnung für den Ausweis der Verwendung der Ergebnisse angepasst werden kann". Nach Abs. 1 können Kapitalgesellschaften (& Co. iSd § 264a) die Bilanz vor Verwendung des Jahresergebnisses aufstellen, in Abweichung von § 266 Abs. 3 A. in der Bilanz aber auch bereits eine teilweise oder vollständige **Verwendung des Jahresergebnisses** angeben. Gewinnvortrag/Verlustvortrag und Jahresüberschuss/Jahresfehlbetrag werden dann durch den Posten Bilanzgewinn/Bilanzverlust ersetzt (Abs. 1 S. 2 idF des BilRUG) oder entfallen vollständig. Der Bilanzgewinn/Bilanzverlust ergibt sich aus der Summe von Jahresüberschuss/Jahresfehlbetrag und dem Gewinn-/Verlustvortrag, abzüglich

---

2　　Heidel/Schall/Dieckmann 3. Aufl. 2020, Rn. 1.
3　　Zust. Heidel/Schall/Dieckmann 3. Aufl. 2020, Rn. 1.
4　　Die Vorschrift des § 3 PublG wurde geändert mWv 1.6.2016 durch G v. 24.5.2016 (BGBl. 2016 I 1190).
5　　BeckOGK/Suchan, 15.9.2021, Rn. 3; WP-HdB/Störk F 17. Aufl. 2021, Rn. 29.

der Verwendung des Jahresergebnisses.[6] In der GuV ist ebenfalls ein Ausweis der Ergebnisverwendung möglich, nämlich im Anschluss an den Posten Jahresüberschuss/Jahresfehlbetrag (§ 275 Abs. 4); Aktiengesellschaften sind sogar zu entsprechenden Angaben in der GuV oder wahlweise im Anhang verpflichtet (§ 158 Abs. 1 AktG). Die Wahlrechte nach § 268 Abs. 1 und § 275 Abs. 4 sind in ihrer Ausübung unabhängig voneinander.[7] Es kann daher zu Abweichungen in Bilanz und GuV kommen, wobei sich jedoch ein Hinweis im Anhang empfiehlt.[8] Wird die Ergebnisverwendung im letzten Geschäftsjahr anders berücksichtigt als im Vorjahr und wäre im Vorjahr bereits eine dem letzten Geschäftsjahr entsprechende Darstellung möglich gewesen, sind die **Vorjahreszahlen** in der Bilanz anzupassen und im Anhang zu erläutern (§ 265 Abs. 2 S. 3). Andernfalls sind die Unterschiede im Anhang anzugeben und zu erläutern (§ 265 Abs. 2 S. 2). Wird die Ergebnisverwendung im Unterschied zur Vorjahresbilanz nicht berücksichtigt, so sind die Vorjahreszahlen sinnvollerweise auf das Jahresergebnis, den Gewinn- bzw. Verlustvortrag und die bei der Bilanzaufstellung berücksichtigte Ergebnisverwendung zurückzuführen.[9]

1. Begriff der Ergebnisverwendung. Die Ergebnisverwendung ist von der Ergebnis- **3** ermittlung zu unterscheiden und erfasst alle Maßnahmen, die vom Jahresüberschuss/Jahresfehlbetrag (vgl. § 275 Abs. 2 Nr. 17 bzw. Abs. 3 Nr. 16) zum Bilanzgewinn/Bilanzverlust überleiten.[10] Sie ist von der Höhe des Jahresüberschusses abhängig und stärkt bzw. schwächt die **Kapitalbasis der Gesellschaft**,[11] zB in Form von Ausschüttungen an die Gesellschafter, Auflösungen von oder Einstellungen in Gewinnrücklagen einschließlich der Rücklagenbewegungen nach § 58 Abs. 2a AktG idF des BilRUG, 29 Abs. 4 GmbHG idF des BilRUG sowie Auflösungen von Kapitalrücklagen und Gewinnvorträgen.[12] Die Auflösung von Rücklagen stellt auch dann eine Ergebnisverwendung dar, wenn sie beispielsweise zum Ausgleich eines Jahresfehlbetrages oder – soweit zulässig – zur Ausschüttung dient.[13] Einstellungen in Kapitalrücklagen und „Vorabausschüttungen" an Aktionäre nach Ablauf des Geschäftsjahres (§ 59 AktG) berühren das Jahresergebnis dagegen nicht und sind deshalb keine Ergebnisverwendung.[14] Bei der GmbH, wo der (auflösend bedingte) Auszahlungsanspruch schon vor dem

---

[6]   Knop DB 1986, 549.

[7]   ADS Rn. 14.

[8]   BeBiKo/Grottel/Waubke, 13. Aufl. 2022, Rn. 3; ADS Rn. 14, 27. Strenger HdR/Knop Rn. 43 (Stand: 6/2022): Sollte „weder eine Orientierung an § 158 AktG noch die Darstellung der Entwicklung der Eigenkapitalposten gewählt werden, dürfte die Überleitung vom Jahresergebnis zum Bilanzgewinn/-verlust […] im Anhang erläuterungspflichtig sein".

[9]   Eingehend HdR/Knop Rn. 46 ff. (Stand: 6/2022); Knop DB 1986, 549 (551 f.).

[10] ADS Rn. 15; BeBiKo/Grottel/Waubke, 13. Aufl. 2022, Rn. 2; BeckOGK/Suchan, 15.9.2021, Rn. 6; Kirsch/Schellhorn/Hesse Rn. 5 ff. (Stand: 1.7.2020); KKRD/Morck/Drüen, 9. Aufl. 2019, Rn. 1; s. auch Rowedder/Pentz/Pentz GmbHG, 7. Aufl. 2022, § 29 Rn. 8: Eine Ergebnisverwendung könne „in der Bildung von Rücklagen oder in deren Auflösung bestehen"; aA Staub/Meyer, 6 Aufl. 2021, Rn. 6 f.: Gemeint seien nur solche Maßnahmen, die die Verwendung des Jahresüberschusses beträfen. Die Auflösung von Rücklagen sei keine Maßnahme der Ergebnisverwendung, sondern schaffe umgekehrt erst einen verwendbaren Bilanzgewinn; ebenso Baumbach/Hueck/Schulze-Osterloh, 18. Aufl. 2006, GmbHG § 42 Rn. 224: Ergebnisverwendungen seien nicht Entnahmen aus Kapital- oder Gewinnrücklagen.

[11] Knop DB 1986, 549 (552 ff.); ähnlich HdR/Knop Rn. 5 (Stand: 6/2022): Ergebnisverwendung liege „stets vor, wenn eine Transaktion in Abhängigkeit vom Jahresergebnis durchgeführt" werde, und „den Gesellschaftern der finanzielle Vorteil aus dieser Transaktion" zufließe oder „unmittelbar die Gesellschaft selbst die Vorteile nutzen" könne; Kirsch/Schellhorn/Hesse Rn. 5 (Stand: 1.7.2020).

[12] ADS Rn. 15, 22 ff. mwN; BeBiKo/Grottel/Waubke, 13. Aufl. 2022, Rn. 2; KKRD/Morck/Drüen, 9. Aufl. 2019, Rn. 1; Baumbach/Hueck/Schulze-Osterloh, 18. Aufl. 2006, GmbHG § 42 Rn. 224 m. zahlr. weit. Nachw.

[13] BeBiKo/Grottel/Waubke, 13. Aufl. 2022, Rn. 2; Glade Praxishandbuch Rn. 4; ADS Rn. 15, die diese Auslegung aus § 158 Abs. 1 AktG, § 275 Abs. 4 HGB herleiten wollen; Baetge/Kirsch/Thiele/Marx/Dallmann Rn. 22 (Stand: März 2016). ZT aA (sämtliche Rücklagenentnahmen sind Verwendungsmaßnahmen) Kirsch/Schellhorn/Hesse Rn. 7 f. (Stand: 1.7.2020).

[14] ADS Rn. 24 mwN; BeBiKo/Grottel/Waubke, 13. Aufl. 2022, Rn. 8; BeckOGK/Suchan, 15.9.2021, Rn. 12; aA hinsichtlich der Ausschüttungen an Aktionäre Bonner Kirsch/Schellhorn/Hesse Rn. 5 f. (Stand: 1.7.2020); HdR/Knop Rn. 12 (Stand: 6/2022): „Zwischen- bzw. Vorabdividenden" seien „eindeutig als Verwendung des Jahresergebnisses anzusehen".

Abschlussstichtag mit dem Ausschüttungsbeschluss der Gesellschafterversammlung entsteht, sind Vorabausschüttungen dagegen immer Ergebnisverwendung iSd Abs. 1, selbst wenn die Auszahlung erst nach dem Abschlussstichtag fließt (→ Rn. 7).[15] Die Rücklage für Anteile an einem herrschenden Unternehmen oder mit Mehrheit beteiligten Unternehmen bzw. der Sonderposten für Anteile an Komplementärgesellschaften (§ 272 Abs. 4, § 264c Abs. 4) ist stets bei der Aufstellung des Jahresabschlusses zu bilden (§ 272 Abs. 4 S. 3) unabhängig davon, ob dies zu Lasten der verfügbaren Kapitalrücklagen (§ 272 Abs. 2 Nr. 4), der Gewinnrücklagen, aus einem Gewinnvortrag oder aus dem Jahresüberschuss geschieht.[16] Die Ergebnisverwendung setzt eine **Entscheidung** und damit **Dispositionsfreiheit** voraus. Sie erfasst deshalb keine Maßnahmen aufgrund von Gewinnabführungs- und Verlustübernahmeverträgen oder entsprechenden satzungsmäßigen oder gesellschaftsvertraglichen Regelungen und auch keine Ausgleichszahlungen an die außenstehenden Gesellschafter (vgl. § 304 AktG), die mit solchen Verträgen in Verbindung stehen.[17] Aus demselben Grund scheiden auch ergebnisabhängige Aufwendungen, wie Tantiemen, Verpflichtungen aus Genuss- oder Besserungsscheinen, partiarischen Darlehen und stillen Beteiligungen, sowie bestimmte Steuern als Ergebnisverwendung aus, denn die zugrunde liegenden Verpflichtungen ergeben sich nicht aus dem Gesellschaftsverhältnis, sondern aus anderen Schuldverhältnissen.[18] In **zeitlicher Hinsicht** muss es sich schließlich um Vorgänge handeln, die im Zuge der Aufstellung des Jahresabschlusses zu berücksichtigen sind.[19] Die Verwendung eines bereits ausgewiesenen, also festgestellten Gewinns oder eine noch nicht beschlossene Ergebnisverwendung sind deshalb keine Verwendung des Jahresergebnisses iSd Abs. 1.[20]

4   **2. Teilweise und vollständige Ergebnisverwendung.** Zu einer **teilweisen** Ergebnisverwendung bei Bilanzaufstellung kann es aufgrund gesetzlicher Bestimmungen (zB § 58 Abs. 2, Abs. 2a, jeweils idF des BilRUG, § 150 Abs. 1–4 AktG; § 5a Abs. 3 GmbHG; § 29 Abs. 4 GmbHG idF des BilRUG) oder entsprechender (zwingender oder ermächtigender) Regeln in Satzung bzw. Gesellschaftsvertrag (vgl. § 29 Abs. 1 S. 2 GmbHG) kommen, die nur einen Teil des Ergebnisses betreffen. Der nicht verwendete Jahresüberschuss bzw. -fehlbetrag ist dann als Bilanzgewinn/Bilanzverlust auszuweisen. Die Posten Jahresüberschuss/Jahresfehlbetrag sowie Gewinnvortrag/Verlustvortrag entfallen, ein in den Bilanzgewinn oder -verlust einbezogener Gewinn- bzw. Verlustvortrag aus dem Vorjahr[21] ist in der Bilanz oder im Anhang gesondert anzugeben (Abs. 1 S. 2).

5   Die Bilanz wird unter Berücksichtigung der **vollständigen** Ergebnisverwendung aufgestellt, wenn weder ein Bilanzgewinn noch ein Bilanzverlust bzw. lediglich ein auf neue Rechnung vorzutragendes Bilanzergebnis verbleiben.[22] Sofern im vorangegangenen Geschäftsjahr ebenfalls die vollständige Ergebnisverwendung bei der Bilanzaufstellung berücksichtigt und ein Gewinnvortrag nicht beschlossen wurde, kann auf einen Ausweis des Postens „Bilanzgewinn" verzichtet werden (§ 265 Abs. 8).[23] Bestand die Ergebnisverwendung aber zumindest teilweise in einem Vortrag auf neue Rechnung, ist der verbleibende Restgewinn als „Bilanzgewinn", nicht dagegen als Gewinnvortrag/Verlustvortrag auszuweisen.[24]

---

[15]   ADS Rn. 25; ebenso Baumbach/Hueck/Schulze-Osterloh, 18. Aufl. 2006, GmbHG § 42 Rn. 224.

[16]   BeBiKo/Grottel/Waubke, 13. Aufl. 2022, Rn. 7; Gelhausen/Fey/Kämpfer L Rn. 61.

[17]   ADS Rn. 26.

[18]   ADS Rn. 16; BeBiKo/Grottel/Waubke, 13. Aufl. 2022, Rn. 2; BeckOGK/Suchan, 15.9.2021, Rn. 8; HdR/Knop Rn. 5 und 31 f. (Stand: 60/2022); Baetge/Kirsch/Thiele/Marx/Dallmann Rn. 25 (Stand: März 2016); Kirsch/Schellhorn/Hesse Rn. 6 (Stand: 1.7.2020).

[19]   ADS Rn. 15 aE; Beck HdR/Heymann B 390 Rn. 91 (Stand: Januar 2022).

[20]   BFH BStBl. II 1999, 162, unter II. 3.

[21]   ADS Rn. 27; BeBiKo/Grottel/Waubke, 13. Aufl. 2022, Rn. 9; Kirsch/Schellhorn/Hesse Rn. 3 ff. (Stand:1.7.2020).

[22]   Vgl. Baetge/Kirsch/Thiele/Marx/Dallmann Rn. 31 (Stand: März 2016): Unter einer vollständigen Ergebnisverwendung könne man „die Tatbestände subsumieren, in denen die Ergebnisverwendung weder zu einem verbleibenden Bilanzgewinn/-verlust noch ausschließlich zu einem auf neue Rechnung vorzutragenden Bilanzergebnis" führen; ähnlich BeBiKo/Grottel/Waubke, 13. Aufl. 2022, Rn. 9.

[23]   Kirsch/Schellhorn/Hesse Rn. 16 ff. (Stand: 1.7.2020); Staub/Meyer, 6. Aufl. 2021, Rn. 10.

[24]   ADS Rn. 33 f.; BeBiKo/Grottel/Waubke, 13. Aufl. 2022, Rn. 9; KKRD/Morck/Drüen, 9. Aufl. 2019, Rn. 1; aA Beck HdR/Heymann B 390 Rn. 96 (Stand: Januar 2022).

Die Berücksichtigung der vollständigen Ergebnisverwendung setzt immer voraus, dass **6** spätestens im Zeitpunkt der Bilanzaufstellung die Ergebnisverwendung endgültig festgelegt ist.[25] Dies kann durch einen entsprechenden Beschluss der Gesellschafter geschehen oder sich aus verbindlichen Vorgaben des Gesellschaftsvertrags bzw. der Satzung oder aus gesetzlichen Vorschriften ergeben.[26] Zu einer vollständigen Ergebnisverwendung kann es zB bei Gewinnabführungen kommen, beim Ausgleich eines Verlustvortrags durch einen Jahresüberschuss bzw. eines Jahresfehlbetrages durch Auflösung von Rücklagen oder bei satzungsmäßigen Ermächtigungen zur Einstellung in Gewinnrücklagen.[27] Dem Bilden eines Gewinnvortrages oder von Gewinnrücklagen sind bei der AG allerdings durch § 58 Abs. 2 AktG, § 254 AktG und, von Bedeutung insbesondere bei der GmbH, durch die gesellschaftliche Treuepflicht und die allgemeinen Vorschriften (§§ 138, 226, 242, 826 BGB) Grenzen gesetzt.[28] Bei der GmbH kann außerdem eine vollständige Ergebnisverwendung eintreten, wenn ein Gewinnverwendungsbeschluss der Gesellschafter bereits vor Feststellung des Jahresabschlusses eine Regelung über das endgültige Jahresergebnis trifft.[29] Auf solche Weise beschlossene Ausschüttungen können nicht als Verbindlichkeiten gegenüber den Gesellschaftern passiviert werden, da der schuldrechtliche Auszahlungsanspruch erst mit der Feststellung des Jahresabschlusses entsteht.[30]

3. Ausschluss des Wahlrechts. Grundsätzlich kann das aufstellende Organ der Kapi- **7** talgesellschaft wählen, ob es die Ergebnisverwendung berücksichtigen will oder nicht. Das **Wahlrecht** darf sogar hinsichtlich verschiedener Verwendungszwecke unterschiedlich ausgeübt werden, doch sollte der Anhang dann klarstellende Erläuterungen enthalten.[31] Etwas anderes gilt jedoch, soweit Ergebnisverwendungen zwingend vorgeschrieben sind. Ist das aufstellende Organ zum Zeitpunkt der Aufstellung rechtlich zu einer bestimmten Verwendung verpflichtet, **muss die Bilanz diese Verwendung bereits berücksichtigen.**[32] Dies ist im Gesetz nur in Ausnahmefällen (§ 272 Abs. 4 S. 3; § 150 Abs. 1 AktG: „in der Bilanz des […] aufzustellenden Jahresabschlusses") ausdrücklich bestimmt, gilt wegen der Informationsaufgabe der Bilanz aber auch allgemein. Wenn die Verwendung von Mitteln bereits feststeht, würde der Ausweis dieser Mittel als Jahresüberschuss darüber hinwegtäuschen, dass sie für die Beschlussfassung von Hauptversammlung oder Gesellschafterversammlung ggf. überhaupt nicht zur Verfügung stehen. Eine antizipierte Verwendungspflicht kann sich aus Gesetz, Satzung oder Gesellschaftsvertrag ergeben und sich zB auf die Auflösung von oder die Einstellung in Gewinnrücklagen beziehen,[33] etwa in Form der Einstellung in die gesetz-

---

25 BeBiKo/Grottel/Waubke, Rn. 9; ähnlich Baetge/Kirsch/Thiele/Marx/Dallmann Rn. 32 (Stand: März 2016): „Unabdingbare Voraussetzung für die Aufstellung der Bilanz unter Berücksichtigung der vollständigen Ergebnisverwendung" sei, dass spätestens zum Zeitpunkt der Bilanzaufstellung aufgrund gesetzlicher oder satzungsmäßiger bzw. gesellschaftsvertraglicher Vorschriften/Verpflichtungen eine endgültige Ergebnisverwendung für die bilanzierenden Organe als beschlossen gelte; s. auch HdR/Knop Rn. 33 (Stand: 6/2022), die auf den „Vollzug" der Ergebnisverwendung abstellen.

26 Baetge/Kirsch/Thiele/Marx/Dallmann Rn. 32 (Stand: März 2016).

27 ADS Rn. 31; BeBiKo/Grottel/Waubke, 13. Aufl. 2022, Rn. 9; Baetge/Kirsch/Thiele/Marx/Dallmann Rn. 31 (Stand: März 2016).

28 S. OLG Nürnberg DB 2008, 2415 = BeckRS 2008, 16971, unter B.VI.3. und insbes VIII3.b., ausf. zur (erfolgreichen) Anfechtung des Mehrheitsbeschlusses einer Gesellschafterversammlung zur Bildung einer Gewinnrücklage unter Verwendung des Gewinnvortrags (ua) wegen fehlender sachlicher Rechtfertigung und Verstoßes gegen die gesellschafterliche Treuepflicht; nachgehend BGH BeckRS 2009, 44739 (Zurückweisung der Nichtzulassungsbeschwerde).

29 Noack/Servatius/Haas/Kersting, 23. Aufl. 2022, GmbHG § 29 Rn. 60: „Vorausschüttung"; BeBiKo/Grottel/Waubke, 13. Aufl. 2022, Rn. 9: Werde bei der GmbH bereits vor Aufstellung und Feststellung des Jahresabschlusses über die Gewinnverwendung Beschluss gefasst, gelte „auf der Grundlage dieser Beschlussfassung das gesamte Jahresergebnis als verwendet".

30 ADS Rn. 31 mwN; aA BeBiKo/Grottel/Waubke, 13. Aufl. 2022, Rn. 9.

31 BeBiKo/Grottel/Waubke, 13. Aufl. 2022, Rn. 7 aE.

32 ADS Rn. 21, zur zwingenden Einstellung in oder Auflösung von Gewinnrücklagen; ebenso BeBiKo/Grottel/Waubke, 13. Aufl. 2022, Rn. 5 (unter Berufung auf die hM); Staub/Meyer, 6. Aufl. 2021, Rn. 3; aA Haller DB 1987, 645 (651 f.).

33 ADS Rn. 21; BeBiKo/Grottel/Waubke, 13. Aufl. 2022, Rn. 5; HdR/Knop Rn. 33 (Stand: 6/2022).

liche Rücklage (§§ 150 Abs. 2, 300 AktG; § 5a Abs. 3 GmbHG). Vorabausschüttungen an GmbH-Gesellschafter müssen ebenfalls berücksichtigt werden.[34] Wurde die Vorabausschüttung bis zum Abschlussstichtag noch nicht ausgezahlt, ist ein als Verbindlichkeit zu passivierender Auszahlungsanspruch der Gesellschafter entstanden, der bei Bilanzaufstellung berücksichtigt werden muss und damit kein Teil der Ergebnisverwendung ist (bereits → Rn. 3).[35] Etwas anderes gilt nur dann, wenn bis zum Stichtag feststeht, dass ein ausreichendes Ergebnis nicht erzielt wurde und der Anspruch auf Vorabausschüttung deswegen entfällt.

III. Nicht durch Eigenkapital gedeckter Fehlbetrag (Abs. 3)

8   Übersteigt der Jahresfehlbetrag einschließlich des Gewinn- oder Verlustvortrages bzw. bei Berücksichtigung der teilweisen Ergebnisverwendung der Bilanzverlust die Summe der übrigen Eigenkapitalposten, ist an letzter Stelle der Aktivseite der Posten „Nicht durch Eigenkapital gedeckter Fehlbetrag" auszuweisen. Die Regelung geht ursprünglich auf ein ausdrückliches mitgliedstaatliches Wahlrecht im früheren Art. 9 Aktiva F. RL 78/660/EWG zurück, der indes keine Entsprechung in der Bilanz-RL hat. Der Sache nach soll sie den Ausweis eines negativen Eigenkapitalpostens auf der Passivseite vermeiden.[36] **Verluste** werden deshalb bis zur Höhe des Eigenkapitals auf der Passivseite und nur in Höhe des das Eigenkapital übersteigenden Betrags auf der Aktivseite gezeigt.

9   **1. Voraussetzungen.** Ein **Überschuss der Passivposten über die Aktivposten** kann wegen der sich aus der doppelten Buchführung ergebenden betragsmäßigen Gleichheit der beiden Seiten eigentlich nicht auftreten. Die Formulierung meint einen Überschuss der Passivposten mit Ausnahme des Eigenkapitals über die Aktivposten ohne den nicht durch Eigenkapital gedeckten Fehlbetrag.[37] Der Überschuss muss auf **Verlusten** beruhen. Verluste sind die unter den Posten „Verlustvortrag" und „Jahresfehlbetrag" bzw. die unter dem Posten „Bilanzverlust" (Abs. 1 S. 2) aufgeführten Beträge und umfassen alle negativen Ergebnisse des Geschäftsjahres und der Vorjahre, soweit diese nicht ausgeglichen wurden.[38] Der **auszuweisende Fehlbetrag erhöht sich** bei **nicht eingeforderten ausstehenden Gesellschaftereinlagen,** weil diese nach § 272 Abs. 1 S. 2 seit dem BilMoG im Rahmen des Nettoausweises zwingend offen vom Gezeichneten Kapital auf der Passivseite abzusetzen sind (→ § 272 Rn. 8). Das vor dem BilMoG noch geltende Wahlrecht zwischen Brutto- und Nettoausweis nach § 272 Abs. 1 S. 3 aF wurde mit dem BilMoG abgeschafft.[39]

10   **2. Ausweis des Eigenkapitals, Sonstiges.** Ist das Eigenkapital durch die Verluste „aufgebraucht", berührt dies seine bilanzielle Darstellung nicht. Nach dem Saldierungsverbot und der Grundkonzeption des § 266 sind die Posten des Eigenkapitals wie die anderen Posten stets vollständig (§ 246 Abs. 1) aufzuführen und dürfen nicht mit anderen Posten saldiert werden (§ 246 Abs. 2 S. 1).[40] Der nicht durch Eigenkapital gedeckte Fehlbetrag

---

[34]   ADS Rn. 25; BeBiKo/Grottel/Waubke, 13. Aufl. 2022, Rn. 8.

[35]   ADS Rn. 25; Baumbach/Hueck/Schulze-Osterloh, 18. Aufl. 2006, GmbHG § 42 Rn. 224; aA HdR/Knop Rn. 33 (Stand: 6/2022): Eine Vorabdividende sei vollzogen, wenn sie „vor dem Bilanzstichtag beschlossen" sei; anders auch (speziell für die GmbH, anders für die AG) BeBiKo/Grottel/Waubke, 13. Aufl, 2022, Rn. 8: Bei der GmbH entfalle das Wahlrecht in Abs. 1 dann, wenn die Vorabausschüttung zum Bilanzstichtag „bereits vollzogen" sei.

[36]   Beschlussempfehlung und Bericht des Rechtsausschusses zum BiRiLiG, BT-Drs. 10/4268, 105; stellvertretend für das neuere Schrifttum BeBiKo/Grottel/Waubke, 13. Aufl. 2022, Rn. 15: Posten „tritt an die Stelle eines Minuspostens bei der Eigenkapitalgliederung".

[37]   HdR/Knop Rn. 189, 191 (Stand: 6/2022).

[38]   ADS Rn. 92; HdR/Knop Rn. 190 (Stand: 6/2022).

[39]   Damit hat sich die Streitfrage erledigt, ob der drohende Ausweis eines nicht durch Eigenkapital gedeckten Fehlbetrages Rückwirkungen die freie Wahl zwischen Brutto- und Nettoausweis beschränkt (s. dazu ADS Rn. 93).

[40]   ADS Rn. 86, 95; BeBiKo/Grottel/Waubke, 13. Aufl. 2022, Rn. 15; HdR/Knop Rn. 196 (Stand: 6/2022); Kirsch/Schellhorn/Hesse Rn. 88 ff. (Stand: 1.7.2020). Einen Verzicht auf den Eigenkapitalausweis nimmt offenbar Rosenbach BFuP 1986, 129 (139) an.

bezeichnet lediglich die **buchmäßige Überschuldung**[41] und ist insbesondere wegen möglicher stiller Reserven nicht mit dem insolvenzrechtlichen Tatbestand der „Überschuldung" (§ 19 Abs. 1, 2 InsO; § 15 und § 15a InsO idF v. 26.6.2017 sowie § 15b InsO idF v. 22.12.2020) gleichzusetzen.[42] Der insolvenzrechtliche Überschuldungsstatus baut zwar auf handelsrechtlichen Vorschriften auf, unterliegt aber wichtigen Modifikationen insbesondere bei der Bewertung. Vermögenswerte der Gesellschaft sind mit ihren aktuellen Verkehrs- oder Liquidationswerten auszuweisen.[43] Im Anhang ist jedoch zu erläutern, warum die buchmäßige Überschuldung keine Insolvenzsituation begründet,[44] denn der Ausweis eines „Nicht durch Eigenkapital gedeckten Fehlbetrages" gibt regelmäßig Anlass für eine Prüfung der *insolvenzrechtlichen* Überschuldungstatbestände.[45] Nach dem gegenwärtigen (zweistufigen) Überschuldungsbegriff gem. § 19 Abs. 2 S. 1 InsO idF v. 22.12.2020 kann allerdings die Aufstellung einer Überschuldungsbilanz unterbleiben, solange die Fortführung des Unternehmens „in den nächsten zwölf Monaten […] nach den Umständen überwiegend wahrscheinlich" ist.

IV. Forderungen (Abs. 4)

1. Restlaufzeit (Abs. 4 S. 1). Die Vorschrift sieht Bilanzvermerke über die Restlauf- **11** zeit von Forderungen vor. Sie soll dadurch einen besseren Einblick in die Vermögens- und Finanzlage und damit auch in die Liquiditätslage (→ § 264 Rn. 83) des Unternehmens vermitteln, dass zwischen kurzfristig erwarteten Mittelzuflüssen aus Forderungen innerhalb der Ein-Jahres-Frist und solchen außerhalb dieser Frist differenziert wird. Allerdings lässt dieser Ausweis weder Schlüsse über den weitergehenden Altersaufbau der Forderungen noch auf das Ausfallrisiko zu.[46] Mit Abs. 4 S. 1 wurden die Anforderungen aus Anh. III Aktiva Posten D.II. Bilanz-RL (früher: Art. 9 Aktiva D. II. RL 78/660/EWG) umgesetzt. Die Vorschrift ist sinngemäß von Unternehmen anzuwenden, die rechnungslegungspflichtig nach dem PublG sind (§ 1 PublG und § 5 Abs. 1 S. 2 PublG idF des BilRUG) und in entsprechender Weise von Genossenschaften (§ 336 Abs. 2 S. 1 idF v. 19.4.2017). Für Kredit- und Finanzdienstleistungsinstitute sowie Versicherungsunternehmen und Pensionsfonds gilt speziell Abs. 4 S. 1 (sowie Abs. 5 S. 1 und 2) dagegen nicht (§ 340a Abs. 2 S. 1, § 340 Abs. 1 und Abs. 4; § 341a Abs. 2 S. 1, § 341 Abs. 1 und Abs. 4); für diese Unternehmen sehen die RechKredV und die RechVersV speziellere Angaben zur Fristigkeit vor. Erfasst werden nach Gesetzes- und Richtlinienwortlaut sowie Gesetzeszweck allein **Forderungen**

---

[41] ADS Rn. 86; Staub/Meyer, 6. Aufl. 2021, Rn. 13; Baumbach/Hueck/Schulze-Osterloh, 18. Aufl. 2006, GmbHG § 42 Rn. 199; BeckOK HGB/Poll, 37. Ed. 15.7.2022, Rn. 6.

[42] Zum Zusammenhang zwischen Handels- und Insolvenzbilanz s. zB BGH NJW-RR 2001, 1043, unter II.: „Eine in der Jahresbilanz ausgewiesene Überschuldung" könne „allenfalls indizielle Bedeutung haben" und müsse „dann Ausgangspunkt für die weitere Ermittlung des wahren Wertes des Gesellschaftsvermögens sein". Aus dem Schrifttum Küting/Weber GmbHR 1984, 165 (176); Herrmann ZGR 1989, 273 (277); BeckOK HGB/Poll, 37. Ed. 15.7.2022, Rn. 6; BeBiKo/Grottel/Waubke, 13. Aufl. 2022, Rn. 16; HdR/Knop Rn. 195 (Stand: 6/2022); Baetge/Kirsch/Thiele/Marx/Dallmann Rn. 63 (Stand: März 2016); Baumbach/Hueck/Schulze-Osterloh, 18. Aufl. 2006, GmbHG § 42 Rn. 199.

[43] ZB BGHZ 146, 264 = NJW 2001, 1280, unter I. 2. a. S. auch Heymann/Herrmann Rn. 6 f.

[44] Kirsch/Schellhorn/Hesse Rn. 91 (Stand: 1.7.2020), unter Berufung auf § 264 Abs. 2, § 289 Abs. 1; vorsichtiger Staub/Meyer, 6. Aufl. 2021, Rn. 13 (Erläuterung des Sonderpostens im Anhang zweckmäßig); aA (keine Erläuterungspflicht) BeBiKo/Grottel/Waubke, 13. Aufl. 2022, Rn. 17.

[45] Staub/Meyer, 6. Aufl. 2021, Rn. 13; BeckOK HGB/Poll Rn. 6 (Stand: 15.7.2022); Mader/Seitz DStR-Beih 2018, 1 (17); Haußer/Heeg ZIP 2010, 1427 (1429). Zur gesellschaftsrechtlichen Prüfungsverantwortung des Geschäftsleiters im Kontext der Insolvenzverschleppungshaftung s. BGH DStR 2009, 1384, Ls. 1 und II.1.a, nach § 64 Abs. 1 GmbHG idF vor dem MoMiG: Berufe sich der Gläubiger für die behauptete insolvenzrechtliche Überschuldung der Gesellschaft auf eine Handelsbilanz, die einen nicht durch Eigenkapital gedeckten Fehlbetrag ausweise, und trage er außerdem vor, ob und in welchem Umfang stille Reserven oder sonstige aus der Handelsbilanz nicht ersichtliche Vermögenswerte vorhanden seien, sei es „Sache des beklagten Geschäftsführers, im Rahmen seiner sekundären Darlegungslast im Einzelnen vorzutragen, welche stillen Reserven oder sonstige für eine Überschuldungsbilanz maßgeblichen Werte in der Handelsbilanz nicht abgebildet" seien; Küting/Grau BB 2014, 729 (733).

[46] ADS Rn. 101; Kirsch/Schellhorn/Hesse Rn. 104 (Stand: 1.7.2020).

des Umlaufvermögens (§ 266 Abs. 2 B. II.), da bei Finanzanlagen des Anlagevermögens regelmäßig ohnehin kein kurzfristiger Mittelzufluss zu erwarten ist.[47] Die Vermerkpflicht gilt auch für die sonstigen Vermögensgegenstände (§ 266 Abs. 2 B. II. 4.), soweit sie bereits entstandene Forderungen betreffen.[48] Die **Restlaufzeit,** dh der Zeitraum zwischen dem Bilanzstichtag und dem Zeitpunkt des erwarteten tatsächlichen Zahlungseingangs,[49] muss mehr als ein Jahr betragen. Sie ist nicht allein nach dem vertraglich vereinbarten Erfüllungszeitpunkt, sondern **nach wirtschaftlichen Maßstäben zu bestimmen.**[50] Dabei ist die Restlaufzeit an jedem Bilanzstichtag neu zu bestimmen sowie vorsichtig (vgl. § 252 Abs. 1 Nr. 4)[51] und zugleich sachgerecht (§ 264 Abs. 2 S. 1) zu schätzen. Insbesondere bei Zahlungsschwierigkeiten des Schuldners wird eine entsprechend verlängerte Restlaufzeit in Betracht kommen, während der umgekehrte Fall einer zu erwartenden Zahlung vor dem Fälligkeitstermin wohl kaum je mit der nötigen Sicherheit angenommen werden kann.

12   Forderungen mit einer Restlaufzeit von mehr als einem Jahr sind mit dem **Betrag** ihres Buchwertes, nicht demjenigen ihres Nennwertes zu vermerken. Vorgenommene Einzel- oder Pauschalwertberichtigungen müssen folglich auch bei der Höhe des Vermerks berücksichtigt werden.[52] Bei Ratenzahlungs- und Leasinggeschäften ist nur der Teil der Raten zu vermerken, mit deren Bezahlung erst nach Ablauf eines Jahres zu rechnen ist. Der Vermerk ist **bei jedem gesondert ausgewiesenen Posten** erforderlich. Haben *alle* Forderungen einheitlich Restlaufzeiten von weniger bzw. mehr als einem Jahr, sind im Interesse der Klarheit und Übersichtlichkeit (§ 243 Abs. 2) entweder eine einfache Angabe im Anhang[53] oder ein entsprechender Vermerk in der Vorspalte ausreichend. Bei freiwilliger weitergehender Untergliederung der Posten unter B. II. gilt die Vermerkpflicht auch für diese Posten.[54] Das Gleiche gilt für einen bei den Forderungen eingefügten Posten für Einzahlungsverpflichtungen persönlich haftender Gesellschafter einer KGaA (§ 286 Abs. 2 S. 2 AktG) und eingeforderte, aber noch nicht eingezahlte Einlagen (§ 272 Abs. 1 S. 3). Eine weitere Aufgliederung nach Fristen des „Davon"-Vermerks für Kredite an persönlich haftende Gesellschafter und deren Angehörige (§ 286 Abs. 2 S. 4 AktG) erscheint hinsichtlich der Beschränkung des Wortlauts auf gesonderte Posten entbehrlich.[55]

13   Der **Ausweis** entspricht in der Darstellung einem Davon-Vermerk. Die Angabe von Vorjahreswerten ist nicht zwingend erforderlich, wird jedoch empfohlen (§ 265 Abs. 5 idF des BilRUG).[56] Im Fall eines zusammengefassten Ausweises (§ 265 Abs. 7 Nr. 2) genügt in der Bilanz ein zusammengefasster Vermerk, bei der Aufgliederung im Anhang sind aber auch die Vermerkposten gesondert zu zeigen.[57] Führt eine kleine Kapitalgesellschaft die Forderungen und sonstigen Vermögensgegenstände ohne Unterteilung auf (§ 266 Abs. 1 S. 3), dann hat der Vermerk lediglich den Gesamtbetrag der Forderungen mit einer Restlaufzeit von mehr als einem Jahr auszuweisen.[58]

---

[47]   ADS Rn. 96; BeBiKo/Schubert/Waubke, 13. Aufl. 2022, Rn. 25.
[48]   ADS Rn. 99; BeBiKo/Schubert/Waubke, 13. Aufl. 2022, Rn. 26; HdR/Knop Rn. 198 (Stand: 6/2022).
[49]   ADS Rn. 101; BeBiKo/Schubert/Waubke, 13. Aufl. 2022, Rn. 28; Staub/Meyer 6. Aufl. 2021, Rn. 15; BeckOGK/Suchan, 15.9.2021, Rn. 25; HdR/Knop Rn. 200 (Stand: 6/2022); Kirsch/Schellhorn/Hesse Rn. 100 (Stand: 1.7.2020); Staub/Meyer, 6. Aufl. 2021, Rn. 16.
[50]   Vgl. zB Heidel/Schall/Dieckmann, 3. Auf. 2020, Rn. 19: „nach dem Zeitraum zwischen dem Bilanzstichtag und dem unter Berücksichtigung der Bonitätssituation des Schuldners erwarteten Eingang der Forderung".
[51]   ADS Rn. 101; BeBiKo/Schubert/Waubke, 13. Aufl. 2022, Rn. 28; BeckOK HGB/Poll Rn. 10 (Stand: 15.7.2022).
[52]   ADS Rn. 102; BeBiKo/Schubert/Waubke, 13. Aufl. 2022, Rn. 28.
[53]   ADS Rn. 103.
[54]   Kirsch/Schellhorn/Hesse Rn. 102 (Stand: 1.7.2020).
[55]   AA wohl BeckOGK/Suchan, 15.9.2021, Rn. 24.
[56]   ADS Rn. 103; BeckOGK/Suchan, 15.9.2021, Rn. 24, jeweils mit der Begründung, es würde sich nicht um einen Posten des gesetzlichen Gliederungsschema nach § 266 handeln.
[57]   ADS Rn. 103; BeBiKo/Schubert/Waubke, 13. Aufl. 2022, Rn. 26; HdR/Knop Rn. 201 (Stand: 6/2022).
[58]   ADS Rn. 100; BeBiKo/Schubert/Waubke, 13. Aufl. 2022, Rn. 27; Kirsch/Schellhorn/Hesse Rn. 98 (Stand: 1.7.2020); KKRD/Morck/Drüen, 9. Aufl. 2019, Rn. 4.

2. Antizipative sonstige Vermögensgegenstände (Abs. 4 S. 2). Große und mittel- **14** große Kapitalgesellschaften und Personengesellschaften iSd § 264a (zur Befreiung kleiner Kapitalgesellschaften s. § 274a Nr. 1 idF des BilRUG) müssen Beträge zu rechtlich noch nicht entstandenen, dh **antizipativen Posten,** die unter dem Posten „**sonstige Vermögensgegenstände**" im Umlaufvermögen (§ 266 Abs. 2 B. II. 4.) ausgewiesen werden (idR Forderungen[59]), **im Anhang erläutern,** soweit sie „einen größeren Umfang haben". Die Vorschrift hat lediglich einen kleinen Anwendungsbereich und erfasst etwa Steuererstattungsansprüche aus dem Körperschaft- oder Gewerbesteuerrecht, die erst mit Ablauf des Kalenderjahres entstehen, Vorsteueransprüche, für die noch keine Rechnungen vorliegen, Investitionszulagen, als faktische Forderung bezeichnete Umsatzprämien ohne Rechtsanspruch, Dividendenansprüche, sofern diese als sonstige Vermögensgegenstände auszuweisen sind, und aktivierte Ansprüche auf Corona-Finanzhilfen, die rechtlich erst nach dem Bilanzstichtag entstehen.[60] [BeBiKo, 13. Aufl. 2022, Rn. 32 beinhaltet einen neuen Satz aE: „Anzugeben sind auch aktivierte Beträge auf Corona-Finanzhilfen, bei denen der Anspruch rechtlich erst nach dem Bilanzstichtag entsteht (Fachlicher Hinweis des IDW, Teil 3 vom 6.4.2021, 2.2.4)."] Angesichts des eindeutigen Gesetzeswortlauts, der auf die „rechtliche Entstehung" der „Vermögensgegenstände" abstellt, kommt eine Ausdehnung des Anwendungsbereichs der Erläuterungspflicht auf Forderungen, die bereits entstanden und wirtschaftlich auch dem Geschäftsjahr zuzuordnen sind, aber erst zukünftig *fällig* werden, nicht in Betracht.[61] Darunter fallen zB bis zum Stichtag entstandene Zinserträge, Ansprüche aus Miet- oder Pachtverträgen auf anteiligen Miet- oder Pachtzins sowie anteilige Ansprüche aus Verträgen über eine Strom-, Wasser-, Gas- oder Fernwärmeversorgung. Der entgegengesetzten früheren hM, die sich auf den früheren Art. 18 S. 2 RL 78/660/EWG iVm Art. 18 S. 1 RL 78/660/EWG („Erträge, die erst nach dem Abschlußstichtag fällig werden") RL 78/660/EWG stützen konnte, aber dennoch abzulehnen war (→ 3. Aufl. 2013, Rn. 32), wurde mit der Aufhebung jener Richtlinie vollends der Boden entzogen.[62] Die neue Bilanz-RL enthält nämlich keine entsprechende Regelung mehr.[63]

Unter welchen Voraussetzungen die fraglichen **Beträge größeren Umfangs** sind, **15** legen weder Gesetz noch Richtlinie explizit fest. Wegen des Grundsatzes des getreuen Bildes (§ 264 Abs. 2 S. 1) kann es sich allein um eine relative, Unternehmens- bzw. auf den Gesamtbetrag der sonstigen Vermögensgegenstände bezogene Größe handeln, die im Einzelfall zu konkretisieren ist. Im Schrifttum wird ergänzend auf den Gesamtbetrag der Forderungsposten abgestellt, wenn mehrere Forderungen ggf. auch außerhalb des Postens „sonstige Vermögensgegenstände" betroffen sind.[64] Die **Erläuterung im Anhang** muss über die mögliche höhere Risikobehaftung der Forderungen informieren. Sie kann dazu zB die zugrunde liegenden Sachverhalte und den voraussichtlichen Zeitpunkt der Forderungsentstehung benennen.[65]

V. Verbindlichkeiten (Abs. 5)

1. Restlaufzeit (Abs. 5 S. 1). Die Vermerkpflicht bezüglich der Restlaufzeiten der **16** Verbindlichkeiten (von bis zu einem Jahr, von mehr als einem Jahr nach Abs. 5 S. 1 beruht auf Anh. III Passiva, Posten C Bilanz-RL (früher: Art. 9 Passiva Posten C. RL 78/660/

---

[59] BeBiKo/Schubert/Waubke, 13. Aufl. 2022, Rn. 31.

[60] BeBiKo/Schubert/Waubke, 13. Aufl. 2022, Rn. 32; IDW, Fachlicher Hinweis v. 6.4.2021, Teil 3, 5. Update, April 2021, zu Frage 2.2.4, S. 13.

[61] ADS Rn. 105; HdR/Knop Rn. 204 (Stand: 6/2022); Kirsch/Schellhorn/Hesse Rn. 108 (Stand: 1.7.2020).

[62] IErg ebenso Staub/Meyer, 6. Aufl. 2021, Rn. 29; BeBiKo/Schubert/Waubke, 13. Aufl. 2022, Rn. 31 f.

[63] S. die Entsprechenstabelle in Anhang VII der Bilanz-RL, ABl. 2013, Nr. L 182/69.

[64] So ADS Rn. 107; HdR/Knop Rn. 206 (Stand: 6/2022); nach Unternehmensgröße bzw. Bilanzposten diff. Kirsch/Schellhorn/Hesse Rn. 113 ff. (Stand: 1.7.2020); nochmals anders Heymann/Jung, 1. Aufl. 1988, Rn. 90.

[65] ADS Rn. 108 mwN; zum Teil strenger (weiterreichende Erläuterungspflicht) HdR/Knop Rn. 207 (Stand: 6/2022).

EWG). Sie gilt für Kapitalgesellschaften und Kapitalgesellschaften & Co. iSd § 264a und ist darüber hinaus entsprechend von Unternehmen zu beachten, die rechnungslegungspflichtig nach dem PublG sind (§ 1 und § 5 Abs. 1 S. 2 PublG idF des BilRUG), und in entsprechender Weise von Genossenschaften (§ 336 Abs. 2 S. 1 idF v. 19.4.2017). Für Kredit- und Finanzdienstleistungsinstitute sowie Versicherungsunternehmen und Pensionsfonds ist § 268 Abs. 5 S. 1 nicht anzuwenden (§ 340a Abs. 2 S. 1, § 340 Abs. 1 und Abs. 4; § 341a Abs. 2 S. 1, § 341 Abs. 1 und Abs. 4). Die Vorschrift soll den Einblick in die **Finanz- und Liquiditätslage des Unternehmens** ($\rightarrow$ § 264 Rn. 83) verbessern.[66] Dazu sind die Verbindlichkeiten mit einer Restlaufzeit von bis zu einem Jahr gesondert auszuweisen, um kurzfristig zu erwartende Liquiditätsabflüsse aufzuzeigen (Abs. 5 S. 1). Die Vermerkpflicht für kurzfristige Schulden gilt entsprechend dem Gesetzeswortlaut und dem systematischen Zusammenhang für die **Verbindlichkeiten,** die als solche auf der Passivseite der Bilanz (§ 266 Abs. 3 C.) aufzuführen sind, nicht dagegen für Posten mit bloßem Verbindlichkeitscharakter wie erhaltene Anzahlungen auf Bestellungen (§ 266 Abs. 3 C.3.[67]) oder Rückstellungen (§ 266 Abs. 3 B.). Anhaltspunkte für eine Pflicht, den Gesamtbetrag des Postens § 266 Abs. 3 C ebenfalls mit (akkumulierten) Angaben zu den Restlaufzeiten zu versehen, wie sie die Begründung des Regierungsentwurfs zum BilRUG eher beiläufig unterstellt,[68] lassen sich weder dem Gesetzes- noch dem Richtlinienwortlaut[69] entnehmen.[70] Die **Restlaufzeit,** dh die Spanne zwischen Bilanzstichtag und Zahlungstermin, muss ein Jahr oder weniger betragen. Sie bestimmt sich nach dem Fälligkeitstermin (§ 271 BGB).[71] Beabsichtigte Zahlungsverweigerungen oder Stundungsbemühungen sind als solche unbeachtlich, rechtlich wirksame Stundungsvereinbarungen schieben den maßgeblichen Zahlungstermin hingegen hinaus. Bei einem sog. (mittel- oder langfristigen) Roll-Over-Eurokredit mit periodischer Zinsanpassung, bei dem der Kreditnehmer nur zu bestimmten Zinsanpassungsterminen tilgen bzw. neue Mittel aufnehmen kann, richtet sich die für Abs. 5 S. 1 maßgebliche Restlaufzeit der bis zum Bilanzstichtag abgerufenen Mittel unabhängig von der tatsächlichen Planung des Kreditnehmers[72] nach der vertraglich vereinbarten Gesamtlaufzeit des Kredits.[73]

17   Der Betrag der einschlägigen Verbindlichkeiten ist **bei jedem gesondert ausgewiesenen Posten zu vermerken.** Es genügt ein Davon-Vermerk zu jedem Posten. Eine Zusammenfassung ist nur bei Ausübung des Wahlrechts nach § 265 Abs. 7 möglich.[74] Freiwillige Untergliederungen (§ 265 Abs. 1 S. 1) lösen entsprechende weitergehende Vermerkpflichten aus, während sich der Vermerk im Rahmen einer verkürzten Bilanz (§ 266 Abs. 1 S. 3) nur auf den Gesamtposten Verbindlichkeiten zu beziehen braucht.[75] Wenn alle Verbindlichkeiten innerhalb eines Unterpostens eine Restlaufzeit bis zu einem Jahr haben, reichen aus Gründen der Klarheit und Übersichtlichkeit (§ 243 Abs. 2) entweder ein Vermerk in der

---

[66]   Staub/Meyer 6. Aufl. 2021, Rn. 20.

[67]   HdR/Knop Rn. 208 (Stand: 6/2022), der zu Recht darauf hinweist, dass die Passivierung erhaltener Anzahlungen nur der Neutralisierung eines schwebenden Geschäfts diene; BeBiKo/Schubert, 13. Aufl. 2022, Rn. 35; Kirsch/Schellhorn/Hesse Rn. 119 (Stand: 1.7.2020): „auf Grund des Zwecks der Vorschrift"; auch schon ADS Rn. 109 iVm Rn. 99; aA (Vermerkpflicht auch für erhaltene Anzahlungen) Staub/Meyer, 6. Aufl. 2021, Rn. 21.

[68]   Begr. RegE BilRUG, BT-Drs. 18/4050, S. 63: „Betrag der Verbindlichkeiten mit mehr als einjähriger Restlaufzeit zu jedem gesondert auszuweisenden Posten (einschließlich des Postens C. Verbindlichkeiten, also des Gesamtbetrags) zu vermerken".

[69]   S. Richtlinie 2013/34/EU, Anhang III, Passiva, C.: „Bei den folgenden Posten wird jeweils gesondert und für diese Posten insgesamt angegeben, in welcher Höhe Verbindlichkeiten mit einer Restlaufzeit von bis zu einem Jahr und Verbindlichkeiten mit einer Restlaufzeit von mehr als einem Jahr enthalten sind". Die Rede ist also von „diesen Posten insgesamt" (im Plural), nicht aber von „diesem Posten insgesamt" (im Singular).

[70]   So zu Recht Staub/Meyer 6. Aufl. 2021, Rn. 21.

[71]   HdR/Knop Rn. 209 (Stand: 6/2022); ADS Rn. 111; Staub/Meyer 6. Aufl. 2021, Rn. 22.

[72]   ADS Rn. 111.

[73]   BeBiKo/Schubert, 13. Aufl. 2022, Rn. 37.

[74]   HdR/Knop Rn. 210 (Stand: 6/2022).

[75]   BeBiKo/Schubert, 13. Aufl. 2022, Rn. 35; ähnlich ADS Rn. 112; Kirsch/Schellhorn/Hesse Rn. 120 (Stand: 1.7.2020).

Vorspalte (sämtlich bis Ende [...] fällig)[76] oder eine Angabe im Anhang aus. Aus demselben Grund können die Vermerke nach § 268 Abs. 5 S. 1, § 285 Nr. 1 lit. a, Nr. 2 in Bilanz oder Anhang zu einem **Verbindlichkeitenspiegel** zusammengefasst werden.[77]

Das BilRUG hat Abs. 5 S. 1 um die Verpflichtung ergänzt, dass auch „der Betrag der   **18** Verbindlichkeiten mit einer Restlaufzeit von *mehr* als einem Jahr" [Hervorhebung durch Verf. hinzugefügt] gesondert auszuweisen ist. Bisher musste der Bilanzadressat diesen Betrag aus der Differenz zwischen der Summe der gesamten Verbindlichkeiten und den Beträgen mit Laufzeiten bis zu einem Jahr errechnen,[78] obwohl bereits die Vorgängerrichtlinie – RL 78/660/EWG (Art. 9 Passiva, C.) eine derjenigen der Bilanz-RL (Anh. III Passiva C. Bilanz-RL) wortgleiche Ausweispflicht enthalten hatte. Nunmehr ist dieser Betrag bei jedem gesondert ausgewiesenen Posten zu vermerken.

2. Erhaltene Anzahlungen (Abs. 5 S. 2). Erhaltene Anzahlungen auf Bestellungen **19** können – entsprechend den Vorgaben in Anh. III Passiva Posten C. 3. Bilanz-RL (früher: Art. 9 Passiva C. 3. RL 78/660/EWG), – nach wie vor entweder unter den Verbindlichkeiten (§ 266 Abs. 3 C. 3.) gesondert ausgewiesen, nach Wahl aber auch von den Vorräten (§ 266 Abs. 2 B. I.) offen abgesetzt werden. Der BilMoG-Gesetzgeber hat Forderungen nach einer Beseitigung dieses Wahlrechts zugunsten des zwingenden Ausweises einer Verbindlichkeit entsprechend internationalen Rechnungslegungsstandards im Hinblick auf die genannte europarechtliche Vorgabe – ebenso wie einer Änderung der Ausweiswahlrechte gem. Abs. 2 S. 1 und 3 sowie Abs. 6 – eine ausdrückliche Absage erteilt.[79] § 268 Abs. 5 S. 2 ist sinngemäß von Unternehmen anzuwenden, die rechnungslegungspflichtig nach dem PublG sind (§§ 1 und 5 Abs. 1 S. 2 PublG idF des BilRUG) und in entsprechender Weise von Genossenschaften (§ 336 Abs. 2 S. 1). Für Kredit- und Finanzdienstleistungsinstitute sowie Versicherungsunternehmen und Pensionsfonds ist die Vorschrift nicht anzuwenden (§ 340a Abs. 2 S. 1, § 340 Abs. 1 und Abs. 4; § 341a Abs. 2 S. 1, § 341 Abs. 1 und Abs. 4). Die Wahlmöglichkeit in Abs. 5 S. 2 idF des BilRUG ist nur gegeben, wenn unter den Vorräten überhaupt Bestände ausgewiesen sind, die sich dem angezahlten Geschäft zurechnen lassen.[80] Kleine Kapitalgesellschaften dürfen die Anzahlungen mit anderen Verbindlichkeiten zusammenfassen (§ 266 Abs. 1 S. 3). Wenn sie die Anzahlungen stattdessen unter den Vorräten zeigen, haben sie diese offen abzusetzen.[81]

3. Antizipative Verbindlichkeiten (Abs. 5 S. 3). „Große" und „mittelgroße" Kapi- **20** talgesellschaften iSd § 267 idF des BilRUG (zur Befreiung kleiner Kapitalgesellschaften s. § 274a Nr. 2 idF des BilRUG) müssen bereits bilanzierte, aber **rechtlich noch nicht entstandene Verbindlichkeiten** (auch: antizipative Verbindlichkeiten) größeren Umfangs im Anhang erläutern. Die Vorschrift ist sprachlich missglückt, weil der Ausweis einer **Verbindlichkeit** voraussetzt, dass diese überhaupt entstanden ist.[82] Als Beispiel einer antizipativen Verbindlichkeit dient der Fall, dass ein Unternehmen faktisch zur Übernahme von Verlusten gezwungen ist und die Höhe des Verlustes bereits feststeht.[83] Die Vorschrift geht noch auf das Wahlrecht in Art. 21 RL 78/660/EWG zurück, das keine Entsprechung in

---

[76] BeBiKo/Schubert, 13. Aufl. 2022, Rn. 38.
[77] Göllert BB 1984, 1845 (1849 f.); Hoffmann BB-Beilage 1/1983, 1 (10); ADS Rn. 113; Baumbach/ Hueck/Schulze-Osterloh, 18. Aufl. 2006, GmbHG § 42 Rn. 297; BeBiKo/Schubert, 13. Aufl. 2022, Rn. 38; Staub/Meyer, 6. Aufl. 2021, Rn. 20.
[78] S. hierzu auch Oser/Orth/Wirtz DB 2015, 1735; Zwirner BC 9/2015, 390 (394).
[79] Begr. RegE BilMoG, BT-Drs. 16/10067, 64.
[80] Staub/Meyer, 6. Aufl. 2021, Rn. 23; Baumbach/Hueck/Schulze-Osterloh, 18. Aufl. 2006, GmbHG § 42 Rn. 288; aA (keine Einschränkung der Absetzungsmöglichkeit); Biener/Bernecke BiRiLiG Erl. 39 zu § 268 S. 150; nochmals aA (keine Absetzung, wenn die Summe der Vorräte dadurch negativ wird) ADS § 266 Rn. 99; BeBiKo/Schubert, 13. Aufl. 2022, § 266, Rn. 225; BeckOGK/Suchan, 15.9.2021, Rn. 38; WP-HdB/Störk F, 17. Aufl. 2021, Rn. 418.
[81] Weirich/Zimmermann AG 1986, 265 (268 f.); ADS Rn. 115; BeBiKo/Schubert, 13. Aufl. 2022, Rn. 40.
[82] Vgl. ADS Rn. 118.
[83] BeBiKo/Schubert, 13. Aufl. 2022, Rn. 42; aA (bei streitiger rechtlicher Existenz allenfalls Rückstellung) HdR/Knop Rn. 217 (Stand: 6/2022).

der aktuellen Bilanz-RL findet. Danach können die Mitgliedstaaten vorsehen, dass „Aufwendungen vor dem Abschlussstichtag, welche erst nach diesem Tag zu Ausgaben führen", „unter den Verbindlichkeiten" mit Erläuterung im Anhang zu zeigen sind. Stimmen im Schrifttum wollten Abs. 5 S. 3 deshalb auch auf rechtlich entstandene und lediglich noch nicht fällige Verbindlichkeiten anwenden,[84] während nach anderer, vorzugswürdiger Ansicht die Umsetzung der alten RL 78/660/EWG zwar missglückt ist, aber nicht zu entsprechender Ausweitung der Erläuterungspflicht führte, da ansonsten nahezu sämtliche Verbindlichkeiten mit einzubeziehen gewesen wären.[85] Mit dem ersatzlosen Wegfall der europarechtlichen Grundlage hat die zitierte Literaturmeinung ihre Rechtfertigung gänzlich verloren. Der **„größere Umfang"** der Beträge und die Erläuterungspflicht bestimmen sich nach denselben Maßstäben wie bei Abs. 4 S. 2 (→ Rn. 14).

VI. Unterschiedsbetrag in Rechnungsabgrenzungsposten (Abs. 6)

21   Macht eine große oder mittelgroße Kapitalgesellschaft (§ 274a Nr. 3 idF des BilRUG) von dem Wahlrecht in § 250 Abs. 3 Gebrauch, muss sie den betreffenden Unterschiedsbetrag (Disagio) in der Bilanz gesondert ausweisen oder im Anhang angeben. Die Vorschrift setzt Art. 12 Abs. 10 S. 2 Bilanz-RL (früher: Art. 41 Abs. 1 S. 2 RL 78/660/EWG) in nationales Recht um. Der **gesonderte Ausweis in der Bilanz** kann in einem Davon-Vermerk zu den aktiven Rechnungsabgrenzungsposten oder in deren Aufgliederung in der Haupt- oder Vorspalte bestehen,[86] als Bezeichnung können Disagio, Abgeld, Damnum, Unterschiedsbetrag nach § 250 Abs. 3 oÄ gewählt werden. Da der Bilanzposten als solcher erkennbar ist, braucht der Anhang Angaben über die Ausübung des Ansatzwahlrechts (§ 284 Abs. 2 Nr. 1) nur zu machen, wenn in einem Folgejahr außerplanmäßige Abschreibungen an wesentlichen Beträgen vorgenommen werden und sich damit die Bilanzierungsmethode ändert.[87] Werden Unterschiedsbeträge für mehrere Verbindlichkeiten in der Bilanz ausgewiesen, können sie zusammengefasst werden.[88] Wird der Unterschiedsbetrag durch **Angabe im Anhang** kenntlich gemacht, sind die Höhe des Betrages unter Hinweis auf § 250 Abs. 3 sowie in den Folgejahren die Beträge etwaiger außerplanmäßiger Abschreibungen zu nennen.[89] Im Erstjahr ist zudem auf die Ausübung des Ansatzwahlrechts hinzuweisen (§ 284 Abs. 2 Nr. 1), wenn darin eine Änderung der Bilanzierungsmethoden liegt.[90]

VII. Haftungsverhältnisse (Abs. 7)

22   **1. Anwendungsbereich.** Abs. 7 idF des BilRUG entspricht Art. 16 Abs. 1 lit. d Bilanz-RL (früher: Art. 14 RL 78/660/EWG). Die geänderte Vorschrift sieht nunmehr zwingend **gesonderte Angaben** zu den in § 251 bezeichneten, nicht auf der Passivseite auszuweisenden Haftungsverhältnissen (→ § 251 Rn. 6–12) **im Anhang** vor. Der vor Inkrafttreten des BilRUG noch alternativ zulässige Ausweis „unter der Bilanz" (§ 268 Abs. 7 HGB aF) ist damit für Kapitalgesellschaften und gleichgestellte Unternehmen nicht mehr möglich.[91] Abs. 7 gilt dem Wortlaut nach für Kapitalgesellschaften jeder Größe. Vor dem BilRUG wurde im Schrifttum überwiegend vertreten, **„kleine Kapitalgesellschaften"** (§ 267 Abs. 1) und **Kapitalgesellschaften & Co.** (§ 264a) seien aus dem Anwendungsbereich des § 268 Abs. 7 **herauszunehmen,** obwohl die Befreiungstatbestände in § 274a

---

[84]   HdR/Knop Rn. 217 (Stand: 6/2022); wohl auch Kirsch/Schellhorn/Hesse Rn. 138 (Stand: 1.7.2020).

[85]   Zum alten Recht: ADS Rn. 118; Staub/Hüttemann/Meyer, 5. Aufl. 2014, Rn. 29.

[86]   ADS Rn. 121; BeBiKo/Grottel/Waubke, 13. Aufl. 2022, Rn. 46; HdR/Hayn Rn. 220 (Stand: 6/2022); KKRD/Morck/Drüen, 9. Aufl. 2019, Rn. 6; Baetge/Kirsch/Thiele/Marx/Dallmann Rn. 91 (Stand: März 2016).

[87]   BeBiKo/Grottel/Waubke, 13. Aufl. 2022, Rn. 46; HdR/Hayn Rn. 221(Stand: 6/2022).

[88]   ADS Rn. 123; BeBiKo/Grottel/Waubke, 13. Aufl. 2022, Rn. 47; HdR/Hayn Rn. 220 (Stand: 6/2022).

[89]   BeBiKo/Grottel/Waubke, 13. Aufl. 2022, Rn. 48.

[90]   BeBiKo/Grottel/Waubke, 13. Aufl. 2022, Rn. 48; aA (keine Hinweispflicht auf § 284 Abs. 2 Nr. 1) ADS Rn. 121; HdR/Hayn Rn. 221 (Stand: 6/2022).

[91]   Deutlich Begr. RegE BilRUG, BT-Drs. 18/4050, 62: „Pflichtausweis [...] im Anhang statt unter der Bilanz gefordert".

keine Befreiung von der Pflicht zur gesonderten Angabe von Haftungsverhältnissen vorsehen.[92] Diese (auch hier unterstützte → 3. Aufl. 2013, Rn. 39) Ansicht ist auch nach Inkrafttreten des BilRUG trotz des eindeutigen Gesetzeswortlauts im Wege der Rechtsfortbildung zumindest partiell, nämlich bei Bürgschaften, Garantien und sonstigen Eventualverbindlichkeiten (anders: Sicherheiten), noch vertretbar,[93] um ein offensichtlich widersinniges Ergebnis zu vermeiden. Denn wenn die genannten Gesellschaften ihre Verbindlichkeiten im Rahmen der verkürzten Bilanz nicht im Einzelnen aufgliedern müssen, sondern in einem Gesamtposten „Verbindlichkeiten" zeigen dürfen (§ 266 Abs. 1 S. 3, Abs. 3 C.), ist schwer einzusehen, warum an die Darstellung der Eventualverbindlichkeiten im Anhang strengere Anforderungen gestellt werden sollten. Aus europarechtlichen Gründen auszunehmen von einer solchen Sonderbehandlung kleiner Gesellschaften sind nur die Fälle des Abs. 7 Nr. 3 (vgl. Art. 16 Abs. 1 lit. d Hs. 2 Bilanz-RL) sowie die Eventualverbindlichkeiten zugunsten der **„Mitglieder der Verwaltungs- und Geschäftsführungs- oder Aufsichtsorgane"** iSd Art. 16 Abs. 1 lit. e Bilanz-RL. Im Übrigen ist die Herausnahme kleiner Gesellschaften aus dem Anwendungsbereich der Pflicht zur gesonderten Angabe von Eventualverbindlichkeiten in § 268 Abs. 7 mit der aktuellen Bilanz-RL problemlos vereinbar. Gemäß Art. 16 Abs. 1 lit. i Hs. 1 Bilanz-RL ist nämlich, soweit es sich nicht um „Verpflichtungen betreffend Altersversorgung und Verpflichtungen gegenüber verbundenen oder assoziierten Unternehmen" handelt, die „gesondert zu vermerken" sind, lediglich der „*Gesamtbetrag* etwaiger finanzieller Verpflichtungen, Garantien oder Eventualverbindlichkeiten, die nicht Gegenstand der Bilanz sind" im Anhang anzugeben, [Hervorhebung durch Verf. hinzugefügt]. Der Ausweis der Bürgschaften, Garantien und anderen Eventualverbindlichkeiten in einem Gesamtbetrag ist jedoch bereits gem. § 251 S. 1 Hs. 2 für alle Kaufleute sichergestellt – freilich „unter der Bilanz" und nicht im Anhang. Mit einer einfachen Verweisung im Anhang der kleinen Kapitalgesellschaft auf die Darstellung der Haftungsverhältnisse unter der Bilanz dürfte dem möglichen Einwand einer europarechtswidrigen Reduktion des § 268 Abs. 7 in jedem Fall vorgebeugt sein. Die Regelung des § 264 Abs. 1 S. 5, die *Kleinst*kapitalgesellschaften (hierzu gleich weiter unten) unter bestimmten Voraussetzungen von der Pflicht zur Aufstellung eines Anhangs befreit, steht der vorstehend entwickelten teleologischen Argumentation nicht entgegen. Die Bestimmung scheint zwar zu unterstellen, dass selbst diese Gesellschaften, erst Recht also sonstige (größere) kleine Kapitalgesellschaften, in den Anwendungsbereich des § 268 Abs. 7 fallen;[94] dies wird aber nach der hier vertretenen partiellen Lösung überhaupt nicht bestritten. Auch der Gesetzesbegründung, die bezogen auf § 268 Abs. 7 von einer Angabepflicht „für alle Kapitalgesellschaften" spricht,[95] lässt sich kein zwingendes Gegenargument entnehmen; es gibt keinerlei Anhaltspunkte dafür, dass die Betonung bei dieser Aussage auf dem Wort „alle" im Sinne von „allen Größenklassen" und „ohne jede Ausnahme" liegen würde. **Kleinstkapitalgesellschaften** (§ 267a) werden grundsätzlich wie kleine Kapitalgesellschaften behandelt (§ 267a Abs. 2). Machen sie indes

---

[92] Noch zu § 268 Abs. 7 aF: ADS Rn. 125; HdR/Dyck/Scholz Rn. 250 (Stand: 6/2022); Kirsch/Schellhorn/Hesse Rn. 153 (Stand: 1.7.2020); Baumbach/Hueck/Schulze-Osterloh, 18. Aufl. 2006, GmbHG § 42 Rn. 236; ADS Rn. 125, die – insofern sich selbst widersprechend – dennoch behaupten, die „Pflicht zur Angabe der Haftungsverhältnisse" bestehe „grundsätzlich auch für kleine Kapitalgesellschaften".

[93] IErg ebenso (allerdings ohne die hier entwickelte Einschränkung) Baetge/Kirsch/Thiele/Marx/Dallmann Rn. 106 (Stand: März 2016): „eine Anwendung des § 268 Abs. 7 HGB für diese Gesellschaften [kleine Kapitalgesellschaften] nicht erforderlich". AA BeBiKo/Grottel/Berberich, Rn. 51: Die Pflicht zur gesonderten Angabe der einzelnen Haftungsverhältnisse gelte auch für die kleine Gesellschaft (sowie für die Kleinstkapitalgesellschaft, soweit sie nicht gem. § 264 Abs. 1 Nr. 5 auf die Aufstellung eines Anhangs verzichte).

[94] IdS HdR/Dyck/Scholz Rn. 250 (Stand: 6/2022), die die (bisher herrschende) Ansicht, dass eine „Lücke im System der Erleichterungsvorschriften für kleine Kapitalgesellschaften" vorliege, für „nicht länger vertretbar" halten: „Insbesondere da die (optionale) Befreiung für Kleinstunternehmen von der Erstellung eines Anhangs in § 264 Abs. 1 S. 5 Nr. 1 explizit erfordert, dass die Angaben nach § 268 Abs. 7 in diesem Fall unter der Bilanz vorzunehmen sind, ist klargestellt, dass der Gesetzgeber hierin eben keine Regelungslücke sieht [...]".

[95] S. Begr. RegE BilRUG, BT-Drs. 18/4050, 62.

von ihrem Recht auf Befreiung vom Bilanzanhang nach § 264 Abs. 1 S. 5 Gebrauch, müssen sie entsprechend der genannten Vorschrift (ua) die Angaben nach § 268 Abs. 7 anstatt im Anhang „unter der Bilanz" vornehmen (→ § 264 Rn. 24). In Bezug auf die vorstehend für kleine Kapitalgesellschaften befürwortete Erleichterung bei den Angaben zu Eventualverbindlichkeiten bedeutet dies, dass die Angabe nach § 251 (Gesamtbetrag unter der Bilanz) genügt; der oben empfohlene Verweis im Anhang erübrigt sich naturgemäß bei Kleinstgesellschaften, die auf einen Anhang verzichten.

23   **2. Einzelheiten zu den Angaben. a) Bilanzunwirksame Haftungsverhältnisse (Abs. 7 Nr. 1).** Die **nicht auf der Passivseite** auszuweisenden **Verbindlichkeiten und Haftungsverhältnisse** (§ 251) umfassen Verbindlichkeiten aus der Begebung und Übertragung von Wechseln, aus Bürgschaften einschließlich der Wechsel- und Scheckbürgschaften, aus Gewährleistungsverträgen einschließlich solcher aus (harten) Patronatserklärungen[96] (→ § 251 Rn. 11) und aus der Bestellung von Sicherheiten für fremde Verbindlichkeiten.[97] Für jede der vier in § 251 genannten Arten ist **in der gesetzlichen Reihenfolge** (§ 251) der jeweilige Betrag der Reihe nach im Anhang separat anzugeben.[98] Bestehen keine Haftungsverhältnisse, kann auf einen Ausweis verzichtet werden (§ 265 Abs. 8).[99] Ist das Haftungsverhältnis zB zugunsten eines Mitglieds des Geschäftsführungsorgans eingegangen (§ 285 Nr. 9 lit. c aE), sind entweder eine Doppelangabe oder Ergänzungen bei § 268 Abs. 7 in Form eines Davon-Vermerks oder eines Verweises „ohne die bei den Bezügen gesondert genannten Haftungsverhältnisse" erforderlich.[100] Sonstige Verpflichtungen, die weder zu bilanzieren noch Haftungsverhältnisse sind, müssen unter bestimmten Voraussetzungen ebenfalls im Anhang genannt werden (§ 285 Nr. 3a).

24   **b) Gesonderter Ausweis unter Angabe der Sicherheiten (Abs. 7 Nr. 2).** Die Haftungsverhältnisse sind unter besonderer Aufstellung der gewährten Pfandrechte und sonstigen Sicherheiten mit ihrem jeweiligen Betrag anzugeben. Abs. 7 Nr. 2 idF des BilRUG fasst dies sprachlich klarer („dabei" und „jeweils gesondert") als die Vorgängerbestimmung des Abs. 7 aF.[101] Die Darstellung unterliegt den **Anforderungen des § 265** (→ § 265 Rn. 3 und 7),[102] insbesondere dem Stetigkeitsgebot (§ 265 Abs. 1 S. 1), und muss die Vorjahresbeträge (§ 265 Abs. 2 S. 1) umfassen, damit die Veränderungen des Haftungsvolumens als Vorboten einer Passivierung erkennbar gemacht werden.[103]

25   Als anzugebende **Pfandrechte und sonstige Sicherheiten** kommen Grundpfandrechte, Pfandrechte an beweglichen Sachen und Rechten, Sicherungsübereignungen oder -abtretungen und Eigentumsvorbehalte in Betracht. Die Angabe muss die einzelnen Sicherungsmittel mit dem auf sie jeweils entfallenden Gesamtbetrag nennen, eine gliederungsmä-

---

[96]   S. zB BGHZ 117, 127 = NJW 1992, 2093, zu den Haftungsfolgen einer Erklärung, mit der sich eine Gesellschaft gegenüber dem Kreditgeber ihrer Tochtergesellschaft „uneingeschränkt" verpflichtete, auf ihre Tochtergesellschaft in der Zeit, in der sie den Kredit nicht vollständig zurückgezahlt hat, „in der Weise Einfluss zu nehmen und sie finanziell so auszustatten, dass sie stets in der Lage ist, ihren gegenwärtigen und künftigen Verbindlichkeiten" dem Adressanten gegenüber „fristgemäß nachzukommen"; BFH Urt. v. 25.10.2006 – I R 6/05, DB 2007, 492 = BeckRS 2006, 24002831, unter II.2.b.: „Ebenso wie andere Eventualverbindlichkeiten" seien „harte Patronatserklärungen [...] gemäß §§ 251, 268 Abs. 7 HGB vermerkungs- und berichtspflichtig".

[97]   Zwirner BC 2015, 390 (394); BeBiKo/Grottel/Berberich, 13. Aufl. 2022, Rn. 51; HdR/Dyck/Scholz Rn. 225a (Stand: 6/2022).

[98]   HdR/Dyck/Scholz Rn. 225a (Stand: 6/2022); ADS Rn. 124; BeBiKo/Grottel/Berberich, 13. Aufl. 2022, Rn. 51; ADS Rn. 124, noch zu § 268 Abs. 7 aF.

[99]   HdR/Dyck/Scholz Rn. 225a (Stand: 6/2022); ADS Rn. 128.

[100]   BeBiKo/Grottel/Berberich, 13. Aufl. 2022, Rn. 53; zum Davon-Vermerk ebenso, noch bezogen auf § 268 Abs. 7 aF, ADS Rn. 124.

[101]   Rimmelspacher/Henning DB 2015, 23 (24).

[102]   Ebenso BeBiKo/Grottel/Berberich, 13. Aufl. 2022, Rn. 52; aA (keine entsprechende Pflicht) HdR/Dyck/Scholz Rn. 226 ff. (Stand: 6/2022); ADS Rn. 128, noch zu § 268 Abs. 7 aF.

[103]   BeBiKo/Grottel/Berberich, 13. Aufl. 2022, Rn. 52; aA (keine Angabepflicht) ADS Rn. 128; Fey, Grundsätze ordnungsmäßiger Bilanzierung für Haftungsverhältnisse, 1989, 202, beide noch zu § 268 Abs. 7 aF.

ßige Unterteilung der einzelnen Haftungsverhältnisse nach den hierfür jeweils gewährten Sicherheiten ist nicht erforderlich,[104] aber zulässig. Sicherheiten sind selbst dann anzugeben, wenn sie – zB in Form von Eigentumsvorbehalten – betriebs-, branchen- oder verkehrsüblich sind.[105] Das Kriterium der Verkehrsunüblichkeit ist zu unbestimmt, um davon die Angabepflicht abhängig zu machen. Ist keine Sicherheit bestellt worden, kann ein Negativvermerk gegeben werden.

c) Altersversorgung; verbundene und assoziierte Unternehmen (Abs. 7 Nr. 3). 26
Bei der Darstellung der Haftungsverhältnisse (im Anhang) sind zudem nicht mehr nur wie schon nach der Rechtslage vor Inkrafttreten des BilRUG (Abs. 7 aF) die Verpflichtungen gegenüber **verbundenen Unternehmen** (§ 271 Abs. 2) gesondert kenntlich zu machen, sondern entsprechend den Vorgaben des Art. 16 Abs. 1 lit. d Bilanz-RL auch diejenigen gegenüber **„assoziierten Unternehmen"** sowie **„Verpflichtungen betreffend die Altersversorgung".** Welche (nicht in den Konzernabschluss einbezogenen) Unternehmen in diesem Sinne „assoziiert" sind, ergibt sich aus der gesetzlichen Definition des § 311 Abs. 1 S. 1.[106] Es muss sich demnach um ein Unternehmen handeln, auf das das bilanzierende Unternehmen einen „maßgeblichen Einfluss" ausübt und an dem die bilanzierende Gesellschaft iSv § 271 Abs. 1 „beteiligt" ist. Ein maßgeblicher Einfluss wird gem. § 311 Abs. 1 S. 2 vermutet, wenn die bilanzierende Gesellschaft mindestens 20% der Gesellschafterstimmrechte an dem assoziierten Unternehmen innehat. Angesichts des klaren Gesetzeswortlauts nicht von der Pflicht zum *gesonderten* Ausweis erfasst sind Verbindlichkeiten, die gegenüber Dritten zugunsten eines verbundenen oder assoziierten Unternehmens eingegangen worden sind.[107] Das Erfordernis einer **gesonderten Angabe** bedeutet, dass bei jedem der gesetzlich (§ 251) genannten vier Arten von Haftungsverhältnissen der Betrag aufzuführen ist, der auf Verpflichtungen gegenüber verbundenen oder assoziierten Unternehmen sowie auf die Altersversorgung entfällt.[108] Ferner sind bei jeder Gruppe zusätzlich die jeweiligen Sicherheiten („dabei") anzugeben.[109] Im Übrigen gelten dieselben Maßstäbe wie für den Ausweis von sonstigen Haftungsverhältnissen, so dass die bestellten Sicherheiten und beispielsweise auch die Vorjahresbeträge angegeben werden müssen. Zu den „Verpflichtungen betreffend die Altersversorgung" gehören zB Altersversorgungsverpflichtungen im Falle eines Betriebsübergangs nach § 613a Abs. 2 BGB.[110] Nicht erfasst werden demgegenüber Pensionsrückstellungen nach Art. 28 Abs. 2 EGHGB; sie sind passivierungspflichtig und daher keine Haftungsverhältnisse iSv § 251.[111]

3. GmbH-Gesellschafter, § 42 Abs. 3 GmbHG. Nach § 42 Abs. 3 GmbHG hat der 27
Jahresabschluss der GmbH ua „Verbindlichkeiten gegenüber Gesellschaftern" gesondert in der Bilanz auszuweisen oder im Anhang anzugeben (§ 42 Abs. 3 GmbHG, → § 266 Rn. 121). Nach wohl hM, der wir uns angesichts der Zielrichtung von § 42 Abs. 3 GmbHG und des Wortlauts von § 251 anschließen, erfasst diese Vorschrift auch Haftungsverhältnisse iSv § 251 (Haftungsverbindlichkeiten außerhalb von § 266 Abs. 3 C.), sodass sie als lex

---

104 BeBiKo/Grottel/Berberich, 13. Aufl. 2022, Rn. 54; aA HdR/Dyck/Scholz Rn. 249f (Stand: 6/2022): „Die gewährten Pfandrechte und sonstigen Sicherheiten sind dazu noch gesondert anzugeben (zB ‚davon […] durch Grundschuld gesichert' oder ‚davon […] durch Globalzession von […] gesichert')"; ADS Rn. 126, noch zu § 268 Abs. 7 aF („Davon-Vermerk").

105 Baetge/Kirsch/Thiele/Marx/Dallmann Rn. 103 f. (Stand: März 2016); aA BeBiKo/Grottel/Berberich, 13. Aufl. 2022, Rn. 54.

106 Rimmelspacher/Henning DB 2015, 23 (24).

107 HdR/Dyck/Scholz Rn. 247 (Stand: 6/2022); BeBiKo/Grottel/Berberich, 13. Aufl. 2022, Rn. 56; ADS Rn. 127, noch zu § 268 Abs. 7 aF.

108 HdR/Dyck/Scholz Rn. 249c mit Bsp. zum Ausweis in Listen- oder Matrixform in Rn. 249d und 249e (Stand: 6/2022); BeBiKo/Grottel/Berberich, 13. Aufl. 2022, Rn. 56 f., mit beispielhafter Aufzählung von Darstellungsmöglichkeiten (Rn. 57).

109 Rimmelspacher/Henning, DB 2015, 23 (24).

110 Rimmelspacher/Henning DB 2015, 23 (24); BeBiKo/Grottel/Berberich, 13. Aufl. 2022, Rn. 55.

111 ZB Zwirner BC 2015, 390 (394); Rimmelspacher/Henning DB 2015, 23 (24); Oser/Orth/Wirtz DB 2015, 1729 (1735); BeBiKo/Grottel/Berberich, 13. Aufl. 2022, Rn. 55.

specialis § 268 Abs. 7 vorgeht.[112] Demnach besteht für die GmbH bei Haftungsverhältnissen gegenüber Gesellschaftern – wie früher auch bei § 268 Abs. 7 aF – ein Wahlrecht zwischen Bilanzausweis und Anhangangabe. Handelt es sich bei dem betreffenden Gesellschafter zugleich um ein verbundenes Unternehmen, ist die Mitzugehörigkeit durch einen Davon-Vermerk gesondert auszuweisen.[113]

VIII. Ausschüttungssperre (Abs. 8)

28   **1. Überblick.** Seit seiner Reform durch das BilMoG kennt das HGB erstmals ein Aktivierungswahlrecht für selbst geschaffene immaterielle Vermögensgegenstände (§ 248 Abs. 2) und für latente Steuern (§ 274 Abs. 1 S. 2). Neu ist zudem die Bewertung (und Saldierung) des Deckungsvermögens für Altersversorgungsverpflichtungen und vergleichbar langfristig fällige Verpflichtungen zum beizulegenden Zeitwert und die Aktivierung eines positiven Überschusses (§ 253 Abs. 1 S. 4, § 246 Abs. 2 S. 2 und 3). In allen drei Fällen ist die Aktivierung mit erheblichen Unsicherheiten behaftet und deshalb nur eingeschränkt objektivierbar.[114] Aus diesem Grund hat der Gesetzgeber zum Schutz der Gläubiger in **Abs. 8** eine **Ausschüttungssperre** angeordnet.[115] § 268 Abs. 8 ersetzt die frühere Ausschüttungssperre nach § 274 Abs. 2 S. 3 idF vor dem BilMoG[116] im Falle der Aktivierung latenter Steuern bzw. den Sonderposten, den Kapitalgesellschaften & Co. nach § 264c Abs. 4 S. 3 idF vor dem BilMoG bilden mussten (→ Rn. 39 ff.). Die Regelung ist in Grenzen **analogiefähig;** ihre entsprechende Anwendung muss sich aber auf die Fälle beschränken, wo der (BilMo-)Gesetzgeber anlässlich seiner gezielten Stärkung der Informationsfunktion des Jahresabschlusses ungewollte Lücken im Gläubigerschutz hinterlassen hat (→ § 272 Rn. 10 ff., → § 272 Rn. 34). Nicht zulässig wäre es zu versuchen, die zwingenden Rückwirkungen, die die grundsätzliche Verzahnung von Kapitalschutz und Handelsbilanz für die Auslegung des Bilanzrechts erzeugen, durch einen ungebremsten Einsatz des Instruments der Ausschüttungssperre zu unterlaufen (→ § 264 Rn. 65). Ein entgegen der Ausschüttungssperre vorgenommener Ausschüttungsbeschluss ist nach § 241 Nr. 3 Fall 2 AktG (Gläubigerschutz) nichtig;[117] sollte die Ausschüttung ausnahmsweise in bar erfolgt sein, ist diese gem. § 134 BGB ebenfalls nichtig.[118]

29   Von anderen gesetzlichen Thesaurierungen, wie insbesondere der gesetzlichen Rücklage (§ 150 AktG), unterscheidet sich die Ausschüttungssperre regelungstechnisch dadurch, dass sie **außerbilanziell** wirkt.[119] Sie ist auch im Rahmen eines **Gewinnabführungsver-**

---

[112] Für die wohl hM Kirsch/Schellhorn/Hesse Rn. 158 (Stand: 1.7.2020); BeBiKo/Grottel/Berberich, 13. Aufl. 2022, Rn. 58; HdR/Dyck/Scholz Rn. 249 (Stand: 6/2022); aA ADS § 251, Rn. 33; ADS, § 42 GmbHG, Rn. 38.

[113] BeBiKo/Grottel, 13. Aufl. 2022, § 284 Rn. 80.

[114] Vgl. Begr. RegE BilMoG, BT-Drs. 16/10067, 64, zu § 268. Das bisherige Verbot der Aktivierung selbst geschaffener immaterieller Vermögensgegenstände des Anlagevermögens habe „in erster Linie" darauf beruht, „dass ihnen aufgrund ihrer Unkörperlichkeit sowie der regelmäßig nicht eindeutig zurechenbaren Herstellungskosten und der Unsicherheit bezüglich ihrer künftigen Nutzungsdauer ein objektiver Wert nur schwer zugewiesen werden" könne. Diesen Überlegungen könne „bei gleichzeitiger Aktivierung der selbst geschaffenen immateriellen Vermögensgegenstände des Anlagevermögens und damit verbundener Stärkung der Informationsfunktion des handelsrechtlichen Jahresabschlusses durch eine Ausschüttungssperre hinreichend Rechnung getragen werden". Entsprechende Überlegungen gelten für die übrigen Fallgruppen des § 268 Abs. 8; s. auch Kropff FS Hüffer, 2010, 539: „drei als unsicher oder risikobehaftet angesehene Werte".

[115] S. Verse VGR 15 (2010), 67 (71) mwN: Die Gläubiger, die bislang durch eine vorsichtige Ergebnisermittlung geschützt worden seien, sollten nun im Rahmen der Ergebnisverwendung, nämlich durch Zwangsthesaurierung, Schutz erfahren.

[116] Neben § 274 Abs. 2 S. 3 idF vor dem BilMOG folgte auch § 269 S. 2 idF vor dem BilMoG dem gleichen Regelungsmodell.

[117] BeBiKo/Grottel/Huber, 13. Aufl. 2022, Rn. 81, die hier zusätzlich den § 134 BGB zitieren.

[118] Vgl. KKRD/Morck/Drüen, 9. Aufl. 2019, Rn. 8b, die allerdings nicht nach der Art der Zahlung differenzieren.

[119] Vgl. Verse VGR 15 (2010), 67 (71) mwN: Es hätte „vielleicht näher gelegen" anzuordnen, dass der einzubehaltende Betrag in eine eigens hierfür zu bildende Rücklage einzustellen sei.

trages iSd § 291 Abs. 1 S. 1 AktG zu beachten und führt dort gem. § 301 S. 1 AktG idF des BilMoG zu einer Beschränkung des abzuführenden Gewinns (Abführungssperre), wobei Altverträge, die nicht dynamisch auf § 301 AktG verweisen, wegen des zwingenden Charakters der Abführungssperre nicht angepasst zu werden brauchen.[120] § 301 S. 1 AktG ist auf eine zur Gewinnabführung verpflichtete GmbH analog anwendbar.[121] Die **Ausschüttungssperre endet** mit dem Abgang der selbst erstellten immateriellen Vermögensgegenstände des Anlagevermögens bzw. des zu Zeitwerten bewerteten Deckungsvermögens, etwa durch Veräußerung. In diesen Fällen tritt eine Gewinnrealisierung ein, so dass keine Rechtfertigung mehr besteht, eine Ausschüttung in Höhe der angesetzten Beträge aus Vorsichtsgründen zu versagen. Nach **§ 285 Nr. 28** ist der Gesamtbetrag der der Ausschüttungssperre nach § 268 Abs. 8 unterliegenden Beträge **im Anhang** anzugeben und in die drei Fallgruppen dieser Vorschrift (selbst geschaffene immaterielle Vermögensgegenstände; aktive latente Steuern; aktiviertes Deckungsvermögen) aufzugliedern. Damit sollen die ausschüttungsfähigen und ausschüttungsgesperrten Bestandteile des Jahresergebnisses nach außen kenntlich gemacht werden. Darüber hinaus kann der Jahresabschlussadressat sehen, ob die Vorschriften über die Ausschüttungssperre beachtet worden sind.[122] Unternehmen, die aufgrund eines Gewinnabführungsvertrages zur Abführung verpflichtet sind, haben in entsprechender Weise die abführungsgesperrten Beträge anzugeben.[123]

2. Selbst geschaffene immaterielle Vermögensgegenstände. Macht ein Unter- **30** nehmen vom Wahlrecht zur Aktivierung **selbst geschaffener immaterieller Vermögensgegenstände** (§ 248 Abs. 2 S. 1) Gebrauch, besteht in Höhe des angesetzten Betrags abzüglich der darauf gebildeten passiven latenten Steuern eine Ausschüttungssperre (Abs. 8 S. 1); bei **entgeltlich** erworbenen immateriellen Vermögensgegenständen gilt die Ausschüttungssperre demgegenüber nicht, weil deren Wert in Höhe der Anschaffungskosten durch eine Markttransaktion belegt und damit in gewisser Weise objektiviert ist. Planmäßige (§ 253 Abs. 3 S. 1–3) und außerplanmäßige (§ 253 Abs. 3 S. 5 idF des BilRUG) Abschreibungen auf solche selbst geschaffenen Vermögensgegenstände wirken sich konsequenterweise nicht auf das Ausschüttungsvolumen aus, denn sie mindern nicht nur das Jahresergebnis, sondern auch den angesetzten und damit ausschüttungsgesperrten Betrag. Durch eine Schenkung, Zuwendung der öffentlichen Hand oder Einlage ohne Gewährung von (neuen) Gesellschaftsanteilen erhaltene immaterielle Vermögensgegenstände sind nicht selbst geschaffen, sondern (von einem Dritten) erworben (s. DRS 24.41), sodass § 248 Abs. 2 S. 1 und das Ausschüttungsverbot des § 268 Abs. 8 keine Anwendung finden.[124]

3. Vermögensgegenstände iSv § 246 Abs. 2 S. 2. Nach § 268 Abs. 8 S. 3 unterliegt **31** bei **Vermögensgegenständen iSv § 246 Abs. 2 S. 2** (sog. Deckungsvermögen[125]) der Unterschiedsbetrag zwischen der Summe der für die Vermögensgegenstände anzusetzenden Zeitwerte, abzüglich der hierfür gebildeten passiven latenten Steuern (→ Rn. 34) und den „Anschaffungskosten" für diese Vermögensgegenstände einer Ausschüttungssperre. Die Ausschüttungssperre knüpft also **nicht** etwa **an den nach § 246 Abs. 2 S. 3 aktivierten positiven Saldo** der jeweils zum Zeitwert angesetzten (§ 253 Abs. 1 S. 6 idF des BilRUG) und miteinander verrechneten (§ 246 Abs. 2 S. 2) Vermögensgegenstände und Schulden (Altersversorgungsverpflichtungen und vergleichbare Verpflichtungen) an.[126] Dies mag auf

---

[120]　BeckOGK/Veil/Walla, 1.7.2022, AktG § 301 Rn. 10 mwN.

[121]　S. etwa Koch, 16. Aufl. 2022, AktG § 291 Rn. 6; Emmerich/Habersack/Emmerich, 10. Aufl. 2022, AktG § 301 Rn. 8: „kann […] grundsätzlich entsprechend angewandt werden".

[122]　So ausdrücklich Begr. RegE BilMoG, BT-Drs. 16/10067, 64.

[123]　Gelhausen/Fey/Kämpfer N Rn. 95.

[124]　Althof BB 2016, 2027 (2027), unter Hinweis auf Nr. 24 des am 23.2.2016 bekannt gemachten DRS 24 („Immaterielle Vermögensgegenstände im Konzernabschluss"), der sich auf den unentgeltlichen Erwerb von immateriellen Vermögensgegenständen bezieht.

[125]　Vgl. dazu Gelhausen/Fey/Kämpfer C, Rn. 23 ff.; Hasenburg/Hausen DB-Beilage 5/2009, 38 (41 ff.).

[126]　S. Gelhausen/Fey/Kämpfer N Rn. 30: „Entgegen dem in § 246 Abs. 2 S. 2 Halbs. 1 geforderten verrechneten Ausweis in der Bilanz" keine Verrechnung des Zeitwerts des Deckungsvermögens mit den Altersversorgungsverpflichtungen bei der Ermittlung des gesperrten Betrags.

den ersten Blick überraschen, ist aber im Ausgangspunkt sinnvoll, denn die durch die Ausschüttungssperre abzusichernde Bewertungsunsicherheit resultiert aus der in § 253 Abs. 1 S. 4 idF des BilRUG speziell für Deckungsvermögen angeordneten Aufweichung des Niederstwert- und Vorsichtsprinzips für die Bewertung der Gegenstände des Aktivvermögens in Gestalt einer Bewertungsobergrenze in Höhe der Anschaffungskosten zu Gunsten der Zeitbewertung. Für die Bewertung der Passiva des Deckungsvermögens bestehen keine Besonderheiten im Vergleich zu den allgemeinen Bewertungsgrundsätzen. Der Differenzbetrag gem. § 246 Abs. 2 S. 3 ist somit **kein Maß für den Gesamtbetrag der „unvorsichtigen" Überbewertung,** insbesondere führt die Saldierung von Aktiva und Passiva nicht dazu, dass sich etwaige Bewertungsdifferenzen (im Vergleich zu allgemeinen Grundsätzen) ausgleichen, weil auf der Passivseite gar keine Bewertungsdifferenzen, schon gar nicht im entgegengesetzten Sinn (also zugunsten des Vorsichtsprinzips) entstehen.

32   Allerdings trifft auch die geltende Regelung, nach der bei der Berechnung des Unterschiedsbetrages den Zeitwerten, wohl aus Vereinfachungsgründen,[127] die **historischen Anschaffungskosten** gegenüberzustellen sind, so dass Abschreibungen unberücksichtigt bleiben,[128] nicht den Kern ihres Anliegens. Konsequent wäre es gewesen, auf die Differenz abzustellen, um die der zeitbewertete Gesamtbetrag der Aktiva des Deckungsvermögens den hypothetischen Betrag überschreitet, der sich aus einer Bewertung nach den allgemeinen Grundsätzen (§ 253 Abs. S. 1 sowie Abs. 3 und 5 idF des BilRUG) ergeben würde, dh planmäßige und außerordentliche Abschreibungen zu berücksichtigen. Nach dem vom Gesetzgeber gewählten Berechnungsprinzip wird eine vergleichsweise **Überbewertung** der Aktiva durch das Zeitwertprinzip, die sich etwa daraus ergibt, dass der Zeitwert über dem planmäßigen Abschreibungswert nach § 253 Abs. 3 S. 1 liegt, indes **nicht erfasst,** wenn und soweit der Zeitwert ebenfalls geringer als die Anschaffungskosten ist. Selbst wenn er höher ist, bleibt ein Teil der Differenz zwischen Zeitwert und Abschreibungswert in Höhe der (planmäßigen) Abschreibung unberücksichtigt.[129] Andererseits kann das geltende Recht auch dazu führen, dass Beträge gegen Ausschüttungen geschützt werden, denen gar **keine Bewertungsdifferenzen zu Lasten des Vorsichtsprinzips** zugrunde liegen. Dies ist immer dann der Fall, wenn ein Vermögensgegenstand einen außerordentlichen Wertverlust iSd § 253 Abs. 3 S. 5 idF des BilRUG erlitten hat und auch nach dem Niederstwertprinzip zum Zeitwert anzusetzen wäre, so dass sich aus dem Zeitwertprinzip des § 253 Abs. 1 S. 6 idF des BilRUG in diesem Punkt keine Abweichung ergibt. Nach Abs. 8 S. 3 fließt hier gleichwohl ein Betrag in Höhe der Abschreibung in den gegen Ausschüttung geschützten Gesamtbetrag ein. Nur teilweise werden sich die genannten Ungenauigkeiten gegenseitig kompensieren. Dennoch sprechen der eindeutige Gesetzeswortlaut und fehlende gegenteilige Anhaltspunkte in den Gesetzesmaterialien gegen eine korrigierende „Auslegung" der Vorschrift.[130]

33   **4. Latente Steuern.** Hat das Unternehmen **aktive latente Steuern** für eine zukünftige Steuerentlastung angesetzt (§ 274 Abs. 1 S. 2), besteht eine Ausschüttungssperre insoweit, wie diese aktiven latenten Steuern die passiven latenten Steuern übersteigen (Abs. 8 **S. 2**). Damit ist unerheblich, ob das Unternehmen auf der Aktivseite lediglich den Überschuss der aktiven über die passiven latenten Steuern ausweist (Nettomethode) oder ob

---

[127]   „Vereinfachung" ist ein Leitgedanke der BilMoG-Reform. Der Begriff wird in der Begr. RegE (BT-Drs. 16/10067) an ca. 30 Stellen verwendet.

[128]   Bericht des Rechtsausschusses zum BilMoG, BT-Drs. 16/12407, 87: Eine „Berücksichtigung hypothetisch vorzunehmender planmäßiger Abschreibungen" komme nicht in Betracht.

[129]   S. Bericht des Rechtsausschusses zum BilMoG, BT-Drs. 16/12407, 87: Eine Berücksichtigung hypothetisch vorzunehmender planmäßiger Abschreibungen komme „nicht in Betracht".

[130]   S. auch Gelhausen/Fey/Kämpfer N Rn. 31, die die Frage aufwerfen, „ob für Zwecke der Ermittlung des gesperrten Betrags nach § 268 Abs. 8 S. 3 HGB für einzelne Vermögensgegenstände des Deckungsvermögens sich ergebende, die Anschaffungskosten übersteigende Zeitwerte mit für andere Vermögensgegenstände iSd. § 246 Abs. 2 S. 2 HGB sich ergebenden negativen Beträgen aufgrund unter den Anschaffungskosten liegender beizulegender Zeitwerte zu verrechnen" seien, und schließlich verneinen, Gelhausen/Fey/Kämpfer N Rn. 32.

es von seinem Wahlrecht nach § 274 Abs. 1 S. 3 Gebrauch macht, die aktiven und die passiven latenten Steuern separat auf beiden Seiten der Bilanz zu zeigen (Bruttomethode).[131]

Aktiviert das Unternehmen selbst geschaffene immaterielle Vermögensgegenstände **34** des Anlagevermögens (§ 248 Abs. 2) oder bilanziert es das Deckungsvermögen iSd § 246 Abs. 2 S. 2, § 253 Abs. 1 S. 4, entstehen **passive latente Steuern,** weil das Steuerrecht diese Bilanzierung nicht gestattet (vgl. § 5 Abs. 1a S. 1 und Abs. 2 EStG) und sich die unterschiedlichen handelsrechtlichen und steuerrechtlichen Wertansätze in späteren Geschäftsjahren ausgleichen.[132] Diese passiven latenten Steuern müssen einerseits nach S. 2 in die Ermittlung eines Saldos aus aktiven und passiven latenten Steuern **einbezogen** werden und andererseits bei der Berechnung des ausschüttungsgesperrten Betrages für aktivierte selbst geschaffene immaterielle Vermögensgegenstände bzw. zum beizulegenden Zeitwert bilanzierte Vermögensgegenstände des Deckungsvermögens **abgezogen** werden (mit dem Effekt einer Erhöhung des Ausschüttungsvolumens), weil es sonst zu einer doppelten Berücksichtigung der entsprechenden Beträge kommt.[133] Die Passivierung der latenten Steuern selbst bewirkt nämlich bereits eine Ausschüttungsbegrenzung im Hinblick auf die zukünftige Steuermehrbelastung. Nicht zwingend erscheint es allerdings, wenn der Gesetzgeber den Umstand, dass die aktiven latenten Steuern nur in Höhe einer die passiven latenten Steuern „übersteigenden Spitze" gegen Ausschüttungen sperrt, ebenfalls mit dem Gedanken einer zu vermeidenden „Doppelberücksichtigung" rechtfertigt.[134] Denn passive latente Steuern dienen nicht etwa dem Ausgleich der aktiven latenten Steuern innewohnenden Unsicherheiten. Vielmehr liegen ihnen *zusätzliche* Bewertungsunterschiede zwischen Handels- und Steuerrecht (mit gegenläufigem Effekt) und regelmäßig ganz andere Sachverhalte zugrunde.

5. Umfang der Sperre. Gewinne dürfen nur soweit ausgeschüttet werden, wie die **35** „nach der Ausschüttung" noch verbleibenden „frei verfügbaren Rücklagen" (ggf. ergänzt um einen Gewinnvortrag und nach unten korrigiert um einen Verlustvortrag) mindestens noch so hoch sind wie die Summe der für selbst geschaffene immaterielle Vermögensgegenstände (S. 1), aktive latente Steuern (S. 2 iVm S. 1) und Zeitwertdifferenzen (S. 3 iVm S. 1) angesetzten Beträge. Anders ausgedrückt wird das Jahresergebnis für Ausschüttungszwecke um das in den genannten unsicheren Aktivposten (S. 1 bis 3) enthaltene Verlustpotential bereinigt. Das Merkmal **angesetzte Beträge** bezieht sich dabei auf den **jeweiligen Bilanzansatz** der selbst geschaffenen immateriellen Vermögenswerte, der latenten Steuern bzw. der zum Zeitwert bewerteten Vermögensgegenstände iSv § 246 Abs. 2 S. 2, unabhängig davon, ob die ergebniswirksam oder ergebnisneutral verbucht werden oder ob sie in der Bilanz verrechnet werden (§ 246 Abs. 2 S. 2).[135]

Die Höhe der Ausschüttungssperre richtet sich nach dem Umfang der nach der Aus- **36** schüttung verbleibenden **frei verfügbaren Rücklagen.** Dazu zählen Gewinnrücklagen, deren Ausschüttung keinen gesetzlichen oder gesellschaftsvertraglichen Vorschriften entgegenstehen, ferner Kapitalrücklagen, wobei bei der AG die in § 150 Abs. 3 und 4 AktG vorgesehenen Ausschüttungsbegrenzungen für die gesetzliche Gewinnrücklage und die Kapitalrücklagen iSd § 272 Abs. 2 Nr. 1–3 zu beachten sind. Die nach der Rechtslage vor dem BilMoG begriffliche Beschränkung auf „jederzeit auflösbare Gewinnrücklagen" (§ 269 S. 2, § 274 Abs. 2 S. 3, jeweils idF vor dem BilMoG) erschien dem BilMoG-Gesetzgeber –

---

131   Beschlussempfehlung und Bericht des Rechtsausschusses zum BilMoG, BT-Drs. 16/12407, 87: Würden aktive latente Steuern ausgewiesen, sei „ein Aktivüberhang, unabhängig davon ob brutto oder netto ausgewiesen, ausschüttungsgesperrt". Zur Brutto- und Nettomethode → § 274 Rn. 41.

132   So auch Begr. RegE BilMoG, BT-Drs. 16/10067, 64.

133   Begr. RegE BilMoG, BT-Drs. 16/10067, 64: Der Betrag der passiven latenten Steuern sei „um eine Doppelberücksichtigung zu vermeiden […] von dem ausschüttungsgesperrten Betrag abzuziehen". S. auch IDW HFA RS 27 Tz. 34; Herzig/Vossel BB 2009, 1177; Wendholt/Wesemann DB-Beilage 5/2009, 69; s. auch Küting/Pfitzer/Weber/Küting/Seel 522.

134   Begr. RegE BilMoG, BT-Drs. 16/10067, 64.

135   Gelhausen/Fey/Kämpfer N Rn. 17 und 19 mwN.

zu Recht – wie auch schon im Rahmen des § 272 Abs. 1a S. 2 (→ § 272 Rn. 28) als zu eng angelegt.[136]

37   Die Ausschüttungssperre ändert nichts am Charakter der freien Rücklagen. Sie schafft insbesondere keinen Verlustausgleichsfonds nach Art der gesetzlichen Rücklage oder der für Banken vorgeschriebenen Risikofonds.[137] Die erforderlichen Rücklagen sind auch nicht in der Bilanz gesondert auszuweisen (s. aber § 285 Nr. 28).[138] Außerdem bleiben die ausschüttungsgesperrten Rücklagen (und der Jahresüberschuss) **für andere Zwecke** als die Ausschüttung, zB zu einer Kapitalerhöhung aus Gesellschaftsmitteln oder zur Verlustdeckung, **verwendbar.**[139] Nicht verwendbar sind sie nach dem Regelungszweck der § 71 Abs. 2 S. 2 AktG und § 33 Abs. 2 S. 1 GmbHG jedoch für die Berechnung der fiktiven Rücklage beim Erwerb eigener Anteile.[140] Bilanztechnisch kann der ausschüttungsgesperrte Betrag in die **Gewinnrücklagen** eingestellt werden oder als **Gewinnvortrag** auf neue Rechnung vorgetragen werden.[141] Fällt die Ausschüttungssperre später weg (→ Rn. 29), bedarf es bei Einstellung in die (Gewinn-)Rücklage einer Auflösung, während der Gewinnvortrag den Gesellschaftern im Rahmen der Gewinnverwendung zur Verfügung steht. Die Frage, ob in diesen Fällen die Gewinnrücklage bereits im Rahmen der Auf- und Feststellung des Jahresabschlusses dotiert werden darf, richtet sich nach den allgemeinen Kompetenzvorschriften zur Ergebnisverwendung.[142]

38   Speziell bei der **GmbH** ist Abs. 8 nicht nur für die gesellschaftsrechtliche Gewinnverwendungsentscheidung (§ 29 GmbHG idF des BilRUG), sondern zusätzlich im Rahmen der gläubigerschützenden Ausschüttungsbegrenzung des § 30 GmbHG zu berücksichtigen, die anders als bei der AG (vgl. § 57 Abs. 3 AktG) nicht unmittelbar an den Bilanzgewinn bzw. den bilanziellen Jahresüberschuss anknüpft. Dementsprechend ist der handelsrechtlich gesperrte Betrag aus dem ausschüttungsfähigen Vermögen herauszurechnen.[143]

39   **6. Kapitalgesellschaften & Co.** Die Ausschüttungssperre gilt für **Kapitalgesellschaften,** soll aber ausweislich der Regierungsbegründung **nicht** auf „Einzelkaufleute und Gesellschafter von Personengesellschaften" anwendbar sein.[144] Mit einer Ausschüttungssperre für Einzelkaufleute und Gesellschafter von Personenhandelsgesellschaften wären, so die Bundesregierung, „wegen ihrer unbeschränkten Haftung, ohnehin keine praktischen Konsequenzen – insbesondere in der Form der Rückgewähr von unter Missachtung der

---

[136] Begr. RegE BilMoG, BT-Drs. 16/10067, 64. Zum Begriff der „frei verfügbaren Rücklagen" auch Kropff FS Hüffer, 2010, 539 (542); s. ferner Kropff FS Hüffer, 2010, 539 (541 Fn. 14) zur verbleibenden uneinheitlichen und unscharfen Begrifflichkeit des Gesetzgebers in anderen Vorschriften (AktG, GmbHG).

[137] Kropff FS Hüffer, 2010, 539 (543).

[138] Kropff FS Hüffer, 2010, 539 (543).

[139] Kropff FS Hüffer, 2010, 539 (544).

[140] Kropff FS Hüffer, 2010, 539 (545–547); ebenso Koch, 16. Aufl. 2022, AktG § 71 Rn. 21a; Kreide, Selbst geschaffene immaterielle Vermögensgegenstände im Recht der Rechnungslegung junger Technologieunternehmen, 2014, S. 289. S. auch Begr. RegE BilMoG, BT-Drs. 16/10067, 101: „Die Bildung einer Rücklage für eigene Aktien erübrigt sich. Gleichwohl muss sichergestellt werden, dass der Rückkauf eigener Aktien nur aus dem ausschüttungsfähigen Vermögen erfolgt" [Hervorhebung durch Verf.].

[141] Vgl. Gelhausen/Fey/Kämpfer N Rn. 55: Ob der verbleibende, nicht zur Ausschüttung verwendete Betrag in Rücklagen eingestellt oder als Gewinnvortrag auf neue Rechnung vorgetragen werde, sei nicht gesetzlich geregelt und könne „grundsätzlich frei entschieden werden".

[142] Ähnlich Gelhausen/Fey/Kämpfer N Rn. 55; Kropff FS Hüffer, 2010, 539 (541): „kein Anhaltspunkt" dahingehend, „dass die gegen eine Ausschüttung gesperrten Beträge bereits bei der Aufstellung des Abschlusses in Rücklagen einzustellen" seien. Die Hauptversammlung müsse „entscheiden können, ob die gegen eine Ausschüttung gesperrten Gewinnteile in Rücklage gestellt oder als Gewinn vorgetragen würden".

[143] Verse VGR 15 (2010), 67 (73) unter Berufung auf die „die allgM zu §§ 269, 274 HGB idF vor dem BilMoG"; ebenso zB Noack/Servatius/Haas/Servatius, 23. Aufl. 2022, GmbHG § 30 Rn. 17: „Nicht abzuziehen" bei der Ermittlung des Gesellschaftsvermögens seien „etwa Gewinnrücklagen (außer in den Fällen von § 268 Abs. 8)".

[144] Begr. RegE BilMoG, BT-Drs. 16/10067, 64: „Der Anwendungsbereich der Ausschüttungssperre" werde „auf Kapitalgesellschaften beschränkt".

Ausschüttungssperre ausgeschütteten Gewinnen – verbunden".[145] Im Schrifttum wird diese Aussage teilweise in dem Sinne wörtlich genommen, dass sämtliche Personenhandelsgesellschaften, also auch solche iSd §§ 1 und 5 Abs. 1 S. 2 PublG idF des BilRUG und des § 264a ausgeschlossen sein sollen.[146] Diese Ansicht scheint durch den Wortlaut des Abs. 8 selbst bestätigt zu werden. Tatsächlich passt der Begriff der Ausschüttung (nur ausgeschüttet werden) auf Kapitalgesellschaften, nicht aber auf Personen(handels)gesellschaften, bei denen Gewinne nicht ausgeschüttet, sondern automatisch ohne Gewinnverwendungsbeschluss mit den Kapitalkonten verrechnet und dann ggf. von den Gesellschaftern entnommen werden.[147]

Dennoch sprechen die besseren Gründe zugunsten der **Anwendung des Abs. 8 auch**   **40** **auf Personenhandelsgesellschaften** iSd § 264a Abs. 1 sowie des §§ 1 und 5 Abs. 1 S. 2 PublG idF des BilRUG.[148] Die Verweisnorm in § 264a Abs. 1, die die Vorschriften des Ersten bis Fünften Unterabschnitts des Zweiten Abschnitts und damit auch § 268 für Personenhandelsgesellschaften iSv § 264a für anwendbar erklärt, hat aber im Zuge des BilMoG keine einschränkende Änderung erfahren. Mit der Gleichstellung der Kapitalgesellschaften & Co. mit den Kapitalgesellschaften durch das KapCoRiLiG vom 24.2.2000 (BGBl. 2000 I 154) bezweckte der Gesetzgeber eine Ausweitung der Rechnungslegungsvorschriften sowie die Publizität als Ausgleich für die Haftungsbeschränkung dieser Unternehmen.[149] Deshalb hatte der Gesetzgeber den bereits vor dem BilMoG gleichfalls aus Gründen des Kapitalschutzes bestehenden Ausschüttungssperren der § 269 S. 2 aF, § 274 Abs. 2 S. 3aF für Kapitalgesellschaften & Co. bilanztechnisch durch den Zwang zur Passivierung eines Sonderpostens in entsprechender Höhe § 264c Abs. 4 S. 3 aF (→ § 264a Rn. 35) Geltung zu schaffen versucht.[150] Ihm war bewusst, dass die Sperrwirkung in § 269 S. 2 aF, § 274 Abs. 2 S. 3 aF bei Personenhandelsgesellschaften mit gesetzlichem Regelstatut (wörtlich genommen) leer laufen würde.[151]

---

[145]   Begr. RegE BilMoG, BT-Drs. 16/10067, 64: „Der Anwendungsbereich der Ausschüttungssperre" werde „auf Kapitalgesellschaften beschränkt". „Mit einer Ausschüttungssperre für Einzelkaufleute und Gesellschafter von Personenhandelsgesellschaften wären, wegen ihrer unbeschränkten Haftung, ohnehin keine praktischen Konsequenzen – insbesondere in der Form der Rückgewähr von unter Missachtung der Ausschüttungssperre ausgeschütteten Gewinnen – verbunden".

[146]   ZB Gelhausen/Fey/Kämpfer N Rn. 4 f., 82 ff.; ebenso BeBiKo/Grottel/F. Huber, 13. Aufl. 2022, Rn. 65: Geltung „ausschließlich für Kapitalgesellschaften"; Dahlke BB 2009, 878 (880); HdR/Ischebeck/Nissen-Schmidt § 264c Rn. 26 (Stand: 10/2013); Hopt/Merkt, 41. Aufl. 2022, Rn. 9; aA Wehrheim/Rupp DB 2009, 356 (357 f.), die eine (angesichts Gesetzeswortlauts, der durch den Begriff Ausschüttung eindeutig auf Kapitalgesellschaften beschränkten allerdings nur) „analoge" Anwendung des § 268 Abs. 8 bei der Gewinnverteilung von Personenhandelsgesellschaften iSd § 264a befürworten. Aus rechtspolitischer Sicht kritisch zum BilMoG-Entwurf Funnemann/Kerssenbrock BB 2008, 2674 (2676 f.).

[147]   Kessler/Leinen/Strickmann/Budde/Kessler, 2. Aufl. 2010, 448.

[148]   Ebenso Wehrheim/Rupp DB 2009, 356 (358): Das „Motiv des Gläubigerschutzes" spreche „wie im Fall der Bilanzierungshilfe des § 269 HGB für eine analoge Anwendung des § 268 Abs. 8 HGB-E auf Personenhandelsgesellschaften i. S. des § 264a HGB"; ebenso (zum RefE BilMoG, ohne Begründung) Arbeitskreis Bilanzrecht der Hochschullehrer Rechtswissenschaft BB 2008, 152 (157): Die aus dem Ansatz selbst geschaffener immaterieller Vermögensgegenstände resultierende Aktivenerhöhung stehe „bei Kapitalgesellschaften (und gleichgestellten Personengesellschaften, § 264a HGB) nicht zur Ausschüttung zur Verfügung"; Hoffmann/Lüdenbach DStR 2008, Beilage zu Heft 30, 49 (62) („die in § 268 Abs. 8 HGB-E förmlich auf Kapital- und Kap & Co.-Gesellschaften ausgerichtete Gewinnausschüttungssperre").

[149]   Begr. RegE KapCoRiLiG, BT-Drs. 14/1806, 18.

[150]   S. Staub/Hüttemann, 4. Aufl. 2002, § 269 Rn. 20: Bei Personenhandelsgesellschaften iSv § 264a trete an die Stelle einer Ausschüttungssperre ein passivischer Sonderposten nach § 264c Abs. 4 S. 2; → 2. Aufl. 2008, § 274 Rn. 5.

[151]   Vgl. Bericht des Rechtsausschusses zum KapCoRiLiG, BT-Drs. 14/2353, 28: Mit § 264c Abs. 4 S. 3 werde eine „gesetzliche Regelung zur Herbeiführung der erforderlichen Ausschüttungssperre vorgesehen". Zur Gefahr des Leerlaufs auch WP-HdB, 14. Aufl. 2012, Bd. I F Rn. 331, zu § 264c Abs. 4 S. 3 aF; ebenso zu § 268 Abs. 8 idF des BilMoG argumentierend Gelhausen/Fey/Kämpfer N Rn. 4. S. auch Begr. RegE BilMoG, BT-Drs. 16/10067, 46, zu § 172 Abs. 4 S. 3 nF: Bei Kommanditgesellschaften geben es „keine strengen Entnahmegrenzen".

41   Die Aufhebung des § 264c Abs. 4 S. 3 aF bedeutet nicht, dass der Gesetzgeber für eine sinngemäße Anwendung der Ausschüttungssperre auf Personengesellschaften keinen Anlass mehr gesehen hätte, wie nicht zuletzt die gleichzeitig eingefügte Regelung des § 172 Abs. 4 S. 3 nF (insoweit ab 1.1.2024 unverändert) belegt. Diese speziell für Kommanditisten wirkende Begrenzung der Gewinnzurechnung, wonach bei der Berechnung des Kapitalanteils nach § 172 Abs. 4 S. 2 „Beträge iSd. § 268 Abs. 8 nicht zu berücksichtigen" sind,[152] **ergänzt** Abs. 8 bei Personengesellschaften,[153] reicht aber für sich genommen nicht aus.[154] Sie stellt zwar sicher, dass die Haftung des Kommanditisten wieder auflebt, soweit Gewinne entnommen werden, deren Ausschüttung nach Abs. 8 ausschüttungsgesperrt sind. Das Anliegen des § 264a Abs. 1 geht aber über die Sicherstellung einer effektiven Kommanditistenhaftung hinaus, was sich schon allein daran zeigt, dass sich der Anwendungsbereich dieser Vorschrift keineswegs auf KGen beschränkt. Offenbar hält der Gesetzgeber die Anwendung der in besonderer Weise vom Gedanken des Gläubigerschutzes geprägten §§ 264 ff. auch dann und insoweit für gerechtfertigt, wenn bzw. wie die Gesellschafter der Personengesellschaft persönlich unbeschränkt haften, solange nicht irgendwann am Ende der Beteiligungskette eine natürliche Person als persönlich haftender Gesellschafter (Vollhafter) vorhanden ist (→ § 264a Rn. 3). Unter diesem Aspekt ist eine Begrenzung der Gewinnzuschreibung für die Gesellschafter einer Personengesellschaft selbst dann nicht von vornherein sinnlos, wenn sie bei unbeschränkt haftenden Gesellschaftern angesichts ihres Entnahmerechts lediglich gesellschaftsinterne Wirkung in Bezug auf die Höhe ihrer Kapitalanteile (§ 264c Abs. 2 I.) entfaltet (Kapitalbindung im Innenverhältnis, → § 172 Rn. 82, → § 169 Rn. 3 ff.). Vielmehr spricht in Bezug auf die unbeschränkt haftenden Gesellschafter einiges für eine **unbewusste Gesetzeslücke**. Die in → Rn. 39 zitierte Aussage in der Regierungsbegründung, Abs. 8 sei „auf Kapitalgesellschaften" beschränkt, gebietet keine andere Bewertung. Dass sie nicht etwa die Abgrenzung zu den speziellen Personengesellschaften iSd § 264a oder § 1 PublG zum Gegenstand hatte, sondern nur deutlich machen und begründen sollte, warum die Ausschüttungssperre im Zweiten (§§ 264 ff.) und nicht schon im Ersten Abschnitt (§§ 238 ff.) des Dritten Buchs geregelt werden sollte, zeigt bereits die Einbeziehung von Einzelkaufleuten („Einzelkaufleute und Gesellschafter von Personenhandelsgesellschaften"), vor allem aber die Einführung von § 172 Abs. 4 S. 3, der – wenn eben auch lückenhaft – nichts anderes zum Gegenstand hat, als die Übertragung der Ausschüttungssperre auf Kommanditgesellschaften.

42   Die Aussage, § 172 Abs. 4 S. 3 setze die „Möglichkeit einer Ausschüttung oder Entnahme dieser Beträge und damit die Nichtanwendung der Ausschüttungssperre implizit voraus",[155] verkennt, dass § 172 Abs. 4 S. 3 allein die „Berechnung des Kapitalanteils" (iSd § 172 Abs. 4 S. 2) zum Gegenstand hat, aber keine Aussage über die Berechtigung zur Entnahme trifft. Diese Berechtigung ergibt sich im Außenverhältnis (→ 3. Aufl. 2012, §§ 171, 172 Rn. 77 [*K. Schmidt*]) aus der Haftsumme und im Innenverhältnis (→ 3. Aufl. 2012, §§ 171, 172 Rn. 76 [*K. Schmidt*]) aus der dispositiven Regelung des § 169 sowie vorrangig aus dem Gesellschaftsvertrag. Aus diesem Grund steht § 172 Abs. 4 S. 3 der hier vertretenen Ansicht von der Anwendung des § 268 Abs. 8 auf Personenhandelsgesellschaften nicht etwa entgegen, sondern enthält sogar den Schlüssel zu ihrer technischen Umsetzung:[156] Begreift man das Ausschüttungsverbot bei Personenhandelsgesellschaften in sinnge-

---

[152] S. noch aus dem Blickwinkel des RefE BilMoG Arbeitskreis Bilanzrecht der Hochschullehrer Rechtswissenschaft BB 2008, 152 (155), mit einer entsprechenden Empfehlung de lege ferenda.

[153] So auch Hoffmann/Lüdenbach DStR 2008, Beilage zu Heft 30, 49 (62): „Die in § 268 Abs. 8 HGB-E förmlich auf Kapital- und Kap & Co.-Gesellschaften ausgerichtete Gewinnausschüttungssperre" werde „speziell für Kommanditisten in § 172 Abs. 4 HGB-E ergänzt"; aA WP-HdB/Störk, 17. Aufl. 2021, F, Rn. 564: Bei Kapitalgesellschaften&Co. werde die Regelung des § 268 Abs. 8 HGB durch die Bestimmung des § 172 Abs. 4 S. 3 HGB als lex specialis verdrängt.

[154] So offenbar aber zB Gelhausen/Fey/Kämpfer N Rn. 5: § 172 Abs. 4 S. 3 setze „die Möglichkeit einer Ausschüttung oder Entnahme dieser Beträge und damit die Nichtanwendung der Ausschüttungssperre implizit voraus".

[155] Gelhausen/Fey/Kämpfer N Rn. 5.

[156] Skeptisch demgegenüber Gelhausen/Fey/Kämpfer N Rn. 4: „technische Umsetzung der Ausschüttungssperre unklar, weil diese Gesellschaften grundsätzlich nicht über freie Rücklagen verfügen".

mäßer Anwendung des Abs. 8 als Verbot einer Gewinnzuschreibung zu den Kapitalkonten, liegt eine **analoge Anwendung des § 172 Abs. 4 S. 3** auf die Kapitalanteile auch der persönlich haftenden Gesellschafter einer Personenhandelsgesellschaft iSd § 264a Abs. 1 sowie der §§ 1 und 5 Abs. 1 S. 2 PublG idF des BilRUG auf der Hand. Damit werden die nach Abs. 8 geschützten Beträge in ähnlicher Weise außerbilanziell aus dem Gewinn herausgerechnet, wie es für die GmbH ohnehin allgemein anerkannt wird (→ Rn. 38). Als bilanzinterne Alternative mit dem gleichen Effekt kommt der Ansatz eines Sonderpostens in Anlehnung an § 264c Abs. 4 S. 3 idF vor dem BilMoG in Betracht. Die zuerst genannte Lösung liegt aber deutlich näher am derzeit geltenden Gesetzestext und ist daher vorzugswürdig.

IX. Sanktionen

Verstöße gegen die Bilanzierungsvorschriften des Abs. 2, 3, 4, 5, 6 oder 7 können nach **43** § 334 Abs. 1 Nr. 1 lit. c als Ordnungswidrigkeit geahndet werden. Zur Straftat werden Verstöße gegen die Vorgaben aus § 268, wenn die „Verhältnisse der Kapitalgesellschaft" vorsätzlich unrichtig wiedergegeben oder verschleiert werden (§ 331 Nr. 1).[157] Sofern die Klarheit und Übersichtlichkeit des Jahresabschlusses durch die Nichtbeachtung des § 268 (und natürlich auch der übrigen Gliederungsvorschriften) „wesentlich beeinträchtigt" ist, kann der Jahresabschluss der AG nach § 256 Abs. 4 AktG nichtig sein. Der Verstoß gegen die Vorschrift kann darüber hinaus zur Versagung oder Einschränkung des Bestätigungsvermerks (§ 322 Abs. 3 S. 1, § 317 Abs. 1 S. 2) führen. Verstößt der Gewinnverwendungsbeschluss einer Kapitalgesellschaft gegen die Ausschüttungssperre des § 268 Abs. 8, ist er nach § 241 Nr. 3 AktG (analog) wegen Verletzung einer Vorschrift, die überwiegend dem Gläubigerschutz dient, nichtig.[158] Angesichts der Teilbarkeit des Beschlussgegenstands beschränkt sich dabei die Nichtigkeit – und damit auch die Verpflichtung bösgläubiger Empfänger zur Rückerstattung (§ 62 Abs. 1 S. 2 AktG, § 31 Abs. 2 GmbHG) – auf den trotz Sperre ausgeschütteten Teil.[159]

X. IFRS[160]

Aufgrund der Struktur der IFRS findet sich dort kein mit § 268 vergleichbarer Standard, **44** der umfassend Ergänzungen oder Bilanzvermerke regelt. Inhaltlich gibt es gleichwohl in verschiedenen Standards entsprechende oder ähnliche Vorgaben wie in § 268.

Für die **Berücksichtigung des Jahresergebnisses** machen die IFRS keine ausdrücklichen Vorgaben. IAS 10.10 bestimmt lediglich, dass die Beträge aufgrund von Ereignissen, die nach dem Bilanzstichtag liegen, nicht angepasst werden dürfen. Beschließt das Unternehmen nach dem Bilanzstichtag die Ausschüttung von Dividenden, dürfen diese nicht als Schulden zum Bilanzstichtag angesetzt werden (IAS 10.12; „the entity shall not recognise those dividends as a liability at the end of the reporting period").

Dem **Anlagengitter** in § 268 Abs. 2 vergleichbar kennen die IFRS verschiedene **46** **Angabepflichten für den Anhang.**[161] Für Sachanlagen bestimmt IAS 16.73 (d) die Angabe der Bruttobuchwerte (gross carrying amount) und der kumulierten Abschreibungen (accumulated depreciation) zu Anfang und Ende des Berichtsjahres für jede gebildete Gruppe von Sachanlagen (for each class of property, plant and equipment; sog. direkte Nettomethode). IAS 16.73 (e) verlangt eine Überleitung der Buchwerte zu Anfang und

---

[157] Ebenso Marx/Dallmann Stbg 2010, 453 (464).
[158] Verse VGR 15 (2010), 67 (73).
[159] Verse VGR 15 (2010), 67 (73); Gelhausen/Althoff WPg 2009, 584 (590); Simon NZG 2009, 1081 (1085); zur entsprechenden Frage in Zusammenhang mit § 269 S. 2 idF vor dem BilMoG auch → 2. Aufl. 2008, Rn. 17 mN zur (früheren) Gegenmeinung.
[160] Sämtliche zit. IAS/IFRS beziehen sich auf den für das Geschäftsjahr 2022 gültigen Stand.
[161] Vgl. BeckHdB IFRS/Driesch 5. Aufl. 2016, Anlage: IFRS-Anhangcheckliste, Rn. 6, 8 und 9: „Anlagespiegel" (bezogen auf Anhangangaben zu Sachanlagen, immateriellen Vermögenswerten und zur Entwicklung des Geschäfts- oder Firmenwertes).

Ende der Berichtsperiode mit Ausweis der allgemeinen Zugänge (i), Abgänge (ii), des Erwerbs durch Unternehmenszusammenschlüsse (iii), der Werterhöhungen oder -minderungen aufgrund von Neubewertung (zB außerplanmäßige Abschreibungen) (iv), der erfolgswirksamen Abwertungsverluste (v), der erfolgswirksam stornierten Abwertungsverluste (vi), der Abschreibungen (vii), der Nettoumrechnungsdifferenzen aufgrund der Änderung der Darstellungswährung (viii) sowie der sonstigen Änderungen des Buchwertes (ix). Die Angaben entsprechen weitgehend denen aus § 268 Abs. 2, wobei die IFRS darüber hinaus zwischen planmäßigen und außerplanmäßigen Abschreibungen unterscheiden. Unter Berücksichtigung der Abweichungen wird mangels Formvorgaben durch die IFRS eine Darstellung in Form des HGB-Anlagengitters für zulässig erachtet. Vergleichbare Angaben sind nach IAS 38. 118 (c) und (e) für immaterielle Vermögenswerte zu machen.

47   Ein Ausweis der **Restlaufzeiten nur für Forderungen** erfolgt nach IFRS nicht. Solche Informationen sind vielmehr für alle Vermögenswerte (und Schulden) zu erteilen. Nach IAS 1.51 sind kurz- und langfristige Vermögenswerte und Schulden als jeweils getrennte Gliederungsgruppen darzustellen, sofern eine Sortierung nach deren Liquidität nicht zuverlässiger erscheint. Werden in Vermögensposten Beträge zusammengefasst, deren Erfüllung oder Realisierung sowohl innerhalb wie außerhalb eines Zeitraums von zwölf Monaten erwartet wird, ist für diese Vermögenswerte derjenige Betrag anzugeben, von dem erwartet wird, dass er erst nach mehr als zwölf Monaten erfüllt oder realisiert wird (IAS 1.52). Rechtlich noch nicht entstandene Forderungen (antizipative Forderungen) sind nach IFRS nicht anzugeben.

48   Auch für **Schuldposten,** die Beträge mit Fälligkeitszeitpunkten innerhalb und außerhalb von zwölf Monaten zusammenfassen, sieht IAS 1.52 den Ausweis der nach mehr als zwölf Monaten fälligen Beträge vor. Antizipative Verbindlichkeiten sind nach IFRS nicht vermerkpflichtig.[162] Die Saldierung von Vermögenswerten und Schulden ist nach IAS 1.32 nicht zulässig. Davon erfasst wird auch das offene Absetzen erhaltener Anzahlungen von den Vorräten. Lediglich im Fall der langfristigen Auftragsfertigung können Anzahlungen von den Forderungen offen abgesetzt oder saldiert werden (IAS 1.33). Verbindlichkeiten sind beim erstmaligen Ansatz zum beizulegenden Zeitwert (fair value) zu bewerten (IFRS 9.5.1.1). Ist der Erfüllungsbetrag einer Verbindlichkeit höher als der Ausgabebetrag, entspricht die erhaltene Gegenleistung unter Einbeziehung der direkt zurechenbaren Transaktionskosten (IFRS 9.5.1.1A; früher wortgleich IAS 39.43) dem beizulegenden Zeitwert. Ein Disagio wird über die Laufzeit bzw. den nächsten Zinsanpassungstermin mittels der Effektivzinsmethode verteilt (IFRS 9 Anhang A, Effective interest rate).[163] **Eventualschulden** (contingent liabilities) entsprechend der Definition in IAS 37.10, worunter auch die Haftungsverhältnisse nach § 251 fallen, sind nicht in der Bilanz anzusetzen (IAS 37.27), sondern im Anhang auszuweisen (IAS 37.86).

49   Die IFRS kennen keine § 268 Abs. 8 vergleichbare **Ausschüttungssperre,** weil den internationalen Rechnungslegungsstandards keine kapitalschützende Funktion zukommt, sondern ausschließlich eine Informationsvermittlungsfunktion haben.[164]

§ 269 *(aufgehoben)*

---

162   BeckOGK/Suchan, 15.9.2021, Rn. 4.
163   Vgl. mit Beispiel Heuser/Theile/Hendler IFRS-HdB, 2019 Rn. 24.30.
164   Vgl. IAS 1.9 („Purpose of financial statements"): "[…] The objective of financial statements is to provide information about the financial position, financial performance and cash flows of an entity that is useful to a wide range of users in making economic decisions […]"; vgl. auch IASB Conceptual Framework 2010, OB2: "The objective of general purpose financial reporting is to provide financial information about the reporting entity that is useful to existing and potential investors, lenders and other creditors in making decisions about providing resources to the entity […]" (= Nr. 1.2 Conceptual Framework (Revised) Issued June 2018). Allgemein ADS International Abschn. 1 Rn. 39 f.; Heuser/Theile/Behling IFRS-HdB, Rn. 29.9; MüKoBilanzR/Kleindiek IFRS, 5. Ergänzungslieferung 2014, Einf. Rn. 90; Beck IFRS-HdB/Heckeler/Kühnel, 6. Aufl. 2020, § 4 Rn. 163, 168.

§ 270 Bildung bestimmter Posten

(1) Einstellungen in die Kapitalrücklage und deren Auflösung sind bereits bei der Aufstellung der Bilanz vorzunehmen.

(2) Wird die Bilanz unter Berücksichtigung der vollständigen oder teilweisen Verwendung des Jahresergebnisses aufgestellt, so sind Entnahmen aus Gewinnrücklagen sowie Einstellungen in Gewinnrücklagen, die nach Gesetz, Gesellschaftsvertrag oder Satzung vorzunehmen sind oder auf Grund solcher Vorschriften beschlossen worden sind, bereits bei der Aufstellung der Bilanz zu berücksichtigen.

Schrifttum: Ebeling, Die Verwendung der Kapitalrücklage der AG gemäß § 150 Abs. 3 und 4 AktG, WPg 1988, 502; Gelhausen/Heinz, Verwendung der Rücklagen nach §§ 17 Abs. 4, 27 Abs. 2 DMBilG nach neuem Recht, DB 1994, 2245; Haller, Probleme bei der Bilanzierung von Rücklagen und des Bilanzergebnisses einer Aktiengesellschaft nach neuem Bilanzrecht, DB 1987, 645; Hennrichs, Wahlrechte im Bilanzrecht der Kapitalgesellschaften, 1999; Hommelhoff, Die Ergebnisse in der GmbH nach dem Bilanzrichtliniengesetz, ZGR 1986, 418; Moser/Siegel, Praxisfragen zur Aufstellung der Bilanz einer GmbH unter Berücksichtigung der Ergebnisverwendung, WPg 2017, 503; Philippsen/Sultana, Bilanzierung von Entnahmen aus der Kapitalrücklage einer GmbH, DB 2019, 1689; Thiele, Das Eigenkapital im handelsrechtlichen Jahresabschluss, 1998 (s. auch das Schrifttum zu § 268 Abs. 1 und § 272).

I. Regelungsgegenstand und Normzweck

§ 270 regelt die Bildung bestimmter Posten bei Bilanzaufstellung. Durch die gesetzliche   **1** Festlegung dieses Zeitpunktes wird zum einen die rechtmäßige, dh gesetzes- und satzungsmäßige Bildung dieser Posten Gegenstand der Jahresabschlussprüfung (vgl. § 316 Abs. 1, § 317 Abs. 1). Zum anderen werden für die Adressaten der aufgestellten Bilanz (Feststellungsorgane) bereits die weiteren Ergebnisverwendungsmöglichkeiten, insbesondere das potentielle Ausschüttungsvolumen[1] ersichtlich. **§ 270 Abs. 1** legt in bewusster[2] Anlehnung an § 151 Abs. 4 S. 1 AktG aF[3] zwingend[4] fest, dass Einstellungen in die Kapitalrücklage sowie deren Auflösung bereits **bei Aufstellung der Bilanz** und nicht erst nach Feststellung des Jahresabschlusses im Anschluss an einen Ergebnisverwendungsbeschluss vorzunehmen sind (§ 270 Abs. 1; → Rn. 5 f.). Insoweit **schränkt** § 270 das **Wahlrecht aus § 268 Abs. 1 S. 1** ein.[5] Neben dem **Zeitpunkt** der vorgenannten Bilanzierungsentscheidungen mit Ergebnisverwendungscharakter regelt die Vorschrift gleichzeitig (und unvermeidlich) die (vorläufige) **Zuständigkeit** für diese Entscheidungen.[6] Denn wenn dieser Posten bei Aufstellung der Bilanz zu bilden und aufzulösen ist, kann dies nur durch diejenigen Personen erfolgen, die auch für die Aufstellung der Bilanz zuständig, also die Leitungsorgane (§ 264 Abs. 1 S. 2).[7] *Insofern* liegen die Regierungsbegründung und eine sich ihr anschließende Meinung im Schrifttum richtig, wenn sie feststellen, die Regelung diene „nicht nur dem Zweck, den Zeitpunkt der Bildung und Auflösung bestimmter Posten festzulegen", sondern regele „gleichzeitig die Zuständigkeit". „Zuständig" sollten „die Personen sein, die den Jahresabschluss aufzustellen" hätten.[8] Damit **erschöpft** sich aber auch die kompetenzbegründende Wirkung der Norm.

---

[1]   S. etwa KKRD/Morck/Drüen, 9. Aufl. 2019, § 270 Rn. 2 (Minderung des Ausschüttungsvolumens durch die Bildung von Gewinnrücklagen).

[2]   S. Begr. RegE BiRiLiG, BT-Drs. 10/317, 80, zu § 243 HGB-E (entspricht § 270): In Abs. 1 werde „im Grundsatz § 151 Abs. 4 S. 1, 2 AktG übernommen". Die (zusätzliche) Bezugnahme auf S. 2 des § 151 Abs. 4 ist dabei offensichtlich unrichtig, denn S. 2 entspricht § 243 Abs. 2 RegE (§ 270 Abs. 2).

[3]   § 151 Abs. 4 S. 1 AktG aF lautete: „Abschreibungen, Wertberichtigungen, Rückstellungen und Einstellungen in Sonderposten mit Rücklageanteil sind bereits in der Jahresbilanz vorzunehmen".

[4]   BeBiKo/Störk/Taetzner, 13. Aufl. 2022, Rn. 7; EBJS/Böcking/Gros 4. Aufl. 2020, Rn. 3.

[5]   ADS Rn. 6, speziell zu Entnahmen aus der Kapitalrücklage; HdR/Knop Rn. 10 (Stand: 9/2022).

[6]   So auch HdJ/Dettmeier/Prodan, 2. Eigenkapital der Kapitalgesellschaften, Rn. 2 (Stand: 07/2021); BeBiKo/Störk/Taetzner, 13. Aufl. 2022, Rn. 1; aA BeckOGK/Hennrichs, 1.10.2020, Rn. 8: § 270 habe „entgegen verbreiteter Meinung keine kompetenzbegründende Wirkung".

[7]   Zust. Heidel/Schall/Dieckmann, 3. Aufl. 2020, Rn. 1.

[8]   Begr. RegE BiRiLiG, BT-Drs. 10/317, 80, zu § 243 HGB-E. Dementsprechend s. zB ADS Rn. 1: „Für die Berücksichtigung der vorgenannten Vorgänge" seien „die für die Aufstellung des Jahresabschlusses

2   **Keinesfalls** wird man davon ausgehen können, dass Abs. 1 bestehende **gesellschafts-rechtliche Kompetenzen verdrängen** und den nach Gesellschaftsrecht dafür zuständigen Organen die Möglichkeit nehmen wollte, im Rahmen der Feststellung des Jahresabschlusses die Ergebnisverwendungsentscheidungen der Verwaltung gem. Abs. 1 noch zu revidieren.[9] Dafür gibt es keinen Anlass. Schon die Vorgängerbestimmung des § 151 Abs. 4 S. 1 und 2 AktG aF hält sich sachlich im Rahmen dessen, was ohnehin zur Kompetenz des Vorstands zählt. Denjenigen, die dem Hinweis in der Regierungsbegründung auf die zuständigkeitsbegründende Wirkung des § 270 Abs. 1 („regelt gleichzeitig die Zuständigkeit") eine größere als die vorstehend dargelegte Bedeutung beimessen wollen, ist entgegenzuhalten, dass die Überschrift „Zeitpunkt und Zuständigkeit für die Bildung bestimmter Posten", die die Vorschrift noch im Regierungsentwurf trug, im weiteren Verlauf des Gesetzgebungsverfahrens auf den heutigen Titel „Bildung bestimmter Posten" reduziert wurde. Spätestens dadurch hätte die ursprüngliche gesetzgeberische Intention einer definitiven Kompetenzverlagerung auf die Geschäftsleitung, wenn sie denn im Regierungsentwurf bestanden hätte, ihre Bedeutung eingebüßt. Die Regelung des **Abs. 2,** die Einstellungen in und Entnahmen aus Gewinnrücklagen behandelt (→ Rn. 7) und sich dabei an § 151 Abs. 4 S. 2 AktG aF[10] orientiert, hat ohnehin nur **klarstellende** Funktion[11] und steht unter dem ausdrücklichen Vorbehalt des Gesellschaftsrechts einschließlich dessen Kompetenzverteilung.[12] Insgesamt folgt daraus, dass die zur Entscheidung über die **Feststellung des Jahresabschlusses** berufenen Organe, bei der AG also grundsätzlich Vorstand und Aufsichtsrat gemeinsam (§ 172 AktG) und bei der GmbH die Gesellschafterversammlung (§ 46 Nr. 1 GmbHG), frei sind, die Entscheidungen des Vorstands bzw. des/r GmbH-Geschäftsführer gem. § 270 bei der Aufstellung des Jahresabschlusses nachträglich und mit rechtlicher Verbindlichkeit zu korrigieren, vorausgesetzt Gesetz und Satzung lassen ihnen einen entsprechenden **bilanzpolitischen Spielraum.**[13]

---

[9] zuständigen Organe verantwortlich"; BeBiKo/Störk/Taetzner, 13. Aufl. 2022, Rn. 2: Durch die Regelung des § 270 Abs. 1 liege die „(vorläufige) Zuständigkeit [...] für Einstellungen in oder Auflösungen aus einer Kapitalrücklage allein bei der Geschäftsführung". Anders Hopt/Merkt 41. Aufl. 2022, Rn. 1: Zuständig sei „grundsätzlich", wer den Jahresabschluss aufzustellen habe, „Auflösung" sei „grundsätzlich Sache der Gesellschafterversammlung der GmbH".

[9] Letztlich wohl wie hier BeBiKo/Störk/Taetzner, 13. Aufl. 2022, Rn. 2: Obwohl die Autoren von der „alleinigen" Zuständigkeit der Geschäftsführung ausgehen (s. vorausgehende Fn.), gesteht er zu, dass „wegen des Mitwirkungsrechts" des Aufsichtsrats bzw. der Haupt- oder Gesellschafterversammlung „bei der Feststellung des Jahresabschlusses [...] in der Praxis jedoch stets Abstimmungen zwischen der Geschäftsführung und dem Feststellungsorgan" stattfinden. Wäre § 270 tatsächlich eine Kompetenznorm mit Ausschließlichkeitswirkung zugunsten derjenigen Leitungsorgane, die den Jahresabschluss aufstellen, müssten die genannten Organe im Rahmen der Feststellung des Jahresabschlusses den nach § 270 getroffenen Entscheidungen der Leitung zustimmen. S. zB auch Staub/Hüttemann/Meyer, 6. Aufl. 2021, Rn. 3: „Entgegen der Ansicht der Gesetzesverfasser" enthalte § 270 Abs. 1 S. 1 „keine eigenständige Zuständigkeitsregelung, was Entnahmen aus der Kapitalrücklage" anbetreffe; Baetge/Kirsch/Thiele/Thiele Bilanzrecht, Rn. 2 (Stand: 09/2002): § 270 regele nicht „die Kompetenzen für die Bildung und Auflösung der in der Norm genannten Rücklagen".

[10] § 151 Abs. 4 S. 2 AktG aF lautete: „Gleiches gilt für Entnahmen aus offenen Rücklagen sowie für Einstellungen in offene Rücklagen, die nach Gesetz oder Satzung vorzunehmen sind oder die Vorstand und Aufsichtsrat auf Grund des § 58 Abs. 2 vornehmen".

[11] So auch Begr. RegE BiRiLiG, BT-Drs. 10/317, 80, zu § 243 Abs. 2 HGB-E (entspricht § 270 Abs. 2): Mit dieser Regelung werde „in Ergänzung des § 239 Abs. 5 HGB-E [= § 268 Abs. 1] klargestellt, dass Gewinnverwendungen bei entsprechender spezialgesetzlicher Regelung oder gesellschaftsvertraglicher Vereinbarung bereits bei der Aufstellung der Bilanz vorgenommen werden" dürften [Hervorhebung durch Verf.]. S. auch BeckOGK/Hennrichs, 1.10.2020, Rn. 10: § 270 wirke „nicht endgültig kompetenzbegründend, sondern nur deklaratorisch".

[12] BeckOGK/Hennrichs, 1.10.2020, Rn. 10: § 270 sei „richtigerweise [...] keine Zuständigkeitsnorm". Die Zuständigkeitsverteilung zwischen den Gesellschaftsorganen bestimme „sich allein nach den gesellschaftsrechtlichen Organisationsgesetzen".

[13] So ausdrücklich mit Bezug auf § 270 BeckOGK/Hennrichs, 1.10.2020, Rn. 7: „Soweit bei der Bilanzierung Spielräume bestehen, ist das zur Feststellung berufene Organ an den aufgestellten Abschluss nicht gebunden"; s. zB auch Baumbach/Hueck/Schulze-Osterloh, 18. Aufl. 2006, § 42a Rn. 17 mwN: An den von den Geschäftsführern aufgestellten Jahresabschluss sei die Gesellschafterversammlung „nicht gebunden".

Der **persönliche Anwendungsbereich** des § 270 umfasst auf Grund seiner Stellung 3
im Zweiten Unterabschnitt zunächst Kapitalgesellschaften und Kapitalgesellschaften & Co.
iSd § 264a. Außerdem ist die Vorschrift auf Genossenschaften (§ 336 Abs. 2 S. 1), Kredit-
und Finanzdienstleistungsinstitute (§ 340a Abs. 1 und 2 iVm § 340 Abs. 1 und 4), Versicherungsunternehmen (§ 341a Abs. 1 iVm Abs. 2) entsprechend anzuwenden und gilt sinngemäß für Unternehmen, die nach dem PublG rechnungslegungspflichtig sind (§ 5 Abs. 1
PublG). Der Verstoß gegen § 270 löst zwar keine Rechtsfolgen nach den §§ 331 ff., insbesondere keine Strafen oder Buß- bzw. Ordnungsgelder für die Leitungsorgane aus, bleibt
aber gleichwohl nicht ohne **Sanktionen,** denn er macht den Jahresabschluss **nichtig** (§ 256
Abs. 1 Nr. 4 AktG, ggf. analog für GmbH).[14] Bei prüfungspflichtigen Gesellschaften darf
insoweit kein Bestätigungsvermerk erteilt werden (§§ 322, 332).

II. Bilanzaufstellung

Aufstellung der Bilanz meint das technische Anfertigen der Bilanz durch die 4
Geschäftsführung (→ § 264 Rn. 18). Sie ist von einer etwaigen Abschlussprüfung
(§§ 316 ff.) und der Feststellung, also der rechtsverbindlichen Billigung der Bilanz durch die
nach Gesellschaftsrecht zuständigen Organe (§ 170 Abs. 1 S. 1 AktG, §§ 172, 173, 234
Abs. 2 AktG, § 270 Abs. 2 AktG, 286 Abs. 1 AktG; 42a Abs. 2 S. 1 GmbHG, § 47 Abs. 5
SEAG), zu unterscheiden. Die Aufstellungsphase (bei der Aufstellung) ist **zeitlich** aber
anders als in § 264 Abs. 1 (→ § 264 Rn. 20) und § 170 Abs. 1 S. 1 AktG, § 42a Abs. 1 S. 1
GmbHG zu bestimmen, da § 270 im Unterschied zu diesen Normen keinen Beschleunigungszweck verfolgt (→ Rn. 1). Deshalb kommt es weder auf den Ablauf der in § 264
Abs. 1 S. 2, S. 3 genannten Fristen[15] noch auf den Zeitpunkt der Vorlage eines zur Feststellung bestimmten Jahresabschlusses an die zuständigen Gesellschaftsorgane an.[16] Maßgebend
ist vielmehr der Moment der Feststellung, ab dem die Geschäftsführungsorgane die Bilanz
nicht mehr verändern dürfen.[17] Denn erst durch die Feststellung des Jahresabschlusses wird
der Abschluss für die Gesellschaft, die Gesellschafter und den Rechtsverkehr rechtlich existent. Der lediglich aufgestellte Abschluss ist zunächst nur ein Entwurf, der im weiteren
Verfahren (Feststellung) noch geändert werden kann.[18] Bei prüfungspflichtigen Gesellschaften gehört deshalb der Zeitraum zwischen Auslieferung des Prüfungsberichts und der Feststellung des Jahresabschlusses noch zur Aufstellungsperiode.

III. Kapitalrücklage (Abs. 1)

Kapitalrücklagen (§ 272 Abs. 2) basieren im Unterschied zu Gewinnrücklagen nicht 5
auf erwirtschafteten, sondern auf von außen kommenden Kapitalzuführungen. **Einstellungen** in Kapitalrücklagen sind bei Aufstellung, nicht erst bei Feststellung der Bilanz vorzunehmen, wie § 270 Abs. 1 S. 1 klarstellt.[19] Die Einstellungen neutralisieren den Vermögenszuwachs auf der Aktivseite, sie berühren die GuV nicht.[20] Eine freiwillige erfolgswirksame
Bruttoverbuchung der zugrunde liegenden Vermögenszugänge als Ertrag und ihre Zuführung zur Kapitalrücklage als Aufwand oder Ergebnisverwendung in der GuV würde die
Ertragslage unzutreffend darstellen und ist deshalb unzulässig (vgl. § 275 Abs. 4).[21] Einstellungen im Zusammenhang mit Kapitalherabsetzungen (§§ 229 Abs. 1, 232, 237 Abs. 5

---

14 HdR/Knop Rn. 30 (Stand: 9/2022); Heymann/Jung, 1. Aufl. 1988, Rn. 29 (Aussage in der 2. Aufl.
     freilich nicht mehr enthalten); Kirsch/Matschke Rn. 6 (August 1986).
15 Ebenso BeckOGK/Hennrichs, 1.10.2020, Rn. 17: „Die Aufstellungsfristen des § 264 Abs 1 Satz 2 und
     3 sind für § 270 unbeachtlich".
16 BeckOGK/Hennrichs, 1.10.2020, § 270 Rn. 17.
17 HdR/Knop Rn. 3 (Stand: 9/2022).; Heymann/Jung, 1. Aufl. 1988, Rn. 2; Kirsch/Matschke Rn. 2
     (August 1986).
18 BeckOGK/Hennrichs, 1.10.2020, Rn. 6.
19 Hopt/Merkt, 41. Aufl. 2022, Rn. 1; BeckOGK/Hennrichs, 1.10.2020, Rn. 10.
20 ZB BeckOK HGB/Poll, 15.7.2022, Rn. 2; Kirsch/Matschke Rn. 8 (Stand: August 1986).
21 ADS Rn. 4; BeBiKo/Störk/Taetzner, 13. Aufl. 2022, Rn. 9; Kirsch/Matschke Rn. 8 (Stand: August
     1986).

AktG) sind dagegen als Ertrag erfolgswirksam auszuweisen (§ 240 S. 1 AktG), aber gleichwohl ebenfalls bereits bei Aufstellung der Bilanz zu berücksichtigen.[22] AG und KGaA müssen auf Grund aktienrechtlicher Vorgaben generell Einstellungen in die Kapitalrücklage in Bilanz oder Anhang gesondert ausweisen (§§ 152 Abs. 2 Nr. 1, 278 Abs. 3 AktG). Speziell für Einstellungen aufgrund vereinfachter Kapitalherabsetzungen gilt § 240 S. 2 AktG. Die **Auflösung** der Kapitalrücklage bzw. Entnahmen aus der Kapitalrücklage sind Maßnahmen der Ergebnisverwendung,[23] die auf Grund von Abs. 1 S. 1 zwingend bereits bei Bilanzaufstellung berücksichtigt werden müssen. Die Entnahmen sind in der GuV (§ 275 Abs. 4, § 158 Abs. 1 Nr. 2 AktG), bei AG und KGaA ersatzweise auch im Anhang (§ 158 Abs. 1 S. 2 AktG) anzugeben. Die Auflösung der Kapitalrücklage ist bei der GmbH grundsätzlich jederzeit möglich, sofern sich nichts anderes aus dem Gesellschaftsvertrag ergibt. Anders ist es bei der AG, wo die Beschränkungen der §§ 150 Abs. 3, Abs. 4, 229 Abs. 2 AktG zu beachten sind. Keine Auflösung iSd Abs. 1 S. 1 sind Übertragungen innerhalb der Rücklagen und die Kapitalerhöhung aus Gesellschaftsmitteln (§§ 207 ff. AktG, §§ 57c ff. GmbHG), soweit dabei Kapitalrücklagen erfolgsneutral in Grund- oder Stammkapital umgewandelt werden.[24] Nicht bei der AG (vgl. §§ 57 Abs. 3, 158 Abs. 1 AktG), aber bei der GmbH stellt sich die Frage, wie bilanziell zu verfahren ist, wenn eine Kapitalrücklage für Zwecke der Ausschüttung an den oder die Gesellschafter aufgelöst werden soll. Denkbar wäre entweder, dass die Kapitalrücklage zunächst zwingend zugunsten des Bilanzgewinns aufzulösen ist, welcher dann gem. § 29 GmbHG zur Ausschüttung verfügbar ist, oder aber, dass es gleichermaßen zulässig ist, die Vermögensübertragung an den Gesellschafter im Wege der Direktentnahme unmittelbar zu Lasten der Kapitalrücklage zu buchen.[25] Der Begriff „Auflösung" in § 270 Abs. 1 lässt keinen Hinweis auf die Lösung zu; die Ansichten sind geteilt, wobei eine Direktentnahme nach entsprechender Beschlussfassung gesellschaftsrechtlich – unter dem Vorbehalt der Stammkapitalerhaltung – ganz überwiegend für zulässig erachtet wird,[26] und zwar ungeachtet des Umstands, dass das GmbHG den Begriff „Entnahme" (oder „entnehmen", „entnommen") nicht verwendet, und ungeachtet der bilanzrechtlichen Folgen.[27] Wie im Schrifttum dargelegt, kann eine Direktentnahme an einem etwaigen Jahresfehlbetrag und Verlustvortrag vorbei im Vergleich zur Buchung über den Bilanzgewinn mit einem erheblich geringeren Kapitalschutz verbunden sein, weil das Stammkapital schneller aufgebraucht wird.[28] Dessen sollte man sich bewusst sein.

IV. Gewinnrücklagen (Abs. 2)

6   Wird die Bilanz unter Berücksichtigung der teilweisen oder vollständigen Verwendung des Jahresergebnisses aufgestellt, sind dabei Einstellungen in und Entnahmen aus **Gewinnrücklagen** (§ 272 Abs. 3)[29] zu berücksichtigen, soweit sie nach Gesetz (zB § 150 Abs. 2 AktG, § 300 AktG; § 5a Abs. 3 GmbHG) oder (primärem oder sekundärem) Satzungsrecht **zwingend** (vgl. § 58 Abs. 1 AktG; § 29 Abs. 1 GmbHG) vorgenommen werden müssen (Abs. 2). Entgegen dem Wortlaut der Vorschrift („Wird die Bilanz […] aufgestellt, so sind […]") erfordert der zwingende Charakter der betreffenden Gewinnrücklagen allein schon für sich deren Berücksichtigung bei Aufstellung der Bilanz; darauf, ob die Geschäftsleitung

---

[22]   ADS Rn. 5; Kirsch/Matschke Rn. 8 (Stand: August 1986).

[23]   ADS Rn. 6; BeBiKo/Störk/Taetzner, 13. Aufl. 2022, Rn. 1; Baetge/Kirsch/Thiele/Thiele Rn. 23 (Stand: September 2002).

[24]   ADS Rn. 7; BeBiKo/Störk/Taetzner, 13. Aufl. 2022, Rn. 13; Kirsch/Matschke Rn. 10 (Stand: August 1986); Beck HdR/Heymann B 231 Rn. 149 (Stand: August 2022).

[25]   Hierzu Philippsen/Sultana DB 2019, 1689 ff.

[26]   So zB BGH NJW 2009, 68 Rn. 8; Noack/Servatius/Haas/Kersting, 23. Aufl. 2022, GmbHG § 29 Rn. 64 mwN; krit. Philippsen/Sultana DB 2019, 1689 (1693), die eine gesetzliche Grundlage für die Direktentnahme vermissen.

[27]   Darauf verweisen zu Recht Philippsen/Sultana DB 2019, 1689 (1689).

[28]   Philippsen/Sultana DB 2019, 1689 (1693).

[29]   Für Gewinnrücklagen der AG s. auch die Angabepflichten nach §§ 152 Abs. 3, 158 Abs. 1 AktG, die die Bilanz bzw. GuV und jeweils wahlweise auch den Anhang betreffen.

überhaupt den Willen dazu hat, die Bilanz in Ausübung des Wahlrechts aus § 268 Abs. 1 „unter Berücksichtigung der teilweisen oder vollständigen Verwendung des Jahresergebnisses" aufzustellen, kommt es nicht an (→ § 268 Rn. 7). Soll § 270 Abs. 2 daher nicht leerlaufen, ist die Vorschrift dahingehend auszulegen, dass für den genannten Fall, wenn ohnehin eine zwingende Einstellung in oder Entnahme von Gewinnrücklagen vorzunehmen ist, alle anderen **freiwilligen** Maßnahmen der Ergebnisverwendung, soweit sie bereits (vom zuständigen Organ) beschlossen und rechtswirksam sind (vgl. § 58 Abs. 2 und Abs. 2a AktG; § 29 Abs. 4 GmbHG), bei Aufstellung der Bilanz ebenfalls zu berücksichtigen sind; der Geschäftsleitung steht dann insoweit nämlich nicht mehr das Wahlrecht nach § 268 Abs. 1 zu.[30] Keine Anwendung findet § 270 Abs. 2 demgegenüber, wenn die Haupt- bzw. Gesellschafterversammlung Einstellungen in Gewinnrücklagen freiwillig im Rahmen der Entscheidung über die Verwendung des Bilanzgewinns (§ 174 Abs. 2 Nr. 2 AktG, § 58 Abs. 3 AktG; § 29 Abs. 4 GmbHG) vornimmt.[31]

V. Sonderposten mit Rücklageanteil (Abs. 1 S. 2 aF)

Die Vorschrift des Abs. 1 S. 2 aF, die den sog. Sonderposten mit Rücklageanteil[32] (§ 247 **7** Abs. 3, § 273 aF) betraf, wurde durch das BilMoG aufgehoben. Aufgrund der Übergangsvorschrift des **Art. 67 Abs. 3 S. 1 EGHGB** besteht ein (zeitlich nicht begrenztes) Wahlrecht zur (vollständigen) Beibehaltung dieses Postens unter Anwendung der für ihn geltenden Vorschriften in ihrer bis zum 28.5.2009 geltenden Fassung. Für die spätere Auflösung eines beibehaltenen Sonderpostens gilt somit Abs. 1 S. 2 aF fort (→ 3. Aufl. 2013, § 273 aF Rn. 4–6).

VI. IFRS[33]

Eine § 270 unmittelbar vergleichbare Regelung enthalten die IAS/IFRS nicht.[34] **8** Gemäß IAS 1.106 ff. sind Veränderungen des Eigenkapitals (einschließlich der Gewinnrücklagen) aber bereits bei der Aufstellung des Jahresabschlusses in einer detaillierten Eigenkapitalveränderungsrechnung darzulegen.

§ 271 Beteiligungen. Verbundene Unternehmen

(1) [1]**Beteiligungen sind Anteile an anderen Unternehmen, die bestimmt sind, dem eigenen Geschäftsbetrieb durch Herstellung einer dauernden Verbindung zu jenen Unternehmen zu dienen.** [2]**Dabei ist es unerheblich, ob die Anteile in Wertpapieren verbrieft sind oder nicht.** [3]**Eine Beteiligung wird vermutet, wenn die Anteile an einem Unternehmen insgesamt den fünften Teil des Nennkapitals dieses Unternehmens oder, falls ein Nennkapital nicht vorhanden ist, den fünften Teil der Summe aller Kapitalanteile an diesem Unternehmen überschreiten.** [4]**Auf die Berechnung ist § 16 Abs. 2 und 4 des Aktiengesetzes entsprechend anzuwenden.** [5]**Die Mitgliedschaft in einer eingetragenen Genossenschaft gilt nicht als Beteiligung im Sinne dieses Buches.**

(2) Verbundene Unternehmen im Sinne dieses Buches sind unabhängig von ihrer Rechtsform und ihrem Sitz solche, die im Verhältnis zueinander Mutter- oder Tochterunternehmen gemäß § 290 Absatz 1 Satz 1 und Absatz 2 bis 4 sind; alle

---

30 ADS Rn. 10; ADS § 268 Rn. 30; BeBiKo/Störk/Taetzner, 13. Aufl. 2022, Rn. 15; Staub/Meyer, 6. Aufl. 2021, Rn. 4: Das Wahlrecht des § 268 Abs. 1 sei „immer dann eingeschränkt, wenn freiwillig oder kraft gesetzlicher Verpflichtung die Bilanz unter Berücksichtigung einer Gewinnverwendungsmaßnahme aufgestellt" werde.

31 Vgl. ADS Rn. 9: Einstellungen in Gewinnrücklagen „im Rahmen der Verwendung des Bilanzgewinns" fielen nicht unter § 270.

32 Dazu → 2. Aufl. 2008, Rn. 6.

33 Die Aussagen zu IAS/IFRS beziehen sich auf den für das Geschäftsjahr 2022 gültigen Stand.

34 So auch HdR/Knop Rn. 36 (Stand: 9/2022) und Heidel/Schall/Dieckmann, 3. Aufl. 2020, Rn. 14.

mit demselben Mutterunternehmen verbundenen Tochterunternehmen sind auch untereinander verbundene Unternehmen.

§ 271 Abs. 2 aF (gültig für Jahresabschlüsse für Geschäftsjahre, die bis zum 31.12.2023 beginnen):

(2) Verbundene Unternehmen im Sinne dieses Buches sind solche Unternehmen, die als Mutter- oder Tochterunternehmen (§ 290) in den Konzernabschluss eines Mutterunternehmens nach den Vorschriften über die Vollkonsolidierung einzubeziehen sind, das als oberstes Mutterunternehmen den am weitestgehenden Konzernabschluss nach dem Zweiten Unterabschnitt aufzustellen hat, auch wenn die Aufstellung unterbleibt, oder das einen befreienden Konzernabschluss nach den §§ 291 oder 292 aufstellt oder aufstellen könnte; Tochterunternehmen, die nach § 296 nicht einbezogen werden, sind ebenfalls verbundene Unternehmen.

Schrifttum: Bieg, Ermessensentscheidungen beim Handelsbilanzausweis von „Finanzanlagen" und „Wertpapieren des Umlaufvermögens" – auch nach neuem Bilanzrecht?, DB-Beilage 24/1985, 1; Bürkle/Knebel, Bilanzierung von Beteiligungen an Personengesellschaften, DStR 1998, 1067; Clausen, Verbundene Unternehmen im Bilanz- und Gesellschaftsrecht, 1992; Dusemond, Zur Aufstellungspflicht von Konzernabschlüssen und Konzernlageberichten, BB 1994, 2034; Früh/Klar, Joint Ventures – Bilanzielle Behandlung und Berichterstattung, WPg 1993, 493; Häuselmann, Zur Bilanzierung von Investmentanteilen, insbesondere von Anteilen an Spezialfonds, BB 1992, 312; Hebestreit, Bau-Arbeitsgemeinschaften und HFA-Stellungnahme 1/1993, DStR 1994, 834; Herber, Hat der deutsche Richter das Bilanzrichtlinien-Gesetz an den ihm zugrunde liegenden EG-Richtlinien zu messen?, FS Döllerer, 1988, 225; Heuser, Die GmbH vor dem Jahresabschluss 1987, GmbHR 1987, 373; Hofbauer, Zur Abgrenzung des bilanzrechtlichen Beteiligungsbegriffs, BB 1976, 1343; Hoffmann, Wann liegen „Verbundene Unternehmen" im Einzelabschluss von ausländisch beherrschten Konzernen vor?, BB 1987, 2192; Hoffmann, Die Bilanzierung von Beteiligungen an Personenhandelsgesellschaften, BB-Beilage 2/1998, 1; Hoffmann, Die Beteiligung an Personenhandelsgesellschaften in der Steuerbilanz, BB 1991, 448; IDW RS HFA 10, Anwendung der Grundsätze des IDW S 1 bei der Bewertung von Beteiligungen und sonstigen Unternehmensanteilen für die Zwecke eines handelsrechtlichen Jahresabschlusses, WPg 2003, 1257; IDW, PS 255 – Beziehungen zu nahestehenden Personen im Rahmen der Abschlussprüfung, WPg 2003, 1069; IDW HFA 1/1993, Zur Bilanzierung von Joint Ventures, WPg 1993, 441; Kronthaler, § 7a Abs. 7 EStG und Bruchteilseigentum, DB 1988, 676; Kropff, „Verbundene Unternehmen" im Aktiengesetz und im Bilanzrichtlinien-Gesetz, DB 1986, 346; Kropff, Wie lange noch: Verbundene Unternehmen im Bilanzrecht, FS Ulmer, 2003, 847; Kümpel/Piel, Die Konsolidierung von Zweckgesellschaften vor dem Hintergrund der Subprimekrise, DStR 2009, 1222; Küting, Verbundene Unternehmen nach HGB und AktG, DStR 1987, 347; Küting/Seel, Neukonzeption des Mutter-Tochter-Verhältnisses nach HGB – Auswirkungen des BilMoG auf die handelsrechtliche Bilanzierung, BB 2010, 1459; Küting/Weber/Pilhofer, Zur Frage der Einbeziehung einer GmbH & Co. in den Konzernabschluss eines übergeordneten Mutterunternehmens im Rahmen der Abgrenzung des Konsolidierungskreises WPg 2003, 793; Küting/Gattung, Nahe stehende Personen (related parties) nach nationalem und internationalem Recht, KoR 2003, 53: Küting/Gattung, Nahe stehende Unternehmen und Personen nach IAS 24, WPg 2005, 1061 (Teil I), WPg 2005, 1105 (Teil II); Kupke/Nestler, Bewertung von Beteiligungen und sonstigen Unternehmensanteilen im Handelsbilanz gemäß IDW RS HFA 10, BB 2003, 2671; Lanfermann/Maul, Änderung der EU-Rechnungslegungsrichtlinien, BB 2006, 2011; Lüders/Meyer-Kessel, Der Begriff der Beteiligung nach § 271 Abs. 1 HGB, DB 1991, 1585; Naumann/Feld, Die Transformation der neuen Abschlussprüferrichtlinie, WPg 2006, 873; Niehus, IAS 24: Related Parties Disclosure – „Nahe Familienangehörige" als Gegenstand der Rechnungslegung und Abschlussprüfung, WPg 2003, 521; Niehus, Berichterstattung über Geschäfte mit nahe stehenden natürlichen Personen nach dem BilMoG und dem Deutschen Corporate Governance Kodex, DB 2008, 2493; Nieskens, Die Bilanzierung und Bewertung von Beteiligungen an Personenhandelsgesellschaften im handelsrechtlichen Jahresabschluss, WPg 1988, 493; Nösser, Verbundene Unternehmen im Bilanzrecht, 1992; Oser, Verbundene Unternehmen im Bilanzrecht: ein interdisziplinärer Ansatz, 1993; Petersen/Zwirner, Unternehmensbegriff, Unternehmenseigenschaft und Unternehmensformen, DB 2008, 481; Ramming, Wechselseitige Beteiligungen außerhalb des Aktienrechts, 2005; Rimmelspacher/Fey, Anhangangaben zu nahestehenden Unternehmen und Personen nach dem BilMoG, WPg 2010, 180; Schordorfer, Verbundene Unternehmen im Dritten Buch des HGB, 1991; Schulze-Osterloh, Der Ausweis von Beteiligungen an Industrieunternehmen im Jahresabschluss der Kreditinstitute, ZHR 143 (1979), 227; Schulze-Osterloh, Die verbundenen Unternehmen nach dem Bilanzrichtlinien-Gesetz, FS Fleck, 1988, 313; Thiemann, Rechtsprobleme der Marke Sparkasse, 2008; Ulmer, Begriffsvielfalt im Recht der verbundenen Unternehmen als Folge des Bilanzrichtlinien-Gesetzes, FS Goerdeler, 1987, 623; Weber, Grundsätze ordnungsmäßiger Beteiligungen, 1980; Wohlgemuth, Überblick über das System der verbundenen Unternehmen nach dem AktG und nach dem HGB, DStR 1991, 1495, 1529.[1]

---

[1]   Der Verf. dankt seinem wissenschaftlichen Mitarbeiter Ass. jur. Felix Arlt für die wertvolle Vorarbeit zur Neuauflage und die zahlreichen inhaltlichen Anregungen.

Übersicht

I. Regelungsgegenstand, Anwendbarkeitsfragen

Die Vorschrift **definiert,** was bilanzrechtlich unter **Beteiligungen** (Abs. 1) und **ver**   1 **bundenen Unternehmen** (Abs. 2) zu verstehen ist. Sie klärt damit zwei Begriffe, die das Bilanzrecht an zahlreichen Stellen verwendet.[2] Im Einzelabschluss geht es dabei ua um den gesonderten Ausweis einer Beteiligung oder von Anteilen an verbundenen Unternehmen als **einheitliche Vermögensgegenstände**[3] mit dem Ziel, Auskunft über den Gesamtumfang der finanziellen Verflechtungen mit anderen Unternehmungen zu geben.[4] Die Art der Verwahrung der Anteile – speziell bei Aktien – hat dabei auf die Beurteilung der Einheitlichkeit der Beteiligung keinen Einfluss.[5] Für den Konzernabschluss spielte der Beteiligungsbegriff vor dem BilMoG eine größere Rolle, weil § 290 Abs. 1 idF vor dem BilMoG im Rahmen seines Konzepts der „einheitlichen Leitung"[6] die Aufstellungspflicht vom Vorliegen einer Beteiligung iSd § 271 Abs. 1 abhängig machte. Seit dem BilMoG hat dieser Beteiligungsbegriff für die Pflicht zur Aufstellung eines Konzernabschlusses, die nun dem neuen Konzept des beherrschenden Einflusses[7] folgt, keine Bedeutung mehr und ist im Wesentlichen nur noch im Zusammenhang mit der Definition assoziierter Unternehmen gem. § 311 Abs. 1 von Bedeutung.[8] Die **Beteiligung** meint ausschließlich Verhältnisse in gerader, vertikaler Linie, während der Begriff des **verbundenen Unternehmens** neben Beteiligungsverhältnissen auch horizontale Querverbindungen zwischen Unternehmen desselben Konzerns erfasst, die aneinander weder direkt noch indirekt beteiligt sind. Sind die Merk-

---

[2]   Die (vielleicht einzigen noch geltenden) Bsp. für Verweisungen in anderen Gesetzen auf die Beteiligungsdefinition des § 271 Abs. 1 sind § 7 Nr. 4 VAG sowie § 2 Abs. 6 FKAG.

[3]   Vgl. FG München EFG 2002, 1082 = BeckRS 2002, 21010797 (ohne Gliederungspunkte), zum Beteiligungsbegriff gem. § 6 Abs. 1 Nr. 2 S. 1 EStG: Aktien ließen sich „grundsätzlich sowohl als nicht abnutzbares [„einheitliches"] Wirtschaftsgut des Anlagevermögens ‚Beteiligung' als auch als Wertpapiere und damit als einzelne Wirtschaftsgüter des Anlagevermögens einordnen". Für den ersteren Fall spricht das Gericht von „Bewertungseinheit", wobei es diesen Begriff in einem weiteren, über das den § 254 HGB, § 5 Abs. 1a S. 2 EStG zugrunde liegende finanzwirtschaftliche Verständnis hinausgehenden Sinne verwendet.

[4]   FG München EFG 2002, 1082 = BeckRS 2002, 21010797, zum Zweck des durch § 271 Abs. 1 S. 1 vermittelten gesonderten Ausweises von Beteiligungen und Anteilen an verbundenen Unternehmen (als Anhaltspunkt für die Auslegung des Beteiligungsbegriffs gem. § 6 Abs. 1 Nr. 2 S. 1 EStG).

[5]   S. hierzu BFH BStBl. II 2006, 22 = DStR 2005, 1807, unter II. 1. a.: Der Umstand, dass die betreffenden Aktien in einem sog. Streifbanddepot und nicht in sog. Girosammelverwahrung verwahrt würden und die einzelnen Aktien daher eindeutig sachenrechtlich zugeordnet werden könnten, schließe ihre handels- und steuerbilanzrechtliche Behandlung als einheitliche Beteiligung nicht aus.

[6]   S. zur Änderung der Konzeption des § 290 durch das BilMoG den Überblick bei Gelhausen/Fey/Kämpfer Q Rn. 1–6.

[7]   → § 290 Rn. 13 ff.; ferner zB Coenenberg/Haller/Schultze Jahresabschluss, 26. Aufl. 2021, 10. Kap. B.I. 650 ff.; Gelhausen/Fey/Kämpfer Q Rn. 9.

[8]   S. hierzu DRS 26, „Assoziierte Unternehmen".

male beider Definitionen erfüllt, gehen die Regelungen über verbundene Unternehmen vor (→ Rn. 19). In der Bilanz sind demgemäß Beteiligungen an verbundenen Unternehmen unter § 266 Abs. 2 A. III. 1. (Anteile an verbundenen Unternehmen) und nicht unter § 266 Abs. 2 A. III. 3. (Beteiligungen), Forderungen gegen Tochtergesellschaften unter § 266 Abs. 2 B. II. 2. (Forderungen gegen verbundene Unternehmen) und nicht unter § 266 Abs. 2 B. II. 3. (Forderungen gegen Unternehmen, mit denen ein Beteiligungsverhältnis besteht) auszuweisen.[9]

2   Der personelle und sachliche **Anwendungsbereich** der gesetzlichen Definitionen der Beteiligungen und der verbundenen Unternehmen ist trotz der systematischen Stellung im Zweiten Abschnitt des Dritten Buchs nicht auf den Jahresabschluss von Kapitalgesellschaften und nicht auf (in diesem Abschnitt oder anderswo) gesetzlich vorgeschriebene Angaben beschränkt.[10] Vielmehr werden auch alle nicht als Kapitalgesellschaften organisierten Unternehmensträger erfasst, die aufgrund gesetzlicher Verweisung zur Anwendung von § 271 verpflichtet sind (vgl. etwa § 264a für Kapitalgesellschaften & Co.; §§ 3, 5 Abs. 1 PublG für Unternehmen unterschiedlicher Rechtsformen, § 336 Abs. 2 S. 1 für Genossenschaften, § 340a Abs. 1 für Kreditinstitute oder § 341a Abs. 1 für Versicherungsunternehmen, → § 264 Rn. 3) oder die freiwillig Angaben zu Beteiligungen oder verbundenen Unternehmen in den Jahresabschluss aufnehmen. Die Aufnahme der Vorschrift in den Zweiten Abschnitt erklärt sich aus dem Zusammenhang mit den auf die Bilanz bezogenen Einzelvorschriften, war aber nicht im Sinne eines Ausschlusses kaufmännischer Unternehmen anderer Rechtsformen gedacht.[11] Wegen der ansonsten auftretenden Gefahr der Irreführung (zum Irreführungsverbot → § 243 Rn. 60) im Vergleich zu den Pflichtangaben gelten die Definitionen erst recht für entsprechende freiwillige Angaben von Kapitalgesellschaften.

II. Beteiligungen (Abs. 1)

3   **1. Normzweck, Bedeutung für den Jahresabschluss.** Die bilanzielle **Offenlegung** von „Beteiligungen", ihren Erträgen und bestimmten Rechtsverhältnissen mit anderen Unternehmen, denen gegenüber ein aktives oder passives Beteiligungsverhältnis besteht, soll im Jahresabschluss **besondere Interessenlagen,** vor allem **mögliche Interessenkonflikte** und **Gefahren von Fremdsteuerung**[12] transparent machen, die sich aus einer Beteiligung als qualifizierter Art von Verbindung (vgl. Abs. 1 S. 1) der Gesellschaft mit anderen Unternehmen ergeben. Diese können zB dazu führen, dass Forderungen und Verbindlichkeiten nicht zu normalen Bedingungen zustande gekommen sind.[13] Das Vorliegen einer Beteiligung hat aus diesem Grund an zahlreichen Stellen des Jahresabschlusses Bedeutung. Beteiligungsverhältnisse können in der **Bilanz** auf der Aktivseite bei den Finanzanlagen (A. III. 3.–4.), bei den Forderungen (B. II. 3.) und auf der Passivseite bei den Verbindlichkeiten (C. 7.), in der **GuV** bei den Erträgen aus Beteiligungen (§ 275 Abs. 2 Nr. 9, Abs. 3 Nr. 8) und im **Anhang** (§ 285 Nr. 11) bzw. früher in einer Beteiligungsliste (§ 287 in der vor dem 29.5.2009 geltenden Fassung) zu beachten sein. Ferner sind Beteiligungsverhältnisse beim **Konzernabschluss** (§ 311 Abs. 1 und 2, § 312 Abs. 1, Abs. 3 und 4 in Zusammenhang mit assoziierten Unternehmen; § 313 Abs. 2 Nr. 4 S. 2 für den Konzernanhang) und bei den besonderen Gliederungsvorschriften für den **offenzulegenden Jahresabschluss** mittelgroßer Kapitalgesellschaften (§ 327 Nr. 1 A. III. 3.–4., B. II. 3., C. 7.) zu beachten.

---

9   ADS Rn. 2, 32; BeBiKo/Grottel/Kreher, 13. Aufl. 2022, Rn. 7; WP-HdB/Störk, 17. Aufl. 2021, F Rn. 364, zu § 266 Abs. 2 A. III. 1.
10   ADS Rn. 3; BeBiKo/Grottel/Kreher, 13. Aufl. 2022, Rn. 4; HdR/Bieg/Waschbusch Rn. 2 (Stand: 9/2022); Kirsch/Schellhorn/Hesse Rn. 1 f. (Stand: März 2017); KKRD/Morck/Drüen, 9. Aufl. 2019, Rn. 2.
11   Beschlussempfehlung und Bericht des Rechtsausschusses zum BiRiLiG, BT-Drs. 10/4268, 106.
12   Zum Begriff der Fremdsteuerung Reiner, Unternehmerisches Gesellschaftsinteresse und Fremdsteuerung, 1995, S. 5 ff. (http://www.gunterreiner.de/reiner1995_gesellschaftsinteresse.htm).
13   Beschlussempfehlung und Bericht des Rechtsausschusses zum BiRiLiG, BT-Drs. 10/4268, 106, zum Sinn und Zweck des gesonderten Ausweises von Forderungen und Verbindlichkeiten gegenüber verbundenen Unternehmen.

2. Beteiligungsdefinition. Abs. 1 enthält die Beteiligungsdefinition. Die Regelung 4
setzt Art. 2 Nr. 2 Bilanz-RL („Beteiligung") – bzw. schon die weitgehend identische Vorgängerregelung des Art. 17 RL 78/660/EWG = die alte Jahresabschlussrichtlinie – nahezu
wörtlich in nationales Recht um. Die Umformulierung der Vermutung des Abs. 1 S. 3 mit
Wirkung ab dem 23.7.2015 durch Gesetz vom 17.7.2015 (BGBl. 2015 I 1245) hat den
Text noch weiter an die europarechtliche Vorgabe angenähert.

a) Anderes Unternehmen. Das Beteiligungsverhältnis setzt zunächst ein „anderes 5
Unternehmen" voraus. Der **Unternehmensbegriff** wird im deutschen Recht vielfach und
uneinheitlich verwendet.[14] Sein Inhalt ist für jeden Anwendungsbereich aus den Besonderheiten des jeweils geregelten Rechtsgebietes, vor allem seiner Systematik und Zielrichtung
heraus zu bestimmen.[15] Aus dem Umstand, dass Abs. 1 von *anderen* Unternehmen" [Her-
vorhebung durch Verf.] spricht, folgt zunächst, dass die bilanzierende Gesellschaft und –
denkt man an die Ausweitung des Anwendungsbereichs der Vorschrift auf sonstige Unternehmensträger (→ Rn. 2) – der bilanzierende Kaufmann automatisch auch selbst „Unternehmen" im Sinne dieser Vorschrift ist. Daraus wird zu Recht geschlossen, dass jedenfalls die
handelsrechtlich zur Buchführung verpflichteten Kaufleute ohne Weiteres als Unternehmen
anzusehen sind.[16] Eine Beschränkung auf die handelsrechtliche Kaufmannseigenschaft ist
damit jedoch nicht verbunden, denn die Vorschrift des § 271 Abs. 1 soll besondere Interessenlagen offenlegen (→ Rn. 3), deren Existenz dem Grunde nach **von Rechtsform,
Kaufmannseigenschaft und Art der erwerbswirtschaftlichen Tätigkeit** des anderen
Unternehmens **unabhängig** sind. „Anderes Unternehmen" ist deshalb jede Wirtschaftseinheit, die – mit oder ohne eigenständige Willensbildung[17] – in abgrenzbarer Weise nach
außen in Erscheinung tritt und eigenständige erwerbswirtschaftliche Ziele verfolgt,[18] vorausgesetzt sie ist der Einbeziehung Dritter in Gestalt von **Anteilen** zugänglich (→ Rn. 7). In
Betracht kommen daher neben Kapitalgesellschaften auch Personenhandelsgesellschaften,
BGB-Gesellschaften,[19] land- und forstwirtschaftliche Betriebe, freiberufliche Praxen[20] sowie
vergleichbare Gesellschaften ausländischer Rechtsform, aufgrund ausdrücklicher gesetzlicher Anordnung nicht aber Genossenschaften (Abs. 1 S. 5; → Rn. 15). Auch juristische
Personen anderer Art wie Stiftungen des privaten oder öffentlichen Rechts sowie Anstalten
(s. aber → Rn. 7) und Körperschaften des öffentlichen Rechts dürften regelmäßig ausscheiden,[21] weil der Anteilsbegriff bei diesen Rechtsformen, vorbehaltlich einer atypischen stillen
Beteiligung (→ Rn. 9),[22] nicht passt.[23] Gleiches gilt für Einzelkaufleute[24] (→ Rn. 7).

---

[14] S. zB Petersen/Zwirner DB 2008, 481 ff.; Hopt/Merkt, 41. Aufl. 2022, Einl. vor § 1 Rn. 48 ff.

[15] Petersen/Zwirner DB 2008, 481 ff.; Hopt/Merkt, 41. Aufl. 2022, Vor § 1 Rn. 48 ff.

[16] ADS Rn. 11; HdR/Bieg/Waschbusch Rn. 12 (Stand: 9/2022).

[17] Vgl. § 290 Abs. 1 S. 1 aF, wonach sich die Unterwerfung unter eine einheitliche Leitung und Beteiligung
offensichtlich nicht gegenseitig ausschließen: „Stehen in einem Konzern die Unternehmen unter der
einheitlichen Leitung einer Kapitalgesellschaft (Mutterunternehmen) [...] und gehört dem Mutterunternehmen eine Beteiligung nach § 271 Abs. 1 an dem oder den anderen unter der einheitlichen Leitung
stehenden Unternehmen (Tochterunternehmen) [...]". Soweit es im Schrifttum heißt, Unternehmen
seien [auch] alle Wirtschaftseinheiten, „die als selbständige Träger unternehmerischer Planungs- und
Entscheidungsgewalt in abgrenzbarer Weise eigenständige erwerbswirtschaftliche Ziele im Rahmen einer
nach außen hin auftretenden Organisation verfolgen" (ADS Rn. 12; sich anschließend Baetge/Kirsch/
Thiele/v. Keitz Rn. 20 [Stand: August 2016]), sollen damit unter einheitlicher Leitung stehende Tochtergesellschaften ohne eigene Entscheidungsgewalt nicht ausgeschlossen werden.

[18] BeBiKo/Grottel/Kreher, 13. Aufl. 2022, Rn. 11; KKRD/Morck/Drüen, 9. Aufl. 2019, Rn. 2; HdR/
Bieg/Waschbusch Rn. 13 (Stand: 9/2022).

[19] ADS Rn. 13; HdR/Bieg/Waschbusch Rn. 13 (Stand: 9/2022).

[20] BeBiKo/Grottel/Kreher, 13. Aufl. 2022, Rn. 11.

[21] AA etwa ADS Rn. 13: „sonstige juristische Personen (zB Körperschaften und Anstalten des öffentlichen
Rechts)"; HdR/Bieg/Waschbusch Rn. 13 (Stand: 9/2022).

[22] S. MüKoBilanzR/Kropff, 1. Aufl. 2013, Rn. 18: „Eine solche [gesellschafterähnliche Stellung] stille
Beteiligung ist auch bei Stiftungen nicht auszuschließen" (Aussage nicht übernommen von BeckOGK/
Pöschke/Witt, 15.9.2020, Rn. 20, Stand: 15.9.2020).

[23] Anders BeckOGK/Pöschke/Witt, 15.9.2020, Rn. 20, die Gebietskörperschaften, nicht aber öffentlich-
rechtliche Kreditinstitute und Zweckverbände ausschließen wollen.

[24] AA ADS Rn. 13.

6   Kein Unternehmen ist ferner unabhängig von seiner Rechtsform jeder, der ausschließlich **ideelle Ziele** verfolgt, nicht eigenständig **im wirtschaftlichen Verkehr in Erscheinung** tritt (zB Bruchteilsgemeinschaft als solche; Investmentfonds als Sondervermögen) oder **lediglich vermögensverwaltend** tätig und nicht im Handelsregister eingetragen (vgl. § 105 Abs. 2) und daher kein Kaufmann ist (zu diesem Kriterium → Rn. 4).[25] Hier fehlt es jeweils an wirtschaftlichen Interessenkonflikten mit der bilanzierenden Gesellschaft. Bei **Joint Ventures** ist nach ihrer rechtlichen Ausgestaltung zu unterscheiden:[26] Wird die Verbindung – wie etwa regelmäßig bei Arbeitsgemeinschaften des Baugewerbes[27] – in Form einer BGB-Gesellschaft mit eigenem Gesamthandsvermögen eingegangen, ist auch ein solches Joint Venture als Beteiligung anzusehen, vorausgesetzt, die übrigen an den Beteiligungsbegriff anknüpfenden Anforderungen werden erfüllt, insbesondere die Ausgestaltung als Außengesellschaft und die im Merkmal der „dauernden Verbindung" (→ Rn. 10) zum Ausdruck kommende zeitliche Komponente.[28] An der Dauerhaftigkeit wird es bei Bau-ARGE idR fehlen (→ Rn. 10). Wird das Joint Venture hingegen als Bruchteilsgemeinschaft (§§ 741 ff. BGB) betrieben, ist es von der Beteiligungsdefinition nach überwiegender Ansicht von vornherein nicht erfasst, da es insoweit an einer nach außen in Erscheinung tretenden Organisation fehlt;[29] auszuweisen sind dann allein die einzelnen Vermögensgegenstände und Schulden.[30]

7   **b) Anteile.** Der Anteilsbegriff wird durch das HGB nicht näher bestimmt. Nach allgemeiner Auffassung sind Anteile verbriefte oder unverbriefte (Abs. 1 S. 2) Mitgliedschaftsrechte, die **Vermögensrechte** (Gewinnbezugsrechte, Anspruch auf Liquidationserlöse etc) und **Verwaltungsrechte** (Stimmrecht, Informationsrecht etc) gewähren.[31] Hierzu zählen zB Aktien, GmbH-Geschäftsanteile und Anteile an Personen(handels)gesellschaften einschließlich der Kommanditbeteiligung,[32] soweit es ihr nicht – wie regelmäßig bei der Publikums-KG[33] – an der nötigen Dauerhaftigkeit fehlt. An Anstalten des öffentlichen Rechts und (privat- oder öffentlich-rechtlichen) Stiftungen[34] können zumindest nach herkömmlichem deutschen[35]

---

25   BeBiKo/Grottel/Kreher, 13. Aufl. 2022, Rn. 11 f.; ADS Rn. 12, zur „Verfolgung allein ideeller Zwecke"; HdR/Bieg/Waschbusch Rn. 13 (Stand: 9/2022); KKRD/Morck/Drüen, 9. Aufl. 2019, Rn. 2, zur reinen Vermögensverwaltung und zu Bruchteilsgemeinschaften. Allg. zur Bilanzierung von Investmentanteilen (ohne Bezug zu § 271) s. Häuselmann BB 1992, 312 ff.

26   Baumbach/Hueck/Schulze-Osterloh, 18. Aufl. 2006, GmbHG § 42 Rn. 147.

27   Hebestreit DStR 1994, 834.

28   Vgl. BeckOGK/Pöschke/Witt, 15.9.2020, Rn. 20 (Stand: 15.9.2020) mwN: „[…] auch eine Beteiligung an BGB-Gesellschaften und Vereinen […], vorausgesetzt, dass sie über ein Vermögen/Gesamthandsvermögen verfügen, am Anteilsbesitz möglich ist, oder der Gesellschafter eine Einlage in das Vermögen eines Mitgesellschafters geleistet hat"; diff. BeBiKo/Grottel/Kreher, 13. Aufl. 2022, Rn. 12.

29   So etwa BeBiKo/Grottel/Kreher, 13. Aufl. 2022, Rn. 12; KKRD/Morck/Drüen, 9. Aufl. 2019, Rn. 2 aE; Hoffmann/Lüdenbach NWB-Kommentar Bilanzierung Rn. 11 (Stand: Dezember 2021).

30   Früh/Klar WPg 1993, 493 (494 ff.); ADS Rn. 9; iErg auch IDW HFA 1/1993, WPg 1993, 441 (442); Kirsch/Schellhorn/Hesse Rn. 17 (Stand: März 2017); Kronthaler DB 1988, 676 (677); aA HdR/Bieg/Waschbusch Rn. 9 (Stand: 9/2022).

31   ADS Rn. 6; HdR/Bieg/Waschbusch Rn. 1, 7 (Stand: 9/2022); Kirsch/Schellhorn/Hesse Rn. 13 (Stand: März 2017); KKRD/Morck/Drüen, 9. Aufl. 2019, Rn. 3; BeckOGK/Pöschke/Witt, 15.9.2020, Rn. 18 (Stand: 15.9.2020); Staub/Meyer, 6. Aufl. 2021, Rn. 6; einschr. wohl BeBiKo/Grottel/Kreher, 13. Aufl. 2022, Rn. 13 (Anteil setzt allein Teilhabe am Vermögen voraus).

32   ADS Rn. 6; HdR/Bieg/Waschbusch Rn. 8 (Stand: 9/2022); KKRD/Morck/Drüen, 9. Aufl. 2019, Rn. 3.

33   S. ADS Rn. 23; Baumbach/Hueck/Schulze-Osterloh, 18. Aufl. 2006, GmbHG § 42 Rn. 149; Nieskens WPg 1988, 493 (494).

34   Vgl. aber das BMF-Schreiben v. 27.6.2006 – IV B 7-S 2252–4/06, DB 2006, 1464, wonach Auskehrungen aus Erträgen einer Stiftung an den Stifter bei diesem als Einnahmen iSd § 20 Abs. 1 Nr. 9 EStG zu behandeln sind, die Gewinnausschüttungen iSd § 20 Abs. 1 Nr. 1 EStG zumindest „wirtschaftlich vergleichbar" sind. Insofern scheint die Finanzverwaltung den Stifter einem Anteilseigner gleichzustellen.

35   S. aber die Anstalt privaten Rechts nach Art. 534 ff. des liechtensteinischen Gesetzes über das Personen- und Gesellschaftsrecht v. 20.1.1926 (Liechtensteinisches Landesgesetzblatt 1926 Nr. 4 v. 19.2.1926): Dabei handelt es sich um ein „rechtlich verselbstständigtes und organisiertes, dauernden wirtschaftlichen oder anderen Zwecken gewidmetes, ins Öffentlichkeitsregister als Anstaltsregister eingetragenes Unternehmen, das einen Bestand von sachlichen, allenfalls persönlichen Mitteln aufweist und nicht öffentlich-rechtlichen Charakter hat oder eine andere Form der Verbandsperson aufweist" (Art. 534 Abs. 1). Nach

Rechtsverständnis mangels Mitgliedschaftsrechten keine Anteile begründet werden, so dass eine Beteiligung iSd Abs. 1 an diesen Wirkungseinheiten grundsätzlich ausgeschlossen ist.[36] Anders könnten inzwischen allerdings solche Sparkassen zu beurteilen sein, die im Zuge einer Privatisierung ihre Rechtsform als **Anstalt des öffentlichen Rechts** zwar behalten, aber in die **Trägerschaft einer Kapitalgesellschaft** geraten. Diese Konstruktion wird gewählt, damit die privatisierten Sparkassen in europarechtskonformer Auslegung[37] des Namensmonopols nach § 40 KWG nicht ihre Bezeichnung Sparkasse verlieren. Vorreiterin war hier die Berliner Sparkasse, eine „öffentlich-rechtliche Sparkasse in der Rechtsform einer teilrechtsfähigen Anstalt des öffentlichen Rechts" (§ 3 Abs. 1 des Berliner Sparkassengesetzes[38]), deren Trägerin die Landesbank Berlin AG als öffentlich-rechtlich „Beliehene" ist (vgl. § 3 Abs. 2 S. 1 und 2 des Berliner Sparkassengesetzes).[39] Die Anteilsähnlichkeit dieser Trägerschaft zeigt sich nicht zuletzt daran, dass die Trägerstellung nach § 3 Abs. 6 des Berliner Sparkassengesetzes im Falle einer übertragenden Umwandlung auf den übernehmenden Rechtsträger übergehen soll. Ob an **Körperschaften des öffentlichen Rechts** Vermögens- oder Herrschaftsrechte begründbar sind und dementsprechend eine Zuordnung von Anteilen möglich ist, erscheint zumindest zweifelhaft. Auszuschließen sein dürfte dies für **Einzelkaufleute.** Diese können zwar nach §§ 3, 5 Abs. 1 S. 1 PublG in den Anwendungsbereich des § 271 fallen und sollen auch Träger mehrerer selbstständiger Gewerbebetriebe sein können (so § 1 Rn. 38). Es sei dahingestellt, ob sie dann getrennte Jahresabschlüsse für jeden Gewerbebetrieb aufstellen dürfen oder gar müssen. Jedenfalls führt die Vorstellung, die Gewerbebetriebe seien zu Bilanzierungszwecken (hundertprozentige) Beteiligungen der jeweils anderen Gewerbebetriebe, in eine gedankliche Sackgasse, da Vermögensgegenstände und Verbindlichkeiten der Gewerbebetriebe nur einer einzigen Rechtsperson zugeordnet sind. Die besonderen Interessenlagen, die mit dem Beteiligungsbegriff erfasst und im Interesse der Bilanzadressaten offengelegt werden sollen, setzen nämlich gerade unterschiedliche Träger dieser Interessen und damit unterschiedliche Personen voraus. Dementsprechend passen mit Ausnahme von § 266 Abs. 2 A. III. 3. (Ausweis von Beteiligungen als Finanzanlagen) und § 275 Abs. 2 Nr. 9, Abs. 3 Nr. 8 (Erträge aus Beteiligungen) wohl die übrigen bilanzrechtlichen Vorschriften, die an den Beteiligungsbegriff anknüpfen (zB § 266 Abs. 2 A. III. 4., Abs. 2 B. II. 3., Abs. 3 C. 7.; § 285 Nr. 11, §§ 311 f., 313 ff.), bereits sprachlich nicht auf das Verhältnis eines Einzelunternehmers zu einem seiner übrigen Gewerbebetriebe.

Eine bestimmte **Anteilsquote** ist grundsätzlich nicht erforderlich (s. aber die Beteiligungsvermutung in Abs. 1 S. 3 und → Rn. 13 f.). Für den Fall, dass das andere Unternehmen **8**

---

[36] Ansicht des BFH (Urt. v. 6.11.1980 – IV R 182/77, BStBl. II 1981, 220 = BeckRS 1980, 22005520, unter 2. c.) sind die bei diesen Anstalten dem Gründer zustehenden Herrschafts- und Gewinnbezugsrechte „wie eine Kapitalbeteiligung und damit als einheitliches Wirtschaftsgut zu behandeln" (mit der Folge, dass sie entsprechend § 15 Abs. 1 Nr. 2 EStG dem Sonderbetriebsvermögen einer KG zuzuordnen sind, an der der Gründer beteiligt ist).

[36] Staub/Meyer, 6. Aufl. 2021, Rn. 6; aA wohl Wiedemann, der zwar Mitgliedschaftsrechte für das Vorhandensein von Anteilen voraussetzt (→ Rn. 2), sodann (→ Rn. 3) aber die Möglichkeit einer Beteiligung an Stiftungen und Anstalten des öffentlichen Rechts für möglich hält.

[37] Hierzu und zu den Bedenken der EU-Kommission im Hinblick auf die europäische Niederlassungs- und Kapitalverkehrsfreiheit (Art. 49 und Art. 63 AEUV, früher Art. 43 und Art. 56 EGV) bei der Privatisierung von Sparkassen s. zB Pressemitteilung IP/06/1692 der Kommission v. 6.12.2006 (Einigung im ‚Sparkassenstreit') sowie Bunte/Pölzig in Ellenberg/Bunte BankR-HdB, 6. Aufl. 2022, § 127 („Die Anwendung der EU-Wettbewerbsregeln auf die Kreditwirtschaft") Rn. 2e.

[38] Gesetz über die Berliner Sparkasse und die Umwandlung der Landesbank Berlin – Girozentrale – in eine Aktiengesellschaft (Berliner Sparkassengesetz – SpkG) v. 28.6.2005, GBVBl. S. 346.

[39] Anders zB die rechtliche Konstruktion der Hamburger Sparkasse, der größten deutschen Sparkasse. Sie ist eine der sechs Freien, nicht kommunal gebundenen öffentlichen Sparkassen, war früher eine „juristische Person des alten hamburgischen Rechts" und bekleidet seit dem 1.1.2003 als neu gegründete Tochtergesellschaft des nun „HASPA Finanzholding" genannten bisherigen Rechtsträgers – wie die übrigen Freien Sparkassen – die Rechtsform der Aktiengesellschaft. Den Firmenbestandteil „Sparkasse" durfte sie auf der Grundlage des § 40 Abs. 1 Nr. 3 KWG (idF seiner Ergänzung durch Art. 10 des Gesetzes zur Bereinigung des Umwandlungsrechts, BGBl. 1994 I 3210) behalten (berichtet nach Thiemann, Rechtsprobleme der Marke Sparkasse, 2008, 138–140).

kein Vermögen besitzt, wird eine Beteiligung teilweise abgelehnt. Erörtert wird dies namentlich für die GbR ohne Gesamthandsvermögen.[40] In aller Regel werden solche Fälle aus dem Anwendungsbereich des Abs. 1 bereits deshalb ausscheiden, weil ein erwerbswirtschaftlich tätiges Unternehmen ohne eigenes Vermögen kaum denkbar ist. Im Übrigen setzt ein Anteil nicht voraus, dass die Einlage bereits geleistet ist[41] oder dass beispielsweise der Komplementär aufgrund des Gesellschaftsvertrags überhaupt eine Einlage zu leisten hat,[42] denn die verbleibenden Verwaltungsrechte und die im Fall des Komplementärs unbeschränkte persönliche Haftung können durchaus zur Fremdsteuerung bzw. zu unüblichen Geschäften zwischen bilanzierendem und anderem Unternehmen führen, die Abs. 1 gerade offenlegen soll.

9   Von größerer praktischer Relevanz ist dagegen, wie sich ein **Fehlen oder nur geringes Maß von Verwaltungsrechten** auswirkt, namentlich etwa bei Rechtsverhältnissen, die auf die Überlassung von Kapital zur Nutzung gerichtet sind, wie stille Gesellschaften (§§ 230 ff.), (partiarische) Darlehen (§§ 488 ff. BGB) oder Genussrechte. Wegen des europarechtlichen Ursprungs des § 271 (→ Rn. 4) empfiehlt sich in dieser Frage eine enge Auslegung des Anteilsbegriffs.[43] Nach allgemeiner Auffassung reicht bei Kapitalüberlassungen der genannten Arten allein die Vereinbarung einer **Verlustbeteiligung** für deren Qualifizierung als Anteile noch nicht aus.[44] Einem engen Anteilsbegriff folgend sollten die fraglichen Rechtspositionen einer Mitgliedschaft zumindest angenähert sein. Unter Berücksichtigung des Normzweckes, nämlich der Offenlegung typisierter Interessenkonflikte, sind daher **rechtliche Einflussmöglichkeiten** (Mitwirkungs- und Kontrollrechte) auf die Geschäftstätigkeit des anderen Unternehmens einschließlich dessen Geschäfte mit dem bilanzierenden Unternehmen zu verlangen. Rein faktische Möglichkeiten der Kontrolle (vgl. § 37 Abs. 1 Nr. 2 S. 2 GWB: „Kontrolle" durch „andere Mittel"), etwa aufgrund personeller Verflechtung (zB Doppelmandate) oder wirtschaftlichen Einflusses (zB als Hauptgeschäftspartner), können im Interesse einer praktikablen Abgrenzung und entsprechend dem, was man noch als „Anteil" bezeichnen kann, nicht genügen.[45] Von den og Rechtsverhältnissen kommt die **stille Gesellschaft** (§§ 230 ff.) einer mitgliedschaftlichen Rechtsposition am nächsten. Fehlt es allerdings – wie bei der gesetzlich typisierten Form[46] – an rechtlichen Einwirkungsbefugnissen des stillen Gesellschafters und besteht lediglich eine Kapitalbeteiligung zum Zweck der Gewinnbeteiligung, ist eine Beteiligung iSd Abs. 1 ausgeschlossen.[47] Falls dem Gesell-

---

40   Abl. IDW HFA 1/1993, WPg 1993, 441 (442) (speziell zu Joint Ventures); ebenso ADS Rn. 9. BeckOGK/Poeschke/Witt Rn. 18 (Stand: 15.9.2020): Eine Beteiligung an BGB-Gesellschaften und Vereinen sei denkbar, „vorausgesetzt, dass sie über ein Vermögen/Gesamthandsvermögen verfügen, an dem Anteilsbesitz möglich ist, oder der Gesellschafter eine Einlage in das Vermögen eines Mitgesellschafters geleistet hat".

41   So wohl auch BeBiKo/Grottel/Kreher, 13. Aufl. 2022, Rn. 13: Die Annahme von Anteilen setze voraus, dass dem anderen Unternehmen „Kapital […] überlassen oder verbindlich zugesagt" worden sei (ohne betragsmäßig festgelegte Rückzahlungsverpflichtung).

42   ADS Rn. 8; Kirsch/Schellhorn/Hesse Rn. 13 (Stand: März 2017); iErg trotz fehlender Anteile iSd § 271 Abs. 1 wegen des Haftungsrisikos von einem Beteiligungsverhältnis ausgehend auch BeBiKo/Grottel/Kreher, 13. Aufl. 2022, Rn. 14; BeckOGK/Poeschke/Witt Rn. 19 (Stand: 15.9.2020).

43   BeckOGK/Poeschke/Witt Rn. 18 (Stand: 15.9.2020): An die „für den Anteil begrifflich notwendigen Einflussmöglichkeiten" seien „keine hohen Anforderungen zu stellen" (mit der offensichtlich unzutreffenden Begründung, der europarechtliche Ursprung betreffe „nur den %-Satz", vgl. die umfangreiche Beteiligungsdefinition in Art. 2 Nr. 2 BilanzRL). S. allgemein zur tendenziellen Ausrichtung der Wortlaut-Auslegung im Europarecht am allgemeinen Sprachgebrauch etwa Dauses/Ludwigs/Pieper, Handbuch des EU-Wirtschaftsrechts, B. I Rn. 11 ff., 14 (Stand: Oktober 2021).

44   S. zB ADS Rn. 7; Hopt/Merkt, 41. Aufl. 2022, Rn. 2; BeBiKo/Grottel/Kreher, 13. Aufl. 2022, Rn. 15; KKRD/Morck/Drüen, 9. Aufl. 2019, Rn. 3; Kirsch/Schellhorn/Hesse Rn. 15 (Stand: März 2017); Staub/Meyer, 6. Aufl. 2021, Rn. 6.

45   Insoweit auch Hopt/Merkt, 41. Aufl. 2022, Rn. 2.

46   S. K. Schmidt GesR § 62 II 2.a., der die typisierte stille Gesellschaft lediglich als qualifiziertes Kreditverhältnis bezeichnet.

47   So auch ADS Rn. 7; BeBiKo/Grottel/Kreher, 13. Aufl. 2022, Rn. 15; Baumbach/Hueck/Schulze-Osterloh, 18. Aufl. 2006, GmbHG § 42 Rn. 144; anders hingegen Blaurock/Kauffeld, Handbuch Stille Gesellschaft, 9. Aufl. 2020, Rn. 13.83 mwN: Beteiligung iSv § 271 Abs. 1, „wenn der Anteil vom stillen Gesellschafter gehalten wird, um eine dauernde Verbindung zu dem Unternehmen, an dem der Anteil

schafter Mitverwaltungsbefugnisse eingeräumt sind (sog. **atypische stille Gesellschaft**), ist hingegen von einer Beteiligung auszugehen. Gleiches gilt für ausnahmsweise mit Mitwirkungs- und Kontrollrechten versehene,[48] einer gesellschaftsrechtlichen Beteiligung stark angenäherte **Genussrechte,**[49] sofern sich hier nicht ohnehin durch Auslegung des Rechtsverhältnisses ergeben sollte, dass man es in Wirklichkeit mit einer (atypischen) stillen Gesellschaft zu tun hat.[50] Dagegen scheint zu sprechen, dass teilweise das Vorliegen eines (echten) Gesellschaftsverhältnisses als unabdingbare Voraussetzung verlangt wird.[51] Eine solche Einengung wird indes der Ratio des Gesetzes nicht ausreichend gerecht. Diese besteht darin, die Gefahr einer Fremdsteuerung des rechnungslegenden Unternehmens transparent zu machen, soweit sie aus strukturellen Interessenkonflikten resultiert ($\rightarrow$ Rn. 3), wie sie typischerweise, aber eben nicht notwendigerweise eine gesellschaftsrechtliche Mitgliedschaft erzeugt. Ein weiteres Verständnis des Anteilsbegriffs, das mitgliedschaftsähnliche rechtliche Einflussmöglichkeiten erfasst, erscheint daher angebracht.[52] **Partiarische Darlehen** können als solche hingegen bereits wegen ihrer Ausgestaltung als schuldrechtliche Austauschverträge nicht als Anteile angesehen werden.[53] Sieht der Vertrag aber zusätzlich zur Gewinn- auch eine Verlustbeteiligung[54] und ferner ausreichende **Mitwirkungs- und Kontrollrechte** vor, kann wiederum vom Vorliegen einer atypischen stillen Gesellschaft und damit einer Beteiligung ausgegangen werden.[55] Darauf, ob zusätzlich das Recht des stillen Gesellschafters, seinen Rückforderungsanspruch als Insolvenzgläubiger geltend zu machen (§ 236) vertraglich ausgeschlossen ist und dieser Anspruch somit Eigenkapitalcharakter hat, kommt es nicht an,[56] weil die Gefahr einer Fremdsteuerung auch ohne Nachrang besteht.

c) Dauernde Verbindung. Die Anteile müssen nach dem Gesetzeswortlaut und ent- **10** sprechend dem Charakter von Beteiligungen als Anlagevermögen (§ 247 Abs. 2, § 266 Abs. 2 A. III. 3.) außerdem in ihrer Gesamtheit zur Herstellung einer „dauernden Verbin-

---

      besteht, zu schaffen. Als hinreichendes Indiz für ein solches unternehmerisches Interesse des stillen Gesellschafters am Unternehmen des Inhabers können Art und Umfang der stillen Beteiligung ausreichen".

[48]   Bei der AG wird die Emission von Genussrechten mit Mitwirkungsrechten im Hinblick auf die wegen der Satzungsstrenge (§ 23 Abs. 5 AktG) notwendige klare Abgrenzung zu den Aktionärsrechten allgemein für unzulässig gehalten; vgl. RGZ 70, 52 (54); BGHZ 119, 305 = NJW 1993, 57; MüKoAktG/ Habersack, 5. Aufl. 2021, § 221 Rn. 119 mzN.

[49]   Ähnlich ADS Rn. 7: Entscheidend sei, ob die entsprechende Kapitaleinlage materiell einem Gesellschaftsrecht durch die Gewährung von Kontroll- und Mitspracherechten vergleichbar oder stark angenähert sei; vgl. auch Beck HdR/Scheffler B 213 Rn. 233 (Stand: Oktober 2021): Genussrechte seien „im Regelfall lediglich Gläubigerrechte" und „keine Anteile an anderen Unternehmen" [Hervorhebung hinzugefügt].

[50]   So etwa MüKoAktG/Habersack, 5. Aufl. 2021, § 221 Rn. 89: „‚Aktienähnliche' Genussrechte" seien „vielmehr als stille Beteiligungen zu qualifizieren"; aA BGH NJW 2003, 3412 (3413).

[51]   So FG München EFG 2002, 1082 = BeckRS 2002, 21010797, zum entsprechenden Kriterium der Beteiligung iSv § 6 Abs. 1 Nr. 2 EStG: Unter Beteiligung an einer Kapitalgesellschaft verstehe man die Gesamtheit der gesellschaftsrechtlichen Kapitalanteile. Aus dem Schrifttum zu § 271 s. zB Hopt/Merkt, 41. Aufl. 2022, Rn. 2 (Gesellschaftsverhältnis muss vorliegen); Kirsch/Schellhorn/Hesse Rn. 16 (Stand: März 2017): Genussrechte seien keine Anteile, da keine mitgliedschaftliche Beteiligung bestehe.

[52]   Man könnte insofern von einem „wirtschaftlichen" Verständnis des Anteilsbegriffs sprechen. Der Verf. vermeidet freilich inzwischen die noch in der $\rightarrow$ 4. Aufl. 2020, Rn. 9, angeführte Bezugnahme auf die „im Bilanzrecht gebotene wirtschaftliche Betrachtung", weil sie auf den flüchtigen Betrachter wie im Widerspruch zu der gleichzeitigen Feststellung, dass die Einflussmöglichkeiten auf das andere Unternehmen rechtlicher Natur sein müssen, wirken könnte.

[53]   IErg wie hier BeckOGK/Poeschke/Witt Rn. 22 (Stand: 15.9.2020).

[54]   Hierzu Beck HdR/Scheffler B 213 Rn. 232 (Stand: Oktober 2021): Beteiligungen als stille Gesellschafter seien „in der Regel" keine Beteiligungen iSv § 271 Abs. 1, „auch wenn der stille Gesellschafter am Verlust des Unternehmens beteiligt" sei.

[55]   Vgl. BGH LM § 335 Nr. 8 = BeckRS 1967, 31169557; Staub/Meyer, 6. Aufl. 2021, Rn. 6; ADS Rn. 7; vgl. auch BeckoGK/Poeschke/Witt Rn. 20 (Stand: 15.9.2020): „Mitsprache- und Kontrollrechte ähnlich den Rechten eines typischen (nicht an einer Publikumsgesellschaft beteiligten) Kommanditisten"; zust. BeBiKo/Grottel/Kreher, 13. Aufl. 2022, Rn. 15.

[56]   So aber Baumbach/Hueck/Schulze-Osterloh, 18. Aufl. 2006, GmbHG § 42 Rn. 144 und BeckOGK/ Poeschke/Witt Rn. 20 (Stand: 15.9.2020); zust. BeBiKo/Grottel/Kreher, 13. Aufl. 2022, Rn. 15.

dung" mit dem anderen Unternehmen bestimmt sein. Zur Konkretisierung des Kriteriums der Dauerhaftigkeit kann auf die allgemeinen, zu § 247 Abs. 2 entwickelten Maßstäbe zur Abgrenzung von Anlage- und Umlaufvermögen zurückgegriffen werden. Erforderlich ist, dass die Anteile überhaupt langfristig gehalten werden können (objektives Element) und auch gehalten werden sollen (subjektives Element).[57] Die Anteile müssen voraussichtlich auf längere, nicht absehbare Zeit beim Inhaber bleiben und dazu bestimmt und geeignet sein, eine engere wirtschaftliche Verbindung zwischen dem Inhaber und dem Beteiligungsunternehmen zu bewirken.[58] Von Dauer muss nicht nur die Verbindung zum anderen Unternehmen sein, sondern auch die Bestimmung zur Förderung des eigenen Geschäftsbetriebes, also der unternehmerische Charakter dieser Verbindung[59] (→ Rn. 11). Sollen die Anteile demnach zwar dauerhaft, aber nur zu Anlagezwecken gehalten werden, sind sie nicht als Beteiligung zu bilanzieren.[60] Die Dauerhaftigkeit ist ausgeschlossen, wenn das Unternehmen zB aufgrund seiner wirtschaftlichen Lage oder aus kartell- oder (sonstigen) aufsichtsrechtlichen Gründen die Anteile wieder **veräußern muss,**[61] ferner wenn und soweit einzelne Anteile anderen Zwecken gewidmet werden.[62] Besteht umgekehrt **keine Veräußerungsmöglichkeit,** zB infolge der absoluten oder relativen Höhe des Anteilsbesitzes, des Fehlens eines funktionsfähigen Markts für Anteile solcher Art oder wegen der wirtschaftlichen Lage des anderen Unternehmens, wird Dauerhaftigkeit anzunehmen sein.[63] Ansonsten kommt es entscheidend auf das Bestehen der **Absicht zum dauerhaften Besitz** (bzw. das Fehlen einer Veräußerungsabsicht) zum Zeitpunkt der Bilanzaufstellung an.[64] Eine derartige Absicht kann zB dann indiziert sein, wenn die Anteile bereits seit mehreren Jahren gehalten werden oder eine Höhe erreichen, die das Zustandekommen gesetzlich normierter Zustimmungsquoten verhindern, oder wenn zwischen den Unternehmen enge vertragliche Beziehungen und zugleich personelle Verflechtungen etwa durch eine Mitgliedschaft im Aufsichtsorgan des anderen Unternehmens bestehen.[65] Nicht nötig ist die Absicht, die Anteile für immer halten zu wollen.[66] Die Dauerbeteiligungsabsicht wird ferner nicht schon dadurch ausgeschlossen, dass das andere Unternehmen von vornherein nur auf absehbare Zeit existieren und mit Erfüllung seines Zwecks aufgelöst werden soll.[67]

11   **d) Förderung des eigenen Geschäftsbetriebs.** Die Bestimmung der Anteile, dem eigenen Geschäftsbetrieb des bilanzierenden Unternehmens zu dienen, lässt sich nur im Einzelfall unter Würdigung der Gesamtumstände beurteilen[68] und ist in ihren Voraussetzun-

---

[57]   BeckOGK/Poeschke/Witt Rn. 24 f. (Stand: 15.9.2020); ähnlich ADS Rn. 15; BeBiKo/Grottel/Kreher, 13. Aufl. 2022, Rn. 18 ff., 22.

[58]   So wörtlich FG München EFG 2002, 1082 = BeckRS 2002, 21010797, das hierzu „besonders" das Kriterium einer „Einflussnahme auf die Geschäftsführung" hervorhebt. Zur Absicht unternehmerischer Einflussnahme → Rn. 11.

[59]   S. BFH BStBl. II 1989, 737 = BeckRS 1989, 22008935 unter 2. b.: § 271 Abs. 1 S. 1 setze eine „unternehmerische Verbindung" voraus.

[60]   MüKoBilanzR/Kropff, 1. Aufl. 2013, Rn. 23 aE.

[61]   HdR/Bieg/Waschbusch Rn. 35 ff. (Stand: 9/2022); Kirsch/Schellhorn/Hesse Rn. 32 (Stand: März 2017); Bieg DB-Beilage 24/1985, 1 (7).

[62]   So ausdrücklich BFH BStBl. II 2006, 22 = DStR 2005, 1807, unter II. 1. b. bb., zu Aktien.

[63]   Kirsch/Schellhorn/Hesse Rn. 32 (Stand: März 2017).

[64]   ADS Rn. 15; HdR/Bieg/Waschbusch Rn. 33 (Stand: 9/2022).

[65]   HdR/Bieg/Waschbusch Rn. 33 f. (Stand: 9/2022); BeckOGK/Poeschke/Witt Rn. 25 (Stand: 15.9.2020); Weber, Grundsätze ordnungsmäßiger Beteiligungen, 1980, 32 f.; wohl strenger Heidel/Schall/Dieckmann, 3. Aufl. 2020, Rn. 13; Der Gegenbeweis einer fehlenden Absicht werde „so lange nicht gelingen wie objektive Anhaltspunkte für eine solche Absicht bestehen (zB Kooperationen in bestimmten Unternehmensbereichen, personelle Verflechtungen, längerfristige Liefer- und Abnahmeverträge, interdependente Produktionsprogramme, Finanzierungsvereinbarungen, gemeinsame Personalschulungen)".

[66]   BeckOGK/Poeschke/Witt Rn. 24 (Stand: 15.9.2020): Ein Zeitelement bedeute nicht „immer" oder „für alle Zeiten".

[67]   ADS Rn. 16 speziell zur BGB-Gesellschaft, unter Berufung auf die Grundsätze zu § 247 Abs. 2.

[68]   S. FG München EFG 2002, 1082 = BeckRS 2002, 21010797: Ausschlaggebend für die bilanzsteuerrechtliche Behandlung von Anteilen (als Beteiligung oder Wertpapiere) sei die konkrete betriebliche Bestimmung der im Betriebsvermögen gehaltenen Aktien.

gen umstritten. Eine **reine Kapitalanlageabsicht** reicht nach hM nicht aus.[69] Das Abgrenzungskriterium der Förderung des eigenen Geschäftsbetriebs in Abs. 1 S. 1 bliebe ansonsten ohne eigene Bedeutung. Zwar fehlt dem Bilanzgliederungsschema im Bereich des Anlagevermögens ein spezieller Unterposten, unter dem der Ausweis größerer und reiner Kapitalanlagezwecken dienender Unternehmensanteile, die nicht als Wertpapiere des Anlagevermögens (§ 266 Abs. 2 A. III. 5.) zu qualifizieren sind, ansonsten möglich wäre; von den in § 266 Abs. 2 A. genannten Posten kommt hierfür allenfalls III. 6. (sonstige Ausleihungen) in Betracht. Gesellschaftsanteile sind hierunter jedoch ohne gesonderte Kennzeichnung grundsätzlich nicht zu fassen (→ § 266 Rn. 52). Insoweit böte sich der Ausweis auch von Kapitalanlage-Anteilen als „Beteiligung" (§ 266 Abs. 2 A. III. 3.) und ein entsprechend weites Verständnis des Abs. 1 durchaus an. Gleichwohl muss dem Abs. 1 S. 1 aufgrund seiner Zielsetzung eine hiervon abweichende Funktion zugesprochen werden. Die Vorschrift will mögliche Interessenkonflikte offenlegen (→ Rn. 3), und diese Gefahr besteht nur, wenn das Interesse an dem anderen Unternehmen über ein bloßes Engagement als Kapitalanleger hinausgeht. Der Gesetzgeber hat allerdings bewusst darauf verzichtet, über die Daueranlageabsicht hinaus eine **Absicht unternehmerischer Einflussnahme** als zwingende Voraussetzung zu verlangen;[70] der unmittelbare Einfluss auf das andere Unternehmen braucht also nicht angestrebt zu werden.[71] Es reicht daher auch eine weniger weit gesteckte Zielsetzung aus.[72] Vor diesem Hintergrund sind **Anteile an Personengesellschaften** wegen der engen Verflechtung von Gesellschaftern und Unternehmen regelmäßig „Beteiligungen",[73] ebenso **Anteile an einer GmbH.** Für verbriefte Anteile, insbesondere für börsengängige Aktien, lassen sich dagegen keine Verallgemeinerungen aufstellen. Hier kann die Weiterveräußerung völlig unproblematisch und eine Einflussmöglichkeit rein theoretisch sein, die Dinge können aber auch ganz anders liegen, zB weil die Anteile eine faktische Sperrminorität begründen und vielleicht sogar vinkuliert sind (§ 68 Abs. 2 AktG).

Die Zweckbestimmung muss durch **konkrete und nachprüfbare Anhaltspunkte** **12** gestützt werden.[74] So kann etwa eine Branchenverwandtschaft für eine Beteiligung sprechen.[75] Die beabsichtigten Vorteile brauchen nicht unbedingt dem beteiligten Unternehmen, sondern können auch einem Konzernunternehmen zugute kommen. Werden bei

---

[69] ADS Rn. 17; Hopt/Merkt, 41. Aufl. 2022, Rn. 3; Kirsch/Schellhorn/Hesse Rn. 22 f. (Stand: März 2017); BeBiKo/Grottel/Kreher, 13. Aufl. 2022, Rn. 18; KKRD/Morck/Drüen, 9. Aufl. 2019, Rn. 4; HK-HGB/Kirnberger Rn. 2; BeckOGK/Poeschke/Witt Rn. 28 (Stand: 15.9.2020); aA HdR/Bieg/Waschbusch Rn. 15 ff. (Stand: 9/2022); Küting/Weber/Pilhofer WPg 2003, 793 (795).

[70] Begr. RegE BiRiLiG, BT-Drs. 10/317, 81; Ulmer FS Goerdeler, 1987, 623 (629). S. auch BFH BStBl. II 737 = BeckRS 1989, 22008935, unter 2. b., wo das Gericht die Ansicht, die Anteile müssten über Renditegründe hinaus zu unternehmerischen Zwecken, wenn auch nicht unbedingt mit dem Ziel der Einflussnahme auf die Geschäftsführung gehalten werden, zitiert, aber eine eigene Stellungnahme vermeidet.

[71] S. aber Kölner Komm RechnungslegungsR/Scherrer Rn. 28: „[M]it Blick auf die Wahrnehmung der Eigeninteressen in der Praxis" sei „davon auszugehen, dass ein beteiligtes Unternehmen in aller Regel Einfluss auf die Finanz- und Geschäftspolitik des Beteiligungsunternehmens" ausübe.

[72] Statt vieler ADS Rn. 19; KKRD/Morck/Drüen, 9. Aufl. 2019, Rn. 4.

[73] Vgl. noch S. 5 des § 245 HGB-E (Beteiligungen) idF des RegE v. 26.8.1983: „Die Mitgliedschaft in einer Personengesellschaft oder einer Genossenschaft gilt als Beteiligung". Aus Sicht der Bundesregierung handelte es sich dabei lediglich um eine Klarstellung (Begr. RegE, BT-Drs. 10/317, 81), die der Rechtsausschuss im weiteren Gesetzgebungsverfahren für überflüssig hielt und daher strich (Bericht des Rechtsausschusses zum BiRiLiG, BT-Drs. 10/4268, 106).

[74] ADS Rn. 20; Hopt/Merkt, 41. Aufl. 2022, Rn. 4; BeBiKo/Grottel/Kreher, 13. Aufl. 2022, Rn. 22; Kirsch/Schellhorn/Hesse Rn. 29 f. (Stand: März 2017); Beck HdR/Scheffler B 213 Rn. 10 (Stand: Oktober 2021): „Neben der subjektiven Zwecksetzung sind aber auch besondere rechtliche, wirtschaftliche oder tatsächliche Umstände zu berücksichtigen"; vgl. auch (betreffend die Beteiligungsvermutung nach § 152 AktG aF) BGHZ 101, 1 (13 f.) = NJW 1987, 3186: Die Streitfrage, ob in erster Linie subjektive oder objektive Merkmale entscheidend seien, bedürfe keiner abschließenden Entscheidung, aber „weder die Dauer der Inhaberschaft an den Anteilen noch die Vertretung der Beklagten im Aufsichtsrat der branchenfremden Gesellschaften" seien „zwingende Unterscheidungsmerkmale" für die Abgrenzung von Kapitalanlage und Beteiligung.

[75] BGHZ 101, 1 (14 f.) = NJW 1987, 3186, noch zur Beteiligungsvermutung nach § 152 AktG aF; ADS Rn. 21.

bestehender Verbindung zu einem Unternehmen Anteile hinzuerworben, ist zur Qualifikation der neuen Anteile entscheidend, ob sie die bestehende Verbindung erweitern oder verbessern sollen. Im Einzelfall kann die Zweckbestimmung zB durch faktisch oder satzungsmäßig bestehende und tatsächlich ausgeübte Möglichkeiten unternehmerischer Einflussnahme,[76] personelle Verflechtungen, langfristige Liefer- und Abnahmeverträge, Kooperationen zB durch Nutzung interdependenter Produktionsprogramme und gemeinsamer Vertriebswege, gemeinsame Forschung und Entwicklung, gemeinsame Personalschulung, die Absicht der Erschließung neuer Märkte oder der Diversifikation zur Risikostreuung sowie durch das Bestehen von Finanzierungsvereinbarungen indiziert werden.[77] Ausreichen kann auch, dass die bilanzierende Gesellschaft bei Aufträgen berücksichtigt wird und von unmittelbarer Konkurrenz verschont bleibt.

13   **3. Beteiligungsvermutung, Berechnung der Anteile (Abs. 1 S. 3, S. 4). a) Vermutungstatbestand.** Die **Vermutung** des **Abs. 1 S. 3 und 4** soll von der Schwierigkeit entlasten, die umstrittenen und zum Teil unscharfen Beteiligungsvoraussetzungen im Einzelfall festzustellen. Er setzt voraus, dass die Anteile an einem Unternehmen **mehr als 20% des Nennkapitals** des anderen Unternehmens oder, falls ein Nennkapital nicht vorhanden ist, den fünften Teil der Summe aller Kapitalanteile an diesem Unternehmen ausmachen (Abs. 1 S. 3). Die Formulierung des S. 3 hat durch das BilRUG eine Änderung erfahren. Veranlasst durch die (insoweit entsprechende) Vorgabe des Art. 2 Nr. 2 S. 3 Bilanz-RL („Beteiligung an einem anderen Unternehmen")[78] beschränkt sich die Bestimmung also nicht länger auf Beteiligungen an Kapitalgesellschaften (→ 3. Aufl. 2013, Rn. 12). Mit der 20%-Schwelle, die beibehalten wurde, bewegt sich der deutsche Gesetzgeber nach wie vor am obersten Ende seines auch von der aktuellen Richtlinie nach unten nicht weiter bestimmten Ermessensbereichs („prozentualer Schwellenwert", „der von den Mitgliedstaaten auf höchstens 20% festgesetzt werden darf", Art. 2 Nr. 2 S. 3 Bilanz-RL). Vergleichbare Beteiligungsvermutungen gab es bereits im früheren Recht (§ 261a Abs. 1 A. III. S. 2 HGB 1931, § 152 Abs. 2 AktG aF).[79] Die **Berechnung**[80] bestimmt sich nach Gesellschaftsrecht (§ 271 Abs. 1 S. 4 HGB iVm § 16 Abs. 2 und 4 AktG) und hat bei der AG ggf. zwischen Nennbetrags- und Stückaktien (§ 8 Abs. 2, 3 AktG) zu unterscheiden. Maßgebend ist das Verhältnis des Gesamtnennbetrags der gehaltenen Anteile zum Nennkapital der anderen Kapitalgesellschaft bzw. die Zahl der gehaltenen Anteile zur Gesamtzahl der Anteile (§ 16 Abs. 2 S. 1 AktG). Eigene Anteile oder diesen gleichgesetzte Anteile sind vom Nennkapital bzw. von der Gesamtzahl der Anteile der anderen Kapitalgesellschaft abzuziehen (§ 16 Abs. 2 S. 2 AktG). In die Berechnung fließen alle Anteile an dem anderen Unternehmen, auch stimmrechtslose Vorzugsaktien (§§ 139 ff. AktG) mit ein.[81] Hält das Unternehmen ausschließlich Vorzugsaktien, wird die Beteiligungsvermutung in aller Regel als widerlegt gelten (→ Rn. 14). Hält das Unternehmen sowohl Vorzugs- als auch Stammaktien, werden beide Gattungen in die Berechnung einbezogen. Ob eine Beteiligung vorliegt, hängt dann vom

---

[76] Hierzu Kirsch/Schellhorn/Hesse Rn. 29 (Stand: März 2017): Die unternehmerische Einflussnahme werde „vom Gesetzgeber nicht gefordert", stelle „aber dennoch oder gerade deswegen das am stärksten ausgeprägte Indiz für die Zweckbestimmung dar". Aber auch „eine weniger weitgehende Zielsetzung" reiche aus, sofern sie „über die reine Kapitalanlage" hinausgehe.

[77] ADS Rn. 19; Hopt/Merkt, 41. Aufl. 2022, Rn. 19; BeBiKo/Grottel/Kreher, 13. Aufl. 2022, Rn. 19; KKRD/Morck/Drüen, 9. Aufl. 2019, Rn. 4; Kirsch/Schellhorn/Hesse Rn. 30 (Stand: März 2017), mit Aufzählung von weiteren Indizien; Beck HdR/Scheffler B 213 Rn. 249 (Stand: Oktober 2021): „eine durch die Beteiligung angestrebte Diversifikation in neue (zukunftsträchtige) Produkte oder Märkte"; Schulze-Osterloh ZHR 143 (1979), 227 (233 ff.).

[78] S. Begr. RegE BilRUG, BT-Drs. 18/4040, 62: Die Änderung in § 271 Abs. 1 S. 3 diene „der Umsetzung von Art. 2 Nr. 2 der Richtlinie 2013/34/EU und der Übernahme der geänderten Definition einer Beteiligung". Damit werde „zugleich eine sprachliche Vereinfachung von § 285 Nr. 11 HGB und § 313 Abs. 1 Nr. 4 HGB ermöglicht, die auf diese Definition verweisen können".

[79] Vgl. hierzu die ausf. Darstellung bei HdR/Bieg/Waschbusch Rn. 50 ff. (Stand: 9/2022).

[80] Schematische Darstellungen zB bei HdR/Bieg/Waschbusch Rn. 58 (Stand: 9/2022); Kirsch/Schellhorn/Hesse Rn. 48 (Stand: März 2017).

[81] BeckOGK/Poeschke/Witt Rn. 34 (Stand: 15.9.2020).

Einzelfall ab, ist jedoch nicht bereits deshalb ausgeschlossen, weil der Anteil der Stammaktien die Vermutungsgrenze des Abs. 1 S. 3 nicht überschreitet.[82] Als Anteil gilt auch **indirekter Anteilsbesitz,** zB aufgrund der Beteiligung abhängiger Unternehmen (§ 271 **Abs. 1 S. 4,** § 16 Abs. 4 AktG). Die Zurechnung kann so weit gehen, dass selbst kleinster direkter Anteilsbesitz als Beteiligung gilt.[83] Die Beteiligungsvermutung kann im Extremfall sogar eingreifen, wenn das Unternehmen selbst überhaupt keine Anteile an dem betreffenden Unternehmen hält, dafür aber ein abhängiges Unternehmen Anteile oberhalb der Vermutungsschwelle besitzt.[84] In diesem Fall würde es allerdings gegen das Gebot der Bilanzwahrheit und -klarheit verstoßen, eine Beteiligung auszuweisen (§ 266 Abs. 2 A. III. 3.). Die Gesellschaft hat aber die gegenseitigen Forderungen und Verbindlichkeiten (§ 266 Abs. 2 A. III. 4., B. II. 3., § 266 Abs. 3 C. 7.) gesondert auszuweisen.[85] Alternativ kommt ein Mitzugehörigkeitsausweis nach § 265 Abs. 3 S. 1 in Betracht.[86] Die Zurechnung mittelbarer Anteile berührt im Übrigen das Verhältnis zwischen bilanzierendem und abhängigem, dh dem den Anteilsbesitz vermittelnden Unternehmen nicht. Auch in diesem Verhältnis kann die Beteiligungsvermutung eingreifen. Nicht bei der Berechnung zu berücksichtigen sind zusätzlich zu Kapitalanteilen bestehende Forderungen aus Gesellschafterdarlehen mit zwingendem Nachrang (vgl. § 39 Abs. 1 Nr. 5, Abs. 4 und 5, § 44a, § 135 InsO).[87] Daran hat die Reformierung des Sonderrechts der Gesellschafterdarlehen durch das MoMiG nichts geändert.

b) Vermutungswiderlegung. Sind die Voraussetzungen von Abs. 1 S. 3 erfüllt, ist als **14** Rechtsfolge das Bestehen einer Beteiligung zu vermuten. Diese Vermutung ist widerlegbar.[88] Da Gesetzeswortlaut und Gesetzeszweck für eine Begrenzung der Vermutungswirkung auf das Bestehen von Dauerhaftigkeit keinen Raum lassen, gilt die Widerlegbarkeit sowohl hinsichtlich der Daueranlageabsicht als auch hinsichtlich der Förderungsbestimmung.[89] Die Widerlegung bedarf **eindeutiger und objektiver Anhaltspunkte** für das Fehlen eines dieser Merkmale, bloße Erklärungen des Unternehmens reichen nicht aus.[90] In Betracht kommt, dass Art und Tätigkeit beider Unternehmen wesentlich voneinander abweichen, Einflussmöglichkeiten aufgrund von Anteilsstruktur und Mehrheitsverhältnissen praktisch ausscheiden, die Geschäftsbeziehungen für beide Unternehmen von untergeordneter Bedeutung sind[91] oder dass „ausnahmsweise trotz der Kapitalbeteiligung keine dauernde Verbindung der Unternehmen angestrebt wird".[92] Vorzugsaktien ohne Stimmrecht sind aufgrund ihrer stark eingeschränkten Mitsprachemöglichkeiten regelmäßig als reine

[82] ADS Rn. 28; BeckOGK/Poeschke/Witt Rn. 34 (Stand: 15.9.2020).
[83] ADS Rn. 30, mit dem Beispiel einer 1%igen direkten Beteiligung; StaubMeyer, 6. Aufl. 2021, Rn. 11.
[84] ADS Rn. 30; Staub/Meyer, 6. Aufl. 2021, Rn. 11.
[85] ADS Rn. 30; Staub/Meyer, 6. Aufl. 2021, Rn. 11; BeBiKo/Grottel/Kreher, 13. Aufl. 2022, Rn. 30.
[86] BeBiKo/Grottel/Kreher, 13. Aufl. 2022, Rn. 30.
[87] ADS Rn. 29 (noch zu Gesellschafterdarlehen mit eigenkapitalersetzendem Charakter nach früherem Recht). Zum reformierten Sonderrecht der Gesellschafterdarlehen nach dem MoMiG umfassend Ekkenga/Reiner/Buck, Hdb. der AG-Finanzierung, Kap. 14 B Rn. 255 ff.
[88] Begr. RegE BilRUG, BT-Drs. 18/4040, 62: „Mit der Änderung wird klargestellt, dass das Halten von mehr als zwanzig Prozent der Anteile eine widerlegliche Vermutung für das Vorliegen einer Beteiligung nach sich zieht". Noch zum alten Recht zB auch FG München Urt. v. 18.4.2002 – 15 K 3814/98, EFG 2002, 1082 = BeckRS 2002, 21010797, zu § 271 Abs. 1 S. 3: widerlegbare Vermutung.
[89] ADS Rn. 26 f.; BeBiKo/Grottel/Kreher, 13. Aufl. 2022, Rn. 28; HK-HGB/Kirnberger Rn. 3; Kirsch/Schellhorn/Hesse, Rn. 43 (Stand: März 2017); Hopt/Merkt, 41. Aufl. 2022, Rn. 6; aA (Vermutungswirkung und -widerlegung nur hinsichtlich der Dauerhaftigkeit) HdR/Bieg/Waschbusch Rn. 55 (Stand: 9/2022); Heymann/Herrmann, 3. Aufl. 2020, Rn. 4: „widerlegliche Vermutung".
[90] Vgl. BGHZ 101, 1 (13 f.) = NJW 1987, 3186, unter 2.a., noch zur Beteiligungsvermutung nach § 152 Abs. 2 AktG aF: Die „fehlende unternehmerische Einflussnahme" könne die bilanzierende Gesellschaft „nicht bereits dadurch belegen, dass sie die Anteilsrechte unter der Position ‚Wertpapiere'" bilanziere und „anhand dieser Bilanzierung" erkläre, „sie verfolge keine Beteiligungsinteressen". „Vielmehr" sei es „erforderlich, dass das Fehlen einer Beteiligungsabsicht durch objektive äußere Umstände erhärtet" werde; ADS Rn. 27; Hopt/Merkt, 41. Aufl. 2022, Rn. 6; KKRD/Morck/Drüen, 9. Aufl. 2019, Rn. 5.
[91] ADS Rn. 27; BeBiKo/Grottel/Kreher, 13. Aufl. 2022, Rn. 28.
[92] Begr. RegE BilRUG, BT-Drs. 18/4040, 62.

Kapitalanlage einzustufen, wenn nicht zB zwischen den Unternehmen personelle Verflechtungen oder langfristige Liefer- und Abnahmeverträge bestehen.[93]

15   **4. Mitgliedschaft in Genossenschaft (Abs. 1 S. 5).** Die **Mitgliedschaft in einer eingetragenen Genossenschaft** gilt nicht als Beteiligung. Die Regelung wurde im Jahre 1985 insbesondere in Hinblick auf (Kleinst-)Beteiligungen an Kreditgenossenschaften durch den Rechtsausschuss des Bundestages in den Gesetzentwurf zum BiRiLiG aufgenommen,[94] nachdem der Regierungsentwurf noch eine gegenteilige Regelung vorgesehen hatte.[95] Nach Überzeugung des Gesetzgebers lässt eine solche Mitgliedschaft nicht befürchten, dass gegenseitige Forderungen und Verbindlichkeiten „wegen der bestehenden Unternehmensverbindung […] nicht zu normalen Bedingungen zustande gekommen sind".[96] Das **Verbot des Ausweises als Beteiligung** gilt indes aufgrund des eindeutigen Wortlauts auch für genossenschaftliche Geschäftsanteile (§ 7 Nr. 1 GenG), denen eine erhebliche Bedeutung beizumessen ist.[97] Werden solche Anteile nach den allgemeinen Kriterien dem Anlagevermögen (§ 247 Abs. 2) zugerechnet, sind sie dort unter Ergänzung der Postenbezeichnung (§ 265 Abs. 6) bei den **sonstigen Ausleihungen** (§ 266 Abs. 2 A. III. 6., → § 266 Rn. 52) wegen des Auffangcharakters dieses Postens auszuweisen. Im Schrifttum wird auch ein Ausweis unter den **Wertpapieren** des Anlagevermögens (§ 266 Abs. 2 A. III. 5.)[98] oder – da Genossenschaftsanteile ihrem Charakter nach Kapitaleignerrechte sind[99] – als zusätzlicher Posten unter den Finanzanlagen[100] in Betracht gezogen. Der Ausweis als Anteile an verbundenen Unternehmen (§ 266 Abs. 2 A. III. 1.) wird in Ausnahmefällen für denkbar gehalten.[101] Genossenschaftsanteile des Umlaufvermögens sind als **sonstige Vermögensgegenstände** (§ 266 Abs. 2 B. II. 4.) auszuweisen.[102] Einzelne Stimmen in der älteren Literatur hielten Abs. 1 S. 5 für nicht europarechtskonform.[103] Sie begründen ihre Ansicht mit dem nicht von der Hand zu weisenden Argument, die Definition der Beteiligung nach Art. 17 RL 78/660/EWG habe keine entsprechende Ausnahme für Genossenschaften vorgesehen („Anteile an anderen Unternehmen, die dazu bestimmt sind, dem eigenen Geschäftsbetrieb durch Herstellung einer dauernden Verbindung zu jenen Unternehmen zu dienen […]"). Diese Argumentation lässt sich auf den insoweit wortgleichen Art. 2 Nr. 2 Bilanz-RL übertragen, der ebenso wie die Vorgängerregelung keinen Ausschluss von Genossenschaften erkennen lässt. Dementsprechend wird es mit guten Gründen für zulässig gehalten, wenn Genossenschaften Abs. 1 S. 1–4 ungeachtet des S. 5 anwenden.[104] Wird Abs. 1 S. 5 vor

---

93 ADS Rn. 28.

94 S. den Bericht RA zum BiRiLiG, BT-Drs. 10/4268, 16, 106: „[I]nsbesondere für Kreditinstitute, die Genossenschaften sind, [würden sich] Probleme ergeben, wenn normale Kredite als Forderungen und Verbindlichkeiten gegenüber verbundenen Unternehmen ausgewiesen werden müßten. Ein solcher Ausweis würde auch nicht dem Sinn und Zweck dieser Ausweisvorschriften entsprechen […]".

95 Vgl. S. 5 des § 245 HGB-E („Beteiligungen"): Die Vorschrift lautete: „Die Mitgliedschaft in einer Personengesellschaft oder einer Genossenschaft gilt als Beteiligung" (RegE BiRiLiG, BT-Drs. 10/317, 8).

96 Beschlussempfehlung und Bericht des Rechtsausschusses zum BiRiLiG, BT-Drs. 10/4268, 106.

97 HdR/Bieg/Waschbusch Rn. 60 (Stand: 9/2022); iErg aufgrund des insoweit eindeutigen Wortlauts ebenso Kirsch/Schellhorn/Hesse Rn. 55 (Stand: März 2017), die der Ansicht bei Glade (s. sogleich) allerdings einen „besonderen Charme" zusprechen; aA (Beteiligungsausweis von Anteilen nicht untergeordneter Bedeutung möglich) Glade Praxishandbuch Rn. 3.

98 Abl. Kirsch/Schellhorn/Hesse Rn. 56 (Stand: März 2017): Dies komme nicht in Betracht, da der Genossenschaftsanteil kein Wertpapier darstelle.

99 Vgl. § 7 Nr. 1 GenG, der den Geschäftsanteil an „den Betrag, bis zu welchem sich die einzelnen Mitglieder mit Einlagen beteiligen können", definiert.

100 Kirsch/Schellhorn/Hesse Rn. 58 (Stand: März 2017).

101 HdR/Bieg/Waschbusch Rn. 63 f. (Stand: 9/2022); Kirsch/Schellhorn/Hesse Rn. 54 (Stand: März 2017).

102 Weitergehend (Ausweis auch unter B. III. 3. zulässig) HdR/Bieg/Waschbusch Rn. 69 (Stand: 9/2022); Kirsch/Schellhorn/Hesse Rn. 59 (Stand: März 2017).

103 Baumbach/Hueck/Schulze-Osterloh, 18. Aufl. 2006, GmbHG § 42 Rn. 149; Vogel, Die Rechnungslegungsvorschriften des HGB für Kapitalgesellschaften und die 4. EG-Richtlinie (Bilanzrichtlinie), 1993, 34; Staub/Meyer, 6. Aufl. 2021, Rn. 12 mwN.

104 Staub/Meyer, 6. Aufl. 2021, Rn. 12 noch zur RL 78/660/EWG.

einem deutschen Gericht entscheidungsrelevant, kann bzw. muss das Gericht die Frage der Vereinbarkeit dieser Vorschrift mit der Bilanz-RL dem EuGH zur Vorabentscheidung vorlegen (Art. 267 S. 1 lit. a, S. 2 bzw. S. 3 AEUV). Vor allem sollte Abs. 1 S. 5 kein Grund sein, Genossenschaften von vornherein aus dem Kreis der möglicherweise verbundenen Unternehmen (Abs. 2, → Rn. 16 ff.) herauszunehmen. Auf diese Idee könnte man gelangen, wenn man § 275 Abs. 2 Nr. 9 und Abs. 3 Nr. 8 betrachtet, wo in Bezug auf die GuV und insoweit im Einklang mit der Bilanz-RL (Anh. V Nr. 9 Bilanz-RL) von einem Posten „Erträge aus Beteiligungen, davon aus verbundenen Unternehmen" die Rede ist. Dies suggeriert fälschlicherweise, dass nur solche Unternehmen „verbunden" sein könnten, an denen ein Beteiligungsverhältnis iSv Abs. 1 besteht (→ Rn. 19).

III. Verbundene Unternehmen (Abs. 2)

1. Allgemeines. Die Definition „**verbundener Unternehmen**" in Abs. 2 wurde **16** jüngst zugleich vereinfacht und erweitert durch Art. 1 Nr. 2 des Gesetzes „zur Umsetzung der Richtlinie (EU) 2021/2101 im Hinblick auf die Offenlegung von Ertragsteuerinformationen durch bestimmte Unternehmen und Zweigniederlassungen sowie zur Änderung des Verbraucherstreitbeilegungsgesetzes und des Pflichtversicherungsgesetzes" vom 19.6.2023.[105] Die Änderung wirkt für alle Geschäftsjahre, deren Beginn nach dem 31.12.2023 liegt (Art. 90 EGHGB idF des Art. 2 des Gesetzes). Die frühere, letztmalig für vor 2024 beginnende Geschäftsjahre anwendbare, Fassung ging noch auf die Vorgaben gem. Art. 41 RL 83/349/EWG zurück. Die Nachfolger-Definition „verbundener Unternehmen" in Art. 2 Nr. 12 Bilanz-RL („zwei oder mehrere Unternehmen innerhalb einer Gruppe"), die in Zusammenhang mit der Definition des Art. 2 Nr. 11 Bilanz-RL zu lesen ist („,Gruppe' [bezeichnet] ein Mutterunternehmen und alle Tochterunternehmen"), ist nun deutlich schlanker, ohne dass der deutsche Gesetzgeber dies zunächst zum Anlass für eine Anpassung des Abs. 2 genommen hätte. Die Regelung war wegen der Verweisung auf die komplexen §§ 290 ff. bis zur Reform 2023 im Einzelnen schwer zu handhaben; in Bezug auf das Erfordernis der Einbeziehung der verbundenen Unternehmen in den Konzernabschluss eines Mutterunternehmens war sie außerdem im Ergebnis nicht vollständig richtlinienkonform umgesetzt (ausführlich → 4. Aufl. 2020, Rn. 32 ff.). Dies machte Abs. 2 zu einer vielfach kritisierten Vorschrift,[106] die unterschiedliche korrigierende Auslegungen erfahren hat (→ 4. Aufl. 2020, Rn. 30 f.). Von den regelungstechnischen Fragen unabhängig dient die Definition in Abs. 2 **eigenständigen bilanzrechtlichen Zwecken** und ersetzt speziell für das Handelsbilanzrecht die grundlegend abweichende konzernrechtliche Begriffsbestimmung (§ 15 AktG),[107] die für andere Zusammenhänge (etwa § 71 Abs. 1 Nr. 2 AktG, § 89 Abs. 4 S. 2 AktG, § 90 Abs. 3, 311 ff. AktG) maßgeblich bleibt. Die **unterschiedlichen Begriffsdefinitionen** sollten nach dem ursprünglichen Willen des deutschen Gesetzgebers erst mit der Umsetzung der (über 20 Jahre nur als Vorentwurf vorliegenden und seit dem „Aktionsplan zur Modernisierung des Gesellschaftsrechts und der Verbesserung der Corporate Governance" vom 21.5.2003

[105] BGBl. 2023 I Nr. 154; siehe Begr. RegE v. 15.2.2023, BT-Drs. 20/5653, 1 (ohne Quellenangabe): Die bisherige Verbunddefinition werde „im Schrifttum vielfach als schwer verständlich und lückenhaft kritisiert"; ähnlich aaO S. 41.

[106] Bieg DB-Beilage 24/1985, 1 (16); Hoffmann BB 1987, 2192 (2196): absurdes Bilanztheater; HdR/Küting Rn. 101 (Stand: 11/2016): unbefriedigende Gesetzessystematik mangels einheitlicher Definition der verbundenen Unternehmen in HGB und AktG Kirsch/Schellhorn/Hesse Rn. 71 f. (Stand: März 2017); s. auch Baumbach/Hueck/Schulze-Osterloh, 18. Aufl. 2006, GmbHG § 42 Rn. 143 mwN, der zwar von der Richtlinienkonformität der Regelung ausging, aber dennoch von einer „verfehlten Regelung" sprach und eine Gesetzesänderung forderte.

[107] BGHZ 159, 234 (236 f.) = BeckRS 2004, 6243 = NZG 2004, 770; Begr. RegE zum Gesetz zur Durchführung der Siebenten und Achten Richtlinie des Rates der EG zur Koordinierung des Gesellschaftsrechts, BT-Drs. 10/3440, 35; aA (entgegen der Rspr.) Baumbach/Hueck/Schulze-Osterloh, 18. Aufl. 2006, GmbHG § 41 Rn. 101.

zurückgestellten bzw. aufgegebenen[108]) 9. Gesellschaftsrechtlichen Richtlinie (EG-Konzernrechtsrichtlinie) „über Verbindungen zwischen Unternehmen, insbesondere über Konzerne" vereinheitlicht werden und bis dahin nebeneinander gelten.[109] Dieser eigentlich vorübergehende Zustand paralleler Verbunddefinitionen im deutschen Recht wird somit noch für nicht absehbare Zeit andauern.

17   Eine dritte, von den oben genannten Begriffen **abweichende Definition** speziell für **mit Prüfungsgesellschaften verbundene Unternehmen** (Verbundenes Unternehmen einer Prüfungsgesellschaft) enthält Art. 2 Nr. 8 **Abschlussprüfer-RL,** in Kraft getreten am 29.6.2006[110] (auch → 4. Aufl. 2020 Rn. 38). Danach ist ein verbundenes Unternehmen einer Prüfungsgesellschaft im Sinne der Abschlussprüfer-RL (vgl. Art. 17 Abs. 1 lit. h Abschlussprüfer-RL zur Registrierung von Prüfungsgesellschaften sowie Art. 24 Abschlussprüfer-RL zur Unabhängigkeit) „ein Unternehmen gleich welcher Rechtsform, das mit einer Prüfungsgesellschaft durch gemeinsames Eigentum, gemeinsame Kontrolle oder gemeinsame Geschäftsführung verbunden ist". Der deutsche Gesetzgeber ging davon aus, dass seine bis dahin gültigen Regelungen in den genannten (und zahlreichen anderen) Bereichen der Richtlinie „bereits seit geraumer Zeit zum Allgemeingut der Regulierung von Berufsstand und Abschlussprüfung" gehörten (→ Rn. 22) und insoweit kein Anpassungsbedarf bestand.[111]

18   Mit verwandter, an die IAS (→ Rn. 40) angelehnter Terminologie inhaltlich noch viel weiter geht schließlich die umfassende Pflicht zur Berichterstattung **im Anhang** über Transaktionen mit **nahestehenden Unternehmen und Personen,** sofern diese Transaktionen wesentlich sind und zu marktunüblichen Bedingungen abgeschlossen wurden (Art. 2 Nr. 3, Art. 17 Abs. 1 lit. r Bilanz-RL; zuvor Art. 43 Abs. 1 Nr. 7b RL 78/660/EWG und Art. 34 Nr. 7b RL 83/349/EWG idF der RL 2006/46/EG, umgesetzt durch das BilMoG in § 285 Nr. 21, § 314 Abs. 1 Nr. 13).[112] Für die Bestimmung dessen, was nahestehende Unternehmen und Personen sind, verweist der europäische Gesetzgeber (Art. 2 Nr. 3 Bilanz-RL) schlicht auf die gemäß der IAS-VO[113] übernommenen „internationalen Rechnungslegungsstandards" (IAS/IFRS), somit auf die hier einschlägige entsprechende (umfangreiche) Definition in IAS 24. 9 (→ Rn. 41).[114] Auf diese Weise soll eine „Gleichstellung der Gesellschaften, deren Wertpapiere nicht zum Handel an einem geregelten Markt zugelassen sind, und der Gesellschaften, die ihren konsolidierten Abschluss nach internationalen Rechnungslegungsstandards aufstellen", erreicht werden.[115] Der Kreis der berichts-

---

[108]   S. Weller, Wind of Change im Gesellschaftsrecht: Von den „closed" zu den „framed open societies", ZEuP 2016, 53 (60) Fn. 51 mwN: Die Konzernrechtsrichtlinie habe „nicht einmal das Stadium eines offiziellen Kommissionsentwurfs" erreicht.

[109]   Bericht des Rechtsausschusses zum BiRiLiG, BT-Drs. 10/4268, 106; Gegenäußerung der Bundesregierung zur Stellungnahme des Bundesrates zum BiRiLiG, abgedr. bei Biener/Bernecke BiRiLiG S. 192.

[110]   Richtlinie 2006/43/EG v. 17.5.2006 über Abschlussprüfungen von Jahresabschlüssen und konsolidierten Abschlüssen, ABl. 2006 L 157, 87, zuletzt geändert durch RL (EU) 2022/2464 v. 16.12.2022, ABl. 2022 L 322, 15.

[111]   Begr. RegE BilMoG, BT-Drs. 16/10067, 40, mit einer Aufzählung der verbleibenden, aus Sicht der BReg. noch umsetzungsbedürftigen Bereiche; allgemein zur Transformation der Abschlussprüfer-RL in deutsches Recht und zur Ergänzung der Unabhängigkeitsanforderungen s. Naumann/Feld WPg 2006, 873 ff., 881 ff.

[112]   Vgl. dazu BeBiKo/Grottel § 285, 13. Aufl. 2022, Rn. 605 ff. sowie § 314, 13. Aufl. 2022, Rn. 185 ff.; Rimmelspacher/Fey WPg 2010, 180 ff.; Niehus DB 2008, 2493 ff.; ausf. einschließlich steuerrechtlicher Implikationen HdJ/Schmitt/Stürke Abt. VI Rn. 71 ff.; krit. noch Lanfermann/Maul BB 2006, 2011 (2012): Der „genaue Umfang der Angabepflicht bei den einzelnen Transaktionen" bleibe „unklar".

[113]   Verordnung (EG) Nr. 1606/2002 des Europäischen Parlaments und des Rates v. 19.7.2002 betreffend die Anwendung internationaler Rechnungslegungsstandards, ABl. 2002, L 243, 1.

[114]   Vgl. die Begr. RegE zu § 285 Nr. 13 HGB (§ 285 Nr. 21 des Entwurfs) idF des BilMoG, der die Änderungsrichtlinie 2006/46/EG zur alten RL 78/660/EWG umsetzte und darauf verzichtete, den Begriff der „nahe stehenden Unternehmen und Personen" selbst näher zu konkretisieren: Gemäß Art. 43 Abs. 1 Nr. 7b RL 78/660/EWG idF der Abänderungsrichtlinie sei der Begriff ‚nahe stehende Unternehmen und Personen' iSd gemäß IAS-VO übernommenen internationalen Rechnungslegungsstandards – also gegenwärtig im Sinn von IAS 24 – zu verstehen" (BT-Drs. 16/10067, 72). S. zum Begriff nahe stehender Personen iE auch BeBiKo/Grottel, 13. Aufl. 2022, § 285 Rn. 605 ff.

[115]   So Erwägungsgrund Nr. 6 RL 2006/46/EG.

pflichtigen Unternehmensbeziehungen und die Art der Anhangberichterstattung werden hierdurch auch für den Einzelabschluss im Vergleich zu Abs. 2 deutlich erweitert.[116] Inhaltlich dienen die Anhangangaben dazu, dem Abschlussadressaten die Auswirkungen der Geschäftsbeziehungen mit nahe stehenden Personen auf die Vermögens-, Finanz- und Ertragslage in einem Gesamtüberblick darzustellen; damit gehen sie über den Informationsgehalt der bisherigen Gliederungsvorgaben für Verbundbeziehungen deutlich hinaus.

Sind die tatbestandlichen Voraussetzungen einer Beteiligung gem. Abs. 1 und eines **19** verbundenen Unternehmens gem. Abs. 2 gleichzeitig gegeben, geht Abs. 2 als **lex specialis** vor.[117] Das BilMoG verzichtete einerseits auf das Konzept einheitlicher Leitung und verallgemeinerte andererseits das Beherrschungskonzept („Control"-Konzept), der Kreis der Mutter-Tochter-Verhältnisse iSd § 290 hat sich also erweitert. Infolgedessen hat sich die Anzahl der (theoretischen) Fallkonstellationen erhöht, in denen es mangels Beteiligung der Muttergesellschaft an der Tochtergesellschaft gar nicht zu einer Normenkonkurrenz zwischen Abs. 1 und Abs. 2 kommen kann.[118]

Nach **Abs. 2 Hs. 1 aF** (bis Geschäftsjahre 2023/2024) sind zwei Unternehmen mitei- **20** nander verbunden, wenn sie nach den Vorschriften über die Vollkonsolidierung (§§ 300–307) gemeinsam – auf gleicher oder unterschiedlicher Ebene – in eine bestimmte Art von befreiendem Konzernabschluss des obersten Mutterunternehmens,[119] das auch eines der beiden Unternehmen selbst sein kann, „einzubeziehen sind", wobei **zwei Arten von Abschlüssen** in Betracht kommen. *Entweder* ist es der **Pflicht**-Konzernabschluss gem. § 290 Abs. 1 des „obersten Mutterunternehmens" (**Fall 1** des Abs. 2 Hs. 1, → Rn. 26), *oder* es ist – speziell im mehrstufigen Konzern – ein, zumindest aus Sicht des deutschen Bilanzrechts, **freiwilliger** Konzernabschluss entsprechend dem Wahlrecht des § 291 Abs. 1 S. 2, wobei es für die Beurteilung der Verbundenheit keine Rolle spielt, ob der Abschluss tatsächlich aufgestellt wird oder nach der Rechtslage lediglich aufgestellt werden könnte (**Fall 2** des Abs. 2 Hs. 1, → Rn. 27 ff.). In jedem Fall muss der freiwillige Abschluss so beschaffen sein, dass er die hierarchisch untergeordneten Mutterunternehmen von ihrer eigenen Pflicht nach § 290 zur Aufstellung eines Konzernabschlusses gem. den §§ 291 f. befreit. Nach **Abs. 2 Hs. 1 nF** (für alle 2024 oder später beginnenden Geschäftsjahre) sind zwei Unternehmen miteinander verbunden, wenn sie im Verhältnis zueinander Mutterunternehmen und Tochterunternehmen gemäß § 290 Abs. 1 Satz 1 und Abs. 2 bis 4 sind oder wenn sie beide Tochterunternehmen desselben Mutterunternehmens sind. Damit fasst der deutsche Gesetzgeber nun ziemlich genau den Inhalt der vier Definitionen in Art. 2 Nr. 9–12 („Mutterunternehmen", „Tochterunternehmen", „Gruppe" und „verbundene Unternehmen") der Bilanz-RL zusammen; er hat damit auf die im Schrifttum – auch hier (ausführlich → 4. Aufl. 2020, Rn. 30–38) – geäußerten Zweifel an der EU-Rechtskonformität des § 271 Abs. 2 aF reagiert.[120]

---

[116] S. zu den Änderungen durch die Richtlinie den Überblick bei Lanfermann/Maul BB 2006, 2011 ff.; Ernst/Seidler BB 2007, 2557 ff. sowie ausf. Rimmelspacher/Fey WPg 2010, 180 ff.; Niehus DB 2008, 2493 ff.

[117] ADS Rn. 32; HdR/Bieg/Waschbusch Rn. 74 (Stand: 9/2022); Kirsch/Schellhorn/Hesse Rn. 73 (Stand: März 2017); Heuser GmbHR 1987, 373 (380).

[118] Vgl. Küting/Seel BB 2010, 1459 (1464): Die „mit dem BilMoG primär für die Konzernrechnungslegung verfolgte konzeptionelle Ausweitung des Mutter-Tochter-Verhältnisses" wirke sich „ebenfalls auf den Verbundtatbestand des § 271 Abs. 2 HGB aus" und führe zu „erweiterten Berichtspflichten".

[119] Das oberste Mutterunternehmen hat wegen § 294 Abs. 1 iVm der Zurechnungsregelung des § 290 Abs. 3 notwendigerweise den am weitesten gehenden Konzernabschluss vorzulegen. Das sprachlich verunglückte (hierzu Hopt/Merkt, 41. Aufl. 2022, Rn. 9: wohl Redaktionsversehen) Kriterium „des am weitestgehenden Konzernabschlusses" in § 271 Abs. 2 Hs. 1 hat somit keine eigenständige Bedeutung.

[120] So ausdrücklich (ohne Quellenangabe) Begr. RegE zum Gesetz „zur Umsetzung der Richtlinie (EU) 2021/2101 im Hinblick auf die Offenlegung von Ertragsteuerinformationen […]" v. 15.2.2023, BT-Drs. 20/5653, 41: Die Vorschrift des § 271 Abs. 2 HGB werde „im Schrifttum vielfach als schwer verständlich und lückenhaft kritisiert". „Zum Teil" werde „auch die EU-Rechtskonformität bezweifelt". Die Verbunddefinition solle „daher im Einklang mit Art. 2 Nr. 12 der Bilanzrichtlinie und im Lichte des besonderen Interesses der Abschlussadressaten an einer Offenlegung der Verbundbeziehungen klarer und weiter gefasst werden".

21   **2. Normzweck, Bedeutung für den Jahresabschluss.** Die Definition verbundener Unternehmen ist wie die Beteiligungsdefinition auf **alle kaufmännischen Abschlüsse** anwendbar (→ Rn. 2).[121] Abs. 2 erklärt sich in noch stärkerem Maße als Abs. 1 aus Informationsinteressen. Die Vorschrift soll – vergleichbar dem Abs. 1, aber darüber hinausgehend – iVm besonderen Ausweis- und Angabebestimmungen die wirtschaftlichen Beziehungen zu verbundenen Unternehmen offenlegen und damit für **erhöhte Transparenz** sorgen.[122] Weil die Unternehmen mit ihrer Verbindung ihre wirtschaftliche Unabhängigkeit je nach den Umständen des Einzelfalls mehr oder weniger verloren haben, sollen Geschäftsvorgänge zwischen verbundenen Unternehmen als solche erkennbar sein.[123] Ihre Konditionen können vom Marktüblichen abweichen, die Bonität von Forderungen gegen ein verbundenes Unternehmen bedarf besonderer Überprüfung, und letztlich können durch Verbundbeziehungen Gewinne und Verluste zwischen den Unternehmen verlagert werden.[124] Derartiges wird zwar durch entsprechende Ausweis- und Angabpflichten nicht selbst sichtbar,[125] der Jahresabschluss kann aber zumindest deutlich machen, bei welchen Posten eine entsprechende Beeinflussung vorliegen könnte.

22   Ob die bilanzierende Gesellschaft ein verbundenes Unternehmen ist, hat aus diesen Gründen für den Jahresabschluss zentrale Bedeutung. In der **Bilanz** sind auf der Aktivseite im Finanzanlagevermögen Anteile und Ausleihungen (§ 266 Abs. 2 A. III. 1., A. III. 2.), im Umlaufvermögen Forderungen und Anteile (§ 266 Abs. 2 B. II. 2., B. III. 1.), auf der Passivseite Verbindlichkeiten (§ 266 Abs. 3 C. 6.) und unter der Bilanz oder im Anhang Haftungsverhältnisse gesondert auszuweisen (§ 268 Abs. 7, § 251), soweit sie in Zusammenhang mit verbundenen Unternehmen stehen. In der **GuV** ist zu bestimmten Erträgen (§ 275 Abs. 2 Nr. 9–11, Nr. 13 bzw. § 275 Abs. 3 Nr. 8–10, Nr. 12) gesondert zu zeigen, inwieweit sie auf verbundene Unternehmen entfallen. Im **Anhang** ist bei den sonstigen finanziellen Verpflichtungen gesondert anzugeben, in welchem Umfang sie auf verbundene Unternehmen entfallen (§ 285 Nr. 3a). Die fehlende Verbundenheit bestimmter grenzüberschreitend tätiger Kapitalgesellschaften (& Co.) ist umgekehrt einer der Auslöser für die durch Gesetz vom 19.6.2023 eingeführte Pflicht zur Ertragsteuerinformationsberichterstattung (§ 342 nF). Bei der **Offenlegung** werden mittelgroße Kapitalgesellschaften entgegen den Erleichterungen, die sie im Übrigen genießen (aber → § 267 Rn. 1 zur Reform durch das EHUG), gerade nicht von der Pflicht zur Angabe von Anteilen, Ausleihungen, Forderungen und Verbindlichkeiten gegenüber verbundenen Unternehmen befreit (§ 327 Nr. 1, Posten: A. III. 1., A. III. 2., B. II. 2., B. III. 1., C. 6.). Der Begriff des verbundenen Unternehmens hat schließlich Bedeutung für die **Abschlussprüfung.** Im Interesse einer unabhängigen Prüfung sind ua Personen von der Prüfung ausgeschlossen, die für ein mit der zu prüfenden Gesellschaft „verbundenem" Unternehmen als Organmitglied oder Angestellter tätig sind (§ 319 Abs. 3 Nr. 1, Nr. 2). Ebenso von der Abschlussprüfung ausgeschlossen sind Wirtschaftsprüfungsgesellschaften oder Buchprüfungsgesellschaften, wenn sie mit einem Unternehmen „verbunden" sind, das seinerseits wegen Befangenheit ausgeschlossen ist (§ 319 Abs. 4). Gleiches gilt seit dem BilMoG in Umsetzung der Abschlussprüfer-RL, wenn ein Mitglied des **Netzwerks** des Abschlussprüfers einen Ausschlussgrund verwirklicht, „es sei denn, dass das Netzwerkmitglied auf das Ergebnis der Abschlussprüfung keinen Einfluss nehmen kann" (§ 319b Abs. 1 S. 1).[126] Der Netzwerkbegriff, der in § 319b Abs. 1 S. 3 über das Zusammenwirken „von Personen bei ihrer Berufsausübung zur Verfolgung gemeinsamer

---

[121]   Kirsch/Schellhorn/Hesse Rn. 1 ff., 60 f. (Stand: März 2017); Hopt/Merkt, 41. Aufl. 2022, Rn. 9.
[122]   BeBiKo/Grottel/Kreher, 13. Aufl. 2022, Rn. 37 („Zweck, im Jahresabschluss die wirtschaftlichen Beziehungen zwischen den so gekennzeichneten Unternehmen transparenter zu machen"); Coenenberg/Haller/Schultze Jahresabschluss, 26. Aufl. 2021, 10. Kap. B.I. 649.
[123]   ADS Rn. 34; BeBiKo/Grottel/Kreher, 13. Aufl. 2022, Rn. 37; HdR/Küting Rn. 87 f. (Stand: 11/2016).
[124]   ADS Rn. 34; HdR/Küting Rn. 91 (Stand: 11/2016); Kropff DB 1986, 364 (367).
[125]   Daher krit. zur Schutzfunktion der Vorschrift (letztlich nur eingeschränkt gegeben) Kirsch/Schellhorn/Hesse Rn. 74 aE (Stand: März 2017).
[126]   Zu den Richtlinienvorgaben s. zB Gelhausen/Fey/Kämpfer T Rn. 106 ff.; Naumann/Feld WPg 2006, 873 (881 f.).

wirtschaftlicher Interessen für eine gewisse Dauer" definiert wird, ist mit dem hier interessierenden Begriff der Verbundenheit allerdings nur entfernt verwandt. Wiederum von Bedeutung ist das Tatbestandsmerkmal der Verbundenheit jedoch für die Abschlussprüferhaftung.
Nach § 323 Abs. 1 haftet der Abschlussprüfer für Pflichtverletzungen im Rahmen seiner
Tätigkeit nicht nur gegenüber seinem Auftraggeber, sondern auch gegenüber einem mit
der geprüften Gesellschaft „verbundenen Unternehmen". Bei falschen Angaben gegenüber
dem Abschlussprüfer eines „verbundenen Unternehmens" ist zudem die spezielle Strafnorm
des § 331 Nr. 4 iVm § 320 zu beachten. In allen diesen Fällen ist angesichts des eindeutigen
Gesetzeswortlauts (Abs. 2 S. 1: „Verbundene Unternehmen im Sinne *dieses Buchs* [...]",
Hervorhebung durch Verf.) im Einklang mit der Rechtsprechung des BGH und der hM
die Definition des Abs. 2 und nicht diejenige der §§ 15 ff. AktG maßgebend (→ Rn. 38).[127]
Die Definition des Abs. 2 knüpft den Begriff des verbundenen Unternehmens anders als § 15
AktG **nicht direkt** an die wirtschaftlichen Gegebenheiten (insbesondere Beherrschung/
Abhängigkeit; Zugehörigkeit zum selben Konzern) an, sondern nur **indirekt** über Begriffe
(Mutterunternehmen, Tochterunternehmen) und Merkmale (Konsolidierungspflicht,
Befreiung) des **Konzernbilanzrechts.**[128]

3. Mutter- oder Tochterunternehmen. Die Zugehörigkeit der verbundenen Unter-   23
nehmen zum gleichen Konzern als Mutter- oder Tochterunternehmen (Abs. 2 Hs. 1 aF und
nF) − oder Schwestergesellschaft (Abs. 2 Hs. 2 aF und nF) − spielt nach der neuen Definition
ebenso eine Rolle wie nach der alten, auch wenn die Anknüpfung an die Zugehörigkeit zu
einer nach deutschem Recht oder dem Recht eines EU- oder EWR-Mitgliedstaates erstellten
Konzernbilanz weggefallen ist. Als (oberstes) zur Aufstellung eines Konzernabschlusses nach
dem Zweiten Unterabschnitt (§§ 290–315a) verpflichtetes **Mutterunternehmen** iSd Abs. 2
Hs. 1 Fall 1 aF kommen nach § 290, auf den § 271 Abs. 2 verweist, bzw. nach § 264a Abs. 1
nur Kapitalgesellschaften oder Kapitalgesellschaften & Co. **„mit Sitz im Inland"** in Betracht
(→ Rn. 24).[129] Aus der Verweisung in Abs. 2 Hs. 1 Fall 2 aF auf § 291 ergibt sich, dass darüber
hinaus in mehrstufigen Konzernen unter den dort genannten weiteren Bedingungen
(→ Rn. 27) **Unternehmen jeder Rechtsform und Größe** eines **Mitgliedstaates der EU
oder eines EWR-Vertragsstaates**[130] (einschließlich Deutschlands) für den Verbundsbegriff
maßgebende oberste Mutterunternehmen sein können. Voraussetzung ist nach altem Recht,
dass diese Unternehmen nach dem Recht ihres Sitzes (EU- oder EWR-Staat) zur Aufstellung
eines Konzernabschlusses verpflichtet sind oder − sofern sie keine Kapitalgesellschaften sind −
zumindest als Kapitalgesellschaften hierzu verpflichtet wären (§ 291 Abs. 1 S. 2). Gleichermaßen nach altem und neuem Recht als Mutterunternehmen denkbar sind sogar Einzelkaufleute,
wenn sie die Gesellschaftsanteile im Betriebsvermögen halten,[131] Gesellschaften des bürgerlichen Rechts, sofern sie eine nach außen in Erscheinung tretende Organisation haben, kaufmännische oder gewerbliche Interessen verfolgen und ein eigenes Buchwerk führen,[132] oder nach
landesrechtlichen Vorschriften zur Rechnungslegung verpflichtete, rechtlich unselbstständige

---

[127] So auch ausdrücklich BGHZ 159, 234 (236 f.) = NZG 2004, 770 unter 3. (zu § 319 Abs. 2 Nr. 3 aF,
  entspricht § 319 Abs. 3 Nr. 1): Der Wortlaut des § 271 Abs. 2 sei „eindeutig". Aus dem Schrifttum zB
  ADS § 319 Rn. 97; Baetge/Kirsch/Thiele/Chekushina Bilanzrecht § 319 Rn. 136 (Stand: 2017); Staub/
  Meyer, 6. Aufl. 2021, Rn. 14: „Die Begriffsbestimmung in § 271 Abs. 2 besteht selbstständig neben der des Aktienrechts (§ 15 AktG)".; aA (Verbundbegriff in § 319 bestimmt sich nach den §§ 15 ff.
  AktG) Baumbach/Hueck/Schulze-Osterloh, 18. Aufl. 2006, GmbHG § 41 Rn. 101; vorsichtiger Ebke
  (→ § 319 Rn. 52), der sich nur „rechtspolitisch" für einen Rückgriff auf § 15 AktG ausspricht.
[128] Einen Vergleich der Verbundkonzeption des HGB und des AktG zeigt zB HdR/Küting Rn. 162–165
  (Stand: 11/2016).
[129] ADS Rn. 37; HdR/Küting Rn. 108 (Stand: 11/2016); Wohlgemuth DStR 1991, 1529.
[130] Abkommen über den europäischen Wirtschaftsraum v. 2.5.1992, BGBl. 1993 II 266.
[131] Ähnlich Baumbach/Hueck/Schulze-Osterloh, 18. Aufl. 2006, GmbHG § 42 Rn. 134, der auf das Erfordernis der Kapitalanteile im Betriebsvermögen verzichtet.
[132] HdR/Küting Rn. 146 mwN (Stand: 11/2016), bezogen auf die Unternehmenseigenschaft einer GbR;
  Staub/Meyer, 6. Aufl. 2021, Rn. 17; aA noch Staub/Hüttemann/Meyer, 5. Aufl. 2014, Rn. 17: „nicht
  aber zB eine BGB-Gesellschaft".

Unternehmen der öffentlichen Hand iSd § 263.[133] Mangels Unternehmenseigenschaft nicht geeignet sind Gebietskörperschaften als solche und reine Privatpersonen,[134] auch wenn sie an Unternehmen beteiligt sind, auf die sie maßgeblichen Einfluss ausüben können. Als **Tochterunternehmen** iSd § 290 kommen Nichtkapitalgesellschaften ebenfalls in Betracht. Hierfür spricht der Gesetzeszweck (→ Rn. 21), aber auch bereits der Wortlaut, denn in § 290 ist lediglich von „Unternehmen" die Rede. Insoweit kann auf die Ausführungen zu Abs. 1 (→ Rn. 5) verwiesen werden. Im Fall einer **mehrstöckigen Unternehmensverflechtung** stehen nicht nur Unternehmen zweier unmittelbar aufeinander folgender Hierarchiestufen zueinander im Verhältnis von Mutter- und Tochterunternehmen, sondern auch die jeweils hierarchisch darüber oder darunter stehenden Unternehmen, sodass aus der Sicht des obersten Mutterunternehmens alle anderen Unternehmen Tochterunternehmen sind. Speziell für die Bestimmung des beherrschenden Einflusses (dazu sogleich → Rn. 24) wird dieses Ergebnis durch die Zurechnung bestimmter Beherrschungsrechte erreicht (§ 290 Abs. 3 S. 1). Unternehmen eines **Gleichordnungskonzerns** (vgl. § 18 Abs. 2 AktG) oder wechselseitig aneinander beteiligte Unternehmen (vgl. § 19 AktG) stehen grundsätzlich nicht in einer Mutter-Tochter-Beziehung und sind damit keine verbundenen Unternehmen. Auch dies gilt gleichermaßen nach altem und neuem Recht (zum alten Recht hierzu ergänzend → 4. Aufl. 2020, Rn. 23 aE).

24   Nach § 290 Abs. 1 ist eine **Kapitalgesellschaft** (AG, KGaA, SE mit Sitz in Deutschland, GmbH) bzw. – über § 264a – eine Kapitalgesellschaft & Co. **Mutterunternehmen,** wenn sie „auf ein anderes Unternehmen (Tochterunternehmen) unmittelbar oder mittelbar einen beherrschenden Einfluss ausüben kann". Auf das Vorliegen einer Beteiligung kommt es seit dem BilMoG nicht mehr an.

Die Verweisung in § 290 auf Rechtsform und Sitz im Inland spielt freilich gemäß § 271 Abs. 2 nF ausdrücklich keine Rolle mehr („unabhängig von ihrer Rechtsform und ihrem Sitz"). Hinsichtlich des **beherrschenden Einflusses** genügt die Möglichkeit eines solchen Einflusses, eine tatsächliche Ausübung ist nicht erforderlich.[135] Die Möglichkeit der Beherrschung ist gegeben, wenn ein Unternehmen dazu in der Lage ist, die Finanz- und Geschäftspolitik eines anderen Unternehmens dauerhaft zu bestimmen, um aus dessen Tätigkeit Nutzen zu ziehen.[136] Typisierende Regelbeispiele dafür enthält § 290 Abs. 2, der in Nr. 4 auch sog. Zweckgesellschaften[137] erfasst. Eine Beteiligung (iSd Abs. 1) des Mutterunternehmens am Tochterunternehmen ist seit dem BilMoG nicht mehr erforderlich.[138] Auf europäischer Ebene ist diese Anforderung schon im Jahre 2003 mit der Änderung der alten RL 83/349/EWG durch die RL 2003/51/EG,[139] die in die geltende Bilanz-RL überführt wurde (Art. 22 Bilanz-RL), weggefallen. Mit dem BilMoG ist der deutsche Gesetzgeber gefolgt. Zum Merkmal der „Einbeziehung" in den Konzernabschluss nach § 271 Abs. 2 aF → 4. Aufl. 2020, Rn. 25–29, zur Kritik → 4. Aufl. 2020, Rn. 30–38.

IV. IFRS[140]

25   Die IAS/IFRS enthalten keine mit Abs. 1 vergleichbare Definition des Beteiligungsbegriffs. In verschiedenen Standards werden jedoch Bilanzierungsregeln für einzelne Sachverhalte

---

[133]   Baumbach/Hueck/Schulze-Osterloh, 18. Aufl. 2006, GmbHG § 42 Rn. 134; Staub/Meyer, 6. Aufl. 2021, Rn. 17.

[134]   Bericht des Rechtsausschusses zum BiRiLiG, BT-Drs. 10/4268, 113: „Privatpersonen, Bund, Länder und Gemeinden scheiden […] als Mutterunternehmen aus"; Staub/Meyer, 6. Aufl. 2021, Rn. 17; Baumbach/Hueck/Schulze-Osterloh, 18. Aufl. 2006, GmbHG § 42 Rn. 134.

[135]   Gelhausen/Fey/Kämpfer Q Rn. 9, 24.

[136]   So ausdrücklich der Bericht des Rechtsausschusses zum RegE MoMiG, BT-Drs. 16/12407, 89; ebenso zB Gelhausen/Fey/Kämpfer Q Rn. 14.

[137]   S. dazu zB Kümpel/Piel DStR 2009, 1222 (1226); Gelhausen/Fey/Kämpfer Q Rn. 51 ff. Für einen abweichenden Begriff der Zweckgesellschaft s. § 1 Abs. 26 KWG.

[138]   Vgl. Begr. RegE MoMiG, BT-Drs. 16/10067, 79: Die Neufassung des § 290 Abs. 1 S. 1 stehe „im Einklang mit der Konzernbilanzrichtlinie"; Bericht des Rechtsausschusses zum RegE MoMiG, BT-Drs. 16/12407, 89: Die Neufassung werde „von Art. 1 Abs. 2 lit. a RL 83/349/EWG getragen".

[139]   RL 2003/51/EG v. 18.6.2003 (sog. Modernisierungs-RL), ABl. 2003 L 178, 16.

[140]   Sämtliche zit. IAS/IFRS beziehen sich auf den für das Geschäftsjahr 2022 gültigen Stand.

aufgestellt, die zum Teil Überschneidungen mit dem handelsrechtlichen Beteiligungsbegriff aufweisen. In IAS 27 („Einzelabschlüsse") und IFRS 10 („Konzernabschlüsse") wird der Ausweis von Anteilen an **Tochterunternehmen** (subsidiaries), Gemeinschaftsunternehmen und assoziierten Unternehmen geregelt. Tochterunternehmen sind dabei Unternehmen, die von einem anderen Unternehmen, dem Mutterunternehmen, beherrscht werden (IFRS 10.2(a), Anh. A „Definitionen", Stichwort „Tochterunternehmen"); sie können Kapital- oder Personengesellschaften sein. Beherrschung liegt dann vor, wenn ein „Investor [...] schwankenden Renditen aus seinem Engagement in dem Beteiligungsunternehmen ausgesetzt ist bzw. Anrechte auf diese besitzt und die Fähigkeit hat, diese Renditen mittels seiner Verfügungsgewalt über das Beteiligungsunternehmen zu beeinflussen" (IFRS 10, Anh. A, Stichwort „Beherrschung eines Beteiligungsunternehmens"). Ob eine Beherrschung vorliegt, muss demnach danach beurteilt werden, ob ein Investor kumulativ die folgenden Elemente verwirklicht: „(a) Verfügungsgewalt über das Beteiligungsunternehmen; (b) eine Risikobelastung durch oder Anrechte auf schwankende Renditen aus seinem Engagement in dem Beteiligungsunternehmen; und (c) die Fähigkeit, seine Verfügungsgewalt über das Beteiligungsunternehmen so zu nutzen, dass dadurch die Höhe der Rendite des Beteiligungsunternehmens beeinflusst wird" (IFRS 10, Anhang B „Leitlinien für die Anwendung", B2).

IAS 28 (Investments in Associates and Joint Ventures) behandelt die Bilanzierung von **26** Anteilen an **assoziierten Unternehmen und Gemeinschaftsunternehmen.** Assoziierte Unternehmen werden definiert als Unternehmen, „bei dem der Eigentümer über maßgeblichen Einfluss verfügt" (IAS 28.3; vgl. die Definition des § 311 Abs. 1). In IAS 28.5 wird auf eine § 311 Abs. 1 S. 2 vergleichbare Beteiligungsvermutung zurückgegriffen: Bei einem Stimmrechtsanteil von mehr als 20% wird der maßgebliche Einfluss widerleglich vermutet. Unterschreitet der Stimmrechtsanteil 20%, ist die Beteiligung lediglich als finanzieller Vermögenswert nach IAS 39 zu bilanzieren. IAS 28.6 definiert weitere Tatbestände, deren Vorliegen ebenfalls einen maßgeblichen Einfluss indiziert. Hierzu zählen die „(a) Vertretung im Geschäftsführungs- und/oder Aufsichtsorgan oder einem gleichartigen Leitungsgremium des Beteiligungsunternehmens; (b) Teilnahme an den Entscheidungsprozessen, einschließlich der Teilnahme an Entscheidungen über Dividenden oder sonstige Ausschüttungen; (c) wesentliche Geschäftsvorfälle zwischen dem Unternehmen und dem Beteiligungsunternehmen; (d) Austausch von Führungspersonal; oder (e) Bereitstellung bedeutender technischer Informationen".[141] Eine der Daueranlageabsicht des § 271 Abs. 1 vergleichbare zeitliche Komponente sieht IAS 28 nicht vor.

Der in § 271 Abs. 2 legal definierte Begriff des verbundenen Unternehmens findet sich **27** in dieser Form nicht in den IAS/IFRS. Eine teilweise Entsprechung erfährt er immerhin in der in IAS 24 (Related party disclosures) verwendeten Fallgruppe der **nahestehenden Unternehmen und Personen**[142] (related parties). Mit den in diesem Standard geforderten Angaben sollen mögliche Interessenkonflikte offengelegt und deren Auswirkungen auf die Vermögens- und Finanzlage sowie die Ertragslage („Gewinn oder Verlust") dargestellt werden (vgl. IAS 24.6–8).[143] In Bilanz oder Anhang sind – ähnlich wie nach § 314 Abs. 1 Nr. 13 – Geschäfte mit nahestehenden Unternehmen und Personen einschließlich der zu zahlenden oder zu fordernden Beträge zu zeigen (IAS 24.21 S. 1 iVm 24.18 und 24.19). IAS 24.9 enthält eine abschließende[144] Aufzählung der nahestehenden Parteien. Der Kreis der berichtspflichtigen Beziehungen geht demnach über den in § 271 Abs. 2 verwendeten Verbundenheitsbegriff (→ Rn. 5) hinaus und umfasst auch solche zu natürlichen Personen, falls Letztere die Möglichkeit haben, das berichtende Unternehmen zu beherrschen, einen Anteil besitzen, der maßgeblichen Einfluss (significant influence) auf das Unternehmen gewährt, oder an der gemeinsamen Führung des Unternehmens beteiligt sind (IAS 24.9).

---

141 Hierzu ausf. MüKoBilanzR/Köster IAS 28 Rn. 10 ff.
142 So etwa die (offizielle) Übersetzung der EU in der VO (EG) Nr. 1725/2003 der Kommission v. 29.9.2003 betreffend die Übernahme bestimmter internationaler Rechnungslegungsstandards in Übereinstimmung mit der VO (EG) Nr. 1606/2002 des Europäischen Parlaments und des Rates.
143 S. auch Haufe IFRS-Komm/Hoffmann, 30. Aufl. 2022, § 30 Rn. 1.
144 Küting/Gattung WPg 2005, 1061 (1068); MüKoBilanzR/Hennrichs/Schubert IAS 24 Rn. 32.

§ 272 Eigenkapital

(1) [1]Gezeichnetes Kapital ist mit dem Nennbetrag anzusetzen. [2]Die nicht eingeforderten ausstehenden Einlagen auf das gezeichnete Kapital sind von dem Posten „Gezeichnetes Kapital" offen abzusetzen; der verbleibende Betrag ist als Posten „Eingefordertes Kapital" in der Hauptspalte der Passivseite auszuweisen; der eingeforderte, aber noch nicht eingezahlte Betrag ist unter den Forderungen gesondert auszuweisen und entsprechend zu bezeichnen.

(1a) [1]Der Nennbetrag oder, falls ein solcher nicht vorhanden ist, der rechnerische Wert von erworbenen eigenen Anteilen ist in der Vorspalte offen von dem Posten „Gezeichnetes Kapital" abzusetzen. [2]Der Unterschiedsbetrag zwischen dem Nennbetrag oder dem rechnerischen Wert und den Anschaffungskosten der eigenen Anteile ist mit den frei verfügbaren Rücklagen zu verrechnen. [3]Aufwendungen, die Anschaffungsnebenkosten sind, sind Aufwand des Geschäftsjahrs.

(1b) [1]Nach der Veräußerung der eigenen Anteile entfällt der Ausweis nach Absatz 1a Satz 1. [2]Ein den Nennbetrag oder den rechnerischen Wert übersteigender Differenzbetrag aus dem Veräußerungserlös ist bis zur Höhe des mit den frei verfügbaren Rücklagen verrechneten Betrages in die jeweiligen Rücklagen einzustellen. [3]Ein darüber hinausgehender Differenzbetrag ist in die Kapitalrücklage gemäß Absatz 2 Nr. 1 einzustellen. [4]Die Nebenkosten der Veräußerung sind Aufwand des Geschäftsjahrs.

(2) Als Kapitalrücklage sind auszuweisen

1. der Betrag, der bei der Ausgabe von Anteilen einschließlich von Bezugsanteilen über den Nennbetrag oder, falls ein Nennbetrag nicht vorhanden ist, über den rechnerischen Wert hinaus erzielt wird;
2. der Betrag, der bei der Ausgabe von Schuldverschreibungen für Wandlungsrechte und Optionsrechte zum Erwerb von Anteilen erzielt wird;
3. der Betrag von Zuzahlungen, die Gesellschafter gegen Gewährung eines Vorzugs für ihre Anteile leisten;
4. der Betrag von anderen Zuzahlungen, die Gesellschafter in das Eigenkapital leisten.

(3) [1]Als Gewinnrücklagen dürfen nur Beträge ausgewiesen werden, die im Geschäftsjahr oder in einem früheren Geschäftsjahr aus dem Ergebnis gebildet worden sind. [2]Dazu gehören aus dem Ergebnis zu bildende gesetzliche oder auf Gesellschaftsvertrag oder Satzung beruhende Rücklagen und andere Gewinnrücklagen.

(4) [1]Für Anteile an einem herrschenden oder mit Mehrheit beteiligten Unternehmen ist eine Rücklage zu bilden. [2]In die Rücklage ist ein Betrag einzustellen, der dem auf der Aktivseite der Bilanz für die Anteile an dem herrschenden oder mit Mehrheit beteiligten Unternehmen angesetzten Betrag entspricht. [3]Die Rücklage, die bereits bei der Aufstellung der Bilanz zu bilden ist, darf aus vorhandenen frei verfügbaren Rücklagen gebildet werden. [4]Die Rücklage ist aufzulösen, soweit die Anteile an dem herrschenden oder mit Mehrheit beteiligten Unternehmen veräußert, ausgegeben oder eingezogen werden oder auf der Aktivseite ein niedrigerer Betrag angesetzt wird.

(5) [1]Übersteigt der auf eine Beteiligung entfallende Teil des Jahresüberschusses in der Gewinn- und Verlustrechnung die Beträge, die als Dividende oder Gewinnanteil eingegangen sind oder auf deren Zahlung die Kapitalgesellschaft einen Anspruch hat, ist der Unterschiedsbetrag in eine Rücklage einzustellen, die nicht ausgeschüttet werden darf. [2]Die Rücklage ist aufzulösen, soweit die Kapitalgesellschaft die Beträge vereinnahmt oder einen Anspruch auf ihre Zahlung erwirbt.

Schrifttum: Aigner/Sedlaczek, Die handels- und steuerrechtliche Behandlung der Wandlungs- und Optionsprämie bei Nichtausübung von Wandel- und Optionsrechten, RdW 2006, 111; Arbeitskreis Bilanzrecht
Hochschullehrer Rechtswissenschaft (AKBR), Ausschüttungssperre bei phasengleicher Dividendenaktivierung
nach BilRUG-RegE, BB 2015, 876; Arbeitskreis Bilanzrecht Hochschullehrer Rechtswissenschaft (AKBR),
Stellungnahme zu dem Entwurf eines BilMoG: Grundkonzept und Aktivierungsfragen, BB 2008, 209; Anger-
mayer, Handelsrechtliche Anschaffungskosten von Sacheinlagen: zugleich eine kritische Würdigung der Mei-
nungsvielfalt bei der Einbringung einzelner Sacheinlagegegenstände und Sacheinlagen in Umwandlungsfällen,
DB 1998, 145; Baetge/Brüggemann, Ausweis von Genussrechten auf der Passivseite der Bilanz des Emittenten,
DB 2005, 2145; Baetge/Kirsch/Solmecke, Auswirkungen des BilMoG auf die Zwecke des handelsrechtlichen
Jahresabschlusses, WPg 2009, 1211; Baldamus, Forderungsverzicht als Kapitalrücklage gemäß § 272 Abs. 2
Nr. 4 HGB, DStR 2003, 852; Becker, Aktienrechtliches und handelsrechtliches Agio, NZG 2003, 510;
Behrens/Renner, Aktienoptionspläne – aktuelle Rechtsprechungsübersicht, AG 2011, 121; Blumenberg/
Lechner, Steuerrechtliche Behandlung des Erwerbs und der Veräußerung eigener Anteile nach dem BMF-
Schreiben vom 27.11.2013, DB 2014, 141; Breuninger/Prinz, Ausgewählte Bilanz- und Steuerrechtsfragen
von Mezzaninefinanzierungen, DStR 2006, 1345; Breuninger/M. Müller, Erwerb und Veräußerung eigener
Anteile nach dem BilMoG. Steuerrechtliche Behandlung – Chaos perfekt?, GmbHR 2011, 10; Bruckmeier/
Zwirner/Künkele, Die Behandlung eigener Anteile – Das BilMoG kürzt Steuersubstrat und fördert Investitio-
nen in eigene Aktien, DStR 2010, 1640; Busse v. Colbe/Großfeld/Kley/Martens/Schlede, Bilanzierung von
Optionsanleihen im Handelsrecht, 1987; Claussen, Stock Options: Quo Vadis?, FS Horn, 2006, 313; Claussen,
Wie ändert das KonTraG das Aktiengesetz?, DB 1998, 177; Döllerer, Die Kapitalrücklage der Aktiengesellschaft bei Ausgabe von Optionsanleihen nach Handelsrecht und Steuerrecht, AG 1986, 237; Döllerer, Einlagen
bei Kapitalanlagegesellschaften nach Handelsrecht und Steuerrecht, BB 1986, 1857; Dörr, Kein Betriebsausga-
benabzug bei unentgeltlicher Einräumung von Stock Options an Mitarbeiter, NWB 2011, 350; Eidenmüller/
Engert, Die angemessene Höhe des Grundkapitals der Aktiengesellschaft, AG 2005, 97; Ekkenga, Bilanzierung
von Stock Options Plans nach US-GAAP, IFRS und HGB, DB 2004, 1897; Ekkenga, Eigenkapitalersatz und
Risikofinanzierungen nach künftigem GmbH-Recht, WM 2006, 1986; Ekkenga, Sachkapitalerhöhung gegen
Schuldbefreiung, ZGR 2009, 581; Ekkenga, Mezzanine-Kapital im aktien- und GmbH-rechtlichen System
der gläubigerschützenden Kapitalerhaltung, ZHR 185 (2021), 792; Emmerich/Naumann, Zur Behandlung
von Genussrechten im Jahresabschluss von Kapitalgesellschaften, WPg 1994, 677; Escher-Weingart/Kübler,
Erwerb eigener Aktien, ZHR 162 (1998), 537; Esterer/Härteis, Die Bilanzierung von Stock Options in der
Handels- und Steuerbilanz, DB 1999, 2073; Fentz/v. Voigt, Eigenkapital bei Genossenschaften im IFRS-
Abschluss, KoR 2007, 23; Früchtl/Fischer, Erwerb eigener Anteile: Änderungen durch das BilMoG?, DStZ
2009, 112; Gebhardt, Konsistente Bilanzierung von Aktienoptionen und Stock Appreciation Rights: eine
konzeptionelle Auseinandersetzung mit E-DRS 11 und IFRS ED 2, BB 2003, 675; Geisel/Ploog, Künftige
Abgrenzung von Eigen- und Fremdkapital nach IFRS: Wie wirken sich die neuen Vorschläge des IASB auf
in Deutschland typische Finanzierungsformen und Derivate aus?, WPg 2018, 1505; Gelhausen, Bilanzierung
zur Einziehung erworbener Aktien und Kapitalschutz, FS Baetge, 2007, 189; Gelhausen/Rimmelspacher,
Wandel- und Optionsanleihen in den handelsrechtlichen Jahresabschlüssen des Emittenten und des Inhabers,
AG 2006, 729; Gessler, Nichtigkeit und Anfechtung des GmbH-Jahresabschlusses nach dem Bilanzrichtlinien-
Gesetz, FS Goerdeler, 1987, 127; Goette, Anm. zu BGH vom 7.11.1994, DStR 1995, 500; Groh, Verdeckte
Einlagen unter dem Bilanzrichtlinien-Gesetz, BB 1990, 379; Gustavus, Die Sicherung von mit ausländischen
Optionsanleihen verbundenen Bezugsrechten auf deutsche Aktien, BB 1970, 694; Haaker, Warum die Aus-
schüttungssperre nach § 272 Abs 5 HGB-E des BilRUG-RegE bei phasengleicher Dividendenrealisation ins
Leere läuft, DB 2015, 510; Haaker, Überzogene Richtlinientreue vs. goldene Brücken für die GoB-konforme
Auslegung in der BilRUG-Beschlussempfehlung, DB 2015, 1545; Haaker, Wertaufholungen im Anwendungsbereich von § 271 Abs. 5 HGB?, DB 2017, M 24; Haller, Probleme bei der Bilanzierung der Rücklagen
und des Bilanzergebnisses einer Aktiengesellschaft nach neuem Bilanzrecht, DB 1987, 645; Häuselmann,
Wandelanleihen in der Handels- und Steuerbilanz der Emittenten, BB 2000, 139; Heider, Einführung der
nennwertlosen Aktie in Deutschland anläßlich der Umstellung des Gesellschaftsrechts auf den Euro, AG 1998,
1; Hennrichs, Kapitalschutz bei GmbH, UG (haftungsbeschränkt) und SPE, NZG 2009, 921; Hermesmeier/
Heinz, Die neue Gewinnausschüttungssperre nach § 272 Abs. 5 HGB idF BilRUG, DB-Beil. 5/2015, 20;
Herzig, Steuerliche und bilanzielle Probleme bei Stock Options und Stock Appreciation Rights, DB 1999,
1; Heuser, Die neue Bilanz der GmbH, 1986; Hommelhoff/Priester, Bilanzrichtliniengesetz und GmbH-
Satzung, ZGR 1986, 463; Hoffmann, Aktienoptionen an Mitarbeiter, PiR 2011, 30; Hoffmann/Lüdenbach,
Die Neuregelung des IASB zum Eigenkapital bei Personengesellschaften, DB 2006, 1797; Hüttemann, Erwerb
eigener Anteile im Bilanz- und Steuerrecht nach BilMoG, FS Herzig, 2010, 595; Hultsch/Roß/Drögemüller,
Zum Nachrangerfordernis beim Eigenkapitalausweis von Genussrechtskapital im handelsrechtlichen Jahresabschluss, BB 2007, 819; IDW HFA 1/1994, Zur Behandlung von Genussrechten im Jahresabschluss von
Kapitalgesellschaften, WPg 1994, 419; Kerssenbrock, Zur zivil- und steuerrechtlichen Behandlung der Kapitalherabsetzung bei einer GmbH, GmbHR 1984, 306; Kirsch, Bilanzierung eigener Aktien nach IFRS, StuB
2005, 9; Kirsch, Eigenkapitalausweis und Eigenkapitalveränderungsrechnung der AG nach IAS/IFRS: Aufbau
und Abbildung in der Finanzbuchhaltung, BBK Nr. 9 v. 2.5.2003, Fach 14, 4531; Kleindiek, Die Einziehung
von GmbH-Geschäftsanteilen und das Konvergenzgebot aus § 5 III 2 GmbHG, NZG 2015, 490; Kessler/
Suchan, Kapitalschutz bei Erwerb eigner Anteile nach BilMoG, FS Hommelhoff, 2012, 509; Knepper, Die

Belegschaftsaktie in Theorie und Praxis, ZGR 1985, 419; Knobbe-Keuk, Steuerrechtliche Fragen der Optionsanleihen, ZGR 1987, 312; Koch/Vogel, Zur handels- und steuerrechtlichen Behandlung von Optionsanleihen, BB-Beil. 10/1986, 1; Köhler, Steuerliche Behandlung eigener Anteile, DB 2011, 15; Kolb/Pöller, Das Gesetz über die Zulassung von Stückaktien, DStR 1998, 855; Kropff, Handelsrechtliche Bilanzierungsfragen der Optionsanleihen, ZGR 1987, 285; Kropff, Nettoausweis des gezeichneten Kapitals und Kapitalschutz, ZIP 2009, 1037; Kropff, Gesellschaftsrechtliche Auswirkungen der Ausschüttungssperre in § 268 Abs. 8 HGB, FS Hüffer, 2010, 539; Kühnberger, Eigenkapitalausweis und Kompetenzregeln für die AG bei der Kapitalaufbringung und -erhaltung nach BilMoG, BB 2011, 1387; Küting/Dürr, „Genüsse" in der Rechnungslegung nach HGB und IFRS sowie Implikationen im Kontext von Basel II, DStR 2005, 938; Küting/Kessler, Die Problematik der „anderen Zuzahlungen" gem. § 272 Abs. 2 Nr. 4 HGB, BB 1989, 25; Küting/Pfitzer/Weber, Das neue deutsche Bilanzrecht, 2. Aufl. 2009; Küting/Reuter, Anwendungsbeispiele zum Eigenkapitalausweis nach dem BilMoG-RegE, StuB 2008, 575; Küting/Weber, Die Darstellung des Eigenkapitals bei der GmbH nach dem Bilanzrichtlinie-Gesetz, GmbHR 1984, 165; Lanfermann/Röhricht, § 268 Abs. 8 HGB als neue Generalnorm für außerbilanzielle Ausschüttungssperren, DStR 2009, 1216; Lechner/Haisch, Was nun? Erwerb eigener Anteile nach dem BMF-Schreiben vom 10.8.2010, Ubg 2010, 691; Lochmann, Betriebsausgabenabzug bei Stock Options für Vergütungszwecke, DB 2010, 2761; Loos, Steuerliche und handelsrechtliche Einstufung von Aufgeld und Unterverzinslichkeit bei Optionsanleihen, DB 1988, 369; Lüdenbach/Freiberg, BilRUG: Letzte Änderungen auf der Zielgeraden, BB 2015, 1649; Lühn, Ausweis von Genussrechten auf der Passivseite der IFRS-Bilanz – unter besonderer Berücksichtigung von IDW RS HFA 9, WPg 2006, 1529; Lutter, Gescheiterte Kapitalerhöhungen, FS Schilling, 1973, 207; Lutter, Die rechtliche Behandlung von Erlösen aus der Verwertung von Bezugsrechten bei der Ausgabe von Optionsanleihen, DB 1986, 1607; Martens, Die bilanzrechtliche Behandlung internationaler Optionsanleihen nach § 150 Abs. 2 AktG, FS Stimpel, 1985, 621; Martens, Erwerb und Veräußerung eigener Aktien im Börsenhandel, AG 1996, 337; Martens, Fehler schaffen neue Fehler: gegen die Divergenztheorie bei § 5 Abs. 3 und § 34 GmbHG, GmbHR 2010, 1177; Marx/Dallmann, Problembereiche und Anwendungsfragen der außerbilanziellen Ausschüttungssperre des § 268 Abs. 8 HGB, Stbg 2010, 453; Mayer/Wagner, BMF-Schreiben zu eigenen Anteilen – Absage an (vermeintliches) Korrespondenzprinzip, DStR 2014, 571; Mick, Aktien- und bilanzsteuerrechtliche Implikationen beim Einsatz von Eigenkapitalderivaten beim Aktienrückkauf, DB 1999, 1201; Müller, Satzungsregeln für die Bildung von Rücklagen durch die Hauptversammlung, WPg 1969, 245; Müller, Differenzierte Anforderungen für die Leistung von Sacheinlagen in das Eigenkapital von Kapitalgesellschaften, FS Heinsius, 1991, 591; Müller/Reinke, Handelsrechtliche und steuerliche Behandlung von eigenen Anteilen, DStR 2014, 711; Müller/Reinke, Behandlung von eigenen Anteilen im handelsrechtlichen Einzel- und Konzernabschluss unter Beachtung von E-DRS 31, DStR 2015, 1127; Mylich, Wertaufholungen im Anwendungsbereich von § 272 Abs. 5 HGB?, DB 2017, M26; Mylich, Gegenstandsbezogene Ausschüttungssperren und gesellschaftsrechtliche Kapitalschutzmechanismen, ZHR 181 (2017), 87; Mylich, Der Jahresfehlbetrag, ZGR 2022, 263; Naumann, Zur Bilanzierung von Stock Options, DB 1998, 1428; Niehus, Rechnungslegung und Prüfung der GmbH nach neuem Recht, 1982; Nowotny, Zur aktienrechtlichen Bilanzierung noch nicht geleisteten Aufgeldes sowie noch nicht registrierter Kapitalerhöhungen, DB 1979, 557; Oechsler, Die neue Kapitalgrenze beim Rückerwerb eigener Aktien (§ 71 Abs. 2 Satz 2 AktG), AG 2010, 105; Oser/Kropp, Eigene Anteile in Gesellschafts-, Bilanz- und Steuerrecht, Der Konzern 2012, 185; Oser/Orth/Wirtz, Neue Vorschriften zur Rechnungslegung und Prüfung durch das Bilanzrichtlinie-Umsetzungsgesetz, DB 2015, 197; Pellens/Crasselt, Bilanzierung von Stock Options, DB 1998, 217; Pellens/Crasselt, Replik zu Naumann (s. oben), DB 1998, 1431; Petersen/Zwirner, IAS 32 (rev. 2008): endlich (mehr) Eigenkapital nach IFRS?, DStR 2008, 1060; Pohl, Treaty shopping und eigene Anteile, Art. 28 Limitation on Benefits Clause DBA-USA, JbFSt 2010/2011, 513; Portner, Besteuerung von Stock Options – Zeitpunkt der Bewertung des Sachbezugs, DB 2002, 235; Rammert, Die Bilanzierung von Aktienoptionen für Manager, WPg 1998, 766; Rammert/Thies, Mit dem Bilanzrechtsmodernisierungsgesetz zurück in die Zukunft: Was wird aus Kapitalerhaltung und Besteuerung, WPg 2009, 34; Reiner, Derivative Finanzinstrumente im Recht, 2002 (frei verfügbar unter https://www.nomos-elibrary.de/10.5771/9783845287164-I/); Reiner/Geuter, Anteilstausch als Mittel und Folge von Unternehmensübernahmen, JA 2006, 543; Reitmeier/Rimmelspacher, Das Bilanzrichtlinie-Umsetzungsgesetz: Überblick über die wesentlichen Änderungen, DB 2015, Beil. Heft 36, 1; Rieckers, Ermächtigung des Vorstands zu Erwerb und Einziehung eigener Aktien, ZIP 2009, 700; Rode, Besteuerung und Bilanzierung von Stock Options, DStZ 2005, 404; Rodewald/Pohl, Neuregelungen des Erwerbs von eigenen Anteilen durch die GmbH im Bilanzrechtsmodernisierungsgesetz (BilMoG), GmbHR 2009, 32; Roos, Ausweis der Kapitalrücklage in handelsrechtlichen Abschlüssen deutscher börsennotierter Kapitalgesellschaften, DStR 2015, 842; Röper/Leffers, Bewertung einer Sacheinlage in eine GmbH im Wege der Überpari-Emission, WPg 2007, 1024; v. Rosen/Helm, Der Erwerb eigener Aktien durch die Gesellschaft, AG 1996, 434; Rosner, Ausstehende Einlagen nach Verschmelzung von Aktiengesellschaften, AG 2011, 5; Rossmanith/Funk/Alber, Stock Options: Neue Bilanzierungs- und Bewertungsansätze nach IFRS 2 und SFAS 123 im Vergleich, WPg 2006, 664; Roß, Das „schuldrechtliche Agio" im Bilanzrecht – offene Fragen und Lösungsvorschläge, DB 2023, 1361; Sarx, Bilanzierungsfragen im Rahmen einer Gründungsbilanz/Eröffnungsbilanz, DStR 1991, 692 (Teil I) und 724 (Teil II); Schaber, Bilanzierung von Wandelanleihen nach IFRS, BB 2005, 2287; Schaber/Isert, Bilanzierung von Hybridanleihen und Genussrechten nach IFRS, BB 2006, 2401; Schäfer, Schuldrechtliches Agio im Aktienrecht – Kapitalaufbringung ad libitum?, ZIP 2016, 953; Schmidbauer, Die Bilanzierung eigener Aktien im internationalen Vergleich, DStR 2002, 187; M. Schmidt, Eigenkapital nach IAS 32 bei Personengesellschaften: aktueller IASB-Vorschlag und Aktivitäten anderer Standardsetzer, BB 2006, 1563; M Schmidt, Zur Abgrenzung zwischen Eigenkapital und Schuldinstrumenten: Neue Vorschläge des IASB im Discussion Paper DP/2018/1 „Financial Instruments with Characteristics of Equity", WPg 2018, 942 ff.; Schmidt/Reinholdt, Eigene Anteile nach IFRS, IRZ 2009, 53; Schmidtmann, Abstrakte und konkrete Bilanzierungsfähigkeit eigener Anteile nach dem Bilanzrechtsmodernisierungsgesetz, StuW 2010, 286; Schneeloch, Verdeckte Vorteilszuwendungen an Kapitalgesellschaften, BB 1987, 481; Schmitt/Hülsmann, Verschmelzungsgewinn in der Handelsbilanz und Prinzip der Gesamtrechtsnachfolge, BB 2000, 1563; Schneiders, Die ausstehende Einlage in der Umwandlung, 2018; Schnorbus/Plassmann, Bilanzierung eines schuldrechtlichen Agios als andere Zuzahlung gem. § 272 Abs. 2 Nr. 4 HGB, ZIP 2016, 693; Scholtissek, Das Eigenkapital im künftigen Jahresabschluss der Kapitalgesellschaften, INF 1985, 536; Schruff, Zur Bilanzierung von Stock Options nach HGB: Übernahme internationaler Rechnungslegungsstandards?, FS W. Müller, 2001, 219; Schulze-Osterloh, Die anderen Zuzahlungen nach § 272 Abs. 2 Nr. 4 HGB, FS Claussen, 1997, 769; Seidler, Ausgewählte Fragestellungen zur Bilanzierung von Einlagen im handelsrechtlichen Jahresabschluss von Kapitalgesellschaften, BB 2021, 2795; Selchert, Jahresabschlussprüfung der Kapitalgesellschaften, 1988; Steffan/Schmidt, Die Änderungen des Gesellschaftsrechts durch das geplante Gesetz zur Einführung des Euro (EuroEG), DB 1998, 559; Theile, Der Jahres- und Konzernabschluss der GmbH und GmbH & Co. nach dem Regierungsentwurf eines Bilanzrichtlinie-Umsetzungsgesetzes (BilRUG), GmbHR 2015, 281; Thiel, Bilanzielle und steuerrechtliche Behandlung eigener Aktien nach der Neuregelung des Aktienerwerbs durch das KonTraG, DB 1998, 1583; Ulmer, Begriffsvielfalt im Recht der verbundenen Unternehmen als Folge des Bilanzrichtlinien-Gesetzes – Eine systematische Analyse, FS Goerdeler, 1987, 623; Verse, Auswirkungen der Bilanzrechtsmodernisierung auf den Kapitalschutz, VGR 15 (2010), 67; Wachter, Sacheinlage von Unternehmen in Kapitalgesellschaften, DB 2010, 2137; Walter, Bilanzierung von Aktienoptionsplänen in Handels- und Steuerbilanz: einheitliche Behandlung unabhängig von der Art der Unterlegung, DStR 2006, 1101; Wastl, Erwerb eigener Aktien nach dem Referentenentwurf zur Änderung des AktG und des HGB, DB 1997, 461; Weiss, Kombinierte Kapitalerhöhung aus Gesellschaftsmitteln mit nachfolgender ordentlicher Kapitalherabsetzung – ein Instrument flexiblen Eigenkapitalmanagements der Aktiengesellschaft, BB 2005, 2697; Wiese/Dammer, Zusammengesetzte Finanzinstrumente der AG, DStR 1999, 867; Winnefeld, Bilanzrechtliche Zulässigkeitsvoraussetzungen für den Erwerb eigener Anteile einer GmbH, WiB 1997, 78; Wittmann/Ruß, Bilanzierung alternativer Finanzierungsformen nach HGB, Stbg 2011, 127; Zätzsch, Eingefrorene Aktien in der Rechnungslegung: HGB versus AktG und Europarecht: Auswirkungen im Steuerrecht, FS W. Müller, 2001, 773; Zilias/Lanfermann, Die Neuregelung des Erwerbs und Haltens eigener Aktien, WPg 1980, 61 und WPg 1980, 89; Zwirner, Die steuerbilanzielle Behandlung von Erwerb und Veräußerung eigener Anteile, BC 2014, 119; Zwirner/Busch/Boecker, Aktueller Fokus von Aufsichtsräten bei der Rechnungslegung – Worauf ist zu achten?, Der Konzern 2016, 287.[1]

Übersicht

---

[1] Der Verf. dankt seinem wissenschaftlichen Mitarbeiter Ass. jur. Felix Arlt für die wertvolle Vorarbeit zur Neuauflage und die zahlreichen inhaltlichen Anregungen.

A. Regelungsgegenstand

1   § 272 regelt Voraussetzungen und Gestaltung des **Eigenkapitalausweises** für Kapital-gesellschaften (AG, SE mit Sitz im Inland, GmbH einschließlich der UG (haftungsbe-schränkt), KGaA), insbesondere die Darstellung der einzelnen Eigenkapitalkomponenten in der Bilanz. Wegen der rechtsformspezifischen Unterschiede ist die Vorschrift nicht auf Kapitalgesellschaften & Co. iSd § 264a anzuwenden. Deren Eigenkapitalausweis richtet sich grundsätzlich allein nach § 264c Abs. 2 als lex specialis (zur Ausnahme bei ausstehenden Einlagen → § 264a Rn. 23 f.). § 337 enthält eine Sondervorschrift für Genossenschaften. Die gesetzliche Gliederung des Bilanzpostens Eigenkapital orientiert sich bei Kapitalgesell-schaften gem. § 266 Abs. 3 A. an der Verfügbarkeit (Mobilisierbarkeit) der einzelnen Eigen-kapitalpositionen für die Organe der Gesellschaft; zuerst kommen die nicht bzw. weniger verfügbaren, danach die eher und freier verfügbaren Positionen (→ § 266 Rn. 87).[2] Dem-entsprechend sind (§ 266 Abs. 3 A. I.–III.) mit dem Posten Gezeichnetes Kapital (Abs. 1) zunächst das den Gesellschaftern entzogene Grund- bzw. Stammkapital auszuweisen, dann als Kapitalrücklage (Abs. 2) die aus sonstigen Gesellschafterleistungen gebildeten Beträge und schließlich als Gewinnrücklage (Abs. 3), einschließlich der Rücklage für Anteile an

---

[2]   HdJ/Singhof Abt. III/2, Rn. 10 (Stand: Juni 2008, Aussage in der Bearbeitung aus Juli 2021 von Dett-meier/Prodan nicht enthalten); Übersichten zur Verfügungskompetenz hinsichtlich der Eigenkapitalkon-ten bei HdR/Küting/Reuter Rn. 2 (Stand: 11/2009); Heymann/Jung, 1. Aufl. 1988, Rn. 2 (tabellari-sche Übersicht in der nachfolgenden Kommentierung von Herrmann nicht mehr enthalten).

einem herrschenden oder mit Mehrheit beteiligten Unternehmen (Abs. 4), die erwirtschafteten Beträge. Die Unterscheidung zwischen Kapital- und Gewinnrücklage soll zugleich den Anteil von Außen- und Innenfinanzierung deutlich machen. Ausstehende Einlagen der Gesellschafter auf das gezeichnete Kapital sind gesondert auszuweisen, wobei zwischen **eingeforderten** und **nicht eingeforderten Einlagen zu unterscheiden** ist (Abs. 1 S. 2).

Ergänzt wird § 272 durch **weitere Vorschriften** des Bilanz- und Gesellschaftsrechts **2** zum Eigenkapitalausweis. Dies gilt zB für die Posten Gewinnvortrag/Verlustvortrag sowie Jahresüberschuss/Jahresfehlbetrag (§ 266 Abs. 3 A. IV., A. V.; → § 266 Rn. 92 f.) bzw. Bilanzgewinn/Bilanzverlust (§ 268 Abs. 1) und den Ausweis des nicht durch Eigenkapital gedeckten Fehlbetrags (§ 268 Abs. 3). Hinzu kommen **rechtsformspezifische Regelungen** zum Eigenkapitalausweis in der Bilanz.[3] Bei der **AG** ist insbesondere das Grundkapital als gezeichnetes Kapital mit zahlreichen Zusatzinformationen zu versehen (§ 152 AktG; für den Anhang s. § 160 Abs. 1 AktG). Ergänzende Angaben sind zu Kapitalrücklagen (§ 150 Abs. 3 und 4 AktG, § 152 Abs. 2 AktG) und Gewinnrücklagen (§ 58 Abs. 1–3 AktG, § 150 Abs. 1–4 AktG, §§ 300, 301 S. 2 AktG, § 302 Abs. 1 AktG, § 324 AktG) erforderlich. Die KGaA hat zudem Kapitalanteile und Einzahlungsverpflichtungen der persönlich haftenden Gesellschafter sowie deren nicht durch Vermögenseinlagen gedeckten Verlustanteil gesondert auszuweisen (§ 286 Abs. 2 AktG).[4] Bei der **GmbH** „ist das Stammkapital als gezeichnetes Kapital auszuweisen" (§ 42 Abs. 1 GmbHG); auch hier sind Sonderregeln für Kapitalrücklagen (§ 42 Abs. 2 S. 3 GmbHG) und Gewinnrücklagen (§ 29 Abs. 2 und 4; § 5a Abs. 3 GmbHG) zu beachten. Das DMBilG 1990 enthält Bestimmungen zu Sonderrücklagen (→ § 266 Rn. 95). Seit Inkrafttreten des BilMoG ist der Jahresabschluss **„kapitalmarktorientierter Kapitalgesellschaften"** (§ 264d) gem. § 264 Abs. 1 S. 2 zwingend um (eine Kapitalflussrechnung und) einen **Eigenkapitalspiegel** (Eigenkapitalveränderungsrechnung) zu erweitern, wenn für diese Gesellschaften keine Pflicht zur Aufstellung eines Konzernabschlusses (einschließlich eines Eigenkapitalspiegels, § 297 Abs. 1 S. 1) besteht (→ § 264 Rn. 16). **Freiwillig** (§ 265 Abs. 5) kann dem Jahresabschluss zur Steigerung der Aussagekraft ein solcher Eigenkapitalspiegel – ggf. nebst Kapitalflussrechnung und Segmentberichterstattung (vgl. § 297 Abs. 1 S. 2) – auch bei anderen Kapitalgesellschaften beigefügt werden.[5]

B. Gezeichnetes Kapital, ausstehende Einlagen (Abs. 1) und eigene Anteile (Abs. 1a und Abs. 1b)

I. Gezeichnetes Kapital (Abs. 1 S. 1)

Unter **„gezeichnetem Kapital"** ist das Grundkapital von AG (§ 1 Abs. 2 AktG, § 6 **3** AktG, § 23 Abs. 3 Nr. 3 AktG, § 152 Abs. 1 S. 1 AktG), KGaA (§ 278 Abs. 1 und 3 AktG) und SE (Art. 4 SE-VO; § 10 Abs. 1 SEAG, § 17 Abs. 1 SEAG) sowie das Stammkapital der GmbH (§ 3 Abs. 1 Nr. 3, § 5 GmbHG) zu verstehen.[6] Der Begriff entspricht der europarechtlichen Terminologie der Bilanz-RL (englisch „subscribed capital", französisch „capital souscrit"; s. ferner zB Art. 4 Abs. 2 und 3 SE-VO: „gezeichnetes Kapital"). Er soll deutlich machen, dass es sich um das gezeichnete (versprochene), nicht notwendig eingezahlte Kapital handelt.[7] Es geht damit um das Kapital, zu dessen (anteiliger) Aufbringung sich die Gesellschafter in der Satzung bzw. im Gründungsakt (§ 23 Abs. 2 Nr. 2 AktG)

---

[3]   Auflistung der einschlägigen Normen von HGB, AktG und GmbHG bei Heymann/Jung, 1. Aufl. 1988, Rn. 8 f.

[4]   Überblick und Einzelheiten im Zusammenhang mit § 286 Abs. 2 AktG bei ADS Rn. 206 ff.; BeBiKo/Störk/Kliem/Meyer, 13. Aufl. 2022, Rn. 320, 330 f.

[5]   ADS Rn. 8.

[6]   ZB ADS Rn. 11; Hopt/Merkt, 41. Aufl. 2022, Rn. 1; HdR/Küting/Reuter Rn. 5 (Stand: 11/2009); HK-HGB/Kirnberger Rn. 1; KKRD/Morck/Drüen, 9. Aufl. 2019, Rn. 2; Staub/Meyer, 6. Aufl. 2021, Rn. 6.

[7]   Begr. RegE BiRiLiG, BT-Drs. 10/317, 82.

verpflichtet haben und das gleichzeitig Inbegriff der gesellschaftlichen Beteiligung ist.[8] Nicht zum gezeichneten Kapital gehören die gesondert auszuweisenden Kapitalanteile von persönlich haftenden Gesellschaftern der KGaA (§ 286 Abs. 2 S. 1 AktG), stille Einlagen,[9] Genussrechtskapital und Gesellschafterdarlehen, auch wenn sie gem. § 39 Abs. 1 Nr. 5, Abs. 4 und 5 InsO nachrangig sind (zum Bilanzausweis dieser Finanzierungsarten → § 266 Rn. 88, → § 266 Rn. 98 ff.).[10] Das Kapital gilt ab dem Moment als **gezeichnet,** wo der seiner Gewährung zugrunde liegende gesellschaftsrechtliche Vorgang (Gesellschaftsgründung, Kapitalerhöhung, Kapitalherabsetzung etc) wirksam wird,[11] also regelmäßig mit Eintragung des Vorgangs in das Handelsregister (zB § 41 Abs. 1 S. 1 AktG, § 189 AktG; Art. 16 Abs. 1 SE-VO, Art. 9 Abs. 1 lit. c Ziff. ii SE-VO, § 3 SEAG; § 11 Abs. 1 GmbHG, § 54 Abs. 3 GmbHG).

4   Die bisherige gesetzliche **Definition** des gezeichneten Kapitals in Abs. 1 S. 1 aF als das Kapital, „auf das die Haftung der Gesellschafter für Verbindlichkeiten der Kapitalgesellschaften gegenüber den Gläubigern beschränkt ist", war **missglückt** (näher → 3. Aufl. 2013, Rn. 4)[12] und wurde mit der Aktienrechtsnovelle 2016 aufgehoben.[13]

5   Das gezeichnete Kapital ist gem. Abs. 1 S. 1 (bis zum BilMoG: § 283 aF)[14] mit dem **Nennbetrag des Gesellschaftskapitals** (Höhe des Grundkapitals, § 23 Abs. 3 Nr. 3 AktG; Betrag des Stammkapitals, § 3 Abs. 1 Nr. 3 GmbHG) als konstante Eigenkapitalkomponente auszuweisen. In Verbindung mit den gesellschaftsrechtlichen Kapitalschutznormen (§ 57 Abs. 1 und 3 AktG; § 30 Abs. 1 GmbHG) entfaltet es damit die Funktion einer (im Einzelnen unterschiedlich ausgeprägten) Ausschüttungssperre. Sein Betrag entspricht der Summe der Nennbeträge bzw. – bei Stückaktien – des „rechnerischen Werts" (vgl. Abs. 1a) der Anteile aller Gattungen, die an der Kapitalgesellschaft bestehen.[15] Maßgebliche Größe ist hierfür in der Regel der am Bilanzstichtag im Handelsregister eingetragene Betrag;[16] in der Eröffnungsbilanz der Vorgesellschaft ist der Nennbetrag laut Satzung oder Gesellschaftsvertrag anzugeben. Das Ausstehen (s. Abs. 1 S. 2; → Rn. 6 ff.) sowie die Rückgewähr (§ 57 Abs. 1, Abs. 3 AktG, § 30 Abs. 1 GmbHG) von Einlagen bleiben unberücksichtigt. Für den Jahresabschluss der AG sind weitere Besonderheiten zu beachten (§ 152 Abs. 1 S. 2–4 AktG; → Rn. 2), insbesondere sind die Gesamtnennbeträge der einzelnen Aktiengattungen gesondert anzugeben (§ 152 Abs. 1 S. 2 AktG, § 11 AktG) und im Anhang zu erläutern (§ 160 Abs. 1 Nr. 3 AktG). Das GmbH-Recht kennt keine besonderen Ausweisregeln.

---

[8]   Vgl. ADS Rn. 11: Kapital, „an dessen Inhaberschaft in der Regel quotenmäßig bestimmte Rechte geknüpft sind".

[9]   Vgl. aber BGH NZG 2006, 341, 343 = BeckRS 2006, 3751 Rn. 24 zur gesellschaftsrechtlichen Gleichstellung des atypischen stillen Gesellschafters einer GmbH mit GmbH-Gesellschaftern im Rahmen des § 30 GmbHG: Sei ein stiller Gesellschafter „hinsichtlich seiner vermögensmäßigen Beteiligung und seines Einflusses auf die Geschicke der GmbH weitgehend einem GmbH-Gesellschafter" gleichzustellen, „so ist seine Einlage Teil der Eigenkapitalgrundlage der GmbH".

[10]   ADS Rn. 12; KKRD/Morck/Drüen 9. Aufl. 2019, Rn. 2; Baetge/Kirsch/Thiele/Thiele Rn. 23 (Stand: August 2006).

[11]   HdR/Küting/Reuter Rn. 11 (Stand: ET 11/2009), mit tabellarischem Überblick über die Ausweiszeitpunkte bei unterschiedlichen Kapitalmaßnahmen; vgl. auch Staub/Meyer, 6. Aufl. 2021, Rn. 9, mit Beispielen für Abweichungen vom Grundsatz der Maßgeblichkeit des Handelsregistereintrags.

[12]   KKRD/Morck/Drüen 9. Aufl. 2019, Rn. 2: „schlichtweg falsch"; s. auch Begr. Beschlussempfehlung RA zu dem damals noch „Aktienrechtsnovelle 2014" genannten Gesetzentwurf, BT-Drs. 18/6681, 13: Mit der Neuregelung werde „die bisherige gesetzliche Definition des gezeichneten Kapitals gestrichen, da diese zu Missverständnissen führen konnte". Die bisherige Definition in § 272 Abs. 1 S. 1 aF sei „verschiedentlich so gelesen" worden, „als sei von einer unmittelbaren ‚Haftung der Gesellschafter' gegenüber den Gesellschaftsgläubigern die Rede, welche es aber regelmäßig gerade nicht" gebe.

[13]   Gesetz zur Änderung des Aktiengesetzes (Aktienrechtsnovelle 2016) v. 22.12.2015, BGBl. 2015 I 2565 v. 30.12.2015.

[14]   S. Begr. RegE MoMiG, BT-Drs. 16/10067, 65: Der Grund dieser Ergänzung liege „allein in der aus redaktionellen Gründen vorgenommenen Aufhebung des § 283 HGB". Eine „sachliche Änderung" sei „damit nicht intendiert".

[15]   Ähnlich ADS Rn. 14.

[16]   HdR/Küting/Reuter Rn. 9 (Stand: 11/2009); Staub/Meyer, 6. Aufl. 2021, Rn. 8; zu Ausnahmen im Fall der Kapitalherabsetzung der AG s. §§ 234–236 AktG.

II. Ausstehende Einlagen (Abs. 1 S. 2)

1. Grundsätzliches. Die ausstehenden Einlagen auf das gezeichnete Kapital, also die **6** **einlagenbezogenen Erfüllungsrückstände** aus dem Gesellschaftsvertrag bzw. Gründungsakt sind nach Art – eingefordert oder noch nicht eingefordert – und nach Umfang gesondert auszuweisen. Damit werden der Stand der Kapitalaufbringung am Bilanzstichtag und die damit zusammenhängenden Risiken für die Gläubiger der Kapitalgesellschaft deutlich gemacht. Das kapitalgesellschaftstypische Fehlen eines persönlich haftenden Gesellschafters, nicht die Haftungsbeschränkung der Gesellschafter für sich allein, ist dabei der Gesichtspunkt, mit dem die Pflicht zum bilanziellen Ausweis ausstehender Einlagen korrespondiert. Dementsprechend ist selbst bei der Kapitalgesellschaft & Co. für die ausstehenden Einlagen des Kommanditisten gem. § 264c Abs. 2 S. 9 lediglich eine Anhangangabe, aber kein besonderer Vermerk in oder unter der Bilanz erforderlich. Da die Einzahlungsverpflichtungen der Kommanditisten dort entsprechend dem Grundsatz des Bruttoausweises stets zu aktivieren sind (§ 264c Abs. 2 S. 6 und 7), hat dies vor allem in dem Sonderfall Bedeutung, dass die Haftsumme die bedungene Pflichteinlage übersteigt.

Wegen des **Doppelcharakters** nicht eingeforderter ausstehender Einlagen, einerseits **7** als Korrekturposten zum gezeichneten Kapital bei wirtschaftlicher Betrachtung und andererseits als Forderung (Vermögensgegenstand),[17] kommen für sie bilanztechnisch grundsätzlich unterschiedliche bilanzielle Darstellungs- bzw. Ausweismöglichkeiten in Betracht. Dementsprechend bestand vor der Reform durch das BilMoG noch ein Wahlrecht zwischen einem sog. Bruttoausweis und einem sog. Nettoausweis des gezeichneten Kapitals, das nunmehr zu Gunsten des Nettoausweises beseitigt wurde. Beim seit dem BilMoG nicht mehr zulässigen sog. **Bruttoausweis** wurden sämtliche (eingeforderte und nicht eingeforderte) ausstehende Einlagen auf der Aktivseite – unter Vermerk des eingeforderten (und ggf. auch des nicht eingeforderten) Teils in einer Vorspalte – vor dem Anlagevermögen gesondert in einem Gesamtbetrag als „Ausstehende Einlagen auf das gezeichnete Kapital" gezeigt; auf der Passivseite war das gezeichnete Kapital in voller Höhe zum Nennwert in der Hauptspalte aufzuführen (Abs. 1 S. 2 aF). Beim inzwischen vorgeschriebenen sog. **Nettoausweis** werden ausstehende Einlagen lediglich dann **aktiviert,** wenn sie **eingefordert** sind, wobei zum Ausgleich – entsprechend den Vorgaben des Art. 56 GesR-RL (zuvor Art. 17 Abs. 2 RL 2012/30/EU; davor Art. 15 Abs. 1 lit. b RL 77/91/EWG) und Anh. III Abschnitt Aktiva Posten A Bilanz-RL (zuvor Art. 9 A. RL 78/660/EWG) – auf der Passivseite der noch nicht eingeforderte Teil der Einlagen vom Posten „Gezeichnetes Kapital" in einer Vorspalte offen abgesetzt und der „verbleibende Betrag", also die Summe aus bereits eingezahlten Einlagen und fälligen (weil durch Einforderung geltend gemachten) Einlageforderungen, als „Eingefordertes Kapital" in der Hauptspalte ausgewiesen wird (Abs. 1 S. 2).[18] Nur wenn das gezeichnete Kapital voll eingezahlt ist, ist es unter dem Posten „Gezeichnetes Kapital" in der **Haupt**spalte auszuweisen.[19] Die gesetzliche Postenbezeichnung „Eingefordertes Kapital", die den Posten „Gezeichnetes Kapital" in der Hauptspalte ersetzt und auf die sich der Begriff Nettoausweis bezieht, ist dabei insofern missverständlich, als der Posten auch bereits eingezahlte Einlagen erfasst[20] und daher ohne Blick auf die Aktivseite zu Fehlinterpretationen verleiten könnte (→ Rn. 14 ff.).[21] Die Bundesregierung war sich dieser Kritik

---

[17] So ausdrücklich ADS Rn. 58; HdR/Küting/Reuter Rn. 30 (Stand: 11/2009); einschr. BeBiKo/Störk/Kliem/Meyer, 13. Aufl. 2022, Rn. 35: Bis zur Einforderung sei die Einlageforderung „rechtlich noch nicht voll entstanden" („latente Forderung").

[18] S. für beide Ausweisvarianten die Darstellung bei Coenenberg/Haller/Schultze, Jahresabschluss und Jahresabschlussanalyse, 22. Aufl. 2012, S. 319 – Darstellung des Bruttoausweises ab Auflage 2018 nicht mehr enthalten.

[19] RegE BilMoG, BT-Drs. 16/10067, 65.

[20] Ebenso zB Kölner Komm RechnungslegungsR/Mock Rn. 51.

[21] Staub/Meyer, 6. Aufl. 2021, Rn. 16; ebenfalls krit. Küting/Pfitzer/Weber/Hayn/Prasse/Reuter/Weigert, 2. Aufl. 2009, S. 304; HdR/Küting/Reuter Rn. 36 (Stand: 6/2010); BeckOGK/Pöschke, 15.9.2021, Rn. 39: Die gesetzliche Postenbezeichnung sei „unbefriedigend", solle „aber nicht verändert werden".

bewusst, hat aber auf die Aktivseite der Bilanz verwiesen, wo die eingeforderten und noch nicht geleisteten Einlagen gesondert als Forderung ausgewiesen würden.[22] Die Verordnung zur Änderung von Rechnungslegungsverordnungen vom 9.6.2011 (BGBl. 2011 I 1041) hat die Neuregelung des Ausweises ausstehender Einlagen mittlerweile[23] für den Anwendungsbereich der branchenspezifischen Formblattverordnungen gem. § 330 konkretisiert.

8   Die **Unterschiede zwischen Brutto- und Nettoausweis** beeinflussen wichtige Kennzahlen der Bilanzanalyse, etwa das Verhältnis des Eigenkapitals zu den Aktiva und zum Anlagevermögen[24] oder das Verhältnis von Fremdkapital zu Eigenkapital, ferner die Bilanzsumme und damit das Größenmerkmal gem. § 267 Abs. 1 Nr. 1 ($\rightarrow$ § 267 Rn. 6).[25] Der ggf. auszuweisende aktivische Posten „Nicht durch Eigenkapital gedeckter Fehlbetrag" (§ 268 Abs. 3) fällt beim Nettoausweis höher aus als beim Bruttoausweis,[26] weil der „Überschuss der Passivposten über die Aktivposten" ohne Berücksichtigung des Eigenkapitals erfolgt ($\rightarrow$ § 268 Rn. 9), so dass das beim Nettoausweis verringerte Eigenkapital die dort ebenfalls (um die nicht eingeforderten ausstehenden Einlagen) verringerten Aktiva nicht zu kompensieren vermag.

9   Weitere rechtliche Auswirkungen betreffen den gesellschaftsrechtlich **ausschüttbaren Gewinn** und die Höhe der **Vermögensbindung,** wenn die **nicht eingeforderten** ausstehenden Einlagen **nicht vollwertig** sind, wenn also die Einbringlichkeit der Einlagenansprüche mangels Bonität der Gesellschafter gefährdet ist. Während diese Einlagen dann nämlich bei einem **Brutto**ausweis nach bisher wohl hM[27] auf der Aktivseite entsprechend niedriger angesetzt werden müssten und damit ggf. den den Gesellschaftern zustehenden bzw. einer Ausschüttung zugänglichen Jahresüberschuss bzw. Bilanzgewinn (§ 29 Abs. 1 GmbHG, § 174 Abs. 1 AktG, § 57 Abs. 3 AktG) reduzieren würden, bleibt die fehlende Werthaltigkeit der Einlagenforderungen (ausstehenden Einlagen) beim **Netto**ausweis unberücksichtigt, weil sie gar nicht aktiviert werden und weil sie nach wohl allgemeiner Meinung auf der Passivseite ohne Abwertung mit dem Nominalbetrag vom „Gezeichneten Kapital" abzusetzen sind.[28] Daraus ergibt sich – wiederum aus Sicht der früher hM zum Bruttoausweis – zunächst „zusätzliches Ausschüttungspotential"[29] oder negativ formuliert eine Schwächung des Kapitalschutzes (zumindest bei Fehlschlagen der Ausfallhaftung der Mitgesellschafter bzw. Vormänner, vgl. zB § 24 GmbHG, § 65 AktG) im Vergleich zum Bruttoausweis, die man unter der Geltung des § 272 Abs. 1 S. 3 idF vor dem BilMoG noch dadurch zu vermeiden wusste, dass man den Nettoausweis bei Bestehen nicht vollwertiger nicht eingeforderter ausstehender Einlagen für unzulässig hielt.[30]

10   Eine im Schrifttum zum nun zwingenden Nettoausweis vorgeschlagene Lösung zur Schließung der entstandenen Schutzlücke besteht für **das Recht der AG** (und konsequen-

---

22   Begr. RegE MoMiG, BT-Drs. 16/10067, 65.
23   S. Verordnungsentwurf des BMJ v. 24.1.2011, 10: Eine Änderung der Formblattverordnung bereits im Rahmen des BilMoG sei unterblieben, „weil sie in Anbetracht der klaren gesetzlichen Regelung in § 272 Abs. 1 HGB nicht notwendig" gewesen sei. Die „gesetzliche Bestimmung allein" sei maßgebend gewesen, „nicht dagegen das nicht dem aktuellen Gesetzesstand entsprechende Formblatt".
24   Vgl. auch Kropff ZIP 2009, 1137 (1138): Es ändere sich „das für die Bilanzanalyse wesentliche Verhältnis des Eigenkapitals zu den Aktiven und zum Anlagevermögen".
25   Zur Veranschaulichung s. etwa das Bilanzierungsbeispiel bei Kropff ZIP 2009, 1137.
26   S. das Bilanzierungsbeispiel bei ADS § 268 Rn. 93.
27   So die Einschätzung von Kropff ZIP 2009, 1137 (1139); Verse VGR 15 (2010), 67 (89), jeweils mwN; ferner wohl ADS Rn. 71 iVm Rn. 66; aA HdR/Küting Rn. 46 (07/2003) zu § 272 Abs. 1 S. 2 idF vor dem BilMoG: „Abwertung der nicht eingeforderten Einlagen" sei „nicht möglich".
28   Kropff ZIP 2009, 1137 (1139); HdR/Küting/Reuter Rn. 46 (Stand: 11/2009): Eine Abwertung der nicht eingeforderten Einlagen sei „nicht zuletzt wegen der Pflicht zum passivischen Ausweis als Korrekturposten zum EK gemäß § 272 Abs. 1 S. 3 (= Abs. 1 S. 2 nF)" nicht möglich. S. auch Begr. RegE MoMiG, BT-Drs. 16/10067, 65: Mit der Beseitigung des Ausweiswahlrechts sei „auch die Frage nach der Zulässigkeit der Abwertung der noch nicht eingeforderten ausstehenden Einlagen geklärt". Ihnen komme „allein der Charakter eines Korrekturpostens zum Eigenkapital zu, der nicht abgewertet werden" könne.
29   Kropff ZIP 2009, 1137 (1139).
30   Kropff ZIP 2009, 1137 (1139) mwN; ADS Rn. 71: Werde „in diesen Fällen eine Abwertung erforderlich", sei „die Anwendung der Bruttomethode geboten".

terweise auch der SE), das mit dem Begriff des Bilanzgewinns rechtstechnisch unvermeidbar an die Handelsbilanz anknüpft, darin, das gem. § 57 (Abs. 3) AktG ausschüttungsfähige Vermögen **außerbilanziell** „um den Differenzbetrag zwischen dem Nennbetrag der nicht eingeforderten Einlagen und ihrem tatsächlichen Wert" zu vermindern.[31] Dieser Ansatz vermag zu überzeugen,[32] denn eine Lockerung des Kapitalschutzes hat der Reformgesetzgeber ebenso wenig beabsichtigt wie im Übrigen seine Verschärfung (→ Rn. 11 f.), und vernünftige Alternativen sind nicht in Sicht. Ein Ausgleich der Minderwertigkeit der Einlagenansprüche auf der Passivseite durch eine entsprechende Verringerung des Abzugspostens der nicht eingeforderten Einlagen, welche die gleichzeitige Erhöhung des Saldopostens „Eingefordertes Kapital" mit sich bringt, würde zwar das bilanzielle Eigenkapital erhöhen und auf diese Weise ausschüttungsbegrenzend wirken; der Informationszweck des Nettoausweises würde bei diesem Verfahren aber auf den Kopf gestellt, weil dann bei wertlosen nicht eingeforderten Einlagen ein höheres Eigenkapital ausgewiesen würde als bei werthaltigen.

Bei der **GmbH,** wo die Ausschüttungsbegrenzung ungeachtet des handelsbilanziellen **11** Nettoausweises an das Stammkapital und nicht an das eingeforderte Kapital anknüpft, lässt sich der fehlenden Werthaltigkeit der nicht eingeforderten Einlagen dadurch Rechnung tragen, dass man die betreffenden Einlagenansprüche für die Zwecke des § 30 GmbHG bei der Ermittlung des Gesellschaftsvermögens gedanklich aktiviert und dann entsprechend abschreibt.[33] Dem hier vertretenen Ansatz lässt sich nicht entgegenhalten, dass die Gesetzesmaterialien[34] eine Abwertung der nicht eingeforderten Einlagen ausdrücklich ablehnen, denn diese Aussage bezieht sich nach ihrem Zusammenhang nur auf den bilanziellen Ausweis, nicht auf § 30 GmbHG. Anders als bei der AG knüpft die Ausschüttungsbegrenzung in der GmbH nicht an den Jahresüberschuss bzw. Bilanzgewinn, sondern an den (bilanziellen) Wert des (Netto-)Vermögens (Wert der Aktiva abzgl. des Wertes der Verbindlichkeiten und des Wertes der Rückstellungen) und die Stammkapitalziffer an. Die „gedankliche" Aktivierung der nicht eingeforderten Einlagenansprüche ist bei der GmbH schon deshalb erforderlich,[35] weil der zwingende Nettoausweis für sich genommen wegen dieser besonderen Struktur der gesetzlichen Ausschüttungsbegrenzung einen gegenteiligen, die Ausschüttungs- und Entnahmemöglichkeiten zunächst **beschränkenden,** Effekt nach sich zieht, wenn man den Wortlaut des § 30 Abs. 1 GmbHG („Stammkapital", „Vermögen") und den

---

[31]   Verse VGR 15 (2010), 67 (90); aA Kölner Komm RechnungslegungsR/Mock Rn. 56, der Vorstand und Aufsichtsrat lediglich mittels der organschaftlicher Treuepflicht („entsprechender Sorgfaltsmaßstab") dazu verpflichtet sieht, bei ihrem Gewinnverwendungsvorschlag (§ 170 Abs. 2 AktG) an die Hauptversammlung „die fehlende Werthaltigkeit der nicht eingeforderten Einlagen zu berücksichtigen"; zuvor andeutungsweise bereits Kropff ZIP 2009, 1137 (1139): Es möge „bei einer solchen Lücke den Pflichten von Vorstand und Aufsichtsrat widersprechen, eine Ausschüttung vorzuschlagen".

[32]   Sich anschließend BeBiKo/Störk/Kliem/Meyer, 13. Aufl. 2022, Rn. 37.

[33]   Verse VGR 15 (2010), 67 (89 f.); Lutter/Hommelhoff/Hommelhoff, 20. Aufl. 2020, GmbHG § 30 Rn. 13: „In der Unterbilanzierung" seien „entgegen § 272 HGB sämtliche noch ausstehende Gesellschaftereinlagen zu aktivieren": soweit „deren Einbringlichkeit zweifelhaft sei, seien „diese entsprechend abzuschreiben"; Noack/Servatius/Haas/Servatius, 23. Aufl. 2022, GmbHG § 30 Rn. 16; Kropff ZIP 2009, 1137 (1139); ähnlich BeBiBo/Störk/Kliem/Meyer, 12. Aufl. 2020, Rn. 35: „[…] die noch nicht eingeforderten ausstehenden Einlagen außerbilanziell zum Vermögen" hinzurechnen, „soweit sie einbringlich sind"; s. auch Noack/Servatius/Haas/Servatius, 23. Aufl. 2022, § 30 Rn. 16 (offenbar ohne eigene Stellungnahme): Empfohlen werde, „für die Beurteilung der Ausschüttungssperre wie bisher zu verfahren und in Nebenrechnung Einlageansprüche zu aktivieren und dabei ggf. auch abzuschreiben"; aA Staub/Meyer, 6. Aufl. 2021, Rn. 20: Dass der GmbH-rechtliche Kapitalschutz „im Einzelfall strenger ausfallen" könne als der aktienrechtliche, sei „schon angesichts seiner ansonsten schwächeren Ausgestaltung hinnehmbar".

[34]   Begr. RegE BilMoG, BT-Drs. 16/10067, 65.

[35]   So auch Lutter/Hommelhoff/Hommelhoff, 20. Aufl. 2020, GmbHG § 30 Rn. 13 (ohne Begründung): „In der Unterbilanzierung" seien „entgegen § 272 HGB sämtliche noch nicht ausstehenden Gesellschaftereinlagen zu aktivieren"; sich letztlich nicht festlegend Kropff ZIP 2009, 1137 (1139): Gehe man davon aus, dass keine Änderung des Kapitalschutzes gewollt gewesen sei, „so wären für die Ausschüttungssperre des § 30 Abs. 1 GmbHG die noch nicht eingeforderten ausstehenden Einlagen gedanklich weiter zu aktivieren".

Grundsatz der bilanziellen Betrachtung[36] ernst nimmt:[37] Dem Aktivierungsverbot für noch nicht eingeforderte Einlagen steht nämlich unabhängig von deren Werthaltigkeit kein entsprechender Ausgleich auf der Passivseite gegenüber, weil § 30 GmbHG nur auf das Stammkapital, also das nur in der Vorspalte ausgewiesene „Gezeichnete Kapital", nicht aber auf das „Eingeforderte Kapital" in der Hauptspalte abstellt. So betrachtet würde der Nettoausweis dazu führen, dass der Kapitalschutz vom Stammkapital auf den Wert der nicht eingeforderten Einlagen ausgedehnt wird, weil diese nicht als „Vermögen" der GmbH mitgezählt werden. Der Umstand, dass § 30 GmbHG beim Nettoausweis nur partiell an (ergebniswirksame) Bilanzpositionen anknüpft, könnte gleichzeitig bewirken, dass in der Bilanz ein Jahresüberschuss bzw. Bilanzgewinn ausgewiesen wird, der wegen § 30 GmbHG nicht ausschüttbar ist.[38]

12   Im Schrifttum geht man überwiegend davon aus, dass der Gesetzgeber eine derartige Verringerung des Ausschüttungspotentials mit seiner Entscheidung für den Nettoausweis nicht beabsichtigt hat.[39] Tatsächlich lassen sich den Gesetzesmaterialien keinerlei Hinweise darauf entnehmen, dass der Gesetzgeber gleichzeitig mit der beabsichtigten „Stärkung" der „Informationsfunktion des handelsrechtlichen Jahresabschlusses"[40] den Kapitalschutz bei der GmbH neu justieren wollte.[41] Entsprechende Hinweise hätten in diesem Fall schon deshalb nahe gelegen, weil frühzeitig im Gesetzgebungsverfahren zum BilMoG auf die Problematik des (an die Bilanz anknüpfenden) Kapitalschutzes speziell im Zusammenhang mit dem Nettoausweis „eigener Aktien" hingewiesen worden war.[42] Es erscheint daher sachgerecht, für den Begriff des Vermögens in § 30 GmbHG zwar nach wie vor an handelsbilanziellen Bewertungsgrundsätzen festzuhalten, sich ansatztechnisch auf der Aktivseite aber am bisherigen Brutto- und nicht am Nettoausweis zu orientieren,[43] weil der Nettoausweis auf der Passivseite schon wegen des eindeutigen Gesetzeswortlauts in § 30 Abs. 1 GmbHG („Stammkapital" und nicht etwa „Eingefordertes Kapital") nicht maßgeblich sein kann.[44] Einen formalen Ansatzpunkt für eine solche **außerbilanzielle Ausschüttungssperre** bietet im Rahmen der Gewinnverwendungsvorschriften (§ 29 Abs. 1 GmbHG, § 58 Abs. 4 AktG) der jeweils dort vorhandene einschränkende Vorbehalt „soweit […] nach Gesetz […]".

---

[36]   S. zur bilanziellen Betrachtungsweise BGH NJW 2009, 68 = BeckRS 2008, 23293 Rn. 11 (speziell in Bezug auf die Passivierung von eigenkapitalersetzenden Gesellschafterdarlehen): Das „gemäß § 30 GmbHG gebundene Gesellschaftsvermögen" sei „nach den allgemeinen für die Jahresbilanz geltenden Grundsätzen festzustellen".

[37]   S. demgegenüber Kropff ZIP 2009, 1137 (1140), der mutmaßte, die „Praxis" werde „möglicherweise so verfahren, dass sie den Ausdruck Stammkapital in § 30 GmbHG schlicht als ‚Eingefordertes Kapital'" lese („Allerdings mit dem Risiko der Rückzahlungspflicht nach § 31 GmbHG").

[38]   S. hierzu das Beispiel bei Kropff ZIP 2009, 1137 (1139), der diesbezüglich von einem „seltsamen Ergebnis" spricht.

[39]   Verse VGR 15 (2010), 67 (89); Kropff ZIP 2009, 1137 (1139 f.): „wohl nicht ganz durchdachte Übergang zum zwingenden Nettoausweis" (in Bezug auf den GmbH-Kapitalschutz); sogar Kölner Komm RechnungslegungsR/Mock Rn. 57, der diese Folge aber „aufgrund der Maßgeblichkeit der Handelsbilanz für die Bestimmung des Vermögens im Rahmen des § 30 Abs. 1 GmbHG und des eindeutigen Aktivierungsverbots für nicht eingeforderte Einlagen" hinnehmen will.

[40]   Begr. RegE MoMiG, BT-Drs. 16/10067, 65.

[41]   So auch Verse VGR 15 (2010), 67 (89): Nichts deute darauf hin, dass der Gesetzgeber eine Verringerung des Ausschüttungspotenzials durch den Übergang zum Nettoausweis gewollt habe. Die allgemeine Aussage in Begr. RegE BilMoG (BT-Drs. 16/10067, 1), die „HGB-Bilanz" bleibe „Grundlage der Ausschüttungsbemessung" („und der steuerlichen Gewinnermittlung"), steht dieser Einschätzung nicht entgegen, weil es der Bundesregierung dabei nicht um bilanztechnische Details, sondern um „Eckpunkte des HGB-Bilanzrechts" ging, die durch die Reform nicht aufgegeben würden.

[42]   Arbeitskreis Bilanzrecht der Hochschullehrer Rechtswissenschaft BB 2008, 209 (215).

[43]   AA Staub/Meyer, 6. Aufl. 2021, Rn. 20: „keine genügende sachliche Veranlassung" für eine „außerbilanzielle Zurechnung und ggf. Abschreibung nicht eingeforderter Einlagen" sowie dafür, dass die „Höhe des entnahmefähigen Vermögens nicht mehr aus der Bilanz ersichtlich" sein solle.

[44]   Von „Maßgeblichkeit …" (so Kölner Komm RechnungslegungsR/Mock Rn. 57) kann insoweit also keine Rede sein. Als weiteres Beispiel fehlender Maßgeblichkeit der Handelsbilanz für die Ausschüttungsbegrenzung s. § 268 Abs. 8. AA (neben Mock, ebd.) Merkt/Probst/Fink/Mylich Kap. 7 Rn. 17: Das Kapitalschutzsystem sei „an das Handelsbilanzrecht geknüpft". Die Minderung des Ausschüttungsvolumens müsse „akzeptiert werden", um „Beliebigkeit bei der Ergebnisfindung zu vermeiden".

Damit der Jahresabschluss in diesen Fällen dennoch ein den tatsächlichen Verhältnissen entsprechendes Bild der Vermögens-, Finanz- und Ertragslage vermittelt (§ 264 Abs. 2 S. 2), ist in Anlehnung an § 285 Nr. 28 wie bei den nach § 268 Abs. 8 gesperrten Beträgen im **Anhang** ggf. über die außerbilanziellen Korrekturen des Ausschüttungspotentials zu berichten (ähnlich zu eigenen Anteilen → Rn. 33).

2. Tatbestand. a) Einlagepflicht. Die Vorschrift setzt zunächst auf Seiten des Gesell-   **13** schafters eine **wirksame Pflicht** zur Leistung einer Einlage voraus. Die Einlagepflicht der Gesellschafter entsteht bei **Gründung** einer AG (§ 54 Abs. 1 AktG) mit formgültiger (§ 23 Abs. 2 AktG) Übernahme der Aktien (vgl. § 29 AktG)[45] und bei Gründung einer GmbH mit Abschluss des Gesellschaftsvertrags (§ 3 Abs. 1 Nr. 4 GmbHG). Im Rahmen von **Kapitalerhöhungen** zu gewährende Leistungen sind nur dann ausstehende Einlagen, wenn die beschlossene und durch Übernahme von Geschäftsanteilen gedeckte Erhöhung des Stammkapitals (§ 54 Abs. 3 GmbHG, § 57 Abs. 1 GmbHG) bzw. die Durchführung der Erhöhung des Grundkapitals (§ 188 AktG) bereits in das Handelsregister eingetragen und dadurch wirksam geworden ist (§ 54 Abs. 3 GmbHG; § 189 AktG).[46] Die schriftliche Erklärung zur Zeichnung neuer Aktien (Zeichnungsschein, § 185 Abs. 1 S. 1 AktG) und die Annahme durch die Gesellschaft reichen bei der AG zur Begründung der Einlagepflicht nicht aus, solange die Durchführung noch nicht eingetragen ist und es sich deshalb um ein schwebend unwirksames Geschäft handelt (§ 189 AktG; § 158 Abs. 1 BGB).[47] Die Bilanzierung als Forderung (Abs. 1 S. 2 Hs. 3) scheidet daher bis zur Eintragung der Kapitalerhöhung aus,[48] obwohl gem. § 36 Abs. 2 AktG, § 36a Abs. 1 AktG bereits vor Eintragung nach entsprechender Aufforderung durch den Vorstand (§ 63 Abs. 1 AktG) mindestens ein Viertel der Geldeinlagen sowie die Gesamtheit der Sacheinlagen zu erbringen sind.[49] Entsprechendes gilt für die GmbH, auch hier kann die Einlageforderung vor Eintragung (der Kapitalerhöhung) nicht bilanziert werden,[50] obwohl die Einlagen schon vor der Anmeldung zur Eintragung in das Handelsregister zum Teil (Geldeinlagen, § 7 Abs. 2, § 19 Abs. 5 GmbHG) oder gar vollständig (Sacheinlagen, § 7 Abs. 3 GmbHG) zu erbringen sind. Eine **Ausnahme** besteht im Rahmen der zulässigen **Rückbeziehung** bei Verbindung von Kapitalherabsetzung und Kapitalerhöhung im Rahmen eines Kapitalschnitts (→ Rn. 56). Keine ausstehenden Einlagen auf das gezeichnete Kapital sind eingeforderte **Nachschüsse** der GmbH-Gesellschafter (§§ 26, 42 Abs. 2 GmbHG)[51] und ausstehende Komplementäreinlagen bei der KGaA. Letztere sind unter den Forderungen als Einzahlungsverpflichtungen persönlich haftender Gesellschafter auszuweisen (§ 286 Abs. 2 AktG).[52] Auch aufgrund der Satzung bzw. des Gesellschaftsvertrags zu erbringende **Nebenleistungen** der Gesellschafter (zB §§ 55, 61 AktG; § 3 Abs. 2 GmbHG) gehören nicht zu den ausstehenden Einlagen.[53] Sie sind entsprechend den Grundsätzen für schwebende Geschäfte (→ § 246 Rn. 30 f.) zu bilanzieren oder, wenn eine Vergütungspflicht der Gesellschaft nicht besteht oder die Gegenleistung bereits gezahlt wurde, unter den sonstigen Vermögensgegenständen auszuweisen.[54]

---

[45]   ZB Koch, 16. Aufl. 2022, AktG § 2 Rn. 12, AktG § 54 Rn. 2.

[46]   Zur Bilanzierung vorher gewährter Leistungen → Rn. 47.

[47]   GroßkommAktG/Wiedemann, 4. Aufl. 2006, AktG § 185 Rn. 9, 13, 33; Heymann/Jung, 1. Aufl. 1988, Rn. 22; ähnlich HdR/Küting/Reuter Rn. 32 (Stand: 11/2009); aA oder zumindest ungenau OLG Hamm BeckRS 2015, 257 Rn. 205, 210, wo die „Begründung der Einlagepflicht" offenbar auf den Zeitpunkt des Abschlusses des Zeichnungsvertrags datiert wird.

[48]   ADS Rn. 64; HdR/Küting/Reuter Rn. 32 (Stand: 11/2009); Baetge/Kirsch/Thiele/Thiele Rn. 22 (Stand: August 2006); Kölner Komm RechnungslegungsR/Mock Rn. 43; aA Nowotny DB 1979, 557 f.: Ausweis als Forderung unter Ansatz eines Gegenpostens.

[49]   Zust. Kölner Komm RechnungslegungsR/Mock Rn. 43.

[50]   ADS Rn. 65.

[51]   HdR/Küting/Reuter Rn. 33 (Stand: 11/2009).

[52]   ADS Rn. 72.

[53]   Zust. Kölner Komm RechnungslegungsR/Mock Rn. 44; zuvor schon WP-HdB Bd. I, 2006, F Rn. 150 (Aussage nicht mehr in 15. Aufl. 2017 enthalten und in 16. Aufl. 2019 ebenfalls nicht auffindbar).

[54]   HdR/Küting/Reuter Rn. 33 (Stand: 11/2009); Heymann/Jung, 1. Aufl. 1988, Rn. 29.

14   **b) Ausstehen der Einlage.** Die Einlage steht aus, wenn die zugrunde liegende Pflicht **noch nicht vollständig erfüllt** worden ist (§ 362 Abs. 1 BGB). Dazu gehört, dass die Einlagen, zumindest soweit es sich um das bis zur Anmeldung zu leistende gesetzliche Minimum handelt,[55] „zur freien Verfügung" der Geschäftsleitung erbracht werden (§ 36 Abs. 2 AktG, § 37 Abs. 1 S. 2 AktG, § 188 Abs. 2 AktG; § 7 Abs. 3 GmbHG, § 8 Abs. 2 GmbHG, § 56a GmbHG), was im Vergleich zu gewöhnlichen Geldforderungen bzw. Ansprüchen auf Sachleistungen besondere Anforderungen mit sich bringt. Entstehung und **Fälligkeit** der Einlagepflicht fallen regelmäßig auseinander. **Sacheinlagen** müssen vor Anmeldung der Eintragung in das Handelsregister (§ 36a Abs. 2 AktG, § 188 Abs. 2 AktG; § 7 Abs. 3 GmbHG, § 56a GmbHG) vollständig erbracht worden sein. Besteht die Sacheinlage in der Abtretung eines gegen einen Dritten gerichteten schuldrechtlichen Anspruchs auf Übertragung eines Vermögensgegenstands, muss die Übertragung des Vermögensgegenstands auf die Gesellschaft innerhalb von fünf Jahren nach Eintragung bewirkt sein (§ 36a Abs. 2 S. 2 AktG).[56] **Bareinlagen** müssen bei AG und GmbH vor der Eintragung zu mindestens einem Viertel ordnungsgemäß eingezahlt werden (§ 36 Abs. 2 S. 1 AktG, § 188 Abs. 2 AktG; § 7 Abs. 2 GmbHG, § 56a GmbHG), wobei bei der GmbH die Einlagen insgesamt, also einschließlich der Sacheinlagen, mindestens die Hälfte des Mindeststammkapitals gem. § 5 Abs. 1 GmbHG (1/2 x EUR 25.000) erreichen müssen. Ein festgesetztes Agio ist bei der AG bis zur Anmeldung voll einzuzahlen (§ 36a Abs. 1 AktG, § 36 Abs. 2 AktG).[57] Für die GmbHG existiert keine entsprechende Regelung, so dass ein etwaiges Aufgeld hier nach dem Gesetz weder voll noch anteilig vor der Anmeldung zum Handelsregister zu erbringen ist (§ 7 Abs. 2 S. 1 GmbHG). Den Rest der zunächst noch nicht fälligen Einlagen fordert bei der AG der Vorstand zu einem späteren Zeitpunkt nach pflichtgemäßem Ermessen ein (§ 63 Abs. 1 S. 1 AktG).[58] Bei der GmbH richtet sich die Fälligkeit der Resteinlage nach dem im Gesellschaftsvertrag oder Kapitalerhöhungsbeschluss angegebenen Zeitpunkt oder nach einem speziellen, ggf. auch konkludenten[59] Einforderungsbeschluss der Gesellschafterversammlung (§ 46 Nr. 2 GmbHG).[60] Wird eine Gesellschaft, die noch (nicht eingeforderte) ausstehende Einlagenansprüche besitzt, im Wege der **Verschmelzung** durch eine andere Gesellschaft übernommen (§ 2 Nr. 2 UmwG), geht der gesellschafts- und bilanzrechtliche Charakter dieser Ansprüche als „ausstehende Einlagen" in der Person der übernehmenden (Kapital-)Gesellschaft gleichzeitig mit den Anteilen der übertragenden Gesellschaft verloren, so dass die übergegangenen Einlageansprüche bei der übernehmenden Gesellschaft zu aktivieren sind.[61] Die zur Durchführung der Verschmelzung an die Gesellschafter der übertragenden Gesellschaft ausgegebenen eigenen Anteile (§ 5 Abs. 1 Nr. 2–5 UmwG) behalten ihren (etwaigen)

---

[55]   So BGHZ 180, 105 = BeckRS 2009, 09065 Rn. 17 – Qivive (obiter) zur GmbH: Das „Erfordernis einer Einzahlung zu ‚endgültig freier Verfügung der Geschäftsführer' (§ 8 Abs. 2, § 57 Abs. 2 GmbHG)" gelte „ohnehin nur für den Betrag der Mindesteinzahlung gemäß § 7 Abs. 2, § 56a GmbHG".

[56]   Für ein entsprechendes Verständnis des § 36a Abs. 2 S. 2 AktG, das sich insbes. auf den Wortlaut der Vorschrift („Verpflichtung" anstatt „Gegenstand") stützen kann, s. etwa Lutter AG 1994, 429 (432 f.); nach aA (zB MüKoAktG/Pentz, 5. Aufl. 2019, AktG § 36a Rn. 13 ff. mwN), die sich auf die Entstehungsgeschichte stützt, soll § 36a Abs. 2 S. 1 AktG bei der Einlage von Gegenständen (auch solcher des Aktionärs selbst) generell durch § 36a Abs. 2 S. 2 AktG verdrängt werden mit der Folge, dass Sacheinlagen nur dann vor Anmeldung zu leisten sind, wenn sie nicht auf Übertragung eines Gegenstands gerichtet sind.

[57]   S. dazu Koch, 16. Aufl. 2022, AktG § 36a Rn. 2; Kölner Komm AktG/Arnold, 4. Aufl. 2022, AktG § 36a Rn. 4.

[58]   Kölner Komm AktG/Drygala, 3. Aufl. 2011, AktG § 63 Rn. 15 ff.

[59]   BGHZ 152, 37 unter I = NJW 2002, 3774.

[60]   ADS Rn. 60; Habersack/Casper/Löbbe/Casper, 3. Aufl. 2019, GmbHG § 19 Rn. 13; Scholz/Veil, 12. Aufl. 2018, GmbHG § 19 Rn. 13 ff.

[61]   So auch Rosner AG 2011, 5 (9): Die „Bilanzierungsvorschriften für ausstehende Einlagen" galten nicht. Die Forderung auf Leistung der Einlage sei „als Aktivposten bei der übernehmenden Gesellschaft zu erfassen" und angesichts ihrer Herkunft „gesondert auszuweisen". Geeignet erscheine etwa die Bezeichnung „Forderungen aus früherer Kapitaleinzahlungsverpflichtung gegenüber der A-AG". Zudem sei „die Genese dieses besonderen Bilanzpostens" im Anhang der übernehmenden Gesellschaft zu erläutern; allg. zur Umwandlung → Rn. 60.

Rechtscharakter als voll eingezahlte Anteile. Aus der Gesamtrechtsnachfolge gem. § 20 Abs. 1 Nr. 1 UmwG folgt nur, dass die übernehmende Gesellschaft Inhaberin der offenen Einlageforderungen der übertragenden Gesellschaft wird; ihr Effekt bezieht sich auf das „Vermögen" (Aktiva und Passiva) und bezieht sich grundsätzlich (Ausnahme zB § 23 UmwG) nicht auf die gesellschaftsrechtlichen Verhältnisse des untergegangenen Rechtsträgers. Dem Gläubigerschutz ist durch § 22 UmwG ausreichend Rechnung getragen.[62] Zu ausstehenden Agios → Rn. 72 f.

c) (Fehlende) Einforderung der Einlage. Die ausstehenden Einlagen sind jedenfalls **15** dann „eingefordert" iSd Abs. 1 S. 2 Hs. 1, wenn **Vorstand** (AG, SE) oder – ggf. im Anschluss an einen entsprechenden Einforderungsbeschluss der Gesellschafterversammlung (§ 46 Nr. 2 GmbHG)[63] – **Geschäftsführung** (GmbH) bzw. **Insolvenzverwalter**[64] den Gesellschafter **ordnungsgemäß** (vgl. § 63 Abs. 1 S. 2 AktG) **zur Leistung der Einlage aufgefordert** haben.[65] Ob über den Wortlaut („nicht eingefordert"[66]) hinaus in Ausnahmefällen vom Vorliegen „eingeforderter" Einlagen iSd § 272 auch dann auszugehen ist, wenn die Einlagenansprüche **noch nicht ausdrücklich geltend gemacht** wurden, ist im Lichte des Zwecks der gesetzlichen Differenzierung zwischen eingeforderten und nicht eingeforderten Einlagen und der damit verbundenen Rechtsfolgen zu ermitteln. Hintergrund des nunmehr geltenden Aktivierungsverbots für nicht eingeforderte Einlagen ist der Gedanke, dass Einlagenansprüche zwar rechtlich, aber noch nicht „wirtschaftlich" entstanden sind, solange sie nicht eingefordert wurden.[67] Dies entspricht dem allgemeinen bilanzrechtlichen Grundsatz, dass die rechtliche Entstehung einer Forderung keine notwendige Voraussetzung zu ihrer Aktivierung ist und umgekehrt nicht jede rechtlich entstandene Forderung zu einer Aktivierung führt (→ § 246 Rn. 62 f.), wie zB an der Behandlung von Forderungen aus schwebenden Geschäften deutlich wird. Für die genannte Deutung des Aktivierungsverbots für nicht eingeforderte Einlagen spricht nicht zuletzt die Regierungsbegründung zum BilMoG, die die zwingende Anordnung des Nettoausweises neben den Gedanken der „Vereinheitlichung und Vereinfachung in der bilanziellen Abbildung" damit begründet, dass „ein den tatsächlichen (wirtschaftlichen) Verhältnissen entsprechendes Bild der Vermögens-, Finanz- und Ertragslage erzeugt, letztlich also die Informationsfunktion des handelsrechtlichen Jahresabschlusses gestärkt" werde.[68]

---

[62] So überzeugend Rosner AG 2011, 5 (8); s. auch Rosner AG 2011, 8. f.: Solle „im Einzelfall der Sondercharakter nach der Verschmelzung gewahrt bleiben", könne „im Verschmelzungsvertrag geregelt werden, dass die Aktionäre der übertragenden Gesellschaft weiter für die Erfüllung des noch offenen Teils der Einlageforderung nach den §§ 63 ff. AktG" hafteten. In diesem Sinne (ohne ausdrückliche Stellungnahme zur Frage der Bilanzierung) wohl auch Kölner Komm UmwG/Simon, 1. Aufl. 2009, UmwG § 20 Rn. 12: Jedenfalls aus Gläubigerschutzgesichtspunkten spreche „auch im Zuge einer Verschmelzung" (wie bei einer Veräußerung mit vollwertiger Gegenleistung) „nichts gegen eine Übertragung als normale Forderung"; in diese Richtung wohl auch Lutter/Grunewald, 6. Aufl. 2019, UmwG § 20 Rn. 49 (ebenfalls ohne Bezugnahme auf die Bilanzierung), wenn sie einen Verzicht des übernehmenden Rechtsträgers auf die Einlageforderung entgegen § 66 Abs. 1 AktG, § 19 Abs. 2 GmbHG unter Hinweis auf § 22 UmwG ausdrücklich für zulässig erachtet.

[63] Für die Ausführung des Einforderungsbeschlusses der Gesellschafterversammlung ist der Geschäftsführer zuständig; zB Rowedder/Pentz/Ganzer GmbHG § 46 Rn. 18. Die Zuständigkeit der Gesellschafterversammlung entfällt allerdings mit der Eröffnung des Insolvenzverfahrens über das Vermögen der Gesellschaft; zB BGH ZIP 2007, 2416 = BeckRS 2007, 19667 Rn. 18.

[64] Zur Einforderung der Einlagen in der Insolvenz der AG s. zB BeckOGK/Cahn, 1.2.2022, AktG § 63 Rn. 28–30.

[65] HdR/Küting/Reuter Rn. 31 (Stand: 11/2009); Heymann/Jung, 1. Aufl. 1988, Rn. 27.

[66] Vgl. auch den insoweit identischen Wortlaut des Art. 56 Abs. 2 GesR-RL („noch nicht eingefordert" bzw., um nur zwei fremdsprachige Versionen der RL zu zitieren, englisch „uncalled" und französisch „non appelé").

[67] S. BeBiKo/Förschle/Hoffmann, 6. Aufl. 2006, § 272 Rn. 14 noch zu § 272 aF: Zu einer Forderung „im wirtschaftlichen Sinne" würden ausstehende Einlagen „erst durch die Einforderung"; Staub/Meyer, 6. Aufl. 2021, Rn. 14: Forderungen, die nicht geltend gemacht werden „sollen", hätten „keinen wirtschaftlichen Wert" und seien „deshalb nach allgemeinen Grundsätzen überhaupt nicht – oder nur mit einem Erinnerungswert – anzusetzen".

[68] Begr. RegE BilMoG, BT-Drs. 16/10067, 65.

16   Entscheidend für die Einordnung einer Einlagenforderung als eingefordert oder nicht eingefordert dürfte daher sein, ob sie so konkretisiert ist, dass sie nach **allgemeinen Kriterien aktivierbar** ist, ob also „am Bilanzstichtag ein wirtschaftlich ausnutzbarer Vermögensvorteil vorliegt, der als realisierbarer Vermögenswert angesehen werden kann",[69] wobei der subjektive „Erkenntnisstand des sorgfältigen Kaufmanns im Zeitpunkt der Bilanzaufstellung [...] bezogen auf die am Bilanzstichtag objektiv bestehenden Verhältnisse"[70] maßgebend ist. Auf die Fälligkeit oder Einklagbarkeit der Forderung kommt es dabei nicht entscheidend an.[71] Demnach verbietet es sich, **Einforderung** mit **Fälligkeit** gleichzusetzen,[72] obwohl die ausstehenden Einlagen der eingetragenen Kapitalgesellschaft regelmäßig mit ihrer Einforderung fällig werden. Daraus folgt auch, dass Einlagepflichten **insolventer Gesellschafter** trotz ihrer fingierten Fälligkeit nach § 41 InsO nicht schon **per se,** sondern in der Regel erst nach Anmeldung gem. § 174 Abs. 1 InsO als eingefordert behandelt werden dürfen. In der **Insolvenz der Gesellschaft** werden Einlageansprüche ohnehin (wenn auch ohne ansonsten ggf. erforderlichen Gesellschafterbeschluss, → Rn. 15) erst mit Anforderung durch den Insolvenzverwalter fällig,[73] so dass das Abstellen auf die Fälligkeit hier nicht zu erleichterten Anforderungen im Vergleich zur „Einforderung" führen würde. Dessen ungeachtet erscheint es in Einzelfällen, insbesondere wenn die gesellschaftsinterne Willensbildung zur Geltendmachung einer Einlageforderung bereits abgeschlossen (bei der GmbH in Form eines für den Geschäftsführer bindenden Beschlusses nach § 46 Nr. 2 GmbHG) und dies entsprechend (für Dritte nachvollziehbar) dokumentiert ist, durchaus denkbar, dass eine Einlageforderung nach allgemeinen Kriterien aktivierbar und daher in teleologischer Anwendung des Abs. 1 auch ohne ausdrückliche „Einforderung" gegenüber den Gesellschaftern als „eingeforderte" Einlage zu behandeln ist. Auf der anderen Seite kann eine bloße Aufforderung zur Zahlung dann nicht genügen, wenn sie zu Unrecht erfolgt, weil der Einlageanspruch noch gar nicht fällig ist.[74]

17   Der Passivposten **Eingefordertes Kapital** (Abs. 1 S. 2 Teils. 2) ist eine Restgröße, die denjenigen Teil des gezeichneten Kapitals markiert, der nicht als „nicht eingeforderte ausstehende Einlagen" zu qualifizieren ist. Er erfasst folglich entgegen dem, was der Begriff suggeriert, nicht nur eingeforderte Einlagen, die noch ausstehen, sondern als Restgröße auch Einlagen, bei denen sich die Einforderung bereits durch Erfüllung erledigt hat (→ Rn. 6). Angesichts des klaren Gesetzeswortlauts und des gesetzgeberischen Zwecks, die Vergleichbarkeit der Bilanzen sicherzustellen, ist es dem Bilanzierenden allerdings verwehrt, den Posten mit einer anderen, passenderen Bezeichnung in der Bilanz (zB Nettokapital) zu versehen.[75]

18   **3. Ausweis.** Der Ausweis ausstehender Einlagen auf das gezeichnete Kapital ist gem. Abs. 1 S. 2 **zwingend** netto vorzunehmen (sog. **Nettoausweis,** → Rn. 7). Die **nicht eingeforderten** ausstehenden Einlagen sind in einer Vorspalte offen vom gezeichneten Kapital auf der **Passivseite** abzusetzen. Wirtschaftlich entsprechen sie einer Haftungsübernahme der Gesellschafter in entsprechender Höhe.[76] In der Hauptspalte ist der verbleibende

---

[69]   ZB BFH BStBl. II 1984, 723 = BeckRS 1984, 22006883 Rn. 17 zur Aktivierung von Rückerstattungsansprüchen aus verdeckten Gewinnausschüttungen.

[70]   BFH BStBl. II 1984, 723 = BeckRS 1984, 22006883 Rn. 17.

[71]   BFH BStBl. II 1984, 723 = BeckRS 1984, 22006883 Rn. 17.

[72]   So auch Kölner Komm RechnungslegungsR/Mock Rn. 48: „mit der Ausrichtung auf die Aufforderung" stelle Abs. 1 S. 3 (aF = Abs. 1 S. 2 nF) „gerade nicht auf die Entstehung der Einlageverpflichtung oder deren Fälligkeit" ab.

[73]   S. zB BGH ZIP 2007, 2416 = BeckRS 2007, 19667 Rn. 16 zur GmbH.

[74]   Ähnlich Kölner Komm RechnungslegungsR/Mock Rn. 48: Eine Aufforderung sei „unbeachtlich", wenn die Gesellschaft „noch keinen durchsetzbaren Anspruch gegen den Gesellschafter" habe. Zur Fälligkeit von Einlageforderungen der übertragenden Gesellschaft nach einer Verschmelzung durch Aufnahme gem. § 2 Nr. 1 UmwG (im Zusammenhang mit der Frage der Verjährung) s. Rosner AG 2011, 5 (9 f.): Die Einlageforderungen seien nach der Verschmelzung nach der allgemeinen Regel des § 271 Abs. 1 BGB fällig, weil sie ihren gesellschaftsrechtlichen Charakter verlören.

[75]   So auch Beck HdR/Heymann B 231 Rn. 59 (Stand: Juni 2011); HdR/Küting/Reuter Rn. 36 (Stand: 6/2010); aA – Ausweis als eingezahltes und eingefordertes Kapital – Glade Praxishandbuch § 266 Rn. 569.

[76]   Gelhausen/Fey/Kämpfer L Rn. 13.

Betrag als **Eingefordertes Kapital** auszuweisen. Die **eingeforderten** ausstehenden Einlagen sind auf der **Aktivseite** im Umlaufvermögen unter dem Posten Forderungen und sonstige Vermögensgegenstände (§ 266 Abs. 2 B. II.) gesondert auszuweisen.[77] Im Schrifttum wird dabei der Ausweis als letzter Forderungsposten vor den sonstigen Vermögensgegenständen (§ 266 Abs. 2 B. II. 4. bzw. 5.) als „Eingeforderte ausstehende Einlagen" bzw. „Eingefordertes, (aber) noch nicht eingezahltes Kapital" favorisiert.[78] Besteht mit dem betreffenden Gesellschafter eine Verbundenheit (§ 271 Abs. 2) oder ein Beteiligungsverhältnis (§ 271 Abs. 1), ist die Forderung in den entsprechenden Posten (§ 266 Abs. 2 B. II. 2., B. II. 3.) einzuordnen und dort in Form einer Untergruppe oder eines „Davon"-Vermerks gesondert auszuweisen.[79] Der vom Gesetz geforderte gesonderte Ausweis des eingeforderten, aber noch nicht eingezahlten Kapitals auf der Aktivseite (Abs. 1 S. 2 Teils. 2) ist – nicht zuletzt wegen der missverständlichen Postenbezeichnung „Eingefordertes Kapital" (→ Rn. 7, → Rn. 15) – im Interesse der Bilanzklarheit und ungeachtet des § 265 Abs. 8 selbst dann vorzunehmen, wenn dort keine Beträge zu zeigen wären.

Nicht ausdrücklich geregelt ist der Ausweis des „Eingeforderten Kapitals" dann, wenn **19** bei der Kapitalgesellschaft **gleichzeitig ausstehende Einlagen und eigene Anteile** (Abs. 1a; → Rn. 21 ff.) auftreten. Diese Fälle sind zwar selten, weil der Erwerb eigener Anteile nur in Ausnahmefällen zulässig ist, solange die Einlagen noch nicht voll erbracht sind (vgl. § 71 Abs. 2 S. 3 AktG; § 33 Abs. 1 GmbHG), aber nicht gänzlich ausgeschlossen (§ 71 Abs. 1 Nr. 3, 5 und 6 AktG; § 33 Abs. 3 GmbHG[80]). Vom „Gezeichneten Kapital" ist dann in der Vorspalte sowohl der Betrag der nicht eingeforderten ausstehenden Einlagen als auch der Nennbetrag (bzw. rechnerische Wert bei Stückaktien) erworbener eigener Anteile offen abzusetzen (Absetzungskonkurrenz), wobei die Reihenfolge egal ist. Weil die jeweiligen Absetzungen vom „Gezeichneten Kapital" unmittelbar aus der Vorspalte ersichtlich sind, bestehen keine Bedenken, den nach beiden Absetzungen „verbleibenden Betrag" in der Hauptspalte (sog. Nettokapital[81]) als **Ausgegebenes und Eingefordertes Kapital** zu bezeichnen (zur Bezeichnung „Ausgegebenes Kapital" → Rn. 27).

4. Bewertung. Eingeforderte ausstehende Einlagen sind als Forderungen gesondert **20** auszuweisen (Abs. 1 S. 2 Hs. 3) und als solche, nicht etwa nach den besonderen Regeln über das Eigenkapital (Abs. 1 S. 1) zu bewerten.[82] Da die eingeforderten ausstehenden Einlagen als Forderungen dem Geschäftsbetrieb nicht „dauernd" zu dienen bestimmt sind (§ 247 Abs. 2), dh bei Bedarf zeitnah eingezahlt und erfüllt werden sollen, ist der Stichtagswert nach den für das **Umlaufvermögen** geltenden Grundsätzen zu ermitteln.[83] Gegebenenfalls sind Wertabschläge hierauf vorzunehmen, wenn die Einzahlung unsicher ist.[84] Dabei kommt es im Zweifel auf das Einzelrisiko eines jeden Schuldners an.[85] Die

---

[77] Ausweisbeispiele zB bei Baetge/Kirsch/Thiele, Bilanzen, 16. Aufl. 2021, 491; ADS Rn. 61; HdR/Küting/Reuter Rn. 35 (Stand: 6/2010); Heymann/Jung, 1. Aufl. 1988, Rn. 24 f.

[78] ADS Rn. 61 f.; BeBiKo/Störk/Kliem/Meyer, 13. Aufl. 2022, Rn. 39; Baetge/Kirsch/Thiele, Bilanzen, 16. Aufl. 2021, 491; HdR/Küting/Reuter Rn. 35 (Stand: 6/2010).

[79] ADS Rn. 62.

[80] Für eine analoge Anwendung des § 71 Nr. 5 AktG (zulässiger Erwerb eigener Aktien durch Gesamtrechtsnachfolge, auch wenn der Ausgabebetrag für die Aktien noch nicht voll geleistet ist, vgl. § 71 Abs. 2 S. 3 AktG) auf die GmbH s. Lutter/Hommelhoff/Hommelhoff, 20. Aufl. 2020, GmbHG § 33 Rn. 10; dagegen wohl zB Noack/Servatius/Haas/Kersting, 23. Aufl. 2022, § 33 Rn. 3 f.

[81] Vgl. zum sog. Nettokapital auch Kropff ZIP 2009, 1137 (1144).

[82] HdR/Küting/Reuter Rn. 42 ff. (Stand: 11/2009); ebenso noch zum alten Recht bis zum BilMoG ADS Rn. 66.

[83] Dazu und zu weiteren Einzelheiten ADS Rn. 66 ff.

[84] Vgl. hierzu HdR/Küting/Reuter Rn. 43 f. (Stand: 11/2009).

[85] ADS Rn. 66; BeckOGK/Poeschke, 15.9.2021, Rn. 44: „grundsätzlich das Einzelrisiko jedes Schuldners zu beurteilen". Zur Fruchtbarmachung von Ratings für die Beurteilung der Vollwertigkeit von Einlageforderungen s. die interessanten Überlegungen von BeckOGK/Cahn/v. Spannenberg, 1.2.2022, AktG § 57 Rn. 149–156.1 (im vergleichbaren Kontext der Vollwertigkeitsprüfung nach § 57 Abs. 1 S. 3 AktG); s. ferner (im Kontext des § 19 Abs. 5 GmbHG) OLG München ZIP 2011, 567 = BeckRS 2011, 4663 unter II.3.: Soweit die Gesellschafterin „über positive Bewertungen durch international anerkannte Rating-Agenturen" verfüge, könne dies „als Bonitätsnachweis nicht zurückgewiesen werden".

Feststellung der jeweiligen Schuldner sollte auch bei Aktiengesellschaften keine größeren Probleme aufweisen, da Aktien auf den Namen lauten und im Aktienbuch (§ 67 AktG) eingetragen werden müssen (Namensaktien), wenn sie vor der vollen Leistung des Ausgabebetrags ausgegeben werden (§ 10 Abs. 2 AktG).[86] Im Fall der risikobedingten Abwertung der Einlageforderung muss wegen Abs. 1 S. 1 die Differenz zum Nennbetrag des gezeichneten Kapitals durch vermerkweise Angabe des Nominalbetrages der eingeforderten Einlagen auf der Aktivseite erkennbar sein.[87] **Nicht eingeforderte** ausstehende Einlagen haben dagegen beim nun zwingenden Nettoausweis handelsbilanziell nur noch den Charakter eines **Korrekturpostens zum Eigenkapital.**[88] Sie lassen sich als rechentechnische Saldogröße weder abzinsen noch abwerten (vgl. Abs. 1 S. 1; → Rn. 9 f.).[89] Bei Unsicherheiten in Bezug auf die zukünftige Erbringung der Einlagen kann sich jedoch die Pflicht zu erläuternden Angaben im Anhang ergeben (§ 264 Abs. 2 S. 2), um ein den tatsächlichen Verhältnissen widersprechendes Bild der Vermögens-, Finanz- und Ertragslage zu vermeiden.[90] Soweit ein Ausfall der noch nicht eingeforderten Einlagen als ernsthaft möglich oder gar sicher erscheint, sodass die Verlustdeckungsfunktion[91] dieses Eigenkapitalanteils tatsächlich nicht mehr gewährleistet ist, kann angesichts des Gebots des „getreuen Bildes" (§ 264 Abs. 2 S. 1) auch gem. § 265 Abs. 5 ein „Davon"-Vermerk (**„davon uneinbringlich"**) in der Vorspalte des Passivpostens „Nicht eingeforderte Einlagen" angezeigt sein. Eine Beeinträchtigung der Übersichtlichkeit durch einen solchen, auf einen besonders wesentlichen Umstand hindeutenden Posten dürfte mit dieser (weiteren) Untergliederung nicht verbunden sein.[92] Zur außerbilanziellen Berücksichtigung von Wertverlusten noch nicht eingeforderter Einlagen im Rahmen der gesellschaftsrechtlichen Ausschüttungsbegrenzung → Rn. 10 ff.

III. Eigene Anteile (Abs. 1a, Abs. 1b)

21   **1. Grundsätzliches.** Ähnlich wie ausstehende Einlagen besitzen eigene Anteile einen Doppelcharakter als Vermögensgegenstand und als Korrekturposten zum Eigenkapital,[93] aus dem sich für den Bilanzrechtsgesetzgeber unterschiedliche Regelungsmöglichkeiten ergeben, je nach dem, auf welche der beiden Seiten er den Schwerpunkt setzt. Durch das BilMoG wurden die Vorschriften zum Ausweis eigener Anteile (Abs. 1a und Abs. 1b) – ähnlich wie diejenigen zu den ausstehenden Einlagen – mit zwingender Wirkung für alle Jahresabschlüsse für das nach dem 31.12.2009 beginnende Geschäftsjahr (Art. 66 Abs. 3 S. 1, Abs. 5 EGHGB) neu gefasst und dabei **rechtsform- sowie verwendungszweckun-**

---

[86]   So schon ADS Rn. 67.

[87]   ADS Rn. 70 mit je einem Ausweisbeispiel für die Brutto- und Nettomethode; Heymann/Jung, 1. Aufl. 1988, Rn. 28; Selchert, Jahresabschlussprüfung der Kapitalgesellschaften, 1988, S. 381 f.

[88]   Anschaulich (wenn auch zivilrechtlich nicht exakt) Rosner AG 2011, 5 (7): Die Forderung auf Einzahlung sei „rechtlich lediglich latent", „da sie unter dem Vorbehalt der Einforderung" stehe.

[89]   So ausdrücklich Begr. RegE, BT-Drs. 16/10067, 65: Mit der Beseitigung des Ausweiswahlrechts sei „auch die Frage nach der Zulässigkeit der Abwertung der noch nicht eingeforderten ausstehenden Einlagen geklärt". Ihnen komme „allein der Charakter eines Korrekturpostens zum Eigenkapital zu, der nicht abgewertet werden" könne. Aus dem Schrifttum zB HdR/Küting/Reuter Rn. 46 (Stand: 11/2009); Kropff ZIP 2009, 1137 (1139): „ohne Bewertung mit dem Nominalbetrag als Korrekturposten zum Gezeichneten Kapital von diesem abzusetzen"; Gelhausen/Fey/Kämpfer L Rn. 13; Küting/Pfitzer/Weber/Hayn/Prasse/Reuter/Weigert 2. Aufl. 2009, S. 304; Merkt/Probst/Fink/Mylich Kap. 7 Rn. 18: Diese „Schwäche des Nettoausweises" sei „hinzunehmen".

[90]   So auch BeBiKo/Störk/Kliem/Meyer, 13. Aufl. 2022, Rn. 41: Die fehlende Einbringlichkeit noch nicht eingeforderter Einlagen habe „bilanziell zunächst keine Konsequenzen", „allerdings" werde „man eine entsprechende Angabe im Anhang verlangen müssen"; ebenso Verse VGR 15 (2010), 67 (90). Anders wohl HdR/Küting/Reuter Rn. 46 (Stand: 11/2009), die eine solche Klarstellung offenbar entgegen früherer Auffassung nach neuem Recht nicht mehr als erforderlich ansehen.

[91]   Dazu allg. Baetge/Kirsch/Thiele, Bilanzen, 10. Aufl. 2009, 481 f.; HdJ/Singhof Abt. III/2 Rn. 2 (Stand: Juni 2008); Hennrichs NZG 2009, 921 (922): Verlustpuffer.

[92]   Vgl. zu den Grenzen einer weiteren Untergliederung ADS § 265 Rn. 59 f.

[93]   Beck HdR/Heymann B 231 Rn. 64 (Juni 2011) zu § 272 aF: Eigene Aktien besäßen „wirtschaftlich einen ambivalenten Charakter", „zumindest soweit sie verkehrsfähig" seien.

abhängig ausgestaltet, wobei eine besondere Übergangsvorschrift für eigene Anteile, die **vor** diesem Zeitpunkt **erworben** wurden, nicht vorgesehen ist.[94] Für **sämtliche** erworbenen eigenen Anteile gilt nunmehr ein **handelsrechtliches Aktivierungsverbot**[95] verbunden mit dem **Gebot** (Abs. 1a S. 1), den Nennbetrag bzw. den rechnerischen Wert dieser Anteile auf der Passivseite vom Posten „Gezeichnetes Kapital" abzuziehen (sog. **Nettoausweis**[96]); ein etwa verbleibender Unterschiedsbetrag zwischen dem Nennbetrag/rechnerischen Wert und den (nicht aktivierbaren) Anschaffungskosten ist auf der Passivseite der Bilanz durch „Verrechnung" mit frei verfügbaren Rücklagen auszugleichen (Abs. 1a S. 2). Mit dem umfassenden Nettoausweis, der bisher nach Abs. 1 S. 4–6 aF nur eigenen Anteilen einer **AG**, die zur Einziehung erworben wurden oder deren Veräußerung von einem Hauptversammlungsbeschluss entsprechend § 182 Abs. 1 S. 1 AktG (Kapitalerhöhung gegen Einlagen) abhängig gemacht worden war, vorbehalten war und durch den zwingenden Bruttoausweis aller übrigen eigenen Anteile ergänzt wurde (vgl. § 265 Abs. 3 S. 2 aF),[97] will der Gesetzgeber dem „wirtschaftlichen Gehalt des Rückkaufs" als „Auskehrung frei verfügbarer Rücklagen an die Anteilseigener" Rechnung tragen.[98] Die mit dem Nettoausweis verbundene stärkere **Betonung der Informationsfunktion** der Bilanz[99] kann aber – wie schon beim Nettoausweis nicht eingeforderter Einlagen gesehen (→ Rn. 9 ff.) – mit dem Anliegen des gesellschaftsrechtlichen Kapitalschutzes in Konflikt treten (→ Rn. 30).[100]

Wirtschaftlich hat der Erwerb eigener Anteile eine erhebliche Bedeutung zur Ver- 22 wirklichung vielgestaltiger unternehmenspolitischer Zielsetzungen, die nicht nur für börsennotierte Unternehmungen zum Tragen kommen.[101] Eigene Aktien dienen zB bei Unternehmensübernahmen als „Akquisitionswährung" oder zur Abfindung von Minderheitsaktionären der Zielgesellschaft und bei Debt-Equity-Swaps[102] als Gegenleistung für die Befreiung von der Darlehensverpflichtung. Sie sind Vergütungsbestandteil im Rahmen von Mitarbeiterbeteiligungsprogrammen sowie Vermögensreserve zur Erfüllung von Aktienoptionsprogrammen, durch ihren Erwerb lassen sich zudem unternehmerische Kennzahlen (insbesondere die „earnings per share") sowie der Börsenkurs („Kurspflege") beeinflussen, und schließlich ist der Erwerb eigener Aktien ein Instrument, um eine

---

[94] Darauf verweisen zu Recht Gelhausen/Fey/Kämpfer L Rn. 64.
[95] Vgl. Zätzsch FS W. Müller, 2001, 779: „inzidenter ausgesprochene Aktivierungsverbot", zu § 272 Abs. 1 S. 4 idF vor dem BilMoG.
[96] ZB Verse VGR 15 (2010), 67 (81); Gelhausen/Fey/Kämpfer L Rn. 18; Noack/Servatius/Haas/Kersting, 23. Aufl. 2022, GmbHG § 33 Rn. 9.
[97] Zur bisherigen durch das KonTraG (BGBl. 1998 I 786) eingeführten Regelung des § 272 Abs. 1 S. 4–6 aF, die erstmals den Nettoausweis für bestimmte Arten von eigenen Aktien, nämlich solchen, die zur Einziehung erworben wurden (sog. eingefrorene Aktien), eingeführt hat, → 2. Aufl. 2008, Rn. 12 ff.
[98] So Begr. RegE BilMoG, BT-Drs. 16/10067, 65 und 66, die in gewisser Weise spiegelbildlich von der Veräußerung eigener Anteile als „wirtschaftlicher Kapitalerhöhung" spricht. Ebenso zB HdJ/Dettmeier/ Prodan, Eigenkapital der Kapitalgesellschaften, Rn. 221 (Stand: Juli 2021); Verse VGR 15 (2010), 67 (82 f.) mit dem Hinweis, diese Sichtweise sei „insbesondere in den US-amerikanischen Gesellschaftsrechtsordnungen seit langem herrschend".
[99] So ausdrücklich Begr. RegE BilMoG, BT-Drs. 16/10067, 65: Mit dem Nettoausweis werde „eine Vereinheitlichung und Vereinfachung in der bilanziellen Abbildung erreicht und ein den tatsächlichen (wirtschaftlichen) Verhältnissen entsprechendes Bild der Vermögens-, Finanz- und Ertragslage erzeugt, letztlich also die Informationsfunktion des handelsrechtlichen Jahresabschlusses gestärkt".
[100] BeBiKo/Störk/Kliem/Meyer, 13. Aufl. 2022, Rn. 126; Verse VGR 15 (2010), 67 (81 ff.); BeckOGK/ Poeschke, 15.9.2021, Rn. 52–58; Kropff ZIP 2009, 1137 (1140 ff.); Arbeitskreis Bilanzrecht der Hochschullehrer Rechtswissenschaft BB 2008, 209 (215). Demgegenüber die Kapitalerhaltung offenbar nur im Erwerbszeitpunkt im Blick habend Begr. RegE BilMoG, BT-Drs. 16/10067, 66; „Kapitalerhaltungsgesichtspunkten wird damit Rechnung getragen, dass die Anschaffungskosten der eigenen Anteile mit den frei verfügbaren Rücklagen zu verrechnen sind"; BT-Drs. 16/10067, 101: „Dass der Rückkauf eigener Aktien nur aus dem ausschüttungsfähigen Vermögen" erfolge, werde „mit dem geänderten § 71 Abs. 2 S. 2 AktG weiterhin sichergestellt".
[101] ZB MüKoAktG/Oechsler, 5. Aufl. 2019, AktG § 71 Rn. 1 ff.
[102] Hierzu zB Reiner in Ekkenga, HdB der AG-Finanzierung, 2. Aufl. 2019, § 12 Teil F; ferner zB Ekkenga ZGR 2009, 581 ff.

Kapitalherabsetzung durch Einziehung von Aktien oder einen Börsenrückzug vorzubereiten, und auch eine Alternative zur Dividendenzahlung.[103]

23   **Steuerrechtlich** gewann der alte Streit[104] um die Qualifizierung des Erwerbs eigener Anteile als Anschaffungs- bzw. Veräußerungsgeschäft oder als Teilliquidation durch das BilMoG zwischenzeitlich an Dynamik,[105] denn zugunsten der früher nur von einer kleinen Minderheit vertretenen Teilliquidation[106] scheint nun immerhin das umfassende, nicht mehr auf Einziehungsfälle beschränkte Verbot der Aktivierung eigener Anteile (Abs. 1a) zu sprechen. Das Aktivierungsverbot lässt sich gem. der in diesen Bereich anwendbaren materiellen Maßgeblichkeit der Handelsbilanz (§ 5 Abs. 1 S. 1 EStG) auf die steuerliche Behandlung eigener Anteile übertragen[107] und als gewisse Anerkennung der „wirtschaftlichen" Funktion des Erwerbs eigener Aktien als „Kapitalherabsetzung" begreifen.[108] Die Finanzverwaltung hat diese Sichtweise für die Gesellschaftsebene in ihrem Schreiben von 2013 bestätigt.[109] Abgelehnt hatte die Finanzverwaltung allerdings schon unter Geltung des früheren Handelsbilanzrechts, das speziell beim Erwerb eigener Aktien zur Einziehung den Nettoausweis bereits kannte, eine entsprechende spiegelbildliche Behandlung auf der Ebene des die Anteile (Aktien) veräußernden Gesellschafters.[110] Nachdem sie das Urteil des BFH von 2017,[111] das im Einklang mit der Vorinstanz den Erwerb eigener Anteile bei dem ausscheidenden Anteilseigner (weiterhin) als Veräußerungsgeschäft gem. § 17 Abs. 1 EStG behandelt hat, im Bundessteuerblatt veröffentlicht hat, ist auch nicht mehr damit zu rechnen, dass sie die Dinge unter dem Eindruck der BilMoG-Änderung doch noch anders sehen wird.[112]

---

[103]   Zu den ökonomischen Motiven des Erwerbs eigener Aktien s. zB auch BeckOGK/Cahn, 1.2.2022, AktG § 71 Rn. 4–14; speziell zur steuerrechtlichen Motivation der Kapitalertragsteuervermeidung s. auch das Beispiel bei Pohl JbFSt 2010/2011, 513 (517 ff.).

[104]   S. dazu zB Hüttemann FS Herzig, 2010, 595 (602 ff.) mwN; Schmidt/Weber-Grellet, 31. Aufl. 2012, EStG § 17 Rn. 102 mwN – in späteren Aufl. wird der Streit nicht mehr dargestellt; Zätzsch FS W. Müller, 2001, 789.

[105]   Hierzu zB Hüttemann FS Herzig, 2010, 595 (602 ff.); Köhler DB 2011, 15 (16 ff.); Herzig DB 2008, 1339 (1342); Blumenberg/Roßner GmbHR 2008, 1079 (1082 ff.); Früchtl/Fischer DStZ 2009, 112 (115); Rammert/Thies WPg 2009, 34 (43); Breuninger/M. Müller GmbHR 2011, 10; Bruckmeier/Zwirner/Künkele DStR 2010, 1640 (1642 f.).

[106]   Vgl. dazu mwN zB noch Schmidt/Weber-Grellet, 31. Aufl. 2012, EStG § 17 Rn. 102; Schmidtmann StuW 2010, 286 (287).

[107]   S. BMF-Schreiben v. 27.11.2013 – IV C 2 – S 2742/07/10009, „Steuerrechtliche Behandlung des Erwerbs eigener Anteile", BStBl. I 2013, 1615 = DStR 2013, 2700 Rn. 8; ebenso zB BeBiKo/Störk/Bucholz, 13. Aufl. 2022, § 274 Rn. 222: „Für steuerrechtliche Zwecke" folge „der Erwerb eigener Anteile mangels einer abw Regelung im EStG dem Handelsrecht", „sodass hinsichtlich der Behandlung des Erwerbs und der Veräußerung als Kapitalmaßnahme in HB und StB ein Gleichklang" bestehe; iErg ebenso Mayer/Wagner DStR 2014, 573; Müller/Reinke DStR 2014, 716 f.; ausf. zur steuerrechtlichen Behandlung des Erwerbs und der Veräußerung eigener Anteile Blumenberg/Lechner DB 2014, 141 ff.

[108]   In diese Richtung schon § 272 Abs. 1 S. 4 idF vor dem BilMoG, der – im engen sachlichen Anwendungsbereich des Nettoprinzips nach früherem Recht – die Absetzung zur Einziehung erworbener eigener Aktien vom Gezeichneten Kapital „als Kapitalrückzahlung" anordnete. So auch noch § 272 Abs. 1a S. 1 idF des RegE (BT-Drs. 16/10067, 8; hierzu Begr., BT-Drs. 16/10067, 65 f.) und spiegelbildlich für die Veräußerung eigener Anteile Abs. 1b S. 1 idF des RegE („als Kapitalerhöhung", BT-Drs. 16/10067, 8). Der RA begründet die Streichung der Wörter „als Kapitalrückzahlung" damit, sie enthielten „keinen eigenen Regelungsgegenstand", BT-Drs. 16/12407, 87.

[109]   S. BMF-Schreiben v. 27.11.2013, Steuerrechtliche Behandlung des Erwerbs eigener Anteile, IV C 2 – S 2742/07/10009, BStBl. I 2013, 1615; s. auch BFH BStBl. II 2019, 213 unter II.1., das die Frage, ob der Erwerb eigener Anteile entsprechend dem vorgenannten BMF-Schreiben auf der Gesellschaftsebene entsprechend der durch das BilMoG geänderten handelsrechtlichen Vorschriften (Einfügung des § 272 Abs. 1a und 1b HGB) steuerrechtlich nicht mehr als Erwerbsvorgang anzusehen, sondern nunmehr als ‚Teilliquidation' und daher ‚wie' eine Kapitalherabsetzung zu behandeln ist", ausdrücklich offen lässt.

[110]   S. BMF-Schreiben v. 2.12.1998 – IV C 6 – S 2741 – 12/98, „Steuerrechtliche Behandlung des Erwerbs eigener Aktien", BStBl. I 1998, 1509 Rn. 24: „Beim Aktionär liegt ein Veräußerungsvorgang vor, das nach allgemeinen Grundsätzen der Besteuerung unterliegt […]". Das Schreiben wurde inzwischen – sogar rückwirkend – aufgehoben (BStBl. I 2010, 659); s. dazu zB Mayer/Wagner DStR 2014, 571.

[111]   BFH BStBl. II 2019, 213 unter II.1.: „Fehlen eines Korrespondenzprinzips für den Erwerb eigener Anteile im Steuerrecht, das eine „symmetrische" Behandlung auf Ebene von Gesellschaft und Gesellschafter zwingend vorschreiben würde".

[112]   Zust. Kirchhof/Gosch, 21. Aufl. 2022, EStG § 17 Rn. 55.

Gesellschaftsrechtlich ist der Erwerb eigener Anteile im Interesse des Kapitalschutzes **24** sowie – bei der AG/SE – auch der Kompetenzabgrenzung zwischen Verwaltung und Hauptversammlung[113] nur unter engen Voraussetzungen zulässig (§ 33 GmbHG; §§ 71 ff. AktG),[114] denn wirtschaftlich kommt er einer Einlagenrückgewähr (§ 30 Abs. 1 GmbHG; § 57 Abs. 1 S. 1, 3 AktG) gleich,[115] weil die Gesellschaft in Gestalt der Anteile eine (indirekte) Beteiligung an „Vermögen erwirbt, das ihr ohnehin gehört".[116] Hinzu kommt, dass eine Gesellschaft, die eigene Anteile hält, durch Verluste härter getroffen wird, weil diese Verluste die Gesellschaft dann nicht nur unmittelbar treffen, sondern auch mittelbar durch die Wertminderung der eigenen Anteile.[117] Vor dem BilMoG war daher grundsätzlich, abgesehen von dem Fall der schon bisher nach dem Nettoprinzip bilanzierten „zur Einziehung erworbenen Aktien" (sog. eingefrorenen Aktien),[118] gem. Abs. 4 aF in der Bilanz eine spezielle „Rücklage für eigene Anteile" auszuweisen, die den Wert der auf der Aktivseite als Vermögensgegenstände angesetzten eigenen Anteile neutralisierte und so eine Ausschüttungssperre bewirkte.[119] Gleichzeitig war es grundsätzlich gesellschaftsrechtliche Voraussetzung für die Zulässigkeit des Erwerbs der eigenen Anteile, dass die Gesellschaft dazu in der Lage war, diese Rücklage im Erwerbszeitpunkt zu bilden, ohne dabei das Gesellschaftskapital oder eine nach Gesetz oder Satzung zu bildende Rücklage zu mindern, die nicht zur Zahlung an die Aktionäre verwandt werden darf (§ 33 Abs. 2 S. 1 GmbHG aF; § 71 Abs. 2 S. 2 AktG aF). Durch den generellen Nettoausweis ist die Rücklage für eigene Anteile inzwischen bilanzrechtlich obsolet geworden;[120] nur noch für Anteile an einem herrschenden oder mit Mehrheit beteiligten Unternehmen ist gem. Abs. 4 nF eine besondere Rücklage vorgeschrieben (→ Rn. 117 ff.). Die gesellschaftsrechtliche, an die Möglichkeit einer Rücklage anknüpfende Schranke ist allerdings geblieben und sprachlich dahingehend an die handelsbilanzrechtliche Änderung angepasst worden (§ 33 Abs. 2 S. 1, Abs. 3 GmbHG nF; § 71 Abs. 2 S. 2 AktG nF), dass es jetzt auf die **hypothetische**[121] Möglichkeit zur Bildung einer (fiktiven) **Rücklage** „im Zeitpunkt des Erwerbs [...] in Höhe der Aufwendungen für den Erwerb" aus entsprechend freien Mitteln ankommt. Der Erwerb eigener Anteile darf gesellschaftsrechtlich also nur aus freiem Vermögen erfolgen, das auch für eine offene Gewinnausschüttung zur Verfügung stünde.[122] Anders ausgedrückt darf der Erwerbspreis („Aufwendungen für den Erwerb", § 33 Abs. 2 S. 1 GmbHG und § 71 Abs. 2 S. 2 AktG) nicht die Summe aus (Jahres-)Überschuss, Gewinnvortrag abzüglich Verlustvortrag, anderen Gewinnrücklagen (§ 266 Abs. 3 A. III. 4.), satzungsmäßigen Rücklagen ohne anderweitige Zweckbindung und freien

---

[113] ZB Koch, 16. Aufl. 2022, AktG § 71 Rn. 1.
[114] § 116 KAGB enthält eine Sonderbestimmung zur „Rücknahme von Aktien" für die Investmentaktiengesellschaft mit veränderlichem Kapital (§ 108 KAGB). Danach kann die Investmentaktiengesellschaft „in den Grenzen eines in der Satzung festzulegenden Mindestkapitals und Höchstkapitals" jederzeit ihre Aktien zurücknehmen und können Aktionäre von der Gesellschaft jederzeit verlangen, dass ihnen gegen Rückgabe von Aktien ihr Anteil am Gesellschaftskapital ausgezahlt wird, solange durch die Rücknahme das Gesellschaftsvermögen den Betrag des Anfangskapitals und der zusätzlich erforderlichen Eigenmittel nach § 25 KAGB nicht unterschreitet (Abs. 1 und Abs. 2). Die Anteilsrücknahme bewirkt unmittelbar eine Kapitalherabsetzung (Abs. 3), sodass § 272 Abs. 1a mangels dinglichen Erwerbs (→ Rn. 25) tatbestandlich nicht erfüllt wird.
[115] ZB BeckOGK/Cahn, 1.2.2022, AktG § 71 Rn. 15. Aus dem bilanzrechtlichen Schrifttum zB ADS Rn. 183; Gelhausen/Fey/Kämpfer L Rn. 18; Koch, 16. Aufl. 2022, AktG § 71 Rn. 1; Kropff ZIP 2009, 1137 (1140); Baetge/Kirsch/Thiele, Bilanzen, 16. Aufl. 2021, 491 f.; instruktiv zum Zweck der „Kapitalsperre nach § 71 Abs. 2 S. 2 AktG" und ihren „historischen Wurzeln" auch Oechsler AG 2010, 105 f.
[116] So die anschauliche Formulierung bei BeckOGK/Cahn, 1.2.2022, AktG § 71 Rn. 15 speziell zur AG.
[117] Kropff ZIP 2009, 1137 (1140).
[118] Dazu → 2. Aufl. 2008, Rn. 12 ff.
[119] → 2. Aufl. 2008, Rn. 79 ff.; Kropff ZIP 2009, 1137 (1140).
[120] S. auch Begr. RegE BilMoG, BT-Drs. 16/10067, 101 zu § 71 AktG: „Die Bildung einer Rücklage für eigene Aktien erübrigt sich".
[121] So ausdrücklich Begr. RegE, BT-Drs. 16/10067, 101.
[122] Gelhausen/Fey/Kämpfer Y Rn. 5; Lutter/Hommelhoff/Hommelhoff, 20. Aufl. 2020, GmbHG § 33 Rn. 15, 17; Oechsler AG 2010, 105 (109).

Kapitalrücklagen (also bei der AG/SE nur der Posten gem. Abs. 2 Nr. 4) abzüglich des „Sperrbetrags"[123] gem. § 268 Abs. 8 überschreiten. Nicht zu berücksichtigen sind insbesondere die gesetzlichen Rücklagen gem. § 150 AktG; § 5a Abs. 3 GmbHG und die Rücklage für Anteile an einem herrschenden/mehrheitlich beteiligten Unternehmen (§ 272 Abs. 4). Ein Zwischenabschluss zur Feststellung dieser Erwerbsvoraussetzung ist nicht erforderlich (→ Rn. 120),[124] kann indessen vertraglich geschuldet und in Sonderfällen wie zB der (drohenden) Krise der Gesellschaft auch zur eigenen Absicherung der Geschäftsleitung, die über den Erwerb der Anteile entscheidet, ratsam sein, wenn sie die aktuellen Daten des betrieblichen Rechnungswesens nicht für ausreichend erachtet.

25   Im Zusammenhang mit der hypothetischen Rücklagenbildung auslegungsbedürftig ist, was genau unter dem **Zeitpunkt des Erwerbs** zu verstehen ist. Bereits zum alten Recht – auf das geltende Recht übertragbar – schien im Hinblick auf den Zweck der effektiven Kapitalerhaltung immerhin geklärt zu sein, dass es jedenfalls auch auf den Zeitpunkt ankommt, in dem die Gesellschaft ihre Gegenleistung (Zahlung) erbringt.[125] Umstritten war und ist aber, ob es daneben auch auf den Abschluss des Verpflichtungsvertrags und/oder auf die Übertragung der Anteile ankommt.[126] Der Gesetzeswortlaut („Erwerb") spricht zunächst für die **Übertragung der Anteile** als maßgeblichen Zeitpunkt, denn in § 33 Abs. 2 S. 3 GmbHG und § 71 Abs. 4 AktG, die die zivilrechtlichen Folgen eines Verstoßes gegen das Erwerbsverbot regeln, unterscheidet der Gesetzgeber in offensichtlicher Bezugnahme auf das sachenrechtliche Trennungsprinzip jeweils ausdrücklich zwischen dem verbotswidrigen „Erwerb" und dem „schuldrechtlichen Geschäft". Dass es aber jedenfalls, obwohl das Verbot nur den (somit sachenrechtlich zu verstehenden) „Erwerb" erfasst, zusätzlich auf den Zeitpunkt des schuldrechtlichen Vertrags ankommt, ergibt sich aus dem Umstand, dass die vorgenannten gesellschaftsrechtlichen Vorschriften bereits für das „schuldrechtliche Geschäft über einen verbotswidrigen Erwerb [der Geschäftsanteile]" (§ 33 Abs. 2 S. 3 Hs. 2 GmbHG) bzw. das „schuldrechtliche Geschäft über den Erwerb eigener Aktien" (§ 71 Abs. 4 S. 2 AktG) jeweils die Nichtigkeit anordnen, falls gegen das Erwerbsverbot verstoßen wurde. Da diese Rechtsfolge auch den Fall eines Verstoßes gegen das Erfordernis eines finanziellen Spielraums in Höhe der fiktiven Rücklage erfasst, muss es dem Gesetzgeber offenbar auf die Finanzlage der Gesellschaft im Zeitpunkt der Begründung der Zahlungspflicht durch den Schuldvertrag in dem Sinne ankommen, dass die Verfügbarkeit der freien Mittel im Erfüllungszeitpunkt bereits feststehen muss.[127] Zugleich kommt man im Hinblick auf den kapitalschützenden Charakter des Erwerbsverbots für eigene Anteile nicht umhin, **auch,** wie es die Rechtsprechung tut, auf den Zeitpunkt abzustellen, in dem die Gesellschaft ihre Zahlungspflicht aus dem schuldrechtlichen Geschäft erfüllt.[128] Somit kommt es mindestens auf diese **beiden Zeitpunkte** – Abschluss des Schuldvertrags und Auszahlung – an.[129] Bei vereinbarter Ratenzahlung kommt es konsequenterweise gleichermaßen auf das Vorlie-

---

[123] Kropff FS Hüffer, 2010, 546 f.
[124] MüKoAktG/Oechsler, 5. Aufl. 2019, AktG § 71 Rn. 349; BeckOGK/Poeschke, 15.9.2021, Rn. 70: Es genüge, „wenn eine Zwischenbilanz nach Überzeugung des Vorstands/Geschäftsführers zweifelsfrei ergeben würde, dass die erforderlichen Mittel vorhanden sind".
[125] So BGH NJW 1998, 3121 (3122) unter II.2. zu § 33 Abs. 2 GmbHG aF mwN, auch zur Entstehungsgeschichte des § 33 Abs. 2 GmbHG.
[126] Diese Frage offenlassend BGH NJW 1998, 3121 (3122) unter II.2. Zum Streitstand im Schrifttum (jeweils mwN) Noack/Servatius/Haas/Kersting, 23. Aufl. 2022, § 33 Rn. 11 f. (auch zur Risikobewältigung durch Vertragsgestaltung); Scholz/Westermann, 12. Aufl. 2018, GmbHG § 33 Rn. 26. Allein auf den Zeitpunkt des schuldrechtlichen Vertragsschlusses abstellend zB Lutter/Hommelhoff/Hommelhoff, 20. Aufl. 2020, GmbHG § 33 Rn. 16; Gelhausen/Fey/Kämpfer Y Rn. 11; wohl auch Goette DStR 1998, 1485 (1486). In Parallele zu § 110 BGB auf beide/alle Zeitpunkte, insbes. auch bei Ratenzahlungen, abstellend MüKoAktG/Oechsler, 5. Aufl. 2019, AktG § 71 Rn. 354.
[127] So überzeugend Noack/Servatius/Haas/Kersting, 23. Aufl. 2022, GmbHG§ 33 Rn. 11, 11a mwN.
[128] Ebenso Noack/Servatius/Haas/Kersting, 23. Aufl. 2022, GmbHG § 33 Rn. 11.
[129] Wohl aA HdJ/Dettmeier/Prodan, Eigenkapital der Kapitalgesellschaften, Rn. 219 Fn. 5, 228 (Stand: Juli 2021): *Der Zeitpunkt sei „bilanzrechtlich zu verstehen", und bilanzrechtlich sei (für die Rücklagenbildung nach Abs. 1a S. 2) vorzugswürdig, auf den Zeitpunkt „des Erwerbs wirtschaftlichen Eigentums an den Anteilen" abzustellen.*

gen hinreichend freier Mittel in Höhe eines (nach gewissenhafter kaufmännischer Beurteilung) abgezinsten Betrages bei Vertragsschluss und in Höhe der einzelnen Raten zum jeweiligen Auszahlungszeitpunkt an. Nimmt man den Wortlaut („Zeitpunkt des Erwerbs") der § 33 Abs. 2 S. 1 GmbHG und § 71 Abs. 2 AktG in dem verstandenen Sinn ernst, muss man außerdem noch auf den Zeitpunkt der Aktienübertragung abstellen, auch wenn ein tieferer Sinn hierfür nicht erkennbar ist. Immerhin dürften in der Praxis Anteilsübertragung und Bezahlung des Kaufpreises zeitlich nahe beieinander liegen.

2. Erwerb eigener Anteile (Abs. 1a). a) Offenes Absetzen vom Gezeichneten 26 Kapital (Abs. 1a S. 1). Der **Erwerb** eigener Anteile (Abs. 1a S. 1) bedeutet ihren **wirksamen dinglichen Erwerb** und setzt ihre **rechtliche Existenz** am Bilanzstichtag voraus.[130] Eine etwaige Unwirksamkeit des obligatorischen Geschäfts (zB nach § 71 Abs. 4 S. 2 AktG; § 56 Abs. 1 AktG iVm § 134 BGB; § 33 Abs. 2 S. 3 Hs. 2 GmbHG) ist dagegen für den Ausweis als eigene Anteile unbeachtlich.[131] Erwirbt eine AG oder eine GmbH unzulässigerweise eigene Anteile, lässt dies die **Wirksamkeit des dinglichen Erwerbs** der Anteile grundsätzlich unberührt (§ 71 Abs. 4 S. 1 AktG; § 33 Abs. 2 S. 3 Hs. 1 GmbHG), sodass sie auszuweisen sind.[132] Eine Ausnahme gilt für die GmbH. Erwirbt sie eigene Anteile, auf welche die Einlagen noch nicht vollständig geleistet sind, ist nach § 33 Abs. 1 GmbHG („kann nicht erwerben") auch das dingliche Rechtsgeschäft unwirksam.[133] Auf die AG ist diese Ausnahme schon aus Verkehrsschutzgründen nicht übertragbar, obwohl auch dort der Erwerb nicht voll einbezahlter Aktien nur in bestimmten Situationen (§ 71 Abs. Nr. 3, 5 und 6 AktG) zulässig ist (§ 71 Abs. 2 S. 3 AktG). Verbotswidrig (§ 56 Abs. 2 AktG, § 71d AktG) für Rechnung der Gesellschaft **durch Dritte** treuhänderisch **erworbene** Anteile (Vorratsaktien) sind nicht auszuweisen, weil das schuldrechtliche Geschäft zwischen dem Dritten und der Gesellschaft[134] und damit die Treuhandabrede nach § 71a Abs. 2 AktG nichtig ist.[135] Sie sind beim Dritten zu bilanzieren, es sei denn, die Gesellschaft erlangt aus faktischen Gründen wirtschaftliches Eigentum.[136] Der Erwerb eigener Aktien durch ein verbundenes Unternehmen ist im Rahmen des Abs. 1a ebenfalls unbeachtlich, selbst wenn er „durch ein abhängiges oder ein im Mehrheitsbesitz der Gesellschaft stehendes Unternehmen" erfolgt und daher gem. § 71d S. 2 AktG der Gesellschaft im Rahmen der aktienrechtlichen Beschränkungen des Erwerbs eigener Aktien **zugerechnet** wird.[137]

Anteile sind alle Formen von Aktien (§§ 8 ff. AktG) und Geschäftsanteilen (§ 5 27 GmbHG). Der **Nennbetrag** (§ 6, 8 Abs. 2 AktG, § 23 Abs. 2 Nr. 2 AktG; § 5 Abs. 2, 3 GmbHG) erworbener eigener Anteile ist gem. § 272 Abs. 1a auf der Passivseite durch einen Korrekturposten in der Vorspalte offen vom „Gezeichneten Kapital" abzusetzen (abzuziehen). Ist ein Nennbetrag nicht vorhanden, wie bei nennbetragslosen Aktien (§ 8 Abs. 3 AktG, § 23 Abs. 2 Nr. 2 AktG), ist der **rechnerische Wert** der Aktien maßgeblich; dieser

---

[130] Daran fehlt es zB im Fall der Anteilsrücknahme bei der Investmentaktiengesellschaft mit veränderlichem Kapital gem. § 105 InvG, die zu einer unmittelbaren Kapitalherabsetzung führt, oder beim Wirksamwerden einer Kapitalherabsetzung durch Einziehung vor dem Bilanzstichtag (§ 238 AktG, vgl. dazu auch Rn. 28 sowie Gelhausen/Fey/Kämpfer L Rn. 57).

[131] ADS § 266 Rn. 140; HdR/Küting/Reuter Rn. 47 ff. (Stand: 11/2009); wohl auch KKRD/Morck/Drüen, 9. Aufl. 2019, Rn. 7; BeBiKo/Ellrott/Krämer, 6. Aufl. 2006, § 266 Rn. 139.

[132] Zustimmend Merkt/Probst/Fink/Mylich Kap. 7 Rn. 31. Zur (insoweit übertragbaren) Rechtslage bis zum BilMoG zB ADS Rn. 140; Staub/Hüttemann, 4. Aufl. 2002, Rn. 36; Baumbach/Hueck/Schulze-Osterloh, 18. Aufl. 2006, GmbHG § 42 Rn. 174.

[133] Vgl. etwa Lutter/Hommelhoff/Hommelhoff, 20. Aufl. 2020, GmbHG § 33 Rn. 11: „causa und das dingliche Geschäft" gem. § 134 BGB nichtig; Rowedder/Pentz/Pentz GmbHG § 33 Rn. 2 unter Hinweis auf die Begr. RegE, BT-Drs. 8/1347, 41.

[134] WP-HdB, 13. Aufl. 2006, Bd. I F Rn. 223 (Aussage ab 15. Aufl. 2017 nicht mehr enthalten).

[135] Mock (in: Hachmeister/Kahle/Mock/Schüppen, 2. Aufl. 2020, Rn. 86) kommt zum selben Ergebnis, begründet dieses jedoch damit, dass „aktienrechtliche Vorgaben" keine Bedeutung für „den Eigenkapitalausweis im Rahmen von Abs. 1" hätten.

[136] WP-HdB, 13. Aufl. 2006, Bd. I F Rn. 223 (Aussage in 15. Aufl. 2017 und späteren Aufl. nicht mehr enthalten).

[137] Kölner Komm RechnungslegungsR/Mock Rn. 77: Die aktienrechtlichen Vorgaben hätten „für den Eigenkapitalausweis im Rahmen von Abs. 1 [...] keine Bedeutung".

§ 272 28, 29 3. Buch. 2. Abschnitt. Erg. Vorschriften für Kapitalgesellschaften

Wert entspricht dem Quotienten von Grundkapital und Anzahl der ausgegebenen Aktien.[138] Statt des differenzierenden Begriffspaars „Nennbetrag oder rechnerischer Wert" hätte der Gesetzgeber auch einheitlich die Formulierung „den auf die Aktien entfallenden Betrag des Gesellschaftskapitals" (vgl. zB § 71 Abs. 3 S. 1 AktG, § 237 Abs. 5 AktG) wählen können. Der Korrekturposten in der Vorspalte kann als Nennbetrag/rechnerischer Wert eigener Anteile, der verbleibende Hauptspaltenposten als Ausgegebenes Kapital (bzw. Ausgegebenes und Eingefordertes Kapital, → Rn. 19) bezeichnet werden.[139]

28 **b) Unterschiedsbetrag (Abs. 1a S. 2).** Der **Unterschiedsbetrag** zwischen den Anschaffungskosten (insbesondere der Kaufpreis, vgl. Abs. 1 S. 6 aF) und dem Nennbetrag bzw. dem rechnerischen Wert der Anteile ist bei Aufstellung der Bilanz (also nicht erst im Gewinnverwendungsbeschluss) mit den frei verfügbaren Rücklagen **zu verrechnen** (Abs. 1a S. 2), weil auch in Höhe dieses in der Absetzung nach Abs. 1a S. 1 nicht abgebildeten Betrags durch den Erwerb der eigenen Anteile Eigenkapital zurückgezahlt wird. Die frei verfügbaren Rücklagen vermindern sich um den entsprechenden Betrag, wenn die Anschaffungskosten den Nennbetrag/rechnerischen Wert übersteigen; „verrechnen" bedeutet in diesem Fall „abziehen". Liegen die Anschaffungskosten hingegen unter dem Nennbetrag/rechnerischen Wert (Erwerb unter pari), wird der **Unterschiedsbetrag negativ.** Dann ist aus Gründen des Kapitalschutzes fraglich, ob die „Verrechnung" zu einer entsprechenden Erhöhung der frei verfügbaren Rücklagen führen kann (→ Rn. 31 f.). Von einer Verrechnung als **Anschaffungskosten** sind die „Nebenkosten" iSd § 255 Abs. 1 S. 2 ausgenommen. Diese sind als Aufwand des Geschäftsjahrs über die GuV zu berücksichtigen (§ 272 Abs. 1a S. 3).[140] Dazu zählen Provisionen.[141] Bei der AG/SE ist der Bestand erworbener eigener Aktien im **Anhang** gesondert anzugeben (§ 160 Abs. 1 Nr. 2 AktG).[142]

29 Mit den für die Verrechnung gem. Abs. 1a S. 2 zur Verfügung stehenden **frei verfügbaren Rücklagen** gemeint sind die anderen Gewinnrücklagen (§ 266 Abs. 3 A. III. 4.), die satzungsmäßigen Rücklagen ohne anderweitige Zweckbindung und die freien Kapitalrücklagen (also bei der AG/SE nur der Posten gem. § 272 Abs. 2 Nr. 4).[143] Vom Jahresüberschuss steht bei der AG nur der Teil zur Verfügung, der durch die Verwaltung gem. § 58 Abs. 2 AktG bzw. aufgrund Satzungsbestimmung gem. § 58 Abs. 1 AktG den anderen Gewinnrücklagen zugeführt werden kann.[144] Damit weicht das Verrechnungspotential iSd Abs. 1a S. 2 von dem Betrag ab, der für die Beurteilung der gesellschaftsrechtlichen Zulässigkeit des Erwerbs eigener Anteile im Rahmen der hypothetischen Rücklagenbildung zur Verfügung steht (→ Rn. 24).[145] Sind nach dem Erwerb der eigenen Anteile am Bilanzstichtag **keine ausreichenden frei verfügbaren Rücklagen** für eine Verrechnung des Unterschiedsbetrags (→ Rn. 26) vorhanden, führt dies zu einer **Ergebnisminderung** und ggf. zu einem **Bilanzverlust.**[146] Streitig ist, ob ein aus dem Erwerb eigener Anteile herrührender Bilanz-

---

138 ZB Steffan/Schmidt DB 1998, 559 (565); Kolb/Pöller DStR 1998, 855 (857); Heider AG 1998, 1 (2 f.).
139 BeBiKo/Störk/Kliem/Meyer, 13. Aufl. 2022, Rn. 121; Baetge/Kirsch/Thiele, Bilanzen, 16. Aufl. 2021, 493; Verse VGR 15 (2010), 67 (82).
140 So ausdrücklich Begr. RegE BilMoG, BT-Drs. 16/10067, 66.
141 Gelhausen/Fey/Kämpfer L Rn. 34.
142 Nach Klingberg BB 1998, 1575 (1577) ist zusätzlich auf den Inhalt des zugrunde liegenden Beschlusses der Hauptversammlung und auf den Erwerbszeitpunkt hinzuweisen.
143 Gelhausen/Fey/Kämpfer L Rn. 26; BeBiKo/Störk/Kliem/Meyer, 13. Aufl. 2022, Rn. 125. Zur Frage, ob ausschüttungsgesperrte Rücklagen (§ 268 Abs. 8) auf den Gesamtbestand an freien Rücklagen iSd § 272 Abs. 1a S. 2 anzurechnen sind, s. Kropff FS Hüffer, 2010, 539 (445 ff.).
144 Gelhausen/Fey/Kämpfer L Rn. 26; Haufe-HGB/Seidler Rn. 83 (Stand: 19.10.2021); Pöschke (BeckOGK/Pöschke, 15.9.2021, Rn. 75) sieht den Zugriff auf den Jahresüberschuss insofern eingeschränkt, als zuvor „soweit möglich, gegen freie Rücklagen verrechnet werden" müsse.
145 Zur Unterscheidung der bilanziellen Erwerbsvoraussetzungen einerseits und der Bilanzfolge des Erwerbs andererseits vgl. auch Zätzsch FS W. Müller, 2001, 779.
146 Haufe-HGB/Seidler Rn. 84 (Stand: 19.10.2021); BeBiKo/Störk/Kliem/Meyer, 13. Aufl. 2022, Rn. 123; Gelhausen/Fey/Kämpfer L Rn. 28; Beck HdR/Heymann B 231 Rn. 64 (Stand: Juni 2011); HdJ/Singhof Abt. III/2 Rn. 71; Hachmeister/Kahle/Mock/Schüppen/Mock, 2. Aufl. 2020, Rn. 100; aA HdJ/Dettmeier/Prodan, Eigenkapital der Kapitalgesellschaften, Rn. 229 (Stand: Juli 2021), die „die zivilrechtlichen Folgen des Verstoßes gegen § 33 Abs. 2 S. 1 GmbHG bzw. § 71 Abs. 2 S. 2 AktG auch

538 *Reiner*

verlust bzw. Verlustvortrag bei der AG/SE durch Verwendung der gesetzlichen Rücklage (§ 150 Abs. 1 und 2 AktG) oder gebundenen Kapitalrücklage (§ 272 Abs. 2 Nr. 1–3) ausgeglichen werden darf.[147] Der Wortlaut des § 150 Abs. 3 und 4 steht dem nicht entgegen; Zweifel begründet aber der Umstand, dass dies im Folgejahr **mittelbar** zu einer **Verrechnung gesperrter Rücklagen** führt.[148] Eine vergleichbare Frage stellte sich bereits vor dem BilMoG in Zusammenhang mit der Dotation der Rücklage für eigene Anteile.[149] Die besseren Gründe – nämlich vor allem der Informationszweck der Rücklage – sprachen bisher dafür, die Pflicht zur Bildung der Rücklage auch dann anzunehmen, wenn dadurch ein Bilanzverlust verursacht oder erhöht werden sollte. Die Verrechnung des Bilanzverlustes mit der gesetzlichen Rücklage oder der Kapitalrücklage (§ 150 Abs. 3, Abs. 4 AktG), und damit mit gebundenen Mitteln, im Folgejahr war in Kauf zu nehmen.[150] Mangels entgegenstehender ausdrücklicher gesetzlicher Regelung ist die (anteilige) Auflösung der Rücklagen nach § 150 Abs. 3 und 4 AktG zum Ausgleich eines Verlustvortrags auch insoweit hinzunehmen, als der Verlust nun aus einer Verrechnung nach Abs. 1a S. 2 herrührt. Hierfür spricht zudem, dass nach einer Auflösung der Rücklagen in den Folgejahren weiter eine Pflicht zur Rücklagendotierung besteht, sofern die Grenze des § 150 Abs. 2 AktG unterschritten wird,[151] sodass das Ausschüttungspotential im Ergebnis nicht erhöht wird.[152]

c) Kapitalschutz. aa) Problematik. Die Umstellung vom Brutto- zum Nettoausweis **30** führt dazu, dass der **bilanzielle Ausschüttungsschutz** über den Erwerbszeitpunkt hinaus nur teilweise gewährleistet ist.[153] Für den Erwerbszeitpunkt ist gesellschaftsrechtlich durch die fiktive Rücklagenbildung sichergestellt, dass die Gesellschaft ihre Gegenleistung nur aus freien, ausschüttungsfähigen Mitteln erbringt (→ Rn. 24). Durch die Verrechnung des Nennbetrags bzw. rechnerischen Werts der eigenen Anteile mit dem „Gezeichneten Kapital" in der Vorspalte sinkt jedoch der Betrag der durch diesen Posten bewirkten Kapitalbindung, so dass entsprechende Mittel für (offene) Ausschüttungen weiterhin zur Verfügung stünden.[154] Nach bisherigem Recht hatte die Gesellschaft auf der Aktivseite der Bilanz

bilanzrechtlich" berücksichtigen wollen. Daher sei der Anspruch der Gesellschaft auf Rückgewährung der erbrachten Leistungen zu aktivieren; selbst wenn dieser Anspruch nicht werthaltig sein sollte, seien Auswirkungen auf das Jahresergebnis abzulehnen. Hierfür spreche die Nähe des Erwerbs eigener Anteile zur Kapitalherabsetzung, für die der Gesetzgeber „lediglich zusätzliche Erwerbsaufwendungen als Aufwand (für die Kapitalmaßnahme) abgebildet sehen möchte".

147 Allgemein zur Verrechnung eines Jahresfehlbetrags mit Rücklagen iSd Nr. 1–3 Mylich ZGR 2022, 263 (278): „Verwendungsbeschränkte Rücklagen" gemäß Nr. 1–3 müssten nicht durch zukünftige Jahresüberschüsse wiederaufgefüllt werden, nachdem sie mit einem Jahresfehlbetrag verrechnet wurden. Denn wünsche der Gesetzgeber den „Aufbau bestimmter Rücklagen", ordne er dies explizit an. Auch der Hintergrund des § 150 AktG – Schutz vor Agiotage – spreche hierfür, da es bei einer Auflösung zum Zwecke des Verlustausgleichs nicht zu einer Ertragsvortäuschung komme.

148 So BeBiKo/Störk/Kliem/Meyer, 13. Aufl. 2022, Rn. 125: Soweit ein Bilanzverlust oder ein Verlustvortrag auf dem Erwerb eigener Anteile beruhe, dürfe „er nicht durch Entnahmen aus der gesetzlichen Rücklage oder Kapitalrücklage nach Abs. 2 Nr. 1–3 gedeckt werden, denn dies würde mittelbar zu einer unzulässigen Verrechnung des Kaufpreises mit gesperrten Rücklagen führen".

149 Vgl. zum Problem ausf. ADS Rn. 195 ff.; ADS Ergbd. § 272 nF Rn. 20 ff.; ferner → 2. Aufl. 2008, Rn. 84 f.

150 → 2. Aufl. 2008, Rn. 84 f.

151 ADS Rn. 196 zu § 272 Abs. 4 aF.

152 So nun auch Haufe-HGB/Seidler Rn. 84 (Stand: 19.10.2021): Der Autor weist darauf hin, dass der „Inanspruchnahme der gesetzlichen Rücklage eine Verpflichtung zu ihrer Wiederauffüllung" nachfolgt, sofern die Grenzen des § 150 Abs. 1 und 2 AktG unterschritten werden; aA BeBiKo/Störk/Kliem/Meyer, 13. Aufl. 2022, Rn. 125.

153 Verse VGR 15 (2010), 67 (80 ff.); Kropff ZIP 2009, 1137 (1140 ff.); Gelhausen/Fey/Kämpfer L Rn. 23; BeBiKo/Störk/Kliem/Meyer, 13. Aufl. 2022, Rn. 126; Gelhausen FS Baetge, 2007, 211; Arbeitskreis Bilanzrecht der Hochschullehrer Rechtswissenschaft BB 2008, 209 (215).

154 Gelhausen/Fey/Kämpfer L Rn. 23: Ein „entsprechender Teil der bei Erwerb vorhandenen frei verwendbaren Rücklage" werde „bilanziell nicht verbraucht"; Kropff FS Hüffer, 2010, 547; diesen Zusammenhang verkennt offenbar RegE, BT-Drs. 16/10067, 66, soweit er ausführt: „Kapitalerhaltungsgesichtspunkten wird damit Rechnung getragen, dass die Anschaffungskosten der eigenen Anteile mit den frei verfügbaren Rücklagen zu verrechnen sind. [...] Eine Ausschüttung gebundenen Vermögens ist auch auf Grundlage dieser Formulierung nicht möglich".

einen für sich ergebnis- und ausschüttungsunwirksamen Tausch von Zahlungsmitteln gegen eigene Anteile, auf der Passivseite aber eine Rücklage für eigene Anteile auszuweisen, die zunächst in Höhe des aktivierten Betrags, also der Anschaffungskosten, ggf. vermindert um Abschreibungen, ausschüttungswirksam war. Nach neuem Recht schlägt sich der Erwerb eigener Anteile zwar schon auf der Aktivseite in Höhe der Anschaffungskosten ergebnis- und ausschüttungswirksam nieder, weil sich das Aktivvermögen um die aufgewendeten Kosten verringert und dieser Verlust dort nicht mehr durch den Ansatz der eigenen Anteile kompensiert werden darf. Dieser Effekt wird aber durch die Absetzung des Nennbetrags/ rechnerischen Werts der erworbenen Anteile vom „Gezeichneten Kapital" auf der Passivseite wieder ausgeglichen. Ausschüttungsbegrenzend wirkt allein beim Überpari-Erwerb die Verringerung der freien Rücklagen bzw. – falls nicht vorhanden – der Ausweis eines Bilanzverlusts (→ Rn. 28) in Höhe des **Unterschiedsbetrags** zwischen den Anschaffungs- kosten und dem Nennbetrags/rechnerischen Wert.[155] In Höhe des Nennbetrags/rechneri- schen Werts scheint der **Nettoausweis** – vorbehaltlich gegensteuernder Lösungsansätze (→ Rn. 31 ff.) – den **bilanziellen Kapitalschutz** im Vergleich zum Bruttoausweis, also im Vergleich zum alten Recht mit seiner Rücklage für eigene Anteile, zu **schwächen.** Nur wenn der Wert der eigenen Anteile dann im weiteren Verlauf unter pari absinkt, lässt dieser Effekt nach, weil der Unterschiedsbetrag nach Abs. 1a S. 2 keinen Veränderungen unterliegt, wohingegen sich die Rücklage für eigene Anteile nach altem Recht nach dem **jeweils** aktivierten Betrag und daher nach dem entsprechend abgeschriebenen Wert der Anteile richtete (Abs. 4 S. 2 aF). Beim Unterpari-Erwerb (→ Rn. 26) führt die nach dem Wortlaut des Abs. 1a S. 2 erforderliche „Verrechnung" des dann negativen Unterschiedsbetrags mit den „frei verfügbaren" Rücklagen sogar zu einer Erhöhung dieser Rücklagen.

31   **bb) Lösungsansätze.** Im Schrifttum wird die skizzierte Verringerung des Kapital- schutzes teilweise **hingenommen;**[156] nur für den Fall, dass die Anteile unterhalb ihres Nennbetrags/rechnerischen Werts erworben werden (Unterpari-Erwerb) oder dass ihr Wert später unterhalb des Nennbetrags/rechnerischen Werts absinkt, befürwortet diese Ansicht eine Korrektur dahingehend, dass der (negative) Unterschiedsbetrag gem. Abs. 1a S. 2 in diesen Fällen entgegen dem Gesetzeswortlaut nicht mit den frei verfügbaren Rücklagen (diese erhöhend) „verrechnet" werden, sondern in eine „gebundene Rücklage" eingestellt werden solle.[157]

32   Dieser Auffassung ist entgegen zu halten, dass der Gesetzgeber mit der generellen Einführung des Nettoausweises – wie schon bei den ausstehenden Einlagen – die Informati- onsfunktion der Bilanz stärken, **nicht** aber den **Kapitalschutz schwächen** wollte.[158]

---

[155]   S. hierzu die Beispiele für einen Überpari-Erwerb bei Kropff ZIP 2009, 1137 (1141), sowie Verse VGR 15 (2010), 67 (81, 83 f.).

[156]   Kropff ZIP 2009, 1137 (1140, 1141–1144); Hachmeister/Kahle/Mock/Schüppen/Mock, 2. Aufl. 2020, Rn. 90; wohl auch Arbeitskreis Bilanzrecht der Hochschullehrer Rechtswissenschaft BB 2008, 209 (215) zum RefE BilMoG: Als einen „den Gesichtspunkt des Kapitalschutzes wahrenden Kompromiss" (mit dem Anliegen des Reformgesetzgebers) schlagen die Autoren vor, „den durch Absetzung der eigenen Aktien entstehenden Minderbetrag des Gezeichneten Kapitals in eine Sonderrücklage einzustellen"; s. auch HdJ/Singhof Abt. III/2 Rn. 163 (Stand: Juni 2008), der annimmt, wegen der Absetzung der eigenen Anteile vom Gezeichneten Kapital sei „die Ausschüttungssperre in dieser Höhe aufgeweicht".

[157]   Kropff ZIP 2009, 1137 (1141 f.) zur AG, unter Berufung auf Teile des älteren bilanzrechtlichen Schrift- tums zu § 272 Abs. 1 S. 6 idF vor dem BilMoG: „Der Gesetzgeber dürfte die bei einem Wert unter dem Nennbetrag entstehende Deckungslücke nicht gesehen haben"; Kropff ZIP 2009, 1137 (1144) zur GmbH: Der (negative) Unterschiedsbetrag sei „in die Kapitalrücklage nach § 58c S. 1 GmbHG einzustel- len und damit den Verwendungsbeschränkungen nach § 58b Abs. 3 GmbHG zu unterwerfen"; wieder anders Gelhausen/Fey/Kämpfer L Rn. 33, die es im Fall des Unterpari-Erwerbs für „vorzugswürdig" halten, „die mit dem verbilligten Erwerb verbundene Vermögensmehrung so zu behandeln, wie sie sich aus dem Erwerbsgeschäft ergibt und bspw. einen Sanierungsbeitrag je nach getroffener Vereinbarung als Ertragszuschuss zu vereinnahmen oder in Kapitalrücklagen nach § 272 Abs. 2 Nr. 4 HGB einzustellen".

[158]   Vgl. zB noch BeBiKo/Winkeljohann/K. Hoffmann, 11. Aufl. 2018, Rn. 134: Die RegBegr. zur Neure- gelung der Bilanzierung eigener Anteile vermittele den Eindruck, dass mit der Neuregelung nicht beabsichtigt gewesen sei, den Kapitalschutz herabzusetzen. BeBiKo/Störk/Kliem/Meyer, 13. Aufl. 2022, Rn. 126 bezweifeln diese Absicht nun nicht mehr.

Anders als beim durch das BilMoG angepassten gesellschaftsrechtlichen Kapitalschutz im Zeitpunkt des Erwerbs eigener Aktien, wo er sich ausdrücklich dazu bekennt, mit der hypothetischen Bildung einer Rücklage „aktienrechtlich an dem bewährten Denkmodell" festzuhalten,[159] bezieht er sich in den Materialien zur Verrechnung der freien Rücklagen gem. Abs. 1a S. 2 nicht ausdrücklich auf das Gesellschaftsrecht. Immerhin beteuert er, Kapitalerhaltungsgesichtspunkten werde durch diese Verrechnung „Rechnung getragen" und eine „Ausschüttung gebundenen Vermögens" sei auch auf Grundlage der neuen Formulierung (frei verfügbare Rücklagen anstatt andere Gewinnrücklagen gem. Abs. 1 S. 6 Hs. 1 idF vor dem BilMoG) nicht möglich.[160] Hätte der Gesetzgeber an diesem Punkt gesellschaftsrechtliche Konsequenzen beabsichtigt, hätte er dies – gerade vor dem Hintergrund seines an anderer Stelle geäußerten Bekenntnisses zur gesellschaftsrechtlichen Kontinuität („bewährtes Denkmodell") – deutlich zum Ausdruck gebracht. Demzufolge gilt die Prämisse, dass der **Nettoausweis** im Vergleich zum Bruttoausweis das **Ausschüttungspotential weder erhöht noch verringert**.[161] Des Weiteren ist davon auszugehen, dass der **Erwerb eigener Anteile** für sich genommen – wie bisher – **nicht das Ausschüttungspotential erhöhen** darf, denn er bewirkt zwar wirtschaftlich, nicht aber rechtlich eine Kapitalherabsetzung.[162]

Angesichts der genannten Prämissen vermag es zu überzeugen, wenn teilweise vorgeschlagen wird, die „freien" (Gewinn- oder Kapital-)Rücklagen nicht nur in Höhe des Unterschiedsbetrags nach Abs. 1a S. 2, sondern – ähnlich wie nach Abs. 4 aF – **in Höhe der gesamten Anschaffungskosten**, also einschließlich des Nennbetrags/rechnerischen Werts einer Ausschüttungsbegrenzung zu unterwerfen.[163] Bei der **GmbH** ergibt sich dieses Ergebnis bereits aus den gesellschaftsrechtlichen Vorgaben, denn nach dem eindeutigen und durch das BilMoG nicht veränderten (bereits → Rn. 11) Wortlaut des § 30 Abs. 1 S. 1 GmbHG muss das Stammkapital gedeckt sein und nicht nur das ausgegebene Kapital.[164] Dass die Bilanz daher andere (freie) Gewinnrücklagen ausweist, die „verwirrenderweise" nicht ausschüttungsfähig sind,[165] ist hinzunehmen. Das gleiche Phänomen tritt bei den ausstehenden Einlagen auf (→ Rn. 12). Zur Sicherstellung eines den tatsächlichen Verhältnissen entsprechenden Bildes der Vermögens-, Finanz- und Ertragslage (§ 264 Abs. 2 S. 2) ist daher wie in den Fällen von § 285 Nr. 28, § 268 Abs. 8 im **Anhang** über die zusätzlich, nicht unmittelbar aus der Bilanz ersichtliche Ausschüttungssperre und ihren Zusammenhang mit dem Erwerb eigener Anteile zu berichten.[166]

33

---

159 Begr. RegE BilMoG, BT-Drs. 16/10067, 101 zu § 71 AktG.

160 Begr. RegE BilMoG, BT-Drs. 16/10067, 66.

161 So auch Verse VGR 15 (2010), 67 (82): In den Gesetzesmaterialien fänden sich „keine Anhaltspunkte dafür, dass sich durch den Übergang vom Brutto- zum Nettoausweis die Ausschüttungsgrenzen verschieben sollten"; Verse VGR 15 (2010), 67 (85): Die Vorschriften über die Kapitalherabsetzung (§§ 222 ff. AktG) dürften „nicht ausgehöhlt werden".

162 Vgl. Verse VGR 15 (2010), 67 (85): Er wirft der Ansicht, die die nach Verrechnung mit den Anschaffungskosten verbleibenden freien Rücklagen in voller Höhe – ohne Abzug des Nennbetrags/rechnerischen Werts der Anteile – für ausschüttungsfähig hält, zu Recht vor, einen Wertungswiderspruch zum „ausgefeilten System" der Vorschriften über die Kapitalherabsetzung mit ihren „Sicherungen für die Gläubiger" zu verursachen; insofern gleicher Ansicht, ohne freilich die gleichen Konsequenzen zu ziehen Kropff ZIP 2009, 1137 (1142): „Für den Bilanzierenden wie für die Bilanzleser" werde „einsichtig sein, dass der schlichte Erwerbsvorgang zu einem ausschüttungsfähigen Gewinn führen" dürfe.

163 So zB Verse VGR 15 (2010), 67 (86), der allerdings – wohl seinem auf freie Gewinnrücklagen beschränkten Beispiel (S. 81) geschuldet – nur von „anderen Gewinnrücklagen" spricht.

164 So zu Recht die hM, zB Verse VGR 15 (2010), 67 (84) mit einem Rechenbeispiel: „An dieser wortlautgetreuen Lösung sollte auch in Zukunft festgehalten werden"; Gelhausen/Fey/Kämpfer L Rn. 23; Verse VGR 15 (2010), 67 (84); Lutter/Hommelhoff/Hommelhoff, 20. Aufl. 2020, GmbHG § 33 Rn. 28; Noack/Servatius/Haas/Kersting, 23. Aufl. 2022, GmbHG § 33 Rn. 10; Rodewald/Pohl GmbHR 2009, 32 (35). Insofern unklar Kropff ZIP 2009, 1137 (1143): Es sei „anzunehmen, dass die Praxis den Ausdruck „Stammkapital" in § 30 GmbHG bei einem Wert des erworbenen eigenen Anteils unter pari künftig als ‚Ausgegebenes Kapital' lesen" werde.

165 Verse VGR 15 (2010), 67 (84, 86) mwN: Die neue bilanzielle Darstellung sei „unter dem Gesichtspunkt der Transparenz alles andere als gelungen".

166 So Verse VGR 15 (2010), 67 (86) mwN zur entsprechenden Problematik in Zusammenhang mit dem Nettoausweis für eingefrorene eigene Aktien nach § 272 Abs. 1 S. 4–6 idF vor dem BilMoG.

34   Bei der **AG** knüpft der Gläubiger- und Kapitalschutz nach dem Gesetzeswortlaut (Bilanzgewinn, § 57 Abs. 3 AktG) unmittelbar an die handelsrechtliche Rechnungslegung (§ 158 Abs. 1 AktG; § 268 Abs. 1) an. Hier ist der Kapitalschutz in Zusammenhang mit dem Erwerb eigener Anteile dadurch zu gewährleisten, dass man das in Gestalt freier Rücklagen bestehende Ausschüttungspotential, das von der Ausschüttungsbegrenzung des § 57 Abs. 3 AktG nicht erfasst wird, über den Abzug des Unterschiedsbetrags nach Abs. 1a S. 2 von den freien Rücklagen (beim Überpari-Erwerb) hinaus in Anlehnung an den Rechtsgedanken des § 268 Abs. 8 **außerbilanziell** durch einen weiteren Abzug in Höhe des Nennbetrags/ rechnerischen Werts der eigenen Anteile nach unten korrigiert. Im Ergebnis wird damit entsprechend der vorgenannten Prämisse (keine Veränderung des Ausschüttungspotentials durch die Reform) die Regelung des Abs. 1a S. 1 für **Ausschüttungs**zwecke neutralisiert. Die durch den Nettoausweis und die gleichzeitige Streichung der Rücklage für eigene Aktien entstehende Lücke im Kapitalschutz war dem Gesetzgeber offenbar nicht bewusst.[167] Daher kann gut von einer **planwidrigen Regelungslücke** ausgegangen werden, welche im Sinne des Gesetzgebers zu schließen ist.[168]

35   Ein alternativer Vorschlag zur Sicherstellung eines Kapitalschutzes auf dem Niveau des bisherigen Rechts durch die Bildung einer **Kapitalrücklage** in Höhe des Nennbetrags/ rechnerischen Werts der eigenen Anteile entsprechend § 58c S. 1, S. 2 GmbHG iVm § 58b Abs. 3 GmbHG[169] bzw. für die AG/SE analog § 237 Abs. 5 AktG (**Rücklage wegen eigener Anteile;** → Rn. 57)[170] vermeidet zwar die (Transparenz-)Nachteile einer außerbilanziellen Lösung. Das Argument, es wäre „ungereimt, wenn diese Ausschüttungssperre [gem. § 237 Abs. 5 AktG, Anm. des Verf.] erst im Zeitpunkt der Einziehung eingreifen

---

[167]   Begr. RegE BilMoG, BT-Drs. 16/10067, 101 „Die Bildung einer Rücklage für eigene Aktien erübrigt sich".

[168]   Mock (Hachmeister/Kahle/Mock/Schüppen/Mock, 2. Aufl. 2020, Rn. 90) lehnt eine „Analogie […] zu § 268 Abs. 8 HGB" ab. Allein das Gesellschaftsrecht regele die Voraussetzungen des Erwerbs eigener Anteile, das Handelsbilanzrecht bilde ihn bloß ab. Vorzugswürdig sei „- sofern man in diesem Zusammenhang ein tatsächliches Problem sieht – eine Lösung durch entsprechende Anhangsangaben."

[169]   So zur GmbH Kropff ZIP 2009, 1137 (1144), allerdings beschränkt auf den Fall des Unterpari-Erwerbs (dh eines negativen Unterschiedsbetrags nach Abs. 1a S. 2) bzw. der dem Erwerb nachfolgenden Anteilswertminderung unter den Nennbetrag; Baumbach/Hueck/Fastrich, 21. Aufl. 2017, GmbHG § 33 Rn. 10, der die Dotierung einer Kapitalrücklage in Anlehnung an Kropff (aber wohl ohne Beschränkung auf den Unterpari-Erwerb) alternativ zur Abkoppelung der gesellschaftsrechtlichen Ausschüttungsbegrenzung von der Handelsbilanz für zulässig zu halten scheint (Auffassung in der Kommentierung von Noack/Servatius/Haas/Kersting, 23. Aufl. 2022, GmbHG § 33 Rn. 10 nicht mehr enthalten).

[170]   BeBiKo/Winkeljohann/K. Hoffmann, 11. Aufl. 2018, Rn. 134 zu AG, SE, KgaA – Aussage in späteren Auflagen nicht mehr enthalten: „analog zu § 237 Abs. 5 AktG und iSd Bisherigen Rücklage für eigene Anteile" sei „in Höhe des aufgrund eigener Anteile offen vom gezeichneten Kapital abgesetzten Betrags eine gesonderte Rücklage zu bilden", die „innerhalb der Kapital- oder Gewinnrücklagen gezeigt werden" und „Rücklage wegen eigener Anteile" lauten könne; Arbeitskreis Bilanzrecht der Hochschullehrer Rechtswissenschaft BB 2008, 209 (215), die „als Kompromiss" unter Hinweis auf § 237 Abs. 5 AktG die Einstellung in eine „Sonderrücklage" vorschlagen; wohl auch Verse VGR 15 (2010), 67 (85) in Fn. 64: Es wäre „ungereimt, wenn diese [gem. § 237 Abs. 5 AktG, Anm. des Verf.] Ausschüttungssperre erst im Zeitpunkt der Einziehung eingreifen würde, im davor liegenden Zeitraum zwischen Rückerwerb der eigenen Anteile und Einziehung der vom gezeichneten Kapital abgesetzte Betrag aber ausgeschüttet werden könnte"; bereits zum Nettoausweis für zur Einziehung erworbene eigene Aktien gem. § 272 Abs. 1 S. 4–6 idF vor dem BilMoG Zätzsch FS W. Müller, 2001, 773 (786 ff.), mit Ausführungen zum europarechtlichen Hintergrund; die Frage wohl offenlassend Gelhausen/Fey/Kämpfer L Rn. 24, 33; nur für den Fall des Unterpari-Erwerbs für die Einstellung des Unterschiedsbetrags nach Abs. 1a S. 2 in eine gebundene Rücklage Kropff ZIP 2009, 1137 (1141 f.), der im Übrigen eine Einstellung des „Absetzungsbetrags" nach Abs. 1a S. 1 in eine gebundene Rücklage in „Anlehnung an den Kapitalschutz bei Einziehung eigener Aktien" für „überzogen" hält; so auch BeckOGK/Poeschke, 15.9.2021, Rn. 53: Die Analogie zu § 237 Abs. 5 AktG sei „ein zu schwaches Fundament"; BeckOGK/Poeschke, 15.9.2021, Rn. 54: „[…] entgegen der hier zuvor von Kropff vertretenen Auffassung" gelte „in dem praktisch kaum relevanten Sonderfall, dass die Anteile in der AG unter Pari erworben werden" jedoch nichts anderes; so wohl auch zu § 272 Abs. 1 S. 4–6 idF vor dem BilMoG HdJ/Singhof Abt. III/2 Rn. 72 (Stand: Juni 2008): Aus der Differenz zum niedrigeren Kaufpreis entstehe „ein Buchgewinn, der nicht durch geschäftliche Tätigkeit erzielt und daher wie ein freiwerdender Kapitalherabsetzungsbetrag durch Einstellung in die Kapitalrücklage vor Ausschüttung zu schützen" sei.

würde, im davor liegenden Zeitraum zwischen Rückerwerb der eigenen Anteile und Einziehung der vom „Gezeichneten Kapital" abgesetzte Betrag aber ausgeschüttet werden könnte",[171] versagt aber immer dann, wenn die Aktien **nicht** zu Einziehungszwecken erworben werden. Dabei sollte die bisherige Differenzierung der Bilanzierung eigener Aktien entsprechend dem Erwerbszweck nach dem Willen des Gesetzgebers doch gerade beseitigt werden. Vor allem müssen sich die Verfechter einer gebundenen Kapitalrücklage aber entgegenhalten lassen, entgegen dem ausdrücklichen Willen des Gesetzgebers die abgeschaffte „Rücklage **für** eigene Anteile"[172] mit der „Rücklage **wegen** eigener Anteile" im Ergebnis teilweise (beim Überpari-Erwerb) oder sogar ganz (beim Pari- und Unterpari-Erwerb) in ähnlicher Form wieder einzuführen. Beim Unterpari-Erwerb ist die „Rücklage **wegen** eigener Anteile" (in Höhe des Nennbetrags/rechnerischen Werts) zwar unter Umständen niedriger als die „Rücklage für eigene Anteile" (in Höhe der Anschaffungskosten abzüglich etwaiger Abschreibungen), in Verbindung mit der zusätzlichen – nach dieser Ansicht ebenfalls gebundenen – Rücklage, die sich aus der Verrechnung des (dann negativen) Unterschiedsbetrags nach Abs. 1a S. 2 ergibt, kann sie aber die Höhe der Rücklage für eigene Anteile erreichen, ggf. – wenn die Aktien zwischenzeitlich an Wert verloren haben – sogar übertreffen.

Gerade im Hinblick auf die strenge und folgenreiche Rechtsfolge des § 256 Abs. 1 Nr. 4 **36** AktG, der einen festgestellten Jahresabschluss, der die gesetzlichen oder satzungsmäßigen Vorschriften „über die Einstellung von Beträgen in Kapital- oder Gewinnrücklagen" (oder über die Entnahme von Beträgen aus diesen Rücklagen) verletzt, mit dem Verdikt der Nichtigkeit sanktioniert und den daraus resultierenden **Anforderungen an die Bestimmtheit der Rücklagenvorschriften,** lässt sich eine Pflicht (oder auch nur ein Wahlrecht) zur Dotierung einer Kapitalrücklage wegen eigener Anteile über den Gesetzeswortlaut hinaus nur vertreten, wenn es diesbezüglich eindeutige Signale des Gesetzgebers gibt. Daran fehlt es.[173] Gegen ein bloßes Wahlrecht zur Dotierung einer entsprechenden Kapitalrücklage[174] spricht überdies das erklärte Ziel des Reformgesetzgebers, durch die „Beseitigung bestehender handelsrechtlicher Ansatz-, Ausweis- und Bewertungswahlrechte" das „Informationsniveau des handelsrechtlichen Jahresabschlusses" anzuheben und auf diese Weise eine maßvolle Annäherung der handelsrechtlichen Rechnungslegungsvorschriften an die IFRS zu erreichen.[175] Dass sich das **Ausschüttungsvolumen** somit **nicht mehr unmittelbar aus der Bilanz** (wohl aber aus dem Anhang, → Rn. 32) **ablesen** lässt, ist hinzunehmen. Dieser Effekt ist bei den Fallgruppen der mit dem BilMoG neu geschaffenen Ausschüttungssperre des § 268 Abs. 8 (iVm § 285 Nr. 28) sowie, sofern man der hier vertretenen Ansicht folgt, in Zusammenhang mit den ausstehenden Einlagen gleichfalls zu konstatieren; er ist, was paradox erscheinen mag, der Preis für die stärkere Informationsorientierung der Bilanz.[176]

3. Veräußerung eigener Anteile (Abs. 1b). a) Passivseite der Bilanz. Die **Veräu-** **37** **ßerung** eigener Anteile ist gem. **Abs. 1b** im Kern als actus contrarius[177] zu ihrem Erwerb

---

[171] Verse VGR 15 (2010), 67 (85) in Fn. 64.

[172] S. Begr. RegE BilMoG, BT-Drs. 16/10067, 101 (Fn. 164).

[173] Ähnlich (ebenfalls im Hinblick auf § 256 Abs. 1 Nr. 4 AktG) schon Gelhausen FS Baetge, 2007, 189 (211), noch zum Vorschlag einer Analogie zu § 237 Abs. 5 AktG im Rahmen des Nettoausweises eingefrorener Aktien gem. § 272 Abs. 1 S. 4–6 idF vor dem BilMoG. Die entstandene Lücke, so der Autor, müsse durch den Gesetzgeber ausgefüllt werden.

[174] So zB vertreten von BeBiKo/Winkeljohann/K. Hoffmann, 11. Aufl. 2018, Rn. 136: Es sei „empfehlenswert, bilanziell die eingetretene Sperrung von Rücklagen durch die Bildung einer ‚Rücklage wegen eigener Anteile' in Höhe des offen vom gezeichneten Kapital abgesetzten Betrags ersichtlich zu machen". Eine „gesetzliche Verpflichtung" hierzu bestehe jedoch nicht (Auffassung in späteren Auflagen nicht mehr enthalten).

[175] Begr. RegE BilMoG, BT-Drs. 16/10067, 34.

[176] Vgl. Verse VGR 15 (2010), 67 (91): Das ausschüttungsfähige Vermögen lasse sich „nur noch aus einer Nebenrechnung im Anhang und in Bezug auf die eigenen Anteile und die nicht eingeforderten Einlagen aus der Vorspalte der Bilanz ablesen".

[177] So auch Gelhausen/Fey/Kämpfer L Rn. 7, 43, 46; Haufe-HGB/Seidler Rn. 93 (Stand: 19.10.2021).

und insoweit als **wirtschaftliche Kapitalerhöhung** zu behandeln.[178] Die Absetzung des Nennbetrags/rechnerischen Werts vom „Gezeichneten Kapital" entfällt ex nunc (Abs. 1b **S. 1**).[179] Werden **sämtliche** eigenen Anteile veräußert, ist das „Gezeichnete Kapital" – vorbehaltlich anderer Bestimmungen wie etwa zu ausstehenden Einlagen (→ Rn. 6 ff.) – wieder in voller Höhe in der Hauptspalte auszuweisen. Die **freien Rücklagen,** die bei Erwerb der Aktien gem. Abs. 1a S. 2 um den negativen (positiven) Unterschiedsbetrag zwischen Nennbetrag/rechnerischem Wert und den Anschaffungskosten verringert (erhöht) wurden, werden durch Verrechnung mit dem positiven (negativen) Unterschiedsbetrag zwischen dem Veräußerungserlös und dem Nennbetrag/rechnerischen Wert (wieder) **aufgefüllt** (reduziert), bis ihre Verringerung (Erhöhung) im Rahmen des Erwerbs ausgeglichen ist (Abs. 1b **S. 2**). Diese Rücklagen sind also nicht per se in Höhe ihres Verbrauchs beim Anteilserwerb, sondern in Abhängigkeit vom Veräußerungserlös wiederherzustellen, wobei ihr Verbrauch allerdings die Obergrenze bildet (Abs. 1b S. 3; → Rn. 38). Waren unterschiedliche Arten freier Rücklagen beim Erwerb verrechnet worden und reicht der Differenzbetrag bei Veräußerung nicht zur vollständigen Auffüllung dieser (jeweiligen) Rücklagen aus **(Verlustfall),** stellt sich die Frage, in welcher Weise der **verbleibende** (positive) **Differenzbetrag** aus der Veräußerung **den unterschiedlichen Rücklagenarten zuzuordnen** ist. Mangels gesetzlicher Vorgabe[180] wird man hier wohl von einem **Wahlrecht** des Bilanzierenden ausgehen müssen, dessen Ausübung im Anhang zu erläutern ist (§ 284 Abs. 2 Nr. 1). Der Zwang zu einer quotalen Dotation der einzelnen bei Erwerb verminderten Rücklagen lässt sich aus dem Gesetzeswortlaut nicht ableiten, vielmehr sind sämtliche dieser Rücklagen „jeweilige" Rücklagen im Sinne des Gesetzestextes, mit denen eine Verrechnung möglich ist.[181]

38 Übersteigt der Differenzbetrag nach Abs. 1b S. 2 den Betrag, der bei Erwerb mit frei verfügbaren Rücklagen verrechnet wurde, zB weil der Veräußerungserlös die Anschaffungskosten übersteigt **(Gewinnfall)** oder aber weil beim Erwerb die freien Rücklagen zur Verrechnung des Differenzbetrags nach Abs. 1a S. 2 nicht ausgereicht haben, ist dieser **Mehrbetrag** gem. **Abs. 1b S. 3** in die Kapitalrücklage nach Abs. 2 Nr. 1, die bei der AG und SE (§ 150 AktG; Art. 9 Abs. 1 lit. c ii SE-VO) gebunden ist, einzustellen. Damit behandelt der Gesetzgeber diesen Mehrbetrag bilanziell wie ein Agio.[182] Dies entspricht dem Gedanken einer wirtschaftlichen Kapitalerhöhung, führt aber dazu, dass ein etwaiger über die Anschaffungskosten hinaus erzielter Mehrerlös nicht als sonstiger betrieblicher Ertrag erfasst wird.[183] Abs. 1b S. 3 (ebenso S. 2: „bis zur Höhe des mit den frei verfügbaren Rücklagen verrechneten Betrags") ist insofern missverständlich, als er isoliert betrachtet nach seinem Wortlaut auch so verstanden werden könnte, dass ein über den Differenzbetrag nach S. 2 „hinaus gehender" Differenzbetrag **insgesamt** und nicht nur mit seinem überschießendem Teil in die Kapitalrücklage einzustellen wäre. Zwar könnte man den Differenzbetrag nach Abs. 1b S. 2 tatsächlich insgesamt als Agio iSd Abs. 2 Nr. 1 (→ Rn. 67 ff.) klassifizieren.[184] Wenn der Gesetzgeber dieser Sichtweise gefolgt wäre, hätte er aber nicht in Abs. 1b S. 2 die Einstellung jedenfalls solcher Differenzbe-

---

[178] Begr. RegE BilMoG, BT-Drs. 16/10067, 66; ähnlich Merkt/Probst/Fink/Mylich Kap. 7 Rn. 36: „bilanziell als Kapitalerhöhung behandelt".

[179] Gelhausen/Fey/Kämpfer L Rn. 39.

[180] Krit. Zur fehlenden gesetzlichen Klarstellung des Verlustfalls in Abs. 1b Küting/Reuter StuB 2008, 575 (577) zum RegE BilMoG: Der durch die Formulierung von § 272 Abs. 1b S. 3 HGB-E ungeregelte Fall der bilanziellen Abbildung eines Veräußerungslustes (Verkaufserlös unterschreitet die ursprünglichen Anschaffungskosten der eigenen Anteile) sollte „im endgültigen Gesetzestext noch klargestellt werden".

[181] AA Gelhausen/Fey/Kämpfer L Rn. 46 (ausdrücklich Unter Berufung auf das Tatbestandselement „jeweilige Rücklagen"): Es sei davon auszugehen, dass der „geminderte Differenzbetrag quotal auf die jeweiligen bei Erwerb zur Verrechnung herangezogenen Rücklagen aufzuteilen" sei. Wieder anders BeBiKo/Störk/Kliem/Meyer, 13. Aufl. 2022, Rn. 148, die nur ein Wahlrecht zwischen quotaler Dotation einer vorrangigen Verrechnung mit der Kapitalrücklage annehmen. Die „Ausgabe von Anteilen" betreffe „eigentlich vorrangig diese Rücklagenkategorie" (ohne weitere Begründung).

[182] So auch Gelhausen/Fey/Kämpfer L Rn. 49.

[183] Krit. Gelhausen/Fey/Kämpfer L Rn. 49.

[184] Dies konzediert auch die Begr. RegE MoMiG, BT-Drs. 16/10067, 66: „Zwar könnte argumentiert werden, dass dieser Betrag, jedenfalls soweit er den Nennbetrag der eigenen Anteile übersteigt, als Agio zu klassifizieren und in die Kapitalrücklage nach § 272 Abs. 2 Nr. 1 HGB einzustellen sei […]".

träge, die den jeweiligen Differenzbetrag aus dem Erwerb der Aktien (Abs. 1a S. 2) nicht übersteigen, in die freien Rücklagen angeordnet. Vielmehr kommt gerade in Abs. 1b S. 2 (und S. 1) der Wille des Gesetzgebers zum Ausdruck, den Verkauf eigener Anteile bilanziell als Gegengeschäft zu ihrem Erwerb zu behandeln und daher zunächst dessen bilanzielle Folgen rückgängig zu machen.[185]

Der überschießende Betrag iSv Abs. 1b S. 3 ist auch dann in die Kapitalrücklage gem. **39** Abs. 2 Nr. 1 und nicht in die freien Rücklagen einzustellen, wenn zuvor beim Erwerb der Unterschiedsbetrag gem. Abs. 1a S. 2, ggf. anteilig, zu Lasten des Jahresergebnisses bzw. eines Bilanzverlustes verrechnet worden war, weil keine ausreichenden frei verfügbaren Rücklagen für eine Verrechnung des Unterschiedsbetrags nach Abs. 1a S. 2 zur Verfügung gestanden haben (→ Rn. 27).[186] Die zwingende Dotierung der freien Rücklagen nach Abs. 1b S. 2 gilt nur „bis zur Höhe des mit den frei verfügbaren Rücklagen verrechneten Betrags", wobei hier entsprechend dem Gedanken des actus contrarius nur der **tatsächlich verrechnete** Betrag, nicht aber der nach Abs. 1a S. 2 maximal mit den (vorhandenen) freien Rücklagen zu verrechnende Unterschiedsbetrag gemeint ist. Wenn also im Rahmen des Erwerbs gar keine Verrechnung frei verfügbarer Rücklagen in der Bilanz stattgefunden hat, ist der **gesamte Differenzbetrag** zwischen Nennbetrag/rechnerischem Wert und Veräußerungserlös nach Abs. 1b S. 3 in die Kapitalrücklage einzustellen.

Der Veräußerungserlös iSd Abs. 1b S. 2 kann auch unterhalb des Nennbetrags/rechneri- **40** schen Werts liegen (zB bei teil- bzw. unentgeltlichen Mitarbeiterbeteiligungsprogrammen[187]), denn das Verbot der Unterpari-Emission (§ 9 Abs. 1 AktG, § 14 S. 2 GmbHG) gilt bei Veräußerung erworbener eigener Anteile, abgesehen von Fällen rechtsmissbräuchlicher Umgehung, nicht. Mangels gesetzlicher Regelung ist in diesen Fällen entweder der **negative Differenzbetrag** mit frei verfügbaren Rücklagen analog Abs. 1a S. 2 zu verrechnen,[188] oder – im Sinne der Transparenz wohl vorzugswürdig – der **Veräußerungsverlust**, der entsteht, weil der Wegfall des Absatzungsbetrags in Höhe des Nennbetrags/rechnerischen Betrags gem. Abs. 1b S. 1 auf der Passivseite nicht in voller Höhe auf der Aktivseite durch den Vermögenszuwachs in Gestalt des Veräußerungserlöses (zur Aktivierung von Gegenleistungen anderer Art → Rn. 42) ausgeglichen wird, ist aufwandswirksam über die GuV zu erfassen.[189] Nicht ergebniswirksam bleiben entsprechend der gesetzgeberischen Konzeption des Nettoausweises demgegenüber Verluste, die aus einer Veräußerung der eigenen Anteile unterhalb ihres Verkehrswertes, aber noch oberhalb ihres Nennbetrags/rechnerischen Wertes herrühren. In diesem Fall wird man eine Anhangangabe verlangen müssen (§ 264 Abs. 2 S. 2).

Veräußerungsnebenkosten sind korrespondierend zu Anschaffungsnebenkosten nach **41** Abs. 1a S. 3 gem. Abs. 1b **S. 4** als Aufwand des Geschäftsjahres über die GuV aufwandswirksam zu erfassen. Hierunter fallen vor allem Bankspesen und sonstige Transaktionskosten.[190]

---

[185] Vgl. dazu auch Begr. RegE MoMiG, BT-Drs. 16/10067, 66: „Lediglich der die ursprünglichen Anschaffungskosten übersteigende Differenzbetrag aus dem Veräußerungserlös" sei „in die Kapitalrücklage nach § 272 Abs. 2 Nr. 1 HGB einzustellen (§ 272 Abs. 1b S. 3 HGB)".

[186] Wie hier Haufe-HGB/Seidler Rn. 96 (Stand: 19.10.2021); aA Gelhausen/Fey/Kämpfer L Rn. 47: „Nachdem es sich nach der Konzeption des Gesetzes nicht um einen Veräußerungsgewinn" handele, sei „kein Weg erkennbar, wie der Betrag unmittelbar dem laufenden Ergebnis zugeführt werden könnte". „Am Nächsten" liege „hier die Dotierung der anderen Gewinnrücklagen"; BeBiKo/Störk/Kliem/ Meyer, 13. Aufl. 2022, Rn. 141 unter Berufung auf den „Sinn der 'Umkehr-Regel', grds. die EK-Struktur vor dem Erwerb wiederherzustellen".

[187] Zu Mitarbeiterbeteiligungen im Zusammenhang mit Aktienoptionsplänen ausf. → Rn. 53 ff.

[188] AA Kölner Komm RechnungslegungsR/Mock Rn. 103: Mangels „übersteigenden Differenzbetrags" iSv Abs. 1b S. 2 sei eine Verrechnung in den Rücklagen ausgeschlossen.

[189] Vgl. Gelhausen/Fey/Kämpfer L Rn. 45: „Gegen eine aufwandswirksame Behandlung dürften jedenfalls keine Bedenken bestehen"; anders BeBiKo/Störk/Kliem/Meyer, 13. Aufl. 2022, Rn. 141, 144, die primär die Verrechnung des negativen Differenzbetrags mit freien Rücklagen vorschlagen, davon aber eine Ausnahme machen wollen, soweit der Verkaufserlös wenigstens die ursprünglichen Anschaffungskosten übersteigt. Dieser Mehrerlös soll in die Kapitalrücklage nach Abs. 2 Nr. 1 einzustellen sein.

[190] Gelhausen/Fey/Kämpfer L Rn. 51.

42　　　**b) Aktivseite der Bilanz.** Auf der Aktivseite der Bilanz ist der im Gegenzug für die eigenen Anteile erworbene **Vermögensgegenstand** grundsätzlich nach den allgemeinen Regeln **anzusetzen und zu bewerten;**[191] eine Kaufpreisforderung ist zu aktivieren und bei zinsloser Stundung ggf. abzuzinsen.[192] Zweifelhaft und umstritten – ähnlich wie im Falle der „echten" Kapitalerhöhung gegen Sacheinlagen,[193] aber auch wie im Falle eines gewöhnlichen Tausches zweier Vermögensgegenstände beliebiger Art (→ § 255 Rn. 42) – ist die **Bewertung** allerdings, wenn die Gegenleistung für die eigenen Anteile nicht in Geld, sondern in einem Gegenstand anderer Art (zB Anteile an einer Gesellschaft) besteht, zB wenn vorhandene eigene Anteile als „Akquisitionswährung" im Rahmen einer Unternehmensübernahme eingesetzt werden.[194] Eine Ansicht geht von einem Bewertungswahlrecht aus. Danach können für den im Gegenzug zu den Anteilen erworbenen Gegenstand die ursprünglichen Anschaffungskosten der veräußerten eigenen Anteile angesetzt werden; in diesem Fall soll keine Zuführung zur Kapitalrücklage (gem. Abs. 1b S. 3) erfolgen. Damit wird der Gegenstand im Ergebnis so bewertet, wie dies der Fall wäre, wenn die Gesellschaft das Geld, das sie für die eigenen Aktien bezahlt hat, unmittelbar in ihn investiert hätte. Alternativ hierzu soll – entsprechend dem, was auch für den gewöhnlichen Tausch vertreten wird – stattdessen der Zeitwert der veräußerten eigenen Anteile (im Zeitpunkt der Veräußerung) wählbar sein, wobei der Zeitwert des erworbenen Gegenstands die Bewertungsobergrenze darstellen soll.[195] Nach aA soll der erworbene Gegenstand zwingend mit seinem eigenen Zeitwert zu bewerten sein, damit die Rücklagendotierung gem. Abs. 1b S. 2 und 3 nicht unterlaufen werden kann.[196] Die letztere Meinung erscheint vorzugswürdig, auch wenn sie wohl von dem abweicht, was mehrheitlich zur Kapitalerhöhung gegen Sacheinlagen, aber auch zum Tausch vertreten wird. Sie ist mit dem Gesetzeswortlaut des Abs. 1b S. 2 und 3 vereinbar und wird dem auch in Abs. 1a zum Ausdruck kommenden Gedanken gerecht, dass der wirkliche Wert der eigenen Anteile sich weder beim Erwerb noch bei der Veräußerung auf das Bilanzergebnis auswirkt. Zu berücksichtigen sind ggf. abweichende Wertansätze bzw. Wahlrechte aufgrund speziellerer Normen, insbesondere zB bei **Umwandlungsvorgängen** auf Grundlage des UmwG,[197] wo zum Teil allerdings wieder auf die allgemeinen GoB zum Tausch von Vermögensgegenständen zurückverwiesen wird, gerade auch bei der Hingabe eigener Anteile.[198]

---

[191]　Hierzu nach altem Recht zB dazu ADS § 255 Rn. 89 ff.

[192]　Gelhausen/Fey/Kämpfer L Rn. 39.

[193]　Hierzu zB Baumbach/Hueck/Schulze-Osterloh, 18. Aufl. 2006, GmbHG § 42 Rn. 360: „außerordentlich umstritten"; ADS § 255 Rn. 96–103 und § 253 Rn. 44; Baetge/Kirsch/Thiele/Kahle/Haas/Schulz Bilanzrecht § 255 Rn. 35 ff. (Stand: Dezember 2021); BeckOGK/Poeschke, 15.9.2021, Rn. 109 ff.; Angermayer DB 1998, 145 ff. mit dem Fokus auf der Einbringung von Unternehmen. Als zu aktivierende Anschaffungskosten zur Diskussion stehen der Nennbetrag oder ein darüber hinaus gehender höherer Ausgabebetrag der Anteile, der Zeitwert dieser Anteile und der Zeitwert der Sacheinlage; für Letzteren zB Koch, 16. Aufl. 2022, AktG § 27 Rn. 20: „Wiederbeschaffungswert" bei Gegenständen des Anlagevermögens oder „Einzelveräußerungswert" beim Umlaufvermögen.

[194]　Diese Konstellation wird praktisch wohl eher selten sein, weil der Anteilstausch im Wege der Gewährung neuer Anteile umwandlungssteuerrechtlich günstiger ist (Wahlrecht zur Buchwertfortführung) als im Wege der Gewährung eigener Anteile (§ 21 UmwStG). Vgl. dazu Rödder/Herlinghaus/van Lishaut/Herlinghaus, 3. Aufl. 2019, UmwStG § 20 Rn. 213; Lutter/Schumacher, 6. Aufl. 2019, UmwG Anh. 1 § 122m Rn. 123, je mwN.

[195]　BeBiKo/Störk/Kliem/Meyer, 13. Aufl. 2022, Rn. 149.

[196]　Gelhausen/Fey/Kämpfer L Rn. 40; Hachmeister/Kahle/Mock/Schüppen/Mock, 2. Aufl. 2020, Rn. 119.

[197]　S. Baumbach/Hueck/Schulze-Osterloh, 18. Aufl. 2006, GmbHG § 42 Rn. 360 zur Kapitalerhöhung gegen Sacheinlage („vorbehaltlich der Anwendbarkeit des § 24 UmwG"); dazu zB Baetge/Kirsch/Thiele/Kahle/Haas/Schulz Bilanzrecht § 255 Rn. 38 ff. (Stand: Dezember 2021); Lutter/Priester/Hennrichs, 6. Aufl. 2019, UmwG § 24 Rn. 42 ff. zur Bewertung bei der Verschmelzung durch Aufnahme.

[198]　Lutter/Priester, 6. Aufl. 2019, UmwG § 24 Rn. 53 f. unter Berufung auf die „hM": Würden den Gesellschaftern der übertragenden Gesellschaft für den Übergang ihres Vermögens die bei der übernehmenden Gesellschaft bereits vorhandene eigene Anteile gewährt, sei „darin ein Tauschvorgang zu sehen"; Rödder/Herlinghaus/van Lishaut/Rödder/Stangl, 3. Aufl. 2019 UmwStG Anh. 2 Rn. 34; Schmitt/Hörtnagl/Hörtnagl, 9. Aufl. 2020, UmwG § 24 Rn. 36 ff., jeweils mwN. Zu umwandlungssteuerrechtlichen Restriktionen bei Gewährung eigener Anteile (kein Wahlrecht) vgl. Rödder/Herlinghaus/van Lishaut/Herlinghaus, 3. Aufl. 2019, UmwStG § 20 Rn. 130; Lutter/Schumacher, 6. Aufl. 2019, UmwG Anh. 1 nach § 122m Rn. 123, je mwN.

4. Erwerb und Veräußerung innerhalb eines Geschäftsjahres. Die Bilanzierungs- **43** folgen des Abs. 1a und Abs. 1b sind auch dann anzuwenden, wenn Erwerb und Veräußerung eigener Anteile innerhalb eines Geschäftsjahres vollzogen werden. Zwar sind in diesem Fall zum Bilanzstichtag keine eigenen Anteile mehr vorhanden. Die Absetzung des Nennbetrags/rechnerischen Werts vom „Gezeichneten Kapital" in der Vorspalte kommt deshalb nicht in Betracht. Bilanzielle Auswirkungen entfalten die Transaktionen in ihrer Gesamtheit aber nur dann nicht, wenn Anschaffungskosten und Veräußerungserlös zufällig dieselbe Höhe aufweisen.[199] In allen anderen Fällen sind jedoch die Veränderungen der Gewinn- und ggf. Kapitalrücklage(n) bilanziell darzustellen.[200] Eine AG/SE hat über den Erwerb und die Veräußerung der eigenen Anteile zudem gem. § 160 Abs. 1 Nr. 2 S. 2 AktG im Anhang zu berichten. Finanzinstitute iSd § 71 Abs. 1 Nr. 7 AktG dürfen für ihre Massengeschäfte auf Bewertungsvereinfachungen (§ 256 S. 2, § 240 Abs. 4) zurückgreifen.[201]

IV. Veränderungen des Gezeichneten Kapitals

Sieht man vom Erwerb eigener Anteile iSd Abs. 1a (→ Rn. 21 ff.) und der Einforde- **44** rung ausstehender Einlagen (→ Rn. 6 ff.) ab, so verändern Kapitalzuführungen oder -abflüsse den Ausweis des „Gezeichneten Kapitals" nur, wenn sie in der gesellschaftsrechtlichen Form von **Kapitalerhöhungen oder –herabsetzungen** das Grund- oder Stammkapital der Gesellschaft in seiner Eigenschaft als in Satzung oder Gesellschaftsvertrag festgelegter rechtlicher Kenngröße vergrößern oder vermindern.

1. Kapitalerhöhung. Die (durchgeführte) Kapitalerhöhung wird grundsätzlich erst **45** mit Eintragung (ihrer Durchführung) in das Handelsregister wirksam (§§ 189, 203 Abs. 1 S. 1 AktG, § 211 Abs. 1 AktG, § 54 Abs. 3 GmbHG, § 57 Abs. 1 GmbHG; anders bei der bedingten Kapitalerhöhung, § 200 AktG). Erst ab diesem Zeitpunkt ist sie im Rahmen des „Gezeichneten Kapitals" zu berücksichtigen (→ § 266 Rn. 88). Da sich Kapitalerhöhungen in mehreren Schritten vollziehen, werfen insbesondere die **vorausgehenden Stadien** vor Wirksamkeit der Erhöhung bzw. vor Eintragung in das Handelsregister vielfach Ausweisprobleme hinsichtlich bereits geleisteter Einlagen auf. Gesellschaftsrechtlich ist die Kapitalerhöhung grundsätzlich an einen qualifizierten Mehrheitsbeschluss der Gesellschafter (§ 182 Abs. 1 AktG, § 193 Abs. 1 AktG, § 202 Abs. 2 AktG, § 207 Abs. 2 AktG; § 55 Abs. 1 GmbHG, § 57c Abs. 1 GmbHG, § 53 Abs. 2 S. 1 GmbHG) sowie weitere Voraussetzungen gebunden,[202] die von der Rechtsform des Unternehmens und der Art der Kapitalerhöhung abhängen. Bei der Kapitalerhöhung aus Gesellschaftsmitteln (§§ 207 ff. AktG; §§ 57c ff. GmbHG) wird in der Gesellschaft bereits **vorhandenes Vermögen** zu Grund- bzw. Stammkapital **umgewidmet,** während bei der Kapitalerhöhung gegen Einlagen (§§ 182 ff. AktG; §§ 55 ff. GmbHG) der Gesellschaft **neues Kapital zugeführt** wird. Die bedingte Kapitalerhöhung ist eine aktienrechtliche Sonderform (§§ 192 ff. AktG) der Kapitalerhöhung gegen Einlagen, während die Form des genehmigten Kapitals seit dem MoMiG nicht nur der AG, sondern auch der GmbH zur Verfügung steht (§§ 202 ff. AktG; § 55a GmbHG). Für den Umfang der Kapitalerhöhung ist der Nennbetrag der neuen Anteile maßgeblich (Abs. 1 S. 1). Ein Differenzbetrag zwischen dem Nennbetrag und dem höheren Ausgabebetrag ist in die Kapitalrücklage einzustellen (Abs. 2 Nr. 1; → Rn. 64 ff. und insbesondere → Rn. 67 ff.).

a) Kapitalerhöhung gegen Einlagen. Ist die **Durchführung** einer Kapitalerhöhung **46** gegen Einlagen (§§ 182 ff. AktG; §§ 55 ff. GmbHG) **noch nicht in das Handelsregister eingetragen,** sind bereits geleistete Einlagen nach dem Eigenkapital des § 266 Abs. 3 A.

---

[199] S. Gelhausen/Fey/Kämpfer L Rn. 52: Nur dann sei es sachgerecht, dass die Bilanzierungsfolgen der Abs. 1a und 1b insgesamt entfielen. Die Nebenkosten bei Anschaffung und Veräußerung würden „erfolgswirksam in der GuV erfasst".

[200] Hierzu Gelhausen/Fey/Kämpfer L Rn. 53 f.

[201] Gelhausen/Fey/Kämpfer L Rn. 54a; Kölner Komm RechnungslegungsR/Mock Rn. 110.

[202] Überblick bei HdR/Küting/Reuter Rn. 14 ff. (Stand 11/2009).

als Sonderposten auszuweisen (→ § 266 Rn. 96 f.), der zB die Bezeichnung „Zur Durchführung der beschlossenen Kapitalerhöhung geleistete Einlagen" tragen kann.[203] Maßgebend dafür ist der Charakter der Einlagen als aufschiebend bedingtes Eigenkapital. Hinzu tritt, dass die Zeichner noch keine Gesellschafterrechte erworben haben und im Insolvenzfall in der Regel einfache Gläubiger wären.[204] Der vor der Eintragung ausgewiesene Sonderposten zeigt die gesamte geleistete Zahlung und umfasst auch ein bereits gezahltes Agio, das erst mit der Eintragung der Kapitalerhöhung in das Handelsregister in die Kapitalrücklage eingestellt werden darf.[205] Wird die Kapitalerhöhung **nach dem Bilanzstichtag, aber vor Aufstellung** der Bilanz in das Handelsregister **eingetragen,** so ist ein gesonderter Ausweis der geleisteten Einlagen innerhalb des Eigenkapitals zwischen dem „Gezeichneten Kapital" und den Rücklagen unter Vermerk des Eintragungsdatums ggf. unter dem Gesichtspunkt der Wertaufhellung geboten oder zumindest zulässig, sofern die Anmeldung zum Handelsregister bereits zum Bilanzstichtag erfolgt war. Dann nämlich zeigt die nachfolgende Eintragung im Normalfall, dass die Eintragungsvoraussetzungen bereits zum Stichtag vorlagen und dass die Zuordnung der Einlagen zum Haftungsvermögen wirtschaftlich gesichert war.[206] Selbst eine zwischenzeitliche Insolvenz der Gesellschaft würde der Eintragung und damit dem Wirksamwerden der vorher beschlossenen und ordnungsgemäß angemeldeten Kapitalerhöhung nicht ohne Weiteres entgegenstehen.[207] Ein Ausweis innerhalb des „Gezeichneten Kapitals" wäre in einer solchen Situation zwar unzulässig, weil dieser Posten an die gesellschaftsrechtliche Lage anknüpft. Der hier vorgeschlagene Ausweis nach dem „Gezeichneten Kapital" entspricht aber der Bedeutung der geleisteten Einlagen als wirtschaftlichem Eigenkapital. Entsprechendes gilt für den Fall, dass die geleistete **Einlage** dem ausdrücklichen Willen des Zeichners entsprechend auch bei endgültiger Nichtdurchführung der Kapitalerhöhung **in der Gesellschaft** zur Stärkung des Eigenkapitals **verbleiben** soll.[208]

47   Zeitlich **vor** dem Kapitalerhöhungsbeschluss geleistete Bareinlagen (sog. **Voreinzahlungen**) haben grundsätzlich keine Erfüllungswirkung, so dass der Gesellschafter nach der Übernahme der neuen Anteile weiterhin zur Einlageleistung verpflichtet bleibt.[209] Die bereits geleisteten Zahlungen sind dann ohne Rechtsgrund erfolgt und begründen eine Rückzahlungsverpflichtung der Gesellschaft gegenüber dem Inferenten wegen des mit der Zahlung verbundenen Sanierungszwecks unter dem Gesichtspunkt der **condictio causa data causa non secuta** (§ 812 Abs. 1 S. 2 Fall 2 BGB),[210] die unter den Verbindlichkeiten (§ 266 Abs. 3 C.) auszuweisen ist.[211] Gesellschaftsrechtlich wirksam könnten die Voreinzahlungen nach der Rechtsprechung ausnahmeweise dann sein, wenn sich der vorher eingezahlte Betrag „als solcher – also nicht nur wertmäßig – im Zeitpunkt der Beschlussfassung über die Kapitalerhöhung zweifelsfrei noch **im Gesellschaftsvermögen** befindet".[212] Eine weitere Ausnahme wird für **akute Sanierungsfälle** anerkannt, wenn die Kapitalerhöhung

---

[203]   Baetge/Kirsch/Thiele/Thiele Rn. 28 (Stand: August 2006); ADS Rn. 19; BeBiKo/Störk/Kliem/Meyer, 13. Aufl. 2022, Rn. 54; Winnefeld Bilanz-HdB, 5. Aufl. 2015, D Rn. 1775; HdR/Küting/Reuter (Stand: 11/2009) Rn. 12; HdR/Knop § 270 Rn. 17 (Stand: April 2011); KKRD/Morck/Drüen 9. Aufl. 2019, Rn. 6; BeckOGK/Poeschke, 15.9.2021, Rn. 24 (unter Hinweis auf die „allgA").

[204]   HdR/Küting/Reuter (Stand: 11/2009) Rn. 12; BeckOGK/Poeschke, 15.9.2021, Rn. 24.

[205]   BeBiKo/Störk/Kliem/Meyer, 13. Aufl. 2022, Rn. 54.

[206]   ADS Rn. 19; BeBiKo/Störk/Kliem/Meyer, 13. Aufl. 2022, Rn. 55; BeckOGK/Poeschke, 15.9.2021, Rn. 25; aA – Verhältnisse allein am Abschlussstichtag entscheidend – HdR/Küting/Reuter Rn. 13 (Stand: 11/2009).

[207]   BGH NJW 1995, 460 unter I.

[208]   ADS Rn. 19.

[209]   ZB BGHZ 168, 201 = NJW 2007, 515 = BeckRS 2006, 13747 Rn. 13 mwN; zuvor BGHZ 158, 283 = NJW 2004, 2592; OLG Nürnberg ZIP 2010, 2300 = BeckRS 2010, 25668 unter B.IV.2.

[210]   OLG Nürnberg ZIP 2010, 2300 unter B.IV.5.

[211]   Ähnlich Baetge/Kirsch/Thiele/Thiele Rn. 32 (Stand: August 2006): Die bereits geleisteten Zahlungen seien „in diesem Fall als ‚normales' Fremdkapital ohne Bezug zur Kapitalerhöhung zu bilanzieren".

[212]   BGHZ 158, 283 = NJW 2004, 2592: „aus Gründen der Vereinfachung der Abwicklung"; bestätigt zB durch BGHZ 168, 201 = NJW 2007, 515 = BeckRS 2006, 13747 Rn. 13; OLG Celle ZIP 2010, 2298 = BeckRS 2010, 21813 Rn. 20; OLG Nürnberg ZIP 2010, 2300 = BeckRS 2010, 25668 unter B.IV.2.

und die „Durchbrechung der gesetzlichen Reihenfolge der einzuhaltenden Schritte" zur Krisenbewältigung notwendig ist und wenn „die Rettung der sanierungsbedürftigen und sanierungsfähigen Gesellschaft scheitern würde, falls die üblichen Kapitalaufbringungsregeln beachtet werden müssten",[213] vorausgesetzt der Gesellschafter leistet mit „Sanierungswillen" und verbindet seine Vorleistung, „schon um einer nachträglichen Umwidmung von zu anderen Zwecken geleisteten Zahlungen vorzubeugen, eindeutig und für Dritte erkennbar mit dem Tilgungszweck der Kapitalerhöhung".[214] Kommt danach eine Erfüllungswirkung in Betracht, sollte die Voreinzahlung als „Zur Durchführung der beabsichtigten Kapitalerhöhung geleistete Einlage" als eigenständiger Posten nach dem Eigenkapital (zB „Nach A.") ausgewiesen werden.[215]

Wird eine Kapitalerhöhung in das Handelsregister eingetragen, ist das erhöhte Grund- **48** bzw. Stammkapital auszuweisen, selbst wenn die Kapitalerhöhung an einem **Mangel des Verfahrens oder der Einlageleistung,** und sei es die Mindestbareinlage nach den § 188 Abs. 2 AktG iVm §§ 36 ff. AktG; § 57 Abs. 2 GmbHG iVm § 7 Abs. 2 und 3 GmbHG, leidet (vgl. auch § 246a Abs. 4 S. 2 AktG, § 242 Abs. 1 AktG).[216] Mängel der Einlageleistung, zB wegen Verstoßes gegen das Barzahlungsgebot des § 54 Abs. 3 AktG oder gegen das Aufrechnungsverbot der § 66 Abs. 1 S. 2 AktG, § 19 Abs. 2 S. 2 GmbHG, können sich bilanziell allerdings insoweit auswirken, als die Einlageverpflichtung als (eingeforderte) ausstehende Einlage auf der Aktivseite auszuweisen ist, soweit sie mangelhaft ist. In den Fällen einer **verdeckten Sacheinlage**[217] hat die Gesellschaft gemäß der gesellschaftsrechtlichen Anrechnungslösung (§ 27 Abs. 3 AktG idF des ARUG; § 19 Abs. 4 GmbHG idF des MoMiG) ggf. eine ausstehende Bareinlageverpflichtung des Gesellschafters in Höhe der **Differenz** zwischen dem Betrag der vereinbarten (und zurück geflossenen) Bareinlage und dem (verdeckt eingelegten) Vermögensgegenstand (Fehlbetrag) als (eingeforderte) ausstehende Einlage auf der Aktivseite auszuweisen; die früher übliche Aktivierung der vollen Bareinlageverpflichtung und die Passivierung der Rückgewährpflicht bezüglich der Sache bzw. ihres Werts (→ 2. Aufl. 2008, Rn. 19) unterbleibt.[218]

b) Bedingte Kapitalerhöhung. Kapitalerhöhungen können bei AG und KGaA unter **49** bestimmten Voraussetzungen im Wege der Bedingung auf den Umfang beschränkt sein, in dem von der Gesellschaft gewährte Umtausch- und Bezugsrechte tatsächlich in Anspruch genommen werden (§§ 192 ff. AktG). Das GmbH-Recht sieht das bedingte – anders als das genehmigte (→ Rn. 51) – Kapital nicht vor, und eine analoge Anwendung der aktienrechtlichen Regelung kommt mangels Vergleichbarkeit des GmbH-Geschäftsanteils mit der Aktie sowie mangels praktischen Bedürfnisses nicht in Betracht.[219] **Aktienrechtlich** wird die bedingte Kapitalerhöhung wirksam, wenn der Erhöhungsbeschluss eingetragen ist und daraufhin die Bezugsaktien ausgegeben wurden (§§ 197, 200 AktG). Dagegen ist erst nach Ablauf des Geschäftsjahres zur Eintragung anzumelden, in welchem Umfang im vergangenen Geschäftsjahr Bezugsaktien abgegeben wurden (§ 201 Abs. 1 AktG), so dass die Höhe des Grundkapitals vorübergehend nicht mit dem im Handelsregister eingetragenen Betrag

---

[213] Grdl. BGHZ 168, 201 = NJW 2007, 515 = BeckRS 2006, 13747 Rn. 15.

[214] BGHZ 168, 201 = NJW 2007, 515 = BeckRS 2006, 13747 Rn. 17 und 18; OLG Nürnberg ZIP 2010, 2300 = BeckRS 2010, 25668 unter B.IV.3.b.

[215] ADS Rn. 20; BeckOGK/Poeschke, 15.9.2021, Rn. 26.

[216] Ähnlich ADS Rn. 21; HdR/Küting/Reuter Rn. 14 (Stand: 11/2009); zur gescheiterten Kapitalerhöhung ausf. Lutter FS Schilling, 1973, 207 ff.

[217] Dazu zB Koch, 16. Aufl. 2022, AktG § 27 Rn. 23 ff.; Dauner-Lieb AG 2009, 217; Lutter/Hommelhoff/Bayer, 20. Aufl. 2020, GmbHG § 19 Rn. 54 ff.; Noack/Servatius/Haas/Servatius, 23. Aufl. 2022, § 19 Rn. 45 ff.; zur Rechtslage vor dem MoMiG v. 23.10.2008 (BGBl. 2008 I 2026) und ARUG v. 30.7.2009 (BGBl. 2009 I 2479) s. auch GroßkommAktG/Wiedemann, 4. Aufl. 2006, AktG § 188 Rn. 2; Langenbucher NZG 2003, 211; Langenbucher DStR 2003, 1838.

[218] Haufe-HGB/Seidler Rn. 29 f. (19.10.2021); BeBiKo/Störk/Kliem/Meyer, 13. Aufl. 2022, Rn. 52.

[219] Lutter/Hommelhoff/Bayer, 20. Aufl. 2020, GmbHG § 55 Rn. 2; BeBiKo/Störk/Kliem/Meyer, 13. Aufl. 2022, Rn. 66; Rowedder/Pentz/Schnorbus GmbHG § 55 Rn. 1a; Habersack/Casper/Löbbe/Ulmer/Casper, 3. Aufl. 2021, GmbHG § 55 Rn. 9; Scholz/Priester/Tebben, 12. Aufl. 2021, GmbHG § 55 Rn. 10.

übereinstimmt. In der **Bilanz** ist ab dem Zeitpunkt des Kapitalerhöhungsbeschlusses der **Nennbetrag des bedingten Kapitals** beim „Gezeichneten Kapital" **zu vermerken** (§ 152 Abs. 1 S. 3 AktG). Mit anschließender Ausgabe der Bezugsaktien und ihrem damit verbundenen Wirksamwerden ist die Kapitalerhöhung im Rahmen des „Gezeichneten Kapitals" **auszuweisen.** Ihr Betrag lässt sich anhand des in der Anmeldung zur Handelsregistereintragung angegebenen Nennbetrags der ausgegebenen Aktien ermitteln. Zugleich ist der Vermerk des bedingten Kapitals in dem Umfang zu kürzen, in dem sich das „Gezeichnete Kapital" erhöht hat. Ist es bei der Ausgabe von Bezugsaktien gegen Wandelschuldverschreibungen (§ 199 Abs. 2 AktG) zu Zuzahlungen gekommen, müssen diese in die Kapitalrücklage eingestellt werden.[220] Die bei einer bedingten Kapitalerhöhung gezeichneten Aktien sind schließlich im **Anhang** gesondert anzugeben (§ 160 Abs. 1 Nr. 3 AktG). Zur bilanzrechtlichen Behandlung bedingter Kapitalerhöhungen zur Bedienung von Aktienoptionsplänen → Rn. 87 ff.

50   **c) Genehmigtes Kapital.** Das Aktienrecht erlaubt es AG und KGaA, für längstens fünf Jahre den Vorstand durch entsprechende Satzungsbestimmungen zur Vornahme von Kapitalerhöhungen zu ermächtigen (§§ 202 ff. AktG). Hierdurch soll dem Vorstand das flexible Nutzen günstiger Kapitalmarktsituationen ermöglicht werden.[221] Das genehmigte Kapital selbst braucht in der Bilanz nicht ausgewiesen werden. Es ist jedoch im Anhang zu benennen (§ 160 Abs. 1 Nr. 4 AktG). Die eigentliche Kapitalerhöhung durch den Vorstand wird erst mit Eintragung ihrer Durchführung wirksam (§§ 189, 203 Abs. 1 S. 1 AktG) und ist ab diesem Zeitpunkt als „Gezeichnetes Kapital" auszuweisen. Maßgeblich ist der im Handelsregister eingetragene Betrag.[222] Die im Rahmen des genehmigten Kapitals gezeichneten Aktien sind außerdem – ähnlich wie beim bedingten Kapital – im **Anhang** gesondert anzugeben (§ 160 Abs. 1 Nr. 3 AktG). Ein Sonderfall ist die genehmigte **Aktienausgabe an Arbeitnehmer** der Gesellschaft (§ 202 Abs. 4 AktG, § 203 Abs. 4 AktG, § 204 Abs. 3 AktG), sofern die Einlagen auf die neuen Aktien nicht von den Arbeitnehmern als zukünftigen Aktionären, sondern entsprechend der Ermächtigung in § 204 Abs. 3 AktG von der Gesellschaft selbst aus dem Jahresüberschuss erbracht werden. Da auch diese Kapitalerhöhung erst mit Eintragung ihrer Durchführung wirksam wird, ist sie in dem Jahresabschluss, dessen Überschuss für die Einlageleistung verwendet werden soll, nicht als „Gezeichnetes Kapital", sondern zB als „Zur Kapitalerhöhung durch Ausgabe von Aktien an Arbeitnehmer aus dem Jahresabschluss bestimmter Betrag" zwischen dem „Gezeichneten Kapital" und der „Kapitalrücklage" auszuweisen.[223] In der GuV muss die Verwendung ergebnismindernd verbucht werden (§ 158 Abs. 1 AktG).

51   Das **GmbHG** kennt seit dem MoMiG ebenfalls ein genehmigtes Kapital (§ 55a GmbHG), nachdem bis dahin die Möglichkeit einer Analogie zu den §§ 202 ff. AktG ebenso wie beim bedingten Kapital mit Blick auf den unterschiedlichen Charakter des Geschäftsanteils im Vergleich zur Aktie und dem fehlenden praktischen Bedürfnis verneint worden war. Allerdings wurde die Erhöhung des Stammkapitals um den Betrag der tatsächlichen Zeichnung bis zu einer bestimmten Höchstziffer, ggf. auch iVm einer Minderziffer, und innerhalb einer festzulegenden Zeichnungsfrist bereits bisher allgemein für zulässig gehalten.[224] Diese Möglichkeit der Kapitalerhöhung besteht neben der Neuregelung des genehmigten Kapitals in § 55a GmbHG weiterhin.[225]

---

[220] Dazu BeBiKo/Störk/Kliem/Meyer, 13. Aufl. 2022, Rn. 66.
[221] ADS Rn. 26; BeBiKo/Störk/Kliem/Meyer, 13. Aufl. 2022, Rn. 68; MüKoAktG/Bayer, 5. Aufl. 2021, AktG § 202 Rn. 1.
[222] ADS Rn. 27.
[223] ADS Rn. 29.
[224] RGZ 85, 205 (207); Lutter FS Schilling, 1973, 207 (213 f.); Habersack/Casper/Löbbe/Ulmer/Casper, 3. Aufl. 2021, GmbHG § 55 Rn. 20; Scholz/Priester/Tebben, 12. Aufl. 2021, GmbHG § 55 Rn. 19, GmbHG § 55a Rn. 2; auch Noack/Servatius/Haas/Servatius, 23. Aufl. 2022, GmbHG § 55 Rn. 11, die eine Zeichnungsfrist entgegen der hM nicht für erforderlich halten und insofern auf den Gesetzeswortlaut verweisen.
[225] Noack/Servatius/Haas/Servatius, 23. Aufl. 2022, GmbHG § 55 Rn. 11; Scholz/Priester/Tebben, 12. Aufl. 2021, GmbHG § 55 Rn. 19, GmbHG § 55a Rn. 2.

d) Kapitalerhöhung aus Gesellschaftsmitteln. Die Kapitalerhöhung aus Gesell- **52** schaftsmitteln (§§ 207 ff. AktG; §§ 57c ff. GmbHG) wandelt Rücklagen in „Gezeichnetes Kapital" um, führt aber keine neuen (Eigen-)Mittel zu. Sie lässt sich zeitlich und – bei entsprechender Ausgestaltung – auch rechtlich mit anderen Formen der Kapitalerhöhung kombinieren, zB mit einer Kapitalerhöhung gegen Bareinlagen.[226] Gesellschaftsrechtlich setzt die Kapitalerhöhung aus Gesellschaftsmitteln insbesondere einen entsprechenden Beschluss der Haupt- bzw. der Gesellschafterversammlung voraus (§ 207 Abs. 1 AktG; § 57c Abs. 2 GmbHG, § 53 Abs. 1 GmbHG), mit dessen Eintragung in das Handelsregister die Kapitalerhöhung wirksam wird (§ 211 Abs. 1 AktG, § 246a Abs. 4 S. 2 AktG; § 57c Abs. 4 GmbHG, § 54 Abs. 3 GmbHG). Die Erhöhung des Gezeichneten Kapitals entspricht dem Nennbetrag der Kapitalerhöhung und wird aus den Rücklagen in das „Gezeichnete Kapital" **umgebucht.** Bei der AG muss sie offen dargestellt werden (§ 152 Abs. 2 Nr. 2, Abs. 3 Nr. 3 AktG),[227] tangiert aber nicht die dort erforderliche Gewinnverwendungsrechnung in GuV oder Anhang (§ 158 AktG).[228] Für die GmbH ist keine offene Darstellung vorgeschrieben.

2. Kapitalherabsetzung. Das Gesellschaftskapital als gesellschaftsrechtliche Kenngröße **53** kann nur durch eine förmliche Kapitalherabsetzung vermindert werden. Minderungen des Gesellschaftsvermögens beeinflussen als solche die Höhe des „Gezeichneten Kapitals" nicht. Die **Voraussetzungen** von Kapitalherabsetzungen hängen von der **Rechtsform der Gesellschaft** und der **Art der Kapitalherabsetzung** ab. Die ordentliche Kapitalherabsetzung (§§ 222–228 AktG; § 58 GmbHG) ermöglicht die Auskehrung des Herabsetzungsbetrags an die Gesellschafter,[229] die vereinfachte Kapitalherabsetzung (§§ 229–236 AktG; §§ 58a–58f GmbHG) kann Wertminderungen und sonstige Verluste ausgleichen oder Kapitalrücklagen stärken. Schließlich kann die Kapitalherabsetzung auch durch das Einziehen von Anteilen erfolgen (§§ 237–239 AktG). Nach Aktienrecht haben Kapitalherabsetzungen bestimmte Ausweispflichten zur Folge. Aus Kapitalherabsetzungen gewonnene Beträge (§ 240 S. 1 AktG) und Einstellungen in die Kapitalrücklage im Zusammenhang mit vereinfachten Kapitalherabsetzungen (§ 240 S. 2 AktG) sind in der **GuV** jeweils gesondert hinter dem Posten Entnahmen aus Gewinnrücklagen zu zeigen und dort Bestandteil der Ergebnisverwendungsrechnung (verlängerte GuV) gem. § 158 Abs. 1 S. 1 AktG. Bei Jahresabschlüssen, für die eine Kapitalherabsetzung zu berücksichtigen ist, ist daher das Ausweiswahlrecht des § 158 Abs. 1 S. 2 AktG, wonach die Ergebnisverwendungsrechnung des § 158 Abs. 1 S. 1 AktG statt in der GuV auch im Anhang gezeigt werden darf, nicht anwendbar.[230] Die Verwendung der aus der Kapitalherabsetzung gewonnenen Beträge ist zugleich im **Anhang** zu erläutern (§ 240 S. 3 AktG). Für die GmbH bestehen keine entsprechenden Pflichten, im Schrifttum werden aber eine analoge Anwendung des § 240 AktG auf Erträge aus dem Nennkapital vorgeschlagen[231] und entsprechende freiwillige Erläuterungen im Anhang empfohlen.[232]

---

[226] Ebenso OLG Düsseldorf NJW 1986, 2060 zur personenbezogenen GmbH: Liege das Einverständnis aller Gesellschafter vor, sei die Verbindung einer Kapitalerhöhung aus Gesellschaftsmitteln mit einer Kapitalerhöhung gegen Einlage in einem einheitlichen Beschluss zulässig; GroßkommAktG/Hirte, 4. Aufl. 2006, AktG § 207 Rn. 145 ff.; aA – nur zeitliche, keine rechtliche Kombination zulässig – Lutter/Hommelhoff/Kleindiek, 20. Aufl. 2020, GmbHG § 57c Rn. 14 f.; Noack/Servatius/Haas/Servatius, 23. Aufl. 2022, GmbHG § 57c Rn. 8; Koch, 16. Aufl. 2022, AktG § 207 Rn. 6 f. zur AG unter Verweisung auf die angeblich „ganz hM".

[227] Zur Darstellung im Rücklagenspiegel s. ADS AktG § 152 Rn. 36.

[228] ADS Rn. 34.

[229] Zur ertragsteuerrechtlichen Besteuerbarkeit einer Auskehrung des Herabsetzungsbetrags in das Privatvermögen der Anteilseigner gem. § 20 Abs. 1 Nr. 2 EStG sowie zu deren anschaffungskostenmindernder Wirkung im Rahmen der § 17 Abs. 2 EStG und § 20 Abs. 4 EStG s. Schmidt/Levedag, 41. Aufl. 2022, EStG § 20 Rn. 69 ff.; zur steuerlichen Behandlung auf Gesellschaftsebene s. BeBiKo/Winkeljohann/K. Hoffmann, 11. Aufl. 2018, Rn. 120 f. (Ausführungen in späteren Aufl. nicht mehr enthalten).

[230] So Koch, 16. Aufl. 2022, AktG § 240 Rn. 3; MüKoAktG/Oechsler, 5. Aufl. 2021, AktG § 240 Rn. 3; aA ADS AktG § 158 Rn. 24.

[231] BeBiKo/Störk/Kliem/Meyer, 13. Aufl. 2022, Rn. 107: „§ 275 Abs. 4" solle „analog zu § 240 AktG erweiternd auch auf Erträge aus dem Stammkapital erstreckt werden".

[232] BeBiKo/Störk/Kliem/Meyer, 13. Aufl. 2022, Rn. 107.

54   **a) Ordentliche Kapitalherabsetzung.** Die ordentliche Kapitalherabsetzung ermöglicht die Rückzahlung von bis dahin gebundenem Kapital an die Gesellschafter und bedarf deshalb besonderer Gläubigerschutzregeln (insbesondere §§ 225, 228 Abs. 1 AktG; § 58 GmbHG). **Aktienrechtlich** (§§ 222 ff. AktG) setzt sie einen entsprechenden Herabsetzungsbeschluss der Hauptversammlung voraus (§ 222 Abs. 1 AktG) und wird mit dessen Eintragung, nicht etwa erst mit der ebenfalls erforderlichen Eintragung der Durchführung der Kapitalherabsetzung, **wirksam** (§§ 224, 227 Abs. 1 AktG). Mit Wirksamkeit der Kapitalherabsetzung ist der herabgesetzte Betrag des gezeichneten Kapitals **zu bilanzieren.**[233] Ergibt sich aus der obligatorischen Zweckbestimmung im Herabsetzungsbeschluss (§ 222 Abs. 3 AktG), dass das gesamte frei werdende Vermögen oder ein Teil hiervon an die Aktionäre auszuschütten ist, ist die sich hieraus ergebende Rückzahlungsverpflichtung, die mit Eintragung des Kapitalherabsetzungsbeschlusses in das Handelsregister entsteht,[234] bis zu ihrer Erfüllung als Verbindlichkeit zu passivieren.[235] Auch nach **GmbH-Recht** (§ 58 GmbHG) ist zur Kapitalherabsetzung ein Gesellschafterbeschluss erforderlich,[236] der den Zweck der Maßnahme nennen muss (§ 222 Abs. 3 AktG analog).[237] Die Eintragung des Beschlusses macht die Kapitalherabsetzung wirksam (§ 54 Abs. 3 GmbHG), darf aber beim Handelsregister aus Gründen des Gläubigerschutzes erst ein Jahr nach der dritten öffentlichen Aufforderung an die Gläubiger, sich bei der Gesellschaft zu melden (sog. Sperrjahr), beantragt werden (§ 58 Abs. 1 Nr. 3 GmbHG). Ab Eintragung ist der verbleibende Betrag des Stammkapitals als „Gezeichnetes Kapital" auszuweisen.[238] Vor Eintragung entgegen § 30 GmbHG zurückgezahltes Vermögen mindert das „Gezeichnete Kapital" nicht und begründet einen zu aktivierenden Rückzahlungsanspruch der Gesellschaft gegen die Empfänger bzw. Mitgesellschafter (§ 31 GmbHG).[239]

55   **b) Vereinfachte Kapitalherabsetzung.** Eine Herabsetzung des Kapitals, die nicht die Auszahlung von Beträgen an die Gesellschafter bezweckt, sondern den Ausgleich von Wertminderungen, die Deckung sonstiger Verluste oder die Einstellung von Beträgen in die Kapitalrücklage zur Sanierung des Unternehmens, kann in vereinfachter Form vorgenommen werden. Die **vereinfachte Kapitalherabsetzung** führt hier zu einer **Umbuchung von „Gezeichnetem Kapital"** gegen Bilanzverluste, nämlich Wertminderungen oder sonstige Verluste iSd § 229 Abs. 1 S. 1 AktG, oder auf die Kapitalrücklage (vgl. § 230 S. 2 AktG; § 58b Abs. 1 und 2 AktG; s. ferner § 231 Abs. 1 S. 1 AktG, §§ 232, 237 Abs. 5 AktG; § 58c S. 1 GmbHG).[240] Die vereinfachte Herabsetzung ist gesellschaftsrechtlich an rechtsformspezifische Voraussetzungen geknüpft (§§ 229 ff. AktG; §§ 58a ff. GmbHG) und wird wie die ordentliche Kapitalherabsetzung **mit Eintragung des Herabsetzungsbeschlusses wirksam** (§§ 224, 229 Abs. 3 AktG; § 54 Abs. 3 GmbHG). Ab Eintragung ist der geminderte Betrag als „Gezeichnetes Kapital" **auszuweisen.** Sind die durch das Herabsetzen auszugleichenden Wertminderungen oder Verluste tatsächlich nicht entstanden oder wurden sie bereits anderweitig ausgeglichen, ist der sich daraus ergebende Unterschiedsbe-

---

[233] ZB ADS Rn. 38; Merkt/Probst/Fink/Mylich Kap. 7 Rn. 22: „Ab der Eintragung der Kapitalherabsetzung im Handelsregister".

[234] ZB MüKoAktG/Oechsler, 5. Aufl. 2021, AktG § 224 Rn. 14: Bestehe der Zweck der Kapitalherabsetzung in einer Auszahlung an die Aktionäre, entstehe „mit der Eintragung ein eigener persönlicher Anspruch der Aktionäre auf Auszahlung gegenüber der AG"; Kölner Komm AktG/Ekkenga 3. Aufl. 2020, AktG § 224 Rn. 21; Baetge/Kirsch/Thiele/Thiele Rn. 43 (Stand: August 2006).

[235] ADS Rn. 38; Baetge/Kirsch/Thiele/Thiele Rn. 43 (Stand: August 2006); HdJ/Singhof Abt. III/2 Rn. 97 (Stand: Juni 2008).

[236] Scholz/Priester/Tebben, 12. Aufl. 2021, GmbHG § 53 Rn. 156.

[237] BayObLG DB 1979, 542; Lutter/Hommelhoff/Kleindiek, 20. Aufl. 2020, GmbHG § 58 Rn. 8; Scholz/Priester/Tebben, 12. Aufl. 2021, GmbHG § 58 Rn. 37 mwN; aA Noack/Servatius/Haas/Kersting, 23. Aufl. 2022, GmbHG § 58 Rn. 20.

[238] ADS Rn. 39; BeBiKo/Störk/Kliem/Meyer, 13. Aufl. 2022, Rn. 77; HdR/Küting/Reuter Rn. 23 (Stand: 11/2009).

[239] Zur gesellschafts- und steuerrechtlichen Seite Kerssenbrock GmbHR 1984, 306 ff.; HdR/Küting/Reuter Rn. 23 (Stand: 11/2009).

[240] Ähnlich ADS Rn. 40.

trag in die Kapitalrücklage einzustellen (§ 232 AktG; § 58c GmbHG), um eine Ausschüttung der durch die Herabsetzung gewonnenen Mittel zu verhindern.[241]

Die vereinfachte Kapitalherabsetzung darf bereits im Jahresabschluss des letzten **vor der** **56** **Beschlussfassung** abgelaufenen Geschäftsjahres ausgewiesen werden (§ 234 f. AktG; § 58e GmbHG). Dazu werden „Gezeichnetes Kapital" sowie Kapital- und Gewinnrücklagen in der Bilanz bereits in der Höhe angegeben, die sie nach der Kapitalherabsetzung haben sollen (§ 234 Abs. 1 AktG; § 58e Abs. 1 S. 1 GmbHG). Diese Möglichkeit der **Rückwirkung** gestattet rechtzeitige bilanzielle Sanierungen,[242] ist aber zugleich an besondere Voraussetzungen gebunden (§ 234 Abs. 2 S. 1 AktG; § 58e Abs. 1 S. 2 GmbHG). Die Rückbeziehung ist auch für eine **gleichzeitig mit der Kapitalherabsetzung beschlossenen Kapitalerhöhung** möglich (§ 235 Abs. 1 S. 1 AktG; § 58f Abs. 1 S. 1 GmbHG), wie es in Sanierungsfällen häufig vorkommt, um zugunsten der Sanierer so weit wie möglich sicherzustellen, dass sich der wertmäßige Anteil der neuen Einlagen am Gesellschaftsvermögen auch im Beteiligungsverhältnis widerspiegelt, und insofern, dass die Verluste der Vergangenheit so weit wie möglich von den Altgesellschaftern getragen werden (sog. **Kapitalschnitt**).[243] Das „Gezeichnete Kapital" ist dann ebenfalls bereits in der Höhe auszuweisen, die es nach Kapitalherabsetzung und -erhöhung haben wird. Ist zunächst nur die Mindestbareinlage[244] oder ein Wert unterhalb der Volleinzahlung zu erbringen (§ 235 Abs. 1 S. 2 AktG, § 188 Abs. 2 S. 1 AktG; § 58f Abs. 1 S. 2 GmbHG, § 56a GmbHG), hat gem. § 272 Abs. 1 S. 2 der Nettoausweis (→ Rn. 18) zu erfolgen. Im Übrigen, dh zB in Höhe der Mindestbareinlage, sind die ausstehenden Einlagen als eingeforderte ausstehende Einlagen auszuweisen, weil nur die Kapitalerhöhung, nicht aber die Einlageleistung fingiert wird bzw. werden darf.[245] Zu eventuell ausnahmsweise ausstehenden Agios bei der AG → Rn. 73.

c) Einziehung von Anteilen. Die Einziehung von Anteilen kann **aktienrechtlich** **57** (§§ 237 ff. AktG) nach Erwerb der Aktien durch die Gesellschaft, aber auch zwangsweise geschehen. Sie wird mit Vollzug der Einziehungshandlung durch den Vorstand[246] **wirksam,** wobei hierzu außer in den Fällen der bereits in der Satzung angeordneten Zwangseinziehung (§ 237 Abs. 6 AktG) zusätzlich die Eintragung des Kapitalherabsetzungsbeschlusses der Hauptversammlung (§ 238 S. 1 und 2 AktG) erforderlich ist. Bilanziell führt die Wirksamkeit der Einziehung dazu, dass der Vorspaltenausweis der entsprechenden Anteile beim „Gezeichneten Kapital" (Abs. 1a S. 1) ab diesem Zeitpunkt entfällt und das durch die Einziehung geminderte Grundkapital unmittelbar im reduzierten Umfang in der Hauptspalte auszuweisen ist.[247] Gesellschaftsrechtlich bestimmt sich die Einziehung – vorbehaltlich der Fälle des vereinfachten Einziehungsverfahrens (§ 237 Abs. 3–5 AktG) – nach den Regeln über die ordentliche Kapitalherabsetzung (§ 237 Abs. 2 S. 1 AktG, §§ 222 ff. AktG; → Rn. 54). Werden die Aktien der Gesellschaft dagegen unentgeltlich zur Verfügung gestellt oder zu Lasten des Bilanzgewinns oder einer zu diesem Zweck verwendbaren Gewinnrücklage eingezogen (§ 237 Abs. Nr. 1 und 2) brauchen diese Vorschriften nicht befolgt zu werden (§ 237 Abs. 3 AktG). Dann ist ein dem Gesamtnennbetrag/rechnerischen Wert der eingezogenen Aktien entsprechender Betrag in die **Kapitalrücklage (Rücklage**

---

[241] BeBiKo/Störk/Kliem/Meyer, 13. Aufl. 2022, Rn. 82.

[242] BeBiKo/Störk/Kliem/Meyer, 13. Aufl. 2022, Rn. 86.

[243] Hierzu zB Ekkenga ZGR 2009, 581 (591 f.); Lutter/Hommelhoff/Bayer, 20. Aufl. 2020, GmbHG § 55 Rn. 54: Die beiden Beschlüsse könnten „gleichzeitig gefasst und die Geschäftsführer angewiesen werden, beide Beschlüsse nur gemeinsam zum Handelsregister anzumelden und das Registergericht anzuweisen, die Kapitalerhöhung erst nach der Kapitalherabsetzung einzutragen", woran das Registergericht gebunden sei; ebenso Lutter/Hommelhoff/Kleindiek, 20. Aufl. 2020, GmbHG § 58f Rn. 3 zu Gestaltungsmöglichkeiten bzgl. der Rückbeziehung; K. Schmidt/Uhlenbruck/K. Schmidt, Die GmbH in Krise, Sanierung und Insolvenz, 5. Aufl. 2016, Rn. 2.33 mit Ausführungen zur Genese der §§ 58a ff. GmbHG.

[244] Dazu zB Lutter/Hommelhoff/Kleindiek, 12. Aufl. 2020, GmbHG § 58f Rn. 8.

[245] BeBiKo/Störk/Kliem/Meyer, 13. Aufl. 2022, Rn. 87; Staub/Meyer, 6. Aufl. 2021, Rn. 17; ADS Rn. 42.

[246] Zur Zuständigkeit des Vorstands für die Einziehungshandlung zB Koch, 16. Aufl. 2022, AktG § 238 Rn. 7.

[247] Gelhausen/Fey/Kämpfer L Rn. 55; HdR/Küting/Reuter Rn. 20 (Stand: 11/2009).

wegen eigener Anteile) einzustellen (§ 237 Abs. 5 AktG), soweit diese nicht bereits bei Erwerb der eigenen Anteile gebildet wurde (→ Rn. 35).

58   Für die **GmbH** ist die Einziehung von Geschäftsanteilen nicht im Einzelnen gesetzlich geregelt, entsprechende gesellschaftsvertragliche Bestimmungen sind aber zulässig (§ 34 Abs. 1 GmbHG, § 46 Nr. 4 GmbHG).[248] Im Unterschied zur AG ist die Einziehung von Anteilen bei der GmbH nicht an eine Kapitalherabsetzung gekoppelt und **wirkt sich nicht auf die Höhe des gezeichneten Kapitals aus,** denn die besonderen Anforderungen der §§ 58, 58a–58f GmbHG werden bei der Einziehung regelmäßig nicht gewahrt.[249] Das „Gezeichnete Kapital" ist daher grundsätzlich auch nach der Einziehung in gleicher Höhe auszuweisen. Verminderungen können sich nur ergeben, wenn Einziehung und Kapitalherabsetzung (§ 58 GmbHG) miteinander verbunden werden.[250] Bilanzrechtlich nicht weiter relevant ist die weitere Frage, ob sich durch die Einziehung der Nennbetrag der verbliebenen Geschäftsanteile automatisch um den Betrag der eingezogenen Anteile erhöht[251] oder ob eine Lücke zwischen der Stammkapitalziffer und der Summe der Nennbeträge der nach der Einziehung verbliebenen Geschäftsanteile verbleibt.[252] Der Streit ist materiell bedeutungslos, weil Einigkeit darüber besteht, dass sich jedenfalls die mit den verbleibenden Geschäftsanteilen verbundenen Rechte und Pflichten wie bei einer Anwachsung der Nennbeträge anteilig erhöhen.[253]

V. Gezeichnetes Kapital bei Umwandlungen

59   Für den Ausweis des „Gezeichneten Kapitals" im Rahmen von Umwandlungen bestehen im Grunde keine Besonderheiten. Die unterschiedlichen Arten von Umwandlungsmaßnahmen (§ 1 Abs. 1 UmwG) wirken sich bei den beteiligten Rechtsträgern immer dann auf die Bilanzierung „Gezeichneten Kapitals" aus, wenn bei übernehmenden Rechtsträgern gleichzeitig das Kapital erhöht wird oder wenn Gesellschaften verschwinden oder neu gegründet werden.

60   **1. Übernehmende Gesellschaft.** Die Umwandlung kann unter Beteiligung eines bereits bestehenden **Rechtsträgers** erfolgen, der das Vermögen eines anderen Rechtsträgers ganz oder zum Teil **übernimmt.** Im Rahmen der Verschmelzung durch Aufnahme (§ 2 Nr. 1, 4 ff. GmbHG, §§ 305 ff. UmwG nF idF des **UmRUG;** früher §§ 122a ff. UmwG aF) wird das Vermögen des oder der übertragenden Unternehmen als Ganzes auf einen anderen bestehenden Rechtsträger übertragen. Bei der Aufspaltung zur Aufnahme (§ 123 Abs. 1 Nr. 1 UmwG, §§ 126 ff. UmwG) wird der übertragende Rechtsträger ohne Abwick-

---

[248] BeBiKo/Störk/Kliem/Meyer, 13. Aufl. 2022, Rn. 97.

[249] Müller DB 1999, 2045 unter II.; ferner zB Habersack/Casper/Löbbe/Ulmer/Habersack, 3. Aufl. 2020, GmbHG § 34 Rn. 65 ff.; ADS Rn. 44; HdR/Küting/Reuter Rn. 23 (Stand: 11/2009); Lutter/Hommelhoff/Kleindiek, 20. Aufl. 2020, GmbHG § 34 Rn. 3; Baetge/Kirsch/Thiele/Thiele Rn. 51 (Stand: August 2006); Rowedder/Pentz/Görner GmbHG § 34 Rn. 3, 24 f.

[250] Lutter/Hommelhoff/Kleindiek, 12. Aufl. 2020, GmbHG § 34 Rn. 3; Ulmer/Habersack/Löbbe/Ulmer/Casper, 3. Aufl. 2020, GmbHG § 34 Rn. 65; Scholz/Westermann, 12. Aufl. 2018, GmbHG § 34 Rn. 62; ähnlich ADS Rn. 44; HdR/Küting/Reuter Rn. 23 (Stand: 11/2009).

[251] Lutter GmbHR 2010, 1177 (1179 f.): ipso iure; Lutter/Hommelhoff/Lutter, 12. Aufl. 2018, GmbHG § 34 Rn. 3; BeBiKo/Störk/Kliem/Meyer, 13. Aufl. 2022, Rn. 97.

[252] So die hM, s. BGH Versäumnis-Urt. DStR 2015, 1194 m. zust. Anm. Albert; aus dem Schrifttum zB Rowedder/Pentz/Görner GmbHG § 34 Rn. 26 ff.; Scholz/Westermann, 12. Aufl. 2018, GmbHG § 34 Rn. 62 f., 67 f.; Kleindiek NZG 2015, 489 (492 f.); Müller DB 1999, 2045 unter III. 1.; so bereits Begr. RegE MoMiG, BT-Drs. 16/6140, 31 unter Berufung auf den neu gefassten § 5 Abs. 3 S. 2 GmbHG: Ein Auseinanderfallen der Summe der Nennbeträge der Geschäftsanteile und des Nennbetrags des Stammkapitals durch die Einziehung sei „künftig im Gegensatz zum geltenden Recht unzulässig", den Gesellschaftern bleibe „die Möglichkeit, die Einziehung mit einer Kapitalherabsetzung zu verbinden, die Summe der Nennbeträge der Geschäftsanteile durch eine nominelle Aufstockung an das Stammkapital anzupassen oder einen neuen Geschäftsanteil zu bilden; dazu krit. Lutter GmbHR 2010, 1177 (1178 f.): Die Begr. RegE mache der „der Praxis unbrauchbare Vorschläge für die Lösung des von ihr willkürlich geschaffenen Problems".

[253] S. Müller DB 1999, 2045 unter III. 1. mwN; Müller DB 1999, 2045 unter IV., mit Vorschlägen für eine Angleichung der Nennbeträge der verbliebenen Geschäftsanteile an die Stammkapitalziffer.

lung aufgelöst und sein Vermögen nach Maßgabe des Spaltungsvertrags oder -plans auf die übernehmenden Rechtsträger übertragen. Bei der Abspaltung zur Aufnahme (§ 123 Abs. 2 Nr. 1 UmwG, §§ 126 ff. UmwG) und der Ausgliederung zur Aufnahme (§ 123 Abs. 3 Nr. 1 UmwG, §§ 126 ff. UmwG) schließlich bleibt die übertragende Gesellschaft erhalten, und es werden Teile ihres Vermögens auf eine bereits bestehende Gesellschaft übertragen. Werden Verschmelzung oder Spaltung **ohne Kapitalerhöhung** auf Seiten der übernehmenden Gesellschaft durchgeführt (§ 54 Abs. 1 UmwG, § 68 Abs. 1 UmwG), berührt die Umwandlung den Betrag des „Gezeichneten Kapitals" der übernehmenden Gesellschaft nicht. Es erscheint sachgerecht, dass übernommene ausstehende Einlageforderungen abgebender Kapitalgesellschaften in der Bilanz der übernehmenden Gesellschaft jedenfalls in diesen Fällen wie gewöhnliche Forderungen, also nicht nach Abs. 1 S. 2 behandelt werden.[254] Werden Verschmelzung oder Spaltung zur Schaffung der Akquisitionswährung **mit einer Kapitalerhöhung** bei der übernehmenden Gesellschaft verbunden,[255] bestimmt sich der Ausweis des „Gezeichneten Kapitals" nach den Regeln über die Kapitalerhöhung (→ Rn. 45 ff.). Wenn dabei der Betrag des Vermögens des übertragenden Rechtsträgers den Betrag der Kapitalerhöhung übersteigt, kann ein Agio entstehen.[256] Es lässt die Höhe des „Gezeichneten Kapitals" unberührt und muss in die „Kapitalrücklage" (Abs. 2 Nr. 1) eingestellt werden.

2. Neu gegründete Gesellschaft. Das Vermögen eines oder mehrerer Unternehmen **61** kann auch auf einen im Rahmen der Umwandlung **neu gegründeten** Rechtsträger übertragen werden, nämlich durch Verschmelzung zur Neugründung (§ 2 Nr. 2 UmwG, §§ 36 ff. UmwG), Aufspaltung zur Neugründung (§ 123 Abs. 1 Nr. 2 UmwG, §§ 135 ff. UmwG), Abspaltung zur Neugründung (§ 123 Abs. 2 Nr. 2 UmwG, §§ 135 ff. UmwG) und Ausgliederung zur Neugründung (§ 123 Abs. 3 Nr. 2 UmwG, §§ 135 ff. UmwG). Dazu muss der Verschmelzungsvertrag bzw. Spaltungsplan[257] den Gesellschaftsvertrag oder die Satzung des neuen Rechtsträgers enthalten und damit gleichzeitig den Betrag des in der Eröffnungsbilanz anzusetzenden Grund- oder Stammkapitals bestimmen (§ 37 UmwG bzw. §§ 136, 135 Abs. 2 S. 1 UmwG iVm § 23 Abs. 3 Nr. 3 AktG, § 3 Abs. 1 Nr. 3 GmbHG).

3. Übertragende Gesellschaft. Die Umwandlung kann sich auf das „Gezeichnete **62** Kapital" der übertragenden Gesellschaft allenfalls dann auswirken, wenn die Gesellschaft als solche existent bleibt, also im Fall der Abspaltung (§ 123 Abs. 2 UmwG) und der Ausgliederung (§ 123 Abs. 3 UmwG). Auch in diesen Fällen wird das „Gezeichnete Kapital" des übertragenden Rechtsträgers nur beeinträchtigt, wenn die Umwandlung bei der übertragenden Gesellschaft mit einer (vereinfachten) **Kapitalherabsetzung** (§§ 139, 145 UmwG) verbunden wird. Dieses Vorgehen kann erforderlich sein, weil etwaige durch die Abspaltung eingetretene Minderungen des Reinvermögens (Nettovermögens) nicht aus dem ungebundenen Eigenkapital (Gewinn, Gewinnvortrag, freie Rücklagen) gedeckt werden können.[258]

4. Formwechsel. Bei einem **Formwechsel** (§ 1 Abs. 1 Nr. 4 UmwG, §§ 190 ff. **63** UmwG; Art. 37, 66 SE-VO) besteht der Rechtsträger in anderer Rechtsform weiter (§ 202 Abs. 1 Nr. 1 UmwG). Beim Wechsel der Rechtsform von einer Kapitalgesellschaft in eine Kapitalgesellschaft anderer Rechtsform verändern sich gezeichnetes Kapital (§ 247 Abs. 1 UmwG) und sonstiges Eigenkapital[259] nicht. Wechselt eine Personengesellschaft in die Rechtsform einer Kapitalgesellschaft, muss im Gesellschaftsvertrag (vgl. § 218 Abs. 1

---

[254] Zum (recht unübersichtlichen) gesellschaftsrechtlichen Meinungsstand bezüglich der Behandlung ausstehender Einlagen bei Umwandlungsvorgängen s. Schneiders, Die ausstehende Einlage in der Umwandlung, 2018, S. 22–42; speziell zur Verschmelzung → Rn. 14.

[255] Für Einzelheiten s. Reiner/Geuter JA 2006, 543 (544 ff.).

[256] Zu Einzelheiten ADS Rn. 45.

[257] Dazu, dass der Spaltungsplan auch den Gesellschaftsvertrag bzw. die Satzung des neuen Rechtsträgers enthalten muss, s. zB Lutter/Priester, 6. Aufl. 2019, UmwG § 136 Rn. 11–13.

[258] ADS Rn. 51.

[259] ADS Rn. 55; für die Kapital- und Gewinnrücklagen auch HFA 1/1996, WPg 1996, 507 (508).

UmwG) ein Grund- bzw. Stammkapital festgelegt werden, dessen Nennbetrag den Betrag des Reinvermögens der Personengesellschaft nicht übersteigt (§ 220 Abs. 1 UmwG). Liegt der Betrag des Reinvermögens über dem Wert des festgelegten Gesellschaftskapitals, ist das sich hieraus ergebende Agio in die Kapitalrücklage (Abs. 2 Nr. 1) einzustellen.[260]

C. Kapitalrücklage (Abs. 2)

I. Überblick, bilanzieller Ausweis

64   Die **Kapitalrücklage** erfasst Beträge, die grundsätzlich von Gesellschaftern in das Eigenkapital der Gesellschaft geleistet werden[261] oder im Rahmen bestimmter Kapitalherabsetzungen (§§ 229 ff., 237 Abs. 5 AktG; §§ 58a, 58c GmbHG, → Rn. 54, → Rn. 56) bzw. in Zusammenhang mit Erwerb oder Veräußerung eigener Anteile (Abs. 1a S. 2, Abs. 1b S. 3) anfallen. Als Gesellschafterleistungen kommen insbesondere Zahlungen in Betracht, die mit dem Erwerb von Anteilen oder dem Gewähren von Vorteilen im Zusammenhang stehen. **Abs. 2** nennt hierzu bestimmte Agios und agioähnliche Zuzahlungen[262] von Gesellschaftern oder potenziellen Gesellschaftern. Die Auflistung ist nicht abschließend. Ebenfalls in die Kapitalrücklage einzustellen sind Beträge, die zu diesem Zweck im Wege einer vereinfachten Kapitalherabsetzung freigemacht wurden oder die aus einer vereinfachten Kapitalherabsetzung zur Verlustdeckung übriggeblieben sind (§ 229 Abs. 1 AktG, § 232 AktG; § 58b Abs. 2 GmbHG). Weitere Beispiele bilden die Kapitalrücklage nach § 237 Abs. 5 AktG im vereinfachten Einziehungsverfahren und die „Sonderrücklage"[263] zur Sicherung der Kapitalgrundlagen für die im Rahmen einer Wandelschuldverschreibung zukünftig zu gewährenden Bezugsaktien nach einer Kapitalerhöhung aus Gesellschaftsmitteln (§ 218 S. 2 AktG). Das GmbH-Recht kennt außerdem eine speziell geregelte Kapitalrücklage im Zusammenhang mit nachzuschießenden Beträgen, die gesondert[264] auszuweisen ist (§ 42 Abs. 2 S. 3 GmbHG; → Rn. 103). Demgegenüber nicht als Kapitalrücklage auszuweisen sind die Einlagen auf das gezeichnete Kapital (→ Rn. 13). Gleiches gilt für aus dem erwirtschafteten Ergebnis gebildetes Vermögen, das statt in die Kapitalrücklage in Gewinnrücklagen nach Abs. 3 einzustellen ist, soweit es durch Rücklagenbildung thesauriert werden soll. Einstellungen in und Auflösungen von Kapitalrücklagen sind bereits bei Aufstellung der Bilanz vorzunehmen (§ 270 Abs. 1 S. 1; → § 270 Rn. 1 f., 5).

65   Die **Verwendung** der Kapitalrücklagen richtet sich nicht nach Handelsbilanzrecht, sondern nach rechtsformspezifischen Sonderbestimmungen. Dazu gehören § 150 Abs. 3 und 4 AktG und § 58b Abs. 3 GmbHG, § 42 Abs. 2 S. 3[265] GmbHG, die die Verwendung der Kapitalrücklage bei der AG bzw. der GmbH unter bestimmten Voraussetzungen auf Fälle des Ausgleichs von Fehlbeträgen oder Verlustvorträgen oder zur Kapitalerhöhung aus Gesellschaftsmitteln beschränken. Bei der GmbH ist die Verwendung im Übrigen frei;[266] insbesondere können die Rücklagen für Zwecke der Ausschüttung aufgelöst werden. AG und KGaA haben Entnahmen aus der Kapitalrücklage zwingend in der Ergebnisverwendungsrechnung der verlängerten GuV oder im Anhang anzugeben (§ 158 S. 1 Abs. 1 Nr. 2, S. 2 AktG) und Veränderungen der Kapitalrücklage in Bilanz oder Anhang

---

260   HFA 1/1996, WPg 1996, 507 (508); ADS Rn. 56.
261   Zu den unterschiedlichen Gesellschafterbeiträgen und ihrer bilanziellen Behandlung s. HdR/Küting/
      Reuter Übersicht zu Rn. 65 (Stand: 11/2009).
262   Vgl. Art. 9 Abschnitt Passiva A. II. RL 78/660/EWG (4. EG-Richtlinie), der statt von Kapitalrücklage
      von Agio spricht.
263   BeBiKo/Störk/Kliem/Meyer, 13. Aufl. 2022, Rn. 165, 205.
264   Baumbach/Hueck/Schulze-Osterloh, 18. Aufl. 2006, GmbHG § 42 Rn. 203 und 210.
265   Baumbach/Hueck/Schulze-Osterloh, 18. Aufl. 2006, GmbHG § 42 Rn. 210; ADS GmbHG § 42
      Rn. 26.
266   BeBiKo/Störk/Kliem/Meyer, 13. Aufl. 2022, Rn. 212; MüKoGmbHG/Ekkenga, 4. Aufl. 2022, § 29
      Rn. 31: Das GmbH-Recht sehe ein Entnahmeverbot für Kapitalrücklagen abweichend vom Aktienrecht
      nicht vor.

darzulegen (§ 152 Abs. 2 AktG; § 240 AktG; → Rn. 53). Für die GmbH ist das Ausweiswahlrecht für „Veränderungen der Kapital- und Gewinnrücklagen" gem. § 275 Abs. 4 relevant.

Für den **bilanziellen Ausweis** schreibt § 266 Abs. 3 A. II. lediglich einen einheitlichen **66** Posten Kapitalrücklage **ohne Unterposten** vor. In Verbindung mit dem Umstand, dass in § 266 ebenso wie in § 272 Abs. 2 und in § 152 Abs. 2 AktG von Kapitalrücklage im Singular die Rede ist, ist das ein starkes Argument gegen eine gesetzliche Pflicht zum Ausweis von Unterposten.[267] § 150 Abs. 3 und 4 AktG spricht zwar demgegenüber von Kapitalrücklagen im Plural. In dieser Regelung geht es aber nicht um den Ausweis, sondern um die Verwendung der Kapitalrücklage. Dabei unterscheidet das Gesetz zwischen den einzelnen Leistungsarten nach Abs. 2 Nr. 1 bis 4 und spricht deshalb von mehreren „Kapitalrücklagen". Die hier vertretene Auslegung ist europarechtskonform, denn Anhang III, Passiva, Posten A.II. Bilanz-RL (früher: Art. 9 Abschnitt Passiva A. II. RL 78/660/EWG) verwendet den mit Kapitalrücklage gleichbedeutenden Begriff Agio ebenfalls im Singular.[268] Eine **freiwillige** Untergliederung der Kapitalrücklage ist aber zulässig (§ 265 Abs. 5 S. 1). Im Schrifttum wird speziell für AG und KGaA ein gesonderter Ausweis der „anderen Zuzahlungen" gem. Abs. 2 Nr. 4 gegenüber den Leistungsarten nach den Nr. 1–3 im Hinblick auf die Ausschüttungssperre der § 150 Abs. 2–4 AktG ausdrücklich empfohlen.[269] Für den Jahresabschluss der GmbH ist ferner die Pflicht zum gesonderten Ausweis nach § 42 Abs. 2 S. 3 GmbHG zu beachten (→ Rn. 64).

II. Agio bei Anteilsausgabe (Abs. 2 Nr. 1)

1. Anteile. In die Kapitalrücklage ist nach Abs. 2 Nr. 1 der Mehrbetrag (Agio) einzu- **67** stellen, den die Gesellschaft bei der **Ausgabe von Anteilen** einschließlich von **Bezugsanteilen,** also im Rahmen einer Gründung, Kapitalerhöhung oder Umwandlung, vereinbarungsgemäß über den Nennbetrag der Anteile hinaus erzielt (Abs. 1b S. 2 und 3). Im Falle des Weiterverkaufs eigener Anteile ist ein entsprechender Differenzbetrag ebenfalls in die Kapitalrücklage einzustellen, soweit nicht im Rahmen des vorausgegangenen Erwerbs dieser Aktien eine Verrechnung des Unterschiedsbetrags nach Abs. 1a S. 2 mit freien Gewinnrücklagen erfolgt war (Abs. 1b S. 2 und 3). **Anteile** sind Geschäftsanteile (§ 14 GmbHG) bzw. alle Formen von Aktien einschließlich nennbetragsloser Anteile (§§ 8 ff. AktG). § 272 Abs. 2 Nr. 1 gilt daher auch für **Vorratsaktien** (§ 56 Abs. 3 AktG, § 160 Abs. 1 Nr. 1 AktG), die der Zeichner für Rechnung der AG zur Weiterveräußerung übernimmt (→ Rn. 71), obwohl diese Aktien in den Händen des Zeichners gem. § 56 Abs. 3 S. 3 AktG keine Mitgliedschaftsrechte vermitteln.[270] **Keine Anteile** iSv Nr. 1 sind

---

[267] Ebenso die hM, zB Selchert, Jahresabschlussprüfung der Kapitalgesellschaften, 1988, 382; ADS Rn. 85 f.; Baumbach/Hueck/Schulze-Osterloh, 18. Aufl. 2006, GmbHG § 42 Rn. 203; Glade Praxishandbuch § 266 Rn. 592; Kirsch/Haaker Rn. 71 (Stand: 1.9.2019); HdR/Küting/Reuter Rn. 66 f. (Stand: 11/ 2009); HdJ/Dettmeier/Prodan, Eigenkapital der Kapitalgesellschaften, Rn. 289 (Juli 2021); aA Kölner Komm RechnungslegungsR/Claussen/Korth Rn. 30; Beck HdR/Heymann B 231 Rn. 89 (Stand: Juni 2011) (s. nachfolgende Fn.).

[268] AA Hachmeister/Kahle/Mock/Schüppen/Mock, 2. Aufl. 2020, Rn. 26: Die Bilanz-RL sehe einen „gesonderten Ausweis des Agio vor, was aufgrund der Erfassung des Agio durch Abs. 2 Nr. 1 […] nicht hinreichend reflektiert" werde, „so dass erhebliche Bedenken an der Europarechtskonfirmität" bestünden. Wegen „des ausdrücklichen Wortlauts von Abs. 2, § 266 Abs. 3 A. HGB" bestehe aber insoweit auch kein Spielraum für eine richtlinienkonforme Auslegung.

[269] ADS Rn. 86: „zweckmäßig"; Kirsch/Haaker Rn. 71 (Stand: 1.9.2019): „Es „empfehle" sich, die nach § 272 Abs. 2 Nr. 1 bis 3 zu bildende Kapitalrücklage „auch im Bilanzausweis oder im Anhang gesondert darzustellen"; ebenso BeBiKo/Störk/Kliem/Meyer, 13. Aufl. 2022, Rn. 165 ff.; s. auch Baumbach/ Hueck/Schulze-Osterloh, 18. Aufl. 2006, GmbHG § 42 Rn. 203; unter Berufung auf die vorstehend genannten Zitate wohl auch zB BeckOGK/Poeschke, 15.9.2021, Rn. 171: Im Hinblick auf die unterschiedlichen Verwendungsmöglichkeiten müsse bei AG „ein getrennter Ausweis der Beträge nach Abs. 2 Nr. 1–3 einerseits und nach Nr. 4 andererseits gefordert werden"; aA, nämlich für eine Pflicht zur genannten Unterteilung bei der AG auf der Grundlage des § 264 Abs. 2, Beck HdR/Heymann B 231 Rn. 89 (Stand: Juni 2011).

[270] ZB BeckOGK/Poeschke, 15.9.2021, Rn. 106; ADS Rn. 101–103.

Aktienoptionen und Umtauschrechte aus Wandelschuldverschreibungen, während der Umtausch von Wandelschuldverschreibungen in Aktien und die Ausübung von Aktienoptionen mit Erfüllung in Natur von Nr. 1 erfasst wird (→ Rn. 77).[271] Gleiches gilt für Genussrechte, soweit sie keinen Eigenkapitalcharakter haben (zu Genussrechten mit Eigenkapitalcharakter → Rn. 100).[272] Ein Agio bei der Ausgabe von Genussrechten ist als passiver Rechnungsabgrenzungsposten nach § 250 Abs. 2 auszuweisen, wenn es sich hierbei um eine Gegenleistung für künftige Leistungen an die Genussrechtsinhaber handelt und daher der wirtschaftliche Grund für das Agio **nach** dem Abschlussstichtag liegt.[273] Nicht als Einlage in die Kapitalrücklage (nach Abs. 2 Nr. 1 oder Nr. 4) zu behandeln ist auch ein Agio eines (atypisch) stillen Gesellschafters einer Kapitalgesellschaft, denn eine solche Einlage kann nur von Personen vorliegen, die eine Leistung in das Gesellschaftsvermögen im Hinblick auf eine bestehende oder angestrebte Beteiligung an der Kapitalgesellschaft erbringen.[274] Das Agio kann nur dann **„bei der Ausgabe von Anteilen"** erzielt sein, wenn die **Anteilsausgabe wirksam** ist. Dazu muss die Gesellschaft bzw. die (Durchführung der) Kapitalerhöhung in das Handelsregister eingetragen sein (→ Rn. 45). Agio-Zahlungen vor Eintragung dürfen grundsätzlich nicht in die Kapitalrücklage eingestellt werden, sind also im Gegensatz zu Einlagezahlungen vor Eintragung (→ Rn. 47) noch kein haftendes Eigenkapital, sondern als Verbindlichkeiten oder in einem Sonderposten „Zur Durchführung der beschlossenen Kapitalerhöhung geleistete Einlagen" (→ Rn. 46) auszuweisen.[275]

68   **2. Vereinbarter Ausgabemehrbetrag.** Der Mehrbetrag muss den Nennbetrag bzw. den rechnerischen Wert der ausgegebenen Anteile übersteigen und auf einer Vereinbarung mit der Gesellschaft über den **Ausgabebetrag** beruhen, die gesellschaftsrechtlicher (korporativer) oder schuldrechtlicher Natur sein kann. Nur im ersteren Fall ist Abs. 2 Nr. 1 – bei der AG mit der Folge der Kapitalbindung nach § 150 AktG – einschlägig;[276] vom letzten Fall ist auszugehen, wenn im Kapitalerhöhungsbeschluss ausdrücklich bestimmt wird, dass eine Zuzahlung nach Abs. 2 Nr. 4 (→ Rn. 99 ff.) zu erbringen ist.[277] Er kann auch in einer Sachleistung bestehen, die der Gesellschafter etwa zusätzlich zu einer Bar- oder Sacheinlagepflicht (§ 9 Abs. 2 AktG; § 3 Abs. 2 GmbHG) übernimmt[278] oder die zwar als Einlage geschuldet wird, deren Verkehrswert aber über den Nennbetrag/rechnerischen Wert der Einlageverpflichtung[279] oder sogar über den Verkehrswert des übernommenen Anteils[280] hinausgeht. Die **Vereinbarung** spielt insbesondere steuerlich eine Rolle, weil sie die Verknüpfung des Mehrbetrags mit bestimmten Anteilen zur Bestim-

---

[271]   ZB BeckOGK/Poeschke, 15.9.2021, Rn. 107, 117; BeBiKo/Störk/Kliem/Meyer, 13. Aufl. 2022, Rn. 185; HdJ/Singhof Abt. III/2 Rn. 117 (Juni 2008); wohl auch Kölner Komm RechnungslegungsR/ Mock Rn. 125. Inwieweit die hier im Text getroffene Aussage „unklar" sein soll (so Kölner Komm RechnungslegungsR/Mock Rn. 125, dort Fn. 153, noch zur 2. Aufl. 2008), erschließt sich dem Verf. nicht.

[272]   S. zB Hultsch/Roß/Drögemüller BB 2007, 819: Genussrechtskapital dürfe im Jahresabschluss von Genussrechtsemittenten nur dann als Eigenkapital ausgewiesen werden, wenn sich anhand bestimmter Merkmale nachweisen lasse, dass im Ergebnis eine den gesetzlich geregelten Eigenkapitalbestandteilen entsprechende Gläubigerschutzwirkung erreicht werde.

[273]   IDW HFA 1/1994 unter 2.1.4.1.1, WPg 1994, 419 (421); Baetge/Kirsch/Thiele/Marx/Dallmann Bilanzrecht § 266 Rn. 184 (Stand: September 2015).

[274]   BFH BFH/NV 2010, 2266 = BeckRS 2010, 25016524 Rn. 22–25 zu einer atypischen stillen Beteiligung an einer AG (entschieden im summarischen Verfahren).

[275]   ADS Rn. 93; BeBiKo/Störk/Kliem/Meyer, 13. Aufl. 2022, Rn. 54, 177; HdR/Knop § 270 Rn. 17 (Stand: April 2011).

[276]   ZB Koch, 17. Aufl. 2023, AktG § 9 Rn. 10.

[277]   Schnorbus/Plassmann ZIP 2016, 693 (701), mit Ausführungen zum Streitstand bei Sacheinlagen.

[278]   S. zB den Sachverhalt in BFH BStBl. II 2010, 1094 = BeckRS 2010, 24004120, wo es um eine in Form von Aufgeldern geschuldete Einbringung von Kommanditbeteiligungen in Ergänzung zu einer Bareinlagepflicht ging (Rn. 29).

[279]   S. zB BFH BStBl. II 2008, 253 = DStR 2007, 1388.

[280]   ZB BFH BFHE 226, 500 = NJW-RR 2010, 551.

mung der Anschaffungskosten des Gesellschafters schafft.[281] Die bilanzrechtliche Pflicht zur Einstellung solcher Mehrbeträge in die Kapitalrücklage ist in diesem Rahmen nicht abdingbar.[282] Nicht von Abs. 2 Nr. 1 erfasst werden hingegen freiwillige, also ohne Vereinbarung mit der Gesellschaft übernommene Leistungen; sie fallen als Gesellschafterzuzahlungen unter Abs. 2 Nr. 4.[283] Ebenfalls nicht unter Abs. 2 Nr. 1 fallen zB Zinsen und Vertragsstrafen (§ 63 Abs. 2 AktG), die nur gelegentlich der Anteilsausgabe anfallen und als Ausgleich für entgangenen Ertrag ergebniswirksam über die GuV zu vereinnahmen sind.[284] Beispiele für Vereinbarungen eines den Nennbetrag übersteigenden Ausgabebetrags sind bei AG und KGaA etwa Bestimmungen über Nenn- und Ausgabebeträge in Gründungsurkunden (§ 23 Abs. 2 Nr. 2 AktG, § 9 AktG) in Verbindung mit entsprechenden Aktienübernahmeerklärungen oder Zeichnungsverträge im Rahmen von Kapitalerhöhungen (vgl. § 185 Abs. 1 Nr. 2 AktG). Bei der GmbH wird der (über dem Nennbetrag liegende) Ausgabebetrag zB durch den Kapitalerhöhungsbeschluss bestimmt.[285]

3. Höhe des Mehrbetrags. Da der Gesetzeswortlaut für die Berechnung des Agios **69** allein auf den Nennbetrag bzw. den rechnerischen Wert der ausgegebenen Anteile abstellt, bleiben die bei der Ausgabe der Anteile **anfallenden Kosten unberücksichtigt.**[286] Das erzielte Agio wird demnach nicht um den Betrag der Ausgabekosten gekürzt, vielmehr gehen diese Kosten unmittelbar zu Lasten des jeweiligen Jahresergebnisses.[287] Bei **Sacheinlagen** (§ 27 Abs. 1 AktG, § 183 Abs. 1 AktG; § 5 Abs. 4 GmbHG, § 56 Abs. 1 GmbHG) hängt die Höhe des nach Abs. 2 Nr. 1 zu veranschlagenden Betrags davon ab, zu welchem Wert die Sacheinlage aktiviert wird. Da die Ausgabe der neuen Aktien ergebnisneutral sein soll, muss dieser Wert auf der Aktivseite der Summe aus Nennbetrag/ rechnerischem Wert der ausgegebenen Anteile und in die Kapitalrücklage eingestelltem Wert auf der Passivseite entsprechen.[288] Einigkeit besteht ferner dahingehend, dass die Untergrenze für den Wertansatz der Sacheinlage auf der Aktivseite wegen des Verbots der Unterpari-Emission (vgl. § 9 Abs. 1 AktG) der Nennbetrag/rechnerische Wert der ausgegebenen Anteile und Obergrenze deren Zeitwert sein muss.[289] (Mindest-)Voraussetzung für die Einstellung eines Betrages in die Kapitalrücklage ist somit, dass der Zeitwert der Sacheinlage den Nennbetrag/rechnerischen Wert der ausgegebenen Anteile übersteigt.[290] Von diesen Prämissen abgesehen ist das **Meinungsbild** zur Dotierung der Rücklage nach Abs. 2 Nr. 1 bei Sacheinlagen **uneinheitlich** und Teil der allgemeinen Diskussion zur Bewertung von Sacheinlagen (→ Rn. 42). Nach bisher „wohl noch hM"[291] ist es zulässig, die Sacheinlage zu einem Wert unterhalb ihres Zeitwertes zu aktivieren, mit der Folge, dass die hierdurch entstehenden stillen Reserven auf der Passivseite nicht durch

---

[281] Vgl. zB BFH BFHE 226, 500 = NJW-RR 2010, 551: Ein für den Erwerb eines GmbH-Anteils im Rahmen einer Kapitalerhöhung gezahltes Aufgeld sei ausschließlich dem neu erworbenen Anteil als Anschaffungskosten zuzuordnen.

[282] Vgl. hierzu Becker NZG 2003, 510 (516 f.); aA Ekkenga ZHR 185 (2021), 792 (805) mwN.

[283] ADS Rn. 90; HdR/Küting/Reuter Rn. 68 (Stand: 11/2009).

[284] Kölner Komm AktG/Drygala, 3. Aufl. 2011, AktG § 63 Rn. 38; ADS Rn. 94.

[285] ZB Lutter/Hommelhoff/Bayer, 20. Aufl. 2020, GmbHG § 55 Rn. 10.

[286] ADS Rn. 93; Hopt/Merkt, 41. Aufl. 2022, Rn. 6; BeBiKo/Störk/Kliem/Meyer, 13. Aufl. 2022, Rn. 180; HdR/Küting/Reuter Rn. 68 (Stand: 11/2009); KKRD/Morck/Drüen, 9. Aufl. 2019, Rn. 8.

[287] ADS Rn. 93; HdR/Küting/Reuter Rn. 68 (Stand: 11/2009).

[288] ZB Baetge/Kirsch/Thiele/Thiele Rn. 107 (Stand: August 2006); BeBiKo/Störk/Kliem/Meyer, 13. Aufl. 2022, Rn. 175: „Agio bei Sacheinlagen ergibt sich aus ihrer Bewertung"; HdR/Küting/Reuter Rn. 70 (Stand: 11/2009).

[289] ZB HdR/Küting/Reuter Rn. 70 (Stand: 11/2009); ADS Rn. 105.

[290] ZB ADS Rn. 105.

[291] So die Einschätzung von BeBiKo/Störk/Kliem/Meyer, 13. Aufl. 2022, Rn. 175, die auch selbst noch dieser Ansicht zu folgen scheinen; ferner zB Baumbach/Hueck/Schulze-Osterloh, 18. Aufl. 2006, GmbHG § 42 Rn. 36 mwN: Nach „wohl noch hM" (der er sich nicht anschließt) bestehe ein Wahlrecht zwischen dem Zeitwert oder dem Nennbetrag der ausgegebenen Anteile zuzüglich eines Aufgelds; Noack/Servatius/Haas/Servatius, 23. Aufl. 2022, GmbHG § 5 Rn. 33: Nach „ganz überwiegender Meinung" sei Anrechnung mit niedrigerem Wert zulässig; eingehend zum Streit BeckOGK/Poeschke, 15.9.2021, Rn. 109 ff.

den nach Abs. 2 Nr. 1 für das Agio anzusetzenden Betrag abgedeckt werden.[292] Dabei soll dem Bilanzierenden innerhalb des durch den Nennbetrag/rechnerischen Wert als Untergrenze und den Zeitwert als Obergrenze bestimmten Korridors ein Bewertungswahlrecht zur Schaffung eines „stillen Agios" zustehen.[293] Soweit das Aufgeld in der Einlagevereinbarung betragsmäßig ausdrücklich oder konkludent festgelegt worden ist,[294] soll dieser Wert für die Kapitalrücklage maßgeblich sein;[295] der für die Sacheinlage auf der Aktivseite anzusetzende Wert ergibt sich dann aus der Summe dieses Agios und des Nennbetrags/rechnerischen Werts.

70   Diese Ansicht vermag allerdings **nicht zu überzeugen,** soweit sie ein **Wahlrecht** für die Bewertung der Sacheinlage bzw. des Agios statuiert.[296] **Zwar** genügt ein Wertansatz unterhalb des geschätzten Zeitwerts dem Vorsichtsprinzip und dürfte wohl auch nicht dem Grundsatz der Bewertung zu Anschaffungskosten widersprechen.[297] Zieht man nämlich – sofern dies überhaupt möglich ist – die Parallele zum Anschaffungskostenprinzip beim Kauf,[298] bemessen sich die „Anschaffungskosten" bei der Sacheinlage nach dem Wert der als „Gegenleistung" ausgegebenen Anteile.[299] Dabei erscheint es durchaus plausibel, sich zunächst einmal am Nennwert bzw. – bei Stückaktien – an der anteiligen Grundkapitalziffer zu orientieren. Der anteilige Wert des (um die Sacheinlage erhöhten) Gesellschaftsvermögens oder gar der Marktwert der Anteile dürften hier nicht ohne Weiteres einen sachgerechten Bewertungsmaßstab für die Einlage bilden, denn dabei handelt es sich nicht um Werte, die die Gesellschaft im Austausch für die Einlage aus dem eigenen Vermögen hingegeben, dh eingebüßt hat. Gegen ein Wahlrecht zur Bildung stiller Reserven durch die Bewertung der Sacheinlage und – damit zwangsläufig verbunden – die Bewertung der Kapitalrücklage für das Agio spricht **aber** nicht nur der Grundsatz des getreuen Bildes (§ 264 Abs. 2),[300] sondern auch der Umstand, dass Abs. 2 Nr. 1 nach seinem Zweck, der auch im Schutz der Gläubiger besteht, nicht als Wahlrecht verstanden werden sollte.[301] Vor allem bei der AG würde ansonsten die für diese Kapitalrücklage geltende Ausschüttungsbegrenzung nach

---

[292]   So als Vertreter der hM zB ADS Rn. 95; HdR/Küting/Reuter Rn. 70 (Stand: 11/2009); aA Baumbach/Hueck/Schulze-Osterloh, 18. Aufl. 2006, GmbHG § 42 Rn. 360; Baetge/Kirsch/Thiele/Thiele Rn. 108 ff. (Stand: August 2006); HdJ/Singhof Abt. III/2 Rn. 115 (Juni 2008): „Wegen des zwingenden Charakters der Rücklagenbildung und der auch international üblichen Bewertung von Sacheinlagen zum Zeitwert [...] als Umgehung abzulehnen"; wohl auch Noack/Servatius/Haas/Servatius, 23. Aufl. 2022, § 5 Rn. 33.

[293]   ZB ADS Rn. 95 und § 255 Rn. 97; HdR/Küting/Reuter Rn. 70 (Stand: 11/2009); Hachmeister/Kahle/Mock/Schüppen/Mock, 2. Aufl. 2020, Rn. 150; Scholz/Veil, 12. Aufl. 2018, GmbHG § 5 Rn. 56 ff., jedenfalls für die GmbH.

[294]   Explizit zugunsten eines entsprechenden Bewertungsspielraums zB Sarx DStR 1991, 692 (695); Röper/Leffers WPg 2007, 1024 (1025 f.).

[295]   ZB ADS Rn. 95; HdR/Küting/Reuter Rn. 70 (Stand: 11/2009): Festlegung eines beliebigen Wertes der Anschaffungskosten zwischen dem Nennbetrag der ausgegebenen Anteile und dem Zeitwert des eingelegten Gegenstands; Kirsch/Kirsch § 255 Rn. 90 (Stand: August 2021): Ausgabebetrag könne „zum Nennbetrag der Anteile oder mit einem Aufgeld (Agio) festgesetzt werden"; wohl auch Staub/Meyer, 6. Aufl. 2021, Rn. 30.

[296]   Ebenfalls krit. BeckOGK/Poeschke, 15.9.2021, Rn. 110 ff. mwN; Baumbach/Hueck/Schulze-Osterloh, 18. Aufl. 2006, GmbHG § 42 Rn. 360; Winnefeld Bilanz-HdB, 5. Aufl. 2015, N Rn. 79 f.: Sacheinlage sei „zwingend mit ihrem Zeitwert anzusetzen".

[297]   So aber BeckOGK/Poeschke, 15.9.2021, Rn. 111.

[298]   So die Argumentation von BeckOGK/Poeschke, 15.9.2021, Rn. 111: „Es bestehen bereits Bedenken unter dem allgemeinen Gesichtspunkt der Bewertung von Zugängen mit den Anschaffungskosten".

[299]   Zu den unterschiedlichen Ansätzen für die Bemessung der Anschaffungskosten im (mit der Sacheinlage verwandten) Fall eines Tausches → § 255 Rn. 42; anders BFH BStBl. II 2008, 253 = DStR 2007, 1388, der die „Hingabe der Einlageforderung gegen den Empfang des Sachwertes" als Anschaffungsgeschäft aus Sicht der Gesellschaft ansieht.

[300]   Baetge/Kirsch/Thiele/Thiele Rn. 110 mwN (Stand: August 2006).

[301]   Auch Seidler BB 2021 2795 (2798) betont die gläubigerschützende Funktion des Jahresabschlusses. Im Ergebnis ein Bewertungswahlrecht ebenfalls ablehnend meint er indes, dass „die gängige Praxis der Bilanzierung mit einer Anschaffung aufgrund eines tauschähnlichen Vorgangs arbeitet, die aufgrund des gesellschaftsrechtlich bestehenden Rahmens zur Festlegung des Ausgabebetrags der Anteile de facto zu einem Bewertungswahlrecht mutiert."

§ 150 Abs. 2 und 3 AktG unterlaufen.[302] Beträge, die als Zuzahlungen der Sache nach Kapitalrücklage sind, dürfen nicht ohne Weiteres ausgeschüttet werden und können deshalb auch nicht über den Umweg eines Bewertungswahlrechts zur freien Disposition der Gesellschaft stehen. Diese Sichtweise kommt nicht zuletzt dem Bestreben des BilMoG-Reformgesetzgebers, im Rahmen der beabsichtigten „maßvollen Annäherung der handelsrechtlichen Rechnungslegungsvorschriften an die IFRS" (Bewertungs-)Wahlrechte zu beseitigen (→ Rn. 34) entgegen.[303] Die **Gestaltungspraxis** wird, auf der Basis der vorstehend vertretenden Ansicht, bei der Hingabe von Sacheinlagen, deren Wert den Nennbetrag/rechnerischen Wert der ausgegebenen Anteile übersteigt, die Zwangsthesaurierung des Differenzbetrags infolge der sonst gebotenen Rücklagendotation ggf. dadurch vermeiden können, dass sie sich diesen Mehrwert im Wege der sog. **gemischten Sacheinlage**[304] von der Gesellschaft vergüten lässt.

Bei der Ausgabe von sog. **Bezugsanteilen,** also Bezugsaktien (s. die Definition in **71** § 192 Abs. 1 AktG), die im Rahmen einer **bedingten Kapitalerhöhung** nach den §§ 192 ff. AktG entstehen, kann das Agio, zB in der Fallgruppe des § 192 Abs. 2 Nr. 1 AktG (Bedienung von Wandelschuldverschreibungen), durch einen Überschuss des Nennwertes der einzureichenden Schuldverschreibungen über den Nennwert der dafür eingetauschten Bezugsaktien oder durch Zuzahlungen erlangt werden.[305] Bei im Rahmen einer **Verschmelzung oder Spaltung** ausgegebenen neuen Anteilen ist der Differenzbetrag zwischen dem Nennwert der Anteile und einem höheren Wertansatz in die Kapitalrücklage nach Nr. 1 einzustellen.[306] Bei der Veräußerung **eigener Anteile** kann gem. Abs. 1b S. 3 ebenfalls die Kapitalrücklage nach Abs. 2 Nr. 1 zu dotieren sein (→ Rn. 38).[307] Im Falle der Verwendung von **Vorratsaktien** (→ Rn. 67) ist auch der durch die Weiterveräußerung an Dritte erwirtschaftete Mehrerlös in die Kapitalrücklage einzustellen, wenn die AG ihn nach den Vereinbarungen beanspruchen kann.[308] Werden die jungen Aktien dem Publikum mittelbar durch ein Kreditinstitut (oder auch mehrere Kreditinstitute im Rahmen eines Bankenkonsortiums) angeboten (Fall des sog. **mittelbaren Bezugsrechts** gem. § 186 Abs. 5 AktG), ist als Kapitalrücklage die Differenz zwischen dem Nennwert/rechnerischen Wert der Aktien und dem Betrag auszuweisen, zu dem die Gesellschaft die Aktien an das Kreditinstitut ausgegeben hat.[309] Fließt der Gesellschaft darüber hinaus ein zusätzlicher (vom Kreditinstitut abgeführter) **Mehrerlös aus der Weitergabe der Aktien** zu, handelt es sich ebenfalls um einen Mehrbetrag aus der Verwertung von Mitgliedschaftsrechten. Dieser ist in die Kapitalrücklage nach Nr. 1 einzustellen, selbst wenn der Mehrerlös erst in einem späteren Geschäftsjahr erzielt wird.[310] Dieselben Regeln gelten, wenn im Rahmen des mittelbaren Bezugsrechts ein Nicht-Kreditinstitut eingeschaltet wird (§ 186 Abs. 5 S. 2 Hs. 2

---

[302]   Insofern überzeugend BeckOGK/Poeschke, 15.9.2021, Rn. 112 f.; ferner Baumbach/Hueck/Schulze-Osterloh, 18. Aufl. 2006, GmbHG § 42 Rn. 360 mit Vorbehalt für Fälle des § 24 UmwG.

[303]   Ähnlich HdJ/Singhof Abt. III/2 Rn. 115 (Juni 2008); s. auch aus Sicht der „noch hM" BeBiKo/Störk/Kliem/Meyer, 13. Aufl. 2022, Rn. 175, die bekunden, es bleibe abzuwarten, ob sich aus DRS 4.13 „im Hinblick auf die international übliche Bewertung von Sacheinlagen zum Zeitwert auch für das HGB zum GoB entwickeln" werde.

[304]   Hierzu Noack/Servatius/Haas/Servatius, 23. Aufl. 2022, § 5 Rn. 20; Scholz/Veil, 12. Aufl. 2018, GmbHG § 5 Rn. 81 ff.; Koch, 16. Aufl. 2022, AktG § 27 Rn. 8 f.; MüKoAktG/Pentz, 5. Aufl. 2019, AktG § 27 Rn. 69; Wachter DB 2010, 2137 (2138).

[305]   ADS Rn. 92.

[306]   Ähnlich HdR/Küting/Reuter Rn. 73 (Stand: 11/2009), der allerdings von „Buchwert" spricht, den neu ausgegebene Anteile jedoch gerade noch nicht haben (gemeint ist wohl der Nennwert); auch Schmitt/Hülsmann BB 2000, 1563 (1569).

[307]   HdR/Küting/Reuter Rn. 73 (Stand: 11/2009).

[308]   Kölner Komm AktG/Drygala, 3. Aufl. 2011, AktG § 56 Rn. 85; BeckOGK/Poeschke, 15.9.2021, Rn. 106; Geßler/Hefermehl/Hefermehl/Bungeroth, 1984, AktG § 56 Rn. 33 ff.; ADS Rn. 102; HdR/Küting/Reuter Rn. 72 (Stand: 11/2009).

[309]   ZB ADS Rn. 97.

[310]   ZB ADS Rn. 97; HdR/Küting/Reuter Rn. 71 (Stand: 11/2009): im Geschäftsjahr oder in späteren Geschäftsjahren"; BeckOGK/Poeschke, 15.9.2021, Rn. 104: „auch, wenn sich die Verwertung über einen längeren Zeitraum, etwa mehrere Jahre erstreckt".

AktG)[311] oder wenn die AG aus einer genehmigten Kapitalerhöhung (§§ 202 ff. AktG) stammende Aktien zum Nominalwert an ein Kreditinstitut abgibt, zurückerwirbt (§ 71 Abs. 1 Nr. 2 AktG) und anschließend zu einem höheren Betrag an Mitarbeiter veräußert (Abs. 1b S. 3).[312] Im umgekehrten Fall, wenn eine Emissionsbank die Aktien zum Börsenkurs zeichnet, die AG sie sodann zum gleichen Kurs von der Bank rückerwirbt und anschließend zu einem niedrigeren Kurs an Mitarbeiter abgibt, sollte dagegen nach bisherigem Recht der gewährte Rabatt in der GuV als (Personal-)Aufwand verrechnet werden können.[313] Diese Auffassung dürfte mit der neuen Rechtslage (Abs. 1b) nicht mehr vereinbar sein (→ Rn. 40).

72   **4. Ausstehende Agios.** Ausstehende Agios sind grundsätzlich nur bei der **GmbH,** nicht aber bei der AG (→ Rn. 73) denkbar, denn mangels einer den § 36 Abs. 2 AktG iVm § 36a AktG entsprechenden Vorschrift setzen bei der GmbH weder die Handelsregisteranmeldung noch die Eintragung von Gründung oder Kapitalerhöhung die Erfüllung der Pflicht zur Leistung des Ausgabe-Agios voraus.[314] Agio-Forderungen sind keine „ausstehenden Einlagen" iSd Abs. 1 S. 2. Sie sind auf der Aktivseite daher, unabhängig davon, ob sie eingefordert sind oder nicht, unter dem Posten „sonstige Vermögensgegenstände" (§ 266 Abs. 2 B. II. 4.) oder ggf. als Forderung gegen verbundene Unternehmen (B. II. 2.) oder gegen Unternehmen, mit denen ein Beteiligungsverhältnis besteht (B. II. 3.), zu zeigen. Dabei sind sie zusätzlich nach § 42 Abs. 3 GmbHG als Unterposten, im Wege eines „Davon"-Vermerks oder im Anhang als **Forderungen gegenüber Gesellschaftern** zu kennzeichnen.[315] Nach aA sollen Agios als gesonderter Posten „vergleichbar mit dem Ausweis der ausstehenden Einlagen auf das gezeichnete Kapital" zu zeigen sein.[316] Auf der Passivseite der Bilanz erhöhen Agio-Forderungen das Eigenkapital, indem ein entsprechender Betrag in die Kapitalrücklage nach Nr. 1 als Gegenposten eingeht; auf den Zufluss des Agios kommt es dafür nicht an.[317] Zu Agio-Zahlungen vor Eintragung → Rn. 67.

73   Ausnahmsweise sind offene Agio-Forderungen auch bei der **AG** denkbar, obwohl dort Gründung oder Kapitalerhöhung erst zur Eintragung in das Handelsregister angemeldet werden dürfen, wenn das Ausgabeagio in voller Höhe erbracht wurde (§ 36 Abs. 2 AktG, § 36a AktG, § 188 Abs. 2 S. 1 AktG, § 199 AktG, § 203 Abs. 1 AktG). Dies betrifft den Fall einer gleichzeitig mit einer Kapitalherabsetzung beschlossenen Kapitalerhöhung, die nach § 235 Abs. 1 S. 1 AktG bereits im Jahresabschluss für das letzte Geschäftsjahr vor der Beschlussfassung als vollzogen berücksichtigt werden darf (→ Rn. 56). Wird dabei für die Kapitalerhöhung ein über dem Nennbetrag liegender Ausgabebetrag festgesetzt und weist die Gesellschaft das „Gezeichnete Kapital" entsprechend dem Wahlrecht des § 235 Abs. 1 S. 1 AktG bereits mit dem erhöhten Betrag aus, ist konsequenterweise das Agio bereits in die Kapitalrücklage einzustellen.[318] Zugleich muss in diesem Fall auf der Aktivseite der Gegenposten unter den Forderungen ausgewiesen werden, da insofern keine ausstehende Einlage auf das gezeichnete Kapital vorliegt.

[311] Kölner Komm AktG/Ekkenga AktG § 186 Rn. 240, 264; ADS Rn. 100.

[312] Ebenso bereits auf der Grundlage des bisherigen Rechts ADS Rn. 100: Der Veräußerungserlös fließe zwar nicht vom Zeichner zu, stehe „aber in so engem Zusammenhang mit der Kapitalerhöhung, dass der Mehrbetrag als Agio in Kapitalrücklagen einzustellen" sei.

[313] Koch, 16. Aufl. 2022, AktG § 202 Rn. 29 mwN (Differenz zwischen Erwerbsaufwendungen und dem vergünstigten Kaufpreis könne steuerlich als Betriebsausgabe geltend gemacht werden); ADS Rn. 100: Auffassung sei „im Vergleich mit einem Erwerb der Aktien an der Börse zutreffend". Anders sei es im Fall einer Ausgabe und Rückerwerb zum Nominalwert. Dann sei das erzielte Entgelt „insgesamt Einlage".

[314] Ulmer/Habersack/Löbbe/Ulmer/Casper, 3. Aufl. 2019, GmbHG § 5 Rn. 18, 180, § 7 Rn. 26; Lutter/Hommelhoff/Bayer, 20. Aufl. 2020, GmbHG § 7 Rn. 4; Scholz/Veil, 12. Aufl. 2018, GmbHG § 7 Rn. 20; ADS Rn. 107.

[315] ADS Rn. 107; Scholz/Meyer, 12. Aufl. 2021, GmbHG § 42 Rn. 25 f. mwN.

[316] HdR/Küting/Reuter Rn. 39 (Stand: 6/2010).

[317] ADS Rn. 107.

[318] ADS Rn. 105; zur Aktivseite der Bilanz s. Staub/Meyer, 6. Aufl. 2021, Rn. 17: In Höhe des Agios sei ein Forderungsausweis (vgl. § 272 Abs. 1 S. 3 aE (aF = Abs. 1 S. 2 aE)) vorzunehmen, „da nur die Kapitalerhöhung, nicht aber die Leistungen darauf fingiert werden dürfen".

III. Wandelschuldverschreibungen und Optionsrechte (Abs. 2 Nr. 2)

1. Rechte zum Erwerb von Anteilen. Die Kapitalrücklage nach Nr. 2 erfasst **74** Beträge, die im Zusammenhang mit der Ausgabe bloßer **Rechte zum Erwerb von Anteilen** erzielt werden. Die Vorschrift unterscheidet sich von Nr. 1 dadurch, dass zunächst keine Anteile ausgegeben und erworben werden. Neben Rechten zum Erwerb von **Aktien** erfasst die Vorschrift aufgrund ihres Wortlautes (Anteile) grundsätzlich auch solche zum Erwerb von **GmbH-Geschäftsanteilen,** auch wenn Schuldverschreibungen (→ Rn. 74) für entsprechende Anwartschaften[319] nach geltendem GmbH-Recht nur schwer vorstellbar erscheinen.[320]

Mit Schuldverschreibungen für Wandlungsrechte und Optionsrechte zum Erwerb von **75** Anteilen meint Abs. 2 Nr. 2 die aktienrechtlichen „Schuldverschreibungen, bei denen den Gläubigern ein Umtausch- oder Bezugsrecht auf Aktien eingeräumt wird" (sog. Wandelschuldverschreibungen iwS) gem. § 221 Abs. 1 S. 1 Fall 1 AktG (iVm §§ 793 ff. BGB), die sich in Wandelanleihen ieS und Optionsanleihen (Optionsrecht bzw. Bezugsrecht) unterscheiden lassen.[321] Die **Wandelanleihe** (Convertible Bond) räumt dem Inhaber das Wahlrecht (Wandlungsrecht, Umtauschrecht, Ersetzungsbefugnis) ein, bei Fälligkeit anstelle der Rückzahlung des hingegebenen Kapitals die Beschaffung einer vorab bestimmten Anzahl Aktien des Emittenten oder einer dritten Gesellschaft in Natur[322] zu verlangen. Müssen die zu beschaffenden Aktien erst noch durch eine Kapitalerhöhung erzeugt werden, wird regelmäßig das eingesetzte Anleihekapital auf die Zahlung der Einlage sowie eines etwaigen Aufgeldes angerechnet.[323] Durch die Wandlung geht das Schuldverhältnis aus der Schuldverschreibung unter und wird durch die Mitgliedschaft in der Gesellschaft ersetzt; das Fremdkapital wird so zu Eigenkapital, was man in einem weiteren Sinn als eine Art des Debt-Equity-Swap betrachten könnte.[324] Die **Optionsanleihe** (Warrant Bond), auch unechte Wandelschuldverschreibung genannt,[325] berechtigt neben dem Anspruch auf Verzinsung und Rückzahlung des Kapitals zum Bezug von Gesellschaftsanteilen innerhalb einer bestimmten Frist zu einem bestimmten vorher festgelegten Bezugspreis (Ausübungspreis, Ausgabepreis „Strike Price"). Bei Ausüben des Bezugsrechts (der Option) tritt die Mitgliedschaft als weiteres Rechtsverhältnis neben die Schuldverschreibung. Die Anleihebedingungen können vorsehen, dass der Anleihebetrag bei Ausübung der Option auf den Ausgabepreis der Aktien angerechnet wird. Dann verschwimmen die Grenzen zwischen Options- und Wandelanleihe.[326] Generell lassen sich beide Anleiheformen in den Grenzen der Vertragsfreiheit im Einzelnen ganz unterschiedlich ausgestalten und miteinander kombinieren.

---

[319] Die Kritik von Mock (Hachmeister/Kahle/Mock/Schüppen/Mock, 2. Aufl. 2020, Rn. 157 (Fn. 1)), der Begriff der Anwartschaft sei „missverständlich", geht fehl. Anders als er impliziert, ist hier mit „Anwartschaft" die Option auf Erwerb der Anteile und nicht das Aufgeld gemeint. Der Begriff Anwartschaft ist nicht auf „ein dem Volleigentum wesensähnliches Recht, das eine selbständige verkehrsfähige Vorstufe des Eigentums darstellt" begrenzt, sondern bezeichnet allgemein solche Rechtspositionen, „die der andere an der Entstehung des Rechts Beteiligte nicht mehr durch eine einseitige Erklärung zu zerstören mag". Vgl. nur BGH NJW 1968, 493 (494) mwN.

[320] S. Coenenberg/Haller/Schultze Jahresabschluss, 26. Aufl. 2021, S. 372: Eine Emission von Schuldverschreibungen iSd § 272 Abs. 2 Nr. 2 sei nur bei einer Aktiengesellschaft möglich (unter Hinweis auf § 221 AktG).

[321] Einen Überblick zur bilanz-, aktien- und steuerrechtlichen Seite dieser Instrumente geben Breuninger/Prinz DStR 2006, 1345 (1346 ff.); Wiese/Dammer DStR 1999, 867 ff.; Häuselmann BB 2000, 139 ff.; Gelhausen/Rimmelspacher AG 2006, 729 (731 ff.).

[322] Abzugrenzen sind Wandelanleihen von strukturierten Anleihen (zum Begriff s. zB Reiner, Derivative Finanzinstrumente im Recht, 2002, S. 34 f.), die das Recht des Inhabers auf Teilhabe an Aktienkursgewinnen lediglich durch entsprechend bedingt vereinbarte Zahlungsströme simulieren (zB sog. Cash Settled Convertible Bonds, Stock Appreciation Rights). Hierzu Herzig DB 1999, 1 ff.

[323] Wiese/Dammer DStR 1999, 867.

[324] Zur Gestaltungsvariante des Debt-Equitiy-Swap durch Wandelschuldverschreibung vgl. zB Ekkenga ZGR 2009, 581 (588 f.).

[325] ZB Breuninger/Prinz DStR 2006, 1345 (1347).

[326] Wiese/Dammer DStR 1999, 867 (868); Gelhausen/Rimmelspacher AG 2006, 729 (731): In diesen Fällen unterscheide sich die Optionsanleihe „wirtschaftlich kaum noch von der Wandelanleihe".

Zu den Schuldverschreibungen iSd Abs. 2 Nr. 2 zählen auch **Genussscheine,** die mit Wandlungs- oder Optionsrechten auf den Bezug von Aktien der Emittentin ausgestattet sind (sog. Wandel- oder Optionsgenussscheine; → Rn. 76).

76 **2. Erzielter Betrag. a) Grundlagen.** Die Pflicht zum Ausweis als Kapitalrücklage nach Abs. 2 Nr. 2 erfasst solche **Entgelte,** die die Gesellschaft als Gegenleistung **für das Erwerbsrecht** (Umtausch- oder Optionsrecht) erzielt, vorausgesetzt, dieses Recht bezieht sich auf den Erwerb von Anteilen an dieser Gesellschaft. Der Ansatz ist auch dann beizubehalten, wenn die Anteilserwerbsrechte später nicht wahrgenommen werden.[327] Das Entgelt, das der Anleger für die Wandlungs- oder Optionsrechte bezahlt, ist strikt von seinen Leistungen (insbesondere Überlassung des Kapitals zur Nutzung, vgl. § 20 Abs. 1 Nr. 7 EStG) für andere Gegenleistungen (insbesondere Verzinsung bei Anleihen bzw. Gewinnbeteiligung bei Genussrechten) zu trennen, selbst wenn der Anleger seine Zahlung in einem einheitlichen, nicht weiter aufgeschlüsselten Ausgabebetrag zu erbringen hat. Die Gesellschaft kann den Betrag also wie bei Abs. 2 Nr. 1 in Gestalt eines offenen Agios, aber angesichts des gegenüber Nr. 1 bewusst anders gefassten Wortlauts von Nr. 2 auch auf andere Art erzielen. Bei **Wandel- oder Optionsgenussscheinen** (→ Rn. 75 aE) kommt für eine Kapitalrücklage gem. Abs. 2 Nr. 2 allein der Teil der Zahlungen des Anlegers in Betracht, der auf das Wandlungs- bzw. Optionsrecht entfällt, während der auf das Genussrecht entfallende Betrag von vornherein auszuscheiden ist.[328] Welcher Betrag im Einzelnen in die Kapitalrücklage einzustellen und in welcher Weise ein einheitlicher Ausgabebetrag aufzuspalten ist, hängt von **zusätzlichen Voraussetzungen** ab, die sich aus den **Ausgabe- und Erwerbsbedingungen** der Schuldverschreibungen ergeben.[329]

77 **b) Marktübliche Verzinsung.** Wird eine marktüblich verzinste Anleihe mit einem den Rückzahlungsbetrag übersteigenden offenen Agio ausgegeben, ist die **Anleiheschuld** unter den Anleihen (§ 266 Abs. 3 C. 1.; → § 266 Rn. 109 f.) in Höhe des Rückzahlungsbetrags (§ 253 Abs. 1 S. 2) zu bilanzieren und das **Ausgabeaufgeld** als erzielter Mehrbetrag in die Kapitalrücklage nach **Nr. 2** einzustellen.[330] Das Aufgeld ist dabei im Interesse eines Gleichklangs mit § 272 Abs. 2 Nr. 1 in gleicher Weise wie das Agio bei der Ausgabe von Anteilen zu bestimmen und zu berechnen (→ Rn. 68 f.) und insbesondere nicht um den Betrag der Emissionskosten zu kürzen.[331] Macht der Inhaber einer Wandelanleihe vom Umtauschrecht Gebrauch, entsteht ein weiteres in die Kapitalrücklage nach § 272 Abs. 2 **Nr. 1** einzustellendes Agio, falls das eingesetzte Anleihekapital auf die Zahlung der Einlage im Rahmen einer Kapitalerhöhung zur Beschaffung der Aktien angerechnet wird und der Rückzahlungsbetrag der Anleiheschuld den Nennbetrag der erlangten Bezugsaktien übersteigt. Wird etwa eine Wandelanleihe von 1,0 Mio. EUR zum Kurswert von 1,2 Mio. EUR ausgegeben und berechtigt sie bei vollem Umtausch zum Erwerb von Aktien im Wert von 0,5 Mio. EUR, sind bei Ausgabe 0,2 Mio. EUR in die Kapitalrücklage nach Nr. 2 einzustellen. Bei Umtausch ist der Rückzahlungsbetrag von 1,0 Mio. EUR bei den Anleiheschulden auszubuchen und zum einen Teil in Höhe von 0,5 Mio. EUR zusätzlich in die Kapitalrücklage nach Nr. 1 einzustellen und zum anderen Teil ebenfalls in Höhe von

---

327 S. zB BFH BFHE 211, 339 unter II. 2. = DStRE 2006, 259: Bereits der Wortlaut des § 272 Abs. 2 Nr. 2 lasse erkennen, „dass ein bei der Ausgabe von Optionsanleihen erzieltes Aufgeld bei späterer Nichtausübung der Option seine Zugehörigkeit zur Kapitalrücklage nicht" verliere; wortgleich BFH BFH/NV 2006, 616 = DStRE 2006, 385 unter B. I. 2; bestätigt durch BFH BFH/NV 2015, 686 = BeckRS 2015, 94406 Rn. 16. Aus dem Schrifttum s. zB BeckOGK/Poeschke, 15.9.2021, Rn. 117; BeBiKo/Störk/Kliem/Meyer, 13. Aufl. 2022, Rn. 184; Kropff ZGR 1987, 285 (287 ff.); Loos BB 1988, 369 (372 f.); Busse v. Colbe/Großfeld/Kley/Martens/Schlede S. 54; ADS Rn. 111, 129; HdR/Küting/ Reuter Rn. 77, 91 (Stand: 6/2010); aA Biener/Bernecke BiRiLiG S. 196.

328 HFA 1/1994, WPg 1994, 419; Gelhausen/Rimmelspacher AG 2006, 729 (732).

329 Überblick über mögliche Gestaltungsformen, Ausgabe- und Erwerbsbedingungen bei HdR/Küting/ Reuter Rn. 76 f. (Stand: 6/2010): Übersicht: Erscheinungsformen von Wandelschuldverschreibungen.

330 ZB Gelhausen/Rimmelspacher AG 2006, 732 (729) sinngemäß.

331 Dazu und zu weiteren Berechnungsfragen ADS Rn. 113, 115 ff.; Gelhausen/Rimmelspacher AG 2006, 729 (732).

0,5 Mio. EUR als zusätzliches „Gezeichnetes Kapital" zu erfassen.[332] Liegt der Rückzahlungsbetrag der Anleiheschuld durchschnittlich unter dem geringsten Ausgabebetrag (§ 9 Abs. 1 AktG) der für sie zu gewährenden Bezugsaktien **(Unterpari-Situation)**, ist der Unterschiedsbetrag aus einer „anderen Gewinnrücklage", soweit sie zu diesem Zweck verwandt werden kann, oder durch Zuzahlung des Umtauschberechtigten zu decken (§ 199 Abs. 2 S. 1, 2 AktG). Die **Zuzahlung** ist – ebenso wenig wie die Verminderung der „anderen Gewinnrücklage" – nicht in die Kapitalrücklage nach Abs. 2 Nr. 1 oder Nr. 2 einzustellen, weil sie als Einlage kein Agio ist, sondern lediglich die Nennkapitaldifferenz ausgleicht und daher ohnehin gegen Ausschüttung gesperrt ist.[333]

c) Verzinsung unter Marktniveau. Abs. 2 Nr. 2 erfasst bewusst jeden bei der Ausgabe von Wandel- oder Optionsschuldverschreibungen erzielten Mehrbetrag einschließlich solcher Vorteile, die in den Zinskonditionen oder in den Konditionen des Wandlungs- oder Optionsrechts (zB Ausübungspreis) verborgen sind (sog. **verdecktes Aufgeld**), und ist nicht wie Nr. 1 oder das frühere Recht aus der Zeit vor dem BiRiLiG[334] auf offen erzielte Aufgelder beschränkt.[335] **78**

aa) Doppelerwerb. Wird die Anleihe zum Nennwert (Pari-Emission) und mit Verzinsung unter Marktniveau ausgegeben, liegt das Entgelt für das Aktienbezugsrecht gerade in der Unterverzinslichkeit.[336] Diese **Zinsersparnis** ist in die Kapitalrücklage einzustellen. Genau betrachtet erwirbt der Anleger beim Kauf der Anleihe zwei Vermögensgegenstände, nämlich einerseits die Anleihe als Darlehensforderung mit marktgerechter, jedenfalls von den netto geschuldeten Beträgen abweichender Verzinsung und andererseits die Option (sog. **Doppelerwerb**).[337] Demnach ist der Ausgabepreis zwischen der Anleihe und dem Optionsrecht aufzuteilen.[338] Der Optionspreis (Zinsersparnis) entspricht dann der Differenz zwischen dem Ausgabepreis und der abgezinsten Kapitalforderung. Die entscheidende Frage ist dabei die Bestimmung der jeweiligen Kaufpreisanteile.[339] Die an sich sachgerechte **79**

---

[332] Beispiel nach ADS Rn. 116, → Rn. 92; HdJ/Singhof Abt. III/2 Rn. 117 (Juni 2008); nicht zwischen Nr. 1 und Nr. 2 diff. Glade Praxishandbuch § 266 Rn. 606 jeweils mwN.

[333] AA BeBiKo/Störk/Kliem/Meyer, 13. Aufl. 2022, Rn. 185: Würden Wandelschuldverschreibungen oder Optionsanleihen in Bezugsaktien umgetauscht, könne „durch Zuzahlung des Umtauschberechtigten ein weiteres diese Aktien betr. Aufgeld anfallen"; → 1. Aufl. 2001, Rn. 47 (Beater).

[334] S. § 150 Abs. 2 Nr. 3 AktG aF: „der Betrag, der bei der Ausgabe von Wandelschuldverschreibungen über ihren Rückzahlungsbetrag hinaus erzielt wird".

[335] BFH BFH/NV 2015, 686 = BeckRS 2015, 94406 Rn. 16; so schon Bericht BT-RA zum RegE BiRiLiG, BT-Drs. 10/4268, 106 zu § 272: „Die Gegenleistung für die Hingabe von Wandlungsrechten und Optionsrechten zum Erwerb von Anteilen kann nur auch in der Einräumung eines unter dem Kapitalmarktzins liegenden Zinssatzes bestehen"; s. auch Döllerer AG 1986, 237 ff.; Kropff ZGR 1987, 285 (302); Lutter DB 1986, 1607 (1608 ff.); ADS Rn. 118 ff.; HdR/Küting/Reuter Rn. 75 f. (Stand: 6/2010).

[336] Bericht RA zum BiRiLiG, BT-Drs. 10/4268, 106: Die „Gegenleistung für die Hingabe von Wandlungsrechten und Optionsrechten zum Erwerb von Anteilen" könne „u. a. auch in der Einräumung eines unter dem Kapitalmarktzins liegenden Zinssatzes bestehen". Ebenso zB Kropff ZGR 1987, 285 (302); ADS Rn. 118 und 124 f.; Gelhausen/Rimmelspacher AG 2006, 729 (732).

[337] S. BFH BStBl. II 2003, 883 unter 4. = ZIP 2003, 2065: Auf dem „Verständnis, dass bei einer Optionsanleihe zwei Wirtschaftsgüter" vorlägen, basiere § 272 Abs. 2 Nr. 2 HGB. Das Gericht (dort unter 3.) selbst will allerdings im Kontext des § 20 Abs. 2 S. 1 Nr. 4 S. 1 lit. a EStG aF (ab 1.1.2009 durch § 20 Abs. 2 S. 1 Nr. 7 EStG erfasst) den Gegenbeweis zulassen, dass nach den konkreten Anleihebedingungen „das Optionsrecht die von der Emittentin zugewendete Gegenleistung für den Zinsverzicht, der in der Minderverzinslichkeit der Anleihe liegt, sein soll". Wegen der Trennung zwischen Einkommenssphäre (Zinsen) und Vermögenssphäre (Rückzahlung des Kapitals) bei der Besteuerung privater Einkünfte besteht einkommensteuerlich ein Unterschied zwischen selbstständigem Erwerb der Option und (mit der Option) kombiniertem Zinsverzicht. Von Bedeutung bleibt die Entscheidung für Bestimmung der Anschaffungskosten iSd § 20 Abs. 4 EStG idF des UntStRefG v. 14.8.2007, BGBl. 2007 I 1912.

[338] Hierzu eingehend HdR/Küting/Reuter Rn. 78 ff. (Stand: 6/2010) zu Optionsanleihen.

[339] Zum Streitstand s. zB BFH BStBl. II 2003, 883 = ZIP 2003, 2065 unter 2. A. mwN auch zum Diskussionsstand bezüglich § 272 in Zusammenhang mit der (verwandten) Frage, ob eine minderverzinsliche Optionsanleihe als „abgezinstes" Wertpapier iSd § 20 Abs. 2 S. 1 Nr. 4 S. 1 lit. a EStG aF anzusehen ist.

Annahme, die Parteien hätten ein „in allen Belangen ausgewogenes Geschäft" gewollt,[340] führt jedenfalls dann noch nicht zu einem eindeutigen Ergebnis, wenn die empirisch oder theoretisch ermittelten Einzelmarktpreise von Anleihe und Option (bzw. Umtauschrecht) in ihrer Summe nicht dem Ausgabepreis entsprechen.

80   **bb) Höhe der Rücklage.** Anhaltspunkte für die Aufteilung des Kaufpreises können sich aus den zwischen dem ausgebenden Unternehmen und der Emissionsbank bzw. ihrer Finanzierungstochtergesellschaft vereinbarten **Anleihekonditionen** ergeben.[341] Wo solche fehlen, ist im Rahmen einer Schätzung der Vergleich mit marktgerechten und fristkongruenten Anleihen von Emittenten vergleichbarer Bonität zu ziehen;[342] dem Ausweis der Kapitalrücklage steht es „nicht entgegen, dass das verdeckte Aufgeld mangels ausdrücklicher Vereinbarung zwischen Emittent und Anleihezeichner geschätzt werden muss".[343] Die Differenz aus dem tatsächlichen Erwerbspreis der Anleihe und dem rechnerisch ermittelten Betrag einer entsprechenden Schuldverschreibung ohne Options- oder Umtauschrecht[344] ist in die Kapitalrücklagen nach Nr. 2 einzustellen. Als mögliche **Bewertungszeitpunkte** kommen die Entscheidung über die Anleihekonditionen, die Veröffentlichung des Anleiheangebots, die Aufnahme des Handels der Bezugsrechte auf die Anleihe, die erste getrennte Börsennotierung der Anleihe und die Börsennotierung der Optionsanleihe und der Optionsscheine am ersten Tag nach der Abtrennung in Betracht.[345] Mangels einer näheren gesetzlichen Bestimmung besteht insofern für das bilanzierende Unternehmen ein (an das Gebot des getreuen Bildes gebundenes, → § 264 Rn. 71 ff.) Wahlrecht im Sinne eines Ermessens- und Beurteilungsspielraums.[346] Methodisch kann der Ausgabekurs der reinen Schuldverschreibung sowohl durch eine Abzinsung der laufenden Zinszahlungen und des Rückzahlungsbetrags der Anleihe als auch anhand der effektiven Marktpreise bewertet werden.[347] Kann das Umtauschrecht auf Aktienbezug bereits während der Laufzeit der Wandelschuldverschreibung ausgeübt werden, ist für die Ermittlung des nach Abs. 2 Nr. 2 in die Kapitalrücklage einzustellenden verdeckten Aufgelds „auf den Zeitpunkt abzustellen [...], zu dem das Optionsrecht erstmals ausgeübt werden kann (,frühestmöglicher Zeitpunkt')", selbst wenn sich der in die Kapitalrücklage einzustellende Betrag dadurch bei Einräumung eines jederzeitigen Wandlungsrechts (American Call) auf null reduziert.[348] Eine Rücklagendotierung **pro rata temporis** in Höhe des jährlich vom Anleger geleisteten Zinsverzichts ist unzulässig.[349]

81   **cc) Ausweis des Disagios.** Die Aufspaltung des Ausgabebetrags in einen Darlehensbetrag und eine Kapitalrücklage wirft für die Behandlung der **Anleihe** ein weiteres Problem

---

[340] So HdR/Küting/Reuter Rn. 78 ff. mwN (Stand: 6/2010).

[341] ADS Rn. 121; ähnlich BGH BStBl. II 2001, 710 = BB 2002, 440 unter II. 1. A.: Danach hängt die Entscheidung darüber, ob der Ausgabepreis für die minderverzinsliche Schuldverschreibung und das Optionsrecht (sog. Doppelerwerb) oder ausschließlich für die minderverzinsliche Schuldverschreibung (sog. Alleinerwerb) aufgewendet wurde, von den zugrunde liegenden Anleihebedingungen der Emittentin ab. Ebenso BFH BStBl. II 2003, 883 = ZIP 2003, 2065 unter 3; aA Martens FS Stimpel, 1985, 137 (139).

[342] Eingehend HdR/Küting/Reuter Rn. 79, 81 ff. mwN (Stand: 6/2010); ADS Rn. 121 ff.; Kropff ZGR 1987, 285 (303 ff.); Busse v. Colbe/Großfeld/Kley/Martens/Schlede S. 83, 112; BeBiKo/Störk/Kliem/Meyer, 13. Aufl. 2022, Rn. 181: „Schätzproblem".

[343] So ausdrücklich BFH BFH/NV 2015, 686 = BeckRS 2015, 94406 Rn. 21; zuvor BFH BFH/NV 2006, 616 = DStRE 2006, 385 unter B.II.2.

[344] Hierzu mit Berechnungsformel HdR/Küting/Reuter Rn. 82 (Stand: 6/2010).

[345] Ausf. und zu weiteren Einzelheiten Busse v. Colbe/Großfeld/Kley/Martens/Schlede S. 69 ff.; HdR/Küting/Reuter Rn. 81 (Stand: 6/2010), mit Bezugszeitpunkten für die Aufspaltung des Zeichnungsbetrags einer Optionsanleihe.

[346] HdR/Küting/Reuter Rn. 85 (Stand: 11/2009).

[347] Ausf. und zu weiteren Einzelheiten Busse v. Colbe/Großfeld/Kley/Martens/Schlede S. 71 ff.; HdR/Küting/Reuter Rn. 82 ff. (Stand: 11/2009); ADS Rn. 123.

[348] So inzwischen BFH BFH/NV 2015, 686 = BeckRS 2015, 94406, Rn. 20; zuvor schon HdR/Küting/Reuter Rn. 80, 90 (Stand: 11/2009); ADS Rn. 123; s. auch Döllerer AG 1986, 237 (239); Kropff ZGR 1987, 285 (306).

[349] HdR/Küting/Reuter Rn. 80 (Stand: 11/2009); Kropff ZGR 1987, 285 (307); Gelhausen/Rimmelspacher AG 2006, 729 (732).

auf. Als Verbindlichkeit ist sie zwingend mit ihrem vollen Erfüllungsbetrag (§ 253 Abs. 1 S. 2) und nicht bloß mit dem geringeren Nominalwert zu bilanzieren. Wenn etwa bei einer Anleihe mit einem Gesamtbetrag von 1.000 ein Betrag von 100 auf das Erwerbsrecht entfällt, sind diese 100 der Kapitalrücklage zuzuführen. Für die Anleiheverbindlichkeit bliebe lediglich ein Betrag von 900, obwohl der Rückzahlungsbetrag 1000 beträgt.[350] Der Differenzbetrag ist **wirtschaftlich als Disagio** anzusehen, so dass die Gesellschaft nach hM ein Aktivierungswahlrecht gem. § 250 Abs. 3 S. 1 hat.[351] Im Fall der Aktivierung ist dann der Unterschiedsbetrag zwischen dem Erfüllungs- und dem Darlehensbetrag (= **Preis des Erwerbsrechts** = Zinsersparnis der emittierenden Gesellschaft) als aktiver Rechnungsabgrenzungsposten anzusetzen und abzuschreiben (§ 250 Abs. 3 S. 2); bei linearer Tilgung entsprechen die Abschreibungen und die zu leistenden Zinsen einer Aufwandsbelastung, die derjenigen einer marktüblicher Verzinsung der Anleihe gleichkommt.[352] Sieht die emittierende Gesellschaft von der Aktivierung ab, soll der Differenzbetrag sofort erfolgswirksam zu verrechnen sein. Der dann eintretenden Gefahr eines den tatsächlichen Verhältnissen widersprechenden Bildes will die hM durch eine Pflicht zu zusätzlichen Angaben im Anhang begegnen (§ 264 Abs. 2 S. 2).[353] Der Grundsatz des „getreuen Bildes" (§ 264 Abs. 2) begrenzt jedoch die Ausübung von gebundenen Bilanzierungswahlrechten (→ § 264 Rn. 71 f.). Das Wahlrecht nach § 250 Abs. 3, das auf Art. 12 Abs. 10 Bilanz-RL (früher: Art. 41 Abs. 1 S. 1 RL 78/660/EWG) beruht, ist ein auf das Ziel des getreuen Bildes verpflichtetes gebundenes Wahlrecht. Wie im Schrifttum überzeugend dargelegt, ist das Disagio immer dann zwingend aktivisch abzugrenzen, wenn es sich nach der Vertragsgestaltung als integraler Bestandteil der laufzeitabhängigen Zinskalkulation und nicht als laufzeitunabhängige Einmalkosten darstellt.[354] Die Darlehenskomponente der Wandel- oder Optionsschuldverschreibung erfüllt diese Voraussetzung. Daher ist – vorbehaltlich des Wesentlichkeitsgrundsatzes – stets eine **Pflicht zur Aktivierung des Disagios** anzunehmen.[355] Ein anderer Weg zeigt sich auf, wenn man die Darlehenskomponente als (synthetischen) Zerobond betrachtet. Bei Zerobonds gelten die Zinsanteile bei Fälligkeit der Anleihe nicht als Bestandteil des Erfüllungsbetrages. Zu passivieren ist dann von vornherein lediglich der Ausgabebetrag zuzüglich aufgelaufener Zinsen (→ § 253 Rn. 67).[356] Ein Korrekturposten auf der Aktivseite erübrigt sich.

d) Einschaltung eines Tochterunternehmens. Die Beurteilung von Wandel- oder 82 Optionsanleihen, die von einer in- oder ausländischen Tochtergesellschaft ausgegeben werden und zum Erwerb von Aktien der Muttergesellschaft berechtigen (teilweise nichts sagend als „Warrant-Anleihen" bezeichnet), folgt weitgehend denselben eben dargestellten Regeln. Aktienrechtlich wird die von § 192 Abs. 2 Nr. 1 AktG, § 221 AktG eigentlich vorausgesetzte Identität zwischen ausgebendem und verpflichtetem Unternehmen[357] nicht mehr als Zulässigkeitshindernis angesehen, wenn Mutter- und Tochterunternehmen konzernmäßig verbunden sind.[358] Es macht zumindest bei einer 100 %-igen Beteiligung und wirtschaftlicher

---

350 Beispiel nach ADS Rn. 124.

351 Koch/Vogel BB-Beil. 10/1986, 1 (13); Knobbe-Keuk ZGR 1987, 312 (319 f.); Busse v. Colbe/Großfeld/Kley/Martens/Schlede 47, 61 f.; ADS Rn. 125; BeBiKo/Störk/Kliem/Meyer, 13. Aufl. 2022, Rn. 183; HdR/Küting/Reuter Rn. 75 (Stand: 11/2009); aA – zwingend zu aktivierendes Nutzungsrecht – Döllerer AG 1986, 237 (239); Loos BB 1988, 369 (374).

352 Busse v. Colbe/Großfeld/Kley/Martens/Schlede 62; ADS Rn. 126; BeBiKo/Störk/Kliem/Meyer, 13. Aufl. 2022, Rn. 183; HdR/Küting/Kessler/Reuter Rn. 87 (Stand: 11/2009); Staub/Meyer, 6. Aufl. 2021, Rn. 41.

353 BeBiKo/Störk/Kliem/Meyer, 13. Aufl. 2022, Rn. 183; HdR/Küting/Reuter Rn. 87 (Stand: 11/2009).

354 BeckOGK/Hennrichs, 1.10.2020, § 250 Rn. 44.

355 Ebenso Kropff ZGR 1987, 285 (306) mwN; ähnlich – zwingende Aktivierung eines Nutzungsrechts – Döllerer AG 1986, 237 (239); Loos BB 1988, 369 (374).

356 So auch Gelhausen/Rimmelspacher AG 2006, 729 (735).

357 Dazu Kölner Komm AktG/Lutter, 2. Aufl. 1990, AktG § 192 Rn. 6; HdR/Küting/Reuter Rn. 92 (Stand: 11/2009); Rimmelspacher/Gelhausen WPg 2007, 738.

358 Kropff ZGR 1987, 285 (308); Martens FS Stimpel, 1985, 629 ff.; HdR/Küting/Reuter Rn. 92 (Stand: 11/2009); ADS Rn. 127; aA noch Gustavus BB 1970, 694 (694 f.).

Betrachtung keinen Unterschied, ob der Muttergesellschaft die Erträge aus den Wandel-schuldverschreibungen unmittelbar oder lediglich mittelbar über das Tochterunternehmen zufließen. Deshalb wird es auch bilanzrechtlich jedenfalls dann als zulässig und geboten angesehen, die von der Tochtergesellschaft vereinnahmten Entgelte für die gewährten Erwerbsrechte **bei der Muttergesellschaft als Kapitalrücklage** nach Abs. 2 Nr. 2 zu erfassen, wenn die Muttergesellschaft von der Tochtergesellschaft aufgrund einer Vereinba-rung die Herausgabe der Entgelte verlangen kann.[359] Die Grenzen des Gesetzeswortlauts („der Betrag, der […] erzielt wird") sind hier noch nicht erreicht,[360] denn die Vorschrift sagt nicht, von wem die Beträge erzielt sein müssen. Der Gesetzgeber dürfte die Formulierung in dieser Hinsicht auch bewusst so gewählt haben.[361] **Umstritten** ist, ob es einer **Vereinba-rung über die Abführung** des Optionsentgelts überhaupt bedarf. Einige Stimmen lassen es für den Ausweis einer Kapitalrücklage in Höhe der erzielten Entgelte in der Bilanz der Muttergesellschaft sogar ausreichen, dass keine schuldrechtliche Abführungspflicht besteht, weil sie davon ausgehen, dass sich der Buchwert der Beteiligung an der Tochtergesellschaft um die nicht abgeführten Entgeltbeträge erhöht.[362] Dies dürfte aber schon deshalb zu weit gehen, weil selbst bei 100 %-igen Beteiligungen Wertveränderungen im Vermögen der Tochtergesellschaft nicht notwendigerweise eins zu eins auf den Wert der Beteiligung durch-schlagen. Nach einer weiteren Ansicht soll es für die Dotierung einer Kapitalrücklage auch ohne Vereinbarung genügen, wenn die Entgelte wenigstens tatsächlich abgeführt werden.[363] Dies überzeugt aber ebenfalls nicht, denn ohne vertragliche Grundlage ist die Vermögens-verschiebung an die Muttergesellschaft regelmäßig als verdeckte Einlagenrückgewähr zu betrachten, sofern die Tochtergesellschaft eine AG oder GmbH ist. Schließlich wird vertre-ten, die Dotierung der Kapitalrücklage sei in Höhe der angemessenen Optionsprämie vorzu-nehmen, wenn die Tochtergesellschaft ihren Gewinn an die Muttergesellschaft ausschütte.[364] Auch diese Auffassung ist abzulehnen: Zwischen der Ertragsseite und der Gewinnverwen-dungsseite gibt es eine strikte Trennung. Im gemeinsamen „Topf" der auszuschüttenden Gewinne verlieren die zuvor vereinnahmten Beträge ihre Identität.

83   **e) Aktienoptionen an Verwaltungsmitglieder und Mitarbeiter (sog. Stock Options).**[365] Die praktische Bedeutung von Aktienoptionen als aktienkursabhängiger und damit variabler und den fixen Grundbetrag häufig weit überwiegenden Teil der Vergütung von Mitgliedern der Verwaltung und leitenden Angestellten ist in den letzten Jahrzehnten unter dem Eindruck der Shareholder-Value-Orientierung und der Corporate-Governance-Diskussion stark gestiegen, auch wenn der Gesetzgeber im Zuge der Banken- und Finanz-krise 2008/2009 (strengere) Vorgaben für die Nachhaltigkeit der von solchen Vergütungssys-temen ausgehenden Anreizwirkung gemacht hat (zB § 87 Abs. 1 S. 2 AktG; § 25a Abs. 1 S. 3 Nr. 4 KWG, § 45 Abs. 5 S. 6 Nr. 1 KWG; § 25 Abs. 4 VAG). Dahinter steckt der Gedanke, dass bei einem funktionierenden Kapitalmarkt der Aktienkurs „die Summe der

---

[359] HdR/Küting/Reuter Rn. 95 (Stand: 11/2009); Gelhausen/Rimmelspacher AG 2006, 729 (735).
[360] ADS Rn. 127; eingehend zur Entstehung der Norm HdR/Küting/Reuter Rn. 94 (Stand: 11/2009); aA Lutter DB 1986, 1607 (1613).
[361] HdR/Küting/Reuter Rn. 94 (Stand: 11/2009) mwN.
[362] Loos BB 1988, 369 (375 f.); HdR/Küting/Reuter Rn. 96 f. (Stand: 11/2009); wohl auch Busse v. Colbe/Großfeld/Kley/Martens/Schlede S. 30. Bei dem (inländischen) Tochterunternehmen kann die Wertsteigerung als Einlage zu betrachten bzw. in die Kapitalrücklage nach § 272 Abs. 2 Nr. 4 einzustellen sein. Für die Muttergesellschaft handelt es sich um nachträgliche Anschaffungskosten infolge einlageähnli-chen Vorgangs.
[363] Loos BB 1988, 369 (375); aA Kropff ZGR 1987, 285 (309 f.).
[364] Lutter DB 1986, 1607 (1614); Busse v. Colbe/Großfeld/Kley/Martens/Schlede S. 151, 168 f. Krit. Kropff ZGR 1987, 285 (309 f.).
[365] Umf. zur bilanziellen Behandlung von „Stock Options" s. zB BeBiKo/Störk/Kliem/Meyer, 13. Aufl. 2022, Rn. 500–531; Baetge/Kirsch/Thiele/Pellens/Crasselt Bilanzrecht, Exkurs zu § 272 Rn. 801–921 (Stand: August 2006); BeckOGK/Baumeister/Freisleben, 1.9.2021, Rn. 120–145; eine steuerrechtliche Rechtsprechungsübersicht zu sog. realen (über Neuemissionen oder Aktienrückkauf zu bedienenden) Aktienoptionsplänen geben Behrens/Renner AG 2011, 121 (122 f.) zur Steuerbilanzierung auf Arbeitge-berseite.

Einschätzungen des Marktes über den Wert und die Zukunftschancen des Unternehmens"[366] (Shareholder Value) widerspiegelt. Die Aussicht, die eigene Vergütung durch eine Steigerung des Aktienkurses zu optimieren, motiviert das Management angeblich „zu einer an der langfristigen Wertsteigerung orientierten Unternehmensstrategie",[367] wobei der Gesetzgeber inzwischen erkannt hat, dass „variable Vergütungsbestandteile" nur dann in diesem Sinne funktionieren, wenn sie eine „mehrjährige Bemessungsgrundlage haben" (§ 87 Abs. 1 S. 3 Hs. 1 AktG). Für Mitglieder des Vorstands empfiehlt der DCGK erfolgsabhängige Vergütungsbestandteile ausdrücklich,[368] wohingegen er von ihnen bei Mitgliedern des Aufsichtsrats inzwischen abrät.[369]

aa) Gestaltungsmöglichkeiten. Bei Auflegen eines Aktienoptionsprogramms[370] hat **84** die Gesellschaft die Wahl zwischen von ihr selbst als sog. Stillhalterin geschriebenen Optionen und Optionen Dritter (Fremd-Optionen), die sie auf dem Sekundärmarkt oder von Kooperationspartnern (häufig Kreditinstitute) erwirbt und an die Mitarbeiter weiterreicht (sog. **Programmkauf**).[371] Bilanzrechtlich stellt sich der Aufwand für die Fremd-Optionen beim Programmkauf als Vorleistung auf zukünftige Arbeitsleistungen (Personalaufwand, → § 275 Rn. 54) dar, die ihrerseits grundsätzlich nicht aktivierbar sind. Allerdings dürfte sich der Aufwand in Abhängigkeit von den Options- und den Ausgabebedingungen regelmäßig einem bestimmten Entlohnungszeitraum **nach** dem Abschlussstichtag zuordnen lassen. Dann ist für die Ausgaben nach § 250 Abs. 1 ein aktiver Rechnungsabgrenzungsposten anzusetzen.[372]

Will die Gesellschafterin **selbst Stillhalterin** sein, hat sie dafür Sorge zu tragen, dass **85** sie die ausgegebenen Optionen, soweit sie auf **Erfüllung in Natur** gerichtet sind, bei Ausübung nach Ablauf der Wartefrist auch durch Lieferung von Aktien bedienen kann. Verfügt die Gesellschaft nicht bereits über eine ausreichende Anzahl an eigenen Aktien, kann sie entweder bereits existierende Aktien **zurückkaufen** oder junge Aktien im Rahmen einer **(bedingten) Kapitalerhöhung** (→ Rn. 86 ff.) erzeugen. Beim **Rückkauf eigener Aktien** sind die dafür geltenden gesellschaftsrechtlichen Grenzen der §§ 71 ff. AktG zu beachten, die im Jahre 1998 durch das KonTraG in Gestalt des § 71 Abs. 1 Nr. 8 AktG zielgerichtet liberalisiert wurden.[373] Bilanziell ist seit dem BilMoG das Prinzip des Nettoausweises eigener Anteile (Abs. 1a) und das damit zusammenhängende Verbot der Aktivierung dieser Anteile zu berücksichtigen (→ Rn. 21 ff.). Für die (stochastisch, nämlich aktienkursabhängig) bedingte Verpflichtung der Gesellschaft zum Verkauf dieser Aktien an den Mitarbeiter zum vereinbarten Ausübungspreis ist – ebenso wie bei Optionen mit Barausgleich – eine **echte Verbindlichkeit** zu passivieren, wenn die Stillhalterposition („Short"-Position) der Gesellschaft einen negativen Marktwert aufweist.[374] Der Marktwert ist ggf. nach finanzwirtschaftlichen Regeln zu berechnen, weil er sich regelmäßig mangels Übertragbarkeit der

---

[366]   Begr. RegE KonTraG, BT-Drs. 13/9712, 23.
[367]   Begr. RegE KonTraG, BT-Drs. 13/9712, 23.
[368]   S. G.1 DCGK 2022 zum Vorstand: „Im Vergütungssystem soll insbesondere festgelegt werden, […] welchen relativen Anteil die Festvergütung einerseits sowie kurzfristig variable und langfristig variable Vergütungsbestandteile andererseits an der Ziel-Gesamtvergütung haben […]".
[369]   S. im Gegenteil Anregung G.18 DCGK 2022: „Die Vergütung des Aufsichtsrats sollte in einer Festvergütung bestehen. Wird den Aufsichtsratsmitgliedern dennoch eine erfolgsorientierte Vergütung zugesagt, soll sie auf eine langfristige Entwicklung der Gesellschaft ausgerichtet sein".
[370]   S. auch den Überblick über die Gestaltungsmöglichkeiten bei Coenenberg/Haller/Schultze Jahresabschluss, 26. Aufl. 2021, S. 415 ff.; speziell unter dem Gesichtspunkt der Steueroptimierung für die Gesellschaft (im Anschluss an BFH BStBl. II 2011, 215 = DStR 2010, 2453; näher → Rn. 92, → Rn. 95) s. Hoffmann PiR 2011, 30 (32).
[371]   Zum Programmkauf und seiner Bilanzierung s. Herzig DStR 1999, 1 (11 f.); BeckOGK/Baumeister/Freisleben, 1.9.2021, Rn. 125.
[372]   Herzig DStR 1999, 1 (11 f.).
[373]   S. RegE KonTraG, BT-Drs. 13/9712, 13 zu § 71 Abs. 1 Nr. 8 AktG: Eigene Aktien könnten, wenn die Hauptversammlung dies beschließe, „ferner zur Bedienung von Aktienoptionen für Geschäftsleitungsmitglieder und Führungskräfte des Unternehmens verwendet werden".
[374]   Reiner, Derivative Finanzinstrumente im Recht, 2002, S. 280 ff.

Option während der Wartezeit und mangels Optionen mit vergleichbaren Ausstattungsmerkmalen auf dem Sekundärmarkt nicht empirisch ermitteln lässt. Die in Höhe des Marktwertes der Option anzusetzende Verbindlichkeit ist bei Bedarf gemäß dem Höchstwertprinzip[375] nach oben zu korrigieren.[376] Die jedenfalls bis zum BilMoG hM sprach sich demgegenüber – mit dem gleichen Ergebnis – für eine **Verbindlichkeitsrückstellung** nach § 249 Abs. 1 S. 1 in Höhe des Erfüllungsrückstands aus, wobei in Bezug auf die Höhe der Rückstellung unterschiedliche Meinungen auszumachen waren.[377]

86   Inzwischen wird mit Blick auf die durch das BilMoG geänderte Bilanzierung eigener Anteile (Nettoausweis) eine Behandlung **wie bei Bedienung der Optionen aus bedingtem Kapital** befürwortet,[378] was nach der hier vertretenen Auffassung zur Bilanzierung der Stillhalterverpflichtung bei bedingtem Kapital (→ Rn. 95 ff.) zu einer ergebnisneutralen Erfassung führen würde. Die geforderte bilanzielle Gleichbehandlung einer durch den Besitz eigener Anteile mit einer durch bedingtes Kapital gedeckten Stillhalterposition erscheint indes **nicht zwingend** und wird – soweit ersichtlich – abgesehen vom pauschalen Hinweis auf die geänderte Bilanzierung eigener Aktien[379] bezeichnenderweise auch nicht näher begründet.

87   Anzuerkennen ist zwar, dass eigene Aktien nicht mehr aktiviert werden dürfen (→ Rn. 21) und etwaige Marktwertverluste aus eigenen Aktien mangels Aktivierung nach dem Willen des Gesetzgebers folglich auch nicht mehr zu ergebniswirksamen Abschreibungen (§ 253 Abs. 3 S. 3 und 4; Abs. 4 und 5) führen können. Konzedieren könnte man außerdem noch, dass die Vermögens- und Risikosituation einer Gesellschaft, die im Rahmen der Optionsausübung ihre Pflicht zur Lieferung von Aktien unter Marktwert mit eigenen Aktien, die sie bereits im Bestand hat, erfüllen kann, **ähnlich** ist wie diejenige einer Gesellschaft, die diese Aktien im Rahmen einer bedingten Kapitalerhöhung erst selbst erzeugt. In beiden Fällen nämlich beeinflussen Marktwertschwankungen der Aktie den Wert des Gesellschaftsvermögens jedenfalls **nicht unmittelbar.** Dies hängt damit zusammen, dass der steigende (fallende) Wert der (bedingten) Lieferverpflichtung bei steigendem (fallendem) Aktienkurs jeweils kompensiert wird, und zwar im Falle der bedingten Kapitalerhöhung durch den entsprechend steigenden (fallenden) Wert der aufschiebend bedingt erzeugten Aktien und im Falle der Lieferung durch den steigenden (fallenden) Wert der im Bestand befindlichen alten Aktien.

88   Diese Ähnlichkeit ist aber **keine Folge der veränderten Regeln zum bilanziellen Ausweis eigener Aktien,** sondern der beschriebenen ökonomischen Gegebenheiten. Insoweit hätten die Befürworter der hier diskutierten Auffassung konsequenterweise auch schon nach altem Recht eine Gleichbehandlung beider Fälle vertreten müssen. Dass sich Wertverluste eigener Aktien nach früherem Recht bilanziell noch in Gestalt von Abschreibungen auswirken konnten, änderte nichts an der beschriebenen wirtschaftlichen Ähnlichkeit der

---

[375]   Vgl. hierzu BFH BStBl. III 1964, 525 unter I. 1.: Das für die Wirtschaftsgüter des Umlaufvermögens geltende Niederstwertprinzip verwandele sich bei Verbindlichkeiten in ein „Höchstwertprinzip" (mwN).

[376]   Reiner, Derivative Finanzinstrumente im Recht, 2002, S. 283.

[377]   ZB Herzig DStR 1999, 1 (9 f.): Rückstellung in Höhe des inneren Wertes der Option; Staub/Hüttemann, 4. Aufl. 2002, Rn. 49; BeBiKo/Störk/Kliem/Meyer, 13. Aufl. 2022, Rn. 520, 511 f. (u Optionen mit Barausgleich und mit Erfüllung in Natur: Gesamtwert der Option als Bemessungsgrundlage; BeckOGK/Baumeister/Freisleben, 1.9.2021, § 275 Rn. 125 (Personalaufwendungen in Höhe des inneren Optionswertes). Aus grundsätzlichen, aus der Rechtsnatur von Optionen abgeleiteten Erwägungen krit. Reiner, Derivative Finanzinstrumente im Recht, 2002, S. 280: Die Behandlung von Optionen auf der Aktivseite (im Betriebsvermögen) als gegenwärtige Vermögensgegenstände und auf der Passivseite als zukünftige, unsichere Verbindlichkeiten sei inkonsistent.

[378]   So ausdrücklich BeBiKo/Störk/Kliem/Meyer, 13. Aufl. 2022, Rn. 520: Derartige Aktienoptionspläne seien „nach den Grundsätzen zu behandeln, die für Aktienoptionspläne gelten, die aus bedingtem Kapital bedient werden sollen" (dh Dotierung der Kapitalrücklage – je nachdem, ob die Arbeitsleistung schon erbracht ist oder noch aussteht – sofort in voller Höhe oder ratierlich über den Zeitraum der Arbeitsleistung sowie Personalaufwand als Gegenposten, ebenda Rn. 505). S. auch FG Münster DStRE 2017, 641 mit dem Argument, seit dem BilMoG werde der „Rückkauf von Anteilen/Aktien wie eine Kapitalmaßnahme behandelt".

[379]   S. Nachweise vorige Fn.

jeweiligen Vorgänge, zumal diese Ähnlichkeit im Ergebnis auch nach altem Bilanzrecht in Gestalt der aus eigenen Aktien und Stillhalterposition zu bildenden Bewertungseinheit (→ Rn. 89) ihre Bestätigung gefunden hatte. Vor allem aber lässt sich die genannte Ähnlichkeit erst in dem Moment feststellen, wo die Gesellschaft die eigenen Aktien bereits erworben hat; steht der Erwerb noch aus, ist die Risikosituation der Gesellschaft eine grundlegend andere, sodass man hier nach keiner Ansicht um die Passivierung einer „Out-of-the-money"-Position herumkommen dürfte. Warum es aber für die Bilanzierung der Stillhalterposition darauf ankommen soll, ob die Gesellschaft die eigenen Aktien bereits erworben hat oder noch nicht, bzw. warum sich die Bilanzierung dieser Position im Augenblick des Deckungskaufs am Aktienmarkt ändern soll, ist nicht einzusehen, denn der Charakter und der (negative) Wert dieser eigenständigen Position ändern sich durch den Deckungskauf nicht. Der Umstand, dass der Deckungskauf die Risikoexposition der Gesellschaft neutralisiert, kann für die bilanzielle Behandlung der Optionsverpflichtung nicht entscheidend sein, denn dann müsste man zB das Hedging der Optionsposition (Short Call) durch den Erwerb einer spiegelbildlichen Kaufoption auf eigene Anteile (Long Call), denkbar auch mit Barausgleich, am Finanzmarkt in der gleichen Weise, also wie bei bedingtem Kapital, behandeln wie den Deckungskauf am Kassa(aktien)markt. Ein solches Vorgehen ließe sich aber, zumindest bei einer Kaufoption mit Barausgleich, beim besten Willen nicht mehr mit der geänderten Bilanzierung eigener Aktien rechtfertigen.

Zutreffend an der Ansicht, die die Einführung von Abs. 1a und 1b zum Anlass nahm, **89** die Bilanzierung von Aktienoptionen auf der Basis von Aktienrückkäufen zu überdenken, erscheint allerdings folgender Aspekt: Soweit die eigenen Aktien bereits im Bestand sind, war vor dem BilMoG wegen § 264 Abs. 2 S. 1 eine kompensatorische **Bewertungseinheit** zu bilden, weil sich die Marktpreisschwankungen der Optionsposition einerseits und der eigenen Aktien andererseits gegenseitig aufheben.[380] Sollte infolge des Nettoausweises eigener Anteile die Möglichkeit, eine Bewertungseinheit zu bilden (mittlerweile geregelt in § 254), entfallen sein,[381] wären Zuschreibungen der Stillhalterverpflichtung bei steigendem Aktienkurs in der Tat unangemessen und würden dem Zweck des Nettoausweises, die Informationsfunktion der Bilanz zu stärken, diametral entgegen stehen; sie würden sich nämlich gewinnmindernd auswirken, obwohl sie durch Wertsteigerungen der nicht bilanzierten eigenen Aktien kompensiert werden. Für die Annahme, dass das Bilden einer Bewertungseinheit wegen des Aktivierungsverbots für eigene Anteile nicht mehr möglich ist, besteht aber bei genauer Betrachtung gar kein Anlass. Zur Sicherung eingesetzte Aktien lassen sich unter den Begriff Finanzinstrument subsumieren,[382] und selbst wenn dies nicht so sein sollte, wäre nicht davon auszugehen, dass der Gesetzgeber mit § 254 den bereits zuvor existierenden GoB zur Bildung von Bewertungseinheiten einschränken wollte. Nach den GoB liegt eine wichtige Funktion der Bewertungseinheit aber gerade darin, Wertkorrelationen zwischen bilanzwirksamen und nicht wirksamen Positionen zu erfassen. In Gestalt des Tatbestandsmerkmals der (bilanzunwirksamen[383]) „schwebenden Geschäfte" kommt dies auch im Wortlaut des § 254 S. 1 zum Ausdruck. Demgemäß bedarf es bei steigendem Aktienkurs nicht des Ausweises einer Rückstellung, wenn eigene Aktien für Optionsprogramme bereits erworben worden sind.[384]

---

[380] Ähnlich BeBiKo/Förschle/Hoffmann 7. Aufl. 2010, Rn. 515: „Soweit bereits eigene Aktien im Bestand waren, durfte die Bilanzierung nach den Grundsätzen für geschlossene Positionen erfolgen". Zur Bildung von kompensatorischen Bewertungseinheiten → § 264 Rn. 78; BeBiKo/Justenhoven/Usinger, 13. Aufl. 2022, § 254 Rn. 52 f.: „Methode der kompensatorischen Bewertung".

[381] Von vornherein anders ist die Situation beim Hedging der Stillhalterposition durch den Erwerb einer entsprechenden Kaufoption auf eigene Anteile. Hier drängt sich die Bewertungseinheit geradezu auf. So inzwischen auch BeBiKo/Störk/Kliem/Meyer, 13. Aufl. 2022, Rn. 515: Schließe das Unternehmen „ein Gegengeschäft zu seinen Verpflichtungen aus den Stock Appreciation Rights ab (zB durch den Kauf einer entsprechenden Kaufoption auf eigene Anteile mit Barausgleich)", dürfe es „die beiden Geschäfte im HGB-Abschluss gem § 254 zu einer Bewertungseinheit zusammenfassen".

[382] Vgl. BeBiKo/Justenhoven/Usinger, 13. Aufl. 2022, § 254 Rn. 21: Unter den Begriff Finanzinstrumente seien ua „Wertpapiere (inkl Anteile an verbundenen Unt und Bet)" zu subsumieren.

[383] ZB BeBiKo/Grottel, 13. Aufl. 2022, § 285 Rn. 59.

[384] So zu Recht Merkt/Probst/Fink/Mylich Kap. 7 Rn. 57.

90   Die Beschaffung junger Aktien im Rahmen einer **bedingten Kapitalerhöhung** wurde ebenfalls durch das KonTraG in Gestalt des § 192 Abs. 2 Nr. 3 AktG nF dahingehend erleichtert, dass mittlerweile eine bedingte Kapitalerhöhung zur Bedienung „nackter" Optionsrechte (bei Verbriefung: naked warrants) nicht mehr nur für Arbeitnehmer, sondern auch für „Mitglieder der Geschäftsführung" einschließlich verbundener Unternehmen möglich ist.[385] Der „komplizierte" und wegen des Bezugsrechts nach § 221 Abs. 4 AktG „nicht völlig gesicherte"[386] Weg über **Optionsanleihen oder Wandelschuldverschreibungen** (§ 192 Abs. 2 Nr. 1 AktG) wurde damit entbehrlich. Dementsprechend spielt sie in der Praxis nunmehr eine untergeordnete Rolle.[387]

91   **bb) Meinungsstreit zur Bilanzierung bei bedingtem Kapital.** In Bezug auf die bilanzrechtliche Behandlung von Aktienoptionsplänen mit **bedingter Kapitalerhöhung** steht fest, dass **bei Ausübung der Option** durch den Mitarbeiter die Differenz zwischen dem vom Mitarbeiter zu bezahlenden Ausübungspreis und dem Nennwert der Aktie (**Agio**) bei der ausgebenden Gesellschaft nach Abs. 2 Nr. 1 **in die Kapitalrücklage einzustellen** ist (→ Rn. 67 ff.).[388] **Im Übrigen** ist die Bilanzierung der Erwerbsrechte bei der ausgebenden Gesellschaft – ebenso wie auf Seiten des Optionsempfängers die Frage nach dem maßgeblichen Zuflusszeitpunkt iSd § 8 Abs. 1 EStG, § 11 Abs. 1 S. 1 EStG[389] – **sehr umstritten**[390] und hat nationale wie zwischenstaatliche Normungsgremien (sog. Standardsetter) beschäftigt.[391] Dabei geht es im Wesentlichen um die Frage, ob die Gewährung von Optionen **erfolgsneutral oder** als Personalaufwand **gewinnmindernd** zu erfassen ist, ob nämlich der Vorteil des Optionsinhabers aus einem gestiegenen Aktienkurs bei der Gesellschaft zu Aufwand führt.[392] Die Befürworter einer erfolgswirksamen Erfassung sind sich ferner über die Höhe des zu bewertenden Personalaufwands,[393] seine

---

[385] Die Mitglieder des Aufsichtsrats zählen nicht zur „Geschäftsführung" und sind auch keine Arbeitnehmer. Aktienoptionsprogramme zugunsten von Aufsichtsratsmitgliedern können deshalb nicht mit bedingtem Kapital gem. § 192 Abs. 2 Nr. 3 AktG unterlegt werden (BGH NJW 2004, 1109 – Mobilcom).

[386] Begr. RegE KonTraG, BT-Drs. 13/9712, 23.

[387] Vgl. BeckOGK/Baumeister/Freisleben, 1.9.2021, Rn. 123: „eher eine untergeordnete Rolle".

[388] ZB BeBiKo/Störk/Kliem/Meyer, 13. Aufl. 2022, Rn. 501; BeckOGK/Poeschke, 15.9.2021, Rn. 126.

[389] S. hierzu BFH BStBl. II 2011, 923 = NJW-RR 2011, 1541 = BeckRS 2011, 96297 Rn. 11 zu § 19 Abs. 1 S. 1 Nr. 1 iVm § 8 Abs. 1 EStG: Der Vorteil sei „mit der Verschaffung der wirtschaftlichen Verfügungsmacht darüber zugeflossen". Bei einem Aktienerwerb sei „das der Zeitpunkt, zu dem der Anspruch auf Verschaffung der wirtschaftlichen Verfügungsmacht über die Aktien erfüllt" werde; zuvor zB BFH BStBl. II 2011, 68 = NZG 2011, 38 = BeckRS 2010, 24004165 Rn. 20 f.: Zufluss eines geldwerten Vorteils des Arbeitnehmers erst nach Ausübung der Option mit der verbilligten Überlassung der Aktien, dh mit der Eintragung der Durchführung der Erhöhung des Grundkapitals. Aus dem Schrifttum zB Schmidt/Krüger, 41. Aufl. 2022, EStG § 19 Rn. 100 (Stichwort: „Ankaufsrecht"); Portner DB 2002, 235 ff.; Reiner, Derivative Finanzinstrumente im Recht, 2002, S. 357–367.

[390] S. den umfassenden Überblick über den Meinungsstand bei Coenenberg/Haller/Schultze Jahresabschluss, 26. Aufl. 2021, S. 418 ff.; Baetge/Kirsch/Thiele/Pellens/Crasselt Exkurs zu § 272 Rn. 821–830 (Stand: August 2006); BeckOGK/Baumeister/Freisleben, 1.9.2021, Rn. 126 ff.; s. ferner WP-HdB/Störk, 17. Aufl. 2021, F Rn. 1290: Handelsbilanzrechtlich habe sich „noch keine einheitliche Auffassung" gebildet, ob „die Einräumung einer reinen Option zum Bezug neuer Aktien aufwandswirksam durch Dotierung der Kapitalrücklage" (so der Autor) oder „bilanziell nicht" zu erfassen sei.

[391] S. zB den viel diskutierten E-DRS 11 („Bilanzierung von Aktienoptionsplänen und ähnlichen Entgeltformen") v. 21.6.2001, dessen Projekt mittlerweile eingestellt wurde; IFRS 2 (Share-based Payment) v. Februar 2004 (hierzu zB Ekkenga DB 2004, 1897 (1900): „europäische, auf über 120 eng bedruckte DIN-A4-Seiten aufgeblähte Version der SFAS"), übernommen durch VO (EG) 1126/2008; FASB Statement (SFAS) No. 123 (Accounting for Stock-Based Compensation) vom Dezember 2002, geändert durch FASB Statement No. 148 von 2004; hierzu Pellens/Crasselt DB 1998, 217 unter III.; Ekkenga DB 2004, 1897 (1897–1900). IFRS 2 stimmte ursprünglich in wesentlichen Punkten mit E-DRS 11 überein; MüKoAktG/Kessler/Freisleben, 2. Aufl. 2004, HGB §§ 275–277 Rn. 79 – Feststellung in MüKoBilanzR nicht mehr enthalten.

[392] Hierzu BFH BStBl. II 2011, 215 = DStR 2010, 2453 = BeckRS 2010, 24004204 Rn. 13 ff.: zugunsten der Erfolgsneutralität; BeckOGK/Poeschke, 15.9.2021, Rn. 128–133; WP-HdB/Störk, 17. Aufl. 2021, F Rn. 1290 mwN.

[393] S. zB hierzu zB BeBiKo/Störk/Kliem/Meyer, 13. Aufl. 2022, Rn. 504 ff.

zeitliche Verteilung über die Laufzeit der Option[394] und über den maßgeblichen Bewertungszeitpunkt uneinig.

(1) **Zugunsten** einer **gewinnmindernden** Erfassung der Stillhalterverpflichtung wird **92** zum Teil angeführt, die Optionsempfänger verzichteten im Gegenzug auf einen Teil ihrer (fixen) Entlohnung. Dadurch gerate die Gesellschaft in Erfüllungsrückstand, sodass zu Lasten des Personalaufwands eine **Verbindlichkeitsrückstellung** nach § 249 Abs. 1 S. 1 zu buchen sei. Die Lage soll mit dem Fall einer Gesellschaft vergleichbar sein, die beabsichtige, sich die auszugebenden Aktien bei Bedarf auf dem Sekundärmarkt zu beschaffen (Rückkauf eigener Aktien, → Rn. 85).[395]

(2) Eine andere, stark ökonomisch geprägte Ansicht baut auf der Erkenntnis auf, dass **93** der Vorteil, den die Mitarbeiter bei Ausübung der Option erzielen, letztlich von den Altaktionären in Gestalt einer Minderung des Wertes ihrer Anteile (Verwässerungseffekt) bezahlt wird. Der Vermögenstransfer wird dabei gedanklich in zwei Teilakte unter Einbeziehung der Gesellschaft zerlegt, nämlich in eine Art „Sacheinlage" der Altaktionäre in Gestalt eines entgeltlosen Verzichts auf ihr eigenes Bezugsrecht und eine Entlohnung der Mitarbeiter durch die Ausgabe der Optionen an die Mitarbeiter.[396] Dies spreche für die handelsrechtliche Erfassung eines Personalaufwands für die gewährten Optionen und die Gegenbuchung des Personalaufwands „in den **Kapitalrücklagen**" „analog der Regeln für veräußerte Optionsanleihen gem. Abs. 2 Nr. 2".[397]

(3) Wieder andere sehen das von der Gesellschaft erzielte „Entgelt" nicht im Bezugs- **94** rechtsverzicht der Gesellschafter, sondern in der (zusätzlichen) Arbeitsleistung der Optionsempfänger. Nach ihrer Argumentation sei es Sinn und Zweck der Kapitalrücklage zu verhindern, dass als Gewinn ausgewiesen werde, was nicht Ergebnis der geschäftlichen Tätigkeit sei. Der Vorteil aus der Arbeitsleistung schlage sich zu Unrecht in der GuV nieder, wenn er nicht aufwandswirksam in die **Kapitalrücklage** eingestellt werde.[398] Die zuletzt genannte Sichtweise, die im Ergebnis ebenfalls eine Analogie zu Abs. 2 Nr. 2 befürwortet, hatte sich der DRSC in E-DRS 11.7, 11.8 und 11.14 zu eigen gemacht.[399] Die Bewertung sollte sich dabei nach dem Zeitpunkt der Optionsgewährung richten, wobei spätere Wertänderungen keine Änderung des einmal in die Kapitalrücklage eingestellten Betrags nach sich ziehen sollten (E-DRS 11.12). Nach **IFRS** 2.7[400] sind die „gegen eine anteilsbasierte Vergütung

---

[394] S. zB BeckOGK/Poeschke, 15.9.2021, Rn. 130 und 132 (sinngemäß): Eine Verteilung des Personalaufwands über die Laufzeit des Optionsrechts sei durch Buchung des Wertes des Optionsrechts in die Kapitalrücklage und Gegenbuchung eines aktiven Rechnungsabgrenzungspostens gem. § 250 Abs. 1 S. 1 zu erreichen, der in den Folgejahren in Raten abgeschrieben werde; aA WP-HdB/Störk, 17. Aufl. 2021, F Rn. 1292: Die Arbeitsleistung werde über die Sperrfrist gleichmäßig erbracht, so dass eine Zuführung zur Kapitalrücklage „grundsätzlich zeitanteilig zu erfolgen" habe.

[395] Vgl. MüKoAktG/Kropff, 2. Aufl. 2004, HGB § 272 Rn. 93, der seine Ansicht maßgeblich auch auf diesen Aspekt stützt: „Verwerfungen ergeben sich auch bei Vergleich mit den zwangsläufig erfolgswirksam zu buchenden Fällen, in denen die Gesellschaft gleich ausgestattete Optionsrechte mit zurückgekauften Aktien befriedigt" (Aussage in der Kommentierung von Kropff zu § 272 im MüKoBilanzR nicht wiederzufinden).

[396] Pellens/Crasselt DB 1998, 217 unter IV.

[397] Pellens/Crasselt DB 1998, 217 unter IV.; Baetge/Kirsch/Thiele/Pellens/Crasselt Exkurs zu § 272 Rn. 809 (Stand: August 2006); Pellens/Crasselt DB 1998, 1431; ähnlich zB WP-HdB/Störk, 17. Aufl. 2021, F Rn. 1291: Die „Gegenleistung" der Optionsberechtigten sei „zu Lasten des Personalaufwands in die Kapitalrücklage nach § 272 Abs. 2 Nr. 2 HGB einzustellen"; BeckOGK/Poeschke, 15.9.2021, Rn. 130; Coenenberg/Haller/Schultze Jahresabschluss, 26. Aufl. 2021, S. 419 f.: Die Bildung einer Rückstellung setze eine wirtschaftliche Belastung des Unternehmens in Form eines zu erwartenden Vermögensabflusses voraus, der bei Aktienausgabe nicht vorliege; aA zB BeckOGK/Baumeister/Freisleben, 1.9.2021, § 275 Rn. 129: keine Erfassung als Personalaufwand bei bedingtem Kapital mit Rücksicht auf das „aktienrechtliche Trennungsprinzip"; Ekkenga DB 2004, 1897 (1901 f.).

[398] Esterer/Härteis DB 1999, 2073 (2076) unter II. 3.

[399] S. insbes. E-DRS 11. 7: „Die Gewährung von Aktienoptionen nach § 192 Abs. 2 Nr. 3 AktG erfolgt als Gegenleistung für Arbeitsleistungen von Arbeitnehmern und Mitgliedern der Geschäftsführung. Der Wert der Aktienoptionen ist im Personalaufwand und in der Kapitalrücklage zu erfassen". Der Standard-Entwurf trägt den Titel „Bilanzierung von Aktienoptionsplänen und ähnlichen Entgeltformen" und ist am 21.6.2001 erschienen.

[400] Deutsche Übersetzung gem. VO (EG) 1126/2008 v. 3.11.2008 (ABl. EG 2008 L 320, 1, 356).

erhaltenen oder erworbenen Dienstleistungen [...] zu dem Zeitpunkt anzusetzen, zu dem sie erhalten wurden". Eine „anteilsbasierte Vergütung mit Ausgleich durch Eigenkapitalinstrumente" sei als „entsprechende Eigenkapitalerhöhung" darzustellen, hingegen sei im Falle eines Barausgleichs eine „Schuld" anzusetzen. Kommen die erhaltenen Dienstleistungen „nicht für einen Ansatz als Vermögenswert in Betracht, sind sie als Aufwand zu erfassen" (IFRS 2.8).[401]

95   **cc) Stellungnahme. Keines der vorgenannten Argumente** zugunsten einer erfolgswirksamen Erfassung der Optionen **vermag zu überzeugen,** und zwar selbst dann nicht, wenn man sich auf eine rein wirtschaftliche, vom formaljuristischen Rahmen abgehobene Betrachtung einlässt.[402] Der Vorteil, den die Mitarbeiter bei Ausübung der Optionen, sollten sie nach Ablauf der Wartefrist „im Geld" (in-the-money) liegen, beziehen, geht wirtschaftlich nicht auf Kosten der Gesellschaft, sondern höchstens auf Kosten der Altgesellschafter. Fest steht, dass nach der Kapitalerhöhung die auf die alten Anteile entfallende rechnerische Beteiligung am Gesamtkapital sinkt. Das **Gesellschaftsvermögen erleidet** dadurch **keinen Nachteil,** sondern erhält im Gegenteil die Chance, sich durch die auf die neuen Aktien zu erbringenden Einlagen in Zukunft sogar noch zu erhöhen. Ob die Gesellschaft zum Zeitpunkt der Optionsausübung im Rahmen einer ordentlichen Kapitalerhöhung insgesamt ein höheres Einlagenvolumen erzielt hätte, ist reine Spekulation, und selbst wenn dies der Sache und sogar der Höhe nach feststehen sollte, ändert dies nichts an dem Umstand, dass „entgangene Einlagen" nach geltendem Bilanzrecht keine passivierbare Kategorie darstellen. Die **Altgesellschafter müssen** den Vorteil der Optionsinhaber nur dann durch einen Wertverlust ihrer Anteile **bezahlen,** wenn der tatsächliche Wert der Anteile im Ausübungszeitpunkt oberhalb des Ausübungspreises liegt.[403] In der Praxis börsennotierter Gesellschaften wird die Option immer dann ausgeübt werden, wenn der Börsenpreis der Aktie über dem Ausübungspreis liegt. Der Wert der Altbeteiligungen, definiert als Anteil am Gesamtwert des Unternehmens, nimmt in diesen Fällen nur dann ab, wenn der Börsenwert höchstens so hoch war wie der tatsächliche Wert des Unternehmens. War die Gesellschaft an der Börse überbewertet, kann es durchaus sein, dass der realisierte Ausübungspreis den Wert der neuen Anteile erreicht oder sogar noch übertrifft. Dann jedenfalls kann von einem Vermögenstransfer der Altaktionäre auf die Inhaber der neuen Anteile, geschweige denn auf die Gesellschaft (Stichwort Sacheinlage) keine Rede sein. Selbst in den Fällen, wo wirtschaftlich von einer „Verwässerung", also einem Vermögenstransfer von den Altgesellschaftern zu den Inhabern der neuen Anteile kommt, erscheint es fiktiv und willkürlich, diesen Vorgang als Verschiebung im Dreiecksverhältnis unter Einbeziehung der Gesellschaft und die formale Beteiligung der Altaktionäre an der Kapitalerhöhung aufgrund ihrer (mehrheitlichen) Zustimmung in der Gesellschafterversammlung als „Leistung" an die

---

[401]   Zu IFRS 2 s. zB Baumbach/Hopt/Merkt, 34. Aufl. 2010, Rn. 13 ff. (Ausführungen in neueren Aufl. nicht mehr enthalten); Rossmanith/Funk/Alber WPg 2006, 664; Ekkenga DB 2004, 1897 (1900); Esterer/Härteis DB 1999, 2073; Gebhardt BB 2003, 645.

[402]   IdS BFH BStBl. II 2011, 215 = DStR 2010, 2453 = BeckRS 2010, 24004204 Rn. 14 ff. zum Streitjahr 2001: Das Gericht verneint die Erfolgswirksamkeit und mithin einen Personalaufwand im Zeitpunkt der Bezugsrechtsgewährung bei einem mit einer bedingten Kapitalerhöhung verbundenen Aktienoptionsplan; bestätigt durch BFH BStBl II 2017, 1043 = DStR 2017, 1700 = BeckRS 2017, 119028 Rn. 18. S. dazu etwa Lochmann DB 2011, 2761 ff., der eine „Verfestigung jener handelsrechtlichen Auffassungen" voraussagte, „die entgegen IFRS 2 im Rahmen der Handelsbilanz von der Erfolgsneutralität der Ausgabe von Stock Options mit einer bedingten Kapitalerhöhung ausgehen"; ferner Dörr NWB 2011, 350 (355): Das Urteil möge „aus Sicht des deutschen Bilanzrechts zutreffend hergeleitet sein", führe aber dazu, „dass für Abschlussadressaten sowohl die möglichen Kosten derartiger Aktienoptionsprogramme als auch die potenziellen Eigenkapitalverschiebungen von Altaktionären zu den begünstigten Mitarbeitern nicht ausreichend aus der Buchführung" hervorgingen; Behrens/Renner AG 2011, 121 (123) zu Auswirkungen auf das steuerliche Einlagenkonto iSd § 27 Abs. 1 S. 1 KStG. Zu den praktischen Folgen s. Hoffmann PiR 2011, 30 (32), mit der Empfehlung, auf die „anteilsbasierte Barvergütung durch die Gesellschaft (stock appreciation rights = SAR)" auszuweichen.

[403]   S. Walter DStR 2006, 1101 (1104): Die bei der Erhöhung des Grundkapitals entstehende Kapitalverwässerung werde „allein von den Altgesellschaftern getragen" (ohne danach zu differenzieren, ob es überhaupt zu einer Verwässerung kommt).

Gesellschaft oder gar als Einlage zu deuten.[404] Im Übrigen würden nach dieser Interpretation selbst diejenigen Altgesellschafter eine Einlage erbringen, die nicht am Gesellschafterbeschluss teilgenommen oder sogar gegen die Kapitalerhöhung gestimmt haben. Der Gedanke einer Pflichteinlage ist dem Grundtypus der Aktiengesellschaft aber fremd. Davon abgesehen ist bei der bedingten Kapitalerhöhung bereits von Gesetzes wegen kein Bezugsrecht der Aktionäre vorgesehen,[405] das Gegenstand einer Einlage sein könnte.[406] Auch die Mitarbeiter erbringen keine Leistung, die mit einem Agio bzw. einem agioähnlichen Entgelt bei Ausgabe einer Wandelschuldverschreibung iSd Abs. 2 Nr. 2 oder selbst einer sonstigen Zuzahlung iSd Abs. 2 Nr. 4 vergleichbar wäre. Als **Kapitalrücklage** sind nur Beträge auszuweisen, die auf der Aktivseite als Vermögensgegenstand zu Buche schlagen, die also **einlagefähig** sind (→ Rn. 101). Die zukünftigen, von der Motivationswirkung der Optionen abhängigen und schon daher unsicheren Arbeits**mehr**leistungen der Optionsinhaber sind schon deshalb nicht aktivierbar, weil die Gesellschaft keinen Anspruch auf diese Mehrleistung besitzt.[407] Selbst Ansprüche auf Dienstleistungen wären aktienrechtlich nicht einlagefähig (§ 27 Abs. 2 Hs. 2 AktG).[408] Bereits erbrachte[409] Arbeitsleistungen sind ebenfalls nicht aktivierbar.[410] Für eine Analogie zu Abs. 2 Nr. 2 (oder Nr. 4) und den Ausweis einer Kapitalrücklage ist somit kein Raum.

Auch der Ansatz einer ergebniswirksamen **Verbindlichkeitsrückstellung** ist mangels **96** eines eigenen zukünftigen Aufwands der Gesellschaft **abzulehnen.**[411] Die Selbsterzeugung von Aktien im Wege einer Kapitalerhöhung ist mit der kostenaufwändigen Beschaffung eigener Aktien auf dem Sekundärmarkt gerade nicht vergleichbar.[412] Im Übrigen ist das Arbeitsverhältnis ein schwebendes Geschäft, sodass, wenn überhaupt, nur eine Drohverlustrückstellung in Betracht käme.[413] Eine Drohverlustrückstellung aus schwebenden Geschäften muss den mit einiger Wahrscheinlichkeit aufzuwendenden Mehrwert der eigenen Leistung gegenüber der zu empfangenden bzw. bereits empfangenen Gegenleistung vorwegnehmen. Bezüglich der Vergütung durch Aktienoptionen ist eine solche Verlustantizipation wegen der Koppelung des Erfolgs der Arbeitsleistung (und damit grundsätzlich wohl auch des Arbeitseinsatzes) an die Vergütung schon systembedingt nicht erforderlich.

Aus dem Betrachtungswinkel des Gesellschaftsvermögens lässt sich somit wie gesehen **97** im Einklang mit der höchstrichterlichen Finanzrechtsprechung eine ergebniswirksame

---

[404] Gegen eine Deutung als Einlage in das Vermögen der Gesellschaft zB auch Staub/Meyer, 6. Aufl. 2021, Rn. 55; Herzig DB 1999, 6 ff.; Naumann DB 1998, 1428 ff.; Rammert WPg 1998, 769 ff.; BeckOGK/Baumeister/Freisleben, 1.9.2021, § 275 Rn. 129. Sich dieser Ansicht anschließend BFH BStBl. II 2011, 215 = DStR 2010, 2453 = BeckRS 2010, 24004204 Rn. 20.

[405] S. zB Koch, 16. Aufl. 2022, AktG § 192 Rn. 8: Die bedingte Kapitalerhöhung wirke „wie Bezugsrechtsausschluss".

[406] Ähnlich Staub/Meyer, 6. Aufl. 2021, Rn. 55.

[407] Ähnlich Herzig DB 1999, 1 (7): „Mangels Greifbarkeit" liege auch kein immaterieller Vermögensgegenstand in Form der mit den Optionen vergüteten zukünftigen Dienstleistungen vor, da kein konkretisierter und rechtlich verfestigter Anspruch bestehe.

[408] Darauf verweisen zB auch Herzig DB 1999, 1 (7); Staub/Meyer, 6. Aufl. 2021, Rn. 55. Zur fehlenden Einlagefähigkeit s. zB BGHZ 180, 38 = NJW 2009, 2375 unter II. 1. – Qivive. Die mangelnde Einlagefähigkeit von Dienstleistungsansprüchen entspricht der hM (s. etwa BeBiKo/Störk/Taetzner, 13. Aufl. 2022, Rn. 406); bestätigt durch BGHZ 184, 158 = NJW 2010, 1747 Ls. 1 – Eurobike.

[409] Vgl. E-DRS 11 S. 13 Nr. 8: „Der Wert der erbrachten Arbeitsleistungen stellt einen Betrag dar, den das Unternehmen mit der Ausgabe der Optionen erzielt. Dieser ist in analoger Anwendung von § 272 Abs. 2 Nr. 2 HGB der Kapitalrücklage zuzuführen".

[410] Ähnlich Staub/Meyer, 6. Aufl. 2021, Rn. 55: Die Optionsinhaber erbrächten, wenn man die Grundsätze über Sacheinlagen im Rahmen von § 272 Abs. 2 Nr. 4 entsprechend heranziehe, „keine taugliche Einlage, da Dienstleistungen nach § 27 Abs. 2 AktG nicht einlagefähig" seien.

[411] Ebenso zB Staub/Meyer, 6. Aufl. 2021, Rn. 55.

[412] AA noch MüKoAktG/Kropff, 2. Aufl. 2004, HGB § 272 Rn. 93: „Verwerfungen" ergäben „sich auch bei Vergleich mit den zwangsläufig erfolgswirksam zu buchenden Fällen, in denen die Gesellschaft gleich ausgestattete Optionsrechte mit zurückgekauften Aktien befriedigt".

[413] ZB Herzig DB 1999, 1 (9): Arbeitsverhältnisse seien „schwebende Dauerrechtsverhältnisse, die nicht zu bilanziellen Ansätzen" führten, „wenn ihr Gleichgewicht aus Leistung und Gegenleistung nicht gestört" sei „oder zukünftige Verluste" drohten.

Erfassung der Stillhalterverpflichtung der Gesellschaft bei bedingtem Kapital nicht begründen.[414] Im Vordergrund der Befürworter einer Passivierung liegt demgemäß auch nicht die zutreffende Darstellung der Vermögens-, Finanz- und Ertragslage der Gesellschaft (§ 264 Abs. 2), sondern die Renditeaussicht des Aktionärs.[415] Dessen Interesse an einer Offenlegung des unverwässerten und verwässerten Gewinns je Aktie ist aber bereits mit der **Angabepflicht nach § 285 Nr. 9 lit. a ausreichend** Genüge getan.[416]

IV. Vorzug für Anteile (Abs. 2 Nr. 3)

98　　Ein „**Vorzug**" iSv Abs. 2 Nr. 3 kann etwa ein besonderes Recht bei der Gewinnverteilung (insbesondere zB Vorzugsaktien), der Verteilung des Gesellschaftsvermögens (vgl. § 11 S. 1 AktG; § 29 Abs. 3 S. 2 GmbHG) oder der Verzicht der Gesellschaft auf eine Zusammenlegung von Aktien (vgl. § 222 Abs. 4 S. 2 AktG) sein.[417] Dass solche Vorteile, die bei der AG nach § 26 Abs. 1 AktG in der Satzung festzusetzen sind, auch gegen Entgelt eingeräumt werden können, ist seit langem gesellschaftsrechtlich anerkannt.[418] Erbringt der Gesellschafter **als Gegenleistung** für einen Vorzug entsprechende Zuzahlungen, sind diese in die **Kapitalrücklage nach Nr. 3** einzustellen. Das gilt auch dann, wenn die Verwendung der Leistung zweckgebunden ist und zB bestimmte Verluste ausgleichen soll.[419] Die Einstellung in die Kapitalrücklage verhindert eine Ausschüttung der geleisteten Mittel als Bestandteil des Jahresüberschusses.[420] Die Berücksichtigung der Zuzahlungen setzt eine Vermögensmehrung bei der Gesellschaft in Form von Barzahlungen oder Sachleistungen[421] voraus. Vereinbarte ausstehende Zuzahlungen sind als Forderung zu aktivieren und mehren das Vermögen auf diese Weise (→ Rn. 101 f.).

V. Andere Gesellschafterzuzahlungen (Abs. 2 Nr. 4)

99　　Abs. 2 **Nr. 4** bildet als **Auffangtatbestand**[422] gegenüber Nr. 1 bis 3 eine zusätzliche Kategorie der Kapitalrücklage, die keinen besonderen aktienrechtlichen Bindungen (§ 150 Abs. 3, Abs. 4 AktG, → Rn. 109) unterliegt und im Rahmen der Organzuständigkeit in der Regel **jederzeit auflösbar** ist.[423] Bilanzrechtlich sollen dadurch bestimmte weitere Zuzahlungen der Gesellschafter als Eigenfinanzierung erkennbar gemacht werden, insbe-

---

[414] Ebenso Staub/Meyer, 6. Aufl. 2021, Rn. 55; zust. Merkt/Probst/Fink/Mylich Kap. 7 Rn. 58.

[415] So ausdrücklich Pellens/Crasselt DB 1998, 217 unter II.2.: Blickwinkel der Altaktionäre.

[416] So auch Staub/Meyer, 6. Aufl. 2021, Rn. 55; Herzig DB 1999, 1 (6 f.); Rammert WPg 1998, 766 (772); Ekkenga DB 2004, 1897 (1902).

[417] Biener/Bernecke BiRiLiG S. 196, mit der Einschränkung, dass die dort als Vorzug genannten Mehrstimmrechte inzwischen nicht mehr zulässig sind (§ 12 Abs. 2 AktG); ADS Rn. 130; HdR/Küting/Reuter Rn. 98 f. (Stand: 11/2009); ähnlich – „jeder gesellschaftsrechtliche Vorteil" – BeBiKo/Störk/Kliem/Meyer, 13. Aufl. 2022, Rn. 190; zur GmbH Niehus, Rechnungslegung und Prüfung der GmbH nach neuem Recht, 1982, S. 318.

[418] Zur AG s. RGZ 52, 287 (293) zur Ausgabe von Vorzugsaktien gegen Einlieferung von Stammaktien zu einem höheren Nennwert sowie Zuzahlung eines bar zu entrichtenden Geldbetrags; GroßkommAktG/Wiedemann, 4. Aufl. 2006, AktG § 182 Rn. 102; Koch, 16. Aufl. 2022, AktG § 54 Rn. 9: Zulässig sei, „den Aktionären Vorzüge anzubieten, deren Ausstattung Wert der Mehrleistung nicht übersteigt". Zur GmbH s. RGZ 76, 155 (157).

[419] BeckOGK/Poeschke, 15.9.2021, Rn. 135 mwN.

[420] BeBiKo/Störk/Kliem/Meyer, 13. Aufl. 2022, Rn. 190; Heymann/Jung, 1. Aufl. 1988, Rn. 38.

[421] ADS Rn. 130; BeBiKo/Störk/Kliem/Meyer, 13. Aufl. 2022, Rn. 190; HdR/Küting/Reuter Rn. 100 (Stand: 11/2009); BeckOGK/Poeschke, 15.9.2021, Rn. 134: Die Leistung des Gesellschafters brauche nicht in einer Zahlung zu bestehen, sondern könne auch eine Sachleistung sein.

[422] ADS Rn. 134; HdR/Küting/Reuter Rn. 105 (Stand: 11/2009); Kirsch/Haaker Rn. 62, 69 (Stand: 1.9.2019).

[423] Bericht RA zum BiRiLiG, BT-Drs. 10/4268, 107; ADS Rn. 134; HdR/Küting/Reuter Rn. 111 (Stand: 11/2009); Marx/Dallmann Stbg 2010, 453 (462); krit. noch Glade Praxishandbuch § 266 Rn. 611; Heymann/Jung, 1. Aufl. 1988, Rn. 41. S. auch BFH BStBl. II 2003, 923 unter II. 2. = NZG 2002, 832 zur Frage, ob Kapitalrücklagen nach § 272 Abs. 2 Nr. 4, die eine Organgesellschaft während des Bestehens des Organschaftsverhältnisses (§§ 14 ff. KStG) aus freiwilligen Zuzahlungen ihrer Alleingesellschafterin gebildet hat, an den Organträger ausgeschüttet werden können oder ob sie unter das Abführungsverbot des § 301 S. 2 AktG fallen.

sondere solche, für die der betreffende Gesellschafter im Gegensatz zu den Nr. 1–3 keine unmittelbare Gegenleistung erlangt hat.[424] Hierdurch wird ein den tatsächlichen Verhältnissen besser entsprechendes Bild der Finanz- und Ertragslage erreicht. Entsprechende Zahlungen der Gesellschafter brauchen nämlich nicht mehr zunächst in der Erfolgsrechnung als Ertrag verbucht und daran anschließend im Wege des Verwendungsbeschlusses in das Eigenkapital überführt zu werden. Voraussetzung ist, dass der Gesellschafter die Zuzahlung als solche „gewollt" und seinen entsprechenden Willen kundgetan hat (→ Rn. 104).

1. Zuzahlung eines Gesellschafters. Die Zuzahlung muss von einem **Gesellschaf-** **100** **ter,** also einem Inhaber gezeichneten Kapitals, geleistet werden. Nicht hierhin gehören Zuzahlungen der Inhaber von Genussrechten, auch wenn diese Rechte Eigenkapitalcharakter haben sollten (zu Genussrechten ohne Eigenkapitaleigenschaft → Rn. 67; → § 266 Rn. 98), denn Inhabern solcher Rechte fehlt die Gesellschaftereigenschaft.[425] Agios und andere Zuzahlungen der **Genussrechtsinhaber** sind ggf. zusammen mit dem Genussrechtskapital im Eigenkapital (Sonderposten der Bilanzgruppe A gem. § 266 Abs. 3) oder als Sonderposten zwischen Eigenkapital und Rückstellungen auszuweisen, wobei die Zuzahlung durch einen Unterposten oder „Davon"-Vermerk kenntlich zu machen ist.[426] Zuzahlungen **Dritter** werden von Abs. 2 Nr. 4 nur erfasst, wenn sie auf Veranlassung (§ 267 Abs. 1 BGB) oder auf Rechnung eines Gesellschafters getätigt werden.[427]

Die Zuzahlung muss das **Gesellschaftsvermögen vermehren,** das heißt, Geldleistun- **101** gen müssen erbracht und Sachleistungen rechtlich und wirtschaftlich auf die Gesellschaft übertragen worden sein. Gegenständlich kann die „Zuzahlung" über den Gesetzeswortlaut hinausgehend nicht nur in Geldleistungen erfolgen,[428] sondern in **jeder Art von Vermögensgegenständen,** die **einlagefähig** und damit[429] **aktivierbar** sind (Sachzuzahlungen).[430] Dies gilt grundsätzlich auch für Forderungen einschließlich zukünftiger.[431] Selbst

---

[424] Ähnlich KKRD/Morck/Drüen, 9. Aufl. 2019, Rn. 8.

[425] BeckOGK/Poeschke, 15.9.2021, Rn. 140; aA, nämlich einen Ausweis in der Kapitalrücklage nach § 272 für zulässig haltend BeBiKo/Störk/Kliem/Meyer, 13. Aufl. 2022, Rn. 187, wobei unklar bleibt, ob die Autoren das Agio einer bestimmten Fallgruppe des § 272 Abs. 2 annähern wollen: Ein Agio bei der Ausgabe von Genussscheinen erfülle zwar „nicht die (gesetzlichen) Voraussetzungen einer Kapitalrücklage", da es sich jedoch um eine Eigenkapitalzuführung von außen handele, werde ein Ausweis als Kapitalrücklage für zulässig gehalten. In diesem Fall habe „ein Davon-Vermerk oder eine weitere Untergliederung der Kapitalrücklage zu erfolgen"; Baetge/Kirsch/Thiele/Marx/Dallmann Bilanzrecht § 266 Rn. 184 (Stand: September 2015); ähnlich bereits IDW HFA 1/1994 unter 2.1.4.1.2, WPg 1994, 419, 421: Das Agio erfülle zwar nicht die Voraussetzungen einer Kapitalrücklage iSd § 272 Abs. 2 Nr. 1, Nr. 3 und 4. „Wegen der durch das Aufgeld gleichwohl erfolgten Eigenkapitalzufuhr von außen wäre ein Ausweis als Kapitalrücklage, verbunden mit einem Davon-Vermerk bzw. unter der Voraussetzung einer weiteren Untergliederung nach § 265 Abs. 5 HGB, grundsätzlich möglich"; „aus Klarheitsgründen" empfehle „es sich indessen, das Agio innerhalb des Postens ‚Genußrechtskapital' im Eigenkapital kenntlich zu machen".

[426] IDW St/HFA 1/1994, WPg 1994, 421, Nr. 2.1, 4.1.2; BeBiKo/Störk/Kliem/Meyer, 13. Aufl. 2022, Rn. 187: Ausweis des Agios beim Posten Genussrechtskapital im Eigenkapital sei „[v]orzuziehen" gegenüber einem Ausweis bei der Kapitalrücklage (s. vorausgehende Fn.); BeckOGK/Poeschke, 15.9.2021, Rn. 140: Nicht als Zuzahlungen der Gesellschafter seien „Zahlungen jeder Art (Zuzahlung, Aufgeld) auszuweisen, die Genussrechtsinhaber leisten", sie sollten gesondert neben dem Genussrechtskapital in der im konkreten Fall einschlägigen Position aufgeführt werden; Baetge/Kirsch/Thiele/Marx/Dallmann Bilanzrecht § 266 Rn. 184 (Stand: September 2015). Zum Agio nach § 272 Abs. 2 Nr. 2 im Sonderfall einer Ausgabe von Genussscheinen mit Wandlungs- oder Aktienoptionsrechten s. Rn. 462.

[427] ADS Rn. 133.

[428] Döllerer BB 1986, 1857 (1859); HdR/Küting/Reuter Rn. 106 (Stand: 11/2009); Baetge/Kirsch/Thiele/Thiele Rn. 116 (Stand: August 2006): „weit auszulegen und nicht allein auf Geldleistungen zu beschränken".

[429] AA zB Koch, 16. Aufl. 2022, AktG § 27 Rn. 14 mwN zum Diskussionsstand: Die Gläubigerschutzkonzeption der Gewinnermittlungsbilanz lasse sich nicht auf die Beurteilung der Einlagefähigkeit übertragen.

[430] Zum Problem der Bewertung siehe Roß DB 2023, 1361 (1362 f.).

[431] HdR/Küting/Reuter Rn. 120 (Stand: 11/2009).

die Begründung eines obligatorischen Rechts zur Deckung des gezeichneten Kapitals und des Aufgelds ist eine geeignete Zuzahlung, obgleich sie nicht (sach-)einlagefähig ist; die Kapitalrücklage unterliegt nicht dem Grundsatz der realen Kapitalaufbringung (vgl. §§ 36, 36a, 66 Abs. 1 AktG; § 7 Abs. 2 und 3 GmbHG, § 8 Abs. 2 GmbHG, § 19 Abs. 2 GmbHG).[432] Die Bildung von Kapitalrücklagen kommt zwar ebenso wie die Aufbringung des Gesellschaftskapitals den Gesellschaftsgläubigern zugute; das Schutzniveau ist allerdings nicht das Gleiche. Denn während der Kapitalschutz mit dem Verlustpuffer „Gesellschaftskapital" den Mindeststandard sichert, bilden die Kapitalrücklagen des Abs. 2 Nr. 1–3 zusammen mit den gesetzlichen Rücklagen (iVm § 150 Abs. 3 und 4) nur den „Reservefonds";[433] die Rücklage nach § 272 Abs. 2 Nr. 4 ist sogar frei verfügbar.

102   **Beispiele** für („geleistete") Zuzahlungen sind daher die **Begründung einer Forderung zugunsten der Gesellschaft,** wenn die Leistungszusage als solche aktivierungsfähig ist,[434] der Erlass einer Schuld der Gesellschaft[435] sowie unter Umständen auch das Einräumen von Nutzungsrechten bzw. Nutzungsmöglichkeiten,[436] nicht aber das Erbringen von Dienstleistungen (s. § 27 Abs. 2 Hs. 2 AktG).[437] Für die (verdeckte) Einlage immaterieller, dem Anlagevermögen zuzurechnender Vermögensgegenstände wurde behauptet, das Aktivierungsverbot des § 248 Abs. 2 aF stehe einer Berücksichtigung dieser Zuzahlung bei der Kapitalrücklage entgegen.[438] Diese Ansicht, die sich auf das verbleibende Aktivierungsverbot für selbst geschaffene Marken, Drucktitel etc nach § 248 Abs. 2 S. 2 nF übertragen ließe, ist abzulehnen, denn wäre sie zutreffend, wäre auch die reguläre Einlage entsprechender selbst geschaffener immaterieller Vermögensgegenstände entgegen der zu § 27 Abs. 2 AktG, § 5 Abs. 4 GmbHG allgemein vertretenen Auffassung nicht bzw. zumindest nicht bilanzwirksam[439] möglich.[440]

---

[432] Müller FS Heinsius, 1991, 591 (603 ff., 605): Der Grundsatz der realen Kapitalaufbringung gelte nicht für die „fakultativen Sacheinlagen". Zum Grundsatz der realen Kapitalaufbringung s. zB BGHZ 113, 335 unter I. zur GmbH = NJW 1991, 1754; BGHZ 122, 180 = NJW 1993, 1983 zur AG; OLG Hamburg NJOZ 2006, 3513 ebenfalls zur AG; BFH BStBl. II 2010, 1094 = BeckRS 2010, 24004120 Rn. 31.

[433] BeckOGK/Poeschke, 15.9.2021, Rn. 151.

[434] ADS Rn. 135; BeBiKo/Störk/Kliem/Meyer, 13. Aufl. 2022, Rn. 199.

[435] FG Hamburg DStRE 2002, 193 (194); ADS Rn. 132, 135; BeckOGK/Poeschke, 15.9.2021, Rn. 137.

[436] Zu Einzelheiten und Differenzierungen HdR/Küting/Reuter Rn. 121 ff. (Stand: 11/2009).

[437] ZB BFH BStBl. II 1999, 604 = DStR 1999, 933: Selbst außergewöhnlicher Arbeitseinsatz, der sich in einem erheblich gestiegenen Wert des Gesellschaftsvermögens niedergeschlagen habe, sei keine Leistung, „die Gegenstand einer bilanziell darstellbaren Einlage sein" könne; ferner Koch, 16. Aufl. 2022, AktG § 27 Rn. 22 mwN.

[438] So Groh BB 1990, 379 (381); s. zB auch BFH BStBl. II 1987, 705 unter II.3. = BeckRS 1987, 22008026: Würden Wirtschaftsgüter eines Betriebsvermögens als Sacheinlage in eine Kapitalgesellschaft eingebracht, so seien „die Tauschgrundsätze nur insoweit anwendbar, als es sich um eine Einlage gegen Gewährung von Anteilen an der Kapitalgesellschaft" handele. Daran fehlt es, wenn – wie im Streitfall – die Sacheinlage verdeckt eingebracht wird. Zustimmend noch zB BeBiKo/Förschle, 6. Aufl. 2006, § 248 Rn. 12 aE: Verdeckt eingelegte immaterielle Vermögensgegenstände dürften mangels Entgeltlichkeit handelsrechtlich nicht aktiviert werden; jetzt aber BeBiKo/Justenhoven/Usinger, 13. Aufl. 2022, § 248 Rn. 45, 13.

[439] Zur Anknüpfung der Kapitalerhaltung und damit auch der Kapitalaufbringung an der handelsbilanziellen Vermögensermittlung s. zB BGH NJW 1988, 139 unter 2. zur GmbH: „Für die Frage, ob die Entnahme zu einer Unterbilanz geführt oder eine schon bestehende noch vertieft" habe, komme es „auf die Vermögenssituation" der Gesellschaft an, „wie sie sich aus einer den Anforderungen des GmbHG § 42 entsprechenden für den Zeitpunkt der Entnahme aufzustellenden Bilanz zu fortgeführten Buchwerten" ergebe; ähnlich BGHZ 109, 334 (337 f.) = NJW 1990, 1109 mwN.

[440] Ähnlich HdR/Küting/Reuter Rn. 119 (Stand: 11/2009): Wenn immaterielle Anlagegüter „nach allgemeiner Auffassung gemäß § 27 Abs. 2 AktG als einlagefähig" gälten, könne dies „nur mit dem Vorrang der Einlageregeln vor dem grds. Aktivierungsverbot des § 248 Abs. 2 S. 2 begründet werden"; Schneeloch BB 1987, 481 (488) zu § 248 Abs. 2 aF. S. auch BFH BStBl. II 1987, 705 unter II. 2. C. = BeckRS 1987, 22008026: auch der selbstgeschaffene Geschäftswert sei bilanzierungsfähig. Er könne „gesellschaftsrechtlich Gegenstand einer Sacheinlage gegen Gewährung von Gesellschaftsrechten sein". In diesem Fall werde „die Sacheinlage wie ein Anschaffungsgeschäft der Gesellschaft behandelt, weshalb § 153 Abs. 3 AktG aF (heute § 248 Abs. 2 HGB [idF vor BilMoG v. 25.5.2009 (BGBl. 2009 I 1102), Anm. des Verf.]) und § 5 Abs. 2 EStG keine Anwendung" fänden.

2. Andere Zuzahlung. Außerdem muss es sich um eine andere Zuzahlung, also um **103** eine **Zuzahlung** handeln, die **von Abs. 2 Nr. 1–3 nicht erfasst** wird. Im Rahmen einer Kapitalerhöhung kommt eine Zuzahlung nach Nr. 4 nur in Betracht, wenn sie aufgrund einer im Kapitalerhöhungsbeschluss getroffenen ausdrücklichen Vereinbarung erfolgt und nicht zur Herstellung eines angemessenen Ausgabekurses (vgl. § 255 Abs. 2 AktG) erforderlich ist.[441] Die Gründer bzw. Gesellschafter einer AG sind, solange sie das Verbot der Unterpari-Emission beachten (§ 9 AktG), bei der Bestimmung des **Ausgabebetrags** frei und können darüber hinaus **weitere schuldrechtliche Pflichten zur Zahlung in die freie Kapitalrücklage gem. Abs. 2 Nr. 4** begründen. § 36a AktG lässt sich kein Zwang entnehmen, im Zusammenhang mit der Gründung oder Kapitalerhöhung sämtliche Zahlungsverpflichtungen in den förmlichen Ausgabebetrag einzubeziehen.[442] „Andere Zuzahlungen" sind auch Leistungen aufgrund **gesellschaftsrechtlicher Nebenleistungspflichten** (§§ 55, 61 AktG; § 3 Abs. 2 GmbHG), denen keine Gegenleistungspflicht der Gesellschaft gegenüber steht.[443] Hier ist der Anspruch der Gesellschaft unter den Forderungen zu bilanzieren und als Gegenposten ein entsprechender Betrag in die Kapitalrücklage einzustellen. Eine Behandlung als ausstehende Einlage kommt nicht in Betracht.[444] Wurde nach GmbH-Recht eine Kapitalrücklage für **eingeforderte Nachschüsse** (§ 42 Abs. 2 S. 3 GmbHG) als eigener Unterposten (zB „Eingefordertes Nachschuss-Kapital"[445]) – ausnahmsweise auch im Wege eines „Davon"-Vermerks[446] – gebildet und zahlen die Gesellschafter die Nachschüsse ein, ist diese Rücklage in eine Kapitalrücklage nach Nr. 4 umzugliedern.[447] Auch wenn sich die Gegenauffassung, die sich für die Fortführung des gesonderten Postens ausspricht,[448] auf das beachtliche Argument fortbestehender Verwendungsbeschränkungen für das Nachschusskapital (§ 30 Abs. 2 GmbHG) und eines diesbezüglichen Informationsinteresses der Bilanzadressaten stützen kann, erscheint der Gesetzeswortlaut doch insoweit eindeutig, als er die gesonderte Einstellung lediglich für einen „dem Aktivposten entsprechenden Betrag" verlangt. Zudem ist angesichts bestehender außerbilanzieller Ausschüttungsverbote (vgl. etwa § 268 Abs. 8; → Rn. 6, → Rn. 20) ohnehin nicht sichergestellt, dass sich das Ausschüttungspotential verlässlich aus der Bilanz ablesen lässt. Schließlich könnte es sogar zu Unklarheiten führen, wenn im Fall etwaiger weiterer Nachschussforderungen die Gesamtsumme der aktivierten Forderungen vom Betrag der „eingeforderten Nachschüsse" abweicht, weil darin noch Beträge der letzten Nachschusseinforderung enthalten sind.

3. In das Eigenkapital. Die Zahlung muss ferner in das Eigenkapital erfolgen. Nach **104** den Gesetzesmaterialien,[449] der instanzgerichtlichen Rechtsprechung[450] und einem Teil des Schrifttums[451] muss der Gesellschafter außerdem die Zahlung in das Eigenkapital

---

[441] Müller FS Heinsius, 1991, 591 (594); ADS Rn. 90.

[442] So ausdrücklich OLG München DB 2006, 2734; zur Zulässigkeit schuldrechtlicher Vereinbarungen über Kapitalzufluss s. auch Koch, 16. Aufl. 2022, AktG § 54 Rn. 7 f. mwN.

[443] S. zB BFH BStBl. II 2008, 253 unter II. 2. A. = DStR 2007, 1388; Röper/Leffers WPg 2007, 1024 (1028).

[444] ADS Rn. 139.

[445] So der Vorschlag von HdR/Küting/Reuter Rn. 129 (Stand: 11/2009).

[446] S. Rowedder/Pentz/Tiedchen GmbHG § 42 Rn. 15: Ein Ausweis im Wege des „Davon"-Vermerks sei zulässig, wenn der Posten „Kapitalrücklage" nicht weiter untergliedert werde; zuvor schon ADS GmbHG § 42 Rn. 22.

[447] HdR/Küting/Reuter Rn. 129 (Stand: 11/2009); Lutter/Hommelhoff/Kleindiek, 20. Aufl. 2020, GmbHG § 42 Rn. 56; ähnlich Heymann/Jung, 1. Aufl. 1988, Rn. 43.

[448] ADS GmbHG § 42 Rn. 25 f.; BeBiKo/Störk/Kliem/Meyer, 13. Aufl. 2022, Rn. 217; Baumbach/Hueck/Schulze-Osterloh, 18. Aufl. 2006, GmbHG § 42 Rn. 210; Rowedder/Pentz/Tiedchen GmbHG § 42 Rn. 16.

[449] So wörtlich Bericht RA zum RegE BiRiLiG, BT-Drs. 10/4268, 106 f.: Die Leistung in das Eigenkapital müsse „gewollt sein", „so dass verdeckte Einlagen oder auch verlorene Zuschüsse nicht ohne weiteres erfasst" würden.

[450] FG Hamburg DStRE 2002, 193 (194).

[451] Küting/Kessler BB 1989, 25 (29 f.); ADS Rn. 136 f.; BeckOGK/Poeschke, 15.9.2021, Rn. 141; HdR/Küting/Reuter Rn. 108 ff. (Stand: 11/2009); Staub/Meyer, 6. Aufl. 2021, Rn. 46; BeBiKo/Störk/Taetzner, 13. Aufl. 2022, Rn. 415; aA Schneeloch BB 1987, 481 (486 f.); Baumbach/Hueck/Schulze-Osterloh, 18. Aufl. 2006, GmbHG § 42 Rn. 207; Schulze-Osterloh FS Claussen, 1997, 769 (776 ff.).

wollen,[452] sodass verdeckte Einlagen[453] oder verlorene Zuschüsse von der Vorschrift nicht ohne Weiteres erfasst werden.[454] Dies ergibt sich schon aus dem Begriff der Leistung, der nach der zivilrechtlichen Terminologie eine **Leistungszweckbestimmung** bzw. -vereinbarung voraussetzt.[455] Die erforderliche Zweckbestimmung kann ausdrücklich[456] oder konkludent getroffen werden. Sie lässt sich unter Umständen aus dem Anlass oder der Art des Zuschusses schließen.[457] Die Auffassung, im Zweifel sei davon auszugehen, dass die Zuzahlung in das Eigenkapital geleistet worden sei,[458] dürfte aber zu weit gehen. Leistungen, die ihrer Zweckbestimmung nach **ergebniswirksam** zu vereinnahmen sind,[459] werden nicht erfasst. Bei Zahlungen etwa, die als ertragswirksamer Zuschuss ausgestaltet sind, indem als Zwecksetzung die Deckung oder Vermeidung eines Jahresfehlbetrags oder Bilanzverlusts vereinbart ist, liegt daher grundsätzlich keine Leistung in das Eigenkapital vor.[460] Solche Beträge sind unmittelbar erfolgswirksam als Ertrag zu verbuchen.[461] Teilweise wird vertreten, sie könnten auch zunächst der Kapitalrücklage zugeführt werden, um anschließend sofort wieder entnommen zu werden.[462]

D. Gewinnrücklagen (Abs. 3)

105   Gewinnrücklagen beziehen sich im Gegensatz zu den Kapitalrücklagen auf Beträge, die „aus dem Ergebnis gebildet worden sind" (Abs. 3 S. 1), also Beträge aus Ergebnisüberschüssen, die vom Unternehmen **selbst erwirtschaftet** wurden. Daher können Gewinnrücklagen unter Beachtung der § 268 Abs. 1, § 270 Abs. 2 nur gebildet werden, wenn

---

452   S. HdR/Küting/Reuter Rn. 109 (Stand: 11/2009): Mit dem Hinweis auf die „Maßgeblichkeit des Gesellschafterwillens für Art und Weise der Vereinnahmung von Zuzahlungen der Gesellschafter (erfolgswirksam oder erfolgsneutral)" habe „der Gesetzgeber klargestellt, dass er die steuerrechtliche Einlageregelung in das Handelsrecht" habe übernehmen wollen.

453   Zum vom Steuerrecht geprägten (zB BFH BStBl. II 1970, 442 = BeckRS 1970, 22000448) Begriff der verdeckten Einlagen s. BeBiKo/Schubert/Hutzler, 13. Aufl. 2022, § 255 Rn. 145–150 (speziell aus der steuerlichen und bilanziellen Sicht des Einlegenden) sowie BeBiKo/Störk/Taetzner, 13. Aufl. 2022, Rn. 400–450 (insbes. 415 f. Erfassung und Bewertung beim Empfänger). Zur Behandlung in der GuV s. § 275 Rn. 39. Zum uneinheitlichen handelsbilanzrechtlichen Gebrauch des Begriffs, der teilweise als Gegenbegriff zu den Zuzahlungen iSd § 272 Abs. 2 Nr. 4 verstanden wird, s. Ekkenga WM 2006, 1986 (1989).

454   Anders wohl Baumbach/Hueck/Schulze-Osterloh, 18. Aufl. 2006, GmbHG § 42 Rn. 208, der (ohne subjektives Element) auf die „Einbringung eines Vermögensgegenstands ohne Gegenleistung" bzw. „zu einem unter Zeitwert liegenden Preis" abstellt.

455   Erman/Buck-Heeb, 16. Aufl. 2020, BGB § 812 Rn. 12 f. mwN.

456   Als Beispiel für eine ausdrückliche Zweckbestimmung s. BFH BStBl. II 2005, 522 = NZG 2005, 941: Dort vereinbarte eine AG mit einer Aktionärin die Umwandlung eines ihr von Letzterer gewährten Darlehens in eine „einmalige verlorene Einlage" zur Zuführung in die Rücklagen der AG, „sofern dies die Gesellschafterversammlung der [...] (AG) mit einfacher Mehrheit beschließt". Ein entsprechender Gesellschafterbeschluss wurde anschließend gefasst. Der BFH (unter II. 3. D.) qualifiziert diesen Darlehensverzicht als „Einlage ohne Gewährung von Gesellschaftsrechten unmittelbar in die Kapitalrücklage" iSd § 272 Abs. 2 Nr. 4.

457   Ähnlich ADS Rn. 136 f.: Die Zwecksetzung könne sich aus der Art des Zuschusses ergeben; HdR/Küting/Reuter Rn. 108 (Stand: 11/2009).

458   ADS Rn. 137; aA HFA 2/1996, WPg 1996, 709 (713) unter 2.2: Zuweisung in das Eigenkapital müsse ausdrücklich erklärt werden.

459   Mylich (ZGR 2022, 263 (296)) lehnt die ertragswirksame Verbuchung unterjähriger Kapitalzuführung grundsätzlich ab, da ein Ertrag „immer erwirtschaftet sein" müsse.

460   S. BFH BStBl. II 2003, 923 unter II. 2. B. bb. = DStR 2002, 307 zu einer GmbH als körperschaftsteuerlicher Organgesellschaft: Der Gesellschafter könne „von dem ihm insoweit zustehenden Wahlrecht Gebrauch" machen und eigene Kapitalzuschüsse „von vornherein als ertragswirksamen Zuschuss" ausgestalten, der dann den Jahresüberschuss erhöhe (und unter die Gewinnabführung falle).

461   ADS Rn. 137; Beck HdR/Heymann B 231 Rn. 97 (Stand: Juni 2011); HdR/Küting/Reuter Rn. 114 f. (Stand: 11/2009); aA Heuser, Die neue Bilanz der GmbH, 1986, S. 80; s. auch BeBiKo/Störk/Kliem/Meyer, 13. Aufl. 2022, Rn. 196: Bleibe die „Zwecksetzung des Gesellschafters offen", sei „die Zuzahlung im Zweifel als Kapitalrücklage zu erfassen".

462   ADS Rn. 137; einschr. HdR/Küting/Reuter Rn. 116 (Stand: 11/2009).

dadurch kein Jahresfehlbetrag entsteht oder vertieft wird.[463] Eine **Ausnahme** besteht für die Rücklage für Anteile an einem herrschenden oder mehrheitlich beteiligten Unternehmen (§ 266 Abs. 3 A. III. 2., § 272 Abs. 4; → Rn. 117 ff.), die bei Vorliegen der maßgeblichen Voraussetzungen auch unabhängig von einem positiven Ergebnis im aktuellen Geschäftsjahr aus bereits bestehenden frei verfügbaren Rücklagen zu bilden ist. Eine Rücklage für eigene Anteile in Höhe des „auf der Aktivseite für die eigenen Anteile anzusetzenden Betrags" (Abs. 4 S. 1 aF) ist mit Einführung des Nettoausweises eigener Anteile durch das BilMoG nicht mehr zu bilden (→ Rn. 21 ff.). Allerdings kann nach diesem Konzept die Wiederveräußerung eigener Anteile zur (vom Jahresgewinn unabhängigen) Dotierung von Gewinnrücklagen führen, soweit der Veräußerungserlös für die Anteile deren Nennwert/anteiligen Wert übersteigt (Abs. 1b; → Rn. 37 ff.). Aus Gründen des Kapitalschutzes kann zudem, je nach vertretener Auffassung, die Bildung einer sog. „Rücklage wegen eigener Anteile"[464] im Wege der Analogie in Betracht kommen (im Einzelnen → Rn. 35). Die bis zu **vier Hauptformen von Gewinnrücklagen,** nämlich die gesetzliche Rücklage, die Rücklage für Anteile an einem herrschenden oder mehrheitlich beteiligten Unternehmen, die satzungs- bzw. gesellschaftsvertragliche Rücklage und „andere" Gewinnrücklagen (§ 266 Abs. 3 A. III., § 272 Abs. 3 S. 2, Abs. 4) sind **gesondert auszuweisen,** sofern nicht größenabhängige Erleichterungen (§ 266 Abs. 1 S. 3, § 327 Nr. 1, § 267 Abs. 1, Abs. 2) bestehen.[465] AG/SE und KGaA haben darüber hinaus in Bilanz (§ 152 Abs. 3 AktG) und GuV oder Anhang (§ 158 Abs. 1 Nr. 3, Nr. 4 AktG) zusätzliche Angaben zu den Gewinnrücklagen zu machen. Hierzu können sie etwa einen Rücklagenspiegel aufstellen. In den Abschluss der GmbH können entsprechende Angaben freiwillig (§ 265 Abs. 5 S. 2, § 264 Abs. 2 S. 1; → § 265 Rn. 14, → § 265 Rn. 16) aufgenommen werden.[466] Anhangangaben darüber, dass die Verwendung von Gewinnrücklagen infolge des Anrechnungsverfahrens nach früherem Körperschaftsteuerrecht steuerliche Nachbelastungen oder Entlastungen zur Folge haben kann, sind nicht erforderlich (vgl. § 264 Abs. 2 S. 2), aber zulässig.[467]

Die **Modalitäten für die Bildung und Auflösung** von Gewinnrücklagen hängen **106** vom jeweiligen Anlass (gesetzliche oder gesellschaftsvertragliche Pflicht, Eigeninitiative der Gesellschaftsorgane) und von der Gesellschaftsform ab. Bei der GmbH richten sich die Rücklagen allein nach dem Gesellschaftsvertrag sowie nach den Beschlüssen der Gesellschafterversammlung (§ 29 Abs. 2, Abs. 4 GmbHG). **Gesetzliche Rücklagen** gibt es für die AG/SE und KGaA (§§ 58, 150, 278 Abs. 3 AktG, §§ 300 ff. AktG) sowie seit dem MoMiG für die UG (haftungsbeschränkt) gem. § 5a Abs. 3 GmbHG.

I. Gesetzliche Rücklagen

Für die **GmbH** ist die Bildung einer gesetzlichen Rücklage (§ 266 Abs. 3 A. III. 1.) **107** nicht vorgesehen. Lediglich bei der Rechtsformvariante[468] der sog. **Unternehmergesellschaft (haftungsbeschränkt)** mit einem Stammkapital, das den gesetzlichen Mindestbetrag von 25.000 EUR (§ 5 Abs. 1 GmbHG) unterschreitet, ist eine gesetzliche Rücklage zu bilden (§ 5a Abs. 3 GmbHG).[469] **AG/SE und KGaA** sind immer **gesetzlich verpflichtet**

---

[463] ADS Rn. 141.
[464] So noch BeBiKo/Winkeljohann/K. Hoffmann, 11. Aufl. 2018, Rn. 134, 136, 230; Auffassung aufgegeben von BeBiKo/Störk/Kliem/Meyer, 12. Aufl. 2020, Rn. 136: Eine solche Rücklagenbildung sei „mangels gesetzlicher Regelung unzulässig"; unklar nunmehr BeBiKo/Störk/Kliem/Meyer, 13. Aufl. 2022, Rn. 126, die keine ausdrückliche Stellung mehr beziehen.
[465] S. die Übersicht zu größenabhängigen Erleichterungen bei HdR/Küting/Reuter Rn. 174 (Stand: 11/2009).
[466] BeBiKo/Störk/Kliem/Meyer, 13. Aufl. 2022, Rn. 272.
[467] IDW HFA FN 1991, 258; ADS Rn. 148.
[468] So die Terminologie des Gesetzgebers, Begr. RegE MoMiG, BT-Drs. 16/6140.
[469] Nach dem Willen der Bundesregierung soll dadurch „gesichert werden, dass diese Form der GmbH, die möglicherweise mit einem sehr geringen Stammkapital gegründet worden ist, durch Thesaurierung innerhalb einiger Jahre eine höhere Eigenkapitalausstattung erreicht." (RegE MoMiG, BT-Drs. 16/6140, 32).

(§ 150 Abs. 1 AktG, Ausnahme § 324 Abs. 1 AktG, §§ 319 ff. AktG),[470] eine Gewinnrücklage zu bilden, und zwar bereits bei Bilanzaufstellung (→ § 270 Rn. 6).

108   In die gesetzliche Rücklage der **Unternehmergesellschaft (haftungsbeschränkt)** ist gem. § 5a Abs. 3 S. 1 GmbHG „ein Viertel des um einen Verlustvortrag aus dem Vorjahr geminderten Jahresüberschusses einzustellen". Diese Dotation hat so lange zu erfolgen, bis die Gesellschaft ihr satzungsmäßiges Stammkapital mindestens auf die Höhe des Mindeststammkapitals der GmbH (§ 5 Abs. 1 GmbHG) erhöht hat (§ 5a Abs. 5 GmbHG). Insbesondere ist die Dotationspflicht nicht dahingehend begrenzt, dass es – ähnlich wie die Rücklagendotation gem. § 150 Abs. 2 AktG – ausreichen würde, wenn etwa Stammkapital und gesetzliche Rücklage zusammen eine bestimmte Kennziffer, etwa das Mindeststammkapital gem. § 5 Abs. 1 GmbHG erreichen.[471] Dadurch wird auf die Gesellschafter mittelbar ein Zwang zur kurz- bis mittelfristigen Erhöhung des Gesellschaftskapitals auf das Mindeststammkapital ausgeübt. Rechtspolitisch ist diese Zwangsthesaurierung und die damit unter Umständen verbundene Schlechterstellung der UG im Vergleich zur GmbH bedenklich, denn sie fördert Gestaltungen (Gesellschafterdarlehen, Geschäftsführervergütung, Miet- und Pachtverträge),[472] die einen Gewinnausweis minimieren. Die **Verwendung** der Rücklage ist bis zum Übergang in die GmbH (§ 5a Abs. 5 GmbHG) nur für die ausdrücklich gem. § 5a Abs. 3 S. 2 GmbHG aufgeführten Zwecke (Kapitalerhöhung, Ausgleich von Jahresfehlbetrag und Verlustvortrag[473]) zulässig, wodurch sie den Charakter gebundenen Kapitals erhält.[474]

109   Die gesetzliche Rücklage beträgt bei **AG/SE** und **KGaA** jährlich fünf Prozent des um einen etwaigen Verlustvortrag (§ 266 Abs. 3 A. IV.) aus dem Vorjahr verminderten Jahresüberschusses (§ 266 Abs. 3 A. V., § 275 Abs. 2 Nr. 20 bzw. Abs. 3 Nr. 19), bis die gesetzliche Rücklage und die Kapitalrücklage (§ 272 Abs. 2; → Rn. 64 ff.) zehn Prozent oder einen durch die Satzung bestimmten höheren Anteil am Grundkapital („Gezeichnetes Kapital" nach § 266 Abs. 3 A. I., § 272 Abs. 1) erreichen (§ 150 Abs. 2 AktG). Ein eventueller Gewinnvortrag aus dem Vorjahr bleibt außer Betracht.[475] Gewinnabhängige Verbindlichkeiten, die im Jahresabschluss bereits erfolgsmindernd berücksichtigt wurden, sind nicht wieder hinzuzurechnen.[476]

110   Die Bildung der gesetzlichen Rücklage bei AG und KGaA dient dazu, **Entnahmemöglichkeiten zu begrenzen** und **von der Vermögenslage der Gesellschaft abhängig zu machen.** Die Auflösung und **Verwendung** der gesetzlichen Rücklage unterliegt deshalb strengen Anforderungen. Solange die Summe aus gesetzlicher Rücklage und den Kapitalrücklagen nach Abs. 2 Nr. 1–3 die Grenze von zehn Prozent oder einen durch die Satzung bestimmten höheren Anteil am Grundkapital nicht erreicht, dürfen die Mittel unter den weiteren Voraussetzungen des § 150 Abs. 3 AktG nur zum Ausgleich eines Jahresfehlbetrags (§ 266 Abs. 3 A. V., § 275 Abs. 2 Nr. 20 bzw. Abs. 3 Nr. 19) oder eines Verlustvortrags aus dem Vorjahr (§ 266 Abs. 3 A. IV.) genutzt werden. Selbst soweit die gesetzliche Rücklage und die Kapitalrücklage zusammen die genannte Obergrenze überschreiten, dürfen sie nicht beliebig, sondern nur zu den in § 150 Abs. 4 AktG genannten Zwecken (Verlustausgleich; Kapitalerhöhung) verwendet werden.

111   Die aktienrechtlichen Sonderbestimmungen für die Dotierung der gesetzlichen Rücklage bei Gesellschaften, die einem **Beherrschungs**- oder **(Teil-)Gewinnabführungsver-

---

[470] Diese Pflicht kann nicht durch Satzung oder Beschluss der Hauptversammlung ausgeschlossen werden (HdR/Küting/Reuter Rn. 135 (Stand: 11/2009).

[471] Noack/Servatius/Haas/Servatius, 23. Aufl. 2022, GmbHG § 5a Rn. 21.

[472] Noack/Servatius/Haas/Servatius, 23. Aufl. 2022, GmbHG § 5a Rn. 23.

[473] Die beiden zuletzt genannten Verwendungsmöglichkeiten waren in § 5a Abs. 3 S. 2 GmbHG-RegE MoMiG (BT-Drs. 16/6140, 5: „nur für Zwecke des § 57c" GmbHG) noch nicht enthalten und sind erst auf Anregung der Praxis in die Beschlussempfehlung des RA aufgenommen worden; s. Bericht RA, BT-Drs. 16/9737, 55.

[474] Noack/Servatius/Haas/Servatius, 23. Aufl. 2022, GmbHG § 5a Rn. 26, 34; BeBiKo/Störk/Kliem/Meyer, 13. Aufl. 2022, Rn. 243.

[475] ADS Rn. 150; BeBiKo/Störk/Kliem/Meyer, 13. Aufl. 2022, Rn. 237.

[476] ADS Rn. 150; BeBiKo/Störk/Kliem/Meyer, 13. Aufl. 2022, Rn. 237.

trag (§ 291 Abs. 1 S. 1 Fall 1 und 2, § 292 Nr. 2 AktG) unterworfen sind (§ 300 Nr. 1–3 AktG), sollen das gebundene Unternehmen stärken bzw. sein bei Beginn des Unternehmensvertrags vorhandenes Vermögen erhalten.[477] Die Rücklage nach § 300 AktG schmälert den aufgrund eines Gewinnabführungsvertrags (§ 292 Abs. 1 S. 1 Fall 2 AktG) **abzuführenden Gewinn** (§ 301 S. 1 AktG). Beträge, die vor Abschluss des Unternehmensvertrags in die Gewinnrücklagen eingestellt wurden, dürfen während der Laufzeit des Vertrags zwar an die eigenen Aktionäre verteilt werden;[478] sie dürfen aber nicht aufgelöst werden, um sie als Gewinn an die Obergesellschaft abzuführen (Umkehrschluss aus § 301 S. 2 AktG). Sie dürfen von der anderen Vertragsseite (zB Muttergesellschaft) auch nicht dazu verwendet werden, um den (sonst) entstehenden Jahresfehlbetrag der AG oder KGaA auszugleichen und damit insoweit ihrer Pflicht zum Verlustausgleich zu entgehen (Umkehrschluss aus § 302 Abs. 1 S. 2 AktG).[479] Die Obergrenze des aus gesetzlicher Rücklage und Kapitalrücklagen nach Abs. 2 Nr. 1–3 zu bildenden Kapitalpuffers misst wie nach § 150 Abs. 2 AktG für alle AG zehn Prozent des Grundkapitals, wenn die Satzung keinen höheren Anteil vorschreibt. Im Unterschied zur allgemeinen Regelung ist dieser Betrag aber beim Vollgewinnabführungsvertrag und beim reinen Beherrschungsvertrag (anders: Teilgewinnabführungsvertrag nach § 300 Nr. 2) nicht etwa zeitlich unbeschränkt in jährlichen Raten von fünf Prozent des (um einen Verlustvortrag aus dem Vorjahr) bereinigten Jahresüberschusses anzuhäufen, sondern in einem vorgegebenen Zeitraum von fünf Geschäftsjahren der Höhe nach bis zum Erreichen der Obergrenze.[480] Die Fünfjahresfrist orientiert sich an § 14 Abs. 1 S. 1 Nr. 3 S. 1 KStG.[481] Diese Vorschrift setzt für die **steuerrechtliche Organschaft** einen Gewinnabführungsvertrag voraus, der „auf mindestens fünf Jahre abgeschlossen und während seiner gesamten Geltungsdauer durchgeführt werden" muss.[482]

Während die gesetzliche Rücklage bei Gewinn- und Teilgewinnabführungsverträgen **112** ausweislich des Gesetzeswortlauts (§ 300 Nr. 1, Nr. 2 AktG) „aus dem [...] **Jahresüberschuss**" (vor Gewinnabführung) der Gesellschaft zu bilden ist, verzichtet § 300 Nr. 3 für reine Beherrschungsverträge ohne gleichzeitigen (Voll-)Gewinnabführungsvertrag[483] (§ 291 Abs. 1 S. 1 Fall 1 AktG) bewusst auf diese Voraussetzung. Die Verweisung in Nr. 3 Fall 1 auf den „nach Nr. 1 erforderlichen Betrag" bezieht sich in Nr. 1 nur auf die Worte „der Betrag, der erforderlich ist [...]", nicht aber auf die vorausgehenden Worte „[...] aus dem [...] Jahresüberschuss". Der Sinn der **Sonderbehandlung des Beherrschungsvertrags** liegt darin, dass der Beherrschungs- im Gegensatz zum Gewinnabführungsvertrag nach den § 291 Abs. 3 AktG und § 308 AktG zur Erteilung nachteiliger Weisungen und damit zur finanziellen Ausbeutung der Gesellschaft berechtigt. Ob überhaupt ein Jahresüberschuss bei der beherrschten AG (KGaA) entsteht, liegt im Belieben des herrschenden Unternehmens. Die Schutzfunktion der gesetzlichen Rücklage könnte also leicht leerlaufen, wenn man sie an das Vorliegen eines Jahresüberschusses knüpfen würde. Vor diesem Hintergrund ist allerdings nicht zu verstehen, warum das Gesetz **kombinierte Beherrschungs- und Vollgewinnabführungsver-**

---

477 ZB Kölner Komm AktG/Koppensteiner, 3. Aufl. 2004, AktG Vor § 300 Rn. 1 ff.; ADS Rn. 159.

478 Kölner Komm AktG/Koppensteiner, 3. Aufl. 2004, AktG § 301 Rn. 18 und AktG § 302 Rn. 23; ADS Rn. 168; ADS AktG § 174 Rn. 6 f. mwN; Emmerich/Habersack Aktien-/GmbH-KonzernR/Emmerich, 9. Aufl. 2019, AktG § 301 Rn. 27.

479 Kölner Komm AktG/Koppensteiner, 3. Aufl. 2004, AktG § 301 Rn. 18 und AktG § 302 Rn. 23; ADS Rn. 167.

480 Hierzu Emmerich/Habersack Aktien-/GmbH-KonzernR/Emmerich, 9. Aufl. 2019, § 300 Rn. 11 f. (auch zum sog. Nachholungsgebot); ADS AktG § 300 Rn. 21 ff.

481 S. Koch, 16. Aufl. 2022, AktG § 300 Rn. 2: Das Regelungsmodell des § 300 AktG sei, wie auch die Fünfjahresfrist zeige, die steuerliche Organschaft.

482 Zur Problematik von Ausgleichsansprüchen infolge sog. Minderabführungen s. Emmerich/Habersack Aktien-/GmbH-KonzernR/Emmerich, 9. Aufl. 2019, § 300 Rn. 8 mwN.

483 Die Formulierung „ohne dass die Gesellschaft zur Abführung ihres ganzen Gewinnes verpflichtet ist" (Hervorhebung durch den Verf.) ist ersichtlich an die Legaldefinition des § 291 Abs. 1 S. 1 Fall 1 AktG angelehnt („verpflichtet, ihren ganzen Gewinn an ein anderes Unternehmen abzuführen (Gewinnabführungsvertrag)"), die sich von derjenigen des § 292 Abs. 1 Nr. 2 („Teilgewinnabführungsvertrag") unterscheidet.

träge nach seinem eindeutigen und wohl unüberwindbaren[484] Wortlaut („Beherrschungsvertrag […], ohne dass die Gesellschaft auch zur Abführung ihres ganzen Gewinns verpflichtet ist") nicht unter § 300 Nr. 3 AktG, sondern unter § 300 Nr. 1 AktG fasst und damit die Bildung der gesetzlichen Rücklage trotz der mit der Beherrschung verbundenen Gefahr einer Aushöhlung des Gesellschaftsvermögens wie bei isolierten Gewinnabführungsverträgen vom Vorliegen eines Jahresüberschusses abhängig macht.[485] Die Kritik trifft wohl auch die Behandlung **kombinierter Beherrschungs- und *Teil*gewinnabführungsverträge.** Solche Verträge werden in Nr. 3 Fall 2 explizit geregelt. Nach einer mittlerweile allerdings nur noch vereinzelt vertretenen Auffassung soll die dortige Verweisung auf Nr. 2 so zu lesen sein, dass die Rücklagenbildung nach Nr. 3 Fall 2 einen Jahresüberschuss voraussetzt.[486] Dem ist zuzustimmen. Im Gegensatz zur Verweisung auf Nr. 1 in Nr. 3 Fall 1 lässt sich die Verweisung auf Nr. 2 in Nr. 3 Fall 2 nur so verstehen, dass sie die dortige Voraussetzung, den in die Rücklage einzustellenden Betrag „aus dem […] Jahresüberschuß" zu bilden, miterfasst. In Nr. 2 nämlich steht der Zusatz „aus dem […] Jahresüberschuß zu bilden" anders als in Nr. 1 nicht **vor** dem Wort „Betrag", sondern ist Teil des Relativsatzes, der auf das (in der Verweisung in Bezug genommene) Wort „Betrag" folgt.

II. Satzungsmäßige bzw. gesellschaftsvertragliche Rücklagen

113   „Satzungsmäßige Rücklagen" (§ 266 Abs. 3 A. III. 3.) werden gebildet, soweit die Satzung der AG oder KGaA bzw. der GmbH-Gesellschaftsvertrag[487] dies zwingend vorschreiben.[488] Es handelt sich daher aus der Sicht des Vorstands bzw. Geschäftsführers ebenso um **Pflichtrücklagen** wie bei den gesetzlich angeordneten Rücklagen des § 266 Abs. 3 A. III. 1. und 2. Die Zulässigkeit gesellschaftsvertraglicher Gewinnrücklagen bei der **GmbH** – ggf. in Anlehnung an die Bestimmungen des AktG (→ Rn. 109 ff.) – ergibt sich aus dem in Abkehr vom früheren Vollausschüttungsprinzip durch das BiRiLiG neu gefassten § 29 Abs. 1 S. 1 GmbHG.[489] Insbesondere zum Schutz von GmbH, die einem Unternehmensvertrag unterworfen sind, kann die gesellschaftsvertragliche Verpflichtung zur Gewinnrücklagenbildung sinnvoll sein. Bei **AG/SE** und **KGaA** sind satzungsmäßige Rücklagen nur auf der Grundlage von § 58 Abs. 4 AktG möglich.[490] Die gem. § 58 Abs. 1 S. 1 und

[484]   So auch Koch, 16. Aufl. 2022, AktG § 300 Rn. 14: „De lege lata" müsse die „Konstruktionsschwäche der Norm wohl hingenommen werden"; MüKoAktG/Altmeppen, 5. Aufl. 2020, AktG § 300 Rn. 27.

[485]   Krit. zB auch Koch, 16. Aufl. 2022, AktG § 300 Rn. 14; Kölner Komm AktG/Koppensteiner, 3. Aufl. 2004, AktG § 300 Rn. 20.

[486]   So noch MüKoAktG/Altmeppen, 4. Aufl. 2015, AktG § 300 Rn. 36 -38, der mit dem RegE AktG 1965 von einer „sinngemäßen Abwandlung der für Gewinn- oder Teilgewinnabführungsverträge geltenden Vorschriften auf den Beherrschungsvertrag" ausgeht (Ansicht von Altmeppen in 5. Aufl. 2020, § 300 Rn. 37–39 (39), ausdrücklich aufgegeben); BeckOGK/Euler/Sabel, 1.2.2022, AktG § 300 Rn. 27; aA zB Emmerich/Habersack Aktien-/GmbH-KonzernR/Emmerich, 9. Aufl. 2019, § 300 Rn. 21; Koch, 16. Aufl. 2022, AktG § 300 Rn. 15, der die Teilgewinnverträge in § 300 Nr. 3 bereits von den Worten „ohne dass die Gesellschaft auch zur Abführung ihres ganzen Gewinns verpflichtet ist" und den Zusatz „oder, wenn die Gesellschaft verpflichtet ist, ihren Gewinn zum Teil abzuführen […]" in Nr. 3 aE als Mindestregelung betrachtet; ebenso Kölner Komm AktG/Koppensteiner, 3. Aufl. 2004, AktG § 300 Rn. 19.

[487]   Auch der GmbH-Gesellschaftsvertrag ist „Satzung" im Sinne einer „Verfassung der GmbH" (s. zB Lutter/Hommelhoff/Bayer, 20. Aufl. 2020, GmbHG § 2 Rn. 16). Die Terminologie des Gesetzes ist allerdings uneinheitlich. § 270 Abs. 2 beispielsweise differenziert zwischen „Satzung" und „Gesellschaftsvertrag".

[488]   Beck HdR/Heymann B 231 Rn. 115 (Stand: Juni 2011): Die hM gehe von der „Voraussetzung einer nach der Satzung zu bildenden Pflichtrücklage aus; das dürfte zutreffend sein"; ADS Rn. 151; Hopt/Merkt, 41. Aufl. 2022, Rn. 10; BeBiKo/Störk/Kliem/Meyer, 13. Aufl. 2022, Rn. 250; HdR/Küting/Reuter Rn. 158 (Stand: 11/2009); HdJ/Dettmeier/Prodan, Eigenkapital der Kapitalgesellschaften, Rn. 328 (Stand: Juli 2021); Kirsch/Haaker Rn. 89 (Stand: 1.9.2019); Heuser, Die neue Bilanz der GmbH, 1986, S. 82; Küting/Weber GmbHR 1984, 165 (174); Scholtissek INF 1985, 536 (540); aA Glade Praxishandbuch § 266 Rn. 638, 647 f.

[489]   HdR/Küting/Reuter Rn. 169 (Stand: 11/2009).

[490]   So ADS Rn. 154; HdR/Küting/Reuter Rn. 163 (Stand: 11/2009); s. auch Müller WPg 1969, 245 (247 f.); Geßler/Hefermehl/Bungeroth AktG 1984, § 58 Rn. 101; ADS AktG § 58 Rn. 134 ff.

Abs. 2 S. 2 AktG ggf. zu bildenden Rücklagen sind nach dem Wortlaut ausdrücklich in die „anderen Gewinnrücklagen" (§ 266 Abs. 3 A. III. 4.) einzustellen.[491] Die „andere Verwendung" als die Bildung von Gewinnrücklagen, zu deren Bestimmung die Satzung die Hauptversammlung nach § 58 Abs. 3 S. 2 AktG ermächtigen kann, erfüllt schon deshalb nicht die Voraussetzungen einer „satzungsmäßigen Rücklage", weil der Hauptversammlung ein Ermessen eingeräumt wird und daher der zwingende Charakter der Ergebnisverwendung fehlt (Ermessensrücklage, → Rn. 114). Eine in Satzung oder Gesellschaftsvertrag vorgesehene **besondere Zweckbindung der Rücklage**, zB für Rationalisierungs- oder Erhaltungsmaßnahmen, braucht im bilanziellen Ausweis nicht deutlich gemacht werden, darf aber insbesondere bei entsprechendem Umfang zweckgebundener Rücklagen aus Gründen der Klarheit in Form eines „Davon"-Vermerks oder im Anhang freiwillig (§ 265 Abs. 5 S. 2) mitgeteilt werden.[492] Die **Auflösung** der Gewinnrücklagen einschließlich der satzungsmäßigen Rücklagen erfolgt nach § 270 Abs. 2 bereits bei der Aufstellung der Bilanz durch die hierzu berufenen Organe.

Zu unterscheiden sind Pflichtrücklagen von **Ermessensrücklagen.** Ihre Bildung geht **114** auf eine **bloße Ermächtigung in Satzung oder Gesellschaftsvertrag** zurück (§ 58 Abs. 2, Abs. 3 AktG; § 29 Abs. 2 GmbHG). Sie sind nicht als „satzungsmäßige Rücklagen" (§ 266 Abs. 3 A. III. 3.), sondern als „andere Gewinnrücklagen" (§ 266 Abs. 3 A. III. 4.) auszuweisen (→ Rn. 113, → Rn. 115). Diese Unterscheidung von Pflicht- und Ermessensrücklagen klingt nicht in der Formulierung des Abs. 3 S. 2 („auf Gesellschaftsvertrag oder Satzung **beruhende** Rücklagen", Hervorhebung durch Verf.), wohl aber in § 270 Abs. 2 („Gewinnrücklagen, die nach Gesetz, Gesellschaftsvertrag oder Satzung **vorzunehmen sind** oder aufgrund solcher Vorschriften **beschlossen** worden sind [...]", Hervorhebung durch Verf.) an. Eine entsprechende Differenzierung im Rahmen des § 266 Abs. 3 A. III. ist im Interesse eines aussagekräftigen Jahresabschlusses und aus Praktikabilitätsgründen sinnvoll. Der zwingende oder nicht zwingende Charakter der Rücklagen, der sich bei den Rücklagen nach § 266 Abs. 3 A. III. 1. und 2. von selbst ergibt, ist für den Bilanzadressaten deutlich interessanter als die Bezeichnung der Rechtsgrundlage (Gesetz, Satzung) als solche, zumal die gesetzlichen und satzungsmäßigen Pflichtrücklagen im Unterschied zu Ermessensrücklagen zwingend bereits bei Aufstellung der Bilanz zu berücksichtigen sind (→ § 270 Rn. 6). Ermessensrücklagen und nicht etwa „satzungsmäßige Rücklagen" liegen auch vor, soweit Gewinnrücklagen aufgrund eines (freiwilligen) Gesellschafterbeschlusses über den in der Satzung vorgesehenen Betrag hinaus gebildet werden.[493] Für steuerbefreite **Unterstützungskassen**[494] iSd § 5 Abs. 1 Nr. 3 KStG in der Rechtsform einer GmbH wird im Schrifttum aufgrund ihrer besonderen Zwecksetzung vertreten, der das Stammkapital übersteigende Mehrbetrag des Kassenvermögens sei (gemeint ist wohl: ohne weitere Gewinnverwendungsentscheidung) den satzungsmäßigen Rücklagen zuzuordnen.[495] Diese Auffassung ist durchaus nachvollziehbar, denn die Steuerbefreiung nach § 5 Abs. 1 Nr. 3 lit. c KStG hängt davon ab, dass „die ausschließliche und unmittelbare Verwendung des Vermögens und der Einkünfte der Kasse nach der Satzung und der tatsächlichen Geschäftsführung für die Zwecke der Kasse dauernd gesichert ist". Dazu verlangt die Finanzrechtsprechung eine entsprechende satzungsmäßige Zweckbindung des Kassenvermögens.[496] Unklar bleibt allerdings, warum für Unterstützungskassen in der Rechtsform einer AG nicht Entsprechendes gelten soll.

---

[491] IErg so auch BeBiKo/Störk/Kliem/Meyer, 13. Aufl. 2022, Rn. 250.

[492] HdR/Küting/Reuter Rn. 166 (Stand: 11/2009), mit Beispielen für zweckgebundene Rücklagen bei Rn. 165; BeBiKo/Störk/Kliem/Meyer, 13. Aufl. 2022, Rn. 251; Kirsch/Haaker Rn. 89 (Stand: 1.9.2019).

[493] ADS Rn. 156; BeBiKo/Störk/Kliem/Meyer, 13. Aufl. 2022, Rn. 250; HdR/Küting/Reuter (Stand: 11/2009) Rn. 158.

[494] Bei Pensionskassen besteht dieses Problem nicht, weil nach der Gesetzesterminologie dort ein Rechtsanspruch besteht, der zu passivierenden Verbindlichkeiten/Rückstellungen führt.

[495] BeBiKo/Störk/Kliem/Meyer, 13. Aufl. 2022, Rn. 253. S. zu Unterstützungskassen auch IDW HFA 2/1988, WPg 1988, 403.

[496] ZB BFH BStBl. II 1977, 490 = BeckRS 1976, 22003815; Näheres zur Vermögensbindung iSd § 5 Abs. 1 Nr. 3 lit. c KStG s. Gosch/Martens, 4. Aufl. 2020, KStG § 5 Rn. 105–111.

III. Andere Gewinnrücklagen

115   „Andere Gewinnrücklagen" (§ 266 Abs. 3 A. III. 4., § 272 Abs. 3 S. 2 aE) sind Gewinnrücklagen, die **weder satzungsmäßig noch gesetzlich** (auch nicht für Anteile an einem herrschenden oder mit Mehrheit beteiligten Unternehmen, Abs. 4) **vorgeschrieben sind** und daher prinzipiell auf autonomen Gewinnverwendungsentscheidungen der zuständigen Gesellschaftsorgane beruhen. Wesentlich ist, dass sie in der Regel keinen Verwendungsbeschränkungen unterliegen und insoweit zu den „frei verfügbaren Rücklagen" (zB § 268 Abs. 8 S. 1, § 272 Abs. 1a S. 2, Abs. 1b S. 2, Abs. 4 S. 3) zählen (→ Rn. 121).[497] Damit entfalten sie zB auch bei Erwerb und Veräußerung eigener Anteile eine wichtige Bedeutung, bei denen sie sich vermindern bzw. erhöhen können (ausführlich → Rn. 21 ff.).

116   Zu den anderen Gewinnrücklagen gehört insbesondere der Teil des Jahresüberschusses, den Vorstand und Aufsichtsrat nach § 58 Abs. 2 AktG oder die Gesellschafter nach § 58 Abs. 3 AktG bzw. § 29 Abs. 2 GmbHG in „andere Gewinnrücklagen" einstellen. Ferner können „andere Gewinnrücklagen" gem. § 58 Abs. 2a S. 1 AktG und § 29 Abs. 4 S. 1 GmbHG aus den **Eigenkapitalanteilen** von erstens **Wertaufholungen** (§ 253 Abs. 5) und von zweitens „bei der steuerrechtlichen Gewinnermittlung gebildeten **Passivposten,** die nicht im Sonderposten mit Rücklageanteil ausgewiesen werden dürfen" (Hervorhebung hinzugefügt; vgl. auch § 247 Abs. 3 aF, § 273 aF), gebildet werden.[498] Die fakultative Bildung dieser Rücklagen (**Wahlrecht**[499]) dient dazu, für den jeweiligen Eigenkapitalanteil entsprechende Mittel durch Thesaurierung zu binden und von einer Ausschüttung auszunehmen (Innenfinanzierung).[500] Nach Aufhebung der umgekehrten Maßgeblichkeit (§ 5 Abs. 1 S. 2 aF EStG) und der § 247 Abs. 3 aF, § 273 aF durch das BilMoG hat der Anwendungsbereich der zweiten Variante ganz erheblich zugenommen.[501] Denn in der Handelsbilanz taucht die steuerbilanzielle Bildung steuerbegünstigter Rücklagen[502] grundsätzlich[503] nicht mehr in Gestalt eines die Ausschüttung hindernden Sonderpostens mit Rücklageanteil auf.[504] Lediglich die Bildung passiver latenter Steuern (§ 266 Abs. 3 E.) begrenzt insoweit noch – ohne Wahlrecht – eine Ausschüttung.[505] Werden diese zuletzt genannten Arten „anderer Gewinnrücklagen" gebildet, sind sie gem. § 58 Abs. 2a S. 2 AktG und § 29 Abs. 4 S. 2 GmbHG entweder in der Bilanz **gesondert** in Form eines Vermerks[506] oder eines eigenen Unterpostens[507] **auszuweisen** oder – ggf. mit weiteren Erläuterungen[508] – **im Anhang anzugeben** (zur möglichen Konkurrenz mit der Rücklage gem. Abs. 4 → Rn. 122).

E. Rücklage für Anteile an einem herrschenden oder mit Mehrheit beteiligten Unternehmen (Abs. 4)

I. Zweck, gesellschaftsrechtlicher Rahmen und zwingender Charakter

117   Die Rücklage für Anteile an einem herrschenden oder mit Mehrheit beteiligten Unternehmen (§ 266 Abs. 3 A. III. 2., § 272 Abs. 4) erklärt sich aus den Besonderheiten

---

[497]   S. etwa Baetge/Kirsch/Thiele/Thiele Rn. 151 (Stand: August 2006); HdJ/Singhof Abt. III/2 Rn. 146, 153 (Juni 2008).

[498]   Baetge/Kirsch/Thiele Bilanzen, 16. Aufl. 2021, 515.

[499]   ADS AktG § 58 Rn. 89.

[500]   HdJ/Singhof Abt. III/2 Rn. 151 (Stand: Juni 2008); Koch, 16. Aufl. 2022, AktG§ 58 Rn. 18 f.

[501]   Coenenberg/Haller/Schultze Jahresabschluss, 22. Aufl. 2012, S. 335 – Aussage mittlerweile nicht mehr in der Kommentierung enthalten.

[502]   Dazu zB Schmidt/Weber-Grellet, 41. Aufl. 2022, EStG § 5 Rn. 497.

[503]   Für die Übergangsregelung s. Art. 67 Abs. 3 EGHGB; Coenenberg/Haller/Schultze Jahresabschluss, 22. Aufl. 2012, S. 338.

[504]   BeBiKo/Störk/Kliem/Meyer, 13. Aufl. 2022, Rn. 258; BeBiKo/Grottel/Larenz, 13. Aufl. 2022, § 274 Rn. 26; s. auch ADS AktG § 58 Rn. 101; ADS § 273 Rn. 28.

[505]   ADS AktG § 58 Rn. 101; ADS § 273 Rn. 28.

[506]   Bsp. für einen entsprechenden „Davon"-Vermerk: „davon Wertaufholungsrücklagen iHv [...]".

[507]   BeBiKo/Störk/Kliem/Meyer, 13. Aufl. 2022, Rn. 258; ADS Rn. 158; HdR/Küting/Reuter Rn. 172, 174 (Stand: 11/2009).

[508]   ADS Rn. 158; HdR/Küting/Reuter Rn. 172 (Stand: 11/2009).

des Erwerbs dieser Anteile und dient dabei insbesondere dem **Gläubiger- und Gesellschafterschutz**.[509] Der Erwerb solcher Anteile ist mit dem Erwerb eigener Anteile (→ Rn. 21 ff.) verwandt („mittelbare Selbstbeteiligung"[510]) und droht ohne Rücklagenbildung wirtschaftlich auf eine unzulässige (§ 57 Abs. 1, Abs. 3 AktG; § 30 Abs. 1 GmbHG) Rückzahlung gezeichneten Kapitals an die Gesellschafter hinauszulaufen.[511] Die Rücklage soll genau dies, nämlich die mittelbare[512] Rückgewähr des eingezahlten Kapitals, sowie darüber hinaus die Ausschüttung gebundener Rücklagen verhindern[513] **(Ausschüttungssperre)** und die Bilanzadressaten hierüber **informieren** (→ Rn. 124). Die bisherige Rücklage für **eigene** Anteile nach Abs. 4 S. 1–3 aF,[514] die demselben Zweck diente, ist mit dem BilMoG im Zuge des zwingenden Nettoausweises weggefallen. Entsprechend ihrem Zweck als Maßnahme des Kapitalschutzes[515] und dem Wortlaut von Abs. 4 S. 1 („ist [...] zu bilden") ist die auf den Erwerb folgende **Rücklagendotation zwingend** vorzunehmen. Die Rücklage kann aus demselben Grund auch nur unter den engen Voraussetzungen des Abs. 4 S. 4 wieder aufgelöst werden (→ Rn. 127 f.). Zur Pflicht zur Bildung eines Sonderpostens bei Kapitalgesellschaften & Co. für Anteile an einer Komplementärgesellschaft (§ 264c Abs. 4) → § 264a Rn. 31 ff.

Mit Abs. 4 korrespondieren **gesellschaftsrechtliche Schranken.** Von einer **AG** 118 abhängige oder in ihrem Mehrheitsbesitz stehende Unternehmen – egal welcher Rechtsform – dürfen Aktien ihrer Muttergesellschaft nur unter entsprechenden Voraussetzungen (dh insbesondere 10%-Grenze des § 71 Abs. 2 S. 1 AktG,[516] hypothetische Rücklagenbildung gem. § 71 Abs. 2 S. 2, ggf. Volleinzahlung gem. § 71 Abs. 2 S. 3 AktG) erwerben, unter denen der AG selbst dieser Erwerb möglich wäre (§ 56 Abs. 2 AktG, § 71d S. 2 Fall 1 AktG iVm § 71 Abs. 1 Nr. 1–5, 7 und 8 sowie Abs. 2 AktG).[517] Ist die **GmbH** herrschendes bzw. mehrheitlich beteiligtes Unternehmen, gilt für sie § 33 Abs. 1 und 2 GmbHG analog.[518] Die Rücklage nach Abs. 4 kann dann nur und muss auch bei der **Tochter**gesellschaft gebildet werden, was zugleich mittelbar, nämlich in Bezug auf den Wert ihrer Beteiligung an der Tochtergesellschaft, die Haftungsmasse der Muttergesellschaft schützt.[519] Die Erwerbsvoraussetzung eines ausreichenden finanziellen Spielraums zur Bildung einer fiktiven Rücklage für eigene Anteile (§ 71 Abs. 2 S. 2 AktG; § 33 Abs. 2 S. 1 GmbHG; → Rn. 24)

---

[509] BeBiKo/Störk/Kliem/Meyer, 13. Aufl. 2022, Rn. 301; HdR/Küting/Reuter Rn. 137 aE (Stand: 11/2009); eingehend zur Rücklage im System des Kapitalschutzes s. BeckOGK/Poeschke, 15.9.2021, Rn. 217–221.

[510] Noack/Servatius/Haas/Kersting, 23. Aufl. 2022, GmbHG § 33 Rn. 21.

[511] ADS Rn. 183: „kommt wirtschaftlich einer teilweisen Rückzahlung des Kapitals gleich" (zum Erwerb eigener Anteile eines beherrschten oder in Mehrheitsbesitz stehenden Unternehmen" gem. § 272 Abs. 4 aF); s. auch Altmeppen DB 1995, 1678 (1678), der es so ausdrückt: Im Fall der Mehrheitsbeteiligung würden die Aufwendungen für den Aktienerwerb „aus einem Vermögen getätigt, an dem die AG beteiligt" sei.

[512] BeBiKo/Störk/Kliem/Meyer, 13. Aufl. 2022, Rn. 301.

[513] Begr. RegE BiRiLiG, BT-Drs. 10/317, 110 zu § 42 GmbHG.

[514] Dazu → 2. Aufl. 2008, Rn. 79 ff.

[515] BeckOGK/Poeschke, 15.9.2021, Rn. 223.

[516] S. auch die Zurechnungsregelung gem. § 71d S. 3 AktG. Danach sind bei der Beurteilung, ob der Erwerb durch das Tochterunternehmen zur Überschreitung der 10%-Grenze des § 71 Abs. 2 S. 1 AktG führt, die eigenen Aktien im Besitz der herrschenden AG, die eigenen Aktien im Besitz für ihre Rechnung handelnder Dritter (§ 71d S. 1 AktG), die eigenen Aktien im Besitz der bilanzierenden Tochtergesellschaft sowie Aktien im Besitz weiterer von der AG abhängiger oder in ihrem Mehrheitsbesitz stehender Unternehmen zusammenzurechnen; vgl. BeckOGK/Cahn, 1.2.2022, AktG § 71d Rn. 43.

[517] Treffend Altmeppen DB 1995, 1678: „Wenn abhängige Unternehmen also Anteile an ihrer Muttergesellschaft erwerben, gilt dies als Erwerb eigener Anteile durch die Muttergesellschaft". Zu Einzelheiten Martens AG 1996, 337 ff.; v. Rosen/Helm AG 1996, 434 ff.; ADS AktG § 160 Rn. 25 ff.

[518] Noack/Servatius/Haas/Kersting, 23. Aufl. 2022, GmbHG § 33 Rn. 21: analoge Anwendung von § 33 GmbHG bei Mehrheitsbeteiligung, nicht aber bei anderweitiger Abhängigkeit; wohl Lutter/Hommelhoff/Hommelhoff, 20. Aufl. 2020, GmbHG § 33 Rn. 40 ff.: analoge Anwendung bei gesellschaftsrechtlicher Beteiligung von „mindestens 25 %", Rn. 45, 47; wohl auch Scholz/Westermann, 12. Aufl. 2018, GmbHG § 33 Rn. 21.

[519] Altmeppen DB 1995, 1678.

ist auf den Erwerb von Anteilen an einer Muttergesellschaft dergestalt zu übertragen, dass die Muttergesellschaft (AG, GmbH) dazu in der Lage sein muss, hypothetisch eine Rücklage für eigene Anteile aus freiem Vermögen zu bilden, so wie wenn sie selbst die (eigenen) Anteile erwerben würde.[520] Demgegenüber ist es nicht die Muttergesellschaft, sondern die Tochtergesellschaft (AG/SE, GmbH, zur Kapitalgesellschaft & Co. s. § 264c Abs. 4), die die (tatsächliche, nicht nur fiktive) Rücklage nach § 272 Abs. 4 zu bilden hat.[521]

II. Voraussetzungen

119   **1. Anteilserwerb.** Die Rücklage für Anteile an einem herrschenden oder mit Mehrheit beteiligten Unternehmen verlangt den **dinglichen Erwerb** der Anteile. Eine etwaige Unwirksamkeit bzw. Nichtigkeit des obligatorischen Geschäfts (zB nach § 71d S. 4 AktG, § 71 Abs. 4 S. 2 AktG; § 56 Abs. 1 AktG iVm § 134 BGB; § 33 Abs. 2 S. 3 Hs. 2 GmbHG) ist dagegen unbeachtlich. Der Erwerb muss **Anteile an einem herrschenden Unternehmen** oder an einem Unternehmen, das mit Mehrheit an der bilanzierenden Gesellschaft beteiligt ist (Abs. 4 S. 3; vgl. auch § 71a Abs. 2 AktG, § 71d S. 2 AktG), betreffen.[522] **Anteile** sind alle Formen von Aktien (§§ 8 ff. AktG) bzw. Geschäftsanteilen (§ 3 Abs. 1 Nr. 4 GmbHG). Ob das Unternehmen, dessen Anteile erworben werden, die Gesellschaft **beherrscht** oder an ihr **mehrheitlich beteiligt** ist, richtet sich nach den aktienrechtlichen Regeln **(§§ 16, 17 AktG);**[523] eine wechselseitige Beteiligung iSd § 19 AktG wird nicht per se, sondern nur erfasst, wenn zugleich § 16 oder § 17 AktG erfüllt sind.[524]

120   **2. Zeitpunkt.** Die Rücklage ist **bei Aufstellung der Bilanz** zu bilden (Abs. 4 S. 3; → § 270 Rn. 6). Eine Ausnahme besteht nur, wenn der Jahresabschluss ausnahmsweise von der Hauptversammlung festgestellt wird (§ 173 Abs. 1 AktG, § 234 Abs. 2 AktG, § 270 Abs. 2 AktG, § 286 Abs. 1 AktG); dann ist die Rücklage gleichzeitig mit dessen Feststellung zu bilden.[525] Die **Mittel für die Rücklagenbildung** müssen hingegen bereits zum Erwerbszeitpunkt (→ Rn. 24) vorhanden sein.[526] Dafür spricht bereits der Wortlaut des § 71 Abs. 2 S. 2 AktG („Erwerb [...] nur zulässig, wenn die Gesellschaft im Zeitpunkt des

---

[520] BeckOGK/Cahn, 1.2.2022, AktG § 71d Rn. 44 zur AG als Muttergesellschaft; MüKoAktG/Oechsler, 5. Aufl. 2019, AktG § 71d Rn. 47: „doppelte hypothetische Betrachtungsweise"; anders wohl Scholz/Westermann, 12. Aufl. 2018, GmbHG § 33 Rn. 21: „Eine Lösung auf der Grundlage des § 33 Abs. 2" gehe dahin „nicht zu fragen, ob die Muttergesellschaft [herrschende GmbH] den Erwerb der Anteile aus nach § 30 nicht gebundenen Mitteln finanzieren könnte, sondern zu prüfen, ob die Tochtergesellschaft genügend freies Vermögen hat". Eine Gefährdung der Kapitalerhaltung der Mutter sei dann „schwer vorstellbar".

[521] Altmeppen DB 1995, 1678; BeckOGK/Cahn, 1.2.2022, AktG § 71d Rn. 46 f. zur AG als Muttergesellschaft; aA Merkt/Probst/Fink/Mylich Kap. 7 Rn. 94: Für die Tochtergesellschaft seien die Anteile an der Obergesellschaft „ein ganz normaler Vermögensgegenstand, weil die Obergesellschaft von der Krise oder Insolvenz ihrer abhängigen Gesellschaft nicht betroffen sein" müsse. Die in dieser Konstellation gegebene, von Cahn (BeckOGK/Cahn, 1.2.2022, AktG § 71d Rn. 46) angesprochene mittelbare Beteiligung an sich selbst scheint Mylich dabei nicht für relevant zu halten.

[522] Zur inzwischen korrigierten ungenauen Formulierung des § 272 Abs. 4 S. 4 aF („Anteile des herrschenden [....] Unternehmens") s. Altmeppen DB 1995, 1678 ff.

[523] RegE, BT-Drs. 16/10067, 66; Ulmer FS Goerdeler, 1987, 623 (636 ff.); ADS Rn. 204; Hopt/Merkt, 41. Aufl. 2022, Rn. 11; BeBiKo/Störk/Kliem/Meyer, 13. Aufl. 2022, Rn. 300.

[524] Begr. RegE BilMoG, BT-Drs. 16/10067, 66: „Anteile an anderen Unternehmen [...], das das erwerbende Unternehmen beherrscht oder an diesem eine Mehrheitsbeteiligung hält (§§ 16, 17 AktG)"; ADS Rn. 205 zu § 272 Abs. 4 S. 4 aF; diff. Habersack/Casper/Löbbe/Paura, 3. Aufl. 2020, GmbHG § 33 Rn. 120 f. mwN.

[525] MüKoAktG/Kropff, 2. Aufl. 2004, HGB § 272 Rn. 122, speziell zu § 173 Abs. 1 AktG (Aussage in der nachfolgenden Kommentierung zu Kropff zu § 272 im MüKoBilanzR nicht wiederzufinden).

[526] Zur AG: Begr. RegE Gesetz zur Durchführung der 2. Gesellschaftsrechtlichen EG-Richtlinie v. 31.3.1978, BT-Drs. 8/1678, 15: Die in § 71 Abs. 2 S. 2 AktG genannte Kapitalgrenze beziehe sich „auf den Zeitpunkt des Erwerbs der eigenen Aktien, weil nur die Wahl dieses Zeitpunktes hinreichend Gewähr dafür" biete, „dass Schwankungen im Vermögensbestand der Gesellschaft vom Vorstand berücksichtigt werden" müssten, „aber auch berücksichtigt werden" könnten; ferner BeckOGK/Poeschke, 15.9.2021, Rn. 219. Zur GmbH: BGH NJW 1997, 196 unter I. 2.; Noack/Servatius/Haas/Kersting, 23. Aufl. 2022, GmbHG § 33 Rn. 11.

Erwerbs eine Rücklage [...] bilden könnte") bzw. § 33 Abs. 2 S. 1 GmbHG („sofern sie im Zeitpunkt des Erwerbs eine Rücklage... bilden könnte"). Die Geschäftsleitung hat zu entscheiden, ob die Rücklage im Erwerbszeitpunkt aus freien Mitteln gebildet werden könnte, würde auf diesen Stichtag ein Jahresabschluss erstellt.[527] Dazu ist kein echter Zwischenabschluss erforderlich,[528] sondern es reicht die ermessensfehlerfreie Einschätzung der Geschäftsleitung.[529] Eine bloße Prognose, dass bis zur Aufstellung des Jahresabschlusses und zur Bildung der Rücklage noch ausreichend Mittel erwirtschaftet werden, kann angesichts des Wortlautes der vorgenannten Vorschriften nicht ausreichen.[530] Sind später bei der Aufstellung des Jahresabschlusses aufgrund eines **nachfolgenden Verlustes** keine frei verfügbaren Mittel mehr vorhanden, ist die Rücklage zu Lasten des Jahresergebnisses dennoch in voller Höhe zu bilden (→ Rn. 123 f.).

3. Frei verfügbare Mittel. Gemäß Abs. 4 S. 3 darf die Rücklage für Anteile an einem   **121** herrschenden oder mit Mehrheit beteiligten Unternehmen aus **frei verfügbaren** Rücklagen gebildet werden. In Abs. 4 S. 4 iVm S. 3 aF war noch von „vorhandenen Gewinnrücklagen" die Rede gewesen. Entsprechend dem Zweck der Rücklage (→ Rn. 117) war allerdings bereits zur alten Gesetzesfassung aus der Zeit vor dem BilMoG überwiegend die Ansicht vertreten worden, dass über den Wortlaut (Gewinnrücklagen) hinaus auch eine Dotierung aus ungebundenen Kapitalrücklagen möglich sein musste (→ 2. Aufl. 2008, Rn. 82). Der BilMo-Gesetzgeber hat dies inzwischen klargestellt. Die Rücklage für Anteile an einem herrschenden oder mit Mehrheit beteiligten Unternehmen kann folglich aus dem Jahresüberschuss, den frei verfügbaren Kapital- und Gewinnrücklagen (vgl. zum Rahmen § 150 Abs. 3 und 4 AktG; § 272 Abs. 2 Nr. 4) oder dem Gewinnvortrag gebildet werden.[531] Zweckgebundene satzungsmäßige oder zweckgebundene andere Gewinnrücklagen (→ Rn. 113, → Rn. 115) und bei AG und KGaA auch die Kapitalrücklagen nach Abs. 2 Nr. 1–3 und die gesetzliche Rücklage dürfen hingegen mangels freier Verfügbarkeit (vgl. § 150 Abs. 3, Abs. 4 AktG) nicht herangezogen werden. Aus welchen der frei verfügbaren Mittel die Rücklage gebildet wird, stellt das Bilanzrecht dagegen in die Entscheidung der Gesellschaft.[532] Für AG und KGaA wird im Hinblick auf die Gewinnverwendungskompe-

---

[527] MüKoAktG/Oechsler, 5. Aufl. 2019, AktG § 71 Rn. 350 zur AG.

[528] So zur AG MüKoAktG/Oechsler, 5. Aufl. 2019, AktG § 71 Rn. 349: „Ein echter Zwischenabschluss im maßgeblichen Zeitpunkt" sei nach altem Recht nicht erforderlich gewesen, er könne „nach neuem Recht erst recht nicht verlangt werden, weil das Bilanzrecht eine entsprechende Rücklagenbildung ja nicht vorsieht"; BeckOGK/Pöschke, 15.9.2021, Rn. 70: Die tatsächliche Aufstellung einer Zwischenbilanz sei „in der Regel" nicht erforderlich. Weniger eindeutig allerdings die Begr. RegE eines Gesetzes „zur Durchführung der Zweiten Richtlinie des Rates der Europäischen Gemeinschaften zur Koordinierung der Gesellschaftsrechts", BT-Drs. 8/1678, 15, auf die sich Oechsler beruft: Für „den auf den Zeitpunkt des Erwerbs [...] aufzustellenden Zwischenabschluss" gelten „die allgemeinen Bewertungsgrundsätze".

[529] S. BeckOGK/Pöschke, 15.9.2021, Rn. 70: Es genüge, „wenn eine Zwischenbilanz nach Überzeugung des Geschäftsführers zweifelsfrei ergeben würde, dass die erforderlichen Mittel vorhanden" seien; MüKoAktG/Oechsler, 3. Aufl. 2008, AktG § 71 Rn. 320: Vorstand müsse „entscheiden, ob die Rücklage zum Stichtag aus freien Mitteln gebildet werden könnte" (die 5. Aufl. 2019 vertritt in der Sache nichts anderes, die ältere Formulierung erscheint aber klarer).

[530] MüKoBilanzR/Kropff, 1. Aufl. 2013, Rn. 71 – Aussage in der Neuauflage nicht mehr enthalten; MüKoAktG/Oechsler, 3. Aufl. 2008, AktG § 71 Rn. 320 zur AG: Entsprechend dem Stichtagsprinzip könne es für die Rechtmäßigkeit der Einschätzung des Vorstands „nicht darauf ankommen, ob die Rücklage später im Jahresabschluss tatsächlich gebildet werden" könne oder nicht (ebenso, aber weniger aussagekräftig formuliert 5. Aufl. 2019); aA ADS Rn. 186.

[531] Gelhausen/Fey/Kämpfer L Rn. 61, Rn. 26; BeBiKo/Störk/Kliem/Meyer, 13. Aufl. 2022, Rn. 302; HdR/Küting/Reuter Rn. 136 ff. (Stand: 11/2009); BeckOGK/Poeschke, 15.9.2021, Rn. 66: Ein Gewinnvortrag sei verfügbar, abzuziehen sei ein Verlustvortrag aus dem Vorjahr und Jahresfehlbetrag, der nicht nach § 150 Abs. 3 und 4 AktG ausgeglichen werden könne; aus dem Schrifttum vor dem BilMoG zB ADS Rn. 189 ff.; Zilias/Lanfermann WPg 1980, 61 (90); Baetge/Kirsch/Thiele/Thiele Rn. 163 (Stand: August 2006), speziell zum Bilden der Rücklage aus den vorhandenen Gewinnrücklagen sowie aus dem Jahresüberschuss und ohne Aussage zu Kapitalrücklage und Gewinnvortrag; Beck HdR/Heymann B 231 Rn. 113 (Stand: Juni 2011).

[532] ADS Rn. 189.

tenz der Hauptversammlung von manchen eine Priorität der frei verwendbaren Rücklagen angenommen.[533]

122   Abs. 4 hat keine Sperrwirkung gegenüber der Möglichkeit, **Eigenkapitalanteile iSv § 58 Abs. 2a AktG; § 29 Abs. 4 GmbHG** in andere Gewinnrücklagen einzustellen.[534] Da beide Rücklagen auf selbstständigen Zuweisungsgründen basieren,[535] sind Vorstand und Aufsichtsrat zur Einstellung der Eigenkapitalanteile selbst dann berechtigt, wenn das Unternehmen infolge der Einstellung nicht mehr ausreichende frei verfügbare Mittel zur Bildung der Rücklage für Anteile an einem herrschenden oder mit Mehrheit beteiligten Unternehmen besitzt. Die im Rahmen eines **Gewinnabführungsvertrags** (§ 291 Abs. 1 S. 1 Fall 2 AktG; analog für die GmbH) an das Oberunternehmen abzuführenden Mittel werden insoweit durch Abs. 4 begrenzt, als der abführungsverpflichteten Gesellschaft Mittel aus ihrem Jahresüberschuss oder aus während der Dauer des Gewinnabführungsvertrags gebildeten Gewinnrücklagen (§ 301 S. 2 AktG analog) zur Verfügung stehen müssen, aus denen die Rücklage für Anteile an einem herrschenden oder mit Mehrheit beteiligten Unternehmen dotiert werden kann.[536] Auf vorvertragliche Rücklagen darf demgegenüber nicht zurückgegriffen werden.[537]

123   **4. Vorhandene Mittel.** Der Gesetzeswortlaut (Abs. 4 S. 3) spricht außerdem von einer Bildung aus **vorhandenen** Mitteln. Deshalb ist nach einer, insbesondere im Zusammenhang der Rücklage für eigene Anteile nach Abs. 4 aF vertretenen Ansicht im Schrifttum jedenfalls für AG/SE und KGaA eine Rücklage ausgeschlossen, soweit die vorhandenen frei verfügbaren Mittel nicht ausreichen oder wenn zum Bilanzstichtag gar keine Mittel vorhanden sind, wie im Fall eines nach dem Erwerbszeitpunkt liegenden überraschenden Bilanzverlustes.[538] Dies wird zum einen auf die Überlegung gestützt, dass der Ansatz einer Rücklage in voller Höhe einen Bilanzverlust verursacht oder erhöht, der als Verlustvortrag im nächsten Geschäftsjahr zur Auflösung der gesetzlichen Rücklage und der Kapitalrücklage nach § 272 Abs. 2 Nr. 1–4 berechtigen würde (§ 150 Abs. 3, Abs. 4 AktG). Die Rücklage (für Anteile an einem herrschenden oder mit Mehrheit beteiligten Unternehmen) würde dann letztlich nicht aus frei verfügbaren, sondern eben **aus gebundenen Mitteln gebildet** und wäre deshalb unzulässig (zu einer ähnlichen Argumentation im Zusammenhang mit dem Erwerb eigener Anteile → Rn. 29). Zum anderen wird der Zweck der Rücklage einzig im Errichten einer **Ausschüttungssperre** in Höhe des Betrags der erworbenen Anteile (an einem herrschenden oder mit Mehrheit beteiligten Unternehmen) gesehen. Diese Zweckrichtung sei aber gar nicht tangiert, wenn es mangels frei verfügbarer Mittel gar nicht zur Ausschüttung kommen könne.[539] Zugleich soll bei nicht ausreichendem Jahresüberschuss das Bilden gesetzlicher Rücklagen gegenüber der Rücklage (für Anteile an einem herrschenden oder mit Mehrheit beteiligten Unternehmen) **Vorrang** haben, da dem Gesetzeswortlaut nach die gesetzliche Rücklage nur durch den Verlustvortrag aus dem Vorjahr gemindert (§ 150 Abs. 2 AktG) und die Rücklage für Anteile an einem herrschenden oder mit Mehrheit

---

[533] HdJ/Singhof Abt. III/2 Rn. 164, 159 (Stand: Juni 2008); Zilias/Lanfermann WPg 1980, 89 (91); HdR/ Küting/Kessler/Reuter Rn. 151 ff. (Stand: 11/2009); aA BeBiKo/Störk/Kliem/Meyer, 13. Aufl. 2022, Rn. 306.

[534] ADS Rn. 199: Die Befugnis nach § 58 Abs. 2a AktG und § 29 Abs. 4 GmbHG bleibe „unberührt von der Einstellung in die Rücklage für eigene Anteile".

[535] ADS Rn. 199; ADS AktG § 58 Rn. 105 f.

[536] ADS Rn. 200 mwN; Zilias/Lanfermann WPg 1980, 89 (91 f.).

[537] ADS Rn. 200; aA Merkt/Probst/Fink/Mylich Kap. 7 Rn. 101: „entgegen der hM" – Rücklage sei „sowieso beim herrschenden Unternehmen zu bilden", außerdem regelten die §§ 301, 302 AktG „nur Gewinnabführung und Verlustausgleich für den Unternehmensvertrag", andere Rücklagen seien „deshalb nicht ausschüttungsgesperrt".

[538] Zilias/Lanfermann WPg 1980, 89 (92); Haller DB 1987, 645 (646); Knop DB 1987, 549 (556).

[539] So HdR/Küting/Reuter Rn. 155 (Stand: 11/2009): Der mit der Rücklagenbildung verfolgte Zweck des Errichtens einer Ausschüttungssperre in Höhe des Betrags der erworbenen Anteile an einem herrschenden oder mehrheitlich beteiligten Unternehmen lege es nahe, die Rücklage zunächst nur in dem Umfang zu bilden, wie frei verfügbares Eigenkapital vorhanden sei und die vollständige Dotierung erst in den folgenden Geschäftsjahren zu erfolgen habe.

beteiligten Unternehmen nur aus frei verfügbaren (§ 272 Abs. 4 S. 3) Mitteln gebildet werden dürfte.[540]

Die besseren Gründe sprechen indes dafür, mit der hM[541] eine Pflicht zur Bildung der **124** Rücklage für Anteile an einem herrschenden oder mit Mehrheit beteiligten Unternehmen auch dann anzunehmen, wenn dadurch ein **Bilanzverlust** entsteht oder erhöht wird. Bereits der **Gesetzeswortlaut** legt die Bildung auch in solchen Fällen nahe, weil in die Rücklage eben ein entsprechender Betrag „einzustellen ist" (Abs. 4 S. 1), die Rücklage ferner bei Aufstellung der Bilanz „zu bilden ist" (Abs. 4 S. 3) und die Wendung von „vorhandenen", „frei verfügbaren" Rücklagen (Abs. 4 S. 3) nicht zur Annahme einer entsprechenden Ausschlusswirkung drängt. Vor allem jedoch widerspricht es dem **Zweck der Rücklage** für Anteile an einem herrschenden oder mit Mehrheit beteiligten Unternehmen (→ Rn. 117), deren Ansatz auf einen späteren, unbestimmten Zeitpunkt zu verschieben, wenn freie Mittel wieder verfügbar sind.[542] Der Zweck der Rücklage darf nämlich nicht auf eine bloße Ausschüttungssperre reduziert werden, sondern verlangt die **vollständige Information** der Bilanzadressaten, insbesondere der Gläubiger und Aktionäre. Ihnen würde (§ 264 Abs. 2 S. 1) ohne die Rücklage für Anteile an einem herrschenden oder mit Mehrheit beteiligten Unternehmen und den damit verursachten Bilanzverlust zu Unrecht ein ausgeglichenes Jahresergebnis vorgetäuscht werden.

III. Ausgestaltung

1. Betrag und Ausweis der Anteile. In die Rücklage ist ein **Betrag** einzustellen, **125** „der dem auf der Aktivseite... für die Anteile an einem herrschenden oder mit Mehrheit beteiligten Unternehmen angesetzten Betrag entspricht" (Abs. 4 S. 2). Für die **Aktivseite** der Bilanz ist für **Anteile** an einem herrschenden oder mit Mehrheit beteiligten Unternehmen kein zwingender gesonderter **Ausweis** vorgesehen. Ein Ausweis im **Anlagevermögen** unter den Finanzanlagen (§ 266 Abs. 2 A. III.) im Unterposten Nr. 1 (Anteile an verbundenen Unternehmen, → § 266 Rn. 38 f.), Nr. 3 (Beteiligungen, → § 266 Rn. 42 ff.), Nr. 5 (Wertpapiere des Anlagevermögens, → § 266 Rn. 46 ff.) oder, insbesondere bei GmbH-Anteilen, Nr. 6 (sonstige Ausleihungen, → § 266 Rn. 52, → § 266 Rn. 48) kommt in Betracht, wenn sie dem Geschäftsbetrieb dauernd zu dienen bestimmt sind (§ 247 Abs. 2). Bei Aktien einer herrschenden bzw. mehrheitlich beteiligten AG kann diese Voraussetzung problematisch sein, weil die AG von der bilanzierenden Gesellschaft nach § 71d S. 5 AktG jederzeit die Übertragung der Anteile (des „Eigentums an den Aktien") verlangen kann, selbst dann, wenn die bilanzierende Gesellschaft diese Anteile zulässigerweise erworben hat und besitzt; auf die Voraussetzungen des § 71c AktG (iVm § 71d S. 4 AktG) kommt es nicht an.[543] Nach den Gesetzesmaterialien soll daher ein Ausweis der Anteile an einer herrschenden bzw. mehrheitlich beteiligten AG im Anlagevermögen nur in Frage kommen, „wenn hinreichende Anhaltspunkte dafür bestehen, dass dieses Recht nicht ausgeübt wird".[544] Deshalb setzt in diesen Fällen die Prüfung der Dauerhaftigkeit[545] der Beteiligung eine besonders umfassende Würdigung aller Umstände voraus; eine dokumentierte Konzernabsprache ist hier hilfreich. Liegen die Voraussetzungen des Ausweises als Finanzanlage

---

540 Zilias/Lanfermann WPg 1980, 89 (92); HdR/Küting/Reuter Rn. 146 (Stand: 11/2009).
541 Kühnberger BB 2011, 1387 (1389): „ganz hM"; BeckOGK/Poeschke, 15.9.2021, Rn. 229; Staub/Meyer, 6. Aufl. 2021, Rn. 66; Baumbach/Hueck/Schulze-Osterloh, 18. Aufl. 2006, GmbHG § 42 Rn. 216; Glade Praxishandbuch § 266 Rn. 630; ADS Rn. 196 ff.; Beck HdR/Heymann B 231 Rn. 117 (Stand: Juni 2011); BeBiKo/Störk/Kliem/Meyer, 13. Aufl. 2022, Rn. 306; HdR/Küting/Reuter Rn. 155 (Stand: 11/2009); Winnefeld Bilanz-HdB, 5. Aufl. 2015, D Rn. 1851, 1853.
542 ADS Rn. 197.
543 ZB Koch, 16. Aufl. 2022, AktG § 71d Rn. 20: „ganz hM".
544 Begr. RegE, BT-Drs. 16/10067, 66; ähnlich ADS § 266 Rn. 74 zu § 272 Abs. 4 S. 4 aF; BeBiKo/Schubert/Kreher, 13. Aufl. 2022, § 266 Rn. 58: Anlagevermögen nur in Sonderfällen.
545 BeBiKo/Schubert/F. Huber, 13. Aufl. 2022, § 247 Rn. 256; s. auch BeBiKo/Schubert/F. Huber, 13. Aufl. 2022, § 247 Rn. 252, mit dem Hinweis, der Begriff „dauernd" sei nicht iSv „immer" oder „für alle Zeiten" zu verstehen.

nicht vor oder verbleiben im Fall des § 71d S. 5 AktG zumindest Zweifel daran, erfolgt ein Ausweis im **Umlaufvermögen** bei den Wertpapieren unter Nr. 1 (Anteile an verbundenen Unternehmen, → § 266 Rn. 75) oder Nr. 2 (Sonstige Wertpapiere, → § 266 Rn. 77) oder – im Falle von GmbH-Anteilen wegen der fehlenden Verbriefung (→ § 266 Rn. 72) – bei den sonstigen Vermögensgegenständen (§ 266 Abs. 2 B. III. 1. oder 2.). Welchem Posten die Anteile, ggf. mit einem „Davon“-Vermerk, zuzuordnen sind, ist eine Frage des Einzelfalls. Es kann allerdings jeweils auch ein Ausweis unter einer weiteren Ziffer erfolgen („A. III. 7.“ bzw. „B. III. 3.“[546]), was sich insbesondere bei GmbH-Anteilen infolge ihrer fehlenden Wertpapiereigenschaft anbietet. Ob und in welcher Höhe für **unentgeltlich erworbene** Anteile an einem herrschenden oder mit Mehrheit beteiligten Unternehmen eine Kapitalrücklage zu bilden ist, hängt von der streitigen, an dieser Stelle nicht zu entscheidenden Vorfrage ab, ob und unter welchen Voraussetzungen und in welcher Höhe unentgeltlich erworbene und nicht unter § 248 Abs. 2 fallende Vermögensgegenstände zu aktivieren und wie sie zu bewerten sind.[547] Die unterschiedlichen Meinungen stellen entweder das Vollständigkeitsgebot des § 246 Abs. 1 oder den Grundsatz des erfolgsneutralen Anschaffungsvorgangs (§ 253 Abs. 1, § 255 Abs. 1) in den Vordergrund.[548]

126   **2. Ausweis der Rücklage.** Der Posten ist angesichts des Wortlautes des § 266 Abs. 3 A. III. 2. als „Rücklage für Anteile an einem herrschenden oder mit Mehrheit beteiligten Unternehmen“ zu bezeichnen. Die gesetzliche Vorgabe ist eindeutig, so dass eine Umbenennung dieses Bilanzpostens im Interesse der Vergleichbarkeit des Jahresabschlusses nicht gestattet ist.[549] Eine entsprechende klarstellende **Untergliederung,** auch in Gestalt eines „Davon“-Vermerks, ist aber zulässig (§ 265 Abs. 5 S. 1).[550] **Anhangangaben** können sinnvoll sein, wenn die Rücklage für Anteile an einem herrschenden oder mit Mehrheit beteiligten Unternehmen aus Kapitalrücklagen gebildet wird, weil auf diese Weise entgegen der Trennung von Kapital- und Gewinnrücklagen von außen zugeflossenes Kapital als erwirtschafteter Gewinn ausgewiesen wird. AG und KGaA haben weiterhin aktienrechtliche Angabepflichten (§ 158 Abs. 1 Nr. 4 lit. b AktG) zu beachten.

IV. Auflösung (Abs. 4 S. 4)

127   Abs. 4 S. 4 enthält eine **abschließende** („soweit“) Aufzählung möglicher Gründe für die vollständige oder teilweise Auflösung der Rücklage, nämlich die Veräußerung, Ausgabe oder Einziehung der Anteile sowie eine Abschreibung (vgl. § 253 Abs. 3 und 4) des Wertes des korrespondierenden Aktivpostens. Der Gesetzeswortlaut („ist“) legt eine **Auflösungspflicht** fest und hat damit die diesbezüglich die Vorgängerregelung des Abs. 4 S. 4 iVm S. 2 umgebenden Auslegungszweifel (→ 2. Aufl. 2008, Rn. 88) beseitigt. Während gem. § 253 Abs. 3 oder 4 vorgenommene **Abschreibungen** auf die Anteile an einem herrschenden oder mit Mehrheit beteiligten Unternehmen nach § 272 Abs. 4 S. 4 aE zu einer korres-

---

546 So wohl eher zufällig auch Begr. RegE, BT-Drs. 16/10067, 66: Ausweis im Umlaufvermögen „unter § 266 Abs. 2 B. III. 1. HGB – soweit die Voraussetzungen des § 271 Abs. 2 HGB erfüllt sind – und ansonsten unter § 266 Abs. 2 B. III. 3. HGB". Der Kontext spricht dafür, dass die BReg mit „B. III. 3.“ den Posten B. III. 2. nF (= B. III. 3. aF) gemeint hat.

547 Gegen eine Rücklage zB BeBiKo/Störk/Kliem/Meyer, 13. Aufl. 2022, Rn. 308: unentgeltliche eigene Anteile seien „ohne Bilanzwert“ anzusetzen; Heymann/Jung, 1. Aufl. 1988, Rn. 50; ADS Rn. 189; aA HdR/Küting/Reuter Rn. 138 (Stand: 11/2009): Kapitalrücklage in Höhe des Ansatzes für die eigenen Aktien, sofern er über dem „Merkposten von 1 Euro“ liegt; Soufleros, Ausschließung und Abfindung eines GmbH-Gesellschafters, 1983, 160.

548 Zum Meinungsstreit → § 255 Rn. 44 ff.; ferner zB BeckOGK/Tiedchen, 15.9.2021, § 255 Rn. 61.

549 HdR/Küting/Reuter Rn. 142 (Stand 11/2009).

550 So zur Rücklage nach § 272 Abs. 4 S. 4 aF zB ADS Rn. 204: „klarstellende Untergliederung der Rücklagen"; BeBiKo/Förschle/Hoffmann, 6. Aufl. 2006, Rn. 121; Glade Praxishandbuch § 266 Rn. 629; zur Rechtslage nach dem BilMoG BeckHdR/Heymann B231 Rn. 111 (Stand: Juni 2011): Die Postenbezeichnung sei gesetzlich festgelegt, dürfe „aber präzisiert werden", denkbar sei zudem „eine erläuternde Aufgliederung im Anhang oder in einer Vorspalte".

pondierenden Anpassung der Rücklage nach unten führten,[551] sind umgekehrt **Wertaufholungen** (§ 253 Abs. 5) zusätzlich in die Rücklage einzustellen.[552]

Abs. 4 S. 4 trifft keine Aussage darüber, **in welchen Bilanzposten** der Betrag eingeht, der durch die (teilweise) Auflösung der Rücklage frei wird. Nach § 158 Abs. 1 Nr. 3 lit. b AktG sind bei der AG und KGaA die Entnahmen aus der Rücklage für Anteile an einem herrschenden oder mit Mehrheit beteiligten Unternehmen in der Gewinnverwendungsrechnung der GuV (oder wahlweise im Anhang, § 158 Abs. 1 S. 2 AktG) auszuweisen. Daher geht der Auflösungsbetrag grundsätzlich in den Bilanzgewinn ein[553] und steht im Rahmen der Gewinnverwendungsentscheidung zur Verfügung der Hauptversammlung (Gesellschafterversammlung). Das gilt unabhängig davon, ob die Rücklage aus dem Jahresüberschuss oder dem Gewinnvortrag und damit aus mindestens zum Teil ebenfalls zur Verfügung der Hauptversammlung stehenden Beträgen (vgl. § 58 Abs. 3, Abs. 2 und Abs. 2a AktG) gebildet worden war oder aber aus der freien Kapitalrücklage nach Abs. 2 Nr. 4 oder den frei verfügbaren Gewinnrücklagen,[554] über deren Verwendung **bei der AG** Vorstand und Aufsichtsrat im Rahmen ihrer gemeinsamen Kompetenz zur Feststellung des Jahresabschlusses (§ 172 AktG) befinden (vgl. § 158 Abs. 1 AktG).[555] Darin sieht ein Teil des Schrifttums eine unerwünschte Beeinträchtigung der Gewinnverwendungskompetenz der Verwaltung und gesteht Vorstand und Aufsichtsrat daher das Recht zu, den Betrag aus der Auflösung der Rücklage für Anteile an einem herrschenden oder mit Mehrheit beteiligten Unternehmen in Anlehnung an die entsprechende Kompetenz nach § 58 Abs. 2, Abs. 2a AktG in andere Gewinnrücklagen einzustellen, soweit die Rücklage zu Lasten der Gewinnrücklagen oder der Kapitalrücklagen gebildet worden war.[556] Diese Ansicht vermag indes nicht zu überzeugen, denn im Hinblick darauf, dass sie sich über § 158 Abs. 1 Nr. 3 lit. b AktG hinwegsetzt, erscheint die kompetenzrechtliche Begründung zu schwach. Die og Gewinnverwendungskompetenz der Verwaltung gilt schließlich nicht absolut, sondern steht unter dem Vorbehalt entgegenstehender Regelungen, zumal wenn sie sich aus derselben Vorschrift, nämlich § 158 Abs. 1 AktG (iVm § 172 AktG) ergeben. Im Übrigen hat zumindest der Vorstand in einem Teil der hier betroffenen Fälle seine Gewinnverwendungskompetenz indirekt bereits dadurch ausgeübt, dass er sich nach eigenem Ermessen (zB in den Fällen der § 71d S. 2 und 1 AktG iVm § 71 Abs. 1 Nr. 1, 7 und 8 AktG) für den Erwerb von Anteilen an einem herrschenden oder mit Mehrheit beteiligten Unternehmen und die damit verbundenen bilanzrechtlichen Folgewirkungen entschieden hat.

AG und KGaA haben Entnahmen aus der Rücklage für Anteile an einem herrschenden **129** oder mit Mehrheit beteiligten Unternehmen nach § 158 Abs. 1 Nr. 3 lit. b AktG selbst

---

[551] S. zum alten Recht Staub/Hüttemann, 4. Aufl. 2002, Rn. 61: Die Rücklage nach Abs. 4 S. 2 dürfe nur insoweit aufgelöst werden, wie sich der aktivierte Wert mindere.

[552] Zust. Staub/Hüttemann/Meyer, 6. Aufl. 2021, Rn. 66.

[553] BeckOGK/Poeschke, 15.9.2021, Rn. 233; Merkt/Probst/Fink/Mylich Kap. 7 Rn. 103.

[554] So auch ADS Rn. 203: „angesichts der klaren gesetzlichen Regelung"; Koch, 16. Aufl. 2022, AktG§ 158 Rn. 4: Entnahme aus Rücklage für Anteile am herrschenden oder mehrheitlich beteiligten Unternehmen sei „ohne Ausnahme in GuV zu zeigen"; BeckOGK/Poeschke, 15.9.2021, Rn. 233.

[555] S. zur Gewinnverwendungskompetenz der Verwaltung zB BeckOGK/Hennrichs, 1.10.2020, § 270 Rn. 9 f.; MHdB GesR IV/Hoffmann-Becking/Kraft, 5. Aufl. 2020, § 46 Rn. 1–6.

[556] So MüKoAktG/Kropff, 2. Aufl. 2004, HGB § 272 Rn. 134; ähnlich zB BeBiKo/Störk/Kliem/Meyer, 13. Aufl. 2022, Rn. 311: Die Auflösung der Rücklage solle „entsprechend ihrer Bildung" vorgenommen werden. Beträge dürften „ohne Berührung der Überleitungsrechnung in diejenigen Rücklagen zurückgeführt werden, aus denen sie bei Bildung entnommen" worden seien; HdR/Küting/Reuter Rn. 157 (Stand: 11/2009); aA BeckOGK/Poeschke, 15.9.2021, Rn. 233: Ausweis gemäß § 158 Abs. 1 Nr. 3 lit. b AktG, „auch, wenn die Rücklage zulasten einer Gewinnrücklage oder der Kapitalrücklage nach Abs. 2 Nr. 4 gebildet worden war". Zur GmbH, bei der ausschließlich die Gesellschafterversammlung für die Feststellung des Jahresabschlusses zuständig ist (§ 46 Nr. 1 GmbHG), s. Baumbach/Hueck/Schulze-Osterloh, 18. Aufl. 2006, GmbHG § 42 Rn. 217, der grds. § 158 Abs. 1 Nr. 3 lit. b AktG analog anwenden will: Sei die Rücklage aus Gewinnrücklage oder aus Kapitalrücklage gebildet worden, sei es „auch zulässig, sie auf die entsprechenden Posten umzubuchen, um auch kompetenzrechtlich den Zustand vor Bildung der Rücklage wieder herzustellen".

dann in der **Ergebnisverwendungsrechnung** anzugeben, wenn dem Ertrag aus der Auflösung ein gleich hoher Aufwand für die Abschreibung gegenübersteht.[557]

F. Ausschüttungssperre bei phasengleicher Dividendenaktivierung (Abs. 5)

130   Die Pflicht zur Bildung einer nicht ausschüttbaren Rücklage für ergebniswirksame, aber noch unsichere Erträge aus Beteiligungen nach Abs. 5 wurde 2015 durch das BilRUG neu eingefügt. Die Vorschrift setzt Art. 9 Abs. 7 lit. c Bilanz-RL in deutsches Recht um.[558] Abs. 5 **S. 1** entspricht der genannten europäischen Vorgabe bis auf kleine sprachliche Anpassungen wörtlich. Abs. 5 **S. 2** stellt klar, dass sich der Schutzzweck der Ausschüttungssperre des S. 1 erledigt hat und die Rücklage folglich aufzulösen ist, wenn die Unsicherheit bezüglich des Ertrags verschwunden ist.[559] Regelungsgegenstand ist der Fall, dass die bilanzierende Kapitalgesellschaft oder gleichgestellte Personenhandelsgesellschaft eine Beteiligung (§ 271 Abs. 1) an einem anderen Unternehmen hält und nach den Grundsätzen der **phasengleichen Gewinnrealisierung** (→ § 264 Rn. 37) von dem anderen Unternehmen erzielte und zur Ausschüttung an die Kapitalgesellschaft bestimmte Gewinne als Forderungen ausweist, obwohl der Gewinnauszahlungsanspruch rechtlich noch gar nicht entstanden ist. Nach der Rechtsprechung des BFH setzt dies voraus, dass zum Bilanzstichtag ein Bilanzgewinn des Unternehmens auszuweisen ist, dass der mindestens ausschüttungsfähige Bilanzgewinn den Gesellschaftern dieses Unternehmens bekannt und für diesen Zeitpunkt anhand objektiver Anhaltspunkte nachgewiesen ist, dass die Gesellschafter des Unternehmens endgültig entschlossen sind, eine bestimmte Gewinnverwendung künftig zu beschließen.[560]

131   Zum Zweck des **Kapitalschutzes** sieht die Neuregelung nun für die Dauer einer **phasengleichen Dividendenaktivierung** zwingend eine **Ausschüttungssperre** vor, die bilanztechnisch durch die Bildung einer entsprechenden Rücklage realisiert wird. Der „Unterschiedsbetrag, um den der Gewinnanteil aus der Beteiligung die bereits eingegangenen Zahlungen und entstandene[n] Forderungen auf Gewinnausschüttung übersteigt, [ist] in eine Rücklage einzustellen und die Ausschüttung zu versagen".[561] Oder anders ausgedrückt: Rechtlich noch nicht ausreichend abgesicherte Dividendeneinkünfte dürfen zwar aktiviert werden, sind jedoch bis zum Zufluss des Erfüllungsbetrages durch eine ausschüttungsgesperrte Rücklage zu neutralisieren. Die Ausschüttungssperre hat zur Folge, dass die zum Abschlussstichtag (§ 252 Abs. 1 Nr. 4)[562] in der GuV erfassten Beteiligungserträge für Ausschüttungen der Gesellschafter der bilanzierenden Gesellschaft nicht disponibel sind, solange und soweit sie der bilanzierenden Gesellschaft **noch nicht zugeflossen** oder für sie **zivil-**

---

557   ADS Rn. 203 zu § 272 Abs. 4 S. 2 aF in Zusammenhang mit der Rücklage für eigene Anteile.

558   Vgl. Bericht BT-RA zum BilRUG, BT-Drs. 18/5256, 81, angesichts der an dem Entwurf geäußerten Expertenkritik: „Für den Gesetzentwurf spricht, dass Art. 9 Abs. 7 Buchstabe c der Richtlinie 2013/34/EU ausdrücklich eine Ausschüttungssperre verlangt und der Gesetzentwurf diese Vorgabe 1:1 umsetzt. Eine Nichtumsetzung führt zum Risiko der Vertragsverletzung."

559   Vgl. hierzu Bericht BT-RA zum BilRUG, BT-Drs. 18/5256, 81: „Klargestellt werden muss [...], dass die Rücklage wieder aufgelöst werden kann, sobald der Beteiligungsertrag ausgeschüttet oder durch Entstehung eines Anspruchs der Kapitalgesellschaft auf Ausschüttung dieser zugeordnet worden ist" [Hervorhebung durch Verf.].

560   BFH BStBl II 2000, 632 = NJW 2000, 3804 unter C.II.3. S. auch BGHZ 137, 378 = NJW 1998, 1559 – Tomberger, im Anschluss an EuGH BB 1996, 1492 (→ § 264 Rn. 46): Eine Konzerngesellschaft, die allein an einer GmbH beteiligt sei, müsse „den bei der Tochtergesellschaft erzielten und zur Ausschüttung vorgesehenen Gewinn noch für das gleiche Geschäftsjahr in ihrer Bilanz und der Gewinn- und Verlustrechnung ausweisen, wenn der Jahresabschluss der Tochtergesellschaft noch vor Abschluss der Prüfung bei der Muttergesellschaft festgestellt worden" sei „und deren Gesellschafterversammlung über die Gewinnverwendung beschlossen" habe.

561   Begr. RegE BilRUG, BT-Drs. 18/4050, 63.

562   BeBiKo/Störk/Kliem/Meyer, 13. Aufl. 2022, Rn. 315; BeckOK HGB/Papenroth, 36. Ed. 15.4.2022, Rn. 55.1 fordert mit Verweis auf Oser/Orth/Wirtz DB 2015, 199 insofern eine ausdrückliche Klarstellung seitens des Gesetzgebers.

rechtlich noch nicht entstanden sind.[563] Das hier vertretene Verständnis des Abs. 5, aber auch des Art. 9 Abs. 7 lit. c Bilanz-RL, dessen Ratio offenbar selbst dem deutschen Gesetzgeber unklar war,[564] folgt der vom Arbeitskreis Bilanzrecht Hochschullehrer Rechtswissenschaft (AKBR) vertretenen, im juristischen Schrifttum wohl herrschenden Auslegung des Begriffs **„Anspruch"** im **zivilrechtlichen** Sinne.[565] Zum einen wird dies damit begründet, dass Art. 9 Abs. 7 lit. c Bilanz-RL „bereits [am Abschlussstichtag] eingegangen[e]" Dividenden mit Ansprüchen auf solche Dividenden gleichsetze, was nur hinsichtlich solcher Ansprüche möglich sei, die „rechtlich geltend gemacht" werden könnten. Letzteres ist allerdings nur dann richtig, wenn man eine rechtliche und nicht nur eine bilanzielle Gleichstellung voraussetzt, was ja aber erst bewiesen werden soll; dieses Argument ist also zirkulär. Zum anderen, überzeugender, wird mit einem Blick in die Fassungen der Richtlinie in verschiedenen anderen Sprachen, nicht zuletzt der englischen, argumentiert, wo jeweils darauf abgestellt werde, dass die Ansprüche gerichtlich geltend gemacht werden könnten.[566] Kern der Regelung des Abs. 5 und der zugrunde liegenden Richtlinie ist demnach das Auseinanderfallen von zivilrechtlichem und bilanzrechtlichem Vermögenszufluss entsprechend den Grundsätzen zur phasengleichen Gewinnrealisierung. Mit der Ausschüttungssperre wird die mit der (seit der Tomberger-Entscheidung des EuGH mögliche) Aktivierung bewirkte wirtschaftliche Vereinnahmung erst künftiger (zivilrechtlicher) Gewinnansprüche somit einen Schritt weit wieder zurückgenommen. Über den rechtspolitischen Sinn einer solchen Regelung, die zu einem gewissen Grad ja der vom Vorsichtsprinzip geprägten (→ § 264 Rn. 37) Aktivierung widerspricht, und ihre Konsistenz im Vergleich zu sonstigen Fällen „wirtschaftlicher Betrachtungsweise" im Bilanzrecht könnte man reden; zumindest aber besitzt sie ein Minimum an Plausibilität.

Nach einer vor allem im ökonomischen Schrifttum vertretenen Gegenmeinung soll **132** „Anspruch" hingegen iS einer „**bilanzrechtlich realisierten Forderung**"[567] zu verstehen sein. Folglich gebe es bei (zulässiger) phasengleicher Gewinnrealisation[568] keine Erträge iSv Abs. 5 S. 1, die nicht bereits als Dividenden (oder Gewinnanteile) eingegangen seien oder auf deren Zahlung kein „Anspruch" bestünde.[569] Für diese Sichtweise spricht zumindest, dass der zivilrechtlichen Anspruchsentstehung bei phasengleicher Gewinnrealisierung keine wesentlichen Risiken mehr entgegenstehen dürfen, die Dividendenvereinnahmung mithin „so gut wie sicher"[570] ist,[571] sodass der später gefasste Ausschüttungsbeschluss des anderen Unternehmens lediglich „als wertaufhellende Tatsache anzusehen" ist.[572] Für eine Ausschüttungssperre bei der bilanzierenden Kapitalgesellschaft besteht, so könnte man argumentieren, folglich kein Bedarf, zumal das Vorsichtsprinzip nicht von der Ansatz- und Bewertungsebene auf die Ausschüttungsebene verlagert werden darf.[573] Folgte man dem, bliebe Abs. 5 de

---

563 Ähnlich BeckOK HGB/Papenroth, 36. Ed. 15.4.2022, Rn. 55.
564 Vgl. Bericht BT-RA zum BilRUG, BT-Drs. 18/5256, 81: „Die Bundesregierung wurde gleichzeitig gebeten, das Verständnis von Art. 9 Abs. 7 RL 2013/34/EU auf europäischer Ebene noch einmal anzusprechen. Sollte sich daraus ergeben, dass der europäische Gesetzgeber die eingetretene Änderung der Vorgaben nicht beabsichtigt hat und nur auf die sog. Equity-Methode bezogen sehen sollte [wollte?] wie der Vorgängerrichtlinie, sollte die Bundesregierung auch hier ein Verfahren der Kommission zur Korrektur der Richtlinie anregen".
565 Zum Folgenden s. AKBR DB 2015, 876.
566 In der englischen Fassung etwa: „payment which can be claimed"; französisch: „paiement peut être réclamé"; spanisch „dividendos cuyo pago pueda reclamarse"; italienisch „dividendi giá riscossi o esigibili".
567 So Haaker DB 2015, 511; Haaker DB 2015, 1546; Haaker DB 2017, M24 f.; Lüdenbach/Freiberg BB 2015, 1649; Theile GmbHR 2015, 281 (282), speziell zur Situation bei der GmbH & Co. KG.
568 Dazu etwa BeBiKo/Schubert/Waubke, 13. Aufl. 2022, § 266 Rn. 120 f.
569 So etwa Haaker DB 2015, 511 f.; Coenenberg/Haller/Schulze Jahresabschluss, 26. Aufl. 2021, S. 381.
570 So der BT-RA zum BilRUG, BT-Drs. 18/5256, 81 f., der einen Gewinnverteilungsbeschluss insofern für nicht erforderlich hält.
571 BeBiKo/Störk/Kliem/Meyer, 13. Aufl. 2022, Rn. 315; Haaker DB 2015, 1546; Reitmeier/Rimmelsbacher DB 2015, Beil. Heft 36, 1; Hermesmeier/Heinz DB-Beil. 36/2015, 21 f.; Zwirner/Busch/Boecker Der Konzern 2016, 289.
572 BeckOK HGB/Papenroth, 36.Ed. 15.4.2022, Rn. 56.
573 Haaker DB 2017, M24 (M25).

facto aber ohne Anwendungsbereich,[574] liefe also ins Leere.[575] Schon aus diesem Grund ist diese Meinung abzulehnen – ungeachtet des BT-Rechtsausschusses, der schreibt, auf einen „Anspruch im Rechtssinne" komme es seiner Auffassung nach „nicht an",[576] aber im gleichen Absatz bekundet, den Zweck der europäischen Regelung nicht verstanden zu haben.[577]

133   Abzulehnen ist schließlich auch ein vereinzelt gebliebener, durchaus geistreicher Auslegungsansatz,[578] der den Abs. 5, vom offenen Wortlaut dieser Norm („der auf eine Beteiligung entfallende Teil des Jahresüberschusses in der Gewinn- und Verlustrechnung" anstatt „Erträge aus Beteiligungen", → § 275 Rn. 79) ausgehend, nicht auf den Kontext der Ertragsrealisation durch (phasengleiche) Dividenden beschränken, sondern insbesondere auf Wertaufholungen gem. § 253 Abs. 5 S. 1 nach vorausgegangenen außerplanmäßigen Abschreibungen im Anlage- und Umlaufvermögen (§ 253 Abs. 3 S. 5 und S. 6; § 253 Abs. 4) anwenden will. Mit der Ausschüttungssperre bei Wertaufholungen von Beteiligungen ließe sich, so wird argumentiert, die (als ungerechtfertigt empfundene) Ungleichbehandlung abmildern, die § 253 Abs. 5 S. 1 und S. 2 erzeugten, indem sie nur beim Share Deal (S. 1), nicht aber beim Asset Deal (S. 2) Wertaufholungen bei späteren Steigerungen eines zuvor abgeschriebenen Geschäfts- und Firmenwerts anordneten. Ob die Kritik an der genannten Ungleichbehandlung[579] gerechtfertigt ist, braucht in diesem Zusammenhang nicht geklärt zu werden; als Abhilfe wäre die Regelung des § 272 Abs. 5 jedenfalls ein wenig zielgenaues Instrument, weil Wertaufholungen bei Beteiligungen zwar Ausdruck eines gesteigerten Geschäfts- und Firmenwerts sein können, aber nicht müssen. Zudem wäre nicht zu verstehen, warum die Neuregelung des Abs. 5 etwaige Wertaufholungsgewinne für die Frage der Ausschüttungsfähigkeit in Zusammenhang mit Dividendenzuflüssen bzw. Dividendenansprüchen setzt; an dem Umstand, dass sich der Beteiligungswert nach Dividendenzahlungen vermindert, kann es wohl kaum liegen. Vor allem aber mag nicht einzuleuchten, warum im Rahmen einer Wertaufholung bis **maximal** zur ursprünglichen Anschaffungskostengrenze nach oben korrigierte Bilanzwerte weniger „sicher" und damit rücklagebedürftig sein sollten, als sie es im Zeitpunkt der Anschaffung waren. Die Pflicht zur Wertaufholung setzt ja gerade voraus, dass die Gründe für die Abschreibung „nicht mehr bestehen" (§ 253 Abs. 5 S. 1).

G. Sanktionen

134   Verstöße gegen Vorschriften über den Eigenkapitalausweis können unterschiedliche **Rechtsfolgen** auslösen. Neben Haftungsfolgen (§ 93 Abs. 2 AktG, § 116 AktG; § 43 Abs. 2 GmbHG) können unrichtige Angaben hinsichtlich des Eigenkapitals als **Ordnungswidrigkeit** (§ 334 Abs. 1 Nr. 1 lit. c) oder in schweren Fällen auch als **Straftat** (§ 331 Nr. 1) geahndet werden. Aktienrechtlich führen Verstöße zur **Nichtigkeit des festgestellten Jahresabschlusses,** sofern die Wesentlichkeitsschwelle überschritten ist. Der unzutreffende Ausweis des „Gezeichneten Kapitals" oder der Kapitalanteile persönlich haftender Gesellschafter einer KGaA verstößt gegen Gläubigerschutzvorschriften und macht den Jahresabschluss ebenso nichtig (§ 256 Abs. 1 Nr. 1 AktG) wie die Verletzung einschlägiger Bestim-

---

[574] ZB Haaker DB 2015, 510 (512); vgl. auch Mylich ZGR 2022, 263 (276) Fn. 56 mwN zum Streitstand.

[575] ZB BeBiKo/Störk/Kliem/Meyer, 13. Aufl. 2022, Rn. 316 mwN: Für „alle nach HGB im JA zulässigerweise erfassten Beteiligungserträge" sei „keine ausschüttungssperrende Rücklage zu bilden".

[576] Bericht BT-RA zum BilRUG, BT-Drs. 18/5256, 81.

[577] Vgl. Bericht BT-RA zum BilRUG, BT-Drs. 18/5256, 81 (s. Zitat zur „Equity-Methode" oben bei Rn. 131).

[578] Mylich DB 2017, M26 f.; zuvor schon Mylich ZHR 181 (2017), 87 (92 f.); krit. Haaker DB 2017, M24 f.

[579] So auch BeckOGK/Hennrichs, 1.1.2020, § 246 Rn. 128.1 mwN: „unterschiedliche bilanzielle Abbildung des Geschäfts- oder Firmenwertes je nachdem, ob er aus einem Asset Deal oder einem Share Deal resultiert", sei „rechtspolitisch nicht voll überzeugend".

mungen über Einstellung in bzw. Entnahmen aus Kapital- und Gewinnrücklagen (§ 256 Abs. 1 Nr. 4 AktG),[580] sofern der Verstoß nicht nach § 256 Abs. 6 S. 1 AktG als geheilt angesehen werden kann. Verstößt der Ausweis von Kapital- oder Gewinnrücklagen gegen Gliederungsvorschriften, indem zB die Rücklagen unrichtig aufgegliedert werden oder ihre Entwicklung fehlerhaft dargestellt wird, und beeinträchtigt dies Klarheit und Übersichtlichkeit des Jahresabschlusses wesentlich, führt auch dies zur Nichtigkeit des Abschlusses (§ 256 Abs. 4 AktG). Auf die **GmbH** wird § 256 AktG **weitgehend analog** angewandt (→ § 264 Rn. 91), zB bei fehlerhaftem Ausweis des „Gezeichneten Kapitals" und bei Verstößen gegen Vorschriften über die Dotierung der Kapitalrücklage (§ 272 Abs. 2; § 42 Abs. 2 GmbHG), der gesetzlichen Rücklage (§ 5a Abs. 3 und 5 GmbHG) speziell bei der UG (haftungsbeschränkt)[581] oder der Rücklage für Anteile an einem herrschenden oder mit Mehrheit beteiligten Unternehmen (Abs. 4).[582] Die Auflösung der Kapitalrücklage ist bei der GmbH dagegen mit Ausnahme der Vorschriften über die Kapitalherabsetzung (§ 58b Abs. 3 GmbHG, § 58c S. 2 GmbHG, § 58d GmbHG) ohne Beschränkungen zulässig. Verstöße gegen andere als die genannten Vorschriften mit Gläubigerschutzcharakter oder gegen Bestimmungen des Gesellschaftsvertrags führen nicht zur Nichtigkeit,[583] sondern nur zur Anfechtbarkeit des Beschlusses über die Feststellung des Jahresabschlusses.[584] Sie können aber Schadensersatzansprüche benachteiligter Gesellschafter wegen Verletzung der gesellschaftsrechtlichen Treuepflicht auslösen.

H. IFRS[585]

Es gibt keinen IAS/IFRS-Standard, der sich dezidiert mit dem Eigenkapital (englisch: **135** equity) beschäftigt. Nach Nr. 49 (c) (Vermögens- und Finanzlage) lit. c des IASB-Rahmenkonzepts (hierzu bereits → § 264 Rn. 28 und 47) ist das Eigenkapital „der nach Abzug aller Schulden verbleibende Restbetrag der Vermögenswerte des Unternehmens" (Equity is the residual interest in the assets of the enterprise after deducting all its liabilities).[586] Diese Definition gilt rechtsformunabhängig,[587] wobei den Besonderheiten der verschiedenen Rechtsformen, etwa der Rücklagendotierung bei Kapitalgesellschaften, Rechnung zu tragen ist.

Für die **Abgrenzung von Eigen- und Fremdkapital** stellt IAS 32.19 (b) **bei 136 Finanzinstrumenten** maßgeblich darauf ab, ob das Unternehmen über ein uneingeschränktes Recht verfügt, sich bei der Erfüllung seiner vertraglichen Verpflichtung der Abgabe von flüssigen Mitteln oder anderen finanziellen Vermögenswerten zu entziehen.[588] Ist dies nicht der Fall, erfüllt diese Verpflichtung den Tatbestand einer finanziellen Verbindlichkeit. Eine Vorzugsaktie, die den Inhaber berechtigt, vom Emittenten den

---

[580] S. zB BFH BFHE 211, 339 unter II. 6. b. = DStRE 2006, 259: „Folge einer Verletzung der Vorschriften über die Einstellung und Entnahme von Beträgen ua der Kapitalrücklage" sei „die Nichtigkeit des festgestellten Jahresabschlusses der Gesellschaft (§ 256 Abs. 1 Nr. 4 AktG)".

[581] Noack/Servatius/Haas/Servatius, 23. Aufl. 2022, GmbHG § 5a Rn. 22.

[582] BeBiKo/Störk/Kliem/Meyer, 12. Aufl. 2020, Rn. 351; ADS Rn. 211.

[583] Baumbach/Hueck/Schulze-Osterloh, 18. Aufl. 2006, GmbHG § 42a Rn. 23 ff.; BeBiKo/Störk/Kliem/ Meyer, 13. Aufl. 2022, Rn. 351.

[584] Dazu, dass § 257 Abs. 1 S. 2 AktG (beschränkte Anfechtbarkeit der Feststellung des Jahresabschlusses durch die Hauptversammlung) nur auf die AG und KGaA, nicht aber auf die GmbH anwendbar ist, s. Baumbach/Hueck/Schulze-Osterloh, 18. Aufl. 2006, GmbHG § 42a Rn. 23; diff. auch Noack/Servatius/Haas/Noack, 23. Aufl. 2022, GmbHG Anh. § 47 Rn. 109.

[585] Sämtliche zit. IAS/IFRS beziehen sich auf den bis zum Geschäftsjahr 2022 gültigen Stand.

[586] Übersetzung des Rahmenkonzepts aus dem Englischen nach den Kommentaren der EU-Kommission vom November 2003 (→ § 264 Rn. 47 Fn. 224).

[587] S. MüKoBilanzR/Kleindiek IFRS Einf. Rn. 109 (Juli 2008).

[588] S. auch die IDW-Stellungnahme zur Rechnungslegung, IDW RS HFA 9 (Einzelfragen zur Bilanzierung von Finanzinstrumenten nach IFRS) v. 14.4.2007, Tz. 49 ff., FN 2007, S. 326; ferner Schmidt WPg 2018, 942 ff.

Rückkauf zu bzw. nach einem bestimmten Termin und zu einem festen oder festzulegenden Geldbetrag zu verlangen, ist nach IAS 32.18 (a) als Verbindlichkeit zu klassifizieren.[589] Gleiches gilt für Genussrechte und sonstige Finanzinstrumente („kündbare Instrumente"), die dem Inhaber ein Recht zur ordentlichen Kündigung nach einer bestimmten Zeit einräumen (vgl. IAS 32.18(b)).[590]

137   Das Eigenkapitalverständnis nach IAS 32 führte ursprünglich zu dem für den deutschen Rechtsanwender befremdlichen Ergebnis, dass nach hM **Personengesellschaften** (zT auch Genossenschaften[591]) wegen des vertraglich nicht abdingbaren Kündigungsrechts der Gesellschafter (§ 131 Abs. 3 Nr. 3, 132, 161 Abs. 2) in ihrem IFRS-Einzelabschluss in der Regel kein Eigenkapital mehr ausweisen können.[592] Die Beteiligungen der Gesellschafter gelten als „kündbare Instrumente" („puttable instruments") und unabhängig von der Wahrscheinlichkeit einer Kündigung bilanzrechtlich als Schulden (IAS 32.18 und IAS 32.16 (a)), die mit dem beizulegenden Zeitwert der Abfindungsansprüche zu bewerten sind. Das IAS hat auf die damit zusammenhängende Kritik[593] reagiert und den Eigenkapitalbegriff inzwischen modifiziert. Aufgrund der überarbeiteten Fassung des IAS 32[594] gelten kündbare Anteile unter bestimmten Bedingungen als Eigenkapital. Gemäß dem nachträglich eingefügten IAS 32.16A (Kündbare Instrumente) müssen die Anteile eine (proportionale) Beteiligung am Liquidationsergebnis gewähren, dürfen neben einer Beteiligung am Unternehmenserfolg keine weiteren Zahlungsansprüche vermitteln und müssen zur Klasse von Finanzinstrumenten gehören, die allen anderen Instrumenten im Rang nachgeht, wobei sie über die gleichen Ausstattungsmerkmale verfügen wie die anderen Instrumente der nachrangigsten Klasse.[595] Ob die Modifikation des Eigenkapitalbegriffs in IAS 32 zu einer Erleichterung in der deutschen Rechtsanwendung führt, bleibt indes noch abzuwarten.[596]

138   Detaillierte **Gliederungsvorschriften** für das Eigenkapital existieren nicht. Es finden sich vielmehr an verschiedenen Stellen einzelne Regelungen hierzu. So sind nach IAS 1.78 (e) Eigenkapital und Rücklagen in verschiedenen Gruppen, etwa eingezahltes Kapital, Agio und Rücklagen, auszuweisen. IAS 1.54 verlangt den gesonderten Ausweis von „nicht beherrschenden Anteilen, die im Eigenkapital dargestellt werden" (lit. q) sowie „gezeichnetem Kapital und Rücklagen, die den Eigentümern der Muttergesellschaft zuzuordnen sind" (lit. r). Das Eigenkapital kann aber in der Bilanz darüber hinaus weiter unterteilt werden (Nr. 65 des Rahmenkonzepts). Das Rahmenkonzept (Nr. 65 f.) nennt hierzu beispielhaft den gesonderten Ausweis von Gesellschafterbeiträgen (funds contributed by shareholders) sowie gesetzlichen (einschließlich steuerrechtlichen) Gewinnrücklagen (retained earnings, reserves representing appropriations of retained earnings) und Kapitalerhaltungsrücklagen (reserves representing capital maintenance adjustments), bezüglich deren Verwendung sich rechtliche Beschränkungen ergeben könnten und die deshalb für die Abschlussadressaten relevant seien. Zuführungen zu solchen Rücklagen (reserves) sind als Gewinnverwendung (appropriations of retained earnings) und nicht als Aufwand (expenses)

---

[589] Hierzu ausf. Haufe IFRS-Komm/Lüdenbach/Freiberg § 20 Rn. 17 ff. (Stand: 1.1.2022).

[590] Zur Bilanzierung von Genussrechten nach IAS 32 (rev. 2003) s. zB Küting/Dürr DStR 2005, 938 (942 f.); Lühn WPg 2006, 1529; Schaber/Isert BB 2006, 2401; s. auch Geisel/Ploog WPg 2018, 1505 ff.

[591] S. hierzu IFRIC 2.5 ff., wo geregelt ist, unter welchen Voraussetzungen Genossenschaftsanteile als Eigenkapital anzusehen sind. Die Interpretationen des IFRIC (früher: SIC) sind nach IAS 1.11 (c) Bestandteil der IFRS und erheben insofern den Anspruch der Verbindlichkeit. S. hierzu Fentz/v. Voigt KoR 2007, 23.

[592] Hoffmann/Lüdenbach DB 2006, 1797, die die Ansicht der hM selbst nicht teilen.

[593] S. Hoffmann/Lüdenbach DB 2006, 1797: kein Rechnungslegungsstandard habe „sich auf die Akzeptanz der IFRS im deutschen Mittelstand so negativ ausgewirkt wie die im Dezember 2003 (mit Geltung ab 2005) verabschiedete Eigenkapitaldefinition des IAS 32".

[594] Die überarbeitete Fassung des IAS 32 wurde mittlerweile von der Europäischen Kommission in das europäische Recht übernommen; vgl. ABl. 2009 L 17 v. 22.1.2009.

[595] Ausf. Haufe IFRS-Komm/Lüdenbach/Freiberg § 20 Rn. 29 ff. (Stand: 1.1.2022); MüKoBilanzR/Mentz IAS 32 Rn. 157 ff. (Stand: Juli 2012).

[596] Zur Kritik am ED IAS 32 s. etwa Schmidt BB 2006, 1563 (1565 f.); optimistischer Hoffmann/Lüdenbach DB 2006, 1797 (1799), die aber, ebenso wie anscheinend der IASB selbst, die verbundene „Kasuistik" bedauern.

anzusehen (Nr. 66). Zur Eigenkapitalübersicht nach IAS 1.106–110 als zwingendem Bestandteil des Jahresabschlusses außerhalb der Bilanz → § 264 Rn. 134.

Nach IAS 1.79 (a) (i–ii) hat das Unternehmen in der Bilanz oder im Anhang ua folgende **139** **Angaben zum Eigenkapital** zu machen: für jede Klasse von Anteilen die Anzahl der genehmigten Anteile, die Anzahl der ausgegebenen und voll eingezahlten Anteile und die Anzahl der ausgegebenen und nicht voll eingezahlten Anteile, den Nennwert der Anteile oder die Aussage, dass die Anteile keinen Nennwert haben, Anteile, die für die Ausgabe aufgrund von Optionen und Verkaufsverträgen vorgehalten werden, unter Angabe der Modalitäten und Beträge sowie eine Beschreibung von Art und Zweck jeder Rücklage innerhalb des Eigenkapitals.

Die Frage, auf welche Weise **ausstehende Einlagen** auf das gezeichnete Kapital auszu- **140** weisen sind, erfährt in den IFRS – anders als in den IFRS for SMEs – keine besondere Regelung. Eine Pflicht, den Wert der ausstehenden Einlagen in der Bilanz oder im Anhang anzugeben, ist nicht vorgesehen. **Eingeforderte** ausstehende **Einlagen** sind unter den kurzfristigen Forderungen auszuweisen, da es sich um Vermögenswerte iSd Nr. 53 des Rahmenkonzepts[597] handelt.[598] **Nicht eingeforderte** ausstehende Einlagen sollen generell nicht als Vermögenswerte (assets) anzusehen,[599] sondern offen vom Posten „Gezeichnetes Kapital" abzusetzen sein.[600] Die IFRS for SMEs sehen sogar explizit eine Verrechnung der ausstehenden Einlage („amount receivable" „in exchange for the equity instruments") mit dem Eigenkapital vor (Tz. 22.7 (a)), wobei eine Unterscheidung zwischen eingeforderten und nicht eingeforderten Einlagen hier nicht erkennbar ist. Für eine Differenzierung zwischen AG und GmbH im Hinblick auf die Einforderungskompetenz des Vorstands nach § 63 Abs. 1 AktG im Vergleich zu derjenigen der GmbH-Gesellschafterversammlung nach § 46 Nr. 2 GmbHG besteht kein Anlass. Das entscheidende Kriterium für den Ansatz des Vermögensgegenstands ist nach den IFRS der wahrscheinliche Nutzenzufluss.[601] Die Wahrscheinlichkeit, dass die Einlageforderungen geltend gemacht werden, ist bei der GmbH allein wegen der Kompetenz der Gesellschafterversammlung nicht zwangsläufig geringer als bei der AG. Im Übrigen sind die Einlageforderungen bei AG und GmbH gleichermaßen unverzichtbar (§ 19 Abs. 2 S. 1 GmbHG; § 66 Abs. 1 S. 1 AktG) und werden auch ohne Einforderung spätestens mit dem Eintritt der Insolvenz fällig.[602] Die Werthaltigkeit der Einlageforderungen und die Wahrscheinlichkeit ihrer Erfüllung hängen daher nicht von der

---

[597] Nr. 53 S. 1 des IASB-Rahmenkonzepts lautet: „Der einem Vermögenswert innewohnende künftige wirtschaftliche Nutzen repräsentiert das Potenzial, direkt oder indirekt zum Zufluss von Zahlungsmitteln und Zahlungsmitteläquivalenten zum Unternehmen beizutragen" (The future economic benefit embodied in an asset is the potential to contribute, directly or indirectly, to the flow of cash and cash equivalents to the entity).

[598] So auch ADS International Abschn. 22 Rn. 31; MüKoAktG/Kropff, 2. Aufl. 2004, HGB § 272 Rn. 162: Eingeforderte Einlagen seien nach IAS zu aktivieren (Ausführungen zu IFRS nicht mehr in Kropffs nachfolgender Kommentierung im MüKoBilanzR enthalten); aA Haufe IFRS-Komm/Lüdenbach/Freiberg § 20 Rn. 72 (Stand: 1.1.2022): ausstehende Einlagen können nicht als Vermögenswert/Aktivposten berücksichtigt werden; Beck IFRS-HdB/Clemens/Lewe, 6. Aufl. 2020, § 11 Rn. 42, die „[u]nter Berücksichtigung des Regelungsgedankens in IAS 32.33 sowie allgemeiner Grundsätze" den Ausweis ausstehender Einlagen „unabhängig davon, ob diese bereits eingefordert sind oder nicht, als Vermögenswert [für] nicht zulässig" halten.

[599] So noch BeBiKo/Förschle/Kroner, 6. Aufl. 2006, Rn. 246; vgl. auch MüKoAktG/Kropff, 2. Aufl. 2004, HGB § 272 Rn. 162, der dies ebenfalls aus dem Begriff des Vermögenswertes (asset) in Nr. 53 des Rahmenkonzepts ableitet. Er fügt hinzu, die nicht eingeforderten ausstehenden Einlagen seien daher stets vom ausgewiesenen Eigenkapital abzusetzen.

[600] MüKoAktG/Kropff, 2. Aufl. 2004, HGB § 272 Rn. 162; Heuser/Theile/Reuter IFRS-HdB, 6. Aufl. 2019, Rn. 23.89.

[601] Vgl. Nr. 83 (a) und 85 des Rahmenkonzepts, insbes. Nr. 85 S. 1: „Das Konzept der Wahrscheinlichkeit wird in den Kriterien der Erfassung verwendet, um auf den Grad an Unsicherheit hinzuweisen, mit dem der mit dem Sachverhalt verbundene künftige wirtschaftliche Nutzen dem Unternehmen zufließen oder von ihm abfließen wird" (The concept of probability is used in the recognition criteria to refer to the degree of uncertainty that the future economic benefits associated with the item will flow to or from the entity).

[602] ZB OLG Jena DB 2007, 1581 unter II.2. vor a. mwN; OLG Hamm BB 1995, 1815 unter 1.

internen Kompetenzverteilung ab. Es gibt auch keinen Grund, diese bei nicht eingeforderten und damit nicht fälligen (vgl. § 63 Abs. 1 S. 1 AktG) Einlageforderungen geringer einzuschätzen als bei bereits eingeforderten. Deshalb sollten nach IFRS nicht eingeforderte und eingeforderte ausstehende Einlagen gleichermaßen aktiviert werden. Damit sind ausstehende Einlagen brutto auszuweisen.[603]

141   **Eigene Anteile** (treasury shares) stellen keinen Vermögenswert dar. Deren Erwerb wird vielmehr als Kapitalrückzahlung angesehen.[604] Konsequenterweise sind die eigenen Anteile daher vom gezeichneten Kapital abzuziehen (IAS 32.33).[605] Die Bildung einer Rücklage für eigene Anteile (vgl. noch Abs. 4 aF[606]) ist nicht zulässig. Der Betrag der eigenen Anteile bzw. der Anteile, die durch Tochterunternehmen oder assoziierte Unternehmen (subsidiaries or associates) gehalten werden, ist nach IAS 1.79 (a) (vi) in der Bilanz oder im Anhang gesondert auszuweisen (so auch IAS 32.34 S. 1). Der Begriff des „assoziierten" Unternehmens („associate") wird in IAS 28.2 definiert; er bezieht sich auf Unternehmen, die keine Tochterunternehmen sind, und knüpft zudem an das Kriterium des „maßgeblichen Einflusses" der Gesellschaft auf dieses Unternehmen an. In beiden Punkten ähnelt er der Definition des § 311 Abs. 1 S. 1 (→ § 271 Rn. 26).

142   Zur IFRS-Bilanzierung von **Aktienoptionen** für Mitarbeiter (IFRS 2 Share-based Payment) bereits → Rn. 94.[607]

§ 273 [aufgehoben]

1   § 273 wurde aufgehoben durch das BilMoG vom 25.5.2009 (BGBl. 2009 I 1102). Zur Erläuterung des § 273 aF und zu den Übergangsvorschriften → 3. Aufl. 2013, Rn. 1 ff.

§ 274 Latente Steuern

(1) ¹Bestehen zwischen den handelsrechtlichen Wertansätzen von Vermögensgegenständen, Schulden und Rechnungsabgrenzungsposten und ihren steuerlichen Wertansätzen Differenzen, die sich in späteren Geschäftsjahren voraussichtlich abbauen, so ist eine sich daraus insgesamt ergebende Steuerbelastung als passive latente Steuern (§ 266 Abs. 3 E.) in der Bilanz anzusetzen. ²Eine sich daraus insgesamt ergebende Steuerentlastung kann als aktive latente Steuern (§ 266 Abs. 2 D.) in der Bilanz angesetzt werden. ³Die sich ergebende Steuerbe- und die sich ergebende Steuerentlastung können auch unverrechnet angesetzt werden. ⁴Steuerliche Verlustvorträge sind bei der Berechnung aktiver latenter Steuern in Höhe der innerhalb der nächsten fünf Jahre zu erwartenden Verlustverrechnung zu berücksichtigen.

(2) ¹Die Beträge der sich ergebenden Steuerbe- und -entlastung sind mit den unternehmensindividuellen Steuersätzen im Zeitpunkt des Abbaus der Differenzen zu bewerten und nicht abzuzinsen. ²Die ausgewiesenen Posten sind aufzulösen, sobald die Steuerbe- oder -entlastung eintritt oder mit ihr nicht mehr zu rechnen ist. ³Der Aufwand oder Ertrag aus der Veränderung bilanzierter latenter

---

[603]   So jetzt auch BeBiKo/Förschle/Kroner, 8. Aufl. 2012, Rn. 457: Ausweis nicht eingeforderter ausstehender Einlagen als „finanzieller Vermögenswert auf der Aktivseite" – Ausführungen zu IFRS nicht mehr in 11. Aufl. 2018 enthalten.

[604]   MüKoAktG/Kropff, 2. Aufl. 2004, HGB § 272 Rn. 162 noch unter Berufung auf den inzwischen aufgehobenen und in IAS 32 eingegangenen SIC 16; MüKoBilanzR/Mentz IAS 32 Rn. 284 f. (Stand: Juli 2012).

[605]   IAS 32.33 (rev. 2008) S. 2 lautet: „Weder Kauf noch Verkauf, Ausgabe oder Einziehung von eigenen Eigenkapitalinstrumenten werden im Gewinn oder Verlust erfasst" (No gain or loss shall be recognised in profit or loss on the purchase, sale, issue or cancellation of an entity's own equity instruments). Zur Bilanzierung eigener Aktien nach IAS s. zB Kirsch StuB 2005, 9.

[606]   Vgl. noch → 2. Aufl. 2008, Rn. 79 ff.

[607]   S. auch ausf. Baumbach/Hopt/Merkt, 34. Aufl. 2010, Rn. 13 ff. – Ausführungen zu IFRS nicht mehr in 38. Aufl. 2018 enthalten.

Steuern ist in der Gewinn- und Verlustrechnung gesondert unter dem Posten „Steuern vom Einkommen und vom Ertrag" auszuweisen.

Schrifttum: Arbeitskreis Bilanzrecht der Hochschullehrer Rechtswissenschaft, Stellungnahme zu dem Entwurf eines BilMoG: Grundkonzept und Aktivierungsfragen, BB 2008, 152; Arbeitskreis Bilanzrecht der Hochschullehrer Rechtswissenschaft, Stellungnahme zu dem Entwurf eines BilMoG: Einzelfragen zum materiellen Bilanzrecht, BB 2008, 209; Baetge/Lienau, Praxis der Bilanzierung latenter Steuern im Konzernabschluss nach IFRS im DAX und MDAX, WPg 2007, 15; Baetge/Surrey, Nationale Rechnungslegungsstandards im Umfeld internationaler Rechnungslegungsentwicklung am Beispiel latenter Steuern, in Lange/Löw, Rechnungslegung, Steuerung und Aufsicht von Banken, 2004, 121; Ballwieser, Latente Steuern – Konzeptionen und Entscheidungsnützlichkeit, FS Krawitz, 2010, 539; Bense, Steuerlatenzen in der deutschen Bilanzierungspraxis: Eine empirischqualitative Analyse, 2023; Bilitewski/Roß/Weiser, Bilanzierung bei Verschmelzungen im handelsrechtlichen Jahresabschluss nach IDW RS HFA 42, WPg 2014, 79; Bolik/Linzbach, Verluste und Zinsschranke in der Bilanzierung latenter Steuern, DStR 2010, 1587; Bolik/Burek, Aktive latente Steuern auf den außerbilanziellen Merkposten nach § 4f EStG?, DStR 2016, 1624; Bonnecke, Latente Steuern in der handelsrechtlichen Bilanzierungspraxis, StuB 2021, 882; Brune/Hayn, DStR-Report Internationale Rechnungslegung, DStR 2019, 809; Busch/Zwirner, Änderungen des IAS 12 hinsichtlich latenter Steuern für Vermögenswerte und Schulden aus einer einzigen Transaktion, IRZ 2021, 420; Dahlke, Bilanzierung latenter Steuern bei Organschaften nach dem BilMoG, BB 2009, 878; Dörfler/Adrian, Zur Umsetzung der HGB-Modernisierung durch das BilMoG: Steuerbilanzrechtliche Auswirkungen, DB-Beil. 5/2009, 58; DRSC, Deutscher Rechnungslegungs Standard Nr. 18 (DRS 18): Latente Steuern, BAnz. Nr. 133 v. 3.9.2010 (Beil. 133a); Ellerbusch/Schlüter/Hofherr, Die Abgrenzung latenter Steuern im Organkreis nach BilMoG, DStR 2009, 2443; Engels, Aktive latente Steuern auf Verlustvorträge, BB 2008, 1554; Ertel/Rosnitschek/Schanz: Empirische Untersuchung zum Ansatz und Umfang (nicht ausgewiesener) latenter Steuern im HGB-Einzelabschluss unter besonderer Fokussierung kleiner und mittlerer Unternehmen, DStR 2018, 41; Feldgen, Latente Steuern nach dem BilMoG – Steuerabgrenzung bei Personengesellschaften, NWB 2010, 3621; Fink/Keller, DRS 18 „Latente Steuern", StuB 2021, 537; Funnemann/Kerssenbrock, Ausschüttungssperren im BilMoG-RegE, BB 2008, 2674; Gelhausen/Althoff, Die Bilanzierung ausschüttungs- und abführungsgesperrter Beträge im handelsrechtlichen Jahresabschluss nach dem BilMoG, WPg 2009, 584 (Teil I) und 629 (Teil II); Graf v. Kanitz, Die Bedeutung der Rückstellungspflicht nach § 249 Abs. 1 Satz 1 HGB für den Ausweis passiver latenter Steuern, WPg 2011, 895; Hafner, Einige kritische Anmerkungen zur Steuerabgrenzung nach § 274 HGB, BFuP 1986, 373; Haller/Ferstl/Löffelmann, Die „einheitliche" Erstellung von Handels- und Steuerbilanz, DB 2011, 885; Henckel/Meyer, Zweifelsfragen der Ermittlung latenter Steuern im Fall der Saldierung von Altersversorgungsverpflichtungen mit Deckungsvermögen, DStR 2015, 2459; Hennrichs, Neufassung der Maßgeblichkeit gemäß § 5 Abs. 1 EStG nach dem BilMoG, Ubg 2009, 533; Herzig, Tax Accounting zwischen BilMoG und E-Bilanz, DStR 2010, 1900; Herzig, BilMoG, Tax Accounting und Corporate Governance-Aspekte, DB 2010, 1; Herzig/Liekenbrock/Vossel, Grundkonzept zur Bilanzierung von latenten Steuern im Organkreis nach dem BilMoG, Ubg 2010, 85; Herzig/Vossel, Paradigmenwechsel bei latenten Steuern nach dem BilMoG, BB 2009, 1174; Herzig/Liekenbrock/Vossel, Gestaltungsoptionen bei der Bilanzierung von latenten Steuern im Organkreis, Ubg 2012, 141; Hoffmann, Der Kriechgang der einzelbilanziellen Steuerlatenzierung, StuB 2011, 241; IDW, Stellungnahme SABI 3/1988, Zur Steuerabgrenzung im Einzelabschluss, WPg 1988, 683; IDW, ERS HFA 27, Einzelfragen zur Bilanzierung latenter Steuern nach den Vorschriften des HGB in der Fassung des Bilanzrechtsmodernisierungsgesetzes, Stand 29.5.2009, zurückgezogen am 9.9.2010; IDW, ERS HFA 18 n.F., Bilanzierung von Anteilen an Personenhandelsgesellschaften im handelsrechtlichen Jahresabschluss, Stand 11.3.2011; IDW, ERS HFA 7 n.F., Handelsrechtliche Rechnungslegung bei Personenhandelsgesellschaften, Stand: 30.11.2017; Jochimsen/Mangold/Zinowsky, Ertragsteuerliche Organschaft bei Implementierung eines Personengesellschafts-Treuhandmodells, DStR 2014, 2045; D. Jödicke/R. Jödicke, Anwendung des Aktivierungs- und Saldierungswahlrechts latenter Steuern und Differenzierung nach Ergebniswirksamkeit, KoR 2011, 153; Kahle/Kopp, Bilanzierung latenter Steuern im handelsrechtlichen Einzelabschluss, DB 2022, 341; Karrenbrock, Zweifelsfragen der Berücksichtigung aktiver latenter Steuern im Jahresabschluss nach BilMoG, BB 2011, 683; Karrenbrock, Zur Ausweis- und Saldierungsproblematik latenter Steuern im Einzelabschluss nach dem BilMoG, FS Krawitz, 2010, 631; Kastrup/Middendorf, Latente Steuern bei Personengesellschaften im handelsrechtlichen Jahresabschluss nach BilMoG, BB 2010, 815; Kessler/Leinen/Paulus, Das BilMoG und die latenten Steuern, KoR 2009, 716 (Teil 1) und KoR 2010, 46 (Teil 2); Kirsch, Latente Steuern im Jahres- und Konzernabschluss nach dem BilMoG, DStZ 2009, 510; Kirsch/Hoffmann/Siegl, Diskussion der Bilanzierung latenter Steuern nach § 249 Abs. 1 Satz 1 HGB, DStR 2012, 1290; Kovermann/Velte, IFRIC 23 – Mehr Sicherheit in der Bilanzierung von Ertragsteuern nach IAS 12, IRZ 2017, 405; Kropff, Gesellschaftsrechtliche Auswirkungen der Ausschüttungssperre in § 268 Abs. 8 HGB, FS Hüffer, 2010, 539; Kühne/Melcher/Wesemann, Latente Steuern nach BilMoG: Grundlagen und Zweifelsfragen, WPg 2009, 1005 (Teil I) und 1057 (Teil II); Küting, Statement vor dem Rechtsausschuss des Deutschen Bundestags am 17.12.2008; Küting/Seel, Latente Steuern nach dem neuen deutschen Bilanzrecht, FS Herzig, 2010, 675; Küting/Seel, Die Ungereimtheiten der Regelungen zu latenten Steuern im neuen Bilanzrecht, DB 2009, 922; Lanfermann/Röhricht, § 268 Abs. 8 HGB als neue Generalnorm für außerbilanzielle Ausschüttungssperren, DStR 2009, 1216; Ley, Latente Steuern im Einzelabschluss von gewerblichen Personengesellschaften und ihren bilanzierenden Gesellschaftern, KÖSDI 2011, 17425; Lieckenbrock/Vossel, Latente Steuern im Organkreis nach DRS 18, DB

2012, 753; Loitz, DRS 18 – Bilanzierung latenter Steuern nach dem Bilanzrechtsmodernisierungsgesetz, DB 2010, 2177; Loitz, Latente Steuern nach dem Bilanzrechtsmodernisierungsgesetz, Ubg 2009, 708; Loitz/ Klevermann, Bilanzierung von Ertragsteuern in deutschen Organschaften nach IFRS und BilMoG, DB 2009, 409; Lüdenbach, Steuerlatenzrechnung für Personengesellschaften und kleine Kapitalgesellschaften?, BC 2011, 159; Lüdenbach/Freiberg, Beitrag von DRS 18 zur Klärung strittiger Fragen der Steuerlatenzierung, BB 2010, 1971; Lüdenbach/Freiberg, Die Regelungen des BilRUG im Jahresabschluss, StuB 2015, 563; Malisius/Hagen/ Lenz, Abgrenzung latenter Steuern nach HGB bei Investitionen institutioneller Investoren in Investmentfonds, Ubg 2010, 439; Melcher/Möller, Ebenen der Gesamtdifferenzbetrachtung im Rahmen der Bilanzierung latenter Steuern, KoR 2011, 548; Melcher/Murer, Bilanzierung von latenten Steuern bei Organschaften nach dem BilMoG im Fall von Steuerumlageverträgen, DB 2011, 2329; M. Meyer, Sanierungsbedingte Umstrukturierungen: Ein Anwendungsfall für die Ausbuchung passiver latenter Steuern aufgrund künftiger Verluste?, BB 2011, 2539; M. Meyer, Einzelfragen zur Bilanzierung latenter Steuern im Rahmen von Verschmelzungen nach IDW RS HFA 42, BB 2013, 683; M. Meyer/Ruberg, Bekanntgabe von DRS 18 Latente Steuern – Partielle Aufhebung der Begrenzung des Prognosehorizonts bei Verlustvorträgen, DStR 2010, 2094; M. Meyer/Ruberg, Die Erstellung von Planungsrechnungen als Voraussetzung für die Bilanzierung latenter Steuern, DStR 2010, 1538; M. Meyer/Ruberg, Leitlinien für die Erstellung von Planungsrechnungen im Rahmen des Tax Accounting, Ubg 2010, 431; I. Müller, Rückstellungen für passive Steuerlatenzen gemäß 249 Abs. 1 Satz 1 HGB, DStR 2011, 1046; S. Müller/Kreipl, Passive latente Steuern und kleine Kapitalgesellschaften, DB 2011, 1701; S. Müller/Panzer/Reinke, Erweiterte Angabepflichten zu latenten Steuern durch das BilMoG – Eine empirische Untersuchung von HGB-Jahresabschlüssen, StuB 2012, 937; Müller/Reinke/Scheid, Bekanntmachung von DRÄS 11 zur Änderung des DRS 18 „Latente Steuern": HGB-Fachausschuss des DRSC beschließt punktuelle Überarbeitungen mit einer engeren Anlehnung an den Gesetzestext, DStR 2021, 1721; Müller/Reinke/Scheid, Punktuelle Überarbeitung an DRS 18 „Latente Steuern", BC 2021, 371; Naumann, Zweifelsfragen der Bilanzierung latenter Steuern im Einzelabschluss nach den Vorschriften des Bilanzrechtsmodernisierungsgesetzes, FS Krawitz, 2010, 689; Oser/Roß/Wader/Drögemüller, Änderungen des Bilanzrechts durch das Bilanzrechtsmodernisierungsgesetz (BilMoG), WPg 2009, 573; Petersen, Anwendungsfragen der Steuerabgrenzung im Jahresabschluss, WPg 2011, 255; Petersen/Zwirner, FAQ BilMoG, BB 2010, 1651; Pöller, Sonderprobleme und Umsetzung der Neuregelungen zur Bilanzierung latenter Steuern nach BilMoG, BC 2011, 10; Pöller, Latente Steuern: Ausweis und Angaben im Anhang nach BilRUG – Aktuelle Bestandsaufnahme aus Sicht der Praxis unter Berücksichtigung des DRS 18 in der Fassung des DRÄS 6, BC 2016, 104; Prystawik, Latente Steuern nach BilMoG und IFRS: Besonderheiten bei Pensionsrückstellungen und Investmentfonds als Planvermögen, DB 2010, 345; Risse, Tax Accounting, FS Herzig, 2010, 651; Risse/Große-Allermann, Tax Compliance auf der Grundlage handelsrechtlicher Risikomanagementsysteme: Auswirkungen des § 289 Abs. 5 HGB in der Fassung des BilMoG, Ubg 2010, 629; Ruberg, Aktuelle Entwicklungen im Bereich des Tax Accounting, Ubg 2009, 863; Ruberg, Werthaltigkeitsnachweis aktiver latenter Steuern auf Verlustvorträge anhand von Passivlatenzen: Besonderheiten bei der Mindestbesteuerung, Ubg 2011, 204; Schäfer/Suermann, Ansatz aktiver latenter Steuern nach IAS 12, DB 2010, 2742; Scheffler, Handelsbilanz und Steuerbilanz im Vergleich, BBK-Beil. 1/ 2010; Schindler, Bilanzierung von latenten Steuern bei Umlageverträgen im Rahmen von Organschaftsverhältnissen nach dem BilMoG, BFuP 2011, 329; Scholz, Latente Steuern und ertragsteuerliche Organschaft, StuB 2022, 495; Schulze-Osterloh, Ausgewählte Änderungen des Jahresabschlusses nach dem Referentenentwurf eines Bilanzrechtsmodernisierungsgesetzes, DStR 2008, 63; Siegel, Die Bilanzierung latenter Steuern im handelsrechtlichen Jahresabschluss nach § 274 HGB, 2011; Simlacher, Bilanzierung von latenten Steuern im Zusammenhang mit Verschmelzungen im handelsrechtlichen Abschluss, DStR 2011, 1868; Simlacher/Schurbohm-Ebneth, Die geplanten Änderungen zur Bilanzierung von Ertragsteuern in IFRS-Abschlüssen, KoR 2009, 389; Simon, Ausschüttungs- und Abführungssperre als gläubigerschützendes Institut in der reformierten HGB-Bilanzierung: zur Regelung des § 268 VIII HGB n.F., NZG 2009, 1081; Strahl, Bilanzrechtsmodernisierungsgesetz (BilMoG): Handelsbilanz und Auswirkungen auf die Steuerbilanz, KÖSDI 2008, 16290; Theile, Latente Steuern im Jahresabschluss nach BilMoG, BBK 2010, 639; Viebrock/Stegemann, Ertragsteuerliche Konsolidierung im Treuhandmodell, DStR 2013, 2375; Wehrheim/Rupp, Zum Geltungsbereich der Ausschüttungssperre des § 268 Abs. 8 HGB im Regierungsentwurf des BilMoG, DB 2009, 356; Weidmann, Nur steuerlich zulässige Rücklagen und außerbilanzielle Korrekturen im Konzept der latenten Steuern nach § 274 Abs. 1 HGB, DStR 2011, 2108; Wellisch/Lüken, Bilanzierung und steuerliche Gewinnermittlung bei der Auslagerung von Direktzusagen auf Pensionsfonds – Update zu BB 2010, 623 ff., BB 2011, 1131; Wendholt/Wesemann, Zur Umsetzung der HGB-Modernisierung durch das BilMoG: Bilanzierung von latenten Steuern im Einzel- und Konzernabschluss, DB-Beil. 5/2009, 64; Zimmert, Latente Steuern nach BilMoG: Gesetzeslücke bei Inanspruchnahme des § 7g EStG, DStR 2010, 826; Zinowsky, Konzeptionelle Analyse der Steuerabgrenzung für Investmentfonds nach den Vorschriften des BilMoG, KoR 2012, 187; Zülch/Hoffmann, Probleme und mögliche Lösungsansätze der „neuen" Ausschüttungssperre nach § 268 Abs. 8 HGB, DB 2010, 909; Zwirner, Latente Steuern in der BilMoG-Eröffnungsbilanz: eine sekundengenaue Problemstellung, DB 2010, 2686; Zwirner, Latente Steuern (DRS 18), StuB 2010, 570; Zwirner/Boecker, BilMoG: Funktionsweise der (neuen) außerbilanziellen Ausschüttungssperre, BC 2011, 7; Zwirner/Künkele, Latente Steuern im Zusammenhang mit § 15a EStG – Anwendungsfälle, Praxisbeispiele und IDW RS HFA 18, DStR 2012, 814; Zwirner/Boecker: IFRS-Bilanzierung: Neues für das Geschäftsjahr 2017, IRZ 2017, 102.[1]

---

[1]   Der Verf. dankt seiner wissenschaftlichen Mitarbeiterin Ref. jur. Melanie Manow für die Vorarbeit zur Neuauflage.

Übersicht

I. Hintergrund der Bilanzierung latenter Steuern

1. Gemeinsames Grundanliegen der Bilanzierung latenter Steuern. „Latente **1** Steuern" sind verborgene zukünftige, aber jetzt bereits verursachte Steuerlasten oder -vorteile.[2] Ihr Ausweis in der Bilanz[3] ist dem Umstand zu verdanken, dass die in der GuV auszuweisende Steuerbelastung des Unternehmens an das handelsrechtliche Ergebnis anknüpft. Die **Steuerbelastung** des Unternehmens **beeinflusst das handelsrechtliche Jahresergebnis** und ist daher Gegenstand des Jahresabschlusses (s. § 266 Abs. 3 C. 8., § 275 Abs. 2 Nr. 18, Abs. 3 Nr. 17). In Gestalt der Ertragsteuern bemisst sich ein Teil der Steuerbelastung seinerseits nach oder zumindest in Abhängigkeit von dem handelsrechtlichen Erfolg, wobei die steuerrechtliche Ergebnisbemessung trotz des Grundsatzes der Maßgeblichkeit (§ 8 Abs. 1 S. 1 KStG, § 5 Abs. 1 S. 1 EStG) im Rahmen der Steuerbilanzierung zum Teil eigenen Regeln folgt. Dabei kann es zu Abweichungen zwischen handelsrechtlichen und steuerrechtlichen Ansätzen oder Bewertungen und damit verbunden, jedenfalls in zukünftigen Geschäftsjahren, zwischen dem handels- und dem steuerrechtlichen **Ergebnis** kommen (zur Ergebnisorientierung → Rn. 8).

Solche Ansatz- oder Bewertungsdifferenzen zur Steuerbilanz stellen zwar für sich **2** genommen für das Gelingen des Informationsauftrags der Handelsbilanz kein Problem dar, denn die Steuern auf den Ertrag werden handelsrechtlich als Aufwand verbucht, so dass es für den Bilanzadressaten eigentlich gleichgültig sein könnte, auf welcher Bemessungsgrundlage sie errechnet werden. Vielmehr ist der Ausweis spezieller Posten für „latente Steuern" im Jahresabschluss erst eine Folge der Periodisierung der Steuern auf der Zeitachse; daher bräuchte man keine latenten Steuern, wenn es nur eine Bemessungsperiode geben würde. Die **Aufteilung der Gewinnermittlung in zeitliche Abschnitte** kann nämlich, in Verbindung mit Unterschieden der handels- und steuerrechtlichen Gewinnermittlung, dazu

---

[2] S. etwa Wendholt/Wesemann DB-Beil. 5/2009, 64 (65); HdJ/Karrenbrock Latente Steuern im Einzelabschluss Rn. 10 (7/2019); Küting/Seel FS Herzig, 2010, 675 (677); Küting/Seel DB 2009, 922 (922).

[3] Zur bereits damals umstrittenen Einführung latenter Steuern in das HGB aF durch das BiRiLiG v. 19.12.1985 s. Ballwieser FS Krawitz, 2010, 540 (544 f.).

führen, dass handels- und steuerrechtliche Ergebnisse nicht nur nicht identisch sind, sondern auch **nicht „synchron"** in dem Sinne verlaufen, dass die Höhe des Steueraufwands in allen Geschäftsjahren in direkter, aus Sicht der Bilanzadressaten nachvollziehbarer Beziehung zum jeweiligen handelsrechtlichen Ergebnis stünde.[4] Steuerbelastungen aufgrund von gewinnerhöhenden und Steuerentlastungen aufgrund von gewinnmindernden Effekten treten dann unter Umständen – handelsbilanziell betrachtet – in anderen Geschäftsjahren (= Wirtschaftsjahren, vgl. § 4a Abs. 1 Nr. 2 EStG) auf als diese Effekte selbst.

3   Insbesondere kann es dazu kommen, dass handelsrechtlich ausgewiesene Gewinne des laufenden (oder eines früheren) Geschäftsjahrs (voraussichtlich) erst in späteren Geschäftsjahren, aus handelsrechtlicher Sicht also „zu spät", besteuert werden **(zukünftiger Steuermehraufwand)** oder umgekehrt, dass im steuerrechtlichen Gewinn und damit anteilig auch in dem in der GuV erfassten Steueraufwand Beträge enthalten sind, die handelsrechtlich erst in zukünftigen Geschäftsjahren realisiert werden. Diese Beträge wurden dann aus handelsrechtlicher Sicht „zu früh" besteuert und müssen in Zukunft trotz entsprechenden Ausweises in zukünftigen Jahresabschlüssen nicht mehr besteuert werden (Besteuerung handelsrechtlich erst in Zukunft anfallender Gewinne), so dass sie insofern wie ein Steuerguthaben wirken **(zukünftiger Steuerminderaufwand).** Der Unterschied zu echten steuerlichen Verlustvorträgen, deren Wirkung sich auch auf den steuerlichen Bereich beschränkt (handelsrechtlich ist eine Verlustverrechnung erst auf der Ebene der Ergebnisverwendung möglich), besteht darin, dass das mit Verlustvorträgen verbundene „Steuerguthaben" in Ausnahmefällen zwar genau auf den beschriebenen Ansatz- oder Bewertungsdifferenzen und **damit** verbundenen steuerlichen Verlusten beruhen kann, meistens aber vollständig oder zum größten Teil auf Verluste zurückzuführen ist, die auch handelsrechtlich entstanden sind, also **nicht** auf Differenzen in der Rechnungslegung zurückzuführen sind ($\rightarrow$ Rn. 12).

4   In den Effekten der genannten Art wird, je nach vertretenem Konzept ($\rightarrow$ Rn. 5 ff.), mehr oder weniger eine **unzutreffende Abbildung des Steueraufwands im Jahresabschluss** gesehen, die der Korrektur in der Bilanz durch Ausgleichsposten (sog. latente Steuern) bedarf.[5] Zukünftiger Steuermehraufwand führt danach zu einem entsprechenden Passivposten („passivische latente Steuern" oder kurz und sprachlich unsauber „passive" latente Steuern, so § 266 Abs. 3 E.), zukünftiger Steuerminderaufwand zu einem Aktivposten („aktivische" oder kurz „aktive" latente Steuern, so § 266 Abs. 2 D.). Betrachtet man die in der Handelsbilanz ausgewiesenen tatsächlichen (§ 266 Abs. 3 C. 8.) und latenten (§ 266 Abs. 2 D. und Abs. 3 E.) Steuern im Verbund, erhält man im Ergebnis eine „fiktive Steuerbelastung"[6] auf der Basis des handelsrechtlichen Ergebnisses.[7]

5   **2. Unterschiedliche Konzepte der Bilanzierung latenter Steuern. Mehrere Konzepte** zum Ausweis und zur Ermittlung latenter Steuern stehen zur Verfügung, die

---

4   Vgl. ADS Rn. 2 zu § 274 aF: Der „tatsächliche, auf der steuerrechtlichen Ergebnisrechnung basierende Ertragsteueraufwand (Körperschaft- und Gewerbeertragsteuer)" stehe in diesen Fällen „nicht in einer erklärbaren Beziehung zum handelsrechtlichen Ergebnis".

5   S. die vorsichtige Kritik bei Ballwieser FS Krawitz, 2010, 540 (548 f., 550): „Interessant" seien die Ergebnisse einer Studie mit Abschlüssen nach (mittlerweile überkommenem) britischem Rechnungslegungsrecht, weil sie zeigten, dass „den in einer Fußnote genannten latenten Steuern dieselbe Wertrelevanz wie den bilanzierten latenten Steuern" zukomme. „Wäre dieses Ergebnis auch für Deutschland zutreffend, ließe sich fragen, ob eine Bilanzierung überhaupt geboten" sei; deutlicher krit. Küting, Statement vor dem BT-RA am 17.12.2008, S. 3 f., stellvertretend für die „Saarbrücker BWL-Professoren Bieg, Küting, Kußmaul und Waschbusch" ua, mit den Argumenten, latente Steuern seien (nur) „fiktive (hypothetische) Steuern, die anfallen würden, wenn die Handelsbilanz die Steuerbemessungsgrundlage wäre", sie böten „enormes bilanzpolitisches Gestaltungspotential" und seien „äußerst schwierig zu ermitteln".

6   So etwa HdR/Simlacher/Spanheimer Rn. 10 (Stand: 10/2010; Aussage nicht mehr auffindbar in Neubearbeitung von Simlacher/Vossel, Stand 9/2022); Küting/Seel FS Herzig, 2010, 675 (676): „(fiktiver) Steueraufwand", „der sich auf Grundlage des handelsrechtlichen Ergebnisses ergeben würde"; ferner Ballwieser FS Krawitz, 2010, 539 (541): latente Steuern als „zu konstruierende Größe".

7   Zur Kritik s. HdR/Simlacher/Spanheimer Rn. 10 (Stand: 10/2010).

jeweils in geringerem oder größerem Umfang der Erfassung und Korrektur von (echten oder vermeintlichen) Verfälschungen des Jahresabschlusses durch eine asynchrone Ertragsbesteuerung dienen. Sie unterscheiden sich in Bezug auf die Natur der abzugrenzenden Differenzen zwischen Handels- und Steuerrecht (timing concept bzw. temporary concept), hinsichtlich des Umfangs des zeitlichen Betrachtungsbereichs (partial approach bzw. comprehensive approach) und hinsichtlich der Art und Weise, wie die auszugleichenden Differenzen berechnet werden (deferred method und liability method).[8] Der wichtigste Punkt, der auch Gegenstand der Reform des § 274 war, ist die **Natur der abzugrenzenden Differenzen.**[9]

Bis zum BilMoG folgte die Regelung des § 274 aF (zur Fortgeltung bei kleinen **6** Kapitalgesellschaften und bestimmten Nichtkapitalgesellschaften aber → Rn. 32) dem allgemein „timing" genannten Konzept (nachfolgend: **„timing"-Konzept** oder „altes" Konzept). In dessen Fokus liegt die zutreffende Periodisierung (timing) des bilanzwirksamen Steueraufwands auf der Zeitachse,[10] wie sie ein Anliegen der (informationsorientierten) dynamischen Bilanztheorie ist (→ § 264 Rn. 36). Deshalb spricht man auch von der GuV-Orientierung dieses Konzepts.[11] Es stellt auf die bilanzwirksame Verschiebung des ergebniswirksamen Steueraufwands vom bilanzierten Geschäftsjahr in ein späteres Geschäftsjahr oder umgekehrt von einem zukünftigen Geschäftsjahr in das bilanzierte Geschäftsjahr (Vorverlagerung) als Folge einer unterschiedlichen Rechnungslegung in Handels- und Steuerrecht ab. Demnach setzt es miteinander korrespondierende Bilanzierungsdifferenzen in mehreren Geschäftsjahren voraus. Stellt man sich die wechselnden handelsrechtlichen Ergebnisse von einem Geschäftsjahr zum nächsten als kontinuierliche Wellenbewegung vor, könnte man auch von einer **„Phasenverschiebung"** zwischen handelsrechtlichem und steuerlichem Ergebnis sprechen. Dementsprechend stellte § 274 aF sowohl für die aktivischen als auch die passivischen latenten Steuern („Steuerabgrenzung") auf die Ergebniswirksamkeit der Differenzen zwischen steuerlichem und handelsrechtlichem Ergebnis bereits **bei Entstehen der Differenzen** ab.[12] Seinem Charakter nach ähnelt der Ansatz latenter Steuern nach dem alten („timing"-)Konzept wegen der damit bezweckten Periodenabgrenzung (→ 2. Aufl. 2008, Rn. 40) einem Rechnungsabgrenzungsposten, wie es auch in der Überschrift zu § 274 aF („Steuerabgrenzung") zum Ausdruck kam.[13]

Im Fokus des allgemein „temporary" genannten Konzepts (nachfolgend: **„tempo- 7 rary"-Konzept** oder – aus deutscher Sicht – „aktuelles" Konzept), dem der deutsche

---

[8] Ballwieser FS Krawitz, 2010, 539 (541–543), mit näheren Einzelheiten; ferner Coenenberg/Haller/Schultze Jahresabschluss, 26. Aufl. 2021, 8. Kap. B.I., S. 509 ff.; hierzu → Rn. 49.

[9] Vgl. dazu zB Coenenberg/Haller/Schultze Jahresabschluss, 26. Aufl. 2021, 8. Kap. B.I., 509 ff.; HdJ/Karrenbrock, Latente Steuern im Einzelabschluss Rn. 2 ff. (7/2019); BeBiKo/Grottel/Larenz 13. Aufl. 2022, Rn. 5 ff.; HdR/Simlacher/Vossel Rn. 46 f. (Stand: 9/2022); Küting/Seel FS Herzig, 2010, 675 (676 f.); zu weiteren Konzeptionen latenter Steuern s. den Überblick bei Ballwieser FS Krawitz, 2010, 539 (541 ff.) und Coenenberg/Haller/Schultze Jahresabschluss, 26. Aufl. 2021, 8. Kap. B.I.2, S. 513 ff.

[10] S. zB Küting/Seel FS Herzig, 2010, 675 (676): Ziel des „timing"-Konzepts sei ein mit dem handelsrechtlichen Ergebnis korrespondierender Ausweis des Steueraufwands und insofern ein periodengerechter Erfolgsausweis; ähnlich HdJ/Karrenbrock Latente Steuern im Einzelabschluss Rn. 3 (7/2019), der dies allerdings nur als „primäres Ziel" versteht.

[11] ZB Coenenberg/Haller/Schultze Jahresabschluss, 26. Aufl. 2021, 8. Kap. B.I.1.a., S. 509; BeBiKo/Grottel/Larenz, 13. Aufl. 2022, Rn. 7; ähnlich Ballwieser FS Krawitz, 2010, 539 (543): „GuV als Ausgangsbasis".

[12] Vgl. § 274 Abs. 1 S. 1 aF für die passivische Steuerabgrenzung („Ist der dem Geschäftsjahr und früheren Geschäftsjahren zuzurechnende Steueraufwand zu niedrig [...]") und § 274 Abs. 2 S. 1 für die aktivische („Ist der dem Geschäftsjahr und früheren Geschäftsjahren zuzurechnende Steueraufwand zu hoch [...]".

[13] Insofern unglücklich die Bezeichnung des passivischen Postens als „Rückstellung nach § 249 Abs. 1 S. 1" nach § 274 Abs. 1 aF. Zum Verständnis der alten Regelung als bloße Rechtsfolgenverweisung → 3. Aufl. 2008, Rn. 19; aA wohl Ballwieser FS Krawitz, 2010, 540 (544), speziell zu aktivischen latenten Steuern nach altem Recht: Sie stellten „eindeutig weder einen Vermögensgegenstand noch einen Rechnungsabgrenzungsposten" dar.

BilMo-Gesetzgeber entsprechend einem internationalen, das Informationsinteresse der Bilanzadressaten betonenden[14] Trend (speziell zu latenten Steuern nach IFRS → Rn. 52 ff.) gefolgt ist,[15] liegt die zutreffende Abbildung der Vermögens-, Finanz- und Ertragslage, weshalb man auch von einem „bilanzorientierten" Ansatz spricht.[16] Dazu gehört es, wie oben beschrieben, zukünftigen Steueraufwand für handelsrechtlich bereits generierte Gewinne im Geschäftsjahr ihrer Generierung darzustellen. Ihrem Charakter nach erfüllen passivische latente Steuern nach neuem Recht somit eher die Funktion einer Rückstellung,[17] als dies – trotz des Gesetzeswortlauts (vgl. § 249 Abs. 1 aF) – nach altem Recht der Fall war.[18] Umgekehrt werden bereits entrichtete Steuern für handelsrechtlich erst in zukünftigen Geschäftsjahren entstehende Gewinne nicht nur als realisierter Steueraufwand verbucht, sondern es wird mit dem Ansatz aktivischer latenter Steuern auch deutlich gemacht, dass mit der Vorwegnahme der Besteuerung zukünftige „Steuererleichterungen" verbunden sind (in dem Sinne, dass sich für jene Geschäftsjahre ein geringerer „sichtbarer" Steuersatz ergibt, wenn man die zukünftigen Steuern dieser Jahre zu den entsprechenden **handels**rechtlichen Gewinnen in Beziehung setzt).

8   Insofern ist es etwas irreführend, wenn immer wieder – bewusst oder unbewusst – der Eindruck erweckt wird, das neue Konzept sei überhaupt nicht ergebnisorientiert.[19] Der Unterschied zum alten Konzept besteht insofern nur darin, dass es **nicht** auf die Ergebniswirksamkeit **im Geschäftsjahr der Entstehung** ankommt.[20] Nur deshalb lassen sich etwa steuerliche Verlustvorträge erfassen (Abs. 1 S. 4; → Rn. 12). Gleichfalls irreführend ist es, wenn der wesentliche Unterschied zwischen den beiden Konzepten mit einem vergleichen-

---

[14]   Vgl. Begr. RegE BilMoG, BT-Drs. 16/10067, 67: Zweck des § 274 HGB sei „eine den tatsächlichen Verhältnissen entsprechende Darstellung der Vermögens-, Finanz- und Ertragslage im handelsrechtlichen Jahresabschluss" zu erreichen, „die den Informationsinteressen der Abschlussadressaten hinreichend" berücksichtige [Grammatikfehler im Original].

[15]   S. Begr. RegE BilMoG, BT-Drs. 16/10067, 67: Mit der Neufassung des § 274 HGB werde „dessen bisherige konzeptionelle Basis – das GuV-orientierte Konzept (timing-Konzept) – zugunsten des international gebräuchlicheren bilanz-orientierten Konzepts (temporary-Konzept) aufgegeben". S. zur Entwicklung der Ermittlungskonzepte für Steuerlatenzen in der US-amerikanischen Bilanzierungspraxis zB HdJ/Karrenbrock Latente Steuern im Einzelabschluss Rn. 2 (7/2019); ferner ADS Rn. 14a.

[16]   S. Begr. RegE BilMoG, BT-Drs. 16/10067, 35 und 37: „Unter Berücksichtigung der Vorschläge aus Praxis und Forschung" werde (ua) „die Ermittlung der latenten Steuern nach dem bilanzorientierten Konzept vorgeschrieben"; ebenso BT-Drs. 16/10067, 67 (s. vorige Fn.).

[17]   So ansatzweise auch Begr. RegE BilMoG, BT-Drs. 16/10067, 67: Der Änderung des Ausweises der passiven latenten Steuern liege „die Überlegung zugrunde, dass den passiven latenten Steuern zwar teilweise der Charakter von Rückstellungen zukommen" möge, „dies aber nicht für den Posten in seiner Gesamtheit" gelte. Als Gegenbeispiel werden „quasi-permanente Differenzen" (→ Rn. 23) genannt, bei denen [mangels ausreichender Konkretisierung des Steuerrisikos] „gerade nicht zweifelsfrei vom generellen Vorliegen der Tatbestandsvoraussetzungen nach § 249 Abs. 1 S. 1 für den Ansatz von Rückstellungen ausgegangen werden" könne. Zum Ausweis einer Rückstellung wegen Steuerlatenzen bei nicht in den Anwendungsbereich des § 274 fallenden Unternehmen → Rn. 32, → Rn. 33.

[18]   Der BilMo-Gesetzgeber hat eine klare Einordnung der latenten Steuern, vielleicht unter dem Eindruck der Auslegungsschwierigkeit, die seine diesbezügliche Festlegung in § 274 aF verursacht hatte, vermieden. Immerhin hat er – zumindest für die über das alte Konzept hinausgehenden Fälle zu Recht – deutlich gemacht, dass es sich nicht um einen RAP handelt; s. Begr. RegE, BT-Drs. 16/10067, 68 zu § 246 Abs. 1 S. 1 HGB-E: Bei latenten Steuern handele es sich „weder um Vermögensgegenstände noch um Schulden oder Rechnungsabgrenzungsposten, sondern um Sonderposten eigener Art"; s. auch BT-Drs. 16/10067, 68 zu „aktiven" latenten Steuern: „Sonderposten eigener Art".

[19]   Vgl. stellvertretend für viele etwa HdJ/Karrenbrock Latente Steuern im Einzelabschluss Rn. 11 (7/2019): Ausgangspunkt der Bilanzierung latenter Steuern nach dem „temporary"-Konzept seien „nicht Differenzen zwischen handels- und steuerrechtlichem Ergebnis, sondern vorübergehende Ansatz- und Bewertungsdifferenzen zwischen den in Handels- und Steuerbilanz ausgewiesenen Vermögensgegenständen und Schulden"; ähnlich Gelhausen/Fey/Kämpfer M Rn. 1: Während bisher „auf Differenzen zwischen dem handelsrechtlichen und steuerlichen Ergebnis" abgestellt worden sei, erfasse die Neuregelung Bilanzdifferenzen aus Ansatz- und Bewertungsunterschieden […]".

[20]   Vgl. zB Kirsch DStZ 2009, 510 (511): Nach § 274 sei das Bestehen eines Ergebnisunterschieds zwischen Handelsrecht (vor Steuern) und Steuerrecht „keine Voraussetzung", sondern an dessen Stelle würden Buchwertunterschiede treten, „die in zukünftigen Perioden voraussichtlich zu Steuerbe- oder Steuerentlastungen führen" [also ergebniswirksamen Effekten] würden.

den Blick auf § 274 Abs. 1 S. 1 und Abs. 2 S. 1 aF („niedriger" bzw. „höher als das handelsrechtliche **Ergebnis**") einerseits und § 274 Abs. 1 S. 1 („zwischen den handelsrechtlichen Wertansätzen von […] und ihren steuerlichen **Wertansätzen** Differenzen" [Hervorhebungen durch den **Verf.**]) darin gesehen wird, dass die aktuelle Regelung **Wertansätze** betrachte,[21] denn es sind gerade die Wertansätze der Bilanz, die mit ihren Unterschieden das Bilanzergebnis beeinflussen, so dass sie auch nach dem „timing"-Konzept zu ermitteln waren.

In **zahlreichen Fällen** stehen beide Konzepte überhaupt nicht miteinander im Widerspruch, sondern gebieten eine im Ergebnis **gleiche bilanzielle Behandlung.** Insbesondere dürfte jede „Phasenverschiebung" im Sinne des alten Konzepts (→ Rn. 6) auch eine unzutreffende Darstellung der Vermögens-, Finanz- und Ertragslage im Sinne des neuen Konzepts zur Folge haben. Deshalb bewirkt auch das neue Konzept mit seinem Anliegen eines „richtigen" Steuerausweises gleichzeitig eine zutreffende Periodenabgrenzung.[22] Das neue (temporary) Konzept geht aber **über das alte** (timing) **Konzept hinaus,**[23] weil es zukünftige, im Verhältnis zum handelsrechtlichen Ergebnis asynchrone oder beziehungslose Steuerwirkungen nicht nur dann berücksichtigt, wenn diese Wirkungen **Ausgleich** für korrespondierende gegenläufige Wirkungen im bilanzierten Geschäftsjahr sind. Es reicht vielmehr aus, wenn diese zukünftigen steuerlichen Effekte ihren Anlass in gegenwärtigen Bilanzierungsunterschieden (unterschiedlichen „Wertansätzen" iSd § 274 Abs. 1 S. 1) finden, und es wird „keine Entstehung und Auflösung der Differenz in der GuV verlangt".[24] Dadurch werden deutlich mehr Steuerlatenzen ausgewiesen als früher.[25] 9

Verschiebungen der Steuerlast durch Wertansatzdifferenzen bei Vermögensgegenständen werden auch dann berücksichtigt, wenn die betreffenden Vermögensgegenstände zunächst jeweils **erfolgsneutral** in Handels- und Steuerbilanz **eingebucht** werden (latente Steuern beim Erstansatz), so dass diese Differenzen im Geschäftsjahr ihrer Entstehung ohne Auswirkungen auf das handels- bzw. steuerrechtliche Ergebnis bleiben (→ Rn. 24). Für den Ansatz latenter Steuern reicht es aus, dass sich die Bewertungsdifferenzen durch ihren Abbau (zB in Gestalt von Abschreibungen unterschiedlicher Höhe) in späteren Jahren im handels- und steuerrechtlichen Ergebnis widerspiegeln. Von § 274 Abs. 1 S. 1 bzw. Abs. 2 S. 1 aF wurden diese Fälle nicht abgedeckt, weil nach diesen Tatbeständen entsprechend dem (für das „timing"-Konzept prägenden) Gedanken der „Phasenverschiebung" nur solche zukünftigen Ergebnisunterschiede in Handels- und Steuerbilanz abgrenzungsfähig (bzw. -pflichtig) waren, die sich als Pendant spiegelbildlicher Ergebnisunterschiede in der gegenwärtigen (bzw. einer früheren) Handels- und Steuerbilanz darstellten. 10

Als weitere Folge des Systemwechsels wird immer wieder, nicht zuletzt gestützt auf die Gesetzesmaterialien, die Erfassung sog. **quasi-permanenter Bewertungsunterschiede** (→ Rn. 23) genannt,[26] die nach einer weit verbreiteten Ansicht bei § 274 aF nicht berück- 11

---

[21] S. Nachweise vorige Fn.
[22] Vgl. dazu BeBiKo/Grottel/Larenz, 13. Aufl. 2022, Rn. 4: Die Bilanzierung latenter Steuern diene „zum einen der periodengerechten Erfolgsermittlung und zum anderen dem zutreffenden Ausweis der Vermögenslage". „Zur Ermittlung eines ‚richtigen' Periodenerfolgs" gehöre „demzufolge die Berücksichtigung des ‚richtigen' Steueraufwands". „Richtig" in diesem Sinne sei grundsätzlich „der mit dem handelsrechtlichen Ergebnis korrespondierende und nicht der nach steuerrechtlichen Vorschriften berechnete Steueraufwand"; s. zB auch Hopt/Merkt, 42. Aufl. 2023, Rn. 8: § 274 diene der Periodenabgrenzung.
[23] ZB Coenenberg/Haller/Schultze Jahresabschluss, 26. Aufl. 2021, 8. Kap. B.I.1.b., S. 512 f.; HdJ/Karrenbrock Latente Steuern im Einzelabschluss Rn. 12 (7/2019); Küting/Seel DB 2009, 922 mwN: Dem „temporary"-Konzept liege „konzeptionell eine umfassendere Steuerabgrenzung zugrunde", da im Gegensatz zum „timing"-Konzept „auch quasi-permanente und erfolgsneutral entstandene Wertunterschiede in den Anwendungsbereich der Steuerabgrenzung miteinbezogen" seien.
[24] Ballwieser FS Krawitz, 2010, 540 (543).
[25] Ballwieser FS Krawitz, 2010, 540 (543).
[26] ZB HdR/Simlacher/Vossel Rn. 600 (Stand: 9/2022); BeBiKo/Grotte/Larenz, 13. Aufl. 2022, Rn. 14; Merkt/Probst/Fink/Harre/Lukat, Rechnungslegung nach HGB und IFRS, 1. Aufl. 2017, Rn. 6; treffend insofern bereits Kölner Komm RechnungslegungsR/Prinz 1. Aufl. 2011, Rn. 1: Das „temporary"-Konzept wolle „in der Zukunft umkehrbare Steuereffekte aufgrund von Bilanzpostenunterschieden zwischen Handels- und Steuerbilanz im Interesse eines informationsverbesserten Jahresabschlusses erfassen".

sichtigungsfähig gewesen sein sollen.[27] Zutreffend daran ist, dass das „timing"-Konzept bestimmte Sachverhalte systembedingt nicht erfasst, in denen Differenzen, die sich nur unter besonderen Bedingungen (erfolgswirksam) ausgleichen und daher quasi-permanente Differenzen genannt werden, besonders häufig auftreten. Das sind nämlich gerade die vorstehend genannten Anschaffungsfälle mit ergebnisneutraler Erstverbuchung. Soweit aber eine gegenwärtige (oder vergangene) Ergebnisdifferenz gegeben ist, stellt sich beim „timing"-Konzept in ganz ähnlicher Weise wie beim „temporary"-Konzept die Frage, ob sich die (bereits ergebniswirksamen) Wertdifferenzen „voraussichtlich" abbauen werden. Dass die zur Beantwortung erforderliche **Prognose** hier anders ausfallen soll als beim „temporary"-Konzept, ist jedenfalls nicht aus dem Wesen der beiden Konzepte ableitbar, nämlich aus dem Umstand, dass der eine Ansatz auf Ergebnisunterschiede und der andere (nur) auf einen Bilanzpostenvergleich abstellt.[28] Nur indirekt mögen sich hier insoweit aus dem Systemwechsel Änderungen ergeben, als das „temporary"-Konzept stärker als das „timing"-Konzept das Informationsinteresse der Bilanzadressaten im Blick hat und dieses Informationsinteresse unter Umständen auch eine andere Beurteilung der Wahrscheinlichkeit von Steuereffekten rechtfertigen mag.

12   Aus steuerlichen **Verlustvorträgen** (vgl. → Rn. 3) schließlich können nur nach dem „temporary"-, nicht aber nach dem alten „timing"-Konzept Steuerlatenzen entstehen. Steuerrechtliche Verlustvorträge sind in gewisser Weise das Pendant zum handelsrechtlichen Verlustvortrag mit dem Unterschied, dass sie in den nachfolgenden Geschäftsjahren schon auf der Ebene der Gewinnerzielung und nicht nur auf der Ebene der Ergebnisverwendung wirken. Dies ist der Ausgleich dafür, dass das steuerrechtliche Ergebnis, dh das Einkommen bzw. der Gewinn (vgl. § 8 Abs. 2 KStG iVm § 2 Abs. 2 Nr. 1 EStG), für das einzelne Geschäftsjahr betrachtet anders als der handelsrechtliche nicht negativ werden kann. Da eine periodenübergreifende Verlustverrechnung bei der handelsrechtlichen Ergebnisermittlung nicht erforderlich und auch nicht möglich ist, bewirken steuerliche Verlustvorträge ähnlich wie Bewertungsdifferenzen, dass sich handelsrechtliches und steuerrechtliches Ergebnis asynchron zueinander entwickeln. Aus Sicht des „temporary"-Konzepts ist der (wahlweise[29]) Ausweis aktiver latenter Steuern für die zukünftigen steuermindernden Wirkungen von Verlustvorträgen (vgl. § 274 Abs. 1 S. 4) daher im Grundsatz – abgesehen von den damit verbundenen Prognoseschwierigkeiten – konsequent. Genauso konsequent war es aus Sicht des alten Konzepts, steuerliche Verlustvorträge bei der Berechnung aktiver latenter Steuern in Höhe der zu erwartenden Verlustverrechnung nicht zu berücksichtigen, weil diese Effekte nicht Ausdruck einer durch Bilanzierungsunterschiede bewirkten „Phasenverschiebung" zwischen handelsrechtlichem und steuerrechtlichem Ergebnis sind.[30]

13   **3. Europarechtlicher Hintergrund.** Die Steuerabgrenzung nach § 274 (aF und nF) beruhte auf Art. 43 Abs. 1 Nr. 11 RL 78/660/EWG (Bilanz-RL 1978). Danach war im Anhang („zumindest") der „Unterschied zwischen dem Steueraufwand, der dem Geschäfts-

---

[27]   Vgl. etwa Ballwieser FS Krawitz, 2010, 540 (544): Nach dem „timing"-Konzept mit der GuV als Ausgangsbasis der Berechnung latenter Steuern seien „neben permanenten Differenzen auch so genannte quasi-permanente Differenzen unberücksichtigt" geblieben; relativierend BeBiKo/Kozikowski/Fischer, 7. Aufl. 2010, Rn. 13: In der Vergangenheit sei es strittig gewesen, ob quasi-permanente Differenzen in die Steuerabgrenzung nach § 274 aF einzubeziehen seien. Die Außerachtlassung quasi-permanenter Differenzen „entspreche" zwar dem § 274 aF zugrunde liegenden „timing concept", sie ergebe „sich aber weder zwingend aus einer GuV orientierten Steuerabgrenzung", noch hätten „sich Anhaltspunkte dafür im Wortlaut des § 274 aF" gefunden; aA HdJ/Karrenbrock Latente Steuern im Einzelabschluss Rn. 8 (7/2019), der auch beim „timing"-Konzept des alten Rechts quasi-permanente Differenzen berücksichtigen will; diff. → Rn. 23; → 2. Aufl. 2008, Rn. 14.

[28]   Dies konzedierten auch BeBiKo/Kozikowski/Fischer, 7. Aufl. 2010, Rn. 13 (vorige Fn.): Die Außerachtlassung ergebe sich nicht „zwingend aus einer GuV orientierten Steuerabgrenzung".

[29]   Zum Kompromisscharakter des Wahlrechts nach § 274 Abs. 1 S. 2 s. Ballwieser FS Krawitz, 2010, 540 (545).

[30]   Dazu auch → 3. Aufl. 2008, Rn. 36. Zur allerdings notwendigen Berücksichtigung innerhalb der passiven latenten Steuern bei der Berechnung der zukünftigen Steuerbelastung → 3. Aufl. 2008, Rn. 28, 31.

jahr und den früheren Geschäftsjahren zugerechnet wird, und den für diese Geschäftsjahre gezahlten oder zu zahlenden Steuern" anzugeben, „sofern dieser Unterschied für den künftigen Steueraufwand von Bedeutung ist". Wahlweise durften die Mitgliedstaaten auch vorschreiben, diesen Betrag „als Gesamtbetrag in der Bilanz unter einem gesonderten Posten mit entsprechender Bezeichnung" auszuweisen. Berechtigte oder nicht berechtigte Zweifel an der Europarechtskonformität des § 274 aF haben sich mit dem Systemwechsel im Rahmen des BilMoG erledigt (→ 3. Aufl. 2013, Rn. 13). Die neue Bilanz-RL (RL 2013/34/EU) regelt latente Steuern im Einzelabschluss nun nur noch im Kontext „zusätzlicher Angaben für mittlere und große Unternehmen und Unternehmen von öffentlichem Interesse" des Art. 17 Bilanz-RL und bestimmt dazu, dass diese Unternehmen im Anhang „die latenten Steuersalden am Ende des Geschäftsjahres und die in den Bilanzen im Laufe des Geschäftsjahres erfolgten Bewegungen dieser Salden" anzugeben haben, „wenn latente Steuerschulden in der Bilanz angesetzt werden" (Art. 17 Abs. 1 lit. f. Bilanz-RL). Diese Pflicht wurde in § 285 Nr. 30 umgesetzt; spezielle Vorgaben, an denen § 274 zu messen wäre, bestehen nicht mehr. Die Vorschrift des Art. 24 Abs. 13 Bilanz-RL, die für die Konzernbilanz bestimmt, dass „[l]atente Steuersalden" bei der Konsolidierung ausgewiesen werden, „soweit sich daraus wahrscheinlich für eines der konsolidierten Unternehmen in absehbarer Zukunft ein Aufwand ergibt", erlaubt keine Rückschlüsse auf den Einzelabschluss – zumindest keine solchen, die Zweifel an der Europarechtskonformität des § 274 streuen könnten.

II. Regelungsgegenstand

1. Übersicht. Entsprechend dem „temporary"-Konzept (→ Rn. 7) dient § 274 der **14** periodengerechten Darstellung der Ertragsteuerlast und gleichzeitig einer „den tatsächlichen Verhältnissen" (§ 264 Abs. 2 S. 1) entsprechenden Darstellung der Vermögenslage.[31] Erfasst werden **künftige Steuerbelastungen und –entlastungen,** die aus konkreten Abweichungen **(Differenzen)** der Wertansätze von Vermögensgegenständen, Schulden und Rechnungsabgrenzungsposten in der Handels- und Steuerbilanz sowie aus steuerlichen Verlustvorträgen herrühren. Dabei werden entsprechend dem Grundgedanken des Ansatzes latenter Steuern[32] nur solche Wertdifferenzen berücksichtigt, die sich in den folgenden Geschäftsjahren voraussichtlich ausgleichen („abbauen") und nur solche Verlustvorträge, die mit zukünftigen Gewinnen verrechnet werden können. **Nicht erfasst** wird durch die Regelung des § 274 (wie schon früher) der tatsächliche, **effektive Steueraufwand** (einschließlich der Steuererstattungen) des Geschäftsjahres.[33] Soweit die Steuern noch nicht bezahlt (bzw. erstattet) wurden, ist die Steuerlast nach allgemeinen Grundsätzen als Schuld (Rückstellung

---

[31] Wendholt/Wesemann DB-Beil. 5/2009, 64 (65): sachgerechte „Darstellung der Vermögens- und Ertragslage zum Bilanzierungszeitpunkt"; BeBiKo/Grottel/Larenz, 13. Aufl. 2022, Rn. 4; ADS Rn. 11 f.; Ballwieser FS Krawitz, 2010, 539 (547) nennt zudem in Anlehnung an die Ziele des IASB und dessen Verständnis der Zielsetzungen von Abschlüssen das Ziel der „Vermittlung entscheidungsnützlicher Informationen"; s. Ballwieser FS Krawitz, 2010, 539 (547–549) zu kapitalmarktorientierten empirischen Studien zur Entscheidungsnützlichkeit des Ausweises latenter Steuern; ferner Risse FS Herzig, 2010, 651 (652) zur „Bewertungsrelevanz" latenter Steuern; enger hingegen Küting/Seel FS Herzig, 2010, 675 (676 f.), die den periodengerechten Erfolgsausweis als Ziel des timing-Konzepts der zutreffenden Darstellung der Vermögenslage als Ziel des temporary-Konzepts gegenüberstellen; tendenziell wohl auch HdJ/Karrenbrock Latente Steuern im Einzelabschluss Rn. 3, 10 (7/2019); ähnlich HdR/Simlacher/Spanheimer Rn. 8 ff. (Stand: 10/2010), die gleichzeitig die Sicherstellung des Ausweises der handelsrechtlich „fiktiven Steuerbelastung" der Periode neben dem zutreffenden Ausweis der Vermögenslage beim temporary-Konzept betonen (Rn. 10); HdR/Simlacher/Vossel Rn. 40 (Stand: 9/2022) verweisen auf die „Verbesserung der Informationsfunktion des Jahresabschlusses". Ruberg Ubg 2011, 204 (205) betont als Zielsetzung „die Antizipation der zukünftigen steuerlichen Be- und Entlastungen, […]", weist aber auch auf eine „fehlende dogmatische Grundlage", einen nicht „prinzipiengestützten Ansatz" und einen Mangel an „ausreichender theoretischer Fundierung" hin.

[32] Zum Ausgleich im Zeitverlauf als prägendes Merkmal, das den Begriff der latenten Steuern seit jeher kennzeichnet, s. ADS Rn. 2 und 16; Kölner Komm RechnungslegungsR/Prinz, 1. Aufl. 2011, Rn. 5.

[33] Kölner Komm RechnungslegungsR/Prinz Rn. 5.

bzw. Verbindlichkeit) bzw. der Ertrag aus Erstattungen (zB infolge eines Verlustrücktrags)[34] als Forderung zu bilanzieren.[35]

15   Abs. 1 S. 1 sieht verpflichtend den Ansatz **passiver** latenter Steuern vor. Ergeben sich insgesamt nur aktive latente Steuern, besteht hingegen ein **Ansatzwahlrecht** (Abs. 1 S. 2). Ein **weiteres** (Ausweis-)**Wahlrecht** besteht dahingehend, aktive und passive Steuerlatenzen unsaldiert auszuweisen (Abs. 1 S. 3). Bei der Berechnung aktiver Steuerlatenzen sind auch **Verlustvorträge** zu berücksichtigen, allerdings nur für einen Prognosezeitraum von fünf Jahren. Abs. 2 regelt die Bewertung (S. 1), die Auflösung (S. 2) und den gesonderten Ausweis in der Gewinn- und Verlustrechnung von Aufwand und Ertrag aus der Veränderung von Latenzen (S. 3). Während die Passivierung das Ausschüttungspotential auch zugunsten der Gläubiger mindert, bedarf die Aktivierung von Steuerlatenzen einer besonderen Regelung zum Gläubigerschutz, damit der verbuchte, aber noch nicht tatsächlich realisierte (zukünftige Steuer-)„Ertrag" vor einer Ausschüttung geschützt wird. Dem dient maßgeblich die in § 268 Abs. 8 S. 2 und § 301 S. 1 AktG vorgeschriebene **Ausschüttungs- bzw. Abführungssperre.**[36] § 285 Nr. 29 und 30 sehen zusätzliche spezifische **Anhangangaben** im Zusammenhang der Bilanzierung von Steuerlatenzen vor.[37] Für den **Konzernabschluss** ist § 274 gem. § 298 Abs. 1 vorbehaltlich der „Eigenart" des Konzernabschlusses und besonderer Vorschriften entsprechend anzuwenden; § 306 enthält eine solche besondere Regelung für latente Steuern im Zusammenhang mit Konsolidierungsmaßnahmen, die zum Teil auf § 274 verweist (§ 306 S. 5 und 6), sich aber vor allem insoweit von § 274 Abs. 1 unterscheidet, als aktive latente Steuern nicht etwa nur angesetzt werden dürfen, sondern ebenso wie passive verbindlich anzusetzen **sind.**

16   Angesichts ihrer bewussten Anlehnung an das „international gebräuchlichere bilanzorientierte Konzept" (→ Rn. 7 Fn. 16) ist die Regelung bei **Zweifelsfragen,** sofern nationale bzw. europarechtliche (Bilanz-)Rechtsgrundsätze nicht entgegenstehen, im Lichte dieser „internationalen" Gebräuche, insbesondere von **IAS 12** (→ Rn. 52 ff.), dem das „temporary"-Konzept zugrunde liegt, auszulegen (s. allgemein → § 264 Rn. 49 ff.).[38] Größere Zurückhaltung ist dagegen bei **DRS 18** („Latente Steuern")[39] angesagt, der den alten DRS 10 abgelöst hat. Er erhebt den Anspruch, die Vorschriften der §§ 274, 306 und § 314 Abs. 1 Nr. 21 zu konkretisieren (DRS 10.2), beschränkt sich dabei aber sowohl nach seinem Anwendungsbereich (DRS 18.4) als auch nach seinen rechtlichen Wirkungen (§ 342 Abs. 2) auf die Konzernrechnungslegung. Sicherlich sind Einzelbilanz und Konzernbilanz miteinander verbunden; schon wegen der teilweise unterschiedlichen Zwecke dieser Rechnungslegungsinstrumente (zu den Zwecken des Einzelabschlusses → § 264 Rn. 29 ff.) und wegen

---

[34]   Zu dieser Hauptkonstellation in der Praxis vgl. Risse FS Herzig, 2010, 651 (672 f.).

[35]   Zur Abgrenzung latenter Steuern einerseits von „effektiven Steueransprüchen oder Steuerverbindlichkeiten" andererseits vgl. Kölner Komm RechnungslegungsR/Prinz, 1. Aufl. 2011, Rn. 5; Küting/Seel FS Herzig, 2010, 675 (680, 683 f.) unterscheiden den „tatsächlichen" steuerrechtlichen Steueraufwand vom „effektiven" handelsrechtlichen Steueraufwand unter Einschluss latenter Steuern.

[36]   Vgl. dazu Karrenbrock BB 2011, 683 (686 ff.); Simon NZG 2009, 1081 ff.; Gelhausen/Althoff WPg 2009, 584 ff.; Gelhausen/Althoff WPg 2009, 629 ff.; Gelhausen/Fey/Kämpfer M Rn. 4, N Rn. 1; Kropff FS Hüffer, 2010, 539 ff.; Lanfermann/Röhricht DStR 2009, 1216 ff.; krit. und für eine Umsetzung der Ausschüttungssperre (wohl de lege ferenda) in einer gesonderten Gewinnrücklage Funnemann/Kerssenbrock BB 2008, 2674 (2678).

[37]   Zur Pflicht zur Anhangangabe der latenten Steuersalden am Ende des Geschäftsjahrs und der im Laufe des Geschäftsjahrs erfolgten Änderungen dieser Salden nach § 285 Nr. 30 s. Merkt/Probst/Fink/Harre/Lukat, Rechnungslegung nach HGB und IFRS, 1. Aufl. 2017, Rn. 34: die Werte seien zwar bereits durch den separaten Bilanzausweis ersichtlich, doch sei „eine separate Angabe im Anhang angezeigt, um dem Gesetzeswortlaut zu entsprechen"; ähnlich auch Lüdenbach/Freiberg StuB 2015, 572. Vgl. auch die empirische Untersuchung der Anhangangaben nach dem BilMoG bei Müller/Panzer/Reinke StuB 2012, 937.

[38]   So auch Petersen/Zwirner BilMoG Teil III.4: IAS 12 (sowie DRS 10) könnten „zur Auslegung der Neuregelungen des § 274 mit herangezogen werden".

[39]   Verabschiedet durch den Deutschen Standardisierungsrat (DSR) am 8.6.2010; bekannt gemacht gem. § 342 Abs. 2 durch das BMJ im BAnz. am 3.9.2010, anzuwenden ab 1.1.2011, zuletzt überarbeitet durch DRÄS 11 mWv 9.3.2021.

der fehlenden Legitimation des DRS zur Rechtssetzung kann dieser Standard aber für den Einzelabschluss nicht mehr sein als eine bloße Rechtserkenntnisquelle, wie sie auch sonstige Literaturmeinungen darstellen.[40] Bei den IFRS ist die Situation formal betrachtet deshalb anders, weil sich der BilMo-Gesetzgeber hier ausdrücklich zur Internationalisierung der Rechnungslegung bekannt hat (→ Rn. 23).

2. Wertdifferenzen in Handels- und Steuerbilanz. Im Rahmen des Ausweises akti- **17** ver oder passiver latenter Steuern gem. § 274 werden nur **vorübergehende (temporäre) Wertansatzdifferenzen** erfasst;[41] permanente Differenzen verursachen keine latenten Steuern. Die Fallgruppe der sog. quasi-permanenten Differenzen soll demgegenüber den temporären Differenzen gleichgestellt werden (→ Rn. 23). Eine gewisse Sonderstellung nehmen erfolgsneutral entstehende Differenzen (→ Rn. 24 f.) ein.

a) Temporäre Differenzen. Die temporär unterschiedlichen Wertansätze in Handels- **18** und Steuerbilanz können sich auf den Ansatz oder auf die Bewertung von Bilanzposten beziehen.[42] In Bezug auf die aus ihnen folgende steuerliche Wirkung in den Folgejahren lassen sie sich in **abzugsfähige** und **zu versteuernde temporäre Differenzen** einteilen.[43] Erstere führen zu einer Verminderung der künftigen Steuerbelastung, dh zu einer Steuerent- lastung iSd § 274 Abs. 1 S. 2 (aktive Steuerlatenz), letztere zu einer Erhöhung der Steuerlast („passive Steuerlatenz"). Das einfachste Beispiel für zu versteuernde Differenzen aus Bewer- tungsunterschieden, die zu latenten Steuern nach dem „temporary"-Konzept führen,[44] bildet ein sowohl in der Handels- als auch in der Steuerbilanz ursprünglich zu Anschaffungs- kosten ausgewiesener Vermögensgegenstand, der aufgrund steuerrechtlicher Vorschriften in der Steuerbilanz **mit höheren Raten abgeschrieben** wird als in der Handelsbilanz.[45] Dies führt dazu, dass der Wertansatz in der Steuerbilanz **zunächst** negativ von dem handelsrecht- lichen Wertansatz abweicht; steuerrechtlich ist der Vermögensgegenstand damit unter Umständen auch früher vollständig abgeschrieben als handelsrechtlich, was dann gleichzeitig auf eine Ansatzdifferenz hinausläuft (vgl. § 5 Abs. 1 S. 1 EStG iVm § 265 Abs. 8). Spätestens, wenn der Vermögensgegenstand auch in der Handelsbilanz vollständig abgeschrieben ist, stimmen Steuer- und Handelsbilanz in Bezug auf diesen Vermögensgegenstand wieder überein, so dass die Differenzen vollständig „abgebaut" (ausgeglichen) sind (vgl. § 274 Abs. 1 S. 1). Ggf. gleicht sich die Differenz bereits früher aus, wenn – etwa infolge einer außerplan- mäßigen Abschreibung (§ 253 Abs. 3 S. 5 und 6) – der handelsrechtliche Wertansatz wieder mit der Steuerbilanz gleich zieht. Aus den **anfangs höheren steuerlichen Abschreibun- gen** (und damit verbundenen geringeren steuerlichen Gewinnen) im genannten Beispiel resultiert zunächst eine geringere Steuerbelastung, als sie dem handelsrechtlichen Ergebnis entsprechen würde. Diese ist aber nicht dauerhafter Natur, sondern wird durch eine im Vergleich zum handelsrechtlichen Ergebnis höhere Steuerbelastung „erkauft". Den zunächst höheren steuerrechtlichen Abschreibungen folgen nämlich zwangsläufig, weil der Wert des Vermögensgegenstands nicht unter Null sinken kann, entsprechend höhere handelsrechtli-

---

[40]   Wohl weitergehend zB Baetge/Surrey in Lange/Löw, Rechnungslegung, Steuerung und Aufsicht von Banken, 2004, S. 121 (128): Es sei davon auszugehen, dass die DRS eine „Ausstrahlungswirkung" auf den Einzelabschluss hätten.

[41]   Zu den verschiedenen Fallgruppen s. die Übersicht bei HdJ/Karrenbrock Abt. Latente Steuern im Einzelabschluss Rn. 13 (7/2019).

[42]   ZB HdJ/Karrenbrock Latente Steuern im Einzelabschluss Rn. 11 (7/2019): „vorübergehende Ansatz- und Bewertungsdifferenzen"; Gelhausen/Fey/Kämpfer M Rn. 8; Kirsch DStZ 2009, 510 (511).

[43]   Vgl. DRS 18 („Latente Steuern") v. 8.6.2010, Nr. 8 (Definitionen) mit der Definition der aktiven latenten Steuern über das Merkmal „abzugsfähige temporäre Differenzen" und der passiven latenten Steuern über das Merkmal „zu versteuernde temporäre Differenzen"; BeBiKo/Grottel/Larenz, 13. Aufl. 2022, Rn. 5: „sog. abzugsfähige zeitliche Differenz" bzw. „sog. zu versteuernde zeitliche Differenz".

[44]   Dieses Beispiel gilt im Übrigen auch für das frühere „timing"-Konzept, denn die Bewertungsunter- schiede führen jeweils auch zu unterschiedlichen Ergebnissen.

[45]   S. auch das ausf. Beispiel bei Risse FS Herzig, 2010, 651 (659 ff.), der „die einfachste Fallgruppe ‚Abschreibungsunterschiede'" zur Darstellung der Prinzipien und Analyse der „Cash-Wirkungen" von latenten Steuern nutzt.

che Abschreibungen und damit geringere Gewinne als in der Steuerbilanz. Durch den Ansatz **passiver latenter Steuern** im Zeitpunkt, wo es erstmalig zu einem niedrigeren steuerbilanziellen Wertansatz dank höherer Abschreibungen kommt, wird der zukünftigen (relativen) Steuermehrbelastung Rechnung getragen, deren „Ursache" bereits in den gegenwärtigen Bewertungsunterschieden gesetzt wurde. Der tatsächliche, aus handelsrechtlicher Sicht zu niedrige Steueraufwand wird damit ergebniswirksam auf das handelsrechtlich „richtige" Niveau angehoben. Die vergleichsweise „höheren" Steuerzahlungen in den späteren Jahren werden hingegen handelsrechtlich dann durch Auflösung der passiven latenten Steuern neutralisiert, wodurch der tatsächliche Steueraufwand der späteren Geschäftsjahre an den handelsrechtlich „richtigen" (dh im Beispielsfall geringeren) Steueraufwand angepasst wird.

19   Zu den temporären Differenzen zählen auch die sog. **revolvierenden temporären Differenzen,** die sich in den aufeinander folgenden Geschäftsjahren aufgrund sich wiederholender Geschäftsvorfälle immer wieder neu bilden und gleichzeitig auflösen, wobei die daraus resultierende Gesamtdifferenz aller Wertansätze lediglich geringen, ggf. sogar keinen Schwankungen unterliegt. Dieses Phänomen kann sich zB bei unterschiedlicher Abzinsung von Pensionsverpflichtungen, Abschreibungsdifferenzen bei Vorräten, Unterschieden bei Garantierückstellungen einstellen.[46] Die Verstetigung („Verewigung"[47]) von Bildung und Auflösung führt, ganz ähnlich wie schon nach früherem Recht (→ 2. Aufl. 2008, Rn. 15), nicht dazu, dass von einer voraussichtlich dauerhaften (permanenten) Differenz auszugehen wäre, die eine Steuerlatenz iSd Abs. 1 S. 1 ausschließen würde. Die Passivierungspflicht (§ 274 Abs. 1 S. 1) und das Gebot einer vollständigen Bilanz (Saldierungsverbot) verbieten es auch, lediglich die Spitze der Schwankungen auszuweisen und einen „Sockelbetrag" oder „Bodensatz" als permanente Differenz außer Ansatz zu lassen.[48]

20   **b) Permanente Differenzen.** Anders als die temporären (man könnte auch sagen: dynamischen) Differenzen führen permanente Differenzen nicht zu Steuerlatenzen. Sie haben keinen Einfluss auf die Steuerbelastung künftiger Geschäftsjahre.[49] Da sie sich im Zeitverlauf nicht in gegenläufiger Richtung verändern (ausgleichen), gibt es auch keine mit der gegenläufigen Entwicklung dieser Differenzen in Handels- und Steuerbilanz korrespondierende gegenläufige Entwicklung der (zukünftigen) handelsrechtlichen und steuerrechtlichen Ergebnisse, die durch latente Steuern ergebniswirksam ausgeglichen werden müsste, weil sie bereits durch die gegenwärtigen Wertdifferenzen verursacht sind. Permanente Differenzen treten allerdings selten im Zusammenhang mit einzelnen Wertansätzen von Vermögensgegenständen, Schulden oder Rechnungsabgrenzungsposten auf. Sie beruhen darauf, dass handels- und steuerrechtlicher Aufwands- bzw. Ertragsbegriff angesichts von Unterschieden bei der Erfassung von Erfolgskomponenten nicht vollständig deckungsgleich sind,[50] und ergeben sich im Wesentlichen im Zusammenhang mit **steuerfreien Einnahmen** und steuerrechtlich **nicht abzugsfähigen Aufwendungen** einschließlich von gewerbesteuerlichen Hinzurechnungen und Kürzungen.[51]

21   Aus diesem Grunde führen auch **außerbilanzielle Korrekturen** des Steuerrechts, insbesondere Hinzurechnungen steuerfreier Einnahmen und Kürzungen nicht abzugsfähiger Betriebsausgaben, wie etwa bei verdeckten Gewinnausschüttungen (§ 8 Abs. 3 S. 2 Fall 1 KStG), regelmäßig nicht zu einer Steuerlatenz.[52] Anders ist es bei Investitionsabzugsbeträgen (§ 7g EStG) oder beim gestreckten Betriebsausgabenabzug in Zusammenhang mit Verpflich-

---

[46]   HdR/Simlacher/Spanheimer Rn. 18 (Stand: 10/2010, Aussage nicht mehr bei HdR/Simlacher/Vossel Stand 9/2022 auffindbar); ADS Rn. 18.
[47]   ADS Rn. 18.
[48]   ADS Rn. 18; Hafner BFuP 1986, 373 (375 ff.), jeweils zu § 274 aF.
[49]   HdJ/Karrenbrock Latente Steuern im Einzelabschluss Rn. 5 (7/2019).
[50]   HdJ/Karrenbrock Latente Steuern im Einzelabschluss Rn. 5 (7/2019).
[51]   HdR/Simlacher/Vossel Rn. 72 (Stand: 9/2022); BeBiKo/Grottel/Larenz 13. Aufl. 2022, Rn. 14 und 56; Kölner Komm RechnungslegungsR/Prinz 1. Aufl. 2011, Rn. 11; Gelhausen/Fey/Kämpfer M Rn. 9; Wendholt/Wesemann DB-Beil. 5/2009, 64 (66); Kirsch DStZ 2009, 510 (512).
[52]   Ähnlich zB BeBiKo/Grottel/Larenz, 13. Aufl. 2022, Rn. 56, 44.

tungsübernahmen nach § 4f EStG, die bei der Ermittlung der steuerlichen Wertansätze zu berücksichtigen sind.[53]

Umstritten ist, ob Wertansatzdifferenzen in Zusammenhang mit Beteiligungen einer 22 Körperschaft (insbesondere Kapitalgesellschaft) an einer anderen Körperschaft iSd **§ 8b KStG** zu permanenten oder aber zu temporären latenten Steuern führen. Nach dieser Regelung werden – vorbehaltlich eines pauschalen Abzugs von fünf Prozent (§ 8b Abs. 3 S. 1, Abs. 5 S. 1 KStG) – Veräußerungsgewinne, Dividenden und Wertaufholungen, aber auch damit verbundene Teilwertabschreibungen und Veräußerungsverluste nicht mehr berücksichtigt. Daraus ergeben sich unterschiedliche steuer- und handelsrechtliche Wertansätze. Während **die einen** von permanenten Wertdifferenzen ausgehen,[54] stellen **die anderen** auf die Möglichkeit einer späteren Steuerbelastung und -entlastung aus diesen Differenzen im Falle des Verkaufs der Beteiligung[55] und damit der Sache nach auf den (nur) „quasipermanenten" Charakter (→ Rn. 23) der Differenzen ab. Tatsächlich führt § 8b KStG dazu, dass steuerliche (außerbilanzielle,[56] → Rn. 21) Wertansätze oberhalb, aber auch unterhalb des Niveaus der korrespondierenden handelsbilanziellen Wertansätze liegen können. Solange die Beteiligung gehalten wird, gleichen sich diese Wertansätze bei einer ex-ante-Betrachtung auch nicht **zwangsläufig** aus, es sei denn, die Insolvenz des Unternehmens und damit der totale Wertverlust der Beteiligung wäre absehbar. Auch im Falle einer späteren Veräußerung sind steuerliche Effekte, die sich als **Folge** der Wertdifferenzen im Zeitraum davor darstellen würden, nicht ersichtlich. Etwaige Veräußerungsgewinne sind zwar nicht vollständig, sondern wegen des fünfprozentigen Abzugs nur zu 95% steuerfrei, werden somit immerhin im Ergebnis zu 5% besteuert. Ebenso müssen aber bereits während der Zeit, in der die Beteiligung sich noch im Portfolio der Gesellschaft befand, etwaige handelsbilanzielle Wertaufholungen (§ 253 Abs. 5) zu fünf Prozent besteuert werden. Die steuerliche Regelung führt also sogar dazu, dass steuerliches und handelsrechtliches Ergebnis in gewisser Weise synchron miteinander verlaufen. Zur Fünfprozentbesteuerung addiert sich zwar ggf. noch eine weitere Besteuerung in Höhe derjenigen Betriebsausgaben, die mit den Veräußerungsgewinnen „im Zusammenhang" stehen (§ 8b Abs. 3 S. 3–8 KStG), hinzu. Auch die damit verbundenen, überdies schwer zu antizipierenden Unterschiede zwischen handels- und steuerlichen Ergebnissen stehen indes nicht jahresübergreifend zueinander in einer wechselseitigen Abhängigkeit, die eine bilanzielle Umschichtung der jährlichen Steuerlasten durch latente Steuern rechtfertigen würde.

c) Sog. quasi-permanente Differenzen. Die Behandlung sog. „quasi-permanen- 23 ter" Differenzen war nach früherem Recht Gegenstand eines **Meinungsstreits,** dessen Ausgangspunkt das (anders als im Falle der Verlustvorträge nach Abs. 1 S. 4 zeitlich nicht beschränkte) Tatbestandsmerkmal des „voraussichtlichen" Abbaus der (Ergebnis-)Differenzen ist. Bei der Bezeichnung dieser Differenzen hat sich offensichtlich die jedenfalls damalige hM durchgesetzt, die solche Differenzen ihrem Namen entsprechend wie permanente Differenzen behandeln wollte (→ 2. Aufl. 2008, Rn. 14). Im Ausgangspunkt geht es um (Bewertungs- und Ergebnis-)Abweichungen, die sich jedenfalls zunächst – anders

---

53   BeBiKo/Grottel/Larenz 13. Aufl. 2022, Rn. 5, 55, 158–161; HdR/Simlacher/Vossel Rn. 73.
54   HdR/Simlacher/Vossel Rn. 72, mit einem Bsp. (Stand: 9/2022); auch Gelhausen/Fey/Kämpfer M Rn. 9: „keine latenten Steuern" für „Effekte, die sich nicht umkehren (zB [...] nach § 8b KStG nicht steuerrelevante Wertdifferenzen für von einer Kapitalgesellschaft gehaltene Beteiligungen an Kapitalgesellschaften)"; zu § 274 aF bereits HdR/Baumann/Spanheimer Rn. 23 (März 2003): Zu- und Abrechnungen außerhalb der Bilanz (ua) bei Beteiligungen an Kapitalgesellschaften gem. § 8b Abs. 2 KStG stellten „in der Regel permanente Unterschiede dar, die bei der Steuerabgrenzung keine Berücksichtigung" fänden.
55   BeBiKo/Grottel/Larenz, 13. Aufl. 2022, Rn. 30: „auf 5% des bilanziellen Bewertungsunterschieds eine passive latente Steuer zu bilden"; Herzig/Vossel BB 2009, 1174 (1175) ohne nähere Begr.: außerbilanzielle Korrekturen seien beispielsweise für Kapitalgesellschaftsanteile zu berücksichtigen, die von einer Kapitalgesellschaft gehalten würden, unter § 8b KStG fielen und daher nur eine geringe Steuerent- oder -belastung (5 %) auslösten.
56   Zum außerbilanziellen Charakter der Gewinnkorrekturen nach § 8b KStG s. zB Gosch/Gosch, 4. Aufl. 2020, KStG § 8b Rn. 140.

als bei planmäßigen Abschreibungen (s. das Beispiel in → Rn. 18) – nicht automatisch abbauen, bei denen aber ein späterer Abbau zumindest theoretisch denkbar, aber noch nicht konkret absehbar ist,[57] wobei diese Definition aber zu weit ist, um eine einheitliche Behandlung aller mit ihr erfassten Fallgruppen im Rahmen latenter Steuern zu rechtfertigen. Gedacht wird dabei an so unterschiedliche Konstellationen wie den Ausgleich einer nur handelsrechtlich vorgenommenen (§ 253 Abs. 3 S. 5 und 6), steuerrechtlich aber unterlassenen[58] oder nicht anerkannten außerplanmäßigen Abschreibung zB auf ein Grundstück oder eine Beteiligung[59] (zu § 8b KStG s. allerdings → Rn. 22) durch eine spätere **Wertaufholung**, die **Veräußerung** des betreffenden Vermögensgegenstandes oder gar die **Liquidation** des gesamten Unternehmens. Einem Teil dieser Fallgruppen ist gemeinsam, dass ihr Eintritt vom Willen des Bilanzierenden, dh von einer **unternehmerischen Disposition** abhängig ist,[60] wobei der Grad der Wahrscheinlichkeit einer entsprechenden Disposition und damit der Voraussehbarkeit eines Abbaus der Differenzen sehr unterschiedlich sein kann. Immerhin ist es nachvollziehbar, wenn die Berücksichtigung der (nicht immer vom Willen des Unternehmensträgers abhängigen) Liquidation des Unternehmens im Hinblick auf das sog. „Going-Concern"-Prinzip (§ 252 Abs. 1 Nr. 2) abgelehnt wird.[61] Im Übrigen erscheinen die Konstellationen, in denen der Abbau von Differenzen denkbar ist, aber nicht „automatisch" eintritt, **keineswegs so einheitlich,** dass es gerechtfertigt wäre, sie mit einem einheitlichen Begriff zusammenzufassen und damit ihre einheitliche rechtliche Behandlung bereits vorweg zu nehmen[62] – so jedenfalls wird man dem Gesetzeswortlaut („voraussichtlich") nicht gerecht (so schon → 2. Aufl. 2008, Rn. 14) und provoziert geradezu Meinungsstreitigkeiten über ihre rechtliche Behandlung. Wer aber versucht, das Element der Voraussehbarkeit in den Begriff der quasi-permanenten Differenzen aufzunehmen,[63] schafft einen Begriff, der gegenüber dem Tatbestandsmerkmal „voraussichtlich" keinen eigenen Erkenntniswert mehr besitzt. Die **Neufassung des § 274** und der Wechsel zum „temporary"-Konzept haben an diesen Zusammenhängen und an der Notwendigkeit einer **Einzelfallbetrachtung** (so bereits → 2. Aufl. 2008, Rn. 14) im Grundsatz nichts geändert, denn nach wie vor geht es um die Auslegung des Tatbestandsmerkmals „voraussichtlich", auch wenn

---

[57] Treffend HdJ/Karrenbrock Latente Steuern im Einzelabschluss Rn. 8 (7/2019): „Wann es zu dieser Auflösung [der Differenz] kommen wird, ist im Bilanzierungszeitpunkt jedoch noch nicht absehbar. Im Extremfall bleibt die Differenz bis zur Liquidation des Unternehmens bestehen".

[58] Vgl. das steuerliche Wahlrecht zur Teilwertabschreibung nicht abnutzbarer Wirtschaftsgüter gem. § 6 Abs. 1 Nr. 2 EStG, das steuerlich regelmäßig zB bei Beteiligungen iSd § 8b KStG zur Reduzierung der Fünf-Prozent-Besteuerung im Veräußerungsfall oder zur Vermeidung eines nicht nutzbaren Verlustes bzw. Verlustvortrags vorteilhaft ist. S. dazu sowie zu weiteren Vorteilen und Gestaltungsmöglichkeiten Schmidt/Kulosa, 41. Aufl. 2022, EStG § 6 Rn. 362.

[59] HdJ/Karrenbrock Latente Steuern im Einzelabschluss Rn. 8 (7/2019); BeBiKo/Grottel/Larenz, 13. Aufl. 2022, Rn. 14; wohl auch HdR/Simlacher/Vossel Rn. 171 (Stand: 9/2022): „quasi-permanente Differenzen (zB temporäre Differenzen auf Grundstücke)".

[60] ZB HdR/Simlacher/Vossel Rn. 46 (Stand: 9/2022): „Auflösung der Differenz von Dispositionen des Unternehmens (zB Verkaufshandlungen) abhängig, so dass sie sich nicht automatisch vollzieht"; IDW SABI 3/1988 WPg 1988, 683 (zu § 274 aF), der zusätzlich einen Ausgleich „in der überschaubaren Zukunft" verlangt, womit er über die Anforderungen des Tatbestandsmerkmals „voraussichtlich" hinausgehen dürfte. Insofern krit. auch HdJ/Karrenbrock Latente Steuern im Einzelabschluss Rn. 8 (7/2019) zu § 274 aF: Wann sich die Differenz umkehre und ob dieser Zeitpunkt am Bilanzstichtag bereits absehbar sei, sei nicht entscheidend.

[61] Nachweise → 2. Aufl. 2008, Rn. 14, Fn. 45; ergänzend (ebenfalls noch zum alten Recht) HdJ/Karrenbrock Latente Steuern im Einzelabschluss Rn. 8 (7/2019): „wohl überwiegende Auffassung".

[62] Vgl. auch den DRS-Entwurf „Latente Steuern im Konzernabschluss" E-DRS 12 v. 13.7.2001 unter Anh. A („Empfehlungen de lege ferenda") Nr. 5: Die Kategorisierung der Differenzen in „quasi-permanent" oder „permanent" sei dem „temporary"-Konzept „fremd" (Aussage in der finalen DRS-Fassung nicht mehr enthalten).

[63] In diese Richtung gehend wohl HdJ/Karrenbrock Latente Steuern im Einzelabschluss Rn. 8 (7/2019): Bei „quasi zeitlich unbegrenzten Differenzen" handele es sich „um Differenzen [...] deren Umkehrung am Bilanzstichtag [...] nicht absehbar" sei „[...] bzw. einer unternehmerischen Disposition" bedürfe [Hervorhebung durch den Verf.].

dieses sich nun nicht mehr auf künftige Ergebnisse, sondern – damit zusammenhängend (→ Rn. 8) – auf Wertansatzdifferenzen bezieht. Darüber können auch die Gesetzesmaterialien nicht hinwegtäuschen,[64] nach denen „die quasi-permanenten Differenzen" „entsprechend der international üblichen Praxis" in die „Ermittlung der abzugrenzenden Steuern einzubeziehen" sein sollen.[65] Hieraus, und aus dem Internationalisierungsanliegen der BilMoG-Reform (→ Rn. 7),[66] lässt sich lediglich ableiten, dass das **Merkmal „voraussichtlich"** nach Abs. 1 S. 1 **anders als in der Vorgängervorschrift** hilfsweise auch in Anlehnung an ihr Verständnis gem. IAS 12.15 ff. („Zu versteuernde temporäre Differenzen") **auszulegen** ist (zu den IFRS/IAS als Auslegungshilfe → § 264 Rn. 70). Ausschließlich auf das Informationsinteresse der Bilanzadressaten ausgerichtet ist der Ansatz der IFRS/IAS tendenziell prospektiv und damit in Bezug auf seine Prognosen **weniger vorsichtig.** Dies schließt von zukünftigen unternehmerischen Dispositionen abhängende Steuereffekte mit ein.

d) Erfolgsneutral entstehende Differenzen. In einigen Sonderfällen ergeben sich **24** Wertansatzdifferenzen auch beim **erstmaligen Ansatz** von Vermögensgegenständen und Schulden im Zusammenhang mit bestimmten Erwerbsvorgängen.[67] Dabei handelt es sich vor allem um Unternehmenskäufe in Form des „asset deal", Sacheinlagen und gesellschaftsrechtliche Umstrukturierungen (zB Verschmelzungen, Spaltungen), die zu einer erfolgsneutralen Einbuchung der erworbenen Vermögensgegenstände (und ggf. Schulden) in Handels- und Steuerbilanz führen.[68] Werden hier jeweils unterschiedliche Werte angesetzt, entstehen daraus – insoweit abweichend vom alten Recht (→ Rn. 10) – ebenfalls latente Steuern.[69] Diese latenten Steuern sollen abweichend von Abs. 2 S. 3 (→ Rn. 50) – soweit ersichtlich unstrittig – ausnahmsweise **erfolgsneutral** durch entsprechende Korrekturposten unmittelbar im Eigenkapital (§ 266 Abs. 3 A., bei aktiven latenten Steuern) bzw. beim Geschäfts- oder Firmenwert (§ 266 Abs. 2 A. I. 3., bei passiven latenten Steuern) zu erfassen sein. Begründet wird dies schlicht damit, diese Behandlung sei „sachgerecht".[70] In der Tat wäre es verwunderlich, wenn die Erwerbsvorgänge über den Umweg der latenten Steuern

---

[64]   Anders BeBiKo/Grottel/Larenz 13. Aufl. 2022, Rn. 14, die die Begr. RegE in diesem Punkt für „klarstellend" halten.

[65]   Begr. RegE BilMoG, BT-Drs. 16/10067, 67, li. Sp.; ebenso re. Sp.: „Bereich der nun auch zu berücksichtigenden quasi-permanenten Differenzen".

[66]   Vgl. auch Begr. RegE BilMoG, BT-Drs. 16/10067, 32: Mit der Modernisierung des Bilanzrechts werde „das Ziel verfolgt, den Unternehmen – im Verhältnis zu den […] IFRS […] – eine gleichwertige, aber einfachere und kostengünstigere Alternative zu bieten"; BT-Drs. 16/10067, 49 zur Aufhebung des § 247: „Bemühen um international gleichwertige und vergleichbare Jahresabschlüsse"; BT-Drs. 16/10067, 51 zur Aufhebung des § 250 Abs. 1 S. 2: „angestrebte Gleichwertigkeit des handelsrechtlichen Jahresabschlusses im Verhältnis zu den internationalen Rechnungslegungsstandards".

[67]   Gelhausen/Fey/Kämpfer M Rn. 18 ff.; HdR/Simlacher/Vossel Rn. 251, 547, 582 (Stand: 9/2022); BeBiKo/Grottel/Larenz, 13. Aufl. 2022, Rn. 10: „Differenzen vor allem iZm der erfolgsneutralen Einbuchung von Anschaffungsvorgängen"; Naumann FS Krawitz, 2010, 689 (698); Kühne/Melcher/Wesemann WPg 2009, 1005 (1009); DRS 18.51 ff.; IDW ERS HFA 27 (zurückgezogen), Rn. 33.

[68]   Vgl. dazu und zum Folgenden BeBiKo/Grottel/Larenz, 13. Aufl. 2022, Rn. 10 ff.; IDW ERS HFA 27 (zurückgezogen), Rn. 33; Wendholt/Wesemann DB-Beil. 5/2009, 64 (72); Gelhausen/Fey/Kämpfer M Rn. 18; Haufe-HGB/Bertram Rn. 122 ff. (Stand: 19.10.2021), mit Bilanzierungsbeispielen.

[69]   ZB Gelhausen/Fey/Kämpfer M Rn. 18; IDW ERS HFA 27 (zurückgezogen), Rn. 18: „Sämtliche temporäre Differenzen aus dem erstmaligen Ansatz von Vermögensgegenständen und Schulden" seien in die Ermittlung latenter Steuern einzubeziehen.

[70]   S. zB DRS 18.51: Bei „aufgrund der ergebnisneutralen Erfassung von zB Sacheinlagen, Verschmelzungen oder Unternehmenserwerben entstandenen temporären Differenzen" sei es „sachgerecht, auch latente Steuern ergebnisneutral gegen das Eigenkapital bzw. den Geschäfts- oder Firmenwert zu erfassen"; IDW ERS HFA Rn. 33: Es sei „sachgerecht, auch die in diesem Zusammenhang ansatzpflichtige bzw. -fähige latente Steuer erfolgsneutral (gegen Eigenkapital bzw. Geschäfts- oder Firmenwert) einzubuchen"; sich anschließend BeBiKo/Grottel/Larenz, 13. Aufl. 2022, Rn. 10; zuvor schon Wendholt/Wesemann DB-Beil. 5/2009, 64 (72). Speziell für den „asset deal" halten die Autoren es wegen der Besonderheiten des Geschäfts- und Firmenwerts (§ 246 Abs. 1 S. 4) sogar für „vertretbar und sachgerecht", „für eine etwaige Differenz zwischen dem verbleibenden handelsbilanziellen Unterschiedsbetrag und dem in der Steuerbilanz angesetzten Geschäfts- oder Firmenwert im Rahmen der Zugangsbewertung keine latenten Steuern anzusetzen".

erfolgswirksam würden, obwohl sie dies eigentlich nicht sein sollten.[71] Der Informationsfunktion der latenten Steuern ist durch die vorgeschlagene Behandlung Genüge getan. Der
Wortlaut des Abs. 2 S. 3 ist insofern, nicht zuletzt vor dem Hintergrund der internationalen
Rechnungslegung, teleologisch zu reduzieren. In den IFRS (s. die „initial recognition
exception" nach IAS 12.15 (b)(ii) und 12.24 (b)[72]) sowie in der Konzernrechnungslegung
(vgl. § 306 S. 3) wird Sachverhalten dieser Art teilweise durch spezielle Regelungen Rechnung getragen, die von einem Ausweis latenter Steuern befreien. Dort stellt sich dann
die Frage der ergebniswirksamen oder erfolgsneutralen Erfassung nicht. Darauf hat der
Gesetzgeber aber, anders als im Falle des erstmaligen Ansatzes eines Geschäfts- oder Firmenwertes aus der Kapitalkonsolidierung (§ 306 S. 3, § 301 Abs. 3 S. 1),[73] bewusst verzichtet.[74]

25   Erfolgsneutral entsteht auch die Differenz zwischen dem Wertansatz in der Handelsbilanz und der Steuerbilanz bei Anschaffungsvorgängen mit **steuerfreien Investitionszulagen**[75] und vergleichbaren Sachverhalten, die in der Handelsbilanz entweder als Minderung
der Anschaffungskosten oder in einem Sonderposten, bei der steuerrechtlichen Gewinnermittlung dagegen unmittelbar als steuerfreier Ertrag erfasst werden;[76] in der Steuerbilanz
sind sie weder von den Anschaffungskosten abzuziehen (§ 13 S. 2 InvZulG 2010) noch
passivisch abzugrenzen, sondern steuerfrei zu vereinnahmen.[77] Auch die daraus bereits im
Zeitpunkt des erstmaligen Ansatzes resultierenden (aktiven) latenten Steuern sind nach dem
§ 274 zugrunde liegenden „temporary"-Konzept nunmehr auszuweisen.[78] Ihre Entstehung
ist allerdings nach hM, die hier nicht um den Wortlaut des § 274 herumzukommen glaubt,
in Abweichung von den vorgenannten (→ Rn. 24) erfolgsneutral entstehenden Differenzen
erfolgswirksam in der GuV nach Abs. 2 S. 3 zu erfassen.[79] Dieser Ansicht ist zu folgen.

---

[71] HdR/Simlacher/Vossel Rn. 193 (Stand: 9/2022): Anschaffungsvorgänge würden in Handels- und Steuerbilanz „erfolgsneutral erfasst". Zudem entsprächen die handelsrechtlichen den steuerlichen Anschaffungskosten. „Im Grundfall" resultierten „im Zugangszeitpunkt somit keine temporären Differenzen",
für die Erfassung von latenten Steuern verbleibe „somit kein Raum"; in diese Richtung argumentierend
wohl auch Wendholt/Wesemann DB-Beil. 5/2009, 64 (72): Die Erfassung der latenten Steuern auf die
so entstehenden temporären Differenzen könnte „zu erheblichen Effekten in der GuV führen, obwohl
die Differenzen aus einer erfolgsneutralen Einbuchung von Anschaffungsvorgängen" resultierten.

[72] S. dazu zB Wendholt/Wesemann DB-Beil. 5/2009, 64 (68); Herzig/Vossel BB 2009, 1174 (1175); Kölner
Komm RechnungslegungsR/Prinz, 1. Aufl. 2011, Rn. 14, Fn. 12, mit Hinweis auf eine ggf. künftige
Streichung der Ausnahme für „initial differences"; im Zusammenhang mit dem Konzernabschluss auch
Gelhausen/Fey/Kämpfer Q Rn. 306 ff.: „Ansatzverbot für latente Steuern auf goodwill"; ferner HdJ/
Karrenbrock Abt. IIIa/1 Rn. 153 (Juni 2007): „ausdrückliches Passivierungsverbot" für „bestimmte
Fälle" (mw Einzelheiten zu IAS 12 bei den nachfolgenden Rn.; Ausführungen in aktueller Aufl. von
2019 nicht mehr enthalten); zu weiteren Beispielen der erfolgsneutralen Verbuchung von Steuerlatenzen
im Eigenkapital nach IFRS s. auch Risse FS Herzig, 2010, 651 (653).

[73] Vgl. dazu und zur str. Frage, ob in Anlehnung an die Vorschrift im Einzelabschluss latente Steuern auf
Differenzen speziell beim erstmaligen Ansatz eines Geschäfts- oder Firmenwerts auszuweisen sind, Gelhau-
sen/Fey/Kämpfer M Rn. 20 f.; Wendholt/Wesemann DB-Beil. 5/2009, 64 (72) (s. Zitat drei Fn. weiter
oben); BeBiKo/Grottel/Larenz, 13. Aufl. 2022, Rn. 11, jeweils abl.; zweifelnd auch Küting/Seel DB 2009,
922 (922); aA HdR/Simlacher/Spanheimer Rn. 27 ff. (Stand: 10/2010): Ermittlung latenter Steuern aufgrund iterativen Verfahrens zwingend geboten; HdR/Simlacher/Vossel Rn. 252 (Stand: 9/2022).

[74] Vgl. Bericht BT-RA, BT-Drs. 16/12407, 87: Dieser weist „klarstellend" darauf hin, „dass § 274 HGB –
anders als gegenwärtig der International Accounting Standard (IAS) 12 – keine Regelung" enthalte, die
es erlaube, „auf im Zugangszeitpunkt bestehende Differenzen keine latenten Steuern zu berechnen".

[75] S. dazu und zum Folgenden BeBiKo/Grottel/Larenz, 13. Aufl. 2022, Rn. 12; Loitz DB 2010, 2177
(2178 f.); Wendholt/Wesemann DB-Beil. 5/2009, 64 (68); Kühne/Melcher/Wesemann WPg 2009, 1005
(1009); Gelhausen/Fey/Kämpfer M Rn. 24 f.; HdR/Simlacher/Spanheimer Rn. 33 (Stand: 10/2010),
nicht mehr in Kommentierung von Simlacher/Vossel 9/2022 auffindbar; Haufe-HGB/Bertram Rn. 122
(Stand: 19.10.2021) mit Beispiel.

[76] ZB BeBiKo/Grottel/Larenz, 13. Aufl. 2022, Rn. 12.

[77] ZB Wendholt/Wesemann DB-Beil. 5/2009, 64 (68).

[78] ZB IDW ERS HFA 27 (zurückgezogen), Rn. 18.

[79] ZB BeBiKo/Grottel/Larenz, 13. Aufl. 2022, Rn. 12; Wendholt/Wesemann DB-Beil. 5/2009, 64 (68):
erfolgswirksam „mangels expliziter Ausnahmeregelungen"; Kühne/Melcher/Wesemann WPg 2009,
1005 (1009); HdR/Simlacher/Spanheimer Rn. 33 (Stand: 10/2010) – Aussage bei Simlacher/Vossel 9/
2022 nicht mehr enthalten; Kessler/Leinen/Paulus KoR 2009, 716 (718); aA wohl Küting/Seel DB 2009,
922 (922 f.); Haufe-HGB/Bertram Rn. 126 (Stand: 19.10.2021) mit Beispiel: erfolgsneutrale Verrechnung mit Gewinnrücklagen.

Zwar könnte man zunächst geneigt sein, auch hier wie oben (→ Rn. 24) mit der Erfolgsneutralität des Anschaffungsvorgangs zu argumentieren. Die Besonderheit der vorliegenden Konstellation liegt aber darin, dass nach dem Zweck der Zulage der Anschaffungsvorgang ja gerade nicht neutral sein, sondern gefördert werden sollte. Dem entspricht es, wenn dieser Vorteil handelsbilanziell in Form latenter Steuern aktiviert wird.[80]

3. Prognose der künftigen Steuereffekte. Die Bilanzierung latenter Steuern setzt **26** voraus, dass es **voraussichtlich** zu einem Abbau der Wertansatzdifferenzen und damit verbunden zu einer Steuerbelastung oder -entlastung kommt. Hierzu ist eine **Prognose**[81] aufgrund der erwarteten Entwicklung künftiger Geschäftsjahre zu treffen. Sie hat unter Beachtung des Vorsichtsprinzips zu erfolgen,[82] wobei das Imparitätsprinzip (→ § 243 Rn. 34 ff.) eine **differenzierte Betrachtung bei passiven und aktiven latenten Steuern** erfordert.[83] Eine Voraussage wird dabei umso schwieriger sein, je weiter der vermutliche Ausgleich in der Zukunft liegt. Bei der Beurteilung sind alle am Tag der Bilanzaufstellung erkennbaren Entwicklungen einzubeziehen.[84] Es müssen zumindest Anhaltspunkte vorliegen, die auf eine bestimmte, sich auf den Zeitpunkt der Umkehr auswirkende Entwicklung hindeuten; rein theoretische Möglichkeiten reichen nicht aus. Die Qualifizierung einer Differenz als „quasi permanent" (→ Rn. 23) kann für sich genommen keine Ausnahme hiervon rechtfertigen. Für die Prognose können etwa Planungsunterlagen für die zukünftige Geschäftsentwicklung herangezogen werden.[85] Im Fall der **passiven** latenten Steuern sind die in Betracht kommenden zukünftigen Steuermehrbelastungen auch darauf zu überprüfen, ob und in welchem Ausmaß sie von den für die nachfolgenden Geschäftsjahre erwarteten Entwicklungen beeinflusst werden: eine Passivierung scheidet aus, wenn mangels Gewinnaussichten nahezu mit Sicherheit das Entstehen zukünftiger Steuerbelastungen ausgeschlossen ist, beispielsweise bei Unternehmen in öffentlicher Hand, die dauerhaft (von Gesellschaftern bzw. Trägern ausgeglichene) Verluste erzielen.[86] Im Fall der **aktiven** latenten Steuern bedarf es konkreter Anhaltspunkte für das Entstehen künftiger zu versteuernder Einkünfte,[87] insbesondere bei aktiven Steuerlatenzen aufgrund steuerlicher Verlustvorträge (→ Rn. 39) sind hohe Anforderungen zu erfüllen. Hierfür ist der Nachweis regelmäßig durch detaillierte Steuerplanungsunterlagen zu erbringen.[88]

4. Berechnung der Steuergesamtbe- und -entlastung. Aktivische und passivische **27** latente Steuern sind jeweils in Höhe der sich **insgesamt** ergebenden Steuerbelastung bzw.

---

[80]   Ähnlich BeBiKo/Grottel/Larenz, 13. Aufl. 2022, Rn. 12: Die Steuerlatenz resultiere „nicht aus einem Anschaffungsvorgang, sondern vielmehr aus der Gewährung der Investitionszulage". Mit dieser sei ein „Steuervorteil in Form einer künftigen Steuerminderung verbunden, dessen sofortige steuerfreie Vereinnahmung für Zwecke der Besteuerung für die künftige Steuerentlastung bezogen auf das handelsrechtliche Ergebnis" sei.

[81]   BeBiKo/Grottel/Larenz, 13. Aufl. 2022, Rn. 68; Naumann FS Krawitz, 2010, 689 (693); Gelhausen/ Fey/Kämpfer M Rn. 10 f.; HdR/Simlacher/Vossel Rn. 180 (Stand: 9/2022): Sowohl bei der Erst- als auch bei der Folgebilanzierung von Steuerlatenzen seien „zukunftsorientierte Wahrscheinlichkeits- und Werthaltigkeitsüberlegungen" zu berücksichtigen.

[82]   ZB Wendholt/Wesemann DB-Beil. 5/2009, 64 (65); BeBiKo/Grottel/Larenz, 13. Aufl. 2022, Rn. 15; HdR/Simlacher/Vossel Rn. 6: Der Gesetzgeber messe „dem Vorsichtsprinzip bei der Ausgestaltung des § 274 eine wichtige Rolle bei". Diesem Gedanken sei „auch bei der Auslegung jener Norm Rechnung zu tragen"; zu § 274 aF bereits → 2. Aufl. 2008, Rn. 17.

[83]   Naumann FS Krawitz, 2010, 689 (693).

[84]   ADS Rn. 17; Gelhausen/Fey/Kämpfer M Rn. 10.

[85]   ADS Rn. 17; Gelhausen/Fey/Kämpfer M Rn. 11; ausf. hierzu auch Meyer/Ruberg DStR 2010, 1538 (1539 ff.); Meyer/Ruberg Ubg 2010, 431 ff.; IDW ERS HFA 27 (zurückgezogen), Rn. 13 im Zusammenhang steuerlicher Verlustvorträge.

[86]   Naumann FS Krawitz, 2010, 689 (693) mit dem Beispiel von Infrastrukturunternehmen.

[87]   Naumann FS Krawitz, 2010, 689 (693).

[88]   BeBiKo/Grottel/Larenz, 13. Aufl. 2022, Rn. 46: Unternehmen hat zum Nachweis latenter Steuern auf Verlustvorträge „eine aus der Unternehmensplanung abgeleitete detaillierte Steuerplanung zu erstellen"; Gelhausen/Fey/Kämpfer M Rn. 34 f.: „Analyse der erwarteten künftigen Ergebnisse erforderlich"; HdR/Simlacher/Vossel Rn. 104 (Stand: 10/2010) zu § 274 Abs. 1 S. 4: Grundlage für die Ermittlung des ansatzfähigen Aktivierungsvolumens bilde die Steuerplanung, „an deren Verlässlichkeit hohe Anforderungen zu stellen" seien.

Steuerentlastung aus dem Abbau der Wertansatzdifferenzen von Vermögensgegenständen, Schulden und Rechnungsabgrenzungsposten „anzusetzen" (Abs. 1 S. 1 und S. 2). Anders als nach § 274 aF stellt sich die **(Ausweis-)**Frage, ob aktive und passive Steuerlatenzen jeweils getrennt voneinander auf der Aktivseite (wahlweise) und der Passivseite (zwingend) anzusetzen sind (Einzeldifferenzen**ausweis**, Bruttoausweis) oder ob lediglich der Saldo nach Saldierung aktiver und passiver latenter Steuern auszuweisen ist (Gesamtausweis, Nettoausweis), nun nicht mehr (→ 2. Aufl. 2008, Rn. 21 f.); diesbezüglich sieht § 274 Abs. 1 S. 3 nun ausdrücklich ein Wahlrecht vor (→ Rn. 40). Aus diesem Ausweiswahlrecht ergibt sich ferner mittelbar („unverrechnet"), dass die „insgesamt" sich ergebende Steuerbelastung durch **Verrechnung der gesamten** (passivischen) **„Steuer*be*lastung" und der gesamten** (aktivischen) **„Steuer*ent*lastung"** zu ermitteln ist, so dass zunächst diese beiden Teilsalden zu berechnen sind. Insofern ist es zumindest missverständlich, wenn in Zusammenhang mit der Wahlrechtsalternative gem. Abs. 1 S. 1 und 2 von einer „Gesamtdifferenzen**betrachtung"** gesprochen wird,[89] denn diese Wortwahl suggeriert zu Unrecht, dass sämtliche latente Steuerwirkungen ohne jegliche Zwischensaldobildung miteinander verrechnet werden.[90] Im Übrigen ist auch der Gegenbegriff „Einzeldifferenzenbetrachtung" unklar, denn er lässt offen, **was** einzeln zu betrachten ist (→ Rn. 28).[91] Keine detaillierte Aussage trifft das Gesetz nämlich zur Vorfrage, auf welchem **rechnerischen Weg** die aktivische bzw. passivische Gesamtbelastung zu ermitteln ist.[92]

28   Auslöser der zu ermittelnden Steuereffekte und damit Ausgangspunkt der Betrachtung sind die Wertansätze einzelner Vermögensgegenstände und Schulden (sowie der RAP). Man könnte sich daher vorstellen, die Steuereffekte derjenigen Vermögensgegenstände und Schulden, für die Wertansatzdifferenzen bestehen, **unmittelbar in zwei Gruppen** – Belastungen und Entlastungen – aufzuteilen und sie anschließend jeweils zu saldieren, um so die Gesamt**be**lastung und die Gesamt**ent**lastung iSd Abs. 1 S. 3 zu ermitteln. Denkbar wäre aber auch, die Steuereffekte der betroffenen Vermögensgegenstände und Schulden zunächst auf der Ebene ihrer jeweiligen Konten zu ermitteln und miteinander zu verrechnen, bevor dann die sich daraus ergebenden aktivischen und passivischen **Zwischensalden** jeweils für sich zur Gesamtbe- und Gesamtentlastung zusammengefasst werden. Schließlich könnte man sogar noch die Zwischensalden aus den einzelnen Konten auf der Ebene des dazugehörigen Bilanzpostens verrechnen und erst die sich hieraus ergebenden weiteren Zwischensalden zur Gesamtbe- und Gesamtentlastung konsolidieren. Die **gewählte Berechnungsmethode**[93] vermag entsprechend dem algebraischen Kommutativgesetz das **Gesamtergebnis** iSd Abs. 1 S. 1 und S. 2 **nicht zu beeinflussen,** wohl aber die Höhe der aktivischen Gesamtentlastung und diejenigen der passivischen Gesamtbelastung beim Ausweis gem. S. 3. Durch das Bilden von Zwischensalden können sich Positionen gegenseitig aufheben, die sich andernfalls erst auf der Ebene der Gesamtsaldierung der Posten der Abs. 1 S. 2 einander

---

89   ZB BeBiKo/Grottel/Larenz 13. Aufl. 2022, Rn. 15; Naumann FS Krawitz, 2010, 689 (694); HdR/Simlacher/Spanheimer Rn. 12 (Stand: 10/2010, anders Simlacher/Vossel, Stand 9/2022, s. nachfolgende Fn.); so auch ADS Rn. 19 ff., die aber die Frage des Ausweises und der Berechnung der latenten Steuern nicht immer scharf genug trennen und mit „Gesamtdifferenzenbetrachtung" wohl teilweise auch den „Gesamtdifferenzenausweis" meinen.

90   S. HdR/Simlacher/Vossel Rn. 57 (Stand: 9/2022): Eine „Anwendung der Gesamtdifferenzbetrachtung bei der Bilanzierung latenter Steuern gem. § 274" sei „dem Grunde und der Höhe nach nicht möglich". Der Begriff „Gesamtdifferenzbetrachtung" beziehe sich im HGB-Jahresabschluss „daher lediglich auf den Ausweis latenter Steuern".

91   Vgl. aber Küting/Seel FS Herzig, 2010, 675 (686): Es habe aufgrund der Neufassung des § 274 „eine Einzeldifferenzenbetrachtung zu erfolgen".

92   Gelhausen/Fey/Kämpfer M Rn. 12; Küting/Seel FS Herzig, 2010, 675 (685 f.); Karrenbrock FS Krawitz, 2010, 631 (639); Naumann FS Krawitz, 2010, 689 (694); grds. zur sog. Einzel- und Gesamtdifferenzbetrachtung nach wie vor lesenswert ADS Rn. 19 und 21 im Zusammenhang von § 274 aF.

93   Zu detaillierten Ermittlungsschemata s. zB BeBiKo/Grottel/Larenz, 13. Aufl. 2022, Rn. 57; HdR/Simlacher/Spanheimer Rn. 48 (Stand: 10/2010); zur technischen Umsetzung in der Buchführung s. auch BeBiKo/Störk/Buchholz, 13. Aufl. 2022, Rn. 276; zum Erfordernis eines gesonderten „Tax Accounting" und den dafür bestehenden besonderen sachlichen und zeitlichen Herausforderungen aus dem Zusammenwirken mit dem „Financial Accounting" s. Herzig DStR 2010, 1900 (1907).

gegenübergestanden hätten. Die Berechnungsmethode kann aber, ebenso wie auch die Wahrnehmung des Wahlrechts gem. Abs. 1 S. 3, Auswirkungen auf die **Bilanzsumme** – und damit auf ein Merkmal zur Bestimmung der Größenklasse (§ 267) entfalten. Durch das Bilden von Zwischensalden[94] wird die **Bilanz** tendenziell **verkürzt**.

Es stellt sich daher die Frage nach der richtigen oder zulässigen Berechnungsmethode. **29** Im Schrifttum wird zT eine „bilanzpostenbezogene Betrachtung" und demzufolge eine Saldierung aktiver und passiver Latenzen innerhalb der jeweiligen Bilanzposten im Sinne eines Wahlrechts für „ausreichend" gehalten.[95] Allerdings gibt es keine Anhaltspunkte dafür, dass der Gesetzgeber bezüglich der Berechnungsweise ein zusätzliches Bilanzierungswahlrecht schaffen wollte; der Gesetzeswortlaut („Die **sich ergebende** Steuerbe- und **sich ergebende** Steuerentlastung [...]", Hervorhebungen durch den Verf.) deutet eher darauf hin, dass der Gesetzgeber von eindeutigen Beträgen ausgegangen ist. Wenn also Zwischensalden vorgesehen sein sollten, müsste sich eindeutig aus dem Gesetz ergeben, auf welcher/ welchen Zwischenebene/n diese Salden zu bilden sind. Dies ist nicht der Fall; Abs. 1 S. 1 erwähnt nur die unterste Ebene der Vermögensgegenstände und Schulden. Aus diesem Grund ist davon auszugehen, dass die **Gesamtbeträge der Steuerbe- und -entlastungen** nach Abs. 1 S. 3 **ohne Zwischensalden zu errechnen** sind,[96] so dass insoweit kein Bilanzverkürzungsspielraum besteht.[97]

5. Anwendungsbereich. Sachlich bezieht sich die Bilanzierung latenter Steuern nur **30** auf **Ertragsteuern** des Unternehmens.[98] Hierzu zählen in Deutschland die Körperschaftsteuer nebst Solidaritätszuschlag und die Gewerbesteuer. Die Einkommensteuer natürlicher Personen nach dem EStG führt hingegen grundsätzlich nicht zu latenten Steuern, denn Einzelkaufleute und Personenhandelsgesellschaften mit Ausnahme der Kapitalgesellschaften & Co. iSd § 264a sind nicht zur Anwendung des § 274 verpflichtet. Die von den Gesellschaftern einer Personengesellschaft zu entrichtende Einkommen- bzw. Körperschaftsteuer (§ 15 Abs. 1 Nr. 2 EStG) wird nicht als „Steuerbelastung" der bilanzierenden Gesellschaft, sondern der einzelnen Gesellschafter angesehen, die, ggf. aber auf deren Ebene zu latenten Steuern führen kann (→ Rn. 33). Ob Steuerlatenzen aufgrund **ausländischer Besteuerung** auszuweisen sind, beurteilt sich danach, ob die ausländische Steuer aus deutscher Sicht als „Ertragsteuer" zu qualifizieren ist. Für die Wertansatzdifferenzen kommt es dann auf die Abweichung des ausländischen Steuerwerts vom deutschen Handelsbilanzwert an.[99]

---

[94] S. dazu Kühne/Melcher/Wesemann WPg 2009, 1005 (1014); ferner Gelhausen/Fey/Kämpfer M Rn. 49: Im Falle der Ermittlung auf Bilanzpostenebene habe dies zur Folge, „dass temporäre Differenzen innerhalb eines Bilanzpostens saldiert" würden.

[95] IDW ERS HFA 27 (zurückgezogen), Rn. 30; ähnlich Wendholt/Wesemann DB-Beil. 5/2009, 64 (67): Eine „Saldierung je Steuersubjekt auf Bilanzpostenebene" sei „sachlich vertretbar", „um so der Informationsfunktion und der praxisgerechten Umsetzung Rechnung zu tragen"; zust. HdR/Simlacher/Spanheimer Rn. 71 (Stand: 10/2010), gleichzeitig abl. gegenüber der Einzelpostenbetrachtung gem. DRS 18.36 („Bei der Ermittlung latenter Steuern ist eine Betrachtung der einzelnen Vermögensgegenstände, Schulden sowie Rechnungsabgrenzungsposten und ihrer steuerlichen Wertansätze notwendig"), die aber wohl überhaupt nicht als Aussage über die Berechnungsmethode im hier verstandenen Sinne interpretiert werden kann. Krit. und auf die Ebene der einzelnen Transaktionen abstellend Gelhausen/Fey/Kämpfer M Rn. 49.

[96] Ebenso Gelhausen/Fey/Kämpfer M Rn. 49: „Einzeldifferenzenbetrachtung" (gleichfalls mit dem Gesetzeswortlaut argumentierend); iE wohl ebenfalls ADS Rn. 21 zu § 274 aF, bei dem sich die entsprechende Frage stellte: Da sich bei der „Gesamtdifferenzenbetrachtung" Steuerbelastungs- und -entlastungswirkungen einzelner Geschäftsvorfälle gegenseitig aufhöben, erstrecke sich die Passivierungspflicht nach Abs. 1 [aF] und das Aktivierungswahlrecht nach Abs. 2 [aF] „somit nur auf den Saldo (Abgrenzungsspitze) der voraussichtlichen Steuerbelastungen und -entlastungen [gemeint ist wohl: einzelner Geschäftsvorfälle]".

[97] Sich anschließend HdR/Simlacher/Vossel Rn. 75 (Stand: 9/2022): Nach „reinem Wortlaut des § 274 Abs. 1 S. 1" sei „eine Betrachtung auf Ebene einzelner Vermögensgegenstände, Schulden und Rechnungsabgrenzungsposten bzw. steuerlicher Einzelsachverhalte vorzunehmen". Nach Ansicht der Autoren sei es aber „durchaus diskutabel", „[o]b dieser hohe Detailgrad in der Praxis vor dem Hintergrund der Wirtschaftlichkeit und Wesentlichkeit notwendig ist, und ob ein Unternehmen diese Informationen überhaupt vorhält bzw. vorhalten kann".

[98] Kölner Komm RechnungslegungsR/Prinz, 1. Aufl. 2011, Rn. 5; Haufe-HGB/Bertram Rn. 4 (Stand: 19.10.2021).

[99] Vgl. dazu das Beispiel bei Haufe-HGB/Bertram Rn. 93 (Stand: 19.10.2021).

31   **Personell**[100] erstreckt sich § 274 seiner systematischen Stellung zufolge zunächst auf Kapitalgesellschaften (allgemein zum Anwendungsbereich der §§ 264 ff. → § 264 Rn. 1 ff.). Gemäß § 264a Abs. 1 ist § 274 aber auch bei Kapitalgesellschaften & Co. anzuwenden (s. auch → § 264a Rn. 2).[101] Eine sinngemäße Anwendung schreibt auch § 5 Abs. 1 S. 2 PublG für publizitätspflichtige Unternehmen und § 336 Abs. 2 S. 1 für eingetragene Genossenschaften vor.

32   Eine **Befreiung** sieht § 274a Nr. 5 für **kleine** (einschließlich kleinster) **Kapitalgesellschaften** und Kapitalgesellschaften & Co. sowie über die Verweisung gem. § 336 Abs. 2 S. 1 auch für kleine (kleinste) Genossenschaften vor (im Einzelnen → Rn. 7). Die befreiten Unternehmen brauchen von dieser Erleichterung jedoch keinen Gebrauch zu machen und können § 274 **freiwillig** anwenden.[102] Werden aktive latente Steuern freiwillig ausgewiesen, sind auch die Ausschüttungs- (§ 268 Abs. 8 S. 2) bzw. Abführungssperre (§ 301 S. 1 AktG) und die Entnahmebeschränkung (§ 172 Abs. 4 S. 3 in der derzeitigen und künftigen Fassung) anzuwenden.

33   Unternehmen anderer Rechtsform (Nichtkapitalgesellschaften), also im Wesentlichen **Einzelkaufleute** und „normale" **Personengesellschaften,** die weder unter § 264a noch unter das PublG fallen, ggf. aber auch Vereine des Bürgerlichen Rechts und Betriebe der öffentlichen Hand, dürfen, so sie denn nach handelsrechtlichen Grundsätzen Rechnung legen, § 274 ebenfalls **freiwillig** anwenden,[103] ohne dass sie dadurch sämtliche für Kapitalgesellschaften geltenden Vorschriften zu befolgen hätten.[104] Dies wird allgemein insbesondere aus § 5 Abs. 1 S. 2 PublG geschlussfolgert.[105] Ansonsten gelten für sie dieselben Grundsätze wie für kleine Kapitalgesellschaften (→ Rn. 32), die von der Befreiung des § 274a Nr. 5 Gebrauch machen. Bei Einzelunternehmen und Personengesellschaften wird der Ausweis latenter Steuern auf die **Gewerbesteuer** beschränkt (vgl. § 5 Abs. 1 S. 3 GewStG),[106] da die Einkommensteuer (bzw. Körperschaftsteuer, → Rn. 30) allein vom Kaufmann bzw. von der Gesellschafterin getragen wird. Anders ist es inzwischen bei Personengesellschaften, die nach § 1a KStG für eine Besteuerung „wie eine Kapitalgesellschaft" optieren; hier können auf Ebene der Gesellschaft Steuerlatenzen auch bezüglich der Körperschaftsteuer (und des SolZ) entstehen.[107] Bei Kapitalgesellschaften als Gesellschafterinnen von Personengesellschaften werden latente Körperschaftsteuern insoweit nicht auf Ebene der Personengesellschaft, sondern auf (Personen-)Gesellschafterebene, dh im Jahresabschluss der Kapitalgesellschaft berücksichtigt.[108] Bei natürlichen Personen wäre der Ausweis von Latenzen sinnlos, weil die (Einkommen-)Steuerbelastung bzw. -entlastung häufig noch von anderen Faktoren (zB anderen Einkunftsarten, Sonderausgaben) abhängt, die außerhalb der Unternehmenssphäre liegen und daher nicht in die Rechnungslegung des (Einzel-)Unternehmens einwirken.

---

[100]   S. zum personellen Anwendungsbereich zB auch BeBiKo/Grottel/Larenz, 13. Aufl. 2022, Rn. 85; HdR/Simlacher/Vossel Rn. 20 (Stand: 9/2022).

[101]   Vgl. zu Besonderheiten aufgrund der Rechtsform „Personengesellschaft" beim Ausweis latenter Steuern Kastrup/Middendorf BB 2010, 815 ff.; zur Frage der Berücksichtigung von Ergänzungsbilanzen (Einbeziehung der Wertunterschiede) und Sonderbilanzen (keine Einbeziehung der Wertunterschiede) s. auch Gelhausen/Fey/Kämpfer M Rn. 26 f.; Wendholt/Wesemann DB-Beil. 5/2009, 64 (71).

[102]   Vgl. auch Gelhausen/Fey/Kämpfer M Rn. 53; BeBiKo/Grottel/Larenz, 13. Aufl. 2022, Rn. 86; IDW ERS HFA 27 (zurückgezogen), Rn. 19.

[103]   ZB HdR/Simlacher/Vossel Rn. 20 (Stand: 9/2022); krit. und zurückhaltend allerdings Naumann FS Krawitz, 2010, 689 (700 f.), der zumindest besondere Erläuterungen unter der Bilanz iSd § 285 Nr. 29 verlangt.

[104]   Statt vieler BeBiKo/Grottel/Larenz, 13. Aufl. 2022, Rn. 85.

[105]   BeBiKo/Grottel/Larenz, 13. Aufl. 2022, Rn. 85.

[106]   Dazu IDW ERS HFA 7 Rn. 22 (Stand: 11.3.2011); HdR/Simlacher/Vossel Rn. 22 (Stand: 9/2022); Kastrup/Middendorf BB 2010, 815 (816); Schiffers in: Centrale für GmbH, GmbH-Hb, 5. Abschn. Bilanzrecht der GmbH & Co. KG, Rn. 3213 und 3264 (Stand: 7/2022).

[107]   Schiffers in: Centrale für GmbH, GmbH-Hb, 5. Abschn. Bilanzrecht der GmbH & Co. KG, Rn. 3264 (Stand: 7/2022).

[108]   Dazu Kastrup/Middendorf BB 2010, 815 (819), dort auch zur Berücksichtigung der Personengesellschaftsbeteiligung in der Steuerbilanz der Kapitalgesellschaft nach der – iE str. – sog. Spiegelbildmethode, vgl. zu dieser auch mwN Schmidt/Wacker, 41. Aufl. 2022, EStG§ 15 Rn. 690.

III. Ansatz und Ausweis latenter Steuern (Abs. 1) sowie Auflösung (Abs. 2 S. 2)

1. Passive latente Steuern (Abs. 1 S. 1). a) Ursachen künftiger Steuerbelas- 34
tung. Passive latente Steuern sind nach Abs. 1 S. 1 dann auszuweisen, wenn sich aus den Wertansatzdifferenzen eine künftige **Steuerbelastung** ergibt. Diese Belastung wird damit handelsbilanzrechtlich antizipiert. Ursache einer solchen künftigen Steuerbelastung ist auf der Aktivseite der Bilanz der Ansatz von Vermögensgegenständen oder aktivischen Rechnungsabgrenzungsposten in der Handelsbilanz, die in der Steuerbilanz nicht bzw. zu einem niedrigeren Wert angesetzt werden (höhere handelsrechtliche Aktivwerte).[109] Auf der Passivseite folgt eine künftige Steuerbelastung aus dem Ansatz von Schulden und passiven Rechnungsabgrenzungsposten in der Steuerbilanz, die in der Handelsbilanz nicht oder zu einem geringeren Wert ausgewiesen werden (niedrigere handelsrechtliche Passivwerte).

b) Ansatzpflicht. Gemäß Abs. 1 S. 1 besteht eine Pflicht zum Ansatz passiver latenter 35
Steuern als Sonderposten „Passive Latente Steuern" **(§ 266 Abs. 3 E.).** Anders als nach § 274 aF werden die passiven latenten Steuern als **gesonderter Bilanzposten** und nicht als Rückstellung ausgewiesen.[110] Sofern nicht von dem Bruttoausweiswahlrecht (Abs. 1 S. 3; → Rn. 41 ff.) Gebrauch gemacht wird, werden die passiven latenten Steuern mit Beträgen der aktiven Steuerlatenzen saldiert und nur der verbleibende Überhang („Abgrenzungsspitze"[111]) ausgewiesen (Nettoausweis).[112] Aus dem Wortlaut des Abs. 1 S. 1 („insgesamt") ergibt sich, dass beim Nettoausweis nur in dem Umfang passive latente Steuern angesetzt werden dürfen, wie deren Gesamtbetrag den Gesamtbetrag der aktiven latenten Steuern übertrifft (zur Berechnung der Gesamtbeträge → Rn. 28 f.). Der Bruttoausweis kann mit dem Aktivierungswahlrecht nach Abs. 1 S. 2 nicht kombiniert werden, so dass es nicht möglich ist, den (Brutto-)Gesamtbetrag der passiven latenten Steuern ungeschmälert zu zeigen und gleichzeitig auf den Ansatz des (Brutto-)Gesamtbetrags der aktiven latenten Steuern zu verzichten (→ Rn. 42).

2. Aktive latente Steuern (Abs. 1 S. 2 und 4). a) Ursachen künftiger Steuerent- 36
lastung. **Aktive latente Steuern** sind bei künftigen Steuerentlastungen anzusetzen, die sich aus dem voraussichtlichen Abbau von Wertansatzdifferenzen bei Vermögensgegenständen, Schulden und Rechnungsabgrenzungsposten (Abs. 1 S. 2) oder aus steuerlichen Verlustvorträgen (§ 10d EStG; § 10a GewStG) und vergleichbaren Institutionen (insbesondere Zinsvortrag gem. § 8a KStG iVm § 4h Abs. 1 S. 5 EStG; Abs. 1 S. 4) ergeben. Der Vermögenswert dieser zukünftigen steuerlichen Entlastungen („Steuerminderzahlungen") soll durch den Ansatz aktiver latenter Steuern bereits in der aktuellen Handelsbilanz ausgewiesen werden. Wertansatzdifferenzen, die zu künftigen Steuerentlastungen führen, beruhen entweder auf niedrigeren handelsrechtlichen Aktivwerten oder höheren handelsrechtlichen Passivwerten. Waren aktivische latente Steuern nach altem Recht ausdrücklich noch als „Bilanzierungshilfe" (§ 274 Abs. 2 S. 1 aF) konstruiert, soll es sich nun um einen „Sonderposten eigener Art" handeln, der weder Vermögensgegenstand noch Rechnungsabgrenzungsposten ist.[113]

Niedrigere handelsrechtliche Aktivwerte können auf Ansatzvorschriften beru- 37
hen, die handelsrechtlich ein **Aktivierungswahlrecht** gewähren, während steuerrechtlich eine Aktivierungspflicht besteht. Anwendungsbeispiel nach dem BilMoG ist dafür das

---

[109] S. dazu und zum Folgenden Coenenberg/Haller/Schultze Jahresabschluss, 26 Aufl. 2021, 8. Kap. B.II.3.a., S. 521; Küting/Seel FS Herzig, 2010, 675 (683).

[110] Krit. hierzu Karrenbrock FS Krawitz, 2010, 631 (637).

[111] Gelhausen/Fey/Kämpfer M Rn. 14.

[112] Gelhausen/Fey/Kämpfer M Rn. 12 f.; 48; krit. zu dieser Saldierung vor dem Hintergrund des Vorsichts- und Realisationsprinzips Karrenbrock FS Krawitz, 2010, 631 (642).

[113] Begr. RegE BilMoG, BT-Drs. 16/10067, 47 zu § 246; hierzu BeBiKo/Grottel/Larenz, 13. Aufl. 2022, Rn. 4: Aktive latente Steuern erfüllten „insb aufgrund der nicht gegebenen selbstständigen Verkehrsfähigkeit nicht die handelsrechtlichen Kriterien eines Vermögensgegenstands"; die zukünftige steuerliche Entlastung stelle dennoch „einen wirtschaftlichen Vorteil dar, der in Anlehnung an den Asset-Begriff der IFRS als Vermögenswert einzustufen" sei.

Disagio (§ 250 Abs. 3).[114] Dem handelsrechtlichen Wahlrecht zur Aktivierung selbst geschaffener immaterieller Vermögensgegenstände des Anlagevermögens (§ 248 Abs. 2) steht steuerrechtlich ein Aktivierungsverbot (§ 5 Abs. 2 EStG) gegenüber, so dass keine aktive, sondern eine passive Steuerlatenz entsteht (→ Rn. 34). Das handelsrechtliche Wahlrecht nach § 255 Abs. 4 aF zur Aktivierung eines entgeltlich erworbenen (derivativen) Geschäfts- oder Firmenwerts ist im Zuge des BilMoG durch § 246 Abs. 1 S. 4 abgelöst worden, der diesen Wert zwingend als (zeitlich begrenzt nutzbaren) Vermögensgegenstand fingiert mit der Folge, dass er zu aktivieren ist. Aktive latente Steuern können in diesem Zusammenhang aus dem Umstand entstehen, dass der Geschäfts- oder Firmenwert handelsrechtlich infolge einer kürzeren Nutzungsdauer (§ 253 Abs. 3 S. 4 und Abs. 5) schneller abzuschreiben ist als im Steuerrecht, wo zwingend eine Nutzungsdauer von 15 Jahren fingiert wird (§ 7 Abs. 1 S. 3 EStG); dies gilt entsprechend bei einer handelsrechtlich kürzeren Nutzungsdauer sog. geringwertiger Wirtschaftsgüter, für die in der Steuerbilanz der über fünf Jahre abzuschreibende Sammelposten gem. § 6 Abs. 2a EStG gebildet wurde (→ § 284 Rn. 97).[115] Abweichungen können außerdem durch unterschiedliche **Bewertungsregeln** entstehen, zB bei der „Bewertung" von Anteilen an Personenhandelsgesellschaften, die in der Steuerbilanz nach der – im Einzelnen teilweise streitigen – sog. Spiegelbildmethode, in der Handelsbilanz mit Anschaffungskosten angesetzt werden und damit vor allem im Fall der Gewinnthesaurierung auf Ebene der Personengesellschaft zu einem niedrigeren handelsrechtlichen Aktivwert führen.[116] Die durch das BilMoG vorgenommene Anpassung des handelsrechtlichen an den steuerrechtlichen Herstellungskostenbegriff (§ 255 Abs. 2)[117] hat hier die Wahrscheinlichkeit des Entstehens aktiver latenter Steuern vermindert; sie können jedoch bei unterschiedlicher Wahlrechtsausübung nach wie vor auftreten.[118] Schließlich besteht für das handelsrechtliche Abschreibungswahlrecht bei Finanzanlagen gem. § 253 Abs. 3 S. 6 bei voraussichtlich nicht dauernder Wertminderung steuerrechtlich insoweit ein Abschreibungsverbot, als dort nach § 6 Abs. 1 Nr. 2 S. 2 EStG der niedrigere Teilwert nur bei voraussichtlich dauernder Wertminderung angesetzt werden kann. Wird das handelsrechtliche Wahlrecht ausgeübt, ist für die resultierende („quasi-permanente") Differenz eine aktive latente Steuer zu berücksichtigen.[119] Ferner entsteht eine aktive latente Steuer infolge eines niedrigeren handelsrechtlichen Wertansatzes im Fall des Verzichts auf steuerliche Teilwertabschreibungen gem. § 6 Abs. 1 Nr. 1 S. 2 EStG bei abnutzbaren Vermögensgegenständen des Anlagevermögens, für die in der Handelsbilanz im Fall dauernder Wertminderung auch außerplanmäßige Abschreibungen zwingend vorzunehmen sind (§ 253 Abs. 3 S. 5).[120]

38   **Höhere handelsrechtliche Passivwerte** können im Zusammenhang mit Rückstellungen entstehen. Bestimmte handelsrechtliche Rückstellungen werden steuerrechtlich nicht oder nicht in dieser Höhe anerkannt. Hierzu gehören zB Drohverlustrückstellungen (§ 249 Abs. 1 S. 1 HGB; § 5 Abs. 4a EStG) und bestimmte Rückstellungen wegen Verlet-

---

[114] BeBiKo/Grottel/Larenz, 13. Aufl. 2022, Rn. 34.
[115] BeBiKo/Grottel/Larenz, 13. Aufl. 2022, Rn. 34; HdR/Simlacher/Spanheimer Rn. 22 (Stand: 10/2010, Aussage nicht mehr bei Simlacher/Vossel, Stand 9/2022, nachweisbar).
[116] HdR/Simlacher/Vossel Rn. 392 (Stand: 9/2022), mit dem ergänzenden Bsp. von Bewertungsunterschieden hinsichtlich der Wirtschaftsgüter der Sonderbilanzen bei Personengesellschaften; Kastrup/Middendorf BB 2010, 815 (819); zur sog. Spiegelbildmethode mwN Schmidt/Wacker, 41. Aufl. 2022, EStG § 15 Rn. 690.
[117] S. Begr. RegE BilMoG, BT-Drs. 16/10067, 36: Der handelsrechtliche Herstellungskostenbegriff werde „an den steuerlichen Herstellungskostenbegriff angepasst"; S. 60: „[...] um einen Gleichlauf mit dem steuerlichen Herstellungskostenbegriff zu gewährleisten".
[118] S. dazu BeBiKo/Grottel/Larenz, 13. Aufl. 2022, Rn. 34; ferner die Übersicht zu den Ansatzpflichten, -wahlrechten und -verboten bei Herstellungskosten bei BeBiKo/Schubert/Hutzler, 13. Aufl. 2022, § 255 Rn. 246; zur Anpassung an das Steuerrecht s. auch Schmidt/Kulosa, 41. Aufl. 2022, EStG § 6 Rn. 151, 194.
[119] Vgl. dazu BeBiKo/Grottel/Larenz, 13. Aufl. 2022, Rn. 34.
[120] HdR/Simlacher/Vossel Rn. 86 (Stand: 9/2022).

zung von Schutzrechten (§ 249 Abs. 1 S. 1 HGB; § 5 Abs. 3 EStG) sowie für Dienstjubiläumszuwendungen (§ 249 Abs. 1 S. 1 HGB; § 5 Abs. 4 EStG). Ferner zu nennen sind etwa steuerrechtlich nicht anerkannte handelsrechtliche Rückstellungen für künftige Steuernachforderungen aufgrund zu erwartender Betriebsprüfungen. Solche Rückstellungen sind denkbar, wenn das Steuerrisiko nicht bereits durch eine entsprechende latente Steuer abgedeckt ist.[121] Zudem kann es durch Berechnungsunterschiede bei der Ermittlung von Rückstellungsbeträgen zu Abweichungen kommen, wenn beispielsweise bei Pensionsrückstellungen der handelsbilanziell für den Kalkulationszinsfuß verwandte Satz den steuerrechtlichen Rechnungszinsfuß (§ 6a Abs. 3 S. 3 EStG) unterschreitet.[122]

Des Weiteren ergeben sich Steuerentlastungen für künftige Geschäftsjahre, die den **39** Ansatz aktiver latenter Steuern rechtfertigen, aus **steuerlichen Verlustvorträgen** (vgl. § 10d EStG und § 10a GewStG) und vergleichbaren Sachverhalten, wie insbesondere einem **Zinsvortrag**. § 274 Abs. 1 S. 4 ordnet seit dem BilMoG ausdrücklich die Berücksichtigung „steuerlicher Verlustvorträge [...] bei der Berechnung aktiver latenter Steuern" an, was darauf zurückzuführen ist, dass nach § 274 aF solche Verlustvorträge nach ganz hM nur als Rechnungsgröße bei der Ermittlung passiver latenter Steuern zu berücksichtigen waren.[123] Dass auch vergleichbare Sachverhalte wie der im Rahmen der „Zinsschranke" gewährte Zinsvortrag (§ 4h EStG iVm § 8a KStG) zum Zwecke der Ermittlung aktiver latenter Steuern zu berücksichtigen sind, ergibt sich zwar nicht unmittelbar aus dem Wortlaut der Regelung. Doch entspricht dies dem erklärten Willen des Gesetzgebers im Gesetzgebungsverfahren[124] und der – soweit ersichtlich – einhelligen Meinung im Schrifttum.[125] Den Prognosezeitraum für die Verrechnung der Vorträge beschränkt das Gesetz – anders als bei Steuerentlastungen aus Bewertungsdifferenzen – auf **fünf Jahre.** Ob diese zeitliche Begrenzung auch für den Fall der Berücksichtigung des Vortrags im Rahmen einer Saldierung mit passiven latenten Steuern gilt, ist zweifelhaft.[126] Sollte der Nachweis hinreichender Wahrscheinlichkeit einer Verlustverrechnung über den fünfjährigen Zeitraum hinaus überhaupt gelingen, erscheint die zeitliche Begrenzung in diesem Fall verzichtbar,[127] damit die passiven latenten Steuern nicht höher ausgewiesen werden, als sie nachweislich sind.[128] Diese Lösung ist mit dem Wortlaut des Abs. 1 S. 4 durchaus zu vereinbaren, denn dieser bezieht sich für die zeitlich begrenzte Berücksichtigung des Verlustvortrags nur auf die „Berechnung aktiver latenter Steuern", was man im Sinne der Berechnung eines entspre-

---

[121] Zu den Besonderheiten und Differenzierungen in diesem Zusammenhang s. BeBiKo/Grottel/Larenz, 13. Aufl. 2022, Rn. 44.

[122] BeBiKo/Grottel/Larenz 13. Aufl. 2022, Rn. 35; s. auch HdR/Simlacher/Vossel Rn. 86 (Stand: 9/2022): abzugsfähige temporäre Differenz, wenn bei „Rückstellungen mit einer Restlaufzeit von mehr als einem Jahr [...] – wie in der Regel üblich – der handelsrechtliche den steuerrechtlichen Abzinsungssatz unterschreitet und sich dadurch ein höherer Wertansatz der Rückstellung in der Handelsbilanz ergibt".

[123] S. in diesem Zusammenhang zu § 274 aF zB ADS Rn. 28; Wendholt/Wesemann DB-Beil. 5/2009, 64 (69); Gelhausen/Fey/Kämpfer M Rn. 28; BeBiKo/Kozikowski/Fischer, 7. Aufl. 2010, Rn. 40 mN zur früheren Gegenauffassung.

[124] S. RegE, BT-Drs. 16/10067, 67: „§ 274 Abs. 1 S. 2 HGB ist – auch ohne dass dies einer ausdrücklichen gesetzlichen Vorschrift bedarf – entsprechend auf vergleichbare Sachverhalte, also Steuergutschriften und Zinsvorträge, anzuwenden".

[125] Vgl. zB HdR/Simlacher/Vossel Rn. 120 f. (Stand: 9/2022); Naumann FS Krawitz, 2010, 689 (695 f.); Wendholt/Wesemann DB-Beil. 5/2009, 64 (69 f.); BeBiKo/Grottel/Larenz, 13. Aufl. 2022, Rn. 50; Gelhausen/Fey/Kämpfer M Rn. 37.

[126] Hierzu Naumann FS Krawitz, 2010, 689 (696 f.).

[127] Vgl. auch DRS 18.21 (2010/2021): „Ergibt sich insgesamt ein Überhang an zu versteuernden temporären Differenzen und liegen aufrechnungsfähige und unbeschränkt vortragsfähige Verlustvorträge vor, so sind diese unabhängig von ihrem Realisationszeitpunkt bei der Ermittlung aktiver latenter Steuern zu berücksichtigen".

[128] So iErg auch Karrenbrock BB 2011, 683 (684 f.); Karrenbrock FS Krawitz, 2010, 631 (643); Naumann FS Krawitz, 2010, 689 (696 f.); Kühne/Melcher/Wesemann WPg 2009, 1057 (1058); Gelhausen/Fey/Kämpfer M Rn. 33; DRS 18.A5; IDW ERS HFA 27 (zurückgezogen), Rn. 14; diff. HdR/Simlacher/Vossel Rn. 106–108, mit einem Bsp. (Stand: 9/2022); krit. und eine Klarstellung des Gesetzgebers befürwortend Meyer/Ruberg DStR 2010, 2094 (2099); ähnlich Lüdenbach/Freiberg BB 2010, 1971 (1974).

chenden aktivischen Postens verstehen kann, so dass die Berücksichtigung als bloßer Rechenposten im Rahmen eines passivischen Postens nicht erfasst (aber auch nicht verboten) ist.[129] An die **Prognose** (allgemein → Rn. 11) der erwarteten Vortragsverrechnung werden aufgrund des Vorsichtsprinzips hohe Anforderungen trotz der im Fall eines Aktivüberhangs ohnehin eingreifenden Ausschüttungs- bzw. Abführungssperre gestellt, was eine nachvollziehbare Dokumentation und detaillierte (steuerliche) Planungsrechnungen, ggf. unter Einschluss der sog. Mindestbesteuerung[130] (§ 8 Abs. 1 S. 1 KStG iVm § 10d Abs. 1 S. 1, Abs. 2 S. 1 EStG; § 10a S. 1 und 2 GewStG) und sog. „schädlicher Beteiligungserwerbe" (§ 8c KStG, § 10a S. 10 GewStG), erforderlich macht.[131]

40   **b) Ansatzwahlrecht (Abs. 1 S. 2).** Für den Überhang aktiver latenter Steuern **(Abgrenzungsspitze)** beim Nettoausweis besteht ein Ansatzwahlrecht[132] („Steuerentlastung kann […] angesetzt werden"). Der Regierungsentwurf zum BilMoG hatte zunächst noch einen zwingenden Bruttoausweis (s. jetzt das Ausweiswahlrecht nach Abs. 1 S. 3; → Rn. 41 ff.) vorgesehen.[133] Der Ansatz des Aktivüberhangs führt zu einer Ausschüttungs- bzw. Abführungssperre (§ 268 Abs. 8 S. 2 HGB und § 301 S. 1 AktG). Zudem tritt eine Bilanzverlängerung ein, die Einfluss auf die Bilanzsumme und damit ein Größenmerkmal des § 267 hat. Ein lediglich teilweiser Ansatz aktiver latenter Steuern ist unzulässig,[134] weil dies den Informationsgehalt des Postens verfälschen würde. **Anhangangaben** gem. § 285 Nr. 29 sind auch dann erforderlich, wenn von einem Ansatz des Aktivüberhangs abgesehen wird.[135]

41   **3. Bruttoausweiswahlrecht (Abs. 1 S. 3).** Nach Abs. 1 S. 3 ist auch ein unsaldierter Ausweis aktiver und passiver latenter Steuern zulässig (sog. **Bruttoausweis**). Insofern tritt eine Bilanzverlängerung mit Einfluss auf die Bilanzsumme und damit ein Größenmerkmal des § 267 ein. Der Bruttoausweis, der im Regierungsentwurf zum BilMoG noch verpflichtend vorgesehen war,[136] ist im Zuge des Gesetzgebungsverfahrens als **Ausweiswahlrecht**[137] „im Interesse einer besseren Information der Abschlussadressaten" ausgestaltet worden.[138] Bei der Wahlrechtsausübung ist auf das Gebot der Ausweisstetigkeit (§ 246 Abs. 3, § 265 Abs. 1 S. 1) zu achten.[139] Die Ausschüttungs- bzw. Abführungssperre (§ 268 Abs. 8 S. 2 HGB und § 301 S. 1 AktG) bezieht sich im Fall des Bruttoausweises nur auf den die

---

[129] Ähnlich Naumann FS Krawitz, 2010, 689 (696 f.).

[130] S. dazu auch Karrenbrock BB 2011, 683 (685); HdR/Simlacher/Vossel Rn. 103 (Stand: 9/2022).

[131] S. dazu Gelhausen/Fey/Kämpfer M Rn. 34 ff.: „Wahrscheinlichkeitsüberlegungen"; BeBiKo/Grottel/Larenz, 13. Aufl. 2022, Rn. 45 ff.; Wendholt/Wesemann DB-Beil. 5/2009, 64 (69 f.); Küting/Seel FS Herzig, 2010, 675 (681 ff.), die darauf hinweisen, dass infolge der Abhängigkeit von der Einschätzung des „künftigen Gewinnpotentials" „ein nicht unerheblicher bilanzpolitischer Gestaltungsspielraum" bestehe; zur Hochrechnung „im Wege einer sachgerechten und plausiblen Fortschreibung" auf einen Fünfjahreszeitraum durch Schätzung bei Unternehmen mit kürzerem Planungshorizont s. Kühne/Melcher/Wesemann WPg 2009, 1057 (1058); zur „Extrapolation" bei einem Planungszeitraum über einen kürzeren Zeitraum als fünf Jahre auch DRS 18.19; krit. Hoffmann StuB 2011, 241 (242): „Die ‚Unvorsicht'" solle „vorsichtig angewandt werden". Die „sonst immer für erforderlich erachtete detaillierte Unternehmensplanung mit aufgesetzter steuerlicher Planungsrechnung" könne nach DRS 18.19 entfallen; es genüge „eine Schätzung".

[132] Zur Unterscheidung zwischen Ansatz- und Ausweiswahlrecht s. nur Wendholt/Wesemann DB-Beil. 5/2009, 64 (67); Kühne/Melcher/Wesemann WPg 2009, 1005 (1008); ungenau insoweit BT-RA, BT-Drs. 16/12407, 87, der von einem „Ausweiswahlrecht" spricht.

[133] RegE, BT-Drs. 16/10067, 67: im Interesse „einer besseren Information der Abschlussadressaten" sei eine Postenverrechnung unzulässig.

[134] Gelhausen/Fey/Kämpfer M Rn. 15; Küting/Seel FS Herzig, 2010, 675 (689); Karrenbrock BB 2011, 683 (685).

[135] Gelhausen/Fey/Kämpfer M Rn. 17.

[136] RegE BilMoG, BT-Drs. 16/10067, 9; zur Begr. BT-Drs. 16/10067, 67.

[137] Zur zutreffenden Unterscheidung zwischen Ansatz- und Ausweiswahlrecht s. nur Wendholt/Wesemann DB-Beil. 5/2009, 64 (67); Kühne/Melcher/Wesemann WPg 2009, 1005 (1008); ungenau diesbezüglich BT-RA, BT-Drs. 16/12407, 87 im Zusammenhang des Ansatzwahlrechts nach § 274 Abs. 1 S. 2.

[138] Bericht RA zum RegE BilMoG, BT-Drs. 16/12407, 87.

[139] Karrenbrock BB 2011, 683 (685 f.); Gelhausen/Fey/Kämpfer M Rn. 50; Kühne/Melcher/Wesemann WPg 2009, 1005 (1011).

passiven latenten Steuern übersteigenden Betrag der ausgewiesenen aktiven latenten Steuern (Abgrenzungsspitze),[140] denn wenn die durch die Ausschüttungssperre zu schützenden Gläubiger in Bezug auf den beim Bruttoausweis im Vergleich zum Nettoausweis gezeigten Mehrbetrag schutzwürdig wären, gäbe es insoweit gar kein Ausweiswahlrecht.

Fraglich und dementsprechend **umstritten** ist, ob beim Bruttoausweis im Falle eines **42** **Überhangs** aktiver latenter Steuern für diesen Überhang[141] ebenfalls das für die Abgrenzungsspitze nach Abs. 1 S. 2 bestehende Ansatzwahlrecht ausgeübt werden kann, dh ob die beiden Wahlrechte des Abs. 1 S. 2 und S. 3[142] miteinander kombiniert werden können **(Wahlrechtskombination).**[143] Dies hätte zur Folge, dass die passiven latenten Steuern unverrechnet in voller Höhe, die aktiven latenten Steuern dagegen nur bis maximal zu derselben Höhe auszuweisen wären, während auf den Ansatz eines etwaigen Überhangs der aktiven über die passiven latenten Steuern verzichtet werden könnte.[144] Gegen die Zulässigkeit der Kombination dieser beiden Wahlrechte mit dem beschriebenen Effekt spricht, dass der Bruttoausweis einen vollständigeren und differenzierteren Einblick in die Steuerlatenzen des Unternehmens bieten soll. Dieser Zweck würde durch ein gleichzeitiges Ansatzwahlrecht gem. Abs. 1 S. 2 konterkariert, denn es würde im Einzelnen den Ansatz aktiver latenter Steuern zu einem Teilbetrag, nämlich in Höhe des Gesamtbetrags der passivischen Steuerlatenzen, ermöglichen, was Abs. 1 S. 2 im Falle des Nettoausweises gerade nicht erlaubt (→ Rn. 35). Abs. 1 S. 3 ist somit im Sinne einer eigenständigen und abschließenden Alternative zu den Sätzen 1 und 2 zu verstehen, die keine Kombination der Wahlmöglichkeiten zulässt.[145]

Die Frage nach der Vereinbarkeit des Bruttoausweiswahlrechts mit den europarechtlichen Vorgaben (→ 3. Aufl. 2013, Rn. 44) hat mit dem Inkrafttreten der neuen Bilanz-RL (→ Rn. 13) ihre einstige Bedeutung verloren. **43**

4. Steuerrechtliche Sonderfälle. a) Ertragsteuerliche Organschaft. Spezielle **44** Sonderfragen stellen sich im Zusammenhang mit der ertragsteuerlichen Organschaft (§§ 14– 19 KStG; § 2 Abs. 2 S. 2 GewStG).[146] Besteht zwischen Gesellschaften ein ertragsteuerrechtliches Organschaftsverhältnis, wird das Ergebnis der Organgesellschaft steuerlich dem Organträger zugerechnet (§ 14 Abs. 1 S. 1 KStG), während handelsrechtlich nach wie vor getrennt bilanziert wird. Der Organträger hat in seine eigene Steuerabgrenzung die **Steuer-**

---

[140] Karrenbrock FS Krawitz, 2010, 631 (640); Gelhausen/Fey/Kämpfer M Rn. 4, dort auch zum Zusammenhang mit der Ermittlung der ausschüttungs- bzw. abführungsgesperrten Beträge im Fall der Aktivierung selbst geschaffener immaterieller Vermögensgegenstände des Anlagevermögens und der Deckungsvermögensbewertung nach § 246 Abs. 2 S. 2 (keine Doppelberücksichtigung passiver latenter Steuern), dazu auch ausf. mit Berechnungsbeispielen Karrenbrock BB 2011, 683 (686 ff.); ferner Küting/Seel FS Herzig, 2010, 675 (691) unter Hinweis auf das Gläubigerschutzprinzip; Kühne/Melcher/Wesemann WPg 2009, 1005 (1011 f.); BeBiKo/Grottel/Larenz 13. Aufl. 2022, Rn. 17.

[141] Soweit ersichtlich wird nirgendwo vertreten, das Aktivierungswahlrecht des Abs. 1 S. 2 nicht nur auf einen etwaigen Überhang, sondern auf den Gesamtbetrag der aktivischen Steuerlatenzen zu beziehen, mit dem Effekt, dass ausschließlich der passivische Gesamtbetrag ausgewiesen würde.

[142] Kölner Komm RechnungslegungsR/Prinz, 1. Aufl. 2011, spricht von einem „doppelten Wahlrecht" (Rn. 1) bzw. speziell für die hier genannte Konstellation, vom „Zusammenspiel" der beiden Wahlrechte (Rn. 36).

[143] Dafür zB Gelhausen/Fey/Kämpfer M Rn. 48; Wendholt/Wesemann DB-Beil. 5/2009, 64 (67); Gelhausen/Fey/Kämpfer M Rn. 48. Dagegen Küting/Seel FS Herzig, 2010, 675 (688 f.); so wohl auch Karrenbrock FS Krawitz, 2010, 631 (640), der eine gesonderte Wahlrechtsausübung hinsichtlich eines Aktivüberhangs im Fall des Bruttoausweises bei den Ausweismöglichkeiten nicht aufzählt; so auch Karrenbrock BB 2011, 683 (684).

[144] Für ein Rechenbeispiel s. Kölner Komm RechnungslegungsR/Prinz, 1. Aufl. 2011, Rn. 37.

[145] So auch Kölner Komm RechnungslegungsR/Prinz Rn. 38: Nach „hM" dürfe bei einem Überhang aktiver latenter Steuern ein „Zwischenwertansatz" unzulässig sein. Dies gelte auch „im Zusammenspiel ,mit dem wahlweisen Bruttoausweis'".

[146] Dazu ausf. Herzig/Liekenbrock/Vossel Ubg 2010, 85 ff. mit Darstellung und Würdigung von drei theoretischen Grundansätzen („Bilanzierungskonzepten"); Loitz/Klevermann DB 2009, 409 ff.; Dahlke BB 2009, 878 ff.; ferner Gelhausen/Fey/Kämpfer M Rn. 38 ff.; Wendholt/Wesemann DB-Beil. 5/2009, 64 (70 f.); Kühne/Melcher/Wesemann WPg 2009, 1057 (1059 f.); HdR/Simlacher/Vossel Rn. 300–342 (Stand: 9/2022); BeBiKo/Grottel/Larenz, 13. Aufl. 2022, Rn. 70.

abgrenzung der Organgesellschaften daher **einzubeziehen.**[147] Technisch kann zunächst für jede Organgesellschaft eine getrennte Steuerabgrenzungsrechnung erstellt und die Summe bzw. der Saldo beider Abgrenzungsbeträge dann beim Organträger bilanziert werden.[148] Die Organgesellschaften selbst zeigen grundsätzlich keine latenten Steuern,[149] weil sie keine Körperschaftsteuerlast trifft. Erst ab dem Zeitpunkt, wo das Organschaftsverhältnis voraussichtlich beendet wird, also noch vor dem tatsächlichen Beendigungszeitpunkt, hat die Organgesellschaft ihre eigenen latenten Steuern in ihrer Bilanz auszuweisen,[150] soweit die „Laufzeiten" der Wertansatzdifferenzen die Dauer der Organschaft voraussichtlich überdauern. Die Berechnung des Postens beim Organträger und ggf. der Organgesellschaft unterliegt den allgemeinen Regeln. Sie hat zukünftige steuerliche Verlustübernahmen seitens des Organträgers und die Dauer des Organschaftsverhältnisses – soweit bereits absehbar – zu berücksichtigen.[151]

45   In Gestalt des § 14 Abs. 4 KStG kennt das Körperschaftsteuerrecht im Rahmen der Organschaft eine steuerrechtliche Parallele zu latenten Steuern, die bei der Berechnung von Bilanzdifferenzen des Organträgers iSd § 274 zu berücksichtigen ist. Die körperschaftsteuerliche Vorschrift betrifft sog. **Mehr- und Minderabführungen** der Organgesellschaft, die in der Steuerbilanz des Organträgers bilanziell neutralisiert werden. Gem. § 14 Abs. 4 S. 3 KStG liegen Minder- und Mehrabführungen „insbesondere vor, wenn der an den Organträger abgeführte Gewinn von dem Steuerbilanzgewinn der Organgesellschaft abweicht und diese Abweichung in organschaftlicher Zeit verursacht ist". Diese Situation kann zum Beispiel eintreten, wenn aufgrund der Bildung einer Gewinnrücklage in der Organgesellschaft das handelsbilanzielle Ergebnis nicht vollständig abgeführt wird und dennoch aufgrund der Organschaft der gesamte Jahresüberschuss der Organgesellschaft in der Steuerbilanz des Organträgers veranschlagt und versteuert werden muss. Bis zur Änderung des KStG mit Wirkung seit dem 1.1.2022 wurden solche Unterschiede in der Handels- und Steuerbilanz durch die Bildung von „Ausgleichsposten" in der Steuerbilanz des Organträgers neutralisiert (§ 14 Abs. 4 KStG aF, R 14.8 Abs. 1 S. 3 KStR).[152] Durch die Neufassung des Gesetzes wurde die Regelung inzwischen zugunsten einer „Einlagenlösung" vereinfacht,[153] bei der ein Ausgleich in der Bilanz des Organträgers nicht mehr über separate Posten, sondern über die Korrektur des Beteiligungsbuchwertes erfolgt;[154] das Prinzip des erfolgsneutralen Ansatzes der Differenzen in der Steuerbilanz des Organträgers bleibt bestehen.[155] Eine Minderabführung im Vergleich zum steuerlichen Gewinn der Organgesellschaft führt nun dazu, dass sich der Beteiligungsbuchwert der Organgesellschaft erhöht (Behandlung als Einlage), eine Minderabführung dazu, dass er sich verringert (Behandlung als Einlagenrückgewähr).[156] Steuerwirksam wird die Differenz wie früher erst bei Veräußerung der Organbeteiligung.[157]

---

[147] ZB Wendholt/Wesemann DB-Beil. 5/2009, 64 (70); BeBiKo/Grottel/Larenz, 13. Aufl. 2022, Rn. 70; HdR/Simlacher/Vossel Rn. 301 f. (Stand: 9/2022); ADS Rn. 31; IDW ERS HFA 27 (zurückgezogen), Rn. 21.

[148] BeBiKo/Grottel/Larenz, 13. Aufl. 2022, Rn. 70; ADS Rn. 31.

[149] HdR/Simlacher/Vossel Rn. 301 (Stand: 9/2022); IDW ERS HFA 27 (zurückgezogen), Rn. 22; BeBiKo/Grottel/Larenz, 13. Aufl. 2022, Rn. 70.

[150] Gelhausen/Fey/Kämpfer M Rn. 42: „Künftige Steuerwirkungen, deren Eintritt nach Beendigung der Organschaft erwartet" würden, seien „nicht beim Organträger, sondern bei der Organgesellschaft selbst zu bilanzieren"; ebenso Wendholt/Wesemann DB-Beil. 5/2009, 64 (70); Kühne/Melcher/Wesemann WPg 2009, 1057 (1059); HdR/Simlacher/Vossel Rn. 319 (Stand: 9/2022); BeBiKo/Grottel/Larenz, 13. Aufl. 2022, Rn. 70.

[151] BeBiKo/Grottel/Larenz, 13. Aufl. 2022, Rn. 70.

[152] Dazu ausf. Brandis/Heuermann/Krumm KStG § 14 Rn. 270 ff. (Stand: Dezember 2021); zum Charakter der organschaftlichen Ausgleichsposten als „lediglich bilanztechnische Erinnerungsposten", „die aus organschaftlichen Besonderheiten resultieren und außerhalb der Steuerbilanz des Organträgers festzuhalten sind" s. BGH BFH/NV 2009, 790 = BeckRS 2008, 25014615 unter II.2.b.

[153] RegE Gesetz zur Modernisierung des Körperschaftsteuerrechts v. 24.3.2021, BR-Drs. 244/21 unter B. zu Art. 1, zu Nr. 6, 2; Schwalm DStR 2021, 980 (981).

[154] S. auch BMF-Schreiben v. 29.9.2022, IV C 2 – S 2770/19/10004:007, Tz. 7.

[155] Brandis/Heuermann/Krumm KStG § 14 Rn. 285 (Stand: Dezember 2021).

[156] Brandis/Heuermann/Krumm KStG § 14 Rn. 285; BeBiKO/Grottel/Larenz,13. Aufl. 2022, Rn. 71.

[157] BeBiKO/Grottel/Larenz, 13. Aufl. 2022, Rn. 71.

Umstritten ist, ob auf Ebene der Organgesellschaft ausnahmsweise auch während der **46** Dauer des Organschaftsverhältnisses dann „eigene" latente Steuern nach § 274 auszuweisen sind, wenn eine **Steuerumlagevereinbarung** besteht.[158] Soweit eine solche Umlagevereinbarung zivilrechtliche Ansprüche und Verpflichtungen begründet, sollten sie auch als solche ausgewiesen werden, dh **als Forderungen bzw. Verbindlichkeiten** gegenüber verbundenen Unternehmen.[159] Ein darüber hinaus gehender Ausweis von aus der Umlagevereinbarung abgeleiteten (derivativen) latenten Steuern nach § 274 würde, selbst mit gesondertem „Davon"-Vermerk, mit dem Ausweis „originärer" Steuerlatenzen der Organgesellschaft, die etwa im Zusammenhang mit der Beendigung der Organschaft auftreten können (→ Rn. 44), in Konflikt treten und die Eindeutigkeit und Klarheit der Bilanzposition „latente Steuern" beeinträchtigen. DRS 18.35 (2010/2021) gestattet dessen ungeachtet die Bilanzierung temporärer Differenzen bei Organgesellschaften „auch bei der Organgesellschaft", soweit „die steuerliche Be- oder Entlastung durch bestehende Steuerumlageverträge in voller Höhe auf die Organgesellschaft umgelegt wird". Sollte von diesem Wahlrecht Gebrauch gemacht und originäre latente Steuern im Abschluss der Organgesellschaft angesetzt werden, scheidet der Ansatz latenter Steuern für temporäre Differenzen der Organgesellschaft auf Ebene des Organträgers aus.[160]

b) DBA-Freistellungsbetriebsstätten. Eine weitere steuerrechtliche Sonderfrage ist **47** seit dem BilMoG im Zusammenhang mit sog. (ausländischen) Freistellungsbetriebsstätten aufgetreten, dh Betriebsstätten, deren Ergebnisanteil am steuerlichen Gesamtergebnis des Unternehmens aufgrund eines DBA infolge der sog. Freistellungsmethode steuerfrei ist.[161] Teilweise wird vertreten, dass in diesem Zusammenhang bestehende Wertansatzdifferenzen zu einer (inländischen) Steuerbelastung oder -entlastung iSd Abs. 1 und damit zu prinzipiell ausweispflichtigen latenten Steuern führen könnten.[162] Ein konkretes Beispiel für eine solche Konstellation wurde bisher allerdings noch nicht genannt. Jedenfalls wird es in Anlehnung an § 306 S. 4 überwiegend für „zulässig und auch sachgerecht" angesehen, auf eine Berücksichtigung solcher „outside basis differences" beim Ausweis latenter Steuern nach § 274 zu verzichten.[163] Richtigerweise dürfen diese Differenzen schon deshalb nicht in den Ausweis

---

[158]   Dafür Loitz/Klevermann DB 2009, 409 (415 f.); BeBiKo/Grottel/Larenz, 13. Aufl. 2022, Rn. 72; wohl auch Kühne/Melcher/Wesemann WPg 2009, 1057 (1060); HdR/Simlacher/Vossel Rn. 340 (Stand 9/2022); aA (dagegen) zB IDW ERS HFA 27 (zurückgezogen), Rn. 24; Gelhausen/Fey/Kämpfer M Rn. 41; Dahlke BB 2009, 878 (879 f.); wohl auch Wendholt/Wesemann DB-Beil. 5/2009, 64 (71) und iErg Herzig/Liekenbrock/Vossel Ubg 2010, 85 (99): Die „Bilanzierung der Steuerumlage als Forderung bzw. Verbindlichkeit" bleibe (in dem von ihnen sog. und befürworteten „Bilanzierungskonzept II", ebenda S. 100) unberührt.

[159]   Wie hier, aber nur für den Fall, dass der Steuerumlagevertrag „latente Steueraufwendungen und -erträge explizit mit einbezieht", BeBiKo/Grottel/Larenz, 13. Aufl. 2022, Rn. 72; vgl. auch IDW ERS HFA 27 (zurückgezogen), Rn. 24: Unberührt von dem Grundsatz, dass auch bei Bestehen von Steuerumlageverträgen latente Steuern auf temporäre Differenzen bei Organgesellschaften grundsätzlich beim Organträger zu bilanzieren seien, bleibe „die Bilanzierung von Ansprüchen und Verpflichtungen aus solchen Umlageverträgen".

[160]   S. HdR/Simlacher/Vossel Rn. 341 (Stand: 9/2022). Die Gegenansicht (zB Melcher/Murer DB 2011, 2329 (2329 f.)), die von einer originären Bilanzierung beim Organträger und einem korrespondierendem Ausweis auf der Ebene der Organgesellschaft ausgeht, erscheint inkonsequent.

[161]   S. zur DBA-Freistellungsmethode zB Tillmanns/Mössner in Mössner ua, Steuerrecht international tätiger Unternehmen, 2018, Rz. 2.257 ff., 2.458 ff.; Schaumburg, Internationales Steuerrecht, 2017, Rn. 17.22 ff., 19.521 ff. (19.543 ff. zur Betriebsstättenfreistellung) sowie die Kommentierungen zu Art. 23A OECD-MA.

[162]   Wendholt/Wesemann DB-Beil. 5/2009, 64 (68): „Darüber hinaus sind Differenzen zwischen dem handelsrechtlichen Nettovermögen einer ausländischen Betriebsstätte und dem steuerlichen Buchwert bei Freistellung gemäß einem DBA, soweit sie bei ihrem Abbau Steuerbe- oder -entlastungen auslösen, nicht vom Ansatz latenter Steuern befreit"; Haufe-HGB/Bertram Rn. 92 f. (Stand: 19.10.2021); wohl auch Hoffmann/Lüdenbach NWB Kommentar Bilanzierung, 13. Aufl. 2022, Rn. 92 und IDW ERS HFA 27 (zurückgezogen), Rn. 16.

[163]   So IDW ERS HFA 27 Rn. 16; Hoffmann/Lüdenbach NWB Kommentar Bilanzierung, 13. Aufl. 2022, Rn. 92; aA BeckOGK/Risse Rn. 136 (Stand: 1.6.2022): „Nunmehr sind auf solche Differenzen Steuerlatenzen zu bilden."

---

latenter Steuern nach § 274 einbezogen werden, weil der Abbau der Differenzen aufgrund der Freistellung gar nicht zu einer inländischen Steuerbelastung oder -entlastung führen kann (**permanente Differenz;** zu diesen grundsätzlich → Rn. 20). Erst eine sog. Verstrickung[164] (vgl. § 4 Abs. 1 S. 8 Hs. 2, § 6 Abs. 1 Nr. 5a EStG) führt ggf. eine (im Überführungszeitpunkt neu entstehende) Differenz herbei, deren Abbau inländische Steuerwirkungen entwickelt. Davon zu trennen ist die Frage des Ausweises latenter Steuern nach § 274 aufgrund ausländischer Ertragsbesteuerung, wenn zwischen Handelsbilanz und ausländischer Steuerbilanz Wertansatzdifferenzen bestehen (→ Rn. 30).[165] Unzulässig angesichts des aus der Freistellungsmethode folgenden dauerhaften Ausschlusses ihrer Ergebniswirksamkeit ist grundsätzlich auch die Berücksichtigung von **Betriebsstättenverlustvorträgen** im Rahmen des Abs. 1 S. 4. Kommt ein Verlustabzug trotz fehlenden Besteuerungsrechts der Bundesrepublik ausnahmsweise im Hinblick auf die europäische Niederlassungsfreiheit in Betracht, weil die Verluste im Betriebsstättenstaat steuerlich unter keinen Umständen anderweitig verwertbar sind (sog. **finale Verluste**),[166] werden sie regelmäßig deshalb nicht als (aktive) latente Steuer zu erfassen sein, weil sie sich unmittelbar auf den tatsächlichen Steueraufwand (ggf. in Form einer Erstattung) auswirken (→ Rn. 14).

48   **5. Auflösung aktiver und passiver latenter Steuern (Abs. 2 S. 2).** Ist die Steuer**be**lastung, für die passive latente Steuern, oder die Steuer**ent**lastung, für die aktive latente Steuern berücksichtigt wurden, bereits eingetreten oder ist mit ihr nicht mehr zu rechnen, sind die **Posten aufzulösen** (Abs. 2 S. 2). Die Auflösung bzw. Anpassung erfolgt regelmäßig über die GuV (Abs. 2 S. 3; → Rn. 50) und damit grundsätzlich **ergebniswirksam.**[167] Die erforderliche Prognose („mit ihr nicht mehr zu rechnen ist") hat den Vorsichtsgedanken zu beachten.[168] Insofern sind die ursprünglichen Plandaten, die der Bildung des Postens zugrunde gelegt wurden, laufend **an jedem Abschlussstichtag zu überprüfen.**[169] Dies gilt insbesondere für Fälle der prognostizierten Verlustverrechnung, zB wenn sich entgegen der ursprünglichen Planung der Untergang steuerlicher Verlustvorträge nach §§ 8c, 8d KStG abzeichnet, oder umgekehrt, wenn ein zunächst prognostizierter Vortragsuntergang infolge einer Abstandnahme vom körperschaftsteuerlich „schädlichen Beteiligungserwerb" ausbleibt. Verbesserungen und Verschlechterungen der wirtschaftlichen Lage des Unternehmens haben damit unmittelbar Einfluss auf die Auflösung der Steuerlatenzen. Um sicherzustellen, dass die Posten der latenten Steuern bei Wegfall der sachlichen Grundlagen oder bei Änderungen des Steuersatzes zum richtigen Zeitpunkt und in der richtigen Höhe aufgelöst oder erhöht werden, kann es im Rahmen der „sonst erforderlichen Aufzeichnungen" (vgl. § 239 Abs. 2) sinnvoll sein, einen sog. **Differenzenspiegel** aufzustellen.[170] Dabei handelt es sich um eine Tabelle, in der sämtliche Ansatz- oder Bewertungsmaßnahmen, die zu den einzelnen zeitweiligen Abweichungen führen, entsprechend ihrem jeweiligen zeitlichen Ablauf, gesondert erfasst und bis zu ihrer Umkehrung oder Auflösung fortgeführt werden.[171]

IV. Bewertung (Abs. 2 S. 1)

49   Die Bewertung der auszuweisenden latenten Steuern ergibt sich aus dem Produkt von Wertansatzdifferenz und Steuersatz, das gleichbedeutend ist mit der Differenz von fiktivem und echtem Steueraufwand. Maßgebend sind nach der ausdrücklichen Anordnung des

---

[164] Vgl. dazu grds. Schmidt/Loschelder EStG § 4 Rn. 254.
[165] S. dazu auch das Beispiel bei Haufe-HGB/Bertram Rn. 93 (Stand: 19.10.2021).
[166] S. dazu zB (mwN) EuGH IStR 2019, 597, Skatteverket/Memira Holding AB, mAnm Heckerodt; aus der deutschen Rspr. BFH BStBl. II 1065 = DStRE 2010, 1059.
[167] Gelhausen/Fey/Kämpfer M Rn. 47.
[168] Vgl. dazu auch BeBiKo/Grottel/Larenz, 13. Aufl. 2022, Rn. 65.
[169] S. HdR/Simlacher/Vossel Rn. 183 (Stand: 9/2022) im Zusammenhang der Werthaltigkeitsprüfung von aktiven latenten Steuern; Gelhausen/Fey/Kämpfer M Rn. 47.
[170] Dazu BeBiKo/Grottel/Larenz, 13. Aufl. 2022, Rn. 56; ADS Rn. 45 zu § 274 aF.
[171] S. ADS Rn. 45 f. m. weit. Einzelheiten und Musterformular zu § 274 aF.

Gesetzgebers die **„unternehmensindividuellen Steuersätze im Zeitpunkt des Abbaus"** der Wertansatzdifferenzen bzw. der prognostizierten Vortragsverrechnung (Abs. 2 S. 1). Somit liegt der Bewertung die „statisch" geprägte (bilanzorientierte) sog. **Verbindlichkeitsmethode** (englisch: liability method, → Rn. 5) zugrunde,[172] die hinsichtlich ihrer theoretischen Fundierung mit dem ebenfalls bilanzorientierten „temporary"-Konzept korrespondiert.[173] Die Verbindlichkeitsmethode war bereits in Bezug auf § 274 aF, der diesbezüglich keine ausdrücklichen Vorgaben enthielt, von der herrschenden, auch hier vertretenen Ansicht im Interesse eines möglichst getreuen Bildes als maßgeblich betrachtet worden (→ 2. Aufl. 2008, Rn. 25), auch wenn sie konzeptionell besser zum „temporary"- als zum „timing"-Konzept passt.[174] Hinsichtlich des Steuersatzes sind danach insbesondere die unterschiedlichen Sätze der verschiedenen Steuern (Körperschaftsteuer, Gewerbesteuer einschließlich Zerlegung des Steuermessbetrags in die auf die einzelnen Gemeinden entfallenden Anteile gem. §§ 28 ff. GewStG, ggf. ausländische Ertragsbesteuerung) zu berücksichtigen.[175] Erwartete oder bekannte Änderungen des Steuersatzes sind zu berücksichtigen, sofern deren Umfang am Bilanzstichtag hinreichend konkret bestimmt werden kann. Davon ist auszugehen, wenn die gesetzgebenden Körperschaften (Bund, Gemeinden bzw. Länder in den Stadtstaaten) das Gesetzgebungs- bzw. Satzungsverfahren weitestgehend abgeschlossen haben, was nicht notwendig die abschließende Verkündung voraussetzt.[176] Eine **Abzinsung** der Posten unterbleibt ausweislich der Regierungsbegründung wegen des besonderen bilanziellen Charakters als „Sonderposten eigener Art"[177] und wohl auch im Hinblick auf die Schwierigkeiten bei der Bestimmung des genauen Abbauzeitpunktes und die internationalen Gepflogenheiten.[178]

V. GuV-Ausweis von Änderungen (Abs. 2 S. 3)

In der **GuV** wird der Aufwand oder Ertrag aus den Änderungen der bilanzierten **50** latenten Steuern grundsätzlich **erfolgswirksam** erfasst (Abs. 2 S. 3).[179] Ausnahmsweise wird die GuV nicht berührt, soweit die latenten Steuern erstmalig **erfolgsneutral** entstehen (→ Rn. 24 f.); die Anpassung dieser ursprünglich erfolgsneutral gebildeten latenten Steuern

---

[172] S. dazu HdR/Simlacher/Spanheimer Rn. 49 ff. (Stand: 10/2010); BeBiKo/Grottel/Larenz, 13. Aufl. 2022, Rn. 60: Bildung latenter Steuern nach der „Liability Method, denn das HGB sieht eine Steuerlatenz in Höhe der voraussichtlichen Steuerbelastung oder -entlastung künftiger Geschäftsjahre vor"; für ein Wahlrecht zwischen Verbindlichkeits- und sog. Abgrenzungsmethode (deferred method), die einen fiktiven Steueraufwand nach dem aktuellen, am Bilanzstichtag für das Unternehmen geltenden Steuersatz ermittelt und spätere Steuersatzänderungen unberücksichtigt lässt, HdR/Simlacher/Vossel Rn. 58 (Stand: 9/2022); anders allerdings offenbar HdR/Simlacher/Vossel Rn. 220: „zwingend erforderliche Anwendung der Verbindlichkeitsmethode".

[173] S. Ballwieser FS Krawitz, 2010, 540 (543): Offenbar seien „deferred method" und „timing concept" auf der einen und „temporary concept" und „liability method" auf der anderen Seite „miteinander verbunden bzw. identisch, wenn sie in Reinkultur betrachtet" würden. Unterschiede ergäben „sich durch die rechtlichen Verankerungen".

[174] S. vorausgehende Fn.

[175] S. dazu ausf. HdR/Simlacher/Vossel Rn. 150–156 (Stand: 9/2022); ferner Gelhausen/Fey/Kämpfer M Rn. 44; BeBiKo/Grottel/Larenz, 13. Aufl. 2022, Rn. 60 ff.

[176] S. Begr. RegE BilMoG, BT-Drs. 16/10067, 68: Änderungen seien zu berücksichtigen, „wenn die maßgebende Körperschaft die Änderung vor oder am Bilanzstichtag verabschiedet" habe. In Deutschland bedeute dies, „dass der Bundesrat einem Steuergesetz vor oder am Bilanzstichtag zugestimmt haben" müsse.

[177] Begr. RegE BilMoG, BT-Drs. 16/10067, 68.

[178] HdR/Simlacher/Vossel Rn. 170 (Stand: 10/2010): „internationale Gepflogenheiten"; Gelhausen/Fey/Kämpfer M Rn. 46.

[179] S. dazu HdR/Simlacher/Vossel Rn. 220–223 (Stand: 9/2022), die (neben dem „laufenden Ertragsteueraufwand") die GuV-Posten „latenter Ertragsteueraufwand/-ertrag aus der Bildung oder Auflösung von latenten Steuern infolge der Veränderung von temporären Differenzen sowie der Werthaltigkeitsprüfung von aktiven latenten Steuern" und „latenter Ertragsteueraufwand/-ertrag aus der Korrektur von Steuerabgrenzungspositionen bei Steuersatzänderungen" unterscheiden; Gelhausen/Fey/Kämpfer M Rn. 47; BeBiKo/Grottel/Larenz, 13. Aufl. 2022, Rn. 77.

im weiteren Zeitverlauf hat aber erfolgswirksam zu erfolgen.[180] Die Beträge aus den Änderungen latenter Steuern einschließlich solcher aus den Anpassungen zunächst erfolgsneutral erfasster Sachverhalte werden unter dem Posten „Steuern vom Einkommen und vom Ertrag" (§ 275 Abs. 2 Nr. 18 bzw. Abs. 3 Nr. 17; → § 275 Rn. 111) „gesondert" ausgewiesen. Der „gesonderte" Ausweis, mit dem die Abgrenzung der latenten Steuern von den tatsächlichen Steuern und nicht die Trennung von Aufwand und Ertrag gemeint ist,[181] kann durch eine gesonderte Zeile, eine Vorspaltenangabe oder einen „Davon"-Vermerk vorgenommen werden.[182] Er führt zur Anpassung des tatsächlichen Steueraufwandes an den handelsrechtlich „richtigen" Steueraufwand in der GuV.

VI. Sanktionen

51   Die Verletzung des § 274 kann **strafrechtliche** Konsequenzen nach sich ziehen, wenn die Verhältnisse der Kapitalgesellschaft unrichtig wiedergegeben oder verschleiert werden (§ 331). In Betracht kommen ferner eine **ordnungswidrigkeitsrechtliche** Geldbuße (§ 334 Abs. 1 Nr. 1 lit. c, Abs. 3) und das **Versagen oder Einschränken des Bestätigungsvermerks** (§ 322 Abs. 4, § 317 Abs. 1 S. 2). Für den Fall sinngemäßer Anwendung des § 274 durch publizitätspflichtige Unternehmen (§ 5 Abs. 1 S. 2 PublG; → Rn. 31) sind entsprechende Vorschriften (§ 17 Abs. 1 Nr. 1 PublG, § 20 Abs. 1 Nr. 1 lit. d PublG) zu beachten. Stellt das Unternehmen seine Zahlungen ein oder wird über sein Vermögen das Insolvenzverfahren eröffnet bzw. die Eröffnung mangels Masse abgelehnt, kann Abs. 1 Nr. 3 lit. a des § 283b StGB („Verletzung der Buchführungspflicht") erfüllt sein.

VII. IFRS[183]

52   Eine § 274 vergleichbare Spezialregelung zur Behandlung der aktivischen und passivischen Steuerabgrenzung findet sich in den IFRS/IAS nicht. Der für diese Fragen einschlägige IAS 12 „Ertragsteuern" (Income Taxes)[184] behandelt gleichermaßen die Bilanzierung von Ertragsteuern[185] und latenten Steuern. In Deutschland wurde durch das BilMoG die handelsrechtliche Bilanzierung latenter Steuern an das schon immer bilanz- und GuV-orientierte „temporary"-Konzept der IFRS (IAS 12.15 und IAS 12.24, jeweils iVm den Definitionen in IAS 12.5) angepasst, so dass die bislang bestehenden grundlegenden Systemunterschiede beseitigt wurden (→ Rn. 6 ff. sowie → 2. Aufl. 2008, Rn. 44).

53   Nach IAS 12.15 sind latente Steuerschulden („deferred tax liability"; passive latente Steuern) und nach IAS 12.24 latente Steueransprüche („deferred tax asset"; aktive latente Steuern) abzugrenzen; ein Wahlrecht bezüglich aktiver latenter Steuern, wie es § 274 Abs. 1 S. 2 vorsieht, kennen die IAS/IFRS nicht. Auch die Fallgruppen, die man als quasi-temporäre Differenzen bezeichnet (→ Rn. 11 und 23), sowie erfolgsneutral entstandene Differenzen sind in der Regel zu erfassen. So darf eine passive Abgrenzung nicht erfolgen, wenn die latente Steuerschuld auf dem erstmaligen Ansatz eines Geschäfts- oder Firmenwertes (goodwill) beruht, dessen Abschreibung nicht zulässig ist (IAS 12.15 (a), 12.21). Weder eine passive noch eine aktive Steuerabgrenzung darf auch beim erstmaligen Ansatz eines Vermögenswertes oder einer Schuld vorgenommen werden, der bzw. die nicht in Zusammenhang mit einem Unternehmenszusammenschluss („business combination") steht und weder das handelsrechtliche noch das steuerrechtliche Ergebnis berührt (IAS 12.15 (a), 12.24 (a), (b) und (c)). Unter dieses Abgrenzungsverbot fallen etwa steuerfreie Investitions-

---

[180] IDW ERS HFA 27 (zurückgezogen), Rn. 33.
[181] BeBiKo/Justenhoven/Kliem/Müller, 13. Aufl. 2022, § 275 Rn. 232.
[182] Vgl. Gelhausen/Fey/Kämpfer M Rn. 52; Küting/Seel FS Herzig, 2010, 675 (689); anders HdR/Simlacher/Vossel Rn. 223 (Stand: 9/2022): „Aus sachlogischen Argumenten" scheine es „sachgerecht und vertretbar zu sein", latente Steuern als Teil des Ertragsteuerergebnisses „auch im Anhang zu machen".
[183] Sämtliche zit. IAS/IFRS beziehen sich auf den für das Geschäftsjahr 2022 gültigen Stand.
[184] IAS 12, übernommen durch VO (EG) 1126/2008 v. 3.11.2008 (ABl. EG 2008 L 320, 1, 53).
[185] Dabei umfassen Ertragsteuern alle auf Grundlage des zu versteuernden Ergebnisses erhobenen in- und ausländischen Steuern (IAS 12.2).

zulagen.[186] Nach IAS 20.24 sind solche Zulagen erfolgsneutral von den Anschaffungskosten abzuziehen, während sie ertragsteuerlich weder erfolgswirksam erfasst noch von den Anschaffungskosten abgesetzt werden dürfen. Damit bleibt der Vorgang insgesamt erfolgsneutral.

Eine aktivische Steuerabgrenzung ist ähnlich wie gem. § 274 Abs. 1 S. 4 auch für **54** Verlustvorträge und nicht genutzte Steuergutschriften vorzunehmen (IAS 12.34 ff.), wobei im Falle von Verlustvorträgen die Nutzung der damit verbundenen Steuervorteile wahrscheinlich (probable) sein muss. Das setzt ein ausreichendes zu versteuerndes künftiges Ergebnis voraus. Grundlage der zur Beurteilung dieses Kriteriums erforderlichen Prognose, die nach IAS 12.56 zu jedem Bilanzstichtag erneut vorzunehmen ist, ist die Steuerplanung des Unternehmens.[187] Die Abgrenzung ist in dem Umfang aufzulösen, wie ein Ergebnis, mit dem der Abgrenzungsbetrag verrechnet werden könnte, nicht mehr zu erwarten ist. Nach IAS 12.37 ist in einer entsprechenden Vorausschau zu prüfen, ob aufgrund neuer Erkenntnisse erstmals ein Steueranspruch im Wege der Nachaktivierung abzugrenzen ist, weil für die Zukunft zu verrechnende Erträge erwartet werden.

Für die Bewertung der Steuerabgrenzung legen die IAS wie § 274 die Verbindlichkeits- **55** methode (sog. liability method; → Rn. 24) zugrunde. Nach IAS 12.46 ff. ist danach der Steuersatz maßgeblich, der voraussichtlich zum Zeitpunkt der Umkehrung des Steueranspruches bzw. der Steuerverbindlichkeit gilt. Die Steuerabgrenzung erfolgt im Wege des Einzeldifferenzenausweises.

Eine Saldierung aktiver und passiver latenter Steuern ist nicht zulässig. Ausnahmen **56** hierzu regeln IAS 12.71 und 12.74 (a), wonach eine Saldierung ua dann vorgeschrieben ist, wenn das Unternehmen ein Recht (a legally enforceable right) zur Aufrechnung tatsächlicher Steuererstattungsansprüche gegen tatsächliche Steuerschulden hat und die Steuerlatenzen sich auf Ertragsteuern beziehen, die von der gleichen Steuerbehörde erhoben werden.[188] Latente Steuern sind nach IAS 12.58 in der GuV als Ertrag oder Aufwand zu erfassen. Ausnahmen für ertragneutrale Unterschiedsbeträge finden sich in IAS 12.61A ff.[189]

Mit (von Seiten des IASB festgelegtem) Erstanwendungszeitpunkt 1.1.2017 kamen **57** Änderungen des IAS 12, die Klarstellungen zum Ansatz latenter Steueransprüche für unrealisierte Verluste sowie zum Anwendungsbereich des Standards in Bezug auf IFRS 5 („Zur Veräußerung gehaltene langfristige Vermögenswerte und aufgegebene Geschäftsbereiche") enthielten.[190] Am 1.1.2019 trat die IFRIC 23 „Unsicherheit bezüglich der ertragsteuerlichen Behandlung" in Kraft, mit der die Bilanzierung von Unsicherheit in Bezug auf Ertragsteuern erläutert wird. Das Regelwerk soll klarstellen, wie die Ansatz- und Bewertungsvorschriften nach IAS 12 hinsichtlich laufender oder latenter Steuern in von Unsicherheit gekennzeichneten Situationen anzuwenden sind.[191] Zu weiteren Änderungen des IAS 12 hat das Projekt „Latente Steuern auf Vermögenswerte und Schulden im Rahmen einer einheitlichen Transaktion" geführt, dessen Ergebnisse nach jahrelangen Vorarbeiten im Mai 2021 veröffentlicht wurden.[192] Zu erwähnen sind zudem die umfangreichen Anhangangabepflichten nach IAS 12 zu laufenden und latenten Steuern, die es im deutschen Handelsbilanzrecht „in diesem Ausmaß nicht ansatzweise gibt".[193]

---

[186]   Vgl. BeBiKo/Kozikowski/Fischer, 7. Aufl. 2010, Rn. 104 mN (IFRS in der aktuellen Aufl. nicht mehr kommentiert).

[187]   Vgl. Beck IFRS-HdB/Schulz-Danso § 25 Rn. 65; Haufe IFRS-Komm/Lüdenbach/Hoffmann/Freiberg § 26 Rn. 50 ff.; s. auch MüKoBilanzR/Indenkämpen IAS 12 Rn. 82 ff.

[188]   Ein Überblick über die Praxis der Bilanzierung latenter Steuern im Konzernabschluss nach IFRS findet sich bei Baetge/Lienau WPg 2007, 15.

[189]   Hierzu und zur Überleitungsrechnung zwischen dem zu erwartenden Steueraufwand bzw. Steuerertrag und dem tatsächlichen Steuerergebnis („tax rate reconciliation") s. MüKoBilanzR/Indenkämpen IAS 12 Rn. 160, 176 ff.

[190]   Zwirner/Boecker IRZ 2017, 102 (103).

[191]   Kovermann/Velte IRZ 2017, 405 (406).

[192]   Hierzu Busch/Zwirner IRZ 2021, 420 ff.

[193]   So die Einschätzung von Bense, Steuerlatenzen in der deutschen Bilanzierungspraxis: Eine empirisch-qualitative Analyse, 2023, S. 26; s. auch iE Bense aaO S. 287–290.

§ 274a Größenabhängige Erleichterungen

Kleine Kapitalgesellschaften sind von der Anwendung der folgenden Vorschriften befreit:

1. **§ 268 Abs. 4 Satz 2 über die Pflicht zur Erläuterung bestimmter Forderungen im Anhang,**
2. **§ 268 Abs. 5 Satz 3 über die Erläuterung bestimmter Verbindlichkeiten im Anhang,**
3. **§ 268 Abs. 6 über den Rechnungsabgrenzungsposten nach § 250 Abs. 3,**
4. **§ 274 über die Abgrenzung latenter Steuern.**

Schrifttum: Beiersdorf/Eierle/Haller, International Financial Reporting Standard for Small and Medium-sized Entities (IFRS for SMEs): Überblick über den finalen Standard des IASB, DB 2009, 1549; Biener, Die Transformation der Mittelstands- und der GmbH & Co-Richtlinie, WPg 1993, 707; Farr, Der Jahresabschluss der kleinen GmbH, GmbHR 1996, 92 (Teil I), 185 (Teil II); Farr, Der Jahresabschluss der mittelgroßen und der kleinen AG, AG 1996, 145; Hoffmann/Lüdenbach, Der Diskussionsentwurf des IASB-Mitarbeiterstabes zum SME-Projekt, DStR 2006, 1903; IDW, ERS HFA 27, Einzelfragen zur Bilanzierung latenter Steuern nach den Vorschriften des HGB in der Fassung des Bilanzrechtsmodernisierungsgesetzes, Stand 29.5.2009, aufgehoben am 9.9.2010; IDW, ERS HFA 18 n.F., Bilanzierung von Anteilen an Personenhandelsgesellschaften im handelsrechtlichen Jahresabschluss, Stand 11.3.2011; IDW, RS HFA 7 nF, Handelsrechtliche Rechnungslegung bei Personenhandelsgesellschaften, Stand: 30.1.2018; Lüdenbach, Steuerlatenzrechnung für Personengesellschaften und kleine Kapitalgesellschaften?, BC 2011, 159; I. Müller, Rückstellungen für passive Steuerlatenzen gemäß § 249 Abs. 1 Satz 1 HGB, DStR 2011, 1046; S. Müller/Kreipl, Passive latente Steuern und kleine Kapitalgesellschaften, DB 2011, 1701; Niessen, Zu den jüngsten Entwicklungen des Bilanzrechts der Europäischen Gemeinschaft, WPg 1991, 193; Oser/Roß/Wader/Drögemüller, Änderungen des Bilanzrechts durch das Bilanzrechtsmodernisierungsgesetz (BilMoG), WPg 2009, 573; Pfitzer/Wirth, Die Änderungen des Handelsgesetzbuchs, DB 1994, 1937; Schellein, Neue EG-Vorschläge für Mittelstand und Kapitalgesellschaft & Co., WPg 1990, 529; Schildbach/Grottke, IFRS for SMEs: unvereinbar mit den Anforderungen der EU und eine Gefahr für den Mittelstand, DB 2011, 945; Wiese, IFRS für den Mittelstand, KoR 2005, 380; Wendholt/Wesemann, Zur Umsetzung der HGB-Modernisierung durch das BilMoG: Bilanzierung von latenten Steuern im Einzel- und Konzernabschluss, DB-Bei. 5/2009, 64; Winkeljohann/Morich, IFRS für den Mittelstand: Inhalte und Akzeptanzaussichten des neuen Standards, BB 2009, 1630; Zwirner/Busch, Abzinsungspflichten nach BilMoG: weiterhin differenzierte Sichtweise geboten, BC 2011, 79.

Übersicht

I. Regelungsgegenstand

1   Der mit der Aufstellung von Jahresabschlüssen verbundene Aufwand und die sich aus der Offenlegung ergebende mögliche Preisgabe von Betriebsinterna können umso eher zugemutet werden, je größer das betreffende Unternehmen ist (→ § 267 Rn. 1). Hinzu kommt, dass das öffentliche Interesse an einer umfassenden Vermittlung von Informationen bei großen Unternehmen naturgemäß erheblich ist.[1] Dementsprechend sieht das Handelsbilanzrecht in verschiedenen Vorschriften größenabhängige Unterscheidungen iSd § 267 vor, etwa in den § 266 Abs. 1 S. 3, §§ 276, 288 und auch in § 274a. Mit § 274a, eingefügt durch das Gesetz zur Änderung des D-Markbilanzgesetzes vom 25.7.1994 (BGBl. 1994 I 1982),[2] hat der Gesetzgeber eine Erleichterungsvorschrift geschaffen, die

---

[1]   Vgl. Kölner Komm RechnungslegungsR/Prinz 1. Aufl. 2010, Rn. 1: Die „verwaltungsökonomische Vereinfachung und Vermeidung von Bürokratieaufwand", „die Gefahr einer Preisgabe von ,Betriebsgeheimnissen'" sowie ein „begrenztes öffentliches Interesse der Jahresabschlussadressaten" seien die Gründe für die größenabhängigen Erleichterungen.

[2]   Weitere größenabhängige Erleichterungen wurden durch das D-Markbilanzgesetz mit der Einfügung von § 276 S. 2 und der Änderung des § 288 geschaffen.

die RL 90/604/EWG[3] für **kleine Kapitalgesellschaften** (§ 267 Abs. 1) und kleine Kapitalgesellschaften & Co. iSd § 264a, mittlerweile aufgegangen in die Bilanz-RL, umsetzte und Erleichterungen bei der Aufstellung des Jahresabschlusses einräumte. Da Kleinstkapitalgesellschaften (§ 267a) eine Teilmenge der Menge der kleinen Kapitalgesellschaften bilden, genießen sie ebenfalls die Erleichterungen des § 274a.[4] Das von der Vorschrift gewährte **Wahlrecht**[5] ist von der Rechtsform des Unternehmens unabhängig und lässt sich entsprechend bilanzpolitischem Kalkül für jede Variante (Nr. 1–5) gesondert ausüben.[6] Bei der Aufstellung nachfolgender Jahresabschlüsse ist das Unternehmen wegen des Stetigkeitsgrundsatzes solange daran gebunden, bis veränderte Umstände – etwa eine Änderung der Zugehörigkeit zu einer Größenklasse iSd § 267 – eine andere Entscheidung hinsichtlich der gewählten Option erforderlich machen (§ 246 Abs. 3, § 252 Abs. 2, § 265 Abs. 1; → § 265 Rn. 4).[7] Stetigkeit gebietet dabei sowohl der Ausweis (Ausweisstetigkeit) als auch – bezogen auf die Abgrenzung latenter Steuern – der Bewertungsansatz („Ansatzstetigkeit").[8] Anders als die Gliederungswahlrechte der § 266 Abs. 1 S. 2 sowie § 276 und das Darstellungswahlrecht für den Anhang nach § 288 steht das Wahlrecht nach § 274a nicht unter dem Vorbehalt des Auskunftsrechts des Aktionärs (→ § 267 Rn. 3), denn § 274a wird in § 131 Abs. 1 S. 3 AktG im Gegensatz zu den vorgenannten Vorschriften nicht erwähnt.[9]

II. Anwendungsbereich

Die Vorschrift gilt nicht für Kredit- und Finanzdienstleistungsinstitute (§ 340a Abs. 1, 2 § 340 Abs. 1 und 4) sowie Versicherungsunternehmen (§ 341a Abs. 1 S. 1 Hs. 1, § 341), die stets die Vorgaben für große Kapitalgesellschaften anzuwenden haben. Genossenschaften dürfen § 274a entsprechend anwenden (§ 336 Abs. 2 S. 1 Nr. 2). Da publizitätspflichtige Unternehmen nach § 1 PublG niemals klein iSd § 267 Abs. 1 sind, können für sie die Befreiungen des § 274a nicht eingreifen.

III. Einzelheiten

Gemäß Art. 1 Nr. 15 BilRUG wurde die bisherige Nr. 1 des § 274a („§ 268 Abs. 2 3 über die Aufstellung eines Anlagengitters", → 3. Aufl. 2013, Rn. 3) aufgehoben und die bisherigen Nr. 2–5 wurden zu den Nr. 1–4. Die Streichung der Nr. 1 ist eine „Folgeänderung zur Aufhebung von § 268 Abs. 2 HGB"[10] und zur Verlagerung des Regelungsgegenstands in den neu geschaffenen § 284 Abs. 3 (→ § 268 Rn. 8). Die Erleichterung für kleine Kapitalgesellschaften bezüglich der Erstellung eines **Anlagengitters** ergibt sich nun aus § 288 Abs. 1 Nr. 1. Insofern hat die Streichung der Nr. 1 keine materiellrechtliche Konsequenz.[11]

---

3   Richtlinie 90/604/EWG v. 8.11.1990 zur Änderung der Richtlinie 78/660/EWG über den Jahresabschluss und der Richtlinie 83/349/EWG über den konsolidierten Abschluss hinsichtlich der Ausnahme für kleine und mittlere Gesellschaften sowie der Offenlegung von Abschlüssen in Ecu, ABl. EG 1990 L 317, 57. Zu Inhalt, Vorbereitung und Umsetzung der RL Schellein WPg 1990, 529 ff.; Niessen WPg 1991, 193 ff.; Biener WPg 1993, 707 ff.

4   S. als Beleg für diese Trivialität zB BeBiKo/Grottel, 13. Aufl. 2022, Rn. 3.

5   ADS Rn. 3; BeBiKo/Grottel, 13. Aufl. 2022, Rn. 2.

6   BeBiKo/Grottel, 13. Aufl. 2022, Rn. 2.

7   Farr GmbHR 1996, 92 (96); Farr AG 1996, 145 (153); ADS Rn. 3; BeBiKo/Grottel, 13. Aufl. 2022, Rn. 2; s. auch Kirsch/Krawitz Rn. 4 (April 2018): „Erfordernis, das Gebot der Stetigkeit einzuhalten"; Baetge/Kirsch/Thiele/Marx/Dallmann Bilanzrecht Rn. 2 (Stand: 2019): „Inanspruchnahme einzelner Erleichterungen löst […] grundsätzlich die verpflichtende Beibehaltung in den folgenden Geschäftsjahren aus".

8   BeBiKo/Grottel, 13. Aufl. 2022, Rn. 2.

9   ADS Rn. 4; Kirsch/Krawitz Rn. 4 (April 2018); Staub/Meyer, 6. Aufl. 2021, Rn. 4; EBJS/Böcking/Gros/Wallek, 4. Aufl. 2020, Rn. 2; zu Recht aus rechtspolitischer Sicht krit. gegenüber dieser Differenzierung HdR/Dyck/Scholz Rn. 13 aE (Stand: 9/2022): „Dafür gibt es keinen einleuchtenden Grund".

10   Begr. RegE BilRUG, BT-Drs. 18/4050, 63.

11   BeBiKo/Grottel, 10. Aufl. 2016, Rn. 2 – Aussage in neueren Aufl. nicht mehr vorhanden.

4   Die kleine Kapitalgesellschaft ist **weder** zur Erläuterung **bestimmter künftiger Forderungen** iSd § 268 Abs. 4 S. 2 (§ 274a **Nr. 1**) **noch** zur Erläuterung **bestimmter künftiger Verbindlichkeiten** iSd 268 Abs. 5 S. 3 (§ 274a **Nr. 2**) im Anhang verpflichtet. Dies gilt unabhängig vom Umfang dieser Posten.[12] Macht das Unternehmen von der Wahlmöglichkeit Gebrauch, gibt der Jahresabschluss keine Auskunft über die Unsicherheiten, die mit rechtlich noch nicht entstandenen Forderungen (→ § 268 Rn. 14) bzw. rechtlich noch nicht entstandenen Verbindlichkeiten (→ § 268 Rn. 20) von größerem Umfang zusammenhängen. Die Pflicht, Restlaufzeiten bestimmter Forderungen (§ 268 Abs. 4 S. 1) und den Betrag von Verbindlichkeiten mit einer Restlaufzeit von bis zu einem Jahr (§ 268 Abs. 5 S. 1) zu vermerken (→ § 268 Rn. 11 ff., → § 268 Rn. 16 f.), besteht dagegen weiterhin.[13]

5   Eine weitere Wahlmöglichkeit (§ 274a **Nr. 3**) besteht im Zusammenhang mit einem nach § 250 Abs. 3 als **Rechnungsabgrenzungsposten** aktivierten Disagio (→ § 250 Rn. 12 ff.). Ein solches braucht die kleine Kapitalgesellschaft entgegen § 268 Abs. 6 weder in der Bilanz gesondert auszuweisen noch im Anhang anzugeben.[14] Sie hat damit die Möglichkeit, bilanzrechtlich hinsichtlich des Disagios genauso wie Einzelkaufleute oder Personenhandelsgesellschaften behandelt zu werden.[15]

6   Die früher geltende Befreiung von der Pflicht zur Erläuterung aktivierter **Ingangsetzungs- oder Erweiterungsaufwendungen** (§ 274a **Nr. 5 aF** iVm § 269 S. 1 Hs. 2 **aF**) ist gleichzeitig mit der Aufhebung des Wahlrechts zur Aktivierung dieser Aufwendungen als Bilanzierungshilfe (§ 269 S. 1 Hs. 1 aF) durch BilMoG weggefallen. Soweit im Jahresabschluss für vor dem 1.1.2010 beginnende Geschäftsjahre Ingangsetzungs- und Erweiterungsaufwendungen aktiviert wurden und das Unternehmen seit dem danach beginnenden Geschäftsjahr die Bilanzierungshilfe fortgeführt hat (vgl. Art. 67 Abs. 5 S. 1 EGHGB), besteht für kleine Kapitalgesellschaften die Befreiung gem. § 274a Nr. 5 aF allerdings weiterhin.

7   Seit dem BilMoG gilt eine Befreiung kleiner Kapitalgesellschaften von der Pflicht zur **Abgrenzung latenter Steuern,** zunächst gem. § 274a Nr. 5 aF und seit dem BilRUG in neuer Zählung (→ Rn. 3) gem. § 274a **Nr. 4** (ausführlicher → § 274 Rn. 32). Damit sollen diese Gesellschaften von der aufwändigen Ermittlung latenter Steuern entlastet werden, wenn auch nur zum Teil. Die Bundesregierung selbst ging nämlich offenbar davon aus, dass eine Verpflichtung zur Ermittlung **passiver** latenter Steuern, wenn schon nicht aus § 274, so doch aber aus der allgemeinen Vorschrift des § 249 Abs. 1 S. 1 bestehen bleiben könne.[16] Dies ist zwar grundsätzlich richtig, weil kein Grund ersichtlich ist, warum die Befreiungswirkung der Nr. 4 auch den § 249 erfassen sollte;[17] eine Verbindlichkeitsrückstellung setzt aber voraus, dass die Verbindlichkeit bereits rechtlich entstanden oder wirtschaftlich verursacht ist.[18] Die (relative) Steuermehrbelastung müsste also entweder bereits im laufenden Steuerjahr entstanden sein, was aber vermutlich in allen Fällen der Phasenverschiebung (→ § 274 Rn. 6) der Funktionsweise latenter Steuern widersprechen würde, oder sie müsste zumindest wirtschaftlich verursacht sein. Voraussetzung für Letzteres ist, dass der Tatbestand, von dessen Verwirklichung ihre Entstehung abhängt, „in dem betreffenden Wirtschaftsjahr im Wesentlichen bereits verwirklicht ist und die Verbindlichkeit damit so eng mit dem betrieblichen Geschehen dieses Wirtschaftsjahres verknüpft ist, dass es gerechtfertigt ist, sie wirtschaftlich als eine bereits am

---

[12]   BeBiKo/Grottel, 13. Aufl. 2022, Rn. 10, 20.

[13]   Kirsch/Krawitz Rn. 22 (April 2018).

[14]   BeBiKo/Grottel, 13. Aufl. 2022, Rn. 30; vgl. auch Farr AG 1996, 145 (149).

[15]   BeBiko/Grottel, 13. Aufl. 2022, Rn. 30.

[16]   Begr. RegE BilMoG, BT-Drs. 16/10067, 68 zu § 274a Nr. 5 idF des BilMoG (= § 274a Nr. 4 nF): „De facto haben kleine Kapitalgesellschaften danach nur passive latente Steuern zu ermitteln und dies nur dann, wenn gleichzeitig die Tatbestandsvoraussetzungen für den Ansatz einer Rückstellung gem. § 249 Abs. 1 S. 1 HGB vorliegen".

[17]   Ebenso für die Anwendbarkeit des § 249 Abs. 1 S. 1 zB BeBiKo/Grottel 13. Aufl. 2022, Rn. 41. Er nennt (ebd., Rn. 42) die Bildung der rein steuerrechtlichen Rücklagen nach § 6b EStG und EStR 35 als Fälle, in denen in der Handelsbilanz eine Steuerrückstellung nach § 249 Abs. 1 zu bilden sei.

[18]   ZB BeBiKo/Schubert, 13. Aufl. 2022, § 249 Rn. 25.

Bilanzstichtag bestehende Verbindlichkeit zu behandeln".[19] Diese Bedingung ist bei passiven latenten Steuern – selbst in Fällen quasi-permanenter Ansatz- oder Bewertungsunterschiede – keineswegs durchweg oder auch nur regelmäßig gegeben.[20] In jedem Fall wären in die Rückstellungsbewertung aktive latente Steuern rückstellungsmindernd einzubeziehen.[21] Damit gelangt man im Ergebnis doch zur Ermittlung, eben nicht nur, wie von der Bundesregierung konzediert, der passiven, sondern auch der aktiven latenten Steuern, was den von § 274a Nr. 4 angestrebten Erleichterungseffekt erheblich schwächen kann.[22]

IV. IFRS[23]

Das Konzept des IASB unterscheidet sich insoweit von dem des HGB, als es für die **8** Erleichterungen nicht auf Größenmerkmale abstellt,[24] sondern vor allem die Kapitalmarktorientierung zum maßgeblichen Kriterium für die vollständige Anwendbarkeit der Rechnungslegungsstandards macht (auch → § 267 Rn. 23 f.). Die IFRS enthalten derzeit aber keine vergleichbaren größenabhängigen Erleichterungen für Ansatz, Bewertung, Ausweis und Anhangangaben. Dies führt insbesondere bei mittelständischen Unternehmen zu erheblichen Vorbehalten gegenüber der IFRS-Rechnungslegung und war für den deutschen Gesetzgeber ein Grund, mit dem BilMoG eine kostengünstige und einfache Alternative zu den IFRS zu schaffen.[25] Diesen Bedenken versuchte das IASB mit der Entwicklung eines Rechnungslegungsstandards für kleine und mittelgroße Unternehmen Rechnung zu tragen. Am 9.7.2009 hat das IASB den „International Financial Reporting Standards for Small and Medium Sized Entities" (IFRS for SMEs) verabschiedet.[26]

Die **IFRS for SMEs** sind anwendbar für Unternehmen, die keiner öffentlichen **9** Rechenschaftspflicht unterliegen und dennoch ihre Abschlüsse für externe Nutzer offenlegen (IFRS for SMEs 1.2). Öffentlich rechenschaftspflichtig sind Unternehmen, die Anleihen oder Aktien am Kapitalmarkt ausgegeben haben oder die für einen größeren Kreis Außenstehender Vermögen treuhänderisch halten, wie zB Banken, Versicherungen, Pensionsfonds oder Investmentgesellschaften (IFRS for SMEs 1.3). Dieser Ansatz kann dazu führen, dass selbst sehr große Unternehmen IFRS for SME's anwenden können, sofern sie nicht kapital-

---

19 ZB BFH BeckRS 1999, 30051191 unter II.2.c.cc.ccc. mwN.
20 So aber die wohl hM, die die Voraussetzungen des § 249 Abs. 1 S. 1 bei passivisch wirkenden Ansatz-
    oder Bewertungsdifferenzen zur Steuerbilanz grds. für gegeben erachtet. S. Gelhausen/Fey/Kämpfer
    M Rn. 54 ff.; IDW ERS HFA 27 Rn. 20 und 27 (aufgehoben am 9.9.2010), mit den Beispielen zeitlich
    begrenzter Differenzen aufgrund der Aktivierung selbst geschaffener immaterieller Vermögensgegen-
    stände des Anlagevermögens, der Zeitwertbewertung gem. § 246 Abs. 2 S. 2 und des Wegfalls der umge-
    kehrten Maßgeblichkeit (Sonderabschreibungen, steuerfreie Rücklagen); IDW RS HFA 7 Rn. 24 zu
    kleinen Personenhandelsgesellschaften iSd § 264a Abs. 1; Wendholt/Wesemann DB-Beil. 5/2009, 64
    (72 f.); mit guten Argumenten krit. gegenüber der hM S. Müller/Kreipl DB 2011, 1701 (1702 ff.): Sie
    vermissen eine genaue Auseinandersetzung mit den Tatbestandsvoraussetzungen des § 249 und beanstan-
    den zudem, damit werde die „Wertentscheidung" des Gesetzgebers bei § 274a Nr. 5 „zugunsten des
    Grundsatzes der Wirtschaftlichkeit" nicht ausreichend gewürdigt; der Praxis empfehlen sie, solange „eine
    abschließende Meinungsbildung" noch ausstehe, ggf. „einen freiwilligen Verzicht auf die Erleichterungs-
    vorschrift" (ebenda, S. 1706); ebenfalls krit. und noch weitergehend I. Müller DStR 2011, 1046 (1047 ff.,
    1150): Kleine Kapitalgesellschaften müssten „keine Verbindlichkeitsrückstellungen für passive latente
    Steuern bilden"; Lüdenbach BC 2011, 159 (160): „Mangels rechtlicher Entstehung und wirtschaftlicher
    Verursachung" begründe eine passive Latenz keine nach § 249 zu bilanzierende Schuld.
21 Oser/Roß/Wader/Drögemüller WPg 2009, 573 (581); Wendholt/Wesemann DB-Beil. 5/2009, 64 (72).
    S. allg. zur Nettobetrachtung beim Bilden von Rückstellungen → § 253 Rn. 92.
22 Krit. dazu auch BeBiKo/Grottel, 13. Aufl. 2022, Rn. 42: Der „Gesetzeszweck der Bilanzierungserleich-
    terung" sei „damit nicht vollständig erreicht"; strenger noch BeBiKo/Ellrott, 7. Aufl. 2010: „Damit"
    gehe „die Erleichterungsvorschrift der Nr. 5 ins Leere".
23 Sämtliche zit. IAS/IFRS beziehen sich auf den für das Geschäftsjahr 2022 gültigen Stand.
24 S. Baetge/Kirsch/Thiele/Marx/Dallmann Bilanzrecht Rn. 501 (Stand: April 2019): „keine vergleichba-
    ren größenabhängigen Erleichterungen hinsichtlich spezifischer Angabe- oder Ausweisverpflichtungen".
25 Begr. RegE BilMoG, BT-Drs. 16/10067, 1.
26 Einen Überblick vermitteln zB MüKoBilanzR/Kajüter/Saucke, Abschnitt „IFRS for SMEs IFRS für
    kleine und mittelgroße Unternehmen" (5. EL 2014); Beiersdorf/Eierle/Haller DB 2009, 1549; Winkel-
    johann/Morich BB 2009, 1630; s. auch Hoffmann/Lüdenbach DStR 2006, 1903.

marktorientiert sind bzw. gegenüber externen Adressaten, etwa Banken oder Rating-Agenturen, keine Rechenschaftspflicht haben. Eine Tochtergesellschaft, deren Muttergesellschaft oder konsolidierter Konzern die vollständigen IFRS („full IFRS") anwendet, kann die IFRS for SMEs anwenden, sofern sie selbst nicht „öffentlich berichterstattungspflichtig" ist (IFRS for SMEs 1.6). Näheres zum personellen Anwendungsbereich → § 267 Rn. 24.

10   Die IFRS for SMEs unterscheiden sich von den vollständigen IFRS in Bezug auf ihr geringeres Maß an Umfang und Komplexität. So wurden verschiedene **Themen** als für kleine und mittlere Unternehmen nicht relevant **ausgeklammert,** wie zB die Segmentberichterstattung (IFRS 8) oder die Rechnungslegungsvorschriften für zum Verkauf bestimmte Vermögenswerte (IFRS 5). Darüber hinaus sieht das Regelwerk Erleichterungen für kleine und mittlere Unternehmen bei bestimmten **Ansatz- und Bewertungsvorschriften** vor. So sind etwa bei der Bewertung von Finanzinstrumenten nur noch die Kategorien der fortgeführten Anschaffungskosten und des beizulegenden Zeitwertes (fair value) vorgesehen (IFRS for SMEs 11.14). Weiterhin wird unterstellt, dass alle immateriellen Vermögenswerte des Anlagevermögens eine bestimmbare Nutzungsdauer haben und deshalb einer planmäßigen Abschreibung unterliegen (IFRS for SMEs 18.19). Damit entfällt das in IAS 36 niedergelegte Konzept, wonach bei immateriellen Vermögenswerten mit einer unbegrenzten Nutzungsdauer ein jährlicher Wertminderungstest (impairment test) durchzuführen ist (IAS 36.24). Eine bedeutsame Vereinfachung dürfte in der Praxis auch der Verzicht (IFRS for SMEs 27.24 ff.) auf den jährlichen Wertminderungstest für den Geschäfts- und Firmenwert (IAS 36) sein. Neben diesen Ansatz- und Bewertungsmodifikationen räumen die IFRS for SMEs kleinen und mittelgroßen Unternehmen Wahlrechte ein, die in den allgemeinen Standards (sog. full IFRS) nicht vorgesehen sind. So können etwa Entwicklungskosten als Aufwand erfasst oder als selbsterstellte immaterielle Vermögenswerte aktiviert werden (IFRS for SMEs 18.14 f.). Eine vergleichbare Regelung besteht seit der Reform durch das BilMoG nunmehr auch im deutschen Recht (§ 248 Abs. 2).

11   Die IFRS for SMEs enthalten im Vergleich zu den vollständigen IFRS-Standards und dem HGB **keine Erleichterungen** hinsichtlich des **Ausweises von Vermögenswerten oder Schulden.** Hinsichtlich der in § 274a geregelten Sachverhalte bestehen keine Unterschiede zwischen den für alle Unternehmen geltenden IFRS und den IFRS for SMEs für kleine (kleinste) und mittlere Unternehmen.

Dritter Titel. Gewinn- und Verlustrechnung

§ 275 Gliederung

(1) ¹Die Gewinn- und Verlustrechnung ist in Staffelform nach dem Gesamtkostenverfahren oder dem Umsatzkostenverfahren aufzustellen. ²Dabei sind die in Absatz 2 oder 3 bezeichneten Posten in der angegebenen Reihenfolge gesondert auszuweisen.

(2) Bei Anwendung des Gesamtkostenverfahrens sind auszuweisen:
1. Umsatzerlöse
2. Erhöhung oder Verminderung des Bestands an fertigen und unfertigen Erzeugnissen
3. andere aktivierte Eigenleistungen
4. sonstige betriebliche Erträge
5. Materialaufwand:
   a) Aufwendungen für Roh-, Hilfs- und Betriebsstoffe und für bezogene Waren
   b) Aufwendungen für bezogene Leistungen
6. Personalaufwand:
   a) Löhne und Gehälter
   b) soziale Abgaben und Aufwendungen für Altersversorgung und für Unterstützung,
      davon für Altersversorgung

7. Abschreibungen:
   a) auf immaterielle Vermögensgegenstände des Anlagevermögens und Sachanlagen
   b) auf Vermögensgegenstände des Umlaufvermögens, soweit diese die in der Kapitalgesellschaft üblichen Abschreibungen überschreiten
8. sonstige betriebliche Aufwendungen
9. Erträge aus Beteiligungen,
   davon aus verbundenen Unternehmen
10. Erträge aus anderen Wertpapieren und Ausleihungen des Finanzanlagevermögens,
    davon aus verbundenen Unternehmen
11. sonstige Zinsen und ähnliche Erträge,
    davon aus verbundenen Unternehmen
12. Abschreibungen auf Finanzanlagen und auf Wertpapiere des Umlaufvermögens
13. Zinsen und ähnliche Aufwendungen,
    davon an verbundene Unternehmen
14. Steuern vom Einkommen und vom Ertrag
15. Ergebnis nach Steuern
16. sonstige Steuern
17. Jahresüberschuss/Jahresfehlbetrag.

(3) Bei Anwendung des Umsatzkostenverfahrens sind auszuweisen:
1. Umsatzerlöse
2. Herstellungskosten der zur Erzielung der Umsatzerlöse erbrachten Leistungen
3. Bruttoergebnis vom Umsatz
4. Vertriebskosten
5. allgemeine Verwaltungskosten
6. sonstige betriebliche Erträge
7. sonstige betriebliche Aufwendungen
8. Erträge aus Beteiligungen,
   davon aus verbundenen Unternehmen
9. Erträge aus anderen Wertpapieren und Ausleihungen des Finanzanlagevermögens,
   davon aus verbundenen Unternehmen
10. sonstige Zinsen und ähnliche Erträge,
    davon aus verbundenen Unternehmen
11. Abschreibungen auf Finanzanlagen und auf Wertpapiere des Umlaufvermögens
12. Zinsen und ähnliche Aufwendungen,
    davon an verbundene Unternehmen
13. Steuern vom Einkommen und vom Ertrag
14. Ergebnis nach Steuern
15. sonstige Steuern
16. Jahresüberschuss/Jahresfehlbetrag.

(4) Veränderungen der Kapital- und Gewinnrücklagen dürfen in der Gewinn- und Verlustrechnung erst nach dem Posten „Jahresüberschuß/Jahresfehlbetrag" ausgewiesen werden.

(5) Kleinstkapitalgesellschaften (§ 267a) können anstelle der Staffelungen nach den Absätzen 2 und 3 die Gewinn- und Verlustrechnung wie folgt darstellen:
1. Umsatzerlöse,
2. sonstige Erträge,
3. Materialaufwand,

4. **Personalaufwand,**
5. **Abschreibungen,**
6. **sonstige Aufwendungen,**
7. **Steuern,**
8. **Jahresüberschuss/Jahresfehlbetrag.**

Schrifttum: App, Überblick über die Aktivierung von Verpackungskosten, StWa 1993, 114; Arbeitskreis GuV im IDW, Zur Neugliederung der gesetzlichen Gewinn- und Verlustrechnung gemäß § 132 nF Aktiengesetz, WPg 1960, 545; Baetge/Fischer, Zur Aussagefähigkeit der Gewinn- und Verlustrechnung nach neuem Recht, ZfB-Ergänzungsheft 1/1987, 175; Bogajewskaja, Exposure Draft des IASB zur Änderung des IAS 1 Presentation of Financial Statements, BB 2006, 1155; Bohl, Der Jahresabschluss nach neuem Recht, WPg 1986, 29; Bordewin, Bilanzierung von Zero-Bonds, WPg 1986, 263; Bullinger, Der Ausweis von Steuerumlagen in der Gewinn- und Verlustrechnung von Kapitalgesellschaften, DB 1988, 717; Bullinger, Der Ausweis von „Steuererträgen" in der Gewinn- und Verlustrechnung von Kapitalgesellschaften nach dem Bilanzrichtlinien-Gesetz, BB 1986, 844; Chmielewicz, Anmerkungen zum Umsatzkostenverfahren, DBW 1987, 165; Clemm/Nonnenbacher, Überlegungen zur Bilanzierung von Swapgeschäften, FS Döllerer, 1988, 65; Coenenberg, Gliederungs-, Bilanzierungs- und Bewertungsentscheidungen bei der Anpassung des Einzelabschlusses nach dem Bilanzrichtlinien-Gesetz, DB 1986, 1581; Coenenberg/Deffner/Schultze, Erfolgsspaltung im Rahmen der erfolgswirtschaftlichen Analyse von IFRS-Abschlüssen, KoR 2005, 435; Dielmann, Der Zinsanteil in den Pensionsrückstellungen gehört nicht zum Personalaufwand, Personalführung 1996, 434; Doberenz, Der Inhalt des GuV-Postens „Aufwendungen für bezogene Leistungen", BB 1987, 2190; Dörner, Wann und für wen empfiehlt sich das Umsatzkostenverfahren?, WPg 1987, 154; Egger, Die Herstellungskosten im Spannungsfeld von Kostenrechnung und Jahresabschluss, FS Moxter, 1994, 195; Ehl, Behandlung der Umsatzsteuer im Jahresabschluß, BB 1987, 1146; Ekkenga, Kommentar zu BFH vom 16.12.1998, BB 1999, 1212; Emmerich/Naumann, Zur Behandlung von Genussrechten im Jahresabschluss von Kapitalgesellschaften, WPg 1994, 677; Endert/Sepetauz, Buchung sonstiger Steuern, BBK 2011, 112; Epstein/Nach/Bragg, Wiley GAAP 2007: Interpretation and Application of Generally Accepted Accounting Principles, 2006; Erchinger/Melcher, Fehler in der internationalen Rechnungslegung, KoR 2008, 616 (Teil I) und 679 (Teil II); Ernsting, Auswirkungen des SEStEG auf die Bilanzierung von Körperschaftsteuerguthaben in Jahresabschlüssen nach HGB und IFRS, DB 2007, 180; Feldt/Olbrich/Wiemeler, Die Wahl des Ausweisverfahrens für die Gewinn- und Verlustrechnung nach § 275 HGB, DB 1987, 2320; Fey, Folgewirkungen des D-Mark-Bilanzgesetzes für die Jahresabschlüsse nach der DM-Eröffnungsbilanz, WPg 1991, 253; Fischer/Ringling, Grundsätze des Umsatzkostenverfahrens, BB 1988, 442; Förschle, Bilanzierung sogenannter Sondereinzelkosten des Vertriebs aus handelsrechtlicher Sicht, ZfB-Ergänzungsheft 1/1987, 95; Fischer/Kropp, Zur Behandlung von Ansprüchen und Verpflichtungen aufgrund des Vorruhestandsgesetzes (VRG) nach handelsrechtlichen Rechnungslegungsvorschriften, DB-Beil. 13/1984, 1; Forster, Anmerkung zu EuGH vom 27.6.1996 (Tomberger), AG 1996, 419; Freidank, Auswirkungen des Umsatzkostenverfahrens auf die Rechnungslegung von Kapitalgesellschaften, DB 1988, 1609; Gatzen, Die Gewinn- und Verlustrechnung nach dem Umsatzkostenverfahren – eine beliebig gestaltbare Rechnung?, WPg 1987, 461; Gelhausen/Gelhausen, Die „Zuweisung" des Gewinns – eine neue bilanzrechtliche Kategorie?, WPg 1996, 573; Glade, Die Gewinn- und Verlustrechnung nach dem Umsatzkostenverfahren, BFuP 1987, 16; Göllert/Ringling, Der Unterausschuss: Entwurf zum Bilanzrichtliniengesetz, BB 1985, 966; Groh, Der Fall Tomberger, DStR 1998, 813; Hanke, Geschäftsvorfälle richtig buchen: Corona-Hilfen, BC 2020, 263; Hasenburg/Dräxler, Die geplanten Änderungen zur Darstellung von IFRS-Abschlüssen, KoR 2006, 289; Häuselmann, Bilanzierung und Besteuerung von Zinsbegrenzungsverträgen, BB 1990, 2149; Häuselmann/Wiesenbart, Die Bilanzierung und Besteuerung von Wertpapier-Leihgeschäften, DB 1990, 2129; Haußer, Bewertung von Wertpapieren des Umlaufvermögens nach HGB, US GAAP und IAS, 2003; Henssler, Die phasengleiche Aktivierung von Gewinnansprüchen im GmbH-Konzern, JZ 1998, 701; Herrmann, Die Realisierung von Gewinnanteilen und die Berücksichtigung von Verlusten bei Kapitalgesellschaften aus Anteilen an Personenhandelsgesellschaften, WPg 1991, 461, 505; Herzig, Anmerkung zu EuGH vom 27.6.1996 (Tomberger), DB 1996, 1401; Herzig, Steuerliche und bilanzielle Probleme bei Stock Options und Stock Appreciation Rights, DB 1999, 1; Horn, Der Ausweis der nicht ertragsabhängigen Steuern im Gliederungsschema des § 275 Abs. 2 und 3 HGB, BB 1988, 2346; IDW, Stellungnahme des Hauptfachausschusses: Handelsrechtliche Bilanzierung von Altersversorgungsverpflichtungen (RS HFA 30 n.F.), IDW Life 1/2017, 102; Bilanzierung von Schadstoffemissionsrechten nach HGB (IDW RS HFA 4), WPg 2006, 574; IDW, Stetigkeit im handelsrechtlichen Jahresabschluss (IDW RS HFA 38), WPg 2011, 647; IDW, Zur phasengleichen Vereinnahmung von Erträgen aus Beteiligungen an Kapitalgesellschaften nach dem Urteil des BGH vom 12.1.1998, WPg 1998, 427; IDW, Bilanzierung von Anteilen an Personenhandelsgesellschaften im handelsrechlichen Jahresabschluss (RS HFA 18), FN-IDW 1/2012, 24, FN-IDW 7/2014,417; IDW, Zur Aktivierung von Herstellungskosten (RS HFA 31), IDW Life 2/2018, 273; IDW, Stellungnahme des Sonderausschusses Bilanzrichtlinien-Gesetz, Zur Steuerabgrenzung im Einzelabschluss, WPg 1988, 683; IDW, Probleme des Umsatzkostenverfahrens (SABI 1/1987); IDW, Einzelfragen zur Behandlung der Umsatzsteuer im handelsrechtlichen Jahresabschluss (RH HFA 1.017), FN-IDW 8/2011, 564; IDW, Zur Behandlung von Genußrechten im Jahresabschluß von Kapitalgesellschaften (IDW HFA 1/1994), WPg 1994, 419; IDW, Bilanzierungsfragen bei Zuwendungen, dargestellt am Beispiel finanzieller Zuwendungen der öffentlichen Hand (HFA 1/1984), WPg 1984, 612; IDW,

Zu den Auswirkungen der Körperschaftsteuerreform auf die Rechnungslegung (HFA 2/1977 idF 1990), aufgehoben; Kampmann/Schwedler, Zum Entwurf eines gemeinsamen Rahmenkonzepts von FASB und IASB, KoR 2006, 521; Kirsch, Erfolgsstrukturanalyse auf Basis der Gliederungs- und Angabevorschriften zur IAS/IFRS-Gewinn- und Verlustrechnung, DB 2003, 2449; Kirsch, Konzeption der Gewinn- und Verlustrechnung nach HGB und IFRS, StuB 2006, 651; Kirsch, Inhalt ausgewählter GuV-Positionen nach HGB und IFRS, StuB 2006, 857; Kirsch, BilRUG – Weitere Annäherungen des deutschen Bilanzrechts an IFRS?, IRZ 2015, 99; Kropff, Aktiengesetz 1965, Textausgabe des Aktiengesetzes vom 6. September 1965, 1965; Kropff, Phasengleiche Gewinnvereinnahmung aus Sicht des Europäischen Gerichtshofs, ZGR 1997, 115; Küting, Die phasengleiche Dividendenvereinnahmung nach der EuGH-Entscheidung „Tomberger", DStR 1996, 1947; Küting/Eichenlaub/Strauß, MicroBilG-E: Geplante Gesetzesänderungen zur Erleichterung der Rechnungslegung und Offenlegung von Kleinstkapitalgesellschaften, DStR 2012, 1670; Küting/Keßler/Gattung, Die Gewinn- und Verlustrechnung nach HGB und IFRS, KoR 2005, 15; Küting/Weber/Keßler/Metz, Der Fehlerbegriff in IAS 8 als Maßstab zur Beurteilung einer regelkonformen Normanwendung, DB-Beil. 7/2007, 1; Kussmaul/Klein, Maßgeblichkeitsprinzip bei verdeckter Einlage und verdeckter Gewinnausschüttung?, DStR 2001, 189; Lachnit, Erfolgsspaltung auf der Grundlage der GuV nach Gesamt- und Umsatzkostenverfahren, WPg 1991, 773; Laurenz, Erfolgsspaltung auf der Grundlage der GuV nach Gesamt- und Umsatzkostenverfahren, WPg 1991, 773; Lüdenbach, Avalzinsen in der GuV: Zinsaufwand oder sonstiger betrieblicher Aufwand?, StuB 2009, 69; Lüdenbach, Barzuschüsse des Gesellschafters in der GuV und Kapitalflussrechnung der Gesellschaft, StuB 2020, 26; Marten/Köhler/Neubeck, Gesonderter Ausweis von Zinsen für das operative Geschäft in der Gewinn- und Verlustrechnung, BB 2001, 1572; Mohr/Krumb, Jahresabschluss und Jahresabschlussprüfung des Börsenmaklers, WPg 1992, 491; Marx, Steuerliche Nebenleistungen im handelsrechtlichen Jahresabschluss, DB 1996, 1149; Mujkanovic, Der derivative Geschäftswert im handelsrechtlichen Jahresabschluss, BB 1994, 894; Mylich, Der Jahresfehlbetrag, ZGR 2022, 263; Naumann, Zur Bilanzierung von Stock Options, DB 1998, 1428; Neu, Die Aktivierung von Dividendenforderungen in Handels- und Steuerbilanz, BB 1995, 399; Niehus, Die Gliederung der Ergebnisrechnung nach der 4. EG-Richtlinie bzw. nach dem Entwurf eines Bilanzrichtliniengesetzes, DB 1982, 657; Niehus, Entwicklungstendenzen in der Rechnungslegung, WPg 1986, 117; Niemeyer, Ausweisfragen beim Optionsgeschäft, BB 1990, 1022; Oebel, Zuordnungsfragen in der Gewinn- und Verlustrechnung nach dem Gesamtkostenverfahren, WPg 1988, 125; Oechsle/Janke, Ausweis von Steuerzinsen, DB 1996, 486; Otto, Das Umsatzkostenverfahren – eine Chance für Klein- und Mittelbetriebe?, BB 1987, 931; Otto, Das Umsatzkostenverfahren als GuV-Darstellung, BB-Beil. 8/1988, 1; Otto, Posteninhalte und Ausweisprobleme in der GuV nach § 275 HGB, BB 1988, 1703; Paelke, Abgrenzung der Herstellungskosten von den Vertriebskosten in der Nahrungs- und Genussmittelindustrie, StBp 1996, 117; Pellens/Crasselt, Bilanzierung von Stock Options, DB 1998, 217; Pellens/Sellhorn/Strzyz, Pensionsverpflichtungen nach dem Regierungsentwurf eines BilMoG – Simulation erwarteter Auswirkungen, DB 2008, 2373; Priester, Die eigene GmbH als fremder Dritter – Eigensphäre der Gesellschaft und Unterhaltspflichten ihrer Gesellschafter; ZGR 1993, 512; Reige, Der Herstellungskostenbegriff im Umsatzkostenverfahren, WPg 1987, 498; Rinker, Geschäftsvorfälle richtig buchen: Kurzarbeitergeld, BC 2020, 211; Rogler, Vermittelt das Umsatzkostenverfahren ein besseres Bild der Ertragslage als das Gesamtkostenverfahren?, DB 1992, 749; Rogler, Herstellungskosten beim Umsatzkostenverfahren, BB 1992, 1459; Roser, Anrechenbare Körperschaftsteuern im Jahresabschluss einer Holding-Personengesellschaft, DB 1992, 850; Schmeisser/Steinle, Zur Abgrenzung des Materialaufwandes iSd. § 275 Abs. 2 Nr. 5 HGB; insbesondere zum gesonderten Ausweis der Aufwendungen für bezogene Leistungen, DB 1986, 2609; Schulze-Osterloh, Der Europäische Gerichtshof zur phasengleichen Aktivierung von Dividendenansprüchen, ZIP 1996, 1453; Selchert, Herstellungskosten im Umsatzkostenverfahren, DB 1986, 2397; Siegel, Verwandlung von Gewinn in Aufwand, BB 1995, 2207; Ulmer/Ihrig, Ein neuer Anleihetyp: Zero-Bonds, ZIP 1985, 1169; Veit, Zur Bilanzierung von Organisationsausgaben und Gründungsausgaben nach künftigem Recht, WPg 1984, 65; Walter, Bilanzierung von Aktienoptionsplänen in Handels- und Steuerbilanz: einheitliche Behandlung unabhängig von der Art der Unterlegung, DStR 2006, 1101; Watermeyer, Pflicht zur phasengleichen Bilanzierung über „Tomberger" hinaus?, GmbHR 1998, 1061; Weber, Die Einordnung von Sondereinzelkosten des Vertriebs bei langfristiger Auftragsfertigung nach neuem Recht, DB 1987, 393; Wenk/Jagosch, Änderung der Darstellung von IFRS-Abschlüssen – IAS 1 (revised 2007) „Presentation of Financial Statements", DStR 2008, 1251; Weismüller/Kürten, Bilanzielle Behandlung von Zinsen aus Pensionsverpflichtungen in der Praxis, WPg 1996, 721; Wellisch/Lüken, Bilanzierung und steuerliche Gewinnermittlung bei der Auslagerung von Direktzusagen auf Pensionsfonds – Update zu BB 2010, 623 ff., BB 2011, 1131; Westermann, „Aufwendungen für bezogene Leistungen" und „sonstige betriebliche Aufwendungen" in der Gesamtkosten-GuV nach dem BiRiLiG, BB 1986, 1120; Wichmann, Körperschaftsteuererstattungen und pauschalierte Lohnsteuerbeträge in der Gewinn- und Verlustrechnung, BB 1987, 648; Wichmann, Die Rückdeckungsversicherung im handelsrechtlichen Jahresabschluss, BB 1989, 1228; Wichmann, Die Behandlung von Sachbezügen im Jahresabschluss nach dem HGB, BB 1989, 1792; Wimmer, Theoretische Konzeption und praktische Umsetzungsprobleme des Umsatzkostenverfahrens nach HGB, WPg 1993, 161; Wimmer, Zuführungsbeträge bei der Bildung von Pensionsrückstellungen – Personalaufwand und/oder Zinsaufwand?, DStR 1992, 1294; Winter, Die handelsrechtliche Bilanzierung von Zinsbegrenzungsvereinbarungen, DB 1997, 1985; Wollmert, Zur Bilanzierung von Genussrechten, BB 1992, 2106; Zülch/Fischer, Die Neuregelungen des IAS 1 – Financial Statement Presentation, PiR 2007, 257; Zwirner, Negative Einlagezinsen für Unternehmen – Behandlung im Jahresabschluss und steuerliche Bedeutung, BC 2016, 521; Zwirner, Berechnung der Vorstandsvergütung – Bezugnahme auf das EBIT bei der Ermittlung der

Bonifikation, BC 2018, 314; Zwirner, Zuordnungsfragen in der handelsrechtlichen GuV, StBg 2017, 514; Zwirner, Bilanzierung von Altersversorgungsverpflichtungen: Neuregelungen durch IDW RS HFA 30 n.F., BC 2017,474; Zwirner/Boecker, BilRUG: Änderungen beim Ausweis der außerordentlichen Aufwendungen und Erträge, BC 2016, 159; Zwirner/Lindmayr, BilRUG – Die wichtigsten Fragen: Kennzahlen und Verträge, BC 2016, 550.[1]

Übersicht

[1] Der Verf. dankt seiner wissenschaftlichen Mitarbeiterin Ref. jur. Melanie Manow für die hilfreiche Vorarbeit zur Neuauflage.

A. Gliederungsgrundsätze

I. Überblick

Die **Gewinn- und Verlustrechnung (GuV)** bildet gemeinsam mit Bilanz und Anhang **1** den Jahresabschluss (§ 264 Abs. 1 S. 1, § 242 Abs. 3; → § 264 Rn. 5 f.). Sie zeigt die Entstehung des Jahresergebnisses aus den einzelnen Erfolgsarten und -quellen und informiert über die **Ertragslage des Unternehmens** (§ 264 Abs. 2 S. 1).[2] Während in der Bilanz der Gewinn stichtagsbezogen durch Vermögensvergleich ermittelt wird, stehen sich in der GuV hierzu sämtliche Aufwendungen und Erträge[3] des Geschäftsjahrs gegenüber (§ 242 Abs. 2). Auf diese Weise gibt die GuV neben dem Ausweis des Gesamtergebnisses (§ 275 Abs. 2 Nr. 17, Abs. 3 Nr. 16) auch über weitere Aspekte Auskunft, zB darüber, in welchen Bereichen das Jahresergebnis erwirtschaftet wurde, ob die Erträge aus dem originären Geschäft des Unternehmens (Abs. 2 Nr. 1 bzw. Abs. 3 Nr. 1) resultieren oder aus nicht betriebstypischen Umsätzen (Abs. 2 Nr. 4 bzw. Abs. 3 Nr. 6), welchen Anteil das Betriebsergebnis (Posten Abs. 2 Nr. 1–8 bzw. Abs. 3 Nr. 1–7; → Rn. 13) und das Finanzergebnis (Posten Abs. 2 Nr. 9–13 bzw. Abs. 3 Nr. 8–12) am Ergebnis der Geschäftstätigkeit haben (weiterführend → Rn. 6).

2   § 275 regelt die **Darstellungsform der GuV** und den **Ausweis der einzelnen Posten,** insbesondere deren Reihenfolge und Benennung. Damit sollen die Voraussetzungen für eine aussagekräftige Analyse der Umsatz-, Aufwands- und Erfolgsstruktur geschaffen werden.[4] Eine umfassende betriebswirtschaftliche Erfolgsanalyse ist indes nicht möglich, weil hierfür eine klare Trennung in betriebliche und betriebsfremde, einmalige und wiederkehrende sowie periodeneigene und periodenfremde Aufwendungen und Erträge erforderlich wäre.[5] Die Vorschriften über Aufbau und Gliederung der GuV sind **zwingend,** die Ausübung von gesetzlichen Darstellungswahlrechten und insbesondere die Entscheidung für das Gesamtkosten- oder das Umsatzkostenverfahren unterliegen dem Stetigkeitsgrundsatz[6] (§ 265 Abs. 1 S. 1; → Rn. 22, → § 265 Rn. 4). Abweichungen von den Darstellungsregeln sind nur in gesetzlich bestimmten Ausnahmefällen zulässig. Der zwingende Charakter schließt es grundsätzlich aus, für den Ausweis von Aufwendungen und Erträgen Wahlmöglichkeiten zwischen unterschiedlichen Posten einzuräumen. Im Übrigen gelten die zu § 266 entwickelten Maßstäbe (→ § 266 Rn. 2) entsprechend. Der Gesetzgeber geht davon aus, dass mit der Beachtung der Gliederungsgrundsätze ein **den tatsächlichen Verhältnissen entsprechendes Bild der Ertragslage** (§ 264 Abs. 2; → § 264 Rn. 84) ermöglicht wird, wobei die Wahrnehmung gesetzlicher Gliederungserleichterungen für mittelgroße, kleine (§ 276) und kleinste (§ 275 Abs. 5) Gesellschaften an diesem Prinzip nichts ändert. Die Vermutung des § 264 Abs. 2 S. 5, nach der „ein unter Berücksichtigung der Erleichterungen für Kleinstkapitalgesellschaften aufgestellter Jahresabschluss" dem Erfordernis des getreuen Bildes (→ § 264 Rn. 28) entspricht, drückt eine Selbstverständlichkeit aus, die sich auf die Erleichterungen des § 276 überträgt. Im Interesse des zwischenbetrieblichen Vergleichs sind verbindliche, für alle Unternehmen geltende Gliederungsvorschriften unverzichtbar. Der Gesetzgeber sieht aus diesen Gründen vor, dass die Posten gesondert und in der angegebenen Reihenfolge auszuweisen sind (Abs. 1 S. 2). Eine andere Gliederung der GuV ist nach deutschem Recht insofern grundsätzlich nicht zulässig,[7] weil der Gesetzgeber die in Art. 13 Abs. 2 Bilanz-RL (früher: Art. 22 S. 3 RL 78/660/EWG) eingeräumte Möglichkeit, allen oder bestimmten Unternehmen zu gestatten oder vorzuschreiben, (mindestens) gleichwertige Ergebnisrechnungen anderer Art aufzustellen, bewusst nicht umgesetzt hat.[8]

3   Im Zuge der am 23.7.2015 in Kraft getretenen **BiRUG-Reform** wurde die GuV-Struktur erheblich geändert. Die Gliederungsschemata der Abs. 2 und Abs. 3 sehen jeweils als primäre Aufteilung des Jahresüberschusses bzw. -fehlbetrages nur noch die **beiden Erfolgs-**

---

[2]   ADS Rn. 17 ff.; HdR/Budde Rn. 1, 4 (Stand: 5/2017); BeBiKo/Justenhoven/Kliem/Müller, 13. Aufl. 2022, Rn. 7; Staub/Meyer, 6. Aufl. 2021, Rn. 5; Winnefeld Bilanz-HdB, 5. Aufl. 2015, G Rn. 21.

[3]   Zu den Begriffen Aufwand und Ertrag → § 242 Rn. 21 und → § 243 Rn. 24; ausf. bei MüKoBilanzR/ Kleindiek, 1. Aufl. 2013, § 242 Rn. 29.

[4]   ADS Rn. 20 ff.; Baetge/Kirsch/Thiele/Kirsch/Ewelt-Knauer Bilanzrecht Rn. 3 (Dezember 2015); s. auch Lachnit WPg 1991, 773 (775 ff.).

[5]   Winnefeld Bilanz-HdB, 5. Aufl. 2015, G Rn. 1.

[6]   BeBiKo/Justenhoven/Kliem/Müller, 13. Aufl. 2022, Rn. 23; WP-HdB/Störk, 17. Aufl. 2021, F Rn. 765.

[7]   ADS Rn. 6; Biener/Bernecke BiRiLiG S. 218; BeBiKo/Justenhoven/Kliem/Müller, 13. Aufl. 2022, Rn. 2; HK-HGB/Kirnberger 7. Aufl. 2007, Rn. 1.

[8]   Art. 22 S. 3 RL 78/660/EWG war durch RL 2003/51/EG (sog. Modernisierungs-RL) v. 18.6.2003 (ABl. EU 2004 L 178, 16) in die Bilanz-RL 1978 eingefügt worden.

komponenten (1) „**Ergebnis nach Steuern**" (Abs. 2 Nr. 15 bzw. Abs. 3 Nr. 14), einer Zwischensumme des gesamten Geschäftserfolgs nach den „Steuern vom Einkommen und vom Ertrag", und (2) „**sonstige Steuern**" (Abs. 2 Nr. 16 oder Abs. 3 Nr. 15) vor.[9] Die vor dem BilRUG geltende Aufteilung des Bruttoergebnisses („grundlegende Erfolgsspaltung"[10]) in „Ergebnis der gewöhnlichen Geschäftstätigkeit" (Abs. 2 Nr. 14 aF bzw. Abs. 3 Nr. 13 aF) und „außerordentliches Ergebnis" (Abs. 2 Nr. 17 bzw. Abs. 3 Nr. 16 aF) ist dagegen entsprechend den Vorgaben der Bilanz-RL weggefallen, was die GuV nach Überzeugung der Bundesregierung „entsprechend vereinfacht".[11] Die außerordentlichen Effekte (Abs. 2 Nr. 15–17 aF; Abs. 3 Nr. 14–16 aF; → 3. Aufl. 2013, Rn. 101–103) werden nicht mehr als Zwischensummen ausgewiesen, sondern in die vorgegebenen Posten der GuV einbezogen. Die früher noch separat als „außerordentliche Erträge" ausgewiesenen Beträge sind im geltenden Gliederungsschema entweder als „Umsatzerlöse" (Nr. 1) oder als „sonstige betriebliche Erträge" (Abs. 2 Nr. 4 bzw. Abs. 3 Nr. 6) zu erfassen; früher als „außerordentliche Aufwendungen" ausgewiesene Beträge werden nach dem Gesamtkostenverfahren unter anderen Aufwandsarten erfasst, nämlich als Materialaufwand (Nr. 5), Personalaufwand (Nr. 6), Abschreibung (Nr. 7) oder als sonstiger betrieblicher Aufwand (Nr. 8). Nach dem Umsatzkostenverfahren wandern die „außerordentlichen Aufwendungen" ebenfalls zu den früher der gewöhnlichen Geschäftstätigkeit vorbehaltenen Aufwandsposten, etwa den „Herstellungskosten" (Nr. 2) oder den „sonstigen betrieblichen Aufwendungen (Nr. 7).[12]

Gleichwohl sind außergewöhnliche Sachverhalte nicht gänzlich aus der Unternehmens- **4** realität verschwunden.[13] Im **Anhang** sind nach wie vor Angaben zu „einzelnen Erträgen und Aufwendungen von außergewöhnlicher Größenordnung oder außergewöhnlicher Bedeutung zu machen" (§ 285 Nr. 31, → § 277 Rn. 4). Dadurch soll der Informationsverlust in der GuV „kompensiert" werden.[14] Die von der Berichtspflicht erfassten **außergewöhnlichen Erträge und Aufwendungen** können, müssen aber nicht zwingend deckungsgleich mit den vor dem BilRUG im außerordentlichen Ergebnis ausgewiesenen Erträgen und Aufwendungen sein. Früher waren außerordentliche Sachverhalte solche außerhalb der „gewöhnlichen" Geschäftstätigkeit, die „ungewöhnlich in der Art, selten im Vorkommen und von einiger materieller Bedeutung" sein mussten.[15] Darauf kommt es seit dem BilRUG nicht mehr ausschlaggebend an. Die außergewöhnliche Bedeutung nimmt Bezug auf die das Unternehmen ansonsten prägenden Vorgänge und Größenordnungen, „kann aber im Unterschied zum geltenden Recht auch Erträge aus gewöhnlicher Geschäftstätigkeit erfassen".[16] Erfasst werden auch „quantitative Ausreißer"[17] oder „Einmaleffekte",[18] etwa die Erzielung eines hohen Einmalumsatzes mit einem Kunden, sofern diese aus der Perspektive des Jahresabschlussadressaten von Entscheidungsrelevanz sind.[19] Mit Blick auf dessen Informationsinteresse muss im Anhang verdeutlicht werden, in welcher Höhe das ausgewiesene Ergebnis nicht nachhaltig ist.[20] Die zum früheren Recht entwickelte Abgren-

---

[9]   BeBiKo/Justenhoven/Kliem/Müller, 13. Aufl. 2022, Rn. 40.
[10] BeBiKo/Justenhoven/Kliem/Müller, 13. Aufl. 2022, Rn. 40.
[11] Begr. RegE BilRUG, BT-Drs. 18/4050, 67: „Die Richtlinie gibt die Unterscheidung zwischen gewöhnlicher und außergewöhnlicher Geschäftstätigkeit auf und vereinfacht die Gewinn- und Verlustrechnung entsprechend".
[12] Eine graphische Darstellung der relevanten „Wanderbewegungen" findet sich bei Zwirner/Boecker BC 2016, 159 (160).
[13] Zwirner/Boecker BC 2016, 159 (161).
[14] Zwirner StBg 2017, 514.
[15] ZB KG AG 2018, 275 = BeckRS 2017, 142879 unter II. Rn. 24 zu § 277 HGB aF.
[16] Begr. RegE BilRUG, BT-Drs. 18/4050, 67.
[17] BeBiKo/Grottel, 13. Aufl. 2022, § 285 Rn. 875.
[18] Zwirner/Boecker BC 2016, 159 (162).
[19] Zwirner/Boecker BC 2016, 159 (161); Begr. Beschlussempfehlung und Bericht RA, BT-Drs. 18/5256, 83: „Aus der Perspektive der Nutzer der Rechnungslegung ist daher zu beurteilen, ob der einzelne Ertrag oder die einzelne Aufwendung aus den sonstigen Erträgen oder Aufwendungen aufgrund seiner Größenordnung oder aufgrund seiner Bedeutung so deutlich hervortritt, dass eine gesonderte Erläuterung notwendig erscheint".
[20] Zwirner/Boecker BC 2016, 159 (162).

zung nach der gewöhnlichen Geschäftätigkeit soll aber „indiziell weiter herangezogen werden" können, „zumal der bisherige § 277 Abs. 4 HGB in der Praxis häufig teleologisch reduziert worden sein dürfte".[21] Insgesamt hat sich die handelsrechtliche Ergebnisdarstellung durch die Reform einen weiteren Schritt derjenigen nach IFRS-Standards angenähert, die ebenfalls keine separate Ausweisung außerordentlicher Posten in der Erfolgsrechnung erlaubt (→ Rn. 164 ff., → Rn. 171).[22]

5   Die BilRUG-Änderungen der Gliederung wirken sich auf das Jahresergebnis nicht unmittelbar aus; zu verzeichnen sind aber mittelbare Auswirkungen. Wird ein früher als außerordentlicher Ertrag ausgewiesener Posten inzwischen unter den Umsatzerlösen ausgewiesen, wirkt sich dies auf das (unbereinigte) EBIT aus. Leistungsabhängige Vergütungen, die sich am geschäftsjährlichen EBIT-Vergleich orientieren, würden demzufolge in den Folgejahren sinken, sofern die Vergütungsvereinbarungen nicht entsprechend angepasst werden.[23] Bestätigt wurde diese Erkenntnis auch durch ein Urteil des KG vom 23.1.2017 in einem Rechtsstreit zur Berechnung der variablen Vorstandsvergütung nach § 87 Abs. 1 S. 3 AktG.[24] Höhere Umsatzerlöse haben ferner Auswirkungen auf umsatzbezogene Miet- und Pachtzahlungen.[25] Parallel zur Neugliederung der GuV wurde die Definition der Umsatzerlöse in § 277 Abs. 1 durch das BilRUG angepasst (→ § 277 Rn. 3 ff.). In Umsetzung der europarechtlichen Definition der „Nettoumsatzerlöse" in Art. 2 Nr. 5 Bilanz-RL sind Umsatzerlöse nicht mehr auf den Vertrieb der für die gewöhnliche Geschäftätigkeit typischen Erzeugnisse und Waren oder der typischen Dienstleistungen beschränkt; auch außerhalb der gewöhnlichen Geschäftätigkeit können künftig Umsatzerlöse generiert werden.[26] Insoweit unterscheidet sich die neue Umsatzdefinition auch von derjenigen der internationalen Rechnungslegung, wo in IFRS 15 Anh. A weiterhin auf die gewöhnliche Geschäftätigkeit abgestellt wird (→ § 277 Rn. 47).[27] Tendenziell lässt die BilRUG-Reform die „Umsatzerlöse" eher steigen, die Umsatzrendite hingegen eher sinken.[28]

II. Gliederungskriterien

6   **1. Allgemeines.** Die beiden in § 275 vorgesehenen Gliederungsschemata entsprechen Art. 13 Abs. 1 iVm Anh. V und VI Bilanz-RL. Sie sind vorrangig auf die Gegebenheiten eines Produktions- und Handelsunternehmens zugeschnitten (→ Rn. 10 f.).[29] Das zeigt sich beim Gesamtkostenverfahren ua an den Postenbezeichnungen „Erhöhung oder Verminderung des Bestands an fertigen und unfertigen Erzeugnissen", „Materialaufwand" und den Abschreibungen auf immaterielle Vermögensgegenstände des Anlagevermögens und Sachanlagen. Den spezifischen Besonderheiten bei Unternehmen anderer Wirtschaftszweige ist ggf. durch Änderung der Postenbezeichnungen oder Zusammenfassung von Posten Rechnung zu tragen (vgl. § 265 Abs. 4–7; → Rn. 12). Der Aufbau der GuV beruht indes **nicht** auf einem **einheitlichen Gliederungsprinzip.** Das Gesetz berücksichtigt vielmehr verschiedene Aspekte, die durch die Möglichkeit des wahlweisen Ausweises nach dem Gesamt- oder Umsatzkostenverfahren erweitert werden. Im Einzelnen kommt es zB auf die Art der Aufwendungen und Erträge (zB Umsatzerlöse, Abs. 2 Nr. 1, Abs. 3 Nr. 1), auf

---

21   Begr. RegE BilRUG, BT-Drs. 18/4050, 67. Zur teleologischen Auslegung des § 277 Abs. 4 aF → 3. Aufl. 2013, Rn. 37 f.

22   Kirsch IRZ 2015, 99 (101); Zwirner/Boecker BC 2016, 159 (160).

23   Zwirnder/Lindmayr BC 2016, 550 (551).

24   KG AG 2018, 275 = BeckRS 2017, 142879 (rechtskräftig); hierzu Zwirner BC 2018, 314 ff.

25   Zwirnder/Lindmayr BC 2016, 550 (551).

26   Begr. RegE BilRUG, BT-Drs. 18/4050, 63.

27   Kirsch IRZ 2015, 99 (101).

28   Zwirnder/Lindmayr BC 2016, 550 (552).

29   BeBiKo/Justenhoven/Kliem/Müller, 13. Aufl. 2022, Rn. 15; Baetge/Kirsch/Thiele/Kirsch/Ewelt-Knauer Bilanzrecht Rn. 47 (Dezember 2015); Staub/Meyer, 6. Aufl. 2021, Rn. 2. In Art. 22 iVm 23–26 der damaligen Richtlinie 78/660/EWG hatte der europäische Gesetzgeber den Mitgliedstaaten sogar vier Gliederungsmöglichkeiten, die auch kumuliert angeordnet werden durften, zur Wahl gestellt.

deren Zugehörigkeit zum Betriebs- bzw. Finanzergebnis (Abs. 2 Nr. 1–8, Nr. 9–13, Abs. 3 Nr. 1–7, Nr. 8–12), die steuerliche Belastung des Unternehmens und ihre Zugehörigkeit zu bestimmten Funktionsbereichen wie Herstellung, Vertrieb, allgemeine Verwaltung und Sonstiges (Abs. 3 Nr. 2, Nr. 4–6) an.[30] Der Anhang hat unter Umständen weitere Informationen zu vermitteln und zB die Umsatzerlöse nach Tätigkeitsbereichen und nach geographisch bestimmten Märkten aufzugliedern (§ 285 Nr. 4).

2. Auslegungskriterien. Bei Zweifelsfragen zur Auslegung des § 275 bieten ergänzende Begriffsbestimmungen (zB § 277 Abs. 1, Abs. 2; ferner § 271 Abs. 1) sowie eine Anlehnung an die Gliederungsvorschriften der Bilanz (§§ 266, 268) eine Orientierungshilfe. Es kann beispielsweise bei § 275 Abs. 2 Nr. 7 lit. a auf § 266 Abs. 2 A. I./II., bei § 275 Abs. 2 Nr. 9 auf § 266 Abs. 2 A. III. 3. oder bei § 275 Abs. 2 Nr. 12 auf § 266 Abs. 2 A. III./ B. III. zurückgegriffen werden. Der Gesetzgeber konkretisiert in § 275, was zur Vermittlung eines den tatsächlichen Verhältnissen entsprechenden Bildes der Ertragslage typischerweise erforderlich ist. Die Gliederungsbestimmungen des § 275 sind daher ebenso wie diejenigen des § 266 (→ Rn. 2) grundsätzlich zwingend, soweit das Gesetz nicht ausdrücklich Ausnahmen zulässt oder anordnet (§ 265 Abs. 6, § 330 iVm Formblattverordnung, → Rn. 9). Im Hinblick auf die Informationsfunktion der GuV muss sich die Subsumtion unter einzelne Posten nach der Verkehrsanschauung richten, weil auf diese Weise den Informationsinteressen der Jahresabschlussadressaten am besten Rechnung getragen werden kann. Es ist daher entscheidend, ob ein Posten dem entspricht, was ein durchschnittlicher Jahresabschlussadressat unter der betreffenden Postenbenennung erwarten kann.[31] **7**

3. Sachliche Zuordnung von Aufwendungen und Erträgen. § 275 berücksichtigt eine Vielzahl von Gliederungsaspekten (→ Rn. 6), was unweigerlich zu Auslegungs- und Zuordnungsfragen führt. Für den Ausweis eines Aufwands aus der Abzinsung einer langfristigen unverzinslichen Forderung etwa bietet sich ein Ausweis als sonstiger betrieblicher Aufwand (Abs. 2 Nr. 8 bzw. Abs. 3 Nr. 7; → Rn. 76), als Abschreibung auf Finanzanlagen (Abs. 2 Nr. 12 bzw. Abs. 3 Nr. 11) oder eine Erfassung im Finanzergebnis als Zinsaufwand (Abs. 2 Nr. 13 bzw. Abs. 3 Nr. 12) an. Bei der Frage des Ausweises kommt es entscheidend auf die wirtschaftliche Zugehörigkeit an. Danach sind Posten im Interesse klarer und übersichtlicher Zurechnungen grundsätzlich einem einzigen, nämlich dem Posten zuzuordnen, zu dem sie überwiegend gehören. Eine Mitzugehörigkeit zu mehreren Posten (§ 265 Abs. 3 S. 1 analog, → § 265 Rn. 11) ist zu vermeiden, die Aufnahme neuer Posten (§ 265 Abs. 5 S. 2) auf Ausnahmefälle zu beschränken. **8**

III. Anwendungsbereich

Die Anforderungen des § 275 gelten grundsätzlich für alle **Kapitalgesellschaften,** dh für AG, SE, KGaA und GmbH, sowie für alle Personenhandelsgesellschaften iSd § 264a. Nicht anzuwenden ist § 275, soweit branchenspezifische Rechnungslegungsverordnungen iSd § 330 (für eine Übersicht → § 330 Rn. 10 (Fehrenbacher)) abweichende Gliederungsschemata (Formblätter) vorsehen. Dies betrifft etwa Kredit- und Finanzdienstleistungsinstitute (§ 340a Abs. 2 S. 2, § 340 Abs. 1 und 4; § 2 RechKredV und Formblatt 2 oder 3 RechKredV), Versicherungsunternehmen und Pensionsfonds (§ 341a Abs. 2 S. 2, § 341 Abs. 1 und 3; § 2 und Formblätter 2 bis 4 RechVersV), Zahlungsinstitute (§ 2 RechZahlV und Anlage 2 RechZahlV – Zahlungsinstituts-Rechnungslegungsverordnung) sowie Krankenhäuser (§ 1 Abs. 3 KHBV und Anlage 2 KHBV – Krankenhaus-Buchführungsverordnung). Erleichterungen von den Ausweisvorschriften des § 275 können sich auch aufgrund der **Größe** des Unternehmens ergeben (Abs. 5, § 276 S. 1 iVm § 267 Abs. 1, Abs. 2). Unternehmen anderer **Rechtsform** können die Vorschrift als eingetragene Genossenschaft (§ 336 Abs. 2), als Europäische Genossenschaft (§ 32 SCEAG iVm § 336 Abs. 2) oder als **9**

---

[30] HdR/Budde Rn. 29 f., 108 f. (Stand: 5/2017).
[31] Haußer, Bewertung von Wertpapieren des Umlaufvermögens nach HGB, US GAAP und IAS, 2003, S. 47.

publizitätspflichtiges Unternehmen (§ 5 Abs. 1 S. 2 PublG)[32] zu beachten haben. Außerdem haben Einzelkaufleute und Personenhandelsgesellschaften den Gliederungsgrundsätzen zu folgen, soweit sie, wie etwa der Ausweis der Umsatzerlöse (§ 277 Abs. 1), als GoB anzusehen sind (§ 243 Abs. 1; → § 264 Rn. 3, → § 277 Rn. 2). Solche Unternehmen lehnen darüber hinaus ihre GuV häufig freiwillig an das für Kapitalgesellschaften geltende Gliederungs-schema an[33] und müssen dann aus Gründen der Klarheit und Übersichtlichkeit (§ 243 Abs. 2; → § 265 Rn. 1 f.) die Postenbezeichnungen von § 275 Abs. 2, Abs. 3 in demselben Sinn verwenden (Entsprechendes gilt für die Bilanz, → § 266 Rn. 7).

IV. Abweichungen

10   **1. Abweichungen vom Gliederungsschema.** Abweichungen vom Gliederungs-schema des § 275 können sich zunächst aus den allgemeinen Grundsätzen (§ 265) ergeben. Solche Abweichungen sind an unterschiedliche Voraussetzungen gebunden, müssen klar und übersichtlich sein (§ 243 Abs. 2), dem Grundsatz des getreuen Bildes (§ 264 Abs. 2 S. 1; → § 264 Rn. 26 ff.) genügen und unterliegen dem Stetigkeitsgrundsatz (§ 265 Abs. 1 S. 1). Abweichungen ergeben sich hauptsächlich daraus, dass die gesetzlichen Regelungen in erster Linie auf die Gegebenheiten von Produktions- und Handelsunternehmen zuge-schnitten sind (→ Rn. 6) und werden deshalb meist für Unternehmen mit anderer Geschäftstätigkeit in Betracht kommen, auf die die gesetzliche Gliederung nicht passt. Produktions- und Handelsunternehmen können hingegen grundsätzlich nicht vom gesetzlichen Gliederungsschema abweichen. Generell gilt, dass die Struktur der GuV nicht durch neue Posten, Zusammenfassung oder abweichende Gliederung derart verändert werden darf, dass die **Vergleichbarkeit** der Abschlüsse **und der Inhalt der vorgeschrie-benen Zwischensummen** (Abs. 2 Nr. 15, Abs. 3 Nr. 14) beeinträchtigt würden.[34] Die Anordnung der Zwischensummen ist von unternehmensspezifischen Besonderheiten unabhängig.[35]

11   Ist das Unternehmen in **verschiedenen Geschäftszweigen** tätig, muss grundsätzlich die für den Hauptgeschäftszweig geltende Gliederung gewählt und müssen die anderen Geschäftszweige durch Gliederungen berücksichtigt werden, die für die übrigen Geschäfts-zweige vorgeschrieben sind (§ 265 Abs. 4, → § 265 Rn. 13).[36] Außerdem können **Gliede-rung und Bezeichnung** der mit arabischen Zahlen versehenen Posten der GuV unter den Voraussetzungen von § 265 Abs. 6 (→ § 265 Rn. 17 f.) im Interesse einer unternehmens-spezifischen Aussage zu ändern sein,[37] so dass die GuV den Besonderheiten, zB von Spediti-onsunternehmen, Holdinggesellschaften, Leasingfirmen und Dienstleistungsunternehmen, gerecht werden kann.[38] Stellt beispielsweise ein Dienstleistungsunternehmen die GuV nach dem Gesamtkostenverfahren auf, hat es unter den Bestandsveränderungen statt fertiger und unfertiger Erzeugnisse „in Arbeit befindliche Aufträge" auszuweisen (Abs. 2 Nr. 2, § 277 Abs. 2; → § 277 Rn. 26). Für die GuV können ferner, zB in Gestalt zusätzlicher Zwischen-summen wie Gesamtleistung, Rohergebnis, Betriebs- und Finanzergebnis (Abs. 2 Nr. 1–

[32]   Zu den einzelnen Anforderungen nach Publizitätsrecht BeBiKo/Justenhoven/Kliem/Müller, 13. Aufl. 2022, Rn. 325 ff.

[33]   HK-HGB/Kirnberger 7. Aufl. 2007, Rn. 2.

[34]   ADS Rn. 42; BeBiKo/Justenhoven/Kliem/Müller, 13. Aufl. 2022, Rn. 15, 20; Kirsch/Wulf Rn. 62 (Stand: 1.6.2016): „Generell gilt, dass zusätzliche Posten so einzugliedern sind, dass die gesetzliche Grundgliederung gewahrt bleibt und Zwischensummen ihren Sinn behalten"; WP-HdB/Störk 17. Aufl. 2021, F Rn. 287 f.

[35]   BeBiKo/Justenhoven/Kliem/Müller, 13. Aufl. 2022, Rn. 20.

[36]   WP-HdB/Störk 17. Aufl. 2021, F Rn. 294, 754: Aufstellung nach der für einen Geschäftszweig vorge-schriebenen Grundgliederung und Ergänzung nach der für die anderen Geschäftszeige vorgeschriebenen Gliederung.

[37]   Begr. RegE BiRiLiG, BT-Drs. 10/317, 77.

[38]   Mohr/Krumb WPg 1992, 491 (493 ff.); BeBiKo/Justenhoven/Kliem/Müller, 13. Aufl. 2022, Rn. 15 f.; WP-HdB/Störk 17. Aufl. 2021, F Rn. 296.

4, Nr. 1–5, Nr. 1–8, Nr. 9–13),[39] **weitere Untergliederungen** gebildet werden, deren Zulässigkeit sich nach § 265 Abs. 5 S. 1 bestimmt (→ Rn. 6, → § 265 Rn. 14 f.). Das Einfügen **neuer Posten** (§ 265 Abs. 5 S. 2) kommt etwa für den Ausweis von Erträgen und Aufwendungen aus Verlustübernahmen oder im Zusammenhang mit erhaltenen oder abgeführten Gewinnen (§ 277 Abs. 3 S. 2; → § 277 Rn. 32 ff.) in Betracht.

2. Zusammenfassen einzelner Posten. Das **Zusammenfassen einzelner Posten** 12 ist zulässig. Da das Gliederungsschema des § 275 weder Großbuchstaben noch römische Zahlen kennt, kann nicht in vorgegebenen Postengruppen, sondern nur in Zwischensummen zusammengefasst werden (→ § 265 Rn. 19). Zusammenfassungen müssen auch dem Gebot der Klarheit entsprechen und dürfen deshalb nur Erträge oder Aufwendungen ähnlichen Charakters betreffen (zB Abs. 2 Nr. 5 lit. a/b, Nr. 9/10, Nr. 10/11, Nr. 14/16).[40] Aus diesem Grund ist eine Zusammenfassung unzulässig, die Umsatzerlöse als solche nicht mehr erkennen lässt[41] und damit dem Leser die wichtigste Grundlage zur Beurteilung der Ertragslage (→ § 277 Rn. 3 f.) vorenthält. Eine generelle Zusammenfassung von Erträgen und Aufwendungen würde gegen das Saldierungsverbot (§ 246 Abs. 2) verstoßen und ist deshalb grundsätzlich unzulässig. Gliederungsrechtlich kann es bei der Zusammenfassung schließlich um eine bessere Darstellung (§ 265 Abs. 7 Nr. 2) oder um unwesentliche Beträge (§ 265 Abs. 7 Nr. 1; → § 265 Rn. 20) gehen. Im letztgenannten Fall wird vielfach die Einbeziehung in die „sonstigen betrieblichen Erträge" bzw. die „sonstigen betrieblichen Aufwendungen" (Abs. 2 Nr. 4, Nr. 8, Abs. 3 Nr. 6, Nr. 7) sinnvoll sein. Für die verschiedenen Steuerposten (Abs. 2 Nr. 14 und 16; Abs. 3 Nr. 13 und 15) kann ein Gesamtposten in Betracht kommen.[42]

3. Ausweis weiterer Saldogrößen. Die seit dem BilRUG geänderten Gliederungs- 13 schemata des § 275 Abs. 2 und Abs. 3 (→ Rn. 3–5) kennen als Zwischensumme nur noch das „Ergebnis nach Steuern" (Abs. 2 Nr. 15 bzw. Abs. 3 Nr. 14). **Weitere Saldogrößen** sind gesetzlich nicht vorgesehen. Zur Information der Kapitalmarktteilnehmer gehen Unternehmen verstärkt dazu über, in den veröffentlichten Unternehmensabschlüssen ergänzende Zwischensummen anzugeben. So werden häufig nicht nur das Ergebnis der betrieblichen Geschäftstätigkeit, sondern auch seine beiden Bestandteile, das Betriebsergebnis und das Finanzergebnis, mitgeteilt. Das **Betriebsergebnis** ist üblicherweise[43] der Saldo aus den Posten in Abs. 2 Nr. 1 bis 8 (Gesamtkostenverfahren),[44] wobei teilweise auch die sonstigen Steuern (Nr. 16) in das Betriebsergebnis mit eingerechnet werden,[45] bzw. aus den Posten gem. Abs. 3 Nr. 1–7 (Umsatzkostenverfahren) sowie ggf.[46] auch Nr. 15 (sonstige Steuern) – kurz gefasst also als Differenz zwischen den betrieblichen Leistungen und Kosten.[47] Unter dem **Finanzergebnis** versteht man die Summe der Posten Abs. 2 Nr. 9 bis 13 bzw. Abs. 3

---

[39] Mit Unterschieden iE Biener/Bernecke BiRiLiG S. 215; Kirsch/Wulf Rn. 62 (Stand: 1.6.2016); Bohl WPg 1986, 29 (34 f.); Göllert/Ringling BB 1985, 966 (973); krit. gegenüber der Unterscheidung von Betriebs- und Finanzergebnis ADS Rn. 25 f.; BeBiKo/Justenhoven/Kliem/Müller, 13. Aufl. 2022, Rn. 41.

[40] WP-HdB/Störk 17. Aufl. 2021, F Rn. 299 und 761.

[41] Vgl. WP-HdB/Störk 17. Aufl. 2021, F Rn. 760: Verstoß „gegen das Verrechnungsverbot".

[42] ADS Rn. 48; Biener/Bernecke BiRiLiG S. 216.

[43] Vgl. die Einschätzung des LAG Thüringen BeckRS 2011, 68635 unter B. zur Auslegung eines Tarifvertrags: Das Betriebsergebnis sei eine „betriebswirtschaftliche Kennzahl, bei deren Berechnung Faktoren vor/nach Steuer, vor/nach Abschreibung für Anlagevermögen, mit/ohne außerperiodische Faktoren, mit/ohne sonstige Sondereinflüsse, entsprechend nationaler oder auch internationaler Bewertungsstandards einbezogen werden" könnten, „aber nach keinem zwingenden Prinzip stets einbezogen werden" müssten. Vielmehr könne „ein Unternehmen im Rahmen dieser allgemeinen betriebswirtschaftlichen Betrachtungen je nach dem von ihm im Einzelfall konkret verfolgten Ziel oder Adressatenkreis verschiedene bilanzierende Darstellungen seiner betrieblichen Lage nebeneinander stellen".

[44] ZB Wöhe/Döring, Einführung in die Allgemeine BWL, 24. Aufl. 2010, Sechster Abschnitt, B.IV. Erfolgsrechnung, 807.

[45] So Perridon/Steiner/Rathgeber, Finanzwirtschaft der Unternehmung, 17. Aufl. 2017, S. 662 f.

[46] So Lachnit, Bilanzanalyse, 2. Aufl. 2017, 186.

[47] ZB Grabe/Vanini, Stichwort „Betriebsergebnis, Betriebserfolg", NWB-Lexikon v. 14.12.2010, NWB DokID: SAAAD-58070 2010.

Nr. 8 bis 12. Darüber hinaus finden sich in den Geschäftsberichten der Unternehmen auch international übliche Zwischensummen, wie beispielsweise **EBIT** und **EBITDA.** Das EBIT („Earnings before interest and taxes") bezeichnet das operative Ergebnis, also das Ergebnis vor Steueraufwand und -ertrag, Finanzaufwand und -ertrag sowie außerordentlichen Positionen. Das EBITDA („earnings before interest, taxes, depreciation and amortization") ergibt sich aus dem EBIT durch Addition der Abschreibungen und Subtraktion der Zuschreibungen zum Anlagevermögen (→ Rn. 172).

14   Der Gesetzgeber hatte bei der Umsetzung der damals gültigen RL 78/660/EWG (inzwischen: Bilanz-RL) durch das BiRiLiG von der Berücksichtigung weiterer Zwischensummen Abstand genommen, weil solche Angaben „in der Richtlinie nicht vorgesehen" und nach seiner Auffassung „betriebswirtschaftlich auch nicht erforderlich" waren.[48] Auch im Rahmen des BilRUG hat der Gesetzgeber keine weiteren Zwischensummen ergänzt. Dabei ist jedoch zu bedenken, dass sich der Umfang der Berichterstattung und die Internationalität sowohl der Unternehmen als auch der Abschlussadressaten, vor allem der Kapitalmarktteilnehmer seit der Verabschiedung des Bilanzrichtliniengesetzes grundlegend verändert haben. Dieser Entwicklung hat der Gesetzgeber teilweise mit Novellierungen des HGB-Bilanzrechts, insbesondere im Bereich der Konzernrechnungslegungsvorschriften, im Rahmen von BilMoG und BilRUG aber auch verstärkt für den Einzelabschluss Rechnung getragen. Nicht nur die ausschließlich der Informationsfunktion verpflichtete Konzernrechnungslegung, sondern auch der Einzelabschluss kapitalmarktorientierter Gesellschaften (§ 264 Abs. 1 S. 2 idF des BilMoG) wurde zB durch die Einführung diverser, aus dem US-amerikanischen Rechtskreis stammender Berichtsinstrumente (Eigenkapitalveränderungsrechnung, Segmentberichterstattung) erweitert. Vor diesem Hintergrund spricht nichts dagegen, im Einzelabschluss gestützt auf § 265 Abs. 5 freiwillig ebenfalls weitere Zwischensummen einzufügen, sofern sich deren Inhalt eindeutig – zB aufgrund einschlägiger internationaler Gepflogenheiten – bestimmen bzw. sich ohne Weiteres der übrigen Darstellung entnehmen lässt. Die Verwendung ergänzender Zwischensummen darf jedoch nicht zu einer Änderung der gesetzlichen Gliederungsschemata führen, und die Klarheit und Übersichtlichkeit der GuV (§ 243 Abs. 2) darf nicht beeinträchtigt werden. Gibt ein Unternehmen beispielsweise die Größe „Betriebsergebnis" an, dürfen darin keine betrieblichen Steuern enthalten sein. Diese sind gesondert unter Abs. 2 Nr. 14 und 16 bzw. Abs. 3 Nr. 13 und 15 auszuweisen. Bei der Darstellung eines EBIT oder EBITDA empfiehlt es sich, dessen Bestandteile im Anhang anzugeben.[49]

V. Staffelform (Abs. 1 S. 1)

15   Die GuV hat Ertrags- und Aufwandselemente in der (auch international üblichen, → Rn. 170) **Staffelform** darzustellen. Die Posten müssen nacheinander angeordnet werden, so dass jeder Posten mit dem jeweiligen Betrag in einer eigenen Zeile gesondert ausgewiesen wird und Zwischensummen (§ 265 Abs. 5 S. 2) gebildet werden können. Die Postenfolge in der Staffelform macht Erfolgskomponenten sichtbar und wird deshalb für übersichtlicher als die Kontoform gehalten.[50] Die **Kontoform** hingegen stellt Erträge (rechte Seite) und Aufwendungen (linke Seite) gegenüber. Während diese Form der GuV bei vielen anderen Unternehmen – insbesondere Einzelkaufleuten und Personenhandelsgesellschaften – weit verbreitet ist,[51] hat der Gesetzgeber kein Bedürfnis gesehen, sie allgemein für die GuV von Kapitalgesellschaften und Kapitalgesellschaften & Co. zu übernehmen oder wenigstens zuzulassen. Im Gegensatz noch zur früheren RL 78/660/EWG (Art. 22 RL 78/660/EWG iVm Art. 26 RL 78/660/EWG) ist sie in der geltenden Bilanz-RL (Art. 13 Bilanz-RL iVm Anh.

---

[48]   Bericht RA zum BiRiLiG, BT-Drs. 10/4268, 108; anders noch § 253 Abs. 1 Nr. 9 HGB-E, nach dem das Betriebsergebnis lediglich als „Zwischensumme" bezeichnet wurde.

[49]   So iErg auch BeBiKo/Schmidt/Kliem, 12. Aufl. 2020, Rn. 42; HdR/Budde Rn. 29 ff. (Stand: 5/2017).

[50]   Kirsch/Wulf Rn. 16 (Stand: 1.6.2016): „Möglichkeiten, durch die Postenabfolge Erfolgsschichten des Unternehmens sichtbar zu machen und betriebswirtschaftlich aussagefähige Zwischenergebnisse auszuwerfen"; KKRD/Morck/Drüen, 9. Aufl. 2019, Rn. 3.

[51]   ADS Rn. 38: „weitverbreitete Form der GuV")

V und VI Bilanz-RL) nicht mehr vorgesehen. Aus dem insoweit eindeutigen Wortlaut der Richtlinie und des deutschen Gesetzes (Abs. 1 S. 1: „ist in Staffelform [...] aufzustellen") ergibt sich, dass es für Kapitalgesellschaften und Kapitalgesellschaften & Co. **grundsätzlich unzulässig** ist, etwa im Hinblick auf die Besonderheiten eines Unternehmens und unter Berufung auf den Grundsatz des getreuen Bildes (§ 264 Abs. 2), eine GuV nach der Kontoform aufzustellen.[52] Anderes gilt, wenn die Kontoform ausdrücklich zugelassen ist. Nur Kreditinstitute und Finanzdienstleistungsinstitute, für die andere europarechtliche Grundlagen gelten (vgl. RL 86/635/EWG), besitzen derzeit bei der Aufstellung der GuV gem. § 330 Abs. 2 iVm § 2 Abs. 1 S. 1 RechKredV ein Wahlrecht zwischen Kontenform (Formblatt 2) oder Staffelform (Formblatt 3). Zu Kleinstkapitalgesellschaften → Rn. 159 ff.

VI. Gesamtkostenverfahren und Umsatzkostenverfahren

1. Wahlrecht. Für die Aufstellung der GuV kann im Interesse einer internationalen 16 Vergleichbarkeit von Jahresabschlüssen[53] zwischen dem in Deutschland früher allein zulässigen Gesamtkostenverfahren und dem international verbreiteten Umsatzkostenverfahren **gewählt** werden.[54] Die Verfahren unterscheiden sich in ihren Bezugsgrößen und liefern **Informationen aus unterschiedlichen Blickwinkeln über die Ertragslage** des Unternehmens (→ Rn. 18 ff.). Dies führt zu unterschiedlichen Gliederungen und Posten (Abs. 2, Abs. 3; → Rn. 25, → Rn. 122).[55] Im Ergebnis weisen beide Verfahren aber das gleiche Periodenergebnis aus (→ Rn. 118, → Rn. 157).

Die Bezeichnung Gesamt- bzw. Umsatz**kosten**verfahren darf nicht darüber hinwegtäu 17 schen, dass keine Kosten, sondern Aufwendungen dargestellt werden. Darüber hinaus können nur die tatsächlich angefallenen Aufwendungen aktiviert und ausgewiesen werden (sog. pagatorischer Kostenbegriff), so dass Kosten ausscheiden, soweit sie Aufwendungen übersteigen, etwa weil kalkulatorische Abschreibungen auf der Grundlage von höheren Wiederbeschaffungskosten in der innerbetrieblichen Kosten- und Leistungsrechnung verwendet werden oder weil kalkulatorische Kosten überhaupt keine Aufwendungen darstellen, wie zB beim kalkulatorischen Unternehmerlohn oder bei der kalkulatorischen Miete.[56]

2. Gesamtkostenverfahren. Der **periodenorientierte** Gesamtkostenausweis enthält 18 die gesamten im Geschäftsjahr angefallenen Erträge und Aufwendungen und informiert damit über die betriebliche Leistung der Periode. Das entspricht im Ergebnis einer Produktionskostenrechnung.[57] Dementsprechend zeigt er neben den Umsatzerlösen auch Bestandsveränderungen und aktivierte Eigenleistungen (Abs. 2 Nr. 1–3). Aufwendungen und Erträge werden nach Arten (zB Materialaufwand, Personalaufwand, Abs. 2 Nr. 5, Nr. 6) gegliedert, unabhängig davon, für welche Leistungen Aufwendungen erbracht wurden. Das Gesamtkostenverfahren kennt deshalb im Unterschied zum Umsatzkostenverfahren nicht das Problem, betriebliche Aufwendungen bestimmten Funktionsbereichen (Herstellung, Vertrieb, allgemeine Verwaltung) zuordnen zu müssen.

[52]   ADS Rn. 38; Hopt/Merkt, 42. Aufl. 2023, Rn. 1; KKRD/Morck/Drüen, 9. Aufl. 2019, Rn. 3; Heymann/Herrmann 3. Aufl. 2020, Rn. 1: Staffelform „zwingend, so dass die Kontoform unzulässig ist"; WP-HdB/Störk, 17. Aufl. 2021, F Rn. 752; Staub/Meyer, 6. Aufl. 2021, Rn. 7; Baetge/Kirsch/Thiele/ Kirsch/Ewelt-Knauer Bilanzrecht Rn. 22 (Dezember 2015); weniger strikt (Zulässigkeit der Kontoform „in den äußerst seltenen Ausnahmefällen" bei „ökonomischen und betrieblichen Besonderheiten") BeckOGK/Baumeister/Freisleben, 1.11.2022, Rn. 14.

[53]   Bericht RA zum BiRiLiG, BT-Drs. 10/4268, 107.

[54]   Nach Küting/Keßler/Gattung KoR 2005, 15 (19) haben im Jahr 2003 nur 29% der im DAX aufgenommenen Unternehmen bei der Darstellung der GuV das Gesamtkostenverfahren gewählt. Zu einer weiteren Studie s. HdR/Budde Rn. 28a (Stand: 5/2017).

[55]   Tabellarische Gegenüberstellungen bei BeBiKo/Justenhoven/Kliem/Müller, 13. Aufl. 2022, Rn. 27; Kirsch/Wulf Rn. 5 (Stand: 1.6.2016).

[56]   Moxter Bilanzrechtsprechung, 6. Aufl. 2007, 153 f.; Beck HdR/Oestreicher B 163 Rn. 20 f. (Stand: Mai 2010).

[57]   WP-HdB/Störk, 17. Aufl. 2021, F Rn. 791; ADS Rn. 29; KKRD/Morck/Drüen, 9. Aufl. 2019, Rn. 5; BeBiKo/Justenhoven/Kliem/Müller, 13. Aufl. 2022, Rn. 29 f.

19   Aus ökonomischer Sicht zeigt das Gesamtkostenverfahren ua die Entwicklung des Materialaufwands, der Abschreibungen und des Personalaufwands gegenüber der Gesamtleistung des Unternehmens[58] und kann für Unternehmen mit stark schwankenden Beständen oder geringer Funktionsgliederung oder für Branchen mit langfristiger Fertigung vorteilhaft sein, etwa beim Schiffs- oder Großanlagenbau.[59]

20   **3. Umsatzkostenverfahren.** Beim Umsatzkostenverfahren, das sich an der **Umsatzleistung des Unternehmens** orientiert, wird der auszuweisende Aufwand nicht nach Aufwandsarten, sondern hauptsächlich nach **Funktionsbereichen** wie Herstellung, Vertrieb und allgemeine Verwaltung (Abs. 3 Nr. 2, Nr. 4, Nr. 5) gegliedert. Das Verfahren berücksichtigt nur Leistungen, die bereits zu Umsätzen am Markt geführt haben,[60] ohne dass es zu entsprechenden Zahlungen gekommen sein muss (§ 252 Abs. 1 Nr. 5). Die GuV weist keine „Innenumsätze" aus, wie zB Bestandsveränderungen, aktivierte Eigenleistungen, Material- oder Personalaufwand (Abs. 2 Nr. 2, Nr. 3, Nr. 5, Nr. 6). Darüber geben aber zum Teil andere Elemente des Jahresabschlusses Auskunft, insbesondere der Anhang, der bei mittelgroßen und großen Kapitalgesellschaften seit Inkrafttreten des BilRUG zwingend den Anlagenspiegel enthält (§ 284 Abs. 3 iVm § 288 Abs. 1 Nr. 1; → § 268 Rn. 1), und sonstige Pflichtangaben (vgl. § 285 Nr. 8). Herstellungskosten werden prinzipiell unabhängig vom Zeitpunkt ihres Anfalls als Aufwendungen ausgewiesen, sobald die hergestellten Erzeugnisse veräußert worden sind. Kosten des Geschäftsjahrs für Produkte oder Leistungen, die am Jahresende nicht umgesetzt, sondern in den Bestand der aktivierten Erzeugnisse eingegangen sind, tauchen in der GuV nicht auf.

21   Aus ökonomischer Sicht verdeutlicht das Umsatzkostenverfahren ua die Beziehung zwischen Kosten und Verkaufsleistung des Unternehmens[61] und deckt sich in seiner Gliederung nach Funktionsbereichen mit dem unternehmerischen Kalkulationsschema.[62] Es begünstigt aufgrund der entsprechenden ausländischen Bilanzierungspraxis (vorwiegend in angelsächsischen Ländern[63]) den internationalen Vergleich, was für den deutschen Gesetzgeber im Jahre 1985 ein entscheidender Grund für seine Zulassung war,[64] und wird insbesondere für Handelsbetriebe und Industriebetriebe mit Serienfertigung,[65] zum Teil aber auch für Klein- und Mittelbetriebe als sinnvoll angesehen.[66]

22   **4. Ausübung des Wahlrechts.** Beide Verfahren sind unter dem Gesichtspunkt der Informationsvermittlung gleichwertig.[67] Deshalb räumt der Gesetzgeber dem bilanzieren-

---

[58]   Biener/Bernecke BiRiLiG S. 218; BeBiKo/Justenhoven/Kliem/Müller, 13. Aufl. 2022, Rn. 34.

[59]   ADS Rn. 21; BeBiKo/Justenhoven/Kliem/Müller, 13. Aufl. 2022, Rn. 34; Kirsch/Wulf Rn. 28.1 (Stand: 1.6.2016).

[60]   ADS Rn. 30; BeBiKo/Justenhoven/Kliem/Müller, 13. Aufl. 2022, Rn. 29; WP-HdB/Störk, 17. Aufl. 2021, F Rn. 792.

[61]   BeBiKo/Justenhoven/Kliem/Müller, 13. Aufl. 2022, Rn. 35; Kirsch/Wulf Rn. 154 (Stand: 1.6.2016).

[62]   Biener/Bernecke BiRiLiG S. 218 f.; BeBiKo/Justenhoven/Kliem/Müller, 13. Aufl. 2022, Rn. 35; vgl. auch Kirsch/Wulf Rn. 28 (Stand: 1.6.2016): Die nach dem Gesamtkostenverfahren „durch Addition von Umsatzerlösen, Erzeugnisse-Bestandserhöhungen sowie aktivierten Eigenleistungen" ermittelte „„Gesamtleistung" sei „in ihrer Aussage betriebswirtschaftlich problematisch"; zur Ableitung aus der internen Kostenrechnung Freidank DB 1988, 1609 (1610 ff.).

[63]   Baetge/Kirsch/Thiele/Kirsch/Ewelt-Knauer Bilanzrecht Rn. 24 (Dezember 2015).

[64]   S. Bericht RA zum RegE BiRiLiG v. 18.11.1985, BT-Drs. 10/4268, 107: Das Umsatzkostenverfahren sei zwar in der BRD „bisher wenig üblich". Es sei „aber weltweit gebräuchlicher als das Gesamtkostenverfahren der kontinentaleuropäischen Staaten". Mit der Zulassung dieses Verfahrens werde „es daher deutschen Unternehmen ermöglicht, sich in einer international vergleichbareren Form darzustellen".

[65]   BeBiKo/Justenhoven/Kliem/Müller, 13. Aufl. 2022, Rn. 35.

[66]   Otto BB 1987, 931 ff. Vgl. dazu die Empfehlung von Glade BFuP 1987, 16 (32) an offenlegungspflichtige Unternehmen, das Umsatzkostenverfahren aufgrund seiner größeren Ermessens- und Gestaltungsspielräume anzuwenden.

[67]   ADS Rn. 28; Staub/Meyer, 6. Aufl. 2021, Rn. 8 ff.: „grundsätzlich als gleichwertige Alternativen" (mit eingehender Analyse der Vor- und Nachteile beider Verfahren); Winnefeld Bilanz-HdB, 5. Aufl. 2015, G Rn. 79: „insgesamt keine Überlegenheit eines der beiden Verfahren"; Niehus DB 1982, 657 (658 ff.); Coenenberg DB 1986, 1581 (1584); Harrmann BB 1986, 1813 (1815 ff.); Feldt/Olbrich/Wiemeler DB 1987, 2320 (2323); Dörner WPg 1987, 154 ff.; BeBiKo/Justenhoven/Kliem/Müller, 13. Aufl. 2022, Rn. 36; s. auch Beck HdR/Stobbe/Schmeisky B 310 Rn. 16 (Stand: Dezember 2019): „Die Vor- und

den Unternehmen ein Wahlrecht ein,[68] das bilanzzweckfremden Charakter hat (→ § 264 Rn. 73 f.) und daher auch nicht durch das Gebot des getreuen Bildes eingeschränkt ist.[69] Die Wahl zwischen Umsatzkosten- und Gesamtkostenverfahren unterliegt jedoch dem **Stetigkeitsgrundsatz** (§ 265 Abs. 1 S. 1; → § 265 Rn. 4).[70] Die nach dem Gesamtkosten- und Umsatzkostenverfahren aufgestellte GuV können nur sehr eingeschränkt miteinander verglichen werden.[71] Deshalb darf ein Wechsel nur vorgenommen werden, wenn „besondere Umstände" (§ 265 Abs. 1 S. 1; → § 265 Rn. 5) vorliegen.[72] Solche besonderen Umstände liegen vor, wenn durch den Wechsel ein den tatsächlichen Verhältnissen besser entsprechendes Bild der Ertragslage vermittelt wird.[73] Ferner ist dies anzunehmen bei wesentlicher Änderung der Geschäftätigkeit, einer Änderung der Kostenrechnung, einem Wechsel der Konzernzugehörigkeit sowie bei Verschmelzungen oder sonstigen Umwandlungen nach § 1 UmwG.[74] Die Abweichung erfordert eine Anpassung der Vorjahresbeträge (§ 265 Abs. 2)[75] und muss im Anhang begründet werden (§ 265 Abs. 1 S. 2, § 284 Abs. 2 Nr. 2 idF des BilRUG). Eine generelle Angabe der Abweichungen ist beim Verfahrenswechsel nicht erforderlich,[76] da dem entsprechenden Informationsinteresse bereits weitgehend durch die Angabe der angepassten Vorjahresbeträge Rechnung getragen wird. Das Unternehmen würde ansonsten mit der Aufstellung der GuV nach beiden Aufstellungsarten übermäßig belastet.

VII. Mindestgliederung (Abs. 1 S. 2)

Das Gesetz gibt für die GuV eine **Mindestgliederung** vor, von der nur in den gesetz- 23 lich normierten Fällen, insbesondere unter den Voraussetzungen des § 265, abgewichen werden darf (→ Rn. 10 ff.). Darüber hinaus sehen weitere Vorschriften Pflichten zum gesonderten Ausweis (zB § 277 Abs. 3) oder zusätzliche rechtsformspezifische Posten (§ 158 Abs. 1 S. 1 AktG, § 240 S. 1 AktG) vor. Ausgewiesen werden müssen grundsätzlich **sämtliche** (§ 246 Abs. 1 S. 1) in § 275 Abs. 2 oder Abs. 3 bezeichnete Posten. Leerposten können weggelassen werden, wenn unter dem Posten auch im Vorjahr kein Betrag ausgewiesen wurde (§ 265 Abs. 8; → § 265 Rn. 22).[77] Die Posten sind **gesondert** auszuweisen, insbesondere dürfen Aufwendungen und Erträge **nicht saldiert** werden (§ 246 Abs. 2 S. 1), sofern das Gesetz nicht ausnahmsweise bestimmte Verrechnung vorschreibt oder erlaubt. So sind etwa bei Berechnung der Umsatzerlöse „Erlösschmälerungen" und bestimmte Steuern abzuziehen (→ § 277 Rn. 19 ff.), und kleine und mittelgroße Kapitalgesellschaften dürfen bestimmte Posten der GuV zu einem „Rohergebnis" zusammenfassen (§ 276 S. 1;

Nachteile beider Verfahren" seien „reziprok"; aA – Vorteil des Umsatzkostenverfahrens wegen der wichtiger werdenden internationalen Vergleichbarkeit – HdR/Budde Rn. 16 ff., 27 (Stand: 5/2017); Biener/Bernecke BiRiLiG S. 219; nochmals aA – Gesamtkostenverfahren aussagekräftiger – Rogler DB 1992, 749 ff.

[68] Vgl. Heymann/Herrmann 3. Aufl. 2020, Rn. 3 f. zu den „Hauptunterschieden" zwischen den beiden Verfahren.

[69] Staub/Meyer, 6. Aufl. 2021, Rn. 13; aA Kölner Komm AktG/Claussen/Korth, 2. Aufl. 1991, HGB §§ 275–277, AktG § 158 Rn. 16 (Fragestellung von Kölner Komm RechnungslegungsR/Berndt/Gutsche, 1. Aufl. 2010, nicht mehr aufgegriffen).

[70] ADS Rn. 4; BeBiKo/Justenhoven/Kliem/Müller, 13. Aufl. 2022, Rn. 23, 26; Staub/Meyer, 6. Aufl. 2021, Rn. 13; WP-HdB/Störk, 17. Aufl. 2021, F Rn. 763 f.

[71] ADS Rn. 34; BeBiKo/Justenhoven/Kliem/Müller, 13. Aufl. 2022, Rn. 37; MüKoBilanzR/Kessler/Freisleben, 1. Aufl. 2013, Rn. 20; Kirsch/Wulf Rn. 21 (Stand: 1.6.2016): „Vergleichbarkeit zwischen GuV/GKV und GuV/UKV [...] nur zT gegeben"; Kirsch/Wulf Rn. 28.3: „Vergleich von Erfolgsrechnungen zwischen Unternehmen, die verschiedene Gliederungsschemata benutzen, sehr erschwert".

[72] S. auch IDW RS HFA 38, Rn. 1, 15.

[73] BeBiKo/Justenhoven/Kliem/Müller, 13. Aufl. 2022, Rn. 26.

[74] ADS Rn. 36; BeBiKo/Justenhoven/Kliem/Müller, 13. Aufl. 2022, Rn. 26; BeckOGK/Baumeister/Freisleben, 1.11.2022, Rn. 26; WP-HdB/Störk, 17. Aufl. 2021, F Rn. 765.

[75] BeBiKo/Justenhoven/Kliem/Müller, 13. Aufl. 2022, Rn. 26; WP-HdB/Störk, 17. Aufl. 2021, F Rn. 767.

[76] ADS Rn. 37; aA noch Niehus WPg 1986, 117 (120).

[77] Baetge/Kirsch/Thiele/Kirsch/Ewelt-Knauer Bilanzrecht Rn. 55 (Dezember 2015).

→ § 276 Rn. 8).[78] Statt der gesetzlichen **Postenbezeichnungen** können zur Vereinfachung und Klarheit (§ 243 Abs. 2) auch Kurzbezeichnungen verwendet werden, die den gesetzlichen Inhalt nicht verändern.[79] In Betracht kommt neben den „Bestandsveränderungen" (Abs. 2 Nr. 2, § 277 Abs. 2 S. 1) insbesondere das Reduzieren bestimmter Postenbezeichnungen (zB Abs. 2 Nr. 7: „Abschreibungen") auf einzelne von ihnen erfasste Unterbereiche (zB „Abschreibungen auf Sachanlagen", vgl. Abs. 2 Nr. 7 lit. a), wenn die übrigen Bereiche nicht tangiert werden, weil beispielsweise keine Abschreibungen auf immaterielle Vermögensgegenstände angefallen sind. Eine Änderung der Postenbezeichnung ist auch angezeigt und zulässig, wenn dies aufgrund der Besonderheiten der berichtenden Gesellschaft für einen klaren und übersichtlichen Abschluss erforderlich ist (§ 265 Abs. 6). Die in Abs. 2, Abs. 3 bezeichneten Posten sind schließlich zwingend **in der angegebenen Reihenfolge** auszuweisen, um eine Verfälschung der Aussagekraft der gesetzlich vorgesehenen Zwischenposten (Abs. 2 Nr. 15, Abs. 3 Nr. 14) zu verhindern.[80]

VIII. Sanktionen

24   Der Verstoß gegen zwingende Gliederungsanforderungen des § 275 löst unterschiedliche Sanktionen aus. Mitglieder des vertretungsberechtigten Organs oder des Aufsichtsrats einer Kapitalgesellschaft begehen bei fahrlässigem Verstoß gegen § 275 eine **Ordnungswidrigkeit** (§ 334 Abs. 1 Nr. 1 lit. c idF der BilRUG); werden durch den Verstoß die Verhältnisse der Gesellschaft vorsätzlich „unrichtig wiedergegeben" oder „verschleiert", begehen sie sogar eine **Straftat** (§ 331 Nr. 1 idF v. 19.4.2017), sofern die für § 331 Nr. 1 allgemein angenommene Erheblichkeitsschwelle (→ § 264 Rn. 118, → § 331 Rn. 52 f.) überschritten ist. Bei Gesellschaften, die iSd § 264 Abs. 2 S. 3 Finanzinstrumente am Kapitalmarkt emittiert haben, tritt dann ggf. für die gesetzlichen Vertreter noch eine Strafbarkeit wegen unrichtigen „Bilanzeids" (§ 331 Nr. 3a idF v. 19.4.2017) hinzu (zum Verhältnis der Straftatbestände § 264 Rn. 115). Die verantwortlichen Organmitglieder haften außerdem auf **Schadensersatz**, wenn der Gesellschaft infolge der schuldhaften Verletzung einer Gliederungsvorschrift Schäden entstehen (§ 264 Abs. 1 S. 1 HGB iVm § 93 Abs. 2 AktG; §§ 116, 171 Abs. 1 AktG; §§ 43, 52 GmbHG iVm §§ 116, 171 AktG). Darüber hinaus kann der Abschlussprüfer bei freiwillig oder zwingend zu prüfenden Unternehmen veranlasst sein, den **Bestätigungsvermerk** zu versagen oder einzuschränken (§ 322 Abs. 4 S. 1). Die Missachtung von § 275 als gläubigerschützende Norm kann den festgestellten **Jahresabschluss** einer **AG** oder einer **KGaA nichtig** machen (§ 256 Abs. 1 Nr. 1 iVm Abs. 4 S. 1, § 278 Abs. 3 AktG).[81] Gleiches gilt in entsprechender Anwendung für den Jahresabschluss einer GmbH (→ § 264 Rn. 82).[82] Die dazu erforderliche **wesentliche Beeinträchtigung von Klarheit und Übersichtlichkeit** des Jahresabschlusses kommt insbesondere in Betracht, wenn etwa die GuV in Kontoform (aber → Rn. 15) aufgestellt wird oder unzulässige Saldierungen vorgenommen werden. Die Nichtigkeit kann aber nur innerhalb von drei Jahren nach Bekanntmachung im Bundesanzeiger geltend gemacht werden (§ 256 Abs. 6 S. 1 AktG; § 325 Abs. 2). Vgl. zu den Sanktionen fehlerhafter Rechnungslegung → § 264 Rn. 91 ff.

B. GuV nach Gesamtkostenverfahren (Abs. 2)

25   Der Gesetzgeber sieht für die GuV der Kapitalgesellschaft mit der verbindlichen Staffelform (Abs. 1 S. 1; → Rn. 15) und der verbindlichen Reihenfolge der Posten eine feste

---

[78]   Zusammenstellung weiterer Ausnahmen bei ADS Rn. 9 f.
[79]   BeBiKo/Justenhoven/Kliem/Müller, 13. Aufl. 2022, Rn. 22; WP-HdB/Störk, 17. Aufl. 2021, F Rn. 763.
[80]   ADS Rn. 23.
[81]   BeBiKo/Justenhoven/Kliem/Müller, 13. Aufl. 2022, Rn. 328; Koch, 16. Aufl. 2022, AktG § 256 Rn. 22: Vorschriften über die Gliederung seien „besonders" die §§ 265, 266, 268–277 HGB, ferner §§ 152, 158, 240, 261 Abs. 1, 286 Abs. 2 AktG; s. auch Koch, 16. Aufl. 2022, AktG § 256 Rn. 22 zum Verhältnis des § 256 Abs. 4 zu Abs. 1 Nr. 1: „begrenzende normative Auslegung" des Abs. 1 Nr. 1.
[82]   So auch Geßler FS Goerdeler, 1987, 127 (140).

Gliederungstechnik vor. Unabhängig vom Aufstellungsverfahren informiert die GuV über die Höhe der Umsatzerlöse (Abs. 2 Nr. 1, Abs. 3 Nr. 1, § 277 Abs. 1), das Betriebs- und das Finanzergebnis (Abs. 2 Nr. 1–8, Nr. 9–13, Abs. 3 Nr. 1–7, Nr. 8–12), das Steuerergebnis (Steuerlast) des Unternehmens (Abs. 2 Nr. 14–16, Abs. 3 Nr. 13–15) sowie über das Gesamtergebnis (Abs. 2 Nr. 17, Abs. 3 Nr. 16).[83] Im Übrigen weicht die Darstellung des Gesamtkostenverfahrens von der des Umsatzkostenverfahrens ab. Nach Abs. 2 weist die GuV entsprechend der Zielsetzung des Gesamtkostenverfahrens als periodenorientierte Produktionskostenrechnung (→ Rn. 18) zunächst tendenziell die **Gesamtleistung der Geschäftstätigkeit** (Abs. 2 Nr. 1–4)[84] und dann **alle betrieblichen Aufwendungen** (Abs. 2 Nr. 5–8) aus, die in der Rechnungsperiode angefallen und aufgrund der gesamten Betriebsleistung entstanden sind. Die Gliederung nach Aufwandsarten (Material, Personal, Abschreibungen, sonstige Aufwendungen) soll deutlich machen, welchen Aufwand die Produktionsfaktoren im Verhältnis zum Gesamtaufwand verursacht haben.[85] **Kleine und mittelgroße Gesellschaften** können von den Erleichterungen des § 276 S. 1 Gebrauch machen, wodurch jedoch die Aussagefähigkeit der GuV erheblich beeinträchtigt wird (→ § 276 Rn. 8).

I. Umsatzerlöse (Abs. 2 Nr. 1, Abs. 3 Nr. 1, § 277 Abs. 1)

Umsatzerlöse werden durch § 277 Abs. 1 für Gesamt- und Umsatzkostenverfahren **26** einheitlich definiert (→ § 277 Rn. 3 ff.). Sie bilden den Kern unternehmerischer Tätigkeit und sind **zentraler Maßstab** für die Ertragslage des Unternehmens (→ § 277 Rn. 3). Demzufolge sieht der Gesetzgeber den Ausweis der Umsatzerlöse an der ersten Stelle des gesetzlichen Gliederungsschemas vor. Mittelgroßen und kleinen (sowie kleinsten) Kapitalgesellschaften ist es erlaubt, den Posten saldiert als Rohergebnis darzustellen (§ 276 S. 1, § 267 Abs. 1; → § 276 Rn. 1, → § 276 Rn. 8 f.). Der Begriff „Umsatzerlöse" wurde europarechtlich in Art. 2 Nr. 5 Bilanz-RL neu definiert; mit Inkrafttreten des BilRUG hat diese Definition in § 277 Abs. 1 nF ihren Niederschlag gefunden (→ § 277 Rn. 3 ff.).

II. Bestandsveränderungen (Abs. 2 Nr. 2, § 277 Abs. 2)

Der nur beim Gesamtkostenverfahren vorgesehene Posten der „Erhöhung" oder „Ver- **27** minderung des Bestands an fertigen und unfertigen Erzeugnissen" hat eine **Korrekturfunktion.** Stehen den in der Berichtsperiode erzielten Umsätzen die tatsächlich entstandenen Aufwendungen gegenüber, führt das dann zu einer Verzerrung der Ertragslage, wenn wegen großer Nachfrage auf Bestände der Vorperiode zurückgegriffen werden musste oder infolge schleppender Auftragslage im laufenden Geschäftsjahr Überbestände produziert wurden. Übersteigt beispielsweise der Wert der Produktion den des Produktionsabsatzes, muss nach Abs. 2 Nr. 2, § 277 Abs. 2 eine entsprechende Bestandserhöhung ausgewiesen werden, um den erhöhten Aufwand zur Verarbeitung des Lagerbestands in der GuV zu neutralisieren. Kann das Unternehmen im umgekehrten Fall mehr absetzen als es im Geschäftsjahr produzieren konnte, führt der Ansatz der damit verbundenen Bestandsminderung in der GuV in dem Maße zu einer Neutralisierung der Umsatzerlöse (Abs. 2 Nr. 1), wie ein Teil der abgesetzten Produkte aus Vorperioden stammt, deren Aufwendungen bereits erfasst wurden.[86] Würde man auf die Posten „Bestandsveränderungen" und „andere aktivierte Eigenleistungen" verzichten, würde dies nur dann zu einem **richtigen Periodenergebnis** führen, wenn die produzierte Menge der abgesetzten entspricht. Rechnerisch ergibt sich dieser Wert als Unterschied zwischen den Bilanzansätzen der Posten „fertige und unfertige Erzeug-

---

[83]   WP-HdB/Störk, 17. Aufl. 2021, F Rn. 752.

[84]   In § 275 Abs. 2 Nr. 4 können nach BeBiKo/Justenhoven/Kliem/Müller, 13. Aufl. 2022, Rn. 30, allerdings auch Erträge einfließen, die nicht Teil der Gesamtleistung sind.

[85]   BeBiKo/Justenhoven/Kliem/Müller, 13. Aufl. 2022, Rn. 30; WP-HdB/Störk, 17. Aufl. 2021, F Rn. 791.

[86]   Winnefeld Bilanz-HdB, 5. Aufl. 2015, G Rn. 166; Beck HdR/Winzker B 331 Rn. 106 ff. (Stand: August 2018).

nisse" (§ 266 Abs. 2 B. I. 2. und 3.) des Berichtsjahres zu denen des Vorjahres.[87] Die Bestandsveränderungen können gleichermaßen auf Änderungen der Menge und des Wertes zurückzuführen sein (§ 277 Abs. 2 Hs. 1, → § 277 Rn. 25 ff.).

28   Nach seinem klaren Wortlaut erfasst der Posten lediglich „fertige und unfertige Erzeugnisse" (→ § 266 Rn. 58 ff.), während Veränderungen des Anlagevermögens sowie anderer Vermögensgegenstände des Umlaufvermögens, insbesondere selbsterstellter Roh-, Hilfs- und Betriebsstoffe (→ Rn. 33), unter bestimmten Voraussetzungen (→ Rn. 29 ff.) als „andere aktivierte Eigenleistungen" (Abs. 2 Nr. 3) ausgewiesen werden. Ein gesonderter Ausweis der Bestandsveränderungen von fertigen und unfertigen Erzeugnissen wird nicht gefordert, so dass ein saldierter Ausweis vorgenommen werden kann.

III. Andere aktivierte Eigenleistungen (Abs. 2 Nr. 3)

29   Dieser Posten ist **bilanztechnischer Natur** und ergänzt Abs. 2 Nr. 2, indem er über betriebliche Leistungen informiert, die noch nicht zu Umsätzen am Markt geführt haben. Er bezieht sich aber auf „andere" Eigenleistungen und stellt deshalb einen Sammelposten dar, der alle Bestandsveränderungen erfasst, die nicht bereits unter Abs. 2 Nr. 2 einzuordnen sind. Mit der Erfassung des Ertrages sollen bereits entstandene Personal- und Materialaufwendungen ausgeglichen werden[88] und so eine einseitige Ertragswirkung der Aufwendungen vermieden werden. Als typische Beispiele für „andere aktivierte Eigenleistungen" gelten Aufwendungen für innerbetriebliche Leistungen im Bereich des Anlagevermögens, wie beispielsweise selbst erstellte Bauten, Werkzeuge und Maschinen, aktivierte Großreparaturen und, bei Ausübung des Aktivierungswahlrechts nach § 248 Abs. 2 S. 1, die aktivierten selbst geschaffenen immateriellen Vermögensgegenstände des Anlagevermögens (→ Rn. 30).[89]

30   **1. Aktivierung.** Erfasst werden ausschließlich Leistungen, die im laufenden Geschäftsjahr (zur Nachaktivierung → Rn. 31) zu **aktivierten Vermögensgegenständen** (§ 246 Abs. 1 S. 1) geführt haben. **Nicht aktivierungsfähige** Eigenleistungen sind demnach nicht auszuweisen, wie zB Kosten für selbst erstellte immaterielle Vermögensgegenstände des Anlagevermögens in der Forschungsphase (§ 248 Abs. 2 S. 1 iVm § 255 Abs. 2a), freiwillige Sozialleistungen für Arbeitnehmer oder Aufwendungen zur Beseitigung von Schäden, für die eine Rückstellung gebildet wurde.[90] Im Fall eines **Ansatzwahlrechtes** muss die Eigenleistung auch tatsächlich aktiviert worden sein,[91] wie sich aus dem Gesetzeswortlaut („aktivierte") und dem Gesetzeszweck, die Erfolgsneutralität der Herstellung sicherzustellen, ergibt. Entwicklungsaufwendungen (§ 248 Abs. 2 S. 1) werden nur bei tatsächlicher Aktivierung erfasst.[92] Die Erfassung von Aufwendungen für die Ingangsetzung und Erweiterung des Geschäftsbetriebes als „andere aktivierte Eigenleistungen" (→ 2. Aufl. 2008, Rn. 27) ist seit der Aufhebung des Aktivierungswahlrechts gem. § 269 aF durch das BilMoG nicht mehr zulässig (→ 2. Aufl. 2008, § 269 aF Rn. 1). Der Ausweis unter Abs. 2 Nr. 3 verdeutlicht den Einfluss auf das Jahresergebnis, der bei einer Kürzung der jeweiligen Aufwendungen oder einem Ausweis unter den „sonstigen betrieblichen Erträgen" (Abs. 2 Nr. 4) nicht erkennbar wäre. Eine Korrektur der Umsatzerlöse über den Posten nach Abs. 2 Nr. 3 ist auch dann vorzunehmen, wenn nach erfolgter Aktivierung ein geringwertiger Vermögensgegenstand (Wirtschaftsgut) sofort vollständig abgeschrieben wird.[93]

---

[87] Zu den Abweichungen, die auf außerplanmäßige Abschreibungen sowie auf Bestandsveränderungen bei Waren zurückzuführen sein können, vgl. ADS Rn. 55; HdR/Budde Rn. 33 (Stand: 5/2017).

[88] Heymann/Herrmann, 3. Aufl. 2020, Rn. 8; Winnefeld Bilanz-HdB, 5. Aufl. 2015, G Rn. 175.

[89] BeBiKo/Justenhoven/Kliem/Müller, 13. Aufl. 2022, Rn. 85; Hopt/Merkt, 42. Aufl. 2023, Rn. 7; HdR/Budde Rn. 34 (Stand: 5/2017); Heymann/Herrmann 3. Aufl. 2020, Rn. 8; Kirsch/Wulf Rn. 74 (Stand: 1.6.2016); HK–HGB/Kirnberger 7. Aufl. 2007, Rn. 15; Baetge/Kirsch/Thiele/Kirsch/Ewelt-Knauer Bilanzrecht Rn. 82 (Dezember 2015); WP-HdB/Störk, 17. Aufl. 2021, F Rn. 806.

[90] BeBiKo/Justenhoven/Kliem/Müller, 13. Aufl. 2022, Rn. 85, 87; WP-HdB/Störk, 17. Aufl. 2021, F Rn. 807.

[91] Vgl. ADS Rn. 68.

[92] BeBiKo/Justenhoven/Kliem/Müller, 13. Aufl. 2022, Rn. 87.

[93] ADS Rn. 62.

Nachträglich aktivierte Eigenleistungen eines früheren Geschäftsjahres sind nicht 31 unter Abs. 2 Nr. 3, sondern als „sonstige betriebliche Erträge" unter Abs. 2 Nr. 4 zu erfassen.[94] Das ergibt sich aus der Funktion des Postens als Mittel zur Bilanzkorrektur. Die Berücksichtigung periodenfremder Leistungen als „andere aktivierte Eigenleistungen" würde die Periodenleistung des Unternehmens unzutreffend wiedergeben und damit dem Anliegen des Gesamtkostenverfahrens zuwiderlaufen (→ Rn. 18). Deshalb sind beispielsweise Eigenleistungen, die ursprünglich als Reparaturaufwand aufwandswirksam erfasst wurden und im Anschluss an eine Betriebsprüfung nachaktiviert werden, periodenfremder „sonstiger betrieblicher Ertrag" (Abs. 2 Nr. 4).[95] Anders ist es, wenn sich die Herstellung des Vermögensgegenstandes über zwei Geschäftsjahre erstreckt und im zweiten Jahr erkennbar wird, dass die Aufwendungen zu aktivieren sind. In diesem Fall können die in beiden Jahren angefallenen Aufwendungen als „andere aktivierte Eigenleistungen" behandelt werden.[96]

2. „Andere". Die aktivierten Eigenleistungen müssen „andere" als solche sein, die 32 bereits von den Abs. 2 Nr. 2, § 277 Abs. 2 erfasst werden. Unproblematisch darunter einzuordnen sind das **Anlagevermögen** (§ 247 Abs. 2) betreffende Eigenleistungen, zB selbsterstellte Gebäude, Maschinen oder Anlagen (→ Rn. 29).

Umstritten ist die Behandlung **selbst erzeugter Roh-, Hilfs- und Betriebsstoffe** 33 (vgl. § 266 Abs. 2 B. I. 1.). Die Praxis weist diese Bestandsveränderungen im Einklang mit der hM im Hinblick auf ihre Zugehörigkeit zum betrieblichen Produktionsprozess üblicherweise nicht unter den anderen aktivierten Eigenleistungen (Abs. 2 Nr. 3), sondern unter den Bestandsveränderungen fertiger und unfertiger Erzeugnisse (Abs. 2 Nr. 2, § 277 Abs. 2) aus,[97] selbst wenn der Ausweis in der Bilanz unter Roh-, Hilfs- und Betriebsstoffe erfolgt.[98] Nach anderer Auffassung sind die selbst erzeugten Roh-, Hilfs- und Betriebsstoffe indes ausnahmslos in Abs. 2 Nr. 3 einzubeziehen.[99] Eine dritte Meinung differenziert danach, ob selbst erzeugte und erworbene Roh-, Hilfs- und Betriebsstoffe gesondert voneinander aktiviert werden. Werde eine Trennung vorgenommen, seien die selbst erzeugten Stoffe unter Erweiterung der Postenbezeichnung allein unter Abs. 2 Nr. 2 auszuweisen. Werde dagegen nicht zwischen selbst erzeugten und erworbenen Stoffen unterschieden, seien sie vollständig unter Abs. 2 Nr. 5 lit. a auszuweisen.[100] Nach hier vertretener Ansicht ist der **Ausweis unter Abs. 2 Nr. 2,** wie ihn die hM empfiehlt, **immer dann** aufgrund des Wortlauts der Nr. 2 (fertige und unfertige Erzeugnisse) und der bloßen Auffangfunktion der Nr. 3 („andere") geboten, **wenn** die selbst erzeugten Roh-, Hilfs- und Betriebsstoffe –

[94] ADS Rn. 60; BeBiKo/Justenhoven/Kliem/Müller, 13. Aufl. 2022, Rn. 87; Baetge/Kirsch/Thiele/Kirsch/Ewelt-Knauer Bilanzrecht Rn. 85 (Dezember 2015); WP-HdB/Störk, 17. Aufl. 2021; Kölner Komm RechnungslegungsR/Berndt/Gutsche, 1. Aufl. 2010, Rn. 57, die in „selteneren" Fällen auch einen Ausweis unter Nr. 15 als „außerordentliche Erträge" aus Zuschreibungen für möglich halten. F Rn. 808.

[95] ADS Rn. 60; HdR/Budde Rn. 34 (Stand: 5/2017); Kölner Komm AktG/Claussen/Korth, 2. Aufl. 1991, HGB §§ 275–277, AktG § 158 Rn. 33; BeBiKo/Justenhoven/Kliem/Müller, 13. Aufl. 2022, Rn. 87; Staub/Meyer, 6. Aufl. 2021, Rn. 19; Beck HdR/Winzker B 331 Rn. 131 (Stand: August 2018); WP-HdB/Störk, 17. Aufl. 2021, F Rn. 808; einzige erkennbare aA Biener/Bernecke BiRiLiG S. 210.

[96] ADS Rn. 60; BeBiKo/Justenhoven/Kliem/Müller, 13. Aufl. 2022, Rn. 87.

[97] ADS Rn. 58, 66: „üblicherweise in den Posten Nr. 2 einbezogen"; Biener/Bernecke BiRiLiG S. 210; Kölner Komm AktG/Claussen/Korth, 2. Aufl. 1991, HGB §§ 275–277, AktG § 158 Rn. 27; BeBiKo/Justenhoven/Kliem/Müller, 13. Aufl. 2022, Rn. 78, 85; Staub/Meyer, 6. Aufl. 2021, Rn. 17; Baetge/Kirsch/Thiele/Kirsch/Ewelt-Knauer Bilanzrecht Rn. 75 und 86 (Dezember 2015); wohl auch KKRD/Morck/Drüen, 9. Aufl. 2019, Rn. 6; Winnefeld Bilanz-HdB, 5. Aufl. 2015, G Rn. 167; WP-HdB/Störk, 17. Aufl. 2021, F Rn. 807; Kölner Komm RechnungslegungsR/Berndt/Gutsche, 1. Aufl. 2010, Rn. 53: Erfassung unter Nr. 2 sei „konsequent". Anders sei es nur, wenn es sich um Stoffe handele, die „zur Herstellung eines Vermögensgegenstandes des Anlagevermögens" dienten.

[98] BeBiKo/Justenhoven/Kliem/Müller, 13. Aufl. 2022, Rn. 85; vgl. auch ADS Rn. 66, die für diesen Fall empfehlen, die Bezeichnung des Postens Nr. 2 entsprechend zu erweitern.

[99] So HdR/Budde Rn. 37 (Stand: 5/2017); BeckOGK/Baumeister/Freisleben, 1.11.2022, Rn. 59.

[100] Kirsch/Wulf Rn. 76 (Stand: 1.6.2016); Beck HdR/Winzker B 331 Rn. 106 (Stand: August 2018); einzige erkennbare aA – Ausweis stets unter § 275 Abs. 2 Nr. 5 lit. a – Glade Praxishandbuch Rn. 63.

wie meistens – be- oder verarbeitet werden (zB Kautschukblock eines Reifenherstellers) und daher auch **unfertige oder fertige Erzeugnisse** vorliegen.[101] Auch der Gesetzgeber ist davon ausgegangen, dass Roh-, Hilfs- und Betriebsstoffe zu fertigen und unfertigen Erzeugnissen (iSd Nr. 2) werden können.[102] In der Praxis kommt es zu Zuordnungsproblemen, wenn das Unternehmen zugleich über selbst erzeugte und über erworbene Roh-, Hilfs- und Betriebsstoffe verfügt und beide Arten auf einheitlichen Bestandskonten gebucht werden. Eine Unterscheidung und ein getrennter Ausweis sind dann kaum möglich. Sofern es sich nicht um unwesentliche Beträge handelt, sollte davon abgesehen werden, die Aktivierung der selbst erzeugten Roh-, Hilfs- und Betriebsstoffe erfolgswirksam als „andere aktivierte Eigenleistungen" zu erfassen. Vielmehr sollte in diesen Fällen die gesamte Bestandsveränderung mit dem Materialaufwand saldiert werden.[103]

34   **3. Eigenleistungen.** Der aktivierte Vermögensgegenstand muss auf eine Eigenleistung des Unternehmens zurückgehen. Dies setzt den **Anfall eigener Herstellungskosten** (§ 255 Abs. 2) voraus.[104] Hierfür ist es nicht erforderlich, dass ausschließlich eigenes Material verwendet und nur Mitarbeiter des Unternehmens mit der Herstellung beschäftigt wurden, eigene Herstellungskosten scheiden aber andererseits bei nicht weiter bearbeiteten erheblichen Zulieferungen Dritter aus.[105] Beispielsweise ist das bloße Aufstellen oder Montieren fremdbezogener Maschinen typischerweise keine Eigenleistung. Kommt es hingegen, etwa bei besonders umfangreichen Installationsarbeiten, ausnahmsweise zu einem außergewöhnlichen Montageaufwand, ist gegen eine Erfassung dieser Aufwendungen als Eigenleistung nichts einzuwenden.[106]

35   Aktivierungsfähige Eigenleistungen, wie beispielsweise selbst erstellte Gebäude, enthalten in mehr oder weniger beträchtlichem Umfang auch fremdbezogene Materialien und Leistungen Dritter (etwa Bauleistungen). Diese **fremdbezogenen Anteile** sind nach dem Grundsatz der Erfolgsneutralität des Anschaffungsvorganges[107] nicht erfolgswirksam zu erfassen, sondern unmittelbar auf den Anlagekonten als Anschaffungskosten zu aktivieren (sog. **Nettomethode**). Dadurch wird vermieden, dass eine erfolgswirksame Buchung als Personal- oder Materialaufwand über die anderen aktivierten Eigenleistungen (Abs. 2 Nr. 3) neutralisiert werden muss. Eine derartige doppelte Erfassung würde nicht nur die GuV aufblähen,[108] sondern auch zu einer Verzerrung der Ertragslage des Unternehmens führen, weil es sich in diesen Fällen gerade nicht um Eigenleistungen des Unternehmens handelt.[109]

---

[101]   Vgl. ADS Rn. 66: Da eine Be- oder Verarbeitung durch die Gesellschaft vorliege, lägen „in der Regel unfertige oder fertige Erzeugnisse vor".

[102]   Vgl. RegE BiRiLiG, BT-Drs. 10/317, 12, der in Abs. 3 des § 255 Abs. 3 HGB-E („Vorschriften zu einzelnen Posten der GuV", vgl. jetzt § 277) sogar noch ausdrücklich klarstellen wollte, dass „zu den anderen aktivierten Eigenleistungen [...] auch Bestandsveränderungen selbst erzeugter Roh-, Hilfs- und Betriebsstoffe [gehören], soweit diese nicht unfertige oder fertige Erzeugnisse sind [...]". Nur weil die betreffenden Postenumschreibungen nach Ansicht des RA „nicht erforderlich" waren, wurde dann auf eine Übernahme der Regelung verzichtet (Bericht RA zum BiRiLiG, BT-Drs. 10/4268, 108).

[103]   Arbeitskreis GuV im IDW WPg 1960, 545 (549); ADS Rn. 66 f.; BeBiKo/Justenhoven/Kliem/Müller, 13. Aufl. 2022, Rn. 78.

[104]   So treffend Glade Praxishandbuch Rn. 56.

[105]   Biener/Bernecke BiRiLiG S. 210; BeBiKo/Justenhoven/Kliem/Müller, 13. Aufl. 2022, Rn. 86; Hopt/Merkt. 42. Aufl. 2023, Rn. 7; KKRD/Morck/Drüen, 9. Aufl. 2019, Rn. 6.

[106]   So auch Glade Praxishandbuch Rn. 57.

[107]   Vgl. etwa Haußer, Bewertung von Wertpapieren des Umlaufvermögens nach HGB, US GAAP und IAS, 2003, S. 159 f.; Leffson GoB S. 229; Moxter GoR, 2003, S. 110 (146 ff.).

[108]   Ähnlich Kölner Komm RechnungslegungsR/Berndt/Gutsche, 1. Aufl. 2010, Rn. 52: Der Fremdbezug sei nach der Nettomethode zu erfassen, wenn er „einen Großteil des zu aktivierenden Vermögensgegenstands" ausmache, „um so ein unnötiges Aufblähen der Bilanz und GuV zu verhindern".

[109]   ADS Rn. 63; Biener/Bernecke BiRiLiG S. 210; HdR/Budde Rn. 36a (Stand: 5/2017); Kölner Komm AktG/Claussen/Korth, 2. Aufl. 1991, HGB §§ 275–277, AktG § 158 Rn. 34; BeBiKo/Justenhoven/Kliem/Müller, 13. Aufl. 2022, Rn. 86; HK-HGB/Kirnberger 7. Aufl. 2007, Rn. 15; Kirsch/Wulf Rn. 78 (Stand: 1.6.2016): Nettomethode zu benutzen, wenn „von außen bezogene Materialien und Leistungen einen großen Anteil an der zu aktivierenden Leistung" erreichen (s. auch Kirsch/Wulf Rn. 77, mit Ausweisbeispiel); Baumbach/Hueck/Schulze-Osterloh, 18. Aufl. 2006, GmbHG § 42 Rn. 440; WP-HdB/Störk, 17. Aufl. 2021, F Rn. 807.

Überwiegt der Eigenanteil, kann ein unwesentlicher Fremdanteil unter Abs. 2 Nr. 3 verbunden mit einer entsprechenden erfolgswirksamen Erfassung des Material- bzw. Personalaufwandes unter Abs. 2 Nr. 5 lit. a ausgewiesen werden (sog. **Bruttomethode**).[110]

IV. Sonstige betriebliche Erträge (Abs. 2 Nr. 4)

Abs. 2 Nr. 4 ist ein **Sammelposten** („sonstige")[111] und ein **Residualposten**.[112] Damit **36** werden sämtliche Erträge erfasst, die nicht unter die Posten nach Abs. 2 Nr. 1–3 sowie die „Finanz"-Ertragsposten"[113] der Nr. 9–11 fallen[114] und auch nicht im Rahmen von Abs. 2 Nr. 14, Nr. 16, etwa im Zusammenhang mit Steuererstattungen, der Weiterbelastung von Steuern an Organgesellschaften oder Erträgen aufgrund von Verlustvorträgen (§ 10d EStG), mit dem Steueraufwand saldiert werden.[115] Bis zum Inkrafttreten des BilRUG waren die „sonstigen betrieblichen Erträge" auf die gewöhnliche Geschäftstätigkeit beschränkt und von den außerordentlichen Erträgen (Abs. 2 Nr. 15 aF) abzugrenzen. Die grundsätzliche Unterscheidung zwischen gewöhnlichen und außerordentlichen Erträgen (und Aufwendungen) ist mit dem BilRUG weggefallen (→ § 277 Rn. 4), sodass der Posten „sonstige betriebliche Erträge" nun zum einen Vermögenszuflüsse hinzubekommen hat, die früher den „außerordentlichen Erträgen" (Abs. 2 Nr. 15 aF) zugeordnet wurden, und zum anderen Sachverhalte verloren hat, die inzwischen bei den Umsatzerlösen eingeordnet werden (→ § 277 Rn. 3).[116] Besteht der Posten vollständig oder hauptsächlich aus einer einzigen Ertragsart, zB aus Erträgen aus der Veräußerung von Anlagevermögen, kann die gesetzliche Bezeichnung des Postens wahlweise beibehalten oder freiwillig an die Ertragsart angepasst oder entsprechend untergliedert (§ 265 Abs. 5 S. 1) werden.[117] Sofern bestimmte Sachverhalte, zB Buchgewinne aus der Veräußerung von Wertpapieren des Anlagevermögens, erhebliche Bedeutung haben, können diese Erträge in einem gesonderten Posten gezeigt werden.[118] Eine Pflicht zur Änderung der Bezeichnung aufgrund von Besonderheiten des Unternehmens (§ 265 Abs. 6; → § 265 Rn. 17 f.) wird dagegen nur in Ausnahmefällen in Betracht kommen.

1. Erträge anlässlich des Abgangs von Anlagevermögen. „Sonstige betriebliche **37** Erträge" können anlässlich des Abgangs von Gegenständen des Anlagevermögens, insbesondere in Gestalt von **Veräußerungserlösen**, entstehen, sofern sie nicht als Umsatzerlöse (Abs. 2 Nr. 1, § 277 Abs. 1) zu qualifizieren sind (→ § 277 Rn. 3 ff., insbesondere → § 277 Rn. 16). Erträge und Verluste aus unterschiedlichen Abgängen dürfen dabei nicht miteinander saldiert werden.[119] Dagegen sind die mit dem einzelnen Abgang zusammenhängenden Aufwendungen und Erträge nicht jeweils separat unter Abs. 2 Nr. 4, Nr. 8 auszuweisen, sondern in Abweichung von § 246 Abs. 2 S. 1 und in entsprechender Anwendung von

---

[110] ADS 63; Staub/Meyer, 6. Aufl. 2021, Rn. 19; ähnlich BeBiKo/Justenhoven/Kliem/Müller, 13. Aufl. 2022, Rn. 86; BeckOGK/Baumeister/Freisleben, 1.11.2022, Rn. 63; Winnefeld Bilanz-HdB, 5. Aufl. 2015, G Rn. 176.

[111] HdR/Budde Rn. 39 (Stand: 5/2017): „Konglomerat inhaltlich unterschiedlichster Posten für sowohl periodenfremde als auch allein durch Bewertungsmaßnahmen entstandene Erträge".

[112] HdR/Budde Rn. 38 (Stand: 5/2017): „Auffangposten".

[113] BeBiKo/Schmidt/Kliem, 12. Aufl. 2020, Rn. 90.

[114] HdR/Budde Rn. 38 (Stand: 5/2017); Hopt/Merkt, 42. Aufl. 2023, Rn. 8; HK-HGB/Kirnberger 7. Aufl. 2007, Rn. 16; Kirsch/Wulf Rn. 79 (Stand: 1.6.2016); Winnefeld Bilanz-HdB, 5. Aufl. 2015, G Rn. 185; WP- WP-HdB/Störk, 17. Aufl. 2021, F Rn. 809; BeBiKo/Justenhoven/Kliem/Müller, 13. Aufl. 2022, Rn. 19.

[115] BeBiKo/Justenhoven/Kliem/Müller, 13. Aufl. 2022, Rn. 99, 240 f.

[116] S. die stichwortartige Aufzählung der Ertragstypen des Abs. 2 Nr. 4 bei BeBiKo/Justenhoven/Kliem/Müller, 13. Aufl. 2022, Rn. 91.

[117] ADS Rn. 81; aA – Anpassung nach § 265 Abs. 6 erforderlich – Biener/Bernecke BiRiLiG S. 211.

[118] Vgl. ADS Rn. 82, die vorschlagen, solche Buchgewinne, die auch aus ihrer Sicht „grundsätzlich zu Nr. 4" gehörten, „wegen ihrer Bedeutung gesondert [...] zB im Rahmen des Postens ‚Finanzergebnis' [auszuweisen], der dann im Anhang nach den Posten Nr. 9 und 13 und den Buchgewinnen aufzugliedern wäre".

[119] HdR/Budde Rn. 41 (Stand: 5/2017).

§ 277 Abs. 1 nur in ihrem Saldo entweder als Ertrag oder als Aufwand aufzuführen.[120] Maßgebend ist der Betrag, um den der Veräußerungserlös die Anschaffungskosten einschließlich der Anschaffungsnebenkosten abzüglich der kumulierten Abschreibungen (Nettobuchwert) übersteigt. Bei abnutzbaren Vermögensgegenständen des Anlagevermögens ist die Abschreibung grundsätzlich zeitanteilig zu berechnen.[121] Der Veräußerungserlös ist zudem nach den für Umsatzerlöse geltenden Grundsätzen (→ § 277 Rn. 20 f., → § 277 Rn. 23 f.) um Erlösschmälerungen und etwaige Steuern zu reduzieren.[122] Kosten des Abgangs, zB Kosten für den Ausbau veräußerter Maschinen oder den Abbruch verschrotteter Anlagen, Frachtkosten und Provisionen, sind ebenfalls abzuziehen.[123] Auch eine **Versicherungsentschädigung** ist als Surrogat des Verkaufserlöses in Höhe des den Buchwert übersteigenden Betrages als sonstiger betrieblicher Ertrag auszuweisen,[124] selbst wenn der Ertrag aus steuerlichen Gründen zunächst in eine Rücklage für Ersatzbeschaffung (EStR R 6.6.) eingestellt wird.[125] Versicherungsentschädigungen für Maschinen- und Produktionsausfälle oder für Entgeltfortzahlungen an unfallbedingt verletzte Arbeitnehmer sowie Rückdeckungsversicherungen können ebenfalls sonstige betriebliche Erträge sein.[126]

38   **2. Zuschreibungen.** Unter den „sonstigen betrieblichen Erträgen" sind auch Zuschreibungen auszuweisen, soweit sie Aktiva betreffen. Entsprechend dem Niederstwertprinzip kann es sich dabei nur um sog. **Wertaufholungen** (vgl. § 253 Abs. 5 S. 1) handeln. Wertaufholungen sind solche Zuschreibungen, die eine in der Vergangenheit vorgenommene außerplanmäßige Abschreibung korrigieren. Dazu kann Anlass bestehen, wenn der Grund für die Abschreibung weggefallen ist, die Abschreibung überhöht war und nach einer steuerlichen Betriebsprüfung angepasst werden muss oder wenn Eigenleistungen, die in früheren Jahren als Aufwand gebucht wurden, nachträglich aktiviert werden.[127] Zuschreibungen bei Erzeugnissen bzw. Roh-, Hilfs- und Betriebsstoffen stellen keinen „sonstigen betrieblichen Ertrag" dar, sondern sind als Bestandsveränderungen an fertigen/unfertigen Erzeugnissen (Abs. 2 Nr. 2, § 277 Abs. 2; → Rn. 28 ff.) bzw. als Materialaufwand zu erfassen (Abs. 2 Nr. 5 lit. a).[128] Für Zuschreibungen zu Gegenständen des Finanzanlagevermögens sowie Buchgewinne aus der Veräußerung von Finanzanlagen (zB Wertpapieren) steht kein passgenauer GuV-Posten zur Verfügung. Abs. 2 Nr. 4 begegnet dem Problem, dass die Erträge nicht „betrieblicher" Natur sind, und das „Finanzergebnis" (Posten Abs. 2 Nr. 9–13, → Rn. 1) enthält zwar einen eigenen Posten für Abschreibungen (Abs. 2 Nr. 12, Abs. 3 Nr. 11), nicht aber für Zuschreibungen.[129] Eine Kompromisslösung besteht darin, den Ausweis unter Nr. 4 durch einen Vorspaltenvermerk gesondert zu zeigen oder im Anhang (bei außerordentlicher Größenordnung oder Bedeutung sogar zwingend nach § 285 Nr. 31) zu

---

[120]   ADS Rn. 73; BeBiKo/Justenhoven/Kliem/Müller, 13. Aufl. 2022, Rn. 92.

[121]   ADS Rn. 74; HdR/Budde Rn. 41 (Stand: 5/2017).

[122]   ADS Rn. 73; HdR/Budde Rn. 41 (Stand: 5/2017); BeBiKo/Justenhoven/Kliem/Müller, 13. Aufl. 2022, Rn. 93; Kirsch/Wulf Rn. 84 (Stand: 1.6.2016).

[123]   HuRB/Ballwieser 154; aA – nur wenn unmittelbarer Zusammenhang mit dem Abgang, zB Abbruchkosten, Demontage- oder Ausbaukosten, nicht aber Ausgangsfrachten, Vermittlungsprovisionen, sonstige Vertriebskosten – Glade Praxishandbuch Rn. 77; vgl. auch HdR/Budde Rn. 77 (Stand: 5/2017): „Gebühren, Fernsprech-, Fernschreib-, Datenübertragungs- und Postgebühren, Ausgangsfrachten, Provisionen, Werbeaufwendungen" (ua) seien „sonstige betriebliche Aufwendungen" (Abs. 2 Nr. 8). Der Autor differenziert offenbar danach, ob die genannten Kosten in (mehr oder weniger) mittelbarem Zusammenhang mit den Erlösen stehen.

[124]   ADS Rn. 73; HdR/Budde Rn. 41 (Stand: 5/2017); BeBiKo/Justenhoven/Kliem/Müller, 13. Aufl. 2022, Rn. 94; Kirsch/Wulf Rn. 84 (Stand: 1.6.2016); WP-HdB/Störk, 17. Aufl. 2021, F Rn. 809 (soweit nicht für verkaufte Erzeugnisse).

[125]   BeBiKo/Förschle, 7. Aufl. 2010, Rn. 97: Versicherungsentschädigung auch dann unter Nr. 4 auszuweisen, „wenn der Ertrag zB in eine Rücklage für Ersatzbeschaffung eingestellt wird" (Aussage in nachfolgenden Aufl. nicht mehr enthalten).

[126]   BeBiKo/Justenhoven/Kliem/Müller, 13. Aufl. 2022, Rn. 94, 137.

[127]   BeBiKo/Justenhoven/Kliem/Müller, 13. Aufl. 2022, Rn. 87, 95.

[128]   ADS Rn. 71; WP-HdB/Störk, 17. Aufl. 2021, F Rn. 809.

[129]   BeBiKo/Justenhoven/Kliem/Müller, 13. Aufl. 2022, Rn. 95.

erläutern.[130] Alternativ ist ein Ausweis im Finanzergebnis vorzunehmen. Geeignet hierfür erscheint der Posten Nr. 10 „Erträge aus anderen Wertpapieren und Ausleihungen des Finanzanlagevermögens".[131]

3. Auflösung von Rückstellungen. Ist der Grund für eine Rückstellung vollständig **39** oder teilweise entfallen, muss sie insoweit erfolgswirksam aufgelöst (vgl. § 249 Abs. 2 S. 2) und als sonstiger betrieblicher Ertrag gezeigt werden.[132] Es ist nicht zulässig, die Auflösung der Rückstellung im Wege der Korrektur des entsprechenden Aufwandspostens vorzunehmen, weil dies mit dem Saldierungsverbot (§ 246 Abs. 2 S. 1) nicht vereinbar wäre.[133] Der bestimmungsgemäße Verbrauch erfolgt erfolgsneutral zu Lasten der Rückstellung, weil nur dadurch eine periodengerechte Zuordnung des Aufwands sichergestellt wird.[134] Eine für einen bestimmten Zweck gebildete und aufzulösende Rückstellung (§ 249 Abs. 2 S. 2) darf wegen des Grundsatzes der Einzelbewertung (§ 252 Abs. 1 Nr. 3) nicht für einen anderen Zweck verwendet werden. Vielmehr sind grundsätzlich Ertrag aus der Auflösung und Aufwand für die Bildung der neuen Rückstellung des laufenden Geschäfts getrennt auszuweisen.[135] Das Schrifttum lässt mit Recht davon eine Ausnahme zu, wenn alter und neuer Rückstellungszweck dieselbe Aufwandsart betreffen und der Rückstellungsbedarf abgelaufenen Geschäftsjahren gilt.[136]

Im Zusammenhang mit der Auflösung von Rückstellungen kann es zur Buchung von **40** „sonstigen betrieblichen Erträgen" auch aus **bilanztechnischen Gründen** kommen. Das ist der Fall, wenn das Unternehmen bei der Bildung einer Rückstellung eine genaue Zuordnung der anfallenden Aufwendungen auf Löhne, Gehälter, soziale Abgaben, Roh-, Hilfs- und Betriebsstoffe usw noch nicht vornehmen kann. Dann wird regelmäßig eine Aufwandserfassung über die „sonstigen betrieblichen Aufwendungen" (Abs. 2 Nr. 8) vorgenommen.[137] Sobald feststeht, welche Aufwandsarten konkret betroffen sind, können die betreffenden Aufwendungen als Primäraufwand auf die entsprechenden Konten gebucht werden. Der Verbrauch der Rückstellung wird dabei über die sonstigen betrieblichen Erträge neutralisiert.[138] Die „sonstigen betrieblichen Erträge" haben insoweit die Funktion eines Ausgleichspostens. Darüber hinaus wird auch eine Verrechnung mit neu erforderlich werdenden entsprechenden Rückstellungszuführungen für zulässig gehalten.[139]

4. Auflösung von Sonderposten mit Rücklageanteil. Erträge aus der Auflösung **41** von Sonderposten mit Rücklageanteil (§ 247 Abs. 3 aF, § 273 aF) waren bis zum Inkrafttreten

---

[130] BeBiKo/Justenhoven/Kliem/Müller, 13. Aufl. 2022, Rn. 95.

[131] Kölner Komm RechnungslegungsR/Berndt/Gutsche, 1. Aufl. 2010, Rn. 139; entsprechend ihrer Auffassung von der konsequenten Trennung von Betriebs- und Finanzergebnis wollen diese Autoren Zuschreibungen zum Finanzanlagevermögen sogar zwingend im Finanzergebnis ausweisen, Kölner Komm RechnungslegungsR/Berndt/Gutsche, 1. Aufl. 2010, Rn. 139, 57. BeBiKo/Justenhoven/Kliem/Müller, 13. Aufl. 2022, Rn. 95 empfehlen alternativ zu Nr. 4 den Ausweis im Finanzergebnis „unter einem eigenständigen GuV-Posten oder unter Erträgen aus Beteiligungen mit entsprechender Anpassung der Postenbezeichnung".

[132] Kirsch/Wulf Rn. 86 (Stand: 1.6.2016) zur Auflösung der Rückstellung, wenn sie als unnötig oder zu hoch erkannt wird; anders, nämlich erfolgsneutrale Verbuchung, bei Auflösung wegen bestimmungsgemäßen Verbrauchs; Hopt/Merkt, 42. Aufl. 2023, Rn. 8; KKRD/Morck/Drüen, 9. Aufl. 2019, Rn. 6.

[133] ADS Rn. 76 f.; BeBiKo/Justenhoven/Kliem/Müller, 13. Aufl. 2022, Rn. 96; Kirsch/Wulf Rn. 86 (Stand: 1.6.2016), die für den Sonderfall einer Rückstellung auf Portfoliobasis für Garantien im Rahmen von Großserienproduktionen eine Ausnahme vom Saldierungsverbot anerkennen („Nettoausweis").

[134] ADS Rn. 78; BeBiKo/Justenhoven/Kliem/Müller, 13. Aufl. 2022, Rn. 96; Glade Praxishandbuch Rn. 80.

[135] ADS Rn. 77; Baetge/Kirsch/Thiele/Kirsch/Ewelt-Knauer Bilanzrecht Rn. 99 (Dezember 2015).

[136] ADS Rn. 77; HdR/Budde Rn. 44 (Stand: 5/2017); aA – generelles Verrechnungsverbot – BeBiKo/Justenhoven/Kliem/Müller, 13. Aufl. 2022, Rn. 96.

[137] ADS Rn. 78; BeBiKo/Justenhoven/Kliem/Müller, 13. Aufl. 2022, Rn. 97; aA noch (Aufwandszuordnung durch Schätzung) Geßler/Hefermehl/Kropff AktG § 157 Rn. 97 (Stand: 2000).

[138] ADS Rn. 78; Glade Praxishandbuch Rn. 82; aA im Hinblick auf den überhöhten Ausweis sowohl des laufenden Aufwands als auch der Erträge aus Auflösung HdR/Budde Rn. 45 (Stand: 5/2017).

[139] ADS Rn. 78; BeBiKo/Justenhoven/Kliem/Müller, 13. Aufl. 2022, Rn. 97; Glade Praxishandbuch Rn. 82.

des BilMoG als sonstige betriebliche Erträge gesondert auszuweisen oder im Anhang anzugeben (§ 281 Abs. 2 S. 2 aF). Dieser Ausweis gilt noch für Sonderposten mit Rücklageanteil,
die bis zum 31.12.2009 gebildet wurden und in Geschäftsjahren danach aufgelöst werden
(→ 3. Aufl. 2013, § 273 aF Rn. 3). Die auf den Auflösungsertrag entfallenden Ertragsteuern
sind dann als Steueraufwand auszuweisen (Abs. 2 Nr. 14). Der Auflösungsertrag ist unmittelbar
erfolgsneutral in die Gewinnrücklagen einzustellen und darf mit steuerrechtlichen Abschreibungen nicht verrechnet werden.[140] Art. 67 Abs. 3 S. 1 EGHGB gestattet den Unternehmen
aber auch, diese Sonderposten mit Rücklagenteil beizubehalten und nach den früheren Vorschriften bis zum Ende des Übergangszeitraums bis zum 31.12.2024 fortzuführen.[141]

42   **5. Weitere Fälle.**[142] Sonstige betriebliche Erträge und insbesondere keine „Umsatzerlöse" iSd Abs. 2 Nr. 1, § 277 Abs. 1 (→ § 277 Rn. 16) liegen vor, wenn der Vermögenszufluss
zwar auf geschäftlichen Transaktionen beruht, diese Geschäfte aber **nicht aus einem nach
außen gerichteten Umsatzakt herrühren** (→ § 277 Rn. 14), zB Mieteinnahmen aus
Werkswohnungen, Erträge aus Sozialeinrichtungen und Erträge aus Zulagen und Zuschüssen.
Ebenfalls keine „Umsatzerlöse" sind Erträge aus Transaktionen, die sich nicht als produkt- oder
dienstebezogene **Leistungserbringung** des berichtenden Unternehmens verstehen lassen
(→ § 277 Rn. 10), wie zB Erträge aus derivativen Finanzinstrumenten, soweit sie bilanziell
nicht in Bewertungseinheiten (§ 254) einbezogen werden; dann folgt ihre GuV-Einordnung
dem Grundgeschäft.[143] Weitere Beispiele bilden Erträge aus Sanierungszuschüssen, zB in
Gestalt eines Schuldnachlasses,[144] aus der Aktivierung unentgeltlich erworbener Vermögensgegenstände einschließlich verdeckter Einlagen, soweit sie nicht als „Zuzahlungen" iSd § 272
Abs. 2 Nr. 4 zu qualifizieren sind (→ § 272 Rn. 104),[145] aus Zahlungseingängen auf in früheren Jahren abgeschriebene Forderungen, aus Kostenerstattungen, Rückvergütungen, Gutschriften für vergangene Jahre,[146] aus Schadensersatzleistungen und Versicherungsentschädigungen (sofern nicht bereits Abgang von Anlagevermögen oder Umsatzerlös, → Rn. 37,
→ § 277 Rn. 15), aus Verwaltungskostenumlagen (Gestionsgebühren) bei Konzernen, aus
Weiterbelastungen an Tochtergesellschaften für Personal-, Materialkosten, Altersversorgung,
Abschreibungen, aus Dividenden von Genossenschaften,[147] aus Ausgleichsansprüchen nach
§ 311 Abs. 2 AktG, aus Gewinnausschüttungen auf im Umlaufvermögen bilanzierte GmbH-
Anteile,[148] aus dem Verkauf solcher Anteile, aus Swap-Geschäften, wenn diese nicht eindeutig
einem bestimmten Umsatzgeschäft zugeordnet werden können,[149] sowie aus der Glattstellung,
Veräußerung und dem Verfall von Optionsrechten bzw. Stillhalterpositionen.[150] Eine neuere

140   ADS Rn. 80; HdR/Budde Rn. 49 (Stand: 5/2017).
141   BeBiKo/Schubert EGHGB Art. 67 Rn. 15.
142   Umfangreiche Zusammenstellungen bei ADS Rn. 71; HdR/Budde Rn. 39, 48 (Stand: 5/2017);
       BeBiKo/Justenhoven/Kliem/Müller, 13. Aufl. 2022, Rn. 91; BeckOGK/Baumeister/Freisleben,
       1.11.2022, Rn. 70; Baetge/Kirsch/Thiele/Kirsch/Ewelt-Knauer Bilanzrecht Rn. 94 (Dezember 2015);
       Kirsch/Wulf Rn. 80 ff., insbes. Rn. 82 (Stand: 1.6.2016); Hopt/Merkt, 42. Aufl. 2023, Rn. 8; KKRD/
       Morck/Drüen, 9. Aufl. 2019, Rn. 6; Beck HdR/Winzker B 331 Rn. 152 (Stand: August 2018); Winne-
       feld Bilanz-HdB, 5. Aufl. 2015, G Rn. 186 f.; WP-HdB/Störk, 17. Aufl. 2021, F Rn. 809.
143   HdR/Budde Rn. 47 f., 39 (Stand: 5/2017); BeBiKo/Justenhoven/Kliem/Müller, 13. Aufl. 2022,
       Rn. 163: Aufwendungen aus Derivaten, die in eine Bewertungseinheit einbezogen würden, seien
       „danach zu unterscheiden, ob es sich um Aufwendungen handelt, die aufgrund einer teilweisen Unwirk-
       samkeit der Sicherungsbeziehung entstehen bzw aus nicht abgesicherten Risiken resultieren oder ob es
       sich um sog. wirksame Beträge handelt".
144   BeBiKo/Justenhoven/Kliem/Müller, 13. Aufl. 2022, Rn. 91.
145   Ähnlich Kussmaul/Klein DStR 2001, 189 unter 1.3: Im Gegensatz zum Steuerrecht seien verdeckte
       Einlagen im Handelsrecht „nach hM Erträge gemäß § 275 Abs. 2 Nr. 4 und 15 bzw. Abs. 3 Nr. 6 und
       14 HGB, die in der GuV auszuweisen" seien und den Jahresüberschuss erhöhten. Von den verdeckten
       Einlagen abzugrenzen seien die in § 272 Abs. 2 Nr. 4 HGB geregelten „anderen Zuzahlungen", die
       erfolgsunwirksam in die Kapitalrücklage aufgenommen würden.
146   Eine Verrechnung mit Aufwendungen des laufenden Jahres ist wegen § 246 Abs. 2 unzulässig, ADS
       Rn. 71; aA Beck HdR/Winzker B 331 Rn. 153 (Stand: August 2018).
147   BeBiKo/Justenhoven/Kliem/Müller, 13. Aufl. 2022, Rn. 187.
148   Zum Ausweis in der Bilanz vgl. auch BeBiKo/Schubert/Waubke, 13. Aufl. 2022, § 266 Rn. 128.
149   BeBiKo/Justenhoven/Kliem/Müller, 13. Aufl. 2022, Rn. 210.
150   BeBiKo/Justenhoven/Kliem/Müller, 13. Aufl. 2022, Rn. 98.

Fallgruppe „sonstigen betrieblichen Ertrags" sind die Corona-Sofortmaßnahmen des Bundes und der Länder, die als nicht rückzahlungspflichtige Ertragszuschüsse gewährt werden.[151] Schließlich zu nennen sind hier kraft ausdrücklicher gesetzlicher Anordnung „Erträge aus der Währungsumrechnung" (§ 277 Abs. 5 S. 2) sowie Erträge aus der nach dem BilMoG geänderten Bewertung laufender Pensionen oder Anwartschaften auf Pensionen (Art. 75 Abs. 5 EGHGB iVm Art. 67 Abs. 1 und 2 EGHGB).

V. Materialaufwand (Abs. 2 Nr. 5)

Der BilRUG-Gesetzgeber hat an dem Posten **„Materialaufwand"** festgehalten, 43 obwohl er in der GuV-Gliederung des Anh. V Nr. 5 lit. a Bilanz-RL im Vergleich zu Art. 23 Nr. 5 lit. a RL 78/660/EWG durch den Posten „Roh-, Hilfs- und Betriebsstoffe" ersetzt wurde. Letzterer ist (und war es bereits vor der Reform) in § 275 Abs. 2 Nr. 5 als Unterposten lit. a des „Materialaufwands" („Aufwendungen für Roh-, Hilfs- und Betriebsstoffe [...]") enthalten, dort freilich ergänzt um die (Aufwendungen für die) „bezogenen Waren". Der zweite Unterposten „Aufwendungen für bezogene Leistungen" des „Materialaufwands" der HGB-GuV (§ 275 Abs. 2 Nr. 5 lit. b) entspricht funktionell dem Posten „Sonstige externe Aufwendungen" des Anh. V Nr. 5 lit. b Bilanz-RL und steht den „Roh-, Hilfs- und Betriebsstoffen" wie in der Richtlinie auf gleicher Gliederungsebene gegenüber, allerdings mit dem Unterschied, dass die Bezugnahme auf die übergeordnete Kategorie des „Materialaufwands" in der Bilanz-RL fehlt.

1. Aufwendungen für Roh-, Hilfs- und Betriebsstoffe und für bezogene Waren 44 (Abs. 2 Nr. 5 lit. a). a) Roh-, Hilfs- und Betriebsstoffe.

Selbst erstellte Stoffe fallen als Erzeugnis unter Abs. 2 Nr. 2, § 277 Abs. 2 (→ Rn. 33). Die Einordnung als **Roh-, Hilfs- und Betriebsstoff** (§ 240 Abs. 3) setzt voraus, dass die Stoffe **angeschafft worden** sind und im Unternehmen noch be- bzw. verarbeitet werden (→ § 266 Rn. 54 f., → § 266 Rn. 57). Roh-, Hilfs- und Betriebsstoffe, die nicht für die Fertigung, sondern für Zwecke der Verwaltung und des Vertriebs (etwa Putzmittel für die Reinigung der Räume der Marketingabteilung) angeschafft wurden, sind gleichfalls stets dem Materialaufwand zuzuordnen. Es kann nicht darauf ankommen, welcher Funktionsbereich betroffen ist, da das Gesamtkostenverfahren nur auf Aufwandsarten, nicht aber auf die Zuordnung zu Funktionsbereichen abstellt.[152] Der Posten erfasst demnach den gesamten **Materialverbrauch** des Unternehmens, also alle Aufwendungen, die im Fertigungsbereich, in den Forschungs-, Entwicklungs- und Laborabteilungen sowie in den Verwaltungs- und Vertriebsabteilungen angefallen sind, ohne dass die Aufwendungen einem dieser Bereiche speziell zugeordnet werden müssen.[153] Hierzu gehören zB[154] sämtliche Fertigungsstoffe, Energieaufwendungen (→ Rn. 49), Brenn-, Heizungsstoffe, Reinigungsmaterialien, Reparatur- und Kleinmaterial, Papier, Versandmaterial und Kosten der Außenverpackung[155] (→ § 266 Rn. 57). Für ein Wahlrecht, diese Aufwendungen im Materialaufwand oder in den sonstigen betriebli-

---

[151] Hanke BC 2020, 263 (265).
[152] HdR/Budde Rn. 50 (Stand: 5/2017); Baumbach/Hueck/Schulze-Osterloh, 18. Aufl. 2006, GmbHG § 42 Rn. 442; Staub/Meyer, 6. Aufl. 2021, Rn. 22.
[153] HdR/Budde Rn. 50 (Stand: 5/2017); Kölner Komm AktG/Claussen/Korth, 2. Aufl. 1991, HGB §§ 275–277, AktG § 158 Rn. 43; HK-HGB/Kirnberger 7. Aufl. 2007, Rn. 17; Beck HdR/Wintzker B 332 Rn. 23 (Stand: August 2018); Staub/Meyer, 6. Aufl. 2021, Rn. 22; Winnefeld Bilanz-HdB, 5. Aufl. 2015, G Rn. 195; Biener/Bernecke BiRiLiG S. 211; Westermann BB 1986, 1120 f.; aA – wahlweiser Ausweis des gesamten Materialverbrauches unter Abs. 2 Nr. 5 lit. a oder Ausweis des Materialaufwands von Verwaltung und Vertrieb als „sonstige betriebliche Aufwendungen" – ADS Rn. 83 f.; BeBiKo/Justenhoven/Kliem/Müller, 13. Aufl. 2022, Rn. 116; Kirsch/Wulf Rn. 90 f. (Stand: 1.6.016); BeckOGK/Baumeister/Freisleben, 1.11.2022, Rn. 82; Baetge/Kirsch/Thiele/Kirsch/Ewelt-Knauer Bilanzrecht Rn. 112 (Dezember 2015); WP-HdB/Störk, 17. Aufl. 2021, F Rn. 810 f.
[154] BeBiKo/Justenhoven/Kliem/Müller, 13. Aufl. 2022, Rn. 116; Kirsch/Wulf Rn. 91 (Stand: 1.6.2016); HK-HGB/Kirnberger 7. Aufl. 2007, Rn. 17; WP-HdB/Störk, 17. Aufl. 2021, F Rn. 811.
[155] Zur Unterscheidung von Innen- und Außenverpackung Paelke StBp 1996, 117 (118); App StWa 1993, 114 f.

chen Aufwendungen auszuweisen, gibt es aufgrund der og Konzeption des Gesamtkostenverfahrens keine sachgerechte Begründung.

45   **b) Bezogene Waren.** Mit der Einbeziehung von Aufwendungen für bezogene Waren
geht Abs. 2 Nr. 5 lit. a über den korrespondierenden Posten „Roh-, Hilfs- und Betriebsstoffe"
der Anh. V Nr. 5 Bilanz-RL hinaus. Funktionell handelt es sich eher um „sonstige externe
Aufwendungen" iSv Anh. V Nr. 5 lit. b Bilanz-RL. Aufwendungen sind unter diesem Posten
nur dann zu erfassen, wenn und soweit sie nicht mehr mit ihren Anschaffungskosten bilanziert
werden, etwa weil sie verkauft wurden, verschwunden sind (Inventurdifferenzen) oder abgewertet wurden.[156] „Bezogene Waren" sind **angeschaffte Gegenstände,** die dem betrieblichen Produktionsprozess nicht zugeführt, sondern **unverändert weiterveräußert** werden
sollen (→ § 266 Rn. 55, → § 266 Rn. 61). Sind die Waren in Wert und Menge noch als
Vorräte vorhanden, werden sie mit den Anschaffungskosten aktiviert. Aufwendungen entstehen erst, wenn die Waren veräußert oder verbraucht wurden oder zB wegen Vernichtung
oder aufgrund von Inventurdifferenzen außerplanmäßig abzuschreiben sind (§ 253 Abs. 4).[157]

46   **c) Bemessung der Aufwendungen.** Der Periodenaufwand ergibt sich aus dem
Anfangsbestand laut Eröffnungsbilanz zuzüglich der Zugänge und abzüglich des Endbestan-
des laut Schlussbilanz und Inventar,[158] wodurch grundsätzlich auch Inventur- und Bewertungsdifferenzen zu berücksichtigen sind.[159] **Abschreibungen** in für das Unternehmen
unüblicher Höhe sind unter den Abschreibungen nach Abs. 2 Nr. 7 lit. b auszuweisen,[160]
während planmäßige (§ 253 Abs. 3 S. 1–4) oder außerplanmäßige (§ 253 Abs. 3 S. 5–6, und
Abs. 4–5, § 277 Abs. 3 S. 1) Abwertungen in üblicher Höhe, zB aufgrund von Schwund,
niedrigerer Verkaufserlöse oder schlechter Produktqualität, Materialaufwand darstellen.[161]
Unwesentliche Inventurdifferenzen sind in gleicher Weise zu behandeln, während darüber
hinaus gehende **Verluste durch Brand oder Diebstahl** kein Materialaufwand, sondern
sonstiger betrieblicher Aufwand (Abs. 2 Nr. 8) sind.[162] Bei unwesentlichen Beträgen (sowie
Abgängen von Roh-, Hilfs- und Betriebsstoffen[163]) ist der Ausweis unter Abs. 2 Nr. 5 lit. a
gleichwohl nicht zu beanstanden.[164] Wurden für Roh-, Hilfs- und Betriebsstoffe **Festwerte**
gebildet (§ 240 Abs. 3), sind die Aufwendungen für die Zukäufe des Geschäftsjahres sowie
etwaige Herabsetzungen des Festwertes im Materialaufwand zu zeigen.[165] Heraufsetzungen
bzw. Herabsetzungen des Festwertes sind als Korrektur eines zunächst zu hoch bzw. zu
niedrig angesetzten Aufwandes damit entsprechend zu verrechnen.[166] Gleichfalls als Materi-

---

156 BeBiKo/Justenhoven/Kliem/Müller, 13. Aufl. 2022, Rn. 119.
157 ADS Rn. 88; Biener/Bernecke BiRiLiG S. 211 f.; BeBiKo/Justenhoven/Kliem/Müller, 13. Aufl. 2022,
      Rn. 119; KKRD/Morck/Drüen, 9. Aufl. 2019, Rn. 6; Winnefeld Bilanz-HdB, 5. Aufl. 2015 G
      Rn. 197.
158 Beck HdR/Wintzker B 332 Rn. 54 (Stand: August 2018); Winnefeld Bilanz-HdB, 5. Aufl. 2015, G
      Rn. 199.
159 ADS Rn. 89 ff.; BeBiKo/Justenhoven/Kliem/Müller, 13. Aufl. 2022, Rn. 118; Kirsch/Wulf Rn. 92
      (Stand: 1.6.2016); KKRD/Morck/Drüen, 9. Aufl. 2019, Rn. 6; WP-HdB/Störk, 17. Aufl. 2021, F
      Rn. 814.
160 ADS Rn. 90; BeBiKo/Justenhoven/Kliem/Müller, 13. Aufl. 2022, Rn. 118; WP-HdB/Störk, 17. Aufl.
      2021, F Rn. 814.
161 BeBiKo/Justenhoven/Kliem/Müller, 13. Aufl. 2022, Rn. 118; HK-HGB/Kirnberger 7. Aufl. 2007,
      Rn. 17; WP-HdB/Störk, 17. Aufl. 2021, F Rn. 814.
162 BeBiKo/Justenhoven/Kliem/Müller, 13. Aufl. 2022, Rn. 159 zu „Abgängen von Vorräten ohne Gegen-
      leistung" (soweit es sich nicht um Roh-, Hilfs- und Betriebsstoffe handelt, dann Nr. 5 lit. a).
163 BeBiKo/Justenhoven/Kliem/Müller, 13. Aufl. 2022, Rn. 159 (s. vorige Fn.).
164 ADS Rn. 92; HdR/Budde Rn. 51 f. (Stand: 5/2017); Kölner Komm AktG/Claussen/Korth, 2. Aufl.
      1991, HGB §§ 275–277, AktG § 158 Rn. 45; Kirsch/Wulf Rn. 92 (Stand: 1.6.2016).
165 ADS Rn. 86; BeBiKo/Justenhoven/Kliem/Müller, 13. Aufl. 2022, Rn. 117; Staub/Meyer,
      6. Aufl. 2021, Rn. 22; WP-HdB/Störk, 17. Aufl. 2021, F Rn. 813.
166 ADS Rn. 86; Baetge/Kirsch/Thiele/Kirsch/Ewelt-Knauer Bilanzrecht Rn. 117 (Stand: Dezember
      2015); WP-HdB/Störk, 17. Aufl. 2021, F Rn. 813; im Sinne eines Wahlrechts BeBiKo/Justenhoven/
      Kliem/Müller, 13. Aufl. 2022, Rn. 117: „Abstockungen vom Festwert" seien „unter Posten Nr. 5 lit. a
      oder Posten Nr. 8 (sonstige betriebliche Aufwendungen) auszuweisen"; s. auch Wahlrechts BeBiKo/
      Justenhoven/Kliem/Müller Rn. 91, wo sie „Erträge aus der Heraufsetzung von Festwerten" dem Posten
      Nr. 4 (sonstige betriebliche Erträge) zuordnen.

alaufwand auszuweisen sind Aufwendungen für Zukäufe bei Sachanlagen (§ 266 Abs. 2 A. II.; → § 266 Rn. 29, 34 f.), die als Festwert geführt werden, abzüglich der jeweils aktivierten Zukäufe.[167]

2. Bezogene Leistungen (Abs. 2 Nr. 5 lit. b). Aufwendungen für Material 47 beschränken sich nicht auf Roh-, Hilfs- und Betriebsstoffe, sondern können auch für externe Vorleistungen anfallen.

a) Gleichstellung mit dem Materialaufwand. Der Gesetzgeber hat auf die in 48 Anh. V Nr. 5 lit. b Bilanz-RL (früher Art. 23 Nr. 5 lit. b RL 78/660/EWG) vorgesehene Möglichkeit verzichtet, für bezogene Leistungen eine eigene, den Aufwendungen für „Roh-, Hilfs- und Betriebsstoffe" (bzw. dem „Materialaufwand" iSd Art. 23 Nr. 5 lit. a RL 78/660/EWG) gleichgeordnete Kategorie mit der Postenbezeichnung „Sonstige externe Aufwendungen" zur Verfügung zu stellen. Stattdessen werden solche Aufwendungen als „Aufwendungen für bezogene Leistungen" neben den „Aufwendungen für Roh-, Hilfs- und Betriebsstoffe und bezogene Waren" innerhalb der Kategorie des „Materialaufwands" erfasst (→ Rn. 43). Deshalb sind unter Abs. 2 Nr. 5 lit. b nicht sämtliche Fremdleistungen,[168] sondern nur solche Aufwendungen auszuweisen, die wirtschaftlich dem Materialaufwand gleichgestellt werden können[169] und nicht in der Lieferung von Roh-, Hilfs-, Betriebsstoffe oder Waren bestehen. In der Praxis werden Aufwendungen für **bezogene Leistungen aus dem Fertigungsbereich** am häufigsten vorkommen. Der erforderliche Bezug zur Fertigung setzt voraus, dass Fremdleistungen in die Fertigung eingehen, zB als Lohnbearbeitung und -verarbeitung von zur Verfügung gestellten Rohstoffen oder unfertigen Erzeugnissen.[170] Es sind auch Fremdleistungen mit einzubeziehen, die zwar nicht unmittelbar im Fertigungsbereich anfallen, aber dem Materialaufwand zuzurechnen sind.[171] So sind zB Kosten für das Umschmelzen von Metallen, Lackierarbeiten und Stanzarbeiten dem Stoffeinsatz gleichzustellen. Der Anwendungsbereich ist aber nicht auf die Fertigung beschränkt. Es sind unter diesem Posten auch bezogene Leistungen auszuweisen, die für Forschungs-, Entwicklungs-, Verwaltungs- und Vertriebsabteilungen erbracht werden.[172] **Nicht** von Abs. 2 Nr. 5 lit. b erfasst werden hingegen zB[173] Beratungskosten, Aufwendungen für Leiharbeitskräfte,[174] Fracht- und Transportkosten, Fremdlagerkosten (sofern sie keine Anschaffungsnebenkosten von Roh-, Hilfs- und Betriebsstoffen sind), Lizenzgebüh-

---

[167] Für einen wahlweisen Ausweis auch unter § 275 Abs. 2 Nr. 8: ADS Rn. 87; BeBiKo/Justenhoven/Kliem/Müller, 13. Aufl. 2022, Rn. 117; WP-HdB/Störk, 17. Aufl. 2021, F Rn. 815.

[168] So aber Westermann BB 1986, 1120 (1121); tendenziell auch Oebel WPg 1988, 125 (127).

[169] ADS Rn. 93; HdR/Budde Rn. 53 (Stand: 5/2017); BeBiKo/Justenhoven/Kliem/Müller, 13. Aufl. 2022, Rn. 121; Kirsch/Wulf Rn. 93 (Stand: 1.6.2016): Die hier auszuweisenden Leistungen müssten „in die betriebliche Leistung eingehen" (mit dem Beispiel einer Baufirma, die Ingenieurs- oder Beratungsleistungen von dritter Seite bezogen hat); Hopt/Merkt, 42. Aufl. 2023, Rn. 9; KKRD/Morck/Drüen, 9. Aufl. 2019, Rn. 6; HK-HGB/Kirnberger 7. Aufl. 2007, Rn. 18; Baumbach/Hueck/Schulze-Osterloh, 18. Aufl. 2006, GmbHG § 42 Rn. 443; WP-HdB/Störk, 17. Aufl. 2021, F Rn. 815; aA Doberenz BB 1987, 2990 (2991).

[170] ADS Rn. 94; Hopt/Merkt, 42. Aufl. 2023, Rn. 9; HK-HGB/Kirnberger 7. Aufl. 2007, Rn. 18; WP-HdB/Störk, 17. Aufl. 2021, F Rn. 815.

[171] Ähnlich BeckOGK/Baumeister/Freisleben, 1.11.2022, Rn. 89: Fremdleistungen, die „den entsprechenden, für die Aufwandsart ‚Material' geltenden Kriterien Rechnung tragen"; ADS Rn. 93: Die hier auszuweisenden Aufwendungen für bezogene Leistungen müssten „das Kriterium erfüllen, Materialaufwand zu sein". AA Kölner Komm AktG/Claussen/Korth, 2. Aufl. 1991, HGB §§ 275–277, AktG § 158 Rn. 43.

[172] Kölner Komm RechnungslegungsR/Berndt/Gutsche, 1. Aufl. 2010, Rn. 66: auch Dienstleistungen, die sich auf „die Verwaltung (ausgelagertes Lohnbüro), die Forschung und Entwicklung oder die Energieversorgung (Fremdstrom, Gas, Erdwärme) beziehen"; BeckOGK/Baumeister/Freisleben, 1.11.2022, Rn. 91.

[173] Zusammenstellungen bei ADS Rn. 98; BeBiKo/Justenhoven/Kliem/Müller, 13. Aufl. 2022, Rn. 122; HK-HGB/Kirnberger 7. Aufl. 2007, Rn. 18; Hopt/Merkt, 42. Aufl. 2023, Rn. 9; Kirsch/Wulf Rn. 94 (Stand: 1.6.2016); WP-HdB/Störk, 17. Aufl. 2021, F Rn. 916.

[174] AA – Ausweis unter § 275 Abs. 2 Nr. 5 lit. b, wenn die Leistung im Unternehmen selbst erbracht wurde – Biener/Bernecke BiRiLiG S. 211; HdR/Budde Rn. 55 (Stand: 5/2017).

ren,[175] Mieten, Reisekosten, Telekommunikationskosten, Porti, Provisionen, Prüfungsho-norare, Sachversicherungsprämien, Sachverständigenspesen und Werbekosten.

49   **b) Abgrenzungen.** Die nach Abs. 2 Nr. 5 lit. a einerseits und Nr. 5 lit. b andererseits erforderliche Abgrenzung zwischen Stoffen bzw. Waren und Leistungen ist bei Aufwendungen für bezogene Energie wie Strom, Gas, Erdwärme oder Fernwärme eindeutig, da es sich um Betriebsstoffe (→ § 266 Rn. 57) handelt, die unter Abs. 2 Nr. 5 lit. a auszuweisen sind.[176] Werden Güter im Rahmen von Werklieferungen **teilweise verarbeitet und teil-weise unverändert weitergereicht,** kommt es für den einheitlichen Ausweis darauf an, welcher Teil überwiegt (→ Rn. 8).[177] Zulässig ist auch, unter Abs. 2 Nr. 5 lit. b nur die nicht lagerfähigen Fremdleistungen zu erfassen.[178] Bei Aufwendungen für **Fremdreparatu-ren** ist mit der hM[179] zu differenzieren:[180] Sie fallen unter Abs. 2 Nr. 5 lit. b, wenn sie – wie insbesondere bei Großanlagen – wegen des beträchtlichen Aufwands wirtschaftlich mit dem Materialeinsatz vergleichbar sind. Überwiegt hingegen der Lohnanteil eindeutig gegenüber dem Materialanteil, stehen sie den Wartungsaufwendungen gleich und sind dann als sonstige betriebliche Aufwendungen einzuordnen.[181]

50   **c) Inhaltliche Bestimmtheit.** Die Aufwendungen müssen zudem inhaltlich ausrei-chend bestimmt sein. Daran kann es zB bei Instandhaltungsaufwendungen (§ 249 Abs. 1 Nr. 1) fehlen, wenn der Materialaufwand und der Anteil von Eigen- und Fremdleistungen noch nicht genau bestimmt werden kann. Der Aufwand aus der Zuführung zu solchen Rückstellungen erfolgt dann in der Regel über die „sonstigen betrieblichen Aufwendun-gen" (Abs. 2 Nr. 8). Deshalb können die Aufwendungen erst nach erfolgter Instandhaltung den einschlägigen einzelnen Aufwandsposten zugerechnet werden und zum Ausgleich zu sonstigen betrieblichen Erträgen führen (→ Rn. 40).

VI. Personalaufwand (Abs. 2 Nr. 6)

51   Der Personalaufwand erfasst Produktionskosten sowohl in Form von **„Löhnen und Gehältern"** (An. V Nr. 6 lit. a Bilanz-RL; wörtlich umgesetzt in Abs. 2 Nr. 6 lit. a; → Rn. 52 ff.) als auch in Gestalt **„sozialer Aufwendungen, davon für die Altersversor-gung"** (Anh. V Nr. 6 lit. b Bilanz-RL; vgl. Abs. 2 Nr. 6 lit. b; → Rn. 59 ff.). Abs. 2 Nr. 6 lit. b hat **keine Auffangfunktion,** so dass bestimmte „personalnahe" Aufwendungen nicht als Personalaufwand gezeigt werden können, sondern ggf. sonstige betriebliche Aufwendungen (Abs. 2 Nr. 8) darstellen. Im Einzelnen ist der Begriff des Personalaufwands aus dem Zweck der Aufwandsposten in Abs. 2 Nr. 5–8 zu bestimmen. Der Posten soll deutlich machen,

---

[175] Vgl. BeBiKo/Justenhoven/Kliem/Müller, 13. Aufl. 2022, Rn. 121: Im Einzelfall könne es „sachgerecht sein, entrichtete Lizenzgebühren oder Konzessionsabgaben unter Nr. 5 lit. b zu erfassen, sofern das genutzte Patent bzw Know-how oder das durch die Konzession verliehene Nutzungsrecht als wesentli-cher Bestandteil in die eigene Leistung" eingehe; aA – Einordnung unter § 275 Abs. 2 Nr. 5 lit. b – Glade Praxishandbuch Rn. 113.

[176] HdR/Budde Rn. 53 (Stand: 5/2017); Hoffmann/Lüdenbach NWB Kommentar Bilanzierung, 13. Aufl. 2022, Rn. 23 f.; aA – Ausweis unter § 275 Abs. 2 Nr. 5 lit. b – ADS Rn. 97; Biener/Bernecke BiRiLiG S. 211; WP-HdB/Störk, 17. Aufl. 2021, F Rn. 812, 816; KKRD/Morck/Drüen, 9. Aufl. 2019, Rn. 6; BeBiKo/Justenhoven/Kliem/Müller, 13. Aufl. 2022, Rn. 121; alternativ einen Ausweis unter lit. a oder lit. b für möglich haltend Kirsch/Wulf Rn. 94 (Stand: 1.6.2016), der anerkennt, dass „zB Strom und Gas die wesentlichen Eigenschaften von Betriebsstoffen erfüllen". Der Autor erwähnt (aaO), Verkehrsbetriebe wiesen den Fahrstrom zT unter lit. a aus, „um einen gleichen Ausweis mit den Treibstoffen zu erreichen".

[177] BeBiKo/Justenhoven/Kliem/Müller, 13. Aufl. 2022, Rn. 122.

[178] So Schmeisser/Steinle DB 1986, 2609 (2612).

[179] Vorsichtiger BeckOGK/Baumeister/Freisleben, 1.11.2022, Rn. 95, die keine „hM", sondern nur eine „deutliche Mehrheit" erkennen wollen, der sie zwar nicht ausdrücklich, aber wohl implizit folgen.

[180] ADS Rn. 96; HdR/Budde Rn. 53a (Stand: 5/2017); BeBiKo/Justenhoven/Kliem/Müller, 13. Aufl. 2022, Rn. 123; WP-HdB/Störk, 17. Aufl. 2021, F Rn. 816; aA – Ausweis nur unter § 275 Abs. 2 Nr. 8 – Kölner Komm AktG/Claussen/Korth, 2. Aufl. 1991, HGB §§ 275–277, AktG § 158 Rn. 47; Hopt/Merkt, 42. Aufl. 2023, Rn. 9; nochmals aA – Ausweis unter § 275 Abs. 2 Nr. 5 lit. b, wenn Reparatur dem Fertigungsbereich zuzurechnen ist – Glade Praxishandbuch Rn. 112.

[181] Winnefeld Bilanz-HdB, 5. Aufl. 2015, G Rn. 207.

welcher Teil des betrieblichen Gesamtaufwandes auf den Produktionsfaktor Personal entfällt. Arbeits-, gesellschafts- oder sonstige zivilrechtliche Kriterien sind dafür regelmäßig nicht maßgeblich. Es kommt deshalb weder auf die Art der Arbeit, die Art und Weise ihrer Leistung, ihre Bezeichnung und rechtliche Grundlage, noch auf die Unterscheidung von Geld- oder Sachleistungen an. Der Status als Arbeitnehmer (§ 611a BGB), Angestellter, Komplementär, Vorstand oder Geschäftsführer ist gleichfalls nicht maßgeblich.[182] Löhne und Gehälter einerseits und soziale Aufwendungen andererseits sind getrennt voneinander auszuweisen. Die Beschränkung des Ausweises des Personalaufwands in der GuV auf die Angabe einer Gesamtsumme unter Berufung auf § 265 Abs. 7 Nr. 2 und die Verlagerung der entsprechenden Aufgliederung und des „Davon"-Vermerks bezüglich der Aufwendungen für Altersversorgung (Abs. 2 Nr. 6 lit. b aE) in den Anhang[183] ist nicht zulässig. Der Gesetzgeber hat mit der Aufgliederung in der GuV eine eindeutige Vorgabe gemacht. Es ist zudem nicht ersichtlich, weshalb die Zusammenfassung in der Bilanz die Klarheit der Darstellung fördern soll.

1. Löhne und Gehälter (Abs. 2 Nr. 6 lit. a). a) Gegenleistungscharakter. Der **52** Ausweis als „Löhne und Gehälter" setzt voraus, dass der Aufwand **Gegenleistungscharakter** für erbrachte Leistungen der Beschäftigten des Unternehmens hat. Auszuweisen sind neben den als Hauptleistung zu zahlenden Löhnen und Gehälter aller Beschäftigten auch alle Nebenleistungen, wie zB[184] Ausbildungshilfen an Lehrlinge, Arbeitgeberleistungen zur Anlage nach dem 5. VermBG, vom Arbeitgeber freiwillig gezahlte Arbeitnehmerbeiträge zu den gesetzlichen Sozialversicherungen, allgemeine Aufwandsentschädigungen, Bergmannsprämien, Dienstalterszulagen, Entgeltfortzahlung im Krankheitsfalle aufgrund gesetzlicher oder tarifvertraglicher Verpflichtung, Aufstockungsbeträge zum Kurzarbeitergeld,[185] Erfindervergütungen an Mitarbeiter, Erfolgsprämien an Betriebsangehörige, Erfolgsbeteiligungen, Gefahrenzulagen, Gratifikationen, Hausstandsbeihilfen des Arbeitgebers, Jubiläumszuwendungen, Karenzentschädigungen, Kindergeldbeiträge des Arbeitgebers, Lohnzahlungen für Arbeiten an gesetzlichen Feiertagen, Sonderzulagen für Untertage- oder besonders schwierige Arbeiten, Strom- und Wassergeld, Trennungsentschädigungen, Vergütungen für betriebliche Verbesserungsvorschläge, Überstundenzuschläge, Urlaubsabgeltungen, Urlaubsgelder, Weihnachtsgelder, Wohnungsentschädigungen und Zuschüsse zu Versicherungen zum Zwecke der Befreiung von der gesetzlichen Pflichtversicherung. Abs. 2 Nr. 6 lit. a scheidet dagegen aus, wenn es nicht um die Abgeltung von Leistungen geht, die im gegenseitigen Leistungsaustausch stehen, sondern um den bloßen Ausgleich von Aufwendungen, die im Interesse des Unternehmens übernommen wurden.[186] Daher sind Auslagenerstattungen und Aufwendungsersatz als „sonstige betriebliche Aufwendungen" (Abs. 2 Nr. 8) auszuweisen. Gleiches gilt für Umzugskostenvergütungen, Vergütungen für die Verwendung des eigenen Kfz bei Dienstreisen sowie pauschalierte Spesen für Reisen, Verpflegung und Übernachtung.

Vom Unternehmen übernommene Kirchensteuern und Lohnsteuern einschließlich der **53** pauschalen **Lohnsteuern** (§§ 40 ff. EStG) fallen unter Abs. 2 Nr. 6 lit. a, denn es handelt sich nicht um Unternehmenssteuern bzw. sonstige Steuern iSd Abs. 2 Nr. 16 (→ Rn. 115),

---

[182] ADS Rn. 100, 102, 111; BeBiKo/Justenhoven/Kliem/Müller, 13. Aufl. 2022, Rn. 126, 127; Staub/Meyer, 6. Aufl. 2021, Rn. 24; KKRD/Morck/Drüen, 9. Aufl. 2019, Rn. 6; WP-HdB/Störk, 17. Aufl. 2021, F Rn. 817; Biener/Bernecke BiRiLiG S. 212; aA wohl EBJS/Böcking/Gros/Hanke, 4. Aufl. 2020, Rn. 29: „gewerbliche Arbeitnehmer".

[183] So aber ADS Rn. 48 ff., 123.

[184] Zusammenstellungen bei ADS Rn. 104; Biener/Bernecke BiRiLiG S. 212; BeBiKo/Justenhoven/Kliem/Müller, 13. Aufl. 2022, Rn. 128; HK-HGB/Kirnberger 7. Aufl. 2007, Rn. 19; KKRD/Morck/Drüen, 9. Aufl. 2019, Rn. 6; WP-HdB/Störk, 17. Aufl. 2021, F Rn. 817.

[185] S. zu den Aufstockungsbeträgen BeBiKo/Justenhoven/Kliem/Müller, 13. Aufl. 2022, Rn. 128a; Kliem/Müller, Rechnungslegung in der Corona-Krise, 1. Aufl. 2020, Kap. I, Rn. 11. Das eigentliche Kurzarbeitergeld (§§ 95 ff. SGB III), das dem Arbeitgeber von der Arbeitsagentur erstattet wird, ist aus Sicht des bilanzierenden Unternehmens ein durchlaufender Posten (Rinker BC 2020, 211 (212 f.); BeBiKo/Justenhoven/Kliem/Müller, 13. Aufl. 2022, Rn. 128a).

[186] ADS Rn. 112; Biener/Bernecke BiRiLiG S. 212; BeBiKo/Justenhoven/Kliem/Müller, 13. Aufl. 2022, Rn. 132; HK-HGB/Kirnberger 7. Aufl. 2007, Rn. 19; Baetge/Kirsch/Thiele/Kirsch/Ewelt-Knauer Bilanzrecht Rn. 140 (Dezember 2015); WP-HdB/Störk, 17. Aufl. 2021, F Rn. 820.

sondern um Steuerzahlungen, deren Steuerschuldner der Arbeitnehmer ist und die lediglich vom Unternehmen wirtschaftlich getragen werden.[187] Während die **Anteile des Arbeitgebers** an den Sozialabgaben und Aufwendungen für Altersversorgung unter Abs. 2 Nr. 6 lit. b fallen,[188] sind Entgelte für **Altersteilzeit** grundsätzlich unter Abs. 2 Nr. 6 lit. a auszuweisen.[189] Leistungen aufgrund eines Sozialplans, Abfindungen an ausscheidende Mitarbeiter und Vorruhestandsregelungen werden von Abs. 2 Nr. 6 lit. a erfasst, wenn sie ihren Grund in geleisteten Diensten haben und damit Personalaufwand sind.[190] Bei Zahlungen von **Abfindungen** ist zu unterscheiden: Dient die Abfindung des ausscheidenden Arbeitnehmers (ausnahmsweise) seiner Altersvorsorge, hat ein Ausweis unter Abs. 2 Nr. 6 lit. b zu erfolgen.[191] Soll der Arbeitnehmer etwa in Form besonders hoher Beträge zum Ausscheiden bewegt werden, sind diese Zahlungen als „sonstige betriebliche Aufwendungen" (Abs. 2 Nr. 8) zu behandeln,[192] weil sie keine Gegenleistung für erbrachte Arbeitsleistungen sind (→ Rn. 52). Dies gilt seit dem BilRUG auch für Abfindungen mit außerordentlichem Charakter, zB bei erheblichen und ungewöhnlich hohen Beträgen wegen der Stilllegung eines Teilbetriebs.[193] Vor dem BilRUG waren diese gem. Abs. 2 Nr. 16 aF, § 277 Abs. 4 aF in der Regel noch als „außerordentliche Aufwendungen" zu erfassen.[194]

54   Personalaufwand iSd Abs. 2 Nr. 6 lit. a stellen auch die **Gesamtbezüge geschäftsführender Organe** für ihre Organtätigkeit dar, also für Vorstandsmitglieder der AG, Geschäftsführer der GmbH und Komplementäre der KGaA. Sachlich umfasst sind Bezüge, Provisionen, Tantiemen sowie Urlaubs- und Weihnachtsgeld,[195] gleichfalls regelmäßig gewinnabhängige Vergütungen oder Gewinnbeteiligungen.[196] Gewinnbeteiligungen der Vorstandsmitglieder fallen nicht darunter, wenn ausnahmsweise die Hauptversammlung selbst über die Gewinnbeteiligung des Vorstands entscheiden soll. Der Betrag ist dann in den Gewinnverwendungsvorschlag (§ 170 Abs. 2 AktG) aufzunehmen.[197] Ebenfalls zu den Vergütungsbestandteilen und damit zum Personalaufwand zählen Aktienoptionen an Verwaltungsmitglieder und Mitarbeiter („Stock Options", → § 272 Rn. 83), soweit das Unternehmen die Optionen im Rahmen eines **Programmkaufs** (→ § 272 Rn. 84) auf dem Sekundärmarkt oder von Kooperationspartnern entgeltlich erwirbt. Begibt das Unternehmen die Optionen selbst als Stillhalterin und beschafft es sich **eigene Aktien** auf dem Sekundärmarkt, um die Optionen (mit Erfüllung in Natur) bei Ausübung nach Ablauf der Wartefrist bedienen zu können (→ § 272 Rn. 85), sind die entsprechenden Aufwendungen ebenfalls als Personalaufwand zu buchen. Besonders umstritten ist der Fall, dass das Unternehmen (als AG) die später zu liefernden Aktien im Rahmen einer bedingten Kapitalerhöhung (§ 192 Abs. 2 Nr. 1 AktG) selbst erzeugt (→ § 272 Rn. 90). Die diesbezügliche Dis-

---

[187]   Wichmann BB 1987, 648 (649); ADS Rn. 104; WP-HdB/Störk, 17. Aufl. 2021, F Rn. 817.; BeBiKo/Schmidt/Kliem, 12. Aufl. 2020, Rn. 128, 247.

[188]   Staub/Meyer, 6. Aufl. 2021, Rn. 24 f.

[189]   BeckOGK/Baumeister/Freisleben, 1.11.2022, Rn. 103.

[190]   ADS Rn. 109; HdR/Budde Rn. 56 (Stand: 5/2017); BeBiKo/Justenhoven/Kliem/Müller, 13. Aufl. 2022, Rn. 134; KKRD/Morck/Drüen, 9. Aufl. 2019, Rn. 6; wohl auch (Ausweis „generell" unter § 275 Abs. 2 Nr. 6 lit. a) WP-HdB/Störk, 17. Aufl. 2021, F Rn. 821.

[191]   ADS Rn. 109, 120.

[192]   HdR/Budde Rn. 56 (Stand: 5/2017); BeBiKo/Justenhoven/Kliem/Müller, 13. Aufl. 2022, Rn. 134; Winnefeld Bilanz-HdB, 5. Aufl. 2015, G Rn. 212; aA Baetge/Kirsch/Thiele/Kirsch/Ewelt-Knauer Bilanzrecht Rn. 137 (Dezember 2015), wonach stets ein Ausweis unter § 275 Abs. 2 Nr. 6 vorzunehmen ist, da das Beschäftigungsverhältnis die Wurzel der Abfindungszahlung ist. So auch WP-HdB/Störk, 17. Aufl. 2021, F Rn. 821, sofern keine außerordentlichen Aufwendungen vorliegen.

[193]   BeBiKo/Justenhoven/Kliem/Müller, 13. Aufl. 2022, Rn. 163, 134; Beck HdR/Wintzker B 333 Rn. 47 (Stand: August 2018); WP-HdB/Störk, 17. Aufl. 2021, F Rn. 821.

[194]   ADS Rn. 110; BeckOGK/Baumeister/Freisleben, 1.11.2022, Rn. 105.

[195]   ADS Rn. 103; BeBiKo/Justenhoven/Kliem/Müller, 13. Aufl. 2022, Rn. 130; HK-HGB/Kirnberger 7. Aufl. 2007, Rn. 19; WP-HdB/Störk, 17. Aufl. 2021, F Rn. 817.

[196]   ADS Rn. 103, AktG § 286 Rn. 48; Kölner Komm AktG/Claussen/Korth, 2. Aufl. 1991, HGB §§ 275–277, AktG § 158 Rn. 54; wohl aA WP-HdB/Störk, 17. Aufl. 2021, F Rn. 817: „soweit nicht im Rahmen der Gewinnverwendung gewährt".

[197]   ADS Rn. 103; BeBiKo/Justenhoven/Kliem/Müller, 13. Aufl. 2022, Rn. 130.

kussion pro und contra einer Erfassung der Optionen im Zeitpunkt ihrer Ausgabe verläuft mit denselben Argumenten wie die parallele Diskussion zum Ausweis dieser Gestaltungsvariante in der Bilanz (insbesondere im Rahmen einer Verbindlichkeitsrückstellung sowie in der Kapitalrücklage, → § 272 Rn. 91 f.). Wie an anderer Stelle (→ § 272 Rn. 95) ausführlich dargelegt, vermag keines der Argumente zugunsten einer erfolgswirksamen Erfassung der Optionen zu überzeugen. Im Zusammenhang mit der bedingten Erhöhung des Grundkapitals erleidet das Gesellschaftsvermögen **keinen Nachteil**,[198] so dass mangels pagatorischer Wirkung[199] **weder** die Begebung von Optionen **noch** die Schaffung eines damit korrespondierenden bedingten Kapitals zu **Personalaufwand** führt. Diese Sichtweise widerspricht nicht etwa der Informationsfunktion der GuV (→ Rn. 2), sondern bestärkt sie sogar, denn sie vermeidet Missverständnisse der Bilanzadressaten über die tatsächliche Personalkostenlast des Unternehmens. Dem legitimen Interesse der Jahresabschlussadressaten an darüber hinaus gehenden Informationen über die Art und Höhe der Manager-Vergütung genügen die Anhangangaben gem. § 285 Nr. 9 lit. a („Gesamtbezüge" bzw. bei börsennotierten AG „die Bezüge jedes einzelnen Vorstandsmitglieds"), ergänzt durch den „Vergütungsbericht" nach § 289f Abs. 2 Nr. 1a iVm § 162 AktG, in ausreichendem Maße.

„Personalaufwand" in voller Höhe und nicht partielle Gewinnverwendung (vgl. § 268 **55** Abs. 1 S. 1) sind schließlich auch **unangemessene (überhöhte) Vergütungen** an Vorstandsmitglieder (vgl. auch § 87 Abs. 1 AktG) oder Geschäftsführer, die gleichzeitig Gesellschafter sind.[200] Es besteht kein Anlass, die handelsbilanzielle Behandlung insoweit an die körperschaft- und einkommensteuerrechtliche (§ 8 Abs. 3 S. 2 KStG; § 20 Abs. 1 Nr. 1 S. 2 EStG)[201] oder gesellschaftsrechtliche (§ 57 Abs. 1 S. 1 AktG; ggf. § 30 GmbHG) Bewertung der Überzahlung als „verdeckte Gewinnausschüttung" bzw. „verdeckte Einlagenrückgewähr" zu knüpfen und die sich daraus ergebenden (außerbilanziellen) steuerrechtlichen Korrekturen[202] oder zivilrechtlichen Rückerstattungsansprüche zum Anlass einer handelsbilanziellen Umqualifizierung zu nehmen (zur spiegelbildlichen handelsbilanziellen Behandlung empfangener verdeckter Gewinnausschüttungen, zB als Umsatzerlöse oder Zinsen, → Rn. 79).

b) Mitarbeiter des Unternehmens. Die Aufwendungen müssen zudem für die **56** Beschäftigten des Unternehmens angefallen sein. Für die **Zurechnung zum Unternehmen** ist auf die Kriterien zurückzugreifen, die sich zu § 267 herausgebildet haben (→ § 267 Rn. 9). Löhne und Gehälter für Arbeitskräfte, die bei anderen Unternehmen angestellt sind, stellen keinen Personalaufwand dar, sondern sind stattdessen unter Abs. 2 Nr. 5 lit. b, Nr. 8 zu erfassen. In der Praxis handelt es sich dabei häufig um Fälle der Überlassung von Mitarbeitern durch Personalvermittlungsunternehmen oder Unternehmen desselben Konzerns. Personen, die gemäß vertraglicher Vereinbarung als „Selbstständige" eine Tätigkeit ausüben, sozialversicherungs- oder steuerrechtlich aber als Scheinselbstständige und damit als Arbeitnehmer zu betrachten sind, verursachen Personalaufwand.[203] Das gilt auch dann, wenn die

---

[198] Ebenso zB Walter DStR 2006, 1101 (1104) mwN: „keine Vermögensänderung".
[199] So auch Walter DStR 2006, 1101 (1104), der hinzufügt, das „Kongruenzprinzip", wonach „sich der Totalerfolg des Unternehmens aus der Summe der Periodenerfolge ergeben" müsse, werde „durch eine Erfassung der Gewährung als Personalaufwand verletzt".
[200] Ebenso ADS Rn. 103, § 264 Rn. 124 f. (allg. zur Behandlung „gesellschaftsrechtlich beeinflusster" Geschäfte); aA Siegel BB 1995, 2207 f.; Priester ZGR 1993, 512 (530); Staub/Meyer, 6. Aufl. 2021, Rn. 24 (ohne Begründung): „Richtiger" erscheine es, „solche [steuerrechtlich? gesellschaftsrechtlichen?] verdeckten Gewinnausschüttungen" „ihrer sachlichen Natur entsprechend – als Ergebnisverwendung zu behandeln"; Baumbach/Hueck/Schulze-Osterloh, 18. Aufl. 2006, GmbHG § 42 Rn. 444.
[201] Zur Ermittlung der Angemessenheit von Geschäftsführerbezügen in diesem Rahmen s. zB BFH BStBl. II 2004, 132 = DStR 2003, 1567.
[202] S. zB BFH BStBl. II 2002, 366 = DStR 1994, 1802 unter II. 2. zu einer Tantieme, die als verdeckte Gewinnausschüttung zu beurteilen ist: Die Rechtsfolge des § 8 Abs. 3 S. 2 KStG [1984] erschöpfe sich „in einer Gewinnkorrektur". Es werde „der durch die Tantiemerückstellungen angefallene Aufwand dem steuerlichen Gewinn wieder hinzugerechnet". Die Rechtsfolge des § 8 Abs. 3 S. 2 KStG [1984] bewirke „jedoch nicht die Umqualifizierung von Verbindlichkeiten (Fremdkapital) in Eigenkapital".
[203] Hoffmann/Lüdenbach NWB Kommentar Bilanzierung, 13. Aufl. 2022, Rn. 35, in Bezug auf Handelsvertreter.

Löhne und Gehälter vom Unternehmen berechnet und ausgezahlt werden.[204] Ebenfalls kein Personal des Unternehmens sind freiberuflich tätige Mitarbeiter, so dass entsprechende Entgelte nicht unter Abs. 2 Nr. 6 lit. a,[205] sondern unter Abs. 2 Nr. 5 lit. b oder Nr. 8 fallen. **Aufsichtsratsmitglieder** (§§ 95 ff. AktG) oder Mitglieder eines (freiwilligen) Beirats stehen nach heute hM nicht in einem dienstvertraglichen Anstellungsverhältnis, sondern ausschließlich in einem organschaftlichen Amtsverhältnis zum Unternehmen.[206] Sie erhalten für ihre Überwachungs- und Beratungstätigkeit – zusätzlich zum Auslagenersatz analog § 670 BGB[207] – eine (angemessene) „Vergütung" (§ 113 AktG), die ihren Rechtsgrund folglich nicht in einem Austauschvertrag, insbesondere nicht in § 612 BGB, sondern allein in § 113 Abs. 1 AktG iVm der Gesellschaftssatzung bzw. dem Bewilligungsbeschluss der Gesellschafter findet. Die Vergütung hat daher keinen Gegenleistungscharakter und stellt demzufolge keinen Personalaufwand dar, sondern ist als „sonstige betriebliche Aufwendung" unter Abs. 2 Nr. 8 auszuweisen.[208] Das gilt auch für diejenigen Arbeitnehmervertreter im Aufsichtsrat nach Mitbestimmungsrecht (zB §§ 7, 9 ff. MitbestG), die selbst Arbeitnehmer des Unternehmens sind (zB § 7 Abs. 2 MitbestG). Die Aufsichtsratsbezüge sind vielmehr als sonstige betriebliche Aufwendungen (Abs. 2 Nr. 8) auszuweisen.[209]

57   **c) Periodenzuordnung.** Unter Abs. 1 Nr. 6 lit. a fällt der gesamte, in der Periode entstandene Personalaufwand, unabhängig von dessen Auszahlung (§ 252 Abs. 1 Nr. 5). Am Geschäftsjahresende noch nicht ausgezahlte Löhne und Gehälter sind als Verbindlichkeiten, nicht ausgezahlte Tantiemen zumeist im Rahmen der Personalrückstellungen auszuweisen.[210] Ihre spätere Auszahlung wirkt sich auf die GuV nur aus und wird von Abs. 2 Nr. 6 lit. a nur erfasst, wenn entsprechende Verbindlichkeiten oder Rückstellungen nicht oder nicht in ausreichender Höhe bilanziert wurden.[211] Nicht unwesentliche Beträge sind im Anhang anzugeben (§ 285 Nr. 32 idF des BilRUG, → § 277 Rn. 5). **Vorschüsse** auf Löhne und Gehälter stellen bis zur Verrechnung oder Rückzahlung aktivierungspflichtige Forderungen dar und sind im Hinblick auf die Periodenabgrenzung zu diesem Zeitpunkt kein Aufwand.[212]

58   **d) Höhe.** Auszuweisen ist die Summe sämtlicher im Geschäftsjahr geleisteter Einzelbeträge. Maßgebend sind die **Bruttobeträge** der Löhne und Gehälter einschließlich Steuern und Sozialabgaben, die der Arbeitnehmer zu tragen hat.[213] Dem Arbeitnehmer überlassene **Sachwerte,** wie zB die Überlassung eines Dienstwagens, der auch zu privaten Zwecken genutzt werden kann, Deputate, mietfrei oder ermäßigt überlassene Dienstwohnungen, sind ebenfalls als Personalaufwand zu erfassen.[214] Wird Betriebsangehörigen für Deputate ein Vorzugspreis eingeräumt, ist der Unterschied zum üblichen Verkaufspreis maßgebend.[215]

[204]   ADS Rn. 100; BeBiKo/Justenhoven/Kliem/Müller, 13. Aufl. 2022, Rn. 132; WP-HdB/Störk, 17. Aufl. 2021, F Rn. 820.
[205]   BeBiKo/Justenhoven/Kliem/Müller, 13. Aufl. 2022, Rn. 132.
[206]   ZB Koch, 16. Aufl. 2022, AktG § 113 Rn. 3, AktG § 101 Rn. 2.
[207]   ZB Koch, 16. Aufl. 2022, AktG § 113 Rn. 7.
[208]   S. zB WP-HdB/Störk, 17. Aufl. 2021, F Rn. 823: „Aufsichtsratsbezüge (feste Bezüge wie auch Gewinnbeteiligungen)" fielen „nicht unter Nr. 6 lit. a, sondern unter Nr. 8".
[209]   ADS Rn. 113; HdR/Budde Rn. 55 (Stand: 5/2017); BeBiKo/Justenhoven/Kliem/Müller, 13. Aufl. 2022, Rn. 131; KKRD/Morck/Drüen, 9. Aufl. 2019, Rn. 6; WP-HdB/Störk, 17. Aufl. 2021, F Rn. 823.
[210]   ADS Rn. 101, 106; BeBiKo/Justenhoven/Kliem/Müller, 13. Aufl. 2022, 127; HK-HGB/Kirnberger 7. Aufl. 2007, Rn. 19.
[211]   ADS Rn. 101; BeBiKo/Justenhoven/Kliem/Müller, 13. Aufl. 2022, Rn. 127; Heymann/Herrmann, 3. Aufl. 2020, Rn. 13; HK-HGB/Kirnberger 7. Aufl. 2007, Rn. 19; WP-HdB/Störk, 17. Aufl. 2021, F Rn. 817.
[212]   ADS Rn. 101; BeBiKo/Justenhoven/Kliem/Müller, 13. Aufl. 2022, Rn. 127; Baetge/Kirsch/Thiele/Kirsch/Ewelt-Knauer Bilanzrecht Rn. 134 (Dezember 2015); WP-HdB/Störk, 17. Aufl. 2021, F Rn. 818.
[213]   ADS Rn. 100; BeBiKo/Justenhoven/Kliem/Müller, 13. Aufl. 2022, Rn. 127; HK-HGB/Kirnberger 7. Aufl. 2007, Rn. 19; WP- WP-HdB/Störk, 17. Aufl. 2021, F Rn. 817.
[214]   ADS Rn. 105; Biener/Bernecke BiRiLiG S. 212; BeBiKo/Justenhoven/Kliem/Müller, 13. Aufl. 2022, Rn. 129; KKRD/Morck/Drüen, 9. Aufl. 2019, Rn. 6; WP-HdB/Störk, 17. Aufl. 2021, F Rn. 817.
[215]   ADS Rn. 105; WP-HdB/Störk, 17. Aufl. 2021, F Rn. 817.

Im Übrigen können die Richtlinien der Finanzverwaltung und die steuerrechtlichen Bewertungsgrundsätze für Sachbezüge weitgehend herangezogen werden (vgl. etwa LStR 2011 R 8. 1. „Bewertung der Sachbezüge", zu § 8 Abs. 2 EStG).[216]

2. Abs. 2 Nr. 6 lit. b. Die Vorschrift unterscheidet **zwei Aufwandsarten:** Zum einen 59 „soziale Abgaben und Aufwendungen für Unterstützung", die gemeinsam ausgewiesen werden können, was eine genaue Abgrenzung dieser Aufwandsposten entbehrlich macht. Zum anderen „Aufwendungen für Altersversorgung", die stets gesondert ausgewiesen werden („Davon"-Vermerk) und deshalb von den beiden anderen Aufwandsarten abzugrenzen sind.

a) Soziale Abgaben, Unterstützungsaufwendungen. Mit **sozialen Abgaben** sind 60 die gesetzlichen Pflichtzahlungen des Unternehmens gemeint. Erfasst werden ua[217] Arbeitgeberanteile an der gesetzlichen Sozialversicherung (Renten-, Kranken-, Pflege- und Arbeitslosenversicherung), Knappschaftsbeiträge, Beiträge zur Berufsgenossenschaft (auch alte Rentenlasten der Bergbauberufsgenossenschaft), Umlagen für Insolvenzgeld (früher: Konkursausfallgeld) sowie wegen ihres Ersatzcharakters Beiträge zu Lebensversicherungen von Arbeitnehmern, die zu einer Befreiung von der Pflichtversicherung abgeschlossen wurden. Nicht unter die sozialen Abgaben fallen im Krankheitsfall weitergezahlte Bezüge,[218] die bei freiwilliger Zahlung Unterstützungsaufwendungen (→ Rn. 61) sind. Zahlt der Arbeitgeber bei Krankheit des Arbeitnehmers die Bezüge aufgrund einzelvertraglicher Verpflichtung, einer Betriebsvereinbarung oder einer gesetzlichen Verpflichtung, hat ein Ausweis als Lohn- und Gehaltsbestandteil unter Abs. 2 Nr. 6 lit. a zu erfolgen (→ Rn. 52).[219]

Für den Ausweis von Aufwendungen als **Unterstützung** sind drei Voraussetzungen 61 erforderlich:[220] Es muss zum einen um Zahlungen ohne konkrete Gegenleistung gehen, da es sich ansonsten um Lohn oder Gehalt handelt (Abs. 2 Nr. 6 lit. a). Darüber hinaus muss der Aufwand tätige oder frühere Betriebsangehörige oder deren Hinterbliebene betreffen. Zahlungen im Zusammenhang mit betriebsfremden Personen sind kein Personalaufwand, sondern sonstige betriebliche Aufwendungen (Abs. 2 Nr. 8; → Rn. 56).[221] Schließlich muss die Zahlung dem Gesetzeswortlaut entsprechend Unterstützungscharakter haben, also in einer Sondersituation Ausgleichsbedürfnisse decken. Hierzu zählen sozial motivierte Leistungen zur Milderung besonderer Belastungen, wie zB[222] freiwillige Unterstützungszahlungen bei Krankheit, Unterstützungszahlungen bei Unfall, Erholungs-, Kur-, Krankenhaus-, Arztkostenbeihilfen, Deputate an Pensionäre, Witwen und Invalide, Familienfürsorgezahlungen, Hausbrandzuschüsse, Heirats- und Geburtsbeihilfen sowie ähnliche lohnsteuerfreie Zuwendungen, ferner Zuweisungen an rechtlich selbstständige Sozialkassen und Unterstüt-

---

216 ADS Rn. 105; krit. bzgl. Kfz-Aufwendungen Wichmann BB 1989, 1792 (1793).

217 Zusammenstellungen bei BeckOGK/Baumeister/Freisleben, 1.11.2022, Rn. 109 ff.; ADS Rn. 116 f.; Biener/Bernecke BiRiLiG S. 212; BeBiKo/Justenhoven/Kliem/Müller, 13. Aufl. 2022, Rn. 136; HK-HGB/Kirnberger 7. Aufl. 2007, Rn. 20; KKRD/Morck/Drüen, 9. Aufl. 2019, Rn. 6; WP-HdB/Störk, 17. Aufl. 2021, F Rn. 824.

218 ADS Rn. 118; WP-HdB/Störk, 17. Aufl. 2021, F Rn. 826.

219 Kirsch/Wulf Rn. 100 (Stand: 1.6.2016): „Löhne und Gehälter, wenn die Zahlungen auf gesetzlichen Bestimmungen oder tarifrechtlichen Vereinbarungen" basieren; möglicherweise enger ADS Rn. 115 (ohne den Fall der Lohnfortzahlung ausdrücklich zu benennen): Soziale Abgaben seien „lediglich die gesetzlichen Pflichtabgaben", „nicht dagegen Aufwendungen, die aufgrund eines Tarifvertrages oder einer Betriebsvereinbarung" anfielen; aA – vertragliche und freiwillige Sozialaufwendungen mitumfasst – HdR/Budde Rn. 59 (Stand: 5/2017); → Rn. 64.

220 ADS Rn. 122; HdR/Budde Rn. 60 (Stand: 5/2017); BeBiKo/Justenhoven/Kliem/Müller, 13. Aufl. 2022, Rn. 138; HK-HGB/Kirnberger 7. Aufl. 2007, Rn. 22; WP-HdB/Störk, 17. Aufl. 2021, F Rn. 828; EBJS/Böcking/Gros/Hanke, 4. Aufl. 2020, Rn. 22.

221 ADS Rn. 116; Kölner Komm AktG/Claussen/Korth, 2. Aufl. 1991, HGB §§ 275–277, AktG § 158 Rn. 57; BeBiKo/Justenhoven/Kliem/Müller, 13. Aufl. 2022, Rn. 138; WP-HdB/Störk, 17. Aufl. 2021, F Rn. 828; EBJS/Böcking/Gros/Hanke, 4. Aufl. 2020, Rn. 22.

222 Zusammenstellungen bei ADS Rn. 122; Biener/Bernecke BiRiLiG S. 212; BeBiKo/Justenhoven/Kliem/Müller, 13. Aufl. 2022, Rn. 138; HK-HGB/Kirnberger 7. Aufl. 2007, Rn. 22; KKRD/Morck/Drüen, 9. Aufl. 2019, Rn. 6; WP-HdB/Störk, 17. Aufl. 2021, F Rn. 829; EBJS/Böcking/Gros/Hanke, 4. Aufl. 2020, Rn. 22.

zungseinrichtungen des Arbeitgebers zur Deckung von Unterstützungsleistungen. Kosten für Sozialeinrichtungen des Unternehmens, wie zB Betriebsärzte, Erholungsheime, Unkosten für Ausbildungs- und Schulungseinrichtungen sind keine Unterstützungsaufwendungen, sondern können „sonstige Sozialleistungen" sein (→ Rn. 65).[223]

62   **b) Altersversorgung.** Die Aufwendungen für Altersversorgung umfassen die Zuführungen zu den Pensionsrückstellungen gegenüber tätigen oder nicht mehr tätigen Betriebsangehörigen (Begriff wie bei Abs. 2 Nr. 6 lit. a; → Rn. 56 f.) sowie deren Angehörigen[224] und den sonstigen Altersvorsorgeaufwand des Geschäftsjahres.[225] Sie sind von Aufwendungen mit Gegenleistungscharakter (Löhne und Gehälter), sozialen Abgaben in Form gesetzlicher Sozialversicherungsabgaben, Unterstützungsaufwendungen und sonstigen sozialen Aufwendungen (→ Rn. 65) abzugrenzen. Bei Pensionszahlungen kommt es nur dann zu Pensionsaufwand, wenn sie nicht erfolgsneutral zu Lasten der Pensionsrückstellungen geleistet wurden.[226] Die Altersversorgung ist gem. Abs. 2 Nr. 6 lit. b grundsätzlich gesondert als Unterposten mit dem (Davon-)Vermerk „davon für Altersversorgung" auszuweisen. Es ist zulässig, stattdessen den Posten nach Nr. 6 lit. b in die gleichrangigen Unterposten „soziale Abgaben und Aufwendungen für Unterstützung" und „Aufwendungen für Altersversorgung" zu untergliedern.[227] Falls es die Klarheit der Darstellung vergrößert, darf der Posten ausnahmsweise zusammengefasst ausgewiesen werden; dann sind die zusammengefassten (Unter-)Posten jedoch im Anhang gesondert anzugeben (§ 265 Abs. 7 Nr. 2). Ein saldierter Ausweis der Auflösungen und Zuführungen zu den verschiedenen Pensionsrückstellungen mit der Bezeichnung „Zuführungen" unter Abs. 2 Nr. 6 lit. b ist trotz § 246 Abs. 2 S. 1 zulässig, weil die einzelnen Vorgänge hier zu unselbstständigen Rechnungsposten einer „nach mathematischen Grundsätzen geschätzten ‚Gesamtlast'" verschmelzen.[228]

63   **Beispiele** für Aufwendungen zur Altersversorgung sind[229] **Pensions- und Deputatleistungen** mit und ohne Rechtsanspruch des Empfängers, Zuweisungen an Unterstützungs- und Pensionskassen, freiwillige Aufwendungen des Unternehmens für die künftige Altersversorgung von Mitarbeitern, die keine gesetzlichen Sozialabgaben sind und dem Begünstigten einen direkten Anspruch auf die Altersversorgungsleistungen gewähren, Überbrückungs- und Gnadengehälter sowie Beiträge zur Insolvenzsicherung von betrieblichen Versorgungszusagen an den Pensionssicherungsverein. Der erforderliche Bezug zur Altersversorgung fehlt dagegen, wenn Prämien für eine betriebliche Rückdeckungsversicherung, die nicht als Rückdeckungsanspruch zu aktivieren, sondern nach § 246 Abs. 2 S. 2 als Deckungsvermögen von den Altersversorgungsverpflichtungen abzusetzen sind, zur Sicherstellung der Gesellschaft selbst dienen und daher sonstige betriebliche Aufwendungen (Abs. 2 Nr. 8) sind.[230] Aufwendungen für **Direktversicherungsprämien** sind „Altersversorgung", wenn der Arbeitnehmer im Versicherungsfall einen unmittelbaren Leistungsanspruch erhält und die Aufwendungen aufgrund der gesamten Umstände nicht als Lohn oder Gehalt einzuordnen sind.[231] **Vorruhestandsleis-**

---

[223]   ADS Rn. 122; WP-HdB/Störk, 17. Aufl. 2021, F Rn. 828.
[224]   BeBiKo/Justenhoven/Kliem/Müller, 13. Aufl. 2022, Rn. 137; Kirsch/Wulf Rn. 101 (Stand: 1.6.2016): „Hinterbliebene ehemaliger Arbeitnehmer"; WP-HdB/Störk, 17. Aufl. 2021, F Rn. 827.
[225]   BeBiKo/Justenhoven/Kliem/Müller, 13. Aufl. 2022, Rn. 139.
[226]   ADS Rn. 119; BeBiKo/Justenhoven/Kliem/Müller, 13. Aufl. 2022, Rn. 137, 140; HK-HGB/Kirnberger 7. Aufl. 2007, Rn. 21; WP-HdB/Störk, 17. Aufl. 2021, F Rn. 827.
[227]   ADS Rn. 123; zust. BeBiKo/Justenhoven/Kliem/Müller, 13. Aufl. 2022, Rn. 139.
[228]   BeBiKo/Schmidt/Kliem, 12. Aufl. 2020, Rn. 138; ähnlich HdR/Budde Rn. 61c (Stand: 5/2017): Die Saldierung der Auflösungen und Zuführungen sei „für eine klare Darstellung der Ertragslage […] sachgerechter".
[229]   Zusammenstellungen bei ADS Rn. 119; Biener/Bernecke BiRiLiG S. 212; HdR/Budde Rn. 61 (Stand: 5/2017); BeBiKo/Schmidt/Kliem, 12. Aufl. 2020, Rn. 135; Beck HdR/Wintzker B 333, Rn. 88 (Stand: August 2018); HK-HGB/Kirnberger 7. Aufl. 2007, Rn. 21; KKRD/Morck/Drüen, 9. Aufl. 2019, Rn. 6; WP-HdB/Störk, 17. Aufl. 2021, F Rn. 824, 827.
[230]   Wichmann BB 1989, 1228 (1234); HdR/Budde Rn. 61b (Stand: 5/2017); ADS Rn. 119; BeBiKo/Justenhoven/Kliem/Müller, 13. Aufl. 2022, Rn. 137; WP-HdB/Störk, 17. Aufl. 2021, F Rn. 827.
[231]   HdR/Budde Rn. 59, 61 (Stand: 5/2017); BeBiKo/Justenhoven/Kliem/Müller, 13. Aufl. 2022, Rn. 137; WP-HdB/Störk, 17. Aufl. 2021, F Rn. 822.

tungen für die vorzeitige Beendigung des Arbeitsverhältnisses sind im Einzelfall zu beurteilen.[232] Sie können pensionsähnlich und damit Altersversorgung sein oder als Entgelt oder Abfindung[233] (→ Rn. 53) Lohn oder sonstige betriebliche Aufwendungen darstellen. Ebenfalls unter Abs. 2 Nr. 6 lit. b auszuweisen sind „Erfolgswirkungen aus der Veränderung von Pensionsrückstellungen im Zusammenhang mit Unternehmensumstrukturierungen oder Änderungen von Versorgungszusagen".[234]

Der im Zuführungsbetrag zur Pensionsrückstellung enthaltene **Zinsanteil** ist nach § 277 **64** Abs. 5 gesondert im Finanzergebnis auszuweisen (→ § 277 Rn. 41 ff.).[235] Obgleich § 277 Abs. 5 S. 1 nur auf Erträge bzw. Aufwendungen aus der Abzinsung Bezug nimmt, fallen auch Zinseffekte aus der Aufzinsung darunter (→ § 277 Rn. 42).[236] Damit ist der deutsche Gesetzgeber der früher im Schrifttum vorgeschlagenen Auffassung (→ 2. Aufl. 2008, Rn. 59) gefolgt und hat sich den internationalen Rechnungslegungsstandards angenähert, ohne sie aber vollumfänglich zu übernehmen, weil der getrennte Ausweis zwar bei den sonstigen Rückstellungen verpflichtend ist (IAS 37.60), die einzelnen Komponenten des Pensionsaufwands nach IAS 19.134 aber wahlweise zusammen oder getrennt ausgewiesen werden können.[237]

c) Sonstige Sozialleistungen. Die einzelnen Varianten von Abs. 2 Nr. 6 lit. a und b **65** erfassen nicht alle Kosten eines **Personalaufwandes im weiteren Sinne.** Das ist namentlich der Fall bei Sozialleistungen ohne Gegenleistungscharakter (→ Rn. 52), die nicht kraft gesetzlicher Verpflichtung, sondern freiwillig oder aufgrund von Tarifverträgen oder Betriebsvereinbarungen gewährt werden (→ Rn. 60) und auch nicht zur Unterstützung dienen (→ Rn. 61). Solche Aufwendungen zB für Betriebsärzte, Erholungsheime, Betriebsfeiern oder Ausbildungs- und Schulungseinrichtungen sind sonstige betriebliche Aufwendungen (Abs. 2 Nr. 8).[238]

VII. Abschreibungen (Abs. 2 Nr. 7)

1. Übersicht. Die nach dem Gesamtkostenverfahren aufgestellte GuV soll über sämtli- **66** che betriebliche Aufwandsarten des Geschäftsjahres informieren (→ Rn. 16, → Rn. 25), und hat deshalb auch anzugeben, inwieweit Aufwand in Form von **Abschreibungen** entstanden ist. Der Ort des Ausweises des Abschreibungsaufwandes richtet sich weitgehend

---

[232] Förschle/Kropp DB-Beil. 23/1984, 1 (5 ff.); ADS Rn. 120; BeBiKo/Justenhoven/Kliem/Müller, 13. Aufl. 2022, Rn. 134, 137; wohl auch HK-HGB/Kirnberger 7. Aufl. 2007, Rn. 21.

[233] WP-HdB/Störk, 17. Aufl. 2021, F Rn. 686: Vorruhestandsleistungen, die im Regelfall den Zeitraum nach Beendigung des Arbeitsverhältnisses beträfen, hätten „Abfindungscharakter".

[234] Vgl. IDW RS HFA 30 nF (Stand: 16.12.2016), Rn. 88: Die genannten Erfolgswirkungen seien „im operativen Ergebnis zu erfassen"; zust. in Zusammenhang mit der Auslagerung von Direktzusagen auf Pensionsfonds Wellisch/Lüken BB 2011, 1131 (1132); ausf. zur Bilanzierung von Altersversorgungsverpflichtungen und zu den Neuerungen durch IDW RS HFA 30 n.F. Zwirner BC 2017, 474 ff.

[235] Hierzu zB IDW RS HFA 30 n.F. (Stand: 16.12.2016) Rn. 86; EBJS/Böcking/Gros/Hanke, 4. Aufl. 2020, Rn. 22; HdR/Budde Rn. 61 (Stand: Mai 2017); Gelhausen/Fey/Kämpfer I Rn. 90 f.; Kölner Komm RechnungslegungsR/Berndt/Gutsche, 1. Aufl. 2011, Rn. 80; Pellens/Sellhorn/Strzyz DB 2008, 2373. Nach Hoffmann/Lüdenbach (NWB Kommentar Bilanzierung, 13. Aufl. 2022, Rn. 43) soll § 277 Abs. 5 auf Aufzinsungseffekte nicht anwendbar sein, weshalb das Unternehmen ein Wahlrecht habe, den Zinsanteil im Personal- oder Zinsaufwand auszuweisen.

[236] Vgl. auch BeBiKo/Justenhoven/Kliem/Müller, 13. Aufl. 2022, Rn. 140 mit dem zutr. Hinweis, dass im Hinblick auf die teilweise erheblichen Zinseffekte der Personal- bzw. Sozialaufwand durch die Einbeziehung des Zinsanteils verfälscht dargestellt würde.

[237] S. Beck IFRS-HdB/Höpken/Torner, 6. Aufl. 2020, § 26 Rn. 84; MüKoBilanzR/Kessler/Freisleben IIFRS, 1. Aufl. 2013, Rn. 336 unter Bezug auf den damaligen IAS 19.119 (jetzt IAS 19.134 S. 2 idF ab 9.6.2012), der wie folgt lautete: „Dieser Standard enthält keine Regelungen, ob ein Unternehmen den laufenden Dienstzeitaufwand, den Zinsaufwand und die erwarteten Erträge aus Planvermögen in der Gesamtergebnisrechnung zusammengefasst als Komponenten eines bestimmten Aufwands- oder Ertragspostens ausweisen muss".

[238] ADS Rn. 122, 123a; BeBiKo/Justenhoven/Kliem/Müller, 13. Aufl. 2022, Rn. 136; WP-HdB/Störk, 17. Aufl. 2021, F Rn. 829; Kirsch/Wulf Rn. 100 (Stand: 1.6.2016); aA (§ 275 Abs. 2 lit. b) HdR/Budde Rn. 60 (Stand: 5/2017): Ausweis als „Aufwendungen für Unterstützung"; Biener/Bernecke BiRiLiG S. 212.

nach dem Gegenstand der jeweiligen Abschreibung. Daher kommt es darauf an, ob die erforderliche Abschreibung ein bestimmtes Anlagevermögen, das Disagio nach § 250 Abs. 3 (dann Abs. 2 Nr. 13)[239] oder Finanzanlagen oder Wertpapiere des Umlaufvermögens (dann Abs. 2 Nr. 12, § 266 Abs. 2 A. III., B. III.; → Rn. 95, → § 266 Rn. 37 ff., → § 266 Rn. 73 ff.)[240] betrifft. Gleiches gilt grundsätzlich für Abschreibungen auf fertige oder unfertige Erzeugnisse (Abs. 2 Nr. 2), Roh-, Hilfs- und Betriebsstoffe sowie bezogene Waren (Abs. 2 Nr. 5 lit. a) oder sonstiges Umlaufvermögen (Abs. 2 Nr. 8), es sei denn, dass diese Abschreibungen die übliche Höhe überschreiten (dann Abs. 2 Nr. 7 lit. b; → Rn. 71 f.).[241] Abschreibungen auf Sonderposten nach den § 17 Abs. 4 DMBilG, § 24 Abs. 5 DMBilG betreffen schließlich weder Anlage- noch Umlaufvermögen und sind als sonstige betriebliche Aufwendungen (Abs. 2 Nr. 8) auszuweisen.[242]

67   **2. Abs. 2 Nr. 7 lit. a.** Der Posten orientiert sich am **Gegenstand der Abschreibung** und bezieht sich zunächst auf die Bilanzposten in § 266 Abs. 2 A. I. und II.[243] Er erfasst demnach sämtliche (§ 246 Abs. 1 S. 1) Abschreibungen auf immaterielle Vermögensgegenstände (§ 266 Abs. 2 A. I.; → § 266 Rn. 21 ff.) einschließlich des derivativen Geschäfts- oder Firmenwerts (§ 246 Abs. 1 S. 4) und auf Sachanlagen (§ 266 Abs. 2 A. II.; → § 266 Rn. 29 ff.). Abschreibungen auf aktivierte Aufwendungen für die Ingangsetzung und Erweiterung des Geschäftsbetriebs sind mit der Aufhebung des Aktivierungswahlrechts (§ 269 aF) durch das BilMoG nicht mehr möglich (→ 3. Aufl. 2013, § 269 aF Rn. 5 ff.).

68   Eine Aufgliederung des Abschreibungsbetrages nach den einzelnen Posten der immateriellen Vermögensgegenstände und Sachanlagen in der GuV ist nicht erforderlich, weil die Angaben hierfür nach § 284 Abs. 3 (→ § 268 Rn. 1) ohnehin im Anlagegitter des Anhangs gemacht werden müssen (→ Rn. 70). Der Posten beschränkt sich außerdem auf „Abschreibungen". **Buchverluste** aus dem **Abgang von Anlagevermögen** sind deshalb **nicht** als Abschreibungen, sondern regelmäßig als sonstige betriebliche Aufwendungen (Abs. 2 Nr. 8) zu berücksichtigen (→ Rn. 74),[244] weil ein Ausweis unter Abs. 2 Nr. 7 lit. a eine Abstimmung der GuV mit dem Anlagengitter (→ Rn. 70) für den Ausweis von Abschreibungen unmöglich machen würde.

69   Auf den **Grund der Abschreibung** kommt es nicht an, so dass sowohl planmäßige (§ 253 Abs. 3 S. 1–4 idF des BilRUG) als auch außerplanmäßige Abschreibungen (§ 253 Abs. 3 S. 4 und S. 6 idF des BilRUG) erfasst werden.[245] Die Abschreibungen dürfen dabei nicht mit Wertaufholungen (§ 253 Abs. 5) saldiert werden (§ 246 Abs. 2 S. 1), selbst wenn der ursprüngliche Abschreibungsaufwand zB unter Abs. 2 Nr. 7 lit. a ausgewiesen wurde.[246]

70   Darüber hinaus ist zu beachten, dass der unter dem Posten Nr. 7 lit. a ausgewiesene Gesamtabschreibungsbetrag mit der Summe der Jahresabschreibungen im Anhang (§ 284

---

[239] BeBiKo/Justenhoven/Kliem/Müller, 13. Aufl. 2022, Rn. 206; Haufe-HGB/Wobbe Rn. 176 (Stand: 19.10.2021).

[240] BeBiKo/Justenhoven/Kliem/Müller, 13. Aufl. 2022, Rn. 146, 143; Kirsch/Wulf Rn. 113 (Stand: 1.6.2016): „Im Interesse einer klaren Trennung von Betriebs- und Finanzergebnis" seien „die gesamten Abschreibungen" auf Wertpapiere des Umlaufvermögens unter Abs. 2 Nr. 12 zu erfassen; Hopt/Merkt, 42. Aufl. 2023, Rn. 11; WP-HdB/Störk, 17. Aufl. 2021, F Rn. 832.

[241] ADS Rn. 130; BeBiKo/Justenhoven/Kliem/Müller, 13. Aufl. 2022, Rn. 150; Hopt/Merkt, 42. Aufl. 2023, Rn. 11; Kirsch/Wulf Rn. 111 (Stand: 1.6.2016); WP-HdB/Störk, 17. Aufl. 2021, F Rn. 832.

[242] Großzügiger ADS Rn. 128a: Ausweis als neuer Posten nach § 265 Abs. 5 S. 2 ebenfalls zulässig.

[243] Bericht RA zum BiRiLiG, BT-Drs. 10/4268, 108.

[244] ADS Rn. 128; Kölner Komm RechnungslegungsR/Berndt/Gutsche, 1. Aufl. 2010, Rn. 96; Kirsch/Wulf Rn. 109 (Stand:1.6.2016); Baumbach/Hueck/Schulze-Osterloh, 18. Aufl. 2006, GmbHG § 42 Rn. 446; Winnefeld Bilanz-HdB, 5. Aufl. 2015, G Rn. 239; WP-HdB/Störk, 17. Aufl. 2021, F Rn. 831.; aA Biener/Bernecke BiRiLiG S. 212 f.

[245] ADS Rn. 124; HdR/Budde Rn. 63 (Stand: 5/2017); HK-HGB/Kirnberger 7. Aufl. 2007, Rn. 24; Hopt/Merkt, 42. Aufl. 2023, Rn. 11; KKRD/Morck/Drüen, 9. Aufl. 2019, Rn. 6; ADS Rn. 124; HK-HGB/Kirnberger 7. Aufl. 2007, Rn. 24.

[246] ADS Rn. 127; HdR/Budde Rn. 65 (Stand: 5/2017); Kölner Komm AktG/Claussen/Korth, 2. Aufl. 1991, HGB §§ 275–277, AktG § 158 Rn. 66.

Abs. 3 Nr. 1) identisch sein muss.[247] Außerplanmäßige Abschreibungen müssen gesondert in der GuV ausgewiesen oder im Anhang angegeben werden (§ 253 Abs. 2 S. 4, § 277 Abs. 3 S. 1; → § 277 Rn. 29 f.). Im Übrigen sind die Abschreibungen nicht in der GuV, sondern im Anlagengitter im Anhang weiter aufzugliedern (§ 284 Abs. 3).[248]

3. Abs. 2 Nr. 7 lit. b. Soweit Abschreibungen auf Vermögensgegenstände des Umlauf- **71** vermögens den in der Kapitalgesellschaft „üblichen" Rahmen nicht überschreiten, sind sie ihrem Gegenstand entsprechend unter Abs. 2 Nr. 2, Nr. 5 lit. a, Nr. 8 oder Nr. 12 auszuweisen. Unter Abs. 2 Nr. 7 lit. b fallen lediglich **über das Übliche hinausgehende Abschreibungen.** Abschreibungen auf Wertpapiere des Umlaufvermögens sind außerdem stets unter Abs. 2 Nr. 12 zu zeigen (→ Rn. 95). Soweit der Posten auch außerplanmäßige Abschreibungen erfasst, sind zusätzliche Anforderungen zu beachten (§ 277 Abs. 3 S. 1, § 253 Abs. 3 S. 4).

Der Gesetzgeber hat die Frage, unter welchen Voraussetzungen „**die in der Kapitalge- 72 sellschaft üblichen Abschreibungen" überschritten** werden, nicht geregelt und insbesondere keine Schwellenwerte festgelegt. Der Gesetzeswortlaut („üblich") verlangt jedenfalls einen Vergleich mit den Verhältnissen in dem konkreten Unternehmen („in der Kapitalgesellschaft"). Nach einer noch vor der Verabschiedung des BilMoG im Schrifttum herausgebildeten Auffassung sind unter Abs. 2 Nr. 7 lit. b alle und nur solche Abschreibungen zu erfassen, die gesetzlich nicht zwingend sind, sondern in Ausübung eines **Wahlrechtes** vorgenommen werden.[249] Nach dieser Auffassung weist der vorsichtig bilanzierende Unternehmer, der seine Bewertungswahlrechte konsequent nach unten ausnutzt, regelmäßig „unübliche" Abschreibungen aus, obwohl er insofern immer gleich, also im Rahmen des Üblichen verfährt.[250] Seit dem BilMoG dürfte diese Auffassung nicht mehr vertretbar sein, weil für Kapitalgesellschaften hinsichtlich der Abschreibung von Vermögensgegenständen im Jahresabschluss kaum mehr Wahlrechte bestehen. Andere gehen von „unüblichen Abschreibungen" aus, wenn ein Wechsel der angewandten Abschreibungsmethoden ein ungewöhnliches Abschreibungsvolumen verursacht (unübliche Bilanzierungspraxis) und/oder wenn sich aufgrund einer ungewöhnlichen äußeren Situation „ungewöhnliche, seltene Abschreibungen" ergeben.[251] Diese Meinung führt zu schwierigen Abgrenzungsfragen, zB in Sanierungsfällen oder bei außergewöhnlichen Verlusten, etwa durch Unfälle oder Naturkatastrophen.[252] Vorzugswürdig ist die Auffassung, nach der die Üblichkeit an der **Summe der Abschreibungsbeträge der früheren Jahresabschlüsse** desselben Unternehmens und mangels vergleichbarer Grundlage an den Abschreibungsbeträgen **vergleichbarer Unternehmen** derselben Branche zu messen ist.[253] Eine (sinnvolle) Vergleichsgrundlage fehlt zB

---

[247] BeBiKo/Justenhoven/Kliem/Müller, 13. Aufl. 2022, 148; HdR/Budde Rn. 64 (Stand: 5/2017); Kirsch/ Wulf Rn. 109 (Stand: 1.6.2016); Hopt/Merkt, 42. Aufl. 2023, Rn. 11; ebenso noch bezogen auf § 268 Abs. 3 aF: Meyer-Landrut/Niehus/Scholz GmbHG §§ 238–335 HGB Rn. 800; Baumbach/Hueck/ Schulze-Osterloh, 18. Aufl. 2006, GmbHG § 42 Rn. 447; ADS Rn. 124; Kölner Komm AktG/Claussen/Korth, 2. Aufl. 1991, HGB §§ 275–277, AktG § 158 Rn. 63.

[248] BeBiKo/Justenhoven/Kliem/Müller, 13. Aufl. 2022, Rn. 148; ebenso bezogen auf § 268 Abs. 2 aF: HK-HGB/Kirnberger 7. Aufl. 2007, Rn. 24.

[249] So etwa Bohl WPg 1986, 29 (35); Meyer-Landrut/Niehus/Scholz GmbHG §§ 235–338 HGB Rn. 801; Heymann/Jung, 1. Aufl. 1988, Rn. 125.

[250] ADS Rn. 134.

[251] So ADS Rn. 135; ähnlich HdR/Budde Rn. 68 (Stand: 5/2017); HuRB/Hömberg 298 ff.; Staub/Meyer, 6. Aufl. 2021, Rn. 29: Die „bisherige Handhabung und Abschreibungspraxis" sei „entscheidend"; HK-HGB/Kirnberger 7. Aufl. 2007, Rn. 25; Kirsch/Wulf Rn. 114 f. (Stand: 1.6.2016); Baumbach/Hueck/ Schulze-Osterloh, 18. Aufl. 2006, GmbHG § 42 Rn. 447; WP-HdB/Störk, 17. Aufl. 2021, F Rn. 833, 803.

[252] Zur Diskussion vor dem BilRUG vgl. ADS Rn. 138, die immerhin eingestehen, dass „im Einzelfall (zB Enteignungen, Sanierungen) dem Ausweis unter Nr. 16 mit entsprechenden Angaben nach § 277 Abs. 4 S. 2 [aF]" der „Vorzug zu geben" ist.

[253] Biener/Bernecke BiRiLiG S. 213; BeBiKo/Justenhoven/Kliem/Müller, 13. Aufl. 2022, Rn. 151 ff.; KKRD/Morck/Drüen, 9. Aufl. 2019, Rn. 6; anders BeckOGK/Baumeister/Freisleben, 1.11.2022, Rn. 163, die auf die „bisherigen, durchschnittlichen Aufwendungen für Abnutzung" abstellen. S. auch Baetge/Kirsch/Thiele/Kirsch/Ewelt-Knauer Bilanzrecht Rn. 164 (Dezember 2015), die die verschiedenen Auffassungen kombinieren wollen.

im Fall der Neugründung oder Spartenerweiterung.[254] Dieser Ansatz kommt der sprachlichen Fassung des Gesetzes am nächsten, das von einem „Überschreiten" von Abschreibungen ausgeht. Ferner ist er nicht nur praktikabel, sondern entspricht dem Informationsbedürfnis der Bilanzadressaten, die im Zuge der aktuellen Tendenz zur immer weiter gehenden Reduzierung des als „totes Kapital" (im Gegensatz zum working capital) empfundenen Umlaufvermögens (lean production) großen Wert darauf legen, dass die Geschäftsleitung die Preisschwankungen und Abschreibungsrisiken dieses Vermögensbestandteils zB durch den Abschluss von Sicherungsgeschäften möglichst gering hält. Der gegen den Ansatz erhobene Einwand, die Orientierung an den in Vorjahren als üblich angesehenen Abschreibungen könne wegen der „gerade im Umlaufvermögen erheblichen" Mengenschwankungen zu unbilligen Ergebnissen führen,[255] hat heute nicht mehr denselben Stellenwert wie noch vor einigen Jahren.

VIII. Sonstige betriebliche Aufwendungen (Abs. 2 Nr. 8)

73   Abs. 2 Nr. 8 ist ein **Auffangposten** („sonstige") für Aufwendungen der gewöhnlichen Geschäftstätigkeit, die von den übrigen Posten (Abs. 2 Nr. 5–7, Nr. 12, Nr. 13) nicht erfasst werden.[256] Dieser Posten bildet das Gegenstück zu dem Posten Nr. 4 „Sonstige betriebliche Erträge".[257] Die Vorschrift erfasst eine breite Palette von Aufwendungen, die inhaltlich keine Gemeinsamkeit miteinander zu haben brauchen und deren Kreis nicht abschließend ist.

74   „Sonstige betriebliche Aufwendungen" sind insbesondere Verluste aus dem **Abgang von Anlagevermögen,** die nicht mit entsprechenden Abgangserträgen oder Schadensersatzleistungen für andere Gegenstände verrechnet werden dürfen (§ 246 Abs. 2 S. 1),[258] ferner Verluste aus dem **Abgang von Umlaufvermögen,** sofern dabei nicht Vorräte betroffen sind (§ 266 Abs. 2 B. I., § 275 Abs. 2 Nr. 1, Nr. 2, Nr. 5 lit. a), sondern es zB um Kursverluste aus der Veräußerung von Wertpapieren oder Devisenbeständen oder um Verluste aus der Abtretung von Forderungen unter Buchwert geht.[259] Zudem kommen Ausgleichszahlungen im Zusammenhang mit Zinsbegrenzungsvereinbarungen,[260] Abschreibungen in üblicher Höhe auf **Forderungen des Umlaufvermögens** und schließlich **Zuführungen zu Rückstellungen** (→ Rn. 40) für Instandhaltungen oder Abraumbeseitigung,[261] für Wechselobligo, Schutzkleidung, Schwerbehindertenausgleichsabgabe und Softwarekosten, soweit sie nicht zu aktivieren sind,[262] in Betracht. **Nicht ertragsabhängige betriebliche Steuern** sind als sonstige Steuern (Abs. 2 Nr. 16) auszuweisen. Die gesetzliche Konzeption sieht für den Ausweis von Steuern lediglich die Nr. 14 („Steuern vom Einkommen und vom Ertrag") und Nr. 16 (sonstige Steuern) vor, so dass Steuern grundsätzlich nicht als Bestandteil des Betriebsergebnisses unter den sonstigen betrieblichen Aufwendungen erfasst werden können. Allerdings gestattet es § 265 Abs. 7 Nr. 2, Posten der GuV zusammenzufassen, sofern dadurch die Klarheit der Darstellung vergrößert wird. Die Möglichkeit der Erfassung nicht ergebnisabhängiger Steuern in den „sonstigen betrieblichen

[254]   BeBiKo/Justenhoven/Kliem/Müller, 13. Aufl. 2022, Rn. 151.
[255]   ADS Rn. 133.
[256]   ADS Rn. 140; HdR/Budde Rn. 70 (Stand: 5/2017); BeBiKo/Justenhoven/Kliem/Müller, 13. Aufl. 2022, Rn. 155; HK-HGB/Kirnberger 7. Aufl. 2007, Rn. 26; Hopt/Merkt, 42. Aufl. 2023, Rn. 12; WP-HdB/Störk, 17. Aufl. 2021, F Rn. 834; aA – Posten erfasst grds. nur Aufwendungen, denen keine Leistungen Dritter für das Unternehmen gegenüberstehen – Westermann BB 1986, 1120 (1121).
[257]   BeBiKo/Justenhoven/Kliem/Müller, 13. Aufl. 2022, Rn. 155.
[258]   HdR/Budde Rn. 72 (Stand: 5/2017); BeBiKo/Justenhoven/Kliem/Müller, 13. Aufl. 2022, Rn. 157 f.
[259]   HdR/Budde Rn. 73 f. (Stand: 5/2017); BeBiKo/Justenhoven/Kliem/Müller, 13. Aufl. 2022, Rn. 159; WP-HdB/Störk, 17. Aufl. 2021, F Rn. 834; FG München DStRE 2011, 130 unter II.3.b.: Ausweis des Verlusts aus der Veräußerung von Wertpapieren in der GuV unter den „sonstigen betrieblichen Aufwendungen".
[260]   Häuselmann BB 1990, 2149 (2153).
[261]   S. Glade Praxishandbuch Rn. 194; Kölner Komm RechnungslegungsR/Berndt/Gutsche, 1. Aufl. 2011, Rn. 98 zu den Zuführungen zu den Rückstellungen nach § 249 Abs. 2 aF.
[262]   BeBiKo/Justenhoven/Kliem/Müller, 13. Aufl. 2022, Rn. 165, m. zahlr. weiteren Bsp.

Aufwendungen" trägt zur Verbesserung der Darstellung der Ertragslage bei (§ 264 Abs. 2 S. 1 und S. 2), sofern der zusammengefasste Posten und der Anteil der Steuern im Anhang erläutert werden.[263] Dieser Ausweis ist zudem betriebswirtschaftlich sinnvoll, weil damit das gesamte Ergebnis vor Abzug der darauf entfallenden Steuern vom Ertrag gezeigt werden kann, was die Aussagefähigkeit der GuV erhöht.

Aufwendungen für bestimmte **Fremdreparaturen und Wartungen** (→ Rn. 49) sind **75** gleichfalls unter den „sonstigen betrieblichen Aufwendungen" zu erfassen. Im Zusammenhang mit **„Personalaufwand"** fallen unter Abs. 2 Nr. 8 Aufwendungen für Rückerstattung von Auslagen und für Aufwendungsersatz (→ Rn. 52), für Aufsichtsratskosten (→ Rn. 56), für Leistungen an betriebsfremde Personen (→ Rn. 61), für Prämien für bestimmte betriebliche Rückdeckungsversicherungen (→ Rn. 63) sowie für sonstige Sozialleistungen wie Ausbildung, Betriebsfeiern oder Kantinenzuschüsse (→ Rn. 65). Ebenfalls sonstiger betrieblicher Aufwand sind **Abschreibungen** auf Sonderposten nach den § 17 Abs. 4 DMBilG, § 24 Abs. 5 DMBilG (→ Rn. 66) sowie auf Emissionsrechte und Rückstellungsdotierungen, die Erträge aus der Auflösung des Sonderpostens für unentgeltlich ausgegebene Emissionsrechte übersteigen.[264]

Von Abs. 2 Nr. 8 erfasst werden auch die übrigen betrieblichen Aufwendungen, wie **76** zB Abwertungen auf Genussscheine, die zu den sonstigen Vermögensgegenständen des Umlaufvermögens gehören, Abwertungsverluste bei Valutaposten (Fremdwährungsposten), Abzinsungsbeträge auf langfristige Ausleihungen im Augenblick des Zugangs (→ § 277 Rn. 41), Anwaltsgebühren, Ausgangsfrachten, Bankgebühren, Beiträge an Berufsvertretungen, Beratungskosten, Bewirtungs- und Betreuungskosten, Ausgaben für Bücher und Zeitschriften, Bürgschaftsprovisionen, Aufwendungen für Büromaterial, Datenübertragungskosten, Demontagekosten für Anlagen, Druckkosten, Emissionskosten, Erbbauzinsen, Gründungskosten, Hausverwaltungskosten, IT-Beratungskosten (zB bei „Customizing"-Arbeiten), Konventionalstrafen, Konzessionsabgaben, Kosten der Haupt- bzw. Gesellschafterversammlung, Kosten der IT-Nutzung, Kosten für Kapitalerhöhungen sowie für die Ausgabe von Belegschaftsaktien, Kfz-Kosten ohne AfA, Lagerkosten, Leasingaufwendungen, Lizenzgebühren, Maschinenunterhaltung, Messekosten, Mieten, Nebenkosten des Geldverkehrs, Pachten, Postgebühren, Provisionen, Prüfungshonorare, Raumkosten, Rechtsberatungskosten, Reisespesen, Reparaturmaterial, Rückstellungen für Wechselobligo, Schutzkleidung, Schwerbehindertenausgleichsabgabe, Spenden, Steuerberaterkosten, Stilllegungskosten, Telekommunikationskosten (Telefon-, Telefax-, Telex-, Telekopiererkosten), Transportkosten, Umlagen der Obergesellschaft, Umsatzprovisionen, Verluste aus Arbeitsgemeinschaften, Verluste aus Schadensfällen, Verluste aus Syndikats-, Verbandsabrechnungen, Versicherungsprämien, Vorfrachten zu Außenlagern, Wartungskosten, Währungskursverluste, Werbeaufwendungen, Zeitschriften, Kosten des Zahlungsverkehrs und Zuschüsse an Organgesellschaften.[265] Zur Darstellung von negativen Zinsen in der GuV s. „sonstige Zinsen und ähnliche Erträge" (→ Rn. 94).

IX. Beteiligungserträge (Abs. 2 Nr. 9)

1. Übersicht. Abs. 2 Nr. 9 bezieht sich als erster Posten des Finanzergebnisses (Abs. 2 **77** Nr. 9–13; → Rn. 13) auf Erträge aus Beteiligungen und aus Anteilen an verbundenen Unternehmen, sofern in der Bilanz entsprechende Beteiligungen oder Anteile an verbunde-

---

[263] So auch ADS Rn. 143, 202 ff.; Biener/Bernecke BiRiLiG S. 213 f.; IDW HFA FN-IDW 1989, 336 (336); BeBiKo/Justenhoven/Kliem/Müller, 13. Aufl. 2022, Rn. 162; WP-HdB/Störk, 17. Aufl. 2021, F Rn. 836.

[264] IDW RS HFA 15 Rn. 25, WPg 2006, 574.

[265] S. die Zusammenstellungen bei ADS Rn. 141 f.; Biener/Bernecke BiRiLiG S. 214; HdR/Budde Rn. 71, 77 (Stand: 5/2017); BeBiKo/Justenhoven/Kliem/Müller, 13. Aufl. 2022, Rn. 156, 165; BeckOGK/Baumeister/Freisleben, 1.11.2022, Rn. 182; HK-HGB/Kirnberger 7. Aufl. 2007, Rn. 26; Baetge/Kirsch/Thiele/Kirsch/Ewelt-Knauer Bilanzrecht Rn. 173 aE (Dezember 2015); KKRD/Morck/Drüen, 9. Aufl. 2019, Rn. 6; WP-HdB/Störk, 17. Aufl. 2021, F Rn. 834; BeckOK HGB/Poll Rn. 29 (Stand: 15.7.2022).

nen Unternehmen ausgewiesen werden (§ 266 Abs. 2 A. III. 3./1.).[266] Die sachlichen Voraussetzungen von **Beteiligungen** bzw. **Anteilen** bestimmen sich nach § 271 Abs. 1 (→ § 271 Rn. 4 ff.), das Vorliegen von **verbundenen Unternehmen** nach § 271 Abs. 2 (→ § 271 Rn. 14, → § 271 Rn. 16 ff.). **Maßgeblicher Zeitpunkt** für das Bestehen einer Beteiligung bzw. eines Anteils an einem verbundenen Unternehmen ist nicht der Bilanzstichtag, sondern die **Vereinnahmung des Ertrags.**[267] Scheidet demnach ein bisher verbundenes Unternehmen während des laufenden Geschäftsjahres aus dem Unternehmensverbund iSd § 271 Abs. 2 aus, können Erträge aus der Beteiligung an diesem Unternehmen, die erst danach vereinnahmt werden, nicht mehr unter dem „Davon"-Vermerk des § 275 Abs. 2 Nr. 9 ausgewiesen werden. Erträge aus Ausleihungen an verbundene Unternehmen oder Unternehmen, mit denen ein Beteiligungsverhältnis besteht, sowie Erträge aus sonstigen Wertpapieren sind nicht unter Abs. 2 Nr. 9, sondern unter den Abs. 2 Nr. 10, § 266 Abs. 2 A. III. 2., 4.–6. zu zeigen. Erträge aufgrund von Gewinnabführungsverträgen, Teilgewinnabführungsverträgen oder Gewinngemeinschaften sind in einem Unterposten, einem weiteren „Davon"-Vermerk bei § 275 Abs. 2 Nr. 9 oder in einem eigenen Posten darzustellen (§ 277 Abs. 3 S. 2; → § 277 Rn. 31 ff., → § 277 Rn. 35).[268]

78   **2. Sachliche Zurechnung.** Die Erträge müssen „**aus**" der Beteiligung bzw. dem Anteil stammen. Dazu gehören zB[269] Dividenden von Kapitalgesellschaften, Gewinnzuweisungen einer Personenhandelsgesellschaft, Gutschriften in Form nicht ausgeschütteter Gewinnanteile, ferner die übrigen ausgeschütteten Gewinne, etwa in Gestalt von Erträgen aufgrund von Dividendengarantien. Gewinnanteile an Personenhandelsgesellschaften gehören dazu, sofern nicht die Gewinnanteile zum Ausgleich von früheren Verlusten dienen, die von der beteiligten Gesellschaft bilanziell noch nicht berücksichtigt worden sind.[270] Erträge aus Beherrschungsverträgen iSd § 291 Abs. 1 AktG können nur dann als Beteiligungsertrag ausgewiesen werden, sofern keine vollständige Gewinnabführung vorgesehen ist, da der Gesetzgeber für diesen Fall einen gesonderten Ausweis vorsieht (→ Rn. 77). Gewinnanteile aus stillen Beteiligungen, die als Beteiligung und nicht als Darlehen ausgewiesen werden (→ § 271 Rn. 9), sind zumeist in Form von Erträgen aus einem Teilgewinnabführungsvertrag gesondert auszuweisen (§ 277 Abs. 3 S. 2).[271] Werden die stillen Beteiligungen als Darlehen ausgewiesen, stellen die entsprechenden Gewinnanteile Zinserträge dar.[272]

79   Der Ertrag stammt dagegen **nicht** „**aus**" der Beteiligung, wenn das beteiligte Unternehmen in Form **verdeckter Gewinnausschüttungen** über die beschlossenen Gewinnausschüttungen der Beteiligungsgesellschaft hinaus Vorteile erlangt,[273] zB in Form nicht marktgerechter Darlehenszinsen, überhöhter Verrechnungspreise zwischen den Unternehmen oder von Kostenumlagen etc. Einschlägig sind dann vielmehr zB Posten nach Abs. 2

---

[266]   BeBiKo/Justenhoven/Kliem/Müller, 13. Aufl. 2022, Rn. 175.

[267]   ADS Rn. 144.

[268]   ADS Rn. 144; HdR/Budde Rn. 78 (Stand: 5/2017); BeBiKo/Justenhoven/Kliem/Müller, 13. Aufl. 2022, Rn. 175; HK-HGB/Kirnberger 7. Aufl. 2007, Rn. 27; Hopt/Merkt, 42. Aufl. 2023, Rn. 13; WP-HdB/Störk, 17. Aufl. 2021, F Rn. 839 ff.

[269]   Zusammenstellungen bei ADS Rn. 145; Biener/Bernecke BiRiLiG S. 214; HdR/Budde Rn. 78a (Stand: 5/2017); BeBiKo/Justenhoven/Kliem/Müller, 13. Aufl. 2022, Rn. 176; Hopt/Merkt, 42. Aufl. 2023, Rn. 13; BeckOGK/Baumeister/Freisleben, 1.11.2022, Rn. 187; KKRD/Morck/Drüen, 9. Aufl. 2019, Rn. 6; WP-HdB/Störk, 17. Aufl. 2021, F Rn. 839 f.

[270]   Zu derartigen Ausnahmen IDW HFA 1/1991 WPg 1991, 334 (335); Herrmann WPg 1991, 461 ff. (505 ff.); Breuer, Beteiligungen an Personengesellschaften in der Handelsbilanz, 1994, 123 ff.

[271]   ADS Rn. 145; WP-HdB/Störk, 17. Aufl. 2021, F Rn. 776 f.

[272]   ADS Rn. 145; aA Baumbach/Hueck/Schulze-Osterloh, 18. Aufl. 2006, GmbHG § 42 Rn. 449, 461.

[273]   Hopt/Merkt, 42. Aufl. 2023, Rn. 13: Keine Erträge aus Beteiligungen seien „tatsächliche Vorteile in der Form günstigerer Verrechnungspreise als am Markt." Sie seien „kaum fassbar"; Heymann/Herrmann, 3. Aufl. 2020, Rn. 17; etwas großzügiger – Ausweis unter § 275 Abs. 2 Nr. 9, wenn sicher abgrenzbar und in mehreren Geschäftsjahren gleichartig anfallend – BeBiKo/Justenhoven/Kliem/Müller, 13. Aufl. 2022, Rn. 179; ähnlich – Ausweis unter § 275 Abs. 2 Nr. 9 nur ausnahmsweise – ADS Rn. 147; WP-HdB/Störk, 17. Aufl. 2021, F Rn. 840; aA – Ausweis unter § 275 Abs. 2 Nr. 9 – Baumbach/Hueck/Schulze-Osterloh, 18. Aufl. 2006, GmbHG § 42 Rn. 449; Staub/Meyer, 6. Aufl. 2021, Rn. 31; Winnefeld Bilanz-HdB, 5. Aufl. 2015, G Rn. 281.

Nr. 1 und 11. Ebenfalls nicht von Abs. 2 Nr. 9 erfasst werden Erträge aus **Wertaufholungen auf Beteiligungsbuchwerte** (§ 253 Abs. 5 S. 1, § 275 Abs. 2 Nr. 4)[274] und **Gewinne aus der Veräußerung von Beteiligungen** oder Bezugsrechtserlösen, die aus dem Abgang von Anlagevermögen stammen und damit sonstige betriebliche sind (Abs. 2 Nr. 4).[275]

3. Zeitliche Zurechnung. Nach dem Realisationsprinzip sind Erträge aus Beteiligun- 80 gen erst zu dem Zeitpunkt zu berücksichtigen, in dem der Anspruch rechtlich entstanden ist und der Eingang der jeweiligen Erträge bei vernünftiger kaufmännischer Beurteilung sicher erwartet werden kann (vgl. § 252 Abs. 1 Nr. 4).[276]

Der Gewinnanspruch entsteht bei Beteiligungen an **Kapitalgesellschaften** mit der 81 (wirksamen) Beschlussfassung über die Gewinnverwendung[277] (§ 174 Abs. 1 S. 1 AktG iVm § 58 Abs. 4 AktG idF v. 1.1.2017; § 42a Abs. 2 S. 1 GmbHG). Zulässige (§ 59 AktG; § 30 GmbHG) Abschlagszahlungen auf den Bilanzgewinn oder Vorabausschüttungen stellen ebenfalls Beteiligungsertrag dar.[278] Umgekehrt führen Gewinnthesaurierungen nicht zu Beteiligungserträgen, da der Eingang noch nicht hinreichend sicher ist.[279]

Im Rahmen der für die Rechnungslegung maßgeblichen wirtschaftlichen Betrach- 82 tungsweise[280] ist eine Erfassung des Beteiligungsertrages bei Kapitalgesellschaften zu einem früheren Zeitpunkt geboten, sofern das Entstehen des Rechtsanspruches hinreichend sicher ist. Hält ein Mutterunternehmen sämtliche Anteile an einem Tochterunternehmen, hat es die Beteiligungserträge bereits in dem Geschäftsjahr zu zeigen, in dem das Tochterunternehmen den Gewinn erwirtschaftet, wenn (1) die Geschäftsjahre von Mutter- und Tochterunternehmen identisch sind, (2) der Jahresabschluss des Tochterunternehmens ein den tatsächlichen Verhältnissen entsprechendes Bild der Vermögens-, Finanz- und Ertragslage vermittelt und vor dem Jahresabschluss des Mutterunternehmens festgestellt wird und schließlich (3) wenn der Gewinnverwendungsbeschluss beim Tochterunternehmen vor Beendigung der Prüfung des Jahresabschlusses des Mutterunternehmens gefasst wurde.[281] Diese **Pflicht zur phasengleichen Aktivierung**[282] besteht auch, wenn das Mutterunternehmen aufgrund einer Mehrheitsbeteiligung eine bestimmte Gewinnausschüttung durchsetzen kann, ein entsprechender Gewinnverwendungsvorschlag bereits vorliegt und das Geschäftsjahr des Tochterunternehmens nicht nach dem des Mutterunternehmens endet.[283] Wurde zum Zeitpunkt

---

[274] ADS Rn. 148; aA Kölner Komm AktG/Claussen/Korth, 2. Aufl. 1991, HGB §§ 275–277, AktG § 158 Rn. 81.

[275] ADS Rn. 148; HdR/Budde Rn. 41, 78c (Stand: 5/2017); BeBiKo/Justenhoven/Kliem/Müller, 13. Aufl. 2022, Rn. 91, 180; KKRD/Morck/Drüen, 9. Aufl. 2019, Rn. 6; HK-HGB/Kirnberger 7. Aufl. 2007, Rn. 27; aA – Wahlrecht zwischen § 275 Nr. 4, Nr. 9 – Biener/Bernecke BiRiLiG S. 214.

[276] ADS Rn. 150; WP-HdB/Störk, 17. Aufl. 2021, F Rn. 842.

[277] Zur AG s. zB MüKoAktG/Bayer, 5. Aufl. 2019, § 58 Rn. 104: „Ausschüttungsanspruch entsteht mit dem Wirksamwerden des Gewinnverwendungsbeschlusses nach § 174 Abs. 2 Nr. 2, § 58 Abs. 3 [AktG] und erfährt seine anteilsmäßige Konkretisierung ipso iure nach Maßgabe des § 60 [AktG]"; zur GmbH s. zB MüKoGmbHG/Fleischer, 3. Aufl. 2019, GmbHG § 42a Rn. 30: Der Gewinnverwendungsbeschluss bilde „die Grundlage für den Gewinnzahlungsanspruch der Gesellschafter".

[278] ADS Rn. 145; BeBiKo/Justenhoven/Kliem/Müller, 13. Aufl. 2022, Rn. 176.

[279] Wie hier ADS Rn. 152; BeBiKo/Schmidt/Heinz § 277 Rn. 65: „Die in Gewinnrücklagen thesaurierten Beträge dürfen vom Mutterunternehmen nicht als Ertrag vereinnahmt werden"; aA Busse v. Colbe ZfbF 1972, 145 (150).

[280] Hierzu Moxter Bilanzlehre I 120 f.

[281] BGHZ 137, 378 = NJW 1998, 1559 – Tomberger.

[282] Ebenso IDW HFA, WPg 1998, 427; BGH DB 1994, 1868; BeBiKo/Justenhoven/Kliem/Müller, 13. Aufl. 2022, Rn. 176; wohl noch weitergehend Watermeyer GmbHR 1998, 1061 (1062 f.), der das Vorliegen eines Gewinnverwendungsvorschlags nicht als Voraussetzung nennt; aA – Wahlrecht, wenn Jahresabschluss der Tochtergesellschaft festgestellt ist – noch BGHZ 65, 230 = NJW 1976, 241; ADS Rn. 152; WP-HdB/Störk, 17. Aufl. 2021, F Rn. 843; HdR/Budde Rn. 79 (Stand: 5/2017); nochmals aA Neu BB 1995, 399 (401): „phasengleiche" Aktivierung stets unzulässig"; aus steuerrechtlicher Sicht BFH BB 1999, 1206 (1208 ff.) = NZG 1999, 462; dazu Ekkenga BB 1999, 1212 ff.

[283] BGHZ 137, 378 = NJW 1998, 1559; zu der Entscheidung Henssler JZ 1998, 701; s. auch EuGH Slg. 1996, I-3133 (3145 ff.) = DStR 1996, 1093 Rn. 25 mAnm Heni, zur Auslegung des Art. 31 Abs. 1 lit. d RL 78/660/EWG; dazu Herzig DB 1996, 1401 f.; Kropff ZGR 1997, 115 ff.; Forster AG 1996, 419; Gelhausen/Gelhausen WPg 1996, 573 ff.; Küting DStR 1996, 1947 ff.; Schulze-Osterloh ZIP 1996, 1453 ff.; Groh DStR 1998, 813 ff.; Kellner WM 2000, 229 ff.; aA s. Nachweise vorige Fn.

der Beendigung der Jahresabschlussprüfung beim Mutterunternehmen noch kein Beschluss über eine Gewinnverwendung gefasst, sondern liegt nur ein Vorschlag vor, besteht ein Wahlrecht zur phasengleichen Aktivierung.[284] Zum europarechtlichen Hintergrund → § 264 Rn. 46, → § 264 Rn. 37.

83   Bei **Personenhandelsgesellschaften** entsteht der Anspruch des Gesellschafters auf den Gewinnanteil rechtlich (frühestens) mit der Feststellung des Jahresabschlusses.[285] Diese Feststellung ist nach der Rechtsprechung des BGH[286] ein gesellschaftsrechtliches Grundlagengeschäft und bedarf als solches der Zustimmung sämtlicher Gesellschafter, sofern sich nichts anderes aus dem Gesellschaftsvertrag ergibt. Bei **wirtschaftlicher Betrachtungsweise** allerdings steht der Gewinnanteil den Gesellschaftern einer Personenhandelsgesellschaft in der Regel bereits mit Ablauf des Geschäftsjahres dieser Gesellschaft (§ 120 Abs. 1), also vor Beschlussfassung der Gesellschafterversammlung zu.[287] Anders ist es, wenn ausnahmsweise gesetzliche oder vertragliche Regelungen die Verfügung über den Gewinn ohne Beschluss der Gesellschafter verbieten.[288] Die Realisierung eines Ertrages beim (bilanzierenden) Gesellschafter setzt weiter voraus, dass bei der Personenhandelsgesellschaft die wesentlichen Bilanzierungs- und Bewertungsentscheidungen bereits getroffen wurden. Nur dann ist ein Gewinnanteil hinreichend konkretisiert.[289] Davon ist unter dem Gesichtspunkt der Wertaufhellung auszugehen, wenn der Jahresabschluss der Personenhandelsgesellschaft vor Aufstellen der Bilanz des Gesellschafters bzw. bei prüfungspflichtigen Gesellschaftern noch vor Beendigung der Prüfungshandlungen festgestellt wird.

84   **4. Ausweisfragen.** Kapitalgesellschaften müssen Beteiligungserträge grundsätzlich als **Bruttobeträge** ausweisen.[290] Einbehaltene Kapitalertragsteuern dürfen nicht abgezogen werden, sondern sind als Steueraufwand bei Abs. 2 Nr. 14 zu berücksichtigen.[291] Anrechenbare ausländische Steuern (§ 26 Abs. 1 KStG) sind bei der Kapitalgesellschaft ebenfalls als Beteiligungsertrag auszuweisen.[292] Erträge aus Beteiligungen dürfen nicht (§ 246 Abs. 2 S. 1) mit Aufwendungen aus Beteiligungen, sonstigen betrieblichen Aufwendungen in Form von Abgangsverlusten oder mit Abschreibungen auf Finanzanlagen oder Wertpapieren des Umlaufvermögens verrechnet werden.[293] Die Erträge aus **Beteiligungen an verbundenen Unternehmen** (§ 271 Abs. 2) müssen in einem „Davon"-Vermerk (Abs. 2 Nr. 10 Hs. 2) oder als Unterposten[294] ausgewiesen werden.

---

284 WP-HdB/Störk, 17. Aufl. 2021, F Rn. 844.
285 ZB → 5. Aufl. 2022, § 121 Rn. 10: Der Gewinnanspruch entstehe „mit der Feststellung des Jahresabschlusses". „Ein weiterer, eigenständiger Beschluss der Gesellschafter" sei „dafür nicht notwendig". Hopt/Roth, 42 Aufl. 2023, § 122 Rn. 4: „Entnahmerecht […] entsteht mit Feststellung des Jahresabschlusses".
286 BGHZ 132, 263 = NJW 1996, 1678; BGHZ 76, 338 (346) = NJW 1980, 1689.
287 IDW RS HFA 18 (Stand: 4.6.2014) Rn. 134, WPg 2006, 1302.
288 HK-HGB/Kirnberger 7. Aufl. 2007, Rn. 28.
289 IDW RS HFA 18 (Stand: 4.6.2014) Rn. 134 f., WPg 2006, 1302.
290 BeckOGK/Baumeister/Freisleben, 1.11.2022, Rn. 188. Anderes gilt für steuerfreie Obergesellschaften, steuerfreie Unterstützungskassen und Pensionskassen, BeBiKo/Justenhoven/Kliem/Müller, 13. Aufl. 2022, Rn. 178; zum Ausweis im Jahresabschluss von Holding-Personengesellschaften Roser DB 1992, 850 ff.
291 ADS Rn. 146; HdR/Budde Rn. 78a (Stand: 5/2017); BeBiKo/Justenhoven/Kliem/Müller, 13. Aufl. 2022, Rn. 178; HK-HGB/Kirnberger 7. Aufl. 2007, Rn. 29; KKRD/Morck/Drüen, 9. Aufl. 2019, Rn. 6; WP-HdB/Störk, 17. Aufl. 2021, F Rn. 840; s. auch Hopt/Merkt, 42. Aufl. 2023, Rn. 13: Er stimmt zu, dass die einbehaltenen Kapitalertragsteuern nicht abgezogen werden dürfen, will diese aber unter Nr. 18 ausweisen. Zur Rechtslage, wenn das beteiligte Unternehmen eine Personenhandelsgesellschaft ist BGH NJW 1995, 1088; ADS Rn. 146a; Glade Praxishandbuch Rn. 226 ff.
292 Vgl. zB IDW mit der inzwischen aufgehobenen Verlautbarung HFA 1/1977, WPg 1977, 463, noch zum damaligen Anrechnungsverfahren nach § 36 Abs. 2 Nr. 3 EStG aF; ebenso ADS Rn. 146. Zur Rechtslage, wenn das beteiligte Unternehmen eine Personengesellschaft ist, s. BGH NJW 1995, 1088; ADS Rn. 146a.
293 ADS Rn. 149; HdR/Budde Rn. 78 (Stand: 5/2017); BeBiKo/Justenhoven/Kliem/Müller, 13. Aufl. 2022, Rn. 180; WP-HdB/Störk, 17. Aufl. 2021, F Rn. 841.
294 WP-HdB/Störk, 17. Aufl. 2021, F Rn. 840 f.

X. Erträge aus Finanzanlagen (Abs. 2 Nr. 10)

Der Ertragsposten „Erträge aus Finanzanlagen" (Abs. 2 Nr. 10) bezieht sich auf die **85** Bilanzkategorie der **Finanzanlagen** gem. § 266 Abs. 2 A. III (→ § 266 Rn. 37) mit Ausnahme der Beteiligungserträge (Abs. 2 Nr. 9) und der Erträge aus Ergebnisabführungsverträgen (§ 277 Abs. 3 S. 2),[295] die GuV-technisch jeweils gesondert auszuweisen sind. Neben ihrem Ursprung in den Finanzanlagen müssen die hier ausgewiesenen Erträge aus „Ausleihungen" (→ § 266 Rn. 40) oder „Wertpapieren" (→ § 266 Rn. 46) stammen. Erträge aus Genussrechten sind ebenfalls hier auszuweisen.[296] Gleiches gilt für **Erträge aus Anteilen an GmbH oder Genossenschaften,** sofern sie nicht bereits als Beteiligungserträge bzw. als Erträge aus verbundenen Unternehmen (→ § 271 Rn. 15 aE) unter Abs. 2 Nr. 9 fallen und sofern die Anteile ungeachtet ihrer fehlenden Verbriefung in der Bilanz unter den Finanzanlagen als „sonstige Ausleihungen" oder ausnahmsweise als „Wertpapiere des Anlagevermögens" ausgewiesen werden (→ § 266 Rn. 46; → § 271 Rn. 15).[297] Erträge aus Wertpapieren des Umlaufvermögens oder aus Bankguthaben (§ 266 Abs. 2 B. III. bzw. B. IV.) sind hingegen unter den sonstigen Zinsen darzustellen (Abs. 2 Nr. 11).[298]

Erträge **„aus"** Wertpapieren und Ausleihungen sind zB Zinserträge, Dividendenerträge **86** oder vergleichbare Ausschüttungen wie zB Ausgleichszahlungen nach § 304 AktG.[299] Gleiches gilt für Erträge aus periodischen Aufzinsungen langfristiger nicht- oder niedrig verzinslicher Ausleihungen (zum Ausweis von Aufzinsungsbeträgen bei Forderungen aus Lieferungen und Leistungen → Rn. 90).[300] Bei Zero-Bonds wird die Kapitalüberlassung nicht in Form von Zinszahlungen zu bestimmten Zeitpunkten, sondern in Form eines Unterschiedsbetrages zwischen Ausgabepreis und höherem Einlösebetrag am Ende der Kapitalüberlassung entgolten. Die auf das abgelaufene Geschäftsjahr entfallenden Zinsbeträge sind deshalb als nachträgliche Anschaffungskosten zu aktivieren und als Erträge aus anderen Wertpapieren erfolgswirksam zu vereinnahmen.[301] Keine Erträge „aus" Wertpapieren oder Ausleihungen, sondern in der Regel sonstige betriebliche Erträge (Abs. 2 Nr. 4) sind dagegen Buchgewinne aus Wertaufholungen (§ 253 Abs. 5 S. 1) und Veräußerungen.[302]

Die Erträge müssen **brutto,** dh einschließlich der einbehaltenen Kapitalertragsteuer **87** und der anrechenbaren ausländischen Ertragsteuern (→ Rn. 84) ausgewiesen werden.[303] Die Erträge dürfen nicht (§ 246 Abs. 2 S. 1) mit Aufwendungen für Finanzanlagen saldiert

---

[295] IDW HFA 1/1994, WPg 1994, 419 ff.; ADS Rn. 154; HdR/Budde Rn. 80 (Stand: 5/2017); BeBiKo/Justenhoven/Kliem/Müller, 13. Aufl. 2022, Rn. 185; HK-HGB/Kirnberger 7. Aufl. 2007, Rn. 30; Hopt/Merkt, 42. Aufl. 2023, Rn. 14; WP-HdB/Störk, 17. Aufl. 2021, F Rn. 847.

[296] ADS Rn. 155; Emmerich/Naumann WPg 1994, 677 (689); WP-HdB/Störk, 17. Aufl. 2021, F Rn. 847.

[297] In Bezug auf GmbH-Anteile ebenso ADS Rn. 154; WP-HdB/Störk, 17. Aufl. 2021, F Rn. 848; BeBiKo/Justenhoven/Kliem/Müller, 13. Aufl. 2022, Rn. 187; Baetge/Kirsch/Thiele/Kirsch/Ewelt-Knauer Bilanzrecht Rn. 203 (Dezember 2015); in Bezug auf Genossenschaftsanteile (indirekt) BeBiKo/Justenhoven/Kliem/Müller, 13. Aufl. 2022, Rn. 187: Würden Genossenschaftsanteile als „sonstige Vermögensgegenstände" und nicht als Wertpapiere ausgewiesen, seien die Erträge unter § 275 Abs. 2 Nr. 4 auszuweisen; anders Baetge/Kirsch/Thiele/Kirsch/Ewelt-Knauer Bilanzrecht Rn. 203, die einen Ausweis von Genossenschaftsanteilen als Wertpapiere generell nicht für möglich halten: Ausweis der Erträge aus Genossenschaftsanteilen unter § 275 Abs. 2 Nr. 11.

[298] BeBiKo/Justenhoven/Kliem/Müller, 13. Aufl. 2022, Rn. 186; WP-HdB/Störk, 17. Aufl. 2021, F Rn. 851.

[299] Zusammenstellungen bei ADS Rn. 155; Biener/Bernecke BiRiLiG S. 214; HdR/Budde Rn. 80 (Stand: 5/2017); BeBiKo/Justenhoven/Kliem/Müller, 13. Aufl. 2022, Rn. 187; Winnefeld Bilanz-HdB, 5. Aufl. 2015, G Rn. 297; WP-HdB/Störk, 17. Aufl. 2021, F Rn. 847.

[300] ADS Rn. 155; Hopt/Merkt, 42. Aufl. 2023, Rn. 14; WP-HdB/Störk, 17. Aufl. 2021, F Rn. 848; Meyer-Landrut/Niehus/Scholz GmbHG §§ 238–335 HGB Rn. 809; HK-HGB/Kirnberger 7. Aufl. 2007, Rn. 30; so jetzt auch HdR/Budde Rn. 80a (Stand: 5/2017).

[301] Ulmer/Ihrig ZIP 1985, 1169 (1179); Bordewin WPg 1986, 263 (267); ADS Rn. 155; BeBiKo/Justenhoven/Kliem/Müller, 13. Aufl. 2022, Rn. 187; so jetzt auch HdR/Budde Rn. 80a (Stand: 5/2017).

[302] ADS Rn. 155; BeBiKo/Justenhoven/Kliem/Müller, 13. Aufl. 2022, Rn. 187; HK-HGB/Kirnberger 7. Aufl. 2007, Rn. 30; Kölner Komm RechnungslegungsR/Berndt/Gutsche, 1. Aufl. 2011, Rn. 57; aA Biener/Bernecke BiRiLiG S. 214.

[303] HdR/Budde Rn. 81c (Stand: 5/2017); BeBiKo/Justenhoven/Kliem/Müller, 13. Aufl. 2022, Rn. 178, 188.

werden.[304] Erträge aus Finanzanlagen bei **verbundenen Unternehmen** (§ 271 Abs. 2) sind als „Davon"-Vermerk oder in Form einer Untergliederung gesondert auszuweisen.[305]

XI. Sonstige Zinsen, ähnliche Erträge (Abs. 2 Nr. 11)

88   Abs. 2 Nr. 11 ist ein **Sammelposten** („sonstige") für Erträge im Rahmen des Finanzergebnisses, die Zins- oder „zinsähnlichen" Charakter haben und nicht bereits nach Abs. 2 Nr. 9, Nr. 10 oder nach § 277 Abs. 3 S. 2 gesondert auszuweisen sind.[306]

89   **1. Sachliche Voraussetzungen. a) Zinsertrag.** Zinsertrag ist das für die Hingabe von Kapital erzielte Entgelt.[307] In Zweifelsfällen kommt es darauf an, ob der Gesichtspunkt der **Kapitalüberlassung** im Vordergrund steht und ein erfolgswirksamer Ausweis im Finanzergebnis die Ertragslage zutreffend widerspiegelt. Das ist zB nicht der Fall bei Erträgen aus der Aktivierung von **Fremdkapitalzinsen.** Sie gehören systematisch und wirtschaftlich gesehen zu den Vermögensgegenständen, deren Finanzierung sie dienen. Damit sind diese Erträge, sofern sie dem Erwerb von Vorräten dienen, unter den Veränderungen des Bestands an fertigen und unfertigen Erzeugnissen (Abs. 2 Nr. 2), im Übrigen unter den anderen aktivierten Eigenleistungen (Abs. 2 Nr. 3) auszuweisen (Bruttomethode). Eine erfolgswirksame Buchung der Zinsen für andere aktivierte Eigenleistungen kann unterbleiben, sofern diese Zinsen unmittelbar als Herstellungskosten aktiviert werden und auf den Zeitraum der Herstellung entfallen (§ 255 Abs. 3 S. 2).[308] **Lieferantenskonti** sind keine Zinserträge,[309] weil sie „Anschaffungskostenminderungen, die dem Vermögensgegenstand einzeln zugeordnet werden können" iSv § 255 Abs. 1 S. 3 idF des BilRUG sind, darstellen und damit erfolgsneutral zu behandeln sind. Gleiches gilt für nicht in Anspruch genommene Kundenskonti,[310] da sie aufgrund ihres Zusammenhanges mit dem entsprechenden Umsatzgeschäft nicht den Zinserträgen, sondern den Umsatzerlösen zuzurechnen sind (Abs. 2 Nr. 1, § 277 Abs. 1; → § 277 Rn. 19 f.). Zuschüsse zu Zinszahlungen durch die öffentliche Hand (Zinszuschüsse) sind gleichfalls keine Zinserträge,[311] weil es am Gegenleistungscharakter fehlt. Diese sind sonstige betriebliche Erträge (Abs. 2 Nr. 4), sofern sie nicht von den Zinsaufwendungen offen abgesetzt werden.[312]

90   **b) Sonstige Zinsen.** „Sonstige" Zinsen sind solche, die nicht aus Beteiligungen oder aus Finanzanlagen (Abs. 2 Nr. 9, Nr. 10), sondern aus Vermögensgegenständen des Umlaufvermögens stammen, zB[313] Zinsen auf Einlagen bei Kreditinstituten und auf Forderungen gegenüber Dritten, Zinsen und Dividenden auf Wertpapiere des Umlaufvermögens, Aufzinsungsbeträge für unverzinsliche und niedrig verzinsliche Forderungen einschließlich Forderungen aus Lieferungen und Leistungen (zum Ausweis von Aufzinsungen von langfristigen Ausleihungen → Rn. 86, → § 277 Rn. 41), Verzugszinsen von Kunden, weiterberechnete Diskonte auf Kundenwechsel, Zinsen auf Darlehen oder Vorschüsse von verbundenen

---

[304] HdR/Budde Rn. 81c (Stand: 5/2017); BeBiKo/Justenhoven/Kliem/Müller, 13. Aufl. 2022, Rn. 188.
[305] WP-HdB/Störk, 17. Aufl. 2021, F Rn. 849.
[306] ADS Rn. 156.
[307] BeBiKo/Justenhoven/Kliem/Müller, 13. Aufl. 2022, Rn. 191; WP-HdB/Störk, 17. Aufl. 2021, F Rn. 852.
[308] → § 255 Rn. 85 ff. (Tiedchen); s. ADS Rn. 156; WP-HdB/Störk, 17. Aufl. 2021, F Rn. 853 f.
[309] ADS Rn. 158; Biener/Bernecke BiRiLiG S. 214; HdR/Budde Rn. 81b (Stand: 5/2017); Winnefeld Bilanz-HdB, 5. Aufl. 2015, G Rn. 309.
[310] ADS Rn. 158; BeBiKo/Justenhoven/Kliem/Müller, 13. Aufl. 2022, Rn. 65, 192; WP-HdB/Störk, 17. Aufl. 2021, F Rn. 857; BeckOK HGB/Poll § 255 Rn. 26 (Stand: 15.7.2022); Baumbach/Hueck/Schulze-Osterloh, 18. Aufl. 2006, GmbHG § 42 Rn. 451.
[311] ADS Rn. 158; HdR/Budde Rn. 81b (Stand: 5/2017); Kirsch/Wulf Rn. 189 (Stand: 1.6.2016); WP-HdB/Störk, 17. Aufl. 2021, F Rn. 857.
[312] IDW HFA 1/1984 Nr. 2d, WPg 1984, 612 (614); Kirsch/Wulf Rn. 189 (Stand: 1.6.2016): „sonstige betriebliche Erträge", „können jedoch von den jeweiligen Zinsaufwendungen abgesetzt werden, wenn sie periodengerecht vereinnahmt werden".
[313] Zusammenstellungen bei ADS Rn. 157; HdR/Budde Rn. 81 (Stand: 5/2017); BeBiKo/Justenhoven/Kliem/Müller, 13. Aufl. 2022, Rn. 191; WP-HdB/Störk, 17. Aufl. 2021, F Rn. 852.

Unternehmen oder Beteiligungsunternehmen und Erträge aus Wertpapier-Leihgeschäften beim Verleiher sowie Zins- oder Dividendenausgleichszahlungen im Rahmen einer Wertpapierleihe.[314]

c) Zinsähnliche Erträge. „Zinsähnlich" sind solche Erträge, die keine Zinsen sind, **91** aber wirtschaftlich mit einem Kredit oder einer Kreditbeschaffung zusammenhängen.[315] Hierzu gehören zB[316] Agio, Disagio, Kreditprovisionen, Kreditgebühren, Kreditgarantien, Teilzahlungszuschläge und Erträge aus Zins-Swaps, Zinstermin- und Zinsoptionsgeschäften (vgl. zB § 36 RechKredV). Einnahmen aus Dienstleistungen im Zusammenhang mit Krediten, wie zB Spesen, Mahnkosten, Bearbeitungsgebühren, sind dagegen sonstige betriebliche Erträge (Abs. 2 Nr. 4),[317] da die Dienstleistung und nicht die Kapitalüberlassung im Vordergrund steht (→ Rn. 8).

2. Saldierung. Sonstige Zinsen und ähnliche Erträge dürfen grundsätzlich nicht (§ 246 **92** Abs. 2 S. 1) mit entsprechenden Zinsaufwendungen verrechnet werden. Deshalb dürfen weder **Soll- und Habenzinsen** desselben Bankkontos noch Zinserträge und -aufwendungen verschiedener Konten desselben Kreditinstituts und auch keine Zinserträge und -aufwendungen von Konten verschiedener Kreditinstitute miteinander verrechnet werden.[318] Eine Saldierung wird hingegen nicht zu beanstanden sein, wenn ein Kreditinstitut aus buchungstechnischen Gründen zwei Konten führt und den Gegenwert eines Kreditkontos auf ein laufendes Konto überträgt.[319] Eine Verrechnung von Zinsaufwendungen und -erträgen als **durchlaufende Posten,** zB bei Krediten, die vom Mutterunternehmen aufgenommen und an Konzerngesellschaften weitergereicht werden, ist zulässig.[320] Dabei ist es nicht erforderlich, dass die Gesellschaft, der der Kredit zugeflossen ist, sich gegenüber dem Kreditgeber zur Zinszahlung verpflichtet hat.[321]

Diskonterträge und Diskontaufwendungen dürfen gleichfalls grundsätzlich nicht **93** miteinander verrechnet werden. Das Saldierungsverbot ist hingegen nicht betroffen, sofern ein Unternehmen einen Kundenwechsel als Zahlungssurrogat hereinnimmt und diesen zum Diskont an seine Hausbank weitergibt. Die vereinnahmten Diskonterträge sind dann mit den entsprechenden Diskontaufwendungen zu saldieren, um auf diese Weise den Ertrag der Gesellschaft zutreffend zu ermitteln.[322] Werden laufende Bankkonten von Mutter- und Tochterunternehmen aufgrund von **Kompensationsvereinbarungen** für Zwecke der Zinsabrechnung zusammengefasst, errechnet sich das Zinsergebnis aus der Saldoendgröße.[323]

---

[314] BeBiKo/Justenhoven/Kliem/Müller, 13. Aufl. 2022, Rn. 191. Zu Einzelheiten Häuselmann/Wiesenbart DB 1990, 2129 ff.

[315] Vgl. BeBiKo/Justenhoven/Kliem/Müller, 13. Aufl. 2022, Rn. 196: „Erträge, die wirtschaftlich – ohne Zinsertrag zu sein – mit dem Kredit oder der Kreditbeschaffung anfallen"; Baetge/Kirsch/Thiele/Kirsch/Ewelt-Knauer Bilanzrecht Rn. 213 (Dezember 2015); Kirsch/Wulf Rn. 190 (Stand: 1.6.2016).

[316] Zusammenstellungen bei ADS Rn. 158; HdR/Budde Rn. 81 (Stand: 5/2017); BeBiKo/Justenhoven/Kliem/Müller, 13. Aufl. 2022, Rn. 196: „zB Agio, Disagio oder Damnum, Kreditprovisionen, Kreditgebühren, Kreditgarantien, Teilzahlungszuschläge ua"; HK-HGB/Kirnberger 7. Aufl. 2007, Rn. 32; Hopt/Merkt, 42. Aufl. 2023, Rn. 15; WP-HdB/Störk, 17. Aufl. 2021, F Rn. 856.

[317] ADS Rn. 158; Glade Praxishandbuch Rn. 251; vgl. auch BeBiKo/Justenhoven/Kliem/Müller, 13. Aufl. 2022, Rn. 196: solche Einnahmen zählten „nicht zu den ähnlichen Erträgen"; „wesentliche Beträge" seien „vielmehr unter den Umsatzerlösen auszuweisen".

[318] ADS Rn. 162 ff.; HdR/Budde Rn. 81c (Stand: 5/2017); BeBiKo/Justenhoven/Kliem/Müller, 13. Aufl. 2022, Rn. 194; BeckOGK/Baumeister/Freisleben, 1.11.2022, Rn. 209; Kirsch/Wulf Rn. 191 (Stand: 1.6.2016); Hopt/Merkt, 42. Aufl. 2023, Rn. 15; KKRD/Morck/Drüen, 9. Aufl. 2019, Rn. 6; WP-HdB/Störk, 17. Aufl. 2021, F Rn. 854.

[319] Arbeitskreis GuV im IDW WPg 1960, 545 (549); ADS Rn. 164; BeBiKo/Justenhoven/Kliem/Müller, 13. Aufl. 2022, Rn. 194; WP-HdB/Störk, 17. Aufl. 2021, F Rn. 854.

[320] So auch HdR/Budde Rn. 81c (Stand: 5/2017); BeBiKo/Justenhoven/Kliem/Müller, 13. Aufl. 2022, Rn. 194; enger Kölner Komm AktG/Claussen/Korth, 2. Aufl. 1991, HGB §§ 275–277, AktG § 158 Rn. 93 (Verrechnung nur bei gleichen Konditionen).

[321] So aber ADS Rn. 160.

[322] ADS Rn. 161; Arbeitskreis GuV im IDW WPg 1960, 545 (549); BeckOGK/Baumeister/Freisleben, 1.11.2022, Rn. 209; WP-HdB/Störk, 17. Aufl. 2021, F Rn. 854.

[323] Einzelheiten bei ADS Rn. 166.

94   **3. Ausweis.** Ein getrennter Ausweis von sonstigen Zinsen und ähnlichen Erträgen ist nicht erforderlich. Anzugeben sind **Bruttowerte,**[324] so dass einbehaltene Zinsabschlagsteuern (§ 43 EStG) nicht abgesetzt werden dürfen. Sonstige Zinsen und ähnliche Erträge, die **aus verbundenen Unternehmen** (§ 271 Abs. 2) stammen, müssen als „Davon"-Vermerk oder in Form einer Untergliederung[325] gesondert ausgewiesen werden. Dazu und nicht etwa zu den Erträgen aus Beteiligungen gehören auch **Überzinsen,** die steuerrechtlich, ggf. auf Seiten des Schuldners, auch gesellschaftsrechtlich verdeckte Gewinnausschüttungen darstellen (→ Rn. 79 sowie → Rn. 51 zur verwandten Problematik beim Personalaufwand). **Negativer Zinsertrag** auf Bankguthaben darf offen in einer Vorspalte des Postens Nr. 11 abgesetzt werden.[326] Auch wenn negative Zinsen beim besten Willen nicht als Entgelt für Kapitalüberlassung betrachtet werden können, sondern eher einem Verwahrentgelt gleichen,[327] rechtfertigt sich ein Ausweis bei Nr. 11 doch mit dem Ausnahmecharakter dieses Phänomens (das letztlich auf hoheitliche Eingriffe in die Mechanismen der Wirtschaft zurückzuführen sein dürfte), sowie mit seinem sachlichen Zusammenhang mit den Zinserträgen.[328] Eine andere Frage ist, ob die Absetzung negativer Zinsen so weit gehen darf, dass der Posten Nr. 11 insgesamt negativ wird. Nach der hier vertretenen Ansicht sollte dies möglich sein.[329] Es erscheint sachgerecht, wirtschaftliche Anomalien extremer Art[330] auch bilanzrechtlich in ungewöhnlicher, aber maximal informativer Weise abzubilden. Alternativ darf der Ausweis negativer Zinsen in einem nach § 265 Abs. 5 S. 2 neu hinzugefügten entsprechend bezeichneten Posten erfolgen. Selbst ein Ausweis unter den Zinsaufwendungen (Abs. 2 Nr. 13)[331] oder als Verwahrentgelt unter den „sonstigen betrieblichen Aufwendungen" (Abs. 2 Nr. 8) wird grundsätzlich für zulässig gehalten.[332]

XII. Abschreibungen auf Finanzanlagen und Wertpapiere (Abs. 2 Nr. 12)

95   **1. Anwendungsbereich.** Der Ausweis von Abschreibungen bestimmt sich weitgehend nach dem **Gegenstand der jeweiligen Abschreibung** (→ Rn. 66). Nach Abs. 2 Nr. 12 unterliegen allerdings zwei Arten von Abschreibungen einer Sonderbehandlung. Dazu gehören zum einen **Abschreibungen auf Finanzanlagen** (§ 266 Abs. 2 A. III.; → § 266 Rn. 27 ff.), also Abschreibungen auf Anteile an verbundenen Unternehmen, Ausleihungen, Beteiligungen und Wertpapiere des Anlagevermögens, und zum anderen **Abschreibungen auf Wertpapiere des Umlaufvermögens** (§ 266 Abs. 2 B. III.; → § 266 Rn. 73 ff.).

96   In dem genannten Rahmen umfasst dieser Aufwandsposten **Abschreibungen jeder Art** unabhängig von ihrem Anlass.[333] Abschreibungen auf Wertpapiere des Umlaufvermö-

[324]   Biener/Bernecke BiRiLiG S. 214; HdR/Budde Rn. 81c (Stand: 5/2017); Kirsch/Wulf Rn. 191 (Stand: 1.6.2016); WP-HdB/Störk, 17. Aufl. 2021, F Rn. 854.

[325]   ADS Rn. 156; BeBiKo/Justenhoven/Kliem/Müller, 13. Aufl. 2022, Rn. 175, 190; WP-HdB/Störk, 17. Aufl. 2021, F Rn. 853.

[326]   BeckOGK/Baumeister/Freisleben, 1.11.2022, Rn. 209; BeBiKo/Justenhoven/Kliem/Müller, 13. Aufl. 2022, Rn. 195; Henckel StuB 2020, 520 (520).

[327]   S. BMF-Schreiben v. 27.5.2015, IV C 1 – S 2210/15/10001:002, BStBl. I 2015, 473: „Steuerliche Behandlung von negativen Einlagezinsen und von Zinsen auf rückerstattete Kreditbearbeitungsgebühren; Verpflichtung zum Kapitalertragsteuerabzug bei Zinsen auf rückerstattete Kreditbearbeitungsgebühren": „Wirtschaftlich gesehen handelt es sich vielmehr um eine Art Verwahr- oder Einlagegebühr [...]".

[328]   BeckOGK/Baumeister/Freisleben, 1.11.2022, Rn. 209: „aufgrund Sachzusammenhangs".

[329]   Befürwortend BeBiKo/Justenhoven/Kliem/Müller, 13. Aufl. 2022, Rn. 195; „Bedenken" äußert demgegenüber Henckel StuB 2020, 520 unter IV.

[330]   Treffend zu negativen Zinsen Zwirner BC 2016, 521 (521): „Was lange Zeit wie ein schlechter Scherz klang [...]".

[331]   Krit. gegenüber dieser Variante freilich Henckel StuB 2020, 520 unter III.2.3: Der Posten „Zinsen und ähnliche Aufwendungen" sei der „Vergütung für die Überlassung aufgenommenen Fremdkapitals" vorbehalten.

[332]   BeBiKo/Justenhoven/Kliem/Müller, 13. Aufl. 2022, Rn. 195 unter Hinweis auf IDW FAB IDW Life 2020, 594. Zwirner (BC 2016, 521 (521 f)) hält im Hinblick auf den Charakter negativer Zinsen als Verwahr- oder Einlagegebühr den Ausweis im sonstigen betrieblichen Aufwand (auf dem Konto „Nebenkosten des Geldverkehrs" oder auf einem eigenen Konto) sogar für geboten.

[333]   ADS Rn. 167; Kölner Komm AktG/Claussen/Korth, 2. Aufl. 1991, HGB §§ 275–277, AktG § 158 Rn. 95.

gens sind stets unter Abs. 2 Nr. 12 und nicht unter Abs. 2 Nr. 7 lit. b auszuweisen. Das gilt unabhängig davon, ob die **üblichen** Abschreibungen überschritten werden oder nicht (→ Rn. 72).[334] Die spezielle Regelung in Abs. 2 Nr. 12 verdrängt insoweit den allgemeinen Posten des Abs. 2 Nr. 7 lit. b. Dadurch werden sämtliche Einflüsse, die sich auf die Werthaltigkeit eines Wertpapiers auswirken, ausschließlich im Finanzergebnis erfasst. Es wäre zudem sachlich kaum nachvollziehbar, dass die üblichen Abschreibungen das Finanzergebnis belasten, während sich unübliche Abschreibungen (vgl. Nr. 7 lit. b) auf die Betriebsleistung auswirken sollen.[335] Abs. 2 Nr. 7 lit. b ist daher insgesamt nicht anwendbar, so dass es auf das unscharfe Kriterium der Üblichkeit (→ Rn. 71 f.) von vornherein nicht ankommt. Im Übrigen werden mit der hier vertretenen (herrschenden) Auffassung die Abschreibungen unabhängig von der Wahl des Darstellungsformats (Gesamtkosten- bzw. Umsatzkostenverfahren) einheitlich ausgewiesen. Werden **unverzinsliche** oder **niedrig verzinsliche langfristige Ausleihungen** zunächst mit dem Nennwert angesetzt, ergibt sich im Rahmen des Niederstwerttests ein Abschreibungsbedarf nach § 253 Abs. 3 S. 5 idF des BilRUG bzw. Abs. 4, der unter Abs. 2 Nr. 12 auszuweisen ist. Erfasst das Unternehmen die Ausleihung bereits zum Zeitpunkt des Zugangs mit dem Barwert, ist der Abzinsungsbetrag als sonstiger betrieblicher Aufwand zu buchen (Abs. 2 Nr. 8; → Rn. 76, → § 277 Rn. 43).[336] Diese Unterscheidung resultiert aus der Unterscheidung zwischen Zugangs- und Folgebewertung. Keine Abschreibung, sondern sonstige betriebliche Aufwendungen (Abs. 2 Nr. 8) sind **Buchverluste aus dem Abgang von Finanzanlagen und Wertpapieren** (→ Rn. 8, → Rn. 68, → Rn. 74 und → Rn. 79).[337]

2. Ausweis. Ein getrennter Ausweis der Abschreibungen auf Finanzanlagen und der **97** auf Wertpapiere des Umlaufvermögens ist zulässig, jedoch nicht erforderlich. Die auf die Finanzanlagen entfallenden Abschreibungsbeträge müssen mit den im Anlagengitter im Anhang anzugebenden Beträgen abstimmbar sein (§ 284 Abs. 3; → § 284 Rn. 83 ff.). Der Posten kann nach Abschreibungsgrundlagen untergliedert werden (§ 265 Abs. 5 S. 1),[338] darüber hinaus sind ggf. spezielle Anforderungen für außerplanmäßige Abschreibungen (§ 253 Abs. 3 S. 5 und S. 6 idF des BilRUG, Abs. 4 S. 2, § 277 Abs. 3 S. 1) zu beachten.

XIII. Zinsen, ähnliche Aufwendungen (Abs. 2 Nr. 13)

1. Zinsaufwand. Abs. 2 Nr. 13 ist ein **Sammelposten** für Aufwendungen, die nicht **98** auf Abschreibungen (Abs. 2 Nr. 12) beruhen und vom Unternehmen für aufgenommenes Fremdkapital geleistet wurden.[339] Der Posten weist **Zinsen** und **zinsähnliche Aufwendungen** aus, die für die Überlassung fremden Kapitals anfielen.[340] Die Aufwendungen

334 ADS Rn. 169; Biener/Bernecke BiRiLiG S. 213; BeBiKo/Justenhoven/Kliem/Müller, 13. Aufl. 2022, Rn. 201; Staub/Meyer, 6. Aufl. 2021, Rn. 28; BeckOGK/Baumeister/Freisleben, 1.11.2022, Rn. 215; HK-HGB/Kirnberger 7. Aufl. 2007, Rn. 25; Baetge/Kirsch/Thiele/Kirsch/Ewelt-Knauer Bilanzrecht Rn. 165, 221 (Dezember 2015); KKRD/Morck/Drüen, 9. Aufl. 2019, Rn. 6; Kirsch/Wulf Rn. 113, 195 (Stand: 1.6.2016); Beck HdR/Scheffler B 336 Rn. 90 f. (Stand: August 2018); Baumbach/Hueck/Schulze-Osterloh, 18. Aufl. 2006, GmbHG § 42 Rn. 447; Winnefeld Bilanz-HdB, 5. Aufl. 2015, G Rn. 318; WP-HdB/Störk, 17. Aufl. 2021, F Rn. 858; aA HdR/Budde Rn. 82 (Stand: 5/2017): Wahlrecht zwischen § 275 Nr. 7 lit. b, Nr. 12.

335 S. auch ADS Rn. 169; BeBiKo/Justenhoven/Kliem/Müller, 13. Aufl. 2022, Rn. 201.

336 ADS Rn. 171; BeBiKo/Justenhoven/Kliem/Müller, 13. Aufl. 2022, Rn. 200; WP-HdB/Störk, 17. Aufl. 2021, F Rn. 859; aA – Ausweis unter § 275 Abs. 2 Nr. 8 – Baetge/Kirsch/Thiele/Kirsch/Ewelt-Knauer Bilanzrecht Rn. 224 (Dezember 2015); Kirsch/Wulf Rn. 193 (Stand: 1.6.2016).

337 ADS Rn. 170; WP-HdB/Störk, 17. Aufl. 2021, F Rn. 859; HdR/Borchert/Budde Rn. 65a (Stand: 5/2017), 83; aA – Ausweis unter § 275 Abs. 2 Nr. 12 – Biener/Bernecke BiRiLiG S. 215; Glade Praxishandbuch Rn. 276; nochmals aA – Wahlrecht zwischen § 275 Abs. 2 Nr. 12, Nr. 8 – Bonner HdR/Lachnit/Wulf Rn. 197 (Stand: April 2014). Kirsch/Wulf (Stand: 1.6.2016) geht auf diese Frage nicht mehr ein.

338 ADS Rn. 167.

339 ADS Rn. 173; Biener/Bernecke BiRiLiG S. 215; BeBiKo/Justenhoven/Kliem/Müller, 13. Aufl. 2022, Rn. 204; Staub/Meyer, 6. Aufl. 2021, Rn. 35; Kirsch/Wulf Rn. 198 (Stand: 1.6.2016); HdR/Budde Rn. 84 (Stand: 5/2017); WP-HdB/Störk, 17. Aufl. 2021, F Rn. 860.

340 Eine Übersicht findet sich bei BeckOGK/Baumeister/Freisleben, 1.11.2022, Rn. 224.

können sowohl einmalig als auch periodisch wiederkehrend sein. Es ist unerheblich, ob sie bei der Beschaffung, während der Laufzeit oder nach Rückzahlung des Fremdkapitals zu zahlen sind.[341]

99   **2. Zusammenhang mit Fremdkapital.** Aufwendungen können nur dann unter Abs. 2 Nr. 13 ausgewiesen werden, wenn sie Entgelt für die Überlassung von **Fremdkapital jeder Art** darstellen. In Betracht kommen also zB Bankkredite, Hypotheken, Schuldverschreibungen, Corona-Hilfen[342] oder Steuerschulden. Ausschüttungen auf **Genussrechte** (inkl. Genussscheine) sind nur dann unter Abs. 2 Nr. 13 auszuweisen, wenn das Genussrechtskapital als Fremdkapital zu qualifizieren ist (→ § 266 Rn. 98).[343] Ist das Genussrechtskapital bilanziell als Eigenkapital zu qualifizieren, stellen die Ausschüttungen hierauf gleichwohl keine Ergebnisverwendung dar, weil die Inhaber von Genussscheinen weiterhin rechtlich Gläubiger der Gesellschaft und keine Anteilseigner sind. Die Ausschüttungen auf das Genussrechtseigenkapital sind deshalb Aufwendungen der Gesellschaft und als „Vergütung für Genussrechtskapital" im Rahmen des Zinsergebnisses darzustellen.[344] Ist das Genussrechtskapital teilweise dem Eigenkapital und teilweise dem Fremdkapital gleichzustellen, sollten sich die Postenbezeichnungen aus Gründen der Klarheit voneinander unterscheiden (zB „Vergütungen für Genussrechtskapital mit Eigenkapitalcharakter", „Vergütungen für Genussrechtskapital mit Fremdkapitalcharakter").[345] Bei Vergütungen für **stille Beteiligungen** ist ebenfalls zu differenzieren. Die im Rahmen einer typischen stillen Beteiligung (§§ 230 ff.) geleisteten Einlagen sind Fremdkapital (→ § 266 Rn. 99). Feste Jahresvergütungen fallen wegen ihres Zinscharakters unter Abs. 2 Nr. 13, während gewinnabhängige Vergütungen „aufgrund eines Teilgewinnabführungsvertrags abgeführte Gewinne" (§ 277 Abs. 3 S. 2) sind.[346]

100   **3. Zeitliche Begrenzung.** Der Zinscharakter setzt schließlich eine zeitlich begrenzte Laufzeit voraus, so dass auch Aufwendungen aus Zins-Swaps, aus Zinstermin- und Zinsoptionsgeschäften unter Abs. 2 Nr. 13 zu erfassen sind.[347] In solchen Fällen ist aus praktischen Gründen der Nettoausweis des Differenzbetrages zwischen dem zu zahlenden und dem zu beanspruchenden Betrag sinnvoll.[348]

101   **4. Gegenleistungscharakter.** Die Aufwendungen müssen ihrem überwiegenden Charakter nach (→ Rn. 8) eine **Gegenleistung** für die **Möglichkeit zur Nutzung des Fremdkapitals** sein. Ein solcher Zusammenhang besteht ua bei Zinsen für Kredite und Steuerschulden, Diskontbeträgen auf Wechsel und Schecks, Überziehungs-, Bürgschafts-, Avalprovisionen, Vermittlungsprovisionen für die Beschaffung von Krediten,[349] Verwaltungskostenbeiträgen für Hypothekenbanken und öffentlich-rechtliche Pfandbriefanstalten, Frachtstundungsgebühren und Besicherungskosten.[350] Ebenfalls erfasst werden Zins- und Dividendenausgleichszahlungen an den Verleiher im Zuge von Wertpapier-Leihgeschäf-

---

[341] Biener/Bernecke BiRiLiG S. 215; BeBiKo/Justenhoven/Kliem/Müller, 13. Aufl. 2022, Rn. 204; HdR/ Budde Rn. 84 (Stand: 5/2017); WP-HdB/Störk, 17. Aufl. 2021, F Rn. 860.

[342] Hanke, BC 2020, 263 (265).

[343] IDW HFA 1/1994, WPg 1994, 419 (422); Emmerich/Naumann WPg 1994, 677 (687); BeBiKo/ Justenhoven/Kliem/Müller, 13. Aufl. 2022, Rn. 205; WP-HdB/Störk, 17. Aufl. 2021, F Rn. 860; Kölner Komm RechnungslegungsR/Berndt/Gutsche, 1. Aufl. 2010, Rn. 152: „Genussscheinkapital ohne Eigenkapitalcharakter".

[344] IDW HFA 1/1994, WPg 1994, 422; BeBiKo/Justenhoven/Kliem/Müller, 13. Aufl. 2022, Rn. 205; Heymann/Herrmann, 3. Aufl. 2020, Rn. 20; Wollmert BB 1992, 2106 ff.

[345] BeBiKo/Justenhoven/Kliem/Müller, 13. Aufl. 2022, Rn. 205.

[346] BeBiKo/Justenhoven/Kliem/Müller, 13. Aufl. 2022, Rn. 206, § 277 Rn. 23.

[347] BeBiKo/Justenhoven/Kliem/Müller, 13. Aufl. 2022, Rn. 192, 210; WP-HdB/Störk, 17. Aufl. 2021, F Rn. 860; zwischen einzelnen Zins-Swaps diff. dagegen ADS Rn. 176a.

[348] Glaab/Kraft, Interne Revision, 1986, S. 231; Clemm/Nonnenmacher FS Döllerer, 1998, 65 (72).

[349] Wie hier BeckOGK/Baumeister/Freisleben, 1.11.2022, Rn. 227; aA WP-HdB/Störk, 17. Aufl. 2021, F Rn. 860; Kölner Komm AktG/Claussen/Korth, 2. Aufl. 1991, HGB §§ 275–277, AktG § 158 Rn. 99; Glade Praxishandbuch Rn. 282, 285.

[350] Zusammenstellungen bei ADS Rn. 174; WP-HdB/Störk, 17. Aufl. 2021, F Rn. 860.

ten,[351] der Zinsanteil bei Zuführungen zur Pensionsrückstellung[352] und der Zinsanteil bei Leasingaufwendungen für Vermögensgegenstände, die nicht im wirtschaftlichen Eigentum des Unternehmens stehen.[353] Ein Disagio (vgl. § 250 Abs. 3) stellt wirtschaftlich gesehen regelmäßig eine zusätzliche Vergütung für die Kapitalüberlassung dar.[354] Dieser zinsähnliche Charakter führt dazu, dass Abschreibungen auf ein aktiviertes Disagio unter Abs. 2 Nr. 13 auszuweisen sind.[355] Entscheidet sich das Unternehmen für eine sofortige Verrechnung des Unterschiedsbetrags zwischen dem höheren Rückzahlungsbetrag und dem Ausgabebetrag kann nichts anderes gelten.[356]

Ein Ausweis unter Abs. 2 Nr. 13 kommt dagegen **nicht** in Betracht, wenn es am **102** Charakter einer **Gegenleistung** für das Überlassen von Kapital **fehlt** oder wenn dieser Charakter gegenüber anderen Zuordnungsaspekten zurücktritt. Kosten des Zahlungsverkehrs sind ebenso wie Umsatzprovisionen,[357] Kontoführungsgebühren[358] oder Kreditbereitstellungsgebühren[359] und Kosten aus der Überwachung von Krediten[360] „sonstige betriebliche Aufwendungen" (Abs. 2 Nr. 8). Von **Kunden** in Anspruch genommene **Skonti** sind als Erlösschmälerungen im Rahmen der Umsatzerlöse zu berücksichtigen (Abs. 1 Nr. 1, § 277 Abs. 1; → § 277 Rn. 20) und deshalb keine Aufwendungen iSd Abs. 2 Nr. 13,[361] da der Skontoabzug in unmittelbarem Zusammenhang zum Umsatzgeschäft des Unternehmens steht und der Zinscharakter nur eine untergeordnete Bedeutung hat. Nicht in Anspruch genommene **Lieferanten**skonti sind als Bestandteil der Anschaffungskosten zu aktivieren (§ 255 Abs. 1 S. 1) oder ggf., bei nicht aktivierbaren Lieferungen oder Leistungen, bei den Primäraufwendungen (Abs. 2 Nr. 5 lit. a oder b, Nr. 8) zu berücksichtigen.[362] Der Aufwand für die Abzinsung unverzinslicher oder niedrig verzinslicher Aktiva, insbesondere von Forderungen, ist nicht unter Abs. 2 Nr. 13, sondern anderweitig, etwa unter Nr. 8 oder Nr. 12 auszuweisen (→ Rn. 76, → Rn. 96).[363]

---

[351] BeBiKo/Justenhoven/Kliem/Müller, 13. Aufl. 2022, Rn. 206; Häuselmann/Wiesenbart DB 1990, 2129 (2133). Zur Seite des Zahlungsempfängers s. oben → § 275 Rn. 90.

[352] ADS Rn. 121; BeBiKo/Justenhoven/Kliem/Müller, 13. Aufl. 2022, Rn. 140; HdR/Budde Rn. 61a, 84 (Stand: 5/2017); WP-HdB/Störk, 17. Aufl. 2021, F Rn. 860.

[353] ZT aA – Ausweis unter § 275 Abs. 2 Nr. 8, wenn Zinsanteil nicht verlässlich ermittelbar – Kölner Komm AktG/Claussen/Korth, 2. Aufl. 1991, HGB §§ 275–277, AktG § 158 Rn. 102; BeBiKo/Justenhoven/Kliem/Müller, 13. Aufl. 2022, Rn. 208.

[354] BFH BStBl. II 1984, 713 (714) = BeckRS 1984, 22006938; vgl. auch Haußer, Bewertung von Wertpapieren des Umlaufvermögens nach HGB, US GAAP und IAS, 2003, S. 66–68.

[355] Biener/Bernecke BiRiLiG S. 215; BeBiKo/Justenhoven/Kliem/Müller, 13. Aufl. 2022, Rn. 206; HdR/ Budde Rn. 84 (Stand: 5/2017); WP-HdB/Störk, 17. Aufl. 2021, F Rn. 860.

[356] BeBiKo/Justenhoven/Kliem/Müller, 13. Aufl. 2022, Rn. 206; ADS Rn. 174, HdR/Budde Rn. 84 (Stand: 5/2017); aA – Wahlrecht zwischen § 275 Abs. 2 Nr. 8, Nr. 13 – WP-HdB/Störk, 17. Aufl. 2021, F Rn. 860.

[357] ADS Rn. 175; BeBiKo/Justenhoven/Kliem/Müller, 13. Aufl. 2022, Rn. 208; aA – Wahlrecht zwischen § 275 Abs. 2 Nr. 8, Nr. 13 – WP-HdB/Störk, 17. Aufl. 2021, F Rn. 860.

[358] HdR/Budde Rn. 85 (Stand: 5/2017); Kölner Komm RechnungslegungsR/Berndt/Gutsche, 1. Aufl. 2010, Rn. 154; BeckOGK/Baumeister/Freisleben, 1.11.2022, Rn. 109 ff.: Nicht unter Zinsen und ähnliche Aufwendungen auszuweisen seien „Bankspesen und Kontoführungsgebühren sowie sonstige Kosten des Zahlungsverkehrs".

[359] Glade Praxishandbuch Rn. 282; WP-HdB/Störk, 17. Aufl. 2021, F Rn. 860; aA – Ausweis unter § 275 Abs. 2 Nr. 13 – ADS Rn. 174; BeBiKo/Justenhoven/Kliem/Müller, 13. Aufl. 2022, Rn. 206; aA HdR/ Budde Rn. 84 (Stand: 5/2017).

[360] ADS Rn. 175; HK-HGB/Kirnberger 7. Aufl. 2007, Rn. 35; HdR/Budde Rn. 85 (Stand: 5/2017).

[361] ADS Rn. 176; Biener/Bernecke BiRiLiG S. 215; BeBiKo/Justenhoven/Kliem/Müller, 13. Aufl. 2022, Rn. 65, 208; HdR/Budde Rn. 85 (Stand: 5/2017); WP-HdB/Störk, 17. Aufl. 2021, F Rn. 861.

[362] ADS Rn. 176; WP-HdB/Störk, 17. Aufl. 2021, F Rn. 861; aA – Ausweis unter § 275 Abs. 2 Nr. 13 nach Wahl zulässig – Geßler/Hefermehl/Kropff AktG § 157 Rn. 131; Biener/Bernecke BiRiLiG S. 215; Kölner Komm AktG/Claussen/Korth, 2. Aufl. 1991, HGB §§ 275–277, AktG § 158 Rn. 102; BeBiKo/ Justenhoven/Kliem/Müller, 13. Aufl. 2022, Rn. 209; wieder aA – zwingender Ausweis unter § 275 Abs. 2 Nr. 13 – Staub/Meyer, 6. Aufl. 2021, Rn. 35.

[363] ADS Rn. 176b; HdR/Budde Rn. 85 (Stand: 5/2017); Kirsch/Wulf Rn. 200 (Stand: 1.6.2016); WP-HdB/Störk, 17. Aufl. 2021, F Rn. 862; aA – Ausweis unter § 275 Abs. 2 Nr. 13 – Kölner Komm AktG/ Claussen/Korth, 2. Aufl. 1991, HGB §§ 275–277, AktG § 158 Rn. 101.

103   **5. Ausweis im Zusammenhang mit verbundenen Unternehmen.** Zinsen und ähnliche Aufwendungen, die an verbundene Unternehmen (§ 271 Abs. 2) geleistet werden, sind als „Davon"-Vermerk oder im Rahmen eines Unterpostens (§ 265 Abs. 5 S. 1)[364] gesondert auszuweisen.

XIV. Steuern vom Einkommen und vom Ertrag (Abs. 2 Nr. 14)

104   Der Posten soll die ertragsteuerliche Belastung der Gesellschaft zeigen.[365] Der getrennte Ausweis von Ertragsteuern (Abs. 2 Nr. 14 = Nr. 18 aF vor BilRUG) und sonstigen Steuern (Abs. 2 Nr. 16 = Nr. 19 aF) ermöglicht jedoch nur in begrenztem Umfang Rückschlüsse auf den tatsächlich erzielten Gewinn vor Ertragsteuern.[366] Dies könnte nur eine Darstellung leisten, die den rechnerischen Steueraufwand aufgrund des zu versteuernden Gewinnes auf die tatsächliche Steuerlast überleitet und die Abweichungen, etwa wegen steuerfreier Einnahmen, Nachzahlungen aufgrund von Betriebsprüfungen oder nicht abzugsfähiger Betriebsaufwendungen, aufgliedert. Eine solche Überleitungsrechnung („Tax Rate Reconciliation") ist in der Rechnungslegung nach IFRS vorgeschrieben (IAS 12.81 (c) (i)),[367] nach HGB jedoch bisher nicht vorgesehen.

105   **1. Begriff und Anwendungsbereich.** Für den Ausweis ist auf den steuerrechtlichen Steuerbegriff (§ 3 Abs. 1 AO) zurückzugreifen.[368] Unter **Steuern** werden danach Geldleistungen verstanden, die keine Gegenleistung für eine besondere Leistung sind und von einem öffentlich-rechtlichen Gemeinwesen zur Erzielung von Einnahmen nach gesetzlicher Maßgabe auferlegt werden.[369] Gemäß § 274 Abs. 2 S. 3 ist auch der „Aufwand oder Ertrag aus der Veränderung bilanzierter latenter Steuern" in der GuV „unter dem Posten ‚Steuern vom Einkommen und vom Ertrag'", also unter Abs. 2 Nr. 14 (oder Abs. 3 Nr. 13) auszuweisen (→ Rn. 111). Steuerstrafen (§ 369 AO), Bußgelder (§ 377 AO idF vom 25.5.2018), Zwangsgelder (§ 329 AO) und Kosten (zB § 178 AO idF vom 31.12.2014, § 337 AO idF v. 30.6.2013) sind keine Steuern, sondern stellen sonstige betriebliche Aufwendungen (Abs. 2 Nr. 8) dar.[370] Steuerliche Nebenleistungen (§ 3 Abs. 4 AO), wie zB Zinsen (§§ 233 ff. AO),[371] Verspätungszuschläge (§ 152 AO)[372] und Säumniszuschläge (§ 240 AO)[373] sind hingegen als Zinsaufwand (Abs. 2 Nr. 13) auszuweisen.

106   Abs. 2 Nr. 14 umfasst nicht die sonstigen Steuern (Abs. 2 Nr. 16), sondern nur Steuern **vom Einkommen und vom Ertrag,** deren Höhe im Unterschied zu den sonstigen Steuern vom Gesamtergebnis des Unternehmens abhängt. Dies sind zum einen die Gewerbesteuer (Gewerbeertrag, § 6 S. 1 GewStG) und zum anderen die Körperschaftsteuer (Einkommen, § 7 Abs. 1 KStG) einschließlich des Solidaritätszuschlags (§§ 1, 2 Nr. 3 SolZG) und etwaiger Vorleistungen auf die spätere Körperschaftsteuerschuld in Gestalt von Kapitalertragsteuern (§ 43 EStG). Ebenso auszuweisen sind Steuern ausländischen Rechts, sofern sie zB

---

[364]   WP-HdB/Störk, 17. Aufl. 2021, F Rn. 860.

[365]   ADS Rn. 189.

[366]   BeBiKo/Justenhoven/Kliem/Müller, 13. Aufl. 2022, Rn. 222.

[367]   Hierzu Haufe IFRS-Komm/Lüdenbach/Hoffmann § 26 Rn. 252 ff. (Stand: 1.1.2022); Merkt/Probst/ Fink/Antonakopoulos Rechnungslegung nach HGB und IFRS, Kap. 11 Rn. 18 ff.

[368]   BeBiKo/Justenhoven/Kliem/Müller, 13. Aufl. 2022, Rn. 220; Glade Praxishandbuch Rn. 340 ff.

[369]   Etwa Tipke/Lang/Lang SteuerR, 24. Aufl. 2022, Kap. 3 Rn. 3.9 ff.

[370]   Marx DB 1996, 1149 (1152); ADS Rn. 186; BeBiKo/Justenhoven/Kliem/Müller, 13. Aufl. 2022, Rn. 246; WP-HdB/Störk, 17. Aufl. 2021, F Rn. 868; aA – Wahlrecht zwischen § 275 Abs. 2 Nr. 8, Nr. 19 – HdR/Budde Rn. 92a (Stand: 5/2017).

[371]   AA – bei Zinsen auf Steuererstattungen oder Steuernachforderungen Ausweiswahlrecht zwischen § 275 Abs. 2 Nr. 11, Nr. 13 einerseits und § 275 Abs. 2 Nr. 18 aF [= Nr. 14], Nr. 19 aF [= Nr. 16] andererseits – Oechsle/Janke DB 1996, 486 (487).

[372]   Glade Praxishandbuch Rn. 351; aA – Verspätungszuschläge fallen unter § 275 Abs. 2 Nr. 8 – Marx DB 1996, 1149 (1151); BeBiKo/Schmidt/Kliem, 13. Aufl. 2022, Rn. 256.

[373]   Marx DB 1996, 1149 (1152); ADS Rn. 186; BeBiKo/Justenhoven/Kliem/Müller, 13. Aufl. 2022, Rn. 246; HdR/Budde Rn. 92a (Stand: 5/2017); aA – Säumniszuschläge fallen unter § 275 Abs. 2 Nr. 8 – Glade Praxishandbuch Rn. 351; HK-HGB/Kirnberger 7. Aufl. 2007, Rn. 40.

wegen Anrechenbarkeit auf die deutsche Steuer (§ 34c EStG; § 26 KStG) mit KSt oder GewSt vergleichbar sind.[374]

2. Steuern der Gesellschaft. a) Steuerschuldnerschaft der Gesellschaft. Auszu- **107** weisen ist allein der Aufwand für Steuern der Gesellschaft. Erfasst werden deshalb grundsätzlich nur Steuern, deren **wirtschaftlicher Steuerschuldner**[375] (zur steuerrechtlichen Steuerschuldnerschaft §§ 33 Abs. 1 Fall 1, 43 S. 1 AO, § 5 GewStG) die Kapitalgesellschaft ist,[376] auch wenn die Steuer wie im Fall der Kapitalertragsteuer möglicherweise nicht durch das Unternehmen selbst, sondern durch einen Dritten für Rechnung des Unternehmens gezahlt wird. Umgekehrt ist die Kapitalgesellschaft nicht Steuerschuldner (vgl. §§ 33 Abs. 1 Fälle 2–4, 69 ff., 43 S. 2 AO), soweit sie im Rahmen der Haftung, Einbehaltung oder Abführung fremder Steuern tätig wird.[377] Solche Aufwendungen sind anderweitig auszuweisen; zB sind Abzugsteuern, die das Unternehmen für Rechnung Dritter an den Fiskus abführen muss, unter der entsprechenden Aufwandsart (Lohnsteuer beispielsweise grundsätzlich unter Abs. 2 Nr. 6 lit. a; → Rn. 49) einzuordnen.[378] Gleichfalls nicht zu berücksichtigen sind die Einkommensteuern der Gesellschafter bei Personenhandelsgesellschaften iSd § 264a. Zum Zwecke der Vergleichbarkeit besteht für solche Personengesellschaften nach § 264c Abs. 3 S. 2 in der GuV die Möglichkeit, nach dem Jahresergebnis einen Steueraufwand auszuweisen, der dem Steuersatz der Komplementär(kapital)gesellschaft entspricht.

b) Ausweis bei Organschaftsverhältnissen. aa) Grundlagen. Die Steuerschuld- **108** nerschaft ist auch das maßgebliche Kriterium zur bilanziellen Behandlung steuerlicher Organschaftsverhältnisse. Bei **Organschaften** ist ein Unternehmen (Organgesellschaft) finanziell, dh über die Mehrheit der Stimmrechte in ein Oberunternehmen (Organträger), eingegliedert, und zwischen beiden Unternehmen besteht ein Gewinnabführungsvertrag iSd § 291 Abs. 1 AktG, der auch durchgeführt wird. Unter diesen Voraussetzungen werden das Einkommen mit Ausnahme der Ausgleichszahlung nach § 16 KStG sowie der Gewerbeertrag der Organgesellschaft dem Organträger zugerechnet (§ 2 Abs. 2 S. 2 GewStG, § 14 KStG), so dass der Organträger Schuldner der darauf entfallenden Gewerbe- und Körperschaftsteuer ist, während die Organgesellschaft Haftungssubjekt ist (§ 33 Abs. 1 Fall 2 AO, § 73 S. 1 AO).[379] Damit hat lediglich der Organträger Ertragsteuern nach Abs. 2 Nr. 14 auszuweisen; bei der Organgesellschaft entfällt dieser Posten.[380] Das gilt auch für den Teil, der wirtschaftlich von der Organgesellschaft verursacht wurde. Hat die Organgesellschaft allerdings Ausgleichszahlungen iSv § 16 KStG (zB nach § 304 AktG) zu leisten, muss sie diese selbst als Steueraufwand ausweisen.

bb) Weiterbelastungen. In der Praxis kommt es häufig dazu, dass die Organträger die **109** Steuerbelastung auf die Organgesellschaft abwälzen **(Steuerumlage).** Sofern eine derartige Weiterbelastung zulässigerweise[381] vorgenommen wird und gleichwohl ein steuerrechtliches

---

[374] Winnefeld Bilanz-HdB, 5. Aufl. 2015, G Rn. 386; WP-HdB/Störk, 17. Aufl. 2021, F Rn. 863. Ein nicht abschließendes Verzeichnis entsprechender ausländischer Steuern findet sich in Anl. 6 zu R 34c EStR 2005, zuletzt geändert durch EStÄR 2012 v. 25.3.2013, BStBl. 2013 I 276.

[375] BeckOGK/Baumeister/Freisleben, 1.11.2022, Rn. 236; Winnefeld Bilanz-HdB, 5. Aufl. 2015, G Rn. 386.

[376] ADS Rn. 184; Hopt/Merkt, 42. Aufl. 2023, Rn. 18: „Beträge sind auszuweisen, welche die Kapitalgesellschaft als Steuerschuldner zu entrichten hat"; WP-HdB/Störk, 17. Aufl. 2021, F Rn. 869.

[377] BeBiKo/Justenhoven/Kliem/Müller, 13. Aufl. 2022, Rn. 220: Die „sog. Quellensteuern (zB Lohnsteuer, Kirchensteuer, Kapitalertragsteuer, Aufsichtsratsteuer uä), die eine Kapitalgesellschaft/Kapitalgesellschaft & Co. für Rechnung Dritter an den Fiskus abzuführen habe", fielen nicht unter Nr. 14.

[378] HdR/Budde Rn. 92 (Stand: 5/2017).

[379] Etwa Tipke/Lang/Montag SteuerR, 24. Aufl. 2021, § 11 Rn. 120 ff. und § 6 Rn. 73; Erle/Sauter/Erle Gesellschafterfremdfinanzierung, 3. Aufl. 2010, KStG § 14 Rn. 22 ff.

[380] ZB Staub/Meyer, 6. Aufl. 2021, Rn. 38.

[381] Hierzu BGHZ 120, 50 = NJW 1993, 585 zur körperschaftsteuerlichen Organschaft; BGHZ 141, 79 = DStR 1999, 724 zur Beurteilung der sog. gewerbesteuerlichen Organschaft im Rahmen der §§ 311 ff. AktG.

Organschaftsverhältnis besteht, gelten folgende Besonderheiten: Durch die Steuerumlage ändert sich die Steuerschuldnerschaft des Organträgers nicht. Der **Organträger** hat deshalb die Steuern in vollem Umfang unter Abs. 2 Nr. 14 auszuweisen. Die Belastung der Organgesellschaft mit der Steuerumlage mindert allerdings den an den Organträger im Rahmen des (steuerrechtlich für die Organschaft erforderlichen, § 14 Abs. 1 S. 1 KStG) Gewinnabführungsvertrages abzuführenden Gewinn. Im wirtschaftlichen Ergebnis wirkt die Steuerumlage dann wie eine „Vorweg-Gewinnabführung".[382] Als solche ist sie entsprechend § 277 Abs. 3 gesondert unter entsprechender Bezeichnung in der GuV zu zeigen. Denkbar ist zB ein Posten Nr. 9b „Ertragsteuerumlage von Organgesellschaften" im Anschluss an den Posten Nr. 9a „Ertrag aufgrund eines Gewinnabführungsvertrages".[383] Der Ausweis unter den „sonstigen betrieblichen Erträgen" (Abs. 2 Nr. 4) ist hingegen nicht zu empfehlen, da dieser Vorgang nicht das betriebliche Ergebnis, sondern im Hinblick auf die Beteiligungsstruktur nur das Finanzergebnis berührt.[384]

110　　　Bei der **Organgesellschaft** sind die abgeführten Umlagebeträge innerhalb von Abs. 2 Nr. 14 gesondert auszuweisen,[385] zB als Unterposten („von der Obergesellschaft belastete Steuern") oder als „Davon"-Vermerk („davon Steuerumlagen"). Obgleich es an der Steuerschuldnerschaft der Organgesellschaft fehlt, kann nur eine Darstellung des Umlagebetrages als Steueraufwand eine Vergleichbarkeit dieser Gesellschaft mit Gesellschaften schaffen, die nicht in einen Organverbund eingegliedert sind.[386] Der Umlagebetrag ist wirtschaftlich betrachtet lediglich ein Substitut des Steueraufwandes, den die Organgesellschaft bei Nichtbestehen der Organschaft auszuweisen hätte.[387] Eine Erfassung der Steuerumlage in den sonstigen betrieblichen Aufwendungen ist nicht aussagekräftig.[388]

111　　　**3. Aufwand/Ertrag. Aufwendungen und Erträge** werden durch den Posten **gleichermaßen** erfasst, wobei Steueraufwendungen oder –erstattungen für Vorjahre einbezogen werden.[389] Abs. 2 Nr. 14 gilt daher auch für Nachzahlungen für Vorjahre und für Steuererstattungen und für Erträge aus frei gewordenen Steuerrückstellungen.[390] Auch die Aktivierung des Anspruchs auf Auszahlung des Körperschaftsteuerguthabens nach § 37 KStG führte[391] zu einem Ertrag (zur Bilanzierung → § 266 Rn. 72; ferner → 3. Aufl. 2013, § 278 Rn. 3).[392] Der Posten des Abs. 2 Nr. 15 ist als **Saldogröße** (mögliche Postenbezeichnung: „Tatsächliche Ertragsteuern") konzipiert. Das zeigt nicht nur der Wortlaut[393] („Steuern", nicht: „Steueraufwand"), sondern ergibt sich auch aus seinem Zweck, die gesamte Belastung der Gesellschaft durch Ertragsteuern zu zeigen. Daher sind Erträge und Aufwendungen

---

[382]　So BGH NJW-RR 2004, 474 unter 1.; BeBiKo/Justenhoven/Kliem/Müller, 13. Aufl. 2022, Rn. 236.

[383]　ADS Rn. 192; BeBiKo/Justenhoven/Kliem/Müller, 13. Aufl. 2022, Rn. 237: gesonderter Ausweis unter dem Posten „Ertrag aufgrund von Gewinnabführungsverträgen" oder als gesonderter Gliederungsposten „Erträge aus von Organgesellschaften abgeführten Steuerumlagen"; WP-HdB/Störk, 17. Aufl. 2021, F Rn. 869; Bullinger DB 1988, 717.

[384]　BeBiKo/Justenhoven/Kliem/Müller, 13. Aufl. 2022, Rn. 237; WP-HdB/Störk, 17. Aufl. 2021, F Rn. 869; für ein Wahlrecht: ADS Rn. 192.

[385]　Bullinger DB 1988, 717; ADS Rn. 194; BeBiKo/Justenhoven/Kliem/Müller, 13. Aufl. 2022, Rn. 236; Beck HdR/Walz B 338 Rn. 51 (Stand: Dezember 2019); WP-HdB/Störk, 17. Aufl. 2021, F Rn. 860.

[386]　BeBiKo/Justenhoven/Kliem/Müller, 13. Aufl. 2022, Rn. 236.

[387]　ADS Rn. 194.

[388]　So auch ADS Rn. 194; BeBiKo/Justenhoven/Kliem/Müller, 13. Aufl. 2022, Rn. 236.

[389]　Wichmann BB 1987, 648 (649); ADS Rn. 187, die insofern von „aperiodischen Posten" sprechen; BeBiKo/Justenhoven/Kliem/Müller, 13. Aufl. 2022, Rn. 233; WP-HdB/Störk, 17. Aufl. 2021, F Rn. 867.

[390]　ADS Rn. 190; HdR/Budde Rn. 93, 95 (Stand: 5/2017); Kirsch/Wulf Rn. 212 (Stand: 1.6.2016).

[391]　Die Körperschaftguthaben wurden gem. § 37 Abs. 4 und Abs. 5 KStG idF des SEStEG v. 7.12.2006 letztmalig auf den 31.12.2006 ermittelt und von 2008 bis 2017 in zehn gleichen Jahresbeträgen ausgezahlt. Inzwischen ist die Regelung „durch Zeitablauf gegenstandslos" geworden, „jedoch formal noch nicht aufgehoben worden" (Frotscher in Frotscher/Drüen, KStG, Übergang vom Anrechnungsverfahren zum Halbeinkünfteverfahren §§ 36–38 KStG, Sechster Teil, Sondervorschriften, S. 1 (7/2021).

[392]　S. auch Ernsting DB 2007, 180 (183).

[393]　Beck HdR/Walz B 338 Rn. 40 (Stand: Dezember 2019).

miteinander zu verrechnen.[394] Das allgemeine Saldierungsverbot (§ 246 Abs. 2 S. 1) ist nicht berührt.[395] Lediglich der (erfolgswirksame) Aufwand oder Ertrag aus der Veränderung bilanzierter latenter Steuern wird unter dem Posten nach Abs. 2 Nr. 14 (bzw. Abs. 3 Nr. 13) **gesondert** von dem Saldobetrag der „tatsächlichen Ertragsteuern" ebenfalls als Saldogröße[396] (mögliche Postenbezeichnung: „Latente Ertragsteuern") ausgewiesen (§ 274 Abs. 2 S. 3; → § 274 Rn. 50 und 24; zum Anwendungsbereich → § 274 Rn. 30 ff.).

4. Ausweis. Ergibt die Saldierung von Steueraufwendungen mit -erträgen einen positi- **112** ven Saldo, dann ist die Postenbezeichnung aus Gründen der Klarheit zu ändern (§ 243 Abs. 2, § 265 Abs. 6), zB in „erstattete Steuern vom Einkommen und vom Ertrag".[397] Darüber hinaus gehende Zusatzinformationen, etwa Untergliederungen, offene Absetzungen oder Erläuterungen, müssen grundsätzlich (vorbehaltlich der § 264 Abs. 2 S. 2, § 285 Nr. 31) nicht gegeben werden,[398] können aber auf freiwilliger Basis zB als „Davon"-Vermerk wesentlicher Verrechnungsbeträge oder wesentlicher Auflösungen von Rückstellungen vorgenommen werden.[399]

XV. Ergebnis nach Steuern (Abs. 2 Nr. 15)

Der Posten „Ergebnis nach Steuern" (Abs. 2 Nr. 15, gleichlautend Anh. V Nr. 15 **113** Bilanz-RL) wurde durch das BilRUG neu eingefügt. Er kennzeichnet die Zwischensumme der vorausgehenden Posten Nr. 1–14, also den Saldo aus Betriebsergebnis (Nr. 1–8), Finanzergebnis (Nr. 9–13) und den „Steuern vom Einkommen und vom Ertrag" (Nr. 14). Der Ausschluss der „sonstigen Steuern" (→ Rn. 114 ff.) unterscheidet ihn vom Jahresergebnis (Nr. 17, → Rn. 118 ff.). Genauer und im Zeichen der Klarheit und Übersichtlichkeit der GuV auch zulässig ist es daher, den Posten als „Ergebnis nach Steuern **vom Einkommen und vom Ertrag**" zu bezeichnen.[400] Der Saldo ist zur Klarstellung mit einem Vorzeichen zu versehen; alternativ ist der Posten umzubenennen in „Überschuss nach Steuern" bzw. „Fehlbetrag nach Steuern".[401] Sollten keine sonstigen Steuern angefallen sein und sollte daher gem. § 265 Abs. 8 ganz auf die Aufführung des Postens nach Nr. 17 verzichtet werden, ist der Posten „Ergebnis nach Steuern" nach Nr. 15 dennoch nicht etwa verzichtbar, obwohl er dann betragsmäßig identisch mit dem Jahresergebnis nach Nr. 17 ist. Den Anforderungen an Klarheit und Übersichtlichkeit genügt es aber, wenn in diesem Falle Nr. 15 und Nr. 17 unter der Doppelbezeichnung „Ergebnis nach Steuern/Jahresüberschuss (Jahresfehlbetrag)" zusammengefasst werden.[402] Ebenfalls gestattet und nach § 265 Abs. 6 (→ Rn. 108) sogar geboten ist es, bei Organschaftsverhältnissen in der GuV der Organgesellschaft den Posten nach Nr. 15 in „Ergebnis vor sonstigen Steuern und vor Gewinnabführung (Verlustübernahme)" umzubenennen.[403]

---

[394]   ADS Rn. 187; HdR/Budde Rn. 96 (Stand: 5/2017); BeBiKo/Justenhoven/Kliem/Müller, 13. Aufl. 2022, Rn. 232, 233; HK-HGB/Kirnberger 7. Aufl. 2007, Rn. 41; Beck HdR/Walz B 338 Rn. 40 (Stand: Dezember 2019); WP-HdB/Störk, 17. Aufl. 2021, F Rn. 867; Wichmann BB 1987, 648 (649); aA – Verrechnung unzulässig – Biener/Bernecke BiRiLiG S. 216.

[395]   Bullinger BB 1986, 844 f.; ADS Rn. 189; BeBiKo/Justenhoven/Kliem/Müller, 13. Aufl. 2022, Rn. 233: lediglich „Korrektur zu hoch verrechneter Aufwendungen".

[396]   S. BeBiKo/Justenhoven/Kliem/Müller, 13. Aufl. 2022, Rn. 233: verrechnet würden „nicht nur Aufwendungen mit Erträgen, sondern auch Auflösungen mit Neubildungen von latenten Steuern".

[397]   ADS Rn. 187; WP-HdB/Störk, 17. Aufl. 2021, F Rn. 867; aA – Wahlrecht zwischen Postenänderung oder Angabe im Anhang – BeBiKo/Justenhoven/Kliem/Müller, 13. Aufl. 2022, Rn. 233.

[398]   AA – Verrechnung nur bei offener Absetzung der Erträge zulässig – Kölner Komm AktG/Claussen/Korth, 2. Aufl. 1991, HGB §§ 275–277, AktG § 158 Rn. 120 ff.; nochmals aA – Aufgliederung nach Aufwendungen und Erträge bei positivem Saldo erforderlich – HdR/Budde Rn. 96b (Stand: 5/2017).

[399]   ADS Rn. 189; diff. Kirsch/Wulf Rn. 212 (Stand: 1.6.2016): Davon-Vermerk bei wesentlichen Verrechnungsbeträgen nötig; WP-HdB/Störk, 17. Aufl. 2021, F Rn. 867.

[400]   WP-HdB/Störk, 17. Aufl. 2021, F Rn. 870; BeBiKo/Justenhoven/Kliem/Müller, 13. Aufl. 2022, Rn. 240; Haufe-HGB/Wobbe Rn. 191 (Stand: 19.10.2021): Eine solche begriffliche Anpassung liege „nahe"; HdR/Budde Rn. 97a (Stand: 5/2017).

[401]   BeckOK HGB/Poll Rn. 40 (Stand:15.7.2022).

[402]   BeBiKo/Justenhoven/Kliem/Müller, 13. Aufl. 2022, Rn. 240.

[403]   BeBiKo/Justenhoven/Kliem/Müller, 13. Aufl. 2022, Rn. 240.

XVI. Sonstige Steuern (Abs. 2 Nr. 16)

114   **1. Begriff und Anwendungsbereich.** Abs. 2 Nr. 16 (Nr. 19 aF) bezieht sich auf alle **Steuern** iSd § 3 Abs. 1 AO (→ Rn. 105), die nicht bereits unter Abs. 2 Nr. 14 (Nr. 18 aF) ausgewiesen werden.[404] In Betracht kommen hier insbesondere Verbrauchsteuern (zB Bier-, Getränke-, Tabak-, Kaffee-, Branntwein-, Mineralöl-, Sektsteuer), Verkehrsteuern (zB Rennwett-, Lotterie-, Versicherung-, Erbschaft- und Schenkungsteuer), Ausfuhrzölle, Erbschaftsteuer, Grundsteuer, Umsatzsteuer auf den Eigenverbrauch[405] und andere Steuern (ua Hunde-, Jagd-, Kraftfahrzeugsteuer) sowie entsprechende ausländische Steuern.[406] **Nicht** hierunter fallen[407] Abgaben anderer Art, wie zB Ausgleichsabgaben, Bußgelder, Gebühren, Grundstücksabgaben, Handelskammerbeiträge, Säumniszuschläge und Zinsen, Steuerstrafen, Verspätungszuschläge, Zwangsgelder. Sie sind auf demselben Konto zu erfassen wie die Sachverhalte, mit denen sie im Zusammenhang stehen (Abs. 2 Nr. 8 bzw. Nr. 13; → Rn. 105).[408] Erfasst werden grundsätzlich allein Steuern, deren **Steuerschuldner** das Unternehmen ist (§ 33 Abs. 1 Alt. 1, § 43 S. 1 AO; → Rn. 107). Unter diesem Posten sind auch **periodenfremde Vorgänge** wie Steuernachzahlungen sowie **Erträge** beispielsweise aus der Auflösung von Steuerrückstellungen oder Steuererstattungen auszuweisen und ggf. entsprechend zu verrechnen (→ Rn. 111).

115   **2. Zurechnungsfragen.** Bestimmte Aufwendungen mit Steuercharakter lassen sich gleichzeitig anderen Posten zuordnen. In diesen Fällen bestimmt sich der Ausweis danach, welcher Zuordnungsaspekt überwiegt (→ Rn. 8). So ist das Unternehmen zwar Steuerschuldner der **pauschalen Lohnsteuer** (§§ 40, 40a, 40b EStG) und der darauf entfallenden pauschalen Kirchensteuer,[409] jedoch ist bei solchen Aufwendungen nicht der Charakter als Steuerlast, sondern seine Eigenschaft als Bestandteil des Personalaufwandes entscheidend. Solche Steuern sind daher wie die sonstige Lohnsteuer unter Abs. 2 Nr. 6 lit. a auszuweisen (→ Rn. 53).[410] Abs. 2 Nr. 16 scheidet auch aus, soweit Steuern (zB Eingangszölle, Ausgleichsteuern, Grunderwerbsteuer) als Anschaffungsnebenkosten aktiviert werden müssen (§ 255 Abs. 1 S. 2).[411]

116   **3. Umsatzsteuer.** Die Umsatzsteuer auf Leistungen, die das Unternehmen in Anspruch genommen hat, stellt regelmäßig keine „sonstige Steuer" iSd Abs. 2 Nr. 16 (= Nr. 19 idF vor dem BilRUG) dar. Soweit das Unternehmen zum Vorsteuerabzug berechtigt ist (§ 15 UStG), handelt es sich um einen Anspruch gegenüber dem Fiskus, der als **„sonstiger Vermögensgegenstand"** (§ 266 Abs. 2 B. II. 4.) zu aktivieren ist und mit der Umsatzsteuerzahllast saldiert wird, so dass sie sich als durchlaufender Posten grundsätzlich nicht auf den Jahresüberschuss auswirkt.[412] Ist das Unternehmen überhaupt oder bezüglich der betreffenden Aufwendungen nicht oder nicht voll zum Vorsteuerabzug berechtigt (vgl. zB

---

[404]   Staub/Meyer, 6. Aufl. 2021, Rn. 40.

[405]   Endert/Sepetauz BBK 3/2011, 112.

[406]   Zusammenstellungen bei Endert/Sepetauz BBK 3/2011, 112; ADS Rn. 197; HdR/Budde Rn. 98 (Stand: 5/2017); BeBiKo/Justenhoven/Kliem/Müller, 13. Aufl. 2022, Rn. 245; HK-HGB/Kirnberger 7. Aufl. 2007, Rn. 43; Hopt/Merkt, 42. Aufl. 2023, Rn. 20; KKRD/Morck/Drüen, 9. Aufl. 2019, Rn. 6; WP-HdB/Störk, 17. Aufl. 2021, F Rn. 871.

[407]   BeBiKo/Justenhoven/Kliem/Müller, 13. Aufl. 2022, Rn. 246; WP-HdB/Störk, 17. Aufl. 2021, F Rn. 875.

[408]   Endert/Sepetauz BBK 3/2011, 112.

[409]   Glade Praxishandbuch Rn. 346; vgl. auch BeBiKo/Justenhoven/Kliem/Müller, 13. Aufl. 2022, Rn. 128: Vom Unternehmen übernommene Lohn- und Kirchensteuer würden „grundsätzlich unter Posten Nr. 6 lit. a auszuweisen sein".

[410]   Wichmann BB 1987, 648 (649); ADS Rn. 104, 200; WP-HdB/Störk, 17. Aufl. 2021, F Rn. 875; BeBiKo/Justenhoven/Kliem/Müller, 13. Aufl. 2022, Rn. 245; aA – Ausweis unter § 275 Abs. 2 Nr. 19 – wohl Beck HdR/Walz B 338 Rn. 8 (Stand: Dezember 2019); Meyer-Landrut/Niehus/Scholz GmbHG §§ 238–335 HGB Rn. 827; nochmals aA – Wahlrecht – Kölner Komm AktG/Claussen/Korth, 2. Aufl. 1991, HGB §§ 275–277, AktG § 158 Rn. 125.

[411]   ADS Rn. 205; BeBiKo/Justenhoven/Kliem/Müller, 13. Aufl. 2022, Rn. 247; WP-HdB/Störk, 17. Aufl. 2021, F Rn. 875.

[412]   ADS Rn. 198; Glade Praxishandbuch Rn. 361 f.

§ 15 Abs. 1a, Abs. 2 bis 4a UStG), ist die Umsatzsteuer insoweit unter dem Gesichtspunkt der **Anschaffungsnebenkosten** zu aktivieren (§ 255 Abs. 1 S. 2). Bei Vermögensgegenständen des Umlaufvermögens ist es zulässig, nicht abzugsfähige Vorsteuern unmittelbar unter dem Materialaufwand (Abs. 2 Nr. 5) zu erfassen.[413] Besteht eine **umsatzsteuerliche Organschaft** (§ 2 UStG),[414] ist entsprechend den allgemeinen Regelungen der Organträger Schuldner der Umsatzsteuer.[415] Wird die Organgesellschaft mit der Umsatzsteuerlast des Organträgers weiterbelastet, hat der Organträger mit der Umsatzsteuer einen durchlaufenden Posten; die Organgesellschaft hingegen hat die Steuerumlage wegen des engen Zusammenhangs zum Umsatzakt von den Umsatzerlösen offen abzusetzen. Trägt der Organträger auch wirtschaftlich die Umsatzsteuerlast, so zeigt er die gesamten Umsatzsteueraufwendungen unter Abs. 2 Nr. 16, während die Organgesellschaft die vereinnahmte Umsatzsteuer unter den sonstigen betrieblichen Erträgen (Abs. 2 Nr. 4; § 277 Abs. 1 aE) und eine ggf. von ihr zu tragende Umsatzsteuer auf den Eigenverbrauch unter Abs. 2 Nr. 16 auszuweisen hat.[416]

4. Ausweis. Der Ausweis muss sämtliche sonstigen Steuern umfassen. Eine Zusam- **117** menfassung (§ 265 Abs. 7) mit den sonstigen betrieblichen Aufwendungen (Abs. 2 Nr. 8) ist ausnahmsweise zulässig, sofern der zusammengefasste Posten und der Anteil der Steuern daran im Anhang erläutert werden.[417] Sind Steueranteile (zB Versicherungsteueranteile) nur schwierig aus dem Gesamtaufwand auszugliedern und machen sie nur einen unwesentlichen Teil des Gesamtaufwandes aus, darf aus Praktikabilitätsgründen die gesamte Vergütung im Rahmen des Primäraufwandspostens ausgewiesen werden.[418] Branchentypische Verbrauchsteuern, wie zB die Mineralöl-, Bier- oder Tabaksteuer, können statt des vorgesehenen Ausweises unter Abs. 2 Nr. 16 auch offen von den Umsatzerlösen abgesetzt werden, sofern sie nicht ohnehin als Herstellungskosten zu aktivieren sind.[419] Für eine Begrenzung der offenen Absetzung auf die Mineralölsteuer sind keine sachlichen Gründe ersichtlich.[420] Ein anderes Beispiel bildet daher zB die Energiesteuer, die von Raffineriebetrieben beim Verkauf von Kraftstoffen gem. § 8 Abs. 2 Nr. 1 EnergieStG geschuldet wird.[421]

XVII. Jahresüberschuss/Jahresfehlbetrag (Abs. 2 Nr. 17)

Abs. 2 Nr. 17 (s. auch § 266 Abs. 3 A. V., → § 266 Rn. 97; § 264c Abs. 2 S. 1, **118** → § 264a Rn. 21, 29) weist das **Ergebnis der Erfolgsrechnung** aus, das sich aus dem Saldo sämtlicher in der GuV ausgewiesener Erträge, Aufwendungen und Steuern ergibt (Abs. 2 Nr. 1 bis 13, Nr. 14, Nr. 16; vgl. auch Abs. 4). Bei positivem Saldo liegt ein **Jahresüberschuss,** bei negativem Saldo ein **Jahresfehlbetrag**[422] vor. Gewinnabführungsverträge schließen bei der abführungspflichtigen Gesellschaft einen Jahresüberschuss aus, es sei denn,

---

[413]   IDW RS HFA 1.017 Rn. 13.

[414]   Vgl. hierzu IDW RH HFA 1.017 Rn. 3.

[415]   BeckOGK/Baumeister/Freisleben, 1.11.2022, Rn. 248.

[416]   WP-HdB/Störk, 17. Aufl. 2021, F Rn. 874; ebenso (noch zu Abs. 2 Nr. 19 aF) ADS Rn. 198; BeckOGK/Baumeister/Freisleben, 1.11.2022, Rn. 252.

[417]   So auch BeBiKo/Justenhoven/Kliem/Müller, 13. Aufl. 2022, Rn. 162, 222; ADS Rn. 143 und 202 f.; Horn BB 1988, 2346 (2347 f.).

[418]   ADS Rn. 201; BeBiKo/Förschle/Peun, 9. Aufl. 2014, Rn. 249: „Entsprechend bisheriger Praxis wird es zulässig und üblich sein, dass branchentypische Verbrauchsteuern, soweit nicht Herstellungskosten, offen von den Umsatzerlösen abgesetzt werden" (Aussage ab 10. Aufl. 2016 nicht mehr in der Kommentierung enthalten); WP-HdB/Störk, 17. Aufl. 2021, F Rn. 871.

[419]   BeBiKo/Förschle/Peun, 9. Aufl. 2014, Rn. 249 (Aussage ab 10. Aufl. 2016 weggefallen); Endert/Sepetauz BBK 3/2011, 112; Kirsch/Wulf § 277 Rn. 10 (Stand: 1.3.2016); Beck HdR/Walz B 338 Rn. 45 (Stand: Dezember 2019); aA Baumbach/Hueck/Schulze-Osterloh, 18. Aufl. 2006, GmbHG § 42 Rn. 437.

[420]   So aber ADS Rn. 204.

[421]   Endert/Sepetauz BBK 3/2011, 112.

[422]   Ausf. zu den Möglichkeiten, die das Bilanzrecht zum Ausweis eines Jahresfehlbetrags gibt, s. Mylich ZGR 2022, 263.

dass die gesetzliche Rücklage nach § 300 AktG nicht voll dotiert ist oder die abführende Gesellschaft angemessene andere Rücklagen bilden darf.[423] Werden während des Bestehens des Abführungsvertrags gebildete Rücklagen aufgelöst und an den Organträger abgeführt, entsteht ein Jahresfehlbetrag.[424]

119   Der Posten ist für die **Analyse der Ertragslage** des Unternehmens bedeutsam, wegen der Vielzahl sonstiger betriebswirtschaftlicher Beurteilungsfaktoren zugleich aber nur ein wichtiger unter mehreren Indikatoren.[425] Bilanz- und gesellschaftsrechtlich ist das Ergebnis der Erfolgsrechnung vor allem **Grundlage der Ergebnisverwendung.** Im Einzelnen wirkt es sich bei AG und KGaA ua auf die Dotierung und Verwendung gesetzlicher Rücklagen (§ 150 Abs. 2–4 AktG, § 300 AktG), auf die Höhe in Gewinnrücklagen einstellbarer Beträge (§ 58 Abs. 1, Abs. 2 AktG), auf Abschlagszahlungen an Aktionäre (§ 59 Abs. 2 AktG) und Gewinnbeteiligungen von Vorstandsmitgliedern (vgl. § 87 Abs. 1 AktG), auf Sonderprüfungen wegen unzulässiger Unterbewertung (§ 259 Abs. 2 Nr. 2, Abs. 4 S. 2 AktG) und auf den Höchstbetrag von Gewinnabführungen (§ 301 AktG) aus. Bei der GmbH ist der Jahresüberschuss die Grundlage für die Verteilung des Bilanzgewinns (§ 29 Abs. 1 GmbHG). Ein Jahresfehlbetrag kann zu Nachschusspflichten der Gesellschafter (§§ 27, 30 GmbHG) führen. Bei Personenhandelsgesellschaften wird der Jahresüberschuss nach dem Gesellschaftsvertrag gleichfalls die Grundlage für die Ergebnisverwendung bilden.

120   Das gesetzliche Gliederungsschema in § 275 endet mit dem Jahresüberschuss bzw. dem Jahresfehlbetrag. Ein Ausweis der **Verwendung des Ergebnisses** ist handelsrechtlich nicht erforderlich. Entschließt sich ein Unternehmen zur Darstellung der vollständigen oder zumindest teilweisen Verwendung des Jahresergebnisses in der Bilanz (§ 268 Abs. 1 S. 1), kann auch die GuV eine Ergebnisverwendungsrechnung enthalten. Bei AG ist eine Darstellung der Ergebnisverwendung hingegen gesetzlich vorgeschrieben (§ 158 Abs. 1 AktG), sofern das Unternehmen die Angaben nicht im Anhang vornimmt.

XVIII. Weitere gesetzlich vorgesehene Posten

121   Abs. 2 ist hinsichtlich der Bezeichnung und der Reihenfolge der Posten zwingend, aber nicht abschließend. Das Gesetz sieht in weiteren Bestimmungen zusätzliche Posten vor.[426] So sind etwa aufgrund einer Gewinngemeinschaft, eines Gewinnabführungs- oder eines Teilgewinnabführungsvertrages erhaltene oder abgeführte Gewinne gesondert, zB als Posten Abs. 2 Nr. „9 a", auszuweisen (§ 277 Abs. 3 S. 2; → § 277 Rn. 40). Entsprechendes (→ § 277 Rn. 35) gilt für Aufwendungen aus Verlustübernahme (zB als Posten gem. Abs. 2 Nr. „13 a") und Erträge aus Verlustübernahme (zB als Posten gem. Abs. 2 Nr. „19 a"). Zudem können Sonderposten auch für bestimmte außerplanmäßige Abschreibungen gebildet werden (§ 277 Abs. 3 S. 1; → § 277 Rn. 30). Das **Aktienrecht** kennt zahlreiche weitere, rechtsformspezifische Anforderungen. Die GuV einer AG hat insbesondere nach dem Posten des Abs. 2 Nr. 17 in ergänzenden Posten den Gewinn- bzw. Verlustvortrag aus dem Vorjahr, Entnahmen und Einstellungen in Gewinnrücklagen und den **Bilanzgewinn** bzw. **Bilanzverlust** auszuweisen (§ 158 Abs. 1 S. 1 AktG), sofern diese Angaben nicht im Anhang gemacht werden (→ Rn. 120). Es bestehen weitere Vorschriften, zB für Erträge aufgrund höherer Bewertung nach dem Ergebnis einer Sonderprüfung oder gerichtlichen Entscheidung wegen unzulässiger Unterbewertung (§ 261 Abs. 1 S. 6, Abs. 2 AktG), für Erträge aus Kapitalherabsetzung (§ 240 S. 1 AktG; → § 272 Rn. 53) und für Einstellungen in die Kapitalrücklage nach den Vorschriften über die vereinfachte Kapitalherabsetzung (§ 240 S. 2 AktG).

---

[423] BeBiKo/Justenhoven/Kliem/Müller, 13. Aufl. 2022, Rn. 252; Haufe-HGB/Wobbe Rn. 208 (Stand: 19.10.2021).
[424] BeBiKo/Justenhoven/Kliem/Müller, 13. Aufl. 2022, Rn. 252.
[425] Glade Praxishandbuch Rn. 369 f.
[426] Zusammenstellung in WP-HdB/Störk, 17. Aufl. 2021, F Rn. 884–903.

C. GuV nach Umsatzkostenverfahren (Abs. 3)

I. Überblick

Die Anwendung des Umsatzkostenverfahrens (Abs. 3) führt zu zahlreichen **Unter-** 122 **schieden in der Darstellung** (nicht aber im Ergebnis) gegenüber dem Gesamtkostenverfahren (Abs. 2). Während beim Gesamtkostenverfahren die Art von Aufwendungen und Erträgen sowie deren periodengerechte Zuordnung im Vordergrund steht, gliedert sich die GuV nach Abs. 3 vorrangig nach **betrieblichen Funktionsbereichen** und erfasst alle Aufwendungen, die für die Herstellung der verkauften Produkte unabhängig vom Zeitpunkt ihrer Entstehung (→ Rn. 20 f.) angefallen sind. Den Umsatzerlösen (Abs. 3 Nr. 1) werden die Aufwendungen für die Herstellung der umgesetzten Leistungen, den Vertrieb und die allgemeine Verwaltung (Abs. 2 Nr. 2, Nr. 4, Nr. 5) gegenübergestellt. Die unterschiedliche Sichtweise führt bei Anwendung des Umsatzkostenverfahrens dazu, dass die GuV Posten enthält, die im Gliederungsschema für das Gesamtkostenverfahren fehlen. Darüber hinaus können Posten trotz identischer Bezeichnung bei beiden Verfahren einen unterschiedlichen Inhalt aufweisen. Als **Auffangtatbestand** ergänzen sie jeweils unterschiedliche Spezialposten. So beziehen sich zB die „sonstigen betrieblichen Aufwendungen" iSd Abs. 2 Nr. 8 auf die Posten gem. Abs. 2 Nr. 5–7, die „sonstigen betrieblichen Aufwendungen" iSd Abs. 3 Nr. 7 dagegen auf die Posten gem. Abs. 3 Nr. 2, Nr. 4 und Nr. 5. Als **freiwillige Zwischensummen** wie etwa beim „Rohergebnis" (§ 276 S. 1; → § 276 Rn. 8) setzen sie sich aus jeweils voneinander abweichenden Einzelposten zusammen. Der Posten „Ergebnis der gewöhnlichen Geschäftstätigkeit" (Abs. 2 Nr. 14 aF, Abs. 3 Nr. 13 aF) ist auch im Umsatzkostenverfahren seit dem BilRUG weggefallen (→ Rn. 3). Es können sich aber auch Unterschiede ergeben, die sich dann erst im Rahmen des Gesamtergebnisses ausgleichen.[427] Letztlich gelangt das Umsatzkostenverfahren nämlich immer **zu dem gleichen Ergebnis** wie das Gesamtkostenverfahren.[428] Die beim Umsatzkostenverfahren ausgewiesenen „Herstellungskosten der zur Erzielung der Umsatzerlöse erbrachten Leistungen" (Abs. 3 Nr. 2; → Rn. 125) entsprechen beim Gesamtkostenverfahren der Summe aller betrieblichen Aufwendungen (Abs. 2 Nr. 5, 6, 7 und 8) abzüglich der „anderen aktivierten Eigenleistungen" (Nr. 3) sowie der Erhöhung des Erzeugnisbestands (Nr. 2) bzw. zuzüglich der Verminderung des Erzeugnisbestands (→ Rn. 27).[429]

Das Umsatzkostenverfahren löst im Interesse umfassender Informationsvermittlung die 123 Pflicht zu **Zusatzangaben** zur Art einzelner Aufwendungen aus, die sich bei Anwendung des Gesamtkostenverfahrens bereits aus der GuV selbst ergeben. Deshalb muss der **Anhang** den Personalaufwand und unter Umständen den Materialaufwand des Geschäftsjahres in der für das Gesamtkostenverfahren verlangten Gliederungsweise angeben (§ 285 Nr. 8 iVm § 275 Abs. 2 Nr. 5, Nr. 6). Eine Unterscheidung in übliche und unübliche Abschreibungen auf Vermögensgegenstände des Umlaufvermögens, wie sie in Abs. 2 Nr. 7 lit. b vorgenommen wird, sieht das Gesetz dagegen nicht vor. **Kleine und mittelgroße Gesellschaften** (§ 267 Abs. 1 und 2) können durch die Angabe eines zusammengefassten Rohergebnisses den Einblick in die Ertragsstruktur erheblich begrenzen (§ 276 S. 1), außerdem sind speziell kleine Gesellschaften von der Anhangangabe gem. § 285 Nr. 8 befreit (§ 288 Abs. 1).

II. Umsatzerlöse (Abs. 3 Nr. 1)

Begriff und Höhe der Umsatzerlöse (Abs. 3 Nr. 1) bestimmen sich sowohl inhaltlich 124 als auch hinsichtlich der Periodenzuordnung nach denselben Maßstäben wie bei Abs. 2 Nr. 1 (→ Rn. 25 f.; → § 277 Rn. 3 ff.).

---

[427] BeBiKo/Justenhoven/Kliem/Müller, 13. Aufl. 2022, Rn. 31.
[428] Staub/Meyer, 6. Aufl. 2021, Rn. 9.
[429] ZB IDW SABI 1/1987, WPg 1987, 141 f.; Staub/Meyer, 6. Aufl. 2021, Rn. 9.

III. Herstellungskosten (Abs. 3 Nr. 2)

125   Der Posten „Herstellungskosten der zur Erzielung der Umsatzerlöse erbrachten Leistungen" nach Abs. 3 Nr. 2 ist als Ergänzung zu den Umsatzerlösen konzipiert. Den Umsatzerlösen sollen die zu ihrer Erzielung erforderlichen Kosten des **betrieblichen Herstellungsbereiches** (Umsatzherstellungskosten) gegenüber gestellt werden.[430] Im Unterschied zum Gesamtkostenverfahren erübrigt sich eine Korrektur der Erlöse in Form von Bestandsveränderungen bzw. anderen aktivierten Eigenleistungen (vgl. **Abs. 2 Nr. 2 und 3**). Der Posten nach **Abs. 3** Nr. 2 bildet gemeinsam mit Abs. 3 Nr. 1 das Bruttoergebnis vom Umsatz (Abs. 3 Nr. 3; → Rn. 139). Andere betriebliche Funktionsbereiche betreffende Kosten, nämlich Aufwendungen für Vertrieb und allgemeine Verwaltung hängen nach der gesetzlichen Konzeption dagegen nicht in vergleichbarer Weise mit den Umsatzerlösen zusammen und sind deshalb anderweitig auszuweisen (Abs. 3 Nr. 4, Nr. 5).

126   **1. Kosten für Leistungen, erzielte Umsatzerlöse.** Die Kosten müssen mit **Leistungen** des Unternehmens zusammenhängen. Über den Gesetzeswortlaut hinaus sind hier auch Anschaffungskosten für umgesetzte Waren (zum Begriff der Ware → § 266 Rn. 54 f.) unter Abs. 3 Nr. 2 zu erfassen.[431] Im Hinblick auf die fehlende Bearbeitung der Waren im Unternehmen fehlt es zwar in der Regel an betrieblichen Leistungen, doch hängen solche Kosten ebenfalls untrennbar mit dem Umsatzgeschäft zusammen. Bei reinen Handelsunternehmen ist die Postenbezeichnung entsprechend zu ändern (§ 265 Abs. 6), zB in „Anschaffungskosten verkaufter Waren" (§ 265 Abs. 6; → § 265 Rn. 18).[432]

127   Die Leistungen bzw. angeschafften Produkte müssen zu Umsatzerlösen geführt haben, also insbesondere **bereits Gegenstand eines Umsatzgeschäftes** iSd § 277 Abs. 1 (→ § 277 Rn. 8 ff.) geworden sein. Der Logik des Umsatzkostenverfahrens folgend ist für den Ausweis der entsprechenden Kosten allein maßgeblich, ob die jeweiligen Produkte, Leistungen und Waren verkauft wurden, während es auf den Zeitpunkt der Entstehung der Kosten nicht ankommt (zu einem Sonderfall → Rn. 137).[433]

128   **2. Begriff der Herstellungskosten. a) Eigenständigkeit gegenüber § 255.** Abs. 3 Nr. 2 verlangt den Ausweis der „Herstellungskosten der zur Erzielung der Umsatzerlöse erbrachten Leistungen". Es liegt nahe, bei der Bestimmung des Umfangs der Herstellungskosten auf die Bewertungsvorschrift des § 255 zurückzugreifen. Danach sind Herstellungskosten die Kosten, die zur Herstellung, Erweiterung oder wesentlichen Verbesserung eines Vermögensgegenstands erforderlich sind (§ 255 Abs. 2 S. 1, S. 2, Abs. 2a, Abs. 3 S. 1), wobei bestimmte Kosten wie beispielsweise Forschungs- und Vertriebskosten ausdrücklich ausgenommen werden (§ 255 Abs. 2 S. 4). Ob § 255 auch für den Ausweis der Herstellungskosten in der GuV herangezogen werden kann, ist aber umstritten (→ Rn. 129 f.).[434]

129   Nach einer Auffassung im Schrifttum[435] kann es nur einen **einheitlichen** für Bilanz und GuV gleichermaßen geltenden **Herstellungskostenbegriff** geben, wenn die Ertragslage zutreffend wiedergegeben werden soll. Bedeutung hat dieser Ansatz für das Verhältnis des Abs. 3 Nr. 2 zu den übrigen Posten der GuV (gemäß dem Umsatzkostenverfahren). § 255 bezieht nämlich in die Herstellungskosten auch solche Kostenarten mit ein, die in der GuV nicht als Herstellungskosten, sondern anderweitig auszuweisen sind. So müssen bzw. können bestimmte sonstige Steuern, Kosten der allgemeinen Verwaltung und Zinsen als Herstellungskosten akti-

---

[430]   HdR/Budde Rn. 132 (Stand: 5/2017); BeBiKo/Justenhoven/Kliem/Müller, 13. Aufl. 2022, Rn. 261; WP-HdB/Störk, 17. Aufl. 2021, F Rn. 905.

[431]   ADS Rn. 230; HdR/Budde Rn. 132 (Stand: 5/2017); BeBiKo/Justenhoven/Kliem/Müller, 13. Aufl. 2022, Rn. 262; WP-HdB/Störk, 17. Aufl. 2021, F Rn. 912; Rogler BB 1992, 1459 (1461 f.).

[432]   Ebenso Kölner Komm RechnungslegungsR/Berndt/Gutsche, 1. Aufl. 2010, Rn. 101.

[433]   ADS Rn. 211; HdR/Budde Rn. 132 (Stand: 5/2017); BeBiKo/Justenhoven/Kliem/Müller, 13. Aufl. 2022, Rn. 261; HK-HGB/Kirnberger 7. Aufl. 2007, Rn. 46.

[434]   Ausf. zum Folgenden BeBiKo/Justenhoven/Kliem/Müller, 13. Aufl. 2022, Rn. 263–271; BeckOGK/ Baumeister/Freisleben, 1.11.2022, Rn. 277–279.

[435]   Emmerich WPg 1986, 698 (705 ff.); Selchert DB 1986, 2397 (2398 ff.); Otto BB 1988, 1703 (1707); Hopt/Merkt, 42. Aufl. 2023, Rn. 25; KKRD/Morck/Drüen, 9. Aufl. 2019, Rn. 7.

viert werden (§ 255 Abs. 2 S. 2 und S. 3, Abs. 3 S. 2), während die GuV eine strenge Unterscheidung zwischen den betrieblichen Funktionsbereichen Herstellung, allgemeine Verwaltung, Finanzergebnis und sonstige Steuern vornimmt (zB Abs. 3 Nr. 5, Nr. 7, Nr. 12, Nr. 15). Soweit das Unternehmen deshalb entsprechend seinem **Wahlrecht** bei der Bewertung der Vermögensgegenstände nicht die Wertuntergrenze des § 255 Abs. 2, Abs. 3 S. 2 zugrunde legt, sind die damit aktivierten „Material- und Fertigungsgemeinkosten", Abschreibungen, „Kosten der allgemeinen Verwaltung" und Fremdkapitalzinsen als „Herstellungskosten" iSd Abs. 3 Nr. 2, nicht aber als „allgemeine Verwaltungskosten" (Abs. 3 Nr. 5), „sonstige betriebliche Aufwendungen" (Abs. 3 Nr. 7) oder Zinsaufwand (Abs. 3 Nr. 12) zu erfassen (→ Rn. 136).

Mit der hM ist eine solche Bindung des Herstellungskostenbegriffs an § 255 Abs. 2 und   **130** Abs. 3 jedoch zugunsten eines **eigenständigen Herstellungskostenbegriffs** abzulehnen.[436] § 255 und § 275 stehen in unterschiedlichen Funktionszusammenhängen, die eine andere Auslegung nicht nur ermöglichen, sondern verlangen. § 255 dient iVm den Bewertungsgrundsätzen des § 252 der Ermittlung eines ausschüttungsfähigen, vorsichtig bemessenen und zugleich objektiven Gewinnes.[437] Eine Aussage über den Ausweis von Aufwendungen soll damit nicht getroffen werden.[438] Bei § 275 hingegen steht die **Informationsvermittlung** im Vordergrund. Diese Vorschrift bezweckt den zutreffenden Ausweis der Herstellungskosten, um die Voraussetzungen für eine aussagekräftige Analyse der Aufwands- und Erfolgsstruktur zu schaffen (→ Rn. 2). Abs. 3 gliedert die Darstellung der Ertragslage nach betrieblichen Funktionsbereichen (→ Rn. 122), so dass unter Abs. 3 Nr. 2 sämtliche und zugleich nur solche periodenbezogenen Kosten ausgewiesen werden müssen, die dem betrieblichen Funktionsbereich „Herstellung" und nicht anderen Funktionsbereichen (Vertrieb, allgemeine Verwaltung) oder dem Finanzergebnis zuzurechnen sind.[439] Diese Betrachtung bestätigt sich auch mit Blick auf den angelsächsischen Rechtskreis, dem das Umsatzkostenverfahren entstammt und wo es weiterhin vorherrschend ist. Dort wird bereits sprachlich zwischen den Herstellungskosten als Bewertungsmaßstab und den Herstellungskosten als Ausweisposten in der GuV unterschieden. Die von der US-amerikanischen Wertpapier- und Börsenaufsichtsbehörde SEC vorgeschriebene Gliederung nach dem Umsatzkostenverfahren (→ Rn. 173) verwendet für die Herstellungskosten in der GuV den Begriff der „costs and expenses applicable to sales and revenues" (Regulation S-X, Rule 5-03.2, → Rn. 173), während Vermögenswerte („assets") mit den Zahlungsmitteln anzusetzen sind, die notwendig sind, um diese zu erhalten (FASB, CON 5.67; ARB 43). In der englischen und französischen Fassung der Bilanz-RL, um nur zwei Beispiele herauszugreifen, finden sich gleichfalls verschiedene Begriffe für die Herstellungskosten. Im Rahmen der Bewertung sind die Konzepte „production cost" bzw. „coût de revient" maßgeblich (zB Art. 6 Abs. 1 lit. i der Bilanz-RL), während in der GuV die „cost of sales" bzw. „coût des ventes" auszuweisen sind (Anh. VI Nr. 2 der Bilanz-RL). Damit kennt die GuV einen **eigenständigen Begriff von „Herstellungskosten"**.

b) Kosten für noch nicht umgesetzte Leistungen. In der Bilanz sind Herstellungs-   **131** kosten (iSv § 255) für Produkte und Leistungen, die im laufenden Geschäftsjahr erzeugt,

[436] BeckOGK/Baumeister/Freisleben, 1.11.2022, Rn. 271; BeBiKo/Justenhoven/Kliem/Müller, 13. Aufl. 2022, Rn. 265; Staub/Meyer, 6. Aufl. 2021, Rn. 47; BeckOK HGB/Poll, 37. Ed. 15.7.2022, Rn. 44; WP-HdB/Störk, 17. Aufl. 2021, F Rn. 906; Beck HdR/Stobbe/Schmeisky B 361 Rn. 6 ff. (Stand: Dezember 2019); HdR/Budde Rn. 123 ff., 126, 129a (Stand: 5/2017); Winnefeld Bilanz-HdB, 5. Aufl. 2015, G Rn. 473; ADS Rn. 217 ff.; Dörner WPg 1987, 154 (157); Gatzen WPg 1987, 461 (466); Rogler BB 1992, 1459 (1460 f.); Egger FS Moxter, 1994, 195 (205 f.); Otto BB-Beil. 8/1988, 1 (17).

[437] Allg. Haußer, Bewertung von Wertpapieren des Umlaufvermögens nach HGB, US GAAP und IAS, 2003, S. 157 ff.; Leffson GoB S. 315 ff.; Moxter GoR S. 138 ff.

[438] Statt vieler BeBiKo/Justenhoven/Müller, 13. Aufl. 2022, Rn. 265 mit Beispiel: Die Abgrenzung der umsatzbezogenen Herstellungskosten sei „ein Zuordnungsproblem innerhalb der GuV, das nach den für die GuV geltenden Grundsätzen zu beurteilen" sei, „und kein Bewertungsproblem, das sich im Hinblick auf eine vorsichtige Gewinnermittlung" bestimme; BeckOGK/Baumeister/Freisleben, 1.11.2022, Rn. 271: „wenig sinnvoll, wenn sich die in § 255 Abs. 2 gewährten Aktivierungswahlrechte, je nach Inanspruchnahme durch die bilanzierende Gesellschaft, auf den Ausweis des Postens Nr. 2 auswirken würden".

[439] IDW HFA SABI 1/1987, WPg 1987, 141 (142); ADS Rn. 221; HdR/Budde Rn. 132 (Stand: 5/2017); WP-HdB/Störk, 17. Aufl. 2021, F Rn. 905 f.; Haufe-HGB/Wobbe Rn. 220 (Stand: 19.10.2021).

aber noch nicht umgesetzt wurden, zu aktivieren (vgl. § 246 Abs. 1). In der GuV hingegen ist entsprechend der Konzeption des Umsatzkostenverfahrens unter Abs. 3 Nr. 2 grundsätzlich nur derjenige Aufwand als Herstellungskosten zu zeigen, der sich auf bereits umgesetzte und daher **nicht mehr aktivierte Leistungen oder Waren** bezieht (→ Rn. 127). Dieser Aufwand kann sich mit zuvor aktivierten Herstellungskosten decken, muss es aufgrund des eigenständigen Herstellungskostenbegriffs der GuV (→ Rn. 130) aber nicht. Auch wenn sich mit dem BilMoG 2009 der Spielraum bei der Bewertung der Herstellungskosten in der Bilanz in Richtung einer Vollkostenbewertung verringert hat,[440] kann es immer noch dazu kommen, dass einzelne Aufwendungen (Teilkosten) für erstellte, aber noch nicht umgesetzte Leistungen nicht in der Bilanz aktiviert werden (vgl. die Wahlrechte nach § 255 Abs. 2 S. 3, Abs. 3 S. 2). Sie sollten dann in der GuV gezeigt werden, soweit sie im Fall des Umsatzes als Herstellungskosten auszuweisen wären. Dies wirft die Frage nach dem passenden GuV-Posten auf.

132   Ein Teil des Schrifttums befürwortet den Ausweis der **nicht aktivierten** Kosten in den „sonstigen betrieblichen Aufwendungen" (Abs. 3 Nr. 7)[441] oder räumt den Unternehmen zumindest insoweit ein Wahlrecht zwischen Abs. 2 Nr. 7 und Nr. 2 ein.[442] Für einen Ausweis unter Abs. 3 Nr. 7 sprechen die Gesetzgebungsmaterialien zum BiRiLiG vom 19.12.1985. Der Beschlussempfehlung des Unterausschusses des BT-Rechtsausschusses ist zu entnehmen, dass „[…] sofern Unternehmen, Vorräte und Eigenleistungen mit Vollkosten aktivieren und dann vermutlich keine entsprechenden Aufwendungen haben, […] sie diesen Posten [gemeint sind die „sonstigen betrieblichen Aufwendungen", Anm. des Verf.] nicht aufzuführen [brauchen]".[443] Daraus lässt sich ableiten, dass dieser GuV-Posten bei Bilanzierung der Leistung zu **Teilkosten** die nicht aktivierten Bestandteile der Herstellungskosten aufnehmen soll. Gleichwohl ist nach der hier vertretenen Meinung ein Ausweis sämtlicher Kosten, die zur Herstellung des veräußerten Gutes angefallen sind, unter **Abs. 3 Nr. 2** („Herstellungskosten der zur Erzielung der Umsatzerlöse erbrachten Leistungen") **vorzugswürdig.**[444] Dafür spricht zunächst der Wortlaut des Gesetzes („zur Erzielung der Umsatzerlöse"). Gleichzeitig wird damit auch das dem Umsatzkostenverfahren zugrunde liegende Funktionsbereichsprinzip konsequent umgesetzt und die GuV der internationalen Übung entsprechend dargestellt. Im Hinblick auf den in den Gesetzgebungsmaterialien manifestierten Willen des Gesetzgebers ist eine **Erfassung unter Abs. 3 Nr. 7,** die gleichwohl weniger aussagekräftig erscheint,[445] jedenfalls als **zulässig** zu betrachten.[446] Die gewählte Darstellungsmethode unterliegt in weiteren Perioden dem Gebot der Darstellungsstetigkeit (§ 265 Abs. 1).

---

[440] Dazu Kölner Komm RechnungslegungsR/Berndt/Gutsche, 1. Aufl. 2010, Rn. 103 f.

[441] Etwa Baetge/Fischer BFuP 1988, 17; Bonner HdR/Lachnit Rn. 175 (Stand: September 2001), aber nicht mehr vertreten von Kirsch/Wulf; Wimmer WPg 1993, 161 (165). Von den Vertretern des einheitlichen Herstellungskostenbegriffs votieren für diese Ausweisalternative etwa Selchert DB 1986, 2397 (2399); Emmerich WPg 1986, 698 (704).

[442] Etwa IDW HFA St/SABI 1/1987, WPg 1987, 141 (142); BeBiKo/Justenhoven/Kliem/Müller, 13. Aufl. 2022, Rn. 270. Mit entsprechender Anhangangabe HdR/Budde Rn. 128 (Stand: 5/2017).

[443] Bericht RA zum BiRiLiG, BT-Drs. 10/4268, 108; so auch HdR/Budde Rn. 128 (Stand: 5/2017).

[444] ZB BeckOGK/Baumeister/Freisleben, 1.11.2022, Rn. 275; BeBiKo/Justenhoven/Kliem/Müller, 13. Aufl. 2022, Rn. 266: „Einordnung unter dem Posten Nr. 2 ist vorzuziehen"; strenger BeBiKo/Justenhoven/Kliem/MüllerRn. 266: Es seien „stets die gesamten (periodenbezogenen) Herstellungskosten im Posten Nr. 2 auszuweisen"; sc bereits ADS Rn. 221: „Alle Produkte, die innerhalb eines Geschäftsjahres erzeugt und abgesetzt werden, gehen mit den vollen Herstellungskosten in den Posten Nr. 2 ein, unabhängig davon, ob die jeweiligen Kosten aktivierbar sind oder nicht"; IDW SABI 1/1987, WPg 1987, 141 f.; Beck HdR/Stobbe/Schmeisky B 361 Rn. 6 ff. (Stand: Dezember 2019); Staub/Meyer, 6. Aufl. 2021, Rn. 52; Haufe-HGB/Wobbe Rn. 221 (Stand: 19.10.2021).

[445] So auch BeckOGK/Baumeister/Freisleben, 1.11.2022, Rn. 275: „dem Ausweis […] unter Posten Nr. 2 den Vorzug […] geben".

[446] BeckOGK/Baumeister/Freisleben, 1.11.2022, Rn. 275; BeBiKo/Justenhoven/Kliem/Müller, 13. Aufl. 2022, Rn. 270; HdR/Budde Rn. 128 (Stand: 5/2017); WP-HdB/Störk, 17. Aufl. 2021, F Rn. 908; Heymann/Herrmann, 3. Aufl. 2020, Rn. 28; aA – Ausweis nur unter § 275 Abs. 3 Nr. 2 – ADS Rn. 223; wieder aA – Ausweis nur unter § 275 Abs. 3 Nr. 7 – etwa Baetge/Kirsch/Thiele/Kirsch/Ewelt-Knauer Bilanzrecht Rn. 342 (Dezember 2015).

c) Sachliche Zuordnung der Kosten. Das Umsatzkostenverfahren kann nur dann **133** die Aufwendungen innerhalb der Funktionsbereiche und letztlich die Kalkulationsstrukturen des Unternehmens offenlegen, wenn die unter Abs. 3 Nr. 2 ausgewiesenen Kosten überwiegend (→ Rn. 8) dem **betrieblichen Funktionsbereich Herstellung** zuzurechnen sind und deshalb gerade nicht Vertrieb, allgemeine Verwaltung,[447] Zinsen oder Sonstiges betreffen. Der Posten erfasst Aufwendungen insbesondere für Beschaffung und Fertigung, etwa direkte Herstellungskosten wie zB Strom, Gas und Wasser, ferner den entsprechenden Materialaufwand und die der Herstellung zurechenbaren Löhne und Gehälter.

Abschreibungen sind unter Abs. 3 Nr. 2 auszuweisen, wenn der Abschreibungsgegen- **134** stand den Herstellungsbereich betrifft (→ Rn. 66),[448] was insbesondere bei Abschreibungen auf technische Anlagen und Maschinen (§ 266 Abs. 2 A. II. 2.; → § 266 Rn. 34) typischerweise anzunehmen sein wird. Grundlage, Planmäßigkeit und Außerplanmäßigkeit sowie Üblichkeit oder Unüblichkeit (Umkehrschluss aus Abs. 2 Nr. 7 lit. b) der Abschreibung sind dagegen unerheblich. Hierbei ist allerdings die besondere Angabepflicht gem. § 277 Abs. 3 S. 1 zu beachten.

d) Weitere Abgrenzungen. Geht es um die **Abgrenzung zu den sonstigen** **135** **betrieblichen Aufwendungen,** genügt für die Einordnung als Herstellungskosten bereits ein mittelbarer Umsatzbezug (zur Abgrenzung im Übrigen → Rn. 152 ff., zum Sonderfall der Periodenverschiebung → Rn. 137). Kosten für Forschung und Entwicklung (→ Rn. 153), Produkthaftung und Gewährleistung fallen unter Abs. 3 Nr. 2,[449] sollten dabei aber in Form einer Untergliederung gesondert ausgewiesen werden (§ 265 Abs. 5 S. 1; → § 265 Rn. 14).

Die Abgrenzung **gegenüber den übrigen betrieblichen Funktionsbereichen** **136** bestimmt sich weitgehend danach, ob die Aufwendungen **überwiegend** dem betrieblichen Herstellungsbereich zuzurechnen sind (→ Rn. 8).

Herstellungsbezogene Verwaltungskosten, die in der GuV dem Herstellungsbe- **137** reich zugerechnet werden, sind unter Abs. 3 Nr. 2 auszuweisen.[450] Bei dessen Ermittlung wird man auf die innerbetriebliche Kostenrechnung zurückgreifen müssen. Solche Herstellungskosten können anhand von Zurechnungsschlüsseln sowie Zu- bzw. Abschlägen ermittelt werden, sofern sachgerechte Abgrenzungs- bzw. Zurechnungsmaßstäbe verwendet werden, die sich zB am betrieblichen Kalkulationsschema orientieren können.[451] Im Gegensatz hierzu sind die Kosten der allgemeinen Verwaltung selbst dann unter Abs. 3 Nr. 5 („allgemeine Verwaltungskosten") auszuweisen, wenn sie nach § 255 Abs. 2 S. 3 als Herstellungskosten aktiviert wurden.[452] Das entspricht dem hier vertretenen Ansatz vom eigenständigen Herstellungskostenbegriff (→ Rn. 130 f.). Für die Abgrenzung zu den Vertriebskosten kommt es ebenfalls darauf an, welcher Bezug überwiegt. Lagerkosten sind nicht abstrakt dem Herstellungsbereich zuzurechnen, sondern sind differenzierend nach Art des Lagers zu behandeln (→ Rn. 140). Zinsen und sonstige Steuern sind aus Gründen einer eindeutigen

---

[447] BeBiKo/Justenhoven/Kliem/Müller, 13. Aufl. 2022, Rn. 269: nur „herstellungsbezogene Verwaltung" unter Nr. 2, allgemeine Verwaltung unter Nr. 5; HdR/Budde Rn. 129 (Stand: 5/2017): nur „herstellungsbezogene Verwaltung" unter Nr. 2.

[448] IDW HFA SABI 1/1987, WPg 1987, 141 (143); ADS Rn. 228; BeBiKo/Justenhoven/Kliem/Müller, 13. Aufl. 2022, Rn. 268; Haufe-HGB/Wobbe Rn. 223 (Stand: 19.10.2021).

[449] WP-HdB/Störk, 17. Aufl. 2021, F Rn. 906; HK-HGB/Kirnberger 7. Aufl. 2007, Rn. 46; KKRD/Morck/Drüen, 9. Aufl. 2019, Rn. 7; Staub/Meyer, 6. Aufl. 2021, Rn. 48; aA – Wahlrecht zwischen § 275 Abs. 3 Nr. 2, Nr. 7 – BeBiKo/Justenhoven/Kliem/Müller, 13. Aufl. 2022, Rn. 271.

[450] IDW HFA SABI 1/1987, WPg 1987, 141 (142); BeBiKo/Justenhoven/Kliem/Müller, 13. Aufl. 2022, Rn. 269; aA – Wahlrecht zwischen § 275 Abs. 2 Nr. 2, Nr. 5 – WP-HdB/Störk, 17. Aufl. 2021, F Rn. 905.

[451] Chmielewicz DBW 1987, 165 (168); HdR/Budde Rn. 121 f., 129 (Stand: 5/2017); BeBiKo/Justenhoven/Kliem/Müller, 13. Aufl. 2022, Rn. 33; Haufe-HGB/Wobbe Rn. 220 (Stand: 19.10.2021); krit. Fischer/Ringling BB 1988, 442 (446 ff.).

[452] HdR/Budde Rn. 130 (Stand: 5/2017); BeBiKo/Justenhoven/Kliem/Müller, 13. Aufl. 2022, Rn. 269; WP-HdB/Störk, 17. Aufl. 2021, F Rn. 905; aA – bei früherer Berücksichtigung nach § 255 Abs. 2 S. 4 keine Umgliederung erforderlich – ADS Rn. 225.

Zuordnung stets unter den dafür vorgesehenen Posten in Abs. 3 Nr. 12 bzw. Abs. 3 Nr. 15 auszuweisen.[453]

138   **3. Angabe im Anhang.** Im Hinblick auf die schwierige Abgrenzung der Funktionsbereiche und die unterschiedlichen Auffassungen zur Abgrenzung zwischen Abs. 2 Nr. 2 und Nr. 7 besteht in entsprechender Anwendung des § 284 Abs. 2 Nr. 1 die Pflicht, die gewählte Ausweismethode **im Anhang** anzugeben und stetig fortzuführen. Diese Pflicht zur Angabe der gewählten Bilanzierungsmethode im Anhang bezieht sich auch darauf, nach welcher Methode die Herstellungskosten iSd Abs. 3 Nr. 2 ermittelt wurden.[454] Begründet wird diese Interpretation von § 284 Abs. 2 Nr. 1 vom Schrifttum unter anderem mit dem Ausgleich der Unsicherheiten, die durch die schwierige sachliche Zuordnung von Kosten zum betrieblichen Herstellungsbereich bedingt sind.[455]

IV. Bruttoergebnis vom Umsatz (Abs. 3 Nr. 3)

139   Das Bruttoergebnis vom Umsatz ist eine Zwischensumme, nämlich der **Saldo aus Abs. 3 Nr. 1 und Nr. 2.** Der Saldoposten gibt betriebswirtschaftlich Auskunft über das „Kosten-Leistungsverhältnis des Unternehmens"[456] und ermöglicht in begrenztem Umfang einen Aufschluss über die Wirtschaftlichkeit eines Unternehmens. Im Hinblick auf die auch nach dem BilMoG weiterhin bestehenden Bewertungswahlrechte (§ 255) erleichtern der eigenständige Herstellungskostenbegriff (→ Rn. 130) sowie die Einbeziehung der nicht aktivierten Bestandteile der Herstellungskosten in Abs. 3 Nr. 2 (→ Rn. 131, → Rn. 137) den zwischenbetrieblichen Vergleich des Bruttoergebnisses und die Ertragsanalyse. Im Ausnahmefall eines Sollsaldos bzw. Aufwandsüberschusses muss ein Vorzeichen gesetzt oder die Postenbezeichnung angepasst werden (§ 243 Abs. 2, § 265 Abs. 2).[457]

V. Vertriebskosten (Abs. 3 Nr. 4)

140   **1. Sachliche Zuordnung.** Vertriebskosten sind Aufwendungen, die nicht der Werterhöhung der Produkte, sondern dem Absatz dienen.[458] In Betracht kommen insbesondere Kosten der Verkaufs-, Werbe- und Marketingabteilungen, der Handelsvertreter, der verschiedenen Formen der Absatzförderung sowie der Vertriebslager,[459] während im Rahmen der Herstellung entstandene Materiallagerkosten unter Abs. 3 Nr. 2 fallen. Die Ausweisregel der GuV und die Bewertungsvorschrift für die Bilanz (§ 255 Abs. 2 S. 4) sind insoweit deckungsgleich, so dass auf die für das Bewertungsrecht entwickelten Abgrenzungsregeln zurückgegriffen werden kann (→ § 255 Rn. 82 ff.).[460]

---

[453]   HdR/Budde Rn. 134 (Stand: 5/2017); HdR/Budde Rn. 137a (Stand: 7/2017); Zinsen und Betriebssteuern seien idR „bei der entsprechenden Aufwandsart auszuweisen"; Baumbach/Hueck/Schulze-Osterloh, 18. Aufl. 2006, GmbHG § 42 Rn. 469; auch Haufe-HGB/Wobbe Rn. 255 (Stand: 19.10.2021): In Abs. 3 Nr. 15 seien „nur die Steuern zu erfassen, die nicht Bestandteil der anderen Posten" seien; dazu im Widerspruch stehend allerdings die Aussage des Autors (aaO Rn. 241), mittlerweile herrsche „weitgehende Einigkeit", dass „für die auf den Vertriebsbereich entfallenden Betriebssteuern und Zinsaufwendungen der Ausweis nicht unter Posten Nr. 4 des Umsatzkostenverfahrens vorzunehmen" sei, „sondern unter Posten Nr. 15 bzw. 12"; für ein Wahlrecht zwischen § 275 Abs. 3 Nr. 2, Nr. 12 bzw. Nr. 18 plädieren etwa ADS Rn. 232 f.; BeBiKo/Justenhoven/Kliem/Müller, 13. Aufl. 2022, Rn. 267, 308; Winnefeld Bilanz-HdB, 5. Aufl. 2015, G Rn. 476; WP-HdB/Störk, 17. Aufl. 2021, F Rn. 910.
[454]   Zur Bedeutung dieser Information s. etwa WP-HdB/Störk, 17. Aufl. 2021, F Rn. 964.
[455]   SABI 1/1987, WPg 1987, 141 (142); ADS Rn. 224; BeBiKo/Justenhoven/Kliem/Müller, 13. Aufl. 2022, Rn. 263.
[456]   Hopt/Merkt, 42. Aufl. 2023, Rn. 26; Haufe-HGB/Wobbe Rn. 236 (Stand: 19.10.2021).
[457]   Biener/Bernecke BiRiLiG S. 217; HdR/Budde Rn. 135a (Stand: 5/2017); ADS Rn. 235 (keine Pflicht zur Anpassung); WP-HdB/Störk, 17. Aufl. 2021, F Rn. 913; Haufe-HGB/Wobbe Rn. 236 (Stand: 19.10.2021).
[458]   BeBiKo/Justenhoven/Kliem/Müller, 13. Aufl. 2022, Rn. 275; HdR/Budde Rn. 136 (Stand: 5/2017).
[459]   ADS Rn. 236; HdR/Budde Rn. 136 f. (Stand: 5/2017); BeBiKo/Justenhoven/Kliem/Müller, 13. Aufl. 2022, Rn. 276; WP-HdB/Störk, 17. Aufl. 2021, F Rn. 914 f.; Haufe-HGB/Wobbe Rn. 237 (Stand: 19.10.2021).
[460]   BeBiKo/Justenhoven/Kliem/Müller, 13. Aufl. 2022, Rn. 276.

a) Vertriebseinzel- und Vertriebsgemeinkosten. Dem Vertriebsbereich zuzurech- **141** nen sind zunächst die sog. Vertriebseinzelkosten, die dem Produkt unmittelbar zuzuordnen sind. In Betracht kommen etwa Kosten für Verpackungsmaterial, Frachten, Provisionen, auftragsbezogene Werbekosten, Transport- und Versandkosten.[461] Sondereinzelkosten des Vertriebes, wie etwa Auftragserlangungskosten bei langfristiger Fertigung, sind wegen der direkten Zuordnung zu einem Umsatzgeschäft unter Abs. 3 Nr. 2 auszuweisen.[462] Darüber hinaus werden auch die Vertriebsgemeinkosten erfasst,[463] die dem Produkt nicht unmittelbar zugeordnet werden können, aber doch mittelbar mit der Vertriebsleistung für das Produkt zusammenhängen. Hier geht es zB um Personalkosten der genannten Abteilungen, Reise-, Bewirtungs-, Fuhrparkkosten, sonstige Kosten der Verkaufs- und Versandabteilungen, kostenlose Warenproben und Muster, Kosten für Präsentationen, Messe-, Ausstellungskosten, Kosten der Kundenberatung, der Kundenschulung, der nicht auftragsbezogenen Werbung, der Marktforschung, der Absatzförderung, allgemeine Kosten der Spedition, der Rechnungserstellung oder Datenverarbeitung im Vertriebsbereich.[464] Vertriebskosten sind schließlich auch die **Verwaltungskosten des Vertriebes,** also zB die Kosten der Vertriebsleitung, der Verwaltung der Auslieferungslager sowie der entsprechend zurechenbaren Einzelkosten, etwa für Telefon, Porti, Mieten, Versicherungen.[465]

b) Abschreibungen. Abschreibungen sind **nach dem Abschreibungsgegenstand** **142** **zu qualifizieren,** während es auf die Rechtsgrundlage, Planmäßigkeit oder Außerplanmäßigkeit sowie Üblichkeit oder Unüblichkeit nicht ankommt (→ Rn. 66, → Rn. 133). Zu den Vertriebskosten gehören daher sämtliche Abschreibungen auf Vermögensgegenstände, die im Zusammenhang mit dem Vertrieb stehen,[466] wie etwa den Auslieferungsfuhrpark oder Frankiermaschinen. Abschreibungen auf Kundenforderungen und entsprechende Erhöhungen von Pauschalabsetzungen sind ebenfalls dem Vertriebsbereich zuzuordnen, da ein unmittelbarer Bezug zum Herstellungsbereich nicht besteht.[467] Im Zusammenhang mit außerplanmäßigen Abschreibungen ist die besondere Angabepflicht gem. § 277 Abs. 3 S. 1 zu beachten.

c) Umsatzsteuer. Keine Vertriebskosten sind die im Zusammenhang mit dem Absatz **143** anfallende Umsatzsteuer, die direkt von den Umsatzerlösen abgesetzt werden muss (§ 277 Abs. 1). Verbrauchsteuern und Monopolabgaben sind als sonstige Steuern unter Abs. 3 Nr. 15,[468] Zinsaufwendungen sind allein unter Abs. 3 Nr. 12 zu erfassen (→ Rn. 136 aE).[469]

---

[461] Zusammenstellungen bei ADS Rn. 236; Biener/Bernecke BiRiLiG S. 217; HdR/Budde Rn. 136 f. (Stand: 5/2017); BeBiKo/Justenhoven/Kliem/Müller, 13. Aufl. 2022, Rn. 276 f.; HK-HGB/Kirnberger 7. Aufl. 2007, Rn. 48; KKRD/Morck/Drüen Rn. 7; WP-HdB/Störk, 17. Aufl. 2021, F Rn. 916; Haufe-HGB/Wobbe Rn. 237 (Stand: 19.10.2021).

[462] S. HdR/Budde Rn. 241 (Stand: 5/2017: Die Sondereinzelkosten des Vertriebs nähmen eine „Zwischenstellung" zwischen den Einzel- und Gemeinkosten des Vertriebs ein. Zu ihnen zählten „bspw. die Auftragserlangungskosten". Für die Behandlung im Rahmen von § 255 vgl. eingehend Weber BB 1987, 393; Förschle ZfB-Ergänzungsheft 1/1987, 95 (104); BeBiKo/Schubert/Hutzler, 12. Aufl. 2020, § 255 Rn. 396–399 mwN.

[463] ADS Rn. 236; Biener/Bernecke BiRiLiG S. 217; HdR/Budde Rn. 136 f. (Stand: 5/2017); BeBiKo/Justenhoven/Kliem/Müller, 13. Aufl. 2022, Rn. 278; KKRD/Morck/Drüen, 9. Aufl. 2019, Rn. 7; WP-HdB/Störk, 17. Aufl. 2021, F Rn. 916; Haufe-HGB/Wobbe Rn. 237 (Stand: 19.10.2021).

[464] Zusammenstellungen bei ADS Rn. 236; Biener/Bernecke BiRiLiG S. 217; HdR/Budde Rn. 137 (Stand: 5/2017); BeBiKo/Justenhoven/Kliem/Müller, 13. Aufl. 2022, Rn. 278; HK-HGB/Kirnberger 7. Aufl. 2007, Rn. 48; WP-HdB/Störk, 17. Aufl. 2021, F Rn. 916.

[465] ADS Rn. 236; HdR/Budde Rn. 136a (Stand: 5/2017); BeBiKo/Justenhoven/Kliem/Müller, 13. Aufl. 2022, Rn. 278; WP-HdB/Störk, 17. Aufl. 2021, F Rn. 916.

[466] ADS Rn. 229, 237; HdR/Budde Rn. 136 (Stand: 5/2017); BeBiKo/Justenhoven/Kliem/Müller, 13. Aufl. 2022, Rn. 279.

[467] HdR/Budde Rn. 137 (Stand: 5/2017); BeBiKo/Justenhoven/Kliem/Müller, 13. Aufl. 2022, Rn. 279.

[468] HdR/Budde Rn. 137a (Stand: 5/2017); WP-HdB/Störk, 17. Aufl. 2021, F Rn. 916.

[469] ADS Rn. 236; HdR/Budde Rn. 137a (Stand: 5/2017); WP-HdB/Störk, 17. Aufl. 2021, F Rn. 567; Haufe-HGB/Wobbe Rn. 241 (Stand: 19.10.2021).

144   **2. Einschaltung von Unternehmen.** Führt das Unternehmen die Vertriebsleistungen nicht selbst, sondern zB durch ein Tochterunternehmen aus, sind die dafür an das Tochterunternehmen geleisteten Zahlungen Vertriebsaufwand.[470] Bei wirtschaftlicher Betrachtungsweise kann es keinen Unterschied machen, ob der Vertrieb in eigener Regie erfolgt oder ob die Vertriebsleistungen durch fremde Gesellschaften erbracht werden.[471]

145   **3. Periodenbezug.** Anzugeben sind sämtliche Aufwendungen des Geschäftsjahres.[472] Entstandene Vertriebskosten sind **perioden- und nicht umsatzbezogen** auszuweisen, so dass sie auch anzusetzen sind, wenn die damit zusammenhängenden Produkte erst in späteren Geschäftsjahren umgesetzt werden.[473]

VI. Allgemeine Verwaltungskosten (Abs. 3 Nr. 5)

146   **1. „Allgemein".** Verwaltungskosten sind allgemeiner Natur, wenn sie sich nicht speziell dem Herstellungs- oder dem Vertriebsbereich zurechnen lassen (→ Rn. 136, → Rn. 140). Im Gesamtkostenverfahren hat dieser Posten allerdings eher eine Auffangfunktion, weil die Aufwendungen in der Regel den vorgegebenen Funktionsbereichen zugeordnet werden können.[474] Im Verhältnis zu den sonstigen betrieblichen Aufwendungen (Abs. 3 Nr. 7; → Rn. 152 ff.) hat der Ausweis unter Abs. 3 Nr. 5 wegen des Funktionsprinzips (→ Rn. 122) stets Vorrang.[475]

147   **2. Material- und Personalaufwendungen.** Allgemeine Verwaltungskosten sind alle Material- und Personalaufwendungen des Verwaltungsbereiches, also zB Aufwendungen für die Geschäftsleitung, das Rechnungswesen, das Rechenzentrum, die Personal-, Finanz-, Stabs-, Rechts-, Revisions-, Steuer- und Planungsabteilung, die Werksfeuerwehr, den Werksschutz, den Betriebsrat, die Erstellung und Prüfung des Jahresabschlusses, die Steuerberatung, Entschädigungen an Aufsichtsrat oder Beirat, Aufwendungen für die Durchführung der Haupt- bzw. Gesellschafterversammlung, allgemeine Aufwendungen für Sozialeinrichtungen wie Werksküche, Kantine, Gesundheitsdienst, Freizeiteinrichtungen, firmeneigene Fitnesseinrichtungen oder Werkswohnungen, Aufwendungen für Ausbildung wie Schulungseinrichtungen, für Spenden, Beiträge und Aufwendungen für die unternehmenseigene Bibliothek.[476]

148   **3. Abschreibungen.** Abschreibungen sind nach dem Abschreibungsgegenstand zu qualifizieren, während es auf die Planmäßigkeit oder Außerplanmäßigkeit sowie Üblichkeit oder Unüblichkeit nicht ankommt (→ Rn. 66, → Rn. 133). Gleichfalls irrelevant ist die Frage, ob die Abschreibung aus handelsrechtlichen oder steuerrechtlichen Gründen vorgenommen wurde. Zu den allgemeinen Verwaltungskosten gehören sämtliche Abschreibungen auf „allgemeines Verwaltungsvermögen". Im Zusammenhang mit außerplanmäßigen Abschreibungen ist § 277 Abs. 3 S. 1 zu beachten.

149   **4. Aufwendungen des Geschäftsjahres.** Anzugeben sind sämtliche Aufwendungen des Geschäftsjahres.[477] Ein umsatzbezogener Ausweis ist nicht möglich, da sich allgemeine

---

[470]   ADS Rn. 236; BeBiKo/Justenhoven/Kliem/Müller, 13. Aufl. 2022, Rn. 280; WP-HdB/Störk, 17. Aufl. 2021, F Rn. 916; Haufe-HGB/Wobbe Rn. 242 (Stand: 19.10.2021).
[471]   BeBiKo/Justenhoven/Kliem/Müller, 13. Aufl. 2022, Rn. 280.
[472]   HdR/Budde Rn. 136 (Stand: 5/2017); BeBiKo/Justenhoven/Kliem/Müller, 13. Aufl. 2022, Rn. 275.
[473]   ADS Rn. 236; HdR/Budde Rn. 239 (Stand: 5/2017); Haufe-HGB/Wobbe Rn. 237 (Stand: 19.10.2021).
[474]   Haufe-HGB/Wobbe Rn. 245 (Stand: 19.10.2021).
[475]   IDW HFA SABI 1/1987, WPg 1987, 141 (143); ADS Rn. 239, 244 ff.; HdR/Budde Rn. 138 f. (Stand: 5/2017); BeckOGK/Baumeister/Freisleben, 1.11.2022, Rn. 309; Haufe-HGB/Wobbe Rn. 245 (Stand: 19.10.2021).
[476]   Zusammenstellungen bei ADS Rn. 238; HdR/Budde Rn. 140 (Stand: 5/2017); BeBiKo/Justenhoven/ Kliem/Müller, 13. Aufl. 2022, Rn. 291; Kirsch/Wulf Rn. 164 (Stand: 1.6.2016); WP-HdB/Störk, 17. Aufl. 2021, F Rn. 917; Haufe-HGB/Wobbe Rn. 244 (Stand: 19.10.2021).
[477]   ADS Rn. 238.

Verwaltungskosten definitionsgemäß nicht einzelnen Umsätzen bzw. umgesetzten Produkten zurechnen lassen.[478]

VII. Sonstige betriebliche Erträge (Abs. 3 Nr. 6)

Abs. 3 Nr. 6 ist ein **Sammelposten** („sonstige"). Er beschränkt sich auf Erträge, die **150** nicht unter Abs. 3 Nr. 1, Nr. 8–10 fallen.[479] Der Posten deckt sich in seinem sachlichen Anwendungsbereich weitgehend mit Abs. 2 Nr. 4 (→ Rn. 36 ff.), wobei es im Hinblick auf die Höhe der auszuweisenden Beträge zu Unterschieden gegenüber dem Gesamtkostenverfahren kommen kann.[480] In Betracht kommen ua Erträge aus dem Abgang von Anlagevermögen, aus Zuschreibungen und aus der Auflösung von Rückstellungen (→ Rn. 37 ff.).

Abs. 3 Nr. 6 kann darüber hinaus die Funktion eines **bilanztechnischen Ausgleichs-** **151** **postens** haben. Die Behandlung von Aufwendungen, die als Eigenleistungen oder Bestandserhöhungen im Anlagevermögen aktiviert wurden, ist umstritten. Im Unterschied zum Gesamtkostenverfahren fehlt beim Umsatzkostenverfahren der Posten „andere aktivierte Eigenleistungen" (Abs. 2 Nr. 3). Deshalb will eine Auffassung im Schrifttum Aufwendungen für **Eigenleistungen** oder **Bestandserhöhungen,** die aktiviert wurden, unter den sonstigen betrieblichen Erträgen ausweisen.[481] Im Hinblick auf die Konzeption des Umsatzkostenverfahrens ist es jedoch vorzugswürdiger, die Aufwendungen für mengenmäßige Zugänge an aktivierten Eigenleistungen und Bestände von den jeweiligen Aufwandsposten direkt auf die Bestandskonten umzubuchen.[482] Bei den Wertänderungen, zB aus Zuschreibungen zu aktivierten Eigenleistungen und Beständen, verbleibt es hingegen bei der Erfassung als sonstiger betrieblicher Ertrag.[483] Die bilanztechnische Ausgleichsfunktion ist auch erforderlich, wenn man entgegen der hier vertretenen Ansicht **sonstige Steuern oder Zinsen** nicht stets unter Abs. 3 Nr. 12, Nr. 15, sondern stattdessen ggf. auch unter andere Posten (Abs. 3 Nr. 2, Nr. 4–5) fasst. Dann muss zur Vermeidung von Doppelberücksichtigungen in Abs. 3 Nr. 6 ein Ausgleichsposten eingestellt werden.[484]

VIII. Sonstige betriebliche Aufwendungen (Abs. 3 Nr. 7)

1. Sammelposten. Abs. 3 Nr. 7 ist ein Sammelposten („sonstige"). Er beschränkt sich **152** auf Aufwendungen, die nicht unter Abs. 3 Nr. 2, Nr. 4, Nr. 5, Nr. 11 oder Nr. 12 fallen. Ein solcher Posten ist in der geltenden Bilanz-RL ebenso wenig vorgesehen, wie er es schon in der RL 78/660/EWG war, und bleibt weitgehend ohne inhaltliche Aussagekraft. Aufwendungen sind grundsätzlich den anderen Posten, insbesondere den Funktionsbereichen Herstellung, Vertrieb und allgemeine Verwaltung zuzuordnen.[485] Einstellungen in den Sonderposten mit Rücklageanteil, die bis zum Inkrafttreten des BilMoG einen gesetzlichen Anwendungsfall des Sammelpostens bildeten (§ 281 Abs. 2 S. 2 aF), sind seit der Aufhebung

---

[478] Haufe-HGB/Wobbe Rn. 243 (Stand: 19.10.2021).

[479] Hopt/Merkt, 42. Aufl. 2023, Rn. 29.

[480] ADS Rn. 241, 69 ff.; HK-HGB/Kirnberger 7. Aufl. 2007, Rn. 50; Kirsch/Wulf Rn. 168 (Stand: 1.6.2016); Hopt/Merkt, 42. Aufl. 2023, Rn. 29; WP-HdB/Störk, 17. Aufl. 2021, F Rn. 919; Haufe-HGB/Wobbe Rn. 246 (Stand: 19.10.2021).

[481] ADS Rn. 242; HK-HGB/Kirnberger 7. Aufl. 2007, Rn. 50; WP-HdB/Störk, 17. Aufl. 2021, F Rn. 919; Haufe-HGB/Wobbe Rn. 246 (Stand: 19.10.2021).

[482] Kölner Komm RechnungslegungsR/Berndt/Gutsche, 1. Aufl. 2010, Rn. 124; BeBiKo/Justenhoven/Kliem/Müller, 13. Aufl. 2022, Rn. 300; HK-HGB/Kirnberger 7. Aufl. 2007, Rn. 50: „systemgerechtere direkte Kürzung der entsprechenden Aufwandspositionen"; Baumbach/Hueck/Schulze-Osterloh, 18. Aufl. 2006, GmbHG § 42 Rn. 385; Winnefeld Bilanz-HdB, 5. Aufl. 2015, G Rn. 507; WP-HdB/Störk, 17. Aufl. 2021, F Rn. 919; BeckOGK/Baumeister/Freisleben, 1.11.2022, Rn. 109 ff.: „hM", ohne erkennbare eigenen Stellungnahme.

[483] Vgl. BeBiKo/Justenhoven/Kliem/Müller, 13. Aufl. 2022, Rn. 301.

[484] ADS Rn. 243; IDW SABI 1/1987, WPg 1987, 141 (143); Meyer-Landrut/Niehus/Scholz GmbHG §§ 238–335 HGB Rn. 844; WP-HdB/Störk, 17. Aufl. 2021, F Rn. 919; Haufe-HGB/Wobbe Rn. 247 (Stand: 19.10.2021).

[485] ADS Rn. 245; HdR/Budde Rn. 141 f. (Stand: 5/2017); BeckOGK/Baumeister/Freisleben, 1.11.2022, Rn. 385; Haufe-HGB/Wobbe Rn. 253 (Stand: 19.10.2021).

von § 247 Abs. 3 aF, § 273 aF, § 281 aF durch das BilMoG nicht mehr möglich (zur Auflösung verbleibender Sonderposten → Rn. 41).

153   **2. Beispiele.** In Betracht kommen Konventionalstrafen und Geldbußen, Spenden,[486] ferner Abschreibungen auf den Geschäfts- oder Firmenwert[487] und Aufwendungen, die wie zB der Werkswohnbereich allen Bereichen des Unternehmens zuzurechnen, aber kaum verlässlich aufteilbar sind.[488] Forschungs- und Entwicklungskosten sind ausschließlich dem Funktionsbereich Herstellung zuzuordnen (→ Rn. 7 f., → Rn. 134).[489] Sie sind weder in einen speziellen Herstellungs- und einen sonstigen Bereich teilbar,[490] noch gibt es ein Wahlrecht zwischen Abs. 3 Nr. 2 und Nr. 7 (→ Rn. 2).[491] In Betracht kommen ferner Aufwendungen für Leistungen, die zu sonstigen betrieblichen Erträgen (Abs. 3 Nr. 6) führen. Dabei kann es sich ähnlich wie bei Abs. 2 Nr. 4 auch um Aufwendungen zur Bildung von Rückstellungen handeln (→ Rn. 74). Seit dem Geschäftsjahr 2016 dürfte jedoch ein Großteil solcher Aufwendungen zu Umsatzerlösen iSd § 277 idF des BilRUG führen, so dass die betreffenden Aufwendungen als Herstellungskosten auszuweisen sind.[492] Verluste aus dem Abgang von Anlagevermögen sind dagegen funktional einzuordnen und dürften zB beim Abgang technischer Anlagen und Maschinen (§ 266 Abs. 2 A. II. 2.) regelmäßig Herstellungskosten darstellen.

154   **3. Periodenverschiebungen.** Kosten können ferner aufgrund von Periodenverschiebungen als „sonstige betriebliche Aufwendungen" auszuweisen sein. Werden Kosten noch nicht umgesetzter Leistungen, die im Fall des Umsatzes als Herstellungskosten zu zeigen wären, infolge von Bewertungswahlrechten nicht aktiviert, ist der Ausweis als Herstellungsaufwand vorzugswürdig, ein Ausweis unter den sonstigen betrieblichen Aufwendungen aber zulässig (→ Rn. 137).[493] Außergewöhnliche Abschreibungen und Positionen, die wirtschaftlich einer anderen Periode zuzuordnen sind, fallen dagegen nicht von vornherein unter Abs. 3 Nr. 7,[494] sondern sind ihrem Abschreibungsgegenstand entsprechend zu erfassen (→ Rn. 66, → Rn. 133) und im Übrigen im Anhang anzugeben (§ 285 Nr. 32).[495]

IX. Abs. 3 Nr. 8–12

155   Die Abs. 3 Nr. 8–12 betreffen den Finanzbereich und entsprechen inhaltlich grundsätzlich den jeweiligen Posten des Gesamtkostenverfahrens.[496] Auf die Kommentierung zum Gesamtkostenverfahren wird insoweit verwiesen (→ Rn. 77 ff.). Unübliche Abschreibungen auf Wertpapiere sind stets unter Abs. 3 Nr. 11 auszuweisen, da es bei Anwendung des

[486] Haufe-HGB/Wobbe Rn. 248 (Stand: 19.10.2021).
[487] Mujkanovic BB 1994, 894 (897 f.); Haufe-HGB/Wobbe Rn. 255 (Stand: 19.10.2021).
[488] ADS Rn. 247; Kölner Komm AktG/Claussen/Korth, 2. Aufl. 1991, HGB §§ 275–277, AktG § 158 Rn. 158; WP-HdB/Störk, 17. Aufl. 2021, F Rn. 921; aA HdR/Budde Rn. 141 f. (Stand: 5/2017).
[489] HK-HGB/Kirnberger 7. Aufl. 2007, Rn. 46; KKRD/Morck/Drüen, 9. Aufl. 2019, Rn. 7; aA – Ausweis nur § 275 Abs. 3 Nr. 7 – HdR/Budde Rn. 142b (Stand: 5/2017).
[490] AA Gatzen WPg 1987, 461 (468); BeBiKo/Justenhoven/Kliem/Müller, 13. Aufl. 2022, Rn. 307; HdR/ Budde Rn. 142b (Stand: 5/2017); Kölner Komm AktG/Claussen/Korth, 2. Aufl. 1991, HGB §§ 275– 277, AktG § 158 Rn. 158.
[491] So aber BeBiKo/Justenhoven/Kliem/Müller, 13. Aufl. 2022, Rn. 271.
[492] Haufe-HGB/Wobbe Rn. 249 (Stand: 19.10.2021).
[493] Dörner WPg 1987, 154 (157); Emmerich WPg 1986, 698 (705); aA – Ausweis unter § 275 Abs. 3 Nr. 2 – ADS Rn. 223; BeBiKo/Justenhoven/Kliem/Müller, 13. Aufl. 2022, Rn. 270; nochmals aA – Wahlrecht – HdR/Budde Rn. 142a (Stand: 5/2017); WP-HdB/Störk, 17. Aufl. 2021, F Rn. 908; Haufe-HGB/Wobbe Rn. 249 (Stand: 19.10.2021).
[494] ADS Rn. 246; Kölner Komm AktG/Claussen/Korth, 2. Aufl. 1991, HGB §§ 275–277, AktG § 158 Rn. 159; aA mit Unterschieden im Detail (Wahlrechte) HdR/Budde Rn. 142 f., 143a (Stand: 5/2017); Glade Praxishandbuch Rn. 399.
[495] S. WP-HdB/Störk, 17. Aufl. 2021, F Rn. 922: Periodenfremde Aufwendungen seien „einzelnen Funktionsbereichen zuzuorden und nach § 285 Nr. 32 im Anhang anzugeben".
[496] ADS Rn. 249; BeBiKo/Justenhoven/Kliem/Müller, 13. Aufl. 2022, Rn. 31, 260; HK-HGB/Kirnberger 7. Aufl. 2007, Rn. 52; KKRD/Morck/Drüen, 9. Aufl. 2019, Rn. 7; WP-HdB/Störk, 17. Aufl. 2021, F Rn. 923.

Umsatzkostenverfahrens keinen dem Abs. 2 Nr. 7 lit. b entsprechenden Posten gibt. Es kommt daher nicht auf die für das Gesamtkostenverfahren umstrittene Frage (→ Rn. 72, → Rn. 96) an, ob unübliche Abschreibungen auf Wertpapiere des Umlaufvermögens im Finanzbereich oder anderweitig zu zeigen sind. **Aktivierungsfähige Zinsen** sind nach der hier vertretenen Auffassung stets unter Abs. 3 Nr. 12 und nicht als Herstellungskosten auszuweisen (→ Rn. 136 aE).

X. Abs. 3 Nr. 13–15

Die Abs. 3 Nr. 13–15 entsprechen inhaltlich grundsätzlich den jeweiligen Posten des **156** Gesamtkostenverfahrens (Abs. 2 Nr. 14–16).[497] Auf die dortige Kommentierung wird (sinngemäß) verwiesen (→ Rn. 104 ff.). In Abweichung zum Gesamtkostenverfahren (→ Rn. 115) sind sog. **Kostensteuern** (auch: Betriebssteuern, betriebliches Steuern), wie zB Grundsteuer, Kraftfahrtsteuer, Versicherungsteuer, Ausfuhrzölle, Erbschaftsteuer, nach der hier vertretenen Ansicht allerdings grundsätzlich unter Abs. 3 Nr. 15 und nicht als Herstellungskosten bzw. Vertriebskosten auszuweisen; nur soweit keine Zuordnung zu diesen spezielleren Posten möglich ist, ist Abs. 3 Nr. 15 („sonstige Steuern") einschlägig (→ Rn. 136 aE, → Rn. 142).

XI. Abs. 3 Nr. 16, weitere Posten

Abs. 3 Nr. 16 entspricht inhaltlich Abs. 2 Nr. 17.[498] Auf die Ausführungen zum **157** Gesamtkostenverfahren wird insoweit verwiesen (→ Rn. 118 ff.). Dasselbe gilt für Posten, die unabhängig vom Aufstellungsverfahren der GuV in anderen Vorschriften als Abs. 2, Abs. 3 vorgesehen sind (→ Rn. 121).

D. Kapital- und Gewinnrücklagen (Abs. 4)

Unternehmen sind grundsätzlich nicht verpflichtet, Veränderungen von Kapital- oder **158** Gewinnrücklagen (§ 266 Abs. 3 A. II., Abs. 3 A. III., § 272 Abs. 2, Abs. 3) im Rahmen des Jahresabschlusses auszuweisen,[499] müssen aber ggf. den Ergebnisverwendungsvorschlag offenlegen (§ 325 Abs. 1b idF des BilRUG). Nimmt das Unternehmen diese Veränderungen in die GuV auf, dürfen sie sich als Ergebnisverwendung **nicht auf die Ergebnisentstehung** auswirken;[500] sie sind deshalb erst nach Abs. 2 Nr. 17, Abs. 3 Nr. 16 auszuweisen. Für AG bzw. SE und KGaA besteht bereits eine gesellschaftsrechtliche Pflicht, Veränderungen von Gewinnrücklagen und Entnahmen aus der Kapitalrücklage entweder in der GuV als zusätzliche Posten nach dem Posten „Jahresüberschuss/Jahresfehlbetrag" oder im Anhang zu zeigen (§ 158 Abs. 1 AktG, § 278 Abs. 3 AktG).[501]

E. Erleichterungen für Kleinstkapitalgesellschaften (Abs. 5)

Kleinstkapitalgesellschaften gem. § 267a haben seit Inkrafttreten des MicroBilG[502] **159** im Zeichen der „Bürokratiekostenentlastung"[503] das Wahlrecht, neben einer verkürzten

---

[497] ADS Rn. 249; BeBiKo/Justenhoven/Kliem/Müller, 13. Aufl. 2022, Rn. 31, 260.
[498] KKRD/Morck/Drüen, 9. Aufl. 2019, Rn. 7; WP-HdB/Störk, 17. Aufl. 2021, F Rn. 923.
[499] ADS Rn. 250; Haufe-HGB/Wobbe Rn. 256 (Stand: 19.10.2021).
[500] HdR/Budde Rn. 159 (Stand: 5/2017); KKRD/Morck/Drüen, 9. Aufl. 2019, Rn. 8.
[501] Haufe-HGB/Wobbe Rn. 257 (Stand: 19.10.2021).
[502] Gesetz zur Umsetzung der Richtlinie 2012/6/EU des Europäischen Parlaments und des Rates v. 14.3.2012 zur Änderung der Richtlinie 78/660/EWG des Rates über den Jahresabschluss von Gesellschaften bestimmter Rechtsformen hinsichtlich Kleinstbetrieben, BGBl. 2012 I 2751 (Kleinstkapitalgesellschaften-Bilanzrechtsänderungsgesetz – MicroBilG).
[503] Begr. RegE MicroBilG v. 5.11.2012, BT-Drs. 17/11292, 15.

Bilanz (§ 266 Abs. 1 S. 3; → § 266 Rn. 11) auch eine **vereinfacht gegliederte GuV** zu erstellen (Abs. 5). Kleinstkapitalgesellschaften wiesen häufig, so die dahinter stehende Ratio, „eine Konzentration auf ein Kerngeschäft auf, sodass dann außerhalb dieses Kerngeschäfts allenfalls Zinsaufwendungen in nennenswertem Umfang" stattfänden und das Finanzergebnis „daher nur geringen Einfluss auf den Jahresüberschuss oder den Jahresfehlbetrag" hätte.[504] Der deutsche Gesetzgeber setzt mit Abs. 5 das in Art. 36 Abs. 2 lit. b Bilanz-RL (zuvor Art. 1a Abs. 3 lit. b RL 78/660/EWG idF der RL 2012/6/EU) verankerte Wahlrecht zum Bürokratieabbau für „Kleinstbetriebe" um.[505]

160   Die vereinfachte Gliederung nach Abs. 5 übernimmt fast wörtlich diejenige aus Art. 36 Abs. 2 lit. b Bilanz-RL (sowie der Vorgängerrichtlinie: RL 78/660/EWG); sie entspricht im Aufbau einem **verkürzten, an der Aufwandsart orientierten Gesamtkostenverfahren** iSd Abs. 2.[506] Im Schrifttum wurde, ausgehend von der Formulierung „anstelle der Staffelungen" in Abs. 5, die Frage aufgeworfen, ob die vereinfachte GuV ebenso wie die normale GuV zwingend **„in Staffelform"** dargestellt werden müsse oder ob hier ausnahmsweise auch die Kontoform zulässig sei.[507] Nicht nur angesichts der klar vorgegebenen, offensichtlich an der Staffelform der Abs. 2 und 3 orientierten Nummerierung in Abs. 5, sondern auch vor dem Hintergrund des Umstands, dass die Kontoform in der geltenden Bilanz-RL nicht mehr vorgesehen ist (→ Rn. 15), ist diese Frage klar zu verneinen.[508] In der Tat kommt bei der verkürzten Gliederung der Vorteil der Staffelform gegenüber der Kontoform in Gestalt der Zwischensummen gerade nicht zum Tragen. Ob deswegen aber speziell für Kleinstunternehmen die Gewährung eines Wahlrechts zugunsten der Kontendarstellung wirklich „zu begrüßen gewesen" wäre,[509] darf aus Gründen der Einheitlichkeit der Darstellung und Übersichtlichkeit bezweifelt werden.

161   Die Ausübung des Wahlrechts nach Abs. 5 hat zur Folge, dass Kleinstkapitalgesellschaften gewisse nach dem Gesamtkostenverfahren (Abs. 2) sonst getrennt auszuweisende GuV-Positionen zu den beiden **neuen Sammelposten** „sonstige Erträge" und „sonstige Aufwendungen" wie folgt zusammenfassen dürfen: Bestandsmehrungen an fertigen und unfertigen Erzeugnissen (Nr. 2) und aktivierte Eigenleistungen (Nr. 3) sind, wie die Regierungsbegründung zum MicroBilG explizit ausführt, ebenso wie sonstige betriebliche Erträge (Nr. 4) und finanzielle Erträge (Zinserträge, Wertpapiererträge, Beteiligungserträge (Nr. 8–10) in den **„sonstigen Erträgen"** zusammengefasst;[510] Bestandsminderungen an fertigen und unfertigen Erzeugnissen (Nr. 2), sonstige betriebliche Aufwendungen (Nr. 8) und Zinsen und ähnliche Aufwendungen (Nr. 13) in den **„sonstigen Aufwendungen"**.[511] Sonstige Bestandsveränderungen werden in der vereinfachten GuV „je nach Vorzeichen" entweder unter dem Sammelposten „Sonstige Erträge" (Abs. 5 Nr. 2) oder unter „Jahresüberschuss/ Jahresfehlbetrag" (Abs. 5 Nr. 8) erfasst.[512] Der Posten „Abschreibungen auf Finanzanlagen und auf Wertpapiere des Umlaufvermögens" (Abs. 2 Nr. 12) wird im Regierungsentwurf zum MicroBilG nicht ausdrücklich erwähnt. Einzig plausibel erscheint jedoch die Zuord-

---

[504]   Begr. RegE MicroBilG, BT-Drs. 17/11292, 15: Neben dem Finanzergebnis nennt die Begr. RegE hier noch das „Ergebnis der außerordentlichen Geschäftstätigkeit" (vgl. das „außerordentliche Ergebnis" nach Abs. 2 Nr. 17 aF; Abs. 3 Nr. 16 aE), das seit dem BilRUG nicht mehr separat ausgewiesen wird (→ Rn. 3–5).

[505]   Baetge/Kirsch/Thiele/Ballwieser Bilanzrecht Rn. 355 (Stand: Dezember 2015); Haufe-HGB/Wobbe Rn. 263 (Stand: 19.10.2021).

[506]   EBJS/Böcking/Gros/Hanke, 4. Aufl. 2020, Rn. 55; Haufe-HGB/Wobbe Rn. 249 (Stand: 19.10.2021).

[507]   Haufe-HGB/Wobbe Rn. 266 (Stand: 19.10.2021).

[508]   So iE nach aufwändiger Begründung, aber ohne europarechtliches Argument ebenso Haufe-HGB/ Wobbe Rn. 266 (Stand: 19.10.2021).

[509]   So Haufe-HGB/Wobbe Rn. 266 (Stand: 19.10.2021).

[510]   So fast wörtlich die Begr. RegE MicroBilG, BT-Drs. 17/11292, 17; die BReg. nennt zusätzlich noch – entsprechend der damaligen Rechtslage vor Inkrafttreten des BilRUG – die inzwischen in Abs. 2 (und Abs. 3) nicht mehr separat ausgewiesenen „außerordentlichen Erträge" (Abs. 2 Nr. 15 aF).

[511]   Begr. RegE MicroBilG, BT-Drs. 17/11292, 17 f.; die von der BReg. hier weiter noch aufgeführte Kategorie der „außerordentlichen Aufwendungen" (Abs. 2 Nr. 16 aF) wurde durch das BilRUG abgeschafft.

[512]   BeBiKo/Justenhoven/Kliem/Müller, 13. Aufl. 2022, Rn. 317.

nung unter dem Posten „Abschreibungen" (Abs. 5 Nr. 5).[513] Die Steuerposten unter Abs. 2 Nr. 14 und 16 sind in der verkürzten Gewinn- und Verlustrechnung zusammengefasst unter „Steuern" (Abs. 5 Nr. 7) abzubilden.[514]

Machen Kleinstkapitalgesellschaften von ihrem **Wahlrecht** nach Abs. 5 Gebrauch, **162** dürfen sie keine zusätzlichen Gliederungserleichterungen nach § 276 S. 1 in Anspruch nehmen (§ 276 S. 2), „weil das EU-Recht eine solche Kombination nicht zulässt".[515] Die Möglichkeit einer Zusammenfassung von Umsatzerlösen, sonstigen Erträgen und Materialaufwand zu einem Posten „Rohergebnis" in der ohnehin schon komprimierten Gliederung nach Abs. 5 scheidet somit aus. Kleinstkapitalgesellschaften in der Rechtsform der AG oder KGaA, die ihr Wahlrecht nach Abs. 5 ausüben, sind gem. § 158 Abs. 3 AktG der Verpflichtung zur Aufstellung einer GuV nach den spezifischen Vorschriften des § 158 Abs. 1 und 2 AktG enthoben. Die Inanspruchnahme des Wahlrechts nach Abs. 5 ist an den Stetigkeitsgrundsatz gebunden (§ 265 Abs. 1 S. 1);[516] Vorjahreswerte sind anzugeben (§ 265 Abs. 2).[517]

Gemäß § 264 Abs. 2 S. 5 wird (widerleglich) „vermutet, dass ein unter Berücksichti- **163** gung der Erleichterungen für Kleinstkapitalgesellschaften aufgestellter Jahresabschluss den Erfordernissen des S. 1 entspricht" (→ § 264 Rn. 122). Führt die kumulierte Darstellung allerdings „in Sonderfällen dazu, dass ein zutreffendes Bild von der Vermögens-, Finanz- und Ertragslage nicht mehr vermittelt wird", sind „unter der Bilanz zusätzliche Angaben nach § 264 Absatz 2 S. 2 bis 4 HGB zu machen";[518] sollte die Kleinstkapitalgesellschaft ungeachtet ihres Wahlrechts nach § 264 Abs. 1 S. 5 einen Anhang aufstellen, ist hierfür freilich dieser und nicht derjenige „unter der Bilanz" der richtige Ort (§ 264 Abs. 2 S. 2). Anlass für **zusätzliche Angaben** ist in Fällen gegeben, wo die Prämisse des Gesetzgebers, nämlich die geringe Bedeutung des Finanzergebnisses bei Kleinstkapitalgesellschaften, fehl geht, etwa wenn bei einer (nicht unter § 267a Abs. 3 fallenden) Holdinggesellschaft das Jahresergebnis erheblich durch Beteiligungserträge beeinflusst wird, die in den Sammelposten „sonstige Erträge" eingehen.[519] Alternativ wird für solche Fälle eine freiwillige zusätzliche Untergliederung des GuV-Sammelpostens „sonstige Erträge" hinsichtlich der Beteiligungserträge entsprechend § 265 Abs. 5 empfohlen.[520]

F. IFRS

Ein bestimmtes, mit § 275 vergleichbares Gliederungsschema der GuV (separate **164** income statement) enthalten die IFRS[521] nicht. Verschiedene Gliederungsregelungen finden sich in IAS 1 (Presentation of Financial Statements), der erstmals 1975 mit dem Titel „Angaben zu Bilanzierungs- und Bewertungsmethoden" (Disclosure of Accounting Policies) veröffentlicht und im Laufe der Zeit zahlreiche Male angepasst wurde. Im Rahmen des **„Financial-Statement-Presentation"-Projektes** des IASB wurden im Jahre 2007 die zuvor im IAS 1 benutzten Begriffe „Balance Sheet" und „Cash Flow Statement" durch die Bezeichnungen „Statement of Financial Position" und „Statement of Cash

---

[513] BeBiKo/Justenhoven/Kliem/Müller, 13. Aufl. 2022, Rn. 317.
[514] So auch BeBiKo/Justenhoven/Kliem/Müller, 13. Aufl. 2022, Rn. 317.
[515] Begr. RegE MicroBilG, BT-Drs. 17/11292, 17.
[516] Haufe-HGB/Wobbe Rn. 264 (Stand: 19.10.2021).
[517] Haufe-HGB/Wobbe Rn. 264 (Stand: 19.10.2021).
[518] Begr. RegE MicroBilG, BT-Drs. 17/11292, 18.
[519] BeBiKo/Justenhoven/Kliem/Müller, 13. Aufl. 2022, Rn. 320.
[520] BeBiKo/Justenhoven/Kliem/Müller, 13. Aufl. 2022, Rn. 320, mit dem Hinweis, die ansonsten erforderliche Angabe nach § 264 Abs. 2 S. 2 und 4 sei im Anhang bzw. unter der Bilanz zu machen „und damit grundsätzlich selbst dann offen- bzw hinterlegungspflichtig wird, wenn die Erleichterung des § 326 Abs. 2 S. 1 in Anspruch genommen" werde.
[521] Sämtliche zit. IAS/IFRS beziehen sich auf den für das Geschäftsjahr 2022 gültigen Stand. Lesenswert zum Nachfolgenden die ausführliche vergleichende Darstellung von BeckOGK/Baumeister/Freisleben, 1.11.2022, Rn. 361–399.

Flows" ersetzt.[522] Der Standard wurde durch die VO (EU) 1126/2008 erstmals in EU-Recht übernommen.[523] Die jüngsten Änderungen des IAS 1 wurden durch die VO (EU) 2022/357 der Kommission vom 2.3.2022 bewirkt.[524] Ein IFRS-Abschluss besteht nach IAS 1.10 idF v. 2.3.2022 aus sieben Pflichtbestandteilen:

a) „einer Bilanz zum Abschlussstichtag" (a statement of financial position at the end of the period);

b) „einer Darstellung von Gewinn oder Verlust und sonstigem Ergebnis („Gesamtergebnisrechnung') für die Periode" (statement of comprehensive income for the period);

c) „einer Eigenkapitalveränderungsrechnung für die Periode" (a statement of changes in equity for the period);

d) „einer Kapitalflussrechnung für die Periode" (a statement of cash flows for the period);

e) „dem Anhang, einschließlich wesentlicher Angaben zu den Rechnungslegungsmethoden und sonstiger Erläuterungen" (notes, comprising material accounting policy information and other explanatory information);

ea) „Vergleichsinformationen hinsichtlich der vorangegangenen Periode" (comparative information in respect of the preceding period);

f) „einer Bilanz zu Beginn der vorangegangenen Periode, wenn ein Unternehmen eine Rechnungslegungsmethode rückwirkend anwendet oder einen Posten im Abschluss rückwirkend anpasst oder Posten im Abschluss rückwirkend [...] umgliedert" (a statement of financial position as at the beginning of the preceding period when an entity applies an accounting policy retrospectively or makes a retrospective restatement of items in its financial statements, or when it reclassifies items in its financial statements).[525]

165   Bereits seit der ab dem 21.12.2008 geltenden Fassung von IAS 1 sind das Jahresergebnis und andere, nicht in der GuV zu berücksichtigende Bestandteile (sonstige Ergebnisbestandteile, „other comprehensive income") zwingend in einer Gesamtergebnisrechnung darzustellen. In den Unternehmensabschlüssen bis zum Geschäftsjahr 2008 konnten die sonstigen Ergebnisbestandteile auch in der Eigenkapitalveränderungsrechnung gezeigt werden. Das ist seit 2008 nicht mehr möglich. Bei den sonstigen Ergebnisbestandteilen handelt es sich um Bestandteile, die je nach Standard erfolgsneutral zu behandeln sind oder erfolgsneutral behandelt werden dürfen.[526] Dies ist etwa der Fall bei Änderungen der Neubewertungsrücklage (IAS 16, IAS 38), Gewinnen oder Verlusten aus der Umrechnung von Unternehmensabschlüssen von ausländischen Geschäftsbetrieben (IAS 21), Gewinnen oder Verlusten aus der Bewertung von zur Veräußerung verfügbaren finanziellen Vermögenswerten (available-for-sale financial assets (IFRS 9[527]) sowie versicherungsmathematischen Gewinnen und Verlusten aus „leistungsorientierten Plänen" (zur Vergütung von Mitarbeitern) iSd IAS 19.40. Damit soll der Jahresabschlussadressat ein umfassendes Bild der Ertragsfähigkeit des Unternehmens erhalten. In der Vergangenheit haben sich professionelle und nicht-professionelle Anleger gleichermaßen bei der Bewertung der Ertragskraft des Unternehmens nahezu ausschließlich an der GuV orientiert, während der Eigenkapitalspiegel als wenig bedeutsam betrachtet wurde.[528] Deshalb erschien es geboten, die erfolgsneutralen Posten mit der Eingliederung in eine Gesamtergebnisrechnung prominenter zu platzieren. Die **Eigenkapital-**

---

[522]   Einen Überblick über die damaligen Änderungen vermitteln etwa Zülch/Fischer PiR 2007, 257; Wenk/Jagosch DStR 2008, 1251. Bogajewskaja BB 2006, 1155 (1155), weist darauf hin, dass mit der Änderung der Bezeichnung verdeutlicht werden solle, dass sämtliche Bestandteile des Jahresabschlusses und nicht nur die Erfolgsrechnung überarbeitet werden sollen.

[523]   Hier und im Folgenden wird die deutsche Übersetzung der IAS/IFRS aus dem ABl. der EU übernommen.

[524]   ABl. EU 2022 L 68, 1 v. 3.3.2022. Gem. Art. 2 der VO (EU) 2022/357 sind die Änderungen „spätestens mit Beginn des ersten am oder nach dem 1.1.2023 beginnenden Geschäftsjahres" anzuwenden.

[525]   Vgl. IAS 8 (Accounting policies, changes in accounting estimates and errors). S. dazu Erchinger/Melcher KoR 2008, 616 (u. 679); Küting/Weber/Keßler/Metz DB-Beil. 7/2007.

[526]   Zum Vergleich mit der Darstellung nach US-GAAP vgl. Hasenburg/Dräxler KoR 2006, 289 (291).

[527]   Umgesetzt durch die VO 2016/2067/EU v. 22.11.2016, ABl. EU 2016 L 323, 1.

[528]   Nachweise zu entsprechenden Studien finden sich bei Bogajewskaja BB 2006, 1155 (1158).

veränderungsrechnung hat nach IAS 1.106 (seit der Fassung vom 19.12.2016) folgenden Inhalt ((a)–(d)[529]):

(a) „das Gesamtergebnis in der Berichtsperiode, wobei die Beträge, die den Eigentümern des Mutterunternehmens und den nicht beherrschenden Anteilen insgesamt zuzurechnen sind, getrennt auszuweisen sind";

(b) „für jede Eigenkapitalkomponente die Auswirkungen einer rückwirkenden Anwendung oder rückwirkenden Anpassung, die gemäß IAS 8 bilanziert wurden", und

(d) „für jede Eigenkapitalkomponente eine Überleitungsrechnung für die Buchwerte zu Beginn und am Ende der Berichtsperiode, wobei (zumindest die) Veränderungen gesondert auszuweisen sind, die zurückzuführen sind auf

   i) Gewinn oder Verlust,

   ii) sonstiges Ergebnis und

   iii) Transaktionen mit Eigentümern, die in dieser Eigenschaft handeln, wobei Einzahlungen von Eigentümern und Ausschüttungen an Eigentümer sowie Veränderungen bei Eigentumsanteilen an Tochterunternehmen, die keinen Verlust der Beherrschung nach sich ziehen, gesondert auszuweisen sind".

Bei der Ausgestaltung der **Gesamtergebnisrechnung** hatten Unternehmen nach IAS **166** 1.81 aF noch ein Wahlrecht, die Ertrags- und Aufwandposten in einer einzigen Gesamtergebnisrechnung (single statement of comprehensive income) oder in zwei Rechenwerken, bestehend auf einer Aufstellung der Ergebnisbestandteile (gesonderte Gewinn- und Verlustrechnung, separate income statement) und einer Überleitung vom Gewinn bzw. Verlust zum Gesamtergebnis mit Ausweis der sonstigen Ergebnisbestandteile (statement of comprehensive income), darzustellen. IAS 1.81 wurde durch die VO (EU) 475/2012[530] aufgehoben, IAS 1.81A und 1.81B wurden eingefügt. Nach IAS 1.81A besteht die Gesamtergebnisrechnung nunmehr zwingend aus den folgenden Abschnitten: (a) „den Gewinn oder Verlust", sofern das Unternehmen nicht eine gesonderte Gewinn- und Verlustrechnung vorlegt, (b) „das sonstige Ergebnis insgesamt" und (c) „das Gesamtergebnis für die Periode, d.h. die Summe aus Gewinn oder Verlust und sonstigem Ergebnis". Nach IAS 1.81B sind zudem Gewinn oder Verlust und das Gesamtergebnis aufzuteilen auf nicht beherrschende Anteile und Eigentümer des Mutterunternehmens.

IAS 1.82, neu gefasst durch die VO (EU) 2016/2067 (→ Rn. 165) und ergänzt durch **167** die VO (EU) 2021/2036, verlangt folgende Mindestposten im Abschnitt **„Gewinn oder Verlust"** oder in der **gesonderten Gewinn- und Verlustrechnung:**

a) „Umsatzerlöse [revenue], wobei getrennt ausgewiesen werden:
   i) nach der Effektivzinsmethode berechnete Zinserträge; und
   ii) versicherungstechnische Erträge (siehe IFRS 17)";

aa) „Gewinne und Verluste aus der Ausbuchung von finanziellen Vermögenswerten, die zu fortgeführten Anschaffungskosten bewertet werden" (gains and losses arising from the derecognition of financial assets measured at amortised cost);

ab) „versicherungstechnische Aufwendungen aus ausgestellten Verträgen im Anwendungsbereich des IFRS 17 (siehe IFRS 17)" (insurance service expenses from contracts issued within the scope of IFRS 17);

ac) „Erträge oder Aufwendungen aus gehaltenen Rückversicherungsverträgen (siehe IFRS 17)" (income or expenses from reinsurance contracts held);

b) „Finanzierungsaufwendungen" (finance costs);

ba) „Wertminderungsaufwendungen (einschließlich der Wertaufholung bei Wertminderungsaufwendungen oder -erträgen), die gem. Abschnitt 5.5 von IFRS 9 bestimmt werden";

---

[529] IAS 1.106 lit. c wurde mWv 15.6.2009 gestrichen. Der Posten lautete: „die Beträge der Transaktionen mit Eigentümern, die in ihrer Eigenschaft als Eigentümer handeln, wobei die Kapitalzuführungen von und Ausschüttungen an Eigentümer gesondert auszuweisen sind".

[530] VO (EU) Nr. 475/2012 der Kommission v. 5.6.2012 zur Änderung der VO (EG) Nr. 1126/2008 zur Übernahme bestimmter internationaler Rechnungslegungsstandards gemäß der VO (EG) Nr. 1606/2002 des Europäischen Parlaments und des Rates im Hinblick auf den International Accounting Standard (IAS) 1 und den International Accounting Standard (IAS) 19, ABl. EU 2012 L 146, 1.

bb) „versicherungstechnische Finanzerträge oder -aufwendungen aus ausgestellten Verträgen im Anwendungsbereich des IFRS 17" (insurance finance income or expenses from contracts issued within the scope of IFRS 17);

bc) „Finanzerträge oder -aufwendungen aus gehaltenen Rückversicherungsverträgen" (siehe IFRS 17)" (finance income or expenses from reinsurance contracts held);

c) „Gewinn- und Verlustanteile von assoziierten Unternehmen und Gemeinschaftsunternehmen, die nach der Equity-Methode bilanziert werden" (share of the profit or loss of associates and joint ventures accounted for using the equity method);

ca) „wenn ein finanzieller Vermögenswert aus der Kategorie der Bewertung zu fortgeführten Anschaffungskosten in die Kategorie der erfolgswirksamen Bewertung zum beizulegenden Zeitwert reklassifiziert wird, sämtliche Gewinne oder Verluste aus einer Differenz zwischen den bisherigen fortgeführten Anschaffungskosten des finanziellen Vermögenswerts und seinem beizulegenden Zeitwert zum Zeitpunkt der Reklassifizierung (wie in IFRS 9 definiert)" (if a financial asset is reclassified out of the amortised cost measurement category so that it is measured at fair value through profit or loss, any gain or loss arising from a difference between the previous amortised cost of the financial asset and its fair value at the reclassification date);

cb) „wenn ein finanzieller Vermögenswert aus der Kategorie der erfolgsneutralen Bewertung zum beizulegenden Zeitwert im sonstigen Ergebnis in die Kategorie der erfolgswirksamen Bewertung zum beizulegenden Zeitwert reklassifiziert wird, sämtliche kumulierten Gewinne oder Verluste, die zuvor im sonstigen Ergebnis erfasst wurden und in den Gewinn oder Verlust umgegliedert werden" (if a financial asset is reclassified out of the fair value through other comprehensive income measurement category so that it is measured at fair value through profit or loss, any cumulative gain or loss previously recognised in other comprehensive income that is reclassified to profit or loss);

d) „Steueraufwendungen" (tax expense);

ea) „ein gesonderter Betrag für die Gesamtsumme der aufgegebenen Geschäftsbereiche (siehe IFRS 5)" (a single amount for the total of discontinued operations).

168   In der (Konzern-)Gesamtergebnisrechnung ist zudem anzugeben, in welchem Umfang der Gewinn und Verlust der Periode sowie das Gesamtergebnis auf die nicht beherrschenden Anteile und auf die Eigentümer des Mutterunternehmens entfällt (IAS 1.81B).[531]

169   Die Unternehmen sind verpflichtet, die **Reihenfolge** und die **Bezeichnung dieser Mindestgliederungsposten** zu ändern, sofern dadurch der Einblick in die Ertragskraft verbessert wird (IAS 1.86 idF ab 9.6.2012).[532] Darüber hinaus sind wesentliche Aufwands- und Ertragsposten in der GuV oder im Anhang anzugeben. Dazu zählen nach IAS 1.98 idF ab 21.12.2008 zB außerplanmäßige Abschreibungen des Vorratsvermögens oder des Sachanlagevermögens, Aufwand oder Ertrag in Zusammenhang mit der Restrukturierung von Unternehmensaktivitäten, Abgänge von Sach- oder Finanzanlagen oder der Ertrag aus der Auflösung von Rückstellungen etwa als Folge der Beendigung von Rechtsstreitigkeiten. Die Mindestgliederungen werden um **zahlreiche Angabepflichten** erweitert, die in den einzelnen Standards geregelt sind. So verlangt zB IFRS 15.110[533] qualitative und quantitative Angaben zu Verträgen mit Kunden, zu allen signifikanten Ermessensentscheidungen (einschließlich aller etwaigen Änderungen dieser Ermessensentscheidungen), die im Zusammenhang mit diesen Verträgen getroffen wurden, sowie zu aktivierten Kosten, die im Rahmen der Vertragsanbahnung entstanden sind. Weitere Angabepflichten ergeben sich aus IAS 12.79 ff. und IAS 16.73 (e) (v)–(vii).

170   Hinsichtlich der Form kann das Unternehmen zwischen dem **Gesamtkostenverfahren** (nature of expenses method) und dem **Umsatzkostenverfahren** (function expense

---

531 IAS 1.81B ersetzt IAS 1.83, s. VO (EU) 475/2012; → Rn. 167.
532 Zur Erfolgsspaltung im Rahmen der erfolgswirtschaftlichen Analyse von IFRS-Abschlüssen s. Coenenberg/Deffner/Schultze KoR 2005, 435. S. hierzu auch Kirsch DB 2003, 2449.
533 IFRS 15 ersetzt den bis zum 17.11.2016 geltenden Standard IAS 18 (VO (EU) 2016/1905 v. 22.9.2016, ABl. EU 2016 L 295, 19.

method, cost of sales method) wählen (IAS 1.99).[534] Die beim IASB diskutierte Abschaffung des Gesamtkostenverfahrens hat sich nicht durchgesetzt. Bei der Ausübung des Wahlrechts ist das Unternehmen aber nicht völlig frei. Die Wahl soll davon abhängen, welches Verfahren entscheidungsrelevante[535] und verlässliche Informationen liefert (IAS 1.103).[536] Zum Umsatzkostenverfahren führt IAS 1.103 aus, diese Methode liefere „den Adressaten oft relevantere Informationen als die Aufteilung nach Aufwandsarten, aber die Zuordnung von Aufwendungen zu Funktionen" könne „willkürlich sein" und beruhe „auf erheblichen Ermessensentscheidungen".[537] Bei der Wahl werden neben Branchenbesonderheiten auch die Produktpalette und die Ausgestaltung der Kostenrechnung eine Rolle spielen, weil das Umsatzkostenverfahren zur betrieblichen Kostenerfassung und -verrechnung eine ausgebaute Kostenstellen- und Kostenträgerrechnung erforderlich macht. Eine einmal gewählte Form der Darstellung ist beizubehalten (Gliederungsstetigkeit, IAS 1.27). Ein bestimmtes Darstellungsformat – Kontoform (horizontal form) oder Staffelform (vertical form) – ist nicht vorgeschrieben.[538] Es hat sich die Staffelform (→ Rn. 15) als international üblich herausgebildet.[539]

Im Unterschied zu der noch vor dem BilRUG geltenden handelsrechtlichen Rech- **171** nungslegung war der Ausweis eines **außerordentlichen Ergebnisses** nach IAS 1.85 idF v. 22.12.2015[540] nie zulässig. Das IASB geht vielmehr davon aus, dass Aufwendungen und Erträge immer im Rahmen der gewöhnlichen Geschäftstätigkeit anfallen und deshalb kein Geschäftsvorfall außerordentlicher Natur ist. Durch die Änderung der Gliederung der GuV im Rahmen des BilRUG hat sich die handelsrechtliche Rechnungslegung internationalen Standards angenähert (→ Rn. 4).

Insgesamt enthält IAS 1 wenige verbindliche Regelungen für die Gliederung der **172** GuV[541] und führt dazu, dass die **zwischenbetriebliche Vergleichbarkeit** der Abschlüsse teilweise erheblich **erschwert** wird. Das ist zum einen darauf zurückzuführen, dass die Unternehmen wählen können, Angaben in der GuV oder im Anhang zu machen. Zum anderen fehlt es teilweise an inhaltlichen Präzisierungen der Posten durch das IASB. So sind zB die Aufwendungen aus der operativen Geschäftstätigkeit nicht verpflichtend in der GuV anzugeben. Darüber hinaus werden in der Praxis Zwischensummen gebildet und mit Bezeichnung, wie zB „net operating profit", „EBIT" oder „operating result", versehen, ohne dass der Jahresabschlussadressat über die Bedeutung und die Bestandteile informiert wird. Schließlich bestehen diverse Ausweisfragen; nach der hier vertretenen Auffassung etwa ist das Ergebnis aus assoziierten Unternehmen ebenso im Finanzergebnis auszuweisen wie die Abschreibungen auf Finanzanlagen und Wertpapiere des Umlaufvermögens.

---

[534] Beck IFRS-HdB/Schlüter/Schönhofer § 15 Rn. 94 ff.; s. auch BeckOGK/Baumeister/Freisleben, 1.11.2022, Rn. 364, mit dem Bsp. einer nach dem Umsatzkostenverfahren erstellten GuV (entsprechend IAS.IG6 Part I bzw. IAS 1.103).

[535] Zur sog. „decision usefulness" nach IAS/IFRS s. Heuser/Theile/Heuser IFRS, 2012 Rn. 7 (nicht mehr in der 6. Aufl. 2019 enthalten); Haufe IFRS-Komm/Lüdenbach/Hoffmann, § 1 (Rahmenkonzept), Rn. 5 (Stand: 1.1.2022); MüKoBilanzR/Kleindiek IFRS Einf. Rn. 90 (5. EL 2014); zur „decision usefulness" nach US-GAAP s. Schildbach US-GAAP 43 f.; Wiley/Epstein/Nach/Bragg, GAAP 2010 33.

[536] S. auch Nr. 26 (Abschnitt „Relevance"), S. 1 des IASB-Rahmenkonzepts („Framework for the Preparation and Presentation of Financial Statements"): „To be useful, information must be relevant to the decision-making needs of users"; ferner speziell zur Gliederung von Bilanz und GuV Nr. 48 des Rahmenkonzepts. Zur Überarbeitung des IASB-Rahmenkonzepts s. Kampmann/Schwedler KoR 2006, 521.

[537] Nach BeckOGK/Baumeister/Freisleben, 1.11.2022, Rn. 45 könnte dies „dazu angetan sein, dem IASB eine Präferenz für die Anwendung des Umsatzkostenverfahrens in den Unternehmen zu unterstellen".

[538] BeckOGK/Baumeister/Freisleben, 1.11.2022, Rn. 25.

[539] Beck IFRS-HdB/Schönhofer § 15 Rn. 91; IDW SABI 1/1987, WPg 1987, 141: „Für beide Verfahren ist die Staffelform unabdingbar"; vorsichtiger BeckOGK/Baumeister/Freisleben, 1.11.2022, Rn. 25: „wohl das international präferierte Darstellungsformat".

[540] IAS 1.85, geändert durch VO 2015/2406/EU v. 18.12.2015 (ABl. EU 2015 L 333, 97).

[541] S. auch noch die „Allgemeinen Hinweise für die Rechnungsleger" zur Darstellung der Gewinn- und Verlustrechnung nach IAS 1 im Tätigkeitsbericht der (im Zuge der FISG-Reform aufgelösten) DPR für den Zeitraum vom 1.1.–31.12.2006, S. 11.

173   Die **US-amerikanische Rechnungslegung** enthält kein allgemeines Gliederungsschema der GuV.[542] In verschiedenen Verlautbarungen werden vielmehr einzelne Fragen des Ausweises geregelt. So enthalten APB 30 (Reporting the Results of Operations: Reporting the Effects of Disposal of a Segment of a Business, and Extraordinary, Unusual and Infrequently Occurring Events and Transactions) und FAS 144 (Accounting for the Impairment or Disposal of Long-Lived Assets) Bestimmungen zur Darstellung des Ergebnisses aus aufgegebenen Geschäftsbereichen. APB 9 (Reporting the Results of Operations) nimmt zur Frage des Ausweises von außergewöhnlichen Sachverhalten und FASB 154 (Accounting Changes and Error Corrections), der APB 20 und FASB 3 ersetzt, zum Ausweis eines kumulierten Effektes aufgrund der Anwendung eines anderen Rechnungslegungsstandards Stellung. Detaillierte Gliederungsschemata finden sich in den Vorschriften der US-amerikanischen Börsenaufsichtsbehörde SEC (Regulation S-X, CFR Part 210, article 5 rule 5–03, article 6 rule 6–09, article 6A rule 6A–04, article 7 rule 7–04 sowie article 9 rule 9–04). Die „Regulation S-X" schreiben das Umsatzkostenverfahren verpflichtend vor. Das Gesamtkostenverfahren ist hingegen nicht zulässig.[543]

§ 276 Größenabhängige Erleichterungen

[1]**Kleine und mittelgroße Kapitalgesellschaften (§ 267 Abs. 1, 2) dürfen die Posten § 275 Abs. 2 Nr. 1 bis 5 oder Abs. 3 Nr. 1 bis 3 und 6 zu einem Posten unter der Bezeichnung „Rohergebnis" zusammenfassen. [2]Die Erleichterungen nach Satz 1 gelten nicht für Kleinstkapitalgesellschaften (§ 267a), die von der Regelung des § 275 Absatz 5 Gebrauch machen.**

Schrifttum: s. auch § 275; Barth, Publizitätspflicht für mittelständische Unternehmen und GmbH & Co. KG, BB 1988, 2343; Biener, Die Publizität der Rechnungslegung im Wandel, BFuP 1989, 213; Brete, Publizitätspflicht: Ordnungsgeld wegen fehlenden Bestätigungsvermerks rechtswidrig, GmbHR 2016, R325; Farr, Der Jahresabschluss der kleinen GmbH (I), GmbHR 1996, 92; Farr, Der Jahresabschluss der mittelgroßen und kleinen AG, AG 1996, 145; Kirsch, Jahresabschlüsse von Kleinstunternehmen, DStZ 2012, 751; Meilicke, Gestaltungen zur Verminderung der Publizität?, DB 1986, 2445; Ramge/Kerst, Modernisierung der Grundsätze guter Unternehmens- und aktiver Beteiligungsführung im Bereich des Bundes – Public Corporate Governance Kodex des Bundes, NZG 2020, 1124; Schiffers, BilRUG: Änderungen im Jahresabschluss der GmbH, GmbHR 2015, 1018; Theile, Vereinfachte Jahresabschlüsse für Kleinstkapitalgesellschaften, GmbHR 2012, 1112; Theile, Ausweisfragen beim Jahresabschluß der GmbH & Co. KG nach neuem Recht, BB 2000, 555; Währisch, Größenabhängige Erleichterungen nach § 276 HGB – ein Anachronismus?, WPg 2022, 735; Zwirner, MicroBilG: Bilanzierungs- und Offenlegungserleichterungen für Kleinstkapitalgesellschaften fraglich, BB 2012, 2231.

Übersicht

I. Regelungsgegenstand

1   Das Handelsbilanzrecht sieht in verschiedenen Vorschriften Unterscheidungen entsprechend den in § 267 und § 267a definierten Größenstufen vor. Für den Einzelabschluss sind dies neben § 276 die § 264 Abs. 1 S. 4, § 266 Abs. 1 S. 3 und 4, § 274a, § 288 und §§ 326 f. Die Regelung des § 276 dient dem Schutz des **Geheimhaltungsinteresses** kleiner bzw. mittelgroßer Gesellschaften[1] (→ § 267 Rn. 1) und bestimmt, dass deren Jahresabschluss über

---

[542]   KPMG, US-GAAP: Rechnungslegung nach US-amerikanischen Grundsätzen, 4. Aufl. 2006, S. 153.
[543]   ADS International Abschn. 7 Rn. 215 ff.
[1]   Heymann/Herrmann, 3. Aufl. 2020, Rn. 1; Kirsch/Wulf Rn. 10 (März 2016): „Schutzfunktion für kleinere Gesellschaften zur Vermeidung von Markt- und Wettbewerbsnachteilen durch Publizität, zB gegenüber Konkurrenten, Großabnehmern oder Großlieferanten".

bedeutsame Aspekte der Ertragslage des Unternehmens nur eingeschränkt Auskunft zu geben braucht. Die Vorschrift geht dem allgemeinen Saldierungsverbot des § 246 Abs. 2 S. 1 vor und lässt sich auch nicht über § 264 Abs. 2 S. 2 aushebeln, indem man zum Ausgleich der fehlenden Informationen in der GuV zusätzliche Anhangangaben verlangt,[2] denn das Gebot des getreuen Bildes vermag sich als Auslegungs- und Rechtsfortbildungsgrundsatz (→ § 264 Rn. 66 ff.) nicht über den insofern eindeutigen Gesetzeswortlaut und -zweck des § 276 hinwegzusetzen (→ § 264 Rn. 75, → § 264 Rn. 85). Mit § 276 S. 1 hat der Gesetzgeber von seinem in Art. 14 Abs. 2 lit. a und b Bilanz-RL (zuvor schon Art. 27 lit. a und c RL 78/660/EWG) eingeräumten Wahlrecht Gebrauch gemacht, „kleinen" und „mittelgroßen" Gesellschaften Abweichungen vom GuV-Gliederungsschema zu gestatten[3] und damit bestimmte Angabe- bzw. Ausweispflichten von der Größe eines Unternehmens abhängig zu machen.

II. Ausübung des Wahlrechts

Für die Inanspruchnahme der größenabhängigen Erleichterungen bei der Aufstellung 2 der GuV räumt § 276 den zur Aufstellung des Jahresabschlusses berufenen Organen kleiner und mittelgroßer Gesellschaften ein **Wahlrecht ein.** Bei der Ausübung dieses Wahlrechts ist das Unternehmen in bilanzrechtlicher Hinsicht frei (bilanzzweckfremdes Wahlrecht, → § 264 Rn. 72 ff.). Macht die Geschäftsleitung von den größenabhängigen Erleichterungen Gebrauch, kann sie die dementsprechend aufgestellte GuV grundsätzlich auch intern zur Vorlage gegenüber den Gesellschaftern verwenden.[4] Gleichwohl können **gesellschaftsrechtliche Bestimmungen** in verschiedenen Fällen dennoch zur vollständigen Auskunft über die nach § 276 zusammengefassten Beträge bzw. die nach S. 2 im Anhang nicht weiter erläuterten „außerordentlichen Erträge" und „außerordentlichen Aufwendungen" verpflichten. Die hierbei praktisch wohl wichtigste Einschränkung betrifft das Auskunftsrecht des Aktionärs (§ 131 Abs. 1 S. 3 AktG), der unter den Beschränkungen des § 131 Abs. 3 AktG ein Recht auf Vorlage eines (ua) nicht um die Erleichterungen gem. § 276 gekürzten Jahresabschlusses in der Hauptversammlung hat, damit er sich ein umfassendes Bild von der Unternehmenslage machen kann (→ § 267 Rn. 3).[5] Außerdem können sonstige Auskunfts- oder Einsichtsrechte, zB des Aufsichtsrats (§ 111 AktG; § 52 GmbHG) oder der GmbH-Gesellschafter aufgrund spezieller Abreden im Gesellschaftsvertrag oder gem. § 51a Abs. 1 GmbHG, zu beachten sein. Einen Mehraufwand verursachen die genannten Auskunftsrechte gleichwohl nicht, da die zu saldierenden Posten im Rahmen des betrieblichen Rechnungswesens in aller Regel ohnehin getrennt zu ermitteln sein werden,[6] die ungekürzte GuV also zumindest intern vorliegt und ohne die von § 276 S. 1 gestatteten Saldierungen zur Auskunftsgewährung verwendet werden kann. Eine allgemeine gesellschaftsrechtliche Pflicht der Geschäftsleitung, im Gesellschaftsinteresse von den gewährten Erleichterungen Gebrauch zu machen, besteht nicht.[7] Einschränkungen der Wahlmöglichkeit können sich

---

[2]   IErg ebenso ADS Rn. 11: § 276 gehe „als lex specialis den Bestimmungen in § 264 Abs. 2 vor"; Biener/Bernecke BiRiLiG S. 228; Kölner Komm RechnungslegungsR/Berndt/Gutsche, 1. Aufl. 2010, Rn. 2; BeckOGK/Baumeister/Freisleben,15.9.2022, Rn. 16: keine zusätzlichen Angaben im Anhang gem. § 264 Abs 2 S. 2 erforderlich „aufgrund des Charakters des § 276 als lex specialis"; Farr GmbHR 1996, 92 (95); Farr AG 1996, 145 (151). Krit. zur rechtspolitischen Berechtigung der Vorschrift HdR/Budde Rn. 2, 4, 6 (Stand: 5/2017).

[3]   Kirsch/Wulf Rn. 1 (März 2016); noch zur alten Richtlinie 78/660/EWG s. ADS Rn. 1; Barth BB 1988, 2343 f.; Biener BFuP 1989, 213 (227 ff.).

[4]   Bericht RA zum BiRiLiG, BT-Drs. 10/4268, 108. Krit. hierzu HdR/Budde Rn. 4 (Stand: 5/2017).

[5]   Bericht RA zum BiRiLiG, BT-Drs. 10/4268, 124. S. bereits zum alten Bilanz- und Aktienrecht (§§ 112, 132 AktG 1937) BGHZ 32, 159 = NJW 1960, 1150 unter II. 1.: Das Auskunftsrecht des einzelnen Aktionärs gem. § 112 AktG 1937 finde „nicht an den Bilanzierungsvorschriften über die nur beschränkte Publizitätspflicht" seine Grenze. Für beide Vorschriften seien „verschiedene rechtliche Gesichtspunkte maßgeblich".

[6]   HdR/Budde Rn. 3 (Stand: 5/2017); BeBiKo/Förschle, 7. Aufl. 2010, Rn. 3 – Aussage in 12. Aufl. 2022 nicht mehr enthalten.

[7]   KKRD/Morck/Drüen, 9. Aufl. 2019, Rn. 1; einschr. (regelmäßig gehöre es zur Pflicht einer gewissenhaften Geschäftsführung, Wahlrechte auszuüben); ADS Rn. 3.

aus gesellschaftsrechtlichen **Treuepflichten**[8] oder aus **haushaltsrechtlichen** Gründen ergeben, wenn die Bundesrepublik Deutschland oder ein Bundesland an der betreffenden kleinen oder mittelgroßen Kapitalgesellschaft beteiligt ist.[9]

3   Ob neben den gesellschaftsrechtlichen Bestimmungen zur Erteilung weitergehender Auskünfte an die Gesellschafter außerdem **betriebsverfassungsrechtliche** Ansprüche des Betriebsrats auf Vorlage eines „ungekürzten" Jahresabschlusses (§ 108 Abs. 5 BetrVG) bestehen,[10] ist umstritten. Obwohl § 276 ausdrücklich lediglich auf die Definitionen des § 267 Abs. 1 und Abs. 2 Bezug nimmt, ist auch die Regelung des § 267 Abs. 6 anzuwenden, wonach die Informations- und Auskunftsrechte der Arbeitnehmervertretungen unberührt bleiben (→ § 267 Rn. 22). Diese Rechte müssen daher stets gewahrt bleiben, wenn eine Gesellschaft größenabhängige Erleichterungen iSd § 267 in Anspruch nimmt. Inwieweit die Informationsrechte der Arbeitnehmervertretung durch § 276 betroffen sein können, richtet sich nach Sinn und Zweck der einschlägigen arbeitsrechtlichen Bestimmungen. Nach § 108 Abs. 5 BetrVG ist den Arbeitnehmervertretern im „Wirtschaftsausschuss" (§ 106 BetrVG) der Jahresabschluss zu erläutern. Da die Vorschrift dem Betriebsrat keine Mitwirkungs- oder Einwirkungsrechte bei der Aufstellung des Jahresabschlusses zugestehen soll, ist diesem Gremium lediglich der bereits aufgestellte Abschluss vorzulegen (→ § 267 Rn. 22).[11] Dessen inhaltliche Ausgestaltung, also der Ansatz, die Bewertung und der Ausweis der Posten einschließlich der Darstellungsformate bleiben hingegen im Rahmen des geltenden Bilanzrechts dem Ermessen des zur Aufstellung berufenen Gesellschaftsorgans überlassen. Bereits § 106 Abs. 2 BetrVG bestimmt, dass die geschuldete Unterrichtung nur so weit reicht, wie keine Betriebs- und Geschäftsgeheimnisse gefährdet werden. Im Hinblick auf den Zweck des § 276, das Geheimhaltungsinteresse der Gesellschaft zu schützen (→ Rn. 1), kann es eine Pflicht zur Vorlage des ungekürzten Jahresabschlusses an Arbeitnehmervertreter im Falle der Inanspruchnahme größenabhängiger Erleichterungen daher nicht geben. Auch § 131 Abs. 1 S. 3 AktG ist wegen der unterschiedlichen Interessenlagen bei Gesellschaftern und Arbeitnehmern nicht entsprechend auf die Arbeitnehmer oder deren betriebsverfassungsrechtliche Repräsentanten anzuwenden.

III. Anwendungsbereich

4   Die Vorschrift gewährt Erleichterungen nur für **kleine bzw. mittelgroße** Kapitalgesellschaften. Für die Begriffsbestimmung verweist § 276 S. 1 lediglich auf „§ 267 Abs. 1, 2", obwohl die Definition der „mittelgroßen" Gesellschaft in Abs. 2 des § 267 ohne ihre Abgrenzung zur „großen" Gesellschaft in Abs. 3 S. 1 unvollständig und daher nicht zu gebrauchen ist. Insofern ist die Verweisung in § 276 S. 1 ungenau. Schon von daher und wegen des Geltungsanspruchs der in § 267 geregelten Begriffsbestimmung (→ § 267 Rn. 1) liegt es nahe, trotz fehlender Verweisung auch § 267 Abs. 3 S. 2 („Eine Kapitalgesellschaft iSd § 264d gilt stets als große") auf § 276 anzuwenden. Einem **kapitalmarktorientierten** Unternehmen iSd § 264d (zu Einzelheiten → § 267 Rn. 21 und → § 264d Rn. 1 ff.) stehen die von § 276 verliehenen Wahlrechte dementsprechend nicht zu, selbst wenn es nach § 267 Abs. 1, Abs. 2 an sich kein großes Unternehmen wäre.[12] Die Regelung in § 267

---

[8]   Allg. hierzu K. Schmidt GesR S. 587 ff.
[9]   S. ua § 65 Abs. 1 Nr. 4 BHO sowie die fast gleich lautenden Vorschriften der Landeshaushaltsordnungen der Bundesländer: „Der Bund [das Land, die Freie und Hansestadt Hamburg etc.] soll sich […] an der Gründung eines Unternehmens einer Rechtsform des privaten Rechts oder an einem bestehenden Unternehmen in einer solchen Rechtsform nur beteiligen, wenn […] 4. gewährleistet ist, dass der Jahresabschluss und der Lagebericht […] in entsprechender Anwendung der Vorschriften des Dritten Buchs des Handelsgesetzbuchs für große Kapitalgesellschaften aufgestellt und geprüft werden"; ADS Rn. 4.
[10] So etwa Biener/Bernecke BiRiLiG S. 228 f.; (verneinend) Beck HdR/Castan/Böcking B 300 Rn. 58 (Stand: Juli 2016); aA ADS Rn. 6; Farr GmbHR 1996, 92 (95); Farr AG 1996, 145 (151).
[11] S. GK-BetrVG/Oetker, 12. Aufl. 2022, § 108 Rn. 63 f.
[12] ADS Rn. 8, noch zum (vergleichbaren) § 267 Abs. 3 S. 2 idF vor dem BilMoG; iE auch Kirsch/Wulf Rn. 12 (März 2016), der sich mit der fehlenden Verweisung auf Abs. 3 des § 267 in § 276 gar nicht aufhält: „Einschränkend" sei „zu berücksichtigen, dass Kapitalgesellschaften stets als große Unternehmen gem. § 267 Abs. 3 S. 2 HGB gelten, wenn sie kapitalmarktorientierte Unternehmen iSv § 264d HGB sind".

Abs. 3 S. 2 erklärt sich gerade aus der besonderen Schutzbedürftigkeit und den Informationsinteressen des als Kapitalanlegergemeinschaft angesprochenen breiten Publikums, dem die von § 276 erfassten wichtigen Angaben zur Ertragslage nicht vorenthalten werden dürfen.

§ 276 ist entsprechend auf „kleine" bzw. „mittelgroße" **Nichtkapitalgesellschaften** 5 anzuwenden (zur entsprechenden Anwendbarkeit der §§ 264 ff. auf Nichtkapitalgesellschaften s. allgemein → § 264 Rn. 3). Solche Gesellschaften sind **in gleicher Weise schutzwürdig,** da sich gerade bei diesen Unternehmen die Umsatztätigkeit häufig auf wenige Produkte beschränkt und der Abnehmerkreis meist begrenzt ist. Das Bedürfnis nach Schutz vor Wettbewerbsnachteilen gegenüber Konkurrenten, Großabnehmern oder mächtigen Lieferanten ist rechtsformunabhängig, so dass eine Erweiterung des § 276 auf Nichtkapitalgesellschaften sachlich geboten ist.[13]

§ 276 gilt nicht für **Kreditinstitute** und **Finanzdienstleistungsinstitute** (§ 340a 6 Abs. 2 S. 1, § 340 Abs. 1 und 4) sowie **Versicherungsunternehmen** und **Pensionsfonds** (§ 341a Abs. 2 S. 1, § 341 Abs. 1 und 4). Für **Genossenschaften** gilt § 276 entsprechend (§ 336 Abs. 2 S. 1 Hs. 1), wobei § 336 Abs. 2 S. 1 Hs. 2 zusätzliche Erleichterungen enthält. Speziell für Kapital- und Personengesellschaften, an denen der **Bund unmittelbar mehrheitlich beteiligt** ist und die nicht aufgrund einer Börsennotierung emittierter Wertpapiere (Aktien oder andere) in den Anwendungsbereich des § 161 AktG (DCGK) fallen, kann ferner der Public Corporate Governance Kodex (PCGK) der Bundesregierung Bedeutung erlangen.[14] Gem. Nr. 8.1.1 PCGK iVm Nr. 2.2 PCGK werden Jahresabschlüsse und Konzernabschlüsse sowie Lageberichte und Konzernlageberichte der genannten Unternehmen „in entsprechender Anwendung der Vorschriften des Dritten Buchs des HGB für **große Kapitalgesellschaften** aufgestellt und nach diesen Vorschriften geprüft, soweit nicht weitergehende gesetzliche Vorschriften bestehen oder gesetzliche Vorschriften entgegenstehen" [Hervorhebung hinzugefügt]. Demnach sollen diese Unternehmen von den größenabhängigen Erleichterungen des § 276 keinen Gebrauch machen, selbst wenn sie die Voraussetzungen dieser Norm erfüllen.[15] Eine andere, nämlich gesellschaftsrechtliche, Frage ist, ob und mit welchen Instrumenten es dem Bund im Rahmen der aktiven Beteiligungsführung[16] gelingen kann, diese zunächst internen Vorgaben[17] gegenüber der Gesellschaft durchzusetzen. Während dies bei einer GmbH angesichts des Weisungsrechts der Gesellschafterversammlung (§ 37 Abs. 1 GmbHG, § 46 Nr. 6 GmbHG) einfach erscheint, dürfte bei der AG eine Satzungsänderung erforderlich sein, sollte eine informelle Einflussnahme auf den Vorstand, der die Gesellschaft „unter eigener Verantwortung" leitet (§ 76 Abs. 1 AktG), und den Aufsichtsrat, der über eigenes bilanzpolitisches Ermessen verfügt,[18] nicht genügen.

IV. § 276 S. 1

„Kleine" und „mittelgroße" Gesellschaften können nach Wahl vom gesetzlichen Glie- 7 derungsschema der GuV (§ 275 Abs. 2, Abs. 3) abweichen, indem sie bestimmte Posten der GuV (→ Rn. 8) zusammenfassen (miteinander saldieren). Soweit die saldierungsfähigen Größen jedoch Tatbestandsmerkmale gesetzlicher Vorschriften sind (zB „Umsatzerlöse", § 275 Abs. 2 Nr. 1, Abs. 3 Nr. 1, § 267 Abs. 1 Nr. 2, Abs. 2 Nr. 2; → § 267 Rn. 7), ist der unsaldierte Betrag maßgebend und zugleich eine Abgrenzung der betreffenden Position

---

13 Meilicke DB 1986, 2445 (2445); HdR/Budde Rn. 2 (Stand: 5/2017).
14 Teil I, der „Grundsätze guter Unternehmens- und aktiver Beteiligungsführung im Bereich des Bundes" v. 16.9.2020, Bek. v. 16.9.2020 sowie GMBl 2021, 130, https://www.bundesfinanzministerium.de/Content/DE/Standardartikel/Themen/Bundesvermoegen/grundsaetze-beteiligunsfuehrung-2020.pdf (zuletzt abgerufen am 5.3.2023).
15 Gem. Nr. 2.3 S. 1 PCGK wird darüber hinaus gehend für „unmittelbare Minderheitsbeteiligungen", wiederum ausgenommen von Unternehmen mit Börsennotierung, die Anwendung des PCGK zudem „angeregt".
16 Hierzu eingehend Teil II der „Grundsätze guter Unternehmens- und aktiver Beteiligungsführung im Bereich des Bundes".
17 Ramge/Kerst NZG 2020, 1124 (1125): „interne Verwaltungsvorschrift".
18 MüKoAktG/Hennrichs/Pöschke 5. Aufl. 2022, AktG § 172 Rn. 3, 16.

von den anderen saldierungsfähigen Positionen erforderlich. Darüber hinaus ist es schon für den internen Zweck der Selbstinformation des Kaufmanns unerlässlich, die einzelnen Umsatzposten bzw. den Materialaufwand zu ermitteln.[19] Im Verhältnis zu unternehmensexternen Personen versetzt das Wahlrecht die Geschäftsführung gleichwohl in die Lage zu bestimmen, **welche** der von § 276 erfassten **Informationen sie zugänglich** macht[20] und ob sie dabei zwischen einzelnen Rechnungslegungsadressaten trennt, zB zwischen Gesellschaftern und Kreditgebern.[21]

8   S. 1 erlaubt als Ausnahme vom allgemeinen Verrechnungsverbot (§ 246 Abs. 1) die Saldierung bestimmter Aufwendungen und Erträge zum Gesamtposten **„Rohergebnis".** Das Rohergebnis ist in diesem Fall als Posten Nr. 1 der GuV (§ 275 Abs. 1 oder 2) auszuweisen, die Bezifferung der folgenden Posten ist entsprechend anzupassen.[22] Beim Gesamtkostenverfahren wird das Rohergebnis aus den Posten des § 275 Abs. 2 Nr. 1–5 und beim Umsatzkostenverfahren aus den Posten des § 275 Abs. 3 Nr. 1–3 und Nr. 6 der GuV gebildet. Je nach Gliederungsverfahren kann das Rohergebnis wegen der abweichenden Zusammensetzung des Postens **unterschiedlich ausfallen.**[23] Insbesondere kann es auf Aufwandsseite zu Abweichungen bei der Berücksichtigung von Personalaufwendungen, Abschreibungen, Vertriebskosten und allgemeinen Verwaltungskosten kommen, soweit sie in das Rohergebnis einfließen (→ § 275 Rn. 122). Auf Ertragsseite sind Unterschiede bei den „sonstigen betrieblichen Erträgen" iSd § 275 Abs. 2 Nr. 4 bzw. Abs. 3 Nr. 6 denkbar (→ § 275 Rn. 150). Eine einmal gewählte Saldierung ist stetig beizubehalten (§ 265 Abs. 1 S. 1; → § 267 Rn. 2). Es wird als zulässig erachtet, das Rohergebnis ohne Einbeziehung der „sonstigen betrieblichen Erträge" (§ 275 Abs. 2 Nr. 4, Abs. 3 Nr. 6) zu ermitteln und diesen Posten separat auszuweisen.[24] Diese Ansicht lässt sich im Wege eines Erst-Recht-Schlusses begründen.[25]

9   Die **betriebswirtschaftliche Aussagekraft** des „Rohergebnisses" ist zweifelhaft. Der Saldo wird als unklar oder ungenau (eben „roh") angesehen und soll weder die innerbetriebliche Vergleichbarkeit nachfolgender Jahresabschlüsse noch den zwischenbetrieblichen Vergleich zuverlässig ermöglichen[26] bzw. verunmöglichen.[27] Hinzu kommt, dass das „Rohergebnis" des S. 1 beim Gesamtkosten- und beim Umsatzkostenverfahren trotz gleicher Bezeichnung sachlich und der Höhe nach erheblich voneinander abweichen kann,[28] was die Vergleichbarkeit zusätzlich erschwert.[29] Diese Schwächen wurden vom Gesetzgeber bewusst in Kauf genommen.

---

[19]   Dazu HdR/Budde Rn. 3 (Stand: 5/2017); BeBiKo/Justenhoven/Kliem/Müller, 13. Aufl. 2022, Rn. 3.
[20]   Bericht RA zum BiRiLiG, BT-Drs. 10/4268, 108; Biener/Bernecke BiRiLiG S. 228; HdR/Budde Rn. 3 (Stand: 5/2017); Hopt/Merkt, 42. Aufl. 2023, Rn. 1.
[21]   BeBiKo/Justenhoven/Kliem/Müller, 13. Aufl. 2022, Rn. 3.
[22]   BeBiKo/Justenhoven/Kliem/Müller, 13. Aufl. 2022, Rn. 2.
[23]   ADS Rn. 9; HdR/Budde Rn. 5 f. (Stand: 5/2017); Hopt/Merkt, 42. Aufl. 2023, Rn. 1: „unterschiedlich"; deutlicher: Baetge/Kirsch/Thiele/Kirsch/Ewelt-Knauer Bilanzrecht Rn. 24 (Stand: 1.12.2015): Rohergebnis habe jeweils „einen völlig anders definierten Inhalt".
[24]   So ADS Rn. 10; Kirsch/Wulf Rn. 23 (März 2016): Dadurch gewinne das Rohergebnis „betriebswirtschaftlich an Sinn", eine „begriffliche Klarstellung beim Rohergebnis" sei aber erforderlich.
[25]   Wohl ähnlich Kirsch/Wulf Rn. 23 (März 2016): Die rechtliche Zulässigkeit könne „ggf. mit der Wahlrechtsformulierung des § 276 HGB begründet werden".
[26]   HdR/Budde Rn. 6 (Stand: 5/2017); BeBiKo/Justenhoven/Kliem/Müller, 13. Aufl. 2022, Rn. 4: „Das Rohergebnis sein beim Gesamtkostenverfahren in etwa die Gesamtleistung […] abzüglich der fremdbezogenen Einsatzstoffe und Leistungen", beim Umsatzkostenverfahren seien „auch die Personalkosten des Herstellungskostenbereichs einbezogen"; BeckOGK/Baumeister/Freisleben, 15.9.2022, Rn. 11: Eine Gesellschaft werde „im internen Rechnungswesen auf eine detaillierte Aufstellung der im Rohergebnis enthaltenen Posten aus verschiedenen Gründen kaum verzichten können oder wollen". Zur rechtspolitischen Kritik Währisch WPg 2022, 735 (736): Durch die Zusammenfassung zum Rohergebnis würden „zentrale betriebswirtschaftliche Größen der GuV auf der Grundlage des Gesamt- und Umsatzkostenverfahrens nicht ausgewiesen"; ADS Rn. 10; Kirsch/Wulf Rn. 24 ff., insbes. Rn. 26 (März 2016): Es würden „nicht kongruente Leistungs- und Aufwandsgrößen miteinander verrechnet".
[27]   Währisch WPg 2022, 735 (737).
[28]   ZB BeckOGK/Baumeister/Freisleben, 15.9.2022, Rn. 8; Kirsch/Wulf Rn. 27 (März 2016).
[29]   Kölner Komm RechnungslegungsR/Berndt/Gutsche, 1. Aufl. 2010, Rn. 1a: Rohergebnis nach GKV und UKV „nicht vergleichbar".

V. § 276 S. 2

Der frühere S. 2 wurde durch das BilRuG aufgehoben. Es handelt sich um eine Folge- **10** änderung zur Streichung der Unterscheidung zwischen gewöhnlichen und außerordentlichen Erträgen und Aufwendungen in den § 275 und § 277,[30] die auf die Bilanz-RL zurückgeht (→ § 275 Rn. 3 f.; → § 277 Rn. 4). Der jetzige S. 2 war zuvor S. 3 des § 276 („Die Erleichterungen nach Satz 1 oder 2 gelten nicht für Kleinstkapitalgesellschaften [§ 267a], die von der Regelung des § 275 Absatz 5 Gebrauch machen"), wobei durch das BilRuG der Zusatz „oder 2" hinter den Worten „Erleichterungen nach Satz 1" gestrichen wurde. § 276 S. 3 aF war zeitgleich mit § 275 Abs. 5 durch Art. 1 Nr. 9 MicroBilG vom 20.12.2012 (BGBl. 2012 I 2751) mit Wirkung vom 28.12.2012 eingeführt worden.

Gemäß § 267a Abs. 2 gelten die in diesem Gesetz für kleine Kapitalgesellschaften vorge- **11** sehenen besonderen Regelungen für **Kleinstkapitalgesellschaften** entsprechend, „soweit nichts anderes geregelt ist". § 276 S. 2 ist eine andere Regelung in diesem Sinne. Die Vorschrift nimmt Kleinstgesellschaften iSv § 267a, die entsprechend dem Wahlrecht nach § 275 Abs. 5 eine verkürzte GuV aufstellen, von der Erleichterung nach § 276 S. 1 aus. Kleinstkapitalgesellschaften dürfen in ihrer GuV nur dann einen Sammelposten „Rohergebnis" ausweisen, wenn diese GuV im Übrigen dem Gliederungsschema des § 275 Abs. 2 oder Abs. 3 entspricht. S. 2 stellt also klar, dass das speziell Kleinstkapitalgesellschaften optional zur Verfügung stehende stark vereinfachte Gliederungsschema des § 275 Abs. 5 nicht noch weiter reduziert werden darf, wobei § 276 S. 1 auf die Gliederung nach § 275 Abs. 5 ohnehin nicht so recht passt. Demnach müssen Kleinstunternehmen Umsatzerlöse im Gegensatz zu (sonstigen) kleinen und mittelgroßen Gesellschaften immer zwingend ausweisen.[31]

VI. IFRS

Die IFRS[32] enthalten keine vergleichbaren Regelungen, eine Unterscheidung nach **12** Größenklassen ist nicht vorgesehen (zu den IFRS für kleine und mittelgroße Unternehmen → § 267 Rn. 24, → § 274a Rn. 7).[33] Die Differenzierung zwischen kapitalmarktorientierten und nicht kapitalmarktorientierten Unternehmen verschafft Letzteren Erleichterungen bei der Segmentberichterstattung (früher IAS 14, inzwischen IFRS 8), bei der Zwischenberichterstattung (IAS 34) und bei der Angabe des Ergebnisses je Aktie (IAS 33).

§ 277 Vorschriften zu einzelnen Posten der Gewinn- und Verlustrechnung

(1) Als Umsatzerlöse sind die Erlöse aus dem Verkauf und der Vermietung oder Verpachtung von Produkten sowie aus der Erbringung von Dienstleistungen der Kapitalgesellschaft nach Abzug von Erlösschmälerungen und der Umsatzsteuer sowie sonstiger direkt mit dem Umsatz verbundener Steuern auszuweisen.

(2) Als Bestandsveränderungen sind sowohl Änderungen der Menge als auch solche des Wertes zu berücksichtigen; Abschreibungen jedoch nur, soweit diese die in der Kapitalgesellschaft sonst üblichen Abschreibungen nicht überschreiten.

(3) ¹Außerplanmäßige Abschreibungen nach § 253 Absatz 3 Satz 5 und 6 sind jeweils gesondert auszuweisen oder im Anhang anzugeben. ²Erträge und Aufwendungen aus Verlustübernahme und auf Grund einer Gewinngemeinschaft, eines Gewinnabführungs- oder eines Teilgewinnabführungsvertrags erhaltene oder abgeführte Gewinne sind jeweils gesondert unter entsprechender Bezeichnung auszuweisen.

---

[30] Begr. RegE BilRuG, BT-Drs. 18/4050, 63.
[31] Kirsch/Wulf Rn. 35 (März 2016).
[32] Sämtliche zit. IAS/IFRS beziehen sich auf den für das Geschäftsjahr 2021 gültigen Stand.
[33] S. auch BeckOGK/Baumeister/Freisleben, 15.9.2022, Rn. 20: „in den IFRS größenabhängige Erleichterungen generell nicht vorgesehen".

(4) (aufgehoben)

(5) [1]Erträge aus der Abzinsung sind in der Gewinn- und Verlustrechnung gesondert unter dem Posten „Sonstige Zinsen und ähnliche Erträge" und Aufwendungen gesondert unter dem Posten „Zinsen und ähnliche Aufwendungen" auszuweisen. [2]Erträge aus der Währungsumrechnung sind in der Gewinn- und Verlustrechnung gesondert unter dem Posten „Sonstige betriebliche Erträge" und Aufwendungen aus der Währungsumrechnung gesondert unter dem Posten „Sonstige betriebliche Aufwendungen" auszuweisen.

Schrifttum: Baumeister/Wittke, Wegfall außerordentlicher GuV-Posten nach dem BilRUG als Hindernis einer Koversion zu nachhaltigen Periodenüberschüssen in der wertorientierten Steuerung, DStR 2022, 324; Bolik/Kindler, Das Bilanzrichtlinie-Umsetzungsgesetz – Wesentliche Neuregelungen für Handels- und Steuerbilanz, SteuK 2015, 409; Brau/Fischer/Roos, Umsatzrealisierung nach HGB und IFRS, StuB 2016, 803; De la Paix/Plankensteiner, Neue Definition der Umsatzerlöse nach HGB im Rahmen des BilRUG – eine neue Lücke zu IFRS?, IRZ 2015, 331; Döllerer, Die neue GuV der Aktiengesellschaft, BB 1960, 108; Ehl, Behandlung der Umsatzsteuer im Jahresabschluss, BB 1987, 1146; Farwick, Währungsumrechnung im handelsrechtlichen Jahresabschluss, StuB 2021, 58; Fey, Grundsätze ordnungsmäßiger Bilanzierung für Joint Ventures, BuW 1993, 794; Forster, Überlegungen zur Bildung von Rückstellungen für drohende Verluste aus Gewinnabführungsverträgen, FS Stimpel, 1985, 759; Früh/Klar, Joint Ventures – Bilanzielle Behandlung und Berichterstattung, WPg 1993, 493; Geßler, Nichtigkeit und Anfechtung des GmbH-Jahresabschlusses nach dem BiRiLiG, FS Goerdeler, 1987, 127; Gross/Schruff, Der Jahresabschluss nach neuem Recht, 2. Aufl. 1986; Grote/Hold/Pilhofer, Die neuen Vorschriften zur Umsatz- und Gewinnrealisierung – Was sich (nicht) ändert!, IRZ 2014, 339; Haaker, Inkonsistenzen durch die neue BilRUG-Umsatzdefinition bei einer Gewinn- und Verlustrechnung nach dem Umsatzkostenverfahren, DStR 2015, 963; Hargarten/Schieler, Bilanzierung von Erträgen aus konzerninternen Dienstleistungen nach BilRUG, BB 2017, 299; IDW HFA, Weitere Anwendungsfragen zum HGB idF des BilRUG, IDW Life 4.2016, 303; IDW HFA, Anwendungsfragen im Zusammenhang mit dem HGB idF des Bilanzrichtlinie-Umsetzungsgesetzes – BilRUG, IDW Life 12.2015, 669; IDW HFA, RS 34, Einzelfragen zur handelsrechtlichen Bilanzierung von Verbindlichkeitsrückstellungen, FN-IDW 7/2015, 380; Lopatta/Gloger/Kaspereit/Nordbrock, Neudefinition der Umsatzerlöse und Anpassung der Größenklassen gem. BilRUG, DB 2016, 1516; Lüdenbach/Freiberg, Konzept und ABC der Umsatzerlöse nach BilRUG, StuB 2016, 43; Lüdenbach/Hoffmann, Die wichtigsten Änderungen der HGB-Rechnungslegung durch das BilMoG, StuB 2009, 287; Morich, Neue Regeln zur Erlöserfassung nach IFRS, DB 2014, 1997; Moxter, Die Jahresabschlussaufgaben nach der EG-Bilanzrichtlinie: Zur Auslegung von Art. 2 EG-Bilanzrichtlinie, AG 1979, 141; Oser/Philippsen/Sultana, Konzernumlagen an Tochterunternehmen in der GuV einer Holding-Gesellschaft nach BilRUG, DB 2017, 1097; Pilhofer/Herr/Dömling, Umstellungseffekte der Umsatzerlösdefinition nach BilRUG in praxi, DB 2018, 1353; Polke, Vorschalt-Gesellschaften: Kein Umdenken erforderlich, DB 1986, 1532; Richter, Anpassung der Umsatzerlösdefinition durch das BilRUG; DB 2015, 385; Schruff, Rechnungslegung und Prüfung der AG und GmbH nach neuem Recht, 1978; Theile/Stahnke, Bilanzierung sonstiger Rückstellungen nach dem Bil-MoG-Regierungsentwurf, DB 2008, 1757; Weigl/Weber/Costa, Bilanzierung von Rückstellungen nach dem BilMoG, BB 2009, 1062; Wüstemann/Wüstemann, Umsatzerlöse aus Kundenvertrag nach IFRS – Neuausrichtung an der Erfüllung von Verpflichtungen in ED/2010/6, BB 2010, 2035; Zwirner, Neudefinition der Umsatzerlöse nach BilRUG: Auswirkungen der neuen Abgrenzung für die Praxis, BC 2015, 539; Zwirner, Zuordnungsfragen in der handelsrechtlichen GuV, Stbg 2017, 514.[1]

Übersicht

[1] Der Verf. dankt seiner wissenschaftlichen Mitarbeiterin Ref. jur. Melanie Manow für die Vorarbeit zur Neuauflage.

I. Überblick und Anwendungsbereich

Für den Einblick in die Ertragslage einer Gesellschaft ist nicht nur das Jahresergebnis **1** (§ 275 Abs. 2 Nr. 17 Abs. 3 Nr. 16) bedeutsam, sondern auch das Verhältnis des Gesamtergebnisses zu den Umsatzerlösen sowie die Zusammensetzung des Gesamtergebnisses aus den Erlösen aus dem Verkauf, aus der Vermietung oder Verpachtung von Produkten sowie aus der Erbringung von Dienstleistungen (Umsatzerlöse), aus dem Finanzergebnis und aus dem Steueraufwand.[2] Für Zwecke des innerbetrieblichen und zwischenbetrieblichen Vergleiches sind eindeutige Abgrenzungen der entsprechenden Zwischensummen unerlässlich.[3] Deshalb hat der Gesetzgeber mit § 277 eine Vorschrift geschaffen, die **wichtige Posten der GuV konkretisiert.** Die Definition der Umsatzerlöse (Abs. 1) gilt gleichermaßen für das Gesamt- und das Umsatzkostenverfahren, die Definition der Bestandsveränderungen (Abs. 2, § 275 Abs. 2 Nr. 2) ist hingegen allein für das Gesamtkostenverfahren bedeutsam. Die Vorschrift sieht darüber hinaus im Zusammenhang mit bestimmten ungewöhnlichen Geschäftsvorfällen verschiedene Ausweispflichten bzw. Erläuterungspflichten im Anhang vor (Abs. 3). Seit dem BilMoG vom 25.5.2009 sind darüber hinaus Erträge und Aufwendungen aus der Abzinsung und aus der Währungsumrechnung gesondert auszuweisen (Abs. 5). Abs. 4 der Gesetzesfassung vor dem BilRUG ist weggefallen (→ Rn. 5).

§ 277 gilt grundsätzlich für alle **Kapitalgesellschaften** sowie **Personenhandelsgesell- 2 schaften iSd § 264a.** Kreditinstitute und Finanzdienstleistungsinstitute haben die Definition der Umsatzerlöse (Abs. 1), die Regelungen über die Bestandsveränderungen (Abs. 2) und die Bestimmung über die Abschreibungen in Abs. 3 S. 1 nicht zu beachten (§ 340a Abs. 2 S. 1), während Versicherungsunternehmen und Pensionsfonds Abs. 1 und 2 nicht anzuwenden haben (§ 341a Abs. 1 S. 1, § 341 Abs. 1 und 4). In den Anwendungsbereich des § 277 fallen auch Gesellschaften, die unter die Regelungen des **PublG** fallen (§ 5 Abs. 1 PublG). Darüber hinaus sind die Vorgaben des § 277 von allen Kaufleuten gemäß § 243 Abs. 1 anzuwenden, soweit die Vorschrift – wie etwa in Abs. 1 (→ Rn. 3 ff.) – GoB beschreibt.

II. Umsatzerlöse (Abs. 1)

1. Regelungskonzept. Abs. 1 hat seine geltende Fassung mit Wirkung vom 23.7.2015 **3** durch das BilRUG erhalten und geht auf den weitgehend übereinstimmenden Art. 2 Nr. 5 Bilanz-RL (zuvor: Art. 28 RL 78/660/EWG) zurück. Die europarechtliche Vorschrift definiert **Nettoumsatzerlöse** als „Beträge, die sich aus dem Verkauf von Produkten und der Erbringung von Dienstleistungen nach Abzug von Erlösschmälerungen und der Mehrwertsteuer sowie sonstigen direkt mit dem Umsatz verbundenen Steuern ergeben". Die Richtlinie wird entsprechend dem angelsächsischen Verständnis von „provision of services" (Art. 2 Abs. 5 Bilanz-RL in der englischen Fassung) so ausgelegt, dass auch Erträge aus der Vermietung und Verpachtung von Gegenständen von dem Begriff erfasst sind.[4] Daraus ergibt sich die **Defini-**

---

[2] Ähnlich ADS Rn. 83.
[3] Begr. RegE BiRiLiG, BT-Drs. 10/317, 85 f.
[4] Haufe-HGB/Wobbe § 275 Rn. 45 (Stand: 19.10.2021); Hoffmann/Lüdenbach NWB Kommentar Bilanzierung, 13. Aufl. 2022, Rn. 6 – s. auch aaO einschr.: „Die im Vergleich zum Text der 4. Richtlinie (RL 78/660/EWG) entfallene explizite Bezugnahme auf die typischen Tätigkeiten ist in dieser Sichtweise hinsichtlich Vermietung, Verpachtung und Dienstleitung implizit in der EU-Richtlinie 2013 weiter enthalten, weil der Service-Begriff geschäftsmodellabhängig auszulegen wäre".

tion nach Abs. 1, die mit Wirkung seit dem 23.7.2015 im Vergleich zur Rechtslage vor dem BilRUG eine Ausweitung der **Umsatzerlöse** zu Lasten der „sonstigen betrieblichen Erträge" (→ § 275 Rn. 36 ff.) zur Folge hatte;[5] die Kategorie der „sonstigen betrieblichen Erträge" profitiert andererseits selbst insoweit von der Reform, als ihr inzwischen (→ Rn. 4) solche „außerordentlichen" Sachverhalte zuzuordnen sind, die mangels Leistungserbringung (→ Rn. 10) auch nach der Rechtsänderung nicht zu den Umsatzerlösen gehören, wie zB Erträge aus der nach dem BilMoG geänderten Bewertung laufender Pensionen und Anwartschaften auf Pensionen (Art. 75 Abs. 5 EGHGB iVm Art. 67 Abs. 1 und 2 EGHGB).[6] Auf alle Fälle ist der Umfang der Umsatzerlöse durch die Reform bilanziell tendenziell angestiegen, obwohl sich die Ertragslage des Unternehmens unter Umständen gar nicht verändert hat.[7]

4   Korrespondierend mit der Neufassung des Begriffs der Umsatzerlöse gem. Abs. 1 sind seit dem BilRUG die Posten „außerordentliche Erträge" und „außerordentliche Aufwendungen" (→ 3. Aufl. 2013, § 277 Rn. 35–46 und → 3. Aufl. 2013, § 275 Rn. 100–103) aus der GuV verschwunden, was sich in der ersatzlosen Streichung des § 277 **Abs. 4 S. 1 aF** sowie in der Streichung bzw. Änderung der Nr. 14–17 aF des § 275 Abs. 2 und der Nr. 13–16 aF des § 275 Abs. 3 manifestiert (ausführlicher → § 275 Rn. 3–4). Die gestrichenen GuV-Posten wurden nach altem Recht von obligatorischen Anhangerläuterungen, „soweit die ausgewiesenen Beträge für die Beurteilung der Ertragslage nicht von untergeordneter Bedeutung" waren, flankiert (§ 277 **Abs. 4 S. 2 aF**). Nach neuem Recht dürfen (und müssen) außerordentliche Vermögensänderungen nun **ausschließlich** in Form einer **Anhangangabe** gekennzeichnet werden. Die entsprechende Pflicht wurde systematisch folgerichtig in den Fünften Titel („Anhang", §§ 284–288) des Ersten Unterabschnitts („Jahresabschluß der Kapitalgesellschaft und Lagebericht", §§ 264 ff.) verlagert und findet sich in § 285 Nr. 31 idF des BilRUG. Anstelle von „außerordentlichen" spricht das Gesetz dabei von Erträgen und Aufwendungen „von außergewöhnlicher Größenordnung oder außergewöhnlicher Bedeutung". Die Beschränkung auf bedeutende Beträge besteht fort, was sprachlich nun etwas redundant wirkt (Beträge „von außergewöhnlicher Größenordnung oder außergewöhnlicher Bedeutung", die „nicht von untergeordneter Bedeutung" sein dürfen"); § 277 **Abs. 4 S. 2 aF** wurde somit ebenfalls gestrichen, wenn auch nicht ersatzlos. Mit dem Fortbestehen der Erläuterungspflicht im Anhang trägt der (europäische und deutsche) Gesetzgeber dem Umstand Rechnung, dass außerordentliche Aufwendungen und Erträge erhebliche Bedeutung für die Ertragslage einer Unternehmung in der Berichtsperiode haben können. Im Unterschied zum Ergebnis der „gewöhnlichen" Geschäftstätigkeit entstammen sie Sondereffekten, die im Vorfeld in aller Regel nicht vorhersehbar waren und die in ihrer Höhe auch für die Zukunft nicht kalkulierbar sind (→ 3. Aufl. 2013, Rn. 35). Gerade die zukünftige Ertragsentwicklung des Unternehmens ist häufig von besonderem Interesse für die Adressaten des Jahresabschlusses, die die in Aussicht stehenden Reinerträge des Kerngeschäftes, zB als Entscheidungsgrundlage für einen Anteilskauf oder -verkauf, stärker interessieren als bereits realisierte Aufwendungen und Erträge.[8] Die ausgeweitete Definition der Umsatzerlöse könnte isoliert betrachtet sog. Scheinumsatzerlöse schaffen, die den Blick auf die wesentlichen Erträge des Kerngeschäfts verschleiern (s. auch → § 275 Rn. 5).[9] Der Blick auf den Anhang hat für die Rechnungslegungsadressaten in dieser Beziehung inzwischen also noch an Bedeutung gewonnen.

5   Gestrichen wurde schließlich auch § 277 **Abs. 4 S. 3**, sodass mithin der **gesamte Abs. 4 weggefallen** ist, ohne dass der Gesetzgeber die Nummerierung des nachfolgenden Abs. 5 (→ Rn. 41–45) angepasst hätte. Die Pflicht gem. § 277 Abs. 4 S. 3 (iVm S. 2) aF

5   IDW HFA IDW Life 2015, 669 (670); Lopatta/Gloger/Kaspereit/Nordbrock DB 2016, 1516 (1518); Zwirner BC 2015, 539 (540).
6   HdR/Budde Rn. 38 (Stand: 5/2017).
7   Pilhofer/Herr/Dömling DB 2018, 1353 (1353); IDW HFA IDW Life 2015, 669 (670): Die Änderung „werde – ohne den Effekt aus der Ausweitung der Abzugsposten – tendenziell zu höheren Umsatzerlösen […] führen".
8   HdR/Budde § 275 Rn. 32d (Stand: Mai 2017); Haaker DStR 2015, 963 (963); BeBiKo/Grottel, 13. Aufl. 2022, § 285 Rn. 902; Moxter AG 1979, 141 (144).
9   Haaker DStR 2015, 963 (963).

zur Erläuterung im Anhang von (periodenfremden) Erträgen und Aufwendungen, „die einem anderen Geschäftsjahr zuzurechnen sind" (und nicht von untergeordneter Bedeutung sind, → 3. Aufl. 2013, Rn. 46), findet sich nun in § 285 Nr. 32 idF des BilRUG wieder. Dies ist nicht nur nach aktuellem Recht systematisch (ebenfalls) richtig, sondern wäre es bereits nach altem Recht gewesen, denn Abs. 4 S. 3 hat sachlich mit der Unterscheidung zwischen gewöhnlichen und außerordentlichen Vermögensänderungen gar nichts zu tun (→ 3. Aufl. 2013, Rn. 45). Inhaltlich sollen sich aus der Verschiebung von Abs. 4 S. 3 in § 285 „de facto keinerlei Änderungen für den Bilanzierenden" ergeben.[10] Diese Aussage ist immerhin insoweit zu korrigieren, als die Pflicht zur Erläuterung der außerordentlichen Effekte im Anhang inzwischen (§ 285 Nr. 31 idF des BilRUG) – anders als früher (§ 277 Abs. 4 S. 2 aF, § 276 S. 2 aF; → 3. Aufl. 2013, Rn. 41) – **keine Befreiung für kleine Kapitalgesellschaften** vorsieht (vgl. § 288 Abs. 1 Nr. 1, Abs. 2), soweit sie nicht sogar Kleinstkapitalgesellschaften sind und gem. § 264 Abs. 1 S. 5 gar keinen Anhang aufstellen. Die aktuelle Pflicht zur Erläuterung periodenfremder Sondereffekte im Anhang zeigt ebenfalls einen Unterschied bei den größenabhängigen Erleichterungen, hier allerdings in Richtung einer Liberalisierung: Nach § 288 Abs. 1 Nr. 1 und Abs. 2 idF des BilRUG sind von ihr anders als früher (§ 276 S. 2 idF vor dem BilRUG) nicht mehr nur kleine (einschließlich kleinster), sondern auch mittelgroße Kapitalgesellschaften befreit.

Umsatzerlöse sind an der ersten Stelle der nach der Staffelform (→ § 275 Rn. 15) **6** angeordneten GuV auszuweisen (§ 275 Abs. 2 Nr. 1, Abs. 3 Nr. 1). Ihr absoluter Betrag und ihre Höhe im Vergleich zu anderen Posten der GuV geben Auskunft über wichtige betriebliche Kennzahlen, Strukturen und die Ertragslage des Unternehmens.[11] Zugleich geben sie im Rahmen von Vergleichen mit früheren Abschlüssen desselben Unternehmens und mit Abschlüssen von Unternehmen derselben Branche maßgeblichen Aufschluss über den Erfolg am Markt und die Position gegenüber anderen Marktteilnehmern. Die Umsatzerlöse sind als Ausgangsgröße der GuV zudem insofern verlässlich, als sie Faktoren des operativen Geschäfts, insbesondere Lieferbedingungen und Preisverhandlungen, widerspiegeln, jedoch nicht, wie zB Abschreibungen oder Bewertungen, bilanzpolitischen Einflüssen unterliegen.[12] Die Höhe der Umsatzerlöse ist darüber hinaus für bestimmte Schwellenwerte bedeutsam, an die Rechnungslegungspflichten direkt (§ 293 HGB; §§ 1, 11 Abs. 1 PublG) oder über den Umweg der Größenklassen der Gesellschaft (§§ 267, 267a; → § 267 Rn. 1, → § 267 Rn. 7) anknüpfen, wobei der Anstieg der Umsatzerlöse durch die BilRUG-Reform hier zu Verschiebungen führt.[13] Die Umsatzerlöse finden sich noch in anderen Zusammenhängen als gesetzliches Tatbestandsmerkmal (zB § 335 Abs. 1b Nr. 3; §§ 35, 37–39 GWB; § 34 XIV KStG).

Der in Abs. 1 definierte Begriff gilt als GoB (§ 243 Abs. 1) für **alle Kaufleute**.[14] **7** Damit können die Umsatzerlöse als einheitliche und wesentliche Indikatorgröße für die wirtschaftliche Lage eines Unternehmens jeder Rechtsform und Größe genau bestimmt und gegenüber anderen Erlösbestandteilen abgegrenzt werden. **Dienstleistungsunternehmen** können jedoch weitergehende branchenspezifische Gliederungsvorschriften in Gestalt von Formblättern aufgrund einer Rechtsverordnung gem. § 330 (insbesondere für Banken und Versicherungen und Wohnungsunternehmen) zu beachten haben, so dass ggf. statt des Postens „Umsatzerlöse" eine speziellere Postenbezeichnung der Formblätter zu wählen ist.

2. Inhalt und Abgrenzung von den sonstigen betrieblichen Erträgen. **8** **a) Grundlagen.** Seit der Änderung der Definition der Umsatzerlöse durch das BilRUG ist die Abgrenzung der Umsatzerlöse von den sonstigen betrieblichen Erträgen nicht mehr abhän-

---

10   HdR/Isele/Urner-Hemmeter § 277 Rn. 109a mwN (Stand: 5/2017).
11   ADS Rn. 4, § 275 Rn. 21; s. auch BeBiKo/Justenhoven/Kliem/Müller, 13. Aufl. 2022, § 275 Rn. 45; HdR/Isele/Urner-Hemmeter Rn. 26 (Stand: Mai 2017): „interne Steuerungsgröße", Ausweis solle „eine bessere Beurteilung der Betriebs- und Unternehmensergebnisse ermöglichen"; Staub/Meyer, 6. Aufl. 2021, § 275 Rn. 5; Kirsch/Wulf Rn. 1.3 (März 2016).
12   BeBiKo/Justenhoven/Kliem/Müller, 13. Aufl. 2022, § 275 Rn. 45.
13   Lopatta/Gloger/Kaspereit/Nordbrock DB 2016, 1516 (1516) zur Verschiebung der Größenklassen iSv § 267.
14   HdR/Isele/Urner-Hemmeter Rn. 8 (Stand: Mai 2017).

gig von der Unterscheidung zwischen Geschäften im Rahmen der „gewöhnlichen Geschäftstätigkeit" („typisches Leistungsangebot") einerseits und solchen außerhalb der gewöhnlichen Geschäftstätigkeit („außerordentliche Erträge" und „außerordentliche Aufwendungen" iSv Abs. 4 aF) andererseits; das **Erfordernis der Zugehörigkeit** der Erträge und Aufwendungen **zur „gewöhnlichen Geschäftstätigkeit"** mit dem Zweck der Abgrenzung von den außerordentlichen Erträgen ist mit der neuen Definition **weggefallen.** Erbringt etwa „ein auf Planungsleistungen spezialisiertes Unternehmen ausnahmsweise eine Bauleistung", gehören die daraus erzielten Erträge mittlerweile „ebenfalls zu den Umsatzerlösen".[15] Dementsprechend zu Recht wird ganz überwiegend die Meinung vertreten, dass **sämtliche Erlöse aus dem Verkauf** (und der Vermietung oder Verpachtung) **von Produkten und der Erbringung von Dienstleistungen** als Umsatzerlöse auszuweisen seien.[16] Darüber hinaus ist eine Einzelfallbetrachtung ausgehend vom jeweiligen Geschäftsmodell erforderlich. Als eine sinnvolle Orientierungshilfe für die Betrachtung erscheinen die Schlagworte „Leistungsaustausch", „Kontakt zum Markt", „hervorgebracht/hergestellt" und „planmäßig".[17] Sollte die Zuordnung im konkreten Fall Schwierigkeiten bereiten, ist zumindest der Grundsatz der **Ausweisstetigkeit** (§ 265 Abs. 1) zu beachten, eine einmal gewählte Postenzuordnung ist also grds. beizubehalten.[18] Der Grundsatz der Ausweisstetigkeit ist nicht berührt, wenn die geänderte Zuordnung dem Umstand Rechnung trägt, dass sich das Leistungsangebot der Gesellschaft geändert hat;[19] dann ist im Anhang auf die fehlende Vergleichbarkeit der Beträge mit denen des Vorjahres hinzuweisen (§ 265 Abs. 2 S. 2).

9   Die Bedeutung der **„sonstigen betrieblichen"** Erträge/Aufwendungen, die bis zur Reform durch das BilRUG lediglich eine Residualgröße waren, hat mit dem Wegfall der Kategorie der außerordentlichen Erträge/Aufwendungen deutlich zugenommen. Entsprechendes gilt für die Merkmale **„Produkte"** und **„Dienstleistungen",** die den Gegenbegriff zu den „sonstigen" betrieblichen Erträgen markieren.[20] Der Verkauf von Produkten oder die Erbringung von Dienstleistungen außerhalb der gewöhnlichen Geschäftstätigkeit generiert inzwischen ebenfalls Umsatzerlöse und keine sonstigen betrieblichen Erträge.[21]

10   Die **Rechtsnatur** der den Erlösen zugrunde liegenden Austauschgeschäfte ist für die Qualifizierung eines erzielten Entgeltes als Umsatzerlös grundsätzlich **unerheblich.** Voraussetzung ist nur, dass es überhaupt zu einer **Leistungserbringung** des berichtenden Unternehmens kommt. An Umsatzerlösen fehlt es deshalb, wenn reine **Holding-Gesellschaften** lediglich Wertpapiervermögen oder Beteiligungen verwalten und keine Leistungen erbringen, die (den untergeordneten Unternehmen) in Rechnung gestellt werden.[22] Erträge aus solchen Tätigkeiten von Holdinggesellschaften sind als Erträge aus Beteiligungen (§ 275 Abs. 2 Nr. 9 bzw. Abs. 3 Nr. 8), aus anderen Wertpapieren und Ausleihungen (§ 275 Abs. 2 Nr. 10 bzw. Abs. 3 Nr. 9) oder als sonstige Zinsen bzw. ähnliche Erträge (§ 275 Abs. 2 Nr. 11 bzw. Abs. 3 Nr. 10) zu zeigen (zum Ausweis von Serviceleistungen → Rn. 11).[23] Konzernumlagen sind dann Umsatzerlöse, wenn sie Entgelte für Dienstleistungen, wie beispielsweise Marktforschung oder Buchhaltung, sind (→ Rn. 15).[24]

---

[15]   So das Beispiel im Bericht BT-RA v. 17.6.2015 zum RegE BilRUG, BT-Drs. 18/5256, 82.

[16]   Bolik/Kindler SteuK 2015, 409 (410); Zwirner Stbg 2017, 514 (514).

[17]   Zwirner BC 2015, 539 (540). Gefährlich in die Nähe des alten Rechts gelangen hingegen die vom Autor angebotenen weiteren Stichworte „gewöhnlich", „typisch", „regelmäßig/wiederkehrend", „nicht einmalig" und „normales Absatzprogramm".

[18]   BeBiKo/Justenhoven/Kliem/Müller, 13. Aufl. 2022, § 275 Rn. 53.

[19]   Ähnlich BeBiKo/Justenhoven/Kliem/Müller, 13. Aufl. 2022, § 275 Rn. 53.

[20]   S. Bericht BT-RA v. 17.6.2015 zum RegE BilRUG, BT-Drs. 18/5256, 82: „Im Übrigen wird es für die Abgrenzung künftig stärker als bisher auf die europäischen Begriffselemente ,Produkt' und ,Dienstleistung' ankommen, die für die meisten Grenzfälle eine hinreichende Orientierung bieten wird". Ebenso Haufe-HGB/Wobbe § 275 Rn. 47 (Stand: 19.10.2021); HdR/Budde § 275 Rn. 32a (Stand: Mai 2017).

[21]   Begr. RegE BilRUG, BT-Drs. 18/4050, 63.

[22]   Staub/Meyer, 6. Aufl. 2021, Rn. 5.

[23]   Polke DB 1986, 1532 (1533); ADS Rn. 5, 20. Umfassende Beispiele, wann Erträge einer Holding-Gesellschaft Umsatzerlöse sind und wann sie anders erfasst werden müssen, finden sich bei Oser/Philippsen/Sultana DB 2017, 1097 ff.

[24]   Beispiele nach BeBiKo/Justenhoven/Kliem/Müller, 13. Aufl. 2022, § 275 Rn. 55.

Produkt iSd Abs. 1 ist als „Zusammenfassung von Waren und Erzeugnissen",[25] dh als **11** Oberbegriff für das noch in § 277 Abs. 1 idF bis zum BilRUG entsprechend dem früheren Art. 28 RL 78/660/EWG genannte Begriffspaar **„Erzeugnisse und Waren"** zu verstehen, das seinerzeit als Ausdruck des „normalen Absatzprogramms" des betreffenden Unternehmens zu verstehen war.[26] Dieses Verständnis soll sich nicht verändert haben, sodass etwa die Veräußerung von Forderungen, sonstigen Vermögensständen oder von Anlagevermögen in der Regel mangels deren Eigenschaft als Produkt nicht zu Umsatzerlösen, sondern zu sonstigen betrieblichen Erträgen führt.[27] Erlöse aus dem Verkauf von Vorräten,[28] aus dem Verkauf von Schrott[29] sowie aus dem Verkauf nicht mehr benötigter Rohstoffe[30] sind demgegenüber Umsatzerlöse.

Der Begriff der **„Dienstleistung"** wurde unverändert in die neue Definition der **12** Umsatzerlöse übernommen und ist folglich gleich auszulegen;[31] sodass er alle Leistungen umfasst, die nicht in der Übertragung oder Überlassung der Nutzung von Produkten bestehen. Die Branchentypizität (vgl. Abs. 1 idF bis zum BilRUG: „typische Dienstleistungen") ist bei der Erbringung von Dienstleistungen hingegen nicht mehr notwendig.[32] Abgrenzungskriterium zu den sonstigen betrieblichen Erträgen ist das Erfordernis eines Leistungsaustausches[33] mit außenstehenden Dritten[34] und das Vorliegen einer Gewinnerzielungsabsicht. Ein bloßes Unterlassen gegen Bezahlung begründet keinen Leistungsaustausch und ist somit keine Dienstleistung.[35] An einem Leistungsaustausch fehlt es ferner, wenn dem bilanzierenden Unternehmen Schadensersatz auf Grund der Verletzung in seinen Rechten zusteht.[36]

Als „Umsatzerlöse" GuV-wirksam werden die Erlöse für Produkt und Dienstleistungen, **13** wenn sie am Abschlussstichtag realisiert sind (§ 252 Abs. 1 Nr. 4 Hs. 2). Synchron mit dem Grundsatz der Bilanzunwirksamkeit schwebender Geschäfte[37] (→ § 246 Rn. 30 f.) ist dies nicht der **Zeitpunkt** des Vertragsschlusses, sondern derjenige, zu dem die **Sach- oder Dienstleistung erfüllt** ist,[38] sodass der Gegenleistungsanspruch grundsätzlich nicht mehr durch den Vorbehalt des funktionellen und konditionellen Synallagma[39] bedroht wird. Beim Verkauf von Produkten ist regelmäßig der Zeitpunkt des Gefahrübergangs (§§ 446 f. BGB) maßgeblich,[40] wobei im (Verbraucher-)Versandhandel nach hM noch das Ablaufen des Widerrufsrechts abzuwarten ist.[41]

Umsatzerlöse setzen Umsatzgeschäfte mit Dritten voraus, müssen also mit einer **nach 14 außen gerichteten Geschäftstätigkeit** zusammenhängen. Lediglich „interne" Vorgänge

---

[25] Begr. RegE BilRUG, BT-Drs. 18/4050, 63.

[26] ADS § 266 Rn. 114.

[27] S. BeBiKo/Justenhoven/Kliem/Müller, 13. Aufl. 2022, § 275 Rn. 49; IDW HFA IDW Life 2015, 669 (670); IDW HFA IDW Life 2016, 303 (303 f.).

[28] HdR/Budde § 275 Rn. 32a (Stand: Mai 2017); Zwirner BC 2015, 539 (542).

[29] HdR/Budde § 275 Rn. 32a (Stand: Mai 2017); Zwirner BC 2015, 539 (542).

[30] HdR/Budde § 275 Rn. 32a (Stand: Mai 2017); Zwirner BC 2015, 539 (542).

[31] HdR/Budde § 275 Rn. 32a (Stand: Mai 2017).

[32] BeBiKo/Justenhoven/Kliem/Müller, 13. Aufl. 2022, § 275 Rn. 52: Dienstleistungen seien „stets unter den Umsatzerlösen auszuweisen, unabhängig davon, ob das Unternehmen diese Dienstleistungen regelmäßig im Rahmen seines Geschäftsmodells am Markt anbietet"; Zwirner BC 2015, 539 (542); WP-HdB/Störk, 17. Aufl. 2021, F Rn. 795.

[33] Zwirner BC 2015, 539 (542).

[34] BeBiKo/Justenhoven/Kliem/Müller, 13. Aufl. 2022, § 275 Rn. 52.

[35] Haufe-HGB/Wobbe § 275 Rn. 45 (Stand: 19.10.2021); Hoffmann/Lüdenbach NWB Kommentar Bilanzierung, 13. Aufl. 2022, Rn. 14.

[36] BeBiKo/Justenhoven/Kliem/Müller, 13. Aufl. 2022, § 275 Rn. 52; Hoffmann/Lüdenbach NWB Kommentar Bilanzierung, 13. Aufl. 2022, Rn. 12.

[37] Hierzu BeckOGK/Hennrichs, 1.10.2020, § 246 Rn. 119–123.1. Zum Begriff BeckOGK/Hennrichs, 1.10.2020, § 249 Rn. 119–123.

[38] Ungenau Kirsch/Wulf Rn. 3 (März 2016): „Zeitpunkt der Leistungserbringung mit dem Entstehen eines Rechtsanspruchs auf Gegenleistung" (Der Gegenleistungsanspruch entsteht rechtlich bereits mit Vertragsschluss).

[39] Zu den Begriffen Grüneberg/Grüneberg 81. Aufl. 2022, BGB Einf. vor § 320 Rn. 14, 15.

[40] Ähnlich Kirsch/Wulf Rn. 3 (März 2016).

[41] Vgl. Kirsch/Wulf Rn. 3 mwN (März 2016): Der Umsatz dürfe „nach hM. erst nach Ablauf der Rückgabefrist gebucht werden".

werden von der Vorschrift nicht erfasst,[42] wobei etwa Leistungen einer Betriebskantine den Umsatzerlösen und damit dem Außenbereich zugeordnet werden.[43] Der Begriff „Innenumsatzerlöse" ist im vorliegenden Kontext dagegen missverständlich und sollte vermieden werden. Er stammt aus dem Konzernbilanzrecht und bezeichnet dort im Rahmen der Aufwands- und Ertragskonsolidierung Umsatzerlöse aus Lieferung und Leistungen **zwischen** den im Konzernabschluss einbezogenen Unternehmen (vgl. § 305 Abs. 1 Nr. 1). Im Unterschied hierzu sind Außenumsatzerlöse im konzernbilanzrechtlichen Sinn alle Erlösbestandteile zwischen nicht in den Konzernabschluss einbezogenen Unternehmen.[44]

15   **b) Einzelfälle. aa) Beispiele für Umsatzerlöse.**
- Miet- und Pachteinnahmen; sie sind unabhängig vom typischen Leistungsangebot des Unternehmens als Umsatzerlöse zu klassifizieren, zB die Pachteinnahmen einer Brauerei, die Erlöse aus der Vermietung einer Werkswohnung oder aus der konzerninternen Vermietung an Tochterunternehmen;[45]
- Patent- und Lizenzeinnahmen;[46]
- Erlöse aus gelegentlichen Dienstleistungen;[47]
- Erlöse aus der Betriebskantine (→ Rn. 14);
- Speditionserträge, auch soweit sie auf vom Speditionsunternehmen auf eigene Rechnung beauftragten Fremdleistungen (zB Lagerkosten) beruhen;[48]
- Erlöse für gelegentliche Reparatur-, Instandhaltungs- und Wartungsleistungen;
- die Provisionserlöse von Vermittlern und Kommissionären, wohingegen das Ausführungsgeschäft des Kommissionärs die GuV nicht berührt.[49] Eingeschlossen sind Provisionserlöse für nur gelegentliche Vermittlungsleistungen;[50]
- Erlöse für gelegentliche Reparatur-, Instandhaltungs- und Wartungsleistungen;[51]
- Erlöse aus nicht einzeln zurechenbaren Anschaffungspreisminderungen (wie beispielsweise Boni);[52]
- erhaltene Beträge aus Syndikatsabrechnungen und Gewinnpoolungen (im Gegensatz zu Erträgen aus Ergebnisabführungsverträgen);[53]
- Versicherungsentschädigungen, die an die Stelle nicht berechnungsfähiger Umsätze treten (also nicht Entschädigungen für bereits verkaufte Produkte oder Dienstleistungen);[54]
- Konzernumlagen (auch → Rn. 10), sofern die Umlage Gegenleistung für die Erbringung einer oder mehrerer Dienstleistungen (zB Buchhaltung, Marktforschung, Marketing) des bilanzierenden Unternehmens an andere Konzerngesellschaften ist.[55] Anders ist es, wenn die Konzernumlage auf einer bezogenen Fremdleistung (zB externe Personalabrechnung,

---

[42] HdR/Isele/Urner-Hemmeter Rn. 31m (Stand: Mai 2017); Staub/Meyer, 6. Aufl. 2021, Rn. 5; Winnefeld Bilanz-HdB, 5. Aufl. 2015, G Rn. 117.
[43] Zwirner BC 2015, 539 (542); MHLS/Sigloch/Keller/Meffert, 3. Aufl. 2017, GmbHG Anh. §§ 41–42 Rn. 1103; Hoffmann/Lüdenbach NWB, 13. Aufl. 2022, Kommentar Bilanzierung Rn. 20.
[44] S. etwa ADS § 305 Rn. 9.
[45] BeBiKo/Justenhoven/Kliem/Müller, 13. Aufl. 2022, § 275 Rn. 55; Hoffmann/Lüdenbach NWB Kommentar Bilanzierung, 13. Aufl. 2022, Rn. 23: „Erlöse gegenüber Arbeitnehmern (Transport, Kantine, Werkswohnung)"; Zwirner BC 2015, 539 (542): „Vermietung von Werkswohnungen eines Produktionsunternehmens".
[46] BeBiKo/Justenhoven/Kliem/Müller, 13. Aufl. 2022, § 275 Rn. 55.
[47] Zwirner BC 2015, 539 (542); BeBiKo/Justenhoven/Kliem/Müller, 13. Aufl. 2022, § 275 Rn. 55.
[48] BeBiKo/Justenhoven/Kliem/Müller, 13. Aufl. 2022, § 275 Rn. 55.
[49] BeBiKo/Justenhoven/Kliem/Müller, 13. Aufl. 2022, § 275 Rn. 55; Hoffmann/Lüdenbach NWB Kommentar Bilanzierung, 13. Aufl. 2022, Rn. 26; Zwirner BC 2015, 539 (542).
[50] HdR/Budde § 275 Rn. 32b (Stand: Mai 2017).
[51] HdR/Budde § 275 Rn. 32b (Stand: Mai 2017).
[52] HdR/Budde § 275 Rn. 32b (Stand: Mai 2017).
[53] BeBiKo/Justenhoven/Kliem/Müller, 13. Aufl. 2022, Rn. 55, sowie § 277 Rn. 11.
[54] BeBiKo/Justenhoven/Kliem/Müller, 13. Aufl. 2022, § 275 Rn. 54; WP-HdB/Störk, 17. Aufl. 2021, F Rn. 809: „Erträge aus Schadensersatzleistungen und Versicherungsentschädigungen (soweit nicht für verkaufte Produkte)"; ebenso schon zum alten Recht ADS Rn. 19.
[55] BeBiKo/Justenhoven/Kliem/Müller, 13. Aufl. 2022, § 275 Rn. 55; Hargarten/Schieler BB 2017, 299 (299).

IT-Support) beruht und das Unternehmen lediglich als „Kostenverteiler" auftritt bzw. es sich lediglich um eine „reine Umverteilung" handelt (dann sonstige betriebliche Erträge).[56] Die Abgrenzung kann im Einzelfall Schwierigkeiten bereiten. Wichtiges Kriterium dabei ist die Frage, ob das bilanzierende Unternehmen die Risiken aus der Vertragsbeziehung mit dem Fremdleister lediglich weiterleitet oder eigene Risiken gegenüber den Konzernunternehmen eingeht.[57] Ein fehlender Gewinnaufschlag gegenüber den Konzernunternehmen im Vergleich zur Vorleistung des Fremdleisters kann ein Indiz für die Rolle als Kostenverteiler (und gegen einen Umsatzerlös) darstellen.[58] Allgemein zu Konzernumsätzen → Rn. 15.

Auch **Umsätze zwischen** rechtlich selbstständigen **Konzernunternehmen** (in Abgrenzung zu unselbstständigen Betriebsstätten) führen im Einzelabschluss zu Umsatzerlösen. Dem (europäischen) Gesetzgeber hätte es freigestanden, den gesonderten Ausweis von Umsatzerlösen aus Konzerngeschäften, zB ähnlich wie für die Erträge aus Beteiligungen oder die Zinsen im Rahmen eines „Davon"-Vermerks (§ 275 Abs. 2 Nr. 9 und 11), zu verlangen (vgl. § 275 Abs. 2 Nr. 1). Gleiches gilt für Geschäfte zu **(markt)unüblichen Bedingungen**. Es besteht kein Anlass, Erlöse aus solchen Geschäften ganz oder bezüglich des überschießenden bzw. fehlenden Teils aus den Umsatzerlösen herauszunehmen und anderen Posten, insbesondere den Erträgen aus verbundenen Unternehmen (Nr. 9) bzw. den „ähnlichen Aufwendungen an verbundene Unternehmen" (Nr. 13) zuzuschlagen. Die steuerrechtliche, ggf. auch gesellschaftsrechtliche Qualifizierung solcher Geschäfte als „verdeckte Gewinnausschüttungen" hat keinen Einfluss auf die handelsrechtliche Rechnungslegung (→ § 275 Rn. 55, → § 275 Rn. 79). Zu Konzernumlagen → Rn. 15 aE.

bb) Keine Umsatzerlöse. Da es in der Regel am erforderlichen Leistungsaustausch **16** fehlt, sind folgende Erlöse nicht als Umsatzerlöse zu klassifizieren:
- **Subventionen** (sofern kein konkreter Leistungsaustausch vorliegt)
- Erhaltene private **Zuschüsse** ohne Gegenleistungsverpflichtung und
- Ertragswirksam auszuweisende **Spendenaufkommen**
- Erlöse aus dem Verkauf von nicht mehr benötigten Roh-, Hilfs- und Betriebsstoffen **(Magazinverkäufen).**[59]

Ebenfalls (wie schon nach früherem Recht) nicht zu den Umsatzerlösen gehören **17** **Erträge aus der Veräußerung von Anlagevermögen,** „da Umsatzerlöse an den Umsatz anknüpfen und Umsatz begrifflich zumindest bei der endgültigen Veräußerung eine gewisse Nähe zum Umlaufvermögen erfordern dürfte";[60] sie sind nunmehr als sonstige betriebliche Erträge zu erfassen. Anders soll es sein, wenn Gegenstände des Anlagevermögens nicht veräußert, sondern nur vermietet werden. Dann sollen „die Erträge hieraus auch künftig zu den Umsatzerlösen gehören".[61] Eine Ausnahme bilden Erlöse von Gesellschaften, deren Geschäftsmodell zumindest auch die Veräußerung von Anlagevermögen zum Gegenstand hat (sog. duales Geschäftsmodell).[62] In den Worten des **IDW HFA** sind solche Veräußerungserlöse den Umsatzerlösen zuzuordnen, „wenn die betreffenden Vermögensgegenstände trotz ihres Ausweises im Anlagevermögen **regelmäßig** im Rahmen der Geschäftstätigkeit

[56]   BeBiKo/Justenhoven/Kliem/Müller, 13. Aufl. 2022, § 275 Rn. 55; Hargarten/Schieler BB 2017, 299 (299).
[57]   Ähnlich Hargarten/Schieler BB 2017, 299 (300 f.); BeBiKo/Justenhoven/Kliem/Müller, 13. Aufl. 2022, § 275 Rn. 55.
[58]   Zurückhaltend Hargarten/Schieler BB 2017, 299 (300): „Diesem kann allenfalls eine indikative Wirkung beigemessen werden"; zust. BeBiKo/Justenhoven/Kliem/Müller, 13. Aufl. 2022, § 275 Rn. 55.
[59]   AA BeBiKo/Justenhoven/Kliem/Müller, 13. Aufl. 2022, § 275 Rn. 54, mit dem Hinweis, es handele sich hierbei grundsätzlich nicht um den Verkauf von Produkten.
[60]   Bericht BT-RA v. 17.6.2015 zum RegE BilRUG, BT-Drs. 18/5256, 82. Als Beispiele werden genannt: „Erträge aus der Veräußerung eines Betriebsgrundstücks, Betriebs oder Betriebsteils oder einer für die Produktion genutzten Maschine"; bestätigend BeBiKo/Justenhoven/Kliem/Müller, 13. Aufl. 2022, § 275 Rn. 49; Zwirner BC 2015, 539 (541).
[61]   Bericht BT-RA v. 17.6.2015 zum RegE BilRUG, BT-Drs. 18/5256, 82. Als Beispiele werden hier Erträge „aus der Vermietung von Fahrzeugen im Bestand einer Autovermietung" genannt.
[62]   BeBiKo/Justenhoven/Kliem/Müller, 13. Aufl. 2022, § 275 Rn. 50; Zwirner BC 2015, 539 (541).

des bilanzierenden Unternehmens veräußert werden",[63] womit man sich deutlich der eigentlich abgeschafften Differenzierung zwischen gewöhnlichen und außerordentlichen Erträgen (→ Rn. 8) annähert. Beispielhaft aufführen lassen sich für diese Kategorie Leasingunternehmen und Immobilien- oder Bauunternehmen, die vermietete Produkte bzw. hergestellte Wohnungen unter Umständen nach einer gewissen Zeit veräußern.[64] In solchen Fällen sollen die veräußerten Vermögensgegenstände den Charakter eines Produkts annehmen.[65]

18 **cc) Besonderheiten bei Arbeitsgemeinschaften.** Schließen sich, wie zB im Baugewerbe üblich, Gesellschaften zu einer Arbeitsgemeinschaft (Arge) in der Rechtsform der GbR zusammen, ist für die Einordnung der Erlöse nach Art der Leistung und danach zu unterscheiden, wer die betreffende Leistung erbringt. Wenn etwa ein an der Arbeitsgemeinschaft beteiligtes **Bauunternehmen** eine **eigene Rechtsbeziehung zum Auftraggeber** unterhält und einen Vertrag über einen Bauabschnitt des gesamten Projektes abgeschlossen hat und hierfür Bauleistungen erbringt, handelt es sich um Umsatzerlöse.[66] Schließt der Auftraggeber den Vertrag mit einem Unternehmer als Konsortialführer ab, der **im Namen des Auftraggebers Teile des Bauvorhabens an die einzelnen Mitglieder der Arbeitsgemeinschaft vergibt,** führen die Leistungsentgelte für die Mitgliedsunternehmen ebenfalls zu Umsatzerlösen.[67] Vergibt der Konsortialführer die Aufträge im Rahmen von **Subunternehmerverträgen** im eigenen Namen an die anderen Mitglieder der Arbeitsgemeinschaft, so erzielt das Subunternehmen Umsatzerlöse.[68] Erwirtschaftet die Arbeitsgemeinschaft dagegen die Umsätze selbst und wird deren Ergebnis auf die einzelnen Mitglieder der Arbeitsgemeinschaft verteilt, kommt es auf die Unternehmereigenschaft der Arbeitsgemeinschaft an. Diese Eigenschaft wird regelmäßig dann anzunehmen sein, wenn das Vermögen der Arbeitsgemeinschaft zumindest teilweise gesamthänderisch gebunden ist, erwerbswirtschaftliche Zwecke verfolgt und nach außen in Erscheinung tritt, indem es Rechtsbeziehungen zu Dritten unterhält.[69] Ist danach die Arbeitsgemeinschaft als Unternehmen einzustufen, sind die Anteile an der Arbeitsgemeinschaft als Beteiligungen oder Anteile an verbundenen Unternehmen (§ 266 Abs. 2 A. III. 1. bzw. 3.; → § 266 Rn. 38 ff.), andernfalls als sonstige Ausleihungen (§ 266 Abs. 2 A. III. 6.; → § 266 Rn. 52), auszuweisen.[70] Die an die Mitglieder ausgeschütteten Ergebnisse stellen keine Umsatzerlöse dar, sondern sind Erträge aus Beteiligungen (§ 275 Abs. 2 Nr. 9, Abs. 3 Nr. 8) oder Erträge aus anderen Wertpapieren und Ausleihungen des Finanzanlagevermögens (§ 275 Abs. 2 Nr. 10, Abs. 3 Nr. 9).[71] Wurde die Arbeitsgemeinschaft nur für einen begrenzten Zeitraum von nicht mehr als zwei Abschlussstichtagen gegründet, gehören die Anteile zum Umlaufvermögen (§ 266 Abs. 2 B. II. 4., B. III. 1.; → § 266 Rn. 72 ff.),[72] und die Erlöse sind als sonstige Zinsen und ähnliche Erträge (§ 275 Abs. 2 Nr. 11, Abs. 3 Nr. 10) auszuweisen.[73] Nach anderer Ansicht können sie aber auch als sonstige betriebliche Erträge (§ 275 Abs. 2 Nr. 4, Abs. 3 Nr. 6) behandelt werden.[74] Ein Ausweis des Ergebnisanteils unter den Umsatzerlösen ist dann nicht zu beanstanden, wenn ein Unternehmen einen Teil seiner gewöhnlichen Geschäftstätigkeit auf eine Arbeits-

---

63 IDW HFA IDW Life 2015, 669 (670) [Hervorhebung durch den Verf.].
64 IDW HFA IDW Life 2015, 669 (670); Zwirner BC 2015, 539 (541).
65 IDW HFA IDW Life 2015, 669 (670).
66 BeBiKo/Justenhoven/Kliem/Müller, 13. Aufl. 2022, § 275 Rn. 56.
67 BeBiKo/Justenhoven/Kliem/Müller, 13. Aufl. 2022, § 275 Rn. 57.
68 IDW HFA 1/1993, WPg 1993, 441 (443); ADS Rn. 23; BeBiKo/Justenhoven/Kliem/Müller, 13. Aufl. 2022, § 275 Rn. 57.
69 IDW HFA 1/1993, WPg 1993, 441 (442).
70 IDW HFA 1/1993, WPg 1993, 441 (442); BeBiKo/Justenhoven/Kliem/Müller, 13. Aufl. 2022, § 275 Rn. 58.
71 IDW HFA 1/1993, WPg 1993, 441 (443); BeBiKo/Justenhoven/Kliem/Müller, 13. Aufl. 2022, § 275 Rn. 58.
72 IDW HFA 1/1993, WPg 1993, 441 (443).
73 IDW HFA 1/1993, WPg 1993, 441 (443).
74 Fey BuW 1993, 794 (796); Früh/Klar WPg 1993, 493 (499); BeBiKo/Justenhoven/Kliem/Müller, 13. Aufl. 2022, § 275 Rn. 58.

gemeinschaft ausgelagert hat und keine Einlagen erbracht werden.[75] Der Sachverhalt ist zudem im Anhang zu erläutern.[76]

3. Abzüge. Nach Abs. 1 sind Umsatzerlöse „**nach Abzug** von Erlösschmälerungen 19 und der Umsatzsteuer sowie sonstiger direkt mit dem Umsatz verbundener Steuern auszuweisen". Maßgebend ist zunächst die Höhe des gestellten Rechnungsbetrages einschließlich der fakturierten Nebenleistungen, wie zB der Transport- oder Verpackungsmaterialkosten.[77] Die Umsatzerlöse sind jedoch als **wirtschaftliche Nettogröße** zu verstehen,[78] so dass nur die Erträge als Umsatzerlöse ausgewiesen werden dürfen, die tatsächlich am Markt erzielt und damit realisiert wurden. Es kommt entscheidend auf den endgültig dem Unternehmen zugeflossenen Betrag an, so dass zB nachträglich zu gewährende Boni oder Treuerabatte (→ Rn. 20 f.) als „Erlösschmälerungen" (Abs. 1 aE) und Steuern (→ Rn. 23 f.) abzuziehen sind.

a) Erlösschmälerungen. Als Erlösschmälerungen sind **Preisnachlässe** und **zurück- 20 gewährte Entgelte** in Abzug zu bringen.[79] Darunter fallen zB Nachlässe (Barzahlungs-, Mengen- und Sonderrabatte), Umsatzvergütungen, Treuerabatte und -prämien, Gutschriften an Abnehmer für Rückwaren, Gewichts- oder Qualitätsmängel, zurückgewährte Fracht- und Verpackungskosten sowie die Zuführungen zu Rückstellungen für solche Preisnachlässe und zurückzugewährende Entgelte.[80] Tatsächlich von den Kunden in Anspruch genommene Skonti sind ebenfalls „Erlösschmälerungen" (→ § 275 Rn. 102).[81] Verzichten Kunden auf Skonti, darf der von ihnen entrichtete Mehrpreis für das Zahlungsziel von den Umsatzerlösen abgezogen und unter dem Posten nach § 275 Abs. 2 Nr. 11 getrennt ausgewiesen werden.[82] Aus Vereinfachungsgründen vertretbar erscheint in diesen Fällen aber auch ein einheitlicher Ausweis des Entgelts.[83] Wird der Rechnungspreis den Kunden über ein Jahr hinaus zinslos gestundet, sind „Erlösschmälerungen" in Höhe der Differenz zwischen dem Barzahlungspreis und dem abgezinsten Gegenwartswert des Preises zu veranschlagen.[84]

---

[75] ZB BeBiKo/Justenhoven/Kliem/Müller, 13. Aufl. 2022, § 275 Rn. 58.

[76] IDW HFA 1/1993, WPg 1993, 441 (443); BeBiKo/Justenhoven/Kliem/Müller, 13. Aufl. 2022, § 275 Rn. 58.

[77] ADS Rn. 29; KKRD/Morck/Drüen Rn. 1.

[78] ADS Rn. 29; BeBiKo/Justenhoven/Kliem/Müller, 13. Aufl. 2022, § 275 Rn. 62; WP-HdB/Störk, 17. Aufl. 2021, F Rn. 798.

[79] BeBiKo/Justenhoven/Kliem/Müller, 13. Aufl. 2022, § 275 Rn. 64; BeckOGK/Baumeister/Freisleben, 1.11.2022, Rn. 20.

[80] ADS Rn. 30; BeBiKo/Justenhoven/Kliem/Müller, 13. Aufl. 2022, § 275 Rn. 64; Kirsch/Wulf Rn. 12 (März 2016); BeckOGK/Baumeister/Freisleben, 1.11.2022, Rn. 20: zurückgewährte Entgelte sowie Kaufpreisnachlässe jeder Art; BeckOGK/Baumeister/Freisleben, 1.11.2022, Rn. 32: auch entsprechende „Rückstellungsaufwendungen für erwartete Erlösschmälerungen"; HK-HGB/Kirnberger 7. Aufl. 2007, § 275 Rn. 9; WP-HdB/Störk, 17. Aufl. 2021, F Rn. 801; Winnefeld Bilanz-HdB, 5. Aufl. 2015, G Rn. 118.

[81] BeBiKo/Justenhoven/Kliem/Müller, 13. Aufl. 2022, § 275 Rn. 65; HdR/Isele/Urner-Hemmeter Rn. 68 (Stand: Mai 2017); WP-HdB/Störk, 17. Aufl. 2021, F Rn. 801.

[82] BeckOGK/Baumeister/Freisleben, 1.11.2022, Rn. 26 mwN: „Nettoausweis, also Rechnungsbetrag abzgl. Skonto mit einem Ausweis eines nicht in Anspruch genommenen Skontos als Zinsertrag nach § 275 Abs. 2 Nr. 11 – bis zum Bilanzstichtag pro rata temporis" liege „nahe".

[83] So auch HdR/Isele/Urner-Hemmeter Rn. 68 (Stand: Mai 2017). Anders früher Baetge/Kirsch/Thiele/ Kirsch/Siefke/Ewelt Bilanzrecht Rn. 25 (August 2009): Skonti stellten „Barzahlungsrabatte dar" und seien „daher unabhängig von der tatsächlichen Inanspruchnahme von den Umsatzerlösen abzuziehen"; in der neueren Bearbeitung des gleichen Werks von Kirsch/Ewelt-Knauer (Stand Dezember 2015) ist diese Differenzierung nicht mehr zu finden.

[84] BeBiKo/Justenhoven/Kliem/Müller, 13. Aufl. 2022, § 275 Rn. 65, die sich gleichzeitig bei „minderverzinslichen Forderungen" für eine Abzinsung ungeachtet des Zahlungsziels („stets") aussprechen; ähnlich ADS Rn. 35 (Erlösschmälerungen, „wenn Forderungen aus Warenlieferungen oder Leistungen langfristig gestundet werden, ohne dass [...] angemessene Zinsen zu zahlen sind"); BeckOGK/Baumeister/Freisleben, 1.11.2022, Rn. 27: Als Zeitrahmen, ab welcher eine Abzinsung unverzinslicher Forderungen zu erfolgen habe, erschienen „12 Monate angemessen" (Demgegenüber „sollten" – schwer nachzuvollziehen – nach Ansicht der Autoren „unangemessen niedrig verzinsliche Forderungen [...] mit Blick auf eine aussagekräftige Darstellung des Jahresabschlusses jedoch stets abgezinst werden"); Winnefeld Bilanz-HdB, 5. Aufl. 2015, G Rn. 145; WP-HdB/Störk, 17. Aufl. 2021, F Rn. 801.

21   Die teilweise oder vollständige **Abschreibung** einer Forderung, etwa wegen drohender Uneinbringlichkeit, oder die längerfristige Stundung im Rahmen eines Vergleichs stellen keine Erlösschmälerungen dar.[85] An Dritte geleistete **Provisionen** und Ausgangsfrachten sind sonstige betriebliche Aufwendungen (§ 275 Abs. 2 Nr. 8, Abs. 3 Nr. 7) und keine Erlösschmälerungen iSv Abs. 1.[86] Werden **Freimengen** erst im folgenden Geschäftsjahr ausgeliefert, muss in dieser Höhe ein Abzug von den Umsatzerlösen vorgenommen und eine Rückstellung gebildet werden.[87] Gewährleistungsaufwendungen in Gestalt von **Preisminderungen** (zB nach § 437 Nr. 2 Fall 2 BGB iVm § 441 BGB; § 537 BGB, § 634 Nr. 3 Fall 2 BGB iVm § 638 BGB) sind Erlösschmälerungen (→ Rn. 20), während eine **Rückabwicklung**[88] des Geschäfts (zB nach Rücktritt gem. § 437 Nr. 2 Fall 1 BGB iVm §§ 440, 323, 326 Abs. 5 BGB; § 634 Nr. 3 Fall 1 BGB iVm §§ 636, 323, 326 Abs. 5 BGB) bereits das Umsatzgeschäft als solches entfallen lässt. **Kosten für Nachbesserung** (zB nach § 439 Abs. 2 und Abs. 3 BGB, § 535 Abs. 1 BGB, § 635 Abs. 2 BGB) sind ebenfalls keine Erlösschmälerungen iSv Abs. 1, sondern führen zu sonstigen betrieblichen Aufwendungen (§ 275 Abs. 2 Nr. 8, Abs. 3 Nr. 7).[89]

22   Die **Periodenzurechnung** stellt sich wie folgt dar: Erlösschmälerungen sind grundsätzlich **in dem Geschäftsjahr** abzusetzen, in dem die betreffenden Erlöse **angefallen** sind. In **zukünftigen** Geschäftsjahren eintretende Schmälerungen bereits erzielter Erlöse sind in Form einer entsprechenden **Rückstellung** zu berücksichtigen.[90] Erlösschmälerungen, für die in früheren Geschäftsjahren Rückstellungen gebildet wurden, sind erfolgsneutral als Verbrauch der Rückstellung zu zeigen. Ist die Bildung einer entsprechenden Rückstellung in der Vergangenheit unterblieben, sind die Erlösschmälerungen nunmehr bei den Umsatzerlösen zu berücksichtigen und im Anhang zu erläutern.[91] Eine Erfassung als sonstiger betrieblicher Aufwand (§ 275 Abs. 2 Nr. 8, Abs. 3 Nr. 7)[92] ist abzulehnen, da es sich sachlich um Erlösschmälerungen handelt und andernfalls ein zu hoher Umsatzerlös in der Totalperiode ausgewiesen würde.[93] Die periodenverschobene Berücksichtigung ändert nicht den materiellen Gehalt der Erlöse und wird durch die Angabe im Anhang hinreichend deutlich gemacht.

23   **b) Umsatzbezogene Steuern.** Kein Teil der Umsatzerlöse sind die **Umsatzsteuer** (Abs. 1) und ggf. im Ausland gezahlte Steuern, die der Umsatzsteuer entsprechen.[94] Die

---

[85] ADS Rn. 31; BeBiKo/Justenhoven/Kliem/Müller, 13. Aufl. 2022, § 275 Rn. 65; Baumbach/Hueck/ Schulze-Osterloh, 18. Aufl. 2006, GmbHG § 42 Rn. 436; WP-HdB/Störk, 17. Aufl. 2021, F Rn. 801, 834.

[86] BeBiKo/Justenhoven/Kliem/Müller, 13. Aufl. 2022, § 275 Rn. 64; WP-HdB/Störk, 17. Aufl. 2021, F Rn. 834.

[87] ADS Rn. 30; BeBiKo/Justenhoven/Kliem/Müller, 13. Aufl. 2022, § 275 Rn. 64; WP-HdB/Störk, 17. Aufl. 2021, F Rn. 801.

[88] AA wohl Staub/Meyer, 6. Aufl. 2021, Rn. 7, der dergleichen zu den Erlösschmälerungen zählt.

[89] Winnefeld Bilanz-HdB, 5. Aufl. 2015, G Rn. 118. Nach BeBiKo/Justenhoven/Kliem/Müller, 13. Aufl. 2022, § 275 Rn. 61 und Glade Praxishandbuch § 275 Rn. 32 gilt anderes, wenn ersichtlich ist, welche Beträge in den Primäraufwandsarten in Zukunft anfallen werden.

[90] ADS Rn. 33; BeBiKo/Justenhoven/Kliem/Müller, 13. Aufl. 2022, § 275 Rn. 62; Hoffmann/Lüdenbach NWB Kommentar Bilanzierung, 13. Aufl. 2022, Rn. 30; WP-HdB/Störk, 17. Aufl. 2021, F Rn. 801.

[91] ADS Rn. 34; Biener/Bernecke BiRiLiG S. 230; HdR/Isele/Urner-Hemmeter Rn. 75 (Stand: Mai 2017): Durch die Anhangangabe würden solche periodenfremde Aufwendungen „für den Bilanzadressaten hinreichend transparent"; Baetge/Kirsch/Thiele/Ewelt-Knauer Bilanzrecht Rn. 29 (Stand: Dezember 2015); Baumbach/Hueck/Schulze-Osterloh, 18. Aufl. 2006, GmbHG § 42 Rn. 436; Beck HdR/Winzker B 331 Rn. 61 (August 2018); Winnefeld Bilanz-HdB, 5. Aufl. 2015, G Rn. 145; WP-HdB/Störk, 17. Aufl. 2021, F Rn. 801.

[92] So BeBiKo/Justenhoven/Kliem/Müller, 13. Aufl. 2022, § 275 Rn. 63; ähnlich auch KKRD/Morck/ Drüen Rn. 2, der aber eine Kürzung von Preisnachlässen für Vorjahresumsätze den Umsatzerlösen für „vertretbar" hält, wenn „in jedem Geschäftsjahr in gleicher Weise verfahren wird".

[93] Baetge/Kirsch/Thiele/Kirsch/Ewelt-Knauer Bilanzrecht Rn. 29 (Stand Dezember 2015); BeBiKo/Justenhoven/Kliem/Müller, 13. Aufl. 2022, § 275 Rn. 63; HdR/Isele/Urner-Hemmeter Rn. 75 (Stand: Mai 2017).

[94] ADS Rn. 37; HdR/Isele/Urner-Hemmeter Rn. 43 (Stand: Mai 2017); Baumbach/Hueck/Schulze-Osterloh, 18. Aufl. 2006, GmbHG § 42 Rn. 437.

Umsätze sind insoweit netto, dh umsatzsteuerbereinigt auszuweisen. Es ist jedoch nicht zu beanstanden, wenn zunächst Bruttoerlöse ausgewiesen werden und die Umsatzsteuer offen abgesetzt wird.[95] Diese Darstellung stellt eine zulässige Untergliederung eines Postens iSv § 265 Abs. 5 dar und erhöht dessen Informationsgehalt.

Des Weiteren ordnet Abs. 1 seit der Reform durch das BilRUG auch ausdrücklich den **24** Abzug „sonstiger direkt mit dem Umsatz verbundener Steuern" an. Damit übernimmt das Gesetz den Wortlaut der Definition der „Nettoumsatzerlöse" in Art. 2 Nr. 5 Bilanz-RL. Eine inhaltliche Änderung im Vergleich zur Vorgängerregelung des Art. 28 RL 78/660/ EWG („andere unmittelbar auf den Umsatz bezogene Steuern") ist dabei nicht erkennbar.[96] Sowohl zeitlich als auch inhaltlich müssen die Steuern eng mit der Umsatzrealisierung zusammenfallen.[97] Dabei ist der Bezug zum Umsatzakt bilanzrechtlich und nicht verbrauchsteuerrechtlich zu verstehen. Abzuziehen sind demnach alle hoheitlichen Abgaben, die mit dem Umsatzakt wirtschaftlich derart zusammenhängen, dass die Umsatzerlöse des Kaufmanns nur nach Abzug dieser zutreffend dargestellt werden. Somit sind sämtliche **umsatzbezogene Verbrauchsteuern** in den Umsatzerlösen also nicht etwa brutto auszuweisen mit der Folge, dass sie sich nur im Steuerergebnis (§ 275 Abs. 2 Nr. 16, Abs. 3 Nr. 15) auswirken, sondern sie sind bereits als Erlösschmälerung zu berücksichtigen und **offen in der Vorspalte abzusetzen.**[98] Dazu gehören nicht nur die Biersteuer, Branntweinsteuer, Schaumweinsteuer, Alkopopsteuer, Kaffeesteuer, Tabaksteuer und Energiesteuer,[99] sondern zB auch die Ökosteuer, Stromsteuer und Monopolabgaben nach deutschem Recht.[100] Alle diese Aufwendungen sind erlösmindernde durchlaufende Posten. Insoweit besteht ein nunmehr nicht weiter bestreitbarer (→ 3. Aufl. 2013, Rn. 18) Gleichlauf zwischen Abs. 1 und § 1 Abs. 2 S. 3 PublG. Letzter verwies schon vor der Reform des § 277 durch das BilRUG für die Ermittlung der Umsatzerlöse im Rahmen der Schwellenwerte des § 1 Abs. 1 Nr. 2 PublG auf § 277 Abs. 1 mit der Maßgabe, dass „auch die in den Umsatzerlösen enthaltenen Verbrauchsteuern oder Monopolabgaben abzusetzen sind".

III. Bestandsveränderungen (Abs. 2)

1. Bedeutung. Beim **Gesamtkostenverfahren** stehen der Leistungserstellung nicht **25** nur die den Umsatzerlösen entsprechenden Aufwendungen gegenüber, sondern alle Aufwendungen einer Periode (→ § 275 Rn. 18). Eine zutreffende Erfolgsermittlung verlangt deshalb eine Ergänzung (Bestandserhöhung) oder Korrektur (Bestandsverminderung) der Umsatzerlöse. Deshalb sind „Bestandsveränderungen", dh die Erhöhung oder Verminderung des Bestands an fertigen oder unfertigen Erzeugnissen, in einem eigenen Posten auszuweisen (§ 275 Abs. 2 Nr. 2, § 277 Abs. 2, → § 275 Rn. 27 f.). Der Posten bezieht sich auf Veränderungen des Umlaufvermögens (vgl. § 247 Abs. 2), während Veränderungen des Anlagevermögens an eigener Stelle unter bestimmten Voraussetzungen als „andere aktivierte Eigenleistungen" (§ 275 Abs. 2 Nr. 3; → § 275 Rn. 29 ff.) ausgewiesen werden. Es handelt sich um Informationen im **Vorfeld von Umsatzgeschäften,** die über die wirtschaftliche Lage des Unternehmens Aufschluss geben können. Wichtig ist dies etwa bei langfristigen Fertigungsprozessen, bei denen die Höhe der abgerechneten Anlagen und damit die Höhe

[95] ADS Rn. 37; Biener/Bernecke BiRiLiG S. 230; Staub/Meyer, 6. Aufl. 2021, Rn. 8; Kirsch/Wulf Rn. 8 (März 2016); KKRD/Morck/Drüen Rn. 1; Baumbach/Hueck/Schulze-Osterloh, 18. Aufl. 2006, GmbHG § 42 Rn. 437; WP-HdB/Störk, 17. Aufl. 2021, F Rn. 798; weitergehend Ehl BB 1987, 1146 (1148), der nur den Bruttoausweis für zulässig hält.

[96] Zur unvollständigen Umsetzung des Art. 28 durch die alte Fassung des § 277 Abs. 1 in das deutsche HdR/Isele/Urner-Hemmeter Rn. 43 (Stand: Mai 2017). So auch → 3. Aufl. 2013, Rn. 18.

[97] Zwirner BC 2015, 539 (541); Zwirner Stbg 2017, 514 (514).

[98] BeBiKo/Justenhoven/Kliem/Müller, 13. Aufl. 2022, § 275 Rn. 66.

[99] Zu den vorgenannten Beispielen s. Zwirner BC 2015, 539 (541). Nach Ansicht des Autors sind solche Verbrauchsteuern, „die durch die Fertigung des Produkts bzw. die Überführung des Produkts in den steuerrechtlichen freien Verkehr entstehen", nur abzugsfähig, soweit dies „nahezu zeitgleich mit dem Zeitpunkt der handelsrechtlichen Umsatzrealisierung" geschieht.

[100] Winnefeld Bilanz-HdB, 5. Aufl. 2015, G Rn. 120.

der Umsatzerlöse je nach Jahr sehr unterschiedlich sein können.[101] Der Ausweis der Bestandsveränderungen ist häufig ein Indiz für die Marktfähigkeit der Produkte eines Unternehmens.[102] Wenn das Unternehmen mehr produziert als absetzt (Bestandserhöhung), kann dies ein Hinweis auf Absatzschwierigkeiten oder auf gezielt vorgenommenen Lageraufbau zurückzuführen sein. Die Bestandserhöhung macht zugleich deutlich, dass für das folgende Geschäftsjahr in größerem Umfang Produkte verkauft werden können als durch die Produktion in der Periode zur Verfügung stehen. Im umgekehrten Fall der Bestandsminderung hat das Unternehmen mehr Erzeugnisse im Geschäftsjahr abgesetzt als produziert, was daran liegen kann, dass Lagerkapazitäten, zB durch Sonderaktionen oder durch gezielte Vertriebsleistungen, abgebaut werden konnten.[103]

26   **2. Erzeugnisse, unfertige Leistungen.** Der Posten erfasst allein Veränderungen bei fertigen und unfertigen **Erzeugnissen,** nicht dagegen Bestandsveränderungen bei bezogenen Waren[104] oder von dritter Seite bezogenen Roh-, Hilfs- und Betriebsstoffen (§ 275 Abs. 2 Nr. 5 lit. a).[105] Die Einordnung als Erzeugnis (→ § 266 Rn. 61) bestimmt sich danach, ob erworbene Gegenstände nach den konkreten betrieblichen Produktionsverhältnissen unverändert (Ware) oder erst nach Be- oder Verarbeitung veräußert werden sollen und überhaupt nicht (Roh- oder Hilfsstoff), nicht in vollem Umfang (unfertiges Erzeugnis) oder bereits vollständig bearbeitet wurden (fertiges Erzeugnis). Eine Unterscheidung zwischen unfertigen und fertigen Erzeugnissen ist nicht erforderlich. Werden selbsterzeugte Roh-, Hilfs- und Betriebsstoffe und bezogene Roh-, Hilfs- und Betriebsstoffe nicht getrennt voneinander erfasst, ist es zulässig, die sich darauf beziehende Bestandsveränderung unter § 275 Abs. 2 Nr. 5 lit. a zu erfassen und mit dem Materialaufwand zu verrechnen (→ § 275 Rn. 33).[106]

27   **Reine Handelsunternehmen** haben keine Erzeugnisse. Deshalb entfällt in der GuV der Posten „Bestandsveränderungen". Diese Unternehmen weisen „Bestandszugänge" unmittelbar unter den entsprechenden Vorratskonten und „Bestandsminderungen" als Waren- bzw. Materialeinsatz unter § 275 Abs. 2 Nr. 5 lit. a aus. **Dienstleistungsbetriebe** und **Bauunternehmen** stellen gleichfalls keine Erzeugnisse her. Ihre Geschäftstätigkeit ist vielmehr auf die Erbringung von Leistungen gerichtet, so dass die noch nicht abzurechnenden und damit noch nicht zu Umsatzerlösen gewordenen unfertigen Leistungen (§ 266 Abs. 2 B. I. 2.) nicht vom Wortlaut des § 275 Abs. 2 Nr. 2 erfasst werden. Der Bestand solcher Leistungen gibt aber auf eine den Erzeugnissen für ein produzierendes Unternehmen vergleichbare Weise Aufschluss über die Ertragslage des Dienstleistungsunternehmens. Es ist deshalb aufgrund des Regelungszwecks (→ Rn. 25) und generell im Interesse einer den tatsächlichen Verhältnissen entsprechenden Darstellung der Unternehmenslage (§ 264 Abs. 2 S. 1, § 265 Abs. 6) erforderlich, die Bezeichnung des Postens zu ändern (zB „Erhöhung oder Verminderung des Bestands an fertigen und unfertigen Erzeugnissen und an nicht abgerechneten Leistungen" oder „in Arbeit befindliche Aufträge").[107] Solche Veränderun-

---

[101]   BeBiKo/Justenhoven/Kliem/Müller, 13. Aufl. 2022, § 275 Rn. 75.

[102]   BeBiKo/Justenhoven/Kliem/Müller, 13. Aufl. 2022, § 275 Rn. 75.

[103]   S. auch HdR/Isele/Urner-Hemmeter Rn. 79 (Stand: Mai 2017), die als Gründe eine „über der Produktionskapazität liegende hohe Nachfrage oder aber auf eine Auslieferung eines Großauftrags vor dem Bilanzstichtag" nennen.

[104]   ADS § 275 Rn. 55.

[105]   HdR/Budde § 275 Rn. 33 (Stand: Mai 2017); BeBiKo/Justenhoven/Kliem/Müller, 13. Aufl. 2022, § 275 Rn. 76; Kirsch/Wulf § 275 Rn. 70 (Stand: Juni 2016); Meyer-Landrut/Niehus/Scholz GmbHG §§ 238–335 HGB Rn. 778; Beck HdR/Winzker B 331 Rn. 108 (Stand: August 2018). ZT abw. Biener/Bernecke BiRiLiG S. 209 f., 230.

[106]   ADS § 275 Rn. 58, 66 f.; BeBiKo/Justenhoven/Kliem/Müller, 13. Aufl. 2022, § 275 Rn. 78; Kirsch/Wulf § 275 Rn. 70.1, 76 (Stand: Juni 2016); KKRD/Morck/Drüen § 275 Rn. 6; WP-HdB/Störk, 17. Aufl. 2021, F Rn. 811.

[107]   ADS § 275 Rn. 57; Kölner Komm RechnungslegungsR/Berndt/Gutsche § 275 Rn. 49; Döllerer BB 1960, 108 (109); HdR/Isele/Urner-Hemmeter Rn. 90 (Stand: Mai 2017); HK-HGB/Kirnberger 7. Aufl. 2007, § 275 Rn. 14; Baumbach/Hueck/Schulze-Osterloh, 18. Aufl. 2006, GmbHG § 42 Rn. 439.

gen können hingegen nicht als andere aktivierte Eigenleistungen (§ 275 Abs. 2 Nr. 3) ausgewiesen werden, da dieser Ausgleichsposten nur Aufwendungen neutralisiert („Habenposten"[108]) und deshalb eine Verminderung des Bestands an noch nicht abgerechneten Leistungen zu einer Saldierung mit Erträgen führen würde, die unter Posten Nr. 3 gesondert ausgewiesen werden müssen.

3. Mengen- und Wertänderungen, Abschreibungen im üblichen Rahmen. Ver- 28
änderungen der Menge, also der Zahl der Erzeugnisse, können auf entsprechenden geschäftlichen Umsätzen (→ Rn. 25) beruhen, aber zB auch Folge von Inventurdifferenzen, zB infolge von Schwund, sein. Wertänderungen können auf Zuschreibungen/Wertaufholungen (zB § 253 Abs. 5 S. 1) oder Abschreibungen (zB § 253 Abs. 3–5) beruhen. Sie lassen die Zahl der Erzeugnisse unberührt und können etwa auf Qualitätsmängeln, Bewertungsabschlägen für schwer veräußerbare Güter, Umbewertungen von Beständen oder Bewertungsdifferenzen aus Verrechnungspreisen oder Fremdwährungsunterschieden basieren.[109] Wertänderungen in Form von Abschreibungen werden nach Abs. 2 nur erfasst, sofern sie erstens Erzeugnisse und damit Vermögensgegenstände des Umlaufvermögens betreffen und sich zweitens in den Grenzen der in der Kapitalgesellschaft sonst üblichen Abschreibungen halten (sonst Ausweis unter § 275 Abs. 2 Nr. 7 lit. b).[110] Die Üblichkeit der Abschreibungen muss sich im Interesse des von den § 275 Abs. 2 Nr. 2, § 277 Abs. 2 angestrebten verbesserten Einblicks in die Ertragslage danach beurteilen, ob die Abschreibungen im internen Zeitvergleich betragsmäßig ungewöhnlich sind.[111] In Betracht kommen insbesondere pauschale Abschreibungen, wie zB für schwer veräußerbare Erzeugnisse oder wegen Schwunds.[112] Die Rechtsgrundlage der Abschreibungen, insbesondere ein Beruhen auf zwingenden oder steuerlichen Vorschriften, ist demgegenüber unerheblich.[113]

IV. Spezielle Abschreibungen (Abs. 3 S. 1)

Im **Interesse zusätzlicher Information über die Ertragslage sind außerplanmä- 29
ßige Abschreibungen** auf Vermögensgegenstände des Anlagevermögens (§ 253 Abs. 3 S. 4 und 5) gesondert auszuweisen oder im Anhang anzugeben. Die Abschreibungen können unterschiedliche Posten der nach dem Gesamtkostenverfahren (§ 275 Abs. 2 Nr. 2, Nr. 5 lit. a, Nr. 7 lit. a und lit. b, Nr. 8, Nr. 12) oder dem Umsatzkostenverfahren (§ 275 Abs. 3 Nr. 2, Nr. 4, Nr. 5, Nr. 7, Nr. 11) aufgestellten GuV betreffen.[114]

Die Abschreibungen sind nach Wahl entweder in der GuV gesondert auszuweisen oder 30
im Anhang anzugeben. Mangels präziser Gesetzesvorgaben kann der **Ausweis in der GuV** die Beträge als Unterposten, als Vorspalten-Vermerk, als „Davon"-Vermerk oder in Form eines Sonderpostens angeben,[115] wobei der Grundsatz der Darstellungsstetigkeit zu beachten ist (§ 265 Abs. 5 S. 1). **Die Angaben im Anhang** müssen zwischen den Abschreibungen des Anlagevermögens und des Umlaufvermögens sowie nach den jeweiligen Posten der

---

[108] ADS § 275 Rn. 57.
[109] BeBiKo/Justenhoven/Kliem/Müller, 13. Aufl. 2022, 275 Rn. 77; Kirsch/Wulf § 275 Rn. 72 (Stand: Juni 2016).
[110] BeBiKo/Justenhoven/Kliem/Müller, 13. Aufl. 2022, § 275 Rn. 77; HK-HGB/Kirnberger 7. Aufl. 2007, § 275 Rn. 12; Kirsch/Wulf § 275 Rn. 72 f. (Stand: Juni 2016); WP-HdB/Störk, 17. Aufl. 2021, F Rn. 832.
[111] BeBiKo/Justenhoven/Kliem/Müller, 13. Aufl. 2022, § 275 Rn. 77 aE; Kirsch/Wulf § 275 Rn. 73 (Stand: Juni 2016).
[112] BeBiKo/Justenhoven/Kliem/Müller, 13. Aufl. 2022, § 275 Rn. 77.
[113] BeBiKo/Justenhoven/Kliem/Müller, 13. Aufl. 2022, § 275 Rn. 77.
[114] BeBiKo/Justenhoven/Kliem/Müller, 13. Aufl. 2022, Rn. 4 f.; HdR/Isele/Urner-Hemmeter Rn. 97 zum Gesamtkostenverfahren: Abs. 2 Nr. 7 lit. a und Nr. 12 (Stand: Mai 2017); Kirsch/Wulf Rn. 19 f. (Stand: März 2016).
[115] BeBiKo/Justenhoven/Kliem/Müller, 13. Aufl. 2022; Kirsch/Wulf Rn. 19 (Stand: März 2016); KKRD/Morck/Drüen Rn. 4; Winnefeld Bilanz-HdB, 5. Aufl. 2015, G Rn. 123.

GuV unterscheiden, so dass die Abschreibungen auf das Anlagevermögen und das Umlauf-vermögen für jeden Posten der GuV anzugeben sind.[116]

V. Erträge und Aufwendungen aus Ergebnisausgleichsverträgen (Abs. 3 S. 2)

31   Die Regelung des Abs. 3 S. 2, die Erträge und Aufwendungen aus „Verlustübernahme" und aufgrund einer „Gewinngemeinschaft, eines Gewinnabführungs- oder eines Teilge-winnabführungsvertrags" betrifft, bezieht sich auf Ergebnisausgleichsverträge gem. den § 291 Abs. 1 und § 292 Abs. 1 Nr. 1 sowie Nr. 2 AktG. Die Gliederungsschemata des Gesamtkosten- bzw. Umsatzkostenverfahrens (§ 275 Abs. 2 bzw. § 275 Abs. 3) statuieren keinen vorgegebenen Posten für die Behandlung der Erträge und Aufwendungen aus derlei Verträgen.[117]

32   **1. Verlustübernahme (Abs. 3 S. 2 Fall 1). a) Übernahmepflicht.** Die „Verlust-übernahme" (Abs. 3 S. 2 Fall 1) ist in der Regel die Folge einer entsprechenden Pflicht. Eine solche Verpflichtung zur Übernahme von Verlusten kann im Zusammenhang mit Gewinnabführungsverträgen (→ Rn. 36), Beherrschungsverträgen, Betriebspacht- und Betriebsüberlassungsverträgen oder Eingliederungen **gesetzlich** angeordnet (§ 302 Abs. 1, Abs. 2 AktG, § 324 Abs. 3 AktG) oder **vertraglich** vereinbart sein, zB im Rahmen eines Teilgewinnabführungsvertrags oder einer Gewinngemeinschaft (→ Rn. 36).[118] Als „Verlustübernahme" können auch Leistungen (freiwillige Zuschüsse, Forderungsverzicht) zu bewerten sein, die keine Verlustübernahme im technischen Sinn sind, aber in der Absicht gewährt werden, eine solche zu verhindern. Sie stehen ihr dann wirtschaftlich gleich und sind deshalb bilanziell entsprechend auszuweisen.[119] Sofern das Mutterunter-nehmen Verbindlichkeiten einer anderen Kapitalgesellschaft mit dem Ziel der Verlustfrei-stellung/-vermeidung übernimmt, zählen die getätigten Aufwendungen zur „Verlustüber-nahme", wenn ein zeitlicher und sachlicher Zusammenhang zwischen den Ausgaben besteht;[120] sie sind dann gem. § 277 Abs. 3 S. 2 in der GuV **gesondert auszuweisen**.[121] Es empfiehlt sich, diesen Posten im Rahmen des Finanzergebnisses, etwa vor oder hinter dem Posten „Zinsen und ähnliche Aufwendungen" (§ 275 Abs. 2 Nr. 13 oder Abs. 3 Nr. 12), einzugliedern.[122]

33   **b) Verluste.** Die **Höhe des auszuweisenden Betrags** beurteilt sich nach dem ohne den Verlustausgleich entstehenden Jahresfehlbetrag[123] und danach, ob die Übernahmepflicht den gesamten oder nur einen Teil des Verlustes umfasst. Darüber hinaus können sich Verluste ergeben aus Leistungen an außenstehende Gesellschafter (§ 158 Abs. 2 S. 1 AktG iVm insbe-sondere § 304 Abs. 1 AktG)[124] sowie aus Aufwendungen, die das Mutterunternehmen

---

[116]   BeBiKo/Justenhoven/Kliem/Müller, 13. Aufl. 2022, Rn. 3. Nach BeckOGK/Baumeister/Freisleben, 1.11.2022, Rn. 55 mwN soll hingegen eine Unterscheidung der Abschreibungen auf Gegenstände des Anlagevermögens und solche des Umlaufvermögens genügen.

[117]   Haufe-HGB/Wobbe § 275 Rn. 200 (Stand: 19.10.2021); BeckOGK/Baumeister/Freisleben, 1.11.2022, Rn. 62.

[118]   ZB ADS Rn. 62; BeBiKo/Justenhoven/Kliem/Müller, 13. Aufl. 2022, Rn. 11, 20 ff.; HdR/Isele/ Urner-Hemmeter Rn. 101 (Stand: Mai 2017); Baetge/Kirsch/Thiele/Kirsch/Ewelt-Knauer Bilanzrecht (Stand: Dezember 2015) Rn. 65; Winnefeld Bilanz-HdB, 5. Aufl. 2015, G Rn. 615 ff.

[119]   Vgl. BeBiKo/Justenhoven/Kliem/Müller, 13. Aufl. 2022, Rn. 21: Bestehe ein ausreichender „unmittel-barer zeitlicher und sachlicher Zusammenhang zwischen diesen Zuschussgewährung und dieser Verlustüber-nahme", sei „wie bei einer tatsächlich erfolgten Verlustübernahme ein gesonderter Ausweis in der GuV nach § 277 Abs. 3 S. 2 sachgerecht". Vgl. auch ADS Rn. 62: „Sonderausweis umfaßt [...] neben gesetzlichen Verpflichtungen alle Arten von Verträgen und Vereinbarungen, die dem Ziel dienen, Verluste zu übernehmen".

[120]   ADS Rn. 62; BeBiKo/Justenhoven/Kliem/Müller, 13. Aufl. 2022, Rn. 21; HdR/Isele/Urner-Hemme-ter Rn. 104 (Stand: Mai 2017).

[121]   ADS Rn. 62; BeBiKo/Justenhoven/Kliem/Müller, 13. Aufl. 2022, Rn. 21.

[122]   BeBiKo/Justenhoven/Kliem/Müller, 13. Aufl. 2022, Rn. 22.

[123]   BeBiKo/Justenhoven/Kliem/Müller, 13. Aufl. 2022, Rn. 20.

[124]   Zu Einzelheiten ADS Rn. 63, 67 ff.; BeBiKo/Justenhoven/Kliem/Müller, 13. Aufl. 2022, Rn. 13, 20; HdR/Isele/Urner-Hemmeter Rn. 104 (Stand: Mai 2017): „ein nach § 304 Abs. 1 AktG vertraglich zu leistender Ausgleich für außenstehende Gesellschafter".

wegen anderer Abreden mit dem Ziel der Verlustfreistellung übernommen hat.[125] Erträge aus Verlustübernahme können beim Tochterunternehmen auch dadurch entstehen, dass Genussrechtskapital ohne Eigenkapitalcharakter zum Zweck der Verlustdeckung herabgesetzt wird.[126]

Steht bei Aufstellung des Jahresabschlusses des verpflichteten Unternehmens die Höhe **34** der zu übernehmenden Verluste nicht exakt fest, weil die Bilanzierung beim berechtigten Unternehmen noch nicht abgeschlossen ist, und sind entsprechende Verluste seitens des berechtigten Unternehmens vorhersehbar, muss das verpflichtete Unternehmen nach dem Imparitätsprinzip (§ 252 Abs. 1 Nr. 4) die **drohende Verlustübernahme** bereits zu diesem Zeitpunkt als Rückstellung passivieren.[127] Die voraussichtlich erforderlichen Aufwendungen dürfen als „Aufwand aus Verlustübernahme" ausgewiesen werden (→ Rn. 35),[128] und zugleich ist im Anhang als Angabe über die Bilanzierungsmethode (§ 284 Abs. 2 Nr. 1) auf die Vorläufigkeit hinzuweisen. Tritt der Verlust im anschließenden Geschäftsjahr tatsächlich ein, muss dann ein möglicher Spitzenbetrag als aperiodischer Aufwand bzw. Ertrag ausgewiesen[129] und von großen Kapitalgesellschaften zudem im Anhang (§ 285 Nr. 32, § 288 Abs. 1 Nr. 1, Abs. 2 S. 1) erläutert werden.[130]

c) Ausweis. Der Gesetzgeber verlangt für Erträge und Aufwendungen aus Verlust- **35** übernahme einen **gesonderten Ausweis unter entsprechender Bezeichnung,** hat dessen Einzelheiten aber ebenfalls bewusst der pflichtgemäßen Ermessensentscheidung der Unternehmen überlassen.[131] Es ist deshalb unter Beachtung des Stetigkeitsgebots (§ 265 Abs. 1 S. 1; → § 265 Rn. 4) gleichermaßen zulässig, die Beträge unter einem eigenen Posten (§ 265 Abs. 5 S. 2), als „Davon"-Vermerke oder als Untergliederung (§ 265 Abs. 5 S. 1) bei Posten auszuweisen, denen die Aufwendungen und Erträge ansonsten zuzuordnen wären.[132] Aufwendungen aus Verlustübernahme lassen sich nur eingeschränkt speziellen Posten des Gliederungsschemas zurechnen, weil sie keinen Bezug zum Betriebsergebnis haben. Wird deshalb ein gesonderter Posten **„Aufwand aus Verlustübernahme"** gewählt, ist eine Platzierung im Rahmen des Finanzergebnisses vor oder hinter „Zinsen und ähnliche Aufwendungen" (zB § 275 Abs. 2 Nr. 13 lit. a, Abs. 3 Nr. 12 lit. a) sachgerecht.[133] Das Tochterunternehmen kann Erträge aus Verlustübernahme, die sich als nicht erwirtschaftete Erträge ebenfalls schwer in das gesetzliche Gliederungsschema einordnen lassen, als eigenen Posten **„Erträge aus Verlustübernahme"** unmittelbar vor dem Posten Jahresüberschuss/Jahresfehlbetrag (zB § 275 Abs. 2 Nr. „16a", Abs. 3 Nr. „15a") ausweisen,[134] so dass ein Jahresfehlbetrag in diesen Fällen nicht ausgewiesen

---

[125] ADS Rn. 62; BeBiKo/Justenhoven/Kliem/Müller, 13. Aufl. 2022, Rn. 21; WP-HdB/Störk, 17. Aufl. 2021, F Rn. 787.

[126] ADS Rn. 63; s. auch IDW HFA 1/1994, WPg 1994, 419 (422).

[127] Forster FS Stimpel, 1985, 759 (762 ff.); BeBiKo/Justenhoven/Kliem/Müller, 13. Aufl. 2022, Rn. 18; WP-Hdb/Störk, 17. Aufl. 2021, F Rn. 685; aA BeBiKo/Schubert § 249 Rn. 97 ff. (Stichwort: „Verlustübernahme"): Für drohende Verlustübernahme dürften keine Rückstellungen gebildet werden.

[128] BeBiKo/Justenhoven/Kliem/Müller, 13. Aufl. 2022, Rn. 18; aA ADS Rn. 72: Ausweis unter den sonstigen betrieblichen Aufwendungen (§ 275 Abs. 2 Nr. 8, Abs. 3 Nr. 7), damit unter dem Posten „Aufwand aus Verlustübernahme" nur tatsächlich getragene Verluste ausgewiesen werden.

[129] BeBiKo/Justenhoven/Kliem/Müller, 13. Aufl. 2022, Rn. 18.

[130] BeBiKo/Justenhoven/Kliem/Müller, 13. Aufl. 2022, Rn. 18.

[131] Begr. RegE BiRiLiG, BT-Drs. 10/317, 85.

[132] ADS Rn. 64; HdR/Isele/Urner-Hemmeter Rn. 105 ff. (Stand: Mai 2017); WP-HdB/Störk, 17. Aufl. 2021, F Rn. 778 f.

[133] ADS Rn. 65; BeBiKo/Justenhoven/Kliem/Müller, 13. Aufl. 2022, Rn. 22; Kölner Komm RechnungslegungsR/Berndt/Gutsche Rn. 16; HdR/Isele/Urner-Hemmeter Rn. 107 ff. (Stand: Mai 2017); Kirsch/Wulf Rn. 27 (März 2016): „Abgeführte Gewinne und Erträge aus Verlustübernahme [...] zur Verdeutlichung unmittelbar vor dem Jahresergebnis ausgewiesen werden"; großzügiger Biener/Bernecke BiRiLiG S. 231; aA Gross/Schruff, Der Jahresabschluss nach neuem Recht, 2. Aufl. 1986, 197.

[134] ADS Rn. 65; Beck HdR/Scheffler B 336 Rn. 112 (Stand: August 2018): „Verlustübernahmen aufgrund von Unternehmensverträgen bei der Untergesellschaft als „Erträge aus Verlustübernahmen" im Finanzergebnis auszuweisen"; BeBiKo/Justenhoven/Kliem/Müller, 13. Aufl. 2022, Rn. 23: „unmittelbar vor Posten 17/16"; HdR/Isele/Urner-Hemmeter Rn. 107 f. (Stand: Mai 2017); Kirsch/Wulf Rn. 27 (Stand: März 2016).

wird. Verrechnungen sind sowohl innerhalb der Aufwendungen und Erträge aus Verlust-übernahme als auch mit Aufwendungen für alle Arten bzw. mit Erträgen aus allen Arten von Gewinnabführungsverträgen unzulässig.[135]

36   **2. Erhaltene und abgeführte Gewinne (Abs. 3 S. 2 Fall 2). a) Vertragsarten und Geltungsbereich.** Mit seiner zweiten Fallgruppe gebietet Abs. 3 S. 2 den gesonderten Ausweis von „erhaltenen oder abgeführten Gewinnen" aufgrund „einer Gewinngemeinschaft, eines Gewinnabführungs- oder eines Teilgewinnabführungsvertrags". Für die Beurteilung der Ertragslage des Unternehmens ist es bedeutsam, in welchem Umfang Gewinne und Verluste unmittelbar von dem Unternehmen erwirtschaftet werden oder auf die Existenz von Ergebnisausgleichsverträgen mit anderen Unternehmen zurückzuführen sind.[136] Im Rahmen einer **Gewinngemeinschaft** zwischen gleichberechtigten Unternehmen (§ 292 Abs. 1 Nr. 1 AktG) legt eine AG, KGaA oder SE „ihren Gewinn oder den Gewinn einzelner ihrer Betriebe ganz oder zum Teil mit dem Gewinn anderer Unternehmen oder einzelner Betriebe anderer Unternehmen zur Aufteilung eines gemeinschaftlichen Gewinns" (§ 292 Abs. 1 Nr. 1 AktG) auf Basis eines vereinbarten Schlüssels zusammen; in der Praxis spielt sie nur eine geringe Rolle, seit sie nicht mehr als Grundlage der steuerlichen Organschaft anerkannt ist (§ 14 KStG).[137] Bei einem **Gewinnabführungsvertrag** führt eine AG, KGaA oder SE ihren gesamten Gewinn an ein anderes Unternehmen ab (§ 291 Abs. 1 S 1 AktG), bei einem Teilgewinnabführungsvertrag nur einen Teil ihres Gewinns oder den Gewinn einzelner ihrer Betriebe ganz oder zum Teil (§ 292 Abs. 1 Nr. 2 AktG). **Teilgewinnabführungsverträge** (§ 292 Abs. 1 Nr. 2 AktG) in diesem Sinne sind auch (typische) stille Beteiligungen[138] an dem berichtenden Unternehmen. Dem Gewinnabführungsvertrag aktienrechtlich und damit auch iSd § 277 Abs. 3 S. 2 gleichgestellt ist „ein Vertrag, durch den eine Aktiengesellschaft oder Kommanditgesellschaft auf Aktien es übernimmt, ihr Unternehmen für Rechnung eines anderen Unternehmens zu führen" (§ 291 Abs. 1 S. 2 AktG). Die **Wirksamkeit** der Unternehmensverträge bestimmt sich nach gesellschaftsrechtlichen Regelungen (§§ 291 ff. AktG) und setzt ua bestimmte Zustimmungsmehrheiten auf Seiten des Tochterunternehmens und ggf. des Mutterunternehmens sowie die Eintragung in das Handelsregister voraus. Die **Vertragsdauer** ist handelsbilanzrechtlich (anders § 14 Abs. 1 Nr. 4 KStG) unerheblich, so dass beispielsweise auch eine einmalige Übernahme von Erträgen oder auf ein Rumpfgeschäftsjahr beschränkte Verträge beachtlich sind.[139]

37   **Nicht** unter § 277 Abs. 3 S. 2 fallen **Beherrschungsverträge** (§ 291 Abs. 1 S. 1 Fall 1 AktG), Verträge über Gewinnbeteiligungen mit Vorständen oder von Arbeitnehmern und Verträge über Gewinnbeteiligungen im Rahmen des üblichen Geschäftsverkehrs.[140] Die genannten aktienrechtlichen Bestimmungen, zumindest jedoch § 291 AktG, sind über den Kreis der Aktiengesellschaften hinaus **grundsätzlich auf die GmbH** anwendbar.[141] Im

---

[135]   ADS Rn. 66 mwN.
[136]   Winnefeld Bilanz-HdB, 5. Aufl. 2015, G Rn. 124.
[137]   MüKoAktG/Altmeppen, 5. Aufl. 2020, AktG § 292 Rn. 10.
[138]   S. zur Einstufung der stillen Beteiligung an einer AG als Teilgewinnabführungsvertrag iSv § 291 Abs. 1 Nr. 2 AktG etwa OLG Stuttgart NZG 2000, 93 (94); OLG Düsseldorf DB 1996, 1862 (1863) – Citicorp Deutschland AG. Aus dem Schrifttum Koch, 16. Aufl. 2022, AktG § 292 Rn. 15: „ganz hM"; MüKoAktG/Altmeppen, 5. Aufl. 2020, AktG § 292 Rn. 65 mwN: Nach „heute hM" sei auch die stille Beteiligung an einer AG (§§ 230, 231 HGB) als Teilgewinnabführungsvertrag anzusehen.
[139]   BeBiKo/Justenhoven/Kliem/Müller, 13. Aufl. 2022, Rn. 16.
[140]   BeBiKo/Justenhoven/Kliem/Müller, 13. Aufl. 2022, Rn. 10; HdR/Isele/Urner-Hemmeter Rn. 102 (Stand: Mai 2017).
[141]   Grdl. BGHZ 105, 324 (330) = NJW 1989, 295 – Supermarkt zu einem Beherrschungs- und Gewinnabführungsvertrag; Geßler FS Goerdeler, 1987, 127 ff.; Noack/Servatius/Haas/Beurskens, 23. Aufl. 2022, Anh. KonzernR Rn. 94; Rowedder/Pentz/Schnorbus GmbHG Anh. § 52 Rn. 2, 6; Scholz/Emmerich, 12. Aufl. 2018, GmbHG Anh. § 13 Rn. 12, 134 ff.; anders zum Teilgewinnabführungsvertrag in Form einer stillen Beteiligung an einer GmbH OLG München ZIP 2011, 811 = DStR 2011, 1139 unter II.2. mwN: keine Analogie zu den § 292 Abs. 1 Nr. 2 AktG, § 294 AktG. Skeptisch gegenüber einer analogen Anwendung des § 292 AktG auf die GmbH auch Altmeppen in MüKoAktG/Altmeppen, 5. Aufl. 2020,

---

Interesse einer einheitlichen Bilanzierung muss dieser gesellschaftsrechtliche Grundsatz auch für die Rechnungslegung gelten.[142]

b) Erhaltene oder abgeführte Gewinne. aa) Gewinne. Auszuweisen sind **sämtliche Gewinne bzw. Gewinnteile,** die aufgrund eines entsprechenden Vertrags (→ Rn. 33) **38** erhalten oder abgeführt wurden. Die Höhe des abzuführenden Gewinns errechnet sich auf der Basis des festgestellten Jahresabschlusses der abführenden Gesellschaft. Vom Tochterunternehmen abzuführender und vom Mutterunternehmen erhaltener Gewinn sind grundsätzlich identisch, wenn nicht das Tochterunternehmen Ausgleichzahlungen an außenstehende Gesellschafter leisten muss (§ 304 Abs. 1 S. 1 AktG, § 291 Abs. 1 S. 1 Fall 2 AktG, § 158 Abs. 2 S. 1 AktG).[143] Angemessene Gestionsgebühren und Verwaltungskostenumlagen einer Konzernobergesellschaft sind als Entgelte für einen Leistungsaustausch keine Erträge oder Aufwendungen aus Gewinnabführungsverträgen und stellen bei der belasteten Konzerngesellschaft einen Aufwand dar, der den abzuführenden Gewinn verringert (vgl. auch → Rn. 15 aE).[144]

bb) Zeitpunkt der Vereinnahmung. In **zeitlicher Hinsicht** hat das Mutterunter- **39** nehmen die Gewinne mit dem Entstehen des vertraglichen Anspruches bzw. mit dem Abschlussstichtag der abführenden Gesellschaft **„erhalten"**, sofern der Abschlussstichtag der abführenden Gesellschaft zeitlich nicht nach dem der vereinnahmenden Gesellschaft liegt (zu Einzelheiten der zeitlichen Zurechnung, insbesondere zur „phasengleichen" Bilanzierung → § 275 Rn. 81 f.).[145] Wurde der Jahresabschluss des Tochterunternehmens noch nicht festgestellt, ist der Gewinnanspruch dennoch zu aktivieren, wenn alle wesentlichen ergebniswirksamen Ansatz- und Bewertungsentscheidungen im aufgestellten Jahresabschluss der abführenden Gesellschaft getroffen sind; bei prüfungspflichtigen Tochtergesellschaften muss zudem die Prüfung stattgefunden haben.[146] Endet das Geschäftsjahr der untergeordneten Gesellschaft nach dem Stichtag des Mutterunternehmens, so gebietet das Realisationsprinzip (§ 252 Abs. 1 Nr. 4 aE), die Gewinne erst im Folgejahr als erhaltene Gewinne auszuweisen.[147]

c) Ausweis. Der Gesetzgeber verlangt einen **gesonderten Ausweis** abgeführter oder **40** erhaltener Gewinne aus Gewinngemeinschaften und (Teil-)Gewinnabführungsverträgen, hat dessen Einzelheiten aber in das „pflichtgemäße Ermessen" der Unternehmen gestellt.[148] Es ist deshalb unter Beachtung des Stetigkeitsgebots (§ 265 Abs. 1 S. 1; → § 265 Rn. 4) gleichermaßen zulässig, die Beträge als Unterposten (§ 265 Abs. 5 S. 1), „Davon"-Vermerke (insbesondere zu § 275 Abs. 2 Nr. 9, Abs. 3 Nr. 8) oder neue Posten (§ 265 Abs. 5 S. 2, etwa § 275 Abs. 2 Nr. „9a" oder Nr. „13a", Abs. 3 Nr. „8a" oder Nr. „12a") auszuweisen.[149] Die gewählte **Bezeichnung** muss den Charakter als erhaltene oder abgeführte Gewinne deutlich machen (zB „Erträge aus Gewinnabführungsverträgen"). Erhaltene und ausgeführte Gewinne sind **„jeweils"** gesondert auszuweisen, wobei nach § 158 Abs. 2 S. 2 AktG allerdings Ausgleichszahlungen für außenstehende Gesellschafter (Minderheitsgesellschafter) von den erhaltenen Gewinnen abzuziehen sind. Im Übrigen gilt das **Saldierungsverbot** des § 246 Abs. 2 S. 1. Insbesondere ist es unzulässig, von einzelnen Konzernunternehmen zugeflossene Gewinne oder Erträge aus Verlustübernahmen mit Gewinnen oder Verlustaus-

---

AktG § 292 Rn. 8: Die Weisungsgebundenheit der Geschäftsführer führe dazu, dass diese „ungewöhnliche Geschäfte ohnehin nicht ohne Zustimmung der Gesellschafterversammlung" abschlössen.

[142] BeBiKo/Justenhoven/Kliem/Müller, 13. Aufl. 2022, Rn. 12; Staub/Meyer, 6. Aufl. 2021, Rn. 13.
[143] Zu Berechnungseinzelheiten solcher Ausgleichszahlungen ADS Rn. 63, 67 ff.
[144] ADS Rn. 70; BeBiKo/Justenhoven/Kliem/Müller, 13. Aufl. 2022, Rn. 15.
[145] BeBiKo/Justenhoven/Kliem/Müller, 13. Aufl. 2022, Rn. 17.
[146] So BeBiKo/Justenhoven/Kliem/Müller, 13. Aufl. 2022, Rn. 17; aA – Aktivierungswahlrecht – ADS Rn. 71.
[147] BeBiKo/Justenhoven/Kliem/Müller, 13. Aufl. 2022, Rn. 18.
[148] Begr. RegE BiRiLiG, BT-Drs. 10/317, 85.
[149] ADS Rn. 64; HdR/Isele/Urner-Hemmeter Rn. 105 ff. (Stand: 5/2017); WP-HdB/Störk, 17. Aufl. 2021, F Rn. 778 f.; Kirsch/Wulf Rn. 28 (Stand: 3/2016).

gleichszahlungen, die an eine andere Konzerngesellschaft abgeführt werden, zu verrech-nen.[150] Eine separate Darstellung der einzelnen Vertragsarten (→ Rn. 36) in der GuV ist nicht erforderlich, ebenso wenig eine gesonderte Aufstellung nach den beteiligten Tochter-unternehmen.

VI. Erträge und Aufwendungen aus Ab- oder Aufzinsung bzw. aus Währungs-umrechnung (Abs. 5)

41   Seit dem BilMoG von 2009 stellt der Gesetzgeber in Abs. 5 S. 1 klar, dass Aufwendun-gen und Erträge aus der Abzinsung **gesondert** unter den Posten „Zinsen und ähnliche Aufwendungen" bzw. „Sonstige Zinsen und ähnliche Erträge" im Finanzergebnis **auszu-weisen** sind (→ § 275 Rn. 64). Damit sind sie getrennt von den übrigen Aufwendungen und Erträgen im Rahmen der Rückstellungsbewertung Teil des **Finanzergebnisses** und nicht des Betriebsergebnisses.[151] Die Vorschrift verwendet die Begriffe „Aufwendungen" und „Erträge" ohne Zusatz bzw. Einschränkung. Aus dem Bericht des BT-Rechtsausschusses zum BilMoG geht hervor, dass die Regelung für die Abschlussadressaten kenntlich machen will, „in welchem Umfang Aufwendungen oder Erträge aus der nunmehr vorgeschriebenen **Abzinsung der Rückstellungen** resultieren" (vgl. § 253 Abs. 2 S. 1).[152] Im Schrifttum wird daher teilweise angenommen, Abs. 5 S. 1 beschränke sich entgegen seinem weiter gefassten Wortlaut auf die Darstellung der Abzinsungseffekte aus der Rückstellungsbewer-tung mit der Folge, dass etwa Abzinsungseffekte bei langfristigen Verbindlichkeiten oder Forderungen nicht erfasst würden[153] und damit als Bestandteile des Betriebsergebnisses darzustellen wären.[154] Diese Auffassung vermag hinsichtlich der **Verbindlichkeiten** nicht zu überzeugen. Es ist nicht einsichtig, Abzinsungseffekte bei Schulden anders auszuweisen als solche bei Rückstellungen. Zudem enthalten die Gesetzesmaterialien nicht etwa nur (eher schwache) Anhaltspunkte für eine enge, sondern noch deutlich stärkere für eine weitere Auslegung des Abs. 5 S. 1. Die Regelung zum Ausweis der Abzinsung (und der Währungsumrechnung in S. 2) ist erst auf Vorschlag des Rechtsausschusses in Abs. 5 HGB-E platziert worden. Noch in der Fassung des Regierungsentwurfs war sie wortgleich in § 253 Abs. 2 S. 4 HGB-E enthalten. Die vorausgehenden S. 1 und 2 HGB-E des § 253 Abs. 2 HGB-E sahen die Abzinsungspflicht für Rückstellungen mit einer Laufzeit von mehr als einem Jahr vor, S. 3 ordnete die entsprechende Anwendung dieser Abzinsungspflicht „für auf Rentenverpflichtungen beruhende Verbindlichkeiten" an, „für die eine Gegenleis-tung nicht mehr zu erwarten ist". Wenn der nachfolgende S. 4 somit den gesonderten Ausweis von „Erträgen aus der Abzinsung" in der GuV anordnete, waren damit die Abzin-sung von Rückstellungen und diejenige von **Verbindlichkeiten** gleichermaßen gemeint, wie sich aus dem systematischen Zusammenhang der einzelnen Sätze ergibt. Da die gesamte Regelung der S. 1–6 des § 253 Abs. 2 HGB-E idF des RegE BilMoG fast komplett wörtlich

---

[150]   ADS Rn. 66; BeBiKo/Justenhoven/Kliem/Müller, 13. Aufl. 2022, Rn. 14; Kölner Komm Rechnungsle-gungsR/Berndt/Gutsche § 277 Rn. 15.

[151]   Gelhausen/Fey/Kämpfer I Rn. 59.

[152]   So wörtlich Bericht RA, BT-Drs. 16/12407, 87 [Hervorhebung durch Verf.]; s. auch Begr. RegE BilMoG, BT-Drs. 16/10067, 55 zu § 253 Abs. 2 S. 4 HGB-E: Auf diese Weise werde „ein konsisten-ter Ausweis der aus der Abzinsung resultierenden Beträge in der Gewinn- und Verlustrechnung erreicht".

[153]   IdS Gelhausen/Fey/Kämpfer I Rn. 58: „Auf- und Abzinsungen von anderen Bilanzposten" als Rückstellungen („zB Abzinsungen von niedrig- oder unverzinslichen Forderungen") würden von § 277 Abs. 5 S. 1 nicht erfasst; Kessler/Leinen/Strickmann/Kessler BilMoG S. 386; wohl auch Haufe-HGB/Wobbe Rn. 16 (Stand: 19.10.2021); aA Hoffmann/Lüdenbach NWB Kommentar Bilanzierung, 13. Aufl. 2022, Rn. 61: „Dem Gesetzeswortlaut sind keine derartigen Beschränkungen zu entnehmen. U.E. unterliegen daher auch Abzinsungen auf andere Schulden sowie auf Vermögens-gegenstände der Vorgabe von Abs. 5".

[154]   So auf der Basis der Rechtslage vor dem BilMOG auch ADS § 275 Rn. 176b zur Abzinsung von Aktiva: In Betracht kämen für den Ausweis die sonstigen betrieblichen Aufwendungen oder die Abschreibungen auf Finanzanlagen, ggf. auch – bei längerfristiger zinsloser Stundung von Forderungen an Warenverkäufer etc – der Posten Umsatzerlöse.

ohne ersichtlichen Willen zu einer inhaltlichen Änderung in die letztlich verabschiedete Fassung des BilMoG, nämlich zum einen in § 253 Abs. 2 S. 1–5 HGB nF und zum anderen in § 277 Abs. 5 S. 1, übernommen wurde, ist auch für § 277 Abs. 5 S. 1 davon auszugehen, dass die Vorschrift nicht nur die Erträge aus der Abzinsung von Rückstellungen nach § 253 Abs. 2 S. 1 und 2, sondern mindestens auch solche aus der Abzinsung von **Rentenverbindlichkeiten** nach § 253 Abs. 2 S. 3 erfasst. Für einen getrennten Ausweis der Zinseffekte im Rahmen der Bewertung von **Forderungen** besteht jedoch kein Hinweis, so dass es insoweit beim Ausweis im Betriebsergebnis verbleibt.

Der Wortlaut des Abs. 5 S. 1 bezieht sich auf den Ausweis von Erträgen und Aufwendungen aus der Abzinsung. Der gesonderte Ausweis in Abs. 5 S. 1 gilt aber auch für Zinseffekte aus einer **Aufzinsung**[155] von Rückstellungen. Das betrifft vornehmlich die Abbildung des Zinsaufwandes aus Altersversorgungsrückstellungen.[156] Das gesetzgeberische Ziel, Zinseffekte aus der Rückstellungsbewertung nicht im operativen Ergebnis, sondern im Finanzergebnis auszuweisen,[157] gilt auch für Zinskomponente aus der Rückstellungszuführung. Davon geht der Gesetzgeber selbst aus, wenn er empfiehlt, einen Rückstellungsspiegel zu erstellen, in dem die Effekte aus der Ab- und Aufzinsung gesondert dargestellt werden.[158] **42**

Nach § 253 Abs. 1 S. 2 sind Rückstellungen in Höhe des nach vernünftiger kaufmännischer Beurteilung notwendigen Erfüllungsbetrages anzusetzen. Bei der Erfassung des Aufwandes aus der Bildung langfristiger Rückstellungen bestehen zwei Möglichkeiten der Darstellung: Zum Zeitpunkt der erstmaligen Passivierung der Rückstellung (Erstbewertung) kann zum einen in der GuV der gesamte (undiskontierte) Rückstellungsbetrag als Aufwand gezeigt werden. Die Abzinsung der Rückstellung (vgl. § 253 Abs. 2 S. 1) wird in diesem Fall gleichzeitig als Ertrag erfasst **(Bruttomethode)**,[159] damit wird der Jahresabschlussadressat über die Zinseffekte aus der Rückstellungsbewertung informiert.[160] Zum anderen kann die Rückstellung zum jeweiligen Barwert der Verpflichtung angesetzt werden, so dass in der GuV die jährliche Veränderung des Barwertes als Effekt aus der Abzinsung im Finanzergebnis zu erfassen ist **(Nettomethode)**. Mit der Nettomethode wird in der Bilanz die zum Bilanzstichtag bestehende wirtschaftliche Belastung des Unternehmens gezeigt, während die Bruttomethode mit dem Ausweis eines Zinsertrages den Bilanzlesern einen realisierten Ertrag aus einer Kapitalüberlassung suggeriert,[161] obwohl der Zinseffekt tatsächlich einen Korrekturposten auf der Aktivseite der Bilanz darstellt. Beide Methoden zur erstmaligen Passivierung einer längerfristigen Rückstellung haben Vorzüge und Schwächen, so dass es sachgerecht erscheint, von einem **Wahlrecht** auszugehen.[162] **43**

Vermögensgegenstände, die auf eine fremde Währung lauten, und Fremdwährungsverbindlichkeiten mit einer Laufzeit von mehr als einem Jahr sind zum Bilanzstichtag zum Devisenkassamittelkurs umzurechnen (§ 256a). Nach **Abs. 5 S. 2** sind Erträge und Aufwendungen aus dieser **Währungsumrechnung** in der GuV ebenfalls **gesondert auszuweisen**, wobei sich der Gesetzgeber für einen Ausweis im **Betriebsergebnis** entschieden hat. Dem- **44**

---

155 Vgl. BeBiKo/Justenhoven/Kliem/Müller, 13. Aufl. 2022, Rn. 26: „Erträge/Aufwendungen aus der Abzinsung/Aufzinsung".

156 So auch IDW HFA RS 30 Rn. 88 aE, IDW-FN 2010, 437; Gelhausen/Fey/Kämpfer I Rn. 90; aA Hoffmann/Lüdenbach NWB Kommentar Bilanzierung, 13. Aufl. 2022 Rn. 62 (ohne Begr.).

157 Begr. RegE BilMoG, BT-Drs. 16/10067, 55.

158 Begr. RegE BilMoG, BT-Drs. 16/10067, 55: Mit dem Rückstellungsspiegel solle „eine Vermischung von Zuführungs- und Auflösungsbeträgen im Interesse einer hinreichenden Information der Abschlussadressaten" erreicht werden.

159 S. Hoffmann/Lüdenbach NWB Kommentar Bilanzierung, 13. Aufl. 2022, Rn. 62, mit einem Beispiel.

160 Begr. RegE BilMoG, BT-Drs. 16/10067, 55.

161 Krit. Hoffmann/Lüdenbach NWB Kommentar Bilanzierung, 13. Aufl. 2022 Rn. 62: Die Bruttomethode entspreche „nicht der allgemeinen Definition des Zinses als laufzeitabhängiges Entgelt für eine Kapitalüberlassung".

162 So auch Gelhausen/Fey/Kämpfer I Rn. 63 mit Empfehlung für die Nettomethode; Theile/Stahnke DB 2008, 1757 (1760); Weigl/Weber/Costa BB 2009, 1062 (1064); Hoffmann/Lüdenbach NWB Kommentar Bilanzierung, 13. Aufl. 2022 Rn. 62: „Bruttomethode […] unangemessen" (mit Bezug auf das von den Autoren dargestellte Bewertungsbeispiel und mwN).

gemäß sind Erträge aus der Währungsumrechnung als sonstige betriebliche Erträge (§ 275 Abs. 2 Nr. 4 bzw. Abs. 3 Nr. 6) und Aufwendungen als sonstige betriebliche Aufwendungen (§ 275 Abs. 2 Nr. 8 bzw. Abs. 3 Nr. 7) zu zeigen.

45   Der gesonderte Ausweis nach Abs. 5 **S. 1** und **S. 2** kann jeweils durch einen **„Davon-Vermerk"** oder durch eine **weitere Untergliederung** in eine Vorspalte vorgenommen werden.[163] Es ist (im Interesse der Klarheit und Übersichtlichkeit der GuV und entsprechend dem Regelungszweck) nicht zu beanstanden, wenn diese Angaben stattdessen im **Anhang** vorgenommen werden.[164]

VII. IFRS

46   Die IFRS[165] kennen keine § 277 vergleichbare Vorschrift, die Definitionen von Posten der GuV enthalten würde. Die Konkretisierung dieser Posten und ihre Abgrenzung der behandelten Sachverhalte finden sich vielmehr in verschiedenen Standards. Ehemals regelte IAS 18 („Umsatzerlöse", Revenue) den bedeutsamen Bereich der Umsatzerlöse. IAS 18 wurde jedoch gemeinsam mit IAS 11 („Fertigungsaufträge", Construction Contracts) für Berichtsperioden ab dem 1.1.2018[166] durch IFRS 15 („Erlöse aus Verträgen mit Kunden", Revenue from Contracts with Customers) ersetzt.[167] IFRS 15 baut auf den beiden IAS auf und erweitert sie. Die Änderung bezweckte eine Annäherung an die umfangreichen Vorgaben der US-GAAP.[168] Materiell-rechtliche Veränderungen waren nur punktuell zu verzeichnen, obwohl IFRS 15 einen größeren sachlichen Anwendungsbereich (IFRS 15.5 ff.) als die alten IAS 11 und 18 hat[169] und auch Erlöse außerhalb der gewöhnlichen Geschäftstätigkeit erfasst (IFRS 15.5 ff.). Das BilRUG 2015 hat mit der Streichung des GuV-Postens für außerordentliche Erträge und Aufwendungen insofern eine gewisse Angleichung bewirkt.[170] Mit IFRS 15.5 ff. korrespondierend darf ein Unternehmen nach IAS 1.87 idF der VO (EU) 475/2012 vom 5.6.2012 „weder in der/den Aufstellung/en von Gewinn oder Verlust und sonstigem Ergebnis noch im Anhang Ertrags- oder Aufwandsposten als außerordentliche Posten darstellen".

47   Eine grundlegende Definition enthält bereits das Rahmenkonzept des IASB. Nach Nr. 74 S. 2 der Fassung von 2003 (Nr. 4.29 des Conceptual Framework von 2010) entstehen **„Erlöse"** (revenue), die als Teil der Definition von „Erträgen" den „anderen Erträgen" gegenübergestellt werden, **im Rahmen der gewöhnlichen Tätigkeit des Unternehmens** (in the course of the ordinary activities of an enterprise). Sie „haben verschiedene Bezeichnungen, wie Umsatzerlöse, Dienstleistungsentgelte, Zinsen, Mieten, Dividenden und Lizenzerträge". Liegen danach Erträge vor, ist zu prüfen, ob die Ansatzkriterien erfüllt sind. Nach Nr. 92 des Rahmenkonzeptes sind Erträge erfolgswirksam zu erfassen, wenn dadurch dem Unternehmen ein **wirtschaftlicher Nutzen** in der Berichtsperiode zufließt. IFRS 15 fasst diese Definition zusammen und fügt ergänzend hinzu, dass Ertrag eine „Zunahme des wirtschaftlichen Nutzens während der Bilanzierungsperiode

[163]   IDW HFA, RS 34, FN-IDW 7/2015, 380, Rn. 50; BeBiKo/Justenhoven/Kliem/Müller, 13. Aufl. 2022, Rn. 26; Staub/Meyer, 6. Aufl. 2021, Rn. 18.

[164]   Gelhausen/Fey/Kämpfer I Rn. 60 zur Abzinsung; IDW HFA, RS 34, FN-IDW 7/2015, 380, Rn. 50; BeBiKo/Justenhoven/Kliem/Müller, 13. Aufl. 2022, Rn. 26; BeBiKo/Justenhoven/Kliem/Müller, 13. Aufl. 2022, § 275 Rn. 166 zur Währungsumrechnung; Kessler/Leinen/Strickmann/Kessler BilMoG 386; Lüdenbach/Hoffmann NWB Kommentar Bilanzierung, 13. Aufl. 2022, Rn. 61; Lüdenbach/Hoffmann StuB 2009, 287 (291) unter (nicht überzeugender) Bezugnahme auf § 265 Abs. 7 aE; aA Staub/Meyer, 6. Aufl. 2021, Rn. 18: „Ausweis im Anhang gesetzlich nicht vorgesehen."

[165]   Sämtliche zit. IAS/IFRS beziehen sich auf den für das Geschäftsjahr 2022 gültigen Stand.

[166]   Brau/Fischer/Roos StuB 2016, 803.

[167]   S. IASB/FASB-Pressemitteilung v. 28.5.2014: „IASB and FASB issue converged Standard on Revenue Recognition".

[168]   Morich DB 2014, 1997 (1997).

[169]   Grote/Hold/Pilhofer IRZ 2014, 339 (339 f.); Morich DB 2014, 1997 (2007).

[170]   BeckOGK/Baumeister/Freisleben, 1.11.2022, Rn. 103; zuvor schon Bericht BT-RA zum BiRUG, BT-Drs. 18/5256, 74, 79, der gleichzeitig „bei den Umsatzerlösen […] eine Entfernung von den internationalen Rechnungslegungsstandards (IFRS)" bedauert.

in Form von Zuflüssen oder Wertsteigerungen von Vermögenswerten oder einer Verringerung von Schulden, durch die sich das Eigenkapital unabhängig von Einlagen der Eigentümer erhöht", ist (IFRS 15 Anhang A. Definitionen). Als Erlöse kommen nur Bestandteile in Betracht, die beim Unternehmen verbleiben. Zuflüsse, die „im Namen Dritter eingezogen werden" wie namentlich die **„Umsatzsteuer"** stellen keine Umsatzerlöse dar (IFRS 15.47). Die Ausführungen zeigen, dass der Begriff der Umsatzerlöse in der IFRS-Rechnungslegung mit dem der handelsrechtlichen Rechnungslegung im Wesentlichen übereinstimmt.

Die Umsatzerlöse sind gem. 15.2 IFRS „in der Höhe der Gegenleistung", „die es im **48** Austausch für [...] diese Güter oder Dienstleistungen voraussichtlich erhalten wird", zu erfassen. Geschehen soll dies nach dem Standard in fünf Schritten:[171] (1) der Identifizierung des Kundenvertrages, (2) der Identifizierung der separaten Leistungsverpflichtungen (IFRS 15.22), (3) der Ermittlung des Transaktionspreises (IFRS 15.47), (4) der Zuordnung des Transaktionspreises auf die einzelnen Leistungsverpflichtungen (IFRS 15.73) und (5) der Umsatzrealisierung bei Erfüllung der Leistungsverpflichtung (IFRS 15.31 f.). Für den Zeitpunkt der Übertragung ist die Erlangung der „Verfügungsgewalt" des Kunden maßgeblich (control, IFRS 15.31). Darunter kann die Befugnis mit der Sache zu verfahren und Nutzen aus ihr zu ziehen sowie der Ausschluss anderer verstanden werden. Der Zeitpunkt des Übergangs der Verfügungsgewalt ist gemäß dem control concept in der Regel identisch mit dem Zeitpunkt der Umsatzrealisierung (IFRS 15.118). Der früher geltende „risk and reward-Gedanke" ist heute lediglich Indikator.[172]

Im Vergleich zur früheren Behandlung von Umsatzerlösen bei Kauf- und Dienstverträ- **49** gen hat sich im Wesentlichen nur die Abschaffung der Ertragsvereinnahmung nach der „Percentage-of-Completion"-Methode (IFRS 15.35 ff.)[173] bei Fertigungsaufträgen geändert (→ § 252 Rn. 76). Wenn ein Vertrag mehrere Leistungsverpflichtungen enthält, sind diese gem. IFRS 15.22 getrennt zu bilanzieren, sofern sie nach Art oder nach dem Zeitpunkt der Leistung eigenständig sind.[174] Eigenständige Güter und Dienstleistungen liegen dann vor, wenn der Kunde „aus dem Gut oder der Dienstleistung entweder gesondert oder zusammen mit anderen, für ihn jederzeit verfügbaren Ressourcen einen Nutzen ziehen" kann (IFRS 15.27(a)) und das im Vertrag vereinbarte Gut oder die vereinbarte Dienstleistung des Unternehmens „von anderen Zusagen aus dem Vertrag trennbar", dh „eigenständig abgrenzbar" ist (IFRS 15.27 (b)).

Das nach den IFRS gleichfalls zulässige Gesamtkostenverfahren (→ § 275 Rn. 170) **50** kennt wie auch im deutschen Recht den Posten **„Bestandsveränderungen** an fertigen und unfertigen Erzeugnissen" (changes in inventories of finished goods and work in progress), wie sich zB aus IFRS 15.35(b) („unfertige Leistung") und 15.B15 („Outputbasierte Methoden") ergibt. Diese Veränderungen sind nach IAS 1.102 gesondert auszuweisen. Der Standard ordnet den Ausweis nicht wie im deutschen Recht nach den Umsatzerlösen, sondern nach den sonstigen Erträgen (other income) an.

§ 278 [aufgehoben]

§ 278 wurde aufgehoben mWv 23.7.2015 durch das Bankbilanz-RL-UG vom **1** 17.7.2015 (BGBl. 2015 I 1245).

Vierter Titel. Bewertungsvorschriften

§§ 279–283 *[aufgehoben]*

---

[171] Hierzu Morich DB 2014, 1997 (1998).
[172] Brau/Fischer/Roos StuB 2016, 803.
[173] Krit. zum Konzept der Umsatz- und Gewinnrealisierung nach Auftragsfortschritt („percentage of completion") aus Sicht des Realisationsprinzips s. RegE BilMoG, BT-Drs. 16/10067, 38.
[174] Lühn IRZ 2015, 223 (224).

Fünfter Titel. Anhang

§ 284 Erläuterung der Bilanz und der Gewinn- und Verlustrechnung

(1) [1]In den Anhang sind diejenigen Angaben aufzunehmen, die zu den einzelnen Posten der Bilanz oder der Gewinn- und Verlustrechnung vorgeschrieben sind; sie sind in der Reihenfolge der einzelnen Posten der Bilanz und der Gewinn- und Verlustrechnung darzustellen. [2]Im Anhang sind auch die Angaben zu machen, die in Ausübung eines Wahlrechts nicht in die Bilanz oder in die Gewinn- und Verlustrechnung aufgenommen wurden.

(2) Im Anhang müssen

1. die auf die Posten der Bilanz und der Gewinn- und Verlustrechnung angewandten Bilanzierungs- und Bewertungsmethoden angegeben werden;

2. Abweichungen von Bilanzierungs- und Bewertungsmethoden angegeben und begründet werden; deren Einfluß auf die Vermögens-, Finanz- und Ertragslage ist gesondert darzustellen;

3. bei Anwendung einer Bewertungsmethode nach § 240 Abs. 4, § 256 Satz 1 die Unterschiedsbeträge pauschal für die jeweilige Gruppe ausgewiesen werden, wenn die Bewertung im Vergleich zu einer Bewertung auf der Grundlage des letzten vor dem Abschlußstichtag bekannten Börsenkurses oder Marktpreises einen erheblichen Unterschied aufweist;

4. Angaben über die Einbeziehung von Zinsen für Fremdkapital in die Herstellungskosten gemacht werden.

(3) [1]Im Anhang ist die Entwicklung der einzelnen Posten des Anlagevermögens in einer gesonderten Aufgliederung darzustellen. [2]Dabei sind, ausgehend von den gesamten Anschaffungs- und Herstellungskosten, die Zugänge, Abgänge, Umbuchungen und Zuschreibungen des Geschäftsjahrs sowie die Abschreibungen gesondert aufzuführen. [3]Zu den Abschreibungen sind gesondert folgende Angaben zu machen:

1. die Abschreibungen in ihrer gesamten Höhe zu Beginn und Ende des Geschäftsjahrs,

2. die im Laufe des Geschäftsjahrs vorgenommenen Abschreibungen und

3. Änderungen in den Abschreibungen in ihrer gesamten Höhe im Zusammenhang mit Zu- und Abgängen sowie Umbuchungen im Laufe des Geschäftsjahrs. [4]Sind in die Herstellungskosten Zinsen für Fremdkapital einbezogen worden, ist für jeden Posten des Anlagevermögens anzugeben, welcher Betrag an Zinsen im Geschäftsjahr aktiviert worden ist.

Schrifttum: A. Betsche/M. Betsche, Bilanz- und steuerrechtliche Konsequenzen der Einführung des Euro, DStR 1998, 1805; Biener, Die Bilanzierung des Euro in den Jahres- und Konzernabschlüssen, WPK-Mitt. 1998, 99; Bitter/Grasshoff, Anwendungsprobleme des Kapitalgesellschaften- und Co-Richtlinie-Gesetzes, DB 2000, 833; Buchner, Die Festwertrechnung in der europäischen Rechnungslegung. Ein Beitrag zum Problem der Harmonisierung europäischer Bilanzierungsvorschriften, BB 1995, 2259; Budde/Förschle, Ausgewählte Fragen zum Inhalt des Anhangs, DB 1988, 1457; Claussen/Korth, Zum Grundsatz der Bewertungsstetigkeit in Handels- und Steuerrecht, DB 1988, 921; Coenenberg, Gliederungs-, Bilanzierungs- und Bewertungsentscheidungen bei der Anpassung des Einzelabschlusses nach dem Bilanzrichtlinien-Gesetz, DB 1986, 1581; Dierdorf, Neugestaltung der Währungsverfassung, NJW 1998, 3145; Döbel, Leitfaden für die Erstellung des Anhangs von Kapitalgesellschaften, BB 1987, 512; Faller, Der Grundsatz der Einzelbewertung und die Notwendigkeit zu seiner Durchbrechung unter Berücksichtigung des Bilanzrichtlinien-Gesetzentwurfs, BB 1985, 2017; Fink/Theile, Anhang und Lagebericht nach dem RegE zum Bilanzrichtlinie-Umsetzungsgesetz, DB 2015, 753; Förschle/Kropp, Die Bewertungsstetigkeit im Bilanzrichtlinien-Gesetz, ZfB 1986, 873; Forster, Anhang, Lagebericht und Publizität im Regierungsentwurf eines Bilanzrichtlinie-Gesetzes, DB 1982, 1631; Freidank, Erfolgsrealisierung bei langfristigen Fertigungsprozessen, DB 1989, 1197; Häusler/Holzer, Entwicklung und Status der Kapitalflußrechnung in der modernen Praxis, DB 1988, 1405; Henckel, Zugangsklassifizierung und Umwidmung von Wertpapieren in handelsrechtlichen Abschlüssen, StuB 2022, 505; Hermes, Das mitgliedschaftliche Nießbrauchsrecht in der Rechnungslegung, DStR 2018, 1878; Hoffmann, Anmerkungen über den Grundsatz der Wesentlichkeit im Anhang. Ein Beitrag zur Entwicklung von Grundsätzen ordnungsmäßiger Berichterstattung, BB 1986, 1050; Hoffmann, Der Anhang vor und nach dem BilMoG, BC 2009, 259; Janz/Schülen, Der Anhang als Teil des Jahresabschlusses und des Konzernabschlusses, WPg 1986, 57; Kemsat/Wichmann, Gebrauchte Lebensversicherungen und Rückdeckungsversicherungen im handelsrechtlichen Jahresabschluss, BB 2004, 2287; Kessler, Die Wahrheit über das Vorsichtsprinzip, DB 1997, 1; Kessler/Leinen/Paulus, Stolpersteine beim Übergang auf die Vorschriften des BilMoG – macht IDW ERS HFA 28 den Weg frei?, BB 2009, 1910; Kirsch, Steuerliche Überleitungsrechnung als neuer Bestandteil des handelsrechtlichen Anhangs, BRZ 2010, 35; Kirsch, Anhang nach BilMoG – Zusätzliche Anforderungen an den HGB-Jahresabschluss, sj 2009, Nr. 12, 26; Kirsch, BilRUG – Weitere Annäherungen des deutschen Bilanzrechts an IFRS?, IRZ 2015, 99 (102); Kirsch, Erweiterte Anhangangaben durch das BilRUG RegE, BBK 2015, 321; Kirsch, Neue Anhangangabepflichten zum Jahresabschluss nach dem BilMoG-E, StuB 2008, 878; Kirsch, Auswirkungen der Corona-Pandemie auf den Anhang und den Legebericht, BBP 2020, 105; Kolb/Roß, Der Referentenentwurf des Bilanzrichtlinie-Umsetzungsgesetzes, WPg 2014, 1089; Kupsch, Einheitlichkeit und Stetigkeit der Bewertung gemäß § 252 Abs. 1 Nr. 6 HGB, DB 1987, 1157; Kußmaul/Ollinger/Müller, Ausgewählte Änderungen im Bilanzrecht zum Jahreswechsel – Teil 2: Modifikationen im Bereich der immateriellen Wirtschaftsgüter und der latenten Steuern, StB 2016, 7; Kusterer/Kirnberger/Fleischmann, Der Jahresabschluss der GmbH & Co. KG nach dem Kapitalgesellschaften- und Co-Richtlinie-Gesetz, DStR 2000, 606; Küting/Strauß, Die Intensität und Komplexität der Anhangangaben nach HGB und IFRS im Vergleich, StuB 2011, 439; Löffler/Roß, Ansatz- und Bewertungsstetigkeit im handelsrechtlichen Jahresabschluss, WPg 2012, 363; Luttermann, Das Kapitalgesellschaften- und Co.-Richtlinie-Gesetz. Europarecht, Unternehmenspublizität und internationale Rechnungslegung, ZIP 2000, 517; Meilicke/Heidel, Das Auskunftsrecht des Aktionärs in der Hauptversammlung, DStR 1992, 113; Niehus, Freiwillige nicht GoB-konforme Angaben im Anhang und der Bestätigungsvermerk des Abschlußprüfers, WPg 1988, 93; Oechsle/Rudolph, Zur betriebswirtschaftlichen Bedeutung und zu Anwendungsproblemen des Lifo-Verfahrens, FS Luik, 1991, 91; Oser/Oser/Wirtz, Das Bilanzrichtlinie-Umsetzungsgesetz (BilRUG) – Wesentliche Änderungen und Hinweise zur praktischen Umsetzung, DB 2015, 197; Ossadnik, Wesentlichkeit als Bestimmungsfaktor für Angabepflichten in Jahresabschluss und Lagebericht, BB 1993, 1763; Ossadnik, Die Darstellung der Finanzlage im Jahresabschluss der Kapitalgesellschaft, BB 1990, 813; Petersen/Zwirner, BilMoG, Gesetze, Materialien, Erläuterungen, 2009; Plewka/F. Schmidt, Auswirkungen des Euro im Steuerrecht, NJW 1998, 3171; Prystawik/Schauf, Steuerliche Anhangangaben nach HGB – was ist erforderlich?, DB 2011, 313; Quick, IDW EPS 270 zur Beurteilung der Fortführung der Unternehmenstätigkeit – Verbesserung der Aussagekraft von Bestätigungsvermerken?, BB 2018, 363; Rimmelspacher/Kliem, Auswirkungen des Coronavirus auf die handelsrechtliche Berichterstattung, WPg 2020, 381; Rimmelspacher/Meyer, Änderungen im (Konzern-)Anhang durch das BilRUG, DB-Beil. Heft 5/2015, 23; Rimmelspacher/Reitmeier, Anwendungsfragen zum (Konzern-)Anhang nach BilRUG, WPg 2015, 1003; Scheffler, Auswirkungen des Euro im Bilanzrecht, NJW 1998, 3174; Scheffler, Neue Vorschriften zur Rechnungslegung, Prüfung und Offenlegung nach dem Kapitalgesellschaften- & Co.-Richtlinie-Gesetz, DStR 2000, 529; Schnapauff, Fragebogen zur Prüfung des Anhangs nach § 264 Abs. 1 S. 1 HGB, WPg 1986, 555; Schülen, Die Aufstellung des Anhangs, WPg 1987, 223; Schulte, Inhalt und Gliederung des Anhangs. Zugleich ein Gegenvorschlag zu Selchert/Karsten, BB 1986, 1468; Schüttler, Anhangangabe bei Bestandsgefährdung, StuB 2019, 438; Selchert, Bilanzierungs- und Bewertungsmethoden sowie deren Änderung – Angaben nach § 284 Abs. 2 Nr. 1 und 3 HGB, ZfB-Ergänzungsheft 1/1987, 203; Selchert, Bilanzierung und Bilanzierungsmethode nach dem Bilanzrichtlinie-Gesetz, BB 1984, 1399; Selchert/Karsten, Inhalt und Gliederung des Anhangs. Ein Gestaltungsvorschlag, BB 1985, 1889; Semler/Goldschmidt, Zur Anwendung des Grundsatzes der Unternehmensfortführung bei Zweifeln an der Überlebensfähigkeit des Unternehmens, ZIP 2005, 3; Volk, Das Informationsinteresse der Jahresabschlussadressaten, BB 1987, 723; Wendholt/Wesemann, Zur Umsetzung der HGB-Modernisierung durch das BilMoG: Bilanzierung von latenten Steuern im Einzel- und Konzernabschluss, DB-Beil. Heft 6/2009, 64; Wiechers, Auswirkungen des BilMoG auf den Anhang, BBK 2009, 1220; Wolf, Zur Anforderung eines internen Kontroll- und Risikomanagementsystems im Hinblick auf den (Konzern-)Rechnungslegungsprozess gemäß BilMoG, DStR 2009, 920; Zimmer/Eckhold, Das Kapitalgesellschaften- & Co.-Richtlinie-Gesetz, NJW 2000, 1361; Zwank, Wirtschaft und Steuerverwaltung im Zeichen des Euro, BB 1999, 1032; Zwirner, Herausforderungen und Risiken der neuen Anhangberichterstattung nach BilMoG, BB 2009, 2302; Zwirner, Das neue deutsche Bilanzrecht nach BilMoG – Umfassende Reformierung, NZG 2009, 530; Zwirner/Roth, BilMoG: Handlungsbedarf für die Anhang-Berichterstattung bereits in 2009, BRZ 2009, 457; Zwirner, Neuerungen bei der Darstellung des Anlagengitters nach BilRUG, WPg 2017, 561; Zwirner/Vodermeier/Krauß, Bilanzierung von Corona-Finanzhilfen im handelsrechtlichen Jahresabschluss, StUB 2022, 85.

Übersicht

I. Einführung

1   **1. Normzweck.** § 264 Abs. 1 S. 1 besagt, dass alle Kapitalgesellschaften ihren Jahresab-schluss um einen Anhang zu erweitern haben. Der **Jahresabschluss** besteht für sie aus den **drei notwendigen Bestandteilen Bilanz, GuV und Anhang.**[1] Dieser Anhang muss die Pflichtangaben nach §§ 284–288 enthalten. Durch das Zusammenspiel von Anhang, Bilanz und GuV soll – unter Beachtung der GoB – ein den tatsächlichen Verhältnissen entsprechen-des Bild der Vermögens-, Finanz- und Ertragslage der jeweiligen Kapitalgesellschaft vermit-telt werden. Sollte dieses Ziel nicht erreicht werden, sind zusätzliche Angaben im Anhang zu machen (§ 264 Abs. 2 S. 2). § 284 formuliert **keine eigene Berichtspflicht,** sondern stellt die Mindestanforderungen für den Inhalt des Anhangs auf.[2] Die dort enthaltene Auf-zählung ist nicht abschließend, weshalb der Anhang zusätzliche, im Gesetz nicht verlangte Angaben enthalten kann. Im HGB und zahlreichen Spezialgesetzen finden sich weitere Vorschriften, die ihrerseits zusätzliche Angaben im Anhang verlangen. Zudem existieren Fälle, in denen eine Angabe wahlweise im Anhang statt in der Bilanz bzw. der GuV gemacht werden kann (Ausweiswahlrecht). Abzugrenzen ist der Anhang vom Lagebericht (→ § 289

---

[1]   ADS Rn. 5, 6; Großfeld/Luttermann BilR Rn. 1177 ff.; Hopt/Merkt Rn. 1; EBJS/Böcking/Gros/ Wirth Rn. 1; Wiedmann/Böcking/Gros Rn. 1.
[2]   S. auch HKMS/Haferkorn/Diemers Rn. 1.

Rn. 16 ff.). Während der Lagebericht über den Geschäftsverlauf und die Lage des Unternehmens berichtet, soll der Anhang das Zahlenwerk des Jahresabschlusses erläutern.

Als gleichwertiger Bestandteil des Jahresabschlusses verfolgt der Anhang den **Zweck** 2 **der Informationsvermittlung** und richtet sich an die Gesamtheit der Gesellschafter und Gläubiger.[3] In seiner Funktion der Rechenschaftslegung gegenüber den Anteilseignern wird § 284 durch das Auskunftsrecht des Aktionärs (§ 131 AktG) und dasjenige des GmbH-Gesellschafters (§ 51a GmbHG) ergänzt. Die enge Verbindung zwischen **Rechnungslegung und Auskunftsrecht** wird deutlich, wenn man sich vergegenwärtigt, welche Entscheidungen die Rechnungslegung mit ihren Informationen vorbereiten soll. Sie muss ua die Hauptversammlung einer AG in die Lage versetzen, die Beschlüsse über die Entlastung (§ 120 AktG) die Gewinnverwendung (§ 174 AktG) und ggf. über die Feststellung des Jahresabschlusses (§ 173 AktG) zu fassen. Dennoch sind Auskunftsrecht und Rechnungslegung grds. nicht identisch. Das Auskunftsrecht betrifft das Verhältnis der Gesellschaft zum Aktionär, während die Rechnungslegung sich primär an die Öffentlichkeit wendet.[4] Dies hat Auswirkungen auf den Umfang des Auskunftsrechts. Der BGH hat ausgeführt, dass die Rechnungslegung inhaltlich über die Erteilung einer Auskunft hinausgeht und neben der mit der Auskunft verbundenen Unterrichtung auch die weitergehende genaue Information durch die Vorlage einer geordneten Aufstellung der Einnahmen und Ausgaben enthält. Wenn Rechnung gelegt ist, kann daher mangels Erforderlichkeit insoweit keine Auskunft mehr verlangt werden.[5] Anderes ergibt sich nur bei unterschiedlichen Informationsgegenständen. Nach der Gesetzesbegründung zu § 131 AktG hat das Auskunftsrecht aber ergänzende Bedeutung, indem die Aktionäre Fragen zu Einzelheiten der Bilanz stellen können, die sie für die Ausübung ihrer Rechte auf der Hauptversammlung benötigen.[6]

Mit dem **BilMoG** hat die Anhangberichterstattung eine deutliche Aufwertung erfahren: Der Gesetzgeber hat einen Großteil der bilanziellen Informationen in den Anhang verlagert[7] und so eine Annäherung der handelsrechtlichen Rechnungslegung und Berichterstattung an die internationalen Vorschriften erreicht. Hierzu wurden vor allem die Pflichtangaben gem. § 285 um eine Vielzahl weiterer Informationen ergänzt. Eine deutliche Annäherung an die IFRS zeigt sich insbesondere in den neu eingeführten Angabepflichten zu der Zeitwertbewertung (§ 285 Nr. 18–20), den Geschäften mit nahestehenden Unternehmen und Personen (§ 285 Nr. 21) oder der Steuerabgrenzung (§ 285 Nr. 29).[8] Das Bilanzrichtlinie-Umsetzungsgesetz (**BilRUG**) ist am 23.7.2015 in Kraft getreten und dient der Umsetzung der RL 2013/34/EU (Bilanz-RL). Ein wesentlicher Schwerpunkt der Änderungen liegt auf den Anhangangaben. So sollen vor allem kleine Unternehmen durch Verringerung der Angabepflichten entlastet werden. Dazu führt die Bilanz-RL den Grundsatz der **Maximalharmonisierung** bei den Anhangangaben für kleine Unternehmen ein (Art. 16 Abs. 3 Bilanz-RL).[9] Dies führte im deutschen Recht allerdings nur zu kleinen Änderungen, wie zB das Entfallen einzelner Angabepflichten oder die Einführung der Pflicht, im Anhang die Anzahl der im Jahresdurchschnitt Beschäftigten anzugeben.

2. Anwendungsbereich. Für **Kapitalgesellschaften** ist die Erweiterung des Jahresab- 4 schlusses durch einen Anhang zwingend vorgeschrieben (§ 264 Abs. 1 S. 1). Dies gilt selbst

---

[3] HKMS/Haferkorn/Diemers Rn. 5; Beck HdR/Andrejewski B 40 Rn. 5 f.; Volk BB 1987, 723 ff.
[4] BGHZ 32, 159 (162) = NJW 1960, 1150.
[5] BGHZ 93, 327 (329 f.) = NJW 1985, 1693 ff.; OLG Düsseldorf WM 1991, 2148 (2153 f.). Vgl. ferner Koch AktG § 131 Rn. 17–19a; Meilicke/Heidel DStR 1992, 113 (117 f.). Für eine Ergänzung der Rechnungslegung durch das Auskunftsrecht ADS Rn. 9; vgl. auch Selchert/Karsten BB 1985, 1889 f.; Volk BB 1987, 723 (724). Vgl. ferner EuGH BB 1999, 2291 mAnm Moxter. Der Gerichtshof betont in Tz. 27, dass Jahresabschlussangaben so gemacht werden müssen, dass sie möglichst verlässlich und in geeigneter Weise das Informationsbedürfnis Dritter befriedigen, ohne die Interessen der Gesellschaft zu beeinträchtigen.
[6] Begr. RegE AktG 1965 bei Kropff S. 184.
[7] Zwirner BB 2009, 2302.
[8] Petersen/Zwirner/Künkele DB-Beil. Heft 6/2009, 1 (26).
[9] Begr. RegE BilRUG, BT-Drs. 18/4050, 41.

für solche Kapitalgesellschaften, die lediglich die Funktion einer Komplementärgesellschaft haben. Eine Ausnahme besteht nach § 290 nur für Kapitalgesellschaften, die als Tochtergesellschaften zur Aufstellung eines zum Konzernabschluss verpflichteten Mutterunternehmens nach § 264 Abs. 3 davon befreit sind.[10] Wie Bilanz und GuV dient der Anhang vor allem der Information der Anteilseigner und der Öffentlichkeit. **Fehlt** dem Jahresabschluss einer Kapitalgesellschaft der **Anhang,** sind der Jahresabschluss und der darauf beruhende Gewinnverwendungsbeschluss nichtig. Eine danach rechtsgrundlos vorgenommene Ausschüttung an die Gesellschafter ist zurückzuzahlen.[11] Diese Grundsätze finden auch auf haftungsbeschränkte **Personenhandelsgesellschaften** iSd **§ 264a** Anwendung. **Kleinstkapitalgesellschaften** iSd § 267a können unter den Voraussetzungen gem. § 264 Abs. 1 S. 5 auf einen Anhang verzichten (→ § 264 Rn. 24). Für **Versicherungsunternehmen** gilt § 284 ohne Einschränkungen, § 341a. Auch **Kreditinstitute** haben stets einen Jahresabschluss mit Anhang aufzustellen, § 340a Abs. 1; allerdings müssen sie dabei Abs. 2 Nr. 3 nicht anwenden (§ 340a Abs. 2 S. 1). Der handelsrechtlichen Pflicht zur Aufstellung eines Jahresabschlusses mit Anhang unterliegen ferner eingetragene **Genossenschaften,** wenn auch mit gewissen Einschränkungen (§ 336). Ausweislich § 5 Abs. 2 PublG haben **publizitätspflichtige Unternehmen** bestimmter Rechtsformen (§ 1 Abs. 1 PublG, § 3 Abs. 1 PublG) den Jahresabschluss um einen Anhang zu erweitern. Dieser hat sich an den § 284, § 285 Nr. 1–4, 7–13, 17–34, § 286 zu orientieren.[12] **Einzelkaufleute** und **Personenhandelsgesellschaften** (mit Ausnahme der in § 264a genannten) brauchen ihren Jahresabschluss nicht um einen Anhang oder Lagebericht zu erweitern (§ 5 Abs. 2 S. 1 PublG).[13] Sie können aber nach § 5 Abs. 5 PublG eine Anlage zur Bilanz erstellen. Für kapitalmarktorientierte Unternehmen iSd § 264d gilt die Pflicht zur Ergänzung des Jahresabschlusses um einen Anhang nach § 5 Abs. 2 PublG unabhängig von ihrer Rechtsform (§ 5 Abs. 2a PublG).

5   Zusammen mit Bilanz und GuV bildet der Anhang eine **Einheit** (§§ 242, 264 Abs. 1). Für ihn gelten daher die gleichen Anforderungen wie für die übrigen Teile des Jahresabschlusses. Auf den Anhang sind die Aufstellungsgrundsätze der **§§ 243, 244** anzuwenden. Bezüglich der in den §§ 284–286 vorgeschriebenen Angaben gelten zugunsten **kleiner** (§ 267 Abs. 1) und **mittelgroßer** (§ 267 Abs. 2) **Kapitalgesellschaften** Erleichterungen (§ 288). Ausweislich des §§ 274a werden für kleine Kapitalgesellschaften zudem weitere Erleichterungen in Form eines Wahlrechts eingeräumt, nach dem bestimmte Einzelangaben weggelassen werden können. Auch die Anforderungen an die Offenlegung sind für kleine und mittelgroße Kapitalgesellschaften erleichtert (§§ 326, 327 S. 2 Nr. 2 bzw. § 325 Abs. 1 S. 1). Durch das Inkrafttreten des **KapCoRiLiG** ist der Anwendungsbereich des § 284 erweitert worden.[14] § 284 gilt seither auch für OHG und KG, bei denen nicht wenigstens ein persönlich haftender Gesellschafter (1) eine natürliche Person oder (2) eine OHG, KG oder andere Personengesellschaft mit einer natürlichen Person als persönlich haftender Gesellschafter ist oder sich die Verbindung von Gesellschaften in dieser Art fortsetzt (§ 264a Abs. 1). Eine Befreiung von der Aufstellung des Jahresabschlusses im Sinne dieser Vorschrift ist unter den Voraussetzungen des § 264b möglich.[15]

6   Unternehmen, die nicht, auch nicht sinngemäß, verpflichtet sind, einen Jahresabschluss nach den §§ 264–288 aufzustellen, können einen **freiwilligen Anhang** erstellen. Die Vorschriften über seinen Mindestinhalt gelten auch hier, sofern die Angaben als Anhang gekennzeichnet sind.[16]

7   Nach **§ 286 Abs. 1** hat die Berichterstattung insoweit zu unterbleiben, als es für das Wohl der Bundesrepublik Deutschland oder eines ihrer Länder erforderlich ist (→ § 286 Rn. 15–24).

---

10   BeckOGK/Kessler Rn. 3.
11   OLG Stuttgart ZIP 2004, 909.
12   ADS Rn. 49.
13   BeBiKo/Grottel Rn. 9; Staub/Meyer Rn. 5 f.
14   Vgl. Kusterer/Kirnberger/Fleischmann DStR 2000, 606 (612); Scheffler DStR 2000, 529 (531).
15   Bitter/Grashoff DB 2000, 833 ff.; Luttermann ZIP 2000, 517 (525); Zimmer/Eckhold NJW 2000, 1361 (1362).
16   Beck HdR/Andrejewski B 40 Rn. 27; BeBiKo/Grottel Rn. 10; HdJ/Kupsch Abt. IV/4 Rn. 8.

3. Entstehungsgeschichte. § 284 entspricht inhaltlich weitgehend dem früheren **8**
§ 160 Abs. 2 AktG 1965 – allerdings hatte der aktienrechtliche Erläuterungsbericht einen
geringeren Umfang als die Regelungen der §§ 284–288. Zudem ist der Anhang Teil des
Jahresabschlusses der Kapitalgesellschaften (§ 264 Abs. 1 S. 1). § 284 setzt zahlreiche Vorgaben der **4. EG-Richtlinie** (RL 78/660/EWG) in nationales Recht um: Die Regelungen
des Art. 43 Abs. 1 RL 78/660/EWG werden durch Abs. 1, Abs. 2 Nr. 1, 2 in deutsches
Recht transformiert. Art. 31 Abs. 2 S. 2 RL 78/660/EWG von Abs. 2 Nr. 2 umgesetzt.
Art. 40 Abs. 2 RL 78/660/EWG wird von Abs. 2 Nr. 3 erfasst. Abs. 2 Nr. 4 greift die
Vorgaben des Art. 35 Abs. 4 S. 2 RL 78/660/EWG auf.[17] Das **BilMoG** hat die Fassung
des § 284 unverändert gelassen. Allerdings wirken sich Änderungen anderer Regelungen
auf die Erläuterung der GuV und Bilanz im Anhang aus. Zudem wurden die sonstigen
Pflichtangaben gem. § 285 erheblich ausgeweitet.

Durch das **BilRUG** v. 17.7.2015 wurde § 284 zur Umsetzung der RL 2013/34/EU **9**
(Bilanz-RL) geändert. Abs. 3 wurde neu eingefügt; Abs. 2 Nr. 2 aF wurde gestrichen. Mit
der Bilanz-RL sollen im Hinblick auf die erforderlichen Anhangangaben kleine Kapitalgesellschaften und diesen gleichgestellte haftungsbeschränkte Personengesellschaften entlastet
werden. Die Richtlinie untersagt den Mitgliedstaaten daher, von kleinen Unternehmen
über die Richtlinie hinausgehende Angaben zu verlangen (Art. 16 Abs. 3 Bilanz-RL), ist
insoweit also vollharmonisierend.[18]

II. Zweck des Anhangs, Anforderungen, Umfang und Form des Anhangs

1. Zweck des Anhangs. Der Anhang ist integraler Bestandteil des Jahresabschlusses **10**
einer Kapitalgesellschaft (§ 264 Abs. 1 S. 1). Ihm kommt zunächst die Aufgabe zu, **Informationen** über die Vermögens-, Finanz- und Ertragslage des Unternehmens in Ergänzung zu
Bilanz und GuV zu geben.[19] Zu diesem Zweck enthält der Anhang zahlreiche Informationen und Interpretationshilfen. Zudem finden sich hier Angaben, die in keinem unmittelbaren Zusammenhang mit dem Jahresabschluss stehen. Auf diese Weise trägt der Anhang zur
Verbesserung des Informationsgehalts des Jahresabschlusses bei. Nach § 264 Abs. 2 S. 2
kommt dem Anhang daher auch eine **Ergänzungsfunktion** zu:[20] Kann der Jahresabschluss
ein den tatsächlichen Verhältnissen der Kapitalgesellschaft entsprechendes Bild nicht vermitteln, muss der Anhang zusätzliche Angaben enthalten. Diese Pflicht zur Angabe zusätzlicher
Sachverhalte, die sich der Bilanzierung entziehen (zB § 285 Nr. 1, 3a, 9), ergänzt die Informationsvermittlung erheblich.[21]

Daneben soll der Anhang die Bilanz und GuV entlasten, da durch die Gleichstellung **11**
der drei Bestandteile des Jahresabschlusses eine Aufnahme solcher Angaben im Anhang
möglich ist, die ansonsten in der Bilanz oder der GuV zu machen wären. Die Angaben
werden in den Anhang verlagert **(Entlastungsfunktion).**[22] Dazu zählen vor allem die
Angaben hinsichtlich der Ausweiswahlrechte, die an einigen Stellen des HGB eingeräumt
werden (vgl. etwa § 265 Abs. 3 S. 1, § 268 Abs. 1 S. 2). Durch die mit der Entlastungsfunktion einhergehende Konzentration auf das Wesentliche wird die Aussagekraft von Bilanz
und GuV nachhaltig verbessert.[23]

Schließlich hat der Anhang eine **Erläuterungsfunktion.** Veränderungen gegenüber **12**
dem Vorjahr sind darzustellen und ihr Einfluss auf die Vermögens-, Finanz- und Ertragslage
ist gesondert anzugeben. Auf diese Weise soll die Vergleichbarkeit der Jahresabschlüsse
verbessert werden. Eine allgemeine Korrekturfunktion ist hiermit aber nicht verbunden.[24]

---

[17] Vgl. Beschlussempfehlung und Bericht des Rechtsausschusses zum BilRiG BT-Drs. 10/4268, 110.
[18] HKMS/Haferkorn/Diemers Rn. 24.
[19] Staub/Meyer Rn. 7 f.; BeckOGK/Kessler Rn. 10.
[20] BeckOGK/Kessler Rn. 13, spricht von Korrekturfunktion.
[21] HdR/Oser/Holzwarth §§ 284–288 Rn. 1, 2; Hopt/Merkt Rn. 2; GK-HGB/Lezius Rn. 1.
[22] OLG Stuttgart ZIP 2004, 909 (910); BeBiKo/Grottel Rn. 18; EBJS/Böcking/Gros/Wirth Rn. 1; Wied-
      mann/Böcking/Gros Rn. 1; HKMS/Haferkorn/Diemers Rn. 7.
[23] ADS Rn. 13.
[24] Teilweise anders aber HdJ/Kupsch Abt. IV/4 Rn. 14 ff.

13   **2. Anforderungen an den Anhang.** Da der Anhang mit der Bilanz und der GuV gleichgestellt ist, gelten für ihn grds. dieselben Anforderungen wie auch für die übrigen Teile des Jahresabschlusses. Gemäß § 264 Abs. 2 S. 1[25] hat der Anhang daher unter Beachtung der **Grundsätze der ordnungsgemäßen Buchführung** ein den tatsächlichen Verhältnissen entsprechendes Bild der Vermögens-, Finanz- und Ertragslage der Kapitalgesellschaft zu vermitteln und dabei die allgemeinen Grundsätze einer gewissenhaften und ordnungsgemäßen Rechenschaftslegung einzuhalten.[26] Die Darstellung muss den Vorgaben des § 243 Abs. 1 entsprechen (→ § 243 Rn. 4 ff.). Wie in § 243 Abs. 2 für den Jahresabschluss vorgeschrieben, muss der Anhang **klar und übersichtlich** sein. Zusammengehöriges muss zusammen dargestellt werden. Sämtliche Angaben und Erläuterungen müssen wahr sein, also den tatsächlichen Verhältnissen entsprechen; unwahre Angaben sind zu unterlassen. Fehlanzeigen sind ebenso wie missverständliche Formulierungen zu vermeiden. Der Anhang muss ferner **vollständig** sein, also über alle Sachverhalte berichten, zu denen Angaben gesetzlich vorgeschrieben sind. Zusätzlich ist auf außergewöhnliche Maßnahmen der Unternehmensleitung oder auf außergewöhnliche Ereignisse einzugehen. **Einzelne Ausnahmen** sind nach § 286 Abs. 2–4 gestattet und darüber hinaus möglich, wenn es sich um Selbstverständlichkeiten handelt.[27] Ferner kann die Schutzklausel des § 286 Abs. 1 eingreifen.

14   Auch wenn das Gesetz nur in einzelnen Fällen die Angabepflicht auf Fälle „von Bedeutung" beschränkt oder nur bei Vorliegen „erheblicher Beträge" verlangt (zB § 268 Abs. 4 S. 2, § 285 Nr. 3, 3a, 12, 21, 31, 33) und überdies das Gebot der Vollständigkeit gilt, wird doch überwiegend der **Grundsatz der Wesentlichkeit**[28] für anwendbar gehalten. Zum Teil wird hierbei auf § 243 Abs. 1 verwiesen. Das Gebot der Vollständigkeit des Anhangs (§ 246 Abs. 1) wird daher durch die Anwendung des Wesentlichkeitsgrundsatzes nicht unerheblich eingeschränkt.[29] Durch die Beschränkung der Darstellung auf das Wesentliche wird verhindert, dass durch eine Vielzahl von Angaben das Gesamtbild verschleiert wird. Die Anwendung des Wesentlichkeitsgrundsatzes trägt – richtig angewandt – zu einer besseren Darstellung der Vermögens-, Finanz- und Ertragslage der Kapitalgesellschaft bei.[30]

15   Daneben sind auch die übrigen Bewertungsgrundsätze des § 252 zu beachten, wie etwa das Vorsichtsprinzip (§ 252 Abs. 1 Nr. 4)[31] oder der Grundsatz der Bilanzkontinuität nach § 252 Abs. 1 Nr. 1.[32]

16   Die Berichterstattung muss den **Bilanzierungsregeln** und den gewählten Werten entsprechen. Die Angaben sind in deutscher Sprache zu machen und in EUR aufzustellen **(§ 244)**.[33] Liegt einer Angabe im Anhang eine Bewertung oder ein damit vergleichbarer Vorgang zugrunde, sind die allgemeinen Bewertungsvorschriften entsprechend heranzuziehen. Fortlaufende Angaben sind jährlich wiederholt im Anhang zu machen.[34]

17   Die Pflicht zur Berichterstattung im Anhang ist in einer kaum zu übersehenden Vielzahl von Einzelvorschriften geregelt. Um sämtliche Funktionen erfüllen zu können, wird in diesen Vorschriften zwischen Angaben, Aufgliederungen, Ausweisen, Darstellungen, Erläuterungen und Begründungen unterschieden. Unter einer **Angabe** ist die Nennung des

---

[25] Zu der fundamentalen Bedeutung des „true and fair view" EuGH Slg. 2003, I-0001 Rn. 72 = BB 2003, 355 – BIAO; EuGH Slg. 1996, I-3133 Rn. 17 = BB 1996, 1492 – Tomberger. Nach bislang hM verhält sich § 264 Abs. 2 subsidiär zu den Einzelvorschriften des HGB, vgl. statt aller BeBiKo/Störk/ Rimmelspacher § 264 Rn. 25 ff.

[26] ADS Rn. 16; BeBiKo/Grottel Rn. 20; Beck HdR/Andrejewski B 40 Rn. 8, 33; EBJS/Böcking/Gros/ Wirth Rn. 12; Wiedmann/Böcking/Gros Rn. 2; HKMS/Haferkorn/Diemers Rn. 9.

[27] Schülen WPg 1987, 223 (226, 227).

[28] Vgl. dazu BeBiKo/Winkeljohann/Büssow § 252 Rn. 90 f.; BeBiKo/Grottel Rn. 23; BeckOGK/Kessler Rn. 17 mit Hinweis auf IDW PS 250; Beck HdR/Pietroff/Siegel/Schmidt B 161 Rn. 46–53.

[29] ADS Rn. 23; HdR/Oser/Holzwarth §§ 284–288 Rn. 8; Hoffmann BB 1986, 1050 ff.; HdJ/Kupsch Abt. IV/4 Rn. 26; Ossadnik BB 1993, 1763 ff.; Beck HdR/Andrejewski B 40 Rn. 35 f.

[30] Staub/Meyer Rn. 14.

[31] Kessler DB 1999, 1 ff.

[32] HKMS/Haferkorn/Diemers Rn. 12; BeckOGK/Kessler Rn. 19.

[33] Zum Übergangsrecht vgl. Art. 42 EGHGB.

[34] Koch AktG § 160 Rn. 3.

Gegenstandes bzw. der Tatsache ohne weitere ergänzende Bemerkungen zu verstehen. Je nach anzugebendem Gegenstand hat diese Nennung zahlenmäßig oder verbal zu erfolgen. Im Zuge einer fortschreitenden Transparenz sollten dort, wo es möglich und vertretbar ist, statt verbaler Aussagen genaue Zahlen angegeben werden.[35] Die **Aufgliederung** zeigt durch Aufteilung eines einheitlichen Berichtsgegenstandes in einzelne Untergruppen die Art seiner Zusammensetzung auf. Die Aufgliederung erfolgt regelmäßig quantitativ. Unter **Ausweis** ist die gesonderte Nennung zu verstehen. Bei einer **Darstellung** ist der Sachverhalt so aufzubereiten, dass er aus sich heraus anschaulich und verständlich wird. Das kann durch Aufgliederungen oder Erläuterungen geschehen. Die **Erläuterung** erklärt, kommentiert und verdeutlicht einen Sachverhalt und geht so über die reine Darstellung hinaus. Bei der **Begründungspflicht** schließlich werden die Motive und Gründe für einen bestimmten Vorgang oder ein Verhalten offengelegt.[36] Durch die Verwendung der unterschiedlichen Begriffe wird die Übersichtlichkeit nicht gerade erleichtert. Hinzu kommt, dass Überschneidungen im Einzelfall denkbar sind.

3. Umfang. Das Gesetz gibt bezüglich des Umfangs lediglich **Mindestangaben** vor. **18** Auf eine Regelung der freiwilligen Angaben und eine Begrenzung seines Inhalts wurde bewusst verzichtet, so dass der Anhang über seinen Mindestumfang hinaus durch **freiwillige Angaben** erweitert werden kann (zu den freiwilligen Angaben → Rn. 25 f.). Freiwilligkeit bedeutet in diesem Zusammenhang nicht, dass Angaben, die zwingend in der Bilanz oder der GuV zu machen sind, im Anhang aufgeführt werden können. Angaben können auch nicht statt im Anhang in der Bilanz oder der GuV gemacht werden, wenn das Gesetz zwingend deren Angabe im Anhang vorschreibt. Zur genauen Einordnung sollte zwischen folgenden Angaben differenziert werden.[37]

– **Pflichtangaben.** Sie sind in jedem Anhang anzugeben. Sie betreffen Bilanz und GuV, ihre einzelnen Posten, ihren Inhalt, die angewandten Bewertungs- und Abschreibungsmethoden und die Abweichungen von der Ausweis- und Bewertungsstetigkeit. Pflichtangaben betreffen zudem die wichtigsten Fakten, die sich nicht in der Bilanz wiederfinden.
– **Wahlpflichtangaben.** Hierbei handelt es sich um Angaben, die im Anhang anzugeben sind, wenn von Ausweiswahlrechten zugunsten des Anhangs Gebrauch gemacht wurde. Auf diese Weise werden Bilanz und GuV entlastet.
– **Zusätzliche Angaben.** Sie sind erforderlich, wenn durch Bilanz, GuV und die Angaben im Anhang ein den tatsächlichen Verhältnissen entsprechendes Bild der Vermögens-, Finanz- und Ertragslage nicht erreicht wird (§ 264 Abs. 2 S. 2).
– **Freiwillige Angaben.** Hierunter sind Angaben zu verstehen, die über die gesetzlich geforderten Angaben hinausgehen, um dem Adressaten des Jahresabschlusses zusätzliche Informationen zukommen zu lassen und denen keine gesetzliche Verpflichtung gegenübersteht.

Eine Angabe der **Vergleichszahlen** des Vorjahres im Anhang ist nicht vorgeschrie- **19** ben.[38] § 265 Abs. 2 verlangt nur die Angabe der Vorjahreszahlen in der Bilanz und in der GuV. Eine freiwillige Aufnahme der Vorjahreszahlen ist hingegen zulässig. Wenn jedoch die Angaben in Ausübung der gesetzlich eingeräumten Ausweiswahlrechte im Anhang statt in der Bilanz oder der GuV gemacht werden, wird nur der Ort des Ausweises vom Wahlrecht erfasst, nicht jedoch auch der Umfang der Information. Gleiches gilt bei einer Inanspruchnahme des Anwendungswahlrechts des § 265 Abs. 7 Nr. 2 oder für in den Anhang übernommene Vermerkangaben. Auf die Angaben im Anhang ist § 265 Abs. 8 anzuwenden mit der *Folge,* dass ein sog. Leerposten, also ein Posten, der keinen Betrag aufweist, nicht aufgeführt

---

35   BeckOGK/Kessler Rn. 5.
36   Vgl. ADS Rn. 24; Scholz/Crezelius GmbHG Anh. § 42a Rn. 235; BeBiKo/Grottel Rn. 27; HdJ/Kupsch Abt. IV/4 Rn. 30 f.; Selchert/Karsten BB 1985, 1889 (1890).
37   Vgl. ADS Rn. 10; Hopt/Merkt Rn. 3 f.; HdJ/Kupsch Abt. IV/4 Rn. 17 ff.; Beck HdR/Andrejewski B 40 Rn. 14; Selchert/Karsten BB 1985, 1889 (1890).
38   ADS Rn. 20; HdJ/Kupsch Abt. IV/4 Rn. 53; GK-HGB/Lezius Rn. 3.

zu werden braucht.[39] Besonderheiten können sich jedoch aus Abs. 2 Nr. 2 ergeben
(→ Rn. 66 ff.).

20   **4. Form und Gliederung des Anhangs. a) Form.** Das Gesetz schreibt weder eine
bestimmte Form noch eine genaue Gliederung des Anhangs vor. Der Anhang ist lediglich
als solcher **kenntlich zu machen** und vom Lagebericht und einer freiwilligen Berichterstattung abzugrenzen, damit ein Außenstehender feststellen kann, welche Informationen als
vom Abschlussprüfer im Rahmen des § 317 Abs. 1 S. 2 geprüft anzusehen sind. Die bestehende **Gestaltungsfreiheit** kann nur unter Beachtung des Grundsatzes der Klarheit und
Übersichtlichkeit ausgeübt werden (§ 243 Abs. 2). Da zudem die Aufnahme freiwilliger
Angaben durch den Gesetzgeber zugelassen wurde, besteht die Gefahr, dass der Anhang
unübersichtlich wird. Aus diesem Grund ist eine gewisse Strukturierung und Gruppierung
des Anhangs nach sachlichen Gesichtspunkten geboten. Bei der Wahl der Form des Anhangs
ist stets der Gesetzeszweck im Auge zu behalten.[40] Wird ein Konzernabschluss aufgestellt,
dürfen **Konzernanhang** und Anhang des Jahresabschlusses des Mutterunternehmens nach
§ 298 Abs. 2 zusammengefasst werden. In einem solchen Fall ist kenntlich zu machen,
welche Angaben sich auf den Einzel- und welche sich auf den Konzernabschluss beziehen.

21   Umstritten ist, ob für den Anhang der **Grundsatz der formellen Stetigkeit** der
Darstellung gilt.[41] Die formelle Stetigkeit in § 265 Abs. 1, der die allgemeinen Grundsätze
für die Gliederung des Jahresabschlusses und des Lageberichts aufstellt, gilt auf den ersten
Blick nur für die Bilanz und die GuV und nicht auch für den Anhang. Dass die Stetigkeit
der Darstellung indes auch für den Anhang verlangt werden muss, ergibt sich aus dem
Wortlaut des § 265 Abs. 1 S. 1, der bei seiner Forderung nach Beibehaltung der Darstellung
die beiden Bestandteile Bilanz und GuV nur „insbesondere" erwähnt. Leitlinie für die
Berichterstattung im Anhang nach dem Grundsatz des „true and fair view" ist die Vermittlung eines den tatsächlichen Verhältnissen entsprechenden Bildes der Vermögens-, Finanz-
und Ertragslage der Gesellschaft. Zudem muss der Anhang GoB-konform sein. Daraus ergibt
sich, dass die Darstellung nicht ohne sachlichen Grund von Geschäftsjahr zu Geschäftsjahr
wechseln darf. Der Grundsatz der Stetigkeit ist zum einen bei denjenigen Pflichtangaben
zu beachten, die wahlweise im Anhang oder im Jahresabschluss zu machen sind. Zum
anderen gilt er bei der Gliederung der einzelnen Angaben innerhalb der Abschnitte des
Anhangs.

22   **b) Gliederung.** Wegen seiner Ergänzungs- und Erläuterungsfunktion empfiehlt es
sich, den Anhang **hinter Bilanz und GuV** anzuordnen. Er muss mit den beiden anderen
Teilen so verbunden sein, dass seine Zugehörigkeit zum Jahresabschluss eindeutig erkennbar
ist. Gemäß § 245 hat der Kaufmann den Jahresabschluss zu unterzeichnen. Bei einer Kapitalgesellschaft und den ihr gleichgestellten Unternehmen muss die Unterschrift den Anhang
mitumfassen.

23   Mit dem **BilRUG** wurde die bis dato ungeregelte Struktur und Gestaltung des Anhangs
erstmals zur Umsetzung von Art. 15 Bilanz-RL und damit zur Angleichung der Rechnungslegung normiert: Gemäß § 284 Abs. 1 S. 1 Hs. 2 sind die Angaben zur Erläuterung der
Bilanz oder GuV in der Reihenfolge der einzelnen Posten der Bilanz und GuV darzustellen.[42] Die strukturierte Darstellung sollte nicht nur für Pflichtangaben iSd §§ 284 f., sondern
auch für Angaben, die wahlweise im Anhang gemacht oder sich aufgrund von anderen

---

[39]   ADS Rn. 21; BeBiKo/Grottel Rn. 32; Beck HdR/Andrejewski B 40 Rn. 26.
[40]   Forster DB 1982, 1631 (1632); Beck StB-HdB/Niemann 1998/99 Teil B Rn. 2010, 2011; Beck HdR/
      Andrejewski B 40 Rn. 51; Selchert/Karsten BB 1985, 1889 ff.
[41]   Dafür Budde/Förschle DB 1988, 1457 (1462); BeBiKo/Grottel Rn. 35; Staub/Meyer Rn. 16; Koch
      AktG § 160 Rn. 3; BeckOGK/Kessler Rn. 20; HdJ/Kupsch Abt. IV/4 Rn. 45; GK-HGB/Lezius Rn. 6;
      Beck HdR/Andrejewski B 40 Rn. 46; HKMS/Haferkorn/Diemers Rn. 13. Dagegen Coenenberg DB
      1986, 1581 (1582); Janz/Schülen WPg 1986, 57 f.; Schülen WPg 1987, 223 (224). Für eine weniger
      strenge Anwendung des Grundsatzes ADS Rn. 27.
[42]   BeBiKo/Grottel Rn. 33; Kolb/Roß WPg 2014, 1091.

Vorschriften (zB AktG, GmbHG) ergeben, gelten.[43] Im Übrigen ist stets sicherzustellen, dass die Gliederung dem Erfordernis nach Klarheit und Übersichtlichkeit entspricht (§ 243 Abs. 2). Die Gliederung sollte zweckmäßig sein. So wird beispielsweise eine dreigliedrige Darstellung vorgeschlagen, die sich in Erläuterungen zu Bilanz und GuV, Nebenrechnungen und Angaben sowie Erläuterungen zu den nicht kodifizierten Informationszielen unterteilt. Auch eine Ausrichtung an der Reihenfolge der Posten der Bilanz und der GuV wird angeregt, was vor allem durch entsprechende Überschriften oder eine fortlaufende, nummerierende Verknüpfung erreicht werden kann. Zudem haben sich in der Praxis sog. „Checklisten" als Hilfsmittel zur Einhaltung und Kontrolle der Vollständigkeit und Einheitlichkeit bewährt.[44]

24 Eine sich am englischen Recht orientierende Darstellung in Form sog. **„notes"** genügt nicht.[45] Dabei handelt es sich um eine Darstellungsform, bei der Anmerkungen zu den Posten der Bilanz und der GuV erstellt werden. Häufig kommt es zu einer ziffernmäßigen Verbindung mit den Abschlussposten und einer eigenständigen abschnittsweisen Darstellung. Werden nur Angaben verstreut in der Bilanz und GuV gemacht und wird im Übrigen auf einen gesonderten Anhang verzichtet, ist diese Form der Darstellung nicht ausreichend. Auch die Angabe zur Nutzung von Wahlrechten in Fußnoten zur Bilanz oder GuV widerspricht dem Verständnis des HGB vom Anhang als einem selbstständigen, dritten Bestandteil des Jahresabschlusses.

25 **c) Freiwillige Angaben.** Das Gesetz räumt den Unternehmen die Möglichkeit ein, über die vorgeschriebenen Mindestangaben hinaus den Jahresabschluss zu erläutern. Pflichtangaben sind solche, die in Abs. 1 oder in Vorschriften, die auf diese Norm Bezug nehmen, zwingend vorgeschrieben sind. Dabei spielt es keine Rolle, ob die Angaben stets oder nur im Einzelfall, etwa nach der Ausübung eines Wahlrechts, gemacht werden müssen (→ Rn. 18). Freiwillige Angaben gehen über die gesetzliche Berichterstattungspflicht hinaus. Zu den **freiwilligen Angaben** gehören beispielsweise die Angabe von Vorjahreszahlen, Kapitalflussrechnungen, Substanzerhaltungsrechnungen, Prognoserechnungen und Sozial- und Ökobilanzen, die allerdings auch in den Lagebericht aufgenommen werden können.[46] Die freiwilligen Angaben dürfen nicht gegen den Grundsatz der Klarheit und der Übersichtlichkeit verstoßen. Auch sie unterliegen der Offenlegungs- und ggf. der Prüfungspflicht. Sie müssen in einem sachlichen Zusammenhang mit dem Jahresabschluss stehen.[47]

26 **§ 264 Abs. 2 S. 1** begrenzt diese freiwillige Berichterstattung, indem festgelegt wird, dass sie den gleichen Anforderungen unterliegt wie die Pflichtangaben und nicht sinnentstellend oder gar irreführend sein darf. Vom Kern der Berichterstattung darf durch eine mengenmäßige Ausweitung nicht abgelenkt werden; auch jede Form der Verschleierung ist unzulässig.[48] Letztlich bestehen daher zwischen der freiwilligen und der gesetzlich vorgeschriebenen Berichterstattung keine großen qualitativen Unterschiede. Da bei Kapitalgesellschaften der Anhang Teil des Jahresabschlusses ist, unterliegt er der **Prüfungspflicht** durch den Abschlussprüfer (§§ 316, 317). Dies gilt nicht nur für die Pflicht-, sondern auch für die freiwilligen, zusätzlichen Angaben, die in den Anhang einbezogen werden. Der gesamte Anhang ist zudem offenzulegen (§§ 325 ff.). Sollen Angaben nicht der gesetzlich vorge-

---

43   Rimmelspacher/Meyer DB-Beil. Heft 5/2015, 23 (30); BeBiKo/Grottel Rn. 33.
44   Vgl. dazu ADS Rn. 28; Scholz/Crezelius GmbHG Anh. § 42a Rn. 236; Döbel BB 1987, 512 (513 ff.); HdJ/Kupsch Abt. IV/4 Rn. 59 f.; Janz/Schülen WPg 1986, 57 (58 ff.); BeckHdB GmbH/Langseder § 9 Rn. 84; Beck StB-HdB/Niemann 1998/99 Teil B Rn. 2013 ff.; Schnapauff WPg 1986, 555 (557 ff.); Beck HdR/Andrejewski B 40 Rn. 43; Schulte BB 1986, 1468 ff.; Selchert/Karsten BB 1985, 1889 (1890 ff.); Winnefeld Bilanz-HdB J IV Rn. 30 ff.
45   BeckOGK/Kessler Rn. 21; aA Forster DB 1982, 1631 (1632).
46   Häusler/Holzer DB 1988, 1405 ff. (Kapitalflussrechnung); Staub/Meyer Rn. 21; Hopt/Merkt Rn. 8; KKRD/Morck/Drüen Rn. 5; Ossadnik BB 1990, 813 ff.; EBJS/Böcking/Gros/Wirth Rn. 13; Wiedmann/Böcking/Gros Rn. 13.
47   HKMS/Haferkorn/Diemers Rn. 37.
48   Staub/Meyer Rn. 22; Hopt/Merkt Rn. 8; Niehus WPg 1988, 93 (96).

schriebenen Publizität und Prüfung des Anhangs unterworfen werden, müssen sie daher außerhalb von Anhang und Lagebericht in einem allgemeinen Teil des „Geschäftsberichts" ausgewiesen werden.[49] Werden sie in den Lagebericht aufgenommen, gelten für den Umfang der Prüfung §§ 316, 317.

III. Inhalt des Anhangs (Abs. 1)

27   Gemäß Abs. 1 muss der Anhang diejenigen Angaben enthalten, die zu den einzelnen Posten der Bilanz oder der GuV gesetzlich **zwingend vorgeschrieben** sind (sog. Pflichtangaben). Das Gleiche gilt für Angaben, die im Anhang zu machen sind, weil die Posten in Ausübung eines Wahlrechts nicht in die Bilanz oder in die GuV aufgenommen wurden. Im zweiten Fall müssen die Angaben nur gemacht werden, wenn das gesetzlich eingeräumte Wahlrecht zugunsten des Ausweises im Anhang ausgeübt wurde **(Wahlpflichtangaben).**

28   **1. Pflichtangaben nach HGB.** Nach HGB sind folgende Pflichtangaben im Anhang zu machen, sofern die entsprechenden berichtspflichtigen Sachverhalte vorliegen:
- § 264 Abs. 2 S. 2: Zusätzliche Angaben zum Zwecke des *„true and fair view",* falls der Jahresabschluss wegen besonderer Umstände trotz Beachtung der GoB kein den tatsächlichen Verhältnissen entsprechendes Bild vermittelt;
- § 264c Abs. 2: Angabe des Betrags der im Handelsregister gem. § 172 Abs. 1 eingetragenen Einlagen, soweit diese nicht geleistet sind;
- § 265 Abs. 1 S. 2: Angabe und Begründung der Unterbrechungen von der Ausweiskontinuität in der Form der Darstellung und der Gliederung in Bilanz und GuV;
- § 265 Abs. 2 S. 2: Angabe und Erläuterung von nicht vergleichbaren Beträgen von Posten der Bilanz oder der GuV;
- § 265 Abs. 2 S. 3: Angabe und Erläuterung von Anpassungen von Vorjahresbeträgen in der Bilanz oder der GuV;
- § 265 Abs. 4 S. 2: Angabe und Begründung der Ergänzung des Jahresabschlusses nach der für die anderen Geschäftszweige vorgeschriebenen Gliederung;
- § 268 Abs. 4 S. 2: Erläuterung von größeren Beträgen im Posten „sonstige Vermögensgegenstände", die erst nach dem Abschlussstichtag rechtlich entstehen;
- § 268 Abs. 5 S. 3: Erläuterung von größeren Beträgen im Posten „Verbindlichkeiten", die erst nach dem Abschlussstichtag rechtlich entstehen; keine Angabepflicht für kleine Kapitalgesellschaften (§ 274a Nr. 2);
- § 268 Abs. 7: Angaben zu nicht auf der Passivseite auszuweisenden Verbindlichkeiten oder Haftungsverhältnissen, jeweils unter gesonderter Angabe gewährter Sicherheiten sowie Verpflichtungen der Altersvorsorge und gegenüber verbundenen oder assoziierten Unternehmen; idF nach dem BilRUG keine Wahlpflicht-, sondern eine Pflichtangabe (BT-Drs. 18/5256, 12);
- § 284 Abs. 2 Nr. 1: Angabe der auf die Posten der Bilanz und der GuV angewandten Bilanzierungs- und Bewertungsmethoden; keine Offenbarungspflicht von Angaben zur GuV kleiner Kapitalgesellschaften, § 326 (→ Rn. 40);
- § 284 Abs. 2 Nr. 2: Angabe und Begründung von Abweichungen von Bilanzierungs- und Bewertungsmethoden; gesonderte Darstellung ihres Einflusses auf die Vermögens-, Finanz- und Ertragslage (→ Rn. 66);
- § 284 Abs. 2 Nr. 3: Ausweis von Unterschiedsbeträgen bei Anwendung einer Bewertungsmethode nach § 240 Abs. 4 oder § 256 S. 1, wenn die Bewertung im Vergleich zu einer Bewertung auf der Grundlage des Börsenkurses oder Marktpreises einen erheblichen Unterschied aufweist (→ Rn. 86);
- § 284 Abs. 2 Nr. 4: Angabe über die Einbeziehung von Zinsen für Fremdkapital in die Herstellungskosten (→ Rn. 92);
- § 284 Abs. 3: Entwicklung der einzelnen Posten des Anlagevermögens (→ Rn. 93);

---

[49]   Beck HdR/Andrejewski B 40 Rn. 18.

– § 285 Nr. 1 lit. a: Angabe der Gesamtverbindlichkeiten mit einer Restlaufzeit von über fünf Jahren;
– § 285 Nr. 1 lit. b: Angabe des Gesamtbetrags der besicherten Verbindlichkeiten unter Angabe von Art und Form der Sicherheiten;
– § 285 Nr. 2: Aufgliederung der Angaben zu § 285 Nr. 1 für jeden Posten der Verbindlichkeiten; keine Angabepflicht für kleine Kapitalgesellschaften, § 288 Abs. 1; keine Offenbarungspflicht für mittelgroße Kapitalgesellschaften, § 327 Nr. 2;
– § 285 Nr. 3: Art und Zweck sowie Risiken, Vorteile und finanzielle Auswirkungen nicht in der Bilanz enthaltener Geschäfte, soweit die Risiken und Vorteile wesentlich sind und die Offenlegung für die Beurteilung der Finanzlage des Unternehmens erforderlich ist; keine Angabepflicht für kleine Kapitalgesellschaften (§ 288 Abs. 1); mittelgroße Kapitalgesellschaften brauchen die Risiken und Vorteile nicht darzustellen (§ 288 Abs. 2);
– § 285 Nr. 3a: Angabe des Gesamtbetrags der in der Bilanz nicht enthaltenen und auch nach § 268 Abs. 7 oder § 285 Nr. 3 nicht anzugebenden, sonstigen finanziellen Verpflichtungen; keine Angabepflicht für kleine Kapitalgesellschaften (§ 288 Abs. 1);
– § 285 Nr. 4: Aufgliederung der Umsatzerlöse nach Tätigkeitsbereichen und nach geographisch bestimmten Märkten; keine Angabepflicht für kleine und mittelgroße Kapitalgesellschaften (§ 288); Angabe kann unterbleiben, wenn sonst ein erheblicher Nachteil droht (§ 286 Abs. 2);
– § 285 Nr. 7: Angabe der durchschnittlichen Zahl der während des Geschäftsjahres beschäftigten Arbeitnehmer getrennt nach Gruppen; keine Angabepflicht für kleine Kapitalgesellschaften (§ 288 Abs. 1);
– § 285 Nr. 8 lit. a: Angabe des Materialaufwands bei Anwendung des Umsatzkostenverfahrens; keine Angabepflicht für kleine Kapitalgesellschaften (§ 288 Abs. 1); keine Offenbarungspflicht für mittelgroße Kapitalgesellschaften (§ 327 Nr. 2);
– § 285 Nr. 8 lit. b: Angabe des Personalaufwands bei Anwendung des Umsatzkostenverfahrens; keine Offenbarungspflicht für kleine Kapitalgesellschaften (§ 326);
– § 285 Nr. 9 lit. a: Angabe des für die Tätigkeit der Mitglieder des Geschäftsführungsorgans, des Aufsichtsrats ua gewährten Gesamtbetrages; keine Angabepflicht für kleine Kapitalgesellschaften (§ 288 Abs. 1); keine Angabepflicht, falls sich daraus Bezüge eines Mitglieds dieser Organe feststellen lassen (§ 286 Abs. 4); Besonderheiten gelten bei Genossenschaften (§ 338 Abs. 3);
– § 285 Nr. 9 lit. b: Angabe der Gesamtbezüge früherer Organmitglieder jeweils für jede Personengruppe; keine Angabepflicht für kleine Kapitalgesellschaften (§ 288 Abs. 1); keine Angabepflicht, falls sich daraus Bezüge eines Mitglieds dieser Organe feststellen lassen (§ 286 Abs. 4); Besonderheiten gelten bei Genossenschaften (§ 338 Abs. 3);
– § 285 Nr. 9 lit. c: Angabe über gewährte Vorschüsse und Kredite unter Angabe der Zinssätze und die zugunsten dieser Personen eingegangenen Haftungsverhältnisse; Besonderheiten gelten bei Genossenschaften (§ 338 Abs. 3);
– § 285 Nr. 10: Angabe aller Mitglieder des Geschäftsführungsorgans und eines Aufsichtsrats;
– § 285 Nr. 11: Angaben über Beteiligungsgesellschaften; Angabe kann unterbleiben, wenn sie von untergeordneter Bedeutung ist oder ein erheblicher Nachteil droht (§ 286 Abs. 3 S. 1, 3); Angabe des Eigenkapitals und des letzten Jahresergebnisses kann unterbleiben, wenn das Unternehmen seinen Jahresabschluss nicht offengelegt hat und die berichtende Kapitalgesellschaft keinen beherrschenden Einfluss auf das betreffende Unternehmen ausüben kann (§ 286 Abs. 3 S. 2);
– § 285 Nr. 11a: Angabe von Name, Sitz und Rechtsform der Unternehmen, deren unbeschränkt haftender Gesellschafter die Kapitalgesellschaft ist;
– § 285 Nr. 11b: Beteiligungen von börsennotierten Kapitalgesellschaften an großen Kapitalgesellschaften mit mehr als 5% der Stimmrechte; Angabe kann unterbleiben, wenn sie von untergeordneter Bedeutung ist oder ein erheblicher Nachteil droht (§ 286 Abs. 3 S. 1, 3);

- § 285 Nr. 12: Erläuterung der in der Bilanz nicht gesondert ausgewiesenen, nicht unerheblichen sonstigen Rückstellungen; keine Angabepflicht für kleine Kapitalgesellschaften (§ 288 Abs. 1); keine Offenbarungspflicht für mittelgroße Kapitalgesellschaften (§ 327 Nr. 2);
- § 285 Nr. 13: Erläuterung des Zeitraums, über den ein entgeltlich erworbener Geschäfts- oder Firmenwert abgeschrieben wird;
- § 285 Nr. 14, 14a: Angaben zu den Mutterunternehmen;
- § 285 Nr. 15: Angabe von Name und Sitz der Gesellschaften, die persönlich haftende Gesellschafter sind, sowie deren gezeichnetes Kapital, soweit es sich um den Anhang des Jahresabschlusses einer Personenhandelsgesellschaft iSd § 264a Abs. 1 handelt;
- § 285 Nr. 15a: das Bestehen von Genussscheinen, Genussrechten, Wandelschuldverschreibungen, Optionsscheinen, Optionen, Besserungsscheinen oder vergleichbaren Wertpapieren oder Rechten, unter Angabe der Anzahl und der Rechte, die sie verbriefen;
- § 285 Nr. 16: Zusatzangabe für börsennotierte AG über die Entsprechenserklärung nach § 161 AktG zum Deutschen Corporate Governance Kodex;
- § 285 Nr. 17: Angaben über das für das Geschäftsjahr berechnete Gesamthonorar des Abschlussprüfers in aufgeschlüsselter Form, soweit nicht im Konzernabschluss enthalten;
- § 285 Nr. 18: Angabe des Buchwerts und des beizulegenden Zeitwerts sowie der Gründe für das Unterlassen einer Abschreibung für zu den Finanzanlagen (§ 266 Abs. 2 A. III.) gehörende Finanzinstrumente, die über ihren beizulegenden Zeitwert ausgewiesen werden, da insoweit eine außerplanmäßige Abschreibung gem. § 253 Abs. 2 S. 3 unterblieben ist;
- § 285 Nr. 19: Art, Umfang, beizulegender Zeitwert und Buchwert für jede Kategorie nicht zum beizulegenden Zeitwert bilanzierter derivativer Finanzinstrumente sowie Gründe für fehlende Bestimmbarkeit des beizulegenden Zeitwerts;
- § 285 Nr. 20: Angaben für mit dem beizulegenden Zeitwert bewertete Finanzinstrumente;
- § 285 Nr. 21: Angaben zu Geschäften mit nahestehenden Unternehmen und Personen zu nicht marktüblichen Bedingungen;
- § 285 Nr. 23: Angaben zur Zuordnung und Risiken von Bewertungseinheiten nach § 254, soweit nicht im Lagebericht enthalten;
- § 285 Nr. 24: Angaben zu den Bewertungsmethoden für Pensionsrückstellungen und ähnliche Verpflichtungen;
- § 285 Nr. 25: Angaben bei Verrechnung von Vermögensgegenständen und Schulden gem. § 246 Abs. 2 S. 2;
- § 285 Nr. 26: Angaben zu Anteilen oder Anlageaktien an Investmentvermögen;
- § 285 Nr. 27: Gründe der Risikoeinschätzung für Inanspruchnahme aus den Verbindlichkeiten und Haftungsverhältnissen nach § 268 Abs. 7;
- § 285 Nr. 28: Angabe ausschüttungsgesperrter Beträge iSd § 268 Abs. 8;
- § 285 Nr. 29: Differenzen, steuerliche Verlustvorträge und Bewertung der latenten Steuern;
- § 285 Nr. 30: Angaben zu den latenten Steuersalden am Ende des Geschäftsjahres sowie zu deren Veränderung, sofern latente Steuerschulden in der Bilanz angesetzt werden;
- § 285 Nr. 31: Angaben zu außergewöhnlichen Ertrags- und Aufwandsposten;
- § 285 Nr. 32: Angaben zu Erträgen und Aufwendungen, die einem anderen Geschäftsjahr zuzurechnen sind;
- § 285 Nr. 33: Angaben zu Vorgängen von besonderer Bedeutung, die nach dem Schluss des Geschäftsjahrs eingetreten sind und in der Bilanz und GuV nicht berücksichtigt sind;
- § 285 Nr. 34: Angaben zum Ergebnisverwendungsvorschlag oder dem diesbezüglichen Beschluss;
- § 286 Abs. 3 S. 4: Angabe der Inanspruchnahme der Ausnahmeregelung bei Unterlassen von Angaben über Beteiligungsgesellschaften (§ 285 Nr. 11, 11a);
- § 291 Abs. 2 Nr. 4: Angaben im Jahresabschluss eines von der Verpflichtung zur Aufstellung eines Konzernabschlusses befreiten Unternehmens;

– § 324 Abs. 1 S. 2 Nr. 1 Hs. 2: Gründe für die Nichteinrichtung eines Prüfungsausschusses für Kapitalgesellschaften, die ausschließlich durch Vermögensgegenstände besicherte Wertpapiere iSd § 2 Abs. 1 WpHG ausgeben.

2. Pflichtangaben nach EGHGB. Nach EGHGB sind folgende Pflichtangaben im 29 Anhang zu machen:
– Art. 28 Abs. 2 EGHGB (iVm Art. 48 Abs. 6 EGHGB): Angabe des Fehlbetrags nicht passivierter Rückstellungen für laufende Pensionen und ähnliche Verpflichtungen;
– Art. 44 Abs. 1 S. 4 EGHGB: Erläuterungen zu Aufwendungen für die Währungsumstellung auf den EUR, die als Bilanzierungshilfe aktiviert werden;
– Art. 48 Abs. 5 S. 3 EGHGB: Angabe über die Übernahme und Fortführung der Buchwerte der Vermögensgegenstände aus dem Jahresabschluss des vorhergehenden Geschäftsjahrs als ursprüngliche Anschaffungs- oder Herstellungskosten bei erstmaliger Anwendung des § 268 Abs. 2;
– Art. 66 Abs. 3 S. 6 Hs. 2 EGHGB: Angabe über die Anwendung der neuen Vorschriften nach dem BilMoG bereits für das nach dem 31.12.2008 beginnende Geschäftsjahr;
– Art. 67 Abs. 1 S. 4 EGHGB: Angabe über den Betrag der Überdeckung bei Beibehaltung der Rückstellungen aufgrund des Wahlrechts nach Art. 67 Abs. 1 S. 2 EGHGB;
– Art. 67 Abs. 2 EGHGB: Angabe der in der Bilanz nicht ausgewiesenen Rückstellungen für laufende Pensionen, Anwartschaften auf Pensionen und ähnliche Verpflichtungen bei Anwendung des Art. 67 Abs. 1 EGHGB;
– Art. 67 Abs. 8 S. 2 EGHGB: Hinweis auf Nichtanpassung der Vorjahreszahlen bei erstmaliger Anwendung der neuen Vorschriften des BilMoG.

3. Pflichtangaben nach AktG. Nach AktG sind folgende Pflichtangaben im Anhang 30 zu machen:
– § 160 Abs. 1 Nr. 1 AktG: Angaben über den Bestand und den Zugang an Vorratsaktien einschließlich deren Verwertung;
– § 160 Abs. 1 Nr. 2 AktG: Angaben über den Bestand an eigenen Aktien, über deren Erwerb oder die Veräußerung eigener Aktien unter Angabe der Zahl, des auf sie entfallenden Betrags des Grundkapitals, des Anteils am Grundkapital, des Zeitpunkts und der Gründe für deren Erwerb;
– § 160 Abs. 1 Nr. 4 AktG: Angaben über das genehmigte Kapital;
– § 160 Abs. 1 Nr. 5 AktG: Angaben zur Zahl der Bezugsrechte nach § 192 Abs. 2 Nr. 3 AktG, der Wandelschuldverschreibungen und vergleichbarer Wertpapiere;
– § 160 Abs. 1 Nr. 7 AktG: Angaben über das Bestehen einer wechselseitigen Beteiligung unter Angabe des Unternehmens;
– § 160 Abs. 1 Nr. 8 AktG: Angaben über das Bestehen von nach § 20 Abs. 1 oder 4 AktG oder § 33 Abs. 1, 2 WpHG mitgeteilten Beteiligungen;
– § 240 S. 3 AktG: Erläuterungen über die Verwendung der aus einer Kapitalherabsetzung oder aus der Auflösung offener Gewinnrücklagen gewonnenen Beträge; seit dem BilRUG mit Ausnahme für kleine Kapitalgesellschaften iSd § 267 Abs. 1 (§ 240 S. 4 AktG);
– § 261 Abs. 1 S. 3 AktG: Begründung für eine niedrigere Bewertung und Angabe der Entwicklung des Werts oder Betrags; seit dem BilRUG mit Einschränkungen für kleine Kapitalgesellschaften iSd § 267 Abs. 1;
– § 261 Abs. 1 S. 4 AktG: Bericht über den Abgang von Gegenständen und die Verwendung der Erlöse; seit dem BilRUG mit Einschränkungen für kleine Kapitalgesellschaften iSd § 267 Abs. 1.

4. Wahlpflichtangaben nach HGB. Wahlpflichtangaben müssen im Anhang gemacht 31 werden, wenn sie in Ausübung des in der jeweiligen Regelung enthaltenen Wahlrechts nicht in die Bilanz oder in die GuV aufgenommen wurden:
– § 264c Abs. 1: Angabe der Ausleihungen, Forderungen und Verbindlichkeiten gegenüber Gesellschaftern, wenn sie nicht gesondert ausgewiesen werden;

- § 265 Abs. 3 S. 1: Angabe der Mitzugehörigkeit eines Postens zu einem anderen Bilanzposten;
- § 265 Abs. 7 Nr. 2: gesonderter Ausweis, falls zur Vergrößerung der Klarheit der Darstellung in Bilanz oder GuV Einzelposten zulässigerweise zusammengefasst ausgewiesen werden;
- § 268 Abs. 1 S. 3: gesonderte Angabe des Gewinn- oder Verlustvortrags bei Bilanzaufstellung unter Berücksichtigung der teilweisen Ergebnisverwendung;
- § 268 Abs. 6: Angabe eines Unterschiedsbetrags nach § 250 Abs. 3; keine Angabepflicht für kleine Kapitalgesellschaften, § 274a Nr. 3;
- § 277 Abs. 3 S. 1: gesonderte Ausweisung außerplanmäßiger Abschreibungen nach § 253 Abs. 3 S. 5, 6;
- § 327 Nr. 1 S. 2: gesonderte Angaben bestimmter Bilanzposten durch mittelgroße Kapitalgesellschaften bei Verwendung des für kleine Kapitalgesellschaften geltenden Gliederungsschemas für die Offenlegung.

32   **5. Wahlpflichtangaben nach EGHGB.** Nach EGHGB sind folgende Pflichtangaben im Anhang zu machen, wenn sie in Ausübung des in der Regelung enthaltenen Wahlrechts nicht in die Bilanz aufgenommen wurden:
- Art. 42 Abs. 3 S. 3 EGHGB: bei Umstellung des Jahres- und Konzernabschlusses auf EUR vor Umstellung des gezeichneten Kapitals Ausweis des gezeichneten Kapitals in der Vorspalte der Bilanz oder im Anhang;
- Art. 67 Abs. 3 S. 1 EGHGB: Angabe von Sonderposten mit Rücklageanteil nach §§ 247 Abs. 3, 273 aF sowie gesonderte Angabe der Erträge aus der Auflösung der fortgeführten Sonderposten mit Rücklageanteil gem. § 281 Abs. 2 S. 2 aF;
- Art. 67 Abs. 4 S. 1 EGHGB: Angabe der niedrigeren Wertansätze iSd §§ 254, 279 Abs. 2 aF, wenn sie nach § 281 Abs. 1 S. 1 aF fortgeführt werden;
- Art. 67 Abs. 5 S. 1 EGHGB: Angabe der Aufwendungen für die Ingangsetzung des Geschäftsbetriebs und dessen Erweiterung als Bilanzierungshilfe iSd § 269 aF.

33   **6. Wahlpflichtangaben nach AktG.** Nach AktG sind folgende Pflichtangaben dann im Anhang zu machen, wenn sie in Ausübung des in der jeweiligen Regelung enthaltenen Wahlrechts nicht in die Bilanz oder in die GuV aufgenommen wurden:
- § 58 Abs. 2a S. 2 Hs. 2 AktG: Angabe des Betrags des Eigenkapitalanteils von Wertaufholungen, die in andere Gewinnrücklagen eingestellt werden;
- § 152 Abs. 2 AktG: Angabe der während des Geschäftsjahrs eingestellten und der für das Geschäftsjahr entnommenen Beträge der Kapitalrücklage;
- § 152 Abs. 3 AktG: Angaben über Veränderungen der Gewinnrücklage;
- § 158 Abs. 1 S. 2 AktG: Ergänzung der GuV um die Posten: Gewinnvortrag/Verlustvortrag; Entnahmen aus der Kapitalrücklage; Entnahmen aus Gewinnrücklagen; Einstellungen in Gewinnrücklagen; Bilanzgewinn/Bilanzverlust;
- § 160 Abs. 1 Nr. 3 AktG: Zahl der Aktien jeder Gattung, wobei zu Nennbetragsaktien der Nennbetrag und zu Stückaktien der rechnerische Wert für jede von ihnen anzugeben ist; davon sind Aktien, die bei einer bedingten Kapitalerhöhung oder einem genehmigten Kapital im Geschäftsjahr gezeichnet wurden, jeweils gesondert anzugeben.

34   **7. Wahlpflichtangaben nach GmbHG.** Nach GmbHG sind folgende Pflichtangaben dann im Anhang zu machen, wenn sie in Ausübung des in der jeweiligen Regelung enthaltenen Wahlrechts nicht in die Bilanz oder in die GuV aufgenommen wurden:
- § 29 Abs. 4 S. 2 Hs. 2 GmbHG: Angabe des Betrags des Eigenkapitalanteils von Wertaufholungen und von bei der steuerrechtlichen Gewinnermittlung gebildeten Passivposten, die in andere Gewinnrücklagen eingestellt werden;
- § 42 Abs. 3 GmbHG: Angabe von Ausleihungen, Forderungen und Verbindlichkeiten gegenüber den Gesellschaftern.

35   **8. Zusätzliche Angaben für Genossenschaften.** Genossenschaften sind verpflichtet, folgende zusätzliche Angaben im Anhang zu machen:

– § 338 Abs. 1: Angabe der Zahl der im Laufe des Geschäftsjahrs eingetretenen oder ausgeschiedenen und der am Schluss des Geschäftsjahrs der Genossenschaft angehörenden Genossen; Angabe des Gesamtbetrags, um den sich das Geschäftsguthaben und die Haftsummen der Genossen im Berichtsjahr verändert haben;

– § 338 Abs. 2 Nr. 1: Angabe des Namens und der Anschrift des zuständigen Prüfungsverbands;

– § 338 Abs. 2 Nr. 2: Angabe aller Mitglieder des Vorstands und des Aufsichtsrats.

9. Zusätzliche Angaben für Kredit- und Finanzdienstleistungsinstitute sowie **36** **Versicherungen.** Kredit und Finanzdienstleistungsinstitute haben zusätzlich folgende Angabepflichten zu beachten:

– § 340a Abs. 4 Nr. 1: Angabe aller Mandate in gesetzlich zu bildenden Aufsichtsgremien großer Kapitalgesellschaften, die von gesetzlichen Vertretern oder anderen Mitarbeitern wahrgenommen werden;

– § 340a Abs. 4 Nr. 2: Angabe aller Beteiligungen an großen Kapitalgesellschaften, die 5% der Stimmrechte überschreiten;

– § 340b Abs. 4: Angabe des Buchwerts der in Pension gegebenen Vermögensbestände;

– § 340c Abs. 3: Angabe des Betrags mit dem nicht realisierte Reserven nach § 10 Abs. 2b S. 1 Nr. 6 oder 7 KWG dem haftenden Eigenkapital zugerechnet werden.

Ferner haben Kredit- und Finanzdienstleistungsinstitute bzw. Versicherungen folgende **37** branchenspezifische Wahlpflichtangaben zu machen:

– § 340e Abs. 2 (Kredit- und Finanzdienstleistungsinstitute): Angabe der Höhe des als Rechnungsabgrenzungsposten bilanzierten und planmäßig aufzulösenden Unterschiedsbetrags zwischen Nennbetrag und Auszahlungsbetrag oder Anschaffungskosten eines Hypothekendarlehens und anderer Forderungen, wenn dieser Zinscharakter hat;

– § 341c Abs. 2 (Versicherungsunternehmen): Angabe der Höhe des als Rechnungsabgrenzungsposten bilanzierten und planmäßig aufzulösenden Unterschiedsbetrages zwischen Nennbetrag und Anschaffungskosten von Namensschuldverschreibungen, Hypothekendarlehen und anderen Forderungen.

Zudem haben Kreditinstitute den Anhang um die gem. §§ 34 f. RechKredV erforderlichen Angaben und Versicherungsunternehmen um die gem. §§ 51 ff. RechVersV notwendigen Angaben zu ergänzen.

10. Angaben bei freiwilligen Abschlussprüfungen. Sofern Einzelkaufleute und **38** Personenhandelsgesellschaften nicht dem PublG unterliegen, sind sie nicht verpflichtet, einen Anhang zu erstellen. Wenn sie sich dennoch freiwillig prüfen lassen, kann ein **Bestätigungsvermerk** nach § 322 Abs. 1 nur erteilt werden, wenn die Voraussetzungen einer gesetzlich angeordneten Prüfung nach § 316 Abs. 1, 2 erfüllt sind[50] und insbesondere die oben genannten Pflichtangaben in einem freiwillig erstellten Anhang gemacht werden. Dies gilt aber nur für solche Angaben, die auf Einzelkaufleute und Personengesellschaften sinngemäß anwendbar sind.

Kapitalgesellschaften, die freiwillig einen Einzelabschluss nach den in das EU-Recht **39** übernommenen internationalen Rechnungslegungsstandards iSv § 325 Abs. 2a S. 1 iVm § 315e Abs. 1 aufstellen, müssen bei der Erstellung des Anhangs bestimmte Angabepflichten des HGB beachten. § 325 Abs. 2a S. 3 verweist hierfür abschließend auf die § 285 Nr. 7, 8 lit. b, Nr. 9–11a, 14–17 sowie § 286 Abs. 1, 3. Im Übrigen sind die Angabepflichten zum Anhang gem. §§ 284, 285 nicht zu beachten (§ 325 Abs. 2a S. 5).

IV. Allgemeine Angaben im Anhang (Abs. 2)

1. Angabe der angewandten Bilanzierungs- und Bewertungsmethoden (Abs. 2 **40** **Nr. 1). a) Umfang der Angaben.** Die von der Kapitalgesellschaft angewandten Bilanzie-

---

[50]   IDW PS 400 Rn. 3, IDW Life 2018, 29 [3]. Vgl. OLG Düsseldorf WM 1995, 1840 (1841); OLG München BB 1996, 1824 = DB 1996, 1666 = EWiR 1996, 891 mAnm Mankowski; ebenso BeBiKo/ Justenhoven/Küster/Bernhardt § 322 Rn. 235.

rungs- und Bewertungsmethoden sind nach Abs. 2 Nr. 1 allgemein und nach Abs. 2 Nr. 2–4 in besonderer Hinsicht zu erläutern. Bei diesen Angaben handelt es sich um ein „Kernstück" des Anhangs, aus dem sich die **wesentlichen Informationen** ergeben, die zu einer sachgerechten Beurteilung der Vermögens-, Finanz- und Ertragslage notwendig sind.[51] Nach Abs. 2 Nr. 1 ist die Kapitalgesellschaft verpflichtet, grundlegende Angaben zu den angewandten Bilanzierungs- und Bewertungsmethoden zu machen, soweit diese Informationen für das Verständnis und die Beurteilung von Bilanz und GuV erforderlich sind. Mit dieser Verpflichtung ist **keine allgemeine Pflicht zur Erläuterung** der Posten in der Bilanz verbunden.[52] Dennoch dürfen sich die Angaben nicht allein auf die bloße Wiedergabe des Wortlauts der gesetzlichen Bilanzierungs- und Bewertungsvorschriften beschränken. Angaben zu Posten des Jahresabschlusses oder der GuV sind daher dann zu machen, wenn sie auf bestimmten Bilanzierungsmethoden beruhen oder diese Methoden einer näheren Kennzeichnung bzw. Erläuterung bedürfen. Für den Umfang der Angaben gelten die allgemeinen Berichtsgrundsätze (§ 264 Abs. 2 S. 1), mit der Folge, dass die Angaben bei unwesentlichen Beträgen unterbleiben können. Angaben von grundlegender Bedeutung können vorangestellt werden. Im Rahmen der Angaben zu den Einzelposten kann dann auf sie verwiesen werden, um Wiederholungen zu vermeiden.[53] Eine Bezugnahme auf Erläuterungen früherer Geschäftsjahre ist nicht zulässig. Unter die Angabepflicht fällt auch die Angabe der Anwendung von steuerrechtlichen Vorschriften zur Bilanzierung und Bewertung.

41   Für Aktiengesellschaften enthalten die §§ 152, 158, 160 AktG spezielle Angabepflichten.

42   **b) Die Bilanzierungsmethoden.** Das Gesetz definiert den Begriff „Bilanzierungsmethode" nicht. Es unterscheidet allerdings durchgehend zwischen Ansatz- und Bewertungsvorschriften. Aus dieser Trennung zwischen Normen, die den Ansatz in der Bilanz und der GuV zum Gegenstand haben, auf der einen und solchen, die die Bewertung betreffen, auf der anderen Seite, ist zu folgern, dass unter den Bilanzierungsmethoden iSv Abs. 2 Nr. 1 die **Entscheidungen über den Ansatz** in der Bilanz und der GuV dem Grunde nach, nach der Art, dem Umfang und dem Zeitpunkt zu verstehen sind.[54] Die Angabe der Bilanzierungsmethode verlangt eine Auseinandersetzung mit **drei Fragestellungen:** Erstens muss der Grund der Bilanzierung geklärt werden. Darunter versteht man die Prüfung, ob ein Vermögensgegenstand überhaupt bilanzierungsfähig ist, ob er bilanziert werden muss oder ob er wegen eines eingeräumten Wahlrechts bilanziert werden darf. Zweitens muss der Umfang der Bilanzierung geprüft werden, also wie der Gegenstand zu beschreiben und abzugrenzen ist. Drittens ist zu klären, wann der Gegenstand im Rahmen der gesetzlichen Vorschriften bzw. der GoB zu bilanzieren ist (Zeitpunkt der Bilanzierung).[55] Es herrscht überwiegend Einigkeit darüber, dass über die Einhaltung der gesetzlich zwingend vorgeschriebenen Bilanzierungs- und Bewertungsmethoden nicht zu berichten ist.[56]

43   Angaben sind nur dann zu machen, wenn sie für die Ermittlung der Vermögens-, Finanz- und Ertragslage der Kapitalgesellschaft **erforderlich** sind. Diese Einschränkung der Angabe der Bilanzierungsmethoden ergibt sich aus **§ 264 Abs. 2,** wonach die Angaben der Vermittlung eines den tatsächlichen Verhältnissen entsprechenden Bildes zu dienen haben.[57] Bei Bestehen eindeutiger gesetzlicher Vorgaben über die Bilanzierung und die Darstellung eines Gegenstandes erübrigen sich die entsprechenden Angaben im Anhang. Erläuterungen

---

51   Staub/Meyer Rn. 29. Zu den Besonderheiten bei Lebensversicherungen und Rückdeckungsversicherungen s. Kemsat/Wichmann BB 2004, 2287 (2291).
52   ADS Rn. 53; HdR/Oser/Holzwarth §§ 284–288 Rn. 96–98.
53   ADS Rn. 54; wohl auch Schülen WPg 1987, 223 (227).
54   BeBiKo/Grottel Rn. 105; Staub/Meyer Rn. 30; HdJ/Kupsch Abt. IV/4 Rn. 76; EBJS/Böcking/Gros/Wirth Rn. 14; Wiedmann/Böcking/Gros Rn. 14; Winnefeld Bilanz-HdB J VII Rn. 60.
55   ADS § 285 Rn. 55; BeBiKo/Grottel Rn. 105 und 109; BeckOGK/Kessler Rn. 68; HdJ/Kupsch Abt. IV/4 Rn. 78.
56   HdJ/Kupsch Abt. IV/4 Rn. 76; Selchert ZfB-Ergänzungsheft 1/1987, 203 (210).
57   ADS Rn. 56; BeBiKo/Grottel Rn. 108.

sind hingegen erforderlich, wenn die Bilanzierung von gewissen Entscheidungen des Bilanzierenden abhängt, wie dies zB beim gesetzlichen Bilanzierungswahlrecht der Fall ist. Gleiches gilt, wenn die Zuordnung eines Gegenstandes zu einem bestimmten Bilanzposten nicht eindeutig festzustellen ist.[58] Die Erläuterungen zu den Bilanzierungsmethoden verlangen zudem Angaben über die allgemeinen Grundsätze der Gliederung. Angabepflichten, die den Grund der Bilanzierung betreffen, ergeben sich vor allem aus solchen Ansatzvorschriften, die ein Wahlrecht einräumen, bestimmte Aktiv- oder Passivposten zu bilanzieren. Wird von einem Wahlrecht nur teilweise Gebrauch gemacht, ist der Umfang der Inanspruchnahme anzugeben.

Eine Pflicht zur Angabe von Bilanzierungsmethoden folgt vor allem aus Ansatzwahl- **44** rechten. Das **HGB** hat **Ansatzwahlrechte** in folgenden Vorschriften eingeräumt:[59]
– § 248 Abs. 2 S. 1: selbst geschaffene immaterielle Vermögensgegenstände des Anlagevermögens;
– § 249 Abs. 1 iVm Art. 28 Abs. 1 EGHGB: Nichtansatz von Pensionsrückstellungen für Altzusagen; Gleiches gilt für mittelbare Verpflichtungen aus einer Zusage und ähnliche unmittelbare sowie mittelbare Verpflichtungen;
– § 250 Abs. 3: Ansatz eines Disagios; die Angabepflicht entfällt, wenn das Disagio nach § 268 Abs. 6 auf der Aktivseite gesondert ausgewiesen wird;
– § 274 Abs. 1 S. 2: Aktivierung latenter Steueransprüche als Bilanzierungshilfe;
– § 274 Abs. 1 S. 3: unsaldierter Ausweis aktiver und passiver latenter Steuern (auch wenn es sich hierbei um ein Ausweis- und nicht um ein Ansatzwahlrecht ieS handelt).[60]

Art. 67 EGHGB erlaubt für einen Übergangszeitraum den Bilanzansatz nach Maßgabe **45** der Vorschriften aF:
– Beibehaltung der Rückstellungen für unterlassene Instandhaltung nach § 249 Abs. 1 S. 3 aF und der Aufwandsrückstellungen nach § 249 Abs. 2 aF (Art. 67 Abs. 3 S. 1 EGHGB);
– Beibehaltung der Sonderposten mit Rücklageanteil nach § 247 Abs. 3, § 273 aF (Art. 67 Abs. 3 S. 1 EGHGB);
– Beibehaltung der aktiven Rechnungsabgrenzungsposten nach § 250 Abs. 1 S. 2 aF (Art. 67 Abs. 3 S. 1 EGHGB);
– Fortführung der Bilanzierungshilfe für Aufwendungen für die Ingangsetzung und Erweiterung des Geschäftsbetriebs nach § 269 aF (Art. 67 Abs. 5 S. 1 EGHGB).[61]

Anzugeben ist auch, ob die Bilanz vor oder nach vollständiger oder teilweiser Verwen- **46** dung des Jahresergebnisses gem. § 268 Abs. 1 aufgestellt wurde.[62] Erläuterungen sind gem. **§ 268 Abs. 4 S. 2** zu größeren Vermögensgegenständen zu machen, die erst nach dem Abschlussstichtag rechtlich entstehen und unter dem Posten „sonstige Vermögensgegenstände" ausgewiesen werden. Gleiches gilt für Verbindlichkeiten, die erst nach dem Abschlussstichtag rechtlich entstehen (§ 268 Abs. 5 S. 3).

Nach dem Wortlaut von Abs. 2 Nr. 1 ist – anders als nach Abs. 2 Nr. 2 – nur die **47** Angabe der Bilanzierungsmethode verlangt, nicht auch eine entsprechende **Begründung**.[63] Die Mitteilung, ein Bilanzierungswahlrecht sei in einer bestimmten Weise ausgeübt worden, reicht daher grds. aus, soweit das Gesetz nicht ausdrücklich weitergehende Angaben verlangt. Bei erheblicher Auswirkung auf die Vermögens-, Finanz- und Ertragslage ist bei der Nutzung von Wahlrechten jedoch unter Hinweis auf Abs. 2 Nr. 2 eine Begründung zu fordern.[64] Die Angabe kann auch bei der Erläuterung der Einzelposten erfolgen. Sie muss erkennen lassen, in welchem Umfang das Bilanzierungswahlrecht in Anspruch genommen wurde. Wenn die vom Gesetz geforderten weitergehenden Angaben in der Bilanz bereits enthalten sind, ist im Anhang eine gesonderte Erwähnung nicht mehr erforderlich.[65]

---

[58] ADS Rn. 56.
[59] EBJS/Böcking/Gros/Wirth Rn. 16; Wiedmann/Böcking/Gros Rn. 16.
[60] Prystawik/Schauf DB 2011, 313 (318).
[61] Hierzu Kirsch StuB 2008, 878.
[62] BeBiKo/Grottel Rn. 107.
[63] BeBiKo/Grottel Rn. 108; Staub/Meyer Rn. 34; HdJ/Kupsch Abt. IV/4 Rn. 77.
[64] Beck HdR/Andrejewski B 40 Rn. 55.
[65] ADS Rn. 59.

48   **c) Die Bewertungsmethoden. aa) Allgemeine Grundsätze.** Das Gesetz lässt vielfach unterschiedliche Verfahren der Bewertung zu. Die Angabe der Bewertungsmethoden
stellt daher eine **grundlegende Voraussetzung** dafür dar, dass der Jahresabschluss ein den
tatsächlichen Verhältnissen entsprechendes Bild von der Vermögens-, Finanz- und Ertragslage der Kapitalgesellschaft vermittelt. Mit dem Begriff der Bewertungsmethode werden
bestimmte Verfahren zur Wertermittlung umfasst, die in ihrem Ablauf festgelegt sind und
den GoB entsprechen. Es handelt sich um ein Verfahren, das durch einen definierten Ablauf
und durch eine Anknüpfung an bestimmte, für die Bewertung relevante Merkmale dazu
dient, in Erfüllung der gesetzlichen Vorgaben einen bestimmten Wertansatz zu ermitteln.
Mit dem Begriff der Methode werden nicht nur der Ablauf der Wertermittlung, sondern
auch die Messgröße und die einzelnen Formeln sowie Schemata erfasst. Der Begriff schließt
zudem die Abschreibungsmethoden mit ein.[66]

49   Angaben zu den allgemeinen Bewertungsgrundsätzen (§ 252) brauchen bei deren gesetzeskonformer Anwendung nicht gemacht zu werden. Eine Begründung für die angewandte
Bewertungsmethode ist ebenfalls nicht notwendig. Eine Änderung bislang angewandter
Methoden ist hingegen nach Abs. 2 Nr. 2 zu begründen (→ Rn. 66). Die Angabepflicht
ist zudem vor allem in den Fällen zu beachten, in denen das Gesetz **Bewertungswahlrechte**
einräumt:[67]
  – § 240 Abs. 3 iVm § 256 S. 2: Festwertbewertung bei Sachanlagen und Roh-, Hilfs- und
    Betriebsstoffen;
  – § 240 Abs. 4 iVm § 256 S. 2: Gruppenbewertungen mit dem gewogenen Durchschnitts-
    wert für Vorratsvermögen und gleichartige oder gleichwertige, bewegliche Vermögensge-
    genstände;
  – § 253 Abs. 2 S. 2: pauschaler Abzinsungszinssatz bei Rückstellungen für Altersversor-
    gungsverpflichtungen oder vergleichbare, langfristig fällige Verpflichtungen;
  – § 253 Abs. 2 S. 3 iVm S. 2: pauschaler Abzinsungszinssatz bei Rentenverpflichtungen,
    für die eine Gegenleistung nicht mehr zu erwarten ist;
  – § 253 Abs. 3 S. 6: außerplanmäßige Abschreibungen auf Finanzanlagen bei voraussichtlich
    nicht dauernder Wertminderung;
  – § 255 Abs. 2 S. 3: Bemessung der Herstellungskosten;
  – § 255 Abs. 2a iVm Abs. 2 S. 3: Bemessung der Herstellungskosten bei selbstgeschaffenen
    Vermögensgegenständen des Anlagevermögens;
  – § 255 Abs. 3 S. 2: Einbeziehung von Fremdkapitalzinsen in die Herstellungskosten;
  – § 255 Abs. 4 S. 2: Ermittlung des beizulegenden Zeitwerts mit Hilfe allgemein anerkann-
    ter Bewertungsmethoden;
  – § 256 S. 1: Anwendung bestimmter Verbrauchsfolgeverfahren zur Bewertung von Vor-
    ratsvermögen;
  – Art. 24 Abs. 1 EGHGB: Wertbeibehaltung im Anlagevermögen;
  – Art. 48 Abs. 2 EGHGB: Wertbeibehaltung im Anlagevermögen;
  – Art. 67 Abs. 1 S. 2 EGHGB: Wertbeibehaltung der Pensionsrückstellungen;
  – Art. 67 Abs. 4 S. 1 EGHGB: Beibehaltung der steuerrechtlichen Abschreibungen (§ 279
    Abs. 2 iVm § 254 S. 1 aF);
  – Art. 67 Abs. 4 S. 1 EGHGB: Beibehaltung der niedrigeren Wertansätze von Vermögens-
    gegenständen des Umlaufvermögens aufgrund von Abschreibungen nach § 253 Abs. 3
    S. 3 aF wegen zukünftiger Wertschwankungen.

50   Es muss deutlich gemacht werden, ob und wie von dem Wahlrecht Gebrauch gemacht
wird. Die bloße Angabe der gewählten Bewertungsmethode reicht aus, sofern keine weitergehenden Ergänzungen erforderlich sind. Angesichts der besonderen Umstände im Zusammenhang mit der Corona-Pandemie waren insoweit weitere Erläuterungen, insbesondere

---

[66]   BeBiKo/Grottel Rn. 117; GK-HGB/Lezius Rn. 15; Schülen WPg 1987, 223 (227); Beck HdR/Andre-
       jewski B 40 Rn. 58–60; Winnefeld Bilanz-HdB J VII Rn. 65 f.
[67]   ADS Rn. 63; EBJS/Böcking/Gros/Wirth Rn. 17; Wiedmann/Böcking/Gros Rn. 17.

zur Aktivierung von Corona-Finanzhilfen, notwendig.[68] Zwischen Bilanzierung und Bewertung bestehen enge Wechselbeziehungen und wechselseitige Beeinflussungen, so dass auch die Angabe der Bilanzierungsmethoden von Bedeutung ist.[69] Anlässlich eines BGH-Urteils aus dem Jahr 2017[70] ergänzte die BStBK ihre Hinweise dahingehend, dass bei der Darstellung der Bilanzierungs- und Bewertungsgrundsätze die Zulässigkeit der Annahme der Unternehmensfortführung zu begründen ist, wofür ein kurzer Hinweis genügt.[71] Das gilt grundsätzlich auch nach dem IDW PS 270 nF Tz. 9, der allerdings darüberhinausgehende Angaben mit lageberichtstypischen Elementen, insbesondere auch einen Hinweis auf eine etwaige Bestandsgefährdung fordert.[72]

bb) Bewertungsmethoden für Vermögensgegenstände des Anlagevermögens.   **51**
Bewertungsmethoden sind alle in ihrem Ablauf definierten Verfahren der Wertfindung. Durch sie werden die Art der Gewichtung und die Höhe der einzelnen Posten bestimmt. Um eine Bewertungsmethode zu beschreiben, muss daher die Art der methodischen Vorgehensweise zur Bewertung eines Vermögensgegenstandes ebenso dargelegt werden, wie der zugrunde gelegte Wertmaßstab. Im Rahmen der gesetzlich eingeräumten Bewertungswahlrechte kann zwischen Wertansatzwahlrechten und Methodenwahlrechten unterschieden werden.[73]

Regelmäßig wird für die Erläuterung der Anschaffungskosten im **Anlagevermögen**   **52** keine besondere Darstellung der Methode erforderlich sein, denn diese Anschaffungskosten sind in § 255 Abs. 1 definiert. Gewisse Besonderheiten sind aber auch bei den Vermögensgegenständen des Anlagevermögens zu beachten. So sind bei den Anschaffungskosten Erläuterungen in **Sonderfällen** zu machen, wie etwa beim Tausch, bei tauschähnlichen Geschäften oder nachträglichen Anschaffungs- oder Herstellungskosten. Angaben sind auch bezüglich erhaltener Zuschüsse und Subventionen erforderlich.[74] Die Angabe der **Herstellungskosten** muss erkennen lassen, ob und in welchem Umfang von den Bewertungswahlrechten des § 255 Abs. 2 S. 3 und Abs. 2a Gebrauch gemacht wird. Im Einzelfall können weitergehende Angaben, etwa zur Errechnung der Einzelkosten oder zu den Bestandteilen, erforderlich sein. Zinsen für Fremdkapital sind gem. Abs. 2 Nr. 4 in jedem Fall anzugeben (→ Rn. 92). Werden die Herstellungskosten unter Berücksichtigung des Beschäftigungs- bzw. Auslastungsgrads zugrunde gelegt und nicht entsprechend ihrer tatsächlichen Entstehung, ist dies ebenfalls anzugeben.[75] Bei Anwendung des **Umsatzkostenverfahrens** muss angegeben werden, nach welcher Methode die Herstellungskosten der Umsätze errechnet werden.

Bei der Angabe von Abschreibungsmethoden ist der **Abschreibungsplan** (§ 253 Abs. 3   **53** S. 2) von Bedeutung. So muss im Einzelfall die zugrunde gelegte Nutzungsdauer angegeben werden. Die **Art der Abschreibungen** (linear, degressiv, geometrisch oder arithmetisch) muss bei der Angabe der Abschreibungsmethode verdeutlicht werden.[76] Im Falle der planmäßigen Abschreibung sind zudem die Gründe, die Bemessung der Nutzungsdauer und die ihrer Schätzung zugrunde liegenden Erwägungen anzugeben. Bei **außerplanmäßigen Abschreibungen** nach § 253 Abs. 3 S. 5 müssen die Angaben erkennen lassen, für welche Gegenstände des Anlagevermögens oder Gruppen von Gegenständen außerplanmäßige Abschreibungen vorgenommen werden. Zugleich muss deutlich werden, nach welchen Verfahren die Werte errechnet worden sind. Ferner muss eine Angabe darüber erfolgen, ob die planmäßige Abschreibung beim Anlagevermögen unter Inanspruchnahme der jeweils zulässigen Höchstgrenze erfolgt. Darüber hinaus muss angegeben werden, ob bei Finanzanlagen der niedrigere Wert nur bei dauernder oder auch bei nur vorübergehender Wertmin-

---

[68]   Zwirner/Vodermeier/Krauß StUB 2022, 85 (89).
[69]   Krit. Selchert BB 1984, 1399 (1403).
[70]   BGH DStR 2017, 942.
[71]   BStBK Hinweise v. 13./14.3.2018.
[72]   Hierzu Schüttler StuB 2019, 438.
[73]   Übersicht bei BeckOGK/Kessler Rn. 23, 75 ff.
[74]   ADS Rn. 65; BeBiKo/Grottel Rn. 125; vgl. auch HdJ/Kupsch Abt. IV/4 Rn. 84.
[75]   ADS Rn. 68; BeBiKo/Grottel Rn. 132.
[76]   ADS Rn. 70; BeBiKo/Grottel Rn. 126; HdJ/Kupsch Abt. IV/4 Rn. 87.

derung angesetzt ist (§ 253 Abs. 3 S. 6). Über diese Abschreibungen ist nach § 277 Abs. 3 S. 1 im Anhang unter Angabe des Betrags zu berichten, sofern nicht ein gesonderter Ausweis in der GuV erfolgt. Für Finanzinstrumente ist außerdem die Angabepflicht gem. § 285 Nr. 18 zu beachten (→ § 285 Rn. 285).

54   Über die **sofortige Abschreibung** geringwertiger Anlagegüter im Jahr ihrer Anschaffung nach § 6 Abs. 2 EStG ist im Rahmen der Angaben über die Abschreibungsmethoden zu berichten. Es handelt sich um eine vereinfacht vorzunehmende, planmäßige Abschreibung. Danach ist es möglich, bei geringwertigen, selbstständig nutzungsfähigen, der Abnutzung unterliegenden, beweglichen Wirtschaftsgütern des Anlagevermögens im Jahr ihrer Anschaffung oder Herstellung die Anschaffungs- bzw. Herstellungskosten in vollem Umfang als Betriebsausgaben abzuziehen. Eine weitergehende Angabe – wie etwa bei § 277 Abs. 3 S. 1 – ist hier nicht erforderlich;[77] eine Änderung der Bewertungsmethode stellt hingegen einen nach Abs. 2 Nr. 2 berichtpflichtigen Methodenwechsel dar. Die Berichtpflicht entfällt, da es sich um einen zwingenden Bewertungsvorgang nach § 253 Abs. 5 S. 1 iVm § 6 Abs. 1 Nr. 1 S. 4 EStG, § 6 Abs. 1 Nr. 2 S. 3 EStG, § 7 Abs. 1 S. 6 Hs. 2 EStG in der Fassung des StEntlG 1999 ff. handelt.[78] Schließlich muss die Anlage Erläuterungen darüber enthalten, wie das Finanzanlagevermögen bewertet wird und wie es abgeschrieben worden ist. In diesem Zusammenhang sind insbesondere die in § 285 Nr. 18–20 enthaltenen sonstigen Pflichtangaben zu beachten (→ § 285 Rn. 285 ff.).

55   **cc) Bewertungsmethoden für Vermögensgegenstände des Umlaufvermögens.** Alle wesentlichen Gruppen des **Vorratsvermögens** sind mit der jeweils angewandten Bewertungsmethode anzugeben. Dabei sind die Grundsätze, nach denen die unterschiedlichen Vermögensgegenstände des Umlaufvermögens bewertet wurden, für die wesentlichen Gruppen im Einzelnen zu benennen. In diesen Zusammenhang gehört auch die Angabe, dass die Anschaffungs- oder Herstellungskosten durch Einzelbewertung und/oder durch Festwertbewertung (§ 240 Abs. 3),[79] Gruppenbewertung (§ 240 Abs. 4) oder andere Bewertungsvereinfachungsverfahren iSv § 256 Abs. 1 S. 1 ermittelt wurden.[80] Die Angabe nach Abs. 2 Nr. 3 bleibt hiervon unberührt (→ Rn. 86). Die Gemeinkosten sind in ihrer Zusammensetzung anzugeben. Bezüglich der Erläuterungen zu **Anschaffungs- und Herstellungskosten** sowie der Angabe, welche Gemeinkostenarten wahlweise einbezogen wurden, bestehen zwischen Anlage- und Umlaufvermögen keine bedeutsamen Unterschiede. Falls mehrere Methoden für die Bewertungen der Vorräte angewandt werden, müssen die Vorratsbestände und die zugrunde gelegten Bewertungsmethoden angegeben werden. Die Angaben sind entweder bezogen auf den einzelnen Bilanzposten vorzunehmen oder haben sachlich zusammengefasst als „Angaben zu den angewandten Bewertungsmethoden" zu erfolgen.

56   Werden für die Bewertung von Vorräten nach § 253 Abs. 4 S. 1, 2 Abschreibungen auf den niedrigeren **Börsenkurs oder den Marktpreis** vorgenommen, ist dies ebenso anzugeben, wie die Art des niedrigeren Wertes. Bei der Darstellung sollten der Grund der Abschreibung, ihre Art und die Grundsätze der Ermittlung des niedrigeren Wertes erkennbar sein.[81] Bei **Emissionsberechtigungen** nach dem TEHG (Treibhausgas-Emissionshandelsgesetz) ist anzugeben, ob sie zum Zeitwert oder zum Erinnerungswert angesetzt werden. Im Fall des Ansatzes zum Erinnerungswert empfiehlt sich die zusätzliche Angabe des Zeitwerts der Emissionsrechte.[82]

57   Bei **Roh-, Hilfs- und Betriebsstoffen** sowie **Waren** ist die Methode der Ermittlung der Anschaffungskosten zu erläutern. Werden die Herstellungskosten unfertiger und fertiger

---

77   ADS Rn. 76; BeBiKo/Grottel Rn. 127; wohl auch HdR/Oser/Holzwarth §§ 284–288 Rn. 104.
78   BeBiKo/Grottel Rn. 127; Bonner HdR/Krawitz Rn. 54.
79   Buchner BB 1995, 2259 (2260).
80   Staub/Meyer Rn. 40.
81   HdJ/Kupsch Abt. IV/4 Rn. 88; Beck HdR/Andrejewski B 40 Rn. 69.
82   IDW RS HFA 15 Rn. 26; BeBiKo/Grottel Rn. 143.

Erzeugnisse erläutert, müssen wegen des Bewertungsrahmens des § 255 Abs. 2, 3 Inhalt und Umfang der aktivierten Kosten angegeben werden.

Die Berichtspflicht für **Wertaufholungen** entfällt, da es sich um einen zwingenden **58** Bewertungsvorgang nach § 253 Abs. 5 S. 1 iVm § 6 Abs. 1 Nr. 1 S. 4 EStG, § 6 Abs. 1 Nr. 2 S. 3 EStG, § 7 Abs. 1 S. 6 Hs. 2 EStG in der Fassung des StEntlG 1999 ff. handelt.[83] Gleiches gilt für **Zuschreibungen** bei Vorräten, die in früheren Geschäftsjahren in Ausübung des Wahlrechts nach § 253 Abs. 4 S. 2 abgeschrieben worden waren.

Bei anderen Vermögensgegenständen des Umlaufvermögens – wie etwa Forderungen, **59** sonstigen Vermögensgegenständen, Wertpapieren oder Bankguthaben – ist über Abschreibungen vom Nennwert oder von den Anschaffungskosten zu berichten, wenn dadurch ein Bewertungswahlrecht und ein Bewertungsmethodenwahlrecht in Anspruch genommen wird, zB Einzel- oder Festwertbewertung nach § 240 Abs. 3.[84]

dd) Angaben zu aktiven Rechnungsabgrenzungsposten. Ob eine Angabepflicht **60** hinsichtlich der „Bewertungsmethoden" bei aktiven Rechnungsabgrenzungsposten besteht, ist umstritten. Teilweise wird dies mit dem Hinweis darauf verneint, dass es sich nicht um Vermögensgegenstände handelt und sie daher nicht der Bewertung nach § 253 unterliegen.[85] Für eine Angabepflicht spricht jedoch, dass das Gebot des § 264 Abs. 2 S. 1 für alle Bilanzposten gilt. Soweit daher nähere Angaben im Interesse eines besseren Verständnisses notwendig und nicht schon unter den Bilanzierungsmethoden vorgenommen sind, ist daher auch über aktive Rechnungsabgrenzungsposten zu berichten.[86]

ee) Bewertungsmethoden für Passivposten. Bewertungsmethoden für Passivposten **61** beziehen sich vor allem auf **Rückstellungen und Fremdwährungsverbindlichkeiten.** Über den Eigenkapitalanteil und die passiven Rechnungsabgrenzungsposten ist nicht zu berichten, da es sich um Rechengrößen handelt.

Angaben für die **Bewertung von Rückstellungen** sind zu machen, wenn eine volle **62** Rückstellungsbildung nicht vorgeschrieben ist und Rückstellungen nur teilweise gebildet werden. Zur Angabepflicht bei Rückstellungen gehören alle Pflichtangaben, die die Ausnutzung von Wahlrechten erläutern. Bei den Rückstellungen für drohende Verluste aus schwebenden Geschäften muss angegeben werden, ob sie auf Vollkosten- oder auf Teilkostenbasis ermittelt werden. Im Falle der Ermittlung auf Teilkostenbasis sind die einbezogenen Kostenarten anzugeben.[87]

Gemäß **§ 253 Abs. 1 S. 2** hat sich die Bewertung von Rückstellungen nach dem **63** aufgrund vernünftiger kaufmännischer Beurteilung ergebenden Umfang zu orientieren.[88] Die Angaben müssen entsprechende Rückschlüsse zulassen. Bei Verbindlichkeiten entfällt regelmäßig eine Erläuterung der Bewertungsmethoden. Sie sind aber bei Rentenverpflichtungen nötig, um die angewandte Methode der Barwertermittlung und den angewandten Zinssatz erkennbar zu machen. Wenn Verbindlichkeiten entgegen § 253 Abs. 1 S. 2 nicht zum Rückzahlungsbetrag passiviert werden, können weitere Angaben in Betracht kommen.

Vergleichbares gilt für **Pensionsrückstellungen,** soweit nach Art. 28 Abs. 1 EGHGB **64** von der vollständigen Rückstellungsbildung abgesehen werden kann. Wird von den Möglichkeiten des Art. 28 Abs. 1 EGHGB Gebrauch gemacht, werden also keine Rückstellungen nach § 249 Abs. 1 S. 1 gebildet, müssen Kapitalgesellschaften die in der Bilanz nicht ausgewiesenen Rückstellungen für die laufenden Pensionen, Anwartschaften auf Pensionen und ähnliche Verpflichtungen im Anhang in einem Betrag angeben (Art. 28 Abs. 2 EGHGB).

---

[83]   BeBiKo/Grottel Rn. 141; Bonner HdR/Krawitz Rn. 54; BeckOGK/Kessler Rn. 85; WP-HdB F Rn. 964; ADS § 280 Rn. 39.
[84]   BeBiKo/Grottel Rn. 143; BeckOGK/Kessler Rn. 86.
[85]   ADS Rn. 85; BeBiKo/Grottel Rn. 146.
[86]   Staub/Meyer Rn. 41.
[87]   ADS Rn. 88; BeBiKo/Grottel Rn. 158; Beck HdR/Andrejewski B 40 Rn. 73.
[88]   Glade Praxishandbuch Rn. 20.

65   Im Übrigen gilt gem. § 285 Nr. 24 eine spezielle Regelung für die Bewertung von Pensionsrückstellungen (→ § 285 Rn. 382).

66   **2. Angabe und Begründung der Abweichungen von Bilanzierungs- und Bewertungsmethoden (Abs. 2 Nr. 2). a) Bedeutung und Funktion.** Die Angabepflicht nach Abs. 2 Nr. 2 ist in engem Zusammenhang mit den Vorgaben des Abs. 2 Nr. 1 zu sehen. Nach Abs. 2 Nr. 2 sind **Abweichungen** von Bilanzierungs- und Bewertungsmethoden, insbesondere von den allgemeinen Bewertungsgrundsätzen des § 252, im Anhang anzugeben und zu begründen. Ferner ist der **Einfluss** dieser Abweichungen auf die Vermögens-, Finanz- und Ertragslage gesondert darzustellen. Der Wortlaut ist bewusst allgemein gehalten, um eine möglichst umfassende Berichterstattung zu gewährleisten. Darzustellen sind daher sämtliche Abweichungen vom Regelfall, unabhängig davon, ob die Abweichung gesetzlich vorgeschrieben oder gesetzlich zulässig ist, oder ob sie aus sonstigen Gründen vorgenommen wurde. Die umfassende Angabepflicht ist nur durch den **Grundsatz der Wesentlichkeit** begrenzt.[89] Es ist daher – unter Beschränkung auf das Wesentliche – über alle Abweichungen zu berichten.

67   Die geforderten Angaben dienen dazu, die **Vergleichbarkeit** mit vorhergehenden Berichtsperioden zu erleichtern und die externe Vergleichbarkeit der Jahresabschlüsse zu fördern.[90] Ihnen kommt eine wesentliche Erläuterungsfunktion zu. Von Abs. 2 Nr. 2 werden Änderungen in der Gliederung oder der Darstellung nicht erfasst. Hierfür ist die Pflicht zur Angabe und Begründung bei Abweichungen von der Darstellungsstetigkeit in § 265 Abs. 1 geschaffen worden.

68   Eine **Änderung** der Bilanzierungs- bzw. der Bewertungsmethoden kann nur vorliegen, wenn dazu die rechtliche Möglichkeit besteht. Methodenänderungen im Rahmen des Bewertungswahlrechts können bei der Bestimmung der Anschaffungskosten, bei der Bestimmung der Herstellungskosten, bei der Bemessung der Abschreibungsbeträge und bei der Bewertung von Pensionsrückstellungen auftreten. Es ist nur über die Änderung der Methode und nicht auch über eine Änderung der Verhältnisse zu berichten.[91] Nicht zu den angabepflichtigen Abweichungen gehören solche Änderungen, die auf zwingenden gesetzlichen Vorschriften beruhen.[92] Über die Anwendung steuerrechtlicher Sondervorschriften muss ebenfalls nicht berichtet werden.[93]

69   **b) Abweichungen von Bilanzierungsmethoden.** Mit dem Begriff „**Bilanzierungsmethode**" ist das Verfahren gemeint, nach dem entschieden wird, ob und in welcher Weise ein Posten in die Bilanz oder die GuV eingestellt wird.[94] Von einem Abweichen von Bilanzierungsmethoden spricht man, wenn entweder Ansatzwahlrechte in aufeinander folgenden Jahresabschlüssen nicht einheitlich ausgeübt oder aber wenn Bilanzierungshilfen unterschiedlich in Anspruch genommen werden.[95] Änderungen bei den Bilanzierungsmethoden aufgrund abweichender Entscheidungen über den Bilanzansatz beziehen sich auf die unterschiedliche Ausübung der gesetzlich eingeräumten Bilanzierungswahlrechte und auf eine abweichende Festlegung der zeitlichen Voraussetzungen für bestimmte Bilanzansätze. Mit der Einführung des § 246 Abs. 3 S. 1 durch das BilMoG wurde der bis dato in § 252 Abs. 1 Nr. 6 kodifizierte Grundsatz der Bewertungsstetigkeit durch den Grundsatz der Ansatzstetigkeit für die Ansatz-/Bilanzierungsmethoden der §§ 246–250 ergänzt. Demnach ist die im Zeitablauf unterschiedliche Ausübung des Ansatzwahlrechts nur noch in

---

89   Budde/Förschle DB 1988, 1457 (1463); BeBiKo/Grottel Rn. 171; BeckOGK/Kessler Rn. 109. Ähnlich HdJ/Kupsch Abt. IV/4 Rn. 100: Beschränkung aus Praktikabilitätsgründen.
90   ADS § 285 Rn. 103; BeBiKo/Grottel Rn. 172; HdR/Oser/Holzwarth §§ 284–288 Rn. 116; Schülen WPg 1987, 223 (228); Schulte BB 1986, 1468 (1471); EBJS/Böcking/Gros/Wirth Rn. 21; Wiedmann/Böcking/Gros Rn. 21.
91   BeBiKo/Grottel Rn. 172.
92   Staub/Meyer Rn. 50.
93   HdJ/Kupsch Abt. IV/4 Rn. 105; Kupsch DB 1987, 1157 (1160).
94   Glade Praxishandbuch Rn. 33. Krit. Selchert BB 1984, 1399 (1403).
95   Claussen/Korth DB 1988, 921 (922 f.); HdJ/Kupsch Abt. IV/4 Rn. 102; GK-HGB/Lezius Rn. 20.

begründeten Ausnahmefällen zulässig und ausführlich zu begründen. Zwar ist mit dem BilMoG eine Vielzahl von Ansatzwahlrechten abgeschafft worden, der Grundsatz der Ansatzstetigkeit ist aber für die verbliebenen Ansatzwahlrechte (zB § 250 Abs. 3 S. 1) zu beachten.[96] Abweichungen von dem Gebot der Ansatzstetigkeit sind gem. § 246 Abs. 3 S. 2 iVm § 252 Abs. 2 nur in begründeten Ausnahmefällen statthaft (→ § 246 Rn. 162).

Eine Berichtspflicht besteht auch dann, wenn die Grundsätze und der Zeitpunkt der **70** Realisierung des Umsatzes und des Gewinns von (Teil-)Lieferungen und -leistungen geändert werden. Berichtspflichtig ist zudem die Änderung des Aktivierungszeitpunkts von Ansprüchen auf Gewinnausschüttungen von Mehrheitsbeteiligungen.

Wesentliche Abweichungen vom Grundsatz der Vollständigkeit und vom Verrech- **71** nungsverbot sind stets anzugeben. Die Durchbrechung des Vollständigkeitsgrundsatzes im Fall der unterlassenen Passivierung von Pensionsrückstellungen ist nach Art. 28 Abs. 2 EGHGB gesondert anzugeben. Als Rechtsgrundlage für die Erläuterungspflicht geht Art. 28 Abs. 2 EGHGB der allgemeineren Regelung des § 285 Nr. 3 vor. Hat eine Kapitalgesellschaft von dem Wahlrecht des Art. 28 Abs. 1 EGHGB Gebrauch gemacht und für eine Pensionsverpflichtung, für die eine Zusage vor dem 1.1.1987 gegeben worden war, keine Pensionsrückstellung gebildet, ist sie nach Art. 28 Abs. 2 EGHGB verpflichtet, die in der Bilanz nicht ausgewiesene Rückstellung im Anhang anzugeben.

Bei der zulässigen Abweichung von Bilanzierungsmethoden ist zu beachten, dass Abs. 2 **72** Nr. 2 eine **Begründung** auch dann verlangt, wenn das Gesetz die Abweichung nicht – wie bei der Ausübung der Ansatzwahlrechte – auf „begründete Ausnahmefälle" beschränkt hat. Der insoweit eindeutige Wortlaut der Vorschrift und seine inhaltliche Anlehnung an Abs. 2 Nr. 1 lässt keine Ausnahme zu.[97] Besonderheiten sind bei Methodenabweichungen zu beachten, wenn es sich um gesetzlich geregelte Ansatzwahlrechte handelt (→ Rn. 69). Aus der detaillierten und ausführlichen Begründung müssen Grund und Art der Durchbrechung der Ansatzstetigkeit ersichtlich werden, um die Einschränkungen der Vergleichbarkeit mit dem vorhergehenden Jahresabschluss beurteilen zu können.[98] Es ist aber erforderlich, zwischen der Entscheidung über den Bilanzansatz (Abs. 2 Nr. 1) und einem Abweichen hiervon (Abs. 2 Nr. 2) zu unterscheiden. Die Ausübung einer Entscheidung über den Bilanzansatz ist grds. nicht zu begründen. Wenn aber im Rahmen desselben Bilanzierungswahlrechts aufgrund eines anders gelagerten Sachverhalts die Ansatzentscheidung erneut ansteht und die Kapitalgesellschaft eine andere Entscheidung als bisher treffen möchte, handelt es sich um eine berichtspflichtige Abweichung. Ist bei der Bilanzaufstellung der Grundsatz der Unternehmensfortführung (§ 252 Abs. 1 Nr. 2) nicht anwendbar, sind die daraus resultierenden Abweichungen anzugeben und zu begründen.[99]

c) Abweichungen von Bewertungsmethoden. Ein Abweichen von Bewertungs- **73** methoden liegt zumeist vor, wenn von den allgemeinen Bewertungsgrundsätzen des § 252 Abs. 1 abgewichen wird, also die Bestandteile eines angewandten Verfahrens zur Ermittlung eines Wertansatzes gegenüber dem Vorjahresabschluss nicht identisch sind.[100] Daneben kann es aufgrund einer Abweichung vom Grundsatz der Bilanzidentität, der Unternehmensfortführung oder der Periodenabgrenzung zu einer Abweichung von Bewertungsmethoden kommen. Eine Abweichung ist nur **zulässig,** wenn sie im Anhang angegeben und auch begründet wird. Eine Verfahrensänderung liegt nicht vor, wenn lediglich einzelne Parameter aufgrund geänderter Verhältnisse abweichen.

Abweichungen von dem in **§ 252 Abs. 1 Nr. 1** niedergelegten Grundsatz der Bilanz- **74** identität durch Nichtbeibehaltung einzelner Wertansätze sind äußerst selten. Auch Abweichungen vom Vorsichtsprinzip des **§ 252 Abs. 1 Nr. 4** kommen nicht häufig vor. Gleiches gilt für Abweichungen vom Grundsatz der Aufwands- und Ertragsperiodisierung (**§ 252**

[96] Petersen/Zwirner/Kußmaul/Gräbe BilMoG S. 389.
[97] ADS Rn. 111.
[98] BeBiKo/Grottel Rn. 176.
[99] S. IDW EPS 270 Tz. A33. Ausf. Quick BB 2018, 363 (365).
[100] ADS Rn. 115; BeBiKo/Grottel Rn. 185.

Abs. 1 Nr. 5). Abweichungen vom Gebot der Bewertungsstetigkeit **(§ 252 Abs. 1 Nr. 6)** sind nur in begründeten Ausnahmefällen zulässig und zudem begründungspflichtig. Bei den häufiger vorkommenden Abweichungen vom Grundsatz der Unternehmensfortführung **(§ 252 Abs. 1 Nr. 2)** ist über die tatsächlichen oder rechtlichen Gegebenheiten zu berichten; zugleich ist anzugeben, ob es sich um eine freiwillige Unternehmenseinstellung handelt. Umfang und Art der betroffenen Bilanzposten müssen erkennbar sein. Die Angabe ist zu begründen, indem die Umstände oder Gegebenheiten angeführt werden, die der Fortführung des Unternehmens entgegenstehen.[101]

75   Abweichungen von dem Grundsatz der **Einzelbewertung** sind zulässig. So sind nach § 240 Abs. 3, 4 die Festwertbewertung und die Gruppenbewertung für bestimmte Vermögensgegenstände und Schulden zugelassen. § 256 S. 1 gestattet Bewertungsvereinfachungen nach Maßgabe des Verbrauchsfolgeverfahrens. Schließlich sind im Rahmen der GoB Pauschalwertberichtigungen möglich.[102] Über sämtliche Ausnahmen ist zu berichten. Abweichungen vom Vorsichtsprinzip können beim Realisationsprinzip im Zusammenhang mit der Gewinnrealisierung bei langfristiger Fertigung auftreten. Werden Gewinne vorzeitig realisiert, ist hierüber stets zu berichten.[103] Anzugeben und zu begründen sind auch Abweichungen bei der Ermittlung der Herstellungskosten (§ 255 Abs. 2, 2a).[104]

76   Werden **Bewertungswahlrechte** in veränderter Weise ausgeübt, zB der Wechsel von der Durchschnittsbewertung zu dem Lifo-Verfahren, müssen hierzu Angaben gemacht werden.[105] Angabepflichtig sind zudem **Änderungen** in den **Bewertungsmethoden,** wie der Wechsel der Abschreibungsmethoden, die Änderung der Nutzungsdauer, Änderungen in der Einbeziehung von Kostenarten in der Herstellung und der Übergang von Verfahren der Einzelwertfeststellung zu Pauschalverfahren. Über einen Wechsel von einem Pauschalverfahren zu einem anderen Verfahren ist zu berichten, wenn sich dadurch das Risiko geändert hat.[106]

77   Angaben über die Änderung von Bewertungsmethoden sind schließlich bei solchen Arten von **Rückstellungen** denkbar, die jährlich gebildet werden. Hierzu gehören Garantierückstellungen, wenn sie aufgrund von Erfahrungswerten pauschal gebildet werden.[107]

78   **d) Einfluss auf die Vermögens-, Finanz- und Ertragslage.** Abs. 2 Nr. 2 verlangt neben der Angabe und Begründung der Abweichungen von Bilanz- und Bewertungsmethoden zusätzlich die Darstellung des Einflusses dieser Abweichungen auf die Vermögens-, Finanz- und Ertragslage der Kapitalgesellschaft. Auf diese Weise sollen die **Auswirkungen** aller Bewertungsänderungen deutlich gemacht werden. Zugleich werden die Vorgaben von Art. 31 Abs. 2 S. 2 RL 78/660/EWG (4. EG-Richtlinie) in nationales Recht umgesetzt. Danach sind Abweichungen von den allgemeinen Grundsätzen in Ausnahmefällen zulässig, wenn sie im Anhang angegeben und hinreichend begründet werden. Zudem ist ihr Einfluss auf die Vermögens-, Finanz- und Ertragslage gesondert anzugeben.

79   Die **Vermögenslage** wird beeinflusst, wenn durch die Anwendung einer anderen Methode die Vermögensgegenstände oder die Schulden der Kapitalgesellschaft höher oder niedriger ausgewiesen werden. Ein Einfluss auf die **Finanzlage** ist gegeben, wenn die Methodenänderung Verhältnisse verändert, die für die Beurteilung der Finanzlage wichtig sind, oder wenn sie Auswirkungen auf finanzwirksame Vorgänge in der nahen Zukunft des Unternehmens hat. Auswirkungen auf die **Ertragslage** werden bei Abweichungen von Bilanzierungs- und Bewertungsmethoden regelmäßig vorliegen, wie die Ausübung von Bilanzierungswahlrechten verdeutlicht.

---

101   BeBiKo/Grottel Rn. 187.
102   Vgl. Faller BB 1985, 2017 (2023); BeBiKo/Grottel Rn. 188.
103   Freidank DB 1989, 1197 (1202 f.).
104   Vgl. dazu BFHE 172, 462 = NJW 1994, 1087 = BStBl. II 1994, 176; GK-HGB/Lezius Rn. 20.
105   BeBiKo/Grottel Rn. 192.
106   BeBiKo/Grottel Rn. 192.
107   BeBiKo/Grottel Rn. 192.

Der Einfluss auf die Vermögens-, Finanz- und Ertragslage ist „gesondert darzustel- 80 len". Eine bloße Zahlenangabe wird man daher regelmäßig nicht als ausreichend ansehen können.[108] Gelegentlich wird eine verbale Berichterstattung unter Verzicht auf Zahlenangaben für ausreichend erachtet.[109] Es erscheint allerdings schwierig, die Methodenänderung und deren Einfluss auf die Vermögens-, Finanz- und Ertragslage ohne die Angabe von Zahlen darzustellen.[110] Anders als Abs. 2 Nr. 1 verlangt Abs. 2 Nr. 2 nicht nur die Angabe, sondern auch eine Begründung. Zwar ist mit der Begründungspflicht keine Quantifizierung verbunden, dennoch ist aber eine Begründung vielfach ohne Angabe entsprechender Zahlen zur Abschätzung der Größenordnung nicht möglich. Andererseits verlangt Abs. 2 Nr. 2 aber nicht – wie etwa Abs. 2 Nr. 3 – die Angabe von konkreten Beträgen.[111] Daher ist eine zahlenmäßige Angabe der **Größenordnung** notwendig, aber auch ausreichend.[112] Auf diese Weise werden die verbalen Angaben ergänzt und vervollständigt. Die Ausführungen zu verschiedenen Abweichungen können zusammengefasst werden, wenn die einzelne Abweichung unerheblich ist. Für die Darstellung des Einflusses auf die Vermögens-, Finanz- und Ertragslage kommt es entscheidend auf den Saldo der Abweichungen an.[113] Dieser ist für den jeweils betroffenen Bereich gesondert darzustellen; eine Zusammenfassung aller Abweichungen reicht ebenso wenig aus wie eine Saldierung aller Änderungen. Bei einer solchen Form der Darstellung könnte der Einfluss der Abweichung auf die Vermögens-, Finanz- und Ertragslage nicht gesondert ausgewiesen werden.[114]

e) Anforderungen an die Darstellung. Die Angabepflicht bezieht sich auf den 81 jeweiligen Posten. Es sind die Abweichungen gegenüber der im Vorjahr angewandten Methode anzugeben, die Änderungen zu begründen und die Auswirkungen darzustellen. Die Berichterstattung hat durch **Angabe, Begründung** und **Darstellung** zu erfolgen (zu den Begriffen → Rn. 17), um dem Leser des Jahresabschlusses eine Erläuterung der Abweichungen und der sie rechtfertigenden Umstände an die Hand zu geben. Allgemeine oder pauschale Formulierungen genügen nicht. Abweichungen liegen grds. vor, wenn andere Methoden oder Grundsätze als im Normalfall bzw. im bisherigen zeitlichen Ablauf angewendet wurden.[115] Auf die Ursachen und Gründe kommt es nicht an.

Ist es zu keinerlei Veränderungen gekommen, muss eine **Fehlanzeige** nicht abgegeben 82 werden. Die Angaben nach Abs. 2 Nr. 2 können mit denen nach Abs. 2 Nr. 1 zu den angewandten Bilanzierungs- und Bewertungsmethoden zusammengefasst werden. Es muss allerdings stets erkennbar sein, von welcher Methode abgewichen worden ist. Eine Gegenüberstellung von bisher praktizierter und neuer Methode ist daher regelmäßig notwendig.

Die Angabepflicht erfasst die Darstellung der **Abweichung vom Regelfall** der Bilan- 83 zierungs- und Bewertungsgrundsätze. Es muss erkennbar sein, von welchem Grundsatz abgewichen worden ist. Die zusätzliche Darstellung der Vorjahresmethode ist erforderlich, um zu verdeutlichen, worin die Änderung besteht. Es ist ferner anzugeben, auf welchen Einzelposten sich die Abweichung bezieht, um der erhöhten Berichtspflicht zu entsprechen.[116] Das Gesetz verlangt neben der Angabe der Abweichungen eine **Begründung.** Daher sind die Gründe anzugeben, die zur Abweichung geführt haben oder aus denen die Kapitalgesellschaft den Wechsel der Bilanzierungs- und Bewertungsmethode vorgenommen

---

108 ADS Rn. 147 f.
109 HdR/Oser/Holzwarth §§ 284–288 Rn. 127.
110 ADS Rn. 106; Staub/Meyer Rn. 59; HdJ/Kupsch Abt. IV/4 Rn. 100; Hopt/Merkt Rn. 12; Schülen WPg 1987, 229; Beck HdR/Andrejewski B 40 Rn. 82; EBJS/Böcking/Gros/Wirth/Wirth Rn. 22.
111 Eine Betragsangabe verlangt Schülen BB 1994, 2312 (2313).
112 ADS Rn. 157; HFA WPg 1997, 540 (541 f.); Kölner Komm RechnungslegungsR/Haferkorn/Diemers Rn. 43; im Grundsatz auch KKRD/Morck/Drüen Rn. 10; aA HdR/Oser/Holzwarth §§ 284–288 Rn. 127; BeBiKo/Grottel Rn. 198.
113 GK-HGB/Lezius Rn. 22.
114 Schülen WPg 1987, 223 (229).
115 ADS Rn. 109 aE; BeBiKo/Grottel Rn. 175.
116 BeBiKo/Grottel Rn. 177; aA Selchert ZfB-Ergänzungsheft 1/1987, 203 (214), wonach ein zusammenfassender Hinweis auf Methodenänderungen ausreichend sein soll.

hat. Da es sich zumeist um sachliche Gründe handeln muss, wird zugleich das willkürliche oder sachfremde Abweichen verhindert.

84   Abs. 2 Nr. 2 behandelt **Abweichungen von den Methoden,** nicht jedoch die der Methodenanwendung zugrunde liegenden Verhältnisse.[117] Die Abgrenzung zwischen nicht angabepflichtigen Sachverhaltsgestaltungen und darzulegender Methodenänderung kann im Einzelfall Schwierigkeiten bereiten. Führt eine Änderung der Verhältnisse zu einem Abweichen von bisher angewandten Bilanzierungs- und Bewertungsmethoden, muss hierüber berichtet werden.[118]

85   Im Rahmen der Begründungspflicht sind die Vorgaben des Art. 31 Abs. 2 S. 2 RL 78/660/EWG (**4. EG-Richtlinie**) und die allgemeinen Bewertungsgrundsätze des § 252 zu beachten. Die danach geforderten Erklärungen knüpfen an die in § 252 Abs. 2 formulierte Abweichung von den in § 252 Abs. 1 niedergelegten Grundsätzen an.[119] Wird in begründeten Fällen abgewichen, müssen gem. Abs. 2 Nr. 2 die Gründe für dieses Verhalten im Anhang offengelegt werden. Dadurch sollen sachfremde und willkürliche Erwägungen verhindert werden. Die Angabe- und Berichtpflicht bezieht sich zudem auf die Bilanzierungsmethoden.

86   **3. Ausweis von Unterschiedsbeträgen (Abs. 2 Nr. 3). a) Bedeutung.** Abs. 2 Nr. 3 beruht auf den Vorgaben des Art. 40 Abs. 2 RL 78/660/EWG (4. EG-Richtlinie). Danach sind bei der Anwendung einer Gruppenbewertung gem. § 240 Abs. 4 oder eines Bewertungsvereinfachungsverfahrens nach § 256 S. 1 pauschal für jede Gruppe die Unterschiedsbeträge auszuweisen, wenn die Bewertung im Vergleich zu einer Bewertung auf der Grundlage des letzten bekannten Börsen- oder Marktpreises einen erheblichen Unterschied aufweist. Auf diese Weise soll der Unterschied zwischen den vereinfacht ermittelten Werten und der aktuellen Preisbewertung kenntlich gemacht werden, um **Bewertungsreserven aufzudecken.** Die Angabepflicht nach Abs. 2 Nr. 3 zielt darauf ab, die erheblichen Unterschiedsbeträge aufzudecken und zu verdeutlichen, um auf diese Weise den Spielraum zur Bildung von Bewertungsreserven einzuschränken, ohne sie jedoch offenzulegen.[120] Bei den betroffenen Unternehmen kommt es für diese Gruppen zu Doppelrechnungen.

87   Abs. 2 Nr. 3 ist zu beachten, wenn **gleichartige Vermögensgegenstände** des **Vorratsvermögens** und andere gleichartige oder gleichwertige Gegenstände des beweglichen Vermögens jeweils zu einer Gruppe zusammengefasst und mit dem gewogenen Durchschnittswert angesetzt werden (§ 240 Abs. 4). Auf die in § 240 Abs. 4 zusätzlich genannten Schulden bezieht sich die Vorschrift nicht, weil für sie Börsen- oder Marktpreise nicht feststellbar sind. Gleiches gilt für den Fall, dass entsprechend den GoB für den Wertansatz gleichartiger Vermögensgegenstände des Vorratsvermögens ein bestimmtes Verbrauchsfolgeverfahren unterstellt worden ist (§ 256 S. 1).

88   **b) Erheblichkeit.** Der Umfang der Ausweispflicht wird dadurch eingeschränkt, dass nur ein erheblicher Bewertungsunterschied auszuweisen ist, wobei der Begriff der **Erheblichkeit** nicht definiert wird. Für die Beurteilung kommt es daher auf die vernünftige kaufmännische Beurteilung im Einzelfall an. Als Maßstab für die Erheblichkeit ist vor allem die Höhe des Unterschiedsbetrags anzusehen, wobei bezüglich des Vergleichswerts zT auf den entsprechenden Bilanzposten, zT auf die vereinfacht bewerteten Vermögensgegenstände abgestellt wird. Aber auch Kriterien, wie das Verhältnis des Unterschiedsbetrags zur Größe der Gruppe oder das Größenverhältnis der Gruppe zum Umfang des Bilanzpostens, innerhalb dessen von der Vereinfachungsregel Gebrauch gemacht wurde, spielen eine Rolle. Im Allgemeinen werden Beträge von mehr als 10% regelmäßig als erheblich einzustufen sein, wobei zT wiederum auf den bewerteten Vermögensgegenstand, zT auf die vereinfacht bewerteten Vermögensgegenstände insgesamt abgestellt wird.[121]

---

[117]   HdR/Oser/Holzwarth §§ 284–288 Rn. 119.
[118]   HdR/Oser/Holzwarth §§ 284–288 Rn. 119; ADS Rn. 108; aA Förschle/Kropp ZfB 1986, 873 (887).
[119]   BT-Drs. 10/4268, 110.
[120]   ADS Rn. 150; BeBiKo/Grottel Rn. 201; HdJ/Kupsch Abt. IV/4 Rn. 113; Oechsle/Rudolph FS Luik, 1991, 91 (110).
[121]   ADS Rn. 155; HdR/Oser/Holzwarth §§ 284–288 Rn. 146; Staub/Meyer Rn. 62; HdJ/Kupsch Abt. IV/4 Rn. 118.

c) Ausweispflicht. Abs. 2 Nr. 3 spricht davon, dass die Unterschiedsbeträge **pauschal** 89 für die jeweilige Gruppe ausgewiesen werden müssen. Der Wortlaut orientiert sich an § 240 Abs. 4, der die zusammengefasste Bewertung der jeweils einer Gruppe zuzuordnenden Vermögensgegenstände zulässt. Für alle in einer Gruppe bewerteten Vermögensgegenstände ist der Unterschiedsbetrag zum Börsenkurs oder zum Marktpreis anzugeben. Entsprechendes gilt für die Gruppen gleichartiger Vermögensgegenstände des Vorratsvermögens, für die gem. § 256 S. 1 Bewertungsvereinfachungen in Anspruch genommen wurden. Die Gruppenbewertung nach § 240 Abs. 4 einerseits und die Inanspruchnahme von Bewertungsvereinfachungen nach § 256 S. 1 andererseits müssen unterschieden und in eigenständigen Gruppen angegeben werden. Eine Zusammenfassung beider Gruppen entspricht nicht den Vorgaben des Gesetzes.[122]

Das Gesetz schreibt nur den Ausweis der für die jeweilige Gruppe ermittelten „pauschalen" Unterschiedsbeträge vor. Sie werden durch einen Vergleich mit dem letzten vor dem Abschlussstichtag bekannten **Börsenkurs oder Marktpreis** ermittelt. Dazu muss der heranzuziehende letzte Börsenkurs oder Marktpreis vor dem Abschlussstichtag bekannt sein. Preisbewegungen nach dem Abschlussstichtag werden nicht entsprechend berücksichtigt. Kann weder ein Börsen- noch ein Marktpreis ermittelt werden, entfällt die Angabe. Zufallskurse sind vor dem Hintergrund des § 264 Abs. 2 nicht zu berücksichtigen. Der Börsen- oder Marktpreis ist für die Ermittlung des Unterschiedsbetrags auch dann anzusetzen, wenn er höher ist als die Anschaffungs- oder Herstellungskosten, da es nicht um einen Vergleich mit möglichen Bilanzwerten geht.[123] Angaben zum Unterschiedsbetrag kommen regelmäßig nur in Betracht, wenn der Börsen- oder der Marktpreis über dem Buchwert liegt, da bei niedrigerem Börsen- oder Marktpreis für Vermögensgegenstände des Umlaufvermögens eine Abschreibung nach § 253 Abs. 3 S. 1 vorzunehmen ist.[124] Der Börsenkurs bzw. der Marktpreis ist der Ermittlung der Unterschiedsbeträge bei unfertigen und fertigen Erzeugnissen mit Bewertungsabschlägen zugrunde zu legen.[125]

Nach dem Gesetzeswortlaut genügt ein **pauschaler** Ausweis, wobei recht großzügige 91 Auf- und Abrundungen zulässig sind. Die Angabe genauer Unterschiedsbeträge ist nicht gefordert.[126]

4. Angabe über die Einbeziehung von Zinsen für Fremdkapital (Abs. 2 Nr. 4). 92 Abs. 2 **Nr. 4** überträgt die in Art. 35 Abs. 4 S. 2 RL 78/660/EWG (**4. EG-Richtlinie**) enthaltene Verpflichtung, die Aktivierung von Fremdkapitalzinsen „im Anhang zu erwähnen", in nationales Recht; eine Angabe des Betrags der aktivierten Zinsen ist nicht vorgeschrieben. Abs. 2 Nr. 4 schreibt vor, dass Angaben über die Einbeziehung von Zinsen für Fremdkapital in die Herstellungskosten zu machen sind. Danach müssen Kapitalgesellschaften, die von dem Bewertungswahlrecht des § 255 Abs. 3 S. 2 Gebrauch machen, die Aktivierung im Anhang angeben; dabei sind die betroffenen Posten zu benennen.[127] Anders als Abs. 2 Nr. 3 spricht Abs. 2 Nr. 4 nicht von der Angabe des Betrags oder des Unterschiedsbetrags, der sich aus der Wahrnehmung des Wahlrechts ergibt. Grundsätzlich ist daher die Angabe ausreichend, ob alle oder nur ein Teil der Fremdkapitalzinsen aktiviert worden sind. Zahlenangaben sind nur bei außergewöhnlichen Beträgen erforderlich oder wenn das Wahlrecht aus § 255 Abs. 3 S. 2 bei einzelnen Posten unterschiedlich ausgeübt wurde.[128]

---

[122] ADS Rn. 152; wohl auch HdR/Oser/Holzwarth §§ 284–288 Rn. 133 ff.; BeBiKo/Grottel Rn. 200; aA Abgrenzung der Gruppen nicht nach § 240 Abs. 4, sondern nach dem jeweiligen Bewertungsvereinfachungsverfahren: Staub/Meyer Rn. 61.

[123] Baumbach/Hueck/Schulze-Osterloh, 18. Aufl. 2006, GmbHG § 42 Rn. 491; aA ADS Rn. 153, „vorsichtiger Abschlag bei der Bemessung des Unterschiedsbetrags".

[124] BeBiKo/Grottel Rn. 207.

[125] ADS Rn. 164; Staub/Meyer Rn. 61; aA HdR/Oser/Holzwarth §§ 284–288 Rn. 139. Krit. auch HdJ/Kupsch Abt. IV/4 Rn. 117.

[126] HdR/Oser/Holzwarth §§ 284–288 Rn. 143; Staub/Meyer Rn. 62.

[127] HdJ/Kupsch Abt. IV/4 Rn. 119; EBJS/Böcking/Gros/Wirth Rn. 21; Wiedmann/Böcking/Gros Rn. 23.

[128] ADS Rn. 156; HdJ/Kupsch Abt. IV/4 Rn. 119; KKRD/Morck/Drüen Rn. 12.

Werden die Fremdkapitalzinsen nur bei einem Teil der Vermögensgegenstände oder zu einem geringeren Umfang als möglich aktiviert, ist auf diesen Umstand hinzuweisen, da darin auch die angewandte Bewertungsmethode deutlich wird.[129]

V. Entwicklung des Anlagevermögens (Abs. 3)

93   Die zunächst in § 268 Abs. 2 aF enthaltene Wahlpflichtangabe zur Darstellung der Entwicklung des Anlagevermögens in Form des Anlagespiegels oder -gitters in der Bilanz oder im Anhang wurde mit dem BilRUG nach § 284 Abs. 3 verschoben und ist daher nun zwingend im Anhang aufzunehmen; der Ausweis in der Bilanz ist nicht mehr möglich.[130] Da es sich nunmehr um eine originäre Anhangangabe handelt, entfällt damit auch die Pflicht zur Angabe von Vorjahreswerten gem. § 265 Abs. 2 S. 1.[131] Im Anlagespiegel ist über das Anlagevermögen (§ 266 Abs. 2 A.), dessen Altersstruktur und seine Veränderungen in der Berichtsperiode zu informieren. Die Entwicklung der Anschaffungs- und Herstellungskosten der Anlagenposten sind brutto darzustellen.[132] Abs. 3 ist auch von Personenhandelsgesellschaften iSd **§ 264a** anzuwenden und gilt sinngemäß für Unternehmen, die nach dem **PublG** rechnungslegungspflichtig sind (§ 1 PublG, § 5 Abs. 2 S. 2 PublG) bzw. in entsprechender Weise für **Genossenschaften** (§ 336 Abs. 2 S. 1). Für Kredit- und Finanzdienstleistungsinstitute sowie Versicherungen gelten statt des Abs. 2 die Vorgaben der RechKredV bzw. der RechVersV einschließlich der dort enthaltenen Formblätter (§ 340a Abs. 2 S. 2, § 341a Abs. 2 S. 2). Wird das Anlagegitter freiwillig erstellt, zB von einer kleinen Kapitalgesellschaft, muss es die Anforderungen von Abs. 3 im Interesse klarer und übersichtlicher Abschlüsse (§ 243 Abs. 2) einhalten.

94   **1. Struktur.** Ausgangspunkt der Darstellung im Anlagespiegel sind die gesamten Anschaffungs- oder Herstellungskosten der Vermögensgegenstände des Anlagevermögens zu Beginn des Geschäftsjahres **(Spalte 1).** Auf dieser Grundlage kann die Entwicklung zu den Buchwerten am Ende des Geschäftsjahres durch die folgenden Angaben der Zu- und Abgänge, der Umbuchungen sowie der Zu- und Abschreibungen nachvollzogen werden (sog. **direkte Bruttomethode**[133]). Darüber hinaus gibt § 284 Abs. 3 keine bestimmte Darstellungsform oder -reihenfolge vor, die weitere Ausgestaltung wird stattdessen von betriebswirtschaftlichen Erwägungen geleitet.[134] Die Darstellung muss **klar** und **übersichtlich** sein (§ 243 Abs. 2) und ein den tatsächlichen Verhältnissen entsprechendes Bild vermitteln (§ 264 Abs. 2 S. 1).[135] Es empfiehlt sich, die Angabekategorien in einer gitterförmigen Darstellung in einem **vierzehnspaltigen Anlagespiegel** anzuordnen.[136] Darunter werden die einzelnen Posten des Anlagevermögens in der Reihenfolge der Bilanz vertikal aufgeführt.[137]

95   Die Reihenfolge der Angaben ist zwar frei. Um die neuen Angabepflichten zu den Abschreibungen zusammenhängend in den Anlagenspiegel zu integrieren,[138] bietet sich aber an, zunächst die **mengenmäßigen Veränderungen** (Zu- und Abgänge), dann die wert- und mengenmäßig neutralen Umbuchungen und schließlich die **wertmäßigen Ver-**

---

129 HdR/Oser/Holzwarth §§ 284–288 Rn. 149; BeckOGK/Kessler Rn. 131.
130 Begr. RegE BilRuG, BT-Drs. 16/10067, 80; Rimmelspacher/Meyer DB-Beil. Heft 5/2015, 23.
131 Fink/Theile DB 2015, 757.
132 Rimmelspacher/Meyer DB-Beil. Heft 5/2015, 23.
133 ADS § 268 aF Rn. 39.
134 ADS § 268 aF Rn. 43.
135 → 3. Aufl. 2013, § 268 Rn. 9.
136 Vor den Änderungen durch das BilRUG war eine neunspaltige Darstellung üblich, vgl. ADS § 268 aF Rn. 45; durch die erweiterten abschreibungsbezogenen Angaben erhöht sich Anzahl der Spalten auf 14, vgl. auch HKMS/Haferkorn/Diemers Rn. 87; BeBiKo/Grottel Rn. 224.
137 → 3. Aufl. 2013, § 268 Rn. 9.
138 Die detaillierte Darstellung der Abschreibungen im Anlagegitter ist nicht zwingend (so aber Oser/Orth/Wirtz DB 2015, 197 (200)), aus Gründen der Klarheit und Übersichtlichkeit (§ 243 Abs. 2) jedoch geboten, Rimmelspacher/Meyer DB-Beil. Heft 5/2015, 23 (24); BeBiKo/Grottel Rn. 223; Zwirner WPg 2017, 561 (562); HKMS/Haferkorn/Diemers Rn. 83.

änderungen (Zu- und Abschreibungen) zu behandeln. Innerhalb dieser Kategorien von Veränderungen sollten die Zunahmen vor den Verminderungen aufgeführt werden; dies entspricht auch dem Wortlaut von § 284 Abs. 3 S. 2. Im Anlagegitter folgen also zunächst die Zugänge, Abgänge und Umbuchungen im Geschäftsjahr **(Spalten 2–4).** Der Übersichtlichkeit halber sollten daraufhin die kumulierten Anschaffungs- und Herstellungskosten zum Periodenende angegeben werden **(Spalte 5).**[139] Wo vormals in § 268 Abs. 2 aF nur die Abschreibungen und Zuschreibungen des Geschäftsjahres sowie die kumulierten Abschreibungen am Ende des Geschäftsjahres genügten, fordert § 284 Abs. 3 S. 3 nun detailliertere Angaben zu den wertmäßigen Veränderungen (→ Rn. 120), diese sollten im sog. **Abschreibungsspiegel** dargelegt werden **(Spalten 6–12).** In der Praxis ist es schließlich üblich, gesetzlich aber nicht erforderlich, zu den einzelnen Posten noch die Buchwerte am Ende des Geschäftsjahres und zum Vergleich auch die Buchwerte des Vorjahres anzugeben **(Spalten 13–14).**[140] Soweit zu einer Spalte keine Angaben existieren, kann sie analog § 265 Abs. 8 gekürzt werden.[141] Auch ist bei entsprechender Kennzeichnung eine Zusammenfassung von Spalten zulässig, soweit dies die Übersichtlichkeit nicht beeinträchtigt.[142] Daraus ergibt sich folgende Darstellung:

(1) Anschaffungs- oder Herstellungskosten zu **Beginn** des Geschäftsjahres (GJ) *(kumuliert)*	(2) Zugänge zu (1) *(GJ)*	(3) Abgänge zu (1) *(GJ)*	(4) Umbuchungen bei (1) *(GJ)*	(5) Anschaffungs- oder Herstellungskosten am **Ende** des Geschäftsjahres *(kumuliert)*
(vertikale Aufgliederung der einzelnen Posten des Anlagevermögens)				

(6) **Abschreib.** zu **Beginn** des GJ *(kumuliert)*	(7) Zuschreib. *(GJ)*	(8) Abschreib. *(GJ)*	(9) Änderungen Abschreib. iZm Zugängen *(kumuliert)*	(10) Änderungen Abschreib. iZm Abgängen *(kumuliert)*	(11) Änderungen Abschreib. iZm Umbuchungen *(kumuliert)*	(12) **Abschreib.** am **Ende** des GJ *(kumuliert)*
(vertikale Aufgliederung der einzelnen Posten des Anlagevermögens)						

(13) Stand 31.12. Geschäftsjahr *(Buchwert)*	(14) Stand 31.12. Vorjahr *(Buchwert)*
(vertikale Aufgliederung der einzelnen Posten des Anlagevermögens)	

2. Die einzelnen Angaben. Ausgehend von den historischen Anschaffungs- oder **96** Herstellungskosten zu Beginn des Geschäftsjahres sind für alle einzelnen Posten des Anlagevermögens gem. Abs. 3 S. 2 gesonderte Angaben über Zu- und Abgänge, Umbuchungen sowie Zuschreibungen des Geschäftsjahres zu machen. Abs. 3 S. 3 verlangt zudem im sog. **Abschreibungsspiegel** detailliertere Angaben zu den Abschreibungen: zu ihrer gesamten Höhe zu Beginn und Ende des Geschäftsjahres, den im Laufe des Geschäftsjahres vorgenommenen Abschreibungen sowie den Änderungen der Abschreibungen in ihrer gesamten Höhe im Zusammenhang mit Zugängen, Abgängen und Umbuchungen im Laufe des Geschäftsjahres. Besonderheiten für die einzelnen Angaben können sich aus der Unterscheidung des Anlagevermögens in immaterielle Vermögensgegenstände, Sachanlagen und Finanzanlagen ergeben (§ 266 Abs. 2 A).

a) Angeschaffte oder hergestellte Vermögensgegenstände. aa) Vermögensge- 97 genstände des Anlagevermögens. Ausgangspunkt des Anlagegitters sind alle in vorange-

---

[139] Diese Anforderung ergibt sich nicht aus § 284 Abs. 3, wird aber in Art. 17 Abs. 1 lit. a i Bilanz-RL aE vorgesehen, Oser/Oser/Wirtz DB 2015, 197 (200); BeBiKo/Grottel Rn. 222.
[140] BeBiKo/Grottel Rn. 224; HKMS/Haferkorn/Diemers Rn. 85.
[141] ADS § 268 aF Rn. 46.
[142] → 3. Aufl. 2013, § 268 Rn. 10.

gangen Perioden angeschafften oder hergestellten Vermögensgegenstände des Anlagevermögens (§ 247 Abs. 2), die zu **Beginn** des Geschäftsjahr noch aktiviert sind **(Spalte 1).** Diese sind ungekürzt mit ihren ursprünglichen Anschaffung- oder Herstellungskosten anzugeben.[143] **Geringstwertige** bewegliche[144] **Vermögensgegenstände** des Anlagevermögens sowie kurzlebige Vermögensgegenstände bis zu einer Nutzungsdauer von einem Jahr müssen aus Vereinfachungsgründen **nicht aktiviert** und in den Anlagenspiegel aufgenommen werden. Sie können **sofort** als **Aufwand** verrechnet werden,[145] sofern sie insgesamt von unwesentlicher Bedeutung sind.[146] Als **Maßstab** für die Geringstwertigkeit werden in der Bilanzierungspraxis **einkommenssteuerrechtliche Grundsätze** angewandt, demnach gilt die Wertgrenze von **bis zu 250 EUR**[147] gem. § 6 Abs. 2a S. 4 EStG auch für die Anschaffungs- oder Herstellungskosten.[148]

98   Hingegen müssen **geringwertige Vermögensgegenstände** des Anlagevermögens im Anlagenspiegel erfasst werden. Auch für sie gelten jedoch dem Einkommenssteuerrecht entsprechende Vereinfachungsmöglichkeiten. Vermögensgegenstände, die gem. § 6 Abs. 2 S. 1 EStG aufgrund von Anschaffungs- oder Herstellungskosten **bis 800 EUR**[149] als geringwertig anzusehen sind, können danach bereits im Zugangsjahr voll abgeschrieben werden.[150] Im Anlagenspiegel werden sie daher als **Zugang** erfasst und zugleich als Abgang verrechnet,[151] da bei einer vollständigen Abschreibung zur Vereinfachung auch der **Abgang fingiert** wird.[152] Alternativ können Vermögensgegenstände mit einem Wert zwischen 250 und 1000 EUR[153] auch entsprechend § 6 Abs. 2a S. 1 EStG als **Sammelposten** aktiviert und einheitlich über eine Nutzungsdauer von fünf Jahren abgeschrieben werden.[154]

99   **bb) Anschaffungs- oder Herstellungskosten.** Die Anschaffungskosten gem. § 255 Abs. 1 S. 1 (→ § 255 Rn. 4 ff.) und Herstellungskosten gem. § 255 Abs. 2 S. 1 (→ § 255 Rn. 52 ff.) sind grds. in ihrer ursprünglichen Höhe auszuweisen. Soweit die Pflicht zur Erstellung eines Anlagegitters **erstmalig** besteht, war bislang in Art. 48 EGHGB vorgesehen, dass ausnahmsweise auch die Vorjahresbuchwerte angegeben werden konnten. Eine Art. 15 Abs. 3 lit. b RL 78/660/EWG (4. EG-Richtlinie) entsprechende Ausnahme fehlt jedoch in Art. 17 **Bilanz-RL, so dass nun in jedem Fall die historischen Bruttowerte angegeben werden müssen.**

100   Wird für Sachanlagevermögen ein **Festwert** angesetzt (§ 240 Abs. 3, → § 240 Rn. 19 ff.), so darf dieser über mehrere Jahre anstelle der tatsächlichen Anschaffungs- oder Herstellungskosten angegeben werden.[155] Regelmäßige Aufwendungen für **Instandhaltungen und Ergänzungen** der mit Festwert ausgewiesenen Vermögensgegenstände werden als **Aufwand des jeweiligen Geschäftsjahres** nicht im Anlagenspiegel angegeben.[156] Eine Anpassung des Festwerts kann zum einen durch eine wesentliche Veränderung in Wert oder Menge geboten sein. Andererseits kann auch die **körperliche Bestandsaufnahme** (§ 240 Abs. 3 S. 3) zu einer Anpassung des Festwerts führen. **Erhöhungen des Festwerts** sind im Anlagenspiegel auf zweierlei Arten kenntlich zu machen. Beruht eine Erhöhung des Festwertansatzes auf einer tatsächlichen mengenmäßigen Vermehrung des Anlagevermögens, so ist dies als **Zugang** auszuweisen. Andernfalls werden Aufwendungen aus Vorjahren

---

143   ADS § 268 aF Rn. 47.
144   BeBiKo/Schubert/Andrejewski § 253 Rn. 276.
145   → 3. Aufl. 2013, § 268 Rn. 12.
146   BeBiKo/Grottel Rn. 287 mwN.
147   Gilt ab dem 1.1.2018; zuvor: 150 EUR.
148   → 3. Aufl. 2013, § 268 Rn. 12.
149   Gilt ab dem 1.1.2018; zuvor: 150 EUR.
150   Hopt/Merkt § 253 Rn. 16.
151   → 3. Aufl. 2013, § 268 Rn. 12.
152   BeBiKo/Grottel Rn. 288.
153   Gilt ab dem 1.1.2018; zuvor: zwischen 150 und 1.000 EUR.
154   BeBiKo/Grottel Rn. 288 mwN.
155   ADS § 268 aF Rn. 78.
156   ADS § 268 aF Rn. 78.

als **Zuschreibungen** aktiviert.[157] Ergibt sich sowohl eine mengen- als auch eine wertmäßige Erhöhung des Festwerts, so sollte aus Vereinfachungsgründen eine **Zusammenfassung** als Zugang zulässig sein.[158] Eine Verringerung des Festwerts ist umgekehrt als Abschreibung auszuweisen, soweit im Geschäftsjahr keine Abgänge stattgefunden haben.[159]

b) Zugänge. aa) Begriff. Zugänge **(Spalte 2)** erfassen die **mengenmäßige Ver-** 101 **mehrung** des Anlagevermögens.[160] Sie sind im Anlagenspiegel als **Bruttowert,** dh ohne Abschreibungen des weiteren Geschäftsjahrsverlaufs anzugeben. In Abgrenzung zur Zuschreibung handelt es sich bei Zugängen um **erfolgsneutrale Vermögensumschichtungen.**[161]

Auch wenn durch sie das Anlagevermögen mengenmäßig nicht zunimmt, sind **nach-** 102 **trägliche Anschaffungskosten** im Entstehungsjahr als **Zugang** auszuweisen. Sie entstehen etwa, wenn der Kaufpreis nachträglich heraufgesetzt wird. Es handelt sich zwar um rein wertmäßige Erhöhungen, die nach der allgemeinen Systematik als Zuschreibung behandelt werden müssten (→ Rn. 114). Da sie die GuV aber nicht berühren, ist eine Ausweisung als **erfolgsneutraler** Zugang praktikabler.[162] Die Herstellungskosten sind ebenfalls nicht beschränkt auf die Herstellung **weiterer Vermögensgegenstände;** auch **nachträgliche Herstellungskosten** im Geschäftsjahr (wie etwa Erweiterungen, Umbau oder die Generalüberholung von schon vorhandenen Vermögensgegenständen) zählen insoweit zu den Zugängen.[163] Nicht um Herstellungskosten handelt es sich hingegen bei Instandhaltungs- und Reparaturaufwendungen, ihnen fehlt es an der für Herstellungskosten gem. § 255 Abs. 2 S. 1 erforderlichen „wesentlichen Verbesserung".[164]

Ebenfalls als **Zugang** auszuweisen sind **Nachaktivierungen** von **in früheren** 103 **Geschäftsjahren** angefallenen Anschaffungs- oder Herstellungskosten, die zuvor im eigentlich maßgeblichen Zeitpunkt nicht aktiviert wurden.[165] Eine Nachaktivierung kann insbesondere im Zusammenhang mit steuerlichen Betriebsprüfungen auftreten, um die Handelsan die Steuerbilanz anzupassen.[166] **Materiell** handelt es sich um eine mengenmäßige Vermehrung des Anlagevermögens und damit um einen **Zugang.**[167] In **Spalte 2** erfasst werden die gesamten historischen Anschaffungs- oder Herstellungskosten, die nicht schon im Vorjahr aktiviert waren. Die seit dem eigentlichen Zugangszeitpunkt zu berücksichtigenden **Abschreibungen** sind den kumulierten Abschreibungen zuzurechnen.[168] Soweit diese eigentlich in den Vorjahren anzusiedeln sind, sollte dies als Änderungen der gesamten Abschreibungen im Zusammenhang mit Zugängen **(Spalte 9)** angegeben werden (→ Rn. 101).[169]

Wenn bei der Nachaktivierung ein Vermögensgegenstand erstmalig aktiviert wird, ist 104 dies zwingend als Zugang einzuordnen.[170] Wenn die Nachaktivierung hingegen einen teil-

---

[157] BeBiKo/Grottel Rn. 266; ADS § 268 aF Rn. 78.

[158] → 3. Aufl. 2013, § 268 Rn. 13; BeBiKo/Grottel Rn. 266; HdR/Lorson § 268 aF Rn. 151; Beck HdR/ Nordmeyer/Göbel B 212 Rn. 110.

[159] ADS § 268 aF Rn. 78.

[160] ADS § 268 aF Rn. 50; BeBiKo/Grottel Rn. 255; → 3. Aufl. 2013, § 268 Rn. 14; HKMS/Haferkorn/ Diemers Rn. 89.

[161] → 3. Aufl. 2013, § 268 Rn. 14.

[162] ADS § 268 aF Rn. 53; BeBiKo/Grottel Rn. 263; → 3. Aufl. 2013, § 268 Rn. 14.

[163] ADS § 268 aF Rn. 54; HKMS/Haferkorn/Diemers Rn. 90.

[164] ADS § 268 aF Rn. 54.

[165] So schon → 3. Aufl. 2013, § 268 Rn. 14; Bonner HdR/Matschke/Schellhorn § 268 aF Rn. 48; nun auch BeBiKo/Grottel Rn. 272; für eine Einordnung als Zuschreibung hingegen von BeBiKo/Grottel/ F. Huber, 9. Aufl. 2014, Rn. 46; zT wird danach diff., ob der Vermögensgegenstand erstmalig aktiviert wird (dann Zugang) oder ob er im Vorjahr bereits aktiviert war und nachträgliche Aufwendungen als Anschaffungs- oder Herstellungskosten aktiviert werden sollen (dann Zuschreibung), so ADS § 268 aF Rn. 55 und MüKoBilanzR/Suchan § 268 Rn. 27.

[166] ADS § 268 aF Rn. 55; BeBiKo/Grottel Rn. 271.

[167] → 3. Aufl. 2013, § 268 Rn. 14; BeBiKo/Grottel Rn. 271.

[168] ADS § 268 aF Rn. 55; → 3. Aufl. 2013, § 268 Rn. 14.

[169] BeBiKo/Grottel Rn. 229.

[170] ADS § 268 aF Rn. 55; → 3. Aufl. 2013, § 268 Rn. 14; BeBiKo/Grottel Rn. 272; aA noch BeBiKo/ Grottel/F. Huber, 9. Aufl. 2014, § 268 Rn. 46, die von einer Einordnung als Zuschreibung ausgingen.

weise schon im Vorjahr aktivierten Vermögensgegenstand betrifft, wird zT eine Einordnung als **Zuschreibung** angenommen.[171] Dafür wird angeführt, dass im Grunde ein früher zu hoch ausgewiesener Aufwand korrigiert würde, so dass eine Zuschreibung sachgemäß sei.[172] Es handele sich tatsächlich nicht um einen Zugang **im konkreten Geschäftsjahr,** zudem seien im steuerrechtlichen Wertansatz in der Regel schon Abschreibungen verrechnet.[173] Der Einwand der zeitlichen Zuordnung lässt sich durch zusätzliche Angaben nach der neu eingeführten Angabepflicht gem. **§ 285 Nr. 32** für **periodenfremde Erträge** entkräften.[174] Den Vorjahren zuzurechnende Abschreibungen lassen sich über die neuen Angaben im Abschreibungsspiegel **(in Spalte 9)** kenntlich machen. Eine Einordnung der **Nachaktivierung als Zugang** ist damit sowohl materiell korrekt als auch im Rahmen des Anlagegitters hinreichend zu veranschaulichen.[175]

105   **bb) Zugangszeitpunkt.** Maßgeblicher **Zeitpunkt** für den Zugang ist die Erlangung der **wirtschaftlichen Verfügungsgewalt** über den Gegenstand durch den Erwerber, **nicht der rechtliche Eigentumserwerb.**[176] Bei **Grundstücken** und **Sachanlagen** geht die Verfügungsgewalt regelmäßig mit Übergang des Eigenbesitzes, der Lasten und Nutzungen auf den Erwerber einher.[177] Selbst hergestellte Gegenstände des Sachanlagevermögens sind zugegangen, sobald sie so fertiggestellt sind, dass sie bestimmungsgemäß nutzbar sind.[178]

106   Bei **immateriellen Vermögensgegenständen** ist zu differenzieren: Werden diese von einem Dritten **erworben,** so ist auch hier die tatsächliche Verfügungsgewalt maßgeblich, also die (zB vertraglich festgelegte) Nutzungsmöglichkeit für den Erwerber. Ist die Nutzungsmöglichkeit an die Erlangung eines körperlichen Gegenstandes geknüpft (zB Datenträger oder Pläne), richtet sich der Zugang danach, wann über diesen Gegenstand die Verfügungsgewalt erlangt wird.[179] Handelt es sich hingegen um **selbst geschaffene** immaterielle Vermögensgegenstände, so gilt gem. § 248 Abs. 2 S. 1 grds. ein Aktivierungswahlrecht (mit Ausnahme der in § 248 Abs. 2 S. 2 genannten Fälle). Die selbst geschaffenen immateriellen Vermögensgegenstände können aktiviert werden, wenn bei der Entwicklung gem. § 255 Abs. 2a Kosten angefallen sind und mit hoher Wahrscheinlichkeit prognostiziert werden kann, dass ein verwertbarer Vermögensgegenstand zur Entstehung gelangen wird.[180]

107   **cc) Anschaffungs- oder Herstellungskosten.** Anzugeben sind Zugänge mit ihren Anschaffungs- oder Herstellungskosten (§ 255), ggf. zuzüglich nachträglicher Kosten (→ Rn. 102). Ob aus einer Minderung der für das angabepflichtige Unternehmen tatsächlich angefallenen Anschaffungs- und Herstellungskosten durch Zuwendungen, Zuschüsse oder Subventionen von Seiten Dritter eine Kürzung der Kosten zulässig ist, ist im Einzelnen umstritten und hängt maßgeblich auch von der Art der Zuwendung ab (→ § 255 Rn. 38 ff.).[181]

108   Bei den Finanzanlagen können **zinslose oder niedrigverzinste Ausleihungen** wahlweise mit ihrem **Barwert** oder zum jeweiligen **Auszahlungsbetrag** ausgewiesen werden.[182] Bei Ausweisung mit dem Barwert ist die Differenz zum Auszahlungsbetrag als betrieblicher Aufwand anzugeben. Wird hingegen der Auszahlungsbetrag als Zugang ausgewiesen, sind der Abzinsungsbetrag als Abschreibung und eine spätere Aufzinsung als

---

[171]   ADS § 268 aF Rn. 55, zust. BeBiKo/Grottel Rn. 272.
[172]   ADS § 268 aF Rn. 55.
[173]   BeBiKo/Grottel/F. Huber, 9. Aufl. 2014, § 268 Rn. 46.
[174]   BeBiKo/Grottel Rn. 272.
[175]   So zuvor schon → 3. Aufl. 2013, § 268 Rn. 14; HdR/Lorson § 268 aF Rn. 81; dies für möglich erachtend nun auch BeBiKo/Grottel Rn. 272; aA Hopt/Merkt Rn. 15; BeBiKo/Grottel/F. Huber, 9. Aufl. 2014, Rn. 46 (immer Zuschreibung).
[176]   ADS § 268 aF Rn. 50; BeBiKo/Grottel Rn. 255.
[177]   BFHE 166, 329 = BStBl. II 1992, 398 = DStR 1992, 611; → 3. Aufl. 2013, § 268 Rn. 14.
[178]   → 3. Aufl. 2013, § 268 Rn. 15; BeBiKo/Grottel Rn. 260.
[179]   ADS § 268 aF Rn. 74; → 3. Aufl. 2013, § 268 Rn. 15; BeBiKo/Grottel Rn. 244.
[180]   RegE BilMoG, BT-Drs. 16/10067, 60; BeBiKo/Grottel Rn. 240.
[181]   S. dazu BeBiKo/Schubert/Gadek § 255 Rn. 115–119 mwN.
[182]   AA BeBiKo/Grottel Rn. 294 (ausschließlich zum Barwert).

Zuschreibung zu behandeln.[183] Werden bestehende **Forderungen** erworben, sind sie mit ihren tatsächlichen Anschaffungskosten anzugeben, unabhängig von ihrem Nominalbetrag.[184] Soweit Aktien ausgewiesen werden, die aufgrund von **Kapitalerhöhungen gegen Zuzahlung** gezeichnet wurden, sind diese mit dem Ausgabebetrag als Zugang anzuzeigen, hinzukommen ggf. die Anschaffungskosten von hinzuerworbenen Bezugsrechten.[185] **Zero-Coupon-Anleihen** müssen mit den Anschaffungskosten sowie gesondert ausgewiesenen, als realisiert geltenden Zinsen[186] als Zugang angegeben werden.[187]

c) Abgänge. Im Unterschied zum Zugang setzen Abgänge **(Spalte 3)** eine **mengen-** 109 **mäßige Verminderung** des Anlagevermögens voraus.[188] Dies geschieht generell bei Verlust der wirtschaftlichen Verwertungsmöglichkeiten eines Vermögensgegenstands, ob aus rechtlichen oder tatsächlichen Gründen. **Sachanlagen** können insbesondere durch Entnahme, Veräußerung oder Untergang abgehen.[189] Bei **immateriellen Vermögensgegenständen** entfällt die Auswertungsmöglichkeit etwa bei Verzicht, Aufhebungs- und Veräußerungsvereinbarungen oder auch soweit sie wirtschaftlich ihren Nutzen verloren haben.[190] Eine mengenmäßige Minderung von **Finanzanlagen** kann sich durch Übertragung auf Dritte oder durch rechtliches Erlöschen, etwa aufgrund von Tilgung, Verrechnung oder Liquidation eines Beteiligungsunternehmens ergeben.[191]

Abzugrenzen sind die Abgänge von **rein wertmäßigen Verminderungen,** die als 110 Abschreibungen zu qualifizieren sind (→ Rn. 116). Die Schwelle von der Abschreibung zum Abgang wird erst überschritten, wenn der Vermögensgegenstand **keinerlei objektiven Wert** mehr hat, der durch Nutzung oder Veräußerung noch realisiert werden könnte.[192] Soweit die **Anschaffungskosten** eines Vermögensgegenstands **nachträglich** erfolgsneutral **gemindert** wurden, wie etwa durch nach Erwerb gewährte Rabatte, so ist dies als Abgang zu behandeln und nicht als Abschreibung.[193]

Der **Zeitpunkt** des Abgangs tritt ein, sobald das Unternehmen die wirtschaftliche 111 Verfügungsmacht über den Vermögensgegenstand einbüßt, ob aus rechtlichen oder tatsächlichen Gründen. Ein Abgang ist aufgrund des Bruttoprinzips in **Höhe** der gesamten Anschaffungs- oder Herstellungskosten auszuweisen. Zugleich sind die auf den abgegangenen Vermögensgegenstand entfallenen Abschreibungen aus der Spalte der kumulierten Abschreibungen herauszurechnen.[194] Nach der Einführung des **Abschreibungsspiegels** durch das BilRUG sind nach Abs. 3 S. 3 Nr. 3 diesbezügliche Änderungen auch gesondert in **Spalte 10** darzustellen (→ Rn. 122). Der Buchwert eines veräußerten Bezugsrechts berechnet sich nach der sog. **Gesamtwertmethode,** wonach der Wert des Abgangs mit dem Teil des Kurswerts zu bemessen ist, der dem Verhältnis des Buchwerts der alten Anteile zu deren Kurswert vor der Kapitalerhöhung entspricht.[195]

d) Umbuchungen. Umbuchungen **(Spalte 4)** betreffen Änderungen, die sich **weder** 112 **mengenmäßig noch wertmäßig** auswirken. Bei ihnen wird **lediglich formal** der Ausweis innerhalb des Anlagevermögens geändert. Regelmäßig betrifft dies unter dem Punkt „geleistete Anzahlung und Anlagen in Bau" (§ 266 Abs. 2 A. Nr. 4) gegliederte Sachanlagen, die nach Fertigstellung in entsprechende Einzelposten nach § 266 Abs. 2 A. Nr. 1–3 umgebucht werden. Herstellungskosten aus dem Geschäftsjahr der Fertigstellung eines Vermö-

---

183 ADS § 268 aF Rn. 84; → 3. Aufl. 2013, § 268 Rn. 16.
184 → 3. Aufl. 2013, § 268 Rn. 16; BeBiKo/Grottel Rn. 294.
185 ADS § 268 aF Rn. 81; → 3. Aufl. 2013, § 268 Rn. 16; BeBiKo/Grottel Rn. 292.
186 S. dazu BeBiKo/Schubert/Gadek § 255 Rn. 208.
187 ADS § 268 aF Rn. 85; → 3. Aufl. 2013, § 268 Rn. 16; BeBiKo/Grottel Rn. 295.
188 ADS § 268 aF Rn. 56.
189 BeBiKo/Grottel Rn. 280.
190 → 3. Aufl. 2013, § 268 Rn. 19; BeBiKo/Grottel Rn. 250.
191 BeBiKo/Grottel Rn. 300.
192 → 3. Aufl. 2013, § 268 Rn. 19; HdR/Lorson § 268 aF Rn. 85; BeBiKo/Grottel Rn. 280.
193 → 3. Aufl. 2013, § 268 Rn. 19; BeBiKo/Grottel Rn. 281.
194 → 3. Aufl. 2013, § 268 Rn. 20; ADS § 268 aF Rn. 56.
195 BFHE 94, 251 = BeckRS 1968, 21000900; BeBiKo/Grottel Rn. 300.

gensgegenstands sind direkt als Zugang bei den betreffenden neuen Einzelposten einzurechnen.[196] Das **Bruttoprinzip** verlangt, dass auch Umbuchungen mit den gesamten historischen Anschaffungs- und Herstellungskosten auszuweisen sind, daher sind auch Ab- und Zuschreibungen zusammen mit den betreffenden Posten umzugliedern.[197] Nach Einführung des **Abschreibungsspiegels** durch das BilRUG sind solche Änderungen nach Abs. 3 Nr. 3 auch gesondert in **Spalte 11** darzustellen (→ Rn. 123).

113   Für den Fall, dass Vermögensgegenstände, etwa Wertpapiere,[198] zwischen Umlauf- und Anlagevermögen **umgegliedert** werden, kann dies zum einen als **Umbuchung** ausgewiesen werden, da dies mangels Investitionen insgesamt keine wert- oder mengenmäßigen Auswirkungen hat. Ebenso möglich ist ein Ausweis als Zu- oder Abgang (je nachdem ob die Umgliederung vom Umlauf- ins Anlagevermögen geschieht oder umgekehrt). Da beides zulässig ist,[199] sollte der Ausweis je nach verfolgtem Informationsziel gewählt werden. Soll durch das Anlagegitter primär die **Entwicklung des Anlagevermögens** im Geschäftsjahr dargestellt werden, sollte die Umgliederung als Ab- bzw. Zugang dargestellt werden.[200] Als Wert anzusetzen sind hierfür die historischen Anschaffungs- oder Herstellungskosten; die Buchwerte dürfen nur zugrunde gelegt werden, wenn auf den Vermögensgegenstand bereits im Umlaufvermögen Abschreibungen vorgenommen wurden.[201] Wird mit dem Anlagegitter hingegen die genauere Vermittlung der **Investitions- und Deinvestitionstätigkeit** des Unternehmens bezweckt, so ist ein Ausweis als **Umbuchung** angezeigt.[202] Die Ausweisung als Umbuchung führt zu einem positiven oder negativen Saldo im Umlaufvermögen; dies sollte aus Gründen der Bilanzklarheit im Anhang erläutert werden.[203] Möglich ist auch der Zusatz eines „Davon“-Vermerks im Anlagevermögen.[204]

114   **e) Zuschreibungen.** Zuschreibungen **(Spalte 7)** sind **wertmäßige Erhöhungen** des Anlagevermögens ohne mengenmäßige Veränderung.[205] Die Bewertung von Vermögensgegenständen ist gem. § 253 Abs. 1 S. 1 der Höhe nach durch die Anschaffungs- und Herstellungskosten begrenzt, daher kann die Zuschreibung nur durch wertmäßige **Aufholung** nach früherer Abschreibung erfolgen.[206] Gründe für eine Zuschreibung können im **Wertaufholungsgebot** gem. § 253 Abs. 5 S. 1 (→ § 253 Rn. 62) oder aber in einer Korrektur früher Bilanzierung, etwa in Form einer überhöht angesetzten planmäßigen Abschreibung liegen.[207] In letzterem Fall ist dies durch eine Zuschreibung **erfolgswirksam** zu korrigieren. Davon abzugrenzen ist eine **Nachaktivierung** aufgrund von **mengenmäßiger Mehrung** des Anlagevermögens: Diese ist erfolgsneutral als **Zugang** auszuweisen.[208]

115   Anders als die Abschreibungen sind Zuschreibungen nicht in ihrer gesamten Höhe sondern nur **in Bezug auf das Geschäftsjahr** anzugeben. Die Zuschreibungen der Vorjahre fließen durch Verrechnung in die kumulierten Abschreibungen der Vorjahre ein.[209] Zudem sind Zuschreibungen auf im laufenden Geschäftsjahr abgegangene Vermögensgegenstände zusätzlich bei den Änderungen der gesamten Abschreibungen im Zusammenhang mit Abgängen **(Spalte 10)** anzugeben. Andernfalls ließe sich der Buchwert des abgegangenen Vermögensgegenstands nicht mehr aus dem Anlagenspiegel nachvollziehen.[210]

---

[196] ADS § 268 aF Rn. 79; BeBiKo/Grottel Rn. 275.
[197] ADS § 268 aF Rn. 59; → 3. Aufl. 2013, § 268 Rn. 23; BeBiKo/Grottel Rn. 275.
[198] IDW RH HFA 1.014, Rz. 15.
[199] ADS § 268 aF Rn. 51; BeBiKo/Grottel Rn. 261.
[200] S. auch Henckel, StuB 2022, 505.
[201] → 3. Aufl. 2013, § 268 Rn. 24; BeBiKo/Grottel Rn. 262.
[202] → 3. Aufl. 2013, § 268 Rn. 24; BeBiKo/Grottel Rn. 261.
[203] ADS § 268 aF Rn. 51 – allerdings noch in Bezug auf das in § 268 Abs. 2 aF bestehende Wahlrecht.
[204] BeBiKo/Grottel Rn. 262.
[205] ADS § 268 aF Rn. 61; → 3. Aufl. 2013, § 268 Rn. 17; BeBiKo/Grottel Rn. 270.
[206] BeBiKo/Grottel Rn. 270.
[207] → 3. Aufl. 2013, § 268 Rn. 17.
[208] → Rn. 104 zum Zugang.
[209] BiRiLiG BT-Drs. 10/4268, 105.
[210] BeBiKo/Grottel Rn. 232.

f) Abschreibungen. Abschreibungen sind wertmäßige **Minderungen des Anlage-** 116 **vermögens.**[211] Seit dem BilMoG können sie sich nur noch aus handelsrechtlichen Gründen (§ 253 Abs. 3), nicht mehr jedoch aus steuerrechtlichen Gründen ergeben (wie vormals noch aus den §§ 254, 279 Abs. 2 aF). Abschreibungen aus steuerrechtlichen Gründen nach § 254 aF aus den Vorjahren sind jedoch in den zusammengefassten Abschreibungen zu berücksichtigen.[212] Anzugeben sind sowohl **planmäßige** (→ § 253 Rn. 14 ff.) als auch **außerplanmäßige** (→ § 253 Rn. 41 ff.) **Abschreibungen.** Soweit die Anschaffungs- oder Herstellungskosten eines zugegangenen Vermögensgegenstandes zu hoch angegeben wurden, muss eine Korrektur in Form der Abschreibung erfolgen;[213] eine Einordnung als Abgang im Umkehrschluss zur als Zugang klassifizierten Nachaktivierung (→ Rn. 104) ist hingegen nicht möglich.[214] Durch die Änderungen des **BilRUG** sind die **Angabepflichten** zu den Abschreibungen **ausgeweitet** worden. Zuvor konnten erweiterte Angaben zu § 268 Abs. 2 aF im Rahmen des sog. **Abschreibungsspiegels** auf freiwilliger Basis erfolgen,[215] nunmehr sind sie verpflichtend.

Die Angabepflicht nach § 268 Abs. 2 aF umfasste nur die **kumulierten Abschreibun-** 117 **gen am Abschlussstichtag (Spalte 12)** und die Abschreibungen des Geschäftsjahres **(Spalte 8).** Durch die Ausweitung in § 284 Abs. 3 S. 3 Nr. 1 Var. 1 sind nun zur besseren Übersicht auch die kumulierten **Abschreibungen zu Beginn des Geschäftsjahres (Spalte 6)** anzugeben. Weiterhin sind nach § 284 Abs. 3 S. 3 Nr. 3 auch **Änderungen** in den Abschreibungen im Zusammenhang mit **Zugängen, Abgängen, Umbuchungen** im Laufe des Geschäftsjahres gesondert auszuweisen **(Spalten 9-11).**

aa) Kumulierte Abschreibungen zu Beginn und Ende des Geschäftsjahres. 118 Angabepflichtig sind zum einen die **gesamten Abschreibungen** zu **Beginn** und **Ende** des Geschäftsjahres. Für sämtliche zum maßgeblichen Zeitpunkt noch im Anlagevermögen vorhandenen Vermögensgegenstände sind die Abschreibung **kumuliert,** dh in voller Höhe von der erstmaligen Aktivierung bis zum maßgeblichen Zeitpunkt anzugeben, also bis Beginn des Geschäftsjahres **(Spalte 6)** bzw. bis zu dessen Ende **(Spalte 12).** Scheidet ein Vermögensgegenstand vorher als Abgang aus dem Anlagevermögen aus, so sind auch die auf ihn entfallenden Abschreibungen aus der Abschreibungsspalte zu eliminieren.[216]

bb) Abschreibungen des Geschäftsjahres. Weiterhin sind auch die im Laufe des 119 Geschäftsjahres vorgenommenen Abschreibungen anzugeben. Dazu gehören alle Abschreibungen, die **in der Gewinn- und Verlustrechnung aufwandswirksam erfasst** werden **(Spalte 8),** unabhängig davon, ob sie zum Bilanzstichtag noch aktiviert sind.[217] Eine Differenzierung zwischen aktivierten und ausgeschiedenen Vermögensgegenständen ist durch die zusätzliche Angabepflicht im Zusammenhang mit Abgängen möglich.

cc) Änderungen der gesamten Abschreibungen in Zusammenhang mit Zu- 120 **und Abgängen, Umbuchungen des Geschäftsjahres.** Mit dem BilRUG sind **zusätzliche Angaben zu Abschreibungen** erforderlich, die mit **Zugängen, Abgängen** und **Umbuchungen** des Geschäftsjahres in Zusammenhang stehen. Durch Verwendung des Plurals „Änderungen" wird deutlich, dass für jede der drei Kategorien von Vorgängen eine getrennte Angabe erforderlich ist; eine kumulierte Darstellung ist nicht zulässig.[218] Erfasst werden alle Abschreibungen, die vor dem Zeitpunkt des maßgeblichen Vorgangs (etwa dem

211   ADS § 268 aF Rn. 64; HKMS/Haferkorn/Diemers Rn. 96.
212   BeBiKo/Grottel Rn. 285.
213   ADS § 268 aF Rn. 50.
214   → 3. Aufl. 2013, § 268 Rn. 21.
215   Dazu ADS § 268 aF Rn. 66.
216   ADS § 268 aF Rn. 56; HKMS/Haferkorn/Diemers Rn. 96.
217   Mittlerweile wohl ganz hM, vgl. HKMS/Haferkorn/Diemers Rn. 97; BeBiKo/Grottel Rn. 230; ADS § 268 aF Rn. 68; → 3. Aufl. 2013, § 268 Rn. 22; aA Küting/Haeger/Zündorf BB 1985, 1948 (1952).
218   Rimmelspacher/Meyer DB-Beil. Heft 5/2015, 23 (24); Oser/Oser/Wirth DB 2015, 197 (200); BeBiKo/Grottel Rn. 234.

Abgang) aufwandswirksam erfasst sind, also auch jene aus vorherigen Geschäftsjahren.[219] Allein (beispielsweise) der Abgang muss in das angabepflichtige Geschäftsjahr fallen. Ausgehend von den kumulierten Abschreibungen zu Beginn des Geschäftsjahres lässt sich durch die Angabe der Abschreibung des Geschäftsjahres und den Änderungen in Zu- und Abgängen sowie Umbuchungen rechnerisch die Überleitung zum Stand der Abschreibungen zum Bilanzstichtag nachvollziehen.[220]

121   Die **Änderungen in den Abschreibungen in Zusammenhang mit Zugängen** im Laufe des Geschäftsjahres **(Spalte 9)** erfassen rein dem Wortlaut nach auch die Abschreibungen auf im Geschäftsjahr zugegangene Vermögensgegenstände, die nach dem Zugangszeitpunkt stattgefunden haben und insoweit bereits in **Spalte 7** vermerkt sind. Eine diesbezügliche zusätzliche Angabe brächte deshalb kein „Mehr" an Information und ist daher grds. nicht notwendig.[221] Stattdessen ist diese Angabepflicht auf die Abschreibungen *vor* **Zugangszeitpunkt** zu beschränken.[222] Dies wäre etwa der Fall, wenn nach einer Unternehmensverschmelzung im Wege der Buchwertfortführung gem. § 24 UmwG ein Vermögensgegenstand mit den kumulierten Anschaffungs- und Herstellungskosten des übernommenen Unternehmens als Zugang verbucht wird und zugleich die diesbezüglichen kumulierten Abschreibungen ebenfalls übernommen werden. Diese Abschreibungen müssten dann in **Spalte 9** ausgewiesen werden. Der übernommene Vermögensgegenstand würde dann so dargestellt, als wäre er von Anfang an beim angabepflichtigen Unternehmen aktiviert.[223] Es gibt aber **keine allgemeine Pflicht,**[224] bei Erwerb von gebrauchten Vermögensgegenständen diese anstatt als Zugang mit den eigenen Anschaffungskosten stattdessen mit den „rekonstruierten" ursprünglichen Anschaffungskosten und darauffolgenden Abschreibungen des Veräußerers anzugeben.[225] Ein weiterer Anwendungsfall ergibt sich für Zugänge aufgrund von **Nachaktivierungen,** diesbezügliche **periodenfremde Abschreibungen** sind ebenfalls an dieser Stelle kenntlich zu machen (→ Rn. 104).

122   Ferner sind separate Angaben zu **Änderungen in den Abschreibungen in Zusammenhang mit Abgängen** zu machen **(Spalte 10).** Dies betrifft Abschreibungen, die *vor* dem Abgangszeitpunkt gemacht wurden, sowohl im laufenden Geschäftsjahr als auch davor. **Umbuchungen** sind neben den gesamten Anschaffungs- und Herstellungskosten auch mit den bis zu diesem Zeitpunkt erfolgten **gesamten Abschreibungen** umzugliedern **(Spalte 11).** Sofern etwa bei in Bau befindlichen Anlagen (§ 266 Abs. 2 A. Nr. 4) bereits außerplanmäßige Abschreibungen vorgenommen werden, so sind diese nach Fertigstellung ebenfalls umzugliedern und angabepflichtig. Ebenso sind bei Umgliederungen vom Anlage- ins Umlaufvermögen und umgekehrt die bis dahin getätigten Abschreibungen umzugliedern.[226] In dieser Spalte sind auch Angaben zu Zuschreibungen von abgegangenen Vermögensgegenständen zu machen (→ Rn. 114).

123   **g) Angaben zu Fremdkapitalzinsen des Geschäftsjahres.** Seit dem BilRUG gilt in Umsetzung von Art 17 Abs. 1 lit. a Nr. vi Bilanz-RL eine Angabepflicht für **Fremdkapitalzinsen,** die gem. § 255 Abs. 3 in die Herstellungskosten einbezogen sind. Als solche sind sie bereits im Rahmen des Zugangs zu berücksichtigen, zusätzlich ist nun – und insoweit über Abs. 2 Nr. 4 hinaus – für jeden Posten anzugeben, welcher Betrag an Zinsen **im Geschäftsjahr** aktiviert wurde. Nicht anzugeben sind hingegen die insgesamt für diesen

---

[219] BeBiKo/Grottel Rn. 233; Rimmelspacher/Reitmeier WPg 2015, 1003 (1004).

[220] BeBiKo/Grottel Rn. 233.

[221] BeBiKo/Grottel Rn. 234; Rimmelspacher/Meyer DB-Beil. Heft 5/2015, 23 (24).

[222] BeBiKo/Grottel Rn. 234; HKMS/Haferkorn/Diemers Rn. 9; Rimmelspacher/Meyer DB-Beil. Heft 5/2015, 23 (24).

[223] BeBiKo/Grottel Rn. 234; Rimmelspacher/Reitmeier WPg 2015, 1003 (1004).

[224] § 24 UmwG enthält diesbezüglich ein Wahlrecht und ermöglicht auch eine Bewertung nach den allg. Regeln gem. § 253 Abs. 1; vgl. Henssler/Strohn/Müller, 3. Aufl. 2016, Rn. 1.

[225] BeBiKo/Grottel Rn. 235; Rimmelspacher/Meyer DB-Beil. Heft 5/2015, 23 (24); Zwirner WPg 2017, 561 (562); aA Kirsch IRZ 2015, 99; Kirsch BBK 2015, 321 (325 f.): etwa auch für zum Erwerbszeitpunkt im Wert geminderte Ausleihen.

[226] BeBiKo/Grottel Rn. 237.

Vermögensgegenstand aktivierten Zinsen.[227] Da die Angabe dieser Zinsen nicht für die rechnerische Überleitung von den historischen Anschaffungs- oder Herstellungskosten zu den Buchwerten nötig ist, kann die Angabe aus Übersichtlichkeitsgründen auch **außerhalb des Anlagegitters** in einer getrennten Darstellung erfolgen.[228] Möglich ist auch ein „Davon"-Vermerk bei den Zugängen **(Spalte 2).**[229]

VI. Sanktionen

Die möglichen Sanktionen von Verstößen gegen die Angabepflichten im Anhang sind **124** vielfältig: Die unrichtige Wiedergabe oder die Verschleierung der Verhältnisse einer Kapitalgesellschaft im Jahresabschluss (§ 331 Nr. 1), die Erstellung eines Einzelabschlusses nach den in § 315e Abs. 1 genannten internationalen Rechnungslegungsstandards mit unrichtiger Wiedergabe oder Verschleierung der Verhältnisse der Kapitalgesellschaft (§ 331 Nr. 1a) oder die Nichtabgabe einer Versicherung gem. § 264 Abs. 2 S. 3 (§ 331 Nr. 3a) durch Mitglieder des vertretungsberechtigten Organs oder des Aufsichtsrats stellt jeweils einen **Straftatbestand** dar.[230] Strafrechtliche Sanktionen drohen zudem bei unrichtiger Wiedergabe der Verhältnisse der AG (§ 400 Abs. 1 Nr. 1 AktG). **Ordnungswidrig** handelt, wer als eine Person aus dem genannten Adressatenkreis bei der Aufstellung oder der Feststellung des Jahresabschlusses einer Vorschrift des § 284 oder des § 285 über die in der Bilanz oder im Anhang zu machenden Angaben zuwiderhandelt (§ 334 Abs. 1 Nr. 1 lit. d).

Verstöße gegen die Vorschriften über den Anhang haben darüber hinaus gesellschafts- **125** rechtliche Konsequenzen: Fehlt der Anhang oder sind wesentliche Angaben unvollständig oder fehlerhaft, ist der Jahresabschluss gem. § 256 Abs. 1 Nr. 1 AktG (analog) **nichtig.**[231] Zugleich sind Hauptversammlungsbeschlüsse anfechtbar (§ 243 Abs. 1 AktG, § 257 AktG), weil Angaben im Anhang des Jahresabschlusses fehlen, die aber zur Beurteilung der Beschlussvorlage von Bedeutung sind. Gemäß § 258 Abs. 1 Nr. 2 AktG kann ein Verstoß Anlass für eine Sonderprüfung sein.[232] Fehlende Anhangangaben führen zur Auskunftspflicht des Vorstandes einer AG in der Hauptversammlung nach § 131 AktG, wenn nicht einer der in § 131 Abs. 3 AktG genannten Auskunftsverweigerungsgründe gegeben ist (→ Rn. 2). Der Abschlussprüfer muss nach § 321 Abs. 1 S. 3 über bei Durchführung der Prüfung festgestellte Verstöße gegen die gesetzlichen Anhangpflichten berichten. Bei wesentlichen und nicht nur geringfügigen Beanstandungen[233] hat der Abschlussprüfer je nach Schwere des Verstoßes den Bestätigungsvermerk einzuschränken oder vollständig zu versagen (§ 322 Abs. 4). Ein wesentlicher Verstoß liegt zB bei Fehlen der nach Nr. 16 notwendigen Angabe der Entsprechenserklärung iSd § 161 AktG vor.[234]

VII. Anhang nach IAS/IFRS

1. Bedeutung. Wie bei der Bilanzierung nach HGB ist auch der Anhang nach **126** IAS 1.10 (e) ein **gleichberechtigter Abschlussbestandteil** (IAS 1. 11).[235] Er tritt neben

227 Rimmelspacher/Meyer DB-Beil. Heft 5/2015, 23 (24); BeBiKo/Grottel Rn. 238; Zwirner WPg 2017, 561 (565).
228 BeBiKo/Grottel Rn. 238; Rimmelspacher/Meyer DB-Beil. Heft 5/2015, 23 (24); Oser/Oser/Wirtz DB 2015, 197 (200); Fink/Theile DB 2015, 753 (757); Zwirner WPg 2017, 561 (563).
229 HKMS/Haferkorn/Diemers Rn. 101; Kirsch BBK 2015, 321 (325); Rimmelspacher/Meyer DB-Beil. Heft 5/2015, 23 (24).
230 Staub/Meyer Rn. 64; BeckOGK/Kessler Rn. 50.
231 Für die AG statt aller Koch AktG § 256 Rn. 8 mwN. In analoger Anwendung des § 256 AktG auch für die GmbH: BGHZ 142, 382 = NJW 2000, 210; OLG Stuttgart NZG 2004, 675 (676); Scholz/K. Schmidt GmbHG § 46 Rn. 37.
232 Koch AktG § 258 Rn. 9 f.
233 Vgl. IDW PS 405 Rn. 10 ff, IDW Life 2018, 101 (104 f.).
234 Begr. RegE TransPuG, BT-Drs. 14/8769, 25.
235 HK/Kirnberger Rn. 13; MüKoBilanzR/Zülch/Fischer IAS 1 Rn. 13. Ausf. Küting/Strauß StuB 2011, 439.

Bilanz, GuV, Kapitalflussrechnung und Eigenkapitalveränderungsrechnung.[236] Ähnlich wie im HGB kommt auch dem Anhang nach IAS/IFRS vor allem eine Informationsfunktion zu, von der sich die weiteren Aufgaben, Erläuterungs-, Entlastungs- und Ergänzungsfunktion, nicht jedoch eine Korrekturfunktion wie der Anhang nach HGB ableiten lassen. Ziel ist es, den Adressaten des Abschlusses einen umfassenden Einblick in die Vermögens-, Finanz- und Ertragslage des Unternehmens zu ermöglichen (IAS 1.9).

127   **2. Aufgaben.** Wie gerade erwähnt, hat der Anhang auch nach IAS/IFRS die **Aufgaben** der Erläuterung, Ergänzung und Entlastung. Die zentrale Bestimmung für den Anhang ist IAS 1. Angaben im Anhang des Abschlusses eines Unternehmens haben **Informationen** über die Grundlagen der Aufstellung des Abschlusses und die besonderen Bilanzierungs- und Bewertungsmethoden, die für bedeutsame Geschäftsvorfälle und Ereignisse ausgewählt und angewandt worden sind, zu geben. Das Unternehmen muss ferner Informationen angeben, die von International Accounting Standards verlangt und an keiner anderen Stelle im Abschluss dargestellt werden. Ferner hat der Anhang die Grundlagen der Aufstellung des Abschlusses und die besonderen Rechnungsmethoden zu beschreiben **(Erläuterungsfunktion).** Darüber hinaus sind zusätzliche Informationen aufzuführen, die nicht in den anderen Bestandteilen des Jahresabschlusses enthalten sind, aber gleichwohl für die Darstellung eines den tatsächlichen Verhältnissen entsprechenden Bildes der Gesellschaft notwendig sind (IAS 1.15).[237] Ist in den einzelnen Standards nichts Abweichendes geregelt, gewährt IAS 1.43 S. 3 das Wahlrecht, notwendige Angaben in der Bilanz oder im Anhang aufzuführen. Während die Angabepflichten im HGB in den § 284 und § 285 abschließend geregelt sind, sind die Angabepflichten nach IAS in allen IAS/IFRS zu finden und dabei nicht abschließend geregelt. Dies gilt insbesondere für IAS 1.112 ff., der allgemeine Angabepflichten für den Anhang enthält und den Unternehmen einen gewissen Spielraum gewährt.

128   **3. Anforderungen an die Darstellung.** Wie nach HGB muss auch bei der Bilanzierung nach IAS der Bilanzausweis **klar und verständlich** sein (IAS 1.17 S. 2 lit. b).[238] Die Anhangangaben sollen gem. IAS 1.113 **praktikabel und systematisch** dargestellt werden. Jeder Posten muss einen Querverweis zu sämtlichen dazugehörenden Informationen im Anhang haben (IAS 1.113 S. 2).[239] Anhangangaben sollen erklärende Beschreibungen der Sachverhalte abgeben und ggf. weitergehendes Zahlenmaterial zu einzelnen Posten der einzelnen Bestandteile des Anhangs enthalten.

129   Für die Reihenfolge der Anhangangaben gibt IAS 1.114 lit. c beispielhaft folgende mögliche Struktur vor, diese ist jedoch keinesfalls verpflichtend.[240]
– Bestätigung über die Übereinstimmung mit IFRS (IAS 1.16);
– zusammenfassende Darstellung der wesentlichen angewandten Rechnungslegungsmethoden (IAS 1.117);
– ergänzende Informationen zu den in der Bilanz, der Gesamtergebnisrechnung, der gesonderten Gewinn- und Verlustrechnung (falls erstellt), der Eigenkapitalveränderungsrechnung und der Kapitalflussrechnung dargestellten Posten in der Reihenfolge, in der jeder Abschlussbestandteil und jeder Posten dargestellt wird; und
– andere Angaben, einschließlich der Eventualverbindlichkeiten (IAS 37) und nicht bilanzierter vertraglicher Verpflichtungen, und nicht finanzieller Angaben, zB die Ziele und Methoden des Finanzrisikomanagements des Unternehmens (IFRS 7).

130   Die in IAS 1.114 dargestellte Gliederung und deren Inhalte sind grds. nur ein Vorschlag. Abweichungen sind möglich und geboten, soweit sich dies positiv auf die Verständlichkeit

---

[236]   Beck IFRS-HdB/Driesch § 19 Rn. 1; BeckOGK/Kessler Rn. 51; MüKoBilanzR/Zülch/Fischer IAS 1 Rn. 13.
[237]   Bsp. bei MüKoBilanzR/Zülch/Fischer IAS 1 Rn. 150.
[238]   Sämtliche zit. IAS/IFRS beziehen sich auf die Fassung nach der VO (EG) Nr. 1126/2008 der Kommission v. 3.11.2008 zur Übernahme bestimmter internationaler Rechnungslegungsstandards gem. der VO (EG) Nr. 1606/2002 des Europäischen Parlaments und des Rates, ABl. EG 2008 L 320, 1.
[239]   BeckOGK/Kessler Rn. 59.
[240]   Beck IFRS-HdB/Driesch § 19 Rn. 12.

und Vergleichbarkeit der Abschlüsse auswirkt (IAS 1.113). Eine Darstellung ist etwa auch nach besonderer Relevanz für den Nutzer oder mit einer Zusammenfassung nach gleichen Bewertungsmaßstäben möglich (IAS 1.114 lit. a und lit. b).[241] Informationen über die Grundlagen der Erstellung des Abschlusses und die spezifischen Bilanzierungs- und Bewertungsmethoden können als gesonderter Teil des Anhangs dargestellt werden (IAS 1.116).

4. Inhalt der Angabepflichten. Die Angabepflichten im Anhang nach HGB finden **131** sich im Wesentlichen auch in den IFRS/IAS-Anhangangaben wieder.[242]

§ 285 Sonstige Pflichtangaben

Ferner sind im Anhang anzugeben:
1. zu den in der Bilanz ausgewiesenen Verbindlichkeiten
    a) der Gesamtbetrag der Verbindlichkeiten mit einer Restlaufzeit von mehr als fünf Jahren,
    b) der Gesamtbetrag der Verbindlichkeiten, die durch Pfandrechte oder ähnliche Rechte gesichert sind, unter Angabe von Art und Form der Sicherheiten;
2. die Aufgliederung der in Nummer 1 verlangten Angaben für jeden Posten der Verbindlichkeiten nach dem vorgeschriebenen Gliederungsschema;
3. Art und Zweck sowie Risiken, Vorteile und finanzielle Auswirkungen von nicht in der Bilanz enthaltenen Geschäften, soweit die Risiken und Vorteile wesentlich sind und die Offenlegung für die Beurteilung der Finanzlage des Unternehmens erforderlich ist;
3a. der Gesamtbetrag der sonstigen finanziellen Verpflichtungen, die nicht in der Bilanz enthalten sind und die nicht nach § 268 Absatz 7 oder Nummer 3 anzugeben sind, sofern diese Angabe für die Beurteilung der Finanzlage von Bedeutung ist; davon sind Verpflichtungen betreffend die Altersversorgung und Verpflichtungen gegenüber verbundenen oder assoziierten Unternehmen jeweils gesondert anzugeben;
4. die Aufgliederung der Umsatzerlöse nach Tätigkeitsbereichen sowie nach geografisch bestimmten Märkten, soweit sich unter Berücksichtigung der Organisation des Verkaufs, der Vermietung oder Verpachtung von Produkten und der Erbringung von Dienstleistungen der Kapitalgesellschaft die Tätigkeitsbereiche und geografisch bestimmten Märkte untereinander erheblich unterscheiden;
5. *[aufgehoben]*
6. *[aufgehoben]*
7. die durchschnittliche Zahl der während des Geschäftsjahrs beschäftigten Arbeitnehmer getrennt nach Gruppen;
8. bei Anwendung des Umsatzkostenverfahrens (§ 275 Abs. 3)
    a) der Materialaufwand des Geschäftsjahrs, gegliedert nach § 275 Abs. 2 Nr. 5,
    b) der Personalaufwand des Geschäftsjahrs, gegliedert nach § 275 Abs. 2 Nr. 6;
9. für die Mitglieder des Geschäftsführungsorgans, eines Aufsichtsrats, eines Beirats oder einer ähnlichen Einrichtung jeweils für jede Personengruppe
    a) die für die Tätigkeit im Geschäftsjahr gewährten Gesamtbezüge (Gehälter, Gewinnbeteiligungen, Bezugsrechte und sonstige aktienbasierte Vergütungen, Aufwandsentschädigungen, Versicherungsentgelte, Provisionen und Nebenleistungen jeder Art). In die Gesamtbezüge sind auch

---

[241] Beck IFRS-HdB/Driesch § 19 Rn. 11.
[242] Eine Checkliste findet sich bei Merkt/Probst/Fink, Rechnungslegung nach HGB und IFRS, 1. Aufl. 2017, Kap. 12 Rn. 173.

Bezüge einzurechnen, die nicht ausgezahlt, sondern in Ansprüche anderer Art umgewandelt oder zur Erhöhung anderer Ansprüche verwendet werden. Außer den Bezügen für das Geschäftsjahr sind die weiteren Bezüge anzugeben, die im Geschäftsjahr gewährt, bisher aber in keinem Jahresabschluss angegeben worden sind. Bezugsrechte und sonstige aktienbasierte Vergütungen sind mit ihrer Anzahl und dem beizulegenden Zeitwert zum Zeitpunkt ihrer Gewährung anzugeben; spätere Wertveränderungen, die auf einer Änderung der Ausübungsbedingungen beruhen, sind zu berücksichtigen;

b) die Gesamtbezüge (Abfindungen, Ruhegehälter, Hinterbliebenenbezüge und Leistungen verwandter Art) der früheren Mitglieder der bezeichneten Organe und ihrer Hinterbliebenen. Buchstabe a Satz 2 und 3 ist entsprechend anzuwenden. Ferner ist der Betrag der für diese Personengruppe gebildeten Rückstellungen für laufende Pensionen und Anwartschaften auf Pensionen und der Betrag der für diese Verpflichtungen nicht gebildeten Rückstellungen anzugeben;

c) die gewährten Vorschüsse und Kredite unter Angabe der Zinssätze, der wesentlichen Bedingungen und der gegebenenfalls im Geschäftsjahr zurückgezahlten oder erlassenen Beträge sowie die zugunsten dieser Personen eingegangenen Haftungsverhältnisse;

10. alle Mitglieder des Geschäftsführungsorgans und eines Aufsichtsrats, auch wenn sie im Geschäftsjahr oder später ausgeschieden sind, mit dem Familiennamen und mindestens einem ausgeschriebenen Vornamen, einschließlich des ausgeübten Berufs und bei börsennotierten Gesellschaften auch der Mitgliedschaft in Aufsichtsräten und anderen Kontrollgremien im Sinne des § 125 Abs. 1 Satz 5 des Aktiengesetzes. Der Vorsitzende eines Aufsichtsrats, seine Stellvertreter und ein etwaiger Vorsitzender des Geschäftsführungsorgans sind als solche zu bezeichnen;

11. Name und Sitz anderer Unternehmen, die Höhe des Anteils am Kapital, das Eigenkapital und das Ergebnis des letzten Geschäftsjahrs dieser Unternehmen, für das ein Jahresabschluss vorliegt, soweit es sich um Beteiligungen im Sinne des § 271 Absatz 1 handelt oder ein solcher Anteil von einer Person für Rechnung der Kapitalgesellschaft gehalten wird;

11a. Name, Sitz und Rechtsform der Unternehmen, deren unbeschränkt haftender Gesellschafter die Kapitalgesellschaft ist;

11b. von börsennotierten Kapitalgesellschaften sind alle Beteiligungen an großen Kapitalgesellschaften anzugeben, die 5 Prozent der Stimmrechte überschreiten;

12. Rückstellungen, die in der Bilanz unter dem Posten „sonstige Rückstellungen" nicht gesondert ausgewiesen werden, sind zu erläutern, wenn sie einen nicht unerheblichen Umfang haben;

13. jeweils eine Erläuterung des Zeitraums, über den ein entgeltlich erworbener Geschäfts- oder Firmenwert abgeschrieben wird;

14. Name und Sitz des Mutterunternehmens der Kapitalgesellschaft, das den Konzernabschluss für den größten Kreis von Unternehmen aufstellt, sowie der Ort, wo der von diesem Mutterunternehmen aufgestellte Konzernabschluss erhältlich ist;

14a. Name und Sitz des Mutterunternehmens der Kapitalgesellschaft, das den Konzernabschluss für den kleinsten Kreis von Unternehmen aufstellt, sowie der Ort, wo der von diesem Mutterunternehmen aufgestellte Konzernabschluss erhältlich ist;

15. soweit es sich um den Anhang des Jahresabschlusses einer Personenhandelsgesellschaft im Sinne des § 264a Abs. 1 handelt, Name und Sitz der Gesell-

schaften, die persönlich haftende Gesellschafter sind, sowie deren gezeichnetes Kapital;

15a. das Bestehen von Genussscheinen, Genussrechten, Wandelschuldverschreibungen, Optionsscheinen, Optionen, Besserungsscheinen oder vergleichbaren Wertpapieren oder Rechten, unter Angabe der Anzahl und der Rechte, die sie verbriefen;

16. dass die nach § 161 des Aktiengesetzes vorgeschriebene Erklärung abgegeben und wo sie öffentlich zugänglich gemacht worden ist;

17. das von dem Abschlussprüfer für das Geschäftsjahr berechnete Gesamthonorar, aufgeschlüsselt in das Honorar für
   a) die Abschlussprüfungsleistungen,
   b) andere Bestätigungsleistungen,
   c) Steuerberatungsleistungen,
   d) sonstige Leistungen,
   soweit die Angaben nicht in einem das Unternehmen einbeziehenden Konzernabschluss enthalten sind;

18. für zu den Finanzanlagen (§ 266 Abs. 2 A. III.) gehörende Finanzinstrumente, die über ihrem beizulegenden Zeitwert ausgewiesen werden, da eine außerplanmäßige Abschreibung nach § 253 Absatz 3 Satz 6 unterblieben ist,
   a) der Buchwert und der beizulegende Zeitwert der einzelnen Vermögensgegenstände oder angemessener Gruppierungen sowie
   b) die Gründe für das Unterlassen der Abschreibung einschließlich der Anhaltspunkte, die darauf hindeuten, dass die Wertminderung voraussichtlich nicht von Dauer ist;

19. für jede Kategorie nicht zum beizulegenden Zeitwert bilanzierter derivativer Finanzinstrumente
   a) deren Art und Umfang,
   b) deren beizulegender Zeitwert, soweit er sich nach § 255 Abs. 4 verlässlich ermitteln lässt, unter Angabe der angewandten Bewertungsmethode,
   c) deren Buchwert und der Bilanzposten, in welchem der Buchwert, soweit vorhanden, erfasst ist, sowie
   d) die Gründe dafür, warum der beizulegende Zeitwert nicht bestimmt werden kann;

20. für mit dem beizulegenden Zeitwert bewertete Finanzinstrumente
   a) die grundlegenden Annahmen, die der Bestimmung des beizulegenden Zeitwertes mit Hilfe allgemein anerkannter Bewertungsmethoden zugrunde gelegt wurden, sowie
   b) Umfang und Art jeder Kategorie derivativer Finanzinstrumente einschließlich der wesentlichen Bedingungen, welche die Höhe, den Zeitpunkt und die Sicherheit künftiger Zahlungsströme beeinflussen können;

21. zumindest die nicht zu marktüblichen Bedingungen zustande gekommenen Geschäfte, soweit sie wesentlich sind, mit nahe stehenden Unternehmen und Personen, einschließlich Angaben zur Art der Beziehung, zum Wert der Geschäfte sowie weiterer Angaben, die für die Beurteilung der Finanzlage notwendig sind; ausgenommen sind Geschäfte mit und zwischen mittel- oder unmittelbar in 100-prozentigem Anteilsbesitz stehenden in einen Konzernabschluss einbezogenen Unternehmen; Angaben über Geschäfte können nach Geschäftsarten zusammengefasst werden, sofern die getrennte Angabe für die Beurteilung der Auswirkungen auf die Finanzlage nicht notwendig ist;

22. im Fall der Aktivierung nach § 248 Abs. 2 der Gesamtbetrag der Forschungs- und Entwicklungskosten des Geschäftsjahrs sowie der davon auf die selbst geschaffenen immateriellen Vermögensgegenstände des Anlagevermögens entfallende Betrag;

23. bei Anwendung des § 254,
    a) mit welchem Betrag jeweils Vermögensgegenstände, Schulden, schwebende Geschäfte und mit hoher Wahrscheinlichkeit erwartete Transaktionen zur Absicherung welcher Risiken in welche Arten von Bewertungseinheiten einbezogen sind sowie die Höhe der mit Bewertungseinheiten abgesicherten Risiken,
    b) für die jeweils abgesicherten Risiken, warum, in welchem Umfang und für welchen Zeitraum sich die gegenläufigen Wertänderungen oder Zahlungsströme künftig voraussichtlich ausgleichen einschließlich der Methode der Ermittlung,
    c) eine Erläuterung der mit hoher Wahrscheinlichkeit erwarteten Transaktionen, die in Bewertungseinheiten einbezogen wurden,
    soweit die Angaben nicht im Lagebericht gemacht werden;
24. zu den Rückstellungen für Pensionen und ähnliche Verpflichtungen das angewandte versicherungsmathematische Berechnungsverfahren sowie die grundlegenden Annahmen der Berechnung, wie Zinssatz, erwartete Lohn- und Gehaltssteigerungen und zugrunde gelegte Sterbetafeln;
25. im Fall der Verrechnung von Vermögensgegenständen und Schulden nach § 246 Abs. 2 Satz 2 die Anschaffungskosten und der beizulegende Zeitwert der verrechneten Vermögensgegenstände, der Erfüllungsbetrag der verrechneten Schulden sowie die verrechneten Aufwendungen und Erträge; Nummer 20 Buchstabe a ist entsprechend anzuwenden;
26. zu Anteilen an Sondervermögen im Sinn des § 1 Absatz 10 des Kapitalanlagegesetzbuchs oder Anlageaktien an Investmentaktiengesellschaften mit veränderlichem Kapital im Sinn der §§ 108 bis 123 des Kapitalanlagegesetzbuchs oder vergleichbaren EU-Investmentvermögen oder vergleichbaren ausländischen Investmentvermögen von mehr als dem zehnten Teil, aufgegliedert nach Anlagezielen, deren Wert im Sinne der §§ 168, 278 oder 286 Absatz 1 des Kapitalanlagegesetzbuchs oder vergleichbarer ausländischer Vorschriften über die Ermittlung des Marktwertes, die Differenz zum Buchwert und die für das Geschäftsjahr erfolgte Ausschüttung sowie Beschränkungen in der Möglichkeit der täglichen Rückgabe; darüber hinaus die Gründe dafür, dass eine Abschreibung gemäß § 253 Absatz 3 Satz 6 unterblieben ist, einschließlich der Anhaltspunkte, die darauf hindeuten, dass die Wertminderung voraussichtlich nicht von Dauer ist; Nummer 18 ist insoweit nicht anzuwenden;
27. für nach § 268 Abs. 7 im Anhang ausgewiesene Verbindlichkeiten und Haftungsverhältnisse die Gründe der Einschätzung des Risikos der Inanspruchnahme;
28. der Gesamtbetrag der Beträge im Sinn des § 268 Abs. 8, aufgegliedert in Beträge aus der Aktivierung selbst geschaffener immaterieller Vermögensgegenstände des Anlagevermögens, Beträge aus der Aktivierung latenter Steuern und aus der Aktivierung von Vermögensgegenständen zum beizulegenden Zeitwert;
29. auf welchen Differenzen oder steuerlichen Verlustvorträgen die latenten Steuern beruhen und mit welchen Steuersätzen die Bewertung erfolgt ist;
30. wenn latente Steuerschulden in der Bilanz angesetzt werden, die latenten Steuersalden am Ende des Geschäftsjahrs und die im Laufe des Geschäftsjahrs erfolgten Änderungen dieser Salden;
31. jeweils der Betrag und die Art der einzelnen Erträge und Aufwendungen von außergewöhnlicher Größenordnung oder außergewöhnlicher Bedeutung, soweit die Beträge nicht von untergeordneter Bedeutung sind;
32. eine Erläuterung der einzelnen Erträge und Aufwendungen hinsichtlich ihres Betrags und ihrer Art, die einem anderen Geschäftsjahr zuzurechnen sind, soweit die Beträge nicht von untergeordneter Bedeutung sind;

33. **Vorgänge von besonderer Bedeutung, die nach dem Schluss des Geschäftsjahrs eingetreten und weder in der Gewinn- und Verlustrechnung noch in der Bilanz berücksichtigt sind, unter Angabe ihrer Art und ihrer finanziellen Auswirkungen;**

34. **der Vorschlag für die Verwendung des Ergebnisses oder der Beschluss über seine Verwendung.**

Schrifttum: Amman/Hucke, Haftungsrecht, Arbeitsrecht und Rechnungslegung im Konzern in rechtlichbetriebswirtschaftlicher Sicht, DStR 1998, 1391; Baumann, Die Segmentberichterstattung im Rahmen der externen Finanzpublizität, FS Goerdeler, 1987, 1; Bertram/Johannleweling/Roß/Weiser, Handelsrechtliche Bilanzierung von Altersversorgungsverpflichtungen nach IDW RS HFA 30, WPg 2011, 57; Binz/Sorg, Erfolgsabhängige Vergütungen von Vorstandsmitgliedern einer Aktiengesellschaft auf dem Prüfstand, BB 2002, 1273; Bischof/Hettich, Anhangangaben zu Finanzinstrumenten, WPg 2012, 689; Bitter/Grasshoff, Anwendungsprobleme des Kapitalgesellschaften- und Co.-Richtlinie-Gesetzes, DB 2000, 833; Böcking, Zum Verhältnis von Lagebericht, Anhang und IFRS, BB-Beilage Heft 3/2005, 5; Bonin, Finanzinstrumente im IFRS-Abschluss – Planung grundlegender Neuerungen der Angabepflichten durch ED 7 Financial Instruments: Disclosures, DB 2004, 1569; Bork, Zurechnung im Konzern, ZGR 1994, 237; Budde/Förschle, Ausgewählte Fragen zum Inhalt des Anhangs, DB 1988, 1457; Büchele, Bilanzierung von Verpflichtungen aus Altersteilzeitregelungen nach IAS und HGB, BB 1999, 1483; Claussen/Korth, Zum Grundsatz der Bewertungsstetigkeit in Handels- und Steuerrecht, DB 1988, 301; Dill, Bilanzierungen von Beteiligungen an Arbeitgemeinschaften nach neuem Bilanzrecht, DB 1987, 752; Dißner/Müller/Peters, In der Diskussion: Außergewöhnliche Erträge und Aufwendungen, BC 2020, 181; Epperlein/Scharpf, Anhangangaben im Zusammenhang mit sogenannten Finanzinnovationen, DB 1994, 1629; Ernst/Seidler, Gesetz zur Modernisierung des Bilanzrechts nach Verabschiedung durch den Bundestag, BB 2009, 766; Ernst/Seidler, Der Regierungsentwurf eines Gesetzes zur Modernisierung des Bilanzrechts, ZGR 2008, 631; Farr, Aufstellung, Prüfung und Offenlegung des Anhangs im Jahresabschluss der GmbH & Co. KG, GmbHR 2000, 543 und GmbHR 2000, 605; Felix, Zur Angabepflicht stiller Beteiligungen im Anhang des Jahresabschlusses, BB 1987, 1495; Fink/Theile, Anhang und Lagebericht nach dem RegE zum Bilanzrichtlinie-Umsetzungsgesetz, DB 2015, 753; Fleischer, Das Vorstandsvergütungs-Offenlegungsgesetz, DB 2005, 1611; Fleischer, „Geheime Kommandosache": Ist die Vertraulichkeit des Abhängigkeitsberichts (§ 312 AktG) noch zeitgemäß?, BB 2014, 835; Forster, Anhang, Lagebericht, Prüfung und Publizität im Regierungsentwurf eines Bilanzrichtlinie-Gesetzes, DB 1982, 182 und 1631; Geitzhaus/Delp, Arbeitnehmerbegriff und Bilanzrichtlinien-Gesetz, BB 1987, 367; Gelhausen, Reform der externen Rechnungslegung und ihrer Prüfung durch den Wirtschaftsprüfer, AG 1997, 73; Gelhausen/Althoff, Die Bilanzierung ausschüttungs- und abführungsgesperrter Beträge im handelsrechtlichen Jahresabschluss nach dem BilMoG, WPg 2009, 584 und WPg 2009, 629; Gelhausen/Hönsch, Deutscher Corporate Governance Kodex und Abschlussprüfung, AG 2002, 529; Giese/Seidler, Leistungen des Abschlussprüfers – Aufnahme in den Anhang oder in den Bestätigungsvermerk?, BB 2017, 2795; Göllert, Auswirkungen des Bilanzrichtlinie-Gesetzes auf die Bilanzanalyse, BB 1984, 1845; Gschrei, Die Berichterstattung über den Anteilsbesitz im Jahresabschluss – Theoretische Überlegungen zu § 285 Nr. 11 HGB, BB 1990, 1587; Gschwendtner, Zur Bilanzierung von Vorleistungen bei Dauerrechtsverhältnissen, DStZ 1995, 417; Haeger, Angabe der Ergebnisbeeinflussung durch steuerrechtliche Sachverhalte nach § 285 Nr. 5 HGB, WPg 1989, 441; Haeger, Angabe der künftigen Belastungen durch steuerrechtliche Sachverhalte nach § 285 Nr. 5 HGB, WPg 1989, 608; Harms/Küting, Zur Problematik der Ertragsteuerspaltung nach § 271 Absatz 5 Bilanzrichtlinie-Gesetz, BB 1983, 1257; Hasenburg/Hausen, Zur Umsetzung der HGB-Modernisierung durch das BilMoG: Bilanzierung von Altersversorgungsverpflichtungen (insbesondere aus Pensionszusagen) und vergleichbaren langfristig fälligen Verpflichtungen unter Einbeziehung der Verrechnung mit Planvermögen, DB-Beil. Heft 5/2009, 38; Hauptmann/Sailer/Benz, Anhangangaben zu Geschäften mit nahe stehenden Unternehmen und Personen am Beispiel von Unternehmen des öffentlichen Sektors, Der Konzern 2010, 112; Hauschildt/Kortmann, „Sonstige finanzielle Verpflichtungen" (§ 258 Nr. 3 HGB) als Gegenstand der Berichterstattung – eine empirische Analyse, WPg 1990, 420; Herkendell/Rieger, Auswirkungen des Deutschen Corporate Governance Kodex auf die Abschlussprüfung – Aktualisierung von IDW PS 345, IDW Life 2017, 1036; Herrmann, Zur Bilanzierung bei Personenhandelsgesellschaften – Die Überarbeitung der HFA-Stellungnahme 1/1976, WPg 1994, 500; Herrmann, Zur Rechnungslegung der GmbH & Co. KG im Rahmen des KapCoRiLiG, WPg 2001, 271; Heuser/Theile, Auswirkungen des Bilanzrechtsreformgesetzes auf den Jahresabschluss und Lagebericht der GmbH, GmbHR 2005, 201; Höfer/Hagemann, Betriebliche Altersversorgung im Bilanzrechtsmodernisierungsgesetz (BilMoG), DStR 2008, 1747; Hoffmann, Anmerkungen über den Grundsatz der Wesentlichkeit im Anhang, BB 1986, 1050; Hoffmann, Die Wesentlichkeit im Anhang, StuB 2013, 717; Hoffmann/Lüdenbach, Bilanzrechtsreformgesetz – Seine Bedeutung für den Einzel- und Konzernabschluss der GmbH, GmbHR 2004, 145; Hoffmann-Becking/Rellermeyer, Gemeinschaftsunternehmen im neuen Recht der Konzernrechnungslegung, FS Goerdeler, 1987, 199; Hohenstatt/Wagner, Zur Transparenz der Vorstandsvergütung – 10 Fragen aus der Unternehmenspraxis, ZIP 2008, 945; Hommelhoff, Von der Erklärung zur Unternehmensführung zum Corporate Governance Bericht in Priester/Heppe/Westermann, Praxis und Lehre im Wirtschaftsrecht, 1. Aufl. 2018, S. 185–204; Hülsmann, Stärkung der Abschlussprüfung durch das Bilanzrechtsreformgesetz, DStR 2005, 166; Kalb/Fröhlich, Die Drittvergütung von Vorständen, NZG 2014, 167; van Kann, Das neue Gesetz über die Offenlegung von Vorstandsvergütungen, DStR 2005, 1496; Karrenbrock, Angaben im Anhang bei steuerrechtlich begründeten Bilanzierungsmaßnahmen, BB 1993, 534; Karrenbrock, Angaben im Anhang über künftige Belastungen aufgrund der Inanspruchnahme von Steuervergünstigungen, BB 1993, 1045; v. Keitz/Gloth, Praxis ausgewählter HGB-Anhangangaben (Teil 1), DB 2013, 129; v. Keitz/ Gloth, Praxis ausgewählter HGB-Anhangangaben (Teil 2), DB 2013, 185; v. Keitz/Gloth, Praxis der HGB-Berichterstattung, DB 2014, 76; -Kirsch, Latente Steuern und steuerliche Abgabepflichten nach HGB und IAS 12, KoR 2020, 507; Kirsch, Jahresabschluss: Auswirkungen der Corona-Pandemie auf den Anhang und den Lagebericht, BBP 2020, 105; Kirsch, Steuerliche Überleitungsrechnung als neuer Bestandteil des handelsrechtlichen Anhangs, BC 2010, 35; Kirsch/Ewelt-Knauer/Gallasch, Stärkung der wahrgenommenen Unabhängigkeit des Abschlussprüfers durch Angaben zu den Honoraren im Konzernanhang?, ZGR 2013, 647; Klein/Sahner, Berichtspflichtiger Anteilsbesitz im Anhang nach § 285 Nr. 11 HGB, ZfB-Ergänzungsheft 1/1987, 235; Kronawitter, Die Pflicht zur Angabe des Abschlussprüferhonorars im Anhang: Anwendungsfall, BC 2010, 440; Kuhn/Paa, Neue Offenlegungsvorschriften nach IFRS 7 Financial Instruments: Disclosures sowie geänderte Angabepflichten zum Kapital nach IAS 1, DB 2005, 1977; Küting/Ellmann, Die Herstellungskosten von selbst geschaffenen immateriellen Vermögensgegenständen, DStR 2010, 1300; Küting/Lorson/ Eichenlaub/Toebe, Die Ausschüttungssperre im neuen deutschen Bilanzrecht nach § 268 Abs. 8 HGB, GmbHR 2011, 1; Kupsch, Bilanzierung von Umweltlasten in der Handelsbilanz, BB 1992, 2320; Kusterer/ Kirnberger/Fleischmann, Der Jahresabschluss der GmbH & Co. KG nach dem Kapitalgesellschaften- und Co.-Richtlinie-Gesetz, DStR 2000, 606; Kußmaul/Ollinger/Müller, Bilanzierung latenter Steuern nach dem BilRUG-RegE, StuB 2015, 243; Lange/Frank, Tax Accounting, StuB 2013, 239; Lenz, Honorare für Abschlussprüfungs- und Nichtprüfungsleistungen bei Unternehmen von öffentlichem Interesse – Analyse der Regelungen der EU-Verordnung und des Abschlussprüfungsreformgesetzes DB 2016, 2555; Lenz/Möller/ Höhn, Offenlegung der Honorare für Abschlussprüferleistungen im Geschäftsjahr 2005 der DAX-Unternehmen, BB 2006, 1787; Leuering/Simon, Offene Fragen zur Offenlegung der Vorstandsvergütung, NZG 2005, 945; Löw, Neue Offenlegungsanforderungen zu Finanzinstrumenten und Risikoberichterstattung nach IFRS 7, BB 2005, 2175; Löw/Roggenbruck, Neue Publizitätsanforderungen zu Anteilsbesitzverhältnissen für den Jahresabschluss 1999, DB 1999, 2481; Lüdenbach/Freiberg, BilRUG-RefE: Nur „punktuelle Änderungen"?, BB 2014, 2219; Lüdenbach/Freiberg, Die Regelungen des BilRUG im Jahresabschluss, StuB 2015, 563; Lühn, Bilanzierung von Finanzinstrumenten nach HGB i.d.F. des BilMoG, BBK 2009, 993; Luttermann, Das Kapitalgesellschaften- und Co.-Richtlinie-Gesetz. Europarecht, Unternehmenspublizität und internationale Rechnungslegung, ZIP 2000, 517; Maier/Weil, Latente Steuern im Einzel- und Konzernabschluss: Auswirkungen des BilMoG auf die Bilanzierungspraxis, DB 2009, 2729; Meilicke, Gestaltungen zur Verminderung der Publizität, DB 1986, 2445; Mühlbradt/Haimerl, Rechnungslegungspraxis der Lebensversicherer im Fokus, VW 2013, Heft 13, 48; S. Müller/Ergün, Bewertungseinheiten nach HGB – Kritische Würdigung der Offenlegungsanforderungen vor dem Hintergrund aktueller empirischer Erkenntnisse, DStR 2012, 1401; W. Müller, Die Änderungen im HGB und die Neuregelung der Sachdividende durch das Transparenz- und Publizitätsgesetz, NZG 2002, 752; Niehus, Nahestehende Personen nach dem BilMoG – Anhangangaben mit brisanten steuerlichen Auswirkungen, DStR 2008, 2280; Niethammer, Die Aufgliederung der Umsatzerlöse nach § 285 Ziffer 4 HGB, WPg 1986, 436; Ossadnik, Wesentlichkeit als Bestimmungsfaktor für Angabepflichten im Jahresabschluss und Lagebericht, BB 1993, 1763; Peemöller/Oehler, Referentenentwurf eines Bilanzrechtsreformgesetzes: Neue Regelung zur Unabhängigkeit des Abschlussprüfers, BB 2004, 539; Pellens/ Crasselt, Bilanzierung von Stock Options, DB 1998, 217; Pfitzer/Orth/Hettich, Stärkung der Unabhängigkeit des Abschlussprüfers?, DStR 2004, 328; Pfitzer/Oser/Orth, Offene Fragen und Systemwidrigkeiten des Bilanzrechtsreformgesetzes (BilReG), DB 2004, 2593; Pfitzer/Oser/Wader, Die Entsprechenserklärung nach § 161 AktG – Checkliste für Vorstände und Aufsichtsräte zur Einhaltung der Empfehlungen des Deutschen Corporate Governance Kodex, DB 2002, 1120; Philipps, Konkretisierung der Anhangangaben zu außerbilanziellen Geschäften, DB 2011, 125; Pöller, Sonderprobleme und Umsetzung der Neuregelungen zur Bilanzierung latenter Steuern nach BilMoG, BC 2011, 10; Poullie, Besonderheiten bei den Anhangangaben zu Geschäften mit nahe stehenden Unternehmen und Personen bei Unternehmen der öffentlichen Hand, WPg 2010, 1058; Rammert, Die Bilanzierung von Aktienoptionen für Manager – Überlegungen zur Anwendung von US-GAAP im handelsrechtlichen Jahresabschluss, WPg 1998, 766; Redenius-Hövermann, Zur Offenlegung von Abfindungszahlungen und Pensionszusagen an ein ausgeschiedenes Vorstandsmitglied, ZIP 2008, 2395; Reige, Publizitätspraxis und Nutzung ausgewählter handelsrechtlicher Wahlrechte, BB 1989, 1648; Rimmelspacher/Fey, Anhangangaben zu nahe stehenden Unternehmen und Personen nach dem BilMoG, WPg 2010, 180; Rimmelspacher/Kliem Auswirkungen des Coronavirus auf die handelsrechtliche Berichterstattung WPg 2020, 381; Rimmelspacher/Meyer, Änderungen im (Konzern-)Anhang durch das BilRUG, DB-Beil. Heft 5/2015, 23; Rimmelspacher/Reitmeier, Anwendungsfragen zum (Konzern-)Anhang nach BilRUG, WPg 2015, 1003; Ross/Pommerening, Angabepflichten zu Aktienoptionsplänen im Anhang und Lagebericht, WPg 2002, 371; Scheffler, Neue Vorschriften zur Rechnungslegung, Prüfung und Offenlegung nach dem Kapitalgesellschaften- & Co.-Richtlinie-Gesetz, DStR 2000, 529; Schmidt, Die Abbildung pharmazeutischer Forschung und Entwicklung in der HGB- und Steuerbilanz, DStR 2014, 544; Schruff, Die Behandlung von Zweckgesellschaften nach dem Bilanzrechtsmodernisierungsgesetz, Der Konzern 2009, 511; Schülen, Die Aufstellung des Anhangs, WPg 1987, 223; Schüppen, Prüfung und Beratung – ein Bilanzierungsproblem,

FS VMEBF, 2016, 187; Schüppen/Sanna, D&O-Versicherungen: Gute und schlechte Nachrichten, ZIP 2002, 550; Schulze-Osterloh, Die verbundenen Unternehmen nach dem Bilanzrichtlinien-Gesetz, FS Fleck, ZGR-Sonderheft 7/1988, 313; Seibert, Das „TransPuG", NZG 2002, 608; Selchert, Die sonstigen finanziellen Verpflichtungen, DB 1987, 545; Selchert, Die Aufgliederung der Umsatzerlöse gemäß §285 Nr. 4 HGB, BB 1986, 560; Sethe, Die Besonderheiten der Rechnungslegung bei der KGaA, DB 1998, 1044; Simon-Heckroth/Lüdders, Anhangangaben über das Abschlussprüferhonorar, WPg 2017, 248; Spindler, Das Gesetz über die Offenlegung von Vorstandsvergütungen – VorstOG, NZG 2005, 689; Strobel, Die Neuerungen des KapCoRiLiG für den Einzel- und den Konzernabschluss, DB 2000, 53; Teubner, Der Beirat zwischen Verbandssouveränität und Mitbestimmung – Zu den Schranken der Beiratsverfassung in der GmbH, ZGR 1986, 565; Theile, Immaterielle Vermögensgegenstände nach RegE BilMoG – Akzentverschiebung bei Begriff des Vermögensgegenstands?, WPg 2008, 1064; Thüsing, Das Gesetz über die Offenlegung von Vorstandsvergütungen, ZIP 2005, 1389; Graf von Treuberg/Scharpf, DTB-Aktienoptionen und deren Abbildung im Jahresabschluss von Industrieunternehmen, DB 1991, 661; Ulmer, Begriffsvielfalt im Recht der verbundenen Unternehmen als Folge des Bilanzrichtlinien-Gesetzes – Eine systematische Analyse, FS Goerdeler, 1987, 623; Wehrheim, Dokumentation ergebniswirksamer Konsequenzen der Umkehrmaßgeblichkeit im Anhang, BB 1994, 1458; Wendholt/Wesemann, Zur Umsetzung der HGB-Modernisierung durch das BilMoG: Bilanzierung von latenten Steuern im Einzel- und Konzernabschluss, DB-Beil. Heft 5/2009, 64; Wenk/Jagosch, BilMoG: Praxisleitfaden zum Jahresabschluss 31.12.2009 für nicht kapitalmarktorientierte Unternehmen, DStR 2009, 2330; Westphal, Segmentberichterstattung im Rahmen der 4. EG-(Bilanz-)Richtlinie, DB 1981, 1421; Wilsing/von der Linden, Vorstandsvergütung und ihre Transparenz – Gedanken zur Kodexnovelle 2013, DStR 2013, 1291; Woerner, Die Gewinnrealisierung bei schwebenden Geschäften, BB 1988, 769; Wulf, Aktuelle Neuerungen in der Anhangberichterstattung nach §285 HGB nach dem BilMoG, DStZ 2010, 405; Zimmer/Eckhold, Das Kapitalgesellschaften- & Co.-Richtlinie-Gesetz, NJW 2000, 1361; Zimmermann, Zur Anwendung der Schutzklausel im Rahmen der Segmentberichterstattung im Einzel- und Konzernabschluss, DStR 1998, 1974; Zwirner, Herausforderungen und Risiken der neuen Anhangberichterstattung nach BilMoG, BB 2009, 2302.

Übersicht

Poelzig

I. Einführung

1   **1. Normzweck.** Zusammen mit § 284 enthält § 285 die **grundlegenden Anforderungen,** die an die inhaltliche Gestaltung des Anhangs einer Kapitalgesellschaft gestellt werden. Dazu formuliert die Vorschrift einen umfangreichen Katalog von Pflichtangaben, die grds. in jedem Anhang einer Kapitalgesellschaft enthalten sein müssen. Dabei handelt es sich um Einzelangaben, die zum einen Erläuterungen zu Bilanz und GuV und zum anderen zusätzliche Informationen enthalten. Die nach dem Katalog des § 285 anzugeben-

den Pflichtangaben sind in jedem Jahresabschluss zu machen. Es ist nicht gestattet, auf Angaben Bezug zu nehmen, die im Anhang eines Vorjahresabschlusses enthalten sind.[1]

2. Anwendungsbereich. Gemäß § 264 Abs. 1 S. 1 sind alle Kapitalgesellschaften ver- **2** pflichtet, einen Anhang aufzustellen. Die Angaben nach § 285 sind daher grds. von **jeder Kapitalgesellschaft** zu machen. Für **kleine Kapitalgesellschaften** gelten dabei die wesentlichen Erleichterungen der §§ 274a, 288 Abs. 1 (→ § 288 Rn. 9 ff.); **mittelgroße Kapitalgesellschaften** sind gem. § 288 Abs. 2 von bestimmten Angabepflichten des § 285 befreit (→ § 288 Rn. 14). Bei der Offenlegung des Anhangs gelten für kleine und mittlere Kapitalgesellschaften zusätzliche Erleichterungen (§§ 326, 327).[2] **Kreditinstitute** und **Versicherungsunternehmen** sind stets verpflichtet, einen Anhang wie große Kapitalgesellschaften aufzustellen (§ 340a Abs. 1 bzw. § 341a Abs. 1). Kreditinstitute sind aber gem. § 340a Abs. 2 S. 1 von der Angabepflicht nach § 285 Nr. 8, 12 befreit. Ferner sind an Stelle von § 285 Nr. 1, 2, 4, 9 lit. c die durch Rechtsverordnung erlassenen Formblätter und andere Vorschriften anzuwenden (§ 340a Abs. 2 S. 2). Versicherungsunternehmen haben § 285 Nr. 8 lit. a nicht anzuwenden (§ 341a Abs. 2 S. 1). An Stelle von § 285 Nr. 4, 8 lit. b sind die durch Rechtsverordnung erlassenen Formblätter und andere Vorschriften anzuwenden (§ 341a Abs. 2 S. 2).

Angabeerleichterungen bestehen zudem für **publizitätspflichtige Unternehmen,** **3** wenn sie einen Anhang aufstellen müssen (§ 5 Abs. 2 PublG). Weitere Erleichterungen von der Angabepflicht nach § 285 enthält § 286. Das KapCoRiLiG hat den Anwendungsbereich des § 285 erweitert. Die Vorschrift gilt auch für OHG und KG, bei denen nicht wenigstens ein persönlich haftender Gesellschafter (1) eine natürliche Person oder (2) eine OHG, KG oder andere Personengesellschaft mit einer natürlichen Person als persönlich haftender Gesellschafter ist oder sich die Verbindung von Gesellschaften dieser Art fortsetzt (§ 264a Abs. 1).[3] Eine Befreiung von der Aufstellung des Jahresabschlusses im Sinne dieser Vorschrift ist unter den Voraussetzungen des § 264b möglich.[4]

3. Anforderungen an die Angaben. Die nach § 285 geforderten Angaben müssen **4** **vollständig** gemacht werden, so dass die zu jeder Nummer anzugebenden Informationen in vollem Umfang vorliegen müssen. Es ist jedoch zumeist nicht notwendig, Fehlanzeigen anzugeben.[5] Ferner ist es nicht erforderlich, die **Reihenfolge** der Nummern im Gesetz strikt einzuhalten. Die Informationen können vielmehr in einem sachlichen Zusammenhang mit den anderen Angaben zu den entsprechenden Posten der Bilanz und der GuV gemacht werden (→ § 284 Rn. 22 ff.).[6] Bei den Angabepflichten sind die **Gliederungsvorschriften** für die Bilanz und die GuV (§§ 265–278) stets zu beachten. Wird der Ausweis zwingend in der Bilanz und der GuV verlangt, kann die Angabe nicht stattdessen im Anhang gemacht werden. Bezüglich der weiteren Anforderungen an die Darstellung wird auf die Bearbeitung zu § 284 verwiesen (→ § 284 Rn. 10–26).

Für die von § 285 geforderten **Angaben** (zum Begriff → § 284 Rn. 17) reicht regelmä- **5** ßig eine verbale Berichterstattung aus. Nur in den Fällen, in denen strenge Anforderungen an die Darstellung, etwa in Form einer Aufgliederung (etwa Nr. 2, 4) oder einer Betragsangabe (zB Nr. 3a) verlangt werden, sind **weitergehende Informationen** anzugeben. Wird vom Gesetz zusätzlich verlangt, das Ausmaß oder den Umfang der Beeinflussung des Ergebnisses durch bestimmte Tatbestände darzulegen (vgl. etwa Nr. 23 lit. a), sind ergänzende quantitative Anforderungen unerlässlich.

4. Entstehungsgeschichte. Mit dem Katalog der Pflichtangaben wurden zahlreiche **6** Vorgaben der RL 78/660/EWG (4. EG-Richtlinie) umgesetzt. Die Angabepflicht der

---

[1]   ADS Rn. 2; BeBiKo/Grottel Rn. 2; HKMS/Haferkorn/Diemers Rn. 1.
[2]   Vgl. dazu Farr GmbHR 2000, 605 (608).
[3]   Scheffler DStR 2000, 529 (531); Strobel DB 2000, 53 (55).
[4]   Zu den Übergangsvorschriften zum KapCoRiLiG vgl. Art. 48 Abs. 1 EGHGB; Bitter/Grashoff DB 2000, 833 ff.; Luttermann ZIP 2000, 517 (525); Zimmer/Eckhold NJW 2000, 1361 (1362).
[5]   ADS Rn. 2; GK-HGB/Lezius Rn. 1.
[6]   GK-HGB/Lezius Rn. 1; EBJS/Böcking/Gros/Wirth Rn. 2; Wiedmann/Böcking/Gros Rn. 2.

Nr. 9, 10, 11 wurde durch die Einführung des **KonTraG** geändert. Die Ergänzung in Nr. 9 lit. a erfolgte im Hinblick auf die Regelung des § 192 Abs. 2 Nr. 3 AktG. Danach ist die Gewährung von Bezugsrechten nicht nur an Arbeitnehmer, sondern nunmehr auch an Mitglieder der Geschäftsführung der Gesellschaft oder eines verbundenen Unternehmens zulässig. Die Pflichtangaben nach Nr. 10 wurden um die tatsächlich ausgeübte hauptberufliche Tätigkeit der Aufsichtsratsmitglieder erweitert. Die Angabepflicht ist zudem auf die anderen Aufsichtsmandate der Organmitglieder der Gesellschaft ausgedehnt worden. Auf diese Weise soll eine erhöhte Transparenz erreicht werden, die den Finanzanlegern zugute kommt.[7] Der Katalog der Angaben nach Nr. 11 wurde schließlich um die Pflicht für börsennotierte Kapitalgesellschaften erweitert, alle Beteiligungen an großen Kapitalgesellschaften anzugeben, die 5% der Stimmrechte überschreiten. Die Angabepflicht nach Nr. 16 wurde durch das **TransPuG** eingeführt. Das **BilReG** hat den Katalog der Angabepflichten um die Nr. 17–19 erweitert.

7   Wesentliche Änderungen hat § 285 durch das **BilMoG** erfahren: Die S. 2–6 aF, die Erläuterungen zu den früheren Angabepflichten der Nr. 18 und 19 aF zu derivativen Finanzinstrumenten und zur Bewertung von Finanzanlagen über ihrem beizulegenden Zeitwert enthielten, wurden aufgehoben. Die entsprechenden Angabepflichten und Erläuterungen finden sich nunmehr in den neu gefassten bzw. ergänzten Angabepflichten nach § 285 Nr. 18–20. Die „Sonstigen Pflichtangaben" sind nunmehr in einem einzigen Satz des § 285 enthalten. Im Übrigen wurden die bisherigen Nr. 2 aF (Aufgliederung bestimmter Angaben zu den Verbindlichkeiten) und Nr. 13 aF (Angaben zur Abschreibung auf den Geschäfts- oder Firmenwert) geändert, die Nr. 3, 3a sowie die Nr. 16–29 ersetzt bzw. neu eingeführt und die Nr. 5 aF aufgehoben.

8   Durch das **BilRUG** wurde die Bedeutung des Anhangs durch Ergänzung von § 285 um die Nr. 11b, 14a, 15a, 30–34 gestärkt. Die geänderten Regelungen sind erstmals auf Jahresabschlüsse für das nach dem 31.12.2015 beginnende Geschäftsjahr anzuwenden (Art. 75 Abs. 1 S. 1 EGHGB). Mit dem CSR–Richtlinie-Umsetzungsgesetz vom 11.4.2017 (BGBl. 2017 I 802) wurde Nr. 20 geändert. Mit dem Gesetz zur Umsetzung der zweiten Aktionärsrechterichtlinie (RL (EU) 2017/828) vom 12.12.2019 **(ARUG II)** wurde § 285 Nr. 9 lit. a S. 5–8 aufgehoben und die Angabepflicht – mit Ausnahme von § 285 Nr. 9 lit. a S. 8 – vom Anhang in den Vergütungsbericht gem. § 162 Abs. 2 AktG verlagert.[8]

II. Gesamtbetrag der Verbindlichkeiten mit einer Restlaufzeit von mehr als fünf Jahren sowie der gesicherten Verbindlichkeiten (Nr. 1)

9   **1. Allgemeines.** Nr. 1 verlangt die Angabe des Gesamtbetrags von langfristigen und gesicherten in der Bilanz ausgewiesenen Verbindlichkeiten.

10   Die Angabe des Gesamtbetrags der langfristigen Verbindlichkeiten steht in enger Verbindung mit **§ 268 Abs. 5**, wonach bei jedem gesondert ausgewiesenen Verbindlichkeitsposten in der Bilanz der Betrag der Verbindlichkeiten mit einer Restlaufzeit von bis zu einem Jahr zu vermerken ist. Gemäß Nr. 1 lit. a sind im Anhang zu den in der Bilanz ausgewiesenen Verbindlichkeiten der Gesamtbetrag der Verbindlichkeiten mit einer Restlaufzeit von mehr als fünf Jahren und der Gesamtbetrag der Verbindlichkeiten anzugeben, die durch Pfandrechte oder ähnliche Rechte gesichert werden. Nach Nr. 1 lit. b sind dabei Art und Form der Sicherheiten zu nennen. Liegen keine Sicherheiten vor, braucht nichts angegeben zu werden. Die Angabepflicht gilt unabhängig von ihrer Größe für alle Kapitalgesellschaften und haftungsbeschränkten Personenhandelsgesellschaften iSv § 264a.

11   **2. Verbindlichkeiten.** Die Angabepflicht gem. Nr. 1 ist im Zusammenhang mit **§ 266 Abs. 3 C.** zu lesen.[9] Die Angabepflicht bezieht sich auf die in **§ 266 Abs. 3 C. 1.–8.** genannten Einzelposten. Die größte Bedeutung der Angabepflicht besteht darin, die Belas-

---

7   BT-Drs. 13/9712, 26.
8   RegE ARUG II, BT-Drs. 19/9739, 25.
9   BeBiKo/Grottel Rn. 10; HKMS/Haferkorn/Diemers Rn. 15.

tung des Vermögens der Gesellschaft offenzulegen. Hierzu sind nicht nur die Verbindlichkeiten gegenüber Kreditinstituten anzugeben, sondern auch diejenigen aus Lieferungen und Leistungen.

Die in § 266 Abs. 3 C. nicht genannten Schulden, wie etwa Rückstellungen für unge- **12** wisse Verbindlichkeiten und Rechnungsabgrenzungsposten, werden von der Angabepflicht nicht erfasst. Die Angabepflicht gilt auch nicht für Haftungsverhältnisse gem. **§ 251**. Gemäß **§ 268 Abs. 5 S. 2** sind erhaltene Anzahlungen auf Bestellungen unter den Verbindlichkeiten gesondert auszuweisen, soweit die Anzahlungen auf Vorräte nicht von dem Posten „Vorräte" offen abgesetzt werden. Für diese Verbindlichkeiten besteht – entgegen der wohl hM – keine Angabepflicht. Der Vermerk der Restlaufzeiten dient hier nicht dem Einblick in die Finanzlage, weil der Verbindlichkeitscharakter der offen von den Vorräten abgesetzten und erhaltenen Anzahlungen in den Hintergrund tritt. Bei der Lieferung und Leistung geht es daher nicht um eine Rückzahlung, sondern um eine Verrechnung.[10]

3. Umfang und Art der Angaben. a) Restlaufzeit (Nr. 1 lit. a). Nr. 1 lit. a stellt **13** nicht auf die vertraglich vereinbarte Gesamtlaufzeit, sondern auf die Restlaufzeit ab; insofern ist die Angabepflicht streng liquiditätsorientiert. Dazu ist der zwischen dem Abschlussstichtag und dem festgelegten Fälligkeitstermin liegende **Zeitraum** zu ermitteln.[11] Bei der Ermittlung der Restlaufzeit ist weder auf die Zahlungsfähigkeit noch auf die Zahlungsbereitschaft der Kapitalgesellschaft abzustellen; allein objektiv vorliegende Zahlungsschwierigkeiten sind zu beachten. Die erst nach fünf Jahren gesetzlich oder vertraglich fällig werdenden Rückzahlungsbeträge sind summarisch auszuweisen. Verbindlichkeiten, für die **ursprünglich eine längere Laufzeit** vereinbart war, müssen nicht mehr angegeben werden, wenn die verbleibende Zeit inzwischen unter fünf Jahre gefallen ist.[12] Umgekehrt müssen Verbindlichkeiten ausgewiesen werden, wenn der **Fälligkeitszeitpunkt auf einen späteren Zeitraum verschoben** wird und dadurch die Fünfjahresgrenze überschritten wird. Für jede Verbindlichkeit ist die Restlaufzeit anhand des jeweiligen Fälligkeitstermins zu jedem Jahresabschlussstichtag festzustellen. Die **Fristberechnung** erfolgt grds. nach den bürgerlichrechtlichen Vorschriften der §§ 186 ff. BGB. Dabei ist auch eine beabsichtigte vorzeitige Tilgung zu berücksichtigen.[13] Besteht ein einseitiges vorzeitiges **Kündigungsrecht** des Schuldners, kommt es darauf an, ob hiervon Gebrauch gemacht werden soll. Besteht ein einseitiges Kündigungsrecht des Gläubigers, ist im Zweifel der nächstzulässige Rückzahlungstermin maßgebend, um die Finanzlage nicht zu günstig darzustellen.[14]

Überwiegend wird mit dem Hinweis auf das **Vorsichtsprinzip** (§ 252 Abs. 1 Nr. 4) **14** dafür plädiert, den Fälligkeitszeitpunkt bei Zweifeln eher zu früh als zu spät anzunehmen.[15] Dieser Ansicht ist zuzustimmen, da die Angabe der Restlaufzeit den Zeitpunkt der Liquiditätsbelastung verdeutlichen soll und so verhindert wird, dass die Liquiditätslage zu günstig dargestellt wird. Dieser Grundsatz gilt lediglich in Zweifelsfällen. Bei einer **ratenweisen Rückzahlung** ist nur derjenige Teilbetrag anzusetzen, der später als fünf Jahre nach dem Abschlussstichtag zu tilgen ist.[16] Bei Annuitätentilgung sind die maßgeblichen Beträge anhand des Tilgungsplans zu ermitteln. Bei Rentenverbindlichkeiten, die zum Barwert passiviert sind, entspricht der angabepflichtige Betrag dem Barwert nach fünf Jahren.[17]

---

[10] Ebenso BeBiKo/Grottel Rn. 13; Staub/Meyer Rn. 7; Bonner HdR/Krawitz Rn. 26; aA (Angabepflicht gelte auch hier) ADS Rn. 8; HdJ/Kupsch Abt. IV/4 Rn. 157; GK-HGB/Lezius Rn. 2; HKMS/Haferkorn/Diemers Rn. 15.

[11] BeBiKo/Grottel Rn. 15; BeckOGK/Kessler Rn. 8; EBJS/Böcking/Gros/Wirth Rn. 3; Wiedmann/Böcking/Gros Rn. 3; HKMS/Haferkorn/Diemers Rn. 16.

[12] HKMS/Haferkorn/Diemers Rn. 16.

[13] ADS Rn. 11; HdR/Oser/Holzwarth §§ 284–288 Rn. 153; Bonner HdR/Krawitz Rn. 23; Winnefeld Bilanz-HdB J VIII Rn. 126.

[14] HKMS/Haferkorn/Diemers Rn. 17.

[15] ADS Rn. 11; BeBiKo/Grottel Rn. 15.

[16] Bonner HdR/Krawitz Rn. 25.

[17] Heymann/Jung, 1. Aufl. 1989, Rn. 7.

15   **b) Sicherheiten (Nr. 1 lit. b).** Im Anhang ist gem. Nr. 1 lit. b der Gesamtbetrag der
Verbindlichkeiten anzugeben, die durch Pfandrechte oder ähnliche Rechte gesichert sind.
Dabei sind **Art und Form** der Sicherheiten anzugeben. Diese Pflicht ist vor dem Hintergrund zu sehen, dass für die bilanzielle Behandlung von Sicherungsverhältnissen nicht die
formale Rechtsstellung, sondern eine wirtschaftliche Betrachtungsweise entscheidend ist.
Zu berichten ist nur über die von der Kapitalgesellschaft für eigene Verbindlichkeiten
gewährten Sicherheiten. Sicherheiten für **fremde Verbindlichkeiten** fallen nicht unter
Nr. 1. Sie sind als Haftungsverhältnisse gem. § 251 iVm § 268 Abs. 7 gesondert zu vermerken.[18] Ebenso wenig sind **Sicherheiten** anzugeben, die der Kapitalgesellschaft **von Dritten**
gewährt werden.[19] Eine Angabepflicht besteht selbst dann nicht, wenn die Sicherheit von
einem Anteilseigner gewährt worden ist und es sich um kapitalersetzende Leistungen handelt.[20]

16   **aa) Pfandrechte.** Nr. 1 lit. b verwendet den Begriff des Pfandrechts. Das BGB
bezeichnet nur das Kreditsicherungsrecht an beweglichen Sachen und an Rechten als Pfandrecht, §§ 1204, 1273 BGB. Allerdings ist der Begriff auch auf Grundstücke auszudehnen,
so dass zwischen **Fahrnispfandrechten** und **Grundpfandrechten** zu unterscheiden ist.
Nach dem Begründungsakt kann man zwischen **drei Arten** des Fahrnispfandrechts differenzieren: das vertragliche (§§ 1204 ff. BGB) das gesetzliche (§ 1257 BGB) und das Pfändungs-
pfandrecht (§§ 803 ff. ZPO).[21] Das Fahrnispfandrecht ist ein dingliches Verwertungsrecht.
Es gewährt dem Gläubiger das Recht, die Pfandsache bei Pfandreife zu verwerten, um sich
durch den Erlös wegen seiner Forderung gegen den Schuldner zu befriedigen. Es ist mit
dem Besitz verbunden. Dem vertraglichen Fahrnispfandrecht kommt nur noch eine geringe
Bedeutung als Kreditsicherungsmittel zu; es ist weitgehend durch die Sicherungsübereignung verdrängt worden. Größere Bedeutung hat das Pfandrecht der Banken, wenn diese
Kredite gegen Verpfändung von Wertpapieren, Edelmetallen oder Waren vergeben.

17   Bei den **Realsicherheiten an Grundstücken** wird zwischen den Grundpfandrechten
(Hypothek, Grundschuld und Rentenschuld, §§ 1113–1203 BGB) unterschieden. An
Schiffen und Schiffsbauwerken, die im Register eingetragen sind, kann eine Schiffshypo-
thek bestellt werden (§§ 8, 24 ff. SchiffsRG). Es handelt sich um ein der Hypothek des
BGB nachgebildetes Registerpfandrecht. Erfasst sind mithin alle Pfandrechte an bewegli-
chen Sachen, Forderungen oder Rechten sowie Grundpfandrechte. Die Angabepflicht nach
Nr. 1 lit. b gilt unabhängig davon, ob es sich um ein vertraglich eingeräumtes, ein gesetzlich
begründetes oder ein im Wege der Zwangsvollstreckung erworbenes Pfandrecht handelt.

18   **bb) Ähnliche Rechte.** Der Begriff des ähnlichen Rechts ist im Gesetz nicht definiert.
Mit diesem Terminus sollen alle anderen Sicherungsrechte erfasst werden, solange sie mit
dem **Pfandrecht vergleichbar** sind. Die Bedingung der Vergleichbarkeit führt dazu, dass
nur **dingliche Sicherungsrechte** in Betracht kommen, wie etwa die **Sicherungsübereignung,** die **Sicherungsabtretung** und der **Eigentumsvorbehalt,** einschließlich des **verlängerten Eigentumsvorbehalts.** Durch diese besitzlosen Pfandrechte wird dem Veräußerer einer Sache ein auch nach Weiterverarbeitung oder Weiterveräußerung wirksames Recht
am Vermögen des Schuldners eingeräumt, was Folgen für die Vermögenslage der betroffenen
Kapitalgesellschaft hat. Wie eine Sicherungsübereignung ist auch die Übertragung des rechtlichen Eigentums zu behandeln, wenn das Eigentum bei wirtschaftlicher Betrachtung nicht
übergegangen ist.[22] Nach hA wird zudem die **Reallast** einbezogen.[23] Bei der Reallast wird
ein Grundstück mit dem Inhalt belastet, dass aus dem Grundstück an den Berechtigten

---

[18] BeBiKo/Grottel Rn. 21; BeckOGK/Kessler Rn. 19; GK-HGB/Lezius Rn. 4.
[19] BeBiKo/Grottel Rn. 21; Kölner Komm RechnungslegungsR/Peters Rn. 18.
[20] Vgl. hierzu BGH DB 1992, 366; BGH NJW 1992, 1763 = DB 1992, 981; BGH NJW 1993, 392 =
      DB 1993, 318; BGHZ 121, 31 = NJW 1993, 392; BGHZ 127, 336 = NJW 1995, 326; BGH NJW
      1995, 457; 1996, 722.
[21] Kölner Komm RechnungslegungsR/Peters Rn. 18; HKMS/Haferkorn/Diemers Rn. 18.
[22] Vgl. IDW RS HFA 13 Rn. 102; IDW RS HFA 8 Rn. 41.
[23] ADS Rn. 15; GK-HGB/Lezius Rn. 3.

wiederkehrende Leistungen zu entrichten sind (§ 1105 BGB). Im Gegensatz zur Rentenschuld muss sie nicht in einer Geldschuld bestehen, sondern kann sich auch auf Dienst-
und Sachleistungen beziehen. Auch der **Nießbrauch** an Grundstücken und anderen Vermögensgegenständen stellt ein ähnliches Recht iSv Nr. 1 lit. b dar.[24]

Gelegentlich wird die Auffassung vertreten, auf die Angabe sog. **branchenüblicher** 19
Sicherheiten könne verzichtet werden.[25] Hiergegen spricht schon der Gesetzeswortlaut,
der für eine solche Einschränkung der Angabepflicht keinerlei Anhaltspunkte enthält. Auch
nach Sinn und Zweck der Vorschrift ist eine solch restriktive Interpretation nicht geboten.
Die Angabepflicht nach Nr. 1 lit. b soll einen Einblick in die Vermögenslage der betroffenen
Kapitalgesellschaft ermöglichen. Dazu ist der **Gesamtumfang** der für Verbindlichkeiten
bestehenden dinglichen Sicherheiten darzustellen, mit denen das Vermögen belastet ist. Auf
diese Weise wird den Gläubigern verdeutlicht, in welchem Umfang das Vermögen nicht
verwertbar ist. Je höher eine Kapitalgesellschaft verschuldet ist, desto bedeutsamer wird
diese Information zur Beurteilung der Vermögenslage. In diesem Zusammenhang spielt es
keine Rolle, ob branchenüblich mit einer Besicherung gerechnet wird oder nicht.[26] Allenfalls ist es vertretbar, bei einem branchenüblichen Eigentumsvorbehalt ohne Angabe des
Betrags und ohne Einbeziehung in den Gesamtbetrag verbal auf das Bestehen von branchenüblichen Eigentumsvorbehalten beim Vorratsvermögen hinzuweisen. Eine solche Vorgehensweise lässt sich mit den Schwierigkeiten bei der Erfassung der Gesamtsumme rechtfertigen.[27] Dies gilt jedoch nicht bei Sicherung anderer als Lieferantenkrediten. Hier bleibt es
bei den strengen Vorgaben des Nr. 1 lit. b. Lediglich **gesetzliche Pfandrechte** müssen
nicht erwähnt werden, da ihre Existenz bereits aus dem Gesetz erkennbar wird. Anders ist
der Fall zu beurteilen, in dem die Sicherheit durch Rechtsgeschäft bestellt wird, die Bestellung aber aufgrund einer gesetzlichen Pflicht erfolgt.[28]

Für die Berechnung und die Angabe des Gesamtbetrags ist der in der Bilanz für die 20
gesicherte Verbindlichkeit am Abschlussstichtag **ausgewiesene Betrag** maßgebend. Es
kommt nicht auf den ggf. höheren Betrag der Sicherungen an. Die Dritten gewährten
Sicherungsmittel fallen nicht unter die Angabepflicht, wenn sie keine Verbindlichkeiten
sichern. Bei einer freiwilligen Angabe muss deutlich gemacht werden, dass das Sicherungsmittel von einem Dritten gestellt ist. Ist umgekehrt nur ein Teil der Verbindlichkeiten
besichert, wird nur dieser Teil in den Gesamtbetrag einbezogen.

cc) Angabe von Art und Form der Sicherheiten. Nr. 1 lit. b verlangt schließlich 21
die Angabe von Art und Form der gewährten Sicherheiten, um den Umfang des gebundenen Vermögens zu verdeutlichen. Die Pflicht zur Angabe der **Art** verlangt, dass die **Sicherungsmittel** mit einem Gattungsbegriff aufzuschlüsseln sind, etwa in Pfandrechte, Hypotheken, Eigentumsvorbehalt. Die Angabe der **Form** zwingt zur Offenlegung von
Informationen über das **Einräumen** und das **Ausgestalten** des **Sicherungsrechts**. Bei
der Hypothek muss etwa dargelegt werden, ob es sich um eine Brief- oder eine Buchhypo-
thek handelt. Gleiches gilt für die Sicherungsgrundschuld. Da sich die Begriffe überschneiden können, ist eine klare Zuweisung in jedem Einzelfall nicht möglich.[29] Nach Nr. 1 lit. b
werden von der Kapitalgesellschaft keine betragsmäßigen Angaben zu Art und Form der
Sicherheiten verlangt.

4. Art der Darstellung. Außer der Angabe der genannten Sachverhalte gibt Nr. 1 22
keine besondere Art der Darstellung vor; es gelten die **allgemeinen** Grundsätze.

---

24 ADS Rn. 16; BeBiKo/Grottel Rn. 23; HdJ/Kupsch Abt. IV/4 Rn. 157; Kölner Komm Rechnungsle-
    gungsR/Peters Rn. 18; HKMS/Haferkorn/Diemers Rn. 18.
25 HdJ/Kupsch Abt. IV/4 Rn. 158; Kölner Komm RechnungslegungsR/Peters Rn. 19; HKMS/Hafer-
    korn/Diemers Rn. 19. Ähnlich BeBiKo/Grottel Rn. 24; Staub/Meyer Rn. 14: Angabepflicht nur für
    solche Besicherungen, mit denen der Verkehr nicht schon selbstverständlich rechnet.
26 Ebenso ADS § 284 Rn. 18 und 74 aE; BeckOGK/Kessler Rn. 20; Bonner HdR/Krawitz Rn. 32.
27 ADS Rn. 18; GK-HGB/Lezius Rn. 3.
28 So auch BeBiKo/Grottel Rn. 26; Kölner Komm RechnungslegungsR/Peters Rn. 20; HKMS/Hafer-
    korn/Diemers Rn. 20.
29 ADS Rn. 20; vgl. ferner HdR/Oser/Holzwarth §§ 284–288 Rn. 155, 156.

III. Die Aufgliederung des Gesamtbetrags der Verbindlichkeiten mit einer Restlaufzeit von mehr als fünf Jahren sowie der gesicherten Verbindlichkeiten (Nr. 2)

23   **1. Allgemeines.** Nr. 2 schreibt vor, dass die Gesamtbeträge der Verbindlichkeiten mit einer Restlaufzeit von mehr als fünf Jahren und die gesicherten Verbindlichkeiten für jeden Verbindlichkeitsposten nach dem vorgeschriebenen Gliederungsschema aufzugliedern sind. Mit dem BilMoG ist das in Nr. 2 aF enthaltene Wahlrecht der betroffenen Kapitalgesellschaften, die geforderten Angaben entweder im Anhang zusammen mit den Angaben nach Nr. 1 oder in der Bilanz auszuweisen,[30] ersatzlos gestrichen worden. Die verlangten Angaben zu den Verbindlichkeiten eines Unternehmens sind nunmehr stets im Anhang gebündelt aufzuführen; nach der Gesetzesbegründung zum BilMoG empfiehlt sich ein sog. **Verbindlichkeitenspiegel.**[31] Ziel der Neuregelung ist es, den Jahresabschluss klarer und übersichtlicher zu gestalten.[32]

24   Bei **großen Kapitalgesellschaften** (§ 267 Abs. 3) ist die Aufgliederung der beiden Gesamtbeträge entsprechend der Unterteilung in § 266 Abs. 3 C. vorzunehmen. Da § 288 Abs. 2 keine Erleichterungen im Zusammenhang mit Nr. 2 gewährt (→ § 288 Rn. 14), haben auch **mittelgroße Kapitalgesellschaften** (§ 267 Abs. 2) die geforderten Angaben in ihrem Anhang aufzunehmen. Sie dürfen aber dem Handelsregister einen Anhang zur Veröffentlichung einreichen, der die Angaben nach Nr. 2 nicht enthält (§ 327 Nr. 2). **Kleine Kapitalgesellschaften** (§ 267 Abs. 1) müssen die Aufgliederung nach Nr. 2 nicht vornehmen, § 288 Abs. 1 (→ § 288 Rn. 11 f.). Die **GmbH** ist zusätzlich verpflichtet, Ausleihungen, Forderungen und Verbindlichkeiten gegenüber Gesellschaftern als solche gesondert auszuweisen oder im Anhang anzugeben (§ 42 Abs. 3 GmbHG).

25   **2. Aufgliederung der Angaben.** Anders als bei Nr. 1, der lediglich die Angabe des Gesamtbetrags fordert, verlangt Nr. 2 die Aufgliederung der Angaben für jeden Posten der Verbindlichkeiten mit einer Restlaufzeit von mehr als fünf Jahren und der gewährten Sicherheiten nach dem Bilanzgliederungsschema des § 266 Abs. 3 C. Parallel zu der Gliederung der Bilanz nach § 266 Abs. 3 C. 1.–8. ist der Gesamtbetrag nach den Posten entsprechend aufzugliedern. Fehlanzeigen sind nicht notwendig (§ 265 Abs. 8). Ist die Kapitalgesellschaft verpflichtet, Angaben nach Nr. 1 und 2 zu machen, müssen sowohl die nach Posten gegliederten Einzelangaben als auch der Gesamtbetrag ausgewiesen werden.[33]

26   **3. Verbindlichkeitenspiegel.** Neben der Angabe der Restlaufzeiten von mehr als fünf Jahren im Anhang besteht nach § 268 Abs. 5 S. 1 die Pflicht, alle Restlaufzeiten bis zu einem Jahr und mit mehr als einjähriger Laufzeit gesondert in der Bilanz zu vermerken. Im Rahmen des Gesetzgebungsverfahrens zum BilMoG wurde angeregt, die Angabe nach § 268 Abs. 5 von der Bilanz in den Anhang zu verschieben und so sämtliche Angaben zu den Verbindlichkeiten im Anhang zu bündeln.[34] Der Gesetzgeber hat sich indes auf die Angabe der Restlaufzeiten von mehr als fünf Jahren beschränkt. Es empfiehlt sich aber dennoch, sämtliche Angaben über Restlaufzeiten in dem **Verbindlichkeitenspiegel** zusammenzufassen.[35] Eine solche Vorgehensweise dient der Klarheit und Übersichtlichkeit, da sich die entsprechenden Angaben ergänzen. Gelegentlich wird die Auffassung vertreten, der Verbindlichkeitenspiegel könne entweder in der Bilanz oder im Anhang formuliert werden.[36] Diese Auffassung verstößt gegen die Vorgaben des § 268 Abs. 5 S. 1, wonach die

---

30   ADS Rn. 24; GK–HGB/Lezius Rn. 6.
31   Begr. RegE BilMoG, BT-Drs. 16/10067, 68 f. Anschaulich ADS Rn. 27; Baetge/Kirsch/Thiele Konzernbilanzen 397.
32   Begr. RegE BilMoG, BT-Drs. 16/10067, 68.
33   BeBiKo/Grottel HdR/Krawitz Rn. 36.
34   Vgl. IDW, Stellungnahme v. 4.1.2008 zum RefE BilMoG, 15.
35   Vgl. Begr. RegE BilMoG, BT-Drs. 16/10067, 68 f. Außerdem HdR/Oser/Holzwarth §§ 284–288 Rn. 158; EBJS/Böcking/Gros/Wirth Rn. 4; Wiedmann/Böcking/Gros Rn. 4; HKMS/Haferkorn/Diemers Rn. 23. Vgl. dazu die Schemata bei ADS Rn. 27; BeBiKo/Grottel Rn. 38; Bonner HdR/Krawitz Rn. 37; Schülen WPg 1987, 223 (229); Winnefeld Bilanz-HdB J VIII Rn. 132.
36   ADS Rn. 26. Wohl auch Göllert BB 1984, 1845 (1849 f.).

Angaben der Verbindlichkeiten mit einer Restlaufzeit von bis zu einem Jahr nur in der Bilanz und nicht etwa alternativ im Anhang zu vermerken sind. Dieser Verstoß wird aber mit dem Hinweis auf eine gesteigerte Klarheit der Aussagen (§ 265 Abs. 7 Nr. 2) in Kauf genommen. Auch wenn er – den eigentlich zur Bilanz gehörenden Pflichtvermerk nach § 268 Abs. 5 S. 1 enthält, bleibt der Verbindlichkeitenspiegel dennoch Teil des Anhangs.[37] Wird die Angabe nach § 268 Abs. 5 S. 3 ebenfalls in den Verbindlichkeitenspiegel im Anhang aufgenommen, muss sich diese nicht auf einzelne Posten der Verbindlichkeit beziehen, sondern nur auf den Gesamtbetrag der Verbindlichkeit. Ausreichend ist eine entsprechende Erläuterung der Beträge in dem Verbindlichkeitenspiegel.

Bei der **Aufgliederung** muss zu **jedem Posten der Verbindlichkeit** die zugehörige Angabe zu den Restlaufzeiten und zur Sicherung gemacht werden. Im Rahmen der Angaben über die Sicherung sind zu jedem Posten der Verbindlichkeiten die ihn betreffenden Sicherheiten nach Art und Form auszuweisen. Ist eine Sicherheit für mehrere Verbindlichkeiten gegeben worden, ist die Art der Sicherheit bei jedem der Posten anzugeben. **27**

Werden einzelne Verbindlichkeiten gem. § 265 Abs. 5 S. 1 oder 2 weiter untergliedert oder werden neue Posten hinzugefügt, bezieht sich die Angabepflicht nach Nr. 2 auch **28** hierauf.[38]

IV. Art und Zweck sowie Risiken und Vorteile der nicht in der Bilanz enthaltenen Geschäfte (Nr. 3)

1. Allgemeines. Die Angabepflicht in Nr. 3 wurde mit dem **BilMoG** neu eingeführt[39] **29** und die bisherige Nr. 3 nach Nr. 3a verlagert.[40] Durch das **BilRUG** wurde der Wortlaut an die Vorgaben von Art. 17 Abs. 1 lit. p Bilanz-RL angepasst, hieraus ergeben sich inhaltlich jedoch keine Änderungen.[41] Hintergrund der Neuregelung ist die zunehmende Tendenz, Geschäfte aus der Bilanz zu verlagern. Dadurch spiegeln sich die Risiken und Vorteile aus den nicht in der Bilanz erscheinenden Geschäften, die für die Einschätzung der finanziellen Lage eines Unternehmens notwendig sind, nicht in der Bilanz wider. Nr. 3 dient der Umsetzung der Berichterstattungspflicht gem. Art. 43 Abs. 1 Nr. 7a Bilanz-RL in der Fassung der Abänderungsrichtlinie.[42] **Sinn und Zweck** ist es, außerbilanzielle Geschäfte transparenter zu gestalten und die Darstellung der tatsächlichen Finanzlage des Unternehmens zu erweitern, so dass ein vollständigeres und auch die Zukunftsentwicklung besser erfassendes Gesamtbild vermittelt wird.[43] Die verlangten Angaben sollen mögliche Auswirkungen außerbilanzieller Geschäfte auf die künftige Finanzlage sichtbar werden lassen. Liegen keine angabepflichtigen außerbilanziellen Geschäfte vor, ist eine Negativanzeige nicht erforderlich.

Berichtspflichtig nach Nr. 3 sind die **mittelgroßen** und **großen Kapitalgesellschaf-** **30** **ten** (§ 267 Abs. 2, 3). § 5 Abs. 2 S. 2 und Abs. 2a PublG verweisen auf Nr. 3 für Unternehmen iSd § 3 Abs. 1 Nr. 3–5 PublG und kapitalmarktorientierte Unternehmen iSv § 3 Abs. 1 PublG. Verpflichtet sind auch Kreditinstitute (§ 340a Abs. 1) und Versicherungsunternehmen (§ 341a Abs. 1). Für **kleine Kapitalgesellschaften** (§ 267 Abs. 1) gilt Nr. 3 gem. § 288 Abs. 1 Nr. 1 nicht.[44] Die Angabepflicht nach Nr. 3 gilt nicht für den freiwillig offengelegten, nach internationalen Rechnungslegungsstandards iSd § 315e Abs. 1 aufgestellten Einzelabschluss (§ 325 Abs. 2a).

---

[37] ADS Rn. 27; Schülen WPg 1987, 223 (229).
[38] Diff. BeBiKo/Grottel Rn. 36.
[39] Ausf. hierzu IDW RS HFA 13; IDW RS HFA 8; IDW RS HFA 32.
[40] Hierzu Philipps DB 2011, 125 ff.
[41] Rimmelspacher/Meyer DB-Beil. Heft 5/2015, 23 (25); BeBiKo/Grottel Rn. 46; vgl. iE → Rn. 44 ff.
[42] Richtlinie 2006/46/EG des Europäischen Parlaments und des Rates v. 14.6.2006 zur Änderung der Richtlinien des Rates 78/660/EWG über den Jahresabschluss von Gesellschaften bestimmter Rechtsformen, 83/349/EWG über den konsolidierten Abschluss, 86/635/EWG über den Jahresabschluss und den konsolidierten Abschluss von Banken und anderen Finanzinstituten und 91/674/EWG über den Jahresabschluss und den konsolidierten Abschluss von Versicherungsunternehmen.
[43] Begr. RegE BilMoG, BT-Drs. 16/10067, 69.
[44] Zwirner BB 2009, 2302 (2303); BeBiKo/Grottel Rn. 42.

31   Liegen die Voraussetzungen von Nr. 3 nicht vor, ist **keine Negativerklärung** notwendig. Sie kann aber zur Klarstellung sachgerecht sein.[45]

32   **2. Nicht in der Bilanz enthaltene Geschäfte.** Der Begriff der **nicht in der Bilanz enthaltenen Geschäfte** ist im Gesetz nicht definiert. Die Formulierung ähnelt den außerbilanziellen Geschäften iSd § 19 Abs. 1 S. 1 und S. 3 Nr. 1–16 KWG.[46] Der bilanzrechtliche Begriff ist gemeinschaftsrechtskonform auf der Grundlage des Art. 43 Abs. 1 Nr. 7a Bilanz-RL auszulegen. Bei der Auslegung ist außerdem zu berücksichtigen, dass durch die Angabe ein den tatsächlichen Verhältnissen entsprechendes Bild von der Finanzlage entwickelt werden soll. Außerbilanzielle Geschäfte sind alle Transaktionen und Vereinbarungen, die zwischen Gesellschaften und anderen Unternehmen – auch nicht rechtsfähigen Einrichtungen – abgewickelt werden und nicht in der Bilanz enthalten sind.[47] Das Geschäft muss zwischen der Gesellschaft und einem Dritten abgeschlossen sein.[48] Die Richtlinie nennt beispielhaft Risiko- und Gewinnteilungsvereinbarungen oder Verpflichtungen aus Verträgen, wie zB Factoring, Pensionsgeschäfte, Konsignationslagervereinbarungen, Verträge mit unbedingter Zahlungsverpflichtung („take or pay"-Verträge), Forderungsverbriefung über gesonderte Gesellschaften oder nicht rechtsfähige Einrichtungen, Verpfändung von Aktiva, Leasingverträge, Auslagerung von Tätigkeiten uÄ.[49] Lieferungen und Leistungen des gewöhnlichen Geschäftsbetriebs sind hiervon ausgenommen.[50]

33   **a) Geschäft.** Nach dem Willen des Gesetzgebers liegt dem Begriff „Geschäft" ein extensives, funktionales Verständnis zugrunde.[51] **Geschäfte** iSd Nr. 3 sind rechtsgeschäftliche Vereinbarungen und andere Maßnahmen. Aus der beispielhaften Erwähnung der außerbilanziellen Geschäfte in Erwägungsgrund 9 der Abänderungsrichtlinie folgt, dass Geschäfte iSd Nr. 3 in der Regel **rechtsgeschäftliche Vereinbarungen** sind.[52] Rechtsgeschäfte setzen sich aus Willenserklärungen zusammen, die auf einen rechtlichen Erfolg gerichtet sind und an die die Rechtsordnung den Eintritt des gewollten rechtlichen Erfolgs knüpft.[53] Dazu gehören sowohl Verpflichtungs- als auch Verfügungsgeschäfte.[54] Dazu zählen vor allem die entgeltliche oder unentgeltliche Übertragung oder Nutzung von Vermögensgegenständen, die Einräumung von Krediten oder die Erbringung von Dienstleistungen. Es können aber auch andere **nicht-rechtsgeschäftliche Maßnahmen** erfasst sein, soweit sie Auswirkungen auf die künftige Finanzlage des Unternehmens haben. Aufgrund der gleichlautenden Begrifflichkeiten in Nr. 3 und § 312 AktG kann zur Abgrenzung von Rechtsgeschäften und sonstigen Maßnahmen auf die Begriffsauslegung im Zusammenhang mit dem Abhängigkeitsbericht iSd **§ 312 AktG** zurückgegriffen werden.[55] Bei den Maßnahmen handelt es sich demnach um den umfassenden Begriff, der die rechtsgeschäftlichen Vorgänge einschließt.[56] Sonstige nicht-rechtsgeschäftliche, aber angabepflichtige Geschäfte iSv Nr. 3 können rechtlich unverbindliche Gefälligkeitsverhältnisse sein.[57] Eine Abgrenzung zwischen rechtsgeschäftlichen und sonstigen Maßnahmen erübrigt sich indes, da sie unter den Voraus-

---

[45]   IDW RS HFA 32 Rn. 22; Philipps DB 2011, 125 (129).
[46]   Gelhausen/Fey/Kämpfer O Rn. 20.
[47]   Vgl. Erwägungsgrund 9 Abänderungsrichtlinie (Richtlinie 2006/46/EG des Europäischen Parlaments und des Rates v. 14.6.2006 zur Änderung der Richtlinien des Rates 78/660/EWG über den Jahresabschluss von Gesellschaften bestimmter Rechtsformen, 83/349/EWG über den konsolidierten Abschluss, 86/635/EWG über den Jahresabschluss und den konsolidierten Abschluss von Banken und anderen Finanzinstituten und 91/674/EWG über den Jahresabschluss und den konsolidierten Abschluss von Versicherungsunternehmen).
[48]   BeBiKo/Grottel Rn. 51.
[49]   Vgl. auch Begr. RegE BilMoG, BT-Drs. 16/10067, 69.
[50]   Begr. RegE BilMoG, BT-Drs. 16/10067, 69.
[51]   Begr. RegE BilMoG, BT-Drs. 16/10067, 69; IDW RS HFA 32 Rn. 4.
[52]   Begr. RegE BilMoG, BT-Drs. 16/10067, 69.
[53]   MüKoAktG/Altmeppen AktG § 312 Rn. 81.
[54]   IDW RS HFA 32 Rn. 4.
[55]   IDW RS HFA 32 Rn. 4; Gelhausen/Fey/Kämpfer O Rn. 16.
[56]   Ausf. hierzu MüKoAktG/Altmeppen AktG § 312 Rn. 77 ff.
[57]   IDW RS HFA 32 Rn. 4.

setzungen von Nr. 3 jeweils angabepflichtig sind. Allgemeine geschäftspolitische Entscheidungen, die noch nicht zu einer Übertragung von Risiken oder Vorteilen geführt haben, sind hingegen nicht erfasst.[58] Auch unterlassene Geschäfte fallen nicht unter die Angabepflicht.[59]

b) Nicht in der Bilanz enthalten. Nicht in der Bilanz enthaltene Geschäfte sind **34** nach der Gesetzesbegründung alle Transaktionen, die
– von vornherein dauerhaft keinen Eingang in die Handelsbilanz finden oder
– einen dauerhaften Abgang von Vermögensgegenständen oder
– einen dauerhaften Abgang von Schulden aus der Handelsbilanz nach sich ziehen.[60]

Es handelt sich um ein außerbilanzielles Geschäft, wenn der Bilanzierende mit dem **35** Geschäft Vorteile oder Risiken übernimmt, ohne dass dies zum Ansatz von Vermögensgegenständen oder Schulden führt.[61] Die Angabepflicht nach Nr. 3 knüpft für das Merkmal der außerbilanziellen Geschäfte an das fehlende **wirtschaftliche Eigentum** an. Ein nicht in der Bilanz enthaltenes Geschäft liegt vor, wenn das wirtschaftliche Eigentum iSd § 246 Abs. 1 S. 2 nach dem Gesamterscheinungsbild einem fremden Dritten und nicht dem Bilanzierenden zuzurechnen ist.[62] Steht der berichtenden Gesellschaft das wirtschaftliche Eigentum zu, muss sie den Vermögensgegenstand nach § 246 Abs. 1 S. 2 bilanzieren und ist nicht nach Nr. 3 zur Angabe im Anhang verpflichtet. Die Bilanzunwirksamkeit der Geschäfte richtet sich danach, inwieweit das wirtschaftliche Eigentum dauerhaft auf den Vertragspartner übertragen wird oder bei ihm verbleibt. Das wirtschaftliche Eigentum iSd § 246 Abs. 1 S. 2 steht demjenigen zu, der nach dem Gesamterscheinungsbild die tatsächliche Sachherrschaft über einen Vermögensgegenstand unabhängig von dem rechtlichen Eigentum so ausübt, dass der bürgerlich-rechtliche Eigentümer dauerhaft von der Einwirkung auf die betreffenden Vermögensgegenstände ausgeschlossen ist und so das rechtliche Eigentum wirtschaftlich entwertet wird.[63] Der Vermögensgegenstand ist bei dem wirtschaftlichen, nicht bei dem rechtlichen Eigentümer auszuweisen, wenn der wirtschaftliche Eigentümer die Risiken und Chancen aus dem Vermögensgegenstand vorrangig trägt.[64] Bei einem endgültigen Abgang von Vermögensgegenständen oder einem rechtswirksamen Erlöschen von Schulden entfällt die Angabepflicht grds., wenn nicht dem bilanzierenden Unternehmen ausnahmsweise nach dem Abschlussstichtag weiterhin dauerhaft oder für eine gewisse Zeit Vorteile oder Risiken aus dem Vermögensgegenstand bzw. den Schulden verbleiben, die einem endgültigen Abgang entgegenstehen.[65]

Die Bilanzunwirksamkeit muss **von Dauer,** also nicht nur vorübergehender Natur **36** sein. Hierfür genügt nicht schon jede am Bilanzstichtag kurzfristig in der Schwebe befindliche Lieferung oder Leistung des gewöhnlichen Geschäftsbetriebs.[66] Im Übrigen richtet sich die Dauerhaftigkeit nach dem jeweiligen Bilanzposten.[67] So ist beispielsweise bei Vermögensgegenständen des Anlagevermögens von der Dauerhaftigkeit der Bilanzunwirksamkeit auszugehen, wenn das wirtschaftliche Eigentum während des überwiegenden Teils der betriebsgewöhnlichen Nutzungsdauer einem Dritten zuzurechnen ist. Bei Forderungen ist der Zeitraum bis zu ihrem Erlöschen bzw. die Laufzeit der Vertragsvereinbarung oder das Auslaufen, Wirksamwerden oder die Ausübung der spezifischen Nebenabreden maßgeblich. Im Übrigen ist von Dauerhaftigkeit in der Regel auszugehen, wenn das wirtschaftliche Eigentum des Dritten mindestens zwei Geschäftsjahre überdauert.[68] Die Dauerhaftigkeit

---

[58]   IDW RS HFA 32 Rn. 4.
[59]   Gelhausen/Fey/Kämpfer O Rn. 14.
[60]   Begr. RegE BilMoG, BT-Drs. 16/10067, 69.
[61]   IDW RS HFA 32 Rn. 5.
[62]   Gelhausen/Fey/Kämpfer O Rn. 27; Kölner Komm RechnungslegungsR/Peters Rn. 29.
[63]   BGH BB 1996, 155 (156); BeBiKo/Justenhoven/Meyer § 246 Rn. 6.
[64]   Ernst/Seidler BB 2009, 766; Kühne/Melcher DB-Beil. Heft 5/2009, 15 (17).
[65]   IDW RS HFA 32 Rn. 7.
[66]   Begr. RegE BilMoG, BT-Drs. 16/10067, 69.
[67]   BeBiKo/Grottel Rn. 53.
[68]   BeBiKo/Grottel Rn. 53.

der Bilanzunwirksamkeit liegt **von vornherein** vor, wenn dies Gegenstand besonderer Vereinbarungen als Nebenabrede in dem Vertrag selbst oder außerhalb des Vertrags ist.[69]

37   Maßgeblicher **Zeitpunkt** für die Feststellung, ob die Angabe „in der Bilanz enthalten" ist, ist der jeweilige Abschlussstichtag. Die Angabepflicht entfällt nicht dadurch, dass das Geschäft nach dem Abschlussstichtag in der Bilanz abgebildet wird, weil etwa die aufschiebende Bedingung einer Leistungspflicht eingetreten oder die Wahrscheinlichkeit der Inanspruchnahme gestiegen ist.[70]

38   Nach der Gesetzesbegründung können angabepflichtige außerbilanzielle Geschäfte mit der Errichtung oder Nutzung von **Zweckgesellschaften,**[71] mit Offshore-Geschäften oder sonstigen Geschäften verbunden sein, mit denen gleichzeitig auch andere wirtschaftliche, rechtliche, steuerliche oder bilanzielle Ziele verfolgt werden.[72] Beispiele für außerbilanzielle Geschäfte sind: Factoring- und Pensionsgeschäfte, Forderungsverbriefungen, Factoring und ABS-Transaktionen, unechte Pensionsgeschäfte, Operating-Leasing-Verträge, Sale-and-lease-back-Geschäfte bei Vorliegen von Operating-Leasing, verdeckte Leasinggeschäfte, Konsignationslagervereinbarungen oder die Auslagerung von betrieblichen Funktionen.[73] Auch **Dauerschuldverhältnisse,** die noch nicht in der Bilanz abgebildet sind, können nach Nr. 3 angabepflichtig sein, wenn dem berichtenden Unternehmen hieraus Vorteile und Risiken verbleiben.[74] **Schulden** sind regelmäßig zu bilanzieren, so dass für sie eine Angabepflicht nach Nr. 3 nur im Ausnahmefall greifen wird.[75]

39   **3. Umfang und Art der Angaben.** Anzugeben sind Risiken, Vorteile und finanzielle Auswirkungen sowie Art und Zweck der außerbilanziellen Geschäfte. Umfang und Art der Darstellung bemessen sich danach, ob diese wesentlich sind und inwieweit die Angaben für die Beurteilung der Finanzlage erforderlich sind.

40   **a) Vorteile, Risiken und finanzielle Auswirkungen.** Die angabepflichtigen **Vorteile, Risiken und finanziellen Auswirkungen** beziehen sich auf die Finanzlage des Unternehmens; sie sind in ihren Auswirkungen auf die Liquidität des Unternehmens zum Abschlussstichtag und die künftigen Finanzmittelzuflüsse und -abflüsse zu untersuchen. Ein **Risiko** liegt vor, wenn sich ein Geschäft auf die Liquiditätslage bzw. auf die Fähigkeit eines Unternehmens, in einem absehbaren Zeitraum die bestehenden Verpflichtungen erfüllen zu können, nachteilig auswirkt oder auswirken kann. Risiken sind zB bei Sale-and-lease-back-Geschäften die über die Dauer des Leasingvertrags zu zahlenden Leasingraten, Verlängerungs- oder Kündigungsoptionen, Rückabwicklungsverpflichtungen aus auflösenden oder aufschiebenden Vertragsbedingungen;[76] außerdem tatsächliche oder potentielle Abflüsse liquider Mittel, Wertminderungen, Verlust oder zufälliger Untergang eines Vertragsgegenstands.[77] Risiken sind allerdings nicht anzugeben, wenn sie etwa als Abschreibungen, Wertberichtigungen oder Rückstellungen in der Bilanz abgebildet oder auf Dritte übertragen worden sind. Nach Nr. 3 nicht anzuführen sind Risiken, mit denen jedermann rechnen muss, zB die Haftung für Kraftfahrzeuge oder die gesetzlichen Pfandrechte. **Vorteile** eines Geschäfts sind die Umstände, die sich positiv auf die Liquidität oder die Fähigkeit zur Erfüllung von Verbindlichkeiten auswirken oder auswirken können. Das sind zB für Sale-and-lease-back-Geschäfte die im Geschäftsjahr aus dem Verkauf des Leasingobjekts resultierenden Zuflüsse an Finanzmitteln.[78] Nicht angabepflichtig sind darüber hinausge-

---

[69]   BeBiKo/Grottel Rn. 52.
[70]   IDW RS HFA 32 Rn. 6.
[71]   Ausf. zu der Behandlung von Zweckgesellschaften im Anhang Schruff Der Konzern 2009, 511 ff.
[72]   Begr. RegE BilMoG, BT-Drs. 16/10067, 69.
[73]   IDW RS HFA 32 Rn. 8.
[74]   IDW RS HFA 32 Rn. 5; Petersen/Zwirner/Waschbusch BilMoG 504. Ausf. hierzu Gelhausen/Fey/ Kämpfer O Rn. 30.
[75]   Hierzu Gelhausen/Fey/Kämpfer O Rn. 31.
[76]   Begr. RegE BilMoG, BT-Drs. 16/10067, 69. Vgl. auch IDW RS HFA 32 Rn. 18.
[77]   Zu diesen und weiteren Bsp. Philipps DB 2011, 125 (128).
[78]   Begr. RegE BilMoG, BT-Drs. 16/10067, 69. Vgl. auch IDW RS HFA 32 Rn. 18. Zu weiteren Bsp. Philipps DB 2011, 125 (129).

hende konkrete vertragliche Vereinbarungen, wie zB die eines vorteilhaften Zinssatzes, wenn es sich nicht um den Zweck des Geschäfts handelt.[79]

Vorteile und Risiken dürfen nicht saldiert und in einer kompensatorischen Darstellung **41** angegeben werden. Sie müssen getrennt voneinander und gleichwertig nebeneinander angegeben werden.[80] Durch das **BilRUG** neu eingefügt ist die Anforderung von Angaben zu den **„finanziellen Auswirkungen"** der nicht bilanzierten Geschäfte. Die zu erläuternden **finanziellen Auswirkungen** betreffen nicht nur die **Finanzlage,** sondern auch die **Vermögens-** und **Ertragslage.** Andernfalls liefe der Zusatz „für die Beurteilung der Finanzlage" ins Leere.[81] Darin ist keine materielle Erweiterung der Angabepflicht, sondern lediglich eine klarstellende Änderung zu sehen,[82] da bereits zuvor die Risiken und Vorteile von außerbilanziellen Geschäften in betragsmäßiger Form[83] beschrieben werden mussten – soweit wie möglich mit konkreten zahlenmäßigen Angaben, andernfalls durch eine Bandbreite oder – falls dies ebenfalls nicht möglich ist – verbal in ihren möglichen betragsmäßigen Folgen.[84] Bezugszeitpunkt für die Beurteilung von Risiken und Vorteilen eines Geschäfts ist der Bilanzstichtag.

Neben den Risiken und Vorteilen sind Art und Zweck der außerbilanziellen Geschäfte **42** anzugeben. Die **Art** eines außerbilanziellen Geschäfts lässt sich nach seinem Vertragsgegenstand, etwa als Forderungsverbriefung, Factoring, Leasing- oder Pensionsgeschäft,[85] oder auch nach den Risiken und Vorteilen des Geschäfts klassifizieren.[86] Mit dem **Zweck** eines außerbilanziellen Geschäfts sind die wirtschaftlichen (zB Beschaffung liquider Mittel), rechtlichen (zB Umgehung strengerer Vorschriften), steuerlichen (zB steuerliche Vorteile) oder bilanzpolitischen Gründe (zB Erhöhung des Eigenkapitalanteils) für die Vornahme des Geschäfts gemeint.[87] Anzugeben sind nur die primär verfolgten Zwecke, nicht bloße Nebenzwecke des Geschäfts.[88]

Bei Dauerschuldverhältnissen oder gleichartigen Beziehungen wirtschaftlicher Art, die **43** noch nicht vollständig abgewickelt sind, müssen die notwendigen Angaben zu jedem Bilanzstichtag bis zur vollständigen Abwicklung oder Beendigung des Geschäfts erfolgen.[89]

b) Beurteilung der Finanzlage eines Unternehmens. Die Angabepflicht nach **44** Nr. 3 besteht nur, wenn die Risiken und Vorteile für die Gesellschaft **wesentlich** sind und die Offenlegung für die **Beurteilung der Finanzlage** eines Unternehmens **erforderlich** ist. Der Begriff der Finanzlage umfasst die Liquidität und die Fähigkeit des Unternehmens, vorhandenen Verpflichtungen in einem überschaubaren Zeitraum nachkommen zu können.[90] Für die Beurteilung der Finanzlage sind solche Informationen über Risiken und Vorteile **erforderlich,** die erwartungsgemäß die Liquidität oder die Fähigkeit des Unternehmens wesentlich verschlechtern bzw. wesentlich verbessern.[91] Zur Anpassung an Art. 17 Abs. 1 lit. p Bilanz-RL wurde der Begriff „notwendig" ohne inhaltliche Änderungen durch „erforderlich" ersetzt. Die Erforderlichkeit der Angabe ist im Vergleich zu dem Begriff „von Bedeutung" in Nr. 3a enger zu verstehen.[92] Die Erforderlichkeit beurteilt sich nach

79 IDW RS HFA 32 Rn. 20; Philipps DB 2011, 125 (128).
80 IDW RS HFA 32 Rn. 23; Philipps DB 2011, 125 (129).
81 BeBiKo/Grottel Rn. 63.
82 BeBiKo/Grottel Rn. 63 f.; Rimmelspacher/Meyer DB-Beil. Heft 5/2015, 23 (25).
83 HKMS/Haferkorn/Diemers Rn. 34.
84 IDW RS HFA 32 Rn. 22; Philipps DB 2011, 125 (129).
85 Begr. RegE BilMoG, BT-Drs. 16/10067, 69; IDW RS HFA 32 Rn. 16; BeBiKo/Grottel Rn. 60.
86 IDW RS HFA 32 Rn. 16.
87 Philipps DB 2011, 125 (128); BeBiKo/Grottel Rn. 61.
88 Philipps DB 2011, 125 (128).
89 Begr. RegE BilMoG, BT-Drs. 16/10067, 69.
90 Begr. RegE BilMoG, BT-Drs. 16/10067, 69 – die Änderung des Begriffs „notwendig" aus dem BilMoG in „erforderlich" durch das BilRUG ist eine rein redaktionelle und hat keine inhaltlichen Veränderungen zur Folge, vgl. BeBiKo/Grottel Rn. 74.
91 HKMS/Haferkorn/Diemers Rn. 30.
92 Begr. RegE BilMoG, BT-Drs. 16/10067, 69; Gelhausen/Fey/Kämpfer O Rn. 36; Kölner Komm RechnungslegungsR/Peters Rn. 32.

den Umständen im konkreten Einzelfall und hängt primär von den finanziellen Auswirkungen des außerbilanziellen Geschäfts ab. Ob und inwieweit der berichtenden Gesellschaft aus solchen Geschäften Risiken oder Vorteile entstehen, die für die Beurteilung der Finanzlage **wesentlich** sind, ist im Verhältnis zu den tatsächlichen Umständen der Gesellschaft zu bewerten.[93] Wesentlich für die Beurteilung der Finanzlage können Vereinbarungen über Andienungsrechte oder -pflichten, Rückübertragungsrechte oder -pflichten, Rücktrittsrechte oder total return swaps sein.[94] Die Notwendigkeit der Angaben kann auch aus einer Gesamtbetrachtung einer Geschäftsart zugeordneter oder miteinander verknüpfter Geschäfte resultieren.[95] Anhaltspunkte für die Wesentlichkeit der Auswirkungen auf die Finanzlage kann zB die Nettoverschuldung des Unternehmens bieten.[96]

45   Erforderliche Angaben können auch **schwebende Geschäfte** betreffen, dh Geschäfte, bei denen die Vertragsparteien ihre versprochenen Leistungen noch nicht vollständig erbracht haben. Das gilt allerdings nicht für kurzfristig in der Schwebe befindliche Lieferungen und Leistungen des gewöhnlichen Geschäftsbetriebs. Im Übrigen sind Geschäfte des **gewöhnlichen Geschäftsbetriebs** als solche zwar nicht von vornherein von der Angabepflicht nach Nr. 3 ausgenommen.[97] Ihre Bedeutung für die Finanzlage des Unternehmens wird aber regelmäßig gering sein, so dass mangels Notwendigkeit der Angabe eine Angabepflicht nach Nr. 3 entfallen wird.[98]

46   Die Finanzlage beurteilt sich sowohl stichtagsbezogen nach der vorhandenen Liquidität der Gesellschaft als auch unter Berücksichtigung der erwarteten künftigen Finanzmittelzuflüsse und -abflüsse.[99] Maßgeblicher **Zeitpunkt** für die Beurteilung der Notwendigkeit der Angabe für die Finanzlage ist aber der Bilanzstichtag. Dabei sind spätere Erkenntnisse über die zum Abschlussstichtag vorliegenden Umstände zu berücksichtigen. Außerbilanzielle Geschäfte, die nach dem Abschlussstichtag vorgenommen werden, sind hingegen gem. § 285 Nr. 33 angabepflichtig (→ Rn. 457).

47   **4. Verhältnis zu anderen Angabepflichten.** Der Anwendungsbereich der Nr. 3 kann sich mit anderen Angabepflichten überschneiden. So steht die Angabepflicht gem. Nr. 3 in einem engen Zusammenhang mit **Nr. 3a,** wonach der Gesamtbetrag der sonstigen nicht in der Bilanz enthaltenen finanziellen Verpflichtungen anzugeben ist. Wann eine nach Nr. 3a angabepflichtige sonstige finanzielle Verpflichtung und wann ein Geschäft iSd Nr. 3 vorliegt, kann uU schwierig festzustellen sein: Die Abgrenzung muss unter Berücksichtigung der Umstände des jeweiligen Einzelfalls erfolgen.[100] Dabei kann es vor allem zu Abgrenzungsschwierigkeiten zwischen den finanziellen Verpflichtungen iSd Nr. 3a und den Risiken von außerbilanziellen Geschäften iSv Nr. 3 kommen: Da finanzielle Verpflichtungen iSv Nr. 3a die Liquidität des Unternehmens verschlechtern, sind sie zugleich Risiken iSv Nr. 3. Allerdings reicht der Begriff der Risiken darüber hinaus und umfasst auch ungewisse künftige negative Auswirkungen auf die Finanzlage.[101] Auf der anderen Seite reicht der Anwendungsbereich der Nr. 3a über Nr. 3 insoweit hinaus, dass nicht nur Angaben erfasst sind, die für die Beurteilung der Finanzlage **erforderlich** sind, sondern sämtliche Angaben, die für die Beurteilung der Finanzlage **von Bedeutung** sind. Nach teilweise vertretener Auffassung fallen nach Sinn und Zweck der Angabepflichten finanzielle Verpflichtungen unter Nr. 3, wenn ihnen bewusste Gestaltungsüberlegungen zugrunde liegen, die auf eine

---

[93] BeBiKo/Grottel Rn. 73; HKMS/Haferkorn/Diemers Rn. 29 – das Merkmal der Wesentlichkeit wurde mit dem BilMoG in den Gesetzeswortlaut aufgenommen, allerdings bestand dieses Erfordernis bereits in § 285 Nr. 3 aF, vgl. Begr. RegE BilMoG, BT-Drs. 16/10067, 69.
[94] BeBiKo/Grottel Rn. 57.
[95] IDW RS HFA 32 Rn. 12; Philipps DB 2011, 125 (127).
[96] Wenk/Jagosch DStR 2009, 2330 (2333).
[97] So aber Gelhausen/Fey/Kämpfer O Rn. 18.
[98] Gelhausen/Fey/Kämpfer O Rn. 18 mit Bsp.
[99] IDW RS HFA 32 Rn. 8.
[100] IDW RS HFA 32 Rn. 27.
[101] IDW RS HFA 32 Rn. 18.

dauerhafte Nichtbilanzierung zielen.[102] Der Gesetzgeber hat die Möglichkeit inhaltlicher Überschneidungen erkannt und die Gefahr einer Doppelerfassung von Angaben durch die Subsidiarität der Nr. 3a ausdrücklich ausgeschlossen. Die Angabepflicht richtet sich demnach vorrangig nach Nr. 3, wenn es sich um Geschäfte in diesem Sinne handelt.[103]

Überschneidungen können sich auch im Hinblick auf nicht zum beizulegenden Zeit- **48** wert bilanzierte derivative Finanzinstrumente ergeben, für die die Angabepflicht nach **Nr. 19** eine umfangreiche und abschließende spezielle Regelung aufstellt. Die Angabepflicht nach Nr. 3 tritt dahinter zurück.[104] Denkbar sind auch inhaltliche Überschneidungen des Geschäfts iSd Nr. 3 mit den Haftungsverhältnissen iSd § 251 iVm § 268 Abs. 7, die der Angabepflicht nach **Nr. 27** unterfallen. Zur Vermeidung von Doppelangaben sind in diesem Fall die Angabepflichten nach Nr. 27 als *lex specialis* gegenüber Nr. 3 vorrangig.[105] Überschneiden sich die notwendigen Angaben nur teilweise und fehlen beispielsweise Angaben zu dem Zweck oder den Risiken und Vorteilen, bleibt die Angabepflicht nach Nr. 3 insoweit bestehen.[106] Angaben zu den Haftungsverhältnissen in der Bilanz (§ 251) oder im Anhang (§ 268 Abs. 7) sind durch zusätzliche Angaben zum Zweck und zu den Risiken sowie zu den Vorteilen dieser Geschäfte zu ergänzen. Sofern die Geschäfte als Vorgänge von besonderer Bedeutung erst nach dem Bilanzstichtag im neuen Geschäftsjahr getätigt werden, ist der Nachtragsbericht gem. Nr. 33 einschlägig (→ Rn. 457).

V. Gesamtbetrag der sonstigen finanziellen Verpflichtungen (Nr. 3a)

1. Anwendungsbereich. Der Gesamtbetrag der sonstigen finanziellen Verpflichtun- **49** gen ist von **Kapitalgesellschaften aller Größenklassen** iSv § 267 im Anhang anzugeben. Die Privilegierung **kleiner Kapitalgesellschaften** iSv § 267 Abs. 1 nach § 288 Abs. 1 aF ist mit Änderung des BilRUG aufgehoben worden.[107] Für **Versicherungsunternehmen** gilt gem. § 341a Abs. 2 S. 5 die Bestimmung der Nr. 3 mit der einschränkenden Maßgabe, dass Angaben nicht geboten sind, soweit die finanziellen Verpflichtungen im Rahmen des Versicherungsgeschäfts entstehen. Nr. 3a gilt auch für Unternehmen iSv § 3 Abs. 1 Nr. 3– 5 PublG iVm § 5 Abs. 2 PublG. Für **Pensionsverpflichtungen** iSv Art. 28 Abs. 2 EGHGB ist diese Vorschrift *lex specialis* zur Pflichtangabe nach Nr. 3a.[108]

Die Angabepflicht nach Nr. 3a dient dazu, die für die **Beurteilung der Finanzanlage 50** erheblichen Beiträge **aufzuzeigen,** die sich nicht bereits aus anderen Angaben des Jahresabschlusses ergeben. Eine Schwäche der Bilanz besteht darin, dass sie nur einen statischen Ausschnitt der Finanzlage gewährt. Durch die Angabepflicht nach Nr. 3a sollen **Informationsnachteile ausgeglichen** werden, die dadurch entstehen, dass zB schwebende Geschäfte nicht bilanziert werden dürfen, soweit nicht ein Verpflichtungsüberhang besteht. Die Angabe der Verpflichtungen iSv Nr. 3a wird nunmehr durch die notwendigen Angaben zu den außerbilanziellen Geschäften nach Nr. 3 ergänzt, so dass dem Leser ein vollständigeres, den tatsächlichen Verhältnissen entsprechendes Bild von der Finanzlage des Unternehmens vermittelt werden kann.

Das Gesetz verlangt für Nr. 3a nur die Angabe des Gesamtbetrags; eine Aufgliederung **51** ist nicht erforderlich. Insoweit wird zwar die Vorgabe des Art. 43 Abs. 1 Nr. 7 RL 78/660/ EWG (4. EG-Richtlinie) umgesetzt; ein wirklicher Einblick in die Finanzlage kann so aber nicht gewährt werden.

2. Sonstige finanzielle Verpflichtungen. a) Begriff. Der **Begriff der sonstigen 52 finanziellen Verpflichtungen** ist im Gesetz an keiner Stelle definiert. Anders als noch in

---

[102] Philipps DB 2011, 125 (128).
[103] Begr. RegE BilMoG, BT-Drs. 16/10067, 69.
[104] IDW RS HFA 32 Rn. 25.
[105] Gelhausen/Fey/Kämpfer O Rn. 21.
[106] IDW RS HFA 32 Rn. 24.
[107] Begr. RegE BilRUG, BT-Drs. 18/4050, 68.
[108] BeBiKo/Grottel/Waubke § 268 Rn. 55; Staub/Meyer Rn. 24; Hopt/Merkt Rn. 4; Bonner HdR/Krawitz Rn. 70.

§ 272 Abs. 1 Nr. 2 HGB-E[109] vorgesehen, ist auch kein Katalog von Beispielsfällen aufgeführt worden. Der Ausdruck „Verpflichtung" ist in **Abgrenzung** zum engeren Begriff der
Verbindlichkeit zu verstehen. Es handelt sich um einen bilanzrechtlichen Begriff, der vor
dem Hintergrund der Vermittlung eines den tatsächlichen Verhältnissen entsprechenden
Bildes von der Vermögens-, Finanz- und Ertragslage zu entwickeln ist. Überwiegend werden
hierunter rechtlich verfestigte Verpflichtungen verstanden, die weder als Verbindlichkeit
noch als Rückstellung zu passivieren sind, denen sich die Kapitalgesellschaft aus rechtlichen
oder wirtschaftlichen Gründen nicht entziehen kann und die dem Jahresabschluss an anderer
Stelle nicht zu entnehmen sind.[110] Die Begründung des Gesetzesentwurfs zum BilMoG
nennt beispielhaft: Verpflichtungen aus schwebenden Rechtsgeschäften, gesellschaftsrechtliche Verpflichtungen, die zu einer wesentlichen Belastung der Finanzlage eines Unternehmens führen können, Verpflichtungen aus öffentlich-rechtlichen Rechtsverhältnissen, die
sich noch nicht in einer Weise verdichtet haben, die einen Bilanzausweis rechtfertigt.
Erwähnt sind außerdem Haftungsverhältnisse, die nicht bereits unter § 251 fallen, sowie
zwangsläufige Folgeinvestitionen bereits begonnener Investitionsvorhaben oder künftige für
das Unternehmen unabwendbare Großreparaturen, bei denen noch keine vertraglichen
Vereinbarungen vorliegen. Erfasst sind damit alle Lasten, denen sich das Unternehmen nicht
einseitig entziehen kann.[111] Auf den Grund der Verpflichtung, etwa Vertrag oder gesetzliches Schuldverhältnis, kommt es nicht an. Selbst Fälle, bei denen nur ein faktischer Zwang
zur Leistung besteht, werden erfasst. Verpflichtungen sind allerdings nur anzugeben, wenn
sie finanzieller Natur sind, also zu künftigen Ausgaben führen; Sachwertschulden sind nicht
in den Gesamtbetrag aufzunehmen.[112]

53   **b) Bedeutung.** Bei der Angabepflicht nach Nr. 3a geht es immer um eine eigene
Verpflichtung der Kapitalgesellschaft. Die **Verpflichtung eines Dritten** zugunsten der
Gesellschaft wird nicht erfasst. Der **Rückgriffsanspruch des Gesellschafters** gegenüber
der Gesellschaft ist kein Haftungsverhältnis in diesem Sinne, wenn die dem Rückgriffsanspruch zugrunde liegende Verpflichtung schon in der Bilanz enthalten ist.

54   Praktische Bedeutung erlangt die Angabepflicht nach Nr. 3a vor allem bei nicht
bilanzierten schwebenden Geschäften[113] oder bei **Dauerschuldverhältnissen,** die
(noch) keinen Niederschlag in der Bilanz gefunden haben. Die sich hieraus ergebenden
langfristigen Verpflichtungen können nur aus dem Jahresabschluss abgeleitet werden.
Wichtigste Anwendungsfälle sind die Miete, das Leasing, Verpflichtungen aus langfristigen Abnahmeverpflichtungen oder künftige Zinsverpflichtungen aus Zero-Bonds. Von
Bedeutung sind auch Verpflichtungen aus bereits begonnenen Investitionsvorhaben oder
aus künftigen Großvorhaben sowie Verpflichtungen aus notwendig werdenden Umweltschutzmaßnahmen. Voraussetzung ist allerdings stets, dass die Verträge zum Bilanzstichtag
bereits abgeschlossen sind.[114] Schließlich ist an Haftungsverhältnisse zu denken, für die
nicht schon eine Vermerkpflicht nach § 251 besteht, wie etwa übernommene Vertragsstrafen.[115] Nach Nr. 3a sind Fälle der **gesetzlichen Haftung** nicht anzuführen, mit denen
jedermann rechnen muss und die daher nicht zu dem Risiko gehören, das es anzugeben
gilt. Hierzu zählen vor allem die Haftung für Kraftfahrzeuge oder für Tierhaltung bzw.
die gesetzlichen Pfandrechte.

---

[109]   Begr. RegE BiRiLiG, BT-Drs. 10/317, 17 und 93.

[110]   ADS Rn. 33; BeckOGK/Kessler Rn. 50; Beck HdR/Andrejewski B 40 Rn. 225; Selchert DB 1987,
545 (546); Winnefeld Bilanz-HdB J VIII Rn. 135.

[111]   Begr. RegE BilMoG, BT-Drs. 16/10067, 69.

[112]   HdR/Oser/Holzwarth §§ 284–288 Rn. 161; Beck HdR/Andrejewski B 40 Rn. 228, 233; Selchert DB
1987, 545 (546).

[113]   Zum Begriff s. BFHE 176, 359 = BStBl. II 1995, 312; BFHE 181, 64 = DStR 1996, 1643; Scholz/
Crezelius GmbHG Anh. § 42a Rn. 127; Gschwendtner DStZ 1995, 417; Woerner BB 1988, 769 ff.

[114]   Scholz/Crezelius GmbHG Anh. § 42a Rn. 239; HdR/Oser/Holzwarth §§ 284–288 Rn. 162; Hey-
mann/Herrmann Rn. 10.

[115]   Hauschildt/Kortmann WPg 1990, 420 (422).

Mit dem Begriff **„sonstige"** Verpflichtungen hat der Gesetzgeber deutlich gemacht, **55** dass es sich bei der Angabepflicht nach Nr. 3a um eine **Auffangvorschrift** für alle ansonsten nicht im Jahresabschluss aufgeführten Verpflichtungen handelt. Nr. 3a verlangt nur die Angabe des Gesamtbetrags der sonstigen finanziellen Verpflichtungen im Anhang, die nicht in der Bilanz erscheinen und auch nicht nach **§ 268 Abs. 7 im Anhang** anzugeben sind. Es ist daher zunächst zu ermitteln, ob eine Passivierung der sonstigen Verpflichtung erforderlich ist. Soweit dies verneint wird, ist in einem zweiten Schritt eine Angabepflicht nach § 268 Abs. 7, § 251 zu untersuchen. Sodann ist in einem dritten Schritt zu prüfen, ob die finanziellen Verpflichtungen notwendige Angaben zu außerbilanziellen Geschäften sind und damit den speziellen Tatbestand der Nr. 3 erfüllen. Lediglich für die dann noch übrig bleibenden Verpflichtungen besteht die Angabepflicht nach Nr. 3a. Darüber hinaus sind **freiwillige Angaben** zu rechtlich nicht verpflichtenden Sachverhalten möglich. Die Pflichtangaben lassen sich weiter untergliedern in nicht bilanzierungsfähige Zahlungsverpflichtungen, bilanzierungsfähige, aber nicht bilanzierte Zahlungsverpflichtungen und sonstige Haftungsverhältnisse.[116]

3. Umfang und Art der Angaben. Der Gesamtbetrag der sonstigen finanziellen **56** Verpflichtungen muss nur dann angegeben werden, wenn diese Angabe für die Beurteilung der Finanzlage der betroffenen Kapitalgesellschaft **von Bedeutung** ist. Nr. 3a konkretisiert damit den **Wesentlichkeitsgrundsatz.**[117] Nach Sinn und Zweck der Vorschrift muss eine Auswirkung auf die **Finanzlage** der Kapitalgesellschaft denkbar sein;[118] auf die Vermögens- und die Ertragslage kommt es nicht an. Belastungen können zum einen wegen ihrer Höhe und zum anderen aufgrund des Zeitpunkts oder des Zeitraums für die Finanzlage bedeutsam sein. Obwohl das Gesetz nur von dem Gesamtbetrag spricht, ist wegen des Einblicksgebots auf die Bedeutung der einzelnen finanziellen Verpflichtung abzustellen.[119] Ansonsten könnten unbedeutende Einzelposten bei einer Zusammenfassung zu einem Gesamtbetrag doch wieder Bedeutung für die Beurteilung gewinnen.

Damit die Erläuterung nicht durch Verpflichtungen überlagert wird, die sich mehr **57** oder weniger regelmäßig aus der Fortführung des Betriebs ergeben, sind **kurzfristige Verpflichtungen** nicht anzugeben. Dies gilt vor allem dann, wenn sie kontinuierlich von dem Unternehmen abgedeckt werden. Dies trifft vor allem auf Lohn- und Gehaltszahlungen, Miet- und Pachtzinszahlungen oder auf Energiekosten zu. Nichts anderes gilt für **Verpflichtungen aus Materialbeschaffungen** für einen überschaubaren Zeitraum oder für **laufende Instandhaltungen.**[120] Solche Verpflichtungen sind nur dann in den Gesamtbetrag einzubeziehen, wenn sie Bedeutung für die Finanzlage bekommen, etwa weil sie den Spielraum der Gesellschaft einschränken,[121] einen außergewöhnlichen Umfang besitzen oder an eine längere Vertragslaufzeit gebunden sind. Bewegen sich die finanziellen Verpflichtungen außerhalb des laufenden Geschäftsbetriebs oder des geschäftsüblichen Rahmens, liegt regelmäßig ein Sachverhalt vor, der für die Finanzlage Bedeutung hat und der daher in den Gesamtbetrag einzubeziehen ist.[122] Um zu ermitteln, ob es sich um eine solche Verpflichtung handelt, ist vor allem der **finanzielle Spielraum** der Gesellschaft und seine Einschränkung durch die Verpflichtung zu berücksichtigen. Schließlich ist die Frage nach der Bedeutung der finanziellen Verpflichtung nur vor dem Hintergrund der konkreten Finanzlage der Gesellschaft zu beantworten.

Im Rahmen der Bewertung der finanziellen Verpflichtung ist auf die **Summe der 58 Erfüllungsbeträge** abzustellen, ohne dass eine Abzinsung vorzunehmen ist.[123] Die Abzin-

---

116   Vgl. die Aufzählungen bei Glade Praxishandbuch Rn. 29.
117   ADS Rn. 74; BeBiKo/Grottel Rn. 100; Staub/Meyer Rn. 23, 30; BeckOGK/Kessler Rn. 52.
118   Scholz/Crezelius GmbHG Anh. § 42a Rn. 237; Hoffmann BB 1986, 1050 (1052 f.); Hopt/Merkt Rn. 4.
119   Hoffmann BB 1986, 1050 (1053); GK-HGB/Lezius Rn. 12; aA Scholz/Crezelius GmbHG Anh. § 42a Rn. 237; Beck HdR/Andrejewski B 40 Rn. 233 (es sei auf den Gesamtbetrag abzustellen).
120   ADS Rn. 73; Selchert DB 1987, 545 (547).
121   BeBiKo/Grottel Rn. 101; Selchert DB 1987, 545 (548).
122   BeBiKo/Grottel Rn. 101; HdJ/Kupsch Abt. IV/4 Rn. 223; Selchert DB 1987, 545 (547).
123   BeBiKo/Grottel Rn. 105; für die Zulässigkeit der Abzinsung aber Beck HdR/Andrejewski B 40 Rn. 232.

sung würde die tatsächlichen Ausgabebeträge um nicht realisierte Zinserträge kürzen, was dem Zweck der Berichtpflicht nicht entspricht. Wegen des **gesetzlichen Verrechnungsverbots** nach § 246 Abs. 2 ist der ermittelte Gesamtbetrag für wesentliche Verpflichtungen in voller Höhe anzugeben, ohne dass bestehende Ansprüche aus Rückgriffsrechten und Ähnliches saldiert werden dürfen.[124]

59   Der Wortlaut von Nr. 3a verlangt nur die **Angabe des Gesamtbetrags** und stellt nicht auf die jeweiligen Sachverhalte ab. Vor diesem Hintergrund kann es vorkommen, dass einzelne an sich unbedeutende finanzielle Verpflichtungen in ihrer Massierung die Finanzsituation des Unternehmens ungünstig beeinflussen. Umgekehrt kann eine Verpflichtung, die sich über einen längeren Zeitraum erstreckt, dazu führen, dass der Betrag an Bedeutung verliert und damit nicht mehr anzugeben ist.[125] Auch wenn das Gesetz eine **Aufgliederung** der Verpflichtungen nach sachlichen Gesichtspunkten nicht verlangt, ist eine solche Vorgehensweise dennoch zweckmäßig und dient der Vermittlung eines den tatsächlichen Verhältnissen der Gesellschaft entsprechenden Bildes der Finanzlage.[126] Gleiches gilt für eine Aufteilung der finanziellen Verpflichtungen nach den entsprechenden Fristen. Handelt es sich um Verpflichtungen aus Dauerschuldverhältnissen, kann außer der Angabe des Gesamtbetrags zusätzlich der Jahresbetrag des dem Jahresabschlussstichtag folgenden Geschäftsjahrs angegeben werden.

60   Die Angabepflicht nach Nr. 3a verlangt regelmäßig eine **Zahlenangabe.** Bei einzelnen Verpflichtungen kann die Ermittlung des anzusetzenden Betrags Probleme bereiten. Hier wird ausnahmsweise eine **verbale Angabe** ausreichen. Zu der Frage, wie der Gesamtbetrag der Verpflichtungen zu ermitteln ist, enthält Nr. 3a keine Hinweise. Die Angabepflicht ist als Ergänzung zu den zu passivierenden oder den unter der Bilanz anzugebenden Verpflichtungen gedacht. Die Bewertung hat daher grds. auch in diesen Fällen nach den Vorschriften über die Bewertung von Verbindlichkeiten oder Rückstellungen (§ 253 Abs. 1 S. 2) zu erfolgen. Danach sind in Höhe und Fälligkeit feststehende Zahlungsverpflichtungen mit dem **Erfüllungsbetrag** anzusetzen; Abzinsungen sind nicht zulässig.[127] Zu erwartende **Zuschüsse** oder Versicherungsleistungen sind von der Verpflichtung abzusetzen. Für die Bewertung kommt es auf die Verhältnisse am Abschlussstichtag an. Die **künftigen Zahlungsverpflichtungen** müssen entweder am Bilanzstichtag bereits bestehen, oder mit ihrem Entstehen muss mit großer Wahrscheinlichkeit gerechnet werden, weil der ihnen zugrunde liegende Sachverhalt vor dem Abschlussstichtag bereits entstanden ist.

61   Nach Nr. 3a sind bestehende finanzielle Verpflichtungen gegenüber **verbundenen** oder **assoziierten Unternehmen** und seit dem BilRUG auch Verpflichtungen betreffend die **Altersversorgung** jeweils gesondert anzugeben. Sie können als „Davon-Angabe" zum Gesamtbetrag oder durch Aufteilung des Gesamtbetrags ausgewiesen werden.[128] Bestehen keine Verpflichtungen, ist eine Zusatzangabe nicht erforderlich. Seit dem BilRUG sind in Übereinstimmung mit den Haftungsverhältnissen iSd § 268 Abs. 7 auch gesonderte betragsmäßige Angaben zu **Altersversorgeverpflichtungen** verlangt.[129] Da auch diese nur angabepflichtig sind, soweit sie nicht bereits unter Nr. 3 oder § 268 Abs. 7 fallen (→ Rn. 47 f.), ergibt sich hier nur ein geringer Anwendungsbereich.[130] In Frage käme etwa eine Nachhaftung für die Altersversorgeverpflichtungen nach Spaltung und Übertragung auf einen anderen Rechtsträger.[131] Die Verpflichtungen sind ausweislich des Wortlauts „jeweils gesondert" anzugeben. Umstritten ist, ob damit zwei oder drei Kategorien gebildet, ob also verbundene

---

[124]   GK-HGB/Lezius Rn. 12; Winnefeld Bilanz-HdB J VIII Rn. 140 f.; HKMS/Haferkorn/Diemers Rn. 42.

[125]   ADS Rn. 74; vgl. auch Hoffmann BB 1986, 1050 (1052 f.); BeBiKo/Grottel Rn. 100.

[126]   HKMS/Haferkorn/Diemers Rn. 40; nach BeBiKo/Grottel Rn. 103 soll dies jedenfalls bei heterogener Zusammensetzung der sonstigen Verpflichtungen notwendig sein.

[127]   BeBiKo/Grottel Rn. 105.

[128]   BeckOGK/Kessler Rn. 57.

[129]   Begr. RegE BilRUG, BT-Drs. 18/4050, 65.

[130]   BeBiKo/Grottel Rn. 110 f.

[131]   Rimmelspacher/Meyer DB-Beil. Heft 5/2015, 23 (25).

und assoziierte Unternehmen zusammengefasst oder getrennt werden müssen.[132] Für eine zusammengefasste Darstellung spricht der Wortlaut (Verpflichtungen gegenüber verbundenen *oder* assoziierten Unternehmen).

Im Rahmen der Angabepflicht nach Nr. 3a ist bei der **GmbH** schließlich § 42 Abs. 3 **62** GmbHG und bei Personenhandelsgesellschaften iSd § 264a auch § 264c Abs. 1 zu beachten, wonach jeweils ua Verbindlichkeiten gegenüber Gesellschaftern als solche gesondert auszuweisen oder im Anhang anzugeben sind. Das betrifft auch die sonstigen Verpflichtungen iSv Nr. 3a.

4. Einzelfragen. Der Gesetzgeber hat darauf verzichtet, eine Auflistung der sonstigen **63** Verpflichtungen vorzunehmen.[133] Ein Katalog denkbarer Verpflichtungen könnte naturgemäß nur unvollständig sein und ist daher als nicht zweckmäßig angesehen worden. Die folgenden Angaben haben daher nur beispielhaften Charakter. In jedem Einzelfall muss geprüft werden, ob die Verbindlichkeit für die Finanzlage insgesamt von Bedeutung ist. Dabei ist vom Sinn der Angabepflicht auszugehen, der nach den Vorstellungen der RL 78/660/EWG (4. EG-Richtlinie) darin besteht, den Einblick in die Finanzlage iSv Art. 43 Abs. 1 Nr. 7 RL 78/660/EWG zu verbessern.

a) Verpflichtungen aus langfristigen Verträgen. aa) Dauerschuldverhältnisse. **64** Forderungen und Verpflichtungen aus noch nicht vollständig erfüllten **Dauerschuldverhältnissen** können von erheblicher Bedeutung für die Beurteilung der Finanzlage der Gesellschaft sein, was vor allem bei langfristigen und umfangreichen Vereinbarungen mit erheblichem Ausmaß deutlich wird.[134] Bei diesen Verträgen wird die Gesellschaft aufgrund eines in der Vergangenheit liegenden Vertragsverhältnisses verpflichtet, finanzielle Leistungen zu erbringen. Auf die Laufzeit kommt es für die Angabepflicht ebenso wenig an wie auf den jeweiligen Vertragsgegenstand. **Entscheidend** ist allein die Frage, ob der Betrag zusammen mit anderen, die für die Beurteilung der Finanzlage der jeweiligen Gesellschaft in Betracht kommen, bedeutsam ist. Die Angabepflicht von Verpflichtungen aus **Leasingverträgen** entfällt, wenn die geleasten Gegenstände als Eigentum mittlerweile in der Bilanz aktiviert und die Zahlungsverpflichtungen passiviert sind. Im Übrigen werden Leasingverträge regelmäßig von der Angabepflicht nach Nr. 3 erfasst.[135]

Ferner müssen die Verträge am Abschlussstichtag geschlossen sein und zukünftige Leis- **65** tungsverpflichtungen begründen, so dass geplante Verträge nicht anzugeben sind. Im Rahmen einer **Absichtserklärung,** einem **Memorandum of Understanding** oder einem **Letter of Intent** kommt es darauf an, ob im Einzelfall mit Abschluss der entsprechenden Vereinbarung die Gesellschaft eine Verpflichtung eingegangen ist, der sie sich nicht mehr entziehen kann. Im Rahmen der Angabepflicht für Dauerschuldverhältnisse ist es ausreichend, wenn die jährlich zu zahlenden Beträge und die Dauer der Verpflichtungen genannt werden.[136]

bb) Verpflichtungen aus Investitionsvorhaben. Nach Nr. 3a sind Aufträge für **66** finanziell bedeutsame **Investitionen** anzugeben, die zum Bilanzstichtag vergeben sind und die die Gesellschaft zu zukünftigen Zahlungen verpflichten. Dabei muss es zu einem verbindlichen Vertragsschluss gekommen sein; unverbindliche Absichtserklärungen reichen nicht aus.[137] Angabepflichtig sind darüber hinaus finanzielle Verpflichtungen aus Investitionen, die den bereits begonnenen Investitionsvorhaben aus technischen oder wirtschaftlichen Gründen zwingend folgen und denen die Gesellschaft nicht aus tatsächlichen Gründen

---

[132] Für eine Zusammenfassung BeBiKo/Grottel Rn. 115; wohl auch Hopt/Merkt Rn. 4; aA Rimmelspacher/Meyer DB 2015 DB-Beil. Heft 5/2015, 23 (25), die zwischen assoziierten Unternehmen und verbundenen Unternehmen differenzieren.
[133] BT-Drs. 10/4268, 110.
[134] ADS Rn. 43; HdR/Oser/Holzwarth §§ 284–288 Rn. 163; BeBiKo/Grottel Rn. 125.
[135] BeBiKo/Grottel Rn. 128.
[136] Teilweise anders Glade Praxishandbuch Rn. 30, der denjenigen Betrag angeben will, der im Falle einer Passivierung als Verbindlichkeit anzusetzen wäre.
[137] HdR/Oser/Holzwarth §§ 284–288 Rn. 168.

entgehen kann. Die Investitionen und Folgeinvestitionen dürfen noch nicht durchgeführt sein. Die Angabepflicht ist auf Investitionen beschränkt, die der Beschaffung von Gegenständen des Anlagevermögens (immaterielle AnlageVG, Sachanlagen und Finanzanlagen) dienen. Die Gesellschaft muss den Betrag nennen, den sie bis zur Fertigstellung der jeweiligen Investition und Folgeinvestition noch aufwenden muss.

67   **cc) Verpflichtungen aus Großreparaturen.** Wenn sie für die Finanzlage der Gesellschaft von Bedeutung sind, müssen Verpflichtungen aus künftigen **Großreparaturen** in den Gesamtbetrag der sonstigen finanziellen Verpflichtungen aufgenommen werden.[138] Mit dem Begriff der Großreparatur ist eine aufwändige Instandhaltungs- oder Instandsetzungsmaßnahme an gesellschaftseigenen Anlagegegenständen gemeint, die mehr oder weniger regelmäßig erfolgt, um den Gegenstand einsatzbereit zu halten bzw. den gebrauchsfähigen Zustand wiederherzustellen.[139] Stets muss eine vereinbarte oder vorgeschriebene Großreparatur betroffen sein, die zeitlich nach dem Bilanzstichtag liegt. Ist mit einer Großreparatur im abgelaufenen Geschäftsjahr schon begonnen worden, muss der Betrag der zu erwartenden zukünftigen finanziellen Verpflichtungen angegeben werden, wenn sie für die Finanzlage von Bedeutung sind.

68   Eine Verpflichtung für **künftige Reparaturen** liegt vor, wenn mit einem Dritten ein schwebender Vertrag über auszuführende Arbeiten abgeschlossen worden ist. Eine vergleichbare Verpflichtung kann auch aus **öffentlich-rechtlichen Pflichten oder Auflagen** resultieren. Von einer Verpflichtung wird schließlich auch dann gesprochen, wenn die Nichtdurchführung der Reparatur den Geschäftsbetrieb einschränken würde und die Reparatur aus unternehmenspolitischer Sicht erforderlich ist. Die Großreparatur muss ernsthaft geplant sein.

69   Zur Beantwortung der Frage nach der Bedeutung der Großreparatur für die Finanzlage ist auf den Wert der künftigen Arbeiten abzustellen. Wird ein **Dritter** mit der Durchführung beauftragt, liegt regelmäßig ein Vertrag oder ein Kostenvoranschlag vor, der als Grundlage für entsprechende Bewertungen dient. Sollen die Arbeiten hingegen von der Gesellschaft selbst durchgeführt werden, sind die Kosten im Rahmen einer Kalkulation zu ermitteln.

70   **dd) Verpflichtungen aus schwebenden Verträgen.** Hierunter fallen langfristige Abnahmeverpflichtungen für Gegenstände des Umlaufvermögens (zB Rohstoffe),[140] derivative Finanzinstrumente und Rückkaufverpflichtungen sowie Warentermingeschäfte.[141] Für derivative Finanzinstrumente ist seit dem BilMoG die Angabepflicht nach Nr. 19 zu beachten (→ Rn. 294 ff.). Der Verkauf von Forderungen mit fest vereinbarter Rückkaufverpflichtung kann ebenso wie Pensionsgeschäfte die Angabepflicht auslösen. Unwiderrufliche Darlehenszusagen sind solange anzugeben, wie sie noch nicht erfüllt sind. Finanzielle Verpflichtungen aus Optionsverträgen sind angabepflichtig, da es sich um ein bedingtes Rechtsgeschäft handelt, das zu einem Zahlungsabfluss führen kann. Die eigene Leistung der Gesellschaft muss dabei in Geld bestehen.[142] Devisentermingeschäfte fallen nicht in den Anwendungsbereich der Nr. 3a, da insoweit Rückstellungen zu bilden sind.[143]

71   **ee) Gesellschaftsrechtliche Verpflichtungen.** Finanzielle **Verpflichtungen auf gesellschaftsrechtlicher Grundlage** können sich bei nicht vollständig eingezahlten Aktien, Geschäftsanteilen oder Genossenschaftsanteilen ergeben.[144] Angabepflichtig sind zudem Verpflichtungen zur Leistung noch ausstehender Einlagen auf Aktien (**§§ 54, 65 AktG**) und GmbH-Anteile (**§§ 19, 21 GmbHG**), soweit diese Verpflichtungen nicht bilanziert sind.[145] Bei Anteilen einer GmbH ist ferner zu beachten, dass der Zeichner nicht nur

---

[138]   Vgl. jetzt auch ausdrücklich Begr. RegE BilMoG, BT-Drs. 16/10067, 69.
[139]   BeBiKo/Grottel Rn. 135; vgl. auch Beck HdR/Andrejewski B 40 Rn. 228.
[140]   ADS Rn. 46; BeBiKo/Grottel Rn. 145.
[141]   GK-HGB/Lezius Rn. 11; EBJS/Böcking/Gros/Wirth Rn. 5; Wiedmann/Böcking/Gros Rn. 5.
[142]   ADS Rn. 47; v. Treuberg/Scharpf DB 1991, 661 (668).
[143]   ADS Rn. 47; BeBiKo/Grottel Rn. 145; diff. HdR/Oser/Holzwarth §§ 284–288 Rn. 165.
[144]   Begr. RegE BilMoG, BT-Drs. 16/10067, 69.
[145]   HdR/Oser/Holzwarth §§ 284–288 Rn. 173.

für die Volleinzahlung der eigenen Stammeinlage, sondern auch für die anderen, von ihm nicht übernommenen und nicht voll eingezahlten GmbH-Anteile im Sinne einer Kollektivhaftung einzustehen hat (§ 24 GmbHG). Ferner sind bestehende Nachschusspflichten gem. den §§ 26–28 GmbHG zu beachten.

Die besondere Haftung aus Genossenschaftsanteilen nach **§ 7 Nr. 1 GenG, § 73 Abs. 2** **72** **GenG, §§ 119–121 GenG** kann nur dann unberücksichtigt bleiben, wenn es sich um unbedeutende Beträge handelt. Von der Angabepflicht werden zudem die Nachschusspflichten gem. §§ 15a, 22a GenG erfasst. Die Angabepflicht nach Nr. 3a gilt auch bei **Kommanditbeteiligungen** der Gesellschaft, wenn die Einlage nicht voll geleistet ist (§§ 171, 172 Abs. 4, § 174).

Unternehmensverträge, die eine **Verlustübernahme** begründen (§ 264 Abs. 3 Nr. 2), **73** können finanzielle Verpflichtungen begründen, wenn die Inanspruchnahme wegen zu erwartender künftiger Verluste wahrscheinlich ist und die Voraussetzungen für die Bildung von Rückstellungen noch nicht vorliegen.[146] Die Angabepflicht besteht trotz des veränderten Wortlauts von § 264 Abs. 3 Nr. 2 auch nach dem BilRUG.[147] Eine Verlustübernahmepflicht im Sinne einer finanziellen Verpflichtung kann sich auch aus §§ 302, 303 AktG ergeben.[148]

Gesellschaftsrechtliche Nachschusspflichten können aufgrund des § 26 GmbHG bei der **74** GmbH und nach § 15a GenG, § 73 Abs. 2 sowie Abs. 6 Nr. 3 GenG, §§ 119–121 GenG bei der Genossenschaft bestehen.

b) Verpflichtungen aus öffentlich-rechtlichen Vorgaben. Verpflichtungen aus **75** öffentlich-rechtlichen Rechtsverhältnissen sind zu berücksichtigen, sofern sie nicht in der Bilanz enthalten und nicht nach § 251 oder § 285 Nr. 3 in den Anhang aufzunehmen sind.[149]

aa) Umweltschutzmaßnahmen. Mit dem Begriff der **Umweltschutzmaßnahme 76** werden alle Tätigkeiten erfasst, die mit der Verhinderung und der Beseitigung von umweltbelastenden Aktivitäten oder Zuständen einhergehen. Dazu muss eine bestehende oder zukünftige öffentlich-rechtliche Verpflichtung die jeweilige Maßnahme erforderlich machen. Diese Einschränkung hat zur Folge, dass freiwillig durchgeführte Umweltschutzmaßnahmen nicht erfasst werden, da bei ihnen keine Verpflichtung vorliegt. Wenn jedoch für diese freiwilligen Maßnahmen Aufträge vergeben worden sind, ist eine Verpflichtung aus einem schwebenden Vertrag entstanden. Bei entsprechender Bedeutung für die Beurteilung der Finanzlage ist sie in den Gesamtbetrag der finanziellen Verpflichtungen aufzunehmen. Wenn sich aus der Produktionsplanung für künftige Perioden ergibt, dass die zugeteilten **Emissionsberechtigungen** nach dem TEHG voraussichtlich nicht ausreichen werden, ist die Unterdeckung als sonstige finanzielle Verpflichtung zu erfassen. Eine Verpflichtung zur Rückstellungsbildung entsteht erst durch die Emission.

bb) Verpflichtungen aufgrund öffentlich-rechtlicher Vorgaben. Nr. 3a erfasst **77** auch **gesetzliche Verpflichtungen,** aufgrund derer das Unternehmen zukünftig bestimmte Maßnahmen zu ergreifen hat. Damit sind nicht nur Umweltschutzmaßnahmen gemeint. Vielmehr werden alle Aufwendungen erfasst, die anfallen, weil öffentlich-rechtlichen Schutzvorschriften entsprochen werden muss. Es kommt somit darauf an, ob gesetzliche Vorgaben bestehen, nach denen die Gesellschaft verpflichtet ist, zukünftig bestimmte Maßnahmen zu ergreifen.[150] Solche öffentlich-rechtlichen Verpflichtungen sind in den Gesamtbetrag aufzunehmen, wenn sie von Bedeutung sind und weder in der Bilanz noch im Anhang genannt werden.

---

[146] ADS Rn. 48.
[147] Vgl. Begr. RegE BilRUG, BT-Drs. 18/4050, 58.
[148] BeBiKo/Grottel Rn. 146.
[149] Begr. RegE BilMoG, BT-Drs. 16/10067, 69.
[150] ADS Rn. 53.

78   **c) Verpflichtungen zu künftigen Aufwendungen.** Wird bis zum Bilanzstichtag festgestellt, dass in der Vergangenheit Aufwendungen unterlassen wurden, mit denen in der Zukunft aber zu rechnen ist, weil ansonsten der Geschäftsbetrieb eingeschränkt werden müsste, liegt eine finanzielle Verpflichtung vor, die in den Gesamtbetrag aufzunehmen ist.[151] Voraussetzung dafür ist jedoch, dass es sich um eine **tatsächliche Verpflichtung der Gesellschaft gegenüber Dritten** handeln wird. Der Ausweis im Anhang unter den sonstigen finanziellen Verpflichtungen ist nur dann geboten, wenn nicht schon eine Aufwandsrückstellung nach § 249 gebildet wurde. Die Ermittlung des Betrags erfolgt anhand vernünftiger kaufmännischer Beurteilung unter Einbeziehung aller Kosten und zukünftigen Aufwendungen.

79   **d) Verpflichtungen zu Sachleistungen.** Nach dem Wortlaut von Nr. 3a sind ausschließlich finanzielle Verpflichtungen erfasst; Verpflichtungen zur Sachleistung gehören nicht zu den angabepflichtigen Verpflichtungen. Daher sind auch Sachwertschulden etwa auf der Grundlage von Tauschgeschäften oder Schenkungen von Nr. 3a ausgenommen.[152] Denkbar ist allerdings, dass sie als außerbilanzielle Geschäfte iSv Nr. 3 anzugeben sind, wenn dies für die Beurteilung der Finanzlage notwendig ist. Resultieren eine Kaufpreis- und eine Abnahmeverpflichtung aus einer verkauften **Verkaufsoption,** handelt es sich um eine sonstige finanzielle Verpflichtung gem. Nr. 3a. Der Verkauf einer **Kaufoption** hingegen stellt keine finanzielle Verpflichtung, sondern eine Liefer- und Leistungspflicht dar. Die Angabepflicht nach Nr. 3a ist nur zu beachten, wenn die Gesellschaft sich verpflichtet, einen Gegenstand zu liefern, den sie selbst erst noch beschaffen muss. Keine Angabepflicht besteht wiederum bei einem **gedeckten Stillhaltergeschäft,** wenn also die Gesellschaft das Geschäft aus dem vorhandenen Aktienbestand bedienen kann.[153]

80   **e) Sonstige Haftungsverhältnisse.** Unter die Angabepflicht nach Nr. 3a können auch sonstige Haftungsverhältnisse fallen, die nicht von den Vermerkposten des § 251 erfasst werden.[154] Hierbei handelt es sich um einen **Auffangtatbestand.** Der Vermerk unter den anderen Posten des § 251 geht vor. Zu den sonstigen Haftungsverhältnissen gehören eigene und fremde Verbindlichkeiten. Sie müssen bezifferbar sein. Bei der Behandlung von Haftungsverpflichtungen ist eine feste Rangordnung zu beachten, die sich an dem Grad der Wahrscheinlichkeit der Inanspruchnahme orientiert. Bei sicherer oder wahrscheinlicher Leistungspflicht besteht eine Pflicht zur Passivierung. Bei einer möglichen oder nur eventuellen Belastung, mit deren Eintritt der Bilanzierende jedoch nicht rechnet, muss ein Vermerk nach § 251 aufgenommen werden. Über folgende Haftungsverhältnisse ist im Anhang zu berichten, wenn sie weder zu passivieren noch zu vermerken sind.[155]

81   **aa) Sonstige Haftungsverhältnisse für eigene Verbindlichkeiten.** Zu den **Haftungsverhältnissen für eigene Verbindlichkeiten** zählen die Einzahlungsverpflichtungen, die Nachschusspflichten und die Vertragsstrafen. Einzahlungsverpflichtungen sind Verpflichtungen zur Leistung noch ausstehender Einlagen auf Aktien (§§ 54, 66 AktG), Geschäftsanteile an einer GmbH (§§ 19, 21 GmbHG), Genossenschaftsanteile (§ 7 Nr. 1 GenG), Kommanditeinlagen (§§ 171, 172 Abs. 4, § 174), die im Eigentum der Gesellschaft stehen, und ähnliche Verpflichtungen nach ausländischem Recht. Nachschusspflichten können aufgrund des § 26 GmbHG bei der GmbH und nach § 15a GenG, § 73 Abs. 2 GenG, § 6 Nr. 3 GenG, §§ 119–121 GenG bei der Genossenschaft bestehen.

82   Zu den sonstigen Haftungsverhältnissen für eigene Verbindlichkeiten gehören ferner vertraglich übernommene **Vertragsstrafen,** soweit nicht wegen drohender Inanspruch-

---

[151]   BeBiKo/Grottel Rn. 148; Hopt/Merkt Rn. 4.
[152]   ADS Rn. 49; BeBiKo/Grottel Rn. 95.
[153]   ADS Rn. 49; HdR/Oser/Holzwarth §§ 284–288 Rn. 162; v. Treuberg/Scharpf DB 1991, 661 (668).
[154]   ADS Rn. 65 ff.; Hoffmann BB 1986, 1050 (1052 f.); HdJ/Kupsch Abt. IV/4 Rn. 203, 208; Beck HdR/
        Wiehn B 250 Rn. 1; Selchert DB 1987, 545 (546 ff.).
[155]   Beck HdR/Andrejewski B 40 Rn. 223.

nahme eine Rückstellung gebildet ist.[156] Eine Vertragsstrafenvereinbarung hat in der Regel zwei Funktionen: Zunächst wirkt sie präventiv, da sie darauf abzielt, den Schuldner zur Erfüllung seiner Verbindlichkeiten anzuhalten. So verstanden ist sie ein Druckmittel zur Erfüllung der geschuldeten Leistung. Gleichzeitig soll sie dem Gläubiger die Ausübung von Schadensersatzansprüchen erleichtern, indem sie ihm den Schadensbeweis erspart. Durch diese doppelte Zwecksetzung unterscheidet sie sich von der Vereinbarung einer Schadenspauschale. Die Angabepflicht besteht, wenn die Vertragsstrafe ein zusätzliches Risiko bedeutet, weil sie in ihrer Höhe erheblich über den möglichen Schadensersatz hinausgeht oder Schadensersatz zusätzlich zur Erfüllung verlangt ist.

Von der Angabepflicht nach Nr. 3a werden die betriebs- und **branchenüblichen Ver-** **83** **pflichtungen** häufig ausgenommen, etwa laufende Verpflichtungen zu Lohn- und Gehaltszahlungen, zur Zahlung von Mieten und Pachten, zum laufenden Bezug von Material, Energie, und zur Durchführung von Instandhaltungen.[157] Die an anderer Stelle geäußerten Bedenken gegen eine solche Einschränkung durch das Kriterium der Branchenüblichkeit (→ Rn. 19) gelten auch hier. Zwar beschränkt Nr. 3a – anders als Nr. 1 – die Angabepflicht auf die Fälle, in denen die Angabe für die Beurteilung der Finanzlage von Bedeutung ist. Auf die Liquidität und Fähigkeit zur Erfüllung von Verbindlichkeiten wirken sich aber nicht nur branchenunübliche Verpflichtungen aus. Auch betriebs- oder branchenübliche Verpflichtungen können die Finanzlage eines Unternehmens erheblich belasten. Es ist daher eine Frage des konkreten Einzelfalls, ob betriebs- oder branchenübliche Verpflichtungen angabepflichtig sind.

Keine Angabepflicht besteht, wenn die Gesellschaft die **rechtliche Freiheit** besitzt, **84** das Gebot oder das Verbot zu missachten.[158] Nicht anzugeben sind daher alle Vertragsstrafen, die bei der Verletzung von Vereinbarungen vorgesehen sind, die gegen kartellrechtliche oder sonstige wettbewerbsrechtliche Vorschriften verstoßen und daher unwirksam sind. Wird der Anspruch auf Vertragsstrafe in einem gerichtlichen Verfahren rechtskräftig festgestellt oder wird der Anspruch von der Gesellschaft nicht bestritten, ist die Vertragsstrafe als Verbindlichkeit zu passivieren. Wird der Anspruch bestritten, ist eine Rückstellung zu bilden. Nur wenn ein Gerichtsverfahren nicht eingeleitet worden ist oder der Anspruch noch gar nicht geltend gemacht wurde, besteht eine Angabepflicht nach Nr. 3a.

Wird von der Gesellschaft die treuhänderische Verwaltung von Vermögensgegenständen **85** oder Sicherheiten übernommen, kann sich aus der **Treuhandschaft** eine finanzielle Leistungspflicht ergeben. Die Angabepflicht nach Nr. 3a erstreckt sich dann auch auf diesen Punkt. Der anzugebende Betrag richtet sich nach dem Umfang der Treuhandschaft.[159]

bb) Sonstige Haftungsverhältnisse für fremde Verbindlichkeiten. Verpflichtun- **86** gen, die aus der **Haftung für fremde Verbindlichkeiten** entstehen, können ebenfalls nach Nr. 3a angabepflichtig sein, wenn das Haftungsverhältnis nicht bereits in der Bilanz zu berücksichtigen ist. Beispiele hierfür sind die Haftung des Gesellschafters einer GmbH für die Einzahlung auf die Stammeinlage eines Mitgesellschafters gem. § 24 GmbHG oder die Nachhaftung eines unbeschränkt haftenden Gesellschafters einer Personenhandelsgesellschaft gem. § 160. Für die gesamtschuldnerische Haftung des unbeschränkt haftenden Gesellschafters einer Personenhandelsgesellschaft (§§ 128, 171) oder des Gesellschafters einer GbR (§§ 714, 421 BGB) gilt indes Nr. 11a vorrangig (→ Rn. 224 ff.). Im Falle einer eingegliederten Gesellschaft kann die Haftung der Hauptgesellschaft für die Verbindlichkeiten der eingegliederten Gesellschaft nach § 322 AktG ebenfalls eine Angabepflicht auslösen.

Unter die Haftung für fremde Verbindlichkeiten fällt ferner die Haftung bei der Fort- **87** führung der Firma nach § 25 und die Delkrederehaftung des Kommissionärs nach § 394. In dieser Fallgruppe sind schließlich die gesetzlichen Gesamtschuldverhältnisse zu erfassen,

---

[156] ADS Rn. 66; BeBiKo/Grottel Rn. 155.
[157] ADS Rn. 69; BeBiKo/Grottel Rn. 100; Selchert DB 1987, 545 (547).
[158] ADS Rn. 68; BeBiKo/Grottel Rn. 155; HdR/Oser/Holzwarth §§ 284–288 Rn. 172.
[159] ADS Rn. 71; aA Beck HdR/Kreutziger B 775 Rn. 45, da die Treuhandverbindlichkeit in der Bilanz als Passivposten auszuweisen sei.

wenn sie nicht zu passivieren sind und wirtschaftlich lediglich den Charakter einer Sicherheit besitzen.

88   **cc) Bedingte Verbindlichkeiten. Aufschiebend bedingte Verbindlichkeiten** sind nicht zu passivieren. Eine Angabe im Anhang ist erforderlich, da es sich bei den bedingten Verbindlichkeiten um einen Unterfall der Haftungsverhältnisse handelt.[160]

VI. Aufgliederung der Umsatzerlöse nach Tätigkeitsbereichen sowie nach geographisch bestimmten Märkten (Nr. 4)

89   **1. Allgemeines.** Gemäß den Vorgaben von Nr. 4 müssen die Umsatzerlöse nach Tätigkeitsbereichen und geographisch bestimmten Märkten aufgegliedert werden, soweit sie sich erheblich voneinander unterscheiden. Diese Bestimmung setzt **Art. 18 Abs. 1 lit. a Bilanz-RL und Art. 2 Nr. 5 Bilanz-RL** in deutsches Recht um.[161] Die Verpflichtung bezieht sich auf die in der GuV ausgewiesenen Nettoumsatzerlöse (§ 275 Abs. 2 Nr. 1 bzw. Abs. 3 Nr. 1 iVm § 277 Abs. 1). Die Angabe stellt daher eine Jahresabschlusserläuterung dar. Die Angabepflicht gilt für **große Kapitalgesellschaften** und Personenhandelsgesellschaften iSd § 264a; eine freiwillige Angabe im Anhang ist aber bei allen Kapitalgesellschaften und Personenhandelsgesellschaften iSd § 264a zulässig. **Kleine** (§ 267 Abs. 1) und **mittelgroße** (§ 267 Abs. 2) **Kapitalgesellschaften** und Personenhandelsgesellschaften iSd § 264a sind von der Angabepflicht befreit (§ 288 Abs. 1 bzw. Abs. 2 S. 1). Aktiengesellschaften müssen zudem nach § 131 Abs. 1 S. 1 AktG die Aufgliederung auf Verlangen eines Aktionärs in der Hauptversammlung vorlegen.[162] Andere als die in § 264a genannten Personenhandelsgesellschaften sowie Einzelkaufleute müssen die nach § 5 Abs. 5 S. 3 PublG angegebenen Umsatzerlöse nicht nach § 285 Nr. 4 aufgliedern.[163]

90   Die **Aufgliederung** (zum Begriff → § 284 Rn. 17) kann entweder durch Angabe der absoluten Teile der Umsatzzahlen oder aber durch Angabe der relativen Anteile (Prozentsätze) am Gesamtumsatz erfolgen.[164] Auch eine graphische **Darstellung** ist möglich.[165] Andere Aufgliederungen, zB nach Kundengruppen, verbundenen Unternehmen oder Beteiligungsgesellschaften, sind im Anhang als freiwillige Angaben neben den vorgeschriebenen Angaben nach Nr. 4 zulässig. Bei der Form der Darstellung und bei den Aufgliederungskriterien muss der Grundsatz der Stetigkeit beachtet werden. Eine Abweichung ist daher zu begründen (§ 265 Abs. 1 S. 2). Gemäß den Bestimmungen des § 286 Abs. 2 kann unter bestimmten Voraussetzungen die Aufgliederung der Umsatzerlöse nach Tätigkeitsbereichen und geographisch bestimmten Teilmärkten unterbleiben (→ § 286 Rn. 25 ff.).

91   Die Angabepflicht nach Nr. 4 vermittelt einen zusätzlichen **Einblick in die Ertragslage** der jeweiligen Gesellschaft, indem sie Hinweise auf mögliche Ergebnisrisiken liefert, die in der Umsatzstruktur begründet sind.[166]

92   **2. Umsatzerlöse.** Der Posten Umsatzerlöse wird durch den Gesetzgeber in § 277 Abs. 1 definiert, wobei der **Umsatzbegriff** im Handelsrecht nach der Änderung durch das **BilRUG** dem des Umsatzsteuerrechts weitgehend angenähert wurde.[167] So gehören zu den Umsatzerlösen im Handelsrecht sämtliche Erlöse aus dem Verkauf und der Vermietung und Verpachtung von Produkten sowie aus der Erbringung von Dienstleistungen. Die Beschränkung auf solche Lieferungen und Leistungen, die für die gewöhnliche Geschäftstätigkeit typisch sind, wurde mit dem BilRUG aufgehoben.[168]

---

[160] BeBiKo/Grottel Rn. 159.
[161] Begr. RegE BilRuG, BT-Drs. 18/4050, 65.
[162] Koch AktG § 131 Rn. 20; BeBiKo/Grottel Rn. 170 ff.; MüKoAktG/Kubis AktG § 131 Rn. 120.
[163] BeBiKo/Grottel Rn. 171; WP-HdB Bd. I F Rn. 1530.
[164] Forster DB 1982, 1631 ff.; Winnefeld Bilanz-HdB J X Rn. 203.
[165] HdR/Oser/Holzwarth §§ 284–288 Rn. 190; GK-HGB/Lezius Rn. 15.
[166] Selchert BB 1986, 560 (561); Zimmermann DStR 1998, 1974.
[167] BeBiKo/Justenhoven/Kliem/Müller § 275 Rn. 48.
[168] Rimmelspacher/Meyer DB-Beil. Heft 5/2015, 23 (31).

3. Aufgliederung. Die Angaben nach Nr. 4 haben durch Aufgliederung zu erfolgen. 93
Dadurch sollen **Informationen** über die Tätigkeitsbereiche der Gesellschaft in **sachlicher**
und in **geographischer Hinsicht** vermittelt werden, um einen Einblick in die Ertragslage
zu ermöglichen. Dem Leser sollen mögliche Risikofaktoren aus dem Absatzbereich aufgezeigt werden.[169] Zu diesem Zweck sind die Umsatzerlöse in vorgegebene Bestandteile zu
zerlegen, die als Grundlage zur Informationsgewinnung heranzuziehen sind.

Die Beachtung des **Stetigkeitsgrundsatzes** gebietet es, dass die nach sachlichen Krite- 94
rien erfolgte Aufgliederung der Umsatzerlöse in den folgenden Perioden nicht ohne Grund
geändert werden darf.[170] Die Angabe nach Nr. 4 kann ihre Aufgabe der Informationsvermittlung nur erfüllen, wenn die Angaben vergleichbar sind und so aus einer möglichen
Abweichung der angegebenen Zahlen von denen des Vorjahres Folgerungen gezogen werden können. Eine Abweichung ist zu begründen (§ 265 Abs. 1 S. 2).

Der Begriff der Umsatzerlöse in Nr. 4 orientiert sich an dem in der GuV (**§ 275 Abs. 2** 95
Nr. 1, Abs. 3 Nr. 1, § 277 Abs. 1) verwendeten Begriff. Die Summe der sich bei der
Aufgliederung ergebenden Teilbeträge muss dem in der GuV ausgewiesenen Betrag entspre-
chen.

Voraussetzung für die Berichterstattungspflicht sind **erhebliche Unterschiede** zwi- 96
schen den Tätigkeitsbereichen und zwischen den Märkten. Nach dem Sinn und Zweck
der Vorschrift müssen sich die Unterschiede auf die Risiken der Bereiche und Märkte
beziehen und von erheblichem Gewicht für die Unternehmensführung sein.[171]

a) Aufgliederung nach Tätigkeitsbereichen. Unter **Tätigkeitsbereichen** versteht 97
man sich deutlich voneinander abhebende Organisationseinheiten. Eine herausragende
Bedeutung für die zusätzliche Berichterstattung weisen die Tätigkeitsbereiche auf, die für
heterogene Produkte bzw. Produktgruppen in diversifizierten Unternehmen gebildet werden (sog. **Segmente**). Als mögliche **Abgrenzungskriterien** können angesehen werden:
die Art des Produkts, die Art des Herstellungsprozesses, der Produktionsstandort, volkswirtschaftliche Abgrenzungen, betriebsorganisatorische Aufgliederungen. Die Aufgliederung
nach Tätigkeitsbereichen kann zB organisatorisch nach Betriebsabteilungen, sachlich nach
Produkten oder Fertigungsverfahren, nach dem Verwendungszweck oder aber örtlich nach
Standorten vorgenommen werden.[172] Nach dem Gesetzeswortlaut ist bei den Unterscheidungskriterien insbesondere auf die Organisation des Verkaufs, der Vermietung oder Verpachtung und der Erbringung von Dienstleistungen und damit vor allem auf betriebsorganisatorische Merkmale, wie Absatzmärkte oder Produktorientierung, abzustellen.[173] Bei
größeren Unternehmen kann eine Aufgliederung nach Unternehmensbereichen zweckmäßig sein.

Die Angabepflicht besteht nur bei erheblichen Unterschieden innerhalb der Tätigkeits- 98
bereiche, etwa wegen unterschiedlicher Produkte oder unterschiedlicher Abnehmer-
kreise.[174] Keine **erheblichen Unterschiede** liegen beispielsweise vor, wenn es sich um
verwandte Produktgruppen handelt, die sich nur in Größe oder Art der Ausführung unterscheiden. Hierbei kommt es auf die Sicht der Gesellschaft unter Berücksichtigung objektiver
Kriterien an. Da lediglich geringfügige Unterschiede keine Angabepflicht auslösen, ist bei
einem annähernd gleichen Gegenstand der unterschiedlichen Tätigkeiten nichts anzugeben.
Zur Ermittlung der Erheblichkeit kommen Kriterien wie Produktart, Unternehmensbereich oder Abnehmerkreis in Betracht.

b) Aufgliederung nach geographisch bestimmten Märkten. Mit der Aufgliede- 99
rung nach geographisch bestimmten Märkten soll eine Differenzierung anhand der örtlich

---

[169] ADS Rn. 84; HdJ/Kupsch Abt. IV/4 Rn. 161; BeckOGK/Kessler Rn. 68.
[170] ADS Rn. 85; BeBiKo/Grottel Rn. 172; BeckOGK/Kessler Rn. 72.
[171] Selchert BB 1986, 560 (562).
[172] Baumann FS Goerdeler, 1987, 1 (21); Staub/Meyer Rn. 37–40; Heymann/Herrmann Rn. 14; HdJ/
Kupsch Abt. IV/4 Rn. 163; Winnefeld Bilanz-HdB J X Rn. 200 f.
[173] ADS Rn. 87 und 89; HdR/Oser/Holzwarth §§ 284–288 Rn. 185.
[174] HdR/Oser/Holzwarth §§ 284–288 Rn. 188; BeBiKo/Grottel Rn. 177.

unterschiedlichen Absatzgebiete erreicht werden. Auf diese Weise soll der Leser mögliche Absatzrisiken besser abschätzen können. Als ein **geographisch bestimmter Markt** können Ländergruppen, wie etwa ein Subkontinent, ein einzelnes Land, ein Gemeindeverband oder nur eine einzelne Gemeinde angesehen werden.[175] Der Gesetzeswortlaut geht davon aus, dass der Markt geographisch abgegrenzt werden soll. Hierzu gehören aber auch Kriterien aus dem politisch-staatlichen Bereich, weshalb als Markt iSv Nr. 4 auch die EU oder der EWR gemeint sein kann. Überwiegend wird ferner die Aufteilung nach Vertriebsgebieten zugelassen.[176] Bei der Aufgliederung kommt es entscheidend darauf an, dass eine zutreffende Bewertung der Umsatzerlöse in ihrer Beziehung zu den für das betroffene Unternehmen relevanten Märkten möglich gemacht wird.

100   Voraussetzung für die Angabepflicht ist, dass sich die **Märkte erheblich voneinander unterscheiden.**[177] Dies ist regelmäßig zwischen Inland und Ausland der Fall. Wenn der Auslandsumsatz gegenüber dem Inlandsumsatz nur eine geringe Bedeutung besitzt, kann diese Aufgliederung bereits ausreichen.[178] Ansonsten muss eine weitere Untergliederung nach Ländern oder Ländergruppen erfolgen.[179] Regelmäßig wird die Bundesrepublik Deutschland als einheitlicher geographischer Markt anzusehen sein. Eine Angabe von regionalen Umsätzen wird von Nr. 4 nicht generell verlangt.[180]

Werden ausschließlich Inlandsumsätze getätigt, kann der Hinweis, dass kein Auslandsgeschäft besteht, der Angabepflicht nach Nr. 4 genügen.

101   **c) Erhebliche Unterschiede.** Nach dem Wortlaut der Nr. 4 ist bei der Aufgliederung der Umsatzerlöse nach Tätigkeitsgebieten oder geographisch bestimmten Märkten aufgrund erheblicher Unterschiede die **Organisation des Verkaufs, der Vermietung oder Verpachtung** zu berücksichtigen. Der Gesetzgeber geht davon aus, dass unterschiedliche Tätigkeitsbereiche der Gesellschaft oder unterschiedliche geographische Absatzgebiete in der Organisation ihren Niederschlag finden. Anders ausgedrückt wird unterstellt, dass die Organisation des Verkaufs, der Vermietung oder Verpachtung so gestaltet ist, dass sie den Anforderungen des Marktes entspricht. Ändern sich die Anforderungen des Marktes, wird sich auch die Organisation umstellen.[181] Die Art der Organisationsgliederung kann daher ein wichtiges Indiz für die sachgerechte Aufgliederung der Umsatzerlöse sein. Hieraus folgt, dass die Pflicht zur Aufgliederung regelmäßig für diejenigen Bereiche entfallen kann, für die eine einheitliche Verkaufs-, Vermietungs- oder Verpachtungsorganisation besteht.[182] Allerdings muss die Angabe nach sachgerechten Gesichtspunkten und Erwägungen erfolgen. Sie muss dazu dienen, ein den tatsächlichen Verhältnissen der Gesellschaft entsprechendes Bild der Vermögens-, Finanz- und Ertragslage zu vermitteln.

102   **4. Art der Darstellung.** Da der Gesetzgeber zur Art der Darstellung keine konkreten Vorgaben gemacht hat, steht sie grds. im Ermessen der Gesellschaft.[183] Art und Form der Aufgliederung sind an dem **Zweck** auszurichten, einen Einblick in die Ertragslage zu verschaffen. Zur Darstellung der Umsatzsegmente sind absolute oder relative Zahlenangaben erforderlich. Eine Erläuterung durch zusätzliche **Mengenangaben** ist nicht notwendig. Die Teilbeträge, die auf die einzelnen Umsatzgruppen entfallen, können auch **graphisch** dargestellt werden. Eine **verbale** Beschreibung wird regelmäßig ebenso wenig ausreichend

---

175   Hopt/Merkt Rn. 4; Heymann/Herrmann Rn. 14; EBJS/Böcking/Gros/Wirth Rn. 7; Wiedmann/Böcking/Gros Rn. 7.
176   BeBiKo/Grottel Rn. 185; ferner → Rn. 99.
177   ADS Rn. 92; BeBiKo/Grottel Rn. 186; BeckOGK/Kessler Rn. 70; GK-HGB/Lezius Rn. 17; aA Niethammer WPg 1986, 436 f.
178   Baumann FS Goedeler, 1987, 1 (21); HdJ/Kupsch Abt. IV/4 Rn. 194; aA ADS Rn. 92.
179   Vgl. die Bsp. bei BeBiKo/Grottel Rn. 186.
180   ADS Rn. 92; BeBiKo/Grottel Rn. 187; HdJ/Kupsch IV/4 Rn. 163. Einschr. HdR/Oser/Holzwarth §§ 284–288 Rn. 189.
181   ADS Rn. 93; Forster DB 1982, 1631 ff.; Selchert BB 1986, 560 (562).
182   BeBiKo/Grottel Rn. 178.
183   Zur Aufgliederung in der Praxis vgl. Ossadnik BB 1993, 1763 (1764 f.); Reige BB 1989, 1648 (1654 ff.).

sein wie eine bloße Mengenangabe, da die Umsatzerlöse aufgegliedert werden müssen.[184] Eine Verbindung der nach Tätigkeitsbereichen und nach Märkten aufgegliederten Umsatzerlöse ist nicht zwingend vorgeschrieben, aber grds. möglich.[185]

Bei der weiteren Untergliederung der Umsatzerlöse ist der Grundsatz der **„materia-** 103 **lity"** zu beachten, wie der Wortlaut von Nr. 4 durch den Hinweis auf „erhebliche" Unterschiede verdeutlicht. Es ist stets zu prüfen, ob der Zweck der Angabe, Informationen und Beurteilungsgrundlagen zu vermitteln, noch erreicht werden kann.[186] Betragsmäßig geringe und unbedeutende Umsatzsparten dürfen daher zusammengefasst angegeben werden.[187] Für die Gliederungskriterien ist schließlich das Gebot der **Stetigkeit** zu beachten, weshalb Änderungen nur beim Vorliegen sachlich gerechtfertigter Gründe vorzunehmen sind.[188]

VII. Beeinflussung des Jahresergebnisses und erheblicher künftiger Belastungen durch Anwendung steuerrechtlicher Vorschriften (Nr. 5)

§ 285 Nr. 5 wurde durch das MoMiG vom 25.5.2009 (BGBl. 2009 I 1102) aufgehoben. 104

VIII. Ergebnisbelastung durch Ertragsteuern (Nr. 6)

§ 285 Nr. 6 wurde durch das BilRUG vom 17.7.2015 (BGBl. 2015 I 1248) aufgehoben. 105

IX. Durchschnittliche Zahl der Arbeitnehmer (Nr. 7)

1. Einführung. a) Bedeutung. Ziel der Angabepflicht nach Nr. 7 ist es, den Angaben 106 über die Personalaufwendungen stärkere Aussagekraft zu verleihen, indem ein globaler **Einblick in die** bestehende **Personalstruktur** sichergestellt wird.[189] Die Beurteilung der Personalaufwendungen, insbesondere des Anteils der Sozialkosten, wird so erleichtert. Durch die Angabe der Zahl der Arbeitnehmer wird zugleich die Beurteilung der Gesellschaft in ihrer Funktion als Arbeitgeber verdeutlicht.[190] Bei der Auslegung der Angabepflicht nach Nr. 7 ist die enge Verbindung zu § 267 zu beachten. § 267 bezweckt die Einordnung der Kapitalgesellschaften in Klassen nach ihrer wirtschaftlichen und sozialen Bedeutung. Die Zahl der Arbeitnehmer wird dabei als eines von mehreren wichtigen Kriterien angesehen.

Eine Angabe von **Vorjahreszahlen** wird vom Gesetz nicht verlangt. § 267 Abs. 2 107 fordert nur für die Bilanz und die GuV die Angabe der Vorjahreszahlen, nicht jedoch auch für den Anhang.

Die Angabepflicht nach Nr. 7 ist vor dem Hintergrund der Vorgaben des Art. 43 Abs. 1 108 Nr. 9 RL 78/660/EWG (4. EG-Richtlinie) zu sehen, wonach die Angabe der durchschnittlichen Arbeitnehmerzahl im Zusammenhang mit der Angabe der verursachten Personalaufwendungen steht. Der Text der **EG-Richtlinie** geht auf einen Vorschlag des Wirtschafts- und Sozialausschusses des Europäischen Parlaments zurück. Im deutschen Recht ist diese Vorschrift durch zwei Angabepflichten umgesetzt worden: Nr. 7 und Nr. 8 lit. b. Diese Aufteilung wurde gewählt, da Unternehmen, die die GuV nach dem Gesamtkostenverfahren aufstellen, die nach Nr. 8 lit. b geforderten Angaben ohnehin in der GuV auszuweisen haben (§ 275 Abs. 2 Nr. 6). Bei ihnen ist daher nur die Angabe der Mitarbeiterzahl im Anhang notwendig.

b) Adressatenkreis. Nach Nr. 7 sind **große** und **mittelgroße Kapitalgesellschaften** 109 (§ 267 Abs. 2, 3) und Personenhandelsgesellschaften iSd § 264a verpflichtet, die durchschnittliche Zahl der während des Geschäftsjahres bei ihnen beschäftigten Arbeitnehmer

---

[184] Beck HdR/Andrejewski B 40 Rn. 261.
[185] ADS Rn. 96; HdJ/Kupsch Abt. IV/4 Rn. 167; aA Niethammer WPg 1986, 436 f., der eine gesetzliche Verpflichtung annimmt.
[186] Baumann FS Goerdeler, 1987, 1 (21).
[187] Selchert BB 1986, 560 (561 f.); Westphal DB 1981, 1421 (1422).
[188] Staub/Meyer Rn. 43.
[189] HKMS/Haferkorn/Diemers Rn. 56; Beck HdR/Andrejewski B 40 Rn. 255.
[190] HdJ/Kupsch Abt. IV/4 Rn. 214.

getrennt nach Gruppen anzugeben. **Kleine Kapitalgesellschaften** iSv § 267 Abs. 1 und Personenhandelsgesellschaften iSd § 264a müssen gem. § 288 Abs. 1 Nr. 2 die Zahl der Arbeitnehmer nur insgesamt und nicht getrennt nach Gruppen ausweisen (→ § 288 Rn. 11 f.). Sonstige Personenhandelsgesellschaften oder Einzelkaufleute, die nach § 5 Abs. 5 S. 3 **PublG** anstelle ihrer GuV eine Anlage zur Bilanz offenlegen, brauchen die darin anzugebende Zahl der Beschäftigten ebenfalls nicht nach Gruppen aufzuteilen.

110   **2. Die Arbeitnehmereigenschaft.** Der **Begriff** des Arbeitnehmers (→ § 267 Rn. 8) bestimmt sich nach den allgemeinen Grundsätzen des Arbeitsrechts. Dabei spielt die Bezeichnung keine Rolle; entscheidend ist vielmehr der Inhalt des Vertragsverhältnisses. Ob der Vertrag rechtlich wirksam ist, ist unerheblich, wenn er tatsächlich durchgeführt wird.[191] Für eine Arbeitnehmereigenschaft sprechen die Weisungsgebundenheit und die Abhängigkeit. Arbeitnehmer ist danach, wer weisungsgebunden vertraglich geschuldete Leistungen im Rahmen einer von seinem Vertragspartner bestimmten Arbeitsorganisation erbringt. Selbstständig ist hingegen derjenige, der die Chancen auf dem Markt selbstständig und im Wesentlichen weisungsfrei suchen kann.[192] Insoweit enthält § 84 Abs. 1 S. 2 ein typisches Abgrenzungsmerkmal, das über seinen unmittelbaren Anwendungsbereich hinaus eine allgemeine gesetzgeberische Wertung erkennen lässt. Nach der ständigen Rechtsprechung entscheidet die persönliche Freiheit unter Berücksichtigung des Gesamtbildes über die Arbeitnehmereigenschaft.[193]

111   Das Gesetz enthält keine Angaben über den **Kreis der** zu berücksichtigenden **Arbeitnehmer.** Der Gesetzgeber ist aber wohl in Anlehnung an die in § 267 Abs. 5 enthaltene Abgrenzung davon ausgegangen, dass **Auszubildende** nicht einzubeziehen sind.[194] Der Arbeitnehmerbegriff nach Nr. 7 erfasst **leitende Angestellte** ebenso wie **Generalbevollmächtigte** und **Prokuristen.**[195] Auch die in **Heimarbeit** Beschäftigten müssen angegeben werden.

112   **Nicht als Arbeitnehmer galten** bislang hingegen die zum **Wehrdienst** oder zu einer Wehrübung Einberufenen sowie Zivildienstleistende, es sei denn, es handelte sich um eine kurzfristige Abwesenheit.[196] Zwar wird deren Arbeitsverhältnis grds. nicht beendet (§ 1 Abs. 1 ArbPlSchG). Die Zielsetzung dieser Regelung ist aber nicht mit derjenigen von Nr. 7 vergleichbar. Beim ArbPlSchG geht es um den arbeitsrechtlichen Schutz des Arbeitsplatzes. Eine Angabepflicht macht zudem wenig Sinn. Wird der Arbeitsplatz des Wehrdienstleistenden befristet neu besetzt, müssten zwei Arbeitnehmer angegeben werden, obwohl tatsächlich nur einer arbeitet. Gleiches wird wohl auch für freiwillig Wehrdienstleistende iSd § 58b Abs. 1 Soldatengesetz sowie für Freiwillige gem. § 2 Bundesfreiwilligendienstgesetz gelten. Ebenfalls nicht zu den Arbeitnehmern gehören die Mitglieder des zur gesetzlichen Vertretung der Gesellschaft berufenen Organs **(Geschäftsführer, Vorstand)** und die **Liquidatoren.** Bei Personenhandelsgesellschaften zählen die zur **Geschäftsführung** berufenen Personen nicht zu den Arbeitnehmern. Keine Arbeitnehmer sind ferner **freie Mitarbeiter, Beamte** und Beamtenanwärter. Zu den Arbeitnehmern iSv Nr. 7 zählen schließlich ebenso wenig Personen, die der Gesellschaft von anderen Unternehmen im Rahmen der **Arbeitnehmerüberlassung** zeitweise zur Verfügung gestellt wurden.[197]

---

[191]   BAG DB 1963, 933.
[192]   BAG NZA 1998, 705 (706); BAG ZIP 1997, 1714 (1715); BGH ZIP 1998, 2176 (2178).
[193]   BAG BB 2001, 2220; zuletzt NJW 2008, 2872. Ebenso BGH ZIP 1998, 2176 (2178). Ausf. zu dieser Diskussion HGB § 84 Rn. 26 ff.
[194]   Beschlussempfehlung und Bericht des Rechtsausschusses BiRiLiG, BT-Drs. 10/4268, 110. Ebenso ADS Rn. 146; Beck HdR/Andrejewski B 40 Rn. 309; HdR/Oser/Holzwarth §§ 284–288 Rn. 236; BeckOGK/Kessler Rn. 82; HdJ/Kupsch Abt. IV/4 Rn. 214; Winnefeld Bilanz-HdB J XI Rn. 280; HKMS/Haferkorn/Diemers Rn. 57.
[195]   ADS Rn. 147.
[196]   BeBiKo/Winkeljohann/Lawall § 267 Rn. 10 f.; Geitzhaus/Delp BB 1987, 367 (369).
[197]   Beck HdR/Andrejewski B 40 Rn. 309. Sofern überlassene Arbeitnehmer aber eine wichtige Grundlage für die betriebliche Leistung darstellen, sollten ergänzende Angaben gem. 264 Abs. 2 S. 2 gemacht werden, HdR/Oser/Holzwarth §§ 284–288 Rn. 205.

Von der Angabepflicht nach Nr. 7 sind alle an den Stichtagen im In- oder Ausland von 113
der Gesellschaft beschäftigten Personen erfasst. Deren **Staatsangehörigkeit** spielt keine
Rolle (§ 267 Abs. 5). Abzustellen ist stets auf den **Bestand** des Arbeitsverhältnisses. Werden
Personen zu selbstständigen Tochtergesellschaften entsandt, sind sie nur dann zu den Arbeitnehmern zu zählen, wenn die Gesellschaft deren Bezüge weiter zahlt.

3. Durchschnittliche Zahl der Arbeitnehmer. Zur Ermittlung der durchschnittli- 114
chen Zahl der Arbeitnehmer enthält Nr. 7 keine Vorgaben. Der Gesetzgeber hat bewusst
keine selbstständige Ermittlungsmethode schaffen wollen.[198] Aus Gründen der Zweckmäßigkeit und der Einheitlichkeit wird überwiegend auf die in **§ 267 Abs. 5** geregelte Methode
zurückgegriffen. Danach ist der vierte Teil der Summe aus den Arbeitnehmerzahlen jeweils
am 31.3, 30.6, 30.9 und 31.12 als maßgebliche Zahl zugrunde zu legen.[199] Bei stark schwankendem Personalbestand, wie dies etwa bei Saisongeschäften der Fall sein kann, kann sich
durch die auf den Quartalsstichtag bezogene Durchschnittsbildung ein deutlich vom tatsächlichen Jahresdurchschnitt abweichender Personalstand ergeben. In einem solchen Fall sollte
die durchschnittliche Zahl der Arbeitnehmer nach der in **§ 1 Abs. 2 S. 5 PublG** erwähnten
Methode ermittelt werden. Dabei wird der zwölfte Teil der Summe aus den Zahlen der zum
Ende eines jeden Monats des Geschäftsjahres beschäftigten Arbeitnehmer als maßgebliche
Durchschnittszahl zugrunde gelegt.[200]

Ausscheidende Arbeitnehmer sind solange zu berücksichtigen, wie ihr Arbeitsver- 115
hältnis an dem jeweiligen Stichtag noch besteht. Wurde Kurzarbeit eingeführt oder wurde
gestreikt, werden die betroffenen Arbeitnehmer dennoch bei der Durchschnittszahl der
beschäftigten Arbeitnehmer berücksichtigt. Gegebenenfalls sind ergänzende Erläuterungen
erforderlich. Gesetzlich ebenfalls nicht geregelt ist die Frage, wie **Teilzeitbeschäftigte** zu
berücksichtigen sind. Hierzu bieten sich zwei Möglichkeiten an, für die jeweils gute Gründe
sprechen:[201] Die vollständige Berücksichtigung aller Teilzeitbeschäftigten **(rechtliches
Konzept)** zeigt den Umfang der vom Unternehmen wirtschaftlich abhängigen Personen
auf.[202] Eine anteilige Berücksichtigung hingegen, die sich an der Arbeitsleistung orientiert
(wirtschaftliches Konzept), verdeutlicht das Verhältnis von Umsatz- oder Personalkosten
zur Arbeitnehmerzahl. Wegen der Vorgaben des § 267 Abs. 5 ist es letztlich zweckmäßiger,
auf die Gesamtzahl abzustellen. Teilzeitbeschäftigte zählen demnach voll, da es nicht auf
den Umfang der Beschäftigung, sondern auf die Zahl der Beschäftigten ankommt.

Bei einem **Rumpfgeschäftsjahr** ist der Zeitraum von zwölf Monaten rechnerisch 116
aufzufüllen. Dazu müssen so viele Monate des vorangegangenen Geschäftsjahres hinzugezählt werden, wie das Rumpfgeschäftsjahr weniger als ein Kalenderjahr hat.[203] Handelt es
sich um das erste Geschäftsjahr der Gesellschaft, sind nur die Monate des Rumpfgeschäftsjahres zu berücksichtigen.

4. Gruppenbildung. Das Gesetz schreibt weder vor, welche Gruppen zu bilden sind, 117
noch wie die Belegschaft der Gesellschaft zu unterteilen ist. Aus dem Wortlaut kann lediglich
geschlossen werden, dass mehrere Gruppen darzustellen sind. Aufgrund der gesetzgeri-
schen Zurückhaltung ist eine vernünftige kaufmännische Beurteilung gefragt, die sich an
Sinn und Zweck der Norm zu orientieren hat. Daher ist zu fordern, dass wenigstens die
wichtigsten arbeitsrechtlichen Gruppierungen anzugeben sind. Hierzu bietet sich eine
Aufteilung an, die sich am **BetrVG** orientiert. Danach ist zwischen Arbeitnehmern, Angestellten und leitenden Angestellten zu differenzieren. Weitere Unterteilungen, etwa in Meister, Facharbeiter oder Hilfskräfte, oder Differenzierungen nach **Tarifgruppen,** können

---

[198]   Beschlussempfehlung und Bericht des Rechtsausschusses BiRiLiG, BT-Drs. 10/4268, 110.
[199]   BeBiKo/Grottel Rn. 210; EBJS/Böcking/Gros/Wirth Rn. 9; Wiedmann/Böcking/Gros Rn. 9; Winne-
        feld Bilanz-HdB J XI Rn. 280.
[200]   ADS Rn. 145; BeBiKo/Grottel Rn. 210; HdR/Oser/Holzwarth §§ 284–288 Rn. 237.
[201]   Vgl. ADS Rn. 148; Geitzhaus/Delp BB 1987, 367 (369 f.).
[202]   Hierfür Beck HdR/Andrejewski B 40 Rn. 309.
[203]   BeBiKo/Grottel Rn. 211; aA HdR/Oser/Holzwarth §§ 284–288 Rn. 237 aE: Ermittlung des Durch-
        schnitts nur aus der Zahl der am Ende eines jeden Monats tatsächlich Beschäftigten.

ebenso sinnvoll sein wie Zusatzangaben zu den Kurzarbeitern und den Teilzeitbeschäftigten. Die Gruppenbildung kann ergänzend auch **funktional** nach Unternehmensbereichen erfolgen, etwa nach den Bereichen Herstellung, Vertrieb oder Verwaltung.[204] Darüber hinaus ist eine Aufteilung nach räumlichen Aspekten denkbar. Gelegentlich kann zusätzlich eine Unterteilung nach Geschlechtern sinnvoll sein.[205]

118   Die **Summe** der Einzelangaben hat mit der angegebenen Gesamtzahl übereinzustimmen. Bei den gewählten Aufgliederungskriterien muss das Gebot der Stetigkeit beachtet werden.[206]

X. Material- und Personalaufwand beim Umsatzkostenverfahren (Nr. 8)

119   **1. Bedeutung und Anwendungsbereich. a) Bedeutung.** Macht eine Gesellschaft von dem ihr in **§ 275 Abs. 1 S. 1** eingeräumten **Wahlrecht** Gebrauch und stellt ihre GuV nach dem Umsatzkostenverfahren auf (§ 275 Abs. 3), kann der Material- und Personalaufwand nicht abgelesen werden. Er ist daher gem. Nr. 8 im Anhang anzugeben. Hierbei muss diejenige Gliederung eingehalten werden, die für das Gesamtkostenverfahren vorgeschrieben ist (§ 275 Abs. 2 Nr. 5, 6). Mit der Angabepflicht nach Nr. 8 wird die **Vergleichbarkeit** zwischen dem **Gesamtkostenverfahren** und dem **Umsatzkostenverfahren** im Hinblick auf die Aufwandsarten erhöht. Die Angabepflicht nach Nr. 8 lit. b bezüglich des Personalaufwands geht auf Art. 43 Abs. 1 Nr. 9 RL 78/660/EWG (4. EG-Richtlinie) zurück. Die gesonderte Angabe des Materialaufwands gem. Nr. 8 lit. a hingegen beruht auf einer autonomen Entscheidung des deutschen Gesetzgebers.[207] Durch die Angabepflicht nach Nr. 8 wird die Aufwandsstruktur der Gesellschaft im Rahmen der Darstellung der Ertragslage näher erläutert.

120   **b) Anwendungsbereich.** Die Angabe des Personalaufwands (Nr. 8 lit. b) muss von **allen Kapitalgesellschaften** und Personenhandelsgesellschaften iSd § 264a gemacht und offengelegt werden. Die Angabe des Materialaufwands nach Nr. 8 lit. a hingegen ist nur von **großen Kapitalgesellschaften** (§ 267 Abs. 3) und Personenhandelsgesellschaften iSd § 264a zu machen und offenzulegen. **Mittelgroße Kapitalgesellschaften** (§ 267 Abs. 2) und Personenhandelsgesellschaften iSd § 264a dürfen ihren Anhang ohne die Angabe nach Nr. 8 lit. a zum Materialaufwand beim Handelsregister einreichen (§ 327 Nr. 2). **Kleine Kapitalgesellschaften** (§ 267 Abs. 1) sind von der Angabepflicht zum Materialaufwand nach Nr. 8 lit. a befreit (§ 288 Abs. 1; → § 288 Rn. 11 f.). In dem zum Handelsregister einzureichenden Anhang können sie auch die Angaben zum Personalaufwand weglassen (§ 326 Abs. 1 S. 2). **Kleine Aktiengesellschaften** müssen gem. § 131 AktG auf Verlangen eines Aktionärs die Angaben in der Hauptversammlung vorlegen.[208] **Kleine GmbH** müssen auf Verlangen eines Gesellschafters über die Ausgaben iSv Nr. 8 Auskunft geben (§ 51a GmbHG). **Kreditinstitute** brauchen gem. § 340a Abs. 2 S. 1 keine Angaben nach Nr. 8 zu machen. **Versicherungsunternehmen** sind jedenfalls von der Angabepflicht nach Nr. 8 lit. a freigestellt (§ 341a Abs. 2 S. 1). Im Rahmen der Angabepflicht nach Nr. 8 lit. b gelten für sie besondere Vorschriften (§ 341a Abs. 2 S. 2). Sie haben diejenigen Angaben zu machen, die in den durch Rechtsverordnung erlassenen Formblättern und anderen Vorschriften enthalten sind.

121   **2. Die Angabepflicht. a) Allgemeines.** Die Angaben zu den beiden Aufwandsposten haben **betragsmäßig** zu erfolgen. Dies ergibt sich aus der Bezugnahme auf die Posten der GuV. Eine lediglich verbale Beschreibung genügt nicht.[209] Die Angabe hat zu beiden Aufwandsposten – Material und Personal – getrennt zu erfolgen.[210] Nach dem Gesetzes-

---

[204]   KKRD/Morck/Drüen Rn. 9.
[205]   ADS Rn. 150; BeBiKo/Grottel Rn. 212.
[206]   HKMS/Haferkorn/Diemers Rn. 59.
[207]   BT-Drs. 10/4268, 110; ADS Rn. 152; Staub/Meyer Rn. 55.
[208]   Koch AktG § 131 Rn. 20; MüKoAktG/Kubis AktG § 131 Rn. 120.
[209]   ADS Rn. 156; BeckOGK/Kessler Rn. 92.
[210]   BeBiKo/Grottel Rn. 215, 220; GK–HGB/Lezius Rn. 23.

wortlaut ist der gesamte Aufwand des Geschäftsjahres anzugeben. Der Inhalt der angabepflichtigen Aufwandsposten richtet sich nach dem Gesamtkostenverfahren, wie die Bezugnahme auf **§ 275 Abs. 2** verdeutlicht.

Die Angabe von **Vorjahresbeträgen** ist wünschenswert; es besteht aber keine gesetzliche Verpflichtung dazu.[211] In § 265 Abs. 2 S. 1 sind nur die Posten der Bilanz und der GuV erwähnt, nicht jedoch auch der Anhang. Dennoch sollte eine entsprechende Angabe als Teil einer Berichterstattung, die sich am „true and fair view" orientiert, auf freiwilliger Grundlage erfolgen.[212] **122**

b) Angabe zum Materialaufwand. Aus der Formulierung des Gesetzes, wonach der Aufwand des Geschäftsjahres anzugeben ist, folgt, dass die Angabe zum Materialaufwand so zu **untergliedern** ist, als ob er in einer nach dem Gesamtkostenverfahren gegliederten GuV auszuweisen wäre **(§ 275 Abs. 2 Nr. 5).**[213] Der Aufwand ist daher in Aufwendungen für Roh-, Hilfs- und Betriebsstoffe und für bezogene Waren einerseits sowie in Aufwendungen für bezogene Leistungen andererseits zu unterteilen (s. im Übrigen die Kommentierung zu § 275). **123**

c) Angabe zum Personalaufwand. Die Angabe zum Personalaufwand ist in Übereinstimmung mit dem Gesamtkostenverfahren **(§ 275 Abs. 2 Nr. 6)** in Löhne und Gehälter sowie in soziale Abgaben und Aufwendungen für die Altersversorgung und die Unterstützung zu gliedern. Der Aufwand des Geschäftsjahres ist entsprechend aufzuteilen. Hierbei sind die Altersvorsorgeaufwendungen in einem „Davon"-Vermerk gesondert anzugeben (im Übrigen → § 275 Rn. 51 ff.). **124**

XI. Bezüge der Organmitglieder (Nr. 9)

1. Einführung. a) Bedeutung. Nr. 9 verlangt, dass für sämtliche Mitglieder des Geschäftsführungsorgans, eines Aufsichtsrats, eines Beirats oder einer ähnlichen Einrichtung die Gesamtbezüge und Aktienoptionen im Geschäftsjahr **(Nr. 9 lit. a),** die Gesamtbezüge der früheren Mitglieder dieser Organe und ihrer Hinterbliebenen sowie der Betrag der gebildeten und der nicht gebildeten Rückstellungen **(Nr. 9 lit. b)** und die Vorschüsse, Kredite und Haftungsverhältnisse **(Nr. 9 lit. c)** angegeben werden. Die von verbundenen Unternehmen gewährten Bezüge sind nur in einem Konzernanhang nach § 314 Abs. 1 Nr. 6 anzugeben.[214] **125**

Mit Nr. 9 lit. a S. 1–4, lit. b werden die Vorgaben von Art. 43 Abs. 1 Nr. 12; mit Nr. 9 lit. c diejenigen von Art. 43 Abs. 1 Nr. 13 RL 78/660/EWG (**4. EG-Richtlinie**) in deutsches Recht umgesetzt. Die mit dem VorstOG bzw. VorstAG eingeführten Nr. 9 lit. a S. 5–8 aF gingen hingegen über das von der Richtlinie Geforderte hinaus und orientierten sich an einer Empfehlung der Europäischen Kommission.[215] Die Angaben nach Nr. 9 sollen den Aktionären und der Öffentlichkeit einen Überblick über diejenigen Leistungen geben, die die Gesellschaft an ihre Verwaltung im Geschäftsjahr überweist. Die Angabe liefert darüber hinaus ergänzende Informationen über Art und Umfang der Forderungen gegenüber den Organmitgliedern einschließlich möglicher Haftungsverhältnisse und so letztlich über die **finanziellen Verflechtungen** zwischen Organmitgliedern und Kapitalgesellschaft. Diese Angaben sind auch im Hinblick auf die in den § 87 AktG und § 113 AktG vorgesehene Anpassung der Vorstands- und Aufsichtsratsbezüge der AG an deren Aufgaben und Leistungen sowie die Lage der Gesellschaft von Bedeutung. Auf diese Weise sind Aussagen dazu möglich, ob die Bezüge in einem angemessenen Verhältnis zu den Aufgaben der Organmitglieder und zur Lage der Gesellschaft stehen und die übliche Vergütung nicht **126**

---

211 BeckOGK/Kessler Rn. 92; HdJ/Kupsch Abt. IV/4 Rn. 188; Winnefeld Bilanz-HdB J X Rn. 212.
212 Ebenso ADS Rn. 156; GK-HGB/Lezius Rn. 23.
213 ADS Rn. 154; BeBiKo/Grottel Rn. 218.
214 BT-Drs. 10/4268, 110.
215 Empfehlung der Kommission zur Einführung einer angemessenen Regelung für die Vergütung von Mitgliedern der Unternehmensleitung börsennotierter Gesellschaften, ABl. EG 2004 L 385, 55.

ohne besondere Gründe übersteigen. Die Angabepflicht nach Nr. 9 wurde durch das **Kon-TraG** ergänzt und durch das **VorstOG** erheblich erweitert. Das **VorstAG** hat die Anforderungen an die Angaben über die bei oder nach Beendigung der Vorstandstätigkeit an das Vorstandsmitglied zu leistenden Zahlungen zunächst erheblich verschärft. Mit dem ARUG II das zum 1.1.2020 in Kraft getreten ist, wurden im Angesicht des neun Vergütungsberichts gem. § 162 AktG die zusätzlichen Angabepflichten für börsennotierte Gesellschaften in § 285 Nr. 9 lit. a S. 5–8 gestrichen, die sich nun in § 162 AktG wiederfinden.

127   **b) Adressatenkreis. Kleine Kapitalgesellschaften** (§ 267 Abs. 1) sind von der Pflicht zur Angabe der Bezüge nach Nr. 9 lit. a, b gem. § 288 Abs. 1 Nr. 1 befreit (→ § 288 Rn. 11 f.). **Mittelgroße und große Kapitalgesellschaften** (§ 267 Abs. 2, 3) sind für alle nach dem 30.7.1994 festzusetzenden Jahresabschlüsse bei Vorliegen der Voraussetzungen des § 286 Abs. 4 von der Pflicht zur Angabe der Bezüge nach Nr. 9 lit. a, b befreit (→ § 286 Rn. 62 ff.). Für die **KGaA** gelten gem. § 286 Abs. 4 AktG Einschränkungen. Danach sind die auf die Komplementäre entfallenden Gewinne nicht Teil der Gesamtbezüge des Leitungsorgans der Gesellschaft, da der Gewinnanteil vom Gesetzgeber nicht als Vergütung für die Tätigkeit der Komplementäre in der Geschäftsführung angesehen wird.[216] Letztlich stellt nur die Angabepflicht nach Nr. 9 lit. c bezüglich der Vorschüsse, Kredite und Haftungsverhältnisse eine Pflicht dar, die alle Kapitalgesellschaften zu beachten haben. Bei den **haftungsbeschränkten Personenhandelsgesellschaften iSd § 264a** gelten nach § 264a Abs. 2 als gesetzliche Vertreter einer OHG und KG die Mitglieder des vertretungsberechtigten Organs der vertretungsberechtigten Gesellschaft. Daraus folgt die Angabepflicht für die OHG und KG in ihrem Anhang, obwohl keine unmittelbaren Vertragsbeziehungen zwischen ihnen und der Geschäftsführung der Komplementär-Gesellschaft bestehen.[217] Im Umkehrschluss zu §§ 340a, 341a gilt Nr. 9 grds. auch für Kreditinstitute und Versicherungsunternehmen.[218] **Börsennotierte AG** müssen seit dem 1.1.2020 nicht mehr nach Nr. 9 lit. a S. 5 zusätzlich unter Namensnennung die Bezüge eines jeden einzelnen Vorstandsmitglieds, aufgeteilt nach erfolgsunabhängigen und erfolgsabhängigen Komponenten sowie Komponenten mit langfristiger Anreizfunktion, gesondert im Anhang angeben. Diese Zusatzangaben für börsennotierte AG müssen künftig im Vergütungsbericht gem. § 162 AktG aufgenommen werden.

128   **c) Angaben.** Die Angaben haben für jede Mitgliedergruppe **gesondert** zu erfolgen, wobei stets der Gesamtbetrag zu vermerken ist. Eine weitergehende freiwillige Untergliederung ist nicht üblich. Vorjahreszahlen sind nicht anzugeben. Alle Angaben nach Nr. 9 lit. a, lit. b müssen durch eine **zahlenmäßige Darstellung**[219] erbracht werden. Lediglich verbale Ausführungen reichen nicht aus. Dies gilt selbst dann, wenn sich aus ihnen die Gesamtbezüge des einzelnen Organs ermitteln lassen.[220] Nach Nr. 9 lit. c müssen die Zinssätze und die Beträge zahlenmäßig ausgewiesen werden.

129   **2. Der betroffene Personenkreis. a) Organmitglied.** Die Mitgliedschaft in einem der in Nr. 9 genannten Gremien dauert von der **Bestellung des Mitglieds** bis zu seiner **Abberufung** bzw. seinem **Rücktritt** an. Die Angabepflicht besteht unabhängig davon, ob Geschäftsführer bzw. Vorstände gleichzeitig Gesellschafter bzw. Aktionäre sind. Auch gerichtlich bestellte Mitglieder sind einzubeziehen. Bei **Ehrenmitgliedern** kommt es darauf an, ob sie ordnungsgemäß zum Mitglied gewählt sind und in die gesetzlich bzw. satzungsgemäß festgelegte Zahl der Organmitglieder eingerechnet werden.[221]

130   Die Bezüge sind jeweils für jede Personengruppe gesondert anzugeben. Für jede der genannten **Gruppen** ist der angabepflichtige Gesamtbetrag einzeln auszuweisen; **Einzelan-**

---

[216] Sethe DB 1998, 1044 (1048). Vgl. Begr. RegE AktG Kropff 370.
[217] Herrmann WPg 2001, 271 (278).
[218] Zum Verhältnis zum Sparkassenrecht LG Bielefeld BeckRS 2010, 12083; LG Köln BeckRS 2009, 24115.
[219] HKMS/Haferkorn/Diemers Rn. 68.
[220] Glade Praxishandbuch Rn. 84.
[221] ADS Rn. 169; BeBiKo/Grottel Rn. 240; BeckOGK/Kessler Rn. 97.

gaben zu jedem Mitglied sind nicht erforderlich.[222] Für börsennotierte Gesellschaften gelten weitergehende individualisierte Angabepflichten im Vergütungsbericht gem. § 162 AktG.

Bei dem **Wechsel eines Mitgliedes** von einem Organ zu einem anderen muss für 131 jede betroffene Gruppe zwischen den Bezügen aus der aktiven Tätigkeit und den Zahlungen für ehemalige Mitglieder unterschieden werden. In diesem Fall sind die Bezüge dem Organ zuzurechnen, in dessen Tätigkeitsbereich sie gewährt werden.

b) Geschäftsführungsorgan. Geschäftsführungsorgane sind bei einer **AG** der **Vor-** 132 **stand** (§ 76 AktG), bei einer **KGaA** die **persönlich haftenden Gesellschafter** (§§ 282, 283 AktG) und bei einer **GmbH** der **Geschäftsführer** (§ 35 GmbHG). Zu den Mitgliedern des jeweiligen Geschäftsführungsorgans gehören auch die **stellvertretenden** Vorstandsmitglieder und Geschäftsführer, da für sie dieselben Rechte und Pflichten gelten, wie für die ordentlichen Mitglieder des Geschäftsführungsorgans (§ 94 AktG; § 44 GmbHG). Im Rahmen der Angabepflicht nach Nr. 9 kommt es allein auf die gesellschaftsrechtliche Organstellung an. Nicht zu diesem Personenkreis gehören daher **Generalbevollmächtigte** und **Prokuristen.** Dies gilt selbst dann, wenn ihnen aufgrund ihres Anstellungsvertrags eine weitgehend weisungsfreie Stellung eingeräumt ist und sie eine Position innehaben, die einem Mitglied des Geschäftsführungsorgans vergleichbar ist.[223]

c) Aufsichtsrat. Der Aufsichtsrat ist bei jeder **AG und KGaA** grds. zwingend (§§ 95 ff. 133 AktG) und bei einer **GmbH** regelmäßig nur fakultativ vorgesehen (§ 52 GmbHG). Die Angabepflicht nach Nr. 9 bezieht sich sowohl auf den obligatorischen als auch auf den fakultativ gebildeten Aufsichtsrat. Sie gilt zudem für Aufsichtsratsmitglieder, die gleichzeitig auch **Arbeitnehmer** der Gesellschaft sind.[224] **Ersatzmitglieder** gehören erst dann zum Aufsichtsrat, wenn das Aufsichtsratsmitglied vor Ablauf seiner Amtszeit zurücktritt oder wegfällt (§ 101 Abs. 3 S. 2 AktG).

d) Beirat und ähnliche Einrichtung. Die Angabepflicht ist gesetzlich auch für einen 134 Beirat oder eine ähnliche Einrichtung vorgeschrieben, ohne dass allerdings der **Begriff des Beirats** definiert worden ist. Der Hinweis auf **„ähnliche Einrichtungen"** verdeutlicht, dass eine möglichst weitgehende Erfassung sämtlicher Verwaltungsgremien der Gesellschaft angestrebt wird, um Umgehungen der Angabepflicht auszuschließen. Es sollen möglichst alle Mitglieder der Leitungs- und Aufsichtsgremien angegeben werden. Aus diesem Grund kommt es auf die konkrete Bezeichnung des Gremiums (Ausschuss, Rat, Beirat etc) nicht an.[225] Beiräte und ähnliche Einrichtungen sind durch Satzung oder Gesellschaftsvertrag bestimmte oder von den Gesellschaftsorganen beschlossene Institutionen. Es ist unerheblich, auf welcher Rechtsgrundlage das Organ eingerichtet worden ist.[226] Auch die Zeitspanne, für die eine solche Einrichtung gebildet wird, spielt keine Rolle.

Durch die gleichgewichtige Aufzählung mit der Geschäftsführung und dem Aufsichtsrat 135 wird deutlich, dass Beiräte und ähnliche Einrichtungen vergleichbare **Funktionen** ausüben müssen. Hierzu zählen etwa Beratung, Weisung, Überwachung oder Einflussnahme.[227] Nicht einzubeziehen sind „Beiräte" die nur zur Kontaktpflege oder zur wissenschaftlichen Beratung dienen.[228] Überwiegend wird gefordert, dass sich die Zuständigkeit stets auf das **gesamte Unternehmen** beziehen muss, so dass eine beratende oder unterstützende Tätigkeit für einzelne Geschäftsfelder oder spezielle Fragen zumeist nicht ausreicht.[229] Ergänzende

---

[222] HdR/Oser/Holzwarth §§ 284–288 Rn. 254; Heymann/Herrmann Rn. 17; HdJ/Kupsch Abt. IV/4 Rn. 190.
[223] ADS Rn. 162; HdR/Oser/Holzwarth §§ 284–288 Rn. 254.
[224] ADS Rn. 163; BeBiKo/Grottel Rn. 235.
[225] HdJ/Kupsch Abt. IV/4 Rn. 190. Zur Bildung von Beiräten in einer GmbH: Großfeld/Brondics AG 1987, 283 ff.; Spindler/Keppler DStR 2005, 1738 ff.; 1775 ff.; Teubner ZGR 1986, 565 (567 ff.).
[226] ADS Rn. 165.
[227] BeBiKo/Grottel Rn. 237; GK-HGB/Lezius Rn. 26.
[228] ADS Rn. 166; BeckOGK/Kessler Rn. 98.
[229] ADS Rn. 165; BeBiKo/Grottel Rn. 237.

Hinweise können sich aus der Art der Vergütung für die in der betroffenen Einrichtung geleistete Tätigkeit ergeben. Wird beispielsweise eine Einzelvergütung für zu erbringende Leistungen gewährt, ist in der Regel nicht von einem Beirat auszugehen.[230]

136   Existiert neben einem **Aufsichtsrat zusätzlich ein Beirat** oder eine ähnliche Einrichtung, wird diese zusätzliche Einrichtung zumeist nicht in den Anwendungsbereich der Angabepflicht nach Nr. 9 fallen. Die funktionstypischen Aufgaben werden in diesem Fall regelmäßig bereits vom Aufsichtsrat wahrgenommen. Anders kann die Situation bei der GmbH liegen, da hier die Bildung eines Aufsichtsrats nicht zwingend vorgeschrieben ist und die Gesellschafter neben dem Aufsichtsrat ein Überwachungsrecht haben.[231]

137   Der **Betriebsrat** ist keine ähnliche Einrichtung iSv Nr. 9, da es sich um ein betriebsverfassungsrechtliches Gremium handelt, das keine gesellschaftsrechtlichen Aufgaben wahrnimmt.[232]

138   **3. Bezüge amtierender Organmitglieder (Nr. 9 lit. a). a) Angabe der Gesamtbezüge.** Nr. 9 lit. a S. 1 schreibt vor, dass die von der Gesellschaft an die Mitglieder des Geschäftsführungsorgans, eines Aufsichtsrats, eines Beirats oder einer ähnlichen Einrichtung für ihre Tätigkeit im Geschäftsjahr gewährten **Gesamtbezüge** anzugeben sind.

139   **aa) Der Begriff der Gesamtbezüge.** Es sind die im Geschäftsjahr gewährten Gesamtbezüge anzugeben. Nach der **Definition** des Gesetzes gehören hierzu: Gehälter, Gewinnbeteiligungen, Bezugsrechte und sonstige aktienbasierte Vergütungen, Aufwandsentschädigungen, Versicherungsentgelte, Provisionen und Nebenleistungen jeder Art. Der Inhalt ist für jede Personengruppe gleich. Anzugeben sind die im Geschäftsjahr während der Dauer der Zugehörigkeit zu den jeweiligen Gremien für die Tätigkeit als Entgelt gewährten Bezüge. Das gilt unabhängig davon, ob das Organmitglied im Zeitpunkt der Vergütung oder der Abschlusserstellung noch in seinem Amt ist.[233] Bei Weiterzahlung trotz eines **vorzeitigen Ausscheidens** sind die Bezüge unter Nr. 9 lit. b anzugeben. Verzichtet ein Organmitglied auf Teile seiner Bezüge, ohne hinsichtlich der freiwerdenden Mittel eine Gehaltsverwendungsabrede zu treffen, stellt der Kürzungsbetrag keinen Bezug dar.[234]

140   Diese Grundsätze gelten für die Vergütung von **Aufsichtsräten und Beiräten** entsprechend. Angabepflichtig sind daher fixe und variable Vergütungen und Sitzungsgelder, sofern sie über den reinen Auslagenersatz hinausgehen. Nicht angabepflichtig nach Nr. 9 lit. a sind Vergütungen für Leistungen, die **außerhalb der Tätigkeit** des jeweiligen Organs liegen. Honorare für beratende Tätigkeiten eines Aufsichtsratsmitglieds sind dann nicht anzugeben, wenn die Arbeiten über die Aufgaben eines Aufsichtsrats hinausgehen.[235]

141   Mit dem Begriff **„Gesamtbezüge"** sind alle Zahlungen und sonstige Zuwendungen gemeint, die auf dem Anstellungsvertrag, der Satzung, dem Gesellschaftsvertrag oder auf Gesellschafterbeschlüssen beruhen. Hinzu kommen alle freiwillig gewährten Zahlungen (Tantieme, Gewinnbeteiligung, Jubiläumszuwendung), seien sie wiederkehrender oder einmaliger Art. Durch die Nennung von Provisionen und Nebenleistungen hat der Gesetzgeber den Umfang der Angabepflicht bewusst sehr weit gezogen. In diesem Zusammenhang spielt es keine Rolle, ob es sich um Geld-, Natural- oder Sachbezüge (zB private PKW-Nutzung) handelt. Sogar die Gewährung von Rechtsansprüchen oder anderen geldwerten Vorteilen wird erfasst. Bei **Sachbezügen** und geldwerten Leistungen ist der Zeitwert anzusetzen, wobei zumeist auf die einkommensteuerpflichtigen Werte zurückgegriffen wird.[236]

142   Bei der **AG** sind die Bezüge in den §§ 87 f., 113 AktG geregelt. Bei der **KGaA** gehören die auf den Kapitalanteil eines persönlich haftenden Gesellschafters (Komplementär) entfal-

---

[230]   BeBiKo/Grottel Rn. 237.
[231]   ADS Rn. 165; BeBiKo/Grottel Rn. 237 aE.
[232]   BeckOGK/Kessler Rn. 99.
[233]   Redenius-Hövermann ZIP 2008, 2395 (2396).
[234]   BFH BB 1994, 554; Thüringer FG DStRE 2010, 1229; FG Hamburg EFG 2003, 1000.
[235]   ADS Rn. 175; HdR/Oser/Holzwarth §§ 284–288 Rn. 278; BeBiKo/Grottel Rn. 246; BeckOGK/Kessler Rn. 109.
[236]   BeckOGK/Kessler Rn. 104.

lenden Gewinne nicht zu den Gesamtbezügen (§ 286 Abs. 4 AktG). Ausweispflichtig ist
nur die Tätigkeitsvergütung des Komplementärs, die sich nach der Satzung und dem Anstellungsvertrag richtet. Als Geschäftsführungsorgan der **haftungsbeschränkten Personenhandelsgesellschaften iSd § 264a** gilt nach § 264a Abs. 2 dasjenige der Komplementär-
Kapitalgesellschaft.

Für die Angabepflicht kommt es nicht auf die tatsächliche Auszahlung an, ausreichend **143**
ist bereits die Begründung eines Anspruchs auf Zahlung. Gemäß Nr. 9 lit. a S. 2 sind Bezüge
einzurechnen, die nicht ausgezahlt, sondern in Ansprüche anderer Art umgewandelt oder
zur Erhöhung anderer Ansprüche verwendet werden. Dazu zählt etwa die Umwandlung
bestehender Zahlungsansprüche in Pensionszusagen.[237] Nicht zu den Gesamtbezügen
gehört aber der Aufwand aus der **Bildung von Pensionsrückstellungen.**[238] Bei der Übertragung einer Pensionsrückstellung auf ein anderes Unternehmen handelt es sich nicht
um eine Auszahlung an den Begünstigten und damit ebenfalls nicht um einen Fall der
angabepflichtigen Gesamtbezüge iSd Nr. 9 lit. a.

Gemäß Nr. 9 lit. a S. 3 sind außer den Bezügen für das Geschäftsjahr die weiteren **144**
Bezüge anzugeben, die im Geschäftsjahr gewährt, bisher aber in keinem Jahresabschluss
angegeben worden sind. Hierzu zählen etwa **Nachvergütungen** jeder Art oder Zahlungen,
die sich auf einen unbestimmten Zeitraum beziehen. Nicht unter diese Angabepflicht fallen
Prämien und Sonderzahlungen, die anlässlich von **Jubiläen** geleistet werden, obwohl in
ihnen eine Vergütung für frühere Geschäftsjahre gesehen werden kann. Sie fallen unter
Nr. 9 lit. a S. 1. Unklar ist, ob für die in S. 3 genannten Bezüge eine gesonderte Angabe
zu erfolgen hat oder ob sie in die Gesamtbezüge eingerechnet werden können. Mit der
Formulierung „Außer den Bezügen (…)“ ist kein Gegensatz und keine Abgrenzung zu S. 2
gemeint, sondern nur eine weitere Aufzählung. Der Wortlaut spricht daher nicht zwingend
für eine gesonderte Angabe und verbietet eine Einrechnung nicht.[239]

bb) Angabepflichtige Bezüge im Einzelnen. (a) Gehälter und Gewinnbeteili- **145**
gungen. Unter den Begriff **Gehälter** fallen neben den fixen regelmäßigen Vergütungen
auch die Weihnachtsgratifikation und das Urlaubsgeld. Zu den Gesamtbezügen gehören
auch **Gewinnbeteiligungen,** dh Beteiligungen am Unternehmensgewinn, Dividendenansprüche, Boni, Gratifikationen, auch Anerkennungs- und Antrittsprämien.[240]

(b) Bezugsrechte und sonstige aktienbasierte Vergütungen. Das KonTraG hatte **146**
nach dem Wort „Gewinnbeteiligung“ das Wort **„Bezugsrechte“** in Nr. 9 lit. a S. 1 eingefügt. Schon zuvor war allerdings anerkannt, dass Bezugsrechte zu den Gesamtbezügen gehören. Diese Ergänzung durch den Gesetzgeber erfolgte im Hinblick auf die Regelung des
§ 192 Abs. 2 Nr. 3 AktG. Danach ist die Gewährung von Bezugsrechten nicht nur an
Arbeitnehmer, sondern auch an Organmitglieder der Gesellschaft oder eines verbundenen
Unternehmens zulässig. Es sollte durch die Gesetzesergänzung ausdrücklich klargestellt werden, dass für die Organmitglieder entsprechende Angaben im Anhang erforderlich sind.[241]
Das TransPuG hat diese Angabepflicht insoweit ergänzt, als dass neben den Bezugsrechten
auch **sonstige aktienbasierte Vergütungen** anzugeben sind. Die Ergänzung dient neben
der Klarstellung auch der Erweiterung der Angabepflicht, um möglichst alle in der Praxis
anzutreffenden Modelle zu erfassen.[242] Die Angabepflicht gilt unabhängig davon, ob der
Aufwand für die Vergütung tatsächlich im Jahresabschluss angegeben ist.[243]

Der Begriff des **Bezugsrechts** meint allgemein das Recht, die Lieferung von Aktien **147**
verlangen zu können.[244] Bezugsrechte sind die im Rahmen von Aktienbezugsplänen den

---

[237] Staub/Meyer Rn. 63.
[238] DRS 17.19; ADS Rn. 180; BeBiKo/Grottel Rn. 247; WP-HdB Bd. I F Rn. 1053.
[239] HdR/Oser/Holzwarth §§ 284–288 Rn. 270; aA ADS Rn. 184; Staub/Meyer Rn. 63.
[240] BeBiKo/Grottel Rn. 253; HKMS/Haferkorn/Diemers Rn. 76.
[241] Begr. RegE KonTraG, BT-Drs. 13/9712, 26; EBJS/Böcking/Gros/Wirth Rn. 12; Wiedmann/Böcking/
     Gros Rn. 12.
[242] W. Müller NZG 2002, 752 (753).
[243] IDW, Stellungnahme zum Entwurf eines TransPuG, WPg 2002, 147.
[244] BeckOGK/Kessler Rn. 106.

Organmitgliedern gewährten Optionen auf den Erwerb von Anteilen an Kapitalgesellschaften, sog. Stock Options (§ 192 Abs. 2 Nr. 3 AktG). Dem Organmitglied wird das Recht eingeräumt, innerhalb eines bestimmten Zeitraums Anteile der Kapitalgesellschaft zu einem im Voraus festgelegten Ausübungspreis zu erwerben. Stock Options gehören zu den Gesamtbezügen, obwohl die Optionsrechte nicht die AG belasten, sondern zu Lasten des Kurswerts der Aktien wirken.[245] Daneben spielen Aktienbezugsrechtspläne auf Grundlage einer Wandelanleihe eine Rolle, bei denen mit den Wandelschuldverschreibungen entsprechende Wandlungsrechte verbunden sind (§ 193 Abs. 2 Nr. 1 AktG iVm § 221 AktG). Es spielt für die Angabepflicht keine Rolle, ob die ausgegebenen Bezugsrechte durch eine Kapitalerhöhung und die Ausgabe neuer Aktien oder durch die Gewährung eigener Aktien oder durch einen Aktienrückkauf bedient werden. Ebenso ist es unerheblich, ob die Gesellschaft oder der Berechtigte ein Recht auf Barausgleich haben (sog. cash settlement).

148   Vom Gesetzgeber nicht geregelt ist die Frage, ob ausschließlich die konkreten Zuteilungen des jeweiligen Berichtsjahrs anzugeben sind oder ob daneben auch in den Vorjahren ausgegebene Stock Options dargestellt werden müssen. Für die Beschränkung auf das jeweilige Berichtsjahr spricht vor allem der Wortlaut der Norm („für die Tätigkeit im Geschäftsjahr gewährten Gesamtbezüge").[246]

149   Der Begriff der **sonstigen aktienbasierten Vergütungen** wird vom Gesetz nicht definiert. Der gesetzgeberischen Absicht entsprechend wird er ebenfalls weit verstanden und meint daher alle Vergütungsformen, die entweder eine wie auch immer geartete Gewährung von Aktien oder eine an der Aktienkursentwicklung orientierte Vergütung vorsehen.[247] Daher stellen etwa auch Rechte auf Auszahlung des Differenzbetrages zwischen dem Wert einer Aktie zum Zeitpunkt der Gewährung des Rechts und zum Zeitpunkt der Ausübung des Rechts (sog. stock appreciation rights) aktienbasierte Vergütungen dar.[248] Unklar ist allerdings auch hier, ob die Aktienoptionen nur mit ihrem inneren Wert oder mit dem Gesamtwert anzusetzen sind.[249]

150   Durch das VorstOG wurde in **Nr. 9 lit. a S. 4** bestimmt, dass die **Anzahl** und der **Zeitwert** der anzugebenden Bezugsrechte darzustellen sind. Zur Angabe gehören neben den Bezugsrechten für Aktien der Gesellschaft auch Optionen darauf sowie sog. virtuelle Aktienoptionen. Abzustellen ist auf den Zeitpunkt ihrer Gewährung. Nicht maßgeblich ist hingegen, ob die Bezugsrechte im Geschäftsjahr ausgeübt wurden, verfallen sind oder zu Beginn und am Ende des Geschäftsjahres bestanden.[250] Der beizulegende Zeitwert ist in der Regel der Marktwert, dh bei börsennotierten Aktien der Börsenpreis. Im Übrigen ist auf anerkannte Bewertungsmodelle und -methoden zurückzugreifen.[251] Der beizulegende Zeitwert ist für den konkreten Zeitpunkt der Gewährung zu ermitteln. Eine zeitanteilige Zuweisung auf zukünftige Geschäftsjahre ist unter dem Gebot der Transparenz abzulehnen.[252] Insoweit geht Nr. 9 lit. a S. 4 als *lex specialis* der Wertangabe nach Nr. 9 lit. a S. 1 vor.[253] Es ist auf den Wert des Optionsrechts zu dem Zeitpunkt abzustellen, an dem es frei verfügbar ist. Aus der Differenz zwischen dem Basispreis und dem Aktienkurs am Tage der Einräumung des Rechts bzw. der Beendigung der Wartezeit resultiert der Wert des Bezugsrechts. Auf die Ausübung selbst kommt es nicht an, da sie nicht von der Kapitalgesellschaft beeinflusst werden kann.[254] Soweit die Organmitglieder die Bezugsrechte entgeltlich erwerben, ist der zum Erwerb der Bezugsrechte aufgewandte Betrag von dem errechneten

---

[245] BeBiKo/Grottel Rn. 253; Rammert WPg 1998, 766 (769).
[246] Ausf. dazu Hennke/Fett BB 2007, 1267 (1269 f.).
[247] W. Müller NZG 2002, 752 (753).
[248] BeckOGK/Kessler Rn. 106.
[249] Vgl. Binz/Sorg BB 2002, 1273 (1275), die dafür plädieren, de lege ferenda auch diejenigen Gewinne einzubeziehen, die die Organmitglieder aus aktienbasierten Vergütungen tatsächlich erzielen.
[250] KKRD/Morck/Drüen Rn. 11.
[251] BeBiKo/Grottel Rn. 253.
[252] Hennke/Fett BB 2007, 1267 (1270).
[253] Hohenstatt/Wagner ZIP 2008, 945 (947).
[254] BeckOGK/Kessler Rn. 114; W. Müller NZG 2002, 752 (753); Ross/Pommerening WPg 2002, 371 (377); aA Pellens/Crasselt DB 1998, 217 (222).

Optionspreis abzuziehen. Entsprechendes gilt für sonstige aktienbasierte Vergütungen. Sie lassen sich regelmäßig mittels eines Optionspreisverfahrens bepreisen. Vereinbarte Ausübungssperrfristen sind wie Erfolgsziele wertmindernd zu berücksichtigen. In Anlehnung an IFRS 2 sind Wertänderungen zu berücksichtigen, soweit sie auf einer Änderung der Ausübungsbedingungen beruhen (Nr. 9 lit. a S. 4 Hs. 2). Damit hat der Gesetzgeber vor allem die Fälle im Blick, in denen ein Unternehmen die Vertragsbedingungen für die Gewährung der Bezugsrechte ändert, zB den Ausübungspreis für gewährte Aktienoptionen senkt (Repricing).[255] Nicht angabepflichtig sind im Umkehrschluss Änderungen, die aus Fehlschätzungen der Parameter bei der Gewährung resultieren.[256] Nicht angabepflichtig sind also zB unvorhergesehene Kursschwankungen oder Entwicklungen eines Branchenindex.[257]

(c) Aufwandsentschädigungen. Aufwandsentschädigungen dienen dazu, dem **151** Organmitglied eine Entschädigung für besondere Aufwendungen zuzuwenden, die es im eigenen Namen, aber im Interesse der Gesellschaft eingegangen ist. Von angabepflichtigen Aufwandsentschädigungen kann nur gesprochen werden, solange sie keinen Ersatz von Auslagen auf Anordnung und ausschließlich im Interesse der Gesellschaft darstellen. Eine Angabepflicht besteht insbesondere, wenn pauschal feste Beträge ohne konkrete Abrechnung gewährt werden.[258] Angabepflichtig ist es beispielsweise, wenn die Gesellschaft Geldbußen oder -strafen begleicht oder erstattet, die gegen ein Organmitglied verhängt worden sind und deren Begleichung nicht vorrangig im eigenbetrieblichen Interesse der Gesellschaft liegt.[259] Nicht unter die Berichtspflicht fällt hingegen der **Ersatz von Auslagen,** die ein Organmitglied in Ausübung seiner Tätigkeit für die Gesellschaft vorgenommen hat (zB Reisekosten). Solche Leistungen sind nur dann zu erwähnen, wenn sie unangemessen hoch sind. Dieses Ergebnis wird damit begründet, dass nur Vergütungen „für" die Tätigkeit angabepflichtig sind. Auslagen fallen aber „in Ausübung" der Tätigkeit für das Unternehmen an.[260]

(d) Versicherungsentgelte. Versicherungsentgelte, die die Gesellschaft zahlt und **152** aus denen das Organmitglied den Anspruch erwirbt, sind ebenfalls anzugeben. Hiermit sind Versicherungsprämien gemeint, die die Gesellschaft für Lebens-, Pensions- oder Unfallversicherungen zahlt, die auf den Namen von Organmitgliedern lauten und diesen der Anspruch aus dem Versicherungsvertrag unmittelbar zusteht.[261] Ist das Unternehmen anspruchsberechtigt, fallen die Beiträge nicht in die Angabepflicht. Allerdings sind dann die späteren Versicherungsleistungen an das Organmitglied angabepflichtig. Prämien, die die Gesellschaft zur Deckung ihrer zukünftigen Pensionsverpflichtungen für auf ihren eigenen Namen lautende Versicherungsverträge zahlt (Rückdeckungsversicherungen), werden daher nicht erfasst. Auch Prämien für Gruppenunfallversicherungen, aus denen die Ansprüche erst der Gesellschaft zustehen, sind nicht angabepflichtig. Als leistungsunabhängige Zahlungen fallen die Arbeitgeberanteile zur Sozialversicherung ebenfalls nicht unter die Angabepflicht.[262] Da Haftpflichtversicherungen (D&O-Versicherungen) regelmäßig Voraussetzung für einen Schadensersatzanspruch der Gesellschaft in voller Höhe sind und damit als eine „verkappte" Vermögensschadensversicherung der Gesellschaft ihrem eigenen Interesse dienen, sind sie nicht angabepflichtig.[263]

(e) Provisionen. Provisionen für die Vermittlung von Geschäften oder anderen Leis- **153** tungen für die Gesellschaft sind in die Gesamtbezüge des Organmitglieds einzubeziehen,

---

[255] Begr. RegE VorstOG, BT-Drs. 15/5577, 7.
[256] Thüsing ZIP 2005, 1389 (1392).
[257] Hohenstatt/Wagner ZIP 2008, 945 (947).
[258] ADS Rn. 178; Beck HdR/Andrejewski B 40 Rn. 326.
[259] BFH DStR 2008, 2310.
[260] GK-HGB/Lezius Rn. 27.
[261] Vgl. BMF-Schreiben v. 22.2.1996, DB 1996, 553; BMF-Schreiben v. 18.2.1997, DB 1997, 503.
[262] Heymann/Herrmann Rn. 19; Beck HdR/Andrejewski B 40 Rn. 328.
[263] Kort DStR 2006, 799 (801) mwN; GroßkommAktG/Kort AktG § 87 Rn. 232; BeBiKo/Grottel Rn. 253; Schüppen/Sanna ZIP 2002, 550 (553).

wenn die entsprechende Tätigkeit zu den Pflichten des Organmitglieds gehört. Bei den Mitgliedern des Geschäftsführungsorgans ist dies regelmäßig der Fall; im Übrigen kommt es auf die Gesamtumstände an. Provisionszahlungen für eine Tätigkeit, die vor der Zugehörigkeit zum Organ erbracht wurden, sind nicht anzugeben.

154   **(f) Nebenleistungen jeder Art.** Unter den Begriff der **Nebenleistungen** fallen Sondervergütungen jeder Art, wie etwa Options- oder Vorkaufsrechte, Ersparnisse aufgrund zinsgünstig gewährter Kredite, Konsortialbeteiligungen oder die Zurverfügungstellung von Wohnraum, Kraftfahrzeugen, Energie sowie Personal.[264] Auch die von der Gesellschaft für das Organmitglied über den gesetzlichen Arbeitgeberanteil hinaus übernommenen Steuern und Sozialversicherungsbeiträge sind hierunter zu verstehen. Der Kauf von Vermögensgegenständen durch das Organmitglied von der Gesellschaft unter dem Verkehrswert fällt ebenfalls unter den Nebenleistungsbegriff. Insoweit sind Überschneidungen mit Nr. 21 möglich. Zu den Nebenleistungen gehören auch Sicherheitsmaßnahmen am Wohnhaus eines Organmitglieds, die in dessen nicht unerheblichem Eigeninteresse liegen.[265]

155   Zu den Gesamtbezügen gehört auch die **Erfindervergütung.** Eine Ausnahme hiervon liegt nur dann vor, wenn der unbedingte, zahlenmäßig konkretisierte Anspruch auf die Vergütung bereits vor der Berufung in das Geschäftsführungsorgan entstanden war und dieser nicht auf die Bezüge angerechnet werden soll.[266]

156   Ablösende und zusätzliche **Abfindungen** an während des Geschäftsjahrs ausgeschiedene Organmitglieder sind keine Bezüge iSd Nr. 9 lit. a S. 3.[267] Abfindungen an ausgeschiedene Organmitglieder sind nach Nr. 9 lit. b anzugeben, unabhängig davon, ob das Organmitglied während des Geschäftsjahres oder bereits zuvor ausgeschieden ist.[268] Diese Unterscheidung zwischen Bezügen und Abfindungen[269] ist vor allem für börsennotierte Gesellschaften relevant, da zusätzliche Angabepflichten für sie nur im Zusammenhang mit den Bezügen gelten (Nr. 9 lit. a S. 5–8).[270]

157   Gemäß **Nr. 9 lit. a S. 2** sind auch solche Bezüge anzugeben, die nicht ausbezahlt, sondern in Ansprüche anderer Art umgewandelt oder zur Erhöhung anderer Ansprüche verwendet werden. Hierunter fällt zB die Umwandlung von laufenden Bezügen in eine Versorgungszulage. Obwohl Zahlungen zu den Pensionsrückstellungen für Versorgungszusagen an Organmitglieder nicht in die Gesamtbezüge einzurechnen sind, müssen nach Nr. 9 lit. a S. 2 umgewandelte Bezüge in die Angabe einbezogen werden.

158   **cc) Leistungen der Gesellschaft.** Im Rahmen der Angabepflicht nach Nr. 9 lit. a S. 1 muss beachtet werden, dass es sich stets um eine unmittelbare Leistung der Gesellschaft an das Organmitglied handeln muss. **Mittelbare Bezüge,** die von verbundenen Unternehmen bezahlt werden, fallen nicht unter die Angabepflicht, da es sich nicht um Bezüge aufgrund des Anstellungsvertrags zwischen der berichtenden Gesellschaft und dem Organmitglied handelt.[271] Etwas anderes gilt, wenn solche Vergütungen dem betreffenden Unternehmen erstattet werden.[272]

159   **dd) Keine Individualisierung der Bezüge.** Anzugeben sind die **Gesamtbezüge** des jeweiligen Organs. Es sind sind nicht die Bezüge für jedes einzelne Organmitglied im Anhang gesondert anzugeben.[273] § 286 Abs. 4 gestattet Gesellschaften, die keine börsennotierten Aktiengesellschaften sind, zudem die Angabe der Gesamtbezüge zu unterlassen,

---

264   HKMS/Haferkorn/Diemers Rn. 82.
265   Vgl. BFH BStBl. II 2006, 541.
266   Glade Praxishandbuch Rn. 77.
267   Fleischer DB 2005, 1611 (1616); Spindler NZG 2005, 689 (690).
268   Liese DB 2007, 209 (210 ff.); Redenius-Hövermann ZIP 2008, 2395 (2397).
269   Zu der Abgrenzung zwischen Abfindungen und Bezügen ADS Rn. 174.
270   Redenius-Hövermann ZIP 2008, 2395 (2397).
271   BeBiKo/Grottel Rn. 250; aA HKMS/Haferkorn/Diemers Rn. 84; ADS Rn. 172, die eine Angabe auch von mittelbaren Bezügen fordern.
272   ADS Rn. 172; GK-HGB/Lezius Rn. 27.
273   ADS Rn. 160.

wenn sich anhand dieser Angaben die Bezüge eines einzelnen Organmitglieds feststellen lassen.

b) Zusätzliche Angaben für börsennotierte Aktiengesellschaften (Nr. 9 lit. a 160 **S. 5–8).** Neben den Angaben nach Nr. 9 lit. a S. 1–4 mussten börsennotierte Aktiengesellschaften die speziellen individualisierten Angabepflichten für jedes einzelne Verbandsmitglied nach Nr. 9 lit. a S. 5–8 beachten. Außerdem sah der Deutsche Corporate Governance Kodex eine entsprechende Regelung vor (s. Ziff. 4.2.4 und 4.2.5 DCGK aF). Diese Vorschriften wurden mit dem Gesetz zur Umsetzung der zweiten Aktionärsrechtrichtlinie (RL (EU) 2017/828) vom 12.12.2019 (ARUG II) zum 1.1.2020 gestrichen. Entsprechende Informationen sind seither gem. § 162 AktG in den Vergütungsbericht aufzunehmen (→ Rn. 161). Zur Kommentierung vom § 285 Nr. 9 lit. a S. 5–8 → 3. Aufl. 2013, § 285 Rn. 175 ff.

Die am 17.5.2017 verabschiedete und zum 10.6.2019 umzusetzende Änderungsrichtli- 161 nie (RL (EU) 2017/828/EU)[274] zur **Aktionärsrechte-RL**[275] verlangt in Art. 9b Aktionärsrechte-RL idF der RL 2017/828/EU über § 285 Nr. 9 aF, § 289a Abs. 2 aF hinausgehende Informationen. Demnach ist gem. § 162 AktG ein Vergütungsbericht zu erstellen, der einen „umfassenden Überblick über die im Laufe des letzten Geschäftsjahres den einzelnen Mitgliedern der Unternehmensleitung, einschließlich neu eingestellter oder ehemaliger Mitglieder der Unternehmensleitung, gemäß der in Art. 9a Aktionärsrechte-RL idF der RL 2017/828/EU genannten Vergütungspolitik gewährte oder geschuldete Vergütung, einschließlich sämtlicher Vorteile in jeglicher Form, enthält." Die individualisierten Bezüge sind nicht nur – wie noch gem. § 285 Nr. 9a S. 5 aF – für **Vorstandsmitglieder,** sondern auch für **Aufsichtsratsmitglieder** anzugeben. Gemäß § 162 Abs. 1 Nr. 2 AktG ist darüber hinaus für mindestens die letzten fünf Geschäftsjahre darzustellen, wie sich die Vergütung, die Leistung der Gesellschaft und die durchschnittliche Vergütung von nicht zur Unternehmensleitung gehörenden Beschäftigten der Gesellschaft verändert haben, so dass ein Vergleich möglich ist. Hierdurch soll auch offenbart werden, inwieweit die Vorstands- und Aufsichtsratsvergütung das durchschnittliche Einkommen der Arbeitnehmer der jeweiligen Gesellschaft übersteigt.[276]

Das Gesetz zur Umsetzung der zweiten Aktionärsrechterichtlinie (RL (EU) 2017/828) 162 vom 12.12.2019 (ARUG II) sieht die Aufhebung von § 285 Nr. 9 lit. a S. 5–8 und die weitgehende Übernahme der S. 5–7 in den neu geschaffenen § 162 Abs. 2 AktG vor. Die Angabepflicht wird dadurch vom Anhang in den Vergütungsbericht verlagert, es soll dabei das gleiche Regelungsniveau beibehalten werden.[277] Auf die Überführung von § 285 Nr. 9 lit. a S. 8 wurde hingegen verzichtet, um eine zusätzliche Berichtspflicht im Vergütungsbericht über Informationen zu vermeiden, die bereits an anderer Stelle im Jahresabschluss vorhanden sind. Eine Verschärfung der Publizitätspflicht ergibt sich einzig dadurch, dass die handelsrechtliche Möglichkeit aus § 286 Abs. 5 aF, durch Hauptversammlungsbeschluss von der Berichtspflicht abzuweichen, nach ihrer Streichung ohne einen aktienrechtlichen Ersatz bleibt, obwohl dies für die nicht durch die Aktionärsrechte-RL vorgeprägte Regelung des § 162 Abs. 2 AktG weiterhin möglich gewesen wäre.[278]

4. Bezüge ehemaliger Organmitglieder und Hinterbliebener (Nr. 9 lit. b). 163 **a) Angabe der Gesamtbezüge.** Nach Nr. 9 lit. b ist eine Gesellschaft verpflichtet, die an **frühere Mitglieder** des Geschäftsführungsorgans, eines Aufsichtsrats, Beirats oder einer ähnlichen Einrichtung gewährten Gesamtbezüge anzugeben. Gleiches gilt für diejenigen Bezüge, die den Hinterbliebenen dieses Personenkreises zugewandt werden.

---

[274] RL (EU) 2017/828 v. 17.5.2017, ABl. 2017 L 132, 1; insbes. zu Art. 9b Aktionärsrechte-RL idF der RL (EU) 2017/828 Bungert/Wansleben DB 2017, 1190; Habersack NZG 2018, 127; Leuering NZG 2017, 646.
[275] RL 2007/36/EG v. 11.7.2007, ABl. 2007 L 184, 17.
[276] Habersack NZG 2018, 127 (133).
[277] Vgl. RegE ARUG II, BT-Drs. 19/9739, 113.
[278] Vgl. RegE ARUG II, BT-Drs. 19/9739, 119.

164   **aa) Der betroffene Personenkreis.** War das ehemalige Aufsichtsratmitglied zugleich **Arbeitnehmer** der Gesellschaft, sind die Ruhegehälter nur anzugeben, soweit sie dem Arbeitnehmer in dessen Eigenschaft als Aufsichtsratmitglied gewährt bzw. zugesagt wurden.[279] Bei einer AG und bei einer GmbH, die gesetzlich verpflichtet sind, Arbeitnehmer in ihren Aufsichtsrat aufzunehmen, ergeben sich Vergütung und Ruhegeldbezüge durch die Satzung oder entsprechende Beschlüsse der Hauptversammlung. Wird eine Person für mehrere Organe tätig (sog. **Doppelfunktion**), sind die Bezüge auf beide Positionen entsprechend aufzuteilen.[280] Gehört ein früheres Organmitglied jetzt einem anderen Gremium an, sind dessen Bezüge entsprechend aufzuteilen. Bezüge früherer Organmitglieder einer Gesellschaft, deren Betrieb als Ganzes auf die berichtspflichtige Gesellschaft kraft Gesamtrechtsnachfolge übergegangen ist, sind nur anzugeben, wenn die Vorgängergesellschaft selbst ausweispflichtig war.[281] Wer **Hinterbliebener** ist, richtet sich nach der Vereinbarung, die zwischen Gesellschaft und früherem Organmitglied getroffen wurde.[282] Regelmäßig werden zu diesem Personenkreis Witwen und Waisen zählen.

165   Die Berichtspflicht beginnt mit dem **Ausscheiden** des Organmitglieds **aus dem Gremium.** Ist ein Organmitglied während des Geschäftsjahrs ausgeschieden, sind die gewährten Aktivbezüge und Pensionsleistungen aufzuteilen. Anzugeben sind nur die Gesamtbezüge der Personengruppen.

166   **bb) Umfang der angabepflichtigen Gesamtbezüge.** Wie bei Nr. 9 lit. a muss es sich stets um **Leistungen der Gesellschaft** selbst handeln, weshalb für Leistungen von Tochterunternehmen keine Angabepflicht besteht. Werden Versorgungsleistungen von dritter Seite, etwa von Versicherungsunternehmen oder selbstständigen Pensionskassen, erbracht, müssen ebenfalls keine Angaben gemacht werden, wenn der Zahlungsempfänger unmittelbar selbst berechtigt ist und die Leistungen der Gesellschaft an den Dritten der Angabepflicht unterliegen (→ Rn. 158). Steht der Anspruch auf Versicherungsleistung hingegen der Gesellschaft zu, muss die Pflicht zur Angabe nach Nr. 9 lit. b beachtet werden, wenn an das ehemalige Organmitglied die Beträge weitergeleitet oder die Ansprüche abgetreten werden.[283]

167   Die gesetzliche Definition des Begriffs „**Gesamtbezüge**" iSd Nr. 9 lit. b erfasst hauptsächlich Versorgungsleistungen und weicht damit von Nr. 9 lit. a ab. Zu den Gesamtbezügen iSv. Nr. 9 lit. b zählen gemäß gesetzlicher Definition Abfindungen, Ruhegehälter, Hinterbliebenenbezüge und Leistungen verwandter Art. **Abfindungen** sind Zahlungen an das frühere Mitglied eines Organs aus Anlass seines Ausscheidens. Darunter fällt auch die Fortzahlung der Bezüge für einen gewissen Zeitraum nach dessen Ausscheiden. Diese Abfindung ist vollständig im Jahr der Passivierung anzugeben, da Bezüge, die nicht ausgezahlt, sondern in Ansprüche anderer Art umgewandelt werden, ebenfalls der Angabepflicht unterliegen.[284]

168   Mit den Begriffen „**Ruhegehälter**" und „**Hinterbliebenenbezüge**" werden die laufenden Leistungen an das frühere Organmitglied oder seine Hinterbliebenen bezeichnet. Ob es sich um Geld- oder Sachleistungen handelt, spielt für die Angabepflicht ebenso wenig eine Rolle wie die Frage, ob zusätzlich einmalige Zahlungen geleistet werden.[285] Selbst freiwillige Leistungen dieser Art werden erfasst.

169   **Leistungen verwandter Art** schließlich sind dadurch gekennzeichnet, dass sie den vorgenannten Leistungen wirtschaftlich ähneln. Hierzu gehört etwa die Ausbildungsbeihilfe für Kinder der genannten Personen.[286] Bezüge eines ehemaligen Organmitglieds aufgrund eines Beratervertrags sind anzugeben, wenn es sich um ein verdecktes Ruhegehalt handelt.

---

[279] BeBiKo/Grottel Rn. 270.
[280] BeBiKo/Grottel Rn. 273.
[281] ADS Rn. 187; HdR/Oser/Holzwarth §§ 284–288 Rn. 283. Weitergehend BeBiKo/Grottel Rn. 276 (unabhängig von der Ausweispflicht der Vorgängergesellschaft).
[282] ADS Rn. 189.
[283] ADS Rn. 186; GK-HGB/Lezius Rn. 280.
[284] BeBiKo/Grottel Rn. 275.
[285] HKMS/Haferkorn/Diemers Rn. 102.
[286] ADS Rn. 188–190.

Dies wird insbesondere in den Fällen anzunehmen sein, in denen das Organmitglied keine nennenswerte Beraterleistung erbringt und die Gesellschaft das auch nicht erwartet. In **Nr. 9 lit. b S. 2** wird auf Nr. 9 lit. a S. 2, 3 verwiesen.

b) Angabe der Pensionsrückstellungen (Nr. 9 lit. b S. 3). Die Gesellschaft ist ver- **170** pflichtet, den Betrag der für die betroffenen Personengruppen gebildeten und nicht gebildeten Rückstellungen für laufende Pensionen und Anwartschaften auf Pensionen anzugeben. Mit der Formulierung **„für diese Personengruppe"** sind alle früheren Mitglieder der bezeichneten Organe und deren Hinterbliebenen gemeint.[287] Hiernach angabepflichtig sind daher auch Rückstellungen für Anwartschaften vorzeitig ausgeschiedener Mitglieder.[288]

Entgegen dem Wortlaut sind die Angaben für jede der in Nr. 9 **genannten Personen-** **171** **gruppen getrennt** vorzunehmen.[289] Dies ergibt sich aus Art. 43 Abs. 1 Nr. 12 RL 78/ 660/EWG (4. EG-Richtlinie), wonach die für jede Personengruppe gebildeten bzw. nicht gebildeten Pensionsrückstellungen gesondert anzugeben sind. Erforderlich ist daher ggf. für jede Personengruppe die Angabe zweier Beträge, einen für die gebildeten Pensionsrückstellungen und einen für die nicht gebildeten Rückstellungen.

Führt die Ausübung des Beibehaltungswahlrechts iSv Art. 67 Abs. 1 S. 2 EGHGB zu **172** einer Überdeckung, ist der Betrag gem. Art. 67 Abs. 1 S. 4 EGHGB gesondert im Anhang anzugeben.[290] Bei dem anzugebenden Betrag für nicht gebildete Pensionsrückstellungen handelt es sich zugleich um einen Teilbetrag des nach **Art. 28 Abs. 2 EGHGB, Art. 48 Abs. 6 EGHGB und Art. 67 Abs. 2 EGHGB** im Anhang ebenfalls anzugebenden Betrags der in der Bilanz nicht ausgewiesenen Rückstellungen für laufende Pensionen, Anwartschaften auf Pensionen und ähnliche Verpflichtungen.

5. Angabe der gewährten Vorschüsse und Kredite sowie der Haftungsverhält- **173** **nisse (Nr. 9 lit. c). a) Allgemeines.** Die Gesellschaften sind verpflichtet, die den Mitgliedern des Geschäftsführungsorgans, eines Aufsichtsrats, eines Beirats oder einer ähnlichen Einrichtung gewährten Vorschüsse und Kredite unter Angabe der Zinssätze, der wesentlichen Bedingungen und der ggf. im Geschäftsjahr zurückgezahlten oder – seit dem BilRUG zur Umsetzung von Art. 16 Abs. 1 lit. e Bilanz-RL – erlassenen Beträge sowie die zugunsten der genannten Personen eingegangenen Haftungsverhältnisse anzugeben. Diese Angabepflicht zielt darauf ab, die **finanziellen Verflechtungen** zwischen der Gesellschaft und ihren Organen sowie den diesen gleichgestellten Gremien zu verdeutlichen. Zugleich soll der Gefahr vorgebeugt werden, dass sich Organmitglieder verschleiert, also ohne Kenntnis der Jahresabschlussempfänger, Kredit verschaffen. Überschneidungen mit der Angabepflicht nach Nr. 21 sind möglich.

Nr. 9 lit. c gilt für alle Kapitalgesellschaften. Die Angabepflicht hängt nicht davon ab, **174** ob der Kredit entgegen § 43a GmbHG oder § 89 Abs. 1 AktG, § 115 Abs. 1 AktG gewährt wurde. Nr. 9 lit. c gilt auch für die haftungsbeschränkten Personenhandelsgesellschaften iSd § 264a, etwa bei Krediten an die Mitglieder der Geschäftsleitung der Komplementär-Kapitalgesellschaft.[291] Die Angabepflicht besteht auch, wenn eine **KGaA** ihrem persönlich haftenden Gesellschafter einen Kredit gewährt, obwohl eine Vermerkpflicht nach § 286 Abs. 2 S. 4 AktG besteht.[292] Anstelle der in Nr. 9 genannten Bezüge brauchen **Genossenschaften** lediglich die Forderungen anzugeben, die der Genossenschaft gegen Mitglieder des Vorstands oder des Aufsichtsrats zustehen (§ 338 Abs. 3). Gemäß § 5 Abs. 2 S. 2 PublG haben Unternehmen mit Anhangpflicht iSd § 3 **PublG** die Angabepflicht gem. Nr. 9 lit. c ebenfalls zu beachten. Für **Versicherungsunternehmen** und **Kreditinstitute** gilt jeweils eine spezielle Regelung, die für Versicherungsunternehmen vollständig (§ 341a Abs. 1 S. 1

---

287   ADS Rn. 192; HdR/Oser/Holzwarth §§ 284–288 Rn. 282; BeckOGK/Kessler Rn. 117.
288   HdR/Oser/Holzwarth §§ 284–288 Rn. 285; BeBiKo/Grottel Rn. 300.
289   HKMS/Haferkorn/Diemers Rn. 104; ADS Rn. 193; GK-HGB/Lezius Rn. 29; aA HdJ/Kupsch Abt. IV/4 Rn. 192.
290   BeBiKo/Grottel Rn. 302.
291   BeBiKo/Grottel Rn. 330.
292   Sethe DB 1998, 1044 (1047).

iVm § 51 Abs. 1 S. 1 RechVersV) und für Kreditinstitute mit Ausnahme der Angabe der Zinssätze, der wesentlichen Bedingungen und der Tilgungen (§ 340a Abs. 2 S. 1 iVm § 34 Abs. 2 Nr. 2 RechKredV) mit Nr. 9 lit. c übereinstimmt. Die Erleichterung des § 286 Abs. 4 gilt für Nr. 9 lit. c nicht. Verzichten **Kleinstkapitalgesellschaften** iSd § 267a nach § 264 Abs. 1 S. 5 auf einen Anhang, müssen sie ua die Angaben nach Nr. 9 lit. c unter der Bilanz angeben.

175   **b) Der betroffene Personenkreis.** Die Angabe hat für jede der bezeichneten Personengruppen (Geschäftsführung, Aufsichtsrat, Beirat, ähnliche Einrichtung) getrennt zu erfolgen. Da der Eingangssatz zu Nr. 9 auch für Nr. 9 lit. c gilt, bezieht sich die Angabepflicht allein auf die amtierenden Mitglieder der Verwaltungsorgane und **nicht** auch auf **ehemalige Mitglieder** und ihre Hinterbliebenen (wie etwa bei Nr. 9 lit. b). Nicht angabepflichtig sind zudem Kredite an Organmitgliedern nahestehende Personen. Dieses Ergebnis wird von Art. 43 Abs. 1 Nr. 13 RL 78/660/EWG (4. EG-Richtlinie) bestätigt, wonach nur die an tätige Mitglieder gewährten Kredite etc angegeben werden müssen.[293] Allerdings ist der Wegfall der Angabepflicht zu vermerken, um nicht den Eindruck zu erwecken, der Kredit sei zurückgezahlt worden.

176   Maßgeblich für die Angabepflicht ist die Mitgliedschaft im betreffenden Gremium am **Bilanzstichtag;** auf die Mitgliedschaft im Zeitpunkt der Kreditgewährung oder der Begründung eines Haftungsverhältnisses kommt es nicht an.[294] Kredite, die vor dem Beginn der Organstellung dem Kreditnehmer gewährt wurden, sind erst zu dem Zeitpunkt einzubeziehen, in dem der Kreditnehmer Organmitglied wird. Die Angabepflicht entfällt mit Beendigung der Organzugehörigkeit.[295]

177   Wird ein Kredit oder ein Haftungsverhältnis zugunsten eines **Arbeitnehmers im Aufsichtsrat** gewährt bzw. eingegangen, ist darauf abzustellen, ob dieses Rechtsgeschäft in seiner Eigenschaft als Arbeitnehmer oder als Aufsichtsratsmitglied (§ 115 AktG) vorgenommen wurde. Ein Kredit, den das Aufsichtsratsmitglied als Arbeitnehmer erhalten hat, ist nicht einzubeziehen. Diese Trennung kann im Einzelfall schwer vorzunehmen sein. Für eine Kreditnahme als Arbeitnehmer kann etwa sprechen, dass ein Kredit zu denselben Bedingungen auch anderen Arbeitnehmern gewährt wird.

178   Sind die Organmitglieder zugleich Gesellschafter, kommt es bei der GmbH zu einer **doppelten Angabe** gem. § 42 Abs. 3 GmbHG; beide Angaben können zusammengefasst werden. Nach dieser Vorschrift sind Ausleihungen, Forderungen und Verbindlichkeiten gegenüber Gesellschaftern in der Regel als solche jeweils gesondert auszuweisen oder im Anhang zu vermerken.

179   **c) Die einzelnen Angaben.** Maßgeblich ist das Bestehen der Kreditverpflichtung im Geschäftsjahr. Die Angabe ist auch dann erforderlich, wenn die Kreditverpflichtung noch im selben Geschäftsjahr – durch Rückzahlung, Aufrechnung oder Erlass etc – vollständig erfüllt worden ist.[296] Dies führt dazu, dass die **gesamte Entwicklung** der Vorschüsse und Kredite im Geschäftsjahr anzugeben ist. Dazu gehören Zugänge, Rückzahlungen und der Endstand zum Bilanzstichtag. Diese Pflicht zur umfassenden Offenlegung wird vor allem dadurch zum Ausdruck gebracht, dass nicht nur die am Stichtag des Jahresabschlusses bestehenden Ansprüche der Gesellschaft und die bestehenden Haftungsverhältnisse anzugeben sind, sondern auch die im Geschäftsjahr gewährten Summen einschließlich evtl. zurückgezahlter Beträge.[297] Anzugeben sind die **Nominalbeträge** der Kredite oder Vorschüsse und die Rückzahlungsbeträge. Wertberichtigungen bleiben unberücksichtigt.[298]

---

[293]   Krit. dazu BeckOGK/Kessler Rn. 132, der darin eine Möglichkeit zur Umgehung der Angabepflicht sieht.
[294]   BeBiKo/Grottel Rn. 333; HdR/Oser/Holzwarth §§ 284–288 Rn. 288.
[295]   Ebenso ADS Rn. 197; BeBiKo/Grottel Rn. 333; GK-HGB/Lezius Rn. 30; aA HdR/Oser/Holzwarth §§ 284–288 Rn. 288: Berichtspflicht solle bestehen bleiben und sich auf den Zeitraum bis zum Ausscheiden erstrecken.
[296]   ADS Rn. 196; BeBiKo/Grottel Rn. 332; iErg auch GK-HGB/Lezius Rn. 30.
[297]   ADS Rn. 196; BeBiKo/Grottel Rn. 332; WP-HdB Bd. I F Rn. 1072.
[298]   ADS Rn. 198; BeBiKo/Grottel Rn. 332.

aa) Vorschüsse. Bei Vorschüssen handelt es sich um **Vorauszahlungen** der Gesell- **180** schaft an das Organmitglied auf ihm zustehende, aber zum Bilanzstichtag noch nicht fällige Ansprüche, etwa auf Gehalt, Gewinnbeteiligungen, Tantieme oder Provision.[299] Ein Vorschuss wird zumeist mit den fälligen Bezügen verrechnet. Er unterliegt selbst dann der Angabepflicht, wenn er zum Ende des Geschäftsjahrs vollständig verrechnet worden ist oder für die betreffenden Bezüge eine Rückstellung gebildet wurde. Keine Pflicht zur Angabe besteht hingegen, wenn der Vorschuss sich auf nicht angabepflichtige Auslagen bezieht.[300] Eine Saldierung ist stets unzulässig.

bb) Kredite. Unter den **Kreditbegriff** nach Nr. 9 lit. c fallen alle Arten von Darle- **181** hensgewährungen, also auch Abzahlungskredite, Kontokorrentkredite, Wechsel- und Scheckkredite oder Warenkredite, solange sie von der Gesellschaft gewährt werden. Eine Zahlungsfrist bzw. eine Stundung stellt solange keinen Kredit dar, wie sie üblicherweise auch Dritten gegenüber gewährt werden würde. Gleiches gilt für die verkehrsüblichen Verpflichtungen auf Lieferung und Leistung.[301] Abzustellen ist stets auf die Nennbeträge der Kredite und nicht auf die Bilanzwerte.

cc) Zinssätze. Bei Krediten und ggf. auch bei Vorschüssen sind die **Zinssätze** anzuge- **182** ben. Wurde ein Kredit unverzinslich gewährt, ist auch dies anzugeben. Die konkreten Zinsbeträge fallen nicht unter die Angabepflicht. Da der Gesetzgeber den Plural „Zinssätze" verwendet, ist daraus zwar zu folgern, dass jeder einzelne Zinssatz genannt werden müsste; eine Zusammenfassung ähnlicher Zinssätze ist aber möglich. Dies folgt aus dem Grundsatz der Wesentlichkeit. Sind verschiedene Zinssätze vereinbart, ist zumindest die Bandbreite anzugeben.

dd) Wesentliche Bedingungen und erlassene Beträge. Nach Nr. 9 lit. c sind auch **183** die **wesentlichen Kreditbedingungen** anzugeben. Hierunter sind Laufzeit, Tilgungsmodalitäten, Sicherheiten und ggf. bestehende außerordentliche Kreditbedingungen, wie etwa Stundungen oder Erlassvereinbarungen zu verstehen.[302] Letztere sind mit Änderung durch das BilRUG ausdrücklich im Wortlaut der Vorschrift vorgesehen. Da erlassene Beträge bereits zuvor zu den wesentlichen Bedingungen gezählt wurden, ergeben sich hieraus lediglich eine klarstellende aber keine inhaltliche Gesetzesänderung.[303] Störungen bei Rückzahlungen sind nicht anzugeben. Nicht ausreichend ist die allgemein gehaltene und wenig aussagekräftige Angabe, dass es sich um marktübliche Bedingungen handelt.[304]

ee) Zurückgezahlte Beträge. Nr. 9 lit. c schreibt vor, dass die im Geschäftsjahr auf **184** die Kredite **zurückgezahlten Beträge** ebenfalls anzugeben sind. Diese Angabepflicht zielt auf die tatsächlich der Gesellschaft zugeflossenen Tilgungen ab und nicht etwa auf Veränderungen, die sich aus einer Statusänderung der betroffenen Person ergeben. Das Gesetz will die gesamten finanziellen Bewegungen zwischen der Gesellschaft und den aktiven Mitgliedern der Gremien erfassen (Anfangsbestand, Zugänge, Rückführungen, Endbestand). Daher sind auch Rückzahlungen auf im Geschäftsjahr gewährte kurzfristige Kredite und Verrechnungen mit den Vorschüssen zu erfassen.[305]

ff) Haftungsverhältnisse. Der Inhalt des Begriffs „**Haftungsverhältnis**" ergibt sich **185** aus §§ 251, 268 Abs. 7. Hierzu gehören insbesondere Bürgschaften und das Einräumen von Sicherheiten nach § 251. Angabepflichtig sind nur bereits eingegangene Haftungsverhältnisse. Gesetzlich ist die Angabe von Beträgen nicht vorgeschrieben, so dass verbale Ausfüh-

---

[299] ADS Rn. 219; Beck HdR/Andrejewski B 40 Rn. 347.
[300] ADS Rn. 219.
[301] BeBiKo/Grottel Rn. 336.
[302] ADS Rn. 202; Beck HdR/Andrejewski B 40 Rn. 344.
[303] Begr. RegE BilRUG, BT-Drs. 18/4050, 65.
[304] BeBiKo/Grottel Rn. 339.
[305] BeBiKo/Grottel Rn. 340.

rungen zu den Haftungsverhältnissen für jede einzelne Personengruppe ausreichen.[306] Betragsangaben sind allerdings zulässig.[307] Sind die Angaben zu den Haftungsverhältnissen auch in den Informationen nach § 268 Abs. 7 enthalten oder fallen sie unter die Angabepflicht nach § 251, kommt es zu einer doppelten Berichterstattung.

186   **d) Darstellung der Kreditbedingungen und der Kreditentwicklung.** Die erforderlichen Angaben haben insgesamt für jedes Organ zu erfolgen und dürfen nicht auf einzelne Organmitglieder bezogen sein. Dabei ist die **Entwicklung** der Vorschüsse und Kredite während des Geschäftsjahrs anzugeben. Die Angaben beschränken sich also nicht auf die Höhe der Vorschüsse und Kredite am Abschlussstichtag und den Betrag der im Geschäftsjahr zurückgezahlten Beträge. Bei unterschiedlichen Kreditbedingungen sind die Kreditbeträge zu unterteilen, wobei der Grundsatz der Wesentlichkeit zu beachten ist. Nur bei wesentlichen Veränderungen sind entsprechende Hinweise zu geben. Durch eine tabellarische Übersicht kann man die Angaben zweckmäßig darstellen.[308]

XII. Mitglieder des Geschäftsführungsorgans und eines Aufsichtsrats (Nr. 10)

187   **1. Allgemeines.** Im Anhang ist jedes Mitglied des Geschäftsführungsorgans und eines Aufsichtsrats mit seinem Familiennamen und mindestens einem ausgeschriebenen Vornamen, einschließlich des ausgeübten Berufs anzugeben, auch wenn es im Geschäftsjahr oder später ausgeschieden ist. Bei börsennotierten Gesellschaften ist zudem die Mitgliedschaft in Aufsichtsräten und anderen Kontrollgremien iSd § 125 Abs. 1 S. 3 AktG angabepflichtig. Der Vorsitzende eines Aufsichtsrats, seine Stellvertreter und ein etwaiger Vorsitzender des Geschäftsführungsorgans sind als solche zu bezeichnen.

188   Diese Angabepflicht geht nicht auf die RL 78/660/EWG (4. EG-Richtlinie) zurück, sondern stellt originäres deutsches Recht dar.[309] Die Angabepflicht nach Nr. 10 wurde durch das KonTraG erweitert und soll die Transparenz erhöhen.[310] So wird zum einen der **Anonymität** vor allem in der AG entgegengewirkt. Zum anderen werden diejenigen Personen herausgestellt, die für die Rechnungslegung und für die Vorgänge verantwortlich sind, über die Rechnung gelegt wird. Die Angaben sind jährlich wiederkehrend zu machen, selbst wenn keine Veränderungen vorliegen. Die Berichtspflicht ist nur von großen und mittelgroßen **Kapitalgesellschaften** sowie denjenigen **publizitätspflichtigen Unternehmen** zu erfüllen, die einen Anhang aufzustellen haben. Kleine Kapitalgesellschaften sind gem. § 288 Abs. 1 Nr. 1 seit dem BilRUG von der Angabepflicht befreit. Haftungsbeschränkte Personenhandelsgesellschaften iSd § 264a müssen § 264a Abs. 2 beachten, wonach die Mitglieder des Geschäftsführungsorgans der unbeschränkt haftenden Kapitalgesellschaft anzugeben sind. Bei der **KGaA** sind die persönlich haftenden Gesellschafter zu nennen, soweit sie nach der Satzung zur Geschäftsführung und zur Vertretung berechtigt sind (§ 278 Abs. 2 iVm § 283 AktG). Für **Genossenschaften** enthält § 338 Abs. 2 Nr. 2 eine ähnliche Regelung. Die Angabepflicht nach Nr. 10 ist auf die bergrechtliche Gewerkschaft, den wirtschaftlichen Verein, die rechtsfähige Stiftung des bürgerlichen Rechts und auf öffentlich-rechtliche Körperschaften anzuwenden, sofern sie unter § 5 Abs. 2 **PublG** fallen.

189   **2. Umfang der Angabepflicht. a) Mitglieder des Geschäftsführungsorgans und eines Aufsichtsrats.** Die Berichtspflicht erfasst sämtliche Mitglieder des Geschäftsführungsorgans und eines Aufsichtsrats, die während des Geschäftsjahrs dem Organ angehören, in diesem Zeitraum in das Gremium berufen wurden oder aus ihm ausgeschieden sind. Ist

---

306   ADS Rn. 203; WP-HdB Bd. I F Rn. 1075; BeBiKo/Grottel Rn. 337; HdJ/Kupsch Abt. IV/4 Rn. 195; Beck HdR/Andrejewski B 40 Rn. 348.
307   ADS Rn. 203; WP-HdB Bd. I F Rn. 1075 BeBiKo/Grottel Rn. 337; HdJ/Kupsch Abt. IV/4 Rn. 195.
308   Vgl. dazu die Bsp. bei Winnefeld Bilanz-HdB J XI Rn. 301.
309   Zur systematischen Stellung dieser Angabepflicht und einer möglichen Verlagerung in den Corporate Governance Bericht nach § 289f durch den Gesezgeber, s. Hommelhoff, Von der Erklärung zur Unternehmensführung zum Corporate Governance Bericht in Priester/Heppe/Westermann, Praxis und Lehre im Wirtschaftsrecht, 1. Aufl. 2018, S. 201.
310   BegrRegE KonTraG BT-Drs. 13/9712, 27.

ein Ehrenvorsitzender kein bestelltes Organmitglied – wie dies zumeist der Fall sein dürfte – braucht er nicht angegeben zu werden. Für einen nach dem MitbestG bestellten Arbeitsdirektor besteht ebenfalls keine Angabepflicht.[311]

Das Gesetz enthält keine Informationen darüber, bis zu welchem **Zeitpunkt die** 190 **Berichtspflicht** gilt. Die Angabepflicht ist Bestandteil des Anhangs, der als Teil des Jahresabschlusses prüfungspflichtig ist. Mit der Aufstellung kann aber nicht bis zum Tag der Beschlussfassung gewartet werden. Als Stichtag muss daher der Tag der Aufstellung des Jahresabschlusses gelten.[312]

Scheidet das Mitglied erst nach der Aufstellung des Jahresabschlusses **aus,** kann sich 191 die Angabe auf das Ausscheiden nicht mehr erstrecken.[313] Werden Organmitglieder **nach Abschluss** des Geschäftsjahrs, aber vor Abschluss der Aufstellung des Jahresabschlusses **bestellt,** sind sie anzugeben.[314] Darüber hinaus müssen für diejenigen Mitglieder, die nicht während des ganzen Geschäftsjahrs dem jeweiligen Organ angehören, der Beginn bzw. das Ende ihrer Amtszeit angegeben werden. Ersatzmitglieder des Aufsichtsrats nach § 101 Abs. 3 S. 2 AktG sind erst dann in den Anhang aufzunehmen, wenn sie mit Ausscheiden des bestellten Aufsichtsratsmitglieds tatsächlich Mitglied des Aufsichtsrats werden.[315]

Besteht kein Aufsichtsrat, entfällt die Angabe. Hat die Gesellschaft einen **Aufsichtsrat** 192 auf **freiwilliger Basis** gebildet, besteht die Angabepflicht nur, wenn dessen Aufgaben im Wesentlichen denen der gesetzlichen Regelung entsprechen.[316] Ist anstelle des Aufsichtsrats ein Beirat gebildet worden, der mit entsprechenden Aufgaben und Befugnissen ausgestattet ist, müssen die Namen seiner Mitglieder angegeben werden.[317]

Nach Nr. 10 sind der **Familienname** und mindestens ein ausgeschriebener **Vorname** 193 jedes Mitglieds der genannten Gremien anzugeben. Ferner ist nunmehr der ausgeübte **Beruf** angabepflichtig; weitere Angaben, wie etwa der Wohnort, sind zulässig. Bei der Berufsangabe ist der tatsächlich ausgeübte Hauptberuf anzugeben. Auf den erlernten Beruf kommt es nicht an; allgemeine Beschreibungen reichen nicht aus. Bei der Berufsangabe ist die Tätigkeit zu nennen, die die tatsächlich anfallenden Arbeitsaufgaben umfasst.[318] Es kommt auf die Berufstätigkeit zum Zeitpunkt der Erstellung des Anhangs an. Der Vorsitzende eines Aufsichtsrats, seine Stellvertreter und ein etwaiger Vorsitzender des Geschäftsführungsorgans sind als solche zu bezeichnen (Nr. 10 S. 2). Über den Wortlaut hinaus werden die stellvertretenden Mitglieder des Geschäftsführungsorgans in der Praxis ebenfalls genannt.[319] Für die GmbH wird hier zT aus § 44 GmbHG sogar eine entsprechende Verpflichtung abgeleitet.[320] Vergleichbares gilt für den Sprecher eines Geschäftsführungsorgans, obwohl dessen Stellung nicht mit der eines Vorsitzenden übereinstimmt. Die Angabepflicht besteht auch dann, wenn zugleich eine Gesellschafter- oder Aktionärsstellung vorliegt. Ein entsprechender Hinweis ist nicht erforderlich.

b) Angabe zur Mitgliedschaft in Aufsichtsräten. Mit dem KonTraG wurde die 194 Angabepflicht nach Nr. 10 für börsennotierte Gesellschaften erweitert. Diese müssen auch Angaben zur Mitgliedschaft der Organmitglieder in **Aufsichtsräten** und anderen Kontrollgremien machen (§ 124 Abs. 3 S. 4, 5 AktG, § 125 Abs. 1 S. 5 AktG). Der Gesetzgeber bezweckt damit, mögliche **Interessenkonflikte** und die individuelle Belastung der Organ-

---

[311] Glade Praxishandbuch Rn. 103.
[312] BeBiKo/Grottel Rn. 352.
[313] ADS Rn. 208; HKMS/Haferkorn/Diemers Rn. 115.
[314] ADS Rn. 208.
[315] HKMS/Haferkorn/Diemers Rn. 115.
[316] HKMS/Haferkorn/Diemers Rn. 116; ADS Rn. 207; HdJ/Kupsch Abt. IV/4 Rn. 217. Wohl auch KKRD/Morck/Drüen Rn. 13. Weitergehend Winnefeld Bilanz-HdB J XI Rn. 310.
[317] ADS Rn. 207; BeBiKo/Grottel Rn. 357; EBJS/Böcking/Gros/Wirth Rn. 12; Wiedmann/Böcking/ Gros Rn. 12.
[318] BeBiKo/Grottel Rn. 353.
[319] HKMS/Haferkorn/Diemers Rn. 118; Winnefeld Bilanz-HdB J XI Rn. 310. Vgl. auch GK-HGB/Lezius Rn. 31: „braucht nicht angegeben zu werden". Ohne Differenzierung: Staub/Meyer Rn. 79.
[320] ADS Rn. 209.

mitglieder offenzulegen. Die erhöhte Transparenz soll auch den Finanzanlegern zu Gute kommen. Um der Angabepflicht zu genügen, sind alle Mandate in gesetzlichen Aufsichtsräten unter Nennung der jeweiligen Unternehmen anzugeben. Zu den **anderen Kontrollgremien** gehören Gremien in in- und ausländischen Wirtschaftsunternehmen iSd § 125 Abs. 1 S. 5, die dem Aufsichtsrat vergleichbar sind.[321] Einrichtungen karitativer, wissenschaftlicher oÄ Art sind keine Wirtschaftsunternehmen, so dass hieraus keine Angabepflicht resultiert. Dem Aufsichtsrat vergleichbare Kontrollgremien sind der Verwaltungsrat öffentlich-rechtlicher Unternehmen, der Beirat, Gesellschafterausschuss oder das Board of Directors einer britischen Limited Company.[322] Da es um die Offenlegung der Belastungs- und Konfliktsituation auf Seiten des Organmitglieds geht, besteht die Angabepflicht unabhängig davon, ob eine Vergütung für die Kontrolltätigkeit gezahlt wird.[323]

XIII. Beteiligungen an anderen Unternehmen (Nr. 11)

195   **1. Allgemeines.** Nr. 11 formuliert eine besondere Angabepflicht für den Fall, dass die Gesellschaft Beteiligungen iSd § 271 Abs. 1 an einem Unternehmen hält oder ein solcher Anteil von einer Person für Rechnung der Kapitalgesellschaft gehalten wird. Mit der durch das BilRUG neuformulierten Angabepflicht wird die Regelung des Art. 17 Abs. 1 lit. g Bilanz-RL umgesetzt. Bis zum BilRUG hatte der Gesetzgeber das ihm in Art. 43 Abs. 1 Nr. 2 RL 78/660/EWG (4. EG-Richtlinie) eingeräumte Wahlrecht genutzt und die angabepflichtige Beteiligungshöhe auf die maximal mögliche Höhe von 20% festgesetzt. Seit dem BilRUG sind nun zur Vereinfachung alle Beteiligungen iSd § 271 Abs. 1 angabepflichtig (→ § 271 Rn. 4 ff.).[324] Für **börsennotierte Kapitalgesellschaften** gilt zudem die gesonderte Pflicht gem. Nr. 11b zur Angabe ihrer Beteiligungen an großen Kapitalgesellschaften von mehr als 5% der Stimmrechte (→ Rn. 227 ff.).

196   Mit der Angabepflicht nach Nr. 11 soll dem Adressaten des Jahresabschlusses ein Einblick in die Kapitalverflechtungen der Gesellschaft gewährt und die wichtigsten Informationen zu der Beteiligung an anderen Unternehmen offengelegt werden.[325] Insgesamt wird durch die Angabe nach Nr. 11 die Vermögens-, Finanz- und Ertragslage des berichtenden Unternehmens genauer dargestellt. Auf diese Weise werden aber auch Daten von Unternehmen, die selbst gar nicht publizitätspflichtig sind, einem breiten Publikum zugänglich gemacht.

197   Nr. 11 verpflichtet zwar nach seinem Wortlaut ausdrücklich nur **Kapitalgesellschaften;** durch den Verweis des § 264a gilt die Angabepflicht darüber hinaus aber auch für die darin genannten **haftungsbeschränkten Personenhandelsgesellschaften.** Die Bestimmung gilt auch für Unternehmen, die gem. § 5 Abs. 2 **PublG** Rechnung zu legen haben, für **Kreditinstitute** (§ 340a Abs. 1 S. 1 iVm § 34 Abs. 1 S. 1 RechKredV), **Versicherungsunternehmen** (§ 340a Abs. 1 S. 1 iVm § 51 Abs. 1 S. 1 RechVersV) und eingetragene Genossenschaften (§ 336 Abs. 2 S. 1). Ein freiwillig offengelegter, nach den in § 315e Abs. 1 bezeichneten internationalen Rechnungslegungsstandards aufgestellter Einzelabschluss muss ebenfalls die Angabepflicht nach Nr. 11 erfüllen (§ 325 Abs. 2a). Die Angabepflicht erstreckt sich auf den Namen und den Sitz des anderen Unternehmens, die Höhe des Anteils am Kapital des anderen Unternehmens, das Eigenkapital und das Ergebnis des letzten Geschäftsjahrs des anderen Unternehmens, für das ein Jahresabschluss vorliegt.

198   Eine **Ausnahmevorschrift** zur Angabepflicht enthält § 286 Abs. 3 (→ § 286 Rn. 37 ff.). Demnach können die Angaben nach Nr. 11, 11b jeweils unterbleiben, soweit sie für die Darstellung der Vermögens-, Finanz- und Ertragslage von untergeordneter Bedeutung (Nr. 1) oder geeignet sind (Nr. 2), der berichtspflichtigen Gesellschaft oder dem

---

[321]   Staub/Meyer Rn. 79.
[322]   BeBiKo/Grottel Rn. 355; HKMS/Haferkorn/Diemers Rn. 119; KKRD/Morck/Drüen Rn. 13; ausf. hierzu Schröer ZIP 1999, 1163 (1165).
[323]   BeBiKo/Grottel Rn. 355; Staub/Meyer Rn. 79.
[324]   Begr. RegE BilRUG, BT-Drs. 18/4050, 65.
[325]   BeBiKo/Grottel Rn. 360.

anderen Unternehmen einen erheblichen Nachteil zuzufügen (→ § 286 Rn. 47 ff.). Die
bislang nach § 287 S. 1 anstelle der Angabe im Anhang auch mögliche gesonderte Angabe
der Nr. 11 in einer Aufstellung des Anteilsbesitzes[326] ist nach Aufhebung des § 287 durch
das BilMoG ab dem Geschäftsjahr, das nach dem 1.1.2010 beginnt, nicht mehr zulässig
(Art. 66 Abs. 5 EGHGB).

Die Angabe nach Nr. 11 lässt die Regelung des **§ 160 Abs. 1 Nr. 7 AktG** unberührt,   **199**
wonach Aktiengesellschaften im Anhang Angaben über das Bestehen wechselseitiger Beteiligungen machen müssen. Eine AG hat zudem im Anhang das Bestehen einer Beteiligung
an der Gesellschaft anzugeben, die ihr nach § 20 Abs. 1 oder 4 AktG mitgeteilt worden ist
(§ 160 Abs. 1 Nr. 8 AktG).

2. Angabepflichtige Unternehmensbeteiligungen. a) Beteiligung iSv § 271   **200**
Abs. 1. Die Angabepflicht nach Nr. 11 erstreckt sich auf alle Unternehmen, an denen die
berichtende Gesellschaft eine Beteiligung iSv § 271 Abs. 1 hält. Die **Rechtsform** derjenigen Unternehmen, an denen Beteiligungen bestehen, spielt dabei keine Rolle. Ebenso
wenig kommt es auf die Frage an, ob die Anteile verbrieft sind und ob sich der Sitz der
anderen Unternehmen im **In- oder Ausland** befindet.[327] Anzugeben sind daher auch
Anteile an **Unternehmen ausländischen Rechts.** Beteiligungen an BGB-Gesellschaften
sind nur dann anzugeben, wenn die **GbR** einen wirtschaftlichen Zweck verfolgt.[328] Gleiches
gilt für **Arbeitsgemeinschaften,** selbst wenn diese nicht auf Dauer angelegt sind.[329] Auch
Beteiligungen an **Gemeinschaftsunternehmen** (*joint ventures*) mit Unternehmenseigenschaft sind regelmäßig anzugeben.

Mit dem Verweis auf § 271 Abs. 1 durch das BilRUG fällt die bisherige Begrenzung   **201**
auf Beteiligungen von mindestens 20% der Anteile weg (hierzu → § 271 Rn. 13 f.). Gemäß
§ 271 Abs. 1 S. 3 besteht lediglich eine Vermutung für die Annahme einer Beteiligung,
wenn das berichtende Unternehmen mit einem Mindestprozentsatz von 20% beteiligt ist.
Jedoch ist eine angabepflichtige Beteiligung auch unterhalb dieser Schwelle anzunehmen,
wenn weitere Umstände hinzutreten.[330]

Nach dem Gesetzeswortlaut kommt es nur auf die Anteile, dh die Kapitalanteile, **nicht**   **202**
aber auf die **Stimmrechte** an; die Angabepflicht knüpft ausschließlich an einen Prozentsatz
an.[331] Mit dem Begriff **Anteile** sind die Mitgliedschaftsrechte gemeint, die Vermögens-
und Verwaltungsrechte, wie etwa die Teilnahme an Gewinn und Verlust, Bezugsrechte,
Mitsprache- und Kontrollrechte umfassen. Auch wenn dem einzelnen Gesellschafter keine
„Anteile" an **Personen(handels)gesellschaften** zustehen, ist er in Höhe seiner Beteiligungsquote am Kapital in Form des gesamthänderisch gebundenen Vermögens des Unternehmens beteiligt.[332] Beteiligungen an Personen(handels-)gesellschaften innerhalb des
Finanzanlagevermögens sind bei dauerhafter Beteiligungsabsicht daher als Anteile iSv § 271
Abs. 1 auszuweisen.[333] Bei Personen(handels)gesellschaften ist nicht die Höhe des Anteilsbesitzes, sondern die Beteiligungsquote am Eigenkapital bzw. am gesamthänderisch gebundenen Vermögen maßgebend. Nr. 11 ist grds. auch auf eine **Komplementär-Gesellschaft**
anzuwenden. Obwohl es sich bei einem Genossenschaftsanteil nicht um eine Beteiligung
iSv § 271 Abs. 1 S. 5 handelt, stellt er ein Mitgliedschaftsrecht an einem Unternehmen
dar.[334]

Eine **stille Beteiligung** an anderen Unternehmen (§§ 230–236) fällt jedoch regelmäßig   **203**
nicht unter die Angabepflicht, da es sich hierbei nicht um eine mitgliedschaftsrechtliche

326 Vgl. dazu MüKoHGB/Lange, 2. Aufl. 2008, § 287 Rn. 6 ff.
327 Baumbach/Hueck/Schulze-Osterloh, 18. Aufl. 2006, GmbHG § 42 Rn. 531.
328 Beck HdR/Andrejewski B 40 Rn. 373; BeBiKo/Grottel Rn. 366; Hopt/Merkt Rn. 12; Ulmer ZIP
     2001, 585; HdJ/Kupsch Abt. IV/4 Rn. 233.
329 Dill DB 1987, 752 (754). IErg ebenso BeBiKo/Grottel Rn. 366.
330 Begr. RegE BilRUG, BT-Drs. 18/4050, 65.
331 BeckOGK/Kessler Rn. 163.
332 Herrmann WPg 1994, 500 (501); HdJ/Kupsch Abt. IV/4 Rn. 219.
333 IDW RS HFA 18 Tz. 2.
334 BeckOGK/Kessler Rn. 157.

Beteiligung iSd § 271 Abs. 1, sondern um eine schuldrechtliche Verbindung ohne die einem Mitglied grds. zustehenden Kontroll- und Mitspracherechte handelt.[335] Etwas anderes kann ausnahmsweise gelten, wenn die stille Gesellschaft im Innenverhältnis wie eine KG strukturiert ist, der stille Gesellschafter also insbesondere wie ein Kommanditist Kontroll- und Mitspracherechte hat.[336]

204   Zur Berechnung der Beteiligungsquote nimmt § 271 Abs. 1 S. 4 auf **§ 16 Abs. 2, 4 AktG** Bezug. Die Anteilsgröße wird nicht allein aufgrund des unmittelbaren Anteilsbesitzes der Gesellschaft ermittelt. Vielmehr bestimmt sich die Höhe der Beteiligung bei Gesellschaften nach dem Verhältnis des Gesamtnennbetrags der Anteile zum Gesamtkapital des anderen Unternehmens. Als Kapital gilt bei einer **AG** das **Grundkapital;** bei einer **GmbH** das **Stammkapital.** Hat die Gesellschaft Stückaktien ausgegeben, beurteilt sich der Anteilsbesitz nach dem Verhältnis der Zahl der ihm gehörenden Aktien zur Gesamtzahl der ausgegebenen Aktien (§ 16 Abs. 2 S. 1 AktG). Die eigenen Anteile der Beteiligungsgesellschaft sind vom Grund- oder Stammkapital (Nennkapital) und bei Gesellschaften mit Stückaktien von der Gesamtzahl der Aktien abzusetzen (§ 16 Abs. 2 S. 2 AktG). Es spielt in diesem Zusammenhang keine Rolle, ob sich das Kapital aus Stamm- und Vorzugsanteilen zusammensetzt. Unbeachtlich ist auch, ob die auf den Anteil entfallende Einlage in vollem Umfang erbracht ist. Etwas anderes gilt nur, wenn vorgeschrieben ist, dass sich die Rechte der Gesellschafter nach dem eingezahlten Kapital richten. Die Berechnung der Anteilsquote bei nennwertlosen Aktien erfolgt anhand der Zahl der ausgegebenen Anteile und der von der Gesellschaft direkt oder indirekt gehaltenen Anteile. Weist ein Unternehmen kein Eigenkapital iSv § 266 A. aus, wie dies insbesondere bei ausländischen Unternehmen oder Personenhandelsgesellschaften der Fall sein kann, ist von dem Anteil auszugehen, der der Gesellschaft an der variablen Eigenkapitalgröße zum Abschlussstichtag zusteht.

205   Zuzurechnen sind die Kapitalanteile, die einem von der Gesellschaft abhängigen Unternehmen (**§ 17 AktG**) gehören und diejenigen, die einem anderen für Rechnung eines von ihr abhängigen Unternehmens gehören (**§ 16 Abs. 4 AktG**). Anders als bei § 16 Abs. 1 S. 1 AktG und bei § 290 Abs. 2 Nr. 1 genügt das Innehaben von Stimmrechten nicht. Umgekehrt kommt es für die Angabepflicht nicht darauf an, ob mit dem Anteilsbesitz zugleich das entsprechende Stimmrecht verbunden ist.[337]

206   **b) Für Rechnung der Gesellschaft handelnde Personen.** Für eine Beteiligung kommt es auf das wirtschaftliche Eigentum an den Anteilen an (§ 246 Abs. 1 S. 2). Über § 271 Abs. 1 S. 4 iVm § 16 Abs. 4 AktG hinaus erfasst die Pflichtangabe nach Nr. 11 daher auch diejenigen Sachverhalte, in denen eine andere Person Anteile an einem Unternehmen für Rechnung der Gesellschaft hält.[338] Hierbei ist ein **Treuhandverhältnis** im wirtschaftlichen Sinne ausreichend.[339] Diese von einem Dritten für die Gesellschaft **treuhänderisch** gehaltenen Anteile werden der Gesellschaft zugerechnet. Nicht angabepflichtig sind hingegen Anteile an anderen Unternehmen, die die Gesellschaft nur treuhänderisch für Dritte hält. Bei wirtschaftlicher Betrachtung sind solche Anteile allein dem Treugeber zuzurechnen.[340]

207   **c) Relevanter Zeitpunkt.** Nr. 11 schweigt zu der Frage, zu welchem Zeitpunkt der Anteilsbesitz bestehen muss, damit die Berichterstattungspflicht ausgelöst wird. Überwiegend wird auf den **Bilanzstichtag** abgestellt.[341] Auch bei der Zurechnung von Anteilen, die von anderen Personen oder Unternehmen gehalten werden, ist auf diesen Zeitpunkt abzustellen. Es ist daher stets über die Anteilsverhältnisse am Bilanzstichtag zu berichten.

---

[335] BeBiKo/Grottel Rn. 366; Beck HdR/Heymann B 231 Rn. 16; Staub/Meyer Rn. 85.
[336] ADS § 271 Rn. 7. Weitergehend Klein/Sahner ZfB-Ergänzungsheft 1/1987, 235 (241 f.).
[337] ADS Rn. 224; BeckOGK/Kessler Rn. 157.
[338] ADS Rn. 232 f.; Klein/Sahner ZfB-Ergänzungsheft 1/1987, 234 (240 ff.); Beck HdR/Andrejewski B 40 Rn. 372.
[339] Ausf. HdR/Oser/Holzwarth §§ 284–288 Rn. 311.
[340] HdR/Oser/Holzwarth §§ 284–288 Rn. 311.
[341] ADS Rn. 227; BeBiKo/Grottel Rn. 376; Gschrei BB 1990, 1587 (1588).

Gehen Anteile an einem Unternehmen in ein und demselben Geschäftsjahr zu und ab, ist hierüber nicht zu berichten. Angaben über Veränderungen des Beteiligungsbesitzes während des Geschäftsjahrs werden in Nr. 11 nicht verlangt. Sie ergeben sich zusammengefasst aus dem Anlagespiegel nach § 284 Abs. 3 (→ § 284 Rn. 93 ff.). Danach ist in der Bilanz oder im Anhang die Entwicklung der einzelnen Posten des Anlagevermögens darzustellen.

Die Angabepflicht nach Nr. 11 setzt eine Kapitalbeteiligung voraus. Bei **Kapitalerhö- 208 hungen** ist auf den Zeitpunkt abzustellen, in dem sie wirksam werden. Daher kommt es nicht auf die Beschlussfassung hierüber an.[342] Wirksam werden Kapitalerhöhungen bei Kapitalgesellschaften mit ihrer Eintragung im Handelsregister; bei Personengesellschaften kommt es auf die tatsächliche Kapitaleinzahlung an.

3. Inhalt der Pflichtangaben. Die Gesellschaft ist verpflichtet, außer dem Namen 209 und dem Sitz des Unternehmens, an dem sie gem. § 271 Abs. 1 beteiligt ist, die Höhe des Anteils am Kapital, das Eigenkapital und das Ergebnis des letzten Geschäftsjahrs dieses Unternehmens anzugeben, für das ein Jahresabschluss vorliegt. Die geforderten **Zahlenangaben** sind in EUR vorzunehmen (§ 244).

a) Name und Sitz. Name und Sitz des Unternehmens ergeben sich aus den Angaben 210 im **Handelsregister.** Ein davon abweichender Verwaltungssitz ist unbeachtlich. Hat das Unternehmen einen Doppelsitz, sind beide Sitze so wiederzugeben, wie sie im Handelsregister angegeben sind. Die Angabe einer postalischen Anschrift wird nicht verlangt. Da die Rechtsform Bestandteil des Namens ist, ist sie ebenfalls anzugeben.[343] Fehlt es an einer Eintragung im Handelsregister, richtet sich die Angabe nach dem in dem Gesellschaftsvertrag bzw. in der Satzung angegebenen Namen und Sitz des Unternehmens.[344]

b) Höhe des Anteils am Kapital. Die Höhe des Anteils am Kapital wird anhand des 211 Verhältnisses des Gesamtbetrages der der Gesellschaft gehörenden oder ihr zuzuordnenden Anteile zum Kapital der Gesellschaft ermittelt. Kapital im Sinne dieser Angabe ist das **gezeichnete Kapital.** Die Art der Kapitalanteile (Aktien, Geschäftsanteile, Kommanditanteile) ist nicht anzugeben, da sie sich zumeist aus der Rechtsform des Unternehmens ergibt. Bei Gemeinschaftsunternehmen *(joint ventures)* mit Unternehmenseigenschaft ohne Kapitaleinlage ist für die Angabe die Beteiligungsquote am gesamthänderisch gebundenen Vermögen maßgeblich.[345] Die Quote ergibt sich aus dem Gesellschaftsvertrag.

Die Höhe des Beteiligungsanteils an der Gesellschaft ist in Prozentzahlen anzugeben. 212 Eine mehr oder weniger pauschale Gruppierung in Anteilsgrößen reicht nicht aus. Um der Angabepflicht nach Nr. 11 zu genügen, müssen **genaue Angaben** zur Anteilsquote für jede Beteiligungsgesellschaft gemacht werden.[346] Eine Rundung hat dabei zu unterbleiben, da gerade durch die Angabe der Kommastellen die Qualität der Beteiligung ausgedrückt wird (zB 24,9% oder 50,1%). Die weitere Unterteilung des Anteilsbesitzes in Beteiligungen (§ 271 Abs. 1) und verbundene Unternehmen (§ 271 Abs. 2) wird zwar nicht verlangt, kann aber zweckmäßig sein.

Liegt eine **mittelbare Beteiligung** an einem Unternehmen iSv § 16 Abs. 4 AktG vor, 213 gelten diese Grundsätze entsprechend. Angabepflichtig ist die Quote der dem Tochterunternehmen gehörenden Anteile an anderen Unternehmen.

c) Angabe des Eigenkapitals und des Ergebnisses des Geschäftsjahrs. Die 214 berichtspflichtige Gesellschaft ist verpflichtet, das Eigenkapital und das Ergebnis des letzten Geschäftsjahrs dieser Unternehmen anzugeben, für das ein Jahresabschluss vorliegt. Die Berichterstattungspflicht entfällt nur, wenn der Jahresabschluss nicht offenzulegen ist und die Gesellschaft keinen beherrschenden Einfluss auf das betreffende Unternehmen ausüben kann (§ 286 Abs. 3 S. 2).

---

342 BeBiKo/Grottel Rn. 376.
343 BeckOGK/Kessler Rn. 162.
344 ADS Rn. 229; Gschrei BB 1990, 1587 (1588).
345 HFA 1/1993 WPg 1993, 441 (443).
346 ADS Rn. 231; iErg auch BeBiKo/Grottel Rn. 387.

215   Der Begriff des **Eigenkapitals** richtet sich nach dem in § 266 Abs. 3 A. iVm § 272 angeführten Posten der Bilanz. Da eine Aufgliederung nicht gefordert wird,[347] ist das Eigenkapital in einem Betrag anzugeben. Verfügt eine Gesellschaft nicht über ein festgelegtes Kapital, ist das sich aus dem vorliegenden Jahresabschluss ergebende Eigenkapital zu übernehmen.[348] Für Gesellschaften iSd § 264a ist das Eigenkapital nach § 264c Abs. 2 anzugeben. Eine Zusammenfassung der einzelnen Bestandteile des Eigenkapitals ist möglich.

216   Anzugeben ist ferner das **Ergebnis des Geschäftsjahrs** des Unternehmens. Es handelt sich hierbei um den Betrag nach § 275 Abs. 2 Nr. 17 bzw. Abs. 3 Nr. 16.[349] Es ist daher der bei diesen Unternehmen entstandene Jahresüberschuss bzw. Jahresfehlbetrag anzugeben und nicht ein entsprechend § 268 Abs. 1 ausgewiesener Bilanzgewinn bzw. Bilanzverlust. Sind Gesellschaften nicht verpflichtet, ihre GuV nach § 275 aufzustellen, so zB ausländische Gesellschaften oder grds. Personenhandelsgesellschaften, müssen sie einen gleichartigen Betrag nennen,[350] etwa das haftende Kapital unter Einbezug des unverteilten Jahresergebnisses.[351]

217   Ist zwischen einem anderen Unternehmen und dem Mutterunternehmen ein **Gewinnabführungsvertrag** geschlossen worden, beläuft sich das Jahresergebnis regelmäßig auf Null. Eine Ausnahme besteht, wenn ein Jahresergebnis ausgewiesen wird, das für Zahlungen an außenstehende Anteilseigner verwendet wird. Um gem. § 264 Abs. 2 S. 2 ein den tatsächlichen Verhältnissen entsprechendes Bild zu vermitteln, sollte in einem Vermerk auf das Bestehen eines Gewinnabführungsvertrags hingewiesen werden.[352]

218   Ist das letzte Geschäftsjahr ein **Rumpfgeschäftsjahr,** ist das Ergebnis des Rumpfgeschäftsjahrs anzugeben, ohne dass auf zwölf Monate hochzurechnen wäre.[353] Zudem hat ein entsprechender Hinweis auf das Rumpfgeschäftsjahr zu erfolgen. Diese Regelung ergibt sich aus dem Grundsatz der Vermittlung eines Bildes, das den tatsächlichen Verhältnissen entsprechen muss (§ 264 Abs. 2 S. 2). Die gleichen Grundsätze sind auf diejenigen Fälle anzuwenden, in denen das Geschäftsjahr mehr als zwölf Monate beträgt.

219   Aus der Stellung des Verweises auf § 16 Abs. 4 AktG ergibt sich, dass die Zurechnung der von **abhängigen Unternehmen** gehaltenen Anteile voll zu erfolgen hat. Die Anteilsquote bei mittelbarem Anteilsbesitz wird daher durch Addition der mittelbaren und der unmittelbaren Anteilsquote ermittelt.[354]

220   **d) Jahresabschluss.** Die Grundlage für die Angabe des Eigenkapitals und des Jahresergebnisses ist ein Jahresabschluss. Die Angaben werden für das Geschäftsjahr des Unternehmens gemacht, über das der Jahresabschluss vorliegt. Dies ergibt sich aus Art. 17 Abs. 1 lit. g Bilanz-RL. Danach sind die Daten des **letzten Geschäftsjahrs** zu berücksichtigen, für das vom betroffenen Unternehmen ein Jahresabschluss festgestellt worden ist.[355] Der Abschlussstichtag des der Gesellschaft vorliegenden Jahresabschlusses muss in keinem Zusammenhang mit dem Abschlussstichtag der Gesellschaft stehen. Es kann vorkommen, dass es sich nicht um den Jahresabschluss für das letzte, abgeschlossene Geschäftsjahr handelt, sondern für das vorhergehende. Durch diese Regelung wird auf die individuellen Abschluserstellungszeiträume und die Übermittlungszeiten Rücksicht genommen. Beziehen sich die Angaben auf einen Jahresabschluss des Unternehmens, dessen Stichtag nach dem Jahresabschlussstichtag der berichtenden Gesellschaft liegt, ist hierauf hinzuweisen.

221   Der Wortlaut der Angabepflicht nach Nr. 11 lässt offen, welche **Qualität der Jahresabschluss** haben muss. Während überwiegend nur der offizielle (landesrechtliche) Jahresab-

---

[347]   HKMS/Haferkorn/Diemers Rn. 125.
[348]   Herrmann WPg 1994, 500 (501), zu Personenhandelsgesellschaften.
[349]   ADS Rn. 235; GK-HGB/Lezius Rn. 37; BeBiKo/Grottel Rn. 390; aA Meilicke DB 1986, 2445 (2450).
[350]   ADS Rn. 235; aA Meilicke DB 1986, 2445 (2450).
[351]   BeBiKo/Grottel Rn. 389.
[352]   BeBiKo/Grottel Rn. 400.
[353]   HKMS/Haferkorn/Diemers Rn. 125.
[354]   BeBiKo/Grottel Rn. 371; GK-HGB/Lezius Rn. 36; aA Meilicke DB 1986, 2445 (2449 f.).
[355]   Beck HdR/Andrejewski B 40 Rn. 374.

schluss als Grundlage der Angabe anerkannt wird,[356] werden zT auch Jahresabschlüsse anerkannt, die entweder nach einheitlichen Konzerngrundsätzen zu Zwecken der Konsolidierung (§ 308) oder nach den Vorschriften für assoziierte Unternehmen (§ 312) aufgestellt worden sind, da mit konzerneinheitlich ermittelten Angaben besser und zudem zeitnah informiert werde.[357] Unabhängig von den praktischen Erwägungen ist dieses Wahlrecht nicht mit den europarechtlichen Vorgaben des Art. 43 Abs. 1 Nr. 2 S. 1 RL 78/660/ EWG (4. EG-Richtlinie) vereinbar. Auch ein vorübergehender Jahresabschluss, bei dem noch wesentliche Änderungen möglich sind, genügt mangels Datensicherheit nicht.[358] Auf jeden Fall hat die Gesellschaft zu beachten, dass die Vergleichbarkeit mit den Vorjahresabschlüssen gewahrt bleibt.

Bei **ausländischen** Unternehmen ist ein entsprechender Abschluss nach Landesrecht   **222** heranzuziehen. Die daraus entnommenen Angaben sind in Euro umzurechnen (§ 244).

4. Form der Darstellung. Die Angabepflicht besteht für jeden Jahresabschluss. Ver-   **223** gleiche mit Vorjahresangaben sind nicht erforderlich. Vorgaben zur **Form** der Angaben sind im Gesetz nicht enthalten. Bei einer umfangreichen Aufstellung sind zur besseren Darstellung Untergliederungen etwa nach Art der Unternehmensverbindung, dem Land oder der Region des Unternehmenssitzes in Betracht zu ziehen.[359]

XIV. Angaben zur Stellung als unbeschränkt haftender Gesellschafter (Nr. 11a)

Durch das KapCoRiLiG ist die Berichtspflicht im Anhang durch Nr. 11a erweitert   **224** worden. Seither sind auch Name, Sitz und Rechtsform aller Unternehmen anzugeben, deren unbeschränkt haftender Gesellschafter die berichtende Gesellschaft unabhängig von der Höhe der Beteiligung[360] ist. Auf diese Weise soll der Bilanzadressat auf das mit einer persönlichen Haftung **erhöhte Risiko** hingewiesen werden.[361] Voraussetzung für die Berichtspflicht ist die Stellung der berichtenden Gesellschaft als unbeschränkt haftender Gesellschafter für die Schulden eines anderen in- oder ausländischen Unternehmens am Bilanzstichtag der Gesellschaft. Der Eintritt des persönlich haftenden Gesellschafters wird wirksam, wenn er den Vertrag mit den übrigen Gesellschaftern geschlossen hat und die Gesellschaft mit seiner Zustimmung ihre Geschäfte fortsetzt; eine Eintragung in das Handelsregister hat dann nur deklaratorische Bedeutung.[362] Ist die angabepflichtige Gesellschaft zum Bilanzstichtag nicht mehr oder noch nicht persönlich haftende Gesellschafterin, besteht keine Angabepflicht; allerdings sind Verbindlichkeiten aus der Nachhaftung gem. § 160 Abs. 1 unter den sonstigen finanziellen Verpflichtungen in Nr. 3a anzugeben.[363] Nr. 11a gilt auch für den freiwillig offengelegten Einzelabschluss, der nach den IFRS-Regeln iSd § 315e aufgestellt wurde (§ 325 Abs. 2a S. 3).

Anzugeben sind die Tatsache der Komplementärstellung zum Bilanzstichtag der   **225** berichtenden Gesellschaft, der Name und der Sitz sowie die Rechtsform derjenigen Unternehmen, deren persönlich haftende Gesellschafterin die Gesellschaft ist. Maßgebend sind die Eintragungen im Handelsregister. Damit überschneidet sich diese Angabepflicht mit derjenigen nach Nr. 11. Soweit die Angaben schon im Rahmen von Nr. 11 erfolgt sind, ist zusätzlich auf die Tatsache einer unbeschränkten Haftung hinzuweisen.[364] Die Angabe nach Nr. 11a kann mit den Angaben des Nr. 11 zusammen dargestellt werden. Eigenständige Bedeutung hat die Angabepflicht des Nr. 11a für Komplementärbeteiligungen unter 20%.

---

356   Gschrei BB 1990, 1587 (1588); wohl auch ADS Rn. 238.
357   HdR/Oser/Holzwarth §§ 284–288 Rn. 318; BeBiKo/Grottel Rn. 384.
358   HdR/Oser/Holzwarth §§ 284–288 Rn. 318.
359   BeBiKo/Grottel Rn. 364.
360   IDW RS HFA 18 Rn. 41.
361   HKMS/Haferkorn/Diemers Rn. 126.
362   IDW RS HFA 7 Rn. 5.
363   BeBiKo/Grottel Rn. 410; aA WP-HdB Bd. I F Rn. 1089.
364   BeBiKo/Grottel Rn. 410; BeckOGK/Kessler Rn. 174.

226   Die nach § 287 S. 1 aF anstelle der Angabe im Anhang noch mögliche gesonderte Angabe der Nr. 11a in einer Aufstellung des Anteilsbesitzes[365] ist nach Aufhebung des § 287 durch das BilMoG seit dem Geschäftsjahr, das nach dem 1.1.2010 begonnen hat, nicht mehr zulässig (Art. 66 Abs. 5 EGHGB). Die Angabe nach Nr. 11a kann unter den Voraussetzungen des § 286 Abs. 1, 3 unterbleiben.

XV. Angaben zu Beteiligungen an großen Kapitalgesellschaften von börsennotierten Kapitalgesellschaften (Nr. 11b)

227   Von börsennotierten Kapitalgesellschaften iSv § 3 Abs. 2 AktG sind zusätzlich alle Beteiligungen an **großen Kapitalgesellschaften** (AG, KGaA, GmbH; § 267 Abs. 3) anzugeben, die 5% der Stimmrechte überschreiten. Diese zusätzliche Pflichtangabe wurde zunächst mit dem **KonTraG** in Nr. 11 Hs. 4 eingeführt. Um die Übersichtlichkeit von Nr. 11 zu verbessern, wurde die Angabepflicht börsennotierter Kapitalgesellschaften mit dem **BilRUG** in die neue Nr. 11b verschoben.[366]

228   Angabepflichtig sind Name und Sitz der großen Kapitalgesellschaften, an denen die Beteiligungen bestehen. Mit dieser Angabe soll Transparenz über die kapitalmäßigen Verflechtungen börsennotierter Kapitalgesellschaften geschaffen werden. Ob die Kapitalgesellschaft ihren Sitz im In- oder im Ausland hat, ist für die Angabepflicht gem. Nr. 11b unerheblich.

229   Anders als in Nr. 11 kommt es für die erweiterte Angabepflicht nicht auf die Höhe der Kapitalanteile, sondern auf die **Stimmrechte** an.[367] Die Berichtspflicht entfällt, wenn die Beteiligung in Vorzugsaktien ohne Stimmrecht gem. § 12 Abs. 1 S. 2 AktG, § 139 AktG besteht. Auch wenn es an einem Verweis – wie im Falle des Nr. 11 iVm § 271 Abs. 1 S. 4 – auf das AktG fehlt, ist zur Berechnung der Stimmrechte bei Beteiligungen an Unternehmen in der Rechtsform der AG § 16 Abs. 3 und 4 AktG heranzuziehen.[368] Auf Beteiligungen an Unternehmen in anderen Rechtsformen ist die Vorschrift analog anzuwenden.[369] Der Stimmrechtsanteil der angabepflichtigen börsennotierten Kapitalgesellschaft bestimmt sich gem. § 16 Abs. 4 iVm Abs. 3 S. 1 AktG nach dem Verhältnis zur Gesamtzahl der Stimmrechte an der großen Kapitalgesellschaft. Der angabepflichtigen börsennotierten Kapitalgesellschaft stehen diejenigen Stimmrechte zu, die ihr selbst, einem von ihr abhängigen Unternehmen oder einem anderen für ihre Rechnung oder für Rechnung eines abhängigen Unternehmens gehören. Von der Gesamtzahl aller Stimmrechte sind die Stimmrechte aus eigenen und gleichstehenden Anteilen der großen Kapitalgesellschaft abzuziehen (§ 16 Abs. 3 S. 2 AktG). Den eigenen Anteilen stehen solche Anteile gleich, die einem anderen für Rechnung des Unternehmens gehören (§ 16 Abs. 3 S. 2 iVm Abs. 2 S. 3 AktG). Entsprechend abzuziehen sind auch eingezogene Anteile (§ 71 Abs. 1 Nr. 6, 8 AktG, § 237 AktG).[370]

230   Zu berücksichtigen sind grds. nur **ausübbare** Stimmrechte. Nicht zu berücksichtigen sind daher jedenfalls Stimmrechte, die kraft Gesetzes, Satzung bzw. Gesellschaftsvertrages (§ 134 Abs. 1 S. 2 AktG) dauerhaft nicht ausgeübt werden dürfen.[371] Nach hM schließen lediglich vorübergehende Stimmrechtsbeschränkungen gem. § 20 Abs. 7 AktG, § 21 Abs. 4 AktG, § 134 Abs. 2 S. 1 AktG, § 136 AktG, § 44 WpHG, § 59 WpÜG) die Berücksichtigung nicht aus,[372] da es hier regelmäßig der Anteilsinhaber in der Hand hat, das mit den

---

[365] Vgl. dazu → 2. Aufl. 2008, § 287 Rn. 6 ff.
[366] Begr. RegE BilRUG, BT-Drs. 18/4050, 65.
[367] EBJS/Böcking/Gros/Wirth Rn. 16; Wiedmann/Böcking/Gros Rn. 16.
[368] IErg auch BeBiKo/Grottel Rn. 422.
[369] Zur Berechnung s. BeckOGK/Kessler Rn. 178.
[370] BeBiKo/Grottel Rn. 422.
[371] K. Schmidt/Lutter/J. Vetter AktG § 16 Rn. 17 ff.
[372] MüKoAktG/Bayer AktG § 16 Rn. 40; Emmerich/Habersack Aktien-/GmbH-KonzernR/Emmerich AktG § 16 Rn. 24; Grigoleit/Grigoleit AktG § 16 Rn. 9; Koch AktG § 16 Rn. 11; MHdB AG/Krieger § 69 Rn. 34; K. Schmidt/Lutter/J. Vetter AktG § 16 Rn. 20; aA BeckOGK/Schall AktG § 16 Rn. 35; GroßkommAktG/Windbichler AktG § 16 Rn. 35.

Stimmrechten verbundene Einflusspotential zu aktivieren. Schuldvertragliche Stimmrechtsbeschränkungen – wie Stimmbindungsverträge – können nach hM die Berücksichtigung des Stimmrechts weder hindern noch begründen.[373]

Die **Angabepflicht** umfasst Name und Sitz der großen Kapitalgesellschaft, wobei die 231 im Handelsregister bzw. in vergleichbaren ausländischen Registern eingetragenen Angaben heranzuziehen sind. Anzugeben ist das Überschreiten der 5%-Schwelle. Nicht anzugeben sind hingegen die Zahl der Stimmrechte oder die konkrete Stimmrechtsquote.[374] Wurde die Beteiligung bereits nach Nr. 11 angegeben, ist eine nochmalige Angabe in Nr. 11b nicht erforderlich. Dies folgt daraus, dass nach dem Gesetzeswortlaut von Nr. 11 Hs. 4 aF, der lediglich aus Gründen der Übersichtlichkeit und ohne inhaltliche Änderung nach Nr. 11b verschoben wurde,[375] die Angaben „zusätzlich" erforderlich waren. Daher sind nach Nr. 11b im Ergebnis nur solche Beteiligungen an großen Kapitalgesellschaften selbständig anzugeben, an denen die börsennotierte Kapitalgesellschaft mindestens 5% der Stimmrechte hält, ohne dass bereits eine dauernde Verbindung iSd § 271 Abs. 1 S. 1 besteht. Eigens nach Nr. 11b angabepflichtig sind also in der Regel Beteiligungen in Höhe zwischen 5 und 20% der Stimmrechte (§ 271 Abs. 1 S. 3). Im Übrigen können sich Überschneidungen von Nr. 11 und Nr. 11b ergeben, wenn Anteils- und Stimmrechtsquote der börsennotierten Kapitalgesellschaft an der großen Kapitalgesellschaft divergieren.

XVI. Die nicht gesondert ausgewiesenen Rückstellungen (Nr. 12)

1. Allgemeines. Nach Nr. 12 müssen Rückstellungen, die in der Bilanz auf der Passiv- 232 seite unter dem Posten **„sonstige Rückstellungen"** nicht gesondert ausgewiesen sind, erläutert werden. Diese Angabepflicht besteht einschränkend aber nur, wenn die Rückstellungen einen nicht unerheblichen Umfang haben. Der Posten „Rückstellungen" ist in der Bilanz in die drei Gruppen „Rückstellungen für Pensionen und ähnliche Verpflichtungen", „Steuerrückstellungen" und „sonstige Rückstellungen" zu gliedern (§ 266 Abs. 3 B.1.–3). § 265 Abs. 5 S. 1 gestattet es, von der Pflicht, die in dem Posten „sonstige Rückstellungen" enthaltenen Rückstellungsarten in der Bilanz aufzuschlüsseln, abzuweichen. Wird von diesem Wahlrecht Gebrauch gemacht und auf die Untergliederung in der Bilanz verzichtet, verlangt Nr. 12, dass die in dem Posten „sonstige Rückstellungen" zusammengefassten Rückstellungen im Anhang erläutert werden.

Mit dem **Begriff** der sonstigen Rückstellungen sind nicht die beiden anderen Grup- 233 pen – Pensionsrückstellungen und Steuerrückstellungen – gemeint. Auch freiwillig gesondert ausgewiesene Rückstellungen werden nicht erfasst.[376] Nur der Inhalt des Postens „sonstige Rückstellungen" ist gem. Nr. 12 für die Adressaten des Jahresabschlusses aufzuschlüsseln.

Uneingeschränkt angabepflichtig sind nur **große Kapitalgesellschaften** (§ 267 Abs. 3) 234 bzw. Personenhandelsgesellschaften iSd 264a. **Mittelgroße Kapitalgesellschaften** und Personenhandelsgesellschaften (§ 264a) iSv § 267 Abs. 2 können bei der Offenlegung ihres Anhangs diese Angabe weglassen (§ 327 Abs. 2). **Kleine Kapitalgesellschaften** (§ 267 Abs. 1) und Personenhandelsgesellschaften (§ 264a) sind gem. § 288 Abs. 1 von der Angabepflicht befreit (→ § 288 Rn. 11 f.). **Kreditinstitute** brauchen ebenfalls keine Angaben zu machen (§ 340a Abs. 2 S. 1).

Mit der Angabepflicht nach Nr. 12 hat der nationale Gesetzgeber Art. 42 S. 2 RL 78/ 235 660/EWG (4. EG-Richtlinie) umgesetzt. Die Angaben geben dem Adressaten einen Ein-

373 ADS AktG § 16 Rn. 20; MüKoAktG/Bayer AktG § 16 Rn. 41; Koch AktG § 16 Rn. 13; Kölner Komm AktG/Koppensteiner AktG § 16 Rdn. 45; MHdB AG/Krieger AktG § 69 Rn. 34; Großkomm AktG/Windbichler AktG § 16 Rn. 38; K. Schmidt/Lutter/J. Vetter Rn. 29. AA für die Hinzurechnung von Stimmrechten zu dem nach dem Stimmbindungsvertrag stimmberechtigten Mertens FS Beusch, 1993, 589 ff.; zust. MüKoAktG/Bayer AktG § 16 Rn. 41; Emmerich/Habersack Aktien-/GmbH-KonzernR/ Emmerich § 16 Rn. 25.
374 BeBiKo/Grottel Rn. 424.
375 Begr. RegE BilRUG, BT-Drs. 18/4050, 65.
376 Zur Anwendung auf Altersteilzeitregelungen, vgl. Büchele BB 1999, 1483 ff.

blick in die **Risikostruktur** des Unternehmens, die sich in gewissen Verbindlichkeiten und/oder bestimmten Innenverpflichtungen niedergeschlagen hat.

236   **2. Erläuterung der Rückstellungen.** Der in Nr. 12 verwendete Begriff „**Erläuterung**" verlangt weitergehende Erklärungen, die über die reine Darstellung eines bestimmten Sachverhalts hinausreichen (→ § 284 Rn. 17). Er geht daher über die bloße Angabe hinaus. Verlangt werden Erklärungen zu Zweck und Inhalt des Rückstellungspostens, ebenso zu der Art und zu der Größenordnung der gebildeten Rückstellungen. Zur Erläuterung gehört ferner die größenmäßige Kennzeichnung der Posten. Überwiegend wird aus dem Gesetzeswortlaut geschlossen, dass **Zahlenangaben** nicht erforderlich seien.[377] Hiergegen ist nicht nur einzuwenden, dass die Informationsqualität durch Zahlenangaben verbessert wird.[378] Die Verpflichtung zur Angabe von Zahlen folgt vor allem daraus, dass die Erläuterungspflicht im Anhang durch die Aufgliederung in der Bilanz ersetzt werden kann (§ 265 Abs. 5). Mit „Aufgliedern" ist die quantitative Aufteilung einer zusammengefassten Größe in ihre einzelnen Bestandteile gemeint (→ § 284 Rn. 17). Wird die betragsmäßige Segmentierung durch eine Angabe im Anhang ersetzt, darf die Qualität der Informationen nicht verschlechtert werden. Im Anhang sind daher zahlenmäßige Angaben zu machen, die die Aufgliederung in der Bilanz ersetzen.[379] Eine Angabe des Grundes der Bildung einzelner Rückstellungen ist nicht erforderlich, da dieser sich auch nicht aus einem gesonderten Ausweis in der Bilanz ergeben würde.[380]

237   **3. Nicht unerheblicher Umfang.** Die Rückstellungen sind nur zu erläutern, wenn sie einen nicht unerheblichen Umfang haben. Nur diejenigen Rückstellungen, die eine gewisse Bedeutung besitzen, sind zu konkretisieren. Die Frage, ob eine Rückstellung erheblich oder unerheblich ist, ist stets **relativ** zu bestimmen. Sie ist aus dem Gesamtbild der Bilanz unter Berücksichtigung der sonstigen Rückstellungen und der Belastung des Jahresergebnisses durch die Bildung von Rückstellungen zu beantworten.[381] Fehlt es an dem erheblichen Umfang, braucht der Posten nicht weiter erläutert zu werden.

XVII. Erläuterung der planmäßigen Abschreibung eines Geschäfts- oder Firmenwerts (Nr. 13)

238   **1. Allgemeines.** Gemäß Nr. 13 ist jeweils der Zeitraum zu erläutern, über den ein entgeltlich erworbener Geschäfts- oder Firmenwert abgeschrieben wird. Nr. 13 wurde zunächst durch das BilMoG im Zusammenhang mit der Streichung des § 255 Abs. 4 grundlegend geändert. Mit dem BilRUG wurde in Umsetzung von Art. 12 Abs. 11 UAbs. 2 S. 3 Bilanz-RL die Erläuterungspflicht für Abschreibungszeiträume von über fünf Jahren auf sämtliche Fälle einer Abschreibung von Geschäfts- und Firmenwerten erweitert.

239   Die Angabe nach Nr. 13 ist von **allen Kapitalgesellschaften** und **Personenhandelsgesellschaften iSd § 264a** unabhängig von ihrer Größe nach § 267 im Anhang zu erbringen, wenn die entsprechenden Voraussetzungen vorliegen. Dazu muss der Geschäfts- oder Firmenwert aktiviert und planmäßig abgeschrieben worden sein. Die Angabepflicht nach Nr. 13 gilt darüber hinaus für die von dem **PublG** erfassten Körperschaften (§ 5 Abs. 2 S. 2 PublG), eingetragene **Genossenschaften** (§ 336 Abs. 2 S. 1), Kreditinstitute (§ 340a Abs. 1 iVm § 34 Abs. 1 S. 1 RechKredV) und Versicherungsunternehmen (§ 341a Abs. 1 iVm § 51 Abs. 1 S. 1 RechVersV). Ein freiwillig offengelegter Einzelabschluss, der nach den IFRS-

---

[377] ADS Rn. 242; HdR/Oser/Holzwarth §§ 284–288 Rn. 336; Epperlein/Scharpf DB 1994, 1629 (1632); HdJ/Kupsch Abt. IV/4 Rn. 198; Beck HdR/Andrejewski B 40 Rn. 156; Kölner Komm RechnungslegungsR/Peters Rn. 167; HKMS/Haferkorn/Diemers Rn. 138. BeBiKo/Grottel Rn. 431 verlangt aber die verbale Umschreibung einer Größenordnung.

[378] IErg ebenso BeckOGK/Kessler Rn. 187.

[379] Ähnlich Baumbach/Hueck/Schulze-Osterloh, 18. Aufl. 2006, GmbHG § 42 Rn. 498: notwendig sei die Nennung der wesentlichen Rückstellungsarten mit Angabe ihrer Größenordnung.

[380] Epperlein/Scharpf DB 1994, 1629 (1632); Staub/Meyer Rn. 96; aA KKRD/Morck/Drüen Rn. 17.

[381] ADS Rn. 241; GK-HGB/Lezius Rn. 43; KKRD/Morck/Drüen Rn. 17. Teilweise anders HdJ/Kupsch Abt. IV/4 Rn. 197.

Regeln iSd § 315e aufgestellt wurde, muss die Angaben des Nr. 13 nicht enthalten (§ 325 Abs. 2a).

Entgeltlich erworbene Geschäfts- oder Firmenwerte liegen gem. **§ 246 Abs. 1 S. 4** 240 vor, wenn die für die Übernahme eines Unternehmens bewirkte Gegenleistung den Wert der einzelnen Vermögensgegenstände des Unternehmens abzüglich der Schulden im Zeitpunkt der Übernahme übersteigt. Der entgeltlich erworbene Geschäfts- oder Firmenwert ist aktivierungspflichtig und ist als zeitlich begrenzt nutzbarer Vermögensgegenstand nach § 253 Abs. 3 S. 4 planmäßig oder uU außerplanmäßig abzuschreiben.[382]

Nr. 13 ist auf die **planmäßige Abschreibung** des Geschäfts- oder Firmenwerts 241 beschränkt; eine außerplanmäßige Abschreibung ist aber nach § 277 Abs. 3 S. 1 in der GuV oder im Anhang anzugeben (→ § 284 Rn. 31).[383]

2. Erläuterung des Abschreibungszeitraums. Im Vergleich zu den nach vorheri- 242 gem Recht anzugebenden „Gründen" für den Abschreibungszeitraum von über fünf Jahren ergibt sich keine inhaltliche Änderung durch die nun geforderte „Erläuterung" des Abschreibungszeitraums.[384] Aus der Erläuterung müssen die Voraussetzungen und Ursachen für den gewählten Abschreibungszeitraum nachvollziehbar hervorgehen.[385] Die Erläuterung muss daher die **Nutzungserwartung des Geschäfts- und Firmenwerts** dokumentieren. Hierzu sind die maßgebenden Preisfindungs- und Rentabilitätsüberlegungen ebenso heranzuziehen, wie ein zeitlich begrenzter Wettbewerbsvorteil.[386] Anhaltspunkte für die individuelle betriebliche Nutzungsdauer des entgeltlich erworbenen Geschäfts- oder Firmenwertes im Zeitpunkt der Aktivierung können sein: die Art und die voraussichtliche Dauer der Unternehmensfortführung, Stabilität und Bestandsdauer der Branche, der Lebenszyklus erworbener Produkte, die Auswirkungen neu erschlossener Absatz- und Beschaffungsmärkte sowie der wirtschaftlichen Rahmenbedingungen, der Umfang der Erhaltungsaufwendungen, die erforderlich sind, um den erwarteten ökonomischen Nutzen des erworbenen Unternehmens zu realisieren, die Laufzeit wichtiger Absatz- oder Beschaffungsverträge, die voraussichtliche Tätigkeit von wichtigen Mitarbeitern oder Mitarbeitergruppen, das erwartete Verhalten potentieller Wettbewerber sowie die voraussichtliche Dauer der Beherrschung.[387] Die voraussichtliche Nutzungsdauer und die Abschreibungsmethode sind anzugeben.

Die Angabepflicht nach Nr. 13 wird nicht durch den Hinweis auf die steuerrechtliche 243 Vorschrift erfüllt. Das gilt, selbst wenn die geschätzte Nutzungsdauer mit der steuerrechtlichen Vorschrift nach **§ 7 Abs. 1 S. 3 EStG** von 15 Jahren übereinstimmt. Die handelsrechtliche Nutzungsdauer bemisst sich unabhängig vom Steuerrecht. Die Gründe für die betriebliche Nutzungsdauer von 15 Jahren sind nachvollziehbar darzulegen.[388]

Über die Gründe für die planmäßige Abschreibung des Geschäfts- oder Firmenwerts 244 kann zusammen mit den angewandten Bilanzierungs- und Bewertungsmethoden nach § 284 Abs. 2 Nr. 1, insbesondere der Angabe der planmäßigen Nutzungsdauer des entgeltlichen Geschäfts- oder Firmenwerts, berichtet werden (→ § 284 Rn. 40 ff.).

XVIII. Name und Sitz des Mutterunternehmens (Nr. 14, 14a)

1. Allgemeines. Ist eine Gesellschaft **Bestandteil eines Konzerns,** werden ihre 245 rechtlichen und wirtschaftlichen Aktivitäten häufig von Unternehmen festgelegt, die einen beherrschenden Einfluss ausüben können (§ 290). Für die Beurteilung der Vermögens-, Finanz- und Ertragslage der Gesellschaft kann es in einem solchen Fall wichtig sein, außer dem Jahresabschluss auch den Konzernabschluss heranzuziehen. Ist die Gesellschaft als

---

[382] S. Begr. RegE BilMoG, BT-Drs. 16/10067, 48.
[383] BeBiKo/Grottel Rn. 444.
[384] Rimmelspacher/Meyer DB-Beil. Heft 5/2015, 23 (31); ebenso BeBiKo/Grottel Rn. 441.
[385] Rimmelspacher/Meyer DB-Beil. Heft 5/2015, 23 (31).
[386] Ausf. HdR/Oser/Holzwarth §§ 284–288 Rn. 342–343.
[387] Begr. RegE BilMoG, BT-Drs. 16/10067, 48.
[388] Begr. RegE BilMoG, BR-Drs. 344/08, 152.

Tochterunternehmen iSv § 290 in einen Konzernabschluss einzubeziehen, sind nach Nr. 14 Name und Sitz ihres Mutterunternehmens, das den Konzernabschluss für den größten Kreis von Unternehmen aufstellt, sowie nach Nr. 14a Name und Sitz ihres Mutterunternehmens, das den Konzernabschluss für den kleinsten Kreis von Unternehmen aufstellt, anzugeben. Zusätzlich muss im Falle der Offenlegung der von diesen Mutterunternehmen aufgestellten Konzernabschlüsse ein Hinweis darauf gegeben werden, wo die aufgestellten Konzernabschlüsse erhältlich sind. Durch diese Angaben sollen **Konzernverbindungen** des berichtenden Unternehmens offengelegt werden. Obwohl das berichtende Unternehmen rechtlich selbstständig ist, ist seine Einbindung in einen Konzern zur Beurteilung seiner Vermögens-, Finanz- und Ertragslage von Bedeutung, da erhebliche Einflussmöglichkeiten der Obergesellschaft(en) bestehen können.[389]

246   Die Angabepflicht nach Nr. 14 transformiert Art. 16 Abs. 2 Bilanz-RL iVm Art. 17 Abs. 1 lit. m Bilanz-RL in deutsches Recht.[390] Die Angabepflicht trifft alle **mittelgroßen und großen Kapitalgesellschaften** (§ 267 Abs. 2, 3) und Personenhandelsgesellschaften iSd § 264a, die Tochterunternehmen nach § 290 sind. **Kleine Kapitalgesellschaften** (§ 267 Abs. 1) und **Personenhandelsgesellschaften** iSd § 264a wurden durch die Aufspaltung der Vorschrift von der Angabepflicht nach Nr. 14 gem. § 288 Abs. 1 Nr. 1 vollständig und gem. § 288 Abs. 1 Nr. 3 von der Pflicht nach Nr. 14a zur Angabe des Ortes befreit, wo der vom Mutterunternehmen aufgestellte Konzernabschluss für den kleinsten Kreis der Unternehmen erhältlich ist. Der Gesetzgeber hat hier zT von seinem Wahlrecht aus Art. 16 Abs. 2 Bilanz-RL iVm Art. 17 Abs. 1 lit. m Bilanz-RL für kleine Gesellschaften Gebrauch gemacht. Gehört die berichtende Gesellschaft keinem Unternehmensverbund an, ist eine **Fehlanzeige** nicht erforderlich.[391]

247   **2. Angaben zu den Mutterunternehmen.** Die zu erbringenden Angaben beziehen sich auf die Mutterunternehmen. Ob ein Unternehmen als Mutterunternehmen zu qualifizieren ist, bestimmt sich nach den Voraussetzungen des § 290 Abs. 1, 2 (ausführlich → § 271 Rn. 23 ff.). Die hierfür notwendige **Unternehmenseigenschaft** setzt eine Wirtschaftseinheit voraus, die – mit oder ohne eigenständige Willensbildung – in abgrenzbarer Weise nach außen in Erscheinung tritt und eigenständige erwerbswirtschaftliche Ziele verfolgt.[392] Eine lediglich vermögensverwaltende Tätigkeit reicht nicht aus.[393] Der Unternehmensbegriff beschränkt sich allerdings auch nicht auf Kaufleute iSd § 1 HGB. Unternehmen können neben Kapitalgesellschaften und Personenhandelsgesellschaften daher auch die GbR, land- und forstwirtschaftliche Betriebe, Freiberufler und Gesellschaften ausländischen Rechts sein, sofern sie erwerbswirtschaftlich tätig sind. Genossenschaften können ebenfalls Mutterunternehmen in diesem Sinne sein (aber § 271 Abs. 1 S. 5). Anstalten und Körperschaften des öffentlichen Rechts können dem Grunde nach Unternehmen sein, wenn sie erwerbswirtschaftliche Ziele verfolgen (→ § 271 Rn. 23). Bund, Länder und Gemeinden sowie bloße Privatpersonen scheiden hingegen als Unternehmen aus (→ § 271 Rn. 23).[394]

248   Zwar verwendet § 290 den Begriff des Mutterunternehmens im Zusammenhang mit der Kapitalgesellschaft, wegen der §§ 291, 292 ist aber davon auszugehen, dass der Begriff des Mutterunternehmens **rechtsformneutral** zu verstehen ist.[395] Auf die Größe des Mut-

---

[389] BeBiKo/Grottel Rn. 452; HdJ/Kupsch Abt. IV/4 Rn. 224; Beck HdR/Andrejewski B 40 Rn. 387; Winnefeld Bilanz-HdB J XI Rn. 321.

[390] Begr. RegE BilRUG, BT-Drs. 18/4050, 66.

[391] ADS Rn. 247.

[392] BeBiKo/Kozikowski/Kreher § 271 Rn. 11; KKRD/Morck/Drüen § 271 Rn. 2a; HdR/Bieg § 271 Rn. 13; Petersen/Zwirner DB 2008, 481.

[393] BeBiKo/Grottel/Kreher § 271 Rn. 11; aA Kölner Komm RechnungslegungsR/Scherrer § 271 Rn. 14.

[394] S. Bericht des Rechtsausschusses zum BiRiLiG, BT-Drs. 10/4268, 113: „Privatpersonen, Bund, Länder und Gemeinden scheiden … als Mutterunternehmen aus"; Staub/Hüttemann § 271 Rn. 17; BeBiKo/Grottel Rn. 455 („keine Unt, sofern sie nicht Kfl sind").

[395] BeBiKo/Grottel Rn. 456; Schulze-Osterloh FS Fleck, 1988, 313 (318); Ulmer FS Goerdeler, 1987, 623 (631).

terunternehmens kommt es nicht an. Es ist für die Angabe auch ohne Bedeutung, ob das Mutterunternehmen seinen Sitz im In- oder im Ausland hat.

a) Mutterunternehmen, das den Konzernabschluss für den größten Kreis von 249 **Unternehmen aufstellt (Nr. 14).** Nr. 14 verlangt die Angabe von Name und Sitz des Mutterunternehmens der Gesellschaft, das den Konzernabschluss für den größten Kreis von Unternehmen aufstellt. Diese Pflichtangabe bezieht sich auf das in der Konzernhierarchie am **höchsten stehende Unternehmen,** das zugleich einen Konzernabschluss mit dem größten Kreis einzubeziehender Unternehmen aufstellt. Zumeist handelt es sich bei dem Unternehmen um die Konzernspitze. Das nächste Tochterunternehmen ist betroffen, wenn das die Konzernspitze bildende Unternehmen zur Aufstellung eines Konzernabschlusses nicht verpflichtet ist. Handelt es sich bei der berichtenden Gesellschaft um ein **Gemeinschaftsunternehmen** (§ 310), das unter der gemeinschaftlichen Leitung durch mehrere Mutterunternehmen steht, sind alle Mutterunternehmen anzugeben.[396]

b) Mutterunternehmen, das den Konzernabschluss für den kleinsten Kreis von 250 **Unternehmen aufstellt (Nr. 14a).** Anzugeben sind nach **Nr. 14a** außerdem Name und Sitz des Mutterunternehmens, das den Konzernabschluss für den kleinsten Kreis von Unternehmen aufstellt. Hiermit ist das der Gesellschaft in der Konzerngliederung am nächsten stehende Mutterunternehmen gemeint, das einen Konzern- bzw. einen Teilkonzernabschluss aufstellt. Dies ist meist die sog. **Teilkonzernspitze.** Die Unterscheidung zwischen den beiden Mutterunternehmen hat nur bei der Aufstellung von Teilkonzernabschlüssen eine Bedeutung. Ist für den Teilkonzern kein Konzernabschluss vorgeschrieben und auch nicht aufgestellt, fallen größter und kleinster Konsolidierungskreis zusammen. In diesem Fall genügen die Angaben für die Konzernspitze.

c) Einzelfragen. Die Angabepflicht nach Nr. 14, 14a besteht nur, wenn das jeweilige 251 Mutterunternehmen einen Konzernabschluss im In- oder Ausland aufstellt (§§ 290–293). Die Angabepflicht nach Nr. 14, 14a knüpft an die **tatsächliche Aufstellung** eines Konzernabschlusses an. In diesem Zusammenhang ist es gleichgültig, ob eine **Verpflichtung** nach § 290 Abs. 1 bzw. 2 besteht oder ob der Konzernabschluss **freiwillig** aufgestellt wird.[397] Wird aber umgekehrt der Konzernabschluss trotz entsprechender Pflicht nach deutschem oder europäischem Recht nicht aufgestellt, ist das Mutterunternehmen dennoch anzugeben. Unterbleibt die obligatorische Aufstellung eines Konzernabschlusses pflichtwidrig, entfällt die Angabepflicht nach Nr. 14, 14a nicht.[398]

Der vom Mutterunternehmen aufgestellte Konzernabschluss muss den Abschluss der 252 berichtenden Gesellschaft nicht enthalten. Dies ergibt sich aus dem Zweck der Vorschrift, Konzernverbindungen offenzulegen.[399] Ein inländisches Mutterunternehmen ist nach § 290 grds. zur Aufstellung eines Konzernabschlusses verpflichtet. Wird kein Konzernabschluss aufgestellt, etwa weil ein Fall der **§§ 291, 292** vorliegt, oder weil das Mutterunternehmen wegen Nichterreichens der Größenordnungen des **§ 293** bzw. des § 11 Abs. 1 PublG nicht zur Aufstellung eines Abschlusses verpflichtet ist, verlagert sich die Angabepflicht auf das nächsthöhere Mutterunternehmen.[400]

Gehört die Gesellschaft zwar zum Konsolidierungskreis der Mutterunternehmen, 253 wurde sie aber wegen eines bestehenden Einbeziehungswahlrechts (**§ 296**) nicht in den Konzernabschluss einbezogen, verlagert sich die Angabepflicht im Falle des § 296 auf das unter- bzw. übergeordnete Mutterunternehmen, das einen Konzernabschluss aufzustellen hat.[401]

---

[396] Hoffmann-Becking/Rellermeyer FS Goerdeler, 1987, 199 (207 ff.); Schulze-Osterloh FS Fleck, 1988, 313 (319).

[397] ADS Rn. 251; HdJ/Kupsch Abt. IV/4 Rn. 224; Beck HdR/Andrejewski B 40 Rn. 388.

[398] BeBiKo/Grottel Rn. 458; WP-HdB Bd. I F Rn. 110.

[399] BeBiKo/Grottel Rn. 459.

[400] KKRD/Morck/Drüen Rn. 19.

[401] BeckOGK/Kessler Rn. 200; KKRD/Morck/Drüen Rn. 19; aA ADS Rn. 252; HdJ/Kupsch Abt. IV/4 Rn. 225; HdR/Oser/Holzwarth §§ 284–288 Rn. 347.

254   **3. Inhalt der Angabe.** Die Angabepflicht nach Nr. 14, 14a umfasst **Namen** und **Sitz** des bzw. der **Mutterunternehmen,** die den Konzernabschluss aufstellen. Mit dem Namen ist auch die Rechtsform gemeint. Der Wortlaut spricht vom „größten" bzw. „kleinsten" Kreis von Unternehmen; die Angabepflicht ist aber nicht auf tiefgestaffelte Konzerne beschränkt. Sie ist auch auf Fälle anzuwenden, in denen an der berichtenden Gesellschaft nur ein Unternehmen beteiligt ist, das in **keinem weiteren Konzernverbund** steht. Hier kann und muss nur ein Mutterunternehmen genannt werden.[402] Ist zwischen der berichtenden Gesellschaft und dem Mutterunternehmen ein Gewinnabführungsvertrag geschlossen worden, unterfällt dies nicht der Angabepflicht, ein entsprechender Hinweis wäre aber wünschenswert.[403]

255   Es ist grds. der **Ort** anzugeben, an dem der Abschluss erhältlich ist. Eine Ausnahme gilt insoweit für kleine Kapitalgesellschaften, die von dieser Pflicht zur Ortsangabe gem. § 288 Abs. 1 Nr. 3 befreit sind (→ Rn. 11). Seit dem EHUG ist der Konzernabschluss gem. § 325 Abs. 3 beim Betreiber des Bundesanzeigers einzureichen und im Bundesanzeiger bekannt zu machen. Der anzugebende Ort ist die Nummer, unter der die Offenlegung im Bundesanzeiger erfolgt ist.[404] Wird der Konzernabschluss zeitlich später als bei der berichtenden Gesellschaft offengelegt, ist anzugeben, dass der Konzernabschluss im Bundesanzeiger bekannt gemacht werden wird. Bei ausländischen Muttergesellschaften ist ein vergleichbarer Ort der Offenlegung anzugeben. Die Angabe des Ortes ist nur dann notwendig, wenn der Konzernabschluss aufgrund einer gesetzlichen Regelung offengelegt wird. Ist das Mutterunternehmen bei einer **freiwilligen Aufstellung** des Konzernabschlusses nicht zur Offenlegung verpflichtet, braucht der Ort nicht angegeben zu werden. Gegebenenfalls ist auf die Nicht-Offenlegung hinzuweisen. Nicht erfasst ist auch die Veröffentlichung in anderer Form aufgrund des Gesellschaftsvertrages oder der Satzung.[405] Nr. 14, 14a verpflichtet Mutter- und Tochterunternehmen nicht dazu, Konzernabschlüsse an Dritte herauszugeben.

XIX. Angaben zur Komplementärgesellschaft (Nr. 15)

256   Das KapCoRiLiG hat die Berichtspflicht im Anhang hinsichtlich der Komplementärgesellschaft(en) erweitert. Soweit es sich um den Jahresabschluss einer Personenhandelsgesellschaft iSd § 264a Abs. 1 handelt, sind danach Name und Sitz der Gesellschaften, die **persönlich haftende Gesellschafter** sind, sowie deren gezeichnetes Kapital anzugeben. Auf diese Weise soll der Anwendungsbereich des § 264a klargestellt werden. Zugleich wird die der Gesellschaft zur Verfügung stehende Haftungssumme benannt.[406]

257   Die nach Nr. 15 anzugebenden persönlich haftenden Gesellschafter der Personenhandelsgesellschaft iSd § 264a Abs. 1 können Kapitalgesellschaften und Personenhandelsgesellschaften iSd § 264a Abs. 1 sein. Wenn eine **natürliche Person** als Vollhafter fungiert, muss die Angabe nach Nr. 15 nicht gemacht werden.[407] Handelt es sich bei der persönlich haftenden Gesellschaft um eine **Stiftung,** ist deren Grundstockvermögen anzugeben.[408] Ist der persönlich haftende Gesellschafter selbst eine **Personenhandelsgesellschaft iSd § 264a,** müssen als gezeichnetes Kapital die zusammengefassten Kapitalanteile der Kommanditisten (§ 264c Abs. 2 S. 6) und der persönlich haftenden Gesellschafter (§ 264a Abs. 2 S. 2) jeweils gesondert und unter Berücksichtigung von § 264c Abs. 2 S. 3, 5, 6 angegeben werden. Die Angabepflicht entfällt nicht, wenn die berichtende Personenhandelsgesellschaft iSd § 264a ihrerseits alle Anteile an ihrer Komplementärgesellschaft hält. Es kommt dann je nach Beteiligungsquote zu einer Doppelangabe mit Nr. 11, die unter Hinweis auf die Stellung als persönlich haftender Gesellschafter zusammengefasst werden darf.[409] Liegen die

---

402   BeBiKo/Grottel Rn. 460.
403   BeBiKo/Grottel Rn. 453.
404   BeBiKo/Grottel Rn. 461.
405   BeBiKo/Grottel Rn. 461.
406   Kusterer/Kirnberger/Fleischmann DStR 2000, 606 (612).
407   EBJS/Böcking/Gros/Wirth Rn. 21; Wiedmann/Böcking/Gros Rn. 21.
408   Staub/Meyer Rn. 101.
409   ADS Ergbd. Rn. 57; BeBiKo/Grottel Rn. 472.

Voraussetzungen des § 286 Abs. 3 S. 1 vor, erstreckt sich die Privilegierung jedoch nur auf Nr. 11 und nicht auf Nr. 15. Die Zusatzangabe des Nr. 15 kann daher allenfalls entfallen, wenn die Voraussetzungen der Schutzklausel des § 286 Abs. 1 gegeben sind.[410]

XX. Angaben zu Aktien und Bezugsrechten (Nr. 15a)

1. Allgemeines. Seit dem **BilRUG** sind Angaben zum Bestand von durch die berich- **258** tende Gesellschaft ausgegebenen Genussscheinen, Genussrechten, Wandelschuldverschreibungen, Optionsscheinen, Optionen, Besserungsscheinen oder vergleichbaren Wertpapieren oder Rechten unter Angabe der Anzahl und der Rechte, die sie verbriefen, erforderlich. Hierdurch wurde die Angabepflicht aus Art 17 Abs. 1 lit. i, j Bilanz-RL umgesetzt. Bisher galten ähnliche Verpflichtungen nach § 160 Abs. 1 Nr. 5, 6 AktG aF nur für die AG und die KGaA. Diese Vorschriften wurden durch das BilRUG eingeschränkt bzw. aufgehoben.[411] Die Angaben sollen darüber informieren, inwieweit der potentielle Gewinn bzw. der Liquidationserlös durch die angabepflichtigen Rechte belastet bzw. das Eigenkapital durch Ausübung von Bezugs- oder Wandlungsrechten erhöht werden können.

Durch die Verlagerung der Pflichten in den Zweiten Abschnitt des Dritten Buchs des **259** HGB betrifft die ausgeweitete Angabepflicht nunmehr alle **großen** und **mittelgroßen** **Kapitalgesellschaften** (§ 267 Abs. 2, 3) sowie Personenhandelsgesellschaften gem. § 264a. Lediglich **kleine Kapitalgesellschaften** und Personengesellschaften sind nach § 288 Abs. 1 Nr. 1 ausgenommen. Die Angabepflicht nach Nr. 15a gilt darüber hinaus für die von dem **PublG** erfassten Körperschaften (§ 5 Abs. 2 S. 2 PublG), eingetragene **Genossenschaften** (§ 336 Abs. 2 S. 1), Kreditinstitute (§ 340a Abs. 1 iVm § 34 Abs. 1 S. 1 RechKredV) und Versicherungsunternehmen (§ 341a Abs. 1 iVm § 51 Abs. 1 S. 1 RechVersV).

2. Erläuterung der einzelnen Rechte auf Gewinnbezug. Angabepflichtig sind **260** vom Unternehmen ausgegebene Finanzinstrumente, die den Gläubigern entweder das Recht gegenüber der Gesellschaft auf Wandlung in Eigenkapital, wie **Wandelschuldverschreibungen, Optionen** und **Optionsscheine,** oder auf Zahlung aus Gewinn oder Liquidationserlös gewähren, wie **Genussrechte** oder **Besserungsscheine.**[412] Auf die Verbriefung kommt es für die Angabepflicht nicht an.

Wandelschuldverschreibungen sind nach § 221 Abs. 1 AktG Schuldverschreibun- **261** gen, bei denen den Gläubigern oder der Gesellschaft ein **Umtauschrecht** oder ein **Bezugsrecht** auf Aktien eingeräumt wird. Sie beinhalten also einen Zahlungsanspruch und das Recht, an dessen Stelle Aktien zu erwerben.[413] Angabepflichtige Optionsscheine und Optionen sind Wertpapiere bzw. Rechte, die auf den Erwerb von Anteilen an dem bilanzierenden Unternehmen gerichtet sind.

Genussrechte werden in § 221 Abs. 3 und 4 AktG vorausgesetzt, sind aber gesetzlich **262** nicht definiert. Es handelt sich um obligatorische, nicht auf Mitgliedschaft beruhende vermögensrechtliche Ansprüche, etwa auf Beteiligung am Bilanzgewinn oder am Liquidationserlös des Unternehmens.[414] In verbriefter Form handelt es sich bei ihnen um **Genussscheine.**[415] **Besserungsscheine** verbriefen Zahlungsversprechen an Gläubiger, die auf Forderungen gegenüber dem Unternehmen verzichtet haben. Das Zahlungsversprechen besteht unter der aufschiebenden Bedingung, dass es dem Unternehmen entsprechend der konkreten vertraglichen Vereinbarung wirtschaftlich besser geht, etwa dass das Unternehmen einen Gewinn erwirtschaftet hat.[416] In unverbriefter Form handelt es sich um Besse-

---

[410] BeBiKo/Grottel Rn. 473; HKMS/Haferkorn/Diemers Rn. 155.
[411] Begr. RegE BilRUG, BT-Drs. 18/4050, 89.
[412] Rimmelspracher/Meyer DB-Beil. Heft 5/2015, 23 (26).
[413] MüKoAktG/Habersack AktG § 221 Rn. 10.
[414] MüKoAktG/Arnold AktG § 216 Rn. 64.
[415] BeBiKo/Schubert § 247 Rn. 194.
[416] Zu diesem Begriff BGH NJW 1984, 2762 (2763); zu § 160 Abs. 1 Nr. 6 AktG aF ADS Rn. 56; MüKoAktG/Kessler AktG § 160 Rn. 55; Hüffer/Koch, 11. Aufl. 2014, AktG § 160 Rn. 15; Grigoleit/Zellner, 1. Aufl. 2013, AktG § 160 Rn. 15; Casper WPg 1983, 146; Künne KTS 1968, 201 (202); Schruff FS Leffson, 1976, 153 (155).

rungsrechte, die als vergleichbare Rechte ebenfalls angabepflichtig sind.[417] Bloße Stundungsabreden sind unabhängig von ihrer Bezeichnung keine Besserungsrechte.[418]

263   Vergleichbare andere Rechte oder Wertpapiere sind solche, die mit einem Umtauschrecht oder Bezugsrecht auf Eigenkapitalinstrumente oder einem Anspruch auf Zahlung aus dem Gewinn oder Liquidationserlös ausgestattet sind, so dass auch hier ein Informationsbedürfnis besteht, weil sie eine Belastung der Aktionäre durch künftige Zahlungsverpflichtung bzw. eine potentielle Grundkapitalerhöhung bedeuten, die sich nicht bereits aus der Bilanz ergibt.[419] Zu den vergleichbaren Rechten und Wertpapieren zählen insbesondere die sog. **Optionsanleihen,** die neben dem Zahlungsanspruch ein Recht auf künftigen Aktienerwerb enthalten. Im Unterschied zur Wandelschuldverschreibung können die Anleihe und das Erwerbsrecht einzeln und voneinander unabhängig geltend gemacht werden.[420] Vergleichbar und damit angabepflichtig sind auch **Gewinnschuldverschreibungen** iSv § 221 Abs. 1 Var. 3 AktG, also Schuldverschreibungen, die neben dem Rückzahlungsanspruch Rechte verbriefen, die mit Gewinnanteilen von Aktionären in Verbindung gebracht werden. Das wäre beispielsweise der Fall, wenn sich die Höhe der Verzinsung nach der Dividende der ausgebenden AG bestimmt.

264   Nicht unter die Angabepflicht fallen solche Rechte und Wertpapiere, die nicht auf den Erwerb von Eigenkapitalinstrumenten oder auf Zahlungen aus dem Gewinn oder Liquidationserlös des bilanzierenden Unternehmens gerichtet sind, sondern an eine andere Bezugsgröße anknüpfen, etwa Optionen auf den Erwerb von Anteilen an einem Tochterunternehmen.[421] Nicht erfasst sind zudem Rechte oder Wertpapiere, die das bilanzierende Unternehmen nicht verpflichten, sondern berechtigen, zB Optionen auf den Erwerb von Anteilen an anderen Unternehmen.

265   Anzugeben sind das Bestehen, die Anzahl und die Rechte, die sie verbriefen. Die Angabe zur **Anzahl** muss das Volumen der ausgegebenen Finanzinstrumente sowie Art und Umfang möglicher künftiger Belastungen erkennen lassen.[422] Außerdem müssen Inhalt und Zweck des Rechts und dessen wesentliche Konditionen beschrieben werden.[423] Aus dem Anhang muss ersichtlich werden, dass, warum, unter welchen Bedingungen und in welchem Ausmaß die Gewinn- und Erlöserwartungen der Gesellschafter reduziert werden können. Im Gegensatz zu § 160 Abs. 1 Nr. 6 Hs. 2 AktG aF sind gesonderte Angaben zu Wertpapieren oder Rechten, die im Geschäftsjahr neu entstanden sind, nicht erforderlich.[424]

XXI. Angaben zur Entsprechenserklärung (Nr. 16)

266   **1. Allgemeines.** Nr. 16 verpflichtet zur Angabe, dass die in § 161 AktG vorgeschriebene Erklärung abgegeben und wo sie öffentlich zugänglich gemacht worden ist. Die **Angabepflicht** in Nr. 16 wurde durch das TransPuG eingeführt und durch das BilMoG leicht geändert. Die Erklärung ist im Turnus von einem Jahr abzugeben; ein kurzfristiges Über- oder Unterschreiten der Frist ist nicht zu beanstanden.[425]

267   **2. Erklärung gem. § 161 AktG.** Die Pflicht zur Abgabe der nach § 161 AktG geforderten Erklärung zum Corporate Governance Kodex trifft börsennotierte Gesellschaften iSd § 3 Abs. 2 AktG und gem. § 161 Abs. 1 S. 2 AktG idF des BilMoG in Umsetzung von Art. 46a Abs. 3 RL 78/660/EWG (4. EG-Richtlinie) idF der Abänderungsrichtlinie auch Aktiengesellschaften, die ausschließlich andere Wertpapiere als Aktien an einem organisierten Markt iSd § 2 Abs. 11 WpHG ausgegeben haben und deren ausgegebene Aktien auf

---

[417] Grigoleit/Zellner, 1. Aufl. 2013, AktG § 160 Rn. 15.
[418] S. RGZ 94, 290 (291); BGH WM 1975, 974 (975); Schruff in FS Leffson, 1976, 153 (161).
[419] Vgl. zu § 160 Abs. 1 Nr. 6 AktG aF MüKoAktG/Kessler AktG § 160 Rn. 56.
[420] MüKoAktG/Habersack AktG § 221 Rn. 13.
[421] Rimmelspacher/Meyer DB-Beil. Heft 5/2015, 23 (26).
[422] BeBiKo/Grottel Rn. 488.
[423] Vgl. zu § 160 Abs. 1 Nr. 6 AktG aF MüKoAktG/Kessler AktG § 160 Rn. 52.
[424] Rimmelspacher/Meyer DB-Beil. Heft 5/2015, 23 (26).
[425] GK-HGB/Lezius Rn. 49.

eigene Veranlassung der Gesellschaft gleichzeitig über ein multilaterales Handelssystem iSd § 2 Abs. 8 S. 1 Nr. 8 WpHG gehandelt werden. § 161 Abs. 1 S. 2 AktG erfasst vor allem den Handel mit Aktien im Freiverkehr.

In der jährlich abzugebenden sog. **Entsprechens- oder Compliance-Erklärung** 268 erklären Vorstand und Aufsichtsrat, dass den vom Bundesjustizministerium im amtlichen Teil des Bundesanzeigers bekannt gemachten Empfehlungen der „Regierungskommission Deutscher Corporate Governance Kodex" entsprochen wurde und wird bzw. welche Empfehlungen nicht angewandt wurden oder werden.[426] Die Entsprechenserklärung ist sowohl für die Vergangenheit als auch in Form einer Absichtserklärung für die Zukunft abzugeben. Nach wohl hM hat die zukunftsgerichtete Absichtserklärung nicht nur das laufende Geschäftsjahr, sondern den gesamten Zeitraum bis zur beabsichtigten Abgabe der nächsten Entsprechenserklärung einzubeziehen.[427] Nach § 161 Abs. 1 S. 1 AktG müssen ggf. die Gründe für etwaige Abweichungen von Bestimmungen des DCGK zusätzlich angegeben werden. Eine entsprechende Empfehlung galt bereits nach Ziff. 3.10 S. 2 DCGK idF vom 26.5.2010.

Das Gesetz verlangt, dass die Erklärung nicht nur den Aktionären, sondern der Öffent- 269 lichkeit dauerhaft auf der Internetseite der Gesellschaft **zugänglich** gemacht wird. Eine Veröffentlichung der Erklärung im Geschäftsbericht reicht daher nicht mehr aus. Ebenso wenig genügt die Offenlegung nach § 325 Abs. 1 S. 1 im Bundesanzeiger oder gem. § 289f Abs. 2 Nr. 1 als Bestandteil der Erklärung zur Unternehmensführung in einem gesonderten Abschnitt im Lagebericht.[428] Dauerhaft bedeutet dabei nicht, dass das Unternehmen den stets möglichen technischen Zugriff auf die Internetseite zu garantieren hat, sondern dass es dafür Sorge tragen muss, dass die Erklärung unter normalen Umständen einsehbar ist.[429]

3. Angaben zu der Erklärung. Nach Nr. 16 genügt nicht allein die Angabe, dass die 270 nach § 161 AktG vorgeschriebene Erklärung **abgegeben** und den Aktionären zugänglich gemacht worden ist; anzugeben ist auch, **wo** die Entsprechenserklärung den Aktionären und der Allgemeinheit öffentlich zugänglich ist. Da die Erklärung gem. § 161 Abs. 2 AktG auf der Internetseite der Gesellschaft dauerhaft öffentlich zugänglich zu machen ist, muss nach Nr. 16 die entsprechende Internetseite genau angegeben werden.[430]

Die Entsprechenserklärung selbst braucht nicht im Anhang angegeben zu werden, da 271 sich die Angabepflicht nach Nr. 16 nur auf den Umstand bezieht, dass die Erklärung abgegeben wurde; allerdings ist die Entsprechenserklärung nach dem durch das BilMoG neu eingeführten § 289f Abs. 2 Nr. 1 Bestandteil der Erklärung zur Unternehmensführung, die in einen gesonderten Abschnitt des Lageberichts aufzunehmen ist (→ § 289f Rn. 20 ff.).[431] Die Entsprechenserklärung ist nicht Gegenstand der Abschlussprüfung,[432] es sei denn die Erklärung wird als freiwillige weitergehende Angabe im Anhang aufgenommen.

Die Erklärung bezieht sich nur auf die Empfehlungen des Kodex (Soll-Vorschriften) 272 und nicht auch auf Anregungen oder gesetzesdarstellende Teile. Da sich die Entsprechenserklärung auf den Kodex in der geltenden Fassung zum Zeitpunkt der Erklärung bezieht, ist die börsennotierte Gesellschaft nicht verpflichtet, vor Ablauf des Zeitraums von zwölf Monaten eine neue Entsprechenserklärung abzugeben, wenn die Fassung des Kodex nach Abgabe der Erklärung geändert und im Bundesanzeiger bekannt gemacht wird.[433] Ändert die Gesellschaft jedoch die Befolgung der Kodex-Empfehlungen, ist sie verpflichtet, die

---

[426] Vgl. dazu auch Pfitzer/Oser/Wader DB 2002, 1120 (1121 f.); Seibert NZG 2002, 608 (611).
[427] IDW PS 345 Rn. 25; BeBiKo/Grottel Rn. 492; Seibert WPg 2004, 341; aA LG Schweinfurt WPg 2004, 339 mablAnm Seibert, wonach eine Beschränkung für das laufende Geschäftsjahr ausreichen soll; gegen zeitliche Beschränkung Heckelmann WM 2008, 2146 (2150).
[428] IDW PS 345 Rn. 28; BeBiKo/Grottel Rn. 490.
[429] IDW PS 345 Rn. 27.
[430] Begr. RegE BilMoG, BT-Drs. 10067/16, 70.
[431] Hierzu Kirsch StuB 2008, 878 (882); Kuthe/Geiser NZG 2008, 172.
[432] Begr. RegE TransPuG, BT-Drs. 14/8769, 25; Hopt/Merkt Rn. 20; W. Müller NZG 2002, 752 (753).
[433] IDW PS 345 Rn. 10; Gelhausen/Hönsch AG 2003, 367; Heckelmann WM 2008, 2146 (2148).

Entsprechenserklärung unverzüglich zu aktualisieren.[434] Nach der Rechtsprechung des BGH hat die Entsprechenserklärung „den Charakter einer **„Dauererklärung"**, die jeweils binnen Jahresfrist zu erneuern und im Fall vorheriger Abweichung von den DCGK-Empfehlungen umgehend zu berichtigen ist".[435] Anderenfalls liegt darin ein Gesetzesverstoß. Hat die Gesellschaft keine Entsprechenserklärung nach § 161 AktG abgegeben, kann die Angabe nach Nr. 16 nicht erfolgen, denn anzugeben ist, „dass", nicht „ob" eine Entsprechenserklärung abgegeben wurde.[436] Der Bestätigungsvermerk ist dementsprechend einzuschränken.[437]

XXII. Angaben zu den Honoraren des Abschlussprüfers (Nr. 17)

273   **1. Allgemeines.** Gemäß Nr. 17 sind Kapitalgesellschaften und haftungsbeschränkte Personenhandelsgesellschaften iSd § 264a Abs. 1 zu zusätzlichen Angaben im Zusammenhang mit dem Abschlussprüfer iSv § 319 Abs. 1 S. 1 und 2 verpflichtet. Anzugeben ist jeweils das vom Abschlussprüfer für das Geschäftsjahr berechnete **Gesamthonorar** in Euro, aufgegliedert nach seinen Vergütungsbestandteilen für die Einzelnen genannten Tätigkeitsbereiche. Vorjahreszahlen sind nicht angabepflichtig. Die erweiterte Angabepflicht zu den Honoraren des Abschlussprüfers in Nr. 17 wurde durch das BilReG eingeführt und durch das BilMoG zur Umsetzung des Art. 43 Abs. 1 Nr. 15 RL 78/660/EWG (4. EG-Richtlinie) idF der Abschlussprüfer-RL erheblich geändert. Die Richtlinienvorgaben sind von dem Gedanken getragen, dass die Höhe des von einem geprüften Unternehmen gezahlten Prüfungshonorars und/oder die konkrete Zusammensetzung der Honorare die Unabhängigkeit eines Abschlussprüfers bzw. einer Prüfungsgesellschaft gefährden können.[438] Die durch Nr. 17 geforderten Angaben sollen dem Abschlussadressaten einen Mindestgehalt an **Informationen zur Abschlussprüfervergütung** vermitteln. Die Bundesregierung sieht die Pflichtangaben im Anhang vor allem unter dem Gesichtspunkt der (finanziellen) **Unabhängigkeit** des Abschlussprüfers als bedeutsam an, wofür der wirtschaftliche Umfang der neben der Abschlussprüfung erbrachten Leistungen als Indikator dienen soll.[439] Durch Transparenz sollen die Besorgnis der Befangenheit verringert und so die Unabhängigkeit und die Objektivität des Abschlussprüfers gestärkt werden.[440] Erkennbar wird allerdings nur die Beeinträchtigung der Unabhängigkeit durch die uU hohe Ertragskraft von Nichtprüfungsleistungen im Vergleich zur Abschlussprüfung, nicht aber das Ausmaß der finanziellen Abhängigkeit des Abschlussprüfers gerade von dem berichtenden Unternehmen im Vergleich zu anderen geprüften Unternehmen.[441] Der Gesetzgeber hielt die beschränkte Angabepflicht aber vor dem Hintergrund der umfangreichen Neuregelung des § 319 für ausreichend.[442]

274   Der Anwendungsbereich des Nr. 17 wurde durch das BilMoG ausgedehnt. Die Angabepflicht gilt nunmehr grds. – mit Ausnahme der Erleichterungen nach § 288 – für alle **Kapitalgesellschaften** und Personenhandelsgesellschaften iSd **§ 264a** und ist nicht mehr nur auf Unternehmen beschränkt, die **einen organisierten Markt** iSv § 2 Abs. 11 WpHG

---

[434] MüKoAktG/W. Goette AktG § 161 Rn. 43.
[435] Vgl. Begr. RegE TransPuG, BT-Drs. 14/8769, 22; BGHZ 180, 9 = NJW 2009, 2207; OLG München WM 2009, 658 (660); Seibert BB 2002, 581 (583); Koch AktG § 161 Rn. 20; Kölner Komm AktG/Lutter AktG § 161 Rn. 53; Ihrig/Wagner BB 2002, 2509 (2510 f.); Mutter ZGR 2009, 788 (794); Vetter NZG 2008, 121 (123); aA Heckelmann WM 2008, 2146 (2148 f.); Fischer BB 2006, 337 (339); Theusinger/Liese DB 2008, 1419 (1421 f.).
[436] IDW PS 345 Rn. 31; BeBiKo/Grottel Rn. 496; OLG München DB 2008, 692.
[437] IDW PS 345 Rn. 31; BeBiKo/Grottel Rn. 496; OLG München DB 2008, 692.
[438] S. dazu Lenz/Möller/Höhn BB 2006, 1787 (1788 f.).
[439] Krit. zu dieser Schlussfolgerung Leyens, Informationsintermediäre des Kapitalmarkts, 2017, S. 652; Pfitzer/Oser/Orth DB 2004, 2593 (2594); Pfitzer/Orth/Hettich DStR 2004, 328 (331 f.).
[440] HKMS/Haferkorn/Diemers Rn. 167; Simon-Heckroth/Lüdders WPg 2017, 248 (249).
[441] Leyens, Informationsintermediäre des Kapitalmarkts, 2017, S. 652, 662.
[442] → § 319 Rn. 2. Zur Angabepraxis s. Lenz/Möller/Höhn BB 2006, 1787 (1789).

in Anspruch nehmen.[443] Nr. 17 gilt ebenso für Unternehmen, die unter das **PublG** fallen (§ 3 Abs. 1 Nr. 3–5 PublG, § 5 Abs. 2 S. 2 PublG), für **Kreditinstitute** (§ 340a Abs. 1) sowie für **Versicherungsunternehmen** (§ 341a Abs. 1). Die Angaben des Nr. 17 sind auch in einem Anhang eines freiwillig offengelegten Einzelabschlusses notwendig, der nach den in **§ 315e Abs. 1** bezeichneten internationalen Rechnungslegungsstandards aufgestellt wurde (§ 325 Abs. 2a). Mit der Erweiterung des Anwendungsbereichs wurden zugleich zusätzliche Erleichterungen in § 288 eingeführt: **Kleine Kapitalgesellschaften** und Personenhandelsgesellschaften iSd § 264a (§ 267 Abs. 1) sind von der Angabepflicht befreit (§ 288 Abs. 1 Nr. 1). **Mittelgroße Kapitalgesellschaften** und Personenhandelsgesellschaften iSd § 264a sind ebenfalls von der Angabepflicht befreit; müssen aber die Angaben nach Nr. 17 der Wirtschaftsprüferkammer auf deren schriftliche Anforderung übermitteln, wenn sie von der Befreiung Gebrauch machen und auf die Angaben im Anhang verzichten (§ 288 Abs. 2 S. 2).

Die Angabe nach Nr. 17 ermöglicht eine Orientierung bei der Feststellung, ob die für **275** **Unternehmen von öffentlichem Interesse** nach Art. 4 Abs. 2 Abschlussprüfungs-VO[444] geltende Begrenzung von Nichtprüfungsleistungen auf 70% des für die Abschlussprüfung bei dem berichtenden Unternehmen gezahlten Honorars eingehalten wird. Bei der Übertragung der Anhangangaben auf Art. 4 Abs. 2 Abschlussprüfungs-VO ist jedoch zu beachten, dass die Begriffe nicht notwendigerweise deckungsgleich zu verstehen sind.[445] So erfasst Nr. 17 lit. b etwa auch obligatorische Bestätigungs- und Bewertungsleistungen (→ Rn. 279), die Art. 4 Abs. 2 UAbs. 2 Abschlussprüfungs-VO ausdrücklich ausnimmt. Art. 10 Abs. 2 lit. g Abschlussprüfungs-VO verlangt zudem eine über Nr. 17 hinausgehende qualitative Aufschlüsselung nach Leistungsarten.[446] Zur weitergehenden Pflicht des Abschlussprüfers zur Erstellung eines Transparenzberichts gem. Art. 13 Abschlussprüfungs-VO s. § 319.

2. Gesamthonorar des Abschlussprüfers. Gegenstand der Angabepflicht des Nr. 17 **276** ist das von dem Abschlussprüfer **für das Geschäftsjahr berechnete Gesamthonorar.** Ursprünglich war „das im Geschäftsjahr als Aufwand erfasste Honorar" anzugeben. Anlass für die Änderung des Wortlauts durch das BilRUG war die in Art. 43 Abs. 1 Nr. 15 RL 78/660/EWG (4. EG-Richtlinie) durch Art. 49 Abschlussprüfer-RL[447] neu eingeführte Formulierung „für das Geschäftsjahr berechnete Gesamthonorar". Mit dem Wechsel von der aufwandsorientierten zu einer **zahlungsorientierten** Betrachtung sollte die Problematik überwunden werden, dass die Honorarangabe bis dato keinen leistungszeitgleichen Betrag darstellte.[448] Eine grundlegende Änderung der bisherigen Praxis bei der Ermittlung des angabepflichtigen Gesamthonorars soll hiermit nach der Beschlussempfehlung des Rechtsausschusses allerdings nicht verbunden sein.[449] Anzugeben ist unabhängig von der aufwandswirksamen Erfassung das berechnete Gesamthonorar, das dem Abschlussprüfer für im Berichtszeitraum erbrachte Leistungen zugeflossen ist oder zufließen wird.[450] Dabei kommt es nicht auf den Zeitpunkt der Honorarvereinbarung oder -zahlung oder aufwandswirksamen Erfassung an. Stellt der Abschlussprüfer die Leistungen typischerweise erst nach dem Zeitpunkt der Abschlusserstellung oder des Bestätigungsvermerks in Rechnung, so bemisst

---

[443] Zu der Rechtslage nach § 285 Nr. 17 aF vor dem Inkrafttreten des BilMoG KKRD/Morck/Drüen Rn. 23a. Vgl. dazu Pfitzer/Oser/Orth DB 2004, 2593 (2594 f.), die bemängeln, dass die Angabenpflicht nicht auf Unternehmen nach § 2 Abs. 1 S. 1 WpHG beschränkt worden ist.

[444] VO (EU) Nr. 537/2014 des Europäischen Parlaments und des Rates v. 16.4.2014 über spezifische Anforderungen bei Unternehmen von öffentlichem Interesse und zur Aufhebung des Beschlusses 2005/909/ EG der Kommission, ABl. EU 2014 L 158, 79 v. 27.5.2014,. Krit. hierzu Lenz DB 2016, 2555.

[445] Eing. hierzu Simon-Heckroth/Lüdders WPg 2017, 248 (254).

[446] Eing. hierzu Giese/Seidler BB 2017, 2795 (2798).

[447] Richtlinie 2006/43/EG des Europäischen Parlaments und des Rates, ABl. 2006 L 157, 87.

[448] Begr. RegE BilMoG, BT-Drs. 10/10067, 70.

[449] Begr. Beschlussempfehlung und Bericht des Rechtsausschusses BilMoG, BT-Drs. 16/12407, 88.

[450] Begr. RegE BilMoG, BT-Drs. 10/10067, 70; HKMS/Haferkorn/Diemers Rn. 169.

sich das anzugebende Honorar nach den im Jahresabschluss gebildeten Rückstellungen.[451] Weicht der später tatsächlich in Rechnung gestellte Betrag von dem Rückstellungsbetrag wesentlich ab, ist der Betrag der Über- oder Unterdotierung im Folgejahr im Betrag des Gesamthonorars mit einem Davon-Vermerk („davon für das Vorjahr") zu kennzeichnen.[452] Abweichungen unter 5% sind indes als unwesentliche Abweichungen nicht anzugeben.[453]

277   Unter den Begriff des Gesamthonorars fällt die Gesamtvergütung des Abschlussprüfers für seine Tätigkeit, dh für sämtliche Leistungen, die er im Geschäftsjahr für die Gesellschaft erbracht hat. Anzugeben sind auch Honorare für Leistungen zugunsten der berichtenden Gesellschaft, die der Abschlussprüfer zB einem Mutterunternehmen in Rechnung stellt und die der berichtenden Gesellschaft weiterbelastet werden. Die schuldrechtliche Grundlage für die Vergütung spielt dabei ebenso wenig eine Rolle wie die konkrete Form ihrer Berechnung (Zeitgebühr, Wertgebühr). Es werden sowohl Vergütungen für einmalige als auch für wiederkehrende Leistungen erfasst. Die Art der Abrechnung ist für die Berichtspflicht ohne Bedeutung. Unter die Angabepflicht fallen auch Honorare, die als Anschaffungsnebenkosten iSd § 255 Abs. 1 S. 2 aktiviert wurden. Das Honorar schließt den Auslagenersatz, zB Tage- und Übernachtungsgelder, Fahrt- und Nebenkosten, Berichts- und Schreibkosten, nicht jedoch die als Vorsteuer abzugsfähige Umsatzsteuer ein.[454] Schadenersatzansprüche gegenüber dem Abschlussprüfer können das anzugebende Honorar nicht im Wege der Aufrechnung verringern.[455]

278   Anzugeben ist nur **das Honorar für den gesetzlichen Abschlussprüfer** iSv § 318, der gewählt und beauftragt wurde.[456] Als Abschlussprüfer kommen auch mehrere Personen in Betracht. In einem solchen Fall einer Gemeinschaftsprüfung (*Joint Audit*) sind die Vergütungen für die Tätigkeiten gem. lit. a–d getrennt für jeden einzelnen Abschlussprüfer in gleicher Form anzugeben.[457] Ihre Honorare dürfen nicht zusammengefasst werden.[458] Die Angabe von Honoraren, die für die in Nr. 17 lit. b–d genannten Leistungen an dritte Personen gezahlt werden, die dem Abschlussprüfer nahe stehen oder mit ihm verbunden sind, verlangt der Wortlaut von Nr. 17 nicht.[459] Da die Angabepflicht die Unabhängigkeit des Abschlussprüfers stärken soll, wäre eine Erweiterung auf Honorare an mit ihm iSv § 319 Abs. 3 und 4 verbundene Personen aber rechtspolitisch wünschenswert.[460] Die freiwillige Angabe mit einem Davon-Vermerk gekennzeichnet, ist hingegen möglich.[461]

279   **3. Die anzugebenden Tätigkeitsbereiche.** Das Gesamthonorar ist nach den Beiträgen für Abschlussprüfungsleistungen (lit. a), andere Bestätigungsleistungen (lit. b), Steuerberatungsleistungen (lit. c) und sonstige Leistungen (lit. d) aufzugliedern. Lässt sich die Leistung keiner dieser Kategorien zuordnen, ist eine Fehlanzeige nicht geboten. Für die

---

[451]   IDW RS HFA 36 Rn. 8; Lüdenbach/Hoffmann StuB 2009, 287 (314).
[452]   IDW RS HFA 36 Rn. 10; Simon-Heckroth/Lüdders WPg 2017, 248 (252); aA Schüppen FS VMEBF, 2016, 187 (201).
[453]   IDW RS HFA 36 Rn. 9; Gelhausen/Fey/Kämpfer O Rn. 77.
[454]   Begr. RegE BilMoG, BT-Drs. 10/10067, 70; IDW RS HFA 36 Rn. 10; Schüppen FS VMEBF, 2016, 187 (201).
[455]   Vgl. dazu Begr. RegE BilMoG, BT-Drs. 10/10067, 70.
[456]   BeBiKo/Grottel Rn. 509; Staub/Meyer Rn. 104; Kling WPg 2011, 211; Pfitzer/Oser/Orth DB 2004, 2593 (2594 f.); Wollmert/Oser/Graupe StuB 2010, 123 (126).
[457]   IDW RS HFA 36 Rn. 16; IDW PS 208 Rn. 13 f.; Schüppen FS VMEBF, 2016, 187 (199). Vgl. Begr. RegE BilReG, BT-Drs. 15/3419 auf die Empfehlung der EU-Kommission v. 16.5.2002 zur Unabhängigkeit des Abschlussprüfers (ABl. EG L 191, 22).
[458]   BeBiKo/Grottel Rn. 510; Staub/Meyer Rn. 104; Pfitzer/Oser/Orth DB 2004, 2593 (2594 f.); Wollmert/Oser/Graupe StuB 2010, 123 (126).
[459]   Gegen eine solche Angabepflicht daher BeBiKo/Grottel Rn. 513; für sinnvoll, aber nicht verpflichtend hält dies IDW RS HFA 36 Rn. 7. AA Bischof WPg 2006, 705 (708); Schüppen FS VMEBF, 2016, 187 (199); Staub/Meyer Rn. 104 (jedenfalls für verbundene Unternehmen iSd § 271 Abs. 2); Wollmert/Oser/Graupe StuB 2010, 123 (126).
[460]   S. den Vorschlag von Schüppen, Stellungnahme zum Regierungsentwurf des AReG (BT-Drs. 18/7219) v. 14.2.2016 anlässlich der öffentlichen Anhörung im Rechtsausschuss am 22.2.2016, S. 7 f. (https://www.bundestag.de/blob/407804/3c517e0e450d51acdec28afce70836b8/schueppen-data.pdf).
[461]   IDW RS HFA 36 Tz 6 f.

Abgrenzung der **einzelnen Leistungsarten** und die Zuordnung einzelner Leistungen lassen sich weder dem Gesetzeswortlaut noch der Gesetzesbegründung Hinweise entnehmen.
Abschlussprüfungsleistungen nach lit. a sind Leistungen, die unmittelbar durch die
Abschlussprüfung veranlasst sind oder im Rahmen der Abschlussprüfung genutzt werden.[462]
Zu den durch Abschlussprüfung **veranlassten** Leistungen gehört jedenfalls der Aufwand
für die gesetzliche Prüfung nach § 316 Abs. 1, 2, §§ 317 ff., einschließlich einer evtl. Nach-
tragsprüfung nach § 316 Abs. 3. Zu den Leistungen für die Abschlussprüfung sind auch
Honorare für Leistungen im Rahmen der Erweiterung des gesetzlichen Prüfungsauftrags,
wie etwa die Prüfung des Abhängigkeitsberichts nach § 313 AktG, ggf. die Prüfung des
Risikofrüherkennungssystems iSv § 317 Abs. 4, die Prüfung der Ordnungsmäßigkeit der
Geschäftsführung nach § 53 HGrG oder die Prüfung nach § 29 Abs. 2 KWG bzw. §§ 35,
39 VAG zu zählen.[463] Sie stehen in einem engen sachlichen und zeitlichen Zusammenhang
zur Abschlussprüfung.[464] Das gilt auch für Leistungen, die Abschlussprüfer im Zusammenhang mit dem Enforcement-Verfahren gem. §§ 342b ff.; §§ 108 f. WpHG erbringen.[465]
Leistungen, die im Rahmen der Abschlussprüfung **genutzt** werden, sind nach IDW RS
HFA 36 Rn. 12 ua prüferische Durchsicht oder Prüfungen von Zwischenabschlüssen
nach IDW PS 900,[466] Prüfungen des internen Kontrollsystems bei Auslagerung von Dienstleistungen iSv PS 951, forensische Untersuchungen bei festgestellten Verstößen.[467] Die
sonstigen Bestätigungs- und Bewertungsleistungen (lit. b) umfassen die nicht unter
lit. a fallenden Leistungen nach § 2 Abs. 1 WPO, für die eine Verwendung des Berufssiegels
nach § 48 Abs. 1 WPO vorgeschrieben oder zulässig ist.[468] Dazu zählen kraft Gesetzes oder
Rechtsverordnung geforderte Beratungsleistungen, wie etwa die Gründungs- (§ 33 AktG),
Verschmelzungs- (§ 9 UmwG) oder die Spaltungsprüfung (§§ 9, 125 UmwG) sowie Prüfungen nach energierechtlichen Vorschriften (IDW PS 970), wie dem Erneuerbare-Energien-
Gesetz oder dem Kraft-Wärme-Koppelungsgesetz.[469] Außerdem sind von lit. b alle Leistungen erfasst, die der Abschlussprüfer in (zeitlichem) Zusammenhang mit oder in Ergänzung
zur Abschlussprüfung freiwillig durchgeführt hat, zB freiwillige Prüfungen analog § 53
HGrG oder analog § 317 Abs. 4 iSv IDW PS 980.[470] Erfasst sind nicht zuletzt auch Vergütungen für gesondert beauftragte Prüfungen, zB nach dem UmwG, § 89 WpHG oder § 16
MaBV. **Steuerberaterleistungen (lit. c)** sind Hilfeleistungen nach § 1 StBerG, Leistungen
für die Steuerdeklaration und -gestaltung, wobei im Falle von öffentlichem Interesse keiner
der Ausschlussgründe nach § 319a Abs. 1 Nr. 2 vorliegen darf. Bei den **sonstigen Leistungen (lit. d)** handelt es sich um einen Auffangtatbestand, der alle Leistungen erfasst, die
nicht unter lit. a–c subsumiert werden können. Dazu gehören etwa treuhänderische Tätigkeiten iSv § 2 Abs. 3 Nr. 3 WPO; Sonderprüfungen oder zulässigerweise erbrachte Bewertungsleistungen, sonstige fachliche Beurteilungen, Rechtsberatung etc.[471] Zu beachten ist
auch hier § 319a Abs. 1 S. 1 Nr. 3. Die noch im Referentenentwurf geforderte Angabe, ob
und ggf. inwieweit das Honorar für sonstige Dienstleistungen das für die Abschlussprüfung
gezahlte Honorar übersteigt, ist nicht übernommen worden. Ähnlich wie die Bestimmung
des Prüfungsauftrags gem. § 323 hat die Abgrenzung der einzelnen Leistungen aber nicht
nach rein formalen Kriterien zu erfolgen: Allenfalls indizielle Bedeutung hat daher, ob die
erbrachte Leistung auf einem gesonderten Auftrag beruht oder in dem Pflichtprüfungsauf-

---

[462]   IDW RS HFA 36 Tz. 12a.
[463]   KKRD/Morck/Drüen Rn. 23; Simon-Heckroth/Lüdders WPg 2017, 248 (250).
[464]   Pfitzer/Oser/Orth DB 2004, 2593 (2595).
[465]   IDW RS HFA 36 Rn. 12a; Simon-Heckroth/Lüdders WPg 2017, 248 (250); aA Schüppen FS VMEBF,
        2016, 187 (201).
[466]   Schüppen FS VMEBF, 2016, 187 (201); BeBiKo/Grottel Rn. 518.
[467]   IDW RS HFA 36 Rn. 13; Giese/Seidler BB 2017, 2795; Simon-Heckroth/Lüdders WPg 2017, 248
        (250). Zweifelnd für forensische Untersuchungen Schüppen FS VMEBF, 2016, 187 (201).
[468]   Staub/Meyer Rn. 105.
[469]   Schüppen FS VMEBF, 2016, 187 (201); Simon-Heckroth/Lüdders WPg 2017, 248 (251).
[470]   Schüppen FS VMEBF, 2016, 187 (201); Simon-Heckroth/Lüdders WPg 2017, 248 (251); HKMS/
        Haferkorn/Diemers Rn. 170.
[471]   GK-HGB/Lezius Rn. 54.

trag gem. § 318 Abs. 1 S. 4 enthalten ist.[472] Dies gilt auch für die vereinbarte Art der Berichterstattung oder die Abrechnungsmodalitäten.

280   **4. Befreiung von der Angabepflicht, sog. Konzernklausel.** Nach der **sog. Konzernklausel** gem. Nr. 17 Hs. 3 entfällt die Angabepflicht im Einzelabschluss, soweit die berichtende Gesellschaft in einen Konzernabschluss iSd §§ 290–292, 315e, 340i, 341i bzw. § 11 PublG einbezogen ist und ihre Abschlussprüferhonorare im Konzernanhang angegeben sind (§ 314 Abs. 1 Nr. 9). Befreiend wirken auch Konzernabschlüsse deutscher Mutterunternehmen nach IFRS-Regeln gem. § 315e sowie Konzernabschlüsse ausländischer Mutterunternehmen nach den nationalen Bilanzierungsvorschriften, wenn sie eine Nr. 17 vergleichbare Aufgliederung enthalten.[473]

281   Die Befreiung gilt nur für Unternehmen, die in den **Konzernabschluss einbezogen** sind. Das können Mutter- und Tochterunternehmen iSd § 290 sein. Eine quotale Einbeziehung von Gemeinschaftsunternehmen auf der Grundlage des § 310 reicht ebenfalls aus.[474] Assoziierte Unternehmen können hingegen nicht in den Konzernabschluss einbezogen werden. Macht die Gesellschaft von der Befreiung durch die Konzernklausel Gebrauch, empfiehlt sich ein entsprechender Hinweis im Anhang des Jahresabschlusses.[475]

282   Als Ersatz für den Jahresabschluss muss der Konzernabschluss nach den gesetzlichen Anforderungen aufgestellt, offengelegt und geprüft worden sein. Bei einem eingeschränkten Bestätigungsvermerk ist die Befreiung gem. Nr. 17 Hs. 3 ausgeschlossen, wenn die Einschränkung des Bestätigungsvermerks im konkreten Einzelfall die Konzernabschlussprüferhonorare betrifft.[476]

283   Die Befreiungswirkung greift zudem nur, wenn die Honorare des Konzernabschlussprüfers für alle erbrachten Leistungen für sämtliche in den Konzernabschluss einbezogenen Unternehmen im Konzernanhang **vollständig angegeben** sind.[477] Eine solche weitgehende Einschränkung des Befreiungstatbestands lässt sich zwar weder dem Wortlaut des Nr. 17 Hs. 3 („soweit") noch Art. 18 Abs. 3 Bilanz-RL („vorausgesetzt, eine derartige Information ist im Anhang zum konsolidierten Abschluss enthalten") entnehmen. Sie ist aber unter Berücksichtigung des Normzwecks – Schaffung von Transparenz zur Stärkung der Unabhängigkeit des Abschlussprüfers – zu befürworten.[478] So wären vor allem bei einer zulässigen aggregierten Angabe des Gesamthonorars des Konzernabschlussprüfers im Konzernanhang[479] die Vergleichbarkeit und Transparenz der Abschlussprüfervergütung gefährdet, wenn die Honorare des Konzernabschlussprüfers nur partiell für einzelne Konzerngesellschaften oder einzelne Leistungen angegeben werden.[480]

284   Grundsätzlich gilt die Befreiung nur zugunsten der in den Konzernabschluss einbezogenen Unternehmen, die von demselben **Konzernabschlussprüfer** geprüft werden. Handelt es sich bei dem Abschlussprüfer der berichtenden Gesellschaft nicht um den Konzernabschlussprüfer und sind dessen Honorare deshalb nicht nach § 314 Abs. 1 Nr. 9 im Konzernanhang anzugeben (→ § 314 Rn. 77), ist eine Befreiung von der Angabepflicht nach Nr. 17 durch die Angabe im Konzernabschluss nur möglich, wenn der Konzernabschluss neben dem angabepflichtigen Gesamthonorar des Konzernabschlussprüfers auch das jeweilige Gesamthonorar der Abschlussprüfer der einbezogenen Gesellschaften als solches kennzeichnet und gesondert oder in Form eines Davon-Vermerks angibt.[481] Um dem Zweck der

---

[472]   Schüppen FS VMEBF, 2016, 187 (201). Zu § 323 HaKo-HGB/Schüppen § 323 Rn. 18.

[473]   Wolmert/Oser/Graupe StuB 2010, 123 (124); Kölner Komm RechnungslegungsR/Peters Rn. 195; HKMS/Haferkorn/Diemers Rn. 173.

[474]   IDW PH 9.200.2 Rn. 2; Wolmert/Oser/Graupe StuB 2010, 123 (125); aA BeBiKo/Grottel Rn. 527.

[475]   IDW RS HFA 36 Rn. 17.

[476]   Wolmert/Oser/Graupe StuB 2010, 123 (124).

[477]   So Beschlussempfehlung und Bericht des Rechtsausschusses BilMoG, BT-Drs. 16/12407, 88.

[478]   Jedenfalls für die vollständige Angabe der Honorare des jeweiligen Unternehmens, das von der Befreiung Gebrauch macht, Gehlhausen/Fey/Kämpfer O Rn. 84; Wolmert/Oser/Graupe StuB 2010, 123 (124).

[479]   IDW RS HFA 36 Rn. 19.

[480]   Vgl. Beschlussempfehlung und Bericht des Rechtsausschusses BilMoG, BT-Drs. 16/12407, 88.

[481]   IDW RS HFA 36 Rn. 19; Wolmert/Oser/Graupe StuB 2010, 123 (124).

Angabepflicht nach Nr. 17 – Stärkung der Unabhängigkeit des Abschlussprüfers durch Transparenz – ausreichend Rechnung zu tragen, genügt eine zusammenfassende Angabe der Honorare verschiedener Abschlussprüfer nicht.[482]

XXIII. Angaben zu den zu Finanzanlagen gehörenden Finanzinstrumenten (Nr. 18)

1. Allgemeines. Die Angabepflicht nach Nr. 18 ist durch das **BilReG** ursprünglich **285** als Nr. 19 aF eingefügt und durch das BilMoG in Nr. 18 nF überführt worden. Die ursprüngliche Nr. 18 aF wurde stattdessen zur Nr. 19. Die geänderte Reihenfolge von Nr. 18 und 19 ist die Konsequenz aus der Neueinführung der Nr. 20, die in einem sachlichen Zusammenhang mit Nr. 19 nF steht.[483] Nr. 18 verlangt bestimmte zusätzliche Angaben zu Finanzinstrumenten, die zu den **Finanzanlagen** iSv § 266 Abs. 2 A. III. gehören und die über ihren beizulegenden Zeitwert ausgewiesen werden, da eine außerplanmäßige Abschreibung gem. § 253 Abs. 3 S. 6 bei voraussichtlich nur vorübergehender Wertminderung unterblieben ist. Nach Nr. 18 lit. a sind der Buchwert und der beizulegende Zeitwert der einzelnen Vermögensgegenstände oder angemessener Gruppierungen anzugeben, so dass aus diesen Informationen der Betrag der unterlassenen Abschreibungen ermittelt werden kann. Ferner sind nach Nr. 18 lit. b die Gründe für das Unterlassen der Abschreibung einschließlich der Anhaltspunkte anzugeben, die darauf hindeuten, dass die Wertminderung voraussichtlich nicht von Dauer ist.[484] Damit setzt der Gesetzgeber Art. 43 Abs. 1 Nr. 14 lit. b RL 78/660/EWG (4. EG-Richtlinie) in nationales Recht um. Zweck der Angabepflicht nach Nr. 18 ist es, die Vergleichbarkeit des Jahresabschlusses auf internationalem Niveau zu erhöhen und so die Informationsfunktion des Anhangs zu stärken.[485]

Die Angabepflicht gilt für alle **großen und mittelgroßen Kapitalgesellschaften** **286** und Personenhandelsgesellschaften iSd § 264a Abs. 1; nach dem **PublG** anhangpflichtige Unternehmen gem. § 5 Abs. 2 S. 2 PublG iVm § 3 Abs. 1 Nr. 3–5 PublG sowie § 5 Abs. 2a PublG, Kreditinstitute gem. § 340a Abs. 1 sowie Versicherungsunternehmen gem. § 341a Abs. 1. **Kleine Kapitalgesellschaften** sind nach § 288 Abs. 1 Nr. 1 von der Angabepflicht gem. Nr. 18 befreit.

2. Begriff der Finanzinstrumente. Der Umfang der Berichtspflicht hängt maßgeb- **287** lich davon ab, inwieweit das Unternehmen die Finanzinstrumente dem Finanzanlagevermögen zuordnet. Dies ist vor allem deshalb von Bedeutung, weil weder der deutsche noch der europäische Gesetzgeber den Begriff des Finanzinstruments definiert haben. Zumeist wird vorgeschlagen, der Begriff solle in Anlehnung an § 1 Abs. 11 KWG, § 2 Abs. 4 WpHG nF oder IAS 32.11 als Oberbegriff verstanden werden.[486] IAS 32.11 definiert ein Finanzinstrument als einen Vertrag, der gleichzeitig bei dem einen Unternehmen zu einem finanziellen Vermögenswert und bei dem anderen Unternehmen zu einer finanziellen Verbindlichkeit oder einem Eigenkapitalinstrument führt. Zu den **finanziellen Vermögenswerten** gehören: (a) flüssige Mittel; (b) ein Eigenkapitalinstrument eines anderen Unternehmens; (c) ein vertragliches Recht darauf, (i) flüssige Mittel oder andere finanzielle Vermögenswerte von einem anderen Unternehmen zu erhalten; oder (ii) finanzielle Vermögenswerte oder finanzielle Verbindlichkeiten mit einem anderen Unternehmen zu potenziell vorteilhaften Bedingungen zu tauschen; oder (d) einen Vertrag, der in eigenen Eigenkapitalinstrumenten des Unternehmens erfüllt wird oder werden kann. **Finanzielle Verbindlichkeiten** sind: (a) eine vertragliche Verpflichtung, (i) einem anderen Unternehmen flüssige Mittel oder einen

---

[482] Kölner Komm RechnungslegungsR/Peters Rn. 196; HKMS/Haferkorn/Diemers Rn. 174; aA Gehlhausen/Fey/Kämpfer O Rn. 85.

[483] Begr. RegE BilMoG, BT-Drs. 16/10067, 71.

[484] Vgl. dazu Heuser/Theile GmbHR 2005, 201 (203 f.).

[485] BeBiKo/Grottel Rn. 530; Kölner Komm RechnungslegungsR/Peters Rn. 198; HKMS/Haferkorn/Diemers Rn. 177.

[486] BeBiKo/Grottel Rn. 535; IDW RH HFA 1.005 Rn. 24. Teilweise anders Böcking BB-Beil. Heft 3/2005, 5 (7), der den Begriff ausschließlich iSd IFRS verstanden wissen will.

anderen finanziellen Vermögenswert zu liefern; oder (ii) mit einem anderen Unternehmen finanzielle Vermögenswerte oder finanzielle Verbindlichkeiten zu potenziell nachteiligen Bedingungen auszutauschen; oder (b) einen Vertrag, der in eigenen Eigenkapitalinstrumenten des Unternehmens erfüllt wird oder werden kann. Nach IDW RH HFA 1.005 Tz 3 sind Finanzanlagen iSv Nr. 18 und 19 zunächst alle Finanzinstrumente iSd § 1 Abs. 11 KWG bzw. § 2 Abs. 2b WpHG aF (§ 2 Abs. 4 WpHG). Dazu gehören Wertpapiere, Vermögensanlagen iSd § 1 Abs. 2 VermAnlG, Investmentvermögensanteile iSd KAGB, Geldmarktinstrumente, Devisen und Derivate. Um den Sinn und Zweck der Angabepflicht vollständig zu erreichen, sind darüber hinaus alle Finanzanlagen iSd § 266 Abs. 2 A. III., Forderungen iSd § 266 Abs. 2 B. II. 1.–3. und Verbindlichkeiten iSd § 266 Abs. 3 C. 1.–2., 4.–8. erfasst, die auf vertraglicher Grundlage zu Geldzahlungen oder zum Zugang bzw. Abgang von anderen Finanzinstrumenten führen.[487] Voraussetzung ist jeweils, dass sie als Anlagevermögen gem. § 247 Abs. 2 dazu bestimmt sind, dauernd dem Geschäftsbetrieb zu dienen. Angabepflichtige Finanzinstrumente sind hiernach insbesondere Aktien oder GmbH-Anteile, Aktienoptionen, Schuldverschreibungen, Wandel- und Optionsanleihen, sonstige Wertpapiere; Anteile an verbundenen und Ausleihungen an verbundene Unternehmen, Beteiligungen, (Nachrang-)Darlehen, Genussrechte und -scheine. Für Anteile oder Anlageaktien an inländischen Investmentvermögen iSd § 1 Abs. 10 KAGB, §§ 108–123 KAGB oder an vergleichbaren EU- bzw. ausländischen Investmentvermögen von mehr als 10% gilt Nr. 26 (→ Rn. 400 ff.) nach dessen Ts. 3 als *lex specialis*. Im Übrigen gilt für Investmenvermögensanteile die Angabepflicht gem. Nr. 18.

288   **3. Umfang der Angabepflicht.** Damit die Angabepflicht besteht, muss der Buchwert über dem beizulegenden Zeitwert des einzelnen Finanzinstruments liegen. Dann sind sowohl der Buchwert als auch der beizulegende Zeitwert des einzelnen Finanzinstruments zum Abschlussstichtag anzugeben. Das setzt voraus, dass das Unternehmen von dem Wahlrecht gem. § 253 Abs. 3 S. 6 Gebrauch macht, bei Finanzanlagen eine außerplanmäßige Abschreibung aufgrund einer Wertminderung, die voraussichtlich nicht von Dauer ist, zu unterlassen. In diesem Fall sind nach Nr. 18 lit. a der Buchwert und der beizulegende Zeitwert sowie nach Nr. 18 lit. b die Gründe für das Unterlassen der Abschreibung anzugeben.

289   **a) Angabe des Buchwerts und des beizulegenden Zeitwerts.** Anzugeben ist jeweils der **Zeitwert am Bilanzstichtag.** Der beizulegende Zeitwert ist unter Beachtung des Grundsatzes der Bewertungsmethodenstetigkeit des § 252 Abs. 1 Nr. 6 zu ermitteln. Das Ziel ist eine möglichst marktnahe Bewertung. Die zuvor in § 285 S. 3, 4 aF enthaltene Regelung zur Ermittlung des beizulegenden Zeitwerts[488] wurde durch das BilMoG in § 255 Abs. 4 S. 1, 2 überführt, ohne dass mit dieser technischen Änderung inhaltliche Änderungen verbunden sind.[489] Als Folge der Ergänzung des § 255 Abs. 4 (→ § 255 Rn. 95 ff.) wurden S. 3 und 4 in § 285 gestrichen. Die Vorschriften zur Ermittlung des beizulegenden Zeitwerts ergeben sich nunmehr aus § 255 Abs. 4. Demnach ist als beizulegender Zeitwert grds. der **Marktpreis** zugrunde zu legen, sofern ein solcher ohne Weiteres verlässlich feststellbar ist (§ 255 Abs. 4 S. 1). Das wird regelmäßig für börsennotierte Finanzinstrumente der Fall sein. Kann der Marktpreis nicht verlässlich festgestellt werden, so ist nach § 255 Abs. 4 S. 2 der beizulegende Zeitwert, sofern dies möglich ist, aus den Marktwerten der einzelnen Bestandteile des Finanzinstruments oder aus dem Marktwert eines gleichwertigen Finanzinstruments abzuleiten, andernfalls mit Hilfe allgemein anerkannter Bewertungsmodelle und -methoden zu bestimmen, sofern diese eine angemessene Annäherung an den Marktwert gewährleisten. Maßgeblich ist der Betrag, zu dem zwischen sachverständigen, vertragswilligen und voneinander unabhängigen Geschäftspartnern ein Vermögensgegenstand getauscht

---

[487]   IDW RH HFA 1.005 Rn. 4.
[488]   Vgl. Heuser/Theile GmbHR 2005, 201 (202 f.) mit Bsp.
[489]   Böcking/Torabian BB 2008, 265 (266); Kölner Komm RechnungslegungsR/Peters Rn. 203.

oder eine Verbindlichkeit beglichen werden könnte.[490] Bei der Anwendung allgemein anerkannter Bewertungsmodelle und -methoden sind die tragenden Annahmen anzugeben, die jeweils der Bestimmung des beizulegenden Zeitwerts zugrunde gelegt wurden. Zur Bewertung von Unternehmensanteilen sind das Ertragswert- und Discounted Cash Flow-Verfahren allgemein anerkannte Bewertungsmethoden.[491] Anerkannte Bewertungsmethoden sind auch die Optionspreismodelle.[492]

Liegen die Voraussetzungen für die in § 255 Abs. 4 S. 1 und 2 genannten Wertfindungsmethoden nicht vor, kann der beizulegende Zeitwert nicht bestimmt werden. Die Angabe des beizulegenden Zeitwerts entfällt; die Gründe dafür sind anzugeben. Diese Vorgaben entsprechen in vereinfachter Form den Ermittlungsmethoden des Art. 42b Abs. 1 RL 78/660/EWG (4. EG-Richtlinie). **290**

Bei der Ermittlung des beizulegenden Zeitwerts sind **stille Reserven** außer Acht zu lassen. Eine Saldierung kann und darf nicht vorgenommen werden.[493] Die Finanzinstrumente können zur besseren Übersichtlichkeit in Gruppen zusammengefasst werden. Kriterium für die Gruppenbildung sollte der jeweils vergleichbare Grund für die Nichtvornahme der Abschreibung sein.[494] **291**

b) Angabe der Gründe für das Unterlassen der Abschreibung. Durch die Angabe der Gründe für das Unterlassen der Abschreibung soll erkennbar werden, ob die Abschreibung berechtigterweise unterlassen wurde. Der **Angabepflicht** nach Nr. 18 lit. b genügt es deshalb nicht, lediglich die gesetzlichen Voraussetzungen des § 253 Abs. 3 S. 6 zu wiederholen.[495] Es wird vor allem die Angabe von Anhaltspunkten verlangt, die darauf hindeuten, dass die Wertminderung voraussichtlich nicht von Dauer ist. Dazu ist eine konkrete verbale Begründung gefordert. Der Adressat des Jahresabschlusses muss hieraus die Erwägungen erkennen können, die hinter der Einschätzung der **voraussichtlich fehlenden Dauerhaftigkeit** stehen. Die Geschäftsführung trägt die Darlegungs- und Beweislast. Maßgeblicher Zeitpunkt für die Beurteilung der Dauerhaftigkeit der Wertminderung ist die Aufstellung der Bilanz.[496] Sind die Kurse bis dahin wieder über den Buchwert gestiegen, kann dies ein Indiz für die fehlende Dauerhaftigkeit sein.[497] Gründe für die Einschätzung einer nur vorübergehenden Wertminderung sind zB Anlaufverluste einer neu gegründeten Gesellschaft oder kurzfristige Schwankungen des Marktzinses bei Beteiligungen und Anteilen an anderen Unternehmen.[498] Geht die Gesellschaft von einer künftigen Steigerung des beizulegenden Zeitwerts der Vermögensgegenstände aus, weil begonnene oder geplante Maßnahmen – wie zB Kostensenkungsprogramme, Zusammenlegung von Fertigungsstätten – den beizulegenden Zeitwert voraussichtlich erhöhen werden, so sind die werterhöhenden Maßnahmen unter Angabe eines angemessenen Zeithorizonts nachvollziehbar zu erläutern.[499] **292**

Bei **Wertpapieren** bedeutet eine dauernde Wertminderung ein nachhaltiges Absinken des den Wertpapieren zum Abschlussstichtag beizulegenden Wertes unter den Buchwert. Im Zweifel ist von der Dauerhaftigkeit der Wertminderung auszugehen; geringfügige Kursschwankungen von börsennotierten Wertpapieren sind hingegen grds. kein Indiz für eine voraussichtlich dauernde Wertminderung.[500] **293**

---

[490] IDW PS 315 Rn. 7.
[491] IDW S 1 idF 2008 Rn. 101; BeBiKo/Grottel Rn. 541.
[492] Kölner Komm RechnungslegungsR/Peters Rn. 204.
[493] IDW RH HFA 1.005 Rn. 17; GK-HGB/Lezius Rn. 56.
[494] IDW RH HFA 1.005 Rn. 16.
[495] HdR/Oser/Holzwarth §§ 284–288 Rn. 395; BeBiKo/Grottel Rn. 545; IDW RH HFA 1.005 Rn. 18.
[496] IDW RH HFA 1.005 Rn. 19.
[497] GK-HGB/Lezius Rn. 57.
[498] BeBiKo/Grottel Rn. 545; Kölner Komm RechnungslegungsR/Peters Rn. 206; HKMS/Haferkorn/Diemers Rn. 182.
[499] IDW RH HFA 1.005 Rn. 18 f.
[500] Anhaltspunkte hierfür bietet die IDW Stellungnahme zur Rechnungslegung: Auslegung des § 341b (IDW RS VFA 2 Rn. 14 ff.).

XXIV. Angaben zu nicht zum beizulegenden Zeitwert bilanzierten derivativen Finanzinstrumenten (Nr. 19)

294   **1. Allgemeines.** Nr. 19 verlangt für derivative Finanzinstrumente, die nicht zum beizulegenden Zeitwert bilanziert sind, Angaben zu Art und Umfang, Zeitwert, Buchwert sowie ggf. zu den Gründen, warum der beizulegende Zeitwert nicht bestimmt werden kann. Die Angabepflicht wurde zunächst zur Umsetzung der gemeinschaftsrechtlichen Vorgaben von Art. 43 Abs. 1 Nr. 14a, Art. 42a Abs. 2 und Art. 42b Abs. 1 RL 78/660/EWG (4. EG-Richtlinie) durch das **BilReG** in nationales Recht in Nr. 18 aF eingeführt. Der deutsche Gesetzgeber hatte die Berichterstattungspflicht um die Angabe der angewandten Bewertungsmethode ergänzt. Nach seiner Auffassung gewinnen die anzugebenden Zahlen für einen sachverständigen Bilanzleser dadurch an Wert. Mit dem **BilMoG** überführte der Gesetzgeber die Regelung von Nr. 18 nach Nr. 19, um den sachlichen Zusammenhang des Nr. 19 nF mit der neu eingeführten Angabepflicht nach Nr. 20 gesetzessystematisch nachzuvollziehen.[501] Die ursprünglich für jede Kategorie derivativer Finanzinstrumente geltende Angabepflicht wurde durch das BilMoG auf derivative Finanzinstrumente beschränkt, die nicht zum beizulegenden Zeitwert bilanziert sind. Außerdem wurden die S. 3 und 4 aF zur Bestimmung des beizulegenden Zeitwerts gestrichen und durch einen Verweis in Nr. 19 nF auf den neu formulierten § 255 Abs. 4 ersetzt. Die Pflicht zur Angabe des Buchwerts wurde von Nr. 18 lit. b Hs. 2 aF in eine eigene Nr. 19 lit. c und die Pflicht zur Angabe der Gründe für die fehlende Bestimmbarkeit des beizulegenden Zeitwerts von S. 6 aF in die neu geschaffene Nr. 19 lit. d überführt.

295   Sinn und Zweck der Angabepflicht nach Nr. 19 ist es, die **Informationsfunktion des Anhangs** durch eine bessere Vergleichbarkeit des Jahresabschlusses auf internationalem Niveau zu stärken.[502] Angabepflichtig gem. Nr. 19 sind alle **mittelgroßen** und **großen Kapitalgesellschaften** (§ 267 Abs. 1, 2) und Personenhandelsgesellschaften iSd § 264a Abs. 1 unabhängig von ihrer Größe; die nach dem PublG anhangpflichtigen Unternehmen (§ 3 Abs. 1 Nr. 3–5 PublG iVm § 5 Abs. 2 S. 2 PublG sowie § 5 Abs. 2a PublG), Kreditinstitute (§ 340a Abs. 1) und Versicherungsunternehmen (§ 341a Abs. 1). **Kleine Kapitalgesellschaften** sind nach § 288 Abs. 1 Nr. 1 von der Angabepflicht ausgeschlossen.

296   **2. Nicht zum beizulegenden Zeitwert bilanzierte derivative Finanzinstrumente.** Der **Begriff der derivativen Finanzinstrumente** lässt sich nur schwer erfassen, zumal der Bereich der Finanzinstrumente aufgrund zahlreicher Innovationen in der Praxis einem ständigen Wandel unterworfen ist. Der Gesetzgeber hat daher bewusst einen **unbestimmten Rechtsbegriff** gewählt.[503] Wie im Falle von Nr. 18 kann zur Konkretisierung auf die Definitionen im KWG bzw. WpHG zurückgegriffen werden.[504] Derivative Finanzinstrumente sind nach § 1 Abs. 11 S. 4 KWG bzw. § 2 Abs. 3 WpHG als Fest- oder Optionsgeschäfte ausgestaltete Termingeschäfte, deren Wert von einem Basiswert abhängt. Mögliche Basiswerte sind Wertpapiere oder Geldmarktinstrumente, Devisen oder Rechnungseinheiten, Zinssätze, Wechselkurse, Rohstoffpreise, Preis- oder Zinsindizes, die Bonität, Kreditindizes oder andere Variablen.[505] Zweck eines Derivats können die Absicherung eines risikobehafteten Geschäfts gegen Wertverlust (*hedging*) oder Spekulation sein. Verpflichtungen aus diesen Instrumenten sind durch Geldzahlungen oder Zugang bzw. Abgang von anderen Finanzinstrumenten zu erfüllen. Die Erfüllung ist auch auf Nettobasis möglich. Derivate sind etwa Optionen, Futures, Swaps, Forwards.

297   Auch **Warenkontrakte** können Gegenstand eines derivativen Finanzinstruments sein: Die ursprünglich in § 285 S. 2 aF enthaltene Klarstellung, dass Warenkontrakte unter den genannten Voraussetzungen als derivative Finanzinstrumente gelten, wurde mit dem Bil-

---

[501] Begr. RegE BilMoG, BT-Drs. 16/10067, 71.
[502] BeBiKo/Grottel Rn. 551.
[503] Beschlussempfehlung des Rechtsausschusses zum BilReG, BT-Drs. 15/4054, 37.
[504] IDW RH HFA 1.005 Rn. 3.
[505] RefE BilMoG 105. Vgl. außerdem § 2 Abs. 2 WpHG. Zu einzelnen Bsp. Schwark/Zimmer KMRK/Kumpan WpHG § 2 Rn. 39 ff.

MoG aufgehoben. Eine sachliche Änderung ist hiermit nach der Gesetzesbegründung indes nicht verbunden.[506] Verträge über Waren gelten weiterhin als Derivate, „wenn die Abgeltung im Wege eines Spitzenausgleichs durchgeführt wird und der Vertrag nicht auf den tatsächlichen Erwerb oder die Veräußerung von Waren gerichtet ist".[507] Maßgeblich für das Vorliegen eines Derivats ist daher auch nach geltender Rechtslage, ob die vertragliche Vereinbarung bei wirtschaftlicher Betrachtung als Derivat einzustufen ist. Davon ist bei **Warentermingeschäften** auszugehen, wenn jede der Vertragsparteien zur Erfüllung in bar oder durch ein anderes Finanzinstrument berechtigt ist. Kein Derivat liegt vor, wenn der Vertrag geschlossen wurde, um einen für den Erwerb, die Veräußerung oder den eigenen Gebrauch erwarteten Bedarf abzusichern, sofern diese Zweckwidmung von Anfang an bestand und nach wie vor besteht und der Vertrag mit der Lieferung der Ware als erfüllt gilt.[508] Diese Definition entspricht mit geringfügigen sprachlichen Anpassungen Art. 42a Abs. 2 der 4. EG-Richtlinie.

Die Angabepflicht nach Nr. 19 betrifft nicht sämtliche derivative Finanzinstrumente, **298** sondern nur noch solche, die nicht zum beizulegenden Zeitwert bilanziert wurden. Grund für die durch das BilMoG vorgenommene Einschränkung der Angabepflicht ist, dass Finanzinstrumente des Handelsbestandes nach § 253 mit ihrem beizulegenden Zeitwert abzüglich eines Risikoabschlags zu bewerten sind. Für die derivativen Finanzinstrumente, die den Finanzinstrumenten des Handelsbestandes angehören, erübrigt sich deshalb eine zusätzliche Angabe des beizulegenden Zeitwerts im Anhang.[509]

3. Umfang der Angabepflicht. Für jede Kategorie von derivativen Finanzinstrumen- **299** ten sind Art, Umfang, beizulegender Zeitwert, dessen angewandte Bewertungsmethode, ein ggf. vorhandener Buchwert und der Bilanzposten, in dem der Buchwert erfasst ist, und die Gründe für die Nichtermittlung des beizulegenden Zeitwerts anzugeben. Nr. 19 verlangt diese Angaben nicht einzeln für jedes derivative Finanzinstrument, sondern die einzelnen Finanzinstrumente sind in Kategorien zusammenzufassen. Die Kategorienbildung kann sich an den zugrunde liegenden Basiswerten oder den abgesicherten Risiken der Finanzinstrumente orientieren.[510] Die Kategorien können in Anlehnung an § 1 Abs. 11 S. 3 KWG als eine **Mindestgliederung** gebildet werden: Demnach ist zwischen zinsbezogenen, währungsbezogenen, aktien-/indexbezogenen und sonstigen Geschäfte zu differenzieren.[511] Erfüllen derivative Finanzinstrumente die Voraussetzungen mehrerer Kategorien (zB *cross-currency-Zinsswaps*), sind sie in einer eigenständigen Kategorie zusammenzufassen oder getrennt unter den sonstigen Geschäften anzugeben.[512]

Die Angaben müssen grds. in EUR (§ 244) oder in der jeweiligen Währung unter **300** Angabe des Devisenkassamittelkurses am Bilanzstichtag lauten. Über den **Zeitpunkt,** zu welchem die Angaben zu machen sind, schweigt das Gesetz. Es ist aber aus dem Zusammenhang zu schließen, dass sich die Angabepflicht auf die Verhältnisse am Bilanzstichtag bezieht.[513]

a) Art und Umfang. Nr. 19 lit. a erfordert die Angabe von Art und Umfang eines **301** derivativen Finanzinstruments. Unter der **Art** eines derivativen Finanzinstruments ist seine Qualifizierung als Option, Future, Swap, Forward oder einer Variation zu verstehen. Der **Umfang** richtet sich nach seinem Nominalwert. Bezugspunkt für die Angabe des Umfangs ist die jeweilige Kategorie, nicht die Art des Finanzinstruments.

---

[506] Begr. RegE BilMoG, BT-Drs. 16/10067, 75.
[507] Begr. RegE BilMoG, BT-Drs. 16/10067, 75.
[508] IDW RH HFA 1.005 Rn. 5; Kölner Komm RechnungslegungsR/Peters Rn. 209; Lühn BBK 2009, 993 (995).
[509] Begr. RegE BilMoG, BT-Drs. 16/10067, 71.
[510] Kölner Komm RechnungslegungsR/Peters Rn. 211; HKMS/Haferkorn/Diemers Rn. 187.
[511] IDW RH HFA 1.005 Rn. 26; BeBiKo/Grottel Rn. 558; GK-HGB/Lezius Rn. 61; Kölner Komm RechnungslegungsR/Peters Rn. 211; HKMS/Haferkorn/Diemers Rn. 187; Lühn BBK 2009, 993 (995).
[512] IDW RH HFA 1.005 Rn. 27.
[513] Vgl. dazu auch IDW RH HFA 1.005.

302   **b) Beizulegender Zeitwert und angewandte Bewertungsmethode.** Nach Nr. 19
lit. b ist der **beizulegende Zeitwert** des betreffenden derivaten Finanzinstruments anzugeben. Darunter ist der Betrag zu verstehen, zu dem zwischen sachverständigen, vertragswilligen und voneinander unabhängigen Geschäftspartnern ein Vermögensgegenstand getauscht
oder eine Verbindlichkeit beglichen werden könnte.[514] Anzugeben ist jeweils der Zeitwert
am Bilanzstichtag. Der beizulegende Zeitwert ist unter Beachtung des Grundsatzes der
Bewertungsmethodenstetigkeit des § 252 Abs. 1 Nr. 6 zu ermitteln. Das Ziel ist eine möglichst marktnahe Bewertung. Die **Reihenfolge** zur Ermittlung des beizulegenden Zeitwerts
ergibt sich nach Aufhebung des § 285 S. 3 und 4 aF[515] nunmehr aus § 255 Abs. 4. Demnach
entspricht der beizulegende Zeitwert grds. dem Marktwert, sofern ein solcher ohne Weiteres
verlässlich feststellbar ist (§ 255 Abs. 4 S. 1). Ist dies nicht der Fall, so ist nach § 255 Abs. 4
S. 2 der beizulegende Zeitwert aus den Marktwerten der einzelnen Bestandteile des Finanzinstruments oder aus dem Marktwert eines gleichwertigen Finanzinstruments abzuleiten.
Ist auch dies nicht möglich, ist der Zeitwert andernfalls mit Hilfe allgemein anerkannter
Bewertungsmodelle und -methoden zu bestimmen, sofern diese eine angemessene Annäherung an den Marktwert gewährleisten. Liegen die Voraussetzungen für alle in den § 255
Abs. 4 S. 1, 2 genannten Wertfindungsmethoden nicht vor, kann der beizulegende Zeitwert
nicht bestimmt werden. Die Angabe des beizulegenden Zeitwerts entfällt; die Gründe dafür
sind anzugeben. Diese Vorgaben entsprechen in vereinfachter Form den Ermittlungsmethoden des Art. 42b Abs. 1 Bilanz-RL.

303   Nach Nr. 19 lit. b ist auch über die angewandte Bewertungsmethode bei der **Ermittlung des beizulegenden Zeitwertes** zu berichten. Im Falle der Marktbewertung genügt
ein entsprechender Hinweis. Bei der marktnahen Bewertung nach § 255 Abs. 4 S. 2 sind
die einzelnen Bestandteile bzw. die gleichwerten Finanzinstrumente anzugeben, aus denen
der beizulegende Zeitwert abgeleitet wurde. Werden allgemein anerkannte Bewertungsmodelle und -methoden angewandt, sind diese zu nennen.

304   Nach § 285 S. 5 aF waren bei der Anwendung allgemein anerkannter Bewertungsmodelle und -methoden die tragenden Annahmen anzugeben, die jeweils der Bestimmung des
beizulegenden Zeitwerts zugrunde gelegt wurden, etwa die Berücksichtigung marktgerechter Zinsstrukturen. S. 5 aF hat der Gesetzgeber mit dem BilMoG ersatzlos gestrichen. Die
bei der Anwendung allgemein anerkannter Bewertungsmodelle und -methoden **tragenden
Modellannahmen** sind deshalb nicht mehr notwendig.[516] Es genügt die Angabe des angewendeten Modells.

305   **c) Buchwert und Bilanzposten.** Anzugeben ist darüber hinaus ein ggf. vorhandener
Buchwert, mit dem das derivative Finanzinstrument zum Bilanzstichtag bilanziert ist und
der Bilanzposten, in welchem der Buchwert erfasst ist. Die Angabepflicht gilt unabhängig
davon, ob der Buchwert auf der Aktiv- oder Passivseite bilanziert ist. Diese zuvor in Nr. 18
lit. b aF enthaltene Angabepflicht wurde durch das BilMoG in Nr. 19 lit. c nF überführt,
ohne dass damit inhaltliche Änderungen verbunden sind. Derivate sind grds. nicht zu bilanzieren, da es sich nach dem Begriffsverständnis des HGB um schwebende Geschäfte handelt.
Ein Buchwert ist jedoch anzugeben, wenn Anschaffungskosten oder Verluste aus der
Abwicklung auf Seiten des Käufers oder empfangene Zahlungen auf Seiten des Verkäufers
zu bilanzieren sind. Um aber tatsächlich ein vollständiges Bild von der Vertragssituation
bezüglich derivativer Finanzinstrumente zu vermitteln, empfiehlt sich im Übrigen auch die
Angabe von Buchwert und Bilanzposten nach Maßgabe von § 266 Abs. 2 und 3. Der
Grundsatz der Wesentlichkeit steht der freiwilligen Angabe nicht entgegen.

306   **d) Gründe für fehlende Bestimmbarkeit des beizulegenden Zeitwerts.** Kann
der beizulegende Zeitwert nicht auf der Grundlage des § 255 Abs. 4 verlässlich bestimmt
werden, ist angesichts der Komplexität der Bewertungsmodelle und -methoden eine Schät-

---

[514]   IDW PS 315 Rn. 7.
[515]   Vgl. Heuser/Theile GmbHR 2005, 201 (202 f.) mit Bsp.
[516]   Gelhausen/Fey/Kämpfer O Rn. 111 f.; aA Kölner Komm RechnungslegungsR/Peters Rn. 215.

zung nicht zulässig.[517] Nr. 19 lit. d verlangt vielmehr die Angabe der **Gründe** für die fehlende Bestimmbarkeit. Mit dieser bis zum Inkrafttreten des BilMoG in § 285 S. 6 aF enthaltenen Regelung geht das deutsche Recht über die Forderungen der Fair-Value-Richtlinie hinaus. Als Vorbild diente IAS 32.90 (2004).[518] Der beizulegende Zeitwert kann nicht bestimmt werden, wenn der Marktwert weder für das derivative Finanzinstrument noch für vergleichbare Instrumente ermittelt werden kann, weil etwa die angewandte Bewertungsmethode zu einer Bandbreite möglicher Werte führt, die ermittelten Werte erheblich voneinander abweichen und eine Gewichtung der Werte anhand der jeweiligen Eintrittswahrscheinlichkeit nicht möglich ist.[519] Dies stimmt mit den Kriterien der verlässlichen Bestimmbarkeit des beizulegenden Zeitwerts der Eigenkapitalinstrumente gem. IAS 39.A80 f. überein.

XXV. Angaben zu den zum beizulegenden Zeitwert bilanzierten Finanzinstrumenten (Nr. 20)

1. Allgemeines. Nach Nr. 20 haben Unternehmen bestimmte Angaben zu **Finanz-** **307** **instrumenten** zu machen, die mit dem beizulegenden Zeitwert abzüglich eines Risikoabschlags bilanziert sind. Die Angabepflicht nach Nr. 20 wurde durch das BilMoG zur Umsetzung des Art. 42d RL 78/660/EWG (4. EG-Richtlinie) idF der Fair-Value-RL[520] neu eingeführt und durch das CSR-Richtlinien-Umsetzungsgesetz an den Wortlaut von Art. 16 Abs. 1 lit. c Bilanz-RL angepasst.[521] Die Neuregelung knüpft an die Einführung des § 340e Abs. 3 S. 1 an, wonach Kredit- und Finanzdienstleistungsinstitute die Finanzinstrumente des Handelsbestandes künftig zum beizulegenden Zeitwert zu bilanzieren haben.[522] Die Angabepflicht soll die internationale Vergleichbarkeit erhöhen und so die Informationsfunktion des Jahresabschlusses stärken.

Die Angabepflicht erfasst nach der Änderung durch das **CSR-Richtlinien-Umset-** **308** **zungsgesetz** sämtliche Finanzinstrumente des Handelsbestands, die nach anderen gesetzlichen Vorschriften zu bewerten sind. Das geltende Recht sieht eine solche Bewertungspflicht jedoch weiterhin nur in § 340e Abs. 3 S. 1 vor, wonach Finanzinstrumente des Handelsbestands zum beizulegenden Zeitwert gem. § 255 Abs. 4 zu bewerten sind.[523] Angabepflichtig nach Nr. 20 sind daher ausschließlich Kreditinstitute iSd § 340a Abs. 1. Hierbei kann es zu Überschneidungen mit § 35 Abs. 1 Nr. 1a RechKredV iVm § 340a Abs. 1 kommen, wonach der aktive Handelsbestand (Aktivposten Nr. 6a) in derivative Finanzinstrumente, Forderungen, Schuldverschreibungen und andere festverzinsliche Wertpapiere, Aktien und andere nicht fest verzinsliche Wertpapiere sowie sonstige Vermögensgegenstände und der passive Handelsbestand (Passivposten Nr. 3a) in derivative Finanzinstrumente und Verbindlichkeiten aufzugliedern sind.

2. Umfang der Angabepflicht. Die Kreditinstitute müssen die grundlegenden **309** Annahmen, die sie der Bestimmung des beizulegenden Zeitwerts der Finanzinstrumente mit Hilfe allgemein anerkannter Bewertungsmethoden zugrunde gelegt haben (Nr. 20 lit. a) sowie Umfang und Art jeder Kategorie derivativer Finanzinstrumente (Nr. 20 lit. b) angeben.

a) Die der Bestimmung des beizulegenden Zeitwerts zugrunde liegenden **310** **Annahmen.** Nach Nr. 20 lit. a sind die **grundlegenden Annahmen** anzugeben, die der Bestimmung des beizulegenden Zeitwerts gem. § 255 Abs. 4 zugrunde liegen. Die Angabe-

---

[517] GK-HGB/Lezius Rn. 64.
[518] Begr. RegE BilReG, BT-Drs. 15/3419, 30.
[519] Begr. RegE, BT-Drs. 16/10067, 61.
[520] Richtlinie 2001/65/EG des Europäischen Parlaments und des Rates v. 27.9.2001 zur Änderung der Richtlinien 78/660/EWG, 83/349/EWG und 86/635/EWG des Rates im Hinblick auf die im Jahresabschluss bzw. im konsolidierten Abschluss von Gesellschaften bestimmter Rechtsformen und von Banken und anderen Finanzinstituten zulässigen Wertansätze, ABl. EG 2001 L 283, 28.
[521] Begr. RegE CSR-RL-UG, BT-Drs. 18/9982, 42.
[522] Hierzu vgl. IDW RS BFA 2 Rn. 79 ff.
[523] Begr. RegE CSR-RL-UG, BT-Drs. 18/9982, 42.

pflicht nach Nr. 20 lit. a gilt für alle Finanzinstrumente und ist nicht – wie Nr. 19 oder Nr. 20 lit. b – auf derivative Finanzinstrumente beschränkt. Die Angaben nach Nr. 20 lit. a sind allerdings nur dann erforderlich, wenn der beizulegende Zeitwert der Finanzinstrumente nicht unmittelbar auf einem eigenen Marktwert basiert, sondern auf der Anwendung von allgemein anerkannten Bewertungsmethoden beruht. Basiert der beizulegende Zeitwert auf einem **Marktpreis** iSd § 255 Abs. 4 S. 1, empfiehlt sich allerdings ein Hinweis auf den zugrunde liegenden Marktpreis.[524] Beruht der Zeitwert indes auf allgemein anerkannten Bewertungsmethoden, sind die zentralen Annahmen anzugeben, die im Rahmen der Anwendung der Bewertungsmethode Berücksichtigung gefunden haben. Zu den zentralen Annahmen zählen die wesentlichen objektiv nachvollziehbaren Parameter.[525]

311   **b) Umfang und Art.** Nr. 20 lit. b erfordert Angaben zu Art und Umfang jeder Kategorie der derivativen Finanzinstrumente. Insoweit stimmt Nr. 20 lit. b mit den Anforderungen des Nr. 19 nF überein. Die Kategorisierung der derivativen Finanzinstrumente hat sich an dem jeweils zugrunde liegenden Basiswert bzw. dem abgesicherten Risiko zu orientieren. Denkbar ist eine Kategorisierung in zinsbezogene, währungsbezogene oder aktienbezogene derivative Finanzinstrumente etc. **Arten** derivativer Finanzinstrumente sind zB Optionen, Futures, Swaps und Forwards.[526] Die Angabe des **Umfangs** erfordert eine Information über den Nominalwert.[527]

312   Darüber hinaus sind für jede Kategorie derivativer Finanzinstrumente die wesentlichen Bedingungen anzugeben, die die Höhe, den Zeitpunkt und die Sicherheit künftiger Zahlungsströme beeinflussen können. Es ist Auskunft darüber zu geben, welchen Risiken die jeweilige Kategorie der derivativen Finanzinstrumente ausgesetzt ist.

XXVI. Angaben zu nicht marktüblichen Geschäften mit nahestehenden Unternehmen und Personen (Nr. 21)

313   **1. Allgemeines.** Nr. 21 verlangt Angaben zu nicht marktüblichen **Geschäften mit nahestehenden Unternehmen und Personen,** einschließlich der Art der Beziehung, dem Wert der Geschäfte sowie weiterer für die Beurteilung der Finanzlage der Gesellschaft maßgeblichen Umständen.[528] Die Angabepflicht nach Nr. 21 wurde durch das BilMoG zur Umsetzung des Art. 43 Abs. 1 Nr. 7 lit. b RL 78/660/EWG (4. EG-Richtlinie) idF der Abänderungsrichtlinie neu eingeführt, welcher fast wortlautgleich als Art. 17 Abs. 1 lit. r Bilanz-RL übernommen wurde. Die Angabepflicht soll die Transparenz von Transaktionen mit nahestehenden Unternehmen und Personen erhöhen. Durch die Angleichung an die Berichtpflichten der IFRS sollen die Vergleichbarkeit des handelsrechtlichen Jahresabschlusses und der Einblick in die Finanzlage des Unternehmens verbessert werden.[529] Die Bestimmung orientiert sich an den gemäß der IAS-VO übernommenen internationalen Rechnungslegungsstandards. Sie ist daher unter Berücksichtigung von **IAS 24** auszulegen.[530] Außerdem enthält RS HFA 33 des IDW wichtige Hinweise zu den nach Nr. 21 notwendigen Anhangangaben.

314   Die Angabepflicht gilt für alle **großen Kapitalgesellschaften** und Personenhandelsgesellschaften iSd § 264a Abs. 1, **publizitätspflichtigen Unternehmen** iSd § 3 Abs. 1 Nr. 3–5 PublG iVm § 5 Abs. 2 S. 2 PublG und kapitalmarktorientierte Unternehmen gem. § 5 Abs. 2a PublG, Kreditinstitute (§ 340a Abs. 1) und Versicherungsunternehmen (§ 341a Abs. 1).[531] **Mittelgroße Kapitalgesellschaften** und haftungsbeschränkte Personenhandels-

524   Kölner Komm RechnungslegungsR/Peters Rn. 220; HKMS/Haferkorn/Diemers Rn. 195.
525   Begr. RegE BilMoG, BT-Drs. 16/10067, 71.
526   IDW RH HFA 1.005 Rn. 29.
527   Begr. RegE BilMoG, BT-Drs. 16/10067, 71.
528   Hierzu Hauptmann/Seiler/Benz Der Konzern 2010, 112 (118); Poullie WPg 2010, 1058 (1065); Rimmelspacher/Fey WPg 2010, 180 (192).
529   Begr. RegE BilMoG, BT-Drs. 16/10067, 72; Fleischer BB 2014, 835 (838).
530   Begr. RegE BilMoG, BT-Drs. 16/10067, 72.
531   Zu den Besonderheiten bei Unternehmen der öffentlichen Hand, vgl. Hauptmann/Sailer/Benz Der Konzern 2010, 112 ff.; Poullie WPg 2010, 1058 ff.

gesellschaften sind von der Berichtspflicht befreit, es sei denn, es handelt sich um eine Aktiengesellschaft. Mittelgroße Aktiengesellschaften können die Angaben indes auf Geschäfte beschränken, die sie direkt oder indirekt mit einem Gesellschafter oder Mitgliedern des Geschäftsführungs-, Aufsichts- oder Verwaltungsorgans abgeschlossen haben (§ 288 Abs. 2 S. 3).

Die Angabepflicht gilt nicht für **kleine Kapitalgesellschaften,** einschließlich der 315 AG und haftungsbeschränkte Personenhandelsgesellschaften (§ 288 Abs. 1). Nr. 21 gilt auch nicht für den Anhang eines freiwillig offengelegten, nach den in § 315e Abs. 1 bezeichneten internationalen Rechnungslegungsstandards aufgestellten Einzelabschlusses (§ 325 Abs. 2a).

Nr. 21 verlangt **„zumindest"** die Angaben über wesentliche zu marktunüblichen 316 Bedingungen zustande gekommene Geschäfte mit nahestehenden Unternehmen und Personen. Die Gesellschaft hat ein **Wahlrecht,** nur die wesentlichen marktunüblichen Geschäfte oder aber darüber hinaus alle – auch marktüblichen – Geschäfte der Gesellschaft mit nahestehenden Unternehmen und Personen anzugeben.[532] Bei einer freiwilligen Angabe aller Geschäfte mit nahestehenden Unternehmen und Personen müssen die marktunüblichen Geschäfte nicht gesondert als solche gekennzeichnet werden.[533] Das gilt jedoch nicht, wenn nur einzelne marktübliche Geschäfte neben allen marktunüblichen Geschäften angegeben werden.[534] Um auf die ausdrückliche Kennzeichnung der marktunüblichen Geschäfte verzichten zu können, müssen alle wesentlichen marktüblichen Geschäfte angegeben werden. Bei einer freiwilligen Erweiterung der Angabe auf alle Geschäfte mit nahestehenden Unternehmen und Personen gelten die Folgen der Angabepflicht auch für die marktüblichen Geschäfte.[535] Die Gesellschaft kann ihre Entscheidung über die Ausübung des Wahlrechts für jeden Abschlussstichtag neu treffen. Verzichtet die bilanzierende Gesellschaft auf die freiwillige Angabe der marktüblichen Geschäfte und hat sie keine marktunüblichen Geschäfte abgeschlossen, ist **keine Negativanzeige** notwendig.[536]

2. Nahestehende Unternehmen und Personen. Die durch das BilMoG erstmals in 317 das HGB eingeführte Formulierung „nahe stehende Unternehmen und Personen" lehnt sich in Übereinstimmung mit der Begriffsbestimmung aus Art. 2 Nr. 3 Bilanz-RL an das Verständnis des zum jeweiligen Abschlussstichtag geltenden internationalen Rechnungslegungsstandards der IFRS als Auslegungsgrundlage für nationale Berichtspflichten an. Der Kreis der nahestehenden Unternehmen und Personen erschließt sich daher aus **IAS 24.9 und 11.**[537] Da es sich um einen dynamischen Verweis handelt, ist die jeweils zum Abschlussstichtag bzw. bei Beendigung der Abschlusserstellung geltende Fassung von IAS 24 für die Auslegung zu beachten.[538] Bei IAS 24 handelt es sich um einen **wertneutralen Offenlegungsstandard,** der mögliche Nähebeziehungen aufdecken, nicht aber die Geschäfte im Sinne einer „at arms length-Betrachtung" bewerten soll.[539] Für die Feststellung einer Nähebeziehung genügt, dass Ob, Umfang und Preise sowie Konditionen durch die Nähebeziehung beeinflusst sein können. Eine tatsächliche Einflussnahme ist nicht erforderlich. Die einzelnen Tatbestandsmerkmale des IAS 24 sind auf der Grundlage der IFRS auszulegen.[540] Für die Feststellung einer Nähebeziehung kommt es auf den wirtschaftlichen Gehalt der Beziehung und nicht allein auf ihre rechtliche Gestaltung an (IAS 24.10).

---

[532] Begr. RegE BilMoG, BT-Drs. 16/10067, 71. IAS 24 verpflichtet zu der Angabe sämtlicher marktunüblicher und marktüblicher Geschäfte mit nahestehenden Personen.
[533] IDW RS HFA 33 Rn. 20; BeBiKo/Grottel Rn. 670.
[534] IDW RS HFA 33 Rn. 20.
[535] Rimmelspacher/Fey WPg 2010, 180 (191).
[536] IDW RS HFA 33 Rn. 21.
[537] Hennrichs/Pöschke Der Konzern 2009, 532 (537); Niehus DStR 2008, 2280 ff.; Wollmert/Oser/Graupe StuB 2010, 123 (128).
[538] Wollmert/Oser/Graupe StuB 2010, 123 (128).
[539] MüKoBilanzR/Hennrichs/Schubert IAS 24 Rn. 6.
[540] BeBiKo/Grottel Rn. 605. Wollmert/Oser/Graupe StuB 2010, 123 (128) bevorzugen demgegenüber eine einheitliche handelsrechtliche Interpretation.

318   Eine **nahestehende Beziehung** entsteht demnach durch:
– ein Beherrschungsverhältnis (Control) iSv IFRS 10.6;
– eine Beteiligung mit maßgeblichem Einfluss (Significant Influence) iSv IAS 28.6;
– eine gemeinschaftliche Führung (Joint Control) iSv IFRS 11.7.

319   Beherrschung, maßgeblicher Einfluss und gemeinschaftliche Führung weisen einen unterschiedlichen Grad an **Einflussnahmemöglichkeiten** auf. Von einem Beherrschungsverhältnis ist auszugehen, wenn ein Unternehmen oder eine Person schwankenden Renditen aus dem Engagement in dem Beteiligungsunternehmen ausgesetzt ist bzw. Anrechte auf diese besitzt und die Fähigkeit hat, diese Renditen mittels seiner Verfügungsgewalt über das Beteiligungsunternehmen zu beeinflussen (IFRS 10.6).[541] Eine gemeinschaftliche Führung liegt vor, wenn die Parteien die Teilhabe an einer wirtschaftlichen Betätigung dergestalt vereinbart haben, dass sie die strategische Finanz- und Geschäftspolitik nur einstimmig festlegen können (IFRS 11.7). Das Merkmal des maßgeblichen Einflusses übernimmt eine Auffangfunktion und erfasst die Möglichkeit, an den finanz- und geschäftspolitischen Entscheidungen des Unternehmens mitzuwirken, ohne dabei das Unternehmen zu beherrschen oder gemeinsam mit einem anderen Anteilseigner zu führen (IAS 28). Insoweit kann es zu Abweichungen von den handelsrechtlichen Begriffen der Beherrschung iSd § 290 Abs. 1, 2, der gemeinschaftlichen Führung iSd § 310 Abs. 1 und des maßgeblichen Einflusses iSd § 311 Abs. 1 kommen.[542] Der Begriff der nahestehenden Unternehmen und Personen reicht über den der verbundenen Unternehmen iSd § 271 Abs. 2 hinaus.[543] Die Unterschiede dürften aber nach Einführung des § 290 Abs. 2 Nr. 4 marginal bleiben.[544]

320   **Nahestehende Unternehmen** sind nach IAS 24.9 (b) Unternehmen, die
– als Mutterunternehmen, Tochterunternehmen und Schwestergesellschaften derselben Unternehmensgruppe angehören;
– ein assoziiertes Unternehmen oder ein Gemeinschaftsunternehmen des anderen sind;
– Gemeinschaftsunternehmen desselben Dritten sind;
– Gemeinschaftsunternehmen und assoziiertes Unternehmen eines dritten Unternehmens sind;
– als Versorgungskassen für die Alterssicherung zugunsten der Arbeitnehmer der Gesellschaft oder eines ihrer nahestehenden Unternehmen verantwortlich sind.

321   **Nahestehende Personen** sind nach IAS 24.9 (a):
– Personen, die die Gesellschaft beherrschen, die durch ihre Beteiligung an der Gesellschaft die Gesellschaft maßgeblich beeinflussen können oder an der gemeinsamen Führung der Gesellschaft beteiligt sind;
– Mitglieder des Managements in Schlüsselpositionen bei der Gesellschaft oder ihrem Mutterunternehmen;
– nahe Familienangehörige eines Mitglieds des Managements in Schlüsselpositionen bei der Gesellschaft oder ihrem Mutterunternehmen;
– nahe Familienangehörige einer natürlichen Person die die Gesellschaft beherrscht, die Gesellschaft maßgeblich beeinflussen können oder an der gemeinsamen Führung der Gesellschaft beteiligt sind.

322   Mitglieder des **Managements in Schlüsselpositionen** sind vor allem die Mitglieder der Geschäftsführungsorgane und des Aufsichtsrats. Ausreichend können neben einer formalen Stellung als Organmitglied aber auch faktische Führungskompetenzen sein.[545] So sind auf der Grundlage funktionaler Erwägungen vor allem Personen auf der darunter liegenden Führungsebene in den Begriff des Managements in Schlüsselpositionen einzubeziehen, wenn sie für die Planung, Leitung und Überwachung der Tätigkeiten der Gesellschaft direkt

---

[541]   Zu dieser Differenzierung auch Hauptmann/Sailer/Benz Der Konzern 2010, 112 (114).
[542]   Rimmelspacher/Fey WPg 2010, 180 (183).
[543]   BeBiKo/Grottel Rn. 605.
[544]   Rimmelspacher/Fey WPg 2010, 180 (183).
[545]   ADS International Abschn. 27 Rn. 54; MüKoBilanzR/Hennrichs/Schubert IAS 24 Rn. 56.

oder indirekt zuständig sind und verantwortlich zeichnen (IAS 24.9).[546] Nur so kann der
wirtschaftlichen Betrachtungsweise ausreichend Rechnung getragen werden.

Durch die Einbeziehung naher Angehöriger sollen Umgehungen der Angabepflicht **323**
erschwert werden. Mit dem Begriff **„nahe Familienangehörige"** iSd IAS 24.9 werden
diejenigen Familienmitglieder erfasst, von denen angenommen werden kann, dass sie bei
Geschäften mit der Gesellschaft die nahestehende Person beeinflussen oder von ihr beeinflusst werden können. Allerdings sind nur nahe Familienangehörige erfasst, die in einem
besonders engen familienrechtlichen Verhältnis stehen. IAS 24.9 nennt beispielhaft Kinder,[547] den Lebenspartner (domestic partner) und dessen Kinder, ferner wirtschaftlich
abhängige Angehörige (dependants) der natürlichen Person oder des Lebenspartners.[548]
Nach teilweise vertretener Auffassung begründen eheliche, nichteheliche und gleichgeschlechtliche Lebenspartnerschaften eine Nähebeziehung iSd Nr. 21 nur dann, wenn die
Partner in einer häuslichen Gemeinschaft leben.[549] Eine solche Einschränkung ergibt sich
aus dem Wortlaut jedoch für Lebenspartner genauso wenig wie für Kinder. Daher ist eine
Nähebeziehung zwischen Lebenspartnern und zwischen Eltern und Kindern auch dann
denkbar, wenn sie nicht in häuslicher Gemeinschaft miteinander leben.[550] Wie weit der
Begriff der Angehörigen im Übrigen reicht, ist umstritten: Teilweise werden hiervon nur
unterhaltsberechtigte Angehörige,[551] teilweise darüber hinaus sämtliche wirtschaftlich von
der natürlichen Person abhängige Personen erfasst.[552] Der Begriff der abhängigen Angehörigen ist als Unterfall der „nahen Familienangehörigen" auf unterhaltsberechtigte Angehörige
zu beschränken, also etwa auf Eltern oder Geschwister. Nicht erfasst sind hingegen wirtschaftlich abhängige Personen, die in keinem verwandtschaftlichen Verhältnis stehen, zB
Angestellte, wirtschaftlich abhängige Geschäftspartner (24.11 (d)).[553] Im Einzelfall ist aber
stets zu prüfen, ob in der konkreten Beziehung die Möglichkeit zur Einflussnahme tatsächlich ausgeschlossen ist, zB weil die Beziehung zerrüttet ist.[554]

Eine **mittelbare Nähebeziehung** zwischen zwei Unternehmen kann durch eine **324**
nahestehende natürliche Person oder ihren nahen Familienangehörigen als Bindeglied entstehen (IAS 24.9 (b)). Das wäre etwa der Fall, wenn ein Unternehmen von einem Mitglied
des Managements in Schlüsselposition bei dem anderen Unternehmen oder einem nahen
Familienangehörigen dieses Mitglieds beherrscht wird.[555] **Keine Nähebeziehung** entsteht
unter normalen Umständen durch Personenidentität in Geschäftsführungs- und/oder Aufsichtsorganen verschiedener Gesellschaften, bei Partnerunternehmen eines Joint Ventures,
durch gewöhnliche Geschäftsbeziehungen zu Kapitalgebern, Gewerkschaften, öffentlichen
Versorgungsunternehmen, Behörden und öffentlichen Institutionen oder durch die wirtschaftliche Abhängigkeit von einzelnen Kunden, Lieferanten, Franchisegebern, Vertriebs-
partnern oder Generalvertretern (im Einzelnen zu der Negativabgrenzung s. IAS 24.11).[556]
In diesen Fällen wird es in der Regel an dem notwendigen Einflusspotential fehlen.[557]

---

[546] BeBiKo/Grottel Rn. 609; Kölner Komm RechnungslegungsR/Peters Rn. 234; HKMS/Haferkorn/
        Diemers Rn. 206; Hauptmann/Sailer/Benz Der Konzern 2010, 112 (114). Abgrenzungsschwierigkeiten
        befürchtend und daher einschr. hingegen Niehus DB 2008, 2493 (2494).
[547] Zu den besonderen Fragen bei Minderjährigkeit der Kinder Niehus DB 2008, 2493 (2496).
[548] Andrejewski/Böckem KoR 2005, 170 (172); Kölner Komm RechnungslegungsR/Peters Rn. 234 mit
        der Einschränkung, dass die Angehörigen in Anlehnung an § 15a Abs. 3 S. 1 aE mindestens ein Jahr im
        selben Haushalt leben müssen.
[549] ADS International Abschn. 27 Rn. 72.
[550] So auch Niehus DStR 2008, 2280 (2281). AA zu IAS 24 Beck IFRS-HdB/Senger/Prengel § 20 Rn. 25.
[551] Zu IAS 24 Kütting/Gattung WPg 2005, 1105 (1110); MüKoBilanzR/Hennrichs/Schubert IAS 24
        Rn. 63; für eine enge Auslegung Beck IFRS-HdB/Senger/Prengel § 20 Rn. 25.
[552] ADS International Abschn. 27 Rn. 72; Andrejewski/Böckem KoR 2005, 170 (172).
[553] Zu IAS 24 Kütting/Gattung WPg 2005, 1105 (1110); MüKoBilanzR/Hennrichs/Schubert IAS 24
        Rn. 63.
[554] MüKoBilanzR/Hennrichs/Schubert IAS 24 Rn. 64.
[555] Ausf. dazu Andrejewski/Böckem KoR 2005, 170; BeBiKo/Grottel Rn. 610.
[556] Ausf. zu den Negativfällen MüKoBilanzR/Hennrichs/Schubert IAS 24 Rn. 77 ff.
[557] Kütting/Gattung WPg 2005, 1105 (1112).

325   Maßgeblicher **Zeitpunkt** für die Frage, ob eine Nähebeziehung vorliegt, ist der Abschluss des Geschäfts.[558] Nach dem Wortlaut von Nr. 21 ist erforderlich, dass die Geschäfte mit nahestehenden Unternehmen und Personen zustande gekommen sind. Der Geschäftspartner muss also zum Zeitpunkt der Transaktion dem berichtspflichtigen Unternehmen nahe gestanden haben. Es genügt, wenn die Nähebeziehung bei Abschluss des Verpflichtungsgeschäfts vorliegt; ob dies im Zeitpunkt der Erfüllung auch noch der Fall ist, ist für die Angabepflicht unerheblich.[559] Unerheblich ist auch, ob der Geschäftspartner dem berichtspflichtigen Unternehmen zum Abschlussstichtag noch nahe steht oder vor der Transaktion einmal nahe gestanden hat. Die Angabepflicht wird nicht dadurch begründet, dass der Geschäftspartner dem Bilanzierenden in Zukunft voraussichtlich nahe stehen wird.

326   Zwar hält IAS 24.9 einen abschließenden Katalog an nahestehenden Unternehmen und Personen bereit; IAS 24 regelt die Begriffsbestimmung der nahestehenden Unternehmen und Personen aber für die Angabepflicht nach Nr. 21 nicht abschließend. Es ist daher stets im Einzelfall zu prüfen, ob eine nahestehende Beziehung vorliegt.[560]

327   **3. Nicht zu marktüblichen Bedingungen zustande gekommene Geschäfte.** Der Begriff „nicht zu marktüblichen Bedingungen zustande gekommene Geschäfte" umfasst nach dem ausdrücklichen Willen des Gesetzgebers „alle Transaktionen rechtlicher oder wirtschaftlicher Art, die sich auf die Finanzlage eines Unternehmens auswirken können".[561]

328   **a) Geschäft.** Maßgeblich für den Begriff des Geschäfts ist nach dem Willen des Gesetzgebers ein weites, **funktionales Begriffsverständnis.** Erfasst sind „Rechtsgeschäfte [...] und andere Maßnahmen, die eine unentgeltliche oder entgeltliche Übertragung oder Nutzung von Vermögensgegenständen oder Schulden zum Gegenstand haben, mithin alle Transaktionen rechtlicher oder wirtschaftlicher Art, die sich auf die Finanzlage eines Unternehmens auswirken können".[562] Neben zwei- oder mehrseitigen Rechtsgeschäften sind darüber hinaus auch nicht-rechtsgeschäftliche Maßnahmen gemeint, die eine unentgeltliche oder entgeltliche Übertragung oder Nutzung von Vermögensgegenständen oder Schulden zum Gegenstand haben.[563] Der handelsrechtliche Begriff des Geschäfts reicht damit über den grds. engeren Begriff des Geschäftsvorfalls iSd IAS 24.21 hinaus.[564] Weder die EU-Richtlinien noch die Gesetzesbegründung sehen für den Begriff des Geschäfts – im Gegensatz zu der Auslegung der nahestehenden Beziehungen – eine entsprechende Auslegung anhand von IAS 24 vor.[565] Zur Auslegung des Geschäftsbegriffs kann auf die zu **§ 312 AktG** entwickelten Grundsätze zurückgegriffen werden.[566]

329   **Rechtsgeschäfte** sind demnach die auf einen rechtlichen Erfolg gerichteten und von mindestens einer Willenserklärung getragenen Tatbestände, an die die Rechtsordnung den Eintritt des gewollten rechtlichen Erfolgs knüpft.[567] Angabepflichtige Rechtsgeschäfte sind beispielsweise der Kauf oder Verkauf von Grundstücken oder von fertigen oder unfertigen Waren, der Bezug oder die Erbringung von Dienstleistungen, die Nutzung oder Nutzungsüberlassung von Vermögensgegenständen, die Gewährung von Bürgschaften oder anderen

---

[558]   IDW RS HFA 33 Rn. 10; Rimmelspacher/Fey WPg 2010, 180 (184); Wollmert/Oser/Graupe StuB 2010, 123 (128).
[559]   So auch für die Angabepflicht nach IAS 24, vgl. MüKoBilanzR/Hennrichs/Schubert IAS 24 Rn. 105.
[560]   Hauptmann/Sailer/Benz Der Konzern 2010, 112 (114).
[561]   Begr. RegE BilMoG, BT-Drs. 16/10067, 72.
[562]   Begr. RegE BilMoG, BT-Drs. 16/10067, 72.
[563]   Begr. RegE BilMoG, BT-Drs. 16/10067, 72.
[564]   Geschäfte können entspr. der exemplarischen Aufzählung in IAS 24.20 sein: Käufe oder Verkäufe von (fertigen oder unfertigen) Gütern; Käufe oder Verkäufe von Grundstücken, Bauten und anderen Vermögenswerten; geleistete oder bezogene Dienstleistungen; Leasingverhältnisse; Transfers von Dienstleistungen im Bereich Forschung und Entwicklung; Transfers aufgrund von Lizenzvereinbarungen; Finanzierungen (einschließlich Darlehen und Kapitaleinlagen in Form von Bar- oder Sacheinlagen); Gewährung von Bürgschaften oder Sicherheiten; und die Erfüllung von Verbindlichkeiten für Rechnung des Unternehmens oder durch das Unternehmen für Rechnung Dritter.
[565]   Rimmelspacher/Fey WPg 2010, 180 (184).
[566]   So auch Fleischer BB 2014, 835 (838).
[567]   MüKoAktG/Altmeppen AktG § 312 Rn. 81; Koch AktG § 312 Rn. 13.

Sicherheiten oder die Übernahme der Erfüllung von Verbindlichkeiten (befreiende Schuldübernahme iSv §§ 414, 415 BGB oder auch Schuldmitübernahme).[568] Zu den Rechtsgeschäften gehören auch Dauerrechtsverhältnisse, wie zB Lizenz-, Miet-, Pacht- oder Leasingverträge, Vereinbarungen über Finanzierungen (wie zB Cash-Pooling), Beratung, Service und Geschäftsbesorgungen.[569]

Unter den Begriff der **Maßnahmen** fallen alle Dispositionen, die sich auf die Vermögens- oder Ertragslage des berichtenden Unternehmens auswirken können, ohne rechtsgeschäftlichen Charakter zu haben.[570] Dazu gehören alle zweckgerichteten wirtschaftlichen Handlungen, zB Produktionsverlagerungen auf ein nahestehendes Unternehmen, Produktionsänderungen, Investitionen, Stilllegungen von Betriebsteilen zwecks Übertragung von Marktanteilen auf ein nahestehendes Unternehmen oder Abstimmungen im Ein- und Verkauf. Demnach sind allgemeine geschäftspolitische Entscheidungen, die noch nicht zu einer Übertragung von Risiken oder Vorteilen geführt haben, keine Maßnahme.[571] Ob die Geschäfte der gewöhnlichen Geschäftstätigkeit der Gesellschaft entsprechen, ist unerheblich. Erfasst sind sowohl unternehmensstrategische Maßnahmen als auch Einzelmaßnahmen.[572] 330

Es genügt der Abschluss des Verpflichtungsgeschäfts oder die Vornahme der Maßnahme durch das vertretungsberechtigte Organ. Unerheblich ist, ob eine ggf. notwendige Zustimmung anderer Organe der Gesellschaft, insbesondere des Aufsichtsrats (etwa gem. §§ 89, 114, 115 AktG) oder der Gesellschafterversammlung gem. § 46 GmbHG, vorliegt. Im Unterschied zu der Berichtspflicht nach § 312 AktG folgt aus der Formulierung „zustande gekommene Geschäfte", dass **unterlassene** Maßnahmen oder Rechtsgeschäfte nicht anzugeben sind.[573] Die Angaben müssen nicht gesondert für Rechtsgeschäfte und Maßnahmen erfolgen, da nach dem Wortlaut des Nr. 21 ausdrücklich Angaben zu den Geschäften genügen.[574] 331

Die nahestehenden Unternehmen bzw. Personen müssen Geschäftspartner sein. 332 Geschäfte mit nicht nahestehenden Dritten zugunsten oder auf Initiative nahestehender Unternehmen oder Personen oder umgekehrt sind hiernach nicht angabepflichtig. Erfasst sind neben **direkten** aber auch **indirekte Geschäfte**. Dies ergibt sich aus § 288 Abs. 2 S. 4 Hs. 2, wonach mittelgroße Kapitalgesellschaften die Angaben nach Nr. 21 auf Geschäfte beschränken können, die sie direkt oder indirekt mit bestimmten Personen abgeschlossen haben. Direkte Geschäfte sind Geschäfte des Bilanzierenden mit dem Hauptgesellschafter oder Mitgliedern des Geschäftsführungs-, Aufsichts- oder Verwaltungsorgans bzw. mit einem für Rechnung dieser Personen Handelnden. Bei einem indirekten Geschäft stehen sich Personen gegenüber, die in einer nahestehenden Beziehung zu einer weiteren gemeinsamen Person stehen.[575] Der Vertragspartner des Bilanzierenden ist eine Gesellschaft, bei der der Hauptgesellschafter oder ein Organmitglied des Bilanzierenden Hauptgesellschafter iSv § 288 Abs. 2 S. 4 ist.[576]

Voraussetzung für die Angabepflicht ist, dass sich die Transaktion auf die gegenwärtige 333 und künftige **Finanzlage** eines Unternehmens wesentlich **auswirken** kann. Die „Finanzlage" meint sowohl die Liquidität der Gesellschaft am Stichtag als auch die künftig zu erwartenden Finanzmittelzuflüsse und -abflüsse.[577] Die Geschäfte müssen nach Art und Umfang wesentlich sein: Maßstab zur Beurteilung der **Wesentlichkeit** ist der Wert der Geschäfte mit dem jeweiligen Kreis der nahestehenden Unternehmen oder Personen. Eine

---

[568] Begr. RegE BilMoG, BT-Drs. 16/10067, 72.
[569] BeBiKo/Grottel Rn. 615.
[570] Koch AktG § 312 Rn. 23.
[571] IDW RS HFA 33 Rn. 4.
[572] BeBiKo/Grottel Rn. 618.
[573] Begr. RegE BilMoG, BT-Drs. 16/10067, 72; IDW RS HFA 33 Rn. 6; Fleischer BB 2014, 835 (838); Kölner Komm RechnungslegungsR/Peters Rn. 229; HKMS/Haferkorn/Diemers Rn. 203; Hauptmann/Seiler/Benz DK 2010, 112 (114); aA Niehus DStR 2008, 2280 (2282).
[574] Rimmelspacher/Fey WPg 2010, 180 (184).
[575] Rimmelspacher/Fey WPg 2010, 180 (184).
[576] Dazu IDW RS HFA 33 Rn. 27.
[577] IDW RS HFA 33 Rn. 7.

allgemeingültige quantitative Grenze für die Wesentlichkeit – etwa bei einer Abweichung von mindestens 10% von der Marktüblichkeit[578] – gibt es nicht.[579] Die Wesentlichkeit ist nach den konkreten Umständen im jeweiligen Einzelfall unter Berücksichtigung des Geschäftswerts und -zeitraums sowie des Grads der Marktunüblichkeit zu beurteilen.[580]

334   Der Wortlaut der Nr. 21 knüpft für die Feststellung der Wesentlichkeit nicht – wie etwa Nr. 3a – an den Gesamtbetrag der Geschäfte an, so dass sich die Wesentlichkeit grds. aus dem einzelnen Geschäft ergeben muss. Um eine Umgehung der Angabepflicht durch die Aufteilung eines wirtschaftlich einheitlichen Geschäfts zu verhindern, kann sich die Wesentlichkeit allerdings auch aus dem **Zusammenspiel** mit anderen gleichartigen oder wirtschaftlich zusammengehörenden Geschäften ergeben. Eine kompensatorische Betrachtung gegenläufiger Geschäfte – etwa Kauf und Verkauf oder Miete und Vermietung – zur Beurteilung der Wesentlichkeit ist hingegen nicht möglich.[581] Maßgeblicher **Zeitpunkt** für die Feststellung der Wesentlichkeit ist grds. der Abschluss des Verpflichtungsgeschäfts; bei langfristigen Verträgen, insbesondere Dauerschuldverhältnissen, ist die Wesentlichkeit hingegen zu jedem Abschlussstichtag während der Dauer des Vertragsverhältnisses erneut zu prüfen.[582]

335   **b) Die Marktunüblichkeit der Geschäfte.** Anzugeben sind nur solche Geschäfte, die zu **nicht marktüblichen Bedingungen** zustande gekommen sind.[583] Die Marktüblichkeit der Bedingungen ist durch einen **Drittvergleich** (*at arms length*) festzustellen.[584] Marktunübliche Bedingungen liegen vor, wenn die Gesellschaft bei gleichliegenden Verhältnissen das Geschäft zu diesen Konditionen mit einem fremden unabhängigen Dritten nicht abgeschlossen hätte.[585] Maßgeblich für den Drittvergleich ist die Perspektive der Gesellschaft, nicht der nahestehenden Personen oder Unternehmen.[586] Marktunüblich und damit nach Nr. 21 angabepflichtig sind auch solche Geschäfte, die die Gesellschaft mit einem Dritten nicht abgeschlossen hätte, weil Gründe in der Person des Dritten – insbesondere finanzielle oder gar existenzielle Schwierigkeiten uÄ – vorlagen.[587]

336   Bei Geschäften des laufenden Geschäftsverkehrs gilt ein **betriebsinterner** Vergleichsmaßstab; maßgeblich sind die Geschäfte mit ihren Bedingungen, die die Gesellschaft über gleiche Güter oder Dienstleistungen mit Abnehmern bzw. Lieferanten getätigt hat.[588] Für Geschäfte außerhalb des laufenden Geschäftsverkehrs gelten **betriebsexterne** Maßstäbe. Marktunübliche Bedingungen sind etwa nicht marktkonforme Preise oder Zinsen, Gewährung von Zahlungszielen über das marktübliche Maß hinaus oder der Verzicht auf ausreichende Sicherheiten.[589] Dies kann zB mit Hilfe von Gutachten oder Marktinformationen festgestellt werden. Ist ein Drittvergleich nicht möglich, weil kein Markt existiert, sind auf der Grundlage interner Kalkulationen die Selbstkosten nebst einem Gewinnzuschlag anzusetzen.[590]

337   Maßgeblicher **Zeitpunkt** für die Beurteilung der Marktunüblichkeit der Bedingungen ist das Zustandekommen des Geschäfts, dh bei Rechtsgeschäften regelmäßig der Abschluss

---

578   Niehus DStR 2008, 2280 (2282).
579   Rimmelspacher/Fey WPg 2010, 180 (185).
580   Rimmelspacher/Fey WPg 2010, 180 (185).
581   IDW RS HFA 33 Rn. 7.
582   IDW RS HFA 33 Rn. 13.
583   BeBiKo/Grottel Rn. 620.
584   Begr. RegE BilMoG, BT-Drs. 16/10067, 72. Vgl. auch Kölner Komm RechnungslegungsR/Peters Rn. 230; HKMS/Haferkorn/Diemers Rn. 204; BeBiKo/Grottel Rn. 621.
585   IDW RS HFA 33 Rn. 11.
586   BeBiKo/Grottel Rn. 621; Kölner Komm RechnungslegungsR/Peters Rn. 230; HKMS/Haferkorn/Diemers Rn. 204; so zum äquivalenten Begriff in § 111a AktG-E nun auch RegE ARUG II, BT-Drs. 19/9739, 81.
587   BeBiKo/Grottel Rn. 625.
588   Niehus DStR 2008, 2280 (2283).
589   Hierzu BeBiKo/Grottel Rn. 622.
590   Niehus DStR 2008, 2280 (2283).

des Verpflichtungsgeschäfts.[591] Ist nachträglich eine andere Beurteilung der Marktüblichkeit der einzelnen Bedingungen geboten, ändert dies für die Angabepflicht nach Nr. 21 nichts. Das gilt auch im Falle von Dauerschuldverhältnissen;[592] allerdings sind bei Rahmenverträgen sowohl der Rahmenvertrag als auch ggf. die hierauf basierenden einzelnen Rechtsgeschäfte jeweils angabepflichtig.[593]

4. Umfang der Angabepflicht. Nr. 21 verlangt Angaben zu der Art der Beziehung, **338** dem Wert der Geschäfte sowie weitere Angaben, die für die Beurteilung der Finanzlage notwendig sind.

a) Art der Beziehung. Anzugeben ist die Art der Beziehung zwischen der bilanzie- **339** renden Gesellschaft und den nahestehenden Unternehmen oder natürlichen Personen. Die angabepflichtigen Beziehungen sind in Gruppen nach ihrem Verhältnis des nahestehenden Unternehmens bzw. der nahestehenden Person zum Bilanzierenden zusammenzufassen. Eine **Kategorisierung** kann sich an den Tatbeständen nahestehender Unternehmen und Personen orientieren (→ Rn. 317 ff.), mögliche Kategorien sind etwa Geschäfte mit Tochterunternehmen, assoziierten Unternehmen, Personen in Schlüsselpositionen des Unternehmens oder nahen Familienangehörigen.[594] Nähere Angaben, etwa zu den Angehörigen oder der Höhe der Beteiligung, sind nicht geboten.[595] Insbesondere müssen die einzelnen nahestehenden Unternehmen oder natürlichen Personen nicht namentlich benannt oder so konkret umschrieben werden, dass außenstehende Dritte sie bestimmen können.[596]

b) Art und Wert des Geschäfts. Nach Nr. 21 ist der **Wert** des Geschäfts anzugeben. **340** Der **Wert** des Geschäfts bezieht sich unter Berücksichtigung der zugrunde liegenden 4. EG-Richtlinie (RL 78/660/EWG) und nach Sinn und Zweck der Angabepflicht auf das vereinbarte, undiskontierte Gesamtentgelt.[597] Damit ist nicht der Marktpreis gemeint. Denn nicht der Marktpreis, sondern das im konkreten Fall vereinbarte Entgelt wirkt sich auf die Finanzlage des Unternehmens aus.[598] Allerdings kann der Marktpreis im Zweifel Anhaltspunkt für das von den Parteien vereinbarte Entgelt sein. Die Angabe des Werts richtet sich im Einzelfall nach den Parteivereinbarungen, der Art des konkreten Geschäfts und der Notwendigkeit der Angabe für die Beurteilung der Finanzlage.[599] Bei **Dauerschuldverhältnissen** ist das Entgelt für alle im Geschäftsjahr erbrachten oder erhaltenen Leistungen anzugeben; darüber hinaus ist das voraussichtlich auf die Restlaufzeit des Schuldverhältnisses nach dem Abschlussstichtag entfallende Entgelt anzugeben, sofern das Näheverhältnis zum Abschlussstichtag noch besteht.[600] Um ein möglichst realistisches Bild zur Beurteilung der Finanzlage zu vermitteln, ist der Wert des Geschäfts abzuzinsen, soweit das Entgelt erst in künftigen Geschäftsperioden fällig wird.[601]

Es ist grds. eine **zahlenmäßige Angabe** des Entgelts in absoluten Beträgen erforder- **341** lich; der Hinweis auf die marktunüblichen Bedingungen des Geschäfts genügt nicht.[602] Ebenso wenig genügt es, die prozentuale Beteiligung am Umsatz oder Gewinn anzugeben.[603] Haben die Parteien kein Entgelt vereinbart, ist ein Betrag von null EUR anzugeben.

---

[591] BeBiKo/Grottel Rn. 625; Kölner Komm RechnungslegungsR/Peters Rn. 229; HKMS/Haferkorn/Diemers Rn. 203; Hopt/Merkt Rn. 23.
[592] IDW RS HFA 33 Rn. 13.
[593] Gelhausen/Fey/Kämpfer O Rn. 139; Kölner Komm RechnungslegungsR/Peters Rn. 229; HKMS/Haferkorn/Diemers Rn. 203.
[594] IDW RS HFA 33 Rn. 14. Dazu auch IAS 24.18.
[595] Niehus DStR 2008, 2280 (2283); Rimmelspacher/Fey WPg 2010, 180 (187).
[596] IDW RS HFA 33 Rn. 14; Niehus DStR 2008, 2280 (2283).
[597] Wollmert/Oser/Graupe StuB 2010, 123 (128).
[598] Rimmelspacher/Fey WPg 2010, 180 (187); aA Niehus DStR 2008, 2280 (2283).
[599] Rimmelspacher/Fey WPg 2010, 180 (188).
[600] IDW RS HFA 33 Rn. 16.
[601] Rimmelspacher/Fey WPg 2010, 180 (188).
[602] Gelhausen/Fey/Kämpfer O Rn. 151; KKRD/Morck/Drüen Rn. 30c; Kölner Komm RechnungslegungsR/Peters Rn. 240; HKMS/Haferkorn/Diemers Rn. 211.
[603] Rimmelspacher/Fey WPg 2010, 180 (187).

Inwieweit das vereinbarte Entgelt von dem marktüblichen Entgelt abweicht, ist nicht anzugeben.[604] Kann der Wert des Geschäfts nicht beziffert werden, ist eine verbale Umschreibung des Werts erforderlich, durch die die Auswirkungen auf die Finanzlage deutlich werden.[605]

342   Aus der Möglichkeit zur Zusammenfassung nach Geschäftsarten gem. Nr. 21 Hs. 3 folgt, dass auch die **Art** des jeweiligen Geschäfts anzugeben ist.[606] Mit der Art des Geschäftes muss das Geschäft den gängigen Vertragstypen (zB Kauf oder Verkauf; Miete oder Vermietung) zugeordnet werden. Außerdem ist der Gegenstand des Geschäfts – Vermögensgegenstand oder Dienstleistung – anzugeben.

343   **c) Sonstige Angaben.** Nr. 21 verlangt außerdem weitere Angaben, sofern sie zur **Beurteilung** der **Finanzlage** der Gesellschaft **notwendig** sind. Dadurch wird der Kreis der gebotenen Angaben erweitert, nicht hingegen der Begriff der nahestehenden Unternehmen und Personen oder der angabepflichtigen Geschäfte. Ob weitere Angaben zur Beurteilung der Finanzlage erforderlich sind, richtet sich nach dem konkreten Geschäftsinhalt und den Einzelfallumständen, etwa nach der Bedeutung des Geschäfts für die Gesellschaft, dem Grad der Marktunüblichkeit usw.[607] Zusätzliche Angaben können zB notwendig sein, wenn das Geschäft ein ungewöhnliches Volumen oder eine ungewöhnlich lange Bindungsdauer hat oder außerordentliche Kündigungsvereinbarungen enthält.[608] Die in IAS 24.18 genannten Angaben (zB der Betrag der Geschäftsvorfälle und der ausstehenden Salden, ihre Bedingungen und Konditionen, die Art der Leistungserfüllung, Einzelheiten gewährter oder erhaltener Garantien, Rückstellungen für zweifelhafte Forderungen hinsichtlich der ausstehenden Salden, den während der Periode erfassten Aufwand für uneinbringliche oder zweifelhafte Forderungen gegenüber nahestehenden Unternehmen und Personen) sind im Rahmen des Nr. 21 geboten, wenn der Abschlussadressat die Finanzlage des Unternehmens ohne die Angabe nicht hinreichend beurteilen kann.[609]

344   **5. Befreiung von der Angabepflicht.** Nr. 21 Hs. 2 nimmt Geschäfte **mit** und **zwischen** Unternehmen ausdrücklich aus, die mittel- oder unmittelbar in 100-prozentigem Anteilsbesitz des Mutterunternehmens stehen und in einen Konzernabschluss einbezogen sind.[610] Hierdurch sollen hoch integrierte Konzerne mit umfangreichem internem Leistungsverkehr von der Angabepflicht entlastet werden.[611] Die Angaben im Konzernabschluss genügen dem Informationsinteresse der Abschlussadressaten, da der Konzernabschluss die wirtschaftliche Einheit des Konzerns ausreichend abbildet (§ 297 Abs. 3 S. 1).

345   Notwendig ist mittelbarer oder unmittelbarer **100-prozentiger Anteilsbesitz.** Die durch die Angaben nach Nr. 21 bezweckte Transparenz soll auch Minderheitsgesellschaftern zugute kommen. Das Gesetz knüpft für die Befreiung an den vollständigen Anteilsbesitz an, nicht an die Stimmrechte an. Der Anteilsbesitz bestimmt sich nach dem gezeichneten Kapital gem. § 272 Abs. 1 bzw. 1a. **Mittelbarer 100-prozentiger Anteilsbesitz** setzt voraus, dass die Gesellschaften in der Vermittlungskette ebenfalls ununterbrochen in 100-prozentigem Anteilsbesitz stehen. Der 100-prozentige Anteilsbesitz an den Unternehmen muss im Zeitpunkt des Zustandekommens des Geschäfts bestehen. Die Befreiung beginnt mit Erreichen und endet mit Unterschreiten des Anteilsbesitzes von 100%. Die Befreiung gilt in einem weiten Sinne für **alle konzerninternen Geschäfte:** So klammert Art. 34 Nr. 7b S. 1 RL 83/349/EWG (7. EU-Richtlinie) „gruppeninterne Transaktionen" von der Angabepflicht

---

[604] Gelhausen/Fey/Kämpfer O Rn. 152; Kölner Komm RechnungslegungsR/Peters Rn. 240; HKMS/Haferkorn/Diemers Rn. 211.

[605] Gelhausen/Fey/Kämpfer O Rn. 154; Rimmelspacher/Fey WPg 2010, 180 (188).

[606] IDW RS HFA 33 Rn. 9.

[607] Niehus DStR 2008, 2280 (2283); Kölner Komm RechnungslegungsR/Peters Rn. 241; HKMS/Haferkorn/Diemers Rn. 212.

[608] Kölner Komm RechnungslegungsR/Peters Rn. 241; HKMS/Haferkorn/Diemers Rn. 212; Rimmelspacher/Fey WPg 2010, 180 (188).

[609] Rimmelspacher/Fey WPg 2010, 180 (188).

[610] Anschaulich IDW RS HFA 33 Rn. 28–32.

[611] Begr. RegE BilMoG, BT-Drs. 16/10067, 72.

ausdrücklich aus.[612] Die Befreiung gem. Nr. 21 Hs. 2 gilt vor allem für die Angabe von Geschäften zwischen Mutter- und Tochterunternehmen im Jahresabschluss des Mutterunternehmens. Unter Berücksichtigung des Regelungszwecks der Befreiung, alle konzerninternen Geschäfte von der Angabepflicht auszuschließen, gilt die Befreiung von der Angabepflicht aber auch für den Jahresabschluss des Tochterunternehmens, obgleich das Mutterunternehmen nicht in 100-prozentigem Anteilsbesitz des Tochterunternehmens steht.[613] Auf der Grundlage eines weiten, gemeinschaftsrechtskonformen Verständnisses sind auch Geschäfte zwischen 100-prozentigen Tochterunternehmen nach Nr. 21 Hs. 2 aus Sicht des Mutterunternehmens von der Angabepflicht ausgenommen; allerdings scheidet hier häufig eine Angabepflicht des Mutterunternehmens bereits deshalb aus, weil das Geschäft zwischen den Tochterunternehmen mangels Beteiligung des Mutterunternehmens ohne Auswirkungen auf das Mutterunternehmen bleibt.[614]

Um eine **Umgehung** der Angabepflicht durch die Verlagerung der Geschäfte auf **346** nicht konsolidierungspflichtige, aber 100-prozentige Tochterunternehmen (§ 296 AktG) zu verhindern, ist die berichtende Gesellschaft nur befreit, wenn der Geschäftspartner in den Konzernabschluss des Mutterunternehmens einbezogen wird. Um dem maßgeblichen Informationsinteresse des Abschlussadressaten Rechnung zu tragen, setzt die Befreiung voraus, dass der Konzernabschluss in Übereinstimmung mit den gesetzlichen Anforderungen aufgestellt, geprüft und nach § 244 offengelegt wurde. Nur dann wird der verringerte Grad an Information in den Einzelabschlüssen durch den Konzernabschluss im Wege der Zwischenergebniseliminierung nach § 304 aufgewogen.[615] Geeignet sind auch Konzernabschlüsse iSd §§ 291, 292 und § 315a.[616] Notwendig ist die Einbeziehung im Wege der Vollkonsolidierung gem. § 300 Abs. 1. Als nicht iSd Nr. 21 Hs. 2 einbezogen gelten assoziierte Tochterunternehmen, die nach § 311 lediglich anteilig in den Konzernabschluss einbezogen sind (Art. 33 Abs. 1 RL 78/660/EWG – 7. EG-Richtlinie).[617] Der Einbeziehung in den Konzernabschluss des Mutterunternehmens wird der Fall gleichgestellt, dass das Mutterunternehmen auf die Erstellung eines Konzernabschlusses berechtigterweise nach §§ 291 f. verzichtet und das Tochterunternehmen stattdessen in den Konzernabschluss eines übergeordneten Mutterunternehmens einbezogen wird.[618]

6. Zeitpunkt für die Angabepflicht. Maßgeblicher Zeitpunkt für die Angabepflicht **347** ist das Zustandekommen des Geschäfts. Es ist daher über das Geschäft in dem Geschäftsjahr zu berichten, in dem der Tatbestand vollständig erfüllt ist. Das ist bei **Erwerbs- und Veräußerungsgeschäften** unproblematisch, wenn das Verpflichtungsgeschäft und das seiner Vollziehung dienende Verfügungsgeschäft zeitlich zusammenfallen. Fallen aber Verpflichtungs- und Verfügungsgeschäft – wie insbesondere bei langfristigen Geschäften wie Dauerschuldverhältnissen oder Sukzessivlieferungsverträgen – in verschiedene Geschäftsjahre, müssen die Angaben grds. nur für das Geschäftsjahr des Verpflichtungsgeschäfts gemacht werden.[619] Dies entspricht auch der allgM zu § 312 AktG, die auf den Zeitpunkt abstellt, in dem der betreffende rechtsgeschäftliche Tatbestand soweit vollständig ist, dass nach dem Willen der Parteien die Rechtsfolge eintritt.[620] Demgegenüber wird für IAS 24 auf das Verfügungsgeschäft abgestellt, da erst dann eine Transaktion durch die Übertragung von Ressourcen, Dienstleistungen oder Forderungen erfolgt.[621] Diese Auffassung ist aber dadurch begründet, dass der Transaktionsbegriff des IAS als solcher häufig auf das Verfü-

612   IDW RS HFA 33 Rn. 30; Gelhausen/Fey/Kämpfer O Rn. 158.
613   Gelhausen/Fey/Kämpfer O Rn. 158 f.; Rimmelspacher/Fey WPg 2010, 180 (189); Wollmert/Oser/
      Graupe StuB 2010, 123 (128).
614   Rimmelspacher/Fey WPg 2010, 180 (189).
615   Vgl. Wollmert/Oser/Graupe StuB 2010, 123 (128).
616   IDW RS HFA 33 Rn. 2.
617   Rimmelspacher/Fey WPg 2010, 180 (189).
618   Rimmelspacher/Fey WPg 2010, 180 (188).
619   Vgl. IDW RS HFA 33 Rn. 12; Rimmelspacher/Fey WPg 2010, 180 (185).
620   Statt aller Koch AktG § 312 Rn. 17.
621   ADS International Abschn. 27 Rn. 144.

gungsgeschäft beschränkt und nicht auf Verpflichtungsgeschäfte erstreckt wird.[622] Für Nr. 21 ist aber unstrittig, dass Verpflichtungsgeschäfte vom Tatbestand erfasst sind (→ Rn. 347). Die Angabepflicht gem. Nr. 21 entsteht demnach grds. nur in dem Geschäftsjahr des Verpflichtungsgeschäfts.[623] Darüber hinaus können ausnahmsweise zusätzlich Angaben auch im Geschäftsjahr des Verfügungsgeschäfts aus Informationsgründen sinnvoll sein, wenn sich das Verfügungsgeschäft – wie etwa bei ungewöhnlich langen zeitlichen Abständen – auf die Finanzlage des Unternehmens auswirkt.[624] Darüber hinaus können auch **Rahmenvereinbarungen** neben den späteren einzelnen Rechtsgeschäften angabepflichtig sein, wenn in ihnen die Vertragsbedingungen für die folgenden Einzelgeschäfte bereits so konkret gefasst sind, dass sie sich auf die Finanzlage des Unternehmens auswirken.[625]

348   **7. Zusammenfassung von Geschäften (Hs. 3).** Nr. 21 Hs. 3 erlaubt die **sachgerechte Zusammenfassung** der Geschäfte nach Geschäftsarten, etwa in Käufe, Verkäufe, Dienstleistungen, Finanzierungsmaßnahmen und Bestellung von Sicherheiten.[626] Die Erleichterung gilt ausschließlich für die Art der Geschäfte, so dass eine Zusammenfassung nach Vertragstyp oder Gegenstand des Geschäfts, nicht aber nach anderen Merkmalen, etwa nach Geschäftspartnern, möglich ist.[627] Die Geschäfte sind daher jedenfalls nach Gruppen nahestehender Unternehmen und Personen aufzugliedern. Im Übrigen ist bei der Darstellung stets der Zweck der Angabepflicht nach Nr. 21 vorrangig zu beachten. Eine Zusammenfassung nach den Geschäftsarten ist daher nach dem Wortlaut der Regelung ausdrücklich nicht möglich, soweit eine getrennte Angabe für die Beurteilung der Auswirkungen auf die Finanzlage notwendig ist. Angaben zu einzelnen Geschäften sind immer dann erforderlich, wenn die Auswirkungen des einzelnen Geschäfts auf die Finanzlage nach Art und Wert erheblich sind. Unter Umständen können auch ergänzende Angaben zu den zusammengefassten Geschäften genügen.[628]

349   **8. Verhältnis zu anderen Angabepflichten.** Die Angaben nach Nr. 21 befreien nicht von der Pflicht zur Aufstellung eines Abhängigkeitsberichts nach **§ 312 AktG** oder von weiteren notwendigen Angaben im Anhang oder in der GuV, die sich auf Geschäfte mit nahestehenden Unternehmen und Personen beziehen.[629] Das Gesetz zur Umsetzung der zweiten Aktionärsrechterichtlinie (RL (EU) 2017/828) vom 12.12.2019 **(ARUG II)** sieht vor, dass wesentliche Geschäfte börsennotierter Gesellschaften mit nahestehenden Personen iSd § 111a AktG der vorherigen Zustimmung des Aufsichtsrats bedürfen (§ 111b AktG) und spätestens mit Abschluss unverzüglich in der Form des § 3a Abs. 1–4 WpAV zu veröffentlichen sind (§ 111c AktG[630]). Die Begriffe des „Geschäfts" und der „Marktüblichkeit" gem. § 111a AktG sollen dabei § 285 Nr. 21 HGB entsprechen. Ebenso ist die Frage, ob es sich um eine „nahestehende" Person handelt, wie in Nr. 21 unter Bezugnahme auf die internationalen Rechnungslegungsstandards zu bestimmen.[631] Die Angabepflicht nach Nr. 21 bleibt von § 111c AktG unberührt.

350   Soweit Organmitgliedern als nahestehenden Personen marktunübliche Bezüge gewährt werden, ist die umfassende und abschließende Angabepflicht nach **Nr. 9** *lex specialis* gegenüber Nr. 21: Die Angabepflicht nach Nr. 21 lebt für Bezüge, die den Mitgliedern des Geschäftsführungsorgans, eines Aufsichtsrats, eines Beirats oder einer ähnlichen Einrichtung

---

622   ADS International Abschn. 27 Rn. 124; aA MüKoBilanzR/Hennrichs/Schubert IAS 24 Rn. 101. Mit der ausdrücklichen Klarstellung in IAS 24.21(i) idF v. 4.11.2009, dass auch Verpflichtungsgeschäfte in den Wortlaut des IAS fallen, wird daher auch hier künftig bereits auf den Zeitpunkt des Verpflichtungsgeschäfts abzustellen sein (vgl. dazu Rimmelspacher/Fey WPg 2010, 180 (185)).
623   IDW RS HFA 33 Rn. 12 f.
624   Rimmelspacher/Fey WPg 2010, 180 (185).
625   Rimmelspacher/Fey WPg 2010, 180 (185).
626   Vgl. Begr. RegE BilMoG, BT-Drs. 16/10067, 72. Ähnlich auch IAS 24.20.
627   BeBiKo/Grottel Rn. 665; aA Niehus DStR 2008, 2280 (2283).
628   Rimmelspacher/Fey WPg 2010, 180 (189).
629   Fleischer BB 2014, 835 (838).
630   Vgl. BT-Drs. 19/9739.
631   Begr. RegE ARUG II, BT-Drs. 19/9739, 97 ff.

gewährt werden, auch dann nicht auf, wenn die Gesellschaft die Schutzklausel des § 286 Abs. 4 in Anspruch nimmt.[632]

XXVII. Angaben zu Forschungs- und Entwicklungskosten (Nr. 22)

1. Allgemeines. Nimmt die berichtende Gesellschaft das **Aktivierungswahlrecht** 351 **nach § 248 Abs. 2** in Anspruch, sind nach Nr. 22 im Anhang der Gesamtbetrag der Forschungs- und Entwicklungskosten des Geschäftsjahrs sowie der davon auf die selbst geschaffenen immateriellen Vermögensgegenstände des Anlagevermögens entfallende Betrag anzugeben.[633] Die Angabepflicht nach Nr. 22 wurde durch das BilMoG im Zusammenhang mit dem Aktivierungswahlrecht gem. § 248 Abs. 2 nF eingeführt, da selbst geschaffene immaterielle Vermögensgegenstände des Anlagevermögens durch die Aufhebung des Aktivierungsverbots künftig in den Grenzen des § 248 Abs. 2 S. 2 als Aktivposten in Höhe der in der Entwicklungsphase angefallenen Herstellungskosten – also der Entwicklungskosten – in die Bilanz aufgenommen werden können. Sinn und Zweck der Angabepflicht des Nr. 22 ist es, das Verständnis der Adressaten des Jahresabschlusses für die Forschungs- und Entwicklungskosten und für ihr Verhältnis zueinander zu verbessern. Ferner lässt sich an der Anhangangabe erkennen, in welchem Umfang das Unternehmen insgesamt in Forschung und Entwicklung investiert.[634]

Die Angabepflicht gilt für alle **großen** und **mittelgroßen Kapitalgesellschaften** und 352 haftungsbeschränkte Personenhandelsgesellschaften iSd § 264a, **publizitätspflichtige** Unternehmen iSd § 3 Abs. 1 Nr. 3–5 PublG iVm § 5 Abs. 2 S. 2 PublG und kapitalmarktorientierte Unternehmen gem. § 5 Abs. 2a PublG, **Kreditinstitute** (§ 340a Abs. 1) und **Versicherungsunternehmen** (§ 341a Abs. 1). Die Angabepflicht gilt nicht für **kleine Kapitalgesellschaften** und kleine Personenhandelsgesellschaften iSd § 264a (§ 288 Abs. 1 Nr. 1). Sie gilt auch nicht für den Anhang eines freiwillig offengelegten, nach den in § 315e Abs. 1 bezeichneten internationalen Rechnungslegungsstandards aufgestellten Einzelabschlusses (§ 325 Abs. 2a).

2. Aktivierung. Die Angabepflicht nach Nr. 22 entsteht nur dann, wenn die Gesell- 353 schaft das **Aktivierungswahlrecht** nach § 248 Abs. 2 im laufenden Geschäftsjahr oder zuvor in Anspruch genommen hat und die nach § 255 Abs. 2a fortgeführten Herstellungskosten einen positiven Restbuchwert haben, so dass die immateriellen Vermögensgegenstände als selbst geschaffene gewerbliche Schutzrechte und ähnliche Rechte und Werte in der Bilanz (§ 266 Abs. 2 A. I. 1.) erscheinen. Insoweit ergänzt die Angabepflicht nach Nr. 22 die Berichterstattung im Bereich Forschung und Entwicklung im Lagebericht nach § 289 Abs. 2 Nr. 2 (→ § 289 Rn. 104). Liegen die Voraussetzungen der Angabepflicht vor, können freiwillige Angaben zu den Forschungs- und Entwicklungskosten in der GuV oder im Lagebericht die erforderlichen Angaben im Anhang nicht ersetzen.[635]

Liegt kein Fall der Aktivierung vor, beschränkt sich die Berichtspflicht im Bereich 354 Forschung und Entwicklung auf die Angaben im **Lagebericht** nach § 289 Abs. 2 Nr. 2. Im Anhang sind dann keine Angaben notwendig. Die praktische Bedeutung der Angabepflicht des Nr. 22 wird daher in den Branchen regelmäßig gering sein, in denen grds. keine Aktivierung von Entwicklungskosten stattfindet.[636]

3. Umfang der Angabepflicht. Anzugeben sind der Gesamtbetrag der Forschungs- 355 und Entwicklungskosten des Geschäftsjahres und der davon auf die selbst geschaffenen immateriellen Vermögensgegenstände des Anlagevermögens entfallende Betrag. Anders als

---

632 IDW RS HFA 33 Rn. 24.
633 Hierzu Schmidt DStR 2014, 544 ff.
634 Begr. RegE BilMoG, BT-Drs. 16/10067, 72.
635 Küting/Ellmann DStR 2010, 1300 (1305).
636 Küting/Ellmann DStR 2010, 1300 (1305), nennen beispielhaft die Chemie-, Pharma- und Softwarebranche und sehen die praktische Bedeutung der Angabepflicht vor allem in der Automobil-, Flugzeug- und Maschinenbaubranche.

im Regierungsentwurf zum BilMoG ursprünglich vorgesehen,[637] ist für die Angaben nicht zu differenzieren zwischen Forschungs- und Entwicklungskosten.[638]

356   **a) Gesamtbetrag der Forschungs- und Entwicklungskosten.** Forschungs- und Entwicklungskosten sind entsprechend der Definition zu § 255 Abs. 2 S. 1 sämtliche Aufwendungen, die durch den Verbrauch von Gütern und die Inanspruchnahme von Diensten im Zusammenhang mit der Forschung und Entwicklung entstehen (§ 255 Abs. 2 S. 4). **Forschung** ist nach der Legaldefinition des § 255 Abs. 2a S. 3 die eigenständige und planmäßige Suche nach neuen wissenschaftlichen oder technischen Erkenntnissen oder Erfahrungen allgemeiner Art, über deren technische Verwertbarkeit und wirtschaftliche Erfolgsaussichten grds. keine Aussagen gemacht werden können. Zu der Forschung zählen insbesondere Tätigkeiten zur Erlangung neuer Erkenntnisse in Form der Grundlagenforschung oder die Suche nach Anwendungsmöglichkeiten der neuen Erkenntnisse sowie die Suche und die Definition von alternativen verbesserten Materialien und Prozessen,[639] ohne dass dies im konkreten Zusammenhang mit absetzbaren Produkten erfolgt.[640] **Entwicklung** ist nach der gesetzlichen Definition des § 255 Abs. 2a S. 2 die Anwendung von Forschungsergebnissen oder von anderem Wissen für die Neuentwicklung von Gütern oder Verfahren, oder die Weiterentwicklung von Gütern oder Verfahren mittels wesentlicher Änderungen. Die Begriffe „Güter" und „Verfahren" sind weit zu verstehen. Güter sind beispielsweise Sachen iSd § 90 BGB – wie Materialien oder Produkte – aber darüber hinaus auch geschützte Rechte, ungeschütztes Know-how oder Dienstleistungen. Verfahren sind zB typische Produktions- und Herstellungsverfahren oder entwickelte Systeme.[641] Zu der Entwicklung zählen daher zB die Konzeption und Konstruktion sowie der Test von Prototypen vor dem Beginn der serienmäßigen Produktion.[642]

357   Anzugeben sind nur die Kosten für Forschung und Entwicklung **im eigenen Unternehmen** für eigene Güter oder Verfahren. Bei gemeinsam mit anderen Unternehmen betriebener Forschung und Entwicklung sind die Kosten den jeweiligen Unternehmen entsprechend anteilig zuzuordnen. Kosten für die Forschung und Entwicklung durch Dritte zugunsten der Gesellschaft und durch die Gesellschaft im Auftrag Dritter fallen nicht in den sachlichen Anwendungsbereich der Nr. 22. Insbesondere die Auftragsforschung zugunsten Dritter ist zwingend auf der Aktivseite unter dem Posten der unfertigen Leistungen (§ 266 Abs. 2 B. I. 2.) zu bilanzieren.[643]

358   In den Gesamtbetrag fallen **sämtliche Ausgaben** für die Forschungs- und Entwicklungtätigkeiten, unabhängig davon, ob diese aktiviert, aktivierbar oder nicht aktiviert sind. So unterliegen insbesondere Forschungskosten einem Einbeziehungsverbot gem. § 255 Abs. 2 S. 4. In den Gesamtbetrag fallen darüber hinaus Entwicklungskosten, (1) die gem. § 248 Abs. 2 iVm § 255 Abs. 2 aktiviert wurden, (2) die mangels Vermögensgegenstandseigenschaft nicht aktivierbar sind und (3) die unter das Aktivierungsverbot gem. § 248 Abs. 2 S. 2 fallen.[644] Nicht zu den Forschungs- und Entwicklungskosten gehören die Vertriebskosten iSd § 255 Abs. 2 S. 4. Bei Zweifeln der Zuordnung von Kosten zu den Entwicklungsoder Vertriebskosten sind die Kosten als Vertriebskosten nicht im Anhang anzugeben.[645]

359   **b) Auf die selbst geschaffenen immateriellen Vermögensgegenstände entfallender Betrag.** Darüber hinaus ist nach Nr. 22 der Betrag gesondert anzugeben, der von den Forschungs- und Entwicklungskosten im Geschäftsjahr auf die als Zugang unter § 266

[637]   Vgl. Begr. RegE BilMoG, BT-Drs. 16/10067, 73.
[638]   Staub/Meyer Rn. 118; v. Keitz/Gloth DB 2013, 129 (132); Küting/Ellmann DStR 2010, 1300 (1304); aA Hopt/Merkt Rn. 24.
[639]   Küting/Ellmann DStR 2010, 1300 (1301).
[640]   Petersen/Zwirner/Künkele/Koss BilMoG S: 443.
[641]   Begr. RegE BilMoG, BT-Drs. 16/10067, 60.
[642]   Küting/Ellmann DStR 2010, 1300 (1301).
[643]   BeBiKo/Grottel Rn. 686.
[644]   Gelhausen/Fey/Kämpfer O Rn. 166.
[645]   Gelhausen/Fey/Kämpfer O Rn. 167.

Abs. 2 A. I. 1. aktivierten, selbst geschaffenen immateriellen Vermögensgegenstände entfallen ist.[646] Der im Anhang ausgewiesene Betrag muss mit dem Zugangsbetrag im Anlagenspiegel gem. § 268 Abs. 2 S. 2 iVm § 266 Abs. 2 A. I. 1. übereinstimmen.[647] Die Angabe ist als Davon-Vermerk oder gesondert in aktivierte und nicht aktivierte Forschungs- und Entwicklungskosten darzustellen. Es empfiehlt sich, bei der Angabe zwischen in der Entwicklung befindlichen und bereits fertig gestellten, selbst geschaffenen immateriellen Vermögensgegenständen zu differenzieren.[648]

XXVIII. Angaben zu den Bewertungseinheiten (Nr. 23)

1. Allgemeines. Bei Anwendung der Regelungen zur Abbildung von Bewertungsein- **360** heiten nach § 254 verlangt Nr. 23 detaillierte Angaben zu den **Bewertungseinheiten,** insbesondere die Angabe, zur Absicherung welcher Risiken welche Bewertungseinheiten gebildet worden sind. Die Angabepflicht nach Nr. 23 wurde durch das BilMoG eingeführt und ist Folge des neuen § 254 idF des BilMoG, der die Bildung von Bewertungseinheiten künftig ausdrücklich erlaubt. Vermögensgegenstände, Schulden, schwebende Geschäfte oder mit hoher Wahrscheinlichkeit erwartete Transaktionen können zum Ausgleich gegenläufiger Wertänderungen oder Zahlungsströme aus dem Eintritt vergleichbarer Risiken mit Finanzinstrumenten als Bewertungseinheit zusammengefasst werden. Durch die Angabepflicht nach Nr. 23 sollen die Bewertungsmethoden bei der Bilanzierung von Sicherungsgeschäften erläutert und die bilanziellen Konsequenzen der Änderungen in den Grundsätzen – insbesondere die Abkehr vom Grundsatz der Einzelbewertung gem. § 252 Abs. 1 Nr. 3 – offengelegt werden.[649]

Die Angabepflicht gilt bei Vorliegen der Voraussetzungen für alle **Kapitalgesellschaf- 361 ten** und Personenhandelsgesellschaften iSd § 264a Abs. 1 unabhängig von ihrer Größe. Angabepflichtig sind auch **publizitätspflichtige** Unternehmen iSd § 3 Abs. 1 Nr. 3–5 PublG iVm § 5 Abs. 2 S. 2 PublG und kapitalmarktorientierte Unternehmen gem. § 5 Abs. 2a PublG, **Kreditinstitute** (§ 340a Abs. 1) und **Versicherungsunternehmen** (§ 341a Abs. 1). Die Angabepflicht gilt nicht für den Anhang eines freiwillig offengelegten, nach den in § 315e Abs. 1 bezeichneten internationalen Rechnungslegungsstandards aufgestellten Einzelabschlusses (§ 325 Abs. 2a).

2. Umfang der Angabepflicht. Nr. 23 verlangt Angaben zum Grundgeschäft (lit. a), **362** Angaben zur Wirksamkeit der Sicherungsbeziehung (lit. b) und die Erläuterung der mit hoher Wahrscheinlichkeit erwarteten Transaktionen, die in die Bewertungseinheit einbezogen wurden (lit. c).

a) Angaben zum Grundgeschäft (Nr. 23 lit. a). Anzugeben ist nach Nr. 23 lit. a, **363** mit welchem Betrag Vermögensgegenstände, Schulden, schwebende Geschäfte und mit hoher Wahrscheinlichkeit erwartete Transaktionen zur Absicherung welcher Risiken in welche Arten von Bewertungseinheiten jeweils einbezogen sind. Außerdem ist die Höhe der mit Bewertungseinheiten abgesicherten Risiken anzugeben. Der systematische Zusammenhang mit § 254 S. 1 zeigt, dass sich der Gegenstand der Angabepflicht „Vermögensgegenstände, Schulden, schwebende Geschäfte und mit hoher Wahrscheinlichkeit erwartete Transaktionen" ausschließlich auf **Grundgeschäfte** beschränkt.[650]

Termingeschäfte iSd § 254 S. 2 finden im Wortlaut des Nr. 23 lit. a keine Erwähnung. **364** Angaben hierzu sind daher gem. Nr. 23 lit. a nicht erforderlich.[651] Insoweit sind aber die

---

[646] BeBiKo/Grottel Rn. 695; iErg auch Gelhausen/Fey/Kämpfer O Rn. 168; Kölner Komm RechnungslegungsR/Peters Rn. 250; HKMS/Haferkorn/Diemers Rn. 220.

[647] BeBiKo/Grottel Rn. 695; Gelhausen/Fey/Kämpfer O Rn. 168; Kölner Komm RechnungslegungsR/Peters Rn. 250; HKMS/Haferkorn/Diemers Rn. 250.

[648] Ernst/Seidler BB 2009, 766 (767).

[649] Gelhausen/Fey/Kämpfer O Rn. 168; BeBiKo/Grottel Rn. 700; Kölner Komm RechnungslegungsR/Peters Rn. 251; HKMS/Haferkorn/Diemers Rn. 221.

[650] Zu dem Begriff der Grundgeschäfte BeBiKo/Schmidt/Usinger § 254 Rn. 10 ff.

[651] Gelhausen/Fey/Kämpfer O Rn. 173 f.; BeBiKo/Grottel Rn. 707.

Angabepflichten nach Nr. 19 und 20 und die Berichterstattung im Lagebericht gem. § 289 Abs. 2 Nr. 1 zu beachten.

365   Bei der Angabe der Art der gebildeten Bewertungseinheit ist zwischen micro-hedging, macro-hedging und portfolio-hedging zu unterscheiden.[652] Bei dem **micro-hedging** wird das aus einem Grundgeschäft resultierende Risiko durch ein einzelnes Sicherungsinstrument unmittelbar abgesichert. Das **portfolio-hedging** fasst mehrere gleichartige Grundgeschäfte mit einem oder mehreren Sicherungsinstrumenten zusammen. Beim **macro-hedging** wird die risikokompensierende Wirkung ganzer Gruppen von Grundgeschäften zusammenfassend betrachtet.[653] Da die Begrifflichkeiten nicht immer trennscharf voneinander unterschieden werden können, sind ggf. verbale Ergänzungen zur Klarstellung geboten.[654]

366   Außerdem ist die **Art des abgesicherten Risikos** anzugeben. Der Gesetzgeber hatte hierbei vor allem folgende Risiken im Blick:
- das Preisänderungsrisiko, dh das Risiko von Wertschwankungen durch Veränderungen des Marktpreises;
- das Zins(änderungs)risiko, dh das Risiko von Schwankungen der Marktzinssätze, vor allem bei verzinslichen Finanzinstrumenten;
- das Währungsrisiko, dh das Risiko, dass der Wert eines Finanzinstruments aufgrund von Fremdwährungsschwankungen sinkt;
- das Ausfallrisiko, dh das Risiko, dass Zahlungsschwierigkeiten der Vertragspartner finanzielle Verluste beim bilanzierenden Unternehmen verursachen, sowie
- das Liquiditätsrisiko, dh das Risiko, dass das Unternehmen die notwendigen Finanzmittel zur Begleichung der im Zusammenhang mit Finanzinstrumenten eingegangenen Verpflichtungen nicht beschaffen oder Vermögensgegenstände nicht jederzeit innerhalb kurzer Frist zu dem beizulegenden Zeitwert veräußern kann.[655]

367   Darüber hinaus muss für den Abschlussadressaten erkennbar werden, ob es sich dabei jeweils um ein **Zahlungsstromänderungsrisiko** (Cash-Flow-Risiko) oder um ein **Wertänderungsrisiko** (Fair-Value-Risiko) handelt.[656] Risiken aus Zahlungsstromänderungen resultieren daraus, dass die zukünftigen, aus einem Finanzinstrument erwarteten Zahlungsströme schwanken und betragsmäßig nicht definiert sind, wie etwa bei variabel verzinslichen Fremdkapitalinstrumenten durch Veränderungen der effektiven Verzinsung des Finanzinstruments. Das Wertänderungsrisiko ist das Risiko, dass sich der beizulegende Zeitwert des Grundgeschäfts während eines bestimmten Zeitraumes negativ verändert.[657]

368   Außerdem ist für jede Risikoart über die **Art** der in die Bewertungseinheit einbezogenen bilanzierten Vermögensgegenstände, Schulden und nicht bilanzierten schwebenden Geschäfte sowie der mit hoher Wahrscheinlichkeit erwarteten Transaktionen zu berichten. Darüber hinaus ist der **Betrag** für jedes einbezogene Grundgeschäft anzugeben. Die Angabe eines Gesamtbetrages für sämtliche Grundgeschäfte reicht nicht. Die Angaben haben sich an der Aufgliederung iSd § 254 S. 1 nach Vermögensgegenständen, Schulden, schwebenden Geschäften und mit hoher Wahrscheinlichkeit erwarteten Transaktionen zu orientieren. Eine hiervon abweichende Aufgliederung ist nur zusätzlich möglich, wenn zugleich auch die gesetzlich geforderte Aufgliederung nach § 254 S. 1 vorgenommen wird.[658] Es genügt die Angabe einer Größenordnung in EUR, ein genauer Betrag ist nicht erforderlich.[659] Geschäfte, die in Fremdwährung zu erfüllen sind, sind nach den Grundsätzen des § 256a

---

[652] Begr. Beschlussempfehlung und Bericht des Rechtsausschusses BilMoG, BT-Drs. 16/12407, 115.

[653] Zu dieser Differenzierung Begr. RegE BilMoG, BT-Drs. 16/10067, 58.

[654] Gelhausen/Fey/Kämpfer O Rn. 181.

[655] Begr. RegE BilMoG, BT-Drs. 16/10067, 73.

[656] BeBiKo/Grottel Rn. 705; Kölner Komm RechnungslegungsR/Peters Rn. 254; HKMS/Haferkorn/Diemers Rn. 224; Einschr. Gelhausen/Fey/Kämpfer O Rn. 179, wonach die Angabe, ob es sich um ein Wertänderungs- oder Zahlungsstromänderungsrisiko handelt, nur notwendig ist, wenn beide Arten in Betracht kommen.

[657] Ausf. hierzu Patek KoR 2008, 364.

[658] Kölner Komm RechnungslegungsR/Peters Rn. 255; Gelhausen/Fey/Kämpfer O Rn. 175.

[659] Beschlussempfehlung und Bericht des Rechtsausschusses zum BilMoG, BT-Drs. 16/12407, 88.

umzurechnen. Der anzugebende Betrag bestimmt sich nach der jeweiligen Art des Grundgeschäfts. Der Betrag bilanzierter Vermögensgegenstände und Schulden ist der Buchwert am Abschlussstichtag, auch wenn der im konkreten Fall abweichende beizulegende Zeitwert abgesichert wird.[660] Für schwebende Geschäfte und mit hoher Wahrscheinlichkeit erwartete Transaktionen ist der vereinbarte oder mit hoher Wahrscheinlichkeit erwartete betragsmäßige Umfang der Leistung oder Gegenleistung anzugeben, soweit dieser in die Bewertungseinheit einbezogen ist.[661] Handelt es sich bei der in die Bewertungseinheit einbezogenen Transaktion um Derivate, ist nicht ihr beizulegender Zeitwert, sondern ihr Buchwert anzugeben.[662] Die Angabepflicht von Nr. 23 ist insoweit lex specialis gegenüber Nr. 19.[663]

Anzugeben ist auch die **Höhe der mit Bewertungseinheiten abgesicherten Risi** 369
ken. Angabepflichtig ist das Gesamtvolumen aller mit den am Bilanzstichtag bestehenden Bewertungseinheiten abgesicherten Risiken,[664] aufgeschlüsselt für jede Risikoart.[665] Ist eine betragsmäßige Angabe der Risiken nicht möglich, kann eine Bewertungseinheit nicht gebildet werden und die Angabepflicht nach Nr. 23 entfällt.[666]

b) Angaben zu der Wirksamkeit der Sicherungsbeziehung (Nr. 23 lit. b). Nach 370
Nr. 23 lit. b muss die Gesellschaft zu der Wirksamkeit (**Effektivität**) der jeweiligen Bewertungseinheit Stellung nehmen, inwieweit also die abgesicherten Risiken nicht eintreten (werden) bzw. der Eintritt der abgesicherten Risiken ausgeschlossen ist. Entgegen dem Wortlaut sind die Angaben nicht auf die künftige Effektivität zu beschränken, sondern Angaben sind auch zu dem Ausgleich der gegenläufigen Wertänderungen oder Zahlungsströme in dem vergangenen Berichtszeitraum zu machen.[667] Dabei ist für die jeweils abgesicherten Risiken anzugeben, aus welchen Gründen, in welchem Umfang und für welchen Zeitraum sich die gegenläufigen Wertänderungen oder Zahlungsströme bis zum Abschlussstichtag und künftig voraussichtlich ausgleichen. Dies schließt Angaben zu der Ermittlungsmethode ein.[668]

Die Angabe, warum sich die gegenläufigen Wert- oder Zahlungsströme bis zum 371
Abschlussstichtag und künftig voraussichtlich ausgleichen (werden), erfordert die Angabe von Gründen für die Annahme, dass die **Risiken** des Grund- und Sicherungsgeschäfts **vergleichbar** sind. Hierfür spricht etwa, dass die Parameter von Grund- und Sicherungsgeschäft – etwa die Basiswerte oder die Währung – übereinstimmen. Im Übrigen sind die Vergleichbarkeit und der notwendige Detaillierungsgrad der Angaben von der gebildeten Bewertungseinheit abhängig. Die Abschlussadressaten müssen hinreichend verständlich und im Hinblick auf den Umfang der vorhandenen Bewertungseinheit angemessen informiert werden.[669] So ist vor allem für den Bereich des sog. macro-hedging auf die Verknüpfungen mit dem Risikomanagement ausführlich einzugehen und zu erläutern, wie Risiken verifiziert und gemessen werden und aus welchen Gründen davon auszugehen ist, dass die abgesicherten Risiken nicht eintreten werden.[670] Im Falle des micro-hedging kann es bei einer Übereinstimmung der risikobegründenden Parameter genügen, auf die Risikoart und die Risikoidentität hinzuweisen.[671]

---

[660]   BeBiKo/Grottel Rn. 707; Kölner Komm RechnungslegungsR/Peters Rn. 255; HKMS/Haferkorn/ Diemers Rn. 225; Gelhausen/Fey/Kämpfer O Rn. 175.
[661]   BeBiKo/Grottel Rn. 707; Kölner Komm RechnungslegungsR/Peters Rn. 255; HKMS/Haferkorn/ Diemers Rn. 225.
[662]   BeBiKo/Grottel Rn. 707.
[663]   IDW RS HFA 35 Tz 98; IDW RH HFA 1.005 Tz 24; anders IDW RS HFA 35 Tz. 94.
[664]   Vgl. Begr. Beschlussempfehlung und Bericht des Rechtsausschusses, BT-Drs. 16/12407, 115.
[665]   BeBiKo/Grottel Rn. 708; Kölner Komm RechnungslegungsR/Peters Rn. 256; HKMS/Haferkorn/ Diemers Rn. 226; aA Gelhausen/Fey/Kämpfer O Rn. 182.
[666]   BeBiKo/Grottel Rn. 708.
[667]   Gelhausen/Fey/Kämpfer O Rn. 182a.
[668]   Beschlussempfehlung und Bericht des Rechtsausschusses zum BilMoG, BT-Drs. 16/12407, 88.
[669]   Begr. RegE BilMoG, BT-Drs. 16/10067, 73.
[670]   Begr. RegE BilMoG, BT-Drs. 16/10067, 73.
[671]   Gelhausen/Fey/Kämpfer O Rn. 187; Kölner Komm RechnungslegungsR/Peters Rn. 258.

372   Darüber hinaus ist für jedes Grundgeschäft darüber zu berichten, in welchem **Umfang**
sich die gegenläufigen Wert- und Zahlungsstromänderungen zum Abschlussstichtag ausgleichen und künftig ausgleichen werden. Anzugeben ist, ob bei einem Grundgeschäft sämtliche
Risiken oder die Risiken nur zT abgesichert sind. Diese Angabe kann in konkreten Zahlen
(etwa 80%) oder verbal (etwa „vollumfänglich" oder „überwiegend") formuliert sein.[672]
Weitergehende Erläuterungen zum ungesicherten Teil eines Grundgeschäfts sind nicht notwendig. Hier genügen die Angaben zu den maßgeblichen Bewertungsmethoden nach § 284
Abs. 2 Nr. 1.[673]

373   Darüber hinaus muss der **Zeitraum** angegeben werden, in dem sich die gegenläufigen
Wert- und Zahlungsstromänderungen in der Zukunft voraussichtlich ausgleichen werden.
Die anzugebende Zeitspanne bzw. der Zeitpunkt für den Ausgleich bemisst sich anhand
des abgesicherten Risikos und der Sicherungsabsicht der Gesellschaft.[674] Für den Fall, dass
der Sicherungszeitraum und die Fälligkeit von Grund- und Sicherungsgeschäft auseinanderfallen, sind hierzu nähere Erläuterungen notwendig.[675]

374   Schließlich sind die **Methoden** darzulegen, mit denen die Wirksamkeit der Bewertungseinheiten ermittelt werden. Da § 254 keine bestimmte Methode vorschreibt, kann
die Gesellschaft die Methode frei festlegen, um festzustellen, aus welchen Gründen, in
welchem Umfang und für welchen Zeitraum sich die gegenläufigen Wertänderungen oder
Zahlungsströme voraussichtlich ausgleichen werden.[676] Zu berücksichtigen sind bei der
Methodenwahl Art und Umfang der gebildeten Bewertungseinheit. Bei einem einfach
strukturierten micro-hedging genügt es beispielsweise, mit Hilfe der praktisch wichtigen
Critical Term Match-Methode die Bedingungen und Parameter von Grund- und Sicherungsgeschäft miteinander zu vergleichen.[677] Weitere Methoden insbesondere zur Bewer-
tung der Wirksamkeit komplizierter und vielschichtiger Bewertungseinheiten – etwa des
macro- oder portfolio-hedging – sind zB das statistische Korrelationsverfahren, die quantitative Sensitivitätsanalyse, die Dollar-Offset-Methode oder die Hypothetical-Derivative-
Methode.[678] Hier kann es notwendig sein, die zugrunde liegenden Annahmen bei der
Anwendung der Methode offenzulegen.[679] In diesem Zusammenhang sind ggf. umfassende
Angaben zu dem zugrunde liegenden Risikomanagementsystem geboten.[680]

375   **c) Angaben zu den mit hoher Wahrscheinlichkeit erwarteten Transaktionen
(Nr. 23 lit. c).** Nr. 23 lit. c verlangt eine **Erläuterung** der mit **hoher Wahrscheinlich**keit
erwarteten **Transaktionen,** die in Bewertungseinheiten einbezogen wurden. Der Gesetzgeber hat mit dem ARUG das ursprünglich nach Einführung durch das BilMoG verwendete
Wort „vorgesehene" durch das Wort „erwartete" ersetzt, ohne dass damit aber sachliche
Änderungen verbunden waren. Die Angaben nach Nr. 23 lit. c sollen dem Abschlussadressaten im Zusammenhang mit antizipativen Bewertungseinheiten veranschaulichen, warum
am Abschlussstichtag mit hoher Wahrscheinlichkeit von dem Abschluss der Transaktion
auszugehen ist.[681] Anders als bei schwebenden Geschäften ist bei den erwarteten Transaktionen noch kein Rechtsgeschäft zustande gekommen. Der Abschluss des Rechtsgeschäfts muss
aber mit hoher Wahrscheinlichkeit zu erwarten sein. Das ist der Fall, wenn der tatsächliche

---

[672]   Gelhausen/Fey/Kämpfer O Rn. 188.
[673]   BeBiKo/Grottel Rn. 712.
[674]   Beschlussempfehlung und Bericht des Rechtsausschusses BilMoG, BT-Drs. 16/12407, 88.
[675]   BeBiKo/Grottel Rn. 713; Gelhausen/Fey/Kämpfer O Rn. 190; Kölner Komm RechnungslegungsR/
        Peters Rn. 260.
[676]   Gelhausen/Fey/Kämpfer O Rn. 192.
[677]   BeBiKo/Grottel Rn. 714; Gelhausen/Fey/Kämpfer O Rn. 192; Kölner Komm RechnungslegungsR/
        Peters Rn. 261; HKMS/Haferkorn/Diemers Rn. 229.
[678]   Pfitzer/Scharpf/Schaber WPg 2007, 727; IDW RS HFA 9 Rn. 328. Vgl. auch Gelhausen/Fey/Kämpfer
        H Rn. 64.
[679]   Gelhausen/Fey/Kämpfer O Rn. 192; Kölner Komm RechnungslegungsR/Peters Rn. 261; HKMS/
        Haferkorn/Diemers Rn. 229.
[680]   Gelhausen/Fey/Kämpfer O Rn. 193.
[681]   Beschlussempfehlung und Bericht des Rechtsausschusses BilMoG, BT-Drs. 16/12407, 88.

Abschluss des Rechtsgeschäfts so gut wie sicher ist und durch allenfalls außergewöhnliche, außerhalb des Einflussbereichs des Unternehmens liegende Umstände verhindert werden kann.[682]

Warum vom Vorliegen des Tatbestandsmerkmals „hohe Wahrscheinlichkeit" am Bilanz- **376** stichtag auszugehen ist, ist im Anhang für Dritte nachvollziehbar und plausibel zu **begründen**.[683] Die hohe Wahrscheinlichkeit kann sich daraus ergeben, dass Geschäfte gleicher Art in der Vergangenheit regelmäßig getätigt wurden, die Vertragsverhandlungen zum Abschlussstichtag nahezu abgeschlossen sind oder der Abschluss des Geschäfts die einzige wirtschaftlich vernünftige Alternative aus Sicht der Gesellschaft darstellt.[684] Der notwendige Begründungsaufwand hängt von den Umständen des jeweiligen Einzelfalls ab.[685] Die hohe Wahrscheinlichkeit ist umso ausführlicher zu begründen, je weiter das erwartete Geschäft in der Zukunft liegt.[686]

Ferner ist die **Art** der erwarteten Transaktionen anzugeben. Dazu gehören beispiels- **377** weise der variable Zins des künftigen Geschäfts, erwartete Währungsschwankungen, Devisenoptionen, künftige Warenkäufe und -verkäufe. Anzugeben ist auch, ob es sich um eine einzelne erwartete Transaktion oder eine Gruppe von Transaktionen mit gleichartigem Risiko handelt. Handelt es sich um Gruppen gleichartiger Transaktionen, ist eine zusammenfassende Erläuterung zulässig. Darüber hinaus sind Angaben über Art und Ziel des Sicherungsgeschäfts notwendig.[687]

Ist die erwartete Transaktion durch ein **derivatives Finanzinstrument** gesichert, des- **378** sen beizulegender Zeitwert unter den Anschaffungskosten liegt, ist dieser Umstand im Rahmen der Erläuterung iSd Nr. 23 lit. c gesondert anzugeben.[688] Außerdem ist zu erläutern, weshalb aus der mit hoher Wahrscheinlichkeit erwarteten Transaktion ein kompensierender Ertrag zu erwarten ist.[689]

3. Relevanter Zeitpunkt. Maßgeblicher Zeitpunkt für die Angabe der Bewertungs- **379** einheiten ist der **Abschlussstichtag**. Die Angabepflicht gem. Nr. 23 endet, wenn die Bewertungseinheit ihren Zweck erfüllt hat oder vorzeitig beendet oder aufgehoben wird. Gibt es zum Abschlussstichtag keine Bewertungseinheiten, ist eine Negativanzeige nicht erforderlich.[690]

4. Verhältnis zu der Lageberichterstattung nach § 289 Abs. 2 Nr. 1 lit. a. Im **380** Lagebericht ist nach § 289 Abs. 2 Nr. 1 jeweils in Bezug auf die Verwendung von Finanzinstrumenten durch das Unternehmen auch über die Risikomanagementziele und -methoden sowie über bestimmte Risiken zu berichten, denen die Gesellschaft ausgesetzt ist. Voraussetzung hierfür ist, dass dies für die Beurteilung der Lage oder der voraussichtlichen Entwicklung des Unternehmens von Bedeutung ist. Erforderlich sind hierbei Angaben über die bei Abschluss von Sicherungsgeschäften verwendete Systematik, Art und Kategorie sowie über alle wichtigen geplanten Transaktionen. Dies schließt Angaben zu der Art der gesicherten Grundgeschäfte und der Sicherungsinstrumente, der Art der Risiken und das Ausmaß der Effektivität ein.[691] Anzugeben ist insbesondere auch, ob es sich um micro-, portfolio- oder macro-hedging handelt. Ferner ist über antizipative Bewertungseinheiten zu berichten. Daraus können sich **Überschneidungen** zwischen der Angabepflicht nach Nr. 23 und der Lageberichterstattung gem. § 289 Abs. 2 Nr. 1 ergeben, die nach der Gesetzesbegründung

---

[682] Begr. RegE BilMoG, BT-Drs. 16/10067, 58.
[683] Beschlussempfehlung und Bericht des Rechtsausschusses BilMoG, BT-Drs. 16/12407, 88.
[684] Gelhausen/Fey/Kämpfer O Rn. 195.
[685] Gelhausen/Fey/Kämpfer O Rn. 195.
[686] Kölner Komm RechnungslegungsR/Peters Rn. 263.
[687] BeBiKo/Grottel Rn. 720; Kölner Komm RechnungslegungsR/Peters Rn. 264; HKMS/Haferkorn/ Diemers Rn. 231.
[688] Vgl. Beschlussempfehlung und Bericht des Rechtsausschusses BilMoG, BT-Drs. 16/12407, 88; aA Gelhausen/Fey/Kämpfer O Rn. 197: keine Pflicht, sondern lediglich eine Empfehlung.
[689] Beschlussempfehlung und Bericht des Rechtsausschusses BilMoG, BT-Drs. 16/12407, 88.
[690] Kölner Komm RechnungslegungsR/Peters Rn. 265; Gelhausen/Fey/Kämpfer O Rn. 171.
[691] Begr. RegE BilMoG, BT-Drs. 16/10067, 73.

ausdrücklich in Kauf genommen werden.[692] Überschneidungen können sich auch bei kapitalmarktorientierten Unternehmen ergeben, wenn sie nach § 289 Abs. 4 die wesentlichen Merkmale des internen Kontroll- und Risikomanagements beschreiben und zugleich Angaben zu den abgesicherten Risiken nach Nr. 23 lit. b machen müssen.[693]

381   Um aber Doppelangaben möglichst zu vermeiden und dem Abschlussadressaten einen „Risikobericht aus einem Guss" zu bieten, hat der Gesetzgeber die Angabepflicht nach Nr. 23 auf die Fälle beschränkt, in denen die gebotenen Angaben nicht bereits im Lagebericht enthalten sind. Auf dieser Grundlage können die großen und mittelgroßen Kapitalgesellschaften und haftungsbeschränkten Personenhandelsgesellschaften iSd § 264a Abs. 1 die Pflichtangaben nach Nr. 23 zusammen mit der Berichterstattung im Lagebericht machen. Nimmt die Gesellschaft das **Wahlrecht** in Anspruch, kann sie im Anhang auf die alleinige Berichterstattung im Lagebericht hinweisen. Das Wahlrecht ist allein auf Angaben nach Nr. 23 beschränkt. Beruht die Angabepflicht auf einer anderen Grundlage, ist die Angabe im Anhang notwendig.

XXIX. Angaben zu der Bewertung von Rückstellungen für Pensionen und ähnliche Verpflichtungen (Nr. 24)

382   **1. Allgemeines.** Als eine spezielle Ausprägung der allgemeinen Pflicht zur Erläuterung der angewandten Bilanzierungs- und Bewertungsmethoden gem. § 284 Abs. 2 Nr. 1 verlangt die durch das BilMoG neu eingeführte Nr. 24 Angaben zu den **Rückstellungen von Pensionen** und ähnlichen Verpflichtungen. Die Unternehmen sind demnach gehalten, das angewandte versicherungsmathematische Berechnungsverfahren und die grundlegenden Annahmen der Berechnung, insbesondere den Zinssatz und die erwarteten Lohn- und Gehaltssteigerungen sowie die zugrunde gelegten Sterbetafeln anzugeben. Eine sachliche Neuerung ist mit der Neuregelung nicht verbunden, da die Unternehmen bereits vor dem BilMoG gem. § 284 Abs. 2 Nr. 1 zur Angabe der Bilanzierungs- und Bewertungsmethoden verpflichtet waren, die sie zur Bewertung der Pensionsrückstellungen angewendet haben.[694] Mit der Einführung von Nr. 24 sollten die Jahresabschlüsse insoweit vereinheitlicht und vergleichbarer werden.[695]

383   Angabepflichtig nach Nr. 24 sind alle **mittelgroßen** und **großen Kapitalgesellschaften** (§ 267 Abs. 2, 3) und Personenhandelsgesellschaften iSd § 264a Abs. 1 unabhängig von ihrer Größe, **publizitätspflichtige** Unternehmen iSd § 3 Abs. 1 Nr. 3–5 PublG iVm § 5 Abs. 2 S. 2 PublG, kapitalmarktorientierte Unternehmen gem. § 3 Abs. 1 PublG iVm § 5 Abs. 2 lit. a PublG sowie **Kreditinstitute** (§ 340a Abs. 1) und **Versicherungsunternehmen** (§ 341a Abs. 1). Die Angabepflicht gilt seit dem BilRUG nicht mehr für **kleine Kapitalgesellschaften** (§ 267 Abs. 1) und kleine Personenhandelsgesellschaften iSd § 264a (§ 288 Abs. 1 Nr. 1).

384   **2. Rückstellungen für Pensionen und ähnliche Verpflichtungen.** Gegenstand der Angabepflicht nach Nr. 24 sind Rückstellungen für Pensionen und ähnliche Verpflichtungen der bilanzierenden Gesellschaft.[696] **Pensionsverpflichtungen** sind Verpflichtungen, die für einen Bilanzierenden „aufgrund einer aus Anlass einer Tätigkeit für das Unternehmen zugesagten Leistung der Alters-, Invaliditäts- oder Hinterbliebenenversorgung entstehen (§ 1 Abs. 1 S. 1, Abs. 2 BetrAVG iVm § 17 Abs. 1 S. 2 BetrAVG)".[697] Bei den **ähnlichen Verpflichtungen** handelt es sich insbesondere um Verpflichtungen aus Altersteilzeitregelungen und Lebensarbeitszeitkonten,[698] außerdem um Überbrückungsgelder, Verwaltungs-

---

692   Begr. RegE BilMoG, BT-Drs. 16/10067, 73.
693   Begr. RegE BilMoG, BT-Drs. 16/10067, 77.
694   Zur alten Rechtslage vgl. → 2. Aufl. 2008, § 284 Rn. 61.
695   Begr. RegE BilMoG, BT-Drs. 16/10067, 73.
696   Ausf. zu der handelsrechtlichen Bilanzierung von Altersversorgungsverpflichtungen vgl. Bertram/Johannleweling/Roß/Weiser WPg 2011, 57 ff.
697   IDW RS HFA 30 Rn. 7.
698   Vgl. BT-Drs. 16/10067, 48.

kosten für die Altersversorgung, Beihilfen, Sterbegelder uÄ.[699] Im Übrigen kann für die Auslegung des Begriffs der „ähnlichen Verpflichtungen" auf Art. 28 Abs. 1 S. 2 EGHGB zurückgegriffen werden. Allerdings hat sich der dort verankerte Tatbestand der pensionsähnlichen Verpflichtungen als inhaltsleerer Auffangtatbestand etabliert.[700]

Die Bewertung **wertpapiergebundener Altersversorgungsverpflichtungen** ist in **385** § 253 Abs. 1 S. 3 konkret vorgegeben. Sie werden ausschließlich nach dem beizulegenden Zeitwert von Wertpapieren iSd § 266 Abs. 2 A. III. 5. bewertet. Angaben zu der Bewertung von Rückstellungen nach Nr. 24 sind insoweit nicht geboten. Angabepflichten können sich in diesem Zusammenhang aber aus § 284 Abs. 2 Nr. 1 ggf. iVm § 285 Nr. 20 lit. a ergeben.[701]

Da die Rückstellungen für Pensionen und ähnliche Verpflichtungen im Falle ihrer **386** **Verrechnung** gem. § 246 Abs. 2 S. 2 als solche bestehen bleiben, gilt die Angabepflicht nach Nr. 24 auch für verrechnete Rückstellungen. Die Angaben sind dann durch die von Nr. 25 geforderten Angaben zu der Verrechnung zu ergänzen.[702]

Die Angaben zur Pensionsrückstellung beziehen sich zugleich auf die Angabe des nicht **387** durch Rückstellungen gedeckten Teils der Versorgungsverpflichtung nach Art. 28 Abs. 2 EGHGB (iVm Art. 48 Abs. 6 EGHGB) und Art. 67 Abs. 2 EGHGB. Werden Pensionsrückstellungen bilanziert und besteht ein Fehlbetrag, ist die Bewertungsmethode nur einmal darzustellen, wenn der Fehlbetrag miterfasst wird. Die für die Bemessung der Rückstellung angewandte Methode ist auch für die Bemessung des Fehlbetrags maßgeblich.[703] Werden für die bestehenden Pensionsverpflichtungen keine Rückstellungen ausgewiesen, sind die Bewertungsmethoden für den Fehlbetrag gem. § 284 Abs. 2 Nr. 1, § 285 Nr. 24 (analog) anzugeben.[704]

3. Umfang der Angabepflicht. Anzugeben sind das angewandte versicherungsma- **388** thematische Berechnungsverfahren sowie die grundlegenden Annahmen der Berechnung, wie der Zinssatz, die erwarteten Lohn- und Gehaltssteigerungen und die zugrunde gelegten Sterbetafeln.

Versicherungsmathematische Verfahren sind notwendig, um den Erfüllungsbetrag **389** iSd § 253 Abs. 1 S. 2 für den Ansatz der Pensionsrückstellungen zu ermitteln. Das Gesetz schreibt keine konkrete mathematische Methode vor. Zulässig sind beispielsweise das gem. IAS 19 vorgeschriebene Ansammlungsverfahren (Projected Unit Credit Methode, PUCM) oder das Teilwertverfahren gem. § 6a EStG analog (→ § 253 Rn. 76 ff.). Das Unternehmen muss im Anhang angeben, für welches dieser Verfahren es sich entschieden hat.[705] Die Gründe hierfür müssen nicht angegeben werden.[706]

Weiterhin sind die **grundlegenden Annahmen** der Berechnung im Anhang offenzu- **390** legen. Hierzu gehören der **Zinssatz,** der der Berechnung zugrunde liegt, und die zu seiner Ermittlung angewandte Methode. Anzugeben ist auch, ob die Vereinfachungsregel gem. § 253 Abs. 2 S. 2 in Anspruch genommen wurde. Demnach können Pensionsrückstellungen pauschal mit dem durchschnittlichen Marktzinssatz aus einer angenommenen Restlaufzeit von 15 Jahren oder wahlweise mit dem ihrer Restlaufzeit entsprechenden durchschnittlichen Marktzinssatz der vergangenen sieben Geschäftsjahre iSd § 253 Abs. 2 S. 1 abgezinst werden. Bei der Abzinsung auf der Grundlage des individuellen Marktzinses nach § 253 Abs. 2 S. 1 genügt es, das Spektrum der verschiedenen Zinssätze für die unterschiedlichen Verpflichtungen anzugeben. Entscheidet sich das Unternehmen für den pauschalen durchschnittlichen

---

[699] IDW RS HFA 30 Rn. 8, WPg 1994, 26; BeBiKo/Schubert § 249 Rn. 162 f.; Höfer/Hagemann DStR 2008, 1747 (1748).

[700] BeBiKo/Schubert § 249 Rn. 162; ähnlich IDW RS HFA 30 Rn. 9.

[701] BeBiKo/Grottel Rn. 742.

[702] BeBiKo/Grottel Rn. 740; KKRD/Morck/Drüen Rn. 34.

[703] ADS Rn. 90; wohl auch Beck HdR/Andrejewski B 40 Rn. 144.

[704] IDW RS HFA 30 Rn. 92; BeBiKo/Grottel Rn. 743.

[705] BeBiKo/Grottel Rn. 745; Kölner Komm RechnungslegungsR/Peters Rn. 271.

[706] Staub/Meyer Rn. 122.

Marktzinssatz gem. § 253 Abs. 2 S. 2, muss die genaue Höhe des Zinssatzes angegeben werden.[707]

391   Zu den grundlegenden Annahmen der Berechnung gehören auch die **erwarteten Lohn- und Gehaltssteigerungen,** soweit sie bei der Bemessung der Pensionsrückstellungen berücksichtigt wurden. Zu erläutern ist insbesondere, inwieweit bei gehaltsabhängigen Versorgungszusagen künftige Anwartschaftssteigerungen und Anpassungen der Rentenzahlungen berücksichtigt wurden.[708] Die erwarteten Lohn- und Gehaltssteigerungen sind als Prozentsatz anzugeben. Anzugeben ist auch, ob und inwieweit die erwartete Steigerung durch Inflation, Karriere oder durch einen allgemeinen Rententrend begründet ist.[709]

392   Der Pflicht zur Angabe der zugrunde gelegten **Sterbetafeln** ist grds. ausreichend Genüge getan, wenn der gängige Name der Sterbetafel benannt wird, zB RT 2005 G für Richttafeln von Prof. Dr. Klaus Heubeck. Die Angabe ist entsprechend zu ergänzen, soweit die Sterbetafel in modifizierter Form der Berechnung zugrunde gelegt wurde.[710]

393   Werden **Gruppen** gebildet und auf diese verschiedene Bewertungsparameter angewendet, ist die Angabe von Spannweiten ausreichend.[711] Die Entscheidung für das angewendete Bewertungsverfahren und für die grundlegenden Annahmen muss nicht erläutert werden.[712] Ein Hinweis auf die in § 6a EStG niedergelegten steuerrechtlichen Vorschriften zur Wertermittlung allein genügt den Anforderungen der Nr. 24 nicht, da damit nur die versicherungsmathematische Methode und der Zinssatz festgelegt sind.[713]

XXX. Angaben zur Verrechnung von Altersversorgungsverpflichtungen (Nr. 25)

394   **1. Allgemeines.** Werden Vermögensgegenstände, die dem Zugriff der übrigen Gläubiger entzogen sind und ausschließlich der Erfüllung von Schulden aus Altersversorgungsverpflichtungen oder vergleichbaren langfristig fälligen Verpflichtungen dienen, mit diesen Schulden verrechnet (§ 246 Abs. 2 S. 2), sind nach Nr. 25 die Anschaffungskosten und der beizulegende Zeitwert der verrechneten Vermögensgegenstände, der Erfüllungsbetrag der verrechneten Schulden sowie die verrechneten Aufwendungen und Erträge anzugeben.[714] Die durch das BilMoG eingeführte Angabepflicht steht in einem engen Zusammenhang mit der ebenfalls durch das BilMoG gem. § 246 Abs. 2 S. 2 neu geschaffenen Ausnahme von dem Verrechnungsverbot gem. § 246 Abs. 2 S. 1. Durch die Angabe im Anhang soll der Abschlussadressat ausreichend darüber informiert werden, in welchem Umfang Aktiv- und Passivposten der Bilanz miteinander verrechnet wurden.[715] Durch die Neuregelung kommt es zu einer Verschiebung von Angaben aus der Bilanz und der GuV nunmehr in den Anhang.

395   Angabepflichtig sind alle **Kapitalgesellschaften** und Personenhandelsgesellschaften iSd § 264a Abs. 1 unabhängig von ihrer Größe, **publizitätspflichtige** Unternehmen iSd § 3 Abs. 1 Nr. 3–5 PublG iVm § 5 Abs. 2 S. 2 PublG, kapitalmarktorientierte Unternehmen gem. § 3 Abs. 1 PublG iVm § 5 Abs. 2a PublG sowie **Kreditinstitute** (§ 340a Abs. 1) und **Versicherungsunternehmen** (§ 341a Abs. 1).

396   **2. Verrechnung iSd § 246 Abs. 2 S. 2.** Die Angabepflicht nach Nr. 25 setzt voraus, dass das Unternehmen von der in § 246 Abs. 2 S. 2 gewährten Ausnahme von dem grund-

---

[707]   Kölner Komm RechnungslegungsR/Peters Rn. 271; HKMS/Haferkorn/Diemers Rn. 238; Gelhausen/Fey/Kämpfer O Rn. 211.

[708]   Höfer/Hagemann DStR 2008, 1747 (1748).

[709]   BeBiKo/Grottel Rn. 747; Kölner Komm RechnungslegungsR/Peters Rn. 272; HKMS/Haferkorn/Diemers Rn. 239.

[710]   BeBiKo/Grottel Rn. 748; Kölner Komm RechnungslegungsR/Peters Rn. 272; HKMS/Haferkorn/Diemers Rn. 239; Gelhausen/Fey/Kämpfer O Rn. 214.

[711]   IDW RS HFA 30 Rn. 89.

[712]   Gelhausen/Fey/Kämpfer O Rn. 114; Bertram/Johannleweling/Roß/Weiser WPg 2011, 57 (68).

[713]   Vgl. noch zu der Rechtslage vor dem Inkrafttreten des BilMoG → 2. Aufl. 2008, § 284 Rn. 61. Ausf. zu der Rechtslage nach dem BilMoG Höfer/Hagemann DStR 2008, 1747 (1748).

[714]   Ausf. hierzu Küting/Kessler/Kessler WPg 2008, 748 (750).

[715]   Begr. RegE BilMoG, BT-Drs. 16/10067, 73.

sätzlichen Verrechnungsverbot Gebrauch gemacht und **Verrechnungen** in der Bilanz und in der GuV vorgenommen hat. Gegenstand der Verrechnung sind Vermögensgegenstände und Schulden aus Altersversorgungsverpflichtungen und vergleichbaren langfristig fälligen Verpflichtungen. Zu den langfristigen Verpflichtungen zählen Jubiläumsgeldzusagen, Zeitwertkonten-, Altersteilzeit- und Vorruhestandsvereinbarungen.[716] Ob die Voraussetzungen für die Verrechnung gem. § 246 Abs. 2 S. 2 im konkreten Fall vorliegen, ist für die Angabepflicht gem. Nr. 25 unerheblich.[717] Es kommt nur darauf an, dass eine solche Verrechnung in der Bilanz oder GuV tatsächlich vorgenommen wurde. Die Angabepflicht entfällt daher auch dann nicht, wenn die Voraussetzungen des § 246 Abs. 2 S. 2 nicht vorliegen, weil es etwa an der Gleichwertigkeit der verrechneten Vermögensgegenstände und Schulden fehlt.[718]

3. Umfang der Angabepflicht. Anzugeben sind nach Nr. 25 Hs. 1 die Anschaffungs-   **397** kosten und der beizulegende Zeitwert der verrechneten Vermögensgegenstände (§ 253 Abs. 1 S. 4 iVm § 255 Abs. 4). Die **Anschaffungskosten** sind auf der Grundlage des § 255 Abs. 1 zu ermitteln. Maßgeblich sind nicht die fortgeführten, sondern die historischen Anschaffungskosten.[719] Durch die Angabe des **beizulegenden Zeitwerts** der verrechneten Vermögensgegenstände soll dem Abschlussadressaten vor Augen geführt werden, in welcher Höhe die Aktiv- und Passivposten der Bilanz miteinander verrechnet wurden.[720] Die Anhangangabe nach Nr. 25 soll nur die durch die Verrechnung bewirkte Intransparenz auflösen, nicht aber zu zusätzlichen Informationen im Anhang führen, die ohne Verrechnung nicht anzugeben gewesen wären. Daher hat sich der Umfang der anzugebenden Bilanzposten an § 266 Abs. 2, 3 zu orientieren.[721] Eine weitergehende Aufschlüsselung der Posten ist nicht erforderlich. Beruht der beizulegende Zeitwert der verrechneten Vermögensgegenstände auf allgemein anerkannten Bewertungsmethoden (§ 255 Abs. 4 S. 2) und entspricht nicht dem Marktpreis (§ 255 Abs. 4 S. 1), sind außerdem die wesentlichen objektiv nachvollziehbaren Parameter der angewandten Bewertungsmethode nach Nr. 20 lit. a anzugeben (Nr. 25 Hs. 2).[722]

Anzugeben ist der **Erfüllungsbetrag** der verrechneten **Schulden.** Der Erfüllungsbe-   **398** trag ist nach den Maßgaben des § 253 Abs. 1 S. 2 iVm Abs. 2 zu ermitteln. Maßgeblich ist der abgezinste Erfüllungsbetrag.[723] Ist der beizulegende Zeitwert der Vermögensgegenstände höher als der Erfüllungsbetrag der Schulden, ist die Differenz als gesonderter Aktivposten „Aktiver Unterschiedsbetrag aus der Vermögensverrechnung" (§ 266 Abs. 2 E.) in der Bilanz auszuweisen.[724] Im umgekehrten Fall bleibt der passive Überhang aus der Verrechnung unter dem entsprechenden Bilanzposten bilanziert.[725]

Schließlich verpflichtet Nr. 25 Hs. 1 zur Angabe der verrechneten **Aufwendungen** **399** und **Erträge** aus der Abzinsung und aus dem zu verrechnenden Vermögen. Im Anhang ist anzugeben, welche Aufwands- und Ertragsposten nach § 246 Abs. 2 S. 2 Hs. 2 miteinander verrechnet sind. Die Angaben sind entsprechend § 275 Abs. 2 oder Abs. 3 gesondert aufzuschlüsseln.[726] Liegt keine Verrechnung vor, ist **keine Fehlanzeige** erforderlich.

---

[716] Höfer/Hagemann DStR 2008, 1747 (1750).
[717] BeBiKo/Grottel Rn. 752; Kölner Komm RechnungslegungsR/Peters Rn. 274; HKMS/Haferkorn/ Diemers Rn. 241.
[718] BeBiKo/Grottel Rn. 752; Kölner Komm RechnungslegungsR/Peters Rn. 274; HKMS/Haferkorn/ Diemers Rn. 241.
[719] Vgl. Beschlussempfehlung und Bericht des Rechtsausschusses BilMoG, BT-Drs. 16/12407, 87; BeBiKo/ Grottel Rn. 754; Gelhausen/Fey/Kämpfer O Rn. 221; Kölner Komm RechnungslegungsR/Peters Rn. 276; HKMS/Haferkorn/Diemers Rn. 242.
[720] Begr. RegE BilMoG, BT-Drs. 16/10067, 73.
[721] Gelhausen/Fey/Kämpfer O Rn. 223.
[722] Petersen/Zwirner/Waschbusch BilMoG S. 511.
[723] Gelhausen/Fey/Kämpfer O Rn. 224.
[724] BeBiKo/Grottel Rn. 753; Kölner Komm RechnungslegungsR/Peters Rn. 274.
[725] BeBiKo/Grottel Rn. 753.
[726] BeBiKo/Grottel Rn. 755; Kölner Komm RechnungslegungsR/Peters Rn. 278; HKMS/Haferkorn/ Diemers Rn. 245; Gelhausen/Fey/Kämpfer O Rn. 226.

XXXI. Angaben zu Anteilen oder Anlageaktien an Investmentvermögen iSd § 1 KAGB (Nr. 26)

400   **1. Allgemeines.** Die durch das BilMoG neu eingeführte und durch das AIFM-Umsetzungsgesetz[727] redaktionell angepasste Regelung des Nr. 26 verpflichtet Gesellschaften, die mehr als 10% der Anteile oder Anlageaktien an Sondervermögen iSd § 1 Abs. 10 KAGB oder Anlageaktien an Investmentaktiengesellschaften mit veränderlichem Kapital iSd §§ 108–123 KAGB oder vergleichbaren EU-Investmentvermögen bzw. ausländischen Investmentvermögen halten, die darin enthaltenen stillen Reserven oder stillen Lasten im Anhang zu erläutern. Dazu sollen der in der Bilanz ausgewiesene Buchwert und der Wert nach §§ 168, 278 KAGB der Anteile oder Anlageaktien in einer Differenzbetrachtung im Anhang einander gegenübergestellt werden. Zweck der Angabepflicht ist es, die Abschlussadressaten ausreichend über Fondsanteile und damit das Risikoprofil der Gesellschaft zu informieren, ohne dass eine Konsolidierung insbesondere auch der Spezialfonds erforderlich ist. Die Anhangangabe dient mithin als ein Konsolidierungssurrogat.[728]

401   Angabepflichtig sind **mittelgroße** und **große Kapitalgesellschaften** (§ 267 Abs. 2, 3) und Personenhandelsgesellschaften iSd § 264a Abs. 1, **publizitätspflichtige** Unternehmen iSd § 3 Abs. 1 Nr. 3–5 PublG iVm § 5 Abs. 2 S. 2 PublG, kapitalmarktorientierte Unternehmen gem. § 3 Abs. 1 PublG iVm § 5 Abs. 2 lit. a PublG sowie **Kreditinstitute** (§ 340a Abs. 1) und **Versicherungsunternehmen** (§ 341a Abs. 1). **Kleine Kapitalgesellschaften** (§ 267 Abs. 1) sind gem. § 288 Abs. 1 Nr. 1 von dieser Pflicht ausgenommen.

402   Die Angabepflicht nach Nr. 26 beschränkt sich auf Anteile bzw. Aktien an in- und ausländischen Investmentvermögen und ist damit *lex specialis* gegenüber Nr. 18, die bestimmte Angaben zu den Finanzanlagen gehörenden Finanzinstrumenten verlangt. Sofern Angaben im Anwendungsbereich von Nr. 26 geboten sind, tritt die Angabepflicht gem. Nr. 18 zurück.[729]

403   **2. Voraussetzungen der Angabepflicht.** Gegenstand der Angabepflicht nach Nr. 26 sind Anteile an Sondervermögen iSd § 1 Abs. 10 KAGB oder Anlageaktien an Investmentaktiengesellschaften mit veränderlichem Kapital iSd §§ 108–123 KAGB oder vergleichbaren EU-Investmentvermögen bzw. ausländischen Investmentvermögen. Sondervermögen iSd § 1 Abs. 10 KAGB ist ein inländisches offenes Investmentvermögen iSd § 1 Abs. 4, 7 KAGB in Vertragsform, das von einer Kapitalverwaltungsgesellschaft (KVG) für Rechnung der Anleger verwaltet wird. Investmentvermögen iSd § 1 Abs. 1 S. 1 KAGB ist jeder Organismus für gemeinsame Anlagen, der von einer Anzahl von Anlegern Kapital einsammelt, um es gemäß einer festgelegten Anlagestrategie zum Nutzen dieser Anleger zu investieren und der kein operativ tätiges Unternehmen außerhalb des Finanzsektors ist. Der formelle Begriff des Investmentvermögens iSd § 1 InvG aF wurde durch den materiellen Investmentvermögensbegriff abgelöst. Angabepflichtig sind gleichwohl nur Anteile an Investmentvermögen, die als Sondervermögen oder Investmentaktiengesellschaft aufgelegt sind. Unerheblich ist, ob es sich bei den Investmentanteilen um verbriefte oder nicht verbriefte Anteile handelt. Zu den **inländischen Investmentvermögen** iSd § 1 Abs. 1 KAGB gehören sowohl Publikums- als auch Spezial-Investmentvermögen (§ 1 Abs. 6 KAGB) sowie Organismen für gemeinsame Anlagen in Wertpapiere iSv § 1 Abs. 2 KAGB (OGAW) als auch Alternative Investmentvermögen iSd § 1 Abs. 3 KAGB (AIF).

404   **EU-Investmentvermögen** iSd § 1 Abs. 8 KAGB und ausländische Investmentvermögen iSd § 1 Abs. 9 KAGB werden den genannten inländischen Investmentvermögen für die Angabepflicht gleichgestellt, wenn sie diesen vergleichbar sind. Für das **Kriterium der Vergleichbarkeit** finden sich weder im Gesetzeswortlaut noch in der -begründung nähere Angaben. Da die in Nr. 26 genannten inländischen Investmentvermögen nur als Sondervermögen oder Investment-AG mit veränderlichem Kapital aufgelegt sein können, muss es sich

---

[727]   S. Begr. RegE AIFM-UmsG, BT-Drs. 17/12294, 308.
[728]   Begr. RegE BilMoG, BT-Drs. 16/10067, 74.
[729]   Begr. RegE BilMoG, BT-Drs. 16/10067, 74; HKMS/Haferkorn/Diemers Rn. 247.

bei den vergleichbaren Investmentvermögen jedenfalls um offene Investmentvermögen iSd § 1 Abs. 4 KAGB, § 91 KAGB, dh OGAW oder AIF iSv Art. 1 Abs. 2 VO (EU) Nr. 694/2014[730] handeln. Von Vergleichbarkeit ist daher auszugehen, wenn dem Anleger ein Rückgaberecht zusteht. Geschlossene Investmentvermögen fallen daher nicht unter Nr. 26.[731] Die Kriterien der wirksamen effektiven Aufsicht und eines Anlegerschutzniveaus iSd § 196 KAGB bei EU- bzw. ausländischen Investmentvermögen kann hingegen für die Vergleichbarkeit iSd Nr. 26 nicht ausschlaggebend sein,[732] da die Offenlegung stiller Reserven und Lasten als Zweck der Angabepflicht nach Nr. 26 (→ Rn. 400) unabhängig von der kapitalmarktrechtlichen Durchsetzung ist.

Die Angabepflicht erfasst **Anlageaktien** an Investmentaktiengesellschaften mit verän- **405** derlichem Kapital iSd §§ 108–123 KAGB und vergleichbare Anlagen in ausländischen Investmentanteilen. Mit der Einbeziehung der Anlageaktien und vergleichbaren Anlagen in ausländisches Investmentvermögen in die Angabepflicht nach Nr. 26 wollte der Gesetzgeber dem Umstand Rechnung tragen, dass derartige Gesellschaftsanteile wirtschaftlich Anteilen an inländischen oder ausländischen Investmentfonds in vertraglicher Form vergleichbar sind.[733] Die neben den Anlageaktien in § 109 Abs. 1 S. 1 KAGB genannten **stimmberechtigten Unternehmensaktien** und vergleichbaren Anlagen in ausländischen Investmentanteilen sind jedoch ausweislich der Gesetzesbegründung von der Angabepflicht ausgenommen, da bei derartigen Anlagen vorrangig die Frage der Konsolidierung zu prüfen ist.[734] Für sie ist freilich die subsidiäre Angabepflicht nach Nr. 18 zu beachten (→ Rn. 285 ff.).

Die Angabepflicht gilt, wenn die Gesellschaft über mehr als 10% der in Umlauf befindli- **406** chen Anteile oder Anlageaktien verfügt. Maßgeblicher Zeitpunkt für die Feststellung der Anteilsquote ist der Abschlussstichtag. Die im Umlauf befindlichen Anteile können aus den Veröffentlichungen der KVG iSd § 170 S. 2 KAGB abgelesen werden.

3. Umfang der Angabepflicht. Nr. 26 verpflichtet die Gesellschaft zur **Erläuterung** **407** der gehaltenen Anteile oder Anlageaktien an in- und ausländischem Investmentvermögen, die in der Bilanz regelmäßig unter dem Posten Finanzanlagen (§ 266 Abs. 2 A. III.) erscheinen. Im Anhang sind der Wert der Anteile oder Anlageaktien, die Differenz zum Buchwert und die für das Geschäftsjahr erfolgte Ausschüttung sowie Beschränkungen in der Möglichkeit der täglichen Rückgabe anzugeben. Darüber hinaus sind die Gründe darzulegen, warum eine Abschreibung gem. § 253 Abs. 3 S. 6 unterblieben ist. Maßgeblicher Zeitpunkt für die Angaben ist der Abschlussstichtag.

a) Marktwert und Differenz zum Buchwert. Der **Marktwert** der Anteile und **408** Anlageaktien nach §§ 168, 278 oder 286 Abs. 1 KAGB ist anzugeben. Im Jahr 2021 wurde der Verweis auf „§ 36 des Investmentgesetzes in der bis 21. Juli 2013 geltenden Fassung" gestrichen, da das Investmentgesetz außer Kraft getreten und die Übergangsfrist gem. § 345 Absatz 3 Satz 1 KAGB abgelaufen ist".[735] Stattdessen wurde der Verweis auf § 286 Absatz 1 Kapitalanlagegesetzbuch (KAGB) als Folgeänderung zur Einführung von geschlossenen Sondervermögen in § 1 Abs. 10, § 139 S. 2 KAGB neu eingeführt.[736] Für ausländische Investmentanteile kann der nach ausländischen Vorschriften ermittelte Marktwert angegeben werden, soweit er dem Wert nach §§ 168, 278 bzw. 286 Abs. 1 KAGB entspricht. Legen die Vertragsbedingungen der Investmentvermögen im Einklang mit ausländischem Investmentrecht eine von der Marktbewertung nach §§ 168, 278 KAGB abweichende Bewertung

---

[730] Delegierte Verordnung (EU) Nr. 694/2014 der Kommission v. 17.12.2013 zur Ergänzung der Richtlinie 2011/61/EU des Europäischen Parlaments und des Rates im Hinblick auf technische Regulierungsstandards zur Bestimmung der Arten von Verwaltern alternativer Investmentfonds Text von Bedeutung für den EWR, ABl. EU 2014 L 183, 18 v. 24.6.2014.

[731] BeBiKo/Grottel Rn. 766.

[732] AA BeBiKo/Grottel Rn. 766; HKMS/Haferkorn/Diemers Rn. 249.

[733] Begr. RegE BilMoG, BT-Drs. 16/10067, 74.

[734] Begr. RegE BilMoG, BT-Drs. 16/10067, 74.

[735] BT-Drs. 19/28868, S. 132.

[736] BT-Drs. 19/28868, S. 132.

zugrunde, ist der Marktwert für die Ermittlung der stillen Reserven oder stillen Lasten nach dem deutschen Investmentrecht zu bestimmen.[737] Dem Marktwert der Anteile und Anlageaktien ist die **Differenz zum Buchwert** gegenüberzustellen. Auf diese Weise sollen die in den Anteilen enthaltenen stillen Reserven und Lasten sichtbar gemacht werden.[738]

409   **b) Ausschüttung.** Angabepflichtig sind außerdem die Ausschüttungen mit Entnahmecharakter.[739] Ausgenommen sind allerdings Ausschüttungen mit Kapitalentnahmecharakter, da sie bereits in der Bilanz als Abgang bei den aktivierten Anteilen erscheinen.[740] Nach dem Wortlaut von Nr. 26 ist die für das Geschäftsjahr erfolgte Ausschüttung anzugeben. Nach der Gesetzesbegründung ist dies eng zu verstehen, so dass nur die **in dem Geschäftsjahr vereinnahmten Ausschüttungen** anzugeben sind.[741] Demnach kommt es darauf an, dass die Ausschüttung dem Vermögen der Gesellschaft tatsächlich in dem Geschäftsjahr zugeflossen ist. Ausschüttungen, die zwar nach dem Abschlussstichtag vereinnahmt wurden, aber wirtschaftlich dem Geschäftsjahr zuzurechnen sind, unterfallen nicht der Angabepflicht. Nur so kann die notwendige Rechtssicherheit und -klarheit zu dem Ausmaß der angabepflichtigen Ausschüttungen gewährleistet werden.[742] Nicht anzugeben sind hingegen die einzelnen Bestandteile der Ausschüttung, also etwa der Gewinnvortrag aus dem Vorjahr, die Dividenden, Zinsen oder realisierte Kursgewinne.[743]

410   **c) Beschränkungen der börsentäglichen Rückgabe.** Nr. 26 verlangt außerdem die Angabe von **Beschränkungen** in der Möglichkeit der **täglichen Rückgabe** der Anteile oder Anlageaktien. Die Beschränkungen können auf rechtlichen oder tatsächlichen Gründen beruhen. So kann die Rückgabe zB nach § 98 Abs. 1 S. 2 KAGB, § 116 Abs. 2 S. 4 KAGB, § 227 Abs. 1 KAGB, § 255 Abs. 2 KAGB auf bestimmte Termine oder auf einen bestimmten Wert für einzelne Fondskategorien in den Vertragsbedingungen beschränkt werden. Eine tatsächliche Beschränkung folgt aus der Aussetzung der Rückgabe in außergewöhnlichen Fällen nach § 98 Abs. 2 KAGB, § 255 Abs. 1 KAGB.[744] Durch die Angabe der Beschränkungen soll der Abschlussadressat auf ungewöhnliche Verhältnisse wie Investitionen in illiquide strukturierte Anlagevehikel, Hedgefonds mit langen Kündigungsfristen, Infrastrukturprojekte, unverbriefte Darlehensforderungen oder Private Equity Engagements aufmerksam gemacht werden.[745]

411   **d) Gründe für unterbliebene Abschreibungen.** Schließlich sind die **Gründe** anzugeben, weshalb eine **Abschreibung** auf Anteile oder Anlageaktien nach § 253 Abs. 3 S. 6 **unterblieben** ist. Für Finanzanlagen, worunter die Anteile und Anlageaktien fallen, gewährt § 253 Abs. 3 S. 6 bei nur vorübergehender Wertminderung ein Abschreibungswahlrecht. Die Notwendigkeit einer Abschreibung auf den niedrigeren beizulegenden Wert muss im Einzelfall sorgfältig geprüft werden.[746] Macht die Gesellschaft von dem Abschreibungswahlrecht Gebrauch und verzichtet auf die Abschreibung, muss sie dartun, dass die Voraussetzungen hierfür vorliegen. Dabei reicht es nicht, die gesetzlichen Voraussetzungen lediglich zu wiederholen. Aus den Angaben muss ersichtlich werden, dass sich die Gesellschaft tatsächlich ernsthaft mit der Frage auseinandergesetzt hat, ob die Abschreibung notwendig ist oder die Voraussetzungen für das Abschreibungswahlrecht gem. § 253 Abs. 3 S. 6 vorliegen. Hierfür sind die Ursachen für den niedrigeren Wert der Anteile oder Anlageaktien zu erörtern. Es genügt die Angabe von **Anhaltspunkten,** die darauf hindeuten, dass die Wertminderung voraussichtlich nicht von Dauer sein wird. Anhaltspunkte für eine vorübergehende Wert-

737   Begr. RegE BilMoG, BT-Drs. 16/10067, 74.
738   Begr. RegE BilMoG, BT-Drs. 16/10067, 74; HKMS/Haferkorn/Diemers Rn. 251.
739   Begr. RegE BilMoG, BT-Drs. 16/10067, 74.
740   Gelhausen/Fey/Kämpfer O Rn. 235.
741   Begr. RegE BilMoG, BT-Drs. 16/10067, 74.
742   BeBiKo/Grottel Rn. 780; Kölner Komm RechnungslegungsR/Peters Rn. 285.
743   BeBiKo/Grottel Rn. 780.
744   BeBiKo/Grottel Rn. 785.
745   Begr. RegE BilMoG, BT-Drs. 16/10067, 74.
746   Begr. RegE BilMoG, BT-Drs. 16/10067, 74.

minderung sind beispielsweise ein deutlich höherer Rücknahmepreis am Abschlussstichtag als zur Abschlusserstellung, unrealisierte Wertminderungen im Investmentvermögen oder Umschichtungen wesentlicher Positionen im Investmentvermögen.[747] Die üblichen Wertschwankungen bei Wertpapieren rechtfertigen die unterbliebene Abschreibung allein nicht.[748]

4. Form der Darstellung. Die Anteile bzw. Anlageaktien sind nach ihrem Anlageziel **412** aufzugliedern, zB in Aktien-, Renten-, Immobilien-, Misch-, und Hedgefonds, sonstige Spezial-Sondervermögen usw. Dadurch soll der Abschlussadressat das Anlagerisiko leichter einschätzen können.[749] Im Übrigen ist keine konkrete Form der Darstellung verlangt. Hält die Gesellschaft keine Anteile oder Anlageaktien an Investmentvermögen von mehr als 10%, ist **keine Fehlanzeige** notwendig.

XXXII. Angaben zu Verbindlichkeiten und Haftungsverhältnissen nach § 268 Abs. 7 (Nr. 27)

1. Allgemeines. Die durch das BilMoG neu eingeführte Regelung der Nr. 27 trägt **413** dem Umstand Rechnung, dass **Eventualverbindlichkeiten** nach § 251 nur in Höhe ihres Gesamtbetrags unter der Bilanz ausgewiesen werden. Im Dunkeln bleibt dabei, welche konkreten Verbindlichkeiten und Haftungsverhältnisse in den Eventualverbindlichkeiten mit welchem Risiko Niederschlag finden.[750] Daher ist nach Nr. 27 im Anhang zu erläutern, welches Risiko besteht, aus den für die Vermögens-, Finanz- und Ertragslage bedeutsamen Eventualverbindlichkeiten in Anspruch genommen zu werden. Die Angabepflicht soll insoweit die Transparenz des Jahresabschlusses erhöhen.

Angabepflichtig sind **mittelgroße** und **große Kapitalgesellschaften** (§ 267 Abs. 2, **414** 3) und Personenhandelsgesellschaften iSd § 264a Abs. 1, **publizitätspflichtige** Unternehmen iSd § 3 Abs. 1 Nr. 3–5 PublG iVm § 5 Abs. 2 S. 2 PublG und kapitalmarktorientierte Unternehmen gem. § 3 Abs. 1 PublG iVm § 5 Abs. 2a PublG sowie **Versicherungsunternehmen** (§ 341a Abs. 1). Ausgenommen sind nach § 288 Abs. 1 **kleine Kapitalgesellschaften. Kreditinstitute** (§ 340a Abs. 1) müssen an Stelle der in Nr. 27 vorgeschriebenen Angaben die in § 34 Abs. 2 RechKredV genannten Angaben machen.

2. Sachlicher Anwendungsbereich. Gegenstand der Angabepflicht nach Nr. 27 **415** sind Verbindlichkeiten und Haftungsverhältnisse, die nach § 268 Abs. 7 im Anhang ausgewiesen sind. Dazu gehören am Bilanzstichtag bestehende einseitige vertragliche Verpflichtungen, die beim künftigen Eintritt eines Ereignisses oder einer Bedingung zu einer Vermögensbelastung der berichtenden Gesellschaft führen (→ § 251 Rn. 1). Vermerkpflichtige Verbindlichkeiten und Haftungsverhältnisse iSd § 251 iVm § 268 Abs. 7 sind Verbindlichkeiten aus der Begebung und Übertragung von Wechseln, Verbindlichkeiten aus Bürgschaften, Wechsel- und Scheckbürgschaften, Verbindlichkeiten aus Gewährleistungsverträgen und Haftungsverhältnisse aus der Bestellung von Sicherheiten für fremde Verbindlichkeiten (→ § 251 Rn. 6 ff.).

Die **bilanzielle Passivierung** geht der Vermerkpflicht vor. Daher entfällt die Angabe- **416** pflicht nach Nr. 27, soweit die Verbindlichkeiten als Passivposten zu bilanzieren (§ 266 Abs. 3 C.) und deshalb nicht nach § 251 zu vermerken sind. Die Verbindlichkeiten sind auf der Passivseite auszuweisen, wenn es sich um eine hinreichend sichere Außenverpflichtung gegenüber Dritten handelt und die Inanspruchnahme der Gesellschaft wahrscheinlich ist (→ § 251 Rn. 2). Hierfür genügt bereits eine geringe Wahrscheinlichkeit. Das Risiko, aus der Verbindlichkeit in Anspruch genommen zu werden, muss nicht notwendigerweise größer sein als die Wahrscheinlichkeit, nicht in Anspruch genommen zu werden.[751] Kommt

---

[747] Begr. RegE BilMoG, BT-Drs. 16/10067, 74; Kölner Komm RechnungslegungsR/Peters Rn. 287.
[748] Begr. RegE BilMoG, BT-Drs. 16/10067, 74.
[749] Begr. RegE BilMoG, BT-Drs. 16/10067, 74.
[750] Begr. RegE BilMoG, BT-Drs. 16/10067, 74.
[751] Gelhausen/Fey/Kämpfer O Rn. 242.

die Gesellschaft auf der Grundlage der Verhältnisse zum Abschlussstichtag zu dem Schluss, dass die Inanspruchnahme aus der Verbindlichkeit unwahrscheinlich ist und verzichtet deshalb auf die Passivierung, sind die Verbindlichkeiten nach § 251 unter der Bilanz oder speziell für Kapitalgesellschaften im Anhang (§ 268 Abs. 7) zu vermerken. Für diesen Fall verlangt Nr. 27 die ergänzende Anhangangabe der Gründe, auf denen die Einschätzung des Risikos der Inanspruchnahme beruht.

417   Nach der Gesetzesbegründung ist die Angabepflicht nach Nr. 27 nur auf die für die Vermögens-, Finanz- und Ertragslage **bedeutsamen** (wesentlichen) Eventualverbindlichkeiten beschränkt.[752] Unwesentliche Eventualverbindlichkeiten, die sich nicht auf die Finanzlage auswirken, sind von dem Anwendungsbereich der Nr. 27 ausgenommen.[753]

418   Die Angabepflicht nach Nr. 27 kann sich mit der Risikoberichterstattung im **Lagebericht** überschneiden, da es in beiden Fällen um eine Risikoeinschätzung geht. Ist der Anwendungsbereich der Lageberichterstattung gem. § 289 eröffnet, lässt dies die Angabepflicht gem. Nr. 27 jedoch nach der Gesetzesbegründung nicht entfallen. Die Angaben im Anhang sind vielmehr zur Erläuterung der unter der Bilanz ausgewiesenen Eventualverbindlichkeiten notwendig.[754]

419   **3. Umfang der Angabepflicht.** Anzugeben sind die **Gründe für die Einschätzung des Risikos** der Inanspruchnahme. Hierbei muss erkennbar werden, dass und nach welchen Kriterien sich die Gesellschaft mit der Wahrscheinlichkeit der Inanspruchnahme auseinandergesetzt hat. Anzugeben sind die maßgeblichen Erwägungen für die Annahme, dass eine Inanspruchnahme sehr unwahrscheinlich oder nahezu ausgeschlossen ist und deshalb eine Passivierung unterbleiben kann. Ein pauschaler Hinweis, dass eine Inanspruchnahme nicht wahrscheinlich ist, genügt hierfür nicht. In der Regel werden nähere Ausführungen zu der Bonität des Primärschuldners erforderlich sein.[755] Entscheidend für die Beurteilung sind die Verhältnisse am Abschlussstichtag.[756] Die Einschätzung des Risikos kann sich aber sowohl auf vergangene Ereignisse und Entwicklungen als auch auf eine in die Zukunft gerichtete Prognose stützen. Zudem sind zusätzliche Erkenntnisse im Zeitpunkt der Abschlusserstellung zu berücksichtigen, soweit sie die Verhältnisse zum Abschlussstichtag betreffen.[757] Nicht anzugeben ist, wann die Inanspruchnahme wahrscheinlich ist.[758] Es genügt, das Haftungsrisiko **verbal** zu erläutern, eine genaue Bezifferung des Risikos verlangt das Gesetz nicht.[759] Ist aber im konkreten Einzelfall eine genaue Zahlenangabe möglich, empfiehlt sich im Interesse der Transparenz und Verständlichkeit deren Angabe.[760]

XXXIII. Angaben zu den ausschüttungsgesperrten Beträgen iSd § 268 Abs. 8 (Nr. 28)

420   **1. Allgemeines.** Die Angabepflicht nach Nr. 28 wurde im Zusammenhang mit der in § 268 Abs. 8 normierten **Ausschüttungssperre** durch das BilMoG eingeführt.[761] Damit der Abschlussadressat die Bemessung des ausschüttungsfähigen Gewinns nachvollziehen und die Einhaltung der Ausschüttungssperre überprüfen kann,[762] verlangt Nr. 28 die Angabe des Gesamtbetrags der ausschüttungsgesperrten Beträge im Anhang, aufgegliedert in die Beträge aus der Aktivierung selbst geschaffener immaterieller Vermögensgegenstände des

---

[752]   Begr. RegE BilMoG, BT-Drs. 16/10067, 74.
[753]   So auch BeBiKo/Grottel Rn. 791; Kölner Komm RechnungslegungsR/Peters Rn. 291; Gelhausen/Fey/Kämpfer O Rn. 243.
[754]   Begr. RegE BilMoG, BT-Drs. 16/10067, 75.
[755]   Gelhausen/Fey/Kämpfer O Rn. 243.
[756]   BeBiKo/Grottel Rn. 791.
[757]   BeBiKo/Grottel Rn. 791.
[758]   BeBiKo/Grottel Rn. 791.
[759]   KKRD/Morck/Drüen Rn. 37, vgl. speziell für die Patronatserklärung IDW RH HFA 1.013 Rn. 21.
[760]   BeBiKo/Grottel Rn. 791; Kölner Komm RechnungslegungsR/Peters Rn. 291.
[761]   Ausf. zu der Angabepflicht nach Nr. 28 Hasenburg/Hausen DB 2009, 38; Gelhausen/Althoff WPg 2009, 584 (und 629); Wendholt/Wesemann DB-Beil. Heft 5/2009, 64.
[762]   Begr. RegE BilMoG, BT-Drs. 16/10067, 75.

Anlagevermögens und latenter Steuern sowie aus der Aktivierung des „Planvermögens" zum beizulegenden Zeitwert. Die Ausschüttungssperre soll die erwünschte Aktivierung der selbst geschaffenen immateriellen Vermögensgegenstände des Anlagevermögens ermöglichen und so die Informationsfunktion des Jahresabschlusses stärken, ohne dass dem die Unsicherheiten bei der objektiven Bewertung selbst geschaffener immaterieller Vermögensgegenstände des Anlagevermögens nach Aufhebung des Aktivierungsverbots gem. § 248 Abs. 2 aF entgegen stehen. Durch die Angabe nach Nr. 28 soll erkennbar werden, in welchem Umfang frei verwendbares Eigenkapital wenigstens in der Bilanz bleiben muss. Damit dient Nr. 28 wie die Ausschüttungssperre dem Gläubigerschutz und der Anhebung des Informationsniveaus.

421 Angabepflichtig sind alle **großen** und **mittelgroßen Kapitalgesellschaften** (§ 267 Abs. 2, 3), **kleine Kapitalgesellschaften** sind nach Änderung durch das BilRUG hingegen nach § 288 Abs. 1 Nr. 1 davon ausgeschlossen. Die Angabepflicht gilt auch für abhängige Kapitalgesellschaften, die zur Gewinnabführung verpflichtet sind.[763] **§ 301 AktG** verweist auf § 268 Abs. 8 und untersagt damit die Ausschüttung auch an den Gläubiger einer Gewinnabführung.[764] Angabepflichtig sind darüber hinaus **publizitätspflichtige** Unternehmen iSd § 3 Abs. 1 Nr. 3–5 PublG iVm § 5 Abs. 2 S. 2 PublG, kapitalmarktorientierte Unternehmen gem. § 3 Abs. 1 PublG iVm § 5 Abs. 2 lit. a PublG sowie **Versicherungsunternehmen** (§ 341a Abs. 1 iVm § 51 Abs. 1 S. 1 RechVersV) und **Kreditinstitute** (§ 340a Abs. 1 iVm § 34 Abs. 1 S. 1 RechKredV). Ob **Personenhandelsgesellschaften iSd § 264a Abs. 1** zur Angabe nach Nr. 28 verpflichtet sind, hängt davon ab, ob man sie in den Anwendungsbereich der Ausschüttungssperre gem. § 268 Abs. 8 einbezieht (→ § 268 Rn. 39 ff.).[765] Hierfür spricht zwar der Wortlaut des § 264a, der auf sämtliche Vorschriften zum Jahresabschluss verweist und damit auch § 268 Abs. 8 erfasst. Ausweislich der Gesetzesbegründung wird aber der „Anwendungsbereich der Ausschüttungssperre […] auf Kapitalgesellschaften beschränkt".[766] Aufgrund der unbeschränkten Haftung mindestens eines Gesellschafters von Personenhandelsgesellschaften wäre die Anwendung der Ausschüttungssperre auf Personenhandelsgesellschaften iSd § 264a ohnehin ohne praktische Folgen und damit systemfremd.[767] Lehnt man aus diesen Gründen eine Ausschüttungssperre gem. § 268 Abs. 8 für Personenhandelsgesellschaften iSd § 264a ab, entfällt für sie auch die Angabepflicht nach Nr. 28.

2. Ausschüttungssperre gem. § 268 Abs. 8. Die Ausschüttungssperre iSd § 268 **422** Abs. 8 erfasst nach den GoB die noch nicht realisierten Erträge aus der Bilanzierung bestimmter Aktiva.[768] In Höhe dieser Beträge, abzüglich hierfür gebildeter passiver latenter Steuern, sind Ausschüttungen frei verfügbarer Eigenkapitalbestandteile unzulässig. Es darf nur dann ausgeschüttet werden, wenn im Unternehmen jederzeit frei verwendbare Eigenkapitalbestandteile vorhanden sind, die den ausschüttungsgesperrten Betrag übersteigen. Der Anwendungsbereich von § 268 Abs. 8 erfasst aktivierte selbst geschaffene Vermögensgegenstände des immateriellen Anlagevermögens (§ 268 Abs. 8 S. 1), aktive latente Steuern (§ 268 Abs. 8 S. 2) und das Deckungsvermögen von Pensionsverpflichtungen gem. § 246 Abs. 2 S. 2 (§ 268 Abs. 8 S. 3).

3. Umfang der Angabepflicht. Anzugeben ist der aus § 268 Abs. 8 resultierende **423** **Gesamtbetrag.**[769] Nr. 28 verlangt einen **Nettoausweis** der jeweiligen Posten nach laten-

763 Gelhausen/Fey/Kämpfer O Rn. 254.
764 Hierzu Koch AktG § 301 Rn. 5.
765 Für eine Beschränkung auf Kapitalgesellschaften Begr. RegE BilMoG, BT-Drs. 16/10067, 64. Ebenso BeBiKo/Grottel Rn. 801. Für eine Anwendung der Angabepflicht auch auf Personenhandelsgesellschaften iSd § 264a Gelhausen/Fey/Kämpfer O Rn. 249; Küting/Lorson/Eichenlaub/Toebe GmbHR 2011, 1 (2).
766 Begr. RegE BilMoG, BT-Drs. 16/10067, 64.
767 Begr. RegE BilMoG, BT-Drs. 16/10067, 64; Gelhausen/Fey/Kämpfer N Rn. 4.
768 Zur Berechnung der Ausschüttungssperre Kessler/Leinen/Paulus KoR 2009, 716 (725 f.); Kühne/Melcher/Wesemann WPg 2009, 1005 (1011 f.); Petersen/Zwirner/Froschhammer KoR 2010, 334 ff.
769 Beispielhaft hierzu Lanfermann/Röhricht DStR 2009, 1216 (1218).

ten Steuern. Die Beträge sind jeweils um die hierfür gebildeten passiven latenten Steuern
zu kürzen, die aus der Ansatzdifferenz auf jeden einzelnen Vermögensgegenstand entfallen
und gem. § 274 Abs. 1 S. 1 im Posten „passive latente Steuern" (§ 266 Abs. 3 E.) enthalten
sind.[770] Die Vorjahreszahlen sind nicht anzugeben. Der Angabepflicht nach Nr. 28 unterliegen nicht die ausschüttungsgesperrten nach § 269 aF bilanzierten Aufwendungen für die
Ingangsetzung und Erweiterung des Geschäftsbetriebs, die nach Inkrafttreten des BilMoG
gem. § 34 Abs. 2 RechKredV, Art. 67 Abs. 5 EGHGB fortgeführt werden. Es ist **keine
Fehlanzeige** erforderlich.

424   Die Angabe des Gesamtbetrages ist **aufzugliedern** in drei Kategorien:
– die Beträge aus der Aktivierung selbst geschaffener immaterieller Vermögensgegenstände
des Anlagevermögens,
– die Beträge aus der Aktivierung latenter Steuern sowie
– die Beträge aus der Bewertung von Vermögensgegenständen zum beizulegenden Zeitwert
iSd § 253 Abs. 1 S. 4.

425   Um Doppelangaben zu vermeiden, erfasst die Ausschüttungssperre auf selbst geschaffene immaterielle Vermögensgegenstände des Anlagevermögens gem. § 268 Abs. 8 S. 1 nicht
den vollen Betrag der aktivierten Vermögensgegenstände, sie gilt nur für die Differenz
zwischen dem Bilanzwert selbst geschaffener immaterieller Vermögensgegenstände und den
hierfür gebildeten passiven latenten Steuern.[771] Daher sind die in der Bilanz ausgewiesenen
**Beträge aller selbst geschaffenen immateriellen Vermögensgegenstände des Anla-
gevermögens** bei der Anhangberichterstattung um die passiven latenten Steuern zu kürzen.

426   Wird das Aktivierungswahlrecht gem. § 274 Abs. 1 in Anspruch genommen, sind
zudem die Beträge aus der **Aktivierung latenter Steuern** nach § 274 Abs. 1 S. 2 aufzunehmen und im Anhang gesondert anzugeben. Ausschüttungsgesperrt und damit nach Nr. 28
anzugeben ist allerdings nur ein Aktivüberhang, also der Betrag, um den die aktiven latenten
Steuern die passiven latenten Steuern übertreffen.[772] Das gilt für die Steuerbe- und -entlas-
tung iSd § 274 Abs. 1 S. 3 gleichermaßen.[773] Bei der Berechnung des angabepflichtigen
Aktivüberhangs der latenten Steuern sind nur die passiven latenten Steuern zu berücksichtigen, die den anderen anzugebenden Beträgen zugeordnet wurden und dort zur Kürzung
geführt haben. Insoweit unterscheidet sich der angabepflichtige ausschüttungsgesperrte
Betrag aus der Aktivierung latenter Steuern von dem in der Bilanz ausgewiesenen Betrag
iSd § 266 Abs. 2 D.[774] Mit Rücksicht auf die Angabepflicht nach Nr. 29 ist im Einzelnen
darzulegen, ob und inwieweit der angegebene Betrag aus der Aktivierung latenter Steuern
um passive latente Steuern gemindert wurde.[775]

427   Anzugeben sind schließlich die Beträge, die sich aus der Bewertung der **Vermögensgegenstände des Anlagevermögens nach § 246 Abs. 2 S. 2** zum beizulegenden Zeitwert
nach § 253 Abs. 1 S. 4 abzüglich ihrer ursprünglichen Anschaffungskosten ergeben.[776] Hiervon sind die passiven latenten Steuern abzuziehen, die für jeden einzelnen Vermögensgegenstand nach dem Grundsatz der Einzelbewertung entstehen.[777]

428   Dem gesetzgeberischen Ziel des BilMoG, die mit der Ausschüttungssperre verbundenen
Einschränkungen der Informationsfunktion der Bilanz auszugleichen, genügt die Angabepflicht in ihrer gesetzlichen Form nicht vollends. Denn aus den gesetzlich gebotenen Angaben lassen sich zwar die ausschüttungsgesperrten Beträge als solche ablesen. Anhand der
gesetzlich geforderten Angaben lässt sich aber nicht erkennen, wie sich die Ausschüttungssperre auf den Bilanzgewinn auswirkt, ob der ausgewiesene Bilanzgewinn tatsächlich ganz
oder teilweise ausschüttungsgesperrt ist. Um den Umfang des tatsächlich ausschüttungsfähi-

---

[770]   BeBiKo/Grottel Rn. 805.
[771]   BeBiKo/Grottel/F. Huber § 268 Rn. 71.
[772]   Kölner Komm RechnungslegungsR/Peters Rn. 295.
[773]   BeBiKo/Grottel Rn. 825.
[774]   BeBiKo/Grottel Rn. 826.
[775]   IDW RS HFA 27 Rn. 38; Gelhausen/Fey/Kämpfer O Rn. 253.
[776]   Hasenburg/Hansen DB-Beil. Heft 5/2009, 44; BeBiKo/Grottel Rn. 820.
[777]   BeBiKo/Grottel Rn. 826.

gen Bilanzgewinns ermitteln zu können, sind weitere Angaben notwendig. Ob die Ausschüttungssperre eingehalten wurde, kann nur beurteilt werden, wenn dem Gesamtbetrag nach Nr. 28 auch die nicht in der Gliederung des Eigenkapitals gem. § 272 ersichtlichen Beträge der **frei verfügbaren Rücklagen** gegenübergestellt werden.[778] Daher empfiehlt sich, neben dem Gesamtbetrag der ausschüttungsgesperrten Beträge auch die freien Rücklagen in Form einer Deckungsrechnung oder durch Angabe der einzelnen Teilbeträge der frei verwendbaren Teile der einzelnen Rücklagen im Anhang anzugeben.[779]

XXXIV. Angaben zur Entstehung und Bewertung latenter Steuern (Nr. 29)

1. Allgemeines. Nach Nr. 29 ist im Anhang anzugeben, auf welchen Differenzen oder   **429** steuerlichen Verlustvorträgen die **latenten Steuern** iSd § 274 Abs. 1 beruhen und mit welchen Steuersätzen die Bewertung erfolgt ist. Die durch das BilMoG eingeführte Regelung steht in einem engen Zusammenhang mit der Umstellung von dem zunächst maßgeblichen Timing-Konzept zu dem auch dem IAS 12 zugrunde liegenden bilanzorientierten **Temporary-Konzept** für die latenten Steuern in § 274.[780] Um die damit verbundenen Belastungen abzumildern, hat der Gesetzgeber in § 274 Abs. 1 S. 2 ein Aktivierungs- und Saldierungswahlrecht für aktive latente Steuern anstelle der zuvor geltenden Aktivierungspflicht eingeführt. Die zusätzlichen Anhangangaben nach Nr. 29 sollen die Nachteile für die Informationsfunktion des Jahresabschlusses ausgleichen, die sich aus der Einführung des Aktivierungswahlrechts unter gleichzeitiger Beibehaltung der Gesamtdifferenzbetrachtung ergeben.[781] Die Bilanzierungs- und Bewertungsmethoden waren zwar für latente Steuern bereits vor Inkrafttreten des BilMoG im Anhang zu erläutern (§ 284 Abs. 2 Nr. 1, § 274 Abs. 2 S. 2 aF). Durch die mit dem BilMoG neu geschaffene Vorschrift sollten die Angaben aber weiter vereinheitlicht und vergleichbar und systematisch richtig in den § 285 überführt werden. Die handelsrechtlichen Anhangangaben nähern sich damit IAS 12.81 lit. g an.[782]

Mangels detaillierter Vorgaben in den §§ 274, 306 bietet **DRS 18** Anhaltspunkte für   **430** die inhaltliche Gestaltung (vgl. die Empfehlung in DRS 18.7).[783] Zwar gilt DRS 18 ausdrücklich nur für den Konzernabschluss (DRS 18.4); viele der Regelungen können aber als unverbindliche Empfehlung auf den Einzelabschluss entsprechend übertragen werden.[784] Bei der Auslegung von Nr. 29 ist stets zu beachten, dass der Gesetzgeber mit der Einführung des Aktivierungswahlrechts in § 274 Abs. 1 S. 2 Aufwand und Kosten der Bilanzierung senken wollte. Eine extensive Auslegung der Angabepflicht gem. Nr. 29 trägt die Gefahr in sich, dass eine umfangreiche Anhangberichterstattung notwendig und so die gesetzgeberische Intention konterkariert wird.[785]

Die Angabepflicht gilt für alle **großen Kapitalgesellschaften** und Personenhandelsge-   **431** sellschaften iSd § 264a. Angabepflichtig sind außerdem alle publizitätspflichtigen Unterneh-

---

[778]   Gelhausen/Fey/Kämpfer O Rn. 255.

[779]   Gelhausen/Althoff WPg 2009, 584 (591); Küting/Lorson/Eichenlaub/Toebe GmbHR 2011, 1 (7); BeBiKo/Grottel Rn. 806. Zu einer möglichen Darstellung in Tabellenform Gelhausen/Fey/Kämpfer O Rn. 256. Für eine andere Lösung zur Stärkung der Informationsfunktion Simon NZG 2009, 1081 (1087) (anstelle einer Ausschüttungssperre die Bildung entsprechender ausschüttungsgesperrter Rücklagen für die in § 268 Abs. 8 genannten Bilanzposten).

[780]   Ausf. dazu Petersen/Zwirner StuB 2009, 416 ff. Teilweise ist von einem Paradigmenwechsel die Rede (Herzig/Vossel BB 2009, 1174).

[781]   Beschlussempfehlung und Bericht BilMoG, BT-Drs. 16/12407, 114. Krit. zu der neuen Regelung Loitz DB 2009, 913 (925).

[782]   Loitz DB 2009, 913 (919).

[783]   Der Deutsche Standardisierungsrat hat am 8.6.2010 DRS 18 verabschiedet, der am 3.9.2010 nahezu unverändert im Bundesanzeiger bekannt gemacht worden ist. Ausf. hierzu Loitz DB 2010, 2177 ff. Im Zusammenhang mit der Einführung des DRS 18 wurde das Interpretationspapier des Hauptfachausschusses des IDW – IDW ERS HFA 27 – aufgehoben, da im Wesentlichen ohnehin Übereinstimmung mit DRS 18 gegeben sei (IDW, Aufhebung des IDW ERS HFA 27 zur Bilanzierung latenter Steuern v. 23.9.2010, WPg Supplement 4/2010, 85 f.). Krit. hierzu Kessler/Leinen/Paulus KoR 2009, 725; Lüdenbach/Freiberg BB 2010, 1976.

[784]   Loitz DB 2010, 2177 (2185); Prystawik/Schauf DB 2011, 313 (316); Zwirner StuB 2010, 570.

[785]   Prystawik/Schauf DB 2011, 313 (314).

men gem. § 3 Abs. 1 Nr. 3–5 PublG, § 5 Abs. 2 lit. a PublG sowie Kreditinstitute (§ 340a Abs. 1 iVm § 34 Abs. 1 S. 1 RechKredV) und Versicherungsunternehmen (§ 341a Abs. 1 iVm § 51 Abs. 1 S. 1 RechVersV). **Kleine und mittelgroße Kapitalgesellschaften** und Personenhandelsgesellschaften iSd § 264a sind von der Angabepflicht befreit (§ 288 Abs. 1 bzw. § 288 Abs. 2 S. 2). Von der Angabepflicht nach Nr. 29 ausgenommen sind **Organgesellschaften** iSd § 14 Abs. 1 S. 1 KStG, § 2 Abs. 2 S. 2 GewStG. Im Fall von körperschaftsteuerlichen oder gewerbesteuerlichen Organschaften, bei denen Einkommen bzw. Gewerbeertrag dem Organträger zugeordnet werden, sind die latenten Steuern des Organkreises bei dem Organträger zu bilanzieren und damit nach Nr. 29 in dessen Anhang einzubeziehen.[786] Der Informationsfunktion wird hier gegenüber der Steuerwirkung der Vorrang eingeräumt. Die Organgesellschaften sind regelmäßig nicht zu Anhangangaben verpflichtet.[787]

432   **2. Latente Steuern.** Nr. 29 verlangt Angaben zu den latenten Steuern und knüpft damit an § 274 an. Nach § 274 Abs. 1 sind latente Steuern im Wege der **Gesamtdifferenzbetrachtung** zu ermitteln (→ § 274 Rn. 27). Um die Gesamtdifferenzbetrachtung im Rahmen des § 274 Abs. 1 näher zu erläutern, sind nach Nr. 29 im Anhang die Differenzen zwischen dem handelsrechtlichen und dem steuerrechtlichen Bilanzansatz der Vermögensgegenstände, Rechnungsabgrenzungsposten und Schulden anzugeben, auf denen die latenten Steuern beruhen.

433   **Gegenstand** der Angabepflicht sind vor allem die temporären, aber auch die quasipermanenten Differenzen.[788] Permanente Differenzen, also steuerfreie Erträge und nicht abziehbare Betriebsausgaben, können demgegenüber keine latenten Steuern begründen und sind daher nicht nach Nr. 29 anzugeben.[789] Unterschiede zwischen Handels- und Steuerbilanz, die zu **aktiven latenten Steuern** führen, entstehen beispielsweise durch eine kürzere Abschreibungsdauer für Geschäfts- und Firmenwerte in der Handelsbilanz gegenüber der in der Steuerbilanz geltenden Abschreibungsfrist von 15 Jahren, die Berücksichtigung von künftigen Preis- und Kostensteigerungen bei der Rückstellungsberechnung gem. § 253 Abs. 1 S. 2 oder den Ansatz von Drohverlustrückstellungen in der Handelsbilanz nach § 249. **Passive latente Steuern** können etwa auf Differenzen zwischen Handels- und Steuerbilanz beruhen, die aus dem handelsrechtlichen Abzinsungsgebot bei Rückstellungen gem. § 253 Abs. 2 oder der Aufhebung der umgekehrten Maßgeblichkeit für steuerfreie Rücklagen resultieren.[790]

434   Die Angabepflicht entsteht unabhängig davon, ob latente Steuern in der Bilanz ausgewiesen werden und ob insbesondere von dem **Saldierungswahlrecht** nach § 274 Abs. 1 S. 3 Gebrauch gemacht wird.[791] Hierfür sprechen der offen formulierte Wortlaut der Vorschrift und der ausdrückliche Wille des Gesetzgebers.[792] Auch nach Sinn und Zweck der Angabepflicht soll der Jahresabschlussadressat unabhängig von der Darstellung in der Bilanz über die künftigen Steuerwirkungen und die Gründe informiert werden. Gerade in den Fällen der Nichtaktivierung besteht ein besonderes Informationsbedürfnis, aus welchen Gründen ein Ausweis in der Bilanz unterbleibt. Nur bei einer entsprechenden Erläuterung im Anhang ist dem Jahresabschlussadressaten der gebotene unverzerrte Einblick in das Ausmaß der latenten Steuern möglich, der ohne eine entsprechende Anhangangabe durch die Aktivierung und Saldierung verschlossen wäre.[793]

---

[786]   Ausf. dazu Dahlke BB 2009, 878 ff.; Herzig/Liekenbrock/Vossel Ubg 2010, 85 (99).

[787]   Wendholt/Wesemann DB-Beil. 5/2009, 64 (70); Prystawik/Schauf DB 2011, 313 (315). Vgl. DRS 18.32–35.

[788]   Gelhausen/Fey/Kämpfer M Rn. 8.

[789]   BeBiKo/Grottel/Larenz § 274 Rn. 13.

[790]   Zu diesen und weiteren Bsp. Wendholt/Wesemann DB-Beil. 5/2009, 64 (65).

[791]   Beschlussempfehlung und Bericht BilMoG, BT-Drs. 16/12407, 116. So auch BeBiKo/Grottel Rn. 831; Staub/Meyer Rn. 127.

[792]   Beschlussempfehlung und Bericht BilMoG, BT-Drs. 16/12407, 116. Ebenso für den Konzernabschluss DRS 18.64.

[793]   Zu diesem Ziel der Angabepflicht vgl. Beschlussempfehlung und Bericht BilMoG, BT-Drs. 16/12407, 116.

3. Umfang der Angabepflicht. Anzugeben ist, auf welchen Differenzen oder steuer- **435**
lichen Verlustvorträgen die latenten Steuern beruhen und mit welchen Steuersätzen die
Bewertung erfolgt ist.[794] Die Angabe der **Differenzen** umfasst die Art des Vermögensgegenstandes, Rechnungsabgrenzungs- und Schuldpostens.[795] Hierbei können gleichartige
Vermögensgegenstände und Schulden grds. nach dem Muster der Bilanzposten nach § 266
Abs. 2 und 3 zusammengefasst werden.[796] Genauere Angaben, etwa zu der Höhe der jeweiligen Differenzen oder dem Zeitraum oder Zeitpunkt des Abbaus der Differenzen, sind
nicht geboten. Wären konkretere Angaben notwendig, hätte der Gesetzgeber dies – wie in
anderen Vorschriften – entsprechend deutlich formulieren müssen.[797]

Darüber hinaus verlangt Nr. 29 die Angabe der **steuerlichen Verlustvorträge,** die **436**
ggf. in die Ermittlung der latenten Steuern nach § 274 Abs. 1 S. 4 einbezogen wurden. Das
schließt vergleichbare Sachverhalte wie Steuergutschriften und Zinsvorträge ein.[798] Um die
Aktivierung latenter Steuern auf Verlustvorträge nachprüfbar und praktikabel zu gestalten,
ist darzulegen, aufgrund welcher Annahmen und mit welcher Wahrscheinlichkeit die bilanzierende Gesellschaft mit einer Verlustverrechnung innerhalb von fünf Jahren nach dem
Abschlussstichtag rechnet.[799] Eine konkret bezifferbare Angabe ist – wie bei der Angabe
der Differenz – auch für die steuerlichen Verlustvorträge nicht notwendig.[800] Der verrech-
nungsfähige Anteil am gesamten bestehenden Verlustvortrag ist anzugeben.[801]

Schließlich sind die **Steuersätze** anzugeben, mit denen die Differenzen und steuerli- **437**
chen Verlustvorträge bewertet wurden. Nach § 274 Abs. 2 S. 1 sind die Beträge der sich
ergebenden Steuerbe- und -entlastung mit den unternehmensindividuellen Steuersätzen im
Zeitpunkt des Abbaus der Differenzen zu bewerten und nicht abzuzinsen. Der pauschale
Hinweis auf § 274 Abs. 2 genügt nicht; die konkreten Steuerarten und -sätze sind anzugeben. Können die unternehmensindividuellen Steuersätze im Zeitpunkt der Umkehrung
nicht ermittelt werden, sind die am Abschlussstichtag gültigen individuellen Steuersätze
anzuwenden.[802] Ausweislich der Gesetzesbegründung muss der maßgebliche Steuersatz
nicht bereits gültig sein; ausreichend ist ein Beschluss über eine Steuersatzänderung durch
die zuständige Körperschaft.[803]

4. Form der Darstellung. Die Form der Darstellung ist nicht vorgegeben. So ist **438**
insbesondere nicht notwendig, wenn auch uU empfehlenswert, die Angaben quantitativ in
einer Tabelle darzustellen.[804] **Qualitative Beschreibungen** sind ausreichend (DRS 18.65).
Etwas anderes folgt auch nicht aus der durch das BilRUG neu eingeführten Nr. 30.[805] Bei
der Darstellung der Angaben empfiehlt sich entweder in Übereinstimmung mit IAS 12 eine
positionsbezogene Aufgliederung der wesentlichen Bilanzansatzdifferenzen[806] oder alternativ anhand anderer Erläuterungsparameter.[807]

---

[794] Beispielhaft zu der Darstellung der Angaben in Tabellenform Petersen/Zwirner StuB 2010, 216 ff.;
Wendholt/Wesemann DB 2009, 64 (68).
[795] BeBiKo/Grottel Rn. 832.
[796] BeBiKo/Grottel Rn. 833; Staub/Meyer Rn. 129.
[797] BeBiKo/Grottel Rn. 833; Kölner Komm RechnungslegungsR/Peters Rn. 301; KKRD/Morck/Drüen
Rn. 39b. Bsp. für solche deutlichen Formulierungen finden sich etwa in § 285 Nr. 3a, 6 und 18 ff.
[798] Begr. RegE BilMoG, BT-Drs. 16/10067, 67. S. auch BeBiKo/Grottel Rn. 834; Staub/Meyer Rn. 129;
Prinz GmbHR 2009, 1027 (1034); Kölner Komm RechnungslegungsR/Peters Rn. 302.
[799] Vgl. Begr. RegE BilMoG, BT-Drs. 16/10067, 67.
[800] BeBiKo/Grottel Rn. 834; Kölner Komm RechnungslegungsR/Peters Rn. 302.
[801] Wendholt/Wesemann DB-Beil. Heft 5/2009, 64 (68); BeBiKo/Grottel Rn. 834; Kölner Komm Rech-
nungslegungsR/Peters Rn. 302.
[802] Begr. RegE BilMoG, BT-Drs. 16/10067, 68.
[803] Begr. RegE BilMoG, BT-Drs. 16/10067, 68. Vgl. BeBiKo/Grottel/Larenz § 274 Rn. 63. Von einem
früheren Zeitpunkt geht Dahlke BB 2007, 1831 (1836) aus.
[804] Gelhausen/Fey/Kämpfer O Rn. 262; BeBiKo/Grottel Rn. 471; Prystawik/Schauf DB 2011, 313 (315);
aA Kühne/Melcher/Wesemann WPg 2009, 1005 (1013); Maier/Weil DB 2009, 2729 (2735).
[805] Rimmelspacher/Meyer DB 2015, 23 (26); BeBiKo/Grottel Rn. 840; aA Kußmaul/Ollinger/Müller
StuB 2015, 243 (248); Kolb/Roß WPg 2014, 1090 (1092).
[806] Küting/Seel DB 2009, 922 (924).
[807] Prystawik/Schauf DB 2011, 313 (315).

439   Die Erstellung einer international üblichen **Überleitungsrechnung** vom erwarteten Steueraufwand zum tatsächlichen Steueraufwand ist zwar nicht geboten, aber zum besseren Verständnis möglich.[808] Die ursprünglich im RegE vorgesehene Pflicht[809] hat keinen Eingang in die endgültige Gesetzesfassung gefunden.[810] Dies entspricht auch der nach DRS 18.7 für den Jahresabschluss unverbindlichen Empfehlung des DRS 18.64.

XXXV. Angaben zu latenten Steuerschulden (Nr. 30)

440   **1. Allgemeines.** Die Angabepflicht nach Nr. 30 verlangt in Umsetzung von Art. 17 Abs. 1 lit. f Bilanz-RL **quantitative Angaben** zu **latenten Steuersalden** und deren Bewegungen im Geschäftsjahr.[811] Die Angabepflicht gilt für alle **großen** und **mittelgroßen Kapitalgesellschaften** und Personenhandelsgesellschaften iSd § 264a. Angabepflichtig sind außerdem alle publizitätspflichtigen Unternehmen gem. § 3 Abs. 1 Nr. 3–5 PublG, § 5 Abs. 2 lit. a PublG sowie Kreditinstitute (§ 340a Abs. 1 iVm § 34 Abs. 1 S. 1 RechKredV) und Versicherungsunternehmen (§ 341a Abs. 1 iVm § 51 Abs. 1 S. 1 RechVersV). **Kleine Kapitalgesellschaften** und Personenhandelsgesellschaften iSd § 264a sind von der Angabepflicht befreit (§ 288 Abs. 1 Nr. 1).

441   **2. Umfang der Angabepflicht. a) Begriff der in der Bilanz angesetzten latenten Steuerschulden.** Die Vorschrift setzt voraus, dass latente Steuerschulden in der Bilanz angesetzt sind. Der Begriff der latenten Steuerschuld entspricht den passiven latenten Steuern aus § 274 Abs. 1 (→ § 274 Rn. 34).[812] In der Bilanz können die entstehenden Steuerbe- und -entlastungen **verrechnet** werden. Wenn die Be- die Entlastungen übersteigen, ergibt sich daraus ein passiver Überhang, der **insgesamt** als passive latente Steuer anzugeben ist (§ 274 Abs. 1 S. 1). Andererseits besteht **wahlweise** auch die Möglichkeit, Steuerbelastungen als passive latente Steuern und Steuerentlastungen als aktive latente Steuern **getrennt** anzugeben (§ 274 Abs. 1 S. 3).

442   Die Reichweite der Angabepflicht hängt von der Interpretation des Begriffs „angesetzt" in Nr. 30 ab. Soweit unter **Ansatz** die Angabe in der Bilanz gem. § 274 Abs. 1 **insgesamt** verstanden wird, müsste bei Ausübung des Saldierungswahlrechts **nur** ein **passiver Überhang,** nicht jedoch ein aktiver Überhang angegeben werden.[813] Die Gegenansicht differenziert zwischen „Ansatz" und „Ausweis" latenter Steuern. Passive latente Steuern werden danach bereits „angesetzt", wenn sich aus den Wertansatzdifferenzen zwischen handels- und steuerrechtlichem Wertansatz eine Differenz ergibt. Ob diese Steuerbelastung durch **Ausübung des Wahlrechts** gem. § 274 Abs. 1 S. 3 **ausgewiesen** oder aber verrechnet wird, spielt für deren vorigen Ansatz **keine Rolle.**[814] **Passive latente Steuern** müssten dann **auch bei Verrechnung** mit diese übersteigenden aktiven latenten Steuern **angegeben** werden.[815] Dafür spricht aus systematischen Gründen, dass auch in Nr. 29 ein aktiver Überhang angabepflichtig ist.[816] Zudem besteht insbesondere bei einer Verrechnung auch bei aktivem Überhang ein besonderes Informationsinteresse, dem mit einer Beschränkung auf Fälle eines passiven Überhangs nicht genügt wird.[817] Außerdem hätte Nr. 29 bei einem engen Verständnis neben der Angabepflicht aus § 266 Abs. 3 E keine eigenständige Bedeu-

---

[808]   BeBiKo/Grottel Rn. 836; Staub/Meyer Rn. 129; Pöller BRZ 2009, 494; Wendholt/Wesemann DB-Beil. Heft 5/2009, 64 (68). Zweifelnd Kessler/Leinen/Paulus KoR 2009, 716 (725).

[809]   Begr. RegE BilMoG, BT-Drs. 16/10067, 68.

[810]   Bsp. für Überleitungsrechnungen finden sich bei Loitz DB 2008, 1389 (1393); Gelhausen/Fey/Kämpfer O Rn. 243; Kirsch BC 2010, 35 (39).

[811]   Begr. RegE, BT-Drs. 18/4050, 66.

[812]   BeBiKo/Grottel Rn. 845; Rimmelspacher/Meyer DB-Beil. Heft 5/2015, 23 (27).

[813]   So BeBiKo/Grottel Rn. 846; Lüdenbach/Freiberg StuB 2015, 563 (572); Kußmaul/Ollinger/Müller StuB 2015, 243 (249); Fink/Theile DB 2015, 753 (758).

[814]   Zur Differenzierung zwischen Ansatz und Ausweis auch → § 274 Rn. 34, 41 f.

[815]   Rimmelspacher/Meyer DB-Beil. Heft 5/2015, 23 (27); HKMS/Haferkorn/Diemers Rn. 273.

[816]   → Rn. 433 f.

[817]   Rimmelspacher/Meyer DB-Beil. Heft 5/2015, 23 (27); Kußmaul/Ollinger/Müller StuB 2015, 243 (249).

tung.[818] Dagegen kommt Nr. 30 in der hier vertretenen Auffassung gerade ein eigener Informationsgehalt zu, der bei aktivem Überhang über die Angaben in § 266 Abs. 2 E hinausgeht.

b) Latente Steuersalden und deren Änderungen im Laufe des Geschäftsjahrs. 443
Anzugeben sind die latenten Steuersalden zum **Ende** des Geschäftsjahres sowie **Änderungen im Laufe des Geschäftsjahres.** Aus Gründen der Übersichtlichkeit sollte auch der Anfangsbestand zu **Jahresbeginn** angegeben werden.[819] Aufgrund des verwendeten Plurals („Salden") sollten sowohl aktive als auch passive latente Steuern angegeben werden, vor einer eventuellen Verrechnung nach dem Ausweiswahlrecht gem. § 274 Abs. 1.[820] Die Angabepflicht besteht ebenfalls, wenn eine Verrechnung Null oder einen aktiven Überhang ergibt.[821] Die **Änderungen** im Laufe des Geschäftsjahres müssen sich nur auf den Auf- oder Abbau der aktiven bzw. der passiven latenten Steuern *insgesamt* beziehen[822] und nicht genauer nach Bilanzposten aufgegliedert werden.[823]

XXXVI. Angaben zu Betrag und Art der außergewöhnlichen Erträge und Aufwendungen (Nr. 31)

1. Allgemeines. Die Vorschrift betrifft einzelne Erträge und Aufwendungen, die in 444
Bezug auf Größenordnung oder Bedeutung außergewöhnlich[824] sind und insoweit für eine Prognose der künftigen Ertragslage des berichtenden Unternehmens besonders zu berücksichtigen und daher gesondert anzugeben sind. Mit dieser Vorschrift wird im Zuge des BilRUG Art. 16 Abs. 1 lit. f. Bilanz-RL umgesetzt, gleichzeitig wird die Angabepflicht für Erträge und Aufwendungen außergewöhnlicher Geschäftstätigkeiten aufgegeben, wie sie zuvor in § 277 Abs. 4 S. 2 aF in Umsetzung von Art. 29 Abs. 2 Bilanz-RL 1978 verankert war. Die Verlagerung der Angabepflicht in den Anhang hat zur Folge, dass die GuV entsprechend vereinfacht wird.[825] Auf die „Außergewöhnlichkeit" der Geschäftstätigkeit kommt es nicht mehr an und die Pflicht zur Erläuterung außerordentlicher Aufwendungen und Erträge entfällt.[826]

Die Angabepflicht gilt für **alle Kapitalgesellschaften** und Personenhandelsgesellschaf- 445
ten iSd § 264a. Angabepflichtig sind außerdem alle publizitätspflichtigen Unternehmen gem. § 3 Abs. 1 Nr. 3–5 PublG, § 5 Abs. 2 lit. a PublG. Die Vorschrift ist nach § 340a Abs. 2 S. 5 **nicht auf Kreditinstitute anzuwenden,** stattdessen sind im Anhang die Posten „außerordentliche Erträge" bzw. „Aufwendungen auszuweisen, die außerhalb der **gewöhnlichen Geschäftstätigkeit** anfallen". Die S. 5 und 6 von § 340a Abs. 2 entsprechen damit der Vorgängervorschrift **§ 277 Abs. 4 S. 1 und 2 aF,** die für Kreditinstitute weiterhin Anwendung findet. Insoweit kann hier auf die Vorauflage verwiesen werden.[827] Gleiches gilt gem. § 341a Abs. 2 S. 5 und 6 für **Versicherungsunternehmen.**

2. Erträge und Aufwendungen außergewöhnlicher Größenordnung oder 446
Bedeutung. Anzugeben sind jeweils **Betrag** und **Art einzelner Erträge und Aufwendungen.** Dabei muss es sich in Bezug auf **Größenordnung** oder **Bedeutung** um „außergewöhnliche" Erträge und Aufwendungen handeln. Zwar ist in der deutschen Fassung von Art. 16 Abs. 1 lit. f. Bilanz-RL von „außerordentlicher" Bedeutung und Größenordnung

---

818 BeBiKo/Grottel Rn. 847.
819 Fink/Theile DB 2015, 753 (758); Kirsch, KoR 2020, 507, 509; BeBiKo/Grottel Rn. 850.
820 Rimmelspacher/Meyer DB-Beil. Heft 5/2015, 23 (27); BeBiKo/Grottel Rn. 850; HKMS/Haferkorn/Diemers Rn. 274.
821 Rimmelspacher/Meyer DB-Beil. Heft 5/2015, 23 (27); HKMS/Haferkorn/Diemers Rn. 273; aA BeBiKo/Grottel Rn. 850.
822 Begr. RegE, BT-Drs. 18/4050, 66.
823 BeBiKo/Grottel Rn. 852; Rimmelspacher/Reitmeier WPg 2015, 1005.
824 Zur Bedeutung im Zuge der Corona-Pandemie Zwirner/Vodermeier/Krauß StUB 2022, 85, 89.
825 Begr. RegE, BT-Drs. 18/4050, 67.
826 Begr. RegE, BT-Drs. 18/4050, 67.
827 → 3. Aufl. 2013, § 277 Rn. 35–42.

die Rede. In der englischen Version findet sich aber der Begriff „exceptional", was mit „außergewöhnlich" in Nr. 31 zutreffend übersetzt wurde.[828] Nach § 277 Abs. 4 S. 2 aF waren „Erträge und Aufwendungen auszuweisen, die außerhalb der gewöhnlichen Geschäftätigkeit der Kapitalgesellschaft anfallen". Das Kriterium der „Außergewöhnlichkeit" bezieht sich nun hingegen **alternativ** auf Größenordnung bzw. Bedeutung.[829] Es muss sich um außergewöhnlich große bzw. bedeutsame Erträge und Aufwendungen handeln. Der Maßstab des **„Gewöhnlichen"** wird durch die das konkrete Unternehmen „prägenden" Umstände und Vorgänge bestimmt,[830] folgt nicht etwa anhand einer generellen Kategorisierung nach Bilanzsumme oder Umsatzerlös, wie es § 267 etwa vorsieht.[831]

447   Die **außergewöhnliche Größenordnung** soll anhand der „das Unternehmen ansonsten prägenden Größenordnungen"[832] zu bestimmen sein. Dadurch, dass nicht auf außergewöhnliche „Größen" sondern „Größenordnungen" abgestellt wird, sollte nicht jeder größere Einzelposten unter die Angabepflicht fallen, sondern nur Erträge und Aufwendungen, die auch **relativ** zu anderen größeren Einzelposten als **„Ausreißer"**[833] zu betrachten sind und insoweit eine Prognose der künftigen Ertragslage verzerren können. Im Unterschied zur Regelung in § 277 Abs. 4 S. 2 aF können auch Erträge aus gewöhnlicher Geschäftstätigkeit,[834] wie etwa Umsatzerlöse, erfasst sein.[835] Eine außergewöhnliche Größenordnung können beispielsweise Gewinne oder Verluste erreichen, die aus dem Abgang von Vermögensgegenständen des Anlagevermögens, Steuer(nach- oder rück)zahlungen, Unterbeschäftigung, außerplanmäßiger Abschreibung/Zuschreibung oder dem Verkauf von Wertpapieren des Umlaufvermögens resultieren.[836]

448   Für die Beurteilung einer **außergewöhnlichen Bedeutung** sind die das Unternehmen „prägenden Vorgänge" maßgeblich. Damit ähnelt dieses Kriterium den bisher von § 277 Abs. 4 S. 1 aF erfassten Vorgängen **außerhalb der gewöhnlichen Geschäftstätigkeit.** Obgleich die Bilanz-RL die Unterscheidung zwischen gewöhnlicher und außergewöhnlicher Geschäftstätigkeit aufgegeben hat, können daher die zu § 277 Abs. 4 S. 1 aF entwickelten Grundsätze zur Abgrenzung der außerordentlichen Aufwendungen und Erträge von der gewöhnlichen Geschäftstätigkeit auch weiterhin herangezogen werden.[837] Die Außergewöhnlichkeit kann sich beispielsweise daraus ergeben, dass das Ereignis der **Art** nach **ungewöhnlich** ist oder nur **selten** vorkommt.[838] Beispielhaft hierfür werden Verluste oder Gewinne aus außergewöhnlichen Schadensfällen, Sozialplankosten, der Verkauf von bedeutenden Grundstücken und Beteiligungen sowie der Verkauf eines (Teil-)Betriebs genannt.[839] **Kein Kriterium** für die Außergewöhnlichkeit ist hingegen die **materielle Bedeutung** des Vorgangs, ansonsten liefe die Ausnahme für Beträge von untergeordneter Bedeutung in Nr. 31 aE leer.[840] Auch bedeutsame Änderungen der Geschäftstätigkeiten und der Geschäftsgrundlage können außergewöhnlich sein. Entscheidend ist insoweit, dass die zugrundeliegenden Vorgänge **vorübergehend** sind und nicht regelmäßig vorkommen (werden).[841] Auf diese Weise sollen bedeutsame Sondereffekte von der gewöhnlichen Geschäftstätigkeit getrennt werden.[842] Die Bejahung „außerhalb der gewöhnlichen

---

[828]   Lüdenbach/Freiberg BB 2014, 2219 (2222); BeBiKo/Grottel Rn. 872.
[829]   BeBiKo/Grottel Rn. 861.
[830]   Begr. RegE, BT-Drs. 18/4050, 67.
[831]   BeBiKo/Grottel Rn. 875.
[832]   Begr. RegE, BT-Drs. 18/4050, 67.
[833]   BeBiKo/Grottel Rn. 875.
[834]   Begr. RegE, BT-Drs. 18/4050, 67.
[835]   Rimmelspacher/Meyer DB-Beil. Heft 5/2015, 23 (28).
[836]   Dißner/Müller/Peters BC 2020, 181 (184).
[837]   Begr. RegE, BT-Drs. 18/4050, 67.
[838]   So → 3. Aufl. 2013, § 277 Rn. 37.
[839]   Dißner/Müller/Peters, BC 2020, 181, 184.
[840]   So zu § 277 aF → 3. Aufl. 2013, § 277 Rn. 38 mwN; aA zu § 285 Nr. 31 BeBiKo/Grottel Rn. 880; HKMS/Haferkorn/Diemers Rn. 278.
[841]   BeBiKo/Grottel Rn. 881 f.
[842]   → 3. Aufl. 2013, § 277 Rn. 37.

Geschäftätigkeit" iSv § 277 Abs. 4 S. 1 aF anfallender Erträge und Aufwendungen sollen ausweislich der Gesetzesbegründung[843] zwar das Vorliegen von Aufwendungen oder Erträgen außergewöhnlicher Bedeutung indizieren, jedoch sind demnach theoretisch auch angabepflichtige Vorgänge denkbar, die innerhalb der gewöhnlichen Geschäftätigkeit liegen, aber dennoch von außergewöhnlicher Bedeutung sind.[844] Welche Kriterien hierfür angewandt werden sollen, ist hingegen noch offen.[845] Indes sollten mit Blick auf den Regelungszweck gewöhnliche Geschäftätigkeiten, die möglicherweise eine Prognose über die künftige Ertragslage verzerren können, bereits unter das Kriterium der außergewöhnlichen Größenordnung fallen und insoweit angabepflichtig sein. Es ist aber nur schwer vorstellbar, dass ein Vorgang, der sowohl qualitativ zu den gewöhnlichen Geschäftsvorgängen zählt als auch quantitativ den Rahmen der sonstigen Geschäfte nicht verlässt, eine außergewöhnliche Bedeutung haben soll.

3. Art und Umfang der Angabepflicht. Anzugeben sind jeweils der **Betrag** und 449 die **Art** der **einzelnen Erträge** und **Aufwendungen.** Die Bezugnahme auf „einzelne" bedeutet, dass Einzelposten, dh einzelne Geschäftsvorfälle, angegeben werden müssen. Eine zusammengefasste Darstellung als Gesamtbetrag[846] nach GuV-Posten iSv § 275 genügt hingegen nicht.[847] Zur Einordnung nach Art des Geschäfts → Rn. 42. Im Unterschied zu § 277 Abs. 4 S. 2 aF und anders als noch im Regierungsentwurf vorgesehen,[848] sind die Vorgänge in Nr. 31 nicht mehr zu erläutern.[849]

Diese Erträge und Aufwendungen von außergewöhnlicher Größenordnung oder 450 Bedeutung sind jedoch nur angabepflichtig, soweit die Beträge nicht von **untergeordneter Bedeutung** sind. Zuvor war in § 277 Abs. 4 S. 2 aF die untergeordnete Bedeutung ausdrücklich auf die Ertragslage des Unternehmens bezogen. Dieses Kriterium fehlt in Nr. 31, woraus teilweise – allerdings ohne große praktische Bedeutung – geschlussfolgert wird, dass sich die untergeordnete Bedeutung nicht nur mit Blick auf die Ertrags-, sondern auch auf die Vermögens- und Finanzlage beurteilt.[850] Gegen einen solchen erweiterten Blick spricht jedoch, dass die Angabepflicht zu periodenfremden Erträgen in § 314 Abs. 1 Nr. 24, die Parallelvorschrift zu § 285 Nr. 32, für die Beurteilung der untergeordneten Bedeutung ausdrücklich auf die Vermögens-, Finanz- und Ertragslage Bezug nimmt. Die Bezugnahme auf die Vermögens-, Finanz- und Ertragslage in § 314 Abs. 1 Nr. 24 wäre aber überflüssig, wenn sich dies schon allgemein aus der Formulierung „von untergeordneter Bedeutung" in § 314 Abs. 1 Nr. 23 ergeben würde. Daher bezieht sich die untergeordnete Bedeutung in § 285 Nr. 31 als Parallelvorschrift zu § 314 Abs. 1 Nr. 23 entsprechend der Vorgängervorschrift in § 277 Abs. 4 S. 2 aF weiterhin **nur auf die Ertragslage.** Eine untergeordnete Bedeutung muss sich nicht nur auf den berichtspflichtigen Zeitraum, sondern auf die künftige Entwicklung der Ertragslage (zum Begriff → § 264 Rn. 84) beziehen.[851] Dies entspricht dem Normzweck, den Adressaten des Jahresabschlusses durch die detaillierten Angaben eine Prognose über die künftige wirtschaftliche Entwicklung zu ermöglichen. Um die Bedeutung zu beurteilen ist eine umfassende Einzelfallbetrachtung in einer Gesamtschau aller relevanten Umstände nötig.[852]

---

843   Begr. RegE, BT-Drs. 18/4050, 67.
844   Rimmelspacher/Meyer DB-Beil. Heft 5/2015, 23 (28); BeBiKo/Grottel Rn. 884.
845   Die Regierungsbegründung gibt darüber keinen Aufschluss, Begr. RegE BT-Drs. 18/4050, 67. Auch in der Lit. wurde dies bislang nicht beantwortet, s. Rimmelspacher/Meyer DB-Beil. Heft 5/2015, 23 (28); BeBiKo/Grottel Rn. 884.
846   Begr. RegE, BT-Drs. 18/4050, 67.
847   Fink/Theile DB 2015, 753 (756); Rimmelspacher/Meyer DB-Beil. Heft 5/2015, 23 (28); Lüdenbach/Freiberg BB 2014, 2219 (2222); BeBiKo/Grottel Rn. 865; HKMS/Haferkorn/Diemers Rn. 276.
848   Begr. RegE, BT-Drs. 18/5256, 83.
849   Begr. RegE, BT-Drs. 18/4050, 67.
850   BeBiKo/Grottel Rn. 901; HKMS/Haferkorn/Diemers Rn. 279; Rimmelspacher/Reitmeier WPg 2015, 1003 (1006).
851   BeBiKo/Grottel Rn. 902.
852   → 3. Aufl. 2013, § 277 Rn. 37.

XXXVII. Erläuterung der periodenfremden Erträge und Aufwendungen
(Nr. 32)

451   **1. Allgemeines.** Nach Nr. 32 sind Erträge und Aufwendungen, die **wirtschaftlich einem anderen Geschäftsjahr zuzuordnen** sind, zu erläutern, soweit sie nicht von untergeordneter Bedeutung sind.[853] Die sog. **periodenfremden Aufwendungen** und **Erträge** resultieren nicht aus Leistungen der Kapitalgesellschaft im angabepflichtigen Geschäftsjahr. In der GuV sind Erträge und Aufwendungen aber unter dem Posten auszuweisen, unter den sie sachlich auch im laufenden Geschäftsjahr fielen, unabhängig von ihrer zeitlichen Einordnung.[854] Um die wirtschaftliche Lage der Berichtsperiode nicht zu verfälschen, sind periodenfremde Erträge und Aufwendungen für das laufende Geschäftsjahr deshalb im Anhang gesondert anzugeben. Die Erläuterungen nach Nr. 32 sind daher notwendig, um ein zutreffendes Bild der wirtschaftlichen Lage in der Berichtsperiode zu erhalten.[855]

452   Durch das BilRUG wurde diese Angabepflicht aus § 277 Abs. 4 S. 3 aF von der GuV in den Anhang verschoben, inhaltliche Änderungen sind hiermit indes nicht verbunden.[856] Lediglich die Ausnahme für Beträge von untergeordneter Bedeutung wird in Nr. 32 gegenüber § 277 Abs. 4 S. 2 aF erweitert, da sich diese nicht mehr nur auf die Beurteilung der Ertragslage beziehen muss (→ Rn. 456). Anders als die zuvor geltende 4. EG-Richtlinie in Art. 29 Abs. 2 RL 78/660/EWG enthält die Bilanz-RL bezüglich periodenfremder Erträge und Aufwendungen keine expliziten Vorgaben mehr.[857] Der Bundesgesetzgeber hat mit Nr. 32 von seinem Spielraum für weitergehende Angabepflichten aus Art. 4 Abs. 5 Bilanz-RL Gebrauch gemacht. Wie zuvor in der GuV gem. § 276 S. 2 aF ergibt sich eine Erleichterung für **kleine Kapitalgesellschaften** nunmehr aus § 288 Abs. 1 Nr. 1. Zudem sind neuerdings gem. § 288 Abs. 2 S. 1 auch **mittelgroße Kapitalgesellschaften** von der Angabepflicht **befreit.** Angabepflichtig sind **große Kapitalgesellschaften,** alle publizitätspflichtigen Unternehmen gem. § 3 Abs. 1 Nr. 3–5 PublG, § 5 Abs. 2 lit. a PublG sowie Kreditinstitute (§ 340a Abs. 1 iVm § 34 Abs. 1 S. 1 RechKredV) und Versicherungsunternehmen (§ 341a Abs. 1 iVm § 51 Abs. 1 S. 1 RechVersV).

453   **2. Periodenfremde Erträge und Aufwendungen.** Wenn periodenfremde Erträge und Aufwendungen in die Bilanz des laufenden Geschäftsjahres einfließen, beruht dies häufig auf der **Korrektur von Fehleinschätzungen** in den Vorjahren.[858] Sie können etwa im Zusammenhang mit Zuschreibungen wegen zu hoher Abschreibungen im Vorjahr oder Eingängen auf abgeschriebene Forderungen, Abschreibungsnachholungen, Zuführungen, Auflösungen freigewordener Rückstellungen, Buchgewinnen und -verlusten aus der Veräußerung von Sachanlagevermögen, Steuernachzahlungen und -erstattungen resultieren.[859] Hierunter fallen auch **Nachaktivierungen,** die im Anlagegitter als Zugang und im Anhang als **periodenfremde Erträge** einer besonderen Erläuterung bedürfen (→ § 284 Rn. 104).[860]

454   Den periodenfremden Erträgen und Aufwendungen **fehlt** es an einem **Kausalzusammenhang zu den Leistungen der anzugebenden Berichtsperiode.**[861] Soweit sie hingegen auf einem wertbegründenden Ereignis im laufenden Geschäftsjahr beruhen, so sind sie nicht periodenfremd, sondern dem laufenden Geschäftsjahr zuzurechnen.[862]

455   **3. Art und Umfang der Angabepflicht.** Die Angaben sollen periodenfremde Erträge und Aufwendungen hinsichtlich Betrag und Art erläutern. Anders als die bloße Angabepflicht in Nr. 31 fordert Nr. 32 eine „**Erläuterung":** Der Sachverhalt muss durch

---

[853]   Zur Bedeutung im Zuge der Corona-Pandemie Zwirner/Vodermeier/Krauß StUB 2022, 85 (89).
[854]   → 3. Aufl. 2013, § 277 Rn. 44; HKMS/Haferkorn/Diemers Rn. 281.
[855]   Vgl. Begr. RegE, BT-Drs. 18/4050, 67.
[856]   Vgl. Begr. RegE, BT-Drs. 18/4050, 67.
[857]   Vgl. Begr. RegE, BT-Drs. 18/4050, 67.
[858]   HKMS/Haferkorn/Diemers Rn. 281.
[859]   Vgl. für die Aufzählung mwN → 3. Aufl. 2013, § 277 Rn. 44.
[860]   BeBiKo/Grottel § 284 Rn. 272.
[861]   → 3. Aufl. 2013, § 277 Rn. 43.
[862]   BeBiKo/Grottel Rn. 915.

die Ausführungen erklärt, kommentiert und verdeutlicht werden.[863] Bezüglich der **Art** kann dabei auf die Ausführungen zu Nr. 3 verwiesen werden (→ Rn. 42). Im Unterschied zu Nr. 31 sollte eine zusammenfassende Angabe periodenfremder Erträge und Aufwendungen gleicher Art in Form eines **Gesamtbetrags** genügen. Dies lässt sich mit dem gegenüber Nr. 31 fehlenden Wort „jeweils" begründen.[864]

Wie in Nr. 31 sind auch in Nr. 32 Erträge und Aufwendungen nur angabepflichtig, **456** soweit sie nicht von **untergeordneter Bedeutung** sind (→ Rn. 450). Wie in Nr. 31 beurteilt sich die untergeordnete Bedeutung ebenfalls nur nach der Ertragslage, nicht nach der Vermögens- und Finanzlage.[865] Dies folgt aus der Parallelvorschrift für den Konzernanhang in § 314 Abs. 1 Nr. 24, die anders als Nr. 31 und 32 die untergeordnete Bedeutung ausdrücklich auf die Vermögens-, Finanz- und Ertragslage bezieht und damit eine weitergehende Angabepflicht als § 285 Nr. 32 normiert. Ausweislich der Gesetzesbegründung soll mit der Überführung der Regelung aus § 277 Abs. 4 S. 3 aF nach § 285 Nr. 32 keine inhaltliche Änderung erfolgen.[866]

XXXVIII. Angaben zu Vorgängen von besonderer Bedeutung, die nach dem Schluss des Geschäftsjahrs eingetreten sind und in Bilanz und GuV nicht berücksichtigt sind (Nr. 33)

1. Allgemeines. Die Angabepflicht nach Nr. 33 verlangt in Umsetzung von Art. 17 **457** Abs. 1 lit. q Bilanz-RL Angaben zu Vorgängen von besonderer Bedeutung, die nach Geschäftsjahresschluss eingetreten sind und weder in der Gewinn- und Verlustrechnung noch in der Bilanz berücksichtigt sind (sog. **Nachtragsbericht**[867]).[868] Die Angaben beziehen sich auf die Art und finanziellen Auswirkungen der Vorgänge. Der Nachtragsbericht war zuvor gem. § 289 Abs. 2 Nr. 1 aF Teil des Lageberichts und wurde mit dem BilRUG wegen der zwingenden Vorgabe als Anhangangabe in der neuen Bilanz-RL im Unterschied zur Vorgängervorschrift gem. Art. 46 Abs. 2 lit. a RL 78/660/EWG (4. EG-Richtlinie) in den Anhang verschoben. Im Gegensatz zu § 289 Abs. 2 Nr. 1 aF sind nunmehr konkrete Angaben zu Art und finanziellen Auswirkungen erforderlich. Im Gegenzug gibt es in Nr. 33 eine explizite Ausnahme für Angaben, die bereits in der Gewinn- und Verlustrechnung oder in der Bilanz berücksichtigt sind.[869]

Die Vorschrift dient dem **Zweck**, die Vermögens-, Finanz- und Ertragslage eines **458** Unternehmens in einem Geschäftsjahr vollständig und korrekt abzubilden (→ § 284 Rn. 10), auch wenn es sich um Vorgänge handelt, die nach dem Schluss des Geschäftsjahrs eintreten, aber die notwendige Beurteilungsgrundlage für das laufende Geschäftsjahr beeinflussen.[870] Die Angabepflicht gilt für alle **großen** und **mittelgroßen Kapitalgesellschaften** und Personenhandelsgesellschaften iSd § 264a. Angabepflichtig sind außerdem alle publizitätspflichtigen Unternehmen gem. § 3 Abs. 1 Nr. 3–5 PublG, § 5 Abs. 2a PublG sowie Kreditinstitute (§ 340a Abs. 1 iVm § 34 Abs. 1 S. 1 RechKredV) und Versicherungsunternehmen (§ 341a Abs. 1 iVm § 51 Abs. 1 S. 1 RechVersV). **Kleine Kapitalgesellschaften** und Personenhandelsgesellschaften iSd § 264a sind von der Angabepflicht befreit (§ 288 Abs. 1 Nr. 1).

2. Vorgänge von besonderer Bedeutung nach Schluss des Geschäftsjahres. Die **459** Berichtspflicht bezieht sich auf **Vorgänge,** die von **besonderer Bedeutung** sind. Unter Vorgängen sind alle **tatsächlich eingetretenen** Ereignisse und Entwicklungen[871] politi-

---

[863] BeBiKo/Grottel § 284 Rn. 42.
[864] BeBiKo/Grottel Rn. 922; HKMS/Haferkorn/Diemers Rn. 281.
[865] AA BeBiKo/Grottel Rn. 926; HKMS/Haferkorn/Diemers Rn. 282.
[866] Begr. RegE, BT-Drs. 18/4050, 67.
[867] MüKoHGB/Lange, 3. Aufl. 2013, § 289 Rn. 95.
[868] Zur Bedeutung im Zuge der Corona-Pandemie Zwirner/Vodermeier/Krauß StUB 2022, 85 (89).
[869] Begr. RegE, BT-Drs. 18/4050, 67.
[870] HKMS/Haferkorn/Diemers Rn. 284.
[871] ADS § 289 aF Rn. 100.

scher oder **wirtschaftlicher** Art[872] zu verstehen, also keine bloß in Aussicht gestellten oder geplanten Vorhaben. Erfasst sind für die Unternehmensentwicklung **günstige** ebenso wie **ungünstige** Vorgänge, wobei die Berichtspflicht für letztere umso strenger ist, desto negativer sich diese auf das Unternehmen auswirken können. Beispielhaft kann es sich dabei um erhebliche Schadensersatzansprüche, Schäden und Unglücksfälle, Abschluss und Beendigung von wichtigen Verträgen oder das Ende bedeutsamer Prozesse handeln.[873] Für die Rechnungslegung zum Stichtag 31.12.2019 sind die wirtschaftlichen Folgen aus der Covid19-Pandemie im Rahmen der Nachtragsberichterstattung zu berücksichtigen.[874]

460   Vorgänge sind von **besonderer Bedeutung,** wenn ihnen ein **erheblicher Einfluss** auf die wirtschaftliche Lage des Unternehmens zukommt.[875] Es kann sich sowohl um unternehmensinterne Vorgänge als auch um externe Ereignisse mit branchenweiter Bedeutung (etwa **geänderte Rahmenbedingungen**) handeln.[876] Maßgeblich sind stets die Auswirkungen auf das **konkrete berichtspflichtige Unternehmen.**[877]

461   **3. Art und Umfang der Angabepflicht. a) Sachliche Reichweite der Angabepflicht.** Die Angabepflicht erstreckt sich auf die **Art** und **finanziellen Auswirkungen** der Vorgänge. Während nach § 289 Abs. 2 Nr. 1 aF allgemeine Angaben genügten,[878] sind nun Erläuterungen im Einzelnen erforderlich.[879] Diese Angabepflicht bestand zuvor bereits nach **DRS 20.114** und wurde nun in Umsetzung des BilRUG auch gesetzlich verankert.[880] Die Einordnung der **Art** kann sich auf die Vorteile oder Risiken eines Vorgangs beziehen, bei Geschäften des Unternehmens auch auf den Vertragsgegenstand (dazu auch die Ausführungen zum wortgleichen Begriff in Nr. 3 → Rn. 42). Der Begriff der **finanziellen Auswirkungen** ist wie in Nr. 3 dahingehend zu interpretieren, dass nicht nur die **Finanzlage,** sondern auch die **Vermögens-** und **Ertragslage** betroffen sein können[881] (→ Rn. 41). Kann der Abschluss – etwa trotz der Auswirkungen der Covid-19-Pandemie (→ Rn. 459) – zwar (noch) zulässigerweise unter Zugrundelegung der Going Concern-Prämisse aufgestellt werden (§ 252 Abs. 1 Nr. 2 HGB), bestehen aber gleichwohl erhebliche Zweifel an der Fähigkeit des Unternehmens, die Unternehmenstätigkeit fortzuführen, existieren also bestandsgefährdende Risiken iSd IDW PS 270 nF, muss diese Tatsache ebenso wie der geplante Umgang mit diesen Risiken angegeben werden.[882]

462   **b) SZeitliche Reichweite der Angabepflicht.** Eine Pflicht zur **quantitativen Angabe** der finanziellen Auswirkungen kann aus Nr. 33 **nicht** gefolgert werden, da dies anderenfalls durch die Verwendung eines Begriffs – wie etwa „Gesamtbetrag" in Nr. 3a – hätte kenntlich gemacht werden müssen.[883] Auch DRS 20.114 fordert dies nicht.[884] Es genügen also grds. verbale Erläuterungen, aus denen die finanziellen Auswirkungen auf die Vermögens-, Finanz- und Ertragslage hinreichend deutlich werden.[885] Dennoch sollten nach Möglichkeit auch quantitative Angaben gemacht werden, um die Auswirkungen der Vorgänge zu verdeutlichen.[886] Werden aber sowohl positive als auch negative nachträgliche

---

[872]   BeBiKo/Grottel Rn. 935.
[873]   Zum Vorstehenden ADS § 289 aF Rn. 100 f.
[874]   Fachlicher Hinweis des IDW v. 4.3.2020 „Auswirkungen der Ausbreitung des Coronavirus auf die Rechnungslegung zum Stichtag 21.12.2019 und deren Prüfung, S. 2.
[875]   → 3. Aufl. 2013, § 289 Rn. 98.
[876]   BeBiKo/Grottel Rn. 936.
[877]   → 3. Aufl. 2013, § 289 Rn. 98; BeBiKo/Grottel Rn. 936.
[878]   BeBiKo/Grottel Rn. 941.
[879]   Begr. RegE, BT-Drs. 18/4050, 67.
[880]   Fink/Theile DB 2015, 753 (759); Rimmelspacher/Meyer DB-Beil. Heft 5/2015, 23 (29); BeBiKo/Grottel Rn. 941; HKMS/Haferkorn/Diemers Rn. 285.
[881]   HKMS/Haferkorn/Diemers Rn. 285.
[882]   Fachlicher Hinweis des IDW v. 4.3.2020 „Auswirkungen der Ausbreitung des Coronavirus auf die Rechnungslegung zum Stichtag 31.12.2019 und deren Prüfung", S. 3.
[883]   Rimmelspacher/Meyer DB-Beil. Heft 5/2015, 23 (29).
[884]   Fink/Theile DB 2015 753 (759); BeBiKo/Grottel Rn. 943; HKMS/Haferkorn/Diemers Rn. 285.
[885]   BeBiKo/Grottel Rn. 943; Rimmelspacher/Reitmeier WPg 2015, 1003 (1008).
[886]   BeBiKo/Grottel Rn. 943.

Entwicklungen nach Nr. 33 beschrieben, sollten bei quantitativer Darstellung der für das Unternehmen günstigen Umstände auch die nachteilhaften Vorgänge quantitativ beschrieben werden, um ein verfälschtes Bild zu vermeiden.

Angabepflichtig nach Nr. 33 sind nur Vorgänge, die **nach** dem **Bilanzstichtag** im **463** **folgenden Geschäftsjahr** eingetreten sind, also sog. **wertbegründende** Tatsachen.[887] Davon abzugrenzen sind die sog. **wertaufhellenden** Tatsachen, die sich auf Umstände beziehen, die zum Bilanzstichtag bereits vorgelegen haben, aber erst danach bekannt werden und schon gem. § 252 Abs. 1 Nr. 4 in den Jahresabschluss einfließen (→ § 252 Rn. 59). Diese Abgrenzung entspricht der Ausnahme in Nr. 33 für Vorgänge, die bereits in der Bilanz oder Gewinn- und Verlustrechnung berücksichtigt sind.[888] Erfasst werden nur Vorgänge, die **bis zur Aufstellung** des Jahresabschlusses bekannt werden.[889] Ausnahmsweise muss auch noch über Vorgänge zwischen Aufstellung und Feststellung des Jahresabschlusses durch die zuständigen Organe berichtet werden, wenn diese besonders wichtig für die wirtschaftliche Entwicklung sind.[890]

XXXIX. Angaben zum Vorschlag für die Verwendung des Ergebnisses oder zum Beschluss über seine Verwendung (Nr. 34)

1. Allgemeines. Die Pflicht zur Angabe des **Vorschlags** für die **Verwendung** des **464** **Jahresergebnisses** oder des **Beschlusses** über seine Verwendung im Anhang wurde in Umsetzung von Art. 17 Abs. 1 lit. o Bilanz-RL durch das BilRUG neu eingefügt. Diese Angaben waren zwar zuvor nicht Teil des Jahresabschlusses, waren aber nach § 325 Abs. 1 S. 3 aF im Bundesanzeiger offenzulegen. Im Anhang muss *alternativ* nur der Verwendungsvorschlag oder -beschluss angegeben werden. Doch werden die Anhangangaben in der Praxis regelmäßig gefordert sein, bevor die Verfahren zur Prüfung, Billigung oder Feststellung eingeleitet werden können und es zu einem Verwendungsbeschluss kommt,[891] so dass in diesen Fällen zwingend der Verwendungsvorschlag im Anhang anzugeben ist. Sobald der Verwendungsbeschluss vorliegt, muss er wie schon nach alter Rechtslage offengelegt werden, nun nach § 325 Abs. 1 lit. b S. 2. Damit ist der diesbezüglichen Informationspflicht des Unternehmens Genüge getan, eine Angabe im Anhang des Folgeabschlusses ist dann nicht mehr nötig.[892] Wenn ausnahmsweise der Beschluss über die Ergebnisverwendung zum Zeitpunkt der Aufstellung des Abschlusses bereits vorliegt, kann dieser in den Anhang aufgenommen werden, um die Pflicht aus Nr. 34 zu erfüllen.

Die Angabepflicht gilt für alle **mittelgroßen** und **großen Kapitalgesellschaften** **465** (§ 267 Abs. 1, 2) und Personenhandelsgesellschaften iSd § 264a, soweit sie jeweils gesetzlich dazu verpflichtet sind, über die Gewinnverwendung zu beschließen (s. etwa § 119 Abs. 1 Nr. 2 AktG, § 170 Abs. 2 AktG).[893] **Keine Angabepflicht** besteht für Unternehmen, die ohne gesetzliche Verpflichtung freiwillig oder aufgrund des Gesellschaftsvertrags über die Ergebnisverwendung beschließen. Naturgemäß entfällt sie ebenfalls, wo keine Gewinnverwendung beschlossen werden muss, etwa weil die Gesellschaft keinen Gewinn erzielt hat, bei Bestehen eines Ergebnisabführungsvertrags, in einer Personenhandelsgesellschaft mit gesetzlichem Normalstatut oder einer GmbH ohne Aufsichtsrat bzw. funktionsgleichem Beirat.[894] Angabepflichtig sind außerdem alle publizitätspflichtigen Unternehmen gem. § 3 Abs. 1 Nr. 3–5 PublG, § 5 Abs. 2 lit. a PublG sowie Kreditinstitute (§ 340a Abs. 1 iVm § 34

---

[887] MüKoBilR/Kleindiek § 289 Rn. 76; Rimmelspacher/Meyer DB-Beil. Heft 5/2015, 23 (29); BeBiKo/ Grottel Rn. 946; HKMS/Haferkorn/Diemers Rn. 284.
[888] Fink/Theile DB 2015, 753 (759).
[889] → 3. Aufl. 2013, § 289 Rn. 101.
[890] ADS § 289 aF Rn. 102; BeBiKo/Grottel Rn. 950.
[891] Begr. RegE, BT-Drs. 18/4050, 67; HKMS/Haferkorn/Diemers Rn. 287.
[892] Rimmelspacher/Meyer DB-Beil. Heft 5/2015, 23 (29); Rimmelspacher/Reitmeier WPg 2015, 1003 (1009); BeBiKo/Grottel Rn. 962.
[893] BeBiKo/Grottel Rn. 971; Rimmelspacher/Meyer DB-Beil. Heft 5/2015, 23 (30).
[894] BeBiKo/Grottel Rn. 972; HKMS/Haferkorn/Diemers Rn. 289 f.; Rimmelspacher/Meyer DB-Beil. Heft 5/2015, 23 (30).

Abs. 1 S. 1 RechKredV) und Versicherungsunternehmen (§ 341a Abs. 1 iVm § 51 Abs. 1 S. 1 RechVersV). **Kleine Kapitalgesellschaften** und Personenhandelsgesellschaften iSd § 264a sind von der Angabepflicht befreit (§ 288 Abs. 1 Nr. 1).

466   **2. Umfang der Angabepflicht.** Die Angabepflicht erfordert keine Darstellung des gesamten Verwendungsvorschlags (bzw. -beschlusses), sondern beschränkt sich ausdrücklich auf die **Ergebnisverwendung.**[895] Bei einem positiven Ergebnis sollte etwa dargestellt werden, zu welchen Teilen ausgeschüttet, in die Rücklagen eingestellt oder auf neue Rechnung vorgetragen werden soll.[896] Eine vorgeschlagene **Ausschüttung** ist nur in ihrer **Höhe** anzugeben, **Bezugsberechtigte** müssen **nicht** genannt werden. Aus den gleichen datenschutzrechtlichen Erwägungen kann eine Angabe unterbleiben, soweit dadurch die Bezüge einzelner natürlicher Personen – zB aus ihrer Stellung als GmbH-Alleingesellschafter – offengelegt würden.[897] Der Einsatz des Gewinns muss jedoch nur soweit angegeben werden, wie dies auch Gegenstand des Verwendungsbeschlusses ist. Soweit satzungsgemäß oder gesetzlich Rücklagen gebildet werden, braucht dies nicht angegeben zu werden.[898]

467   Soweit sich die Gewinnverwendung bereits aus dem Jahresabschluss ergibt, musste nach bisherigem Recht der Verwendungsbeschluss nicht separat offengelegt werden (§ 325 Abs. 1 S. 3 aF). Dies betraf etwa den Beschluss einer Vorausschüttung einer GmbH. Trotz Wegfalls dieser Regelung entspricht es dem Normzweck, eine Angabepflicht nur hinsichtlich des Ergebnisanteils anzunehmen, der sich nicht bereits in der Bilanz oder GuV ergibt. Auch andernfalls ergäbe sich kein zusätzlicher Informationsgehalt für den Normadressaten.[899]

XL. Auswirkungen der Covid19-Pandemie

468   Für die Rechnungslegung mit **Stichtag nach dem 31.12.2019** können sich aus der Covid-19-Pandemie vielfältige Angabepflichten ergeben.[900] Da die Folgen der Pandemie geeignet sind, im Einzelfall zu erheblichen wirtschaftlichen Beeinträchtigungen zu führen, die eine Anpassung der bisherigen Bilanzpolitik unter Umständen möglich und erforderlich macht, sind vor allem Abweichungen vom Grundsatz der Stetigkeit im Anhang anzugeben und zu begründen (§ 284 Abs. 2 Nr. 2). Werden jedoch aufgrund der Pandemie Ermessensentscheidungen anders als bisher ausgeübt, etwa im Hinblick auf die Bestimmung außerplanmäßiger Abschreibungen, handelt es sich hierbei nicht um angabepflichtige Abweichungen vom Grundsatz der Stetigkeit.[901]

469   Auswirkungen hat die Pandemie zudem vor allem auf diejenigen Angaben im Anhang, die die Beurteilung der Finanzlage betreffen, etwa § 285 Nr. 3 und Nr. 3a. Die durch die Covid-19-Pandemie negativ beeinflusste Liquiditätslage kann eine Neubeurteilung der Relevanz dieser Angaben auslösen (IDW 25.3.20).[902] Wird zulässigerweise auf die außerplanmäßige Abschreibung auf Finanzanlagen verzichtet, müssen die Gründe hierfür einschließlich der Anhaltspunkte angegeben werden, die darauf hindeuten, dass die Wertminderung voraussichtlich nicht von Dauer ist (§ 285 Nr. 18b).[903] Für nach § 268 Abs. 7 im Anhang ausgewiesene Verbindlichkeiten und Haftungsverhältnisse ist das Risiko der Inan-

---

[895]   Begr. RegE, BT-Drs. 18/4050, 67.

[896]   Rimmelspacher/Reitmeier WPg 2015, 1003 (1010).

[897]   Begr. RegE, BT-Drs. 18/4050, 67; HKMS/Haferkorn/Diemers Rn. 291; Rimmelspacher/Meyer DB-Beil. Heft 5/2015, 23 (30); Rimmelspacher/Reitmeier WPg 2015, 1003 (1009); vgl. auch zur Vorgängerregelung des § 325 Abs. 1 S. 4 aF → 3. Aufl. 2013, § 325 Rn. 46 ff.; aA wegen Streichung des § 325 Abs. 1 S. 4 aF BeBiKo/Grottel Rn. 973; Oser/Oser/Wirtz DB 2015, 197 (200).

[898]   Rimmelspacher/Meyer DB-Beil. Heft 5/2015, 23 (30).

[899]   Rimmelspacher/Meyer DB-Beil. Heft 5/2015, 23 (30); Rimmelspacher/Reitmeier WPg 2015, 1003 (1010); BeBiKo/Grottel Rn. 972.

[900]   Fachlicher Hinweis des IDW vom 25.3.2020 „Auswirkungen der Ausbreitung des Coronavirus auf die Rechnungslegung und deren Prüfung (Teil 2)", S. 4. S. auch Rimmelspacher/Kliem WPg 2020, 381 (386).

[901]   IDW RS HFA 38 Rn. 10, 18.

[902]   Kirsch BBP 2020, 105 (108).

[903]   Rimmelspacher/Kliem WPg 2020, 381 (384).

spruchnahme gem. § 285 Nr. 27 anzugeben und insbesondere darzulegen, ob und warum das Risiko der Inanspruchnahme so gering ist, dass die Aufnahme einer Schuld nicht geboten ist.[904]

Für die Rechnungslegung zum **Stichtag 31.12.2019** gilt im Zusammenhang mit den **470** wirtschaftlichen Folgen der Covid-19-Pandemie, dass diese als Ereignisse nach dem Schluss des Geschäftsjahres in der **Nachtragsberichterstattung** gem. § 285 Nr. 33 zu berücksichtigen sind, sofern es sich hierbei im konkreten Einzelfall um Vorgänge von besonderer Bedeutung handelt (→ Rn. 459, 461).

§ 286 Unterlassen von Angaben

(1) Die Berichterstattung hat insoweit zu unterbleiben, als es für das Wohl der Bundesrepublik Deutschland oder eines ihrer Länder erforderlich ist.

(2) Die Aufgliederung der Umsatzerlöse nach § 285 Nr. 4 kann unterbleiben, soweit die Aufgliederung nach vernünftiger kaufmännischer Beurteilung geeignet ist, der Kapitalgesellschaft einen erheblichen Nachteil zuzufügen; die Anwendung der Ausnahmeregelung ist im Anhang anzugeben.

(3) [1]Die Angaben nach § 285 Nr. 11 und 11b können unterbleiben, soweit sie
1. für die Darstellung der Vermögens-, Finanz- und Ertragslage der Kapitalgesellschaft nach § 264 Abs. 2 von untergeordneter Bedeutung sind oder
2. nach vernünftiger kaufmännischer Beurteilung geeignet sind, der Kapitalgesellschaft oder dem anderen Unternehmen einen erheblichen Nachteil zuzufügen.
[2]Die Angabe des Eigenkapitals und des Jahresergebnisses kann unterbleiben, wenn das Unternehmen, über das zu berichten ist, seinen Jahresabschluß nicht offenzulegen hat und die berichtende Kapitalgesellschaft keinen beherrschenden Einfluss auf das betreffende Unternehmen ausüben kann. [3]Satz 1 Nr. 2 ist nicht anzuwenden, wenn die Kapitalgesellschaft oder eines ihrer Tochterunternehmen (§ 290 Abs. 1 und 2) am Abschlussstichtag kapitalmarktorientiert im Sinn des § 264d ist. [4]Im Übrigen ist die Anwendung der Ausnahmeregelung nach Satz 1 Nr. 2 im Anhang anzugeben.

(4) Bei Gesellschaften, die keine börsennotierten Aktiengesellschaften sind, können die in § 285 Nr. 9 Buchstabe a und b verlangten Angaben über die Gesamtbezüge der dort bezeichneten Personen unterbleiben, wenn sich anhand dieser Angaben die Bezüge eines Mitglieds dieser Organe feststellen lassen.

Schrifttum: Baums, Zur Offenlegung von Vorstandsvergütungen, ZHR 169 (2005), 299; Bayer/Meier-Wehrsdorfer, Abfindungsleistungen an Manager, AG 2013, 477; Bernhards, Segmentberichterstattung in den Geschäftsbereichen deutscher Unternehmen – theoretische und empirische Ergebnisse, DStR 1995, 1361; Biener, Die Transformation der Mittelstands- und der GmbH & Co.-Richtlinie, WPg 1993, 707; Bischof/Oser, Frankfurt locuta, causa finita – Enforcement der Angabe der Vorstandsbezüge bei einem Alleinvorstand, BB 2012, 2615; Bitter/Grasshoff, Anwendungsprobleme des Kapitalgesellschaften- und Co.-Richtlinie-Gesetzes, DB 2000, 833; Döbel, Leitfaden für die Erstellung des Anhangs von Kapitalgesellschaften, BB 1987, 512; Favoccia/Stoll, Auswirkungen des Delistings auf den vorläufigen Rechtsschutz im Enforcement-Verfahren, NZG 2012, 1093; Feige/Ruffert, Zur Bedeutung der Ausnahmeregelung des § 286 Abs. 4 HGB – Möglichkeiten und Grenzen für eine Beschränkung von der Angabepflicht zu den Gesamtbezügen von Organmitgliedern nach § 285 Nr. 9a und b HGB, DB 1995, 637; Habersack, Vorstands- und Aufsichtsratsvergütung – Grundsatz- und Anwendungsfragen im Lichte der Aktionärsrechterichtlinie, NZG 2018, 127; Hoffmann, Anmerkungen über den Grundsatz der Wesentlichkeit im Anhang, BB 1986, 1050; van Kann, Das neue Gesetz über die Offenlegung von Vorstandsvergütungen, DStR 2005, 1496; Kempter, Zum Recht des Vorstands, keine Angaben über die Gesamtbezüge der Organe der Gesellschaft zu machen, BB 1996, 419; Klatte, Möglichkeiten des Verzichts auf Angabe von Organbezügen und Ergebnisverwendung, BB 1995, 35; Kling, Argumente für den Verzicht auf Angabe von Organbezügen, BB 1995, 349; Kropp/Sauerwein, Bedeutung des Aufstellungszeitpunkts für die Rückwirkung der neuen Größenklassenkriterien des § 267

---

[904] Kirsch BBP 2020, 105 (108) mit Verweis auf IDW 25.3.20, Abschnitt 3.2.5.

HGB – zugleich ein Beitrag zur Abgrenzung der Aufstellung von der Feststellung des Jahresabschlusses, DStR 1995, 70; Leuering, Vorstands- und Aufsichtsratvergütung in der geänderten Aktionärsrechterichtlinie, NZG 2017, 646; Löw/Roggenbuck, Neue Publizitätsanforderungen zum Anteilsbesitz für den Jahresabschluss 1999, DB 1999, 2481; Lutter, Die Auslegung angeglichenen Rechts, JZ 1992, 593; Luttermann, Das Kapitalgesellschaften- und Co.-Richtlinie-Gesetz. Europarecht, Unternehmenspublizität und internationale Rechnungslegung, ZIP 2000, 517; Müller, Die Änderungen im HGB und die Neuregelung der Sachdividende durch das Transparenz- und Publizitätsgesetz, NZG 2002, 752; Niessen, Zu den jüngsten Entwicklungen des Bilanzrechts der Europäischen Gemeinschaft, WPg 1991, 193; Ossadnik, Wesentlichkeit als Bestimmungsfaktor für Angabepflichten in Jahresabschluss und Lagebericht, BB 1993, 1763; Pfitzer/Wirth, Die Änderungen des Handelsgesetzbuches – Umsetzung der Mittelstandsrichtlinie, DB 1994, 1937; Scheffler, Neue Vorschriften zur Rechnungslegung, Prüfung und Offenlegung nach dem Kapitalgesellschaften- & Co.-Richtlinie-Gesetz, DStR 2000, 529; Schellein, Neue EG-Vorschläge für Mittelstand und Kapitalgesellschaft & Co., WPg 1990, 529; Schülen, Die Aufstellung des Anhangs, WPg 1987, 223; Schulte, Inhalt und Gliederung des Anhangs. Zugleich ein Gegenvorschlag zu Selchert/Karsten, BB 1986, 1468; Selchert, Die Aufgliederung der Umsatzerlöse gem. § 285 Nr. 4 HGB, BB 1986, 560; Selchert/Karsten, Inhalt und Gliederung des Anhangs. Ein Gestaltungsvorschlag, BB 1985, 1889; Spindler, Das Gesetz über die Offenlegung von Vorstandsvergütungen – VorstOG, NZG 2005, 689; Streim/Klaus, Zur Rechnungslegung, Prüfung und Publizität der GmbH & Co. KG. Die Folgen der GmbH & Co.- und Mittelstandsrichtlinie, BB 1994, 1109; Strobel, Die Neuerungen des KapCoRiLiG für den Einzel- und den Konzernabschluss, DB 2000, 53; Theile, Neuerungen bei der GmbH durch das Transparenz- und Publizitätsgesetz – TransPuG, GmbHR 2002, 231; Thüsing, Das Gesetz über die Offenlegung von Vorstandsvergütungen, ZIP 2005, 1389; Wansleben/Bungert, Umsetzung der überarbeiteten Aktionärsrechterichtlinie in das deutsche Recht: Say on Pay und Related Party Transactions DB 2017, 1190; Zimmer/Eckhold, Das Kapitalgesellschaften- & Co.-Richtlinie-Gesetz, NJW 2000, 1361; Zimmermann, Zur Anwendung der Schutzklausel im Rahmen der Segmentberichterstattung im Einzel- und Konzernabschluss, DStR 1998, 1974; Zülch/Hoffmann Zur Angabe der Vorstandsbezüge des Alleinvorstands einer börsennotierten AG, StuB 2013, 134.

Übersicht

I. Einführung

1. Normzweck. § 286 enthält ergänzende Vorschriften, nach denen die Berichterstat- 1
tungspflicht für den Anhang eingeschränkt wird. In bestimmten Ausnahmefällen müssen
danach die an sich gesetzlich vorgeschriebenen Angaben im Anhang unterbleiben (**Abs. 1**)
bzw. können weggelassen werden (**Abs. 2–4**). Abs. 1 stellt eine allgemeine Schutzklausel
dar, die der Wahrung des Gemeinwohlinteresses dient und die zwingend zu beachten ist.
Abs. 2 räumt der Gesellschaft die Möglichkeit ein, die nach § 285 Nr. 4 vorgeschriebene
Aufgliederung der Umsatzerlöse zu unterlassen. **Abs. 3** ermöglicht ein Abweichen von
den Pflichtangaben nach § 285 Nr. 11, 11b. Die Ausnahmeregelung des **Abs. 4** lässt ein
Abweichen von den Pflichtangaben nach § 285 Nr. 9 lit. a, b zu. Eine allgemeine Schutz-
klausel, nach der Angaben stets unterlassen werden können, wenn ihre Veröffentlichung zu
erheblichen Nachteilen für die berichtende Gesellschaft führt, kennt das HGB nicht. Die
Ausnahmevorschrift des § 286 ist vor dem Hintergrund geschaffen worden, dass die vom
Gesetz verlangten Angaben zT sehr weitgehend sind und dem Unternehmen oder Dritten
Schaden zufügen können.

Bezüglich der **Systematik** des § 286 ist zu beachten, dass Abs. 1 den Ermessensvor- 2
schriften der Abs. 2–4 vorgelagert ist. **Abs. 1** stellt eine **zwingende Verpflichtung** dar,
während es sich bei den Befreiungen nach den **Abs. 2–4** um **Wahlrechte** handelt, die die
bilanzierende Gesellschaft nach pflichtgemäßem Ermessen ausüben kann. Greift Abs. 1 ein,
brauchen zu den Angaben nach § 285 Nr. 4, 9 lit. a, b bzw. 11, 11b keine weiteren Überlegungen angestellt zu werden, wenn die Schutzklausel des Abs. 1 auch diese Angaben erfasst.[1]
Abs. 5 schließlich setzt einen entsprechenden Beschluss der Hauptversammlung voraus.

2. Anwendungsgrundsätze. § 286 stellt eine Ausnahmevorschrift zu § 285 dar und 3
ist daher grds. **eng auszulegen.**[2] Dies gilt vor allem für Abs. 1; bei den Ermessensentscheidungen nach den Abs. 2–4 wird dies nicht immer möglich sein. Eine **analoge Anwendung**
auf andere Angabetatbestände der §§ 284, 285 ist nicht zulässig. Die einzelnen Tatbestände
der Abs. 1–5 ermöglichen das Unterlassen bestimmter Angaben; **falsche Angaben** dürfen
aber auch unter Berufung auf § 286 niemals gemacht werden.[3]

§ 286 ist nur auf den **Anhang** und nicht auch auf die Bilanz, die GuV oder den 4
Lagebericht anzuwenden, wie sich aus der Gesetzessystematik und aus dem mittelbaren
Bezug zur Berichterstattung im Anhang in den Abs. 2–5 ergibt.[4]

Werden aufgrund eines der in § 286 genannten Tatbestände einzelne Angaben unterlas- 5
sen, ist sicherzustellen, dass dadurch der Jahresabschluss und der Lagebericht nicht ein zu
günstiges Bild von der Lage der Gesellschaft abgeben. In außergewöhnlichen Fällen wird
gefordert, eine **ergänzende Berichterstattung** nach § 264 Abs. 2 vorzunehmen.[5] Dabei
ist aber stets zu beachten, dass vor allem bei der Schutzklausel des Abs. 1 keine Hinweise
auf einen schutzwürdigen Geheimhaltungsgegenstand offenbart werden dürfen.[6]

Bei der Ausübung des Ermessens im Rahmen der Anwendung der Schutzklauseln ist 6
der Grundsatz der **Ausweisstetigkeit** zu beachten. Eine unterschiedliche Handhabung des
§ 286 in aufeinander folgenden Jahresabschlüssen muss daher sachlich gerechtfertigt sein.

3. Anwendungsbereich. § 286 ist auf **alle Kapitalgesellschaften** und gem. § 5 7
Abs. 2 S. 2 PublG auch auf **publizitätspflichtige Unternehmen** anwendbar, die nicht in
der Rechtsform einer Personenhandelsgesellschaft oder des Einzelkaufmanns geführt werden. Die Norm gilt zudem für **Kreditinstitute** (§§ 340, 340a) und **Versicherungsunternehmen** (§§ 341, 341a). Sie ist schließlich auf freiwillige Anhänge anzuwenden. Das **Kap-**

---

[1]   Glade Praxishandbuch Rn. 5.
[2]   ADS Rn. 8; Staub/Meyer Rn. 4.
[3]   Staub/Meyer Rn. 4.
[4]   ADS Rn. 6; Beck HdR/Andrejewski B 40 Rn. 485.
[5]   ADS Rn. 8; EBJS/Böcking/Gros/Wirth Rn. 8; Wiedmann/Böcking/Gros Rn. 8. Vgl. ferner Scholz/
        Crezelius GmbHG Anh. § 42a Rn. 240.
[6]   ADS Rn. 17; BeBiKo/Grottel Rn. 13; Winnefeld Bilanz-HdB J XII Rn. 347; aA HuRB/Bleckmann
        468.

CoRiLiG hat den Anwendungsbereich des § 286 erweitert. Es gilt danach auch für OHG und KG, bei denen nicht wenigstens ein persönlich haftender Gesellschafter (1) eine natürliche Person oder (2) eine OHG, KG oder andere Personengesellschaft mit einer natürlichen Person als persönlich haftender Gesellschafter ist oder sich die Verbindung von Gesellschaften dieser Art fortsetzt (§ 264a Abs. 1).[7] Eine Befreiung von der Aufstellung des Jahresabschlusses im Sinne dieser Vorschrift ist unter den Voraussetzungen des § 264b möglich.[8] Die Vorschrift gilt auch für **Genossenschaften** (§ 336 Abs. 2).

8   Für die **Aktiengesellschaft** enthält § 160 Abs. 2 AktG eine mit Abs. 1 vergleichbare Vorschrift. Danach hat die Berichterstattung insoweit zu unterbleiben, als es für das Wohl der Bundesrepublik Deutschland oder eines ihrer Länder erforderlich ist. Der Gesetzgeber hat sich für die Doppelregelung entschieden, um auch die in § 160 AktG enthaltenen Angaben unter die Schutzklausel zu stellen. Die in Abs. 1 genannten Angaben dürfen auch nicht gegenüber einem Gesellschafter in der Gesellschafterversammlung bzw. der Hauptversammlung gemacht werden. Das Auskunftsverweigerungsrecht gem. § 131 Abs. 3 Nr. 5 AktG, § 51a Abs. 2 GmbHG verdichtet sich insoweit zu einer Auskunftsverweigerungspflicht.[9] In den Fällen der Abs. 2, 3 hingegen kann sich die Pflicht, Angaben zu unterlassen, allenfalls aus § 93 Abs. 1 AktG ergeben; außerdem gewähren § 131 Abs. 3 AktG, § 51a GmbHG ein Recht zur Auskunftsverweigerung in der Hauptversammlung.[10] Die Befreiung von der Angabepflicht nach § 285 Nr. 9 lit. a, b über die Gesamtbezüge der dort genannten Personen gilt nur für die nicht börsennotierte AG (Abs. 4).

9   **4. Entstehungsgeschichte.** Die Regelung in **Abs. 1,** wonach Angaben zu unterlassen sind, wenn dies für das Wohl der Bundesrepublik Deutschland oder eines ihrer Länder erforderlich ist, findet in der **4. EG-Richtlinie** (RL 78/660/EWG) keine Entsprechung. Sie stellt originäres deutsches Recht dar und geht im Wesentlichen auf § 160 Abs. 4 S. 2 AktG aF zurück.[11] Da die Richtlinie keine Grundlage für eine solche Einschränkung der Berichterstattungspflicht kennt, wird die Vereinbarkeit des Abs. 1 mit dem europäischen Recht in Zweifel gezogen.[12]

10   Mit dem **BilRUG** hat der deutsche Gesetzgeber **Abs. 2** an Art. 18 Abs. 2 iVm Abs. 1 lit. a Bilanz-RL angepasst. Der deutsche Gesetzgeber hat indes davon abgesehen, die Inanspruchnahme der Ausnahme von einer vorherigen Zustimmung einer Verwaltungsbehörde oder eines Gerichts abhängig zu machen. Art. 18 Abs. 2 S. 3 Bilanz-RL verlangt, dass das **Unterlassen der Angaben** in Ausübung des gewährten Wahlrechts im Anhang zu erwähnen ist. Etwas anderes gilt im Falle des Abs. 1: Da die Schutzklausel des Abs. 1 originär deutsches Recht ist und hier die Berichterstattung zwingend zu unterbleiben hat, darf das Gebrauchmachen von Abs. 1 nicht offenbart werden.[13] Ansonsten könnte der Hinweis die Aufmerksamkeit auf den Schutzgegenstand lenken.

11   Gemäß **Abs. 3** können Angaben zum Anteilsbesitz (§ 285 Nr. 11, Nr. 11b) unterlassen werden. Diese Regelung geht auf Art. 17 Abs. 1 lit. g UAbs. 2 S. 2 Bilanz-RL zurück. Die Anwendung der Ausnahmeregelung nach Abs. 3 S. 1 Nr. 2 ist im Anhang anzugeben (Abs. 3 S. 4). Die Möglichkeit, die Angaben nach § 285 Nr. 11a zu unterlassen, ist durch das BilRUG nicht mehr möglich, da die diesbezüglichen Angabepflichten nach Art. 17 Abs. 1 lit. f UAbs. 1 Bilanz-RL keine Ausnahme mehr zulassen. Die Einschränkung für kapitalmarktorientierte Unternehmen in Abs. 3 S. 3 ist durch das TransPuG geschaffen worden (BGBl. 2002 I 2681).

12   **Abs. 4** wurde durch Art. 2 Nr. 5 Gesetz zur Änderung des **D-Markbilanzgesetzes** und anderer handelsrechtlicher Bestimmungen vom 25.7.1994 (BGBl. 1994 I 1682, 1686)

---

[7]   Scheffler DStR 2000, 529 (531); Strobel DB 2000, 53 (55).
[8]   Bitter/Grashoff DB 2000, 833; Luttermann ZIP 2000, 517 (525); Zimmer/Eckhold NJW 2000, 1361 (1362).
[9]   BeckOGK/Kessler Rn. 5. S. allgemein hierzu BeckOGK/Poelzig AktG § 131 Rn. 153.
[10]   Vgl. BGHZ 36, 121 (131) = NJW 1962, 104.
[11]   Zur EG-rechtlichen Zulässigkeit vgl. HuRB/Bleckmann 461, 469.
[12]   Staub/Meyer Rn. 2.
[13]   Hopt/Merkt Rn. 1; Beck HdR/Andrejewski B 40 Rn. 486; Winnefeld Bilanz-HdB J XII Rn. 347.

in § 286 eingefügt. Dadurch hat der deutsche Gesetzgeber von dem Wahlrecht der Mitgliedstaaten gem. Art. 4 der Mittelstands-RL[14] Gebrauch gemacht. Über **Abs. 4** gilt die nach § 288 Abs. 1 grds. auf kleine Kapitalgesellschaften beschränkte Befreiung von der Angabepflicht gem. § 285 Nr. 9 lit. a, b auch für mittelgroße und große Kapitalgesellschaften, wenn sich anhand der Angaben die Bezüge einer bestimmten Person feststellen lassen würden. Diese Regelung war aus Gründen des Datenschutzes notwendig geworden, da die Höhe der Bezüge einer Person zu den geschützten Daten gehört.[15] § 286 wurde durch das **BilReG** redaktionell überarbeitet. Das **VorstOG** hat die Befreiungsmöglichkeiten von der Angabepflicht des § 285 Nr. 9 lit. a, b bezüglich der Gesamtbezüge der dort bezeichneten Personen für die börsennotierte AG neu geregelt **(Abs. 5).**

Durch das **BilMoG** hat § 286 lediglich geringfügige Änderungen erfahren. Es handelt   **13** sich zum einen um redaktionelle Anpassungen an die Neuformulierung des § 285, der in seiner neuen Fassung nur noch aus einem Satz besteht. Eine sachliche Änderung betrifft § 286 Abs. 3 S. 3, ohne dass damit aber eine inhaltliche Neuausrichtung der Regelung verbunden wäre.[16] Die Änderung folgt aus der Legaldefinition des Begriffs „kapitalmarktorientiert" in § 264d und soll die Vorschrift verkürzen und ihre Lesbarkeit verbessern.[17] Durch das **BilRUG** wurde neben Folgeänderungen aus § 285 und leichten sprachlichen Änderungen der Umfang der Ausnahmeregelungen leicht verringert. So besteht nach § 286 Abs. 2 keine Ausnahmemöglichkeit mehr, soweit einem Unternehmen, an dem der die Kapitalgesellschaft mit mindestens einem Fünftel beteiligt ist, durch die Angabe ein erheblicher Nachteil droht. In Abs. 3 S. 1 ist keine Freistellung von § 285 Nr. 11a mehr vorgesehen; die Ausnahme von § 285 Nr. 11, 11b nach Abs. 3 S. 2 gilt nun nicht mehr, soweit das berichtende Unternehmen einen beherrschenden Einfluss auf das Unternehmen ausübt, an dem es beteiligt ist.

Mit der Aufhebung von § 285 Nr. 9 lit. a S. 5–8 und Überleitung der S. 5–7 in den   **14** neu geschaffenen § 162 Abs. 2 AktG durch des Gesetz zur Umsetzung der zweiten Aktionärsrechterichtlinie (RL (EU) 2017/828) vom 12.12.2019 **(ARUG II)** findet § 286 Abs. 5 kein aktienrechtliches Äquivalent mehr, sondern wird ersatzlos gestrichen, wenngleich dies die RL (EU) 2017/828 für die originär bundesrechtliche Publizitätspflicht aus § 285 Nr. 9 lit. a S. 5–8 bzw. § 162 Abs. 2 AktG nicht zwingend fordert.[18] Zur ausführlichen Kommentierung von § 286 Abs. 5 aF → 3. Aufl. 2013, § 286 Rn. 73 ff.

II. Die Schutzklausel (Abs. 1)

1. Allgemeines. Die Berichterstattung im Anhang muss nach Abs. 1 unterbleiben,   **15** wenn dies für das Wohl der Bundesrepublik Deutschland oder eines ihrer Länder erforderlich ist. Die Schutzklausel regelt den **Zielkonflikt** zwischen den Forderungen einer getreuen Rechnungslegung und dem übergeordneten öffentlichen Interesse an der Geheimhaltung bestimmter Angaben. Ist das Wohl des Bundes oder eines der Länder berührt, muss weiter untersucht werden, ob und inwieweit ein Verzicht auf die Angaben „erforderlich" ist. Es kommt auf die Notwendigkeit der Nichtveröffentlichung für das Allgemeinwohl an.

Aus dem Wortlaut ergibt sich, dass die Anwendung der Schutzklausel nicht auf   **16** bestimmte Angabe- oder Berichtspflichten beschränkt ist; vielmehr bezieht sich Abs. 1 auf **alle einzelnen Angaben im Anhang.** Die Verpflichtung in **Abs. 1,** Angaben im Anhang zu unterlassen, wenn die gesetzlichen Voraussetzungen gegeben sind, erstreckt sich auf **alle Tatbestände,** die an sich zu einer Angabe im Anhang führen. Es spielt keine Rolle, ob sich die Angabepflicht aus den § 284 Abs. 2, § 285 oder aus anderen Vorschriften des Geset-

---

[14]   Richtlinie 90/604/EWG des Rates v. 8.11.1990 zur Änderung der Richtlinie 78/660/EWG über den Jahresabschluß und der Richtlinie 83/349/EWG über den konsolidierten Abschluß hinsichtlich der Ausnahme für kleine und mittlere Gesellschaften sowie der Offenlegung von Abschlüßen in Ecu, ABl. EG L317, 57.
[15]   BT-Drs. 12/7912, 23.
[16]   Petersen/Zwirner/Waschbusch BilMoG S. 513.
[17]   Begr. RegE BilMoG, BT-Drs. 16/10067, 75.
[18]   Vgl. RegE ARUG II, BT-Drs. 19/9739, 119.

zes ergibt. Widersprechen freiwillige Angaben der Zielrichtung der Schutzklausel des Abs. 1, dürfen sie ebenfalls nicht aufgenommen werden.

17   Nach teilweise vertretener Auffassung ist auch unerheblich, ob es sich um eine Pflichtangabe oder um eine Angabe aufgrund eines **Ausweiswahlrechts** handelt.[19] Dem ist entgegenzuhalten, dass die Schutzklausel sich nicht auf Ausweiswahlrechte, also auf Angaben beziehen kann, die wahlweise entweder in der Bilanz und GuV oder im Anhang gemacht werden dürfen. Wäre dies der Fall, hinge die Anwendung der Schutzklausel davon ab, ob von dem Wahlrecht zugunsten des Anhangs Gebrauch gemacht wurde oder nicht.[20] Dadurch würde der Inhalt von Bilanz und GuV unter den Vorbehalt der Schutzklausel gestellt.

18   Auf den **Willen** der Geschäftsleitung zur Berichterstattung kommt es nicht an. Nach dem Wortlaut des Abs. 1 hat die Berichterstattung zu unterbleiben, so dass dem Unternehmen **kein Ermessensspielraum** zusteht. Liegen die Gründe des öffentlichen Wohls nicht vor, haben die Angaben zu erfolgen. Liegen umgekehrt die Voraussetzungen der Schutzklausel vor, besteht eine Pflicht zur Unterlassung der Berichterstattung, da die Schutzklausel **Gebotscharakter** hat.[21]

19   Darüber hinaus steht dem Vorstand bzw. der Geschäftsführung auch **kein Beurteilungsspielraum** bei der Frage zu, ob die Unterlassung der Angabe für das Wohl der Bundesrepublik Deutschland oder eines ihrer Länder erforderlich ist.[22] Dies gilt vor allem für solche Fallgruppen, bei denen ein **Spielraum** praktisch nicht vorhanden ist, so zum Beispiel, wenn im Falle der Offenlegung ein Straftatbestand erfüllt sein würde oder sich das Unternehmen zum Schweigen verpflichtet hat.[23] Es ist stets nach objektiven Kriterien abzuwägen zwischen dem **Maße** der Beeinträchtigung des Interesses der Adressaten des Jahresabschlusses daran, einen möglichst sicheren Einblick in die Vermögens-, Finanz- und Ertragslage des Unternehmens zu erhalten, und dem **Grad** des Geheimhaltungsbedürfnisses. Eine **Güterabwägung** zwischen beiden **Interessen** ist hingegen nicht zulässig, da das Gesetz im Falle der **Erforderlichkeit** der Geheimhaltung diese für vorrangig hält.[24] Es ist in diesem Zusammenhang zu beachten, dass es sich bei der Schutzklausel um einen Ausnahmetatbestand handelt, der grds. eng auszulegen ist.[25]

20   **2. Einzelne Fallgruppen.** Die Vorschrift steht zunächst im Einklang mit den §§ 94 f. StGB, die **Landesverrat** und die **Offenbarung von Staatsgeheimnissen** unter Strafe stellen. Nach Abs. 1 muss die Berichterstattung unterbleiben, soweit dies aus Gründen des Wohls der Allgemeinheit erforderlich ist. Das Verbot nach Abs. 1 gilt daher vor allem für Fälle, in denen durch die Veröffentlichung Staatsgeheimnisse offenbart würden.

21   Das Wohl des Staates ist regelmäßig auch dann berührt, wenn das Unternehmen im Interesse der Sicherheit des Staates ausdrücklich **zum Stillschweigen verpflichtet** ist. Vertraglich vereinbarte Verschwiegenheitspflichten sind daher zu beachten, wenn sie hoheitliche Interessen berühren. Dies gilt vor allem für Rechtsgeschäfte mit der öffentlichen Hand, die staatspolitische Bedeutung haben oder **Rüstungsgüter** betreffen. Darüber hinaus ist über alle Sachverhalte Stillschweigen zu bewahren, deren Veröffentlichung für die Allgemeinheit von erheblichem Nachteil wäre. Hierzu gehören vor allem öffentliche Aufträge in den Bereichen **innere und äußere Sicherheit** oder **Forschungsprojekte.**[26]

---

[19]   ADS Rn. 6; Beck HdR/Andrejewski B 40 Rn. 485; BeBiKo/Grottel Rn. 1.

[20]   Staub/Meyer Rn. 6; Kölner Komm RechnungslegungsR/Peters Rn. 11; HKMS/Haferkorn/Diemers Rn. 11. Wohl auch HdJ/Kupsch Abt. IV/4 Rn. 55, wonach Wahlpflichtangaben idR nicht unter die Schweigepflicht fallen.

[21]   Staub/Meyer Rn. 5; ADS Rn. 10; Kölner Komm RechnungslegungsR/Peters Rn. 14; HKMS/Haferkorn/Diemers Rn. 14.

[22]   Staub/Meyer Rn. 5; aA jedenfalls für die Frage, ob hoheitliche Belange beeinträchtigt sind: ADS Rn. 10; Kölner Komm RechnungslegungsR/Peters Rn. 14; HKMS/Haferkorn/Diemers Rn. 14.

[23]   Heymann/Herrmann Rn. 1. ADS Rn. 10 hingegen sehen keine Einschränkung des Ermessensspielraums.

[24]   BeckOGK/Kessler Rn. 8; Kölner Komm RechnungslegungsR/Peters Rn. 14; HKMS/Haferkorn/Diemers Rn. 14; Schülen WPg 1987, 223 (230); Winnefeld Bilanz-HdB J XII Rn. 346.

[25]   Kölner Komm RechnungslegungsR/Peters Rn. 11; HKMS/Haferkorn/Diemers Rn. 11; Schülen WPg 1987, 223 (230); Schulte BB 1986, 1468 (1470); Selchert/Karsten BB 1985, 1889 (1890).

[26]   ADS Rn. 14; Winnefeld Bilanz-HdB J XII Rn. 346.

Da nur das Wohl der Bundesrepublik Deutschland oder eines ihrer Länder genannt **22** wird, reichen Gründe **kommunalen Wohls** nicht aus. Auch andere öffentlich-rechtliche Gebietskörperschaften oder Anstalten sind nicht geschützt.[27]

Mit dem Kriterium des Wohls der Bundesrepublik Deutschland oder eines ihrer Länder **23** werden staatliche von **reinen Privatinteressen** abgegrenzt. Wirtschaftliche Interessen einzelner Unternehmen reichen für die Schutzklausel nicht aus. Kein Grund iSv Abs. 1 ist dementsprechend die schlechte wirtschaftliche Lage eines Unternehmens, an dem der Bund oder ein Land maßgeblich beteiligt ist. Das Gleiche gilt, wenn dieses Unternehmen einen erheblichen Verlust hinnehmen muss.[28]

3. Keine Berichtspflicht. Wird die Schutzklausel in Anspruch genommen, darf hier- **24** über nicht berichtet werden. Dies folgt zum einen aus einem Vergleich mit Abs. 3 S. 4, wonach ausdrücklich die Anwendung der Ausnahmeklausel gem. Abs. 3 S. 1 Nr. 2 im Anhang anzugeben ist.[29] Für die Schutzklausel gem. Abs. 1 fehlt eine solche ausdrückliche Anordnung der Berichtspflicht. Zum anderen ergibt sich ein entsprechendes Verbot auch aus der Verpflichtung zu einem möglichst umfassenden **Geheimhaltungsschutz.** Dieser Zweck der Vorschrift kann nur erreicht werden, wenn das Vorhandensein eines ansonsten berichtspflichtigen Sachverhalts überhaupt nicht erkennbar wird. Das Unternehmen hat sich daher jeglichen Hinweises auf die Anwendung der Schutzklausel zu enthalten.

III. Unterlassen der Aufgliederung der Umsatzerlöse (Abs. 2)

1. Allgemeines. Nach § 285 Nr. 4 müssen die Umsatzerlöse nach Tätigkeitsbereichen **25** und geographisch bestimmten Märkten aufgegliedert werden, soweit sie sich erheblich voneinander unterscheiden (→ § 285 Rn. 89 ff.). Die Angabepflicht betrifft lediglich **große Kapitalgesellschaften** bzw. Personenhandelsgesellschaften iSd § 264a, denn kleine und mittelgroße Gesellschaften sind nach § 288 Abs. 1 und 2 jeweils von der Angabepflicht gem. § 285 Nr. 4 befreit.

Von der Verpflichtung gem. § 285 Nr. 4 kann unter den Voraussetzungen des **Abs. 2** **26** **abgewichen werden.** Danach kann die Aufgliederung unterbleiben, wenn die Umsatzaufgliederung nach vernünftiger kaufmännischer Beurteilung geeignet ist, der Gesellschaft einen erheblichen Nachteil zuzufügen. Durch das **BilRUG** gestrichen wurde ein gleichartiges Ausnahmerecht für den Fall, dass der Nachteil ein Unternehmen trifft, an dem die Gesellschaft mindestens 20% der Anteile besitzt; ein solches findet keine Grundlage mehr in Art. 18 Abs. 2 S. 1 der neugefassten Bilanz-RL.[30]

Diese Ausnahmeregelung soll Betriebsgeheimnisse schützen helfen.[31] Für den Zweck **27** der Angabepflicht gem. § 285 Nr. 4 ist die Ausnahmeregelung des Abs. 2 indes kontraproduktiv.[32] Gesellschafter, Gläubiger, Arbeitnehmer und die interessierte Öffentlichkeit werden im Falle des Abs. 2 über wichtige Bereiche nicht informiert. Andererseits ist die Offenlegung aber kein Selbstzweck, sie darf insbesondere dem Unternehmen keinen Schaden zufügen. Die Ausnahmeregelung des Abs. 2 soll vor allem der **Abwehr von Nachteilen** für die Gesellschaft dienen, die etwa durch die mittelbare Weitergabe von Informationen an die Konkurrenz entstehen. Wegen der strengen Voraussetzungen des Abs. 2 hat diese Befreiungsmöglichkeit in der Praxis aber offenbar keine große Bedeutung.[33]

---

27 Staub/Meyer Rn. 7; BeBiKo/Grottel Rn. 11.
28 ADS Rn. 16; GK-HGB/Lezius Rn. 3; EBJS/Böcking/Gros/Wirth Rn. 3; Wiedmann/Böcking/Gros Rn. 3. Teilweise anders aber HuRB/Bleckmann 461, 462 f.
29 ADS Rn. 17; BeBiKo/Grottel Rn. 13; Heymann/Herrmann Rn. 6; Kölner Komm RechnungslegungsR/Peters Rn. 15; HKMS/Haferkorn/Diemers Rn. 15; Schülen WPg 1987, 223 (230); EBJS/Böcking/Gros/Wirth Rn. 4; Wiedmann/Böcking/Gros Rn. 4; Zimmermann DStR 1998, 1974.
30 Begr. RegE BilRUG, BT-Drs. 18/4050, 68.
31 BeckOGK/Kessler Rn. 12; Kölner Komm RechnungslegungsR/Peters Rn. 17; HKMS/Haferkorn/Diemers Rn. 16.
32 So ausdrücklich HuRB/Flämig S. 141, 148.
33 Ossadnik BB 1993, 1763 (1765 f.).

28   **2. Voraussetzungen. a) Erheblicher Nachteil.** Das Gesetz lässt die bloße Eignung zur Nachteilszufügung ausreichen. Sie muss aber sehr **wahrscheinlich** sein und **plausibel** erscheinen; eine vage Möglichkeit reicht ebenso wenig aus wie der bloße Wunsch der Unternehmensführung nach Geheimhaltung.[34] Dazu stellt das Gesetz auf die vernünftige kaufmännische Beurteilung ab. Soll von der Ausnahmeregelung Gebrauch gemacht werden, muss für jede der beiden angabepflichtigen Umsatzaufgliederungen – Tätigkeitsgebiete, geographische Märkte – getrennt geprüft werden, ob die Voraussetzungen vorliegen. Liegen die Voraussetzungen für das Weglassen nur einer Aufgliederung vor, muss die Aufgliederung nach dem anderen Kriterium im Anhang erfolgen.[35]

29   Da das Gesetz vom **Nachteil** und nicht vom engeren Schadensbegriff ausgeht, kann ein Nachteil in jeder ungünstigen Folge liegen. Die Schutzklausel ist vor allem zur Wahrung von Betriebsgeheimnissen gedacht. Nachteile sind ferner eine nachhaltige Schwächung der Marktposition gegenüber Lieferanten oder Kunden sowie die Verringerung der Wettbewerbsfähigkeit. Sie liegen zudem in einem negativen Ansehen des Unternehmens in der Öffentlichkeit. Auch drohende Umsatzrückgänge oder Probleme mit neuen Produkten können einen Nachteil darstellen.[36] Für den Nachteilsbegriff kann es ausreichend sein, wenn zukünftige Geschäftsbeziehungen betroffen sind. Der bloße Wunsch der Gesellschaft, die Umsatzsegmente geheim zu halten, reicht nicht aus. Im Rahmen der Aufgliederung der Umsatzerlöse wird ein Nachteil nur anzunehmen sein, wenn aus der Angabe Rückschlüsse auf die Marktstellung der berichtenden Gesellschaft gezogen werden können. Ein Nachteil kann zudem in der Beeinträchtigung der geschäftlichen Beziehungen zu bestimmten Ländern aufgrund von Informationen über Lieferungen in Feindstaaten liegen.

30   Der Nachteil muss **objektiv überprüfbar** sein und darf nicht nur theoretisch bestehen. Es muss ein fühlbarer, konkreter, geschäftlicher Schaden drohen; eine Quantifizierung oder eine Messbarkeit ist hingegen nicht erforderlich.[37] Sind die in den Angaben enthaltenen Informationen den Adressaten bereits bekannt, sind sie zur Nachteilszufügung regelmäßig nicht geeignet.

31   Das Gesetz verlangt für das Unterlassen der Angaben einen **erheblichen** Nachteil und konkretisiert so den **Wesentlichkeitsgrundsatz.**[38] Geringe Nachteile hat die Gesellschaft hinzunehmen; sie dürfen nicht zur Anwendung der Ausnahmeregelung herhalten. Erheblichkeit ist zu bejahen, wenn der Nachteil von einigem Gewicht ist bzw. für das Unternehmen spürbar ist. Wiederum ist zu differenzieren, ob der Nachteil aus der Aufgliederung nach dem einen oder nach dem anderen Gesichtspunkt zu erwarten ist.

32   Liegt ein Nachteil vor, muss nicht weiter geprüft werden, ob andere **Vorteile** der Aufgliederung den Nachteil **kompensieren.** Eine Ausnahme wird man nur für den Fall machen, dass Vor- und Nachteil so eng zusammenhängen, dass von einem isolierten Nachteil nicht gesprochen werden kann.[39]

33   **b) Adressaten.** Der Nachteil muss die berichtende Gesellschaft selbst treffen.

34   **c) Ermessen.** Die Anwendung des Abs. 2 steht im pflichtgemäßen Ermessen der Geschäftsleitung der Gesellschaft.[40] Ob die Voraussetzungen vorliegen, ist anhand einer **vernünftigen kaufmännischen Beurteilung** festzustellen. Soll von der Ausnahmeregelung Gebrauch gemacht werden, muss das Unternehmen nach pflichtgemäßem Ermessen zwischen seinem schutzwürdigen Eigeninteresse und dem Interesse der Adressaten des Jahresabschlusses an möglichst umfangreichen Informationen abwägen. Dabei ist ein objektiver

---

[34]   ADS Rn. 25; HuRB/Flämig S. 141, 150 f.; EBJS/Böcking/Gros/Wirth Rn. 6; Wiedmann/Böcking/ Gros Rn. 6. Selchert BB 1986, 560 (564) lässt die Möglichkeit einer Nachteilszufügung genügen.

[35]   ADS Rn. 22; BeBiKo/Grottel Rn. 22; GK-HGB/Lezius Rn. 5.

[36]   ADS Rn. 23; Kölner Komm RechnungslegungsR/Peters Rn. 18; Selchert BB 1986, 560 (564).

[37]   HdR/Oser/Holzwarth §§ 284–288 Rn. 194; Hopt/Merkt Rn. 2; Kölner Komm RechnungslegungsR/ Peters Rn. 18; Selchert BB 1986, 560 (564).

[38]   Hoffmann BB 1986, 1050 (1053 f.).

[39]   HdR/Oser/Holzwarth §§ 284–288 Rn. 196.

[40]   ADS Rn. 19; HuRB/Flämig 141, 152; Staub/Meyer Rn. 9; Selchert BB 1986, 560 (564).

Maßstab anzulegen, der eine willkürliche Anwendung der Ausnahmevorschrift ausschließt.[41] Je ungünstiger das Verschweigen der Tatsache ist, desto größer muss die Gefahr eines erheblichen Nachteils sein.

Auch die Ermessensentscheidung unterliegt dem **Gebot der Stetigkeit.** Gleichartige 35 Sachverhalte dürfen daher im Zeitablauf nicht ohne Grund unterschiedlich behandelt werden.

3. Berichtspflicht. Über die Anwendung der Ausnahmeregelung des Abs. 2 muss 36 nach Hs. 2 im Anhang berichtet werden; diese Berichtspflicht wurde durch das BilRUG in Umsetzung von Art. 18 Abs. 2 S. 3 Bilanz-RL eingefügt.

IV. Unterlassen der Angaben über Beteiligungen an anderen Unternehmen (Abs. 3)

1. Allgemeines. Die Angaben nach § 285 Nr. 11 über andere Unternehmen, an denen 37 die berichtende Gesellschaft iSv § 271 Abs. 1 beteiligt ist, müssen nicht angegeben werden, wenn aus der Sicht der Gesellschaft die Angaben zur Darstellung ihrer Vermögens-, Finanz- und Ertragslage nach § 264 Abs. 2 von untergeordneter Bedeutung sind (**Abs. 3 S. 1 Nr. 1**) oder die Angaben geeignet sind, der Gesellschaft oder dem anderen Unternehmen einen erheblichen Nachteil zuzufügen (**Abs. 3 S. 1 Nr. 2**). Die Angabe des Eigenkapitals und des Jahresergebnisses kann zudem unterbleiben, wenn das Unternehmen, über das zu berichten ist, seinen Jahresabschluss nicht offenzulegen hat und die berichtende Gesellschaft keinen beherrschenden Einfluss iSv § 290 Abs. 1 S. 1 auf das betreffende Unternehmen ausüben kann (**Abs. 3 S. 2**). Da es für die Erleichterung nach Abs. 3 S. 2 seit dem BilRUG nicht mehr darauf ankommt, dass die berichtende Gesellschaft keine Mehrheitsbeteiligung hält, können sich nun Unternehmen, die zwar weniger als 50% der Anteile an dem betreffenden Unternehmen halten, aber aus anderen Gründen, etwa einer satzungsmäßigen Bestimmung, beherrschenden Einfluss ausüben, sich nicht mehr auf die Erleichterung berufen.[42] Die Angaben können nach Abs. 3 S. 1 vollständig und nach Abs. 3 S. 2 teilweise unterbleiben. Entsprechendes gilt für die Angaben nach § 285 Nr. 11b. Der Verweis des § 286 Abs. 3 auf § 285 Nr. 11a wurde mit dem BilRUG gestrichen. Auf Name, Sitz und Rechtsform der Unternehmen, deren unbeschränkt haftender Gesellschafter die Kapitalgesellschaft ist, dürfen daher künftig nur noch kleine Kapitalgesellschaften verzichten.[43] **Abs. 3 S. 3** schränkt die Schutzklausel für kapitalmarktorientierte Unternehmen iSd § 264d ein. Sie dürfen von der Ausnahmevorschrift des Abs. 3 S. 1 Nr. 2 keinen Gebrauch machen. Mit der Legaldefinition kapitalmarktorientierter Unternehmen in § 264d durch das BilMoG konnte der Gesetzgeber zur Verkürzung und besseren Lesbarkeit der Norm den Wortlaut entsprechend anpassen.[44]

Bei Abs. 3 handelt es sich um eine **Ausnahmevorschrift;** sie ist daher eng auszulegen.[45] Auch der der Gesellschaft zugestandene Beurteilungsspielraum rechtfertigt vor dem Hintergrund des Gebots der zutreffenden Darstellung nach § 264 Abs. 2 S. 1 keine extensive Auslegung.[46]

Abs. 3 gilt für alle **Kapitalgesellschaften** und Personenhandelsgesellschaften iSd § 264a 39 sowie für diejenigen Unternehmen, die nach § 5 Abs. 2 **PublG** zur Aufstellung eines Anhangs verpflichtet sind.

Für die Inanspruchnahme der Ausnahmeregelungen nach Abs. 3 gilt der Grundsatz der 40 **Stetigkeit.** Abs. 3 gilt auch, wenn die für den Anhang nach § 285 Nr. 11, 11b verlangten Angaben in einer gesonderten Aufstellung des Anteilsbesitzes gemacht werden.

---

41 ADS Rn. 29; Hopt/Merkt Rn. 2.
42 Rimmelspacher/Meyer DB-Beil. Heft 5/2015, 23 (26).
43 Rimmelspacher/Meyer DB-Beil. Heft 5/2015, 23 (26).
44 Begr. RegE BilMoG, BT-Drs. 16/10067, 75.
45 Staub/Meyer Rn. 15; BeckOGK/Kessler Rn. 22; Kölner Komm RechnungslegungsR/Peters Rn. 24; HKMS/Haferkorn/Diemers Rn. 22.
46 ADS Rn. 33; GK-HGB/Lezius Rn. 10.

41   **2. Unterlassen der Angaben wegen untergeordneter Bedeutung (Abs. 3 S. 1 Nr. 1). a) Verdeutlichung des Wesentlichkeitsgrundsatzes.** § 285 Nr. 11 schreibt vor, dass der Name und der Sitz anderer Unternehmen anzugeben ist, von denen die Gesellschaft oder eine für Rechnung der Gesellschaft handelnde Person iSv § 271 Abs. 1 beteiligt ist. Außerdem sind die Höhe des Anteils am Kapital, das Eigenkapital und das Ergebnis des letzten Geschäftsjahres dieser Unternehmen anzugeben, für die ein Jahresabschluss vorliegt. Nach § 285 Nr. 11b sind von börsennotierten Kapitalgesellschaften zusätzlich alle Beteiligungen an großen Kapitalgesellschaften anzugeben, die fünf vom Hundert der Stimmrechte überschreiten (→ § 285 Rn. 227 ff.). Gemäß Abs. 3 S. 1 Nr. 1 können die Angaben nach § 285 Nr. 11, 11b unterbleiben, soweit sie für die Darstellung der Vermögens-, Finanz- und Ertragslage der Gesellschaft nach § 264 Abs. 2 von untergeordneter Bedeutung sind. Mit dieser Ausnahmevorschrift wird der **Wesentlichkeitsgrundsatz** konkretisiert, da der Anhang von nicht aussagekräftigen und für die Beurteilung der Lage der Gesellschaft nicht bedeutsamen Angaben entlastet wird.[47]

42   **b) Untergeordnete Bedeutung.** Die Angaben können unterbleiben, wenn sie von untergeordneter Bedeutung für die Darstellung nach § 264 Abs. 2 sind. Dies ist stets der Fall, wenn sie für den Jahresabschluss **bedeutungslos** sind, weil aus ihnen keine Informationen über die Lage der Gesellschaft gewonnen werden können.[48] Dies kann der Fall sein, wenn der betreffende Anteilsbesitz bei der berichtenden Gesellschaft nicht ins Gewicht fällt, etwa weil die Umsatzerlöse, das Eigenkapital, das Jahresergebnis oder die Bilanzsumme nur einen geringen Prozentsatz der entsprechenden Zahlen bei der berichtenden Gesellschaft ausmachen. Die Bedeutung einer Angabe ist daran zu messen, ob bei ihrem Fehlen die Vermögens-, Finanz- und Ertragslage der Gesellschaft noch zutreffend dargestellt wird.[49] Dabei ist zu beachten, dass der Gesetzgeber **grds.** von der **Angabepflicht** nach Nr. 11, 11b ausgeht. Diese Vermutung ist nur durch den Nachweis der untergeordneten Bedeutung widerlegbar.[50] Ein allgemein gültiger Maßstab, etwa in Form einer festen prozentualen Auswirkung, ist nicht aufstellbar.[51] Das KG hat jedoch im Rahmen einer Auskunftsklage nach § 131 AktG als Kriterium die Bilanzsumme im Verhältnis zu einem bestimmten Bilanzposten herangezogen, wobei sich Schwellenwerte zwischen 0,2% und 8,7% ergaben.[52]

43   Will die berichtende Gesellschaft auf die Angaben nach § 285 Nr. 11, 11b verzichten, muss sie den Nachweis führen, dass die Unternehmensdaten der Beteiligungsgesellschaft zur Beurteilung ihrer eigenen Vermögens-, Finanz- und Ertragslage ohne Bedeutung sind. Der **Einfluss auf die Vermögenslage** richtet sich nach dem Umfang des Engagements im Vergleich zum übrigen Vermögen. In diesem Zusammenhang ist ferner darauf abzustellen, ob zwischen den Unternehmen weitere Verflechtungen durch Lieferungen, Leistungen oder Finanztransfers bestehen. Für die **Beurteilung der Finanzlage** ist die Angabe von Bedeutung, wenn die Gesellschaft finanzielle Leistungen der Beteiligungsgesellschaft in Anspruch nimmt oder ihr diese gewährt. Dies kann etwa durch Nachschussverpflichtungen bzw. Liquiditätszu- oder -abflüsse bei Gewinnabführungsverträgen geschehen.[53] Ob die Angabe für die **Beurteilung der Ertragslage** der Gesellschaft von Bedeutung ist, hängt vom Verhältnis ihres Ergebnisses zu demjenigen des Beteiligungsunternehmens ab. Hierbei sind sowohl der Umfang der Beteiligung als auch das Umsatzvolumen bedeutsam. Ferner können die Bilanzsumme, die Mitarbeiterzahlen oder die Tätigkeitsbereiche der Unternehmen eine Rolle spielen.

---

[47]   Hoffmann BB 1986, 1050 (1053 f.); ADS Rn. 34.
[48]   ADS Rn. 35; BeBiKo/Grottel Rn. 32; EBJS/Böcking/Gros/Wirth Rn. 11; Wiedmann/Böcking/Gros Rn. 11. Teilweise anders HdR/Oser/Holzwarth §§ 284–288 Rn. 320 ff., die auf die Bedeutung des einzelnen Unternehmens abstellen.
[49]   Löw/Roggenbuck DB 1999, 2481 (2483).
[50]   ADS Rn. 35.
[51]   ADS Rn. 35; BeBiKo/Grottel Rn. 33.
[52]   KG BB 1993, 2036.
[53]   ADS Rn. 37.

Die Beurteilung der Bedeutung der Angaben hat vor dem Hintergrund aller Bestand- **44** teile der Angaben nach § 285 Nr. 11, 11b zu erfolgen. Entscheidend ist daher das **Gesamtbild** der Angaben und nicht die isolierte Einzelangabe.[54] Angaben dürfen nur insoweit unterbleiben, als sie für die Darstellung der Lage von untergeordneter Bedeutung sind. Die wichtigen Angaben müssen hingegen in jedem Fall gemacht werden. Sind einzelne Angaben von Bedeutung, andere hingegen nicht, wird das Gesamtbild regelmäßig verlangen, dass sämtliche Angaben gemacht werden müssen.[55]

c) Umfangreicher Beteiligungsbesitz. Die Beurteilung der Bedeutung der Angaben **45** für die Vermögens-, Finanz- und Ertragslage der Gesellschaft ist grds. am Gewicht eines jeden einzelnen Beteiligungsunternehmens zu messen.[56] Wendet man diesen Grundsatz auf eine Gesellschaft an, die über einen umfangreichen Anteilsbesitz verfügt, wobei jede **Beteiligung für sich betrachtet von untergeordneter Bedeutung** ist, könnte danach die Angabe nach § 285 Nr. 11 bzw. 11b vollständig unterbleiben. Der umfangreiche Beteiligungsbesitz ist zusammengenommen in diesem Fall aber von nicht unerheblicher Bedeutung für die Vermögens-, Finanz- und Ertragslage der Gesellschaft. In einem solchen Fall darf die Ausnahmevorschrift daher nicht angewandt werden.[57] Dies entspricht auch der gesetzgeberischen Absicht, die von einem Regel-Ausnahme-Verhältnis zwischen § 285 Nr. 11, 11b und § 286 Abs. 3 S. 1 Nr. 1 ausgeht. Vom grundsätzlichen Gebot, Angaben zu machen, darf nicht abgewichen werden, wenn die Beurteilung der Lage der Gesellschaft dadurch eine Einschränkung erleidet. Die Angaben über Beteiligungsgesellschaften dürfen nur dann und nur insoweit gekürzt werden, wie die verbleibenden Angaben die Vermögens-, Finanz- und Ertragslage der Gesellschaft noch in vollem Umfang darstellen.

d) Angabepflicht. Da Abs. 3 S. 4 nur auf die Ausnahmeregelung nach S. 1 Nr. 2 **46** verweist, wird überwiegend im Wege des Umkehrschlusses davon ausgegangen, dass auf die Inanspruchnahme der Ausnahmeregelung nach Abs. 3 S. 1 Nr. 1 nicht hingewiesen werden muss.[58] Etwas anderes ergibt sich auch nicht unter Berücksichtigung des europäischen Unionsrechts. Weder Art. 17 Bilanz-RL noch Art. 43 Abs. 1 Nr. 2 S. 2 RL 78/660/EWG (4. EG-Richtlinie) verlangen einen Hinweis auf die Inanspruchnahme der Befreiungsmöglichkeit.

3. Unterlassen der Angaben wegen erheblicher Nachteile (Abs. 3 S. 1 Nr. 2). **47** **a) Voraussetzungen.** Der zweite Ausnahmetatbestand des Abs. 3 sieht vor, dass die von § 285 Nr. 11, 11b verlangten Angaben unterbleiben können, wenn sie nach vernünftiger kaufmännischer Beurteilung geeignet sind, der Gesellschaft oder dem anderen Unternehmen einen erheblichen Nachteil zuzufügen. Geschützt werden durch diese Ausnahmevorschrift die **Interessen der Gesellschaft und des anderen Unternehmens,** über das nach § 285 Nr. 11, 11b Angaben gemacht werden sollen.

Die Voraussetzungen nach Abs. 3 S. 1 Nr. 2 entsprechen denen des Abs. 2. Der Begriff **48** des erheblichen Nachteils umfasst materielle und immaterielle nachteilige Folgen, deren Eintritt nicht unwahrscheinlich ist. Der Nachteil muss nicht **konkret bezifferbar** sein (→ Rn. 30). Wie in Abs. 2 ist der Begriff eng auszulegen.[59] Die Anwendung der Ausnahmeregel von Abs. 3 S. 1 Nr. 2 ist denkbar, wenn durch die Angabe von Beteiligungsgesellschaften Unternehmensdaten oder Sachverhalte veröffentlicht werden, die zu einer Beeinträchtigung der Stellung der Gesellschaft oder des anderen Unternehmens am Markt führen können.

---

54   ADS Rn. 39.
55   ADS Rn. 39 mit Bsp.
56   ADS Rn. 40.
57   ADS Rn. 40; BeBiKo/Grottel Rn. 35; aA HdR/Oser/Holzwarth §§ 284–288 Rn. 320 aE, da es nur auf die Nachteile ankomme, die einem einzelnen Unternehmen zugefügt würden.
58   GK-HGB/Lezius Rn. 10.
59   ADS Rn. 42; BeBiKo/Grottel Rn. 37.

49   **b) Angabepflicht.** Gemäß Abs. 3 S. 4 muss die Anwendung der Ausnahmeregelung nach Abs. 3 S. 1 Nr. 2 im **Anhang angegeben** werden, ebenso wie es für die Ausnahme nach Abs. 2 gem. Abs. 2 Hs. 2 gilt. Der Hinweis muss erkennen lassen, dass aufgrund der Bestimmung des Abs. 3 S. 1 Nr. 2 einzelne oder sämtliche Angaben nach § 285 Nr. 11, 11b für ein oder mehrere Beteiligungsunternehmen nicht gemacht wurden.[60] Eine **Begründung** hierfür muss nicht angegeben werden.[61]

50   **4. Unterlassen von Angaben über nicht publizitätspflichtige Unternehmen (Abs. 3 S. 2). a) Allgemeines.** Gemäß Abs. 3 S. 2 kann die Angabe des Eigenkapitals und des Jahresergebnisses unterbleiben, wenn das Unternehmen, über das zu berichten ist, seinen Jahresabschluss nach § 325 nicht offenzulegen hat und die berichtende Gesellschaft keinen beherrschenden Einfluss auf das betreffende Unternehmen ausüben kann. Die berichtende Gesellschaft soll nicht Angaben machen müssen, zu denen die Beteiligungsgesellschaft selbst nicht verpflichtet ist.[62] Im Übrigen gelten die Angabepflichten gem. § 285 Nr. 11, 11b fort.[63] Die Ausnahme nach Abs. 3 S. 2 gilt **nur** für die darin **ausdrücklich genannten Angaben.**[64] Dies bedeutet, dass Name, Sitz und Beteiligungsquote bzw. Rechtsform der betreffenden Gesellschaften immer angegeben werden müssen, sofern nicht andere Ausnahmetatbestände eingreifen. Für die Anwendung dieser Schutzklausel gilt der Stetigkeitsgrundsatz. Daher ist es nicht möglich, von der Vorschrift jährlich unterschiedlich Gebrauch zu machen. Ebenso ist es nicht zulässig, nur bei Beteiligungsunternehmen mit positivem Ergebnis zu berichten, bei Beteiligungen, die Verluste erwirtschaftet haben, hingegen von einer Berichterstattung abzusehen.

51   Abs. 3 S. 2 stellt die Befreiung in das **Ermessen** der berichtenden Gesellschaft, wenn das Unternehmen, über das zu berichten ist, seinen Jahresabschluss nicht offenzulegen hat und die Gesellschaft keinen beherrschenden Einfluss auf das betreffende Unternehmen ausüben kann. In Anlehnung an Art. 17 Abs. 1 lit. g UAbs. 1 Hs. 2 Bilanz-RL ist der umfassende Begriff „Jahresabschluss" auf denjenigen der „Bilanz" zu reduzieren.

52   **b) Nicht publizitätspflichtige Unternehmen.** Abs. 3 S. 2 greift nur ein, wenn die Beteiligungsgesellschaft ihren Jahresabschluss nicht offenlegen muss. Zur Offenlegung sind **Kapitalgesellschaften** gem. § 325 und die nach dem PublG rechnungslegungspflichtigen Unternehmen verpflichtet **(§ 9 Abs. 1 PublG).** Die Ausnahmeregelung betrifft daher in erster Linie Anteile an Personenhandelsgesellschaften iSd § 264a, die nicht zur Rechnungslegung und zur Offenlegung verpflichtet sind.[65] Beteiligungen an ausländischen Unternehmen sind insoweit anzugeben, als sie ihren Jahresabschluss nach den jeweiligen Rechtsvorschriften ihres Sitzstaates nicht offenzulegen brauchen. Dabei ist als Handelsregister jedes entsprechende öffentliche Register anzusehen.

53   Von der Ausnahmeregelung des Abs. 3 S. 2 werden auch Beteiligungen an Unternehmen erfasst, die zwar ihren Jahresabschluss offenlegen, darin aber keine der in Abs. 3 S. 2 genannten Angaben nennen müssen. Es handelt sich hierbei um Personenhandelsgesellschaften und Einzelkaufleute, die nach **§ 9 Abs. 2 PublG iVm § 5 Abs. 5 S. 3 PublG** publizieren. Bei diesen Unternehmen kann die Angabe des Jahresergebnisses entfallen, obwohl sie nach § 9 Abs. 3 PublG nur ein zusammengefasstes Eigenkapital und nicht gesondert das Jahresergebnis auszuweisen haben.[66] Auch in diesem Fall muss verhindert werden, dass mit

---

60   ADS Rn. 45; BeckOGK/Kessler Rn. 24; Kölner Komm RechnungslegungsR/Peters Rn. 29.
61   ADS Rn. 45; BeBiKo/Grottel Rn. 38.
62   Kölner Komm RechnungslegungsR/Peters Rn. 30; HKMS/Haferkorn/Diemers Rn. 27.
63   Staub/Meyer Rn. 17.
64   ADS Rn. 46; BeBiKo/Grottel Rn. 39.
65   ADS Rn. 47; HdR/Oser/Holzwarth §§ 284–288 Rn. 326; Kölner Komm RechnungslegungsR/Peters Rn. 31; HKMS/Haferkorn/Diemers Rn. 29; EBJS/Böcking/Gros/Wirth Rn. 12; Wiedmann/Böcking/Gros Rn. 12.
66   BeBiKo/Grottel Rn. 39; KKRD/Morck/Drüen Rn. 3; aA ADS Rn. 47, die diese Unternehmen in den Anwendungsbereich des Abs. 3 S. 2 nicht einbeziehen.

den Angaben im Anhang der berichtenden Gesellschaft Informationen veröffentlicht werden, die das Unternehmen, über das berichtet wird, selbst nicht machen muss.

c) Grenzen der Ausnahmeregelung. Sinn der Ausnahmeregelung ist es, mit den **54** Angaben im Anhang der berichtenden Gesellschaft keine Informationen zu veröffentlichen, die das Unternehmen, über das berichtet wird, selbst nicht machen muss. Mit diesem Schutzzweck ist es nicht zu vereinbaren, **Angaben über kleine Kapitalgesellschaften** bzw. Personenhandelsgesellschaften iSd §§ 264a, 267 Abs. 1 unter die Ausnahmeregelung des Abs. 3 S. 2 fallen zu lassen, da diese nach §§ 325, 326 die in § 285 Nr. 11 geforderten Angaben im Rahmen der Offenlegung ihres Jahresabschlusses ebenfalls machen müssen.[67] Hierfür spricht auch die richtlinienkonforme Auslegung des Abs. 3 S. 2, wonach auf die Offenlegung der Bilanz und nicht des vollständigen Jahresabschlusses abzustellen ist. Zur Offenlegung der Bilanz sind aber auch kleine Gesellschaften iSd § 267 Abs. 1 nach § 326 verpflichtet.[68] Auch Angaben über mittelgroße und große Kapitalgesellschaften bzw. Personenhandelsgesellschaften iSd §§ 264a, 267 Abs. 2, 3, sowie über nach dem PublG unbeschränkt offenlegungspflichtige Unternehmen werden von der Ausnahmeregelung nicht erfasst.

Liegen die Voraussetzungen der Ausnahmeregelung des Abs. 3 S. 2 vor, kann die berich- **55** tende Gesellschaft die Angabe insgesamt unterlassen. Sie kann sich aber auch darauf beschränken, entweder über das Eigenkapital oder das Jahresergebnis zu berichten. Bei einer **teilweisen Angabe** muss beachtet werden, dass dadurch kein unzutreffendes Bild von ihrer Vermögens-, Finanz- und Ertragslage (§ 264 Abs. 2) vermittelt wird. Der Grundsatz der Ausweisstetigkeit gilt auch hier.

d) Umfang des Anteilsbesitzes. Von der Ausnahmevorschrift des Abs. 3 S. 2 werden **56** nur Unternehmen erfasst, auf die die berichtende Gesellschaft **keinen beherrschenden Einfluss** ausüben kann. Für den Begriff des beherrschenden Einflusses kann auf die Ausführungen zu § 290 verwiesen werden (→ § 290 Rn. 13). Er wird im HGB zwar nicht definiert,[69] in § 290 Abs. 2 sind aber eine Reihe von Tatbeständen aufgeführt, bei denen eine Beherrschung unwiderlegbar vermutet wird. Bei einem Anteil unterhalb der Schwelle einer Beteiligung iSv § 271 Abs. 1 (gem. § 271 Abs. 1 S. 3 vermutet bei Anteilen iHv mindestens 20%) besteht schon keine Angabepflicht nach § 285 Nr. 11 und 11b, so dass es der Ausnahmevorschrift nicht bedarf. Bei einem möglichen beherrschenden Einfluss greift die Ausnahmeregelung nicht mehr ein. Dies hat zur Folge, dass dann die Angabepflicht nach § 285 Nr. 11, 11b das Jahresergebnis zu enthalten hat, selbst wenn das betroffene Unternehmen im eigenen Jahresabschluss diese Informationen nicht offenlegen muss. Die besondere Bedeutung des potentiellen beherrschenden Einflusses der berichtenden Gesellschaft hat in diesem Fall Vorrang vor dem Schutzinteresse des anderen Unternehmens.

e) Angabepflicht. Auf die Anwendung der Ausnahmeregelung braucht nicht hinge- **57** wiesen zu werden. Etwas anderes ergibt sich auch nicht unter Berücksichtigung des Gemeinschaftsrechts. Anders als Art. 17 Abs. 1 lit. g UAbs. 2 S. 4 Bilanz-RL verlangt Art. 17 Abs. 1 lit. g UAbs. 1 Hs. 2 Bilanz-RL nicht, dass auf die Inanspruchnahme der Befreiungsmöglichkeit hingewiesen wird.

5. Einschränkung der Schutzklausel für kapitalmarktorientierte Unterneh- 58 men, Abs. 3 S. 3. Ist die berichtende Kapitalgesellschaft bzw. Personenhandelsgesellschaft iSd § 264a selbst oder eines ihrer Tochterunternehmen kapitalmarktorientiert iSd § 264d, darf sie von der Ausnahmevorschrift des Abs. 3 S. 1 Nr. 2 keinen Gebrauch machen.[70] Mit

---

[67]   ADS Rn. 48; GK-HGB/Lezius Rn. 12; HKMS/Haferkorn/Diemers Rn. 29. Krit. HdR/Oser/Holzwarth §§ 284–288 Rn. 327. Unklar Heymann/Herrmann Rn. 7; aA BeBiKo/Grottel Rn. 39, wonach Angaben bez. des Jahresergebnisses kleiner Kapitalgesellschaften ebenfalls unter die Ausnahmemöglichkeit fallen.

[68]   Kölner Komm RechnungslegungsR/Peters Rn. 31; HKMS/Haferkorn/Diemers Rn. 29.

[69]   BeBiKo/Grottel/Kreher § 290 Rn. 21.

[70]   Hopt/Merkt Rn. 3; Müller NZG 2002, 752 (754); Theile GmbHR 2002, 231 (234).

dem BilMoG hat der Gesetzgeber in Abs. 3 S. 3 einen Verweis auf die Legaldefinition in § 264d anstelle der bisherigen Umschreibung kapitalmarktorientierter Unternehmen eingeführt. Da damit keine sachliche Änderung verbunden ist,[71] gelten die bisherigen Ausführungen fort. Die Schutzklausel gem. Abs. 3 S. 1 Nr. 2 gilt daher nur für solche Unternehmen, die nicht den organisierten Kapitalmarkt iSd § 264d in Anspruch nehmen. Dadurch sollen die Angabepflichten im Anhang des Jahresabschlusses mit denen im Anhang des Konzernabschlusses in Übereinstimmung gebracht werden (§ 313 Abs. 3; → § 313 Rn. 84).

V. Unterlassen der Angaben nach § 285 Nr. 9 lit. a, b über die Gesamtbezüge der Organmitglieder, der ehemaligen Organmitglieder und deren Hinterbliebenen (Abs. 4)

59   **1. Allgemeines.** Nach § 285 Nr. 9 lit. a, b müssen die den Mitgliedern des Geschäftsführungsorgans, eines Aufsichtsrats, eines Beirats oder einer ähnlichen Einrichtung gewährten Gesamtbezüge angegeben werden. Dabei ist die Vergütung für die Tätigkeit im Geschäftsjahr jeweils für jede Personengruppe gesondert auszuweisen. Ferner besteht eine Angabepflicht für die Gesamtbezüge der früheren Mitglieder der bezeichneten Organe und ihrer Hinterbliebenen. Diese Angabepflicht gilt nur für **große** (§ 267 Abs. 3) und **mittelgroße** (§ 267 Abs. 2) **Kapitalgesellschaften** und Personenhandelsgesellschaften iSd § 264a (→ § 285 Rn. 138 ff.). **Kleine Kapitalgesellschaften** (§ 267 Abs. 1) und Personenhandelsgesellschaften iSd § 264a sind durch § 288 Abs. 1 von der Angabe der Organbezüge befreit. Nr. 9 lit. a, b gilt ferner für **publizitätspflichtige Unternehmen,** die einen Anhang zu erstellen haben (§ 5 Abs. 2 S. 2 PublG), für **Kreditinstitute** (§ 340a) und für **Versicherungsunternehmen** (§ 341a).

60   Die Ausnahmevorschrift des Abs. 4 befreit alle angabepflichtigen Gesellschaften – unabhängig von ihrer Größe – von der Angabe der Gesamtbezüge nach § 285 Nr. 9 lit. a, b, sofern sie **nicht börsennotiert** sind. Abs. 4 zielt darauf ab, die **persönlichen Daten von Organmitgliedern zu schützen.**[72]

61   Eine entsprechende Schutzbedürftigkeit besteht in der Regel, wenn der Name des einzelnen Organmitglieds den Adressaten des Jahresabschlusses bekannt ist. Dafür kommen die nach § 285 Nr. 10 anzugebenden Personen in Betracht. Gemäß § 285 Nr. 10 müssen alle Mitglieder des Geschäftsführungsorgans und eines Aufsichtsrats mit dem Familiennamen und mindestens einem ausgeschriebenen Vornamen, einschließlich des ausgeübten Berufs, und bei börsennotierten Gesellschaften auch die Mitgliedschaft in Aufsichtsräten und anderen Kontrollgremien iSd § 125 Abs. 1 S. 5 AktG angegeben werden. Eine Angabe des Namens ehemaliger Organmitglieder ist nicht gefordert. Bei ihnen wird daher die Inanspruchnahme von Abs. 4 regelmäßig nicht in Betracht kommen.[73] Die Frage nach der Anwendbarkeit des Abs. 4 ist getrennt für die einzelnen **Gruppen** von Organmitgliedern zu beantworten.[74] Die Ausnahmevorschrift des Abs. 4 berührt den Auskunftsanspruch des Aktionärs nach § 131 Abs. 1 AktG nicht.[75]

62   **2. Gesellschaften, die keine börsennotierten Aktiengesellschaften sind (Abs. 4). a) Die betroffenen Pflichtangaben.** Der Wortlaut des Abs. 4 bezieht sich zwar auf die Pflichtangaben nach § 285 Nr. 9 lit. a, b; diese werden aber nicht vollständig erfasst. Die Befreiung gilt ausdrücklich nur für die in Nr. 9 lit. a, b genannten Bezüge. Der ebenfalls von Nr. 9 lit. a, b erfasste Betrag der für die genannten Personengruppen gebildeten Rückstellungen für **laufende Pensionen** und **Anwartschaften auf Pensionen** und der Betrag der für diese Verpflichtungen nicht gebildeten Rückstellungen sind daher **stets angabepflichtig.** Dies gilt auch dann, wenn die Pensionsverpflichtung nur gegenüber einer Person

---

71   Begr. RegE BilMoG, BT-Drs. 16/10067, 75.
72   Feige/Ruffert DB 1995, 637 (639); v. Kann DStR 2005, 1496 (1499); Kempter BB 1996, 419; Niessen WPg 1991, 193 (199); Winnefeld Bilanz-HdB J XI Rn. 289.
73   Ebenso BeckOGK/Kessler Rn. 32.
74   Staub/Meyer Rn. 24.
75   OLG Düsseldorf DB 1997, 1609.

besteht. Auch die Pflichtangaben nach § 285 Nr. 9 lit. c, wonach die gewährten Vorschüsse und Kredite unter Angabe der Zinssätze, der wesentlichen Bedingungen und der ggf. im Geschäftsjahr zurückgezahlten Beträge sowie die zugunsten dieser Person eingegangenen Haftungsverhältnisse anzugeben sind, fallen nicht in den Anwendungsbereich des Abs. 4.[76]

b) Feststellung der Bezüge. Die Befreiung tritt ein, wenn sich die Bezüge des Organ- **63** mitglieds für einen durchschnittlichen Betrachter anhand der nach § 285 Nr. 9 offenzulegen- den Angaben feststellen lassen.[77] Besteht das jeweilige Organ nur aus einem einzigen Mitglied, kann die Vorschrift regelmäßig problemlos angewandt werden.[78] In diesem Fall lassen sich die **Bezüge der einzelnen Person** eindeutig ermitteln. Bei der AG kann der Vorstand gem. § 77 Abs. 1 S. 1 AktG aus nur einem Mitglied bestehen. Bei der KGaA ist die Bestellung nur eines persönlich haftenden Gesellschafters zulässig (§ 278 Abs. 1 AktG). Die GmbH kann mit einem Geschäftsführer nach § 6 Abs. 1 GmbHG auskommen. Ein Aufsichtsrat, der nur aus einer Person besteht, ist hingegen nicht zulässig (§ 95 S. 1 AktG bzw. § 52 Abs. 1 GmbHG). Vergleichbares gilt für den Fall, dass bestimmte Leistungen nur an eine Person geleistet werden und andere Bezüge der jeweiligen Gruppe gar nicht gewährt wurden.

In **Literatur und Rechtsprechung** wird überwiegend die Auffassung vertreten, die **64** Bezüge eines Mitglieds eines der genannten Organe ließen sich nicht feststellen, wenn das Organ **mehrere Mitglieder** habe und deren Bezüge sämtlich von der Gesellschaft getragen würden. Bei größeren Gremien könne man nur einen aus den Gesamtbezügen gebildeten Durchschnitt, nicht aber die genauen Pro-Kopf-Bezüge ermitteln. Wolle man auch für diese Fälle die Ausnahmevorschrift des Abs. 4 anwenden, würde die Ausnahme zur Regel werden.[79]

Das **BMJ** hat sich jedoch dahingehend geäußert, dass bei der Regelung des Abs. 4 **65** **Datenschutzgründe** bestimmend gewesen seien. Die Angabe habe daher immer dann zu unterbleiben, wenn die Größenordnung der Bezüge eines Mitglieds geschätzt werden könne. Dies gelte nur dann nicht, wenn zwischen den einzelnen Organmitgliedern Unterschiede von solchem Gewicht bestünden, dass die einzelnen Bezüge wesentlich von dem durch den Rechenvorgang gefundenen Durchschnittsbetrag abweichen würden. Man sei sich dabei durchaus bewusst, dass die Ausnahme des Abs. 4 zur Regel werden könne. Es sei daher im Einzelfall zu begründen und vom Wirtschaftsprüfer nachzuprüfen, dass aus den Gesamtbe- zügen die Einzelbezüge ermittelbar seien, weil zwischen den Bezügen der einzelnen Organ- mitglieder keine erheblichen Abweichungen bestünden.[80]

Die im Anschluss an das Schreiben des BMJ ergangene **Judikatur** teilt die dort nieder- **66** gelegte Auffassung nur begrenzt. Das LG Köln geht davon aus, dass eine mögliche Ermitt- lung von Durchschnittsbezügen das Weglassen von Angaben nach § 285 Nr. 9 lit. a, b unter Berufung auf § 286 Abs. 4 nicht rechtfertigt.[81] Das OLG Düsseldorf lässt den Schutz der persönlichen Daten erst dann eingreifen, wenn sich die Bezüge des einzelnen Mitglieds hinreichend verlässlich schätzen lassen. Dies ist dann der Fall, wenn die Bezüge der Organ- mitglieder nur unbedeutend voneinander abweichen und diese Information bekannt ist.[82]

Einigkeit besteht bei der Anwendung des Abs. 4 auf Sachverhalte, bei denen zwar **67** mehrere Mitglieder eines Organs vorhanden sind, aber die Bezüge nur eines Mitglieds von

[76] BeBiKo/Grottel Rn. 41; Kölner Komm RechnungslegungsR/Peters Rn. 35; HKMS/Haferkorn/Die- mers Rn. 31.

[77] ADS Rn. 53; BeBiKo/Grottel Rn. 43; Kölner Komm RechnungslegungsR/Peters Rn. 37; HKMS/ Haferkorn/Diemers Rn. 32.

[78] ADS Rn. 54; BeBiKo/Grottel Rn. 43; Staub/Meyer Rn. 22.

[79] So ADS Rn. 54 f.; HdR/Oser/Holzwarth §§ 284–288 Rn. 292; BeckOGK/Kessler Rn. 35; Klatte BB 1995, 35 (36 f.); Pfitzer/Wirth DB 1994, 1937 (1938 f.). Wohl auch KKRD/Morck/Drüen Rn. 4; EBJS/Böcking/Gros/Wirth Rn. 16; Wiedmann/Böcking/Gros Rn. 16.

[80] Schreiben des BMJ v. 6.3.1995, III A 3–350/71–13 (D) – 1 II – 32–2014/91, DB 1995, 639 = WPK- Mitt. 1995, 172. Dem iErg zust. BeBiKo/Grottel Rn. 44; Feige/Ruffert DB 1995, 637 f.; Kling BB 1995, 349 f.; Kölner Komm RechnungslegungsR/Peters Rn. 37; HKMS/Haferkorn/Diemers Rn. 32; Winnefeld Bilanz-HdB J XI Rn. 289. Krit. jedoch Staub/Meyer Rn. 23.

[81] LG Köln DB 1997, 320 (321).

[82] OLG Düsseldorf NJW-RR 1997, 1399; BeBiKo/Grottel Rn. 44.

der Gesellschaft getragen werden und die übrigen Organmitglieder von anderen Unternehmen bezahlt werden. In einem solchen Fall kann man auch ohne einen besonderen Hinweis allein aus der Höhe der Bezüge entsprechende Schlüsse ziehen.[83]

68　　　**c) Nicht börsennotierte Gesellschaften.** Abs. 4 nimmt nach seinem Wortlaut börsennotierte Aktiengesellschaften ausdrücklich von der Befreiungswirkung aus. Der Gesetzgeber begründete diese Einschränkung damit, dass dem Informationsanspruch der Aktionäre im Lichte gestiegener Transparenzanforderungen für Abschlüsse börsennotierter Unternehmen sehr viel stärkere Bedeutung beizumessen sei und die Befreiung nach Abs. 5 in diesen Fällen eine sachgerechte Anwendung ermögliche.[84]

69　　　**d) Anwendbarkeit auf den Konzernabschluss.** Die Ausnahmevorschrift des Abs. 4 gilt durch den mit dem BilRUG eingefügten § 314 Abs. 3 S. 2 auch für die Angabepflicht aus **§ 314 Abs. 1 Nr. 6 lit. a, b** für den **Konzernanhang.** Der Gesetzgeber hat damit eine entsprechende Regelungslücke geschlossen.[85]

VI. Internationale Vergleichbarkeit

70　　　Nach **IAS/IFRS** sind alle Pflichtangaben von den Unternehmen vollständig offenzulegen. Eine Ausnahme sieht lediglich IAS 37.92 vor. Dabei geht es um den seltenen Fall, bei dem damit gerechnet werden kann, dass die teilweise oder vollständige Angabe von Informationen nach IAS 37.84–37.89 die Lage des Unternehmens in einem Rechtsstreit mit anderen Parteien über den Gegenstand der Rückstellungen, der Eventualschulden oder Eventualforderungen ernsthaft beeinträchtigt. In einer solchen Konstellation ist das Unternehmen nicht verpflichtet, die entsprechenden Angaben zu machen. Es muss aber die Tatsache, dass gewisse Angaben unterbleiben und die Gründe dafür offenlegen. Bei IAS 37.92 handelt es sich um eine Sonderregelung für einen eng begrenzten Ausnahmefall.[86] Im Übrigen enthalten die IAS/IFRS keine § 286 vergleichbare Schutzklausel.[87]

§ 287 *[aufgehoben]*

§ 288 Größenabhängige Erleichterungen

(1) Kleine Kapitalgesellschaften (§ 267 Absatz 1) brauchen nicht
1. die Angaben nach § 264c Absatz 2 Satz 9, § 265 Absatz 4 Satz 2, § 284 Absatz 2 Nummer 3, Absatz 3, § 285 Nummer 2, 3, 4, 8, 9 Buchstabe a und b, Nummer 10 bis 12, 14, 15, 15a, 17 bis 19, 21, 22, 24, 26 bis 30, 32 bis 34 zu machen;
2. eine Trennung nach Gruppen bei der Angabe nach § 285 Nummer 7 vorzunehmen;
3. bei der Angabe nach § 285 Nummer 14a den Ort anzugeben, wo der vom Mutterunternehmen aufgestellte Konzernabschluss erhältlich ist.

(2) ¹Mittelgroße Kapitalgesellschaften (§ 267 Absatz 2) brauchen die Angabe nach § 285 Nummer 4, 29 und 32 nicht zu machen. ²Wenn sie die Angabe nach § 285 Nummer 17 nicht machen, sind sie verpflichtet, diese der Wirtschaftsprüferkammer auf deren schriftliche Anforderung zu übermitteln. ³Sie brauchen die Angaben nach § 285 Nummer 21 nur zu machen, sofern die Geschäfte direkt oder indirekt mit einem Gesellschafter, Unternehmen, an denen die Gesellschaft selbst eine Beteiligung hält, oder Mitgliedern des Geschäftsführungs-, Aufsichts- oder Verwaltungsorgans abgeschlossen wurden.

---

[83]　So auch ADS Rn. 55.
[84]　Begr. RegE VorstOG, BT-Drs. 15/5577, 7.
[85]　Vgl. in der → 3. Aufl. 2013, Rn. 72.
[86]　MüKoBilanzR/Senger/Brune IAS 37 Rn. 203.
[87]　BeckOGK/Kessler Rn. 38.

Schrifttum: Bitter/Grasshoff, Anwendungsprobleme des Kapitalgesellschaften- und Co-Richtlinie-Gesetzes, DB 2000, 833; Farr, Der Anhang im Jahresabschluss der kleinen GmbH – Checkliste unter Berücksichtigung der neuen größenabhängigen Erleichterungen des HGB, GmbHR 1995, 31; Farr, Checkliste für den Anhang im Jahresabschluss der kleinen AG unter Berücksichtigung der neuen größenabhängigen Erleichterungen des HGB, AG 1995, 76; Farr, Der Jahresabschluss der kleinen GmbH, GmbHR 1996, 92 und 185; Farr, Der Jahresabschluss der mittelgroßen GmbH. Darstellung der größenabhängigen Erleichterungen für die Aufstellung, Prüfung und Offenlegung sowie deren Grenzen, GmbHR 1996, 755; Farr, Der Jahresabschluss der mittelgroßen und der kleinen AG. Die größenabhängigen Erleichterungen für die Aufstellung, Prüfung und Offenlegung sowie deren Grenzen, AG 1996, 145; Farr, Checkliste zur Erstellung des Anhangs der mittelgroßen GmbH, Teil III: Erläuterungen zur GuV und sonstige Angaben, BC 2009, 104; Gewehr, Checkliste zum Anhang der Kapitalgesellschaften nach dem D-Markbilanzgesetz, WPg 1990, 505; Lück, Offenlegungspflichten für die kleine GmbH nach dem Bilanzrichtlinien-Gesetz – Grenzen der Transparenz, GmbHR 1987, 42; Luttermann, Das Kapitalgesellschaften- und Co-Richtlinie-Gesetz. Europarecht, Unternehmenspublizität und internationale Rechnungslegung, ZIP 2000, 517; Pfitzer/Wirth, Die Änderungen des Handelsgesetzbuches – Umsetzung der Mittelstandsrichtlinie, DB 1994, 1937; Philipps, Der Anhang nach BilMoG – Inhalt und Gestaltung im Jahresabschluss der kleinen GmbH, BBK 2010, 910; Pöller, Checkliste zum Übergang der HGB-Rechnungslegung im handelsrechtlichen Jahresabschluss auf das BilMoG – Teil 2: Anhang, BRZ 2009, 295; Scheffler, Neue Vorschriften zur Rechnungslegung, Prüfung und Offenlegung nach dem Kapitalgesellschaften- & Co.-Richtlinie-Gesetz, DStR 2000, 529; Strobel, Die Neuerungen des KapCoRiLiG für den Einzel- und den Konzernabschluss, DB 2000, 53; Veit/Bernards, Anforderungen an die Segmentberichterstattung im internationalen Vergleich, WPg 1995, 493; Wehrheim, Angaben zum Anteilsbesitz im Einzel- bzw. Konzernanhang, BB 1995, 454; Weirich/Zimmermann, Aufstellung und Offenlegung des Jahresabschlusses kleiner Aktiengesellschaften, AG 1986, 265; Zimmer/Eckhold, Das Kapitalgesellschaften- & Co.-Richtlinie-Gesetz, NJW 2000, 1361.

Übersicht

I. Einführung

1. Allgemeines. Die bis 1994 geltende Fassung setzte die Vorgaben von Art. 44, 45 **1** Abs. 2 S. 2 RL 78/660/EWG (**4. EG-Richtlinie**) in nationales Recht um.[1] Die in S. 1 aF vorgesehenen Befreiungen von § 284 Abs. 2 Nr. 4 und § 285 S. 1 Nr. 6 aF sind durch Art. 2 Nr. 6 Gesetz zur Änderung des **D-Markbilanzgesetzes** und anderer handelsrechtlicher Bestimmungen vom 25.7.1994 (BGBl. 1994 I 1682, 1686) eingefügt worden. Die EG-rechtlich eingeräumten Erleichterungen wurden so vom Gesetzgeber vollständig an die betroffenen Unternehmen weitergegeben. Die Vorschrift wurde durch das **BilReG** redaktionell überarbeitet und an die erweiterten Anhangangaben des § 285 angepasst.

Mit der Erweiterung der Angabepflichten in § 285 durch das **BilMoG** wurden auch **2** die größenabhängigen Erleichterungen in § 288 ergänzt. Dadurch sollen zum einen die gemeinschaftsrechtlichen Vorgaben der 4. EG-Richtlinie (RL 78/660/EWG) idF der Abänderungsrichtlinie erfüllt werden.[2] Außerdem wollte der Gesetzgeber der Tatsache Rechnung tragen, dass die Vor- und Nachteile der durch das BilMoG stark erweiterten Anhangangaben, insbesondere aus der Sicht mittelständischer kleiner Kapitalgesellschaften, in einem kritischen Verhältnis zueinander stehen können.[3] Eine technische Änderung durch das BilMoG

---

[1] Staub/Meyer Rn. 1.
[2] Vgl. Begr. RegE BilMoG, BT-Drs. 16/10067, 75.
[3] Begr. RegE BilMoG, BT-Drs. 16/10067, 75.

stellt die Aufteilung der Regelung in zwei Absätze jeweils für kleine und mittelgroße Kapitalgesellschaften dar. Mit der Zielsetzung eines verringerten Verwaltungsaufwands für kleine Kapitalgesellschaften wurden durch das **BilRUG** diese betreffenden Angabepflichten insgesamt stark reduziert, für mittelgroße Kapitalgesellschaften gelten durch die Regelung wenige zusätzliche Pflichten.[4]

3   **2. Normzweck.** Die **Ausnahmeregelung** ist Teil der für kleine und mittelgroße Kapitalgesellschaften bzw. Personenhandelsgesellschaften iSd § 264a gesetzlich vorgesehenen **größenabhängigen Erleichterungen.** Sie ergänzt die für die Bilanz und die GuV geltenden Erleichterungen (§ 266 Abs. 1 S. 3 und § 276) ebenso wie die in den §§ 326, 327 geregelten Erleichterungen bei der Offenlegung durch Ausnahmen bei der Erstellung des Anhangs. § 288 wird erweitert und ergänzt durch § 274a.

4   Die Vorschrift **zielt darauf ab,** den Inhalt des Anhangs zu begrenzen. Es wird daher nach Größenklassen genau abgegrenzt, welche Angaben im Anhang zu erfolgen haben und auf welche verzichtet werden kann. Da die mit den Angaben verursachten Arbeiten bei kleineren Gesellschaften einen unverhältnismäßig hohen Verwaltungsaufwand zur Folge hätten, der durch die Prüfungspflicht noch vergrößert werden würde, ist eine Begrenzung sinnvoll. Der Anhang muss bei dem Registergericht eingereicht werden. Es ist daher auch vor diesem Hintergrund zweckmäßig, den Umfang der Bekanntmachung einzuschränken. Größere Wettbewerber können ansonsten diese Angaben zum Nachteil der berichtenden kleinen und mittelgroßen Gesellschaften verwenden.[5]

5   § 288 räumt kleineren und mittleren Kapitalgesellschaften ein **Wahlrecht** ein. Sie können von den Erleichterungen nach **pflichtgemäßem Ermessen** Gebrauch machen. Sie haben zudem die Möglichkeit, das Wahlrecht für jede der genannten Angaben gesondert auszuüben.[6] Dabei ist allerdings der Grundsatz der **Stetigkeit** der Darstellung zu beachten (§ 265 Abs. 1 S. 1). Danach ist es den Gesellschaften verwehrt, die Ausnahmeregelung wiederholt in aufeinander folgenden Jahren anzuwenden und anschließend ohne sachlichen Grund darauf zu verzichten. Wird vom Wahlrecht vollständig Gebrauch gemacht, können zusätzliche Angaben nach § 264 Abs. 2 S. 2 zur Verbesserung der Darstellung der Lage der Gesellschaft erforderlich sein.[7] Die betroffene Gesellschaft kann das Wahlrecht nach § 288 auch dann in Anspruch nehmen, wenn sie zugleich von den Erleichterungen der §§ 274a, 276, 326, 327 sowie des § 286 Gebrauch macht.[8]

6   Bei der **AG** ist § 131 Abs. 1 S. 3 AktG zu beachten. Macht eine AG von den Erleichterungen nach § 266 Abs. 1 S. 3, § 276 oder § 288 Gebrauch, kann danach jeder Aktionär verlangen, dass ihm in der Hauptversammlung der Jahresabschluss in der Form vorgelegt wird, die er ohne Anwendung dieser Vorschriften hätte.[9] Bei der **GmbH** kann jeder Gesellschafter von der Geschäftsführung weitergehende Angaben nach § 51a Abs. 1 GmbHG verlangen.[10]

7   **3. Anwendungsbereich.** Die Vorschrift gilt für Kapitalgesellschaften jeder Rechtsform.[11] Kapitalmarktorientierte Kapitalgesellschaften iSd § 264d gelten nach § 267 Abs. 3 S. 2 unabhängig von ihrer tatsächlichen Größe stets als große Kapitalgesellschaften. Gemäß § 336 Abs. 2 S. 1 Nr. 2 findet § 288 auf eingetragene **Genossenschaften** Anwendung. Er

---

4   Rimmelspacher/Meyer DB-Beil. Heft 5/2015, 23 (33 f.).
5   Heymann/Jung, 1. Aufl. 1989, Rn. 2.
6   ADS Rn. 4; BeBiKo/Grottel Rn. 1; Kölner Komm RechnungslegungsR/Peters Rn. 4; HKMS/Haferkorn/Diemers Rn. 3; Beck HdR/Andrejewski B 40 Rn. 444; Winnefeld Bilanz-HdB J XIII Rn. 346; Farr GmbHR 1996, 92 (96).
7   ADS Rn. 4.
8   Kölner Komm RechnungslegungsR/Peters Rn. 4; HKMS/Haferkorn/Diemers Rn. 3. Bsp. für eine Checkliste zu sämtlichen Befreiungsmöglichkeiten, die im konkreten Fall gelten können, finden sich bei Pöller BRZ 2009, 295; Farr BC 2009, 104.
9   Staub/Meyer Rn. 4; Kölner Komm RechnungslegungsR/Peters Rn. 5; HKMS/Haferkorn/Diemers Rn. 4.
10   EBJS/Böcking/Gros/Wirth Rn. 1; Wiedmann/Böcking/Gros Rn. 1.
11   ADS Rn. 1 aE; Pfitzer/Wirth DB 1994, 1937.

gilt daher für kleine und mittelgroße Genossenschaften in gleicher Weise. Unberührt bleibt die Ausnahmeregelung des § 336 Abs. 2 S. 1 Nr. 2, nach der Angaben gem. § 285 Nr. 17 von Genossenschaften ohnehin nicht zu machen sind. **Publizitätspflichtige Unternehmen** nach §§ 1 Abs. 1, 3 PublG, die nicht Personengesellschaften oder Einzelkaufleute sind, sind gem. § 5 Abs. 2 PublG verpflichtet, einen Anhang zu erstellen, der den für große Kapitalgesellschaften geltenden Vorschriften entspricht. Sie haben die §§ 284–286 zu beachten; allerdings ohne die Angaben nach § 285 Nr. 14–15, 16 machen zu müssen. Das Wahlrecht kann sich auf eine der beiden Ziff. beschränken.[12] Greift ein Ausnahmetatbestand des § 286 nicht ein, müssen daher alle übrigen Pflichtangaben im Anhang gemacht werden. Das KapCoRiLiG hat den Anwendungsbereich des § 288 erweitert.[13] Daher gelten seine größenabhängigen Erleichterungen auch für OHG und KG, bei denen nicht wenigstens ein persönlich haftender Gesellschafter (1) eine natürliche Person oder (2) eine OHG, KG oder andere Personengesellschaft mit einer natürlichen Person als persönlich haftender Gesellschafter ist oder sich die Verbindung von Gesellschaften dieser Art fortsetzt (§ 264a Abs. 1). Eine Befreiung von der Aufstellung des Jahresabschlusses im Sinne dieser Vorschrift ist unter den Voraussetzungen des § 264b möglich. Die Vorschriften gelten gem. Art. 48 Abs. 1 EGHGB seit dem Geschäftsjahr 2000.[14]

Auf **Kreditinstitute** (§ 340a Abs. 2 S. 1) und **Versicherungsunternehmen** (§ 341a   **8** Abs. 2 S. 1) ist § 288 nicht anzuwenden.

II. Erleichterungen für kleine Kapitalgesellschaften (Abs. 1)

1. Angaben nach § 264c Abs. 2 S. 9, § 265 Abs. 4 S. 2. Die Angabepflichten im   **9** Anhang aus den allgemeinen Vorschriften zum Jahresabschluss aus **§ 264c Abs. 2 S. 9** und **§ 265 Abs. 4 S. 2** gelten nicht für kleine Kapitalgesellschaften iSv § 267 Abs. 1. Dies umfasst die Pflicht aus § 264c Abs. 2 S. 9 zur Angabe des Betrags der im Handelsregister eingetragenen Einlagen, soweit diese nicht geleistet sind (→ § 264c Rn. 25) und gem. § 265 Abs. 4 S. 2 Angaben zu Ergänzungen des Jahresabschlusses nach der für die anderen Geschäftszweige vorgeschriebenen Gliederung, einschließlich einer Begründung.

2. Angaben nach § 284. Der Anhang einer kleinen Kapitalgesellschaft iSv § 267   **10** Abs. 1 braucht die Pflichtangaben nach **§ 284 Abs. 2 Nr. 3** nicht zu enthalten. Danach müssten an sich bei Anwendung einer Bewertungsmethode nach § 240 Abs. 4, § 256 S. 1 die Unterschiedsbeträge pauschal für die jeweilige Gruppe ausgewiesen werden, wenn sich im Vergleich zu einer Bewertung auf der Grundlage des letzten vor dem Abschlussstichtag bekannten Börsenkurses oder Marktpreises ein erheblicher Unterschied ergibt (→ § 284 Rn. 90 ff.). Auch eine aufgegliederte Darstellung der einzelnen Posten des Anlagevermögens einschließlich der Abschreibungen und der im Geschäftsjahr aktivierten Zinsen nach **§ 284 Abs. 3** (→ Rn. 125) ist für kleine Kapitalgesellschaften nicht erforderlich.

3. Angaben nach § 285. Nach Abs. 1 Nr. 1 braucht der Anhang einer kleinen Kapital-   **11** gesellschaft folgende Pflichtangaben aus § 285 nicht zu enthalten:
- Aufgliederung des Gesamtbetrags der Verbindlichkeiten mit einer Restlaufzeit von mehr als fünf Jahren und der durch Pfandrechte oder ähnliche Rechte gesicherten Verbindlichkeiten für jeden Posten nach dem vorgeschriebenen Gliederungsschema **(§ 285 Nr. 2)**;
- Angabe von Art und Zweck sowie von Risiken und Vorteilen nicht in der Bilanz enthaltener Geschäfte **(§ 285 Nr. 3)**;
- Aufgliederung der Umsatzerlöse nach Tätigkeitsbereichen sowie nach geographisch bestimmten Märkten **(§ 285 Nr. 4)**;
- Angabe des Materialaufwands im Geschäftsjahr, gegliedert nach § 275 Abs. 2 Nr. 5 bei Verwendung des Umsatzkostenverfahrens (§ 275 Abs. 3), **§ 285 Nr. 8 lit. a;**

---

[12] BeBiKo/Grottel Rn. 40.
[13] Scheffler DStR 2000, 529 (531); Strobel DB 2000, 53.
[14] Bitter/Grashoff DB 2000, 833; Luttermann ZIP 2000, 517 (525); Zimmer/Eckhold NJW 2000, 1361 (1362).

– Angabe des Personalaufwands im Geschäftsjahr, gegliedert nach § 275 Abs. 2 Nr. 6 bei Verwendung des Umsatzkostenverfahrens (§ 275 Abs. 3), **§ 285 Nr. 8 lit. b;**

– Angabe der gewährten Gesamtbezüge für die Mitglieder des Geschäftsführungsorgans, eines Aufsichtsrats, eines Beirats oder einer ähnlichen Einrichtung jeweils für jede Personengruppe **(§ 285 Nr. 9 lit. a);**

– Angabe der gewährten Gesamtbezüge für die früheren Organmitglieder und ihre Hinterbliebenen **(§ 285 Nr. 9 lit. b);**

– Angabe aller Mitglieder des Geschäftsführungsorgans und eines Aufsichtsrats und zusätzliche Angaben für börsennotierte Gesellschaften **(§ 285 Nr. 10);**

– Angaben zu anderen Unternehmen, an denen Beteiligungen iSv § 271 Abs. 1 bestehen, einschließlich Name und Sitz der Höhe der Anteile, dem Eigenkapital, sowie dem letzten Ergebnis des Geschäftsjahrs **(§ 285 Nr. 11);**

– Angaben zu Komplementärbeteiligungen der Kapitalgesellschaft, einschließlich Name, Sitz und Rechtsform **(§ 285 Nr. 11a);**

– Angaben zu Beteiligungen börsennotierter Kapitalgesellschaften, soweit die Stimmrechte 5% übersteigen **(§ 285 Nr. 11b);**

– Erläuterung der Rückstellungen, die in der Bilanz unter dem Posten „sonstige Rückstellungen" nicht gesondert ausgewiesen werden **(§ 285 Nr. 12);**

– Angabe von Name und Sitz des Mutterunternehmens der Kapitalgesellschaft, das den für den größten Konzernabschluss aufstellt, sowie der Ort, wo dieser erhältlich ist **(§ 285 Nr. 14);**

– Angaben von Kapitalgesellschaften & Co zu Komplementär-Kapitalgesellschaften **(§ 285 Nr. 15);**

– Angaben über den Bestand und die verbundenen Rechte an Genussscheinen, Genussrechten, Wandelschuldverschreibungen, Optionsscheinen, Optionen, Besserungsscheinen und vergleichbaren Wertpapieren oder Rechten **(§ 285 Nr. 15a);**

– Angabe des von dem Abschlussprüfer für das Geschäftsjahr berechneten Gesamthonorars **(§ 285 Nr. 17);**

– Angaben über den Finanzanlagen zugehörende Finanzinstrumente, die über ihrem beizulegenden Zeitwert ausgewiesen werden **(§ 285 Nr. 18);**

– Angabe von Art und Umfang sowie dem beizulegenden Zeitwert für jede Kategorie derivativer Finanzinstrumente **(§ 285 Nr. 19);**

– Angaben zu nicht zu marktüblichen Bedingungen zustande gekommenen Geschäften mit nahestehenden Unternehmen und Personen **(§ 285 Nr. 21);**

– Angabe des Gesamtbetrags der Forschungs- und Entwicklungskosten des Geschäftsjahres sowie des Betrages, der davon auf die Aktivierung selbst geschaffener immaterieller Vermögensgegenstände entfällt **(§ 285 Nr. 22);**

– Angaben zu den Bewertungsgrundlagen von Rückstellungen für Pensionen und ähnliche Verpflichtungen **(§ 285 Nr. 24);**

– Angaben zu Anteilen und Anlageaktien an Investmentvermögen **(§ 285 Nr. 26);**

– Angaben zu Verbindlichkeiten und Haftungsverhältnissen nach § 268 Abs. 7 **(§ 285 Nr. 27);**

– Angaben zu ausschüttungsgesperrten Beträgen iSd § 268 Abs. 8 **(§ 285 Nr. 28);**

– Angaben zu latenten Steuern **(§ 285 Nr. 29);**

– Angaben zu latenten Steuersalden am Geschäftsjahresende und deren Entwicklung währenddessen, wenn latente Steuerschulden angesetzt werden **(§ 285 Nr. 30);**

– Erläuterungen zu periodenfremden Erträgen und Aufwendungen hinsichtlich Betrag und Art **(§ 285 Nr. 32);**

– Angaben zu Vorgängen besonderer Bedeutung nach dem Bilanzstichtag sowie deren finanziellen Auswirkungen **(§ 285 Nr. 33);**

– den Vorschlag für die Ergebnisverwendung bzw. den diesbezüglichen Beschluss **(§ 285 Nr. 34).**

12   Zudem gelten folgende Erleichterungen zugunsten kleiner Kapitalgesellschaften, die folgende Angaben aus § 285 nicht machen müssen:

– Bei der Angabe der durchschnittlichen Arbeitnehmerzahl nach § 285 **Nr. 7** kann auf eine Trennung nach Gruppen verzichtet werden;
– Bei der Angabe von Name und Sitz des Mutterunternehmens der Kapitalgesellschaft, das den Konzernabschluss für den kleinsten Konsolidierungskreis aufgestellt nach § 285 **Nr. 14a,** kann auf die Angabe verzichtet werden, wo der Konzernabschluss erhältlich ist.

Die übrigen Angaben nach § 284 bzw. § 285 müssen kleine Kapitalgesellschaften vornehmen. Über die Befreiung nach § 288 hinaus brauchen kleine Kapitalgesellschaften gem. **13** § 326 Abs. 1 S. 2 die die GuV betreffenden Angaben in dem zum Handelsregister einzureichenden Anhang nicht zu machen.

III. Erleichterungen für mittelgroße Kapitalgesellschaften (Abs. 2)

1. Angaben nach § 285. Nach Abs. 2 gelten für mittelgroße Kapitalgesellschaften iSv **14** § 267 Abs. 2 Erleichterungen. Im Anhang einer mittelgroßen Kapitalgesellschaft müssen folgende Pflichtangaben aus § 285 nicht (vollumfänglich) vorliegen:
– Aufgliederung der Umsatzerlöse nach Tätigkeitsbereichen sowie nach geographisch bestimmten Märkten **(§ 285 Nr. 4).** Diese nunmehr in Abs. 2 S. 1 enthaltene Befreiung von der Angabepflicht galt gem. § 288 S. 2 aF bereits vor dem BilMoG.
– Angabe des von dem Abschlussprüfer für das Geschäftsjahr berechneten Gesamthonorars **(§ 285 Nr. 17).** Mittelgroße Kapitalgesellschaften müssen nach Abs. 2 S. 2 nicht über das von dem Abschlussprüfer für das Geschäftsjahr berechnete Gesamthonorar berichten. In diesem Fall sind sie aber ersatzweise verpflichtet, die Angaben nach § 285 Nr. 17 der Wirtschaftsprüferkammer auf deren schriftliche Aufforderung zu übermitteln.[15] Mit dieser durch das BilMoG eingeführten Erleichterung der Angabepflicht nimmt der deutsche Gesetzgeber die den Mitgliedstaaten in Art. 45 Abs. 2 RL 78/660/EWG (4. EG-Richtlinie) idF der Abschlussprüfer-RL eingeräumte Möglichkeit wahr, auf die Offenlegung der in Art. 43 Abs. 1 Nr. 15 RL 78/660/EWG (4. EG-Richtlinie) idF der Abschlussprüfer-RL genannten Angaben zu verzichten, wenn die Informationen dem öffentlichen Aufsichtsgremium über Abschlussprüfer auf dessen Anforderung zur Verfügung gestellt werden. Die Unternehmen müssen die notwendigen Angaben vorhalten oder jedenfalls im Zeitpunkt der Anforderung unproblematisch ermitteln können.[16] Die Befreiungswirkung erfasst nur die Angabepflicht nach § 285 Nr. 17; sie gilt nicht für die Pflicht zur Angabe im Konzernabschluss nach § 314 Abs. 1 Nr. 9, wenn die mittelgroße Kapitalgesellschaft in den Konzernabschluss ihres Mutterunternehmens einbezogen wird.[17]
– Angaben zu nicht zu marktüblichen Bedingungen zustande gekommenen Geschäften mit nahestehenden Unternehmen und Personen **(§ 285 Nr. 21).** Abs. 2 S. 3 beschränkt diese Angabepflicht für **mittelgroße Kapitalgesellschaften** in Übereinstimmung mit Art. 17 Abs. 1 lit. r UAbs. 4 Bilanz-RL auf die Pflicht des § 285 Nr. 21, solche Geschäfte anzugeben, die direkt oder indirekt mit einem Gesellschafter, Unternehmen, an denen die Gesellschaft selbst eine Beteiligung hält, oder Mitgliedern des Geschäftsführungs-, Aufsichts- oder Verwaltungsorgans abgeschlossen wurden. Dies gilt nach Art. 61 SE-VO[18] auch für die Europäische Aktiengesellschaft, nicht hingegen für die KGaA.[19] Der dem deutschen Bilanzrecht bislang unbekannte Begriff des „Hauptgesellschafters" ist vor dem Hintergrund der Zwecksetzung des § 285 Nr. 21 funktional zu verstehen. Danach ist diejenige natürliche oder juristische Person oder Personengesellschaft Hauptgesellschafter, die die unmittelbare oder mittelbare Möglichkeit hat, durch Anweisung der Unternehmensleitung die Finanz- und Geschäftspolitik des Unternehmens zu bestimmen und so die Eingehung eines marktunüblichen Geschäfts zum eigenen Nutzen

---

15 Begr. RegE BilMoG, BT-Drs. 16/10067, 76.
16 Wollmert/Oser/Graupe StuB 2010, 123 (124).
17 Wollmert/Oser/Graupe StuB 2010, 123 (124).
18 Verordnung (EG) Nr. 2157/2001 des Rates v. 8.10.2001 über das Statut der Europäischen Gesellschaft (SE), ABl. EG L 294, 1.
19 IDW RS HFA 33 Rn. 25 Fn. 5.

durchzusetzen.[20] Davon wird in der Regel bei einem beherrschenden Einfluss iSd § 290 Abs. 1 S. 1, nicht aber bei einem nur maßgeblichen Einfluss iSd § 311 Abs. 1 oder bei gemeinschaftlicher Führung iSd § 310 Abs. 1 auszugehen sein.[21] Unerheblich ist, ob das Geschäft **direkt** mit dem Hauptgesellschafter bzw. Organmitglied selbst oder **indirekt** mit Personen abgeschlossen wurde, auf die der Hauptgesellschafter bzw. das Organmitglied beherrschenden Einfluss ausüben können.

– Angaben zu latenten Steuern, **§ 285 Nr. 29** (Abs. 2 S. 2); auch mittelgroße Kapitalgesellschaften müssen hingegen nach § 285 Nr. 30 Angaben zu latenten Steuerschulden machen.

– Erläuterungen zu periodenfremden Erträgen und Aufwendungen hinsichtlich Betrag und Art, **§ 285 Nr. 32** (Abs. 2 S. 2).

15   Darüber hinaus muss der Anhang mittelgroßer Kapitalgesellschaften nach den für große Kapitalgesellschaften (§ 267 Abs. 3) geltenden Vorschriften aufgestellt werden.

16   **2. Der zum Handelsregister einzureichende Anhang.** Gemäß § 327 Nr. 2 dürfen mittelgroße Kapitalgesellschaften bei der Einreichung des Anhangs zum Handelsregister die Angaben nach § 285 Nr. 2, 8 lit. a, Nr. 12 weglassen. Machen sie von der Möglichkeit nach **§ 327 Nr. 1 S. 1** Gebrauch und reichen die Bilanz in der verkürzten Form für kleine Kapitalgesellschaften ein, so müssen sie in dem zum Handelsregister einzureichenden Anhang zusätzlich zum sonstigen Inhalt nach **§ 327 Nr. 1 S. 2** bestimmte Posten gesondert angeben. Eine Ausnahme hiervon besteht für den Fall, dass die Posten aus der eingereichten Bilanz ersichtlich sind.

IV. Internationale Vergleichbarkeit

17   Größenabhängige Erleichterungen bei der Aufstellung des Anhangs sind sowohl bei der Bilanzierung nach IAS/IFRS als auch nach US-GAAP unbekannt.[22] Es gelten jedoch Erleichterungen für Unternehmen, die keine Wertpapiere öffentlich notiert haben (IFRS 8; IAS 33, IAS 34).

Sechster Titel. Lagebericht

§ 289 Inhalt des Lageberichts

(1) [1]Im Lagebericht sind der Geschäftsverlauf einschließlich des Geschäftsergebnisses und die Lage der Kapitalgesellschaft so darzustellen, dass ein den tatsächlichen Verhältnissen entsprechendes Bild vermittelt wird. [2]Er hat eine ausgewogene und umfassende, dem Umfang und der Komplexität der Geschäftstätigkeit entsprechende Analyse des Geschäftsverlaufs und der Lage der Gesellschaft zu enthalten. [3]In die Analyse sind die für die Geschäftstätigkeit bedeutsamsten finanziellen Leistungsindikatoren einzubeziehen und unter Bezugnahme auf die im Jahresabschluss ausgewiesenen Beträge und Angaben zu erläutern. [4]Ferner ist im Lagebericht die voraussichtliche Entwicklung mit ihren wesentlichen Chancen und Risiken zu beurteilen und zu erläutern; zugrunde liegende Annahmen sind anzugeben. [5]Die Mitglieder des vertretungsberechtigten Organs einer Kapitalgesellschaft, die als Inlandsemittent (§ 2 Absatz 14 des Wertpapierhandelsgesetzes) Wertpapiere (§ 2 Absatz 1 des Wertpapierhandelsgesetzes) begibt und keine Kapitalgesellschaft im Sinne des § 327a ist, haben in einer dem Lagebericht beizufügenden schriftlichen Erklärung zu versichern, dass im Lagebericht nach bestem Wissen der Geschäftsverlauf einschließlich des Geschäftsergebnisses und die Lage der Kapitalgesellschaft so dargestellt sind, dass ein den tatsächlichen Verhältnissen entsprechendes Bild vermittelt wird, und dass die wesentlichen Chancen und Risiken im Sinne des Satzes 4 beschrieben sind.

---

[20]   Begr. RegE BilMoG, BT-Drs. 16/10067, 76; Niehus DStR 2008, 2280 (2284).
[21]   Rimmelspacher/Fey WPg 2010, 180 (190).
[22]   BeckOGK/Kessler Rn. 19; EBJS/Böcking/Gros/Wirth Rn. 5, 6; Wiedmann/Böcking/Gros Rn. 5, 6.

(2) [1]Im Lagebericht ist auch einzugehen auf:
1. a) die Risikomanagementziele und -methoden der Gesellschaft einschließlich ihrer Methoden zur Absicherung aller wichtigen Arten von Transaktionen, die im Rahmen der Bilanzierung von Sicherungsgeschäften erfasst werden, sowie
   b) die Preisänderungs-, Ausfall- und Liquiditätsrisiken sowie die Risiken aus Zahlungsstromschwankungen, denen die Gesellschaft ausgesetzt ist,
   jeweils in Bezug auf die Verwendung von Finanzinstrumenten durch die Gesellschaft und sofern dies für die Beurteilung der Lage oder der voraussichtlichen Entwicklung von Belang ist;
2. den Bereich Forschung und Entwicklung sowie
3. bestehende Zweigniederlassungen der Gesellschaft.
[2]Sind im Anhang Angaben nach § 160 Absatz 1 Nummer 2 des Aktiengesetzes zu machen, ist im Lagebericht darauf zu verweisen.

(3) Bei einer großen Kapitalgesellschaft (§ 267 Abs. 3) gilt Absatz 1 Satz 3 entsprechend für nichtfinanzielle Leistungsindikatoren, wie Informationen über Umwelt- und Arbeitnehmerbelange, soweit sie für das Verständnis des Geschäftsverlaufs oder der Lage von Bedeutung sind.

(4) Kapitalgesellschaften im Sinn des § 264d haben im Lagebericht die wesentlichen Merkmale des internen Kontroll- und des Risikomanagementsystems im Hinblick auf den Rechnungslegungsprozess zu beschreiben.

Schrifttum: Abendroth, Der Bilanzeid – sinnvolle Neuerung oder systematischer Fremdkörper?, WM 2008, 1147; Altenhain, Der strafbare falsche Bilanzeid, WM 2008, 1141; Baetge, Anmerkungen zum deutschen Enforcement-Modell, ZHR 168 (2004), 428; Baetge/Schulze, Möglichkeiten der Objektivierung der Lageberichterstattung über „Risiken der künftigen Entwicklung" – Ein Vorschlag zur praktischen Umsetzung der vom KonTraG verlangten Berichtspflichten, DB 1998, 937; Baetge/Prigge, Anforderungen an verpflichtende, empfohlene und freiwillige Angaben des Konzernlageberichts, DB 2006, 401; Ballwieser, Die Lageberichte der DAX-Gesellschaften im Lichte der Grundsätze ordnungsgemäßer Lageberichterstattung, FS Baetge, 1997, 153; Barenhoff, Die Lageberichterstattung der DAX-Konzerne unter dem Einfluss des Bilanzrechtsreformgesetzes, 2008; Beiersdorf/Buchheim, Entwurf des Gesetzes zur Umsetzung der EU-Transparenzrichtlinie: Ausweitung der Publizitätspflichten, BB 2006, 1674; Benkert, Das Management ökologischer Risiken in Unternehmen, in Lange/Wall, Risikomanagement nach dem KonTraG, 2001, § 5 B; Bischof/Selch, Neuerungen für den Lagebericht nach dem Regierungsentwurf eines Bilanzrechtsmodernisierungsgesetzes, WPg 2008, 1021; Bitter/Grashoff, Anwendungsprobleme des Kapitalgesellschaften- und Co.-Richtlinie-Gesetzes, DB 2000, 833; Bosse, Wesentliche Neuregelungen ab 2007 aufgrund des Transparenzrichtlinie-Umsetzungsgesetzes für börsennotierte Unternehmen, DB 2007, 39; Braun/Louven, Neuregelungen des BilMoG für GmbH-Aufsichtsräte, GmbHR 2009, 965; Buchheim/Knorr, Der Lagebericht nach DRS 15 und internationale Entwicklungen, WPg 2006, 413; Dörner, Der Prognosebericht nach § 289 Abs. 2 Nr. 2 HGB – Überlegungen zur Verminderung der Diskrepanz zwischen Publizitätsanforderungen und Publizitätspraxis, FS Ludewig, 1996, 217; Dörner/Bischof, Zweifelsfragen zur Berichterstattung über die Risiken der künftigen Entwicklung im Lagebericht, WPg 1999, 445; Dreher, Die Vorstandsverantwortung im Geflecht von Risikomanagement, Compliance und interner Revision, FS Hüffer, 2010, 161; Ebenroth/Lange, Sorgfaltspflichten und Haftung des Geschäftsführers einer GmbH nach § 43 GmbHG, GmbHR 1992, 69; Ernst/Seidler, Der Regierungsentwurf eines Gesetzes zur Modernisierung des Bilanzrechts, ZGR 2008, 631; Fey, Die Angabe bestehender Zweigniederlassungen im Lagebericht nach § 289 Abs. 2 Nr. 4 HGB, DB 1994, 485; Fink/Kajüter/Winkeljohann, Lageberichterstattung, 2013; Fink/Schmidt, Neue Entwicklungen in der Lageberichterstattung, DB 2015, 2157; Fink/Theile, Anhang und Lagebericht nach dem RegE zum Bilanzrichtlinie-Umsetzungsgesetz, DB 2015, 753; Fischer/Schuck, Die Einrichtung von Corporate Governance-Systemen nach dem FISG, NZG 2021, 534; Fleischer, Der deutsche „Bilanzeid" nach § 264 Abs. 2 Satz 3 HGB, ZIP 2007, 97; Freidank/Steinmeyer, Fortentwicklung der Lageberichterstattung nach BilReG aus betriebswirtschaftlicher Sicht, BB 2005, 2512; Gernoth, Aufsichtsrat und Prüfungsausschuss: Praktische Auswirkungen des Bilanzrechtsmodernisierungsgesetzes auf die Corporate Governance der GmbH, NZG 2010, 292; Graff, Die Anfechtbarkeit der Entlastung bei Fehlen des Lageberichts, AG 2008, 479; Hahnefeld, Neue Regelungen zur Offenlegung bei Zweigniederlassungen – Inkrafttreten des Gesetzes zur Umsetzung der Elften gesellschaftsrechtlichen Richtlinie, DStR 1993, 1596; Haller/Dietrich, Intellectual Capital Bericht als Teil des Lageberichts, DB 2001, 1045; Hennrichs, Die Grundkonzeption der CSR-Berichterstattung und ausgewählte Problemfelder, ZGR 2018, 206; Heuser/Theile, Auswirkungen des Bilanzrechtsreformgesetzes auf den Jahresabschluss und Lagebericht der GmbH, GmbHR 2005, 201; Hoffmann, Umweltbelange im Lagebericht nach § 289 HGB, GWR 2013, 458; Hüttemann, Internationalisierung des deutschen Handelsbilanzrechts im Entwurf des Bilanzrechtsreformgesetzes, BB 2004, 203; Kaiser, Auswirkungen des Bilanzrechtsreformgesetzes auf die zukunftsorientierte Lageberichterstattung, WPg 2005, 405; Kaiser, Erweiterung der zukunftsorientierten Lageberichterstattung: Folgen des Bilanzrechtsreformgesetzes für Unternehmen, DB 2005, 345; Kajüter, Der Lagebericht als Instrument einer kapitalmarktorientierten Rechnungslegung, DB 2004, 197; Kajüter, Berichterstattung über Chancen und Risiken im Lagebericht, BB 2004, 427; Kaya, Verminderung der Aussagekraft des Lageberichts mittelständischer Unternehmen, StuB 2010, 483; Keppeler/Bering, Auswirkungen der DS-GVO auf Jahresabschluss und Lagebericht von Unternehmen – Handelsrechtliche Bewertung von Sanktionen bei Datenverstößen, ZD 2018, 157; Kirsch/Scheele, Die Auswirkungen der Modernisierungsrichtlinie auf die (Konzern-)Lageberichterstattung, WPg 2004, 1; Kleindiek, Geschäftsleitertätigkeit und Geschäftsleitungskontrolle: Treuhändische Vermögensverwaltung und Rechnungslegung, ZGR 1998, 466; Kort, Risikomanagement nach dem Bilanzrechtsmodernisierungsgesetz, ZGR 2010, 440; Küting/Hütten, Die Lageberichterstattung über Risiken der künftigen Entwicklung – Annäherung an die geplante Änderung der §§ 289, 315 HGB durch das KonTraG, AG 1997, 250; Kuhn, Die Berichterstattung über Forschung und Entwicklung im Lagebericht, DStR 1993, 491; C. Lange/Daldrup, Grundsätze ordnungsmäßiger Umweltschutz-Publizität – Vertrauenswürdige Berichterstattung über die ökologische Lage in Umwelterklärungen und Umweltberichten, WPg 2002, 657; Lange, Berichterstattung in Lagebericht und Konzernlagebericht nach dem geplanten Bilanzrechtsreformgesetz, ZIP 2004, 981; Lange, Anforderungen an die Berichterstattung über Risiken in Lagebericht und Konzernlagebericht, in Lange/Wall (Hrsg.), Risikomanagement nach dem KonTraG, 2001, § 2 A; Lange, Risikoberichterstattung nach KonTraG und KapCoRiLiG, DStR 2001, 227; Lange, Grundsätzliche und unbegrenzte Pflicht zur Berichterstattung im Lagebericht?, BB 1999, 2447; Lück, Überwachung von Maßnahmen zur Qualitätssicherung in der Wirtschaftsprüferpraxis, DB 2000, 333; Lange/Bungartz, Risikoberichterstattung deutscher Unternehmen, DB 2004, 1789; Luttermann, Zum Gesetz zur Modernisierung des Bilanzrechts, ZIP 2008, 1605; Lange, Das Kapitalgesellschaften- und Co.-Richtlinie-Gesetz. Europarecht, Unternehmenspublizität und internationale Rechnungslegung, ZIP 2000, 517; K.-H. Maul, Der Lagebericht nach der 4. EG-Richtlinie und dem Entwurf des Bilanzrichtlinie-Gesetzes, WPg 1984, 187; Melcher/Mattheus, Zur Umsetzung der HGB-Modernisierung durch das BilMoG: Neue Offenlegungspflichten für Corporate Governance, DB-Beilage 5/2009, 77; Müller/Stute/Withus, Handbuch Lagebericht, 2013; Oser/Roß/Wader/Drögemüller, Eckpunkte des Regierungsentwurfs zum Bilanzrechtsmodernisierungsgesetz, WPg 2008, 675; Palmes, Der Lagebericht – Grundfragen und Haftung, 2008; Palmes, Eine Schutzklausel für den Lagebericht?, in Schön, Rechnungslegung und Wettbewerbsschutz im deutschen und europäischen Privatrecht, 2008, S. 375 ff.; Pfitzer/Orth, Offene Fragen und Systemwidrigkeiten des Bilanzrechtsreformgesetzes (BilReG), DB 2004, 2593; Sauter, Anhang und Lagebericht im Spannungsfeld zwischen Unternehmens- und Bilanzrecht, 2016; Scheffler, Änderungen des Bilanzrechts durch das BilRuG, AG 2015, 210; Schiffers, Neue und geänderte Anforderungen durch den DRS 20, GmbH-Stb 2014, 14; Schmidt/Wulbrand, Umsetzung der Anforderungen an die Lageberichterstattung nach dem BilReG und DRS 15, KoR 2007, 417; Schön, Nachhaltigkeit in der Unternehmensberichterstattung, ZfPW 2022, 207; Selch, Die Entwicklung der gesetzlichen Regelungen zum Lagebericht seit dem Aktiengesetz von 1965 bis zum KapCoRiLiG von 2000, WPg 2000, 357; Selchert, Windowdressing – Grenzbereich der Jahresabschlussgestaltung, DB 1996, 1933; Selchert, Wird die Warnfunktion des Abschlussprüfers nach dem Bilanzrichtlinie-Gesetz ausgeweitet?, DB 1985, 981; Sieben, Offene Fragen bei der Erstellung und Prüfung des Lageberichts, FS Goerdeler, 1987, 581; Stobbe, Der Lagebericht, BB 1988, 303; Strieder, Erweiterung der Lageberichterstattung nach dem BilMoG, BB 2009, 1002; Strieder, Der Lagebericht bei Kapitalgesellschaften und Genossenschaften – insbesondere seine Unterzeichnung, DB 1998, 1677; Veit, Funktion und Aufbau des Berichts zu Zweigniederlassungen, BB 1997, 461; Vogler/Engelhard/Gundert, Risikomanagementsysteme – Stand der Umsetzung, DB 2000, 1425; v. Werder, Die aktuellen Änderungen des Deutschen Corporate Governance Kodex, DB 2022, 1755; Wall, Kompatibilität des betriebswirtschaftlichen Risikomanagement mit den gesetzlichen Anforderungen?, WPg 2003, 457; Widmann, Das Risikomanagement als Funktionselement der Corporate Governance der Aktiengesellschaft, 2010; Wiese/Lukas, Das Bilanzrechtsmodernisierungsgesetz (BilMoG), GmbHR, 2009, 561; Wolf, Neuerungen im (Konzern-)Lagebericht durch das Bilanzrechtsreformgesetz (BilReG) und ihre praktische Umsetzung, DStR 2005, 438; Wolf, Zur Anforderung eines internen Kontroll- und Risikomanagementsystems im Hinblick auf den (Konzern-)Rechnungslegungsprozess gemäß BilMoG, DStR 2009, 920; Zimmer/Eckhold, Das Kapitalgesellschaften- & Co.-Richtlinie-Gesetz, NJW 2000, 1361; Zimmer/Sonneborn, § 91 Abs. 2 AktG – Anforderungen und gesetzgeberische Absichten, in Lange/Wall (Hrsg.), Risikomanagement nach dem KonTraG, 2001, § 1 B.

Übersicht

I. Einführung

1. Normzweck. a) Bedeutung. Nach § 264 Abs. 1 S. 1 und 3 sind die gesetzlichen **1** Vertreter **einer Kapitalgesellschaft** verpflichtet, einen Lagebericht aufzustellen. Darin müssen zumindest der Geschäftsverlauf und die Lage der Kapitalgesellschaft so dargestellt werden, dass ein den tatsächlichen Verhältnissen entsprechendes Bild vermittelt wird, Abs. 1 S. 1. Ferner hat der Bericht eine ausgewogene Analyse des Geschäftsverlaufs und der Lage der Gesellschaft zu enthalten. Zentraler Zweck der Lageberichterstattung ist daher die

Informationsvermittlung. Schon aus § 238 Abs. 1 S. 1 und 2, § 242 Abs. 1 S. 1 folgt, dass jeder bilanzierungspflichtige Kaufmann verpflichtet ist, bei der Erstellung seines Jahresabschlusses Rechenschaft über die Lage seines Unternehmens zu geben. Der Lagebericht hat ferner auf die Risikomanagementziele und -methoden der Gesellschaft einzugehen, zu bestimmten Risiken Stellung zu nehmen und auf den Bereich Forschung und Entwicklung sowie bestehende Zweigniederlassungen der Gesellschaft einzugehen, Abs. 2. Zusätzliche Informationen werden von großen Kapitalgesellschaften (§ 267 Abs. 3) gem. Abs. 3 und von kapitalmarktorientierten Kapitalgesellschaften gem. § 264d nach Abs. 4 verlangt. Ergänzende Vorgaben zur Angabe im Lagebericht enthält darüber hinaus § 289a für AG und KGaA, die einen organisierten Markt in Anspruch nehmen.

2   Der Lagebericht ist ein **eigenständiger Bestandteil** der jährlichen unternehmerischen Rechnungslegung. Er ist formalrechtlich nicht Teil des Jahresabschlusses, § 264 Abs. 1 S. 1. Vielmehr ergänzt er den Jahresabschluss als ein rechtlich und funktional eigenständiges Instrument der Rechnungslegung und als ein Informationsmittel.[1] Sein Fehlen führt nicht zur Nichtigkeit des Jahresabschlusses. Während der Anhang die Bilanz und die GuV erläutert, soll der Lagebericht den Geschäftsverlauf in dem Geschäftsjahr darstellen, über das berichtet wird. Zugleich soll er die Lage der Kapitalgesellschaft zum Zeitpunkt der Berichterstattung verdeutlichen. Während der Jahresabschluss als Rechenwerk dem sachkundigen Leser einen Überblick über die Lage des Unternehmens verschaffen soll, muss der Lagebericht einem sonstigen verständigen Leser anhand einer „verbalen Darstellung" ein entsprechendes Bild unter Einschluss der Risiken der künftigen Entwicklung zeichnen. Er liefert Informationen, die nicht unmittelbar im Jahresabschluss enthalten sind und die ein **wirtschaftliches Gesamtbild** ergeben. Der Bilanzleser soll durch die Lektüre von Jahresabschluss und Lagebericht vor Fehlschlüssen weitgehend verschont bleiben. Der Lagebericht ist von Formen einer freiwilligen Berichterstattung, wie etwa dem Geschäftsbericht, abzugrenzen.[2]

3   Die Angaben im Lagebericht sind **jedes Jahr erneut** zu machen. Ein ausdrücklicher oder indirekter Verweis auf die Lageberichte vergangener Jahre ist nicht zulässig.[3] Die Angaben haben vollständig, klar, wahr und deutlich zu erfolgen. Der Bericht sollte **übersichtlich und verständlich** sein; er ist als solcher zu bezeichnen. Die Angaben und deren Darstellung müssen präzise und prägnant sein. Es darf kein falsches Bild durch Verharmlosung, Verschleierung oder Übertreibung entstehen.[4] Das Gebot der Vollständigkeit wird lediglich dadurch eingeschränkt, dass unwesentliche Angaben unterbleiben können. Ferner wird das Gebot der Vollständigkeit für Kapitalgesellschaften, die ihren Lagebericht um eine nichtfinanzielle Erklärung zu erweitern haben (§ 289b), im Rahmen der nichtfinanziellen Erklärung für nachteilige Angaben ausnahmsweise dann eingeschränkt, wenn dies einem ausgewogenen Verständnis der Lage der Gesellschaft nicht entgegensteht, § 289e Abs. 1.

4   **b) Information und Rechenschaftslegung.** Der Lagebericht soll den Geschäftsverlauf und die Lage der berichtenden Kapitalgesellschaft so darstellen, dass ein den tatsächlichen Verhältnissen entsprechendes Bild vermittelt wird. Er hat eine ausgewogene und umfassende, dem Umfang und der Komplexität der Geschäftstätigkeit entsprechende Analyse des Geschäftsverlaufs und der Lage der Gesellschaft zu enthalten, Abs. 1 S. 1 und 2. Die Adressaten, wie Gesellschafter, Arbeitnehmer, Lieferanten, Investoren oder Gläubiger, sollen also zusätzliche Informationen erhalten, mit denen die Aussagen des Jahresabschlusses ergänzt werden, um eine Gesamtwürdigung vornehmen zu können **(Komplementär- oder**

---

[1]   BGH NJW-RR 2008, 907 (908); BGHZ 124, 111 (124) = NJW 1994, 520 ff.; OLG Köln ZIP 1993, 110 (112); Graff AG 2008, 479 (482). Enger insoweit Staub/Hommelhoff Rn. 12, der im Lagebericht eine in sich abgeschlossene Gesamtinformation sieht, der er keinerlei Erläuterungs- oder Ergänzungsfunktion hinsichtlich des Jahresabschlusses zugesteht.
[2]   Dazu Baetge/Prigge DB 2006, 401 (402).
[3]   Palmes, Der Lagebericht – Grundfragen und Haftung, 2008, S. 16–18.
[4]   BeBiKo/Grottel Rn. 22–28; GK-HGB/Lezius Rn. 7–14.

Ergänzungsfunktion), Abs. 1 S. 3.[5] Der Lagebericht ist neben dem Jahresabschluss Grundlage für die Entscheidung der Anteilseigner, ob und wie viel Gewinn ausgeschüttet werden soll. Daher ist das Fehlen eines Lageberichts ein bedeutsamer Verstoß gegen das Teilnahme- und Mitwirkungsrecht der Aktionäre.[6]

Ferner ist im Lagebericht die voraussichtliche Entwicklung mit ihren wesentlichen **5** Chancen und Risiken zu beurteilen und zu erläutern; zugrundeliegende Annahmen sind anzugeben, Abs. 1 S. 4 Hs. 2. Das Leitungsorgan der Kapitalgesellschaft muss somit neben der reinen Information zugleich seine subjektive Einschätzung der gegenwärtigen Lage und der zukünftigen Entwicklung abgeben. Der Lagebericht ist daher, anders als der Anhang, nicht an die vergangenheitsorientierten Instrumente Bilanz und GuV gebunden und verlangt daher explizit das Eingehen auf die Chancen und Risiken der künftigen Entwicklung **(Prognosefunktion).**[7]

Der Lagebericht ergänzt den Jahresabschluss, indem er dem Leser in **verdichteter 6 Form** zusätzliche Informationen in einer Art Gesamtaussage über die Lage und den Geschäftsverlauf der Gesellschaft zur Verfügung stellt.[8] Durch die Informationen im Lagebericht soll der Leser in die Lage versetzt werden, das **Gesamtbild des Unternehmens** zu würdigen. Die aus dem Jahresabschluss ableitbaren Erkenntnisse über die Geschäftslage des Unternehmens, seine Stellung auf den Beschaffungs- und Absatzmärkten, die Personalentwicklung, die Umwelteinflüsse und über die übrigen Umfeldbedingungen sollen vertieft werden. Der Leser soll mit sämtlichen ihm zur Verfügung gestellten Informationen in die Lage versetzt werden, die **Chancen und Risiken,** aber auch das Potenzial des Unternehmens hinreichend abschätzen zu können.[9] Zudem soll er über die Bedeutung von Finanzinstrumenten für das Unternehmen informiert werden.

Beide Funktionen zusammen dienen der Information und der Rechenschaftslegung **7 (Informationsfunktion).**[10] Die Kapitalgesellschaft soll **Rechenschaft** über das wirtschaftliche Gesamtgeschehen ablegen. Vorstand bzw. Geschäftsführung sollen ihre eigene Einschätzung der künftigen Entwicklung nach pflichtgemäßem Ermessen darlegen. Der Adressat des Jahresabschlusses kann so die Unternehmensentwicklung in der Zukunft besser einschätzen. Um dieser Aufgabe gerecht zu werden, muss die Berichterstattung ein den tatsächlichen Verhältnissen entsprechendes Bild zeichnen.[11] In diesem Zusammenhang sind auch die gestiegenen **Beurteilungs- und Analyseanforderungen** zu sehen. Die Unternehmensleitung hat ihre Erwartungen hinsichtlich der künftigen Entwicklung im Lagebericht zu kommunizieren.

Im Rahmen der Informationen im Lagebericht ist auf den Datenschutz angemessen **8** Rücksicht zu nehmen. Dies gilt namentlich bei personenbezogenen Daten. Die Lageberichterstattung hat daher datenschutzkonform zu erfolgen.[12]

c) Warnfunktion. Mit seinem umfangreichen Informationsgehalt kommt dem Lage- **9** bericht eine wichtige Warnfunktion zu. Vor allem die sog. Risikoberichterstattung soll sicherstellen, dass im Lagebericht Ursachen und Umstände von Risiken für die Kapitalgesellschaft angesprochen werden. In Verbindung mit der Berichtspflicht nach Abs. 2 S. 1 Nr. 1 kommt diesen Informationen vor allem für Kapitalanleger besondere Bedeutung zu.[13] Auch

---

[5] Winnefeld Bilanz-HdB K I Rn. 4; aA Staub/Hommelhoff Rn. 12 f.
[6] BGH NJW-RR 2008, 907 (908).
[7] Kaiser WPg 2005, 405 (409 f.); Kleindiek ZGR 1998, 466 (473); Sauter, Anhang und Lagebericht im Spannungsfeld zwischen Unternehmens- und Bilanzrecht, 2016, 36; Stobbe BB 1988, 303 ff. (zukunftsbezogene Komponente).
[8] Begr. RegE, BT-Drs. 10/317, 94; Lange BB 1999, 2447 ff.
[9] Kaiser DB 2005, 345 f.; Lange BB 1999, 2447 ff.
[10] Ausf. Staub/Hommelhoff Rn. 56 ff.; vgl. ferner Baetge/Schulze DB 1998, 937 (938); Küting/Hütten AG 1997, 250 (251); Stobbe BB 1988, 303 ff.
[11] Vgl. ADS Rn. 20; vgl. ferner Selchert DB 1996, 1933 ff.
[12] Vgl. Keppeler/Bering ZD 2018, 157 ff.
[13] Sauter, Anhang und Lagebericht im Spannungsfeld zwischen Unternehmens- und Bilanzrecht, 2016, S. 37.

die Berichterstattung nach Abs. 4 über das interne Kontroll- und das interne Risikomanagementsystem bei kapitalmarktorientierten Kapitalgesellschaften dient dieser Anlegerinformation.

10   **d) Überwachungsfunktion.** Vor allem im Zuge der Diskussion um Corporate Governance kommt der Lageberichterstattung zunehmend auch eine Überwachungsfunktion zu. Die stetig umfangreichere Lageberichterstattung soll es dem Aufsichtsrat zunehmend ermöglichen, die Tätigkeit der Unternehmensleitung zu überwachen, was durch die Prüfungsergebnisse des Abschlussprüfers verstärkt wird.

11   **2. Anwendungsbereich.** Der Anwendungsbereich des § 289 ist differenzierend geregelt. Grundsätzlich müssen **alle mittelgroßen und großen Kapitalgesellschaften** einen Lagebericht aufstellen,[14] wenn sie als Tochterunternehmen nicht befreit sind (§ 264 Abs. 3 bzw. § 264b). Lediglich **kleine** Kapitalgesellschaften iSv § 267 Abs. 1 sind von dieser Verpflichtung befreit, § 264 Abs. 1 S. 4; dies gilt gem. § 267a Abs. 2 auch für Kleinstgesellschaften. Allerdings kann deren Satzung eine entsprechende Pflicht enthalten. Ist dies der Fall, so ist der Vorstand zur Aufstellung eines Lageberichts verpflichtet.[15] Für **große** Kapitalgesellschaften iSv § 267 Abs. 3 enthält Abs. 3 eine größenabhängige Erweiterung der Berichtspflichten. AG und KGaA, die einen **organisierten Markt (§ 2 Abs. 7 WpÜG) in Anspruch nehmen,** müssen einen (Einzel-)Lagebericht aufstellen, der zusätzlich die in § 289a niedergelegten Angaben enthält. **Kapitalmarktorientierte Kapitalgesellschaften** iSv § 264d haben die zusätzliche Abgabepflicht des Abs. 4 zu erfüllen. Auch eingetragene **Genossenschaften** müssen einen Lagebericht aufstellen, § 336 Abs. 1 S. 1. Für sie besteht keine größenabhängige Staffelung. Auch Unternehmen, die nach dem **PublG** zur Rechnungslegung verpflichtet sind, haben einen Lagebericht aufzustellen, §§ 1 Abs. 1, 3, 5 PublG. Lediglich Einzelkaufleute und Personenhandelsgesellschaften brauchen neben ihrem Jahresabschluss keinen Lagebericht aufzustellen, § 5 Abs. 2 S. 1 PublG.

12   Die § 340a Abs. 1 und § 341a Abs. 1 enthalten Sondervorschriften für **Kreditinstitute** und **Versicherungsunternehmen.** Nach § 264a Abs. 1 müssen auch solche **OHG und KG** einen Lagebericht erstellen, bei denen nicht wenigstens ein persönlich haftender Gesellschafter (1) eine natürliche Person oder (2) eine OHG, KG oder andere Personengesellschaft mit einer natürlichen Person als persönlich haftender Gesellschafter ist oder sich die Verbindung von Gesellschaften dieser Art fortsetzt. Eine Befreiung von der Aufstellung des Jahresabschlusses im Sinne dieser Vorschrift ist unter den Voraussetzungen des § 264b möglich.[16] Aufgrund der zahlreichen Einzelregelungen zur Lageberichterstattung sind deutliche Differenzierungen hinsichtlich der Angabepflichten je nach Unternehmensgröße, Kapitalmarktorientierung oder Geschäftszweig zu beachten.

13   Wird der Lagebericht von einem Unternehmen **freiwillig** – also ohne bestehende gesetzliche Verpflichtung – aufgestellt, muss dieser Bericht nicht den Vorgaben des § 289 entsprechen. Dies gilt jedoch nicht, wenn für den Jahresabschluss dieses Unternehmens der handelsrechtliche Bestätigungsvermerk nach § 322 Abs. 1 erteilt werden soll.[17]

14   **3. Bedeutung der Norm.**[18] § 289 hat in den letzten Jahrzehnten zahlreiche und tiefgreifende Veränderungen erfahren. Von der ursprünglich einzigen Vorschrift zum (Einzel-)Lagebericht ist § 289 nach und nach durch weitere Normen ergänzt worden und hat dabei seinen Charakter erheblich verändert. Hatte der Gesetzgeber zunächst noch versucht, die zahlreichen und immer umfangreicheren Vorgaben des europäischen Gesetzgebers in einer Vorschrift, später in zwei Vorschriften abzubilden, so ist durch das **CSR-Richtlinie-**

---

[14]   Palmes, Der Lagebericht – Grundfragen und Haftung, 2008, S. 16 Fn. 71.
[15]   BGH NJW-RR 2008, 907 f.
[16]   Bitter/Grashoff DB 2000, 833 f.; Luttermann ZIP 2000, 517 (525); Zimmer/Eckhold NJW 2000, 1361 (1362).
[17]   ADS Rn. 6.
[18]   Ausf. zur geschichtlichen Entwicklung der Lageberichterstattung in Deutschland Fink/Kajüter/Winkeljohann, Lageberichterstattung, 2013, S. 5–7; Staub/Hommelhoff Rn. 3–16.

Umsetzungsgesetz eine vollkommen neue Struktur der §§ 289 ff. geschaffen worden. § 289 enthält heute in den Abs. 1 und 2 Regelungen, die für alle berichtspflichtigen Gesellschaften gelten, die einen Lagebericht aufzustellen haben. Es handelt sich um Pflichtangaben bzw. Mindestangaben. Für große Kapitalgesellschaften sieht Abs. 3 eine Erweiterung der Berichterstattung um nichtfinanzielle Leistungsindikatoren vor; Abs. 4 enthält für kapitalmarktorientierte Kapitalgesellschaften gem. § 264d eine gesonderte Vorgabe bei der Beschreibung des internen Kontroll- und Risikomanagementsystems.

Durch das CSR-Richtlinie-Umsetzungsgesetz ist § 289 als eine Art **Ausgangsvor-** 15 **schrift für die Lageberichterstattung** konzipiert worden, die durch die §§ 289a–289f ergänzt wird. Abzuwarten bleibt, ob sich daraus eine grundsätzliche Tendenz des Gesetzgebers ableiten lässt, die Norm als eine Art allgemeinen Teil oder Generalnorm der Lageberichterstattung weiterzuentwickeln und auszugestalten. Im Fokus der gesetzgeberischen Aktivitäten steht derzeit die Weiterentwicklung der nichtfinanziellen Berichterstattung, mit der **Taxonomie-VO**[19] und der **Corporate Sustainability Reporting Directive** (CSRD).[20]

4. Abgrenzungen zum Anhang und zu freiwilligen Angaben. a) Anhang und 16 **Lagebericht.** Zwar unterscheidet das Gesetz zwischen Angaben, die im Anhang zu machen sind und solchen, die im Lagebericht darzustellen sind. Allerdings besteht bei einigen Angaben ein Wahlrecht hinsichtlich des Ortes ihrer Angabe. Sowohl der Lagebericht als auch der **Anhang** besitzen eine Informations- und eine Erläuterungsfunktion. Dennoch werden sie vom Gesetz unterschiedlich behandelt. Als wesentlicher Bestandteil des Jahresabschlusses erläutert der Anhang die Rechnungslegung durch Bilanz und GuV. Er soll ergänzende Informationen liefern und so Fehlinterpretationen einzelner Positionen des Jahresabschlusses vorbeugen.

Die Angaben im Anhang ermöglichen es einem bilanzunkundigen Leser zumeist nicht, 17 die tatsächliche Gesamtsituation des Unternehmens zu erkennen. Der **Lagebericht** soll deshalb das **Gesamtbild** des Unternehmens darstellen und eine Bewertung des Unternehmens in seiner Gesamtheit ermöglichen. Losgelöst von den einzelnen Posten des Jahresabschlusses stellt er eine zusätzliche Informationsquelle dar. Der Lagebericht erläutert keine Abschlusspositionen; er stellt vielmehr die für das Unternehmen bedeutsamen wirtschaftlichen Zusammenhänge dar und erklärt sie.[21]

Die Forderung in Abs. 1, wonach der Geschäftsverlauf und die Lage der Gesellschaft 18 so darzustellen sind, dass ein **„den tatsächlichen Verhältnissen entsprechendes Bild"** vermittelt wird, ähnelt sehr stark der Vorgabe des § 264 Abs. 2, der zusätzliche Angaben im Anhang verlangt, wenn der Jahresabschluss unter Beachtung der gesetzlichen Vorschriften und der GoB ein den tatsächlichen Verhältnissen entsprechendes Bild von der Vermögens-, Finanz- und Ertragslage der Gesellschaft nicht vermittelt. Durch die Verwendung derselben Begriffe treten zusätzliche **Abgrenzungsschwierigkeiten** auf. Obwohl Anhang und Lagebericht unterschiedliche Aufgaben wahrnehmen, kann es daher im Einzelfall zu Überschneidungen kommen. Dabei sollte jedoch beachtet werden, dass sich Anhang und Lagebericht nicht ersetzen sollen. So soll der Lagebericht nach Abs. 1 S. 4, Abs. 2 S. 1 Nr. 1 Erkenntnisse vermitteln, die sich nicht aus dem Jahresabschluss ableiten lassen. Abs. 2 S. 2 verlangt umgekehrt einen Verweis auf bestimmte Anhangangaben im Lagebericht. Der Lagebericht gibt qualitative Informationen wieder, anhand derer die Ursachen für die zum Abschlussstichtag erreichte Vermögens-, Finanz- und Ertragslage erläutert werden. Dem Lagebericht kommt **nicht** die Aufgabe zu, Angaben des Jahresabschlusses zu **korrigieren.**[22] Er soll vielmehr

---

[19] Verordnung (EU) 2020/852 des Europäischen Parlaments und des Rates vom 18. Juni 2020 über die Einrichtung eines Rahmens zur Erleichterung nachhaltiger Investitionen und zur Änderung der Verordnung (EU) 2019/2088.
[20] Ausf. Staub/Hommelhoff Rn. 26–44; Schön ZfPW 2022, 207 ff.
[21] Beck HdR/Kirsch/Köhrmann/Huter B 500 Rn. 15.
[22] Ungenau Bonner HdR/Kirsch Rn. 35, wonach der Lagebericht als „Korrektiv" zum Jahresabschluss diene.

das durch den Jahresabschluss vermittelte Bild von der Gesellschaft in den Gesamtzusammenhang des Geschäftsverlaufs einordnen. Zugleich soll er vermeiden, dass ein insgesamt unzutreffender Eindruck entsteht.

19   **Doppelangaben** im Anhang und im Lagebericht bezüglich der Aktiengattungen (§ 160 Abs. 1 Nr. 3 AktG), der Beteiligungen (§ 160 Abs. 1 Nr. 7 und 8 AktG) und etwaiger Entschädigungsvereinbarungen, die für den Fall eines Übernahmeangebots mit Mitgliedern des Vorstands getroffen sind (§ 285 Nr. 9 lit. a), sollen **vermieden** werden. Zugleich wird deutlich, dass bei Vorliegen konkurrierender Angaben denjenigen im Anhang **Vorrang** vor den Angaben im Lagebericht eingeräumt wird. Werden also entsprechende Angaben im Anhang gemacht, kann von einer zusätzlichen vergleichbaren Angabe im Lagebericht abgesehen werden. Dann ist aber nach Abs. 2 S. 2 bzw. § 289a Abs. 1 S. 3 im Lagebericht darauf zu verweisen, dass die grundsätzlich im Lagebericht vorgesehenen Angaben im Anhang gemacht wurden.

20   **b) Freiwillige Angaben.** Nach Abs. 1 S. 2 hat der Lagebericht eine ausgewogene und umfassende, dem Umfang und der Komplexität der Geschäftstätigkeit entsprechende Analyse des Geschäftsverlaufs und der Lage der Gesellschaft zu enthalten. Die Darstellung wird in der Praxis durch den Abdruck von Grafiken, Tabellen und Schaubildern ergänzt, die häufig weder eindeutig zu den freiwilligen Angaben im Anhang noch zu den Pflichtangaben des Lageberichts zu zählen sind. Die rechtliche Einordnung als Teil des Anhangs oder des Lageberichts hat aber große Bedeutung für die Prüfung, § 317 Abs. 1 und 2, und für die Offenlegung, §§ 325 ff.[23]

21   Die Gemengelage zwischen Angaben im Anhang und solchen im Lagebericht wird durch die Möglichkeit verkompliziert, sowohl im Anhang als auch im Lagebericht freiwillige Angaben machen zu können, denn der Inhalt des Lageberichts ist nicht begrenzt. § 289 gibt **nur den Mindestumfang** vor.[24] Werden sie im Anhang gemacht, unterliegen sie denselben Vorschriften wie die Pflichtangaben (→ § 284 Rn. 13 ff.). Als Bestandteile der Darstellung im Lagebericht müssen hingegen diejenigen Regelungen beachtet werden, die den Lagebericht betreffen. Freiwillige Angaben dürfen nicht im Widerspruch zu den Pflichtangaben stehen. Ihre Darstellung hat sich an dem Grundsatz des true and fair view zu orientieren, § 264 Abs. 2. Angesichts der Ausdehnung des Katalogs der Pflichtangaben in Anhang und Lagebericht nimmt die Möglichkeit zu freiwilligen Angaben jedoch ab.

22   Um die zahlreichen Überschneidungsmöglichkeiten und die daraus resultierenden Abgrenzungsprobleme möglichst gering zu halten, hat die berichtende Kapitalgesellschaft die einzelnen Berichtteile Anhang und Lagebericht **klar** zu **trennen**.[25] Freiwillige Angaben, die nicht der Prüfung und der Offenlegung unterliegen, sollten daher deutlich abgegrenzt von Jahresabschluss und Lagebericht erfolgen. Wird von dem berichtenden Unternehmen eine weitergehende Darstellung gewünscht, sollte dies mittels separater Darstellung erfolgen. In diesem Zusammenhang wird gelegentlich der Begriff **Geschäftsbericht** genannt. Mit ihm werden die von der berichtenden Kapitalgesellschaft periodisch veröffentlichten Berichte gekennzeichnet, in denen neben dem Jahresabschluss und dem Lagebericht weitere freiwillige Berichterstattungen erfolgen.[26]

II. Anforderungen an die Berichterstattung

23   **1. Formelle Anforderungen.** Die Anforderungen an die Lageberichterstattung sind vom Gesetzgeber **allgemein** gehalten worden. Das Gesetz enthält weder konkrete Regelun-

---

[23]   ADS Rn. 14.

[24]   Fink/Kajüter/Winkeljohann, Lageberichterstattung, 2013, S. 21; Kajüter DB 2004, 197; Lange ZIP 2004, 981 (983); aA Staub/Hommelhoff Rn. 158–161, der in der Praxis der freiwilligen Zusatzangaben einen Verstoß gegen das Gemeinschaftsrecht sieht, da die Angaben den Berichtsadressaten verwirren könnten.

[25]   Beck HdR/Kirsch/Köhrmann/Huter B 500 Rn. 56.

[26]   Barenhoff, Die Lageberichterstattung der DAX-Konzerne unter dem Einfluss des Bilanzrechtsreformgesetzes, 2008, S. 68–71; BeBiKo/Grottel Rn. 12.

gen für die äußere Gestaltung noch für den Aufbau oder den Umfang des Lageberichts. Insofern kann die angestrebte zwischenbetriebliche Vergleichbarkeit nicht vollständig erreicht werden. Bei dem von Abs. 2 vorgegebenen Inhalt handelt es sich zudem um eine Umschreibung von **Mindestangaben.** Die berichtende Kapitalgesellschaft ist daher bei der Gestaltung ihres Lageberichts in gewissem Umfang frei. Sie muss allerdings bestimmte Grundsätze beachten. Der Lagebericht hat ein den tatsächlichen Verhältnissen entsprechendes Bild von der Lage der Gesellschaft zu zeichnen. Die Gliederung erfolgt nach **sachlichen Gesichtspunkten** und muss die Informationen so präsentieren, dass sie vom Adressaten richtig erfasst werden können. Aufbau und Struktur sollen übersichtlich sein. Dazu dienen eine zweckmäßige Gruppenbildung, eine deutliche Abgrenzung der unterschiedlichen Posten und die Hervorhebung wichtiger Passagen. Der Lagebericht muss in deutscher Sprache abgefasst werden.[27] Wirken sich Sachverhalte in Fremdwährungen auf die Lage der Gesellschaft aus, sollten sie in EUR aufgeführt werden.[28]

24 Die **Gliederung** muss nicht der gesetzlichen Reihenfolge der Berichtsgegenstände folgen.[29] Da auf den Lagebericht § 265 – soweit einschlägig – anzuwenden ist, gelten die dort niedergelegten allgemeinen Grundsätze für die Darstellung, wie etwa die aus dem Grundsatz der **Stetigkeit** folgende Verpflichtung, die einmal gewählte Form der Darstellung beizubehalten, wenn nicht besondere Umstände ein Abweichen erforderlich machen. Die Gliederung des Lageberichts und die Zuordnung der Angaben sind grundsätzlich ebenfalls beizubehalten. Eine Vergleichbarkeit mit der Berichterstattung des Vorjahres kann nur bei Wahrung der Stetigkeit erreicht werden.[30] Die Vorjahreszahlen müssen im Lagebericht aber nicht genannt werden. Der Ausweis von Fehlanzeigen über regelmäßig vorkommende, im Einzelfall aber nicht erscheinende Berichtsteile ist nicht notwendig.

25 Der Lagebericht ist **nicht Teil des Jahresabschlusses.** Er ist daher deutlich abgegrenzt in einem eigenen Abschnitt darzustellen und als solcher zu kennzeichnen. Da große Kapitalgesellschaften aber ihren Lagebericht im Unternehmensregister veröffentlichen müssen, werden sie eher eine deutliche Trennung des Lageberichts von den übrigen Teilen bevorzugen. Eine bestimmte Reihenfolge der Gesamtgliederung muss nicht eingehalten werden. Es hat sich aber eingebürgert, den Lagebericht vor dem die Rechnungslegung abschließenden Bestätigungsvermerk darzustellen.

26 Ein bloßer **Verweis** auf eine frühere Berichterstattung ist nicht ausreichend. Im gesetzlich gebotenen Umfang muss daher in jedem Jahr vollständig berichtet werden. Bei freiwilligen Angaben, die über den gesetzlichen Rahmen hinausgehen, soll es allerdings genügen, wenn auf eine besonders eingehende Darstellung in dem Bericht aus einem Vorjahr verwiesen wird.[31]

27 Der Lagebericht als solcher ist von den Aufstellungspflichtigen **nicht gesondert zu unterzeichnen.** Dies wird von der hM damit begründet, dass die Unterzeichnung des Jahresabschlusses nach § 245 auch den Inhalt des Lageberichts abdeckt.[32] Nach § 264 Abs. 1 S. 3 ist der Lagebericht zusammen mit dem Jahresabschluss von den gesetzlichen Vertretern in den ersten **drei Monaten** des Geschäftsjahres für das vergangene Geschäftsjahr aufzustellen. Die Frist ist nicht verlängerbar; eine entsprechende Vereinbarung ist unwirksam. Die Aufstellung ist fristgerecht erfolgt, wenn der Jahresabschluss nebst Lagebericht bis zum Ablauf der Frist an den Abschlussprüfer übergeben worden ist (→ Rn. 48).

28 **2. Materielle Anforderungen. a) Ziel.** Nach Abs. 1 sind im Lagebericht der Geschäftsverlauf einschließlich des Geschäftsergebnisses und die Lage der Kapitalgesellschaft so darzustellen, dass ein den tatsächlichen Verhältnissen entsprechendes Bild vermittelt wird.

---

[27] ADS Rn. 31.
[28] Lange DStR 2001, 227 (231).
[29] Vgl. die Bsp. bei Bonner HdR/Kirsch Rn. 69; Stobbe BB 1988, 303 (308).
[30] ADS Rn. 32.
[31] ADS Rn. 35.
[32] Winnefeld Bilanz-HdB K II Rn. 16. Für eine analoge Anwendung des § 245 auf den Lagebericht hingegen Strieder DB 1998, 1677 ff.

Der Lagebericht hat ferner eine ausgewogene und umfassende, dem Umfang und der Komplexität der Geschäftstätigkeit entsprechende Analyse des Geschäftsverlaufs und der Lage der Gesellschaft zu enthalten, wobei insbesondere auf die bedeutsamsten finanziellen Leistungsindikatoren einzugehen ist. Ferner ist im Lagebericht die voraussichtliche Entwicklung mit ihren wesentlichen Chancen und Risiken zu beurteilen und zu erläutern. Allerdings fehlen in den einschlägigen europäischen Richtlinien und im HGB ausdrückliche Vorgaben zu den Leitprinzipien der Lageberichterstattung. Einigkeit besteht jedenfalls darin, dass die Berichterstattung dem Erfordernis einer **gewissenhaften und getreuen Rechenschaft** entsprechen muss. Die materiellen Anforderungen werden somit durch die Funktionen des Lageberichts bei der Informationsvermittlung und der Rechenschaftslegung bestimmt. Die Berichterstattung hat sich an diesen **Funktionen** zu orientieren und muss daher alle Angaben vollständig, wahr, klar und verständlich darlegen, die zur Vermittlung des den tatsächlichen Verhältnissen entsprechenden Bildes der Lage der Gesellschaft erforderlich sind.[33] Umstritten ist lediglich die Begründung für die Fortgeltung der anerkannten Berichtsgrundsätze im Einzelnen.[34]

29   **b) Vollständigkeit.** Das Gebot der Vollständigkeit (vgl. auch DRS 20 Tz. 12–16) ist nicht schon erfüllt, wenn im Lagebericht sämtliche der in § 289, §§ 289a–289f vorgeschriebenen Berichtsgegenstände aufgeführt und ausreichend erläutert werden. Anders als beim Anhang enthält das Gesetz für den Inhalt des Lageberichts nur Mindestanforderungen, die nicht abschließend sind. Die Berichterstattung im Lagebericht ist daher erst dann vollständig, wenn alle Angaben gemacht wurden, die für die **Gesamtbeurteilung der wirtschaftlichen Lage und des Geschäftsverlaufs** von Bedeutung sind. Es muss nur über solche Vorgänge nicht berichtet werden, die sich bereits aus dem Jahresabschluss hinreichend deutlich ergeben. Der Grundsatz der Vollständigkeit besagt nur, dass berichtet werden muss; er schweigt jedoch zur Frage, wie dies zu erfolgen hat.

30   Ob und in welchem **Umfang** über einen bestimmten Sachverhalt zu berichten ist, richtet sich nach dessen **quantitativer** und **qualitativer** Bedeutung für die wirtschaftlichen Verhältnisse der Kapitalgesellschaft. Dazu ist zum einen auf die Sicht der Geschäftsleitung abzustellen, die nach **pflichtgemäßer Beurteilung** über den Umfang der Berichterstattung zu entscheiden hat. Bei der Beurteilung, über welche Informationen zu berichten ist, ist zum anderen auf die berechtigten Interessen der Adressaten abzustellen. Dementsprechend kann die Bedeutung einer Information je nach den Verhältnissen und der Branche des einzelnen Unternehmens unterschiedlich ausfallen.[35] Die Unternehmensführung muss in diesem Zusammenhang den **Wesentlichkeitsgrundsatz** beachten und darf deshalb keine ausufernd detaillierte Darstellung der Geschäftsvorfälle und des gesamten wirtschaftlichen Umfelds liefern. Der Grundsatz der Vollständigkeit ist daher qualitativ zu verstehen.[36]

31   Der Grundsatz der **Vollständigkeit** gebietet es, dass die Unternehmensführung alle für sie erreichbaren Informationsquellen ausschöpft.[37] Lässt sich ein Sachverhalt unmittelbar aus dem Jahresabschluss entnehmen, braucht er im Lagebericht nicht noch einmal erwähnt zu werden.[38] Allerdings muss dabei beachtet werden, dass der Lagebericht stets auch eigenständig die Anforderungen erfüllen muss, die an ihn gestellt werden.[39]

32   Über den reinen Geschäftsverlauf hinaus ist auch über die jeweilige **Branche** oder die wirtschaftliche **Gesamtentwicklung** zu berichten, sollte dies für die Berichterstattung von Bedeutung sein. Der Grundsatz der Vollständigkeit gilt jedoch nicht für zusätzliche, gesetzlich nicht vorgeschriebene Angaben, solange die bewusst vorgenommene Auswahl nicht das Gesamtbild der Lage verfälscht. Nur weil die Tatsachen den Gesellschaftern oder der

---

[33]   BGH NZG 2020, 1030 (1031); BeBiKo/Grottel Rn. 21.
[34]   Ausf. dazu Staub/Hommelhoff Rn. 108–117.
[35]   ADS Rn. 40; HdR/Kajüter Rn. 38, 44.
[36]   Baetge/Schulze DB 1998, 937 (938).
[37]   Ballwieser FS Baetge, 1997, 153 (158).
[38]   Stobbe BB 1988, 303 (305).
[39]   Beck HdR/Kirsch/Köhrmann/Huter B 500 Rn. 51; Lange DStR 2001, 227 (231).

Öffentlichkeit etwa durch andere Bekanntmachungen bekannt sind, darf die Berichterstattung nicht unterbleiben.[40]

c) Verständlichkeit, Übersichtlichkeit und Klarheit. Die Vorgaben des § 243 **33** Abs. 2 gelten für den Lagebericht analog.[41] Danach muss der Lagebericht verständlich, genau, übersichtlich und vergleichbar sein (vgl. auch DRS 20 Tz. 20–30). Das Gebot der Verständlichkeit und Klarheit (Deutlichkeit) darf nicht durch eine mediengerechte Aufmachung und Darstellung des Geschäftsberichts umgangen werden. Freiwillige Angaben dürfen die gesetzlich vorgeschriebenen Mindestangaben nicht überlagern. **Aufmachung und Darstellung** der Informationen haben vielmehr dafür Sorge zu tragen, dass die Informationen nicht verschleiert werden.[42] Die Angaben müssen daher eindeutig bezeichnet und anhand einer nachvollziehbaren Systematik übersichtlich geordnet werden. Eindeutige Aussagen dürfen nicht an anderer Stelle relativiert oder gar wieder aufgehoben werden. Der Grundsatz der Klarheit verlangt, dass durch einzelne Angaben die wirtschaftliche Lage nicht verharmlosend oder übertreibend dargestellt wird. Die Berichterstattung muss sich eindeutiger Formulierungen bedienen und das Ausnutzen vorhandener **Ermessensspielräume** hinreichend erläutern.[43] Angaben dürfen nicht durch umfangreiche Ausführungen zur allgemeinen Lage der Volkswirtschaft oder der Branche, durch Werbung oder Selbstverständlichkeiten verdeckt werden. Der Lagebericht hat einfach und sachlich gestaltet zu sein; die vom Gesetz geforderten Angaben sind herauszustellen. Der Lagebericht darf keine mehrdeutigen Interpretationen zulassen, sodass der Leser den angesprochenen Sachverhalt eindeutig beurteilen kann.

In diesem Zusammenhang ist ferner der Grundsatz der **Wesentlichkeit** (materiality) **34** zu beachten, wonach nur solche Angaben weggelassen werden dürfen, die für das Gesamtbild unwesentlich sind (vgl. auch DRS 20 Tz. 32–33). Auf diese Weise soll verhindert werden, dass der Blick auf das Ganze durch zu viele Einzelheiten verstellt wird. Werden wesentliche und unwesentliche Angaben nebeneinander dargestellt, wird dies den Leser eher verwirren als informieren. Wichtige Fakten dürfen zudem nicht zwischen unwichtigen „versteckt" werden.[44]

d) Richtigkeit. Die Aufstellung des Lageberichts steht unter dem Gebot der Wahrheit **35** bzw. Richtigkeit. Alle Angaben müssen zutreffend sein, also der Realität entsprechen, da nur eine **richtige Darstellung** ein den tatsächlichen Verhältnissen entsprechendes Bild von der Lage der Gesellschaft vermitteln kann (vgl. auch DRS 20 Tz. 17–19). Der Lagebericht darf keine unwahren Angaben enthalten.[45] Die Darstellung der Lage ist anhand **objektiver Kriterien** zu ermitteln. Es ist untersagt, wahre Tatsachen zu verfälschen oder zu unterdrücken, etwa um auf diese Weise die Lage der Kapitalgesellschaft günstiger darzustellen; Aspekte dürfen nicht einseitig dargestellt werden. Bezieht sich der Lagebericht auf Sachverhalte, die im Jahresabschluss enthalten sind, müssen den Angaben die betreffenden Abbildungsregeln des Jahresabschlusses zugrunde gelegt werden. Richtigkeit bedeutet aber auch nachprüfbare und willkürfreie Gesamtdarstellung des Lageberichts.

Größere Schwierigkeiten kann die Einhaltung des Gebots der Richtigkeit bei **Wertun- 36 gen und Prognosen** bereiten (Abs. 1 S. 4), da hier nicht mit einem generellen Richtigkeitsmaßstab im Sinne von „richtig" und „falsch" gearbeitet werden kann. Das Gebot beschränkt sich in diesem Fall darauf, dass die Aussagen vor dem Hintergrund der historischen Entwicklung nachvollziehbar und folgerichtig sind. Bei den subjektiven Bewertungen und der Auswahl der Einzelangaben ist der Grundsatz der **Willkürfreiheit** zu beachten; die zugrunde gelegten Annahmen müssen intern dokumentiert werden.[46] Beurteilungen dürfen nicht

40 BeBiKo/Grottel Rn. 23.
41 Lange DStR 2001, 227 (231).
42 Ballwieser FS Baetge, 1997, 153 (158 f.).
43 Lange DStR 2001, 227 (232).
44 Staub/Hommelhoff Rn. 114; HdR/Kajüter Rn. 43 ff.
45 Baetge/Schulze DB 1998, 937 (938); Schiffers GmbH-StB 2014, 14 (16); Stobbe BB 1988, 301 (306).
46 ADS Rn. 43; Ballwieser FS Baetge, 1997, 153 (158); Winnefeld Bilanz-HdB K III Rn. 21.

durch Wunschvorstellungen geprägt sein, sondern müssen auf objektiven und nachprüfbaren Erkenntnissen basieren. Prognosen und Beurteilungen müssen widerspruchsfrei hergeleitet werden, damit der Adressat des Lageberichts in die Lage versetzt wird, die Angaben über künftige Entwicklungen nachvollziehen zu können. Bei Prognosen muss die Kapitalgesellschaft die zugrunde gelegten Annahmen sorgfältig prüfen, um realitätsnahe und zutreffende Aussagen machen zu können.[47]

37   Der Grundsatz der Richtigkeit bzw. Wahrheit muss auch dann beachtet werden, wenn dadurch **ungünstige Angaben** an die Öffentlichkeit gelangen. Eine mögliche Schwächung der Stellung des Unternehmens kann auch in Krisenzeiten nicht zum Anlass genommen werden, dass von diesem Grundsatz abgewichen wird.[48] Die Adressaten haben gerade dann ein besonderes Interesse an einer vollständigen und zukunftsorientierten Berichterstattung.

38   **e) Stetigkeit.** Damit der Lagebericht seiner Aufgabe der Informationsvermittlung gerecht werden kann, muss die Möglichkeit des Vergleichs mit den Lageberichten aus früheren Jahren sichergestellt werden. Sowohl die **Bewertungsstetigkeit** nach § 252 Abs. 1 Nr. 5 als auch die **formale Stetigkeit** gem. § 265 Abs. 1 gelten für den Lagebericht nicht unmittelbar.[49] Nach hM ist der Grundsatz der Stetigkeit aber auch bei der Aufstellung des Lageberichts unter Berücksichtigung einiger Besonderheiten zu beachten.[50] Danach dürfen die gewählten Bezeichnungen, die Auswahlkriterien für die einzelnen Informationen und die Strukturierung des Lageberichts nicht ohne ausreichenden sachlichen Grund geändert werden. Auch die Methoden zur Erstellung von Zusatzangaben einer freiwilligen Berichterstattung sollen grundsätzlich beibehalten werden. Sind Änderungen unerlässlich, die den Einblick erschweren, sollten die Umstände und die Gründe kurz erläutert werden, die zu einer Abweichung geführt haben.

39   **3. Pflichtigkeit der Angaben.** In **Abs. 1** sind als **Pflichtangaben** die Darstellung und Analyse des Geschäftsverlaufs im abgelaufenen Geschäftsjahr sowie der Lage der Gesellschaft zum Abschlussstichtag gefordert, wobei auch auf die bedeutsamsten finanziellen Leistungsindikatoren einzugehen ist. Große Kapitalgesellschaften müssen zusätzlich über nichtfinanzielle Leistungsindikatoren berichten **(Abs. 3).** Kapitalmarktorientierte Kapitalgesellschaften (§ 264d) sind zu den Angaben nach **Abs. 4** verpflichtet. Es handelt sich hierbei stets um generelle Pflichtangaben.[51] Kapitalmarktorientierte AG und KGaA haben im Lagebericht zudem zwingend die Angaben nach **§ 289a Abs. 1** zu machen.

40   Bis zum Inkrafttreten des **BilRUG** war umstritten, ob es sich bei den Angaben nach **Abs. 2 S. 1** ebenfalls um Pflicht-, oder – wegen des Gesetzeswortlauts – nur um bloße Sollangaben handelte. Die wohl überwiegend vertretene Auffassung verstand die Formulierung in Abs. 2 S. 1 so, dass im Regelfall berichtet werden musste und nur im Ausnahmefall darauf verzichtet werden konnte. Dem konnte schon nach der alten Rechtslage nicht vollumfänglich zugestimmt werden.[52] Aufgrund des nunmehr geänderten Wortlauts („ist auch einzugehen auf") hat der Gesetzgeber des BilRUG hinreichend deutlich gemacht, dass die in Abs. 2 S. 1 genannten Angaben **stets im Lagebericht zu machen sind.** Eine Einschränkung erfolgt lediglich dadurch, dass die genannten Umstände tatsächlich vorliegen müssen.[53] Hierin ist eine Anpassung an europarechtliche Vorgaben zu sehen (Art. 19 Abs. 2 Bilanz-RL).

41   **4. DRS 20 und IDW PS 350.** Der **DRS 20** regelt die Lageberichterstattung branchenübergreifend für alle Mutterunternehmen, die einen Konzernlagebericht nach § 315

---

[47] Kölner Komm RechnungslegungsR/Claussen Rn. 12; BeBiKo/Grottel Rn. 27; HdR/Kajüter Rn. 41.
[48] AA Winnefeld Bilanz-HdB K III Rn. 27.
[49] Wohl auch Staub/Hommelhoff Rn. 116.
[50] Baetge/Schulze DB 1998, 937 (938); Lange DStR 2001, 227 (231); Winnefeld Bilanz-HdB K III Rn. 23.
[51] Lange BB 1999, 2447 ff.; Winnefeld Bilanz-HdB K I Rn. 3 f.
[52] Weiterführend → 3. Aufl. 2013, Rn. 40.
[53] BT-Drs. 18/4050, 70, 87; Fink/Theile DB 2015, 753 (759); Fink/Schmidt DB 2015, 2157 (2159); Scheffler AG 2015, 210 (213).

aufzustellen haben oder freiwillig aufstellen.[54] Seine Grundsätze gelten widerlegbar als GoB der Konzernrechnungslegung (Konzernlageberichterstattung). Er gibt die inhaltliche und formale Gestaltung eines Konzernlageberichts vor und konkretisiert die Anforderungen an die Konzernlageberichterstattung, § 342 Abs. 1 S. 1 Nr. 1. Der DRS 20 betont die **Grundsätze** der Vollständigkeit, Verlässlichkeit und Ausgewogenheit, der Klarheit und Übersichtlichkeit sowie die Pflicht zur Übermittlung der Sicht der Konzernleitung. Schließlich formuliert er die Grundsätze der Wesentlichkeit und der Informationsabstufung.

Für den Einzelabschluss kommt dem DRS 20 **keine unmittelbare Bedeutung** zu. **42** Die Anwendung des Standards auf den Lagebericht nach § 289, also den Einzelabschluss, wird aber ausdrücklich empfohlen (DRS 20 Tz. 2). Allerdings handelt es sich weder um ein Gesetz noch um eine Verordnung. Die Standards stellen lediglich **Empfehlungen** dar, weshalb die Unternehmen bei der Aufstellung ihres Lageberichts nach § 289 nicht an sie gebunden sind. Zu beachten ist ferner, dass DRS 20 beim Lagebericht nach § 289 keine GoB-Vermutung besitzt.[55] Zwar entspricht die Beachtung der einschlägigen Anforderungen des DRS 20 bei der Aufstellung eines Lageberichts nach § 289 unter Berücksichtigung des Grundsatzes der Wesentlichkeit verbreiteter Praxis (Stichwort: Ausstrahlungswirkung).[56] Gleichwohl ist der Rückgriff auf einschlägige Kommentare und Handbücher bei der Erstellung des Lageberichts unter Beachtung der gesetzlichen Anforderungen nicht zu beanstanden.

Ergänzt wird der DRS 20 durch den **IDW PS 350** zur Prüfung des Lageberichts im **43** Rahmen der Abschlussprüfung. IDW PS 350 unterscheidet zwischen Angaben, die Bestandteile des Lageberichts sind und solchen, die es nicht sind. Bestandteile des Lageberichts sind solche, die nach den §§ 289–289f vorgeschrieben oder von DRS 20 gefordert sind. Lageberichtsfremde Angaben sind demgegenüber solche, die gerade nicht gesetzlich oder durch DRS 20 verlangt werden.

III. Aufstellungs- und Prüfungspflichten

1. Aufstellungspflicht. Verantwortlich für die **Aufstellung** des Lageberichts sind die **44** gesetzlichen Vertreter der Kapitalgesellschaft, § 264 Abs. 1 S. 1. Damit ist bei der AG (§ 78 Abs. 1 AktG) und bei der Genossenschaft (§ 336 Abs. 1) jeweils der Vorstand, bei der GmbH (§ 35 Abs. 1 GmbHG) der Geschäftsführer angesprochen. Bei der KGaA betrifft diese Pflicht die persönlich haftenden Gesellschafter. Für die **Vorlage** beim Abschlussprüfer zur Prüfung sind die gesetzlichen Vertreter der Kapitalgesellschaft ebenfalls zuständig, § 170 Abs. 1 AktG; § 42a Abs. 1 GmbHG. Besteht ein obligatorischer Aufsichtsrat, muss dieser den Lagebericht **prüfen** und hierüber den Anteilseignern berichten (§ 170 Abs. 1 AktG, § 171 AktG; § 1 Abs. 1 Nr. 3 DrittelbG bzw. § 25 Abs. 1 Nr. 2 MitbestG iVm § 170 Abs. 1 AktG, § 171 AktG). Gleiches gilt für den fakultativen, nach dem Gesellschaftsvertrag zu bestellendem Aufsichtsrat (§ 52 Abs. 1 GmbHG iVm § 170 Abs. 1 AktG, § 171 AktG). Der Vorstand einer AG hat bei der Aufstellung die Sorgfalt eines ordentlichen und gewissenhaften Geschäftsleiters anzuwenden, § 93 Abs. 1 AktG. Der Geschäftsführer einer GmbH hat § 43 Abs. 1 GmbHG zu beachten und muss daher die Sorgfalt eines ordentlichen Geschäftsmanns anwenden.

2. Feststellungs- und Vorlagepflicht. Der Lagebericht ist den Gesellschaftern nur **45** **vorzulegen** und muss – anders als der Anhang – nicht auch festgestellt werden (§ 176 Abs. 1 AktG; § 42a Abs. 1 GmbHG). Dieser Unterschied ist darauf zurückzuführen, dass sich an den Lagebericht keine unmittelbaren Rechtsfolgen knüpfen, wie etwa Gewinnansprüche (§§ 172, 173 AktG; §§ 42a Abs. 2, 46 Nr. 1 GmbHG). Der Lagebericht muss stets zusammen mit dem Jahresabschluss dem Organ vorgelegt werden, das zur Feststellung

---

54 BeBiKo/Grottel Rn. 45; Fink/Kajüter/Winkeljohann, Lageberichterstattung, 2013, S. 24 ff.
55 Ebenso BeBiKo/Grottel Rn. 30; aA Palmes, Der Lagebericht – Grundfragen und Haftung, 2008, S. 40–42.
56 Schiffers GmbH-Stb 2014, 14 (15).

zuständig ist (§ 170 Abs. 1 AktG, § 175 Abs. 2 AktG, § 176 Abs. 1 AktG für die AG; § 286 Abs. 1 AktG iVm § 175 Abs. 2 AktG, § 176 Abs. 1 AktG für die KGaA; § 42a Abs. 1 GmbHG für die GmbH).

46   Gemäß § 131 Abs. 3 S. 1 Nr. 1 AktG, § 51a Abs. 2 GmbHG können **Auskünfte** gegenüber dem Aktionär bzw. Gesellschafter **verweigert** werden, wenn die Erteilung der Auskunft geeignet ist, der Gesellschaft oder einem verbundenen Unternehmen einen erheblichen Nachteil zuzufügen.

47   **3. Fristen.** Für die **Aufstellung** des Lageberichts sind die gleichen Fristen zu beachten wie für die Aufstellung des Jahresabschlusses.[57] Nichts anderes gilt für die Pflicht, den Lagebericht den gesetzlichen Organen der Kapitalgesellschaft **vorzulegen** (vgl. § 170 Abs. 1 AktG, § 175 Abs. 1 AktG; § 42a Abs. 1 GmbHG). Gemäß § 264 Abs. 1 haben mittelgroße und große Kapitalgesellschaften (§ 267 Abs. 2 und 3) den Lagebericht innerhalb von drei Monaten nach Abschluss des Geschäftsjahres, über das berichtet werden soll, zu erstellen. Genossenschaften haben gem. § 336 Abs. 1 S. 2 den Lagebericht in den ersten fünf Monaten des Geschäftsjahres für das vergangene Geschäftsjahr aufzustellen.

48   **4. Offenlegung.** Der Lagebericht ist gem. § 325 unter Beachtung der dort genannten Fristen gemeinsam mit der Versicherung nach § 289 Abs. 1 S. 5 (→ Rn. 92) an die das Unternehmensregister führende Stelle zu übermitteln. Die frühere zusätzliche Offenlegung im Bundesanzeiger („Doppelpublizität") ist seit dem Gesetz zur Umsetzung der Digitalisierungsrichtlinie (DiRUG) nicht mehr vorgesehen.

49   Außerdem ist der Lagebericht nach § 170 Abs. 1 AktG dem Aufsichtsrat, sofern ein solcher besteht, und den Gesellschaftern vorzulegen (§ 175 Abs. 2 AktG, § 42a GmbHG).

50   Nach § 315 Abs. 5 iVm § 298 Abs. 2 kann der Lagebericht des Mutterunternehmens mit dem **Konzernlagebericht** zusammengefasst werden. Hierdurch wird den Unternehmen eine Wahlmöglichkeit eingeräumt, die der Vereinfachung und der Verkürzung der Darstellung dient.[58] Gemäß § 312 Abs. 3 S. 3 AktG ist die Schlusserklärung des Vorstands zum Abhängigkeitsbericht einer AG oder einer KGaA in den Lagebericht aufzunehmen. Fehlt die Schlusserklärung, ist das Testat gem. § 322 Abs. 4 einzuschränken; der Lagebericht ist unvollständig.[59] Trotz fehlender Erklärung ist der geprüfte Jahresabschluss nicht nichtig, weil der Lagebericht keinen Bestandteil des Jahresabschlusses, sondern einen eigenständigen Teil der Rechnungslegung bildet.[60]

51   **5. Prüfungspflichten.** Für die Prüfung des Lageberichts gelten die § 316 Abs. 1 S. 1, § 317 Abs. 2. Danach ist der Lagebericht vom **Abschlussprüfer** zu prüfen. Hat keine Prüfung stattgefunden, kann der Jahresabschluss nicht festgestellt werden, § 316 Abs. 1 S. 2. Kommt es zu einer Änderung des Lageberichts nach Beendigung der Abschlussprüfung, ist eine Nachtragsprüfung erforderlich. Solange sie fehlt, kann der Jahresabschluss wiederum nicht festgestellt werden. Gemäß § 317 Abs. 2 ist der Lagebericht darauf zu prüfen, ob er mit dem Jahresabschluss in Einklang steht und ob der Lagebericht insgesamt eine zutreffende Vorstellung von der Lage des Unternehmens vermittelt. Dabei ist auch zu prüfen, ob Chancen und Risiken der künftigen Entwicklung zutreffend dargestellt sind. Im Rahmen des § 321 Abs. 1 hat der Abschlussprüfer über die Prüfung des Lageberichts zu informieren. In seinem Bericht hat er nach § 321 Abs. 1 S. 2 vorweg zu der Beurteilung der Lage des Unternehmens durch dessen gesetzliche Vertreter Stellung zu nehmen (→ § 321 Rn. 31 ff.).

52   Zusätzlich zur Prüfung durch den Abschlussprüfer und den Aufsichtsrat unterliegt der Lagebericht eines kapitalmarktorientierten Unternehmens dem **Enforcement** der Rechnungslegung. Danach ist der Lagebericht ein Gegenstand der Prüfung durch die BaFin

---

[57]   Winnefeld Bilanz–HdB K II Rn. 12.

[58]   Zu den Befreiungsvorschriften für konzernverbundene Unternehmen s. Fink/Kajüter/Winkeljohann, Lageberichterstattung, 2013, S. 8 f.

[59]   Koch AktG § 312 Rn. 37.

[60]   BGHZ 124, 111 (121 f.), OLG Köln NJW-RR 1993, 804 (805 f.) = ZIP 1993, 110 ff. mAnm Timm; GK-HGB/Lezius Rn. 47.

(§ 106 WpHG).[61] Durch das FISG wurde die frühere vorgelagerte Prüfung durch die Deutsche Prüfstelle für Rechnungslegung gestrichen und das zweistufige Enforcement-Verfahren durch ein einstufiges, ausschließlich bei der BaFin angesiedeltes Enforcement-Verfahren ersetzt.

6. Schutzklausel. Bei den genannten Angaben im Lagebericht handelt es sich sämtlich **53** um Pflichtangaben, die stets zu machen sind (→ Rn. 39–40). Das Gesetz sieht an keiner Stelle Einschränkungen oder Erleichterungen für das berichtende Unternehmen vor. Anders als beim Anhang (§ 288) sind auch **größenabhängige Erleichterungen** für die Angaben im Lagebericht nicht vorgesehen.[62] Angesichts des Mindestinhalts des Katalogs des § 289 und der Tatsache, dass kleine Kapitalgesellschaften gem. § 267 Abs. 1 ohnehin keinen Lagebericht zu erstellen haben, wird dies überwiegend auch nicht für erforderlich gehalten.[63] Eine **allgemeine Schutzklausel,** nach der Angaben stets unterlassen werden können, wenn ihre Veröffentlichung zu erheblichen Nachteilen für die berichtende Kapitalgesellschaft führt, kennt das HGB aber auch für den Anhang nicht. Die Ausnahmevorschrift des § 286 ist vor dem Hintergrund geschaffen worden, dass die vom Gesetz verlangten Angaben zT sehr weitgehend sind und dem Unternehmen oder Dritten Schaden zufügen können. Allerdings ist § 286 nur auf den Anhang und nicht auch auf die Bilanz, die GuV oder den Lagebericht anzuwenden, wie sich aus der Gesetzessystematik und aus dem mittelbaren Bezug zur Berichterstattung im Anhang (§ 286 Abs. 2–4) ergibt.[64]

Da jedoch in der Praxis im Einzelfall ein Bedürfnis besteht, bestimmte Angaben nicht **54** machen zu müssen, wird gefordert, die in **§ 286 Abs. 1 konzipierte Schutzklausel** auf die Berichterstattung im Lagebericht (analog) anzuwenden. Für eine Anwendung der Schutzklausel sollen die historische Entwicklung und der in § 286 niedergelegte Vorrang des Wohls des Staates vor dem Interesse an der Veröffentlichung von Informationen sprechen.[65] Darüber hinaus wird in diesem Zusammenhang auf das Auskunftsverweigerungsrecht nach § 131 Abs. 3 AktG, § 51a Abs. 2 GmbHG verwiesen. Gegen diesen Ansatz werden allerdings erhebliche **europarechtliche Bedenken** geltend gemacht. So wird ausgeführt, dass der Schutz nationaler Interessen in den entsprechenden Richtlinien nicht vorgesehen sei und dem dort niedergelegten Prinzip öffentlicher Rechnungslegung widersprechen würde.[66] Vor dem Hintergrund der zahlreichen Änderungen der einschlägigen Richtlinien, die auch zu einer teilweisen Neufassung des § 289 im Rahmen des BilReG geführt haben, ist eine analoge Anwendung des § 286 Abs. 1 auf die Lageberichterstattung nicht europarechtskonform. Hinzu kommt, dass der Gesetzgeber eine ausgewogene und umfassende, dem Umfang und der Komplexität der Geschäftstätigkeit entsprechende Analyse des Geschäftsverlaufs und der Lage der Gesellschaft verlangt. Mit seinem Hinweis darauf, dass im Lagebericht die voraussichtliche Entwicklung mit ihren wesentlichen Chancen und Risiken zu beurteilen und zu erläutern ist, hat er zudem deutlich gemacht, dass er ein ungeschminktes Bild der Realität fordert.

Die Übertragung des Schutzgedankens des § 286 Abs. 2 und Abs. 3 Nr. 2 ist ebenfalls **55** **nicht** gerechtfertigt. Für sie besteht wegen der nach wie vor bestehenden Gestaltungsspielräume bei der Gestaltung der Lageberichterstattung in den meisten Fällen auch kein Bedürfnis.[67] Zudem sind die Adressaten des Lageberichts gerade in der Krise auf Informationen

---

61 Baetge ZHR 168 (2004), 428 (429 f.).
62 S. aber zur erweiterten Berichtspflicht großer Kapitalgesellschaften → Rn. 118–123.
63 ADS Rn. 55. Teilweise anders Sieben FS Goerdeler, 1987, 581 (588 f.), der dafür plädiert, dass das Ausmaß der Informationen an der Unternehmensgröße ausgerichtet wird.
64 ADS § 286 Rn. 6; Beck HdR/Kirsch/Köhrmann/Huter B 500 Rn. 66, ausführlich Palmes, Eine Schutzklausel für den Lagebericht?, 2008.
65 Hopt/Merkt Rn. 1 (ohne Begr.); Müller/Stute/Withus, Handbuch Lagebericht/Müller/Stawinoga, 2013, A Rn. 28; zurückhaltend Fink/Kajüter/Winkeljohann, Lageberichterstattung, 2013, S. 21.
66 Staub/Hommelhoff Rn. 121–123.
67 Ebenso ADS § 286 Rn. 54; GK-HGB/Lezius Rn. 10; Winnefeld Bilanz-HdB K III Rn. 26; ausf. Palmes, Eine Schutzklausel für den Lagebericht?, 2008.

angewiesen.[68] Hinzu kommt, dass § 286 Abs. 2 selbst keine allgemeine Schutzklausel darstellt, was einer analogen Anwendung ebenso entgegensteht wie deren Ausnahmecharakter.[69]

IV. Darstellung von Geschäftsverlauf und Lage der Kapitalgesellschaft sowie deren Analyse (Abs. 1)

56   **1. Allgemeines.** Abs. 1 S. 1 verlangt die **Darstellung** von Geschäftsverlauf, Geschäftsergebnis und Lage der Gesellschaft. Die Berichterstattung unterscheidet sich nicht von der entsprechenden Regelung für den Konzernlagebericht (§ 315 Abs. 1 S. 1). Abs. 1 S. 2 fordert von der Kapitalgesellschaft zudem, eine umfassende **Analyse** von Geschäftsverlauf und Lage der Gesellschaft abzugeben. Diese Bestimmung stimmt wörtlich mit § 315 Abs. 1 S. 2 für den Konzernlagebericht überein. Anders als beim Anhang schreibt das Gesetz für den Lagebericht nicht vor, über **welche Gegenstände** im Einzelnen zu berichten ist. Die gewählte Formulierung, wonach die Darstellung ein den tatsächlichen Verhältnissen der Gesellschaft entsprechendes Bild zu vermitteln hat, ist auslegungsbedürftig. Gleiches gilt für die Analyse, die ausgewogen und umfassend zu sein hat. Hinzu kommt, dass sich die Ausführungen über den Geschäftsverlauf und über die Lage der Gesellschaft häufig nur schwer voneinander trennen lassen. So wird man oftmals schon aus der Darstellung des Geschäftsverlaufs auf die Lage der Gesellschaft schließen können.[70] Eine gemeinsame Darstellung von Geschäftsverlauf und Lage der Gesellschaft wird in vielen Fällen zweckmäßig sein. Beides wird regelmäßig zusammen erörtert. Die nach Abs. 1 S. 3 verlangte **Einbeziehung der bedeutsamen finanziellen Leistungsindikatoren** und ihre Erläuterung entspricht wörtlich § 315 Abs. 1 S. 3. Die **Beurteilung und Erläuterung der voraussichtlichen Entwicklung** gem. Abs. 1 S. 4 stimmt wörtlich mit § 315 Abs. 1 S. 4 für den Konzernlagebericht überein. In Abs. 1 S. 5 ist schließlich der **Bilanzeid** in Bezug auf den Lagebericht geregelt.

57   **2. Darstellung des Geschäftsverlaufs und der Lage (Abs. 1 S. 1). a) Begriff.** Der Begriff der **Lage** der Kapitalgesellschaft wird in § 238 erwähnt. Die Lage des Unternehmens wird dort durch ein reines Zahlenwerk dargestellt. Dies ist bei Abs. 1 anders. Hier ist nicht nur eine Berichterstattung vorzunehmen, sondern vor allem eine Wertung. Hinzu kommt, dass auch die Darstellung der Lage nicht nur gegenwarts- bzw. vergangenheitsbezogen ist, sondern immer auch **Prognoseelemente** enthält.[71] Die **Darstellung** im Lagebericht erfolgt durch **Aufgliederung** und/oder **Erläuterung.** Regelmäßig reichen verbale Ausführungen aus, die erforderlichenfalls durch Zahlenangaben, Grafiken oder Tabellen ergänzt werden können.[72] Dem Unternehmen bleibt ein erheblicher materieller und formeller Gestaltungsspielraum. Neben dem Begriff des Geschäfts- wird auch derjenige des Wirtschaftsberichts verwendet.

58   **b) Ziel der Darstellung.** Die Darstellung des Geschäftsverlaufs ist überwiegend vergangenheitsorientiert und bezieht sich auf einen bestimmten **Zeitraum.**[73] Die Berichterstattung über den Geschäftsverlauf soll dem Adressaten einen Überblick über die Geschäftstätigkeit, also den Gang der Geschäfte der Kapitalgesellschaft im abgelaufenen Geschäftsjahr geben. Es soll verdeutlicht werden, wie sich die **Geschäfte** während des Berichtszeitraums **entwickelt** haben und welche Ereignisse hierfür von Bedeutung waren. Zugleich soll die Darstellung verdeutlichen, ob die Geschäftsentwicklung nach Auffassung der Unternehmensleitung günstig oder weniger günstig verlaufen ist. Es geht im Rahmen des Wirtschafts-

---

68   Ausf. Lange BB 1999, 2447 (2451 ff.).
69   Lange BB 1999, 2447 (2451).
70   ADS Rn. 65.
71   Palmes, Der Lagebericht – Grundfragen und Haftung, 2008, S. 44; zu eng daher Kölner Komm RechnungslegungsR/Claussen Rn. 18 bei seiner Betonung der Stichtagsbezogenheit der Berichterstattung.
72   Zum Begriff der Darstellung → § 284 Rn. 17.
73   ADS Rn. 66; Beck HdR/Kirsch/Köhrmann/Huter B 510 Rn. 6.

berichts um Angaben, die die **wirtschaftliche Gesamtsituation** der Kapitalgesellschaft erheblich beeinflusst haben. Hierzu ist über alle wichtigen Entwicklungen zu berichten. Auf ihren Einfluss auf den einzelnen Jahresabschlussposten kommt es nicht an. Die Darstellung im Lagebericht muss sich am true-and-fair-view-Grundsatz orientieren.[74]

c) Geschäftsverlauf und Lage der Kapitalgesellschaft. Der Begriff des Geschäfts- **59** verlaufs ist nur zeitlich klar abgegrenzt; die **sachliche** Abgrenzung ist hingegen schwieriger vorzunehmen. Es ist nicht die Aufgabe des Lageberichts, alle wichtigen Vorgänge des Geschäftsablaufs detailliert und chronologisch wiederzugeben. Entscheidend ist vielmehr, dass die entscheidenden Vorgänge dargestellt und bewertet werden. Auf das Geschäftsergebnis als Element des Geschäftsverlaufs ist zwingend einzugehen. Ausgehend von dem Zweck des Lageberichts, den Lesern einen **Überblick** über die gesamtwirtschaftlichen und branchenspezifischen Rahmenbedingungen zu geben, kann die Darstellung des Geschäftsverlaufs folgende Gesichtspunkte erfassen (vgl. auch DRS 20 Tz. 63):[75]
– Berichterstattung über die rechtlichen und wirtschaftlichen Rahmenbedingungen einschließlich der gesamtwirtschaftlichen und der branchenspezifischen Situation;
– Berichterstattung über die Materialwirtschaft;
– Berichterstattung über die Produktion (Programme, Umfang etc);
– Berichterstattung über die Absatzentwicklung (Auftragseingänge, Umsatzentwicklung, Marktanteile);
– Berichterstattung über das Ergebnis (Erlöse, Kosten);
– Berichterstattung über das Finanzwesen (Eigen- und Fremdfinanzierung, Kapitalbedarf, Kapitalerhöhungen);
– Berichterstattung über wesentliche Investitionen;
– Berichterstattung über Tochtergesellschaften und Beteiligungen;
– Berichterstattung über das Personal- und Sozialwesen (Mitarbeiterzahlen etc);[76]
– Berichterstattung zu Fragen des Umweltschutzes (Recycling, Reinigungsanlagen, Filter);
– Berichterstattung über weitere besondere Ereignisse (Unfälle, Streiks etc).

Da Abs. 1 keine konkreten Vorgaben bezüglich des Inhalts macht, soll dieser Überblick **60** nur **Anhaltspunkte** für den Wirtschaftsbericht liefern. Über alle Aspekte ist nicht in jedem Fall zu berichten. Entscheidend ist, ob die einzelnen Fragen für die Darstellung des Geschäftsverlaufs und der Lage der berichtenden Kapitalgesellschaft von Bedeutung sind, mit anderen Worten, welche Faktoren für den Geschäftsverlauf bzw. die Lage maßgebend waren. In jedem Einzelfall muss entschieden werden, ob einer der angeführten Sachverhalte eine Aufnahme in den Lagebericht erforderlich macht.

d) Mögliche weitere Gegenstände der Darstellung. In Abs. 1 S. 1 wird gefordert, **61** dass ein den tatsächlichen Verhältnissen entsprechendes Bild des Geschäftsverlaufs und der Lage der Kapitalgesellschaft vermittelt wird. Welche Angaben notwendig sind, um ein klares Bild von der Vermögens-, Finanz- und Ertragslage zu zeichnen, wird nicht abschließend aufgezählt. Das Gesetz gewährt bei der Aufnahme bestimmter Angaben einen gewissen **Beurteilungsspielraum.**

Im Rahmen der **Berichterstattung über die rechtlichen Rahmenbedingungen 62** sind vor allem Ausführungen zu grundlegenden Veränderungen der gesellschaftsrechtlichen oder strukturellen Organisation zu machen. Die Ausgliederung von Unternehmensbereichen, der An- bzw. Verkauf von Teilbetrieben, der Abschluss von Kooperationsverträgen oder interne Reorganisationsmaßnahmen sind ebenso zu erwähnen wie Veränderungen im Kreis der Anteilseigner, wenn dies für die geschäftliche Entwicklung von Bedeutung ist.[77] Auch Ausführungen zu Änderungen im Steuerrecht können Gegenstand der Angaben sein.

---

[74] Freidank/Steinmeyer BB 2005, 2512 f.
[75] Vgl. etwa Ballwieser FS Baetge, 1997, 153 (160 f.); Müller/Stute/Withus, Handbuch Lagebericht/Müller/Ergün, 2013, B. 2 Rn. 8; Stobbe BB 1988, 303 (307 f.).
[76] Vgl. dazu auch die erweiterte Berichterstattungspflicht nach Abs. 3; → Rn. 116 ff.
[77] Stobbe BB 1988, 303 (308).

Ist das Unternehmen Mitglied in Vereinigungen, Organisationen etc geworden bzw. ist es im Berichtszeitraum ausgetreten, so sollte hierüber berichtet werden. Eine wesentliche Änderung der Vertriebsorganisation kann ebenfalls Gegenstand der Berichterstattung sein.

63   Bei der **Berichterstattung über die wirtschaftlichen Rahmenbedingungen** sollte erkennbar sein, wie sich die Branche insgesamt im Vergleich zur Gesamtwirtschaft entwickelt hat. Es sollten ferner branchenspezifische Besonderheiten aufgenommen werden. Aus ihnen soll die Marktstellung des berichtenden Unternehmens im betroffenen Wirtschaftszweig ablesbar sein. Wichtig ist vor allem die Wettbewerbssituation des Unternehmens. Bei Bedarf können solche Informationen durch die Einschätzung der Geschäftsleitung zur Entwicklung der wesentlichen volkswirtschaftlichen Daten ergänzt werden. Diese Angaben müssen allerdings in den konkreten Bezug zur Entwicklung des Geschäftsverlaufs des Unternehmens gesetzt werden.[78]

64   Die **Berichterstattung über die Materialwirtschaft (Beschaffungsbereich)** erfasst Angaben über Preise und Mengen von Roh-, Hilfs-, Betriebsstoffen und Lagerwaren ebenso wie die Entwicklung der Lagerhaltung. Kommt einzelnen Beschaffungsbereichen nach ihrem Wert oder Umfang für die Geschäftstätigkeit besonderes Gewicht zu, ist hierüber im Einzelnen zu berichten. Unterliegt ein bedeutsamer Beschaffungsmarkt besonderen Gefahren, ist der Einfluss dieser Risiken auf das Unternehmen herauszustellen. Hierzu können auch Informationen über die Versorgungslage oder die Vorratshaltung gehören.[79] Von besonderem Interesse kann in diesem Zusammenhang die Entwicklung der Energiekosten sein.[80]

65   Zur **Berichterstattung über die Produktion** und die Auslastung gehören Informationen über die Produktionsprogramme, zur Entwicklung von Produktionsverfahren und -techniken oder über die Entwicklung der Bestände. Auch der Hinweis auf die Aufnahme bzw. die Einstellung vorhandener Produktionszweige, auf Produktionsausfälle oder auf die Einführung eines neuen Qualitätssicherungssystems kann erforderlich sein. Bei energieintensiver Produktion sollte auf die Auswirkungen der Energiekosten eingegangen werden.

66   Im Rahmen der **Berichterstattung über die Absatzentwicklung** können Angaben zum Umsatz, unterteilt nach Wert und Menge, notwendig sein. In diesem Zusammenhang wird aber vielfach auch eine Angabepflicht nach § 285 Nr. 4 bestehen. Danach sind unter bestimmten Voraussetzungen die Umsatzerlöse nach Tätigkeitsbereichen sowie nach geografisch bestimmten Märkten aufzugliedern. Weitergehende Angaben im Lagebericht sind daher zumeist nicht erforderlich. Angaben können allerdings zweckmäßig sein, wenn Exportaufträge mit Ländern abgewickelt werden, die als risikobehaftet einzustufen sind. Zur Berichterstattung können schließlich Informationen über die Entwicklung des Auftragsbestands und -eingangs ebenso gehören wie Angaben über Marktanteile.

67   Auch bei der **Berichterstattung über das Ergebnis** steht die Entwicklung des Unternehmens im Vordergrund. Eine Berichterstattung wird daher regelmäßig dann erforderlich werden, wenn das Jahresergebnis eine signifikante Veränderung erfahren hat. Da die Angaben häufig für den Leser nur dann einen bedeutsamen Informationswert besitzen, wenn sie über einen bloßen Vergleich hinausgehen, sollte zusätzlich deutlich gemacht werden, welche wirtschaftlichen Faktoren das Ergebnis in welchem Umfang beeinflusst haben.

68   Die **Berichterstattung über wesentliche Investitionen** sollte so vorgenommen werden, dass der Schwerpunkt der Tätigkeiten erkennbar wird. Die Informationen im Lagebericht zu Investitionen dienen vor allem der Beschreibung des Investitionszwecks und können ggf. durch Angaben über deren Finanzierung ergänzt werden.[81]

69   Im Rahmen der **Berichterstattung über Tochtergesellschaften** und Beteiligungen kommt es darauf an, die wesentlichen Beteiligungen darzustellen, die Entwicklungen im Berichtszeitraum zu verdeutlichen und die Bedeutung der Beteiligungen herauszustellen.[82]

---

[78]   GK-HGB/Lezius Rn. 16 f.; HdR/Kajüter Rn. 72.
[79]   ADS Rn. 72.
[80]   Müller/Stute/Withus, Handbuch Lagebericht/Müller/Ergün, 2013, B 2 Rn. 32.
[81]   Müller/Stute/Withus, Handbuch Lagebericht/Müller/Ergün, 2013, B 2 Rn. 35.
[82]   Stobbe BB 1988, 303 (308).

Zur Vollständigkeit des Lageberichts gehört die Berichterstattung über **weitere beson-** 70
dere Ereignisse, die sich während des Berichtszeitraums zugetragen haben. Hierzu zählen
etwa Produktionsausfälle, Unfälle oder Streiks, bedeutende Vertragsabschlüsse, Umstruktu-
rierungsmaßnahmen sowie der Beginn oder die Beendigung eines wichtigen Prozesses.
Wird durch außergewöhnliche Einzelvorgänge das Ergebnis der Kapitalgesellschaft beeinflusst, ist hierüber ebenfalls zu berichten.[83]

Zum Teil wird der Lagebericht um eine **gesellschaftsbezogene Berichterstattung** 71
erweitert, in der die Beziehungen zu Lieferanten oder Abnehmern, wichtige Umstrukturierungen, der Abschluss oder die Beendigung von Kooperationen, bedeutende Kartellverfah-
ren oder besondere Schadens- und Unglücksfälle dargestellt werden.[84] Zwar enthalten diese
Angaben Informationen, die bereits an anderer Stelle im Jahresabschluss oder im Lagebericht
erscheinen. Dennoch kann eine zusätzliche Aufnahme sinnvoll sein. Zu der weitergehenden
Berichterstattung können ferner der Erhalt von Subventionen oder anderen staatlichen
Vergünstigungen sowie die Aufnahme in Förderprogramme gehören. Die Grenze für die
freiwillige Berichterstattung ist dort zu ziehen, wo der Informationszweck nicht mehr
hinreichend erfüllt werden kann.

3. Analyse des Geschäftsverlaufs und der Lage der Gesellschaft (Abs. 1 S. 2). 72
Durch das BilReG ist für Kapitalgesellschaften die Pflicht aufgenommen worden, eine
umfangreiche Analyse ihres Geschäftsverlaufs und der Lage ihrer Gesellschaft im Lagebericht zu veröffentlichen. Der Lagebericht enthält dadurch neben der Berichterstattung über
Geschäftsverlauf, Geschäftsergebnis und Lage verstärkt auch **beurteilende und bewer-**
tende Aspekte.[85] Zwar war bislang unbestritten, dass im Rahmen der Darstellung des
Geschäftsverlaufs und der Lage nicht nur eine zeitraumbezogene Berichterstattung zu erfolgen hat, sondern daneben auch eine Bewertung vorzunehmen ist, die immer auch Prognoseelemente enthalten muss.[86] Allerdings sind die Anforderungen an den Umfang und die
damit verbundene Bedeutung der Analyse durch das BilReG deutlich gestiegen. Die darin
zum Ausdruck gekommene erweiterte Zielrichtung der Berichterstattung in Lagebericht
und Konzernlagebericht hat für weitreichende Veränderungen gesorgt. Nach den Vorstellungen des Gesetzgebers dient der Abschluss eher der Darstellung, während der Lagebericht
mehr eine Analyse und Kommentierung relevanter Kennzahlen und Sachverhalte enthalten
soll. Damit kann sich die Unternehmensleitung nicht mit mehr oder weniger subjektiven
Einschätzungen begnügen.

Lagebericht und Jahresabschluss unterscheiden sich hinsichtlich ihres Informationsge- 73
halts erheblich voneinander. Der Jahresabschluss stellt das Bild der Vermögens-, Finanz-
und Ertragslage zum Stichtag dar. Die dort veröffentlichten Informationen sind somit überwiegend zeitpunktbezogen. Demgegenüber enthält der Lagebericht erhebliche **Prognose-**
und Bewertungselemente, da er die Lage in die Zukunft hinein fortschreibt.[87]

4. Finanzielle Leistungsindikatoren (Abs. 1 S. 3). Den europäischen Vorgaben 74
entsprechend fordert der deutsche Gesetzgeber seit dem Inkrafttreten des BilReG von den
Unternehmen eine ausgewogene und umfassende Analyse anhand der bedeutsamsten finanziellen Leistungsindikatoren. So müssen nach Abs. 1 S. 3 in die Analyse des Geschäftsverlaufs
und der Lage der Gesellschaft die für die Geschäftstätigkeit bedeutsamsten finanziellen Leistungsindikatoren einbezogen werden. Nach Abs. 2 S. 1 Nr. 1 Hs. 2 muss zudem über die
Verwendung von Finanzinstrumenten berichtet werden, sofern dies für die Beurteilung der
Lage oder der voraussichtlichen Entwicklung von Belang ist. Der deutsche Gesetzgeber

---

[83]   ADS Rn. 79.
[84]   Beck HdR/Kirsch/Köhrmann/Huter B 510 Rn. 60–62.
[85]   Kaiser WPg 2005, 405 (416); Kirsch/Scheele WPg 2004, 1 (7 ff.); Lange ZIP 2004, 981 (986); Sauter,
       Anhang und Lagebericht im Spannungsfeld zwischen Unternehmens- und Bilanzrecht, 2016, 118.
       Zurückhaltend hingegen Heuser/Theile GmbHR 2005, 201 (205), die hierin lediglich eine Konkretisie-
       rung des S. 1 sehen.
[86]   ADS Rn. 83.
[87]   Staub/Hommelhoff Rn. 59; Kleindiek ZGR 1998, 466 (473).

setzt auf diese Weise die obligatorischen Bestimmungen der Fair-Value-RL in nationales Recht um. Er will so den Adressaten des Lageberichts die Analyse von Geschäftsverlauf, Geschäftsergebnis und Lage des berichtenden Unternehmens erleichtern.

75   Der **Begriff der finanziellen Leistungsindikatoren** wird weder in der Richtlinie noch vom deutschen Gesetzgeber definiert. Damit wird eine Festlegung auf bestimmte betriebswirtschaftliche Instrumente vermieden und zugleich ermöglicht, dass die Berichterstattung den derzeit besten Verfahrensweisen entsprechend weiterentwickelt werden kann.[88] Die finanziellen sind von den nichtfinanziellen Leistungsindikatoren abzugrenzen (Abs. 3). Überwiegend werden zu den wichtigsten finanziellen Leistungsmerkmalen gezählt:[89]
- Eigenkapitalrendite,
- Gesamtkapitalrendite,
- Umsatzrendite,
- Liquidität,
- Working Capital,
- Investitionen in Sachanlagevermögen und in immaterielles Anlagevermögen,
- EBIT, EBITDA und
- Wertbeitrag.

76   Bei den finanziellen Leistungsmerkmalen geht es um Umstände und Merkmale, die sich wertmäßig in der Rechnungslegung niederschlagen und die einen Hinweis auf die erbrachte Unternehmensleistung im Geschäftsjahr geben. Entscheidend sind die vom Markt geforderten Schlüsselgrößen, zumal die Berichterstattung nur die bedeutendsten Leistungs- indikatoren darzustellen und zu erläutern hat. Es kommt daher bei der Berichterstattung darauf an, die **wichtigsten Kennzahlen** zum Geschäftsverlauf und zur Lage der Gesellschaft aufzunehmen und zu erläutern.[90] Dabei ist auf die im Jahresabschluss ausgewiesenen Beträge und Angaben Bezug zu nehmen. Die Lageberichterstattung hat daher ergänzende Hinweise zum Jahresabschluss zu enthalten.

77   Die **Berichterstattung über das Finanzwesen** enthält regelmäßig Angaben über die Art der Finanzierung, den Grad der Verschuldung, die Liquidität, die Eigen- und Fremdfinanzierung, den Kapitalbedarf und – erforderlichenfalls – über Kapitalerhöhungen. Diese sind notwendig, um ein zutreffendes Bild von der Situation der Kapitalgesellschaft zu zeichnen. Die Erläuterungen stehen in einem engen Zusammenhang mit den Angaben, die im Jahresabschluss zur Finanzlage der Kapitalgesellschaft gegeben werden. Im Rahmen der Anhangangaben sind dies vor allem die gem. § 285 Nr. 1–3 anzugebenden Informatio- nen. Danach sind zusätzlich zu den in der Bilanz ausgewiesenen Verbindlichkeiten der Gesamtbetrag der Verbindlichkeiten mit einer Restlaufzeit von mehr als fünf Jahren und der Gesamtbetrag der Verbindlichkeiten, die durch Pfandrechte oder ähnliche Rechte gesi- chert sind, unter Angabe von Art und Form der Sicherheiten aufzugliedern. Ferner ist unter bestimmten Voraussetzungen der Gesamtbetrag der sonstigen finanziellen Verpflich- tungen, die nicht in der Bilanz erscheinen und auch nicht nach § 251 anzugeben sind, auszuweisen. (Zusätzliche) Ausführungen im Lagebericht können insbesondere dann erfor- derlich sein, wenn eine zukünftige Kapitalzuführung erläutert werden muss.[91]

78   **5. Bericht über voraussichtliche Entwicklung (Abs. 1 S. 4). a) Ziel.** Nach Abs. 1 S. 4 ist die Kapitalgesellschaft verpflichtet, in ihrem Lagebericht die voraussichtliche Ent- wicklung mit ihren wesentlichen Chancen und Risiken zu beurteilen und zu erläutern **(Prognosebericht).** Die diesem Berichtsteil zugrundeliegenden Annahmen sind zwingend anzugeben; auf sie **darf nicht verzichtet werden.** Eine Rechnungslegung, die auf einen Prognosebericht im Lagebericht verzichtet, weist einen wesentlichen Fehler auf, der im

---

[88]   Lange ZIP 2004, 981 (984).
[89]   Heuser/Theile GmbHR 2005, 201 (206); Palmes, Der Lagebericht – Grundfragen und Haftung, 2008, S. 49; vgl. auch DRS 20 Tz. 103.
[90]   Barenhoff, Die Lageberichterstattung der DAX-Konzerne unter dem Einfluss des Bilanzrechtsreformge- setzes, 2008, S. 124–127.
[91]   Bonner HdR/Kirsch Rn. 102.

Enforcementverfahren nach WpHG geltend gemacht werden kann.[92] Bis zum Inkrafttreten des BilReG waren Kapitalgesellschaften lediglich verpflichtet, in ihrem Lagebericht den Geschäftsverlauf und ihre Lage so darzustellen, dass ein den tatsächlichen Verhältnissen entsprechendes Bild vermittelt wurde; dabei war auch auf die Risiken der künftigen Entwicklung einzugehen. Im Zuge der Reform des Bilanzrechts ist es zu einer ausführlicheren Risikoberichterstattung in Lagebericht und Konzernlagebericht gekommen.[93]

In Abs. 2 S. 1 Nr. 1 wird den Gesellschaften eine detaillierte Risikoberichterstattung **79** vorgeschrieben. Auf diese Weise will der Gesetzgeber den Informationsgehalt des Lageberichts weiter verbessern. Dem Leser soll ein weiteres Kriterium für die Beurteilung der Lage der Kapitalgesellschaft an die Hand gegeben werden. Um seiner Informations- und Rechenschaftsfunktion zu genügen, muss der Lagebericht es dem Adressaten ermöglichen, sich ein eigenes Bild über die Situation des Unternehmens im Sinne einer Standortbestimmung und wirtschaftlichen Gesamtbeurteilung einschließlich der Fortbestandsaussichten und der künftigen Entwicklung zu machen. Aus dem Gebot der **wahrheitsgetreuen und willkürfreien** Darstellung folgt, dass der Charakter der Angaben als Prognose, verstanden als Chancen und Risiken, hinreichend deutlich zu machen ist.[94]

Die Regierungsbegründung sah noch vor, dass die Unternehmensleitung neben den **80** Risiken und Chancen der künftigen Entwicklung auch noch auf **wesentliche Ziele und Strategien** eingehen sollte. Auf diese Weise hätten die wesentlichen Prämissen, die den zukunftsbezogenen Aussagen der Unternehmensleitung zugrunde gelegen hätten, transparent gemacht werden sollen. Mit seinen Forderungen wäre der Bundesgesetzgeber – wie er selbst einräumte – über die europarechtlichen Vorgaben hinausgegangen, um „den Gehalt des Lageberichts an entscheidungsrelevanten Informationen zu erhöhen und dem Investor Soll-Ist-Vergleiche zu ermöglichen".[95] Der Rechtsausschuss hingegen hielt die Darstellung wesentlicher Ziele und Strategien eines Unternehmens im Lagebericht nicht für erforderlich, da die Unternehmen hierzu keine konkreten Angaben machen würden und möglicherweise auch nicht machen könnten.[96]

b) Chancen und Risiken. Besondere Bedeutung kommt im Zuge der Berichterstat- **81** tung nach Abs. 1 S. 4 zunächst der Frage nach dem zugrundeliegenden **Risikobegriff** zu. Er wird lediglich insoweit konkretisiert, als der Gesetzgeber Preisänderungs-, Ausfall- und Liquiditätsrisiken sowie Risiken aus Zahlungsstromschwankungen in Abs. 2 S. 1 Nr. 1 lit. b ausdrücklich erwähnt. Wie bereits an anderer Stelle ausgeführt, hat sich der Gesetzgeber für eine enge Interpretation des Risikobegriffs ausschließlich als Gefahr ausgesprochen.[97] Dafür sprechen neben der Bedeutung und der Verwendung des Wortes im Gesetz auch systematische Gründe. Gemäß § 252 Abs. 1 Nr. 4 müssen alle vorhersehbaren Risiken und Verluste, die bis zum Abschlussstichtag entstanden sind, im Jahresabschluss berücksichtigt werden. Dort ist unter Risiko das Eintreten einer negativen Entwicklung einer Unternehmensaktivität zu verstehen. Mit dem Begriff Risiko in § 289 ist daher die **Möglichkeit ungünstiger künftiger Entwicklungen** gemeint, die mit einer erheblichen, wenn auch nicht notwendigerweise überwiegenden Wahrscheinlichkeit erwartet werden.[98] Diese Definition bezieht nicht nur die Gefahr ein, dass etwas Negatives eintritt, sie ist auch darauf gerichtet, dass etwas Positives nicht realisiert wird. Der Begriff der **Chance** meint damit

---

[92] OLG Frankfurt ZIP 2009, 2440.
[93] S. dazu Lange ZIP 2004, 981 (985).
[94] ADS Rn. 105; Freidank/Steinmeyer BB 2005, 2512 (2513 f.).
[95] BMJ, RefE BilReG v. 13.12.2003, 25; Hüttemann BB 2004, 203 (207 f.).
[96] Vgl. dazu Pfitzer/Orth DB 2004, 2593 (2597).
[97] Palmes, Der Lagebericht – Grundfragen und Haftung, 2008, S. 51; ebenso Lange DStR 2001, 227 (229); Lange/Wall Risikomanagement/Lange § 2 A Rn. 18 ff.; Baetge/Schulze DB 1998, 937 (940).
[98] Lange DStR 2001, 227 (228 f.); Selch WPg 2000, 357 (362 f.); vgl. ferner Baetge/Schulze DB 1998, 937 (939); Küting/Hütten AG 1997, 250 (252). Vgl. aber auch Kirsch/Scheele WPg 2004, 1 (5 ff.), wo der Versuch unternommen wird, den Begriff Risiko gegenüber demjenigen der Ungewissheit abzugrenzen.

umgekehrt das Eintreten einer positiven Entwicklung.[99] Damit muss aber das Risikomanagement auch ein Vernachlässigen von Chancen beachten, da ein nachlässiges Verhalten bei der Ergreifung von Chancen genauso verwerflich ist wie ein mangelhaftes Befassen mit Verlustrisiken.

82   Über Chancen und Risiken ist ausgewogen zu berichten (DRS 20 Tz. 166).[100] Mit den darzustellenden Chancen und Risiken sind sämtliche Bereiche gemeint, die das berichtende Unternehmen betreffen.[101] Dazu zählen auch **externe Chancen und Risiken,** die aus der Technologie, den Naturgewalten oder den politischen Verhältnissen herrühren, **finanzwirtschaftliche Chancen und Risiken,** die auf Märkten, der Schuldnerbonität oder auf Währungsschwankungen basieren, sowie **leistungswirtschaftliche Chancen und Risiken,** die von den Beschaffungs- oder Absatzmärkten, der Produktion, der Technik bzw. der Informationstechnologie herrühren. **Rechtliche Risiken** können etwa durch das Auslaufen von Schutzrechten oder anhängige (Schadens-)Ersatzklagen entstehen. **Risiken aus der Unternehmensführung** können schließlich durch die Organisation, die Führung, die Kommunikation oder die Unternehmenskultur hervorgerufen werden. Auch ein erhöhtes Risiko, das durch Betätigungen auf neuen Geschäftsfeldern entsteht oder das aus dem Handel mit Finanzderivaten resultiert, wird regelmäßig eine Berichtspflicht auslösen.

83   **c) Saldierungsverbot und Erläuterungspflicht.** Die verlustorientierte Sichtweise entspricht der im Vorsichtsprinzip verdeutlichten allgemeinen Gläubigerschutzfunktion der deutschen Rechnungslegung. Die geforderte Art der Darstellung lässt eine Art „Saldierung" der Risiken mit den Chancen mit der Folge einer Begrenzung der Berichterstattung auf verbleibende Restrisiken einer unternehmerischen Handlung nicht zu. Die Darstellung kann nur dann unterbleiben, wenn die Risiken erfolgreich auf Dritte, wie etwa auf Versicherungen oder durch Termingeschäfte, überwälzt worden sind (Risikokompensation).[102]

84   **d) Erläuterung und Beurteilung.** Abs. 1 S. 4 verlangt, dass die Kapitalgesellschaft die voraussichtliche Entwicklung **beurteilt und erläutert;** eine bloße Nennung der Risiken reicht nicht aus.[103] Das Gesetz enthält keine Vorgaben über den Inhalt dieses Berichtsteils. Der Umfang der Zukunftsaussagen liegt daher im **pflichtgemäßen Ermessen** des Vorstands bzw. der Geschäftsführung. Dabei sollte sichergestellt werden, dass die wichtigsten Einflussgrößen, Annahmen und Ergebnisse erwähnt werden. Dazu zählen Angaben zur allgemeinen volkswirtschaftlichen Entwicklung, zur Stellung des Unternehmens auf dem Markt, zu Beschaffung, Produktion, Absatz und Personal. Diese Angaben können in eine allgemeine Prognose, konkrete Planungen und Investitionen aufgeschlüsselt werden.[104] Ferner ist über die wichtigsten Maßnahmen und Ereignisse der nächsten Zukunft zu berichten. Diese Berichtspflicht erlangt besondere Bedeutung bei der Bewältigung von Krisen. Der bloße Hinweis auf allgemeine Unternehmens-, Markt- oder Branchenrisiken genügt den Anforderungen des Abs. 1 S. 4 allerdings nicht. Die Kapitalgesellschaft muss konkrete Risiken benennen und kommentieren. Da die Lage des Unternehmens nicht nur durch Risiken, sondern auch durch Chancen gekennzeichnet ist, muss auch hierüber berichtet werden.

85   Die Berichterstattung nach Abs. 1 S. 4 ist durch ihre **Zukunftsbezogenheit,** ihren Prognosecharakter („voraussichtliche Entwicklung") gekennzeichnet. Anders als bei der Darstellung des Geschäftsverlaufs und der wesentlichen Vorgänge kann man es daher nicht bei den eingetretenen Ereignissen und Vorgängen bewenden lassen. Dieser Teil des Lageberichts ist vielmehr durch die Einschätzungen und Erwartungen der Geschäftsleitung zu der Frage gekennzeichnet, wie die zukünftige Entwicklung der Gesellschaft verlaufen wird.

---

99 Kajüter BB 2004, 427 (429).
100 Schiffers GmbH-Stb 2014, 14 (18).
101 Kaiser DB 2005, 345 (347 ff.).
102 Kajüter BB 2004, 427 (429); wohl auch Kaiser DB 2005, 345 (350 f.); Wolf DStR 2005, 438 (441); enger hingegen BeBiKo/Grottel § 315 Rn. 134 f.: keine Risikokompensation, jedoch sei Netto-/Bruttobetrachtung möglich.
103 Kaya StuB 2010, 483 (484).
104 Vgl. Beck HdR/Kirsch/Köhrmann/Huter B 510 Rn. 114; HdR/Kajüter Rn. 93 ff.

Berichtet wird über die Bewertung der Zukunftsaussichten und der wichtigsten Tendenzen. Im günstigsten Fall wird durch die Angaben der künftige Geschäftsverlauf vorweggenommen.

Die Aussagen der Prognose und damit die Darstellung der künftigen Entwicklung hat **86** die Geschäftsführung bzw. der Vorstand nach pflichtgemäßem Ermessen zu formulieren. Dabei brauchen die den Aussagen zugrundeliegenden Annahmen im Lagebericht nicht offenbart zu werden. Sie müssen nur in geeigneter Weise **dokumentiert** werden, damit der Abschlussprüfer die Ermessensentscheidung nachvollziehen kann.

e) Beschränkung der Berichterstattung. Zu beachten ist, dass sich die Berichter- **87** stattung auf **wesentliche Chancen und Risiken** beschränken darf, Abs. 1 S. 4. Auch die Berichtspflicht über die Preisänderungs-, Ausfall- und Liquiditätsrisiken und die Risiken aus Zahlungsstromschwankungen gilt nur insoweit, als „dies für die Beurteilung der Lage oder der voraussichtlichen Entwicklung von Belang ist", Abs. 2 S. 1 Nr. 1 Hs. 2. Dies entspricht den Vorgaben der einschlägigen Richtlinien.[105] Ein Eingehen auf jedes noch so kleine Risiko in Lagebericht oder Konzernlagebericht führt zu Unübersichtlichkeit und Intransparenz. Die Beschränkung auf wesentliche Risiken meint nicht, dass nur über Risiken zu berichten ist, die den Bestand des Unternehmens gefährden können. Die Berichtspflicht erfasst vielmehr auch solche Risiken, die die Unternehmensentwicklung erheblich beeinträchtigen können, weil sie einen **nicht unerheblichen Einfluss** auf die Vermögens-, Finanz- und Ertragslage haben. Dabei ist zu beachten, dass sich begrenzte (Einzel-)Risiken durch Addition und/oder Kumulation zu erheblichen (Gesamt-)Risiken für das Unternehmen entwickeln können. Um die Berichterstattung aber nicht ins Uferlose auszudehnen, ist auf die allgemeinen unternehmerischen Risiken nicht einzugehen. Erforderlich ist daher eine **Beurteilung** von Chancen und Risiken durch die berichtende Gesellschaft. Diese muss zumindest qualitativ in Form einer verbalen Beschreibung erfolgen, etwa dergestalt, dass Eintrittswahrscheinlichkeit und potenzielle Auswirkungen aufgezeigt werden.[106]

f) Art und Form der Darstellung. Das Gesetz schreibt weder den konkreten Inhalt **88** noch die genaue Form der Berichterstattung vor. Daher muss es möglich sein, die Angaben nach Abs. 1 S. 4 gesondert zu machen oder aber auch mit der Darstellung der Lage nach Abs. 1 S. 1 und 2 zu verbinden.[107] Auf der Grundlage des alten Rechts schloss die hM, dass die berichtende Kapitalgesellschaft nicht verpflichtet war, Planbilanzen, Prognoserechnungen oder Finanzpläne aufzustellen und zu veröffentlichen. Sie ließ im Wesentlichen **verbale Angaben** genügen.[108] Für die Beibehaltung dieses Grundsatzes spricht, dass solche Planungsunterlagen internen Charakter besitzen und laufend fortgeschrieben werden.[109] Zudem ist eine derart weitgehende Berichterstattung gesetzlich nicht vorgeschrieben. Die verbalen Angaben dürfen jedoch nicht so vage formuliert sein, dass sie nahezu inhaltsleer sind. Die im Zeitpunkt der Aufstellung des Lageberichts bekannte Entwicklung ist für die nächsten Jahre fortzuschreiben, wobei der Trend um möglicherweise eintretende Ereignisse zu korrigieren ist. Dazu gehören etwa die Angabe der erwarteten Umsatzentwicklung, geplante Beteiligungen oder erwartete besondere Ereignisse.

Der Vorstand bzw. die Geschäftsführung darf die Prognosen nicht zu optimistisch for- **89** mulieren, da er bzw. sie den **Grundsatz der Vorsicht** zu beachten hat und keine falschen Erwartungen wecken soll. Er bzw. sie muss zudem deutlich machen, inwieweit die Angaben auf subjektiven Erwartungen und nicht auf objektivierbaren Fakten beruhen. Zudem ist durch geeignete Formulierungen auf die mit der Prognose verbundene Ungewissheit hinzuweisen. In diesem Zusammenhang wird ferner diskutiert, ob die Darstellung in Form einer Punkt- oder mittels einer Intervallprognose zu erfolgen hat. Die Punktprognose ist zwar

---

[105] Kajüter BB 2004, 427 (429); Palmes, Der Lagebericht – Grundfragen und Haftung, 2008, S. 57.
[106] Kajüter BB 2004, 427 (430).
[107] Sieben FS Goerdeler, 1987, 581 (589 ff.); aA wohl Selchert DB 1985, 981 (984).
[108] Kaya StuB 2010, 483 (485).
[109] ADS Rn. 106; so auch Beck HdR/Kirsch/Köhrmann/Huter B 510 Rn. 115 für kleinere Unternehmen, differenzierter HdR/Kajüter Rn. 110, 124 f.

genauer, sie kann aber zu einer nicht praxisgerechten Scheingenauigkeit führen. Die **Intervallprognose** wird den bestehenden Unsicherheiten besser gerecht. Überwiegend wird daher eine Prognoseangabe mit Bandbreite als vorzugswürdig angesehen.[110]

90   **g) Wesentliche Grundsätze.** Die Prognose ist einer Überprüfung im Sinne einer Übereinstimmung mit den Tatsachen nicht zugänglich. Als Kontrollkriterium kann daher nicht nach der Richtigkeit, sondern nur nach der **Willkürfreiheit** der Prognose gefragt werden.[111] Dazu gehört zum einen, dass die Geschäftsführung alle verfügbaren und erforderlichen Informationen nutzt, um eine Prognose zu verhindern, die entgegen vorhandenem Wissen erfolgt. Willkürfreiheit bedeutet zum anderen, dass die Aussage und die innere Überzeugung des Aussagenden übereinstimmen. Schließlich ist das Prinzip der Vorsicht zu beachten.[112] Der Grundsatz der **Vollständigkeit** verlangt, dass über alle Sachverhalte zu berichten ist, die für den Berichtsadressaten notwendig sind. Hierzu ist sowohl auf die voraussichtliche Entwicklung der Kapitalgesellschaft als auch auf die Entwicklung der wichtigsten Unternehmensteilbereiche einzugehen. Im Rahmen der Darstellung der voraussichtlichen Entwicklung dürfen die Inhalte nicht durch mehrdeutige Angaben verschleiert werden. Insoweit besteht ein enger Zusammenhang mit dem Grundsatz der Willkürfreiheit. Allerdings kann das Gebot der **Klarheit** mit dem Grundsatz der Vollständigkeit kollidieren, da eine klare Berichterstattung mit einer steigenden Zahl bestimmender Faktoren zunehmend schwieriger wird.

91   **h) Prognosezeitraum.** Die zu berichtenden Chancen und Risiken müssen sich auf die „voraussichtliche Entwicklung" beziehen. Einen **genauen Prognosezeitraum** sieht das Gesetz **nicht vor.** Eine exakte Vorgabe lässt sich nur schwer formulieren, da Eigenarten der jeweiligen Branche und der Gegenstand der Berichterstattung keine einheitliche Aussage ermöglichen. Auch der Gegenstand der Geschäftstätigkeit und die Größe der berichtenden Gesellschaft können in diesem Zusammenhang eine Rolle spielen. Aus diesem inneren Zusammenhang zwischen Angabepflicht über bestandsgefährdende Risiken und Fortführungsprämisse wird der Schluss gezogen, dass für beide Sachverhalte identische Betrachtungszeiträume zugrunde gelegt werden müssen.[113] Da nach hM bei der Beurteilung der Fortführungsprämisse auf einen Zeitraum von zwölf Monaten abzustellen ist,[114] soll dieser Zeitraum auch für die Berichterstattung über bestandsgefährdende Risiken gelten. Liegen Anhaltspunkte dafür vor, dass die Unternehmensfortführung ernsthaft gefährdet ist, muss dieser Sachverhalt deutlich dargestellt und zudem erläutert werden. Für Unternehmen mit längeren Produktionszyklen können jedoch auch ausgedehntere Prognosezeiträume sachgerecht sein. Regelmäßig ist hier von zwei Jahren auszugehen.[115]

92   **6. Erstreckung des „Bilanzeides" auf den Lagebericht (Abs. 1 S. 5). a) Zweck.** Mit S. 5 hat der Gesetzgeber Art. 4 Abs. 2 lit. c Transparenz-RL[116] in nationales Recht umgesetzt.[117] Der sog. „Bilanzeid" wird auf diese Weise auf den Lagebericht erstreckt.[118] **Zweck der Regelung** ist es, die verantwortlichen Personen dazu anzuhalten, die Verhältnisse ihrer Gesellschaft in der Berichterstattung zutreffend darzustellen (Appell- und Warn-

---

110   Vgl. HdR/Kajüter Rn. 107 f.; offengelassen von Sieben FS Goerdeler, 1987, 581 (590, 592 f.).
111   Dörner FS Ludewig, 1996, 217 (231 f.).
112   AA Dörner FS Ludewig, 1996, 217 (233 f.).
113   Vgl. Dörner/Bischof WPg 1999, 445 (449).
114   ADS § 252 Rn. 24; Baumbach/Hopt/Merkt § 252 Rn. 7 (Geschäftsjahr nach dem Bilanzstichtag); Kajüter BB 2004, 427 (429); Sauter, Anhang und Lagebericht im Spannungsfeld zwischen Unternehmens- und Bilanzrecht, 2016, 120 f.
115   Kaya StuB 2010, 483 (485); Schmidt/Wulbrand KoR 2007, 417 (423).
116   Richtlinie 2004/109/EG des Europäischen Parlaments und des Rates v. 15.12.2004, ABl. L 390, 38; vgl. dazu Beiersdorf/Buchheim BB 2006, 1674; Buchheim/Knorr WPg 2006, 413 (422).
117   Gesetz zur Umsetzung der Richtlinie 2004/109/EG des Europäischen Parlaments und des Rates v. 15.12.2004 zur Harmonisierung der Transparenzanforderungen in Bezug auf Informationen über Emittenten, deren Wertpapiere zum Handel auf einem geregelten Markt zugelassen sind, und zur Änderung der Richtlinie 2001/34/EG, BGBl. 2007 I 29.
118   Abendroth WM 2008, 1147; krit. dazu Handelsrechtsausschuss des DAV NZG 2006, 655 (658).

funktion). Sie versichern, dass im Lagebericht der Geschäftsverlauf, einschließlich des Geschäftsergebnisses und der Lage der Kapitalgesellschaft, nach bestem Wissen so dargestellt wird, dass ein den tatsächlichen Verhältnissen entsprechendes Bild vermittelt wird. Zugleich soll der Bilanzeid vertrauensbildend wirken.[119] Die Versicherung ist als eigenständige, dem Lagebericht „beizufügende" Erklärung kein Bestandteil des Lageberichts und damit auch nicht prüfungspflichtig. Auch wenn die Versicherung entgegen den gesetzlichen Regelungen im Lagebericht aufgenommen wird, so bleibt sie ein separates Instrument, das neben Jahresabschluss und Lagebericht steht. Zweckmäßigerweise werden die Versicherungen zum Jahresabschluss und zum Lagebericht in einer einheitlichen Erklärung zusammengefasst (→ § 264 Rn. 98 ff.).[120]

b) Anwendungsbereich. Abs. 1 S. 5 erfasst nur Kapitalgesellschaften, die einerseits **93** Inlandsemittenten gem. § 2 Abs. 14 WpHG und andererseits keine Kapitalgesellschaften iSv § 327a sind. Zuständig für die Abgabe der Erklärung sind die **organschaftlichen Vertreter** einer jeweiligen Kapitalgesellschaft. Die Versicherung ist von sämtlichen Vertretern der Gesellschaft einzeln abzugeben, unabhängig von ihrem jeweiligen Zuständigkeitsbereich.[121] Die Erklärung bedarf der Schriftform.

c) Inhalt der Erklärung. Gegenstand der Erklärung ist die Versicherung der Einhal- **94** tung der **Vorgaben des Abs. 1 S. 1 und 4.** Die Mitglieder des vertretungsberechtigten Organs der berichtspflichtigen Kapitalgesellschaft haben also zu versichern, dass Geschäftsverlauf, Geschäftsergebnisse und Lage der Gesellschaft im Lagebericht nach bestem Wissen so dargestellt sind, dass ein den tatsächlichen Verhältnissen entsprechendes Bild vermittelt wird (Abs. 1 S. 1). Zugleich muss sich die Versicherung darauf erstrecken, dass die wesentlichen Chancen und Risiken der voraussichtlichen Entwicklung der Gesellschaft zutreffend beschrieben sind (Abs. 1 S. 4). Diese Versicherung ist auf der Grundlage der **Anforderungen nach § 93 Abs. 1 AktG** abzugeben. Daher gelten die Anforderungen der allgemeinen Sorgfaltspflicht eines ordentlichen und gewissenhaften Geschäftsleiters.

Der Gesetzeswortlaut spricht von einer Versicherung **„nach bestem Wissen".** Den- **95** noch muss die Versicherung wahr sein und sich, etwa bei Prognosen, innerhalb der Grenzen der Willkürfreiheit bewegen. Durch die Formulierung soll lediglich zum Ausdruck gebracht werden, dass nur vorsätzliches und nicht auch fahrlässiges Handeln bei der Abgabe der Versicherung rechtliche Folgen auslöst.[122] Der Wissensvorbehalt begründet aber keine Entschuldbarkeit mit Nichtwissen. Die gesetzlichen Vertreter haben sich vielmehr um ein möglichst vollständiges Wissen hinsichtlich der vorgeschriebenen Angaben zu bemühen.[123] Wird die Erklärung nicht abgegeben, stellt dies eine Ordnungswidrigkeit nach § 120 Abs. 2 Nr. 15 und 16 iVm § 120 Abs. 17 WpHG dar. Eine falsche Angabe stellt zudem eine Straftat nach § 331a dar.

V. Eingehen auf bestimmte Sachverhalte (Abs. 2)

1. Bedeutung der Vorschrift. Nach **Abs. 2 S. 1** ist im Lagebericht auf bestimmte, **96** abschließend aufgezählte Sachverhalte einzugehen. Durch die Formulierung „ist auch einzugehen auf" hat der Gesetzgeber verdeutlicht, dass die in Abs. 2 S. 1 genannten Berichtsgegenstände in einem inhaltlichen Zusammenhang mit dem Bericht über Geschäftsverlauf und Lage stehen.[124] Ferner hat die Berichterstattung in jedem Fall zu erfolgen, sofern die aufgeführten Umstände vorliegen. Ein Negativvermerk für den Fall, dass keine Umstände

---

[119] Fleischer ZIP 2007, 97 (103 f.).
[120] Vgl. Kölner Komm RechnungslegungsR/Claussen Rn. 32; s. ferner den Formulierungsvorschlag des DRS in WPg 2008, 46.
[121] Fleischer ZIP 2007, 97 (100).
[122] Fleischer ZIP 2007, 97 (100, 102); weitergehend Altenhain WM 2008, 1141 (1145), der auch bewusste Fahrlässigkeit einbeziehen will.
[123] Bosse DB 2007, 39 (45); Beck HdR/Kirsch/Köhrmann/Huter B 510 Rn. 146.
[124] Lange BB 1999, 2447 f.; Maul WPg 1984, 187 (189 und 192).

vorliegen, ist nicht vorgesehen.[125] Die **Einzelangaben dürfen nicht vollständig isoliert** gemacht werden. Umstritten ist, ob eine Trennung zwischen den Angaben nach Abs. 1 und denjenigen nach Abs. 2 S. 1 – und hier ggf. zusätzlich nach den einzelnen Ziffern – erfolgen kann bzw. soll. Während früher eine getrennte Darstellung vorgenommen wurde, wird dem heute zu Recht überwiegend die inhaltliche Verknüpfung zwischen den einzelnen Abschnitten entgegengehalten und daher eine einheitliche Darstellung verlangt. Diese muss aber wegen des teilweise ausweitenden Charakters den Angaben nach Abs. 2 S. 1 einen eigenständigen Raum belassen.[126]

97   An die **Pflicht zur Berichterstattung** werden dieselben Anforderungen gestellt wie bei den Angaben nach Abs. 1 (→ Rn. 39 f.). Auf die einzelnen Punkte ist in jedem Fall einzugehen, wenn sie für die Vermittlung eines den tatsächlichen Verhältnissen entsprechenden Bildes der Gesellschaft von Bedeutung sind. Eine Beschränkung der Angabepflicht erfolgt nur durch den Grundsatz der „materiality". Damit ist aber auch deutlich gemacht, dass separate „Risiko- oder Zukunftsberichte" nicht den Vorgaben des Gesetzes entsprechen. Eine **integrierte Darstellung** ist hinsichtlich der Angaben in Abs. 2 S. 1 Nr. 1–3 zwingend geboten.[127]

98   **2. Verweis auf Angaben zu eigenen Aktien (S. 2).** Nach **Abs. 2 S. 2** ist im Lagebericht zu vermerken, ob im Anhang Angaben nach § 160 Abs. 1 Nr. 2 AktG zu machen sind. Der Anhang ist also der Standort der Berichterstattung zum Bestand an eigenen Aktien; im Lagebericht ist lediglich ein entsprechender klarstellender **Verweis** aufzunehmen. Dies diene, so der Gesetzgeber, der Klarheit und stelle eine Umsetzung von Art. 19 Abs. 2 lit. c Bilanz-RL dar.[128]

99   **3. Bericht über Risiken und Risikomanagementziele (S. 1 Nr. 1). a) Bedeutung.** Diese Berichtspflicht steht in engem Zusammenhang mit den Angaben nach Abs. 1 S. 4 (→ Rn. 78 ff.). Sie beruht auf der Umsetzung der Fair-Value-RL und soll dem Umstand Rechnung tragen, dass Finanzinstrumente eine besondere Bedeutung für die Risikosituation des Unternehmens besitzen. Diesem Abschnitt der Lageberichterstattung kommt vor allem deshalb besondere Bedeutung zu, da das Erkennen von gefährdenden Entwicklungen und das Abschätzen von Fehleinschätzungen sowie ggf. die Begrenzung risikobehafteter Geschäfte unmittelbare Auswirkungen auf die Lage der Gesellschaft haben. Das Maß der Berichterstattung hängt von Art, Umfang und Struktur der Risiken ab. Der **Begriff des Finanzinstruments** ist gesetzlich nicht bestimmt. Es ist als Oberbegriff zu verstehen und erfasst sowohl originäre als auch derivative Finanzinstrumente. Zu ihnen zählen neben den Finanzanlagen die Wertpapiere, Derivate (§ 285 Nr. 18), Darlehensverbindlichkeiten und sonstige Forderungen und Verbindlichkeiten aus Lieferungen und Leistungen (→ § 285 Rn. 301), sofern sie von der Gesellschaft zum Bilanzstichtag verwendet wurden.

100   **b) Risikomanagementziele und -methoden.** Nach Abs. 2 S. 1 Nr. 1 lit. a hat die Kapitalgesellschaft über die Risikomanagementziele und -methoden einschließlich ihrer Methoden zur Absicherung aller wichtigen Transaktionen zu berichten, die im Rahmen der Bilanzierung von Sicherungsgeschäften erfasst werden.[129] Mit dem Hinweis auf die **Absicherung** aller wichtigen geplanten Transaktionen, die im Rahmen der Bilanzierung von Sicherungsgeschäften verbucht werden, wurde Art. 19 Abs. 2 lit. e Bilanz-RL in deutsches Recht transformiert. Abs. 2 S. 1 Nr. 1 lit. a steht in Zusammenhang mit **§ 91 AktG**. Nach § 91 Abs. 2 AktG hat der Vorstand einer AG geeignete Maßnahmen zu treffen, insbesondere ein Überwachungssystem einzurichten, damit den Fortbestand gefährdende

---

[125] BeBiKo/Grottel Rn. 86.
[126] Staub/Hommelhoff Rn. 137–142; ähnlich Bonner HdR/Kirsch Rn. 174 f.
[127] So schon Staub/Hommelhoff Rn. 141.
[128] Krit. dazu Fink/Theile DB 2015, 753 (760).
[129] Krit. dazu Pfitzer/Orth DB 2004, 2597 f., weiterführend zu den Anforderungen an Risikomanagementsysteme Wall WPg 2003, 457 ff.

Entwicklungen früh erkannt werden.[130] Durch das FISG wurde in § 91 Abs. 3 AktG darüber hinaus ausdrücklich verankert, dass börsennotierte Unternehmen über interne Kontroll- und Risikomanagementsysteme verfügen müssen. Danach hat der Vorstand einer börsennotierten Gesellschaft ein im Hinblick auf den Umfang der Geschäftätigkeit und die Risikolage des Unternehmens angemessenes und wirksames internes Kontrollsystem und Risikomanagementsystem einzurichten.

Entscheidend für eine möglichst geschlossene Darstellung der Risiken im Lagebericht **101** ist zunächst das Vorliegen eines **schlüssigen Konzeptes,** mit dem Risiken im Unternehmen früh erkannt werden können, das alle Unternehmensbereiche einbezieht, das systematisch angewandt wird und in dem die Anstrengungen und Risiken hinreichend dokumentiert werden. Das Konzept muss daneben angemessen und wirksam sein. Tests und kontinuierliche Kontrollen sind unverzichtbar. Die erweiterte Berichterstattungpflicht hat die Anforderungen an die Lageberichterstattung erhöht; die reine Aufzählung von Risiken reicht nicht aus. Die Plausibilität der Unternehmensplanung wird stärker hinterfragt. Eine verbale Darstellung der Risiken genügt aber angesichts der Wortwahl des Gesetzes („eingehen auf") den gesetzlichen Anforderungen.[131]

Naturgemäß kann nur über erkannte Risiken berichtet werden. Eine möglichst umfas- **102** sende Risikoidentifikation ist der Risikoberichterstattung daher regelmäßig vorgeschaltet. Nur ein solch umfassendes Risikoberichtssystem erfüllt die Voraussetzung für eine gesetzeskonforme Berichterstattung über Risiken.[132] Aus diesem Grund wird gefordert, dass Kapitalgesellschaften über ihre Risikomanagementziele und die Methoden zur Absicherung zu berichten haben. Dieser Aspekt wirft gewisse **praktische Schwierigkeiten** auf, da zahlreiche Risikomanagementsysteme sehr aufwändig und komplex sind. Ein pauschaler Hinweis auf etablierte Systeme wird zudem kaum ausreichen, um die gesetzlichen Vorgaben zu erfüllen. Unverzichtbar ist ferner die Offenlegung der Risikoanalyse und -bewertung, zumal das Management nur ein bewertetes Risiko steuern kann.[133]

c) Besondere Risiken. Nach Abs. 2 S. 1 Nr. 1 lit. b soll im Lagebericht auf die **Preis-** **103** **änderungs-, Ausfall- und Liquiditätsrisiken** sowie auf die Risiken aus Zahlungsstromschwankungen eingegangen werden, denen die Gesellschaft ausgesetzt ist. In beiden Fällen – lit. a und b – ist jeweils Bezug zu nehmen auf die Verwendung von **Finanzinstrumenten** durch die Gesellschaft, sofern dies für die Beurteilung der Lage oder der voraussichtlichen Entwicklung von Belang ist.[134] Mit diesen Änderungen kommt der Bundesgesetzgeber seiner Pflicht zur Umsetzung der Fair-Value-RL nach, die insbesondere Vorschriften zur Berichterstattung im Lagebericht hinsichtlich der mit Finanzinstrumenten verbundenen Risiken vorschreibt. Zugleich wird der Inhalt von Art. 19 Abs. 2 lit. e Bilanz-RL umgesetzt. Gegenüber dem Wortlaut der Richtlinie wurde durch den deutschen Gesetzgeber der Bezug zur „voraussichtlichen Entwicklung" ergänzt. Begründet wird dieser Schritt mit dem Hinweis auf die bereits 1998 erfolgte Erweiterung der Berichterstattungpflicht durch Art. 2 KonTraG um zukunftsgerichtete Elemente. Die Berichtspflicht besteht unabhängig davon, ob sie in der Bilanz erfasst sind oder nicht.

4. Der Bereich Forschung und Entwicklung (S. 1 Nr. 2). a) Bedeutung. Abs. 2 **104** S. 1 Nr. 2 verlangt von der berichtenden Kapitalgesellschaft, dass sie in ihrem Lagebericht über den Bereich Forschung und Entwicklung berichtet. Mit dieser Berichtspflicht soll die Bedeutung von Forschung und Entwicklung für die Zukunftssicherung und die **Wettbewerbsfähigkeit** der Kapitalgesellschaft herausgestellt werden. Um im nationalen und inter-

---

130 Vgl. dazu nur BeckOGK/Fleischer AktG § 91 Rn. 30 ff.; Lück DB 2000, 333 (und 1473 ff.); Vogler/Engelhard/Gundert DB 2000, 1425 ff.; Lange/Wall Risikomanagement/Zimmer/Sonneborn § 1 B Rn. 146 ff.

131 Müller/Stute/Withus, Handbuch Lagebericht/Ergün/Müller, 2013, B 6 Rn. 18; Kajüter DB 2004, 197 (202).

132 Lück/Bungartz DB 2004, 1789 (1792).

133 Vgl. dazu Lange/Wall Risikomanagement/Lange § 2 A Rn. 33–44.

134 Heuser/Theile GmbHR 2005, 201 (206).

nationalen Wettbewerb bestehen zu können, ist es für das Unternehmen unerlässlich, mit der technischen und wissenschaftlichen Entwicklung Schritt zu halten. Forschungs- und Entwicklungstätigkeiten entscheiden zunehmend darüber, ob ein Unternehmen sich am Markt behaupten kann. Die Berichterstattung nach Nr. 2 im Lagebericht stellt einen Bestandteil der Zukunftsvorsorge des Unternehmens dar. Sinnvoll ist die Berichterstattung nur dann, wenn das Unternehmen selbst Forschung und Entwicklung in nicht unerheblichem Ausmaß betreibt oder diese Arbeiten von Dritten für sich durchführen lässt. Forschungs- und Entwicklungstätigkeiten im Auftrag für Dritte fallen nicht unter die Angabepflicht.

105   Der Gehalt der Informationen ist allerdings stark vom jeweiligen Unternehmen abhängig. So ist Nr. 2 für eine industriell tätige Gesellschaft von größerer Bedeutung als für Banken, Versicherungen oder Handelshäuser. Von Nr. 2 wird hauptsächlich die technisch-wissenschaftliche Forschung und Entwicklung erfasst.

106   Die Berichtspflicht nach Nr. 2 steht in einem **Spannungsverhältnis** zum berechtigten Schutzbedürfnis der Unternehmen. Eine frühzeitige und detaillierte Angabe erleichtert das Ausspähen fremder Geheimnisse und das Umgehen bestehender Schutzrechte.[135] Im Einzelfall sind daher eher globale Angaben zu machen.

107   **b) Form und Inhalt.** Damit über Forschung und Entwicklung berichtet werden kann, muss dieser Bereich zunächst von anderen, vergleichbaren Aufgaben des Unternehmens abgegrenzt werden. Zumeist wird eine **funktionale Abgrenzung** vorgenommen, da die Aufbauorganisation nur einen Anhaltspunkt liefern kann.[136] Zur Angabe sind diejenigen Unternehmen verpflichtet, die Forschung und Entwicklung betreiben oder aufgrund der Branchenüblichkeit oder der Größe und Bedeutung des Unternehmens an sich betreiben müssten. Wird bei der zuletzt genannten Gruppe weder geforscht noch entwickelt, sind die Unternehmen zur Angabe einer Fehlanzeige verpflichtet.[137]

108   Das Gesetz enthält keine Bestimmung, nach der die einzelnen Sachverhalte ermittelt werden können, über die zu berichten ist. Unter **Forschung** versteht man eine systematische, schöpferische Untersuchung, die der Erweiterung wissenschaftlicher und technischer Erkenntnisse dient. Mit **Entwicklung** werden die Anwendung und die Umsetzung von Forschungsergebnissen bezeichnet, die das Ziel verfolgen, neue Anwendungsmöglichkeiten zu finden.[138] Nicht unter die Berichtspflicht nach Nr. 2 fallen Marktuntersuchungen, Absatzanalysen oder Forschungs- und Entwicklungsarbeiten, die das Unternehmen im Auftrag Dritter durchführt. Im letzteren Fall handelt es sich um eine geschäftliche Tätigkeit der berichtenden Kapitalgesellschaft, die in den Anwendungsbereich des Abs. 1 fällt.[139]

109   Zum Teil wird eine **Unterteilung** zwischen Grundlagenforschung, anwendungsorientierter (angewandter) Forschung und experimenteller Entwicklung vorgeschlagen.[140] Eine detaillierte Aufgliederung nach konkreten Forschungs- bzw. Entwicklungsschwerpunkten hingegen ist ebenso wenig erforderlich wie eine Offenlegung der Verwendung von Forschungsmitteln.

110   Auch zur **Art und Weise der Berichterstattung** sind im Gesetz keine Angaben vorhanden. Grundsätzlich reichen verbale Beschreibungen aus.[141] Die Berichterstattung erstreckt sich auf die Forschungs- und Entwicklungsaktivitäten des vergangenen Jahres und auf die entsprechenden Pläne für die nähere Zukunft. Es ist über die wesentlichen Forschungs- und Entwicklungsschwerpunkte und deren Zielrichtung zu berichten. Hierzu gehören Angaben über den Umfang der Aufwendungen, deren Entwicklung gegenüber

---

[135]   HdR/Kajüter Rn. 157; Kuhn DStR 1993, 491 (492).
[136]   Kuhn DStR 1993, 491 ff.
[137]   ADS Rn. 112; aA Kölner Komm RechnungslegungsR/Claussen Rn. 44; Müller/Stute/Withus, Handbuch Lagebericht/Müller/Ergün, 2013, B. 1 Rn. 72, keine Negativaussage erforderlich.
[138]   ADS Rn. 114.
[139]   GK-HGB/Lezius Rn. 42; Winnefeld Bilanz-HdB K IV Rn. 75.
[140]   ADS Rn. 117.
[141]   Kuhn DStR 1993, 491 (492); Winnefeld Bilanz-HdB K IV Rn. 76.

dem Vorjahr und den Einsatz öffentlicher Mittel. Zusätzlich sollte der Gesamtbetrag der Aufwendungen für Forschung und Entwicklung angegeben werden. Zweckmäßig ist auch die Angabe über die Einrichtungen des Unternehmens, die mit diesen Aufgaben betraut sind. Auch Angaben über die Zahl der damit Beschäftigten sind möglich. Neben diesen quantitativen Informationen können auch **qualitative Angaben** gemacht werden. Hierzu zählen einzelne Projekte, Forschungsergebnisse in Form von Patentanmeldungen oder Neuentwicklungen bzw. vergebene Lizenzen. Nicht erforderlich hingegen ist eine Aufteilung der einzelnen Aufwendungen auf die Forschungsschwerpunkte.

5. Bestehende Zweigniederlassungen der Gesellschaft (S. 1 Nr. 3). a) Bedeu- 111 **tung.** Die Angabepflicht nach Nr. 3 setzt die Vorgaben der GesR-RL in deutsches Recht um. Mit ihr wird der wirtschaftlichen Bedeutung von Zweigniederlassungen angemessen Rechnung getragen,[142] deren Einfluss mit dem selbstständiger Tochterunternehmen vergleichbar sein kann. Zugleich wird verhindert, dass ausländische Gesellschaften durch das Einrichten von Zweigniederlassungen nationale Offenlegungspflichten unterlaufen. Die Angaben nach Nr. 3 verbessern zudem den Schutz derjenigen, die über eine Zweigniederlassung mit der Kapitalgesellschaft in geschäftlichen Kontakt treten. Schließlich wird durch die Berichtspflicht die geografische Verteilung der Aktivitäten der Gesellschaft offengelegt.[143]

Die Angabe nach Nr. 3 ergänzt die Anhangangabe nach **§ 285 Nr. 11** und kann in 112 einer gewissen Beziehung zur Aufgliederung der Umsatzerlöse nach den geografischen Märkten gem. § 285 Nr. 4 stehen.

Die Angabepflicht bezieht sich auf **in- und ausländische Zweigniederlassungen** 113 inländischer Kapitalgesellschaften.[144] In diesem Zusammenhang spielt es keine Rolle, ob diese gem. den §§ 13 ff. im Handelsregister oder in einem vergleichbaren ausländischen Register eingetragen worden sind.[145] Für Betriebsstätten oder Repräsentanzen ohne organische Selbstständigkeit besteht keine Angabepflicht; auf die Eintragung im Handelsregister als Zweigniederlassung (§§ 13 ff.) kommt es nicht an.

b) Begriff der Zweigniederlassung. Die GesR-RL enthält keine Definition des 114 Begriffs der Zweigniederlassung. Für seine Auslegung hatte der EuGH im Wesentlichen den früheren Art. 11 Zweigniederlassungs-RL (11. RL 89/666/EWG) herangezogen,[146] der in der GesR-RL aber keine Entsprechung gefunden hat. Die dabei genannten Merkmale stimmen überwiegend mit dem Begriff der Zweigniederlassung überein, wie er in den **§§ 13–13h** zugrunde gelegt wird.[147] Danach ist eine Zweigniederlassung die Niederlassung einer Gesellschaft, an der die Mitarbeiter teils abhängig von der Hauptniederlassung, teils unabhängig von ihr tätig sind. Bei einer Zweigniederlassung handelt es sich um **eine auf Dauer betriebene Einrichtung,** die so beschaffen ist, dass sie auch ohne Hauptniederlassung als selbstständiges Unternehmen weitergeführt werden kann. Die Zweigniederlassung muss sachlich die gleichen, wenn auch nicht alle Geschäfte der Hauptniederlassung betreiben. Es muss eine **räumliche Trennung** zwischen Haupt- und Zweigniederlassung bestehen. Die Zweigniederlassung muss im **Geschäftsverkehr selbstständig auftreten.** Dazu muss sie von der Hauptniederlassung unabhängig sein und darf nicht nur Hilfsgeschäfte tätigen. Ferner muss die Zweigniederlassung organisatorisch und personell selbstständig sein.[148] Schließlich muss eine Weisungsgebundenheit im Innenverhältnis bestehen, die jedoch nicht allumfassend zu sein braucht (→ § 13 Rn. 10 ff.).

c) Umfang und Form der Anzeigepflicht. Grundsätzlich sind die wesentlichen 115 wirtschaftlichen Eckdaten der Zweigniederlassung anzugeben. Besitzt die Kapitalgesellschaft

---

[142] Fey DB 1994, 485 ff.; GK-HGB/Lezius Rn. 43. Ähnlich Veit BB 1997, 461.
[143] Müller/Stute/Withus, Handbuch Lagebericht/Müller, 2013, B 3 Rn. 1.
[144] Fink/Kajüter/Winkeljohann, Lageberichterstattung, 2013, S. 111; Hahnefeld DStR 1993, 1596 ff.; Hopt/Merkt Rn. 2.
[145] ADS Rn. 121; Fey DB 1994, 485 (486).
[146] EuGH Slg. 1978, 2183 = RIW 1979, 56 ff.
[147] ADS Rn. 121; Fey DB 1994, 485 (486); Staub/Hommelhoff Rn. 102; Veit BB 1997, 461 ff.
[148] S. dazu BGH NJW 1972, 1859 (1860); BayObLG BB 1980, 335 f.

eine **Vielzahl von Zweigniederlassungen,** kann die Angabe aufgrund des Wesentlichkeitsgrundsatzes auf die bedeutenden Niederlassungen beschränkt werden.[149] Die Auswahl der Zweigniederlassungen darf aber nicht danach erfolgen, ob positive Ergebnisse vorliegen. Hat die Kapitalgesellschaft **keine Zweigniederlassung,** entfällt die Angabe; auch eine Fehlanzeige ist nicht erforderlich.[150] Unklar ist, wie ausführlich die Berichterstattung zu erfolgen hat, zumal die gesetzliche Formulierung „eingehen auf" breiten Interpretationsspielraum belässt. Die bloße Erwähnung des Bestehens einer Zweigniederlassung bzw. deren Aufzählung reicht jedenfalls nicht aus. Daher wird gefordert, dass die wesentlichen wirtschaftlichen Eckdaten zu nennen sind.[151]

116   Eine besondere **Form** der Angabe ist nicht vorgeschrieben. Die Form ist so zu wählen, dass die Darstellung übersichtlich ist. Grundsätzlich reicht eine aufzählende Darstellung aus. Ist über eine Vielzahl von Zweigniederlassungen zu berichten, kann eine tabellarische Gliederung nach geografischen Gesichtspunkten oder nach Segmenten sinnvoll sein.[152]

117   Die berichtende Kapitalgesellschaft kann über die Pflichtangabe nach Nr. 3 hinaus freiwillig auch die **sonstigen Geschäftsstellen** in ihren Lagebericht aufnehmen, selbst wenn diese die genannten Voraussetzungen des Zweigstellenbegriffs nicht erfüllen. In diesem Fall sind die sonstigen Niederlassungen, die nicht Zweigniederlassungen sind, hinreichend zu kennzeichnen.[153]

VI. Zusatzberichterstattung über nichtfinanzielle Leistungsindikatoren (Abs. 3)

118   **1. Normadressaten.** Nach Abs. 3 sind (nur) **große Kapitalgesellschaften** iSv § 267 Abs. 3 verpflichtet, in die mit der Berichterstattung verbundene Analyse auch die wichtigsten nichtfinanziellen Leistungsindikatoren einzubeziehen. Sie haben diese unter Bezugnahme auf die im Jahresabschluss ausgewiesenen Informationen zu erläutern. Dies gilt jedenfalls insofern, als sie für die Geschäftätigkeit des Unternehmens von Bedeutung und für das Verständnis des Geschäftsverlaufs erforderlich sind, da sie dann wichtige Indikatoren für die geschäftliche Entwicklung und Lage darstellen. Zugleich handelt es sich bei ihnen um eigenständige Informationsbereiche, die über die wirtschaftliche Lage des Unternehmens hinausreichen. Die Vorschrift entspricht wörtlich § 315 Abs. 1 S. 3. Zur Konkretisierung der handelsrechtlichen Anforderungen an die Konzernlageberichterstattung ist auf DRS 20 zu verweisen. Im Übrigen ist ergänzend auf § 289b zu verweisen.[154]

119   **2. Nichtfinanzielle Leistungsindikatoren.** Was unter den nichtfinanziellen Leistungsindikatoren zu verstehen ist, wird nicht ausgeführt. Als Beispiele werden ökologische und soziale Belange genannt.[155] Ferner lassen sich die Entwicklung des Kundenstammes oder der gesellschaftlichen Reputation einbeziehen. Mittlerweile ist es weitgehend üblich geworden, eine Berichterstattung über den **Personal- und Sozialbereich** vorzunehmen. So sollten in Ergänzung zu den nach § 285 Nr. 7 im Anhang gemachten Angaben über die Zusammensetzung der Arbeitnehmerschaft im Lagebericht detailliertere Informationen gegeben werden. Danach ist die durchschnittliche Zahl der während des Geschäftsjahres beschäftigten Arbeitnehmer getrennt nach Gruppen anzugeben.

120   Es kann erforderlich sein, im Lagebericht detailliertere **Angaben zur Arbeitnehmerschaft,** etwa deren Altersstruktur, deren Krankenstand, die Produktivität pro Mitarbeiter oder die Fluktuation aufzunehmen. Zusätzliche Angaben sollten zur Entlohnung, zum Personalaufwand, zur betrieblichen Altersversorgung, zu Werkswohnungen oder über die Arbeitsbedingungen gegeben werden. Im Lagebericht können zudem Angaben zur betrieb-

---

[149]   ADS Rn. 124; Fey DB 1994, 485 (486); HdR/Kajüter Rn. 162; aA Hahnefeld DStR 1993, 1596 ff.
[150]   BeBiKo/Grottel Rn. 102.
[151]   GK-HGB/Lezius Rn. 43.
[152]   Vgl. ferner die Übersicht bei Veit BB 1997, 461 (462).
[153]   Fey DB 1994, 485 (487).
[154]   Zum Verhältnis von Abs. 3 zur nichtfinanziellen Erklärung gemäß § 289b Hennrichs ZGR 2018, 209 (216 ff.); Bonner HdR/Kirsch Rn. 232.
[155]   Zum Management ökologischer Risiken vgl. Lange/Wall Risikomanagement/Benkert § 5 B Rn. 95 ff.

lichen Aus- und Weiterbildung, zur Gesundheitsfürsorge oder zum Unfallschutz angebracht sein. Bezüglich der Angaben im Lagebericht steht der Unternehmensleitung ein gewisser Ermessensspielraum und damit eine Gestaltungsfreiheit zu.[156]

Vor allem aber die Berichterstattung über **Umweltbelange** stand in der Vergangenheit **121** in der Diskussion. So hat beispielsweise die **Kommission** im Jahr 2001 eine entsprechende Empfehlung veröffentlicht, die sich mit den Informationen zu Fragen des Umweltschutzes in Lagebericht und Konzernlagebericht beschäftigt und Anforderungen an den Ausweis, die Bewertung und die Offenlegung umweltschutzbedingter Aufwendungen, Verbindlichkeiten und Risiken ebenso stellt, wie an den Ausweis der damit verbundenen Vermögenswerte.[157] Die Empfehlung fordert die Offenlegung der mit dem Umweltschutz zusammenhängenden Aspekte, sofern sie einen wesentlichen Einfluss auf das finanzielle Ergebnis oder den finanziellen Status des betreffenden Unternehmens oder Konzerns haben.[158] Zugleich sollen die sich darauf beziehenden Reaktionen der Unternehmens- bzw. Konzernleitung dargestellt werden. Dabei ist ggf. zugleich ein angemessener Überblick über die Entwicklung der Geschäftstätigkeit und der Finanzlage des Unternehmens zu geben. Die Kommission empfiehlt dabei, zunächst die allgemeine Umweltstrategie des Unternehmens bzw. des Konzerns und die beschlossenen Umweltschutzprogramme darzustellen. Dabei soll auch auf spezifische Maßnahmen zur Verhütung von Umweltschäden eingegangen werden. Ferner soll über Fortschritte auf wesentlichen Gebieten des Umweltschutzes informiert werden. Je nach Art und Umfang der Geschäftstätigkeit wäre es nach Auffassung der Kommission zudem zweckmäßig, wenn das Unternehmen bzw. der Konzern Informationen über umweltbezogene Daten wie Energie-, Material- und Wasserverbrauch, Emissionen oder Abfallentsorgung offenlegte. Diese Informationen sollten in Form quantitativer Öko-Effizienz-Indikatoren vermittelt und ggf. nach Geschäftsbereichen aufgeschlüsselt werden.

Auch wenn es sich lediglich um eine unverbindliche Empfehlung handelt, die von **122** der Kommission ausgesprochen wird, so verdeutlicht sie doch in anschaulicher Weise ihr gewandeltes **Verständnis über die Informationen,** die in Lagebericht und Konzernlagebericht dem Adressatenkreis offengelegt werden sollen. Zu diesem Adressatenkreis werden von der Kommission neben den Anlegern und Finanzanalysten auch Behörden und die Öffentlichkeit gezählt. Diese Interessengruppen sollen erfahren, wie Unternehmen mit Umweltfragen umgehen.[159] Lagebericht und Konzernlagebericht sollen eine wirksame und nützliche Informationsquelle über Umweltschutzaspekte werden;[160] wirtschaftliche und ökologische Belange sollen zusammengefügt werden.

Auch **immaterielle Werte** oder die **gesellschaftliche Reputation** des Unterneh- **123** mens können zu den berichtspflichtigen nichtfinanziellen Leistungsindikatoren gehören. Hierzu zählen insbesondere Informationen über Kundenzufriedenheit und Lieferantenkontakte, über Investoren- und Kapitalmarktbeziehungen, Standortfaktoren oder Organisationsvorteile. Im Bereich der gesellschaftlichen Reputation kann es auf wichtige karitative oder soziale Aktivitäten, die Corporate Social Responsability oder die Unternehmenskultur ankommen.[161]

Für den Inhalt der Berichtspflicht hinsichtlich der nichtfinanziellen Leistungsindika- **124** toren verweist das Gesetz in Abs. 3 auf Abs. 1 S. 3. Die nichtfinanziellen Leistungsindikatoren sind – ebenso wie die bedeutsamsten finanziellen Leistungsindikatoren – in die Analyse des Geschäftsverlaufs und der Lage der Gesellschaft einzubeziehen und zu erläu-

---

[156] Ähnlich Beck HdR/Kirsch/Köhrmann/Huter B 510 Rn. 48–52.
[157] Hinweise zur Berichterstattung über Umweltbelange finden sich in der Empfehlung der Kommission v. 30.5.2001 zur Berücksichtigung von Umweltaspekten in Jahresabschluss und Lagebericht von Unternehmen: Ausweis, Bewertung und Offenlegung, Az. K(2001) 1495, ABl. EG 2001 L 156, 33.
[158] Empfehlung der Kommission v. 30.5.2001 zur Berücksichtigung von Umweltaspekten in Jahresabschluss und Lagebericht von Unternehmen: Ausweis, Bewertung und Offenlegung, Az. K(2001) 1495, ABl. EG 2001 L 156, 33 Rn. 4. 1.
[159] Hoffmann GWR 2013, 458.
[160] So schon C. Lange/Daldrup WPg 2002, 657 (658 f.). Vgl. auch Kirsch/Scheele WPg 2004, 1 ff.
[161] Vgl. dazu Haller/Dietrich DB 2001, 1045 (1047).

tern. Dies gilt allerdings nur, soweit sie für das Verständnis des Geschäftsverlaufs oder der Lage von Bedeutung sind. Daher muss auch hier nur dann berichtet werden, wenn es sich um für das Unternehmen **bedeutsame Indikatoren** handelt. Nichtfinanzielle Aspekte sind zudem nur zu erwähnen, wenn die Wirtschafts-, Finanz- oder Vermögenslage der Gesellschaft davon betroffen ist (Outside-In-Perspektive).[162] Eine solche Interpretation entspricht auch dem Europarecht. Art. 19 Abs. 1 UAbs. 3 Bilanz-RL verlangt eine Berichterstattung über nichtfinanzielle Leistungsindikatoren nur, wenn sie für die Geschäftätigkeit von Bedeutung und für das Verständnis des Geschäftsverlaufs, des Geschäftsergebnisses oder der Lage erforderlich ist. Demgegenüber bezieht Art. 19a idF der CSRD für die nichtfinanzielle Erklärung gemäß § 289b HGB ausdrücklich auch die Auswirkungen der Unternehmenstätigkeit auf die Umwelt mit ein (Inside-Out-Perspektive, sog. doppelte Wesentlichkeit).[163]

VII. Berichterstattung über das interne Kontroll- und Risikomanagementsystem (Abs. 4)

125   **1. Ziel der erweiterten Berichterstattung.** In Umsetzung von Art. 20 Abs. 1 lit. c Bilanz-RL sieht Abs. 4 vor, dass kapitalmarktorientierte Kapitalgesellschaften eine Beschreibung der wesentlichen Merkmale ihres internen Kontrollsystems und ihres internen Risikomanagementsystems im Hinblick auf den Rechnungslegungsprozess vornehmen müssen. In Art. 20 Abs. 1 lit. c Bilanz-RL wird zwar von den „wichtigsten" Merkmalen gesprochen, gleichwohl wird insoweit vom deutschen Gesetzgeber an dem handelsrechtlich üblichen Begriff „wesentlich" festgehalten. Diese Richtlinie will das **Vertrauen des Kapitalmarktes** in Richtigkeit und Vollständigkeit der Rechnungslegung stärken und dazu ua Anteilseignern kapitalmarktorientierter Kapitalgesellschaften leicht zugängliche **Schlüsselinformationen** über die tatsächlich angewandten Unternehmensführungspraktiken, einschließlich einer Beschreibung der wichtigsten Merkmale des vorhandenen internen Kontroll- und Risikomanagementsystems im Hinblick auf den Rechnungslegungsprozess, an die Hand geben.

126   **2. Normadressaten.** Normadressaten sind allein **kapitalmarktorientierte Kapitalgesellschaften und Kapital-und-Co-Gesellschaften** iSv § 264d. Dieser Paragraf definiert die Kapitalmarktorientierung für das HGB. Da er dazu auf § 2 Abs. 11 WpHG und § 2 Abs. 1 WpHG verweist,[164] fallen sowohl der Freiverkehr an den Börsen als auch Anteile an Investmentvermögen (§ 2 Abs. 1 WpHG) aus der Definition heraus. Umgekehrt begrenzt die Definition die Kapitalmarktorientierung nicht auf die das Eigenkapital repräsentierenden Wertpapiere, weshalb Kapitalgesellschaften unterschiedlicher Rechtsform (AG, GmbH, SE etc) erfasst werden. Dies gilt auch für kleine Kapitalgesellschaften iSv § 267 Abs. 1, die, wenn sie kapitalmarktorientiert gem. § 264d sind, stets als große Kapitalgesellschaften einzustufen sind (§ 267 Abs. 3 S. 2). Zudem besteht diese Berichtpflicht für kapitalmarktorientierte Unternehmen, die unter § 5 Abs. 2a PublG iVm § 5 Abs. 2 S. 2 PublG fallen. Schließlich ist die Norm von Kredit- und Finanzdienstleistungsinstituten (§ 340a Abs. 1) sowie Versicherungsunternehmen (§ 341a Abs. 1) anzuwenden.

127   **3. Keine Pflicht zur Einrichtung.** Gegenstand der Berichterstattung ist das **vorhandene** interne Kontroll- und Risikomanagementsystem. Mit Abs. 4 wird weder die Einrichtung eines internen Kontrollsystems oder eines internen Risikomanagementsystems verpflichtend vorgeschrieben noch schreibt sie deren inhaltliche Ausgestaltung vor. Für die börsennotierte AG allerdings ist die Pflicht zur Einrichtung eines internen Kontroll- und Risikomanagementsystems in dem durch das FISG neu eingefügten § 91 Abs. 3 AktG nunmehr ausdrücklich verankert. Schon vor Inkrafttreten des FISG war der Vorstand einer

---

[162]   Bonner HdR/Kirsch Rn. 229; Hennrichs ZGR 2018, 209 (218); Schön ZfPW 2022, 207 (234 f.); Palmes, Der Lagebericht – Grundfragen und Haftung, 2008, S. 51; Lange ZIP 2004, 981 (985).
[163]   Schön ZfPW 2022, 207 (234 f.).
[164]   Wolf DStR 2009, 920 f.

börsennotierten Gesellschaft – oder ihr gleichgestellten Gesellschaft iSd § 161 AktG – nach Grundsatz 4 und Empfehlung A.2 DCGK gehalten, für ein angemessenes Risikomanagementsystem und ein Risikocontrolling zu sorgen. Außerhalb des Anwendungsbereichs des § 91 AktG bleibt es den geschäftsführenden Organen überlassen, ob sie solche Systeme im Hinblick auf den Rechnungslegungsprozess nach den vorhandenen Bedürfnissen unter Berücksichtigung von Unternehmensstrategie, Geschäftsumfang und anderer wichtiger Wirtschaftlichkeits- und Effizienzgesichtspunkte einrichten (Entscheidung über das „ob" und das „wie").[165] Die Berichterstattung nach Abs. 4 verpflichtet kapitalmarktorientierte Kapitalgesellschaften nur dazu, die wesentlichen Merkmale ihres vorhandenen **internen Kontroll- bzw. Risikomanagementsystems** im Hinblick auf den Rechnungslegungsprozess zu beschreiben. Allein für die AG besteht gem. § 91 Abs. 2 AktG eine entsprechende Systemverantwortung des Vorstands hinsichtlich bestandsgefährdender Risiken und für die börsennotierte AG darüber hinaus die Pflicht des Vorstands gem. § 91 Abs. 3 AktG. Auch wenn Abs. 4 weder eine Einrichtungs- noch eine Ausbauanordnung enthält, so gehen doch von ihm gewisse Impulse in diese Richtung aus, zumal Negativberichte bestimmte Signale an die Adressaten aussenden.[166]

Aus Abs. 4 ist die Pflicht zu entnehmen, dass eine **Negativerklärung** abzugeben ist, **128** wenn kein Risikomanagementsystem vorhanden ist.[167] Diese Pflicht besteht aber nur, wenn jegliches Risikomanagementsystem fehlt, nicht aber auch dann, wenn eines eingerichtet wurde, das nicht den Vorgaben des § 91 Abs. 2 AktG entspricht.[168] Es ist auch nicht ersichtlich, dass anzugeben ist, das vorhandene System genüge „nur" den Anforderungen von § 91 Abs. 2 AktG, man habe aber kein darüber hinausgehendes System eingerichtet. Das nach § 91 Abs. 2 AktG einzurichtende System der Risikofrüherkennung unterfällt nicht der Beschreibungspflicht nach Abs. 4, da es nicht auf den Rechnungslegungsprozess ausgerichtet ist.[169]

4. Gegenstand der Berichterstattung. Nach Ansicht des Gesetzgebers liegt der **129** Fokus **nicht** etwa auf dem gesamten internen Kontrollsystem. Vielmehr ist Gegenstand der Berichterstattung **nur der Rechnungslegungsprozess.** Ein **rechnungslegungsbezogenes internes Kontrollsystem** meint die Grundsätze, Verfahren und Maßnahmen zur Sicherung und Wirksamkeit, Wirtschaftlichkeit und Ordnungsmäßigkeit der Rechnungslegung sowie zur Sicherung der Einhaltung der maßgeblichen rechtlichen und satzungsgemäßen Vorschriften. Es besteht aus Vorgaben zur Steuerung des Rechnungslegungsprozesses und aus Regelungen zur Überwachung der Einhaltung dieser Vorgaben.[170] Ein **rechnungslegungsbezogenes Risikomanagementsystem** umfasst die Gesamtheit aller organisatorischen Regelungen und Maßnahmen zur Risikoerkennung und zum Umgang mit den Risiken unternehmerischer Betätigung.[171] Es geht darum, einen strukturierten Umgang mit Risiken ebenso wie mit Chancen im Unternehmen sicherzustellen (weiterführend → Rn. 135 ff.). Abweichend von dieser gesetzlichen Beschränkung auf das rechnungslegungsbezogene interne Kontrollsystem sollen für börsennotierte Gesellschaften – und gleichgestellte Gesellschaften iSd § 161 AktG – nach Empfehlung A.5 DCGK idF vom 28.4.2022 im Lagebericht die wesentlichen Merkmale des **gesamten** internen Kontrollsystems und des Risikomanagementsystems beschrieben werden. Zudem soll zur **Angemessenheit und Wirksamkeit** dieser Systeme Stellung genommen werden. Zur Begründung verweist die Regierungskommission DCGK auf die – durch das FISG für börsennotierte Gesellschaften in § 91 Abs. 3 AktG eingeführte – explizite Verpflich-

---

[165] Ernst/Seidler ZGR 2008, 631 (672); Gernoth NZG 2010, 292 (293).

[166] Vgl. Beck HdR/Kirsch/Köhrmann/Huter B 510 Rn. 185, die von einer faktischen Verpflichtung ausgehen; iErg ebenso Braun/Louven GmbHR 2009, 965 (967).

[167] Begr. RegE BilMoG, BT-Drs. 16/10067, 76; Melcher/Mattheus DB-Beil. 5/2009, 77 (79); Wiese/Lukas GmbHR 2009, 561 (565).

[168] S. dazu Dreher FS Hüffer, 2010, 161 (165 f.); Kort ZGR 2010, 440 (453 und 455).

[169] BeBiKo/Grottel Rn. 181.

[170] Fischer/Schuck NZG 2021, 534 (537); Wolf DStR 2009, 920 (921).

[171] GK-HGB/Lezius Rn. 62.

tung zur Einrichtung eines umfassenden internen Kontrollsystems und Risikomanagementsystems und führt aus, dass dieser Verpflichtung eine entsprechend weitergehende Offenlegung entspreche.[172]

130   **5. Inhalt der Angabepflicht. a) Beschreibung der Systeme.** Die Berichterstattung nach Abs. 4 verlangt eine „**Beschreibung**" der wesentlichen Merkmale der vorhandenen internen Kontroll- bzw. Risikomanagementsysteme. Damit sind anschauliche Darstellungen zu Organisations-, Kontroll- und Überwachungsstrukturen, zu deren Ausgestaltung und ihrer Wirkungsweise gemeint. Dazu zählen Informationen darüber, welche Bereiche der Gesellschaft von den in Rede stehenden Aufgaben betroffen und welche Teilbereiche ggf. nicht einbezogen sind. Im Rahmen der Beschreibung des Kontrollsystems wird es auch um die Übereinstimmung mit den gesetzlichen Vorgaben gehen, um dem Abschlussadressaten ein Bild von der Effektivität des Systems zu vermitteln. Zu beschreiben sind die „**wesentlichen**" Merkmale der vorhandenen internen Kontroll- und Risikomanagementsysteme im Hinblick auf den Rechnungslegungsprozess. Damit erfolgt eine **doppelte Einschränkung der Berichterstattung:** erstens auf die wesentlichen Merkmale und zweitens auf den Prozess der Rechnungslegung (zur darüberhinausgehenden DCGK-Empfehlung A.5 s. aber → Rn. 129). Das Gesetz differenziert zwischen einem internen Kontrollsystem auf der einen und einem Risikomanagementsystem auf der anderen Seite und lässt den Schluss zu, es handele sich um zwei selbstständige Kontrollsysteme, indem es beide Begriffe gleichrangig nebeneinanderstellt.[173]

131   Art, Umfang und Detaillierungsgrad der Beschreibung sind nicht vorgegeben; es findet sich lediglich der Hinweis, dass die wesentlichen Merkmale der Systeme zu beschreiben sind. Welche Strukturen und Prozesse als wesentlich anzusehen sind, lässt das Gesetz offen. Das **Maß an Beschreibungen** ist auf der einen Seite von den individuellen Gegebenheiten der Gesellschaft abhängig. Auf der anderen Seite muss es aber so ausgestaltet sein, dass die Abschlussadressaten sich ein Bild von den markanten Strukturen und Prozessen des internen Kontroll- und Risikomanagementsystems im Hinblick auf den Rechnungslegungsprozess machen können.[174] Stets reicht eine verbale Beschreibung aus, bei der beachtet werden muss, dass wesentliche Aspekte nicht durch eine Informationsflut überlagert werden dürfen,[175] damit der Abschlussadressat ein hinreichend konkretes Bild erhält. Das Vorhandensein einer angemessenen Dokumentation stellt ein wesentliches, angabepflichtiges Merkmal dar.[176]

132   Darzustellen ist die Organisation mit ihren wesentlichen Merkmalen, nicht die Risiken als solche, selbst wenn es sich ggf. um Prozessrisiken handeln sollte. Risiken sind in andere Teile des Lageberichts aufzunehmen (etwa gem. Abs. 2 S. 1 Nr. 1 lit. a und b). Da es sich um prozessbezogene Systeme handelt, hat die Beschreibung die Verhältnisse während des Geschäftsjahres bis zum Abschlussstichtag zu umfassen; die Berichterstattungspflicht ist in jedem Lagebericht zu erfüllen. Selbst wenn sich keine Veränderungen der Systeme ergeben haben, ist ein Verweis auf einen früheren Lagebericht unzulässig. Ausführungen zur **Einschätzung der Effektivität** des internen Kontrollsystems und des internen Risikomanagementsystems sind gesetzlich nicht erforderlich, werden aber vom DCGK im Rahmen seines Anwendungsbereichs empfohlen. Die gesetzlich vorgeschriebene Berichtpflicht erschöpft sich in einer Beschreibung der Systeme und verlangt **keine eigenständige Würdigung.** Bereits deren Beschreibung zwingt die Geschäftsführungsorgane aber zu einer (internen) Auseinandersetzung mit beiden Systemen und damit auch mit der Frage nach deren Effektivität, zumal bei unzureichenden Systemen die Möglichkeit einer Sorgfaltspflichtverletzung

---

[172]   Zu den Transparenzanforderungen des DCGK v. Werder DB 2022, 1755 (1761).
[173]   Kort ZGR 2010, 440 (445).
[174]   Kort ZGR 2010, 440 (446); Hopt/Merkt Rn. 4; Widmann, Das Risikomanagement als Funktionselement der Corporate Governance der Aktiengesellschaft, 2010, S. 232–234; aA Kölner Komm RechnungslegungsR/Claussen Rn. 68, der Vorstand müsse entscheiden, was er für wesentlich halte.
[175]   HdR/Kajüter Rn. 172; Luttermann ZIP 2008, 1605 (1613).
[176]   LG München I DStR 2007, 519 (zu § 91 Abs. 2 AktG); Wolf DStR 2009, 920 (924).

bestehen kann. Hier sind insbesondere § 91 Abs. 2, Abs. 3 AktG und § 107 Abs. 3 S. 2 AktG zu beachten. Darauf aufbauend empfiehlt **A.5 DCGK** ausdrücklich, im Lagebericht zur **Angemessenheit und Wirksamkeit** des internen Kontrollsystems und des Risikomanagementsystems Stellung zu nehmen. Die Stellungnahme zur Angemessenheit und Wirksamkeit dieser Systeme wird sich regelmäßig darauf beziehen, worin die interne Überwachung und ggf. externe Prüfung der Systeme bestanden hat. Soweit dieser Empfehlung gefolgt und in den Lagebericht eine solche Stellungnahme aufgenommen wird, handelt es sich hierbei um sogenannte lageberichtsfremde Angaben, die weder gesetzlich vorgeschrieben noch von DRS 20 gefordert sind (→ Rn. 43). Diese Angaben sind von der inhaltlichen Prüfung des Lageberichts durch den Abschlussprüfer ausgenommen, wenn sie eindeutig von den inhaltlich zu prüfenden Lageberichtsangaben abgegrenzt und als nicht geprüft gekennzeichnet sind.

Die Angaben nach Abs. 4 können mit denjenigen nach Abs. 2 S. 1 Nr. 1 lit. a und b **133** zu einem **einheitlichen Risikobericht** zusammengefasst werden, um Wiederholungen zu vermeiden.[177] Die Risikoberichterstattung nach Abs. 2 S. 1 Nr. 1 stellt nur einen Teilbereich der Berichterstattung nach Abs. 4 dar, erfasst sie doch lediglich das Risikofeld der Finanzinstrumente. Da es durch die Zusammenfassung nicht zu einem Informationsverlust kommen darf, muss die Berichterstattung sowohl alle nach Abs. 2 S. 1 Nr. 1 als auch sämtliche nach Abs. 4 verlangten Angaben in der jeweils gesetzlich vorgeschriebenen Art und Weise enthalten. Klarheit, Vollständigkeit und Übersichtlichkeit dürfen nicht beeinträchtigt werden. Auf jeden Fall müssen die im Unternehmen primär Verantwortlichen sorgfältig auf die Verzahnung von Rechnungslegung mit Risikomanagementsystem und auf die Ausgestaltung der Informationsströme achten. Denn der Adressat soll ein zutreffendes Bild der vorhandenen Organisations-, Kontroll- und Überwachungsstrukturen erhalten.

b) Im Hinblick auf den Rechnungslegungsprozess. Die Berichterstattung über **134** das Risikomanagement- und das Kontrollsystem wird inhaltlich erheblich reduziert, da sich die Angabepflicht auf diejenigen Aspekte beschränkt, die eine Verbindung mit dem Rechnungslegungsprozess aufweisen. Über alle anderen Felder des Unternehmens, die der Risikokontrolle unterliegen, ist nicht zu berichten (anders die DCGK-Empfehlung A.5 → Rn. 129). Diese gesetzliche Einschränkung beruht auf der Überlegung, durch Angaben zu den nicht rechnungslegungsbezogenen Teilen des internen Risikomanagementsystems möglicherweise berechtigte schutzwürdige Interessen der Unternehmen nicht zu gefährden. Der Gesetzgeber hat den Begriff des Rechnungslegungsprozesses nicht erklärt. Die Abgrenzung der davon erfassten Tätigkeiten bleibt somit der Praxis überlassen. Regelmäßig wird der **Begriff weit verstanden** und erfasst etwa auch die Buchung eines einzelnen Geschäftsvorfalls.[178] Unter Rechnungslegungsprozess sind sämtliche Tätigkeiten von der Kontierung eines konkreten Geschäftsvorfalls bis hin zur Aufstellung eines Jahres- oder Konzernabschlusses zu verstehen. Ebenfalls dazu gehört die Prüfung der Rechnungslegung durch den Aufsichtsrat, da ohne diese Prüfung eine Feststellung des Jahresabschlusses nicht in Betracht kommt. Es wird keine Darstellung aller Aktivitäten auf diesem Gebiet verlangt, sondern lediglich eine Beschreibung ihrer Strukturen und Prozesse. Die Beschränkung der Publizitätspflicht auf den Rechnungslegungsprozess dient den berechtigten schutzwürdigen Geheimhaltungsinteressen der berichtspflichtigen Gesellschaft. Diese wären bei einer Offenlegung weiterer Teile des internen Kontroll- und des internen Risikomanagementsystems möglicherweise gefährdet.[179] Da aber regelmäßig das interne Risikomanagementsystem keinen auf die Rechnungslegung bezogenen, klar abgrenzbaren Bereich aufweist, dürfte es zu einer überschießenden Berichterstattung kommen.

c) Internes Kontrollsystem und internes Risikomanagementsystem. Die Aus- **135** führungen sollen auf die Bereiche Organisation, Personal und Werte mit Bezug auf das

---

177 Oser/Roß/Wader/Drögemüller WPg 2008, 675 (690); Wolf DStR 2009, 920 (921).
178 Bischof/Selch WPg 2008, 1021 (1024); Strieder BB 2009, 1002 (1003).
179 Widmann, Das Risikomanagement als Funktionselement der Corporate Governance der Aktiengesellschaft, 2010, S. 228 f.

interne Kontroll- und Risikomanagementsystem eingehen und beispielsweise Erläuterungen zur eigenen Verhaltensrichtlinie enthalten. Die **betroffenen Organisationsstrukturen und Verantwortlichkeiten** sind zu beschreiben. Die Gesellschaft sollte zudem über die grundsätzliche Strukturierung ihrer Kontrollaktivitäten informieren. Das **interne Kontrollsystem umfasst** die Grundsätze, Verfahren und Maßnahmen zur Sicherung der Ordnungsmäßigkeit der Rechnungslegung sowie zur Sicherung der Wirksamkeit und Wirtschaftlichkeit der Rechnungslegung, zur Sicherung der Ordnungsmäßigkeit und zur Sicherung der Einhaltung der maßgeblichen rechtlichen Vorschriften.[180] Ziel des internen Kontrollsystems ist es ua sicherzustellen, dass Geschäftsvorfälle in Übereinstimmung mit den Gesetzen, der Satzung und anderen internen Regelwerken vollständig, zeitnah und zutreffend verarbeitet und dokumentiert werden. Regelmäßig finden sich ein Steuerungs- und ein Überwachungsbereich; das System ist grundsätzlich gegenwartsorientiert. Zum internen Kontrollsystem im Hinblick auf den Rechnungslegungsprozess gehört auch das interne Revisionssystem, soweit es auf die Rechnungslegung ausgerichtet ist.

136   Was der Gesetzgeber alles zum Risikomanagementsystem zählt, bleibt ungesagt. Der Begriff des **internen Risikomanagementsystems** ist weit zu verstehen und umfasst neben der gesamten Aufbau- auch die Ablauforganisation.[181] Die Berichterstattung hierüber kommt namentlich dann zum Tragen, wenn das Unternehmen Risikoabsicherungen betreibt, die eine handelsbilanzielle Abbildung finden. Daher ist vor allem über interne Risikomanagementsysteme zu berichten, mit denen die in der Rechnungslegung abzubildenden Bewertungseinheiten überwacht und gesteuert werden. Letztlich kommt es hier auf die **unternehmensspezifischen Umstände** an. Das Risikomanagementsystem umfasst die Gesamtheit aller organisatorischen Regelungen und Maßnahmen zur Identifikation von Risiken, deren Bewertung und Steuerung sowie die Kommunikation von Risiken und die Überwachung des Systems. Es umfasst die Elemente Identifikation, Analyse, Bewertung, Steuerung, Dokumentation und Kommunikation der Risiken. Wichtig ist zudem die Erläuterung der Ziele des Risikomanagementsystems und der Methoden zur Risikoidentifikation, Risikobewertung und Risikosteuerung. Notwendig sind Aussagen zu den Regelungen und den getroffenen Maßnahmen, die darauf abzielen, die erkannten Risiken zu vermeiden, zu kompensieren oder zu reduzieren. Für ein spezifisch vom Gesamtsystem abgrenzbares rechnungslegungsbezogenes Risikomanagementsystem und dessen inhaltliche Ausgestaltung gibt es keine Vorgaben. Es ist daher zulässig, dass der Bereich in ein Gesamtsystem eingebunden ist. Für börsennotierte Gesellschaften entspricht dies der durch das FISG in § 91 Abs. 3 AktG eingeführten Verpflichtung, ein umfassendes – nicht auf die Rechnungslegung beschränktes – internes Kontrollsystem und Risikomanagementsystem einzurichten, das im Hinblick auf den Umfang der Geschäftätigkeit und die Risikolage des Unternehmens angemessen und wirksam ist.

137   Offen ist auch, wie beide Systeme – und damit ihre Beschreibung – zueinanderstehen. Zwar handelt es sich regelmäßig um separate Systeme,[182] dennoch bestehen zahlreiche **Schnittmengen und Parallelen.** Da beide Systeme zudem regelmäßig zusammenwirken, muss dies bei der Beschreibung angemessen berücksichtigt werden. Daher sollte die Berichterstattung auch über die Informations- und Kommunikationswege im Zusammenhang mit den internen Kontroll- und Risikomanagementsystemen erfolgen. Zudem sollten Angaben über den Überwachungsprozess in Bezug auf beide Systeme gemacht werden.

138   Anders als bei der Erklärung zur Unternehmensführung nach § 289f unterliegt der Bericht über das rechnungslegungsbezogene interne Kontroll- und das interne Risikomanagementsystem der Lageberichtsprüfung durch den Abschlussprüfer nach § 317 Abs. 2. Daher darf die Darstellung nicht ausschließlich auf einer Internetseite der Gesellschaft veröffentlicht werden.[183]

---

180   Begr. RegE BilMoG, BT-Drs. 16/10067, 77.
181   Widmann, Das Risikomanagement als Funktionselement der Corporate Governance der Aktiengesellschaft, 2010, S. 228.
182   Melcher/Mattheus DB-Beil. 5/2009, 77 (78).
183   Vgl. auch Ernst/Seidler ZGR 2008, 631 (672 f.).

VIII. Sanktionierung

Die **unrichtige Wiedergabe** ist ebenso wie die **Verschleierung der Verhältnisse** 139
der berichtenden Kapitalgesellschaft gem. § 331 Nr. 1 mit Freiheitsstrafe oder mit Geldstrafe
bedroht (bei Kapital-und-Co-Gesellschaften § 335b). Wer bei der Aufstellung des Lageberichts einer Vorgabe des § 289 über den Inhalt des Lageberichts zuwiderhandelt, begeht eine
Ordnungswidrigkeit, § 334 Abs. 1 Nr. 3. Eine unzutreffende Abgabe des **Bilanzeides** in
Bezug auf den Lagebericht (Abs. 1 S. 5) ist strafbar nach § 331a.[184]

Wird der Lagebericht durch die gesetzlichen Vertreter der Kapitalgesellschaft entgegen 140
den Vorgaben des § 325 **nicht rechtzeitig offengelegt,** ist gegen die Mitglieder des vertretungsberechtigten Organs der Gesellschaft wegen des pflichtwidrigen Unterlassens der rechtzeitigen Offenlegung vom Bundesamt für Justiz ein Ordnungsgeldverfahren durchzuführen,
§ 335 Abs. 1 S. 1 Nr. 1. Das Verfahren kann auch gegen die Kapitalgesellschaft durchgeführt
werden (§ 335 Abs. 1 S. 2). Durch die Sanktionierung des Publizitätsverstoßes wird mittelbar
auch die unterlassene Aufstellung des Lageberichts richtlinienkonform geahndet (→ § 325
Rn. 7). Wird kein Lagebericht aufgestellt, ist der **Bestätigungsvermerk** nach § 322 Abs. 4
S. 1 nicht etwa nur einzuschränken oder zu versagen. Der Abschlussprüfer kann keine
seine Prüfungstätigkeit abschließende Erklärung abgeben (→ § 322 Rn. 48).[185] Kommt die
Geschäftsleitung ihrer Pflicht aus § 264 Abs. 1 S. 1, § 289 nicht oder nur mangelhaft nach,
verletzt sie ihre Pflicht gegenüber der Gesellschaft. Sie haftet dieser daher nach § 43 Abs. 2
GmbHG bzw. § 93 Abs. 2 AktG.[186]

§ 289a Ergänzende Vorgaben für bestimmte Aktiengesellschaften und Komman-
ditgesellschaften auf Aktien

[1]**Aktiengesellschaften und Kommanditgesellschaften auf Aktien, die einen organisierten Markt im Sinne des § 2 Absatz 7 des Wertpapiererwerbs- und Übernahmegesetzes durch von ihnen ausgegebene stimmberechtigte Aktien in Anspruch nehmen, haben im Lagebericht außerdem anzugeben:**

1. **die Zusammensetzung des gezeichneten Kapitals unter gesondertem Ausweis
   der mit jeder Gattung verbundenen Rechte und Pflichten und des Anteils am
   Gesellschaftskapital;**
2. **Beschränkungen, die Stimmrechte oder die Übertragung von Aktien betreffen,
   auch wenn sie sich aus Vereinbarungen zwischen Gesellschaftern ergeben können, soweit sie dem Vorstand der Gesellschaft bekannt sind;**
3. **direkte oder indirekte Beteiligungen am Kapital, die 10 Prozent der Stimmrechte überschreiten;**
4. **die Inhaber von Aktien mit Sonderrechten, die Kontrollbefugnisse verleihen,
   und eine Beschreibung dieser Sonderrechte;**
5. **die Art der Stimmrechtskontrolle, wenn Arbeitnehmer am Kapital beteiligt
   sind und ihre Kontrollrechte nicht unmittelbar ausüben;**
6. **die gesetzlichen Vorschriften und Bestimmungen der Satzung über die Ernennung und Abberufung der Mitglieder des Vorstands und über die Änderung
   der Satzung;**
7. **die Befugnisse des Vorstands insbesondere hinsichtlich der Möglichkeit, Aktien
   auszugeben oder zurückzukaufen;**
8. **wesentliche Vereinbarungen der Gesellschaft, die unter der Bedingung eines
   Kontrollwechsels infolge eines Übernahmeangebots stehen, und die hieraus folgenden Wirkungen;**

---

[184] Abendroth WM 2008, 1147 (1149 f.); Altenhain WM 2008, 1141 (1142 ff.).
[185] So noch Staub/Hommelhoff, 4. Aufl. 2002, Rn. 95; aA nunmehr Staub/Hommelhoff Rn. 129: der
      Bestätigungsvermerk ist nach § 322 Abs. 2 S. 1 Nr. 4 zu versagen, aber auf der Grundlage von Art. 28
      Abs. 2 UAbs. 1 lit. c Abschlussprüfer-RL nicht als solcher zu verweigern.
[186] Staub/Hommelhoff Rn. 131.

9. **Entschädigungsvereinbarungen der Gesellschaft, die für den Fall eines Übernahmeangebots mit den Mitgliedern des Vorstands oder mit Arbeitnehmern
getroffen sind.**
[2]**Die Angaben nach Satz 1 Nummer 1, 3 und 9 können unterbleiben, soweit sie
im Anhang zu machen sind.** [3]**Sind Angaben nach Satz 1 im Anhang zu machen,
ist im Lagebericht darauf zu verweisen.** [4]**Die Angaben nach Satz 1 Nummer 8
können unterbleiben, soweit sie geeignet sind, der Gesellschaft einen erheblichen
Nachteil zuzufügen; die Angabepflicht nach anderen gesetzlichen Vorschriften
bleibt unberührt.**

Schrifttum: Baetge/Brüggemann/Haenelt, Erweiterte Offenlegungspflichten in der handelsrechtlichen
Lageberichterstattung – übernahmerechtliche Angaben und Erläuterungen nach § 315 Abs. 4 und E-DRS
23, BB 2007, 1887; Böcking/Bundle, Die Umsetzung der zweiten Aktionärsrichtlinie (ARUG II), DK
2020, 15; Fink/Kajüter, Lageberichterstattung, 2. Aufl., 2021; Kajüter, Neuerungen in der Lageberichterstattung nach dem Referentenentwurf des CSR-Richtlinie-Umsetzungsgesetzes, KoR 2016, 230; Kindler/Horst-
mann, Die EU-Übernahmerichtlinie – ein europäischer Kompromiss, DStR 2004, 866; Lanfermann/Maul,
EU-Übernahmerichtlinie: Aufstellung und Prüfung, BB 2004, 1517; Orth/Oser/Philippsen/Sultana, RegE
ARUG II: Zum neuen Vergütungsbericht und sonstige Änderungen im HGB – Darstellung und Würdigung
der wesentlichen Änderungen gegenüber dem RefE, DB 2019, 1011; Orth/Oser/Philippsen/Sultana, ARUG
II: Zum neuen aktienrechtlichen Vergütungsbericht und sonstigen Änderungen im HGB – Erstellung, Prüfung
und Offenlegung des Vergütungsberichts, DB 2019, 2814; Rabenhorst, Zusätzliche Angabepflichten im Lagebericht durch das Übernahmerichtlinie-Umsetzungsgesetz, WPg 2008, 139; Sailer, Offenlegung von „Change
of Control-Klauseln" im Jahresabschluss, AG 2006, 913; Seibt/Heiser, Analyse des Übernahmerichtlinie-
Umsetzungsgesetzes (Regierungsentwurf), AG 2006, 301.

Übersicht

I. Hintergrund und Normzweck

1　　　Der Gesetzgeber differenziert die Angabepflichten im Lagebericht nach der Größe
und Kapitalmarktorientierung der Kapitalgesellschaften. Neben Angaben, die von allen zur
Lageberichterstattung verpflichteten Unternehmen zu machen sind, definiert er eine Reihe
von zusätzlichen Angaben für bestimmte Unternehmen. Diese zusätzlichen Berichtspflichten sind in den letzten Jahren sukzessive erweitert worden, wobei der Kreis der davon
betroffenen Unternehmen unterschiedlich abgegrenzt wird.[1] Diese teilweise durch EU-
Vorgaben bedingte Differenzierung erschwert die Anwendung der Normen. Um dem entgegen zu wirken und die Lesbarkeit des Gesetzes zu verbessern, hat der Gesetzgeber die
zuvor in § 289 und § 289a kodifizierten Vorschriften zum Inhalt des Lageberichts durch

---

[1]　Vgl. hierzu krit. Fink/Kajüter, Lageberichterstattung, 2. Aufl. 2021, S. 24; HdR/Kajüter §§ 289, 289a–
289f Rn. 28.

das CSR-Richtlinie-Umsetzungsgesetz (CSR-RL-UG)[2] neu strukturiert. Der bisherige § 289a (Erklärung zur Unternehmensführung) wurde dabei in den neuen § 289f verschoben und inhaltlich um Angaben zum Diversitätskonzept erweitert. Die nur für bestimmte AG, KGaA und SE geltenden Vorschriften zu übernahmerechtlichen Angaben und zur Darstellung des Vergütungssystems für Organmitglieder wurden aus § 289 ausgegliedert und in dem neuen § 289a idF des CSR-RL-UG zusammengefasst. Materielle Änderungen sind mit dieser Umstrukturierung nicht verbunden. Sinnvoll wäre allerdings eine noch konsequentere Umgliederung unter Einbezug der Regelungen zur Versicherung der Mitglieder des vertretungsberechtigten Organs (§ 289 Abs. 1 S. 5) und zur Beschreibung der wesentlichen Merkmale des internen Kontroll- und Risikomanagementsystems im Hinblick auf den Rechnungslegungsprozess (§ 289 Abs. 4) gewesen, da auch diese beiden Vorschriften nur bestimmte kapitalmarktorientierte Unternehmen betreffen.[3]

Mit dem **ARUG II**[4] wurde § 289a im Jahr 2019 erneut geändert. Für nach dem **2** 31.12.2020 beginnende Geschäftsjahre ist der bisher in § 289a Abs. 2 geregelte Vergütungsbericht kein Bestandteil des Lageberichts mehr. Stattdessen müssen Vorstand und Aufsichtsrat börsennotierter AG nach § 162 AktG gemeinsam einen separaten Vergütungsbericht erstellen.[5] Dieser ist vom Abschlussprüfer dahingehend zu prüfen, ob die Pflichtangaben nach § 162 Abs. 1 und 2 gemacht wurden (§ 162 Abs. 3 AktG). Der Vergütungsbericht ist zusammen mit dem Vermerk des Abschlussprüfers von der AG zehn Jahre lang auf ihrer Internetseite kostenfrei öffentlich zugänglich zu machen (§ 162 Abs. 4 AktG). § 289a idF des ARUG II regelt daher nur noch die übernahmerechtlichen Angaben im Lagebericht.

Mit der Vorschrift werden die Vorgaben der Übernahme-RL (RL 2004/25/EG) in **3** deutsches Recht umgesetzt.[6] Die Berichtspflicht wurde durch das **Übernahmerichtlinie-Umsetzungsgesetz** (ÜbUG) vom 8.7.2006 (BGBl. 2006 I 1426) eingeführt und galt erstmals für nach dem 31.12.2005 begonnene Geschäftsjahre (Art. 60 EGHGB).[7] Sie erweitert den Inhalt des Lageberichts um eine Reihe von **Einzelangaben, die bei Unternehmensübernahmen relevant sein können.** Dadurch sollen sich Investoren, vor allem potenzielle Bieter, vor der Abgabe eines Übernahmeangebotes umfassend über die Gesellschaft, ihre Eigentümerstruktur und etwaige Übernahmehindernisse informieren können.[8]

II. Anwendungsbereich

Die Angaben nach § 289a müssen **AG, KGaA und SE** machen, die einen **organisier- 4 ten Markt** iSv § 2 Abs. 7 des Wertpapiererwerbs- und Übernahmegesetzes (WpÜG) durch von ihnen ausgegebene **stimmberechtigte Aktien** in Anspruch nehmen. Der Handel von Anleihen, Schuldverschreibungen, Genussscheinen oder stimmrechtslosen Vorzugsaktien (§ 139 AktG) begründet hingegen keine Berichtspflicht nach § 289a. Bei einer SE mit monistischer Unternehmensverfassung sind die Vorschriften nach Nr. 2, 6, 7 und 9 sinngemäß für die Mitglieder des Verwaltungsrates zu beachten.[9]

---

[2]   Vgl. Gesetz zur Stärkung der nichtfinanziellen Berichterstattung der Unternehmen in ihren Lage- und Konzernlageberichten (CSR-RL-Umsetzungsgesetz), BT-Drs. 18/9982, BGBl. 2017 I 802.

[3]   Vgl. Kajüter KoR 2016, 231.

[4]   Vgl. Gesetz zur Umsetzung der Richtlinie 2017/828/EU des Europäischen Parlaments und des Rates vom 17.5.2017 zur Änderung der Richtlinie 2007/36/EG im Hinblick auf die Förderung der langfristigen Mitwirkung der Aktionäre (Gesetz zur Umsetzung der zweiten Aktionärsrechterichtlinie), BT-Drs. 19/9739 und BT-Drs. 19/10507, mit Änderungen aus der Beschlussempfehlung RA, BT-Drs. 19/15153.

[5]   Vgl. hierzu zB Orth et al. DB 2019, 1011 ff.; 2019, 2814 ff.; Böcking/Bundle DK 2020, 15 ff.

[6]   Vgl. Richtlinie 2004/25/EG des Europäischen Parlaments und des Rates vom 21.4.2004, ABl. EG 2004 L 142, 12; Kindler/Horstmann DStR 2004, 866 ff.; Lanfermann/Maul BB 2004, 1517 ff.

[7]   Vgl. Baetge/Brüggemann/Haenelt BB 2007, 1887 ff.; Fink/Kajüter, Lageberichterstattung, 2. Aufl. 2021, S. 310 ff.

[8]   Vgl. BT-Drs. 16/1003, 24.

[9]   Vgl. BT-Drs. 16/1003, 25; Baetge/Kirsch/Thiele/Böcking/Dutzi/Gros § 289a Rn. 7.

III. Inhalt der Berichtspflicht

5   § 289a S. 1 verlangt **Angaben zu insgesamt neun Sachverhalten.** Die Angaben nach S. 1 Nr. 1, 3 und 9 können unterbleiben, soweit sie im Anhang zu machen sind (§ 289a S. 2). Diese durch das BilMoG eingeführte Regelung soll Redundanzen zu Angaben im Anhang (zB gem. § 160 AktG) vermeiden. Sofern die Angaben im Anhang zu machen sind, ist hierauf im Lagebericht zu verweisen (§ 289a S. 3). Es kann sich dabei je nach Ausübung des Wahlrechts nach § 289a S. 2 um einen weiterführenden oder ersetzenden Verweis handeln.

6   Die nach § 289a geforderten Angaben sind jedes Jahr in den Lagebericht aufzunehmen, unabhängig davon, ob ein Übernahmeangebot für die Gesellschaft vorliegt oder nicht. Darzustellen sind die Verhältnisse am Bilanzstichtag (DRS 20.K189). Liegen keine Übernahmehindernisse vor, empfiehlt sich aus Gründen der Klarheit eine Fehlanzeige.[10]

7   **1. Zusammensetzung des gezeichneten Kapitals (Nr. 1).** Nach § 289a S. 1 Nr. 1 ist das **gezeichnete Kapital** (§ 272 Abs. 1 S. 1) in seiner **Zusammensetzung** darzustellen, soweit dies nicht aufgrund anderer Vorschriften im Anhang erfolgt und darauf verwiesen wird. Sofern verschiedene Aktiengattungen (§ 11 AktG) existieren (zB Stammaktien, Vorzugsaktien, Aktien mit Nebenpflichten), sind die mit jeder Gattung verbundenen Rechte und Pflichten und der Anteil am gezeichneten Kapital anzugeben. Bei Stammaktien ist ein Verweis auf das Gesetz hinreichend, da sich die mit ihnen verbundenen Rechte und Pflichten daraus ergeben. Für andere Aktien sind hingegen die Rechte und Pflichten im Lagebericht zu beschreiben. Die Berichtspflicht umfasst auch solche Aktien, die gar nicht gehandelt werden, nicht an einem organisierten Markt iSv § 2 Abs. 7 WpÜG notiert sind oder nur in Drittstaaten zum Handel zugelassen sind. Anzugeben sind für jede Gattung Anzahl und Art der ausgegebenen Aktien (Nennbetrags- oder Stückaktie; Inhaber-, Namens- oder vinkulierte Namensaktie) sowie (sofern vorhanden) der Nennbetrag und die Zahl der Aktien je Nennbetrag (DRS 20K.191).

8   **Strittig** ist, inwieweit die Berichtspflicht nach § 289a S. 1 Nr. 1 auch **Wandelschuldverschreibungen und Optionsanleihen** einschließt. Diese sind zwar am Bilanzstichtag nicht Bestandteil des gezeichneten Kapitals, können aber dessen Zusammensetzung in der Zukunft stark verändern, wenn das Wandlungsrecht bzw. das Recht zum Bezug von Aktien ausgeübt wird. Sie beeinflussen damit uU ganz erheblich die Möglichkeit zur Übernahme der Gesellschaft. Es erscheint daher sachgerecht, zumindest die mögliche Veränderung des gezeichneten Kapitals im Fall der Ausübung der Wandlungs- bzw. Bezugsrechte anzugeben.[11]

9   **2. Beschränkungen der Stimmrechte oder der Übertragbarkeit von Aktien (Nr. 2).** Existieren bei den Stimmrechten oder der Übertragbarkeit von Aktien Beschränkungen, sind diese nach § 289a S. 1 Nr. 2 anzugeben, soweit sie dem Vorstand der Gesellschaft bekannt sind. Zu berichten ist über **gesetzliche, satzungsmäßige, vertragliche und andere Beschränkungen.** Gesetzliche Beschränkungen des Stimmrechts liegen zB bei Vorzugsaktien (§ 12 Abs. 1 S. 2 AktG), eigenen Aktien der Gesellschaft (§ 71b AktG) oder bei wechselseitigen Beteiligungen (§ 328 AktG) vor. Satzungsmäßige Stimmrechtsbeschränkungen sind bei börsennotierten AG grundsätzlich unzulässig (§ 134 Abs. 1 S. 2 AktG). Beschränkungen der Übertragbarkeit gibt es regelmäßig bei vinkulierten Namensaktien (§ 68 Abs. 2 AktG). Zu den vertraglichen Beschränkungen gehören auch solche zwischen den Gesellschaftern (zB durch Stimmbindungsverträge). Diese sind auch dann berichtspflichtig, wenn sie zeitlich befristet sind.

10   Bei den gesetzlichen Beschränkungen ist ein Verweis auf das Gesetz unter Angabe der Anzahl der betroffenen Aktien hinreichend (DRS 20.K195), bei allen anderen Beschränkungen sind deren wesentliche Merkmale und die Anzahl der betroffenen Aktien darzustellen.

---

[10]   GlA Baetge/Kirsch/Thiele/Böcking/Dutzi/Gros § 289a Rn. 22.

[11]   Vgl. Seibt/Heiser AG 2006, 315; Beck HdR/Kirsch/Köhrmann/Huter B510 Rn. 207; Baetge/Kirsch/Thiele/Böcking/Dutzi/Gros § 289a Rn. 29; HdR/Kajüter §§ 289, 289a–289f Rn. 182.

Aus der Berichtspflicht resultiert weder ein Auskunftsrecht noch eine Erkundigungspflicht des Vorstands (DRS 20.K196). Ebenso sind die Aktionäre nicht verpflichtet, den Vorstand über etwaige vertragliche Vereinbarungen zu informieren. Daher erstreckt sich die Berichtspflicht nur auf solche Beschränkungen der Stimmrechte oder der Übertragbarkeit von Aktien, die dem Vorstand bekannt sind. Er muss mithin von einer Vertragspartei schriftlich oder mündlich in Kenntnis gesetzt worden sein. Vermutungen, die sich zB auf eine Berichterstattung in den Medien stützen, begründen dagegen keine Berichtspflicht.

3. Direkte und indirekte Beteiligungen mit mehr als 10% der Stimmrechte 11 (Nr. 3). Gemäß § 289a S. 1 Nr. 3 sind **direkte und indirekte Beteiligungen am Kapital,** die 10% der Stimmrechte überschreiten, anzugeben. Müssen Angaben hierzu im Anhang gemacht werden (zB nach § 160 Abs. 1 Nr. 7 und 8 AktG), ist im Lagebericht darauf zu verweisen (DRS 20.K197 f.). Die Angaben können dann im Lagebericht entfallen.

Für die **Berechnung** der Beteiligungen sind die Verhältnisse am Bilanzstichtag 12 zugrunde zu legen. Indirekte Beteiligungen am Kapital sind nach §§ 34 f. WpHG zu ermitteln (DRS 20.K199). Die von der Gesellschaft gehaltenen eigenen Aktien, die unter normalen Umständen Stimmrechte verleihen, sind bei der Berechnung der 10%-Schwelle zur Gesamtanzahl der Aktien mit Stimmrecht hinzuzurechnen.[12] Beteiligungen durch stimmrechtslose Vorzugsaktien sind nicht berichtspflichtig.

Es sind jene Beteiligungen anzugeben, die der Gesellschaft gem. §§ 33 ff. WpHG mitge- 13 teilt wurden. Maßgeblich hierfür ist die letzte Mitteilung vor dem Ende des Geschäftsjahres.[13] Ändert sich nach dieser Meldung, aber vor dem Schluss des Geschäftsjahres die Gesamtzahl der Stimmrechte, so ist anzugeben, dass die angegebenen Kapitalanteile diese Änderung noch nicht berücksichtigen (DRS 20.K201). Besondere Nachforschungen zur Ermittlung etwaiger Beteiligungen am Kapital sind nicht erforderlich.

Für jede berichtspflichtige direkte oder indirekte Beteiligung am Kapital sind mindes- 14 tens der Name und Staat, in dem sich der Wohnort des Aktieninhabers befindet, bzw. Firma, Sitz und Staat, in dem die Firma ihren Sitz hat, zu nennen (DRS 20.K200). Nicht zwingend erforderlich ist die Angabe der genauen Beteiligungshöhe, da § 289a S. 1 Nr. 3 nur Informationen zur Beteiligung an sich verlangt. Liegen zugleich eine direkte und indirekte Beteiligung vor, sind beide anzugeben.

4. Inhaber von Aktien mit Sonderrechten (Nr. 4). Anzugeben nach § 289a S. 1 15 Nr. 4 sind Inhaber von Aktien mit Sonderrechten, die Kontrollbefugnisse verleihen. Die **Sonderrechte** müssen mit bestimmten Aktien verbunden sein und die Kontrolle des Unternehmens ermöglichen oder erleichtern.[14] Solche Sonderrechte existieren im deutschen Aktienrecht nur in Ausnahmefällen, zB in Form von Entsendungsrechten in den Aufsichtsrat (§ 101 Abs. 2 AktG) oder besonderen in der Satzung geregelten Zustimmungs- und Widerspruchsrechten. Eine Bündelung von Stimmrechten zu einer Kontrolle iSd § 29 Abs. 2 WpÜG fällt hingegen nicht unter die Berichtspflicht nach § 289a S. 1 Nr. 4.

Die Aktieninhaber sind namentlich zu nennen. Zudem ist die Ausgestaltung der Son- 16 derrechte zu beschreiben (DRS 20.K202). Die Angabe der konkreten Beteiligungs- oder Stimmrechtsquote ist nicht erforderlich.

5. Stimmrechtskontrolle bei Arbeitnehmerbeteiligungen (Nr. 5). Sind Arbeit- 17 nehmer am Kapital beteiligt und üben ihre Kontrollrechte nicht unmittelbar selbst aus, ist die **Art der Stimmrechtskontrolle** nach § 289a S. 1 Nr. 5 anzugeben (DRS 20.K204). In der Praxis sind nur wenige Sonderfälle von dieser Berichtspflicht betroffen, da eine Trennung von Aktie und Stimmrecht nach § 12 AktG nicht zulässig ist. Ein solcher Sonderfall sind Stimmrechtskontrollen bei Mitarbeiterbeteiligungsprogrammen, wenn den Arbeitnehmern auf der Grundlage von § 69 AktG Aktien in gemeinsamer Berechtigung zustehen

---

12   Vgl. BeBiKo/Grottel § 289a Rn. 37.
13   Vgl. auch Baetge/Kirsch/Thiele/Böcking/Dutzi/Gros § 289a Rn. 34, wonach die Mitteilungen bis zum Ende der Lageberichtsaufstellung als maßgeblich anzusehen sind.
14   Vgl. Lanfermann/Maul BB 2004, 1519.

und die Stimmrechte aus diesen Aktien durch einen gemeinschaftlichen Vertreter ausgeübt werden (DRS 20.K205). Aus dieser Angabepflicht resultiert jedoch weder ein Auskunftsrecht oder eine Erkundigungspflicht des Vorstands noch eine Mitteilungspflicht der Arbeitnehmer (DRS 20.K206).

18   **6. Ernennung und Abberufung von Vorstandsmitgliedern und Änderungen der Satzung (Nr. 6).** Nach § 289a S. 1 Nr. 6 sind die gesetzlichen Vorschriften und Bestimmungen der Satzung über die Ernennung und Abberufung der Mitglieder des Vorstands und über die Änderungen der Satzung anzugeben. Die **Ernennung und Abberufung von Mitgliedern des Vorstands** ist in den §§ 84 f. AktG und bei einer paritätisch mitbestimmten Gesellschaft zusätzlich in § 31 Abs. 2–5 MitbestG, § 33 MitbestG geregelt. **Änderungen der Satzung** richten sich nach § 119 Abs. 1 Nr. 5, §§ 133, 179 Abs. 1 und 2 AktG. Ein Verweis auf die jeweils relevanten gesetzlichen Vorschriften ist ausreichend. Abweichende oder ergänzende Bestimmungen der Satzung sind hingegen darzustellen (DRS 20.K208). Dies gilt zB für den Fall, dass die Satzung im Vergleich zum Gesetz andere Mehrheiten oder zusätzliche Erfordernisse für Beschlüsse vorsieht.

19   **7. Befugnisse des Vorstands zur Ausgabe und zum Rückkauf von Aktien (Nr. 7).** § 289a S. 1 Nr. 7 verlangt, die Befugnisse des Vorstands zur **Ausgabe und zum Rückkauf von Aktien** anzugeben (DRS 20.K209). Gemeint sind damit iSv Art. 10 Ziff. i Übernahme-RL Aktien, die **Stimmrechte** verleihen. Berichtspflichtig sind Befugnisse, die dem Vorstand durch Satzungsbestimmungen oder durch Beschlüsse der HV und somit durch konkrete Entscheidungen gewährt wurden. Die Angaben im Lagebericht überschneiden sich dabei mit den Angaben im Anhang gem. § 160 Abs. 1 Nr. 2 AktG, wobei das Gesetz hier keine Verweismöglichkeit vorsieht.

20   Befugnisse des Vorstands, die unter die Berichtspflicht fallen, betreffen insbesondere die Ermächtigung zur Durchführung einer bereits beschlossenen Kapitalerhöhung (§ 182 AktG), zur Ausgabe von Rechten auf den Bezug neuer Aktien aus bedingtem Kapital (§ 192 AktG), zur Durchführung einer Kapitalerhöhung aufgrund von genehmigtem Kapital (§§ 202 ff. AktG), zur Ausgabe von Wandel- oder Gewinnschuldverschreibungen (§ 221 AktG) oder zum Erwerb eigener Aktien (§ 71 Abs. 1 Nr. 6–8 AktG). Darüber hinaus sind die Ermächtigungen des Vorstands zur Ergreifung von Verteidigungsmaßnahmen nach § 33 Abs. 2 WpÜG anzugeben, soweit sie die Ausgabe oder den Rückkauf von eigenen Aktien betreffen.

21   **8. Wesentliche Vereinbarungen für den Fall eines Kontrollwechsels infolge eines Übernahmeangebots (Nr. 8).** Nach § 289a S. 1 Nr. 8 sind wesentliche Vereinbarungen der Gesellschaft anzugeben, die bei einem Kontrollwechsel infolge eines Übernahmeangebotes wirksam werden, sich ändern oder enden (DRS 20.K211). Solche Vereinbarungen werden häufig als **„change-of-control"-Klauseln** bezeichnet. Neben den Vereinbarungen sind auch deren Wirkungen darzustellen. Dadurch sollen potenzielle Bieter über Maßnahmen informiert werden, die das Unternehmen zur Abwehr unerwünschter Übernahmen getroffen hat.

22   Ein Kontrollwechsel liegt nicht erst beim Überschreiten von 50% der Stimmrechte vor, sondern bereits dann, wenn **30% der Stimmrechte** gehalten werden (§ 29 Abs. 2 WpÜG, DRS 20.K213). Auch das erstmalige Überschreiten der 30%-Schwelle, das die Abgabe eines Pflichtangebotes gem. § 35 WpÜG erforderlich macht, stellt einen solchen Kontrollwechsel dar.[15]

23   Berichtspflichtig sind nur **wesentliche Vereinbarungen,** die von einem Kontrollwechsel abhängig sind. Sie können mit dem Vorstand, dem Aufsichtsrat, Arbeitnehmern, Aktionären, Kreditgebern, Kunden oder Lieferanten geschlossen sein. Die Wesentlichkeit ist dabei aus Sicht eines potenziellen Bieters zu beurteilen.[16] Eine Vereinbarung ist somit

---

[15]   Vgl. Sailer AG 2006, 916; MüKoBilanzR/Kleindiek § 289 Rn. 129.
[16]   Vgl. Seibt/Heiser AG 2006, 316.

immer dann als wesentlich und damit als berichtspflichtig anzusehen, wenn sie aufgrund ihrer Auswirkungen auf die zukünftige VFE-Lage des Unternehmens für einen potenziellen Bieter entscheidungsrelevant wäre. Hiervon ist zB auszugehen, wenn die Vereinbarung für die Fortführung des Geschäftsbetriebs oder die erfolgreiche Durchführung der Übernahme von Bedeutung ist.[17] Sind mehrere Vereinbarungen einzeln unwesentlich, in ihrer Gesamtheit jedoch für einen potenziellen Bieter entscheidungsrelevant, so sind auch diese Vereinbarungen anzugeben (DRS 20.K213).

Die Angaben müssen die wesentlichen **Inhalte der Vereinbarungen** umfassen. Hierzu   24 gehören vor allem die Bedingungen, unter denen die Sonderregelungen greifen, und die möglichen wirtschaftlichen Folgen. Die Namen der Vertragspartner und sonstige Details müssen hingegen nicht genannt werden. Vielmehr ist eine zusammenfassende Beschreibung ausreichend (DRS 20.K215). Die wirtschaftlichen Folgen sind zumindest qualitativ aufzuzeigen. Quantitative Angaben sollten gemacht werden, wenn die betragsmäßigen Auswirkungen bekannt oder mit vertretbarem Aufwand ermittelbar sind (DRS 20.K215).

Weil Angaben zu den Vereinbarungen sensibel sein können, enthält § 289a S. 4 eine   25 **Schutzklausel.** Danach können Angaben gem. § 289a S. 1 Nr. 8 im Lagebericht unterbleiben, soweit sie geeignet sind, der Gesellschaft einen erheblichen Nachteil zuzufügen. Der potenzielle Schaden muss nicht materieller Natur sein; auch immaterielle Nachteile können die Inanspruchnahme der Schutzklausel rechtfertigen (DRS 20K.217). Allerdings sind hieran sehr hohe Maßstäbe anzulegen. Es muss sich um einen wesentlichen Nachteil handeln, der mit hoher Wahrscheinlichkeit zu erwarten ist. Eine Begründung mit allgemeinen Wettbewerbsnachteilen ist nicht hinreichend.[18] Auf die Inanspruchnahme der Schutzklausel ist hinzuweisen. Angabepflichten nach anderen gesetzlichen Vorschriften (zB § 162 AktG) bleiben davon unberührt.

9. Entschädigungsvereinbarungen der Gesellschaft bei Übernahmeangeboten   26 (Nr. 9).

§ 289a S. 1 Nr. 9 fordert die Angabe sämtlicher Entschädigungsvereinbarungen, die mit Mitgliedern des Vorstands oder mit Arbeitnehmern für den Fall getroffen wurden, dass sie aufgrund eines Übernahmeangebots kündigen, ohne triftigen Grund entlassen werden, ihr Arbeitsverhältnis endet oder (in anderer Form) fortgeführt wird (DRS 20.K218). Zu berichten ist mithin über alle Arten von **Abfindungszusagen für Vorstände und Mitarbeiter** unabhängig von ihrer Höhe. Unerheblich ist auch, welchen Schwellenwert die Entschädigungsvereinbarung für den Erwerb von Aktien des Unternehmens durch ein Übernahmeangebot voraussetzt.[19] Entschädigungsvereinbarungen mit Mitgliedern des Aufsichtsrats sind nicht berichtspflichtig. Bei Arbeitnehmern, die Mitglied im Aufsichtsrat sind, ist daher nur die Abfindung aufgrund ihrer Eigenschaft als Arbeitnehmer anzugeben.[20]

Darzustellen sind die wesentlichen **Inhalte** der Entschädigungsvereinbarungen (DRS   27 20.K223). Hierzu gehören vor allem die Namen der Begünstigten, die Bedingungen, die Höhe und der Zeitpunkt bzw. Zeitraum der Entschädigungszahlungen. Weichen die mit Vorstandsmitgliedern und Arbeitnehmern getroffenen Vereinbarungen stark voneinander ab, empfiehlt sich eine getrennte Darstellung für beide Gruppen.

Die Angaben zu den Entschädigungsvereinbarungen können nach § 289a S. 2 im Lage-   28 bericht unterbleiben, soweit sie im Anhang zu machen sind und darauf im Lagebericht verwiesen wird (DRS 20.K219).

IV. Rechtsfolgen bei Verletzung

Für Verstöße gegen § 289a gelten dieselben Regelungen wie für die Vorschriften nach   29 § 289 (vgl. → § 289 Rn. 139 f.). Da die Berichtspflichten nach § 289a kapitalmarktorientierte Unternehmen betreffen, werden Ordnungswidrigkeiten mit den höheren für diese Unternehmen geltenden Beträgen geahndet (§ 335 Abs. 1a).

---

[17]   Vgl. Lanfermann/Maul BB 2004, 1520.
[18]   Vgl. Baetge/Kirsch/Thiele/Böcking/Dutzi/Gros § 289a Rn. 62.
[19]   Vgl. Sailer AG 2006, 913; Rabenhorst WPg 2008, 144.
[20]   Vgl. BeBiKo/Grottel § 289a Rn. 63.

§ 289b Pflicht zur nichtfinanziellen Erklärung; Befreiungen

(1) [1]Eine Kapitalgesellschaft hat ihren Lagebericht um eine nichtfinanzielle Erklärung zu erweitern, wenn sie die folgenden Merkmale erfüllt:

1. die Kapitalgesellschaft erfüllt die Voraussetzungen des § 267 Absatz 3 Satz 1,
2. die Kapitalgesellschaft ist kapitalmarktorientiert im Sinne des § 264d und
3. die Kapitalgesellschaft hat im Jahresdurchschnitt mehr als 500 Arbeitnehmer beschäftigt.

[2]§ 267 Absatz 4 bis 5 ist entsprechend anzuwenden. [3]Wenn die nichtfinanzielle Erklärung einen besonderen Abschnitt des Lageberichts bildet, darf die Kapitalgesellschaft auf die an anderer Stelle im Lagebericht enthaltenen nichtfinanziellen Angaben verweisen.

(2) [1]Eine Kapitalgesellschaft im Sinne des Absatzes 1 ist unbeschadet anderer Befreiungsvorschriften von der Pflicht zur Erweiterung des Lageberichts um eine nichtfinanzielle Erklärung befreit, wenn

1. die Kapitalgesellschaft in den Konzernlagebericht eines Mutterunternehmens einbezogen ist und
2. der Konzernlagebericht nach Nummer 1 nach Maßgabe des nationalen Rechts eines Mitgliedstaats der Europäischen Union oder eines anderen Vertragsstaats des Abkommens über den Europäischen Wirtschaftsraum im Einklang mit der Richtlinie 2013/34/EU aufgestellt wird und eine nichtfinanzielle Konzernerklärung enthält.

[2]Satz 1 gilt entsprechend, wenn das Mutterunternehmen im Sinne von Satz 1 einen gesonderten nichtfinanziellen Konzernbericht nach § 315b Absatz 3 oder nach Maßgabe des nationalen Rechts eines Mitgliedstaats der Europäischen Union oder eines anderen Vertragsstaats des Abkommens über den Europäischen Wirtschaftsraum im Einklang mit der Richtlinie 2013/34/EU erstellt und öffentlich zugänglich macht. [3]Ist eine Kapitalgesellschaft nach Satz 1 oder 2 von der Pflicht zur Erstellung einer nichtfinanziellen Erklärung befreit, hat sie dies in ihrem Lagebericht mit einer Erläuterung anzugeben, welches Mutterunternehmen den Konzernlagebericht oder den gesonderten nichtfinanziellen Konzernbericht öffentlich zugänglich macht und wo der Bericht in deutscher oder englischer Sprache offengelegt oder veröffentlicht ist.

(3) [1]Eine Kapitalgesellschaft im Sinne des Absatzes 1 ist auch dann von der Pflicht zur Erweiterung des Lageberichts um eine nichtfinanzielle Erklärung befreit, wenn die Kapitalgesellschaft für dasselbe Geschäftsjahr einen gesonderten nichtfinanziellen Bericht außerhalb des Lageberichts erstellt und folgende Voraussetzungen erfüllt sind:

1. der gesonderte nichtfinanzielle Bericht erfüllt zumindest die inhaltlichen Vorgaben nach § 289c und
2. die Kapitalgesellschaft macht den gesonderten nichtfinanziellen Bericht öffentlich zugänglich durch
   a) Offenlegung zusammen mit dem Lagebericht nach § 325 oder
   b) Veröffentlichung auf der Internetseite der Kapitalgesellschaft spätestens vier Monate nach dem Abschlussstichtag und mindestens für zehn Jahre, sofern der Lagebericht auf diese Veröffentlichung unter Angabe der Internetseite Bezug nimmt.

[2]Absatz 1 Satz 3 und die §§ 289d und 289e sind auf den gesonderten nichtfinanziellen Bericht entsprechend anzuwenden.

(4) Ist die nichtfinanzielle Erklärung oder der gesonderte nichtfinanzielle Bericht inhaltlich überprüft worden, ist auch die Beurteilung des Prüfungsergebnisses in

gleicher Weise wie die nichtfinanzielle Erklärung oder der gesonderte nichtfinanzielle Bericht öffentlich zugänglich zu machen.

§ 289c Inhalt der nichtfinanziellen Erklärung

(1) In der nichtfinanziellen Erklärung im Sinne des § 289b ist das Geschäftsmodell der Kapitalgesellschaft kurz zu beschreiben.

(2) Die nichtfinanzielle Erklärung bezieht sich darüber hinaus zumindest auf folgende Aspekte:

1. Umweltbelange, wobei sich die Angaben beispielsweise auf Treibhausgasemissionen, den Wasserverbrauch, die Luftverschmutzung, die Nutzung von erneuerbaren und nicht erneuerbaren Energien oder den Schutz der biologischen Vielfalt beziehen können,
2. Arbeitnehmerbelange, wobei sich die Angaben beispielsweise auf die Maßnahmen, die zur Gewährleistung der Geschlechtergleichstellung ergriffen wurden, die Arbeitsbedingungen, die Umsetzung der grundlegenden Übereinkommen der Internationalen Arbeitsorganisation, die Achtung der Rechte der Arbeitnehmerinnen und Arbeitnehmer, informiert und konsultiert zu werden, den sozialen Dialog, die Achtung der Rechte der Gewerkschaften, den Gesundheitsschutz oder die Sicherheit am Arbeitsplatz beziehen können,
3. Sozialbelange, wobei sich die Angaben beispielsweise auf den Dialog auf kommunaler oder regionaler Ebene oder auf die zur Sicherstellung des Schutzes und der Entwicklung lokaler Gemeinschaften ergriffenen Maßnahmen beziehen können,
4. die Achtung der Menschenrechte, wobei sich die Angaben beispielsweise auf die Vermeidung von Menschenrechtsverletzungen beziehen können, und
5. die Bekämpfung von Korruption und Bestechung, wobei sich die Angaben beispielsweise auf die bestehenden Instrumente zur Bekämpfung von Korruption und Bestechung beziehen können.

(3) Zu den in Absatz 2 genannten Aspekten sind in der nichtfinanziellen Erklärung jeweils diejenigen Angaben zu machen, die für das Verständnis des Geschäftsverlaufs, des Geschäftsergebnisses, der Lage der Kapitalgesellschaft sowie der Auswirkungen ihrer Tätigkeit auf die in Absatz 2 genannten Aspekte erforderlich sind, einschließlich

1. einer Beschreibung der von der Kapitalgesellschaft verfolgten Konzepte, einschließlich der von der Kapitalgesellschaft angewandten Due-Diligence-Prozesse,
2. der Ergebnisse der Konzepte nach Nummer 1,
3. der wesentlichen Risiken, die mit der eigenen Geschäftstätigkeit der Kapitalgesellschaft verknüpft sind und die sehr wahrscheinlich schwerwiegende negative Auswirkungen auf die in Absatz 2 genannten Aspekte haben oder haben werden, sowie die Handhabung dieser Risiken durch die Kapitalgesellschaft,
4. der wesentlichen Risiken, die mit den Geschäftsbeziehungen der Kapitalgesellschaft, ihren Produkten und Dienstleistungen verknüpft sind und die sehr wahrscheinlich schwerwiegende negative Auswirkungen auf die in Absatz 2 genannten Aspekte haben oder haben werden, soweit die Angaben von Bedeutung sind und die Berichterstattung über diese Risiken verhältnismäßig ist, sowie die Handhabung dieser Risiken durch die Kapitalgesellschaft,
5. der bedeutsamsten nichtfinanziellen Leistungsindikatoren, die für die Geschäftstätigkeit der Kapitalgesellschaft von Bedeutung sind,
6. soweit es für das Verständnis erforderlich ist, Hinweisen auf im Jahresabschluss ausgewiesenen Beträge und zusätzliche Erläuterungen dazu.

(4) Wenn die Kapitalgesellschaft in Bezug auf einen oder mehrere der in Absatz 2 genannten Aspekte kein Konzept verfolgt, hat sie dies anstelle der auf den jeweiligen Aspekt bezogenen Angaben nach Absatz 3 Nummer 1 und 2 in der nichtfinanziellen Erklärung klar und begründet zu erläutern.

§ 289d Nutzung von Rahmenwerken

[1]Die Kapitalgesellschaft kann für die Erstellung der nichtfinanziellen Erklärung nationale, europäische oder internationale Rahmenwerke nutzen. [2]In der Erklärung ist anzugeben, ob die Kapitalgesellschaft für die Erstellung der nichtfinanziellen Erklärung ein Rahmenwerk genutzt hat und, wenn dies der Fall ist, welches Rahmenwerk genutzt wurde, sowie andernfalls, warum kein Rahmenwerk genutzt wurde.

§ 289e Weglassen nachteiliger Angaben

(1) Die Kapitalgesellschaft muss in die nichtfinanzielle Erklärung ausnahmsweise keine Angaben zu künftigen Entwicklungen oder Belangen, über die Verhandlungen geführt werden, aufnehmen, wenn

1. die Angaben nach vernünftiger kaufmännischer Beurteilung der Mitglieder des vertretungsberechtigten Organs der Kapitalgesellschaft geeignet sind, der Kapitalgesellschaft einen erheblichen Nachteil zuzufügen, und
2. das Weglassen der Angaben ein den tatsächlichen Verhältnissen entsprechendes und ausgewogenes Verständnis des Geschäftsverlaufs, des Geschäftsergebnisses, der Lage der Kapitalgesellschaft und der Auswirkungen ihrer Tätigkeit nicht verhindert.

(2) Macht eine Kapitalgesellschaft von Absatz 1 Gebrauch und entfallen die Gründe für die Nichtaufnahme der Angaben nach der Veröffentlichung der nichtfinanziellen Erklärung, sind die Angaben in die darauf folgende nichtfinanzielle Erklärung aufzunehmen.

Schrifttum: Arbeitskreis Bilanzrecht Hochschullehrer Rechtswissenschaft (AKBR), Stellungnahme zum CSRD-Vorschlag der EU-Kommission, DB 2021, 2301; Bachmann, CSR-bezogene Vorstands- und Aufsichtsratspflichten und ihre Sanktionierung, ZGR 2018, 231; Baumüller, Erste Befunde zur Umsetzung der nichtfinanziellen Berichterstattung in Österreich – Darstellung und Vergleich mit Deutschland, DB 2019, 81; Baumüller, Eine neue Angabenlogik für die nichtfinanzielle Berichterstattung? Konsequenzen aus der Ergänzung der Leitlinien der EU-Kommission für die Berichtspraxis, PiR 2019, 252; Baumüller, Neue Fragen zum Enforcement im Kontext der nichtfinanziellen Berichterstattung, IRZ 2020, 147; Baumüller/Follert, Prüfung der nichtfinanziellen Erklärung durch den Abschlussprüfer. Verpflichtungen von bislang unterschätzter Reichweite, IRZ 2017, 473; Baumüller/Haring/Merl, Erstanwendung der Berichtspflichten gem. Taxonomie-VO: Überblick und Handlungsempfehlungen, IRZ 2022, 77; Baumüller/Scheid, Nichtfinanzielle Berichtspflichten im deutschen Mittelstand: „Kollateralschaden" oder „hidden agenda"?, DB 2020, 121; Behncke/Wulf, Erste Berichts- und Prüfungssaison der nichtfinanziellen Berichterstattung – Eine empirische Analyse der DAX160-Unternehmen für das Geschäftsjahr 2017, KoR 2019, 21; Blöink/Halbleib, Umsetzung der sog. CSR-Richtlinie 2014/95/EU: Aktueller Überblick über die verabschiedeten Regelungen des CSR-Richtlinie-Umsetzungsgesetzes, DK 2017, 182; Böcking/Althoff, Paradigmenwechsel in der (Konzern-)Lageberichterstattung über nicht-monetäre Erfolgsfaktoren, DK 2017, 246; Boecker/Zwirner, Nichtfinanzielle Berichterstattung – Umsetzung und Anwendung der EU-Vorgaben in Deutschland, BB 2017, 2155; Boecker/Zwirner, Klimabezogene Berichterstattung, IRZ 2019, 514; CSR Europe and GRI, Member State Implementation of Directive 2014/95/EU, 2017; Borcherding/Seufert, Green and more: Die Taxonomie-Verordnung der EU, WPg 2021, 1009; Fink/Fistric, Neue Aspekte bei der Unternehmensberichterstattung: Die EU fordert die Offenlegung nicht-finanzieller Informationen, DB 2013, 2700; Fink/Kajüter, Lageberichterstattung, 2. Aufl. 2021; Fink/Schmotz, Die Vorschläge der EU-Kommission zur Überarbeitung der CSR-Richtlinie, KoR 2021, 304; Fischer/Behncke/Fink, Klimawandel als Risiko und Chance für Unternehmen, WPg 2017, 1143; Großkopf/Sellhorn/Wagner, Erstanwendung der EU-Taxonomie – Eine empirische Analyse deutscher Unternehmen, KoR 2022, 251; Günther/Muschallik, Identifikation wesentlicher Themen im Rahmen der Nachhaltigkeitsberichterstattung, KoR 2017, 421; Haaker, Wider die Integration der nichtfinanziellen (CSR-)Erklärung in den Lagebericht, DB 2017,

922; Haaker/Freiberg, Risikodefinition ohne Betroffenen und Adressaten?, PiR 2017, 278; Haaker/Gahlen, Umsetzung der CSR-Richtlinie, StuB 2015, 662; Hans-Böckler-Stiftung, MBF-Report Nr. 27 (11/2016), Gemeinwirtschaft bei Transparenz zum gesellschaftlichen Engagement? – zum Kreis der vom CSR-Richtlinie-Umsetzungsgesetz potentiell betroffenen Unternehmen, 2016, 1; Hennrichs/Pöschke, Die Pflicht des Aufsichtsrats zur Prüfung des „CSR-Berichts", NZG 2017, 121; Holzmeier/Burth/Hachmeister, Die nichtfinanzielle Konzernberichterstattung nach dem CSR-Richtlinie-Umsetzungsgesetz, IRZ 2017, 215; Hommelhoff, CSR-Vorstands- und -Aufsichtsratspflichten, NZG 2017, 1361; Hommelhoff, Primärrechtlich begründete Mängel im CSRD-Vorschlag und deren Beseitigung, DB 2021, 2437; Hrinkow/Hummel/Terko, Aktuelle Fragen aus der Praxis zur EU-Taxonomie-Verordnung – zur Definition von Wirtschaftsaktivitäten und Rolle des Wesentlichkeitsverständnisses, RWZ 2022, 16; IDW (Hrsg.), IDW Positionspapier: Pflichten und Zweifelsfragen zur nichtfinanziellen Erklärung als Bestandteil der Unternehmensführung, Düsseldorf 2017; Kajüter, Das Rahmenkonzept des IIRC zum Integrated Reporting – Revolution in der Unternehmensberichterstattung?, DStR 2014, 222; Kajüter, Neuerungen in der Lageberichterstattung nach dem Referentenentwurf des CSR-Richtlinie-Umsetzungsgesetzes, KoR 2016, 230; Kajüter, Die nichtfinanzielle Erklärung nach dem Regierungsentwurf zum CSR-Richtlinie-Umsetzungsgesetz, IRZ 2016, 507; Kajüter, Nichtfinanzielle Berichterstattung nach dem CSR-Richtlinie-Umsetzungsgesetz, DB 2017, 617; Kajüter, Das CSR-Richtlinie-Umsetzungsgesetz – ein Kompromiss, IRZ 2017, 137; Kajüter, Berichterstattung über die Achtung der Menschenrechte, FS Böcking, 2021, 581; Kajüter/Hannen, Integrated Reporting nach dem Rahmenkonzept des IIRC. Anforderungen, Anwendung und offene Fragen, KoR 2014, 75; Kajüter/Wirth, Praxis der nichtfinanziellen Berichterstattung nach dem CSR-RUG – Empirische Befunde für die DAX-Unternehmen, DB 2018, 1605; Kirsch, E-DRÄS 8: Erneute Änderung am DRS 20 „Konzernlagebericht", StuB 2017, 573; Kirsch/Huter, Die Prüfung der nicht-finanziellen Erklärung, WPg 2017, 1017; Lanfermann, Referentenentwurf des CSR-Richtlinie-Umsetzungsgesetzes sieht Prüfungspflicht für den Aufsichtsrat vor, BB 2016, 1131; Lanfermann, CSR-Berichterstattung: EU-Leitlinien für Unternehmen, WPg 2017, 1250; Lanfermann, Auswirkungen der EU-Taxonomie-Verordnung auf die Unternehmensberichterstattung, BB 2020, 1643; Lanfermann, Zur künftigen Bestimmung der Wesentlichkeit von Angaben in der nichtfinanziellen Erklärung, BB 2020, 2347; Lanfermann/Baumüller/Scheid, Größenabhängige Ausgestaltung der Berichtspflichten im Rahmen der zukünftigen europäischen Nachhaltigkeitsberichterstattung – Strukturierung, Diskussion und Lösungsvorschläge, DK 2021, 500; Lanfermann/Baumüller/Scheid, Neue europäische Berichtspflichten zu immateriellen Ressourcen: Hintergründe und Handlungsbedarf im Entwurf zur CSRD, KoR 2021, 426; Lanfermann/Scheid, Anwendung der EU-Taxonomie zu grünen Wirtschaftsaktivitäten – Überblick und Implikationen für deutsche Unternehmen, DB 2021, 741; Lanfermann/Scheid, Vorschlag der EU-Kommission zur Corporate Sustainability Reporting Directive (CSRD), DB 2021, 1213; Lindner/Müller, Die Standards der Global Reporting Initiative als Rahmenwerk für die nichtfinanzielle Berichterstattung, IRZ 2020, 139; Maniora, Die neue EU-Richtlinie zur Offenlegung nichtfinanzieller Informationen: Verum oder Placebo?, KoR 2015, 153; Meeh-Bunse/Hermeling/Schomaker, CSR-Richtlinie: Inhalt und potentielle Auswirkungen auf kleine und mittlere Unternehmen, DStR 2016, 2769; Meeh-Bunse/Hermeling/Schomaker, Aktuelle Aspekte zum Inkrafttreten der CSR-Richtlinie in Deutschland. Die nichtfinanzielle Erklärung ist ab 2017 Pflicht, DStR 2017, 1127; Mock, Berichterstattung über Corporate Social Responsibility nach dem CSR-Richtlinie-Umsetzungsgesetz, ZIP 2016, 1195; Mock, Die Leitlinien der Europäischen Kommission zur CSR-Berichterstattung, DStR 2017, 2144; Müller/Scheid, Konkretisierung der Umsetzung der CSR-Richtlinie in DRS 20 – Erweiterung der Konzernlageberichterstattung durch E-DRÄS 8, BB 2017, 1835; Müller/Scheid/Baumüller, Kommissionsvorschlag zur Corporate Sustainability Reporting Directive: von der nichtfinanziellen Berichterstattung zur Nachhaltigkeitsberichterstattung, BB 2021, 1323; Müller/Stawinoga/Velte, Mögliche Einbettung der neuen nichtfinanziellen Erklärung in die handelsrechtliche Unternehmenspublizität und -prüfung, DB 2015, 2217; Müller/Stawinoga/Velte, Nationale Umsetzung der Mitgliedstaatenwahlrechte der europäischen CSR-Richtlinie beim Ausweis und bei der Prüfung der „nichtfinanziellen Erklärung", ZfU 2015, 313; Orth/Oppermann, Neue Herausforderungen bei der Erstellung und Prüfung des Lageberichts, DB 2020, 401; Rauch/Weigt, Risikoangaben im Rahmen der nichtfinanziellen Berichterstattung, KoR 2018, 119; Richter/Johne/König, Umsetzung der CSR-Richtlinie in nationales Recht, WPg 2017, 566; Rimmelspacher/Schäfer/Schönberger, Das CSR-Richtlinie-Umsetzungsgesetz: Neue Anforderungen an die nichtfinanzielle Berichterstattung und darüber hinaus, KoR 2017, 225; Rieth/Schmidt, Green and more: Erstmalige Umsetzung der Sustainable-Finance-Taxonomie – Praxiserfahrungen bei EnBW, WPg 2021, 769; Röttgen/Hund, Anforderungen an nichtfinanzielle Erklärungen und Berichte nach dem CSR-Richtlinie-Umsetzungsgesetz (CSR-RUG) insb. für „große" Sparkassen, DK 2019, 201; Ruhnke/Schmidt, Veröffentlichungs- und Prüfungspflichten im Zusammenhang mit der Erklärung zur Unternehmensführung und der nichtfinanziellen Erklärung, DB 2017, 2557; Schäfer/Schröder, CSR-Richtlinie-Umsetzungsgesetz: Implikationen für den Mittelstand, WPg 2017, 1324; Scheid/Müller, Leitlinien der Europäischen Kommission zur nichtfinanziellen Berichterstattung – Vereinheitlichungschancen der Berichterstattung und Ausstrahlungswirkung auf weitere Unternehmen, DStR 2017, 2240; Scheid/Müller, Notwendigkeit der klimabezogenen Berichterstattung, PiR 2019, 330; Schmidt/Strenger, Die neuen nichtfinanziellen Berichtspflichten – Erfahrungen mit der Umsetzung aus Sicht institutioneller Investoren, NZG 2019, 481; Schmotz/Schmidt, Nichtfinanzielle Berichtspflichten in der Finanzberichterstattung – Konkretisierung des CSR-RUG durch DRS 20 und Ausblick –, DB 2017, 2877; Schmotz/Schwedler/Barckow, Drei Jahre CSR-RUG: Horizontalstudie zur Anwendungspraxis und Handlungsempfehlungen des DRSC, DB 2021, 797; Schneider, Die Leitlinien der EU zur Berichterstattung über nichtfinanzielle Informationen und Unterschiede der Umsetzung der CSR-Richtlinie zwischen Deutschland und Österreich, DK 2019, 214; Schneider/Müllner, Ein Überblick über den Nachtrag der EU zur klimabezogenen Berichterstattung, KoR 2020, 24; Schneider/Müllner, Der nächste Schritt der CSR-Berichterstattung in der EU: Entwurf für die neue Corporate Sustainability Reporting Directive (CSRD), DK 2021, 365; Seibt, CSR-Richtlinie-Umsetzungsgesetz: Berichterstattung über nichtfinanzielle Aspekte der Geschäftstätigkeit, DB 2016, 2707; Sopp/Baumüller, Die Leitlinien der EU-Kommission für die Berichterstattung über nichtfinanzielle Informationen: Orientierungshilfe ohne Orientierung, IRZ 2017, 377; Sopp/Baumüller, Nichtfinanzielle Berichterstattung: Kritik an den neuen Leitlinien zu klimabezogenen Angaben, DB 2019, 1801; Spießhofer, Wirtschaft und Menschenrechte – rechtliche Aspekte der Corporate Social Responsibility, NJW 2014, 2473; Spießhofer, Die neue europäische Richtlinie über die Offenlegung nichtfinanzieller Informationen – Paradigmenwechsel oder Papiertiger?, NZG 2014, 1281; Sustainable Finance-Beirat der Bundesregierung, Zwischenbericht, 2020; TCFD, Final Report: Recommendations of the Task Force on Climate-related Financial Disclosures, 2017; Stawinoga/Velte, Der Referentenentwurf für ein CSR-Richtlinie-Umsetzungsgesetz, DB 2016, 841; Velte, Prüfung der nichtfinanziellen Erklärung nach dem CSR-Richtlinie-Umsetzungsgesetz. Neue Erwartungslücke beim Aufsichtsrat?, IRZ 2017, 325; Velte, Zukunft der nichtfinanziellen Berichterstattung – Das CSR-Richtlinie-Umsetzungsgesetz als Zwischenlösung!?, DB 2017, 2813; Voland, Erweiterung der Berichtspflichten für Unternehmen nach der neuen CSR-Richtlinie, DB 2014, 2815; Wambach/Maier, IDW Positionspapier zu Pflichten und Zweifelsfragen zur nichtfinanziellen Erklärung als Bestandteil der Unternehmensführung, DB 2017, 1987; Wulf, Neue Berichtspflichten durch die nichtfinanzielle Erklärung für bestimmte große Unternehmen, DStZ 2017, 100; Wulf, EU-Vorschläge zur Weiterentwicklung der CSR-Richtlinie und Auswirkungen auf KMU im Lichte der Sustainable-Finance-Initiative, DStZ 2021, 812.

Übersicht

I. Hintergrund und Normzweck

1　　Die §§ 289b–289e wurden durch das Gesetz zur Stärkung der nichtfinanziellen Berichterstattung der Unternehmen in ihren Lage- und Konzernlageberichten (CSR-Richtlinie-Umsetzungsgesetz)[1] in das HGB aufgenommen. Sie setzen die sog. **CSR-RL (RL 2014/95/EU)**[2] in deutsches Recht um und verpflichten bestimmte große Unternehmen dazu, ihren Lagebericht um eine sog. **nichtfinanzielle Erklärung** zu erweitern. Die neuen Berichtspflichten waren erstmals für Geschäftsjahre, die nach dem 31.12.2016 begannen, zu erfüllen (Art. 80 S. 1 EGHGB). Angaben zur Nachhaltigkeit werden damit für bestimmte große Unternehmen zum Pflichtbestandteil des Lageberichts. Davon unberührt bleibt die schon bisher bestehende Pflicht großer Kapitalgesellschaften, die bedeutsamsten nichtfinanziellen Leistungsindikatoren in die Analyse des Geschäftsverlaufs und der Lage der Gesellschaft einzubeziehen (§ 289 Abs. 3). Es ergeben sich insofern Zusammenhänge und Abgrenzungsfragen zu den bisherigen Inhalten des Lageberichts nach § 289.

---

[1]　Vgl. Gesetz zur Stärkung der nichtfinanziellen Berichterstattung der Unternehmen in ihren Lage- und Konzernlageberichten (CSR-RL-Umsetzungsgesetz), BT-Drs. 18/9982, BGBl. 2017 I 802.

[2]　Vgl. Richtlinie 2014/95/EU des Europäischen Parlamentes und des Rates vom 22.10.2014 zur Änderung der Richtlinie 2013/34/EU im Hinblick auf die Angabe nichtfinanzieller und die Diversität betreffender Informationen durch bestimmte große Unternehmen und Gruppen, ABl. EU 2014 L 330.

Die CSR-RL ist eine Reaktion des europäischen Gesetzgebers auf die globale Finanz- **2** und Wirtschaftskrise der Jahre 2007 bis 2009. So stellte die EU-Kommission in ihrer Mitteilung vom 13.4.2011 u.a. fest, dass die Sozial- und Umweltberichterstattung der Unternehmen in der EU vereinheitlicht werden muss.[3] Sie bekräftigte diese Auffassung in ihrer Mitteilung zur neuen CSR-Strategie vom 25.10.2011.[4] Danach sollen die soziale Verantwortung der Unternehmen gestärkt und hierdurch langfristig günstige Rahmenbedingungen für nachhaltiges Wachstum geschaffen werden. Die Offenlegung nichtfinanzieller Informationen stellt dabei „ein wesentliches Element des Übergangs zu einer nachhaltigen globalen Wirtschaft"[5] dar. Mindestanforderungen an die Berichterstattung über ökonomische, ökologische und soziale Belange sollen dazu beitragen, die **Transparenz** über die Auswirkungen der Geschäftstätigkeit von Unternehmen zu **erhöhen** und EU-weit zu harmonisieren.[6] Zugleich möchte die EU mit den neuen Berichtspflichten auch das **Verhalten** der Unternehmen **beeinflussen.**[7] Die stärkere Rechenschaftspflicht soll Unternehmen dazu anregen, nachhaltiges Wirtschaften in ihren internen Entscheidungsprozessen intensiver zu berücksichtigen.

Die CSR-RL (RL 2014/95/EU) wurde am 22.10.2014 verabschiedet. Sie ändert die **3** Bilanz-RL (RL 2013/34/EU) und war bis zum 6.12.2016 in nationales Recht umzusetzen.[8] Ergänzend zur Richtlinie hat die EU-Kommission im Juni 2017 **unverbindliche „Leitlinien für die Berichterstattung über nichtfinanzielle Informationen"**[9] veröffentlicht. Diese Verlautbarung soll Unternehmen bei der Ausgestaltung der nichtfinanziellen Berichterstattung unterstützen. Sie stellt allerdings kein Rahmenwerk iSv § 289d dar und enthält nur sehr allgemeine Hinweise zu einzelnen Anwendungsfragen.[10] Insofern bieten die Leitlinien wenig Orientierungshilfe für die Praxis.[11] Aufgrund ihres unverbindlichen Charakters gehen von ihnen keine rechtlichen Verpflichtungen aus, die in nationales Recht umzusetzen wären. Die Leitlinien vermitteln gleichwohl ein gewisses Bild von den Erwartungen der EU-Kommission.

Zur Umsetzung der CSR-RL hat das BMJV im April 2015 in einem Konzeptpapier **4** erste Gedanken zur Umsetzung der EU-Vorgaben zur Diskussion gestellt.[12] Obgleich dabei auch über die Mindestanforderungen der CSR-RL hinausgehende Berichtspflichten erwogen wurden, setzt das **CSR-Richtlinie-Umsetzungsgesetz (CSR-RUG)** die Richtlinie grundsätzlich 1:1 um. Im Vergleich zu dem RefE vom 11.3.2016[13] und dem RegE vom

---

3   Vgl. EU-Kommission, Mitteilung der Kommission an das Europäische Parlament, den Rat, den Europäischen Wirtschafts- und Sozialausschuss und den Ausschuss der Regionen: „Binnenmarktakte – Zwölf Hebel zur Förderung von Wachstum und Vertrauen – Gemeinsam für neues Wachstum", KOM (2011) 206, vom 13.4.2011.

4   Vgl. EU-Kommission, Mitteilung der Kommission an das Europäische Parlament, den Rat, den Europäischen Wirtschafts- und Sozialausschuss und den Ausschuss der Regionen: „Eine neue EU-Strategie (2011–2014) für die soziale Verantwortung der Unternehmen (CSR)", KOM (2011) 681, vom 25.10.2011.

5   RL 2014/95/EU, ABl. EU 2014 L 330, 1.

6   Vgl. Kajüter KoR 2016, 230.

7   Vgl. Erwägungsgrund 3 RL 2014/95/EU; Begr. RegE CSR-RL-UG, BT-Drs. 18/9982, 26; Kajüter KoR 2016, 230; Seibt DB 2016, 2707 (2708).

8   Vgl. Fink/Fistric DB 2013, 2700; Spießhofer NZG 2014, 1281; Voland DB 2014, 2815; für einen Überblick zur Umsetzung der CSR-RL in den einzelnen Mitgliedstaaten vgl. CSR Europe and GRI, Member State Implementation of Directive 2014/95/EU, 2017. Vgl. ferner Maniora KoR 2015, 153; Müller/Stawinoga/Velte ZfU 2015, 313.

9   Vgl. EU-Kommission, Mitteilungen der Kommission – Leitlinien für die Berichterstattung über nichtfinanzielle Informationen (Methode zur Berichterstattung über nichtfinanzielle Informationen) vom 5.7.2017, ABl. EU 2017 C 215, 1.

10 Vgl. Mock DB 2017, 2144 (2145 f.).

11 So auch Sopp/Baumüller IRZ 2017, 377 (383); Scheid/Müller DStR 2017, 2240 (2246); positiver Boecker/Zwirner BB 2017, 2155 (2156); Lanfermann WPg 2017, 1250; Röttgen/Hund DK 2019, 201 (205).

12 BMJV, Konzept zur Umsetzung der CSR-Richtlinie – Reform des Lageberichts, 27.4.2015; krit. dazu Haaker/Gahlen StuB 2015, 662. Vgl. ferner im Überblick Müller/Stawinoga/Velte DB 2015, 2217.

13 Vgl. Kajüter KoR 2016, 230; Lanfermann BB 2016, 1131; Stawinoga/Velte DB 2016, 841.

22.9.2016[14] weist es nur wenige Änderungen auf.[15] Das CSR-RUG trat mit einigen Monaten Verspätung am 19.4.2017 in Kraft, wobei die neuen Berichtspflichten rückwirkend für nach dem 31.12.2016 begonnene Geschäftsjahre galten. Das Gesetzgebungsverfahren war von kontroversen Diskussionen geprägt, an denen sich nicht nur die betroffenen Unternehmen und ihre Verbände, sondern auch NGOs, Wirtschaftsprüfer und Aufsichtsräte beteiligten. Auf der einen Seite wurden zusätzliche Belastungen für mittelständische Unternehmen in Lieferketten und neue Herausforderungen für Aufsichtsräte befürchtet, auf der anderen Seite die Forderung geäußert, den Kreis der berichtspflichtigen Unternehmen und die obligatorischen Berichtsinhalte auszuweiten. Das CSR-RUG stellt insofern einen Kompromiss dar.[16] Wie die CSR-RL enthält auch das Gesetz in den §§ 289b–289e unbestimmte Rechtsbegriffe und auslegungsbedürftige Formulierungen.

5 Da die nichtfinanziellen Berichtspflichten analog auch für den Konzernlagebericht gelten (§§ 315b und 315c; s. dort), hat das DRSC die neuen gesetzlichen Regelungen in DRS 20 Konzernlagebericht konkretisiert. DRS 20 wurde mit DRÄS 8 an die neuen Anforderungen angepasst.[17] Eine entsprechende Anwendung des Standards auf den Lagebericht nach § 289 wird vom DRSC empfohlen (DRS 20.2).[18]

6 Mit dem Inkrafttreten der neuen Vorschriften war die Diskussion um die nichtfinanziellen Berichtspflichten keinesfalls abgeschlossen. Auf internationaler Ebene hat die **Task Force on Climate-related Financial Disclosures** (TCFD) des Finanzstabilitätsrates der G20 im Juni 2017 Empfehlungen zu einer Klimaberichterstattung veröffentlicht.[19] Diese soll ein besseres Verständnis von den Auswirkungen des Klimawandels auf Unternehmen ermöglichen und etwaige Gefahren für die Finanzstabilität aufzeigen. Die Klimaberichterstattung wird dabei als Teil der Finanzberichterstattung angesehen. Auf europäischer Ebene hat die EU die Empfehlungen der TCFD in ihre unverbindlichen Leitlinien zur nichtfinanziellen Berichterstattung übernommen. Sie veröffentlichte hierzu am 20.6.2019 einen **Nachtrag zur klimabezogenen Berichterstattung.**[20] Dieser soll zu keinen neuen Berichtspflichten führen, enthält aber eine Reihe von Klarstellungen für klimabezogene Angaben im Rahmen der nichtfinanziellen Berichterstattung.[21] Diese betreffen vor allem die doppelte Wesentlichkeitsperspektive und die Kategorisierung von klimabedingten Risiken, Chancen und Abhängigkeiten.

7 Schon bei der Verabschiedung der CSR-RL und des CSR-RUG zeichnete sich ab, dass die neuen Berichtspflichten nur einen ersten Schritt in der Regulierung der nichtfinanziellen Berichterstattung darstellen und die Vorgaben zeitnah auf den Prüfstand kommen werden.[22] So hat die EU-Kommission die CSR-RL in den umfassenden „**Fitness Check**" ihrer Vorgaben zur Unternehmensberichterstattung einbezogen und am 30.1.2020 mit der Veröffentlichung einer vorläufigen Folgenabschätzung (Inception Impact Assessment) eine Initiative zur **Überarbeitung der CSR-RL** gestartet.[23] Nach Auffassung der EU-Kommis-

---

[14] Vgl. RegE CSR-RUG, BT-Drs. 18/9982; Kajüter IRZ 2016, 507.

[15] Vgl. im Überblick Kajüter DB 2017, 617.

[16] Vgl. Kajüter IRZ 2017, 137; Meeh-Bunse/Hermeling/Schomaker DStR 2017, 1127 (1128).

[17] Vgl. Kirsch StuB 2017, 573; Müller/Scheid BB 2017, 1835; Schmotz/Schmidt DB 2017, 2877.

[18] Zur Verbindlichkeit von DRS 20 für den Lagebericht vgl. Fink/Kajüter, Lageberichterstattung, 2. Aufl., 2021, 27 f.; Beck HdR/Kirsch/Köhrmann/Huter B 500 Rn. 46.

[19] Vgl. TCFD, Final Report: Recommendations of the Task Force on Climate-related Financial Disclosures, 2017; Fischer/Behncke/Fink WPg 2017, 1143.

[20] Vgl. EU-Kommission, Mitteilungen der Kommission – Leitlinien für die Berichterstattung über nichtfinanzielle Informationen: Nachtrag zur klimabezogenen Berichterstattung vom 20.6.2019, ABl. EU 2019 C 209, 1.

[21] Vgl. Baumüller PiR 2019, 252; Boecker/Zwirner IRZ 2019, 514; Scheid/Müller PiR 2019, 330; Schneider/Müllner KoR 2020, 24.

[22] Gem. Art. 3 CSR-RL sollte die EU-Kommission deren Umsetzung bis zum 6.12.2018 überprüfen. Das CSR-RUG sieht eine Evaluation der Berichtspflichten bis zum 31.12.2021 vor (vgl. Beschlussempfehlung und Bericht RA, BT-Drs. 18/11450, 48 f.). Das BMJV hat dazu das DRSC mit einer umfassenden empirischen Studie zur Berichtspraxis nach dem CSR-RUG beauftragt; vgl. Schmotz/Schwedler/Barckow DB 2021, 797.

[23] Vgl. EU-Kommission, Inception Impact Assessment: Revision of the Non-Financial Reporting Directive, Ref. Ares(2020)5880716 vom 30.1.2020.

sion sind die bisherigen Vorgaben der CSR-RL und der unverbindlichen Leitlinien inklusive des Nachtrags nicht ausreichend, um eine vergleichbare, verlässliche und auf die Informationsbedürfnisse der Adressaten ausgerichtete nichtfinanzielle Berichterstattung sicherzustellen. Die EU-Kommission hat daher zwei Studien zur nichtfinanziellen Berichterstattung in Auftrag gegeben und vom 20.2. bis 14.5.2020 eine öffentliche Konsultation zur Überarbeitung der CSR-RL durchgeführt. Auf dieser Grundlage hat die EU-Kommission am 21.4.2021 einen Vorschlag für eine neue **Corporate Sustainability Reporting Directive** (CSRD) veröffentlicht, die nicht nur eine begriffliche Änderung von „nichtfinanzieller Berichterstattung" zu „Nachhaltigkeitsberichterstattung" vorsieht, sondern sehr weitreichende materielle Änderungen der Berichtspflicht.[24] So sollen der Anwendungsbereich erheblich ausgeweitet, die Berichtsinhalte neu strukturiert, erweitert und durch europäische Standards zur Nachhaltigkeitsberichterstattung konkretisiert werden, die Angaben ausschließlich im Lagebericht verortet werden sowie eine Prüfungspflicht mit zunächst begrenzter Sicherheit eingeführt und dem Enforcement unterzogen werden. Insgesamt soll die Nachhaltigkeitsberichterstattung damit „auf gleicher Augenhöhe" mit der Finanzberichterstattung stehen. Nach einer öffentlichen Konsultation des Vorschlags wurde hierüber am 21.6.2022 zwischen EU-Kommission, Parlament und Rat im Rahmen der Trilog-Verhandlungen eine vorläufige politische Einigung erzielt. Mit der offiziellen Verabschiedung der Richtlinie ist in naher Zukunft zu rechnen. Sie ist dann von den Mitgliedstaaten in nationales Recht zu transformieren (vgl. zum Ausblick auf die weitere Entwicklung → Rn. 87 ff.).

8 Parallel zur Überarbeitung der CSR-RL wurden durch die **Taxonomie-VO** vom 18.6.2020 ein Klassifikationssystem für nachhaltige Wirtschaftsaktivitäten eingeführt und die Berichtspflichten in der nichtfinanziellen Erklärung um Angaben zu sog. Taxonomiequoten erweitert. Die Angaben waren erstmals für nach dem 31.12.2020 begonnene Geschäftsjahre zu machen, wobei hierbei im Jahr der Erstanwendung eine Reihe von Erleichterungen in Anspruch genommen werden konnten. Mit der Umsetzung der CSRD werden von dieser Berichtspflicht künftig erheblich mehr Unternehmen betroffen sein.

9 Auf **nationaler Ebene** hat das DRSC im Auftrag des BMJV die Praxis der nichtfinanziellen Berichterstattung nach dem CSR-RUG evaluiert und auf dieser Basis Handlungsempfehlungen für den deutschen Gesetzgeber abgeleitet.[25] Zudem hat der Sustainable Finance-Beirat (SFB) der Bundesregierung am 25.2.2021 seinen Abschlussbericht veröffentlicht, in dem er unter anderem eine Ausweitung des Kreises der zur nichtfinanziellen Erklärung verpflichteten Unternehmen auf alle Kapitalgesellschaften mit mehr als 250 Mitarbeitern, eine Konkretisierung und Erweiterung der Berichtsinhalte, eine Prüfungspflicht und einen verbesserten Zugang zu Nachhaltigkeitsinformationen durch Digitalisierung und Einrichtung einer Rohdatenbank empfiehlt.[26] Die Empfehlungen stehen damit im Einklang mit dem wenige Wochen später veröffentlichten Vorschlag der EU-Kommission zur CSRD.

II. Anwendungsbereich

10 **1. Berichtspflichtige Unternehmen.** Die Vorschriften zur nichtfinanziellen Berichterstattung gelten nur für einen bestimmten Kreis von Unternehmen. Nach § 289b Abs. 1 sind dies **Unternehmen** in der Rechtsform einer Kapitalgesellschaft, haftungsbeschränkten Personenhandelsgesellschaft (§ 264a) oder Genossenschaft (§ 336), die folgende **drei Merkmale** kumulativ aufweisen:
1. die Gesellschaft ist „groß" iSv § 267 Abs. 3 S. 1;

---

[24] Vgl. EU-Kommission, Proposal for a Directive of the European Parliament and of the Council amending Directive 2013/34/EU, Directive 2004/109/EC, Directive 2006/43/EC and Regulation (EU) nr. 537/2014, as regards corporate sustainability reporting, COM(2021) 189 final. Vgl. dazu Arbeitskreis Bilanzrecht Hochschullehrer Rechtswissenschaft DB 2021, 2301; Fink/Schmotz KoR 2021, 304; Hommelhoff DB 2021, 2437; Lanfermann/Baumüller/Scheid KoR 2021, 426; Lanfermann/Scheid DB 2021, 1213; Müller/Scheid/Baumüller BB 2021, 1323; Schneider/Müllner DK 2021, 365; Wulf DStZ 2021, 812.

[25] Vgl. Schmotz/Schwedler/Barckow DB 2021, 797.

[26] Vgl. Sustainable Finance-Beirat der Bundesregierung, Shifting the Trillions, 2021, S. 18 ff.

2. beschäftigt im Jahresdurchschnitt mehr als 500 Arbeitnehmer;
3. ist kapitalmarktorientiert iSv § 264d.

11 Unternehmen, die nach dem PublG verpflichtet sind, einen Lagebericht aufzustellen, fallen nicht in den Anwendungsbereich der nichtfinanziellen Erklärung, da § 5 Abs. 2 S. 2 PublG keinen entsprechenden Verweis enthält.

12 **Kreditinstitute und Versicherungsunternehmen** müssen ihren Lagebericht um eine nichtfinanzielle Erklärung erweitern, sofern sie „groß" iSv § 267 Abs. 3 S. 1 sind und im Jahresdurchschnitt mehr als 500 Arbeitnehmer beschäftigen (§ 340a Abs. 1a und § 341a Abs. 1a). Das Merkmal der Kapitalmarktorientierung iSv § 264d ist dabei unerheblich. Dies führt nach einer Untersuchung der Hans-Böckler-Stiftung dazu, dass rund die Hälfte der ca. 550 Unternehmen, die in Deutschland von den nichtfinanziellen Berichtspflichten betroffen ist, Kreditinstitute oder Versicherungsunternehmen sind.[27]

13 Die **Bestimmung der Größenkriterien** nach § 267 Abs. 3 richtet sich nach § 267 Abs. 4, 4a und 5. Da das Kriterium von 500 Arbeitnehmern für eine Berichtspflicht stets erfüllt sein muss, und damit die Grenze von 250 Arbeitnehmern für eine große Kapitalgesellschaft überschritten wird, ist zusätzlich mindestens einer der beiden Schwellenwerte für Bilanzsumme (20 Mio. EUR) und Umsatzerlöse (40 Mio. EUR) zu überschreiten. Die Fiktion nach § 267 Abs. 3 S. 2, wonach eine kapitalmarktorientierte Kapitalgesellschaft iSv § 264d stets als „groß" gilt, ist nicht anwendbar.[28] Bei Kreditinstituten und Versicherungsunternehmen ist mangels einer gesetzlichen Definition der Umsatzerlöse ein Rückgriff auf die Bußgeldvorschriften des § 340n bzw. § 341n sachgerecht.[29] Die Umsatzerlöse ergeben sich danach aus dem Gesamtumsatz gemäß § 340n Abs. 3b bzw. § 341n Abs. 3b. Kreditinstitute und Versicherungsunternehmen mit mehr als 500 Arbeitnehmern dürften aber idR auch die Größenschwelle für die Bilanzsumme überschreiten, so dass diese Regelung nur in Ausnahmefällen relevant sein dürfte.

14 Die Größenkriterien müssen an den **Abschlussstichtagen von zwei aufeinander folgenden Geschäftsjahren** erfüllt sein (§ 267 Abs. 4, DRS 20.234). Dabei ist es nicht zwingend, dass neben der Anzahl der Arbeitnehmer an beiden Abschlussstichtagen dasselbe zweite Kriterium (Bilanzsumme oder Umsatzerlöse) erfüllt wird.[30] Ein **einmaliges Überschreiten** der Schwellenwerte löst grundsätzlich keine Berichtspflicht aus. Bei Neugründungen und Umwandlungen (mit Ausnahme eines Formwechsels) ist hingegen nur der erste Abschlussstichtag nach der Neugründung oder Umwandlung maßgeblich.[31] Für das Merkmal der Kapitalmarktorientierung iSv § 264d ist stets nur der betreffende Abschlussstichtag relevant, zu dem der Lagebericht erstellt wird. Ein Antrag auf Zulassung von Wertpapieren zum Handel an einem organisierten Markt kurz vor dem Abschlussstichtag ist somit hinreichend, um das Merkmal der Kapitalmarktorientierung zu erfüllen. Sobald ein Unternehmen sich vom Kapitalmarkt zurückzieht, braucht es hingegen den Lagebericht für das Berichtsjahr nicht mehr um eine nichtfinanzielle Erklärung zu erweitern.

15 Obgleich **mittelständische Unternehmen** in der Rechtsform einer Kapitalgesellschaft oder Personenhandelsgesellschaft nicht zum Anwenderkreis der nichtfinanziellen Berichtspflichten nach § 289b gehören, können sie mittelbar davon betroffen sein. Dies gilt insbesondere für Unternehmen in Lieferketten, wenn berichtspflichtige Unternehmen von ihren Lieferanten entsprechende Informationen einfordern.[32] Nach der Begründung zur CSR-RL sollen die Berichtspflichten indes nicht zu zusätzlichen Belastungen für kleine und mittelgroße Unternehmen führen.[33] Nichtfinanzielle Berichtspflichten sollen daher

---

27 Vgl. Hans-Böckler-Stiftung, MBF-Report Nr. 27, 2016; kritisch zu diesem Anwendungsbereich Rimmelspacher/Schäfer/Schönberger KoR 2017, 226.

28 Vgl. Begr. RegE CSR-RUG, BT-Drs. 18/9982, 44.

29 Vgl. Rimmelspacher/Schäfer/Schönberger KoR 2017, 226; BeBiKo/Störk/Schäfer/Schönberger § 289b Rn. 10.

30 Vgl. BeBiKo/Störk/Schäfer/Schönberger § 289b Rn. 13.

31 Vgl. Begr. RegE CSR-RUG, BT-Drs. 18/9982, 44.

32 Vgl. Meeh-Bunse/Hermeling/Schomaker DStR 2016, 2769 (2772); Schäfer/Schröder WPg 2017, 1324 (1326); Baumüller/Scheid DB 2020, 121 (122 ff.).

33 Vgl. Erwägungsgrund 8 und 13 RL 2014/95/EU.

nach dem Willen des Gesetzgebers nicht pauschal an kleine und mittelgroße Unternehmen in Lieferketten weitergegeben werden.[34] Mit der Ausweitung des Anwendungsbereichs durch die CSRD werden ab 2025 jedoch auch mittelständische, nicht kapitalmarktorientierte Unternehmen unmittelbar von der Pflicht zur Nachhaltigkeitsberichterstattung betroffen sein (→ Rn. 7 f., → Rn. 87 ff.).

2. Befreiungsvorschriften. Die Pflicht zur nichtfinanziellen Berichterstattung knüpft **16** an die Aufstellung des Lageberichts an. Daher sind Tochterunternehmen, die nach § 264 Abs. 3 keinen Lagebericht erstellen, von der Pflicht zur nichtfinanziellen Erklärung befreit. Unbeschadet dieser und anderer Befreiungsvorschriften zur Aufstellung des Lageberichts ist ein Unternehmen nach § 289b Abs. 2 S. 1 von der Pflicht zur nichtfinanziellen Erklärung befreit, wenn es folgende **Voraussetzungen** kumulativ erfüllt:
– Das Tochterunternehmen wird in den Konzernlagebericht des Mutterunternehmens einbezogen.
– Der Konzernlagebericht ist nach dem nationalen Recht eines EU-Mitgliedstaates oder eines EWR-Vertragsstaates im Einklang mit der Richtlinie 2013/34/EU aufgestellt.
– Der Konzernlagebericht enthält eine nichtfinanzielle Erklärung.

Unerheblich ist, wo das Mutterunternehmen seinen Sitz hat. Dies kann auch in einem **17** Drittstaat sein, sofern der Konzernlagebericht nach HGB oder dem nationalen Recht eines anderen EU- oder EWR-Staates aufgestellt und offengelegt wird. Nach § 289b Abs. 2 S. 2 gelten die Befreiungsvoraussetzungen analog, wenn das Mutterunternehmen alternativ zur nichtfinanziellen Konzernerklärung einen gesonderten nichtfinanziellen Konzernbericht gemäß § 315b Abs. 3 oder nach Maßgabe des nationalen Rechts eines anderen EU- oder EWR-Staates erstellt und öffentlich zugänglich macht. Insofern sind die Befreiungsvoraussetzungen unabhängig von der Berichtsvariante (→ Rn. 23 ff.).

Dem Wortlaut von § 289b Abs. 2 S. 1 Nr. 2 nach muss der gesamte Konzernlagebericht **18** einschließlich der nichtfinanziellen Konzernerklärung nach dem nationalen Recht eines EU- oder EWR-Staates im Einklang mit der Richtlinie 2013/34/EU aufgestellt sein, um befreiende Wirkung zu haben. Allerdings erscheint es nach dem Sinn und Zweck der Regelung hinreichend, wenn lediglich die nichtfinanzielle Konzernerklärung diesen Anforderungen genügt, nicht aber der übrige Konzernlagebericht.[35]

Ist ein Tochterunternehmen nach § 289b Abs. 2 S. 1 oder 2 von der Pflicht zur nichtfi- **19** nanziellen Erklärung befreit, sind dazu **Angaben im Lagebericht** erforderlich. Nach § 289b Abs. 2 S. 3 (DRS 20.238) hat das Tochterunternehmen in diesem Fall anzugeben,
– dass es befreit ist,
– welches Mutterunternehmen den Konzernlagebericht oder den gesonderten nichtfinanziellen Konzernbericht öffentlich zugänglich macht und
– wo dieser in deutscher oder englischer Sprache offengelegt bzw. veröffentlicht ist.

Für den Hinweis auf die Inanspruchnahme der Befreiungsmöglichkeit und die Prüfung, **20** ob alle Voraussetzungen dafür erfüllt sind, sind die gesetzlichen Vertreter des Tochterunternehmens verantwortlich. Sie müssen den Hinweis für jedes Geschäftsjahr in den Lagebericht aufnehmen, in dem von der Befreiung Gebrauch gemacht wird. Die **Angabe des Mutterunternehmens** soll es den Adressaten insbesondere bei mehrstufigen Konzernen erleichtern, den Konzernlagebericht bzw. den gesonderten nichtfinanziellen Konzernbericht aufzufinden. Zum Mutterunternehmen sind somit die Firma und der Sitz zu nennen. Darüber hinaus ist das Register, bei dem der Konzernlagebericht offengelegt ist, oder die Internetseite, auf der der gesonderte nichtfinanzielle Konzernbericht veröffentlicht ist, konkret anzugeben. Schließlich müssen die gesetzlichen Vertreter des Tochterunternehmens auch dafür sorgen, dass die Offenlegung bzw. Veröffentlichung **in deutscher oder englischer Sprache** erfolgt. Sind die Konzernberichte in einer anderen Sprache offengelegt bzw. veröffentlicht, müssen sie eine deutsche oder englische Übersetzung erstellen und öffentlich zugäng-

---

[34] Vgl. Begr. RegE CSR-RUG, BT-Drs. 18/9982, 51.
[35] GlA BeBiKo/Störk/Schäfer/Schönberger § 289b Rn. 35.

lich machen, um die Befreiungsmöglichkeit in Anspruch nehmen zu können. Auch wenn nach dem Wortlaut von § 289b Abs. 2 S. 3 der gesamte Konzernlagebericht einschließlich nichtfinanzieller Konzernerklärung in deutscher oder englischer Sprache offengelegt sein muss, ist es nach dem Sinn und Zweck der Vorschrift als hinreichend anzusehen, wenn nur die nichtfinanzielle Konzernerklärung diesen Anforderungen genügt.[36] Der übrige Teil des Konzernlageberichts muss somit nicht unbedingt in deutscher oder englischer Sprache öffentlich zugänglich sein.

21   Eine weitere Möglichkeit zur Befreiung von der Pflicht, den Lagebericht um eine nichtfinanzielle Erklärung zu erweitern, ergibt sich aus § 289b Abs. 3. Danach kann ein Unternehmen alternativ zur nichtfinanziellen Erklärung nach § 289b Abs. 1 für dasselbe Geschäftsjahr einen sog. **gesonderten nichtfinanziellen Bericht** außerhalb des Lageberichts erstellen. Dieser hat befreiende Wirkung für die nichtfinanzielle Erklärung, wenn er
– die Mindestanforderungen an den Inhalt einer nichtfinanziellen Erklärung erfüllt (§ 289c) und
– entweder zusammen mit dem Lagebericht nach § 325 HGB im BAnz offengelegt oder, sofern der Lagebericht darauf Bezug nimmt, spätestens vier Monate nach dem Abschlussstichtag auf der Internetseite des Unternehmens veröffentlicht und für mindestens zehn Jahre zur Verfügung gestellt wird.

22   Obgleich es sich bei § 289b Abs. 3 formal um eine Befreiungsvorschrift handelt, eröffnet sie faktisch den berichtspflichtigen Unternehmen ein Wahlrecht zur Ausgestaltung der nichtfinanziellen Berichterstattung (→ Rn. 23 ff.). Die Regelung bietet keine inhaltlichen Erleichterungen gegenüber der nichtfinanziellen Erklärung, wohl aber Flexibilität hinsichtlich Form, Ort und Zeitpunkt der Aufstellung und Veröffentlichung. Konzeptionell stellt der gesonderte nichtfinanzielle Bericht ein neues Berichtsmedium dar. Er ist **nicht Bestandteil des Lageberichts,** sondern ein eigenständiger Bericht. Gleichwohl gelten die Grundsätze ordnungsmäßiger Lageberichterstattung (DRS 20.12 ff.) sinngemäß auch für den gesonderten nichtfinanziellen Bericht (DRS 20.251). Für die Erstellung und Offenlegung bzw. Veröffentlichung des gesonderten nichtfinanziellen Berichts sind, wie für die nichtfinanzielle Erklärung im Lagebericht, die gesetzlichen Vertreter des Unternehmens verantwortlich. Auch wenn es nicht erforderlich ist, dass sie den gesonderten nichtfinanziellen Bericht unterzeichnen, ist es sinnvoll, die gesetzlichen Vertreter als verantwortliches Organ zu benennen.

III. Berichts- und Offenlegungsvarianten

23   Die Vorschriften nach § 289b eröffnen den berichtspflichtigen Unternehmen große Flexibilität, wie sie die nichtfinanziellen Berichtspflichten erfüllen. Grundsätzlich ist die nichtfinanzielle Erklärung eine Erweiterung des Lageberichts und als solche in diesen aufzunehmen (§ 289b Abs. 1). In Verbindung mit der Befreiungsvorschrift nach § 289b Abs. 3 können die Angaben aber auch außerhalb des Lageberichts in einem gesonderten nichtfinanziellen Bericht erbracht werden. Innerhalb dieser beiden Berichtsformate sind wiederum unterschiedliche Ausgestaltungsformen möglich, so dass sich insgesamt **fünf verschiedene Berichtsvarianten** ergeben:
Nichtfinanzielle Erklärung
– als eigener Abschnitt im Lagebericht;
– durchgehend integriert in den Lagebericht.
Gesonderter nichtfinanzieller Bericht
– als separater Bericht;
– als eigener Abschnitt in einem anderen Bericht;
– durchgehend integriert in einen anderen Bericht.

24   Die **nichtfinanzielle Erklärung als eigener Abschnitt im Lagebericht** entspricht in formaler Hinsicht der Erklärung zur Unternehmensführung nach § 289f, die jedoch einen

---

[36] GlA BeBiKo/Störk/Schäfer/Schönberger § 289b Rn. 42.

eigenen Abschnitt bilden muss (→ § 289f Rn. 14).[37] Vorteilhaft bei dieser Berichtsform ist, dass die Angaben für die Adressaten leicht identifizierbar sind und diesen ein in sich geschlossenes Bild von den nichtfinanziellen Aspekten vermittelt wird. Die klare Abgrenzung zu anderen Angaben im Lagebericht erleichtert auch die Prüfung durch den Aufsichtsrat und den Abschlussprüfer. Zur Vermeidung von Redundanzen sind Verweise auf Angaben an anderer Stelle im Lagebericht möglich (§ 289b Abs. 1 S. 3, DRS 20.243 f.). Unzulässig sind hingegen Verweise auf den Anhang (DRS 20.244).

Die **durchgehend in den Lagebericht integrierte nichtfinanzielle Erklärung** 25 ergibt sich aus dem Wortlaut des § 289b Abs. 1 S. 3. Danach handelt es sich bei der Berichterstattung in einem eigenen Abschnitt innerhalb des Lageberichts nur um eine Möglichkeit, nicht jedoch wie bei der Erklärung zur Unternehmensführung um eine verpflichtende Vorgabe. Dieser hM in der Literatur[38] folgt auch DRS 20.241. Mit der integrierten Berichtsform ist der Vorteil verbunden, inhaltliche Zusammenhänge zwischen den nichtfinanziellen Angaben und anderen Inhalten des Lageberichts besser aufzeigen zu können. Dieser Vorteil wird jedoch mit Abgrenzungsproblemen erkauft: Die Angaben sind schwerer aufzufinden und zu prüfen. Dem kann durch die Aufnahme einer Übersicht entgegengewirkt werden, aus der ersichtlich ist, wo die nichtfinanziellen Angaben innerhalb des Lageberichts zu finden sind.[39] Eine solche Übersicht wird vom Gesetz nicht verlangt, jedoch von DRS 20.242 empfohlen.

Die Möglichkeit, unter bestimmten Voraussetzungen (→ Rn. 21) mit befreiender Wir- 26 kung einen **gesonderten nichtfinanziellen Bericht** nach § 289b Abs. 3 S. 1 zu erstellen, beruht auf dem Mitgliedstaatenwahlrecht gem. Art. 19a Abs. 4 Bilanz-RL (RL 2013/34/ EU) idF der CSR-RL. Da der gesonderte nichtfinanzielle Bericht inhaltlich dieselben Anforderungen wie die nichtfinanzielle Erklärung erfüllen muss, erhalten die Adressaten grundsätzlich dieselben Informationen, in diesem Fall aber über ein anderes Berichtsinstrument. Dies entlastet den Lagebericht von den nichtfinanziellen Angaben nach § 289c. Vorteilhaft ist zudem, dass der gesonderte nichtfinanzielle Bericht für einen ggf. größeren Adressatenkreis gestaltet werden kann. Wird der gesonderte nichtfinanzielle Bericht nicht zusammen mit dem Lagebericht nach § 325 im BAnz. offengelegt, sondern spätestens vier Monate nach dem Abschlussstichtag auf der Internetseite des Unternehmens veröffentlicht, muss der Lagebericht eine Angabe zu dieser Internetseite enthalten. Diese sollte so konkret sein, dass der gesonderte nichtfinanzielle Bericht „mit einem Klick" auffindbar ist. Nach § 289b Abs. 3 S. 2 sind § 289b Abs. 1 S. 3 sowie §§ 289d und 289e entsprechend auf den gesonderten nichtfinanziellen Bericht anzuwenden. Somit sind zum einen Verweise vom gesonderten nichtfinanziellen Bericht auf nichtfinanzielle Angaben im Lagebericht möglich, um Redundanzen zu vermeiden oder inhaltliche Zusammenhänge aufzuzeigen. Zum anderen gelten die Vorschriften für die Nutzung von Rahmenwerken (§ 289d) und das Weglassen nachteiliger Angaben (§ 289e) auch für den gesonderten nichtfinanziellen Bericht. Dieser muss nicht zwingend ein **zusätzlicher eigenständiger Bericht** sein, sondern kann auch in einen **bereits vorhandenen Bericht** eingefügt werden. Hierfür bieten sich zB der Geschäftsbericht oder ein freiwillig erstellter separater Nachhaltigkeitsbericht an. Dabei können die Angaben analog zur nichtfinanziellen Erklärung im Lagebericht einen besonderen Abschnitt bilden oder durchgehend integriert sein (DRS 20.252). Wird der gesonderte nichtfinanzielle Bericht in einen vorhandenen Bericht durchgehend integriert, empfiehlt es sich, durch eine Übersicht auf die nichtfinanziellen Angaben nach § 289c hinzuweisen (DRS 20.255).

Die Wahl aus fünf verschiedenen Berichtsvarianten eröffnet den berichtspflichtigen 27 Unternehmen die Möglichkeit, ihre bisherige Berichtspraxis im Hinblick auf nichtfinanzi-

---

37 Vgl. HdR/Kajüter §§ 289, 289a–289f Rn. 296.
38 Vgl. Blöink/Halbleib DK 2017, 182 (190); Kajüter DB 2017, 617 (619); Rimmelspacher/Schäfer/ Schönberger KoR 2017, 225 (226); BeBiKo/Störk/Schäfer/Schönberger § 289b Rn. 52; Beck HdR/ Kirsch/Köhrmann/Huter B510, Rn. 263; HdR/Kajüter §§ 289, 289a–289f Rn. 232; aA Haaker DB 2017, 922; Ruhnke/Schmidt DB 2017, 2557 (2561).
39 Vgl. Kajüter DB 2017, 617 (619).

elle Aspekte fortzuführen. Der vom Gesetzgeber angestrebten besseren Vergleichbarkeit der nichtfinanziellen Berichterstattung ist die gewährte Flexibilität jedoch eher abträglich. Sie wird in zeitlicher Hinsicht nur durch das Stetigkeitsgebot eingeschränkt (DRS 20.26). Zwischenbetrieblich zeigen empirische Befunde eine entsprechend **heterogene Berichtspraxis.**[40] Bei der Erstanwendung haben 30% der DAX-Unternehmen (auf Konzernebene) eine nichtfinanzielle Erklärung erstellt, 70% einen gesonderten nichtfinanziellen Bericht. Keine der fünf Berichtsvarianten hat sich als dominant erwiesen, obgleich sich eine gewisse Präferenz für ein separates Berichtsformat erkennen lässt.

28   Aus der Wahl des Berichtsformats ergeben sich unterschiedliche Formen der **Offenlegung.** Bei der nichtfinanziellen Erklärung erfolgt diese quasi automatisch mit der Offenlegung des Lageberichts nach § 325. Für den gesonderten nichtfinanziellen Bericht besteht hingegen ein Wahlrecht, diesen entweder gemeinsam mit dem Lagebericht im BAnz offenzulegen (§ 289b Abs. 3 S. 1 Nr. 2 lit. a) oder ihn, sofern der Lagebericht darauf Bezug nimmt, für mindestens zehn Jahre auf der Internetseite des Unternehmens zu veröffentlichen (§ 289b Abs. 3 S. 1 Nr. 2 lit. b). Die Veröffentlichung im **Internet** ermöglicht es den Unternehmen, für den gesonderten nichtfinanziellen Bericht einen vom Lagebericht abweichenden, späteren Offenlegungszeitpunkt zu wählen. Allerdings darf dieser höchstens bis zu vier Monate nach dem Abschlussstichtag liegen, was der Offenlegungsfrist nach § 325 Abs. 4 für kapitalmarktorientierte Unternehmen iSv § 264d entspricht.

29   Wenn die nichtfinanzielle Erklärung oder der gesonderte nichtfinanzielle Bericht einer freiwilligen inhaltlichen Überprüfung durch Dritte unterzogen wurde, ist auch die **Beurteilung des Prüfungsergebnisses** in gleicher Weise wie die nichtfinanzielle Erklärung oder der gesonderte nichtfinanzielle Bericht öffentlich zugänglich zu machen (§ 289b Abs. 4). Dies bedeutet, dass sowohl der Ort als auch der Zeitpunkt der Veröffentlichung von der nichtfinanziellen Berichterstattung und der Beurteilung des Prüfungsergebnisses identisch sein müssen. Im Gegensatz zu den übrigen mit dem CSR-RUG eingeführten Vorschriften war diese spezielle Offenlegungspflicht erst für Geschäftsjahre anzuwenden, die nach dem 31.12.2018 begannen (Art. 81 EGHGB). Dieses spätere Inkrafttreten sollte es den Unternehmen und vor allem ihren Aufsichtsräten ermöglichen, „sich auf die neuen Aufgaben vorzubereiten und Erfahrungen mit den neuen Berichtsvorgaben zu sammeln".[41]

IV. Inhalt der nichtfinanziellen Erklärung

30   **1. Mindestinhalte und Wesentlichkeitsgrundsatz.** Zum Inhalt der nichtfinanziellen Erklärung macht das Gesetz in §§ 289c–289e prinzipienorientierte Vorgaben. Es definiert einen Berichtsrahmen mit Mindestinhalten (§ 289c), innerhalb dessen Unternehmen die für sie wesentlichen Themen adressieren können. Auf diese Weise soll die Vergleichbarkeit der nichtfinanziellen Berichterstattung verbessert werden, ohne die Flexibilität der Unternehmen zu sehr einzuschränken. Um die Qualität und Vergleichbarkeit zu fördern, kann bei der Erstellung der nichtfinanziellen Erklärung ein anerkanntes Rahmenwerk (zB die GRI Standards) genutzt werden (§ 289d; → Rn. 74 ff.). Unter sehr restriktiven Bedingungen ist es zulässig, bestimmte Angaben in der nichtfinanziellen Erklärung wegzulassen (§ 289e; → Rn. 77 ff.). Durch Art. 8 Taxonomie-VO wurden die Mindestinhalte der nichtfinanziellen Erklärung um Angaben zu nachhaltigen Wirtschaftsaktivitäten erweitert (→ Rn. 66 ff.)

31   Nach § 289c umfassen die **Mindestinhalte** der nichtfinanziellen Erklärung
– eine Beschreibung des Geschäftsmodells und
– Angaben zu fünf nichtfinanziellen Aspekten.

32   Mit der Beschreibung des Geschäftsmodells (§ 289c Abs. 1) sollen den Adressaten Informationen vermittelt werden, die für das Verständnis der nichtfinanziellen Aspekte bedeutsam sind. Auf dieser Grundlage sind Angaben zu den fünf Aspekten Umwelt-, Arbeitnehmer-

---

[40] Vgl. Kajüter/Wirth DB 2018, 1605 (1606 f.); Behncke/Wulf KoR 2019, 21 (22 ff.); Schmotz/Schwedler/Barckow DB 2021, 797. Zur Berichtspraxis in Österreich vgl. Baumüller DB 2019, 81.
[41] Beschlussempfehlung RA zum RegE CSR-RUG, BT-Drs. 18/11450, 45.

und Sozialbelange sowie Achtung der Menschenrechte und Bekämpfung von Korruption und Bestechung zu machen (§ 289c Abs. 2). Sie bilden den eigentlichen Kern der nichtfinanziellen Erklärung. Welche Angaben zu den fünf nichtfinanziellen Aspekten jeweils erforderlich sind, ergibt sich aus § 289c Abs. 3 unter Beachtung eines speziellen Wesentlichkeitsgrundsatzes. Über die definierten Mindestinhalte hinausgehende freiwillige Angaben sind möglich.[42] Sie dürfen jedoch nicht dazu führen, dass die nichtfinanzielle Erklärung gegen den Grundsatz der Klarheit und Übersichtlichkeit (DRS 20.20 ff.) verstößt.

Der **spezielle Wesentlichkeitsgrundsatz** gem. § 289c Abs. 3 grenzt die nichtfinanzi- **33** ellen Berichtspflichten deutlich ein.[43] Er verlangt, in der nichtfinanziellen Erklärung jeweils diejenigen Angaben zu machen, die für das Verständnis des Geschäftsverlaufs, des Geschäftsergebnisses, der Lage der Kapitalgesellschaft *sowie* der Auswirkungen ihrer Tätigkeit auf die fünf nichtfinanziellen Aspekte erforderlich sind. Berichtspflichtig sind mithin nur solche Angaben, die sowohl bedeutsam für das Verständnis des Geschäfts als auch von dessen Auswirkungen sind. Angaben, die nur für das Verständnis der Auswirkungen der Geschäftstätigkeit auf die nichtfinanziellen Aspekte notwendig sind, nicht aber auch für das Verständnis des Geschäftsverlaufs, des Geschäftsergebnisses und der Lage des Unternehmens, zählen nicht zu den Pflichtangaben in der nichtfinanziellen Erklärung. Solche Angaben können gleichwohl Bestandteil von Nachhaltigkeitsberichten sein, die zB nach den GRI Standards die Auswirkungen des Unternehmens auf ökonomische, ökologische und soziale Belange darstellen. Zusammen mit der besonderen Prüfungspflicht des Aufsichtsrats nach § 171 Abs. 1 AktG (→ Rn. 83) macht der spezielle Wesentlichkeitsgrundsatz die nichtfinanzielle Erklärung somit zu einer **spezifischen Form der Nachhaltigkeitsberichterstattung.**[44]

Der spezielle Wesentlichkeitsgrundsatz nach § 289c Abs. 3 ergänzt den allgemeinen **34** Wesentlichkeitsgrundsatz für den Lagebericht (DRS 20.32 f.).[45] Er ist wie dieser unternehmensspezifisch, kontextabhängig und aus der Perspektive der Berichtsadressaten zu beurteilen. Bei der Bewertung der Wesentlichkeit von nichtfinanziellen Angaben sind mithin verschiedene Faktoren zu berücksichtigen, wie zB das Geschäftsmodell, die Strategie, signifikante Risiken sowie die Interessen und Erwartungen der Stakeholder.[46] Um letztere systematisch zu erheben, bietet es sich an, besondere Wesentlichkeitsanalysen unter Einbezug relevanter Stakeholder durchzuführen.[47]

Der in → Rn. 33 dargelegte spezielle Wesentlichkeitsgrundsatz, der sich aus dem Wort- **35** laut von § 289b Abs. 3 S. 1 ergibt und die hM darstellt, wird in der Literatur teilweise als eine zu enge Auslegung des Gesetzes kritisiert. Zum einen wird auf die Intention der CSR-RL hingewiesen, die Transparenz über nichtfinanzielle Aspekte zu erhöhen, und eine über die gesetzlichen Mindestanforderungen des CSR-RUG hinausgehende nichtfinanzielle Berichterstattung empfohlen.[48] Zum anderen wird auf den Nachtrag zu den unverbindlichen Leitlinien zur nichtfinanziellen Berichterstattung verwiesen, der im Zusammenhang mit der klimabezogenen Berichterstattung von zwei Wesentlichkeitsperspektiven spricht: finanzielle und ökologische/soziale Wesentlichkeit.[49] Demnach wären Angaben auch dann erforderlich, wenn sie entweder für das Verständnis des Geschäfts (outside-in) *oder* für das Verständnis von dessen Auswirkungen (inside-out) erforderlich sind, was zu einer erheblich umfangreicheren Berichterstattung führen würde. Diese sog. doppelte Wesentlichkeit wird künftig für die Nachhaltigkeitsberichterstattung nach der CSRD maßgeblich sein.

---

[42] Vgl. Kajüter DB 2017, 617 (619).
[43] Vgl. Kajüter DB 2017, 617 (620 f.). Weiterhin Röttgen/Hund DK 2019, 201 (203 f.).
[44] Vgl. Kajüter DB 2017, 617 (621); Kajüter/Wirth DB 2018, 1605 (1606).
[45] Vgl. HdR/Kajüter §§ 289, 289a–289f Rn. 251.
[46] Vgl. EU-Kommission, Mitteilungen der Kommission – Leitlinien für die Berichterstattung über nichtfinanzielle Informationen (Methode zur Berichterstattung über nichtfinanzielle Informationen) vom 5.7.2017, ABl. EU 2017 C 215, 6.
[47] Vgl. hierzu im Kontext der Nachhaltigkeitsberichterstattung Günther/Muschallik KoR 2017, 421 ff.
[48] Vgl. Richter/Johne/König WPg 2017, 566 (571).
[49] Vgl. Schneider/Müllner KoR 2020, 24 (24 f.). Zu einer unterschiedlichen Auslegung in Deutschland und Österreich vgl. Schneider DK 2019, 214 (219). Vgl. ferner Lanfermann BB 2020, 2347.

36   **2. Beschreibung des Geschäftsmodells.** Nach § 289c Abs. 1 ist das Geschäftsmodell des Unternehmens kurz zu beschreiben. Weder das Gesetz noch die Gesetzesbegründung definieren den **Begriff des Geschäftsmodells.** Allerdings weist die Begründung zum RegE des CSR-RUG darauf hin, dass das Geschäftsmodell im Lagebericht oftmals dargestellt wird.[50] Damit sind Ausführungen nach DRS 20.37 gemeint, zu denen ua Angaben zum Geschäftszweck, den notwendigen Einsatzfaktoren für die Durchführung der Geschäftstätigkeit, die erzeugten Produkte und Dienstleistungen, Beschaffungs- und Absatzmärkte sowie externe Einflussfaktoren für das Geschäft gehören. Weitere Anhaltspunkte zum Begriff und zu den Merkmalen des Geschäftsmodells liefern die unverbindlichen Leitlinien der EU-Kommission. Danach beschreibt das Geschäftsmodell, wie ein Unternehmen „durch seine Produkte und Dienstleistungen langfristig Wert schöpft und bewahrt. [...] Es liefert einen Überblick über die Unternehmensprozesse und die Grundprinzipien der Unternehmensstruktur, indem beschrieben wird, wie das Unternehmen durch seine Geschäftstätigkeit Inputs in Outputs umwandelt. Vereinfacht gesagt wird vermittelt, was ein Unternehmen tut, wie es dabei vorgeht und welchen Zweck es verfolgt".[51]

37   Während DRS 20 und andere Standards dem Geschäftsmodell kaum oder keine Beachtung schenken, bildet es ein zentrales Element des Integrated Reporting nach dem Rahmenkonzept des IIRC.[52] Dieses definiert das Geschäftsmodell eines Unternehmens als System von Ressourcen (inputs), Prozessen (business activities), Produkten und Dienstleistungen (outputs) sowie den Auswirkungen (outcomes) der Geschäftstätigkeit.[53] Dabei werden die Ressourcen und die Auswirkungen der Geschäftstätigkeit umfassend im Hinblick auf sechs Kapitalarten betrachtet: finanzielles Kapital (financial capital), Produktions- oder produziertes Kapital (manufactured capital), intellektuelles Kapital (intellectual capital), Humankapital (human capital), soziales und beziehungsbasiertes Kapital (social and relationship capital) und natürliches Kapital (natural capital). Für die Beschreibung des Geschäftsmodells in der nichtfinanziellen Erklärung können sich Unternehmen an dieser Definition und den weiteren Leitlinien des Rahmenkonzepts zum Integrated Reporting orientieren.[54]

38   Da nach § 289c Abs. 1 ausdrücklich nur eine kurze Beschreibung verlangt wird, ist es hinreichend, auf die **wesentlichen Merkmale** des Geschäftsmodells einzugehen. Sofern Unternehmen schon bisher der Empfehlung von DRS 20.37 gefolgt sind, können sie diese Ausführungen, falls notwendig, ergänzen (zB um die Auswirkungen des Geschäftsmodells auf nichtfinanzielle Aspekte) und in der nichtfinanziellen Erklärung darauf verweisen (DRS 20.257).

39   **3. Angaben zu nichtfinanziellen Aspekten. a) Nichtfinanzielle Aspekte.** Die **fünf nichtfinanziellen Aspekte,** zu denen gem. § 289c Abs. 2 zwingend zu berichten ist, sind:
– Umweltbelange,
– Arbeitnehmerbelange,
– Sozialbelange,
– Achtung der Menschenrechte und
– Bekämpfung von Korruption und Bestechung.

40   Es handelt sich dabei nicht um eine abschließende Aufzählung, sondern um Mindestvorgaben.[55] Im Einzelfall können in Abhängigkeit vom Geschäftsmodell **weitere nichtfi-**

---

[50]   Vgl. Begr. RegE CSR-RUG, BT-Drs. 18/9982, 47.
[51]   EU-Kommission, Mitteilungen der Kommission – Leitlinien für die Berichterstattung über nichtfinanzielle Informationen (Methode zur Berichterstattung über nichtfinanzielle Informationen) vom 5.7.2017, ABl. EU 2017 C 215, 10.
[52]   Das IIRC schloss sich 2021 mit dem US-amerikanischen SASB zur Value Reporting Foundation zusammen, die ein Jahr später in die IFRS Foundation integriert wurde. Abzuwarten bleibt, welche Rolle dem Rahmenkonzept zum Integrated Reporting dort künftig zukommen wird.
[53]   Vgl. Kajüter/Hannen KoR 2014, 75 (79); Kajüter DStR 2014, 222.
[54]   Vgl. Kajüter DB 2017, 617 (621); Velte DB 2017, 2813 ff.
[55]   Vgl. Begr. RegE CSR-RUG, BT-Drs. 18/9982, 47.

nanzielle **Aspekte** wesentlich und damit berichtspflichtig sein (DRS 20.B66).[56] Ein Beispiel hierfür sind Kundenbelange. Die Wesentlichkeit ist dabei anhand des speziellen Wesentlichkeitsgrundsatzes nach § 289c Abs. 3 zu prüfen, obgleich sich dieser nach dem Wortlaut des Gesetzes nur auf die einzelnen Angaben zu den nichtfinanziellen Aspekten bezieht.[57] Für die weiteren als berichtspflichtig identifizierten nichtfinanziellen Aspekte sind dieselben Berichtsanforderungen zu erfüllen wie für die fünf in § 289c Abs. 2 explizit genannten.[58]

Ebenso ist eine **freiwillige Erweiterung** der nichtfinanziellen Berichterstattung um **41** solche Aspekte möglich, die zwar als relevant, aber nicht als wesentlich iSv § 289c Abs. 3 angesehen werden.[59] Dies kann zB auf nichtfinanzielle Aspekte aus einer umfassenden Nachhaltigkeitsberichterstattung zutreffen. Die Klarheit und Übersichtlichkeit darf durch diese freiwillig adressierten nichtfinanziellen Aspekte indes nicht beeinträchtigt werden. Da die vollständige Beachtung der Berichtsanforderungen nach § 289c Abs. 3 für diese nichtfinanziellen Aspekte nicht verlangt werden kann, empfiehlt es sich, diese entsprechend zu kennzeichnen.

Die fünf zumindest zu adressierenden nichtfinanziellen Aspekte werden im Gesetz nicht **42** definiert, sondern mit Beispielen umschrieben. Bei den **Umweltbelangen** (§ 289c Abs. 2 Nr. 1) geht es um die aktuellen und absehbaren Auswirkungen der Geschäftstätigkeit auf die Umwelt. Hierzu können zB Treibhausgasemissionen, Wasserverbrauch, Luftverschmutzung, Nutzung von erneuerbaren und nicht erneuerbaren Energien sowie der Schutz der biologischen Vielfalt gehören. **Arbeitnehmerbelange** (§ 289c Abs. 2 Nr. 2) beziehen sich zB auf Geschlechtergleichstellung, Gesundheitsschutz, Sicherheit am Arbeitsplatz und die Achtung der Rechte der Gewerkschaften. **Sozialbelange** (§ 289c Abs. 2 Nr. 3) betreffen die Beziehungen zur Öffentlichkeit. Beispielhaft nennt das Gesetz den Dialog auf kommunaler oder regionaler Ebene sowie die Sicherstellung des Schutzes und der Entwicklung lokaler Gemeinschaften. Oftmals gibt es hier Zusammenhänge mit den Arbeitnehmerbelangen (zB bei der Förderung von Kitas). Zur **Achtung der Menschenrechte** (§ 289c Abs. 2 Nr. 4) kann zB über Maßnahmen berichtet werden, die ergriffen wurden, um Menschenrechtsverletzungen zu verhindern. Solche Maßnahmen können auch die Lieferkette betreffen, wodurch sich die Verantwortung des Unternehmens über die eigenen Unternehmensgrenzen hinaus erweitert.[60] Bei der Berichterstattung über die **Bekämpfung von Korruption und Bestechung** kommen beispielsweise Maßnahmen und Instrumente in Betracht, die das Unternehmen implementiert hat, um Korruption und Bestechung vorzubeugen oder aufzudecken.[61]

Von den fünf nichtfinanziellen Aspekten werden Sozialbelange, Achtung der Men- **43** schenrechte und Bekämpfung von Korruption und Bestechung erstmals explizit berichtspflichtig. Umwelt- und Arbeitnehmerbelange werden demgegenüber auch in § 289 Abs. 3 als Beispiele für Informationen zu nichtfinanziellen Leistungsindikatoren genannt, die seit dem Inkrafttreten des BilReG in die Analyse des Geschäftsverlaufs und der Lage von großen Kapitalgesellschaften einzubeziehen sind (→ § 289 Rn. 118 ff.). Um Redundanzen zu vermeiden, kann auf entsprechende Ausführungen im Lagebericht verwiesen werden. Diese müssen allerdings alle nach § 289c Abs. 3 geforderten Angaben enthalten. Fehlende Angaben sind entweder im Wirtschaftsbericht oder in der nichtfinanziellen Erklärung zu ergänzen.

Die Aufzählung der nichtfinanziellen Aspekte in § 289c Abs. 2 stellt **keine Prioritäts-** **44** **rangfolge** dar.[62] Sie gibt auch keine verbindliche Gliederung vor. Gleichwohl sind **alle fünf nichtfinanziellen Aspekte** (und ggf. weitere) **zu adressieren** und übersichtlich darzustellen. Informationen, die mehrere Aspekte betreffen, können auch zusammenhän-

---

56 Vgl. Begr. RegE CSR-RUG, BT-Drs. 18/9982, 47.
57 Vgl. HdR/Kajüter §§ 289, 289a–289f Rn. 243.
58 Vgl. BeBiKo/Störk/Schäfer/Schönberger § 289c Rn. 21; HdR/Kajüter §§ 289, 289a–289f Rn. 243.
59 Vgl. Kajüter DB 2017, 617 (619); BeBiKo/Störk/Schäfer/Schönberger § 289c Rn. 23.
60 Vgl. Spießhofer NJW 2014, 2473 f.; Wulf DStZ 2017, 100 (104); Kajüter FS Böcking 2021, 581.
61 Vgl. Begr. RegE CSR-RUG, BT-Drs. 18/9982, 48.
62 Vgl. Begr. RegE CSR-RUG, BT-Drs. 18/9982, 47.

gend bei einem Aspekt dargestellt werden; bei dem anderen Aspekt kann dann darauf verwiesen werden. Dies kann zB sinnvoll sein, wenn die Grenzen zwischen den nichtfinanziellen Aspekten fließend sind. So können einzelne Sachverhalte oftmals verschiedenen Aspekten zugeordnet werden. Ebenso kann ein Sachverhalt (zB Datenschutz) als eigenständiger nichtfinanzieller Aspekt aufgefasst werden, oder aber unter einen der fünf in § 289c Abs. 2 genannten Aspekte subsumiert werden (zB unter Arbeitnehmerbelange). Die damit einhergehenden erheblichen Ermessensspielräume beeinträchtigen die Vergleichbarkeit der nichtfinanziellen Berichterstattung.[63]

45   Die in § 289c Abs. 2 zu den einzelnen nichtfinanziellen Aspekten genannten Beispiele stellen eine Orientierungshilfe bei der Auswahl der im Einzelfall ggf. wesentlichen nichtfinanziellen **Sachverhalte** dar. Sie sind weder als zwingend zu adressierende Themen noch als abschließende Checkliste zu verstehen. Die Beispiele zeigen, dass unter den nichtfinanziellen Aspekten zT sehr unterschiedliche Sachverhalte berichtspflichtig sein können.[64] Dies gilt insbesondere für die breit angelegten Umwelt-, Arbeitnehmer- und Sozialbelange. Zu Umweltbelangen können zB sowohl Angaben zu Treibhausgasemissionen als auch zum Wasserverbrauch notwendig sein. Da diese Sachverhalte idR durch unterschiedliche Konzepte adressiert und mit verschiedenen Leistungsindikatoren gemessen werden, ist es sachgerecht, im Rahmen der Umweltbelange beide Sachverhalte einzeln zu erläutern. Aus dem Wortlaut des Gesetzes kann jedoch keine Verpflichtung abgeleitet werden, sämtliche Angaben nach § 289c Abs. 3 auf Ebene der Sachverhalte zu machen.[65] Für eine aussagefähige, klare Berichterstattung kann dies gleichwohl sinnvoll sein (DRS 20.262).

46   **b) Angaben.** Die nach § 289c Abs. 3 erforderlichen Angaben zu den nichtfinanziellen Aspekten stehen unter dem **speziellen Wesentlichkeitsvorbehalt** der nichtfinanziellen Erklärung (→ Rn. 33 ff.).[66] Es sind jeweils diejenigen Angaben zu machen, die für das Verständnis des Geschäftsverlaufs, des Geschäftsergebnisses, der Lage des Unternehmens *sowie* der Auswirkungen seiner Tätigkeit auf die nichtfinanziellen Aspekte erforderlich sind (§ 289c Abs. 3). Hierzu gehören folgende, in § 289c Abs. 3 genannte **Angaben:**
– verfolgte Konzepte (einschließlich angewandter Due-Diligence-Prozesse),
– Ergebnisse der verfolgten Konzepte,
– wesentliche Risiken, die mit der eigenen Geschäftstätigkeit verbunden sind,
– wesentliche Risiken, die mit den eigenen Geschäftsbeziehungen, Produkten und Dienstleistungen einhergehen,
– bedeutsamste nichtfinanzielle Leistungsindikatoren,
– Hinweise auf im Jahresabschluss ausgewiesene Beträge und zusätzliche Erläuterungen dazu, soweit für das Verständnis erforderlich.

47   Die Reihenfolge der Angaben in § 289c Abs. 3 stellt, wie auch die Auflistung der nichtfinanziellen Aspekte in § 289c Abs. 2, keine verbindliche Vorgabe für die Gliederung der Ausführungen in der nichtfinanziellen Erklärung dar.[67] Sofern zu einem oder mehreren Aspekten keine Risiken oder keine Leistungsindikatoren vorliegen, ist eine Fehlanzeige nicht erforderlich. Beim Fehlen eines Konzeptes, greift indes die „comply-or-explain"-Regelung nach § 289c Abs. 4 (→ Rn. 53).

48   Zu den nichtfinanziellen Aspekten sind die **verfolgten Konzepte** zu beschreiben (§ 289c Abs. 3 Nr. 1). Unter Konzepten sind nach der Gesetzesbegründung die vom Unternehmen im Hinblick auf einen nichtfinanziellen Aspekt angestrebten Ziele und die zu ihrer Erreichung ergriffenen oder geplanten Maßnahmen zu verstehen.[68] Ein Konzept kann sich auch übergreifend auf mehrere nichtfinanzielle Aspekte beziehen. Umgekehrt können für einen nichtfinanziellen Aspekt auch mehrere Konzepte verfolgt werden. Dies ist dann nahe-

63 Vgl. zu empirischen Befunden Kajüter/Wirth DB 2018, 1609; Behncke/Wulf KoR 2019, 25 f.
64 Vgl. Kajüter DB 2017, 617 (620).
65 So auch BeBiKo/Störk/Schäfer/Schönberger § 289c Rn. 26.
66 Vgl. HdR/Kajüter §§ 289, 289a–289f Rn. 249 ff.
67 Vgl. Begr. RegE CSR-RUG, BT-Drs. 18/9982, 48.
68 Vgl. Begr. RegE CSR-RUG, BT-Drs. 18/9982, 49.

liegend, wenn es zu einem nichtfinanziellen Aspekt mehrere wesentliche Sachverhalte gibt, für die unterschiedliche Ziele und Maßnahmen definiert wurden. Aus dem Wortlaut des Gesetzes („verfolgte Konzepte") folgt, dass in einem solchen Fall alle verfolgten Konzepte zu beschreiben sind. Dabei muss die Darstellung erkennen lassen, auf welchen oder welche nichtfinanziellen Aspekte bzw. Sachverhalte sich ein Konzept bezieht (DRS 20.266).

49 Die verfolgten Konzepte müssen in ihren Grundzügen beschrieben werden.[69] Darzustellen sind neben den Zielen und Maßnahmen auch angewandte Due-Diligence-Prozesse und die Einbindung der Unternehmensleitung und etwaiger weiterer Interessenträger wie zB Arbeitnehmer oder Lieferanten (DRS 20.265). Die **Ziele** sind, sofern intern festgelegt, mit ihrem Ausmaß und Zeitbezug anzugeben (DRS 20.267). Nur mit diesen Angaben ist die Zielerreichung messbar. Das Zielausmaß kann analog zu den Prognosen als qualifiziert-komparative Angabe mit Richtung und Intensität, als Intervall oder als Punktwert beschrieben werden.[70] Zu den **Maßnahmen** ist ihr Inhalt und Zeitbezug darzustellen (DRS 20.268). Durch den Zeitbezug wird erkennbar, ob es sich um kurz- oder langfristige Maßnahmen handelt. Zudem ermöglicht der Zeitbezug die Kontrolle der Maßnahmenumsetzung. Unabhängig vom mindestens einjährigen Prognosehorizont im Prognosebericht ist bei den Maßnahmen auf den intern festgelegten Zeitbezug abzustellen (DRS 20.268).

50 Als **Due-Diligence-Prozesse** sind Verfahren zu beschreiben, die dazu dienen, bestehende oder mögliche negative Auswirkungen der Geschäftstätigkeit auf einen nichtfinanziellen Aspekt bzw. Sachverhalt zu erkennen und durch entsprechende Maßnahmen zu verhindern oder abzuschwächen (DRS 20.269 iVm 20.11). Beispiele für solche Verfahren sind Emissionskontrollen und Schulungen von Mitarbeitern zur Arbeitssicherheit. Einzugehen ist auch auf die Due-Diligence-Prozesse in Bezug auf die Lieferkette und die Kette etwaiger Subunternehmer, sofern dies aufgrund des Geschäftsmodells bedeutsam und verhältnismäßig ist (DRS 20.270). Bedeutsamkeit kann bei nach § 289c Abs. 3 wesentlichen Informationen unterstellt werden. Die Verhältnismäßigkeit der Angaben zu Due-Diligence-Prozessen in Bezug auf die Lieferkette und die Kette etwaiger Subunternehmer ist indes im Einzelfall anhand von verschiedenen Faktoren zu beurteilen. Hierzu gehören zB die Schwere und Eintrittswahrscheinlichkeit eines Schadens, die Kosten der Informationsbeschaffung für das Unternehmen und der Informationsnutzen für die Adressaten (DRS 20.271). Bei Geschäftsmodellen mit starker Abhängigkeit von der Lieferkette empfiehlt sich eine Angabe, bis zu welcher Tiefe der Lieferkette nichtfinanzielle Themen adressiert werden (DRS 20.272). Eine Pflicht, bestimmte Due-Diligence-Prozesse in Bezug auf die Lieferkette durchzuführen, resultiert aus der Berichtspflicht nicht. Gleichwohl sensibilisiert die Berichtspflicht die Unternehmen für mögliche negative Auswirkungen auf die Umwelt und Menschenrechte in der Lieferkette und ergänzt die Verschärfung der diesbezüglichen Sorgfaltspflichten durch das sog. Lieferkettensorgfaltspflichtengesetz.

51 Um den Adressaten einen Einblick zu vermitteln, wie die nichtfinanziellen Aspekte im Unternehmen adressiert werden, sind zu den Konzepten auch die **Einbindung der Unternehmensleitung** und die **Beteiligung relevanter Interessengruppen** zu beschreiben. Hierbei kann zB berichtet werden, wie die Unternehmensleitung in die Konzeptentwicklung involviert ist, an welchen Besprechungen und Initiativen zu nichtfinanziellen Aspekten sie teilnimmt und wie sie über nichtfinanzielle Aspekte mit internen Berichten informiert wird (DRS 20.273). Die Beteiligung relevanter Interessengruppen kann verdeutlicht werden, indem zB die Identifizierung der Interessengruppen und ihre Beteiligung an der Entwicklung der Konzepte aufgezeigt wird.

52 Ebenso sind nach § 289c Abs. 3 Nr. 2 die mit den Konzepten **erzielten Ergebnisse** anzugeben. Gemeint sind damit das Ausmaß der Zielerreichung und der Stand der Maßnahmenumsetzung (DRS 20.275). Die Art der Angaben sollte sich dabei an der Darstellung der Ziele und Maßnahmen orientieren. Dementsprechend sind quantitative Angaben zum Ausmaß der Zielerreichung geboten, wenn die Ziele quantifiziert wurden. Bei mittel- und

---

[69] Vgl. Begr. RegE CSR-RUG, BT-Drs. 18/9982, 49.
[70] Vgl. BeBilKo/Störk/Schäfer/Schönberger § 289c Rn. 44.

langfristigen Zielen ist jedes Jahr über die bis dahin erzielten Ergebnisse zu berichten. Da nur Angaben gefordert werden, ist eine weitergehende Erläuterung der Ergebnisse nicht erforderlich. Hat ein Konzept (noch) zu keinen Ergebnissen geführt, ist auch dies anzugeben (DRS 20.276).[71]

53 Die Berichtspflicht nach § 289c Abs. 3 verlangt nicht, ein Konzept für einen nichtfinanziellen Aspekt zu entwickeln und im Unternehmen umzusetzen. Es mag gute Gründe geben, dass ein Unternehmen im Hinblick auf einen nichtfinanziellen Aspekt **kein Konzept** verfolgt. Dies kann zB darauf zurückzuführen sein, dass der nichtfinanzielle Aspekt aufgrund des Geschäftsmodells des Unternehmens unwesentlich ist oder die Integration eines akquirierten Geschäfts noch nicht abgeschlossen und daher noch kein Konzept implementiert ist. Sofern in Bezug auf einen oder mehrere nichtfinanzielle Aspekte (noch) kein Konzept verfolgt wird, ist dies klar zu erläutern und zu begründen (§ 289c Abs. 4). Mit dieser **„comply-or-explain"-Regelung** regt der Gesetzgeber die Auseinandersetzung mit den nichtfinanziellen Aspekten an. Wurden nur einzelne Teile eines Konzepts (noch) nicht umgesetzt (zB Due-Diligence-Prozesse), muss dies nicht begründet werden (DRS 20.295).[72] Die Berichtspflicht nach § 289c Abs. 4 greift vielmehr dann, wenn ein Konzept völlig fehlt. Durch die Erläuterung der Gründe erübrigt sich die Beschreibung des Konzepts und die Angabe der mit ihm erzielten Ergebnisse (§ 289c Abs. 3 Nr. 1 und 2). Alle anderen Angaben zu wesentlichen Risiken, bedeutsamsten nichtfinanziellen Leistungsindikatoren und ggf. Hinweise auf den Jahresabschluss (§ 289c Abs. 3 Nr. 3 bis 6) sind gleichwohl zu machen, sofern sie für das Verständnis des Geschäftsverlaufs, des Geschäftsergebnisses, der Lage des Unternehmens sowie der Auswirkungen seiner Tätigkeit und ggf. weiterer angabespezifischen Wesentlichkeitskriterien erforderlich sind (DRS 20.292 f.). Unwesentliche Risiken sind indes nicht berichtspflichtig (DRS 20.294).

54 Die Berichtspflicht nach § 289c Abs. 4 besteht nach dem Wortlaut des Gesetzes nur beim Fehlen eines Konzeptes auf der Ebene der nichtfinanziellen Aspekte. Es kann jedoch geboten sein, die Berichtspflicht auf einzelne **Sachverhalte** zu beziehen, wenn ein nichtfinanzieller Aspekt mehrere wesentliche Sachverhalte umfasst, die so spezifisch sind, dass sie mit unterschiedlichen Konzepten adressiert werden müssen, aber nicht zu allen Sachverhalten ein Konzept verfolgt wird.[73] Sind zB Treibhausgasemissionen und Wasserverbrauch zwei wesentliche Sachverhalte im Rahmen der Umweltbelange und wird zum Wasserverbrauch kein Konzept verfolgt, dann wäre es irreführend, nur das verfolgte Konzept für die Treibhausgasemissionen zu beschreiben, nicht aber zu erläutern und zu begründen, warum für den Wasserverbrauch kein Konzept besteht.

55 Nach § 289c Abs. 3 Nr. 3 und 4 ist über **wesentliche Risiken** im Zusammenhang mit den nichtfinanziellen Aspekten zu berichten. Dies betrifft zum einen wesentliche Risiken aus der eigenen Geschäftstätigkeit des Unternehmens und zum anderen wesentliche Risiken, die mit den Geschäftsbeziehungen des Unternehmens, seinen Produkten und Dienstleistungen verknüpft sind. Welche konkreten Anforderungen sich aus den gesetzlichen Vorgaben ergeben, ist aufgrund der vagen Formulierung des Gesetzes und der sehr abstrakten Erläuterungen in dessen Begründung stark auslegungsbedürftig. In der Literatur werden daher unterschiedliche Auffassungen über die Reichweite der Berichtspflicht vertreten.[74]

56 Weder das Gesetz noch die Gesetzesbegründung definieren den **Begriff des Risikos.** Nach DRS 20.11 sind darunter mögliche künftige Entwicklungen oder Ereignisse zu verstehen, die zu einer negativen Abweichung von Prognosen bzw. Zielen des Unternehmens führen können. Die Risiken nach § 289c Abs. 3 Nr. 3 und 4 sind, wie die Risiken bei der traditionellen Risikoberichterstattung nach § 289 Abs. 1 S. 4, aus der Sicht des Unterneh-

---

[71] Vgl. Begr. RegE CSR-RUG, BT-Drs. 18/9982, 50.

[72] Vgl. Begr. RegE CSR-RUG, BT-Drs. 18/9982, 52; BeBiKo/Störk/Schäfer/Schönberger § 289c Rn. 51.

[73] Vgl. Kajüter DB 2017, 617 (621); dies empfehlend BeBiKo/Störk/Schäfer/Schönberger § 289c Rn. 87.

[74] Vgl. Richter/Johne/König WPg 2017, 566 (572); BeBiKo/Störk/Schäfer/Schönberger § 289c Rn. 55 f.; HdR/Kajüter §§ 289, 289a–289f Rn. 264 ff.; Beck HdR/Kirsch/Köhrmann/Huter B 510 Rn. 292. Mit Bezug zu klimabedingten Risiken und Chancen vgl. Schneider/Müllner KoR 2020, 24 (25 ff.).

mens zu beurteilen (DRS 20.B8 und B79). Insofern handelt es sich bei der Risikoberichterstattung in der nichtfinanziellen Erklärung um eine Konkretisierung der Anforderungen aus § 289 Abs. 1 S. 4 (DRS 20.B81).[75] Unklar ist hingegen, ob nach § 289c Abs. 3 Nr. 3 und 4 auch wesentliche Risiken zu berichten sind, die andere Bezugspunkte als die Ziele des Unternehmens haben.[76] Dies könnte aus dem Wortlaut des Gesetzes („negative Auswirkungen auf die [...] Aspekte") geschlossen werden. Damit wären zB allgemeine Umweltverschmutzungen erfasst, die von der Geschäftstätigkeit des Unternehmens ausgehen können. Auch hier bedarf es aber eines Bezugspunkts für die negativen Abweichungen. Ein solcher Bezugspunkt könnten Erwartungen von Stakeholdern sein, die nicht in den Unternehmenszielen berücksichtigt wurden, oder gesetzlich festgelegte Normen. Im ersten Fall dürften die Erwartungen unwesentlich sein und Abweichungen davon keine Berichtpflicht auslösen. Im zweiten Fall kann unterstellt werden, dass die Einhaltung von gesetzlich festlegten Normen ein ggf. implizites Ziel des Unternehmens ist. Wesentliche Risiken wären dann aber schon im Rahmen der traditionellen Risikoberichterstattung zu erläutern und zu beurteilen.

Für die Risikoberichtspflicht nach § 289c Abs. 3 gilt ein **mehrfacher Wesentlich-** 57 **keitsvorbehalt:**

– Erstens muss die Information über das Risiko für das Verständnis des Geschäftsverlaufs, des Geschäftsergebnisses, der Lage des Unternehmens sowie der Auswirkungen seiner Geschäftstätigkeit erforderlich sein (spezieller Wesentlichkeitsgrundsatz).

– Zweitens muss das Risiko selbst von außerordentlicher Bedeutung sein. Es muss sich um ein Risiko handeln, dessen Eintritt „sehr wahrscheinlich" ist und das „schwerwiegende negative Auswirkungen" auf die nichtfinanziellen Aspekte hat oder haben wird.

– Drittens müssen die Angaben zu Risiken, die mit den Geschäftsbeziehungen, Produkten und Dienstleistungen des Unternehmens verknüpft sind, bedeutsam und verhältnismäßig sein.

Die letztgenannte Bedingung soll gewährleisten, dass kleine und mittelgroße Unterneh- 58 men in Lieferketten, die selbst nicht in den Anwendungsbereich der nichtfinanziellen Erklärung fallen, durch Auskunftsverlangen ihrer berichtpflichtigen Kunden nicht übermäßig belastet werden (→ Rn. 15).[77] Während die Bedeutsamkeit der Angaben faktisch gegeben sein dürfte, ist die Verhältnismäßigkeit anhand verschiedener Faktoren zu beurteilen. Hierzu gehören zB die Schwere des potenziellen Schadens, die Kosten der Informationsgewinnung und der Nutzen der Information für die Adressaten. Bei den Kosten der Informationsgewinnung sind auch die Kosten in der Lieferkette und der Kette etwaiger Subunternehmer zu berücksichtigen. Insgesamt liegt die Berichtsschwelle damit höher als bei der allgemeinen Risikoberichterstattung nach § 289 Abs. 1 S. 4.

Unterschiedliche Meinungen werden im Schrifttum zur Frage vertreten, ob die **Identi-** 59 **fizierung** der wesentlichen Risiken auf der Grundlage einer **Brutto- oder Nettobewertung** der Risiken zu erfolgen hat. Bei der Bruttobewertung werden die Risiken vor Risikobegrenzungsmaßnahmen, bei der Nettobewertung nach solchen betrachtet. Mithin ist der Berichtumfang bei der Bruttobewertung idR deutlich größer als bei der Nettobewertung. § 289c Abs. 3 macht hierzu ebenso wie § 289 Abs. 1 S. 4 keine Vorgabe. Das DRSC sieht beide Ansätze als möglich an (DRS 20.B87), während das IDW ein Abstellen auf Bruttorisiken präferiert.[78] Nach hier vertretener Auffassung ist indes die Nettobewertung zu empfehlen, da die Bruttobewertung idR zu einer Berichterstattung über zahlreiche Risiken führt, die wirksam abgesichert sind und daher nur ein unwesentliches Restrisiko aufweisen. Unab-

---

75 Vgl. Kajüter DB 2017, 617 (622); HdR/Kajüter §§ 289, 289a–289f Rn. 265.
76 Vgl. Haaker/Freiberg PiR 2017, 278; Rauch/Weigt KoR 2018, 119; BeBiKo/Störk/Schäfer/Schönberger § 289c Rn. 56; Beck HdR/Kirsch/Köhrmann/Huter B 510 Rn. 292; HdR/Kajüter §§ 289, 289a–289f Rn. 265.
77 Vgl. Begr. RegE CSR-RUG, BT-Drs. 18/9982, 51.
78 Vgl. IDW (Hrsg.), IDW Positionspapier: Pflichten und Zweifelsfragen zur nichtfinanziellen Erklärung als Bestandteil der Unternehmensführung, Düsseldorf 2017, 17; glA BeBiKo/Störk/Schäfer/Schönberger § 289c Rn. 59; Beck HdR/Kirsch/Köhrmann/Huter B510 Rn. 295.

hängig davon kann die **Darstellung** der so ermittelten berichtspflichtigen Risiken **brutto oder netto** erfolgen (DRS 20.B76 und 20.157).

60   Berichtspflichtig sind nach § 289c Abs. 3 Nr. 3 und 4 wesentliche Risiken, die schwerwiegende negative Auswirkungen auf die nichtfinanziellen Aspekte haben oder haben werden. Aus der Formulierung „haben" folgt, dass auch über bereits eingetretene Risiken zu berichten ist. Solche Risiken sind bereits nach § 289 Abs. 1 im Wirtschaftsbericht darzustellen, sofern sie den Geschäftsverlauf und die Lage des Unternehmens wesentlich beeinträchtigt haben (DRS 20.B86). Bei Risiken, die in Zukunft sehr wahrscheinlich schwerwiegende negative Auswirkungen auf die nichtfinanziellen Aspekte haben werden, ist es nicht hinreichend, auf den mindestens einjährigen Prognosehorizont im Prognosebericht abzustellen. Vielmehr ist in Abhängigkeit von den Zielen des Unternehmens von einem dem Risiko adäquaten Zeitraum auszugehen (DRS 20.156). Dieser kann zB bei klimabezogenen Risiken eher langfristig sein.[79]

61   Die Risiken und ihre Handhabung sind grundsätzlich entsprechend den **allgemeinen Regeln zur Risikoberichterstattung** (DRS 20.K147-K145 und 20.149–164) darzustellen (DRS 20.281). Im Vergleich zur allgemeinen Risikoberichterstattung gemäß § 289 Abs. 1 S. 4 sind die Anforderungen an die Berichtsintensität in der nichtfinanziellen Erklärung jedoch geringer. Es ist hinreichend, die wesentlichen Risiken anzugeben. Eine Beurteilung und weitergehende Erläuterung ist nicht verpflichtet. Empfehlenswert ist eine Angabe, ob die Risiken brutto oder netto dargestellt sind. Bei Unternehmen mit bedeutsamen Lieferketten empfiehlt sich zudem ein Hinweis, bis zu welcher Tiefe der Lieferkette Risiken adressiert werden.[80] Eine Berichterstattung über Chancen ist im Gegensatz zur allgemeinen Chancen- und Risikoberichterstattung nach § 289 Abs. 1 S. 4 in der nichtfinanziellen Erklärung gem. § 289c Abs. 3 Nr. 3 und 4 nicht erforderlich.[81]

62   Zu den nichtfinanziellen Aspekten müssen weiterhin gemäß § 289c Abs. 3 Nr. 5 jeweils die **bedeutsamsten nichtfinanziellen Leistungsindikatoren** dargestellt werden. Dies ist auch dann erforderlich, wenn zu einem nichtfinanziellen Aspekt bzw. Sachverhalt kein Konzept verfolgt wird. Der Gesetzgeber geht mithin davon aus, dass Unternehmen in jedem Fall über nichtfinanzielle Leistungsindikatoren verfügen und hierzu zumindest Istwerte berichten können. Er schreibt keinen fixen Katalog an nichtfinanziellen Leistungsindikatoren vor, sondern überlässt es den Unternehmen, die für sie bedeutsamsten nichtfinanziellen Leistungsindikatoren zu identifizieren. Dabei liegt es nahe, sich zum einen an den Zielen des Unternehmens zu orientieren, denn die Leistungsindikatoren dienen der Operationalisierung der Zielinhalte und der Messung der Zielerreichung.[82] Zum anderen ist das Geschäftsmodell bei der Ermittlung der bedeutsamsten Leistungsindikatoren zu berücksichtigen, da deren Relevanz in Abhängigkeit von den kritischen Ressourcen und Prozessen des Unternehmens variiert.

63   Dem speziellen Wesentlichkeitsgrundsatz der nichtfinanziellen Erklärung zufolge handelt es sich bei den nichtfinanziellen Leistungsindikatoren nach § 289c Abs. 3 Nr. 5 um eine **Teilmenge** der gem. § 289 Abs. 3 in die Analyse des Geschäftsverlaufs und der Lage des Unternehmens einzubeziehenden nichtfinanziellen Leistungsindikatoren.[83] In der nichtfinanziellen Erklärung sind somit nur solche nichtfinanziellen Leistungsindikatoren berichtspflichtig, die auch zur internen Steuerung des Unternehmens dienen (DRS 20.106). Für diese ist allerdings eine **selbstständige Darstellung** erforderlich; eine „Einbeziehung" in die Analyse wie von § 289 Abs. 3 verlangt, ist nicht hinreichend. Die Anforderung einer

---

79   Vgl. EU-Kommission, Nachtrag zur klimabezogenen Berichterstattung, ABl. EU 2019 C 209, 5; Boecker/Zwirner IRZ 2019, 514 (515 f.).

80   Vgl. BeBiKo/Störk/Schäfer/Schönberger § 289c Rn. 71.

81   Gem. dem Nachtrag zu den unverbindlichen Leitlinien der EU-Kommission sollen Unternehmen hingegen auch klimabezogene Chancen angeben. Vgl. EU-Kommission, Nachtrag zur klimabezogenen Berichterstattung, ABl. EU 2019 C 209, 7.

82   Vgl. Kajüter DB 2017, 617 (622).

83   Vgl. Kajüter DB 2017, 617 (623); Schmidt/Strenger NZG 2019, 481 (485); Sopp/Baumüller DB 2019, 1801 (1804); BeBiKo/Störk/Schäfer/Schönberger § 289c Rn. 31.

selbstständigen Darstellung impliziert, dass die nichtfinanziellen Leistungsindikatoren in der nichtfinanziellen Erklärung leicht identifizierbar und auffindbar sein müssen (DRS 20.285). Dies kann zB durch die Verwendung von Tabellen oder optisch abgegrenzte Abschnitte gewährleistet werden. Im Übrigen sind die Regeln zur Quantifizierung (DRS 20.108), zur Aggregation interner Daten (DRS 20.109) sowie zur Darstellung und Erläuterung wesentlicher Veränderungen von nichtfinanziellen Leistungsindikatoren (DRS 20.113) entsprechend anzuwenden.

Soweit für das Verständnis der nichtfinanziellen Erklärung erforderlich, ist nach § 289c **64** Abs. 3 Nr. 6 **auf im Jahresabschluss ausgewiesene Beträge hinzuweisen** und der Zusammenhang zur nichtfinanziellen Berichterstattung zu erläutern.[84] Die Hinweise können sich auf alle Bestandteile des Jahresabschlusses beziehen, also auf die Bilanz, GuV, Anhang sowie ggf. die Kapitalflussrechnung und den Eigenkapitalspiegel. Im Zusammenhang mit den Umweltbelangen kann es zB für das Verständnis der nichtfinanziellen Erklärung notwendig sein, auf bilanzierte Emissionszertifikate oder für Umweltschäden gebildete Rückstellungen hinzuweisen. Über die Angaben im Jahresabschluss hinaus müssen keine weiteren Einzelbeträge angegeben werden (DRS 20.289). Die Erläuterung der Beträge und ihres Zusammenhangs mit den nichtfinanziellen Aspekten bzw. Sachverhalten erfordert hingegen eine weitergehende Erklärung und Kommentierung.

Bei den Hinweisen und Erläuterungen nach § 289c Abs. 3 Nr. 6 handelt es sich um **65** zusätzliche Angaben in der nichtfinanziellen Erklärung. Sie stellen keine ersetzenden Verweise dar.[85] Solche dürfen nur von der nichtfinanziellen Erklärung auf andere Angaben im Lagebericht, nicht aber auf Angaben im Anhang oder in anderen Teilen des Jahresabschlusses gemacht werden.

4. Angaben zu nachhaltigen Wirtschaftsaktivitäten. Durch die Taxonomie-Ver- **66** ordnung (VO (EU) 2020/852 – Taxonomie-VO) vom 18.6.2020 wurden die Berichtspflichten in der nichtfinanziellen Erklärung bzw. dem gesonderten nichtfinanziellen Bericht um Angaben zu sog. **Taxonomiequoten** erweitert.[86] Finanzmarktakteure sollen durch diese standardisierten Kennzahlen die Nachhaltigkeitsleistung von Unternehmen besser vergleichen und Kapital so leichter in ökologisch nachhaltige Wirtschaftsaktivitäten lenken können. Die neuen Berichtspflichten resultieren aus Art. 8 Taxonomie-VO und sind wie auch die ergänzenden delegierten VO unmittelbar rechtswirksam. Einer Transformation in nationales Recht (HGB) bedarf es nicht. Neben der Taxonomie-VO sind die delegierte VO 2021/2178 vom 10.12.2021 zur Konkretisierung der Angabepflichten (Disclosures Delegated Act), die delegierte VO 2021/2139 vom 9.12.2021 zu den technischen Bewertungskriterien für die klimabezogenen Umweltziele (Climate Delegated Act) und dessen Ergänzung in Bezug auf die Klassifizierung von Gas- und Kernenergie VO 2022/1214 vom 9.3.2022 (Complementary Climate Delegated Act) zu berücksichtigen.

Nach Art. 8 Abs. 1 Taxonomie-VO fallen alle nach der CSR-RL (2014/95/EU) zur **67** nichtfinanziellen Berichterstattung verpflichteten Unternehmen in den Anwendungsbereich der Berichtspflicht (→ Rn. 10 ff.). Obgleich die Taxonomie-VO mit ihrem Inkrafttreten am 12.7.2020 noch nicht abgeschlossen war und auch bislang noch nicht vollständig ist, gelten die Berichtspflichten nach Art. 8 Taxonomie-VO bereits für nach dem 31.12.2020 beginnende Geschäftsjahre.[87] Diese sehr kurzfristige Umsetzung ist dem Handlungsbedarf durch den Klimawandel geschuldet. Für die erstmalige Berichterstattung zum Geschäftsjahr

---

[84]   Vgl. Begr. RegE CSR-RUG, BT-Drs. 18/9982, 52.

[85]   Vgl. HdR/Kajüter §§ 289, 289a–289f Rn. 276.

[86]   Vgl. Verordnung (EU) 2020/852 des Europäischen Parlamentes und des Rates vom 18.6.2020 über die Errichtung eines Rahmens zur Erleichterung nachhaltiger Investitionen und zur Änderung der Verordnung (EU) 2019/2088, ABl. EU 2020 L 198, 13 vom 22.6.2020. Vgl. dazu auch Lanfermann BB 2020, 1643; Borcherding/Seufert WPg 2021, 1009; Fink/Kajüter, Lageberichterstattung, 2. Aufl. 2021, S. 358 f.; Lanfermann/Scheid DB 2021, 741; Hrinkow/Hummel/Terko RWZ 2022, 16.

[87]   Für empirische Befunde zur Erstanwendung vgl. Großkopf/Sellhorn/Wagner KoR 2022, 251 ff.; Kajüter/Wolff DB 2022, 2021 ff.

2021 konnten die berichtspflichtigen Unternehmen jedoch eine Reihe von Erleichterungen in Anspruch nehmen.

68   Art. 8 Abs. 2 Taxonomie-VO verlangt von sog. **Nicht-Finanzunternehmen** die Angabe von drei Kennzahlen (Taxonomiequoten): (1) **Anteil der Umsatzerlöse,** (2) **Anteil der Investitionsausgaben** (capex), (3) **Anteil der Betriebsausgaben** (opex), die ökologisch nachhaltigen Wirtschaftsaktivitäten gem. der Klassifikation der Taxonomie-VO zugeordnet werden können. Während der Anteil der Umsatzerlöse ein Indikator für das aktuelle Ausmaß an nachhaltigen Wirtschaftsaktivitäten ist, deutet der Anteil an Investitionsausgaben auf die künftige nachhaltige Ausrichtung der Geschäftstätigkeit hin.[88] Der Anteil der Betriebsausgaben soll darüber hinaus nicht aktivierte Ausgaben für nachhaltige Wirtschaftsaktivitäten erfassen.[89] Die in der Taxonomie-VO nicht näher definierten Kennzahlen und Begriffe werden durch die delegierte VO 2021/2178 konkretisiert. Danach sind die Angaben auf Basis des IFRS-Abschlusses zu ermitteln. Die nach IFRS nicht definierten Betriebsausgaben umfassen insbesondere nicht aktivierte Ausgaben für Forschung und Entwicklung, Gebäudesanierung, kurzfristiges Leasing, Wartung und Reparatur.[90]

69   Für die Ermittlung der Kennzahlen müssen berichtspflichtige Unternehmen ihre Geschäftsaktivitäten in das NACE-basierte Klassifikationssystem der Taxonomie-VO einordnen. Dies erfordert eine neuartige Segmentierung des Unternehmens nach **Wirtschaftsaktivitäten,** die bisher weder in der Finanz- noch in der Nachhaltigkeitsberichterstattung erforderlich oder üblich war.[91] Sie beruht im Unterschied zu den Segmenten nach DRS 28/IFRS 8 nicht auf dem Management Approach, sondern auf einer Branchenklassifizierung. Da die Taxonomie-VO keine Methodik zur Identifizierung und Abgrenzung der Wirtschaftsaktivitäten vorgibt, steht es im Ermessen der Unternehmen eine geeignete Vorgehensweise zu entwickeln. Dabei können Wirtschaftsaktivitäten zB anhand von Aufträgen, Produkten bzw. Dienstleistungen, Standorten oder Segmenten definiert werden. Die bei der Ermittlung der Wirtschaftsaktivitäten bestehenden Ermessensspielräume beeinträchtigen letztlich die angestrebte Vergleichbarkeit der zu berichtenden Kennzahlen.

70   Um eine Wirtschaftsaktivität als **ökologisch nachhaltig** iSd Taxonomie-VO **(taxonomiekonform)** zu klassifizieren, müssen mehrere **Bedingungen** kumulativ erfüllt sein (vgl. Art. 3, 5 Taxonomie-VO).[92] Sie muss

1. einen wesentlichen Beitrag zur Verwirklichung mindestens eines Umweltziels leisten,
2. keine erhebliche Beeinträchtigung mindestens eines anderen Umweltziels verursachen,
3. soziale Mindeststandards zum Schutz von Arbeitnehmern und Menschenrechten einhalten (do no significant harm) und
4. die technischen Bewertungskriterien des zugehörigen Delegierten Rechtsakts erfüllen (vgl. Art. 3 Taxonomie-VO sowie Anh. I und II Delegierte VO (EU) 2021/2139 der Kommission vom 4.6.2021).

Insgesamt unterscheidet die Taxonomie-VO **sechs Umweltziele:** (1) Klimaschutz, (2) Anpassung an den Klimawandel, (3) nachhaltige Nutzung und Schutz von Wasser- und Meeresressourcen, (4) Übergang zu einer Kreislaufwirtschaft, (5) Vermeidung und Verminderung der Umweltverschmutzung, (6) Schutz und Wiederherstellung der Biodiversität und der Ökosysteme. Inwieweit eine Wirtschaftsaktivität zur Erreichung eines oder mehrerer dieser Umweltziele einen wesentlichen Beitrag leistet oder eine solche Erreichung erheblich beeinträchtigt, ist anhand von technischen Bewertungskriterien zu beurteilen. Liegen solche Bewertungskriterien vor, ist eine Wirtschaftsaktivität **taxonomiefähig.** Dies ist bisher nur für die ersten beiden, klimabezogenen Umweltziele und nur für die emissionsstärksten Branchen, die für 80% der Treibhausgasemissionen verantwortlich sind, der Fall (vgl. Delegierte VO (EU) 2021/2139 vom 4.6.2021, in Kraft seit 9.12.2021). Für die anderen vier

---

[88] Vgl. Kajüter/Wolff DB 2022, 2042.
[89] Vgl. krit. zu dieser Kennzahl Rieth/Schmidt WPg 2021, 771.
[90] Vgl. Anh. 1 Delegierte VO (EU) 2021/2178, 18.
[91] Vgl. Kajüter/Wolff DB 2022, 2048.
[92] Vgl. Baumüller/Haring/Merl IRZ 2022, 79 f.; Kajüter/Wolff DB 2022, 2042.

Umweltziele wurde am 31.3.2022 von der Platform on Sustainable Finance ein Entwurf für technische Bewertungskriterien veröffentlicht.

Wirtschaftsaktivitäten sind nach der Taxonomie-VO auch dann als ökologisch nachhal- **71** tig anzusehen, wenn sie andere ökologisch nachhaltige Wirtschaftsaktivitäten unterstützen (enabling activities) oder einen Übergang zur klimaneutralen Wirtschaft fördern (transitional activities). Letzteres wurde – als politischer Kompromiss – zB bei Gas- und Kernenergie als gegeben definiert.

Die Taxonomiequoten für Umsatzerlöse, Investitions- und Betriebsausgaben sind für **72** die einzelnen Wirtschaftsaktivitäten aufzuschlüsseln und zusammen mit Vorjahreswerten in einem vorgegebenen **Tabellenformat** darzustellen. Dies war im Jahr der Erstanwendung noch freiwillig, ist aber für nach dem 31.12.2021 beginnende Geschäftsjahre verpflichtend. Zudem verlangt die delegierte VO 2021/2178 weitere **qualitative Angaben.**[93] So müssen Nicht-Finanzunternehmen ua die Art ihrer taxonomiefähigen und taxonomiekonformen Wirtschaftsaktivitäten beschreiben, die Berechnung der Taxonomiequoten erläutern und dabei angeben, wie sie Doppelzählungen bei der Zuordnung von Umsatzerlösen, Investitions- und Betriebsausgaben über die Wirtschaftsaktivitäten hinweg vermieden haben. Solche Doppelerfassungen können daraus resultieren, dass Umsatzerlöse, Investitions- und Betriebsausgaben mehrerer Wirtschaftsaktivitäten zugeordnet werden können oder diese einen wesentlichen Beitrag zu mehr als einem Umweltziel leisten. Darüber hinaus ist zu erläutern, wie die Einhaltung der technischen Bewertungskriterien beurteilt wurde und wie sich die Ausprägung der Kennzahlen gegenüber dem Vorjahr verändert hat.

Während die Angaben in der nichtfinanziellen Erklärung einem speziellen Wesentlich- **73** keitsvorbehalt unterliegen (→ Rn. 33 ff.), fehlt in der Taxonomie-VO eine entsprechende Vorgabe. Insofern ist fraglich, ob der spezielle Wesentlichkeitsvorbehalt der nichtfinanziellen Erklärung auch auf Angaben nach der Taxonomie-VO anzuwenden ist, da diese dort verortet sind, oder ob finanzielle Wesentlichkeitsschwellen des Abschlusses bei der Einordnung einer Wirtschaftsaktivität angewandt werden können, da die Taxonomiequoten aus Abschlusszahlen berechnet werden.[94] Unstrittig dürfte hingegen sein, dass ein berichtspflichtiges Unternehmen nicht auf die Angaben nach der Taxonomie-VO völlig verzichten kann, weil es keine oder nur geringe taxonomiefähige Wirtschaftsaktivitäten hat. Auch in einem solchen Fall sind die Angaben nach Art. 8 Taxonomie-VO zu machen. Nach hier vertretener Auffassung ist es aber zulässig, im Rahmen der bestehenden Ermessensspielräume unternehmensindividuelle finanzielle Wesentlichkeitsschwellen für die Taxonomiequoten festzulegen und auf dieser Basis unwesentliche Wirtschaftsaktivitäten als nicht taxonomiefähig einzuordnen.

V. Nutzung von Rahmenwerken

Nach § 289d S. 1 können Unternehmen bei der Erstellung der nichtfinanziellen Erklä- **74** rung anerkannte **nationale, europäische oder internationale Rahmenwerke** zur Nachhaltigkeits- oder Unternehmensberichterstattung nutzen. Obgleich es sich um ein Wahlrecht handelt, verleiht der Gesetzgeber der Nutzung von anerkannten Rahmenwerken dadurch besonderen Nachdruck, dass er in § 289d S. 2 verlangt, in der nichtfinanziellen Erklärung anzugeben, welches Rahmenwerk zugrunde gelegt wurde, oder, sofern kein Rahmenwerk verwendet wurde, warum nicht. Diese **„apply-or-explain"-Regelung** geht über die Vorgaben der CSR-RL hinaus und wurde im Rahmen der Umsetzung durch das CSR-RUG ergänzt.

Nicht nur ob, sondern auch welches Rahmenwerk als Orientierungshilfe bei der Erstel- **75** lung der nichtfinanziellen Erklärung genutzt wird, liegt im Ermessen des berichtspflichtigen Unternehmens. Der Gesetzgeber schreibt bewusst kein bestimmtes Rahmenwerk vor, nennt aber in der CSR-RL, in den unverbindlichen Leitlinien der EU-Kommission und in der

---

[93]　Vgl. Anh. I Abschnitt 1.2 Delegierte VO (EU) 2021/2178.
[94]　Vgl. hierzu auch Baumüller/Haring/Merl IRZ 2022, 80 f.; Hrinkow/Hummel/Terko RWZ 2022, 18 ff.

Begründung zum CSR-RUG beispielhaft eine Reihe von möglichen Rahmenwerken.[95] Hierzu gehören die GRI Standards der Global Reporting Initiative,[96] der UN Global Compact, das Rahmenkonzept des IIRC zum Integrated Reporting und der Deutsche Nachhaltigkeitskodex. Letzterer weist explizit darauf hin, dass er als Grundlage für die nichtfinanzielle Berichterstattung nach dem CSR-RUG genutzt werden kann.[97] Die von der EU-Kommission entwickelten unverbindlichen Leitlinien zur nichtfinanziellen Berichterstattung stellen indes kein Rahmenwerk iSv § 289d dar.[98]

76   Fraglich ist, ob Unternehmen sich für ein Rahmenwerk entscheiden müssen oder auch mehrere Rahmenwerke parallel anwenden können. Der Wortlaut des Gesetzes („anzugeben, ob […] ein Rahmenwerk genutzt hat") legt Ersteres nahe. Allerdings unterscheiden sich die Inhalte der Rahmenwerke teilweise stark voneinander, so dass sich diese auch sinnvoll ergänzen können. DRS 20.300 stellt daher klar, dass auch mehrere Rahmenwerke genutzt werden können, sofern diese entsprechend angegeben werden. Die Rahmenwerke müssen dabei nicht zwingend vollumfänglich verwendet werden. Auch eine partielle Nutzung eines oder mehrerer Rahmenwerke ist möglich, wobei dann anzugeben ist, für welche Berichtsinhalte der nichtfinanziellen Erklärung welches Rahmenwerk zugrunde gelegt wurde (DRS 20.298). Die Wahl eines Rahmenwerkes und dessen ggf. teilweise Nutzung darf jedoch nicht dazu führen, dass einzelne berichtspflichtige Angaben unterbleiben. In der nichtfinanziellen Erklärung sind unabhängig von der Nutzung von Rahmenwerken sämtliche Angaben nach §§ 289c–289e zu machen.

VI. Weglassen nachteiliger Angaben

77   In besonderen Ausnahmefällen kann unter den in § 289e Abs. 1 genannten Bedingungen in der nichtfinanziellen Erklärung auf für das Unternehmen nachteilige Angaben verzichtet werden. Diese **Schutzklausel** gilt nur für Angaben in der nichtfinanziellen Erklärung und nicht für andere Teile des Lageberichts. Sie beruht auf dem Mitgliedstaatenwahlrecht nach Art. 19a Abs. 1 Bilanz-RL (RL 2013/34/EU) idF der CSR-RL. Nachteilige Angaben können nur dann weggelassen werden, wenn folgende **Voraussetzungen** kumulativ erfüllt sind:
– Die Angaben beziehen sich auf künftige Entwicklungen oder Belange, über die Verhandlungen geführt werden.
– Die Angaben müssen nach vernünftiger kaufmännischer Beurteilung der Mitglieder des vertretungsberechtigten Organs geeignet sein, dem betreffenden Unternehmen einen erheblichen Nachteil zuzufügen.
– Durch das Weglassen der Angaben wird dennoch ein den tatsächlichen Verhältnissen entsprechendes und ausgewogenes Verständnis des Geschäftsverlaufs, des Geschäftsergebnisses, der Lage des Unternehmens sowie der Auswirkungen seiner Tätigkeit vermittelt.

78   Diese drei kumulativ zu erfüllenden Bedingungen schränken die Möglichkeit zur Inanspruchnahme der Schutzklausel stark ein.[99] Die erste Voraussetzung bezieht sich auf den Inhalt der Angaben. Es muss sich um Angaben zu Sachverhalten in der Zukunft handeln. Aufgrund der unpräzisen Formulierung des Gesetzes und der mangelnden Erläuterung in dessen Begründung besteht jedoch ein Interpretationsspielraum, ob nur Angaben zu aktuell geführten Verhandlungen gemeint oder auch andere künftige Entwicklungen erfasst sind. Die zweite Voraussetzung definiert die Auswirkungen der nachteiligen Angaben. Sie müssen

---

[95] Vgl. RL 2014/95/EU, Erwägungsgrund 9, ABl. EU 2014 C 330, 2; EU-Kommission, Mitteilungen der Kommission – Leitlinien für die Berichterstattung über nichtfinanzielle Informationen (Methode zur Berichterstattung über nichtfinanzielle Informationen) vom 5.7.2017, ABl. EU 2017 C 215, 1; Begr. RegE CSR-RUG, BT-Drs. 18/9982, 46, 52.

[96] Vgl. hierzu Bonner HdR/Wulf § 289d Rn. 12 ff.; Lindner/Müller IRZ 2020, 139.

[97] Vgl. Rat für Nachhaltige Entwicklung (Hrsg.), Der Deutsche Nachhaltigkeitskodex, 2020, S. 20.

[98] Vgl. Mock DB 2017, 2144 (2145 f.).

[99] Es ist daher von einer sehr restriktiven Anwendungspraxis auszugehen. Vgl. Mock ZIP 2016, 1195 (1200); Holzmeier/Burth/Hachmeister IRZ 2017, 215 (220); Beck HdR/Kirsch/Köhrmann/Huter B510 Rn. 33.

„erheblich" sein. Dies ist anzunehmen, wenn das Unternehmen einen hinreichend konkretisierbaren geschäftlichen Schaden von beachtlichem Ausmaß erwarten kann (DRS 20.305). Ein Beispiel hierfür ist eine signifikante Schwächung der Marktposition. Die dritte Voraussetzung stellt sicher, dass durch den Verzicht auf nachteilige Angaben kein verzerrtes Bild vermittelt wird. Es muss immer noch ein ausgewogenes Gesamtverständnis vom Geschäft und dessen Auswirkungen möglich sein.

Eine weitere Hürde für die Inanspruchnahme der Schutzklausel resultiert aus § 289e **79** Abs. 2.[100] Danach sind die weggelassenen Angaben in die nichtfinanzielle Erklärung des nächsten Geschäftsjahres aufzunehmen, wenn die Gründe für den ursprünglichen Verzicht auf die Angaben entfallen sind (DRS 20.303). Möglich ist mithin nur ein **Hinauszögern,** nicht aber ein dauerhafter Verzicht auf die Angaben.[101] Den Adressaten soll es damit ermöglicht werden, die Angaben im Nachhinein nachzuvollziehen.[102] Ob dies einen hohen Informationsnutzen hat, ist zweifelhaft. Die Bedeutung dieser Regelung ist vielmehr in ihrer disziplinierenden Wirkung bei der Anwendung der Schutzklausel zu sehen.

VII. Prüfung

Die nichtfinanzielle Berichterstattung nach § 289b hat im Rahmen der Lageberichts- **80** prüfung eine besondere Stellung.[103] Nach § 317 Abs. 2 S. 4 muss der **Abschlussprüfer nur formal prüfen,** ob die nichtfinanzielle Erklärung bzw. der gesonderte nichtfinanzielle Bericht vorgelegt wurde. Dies umfasst auch die Prüfung, ob die Befreiungsvoraussetzungen nach § 289b Abs. 2 und 3 erfüllt sind. Das in Art. 19a Abs. 6 Bilanz-RL (RL 2013/34/EU) idF CSR-RL enthaltene Mitgliedstaatenwahlrecht, eine Pflicht zur inhaltlichen Überprüfung der nichtfinanziellen Angaben einzuführen, hat der deutsche Gesetzgeber trotz diesbezüglicher Forderungen verschiedener Interessengruppen nicht ausgeübt. Aufgrund berufsständischer Vorschriften muss der Abschlussprüfer die nichtfinanzielle Erklärung bzw. den gesonderten nichtfinanziellen Bericht jedoch auch lesen und würdigen, ob diese(r) wesentliche Unstimmigkeiten zum geprüften Jahresabschluss und Lagebericht und den bei der Prüfung gewonnenen Erkenntnissen aufweist (ISA 720 (Revised) (DE) Tz. D.1.2).

Sofern der gesonderte nichtfinanzielle Bericht nicht zusammen mit dem Lagebericht, **81** sondern erst später auf der Internetseite des Unternehmens veröffentlicht wird, ist nach § 317 Abs. 2 S. 5 vier Monate nach dem Abschlussstichtag eine ergänzende Prüfung durch denselben Abschlussprüfer erforderlich. Wird dabei festgestellt, dass der gesonderte nichtfinanzielle Bericht nicht vorgelegt wurde, ist der Bestätigungsvermerk entsprechend § 316 Abs. 3 Satz 2 zu ergänzen. Bei fristgerechter Vorlage ergeben sich hingegen keine Auswirkungen auf den Bestätigungsvermerk.

Entscheiden sich Unternehmen dafür, ihre nichtfinanzielle Berichterstattung **freiwillig 82 inhaltlich überprüfen** zu lassen, können sie den Prüfer frei wählen und sind nicht an den Abschlussprüfer gebunden. Das Gesetz spricht daher in § 289b Abs. 4 bewusst von „inhaltlich überprüft". Für eine solche inhaltliche Überprüfung kommen neben dem Abschlussprüfer auch andere unabhängige Erbringer von Bestätigungsleistungen in Betracht.[104] Dabei kann auch die Intensität der Überprüfung mit dem Prüfer frei vereinbart werden. Findet eine externe Überprüfung statt, ist die Beurteilung des Prüfungsergebnisses in gleicher Weise wie die nichtfinanzielle Erklärung oder der gesonderte nichtfinanzielle Bericht öffentlich zugänglich zu machen (§ 289b Abs. 4, → Rn. 29).

---

[100] Vgl. Kajüter IRZ 2016, 507 (511).
[101] In dieser Hinsicht unterscheidet sich die Regelung von der Schutzklausel nach § 289a S. 4. Vgl. HdR/ Kajüter §§ 289, 289a–289f Rn. 282.
[102] Vgl. Begr. RegE CSR-RUG, BT-Drs. 18/9982, 53.
[103] Vgl. IDW PS 350 nF Tz. 13; Baumüller/Follert IRZ 2017, 473; Böcking/Althoff DK 2017, 246 (251 f.); Ruhnke/Schmidt DB 2017, 2557; Orth/Oppermann DB 2020, 401; Fink/Kajüter, Lageberichterstattung, 2. Aufl. 2021, S. 542 f.
[104] Im RefE zum CSR-RUG wurden in § 289b Abs. 4 HGB-E unabhängige Erbringer von Bestätigungsleistungen noch explizit genannt. Vgl. Kajüter DB 2017, 617 (624).

83   Die nicht obligatorische inhaltliche Überprüfung durch einen unabhängigen Dritten hat Implikationen für den **Aufsichtsrat.** Da die nichtfinanzielle Erklärung Bestandteil des Lageberichts ist, obliegt es dem Aufsichtsrat, diese wie die anderen Teile des Lageberichts inhaltlich zu prüfen (§ 171 Abs. 1 AktG). Dies gilt ebenso für den gesonderten nichtfinanziellen Bericht, den der Vorstand dem Aufsichtsrat vorlegen muss (§ 170 Abs. 1 S. 3 AktG). Die Prüfung des Aufsichtsrats kann naturgemäß nicht die Detailtiefe einer Prüfung des Abschlussprüfers aufweisen, muss sich aber auf die Rechtmäßigkeit und Zweckmäßigkeit der Angaben erstrecken.[105] Angesichts der damit einhergehenden Haftungsrisiken für den Aufsichtsrat und aufgrund des Umstands, dass sich dieser nicht wie für die anderen Teile des Lageberichts auf das Urteil des Abschlussprüfers stützen kann, erweist sich die Prüfung der nichtfinanziellen Berichterstattung für den Aufsichtsrat als brisant. Sie wurde daher im Rahmen des Gesetzgebungsverfahrens kontrovers diskutiert.[106] Als Folge dessen hat der Gesetzgeber dem Aufsichtsrat in § 111 Abs. 2 AktG das Recht eingeräumt, eine externe inhaltliche Überprüfung der nichtfinanziellen Erklärung bzw. des gesonderten nichtfinanziellen Berichts zu beauftragen. Empirische Befunde zur Erstanwendung zeigen, dass vor allem große börsennotierte Unternehmen ihre nichtfinanzielle Berichterstattung einer inhaltlichen Überprüfung unterzogen haben, ganz überwiegend in Form einer prüferischen Durchsicht durch den Abschlussprüfer.[107]

84   Die Beschränkung auf eine formale Prüfung der nichtfinanziellen Berichterstattung gem. § 317 Abs. 2 S. 4 hat auch Auswirkungen auf das **Enforcement** durch die BaFin. Während Angaben im Lagebericht kapitalmarktorientierter Unternehmen regelmäßig einen Prüfungsschwerpunkt beim Enforcement bilden, ist das Enforcement der nichtfinanziellen Berichterstattung korrespondierend zu der Prüfungspflicht des Abschlussprüfers auf formale Aspekte begrenzt. So bildete das Vorhandensein der nichtfinanziellen Berichterstattung einen Prüfungsschwerpunkt im Jahr 2018. Demgegenüber hat die ESMA in ihrem Arbeitsprogramm 2020 deutlichere Vorstellungen zu einer inhaltlichen Ausgestaltung und Prüfung der nichtfinanziellen Berichterstattung dargelegt.[108]

VIII. Rechtsfolgen bei Verletzung

85   Die Verletzung der Berichtspflichten nach §§ 289b–289e wird auf unterschiedliche Art und Weise sanktioniert. Die **unrichtige Wiedergabe** oder die **Verschleierung der Verhältnisse** der Kapitalgesellschaft in der nichtfinanziellen Erklärung oder dem gesonderten nichtfinanziellen Bericht ist **strafbar.** Einem Mitglied des vertretungsberechtigten Organs oder des Aufsichtsrats drohen eine Freiheitsstrafe von bis zu drei Jahren oder eine Geldstrafe (§ 331 Nr. 1). Wird die nichtfinanzielle Erklärung oder der gesonderte nichtfinanzielle Bericht nicht erstellt oder ist sie bzw. er unvollständig, liegt eine **Ordnungswidrigkeit** vor (§ 334 Abs. 1 Nr. 3). Dies gilt auch dann, wenn bei der Inanspruchnahme der Schutzklausel nach § 289e Abs. 1 die nichtfinanziellen Angaben nicht gem. § 289e Abs. 2 nachträglich in die nächste nichtfinanzielle Erklärung aufgenommen werden, die dem Wegfall der Gründe für die Nichtaufnahme folgt. Bei kapitalmarktorientierten Unternehmen iSv § 264d wird die Ordnungswidrigkeit mit den höheren für diese Unternehmen geltenden Beträgen geahndet (§ 335 Abs. 1a).

86   Wurde der Lagebericht nicht um eine nichtfinanzielle Erklärung erweitert oder kein gesonderter nichtfinanzieller Bericht erstellt oder fehlen darin einzelne Angaben, so ist der Lagebericht unvollständig und der Abschlussprüfer kann den **Bestätigungsvermerk** einschränken oder versagen (§ 322 Abs. 2).[109]

---

[105] Vgl. Röttgen/Hund DK 2019, 201 (206 f.).
[106] Vgl. Baumüller/Follert IRZ 2017, 473; Hennrichs/Pöschke NZG 2017, 121; Hommelhoff NZG 2017, 1361; Kirsch/Huter WPg 2017, 1017; Velte IRZ 2017, 325; Wambach/Maier DB 2017, 1987; Bachmann ZGR 2018, 231; Röttgen/Hund DK 2019, 201 (206 f.); Schmidt/Strenger NZG 2019, 481 (483 ff.).
[107] Vgl. Kajüter/Wirth DB 2018, 1605 (1612); Schmotz/Schwedler/Barckow DB 2021, 797 (804).
[108] Vgl. Baumüller IRZ 2020, 147 (149 ff.).
[109] Vgl. IDW PS 405 Tz. 10 ff.; Orth/Oppermann DB 2020, 401 (408).

IX. Ausblick auf weitere Entwicklung

Mit der **Corporate Sustainability Reporting Directive (CSRD)** werden die durch 87 die CSR-RL 2014 eingeführten Vorgaben zur nichtfinanziellen Berichterstattung durch deutlich weitgehendere Vorschriften zur Nachhaltigkeitsberichterstattung ersetzt werden. EU-Kommission, Parlament und Rat haben am 21.6.2022 eine vorläufige politische Einigung zur CSRD erzielt, die nun noch offiziell bestätigt werden muss (Stand: 15.9.2022). Die neue Richtlinie wird insbesondere die Bilanz-RL (RL 2013/34/EU) ändern und spätestens 18 Monate nach ihrem Inkrafttreten in nationales Recht der Mitgliedstaaten umgesetzt werden müssen. Damit wird auch der deutsche Gesetzgeber gefordert sein, die §§ 289b–289e grundlegend zu überarbeiten.

Mit der CSRD wird der **Anwendungsbereich** der Berichtspflichten erheblich ausge- 88 weitet werden. Waren von der CSR-RL ca. 11.000 Unternehmen in der EU und ca. 550 Unternehmen in Deutschland betroffen, werden es künftig rund 50.000 Unternehmen in der EU und etwa 15.000 in Deutschland sein. Diese deutliche Vergrößerung des Anwendungsbereichs resultiert daraus, dass das Kriterium der Kapitalmarktorientierung und die Größenschwelle von 500 Arbeitnehmern als Voraussetzungen für die Berichtspflicht entfallen. Entgegen dem äußerst ambitionierten Vorschlag der EU-Kommission vom 21.4.2021 sollen die Berichtspflichten jedoch nicht bereits ab 2023 gelten, sondern **in vier Schritten** eingeführt werden:
- Die erste Gruppe bilden die Unternehmen, die bereits nach aktuellem Recht zur nichtfinanziellen Berichterstattung verpflichtet sind (→ Rn. 10 ff.). Es handelt sich mithin um große Unternehmen von öffentlichem Interesse mit mehr als 500 Arbeitnehmern. Sie müssen die neuen Vorschriften erstmals für nach dem 31.12.2023 beginnende Geschäftsjahre anwenden. Somit werden die ersten Berichte für das Geschäftsjahr 2024 im Frühjahr 2025 verfügbar sein.
- Die zweite Gruppe umfasst alle großen Kapitalgesellschaften iSv § 267 Abs. 1. Berichtspflichtig sind somit Unternehmen in der Rechtsform der AG, KGaA, SE oder GmbH sowie ihnen gleichgestellte haftungsbeschränkte Unternehmen, die an zwei aufeinander folgenden Abschlussstichtagen zwei der folgenden drei Merkmale erfüllen: Bilanzsumme über 20 Mio. EUR, Umsatzerlöse über 40 Mio. EUR, mehr als 250 Arbeitnehmer. Diese Unternehmen müssen erstmals für nach dem 31.12.2024 beginnende Geschäftsjahre zur Nachhaltigkeit berichten.
- Die dritte Gruppe erfasst alle kapitalmarktorientierten kleinen und mittelgroßen Unternehmen (KMU) sowie kleine Kreditinstitute und firmeneigene Versicherungsunternehmen. Für sie gelten die neuen Berichtspflichten erstmals für nach dem 31.12.2025 beginnende Geschäftsjahre. Dabei ist für KMU eine Opt-Out-Klausel geplant, nach der diese Unternehmen bis 2028 von den Berichtspflichten ausgenommen sind, sofern sie im Lagebericht erklären, warum die erforderlichen Informationen noch nicht vorliegen.
- Die vierte Gruppe bilden Nicht-EU-Unternehmen, deren Wertpapiere an einem regulierten Markt in der EU gehandelt werden, sowie solche, die in der EU einen Umsatz von mehr als 150 Mio. EUR erwirtschaften und mindestens eine Tochtergesellschaft oder Zweigniederlassung in der EU haben. Sie müssen ihre Lageberichte für nach dem 31.12.2027 beginnende Geschäftsjahre nach den Vorgaben der CSRD erstellen und offenlegen.

Mit dieser sukzessiven Erweiterung des Anwendungsbereichs wird den unterschiedli- 89 chen Erfahrungen der Unternehmen mit der Nachhaltigkeitsberichterstattung Rechnung getragen. Zudem gibt der gegenüber dem ursprünglichen Kommissionsvorschlag spätere Erstanwendungszeitpunkt den betroffenen Unternehmen mehr Zeit, sich mit den neuen Berichtspflichten vertraut zu machen und interne Prozesse zur Datenerhebung einzurichten.

Die **Berichtsinhalte** werden nach **ESG** strukturiert sein und damit Umwelt-, Sozial- 90 und Governance-Themen umfassen. Sie sollen durch eigene **European Sustainability Reporting Standards** (ESRS) konkretisiert werden, um eine bessere Vergleichbarkeit der Berichte zu gewährleisten. Damit ist es künftig nicht mehr möglich, ein allgemein erkanntes

Rahmenwerk frei zu wählen. Die ESRS werden von EFRAG entwickelt und nach einem öffentlichen Konsultationsprozess von der EU-Kommission durch delegierte VO verabschiedet. Die ersten Standardentwürfe wurden im April/Mai 2022 veröffentlicht und konnten bis zum 8.8.2022 kommentiert werden. Sie umfassen themenübergreifende Standards mit allgemeinen Berichtsgrundsätzen und -inhalten sowie themenspezifische Standards für Umwelt, Soziales und Governance. Insgesamt verlangen die ESRS einen recht hohen Detailgrad an Informationen. Die Nachhaltigkeitsberichterstattung folgt dabei dem Prinzip der **doppelten Wesentlichkeit.** Unternehmen müssen über Sachverhalte berichten, die für das Verständnis ihres Geschäftsverlaufs und ihrer Lage erforderlich sind (outside-in) *oder* für das Verständnis der Auswirkungen ihrer Geschäftstätigkeit auf die Umwelt und Gesellschaft (inside-out). Vor allem die Beurteilung der inside-out-Perspektive wird Unternehmen vor Herausforderungen stellen.

91   Die Angaben nach Art. 8 Taxonomie-VO werden künftig weiterhin zu machen sein. Sie sind dann Pflichtbestandteil der Nachhaltigkeitsberichterstattung. Aufgrund des erheblich ausgeweiteten Anwendungsbereichs werden jedoch deutlich mehr Unternehmen von den Berichtspflichten erfasst als derzeit im Rahmen der nichtfinanziellen Berichterstattung.

92   Die Nachhaltigkeitsberichterstattung nach der CSRD muss **innerhalb des Lageberichts** erfolgen. Die Möglichkeit, unter bestimmten Voraussetzungen mit befreiender Wirkung einen gesonderten (nichtfinanziellen) Bericht zu erstellen, wird entfallen. Dadurch wird die Flexibilität für die berichtspflichtigen Unternehmen zugunsten einer höheren Vergleichbarkeit und einer stärkeren Verknüpfung mit der Finanzberichterstattung eingeschränkt.

93   Mit der CSRD wird weiterhin eine inhaltliche **Prüfungspflicht** für die Angaben zur Nachhaltigkeitsberichterstattung eingeführt. Die Prüfung soll zunächst mit begrenzter Sicherheit erfolgen und zu einem späteren Zeitpunkt auf hinreichende Sicherheit intensiviert werden. Sie kann durch den Abschlussprüfer, einen anderen Wirtschaftsprüfer oder einen unabhängigen Erbringer von Bestätigungsdienstleisten erbracht werden. Korrespondierend mit der inhaltlichen Prüfungspflicht und der Verortung im Lagebericht wird die Nachhaltigkeitsberichterstattung kapitalmarktorientierter Unternehmen auch Gegenstand des **Enforcement.**

94   Insgesamt wird die Nachhaltigkeitsberichterstattung spürbar an Bedeutung gewinnen und nicht mehr im Schatten, sondern „auf Augenhöhe" mit der Finanzberichterstattung stehen. Der Lagebericht erfährt eine weitere Aufwertung, wird aber auch durch die umfassenden Angaben zur Nachhaltigkeit einen anderen Charakter erhalten. Für deutsche Unternehmen werden sich die ESRS zum relevanten Standard für die Nachhaltigkeitsberichterstattung entwickeln. Offen ist, welche Bedeutung den parallel entstehenden IFRS Sustainability Disclosure Standards des ISSB zukommen wird. Sie dürften in der EU angesichts der eigenen ESRS wohl nicht endorsed werden. Gleichwohl könnten sie für internationale Unternehmen bei der Inanspruchnahme ausländischer Kapitalmärkte relevant werden und bei Inkongruenzen zu den ESRS – zB beim Wesentlichkeitsgrundsatz – zusätzlichen Berichtsaufwand verursachen.

§ 289f Erklärung zur Unternehmensführung

(1) [1]Börsennotierte Aktiengesellschaften sowie Aktiengesellschaften, die ausschließlich andere Wertpapiere als Aktien zum Handel an einem organisierten Markt im Sinn des § 2 Absatz 11 des Wertpapierhandelsgesetzes ausgegeben haben und deren ausgegebene Aktien auf eigene Veranlassung über ein multilaterales Handelssystem im Sinn des § 2 Absatz 8 Satz 1 Nummer 8 des Wertpapierhandelsgesetzes gehandelt werden, haben eine Erklärung zur Unternehmensführung in ihren Lagebericht aufzunehmen, die dort einen gesonderten Abschnitt bildet. [2]Sie kann auch auf der Internetseite der Gesellschaft öffentlich zugänglich gemacht werden. [3]In diesem Fall ist in den Lagebericht eine Bezugnahme aufzunehmen, welche die Angabe der Internetseite enthält.

(2) In die Erklärung zur Unternehmensführung sind aufzunehmen

1. die Erklärung gemäß § 161 des Aktiengesetzes;

1a. eine Bezugnahme auf die Internetseite der Gesellschaft, auf der der Vergütungsbericht über das letzte Geschäftsjahr und der Vermerk des Abschlussprüfers gemäß § 162 des Aktiengesetzes, das geltende Vergütungssystem gemäß § 87a Absatz 1 und 2 Satz 1 des Aktiengesetzes und der letzte Vergütungsbeschluss gemäß § 113 Absatz 3 des Aktiengesetzes öffentlich zugänglich gemacht werden;

2. relevante Angaben zu Unternehmensführungspraktiken, die über die gesetzlichen Anforderungen hinaus angewandt werden, nebst Hinweis, wo sie öffentlich zugänglich sind;

3. eine Beschreibung der Arbeitsweise von Vorstand und Aufsichtsrat sowie der Zusammensetzung und Arbeitsweise von deren Ausschüssen; sind die Informationen auf der Internetseite der Gesellschaft öffentlich zugänglich, kann darauf verwiesen werden;

4. bei Aktiengesellschaften im Sinne des Absatzes 1, die nach § 76 Absatz 4 und § 111 Absatz 5 des Aktiengesetzes verpflichtet sind, Zielgrößen für den Frauenanteil und Fristen für deren Erreichung festzulegen und die Festlegung der Zielgröße Null zu begründen, die vorgeschriebenen Festlegungen und Begründungen und die Angabe, ob die festgelegten Zielgrößen während des Bezugszeitraums erreicht worden sind, und, wenn nicht, Angaben zu den Gründen;

5. bei börsennotierten Aktiengesellschaften, die nach § 96 Absatz 2 und 3 des Aktiengesetzes bei der Besetzung des Aufsichtsrats jeweils einen Mindestanteil an Frauen und Männern einzuhalten haben, die Angabe, ob die Gesellschaft im Bezugszeitraum den Mindestanteil eingehalten hat, und, wenn nicht, Angaben zu den Gründen; bei börsennotierten Europäischen Gesellschaften (SE) tritt an die Stelle des § 96 Absatz 2 und 3 des Aktiengesetzes § 17 Absatz 2 oder § 24 Absatz 3 des SE-Ausführungsgesetzes;

5a. bei börsennotierten Aktiengesellschaften, die nach § 76 Absatz 3a des Aktiengesetzes mindestens eine Frau und mindestens einen Mann als Vorstandsmitglied bestellen müssen, die Angabe, ob die Gesellschaft im Bezugszeitraum diese Vorgabe eingehalten hat, und, wenn nicht, Angaben zu den Gründen; bei börsennotierten Europäischen Gesellschaften (SE) tritt an die Stelle des § 76 Absatz 3a des Aktiengesetzes § 16 Absatz 2 oder § 40 Absatz 1a des SE-Ausführungsgesetzes;

6. bei Aktiengesellschaften im Sinne des Absatzes 1, die nach § 267 Absatz 3 Satz 1 und Absatz 4 bis 5 große Kapitalgesellschaften sind, eine Beschreibung des Diversitätskonzepts, das im Hinblick auf die Zusammensetzung des vertretungsberechtigten Organs und des Aufsichtsrats in Bezug auf Aspekte wie beispielsweise Alter, Geschlecht, Bildungs- oder Berufshintergrund verfolgt wird, sowie der Ziele dieses Diversitätskonzepts, der Art und Weise seiner Umsetzung und der im Geschäftsjahr erreichten Ergebnisse.

(3) Auf börsennotierte Kommanditgesellschaften auf Aktien sind die Absätze 1 und 2 entsprechend anzuwenden.

(4) [1] Andere Kapitalgesellschaften haben in ihren Lagebericht als gesonderten Abschnitt eine Erklärung zur Unternehmensführung mit den Festlegungen, Begründungen und Angaben nach Absatz 2 Nummer 4 aufzunehmen, wenn sie nach § 76 Absatz 4 oder § 111 Absatz 5 des Aktiengesetzes oder nach § 36 oder § 52 Absatz 2 des Gesetzes betreffend die Gesellschaften mit beschränkter Haftung verpflichtet sind, Zielgrößen für den Frauenanteil und Fristen für deren Erreichung festzulegen und die Festlegung der Zielgröße Null zu begründen.

[2]Absatz 1 Satz 2 und 3 gilt entsprechend. [3]Kapitalgesellschaften, die nicht zur Aufstellung eines Lageberichts verpflichtet sind, haben eine Erklärung mit den Festlegungen, Begründungen und Angaben des Satzes 1 zu erstellen und auf der Internetseite der Gesellschaft zu veröffentlichen. [4]Sie können diese Pflicht auch durch Offenlegung eines unter Berücksichtigung von Satz 1 aufgestellten Lageberichts erfüllen.

(5) Wenn eine Gesellschaft nach Absatz 2 Nummer 6, auch in Verbindung mit Absatz 3, kein Diversitätskonzept verfolgt, hat sie dies in der Erklärung zur Unternehmensführung zu erläutern.

Schrifttum: Arbeitskreis Corporate Governance Reporting der Schmalenbach-Gesellschaft für Betriebswirtschaft e.V.: Diversity Reporting als Bestandteil des Corporate Governance Reportings, in ZfbF-Sonderheft 72/17, 355; Arbeitskreis Corporate Governance Reporting der Schmalenbach-Gesellschaft für Betriebswirtschaft e.V.: Weiterentwicklung der Unternehmensberichterstattung, DB 2016, 2130; Arbeitskreis Corporate Governance Reporting der Schmalenbach-Gesellschaft für Betriebswirtschaft e.V.: Weiterentwicklung der Unternehmensberichterstattung – Überlegungen zur Reform des Corporate Governance Reportings und zur Einführung einer Mustergliederung, DB 2018, 2125; Arbeitskreis Corporate Governance Reporting der Schmalenbach-Gesellschaft für Betriebswirtschaft e.V.: Weiterentwicklung der Unternehmensberichterstattung – Gemeinsame Berichterstattung zur Corporate Governance durch Vorstand und Aufsichtsrat (§ 289f HGB, Grundsatz 17 DCGK-E), DB 2019, 317; Arbeitskreis Corporate Governance Reporting der Schmalenbach-Gesellschaft für Betriebswirtschaft e.V.: Weiterentwicklung der Unternehmensberichterstattung – Leitlinien zur Struktur der (Konzern-)Erklärung zur Unternehmensführung, DB 2020, 2025; Bachmann, Die Erklärung zur Unternehmensführung (Corporate Governance Statement), ZIP 2010, 1517; Bischof/Selch, Neuerungen für den Lagebericht nach dem Regierungsentwurf eines Bilanzrechtsmodernisierungsgesetzes, WPg 2008, 1021; Böcking/Bundle, Die Umsetzung der zweiten Aktionärsrechterichtlinie (ARUG II), DK 2020, 15; Böcking/Eibelshäuser, Die Erklärung zur Unternehmensführung nach BilMoG (§ 289a HGB), DK 2009, 563; Bürk/Wentz, Die vorstandsrechtlichen Neuregelungen des zweiten Führungspositionen-Gesetzes (FüPoG II), DK 2022, 177; Fink/Kajüter, Lageberichterstattung, 2. Aufl. 2021; Fink/Schmidt, Neue Entwicklungen in der Lageberichterstattung, DB 2015, 2157; Herb, Gesetz für gleichberechtigte Teilhabe an Führungspositionen – Umsetzung in der Praxis, DB 2015, 964; Kajüter, Neuerungen in der Lageberichterstattung nach dem Referentenentwurf des CSR-Richtlinie-Umsetzungsgesetzes, KoR 2016, 230; Kocher, Ungeklärte Fragen der Erklärung zur Unternehmensführung nach § 289a HGB, DStR 2010, 1034; Kocher, Vorstandsquote und Mandatspause nach dem FüPoG II, DB 2022, 104; Kruchen, Erklärung zur Unternehmensführung gem. § 289a HGB und „dauerhafte" Abrufbarkeit von Internetadressen (Pfaden), ZIP 2012, 62; Kuthe/Geiser, Die neue Corporate Governance Erklärung, NZG 2008, 172; Melcher/Mattheus, Zur Umsetzung der HGB-Modernisierung durch das BilMoG: Neue Offenlegungspflichten zur Corporate Governance, DB-Beilage 5/2009, 77; Orth/Oppermann, Neue Herausforderungen bei der Erstellung und Prüfung des Lageberichts, DB 2020, 401; Orth/Oser/Philippsen/Sultana, ARUG II: Zum neuen aktienrechtlichen Vergütungsbericht und sonstigen Änderungen im HGB – Erstellung, Prüfung und Offenlegung des Vergütungsberichts, DB 2019, 2814; Palmes, Der Lagebericht – Grundfragen und Haftung, 2008; Röhm-Kottmann/Gundel, Frauenquote und Zielgrößen für den Frauenanteil, WPg 2015, 1110; Ruhnke/Schmidt, Veröffentlichungs- und Prüfungspflichten im Zusammenhang mit der Erklärung zur Unternehmensführung und der nichtfinanziellen Erklärung, DB 2017, 2557; Schüppen/Walz, „Mitbestimmungslücke" und mangelhafte Berichterstattung über die „Frauenquote", WPg 2015, 1155; Seibt, Frauen in Leitungsorganen und Führungspositionen – RegE zum Zweiten Führungspositionen-Gesetz, DB 2021, 438; Strieder, Erweiterung der Lageberichterstattung nach dem BilMoG, BB 2009, 1002; Stüber, Die Frauenquote ist da – Das Gesetz zur gleichberechtigten Teilhabe und die Folgen für die Praxis, DStR, 947; Teichmann/Rüb, Der Regierungsentwurf zur Geschlechterquote in Aufsichtsrat und Vorstand, BB 2015, 259; Velte, Zur Entscheidungsnützlichkeit des corporate governance statements gem. § 289a HGB, KoR 2011, 121; Velte/v. Werder, Zur Schließung der „Verlässlichkeitslücke" beim Corporate Governance Reporting, DB 2022, 1593; Vetter, Der Tiger zeigt die Zähne, NZG 2009, 561; von Falkenhausen/Kocher, Die Begründungspflicht für Abweichungen vom Deutschen Corporate Governance Kodex nach dem BilMoG, ZIP 2009, 1149; von Werder, Zum Reformentwurf des Deutschen Corporate Governance Kodex, DB 2019, 41; Weber, Externes Corporate Governance Reporting börsennotierter Publikumsgesellschaften, 2011; Weber/Fischer/Roeschen, Zielgrößen für den Frauenanteil im Vorstand und in den beiden Führungsebenen unterhalb des Vorstands im DAX30, MDAX, SDAX und TecDAX, DB 2018, 1167 ff.; Weber/Velte, Die Bedeutung von Corporate Governance Reports aus Investorensicht, DStR 2011, 1141; Widmann, Das Fehlen des Finanzexperten nach dem BilMoG – Worst-Case-Szenario für den Aufsichtsrat?, BB 2009, 2602; Winter/Marx/De Decker, Zielgrößen für den Frauenanteil in Führungspositionen bei mitbestimmten Unternehmen, DB 2015, 1331.

Übersicht

I. Hintergrund und Normzweck

Die Erklärung zur Unternehmensführung nach § 289f (zuvor § 289a aF) vermittelt **1** Informationen zur **Corporate Governance.** Sie ist Bestandteil des Lageberichts bestimmter kapitalmarktorientierter Unternehmen.[1] Die Berichtspflicht wurde durch das BilMoG eingeführt und transformierte Art. 46a Abs. 2 und 3 der Bilanzrichtlinie idF der Abschlussprüferrichtlinie[2] in deutsches Recht. Sie war erstmals für das nach dem 31.12.2008 begonnene Geschäftsjahr zu beachten (Art. 66 EGHGB). Seitdem wurde die Vorschrift mehrfach ergänzt und durch das CSR-RUG[3] von § 289a in § 289f überführt.[4] Sie setzt nun Art. 20 Bilanz-RL nF[5] um und wird durch DRS 20.K224 ff. konkretisiert, dessen entsprechende Anwendung empfohlen wird. Eine analoge Berichtspflicht für den Konzern fehlte zunächst, wurde jedoch 2015 mit dem BilRUG als Konzernerklärung zur Unternehmensführung nach § 315 Abs. 5 eingeführt und durch das CSR-RUG in § 315d verschoben (s. § 315d).

Lageberichtsadressaten sollen durch die Erklärung zur Unternehmensführung einen **2** Einblick in die Struktur und Arbeitsweise der Leitungs- und Überwachungsorgane erhalten.[6] Informationen hierzu erleichtern das Verständnis des Geschäftsverlaufs, der Lage und der voraussichtlichen Entwicklung des Unternehmens.[7] Die einzelnen Berichtsinhalte werden in § 289f Abs. 2 normiert, bilden aber **kein systematisches Konzept für das Corporate Governance Reporting,** sondern eine Auflistung von sich teilweise überschneidenden Themen, was ua auf unterschiedliche Gesetzesinitiativen zurückzuführen ist.

Der deutsche Gesetzgeber erweiterte die Inhalte der Erklärung zur Unternehmensführung mit dem sog. FüPoG I[8] vom 24.4.2015 um Angaben zu Zielgrößen für den Frauenan- **3**

---

[1] Vgl. Vetter NZG 2009, 561 (562); Bachmann ZIP 2010, 1517 (1521). Teilweise anders jedoch Kocher DStR 2010, 1034: kein echter, materieller Teil des Lageberichts.

[2] Vgl. Richtlinie 2006/43/EG des Europäischen Parlaments und des Rates vom 17.5.2006, ABl. EG 2006 L 157, 87.

[3] Vgl. Gesetz zur Stärkung der nichtfinanziellen Berichterstattung der Unternehmen in ihren Lage- und Konzernlageberichten (CSR-Richtlinie-Umsetzungsgesetz), BT-Drs. 18/9982, BGBl. 2017 I 802 ff.

[4] Vgl. Kajüter KoR 2016, 230 (231).

[5] Vgl. Richtlinie 2013/34/EU des Europäischen Parlaments und des Rates vom 26.6.2013, ABl. EU 2013 L 182, 19.

[6] Vgl. Kuthe/Geiser NZG 2008, 172; Melcher/Mattheus DB-Beilage 5/2009, 77 (80); Palmes, Der Lagebericht – Grundfragen und Haftung, 2008, S. 73 f.; HdR/Kajüter §§ 289, 289a–289f Rn. 286.

[7] Vgl. grundlegend Weber, Externes Corporate Governance Reporting börsennotierter Publikumsgesellschaften, 2011; Weber/Velte DStR 2011, 1141 ff.

[8] Vgl. Gesetz für die gleichberechtigte Teilhabe von Frauen und Männern an Führungspositionen in der Privatwirtschaft und im öffentlichen Dienst, BT-Drs. 18/3784, BGBl. 2015 I 642. Vgl. dazu auch Herb DB 2015, 964 ff.; Stüber DStR 2015, 947 ff.; Röhm-Kottmann/Gundel WPg 2015, 1110 ff.; Schüppen/Walz WPg 2015, 1155; Winter/Marx/De Dekker DB 2015, 1331 ff.

teil in Führungspositionen (§ 289f Abs. 2 Nr. 4) und um Angaben zur Einhaltung der fixen Geschlechterquote im Aufsichtsrat (§ 289f Abs. 2 Nr. 5). Damit möchte der Gesetzgeber Unternehmen dazu bewegen, Maßnahmen zur Gleichstellung von Frauen und Männern bei der Besetzung von Führungspositionen zu ergreifen. Er setzt hierbei auf die verhaltenssteuernde Wirkung der Berichtspflichten.[9] Diese waren erstmals für nach dem 31.12.2015 begonnene Geschäftsjahre zu befolgen und wurden durch das DRÄS 6 in DRS 20 integriert.

4   Kurz darauf waren die Berichtsinhalte nochmals aufgrund EU-rechtlicher Vorgaben der CSR-RL zu erweitern. So führte das CSR-RUG § 289f Abs. 2 Nr. 6 ein, wonach bestimmte Unternehmen Angaben zu ihrem Diversitätskonzept für die Zusammensetzung der Leitungs- und Überwachungsorgane machen müssen. Diese Angaben sind weiter gefasst als jene nach § 289f Abs. 2 Nr. 4 und 5. Sie waren erstmals für nach dem 31.12.2016 begonnene Geschäftsjahre verpflichtend. DRÄS 8 ergänzte die entsprechenden konkretisierenden Regelungen in DRS 20.

5   Weitere Änderungen an § 289f wurden durch das ARUG II[10] und das FüPoG II[11] vollzogen. Der durch das ARUG II eingeführte § 289f Abs. 2 Nr. 1a verlangt, dass in der Erklärung zur Unternehmensführung auf den Vergütungsbericht von Vorstand und Aufsichtsrat nach § 162 AktG zu verweisen ist. Die Aufnahme dieses Verweises war erstmals für nach dem 31.12.2020 begonnene Geschäftsjahre erforderlich und wurde durch DRÄS 9 in DRS 20 aufgenommen. Mit dem FüPoG II vom 7.8.2021 wurde das FüPoG I aus dem Jahr 2015 weiterentwickelt. Die Berichtspflichten in der Erklärung zur Unternehmensführung wurden verschärft (§ 289f Abs. 2 Nr. 4 und Abs. 4) und um Angaben zur Einhaltung des neu eingeführten Mindestbeteiligungsgebots für Frauen im Vorstand erweitert (§ 289f Abs. 2 Nr. 5a). Die Angaben waren erstmals für nach dem 31.12.2020 begonnene Geschäftsjahre zu machen; DRS 20 wurde mit DRÄS 12 entsprechend angepasst.

6   Neben § 289f existiert eine Reihe weiterer Vorschriften und Empfehlungen zur Berichterstattung über die Corporate Governance, so dass sich diese als ein sehr zersplittertes und sowohl für Anwender als auch für Adressaten zunehmend unübersichtliches Gebiet der Unternehmensberichterstattung darstellt.[12] Die offensichtlichen Schwächen der aktuellen Rechtsnormen haben eine Diskussion um den **Reformbedarf** ausgelöst,[13] die inzwischen zu ersten Ergebnissen geführt hat. Nach dem grundlegend überarbeiteten DCGK vom 20.3.2020 und der aktuellen Fassung vom 28.4.2022 wird nicht mehr ein eigener Corporate Governance Bericht empfohlen (zuvor DCGK 2017, Rn. 3.10). Vielmehr sollen Vorstand und Aufsichtsrat gem. Grundsatz 23 DCGK (2022) jährlich in der Erklärung zur Unternehmensführung über die Corporate Governance des Unternehmens berichten und dabei erläutern, auf welche Weise sie die Grundsätze des Kodex anwenden („apply-or-explain").[14] Damit entwickelt sich die Erklärung zur Unternehmensführung mehr und mehr zum zentralen Instrument des Corporate Governance Reportings.

II. Anwendungsbereich

7   Die Erklärung zur Unternehmensführung ist eine zusätzliche Berichtspflicht für bestimmte, vor allem kapitalmarktorientierte Unternehmen. Der Kreis der berichtspflichti-

---

[9] Vgl. BT-Drs. 18/3784, 46.
[10] Vgl. Gesetz zur Umsetzung der Richtlinie (2017/828/EU) des Europäischen Parlaments und des Rates v. 17.5.2017 zur Änderung der Richtlinie 2007/36/EG im Hinblick auf die Förderung der langfristigen Mitwirkung der Aktionäre (Gesetz zur Umsetzung der zweiten Aktionärsrechterichtlinie), BT-Drs. 19/9739 und 19/10507, mit Änderungen aus der Beschlussempfehlung des Ausschusses für Recht und Verbraucherschutz, BT-Drs. 19/15153, vom 12.12.2019, BGBl. 2019 I 2637.
[11] Vgl. Gesetz zur Ergänzung und Änderung der Regelungen für die gleichberechtigte Teilhabe Frauen an Führungspositionen in der Privatwirtschaft und im öffentlichen Dienst, vom 7.8.2021, BGBl. 2021 I 3311. Vgl. dazu auch Seibt DB 2021, 438; Bürk/Wentz DK 2022, 177; Kocher DB 2022, 104.
[12] Vgl. HdR/Kajüter §§ 289, 289a–289f Rn. 326.
[13] Vgl. Arbeitskreis Corporate Governance Reporting der Schmalenbach-Gesellschaft für Betriebswirtschaft e.V. DB 2016, 2130 ff., DB 2018, 2125 ff., DB 2019, 317 ff., DB 2020, 2025 ff.
[14] Vgl. von Werder DB 2019, 41 ff.; Orth/Oser/Philippsen/Sultana DB 2019, 2814 (2820 f.).

gen Unternehmen wird jedoch nicht einheitlich definiert, sondern variiert aufgrund der Vorgaben verschiedener Gesetze und Richtlinien je nach Angabe innerhalb der Erklärung zur Unternehmensführung. Differenzierungskriterien sind dabei Rechtsform, Kapitalmarktorientierung, Mitbestimmung und Größe.

Nach § 289f Abs. 1 müssen **börsennotierte AG** iSv § 3 Abs. 2 AktG eine Erklärung **8** zur Unternehmensführung abgeben. Ebenso betroffen sind börsennotierte KGaA (§ 289f Abs. 3) und börsennotierte SE. Es handelt sich mithin um Unternehmen, die ihre Aktien dem organisierten Markt iSv § 2 Abs. 11 WpHG zugeführt haben; der Freiverkehr fällt nicht unter diese Bestimmung. Der organisierte Markt umfasst sowohl den Handel im Inland als auch in einem anderen Staat des EWR (§ 2 Abs. 7 WpÜG). Dies entspricht der Angabepflicht nach Art. 46a Abs. 3 Bilanz-RL idF der Abänderungsrichtlinie. Darüber hinaus dehnt Abs. 1 S. 1 die Verpflichtung zur Angabe einer Erklärung zur Unternehmensführung auf solche AG, KGaA und SE aus, die andere Wertpapiere als Aktien (etwa Schuldverschreibungen, Genussscheine oder Pfandbriefe, vgl. § 2 Abs. 1 WpÜG) zum Handel an einem organisierten Markt (§ 2 Abs. 11 WpHG) zugelassen haben, deren Aktien aber gleichzeitig über ein **multilaterales Handelssystem** (§ 2 Abs. 8 S. 1 Nr. 8 WpHG) gehandelt werden. Da solche Unternehmen nicht zwingend erfahren, dass ihre Aktien tatsächlich über ein multilaterales Handelssystem gehandelt werden und eine entsprechende Informationspflicht der Marktteilnehmer nicht besteht, beschränkt Abs. 1 S. 1 die Berichtspflicht dahingehend, dass die Erklärung zur Unternehmensführung nur dann abzugeben ist, wenn die ausgegebenen Aktien auf **eigene Veranlassung** über ein multilaterales Handelssystem gehandelt werden. Damit soll sichergestellt werden, dass alle Aktien von AG, KGaA und SE der Erklärung unterliegen, selbst wenn die Aktien nicht in einem organisierten Markt, sondern in einem sonstigen System gehandelt werden.[15]

Mit dieser Definition des Anwenderkreises hat der Gesetzgeber eine **weitere Katego- 9 rie von Kapitalgesellschaften** als Rechnungslegungsverpflichtete eingeführt, die sich von den kapitalmarktorientierten Kapitalgesellschaften gem. § 264d unterscheidet. Die Berichtspflicht nach § 289f Abs. 1 greift nur, wenn der Markt bereits in Anspruch genommen wurde; die Beantragung zur Zulassung zum Handel reicht – anders als zB bei § 289 Abs. 4 – nicht aus. Auch das Merkmal „auf Veranlassung der AG" findet sich in § 289 Abs. 4 nicht.[16]

Eine Möglichkeit der Befreiung von der Erklärungspflicht besteht nicht. Daher müssen **10** berichtspflichtige AG, KGaA und SE auch dann eine Erklärung zur Unternehmensführung abgeben, wenn sie als Tochterunternehmen in den Konzernabschluss eines anderen berichtspflichtigen Mutterunternehmens einbezogen werden.[17] Wird der Lagebericht eines Mutterunternehmens nach § 315 Abs. 5 (DRS 20.22) mit dem Konzernlagebericht zusammengefasst, dann ist die Erklärung zur Unternehmensführung Bestandteil des zusammengefassten Lageberichts (→ § 315d Rn. 10). Andere als die berichtspflichtigen Unternehmen können § 289f **freiwillig** anwenden.[18]

Nach § 289f Abs. 4 S. 1 haben auch solche Unternehmen eine Erklärung zur Unter- **11** nehmensführung abzugeben, die nach dem FüPoG II Zielgrößen und Fristen für den Frauenanteil in Führungspositionen festlegen müssen. Dies sind neben den in → Rn. 8 genannten Unternehmen auch alle anderen **Kapitalgesellschaften, die der Mitbestimmung unterliegen,** also idR mehr als 500 Arbeitnehmer beschäftigen (§ 1 Abs. 1 DrittelbG). Dadurch werden auch nicht börsennotierte AG und KGaA (§ 76 Abs. 4 AktG, § 111 Abs. 5 AktG), GmbH (§§ 36, 52 Abs. 2 GmbHG), eG (§ 336 Abs. 2 HGB iVm § 9 Abs. 3 f. GenG) und VVaG (§ 188 Abs. 1 S. 2 VAG, § 189 Abs. 3 S. 1 VAG) verpflichtet, eine Erklärung zur Unternehmensführung zu erstellen und zu veröffentlichen, sofern sie mitbestimmt sind.[19] Weiterhin sind auch Unternehmen in der Rechtsform der SE betroffen, die börsennotiert

---

[15] Vgl. BeBiKo/Grottel § 289f Rn. 16; HdR/Kajüter §§ 289, 289a–289f Rn. 291.
[16] Vgl. Beck HdR/Kirsch/Köhrmann/Huter B 510 Rn. 264.
[17] Vgl. BeBiKo/Grottel § 289f Rn. 17; HdR/Kajüter §§ 289, 289a–289f Rn. 292.
[18] Vgl. BT-Drs. 16/10067, 77; Fink/Kajüter, Lageberichterstattung, 2. Aufl. 2021, S. 372.
[19] Vgl. Teichmann/Rüb BB 2015, 898 (901 f.).

sind oder der Mitbestimmung unterliegen.[20] Schließlich können in Einzelfällen auch GmbH & Co. KG unter die Berichtspflicht nach § 289f Abs. 4 S. 1 fallen, wenn die Kommanditisten die Mehrheit der Anteile oder Stimmrechte an der Komplementär-GmbH halten und die Mitarbeiter der KG nach § 4 Abs. 1 MitbestG der GmbH zuzurechnen sind und dadurch insgesamt idR mehr als 2.000 Arbeitnehmer beschäftigt werden.[21] Für diesen erweiterten Anwenderkreis gelten jedoch nur die Berichtspflichten nach § 289f Abs. 2 Nr. 4.

12 Die mangelnde Verpflichtung zur Lageberichterstattung begründet keine Befreiung von der Berichtspflicht gem. § 289f Abs. 1 S. 1. Vielmehr müssen nach § 289f Abs. 1 S. 2 auch solche Unternehmen eine Erklärung zur Unternehmensführung mit den Angaben nach § 289f Abs. 2 Nr. 4 erstellen, die nicht zur Offenlegung eines Lageberichts verpflichtet sind. Dies kann auf kleine (iSv § 267 Abs. 1), nicht börsennotierte Unternehmen zutreffen.[22] Diese Unternehmen müssen ihre Erklärung zur Unternehmensführung dann entweder auf ihrer Internetseite öffentlich zugänglich machen oder freiwillig einen Lagebericht erstellen und offenlegen, in den sie die Erklärung zur Unternehmensführung aufnehmen.

13 Ob auch der Mitbestimmung unterliegende Tochterunternehmen, die nach § 264 Abs. 3 von der Aufstellung und Offenlegung eines Lageberichts befreit sind, eine Erklärung zur Unternehmensführung mit Angaben zu den Zielgrößen und Fristen für den Frauenanteil erstellen müssen, ist unklar. In der Begründung zum RegE des FüPoG I werden nur kleine Kapitalgesellschaften und Personenhandelsgesellschaften iSv § 264a Abs. 1 erwähnt.[23] Durch das FüPoG II wurde § 289f Abs. 4 zwar umformuliert, die Möglichkeit zur Nichtanwendung von § 289f Abs. 4 gem. § 264 Abs. 3 aber nicht aufgehoben. Daher ist davon auszugehen, dass die Berichtspflicht nach § 289f Abs. 4 S. 3 nicht für von der Lageberichterstattung befreite Tochterunternehmen gilt.[24]

III. Berichts- und Offenlegungsvarianten

14 Die Erklärung zur Unternehmensführung nimmt im Vergleich zu den übrigen Inhalten des Lageberichts nach §§ 289 und 289a in mehrfacher Hinsicht eine Sonderstellung ein. So gewährt das Gesetz den berichtspflichtigen Unternehmen ein Wahlrecht zwischen zwei alternativen Berichts- und Offenlegungsformen. Die Erklärung zur Unternehmensführung kann entweder als gesonderter Abschnitt **in den Lagebericht aufgenommen** (§ 289f Abs. 1 S. 1) oder **auf der Internetseite** der Gesellschaft öffentlich zugänglich gemacht werden (§ 289f Abs. 1 S. 2). Im letzteren Fall ist im Lagebericht ein Hinweis auf die entsprechende Internetseite aufzunehmen (§ 289f Abs. 1 S. 3).[25] Dies steht der geschlossenen Form des Lageberichts nicht entgegen (DRS 20.21).

15 Die Erklärung zur Unternehmensführung ist von den **gesetzlichen Vertretern** des jeweiligen Unternehmens abzugeben, bei der AG somit vom Vorstand, auch wenn die Inhalte teilweise den Aufsichtsrat betreffen. Dies gilt zB für die gemeinsame Entsprechenserklärung von Vorstand und Aufsichtsrat zum DCGK (§ 161 AktG) und die Beschreibung der Arbeitsweise des Aufsichtsrats sowie der Zusammensetzung und Arbeitsweise seiner Ausschüsse. Da die Erklärung zur Unternehmensführung jedoch Bestandteil des Lageberichts ist, ergibt sich unmittelbar, dass de lege lata die gesetzlichen Vertreter für ihre Abgabe verantwortlich sind.[26] Gleichwohl ergibt sich in der Praxis ein enger inhaltlicher Abstimmungsbedarf zwischen Vorstand und Aufsichtsrat. De lege ferenda scheint eine gemeinsame Erklärung zur Unternehmensführung von Vorstand und Aufsichtsrat naheliegend, wie dies Grundsatz 23 DCGK (2022) für den Corporate Governance Bericht und § 162 AktG für

---

[20] Vgl. BT-Drs. 18/3784, 46; Teichmann/Rüb BB 2015, 898 (903 ff.).
[21] Vgl. Fink/Schmidt DB 2015, 2157 (2158).
[22] Vgl. BT-Drs. 18/3784, 133.
[23] Vgl. BT-Drs. 18/3784, 133.
[24] So auch Röhm-Kottmann/Gundel WPg 2015, 1110 (1114); BeBiKo/Grottel § 289f Rn. 36; Beck HdR/Kirsch/Köhrmann/Huter B510 Rn. 316; HdR/Kajüter §§ 289, 289a–289f Rn. 295.
[25] Vgl. Kruchen ZIP 2012, 62; Fink/Kajüter, Lageberichterstattung, 2. Aufl., 2021, 373.
[26] Vgl. Fink/Kajüter, Lageberichterstattung, 2. Aufl., 2021, 372.

den Vergütungsbericht vorsehen.[27] Dies erfordert indes eine intensive Abstimmung beider Organe bei der Erstellung und Veröffentlichung der Erklärung zur Unternehmensführung und impliziert, dass eine unabhängige Prüfung gem. § 171 Abs. 1 S. 1 AktG durch den Aufsichtsrat nur eingeschränkt möglich ist.

Das Gesetz macht keine Vorgaben zum **Berichtszeitraum** und zu den **Offenlegungs-** 16 **fristen** für die Erklärung zur Unternehmensführung. Da sie nach § 289f Abs. 1 S. 1 in den Lagebericht aufzunehmen ist, reicht eine **jährliche Erklärung** aus. Die Offenlegung ergibt sich dann unmittelbar aus § 325 Abs. 1. Obgleich im Gesetz nicht explizit geregelt, gilt dies analog für die alternative Berichtsvariante eines separaten Dokuments auf der Internetseite des Unternehmens. Nur so kann sichergestellt werden, dass es zu einer zeitgleichen Veröffentlichung mit dem Lagebericht kommt und der Hinweis im Lagebericht auf die Internetseite nicht ins Leere läuft.

Im Gegensatz zur Entsprechenserklärung zum DCGK nach § 161 AktG, die auch 17 unterjährig zu aktualisieren ist, resultiert aus § 289f keine solche Pflicht für die Erklärung zur Unternehmensführung. Sie muss als Bestandteil des Lageberichts zum Zeitpunkt der Abgabe zutreffend sein.[28] Gleichwohl empfiehlt sich eine unterjährige Aktualisierung bei wesentlichen Änderungen zumindest im Fall einer Veröffentlichung im Internet, um Widersprüche mit Angaben in einer aktualisierten Entsprechenserklärung zu vermeiden.

IV. Inhalt

Der Inhalt der Erklärung zur Unternehmensführung wird in § 289f Abs. 2 und 5 18 normiert. Er umfasst Angaben zu sieben Themenfeldern sowie einen Verweis auf den Vergütungsbericht. Welche von diesen Angaben zu machen sind, richtet sich nach der Rechtsform, Kapitalmarktorientierung, Mitbestimmung und Größe des Unternehmens. Die **sieben Themenfelder** sind (DRS 20.K227):
1. die Entsprechenserklärung von Vorstand und Aufsichtsrat zum DCGK gem. § 161 AktG (Nr. 1),
2. Angaben zu Unternehmensführungspraktiken (Nr. 2),
3. Beschreibung der Arbeitsweise von Vorstand und Aufsichtsrat sowie Zusammensetzung und Arbeitsweise ihrer Ausschüsse (Nr. 3),
4. Angaben zu Zielgrößen für den Anteil von Frauen in Führungspositionen (Nr. 4),
5. Angaben zur Einhaltung der gesetzlichen Geschlechterquoten im Aufsichtsrat (Nr. 5),
6. Angaben zur Einhaltung des Mindestbeteiligungsgebots im Vorstand (Nr. 5a),
7. Angaben zum Diversitätskonzept (Nr. 6 und Abs. 5).

Da Angaben zur Vergütung der Organmitglieder einen zentralen Berichtsinhalt des 19 Corporate Governance Reportings darstellen, die Angaben hierzu aber vom Vorstand und Aufsichtsrat gemeinsam in einem separaten **Vergütungsbericht (§ 162 AktG)** zu machen sind, wurde durch das ARUG II der Inhalt der Erklärung zur Unternehmensführung um einen **Verweis** auf diesen Bericht ergänzt.[29] Die Verweispflicht gilt nur für börsennotierte AG, KGaA und SE, die einen Vergütungsbericht nach § 162 AktG erstellen müssen. Nach **§ 289f Abs. 2 Nr. 1a** muss die Erklärung zur Unternehmensführung dieser Gesellschaften auf die Internetseite der Gesellschaft Bezug nehmen, auf der der Vergütungsbericht über das letzte Geschäftsjahr und der Vermerk des Abschlussprüfers gem. § 162 AktG, das geltende Vergütungssystem gem. § 87a Abs. 1 und 2 S. 1 AktG und der letzte Vergütungsbeschluss gem. § 113 Abs. 3 AktG öffentlich zugänglich gemacht werden (DRS 20.K227b). Der Verweis kann auch elektronisch als URL-Hyperlink ausgestaltet sein.

1. Erklärung nach § 161 AktG (Abs. 2 Nr. 1). Vorstand und Aufsichtsrat börsenno- 20 tierter AG, KGaA und SE müssen nach § 161 AktG mindestens jährlich eine Erklärung zur

---

[27] Vgl. Arbeitskreis Corporate Governance Reporting der Schmalenbach-Gesellschaft für Betriebswirtschaft e.V. DB 2019, 317; HdR/Kajüter §§ 289, 289a–289f Rn. 297.
[28] Vgl. Kocher DStR 2010, 1034; BeBiKo/Grottel Rn. 92.
[29] Vgl. Orth/Oser/Philippsen/Sultana DB 2019, 2814 (2820); Böcking/Bundle DK 2020, 15 (18 f.).

Einhaltung oder Nichteinhaltung der im DCGK enthaltenen Empfehlungen abgeben (sog. **Entsprechenserklärung**). In der Erklärung ist darzulegen, inwieweit den Empfehlungen in der Berichtsperiode gefolgt wurde und inwieweit dies für die Zukunft beabsichtigt ist. Abweichungen von den Empfehlungen sind zu begründen (sog. **„comply-or-explain"-Prinzip,** DRS 20.K228). Zu beachten ist, dass seit dem DCGK (2020) die Empfehlung, einen sog. Corporate-Governance-Bericht zu erstellen und im Zusammenhang mit der Erklärung zur Unternehmensführung zu veröffentlichen (DCGK 2017, Tz. 3.10), entfallen ist.

21   Nach § 289f Abs. 2 Nr. 1 ist die Entsprechenserklärung zum DCGK in die Erklärung zur Unternehmensführung aufzunehmen. Es handelt sich mithin nicht um eine zusätzliche Berichtspflicht, sondern um die Wiedergabe einer anderweitig erforderlichen Erklärung. Diese wird dadurch Bestandteil des Lageberichts. Zu beachten ist die Inkongruenz der Verantwortlichkeiten.[30] Die Erklärung nach § 161 AktG muss von Vorstand und Aufsichtsrat gemeinsam abgegeben werden.[31] Die Aufstellung des Lageberichts, einschließlich des Abschnitts nach § 289f, fällt hingegen de lege lata allein in den Aufgabenbereich des Vorstands.

22   Die Erklärung zum DCGK nach § 161 AktG ist auf der Internetseite des Unternehmens dauerhaft öffentlich zugänglich zu machen. Dies kann im Rahmen der Erklärung zur Unternehmensführung erfolgen, sofern diese ebenfalls auf der Internetseite öffentlich zugänglich gemacht wird. Bei einer Veröffentlichung der Erklärung zur Unternehmensführung im Lagebericht muss die Entsprechenserklärung nach § 161 Abs. 2 AktG aber weiterhin auf der Internetseite veröffentlicht werden, woraus eine **Doppelangabe** resultiert. Zudem bleibt die Angabepflicht im Anhang nach § 285 Nr. 16 bestehen, weshalb es zu einem Nebeneinander der Erklärung nach § 161 AktG, den Angaben nach § 289f Abs. 2 Nr. 1 und denjenigen nach § 285 Nr. 16 und § 314 Abs. 1 Nr. 8 kommt.[32]

23   **2. Angaben zu Unternehmensführungspraktiken (Abs. 2 Nr. 2).** In der Erklärung zur Unternehmensführung sind nach § 289f Abs. 2 Nr. 2 auch Angaben zu den Unternehmensführungspraktiken zu machen, die über die gesetzlichen Anforderungen hinaus angewandt werden. Damit sind solche Praktiken gemeint, die nicht gesetzlich kodifiziert sind und auch nicht vom DCGK verlangt werden, aber in einem **unternehmensinternen Kodex** formuliert sind oder aufgrund von Satzungsvorgaben gelten (DRS 20.K229). Es geht mithin um die Selbstverpflichtung des Unternehmens in diesem Bereich. Dazu zählen beispielsweise ethische Standards, Arbeits- oder Sozialstandards, aber auch Regeln zur Vermeidung von Interessenskonflikten oder Compliance-Richtlinien.[33]

24   Die Berichtspflicht beschränkt sich auf **bedeutsame Unternehmensführungspraktiken.** Es muss also keineswegs über alle Praktiken berichtet werden, sondern nur über wesentliche. Zudem muss ein sachlicher Zusammenhang mit den Regelungen des DCGK bestehen. Dabei ist jedoch nicht im Einzelnen anzugeben, welchen Empfehlungen des DCGK gefolgt wurde, denn dies wird bereits aus der Entsprechenserklärung nach § 161 AktG deutlich. Ebenso ist nicht über die Arbeitsweise von Vorstand und Aufsichtsrat zu berichten, da es sonst zu Redundanzen mit der Berichtspflicht nach Abs. 2 Nr. 3 käme.

25   Es ist hinreichend, die bedeutsamen Unternehmensführungspraktiken zu benennen. Eine Erläuterung ihrer Ausgestaltung und Akzeptanz ist nicht erforderlich.[34] Vielmehr verlangt Abs. 2 Nr. 2 einen Hinweis auf öffentlich zugängliche Dokumente, aus denen sich Details zu den angewandten Unternehmensführungspraktiken entnehmen lassen. Eine zusätzliche Dokumentationspflicht ist damit nicht verbunden. Es geht lediglich um die

---

[30] Vgl. BeBiKo/Grottel § 289f Rn. 70 f.; Bonner HdR/Kirsch § 289f Rn. 46; Beck HdR/Kirsch/Köhrmann/Huter B 510 Rn. 321.

[31] Vgl. Böcking/Eibelshäuser DK 2009, 563 (567).

[32] Anders als Abs. 2 Nr. 1 erstreckt sich die Angabepflicht nach § 285 Nr. 16 allerdings nicht auf den Inhalt der Erklärung nach § 161 AktG selbst, → § 285 Rn. 282 ff.

[33] Vgl. Böcking/Eibelshäuser DK 2009, 563 (569); HdR/Kajüter §§ 289, 289a–289f Rn. 306.

[34] Vgl. Strieder BB 2009, 1002 (1005).

Offenlegung solcher Unterlagen, die im Unternehmen bereits vorhanden sind und die eine bestimmte Führungspraxis belegen. Obgleich der Ort, wo die Informationen öffentlich zugänglich sind, nicht näher geregelt ist, bietet sich eine Veröffentlichung auf der Internetseite des Unternehmens an.

3. Beschreibung der Arbeitsweise von Vorstand und Aufsichtsrat sowie der **26** **Zusammensetzung und Arbeitsweise ihrer Ausschüsse (Abs. 2 Nr. 3).** § 289f Abs. 2 Nr. 3 verpflichtet zur Beschreibung der Arbeitsweise von Vorstand und Aufsichtsrat sowie der Zusammensetzung und Arbeitsweise ihrer Ausschüsse. Mit Arbeitsweise sind die internen Strukturen und Prozesse sowie die praktischen Abläufe gemeint, in denen sich die Arbeitsweise beider Organe niederschlägt (DRS 20.K230). Hier ist in erster Linie an die Geschäftsordnungen zu denken. Ausschüsse sind im AktG nur für den Aufsichtsrat vorgesehen, nicht aber für den Vorstand. Nach § 107 Abs. 3 AktG kann der Aufsichtsrat aus seiner Mitte zB einen Prüfungs-, Nominierungs- und Vergütungsausschuss bestellen. Unternehmen von öffentlichem Interesse iSv § 316a S. 2 müssen gem. § 107 Abs. 4 AktG einen Prüfungsausschuss einrichten.

Während der Wortlaut des Gesetzes zu den Unternehmensführungspraktiken (§ 289f **27** Abs. 2 Nr. 2) Angaben verlangt, ist zur Arbeitsweise der Organe und ihrer Ausschüsse eine Beschreibung erforderlich. Dies impliziert eine Darstellung der wesentlichen Arbeitsabläufe im Vorstand und Aufsichtsrat sowie in der Zusammenarbeit der beiden Organe. Nähere Spezifizierungen zur **Arbeitsweise des Aufsichtsrats** lassen sich aus den entsprechenden Empfehlungen der EU-Kommission entnehmen.[35] Die Vorschrift hat Ausstrahlungswirkung auf § 100 AktG, wo die persönlichen Voraussetzungen der Aufsichtsratsmitglieder aufgeführt werden. Hierzu gehört bei Unternehmen von öffentlichem Interesse iSv § 316a S. 2 zwingend, dass mindestens ein Mitglied über Sachverstand auf dem Gebiet der Rechnungslegung und mindestens ein weiteres Mitglied über Sachverstand auf dem Gebiet der Abschlussprüfung verfügt (§ 100 Abs. 5 AktG). Diese Personen sind unter Beschreibung ihrer Qualifikation offenzulegen.[36] Zu den Ausschüssen des Aufsichtsrats, über die zu berichten ist, zählt namentlich der Prüfungsausschuss nach § 107 Abs. 3 S. 2 und Abs. 4 AktG. Zur **Arbeitsweise des Vorstands** fehlen vergleichbare Vorgaben. Hier ist vor allem auf die Geschäftsordnung abzustellen (§ 77 Abs. 2 S. 1 AktG). Nicht bezweckt ist die Darstellung der gesetzlichen Aufgaben, Rechte und Pflichten von Vorstand und Aufsichtsrat. Da die Angaben zu den Mitgliedern von Vorstand und Aufsichtsrat bereits im Anhang gemacht werden (§ 285 Nr. 10), verlangt Abs. 2 Nr. 2 in der Erklärung zur Unternehmensführung keine Beschreibung der Zusammensetzung der beiden Organe. Für eine in sich geschlossene Berichterstattung kann es gleichwohl sinnvoll sein, die Angaben in der Erklärung zur Unternehmensführung zu wiederholen oder auf die Anhangangaben zu verweisen.

Zur Beschreibung der **Arbeitsweise von Ausschüssen** empfiehlt es sich, die Ziele, **28** Aufgaben und Entscheidungskompetenzen der gebildeten Ausschüsse darzustellen und die Anzahl ihrer Sitzungen im Berichtszeitraum anzugeben. Ferner kann zB auf die Einbindung von Beratern eingegangen werden. Die Ausführungen zur personellen **Zusammensetzung der Ausschüsse** sollten sich an die Angaben nach § 285 Nr. 10 anlehnen.[37] Folglich sind die Mitglieder der Ausschüsse mit ihrem Namen, ihrem ausgeübten Beruf und Mitgliedschaften in anderen Aufsichtsräten und Kontrollgremien zu nennen und der Ausschussvorsitzende und sein Stellvertreter als solche zu bezeichnen.

Eine inhaltliche Überschneidung ergibt sich in Verbindung mit § 171 Abs. 2 S. 2 Hs. 2 **29** AktG. Danach hat der Aufsichtsrat börsennotierter AG in seinem schriftlichen Bericht an die Hauptversammlung insbesondere anzugeben, welche Ausschüsse gebildet worden sind.

---

[35] Vgl. Empfehlungen der Kommission zu den Aufgaben von nicht geschäftsführenden Direktoren/Aufsichtsratsmitgliedern börsennotierter Gesellschaften sowie zu den Ausschüssen des Verwaltungs-/Aufsichtsrats, ABl. EG 2005 L 52, 51.

[36] Vgl. Bachmann ZIP 2010, 1517 (1520); Melcher/Mattheus DB-Beilage 5/2009, 77 (81); Widmann BB 2009, 2602 (2605).

[37] Vgl. Böcking/Eibelshäuser DK 2009, 563 (569).

Ferner hat er die Anzahl seiner Sitzungen und diejenige seiner Ausschüsse mitzuteilen. Allein aufgrund der unterschiedlichen Autorenschaft sind die inhaltlich weitgehend identischen Angaben auch vom Vorstand in der Erklärung zur Unternehmensführung zu machen. Zudem kann nur so das Ziel einer geschlossenen Darstellung im Rahmen der Erklärung zur Unternehmensführung erreicht werden.[38]

30   **4. Angaben zu Zielgrößen für den Anteil von Frauen in Führungspositionen (Abs. 2 Nr. 4).** Nach § 289f Abs. 2 Nr. 4 sind Zielgrößen einschließlich der zu ihrer Erreichung definierten Fristen anzugeben, die das Unternehmen für den Frauenanteil im Vorstand, im Aufsichtsrat und in den beiden Führungsebenen unterhalb des Vorstands gemäß den Vorschriften des AktG festgelegt hat. Durch das FüPoG II wurde diese Berichtspflicht dahingehend ergänzt, dass die Festlegung einer Zielgröße von Null zu begründen ist. Weiterhin ist anzugeben, ob die Zielgrößen innerhalb der gesetzten Frist erreicht wurden und, sofern dies nicht der Fall ist, die Gründe dafür (DRS 20.K231a). Gem. § 289f Abs. 4 S. 1 gelten diese Berichtspflichten analog für Unternehmen in der Rechtsform der GmbH.

31   Grundlage für die Berichtspflicht sind § 111 Abs. 5 AktG und § 52 GmbHG, wonach der Aufsichtsrat einer börsennotierten oder mitbestimmten Gesellschaft **Zielgrößen für den Frauenanteil im Vorstand (Geschäftsführung) und Aufsichtsrat** festzulegen hat. Die Festlegung von Ausmaß und Zeitbezug der Ziele liegt grundsätzlich im Ermessen des Aufsichtsrats. Auch eine Zielgröße von Null ist grundsätzlich möglich, erfordert aber eine klare und ausführliche Begründung. Sowohl das Ausmaß als auch der Zeitbezug der Ziele können für Vorstand (Geschäftsführung) und Aufsichtsrat unterschiedlich sein. Zu beachten ist allerdings der bereits erreichte Status quo. Liegt der aktuelle Frauenanteil unter 30%, darf die Zielgröße den bereits erreichten Wert nicht unterschreiten (Verschlechterungsverbot). Beträgt der aktuelle Frauenanteil 30% oder mehr, dann darf die Zielgröße den erreichten Wert unterschreiten. Fällt dieser jedoch unter 30%, gilt wieder das Verschlechterungsverbot.[39] Bei den Fristen für die Zielerreichung gilt eine Höchstgrenze von fünf Jahren. Abweichend davon galt für die erstmalige Festlegung der Zielgrößen ein maximaler Zeitraum für die Zielerreichung bis zum 30.6.2017 (§ 25 Abs. 1 EGAktG).[40] Sofern für den Aufsichtsrat bereits das Mindestanteilsgebot nach § 96 Abs. 2 oder 3 AktG (fixe Geschlechterquote) gilt, sind die Zielgrößen und Fristen nur für den Vorstand festzulegen (§ 111 Abs. 5 S. 8 AktG). Gilt für den Vorstand das Beteiligungsgebot nach § 76 Abs. 3a AktG, entfällt ebenso die Pflicht, ggf. weitergehende Ziele für den Vorstand zu definieren (§ 111 Abs. 5 S. 9 AktG).

32   Die Berichtspflicht zu den **Zielgrößen für den Frauenanteil in den beiden Führungsebenen unterhalb des Vorstands** bzw. der Geschäftsführung greift auf § 76 Abs. 4 AktG und § 36 GmbHG zurück. In diesem Fall ist der Vorstand bzw. die Geschäftsführung einer börsennotierten oder mitbestimmten Gesellschaft verpflichtet, die Ziele mit Ausmaß und Zeitbezug festzulegen. Dabei gelten dieselben Regelungen wie bei den Zielgrößen für den Frauenanteil im Vorstand und Aufsichtsrat (Begründungspflicht einer Zielgröße von Null, Verschlechterungsverbot, max. Frist von fünf Jahren für die Zielerreichung). Ausmaß und Zeitbezug der Ziele müssen nicht mit jenen für den Frauenanteil im Vorstand und Aufsichtsrat identisch sein und können für die erste und zweite Führungsebene unterschiedlich sein.

33   Um den Frauenanteil in den beiden Führungsebenen unterhalb des Vorstands (der Geschäftsführung) zu ermitteln, ist eine Definition und Abgrenzung der **Führungsebenen** erforderlich. Das Gesetz definiert den Begriff der Führungsebene nicht. Nach der RegB zum FüPoG I sind darunter die im Unternehmen eingerichteten Hierarchieebenen unterhalb des Vorstands (Geschäftsführung) zu verstehen.[41] Gemeint sind folglich organisatorische Einheiten, welche zueinander gleichberechtigt, aber einer gemeinsamen Führung unterge-

---

38   Ebenso Bonner HdR/Kirsch § 289f Rn. 87.
39   Vgl. BT-Drs. 18/3784, 119; Teichmann/Rüb BB 2015, 259 (263).
40   Zu empirischen Befunden vgl. Weber/Fischer/Roeschen DB 2018, 1167 ff.
41   Vgl. BT-Drs. 18/3784, 119.

ordnet sind. Die Anzahl und Ausgestaltung der Führungsebenen variiert mit der Größe und Struktur eines Unternehmens. Sofern mehr als zwei Führungsebenen existieren, sind nur die beiden unmittelbar unter dem Vorstand für die Festlegung des Frauenanteils und die Berichterstattung über die Zielgrößen relevant. Sofern nur eine Führungsebene unterhalb des Vorstands existiert, beschränkt sich die Berichtspflicht auf diese. Eine Erläuterung, wie die Führungsebenen definiert und abgegrenzt werden, ist nicht gefordert, gleichwohl aber empfehlenswert, um den Adressaten des Lageberichts ein besseres Verständnis von den Zielgrößen zu vermitteln (DRS 20.K231b).[42]

34   Durch das FüPoG II wurde klargestellt, dass die Zielgrößen den angestrebten Frauenanteil am jeweiligen Gesamtgremium bzw. an der jeweiligen Führungsebene beschreiben müssen. Bei Angaben in Prozent müssen die Zielgrößen **vollen Personenzahlen** entsprechen. Dies impliziert, dass zB bei einem Gremium von zehn Personen keine Zielgröße von 8% festgelegt werden darf, da dies 0,8 Personen entsprechen würde. Hierbei ist die **voraussichtliche Größe** des Gremiums bzw. der Führungsebene zum Ende der Frist maßgeblich. Ergibt sich tatsächlich am Ende der Frist eine andere Größe, führt dies nicht dazu, dass die festgelegten Zielgrößen nachträglich unzulässig werden.[43]

35   Wird eine **Zielgröße von Null** festgelegt, so muss der Beschluss darüber klar und verständlich begründet werden (§ 76 Abs. 4 S. 3 AktG; § 111 Abs. 5 S. 3 AktG; § 36 S. 3 GmbHG, § 52 Abs. 2 S. 4 GmbHG). Mit dieser Anforderung macht der Gesetzgeber deutlich, dass Unternehmen nicht leichtfertig durch ein Ziel von Null dem Anliegen des Gesetzes ausweichen sollen. Vielmehr hat der Entscheidung für eine Zielgröße von Null eine intensive und sorgfältige Würdigung des Einzelfalls vorauszugehen. Auf dieser Grundlage sind in der **Begründung** ausführlich die Erwägungen darzulegen, die zu dem Beschluss geführt haben. Umfang und Detailgrad der Begründung können dabei im Einzelfall variieren. Nach der Begründung zum RegE des FüPoG II sollte eine Begründung mit 100 bis 150 Wörtern den Anforderungen idR genügen.[44] Die Begründungspflicht gilt erstmals für nach dem 12.8.2021 festgelegte Zielgrößen (§ 26l Abs. 2 EGAktG, § 10 Abs. 1 EGGmbHG)

36   Für die einzelnen Zielgrößen ist nach Ablauf der Frist jeweils anzugeben, ob der angestrebte Frauenanteil im Vorstand (Geschäftsführung), Aufsichtsrat und in den beiden Führungsebenen unterhalb des Vorstands (Geschäftsführung) erreicht wurde. Obwohl es hinreichend ist, die **Zielerreichung** erst nach Ablauf der Frist darzustellen, empfiehlt es sich bei mehrjährigen Fristen, die zum Stichtag erreichten Werte anzugeben, um so den Fortschritt bei der Zielerreichung aufzuzeigen. Sofern die Ziele nicht fristgerecht erreicht wurden, sind die **Gründe** dafür darzustellen (DRS 20.K231a). Zudem sind nach der Regierungsbegründung zum FüPoG I neben den Gründen auch die Maßnahmen, die zur Zielerreichung ergriffen wurden, verständlich zu erläutern.[45]

37   Denkbar ist, dass festgesetzte und veröffentlichte Zielgrößen nachträglich geändert werden. Das Gesetz macht für diese Situation keine Vorgaben. Vor dem Hintergrund des mit dem FüPoG II angestrebten Ziels erscheint eine Erhöhung der Zielgröße für den Frauenanteil in Führungspositionen unproblematisch. Wird die Zielgröße hingegen auf einen Wert über dem Status quo (Verschlechterungsverbot), aber unter dem ursprünglich festgelegten Wert reduziert, ist analog zur Nichterreichung der Zielgröße eine Begründung für die Zielanpassung geboten.[46]

38   **5. Angaben zur Einhaltung der gesetzlichen Geschlechterquote im Aufsichtsrat (Abs. 2 Nr. 5).** Aus § 289f Abs. 2 Nr. 5 ergibt sich für börsennotierte AG, KGaA und SE die Pflicht anzugeben, ob sie in der Berichtsperiode die **fixe Geschlechterquote im Aufsichtsrat** eingehalten haben, sofern sie dazu aufgrund der für sie einschlägigen gesetzli-

---

[42]   Vgl. Beck HdR/Kirsch/Köhrmann/Huter B510 Rn. 334; Fink/Kajüter, Lageberichterstattung, 2. Aufl. 2021, S. 395.
[43]   Vgl. BT-Drs. 19/30514, 20.
[44]   Vgl. BT-Drs. 19/26689, 85.
[45]   Vgl. BT-Drs. 18/3784, 120.
[46]   Vgl. BeBiKo/Grottel § 289f Rn. 161.

chen Regelungen verpflichtet sind. Wurde die fixe Geschlechterquote eingehalten, genügt ein einfacher Hinweis. Andernfalls sind die Gründe anzugeben (DRS 20.K231c). Maßnahmen, die zur Einhaltung der fixen Geschlechterquote im Aufsichtsrat ergriffen wurden, müssen im Gegensatz zur Berichtspflicht nach § 289f Abs. 2 Nr. 4 nicht dargestellt werden. Gleichwohl kann dies bei der Erläuterung der Gründe für das Nichteinhalten der Mindestanteile sinnvoll sein.

39   Die Berichtspflicht knüpft an § 96 Abs. 2 und 3 AktG (für AG und KGaA) und § 17 Abs. 2 oder § 24 Abs. 3 SE-Ausführungsgesetz (für SE) an. Danach müssen Unternehmen, die börsennotiert sind und der paritätischen Mitbestimmung unterliegen, bei der Besetzung des Aufsichtsrats einen Mindestanteil von 30% Frauen und 30% Männern einhalten. In den Anwendungsbereich der Berichtspflicht fallen mithin börsennotierte Unternehmen, die dem MitbestG, Montan-MitbestG oder MgVG unterliegen.[47] Für AG mit einer Mehrheitsbeteiligung des Bundes gem. § 393a Abs. 1 und 2 AktG gilt § 96 Abs. 2 AktG und die daran anknüpfende Berichtspflicht nach § 289f Abs. 2 Nr. 5 unabhängig davon, ob die AG börsennotiert ist und der paritätischen Mitbestimmung unterliegt. Dies trifft auch auf SE und GmbH zu, an denen der Bund mehrheitlich beteiligt ist. Unklar ist hingegen, ob auch KGaA mit Mehrheitsbeteiligung des Bundes § 289f Abs. 5 anwenden müssen, da nach § 289f Abs. 3 die Vorschriften nach Abs. 1 und 2 nur börsennotierte KGaA betreffen und eine analoge Regelung zu § 393a Abs. 1 und 2 AktG für KGaA fehlt.

40   Die fixe Geschlechterquote gilt als erfüllt, wenn das Gesamtorgan aus mindestens 30% Frauen und mindestens 30% Männern besteht. Sofern Vertreter der Anteilseigner oder Vertreter der Arbeitnehmer vor einer anstehenden Aufsichtsratswahl einer solchen **Gesamtbetrachtung der Geschlechterquote** widersprechen, müssen die Mindestanteile von 30% von beiden Seiten einzeln eingehalten werden. Wird die Geschlechterquote nicht einhalten, ist die Wahl nichtig. Die für das unterrepräsentierte Geschlecht vorgesehenen Plätze bleiben dann rechtlich unbesetzt (sog. „leerer Stuhl").[48] Diese Regelung soll nach dem Willen des Gesetzgebers eine verhaltenssteuernde Wirkung haben, da sowohl Anteilseigner als auch Arbeitnehmer bestrebt sind, ihre Plätze im Aufsichtsrat zu besetzen.[49]

41   **6. Angaben zur Einhaltung des Mindestbeteiligungsgebots im Vorstand (Abs. 2 Nr. 5a).** Nach § 289f Abs. 2 Nr. 5a müssen börsennotierte AG, KGaA und SE in der Erklärung zur Unternehmensführung angeben, ob sie in der Berichtsperiode das Mindestbeteiligungsgebot von Frauen und Männern im Vorstand eingehalten haben, sofern sie dazu gesetzlich verpflichtet sind. Wie bei der fixen Geschlechterquote im Aufsichtsrat genügt ein einfacher Hinweis, falls das Mindestbeteiligungsgebot eingehalten wurde. War dies nicht der Fall, sind die Gründe dafür anzugeben. Maßnahmen, die zur Einhaltung des Mindestbeteiligungsgebots von Frauen und Männern im Vorstand ergriffen wurden, sind nicht zwingend darzustellen. Um die Gründe für das Nichteinhalten zu erläutern, kann dies gleichwohl sinnvoll sein.

42   Berichtspflichtig sind AG und KGaA, die börsennotiert sind, der paritätischen Mitbestimmung unterliegen und deren Vorstand aus mehr als drei Personen besteht (§ 76 Abs. 3a AktG). Im Gegensatz zu § 289f Abs. 4 resultiert aus der teilparitätischen Mitbestimmung iSd DrittelbG kein Mindestbeteiligungsgebot und somit auch keine Berichtspflicht nach § 289f Abs. 2 Nr. 5a. Für börsennotierte und paritätisch mitbestimmte SE gelten die Vorschriften analog, wobei die Mindestbeteiligung im dualistischen System beim Leitungsorgan und beim monistischen System bei der Bestellung der geschäftsführenden Direktoren einzuhalten ist. Sofern der Bund an einer AG oder SE mehrheitlich beteiligt ist (§ 393a Abs. 1 und 2 AktG), gelten die Vorschriften zum Mindestbeteiligungsgebot im Vorstand unabhängig davon, ob die Gesellschaft börsennotiert ist und der paritätischen Mitbestimmung unterliegt. Ebenso sind GmbH mit Mehrheitsbeteiligung des Bundes betroffen (§ 77a Abs. 2

---

[47]   Vgl. Fink/Schmidt DB 2015, 2157.
[48]   Vgl. Fink/Kajüter, Lageberichterstattung, 2. Aufl. 2021, S. 398.
[49]   Vgl. BT-Drs. 18/3784, 122.

GmbHG). Wie bei § 289f Abs. 5 ist dies für KGaA unklar (→ Rn. 39). Bei einer Mehrheitsbeteiligung des Bundes gilt das Mindestbeteiligungsgebot bereits dann, wenn der Vorstand aus mehr als zwei Personen besteht. Wird gegen das Mindestbeteiligungsgebot verstoßen, ist die Bestellung des betreffenden Vorstandsmitglieds nichtig.

7. Angaben zum Diversitätskonzept (Abs. 2 Nr. 6 und Abs. 5). Nach § 289f **43** Abs. 2 Nr. 6 müssen börsennotierte AG, KGaA und SE, die gem. § 267 Abs. 3 S. 1 als „groß" gelten, Angaben zum Diversitätskonzept für ihre Leitungs- und Überwachungsorgane machen. Die Berichtpflicht wurde durch das CSR-RUG eingeführt und war erstmals für Geschäftsjahre zu beachten, die nach dem 31.12.2016 begannen (Art. 80 EGHGB). Sie soll Unternehmen anhalten, die **Vielfalt in den Leitungs- und Überwachungsorganen** zu erhöhen, um dadurch die Corporate Governance zu verbessern, die Qualität von internen Entscheidungsprozessen zu erhöhen und die Offenheit für neue Ideen zu stärken.[50]

Die erforderlichen Angaben umfassen eine Beschreibung des Diversitätskonzepts, das **44** im Hinblick auf die Zusammensetzung des vertretungsberechtigten Organs und des Aufsichtsrats verfolgt wird. Dabei müssen auch die Ziele des Diversitätskonzepts, die Art und Weise seiner Umsetzung und die in der Berichtsperiode erreichten Ergebnisse dargestellt werden. Wird kein Diversitätskonzept verfolgt, sind gem. dem **„comply-or-explain"-Prinzip** die Gründe hierfür zu erläutern (§ 289f Abs. 5, DRS 20.K231l).

Werden für die Zusammensetzung des vertretungsberechtigten Organs und des Auf- **45** sichtsrats unterschiedliche Diversitätskonzepte verfolgt, sind diese beide zu beschreiben. Eine Beschränkung auf eines der beiden Konzepte entspricht nicht den Anforderungen aus § 289f Abs. 2 Nr. 6, auch wenn der Wortlaut des Gesetzes von der Beschreibung „des" Diversitätskonzepts spricht.[51] Angaben zur Diversität in den Leitungs- und Überwachungsorganen können aber bereits an anderer Stelle in der Erklärung zur Unternehmensführung enthalten sein, da die Berichtspflichten nicht trennscharf formuliert sind. So weisen die Angaben zu den Zielgrößen von Frauen in Führungspositionen (§ 289f Abs. 2 Nr. 4), zur fixen Geschlechterquote im Aufsichtsrat (§ 289f Abs. 2 Nr. 5) und oftmals auch die Angaben zu Unternehmensführungspraktiken (§ 289f Abs. 2 Nr. 2) ebenfalls Diversitätsaspekte auf. Um Redundanzen zu vermeiden, kann auf diese Angaben verwiesen werden (DRS 20.K231j).[52]

Für die **Beschreibung des Diversitätskonzepts** können unterschiedliche Merk- **46** male herangezogen werden. Beispielhaft nennt das Gesetz Alter, Geschlecht, Bildungs- oder Berufshintergrund.[53] Darüber hinaus können jedoch auch die geografische Herkunft, internationale Erfahrung, Sachkenntnis zu Nachhaltigkeitsthemen oder der sozio-ökonomische Hintergrund bedeutsame Merkmale für die Diversität in den Leitungs- und Überwachungsorganen sein.[54] Die Diversitätsmerkmale müssen für Vorstand und Aufsichtsrat nicht zwingend identisch sein, da für beide Organe auch unterschiedliche Diversitätskonzepte verfolgt werden können und die Auswahl der Merkmale im Ermessen des Unternehmens steht.[55]

Zu beschreiben sind auch die mit dem Diversitätskonzept verfolgten **Ziele.** Diese **47** können allgemeiner Natur sein (zB höhere Qualität in den Entscheidungsprozessen) oder sich inhaltlich konkret auf die Merkmale der Diversität in den Leitungs- und Überwachungsorganen beziehen (zB Alter, Geschlecht, geografische Herkunft). Grundsätzlich sind verbale Ausführungen zu den Zielen hinreichend. Die Ziele müssen allerdings operational formu-

---

[50] Vgl. grdl. Arbeitskreis Corporate Governance Reporting der Schmalenbach-Gesellschaft für Betriebswirtschaft e.V., ZfbF-Sonderheft 72/17, 355.

[51] So auch BeBiKo/Grottel § 289f Rn. 224; HdR/Kajüter §§ 289, 289a–289f Rn. 319.

[52] Vgl. BT-Drs. 18/9982, 54.

[53] Vgl. BT-Drs. 18/9982, 69.

[54] Vgl. hierzu auch die Leitlinien der EU-Kommission für die Berichterstattung über nichtfinanzielle Informationen (ABl. EU 2017 C 215, 19 f. vom 5.7.2017).

[55] Vgl. BeBiKo/Grottel § 289f Rn. 226; HdR/Kajüter §§ 289, 289a–289f Rn. 322.

liert sein,[56] denn es muss auch über die im Berichtsjahr erzielten Ergebnisse berichtet werden. Daher verlangt DRS 20.K231h, Ausmaß und Zeitbezug der Ziele des Diversitätskonzepts anzugeben, sofern diese intern festgelegt werden.

48   Darüber hinaus ist die Art und Weise darzustellen, wie das Diversitätskonzept im Unternehmen umgesetzt wird. Es bietet sich an, hierbei auf die **Prozesse und Maßnahmen** einzugehen, mit denen die Ziele des Diversitätskonzepts erreicht werden sollen (DRS 20.K231i). Weiterhin ist über die **Ergebnisse** des Diversitätskonzepts zu berichten. Diese manifestieren sich in dem Ausmaß, in dem die angestrebten Ziele erreicht wurden. Hat das Diversitätskonzept zu keinen Ergebnissen geführt, ist auch dies anzugeben (DRS 20.K231k). Im Gegensatz zu den Zielgrößen für den Frauenanteil in Führungspositionen nach § 289f Abs. 2 Nr. 4 sind die Gründe für eine Zielverfehlung nicht zwingend darzulegen. Die Angabe der Gründe ist aus Adressatensicht indes wünschenswert, um die Entwicklung besser nachvollziehen zu können.

V. Prüfung

49   Die Erklärung zur Unternehmensführung ist gem. § 317 Abs. 2 S. 6 vom Abschlussprüfer nicht inhaltlich zu prüfen.[57] Vielmehr beschränkt sich die **Prüfung** darauf festzustellen, ob die Angaben gemacht wurden und sie im Lagebericht einen eigenen Abschnitt bilden, bzw. ob der Lagebericht einen Hinweis auf die Internetseite des Unternehmens enthält, die Erklärung zur Unternehmensführung dort öffentlich zugänglich ist und die Angaben nach § 289f Abs. 2 und 5 enthält. Diese formale Prüfungspflicht ergibt sich aus einem Umkehrschluss aus Art. 46a Abs. 2 S. 3 Bilanz-RL idF der Abänderungsrichtlinie.[58] Sie führt zu Lageberichten mit geprüften und ungeprüften Elementen, was die Gefahr von Missverständnissen bei den Adressaten und von einer Vergrößerung der Erwartungslücke birgt.[59] Neben der formalen Prüfungspflicht muss der Abschlussprüfer die Erklärung zur Unternehmensführung als „sonstige Information" gem. ISA 720 (Revised) Tz. D1.2 lesen und würdigen, ob sie wesentliche Unstimmigkeiten zum geprüften Jahresabschluss, Lagebericht und zu den bei der Abschlussprüfung gewonnenen Erkenntnissen aufweist.[60]

VI. Rechtsfolgen bei Verletzung

50   Die Verletzung der Berichtspflicht nach § 289f wird auf unterschiedliche Art und Weise sanktioniert. Die **unrichtige Wiedergabe** oder die **Verschleierung der Verhältnisse** der Kapitalgesellschaft in der Erklärung zur Unternehmensführung ist **strafbar.** Einem Mitglied des vertretungsberechtigten Organs oder des Aufsichtsrats drohen eine Freiheitsstrafe bis zu drei Jahren oder eine Geldstrafe (§ 331 Nr. 1). Wird die Erklärung zur Unternehmensführung nicht erstellt oder ist sie unvollständig, liegt eine **Ordnungswidrigkeit** vor (§ 334 Abs. 1 Nr. 3). Dies gilt auch für Unternehmen, die zwar nicht zur Aufstellung eines Lageberichts verpflichtet sind, aber nach § 289f Abs. 4 S. 3 über Zielgrößen für den Anteil von Frauen in Führungspositionen berichten müssen (§ 334 Abs. 1 S. 2 Nr. 3a). Sofern die Berichtspflicht nach § 289f kapitalmarktorientierte Unternehmen betrifft, wird die Ordnungswidrigkeit mit den höheren für diese Unternehmen geltenden Beträgen geahndet (§ 335 Abs. 1a).

51   Ein Verstoß gegen die gesellschaftsrechtlichen Verpflichtungen zur Festlegung von Zielgrößen und Fristen für den Anteil von Frauen in Führungspositionen nach § 76 Abs. 4

---

[56]   Vgl. EU Kommission, Mitteilungen der Kommission – Leitlinien für die Berichterstattung über nichtfinanzielle Informationen (Methode zur Berichterstattung über nichtfinanzielle Informationen) vom 5.7.2017, ABl. EU 2017 C 215, 1.

[57]   Vgl. IDW PS 350 nF Rn. 13; Ruhnke/Schmidt DB 2017, 2557; Orth/Oppermann DB 2020, 401; Fink/Kajüter, Lageberichterstattung, 2. Aufl. 2021, S. 543 f.; Velte/v. Werder DB 2022, 1593.

[58]   Vgl. Melcher/Mattheus DB-Beilage 5/2009, 77 (82); Strieder BB 2009, 1002 (1005); Velte KoR 2011, 121 (123); Weber/Velte DStR 2011, 1141 (1144); zumindest unklar von Falkenhausen/Kocher ZIP 2009, 1149 (1151).

[59]   Vgl. Bischof/Selch WPg 2008, 1021 (1030); Strieder BB 2009, 1002 (1005).

[60]   Vgl. Orth/Oppermann DB 2020, 401 (407); Fink/Kajüter, Lageberichterstattung, 2. Aufl. 2021, S. 544.

AktG und § 111 Abs. 5 AktG oder §§ 36 und 52 Abs. 2 GmbHG führt automatisch zu einer Zuwiderhandlung gegen die Berichtspflicht (§ 334 Abs. 1 S. 2). Die Berichtspflicht kann auch nicht dadurch erfüllt werden, dass in der Erklärung zur Unternehmensführung wahrheitsgemäß über die pflichtwidrigen Unterlassungen berichtet wird.[61] Ebenso stellen ganz oder teilweise fehlende Begründungen für die Festlegung einer Zielgröße von Null eine Ordnungswidrigkeit dar, auch wenn wahrheitsgemäß berichtet wird, dass keine Begründung festgelegt wurde.

Fehlt die Erklärung zur Unternehmensführung oder fehlen einzelne Angaben, so ist **52** der Lagebericht unvollständig und der Abschlussprüfer kann den **Bestätigungsvermerk** einschränken oder versagen (§ 322 Abs. 2; IDW PS 405 Tz. 10 ff.).[62]

Als Bestandteil des Lageberichts gehört die Erklärung zur Unternehmensführung zu **53** den der Hauptversammlung zwingend vorzulegenden Materialien (§ 175 Abs. 2 AktG, § 176 AktG) und spielt inhaltlich für die Entlastung von Vorstand und Aufsichtsrat eine wichtige Rolle. Das vollständige oder teilweise Fehlen der Erklärung zur Unternehmensführung rechtfertigt daher die **Anfechtung** eines gleichwohl gefassten Entlastungsbeschlusses. Bei inhaltlichen Fehlern ist zu prüfen, ob es sich um wesentliche Angaben handelt, die fehlerhaft dargestellt sind und ob sie für die Entlastung bedeutsam sind.

Zweiter Unterabschnitt. Konzernabschluß und Konzernlagebericht

Vorbemerkung (Vor § 290)

Schrifttum: Alvarez/Büttner, ED 10 Consolidated Financial Statements, Neue Regelungen zur Konsolidierung von Abschlüssen, IRZ 2009; Andrejewski/Fladung/Kühn, Abbildung von Unternehmenszusammenschlüssen nach ED IFRS 3, WPg 2006, 80; Baetge, Übergang der Rechnungslegung von HGB zu den IFRS, 2004; Ballwieser, HGB-Konzernabschlussbefreiung und privates Rechnungslegungsgremium, FS Weber, 1999, 433; Bihr, Der Entwurf des Kapitalgesellschaften- und Co. Richtliniengesetzes (KapCoRiLiG) vom 13.8.1999, BB 1999, 1862; Böcking, Modernisierung der 4. und 7. EU-Richtlinie, Übergang der Rechnungslegung vom HGB zu den IFRS, 2004, 103; Busse v. Colbe, Der Konzernabschluss im Rahmen des Bilanzrichtliniengesetzes, ZfbF 1985, 761; Busse v. Colbe, Der Konzernabschluss als Bemessungsgrundlage für die Gewinnermittlung, FS Goerdeler, 1987, 61; Busse v. Colbe, Geprüfte Konzernabschlüsse als Grundlage des Controllings und der externen Überwachung von Konzernen, FS Coenenberg, 1998, 133; Busse v. Colbe, Internationalisierung der Konzernrechnungslegung börsennotierter Mutterunternehmen durch das KapAEG und das KonTraG, FS Weber, 1999, 463; Busse v. Colbe, Rechnungslegungsziele und Ansätze zur internationalen Harmonisierung der Rechnungslegung deutscher Unternehmen, in Ballwieser (Hrsg.), US-amerikanische Rechnungslegung, 4. Aufl. 2000, 485; Busse v. Colbe, Ausbau der Konzernrechnungslegung im Lichte internationaler Entwicklungen, ZGR 2000, 651; Busse v. Colbe, Anpassung der EG-Bilanzrichtlinien an die IAS, KoR 2001, 199; Busse v. Colbe., Internationale Entwicklungstendenzen zur Einheitstheorie für den Konzernabschluss, FS Scherrer, 2004, 41; Busse v. Colbe, Anpassung der Konzernrechnungslegungsvorschriften an internationale Entwicklungen, BB 2004, 2063; Busse v. Colbe, Konsolidierte Abschlüsse als Teil der GoB?, FS Baetge, 2007, 120; Busse v. Colbe, Konzernabschluss nach HGB und IFRS – Anmerkungen zu Unterschieden und Gemeinsamkeiten, FS Krawitz, 2010, 555; Busse v. Colbe/Müller (Hrsg.), Planungs- und Kontrollrechnung im internationalen Konzern, ZfbF-Sonderheft 17/1984; Busse v. Colbe/Schurbohm-Ebneth, Neue Vorschriften für den Konzernabschluss nach dem Entwurf für ein BilMoG, BB 2008, 98; Eierle/Haller/Beiersdorf, IFRS for SMEs – eine attraktive Alternative für nicht kapitalmarktorientierte Unternehmen in Deutschland?, DB 2011, 1589; Ewelt-Knauer, Der Konzernabschluss als Berichtsinstrument der wirtschaftlichen Einheit, 2010; Faß, Konzernierung und konsolidierte Rechnungslegung, 1992; Fuchs/Stibi, IFRS 11 „Joint Arrangements" lange erwartet und doch mit (kleinen) Überraschungen?, BB 2011, 1451; Fülbier, Konzernbesteuerung nach IFRS, 2006; Funk, Weltbilanz als Dokumentations-, Planungs-, und Steuerungsinstrument, ZfbF 1978, Kontaktstudium, 133; Gebhardt/Heilmann, DRS 4 in der Bilanzierungspraxis – ein Beispiel für die Missachtung Deutscher Rechnungslegungsstandards, Der Konzern 2004, 109; Haase, Zur steuerlichen Anerkennung der Konzernabschlüsse, DB 1968, 237; Harms/Knischewski, Quotenkonsolidierung versus Equity-Methode im Konzernabschluss, DB 1985, 1353; Harms/Küting, Perspektiven der Konzernbesteuerung, BB 1982, 445; Havermann, Konzernrechnungslegung – quo vadis?, WPg 2000, 121; Hendler, Abbildung des Erwerbs und der Veräußerung von Anteilen an Tochterunternehmen nach der Interessentheorie und der Einheitstheorie, 2002; Van Hulle, Von den Bilanzrichtlinien zu International Accounting Standards,

---

[61] Vgl. BT-Drs. 19/26689, 81.
[62] Vgl. Orth/Oppermann DB 2020, 401 (408).

WPg 2003, 968; Van Hulle, Europäische Rechnungslegung auf neuen Wegen, in Baetge, Übergang der Rechnungslegung vom HGB zu den IFRS, 2004, 131; Klar/Reinke, Der Spartenkonzern – Abgrenzung des Konsolidierungskreises, WPg 1991, 693; Kretschik, Die Gewinnverwendung im Konzern unter Berücksichtigung konzernhaftungsvertraglicher Rahmenbedingungen, 1991; Küting, Konsolidierungspraxis, 1974; Küting/Lam, Bilanzierungspraxis in Deutschland, DStR 2011, 991; Küting/Scheren, Die Organisation der externen Konzernrechnungslegung, DB 2010, 1893; Küting/Seel, Das neue deutsche Konzernbilanzrecht, DStR-Beiheft 26/2009, 37; K. Kuhn, Die Bilanz als Entscheidungshilfe im dezentral organisierten Konzern, in Busse v. Colbe, Das Rechnungswesen als Instrument der Unternehmensführung, 1969, 43; U. Kuhn, Der Plankonzernabschluss als Führungsinstrument, in Küting/Weber, Konzernrechnungswesen des Jahres 2000, 1991, 331; Kußmaul/Henkes, Kommunaler Konzernabschluss – ein neues Betätigungsfeld für den Berater, BB 2006, 2082; Lehertshuber, Unternehmensvertragsrecht und Konzernhandelsbilanz, 1986; Lück, Materiality in der internationalen Rechnungslegung, 1975; Lutter, Zur Binnenstruktur des Konzerns, FS Westermann, 1974, 347; Lutter, Rücklagenbildung im Konzern, FS Goerdeler, 1987, 327; Luttermann, Zum Rechtsgebiet der internationalen Konzernrechnungslegung, FS Kropff, 1997, 485; Möller/Hüfner/Keller/Kettniß/Viethen, Konzernrechnungslegung, 2011; Ordelheide, Der Konzern als Gegenstand betriebswirtschaftlicher Forschung, BFuP 1986, 293; Ordelheide, Konzernerfolgskonzeptionen und Risikokoordination, ZfbF 1987, 975; Roos, Besonderheiten bei der Identifizierung des Erwerbszeitpunkts bei Unternehmenszusammenschlüssen nach Handelsrecht, StuB 2017, 734; Schurbohm-Ebnet/Zoeger, Zum Referentenentwurf des Bilanzmodernisierungsgesetzes (BilMoG): Internationalisierung des handelsrechtlichen Konzernabschlusses, DB 2008, Beilage 1 zu Heft 7, 40; Zwirner, BilRUG – wesentliche Änderungen im Konzernabschluss und zur Offenlegung, BC 2015, 444; Zwirner/Busch, BilRUG – Die wichtigsten Fragen: Konzernabschluss, BC 2016, 413; Zwirner/Künkele, Die Bedeutung der Neuregelung des BilMoG im Kontext zunehmender Anwendung der IFRS: Annäherung statt Übernahme, KoR 2009, 639.

Übersicht

I. Entwicklung der Konzernrechnungslegung

1. Aktienrechtsreform 1965 und Publizitätsgesetz. Mit dem AktG 1965 und dem **1** zugehörigen EGAktG wurde in Deutschland die Rechnungslegung für Konzerne erstmalig kodifiziert. Allerdings beschränkte sich die Regelung auf jene Konzerne, an deren Spitze eine AG oder KGaA steht (§ 329 AktG aF) und zu denen als abhängiges Unternehmen eine AG gehört, wenn eine GmbH die Konzernspitze bildet (§ 28 EGAktG aF). Bereits der 1958 veröffentlichte Referentenentwurf eines Aktiengesetzes enthielt eine im Vergleich zu den Gesetzen ausländischer Rechtsordnungen sehr detaillierte Regelung der Konzernrechnungslegung; sie bildete die Basis für die Vorschriften des 1960 veröffentlichten Regierungsentwurfs eines Aktiengesetzes (§§ 317–326 RegE).[1] Mit nur geringfügigen Änderungen wurden diese Vorschriften für die Rechnungslegung der Konzerne in den Fünften Teil des Dritten Buchs des **Aktiengesetzes von 1965** (§§ 329–338) übernommen. Im Jahr 1969 wurde das sog. **Publizitätsgesetz**[2] (PublG) verabschiedet, durch das weitere Konzernleitungen von einer bestimmten Größe des Konzerns an mit einer nicht im AktG geregelten Rechtsform des Mutterunternehmens gem. §§ 11–15 dazu verpflichtet wurden, in Anlehnung an die damaligen aktienrechtlichen Vorschriften Konzernabschlüsse aufzustellen und – zumindest Konzernbilanzen – bekannt zu machen.

2. Bilanzrichtliniengesetz. Zu dieser Zeit begannen auf der Ebene der damaligen **2** EG die Diskussion und die Arbeiten zu Richtlinien für die **Harmonisierung** der Jahresabschlüsse von Kapitalgesellschaften und etwas später auch der Konzernabschlüsse für Konzerne mit einer Kapitalgesellschaft als herrschendes oder abhängiges Unternehmen. Nach Verabschiedung der RL 78/660/EWG (4. EG-Richtlinie) für den Einzelabschluss wurde 1983 auch die RL 83/349/EWG (7. EG-Richtlinie) für den Konzernabschluss verabschiedet. Mit dem **Bilanzrichtlinien-Gesetz** vom 19.12.1985 (BGBl. 1985 I 2355) wurden in Form eines Artikelgesetzes die **Vierte, Siebente und Achte Richtlinie der EG** zur Harmonisierung des Gesellschaftsrechts[3] in deutsches Recht umgesetzt. Damit wurde auch die Rechnungslegung für Konzerne von einer **Mindestgröße** an gegenüber dem bis dahin vor allem für die AG als Mutterunternehmen geltenden Recht grundlegend umgestaltet und auf die **GmbH** erweitert. Die Vorschriften wurden zum weit überwiegenden Teil in das Dritte Buch (§§ 238–340) des **HGB** aufgenommen.

Die vom Gesetz betroffenen Unternehmen mussten die Vorschriften auf den Einzelab- **3** schluss spätestens für ab dem 1.1.1987 und auf den Konzernabschluss spätestens für ab dem 1.1.1990 beginnende Geschäftsjahre anwenden (Art. 23 Abs. 2 EGHGB). Die **Umsetzung der 7. EG-Richtlinie** über den konsolidierten Abschluss (RL 83/349/EWG) war politisch weniger brisant als die Umsetzung der RL 78/660/EWG, weil der Konzernabschluss in Deutschland rechtlich **weder Besteuerungs- noch Ausschüttungsgrundlage** ist. Er ist auch – zumindest vorerst – **insofern nicht Bestandteil der allgemeinen Grundsätze ordnungsmäßiger Buchführung** (GoB), als er nur für Konzerne von gesetzlich festgelegten **Größenordnungen** der Bilanzsumme, der Umsatzerlöse und der Arbeitnehmerzahl an (§ 293, § 11 PublG) sowie unabhängig davon im Fall der **Börsennotierung** aufgestellt werden muss. Damit sind diese Vorschriften für die Masse der Personenunternehmen nicht relevant. Der Gesetzgeber hielt sich einerseits bei der Umsetzung der RL 83/349/EWG in den §§ 290–315 möglichst eng an die schon sehr detaillierten Mindestvorschriften der RL

---

[1] Referentenentwurf eines Aktiengesetzes, 1958, 3. Buch, 4. Teil, §§ 287–295. Entwurf eines Aktiengesetzes und eines Einführungsgesetzes zum Aktiengesetz nebst Begründung, 1960.

[2] Gesetz über die Rechnungslegung von bestimmten Unternehmen und Konzernen v. 15.8.1969, BGBl. 1969 I 1189.

[3] 4. Richtlinie des Rates v. 25.7.1978 aufgrund von Art. 54 Abs. 3 Buchst. g des Vertrages über den Jahresabschluss von Gesellschaften bestimmter Rechtsformen (RL 78/660/EWG), ABl. EG 1978 L 222, 170; 7. Richtlinie des Rates v. 13.6.1983 aufgrund von Art. 54 Abs. 3 Buchst. g des Vertrages über den konsolidierten Abschluss (RL 83/349/EWG), ABl. EG 1983 L 193, 1; 8. Richtlinie des Rates v. 10.4.1984 aufgrund von Art. 54 Abs. 3 Buchst. g des Vertrages über die Zulassung der mit der Pflichtprüfung der Rechnungslegungsunterlagen beauftragten Personen (RL 84/253/EWG), ABl. EG 1984 L 126, 20.

83/349/EWG. Andererseits übte er die den Mitgliedstaaten eingeräumten **Gestaltungs-wahlrechte** im Sinne der geltenden deutschen Regelungen aus und gab sie soweit wie möglich als Konsolidierungswahlrechte an die Unternehmen weiter. Diese Wahlrechte brachten die Gefahr mit sich, dass die Konzernabschlüsse nicht nur von Unternehmen aus verschiedenen Staaten, sondern auch innerhalb Deutschlands nur schwer miteinander vergleichbar sind. Ausgehend von den Einzelabschlüssen der zu konsolidierenden Unternehmen wird der Konzernabschluss **derivativ** unter **Eliminierung konzerninterner** Kapital-verflechtungen und Leistungen (§§ 300, 301) idR nach der Prämisse aufgestellt, dass deren Vermögen und Schulden einzeln erworben worden sind **(Erwerbsmethode);** nur aus-nahmsweise durfte er bis 2009 unter Fiktion der Fusion (§ 302 aF) aufgestellt werden (Methode der Interessenzusammenführung).

4   **3. Internationalisierung.** Parallel zu den Harmonisierungsbestrebungen in der dama-ligen EG bemühte sich seit 1973 das **International Accounting Standards Committee (IASC),** eine Organisation von Repräsentanten, vor allem der nationalen Körperschaften der Wirtschaftsprüfer aus inzwischen rd. 100 Ländern, darunter Frankreich, Deutschland, Japan und die anglo-amerikanischen Länder, mit der Veröffentlichung **Internationaler Rechnungslegungsgrundsätze (IAS)** die Rechnungslegung insbesondere von Kapitalge-sellschaften über den Bereich der Europäischen Gemeinschaften hinaus möglichst weitge-hend zu vereinheitlichen. Den **konsolidierten Abschluss** betrafen zunächst folgende Stan-dards:

- IAS 21: The Effects of Changes in Foreign Exchange Rates (rev. 1993, 2003, 2008),
- IAS 22 (heute: IFRS 3): Accounting for Business Combinations (1983, rev. 1998),
- IAS 27: Consolidated Financial Statements and Accounting for Investments in Subsidiaries (1989, ref.1994, amended 2011 and IFRS 10 Consolidated Financial Statements),
- IAS 28: Accounting for Investments in Associates (1989, ref. 1994, IAS 28 Investments in Associates and Joint Ventures, 2011),
- IAS 31: Financial Reporting of Interests in Joint Ventures (1990, ref. 1994, IAS 31 wurde abgelöst durch IFRS 11 Joint Arrangements und IFRS 12 Disclosure of Interests in Other Entities, 2011).

5   Gem. **IAS 27.7** in der ursprünglichen Fassung von 1989 und 1994 war grundsätzlich **jedes Mutterunternehmen in jeder Rechtsform,** das einen Abschluss nach IAS präsen-tiert, zur Konzernrechnungslegung **verpflichtet:** „should present consolidated financial statements".

6   **4. KapAEG und KonTraG.** Mit dem **Kapitalaufnahmeerleichterungsgesetz** (KapAEG, BGBl. 1998 I 707) hatte der Gesetzgeber durch Einfügung des § 292a in das HGB die **Konzernrechnungslegung börsennotierter Unternehmen** der Internationa-lisierung geöffnet. Danach durften diese Unternehmen ihre Konzernrechnungslegung statt nach deutschem Recht nach **international anerkannten Rechnungslegungsgrundsät-zen** aufstellen. Als solche galten insbesondere die IAS sowie die US-GAAP. Diese Rech-nungslegung musste aber **im Einklang mit den EG-Richtlinien** stehen und der nach **HGB gleichwertig** sein. Gem. Art. 3 KapAEG war die Regelung über den befreienden Konzernabschluss nach § 292a bis zum 31.12.2004 befristet. Der Rechtsausschuss hatte 1998 erwartet, dass der Gesetzgeber bis dahin die Rechnungslegungsvorschriften zumindest für Konzerne international anerkannten Grundsätzen angepasst haben würde. Das ist mit der IAS-VO geschehen (→ Rn. 13 ff.).

7   Mit dem **Gesetz zur Kontrolle und Transparenz im Unternehmensbereich** (Kon-TraG, BGBl. 1998 I 786) wurde, international herrschenden Grundsätzen folgend, die Kon-zernrechnungslegung **börsennotierter Unternehmen** durch Ergänzung des § 297 um die Verpflichtung erweitert, in den Konzernanhang eine **Kapitalflussrechnung** und eine **Segmentberichterstattung** aufzunehmen.[4]

---

[4]   Busse v. Colbe FS Weber, 1999, 463.

5. Deutscher Standardisierungsrat. Mit dem KonTraG wurde durch Aufnahme 8
eines § 342 in das HGB die Möglichkeit eines vom **BMJV anerkannten privaten Rech-**
nungslegungsgremiums geschaffen. Damit vollzog der Gesetzgeber ähnlich wie in Frankreich[5] zum Teil eine Abkehr von der allein durch Gesetz geregelten handelsrechtlichen
Rechnungslegung. Mit Vertrag vom 3.9.1998 sowie der nicht mehr befristeten Neufassung
vom 2.12.2011 wurde dem im gleichen Jahr privatrechtlich gegründeten **Deutschen Rech-**
nungslegungs Standards Committee eV (DRSC) die Anerkennung erteilt und ihm
die Aufgaben nach § 342 Abs. 1 Nr. 1–4 übertragen.[6] Nach anglo-amerikanischen Vorbildern soll es gem. § 342 Abs. 1
– Empfehlungen zur Anwendung der Grundsätze der Konzernrechnungslegung entwickeln,
– das BMJV bei Gesetzvorhaben zu Rechnungslegungsvorschriften beraten und
– Deutschland in internationalen Standardisierungsgremien vertreten sowie
– Interpretationen der internationalen Rechnungslegungsstandards iSd § 315e Abs. 1 erarbeiten.

Der vom DRSC bestellte **Deutsche Standardisierungsrat (DSR)** ist zunächst der 9
zuerst genannten Aufgabe durch Veröffentlichung von **Rechnungslegungsstandards**
(DRS) nachgekommen. Der DRS wurde durch die Fachausschüsse (IFRS-Ausschuss und
HGB-Ausschuss) abgelöst. Wenn ein DRS vom BMJV bekannt gemacht worden ist, gilt
die widerlegbare Vermutung, dass bei seiner Beachtung die die Konzernrechnungslegung
betreffenden GoB beachtet worden sind (§ 342 Abs. 2). Damit sind die DSR bei ihrer
Verabschiedung **nicht verbindlich,** sondern **Empfehlungen** (→ § 342 Rn. 24 ff.). Die
Rechtsnatur ist jedoch strittig. So wurde die Meinung vertreten, diejenigen DRS, die
Lücken der gesetzlichen Regelungen schließen, wie zB die zur Kapitalflussrechnung, seien
bindend, andere, die gesetzliche Wahlrechte einschränken sollen, jedoch nicht.[7] Auch andere
Arten der Konzernrechnungslegung als die von den DRS vorgegebene können als mit den
GoB vereinbar angesehen werden. Daher ist es nicht verwunderlich, dass die DRS nicht
immer vollständig beachtet werden.[8] Bei ständiger Beachtung können sich die DRS jedoch
zu GoB verdichten. Der gesetzlichen Vermutung liegt aber die Annahme zugrunde, dass
bekannt gemachte Rechnungslegungsstandards die GoB, soweit die Konzernrechnungslegung betroffen ist, zutreffend interpretieren und konkretisieren. Diese Vermutung GoB-
konformer Konzernrechnungslegung ist widerlegbar ausgestaltet worden. Die bekannt
gemachten Empfehlungen des Rechnungslegungsgremiums schreiben die GoB-konforme
Konzernrechnungslegung daher nicht letztverbindlich fest. Die letztverbindliche Interpretation und Konkretisierung der GoB bleibt auch für den Bereich der Konzernrechnungslegung
weiterhin den Gerichten vorbehalten. Die faktische Bindungswirkung bekannt gemachter
Standards ist aber ganz erheblich.

Der DSR hat folgende den Konzernabschluss direkt betreffende, zZ gültige, DRS 10
verabschiedet:
– DRS 13: Grundsatz der Stetigkeit und Berichtigung von Fehlern (ab 2016)
– DRS 17: Berichterstattung über die Vergütung der Organmitglieder (ab 2010)
– DRS 18: Latente Steuern (ab 2010)
– DRS 19: Pflicht zur Konzernrechnungslegung und Abgrenzung des Konsolidierungskrei-
ses (ab 2011)
– DRS 20: Konzernlagebericht (ab 2013)
– DRS 21: Kapitalflussrechnung (ab 2015)
– DRS 22: Konzerneigenkapital (ab 2017)
– DRS 23: Kapitalkonsolidierung – Einbeziehung von Tochterunternehmen in den Kon-
zernabschluss (ab 2017)

---

[5] CNCC, Developments in French Accounting and Auditing 1998, 1999.
[6] Ballwieser FS Weber, 1999, 433.
[7] Wiedmann, 2. Aufl. 2003, § 342 Rn. 8, 9.
[8] Gebhardt/Heilmann Der Konzern 2004, 109.

- DRS 24: Immaterielle Gegenstände im Konzernabschluss (ab 2017)
- DRS 25: Währungsumrechnung im Konzernabschluss (ab 2019)
- DRS 26: Assoziierte Unternehmen (ab 2020)
- DRS 27: Anteilmäßige Konsolidierung (ab 2020)
- DRS 28: Segmentberichterstattung (ab 2021).

11   Die DRS mit niedrigeren Nummern wurden durch neue DRS ersetzt. DRS 21, DRS 22 und DRS 28 enthalten Grundsätze für die Aufstellung von Kapitalflussrechnungen, Eigenkapitalspiegeln und von Segmentberichterstattungen. DRS 14 enthielt Regelungen für die Umrechnung der in fremder Währung aufgestellten Abschlüsse von in den Konzernabschluss einbezogenen Unternehmen, da das HGB bis zur Novelle durch das BilMoG von 2009[9] keine Einzelheiten regelte. Der Bereich wurde durch DRS 25 neu strukturiert. Die übrigen DRS legen die Vorschriften des HGB für den Konzernabschluss aus und ergänzen sie. 2004 hatte der DSR die Arbeit an weiteren Standards zum Konzernabschluss zunächst eingestellt und sich auf die Beratung des BMJV sowie auf die Mitwirkung an der Entwicklung von IAS/IFRS konzentriert. Nach Verabschiedung des BilMoG (→ Rn. 19) hat er jedoch ab 2009 die DRÄS sowie die DRS 18 und 19 auf Basis des BilMoG entwickelt und ab 2012 weitere DRS erarbeitet bzw. erneuert, die vom BMJ im Bundesanzeiger veröffentlicht wurden.

12   **6. KapCoRiLiG und TransPuG.** Im Jahr 2000 wurde das Gesetz zur Durchführung der EG-Richtlinie zur Änderung der 4. und 7. EG-Richtlinie, zur Verbesserung der Offenlegung von Jahresabschlüssen und zur Änderung anderer handelsrechtlicher Bestimmungen (KapCoRiLiG)[10] verabschiedet.[11] Mit dem Gesetz wurde im Bereich der Konzernrechnungslegung insbesondere die **GmbH/AG & Co. KG** wie eine Kapitalgesellschaft als Mutterunternehmen der **Konzernrechnungslegungspflicht** unterworfen, der **Kreis der Muttergesellschaften,** die den Konzernabschluss nach **international** anerkannten Grundsätzen aufstellen dürfen (§ 292a aF), **erweitert,** die **Größenschwellen** für Konzerne zur Befreiung von der Pflicht zur Konzernrechnungslegung herabgesetzt (§ 293 Abs. 1) und der Kreis der Unternehmen, der die Befreiung nicht beanspruchen kann (§ 293 Abs. 5), dem des § 292a aF angepasst. Zwei Jahre später folgte das Gesetz zur weiteren Reform des Aktien- und Bilanzrechts zu Transparenz und Publizität (Transparenz- und Publizitätsgesetz – TransPuG).[12] Für den Konzernabschluss brachte es zur **Annäherung an international übliche Regelungen** ua in § 297 Abs. 1 die – allerdings eher formale – Aufwertung der Kapitalflussrechnung und der Segmentberichterstattung von einem Teil des Konzernanhangs zu einem Bestandteil des Konzernabschlusses und seine Erweiterung um einen Eigenkapitalspiegel nicht nur für börsennotierte, sondern für alle kapitalmarktorientierten Mutterunternehmen sowie die **Streichung der drei Vorschriften** § 301 Abs. 1 S. 4, § 304 Abs. 2 und § 308 Abs. 3.

13   **7. Hinwendung zur Konzernrechnungslegung nach den Standards des IASB.** Im Juni 2000 hatte die Kommission der EU dem Ministerrat und dem Europäischen Parlament eine **neue Strategie der EU** für die Rechnungslegung von Kapitalgesellschaften vorgeschlagen.[13] Danach sollten künftig zumindest börsennotierte Gesellschaften ihre Konzernabschlüsse nach den vom International Accounting Standards Board (IASB, bisher IASC) verabschiedeten IAS aufstellen müssen. Im Juli 2002 wurde vom EU-Parlament und

---

[9]   Gesetz zur Modernisierung des Bilanzrechts v. 25.5.2009, BGBl. 2009 I 1102.
[10]   Gesetz zur Durchführung der Richtlinie des Rates der Europäischen Union zur Änderung der Bilanz- und der Konzernbilanzrichtlinie hinsichtlich ihres Anwendungsbereichs (90/605/EWG), zur Verbesserung der Offenlegung von Jahresabschlüssen und zur Änderung anderer handelsrechtlicher Bestimmungen v. 24.2.2000, BGBl. 2000 I 154.
[11]   Bihr BB 1999, 1862.
[12]   Gesetz zur weiteren Reform des Aktien- und Bilanzrechts, zu Transparenz und Publizität v. 19.7.2002, BGBl. 2002 I 2681.
[13]   Van Hulle WPg 2003, 968; Van Hulle in Baetge, Übergang der Rechnungslegung vom HGB zu den IFRS, 2004, S. 131.

dem Rat eine entsprechende **IAS-VO** vom 19.7.2002 über die **Anwendung internationaler Rechnungslegungsstandards** verabschiedet, die am 14.9.2002 in Kraft getreten ist.[14] Danach müssen **kapitalmarktorientierte Gesellschaften** mit Sitz in der EU für Geschäftsjahre, die am oder nach dem 1.1.2005 beginnen, ihre konsolidierten Abschlüsse nach den Standards des IASB, die von einem Ausschuss der EU nach einem abgekürzten, dem sog. **Komitologie-Verfahren**[15] übernommen worden sind **(Endorsement)**, aufstellen (Art. 4 IAS-VO); für Gesellschaften, deren Wertpapiere zum öffentlichen Handel in einem Nichtmitgliedstaat oder von denen nur Schuldtitel in einem Mitgliedstaat zugelassen sind, galt eine Übergangsfrist bis zum 1.1.2007 (Art. 9 IAS-VO). Die Übergangsregelung war insbesondere für die 1520 deutschen Gesellschaften relevant, deren Aktien in New York gelistet waren. Gem. Art. 5 IAS-VO können die **Mitgliedstaaten gestatten oder vorschreiben,** dass auch **andere Gesellschaften ihre Konzernabschlüsse** nach den IAS aufstellen und dass auch die **Einzelabschlüsse** von Gesellschaften nach den IAS aufgestellt werden. Soweit das nicht der Fall ist, galten die Vorschriften der RL 83/349/EWG (7. EG-Richtlinie) für die Konzernabschlüsse mit ihren Änderungen durch die RL 2003/51/EG (sog. Modernisierungs-RL) weiter. Die RL 83/349/EWG wurde 2013 durch die Bilanz-RL[16] abgelöst.

8. BilReG. Die IAS-VO von 2002 gilt in den Mitgliedstaaten als unmittelbares Recht. **14** Für die Wahrnehmung der Wahlrechte bedarf es jedoch einer einzelstaatlichen Regelung. Der deutsche Gesetzgeber hat mit dem Gesetz zur Einführung internationaler Rechnungslegungsstandards und zur Sicherung der Qualität der Abschlussprüfung **(Bilanzrechtsreformgesetz – BilReG)** vom 4.12.2004 (BGBl. 2004 I 3166) durch Einfügung des § 315a aF (heute: § 315e) in das HGB in Abs. 1 bestimmt, dass konzernrechnungspflichtige Unternehmen, die wegen ihrer **Kapitalmarktorientierung** nach Art. 4 IAS-VO die übernommenen Standards des IASB anwenden müssen, von den **Vorschriften des HGB** über den Konzernabschluss grundsätzlich **befreit** sind. Das betrifft in Deutschland etwa 1000 Unternehmen. Jedoch **gelten für sie die Vorschriften** des Ersten Titels des Zweiten Unterabschnitts (§§ 290–293) über die **Aufstellungspflicht,** von den allgemeinen Vorschriften die Verwendung der deutscher Sprache und des Euro (§ 244) und die Unterzeichnungspflicht (§ 245), einige Regelungen über den **Konzernanhang** in § 313 und § 314 sowie über den **Konzernlagebericht** in § 315 in der durch das BilReG erweiterten Fassung **weiter.**

Mutterunternehmen, die iSd IAS-VO **nicht kapitalmarktorientiert** sind, **dürfen 15** wie kapitalmarktorientierte Unternehmen **ihren Konzernabschluss** auch mit befreiender Wirkung nach den **Standards des IASB** aufstellen (§ 315e Abs. 3). Die Gesellschaften haben von diesem Wahlrecht bisher offenbar nur wenig Gebrauch macht.[17] Der Einzelabschluss muss für handelsrechtliche Zwecke weiterhin nach den Regeln des HGB aufgestellt werden, nur für die Offenlegung besteht für Kapitalgesellschaften gem. § 325 Abs. 2a, der durch das BilReG eingefügt wurde, das Wahlrecht, statt des handelsrechtlichen Jahresabschlusses einen Einzelabschluss nach den IAS/IFRS gem. § 315e vorzulegen.[18] Mit dem BilReG wurde § 297 Abs. 1 nochmals dahingehend geändert, dass Kapitalflussrechnung und Eigenkapitalspiegel generell und die Segmentberichterstattung wahlweise zu Bestandteilen des Konzernabschlusses nach HGB erklärt wurden. Im Übrigen hatte der Gesetzgeber von den durch die RL 2003/51/EG (sog. Modernisierungs-RL) gebotenen Möglichkeiten, die

---

14　Verordnung (EG) Nr. 1606/2002 des Europäischen Parlaments und des Rates v. 19.7.2002 betreffend die Anwendung internationaler Rechnungslegungsstandards, ABl. EG 2002 L 243, 1.

15　WP-HdB 2023 N Rn. 10.

16　Richtlinie 2013/34/EU des Europäischen Parlaments und des Rates v. 26.6.2013 über den Jahresabschluss, den konsolidierten Abschluss und damit verbundene Berichte von Unternehmen bestimmter Rechtsformen und zur Änderung der Richtlinie 2006/43/EG des Europäischen Parlaments und des Rates und zur Aufhebung der Richtlinien 78/660/EWG und 83/349/EWG des Rates, ABl. EU 2013 L 182, 19.

17　Küting/Lam DStR 2011, 991 ff.

18　Ernst in Baetge, Übergang der Rechnungslegung vom HGB zu den IFRS, 2004, 25.

Bilanzierungsvorschriften des HGB an die IAS anzupassen, bis 2009 nur wenig Gebrauch gemacht.[19]

16   **9. Die Konzernrechnungslegungsstandards des IASB.** Das IASC wurde 2001 zum **International Accounting Standard Board (IASB)** umgestaltet (im Einzelnen → Vor § 238 Rn. 7 ff.). Mit dem 2002 begonnenen **Improvementprojekt** wurden bis 2003 dreizehn IAS modernisiert und zahlreiche Wahlrechte aufgehoben. IASB und der US-amerikanische FASB vereinbarten, ihre Standards einander anzugleichen. Im März 2004 erschien unter der neuen Bezeichnung **International Financial Reporting Standards (IFRS)** der Standard Nr. 3. Er hebt IAS 22 auf. In Verbindung mit IAS 36 und 38 regelt er die Behandlung des **Goodwill** in Anlehnung an die im Jahr 2001 erschienenen Standards Nr. 141 und 142 des FASB grundlegend neu. Die Erwerbsmethode (→ Rn. 3) wird als einzige Konsolidierungsmethode etabliert und damit die der Methode der Interessenzusammenführung weitgehend entsprechende Pooling of Interests-Methode abgeschafft. Die folgenden Standards des IASB betreffen den Konzernabschluss unmittelbar:
- IAS 21: The Effects of Changes in Foreign Exchange Rates (letzte Änderung 2017)
- IAS 28: Investments in Associates and Joint Ventures (letzte Änderung 2021)
- IFRS 3: Business Combinations (letzte Änderung 2021)
- IFRS 8: Operating Segments (letzte Änderung 2015)
- IFRS 10: Consolidated Financial Statements (letzte Änderung 2016)
- IFRS 11: Joint Arrangements (letzte Änderung 2019)
- IFRS 12: Disclosure of Interests in Other Entities (letzte Änderung 2018).

17   Mit dem IFRS 10 hat der IASB den für die Konsolidierungspflicht zentralen Begriff „control" im Vergleich zum früheren IAS 27 erweitert. Unabhängig von der Art der Verbindung eines Investors mit einer Wirtschaftseinheit als Investitionsobjekt liegt „control" gem. IAS 10.5 ff. immer dann vor, wenn die Macht (power) rechtlich fundiert ist oder der Investor sie tatsächlich über das Investitionsobjekt so ausüben kann, dass er die ihm zufließenden variablen Erträge oder zu übernehmenden Verluste (returns) zu beeinflussen vermag.[20]

18   **10. Die Bedeutung der IFRS für den Konzernabschluss nach HGB.** Die IFRS/IAS haben mit der aus der IAS-VO resultierenden Verpflichtung **kapitalmarktorientierter Mutterunternehmen,** ihre konsolidierten Abschlüsse gem. § 315e nach den internationalen Standards aufzustellen (→ Rn. 13), in Deutschland für die Konzernrechnungslegung erheblich an **Bedeutung** gewonnen. In Deutschland unterliegen etwa 1000 Muttergesellschaften, in der EU etwa 7000, dieser Pflicht. Damit haben die nationalen Vorschriften für den Konzernabschluss zwar an Bedeutung eingebüßt, doch stellen in Deutschland die publizitäts- und konzernrechnungslegungspflichtigen Muttergesellschaften, die nicht **kapitalmarktorientiert** sind, etwa 4000 und meist in der Rechtsform der GmbH oder GmbH & Co. KG, ganz überwiegend ihre Konzernabschlüsse weiterhin nach den Vorschriften des HGB auf.[21] Mit der Einführung der Konzernrechnungslegungspflicht nach den IFRS für kapitalmarktorientierte Mutterunternehmen ist eine **tiefe Spaltung** der Konzernrechnungslegung zwischen IFRS-Anwendern und den übrigen Unternehmen eingetreten. Das resultiert zum einen daraus, dass die internationalen Regelungen für den Konzernabschluss von denen des HGB abweichen, und zum anderen daraus, dass die IFRS-Konzernabschlüsse aus IFRS-Einzelabschlüssen abgeleitet werden.[22] Die Einzelabschlüsse unterscheiden sich in Bilanzansatz und -bewertung zum Teil erheblich von denen, die den Vorschriften des HGB folgen. Das ergibt sich vor allem daraus, dass für sie das **Fair Value-Prinzip** von größerer Bedeutung ist. Es ist in vielen Fällen auch dann anzuwenden, wenn der Fair Value über den Anschaffungskosten liegt. Die IAS/IFRS gelten unmittelbar zwar nur für die nach diesen Standards aufgestellten Abschlüsse. Sie können jedoch auch zur **Auslegung von**

---

[19]   Busse v. Colbe BB 2004, 2063.
[20]   Zum Inhalt s. Kirsch/Ewelt-Knauer BB 2011, 1641.
[21]   IE Küting/Lam DStR 2011, 991 ff.; s. auch Eierle/Haller/Beiersdorf DB 2011, 1591.
[22]   Busse v. Colbe FS Krawitz, 2010, 555.

Vorschriften des HGB und zur **Auffüllung von Gesetzeslücken** herangezogen werden. Der DSR war zum Teil bei der Formulierung der DRS so vorgegangen. Manche Regelungen dieser deutschen Standards waren allerdings zunächst mit den Vorschriften des HGB nicht vereinbar. Sie wurden zum Teil durch den Änderungsstandard Nr. 4 vom 5.1.2010 (BAnz. 27a v. 4.2.2010) der neuen Rechtslage angepasst oder aufgehoben. Auch wenn die IFRS für den Konzernabschluss nach HGB nicht gelten, so sind sie doch geeignet, die HGB-Vorschriften auszulegen und Gesetzeslücken zu schließen, soweit die Anwendung dieser Regeln mit dem HGB vereinbar ist. Mit der Trennung der Ausschüsse (IFRS und HGB) wurde versucht, der bestehenden Gefahr entgegenzusteuern.

11. EHUG, TUG, BilMoG, BilRUG. Im Jahr 2004 wurde vom BMJV eine Novelle **19** der Rechnungslegungsvorschriften angekündigt. Mit ihr sollen auch einige Wahlrechte, die den Mitgliedstaaten durch die RL 2003/51/EG (sog. Modernisierungs-RL) eingeräumt wurden (→ Rn. 13), dazu benutzt werden, um die Konzernrechnungslegungsvorschriften des HGB den IAS/IFRS anzunähern. Dazu hatte der DSR 2005 einen umfangreichen Katalog von Vorschlägen vorgelegt. Ende des Jahres 2006 sowie im Januar 2007 wurden das Gesetz über elektronische Handelsregister und Genossenschaftsregister sowie das Unternehmensregister (EHUG) vom 10.11.2006 (BGBl. 2006 I 2553) und das Transparenzrichtlinie-Umsetzungsgesetz (TUG) vom 5.1.2007 (BGBl. 2007 I 10) verabschiedet. Beide Gesetze berühren die Konzernrechnungslegungsvorschriften nur am Rande (§§ 290, 297). Das am 29.5.2009 verabschiedete Bilanzrechtsmodernisierungsgesetz **(BilMoG)** brachte dann in Folge der zahlreichen Vorschläge und in Annäherung an die IFRS einige wichtige Änderungen des Konzernrechnungslegungsrechts, insbesondere
- die Möglichkeit zur Ausübung eines beherrschenden Einflusses als einziges Kriterium für die Definition des Tochterunternehmens und damit seiner Einbeziehungspflicht (§ 290),
- die Etablierung der Neubewertungsmethode als einzige Methode für die Kapitalkonsolidierung anstelle des Wahlrechtes für die Buchwertmethode (§ 301),
- die Kodifizierung der modifizierten Stichtagsmethode für die Umrechnung von Abschlüssen der Tochtergesellschaften in fremder Währung (§ 308a),
- die Definition des Firmenwertes als zeitlich begrenzt nutzbarer Vermögenswert (§ 246 Abs. 1 S. 4) und damit die Pflicht zu seiner planmäßigen Abschreibung anstelle von Wahlrechten (§ 309).

Allerdings ist mit der Erweiterung des Control-Konzepts durch den 2011 verabschiede- **20** ten IFRS 10 der Abstand zwischen den Konsolidierungsvorschriften des HGB und den IFRS wieder größer geworden. Am 25.10.2011 hat die EU-Kommission einen Vorschlag zur Änderung der Richtlinien über den Jahres- und den konsolidierten Abschluss veröffentlicht (KOM [2011] 684 final). Am 26.6.2013 wurde die Bilanz-RL verabschiedet. Sie ersetzt ua die aus der Anfangszeit der Harmonisierung stammende 4. Richtlinie über den Einzelabschluss (RL 78/43/EWG) und die 7. Richtlinie über den Konzernabschluss (RL 83/349/EWG). Die Richtlinie wurde am 18.6.2015 durch das Bilanzrichtlinien-Umsetzungsgesetz **(BilRUG)** vom 17.7.2015 (BGBl. 2015 I 1245) in deutsches Recht transformiert. Neben einigen kleinen Änderungen des Konzernabschlusses, zum Teil nur klarstellender oder redaktioneller Art, wird für einige Fälle die Pflicht zur Aufstellung von Konzernabschlüssen von deutschen Teilkonzernen ausländischer Mutterunternehmen eingeführt. Für den Konzernabschluss brachte das BilRUG eine Neuregelung der befreienden Wirkung von Konzernabschlüssen (§ 291 und § 292). Ferner erfolgte die Einführung eines Wahlrechts bei der Bestimmung des Zeitpunkts, zu dem die Neuwertung im Rahmen der Kapitalkonsolidierung zu erfolgen hat. Stellt ein Mutterunternehmen erstmalig einen Konzernabschluss auf, sind die Wertansätze zum Zeitpunkt der Einbeziehung des Tochterunternehmens in den Konzernabschluss zugrunde zu legen, soweit das Tochterunternehmen nicht in dem Jahr Tochterunternehmen geworden ist, für das der Konzernabschluss aufgestellt wird. Das gleiche gilt für die erstmalige Einbeziehung eines Tochterunternehmens, auf die bisher gem. § 296 verzichtet wurde. Es sind deutlich erweiterte und konkretisierte Angabepflichten im Anhang und Konzernanhang eingeführt worden.

21   Eine weitere Ergänzung der Pflichten zur Berichterstattung gab es durch das CSR-RL-Umsetzungsgesetz. Sog. nichtfinanzielle Informationen zu Themen wie die Achtung der Menschenrechte, Umweltbelange oder soziale Belange bilden einen immer wichtigeren Bereich der Unternehmenskommunikation. Investoren, Unternehmen sowie Verbraucherinnen und Verbraucher verlangen insoweit vor allem mehr und bessere Informationen über die Geschäftstätigkeit von Unternehmen, um zu entscheiden, ob sie investieren, Lieferbeziehungen eingehen oder Produkte erwerben und nutzen. Auf europäischer Ebene ist dazu die RL 2014/95/EU im Hinblick auf die Angabe nichtfinanzieller und die Diversität betreffender Informationen durch bestimmte große Unternehmen und Gruppen (sog. CSR-RL) verabschiedet worden. Die Vorgaben wurden durch Berichtspflichten zu Umwelt-, Arbeitnehmer- und Sozialbelangen, zur Achtung der Menschenrechte und zur Bekämpfung von Korruption und Bestechung im Konzernlagebericht umgesetzt (§§ 315c ff.). Die EU-Institutionen haben sich am 21.6.2022 auf eine neue Richtlinie über die Nachhaltigkeitsberichterstattung von Unternehmen **(Corporate Sustainability Reporting Directive – CSRD)** geeinigt. Es werden detailliertere Berichtspflichten eingeführt und es wird sichergestellt, dass große Unternehmen verpflichtet sind, **Informationen zu Nachhaltigkeitsfragen** wie Umweltrechten, sozialen Rechten, Menschenrechten und Governance-Faktoren zu veröffentlichen.

22   **12. Landesrechtliche Konzernabschlüsse für kommunale Betriebe.** Im Rahmen der Umstellung des Rechnungswesens der Kommunen von der Kameralistik auf die doppelte Buchführung wurde in einzelnen Bundesländern die Verpflichtung eingeführt, für alle Wirtschaftsbetriebe einer Kommune einen Konzernabschluss aufzustellen, so zB in Nordrhein-Westfalen durch das Gesetz über ein Neues Kommunales Finanzmanagement für Gemeinden vom 16.11.2004 (NKFG NRW; GVBl. NRW Nr. 41). Die landesrechtlichen Konzern- oder Gesamtabschlüsse zeichnen sich durch Verweise auf die Konsolidierungsregelungen im HGB aus (vgl. etwa § 95a Abs. 3 GemO BW).

II. Bestandteile der Konzernrechnungslegung

23   **1. Gesetzliche und freiwillige Bestandteile.** In Deutschland besteht die handelsrechtliche Konzernrechnungslegung nach der Neufassung des § 297 Abs. 1 durch das BilReG aus der **Aufstellung, Prüfung und Offenlegung der Konzernbilanz, der Konzern-Gewinn- und Verlustrechnung (Konzern-GuV), des Konzernanhangs, der Kapitalflussrechnung** und des **Eigenkapitalspiegels.** Zusammen bilden diese fünf Teile den obligatorischen Konzernabschluss iSd HGB – sowie des **Konzernlageberichts** (§§ 290–315, § 316 Abs. 2, § 318 Abs. 2, § 322, § 325 Abs. 3, § 328). Der Konzernabschluss kann gem. § 297 Abs. 1 um eine **Segmentberichterstattung** erweitert werden. Insbesondere große börsennotierte Gesellschaften hatten den zunächst geltenden gesetzlichen Mindestumfang des Konzernabschlusses (Konzernbilanz, -GuV und -anhang) in Anlehnung an die besonders in den USA für Börsengesellschaften herrschenden Regeln des FASB und zum Teil auch des IASC zunächst freiwillig, dann in Folge des KonTraG für Börsengesellschaften obligatorisch oder bei Wahrnehmung des Wahlrechts nach § 292a aF durch eine **Kapitalflussrechnung,** eine **Segmentberichterstattung** sowie durch einen **Eigenkapitalspiegel** des **Konzerns** erweitert oder in sonstigen Teilen des Geschäftsberichtes publiziert. Für kapitalmarktorientierte Muttergesellschaften, die ihren Konzernabschluss gem. § 315e nach internationalen Rechnungslegungsstandards aufzustellen haben, ist die **Segmentberichterstattung** gem. IFRS 8.2 Bestandteil des Konzernabschlusses.

24   **2. Tannenbaumprinzip.** Grundsätzlich hat bei Überschreiten der in § 293 genannten Größenkriterien jedes Mutterunternehmen in der Rechtsform einer Kapitalgesellschaft, das wenigstens ein Tochterunternehmen iSv § 290 Abs. 1 beherrscht, einen Konzernabschluss aufzustellen. Das gilt nach dem sog. Tannenbaumprinzip auch dann, wenn das Mutterunternehmen selbst Tochterunternehmen eines Mutterunternehmens höherer Ordnung ist, es sei denn, dieses Mutterunternehmen legt einen **befreienden Konzernabschluss** gem.

§ 291 oder § 292 offen und Minderheitsgesellschafter haben nicht gem. § 291 Abs. 3 Nr. 2 die Aufstellung eines Konzernabschlusses für den Bereich des zuerst genannten Mutterunternehmens **(Teilkonzernabschluss)** beantragt oder die Anteile des Tochterunternehmens sind börsennotiert (Abs. 3 Nr. 1). Durch Teilkonzernabschlüsse nach dem Tannenbaumprinzip sollen Minderheitsgesellschafter, Gläubiger und Arbeitnehmer einer Zwischenholding besser informiert werden als durch den Einzelabschluss. Der Teilkonzernabschluss kommt zwar einer Segmentberichterstattung nahe, wenn die Teilkonzerne nach Geschäftsbereichen gebildet sind, doch haften ihm wegen der Einflussmöglichkeit der Konzernleitung auf die einzelnen Teilkonzerne ähnliche Mängel an wie dem Einzelabschluss eines abhängigen Konzernunternehmens.[23] Auch nach **IFRS 10.4** gilt das Tannenbaumprinzip in ähnlicher Weise mit der Einschränkung, dass Mutterunternehmen, die zu 100 % einem anderen Unternehmen gehören, von der Aufstellungspflicht befreit sind. Die Befreiung gilt auch dann, wenn das Mutterunternehmen weniger als 100 % der Stimmrechte besitzt und die Minderheitsgesellschafter keinen Konzernabschluss verlangen; es sei denn, die Anteile der Tochterunternehmen seien zum Handel an der Börse oder „over the counter" zugelassen.

3. Stufenkonzept. In den Konzernabschluss werden die Abschlüsse der Konzernun- **25** ternehmen unter dem Aspekt einbezogen, dass er ein Bild der Vermögens-, Finanz- und Ertragslage der unter Kontrolle des Mutterunternehmens stehenden Unternehmen bietet, wie der Abschluss eines einzelnen Unternehmens. Jedoch kann in einem Konzern die Grenze zwischen dem Unternehmen, Konzern und anderer Unternehmen unscharf sein. Das ist dann der Fall, wenn das Mutterunternehmen direkt oder über ein anderes Konzernunternehmen Einfluss auf ein drittes Unternehmen tatsächlich ausübt oder ausüben kann, ohne dass es seiner vollen Kontrolle unterliegt. Der Gesetzgeber hat dieser Tatsache durch ein **Stufenkonzept der Konzernrechnungslegung** entsprochen.[24] Nach der Intensität der Unternehmensverbindung werden Stufen der vermögens- und erfolgsrechnerischen Integration von Unternehmen in den Konzernabschluss unterschieden, die in den → Rn. 27 f. kurz charakterisiert werden. Das Stufenkonzept gilt auch für die Konzernrechnungslegung nach den IAS/IFRS.

Den Kern bilden die Unternehmen, die nach der Methode der Vollkonsolidierung **26** (§§ 300–307; IFRS 10) in den Konzernabschluss einbezogen werden **(Vollkonsolidierungskreis).** Dazu gehören das Mutterunternehmen und einbeziehungspflichtige **Tochterunternehmen.** Durch die Vollkonsolidierung werden Vermögensgegenstände und Schulden sowie Erträge und Aufwendungen aus den Einzelabschlüssen nach **Ausschaltung konzerninterner Beziehungen durch Konsolidierungsmaßnahmen** (§§ 300–303, 305) vollständig in den Konzernabschluss aufgenommen. Bei einer Beteiligung an einem Tochterunternehmen unter 100 % erscheint der Anteil anderer Gesellschafter am Kapital als besonderer Posten in der Konzernbilanz und ihr Anteil am Jahresergebnis des Konzerns gesondert in der Konzern-GuV (§ 307).

Der Vollkonsolidierungskreis wird ergänzt durch **Gemeinschaftsunternehmen.** **27** Gemeinschaftsunternehmen sind Unternehmen, die ein Mutterunternehmen zusammen mit anderen ökonomisch selbstständigen Unternehmungen führt (§ 310; IFRS 11). Sie dürfen gem. § 310 nach der Methode der Quotenkonsolidierung einbezogen **(Quotenkonsolidierungskreis)** oder nach der Equity-Methode als Beteiligung angesetzt werden. Im Unterschied zur Vollkonsolidierung wird das Gemeinschaftsunternehmen bei der Quotenkonsolidierung vermögens- und erfolgsrechnerisch auf die verschiedenen Gesellschafterunternehmen aufgeteilt. Damit werden Anteile an Kapital und Jahresergebnis der anderen Gesellschafter nicht im Konzernabschluss ausgewiesen.

Zur dritten Stufe gehören die sog. **assoziierten Unternehmen** (§ 311; IAS 28), bei **28** denen das Mutterunternehmen direkt oder indirekt wesentlich beteiligt ist und auf deren Geschäfts- und Finanzpolitik es einen **maßgeblichen Einfluss** ausübt. Sie werden im

---

[23] Klar/Reinke WPg 1991, 693 ff.
[24] Harms/Knischewski DB 1985, 1353; Busse v. Colbe ZfbF 1985, 761; Ordelheide BFuP 1986, 293; Busse v. Colbe/Ordelheide/Gebhardt/Pellens Konzernabschlüsse 2. Kap. I. 2.

Konzernabschluss nach der **Equity-Methode** bewertet (§ 312). Im Unterschied zur Voll- und Quotenkonsolidierung werden die Vermögensgegenstände und Schulden sowie die Aufwendungen und Erträge dieser Unternehmen nicht in den Konzernabschluss übernommen. Beteiligungen an assoziierten Unternehmen werden mit ihren Anteilen am Eigenkapital in der Konzernbilanz und mit ihren Ergebnisanteilen in der Konzern-GuV gesondert ausgewiesen (§ 312 Abs. 4).

III. Zwecke der Konzernrechnungslegung

29   **1. Informationsinstrument.** Der Gesetzgeber hat den Konzernabschluss als **Informationsinstrument** kodifiziert. **Adressaten des Konzernabschlusses** sind nach dem Aktiengesetz und nach dem GmbH-Gesetz der **Aufsichtsrat und die Gesellschafter der Muttergesellschaft** (§§ 170, 175 AktG; § 42a Abs. 4 GmbHG), bei Börsennotierung von Wertpapieren des Unternehmens also der **Kapitalmarkt.** Der **Kreis der Interessenten** ist jedoch bedeutend größer. Zu ihnen zählen außerdem vor allem
– die gegenwärtigen und potentiellen **außenstehenden Gesellschafter** aller **Tochterunternehmen, Gemeinschaftsunternehmen** und **assoziierten Unternehmen** und ihre Anlageberater,
– **Management und Aufsichtsrat** der Unternehmen,
– die gegenwärtigen und potentiellen **Gläubiger, Lieferanten, Abnehmer** und **Arbeitnehmer** der konzernverbundenen Unternehmen,
– der **Staat,** zB wenn er aufgrund des Konzerneigenkapitals aufsichtsrechtliche Beschränkungen[25] vornimmt und schließlich
– die sonstige **Öffentlichkeit.**

30   Für die Konzernpublizität nach dem **PublG** steht die verbesserte Information von Gläubigern, Lieferanten, Arbeitnehmern und der breiten Öffentlichkeit sogar eindeutig im Vordergrund.[26] So kann zB für die Gewinnung von Aufträgen im Anlagenbau – insbesondere durch Tochtergesellschaften im Ausland – ein Konzernabschluss als Referenz für den Anbieter bedeutsam sein. Ähnliches gilt für die Kreditgewährung an Tochtergesellschaften.

31   Als Informationsinstrument ist der Konzernabschluss sehr wichtig, da die Aussagekraft der Einzelabschlüsse der Mutterunternehmen und der Tochterunternehmen durch die **Konzernwirkungen** stark eingeschränkt ist. Der Konzernabschluss soll unter Beachtung der GoB ein den tatsächlichen Verhältnissen entsprechendes Bild der **Vermögens-, Finanz- und Ertragslage des Konzerns** vermitteln (§ 297 Abs. 2). Dafür ist die Lage des Konzerns als **wirtschaftliche Einheit** so darzustellen, wie sie der einzelne Jahresabschluss für eine wirtschaftlich und rechtlich selbstständige Unternehmung vermittelt (§ 297 Abs. 3). Bis zur Realisierung des Improvementprojekts wurde die Notwendigkeit, die Nutzer von Abschlüssen über die Lage des Konzerns durch einen konsolidierten Abschluss zu informieren, in IAS 27.9 (rev. 2000) betont. IFRS 10 (2012) bezieht sich mit der Definition des Konzernabschlusses in Appendix A als eine Darstellung der Vermögens-, Finanz- und Ertragslage des Konzerns so wie die einer einzelnen ökonomischen Einheit („…in welchem die Vermögenswerte, die Schulden, das Eigenkapital, die Erträge, Aufwendungen und Zahlungsströme des Mutterunternehmens und seiner Tochterunternehmen so dargestellt werden, als gehörten sie zu einer einzigen wirtschaftlichen Einheit") implizit auf IAS 1.9. Dort wird der Zweck des Abschlusses in der Bereitstellung von Informationen über die Vermögens-, Finanz- und Ertragslage sowie über die Geldflüsse für ein breites Spektrum von Adressaten für deren wirtschaftliche Entscheidungen gesehen.

32   In dem Haftungsverbund eines **Vertragskonzerns** iSv § 291 AktG hängen die Vermögensinteressen der außenstehenden Minderheitsgesellschafter, insbesondere der Wert ihres

---

[25]   Allerdings wird die Berechnung in diesem Fall nach besonderen Vorschriften des § 10a KWG vorgenommen.

[26]   Begr. RegE eines Gesetzes über die Rechnungslegung von Großunternehmen und Konzernen, Allgemeiner Teil, BT-Drs. V/2197, 1968.

Ausgleichsanspruchs gem. § 304 AktG, von der Fortexistenz des Mutterunternehmens ab, für deren Beurteilung der Konzernabschluss ein wichtiges Informationsinstrument ist. Im nicht-qualifizierten **faktischen Konzern** richten sich die Ansprüche der Minderheitsgesellschafter zwar nur gegen ihr Unternehmen, doch wird dessen Schicksal auch von dem des Konzerns mitbestimmt.

Der Konzernabschluss macht die **Einzelabschlüsse** insoweit nicht überflüssig, als die **33** Interessenten aus ihnen einen Einblick in die Vermögens-, Finanz- und Ertragslage des einzelnen Konzernunternehmens gewinnen können. In solchen Fällen geben Einzelabschluss und Konzernabschluss zusammen die Informationen, die handelsrechtliche Jahresabschlüsse überhaupt zu vermitteln vermögen. Es erscheint daher besser, dass nach deutschem Recht der veröffentlichte Konzernabschluss die Publikation der konzernzugehörigen Einzelabschlüsse grundsätzlich nicht ersetzt – wie das zum Teil im Ausland der Fall ist –, sondern nur ergänzt.[27] Allerdings verliert der Einzelabschluss in der Praxis zunehmend an Bedeutung, da zumindest die kapitalmarktorientierten Gesellschaften, die idR Konzerne sind, **nur den Konzernabschluss publizieren** und die gesetzliche Offenlegung des Einzelabschlusses auf die Pflichtveröffentlichung beschränken.

Emittenten von zum Börsenhandel zugelassenen Aktien oder anderen Schuldtiteln gem. **34** § 2 Abs. 1 WpHG müssen gem. § 115 WpHG für die ersten sechs Monate eines jeden Geschäftsjahrs einen **Halbjahresfinanzbericht** erstellen und diesen unverzüglich, spätestens drei Monate nach Ablauf des Berichtszeitraums, der Öffentlichkeit zur Verfügung stellen. Im Fall eines zur Konzernrechnungslegung verpflichteten Mutterunternehmens muss er mindestens eine nach den für den jährlichen Abschluss geltenden Regeln aufgestellte Konzernbilanz und Konzerngewinn- und Verlustrechnung nebst Konzernanhang in verkürzter Form enthalten (§§ 117, 115 WpHG). Die Vorschriften gehen auf die RL 2004/109 (Transparenz-RL) vom 15.12.2004 zurück.[28] In Anlehnung an die amerikanische Börsenregelungen verlangen auch die deutschen Börsen für die Aufnahme in einen Börsenindex, insbesondere in den DAX, die Veröffentlichung von **Quartalsberichten,** die nach den Vorschriften des WpHG an die Stelle der sonst zu publizierenden Zwischenmitteilung treten können. Sie enthalten idR einen kompletten Konzernabschluss für die Berichtsperiode.[29] DRS 6 vom September 2000 verpflichtete börsennotierte Unternehmen zu Quartalsberichten unter Angabe von **Konzernbilanz, Konzern-GuV und Kapitalflussrechnung.** Nach empirischen Untersuchungen messen die Kapitalmarktteilnehmer solchen Zwischenberichten wegen ihrer Aktualität einen etwa gleich hohen Informationswert zu wie dem Konzernjahresabschluss, obgleich sie nicht wie diese geprüft sind.[30] DRS 6 wurde zunächst durch DRS 16 abgelöst (bis 2016). DRS 16 zur Halbjahresfinanzberichterstattung (seit 2016) wurde eingeschränkt auf solche Unternehmen, die gesetzlich zur Aufstellung eines Konzernabschlusses und Konzernlageberichts verpflichtet sind. Eine Halbjahresfinanzberichterstattung hat einen verkürzten Abschluss, einen Zwischenlagebericht und eine Versicherung der gesetzlichen Vertreter zu enthalten und ist innerhalb von drei Monaten nach Ende des Halbjahrs zu veröffentlichen. Die im verkürzten Abschluss anzuwendenden Rechnungslegungsvorschriften richten sich nach den zum Ende des Geschäftsjahres anzuwendenden Vorschriften. Im Zwischenlagebericht sind neben einer vergangenheitsorientierten Darstellung und Erläuterung der wichtigsten Ereignisse und deren Auswirkung auf die Vermögens-, Finanz- und Ertragslage auch prognoseorientierte Beschreibungen der wesentlichen Chancen und Risiken vorzunehmen.

2. Faktische Grundlage für die Ausschüttungen. Formal bildet der Konzernab- **35** schluss in Deutschland weder die rechtliche Grundlage für die Gewinnverteilung an die

---

27   Busse v. Colbe/Ordelheide/Gebhardt/Pellens Konzernabschlüsse 1. Kap. IV. 1.3.

28   Zum bis 2006 geltenden Recht auf Basis von § 40 BörsG s. Busse v. Colbe/Reinhard (Hrsg.), Zwischenberichterstattung nach neuem Recht für börsennotierte Unternehmen, 1989.

29   Baetge/Schlösser, Zwischenberichterstattung in Theorie und Praxis, in Fritsch et al, Die Deutsche Aktie, 1993, S. 226.

30   Ernst/Gassen/Pellens, Verhalten und Präferenzen deutscher Aktionäre, Studien des Deutschen Aktieninstituts, Heft 42, 2009.

Eigentümer der Obergesellschaft noch für die Besteuerung. Rechtsgrundlage für die Gewinnverteilung ist der Einzelabschluss, zB für die AG § 58 AktG, für die Gewinnbesteuerung von buchführungspflichtigen Gewerbetreibenden die Steuerbilanz, die aus dem handelsrechtlichen Einzelabschluss abgeleitet wird (§ 5 Abs. 1 EStG). **Materiell** bildet jedoch der Konzernabschluss über die Informationsfunktion hinaus in vielen Konzernen die Basis für den Ausweis des Jahresergebnisses und für die **Bemessung der Ausschüttungen** der Muttergesellschaft. Die Konzernleitung bestimmt, zu welchen Teilen Gewinne von Tochtergesellschaften thesauriert oder ausgeschüttet werden. Zwischen der **Ausschüttung der Muttergesellschaft und dem Bilanzergebnis des Konzerns besteht ein enger Zusammenhang.**

36   Damit ergibt sich die Frage, ob de lege ferenda der Konzernabschluss auch zur **Grundlage für die Gewinnausschüttung des Mutterunternehmens** und sogar der Tochterunternehmen gemacht werden sollte. Nach **geltendem Recht** ist strittig, ob bei der Berechnung des Anteils am Jahresüberschuss der Muttergesellschaft, den Vorstand und Aufsichtsrat einer AG gem. § 58 Abs. 2 AktG in die Gewinnrücklagen einstellen dürfen, Gewinnthesaurierungen der Tochterunternehmen auf die Gewinnthesaurierung des Mutterunternehmens anzurechnen sind. Es wird die Meinung vertreten, dass der Vorstand des Mutterunternehmens sogar verpflichtet sei, die Tochter zu einer angemessenen Ausschüttung ihrer Jahresüberschüsse anzuhalten.[31] Seit Mitte der achtziger Jahre hat sich darüber eine lebhafte Literaturdiskussion[32] auch unter Ökonomen entwickelt.[33] Sie hat bisher weder zu entsprechenden Urteilen noch zu einer geänderten Ausschüttungspolitik der Unternehmen geführt. Im Grundsatz muss allerdings § 58 AktG für jede AG gelten und eine Zurechnung findet gerade nicht statt.

37   **3. Besteuerungsgrundlagen.** Der steuerpflichtige Gewinn wird in **Deutschland** trotz der Entwicklung der handelsrechtlichen Konzernrechnungslegungspflichten weiterhin nur nach den Einzelbilanzen der Konzernglieder ermittelt. Allerdings bestehen mit der Anwendung der Organ- und Gesamtunternehmenstheorie von 1977–1999 mit dem Anrechnungsverfahren der auf ausgeschüttete Gewinne entfallenden Körperschaftsteuer (gem. §§ 27 ff. KStG 1977) und seitdem mit der Freistellung von Dividendenzahlungen an und Ergebnisse aus dem Verkauf von Beteiligungen für Kapitalgesellschaften von der KSt (§ 8b KStG 2002 mÄnd) Ansätze für eine steuerrechtliche Anerkennung des Konzerns als wirtschaftliche Einheit.[34] Kaskadeneffekte werden auf diesem Wege aber nur weitgehend vermieden. Die Regelungen in § 8b Abs. 5 S. 1 und § 8b Abs. 3 S. 1 KStG lassen sich letztlich nur im Rahmen einer körperschaftsteuerlichen Organschaft verhindern. Im Rahmen der steuerlichen Organschaft wird das Einkommen der Organgesellschaft dem Organträger zugerechnet (§§ 14 ff. KStG). Neben bestimmten Grundvoraussetzungen für eine Organgesellschaft und einen Organträger sind zur ertragsteuerlichen Anerkennung die finanzielle Eingliederung und der auf mindestens fünf Jahre abgeschlossene und während seiner gesamten Geltungsdauer durchgeführte Ergebnisabführungsvertrag zwischen Organträger und Organgesellschaft als Voraussetzungen vorgesehen (§ 14 Abs. 1 KStG).

---

31   So Kölner Komm AktG/Drygala AktG § 58 Rn. 47 ff.
32   Ausgelöst durch einen frühen Beitrag von Lutter FS Westermann, 1974, 347, stehen sich unter Juristen die Befürworter der bisher herrschenden Auslegung, zB Beusch FS Goerdeler, 1987, 25, und einer erweiterten Interpretation, zB Lutter FS Goerdeler, 1987, 327, mwN, gegenüber. Vgl. zusammenfassend etwa Koch AktG § 58 Rn. 16a, 17.
33   Pick, Ausschüttungsregelung bei Konzernverflechtung, 1985; Lehertshuber, Unternehmensvertragsrecht und Konzernhandelsbilanz, 1986; Ordelheide BFuP 1986, 304 ff.; Linnhoff/Pellens ZfbF 1987, 987 ff.; Busse v. Colbe FS Goerdeler, 1987, 61 ff.; Kretschik, Die Gewinnverwendung im Konzern unter Berücksichtigung konzernhaftungsvertraglicher Rahmenbedingungen, 1991, S. 25–85; Faß, Konzernierung und konsolidierte Rechnungslegung, 1992, S. 85–180.
34   Bühler, Steuerrecht der Gesellschaften und Konzerne, 3. Aufl. 1956, S. 312; Bühler, Konzernbilanzen und Konzernbesteuerung, Betriebsgröße und Unternehmungskonzentration, 1959, S. 229; zu den Gründen für die bisher nicht erfolgte steuerliche Anerkennung des Konzernabschlusses Haase DB 1968, 237 f. mwN sowie zu den Unterschieden zwischen Einzel- und Konzernbesteuerung Harms/Küting BB 1982, 445 ff.

Für die EG/EU ist schon 1990 eine Art **Konzernbesteuerungsrichtlinie** verabschie- **38** det worden (heute RL 2011/96/EU). Sie sieht zur Verminderung von Doppelbesteuerungen eine „gemeinsame Besteuerung" von Mutter- und Tochterunternehmen vor.[35] Die Tochtergesellschaft wird gem. den Regelungen des Staates besteuert, in dem sie ansässig ist; diesem steht das volle Steueraufkommen zu. Er darf allerdings bei der Ausschüttung der Dividenden keine Kapitalertragsteuer erheben. Dem Ansässigkeitsstaat der Muttergesellschaft obliegt die Vermeidung der Doppelbesteuerung: Er kann für die Dividendenzahlungen entweder die Freistellungs- oder die Anrechnungsmethode anwenden. Die Umsetzung der europäischen Vorgaben in das deutsche Recht erfolgte durch die Regelung in § 43b EStG und § 50c Abs. 1 EStG. § 43b EStG regelt die Entlastung von der deutschen Kapitalertragsteuer auf Dividenden und andere Gewinnausschüttungen iSd § 20 Abs. 1 Nr. 1 EStG, die einer in einem anderen EU-Mitgliedstaat ansässigen Muttergesellschaft oder einer dort gelegenen Betriebsstätte (soweit sie einer solchen Muttergesellschaft oder einer im Inland unbeschränkt steuerpflichtigen Muttergesellschaft zuzurechnen sind) aus Ausschüttungen einer inländischen Tochtergesellschaft zufließen.

Soweit der Gewinn nach den steuerrechtlichen Einzelbilanzen der Konzernglieder **39** besteuert wird und die Summe der steuerpflichtigen Einzelergebnisse von dem Konzernergebnis vor Ansatz von Gewinnsteuern einerseits in Folge von **Differenzen zwischen den handels- und steuerrechtlichen Einzelbilanzen** (vgl. insoweit die besonderen steuerlichen Ansatz- und Bewertungsvorschriften, § 5 EStG und §§ 6 ff. EStG) und andererseits in Folge von **Konsolidierungsmaßnahmen** abweicht, entspricht die Summe der Gewinnsteuern der einbezogenen Unternehmen nicht dem Gewinnsteuerbetrag, der sich bei Besteuerung des Konzernergebnisses ergeben würde. Der Steueraufwand im Konzernabschluss ist höher oder niedriger als bei einer fiktiven Konzerngewinnbesteuerung. Zum Teil gleichen sich diese Unterschiede im Zeitablauf zwar aus, doch verzerren sie die einzelnen Periodenergebnisse des Konzerns. Mit der **Abgrenzung solcher temporärer Steuerdifferenzen durch Ansatz latenter Steuern** (§ 306) kann aber insoweit ein Konzernergebnis ausgewiesen werden, das näherungsweise einer Konzernbesteuerung entspricht.

4. Vorlage, Billigung und Feststellung des Konzernabschlusses. Der Vorstand **40** einer **AG** hat den Konzernabschluss und den Konzernlagebericht gem. § 170 Abs. 1 AktG dem Aufsichtsrat unverzüglich nach der Aufstellung vorzulegen. Der Aufsichtsrat prüft Konzernabschluss und -lagebericht und billigt sie, wenn er keine Einwendungen erhebt (§ 171 Abs. 1 und 2 AktG). Anders als für den Jahresabschluss gilt nach § 172 AktG die Billigung des Konzernabschlusses aber nicht als seine Feststellung. Somit gelten die Vorschriften über die Nichtigkeit eines festgestellten Jahresabschlusses, zB wegen Verstoßes gegen die Bewertungsvorschriften (§ 256 AktG), nicht für den Konzernabschluss. Im Unterschied dazu gelten gem. § 42a Abs. 4 GmbHG die Vorschriften für die Vorlage des Jahresabschlusses an die Gesellschafter einer **GmbH** entsprechend. Das führt aber nicht zu einer Feststellung des Konzernabschlusses. Vielmehr haben die Gesellschafter über die Billigung des Konzernabschlusses zu beschließen (§ 46 Nr. 1b GmbHG).

5. Führungsinstrument. Der Konzernabschluss dient vielen Konzernleitungen intern **41** als Instrument für die Steuerung und Kontrolle des Konzerns als finanzwirtschaftliche Einheit in der Währung des Mutterunternehmens. Dies gilt insbesondere für die gesamte **Finanzierung** und **Finanzplanung,** aber auch für die Kontrolle der **Rentabilität.**[36]

---

[35]   Vgl. Rat der Europäischen Gemeinschaften: Konzernbesteuerungsrichtlinie v. 23.7.1990 (90/435/ EWG), abgedr. in ZGR 1991, Sonderheft 1, 623; Fülbier, Konzernbesteuerung nach IFRS, 2006, S. 183 ff.

[36]   ZB Busse v. Colbe/K. Kuhn, Das Rechnungswesen als Instrument der Unternehmensführung, 1969, S. 43; Funk ZfbF 1978, 133; Busse v. Colbe, Internationale Konzernführung in DM, Wolfsburger Fachgespräche 4, 1981, 11; Müller, Die finanzwirtschaftliche Führung des Volkswagen-Konzerns, Wolfsburger Fachgespräche 4, 1981, 48 ff.; Busse v. Colbe/Müller ZfbF-Sonderheft 17/1984; Müller ZfbF 1987, 498 ff.; Küting/Weber/U. Kuhn, Das Konzernrechnungswesen des Jahres 2000, S. 331; Scherrer Konzernrechnungslegung 1. Teil B IV.

Gewöhnlich werden dafür auch vielfältige zahlungsstrom- oder rentabilitätsorientierte **Kennzahlen** oder Kennzahlensysteme auf **konsolidierter Basis** für den Konzern bzw. einzelne Geschäftsbereiche verwendet.[37] Zu den ersten gehören zB der Cash Flow Return on Investment (CFROI), zu den zweiten zB der Return on Capital Employed (ROCE). Manche Konzerne stellen daher ohne rechtliche Verpflichtung für interne Zwecke Konzernabschlüsse auf. Dabei können zur Vereinfachung der Konsolidierungskreis modifiziert werden und bilanzpolitische Maßnahmen für die Außendarstellung unterbleiben.

42   Für die **Konzernsteuerung** und die Information des **Kapitalmarktes** ist die **Periodizität** von einem Jahr für den Konzernabschluss zu lang. Daher stellen viele Konzerne intern Konzernabschlüsse im **Monats-** oder wenigstens **Quartalsrhythmus** auf. Gewöhnlich sind sie mit dem gesetzlichen Konzernabschluss kompatibel. Die Konzernleitung will erkennen, wie sich im Laufe des Jahres das Ergebnis, die Liquidität, die Vermögens- und Kapitalstruktur im Hinblick auf den Konzernabschluss entwickeln, mit denen sich das Unternehmen der Öffentlichkeit präsentiert.[38] Börsennotierte Mutterunternehmen, die gem. IAS-VO ihren Konzernabschluss nach den IFRS/IAS aufstellen müssen (→ Rn. 13), sind nach nationalen Vorschriften verpflichtet, zumindest nach Ablauf der ersten Hälfte des Geschäftsjahres (§§ 117, 115 WpHG), idR jedoch vierteljährlich (Ordnungen der Börsen), Zwischenberichte zu publizieren (→ Rn. 34). Quartalsberichte wollte der DSR zur Regel machen (DRS 6 aufgehoben). Die Halbjahresberichte basieren auf konsolidierten Größen (DRS 16) oder enthalten vollständige Konzernabschlüsse, wenn auch in zusammengefasster Form (IAS 34).

IV. Grundsätze

43   **1. True and fair view.** Der Konzernabschluss ist klar und übersichtlich aufzustellen und hat unter Beachtung der GoB ein den tatsächlichen Verhältnissen entsprechendes Bild der Vermögens-, Finanz- und Ertragslage des Konzerns zu vermitteln (§ 297 Abs. 2). Diese Generalnorm ist aber nicht ein „overriding principle", das Einzelvorschriften des HGB im Einzelfall aussetzen könnte, sondern dient der Auslegung und ggf. der Ergänzung der gesetzlichen Regelungen.[39] Außer der Generalnorm gilt eine Reihe von Grundsätzen für den Konzernabschluss.[40]

44   Eine ähnliche Generalnorm enthält **IAS 1 (rev. 2008)**: Gem. IAS 1.15 müssen die financial statements die financial position, financial performance und cash flow fair darstellen. Das entspricht der Forderung im HGB, die Vermögens-, Finanz- und Ertragslage den tatsächlichen Verhältnissen gemäß abzubilden. Unter fast allen Umständen wird mit der Anwendung der IAS die Generalnorm idR erfüllt (IAS 1.17). Allerdings kann es für das Management in extremen Ausnahmefällen, wenn die Anwendung einer Anforderung eines IAS irreführend würde, notwendig werden, von dieser Anforderung abzuweichen (IAS 1.19).

45   **2. Vollständigkeit.** Ohne Rücksicht auf ihren Sitz im In- oder Ausland (Weltabschlussprinzip) und auf ihre Rechtsform sind in den Konzernabschluss grundsätzlich **sämtliche Unternehmen** einzubeziehen (§ 294 Abs. 1), auf die das Mutterunternehmen selbst oder über zwischengeschaltete Rechtseinheiten indirekt, gewöhnlich auf eine Mehrheitsbeteiligung gestützt oder aufgrund ihrer vertraglichen **Leitungsmacht** gem. § 290 einen beherrschenden Einfluss ausüben kann **(Tochterunternehmen)**. Dadurch kann das Mutterunternehmen die Gestaltung der Bedingungen von Geschäften zwischen den Konzernunternehmen und damit auch die Abschlüsse der Tochterunternehmen beeinflussen. Ein

---

[37]   ZB Gebhardt/Mansch, Wertorientierte Unternehmenssteuerung in Theorie und Praxis, 2005.

[38]   Busse v. Colbe FS Coenenberg, 1998, 133 (152).

[39]   HuRB/Großfeld 192–204; ADS § 297 Rn. 15–38; Baetge/Kirsch/Thiele KonzernBil Kap. II. 2.

[40]   Zu den Grundsätzen Busse v. Colbe/Ordelheide/Gebhardt/Pellens Konzernabschlüsse 1. Kap. V.; Küting, Konsolidierungspraxis, 1974; Schildbach/Feldhoff KonzAbschl. C 3; Baetge/Kirsch/Thiele KonzernBil Kap. II. 3.

entsprechendes Vollständigkeitsgebot enthält **IFRS 10 (Appendix B),** wonach alle subsidiaries des Mutterunternehmens in den Konzernabschluss einzubeziehen sind.

Die **Abschlussposten** dieser Unternehmen sind **vollständig** in den Konzernabschluss 46 zu übernehmen, soweit sie nicht aufgrund konzerninterner Beziehungen zu konsolidieren sind oder nach dem Recht des Mutterunternehmens nicht ein Bilanzierungsverbot oder Bilanzierungswahlrecht besteht (§ 300 Abs. 2). Für quotal konsolidierte Gemeinschaftsunternehmen gilt dies sinngemäß für die nur proportional zum Anteilsbesitz in den Konzernabschluss zu übernehmenden Posten. In § 296 sind jedoch einige **Ausnahmen** vom Grundsatz der Einbeziehung aller Tochterunternehmen erlaubt.

3. Interessen- versus Einheitstheorie: Fiktion der rechtlichen Einheit. In Kon- 47 zernen, in denen Minderheiten an Tochterunternehmen beteiligt sind, gelten nach der besonders in den USA lange vorherrschenden **Interessenstheorie** nur die Anteilseigner des Mutterunternehmens wegen etwaiger Interessengegensätze gegenüber den Minderheiten als Eigenkapitalgeber. Der Konzernabschluss sei aus ihrer Sicht aufzustellen. Dann sind Kapitalanteile der Minderheiten als Fremdkapital und deren Gewinnanteile als Aufwand vor dem Konzernergebnis auszuweisen.[41] Demgegenüber ist der Konzernabschluss nach der **Einheitstheorie** aus der Sicht der Konzernleitung aufzustellen.[42] Mehrheits- und Minderheitsbeteiligte an den einbezogenen Unternehmen gelten als Eigenkapitalgeber des Konzerns.[43] Im Konzernabschluss sind daher Minderheitsanteile am Kapital unter dem Eigenkapital und am Ergebnis als Teil des Konzernergebnisses auszuweisen. Mutter- und Tochterunternehmen bilden in Folge der Leitungsmacht des Mutterunternehmens eine **ökonomische Einheit.** Dem wird für den Konzernabschluss konsolidierungstechnisch durch den **Grundsatz der Fiktion der rechtlichen Einheit** entsprochen (§ 297 Abs. 3, Art. 24 Abs. 7 Bilanz-RL).[44] Einerseits sind die in den Konzernabschluss aufzunehmenden Abschlüsse der einzelnen Unternehmen hinsichtlich der Kontoinhalte, Ansatz- und Bewertungsmethoden sowie in der Rechtseinheit eines Unternehmens zu **vereinheitlichen.** Andererseits sind konzerninterne Geschäftsvorfälle durch Aufrechnung, Umbewertung und Umgliederung zu korrigieren; dabei fingiert man für die **Eliminierung** der Geschäftsvorfälle zwischen den Konzerngesellschaften die Gesamtheit der einzelnen Konzernunternehmen als rechtlich einheitliches Unternehmen. Entsprechend wird in IFRS 10 Appendix A (Konzernabschluss) der konsolidierte Abschluss als der Abschluss einer Gruppe von Unternehmen definiert, der sie wie eine einzige ökonomische Einheit darstellt. Mit der Verabschiedung von **IFRS 3** und seiner Änderungen von 2005 bis 2008 ist der IASB in Abstimmung mit FASB noch konsequenter auf die Einheitstheorie eingeschwenkt (→ § 297 Rn. 58).[45]

Der Konzernabschluss wird **derivativ** aus den Einzelabschlüssen entwickelt. Eine ein- 48 heitliche Konzernbuchführung nach den Regeln für den Konzernabschluss, aus der er originär wie der Abschluss in einem einzelnen Unternehmen aufgestellt werden könnte, existiert idR nicht.

4. Einheitliche Bewertungsmethoden. Die in den Konzernabschluss eingehenden 49 Posten der Einzelbilanzen müssen ein solches **Ausmaß an Einheitlichkeit** der Bilanzansätze und Bewertungsmethoden aufweisen wie das eines **rechtlich einheitlichen Unternehmens.** Soweit die Positionen der einbezogenen Einzelabschlüsse dieser Einheitlichkeit nicht genügen, ist sie durch **Umbewertung** und Aufstellung eines **Jahresabschlusses II**

41 So schon Bores, Konsolidierte Erfolgsbilanzen und andere Bilanzierungsmethoden für Konzerne und Kontrollgesellschaften, 1935, S. 130; Baetge/Kirsch/Thiele KonzernBil Kap. I. 63.
42 Scherrer Konzernrechnungslegung 4. Teil A III.
43 Zum Vergleich Interessen- vs. Einheitstheorie: Baetge/Kirsch/Thiele KonzernBil Kap. I. 6; Hendler, Abbildung des Erwerbs und der Veräußerung von Anteilen an Tochterunternehmen nach der Interessentheorie und der Einheitstheorie, 2002, Abschn. 23; Küting/Wirth KoR 2005, 416 f.
44 Busse v. Colbe/Ordelheide/Gebhardt/Pellens Konzernabschlüsse 1. Kap. III. 3.3.
45 Busse v. Colbe FS Scherrer, 2004, 61 ff.

(HB II), der dann die Grundlage der Konsolidierung ist, herzustellen. Diese Voraussetzungen erfüllen die Vorschriften des § 308 dem Grundsatz nach.

50   In IFRS 10.B87 wird ausdrücklich bestimmt, dass für die Aufstellung konsolidierter Abschlüsse einheitliche Rechnungslegungsmethoden für gleichartige Transaktionen und andere Ereignisse von ähnlicher Art anzuwenden sind. Falls ein einbezogenes Unternehmen vom Konzernabschluss abweichende Rechnungslegungsmethoden im Einzelabschluss anwendet, ist er für die Konsolidierung in geeigneter Weise anzupassen.

51   **5. Einheitliche Währung.** Werden ausländische Tochterunternehmen in den Konzernabschluss aufgenommen, so müssen die Werte des Einzelabschlusses dieses Unternehmens in die **Währungseinheit des Konzernabschlusses,** in Deutschland in Euro (EUR), umgerechnet werden. Diese Umrechnung ist eine **Bewertungsmaßnahme.** Die Umrechnung kann in Folge von Wechselkursänderungen den umgerechneten Abschluss, insbesondere das Eigenkapital und den Jahreserfolg, erheblich beeinflussen. Das wirkt sich dann auf den Konzernabschluss aus. Das HGB enthält erstmalig mit dem durch das BilMoG eingefügten § 308a Regelungen, wie die ausländischen Abschlüsse umzurechnen sind (vgl. auch DRS 25); zudem sind im Konzernanhang trotz der Aufhebung des § 313 Abs. 1 S. 2 Nr. 2 aF durch das BilRUG weiterhin die Grundlagen für die Umrechnung von Fremdwährungen in Euro anzugeben, sofern der Konzernabschluss wesentliche Posten enthält, denen Beträge zugrunde liegen, die auf fremde Währung lauten oder ursprünglich auf fremde Währung lauteten. Die Angaben sind nunmehr bei den Angaben der auf die Posten der Konzernbilanz und der Konzern-GuV angewandten Bilanzierungs- und Bewertungsmethoden nach § 313 Abs. 1 S. 3 Nr. 1 zu machen (DRS 25.105 f.).

52   **6. Einheitliche Rechnungsperiode.** Der Konzernabschluss ist nach § 299 Abs. 1 auf den **Stichtag des Jahresabschlusses des Mutterunternehmens** aufzustellen. Grundsätzlich müssen sich einbezogene Einzelabschlüsse und der Konzernabschluss auf dieselbe Abrechnungsperiode erstrecken. Ist das zunächst nicht der Fall, so ist für Unternehmen mit davon abweichenden Stichtagen nach dem Einheitsgrundsatz ein **Zwischenabschluss** auf den Konzernabschlussstichtag aufzustellen. Nach § 299 sind jedoch einige Ausnahmen und Vereinfachungen zugelassen. In IFRS 10.B92 und 10.B93 werden entsprechende Regelungen getroffen: Fällt das Ende des Berichtszeitraums des Mutterunternehmens auf einen anderen Tag als das eines Tochterunternehmens, erstellt das Tochterunternehmen zu Konsolidierungszwecken zusätzliche Finanzangaben mit dem gleichen Stichtag wie in den Abschlüssen des Mutterunternehmens, um dem Mutterunternehmen die Konsolidierung der Finanzangaben des Tochterunternehmens zu ermöglichen, sofern dies praktisch durchführbar ist. Sollte dies undurchführbar sein, konsolidiert das Mutterunternehmen die Finanzangaben des Tochterunternehmens unter Verwendung der jüngsten Abschlüsse des Tochterunternehmens. Diese werden um die Auswirkungen bedeutender Geschäftsvorfälle oder Ereignisse zwischen dem Berichtsstichtag des Tochterunternehmens und dem Konzernabschlussstichtag angepasst. Die Differenz zwischen dem Abschlussstichtag des Tochterunternehmens und dem Stichtag der Konzernabschlüsse darf auf keinen Fall mehr als drei Monate betragen.

53   **7. Einheitliche Besteuerung.** Der Fiktion der Rechtseinheit des Konzerns entspräche die Fiktion der steuerlichen Einheit des Konzerns. Unterschiedliche **nationale Steuerrechte** führen in einem Konzern mit Tochtergesellschaften im Ausland je nach deren Sitz zu einer unterschiedlichen Besteuerung. Zudem sind im Inland Unterschiede zwischen den Wertansätzen in den Steuerbilanzen der einzelnen Konzernunternehmen und in dem Konzernabschluss steuerlich nicht wirksam. In Annäherung an die Fiktion der steuerlichen Einheit des Konzerns werden im Konzernabschluss Unterschiede zwischen der Summe der aus den Einzelabschlüssen übernommenen Gewinnsteuerbeträge und dem Gewinnsteuerbetrag, der sich bei Besteuerung des Konzernergebnisses ergäbe, grundsätzlich insoweit durch Ansatz aktivischer oder passivischer Posten für **latente Steuern** abgegrenzt, als sich diese Steuerbetragsunterschiede **im Zeitablauf ausgleichen.** In § 306 ist eine Regelung für eine

derartige Steuerabgrenzung enthalten. **DRS 18** (2016) und **IAS 12** (2019) enthalten dafür Einzelregelungen. Nach dem erstgenannten Standard war vor 2021 in einer Überleitungsrechnung im Konzernanhang der Zusammenhang zwischen dem unter Anwendung des in Deutschland geltenden Steuersatzes oder eines gewichteten Konzernsteuersatzes erwarteten Steueraufwand/-ertrag und dem ausgewiesenen Steueraufwand/-ertrag darzustellen. Die Pflicht zur Erstellung einer Überleitungsrechnung wurde im Rahmen der Überarbeitung 2021 aufgehoben.

8. Einheitliche Berichterstattung. Der Konzernabschluss wird gewöhnlich aus den **54** Abschlüssen der einzelnen einbezogenen Unternehmen **(derivativ)** abgeleitet, auch wenn eine Entwicklung aus einer Konzernbuchhaltung direkt möglich ist. Dafür sind die Einzelabschlüsse den Bilanzierungsgrundsätzen des Mutterunternehmens anzupassen (→ Rn. 49), bei Tochtergesellschaften in Fremdwährungsgebieten die Abschlüsse in EUR umzurechnen (→ Rn. 51) und bei der Erstkonsolidierung durch Ansatz der Zeitwerte von Vermögen und Schulden stille Rücklagen und Lasten aufzudecken. Für eine termingerechte und den gesetzlichen Vorschriften entsprechende Aufstellung des Konzernabschlusses ist von dem Mutterunternehmen für die einbezogenen Tochter-, Gemeinschafts- und assoziierten Unternehmen allgemein und schriftlich in Form von **Handbüchern** zu regeln, welche Daten zu welchen Terminen den mit den Konsolidierungsarbeiten beauftragten Stellen im Konzern zur Verfügung zu stellen sind. Diese Regelungen sollten für die drei Gruppen von Unternehmen jeweils einheitlich sein, wobei das Ausmaß der Regelung bei den assoziierten Unternehmen geringer und wenigstens zum Teil von der Zustimmung anderer Gesellschafter abhängig sein kann.[46]

9. Methodenstetigkeit. Zu den allgemeinen Bewertungsgrundsätzen des HGB gehört **55** gem. § 252 Abs. 1 Nr. 6 die **Stetigkeit der Bewertungsmethoden.** Sie gilt auch für den Konzernabschluss und wird ergänzt durch den Grundsatz der **Stetigkeit der Konsolidierungsmethoden** (§ 297 Abs. 3). Sollen die Konzernabschlüsse eines Unternehmens zwischen den Perioden sinnvoll **vergleichbar** sein, so sind die Wahlrechte bei der **Abgrenzung des Konsolidierungskreises** und bei den **Konsolidierungsmethoden** im Zeitablauf gleich bleibend **(zeitliche Stetigkeit)** auszuüben. Die Aussagefähigkeit des Konzernabschlusses in einem Zeitpunkt erfordert es, die Wahlrechte für alle einbezogenen Unternehmen einheitlich **(sachliche Stetigkeit)** wahrzunehmen. Entsprechendes gilt für die **stetige Anwendung konzerneinheitlicher Bilanzierungs- und Bewertungsmethoden** sowie für die **Umrechnung** der in fremder Währung aufgestellten Abschlüsse für die Vorbereitung des Konzernabschlusses. Allerdings kann der Zweck des Konzernabschlusses Ausnahmen oder Änderungen rechtfertigen.

Der Grundsatz der Methodenstetigkeit dient der **Vergleichbarkeit** der Vermögens-, **56** Finanz- und Ertragslage des Konzerns über die einzelnen Abrechnungsperioden hinweg. Nur dann, wenn die Bilanzpolitik von der Unternehmensleitung geändert wird, um den übrigen Grundsätzen besser oder neuen gesetzlichen Vorschriften oder Standards zu entsprechen, ist eine Durchbrechung des Stetigkeitsgrundsatzes zulässig. Dann muss über die Auswirkungen der Durchbrechung berichtet werden. Der Grundsatz der Vergleichbarkeit (Comparability) wird im **FASB Framework** in den Abschnitten 39–42 ausführlich dargestellt.

10. Wirtschaftlichkeit der Rechnungslegung. Zwischen den Kosten einer Infor- **57** mationsrechnung und dem Nutzen der durch sie vermittelten Informationen muss ein angemessenes Verhältnis bestehen. Verführe man konsequent nach den vorstehenden Grundsätzen, so könnte die Aufstellung eines Konzernabschlusses im Verhältnis zu dem erreichbaren Informationswert unangemessen hohe Kosten verursachen. Zur Vermeidung solcher Kosten gilt in den anglo-amerikanischen Ländern als Grundsatz für den Jahresab-

---

[46]	Ausf. zur Organisation der Konzernrechnungslegung Küting/Scheren DB 2010, 1893.

schluss generell das Prinzip der **Materiality**.[47] Dieser allgemeine **Grundsatz der Wesent-lichkeit** ist im HGB berücksichtigt worden, auch wenn er dort nicht ausdrücklich formuliert wurde.[48] So brauchen zB nach § 296 Abs. 2 Konzernunternehmen von **untergeordneter Bedeutung** nicht in den Konzernabschluss einbezogen und nach § 304 Abs. 2 Ergebnisse aus konzerninternen Lieferungen von untergeordneter Bedeutung für die Vermittlung eines zutreffenden Bildes der Lage des Konzerns nicht eliminiert zu werden.

58   IAS 1.29–31 formulieren die Grundsätze der Materiality im Einzelnen. Danach sind nicht materielle Beträge mit Beträgen ähnlicher Art zusammenzufassen, auch dann, wenn dadurch eine sonst getrennt auszuweisende Position entfällt. Ein Posten, der nicht wesentlich genug ist, eine gesonderte Darstellung in den genannten Abschlussbestandteilen zu rechtfertigen, kann dennoch eine gesonderte Darstellung in den Anhangangaben rechtfertigen. Materiality wird nicht quantifiziert. Als wesentlich (material) gilt eine Information, wenn ihre nicht gesonderte Angabe die Entscheidung des Adressaten beeinflussen kann. Ein Unternehmen darf die Verständlichkeit seiner Abschlussbestandteile nicht erschweren, indem es wesentliche Informationen dadurch verschleiert, dass es sie zusammen mit unwesentlichen Informationen aufführt oder dass es wesentliche Posten unterschiedlicher Art oder Funktion zusammenfasst (IAS 1.30A). Ein Unternehmen braucht andererseits einer bestimmten Angabeverpflichtung eines IFRS nicht nachzukommen, wenn die anzugebende Information nicht wesentlich ist (IAS 1.31).

V. Vergleich der Grundlagen der Konzernrechnungslegung nach HGB und IAS/IFRS

59   **1. Konzeptionelle Unterschiede zwischen der Rechnungslegung nach HGB und IAS/IFRS.** Der Konzernabschluss wird aus den Einzelabschlüssen der einbezogenen Unternehmen abgeleitet. Für ihn gelten grundsätzlich die gleichen Ansatz- und Bewertungsvorschriften wie für den Einzelabschluss. Das gilt gleichermaßen für HGB- und IAS/IFRS-Abschlüsse. Daher wirken sich unterschiedliche Rechnungslegungskonzeptionen auch auf den Konzernabschluss aus. Ganz grob lässt sich das wie folgt skizzieren: Der **HGB-Abschluss** soll grundsätzlich über eine **getreue und nachprüfbare Rechenschaftslegung** primär den Gesellschaftern einen Nachweis über Verwendung und Ergebnis des dem Management übergebenen Vermögens in der abgelaufenen Abrechnungsperiode liefern. Insofern ist der Abschluss **vergangenheitsorientiert,** beruht daher primär auf historischen **Anschaffungswerten,** soll möglichst objektiv sein und die Basis für die Gewinnausschüttung unter Erhaltung des nominalen Gesellschaftskapitals bilden. Der **IAS/IFRS-Abschluss** soll dagegen grundsätzlich eine wichtige **Information für die ökonomischen Entscheidungen** der Investoren und möglichst für Erwartungen über künftige Cash-Flows liefern. Insofern ist der Abschluss eher **zukunftsorientiert.** Er beruht in zunehmendem Maße auf **Tageswerten** (fair values). Objektivier- und Nachprüfbarkeit werden zwar angestrebt, aber nur im Rahmen der Informationsfunktion des Abschlusses. Für die Gewinnausschüttung hat er keine direkte Bedeutung.

60   Mit der **IAS-VO** von 2002 (→ Rn. 13) sind ab 2005 – in Ausnahmefällen ab 2007 – für kapitalmarktorientierte Unternehmen die Regelungen für die Konzernrechnungslegung, abgesehen von einigen Randvorschriften, vom HGB auf die IAS/IFRS übergegangen. Nach § 315e Abs. 3 haben auch nicht kapitalmarktorientierte Mutterunternehmen die Möglichkeit, ihre Konzernrechnungslegung statt nach den Vorschriften des HGB nach den Regeln der IAS/IFRS vorzunehmen (→ Rn. 15 f.). Diese Regeln müssen aber vollständig befolgt werden.

61   Die **Verlagerung der Regelungskompetenz** über die Konzernrechnungslegung für Unternehmen, die kapitalmarktorientiert sind oder wie solche behandelt werden wollen,

---

[47]   Lück, Materiality in der internationalen Rechnungslegung, 1975; Arsdell, Criteria for determining materiality, Journal of Accountancy, Vol. 139, October 1975, 72 ff.; Pattillo, The Concept of Materiality in Financial Reporting, 1976.
[48]   HuRB/Leffson S. 434 ff.

und die **Praxis** dieser Unternehmen wird die handelsrechtlichen Vorschriften der Konzern-rechnungslegung für solche Muttergesellschaften, die zumindest zunächst bei der Anwen-dung der Regelungen des HGB bleiben, weiterhin beeinflussen. Die **RL 2003/51/EG** (sog. Modernisierungs-RL) hat dem deutschen Gesetzgeber auf der Basis der damals gelten-den IAS die Tür dafür geöffnet (→ Rn. 14 f.). Auch wenn die konzeptionellen Grundlagen der Konzernrechnungslegungsmethoden in beiden Regelungssystemen ähnlich sind, bedeu-tet das nicht, dass sich die in → Rn. 59 skizzierten Unterschiede der allgemeinen Rech-nungslegungskonzeptionen beider Regelwerke nicht auf den Aussagewert des Konzernab-schlusses auswirkten und dass Einzelregelungen auch für den Konzernabschluss sich nicht zumindest vorerst erheblich unterschieden.[49] Die Entwicklung wurde durch das BilMoG fortgesetzt, dass mit den Änderungen – ausweislich der Gesetzesbegründung – die Aussage-kraft des handelsrechtlichen Jahresabschlusses verbessert werden soll und zwar mit einer Annäherung an die Bilanzierungsregeln nach IFRS, wobei aber insgesamt ein überschauba-res eigenes Regelwerk im HGB beibehalten werden soll. Das gilt für den Konzernabschluss etwa im Hinblick auf die Einbeziehungspflicht für Zweckgesellschaften und die Etablierung des Konzepts des beherrschenden Einflusses in § 290 Abs. 1 und Abs. 2, die verpflichtende Anwendung der Neubewertungsmethode und die Aktivierungspflicht des Goodwills und dessen planmäßiger Abschreibung.

2. Vergleich der Bestandteile der Konzernrechnungslegung. Gleichermaßen **62** besteht der quantitative Kern gem. HGB und IAS aus **Konzernbilanz, Konzerngewinn-und Verlustrechnung, Kapitalflussrechnung und Eigenkapitalspiegel; die Segment-berichterstattung** ist nach IFRS 8 obligatorisch nur für kapitalmarktorientierte Unterneh-men, nach § 297 Abs. 1 kann der Konzernabschluss um sie erweitert werden. Die nach §§ 313, 314 obligatorischen **Anhangangaben** sind im Wesentlichen auch nach den zum Teil weitergehenden Regelungen über disclosure zu den einzelnen IAS/IFRS offenzulegen. Jedoch enthält § 315e Abs. 1 die Pflicht zu einigen Anhangangaben auch für Konzernab-schlüsse nach IAS/IFRS. Während das Gesetz keine Einzelregelungen zur Kapitalflussrech-nung, zur Segmentberichterstattung und zum Eigenkapitalspiegel enthält, sind die beiden zuerst genannten Rechenwerke in IAS 7 und IFRS 8 ausführlich geregelt; für den Eigenka-pitalspiegel enthält IAS 1.106–1.110 einige Grundregeln.

Einen separaten **Konzernlagebericht,** wie ihn § 315 vorschreibt, kennen die IAS/ **63** IFRS bisher nicht. Daher befreit ein Konzernabschluss nach der IAS-VO gem. § 315e Abs. 1 auch nicht von der Pflicht zur Aufstellung eines Lageberichts nach § 315. Der Kon-zernlagebericht wird in § 315e Abs. 1 ausdrücklich erwähnt.

Das **Stufenkonzept** gilt in ähnlicher Weise für beide Regelwerke. Für **Gemein-** **64** **schaftsunternehmen** erlaubt § 310 die Anwendung der **Quotenkonsolidierung** alterna-tiv zur Bewertung der Anteile nach der Equity-Methode. Mit dem Ersatz von IAS 31 durch IFRS 11 unterscheidet der IASB zwischen „joint operations", für die eine anteilige Einbeziehung vorgeschrieben wird, und „joint ventures", für die die Equity-Methode gilt.[50] Für assoziierte Unternehmen ist nach beiden Regelwerken die Equity-Methode obligato-risch (§ 311; IFRS 11).

3. Vergleich der Zwecke der Konzernrechnungslegung.[51] Die in → Rn. 29 ff. **65** und → Rn. 41 f. genannten Zwecke der Konzernrechnungslegung – Informationsvermitt-lung, Ausschüttungsbemessung und Konzernsteuerung – gelten für Konzernabschlüsse nach IAS und HGB in ähnlicher Weise, auch wenn sie weder in den einzelnen den Konzernab-schluss betreffenden IAS, noch im Gesetz ausdrücklich genannt werden. Allerdings wird in IAS 1.9 der **Informationszweck** der Rechnungslegung klar herausgestellt. Danach hat die

---

[49] Zu den wichtigsten Unterschieden PFGS IntRechnungslegung 21. Kap. 7; Busse v. Colbe FS Krawitz, 2010, 555.
[50] Fuchs/Stibi BB 2011, 1451 ff.
[51] Zu den Zwecken des Konzernabschlusses Busse v. Colbe/Ordelheide/Gebhardt/Pellens Konzernab-schlüsse 1. Kap. IV.; Baetge/Kirsch/Thiele KonzernBil Kap. II; Scherrer Konzernrechnungslegung 1. Teil B.

Finanzberichterstattung den allgemeinen Zweck, den **Benutzer für seine ökonomischen Entscheidungen** über die „financial position, performance and cash flows" – also die Vermögens-. Finanz- und Ertragslage – des Unternehmens zu informieren und die Ergebnisse des Einsatzes des dem Management anvertrauten Vermögens zu zeigen. Damit zielt die Finanzberichterstattung über den Konzern zwar primär auf den **Kapitalanleger,** schließt aber andere Benutzer des Konzernabschlusses, wie das Management selbst, nicht aus. Vielmehr werden im IASB-Framework unter Nr. 9 ausdrücklich auch die Beschäftigten, Kreditgeber, Kunden und Lieferanten, die Regierung und das Publikum genannt.

66   Der Konzernabschluss hat weder nach deutschem Recht noch nach den IAS/IFRS eine unmittelbare Zahlungsbemessungsfunktion für Gewinnausschüttungen und Besteuerung. Nach deutschem Recht bildet der **Einzelabschluss** die Basis für die **Gewinnausschüttung** unter der Bedingung der **Erhaltung des eingezahlten Kapitals,** doch kann die Konzernleitung die Zuflüsse erzielter Gewinne von den Tochtergesellschaften zur Muttergesellschaft steuern, so dass in der Praxis gewöhnlich das Konzernergebnis den Orientierungspunkt für die Gewinnausschüttung bildet. Die Gewinnverteilung wird durch die IAS nicht geregelt. Sie unterliegt in den einzelnen Ländern unterschiedlichen Vorschriften, außerhalb der EU auch nicht immer der Beschränkung durch die Kapitalerhaltung. Auch die **Gewinnbesteuerung** basiert in Deutschland zwar auf dem handelsrechtlichen Jahresabschluss, der bisher nicht nach den IFRS aufgestellt werden darf, abgesehen vom IFRS-Einzelabschluss als alleiniges Informationsinstrument gem. § 325 Abs. 2a. In anderen Ländern ist die Steuerbemessungsgrundlage weitgehend vom handelsrechtlichen Ergebnis getrennt.

67   **4. Vergleich der Grundsätze der Konzernrechnungslegung.** Auch die in → Rn. 43 ff. genannten Grundsätze für die Aufstellung des Konzernabschlusses entsprechen sich in beiden Regelwerken. Auf die einzelnen vergleichbaren Vorschriften wurde in → Rn. 23 ff. bereits hingewiesen.

Erster Titel. Anwendungsbereich

§ 290 Pflicht zur Aufstellung

(1) ¹**Die gesetzlichen Vertreter einer Kapitalgesellschaft (Mutterunternehmen) mit Sitz im Inland haben in den ersten fünf Monaten des Konzerngeschäftsjahrs für das vergangene Konzerngeschäftsjahr einen Konzernabschluss und einen Konzernlagebericht aufzustellen, wenn diese auf ein anderes Unternehmen (Tochterunternehmen) unmittel- oder mittelbar einen beherrschenden Einfluss ausüben kann. ²Ist das Mutterunternehmen eine Kapitalgesellschaft im Sinn des § 325 Abs. 4 Satz 1, sind der Konzernabschluss sowie der Konzernlagebericht in den ersten vier Monaten des Konzerngeschäftsjahrs für das vergangene Konzerngeschäftsjahr aufzustellen.**

(2) Beherrschender Einfluss eines Mutterunternehmens besteht stets, wenn
1. **ihm bei einem anderen Unternehmen die Mehrheit der Stimmrechte der Gesellschafter zusteht;**
2. **ihm bei einem anderen Unternehmen das Recht zusteht, die Mehrheit der Mitglieder des die Finanz- und Geschäftspolitik bestimmenden Verwaltungs-, Leitungs- oder Aufsichtsorgans zu bestellen oder abzuberufen, und es gleichzeitig Gesellschafter ist;**
3. **ihm das Recht zusteht, die Finanz- und Geschäftspolitik auf Grund eines mit einem anderen Unternehmen geschlossenen Beherrschungsvertrages oder auf Grund einer Bestimmung in der Satzung des anderen Unternehmens zu bestimmen oder**
4. **es bei wirtschaftlicher Betrachtung die Mehrheit der Risiken und Chancen eines Unternehmens trägt, das zur Erreichung eines eng begrenzten und genau defi-**

nierten Ziels des Mutterunternehmens dient (Zweckgesellschaft). Neben Unternehmen können Zweckgesellschaften auch sonstige juristische Personen des Privatrechts oder unselbständige Sondervermögen des Privatrechts sein, ausgenommen als Sondervermögen aufgelegte offene inländische Spezial-AIF mit festen Anlagebedingungen im Sinn des § 284 des Kapitalanlagegesetzbuchs oder vergleichbare EU-Investmentvermögen oder ausländische Investmentvermögen, die den als Sondervermögen aufgelegten offenen inländischen Spezial-AIF mit festen Anlagebedingungen im Sinn des § 284 des Kapitalanlagegesetzbuchs vergleichbar sind, oder als Sondervermögen aufgelegte geschlossene inländische Spezial-AIF oder vergleichbare EU-Investmentvermögen oder ausländische Investmentvermögen, die den als Sondervermögen aufgelegten geschlossenen inländischen Spezial-AIF vergleichbar sind.

(3) [1]Als Rechte, die einem Mutterunternehmen nach Absatz 2 zustehen, gelten auch die einem anderen Tochterunternehmen zustehenden Rechte und die den für Rechnung des Mutterunternehmens oder von Tochterunternehmen handelnden Personen zustehenden Rechte. [2]Den einem Mutterunternehmen an einem anderen Unternehmen zustehenden Rechten werden die Rechte hinzugerechnet, über die es selbst oder eines seiner Tochterunternehmen auf Grund einer Vereinbarung mit anderen Gesellschaftern dieses Unternehmens verfügen kann. [3]Abzuziehen sind Rechte, die
1. mit Anteilen verbunden sind, die von dem Mutterunternehmen oder von dessen Tochterunternehmen für Rechnung einer anderen Person gehalten werden, oder
2. mit Anteilen verbunden sind, die als Sicherheit gehalten werden, sofern diese Rechte nach Weisung des Sicherungsgebers oder, wenn ein Kreditinstitut die Anteile als Sicherheit für ein Darlehen hält, im Interesse des Sicherungsgebers ausgeübt werden.

(4) [1]Welcher Teil der Stimmrechte einem Unternehmen zusteht, bestimmt sich für die Berechnung der Mehrheit nach Absatz 2 Nr. 1 nach dem Verhältnis der Zahl der Stimmrechte, die es aus den ihm gehörenden Anteilen ausüben kann, zur Gesamtzahl aller Stimmrechte. [2]Von der Gesamtzahl aller Stimmrechte sind die Stimmrechte aus eigenen Anteilen abzuziehen, die dem Tochterunternehmen selbst, einem seiner Tochterunternehmen oder einer anderen Person für Rechnung dieser Unternehmen gehören.

(5) Ein Mutterunternehmen ist von der Pflicht, einen Konzernabschluss und einen Konzernlagebericht aufzustellen, befreit, wenn es nur Tochterunternehmen hat, die gemäß § 296 nicht in den Konzernabschluss einbezogen werden brauchen.

Schrifttum: Beyhs/Buschüter/Schurbohm, IFRS 10 und IFRS 12: Die neuen IFRS zum Konsolidierungskreis, WPg 2011, 662; Böckem/Stibi/Zöger, IFRS 10 „Consolidated Financial Statements": Droht eine grundlegende Revision des Konsolidierungskreises?, KoR 2011, 399; Erschinger/Melcher, IFRS-Konzernrechnungslegung – Neuerungen des IFRS 10, DB 2011, 1229; Findeisen/Sabel/Klube, Reduktion des Konsolidierungsbereichs durch das BilMoG?, BB 2010, 965; Gaber/Groß/Heil, Anpassung des § 290 HGB durch das AIFM-UmsG, BB 2013, 2667; Gahlen, Konsolidierung von Leasingobjektgesellschaften nach BilMoG und E-DRS 26, BB 2010, 2877; Gelhausen/Deubert/Klöcker, Zweckgesellschaften nach dem BilMoG: Mehrheit der Risiken und Chancen als Zurechnungskriterium, DB 2010, 2005; Geßler, Probleme des neuen Konzernrechts, DB 1965, 1691, 1796; Hahn, EG-Mittelstandsrichtlinie und EG-Bilanzrichtlinie – Ergänzungsrichtlinie, DStR 1991, 121; Havermann, Offene Fragen der Konzernrechnungslegung, IDW (Hrsg.), Bericht über die Fachtagung 1986, 43; Helmschrott, Einbeziehung einer Leasingobjektgesellschaft in den Konzernabschluss des Leasingnehmers nach HGB, IAS und US-GAAP, DB 1999, 1865; Hoffmann, Einige Zweifelsfragen zur Konsolidierungspflicht von Zweckgesellschaften nach § 290 Abs. 2 Nr. 4 HGB, DB 2011, 1401; v. Hoyningen-Huene, Der Konzern im Konzern, ZGR 1978, 515; IDW, Stellungnahme zur sog. EG-GmbH & Co.-Richtlinie, FN-IDW 1992, 13: Keller, Die Einrichtung einer Holding: Bisherige Erfahrungen und neuere Entwicklungen, DB 1991, 1633; Kirsch/Ewelt, Neuabgrenzung des Konsolidierungsbereiches:

Ein kleiner Schritt in die richtige Richtung, BB 2009, 1574; Kirsch/Ewelt-Knauer, Abgrenzung des Vollkonsolidierungskreises nach IFRS 10 und IFRS 12 – Update zu BB 2009, 1574 ff., BB 2011, 1641; Klatte, Die Rechnungslegung der GmbH & Co. KG, 1991; Klatte, Zur Transformation der GmbH & Co.-Richtlinie in deutsches Recht, DB 1992, 1637; Kropff, Das Konzernrecht des Aktiengesetzes von 1965, BB 1965, 1281; Küting/Gattung, Zweckgesellschaften als Tochterunternehmen nach SIC 12, KoR 2007, 397; Küting/Majadadr, Das neue Control-Konzept nach IFRS 10, KoR 2011, 273; Küting/Seel, Neukonzeption des Mutter-Tochterverhältnisses nach HGB – Auswirkungen des BilMoG auf die handelsrechtliche Bilanzierung, BB 2010, 1459; P. Küting, Nachhaltige Präsenzmehrheiten als hinreichendes Kriterium zur Begründung eines Konzerntatbestandes?, DB 2009, 73; Kußmaul/Henkes, Kommunaler Konzernabschluss – ein neues Betätigungsfeld für Berater, BB 2005, 2062; Lüdenbach/Freiberg, Mutter-Tochter-Verhältnisse durch beherrschenden Einfluss nach dem BilMoG, BB 2009, 1230; Lüdenbach/Freiberg, Konsolidierungskreis, Mehr-Mütter-Beziehungen und formale Stimmrechtsmehrheiten nach E-DRS 26, BB 2010, 2874; Maas/Schruff, Der Konzernabschluss nach neuem Recht, WPg 1986, 201, 237; Middendorf/Zündorf, Doppelte Mutter-Tochter-Verhältnisse aufgrund Beherrschungsvermutungen des § 290 Abs. 2 HGB?, DB 2010, 2124; Mujkanovic, Zweckgesellschaften nach BilMoG, StuB 2009, 374; Oser/Milanova, Aufstellungspflicht und Abgrenzung des Konsolidierungskreises – Rechtsvergleich zwischen HGB/DRS 19 und dem neuen IFRS 10, BB 2011, 2027; Scheffler, Konzernmanagement, 2. Aufl. 2005; Schneider, Firma des Konzerns und die Konzernunternehmens, BB 1989, 1985; Schreiber, Konzernrechnungslegungspflichten bei Betriebsaufspaltung und GmbH & Co. KG, 1989; Schruff, Zweckgesellschaften nach dem BilMoG künftig im Konzernabschluss?, WPg 2008, 1; Schulze zur Wiesche, Personengesellschaft als Holding, DB 1988, 252; Srocke, Konzernrechnungslegung in Gebietskörperschaften unter Berücksichtigung von HGB, IAS/IFRS und IPAS, 2004; Theile, Publizität des Einzel- oder Konzernabschlusses – bei der GmbH & Co. KG nach neuem Recht?, GmbHR 2000, 215; Theisen, Der Konzern, 2. Aufl. 2000; Tillmann, Umwandlung der doppelstöckigen GmbH & Co. KG, DB 1986, 1319; Zoeger/Möller, Konsolidierungspflicht für Zweckgesellschaften nach dem Bilanzmodernisierungsgesetz (BilMoG), KoR 2009, 309.

Übersicht

I. Grundsatz

Der Gesetzgeber konstituiert mit Abs. 1 für die gesetzlichen Vertreter einer (inländi- **1** schen) **Kapitalgesellschaft** mit Sitz im Inland allgemein die Pflicht, einen **Konzernabschluss** und **Konzernlagebericht** in den ersten fünf Monaten des Geschäftsjahres für das vergangene Geschäftsjahr aufzustellen **(Aufstellungspflicht),** wenn sie auf ein anderes Unternehmen **(Tochterunternehmen)** unmittelbar oder mittelbar einen beherrschenden Einfluss **ausüben kann.** Auf diesem Wege soll den Rechnungslegungsadressaten ein den tatsächlichen Verhältnissen entsprechendes Bild der Vermögens-, Finanz- und Ertragslage aller Konzernunternehmen als Einheit vermittelt werden. Dabei wird über die wirtschaftliche Lage des Konzerns informiert, wobei der Konzernabschluss auf eine unter Beachtung der GoB erfolgende Vermittlung des Bilds der Vermögens-, Finanz- und Ertragslage abstellt. Insoweit kommt der Regelung auch der Zweck zu, die relevanten Unternehmen zu identifizieren, die in den Konzernabschluss einzubeziehen sind. Im Grundsatz folgt die Aufstellungspflicht dem Konzept des beherrschenden Einflusses (auch Control-Konzept). Während Abs. 1 den Grundsatz deutlich benennt, enthält Abs. 2 typisierende Tatbestände für den beherrschenden Einfluss. Der Besitz einer Beteiligung nach § 271 Abs. 1 an diesem Unternehmen ist entgegen dem früheren Recht keine allgemeine Voraussetzung mehr für die Aufstellungspflicht. Damit hat der Gesetzgeber die durch die **RL 2003/51/EG** (sog. Modernisierungs-RL; → Vor § 290 Rn. 12) gebotene Möglichkeit genutzt. Auch die Aufstellungspflicht aufgrund der einheitlichen Leitung des Unternehmens gem. § 290 Abs. 1 aF ist mit der Novelle durch das BilMoG entfallen. Damit folgt der Gesetzgeber der international vorherrschenden Regelung, dass allein das **Control-Konzept** die Konzernrechnungslegungspflicht begründet. Sie setzt sich damit von der Konzerndefinition des § 18 Abs. 1 S. 1 AktG ab, die auf der einheitlichen Leitung des herrschenden Unternehmens beruht.

Die Vorschriften für die Aufstellungspflicht gelten auch für die **kapitalmarktorien-** **2** **tierten Mutterunternehmen iSv § 264d,** die ihren Konzernabschluss ab 2005/2007 nach den IAS/IFRS aufstellen müssen (→ Vor § 290 Rn. 12). Gem. § 315e Abs. 1 müssen sie die Regelungen des Ersten Titels des Zweiten Unterabschnitts weiterhin anwenden. Für kapitalmarktorientierte Unternehmen (mit Ausnahme der in § 327 genannten) gilt gem. Abs. 1 S. 2 für die **Aufstellung** des **jährlichen** Konzernabschlusses und -lageberichts eine kürzere Frist von vier Monaten. Der deutsche Gesetzgeber beschränkte die Aufstellungspflicht in Ausnutzung der Wahlrechte in Art. 4 Abs. 2 RL 83/349/EWG zunächst auf Konzerne mit einer **Kapitalgesellschaft als Mutterunternehmen** und in Art. 12 Abs. 1 RL 83/349/EWG auf **Unterordnungskonzerne.**

Mit dem KapCoRiLiG vom 24.2.2000 wurde die bereits mit der sog. GmbH & Co.- **3** Richtlinie[1] eingeführte Pflicht, nach der **OHG** und **KG, bei der nicht wenigstens ein persönlich haftender Gesellschafter eine natürliche Person** oder eine Personengesellschaft mit einer natürlichen Person als haftender Gesellschafter ist **(haftungsbeschränkte Personengesellschaft),** wie eine Kapitalgesellschaft Rechnung zu legen haben, durch Einfügung des § 264a in deutsches Recht umgesetzt. Damit unterliegen diese Personengesellschaften, vor allem in der Form der **GmbH/AG & Co. KG,** auch der **Konzernrechnungslegungspflicht.** Die Verpflichtung zur Erstellung von konsolidierten Abschlüssen für Unternehmen anderer Rechtsformen kann aus § 11 PublG folgen. Für Kreditinstitute und Versicherungsunternehmen besteht grundsätzlich unabhängig von ihrer Größe und Rechtsform eine Aufstellungspflicht (§§ 340i, 341i).

Mit § 290 wird zunächst die Aufstellungspflicht für jedes Mutterunternehmen begrün- **4** det, dh auch für solche Kapitalgesellschaften mit Sitz im Inland, die selbst Tochterunternehmen in einem **mehrstufigen Konzern** sind **(Tannenbaumprinzip),** und ohne Rücksicht auf die **Größe des Konzerns.** Ferner kommt es nicht auf die Rechtsform des Tochterunter-

---

[1] Richtlinie 90/605/EWG des Rates v. 8.11.1990 zur Änderung der Richtlinien 78/660/EWG und 83/349/EWG über den Jahresabschluß bzw. den konsolidierten Abschluß hinsichtlich ihres Anwendungsbereichs, ABl. EG 1990 L 317, 60.

nehmens oder dessen Sitz, der auch im Ausland liegen kann, an. Die Art. 7–11 RL 83/ 349/EWG **befreiten** jedoch **zwingend** oder bei Ausnutzung durch **nationale Wahlrechte** Mutterunternehmen von der Aufstellungspflicht, wenn sie selbst Tochterunternehmen sind, ihr Abschluss und die Abschlüsse ihrer Tochterunternehmen in einem höherrangigen Konzernabschluss nach den Regeln der RL 83/349/EWG eines Mutterunternehmens mit Sitz in der EG oder auch außerhalb vollkonsolidiert werden und in der Richtlinie genannte Bedingungen erfüllt sind. Diese – inzwischen durch Art. 23 Abs. 3 und 4 Bilanz-RL iVm Art. 3 Abs. 5–7 Bilanz-RL ersetzten – Vorschriften wurden in den §§ 291–293 umgesetzt. Die Größenschwellen (Bilanzsumme, Umsatzerlöse und Zahl der Arbeitnehmer) wurden zuletzt durch das BilRUG in § 293 an die europäischen Vorgaben angepasst. Nach der Neukonzeption sind Mutterunternehmen, die gleichzeitig Tochterunternehmen sind, von der Verpflichtung zur Erstellung eines konsolidierten Abschlusses und eines konsolidierten Lageberichts befreit, sofern dessen Mutterunternehmen dem Recht eines Mitgliedstaats unterliegt und das Mutterunternehmen des befreiten Unternehmens sämtliche Aktien oder Anteile des befreiten Unternehmens besitzt oder das Mutterunternehmen des befreiten Unternehmens 90 % oder mehr der Aktien oder Anteile des befreiten Unternehmens besitzt und die anderen Aktionäre oder Gesellschafter des befreiten Unternehmens der Befreiung zugestimmt haben. Darüber hinaus muss hinzukommen, dass das befreite Unternehmen sowie alle seine Tochterunternehmen unbeschadet in den konsolidierten Abschluss eines größeren Kreises von Unternehmen einbezogen sind, dessen Mutterunternehmen dem Recht eines Mitgliedstaats unterliegt und der konsolidierte Abschluss und der konsolidierte Lagebericht im Einklang mit der Bilanz-RL oder mit gem. IAS-VO angenommenen internationalen Rechnungslegungsstandards erstellt wird sowie die Offenlegungserfordernisse und Hinweispflichten erfüllt werden. Kapitalmarktorientierte Mutterunternehmen oder ein in den Konzernabschluss einzubeziehendes kapitalmarktorientiertes Tochterunternehmen haben unabhängig von ihrer Größe einen Konzernabschluss aufzustellen (§ 293 Abs. 5). Die Aufstellungspflicht entfällt gem. Abs. 5, wenn für alle Tochterunternehmen ein Konsolidierungswahlrecht gem. § 296 gilt.

5   Auch **IFRS 10.4** konstituiert die Konzernrechnungslegungspflicht grundsätzlich für **jedes Mutterunternehmen ungeachtet** seiner **Rechtsform** und **Größe,** wenn es ein anderes Unternehmen **beherrscht (IFRS 10.2(a)).** IFRS 10.4(a) **befreit** jedoch Mutterunternehmen von der Aufstellungspflicht, wenn sie sich zu 100 % im Besitz eines anderen Unternehmens befinden. Wenn das Mutterunternehmen weniger als 100 % der Stimmrechte besitzt, gilt die Befreiung dann, wenn es nicht kapitalmarktorientiert ist oder die Minderheitsgesellschafter keinen Teilkonzernabschluss verlangen und die oberste oder eine zwischengeschaltete Muttergesellschaft allgemein zugängliche Konzernabschlüsse vorlegt.[2] Die Aufstellungspflicht folgt in IFRS 10.5 ff. – wie nun auch in § 290 – allein dem **Control-Konzept.** Dabei kommt es nicht auf formale Rechte an, sondern auf die tatsächliche **Beherrschungsmacht** (power) kraft der in IFRS 10.5 ff. – und ähnlich in Abs. 2 – genannten Tatbestände.[3]

II. Konzern- und Unternehmensarten

6   **1. Konzern.** In § 18 AktG wird der Begriff des Konzerns für das Aktiengesellschaftsrecht in zwei Varianten definiert. Nach Abs. 1 bilden ein **herrschendes** und ein oder mehrere **abhängige Unternehmen** einen Konzern, wenn sie unter **einheitlicher Leitung** des herrschenden Unternehmens zusammengefasst sind **(Unterordnungskonzern).** Nach Abs. 2 bilden rechtlich selbstständige Unternehmen, auch ohne dass das eine von dem anderen Unternehmen abhängig ist, einen Konzern, wenn sie unter einheitlicher Leitung zusammengefasst sind **(Gleichordnungskonzern).** Die Einzelnen zusammengefassten

---

2   Für das bis 2012 geltende Recht IFRS-Komm/Baetge/Hayn/Ströher IAS 27 Rn. 95 ff.
3   IFRS-Komm/Baetge/Hayn/Ströher IAS 27 Rn. 15 ff.; zur Neufassung des Beherrschungskonzepts durch IFRS 10 s. Kirsch/Ewelt-Knauer BB 2011, 1641 ff.; Erchinger/Melcher DB 2011, 1229 ff.

Unternehmen sind Konzernunternehmen. In beiden Varianten ist die **einheitliche Leitung** das entscheidende Kriterium für den Begriff des Konzerns.

In aller Regel sind Konzerne Unterordnungskonzerne. In ihnen sind gem. § 17 Abs. 1 **7** AktG **abhängige Unternehmen** rechtlich selbstständige Unternehmen, auf die das **herr-schende Unternehmen** unmittelbar oder mittelbar über ein drittes Unternehmen einen **beherrschenden Einfluss ausüben kann.** Ob das herrschende Unternehmen diesen Ein-fluss tatsächlich praktiziert, ist belanglos. Die Möglichkeit des beherrschenden Einflusses wird idR durch eine **Mehrheitsbeteiligung am Eigenkapital oder an den Stimmrech-ten** vermittelt.[4]

Im HGB wird der **Begriff des Konzerns** nicht definiert und auch nicht auf das AktG **8** verwiesen. Bei Ausarbeitung der 7. EG-Richtlinie (RL 83/349/EWG) hat man sich auf eine Definition des Konzerns nicht einigen können, obgleich sie im ursprünglichen Vor-schlag von 1976 und auch im geänderten Vorschlag von 1978 in enger Anlehnung an die Formulierungen im AktG noch enthalten war.[5] In der endgültigen Fassung der Richtlinie wurde der Begriff Konzern vermieden und in der Bilanz-RL der Begriff Gruppe verwendet. Gleichwohl setzt Abs. 1 die Existenz des Konzerns voraus und verwendet den Begriff.

Die Formulierung in § 290 aF: „Stehen in einem Konzern die Unternehmen unter **9** einheitlicher Leitung einer Kapitalgesellschaft (Mutterunternehmen)," wurde mit der Bil-MoG-Novelle aufgegeben. Damit erscheint der Begriff „Konzern" zur Bezeichnung einer agierenden Einheit in § 290 zwar nicht mehr, doch werden weiterhin die Begriffe Konzern-abschluss, Konzerngeschäftsjahr etc. verwendet. Der Ersatz des Begriffes der „einheitlichen Leitung" durch das nun zentrale Kriterium des „beherrschenden Einflusses", den das Mut-terunternehmen ausüben kann, ändert nichts daran, dass die Vorschrift sich weiterhin nur auf **Unterordnungskonzerne** erstreckt.[6] Mit **Mutterunternehmen** ist das herrschende Unternehmen iSv § 18 Abs. 1 AktG und mit **Tochterunternehmen** sind die abhängigen Unternehmen gemeint, auch wenn die Begriffe herrschend und abhängig weder in der RL 83/349/EWG noch in den Konzernrechnungslegungsvorschriften des HGB verwendet werden. Der Kern der Regelung in § 290 Abs. 1 ist im Hinblick auf den „Konzern" nahezu wortgleich mit § 17 Abs. 1 AktG. Der Unterschied besteht lediglich darin, dass es für das HGB keiner zwingenden gesellschaftsrechtlichen Grundlage für die Beherrschung bedarf (vgl. Abs. 2). Für die Rechnungslegung ist es unerheblich, ob die Beherrschungsmöglichkeit auf gesellschaftsrechtlichen Beziehungen, schuldrechtlichen Vereinbarungen oder auf fakti-schen Umständen beruht.[7]

Gleichordnungskonzerne werden von der Vorschrift des Abs. 1 nicht erfasst. Der **10** deutsche Gesetzgeber hatte schon das Wahlrecht des Art. 12 RL 83/349/EWG nicht in Anspruch genommen, wonach die Konzernrechnungslegungspflicht auf Gleichordnungs-konzerne hätte ausgedehnt werden können. Das eröffnete freilich Umgehungsmöglichkei-ten.[8] Die Abgrenzung zwischen Unterordnungs- und Gleichordnungskonzernen ist nicht immer scharf. Auch Gleichordnungskonzerne müssen eine einheitliche Leitung haben, durch die sich eine Abhängigkeit ergeben kann. Wenn diese sich in einer Führungsgesell-schaft konkretisiert, kann der Übergang zu einem Unterordnungskonzern vorliegen, womit sich eine Aufstellungspflicht ergeben kann.[9]

2. Unternehmen. Der **Begriff Unternehmen** wird in Gesetzgebung, Rechtspre- **11** chung und Literatur unterschiedlich definiert oder mit verschiedenem Sinngehalt gebraucht. Das wirft aber in § 290 keine Probleme auf. Als **Mutterunternehmen** iSv Abs. 1 und 2 kommt nur eine **Kapitalgesellschaft** mit Sitz im Inland in Betracht. Kapitalgesellschaften

[4] Im Einzelnen Kölner Komm AktG/Koppensteiner AktG § 17 Rn. 12–28.
[5] Biener/Schatzmann BiRiLiG 136 ff.
[6] Biener/Schatzmann BiRiLiG 5.
[7] Gelhausen/Deubert/Klöcker DB 2010, 2005.
[8] Busse v. Colbe/Ordelheide/Gebhardt/Pellens Konzernabschlüsse 2. Kap. II. 1.2.
[9] ADS Rn. 85–88.

sind AG, KGaA und GmbH.[10] Mit dem Sitz der Kapitalgesellschaft ist der tatsächliche Verwaltungssitz gemeint, damit kommen neben der europäischen SE auch die Mutterunternehmen in Betracht, die in der Rechtsform einer ausländischen Kapitalgesellschaft geführt werden (zB B.V. oder SA). Durch die Einführung des § 264a durch das KapCoRiLiG sind die Vorschriften der §§ 264–330 auf OHG und KG anzuwenden, bei denen nicht wenigstens eine Person oder Person einer Personengesellschaft als Gesellschafter ein persönlich haftender Gesellschafter ist (→ Rn. 2). Typischer Fall ist die **GmbH/AG & Co. KG,** die damit insoweit als Kapitalgesellschaft gilt. Unter welchen Voraussetzungen in einer GmbH/AG & Co. KG die GmbH/AG oder die KG als Mutterunternehmen der GmbH & Co. KG anzusehen und damit verpflichtet ist, einen Konzernabschluss nach den Vorschriften des HGB aufzustellen (→ Rn. 72 ff.). Aufstellungspflichten für Unternehmen **anderer Rechtsformen** können sich aber nach anderen Vorschriften ergeben, insbesondere nach § 11 PublG. Für Kreditinstitute und Versicherungsunternehmen besteht grundsätzlich unabhängig von ihrer Größe und Rechtsform eine Aufstellungspflicht (§§ 340i, 341i).

12   Für **Tochterunternehmen** gilt keine Beschränkung auf Kapitalgesellschaften oder andere konkrete Rechtsformen. Folglich sind die Abschlüsse **aller Tochterunternehmen jeglicher Rechtsform** mit Sitz im In- oder Ausland in den Konzernabschluss einzubeziehen **(Weltabschlussprinzip).** Die Einbeziehung von (Tochter-)Unternehmen setzt aber die kaufmännische gewerbliche Tätigkeit des Rechtsträgers voraus. Die Einschränkung des Begriffs dadurch, dass nach § 290 Abs. 1 aF an dem Tochterunternehmen eine **Beteiligung** iSv § 271 Abs. 1 bestehen muss, ist durch die BilMoG-Novelle von 2009 entfallen. Bei Tochtergesellschaften in der Rechtsform eines Personenunternehmens gilt ohnehin jeder Gesellschafteranteil unabhängig von seiner Kapitalquote, selbst ohne Kapitaleinlage, als Beteiligung.[11] Gem. **Abs. 2** Nr. 1 und 2 braucht **keine** Beteiligung an dem Tochterunternehmen zu bestehen,[12] jedoch müssen Stimmrechte und Rechte auf Besetzung von Organen für das Mutterunternehmen bestehen, die eine Gesellschafterstellung voraussetzen, die gewöhnlich mit einer Beteiligung verbunden ist.

III. Beherrschender Einfluss als Generalnorm (Abs. 1)

13   **1. Unbestimmter Rechtsbegriff.** Das zentrale Kriterium der Möglichkeit zur beherrschenden Einflussnahme ist in Abs. 1 abstrakt als **Generalnorm** kodifiziert.[13] Der Rechtsausschuss des Deutschen Bundestages hat den Übergang des grundsätzlichen Aufstellungskriteriums von der einheitlichen Leitung zur Möglichkeit zur Ausübung eines beherrschenden Einflusses vorgenommen. Schon der bloße mögliche beherrschende Einfluss auf ein anderes Unternehmens ohne Stimm-, Besetzungs- oder Beherrschungsrechte, die Finanz- und Geschäftspolitik zu bestimmen, begründet bereits eine Aufstellungspflicht.[14] Die in Abs. 2 genannten Fälle sind nur die wichtigsten Ausprägungen des Tatbestandes der beherrschenden Einflussmöglichkeit. Damit ist die Aufzählung in Abs. 2 nicht erschöpfend. Ein beherrschender Einfluss ohne die in Abs. 2 genannten Rechte kann sich zB für einen sog. **wirtschaftlichen Teilkonzern** ergeben, wenn in einem mehrstufigen Konzern Leitung und Anteilsbesitz oder Herrschaftsrechte über Konzernunternehmen bei verschiedenen Holdinggesellschaften liegen (→ Rn. 26). Das ist in der Praxis nicht selten. Eine Definition des beherrschenden Einflusses findet sich weder im Gesetz noch in der Begründung. Er ist ein neuer unbestimmter Rechtsbegriff. Aus der Vorschrift geht eindeutig hervor, dass die Möglichkeit des beherrschenden Einflusses zur Aufstellungspflicht führt. Es kommt also nicht darauf an, ob sie auch ausgenutzt wird. Wenn die Möglichkeit aufgrund schuldrechtlicher Verträge oder staatlicher Einflussnahme nicht oder nicht voll ausgenutzt werden kann, ändert das nichts an dem Mutter-Tochter-Verhältnis. Dann wird nur das Wahlrecht des § 296

---

10   BeBiKo/Grottel/Kreher Rn. 1.
11   ADS Rn. 24.
12   BeBiKo/Grottel/Kreher Rn. 40.
13   BeBiKo/Grottel/Kreher Rn. 20; Beck HdR/Ebeling C 200 Rn. 19 ff.
14   BeBiKo/Grottel/Kreher Rn. 20.

Abs. 1 Nr. 1 relevant, auf die Einbeziehung zu verzichten. Der Begriff des beherrschenden Einflusses findet sich bereits in § 17 Abs. 1 AktG als Kriterium des herrschenden Unternehmens. Die Auslegung dieser Vorschrift kann im Hinblick auf die Einheit der Rechtsordnung auch für die Auslegung des Abs. 1 herangezogen werden. Die beherrschende Einflussnahme bestimmt sich nach der unmittelbaren oder mittelbaren Möglichkeit zur Bestimmung der Finanz- und Geschäftspolitik eines anderen Unternehmens. Dies setzt die Fähigkeit zur Durchsetzung der wesentlichen Entscheidungen in bedeutenden Unternehmensbereichen (zB Produktion, Vertrieb, Investition, F&E, Personal, Finanzierung) bei diesem Unternehmen voraus (DRS 19.6).

2. Dauerhaftigkeit des beherrschenden Einflusses. Nach der Begründung des **14** Rechtsausschusses zum BilMoG (BT-Drs. 16/10067) ist der beherrschende Einfluss „zu bejahen, wenn ein Unternehmen die Möglichkeit hat, die Finanz- und Geschäftspolitik eines anderen Unternehmens **dauerhaft** zu bestimmen, um aus dessen Tätigkeit Nutzen zu ziehen". Eine Definition der Dauerhaftigkeit findet sich nicht in der Begründung. Auch sie ist ein neuer unbestimmter Rechtsbegriff.

Nach hM darf die Möglichkeit des beherrschenden Einflusses sich nicht nur zufällig **15** und kurzfristig ergeben, sondern muss von Dauer sein. Nach der Auslegung der Vorschrift in § 17 AktG erfordert der beherrschende Einfluss nicht nur eine sachliche und zeitliche punktuelle Einwirkungsmöglichkeit, sondern Dauer und Breite, die wahrscheinlich zu einer Finanz- und Geschäftspolitik des anderen Unternehmens im Sinne des Einflussinhabers führt.[15] Nach DRS 19.12 darf die Möglichkeit zur Ausübung eines beherrschenden Einflusses nicht so kurzfristig sein, dass die Bestimmung der ökonomischen Aktivitäten nicht möglich ist. Auch zufällige Einflussmöglichkeiten genügen damit nicht dem Einflussbegriff des § 290, vielmehr müssen sie zukunftsgerichtet sein.

Dauerhaftigkeit bedeutet nicht eine unbegrenzte Dauer oder eine nicht absehbare **16** Beendigung der Einflussmöglichkeit. Vielmehr besteht eine dauerhafte Beherrschungsmöglichkeit auch dann, wenn sie zB aufgrund von Vereinbarungen mit Dritten, einer Satzungsbestimmung oder von gerichtlichen oder staatlichen Auflagen zu einem bestimmten oder voraussichtlichen künftigen Zeitpunkt oder bei Eintritt eines bestimmten Ereignisses enden wird.[16] Nach § 296 Abs. 1 Nr. 3 dürfen sogar Tochterunternehmen in den Konzernabschluss einbezogen werden, die ausschließlich zum Zweck der Weiterveräußerung gehalten werden. Das Merkmal der Dauerhaftigkeit mag zwar dazu dienen, den Konsolidierungskreis stetig abzugrenzen. Doch mangels einer gesetzlichen Definition enthält es einen erheblichen Ermessensspielraum, der nur durch den allgemeinen Grundsatz der Klarheit und Übersichtlichkeit des Konzernabschlusses gem. § 297 Abs. 2 und der Informationsaufgabe der Konzernrechnungslegung begrenzt wird.

3. Geschäfts- und Finanzpolitik. Die Bestimmung der Geschäftspolitik bedeutet die **17** Festlegung der Grundsatzentscheidungen für alle Unternehmensfunktionen wie Forschung und Entwicklung neuer Produkte und Verfahren, Investitionen in Sach- und Finanzanlagen, Produktionssortiment und -verfahren und Vertriebspolitik sowie Aufnahme neuer und Aufgabe vorhandener Geschäftsfelder und strategischer Beteiligungen. Die Bestimmung der Finanzpolitik bezieht sich auf die lang- und kurzfristige Finanzierung durch Fremd- und Eigenkapital. Insgesamt bedeutet das die Bestimmung der Budgetpolitik zum Nutzen des Mutterunternehmens (DRS 19.11). Es muss die eigenen Interessen bei allen wichtigen Entscheidungen, im Wesentlichen bei strategischen und wichtigen operativen Entscheidungen, durchsetzen können, wobei aber Mitspracherechte Dritter, wie Minderheitsbeteiligte und Arbeitnehmervertreter, die beherrschenden Einflussmöglichkeiten nicht verhindern.[17]

---

[15] Küting/Koch, Aufstellungspflicht, 2009, S. 386 ff.; Lüdenbach/Freiberg BB 2009, 1230.
[16] Gelhausen/Fey/Kämpfer Q Rn. 18 f.
[17] Gelhausen/Fey/Kämpfer Q Rn. 16; Gelhausen/Deubert/Klöcker DB 2010, 2005; Lüdenbach/Freiberg BB 2010, 2974.

18   Der in der Begründung des Rechtsausschusses genannte Zweck des dauernden beherrschenden Einflusses auf die Finanz- und Geschäftspolitik eines anderen Unternehmens, „um
aus dessen Tätigkeit Nutzen zu ziehen", lehnt sich an die Definition von „control" in
IAS 27.4 aF an. Woraus dieser Nutzen bestehen soll, bleibt im HGB zwar offen, aber ohne
eine Nutzenstiftung ist der Erwerb der Kontrolle bzw. einer beherrschenden Einflussmöglichkeit auf ein anderes Unternehmen kaum sinnvoll. So wird denn auch die Nutzenziehung
nicht als selbstständiges Tatbestandsmerkmal angesehen.[18] Mit IFRS 10.7 wird der Begriff
„benefits" in IAS 27 aF durch den Begriff „variable returns" ersetzt. Die returns from
involvement des Investors mit dem Investitionsobjekt können positiv oder negativ sein, also
zufließende Gewinne oder zu übernehmende Verluste (IFRS 10.15).

19   **4. Aufstellungspflicht für Teilkonzernabschlüsse.** Nach dem **Tannenbaumprinzip** des Abs. 1 ist jedes Mutterunternehmen grundsätzlich zur Aufstellung eines Konzernabschlusses verpflichtet, auch wenn es selbst Tochterunternehmen ist. Ausgenommen von
dieser Pflicht sind Mutterunternehmen dann, wenn sie gem. § 291 und § 292 mit ihren
Tochterunternehmen in einen **übergeordneten Konzernabschluss** mit befreiender Wirkung konsolidiert werden, nicht kapitalmarktorientiert iSv § 264d sind und Minderheitsgesellschafter keinen Teilkonzernabschluss verlangen.

20   In der **Literatur** zu § 290 aF wurde bezweifelt, ob das Tannenbaumprinzip überhaupt
für Abs. 1 gilt, da die einheitliche Leitung **unteilbar** bei der **obersten Spitze** eines Konzerns läge.[19] Wenn ein Unternehmen, das unter einheitlicher Leitung eines Mutterunternehmens steht, selbst eine einheitliche Leitung iSv Abs. 1 über ein Tochterunternehmen
ausübt, so kann eine solche Leitung nur eine von der Konzernspitze per Delegation übertragene **derivative,** keine originäre Leitung sein. Sie muss mit der Leitung des Gesamtkonzerns
abgestimmt sein, sonst wäre sie nicht Teil einer einheitlichen Leitung. Das gilt auch dann,
wenn ein Konzern durch Kauf einer maßgeblichen Beteiligung die Herrschaft über ein
bisher wirtschaftlich selbstständiges Mutterunternehmen erwirbt und die bisherige Hand-
lungsfreiheit der Unternehmensleitung weitgehend erhalten bleibt. Sie kann dann aber
jederzeit zurückgenommen werden.

21   Wenn eine derivative Leitung für die Anwendung des § 290 Abs. 1 aF **ausreicht,** dann
verpflichtet Abs. 1 auch **Mutterunternehmen von Teilkonzernen** zur Aufstellung von
Konzernabschlüssen. Auch betriebswirtschaftlich ist eine **dezentral organisierte Leitung**
insbesondere bei größeren Konzernen häufig der einzig mögliche Weg der Konzernführung.
Die Managementkapazität der Konzernspitze reicht nicht aus, um alle Leitungsentscheidun-
gen des Konzerns an der Spitze treffen zu können. Den Teilkonzernleitungen werden daher
Ziele vorgegeben, und die Teilkonzerne werden dann in Hinblick auf diese Ziele geleitet.[20]

22   Dem stand die Mehrheitsmeinung gegenüber, **einheitliche Leitung sei unteilbar**
und könne nur an der Konzernspitze angesiedelt sein.[21] Die Meinung wurde auf § 330
AktG aF gestützt,[22] der explizit zur Aufstellung von Teilkonzernabschlüssen verpflichtet
hatte. Aus dem Fehlen einer entsprechenden Vorschrift im HGB 1985 wurde abgeleitet,
dass eine Aufstellungspflicht für Teilkonzernabschlüsse aufgrund einheitlicher Leitung entfiele. Übt ein **ausländisches Mutterunternehmen** über eine inländische Kapitalgesellschaft die einheitliche Leitung über weitere Tochterunternehmen aus und ginge man davon
aus, dass einheitliche Leitung unteilbar sei, dann wäre die deutsche Kapitalgesellschaft bei
Fehlen eines befreienden Gesamtkonzernabschlusses nicht verpflichtet, einen Teilkonzernabschluss aufzustellen. Dies ist offenbar vom Gesetzgeber nicht gewollt.[23] Damit wurde das

---

18   Gelhausen/Fey/Kämpfer Q Rn. 22.
19   So ADS Rn. 72; Baetge KonzernBil Kap. III. 2.
20   Scheffler, Konzernmanagement, 2005, S. 32 ff.; Busse v. Colbe/Ordelheide/Gebhardt/Pellens Konzern-
     abschlüsse 2. Kap. II. 1.3.
21   v. Hoyningen-Huene ZGR 1978, 515 (541); HdK/Siebourg Rn. 9; BeBiKo/Berger/Lüttecke, 6. Aufl.
     2006, Rn. 25; aA Havermann, Offene Fragen der Konzernrechnungslegung, IDW (Hrsg.), Bericht über
     die Fachtagung 1986, 44 f.
22   Maas/Schruff WPg 1986, 203.
23   HdK/Siebourg Rn. 7.

Verständnis der einheitlichen Leitung als unteilbare Funktion zumindest in diesem Zusammenhange fraglich.[24] Mit dem Fortfall der einheitlichen Leitung als zentrales Kriterium gem. Abs. 1 für die Aufstellungspflicht hat sich die Kontroverse erledigt. Allerdings könnte eine entsprechende unterschiedliche Auffassung über das an seine Stelle getretene Kriterium des möglichen beherrschenden Einflusses entstehen. Da aber gem. § 291 Abs. 3 ausdrücklich die Aufstellung von Teilkonzernabschlüssen vom Gesetzgeber verlangt wird, wenn das sonst zu befreiende Mutterunternehmen des Teilkonzerns einen organisierten Markt durch von ihr ausgegebene Wertpapiere in Anspruch nimmt oder Minderheitsaktionäre einen Teilkonzernabschluss verlangen, sollte die Berechtigung von Teilkonzernabschlüssen unter dem Control-Konzept des 2009 novellierten § 290 Abs. 1 nicht grundsätzlich strittig sein.

5. Verhältnis von Abs. 1 zu Abs. 2. Während die einheitliche Leitung für den Begriff **23** des Konzerns nach AktG sowie für die Pflicht zur Konzernrechnungslegung das einzige entscheidende Kriterium nach § 329 AktG aF war, das mit dem BilMoG durch die Möglichkeit des beherrschenden Einflusses ersetzt worden ist, war die **Bedeutung** der **Generalklausel für die Aufstellungspflicht** nach § 290 Abs. 1 in Folge der Übernahme des Beherrschungsrechts aus den Vorschriften des Art. 1 Abs. 1 RL 83/349/EWG in den Abs. 2 schon nach aF **weitestgehend eingeschränkt** worden. Dabei ist es bei der Neufassung der Generalklausel geblieben. In einem **faktischen Konzern** wird der beherrschende Einfluss in der weit überwiegenden Zahl der Konzernverhältnisse durch die **Stimmenmehrheit** und seltener durch ein davon unabhängiges Besetzungsrecht für ein Organ des anderen Unternehmens gem. Abs. 2 Nr. 1 und 2 herbeigeführt. Die Aufstellungspflicht bei Bestehen von satzungsmäßigen oder vertraglichen **Beherrschungsrechten** wird gleichfalls in Abs. 2 unter Nr. 3 geregelt. Somit bleiben für die Aufstellungspflicht nach Abs. 1 die relativ wenigen Fälle, die von Abs. 2 nicht typisierend erfasst werden, insbesondere **faktische Konzernverhältnisse aufgrund von Stimmrechtsanteilen unter 50 %,** insbesondere **bei andauernder Präsenzmehrheit in der Hauptversammlung einer AG.**

Für die hier bejahte Frage nach der grundsätzlichen Aufstellungspflicht für Teilkonzern- **24** abschlüsse aufgrund eines beherrschenden Einflusses ist dieser nur in den Fällen erheblich, in denen er von einer **Zwischenholding** ausgeübt wird, ohne dass sie über eines der **Kontrollrechte** gem. Abs. 2 verfügt.

IV. Konzerntypische Rechte (Abs. 2 Nr. 1–3)

1. Control-Konzept. Mit dem Beitritt Großbritanniens zur EG gewannen anglo- **25** amerikanische Rechtsauffassung und Bilanzierungsgepflogenheiten Einfluss auch auf die RL 83/349/EWG. Damit wurde in Art. 1 Abs. 2 RL 83/349/EWG das sog. **Control-Konzept** verankert. Wenn **eines** der dort genannten **konzerntypischen Rechte dem Mutterunternehmen zusteht,** begründet dies die Aufstellungspflicht für den Konzernabschluss. Auf die tatsächliche einheitliche Leitung durch das Mutterunternehmen kam es nicht mehr an. Die typisierend genannten Tatbestände, die zu der unwiderlegbaren Annahme eines beherrschenden Einflusses führen, sind:
1. die Mehrheit der Stimmrechte der Gesellschafter;
2. die Mehrheit der Bestellungsrechte für die Organe und die Gesellschafterstellung;
3. das Recht, die Finanz- und Geschäftspolitik aufgrund eines Beherrschungsvertrags oder einer Satzungsregelung zu bestimmen;
4. die Zweckgesellschaft, also das Tragen der Mehrheit von Chancen und Risiken bei wirtschaftlicher Betrachtung.

Einer sehr ähnlichen Linie folgte IAS 27.13 aF (vgl. auch IFRS 10.B15). Jedoch trat **26** für das Control-Konzept an die Stelle konzerntypischer Rechte die **tatsächliche Beherrschungsmöglichkeit** durch
– die Macht, die Mehrheit der Stimmrechte aufgrund des Anteilsbesitzes oder der Vereinbarung mit anderen Gesellschaftern auszuüben, oder

---

[24]   Busse v. Colbe/Ordelheide/Gebhardt/Pellens Konzernabschlüsse 2. Kap. II. 1.3.

– die Macht, die Geschäfts- und Finanzpolitik des Unternehmens gemäß Satzung oder
Vereinbarung zu bestimmen, oder
– die Macht, die Mehrheit der Mitglieder des Geschäftsführungs- und des Aufsichtsorgans
zu ernennen und abzuberufen, oder
– die Macht, die Mehrheit der Stimmen auf den Sitzungen des Geschäfts- und Aufsichtsorgans auszuüben.

27   Die Macht wird zwar idR durch entsprechende Rechte vermittelt, kann aber auch
ohne sie existieren. Sie drückt sich in der Möglichkeit des Mutterunternehmens aus, die
Finanz- und Geschäftspolitik des Tochterunternehmens zu bestimmen. Mit IFRS 10.7
wird der Begriff investors control durch drei kumulativ zu erfüllende Kriterien konkretisiert:
– die Macht über das Investitionsobjekt,
– eine Position oder Rechte, variable Erträge durch das Engagement zu erwirtschaften,
und
– die Fähigkeit, durch Ausübung der Macht über das Investitionsobjekt die Höhe der
Erträge zu beeinflussen.

28   Wenn allerdings die **Ausübung der Rechte** des Mutterunternehmens in Bezug auf
Vermögen und Geschäftsführung eines von Abs. 2 erfassten Unternehmens erheblich und
dauernd durch Dritte **beschränkt** ist, kann gem. § 296 Abs. 1 Nr. 1 (entsprechend Art. 13
Abs. 3a RL 83/349/EWG) auf dessen Einbeziehung verzichtet werden **(Einbeziehungswahlrecht).** Nach IAS 27.13 aF galt jedoch bereits ein **Einbeziehungsverbot,** wenn
ausnahmsweise nachgewiesen werden kann, dass die Eigentümerrechte die Kontrolle des
Unternehmens nicht ermöglichen. Die in → Rn. 26 genannten Machtinstrumente bedeuten dagegen unwiderlegbar die Kontrolle des Unternehmens und damit die Aufstellungs-
bzw. Einbeziehungspflicht.[25] Gem. IFRS 10.8 hat der Investor alle Tatsachen und Umstände
zu beachten, um zu prüfen, ob er die Kontrolle besitzt. Im Falle einer dauernden und
erheblichen Einschränkung der Ausübung der Rechte des Mutterunternehmens iSv § 296
wäre control nicht gegeben und eine Konsolidierung nach IFRS 10 unzulässig. Das wird
in IFRS 10.B36 und 10.B37 explizit geregelt.

29   Mit dem Ersatz der einheitlichen Leitung durch die Möglichkeit der Ausübung eines
beherrschenden Einflusses auf ein anderes Unternehmen durch das BilMoG von 2009 in
§ 290 Abs. 1 folgt der Gesetzgeber den Regelungen in IAS 27 aF (heute: IFRS 10). In
Abs. 1 ist zwar nicht von control oder Kontrolle die Rede, aber nach der Begründung des
Rechtsausschusses zu § 290 wird der Begriff Kontrolle von dem Begriff beherrschender
Einfluss umfasst. Die konzernrechtliche Verknüpfung eines Tochterunternehmens mit seinem Mutterunternehmen wird durch einen schuldrechtlichen „Entherrschungsvertrag" in
der Kette der beteiligten Gesellschaften nicht aufgelöst.[26] Der Wortlaut des Abs. 2 stellt allein
darauf ab, ob dem Mutterunternehmen bei einem anderen Unternehmen die Mehrheit der
Stimmrechte der Gesellschafter zusteht, ohne dass es auf die konkrete Ausübungsmöglichkeit
ankommt. Die schuldrechtliche Vereinbarung über ein bestimmtes Stimmverhalten bzw.
über die Nichtausübung des Stimmrechts berührt nicht den Bestand der Rechte desjenigen,
dem die Anteile gehören, sondern die für die Bestimmung nicht maßgebliche Ebene der
tatsächlichen Ausübung der Rechte.

30   **2. Mehrheit der Stimmrechte.** Gem. Abs. 2 Nr. 1 entsteht die Konzernrechnungslegungspflicht für eine Kapitalgesellschaft mit Sitz im Inland stets dann, wenn ihr bei einem
anderen Unternehmen die **Mehrheit** der Stimmrechte der Gesellschafter zusteht. Mit
Mehrheit ist die **einfache** Mehrheit der dem Mutterunternehmen **zustehenden Stimmrechte** gemeint. Durch Gesetz – zB gem. § 179 AktG für Satzungsänderungen – oder
durch Satzung sind für bestimmte außerordentlich und wichtige Vorgänge qualifizierte
Mehrheiten der in der Gesellschafterversammlung vertretenen oder aller Stimmrechte erforderlich. Gleichwohl knüpft der beherrschende Einfluss gem. Abs. 2 Nr. 1 nur an die einfache

---

[25]   IFRS-Komm/Baetge/Hayn/Ströher IAS 27 Rn. 110.
[26]   BGH DStR 2020, 2799.

Mehrheit an. Die Möglichkeit des beherrschenden Einflusses bezieht sich damit nur auf die laufende Geschäfts- und Finanzpolitik. Die Meinung, für die Anwendung der Vorschrift des Abs. 2 Nr. 1 werde die Beherrschungsmöglichkeit nicht verlangt,[27] mag für die aF zutreffend gewesen sein, für die Fassung von 2009 widerspricht sie scheinbar dem Gesetzestext. Nach der nF nennt Abs. 2 besonders wichtige Fälle des beherrschenden Einflusses und enthält insoweit eine unwiderlegbare Annahme eines Mutter-Tochter-Verhältnisses. Gleichwohl spricht die Regelung in § 296 Abs. 1 Nr. 1 dafür, auf die konkrete Beherrschungsmöglichkeit als Voraussetzung in Abs. 2 Nr. 1 zu verzichten. Anderenfalls liefe der Regelungsbereich der Ausnahmevorschrift (§ 296 Abs. 1 Nr. 1) leer. Folgt man dieser Argumentation, dann besteht die Verpflichtung zur Konzernrechnungslegung, allerdings kann auf die Einbeziehung des Tochterunternehmens verzichtet werden, wenn wesentliche Entscheidungen aufgrund von Satzungserfordernissen an die Stimmenmehrheit nicht beeinflusst werden können.

Die Möglichkeit des beherrschenden Einflusses über die Mehrheit der Stimmrechte **31** begründet zwischen der Kapitalgesellschaft und dem anderen Unternehmen das **Mutter-Tochter-Verhältnis.** Dieses andere Unternehmen ist als Tochterunternehmen in den Konzernabschluss des Mutterunternehmens vorbehaltlich der Regelungen des § 296 einzubeziehen. Für die Ermittlung der Mehrheit der Stimmrechte kommt es nicht nur auf Abs. 2, sondern auch auf die Abs. 3 und 4 an. Allerdings muss der beherrschende Einfluss über die Mehrheit der Stimmrechte auch tatsächlich ausgeübt werden können. Falls dies zB bei Zweckgesellschaften durch Verträge ausgeschlossen ist, besteht auch kein Mutter-Tochter-Verhältnis.[28]

Stimmrecht bedeutet das Recht, in der Versammlung der Gesellschafter, zB bei der **32** Hauptversammlung der AG, die gesetzlichen und satzungsmäßigen Rechte, die mit dem Unternehmensanteil verbunden sind, auszuüben. Nach Abs. 2 Nr. 1 kommt es auf die Mehrheit der Stimmen der Gesellschafter und nicht auf die der in der Hauptversammlung stimmberechtigten vertretenen Gesellschafter an, auch wenn die Präsenzmehrheit nachhaltig ist.[29] Die Regelung folgt einer formalrechtlichen Bestimmung. Im Hinblick auf die Berechnung sind dispositive und restriktive Regelungen (etwa § 12 AktG) zu berücksichtigen.

Zwar wird eine **Beteiligung** iSv § 271 Abs. 1 in Abs. 2 Nr. 1 nicht gefordert, jedoch **33** wird in Abs. 4 S. 1, der durch das BilMoG nicht geändert wurde, für die Berechnung der Mehrheit der Stimmrechte, die dem Mutterunternehmen nach Abs. 2 Nr. 1 zustehen, die Zahl der Stimmrechte zugrunde gelegt, die „es aus den ihm gehörenden Anteilen ausüben kann". Damit wird implizit zumindest die Gesellschafterstellung des Mutterunternehmens, aber nicht notwendig eine Kapitalbeteiligung (zB Komplementär ohne Kapitaleinlage) vorausgesetzt.[30] Auch Abs. 3 setzt eine Gesellschafterstellung bei der Zurechnung von Stimmrechten voraus. Darin liegt eine **mangelhafte Abstimmung** mit Abs. 2 Nr. 1.[31]

Einem Bevollmächtigten zur Ausübung des Stimmrechtes, insbesondere über das **34** **Depotstimmrecht** der Banken, stehen diese Stimmrechte nicht zu. Die Stimmrechtsvollmacht kann daher eine Stimmrechtsmehrheit iSv Abs. 2 Nr. 1 nicht vermitteln.[32]

Die einfache Stimmrechtsmehrheit verleiht dem Mutterunternehmen zwar idR die **35** **Möglichkeit der Beherrschung,** besonders dann, wenn sich der Rest der Anteile in Streubesitz befindet. Trotz des allein durch die Stimmrechtsmehrheit begründeten Mutter-Tochter-Verhältnisses kann die Beherrschung und damit die **Pflicht** zur Aufstellung des Konzernabschlusses bzw. zur Einbeziehung des Tochterunternehmens daran **scheitern,** dass alle oder die meisten wesentlichen Entscheidungen, wie zB die Besetzung der Führungspositionen nach Abs. 2 Nr. 2, per Satzung oder Vertrag eine Einigung mit einem anderen

---

[27] BeBiKo/Grottel/Kreher Rn. 45.
[28] Küting/Seel BB 2010, 1463; Gelhausen/Deubert/Klöcker DB 2010, 2006; aA zB Lüdenbach/Freiberg BB 2010, 1231.
[29] WP-HdB 2023 M Rn. 44.
[30] ADS Rn. 43.
[31] ADS Rn. 152.
[32] ADS Rn. 42.

Gesellschafter einer **qualifizierten Minderheit,** zB die Zustimmung eines früheren Mehrheits- und jetzigen Minderheitsgesellschafters, erfordern. In einem solchen Fall wäre das Unternehmen sowohl von dem Inhaber der Mehrheit der Stimmrechte, als auch vom Inhaber der Besetzungsrechte, wenn man die vom Gesetzgeber dort genannten Tatbestände als unwiderlegbare Vermutung der Beherrschungsmacht ansieht, in die Konzernabschlüsse beider Parteien einzubeziehen. Unbillige Pflichten werden auf diese Weise gleichwohl nicht begründet. Der durch Rechte des anderen in seiner durch die Mehrheit der Stimmrechte theoretisch gegebenen, nun aber eingeschränkten, Beherrschungsmöglichkeit betroffene Gesellschafter kann von dem **Einbeziehungswahlrecht** des § 296 Abs. 1 Nr. 1 Gebrauch machen (→ Rn. 50).[33] Nach IFRS 10.B64 ff. kann nur eine Partei control ausüben, womit eine Konsolidierung bei beiden Parteien ausgeschlossen ist.

36   Mehrere Stimmrechte dürfen mit einer Aktie gem. § 12 Abs. 2 AktG nicht verbunden sein. Mehrstimmrechtsaktien wurden durch Art. 1 Nr. 3 KonTraG verboten. Sind die Stimmrechte durch die **Satzung** auf einen bestimmten Anteil beschränkt, dann sind **Höchststimmrechte** bei der Errechnung der Stimmrechtsmehrheit zu beachten. **Stimmrechtslose Anteile** zählen nicht mit, auch wenn ihnen gem. §§ 140, 141 AktG für bestimmte Fälle das Stimmrecht zusteht oder zuwächst.

37   Nach IFRS 10.B35 wird die Beherrschungsmöglichkeit (control) – und damit die Aufstellungs- und Einbeziehungspflicht – angenommen, wenn dem Mutterunternehmen **mehr als die Hälfte der Stimmmacht** gehört und es die relevanten Aktivitäten des Investitionsobjektes direkt oder über die Ernennung der Mehrheit des Leitungsgremiums steuern kann, es sei denn, ein Dritter habe das Recht, die Aktivitäten zu steuern (IFRS 10.B36; → Rn. 28). Verfügt das Mutterunternehmen nicht selbst über die Stimmrechtsmehrheit, so hat es jedoch die Macht über das Investitionsobjekt, wenn es aufgrund von Verträgen mit anderen Gesellschaftern die Stimmrechtsmehrheit ausüben (IFRS 10.B39) oder von anderen Entscheidungsrechten über die relevanten Aktivitäten (IFRS 10.B40) verfügen kann, womit die Einbeziehung zur Pflicht wird.

38   Stimmrechte, die aufgrund **gesetzlichen Verbots** nicht ausgeübt werden können (zB § 20 Abs. 7 AktG), stehen dem Unternehmen iSv § 290 Abs. 2 nicht zu, auch wenn es, wie bei der unterlassenen Mitteilung gem. § 20 Abs. 7 AktG, durch eigenes Handeln die Stimmrechte wiedergewinnen kann (ähnlich: § 21 Abs. 4 AktG). Auch statutarische **Stimmrechtsübertragungen** haben zur Folge, dass diese Rechte dem Anteilseigner nicht mehr iSv Abs. 2 zustehen.[34] Zu Stimmrechtsübertragungen oder -beschränkungen aufgrund von Verträgen mit anderen Gesellschaftern, Ausführungen zu Abs. 3.

39   **3. Mehrheit der Besetzungsrechte.** Die Konzernrechnungslegungspflicht wird gem. Abs. 2 Nr. 2 auch durch das **Recht** des Mutterunternehmens als Gesellschafter begründet, aufgrund einer **Satzungsbestimmung** oder einer **Vereinbarung** mit anderen Gesellschaftern[35] die **Mehrheit** der Mitglieder des Verwaltungs- oder Leitungs- oder Aufsichtsorgans des Tochterunternehmens zu bestellen oder abzurufen **(Besetzungsrecht).** Auf den Stimmenanteil kommt es nicht an. Das betreffende **Organ** kann **gesetzlich** vorgeschrieben, wie Vorstand und Aufsichtsrat der AG bzw. der oder die Geschäftsführer der GmbH, oder **freiwillig** durch Satzung/Gesellschaftervertrag gebildet sein, wie manche Beiräte, wenn ihnen ähnliche Rechte zustehen wie dem entsprechenden gesetzlichen Organ.[36] Hier liegt die besondere Bedeutung der Regelung, die insoweit aufgrund der im Gesellschaftsvertrag eingeräumten Sonderrechte über die Anwendungsfälle des Abs. 2 Nr. 1 hinausgehen kann (vgl. andererseits die Beschränkung in § 101 Abs. 2 S. 4 AktG für die AG). Mit der Bezeichnung **Verwaltungsrat** werden auch monistische Organe ausländischer Tochterunternehmen, zB der **Board of Directors** britischen/US-amerikanischen Rechts, erfasst. Leitungs- oder Aufsichtsorgan bezieht sich auf das deutsche dualistische System von Vorstand und

---

[33]   Im Einzelnen Middendorf/Zündorf DB 2010, 2124 ff.; so auch Gelhausen/Fey/Kämpfer Q Rn. 39.
[34]   BeBiKo/Grottel/Kreher Rn. 48.
[35]   ADS Rn. 45, 47.
[36]   BeBiKo/Grottel/Kreher Rn. 55.

Aufsichtsrat, wobei das Besetzungs- oder Abberufungsrecht für den Aufsichtsrat gilt, der den Vorstand bestellt/abruft.

Das Erfordernis, die **Mehrheit** des Aufsichtsrates zu bestellen oder abrufen zu können, 40 betrifft die **Gesamtheit seiner Mitglieder,** auch bei Mitbestimmung durch die Arbeitnehmerseite. Bei der sog. paritätischen Mitbestimmung ist das Erfordernis dann noch erfüllt, wenn der Vorsitzende mit seiner **Zweitstimme** die Mehrheit der Stimmen herbeiführen kann.[37]

Das Besetzungsrecht wird zwar idR durch Stimmenmehrheit in der Gesellschafterver- 41 sammlung vermittelt, Abs. 2 Nr. 2 knüpft aber die Konzernrechnungslegungspflicht unabhängig von der Stimmenmehrheit an das Besetzungsrecht, sofern das Mutterunternehmen unmittelbar oder mittelbar über eine Tochtergesellschaft **Gesellschafter** ist. Die **bloße tatsächliche Macht,** die Mehrheit der Mitglieder des Organs zu bestellen oder abzurufen, **genügt nicht;** vielmehr bedarf es dazu einer **Satzungsbestimmung** oder einer **Vereinbarung mit anderen Gesellschaftern, also einer Rechtsmacht.**[38]

Auch **IFRS 10.35(b)** konstituiert die Konzernrechnungslegungspflicht durch die Mög- 42 lichkeit, die Mehrheit der Mitglieder des Leitungsorgans zu ernennen oder abzuberufen, das die relevanten Aktivitäten steuert. Im Unterschied zu Abs. 2 Nr. 2 reicht die **faktische Macht** (power) dafür aus, eines formellen Rechts und einer Gesellschafterstellung bedarf es dazu nicht. Eine Gesellschafterstellung ist im Unterschied zum HGB für die Kontrollmacht nicht erforderlich.[39]

4. Vertragliche und satzungsmäßige Beherrschungsrechte. Mit Abs. 2 Nr. 3 wird 43 eine inländische Kapitalgesellschaft auch dann zur Konzernrechnungslegung verpflichtet, wenn ihr aufgrund eines mit einem anderen Unternehmen abgeschlossenen **Beherrschungsvertrages** oder aufgrund einer **Satzungsbestimmung** das **Recht** zusteht, einen **beherrschenden Einfluss** auf dieses Unternehmen auszuüben. Auch diese Vorschrift geht auf Art. 1 Abs. 1 RL 83/349/EWG zurück. In diesem Artikel war allerdings vorgesehen, dass das Mutterunternehmen auch Gesellschafter war. Jedoch war diese Bedingung mit einem nationalen Wahlrecht versehen, durch dessen Wahrnehmung in Abs. 2 Nr. 3 eine **Gesellschafterstellung nicht verlangt** wird, auch wenn sie idR gegeben sein wird.

Der Begriff des **Beherrschungsvertrages** wird in § 18 Abs. 1 AktG verwendet und 44 in § 291 AktG definiert. Nach § 18 Abs. 1 AktG impliziert der Abschluss eines Beherrschungsvertrages unwiderlegbar die Vermutung der **einheitlichen Leitung.** Mit einem wirksamen Beherrschungsvertrag unterstellt eine abhängige AG/KGaA gem. § 291 Abs. 1 S. 1 AktG ihre Leitung einem anderen Unternehmen und muss damit dessen Weisungen folgen. Für die **Wirksamkeit** des Vertrages bedarf es der Zustimmung der Hauptversammlung der abhängigen und im Falle einer AG/KGaA auch der herrschenden Gesellschaft mit drei Viertel der vertretenen Stimmen, der Schriftform (§ 293 AktG), eines Berichtes der Vorstände der Vertragspartner (§ 293a AktG), der Prüfung durch einen Wirtschaftsprüfer (§§ 293b–293e AktG), der Eintragung ins Handelsregister (§ 294 AktG) sowie der Festsetzung eines angemessenen Ausgleichs gem. § 304 AktG bzw. einer Abfindung gem. § 305 AktG für die Minderheitsaktionäre.

In den Fällen einer **AG/KGaA** als Partner eines Beherrschungsvertrages müssen alle 45 Voraussetzungen für seine Wirksamkeit erfüllt sein, wenn er die Konzernrechnungslegungspflicht gem. § 290 auslösen soll.[40] Für eine **GmbH** bedarf der beherrschende Einfluss gem. Abs. 3 zwar auch eines wirksamen Vertrages. Welche Voraussetzungen dafür erfüllt sein müssen, ist aber strittig.[41] In manchen Ländern sind Beherrschungsverträge unzulässig. Sie bilden dann keinen Grund für die Konzernrechnungslegungspflicht.

---

[37] BeBiKo/Grottel/Kreher Rn. 56; ADS Rn. 46.
[38] ADS Rn. 45, 47.
[39] IAS-Komm/Baetge/Hayn/Ströher IFRS 10 Nr. 55 ff. (Stand 2012).
[40] Im Einzelnen ADS Rn. 45; aA HdK/Siebourg Rn. 91.
[41] ADS Rn. 56 mwN.

46   Die Konzernrechnungslegungspflicht aufgrund einer **Satzungsbestimmung** des abhängigen Unternehmens muss dem Beherrschungsvertrag in der Vermittlung der Beherrschungsmöglichkeit gleichwertig sein.[42] Diese Bestimmung ist vor allem[43] oder nur[44] für Unternehmen relevant, die nicht in der Rechtsform der AG/KGaA geführt werden, wie zB für Muttergesellschaften mit Sitz im Ausland. Einer Beherrschung durch Satzungsbestimmung steht § 23 Abs. 5. AktG im Wege. Gem. § 76 Abs. 1 AktG leitet der Vorstand die Gesellschaft in eigener Verantwortung. Ein Beherrschungsvertrag nach § 291 AktG entbindet ihn davon. Eine die Verpflichtung aus § 76 Abs. 1 AktG aufhebende Satzungsbestimmung ist im Gesetz nicht vorgesehen und daher für die AG/KGaA unzulässig.

47   Auch IAS 27.13 aF sah in S. 2 (b) die Konzernrechnungslegungspflicht im Fall der Beherrschung durch **Vertrag** oder **Satzungsbestimmung** vor. Die neue Umschreibung von control durch **IFRS 10** lässt keinen Zweifel daran, dass vertragliche oder satzungsmäßige Beherrschungsrechte iSv Abs. 2 Nr. 3 eine Machtstellung begründen, die eine Einbeziehungspflicht zur Folge hat (insbesondere IFRS 10.B15(e)). Eine Beteiligung oder Gesellschafterstellung ist – wie auch nach Abs. 2 Nr. 3 – dazu nicht erforderlich.

V. Zweckgesellschaften (Abs. 2 Nr. 4)

48   **1. Grundsatz.** Nachdem in den USA und 2008 auch in Deutschland große Unternehmen in finanzielle Schwierigkeiten geraten waren, die von außen zu spät erkannt worden waren, weil Zweckgesellschaften, in die Vermögensgegenstände mit Risiken großen Ausmaßes verlagert wurden, aber nach der damals geltenden Rechtslage nicht konsolidiert worden waren, hat der Gesetzgeber auf Vorschlag des Rechtsausschusses des Bundestages 2009 mit dem BilMoG in § 290 Abs. 2 eine zusätzliche Nr. 4 eingefügt. Nach dieser Vorschrift sind Unternehmen und sonstige juristische Personen oder Sondervermögen des Privatrechts, deren Risiken und **Chancen** zur Erreichung eines **eng begrenzten und genau definierten Zieles** bei wirtschaftlicher Betrachtung zur Mehrheit vom Mutterunternehmen getragen werden (sog. Zweckgesellschaften), grundsätzlich in den Konzernabschluss einzubeziehen. Ein Unternehmen ist damit über die Zweckgesellschaft als Tochterunternehmen zu qualifizieren, wenn das Mutterunternehmen bei wirtschaftlicher Betrachtungsweise mittelbar oder unmittelbar die Mehrheit der Risiken und Chancen aus der Geschäftstätigkeit der Zweckgesellschaft trägt. Zweckgesellschaften sind damit wie Tochtergesellschaften zu behandeln, sind ferner auch sonstige juristische Personen des Privatrechts oder unselbstständige Sondervermögen des Privatrechts, sofern nicht die Ausnahme eingreift (Rn. 55). Damit sollte auch eine Angleichung an die internationalen Rechnungslegungsgrundsätze, die für Zweckgesellschaften früher in SIC 12 enthalten waren (heute: IFRS 10), erreicht werden.[45]

49   Mit der Ausdehnung der Rechtsform der Zweckgesellschaft über den Kreis der Unternehmen auf sonstige juristische Personen und unselbstständige Sondervermögen des Privatrechts soll der Umgehung der Vorschrift durch Konstruktionen, die die Unternehmenseigenschaft vermeiden, entgegengewirkt werden. Im Unterschied zu den Vorschriften der Nr. 1–3 des Abs. 2 kommt es für die Anwendung von Nr. 4 nicht auf die Innehabung von Rechten oder die Gesellschafterstellung des Mutterunternehmens oder eines Dritten, der zB die Mehrheit der Stimmrechte hält, an. An die Stelle juristischer Kriterien für den beherrschenden Einfluss in Abs. 2 Nr. 1–3 tritt in Nr. 4 ausdrücklich die **wirtschaftliche Betrachtungsweise.**[46] Nach der Begründung des Rechtsausschusses sollen Zweckgesellschaften im weitest möglichen Umfang in den Konsolidierungskreis einbezo-

---

[42]   ADS Rn. 59.
[43]   BeBiKo/Grottel/Kreher Rn. 67.
[44]   ADS Rn. 60.
[45]   Busse v. Colbe/Ordelheide/Gebhardt/Pellens Konzernabschlüsse 2. Kap. III. 5; Gelhausen/Deubert/ Klöcker DB 2010, 2005.
[46]   Küting/Seel BB 2010, 1462; Küting/Weber 4. Kap. 2.2.3.2.5.

gen werden, um die Auslagerung von Risiken aus dem Konzernabschluss einzuschränken.[47]

Die Formulierung in Abs. 2, wonach beherrschender Einfluss **stets** besteht, wenn einer 50
der in den Nr. 1–4 beschriebenen Sachverhalte vorliegt, hat zu Zweifelsfragen zum Verhältnis zwischen ihnen geführt.[48] Typisch für die Errichtung einer Zweckgesellschaft ist folgendes Dreieckverhältnis: **Beispiel:** Auf Initiative zB eines Industrieunternehmens (M) wird in seinem Interesse zur Erzielung eines genau definierten engen Zweckes eine Gesellschaft (Z) unter Einschaltung eines dritten Unternehmens (B), häufig einer Bank, errichtet. Die Tätigkeit von Z wird vertraglich oder in der Satzung von Z genau geregelt, so dass für geschäftspolitische und finanzielle Entscheidungen kein Raum bleibt. Satzungsänderungen von Z bedürfen der Zustimmung von M. Dies wird auch als **„Autopilot"** bezeichnet.[49] Die Stimmrechte erhält ganz oder zum überwiegenden Teil B sowie einen geringen Anteil an den Gewinnen von Z. Wegen der Autopilotkonstruktion verleiht die Stimmrechtsmehrheit B aber keinen Einfluss. Der überwiegende Teil der Gewinne erhält M. M übernimmt auch alle anfallenden laufenden Verluste und das Risiko aus einer Insolvenz. Bei einer solchen Konstruktion der Zweckgesellschaft Z hat B über seine Stimmrechtsmehrheit gem. Abs. 2 Nr. 1 formal zwar einen beherrschenden Einfluss, kann ihn aber nicht ausüben. Eine Konsolidierung von Z durch B widerspräche Abs. 1. Dass zwei Unternehmen jeweils die Möglichkeit hätten, einen beherrschenden Einfluss auszuüben **(Mehr-Mütter-Konzernbeziehung)**, ist ein Widerspruch in sich.[50] Auch nach IFRS 10.B64 ist control nur durch eine andere Wirtschaftseinheit möglich. Gleichwohl besteht die Einbeziehungspflicht für B weiter, wenn man – wie nach wohl überwiegender Meinung – die Beherrschungsmöglichkeit durch die Stimmrechtsmehrheit als unwiderlegbare Vermutung ansieht (→ Rn. 35).[51] M hat gem. Abs. 2 Nr. 4 formal zwar auch einen beherrschenden Einfluss, braucht ihn aber nicht auszuüben, da bereits alles Wesentliche geregelt ist. Auf die Ausübung kommt es aber nicht an, wenn die Möglichkeit dazu besteht. Nach Nr. 4 trifft M die Konsolidierungspflicht für Z. Bei der **Konkurrenz der Vorschriften** in Abs. 2 zwischen Nr. 1 und Nr. 4 sollte trotz formaler Gleichrangigkeit der Vorschriften Nr. 4 der Vorrang gebühren.[52] Das gilt auch für eine Konkurrenz der Vorschriften zwischen Abs. 2 Nr. 2 und Nr. 4. Bei Erfüllung der Kriterien für eine Zweckgesellschaft verleiht das Recht, die Mehrheit der Mitglieder des Leitungs- oder Aufsichtsorgans zu bestimmen, keinen beherrschenden Einfluss.[53] Der Meinung, Abs. 2 Nr. 4 bildete eine Ausnahme vom allgemeinen Beherrschungskonzept,[54] wird hier nicht gefolgt. Über die Regelung in § 296 Abs. 1 Nr. 1 lassen sich aber regelmäßig sachgerechte Ergebnisse erzielen.

2. Mehrheit von Risiken und Chancen. Voraussetzung dafür, dass ein Unternehmen 51
oder eine andere juristische Person iSv Abs. 2 Nr. 4 als Zweckgesellschaft zu qualifizieren und deshalb vom Mutterunternehmen zu konsolidieren ist, besteht in dessen Pflicht zur Übernahme der aus der Verfolgung der Ziele im Interesse des Mutterunternehmens resultierenden Mehrheit von Risiken und Chancen der Zweckgesellschaft. In der **Begründung des Rechtsausschusses** zum BilMoG (BT-Drs. 16/12407, 89) werden für das Vorliegen einer Zweckgesellschaft – in Anlehnung am SIC 12.10 – folgende Kriterien genannt:
– Mittels seiner **Entscheidungsmacht** oder der Einrichtung eines **Autopilot-Mechanismus** kann das Unternehmen die Mehrheit des Nutzens aus der Geschäftstätigkeit der Zweckgesellschaft ziehen.

47   Gelhausen/Fey/Kämpfer Rn. 54 ff.
48   Ausf. dazu Findeisen/Sabel/Klube BB 2010, 965 ff.
49   BeBiKo/Grottel/Kreher Rn. 74 ff.; DRS 19.40.
50   Lüdenbach/Freiberg BB 2010, 2875 f.; Gahlen BB 2010, 2877 ff.
51   ZB Gelhausen/Fey/Kämpfer Q Rn. 39; Findeisen/Sabel/Klube DB 2010, 965; Küting/Seel BB 2010, 1459; Küting/Weber 4. Kap. 2.2.3.
52   Findeisen/Sabel/Klube DB 2010, 969; Gahlen BB 2010, 2879.
53   Lüdenbach/Freiberg BB 2009, 1232; BeBiKo/Grottel/Kreher Rn. 34.
54   Lüdenbach/Freiberg BB 2009, 1232.

– Das Unternehmen hat das **Recht,** die Mehrheit des Nutzens aus der Zweckgesellschaft zu ziehen und übernimmt deshalb Risiken aus der Tätigkeit der Zweckgesellschaft.

– Das Unternehmen behält die Mehrheit der mit der Tätigkeit der Zweckgesellschaft verbundenen Residual- oder Eigentumsrisiken oder der Vermögensgegenstände, um daraus Nutzen für seine Geschäftstätigkeit zu ziehen.

52   Liegt eines dieser Kriterien vor, so ist das zwar ein Hinweis auf die Möglichkeit der Qualifizierung einer Rechtsperson als Zweckgesellschaft, doch muss noch geprüft werden, ob alle gesetzlichen Voraussetzungen dafür erfüllt sind.[55] Insbesondere verlangt Abs. 2 Nr. 4, dass bei wirtschaftlicher Betrachtung die Mehrheit der Risiken **und** Chancen beim Mutterunternehmen liegen. Bei asymmetrischer Verteilung von Chancen und Risiken zwischen den beteiligten Unternehmen ist nach der Begründung des Rechtsausschusses vorrangig auf die Risiken abzustellen[56] (so auch DRS 19.61). Das kann nur dann von Bedeutung sein, wenn bei ihrer Abschätzung Zweifel aufkommen, ob die Mehrheit von Risiken und Chancen beim Mutterunternehmen liegen.

53   Risiken und Chancen sind zukunftsbezogene Begriffe und damit in ihrer Höhe und Eintrittswahrscheinlichkeit unsicher. Sie resultieren aus negativen und positiven Erwartungen über künftige Zahlungsströme. Daher können sie als mathematische Erwartungswerte quantifiziert oder aus einem Best-/Worst-Case-Scenario abgeleitet werden; jedenfalls müssen sie rechnerisch nachvollziehbar ermittelt werden.[57] Unter Risiken sind Erwartungen über den Eintritt von Verlusten aus dem laufenden Geschäft oder der Liquidation der Zweckgesellschaft zu verstehen. Im Falle einer Leasingobjektgesellschaft als Zweckgesellschaft[58] sind Risiken und Chancen aus einer Wertänderung des Restwertes und das Risiko des Ausfalls des Leasingnehmers in Betracht zu ziehen.[59] Sie entsprechen den Risiken eines Mehrheitsgesellschafters. Da das Mutterunternehmen aber gewöhnlich nicht Mehrheitsgesellschafter einer Zweckgesellschaft ist, übernimmt es die Risiken indirekt, zB über Bürgschaften, Patronatserklärungen, Garantien etwa über die Werthaltigkeit bestimmter Vermögensgegenstände, Verlustübernahmen aus dem laufenden Geschäft und im Falle der Liquidation der Zweckgesellschaft.[60] Entsprechendes gilt für Chancen. Sie bestehen in der Erwartung, über die Zweckgesellschaft Gewinne zu vereinnahmen oder Ausgaben des Mutterunternehmens, die ohne die Zweckgesellschaft entstünden, durch ihren Betrieb zu reduzieren.[61] Ob die Ausgabenersparnis in der Zweckgesellschaft selbst oder bei anderen Konzerngesellschaften voraussichtlich entstehen wird, ist aus Konzernsicht unerheblich. Daher wird der Meinung, dass Synergieeffekte aus dem Betrieb der Zweckgesellschaft, die bei anderen Tochtergesellschaften anfallen, unberücksichtigt bleiben,[62] nicht gefolgt. Betreibt die Zweckgesellschaft zB Forschungs- und Entwicklungsvorhaben rationeller, als wenn sie bei einer anderen Konzerngesellschaft vorgenommen würden, so fällt die Ausgabenersparnis dort an.

54   **3. Eng begrenztes und genau definiertes Ziel.** Der Rechtsausschuss nennt in seiner Begründung zum BilMoG als Beispiele für ein möglicherweise eng begrenztes und genau definiertes Ziel Leasinggeschäfte, Forschungs- und Entwicklungstätigkeiten und Verbriefungsgeschäfte (so auch DRS 19.41). Erzeugung von unterschiedlichen Sachgütern oder Dienstleistungen, die laufend unternehmerische Entscheidungen, zB über Produktionsverfahren und Produktdesign, verlangen, würden das Kriterium eines eng begrenzten und genau definierten Ziels der Zweckgesellschaft nicht erfüllen. Als problematisch könnte sich bei einer solchen Negativabgrenzung des Kriteriums des eng begrenzten und genauen Ziels

---

[55]   BeBiKo/Grottel/Kreher Rn. 78.
[56]   Lüdenbach/Freiberg BB 2009, 1233; s. auch Beck HdR/Ebeling C 200 Rn. 45.
[57]   Lüdenbach/Freiberg BB 2009, 1234; Hoffmann DB 2011, 1403.
[58]   Näheres bei Findeisen/Sabel/Klube DB 2010, 969.
[59]   Findeisen/Sabel/Klube DB 2010, 970.
[60]   Gelhausen/Fey/Kämpfer Q Rn. 70.
[61]   BeBiKo/Grottel/Kreher Rn. 77.
[62]   BeBiKo/Grottel/Kreher Rn. 77 im Anschluss an Küting/Gattung KoR 2007, 397.

die Feststellung erweisen, ob das Ziel im konkreten Fall als hinreichend eng und genau definiert im Sinne des Gesetzes anzusehen ist.[63]

4. Ausnahme für Spezialsondervermögen nach § 284 KAGB. Die Regelung war **55** von Anfang an nicht auf bestimmte Spezial-Sondervermögen anzuwenden. Bei diesen Sondervermögen handelt es sich um **inländische** Spezialfonds für **spezielle institutionelle Anleger,** möglicherweise um einen einzigen.[64] Die Ausnahmevorschrift umfasst ausländische Sondervermögen dann, wenn sie hinsichtlich der Anforderungen an Spezialsondervermögen als gleichwertig anzusehen seien (DRS 19.49). Der Informationsverlust für den Konzernabschluss infolge des Ausschlusses von der Konsolidierung soll nach der Begründung des Rechtsausschusses durch die Angabepflicht im Anhang gem. § 314 Abs. 1 Nr. 18 ausgeglichen werden. Die Ausnahmeregelung erfuhr mit dem AIFM-UG (Gesetz zur Umsetzung der RL 2011/61/EU über die Verwalter alternativer Investmentfonds) eine Erweiterung. Die RL 2011/61/EU dient der Vereinheitlichung der Regulierung von risikoreichen Anlagen, soweit die Anlagen nicht bereits genehmigungspflichtig sind. Die Regulierung betrifft die Verwalter von derartigen Anlagen. Das Ziel der Regelung ist es, gemeinsame Anforderungen für die Zulassung von und die Aufsicht über Verwalter alternativer Investmentfonds festzulegen, um für den Umgang mit damit zusammenhängenden Risiken für Anleger und Märkte in der EU ein kohärentes Vorgehen zu gewährleisten. Nach der Erweiterung der Ausnahmebestimmung sind auch als Sondervermögen aufgelegte offene inländische Spezial-AIF mit festen Anlagebedingungen iSd § 284 KAGB sowie strukturell vergleichbare EU- oder sonstige Auslands-Investmentvermögen vom Anwendungsbereich des § 290 Abs. 2 Nr. 4 ausgenommen. Nach der Änderung des § 139 S. 2 KAGB im Jahr 2021 dürfen geschlossene inländische Spezial-AIF auch als Sondervermögen aufgelegt werden. Die Ausnahmebestimmung in Abs. 2 Nr. 4 folgt der Erweiterung und nimmt als Sondervermögen aufgelegte geschlossene inländische Spezial-AIF oder vergleichbare EU-Investmentvermögen oder ausländische Investmentvermögen, die den als Sondervermögen aufgelegten geschlossenen inländischen Spezial-AIF vergleichbar sind, von der unwiderlegbaren Annahme eines beherrschenden Einflusses aus. Die Hinweispflicht im Konzernanhang § 314 Abs. 1 Nr. 18 ist allerdings zu beachten. Einem Informationsnachteil für die Abschlussadressaten wird dadurch zumindest Rechnung getragen.

VI. Sonstige Beherrschungsmöglichkeiten

Mit der Generalnorm des Abs. 1, nach der eine inländische Kapitalgesellschaft konzern- **56** rechnungslegungspflichtig ist, wenn sie auf ein anderes Unternehmen einen beherrschenden Einfluss ausüben kann, regeln die Vorschriften in Abs. 2 Nr. 1–3 nur **„typisierende Tatbestände",** in Form einer unwiderlegbaren Annahme eines beherrschenden Einflusses, um die Rechtsanwendung zu erleichtern, wie es in der Begründung des Rechtsausschusses zum BilMoG heißt. Mithin regeln diese Vorschriften zuzüglich der in Nr. 4 behandelten Zweckgesellschaften **nicht abschließend** alle Fälle, in denen ein Mutter-Tochter-Verhältnis mit Konsolidierungspflicht vorliegt. Vielmehr ist zu prüfen, ob noch andere Umstände einen beherrschenden Einfluss eines Unternehmens auf ein anderes vermitteln können. So wird schon in der **Begründung des Rechtsausschusses** auf die Möglichkeit des beherrschenden Einflusses durch eine **andauernde Präsenzmehrheit** hingewiesen (→ Rn. 57 ff.). Nicht nur de facto control und potentielle Stimmrechte (→ Rn. 60), sondern auch insbesondere in Kombination mit ihnen können auch andere aktuell ausübbare Rechte zu einem beherrschenden Einfluss iSd Abs. 1 führen, wie die Ausführungen und Beispiele in IFRS 10.B36 ff. direkt für einen IFRS-Konzernabschluss zeigen, die aber mittelbar auch für einen HGB-Konzernabschluss relevant werden können.

1. Dauernde Präsenzmehrheit. Nach **bisher hM** bedurfte das Mutter-Tochter-Ver- **57** hältnis und damit die Pflicht zur Einbeziehung des Tochterunternehmens in den Konzernab-

---

[63] Gelhausen/Fey/Kämpfer Q Rn. 62 f.
[64] Gelhausen/Fey/Kämpfer Q Rn. 91 ff.

schluss über die Mehrheit der Stimmrechte einer **gesicherten Rechtsgrundlage** in Gestalt der Mehrheit aller der dem Mutterunternehmen gehörenden und ihm zugerechneten Stimmrechte des Unternehmens. Zudem wurden die in § 290 Abs. 2 aF genannten konzerntypischen Rechte als abschließend für die Einbeziehung nach dem Control-Konzept betrachtet. Eine „de facto control" über eine dauernde Präsenzmehrheit der Stimmen eines Großaktionärs mit weniger als der Mehrheit aller Stimmen bei sonstigem Streubesitz in der Hauptversammlung einer AG wurde nicht als hinreichend für eine Konsolidierung als Pflicht oder Recht angesehen.[65]

58   Durch eine Präsenzmehrheit eines Gesellschafters in der Hauptversammlung einer AG oder in der Gesellschafterversammlung einer GmbH kann als Folge der neuen Generalnorm in Abs. 1 ein beherrschender Einfluss auf dieses Unternehmen entstehen. Freilich muss die Präsenzmehrheit nach der Begründung des Rechtsausschusses **„für eine gewisse Dauer"** bestehen. Damit folgte der Gesetzgeber IAS 27 aF. In IAS 27.4 aF wurde „control" generell als die Macht definiert, die Finanz- und Geschäftspolitik einer wirtschaftlichen Einheit bestimmt. Die Formulierung in IAS 27.13 aF, dass control „auch" existiert, falls die anschließend genannten vier Fälle vorliegen, impliziert, dass ihnen nur eine „Indizwirkung" zukommt und control in weiteren Fällen gegeben sein kann. Zwar wurde im Text von IAS 27 aF die Präsenzmehrheit nicht erwähnt, doch wird die Ansicht vertreten, dass eine nachhaltige Präsenzmehrheit zur **Konsolidierungspflicht** führt.[66] Erst recht gilt das für die Neufassung des Begriffes control durch IFRS 10.7. Dies wird bestätigt durch IFRS 10.B41 und durch das auf diese Regelung bezogene Beispiel 4, in dem einem Investor mit 48 % Stimmenanteil bei sonstigem Streubesitz die Macht über das Investitionsobjekt zuerkannt wird, wenn dem keine anderen Tatbestände entgegenstehen und damit die Konsolidierungspflicht ausgelöst wird (IFRS 10.B43). Dem wird hier für einen HGB-Konzernabschluss gefolgt und ein bloßes Konsolidierungswahlrecht[67] abgelehnt. In jedem Falle ist bei fehlender Stimmrechtsmehrheit eine genaue Analyse aller Umstände erforderlich, ob eine Präsenzmehrheit control bzw. einen beherrschenden Einfluss gewährt.[68]

59   Fraglich ist, was unter gewisser Dauer bzw. nachhaltiger Präsenzmehrheit zu verstehen ist. Aufgrund der Präsenzmehrheit in nur einer Gesellschafterversammlung dieses Unternehmens zum nächsten Abschlussstichtag zu konsolidieren, wenn damit gerechnet werden kann, dass die Präsenzmehrheit auf der nächsten Gesellschafterversammlung nicht mehr existiert mit der Folge einer Entkonsolidierung, würde dem vorrangigen Zweck des Konzernabschlusses, Gesellschafter und bei Börsennotierung den Kapitalmarkt über die wirtschaftliche Lage des Konzerns iSv § 297 Abs. 2 zu informieren, zuwiderlaufen. Wie könnte also die in der Begründung des Rechtsausschusses genannte gewisse Dauer der Präsenzmehrheit bestimmt werden? Je dichter die Stimmenzahl des die Präsenzmehrheit haltenden Unternehmens an der Mehrheit aller Stimmen liegt, je zersplitterter der übrige Anteilsbesitz mit seinen Stimmen ist, je geringer die Präsenz des Streubesitzes in jüngster Vergangenheit war und je wahrscheinlicher die Fortdauer dieses Zustandes ist, um so eher kann das Kriterium der Dauerhaftigkeit oder Nachhaltigkeit der Präsenzmehrheit erfüllt und die Konsolidierungspflicht ausgelöst werden. Ob schon die bloße Präsenzmehrheit auf zwei aufeinander folgenden Hauptversammlungen dem Kriterium der Dauerhaftigkeit genügen kann[69] oder eine Abfolge von drei ausreicht,[70] erscheint zweifelhaft. Die Dauerhaftigkeit der Präsenzmehrheit ist von der nachprüfbaren Einschätzung des potenziellen Mutterunternehmens abhängig. Wenn sie nach dessen Urteil gegeben ist, so besteht infolge der Beherrschungsmöglichkeit ein **Mutter-Tochter-Verhältnis** und damit die **Pflicht zur Einbeziehung** des Unternehmens (DRS 10.70 ff.). Da aber das Urteil über die voraussichtliche Dauerhaf-

---

65   Zu Einzelheiten Küting DB 2009, 73; BeBiKo/Grottel/Kreher Rn. 50 f.
66   Bereits Küting DB 2009, 78; ausf. MüKoBilanzR/Watrin/Hoehne/Lammert IAS 27 Rn. 43.
67   So IAS-Komm/Baetge/Hayn/Ströher IAS 27 Rn. 88.
68   S. auch Erchinger/Melcher DB 2011, 1232; Beyhs/Buschhüter/Schurbohm WPg 2011, 664; Böckem/
     Stibi/Zoeger KoR 2011, 403.
69   So BeBiKo/Grottel/Kreher Rn. 51.
70   So Küting DB 2009, 78.

tigkeit der Präsenzmehrheit in Zweifelsfällen subjektiv ist, ergibt sich insoweit **faktisch** mithin eine **Wahlmöglichkeit.**

2. Potentielle Stimmrechte. Auf der Grundlage der Generalnorm des Abs. 1 kann **60** eine Stimmrechtsmehrheit auch durch potenzielle Stimmrechte, wie sie zB Wandelschuldverschreibungen gewähren, erreicht werden. In IFRS 10.B47 ff. ist dies – im Unterschied zur Präsenzmehrheit – explizit geregelt. Danach werden bei der Beurteilung der Frage, ob ein Unternehmen die Möglichkeit hat, einen beherrschenden Einfluss auszuüben, auch die Existenz und die Auswirkungen potenzieller Stimmrechte berücksichtigt, soweit sie substanziell sind und ohne Hindernisse ausgeübt oder umgewandelt werden können (IFRS 10.B23). Nach IFRS 10.B48 sind für die Beurteilung der Frage, ob die potenziellen Stimmrechte zur Beherrschung beitragen oder in den Händen Dritter sie verhindern können, alle sie beeinflussenden Umstände und Tatsachen zu beurteilen. Ob das Management die potenziellen Stimmrechte auszuüben beabsichtigt und die finanziellen Möglichkeiten dafür hat, spiele keine Rolle, wenn auch die rechtliche Möglichkeit zur Ausübung der Rechte zum Bilanzstichtag gegeben und die Ausübung wirtschaftlich vorstellbar sein müsse.[71]

Die Regelungen in IFRS 10.B47 ff. geben Hinweise dafür, wie die Existenz potenzieller **61** Stimmrechte für die Beurteilung der Frage, ob ein beherrschender Einfluss iSv Abs. 1 und damit eine Konsolidierungspflicht für einen Konzernabschluss nach HGB vorliegt, eine Rolle spielt; denn der Gesetzgeber erachtete es laut der Begründung des Rechtsausschusses zum BilMoG „für erforderlich, eine Angleichung des § 290 an den Regelungsinhalt der damals geltenden IAS 27 und SIC 12 vorzunehmen“. Als potenzielle Stimmrechte, die dem potenziellen Mutterunternehmen iSd wirtschaftlichen Eigentums zustehen und jeder Zeit ausgeübt werden können, kommen insbesondere Bezugsrechte und Kaufoptionen auf Anteile des potenziellen Tochterunternehmens in Betracht[72] sowie Wandel- und Optionsrechte aus entsprechenden Anleihen. Nach DRS 19.76 sei jedoch eine Voraussetzung für die Existenz eines möglichen beherrschenden Einflusses die Beschaffbarkeit entsprechender finanzieller Mittel. Falls die Ausübung der Rechte von dem Eintritt künftiger Ereignisse abhängt, gelten sie nicht als unmittelbar ausübbar.

VII. Zuordnungsregeln für Rechte nach Abs. 3

1. Überblick. In Abs. 3 wird für die in Abs. 2 genannten Rechte, die dem Mutterun- **62** ternehmen unmittelbar zustehen, geregelt, welche zusätzlich zu den originären Rechten als **ihm zustehend gelten (S. 1),** welche ihnen außerdem **hinzugerechnet** werden **(S. 2)** und welche von der Summe dieser Rechte **abzuziehen** sind **(S. 3).** Im Zweifelsfall ergibt sich erst aus dieser Zuordnung von Rechten, ob gem. Abs. 2 dem Mutterunternehmen eine **Mehrheit** der Stimmrechte bzw. der Besetzungsrechte oder ein vertragliches oder satzungsmäßiges **Beherrschungsrecht** zusteht. Entsprechendes gilt nach der neuen Generalnorm auch für die Rechte, die unmittelbar aus Abs. 1 abgeleitet werden (→ Rn. 56 ff.). Damit wird das Entstehen eines **Mutter-Tochter-Verhältnisses** präzisiert sowie die Konzernrechnungslegungs- und im Einzelfall die Einbeziehungspflicht begründet.

2. Mittelbares Zustehen von Rechten. Gewöhnlich unproblematisch ist die Rege- **63** lung in **S. 1,** wonach die einem Tochterunternehmen in einem mehrstufigen Konzern zustehenden Rechte sowie die den für Rechnung des Mutter- oder eines Tochterunternehmens handelnden Personen zustehenden Rechte als dem Mutterunternehmen zustehend gelten (mittelbares Zustehen).[73] Zu den Rechten, die für Rechnung des Mutter- oder eines Tochterunternehmens gehalten werden, können auch solche zählen, die ein Treuhänder hält und die im Rahmen eines echten Pensionsgeschäftes übertragen wurden.[74] Die einem Tochterunternehmen an einem Enkelunternehmen zustehenden Rechte gelten dem Mut-

---

[71] Ausf. dazu MüKoBilanzR/Watrin/Hoehne/Lammert IAS 27 Rn. 44–52.
[72] WP-HdB 2023 N Rn. 637; Gelhausen/Fey/Kämpfer Q Rn. 36; Oser/Milanova BB 2011, 2029 f.
[73] ADS Rn. 138, 139.
[74] BeBiKo/Grottel/Kreher Rn. 82 mwN.

terunternehmen stets in voller Höhe als zustehend, nicht etwa nur proportional zu dem Stimmrechtsanteil an dem Tochterunternehmen. Diese Regelung entspricht der in § 16 Abs. 4 AktG für das Gehören von Anteilen im Eigentum abhängiger Unternehmen zur Feststellung eines Mehrheitsbesitzes.

64   Besitzt zB das Mutterunternehmen (M) 60 % der Stimmrechte an einem Tochterunternehmen (T) und dieses auch 60 % an einem Enkelunternehmen (E), so stehen M die vollen 60 % der Stimmrechte an E mittelbar zu (nicht nur 60 % von 60 % gleich 36 %). E ist somit auch Tochterunternehmen von M. Diese auch international übliche Regelung ist die Basis für die in den §§ 300–307 geregelte **Vollkonsolidierung** im **mehrstufigen Konzern.** Die Konsolidierung selbst beruht dann allerdings auf den dem Mutterunternehmen originär oder mittelbar zustehenden **Anteilen am Eigenkapital** des jeweiligen Tochterunternehmens, nicht auf ggf. davon abweichenden Stimmrechtsanteilen.

65   **3. Hinzurechnung von Rechten.** Gemäß **S. 2** werden, Art. 1 Abs. 1d bb RL 83/349/EWG folgend, dem Mutterunternehmen Rechte hinzugerechnet, über die es, oder ein Tochterunternehmen aufgrund von **Vereinbarungen mit anderen Gesellschaftern, verfügen** kann. Dafür muss es direkt oder mittelbar ebenso wie der Vertragspartner Gesellschafter des Unternehmens sein.[75] Solche schuldrechtlichen Verträge sind zB Stimmrechtsüberlassungs-, -bindungs- und Poolverträge,[76] mit denen der Vertragspartner dem Mutterunternehmen Rechte auf Dauer überlässt (DRS 19.65). Gleiches gilt für Konsortialverträge sowie ähnliche, auf eine Überlassung von Rechten abzielende Vereinbarungen. Eine entsprechende Regelung gilt gem. **IFRS 10.B39** allerdings ohne dass das Mutterunternehmen selbst Gesellschafter sein muss.

66   **4. Abzug von Rechten.** Man hätte erwarten können, dass der Abzug von Rechten spiegelbildlich zur Hinzurechnung von Rechten geregelt würde. Das ist aber weder in der RL 83/349/EWG und IFRS 10 noch in § 290 der Fall. IFRS 10 enthält keine Abzugsregelung; vielleicht wurde der spiegelbildliche Abzug für selbstverständlich gehalten. Implizit ergibt sich aber aus IFRS 10, dass an Dritte vertraglich abgegebene Stimmrechte nicht zur Macht über Stimmrechte beitragen. In Abs. 3 **S. 3** wird in fast wörtlicher Übernahme von Art. 2 Abs. 2 RL 83/349/EWG analog zur Zurechnung nur der Abzug von Rechten vorgeschrieben, die das Mutter- oder ein Tochterunternehmen für **Rechnung Dritter** hält, allerdings nur insoweit, als die Rechte mit **Anteilen** verbunden sind; außerdem sind die mit Anteilen verbundenen Rechte abzuziehen, die als **Sicherheit** gehalten werden, wenn die Rechte auf Weisung des Sicherungsgebers (bei Kreditinstituten in seinem Interesse) ausgeübt werden.

67   Über den Abzug von Rechten, die spiegelbildlich zu S. 2 aufgrund von **schuldrechtlichen Vereinbarungen** Dritten überlassen wurden, schweigen die RL 83/349/EWG und das HGB. Dies wird von einem großen Teil der Literatur[77] damit gerechtfertigt, dass ein Unternehmen sich nicht durch schuldrechtliche Vereinbarungen des Stimmrechts begeben könne. Eine **Stimmrechtsabspaltung** von den Anteilen sei unter Hinweis auf die Rechtsprechung **nicht möglich,** auch wenn dies systemwidrig sei.[78] Für diese Auslegung spreche auch Abs. 3, insbesondere S. 2. Danach werden die Rechte, über die ein Mutterunternehmen aufgrund einer Stimmrechtsübertragung verfügen kann, den ihm zustehenden Rechten „hinzugerechnet"; sie gehören somit nicht zu den „zustehenden Rechten". Dies könne nur darin begründet sein, dass die Rechte weiterhin dem zustehen, der sie übertragen hat, ansonsten stünden sie niemand zu. Durch Abs. 3 S. 3 sei die Korrektur der formal bestehenden Rechte abschließend geregelt. Damit seien dann auch solche Unternehmen, deren Mehrheitsrechte man sich durch Übertragung begeben hat und die man nicht ausüben

---

[75]   ADS Rn. 144; zur Zurechnung von Stimmrechten an Leasingobjektgesellschaften zu dem Leasingnehmer s. Helmschrott DB 1999, 1867.
[76]   ADS Rn. 140.
[77]   ADS Rn. 38 mwN.
[78]   Kölner Komm RechnungslegungsR/Schildbach Rn. 92.

kann, Tochterunternehmen iSv § 290. Nach dieser streng formalrechtlichen Auslegung kann ein Unternehmen Tochterunternehmen von zwei Mutterunternehmen sein, ein, wie auch zugegeben wird, unbefriedigendes Ergebnis.[79] Wenn es sich um erhebliche und andauernde Beschränkungen in der Ausübung der Rechte handelt, komme dann gem. § 296 Abs. 1 Nr. 1 zwar ein **Konsolidierungswahlrecht** in Frage, was aber nicht ausschließt, dass das „doppelte Lottchen" in zwei Konzernabschlüssen voll konsolidiert wird. Demgegenüber verliert in solchen Fällen der Investor seine Macht über das Investitionsobjekt, womit dessen Konsolidierung ausscheidet.

Der obigen Rechtsmeinung zu Abs. 3 lässt sich folgendes entgegenhalten: Wenn Rechte **68** hinzugerechnet werden, die dem Mutterunternehmen durch Vertrag zwischen Gesellschaftern übertragen wurden, dann müssen auch **Rechte abgezogen werden, die das Mutterunternehmen übertragen** hat. Es kommt für die Konzernrechnungslegung nicht auf das wirtschaftliche Eigentum an der Beteiligung, sondern an den Vermögensgegenständen und Schulden an, die im Konzernabschluss ausgewiesen werden sollen. Vermögensgegenstände, über die das Mutterunternehmen auch indirekt über das andere Unternehmen keine Verfügungsgewalt mehr hat, würden ihm dennoch zugerechnet und darüber hinaus ggf. auch einem dritten Gesellschafter, wenn diesem die Mehrheit der Stimmrechte übertragen wurde. Die Beherrschung eines anderen Unternehmens kann aber nur einem Unternehmen zustehen (und von ihm ausgeübt werden), nicht aber gleichzeitig zwei voneinander unabhängigen Unternehmen.

Daher wird hier **entgegen der Mehrheitsmeinung** die Ansicht vertreten, dass **69** **Stimmrechte,** denen sich ein Mutterunternehmen **durch Vertrag begeben** hat, für die Ermittlung der Stimmrechtsmehrheit **nicht mitzählen.** Mithin besteht ein Mutter-/Tochterverhältnis nach Abs. 2 Nr. 1 iVm Abs. 3 dann, wenn dem Mutterunternehmen die Mehrheit der Stimmrechte nach Abs. 2 unmittelbar oder nach Abs. 3 S. 1 mittelbar zusteht, sich nach Abs. 3 S. 2 durch Hinzurechnung ergibt und sie nach Abzügen gem. Abs. 3 S. 3 einschließlich vertraglicher Übertragungen noch besteht.[80] So ist auch DSR 19.68 zu verstehen.

VIII. Berechnung der Stimmrechte (Abs. 4)

Abs. 4 S. 1 sollte wohl die nahezu selbstverständliche Berechnungsmethode für die **70** Mehrheit der Stimmrechte nach Abs. 2 Nr. 1 als Verhältnis der Zahl der dem Mutterunternehmen zustehenden und netto zugerechneten Stimmrechte zur Gesamtzahl der Stimmrechte regeln. Die RL 83/349/EWG und IFRS 10 enthalten eine solche Berechnungsvorschrift nicht. Die Berechnungsmethode wurde fast wörtlich aus § 16 Abs. 3 AktG übernommen, aber weder Abs. 2 Nr. 1 noch der Regelung über Hinzurechnungen in Abs. 3 S. 2 angepasst. Sie ist somit **nicht systemkonform.**[81] So zählen nach Abs. 4 S. 1 als dem Mutterunternehmen zustehende Stimmrechte nur solche, die es aus **ihm gehörenden Anteilen** ausüben kann, obgleich in Abs. 2 Nr. 1 kein Anteilsbesitz verlangt wird und in Abs. 3 S. 2 die alleinige Stimmrechtsübertragung für die Ermittlung der Mehrheit anrechnungspflichtig ist. Damit liefe die Hinzurechnung von Rechten gem. Abs. 3 S. 2 für die Ermittlung der Stimmrechtsmehrheit leer. Das kann nicht gewollt sein. Daher ist die Beschränkung auf die Stimmrechte aus den dem Mutterunternehmen gehörenden Anteilen unbeachtlich oder bezieht sich gar nicht auf Abs. 3, sondern überhaupt nur auf Abs. 1,[82] wobei dann aber noch die Unstimmigkeit bezüglich der Anteile verbleibt.

Wie in § 16 Abs. 3 S. 1 AktG zählen nach Abs. 4 nur solche Stimmrechte für die **71** Mehrheit, die auch **ausgeübt werden können.** Deshalb werden Stimmrechte, die wegen Verletzung der Anzeigepflicht gem. § 20 Abs. 7, § 21 Abs. 4 AktG oder wegen Beschränkung der Stimmen gem. § 134 Abs. 1 AktG nicht ausgeübt werden können, nicht mitge-

---

[79] ADS Rn. 41.
[80] Busse v. Colbe/Ordelheide/Gebhardt/Pellens Konzernabschlüsse 2. Kap. III. 3.1.
[81] ADS Rn. 152.
[82] ADS Rn. 150.

rechnet.[83] Zumindest bei wirtschaftlicher Betrachtungsweise dürfen auch Stimmrechte, deren sich das Mutterunternehmen durch Vertrag mit anderen Gesellschaftern begeben hat und für deren Abzug schon gem. Abs. 3 plädiert wurde, nicht mitgerechnet werden. Gleichwohl wird aus Rechtsgründen der Abzug von Stimmrechten aus Entherrschungs- und ähnlichen Verträgen abgelehnt, weil der Anteilsinhaber sie unter Verletzung der Verträge ausüben kann.[84]

72   Wie sich fast von selbst versteht, sind gem. Abs. 4 S. 2 von der Gesamtzahl der Stimmrechte diejenigen abzuziehen, die dem Unternehmen selbst oder eines seiner Tochterunternehmen gehören oder die eine andere Person für deren Rechnung hält. Auf diese Weise kann aus einem Stimmenanteil von unter 50 % an der unbereinigten Gesamtstimmenzahl eine **Stimmrechtsmehrheit an der bereinigten Gesamtstimmenzahl** werden.[85]

IX. Fristen

73   Gem. Abs. 1 S. 1 haben die gesetzlichen Vertreter des Mutterunternehmens **innerhalb der ersten fünf Monate** des folgenden Geschäftsjahres den Konzernabschluss und -lagebericht für das vergangene Geschäftsjahr **aufzustellen** (Sonderregelung für Versicherungsunternehmen in § 341i). S. 2 ist durch das EHUG (→ Vor § 290 Rn. 19) 2006 eingefügt worden. Durch diese Vorschrift wird die Aufstellungsfrist für kapitalmarktorientierte Gesellschaften iSv § 264d, also eine Kapitalgesellschaft, die einen organisierten Markt iSd § 2 Abs. 11 WpHG durch von ihr ausgegebene Wertpapiere iSd § 2 Abs. 1 WpHG in Anspruch nimmt oder die Zulassung solcher Wertpapiere zum Handel an einem organisierten Markt beantragt hat, von fünf Monaten auf vier Monate verkürzt (§ 325 Abs. 4 idF des Art. 1 Nr. 21 EHUG); es sei denn, von einer solchen Gesellschaft seien gem. § 327a (idF von Art. 1 Nr. 24 EHUG) ausschließlich Schuldtitel iSv Art. 2 Abs. 1b RL 2004/109/EG an einem organisierten Markt zugelassen. Die verkürzte Aufstellungsfrist für Gesellschaften, deren Eigenkapitaltitel an einem organisierten Markt in einem Mitgliedstaat der EU zum Handel zugelassen sind, soll eine möglichst aktuelle Unterrichtung der anonymen Kapitalanleger gewährleisten. Die schnelle Information des Aktienmarktes erscheint dringlicher als die des Bondmarktes.

74   Anschließend sind Konzernabschluss und -lagebericht durch den **Abschlussprüfer zu prüfen** (§ 316). **Unverzüglich** nach Eingang des Prüfungsberichtes (§ 321) des Abschlussprüfers hat der Vorstand des Mutterunternehmens Konzernabschluss und -lagebericht zusammen mit dem Prüfungsbericht dem **Aufsichtsrat** des Mutterunternehmens **vorzulegen** (§ 170 Abs. 1 S. 2 AktG; § 42a Abs. 1 GmbHG). Der Aufsichtsrat des Mutterunternehmens hat den Konzernabschluss zu prüfen und – wenn er keine Einwendungen erhebt – zu billigen sowie der Hauptversammlung (AG) bzw. den Gesellschaftern (GmbH) darüber zu berichten. Eine Feststellung ist im Unterschied zum Einzelabschluss im Gesetz nicht vorgesehen (s. Vor § 290).

75   Die Mitglieder des vertretungsberechtigten Organs der Muttergesellschaft haben den Konzernabschluss und den Konzernlagebericht spätestens ein Jahr nach dem Abschlussstichtag des Geschäftsjahrs, auf das sie sich beziehen, elektronisch der das Unternehmensregister führenden Stelle zu übermitteln, die dann die Einstellung im Unternehmensregister vornimmt (§ 325 Abs. 3, Abs. 1 und 1a). Bei einer kapitalmarktorientierten Muttergesellschaft iSd § 264d, die keine Kapitalgesellschaft iSd § 327a ist, beträgt die Frist zur Übermittlung der Unterlagen längstens vier Monate (§ 325 Abs. 3 mit dem Verweis auf Abs. 4 S. 1).

76   In Anpassung an **internationale Gepflogenheiten** wurden die Konzernabschlüsse zumindest großer börsennotierter Mutterunternehmen als eines ihrer wichtigen Kommunikationsmittel aber schon früher gewöhnlich bereits **innerhalb kürzerer Fristen** von etwa zwei bis drei Monaten aufgestellt und nach etwa vier bis fünf Monaten nach Ende des Geschäftsjahres offengelegt.

---

[83] ADS Rn. 153.
[84] ADS Rn. 153.
[85] S. Bsp. bei ADS Rn. 156.

Der Konzernabschluss wird **derivativ** aus den Jahresabschlüssen der einbezogenen 77
Unternehmen abgeleitet. Daher ist es wichtig, dass diese nicht nach ihrer Einbeziehung
noch geändert werden. Somit ist davon auszugehen, dass die **Einzelabschlüsse** vor ihrer
Konsolidierung **geprüft** und **festgestellt** sind, auch wenn der Gesetzgeber dies nicht vorgeschrieben hat.[86] Dies bedeutet, dass die gesetzliche Aufstellungsfrist von **drei Monaten** für
den Einzelabschluss von Kapitalgesellschaften (§ 264 Abs. 1) sich für konsolidierte Unternehmen in der Praxis entsprechend verkürzt. Das gilt aber vor allem für die Aufstellungsfrist
von bis zu sechs Monaten für den Einzelabschluss von kleinen Kapitalgesellschaften oder
Kleinstkapitalgesellschaften. Rechtlich können die Fristen für die Aufstellung der Einzelabschlüsse allerdings ausgereizt werden. Es sind dann ausnahmsweise noch nicht festgestellte
Einzelabschlüsse in den Konzernabschluss einzubeziehen. Um die Information entsprechend
zu transportieren, kann ein Hinweis im Konzernanhang aufgenommen werden.

X. Befreiung von der Konzernrechnungslegungspflicht (Abs. 5)

Früher war nach § 290 aF zum Teil strittig,[87] ob auch dann, wenn das Mutterunterneh- 78
men an keinen voll konsolidierungspflichtigen Tochtergesellschaften beteiligt war, aber
Tochtergesellschaften mehrheitlich besaß, auf deren Konsolidierung nach § 296 verzichtet
werden durfte, grundsätzlich Konzernrechnungslegungspflicht bestand. Gegebenenfalls
wären dann die Beteiligungen an den nach § 296 nicht konsolidierten Tochterunternehmen
gem. § 311 zu bewerten. Der durch das BilMoG aufgenommene Abs. 5 stellt nun klar, dass
ein Mutterunternehmen von der Pflicht befreit ist, einen Konzernabschluss und -lagebericht
aufzustellen, wenn es nur Tochtergesellschaften hat, die nach § 296 nicht einbezogen zu
werden brauchen. Nach der Begründung des Rechtsausschusses zum BilMoG gilt dies
auch, wenn das Mutterunternehmen kapitalmarktorientiert iSv § 264d ist und damit die
Konsolidierung gem. § 315e nach den IFRS vorzunehmen ist. Die Befreiungsregelung nach
Abs. 5 tritt zu denen nach §§ 291, 292 (Einbeziehung in einen übergeordneten Konzernabschluss) und nach § 293 (Unterschreiten der Größenschwellen) hinzu.

XI. Sonderfälle

1. Aufstellungspflicht nach dem PublG. Gem. § 11 Abs. 1 PublG unterliegen alle 79
Unternehmen an der Spitze eines Konzerns mit Sitz im Inland (Mutterunternehmen), die
nicht die Rechtsform einer **Kapitalgesellschaft** haben, der Konzernrechnungslegungspflicht nach §§ 12–15 PublG, wenn sie unmittelbar oder mittelbar einen beherrschenden
Einfluss auf ein anderes Unternehmen ausüben können. Voraussetzung ist, dass der Konzern
an drei aufeinanderfolgenden Konzernabschlussstichtagen jeweils mindestens zwei der seit
Verabschiedung des Gesetzes im Jahr 1969 nach Umstellung von DM auf EUR unverän-
ten folgenden **Größenmerkmale** erreicht (Aufstellungspflicht):
1. **Konzernbilanzsumme** übersteigt 65 Mio. EUR,
2. **Außenumsatzerlöse** betragen für die letzten zwölf Monate mehr als 130 Mio. EUR,
3. Zahl der in den letzten zwölf Monaten durchschnittlich beschäftigten **Arbeitnehmer**
   in Konzernunternehmen mit Sitz im Inland beläuft sich auf mehr als 5 000 Personen.
Ausgenommen von dieser Regelung sind gem. Abs. 5 **Kreditinstitute** gem. § 340 und
Versicherungsunternehmen gem. § 341 unabhängig von ihrer Rechtsform.

Das PublG gründet seit der HGB-Novelle durch das BilMoG die Konzernrechnungsle- 80
gungspflicht wie Abs. 1 auf dem möglichen beherrschenden Einfluss durch das Mutterunternehmen. Der Ersatz der einheitlichen Leitung nach altem Recht durch die Möglichkeit,
einen beherrschenden Einfluss auszuüben, ist eine grundlegende Änderung des Gesetzes.
Mit dem Verzicht auf eine Beteiligung in § 290 entfällt der Unterschied von § 290 Abs. 1
aF zu § 11 PublG.

---

86   So auch ADS Rn. 158.
87   Gelhausen/Fey/Kämpfer Q Rn. 96 ff., unter Hinweise auf die Lit., insbes. Knorr/Buchheim/Schmidt
     BB 2005, 2402; Engelmann/Zülch DB 2006, 294.

81   Das PublG enthält für die Pflicht zur Konzernrechnungslegung, wie das HGB, keine
Definition des Unternehmens. Während die Aufstellungspflicht nach § 290 sich auf Kapitalgesellschaften beschränkt, ist für das PublG der **Unternehmensbegriff** für diejenigen
Unternehmen klärungsbedürftig, die nicht in § 11 PublG von der Pflicht ausdrücklich
ausgenommen wurden. Die Abgrenzung der Unternehmen, die nach § 3 PublG einzeln
rechnungslegungspflichtig sind, bezieht sich ausdrücklich auf den Einzel-, nicht auf den
Konzernabschluss. Nach § 11 PublG sind konzernrechnungslegungspflichtige Unternehmen
zumindest Personengesellschaften, Einzelkaufleute, Genossenschaften, wirtschaftliche Vereine, rechtsfähige gewerbliche Stiftungen des bürgerlichen Rechts sowie Körperschaften,
Stiftungen und Anstalten des öffentlichen Rechts mit Kaufmannseigenschaft.[88]

82   Gem. § 11 Abs. 3 PublG haben solche Mutterunternehmen mit Sitz im Inland, die
unter dem beherrschenden Einfluss eines höherrangigen **Mutterunternehmens** mit Sitz
oder Hauptniederlassung im **Ausland** und ihm am nächsten stehen, für sich und ihre
Tochterunternehmen (Teilkonzern) einen **Teilkonzernabschluss** und -lagebericht aufzustellen, wenn der Teilkonzern die Merkmale des Abs. 1 erfüllt.

83   Gem. § 11 Abs. 6 PublG und § 13 Abs. 2 PublG gelten neben § 290 Abs. 2–5, §§ 291,
292 und § 315e auch die übrigen **Vorschriften des HGB** für den Konzernabschluss und
-lagebericht (§§ 294–314) sinngemäß auch für die Konzernrechnungslegungspflicht nach
dem PublG.

84   **2. Aufstellungspflicht für Kreditinstitute und Versicherungsunternehmen.** Die
Konzernrechnungslegungspflicht nach §§ 290–315 ist für Kreditinstitute in § 340i und für
Versicherungsunternehmen in § 341i geregelt, auch wenn sie **nicht die Rechtsform einer
Kapitalgesellschaft** haben, und zwar **unabhängig von ihrer Größe.** Auf den Konzernab-
schluss von **Kreditinstituten** sind, soweit seine Eigenart keine Abweichung bedingt, die
Vorschriften der §§ 340a–340g über deren Jahresabschluss, des § 340j über die Abgrenzung
des Konsolidierungskreises und des § 340h über die Währungsumrechnung anzuwenden.[89]

85   Entsprechendes gilt gem. § 341j für den Konzernabschluss von **Versicherungsunternehmen.** Soweit seine Eigenart keine Abweichungen bedingt, sind die §§ 290–315 und
die §§ 341a–341h über ihren Jahresabschluss anzuwenden sowie die für die Rechtsform
und den Geschäftszweig der einbezogenen Unternehmen geltenden Vorschriften und einige
Sonderregelungen für den Konzernabschluss (§ 341i Abs. 3, § 341j Abs. 2) zu beachten. Für
Versicherungsunternehmen gelten auch besondere Fristenregelungen für die Aufstellung
(§ 341i Abs. 3).

86   **3. Aufstellungspflicht für die Personengesellschaft mit beschränkter Haftung
nach dem HGB.** Die gebräuchlichste Form der haftungsbeschränkten Personenhandelsgesellschaft ist die der **KG, deren Komplementär eine GmbH,** seltener eine **AG,** ist. Die
Komplementär-GmbH/AG ist zwar grundsätzlich nicht zur Konzernrechnungslegung
verpflichtet.[90] Die KG sei mit der persönlich haftenden GmbH/AG als ein Unternehmen
anzusehen, womit das Leitbild eines Mutter-Tochter-Verhältnisses ausscheide.[91] Sie kann
aber nach den Vorschriften des HGB konzernrechnungslegungspflichtig sein. Ihre Verpflichtung, einen Konzernabschluss aufzustellen, gründet dann auf der Möglichkeit, gem. Abs. 1
auf ein Tochterunternehmen einen beherrschenden Einfluss auszuüben oder speziell auf
einer konzerntypischen Rechtsbeziehung zu einem Tochterunternehmen (Abs. 2). Ein
eigener Geschäftsbetrieb der Komplementär-GmbH/AG wird, anders als nach altem
Recht, nicht für erforderlich gehalten.[92]

87   In der Regel hat die GmbH/AG als Komplementär die Berechtigung und die Verpflichtung, die **Geschäfte der KG zu führen** oder die Geschäftsführung zu berufen. Dann steht

[88]   Näheres Busse v. Colbe/Ordelheide/Gebhardt/Pellens Konzernabschlüsse 2. Kap. II. 2 und BeBiKo/
        Grottel/Kreher Rn. 104–107.
[89]   Näheres bei Krumnow et al. insbes. § 340i und § 340 j.
[90]   Lutter/Hommelhoff/Kleindiek GmbHG Vor § 41 Rn. 25.
[91]   Kölner Komm RechnungslegungsR/Claussen/Scherrer Rn. 68.
[92]   Beck HdR/Ebeling C 200 Rn. 12 4.

die KG unter dem beherrschenden Einfluss der GmbH/AG. Die nach Abs. 1 aF von Abs. 1 darüber hinaus notwendige Voraussetzung einer **Beteiligung** nach § 271 Abs. 1 an der KG ist nach neuem Recht entfallen.[93]

Die Konzernrechnungslegungspflicht der GmbH/AG kann vermieden werden. Wenn **88** bei der sog. **Einheitsgesellschaft** die Anteile der GmbH/AG bei der KG liegen, ist die GmbH/AG nicht Mutterunternehmen der KG. Dann entfällt die Konzernrechnungslegungspflicht für die GmbH/AG.[94] Ob die Aufstellungspflicht gem. Abs. 2 dadurch vermieden werden kann, dass allein das Organbestellungsrecht von der GmbH/AG auf die KG oder die Gesellschafter der KG übertragen wird,[95] ist umstritten.

Die **praktische Bedeutung** der Konzernrechnungslegungspflicht nach HGB wurde **89** bisher allerdings als gering angesehen, da sie nur eintreten kann, wenn der GmbH/AG & Co. KG-Konzern die Größenmerkmale des § 293 überschreitet. Durch Art. 1 KapCoRiLiG wurden die Größenkriterien, bei deren Überschreiten die Konzernrechnungslegungspflicht eintritt, in § 293 erheblich herabgesetzt, aber durch Art. 1 BilReG und nochmals durch das BilMoG wieder erhöht (s. § 293).

Die sog. **GmbH & Co.-KG-RL der EU** (RL Nr. 90/605/EWG) verpflichtete den **90** deutschen Gesetzgeber, bis zum 1.1.1993 Personenhandelsgesellschaften ohne eine natürliche Person als persönlich haftender Gesellschafter bezüglich der Rechnungslegung den Kapitalgesellschaften gleichzustellen. Die EU-Richtlinie ist mit Art. 1 KapCoRiLiG durch Einfügung des § 264a in das HGB (→ Rn. 11) in deutsches Recht umgesetzt worden. Eine Anwendung von § 290 auf die haftungsbeschränkte Personenhandelsgesellschaft (GmbH/AG & Co. KG) bedeutet, dass die **Personenhandelsgesellschaft,** wenn sie – und nicht die Komplementär-GmbH/AG – die **einheitliche Leitung** über Beteiligungsunternehmen ausübt oder wenn ihr **Kontrollrechte** an Unternehmen zustehen, bei Überschreitung der Größenkriterien des § 293 wie eine Kapitalgesellschaft zur Aufstellung eines **Konzernabschlusses** verpflichtet ist, es sei denn, sie würde in einen übergeordneten befreienden Konzernabschluss iSd § 291 einbezogen. Diese Regelung ersetzt die Verpflichtung großer haftungsbeschränkter Personenhandelsgesellschaften, einen publizitätsgesetzlichen Abschluss aufzustellen, durch eine Abschlussverpflichtung nach dem HGB. Gegenüber dem bisher geltenden Recht ergibt sich ein materieller Unterschied jedoch nur dann, wenn die Komplementär-GmbH/AG nicht selbst bereits aufstellungspflichtig ist.[96]

Gem. § 264b, der gleichfalls auf der GmbH & Co-RL beruht und durch das KapCoRi- **91** LiG eingefügt wurde, ist eine haftungsbeschränkte Personenhandelsgesellschaft iSd § 264a von der **Verpflichtung befreit,** ihren **Jahresabschluss** und Lagebericht aufzustellen, prüfen zu lassen und **offenzulegen,** wenn die Gesellschaft in den mit der Bilanz-RL und der Abschlussprüfer-RL im Einklang stehenden **Konzernabschluss** eines Mutterunternehmens oder eines Unternehmens, das **persönlich haftender Gesellschafter** – also zB der Komplementär-GmbH – ist, einbezogen ist. Da das auch dann gilt, wenn dieser Konzernabschluss **freiwillig** aufgestellt wird, besteht möglicherweise ein Anreiz für eine personenbezogene Gesellschaft, die GmbH/AG & Co. KG zur Vermeidung der Offenlegung des Einzelabschlusses entsprechend zu gestalten. Dabei muss aber ein Konzernverhältnis zwischen der KG und dem Gesellschafter oder dem anderen Unternehmen bestehen, in dessen Konzernabschluss sie einbezogen wird, weil dies generell die Voraussetzung für eine Konsolidierung ist (→ § 294 Rn. 6).[97]

4. Aufstellungspflicht für Kommunen. Eine Verpflichtung zur Konzernrechnungs- **92** legung besteht nach Handelsrecht für Kommunen nicht, da sie keine Kapitalgesellschaften

---

[93] Schreiber, Konzernrechnungslegungspflichten bei Betriebsaufspaltung und GmbH & Co. KG, 1989, S. 119; ADS Rn. 124.

[94] Tillmann DB 1986, 1321; Schreiber, Konzernrechnungslegungspflichten bei Betriebsaufspaltung und GmbH & Co. KG, 1989, S. 122.

[95] So Biener/Bernecke BiRiLiG 288; Tillmann DB 1986, 1321.

[96] Klatte, Die Rechnungslegung der GmbH & Co. KG, 1991; Klatte DB 1992, 1637 ff.; Hahn DStR 1991, 121 ff.; IDW FN-IDW 1992, 13; Busse v. Colbe/Ordelheide/Gebhardt/Pellens Konzernabschlüsse 2. Kap. II. 3.2.

[97] AA Theile GmbHR 2000, 217.

iSv § 290 sind. Nach jahrelangen Vorarbeiten und einigen Pilotprojekten wurde aufgrund eines Beschlusses der Innenministerkonferenz vom 21.11.2003 über die Reform des Haushalts- und Rechnungswesens die Rechnungslegung der Kommunen von der Kameralistik auf die kommunale Doppik, in manchen Ländern wahlweise auf eine erweiterte Kameralistik, umgestellt.[98] In NRW mussten die Kommunen aufgrund § 49 VO über das Haushaltswesen der Gemeinden im Land Nordrhein-Westfalen (GemHVO NRW: heute KomHVO NRW) gem. Art. 15 NKFG vom 16.11.2004 (→ Vor § 290 Rn. 22) die Doppelte Buchhaltung einführen. Seit 2009 sind sie verpflichtet, einen **Gesamtabschluss** aufzustellen. Auf den Gesamtabschluss, bestehend aus der Gesamtergebnisrechnung, der Gesamtbilanz und dem Gesamtanhang, der Kapitalflussrechnung und dem Eigenkapitalspiegel sind gem. §§ 50 ff. KomHVO NRW die an das HGB angelehnten Ansatz-, Bewertungs- und Gliederungsvorschriften anzuwenden. Auf die **Konsolidierung** finden die Vorschriften des **HGB,** soweit seine Eigenart keine Abweichungen bedingt oder nichts anderes bestimmt ist, **entsprechende Anwendung.**

93   Gem. § 95a GemO BW sind die verselbstständigten Aufgabenbereiche in öffentlichen Organisationsformen – das sind insbesondere Eigenbetriebe der Gemeinde, von ihr getragene Anstalten, Zweckverbände und Stiftungen – sowie Unternehmen und Einrichtungen des privaten Rechts, die unter **einheitlicher Leitung** (→ Rn. 13 ff.) der Gemeinde stehen, in den Gesamtabschluss einzubeziehen. Damit gilt für Gemeinden auch die Pflicht zur Aufstellung eines hier Gesamtabschluss genannten Konzernabschlusses nach dem **Control-Konzept** (→ Rn. 28 ff.). Die landesrechtlichen Konzern- oder Gesamtabschlüsse zeichnen sich inzwischen allgemein durch Verweise auf die Konsolidierungsregelungen im HGB aus (vgl. etwa § 95a Abs. 3 GemO BW).

94   Obgleich die GemO der Länder für den Gesamtabschluss auf die HGB-Regelungen verweisen, werden die internationalen Rechnungslegungsregelungen nicht in Bezug genommen. Damit ist (vorerst) der § 315e nicht anwendbar, der es auch nicht kapitalmarktorientierten Unternehmen gestattet, ihren Konzernabschluss nach den **IAS/IFRS** aufzustellen. Auch auf die Rechnungslegungsstandards für den öffentlichen Sektor (IPSAS)[99] des Public Sector Committee (PSC) der International Federation of Accountants (IFAC) wird nicht Bezug genommen.

95   **5. Halbjahresfinanzberichte kapitalmarktorientierter Unternehmen.** Gem. § 117 WpHG müssen AG, deren Aktien oder kleingestückelte Schuldtitel zum Börsenhandel zugelassen und die zur Aufstellung eines Konzernabschlusses verpflichtet sind, einen Jahres- und Halbjahresfinanzbericht veröffentlichen, der einen im Einklang mit der IAS-VO (→ Rn. 1) aufgestellten verkürzten Konzernabschluss und einen Konzernlagebericht enthalten muss (→ Vor § 290 Rn. 34). Einzelheiten werden durch eine Rechtsverordnung geregelt. Auch wenn die Pflicht zur Aufstellung und Offenlegung von Zwischenberichten nationalem Recht vorbehalten ist, so werden Unternehmen, die nach den IFRS/IAS Rechnung legen und die öffentlich gehandelt werden, bereits nach IAS 34.1 aufgefordert, mindestens nach Ablauf der ersten Hälfte des Geschäftsjahres einen Zwischenbericht vorzulegen. Außerdem müssen kapitalmarktorientierte AG nach § 115 WpHG jeweils für die ersten sechs Monate eines jeden Geschäftsjahres einen Halbjahresfinanzbericht über die Geschäftsentwicklung publizieren. Diese Mitteilung kann durch einen Quartalfinanzbericht ersetzt werden, der die dem Halbjahresfinanzbericht entsprechenden Angaben enthält. Die Börsen verlangen gewöhnlich Quartalsabschlüsse (→ Vor § 290 Rn. 34). Im Zwischenlagebericht sind neben einer vergangenheitsorientierten Darstellung und Erläuterung der wichtigsten Ereignisse und deren Auswirkung auf die Vermögens-, Finanz- und Ertragslage auch prognoseorientierte Beschreibungen der wesentlichen Chancen und Risiken vorzunehmen. Soweit sich die Beurteilung der künftigen Entwicklung mit ihren wesentlichen Chancen und Risiken wesentlich geändert hat, ist hierüber zu berichten (DRS 16).

---

[98]   Kußmaul/Henkes BB 2003, 2062.
[99]   Zu Einzelheiten s. Srocke, Konzernrechnungslegung in Gebietskörperschaften unter Berücksichtigung von HGB, IAS/IFRS und IPAS, 2004, S. 54 ff. und 87 ff.

§ 291 Befreiende Wirkung von EU/EWR-Konzernabschlüssen

(1) [1]Ein Mutterunternehmen, das zugleich Tochterunternehmen eines Mutterunternehmens mit Sitz in einem Mitgliedstaat der Europäischen Union oder in einem anderen Vertragsstaat des Abkommens über den Europäischen Wirtschaftsraum ist, braucht einen Konzernabschluß und einen Konzernlagebericht nicht aufzustellen, wenn ein den Anforderungen des Absatzes 2 entsprechender Konzernabschluß und Konzernlagebericht seines Mutterunternehmens einschließlich des Bestätigungsvermerks oder des Vermerks über dessen Versagung nach den für den entfallenden Konzernabschluß und Konzernlagebericht maßgeblichen Vorschriften in deutscher oder englischer Sprache offengelegt wird. [2]Ein befreiender Konzernabschluß und ein befreiender Konzernlagebericht können von jedem Unternehmen unabhängig von seiner Rechtsform und Größe aufgestellt werden, wenn das Unternehmen als Kapitalgesellschaft mit Sitz in einem Mitgliedstaat der Europäischen Union oder in einem anderen Vertragsstaat des Abkommens über den Europäischen Wirtschaftsraum zur Aufstellung eines Konzernabschlusses unter Einbeziehung des zu befreienden Mutterunternehmens und seiner Tochterunternehmen verpflichtet wäre.

(2) [1]Der Konzernabschluß und Konzernlagebericht eines Mutterunternehmens mit Sitz in einem Mitgliedstaat der Europäischen Union oder in einem anderen Vertragsstaat des Abkommens über den Europäischen Wirtschaftsraum haben befreiende Wirkung, wenn
1. das zu befreiende Mutterunternehmen und seine Tochterunternehmen in den befreienden Konzernabschluß unbeschadet des § 296 einbezogen worden sind,
2. der befreiende Konzernabschluss nach dem auf das Mutterunternehmen anwendbaren Recht im Einklang mit der Richtlinie 2013/34/EU oder im Einklang mit den in § 315e Absatz 1 bezeichneten internationalen Rechnungslegungsstandards aufgestellt und im Einklang mit der Richtlinie 2006/43/EG geprüft worden ist,
3. der befreiende Konzernlagebericht nach dem auf das Mutterunternehmen anwendbaren Recht im Einklang mit der Richtlinie 2013/34/EU aufgestellt und im Einklang mit der Richtlinie 2006/43/EG geprüft worden ist,
4. der Anhang des Jahresabschlusses des zu befreienden Unternehmens folgende Angaben enthält:
   a) Name und Sitz des Mutterunternehmens, das den befreienden Konzernabschluß und Konzernlagebericht aufstellt,
   b) einen Hinweis auf die Befreiung von der Verpflichtung, einen Konzernabschluß und einen Konzernlagebericht aufzustellen, und
   c) eine Erläuterung der im befreienden Konzernabschluß vom deutschen Recht abweichend angewandten Bilanzierungs-, Bewertungs- und Konsolidierungsmethoden.
[2]Satz 1 gilt für Kreditinstitute und Versicherungsunternehmen entsprechend; unbeschadet der übrigen Voraussetzungen in Satz 1 hat die Aufstellung des befreienden Konzernabschlusses und des befreienden Konzernlageberichts bei Kreditinstituten im Einklang mit der Richtlinie 86/635/EWG des Rates vom 8. Dezember 1986 über den Jahresabschluß und den konsolidierten Abschluß von Banken und anderen Finanzinstituten (ABl. L 372 vom 31.12.1986, S. 1; L 316 vom 23.11.1988, S. 51), die zuletzt durch die Richtlinie 2006/46/EG (ABl. L 224 vom 16.8.2006, S. 1) geändert worden ist und bei Versicherungsunternehmen im Einklang mit der Richtlinie 91/674/EWG des Rates vom 19. Dezember 1991 über den Jahresabschluß und den konsolidierten Abschluß von Versicherungsunternehmen (ABl. L 374 vom 31.12.1991, S. 7), die zuletzt durch die Richtlinie 2006/46/EG (ABl. L 224 vom 16.8.2006, S. 1) geändert worden ist, zu erfolgen.

(3) Die Befreiung nach Absatz 1 kann trotz Vorliegens der Voraussetzungen nach Absatz 2 von einem Mutterunternehmen nicht in Anspruch genommen werden, wenn

1. **das zu befreiende Mutterunternehmen einen organisierten Markt im Sinn des § 2 Absatz 11 des Wertpapierhandelsgesetzes durch von ihm ausgegebene Wertpapiere im Sinn des § 2 Absatz 1 des Wertpapierhandelsgesetzes in Anspruch nimmt,**

2. **Gesellschafter, denen bei Aktiengesellschaften und Kommanditgesellschaften auf Aktien mindestens 10 vom Hundert und bei Gesellschaften mit beschränkter Haftung mindestens 20 vom Hundert der Anteile an dem zu befreienden Mutterunternehmen gehören, spätestens sechs Monate vor dem Ablauf des Konzerngeschäftsjahrs die Aufstellung eines Konzernabschlusses und eines Konzernlageberichts beantragt haben.**

Schrifttum: Hayn/Graf Waldersee, IFRS/US-GAAP/HGB im Vergleich, 8. Aufl. 2014; Hoffmann-Becking/Rellermeier, Gemeinschaftsunternehmen im neuen Recht der Konzernrechnungslegung, FS Goerdeler, 1987, 199; IDW, Stellungnahme SABI 1/1988: Zur Aufstellungspflicht für einen Konzernabschluss und zur Abgrenzung des Konsolidierungskreises, WPg 1988, 340; Kropff, „Verbundene Unternehmen" im Aktiengesetz und im Bilanzrichtliniengesetz, DB 1986, 364; Petersen, Befreiungsmöglichkeiten nach § 291 HGB für Konzernabschlüsse, WPg 2019, 335; Stobbe, Zur Umsetzung von Art. 7 und 8 der 7. EG-Richtlinie, BB 1995, 1508.

Übersicht

I. Anforderungen an das befreiende Unternehmen (Abs. 1)

1   **1. Normzweck.** Ein wesentlicher Grund für die Offenlegung von Konzernabschlüssen besteht darin, dass die **Konzernspitze** aufgrund ihres (möglichen) **beherrschenden Einflusses** durch konzerninterne Lieferungen und Leistungen, durch Finanztransaktionen und Beteiligungsgeschäfte die Posten der Einzelabschlüsse beeinflussen kann. Wegen dieser Einflussmöglichkeiten **verliert der Einzelabschluss** eines Konzernunternehmens gegenüber dem Abschluss wirtschaftlich selbstständiger Unternehmen so stark an **Informationsgehalt,** dass er seine gesetzliche Informationsfunktion, ein den tatsächlichen Verhältnissen entsprechendes Bild der Vermögens-, Finanz- und Ertragslage zu vermitteln (§ 264 Abs. 2), nicht mehr erfüllen kann. Der Informationsgehalt wird selbst dann beeinträchtigt, wenn die internen Geschäfte zu Marktkonditionen abgeschlossen werden. Bei Lieferungs- und

Leistungsgeschäften werden dann Gewinne realisiert, obwohl die Absatzrisiken noch auf dem Konzernverbund lasten. Zudem können außenstehende Aktionäre, Gläubiger, Abnehmer und Lieferanten nicht sicher sein, dass die Konzernleitung nicht doch ihren Einflussspielraum genutzt hat.[1]

Diese **Beeinträchtigung des Informationsgehalts** gilt weitestgehend auch für Teil-   2 konzernabschlüsse, weil auch sie durch die Konzernspitze beeinflusst werden können. Dies trifft besonders dann zu, wenn Leistungsverflechtungen mit dem Mutterunternehmen oder anderen Teilen des Konzerns bestehen. Sie existieren idR zumindest zwischen Mutterunternehmen und Teilkonzernen, weil die Konzernspitze weitgehend die Finanz- und Investitionspolitik bestimmt. Daher kann auf die Offenlegung von Teilkonzernabschlüssen verzichtet werden, wenn alle Abschlüsse der zum Teilkonzern gehörenden Unternehmen in einen übergeordneten Konzernabschluss in der EU/EWR einbezogen wurden (Abs. 2 Nr. 1), die Bilanzierungsregeln der EU (Bilanz-RL oder IAS-VO/IFRS-VO) im Hinblick auf den Konzernabschluss und den Konzernlagebericht beachtet wurden (Abs. 2 Nr. 2 und Nr. 3) und bestimmte Hinweispflichten im Jahresabschluss des zu befreienden Unternehmens enthalten sind (Abs. 2 Nr. 4). Diese Tatsachen **begründen im Grundsatz die befreiende Wirkung** höherrangiger Konzernabschlüsse. Allerdings müssen sie nach gleichwertigen Grundsätzen wie die entfallenden Teilkonzernabschlüsse aufgestellt werden, damit sie dem Adressaten entsprechende Informationen vermitteln. Insoweit wird also das **Tannenbaumprinzip aufgegeben** (→ § 290 Rn. 20).

Falls jedoch die Muttergesellschaft des Teilkonzerns **kapitalmarktorientiert** ist, wird   3 der Notwendigkeit, den Kapitalmarkt zu informieren, auch wenn die Information verzerrt sein kann, Vorrang eingeräumt und das **Tannenbaumprinzip aufrecht erhalten** (Abs. 3 Nr. 1). Obgleich gem. § 315e Abs. 1 die Vorschriften des § 291 auch für die kapitalmarktorientierten Unternehmen gelten, die unter die IAS-VO fallen, sind sie für sie insoweit nicht relevant, als diese Unternehmen in jedem Fall ihre Konzernabschlüsse aufstellen und dabei die IAS/IFRS anwenden müssen. Die Befreiung von der Aufstellungspflicht tritt auch dann nicht ein, wenn der Schutz der Minderheitsgesellschafter gewahrt werden soll. Gesellschafter, denen bei AG und KGaA mindestens 10 % und bei Gesellschaften mit beschränkter Haftung mindestens 20 % der Anteile an dem zu befreienden Mutterunternehmen gehören, können bis spätestens sechs Monate vor dem Ablauf des Konzerngeschäftsjahrs die Aufstellung eines Konzernabschlusses und eines Konzernlageberichts beantragen (Abs. 3 Nr. 2).

Die Vorschrift setzte Art. 7 und 8 RL 83/349/EWG in deutsches Recht um. Von   4 der Möglichkeit in Art. 7 Abs. 3 in seiner ursprünglichen Fassung, Gesellschaften von der Befreiungswirkung auszunehmen, deren Wertpapiere in der EG amtlich notiert werden, hatte der deutsche Gesetzgeber bis zur Verabschiedung des TransPuG 2002 keinen Gebrauch gemacht. Seit Einfügung einer entsprechenden Ergänzung von Abs. 3 in § 291 durch dieses Gesetz können **börsennotierte Mutterunternehmen** von Teilkonzernen in der Rechtsform der AG – ähnlich wie nach § 293 Abs. 5 bei Unterschreiten der Größenmerkmale – die Befreiung nicht mehr in Anspruch nehmen. Mit dem BilReG wurde Abs. 3 im Jahr 2004 der EU-Vorordnung angepasst (→ Rn. 29 ff.). Die RL 83/349/EWG (7. EG-Richtlinie) wurde 2013 durch die Bilanz-RL ersetzt. Die Anpassungen in den Abs. 2 und Abs. 3 wurden durch das BilRUG 2015 vorgenommen.

2. Sitz des Mutterunternehmens. § 291 befreit Mutterunternehmen von der Ver-   5 pflichtung, einen Teilkonzernabschluss aufzustellen, wenn ein in der Konzernhierarchie über ihr stehendes **Mutterunternehmen** mit Sitz in einem der zur Zeit 27 Mitgliedstaaten der **EU** oder einem anderen der zur Zeit drei **Vertragsstaaten des EWR** einen den Anforderungen des Abs. 2 entsprechenden Konzernabschluss und Konzernlagebericht einschließlich des Bestätigungsvermerks in **deutscher Sprache** offenlegt **(befreiender Konzernabschluss).** Diese Vorschrift war im Hinblick auf die Sprache strenger als § 264 Abs. 3 S. 3, der die Offenlegung eines befreienden Konzernabschlusses und -lageberichts sowie

---

[1]   Im Einzelnen Busse v. Colbe/Ordelheide/Gebhardt/Pellens Konzernabschlüsse Kap. 1 III. 2.2.

des Bestätigungsvermerks alternativ auch in englischer Sprache zulässt. Für § 291 Abs. 1 S. 1 wurde durch das ARUG II ebenfalls eine Offenlegung in deutscher oder englischer Sprache als alternative Anforderung eingeführt. Zur EU gehören (2023) Belgien, Bulgarien, Dänemark, Deutschland, Estland, Finnland, Frankreich, Griechenland, Irland, Italien, Kroatien, Lettland, Litauen, Luxemburg, Malta, Niederlande, Österreich, Polen, Portugal, Rumänien, Schweden, Slowakei, Slowenien, Spanien, Tschechische Republik, Ungarn und Zypern, zu den anderen Vertragsstaaten des EWR Island, Liechtenstein und Norwegen. Maßgebend ist der tatsächliche Verwaltungssitz des Mutterunternehmens.

6   **3. Mutter-Tochter-Verhältnis.** Gem. Abs. 1 S. 2 muss das den befreienden Abschluss aufstellende Unternehmen im Verhältnis zu dem befreiten Unternehmen ein Mutterunternehmen sein. Das befreiende Mutterunternehmen braucht aber nicht das oberste Mutterunternehmen zu sein. Die Einbeziehung nur in einen höherrangigen Teilkonzernabschluss einer sog. **Zwischenholding** nach dem Recht ihres Sitzlandes reicht für die Befreiungswirkung aus. Die Befreiung tritt auch dann ein, wenn das zu befreiende Unternehmen in einem **mittelbaren Verhältnis** zu dem Mutterunternehmen steht und die zum Teilkonzern gehörenden Unternehmen nur in deren Abschluss einbezogen werden.[2]

7   Wird das nach § 290 rechnungslegungspflichtige Unternehmen mit seinen Tochterunternehmen als **Gemeinschaftsunternehmen** oder als **assoziiertes Unternehmen** in einen höherrangigen Konzernabschluss einbezogen, so ist dieses Unternehmen **nicht** von der Verpflichtung zur Offenlegung eines eigenen Konzernabschlusses **befreit.**[3] Demgegenüber wird die Meinung vertreten, dass bei **Gemeinschaftsunternehmen** als Mutterunternehmen die Befreiungswirkung auch dann eintritt, wenn alle Gesellschafterunternehmen es quotal gem. § 310 konsolidieren.[4] Diese Auffassung ist mit §§ 290, 291 und § 310 nicht vereinbar. In § 291 wird ein Mutter-Tochter-Verhältnis vorausgesetzt, das gem. § 290 nur zu einem Mutterunternehmen bestehen kann, während § 310 eine gemeinsame Führung durch wenigstens zwei voneinander unabhängige Unternehmen für die Quotenkonsolidierung unterstellt.

8   Die Befreiung tritt auch dann **nicht** ein, wenn es nur in einen **Sparten-Teilkonzernabschluss** eines sog. **wirtschaftlichen Teilkonzerns** einbezogen wird,[5] dessen Mutterunternehmen zwar **derivativ** einen beherrschenden Einfluss ausüben kann (→ § 290 Rn. 12, → § 290 Rn. 20), aber nicht die originäre Beherrschungsmöglichkeit inne hat (Abs. 1) oder die Beherrschungsrechte des Abs. 2 (Stimmrechts- oder Besetzungsmehrheit oder vertragliches oder satzungsmäßiges Beherrschungsrecht) von § 290 erfüllt.

9   Die Befreiung kann auch dann nicht beansprucht werden, wenn Minderheitsgesellschafter gem. Abs. 3 der Absicht widersprechen, keinen Teilkonzernabschluss vorzulegen (→ Rn. 33). Die Regelung ist durch das BilMoG vereinfacht worden und fordert einen Antrag der Minderheitsgesellschafter, einen Konzernabschluss aufzustellen.[6]

10   Ob ein Mutter-Tochter-Verhältnis vorliegt, richtet sich nach dem **Recht des befreienden Unternehmens.**[7] Maßgebend ist daher das Recht am Sitz des Mutterunternehmens. Art. 23 Bilanz-RL enthält nationale Wahlrechte, deren unterschiedliche Ausübung durch die Mitgliedstaaten zu voneinander abweichenden Definitionen des Mutter-Tochter-Verhältnisses zwischen einem Tochterunternehmen mit Sitz in Deutschland und einem Mutterunternehmen in einem anderen Mitgliedsland der EU oder des EWR führen können. Ein befreiender Konzernabschluss und ein befreiender Konzernlagebericht können im Grundsatz von jedem Unternehmen unabhängig von seiner Rechtsform und Größe aufgestellt werden, wenn das Unternehmen mit Sitz in einem Mitgliedstaat der EU oder in einem anderen Vertragsstaat des Abkommens über den EWR zur Aufstellung eines Konzernab-

2   ADS Rn. 10.
3   So auch ADS Rn. 15; Kölner Komm RechnungslegungsR/Claussen/Scherrer Rn. 17.
4   Hoffmann-Becking/Rellermeier FS Goerdeler, 1987, 219.
5   ADS Rn. 10.
6   Zu Einzelheiten Gelhausen/Fey/Kämpfer Q Rn. 116 ff.
7   Kölner Komm RechnungslegungsR/Claussen/Scherrer Rn. 16.

schlusses unter Einbeziehung des zu befreienden Mutterunternehmens und seiner Tochterunternehmen verpflichtet wäre. Maßgebender Zeitpunkt sind die Verhältnisse am Abschlussstichtag der zu befreienden Gesellschaft.

Gem. **IFRS 10.4** braucht ein Mutterunternehmen, das als Tochterunternehmen **ganz** **11** **im Besitz** eines anderen Unternehmens ist, keinen Konzernabschluss vorzulegen, wenn ein übergeordnetes Mutterunternehmen seinen Konzernabschluss nach den **IFRS offenlegt**; besitzt das Mutterunternehmen weniger als 100 % der Stimmrechte, gilt die Befreiung nur dann, wenn etwaige **Minderheiten** darüber informiert worden sind, dass ein Teilkonzernabschluss nicht vorgelegt werden soll, und dem **nicht widersprechen.** Die Befreiung entfällt auch dann, wenn es mit seinen **Anteilen oder Schuldtiteln** an einer in- oder ausländischen **Börse** zum Handel zugelassen ist oder die Wertpapiere over the counter gehandelt werden oder die Zulassung beantragt hat (→ § 290 Rn. 5) oder eine übergeordnete Muttergesellschaft einen Konzernabschluss nach den IFRS publiziert.

4. Unternehmenseigenschaft, Rechtsform und Größe. Der befreiende Konzern- **12** abschluss muss gem. Abs. 1 von einem **Unternehmen** aufgestellt sein.[8] Privatpersonen oder Körperschaften des öffentlichen Rechts (Bund, Länder, Gemeinden) können keinen befreienden Konzernabschluss aufstellen.[9] Die Befreiungswirkung wird in Abs. 1 S. 2 ausdrücklich nicht an eine bestimmte Rechtsform des Mutterunternehmens geknüpft **(Rechtsformunabhängigkeit).** Das befreiende Unternehmen muss aber, wenn es eine **Kapitalgesellschaft** mit Sitz in der EU oder in einem anderen Vertragsstaat des EWR wäre, zur Aufstellung eines Konzernabschlusses, jedoch **unabhängig von seiner Größe,** **verpflichtet** sein. Damit kann auch der Konzernabschluss eines Unternehmens, das dem **PublG** unterliegt, einer GbR, eines Vereins oder einer juristischen Person des öffentlichen Rechts mit Unternehmenseigenschaft die Befreiungswirkung entfalten, wenn er den Anforderungen des Abs. 2 entspricht. Die Vorschrift besagt aber nicht, dass das befreiende Unternehmen als Kapitalgesellschaft hätte geführt werden können, was zB wegen seines Unternehmenszweckes nach nationalen Vorschriften unzulässig sein könnte.[10]

Die **Größenunabhängigkeit** ermöglicht einen befreienden Konzernabschluss auch **13** solchen Mutterunternehmen, die nicht die Größenmerkmale des § 293 oder des § 11 PublG oder entsprechende Größenmerkmale im ausländischen Anwendungsgebiet des § 291 erfüllen. Ohne die fiktive Verpflichtung entfaltet ein **freiwilliger** Konzernabschluss, zB eines Gleichordnungskonzerns, keine Befreiungswirkung.

II. Bedingungen für die befreiende Wirkung (Abs. 2)

1. Maßgebliches Recht. Der Abs. 2 wurde durch das BilRUG vom 17.7.2015 neu **14** gefasst. Für Form und Inhalt des befreienden Konzernabschlusses und des Konzernlageberichts gilt das im **Sitzland** des befreienden **Mutterunternehmens** anwendbare Recht (Abs. 2 S. 1 Nr. 2 und Nr. 3). Daraus folgt, dass der Abschluss in der **Währung** aufgestellt sein muss, die nach dem Recht dieses Landes für den Konzernabschluss vorgeschrieben oder zulässig ist. Lediglich die Vorschrift, dass der Abschluss in **deutscher Sprache** offenzulegen ist (Abs. 1), weicht von dem Grundsatz des maßgeblichen Landesrechtes ab.

Wenn ein Mutterunternehmen mit Sitz in einem anderen EU-Mitgliedstaat freiwillig **15** einen Gesamtkonzernabschluss aufstellt, der zwar deutschem Recht, nicht aber den Vorschriften des Sitzlandes entspricht, so wirkt dieser Abschluss nach Abs. 2 Nr. 2 nicht befreiend, da er nicht nur Abs. 2 Nr. 2[11] widerspricht, sondern auch kein pflichtmäßiger Abschluss ist (→ Rn. 12). Lediglich die Vorschrift, dass der Abschluss in deutscher Sprache offenzulegen ist (Abs. 1), war bisher als Abweichung von dem Grundsatz des maßgeblichen Landesrechtes anzusehen. Durch das ARUG II wurde eine Offenlegung in deutscher oder engli-

---

[8]   Zur Unternehmenseigenschaft Kölner Komm RechnungslegungsR/Claussen/Scherrer Rn. 10.
[9]   BT-Drs. 10/4268, 113; Kropff DB 1986, 364 (368); IDW WPg 1988, 341; näher ADS Rn. 7.
[10]   ADS Rn. 8.
[11]   Kölner Komm RechnungslegungsR/Claussen/Scherrer Rn. 34, 35.

scher Sprache als alternative Anforderung eingeführt und damit die Internationalisierung auch insoweit vorangetrieben.

16   **2. Einklang mit den EU-Richtlinien bzw. IAS-VO/IFRS-VO.** Der befreiende Konzernabschluss muss gem. Abs. 2 Nr. 2 im Einklang mit der Bilanz-RL oder mit der IAS/IFRS-VO aufgestellt und im Einklang mit der Abschlussprüfer-RL[12] geprüft worden sein. Die Bilanz-RL ersetzt die 4. und 7. EG-Richtlinie über den Einzel- und den Konzernabschluss. Die Formulierung „im Einklang" mit den EU-Richtlinien oder mit den in § 315e bezeichneten internationalen Rechnungslegungsstandards soll eine weniger strenge Anforderung als die frühere Formulierung „in Übereinstimmung" mit den EG-Richtlinien bedeuten. Aus der früheren Formulierung haben sich aber bisher keine Probleme ergeben. Die geänderte Vorschrift entspricht damit dem – inzwischen durch das BilReG aufgehobenen – § 292a Abs. 2 Nr. 2.[13] Der genaue Unterschied zwischen Einklang und Übereinstimmung ist schwer zu präzisieren. Wesentliche Widersprüche zu den EG-Richtlinien würden die Befreiungswirkung aber verhindern.

17   Der Einklang mit der Bilanz-RL und die Maßgeblichkeit des nationalen Rechts des befreienden Mutterunternehmens können in Folge **unterschiedlicher Ausnutzung der zahlreichen** aus den 4. und 7. EG-Richtlinien in die Bilanz-RL übernommenen **Staatenwahlrechte** und der unterschiedlichen Auslegung ihrer Vorschriften dazu führen, dass der befreiende Konzernabschluss eines ausländischen Mutterunternehmens erheblich von einem Konzernabschluss nach HGB abweicht.[14]

18   **3. Befreiung durch einen übergeordneten Konzernabschluss nach IAS/IFRS. Kapitalmarktorientierte Gesellschaften** sind ab 2005/2007 gem. Art. 4 IAS-VO verpflichtet, ihre Konzernabschlüsse nach den gem. Art. 3 IAS-VO von der EU-Kommission angenommenen **IAS/IFRS** aufzustellen (→ Vor § 290 Rn. 13). Diesen Konzernabschlüssen, vorausgesetzt, sie sind nach den gesetzlichen Vorschriften geprüft und offengelegt, kommt die Befreiungswirkung für deutsche Teilkonzerne zu. Freilich entspricht die Bilanz-RL den IAS/IFRS nach der Realisierung des Improvementprojektes und Verabschiedung der Regelungen für die Behandlung des Goodwills nach IFRS 3 (→ Vor § 290 Rn. 16) nicht in allen Einzelheiten. Ähnliches galt auch bei der Einführung des – inzwischen aufgehobenen – § 292a durch das KapAEG im Jahr 1998 (→ Vor § 290 Rn. 6). Mit der Formulierung in § 292a Abs. 2 aF, dass der nach international anerkannten Rechnungslegungsgrundsätzen aufgestellte Konzernabschluss mit der RL 83/349/EWG (7. EG-Richtlinie) in **Einklang** stehen muss, wurde ein Konzernabschluss nach den damaligen IAS als befreiend anerkannt und wirkte auch bei Einbeziehung eines Teilkonzerns befreiend für diesen. Entsprechendes muss für die Einbeziehung eines Teilkonzerns in einen gem. der IAS-VO nach den IAS aufgestellten übergeordneten Konzernabschluss gelten.[15] Dies wird noch dadurch unterstützt, dass die internationalen Rechnungslegungsstandards gem. Art. 3 IAS-VO nur übernommen werden, wenn sie der Vermittlung eines den tatsächlichen Verhältnissen entsprechenden Bildes der Vermögens-, Finanz- und Ertragslage des Konzerns nicht zuwiderlaufen und den Kriterien der Verständlichkeit, Erheblichkeit, Verlässlichkeit und Vergleichbarkeit genügen (Art. 24 Abs. 7 Bilanz-RL). Da eine Verpflichtung zur Aufstellung eines Konzernlageberichts in den IAS/IFRS nicht enthalten ist, kommt der Regelung in Abs. 2 Nr. 3 insoweit besondere Bedeutung zu. Der Lagebericht muss in Einklang mit der Bilanz-RL aufgestellt werden und unter Berücksichtigung der Vorgaben der Abschlussprüfer-RL geprüft werden.

---

[12]   RL 2006/43/EG des Europäischen Parlaments und des Rates vom 17.5.2006 über Abschlussprüfungen von Jahresabschlüssen und konsolidierten Abschlüssen, zur Änderung der Richtlinien 78/660/EWG und 83/349/EWG des Rates und zur Aufhebung der Richtlinie 84/253/EWG des Rates, ABl. EG 2006 L 157, 87.

[13]   Kölner Komm RechnungslegungsR/Claussen/Scherrer § 292a Rn. 170.

[14]   ADS Rn. 37 und 38.

[15]   Baetge/Kirsch/Thiele KonzernBil Kap. III. 14.

4. Befreiungswirkung eines Konzernabschlusses nach PublG. Der Konzernab- **19** schluss eines dem PublG unterliegenden Mutterunternehmens befreit eine Kapitalgesellschaft von der Aufstellung eines Teilkonzernabschlusses nur dann, wenn er außer den Konsolidierungsregeln der Bilanz-RL auch den Vorschriften für die **Rechnungslegung von Kapitalgesellschaften** folgt. Damit darf es insbesondere die Erleichterungen, die das PublG für Personenunternehmen bietet, zB in § 5 Abs. 5 PublG (GuV-Rechnung) nicht in Anspruch nehmen.[16]

5. Konsolidierungskreis. Ist das höherrangige Mutterunternehmen eine **deutsche** **20** **Kapitalgesellschaft,** so sind für die Abgrenzung des Konsolidierungskreises die Vorschriften maßgeblich, die auch für den Abschluss des befreiten Unternehmens gelten würden. Dabei ist von der Sicht des höherrangigen Mutterunternehmens auszugehen.[17] Zum Beispiel brauchen Tochterunternehmen des befreiten Mutterunternehmens bei ggf. **untergeordneter Bedeutung** nicht konsolidiert zu werden (§ 296 Abs. 2), die in den kleineren Teilkonzernabschluss einbezogen werden müssten, weil sie dort nicht von geringer Bedeutung sind.[18] Bilanziert das höherrangige Mutterunternehmen wegen seiner **Kapitalmarktorientierung** pflichtgemäß für den Konzern nach den **IAS/IFRS** oder in Wahrnehmung des Wahlrechts nach § 315e Abs. 3 anstelle eines obligatorischen Konzernabschlusses nach HGB, so ist der Konsolidierungskreis nach den IAS/IFRS abzugrenzen; andernfalls würde gegen die IAS/IFRS verstoßen. So kann der Konsolidierungskreis nach IFRS 10 weiter und eindeutiger bestimmt sein als nach § 290 Abs. 2 und § 296.[19]

Soll ein **publizitätsgesetzlicher Abschluss** eine Kapitalgesellschaft von ihrer Pflicht **21** zur Aufstellung eines Teilkonzernabschlusses befreien, so sind für den publizitätsgesetzlichen Abschluss die gleichen Abgrenzungskriterien für den Konsolidierungskreis zu beachten wie für den befreienden Abschluss einer deutschen Kapitalgesellschaft.[20]

In einen befreienden Konzernabschluss eines **ausländischen Mutterunternehmens** **22** mit Sitz in der EU oder dem übrigen EWR sind „unbeschadet des § 296" alle Tochterunternehmen einzubeziehen. In Abs. 2 Nr. 1 wird zwar auf § 296 verwiesen, nicht aber auf § 290. Maßgeblich ist dann gem. Abs. 2 Nr. 2 das mit der Bilanz-RL in Einklang stehende maßgebliche Recht des anderen EU-Mitgliedstaates. Dies entspricht auch den Intentionen der zugrunde liegenden Regelung in der RL 83/349/EWG, mit der erreicht werden sollte, dass ein europäischer Konzern nicht in jedem EU-Land einen speziellen Konzernabschluss aufstellen muss. Ein ausländischer Abschluss befreit gem. Abs. 2 Nr. 1 und 2 auch dann von einem deutschen Teilkonzernabschluss, wenn Unternehmen entgegen deutschem Recht, aber nach dem mit der Bilanz-RL im Einklang stehenden Recht des entsprechenden EU-Mitgliedstaates einbezogen worden sind. Das galt nach altem Recht zB für die Einbeziehung von „controlled non-subsidiaries" mit Hilfe des true and fair view-Grundsatzes in Großbritannien aufgrund einer ständigen Hauptversammlungsmehrheit. Dieser Unterschied verschwindet in dem Maße, in dem nach § 290 Abs. 1 nF eine dauerhafte Präsenzmehrheit in der Gesellschafterversammlung zu einer Einbeziehung des Unternehmens in den Konzernabschluss des Hauptgesellschafters führt (→ § 290 Rn. 57 ff.). Für **Gemeinschaftsunternehmen** und **assoziierte Unternehmen** enthält Abs. 2 keinen Hinweis, so dass auch für sie das jeweilige ausländische Recht maßgeblich ist.[21]

6. Prüfung. Ein Konzernabschluss und ein Konzernlagebericht wirken gem. Abs. 2 **23** Nr. 2 und 3 nur befreiend, wenn sie von einem der 8. EG-Richtlinie über die Zulassung der mit der Pflichtprüfung beauftragten Personen entsprechend qualifizierten Abschlussprüfer nach dem Recht des befreienden Mutterunternehmens geprüft worden sind.[22] Die

---

[16]   Im Einzelnen ADS Rn. 39; BeBiKo/Grottel/Kreher Rn. 42.
[17]   ADS Rn. 34.
[18]   HdK/Siebourg Rn. 19.
[19]   Baetge/Kirsch/Thiele KonzernBil Kap. III. 4.
[20]   Busse v. Colbe/Ordelheide/Gebhardt/Pellens Konzernabschlüsse Kap. 2 II. 1.6.1.
[21]   Busse v. Colbe/Ordelheide/Gebhardt/Pellens Konzernabschlüsse Kap. 2 II. 1.6.1.
[22]   Kölner Komm RechnungslegungsR/Claussen/Scherrer Rn. 36–39.

Prüfung ist nach den Vorschriften des Sitzstaates des Mutterunternehmens vorzunehmen. Die Prüfung muss zu einem Ergebnis führen, das in einem Bestätigungsvermerk oder dessen Versagung festgehalten wird. Differenziert zu betrachten sind die Fälle, in denen der Bestätigungsvermerk versagt wird. Die Rechtswirkung der Befreiung wird dadurch zwar nicht grundsätzlich ausgeschlossen, regelmäßig fehlt es aber dann an einem Konzernabschluss nach dem auf das Mutterunternehmen anzuwendenden Recht (Abs. 2 Nr. 2).

24 **7. Offenlegung.** Die für die Befreiungswirkung notwendige Offenlegung des Konzernabschlusses des höherrangigen Mutterunternehmens in deutscher oder in englischer Sprache ist in Abs. 1 geregelt. Damit richtet sie sich auch für ausländische Mutterunternehmen nach **deutschem Recht.** Der befreiende Konzernabschluss mit Bestätigungs- oder Versagungsvermerk ist gem. § 325 Abs. 1 bis 1b in das **Unternehmensregister** einzustellen. Die Mitglieder des vertretungsberechtigten Organs der zu befreienden Gesellschaft haben den befreienden Konzernabschluss und den Konzernlagebericht des (ausländischen) Mutterunternehmens spätestens ein Jahr nach dem Abschlussstichtag des Geschäftsjahrs, auf das sie sich beziehen, elektronisch der das Unternehmensregister führenden Stelle zu übermitteln, die dann die Einstellung im Unternehmensregister vornimmt (§ 325 Abs. 3, Abs. 1 und 1a).

25 **8. Anhangangaben.** Im Anhang des **Jahresabschlusses des zu befreienden** Mutterunternehmens sind gem. Abs. 2 Nr. 4
a) **Name und Sitz** des übergeordneten Mutterunternehmens, das den befreienden Konzernabschluss und den Konzernlagebericht aufgestellt hat, anzugeben,
b) auf die Befreiung **hinzuweisen** und
c) die im befreienden Konzernabschluss vom deutschen Recht abweichend angewendeten Bilanzierungs-, Bewertungs- und Konsolidierungsmethoden zu **erläutern.**

26 Die **Erläuterungspflicht** ist mit dem KapAEG 1998 eingeführt worden. Sie **glich** der Erläuterungspflicht im Falle der Inanspruchnahme der **Befreiung von der Konzernrechnungslegungspflicht** nach deutschem Recht durch börsennotierte Unternehmen nach dem gleichfalls mit dem KapAEG eingeführten, aber inzwischen aufgehobenen § 292a, wenn sie einen Konzernabschluss und -lagebericht nach **international anerkannten Grundsätzen** offenlegen. Da die Vorschrift des Abs. 2 Nr. 4 durch das BilReG und das BilMoG nicht geändert worden ist, ist davon auszugehen, dass die Erläuterungspflicht auch für die Fälle gilt, in denen das Mutterunternehmen eines Teilkonzerns von der Aufstellungspflicht durch Einbeziehung in einen Konzernabschluss nach den IAS/IFRS befreit worden ist.

27 Über Art und Umfang der Erläuterungspflicht enthält die Gesetzesbegründung nichts Näheres. In der Begründung des RegE zu § 292a hieß es lediglich, solche Informationen könnten erforderlich sein, um dem deutschen Bilanzleser vom deutschen Rechnungslegungsrecht abweichende Rechnungslegungsmethoden und deren **Auswirkungen verständlich** zu machen.

28 Erläuterungspflichten enthalten zwar bisher schon insbesondere die Anhangsvorschriften in § 313. Sie beziehen sich jedoch vornehmlich auf Angaben zu einzelnen Posten des Abschlusses. Nach Abs. 2 Nr. 4c soll jedoch die Gesamtheit der von deutschem Recht abweichend angewandten Bilanzierungs-, Bewertungs- und Konsolidierungsmethoden erläutert und – nach der Begründung zu § 292a RegE – deren Auswirkungen dem deutschen Leser verständlich gemacht werden. Wörtlich genommen erforderte das ganze Bücher, zumindest Ausführungen im Umfang eines längeren Aufsatzes. Das kann nicht verlangt sein. Vielmehr erscheint für einen befreienden Konzernabschluss, der sich im **Rahmen der EU-Richtlinien** hält, die Beschränkung auf die Erläuterung **einiger wesentlicher Abweichungen** ausreichend. Der Stellenwert der Erläuterungen kann jedoch – trotz gleicher Formulierung – für einen befreienden Konzernabschluss nach **international anerkannten Konzernrechnungslegungsgrundsätzen** größer sein.[23] Für Kleinstkapitalge-

---

[23] Kölner Komm RechnungslegungsR/Claussen/Scherrer § 292a Rn. 185, 186.

sellschaften, die von der Aufstellung eines Konzernabschlusses befreit werden, wird die Angabe unter der Bilanz ausreichen. Solche Gesellschaften sind nach § 264 Abs. 1 S. 5 von der Erweiterung des Jahresabschlusses um einen Anhang befreit.

III. Informationspflichten gegenüber dem Kapitalmarkt (Abs. 3 Nr. 1)

1. Verschärfung der Pflicht zur Aufstellung von Teilkonzernabschlüssen. Der **29** Konzernabschluss ist ein **wichtiges Informationsinstrument** kapitalmarktorientierter Unternehmen für die Akteure **des Kapitalmarktes.** Deshalb erscheint es gerechtfertigt, zu verlangen, dass auch der Abschluss eines Teilkonzerns aufgestellt und veröffentlicht wird, wenn Wertpapiere seines Mutterunternehmens an einem offenen Markt gehandelt werden (→ Rn. 3). Die Tatsache, dass dieser Teilkonzernabschluss durch Maßnahmen der obersten Konzernspitze beeinflusst sein kann, beeinträchtigt zwar seine Aussagekraft, macht ihn aber nicht überflüssig. Die Investoren in das Mutterunternehmen des Teilkonzerns werden mit dem Teilkonzernabschluss und -lagebericht immerhin besser informiert, als wenn sie nur seinen Einzelabschluss und möglicherweise Einzelabschlüsse seiner Tochterunternehmen zur Verfügung hätten. Der deutsche Gesetzgeber hat Regelungen geschaffen, mit denen die Einflüsse der Konzernspitze auf abhängige Konzernunternehmen eingedämmt oder offengelegt werden sollen. Dazu gehören die Vorschriften über die Schranken des Einflusses und den Abhängigkeitsbericht gem. §§ 311–316 AktG.

Mit dem TransPuG hatte der Gesetzgeber 2002 Abs. 3 um die Vorschrift ergänzt, **30** dass die Befreiung nicht in Anspruch genommen werden kann, wenn das zu befreiende Mutterunternehmen eine AG ist, deren Aktien zum Handel im amtlichen Markt zugelassen sind (→ Rn. 4). Das BilReG hat 2004 den Kreis der Unternehmen, die die Befreiung nicht geltend machen können, auf **alle Unternehmen** jeglicher Rechtsform und auf von ihnen ausgegebene **Wertpapiere jeder Art** ausgedehnt, die zum Handel in der **EU** oder in dem übrigen EWR an einem **geregelten Markt** iSv § 2 Abs. 11 WpHG zugelassen sind. Damit wurde die Vorschrift in Abs. 3 Nr. 1 an Art. 4 IAS-VO über die Anwendung internationaler Rechnungslegungsstandards von 2002 angepasst, aber um die Zulassung zum Handel an einem geregelten Markt in einem Land des übrigen EWR erweitert. Die Neuformulierung des Abs. 3 Nr. 1 durch das BilMoG hat nach der Begründung des RegE zum BilMoG nur redaktionellen Charakter. Im Unterschied zu § 264d wird die Befreiung erst dann ausgeschlossen, wenn das Mutterunterunternehmen den organisierten Kapitalmarkt tatsächlich beansprucht.[24]

2. Anwendung auf kapitalmarktorientierte Unternehmen. Für **kapitalmarkt- 31 orientierte Unternehmen** iSv Art. 4 IAS-VO über die Anwendung internationaler Rechnungslegungsstandards gelten die Befreiungsvorschriften von der Konzernrechnungslegungspflicht und deren Einschränkungen durch die IAS/IFRS, aber gem. § 315e Abs. 1 auch die Vorschriften des § 291. Nach Abs. 3 Nr. 1 sind die Ausnahmen von der Konzernrechnungslegungspflicht für zu befreiende Unternehmen auf solche beschränkt, deren Wertpapiere zum Handel an einem **organisierten Markt in der EU oder dem EWR** zugelassen sind, während nach **IFRS 10.4(a)** auch solche Unternehmen darunter fallen, deren Wertpapiere an einem beliebigen **öffentlichen Markt oder over the counter** gehandelt werden. Werden zB Wertpapiere des zu befreienden Unternehmens nur in den USA gehandelt, so könnte es nach Abs. 3 die Befreiung von der Konzernrechnungslegungspflicht beanspruchen, nach **IFRS 10.4(a)** aber nicht. Da kapitalmarktorientierte Gesellschaften für den Konzernabschluss die von der EU übernommenen **IAS/IFRS vollständig anwenden** müssen – das trifft gem. § 315e Abs. 3 auch auf andere das Wahlrecht wahrnehmende Unternehmen zu –, gilt für diese die schärfere Einschränkung der Befreiung nach IFRS 10.4(a). In dem Beispiel muss also auch das nur in USA gelistete Mutterunternehmen einen Teilkonzern aufstellen. Das widerspricht Abs. 3 insofern nicht, als es den Befreiungsanspruch nicht ausüben muss.

---

[24]   Gelhausen/Fey/Kämpfer Q Rn. 113 und 114.

32   Trotz der Anpassung des Abs. 3 Nr. 1 an die IAS-VO durch das BilReG ist die Vorschrift mit § 293 Abs. 5 **nicht abgestimmt,** der die **größenabhängigen Befreiungen** von der Konzernrechnungslegungspflicht für **kapitalmarktorientierte Unternehmen** regelt. Während nach Abs. 3 die Muttergesellschaften, deren eigene Wertpapiere in der EU/EWR zum Handel an einem geregelten Markt zugelassen sind, nicht die Befreiung von der Pflicht zur Teilkonzernrechnungslegung beanspruchen können, besteht der Anspruch auf Befreiung von der Konzernrechnungslegungspflicht nach § 293 Abs. 5 auch dann nicht, wenn Wertpapiere eines einbezogenen Tochterunternehmens an einem organisierten Markt nur außerhalb der EU oder des EWR zum Handel zugelassen sind. Die erste Ausdehnung ist durch Art. 6 Abs. 4 RL 83/349/EWG idF von 2003 geboten, die zweite nicht.

IV. Minderheitenschutz (Abs. 3 Nr. 2)

33   **1. Antrag der Minderheiten (S. 1).** Gehören den **Minderheiten wenigstens 10 %** der Anteile an einem Mutterunternehmen in der Rechtsform der AG/KGaA oder 20 % der Anteile in der Rechtsform der GmbH, so kann eine Minderheit dieser Mindestgröße bis zu sechs Monate vor Ablauf des Konzerngeschäftsjahres beim Vorstand bzw. bei der Geschäftsführung beantragen, dass das Mutterunternehmen die Befreiung von der Aufstellungspflicht für einen Teilkonzernabschluss nicht in Anspruch nimmt. Mit dieser Vorschrift wurde Art. 8 Abs. 1 S. 2 RL 83/349/EWG (heute Art. 23 Abs. 5b Bilanz-RL) in deutsches Recht umgesetzt. Für die Personengesellschaften iSd § 264a gibt es keine Quotenvorgabe. Es scheint hier sachgerecht, direkt auf die Bilanz-RL (Art. 23 Abs. 5b Bilanz-RL) abzustellen.

34   Die Berechnung der **Kapitalanteile,** nicht der Stimmrechte, richtet sich mangels spezieller Regelung nach § 290 Abs. 3 iVm § 271 Abs. 1 S. 4, § 16 Abs. 2 und 4 AktG.[25] Nicht geregelt ist, auf welche Anteile – stimmberechtigte oder alle Anteile – sich die Prozentangaben beziehen. Die Funktion als Minderheitenschutz und der Wortsinn der Vorschrift – es heißt dort ganz allgemein „der Anteile" – legen es nahe, hier auf Anteile ganz allgemein abzustellen. Damit stehen auch nicht stimmberechtigten Anteilseignern, zB Vorzugsaktionären, diese Minderheitsrechte zu. Sie benötigen sie wegen des fehlenden Stimmrechts in besonderem Maße. Die Anteile müssen im Zeitpunkt der Antragstellung gehalten werden.

35   **2. Zustimmung der Minderheiten (S. 2).** Nach Abs. 3 Nr. 2 aF bestand mit S. 2 eine weitere Regelung. Bei einem Bestand an Minderheiten von weniger als 10 % der Kapitalanteile an dem zu befreienden Mutterunternehmen konnte das Mutterunternehmen die Befreiungsregelung nur in Anspruch nehmen, wenn die anderen Gesellschafter der Befreiung zugestimmt haben. Die Regelung erwies sich nach der Literaturmeinung als unklar und unpraktikabel und war wohl von geringer praktischer Bedeutung. Sie wurde durch das BilMoG aufgehoben.

36   **3. Kapitalmarktorientierte Mutterunternehmen.** Hinsichtlich des Anspruchs von Minderheiten auf die Aufstellung eines Teilkonzernabschlusses für ein nachgeordnetes Mutterunternehmen, dessen Wertpapiere nicht öffentlich gehandelt werden, stehen die IAS/IFRS in Konkurrenz mit Abs. 3 Nr. 2. Nach **IFRS 10.4** ist für die Befreiung von der Aufstellung eines Teilkonzernabschlusses die Information der **Minderheiten erforderlich,** dass kein Teilkonzernabschluss aufgestellt werden soll und sie dem **nicht widersprechen.** Einzelheiten sind nicht geregelt. Einerseits enthält Abs. 3 Nr. 2 keine ausdrückliche Informationspflicht. Insofern geht IFRS 10.4(a) über Abs. 3 hinaus. Dieser Informationspflicht muss das kapitalmarktorientierte Unternehmen genügen. Soweit Namensaktien den Regelfall darstellen, ist die Information auch möglich.

---

[25]   BeBiKo/Grottel/Kreher Rn. 32.

§292 Befreiende Wirkung von Konzernabschlüssen aus Drittstaaten

(1) Ein Mutterunternehmen, das zugleich Tochterunternehmen eines Mutterunternehmens mit Sitz in einem Staat ist, der nicht Mitglied der Europäischen Union und auch nicht Vertragsstaat des Abkommens über den Europäischen Wirtschaftsraum ist, braucht einen Konzernabschluss und einen Konzernlagebericht nicht aufzustellen, wenn dieses andere Mutterunternehmen einen dem §291 Absatz 2 Nummer 1 entsprechenden Konzernabschluss (befreiender Konzernabschluss) und Konzernlagebericht (befreiender Konzernlagebericht) aufstellt sowie außerdem alle folgenden Voraussetzungen erfüllt sind:

1. der befreiende Konzernabschluss wird wie folgt aufgestellt:
   a) nach Maßgabe des Rechts eines Mitgliedstaats der Europäischen Union oder eines anderen Vertragsstaats des Abkommens über den Europäischen Wirtschaftsraum im Einklang mit der Richtlinie 2013/34/EU,
   b) im Einklang mit den in §315e Absatz 1 bezeichneten internationalen Rechnungslegungsstandards,
   c) derart, dass er einem nach den in Buchstabe a bezeichneten Vorgaben erstellten Konzernabschluss gleichwertig ist, oder
   d) derart, dass er internationalen Rechnungslegungsstandards entspricht, die gemäß der Verordnung (EG) Nr. 1569/2007 der Kommission vom 21. Dezember 2007 über die Einrichtung eines Mechanismus zur Festlegung der Gleichwertigkeit der von Drittstaatemittenten angewandten Rechnungslegungsgrundsätze gemäß den Richtlinien 2003/71/EG und 2004/109/EG des Europäischen Parlaments und des Rates (ABl. L 340 vom 22.12.2007, S. 66), die durch die Delegierte Verordnung (EU) Nr. 310/2012 (ABl. L 103 vom 13.4.2012, S. 11) geändert worden ist, in ihrer jeweils geltenden Fassung festgelegt wurden;
2. der befreiende Konzernlagebericht wird nach Maßgabe der in Nummer 1 Buchstabe a genannten Vorgaben aufgestellt oder ist einem nach diesen Vorgaben aufgestellten Konzernlagebericht gleichwertig;
3. der befreiende Konzernabschluss ist von einem oder mehreren Abschlussprüfern oder einer oder mehreren Prüfungsgesellschaften geprüft worden, die auf Grund der einzelstaatlichen Rechtsvorschriften, denen das Unternehmen unterliegt, das diesen Abschluss aufgestellt hat, zur Prüfung von Jahresabschlüssen zugelassen sind;
4. der befreiende Konzernabschluss, der befreiende Konzernlagebericht und der Bestätigungsvermerk sind nach den für den entfallenden Konzernabschluss und Konzernlagebericht maßgeblichen Vorschriften in deutscher oder englischer Sprache offengelegt worden.

(2) ¹Die befreiende Wirkung tritt nur ein, wenn im Anhang des Jahresabschlusses des zu befreienden Unternehmens die in §291 Absatz 2 Satz 1 Nummer 4 genannten Angaben gemacht werden und zusätzlich angegeben wird, nach welchen der in Absatz 1 Nummer 1 genannten Vorgaben sowie gegebenenfalls nach dem Recht welchen Staates der befreiende Konzernabschluss und der befreiende Konzernlagebericht aufgestellt worden sind. ²Im Übrigen ist §291 Absatz 2 Satz 2 und Absatz 3 entsprechend anzuwenden.

(3) ¹Ist ein nach Absatz 1 zugelassener Konzernabschluß nicht von einem in Übereinstimmung mit den Vorschriften der Richtlinie 2006/43/EG zugelassenen Abschlußprüfer geprüft worden, so kommt ihm befreiende Wirkung nur zu, wenn der Abschlußprüfer eine den Anforderungen dieser Richtlinie gleichwertige Befähigung hat und der Konzernabschluß in einer den Anforderungen des Dritten Unterabschnitts entsprechenden Weise geprüft worden ist. ²Nicht in Übereinstimmung mit den Vorschriften der Richtlinie 2006/43/EG zugelassene Abschlussprü-

fer von Unternehmen mit Sitz in einem Drittstaat im Sinn des § 3 Abs. 1 Satz 1 der Wirtschaftsprüferordnung, deren Wertpapiere im Sinn des § 2 Absatz 1 des Wertpapierhandelsgesetzes an einer inländischen Börse zum Handel am regulierten Markt zugelassen sind, haben nur dann eine den Anforderungen der Richtlinie gleichwertige Befähigung, wenn sie bei der Wirtschaftsprüferkammer gemäß § 134 Abs. 1 der Wirtschaftsprüferordnung eingetragen sind oder die Gleichwertigkeit gemäß § 134 Abs. 4 der Wirtschaftsprüferordnung anerkannt ist. [3]Satz 2 ist nicht anzuwenden, soweit ausschließlich Schuldtitel im Sinne des § 2 Absatz 1 Nummer 3 des Wertpapierhandelsgesetzes

1. mit einer Mindeststückelung zu je 100 000 Euro oder einem entsprechenden Betrag anderer Währung an einer inländischen Börse zum Handel am regulierten Markt zugelassen sind oder

2. mit einer Mindeststückelung zu je 50 000 Euro oder einem entsprechenden Betrag anderer Währung an einer inländischen Börse zum Handel am regulierten Markt zugelassen sind und diese Schuldtitel vor dem 31. Dezember 2010 begeben worden sind.

[4]Im Falle des Satzes 2 ist mit dem Bestätigungsvermerk nach Absatz 1 Nummer 4 auch eine Bescheinigung der Wirtschaftsprüferkammer gemäß § 134 Absatz 2a der Wirtschaftsprüferordnung über die Eintragung des Abschlussprüfers oder eine Bestätigung der Wirtschaftsprüferkammer gemäß § 134 Absatz 4 Satz 8 der Wirtschaftsprüferordnung über die Befreiung von der Eintragungsverpflichtung offenzulegen.

Schrifttum: s. auch bei § 291; Deubert/Lewe, Beurteilung der Gleichwertigkeit von Drittstaaten-Konzernabschlüssen nach § 292 HGB am Beispiel der Swiss GAAP FER, BB 2016, 1260; Hayn/Graf Waldersee, IFRS/US-GAAP/HGB im Vergleich Synoptische Darstellung für den Einzel- und Konzernabschluss, 8. Aufl. 2014; Küting/Hayn, Der internationale Konzernabschluss als Eintrittskarte zum weltweiten Kapitalmarkt, BB 1995, 662; Maas/Schruff, Befreiende Konzernrechnungslegung von Mutterunternehmen mit Sitz außerhalb der EG, WPg 1991, 765; Wollmert/Oser, Der IASC-Abschluss eines Drittlandunternehmens als befreiender Konzernabschluss?, DB 1995, 53.

Übersicht

I. Anforderungen an das befreiende Unternehmen

1   Das ursprünglich in Art. 11 RL 83/349/EWG kodifizierte nationale Wahlrecht, Mutterunternehmen von der Aufstellung eines (Teil-)Konzernabschlusses auch dann zu befreien, wenn ein übergeordnetes Mutterunternehmen seinen Sitz außerhalb der EU/EWR hat und es einen der RL 83/349/EWG entsprechenden Konzernabschluss und -lagebericht unter Einbeziehung des deutschen Teilkonzerns in deutscher Sprache offenlegt, wurde zunächst durch eine Rechtsverordnung ausgeübt, die auf § 292 aF beruhte. Sie verfolgte den **gleichen Zweck wie § 291** (→ § 291 Rn. 2). Die Ermächtigung zur Rechtsverordnung nach § 292 aF wurde 2015 mit dem BilRUG durch die neue Fassung des § 292 ersetzt. Gem. Abs. 1 S. 1 werden Mutterunternehmen, die zugleich Tochterunternehmen eines Mutterunternehmens mit Sitz außerhalb der EU oder des EWR sind, **von der Aufstellung**

wenig aussagewirksamer Teilkonzernabschlüsse entlastet, wenn das ausländische Mutterunternehmen einen Konzernabschluss und einen Konzernlagebericht aufstellt, der die Bedingungen des § 291 Abs. 2 Nr. 1 und die des Abs. 1 erfüllt. Durch das ARUG II wurde für die Befreiung nach § 291 Abs. 1 S. 1 eine Offenlegung des befreienden Konzernabschlusses und -lageberichts sowie Bestätigungsvermerks eines Mutterunternehmens mit Sitz in einem EU- oder EWR-Staat in deutscher oder in englischer Sprache zugelassen. Das ARUG II führt die Option auch im Anwendungsbereich des § 292 für befreiende Konzernrechnungslegungsunterlagen aus Drittstaaten ein, um einen Gleichlauf mit der Regelung in § 291 Abs. 1 S. 1 zu erreichen.

Der Verweis auf § 291 in S. 1 macht klar, dass die **Anforderungen,** die an das Mutter- 2 unternehmen gestellt werden, das einen befreienden Konzernabschluss und -lagebericht offenlegen kann, abgesehen von seinem Sitz die **gleichen** sind wie in **§ 291.** Das gilt für
- die **fiktive Verpflichtung** zur Konzernrechnungslegung, wenn es eine Kapitalgesellschaft wäre,
- das **Mutter-Tochter-Verhältnis** (→ § 291 Rn. 6),
- die **Unternehmenseigenschaft** (→ § 291 Rn. 12),
- die **Rechtsformunabhängigkeit** (→ § 291 Rn. 12) und
- die **Größenunabhängigkeit** (→ § 291 Rn. 13).

II. Bedingungen für die befreiende Wirkung

1. Maßgebliches Recht. Der befreiende Konzernabschluss und der befreiende Kon- 3 zernlagebericht müssen im Einklang mit den Anforderungen der **Bilanz-RL an überein-stimmendes Recht** eines beliebigen Mitgliedstaates der EU/EWR aufgestellt worden **oder** einem solchen Abschluss und Lagebericht **gleichwertig** sein (Abs. 1 Nr. 1 lit. a, c). Das **Recht eines anderen Mitgliedstaates,** dh außerhalb Deutschlands, kann jedoch nur zugrunde gelegt werden, wenn der befreiende Abschluss und Lagebericht in diesem Mitgliedstaat eine andere Zwischenholding des Konzerns von einem nach dem Recht dieses Mitgliedstaates vorgeschriebenen **Teilkonzernabschluss und -lagebericht** tatsächlich befreit.[1] Damit wird der Gefahr vorgebeugt, dass sich das befreiende Mutterunternehmen innerhalb der EU/EWR das Land für den befreienden Konzernabschluss im Rahmen der Bilanz-RL aussucht, das die geringsten Anforderungen an die Konzernrechnungslegung stellt,[2] ohne dort selbst mit einem Teilkonzern etabliert zu sein. Der Konzernabschluss des höherrangigen Mutterunternehmens wirkt aber auch nur dann befreiend, wenn das andere EU-Land das Wahlrecht des Art. 23 Abs. 3 und 4 Bilanz-RL entsprechend in nationales Recht umgesetzt hat.[3] Abweichungen von untergeordneter Bedeutung schaden für die Anerkennung der Gleichwertigkeit der Gesamtregelung nicht.

Die Wirkung der Befreiung tritt auch ein, wenn der Konzernabschluss im Einklang 4 mit den internationalen Rechnungslegungsstandards nach der IAS/IFRS-VO aufgestellt wird (Abs. 1 Nr. 1 lit. b). Für den Konzernlagebericht ist das jeweils anzuwendende nationale Recht maßgebend. Wird der Konzernabschluss zwar nicht nach den vorstehenden Regeln aufgestellt, aber entsprechen die herangezogenen Regeln den IAS/IFRS und wurden sie von der EU als gleichwertig anerkannt, kann die Befreiung ebenfalls in Anspruch genommen werden (Abs. 1 Nr. 1 lit. d). Mit der VO (EU) 1569/2007 (geändert durch VO (EU) 310/2012) werden die Bedingungen festgelegt, unter denen die „Generally Accepted Accounting Principles" eines Drittstaats als gleichwertig zu den IFRS erachtet werden können, und es wird ein Mechanismus für die Feststellung dieser Gleichwertigkeit eingeführt. Danach enthalten die US-GAAP sowie die nationalen Vorschriften in China, Japan, Kanada und Südkorea vergleichbare Rechnungslegungsregeln (→ Rn. 9).

---

[1] Beck HdR/Ebeling, 68. EL August 2022, C 200 Rn. 73 ff.
[2] Biener/Bernecke BiRiLiG 303.
[3] HdK/Siebourg Rn. 11; ADS Rn. 29 bez. RL 83/349/EWG.

5   **2. Gleichwertigkeit mit dem Recht eines Mitgliedstaates.** Eine **Aufstellung** des befreienden Konzernabschlusses in einem Drittstaat nach dem **richtlinienkonformen Recht** Deutschlands oder eines anderen Mitgliedstaates der EU/EWR dürfte ein **seltener** Fall sein. Gewöhnlich wird der Konzernabschluss nach nationalem Recht des Drittlandes aufgestellt und seine befreiende Wirkung über die **Gleichwertigkeit** angestrebt.[4]

6   Der Konzernabschluss und -lagebericht eines höherrangigen Mutterunternehmens wirken auch dann befreiend, wenn sie zwar nicht nach dem im Einklang mit der Bilanz-RL stehenden Recht eines Mitgliedstaates der EU/EWR aufgestellt, ihnen aber **gleichwertig** sind.[5] Genauer müsste es heißen: **mindestens** gleichwertig; denn einem – wie auch immer gemessen – **höherwertigen** Abschluss wird die Befreiungswirkung nicht versagt werden können.

7   Die **Wahl des Rechtes** ist dem Mutterunternehmen freigestellt, sofern es in mehreren Mitgliedstaaten gem. S. 2 von der Vorlagepflicht eines Teilkonzernabschlusses befreit wurde (→ Rn. 5). Inwieweit ein Mutterunternehmen aus einem Nicht-Mitgliedstaat der EU/EWR seinen Abschluss anpassen muss, hängt davon ab, welche Unterschiede zwischen diesem Abschluss und dem deutschen Recht bzw. dem Recht eines anderen Mitgliedstaates bestehen und ob sich etwaige Unterschiede noch im Rahmen des Erfordernisses der Gleichwertigkeit bewegen.

8   Zur Gleichwertigkeit von Abschlüssen von Unternehmen aus Drittländern hat die **EG-Kommission** am 15.3.1991 eine **Stellungnahme** abgegeben.[6] Diese Stellungnahme konkretisiert das Gleichwertigkeitserfordernis in Art. 11 Abs. 1b RL 83/349/EWG. Inzwischen ist Art. 23 Abs. 8 Bilanz-RL die Basis für die befreiende Wirkung von Konzernabschlüssen aus Drittstaaten (Abs. 1 Nr. 1), sofern sie nicht im Einklang mit den in § 315e Abs. 1 genannten internationalen Rechnungslegungsstandards aufgestellt werden und deshalb als gleichwertig gelten (Abs. 1 Nr. 1b). Im Jahre 2007 hat die EG-Kommission für diesen Fall eine Regelung zur Feststellung der Gleichwertigkeit der von Drittstaaten angewandten Rechnungslegungsgrundsätze gem. RL 2003/71/EG (Prospekt-RL) und RL 2004/109/EG (Transparenz-RL) in der jeweils geltenden Fassung getroffen (Abs. 1 Nr. 1 lit. d). Danach gelten die nach den IFRS sowie die nach den GAAP der USA, Chinas, Japans, Kanadas und Südkoreas aufgestellten Konzernabschlüsse als gleichwertig.[7]

9   Für die Auslegung des Begriffs „gleichwertig" sind „diejenigen Vorschriften des Gemeinschaftsrechts zugrunde zu legen, denen alle innerhalb der EU erstellten Abschlüsse genügen müssen, und zwar unabhängig von der Ausübung der den Mitgliedstaaten eingeräumten Wahlrechte". Verpflichtende Einzelregelungen der Richtlinie und von der Richtlinie selbst eingeräumte Unternehmenswahlrechte gelten danach auch für den befreienden Konzernabschluss. Davon **wesentlich abweichende** höherrangige Konzernabschlüsse müssen **angepasst** werden, wenn sie befreiend wirken sollen. Dies gilt auch dann, wenn die abweichenden Vorschriften als gleichwertig angesehen werden. Zwar fehlt damit bei abweichendem, aber in der Substanz gleichwertigem ausländischem Abschluss ein Anreiz zur Veröffentlichung aussagefähigerer Gesamtkonzernabschlüsse, doch muss dies hinter dem Willen der Kommission zurückstehen.[7]

10   **Nationale Wahlrechte** sind keine Vorschriften, denen alle EU-Abschlüsse genügen müssen, da die Mitgliedstaaten sie unterschiedlich umgesetzt haben. Sie fallen damit nicht unter die nach der Stellungnahme zugrunde zu legenden Vorschriften. Dies gilt auch für nationale Wahlrechte zur Einräumung von Unternehmenswahlrechten. Die für diese Fälle gewählte Methode muss dem maßgebenden Recht des Mitgliedstaates gleichwertig sein. Damit ist die Wahlrechtsausübung durch diesen Mitgliedstaat relevant. Wenn zB ein US-amerikanisches Mutterunternehmen mit einem dem französischen Recht gleichwertigen

---

4   ADS Rn. 39.
5   Deubert/Lewe BB 2016, 1260.
6   EG-Kommission, XV/109/90-DE, 2. Rev.; zur Kritik Maas/Schruff WPg 1991, 768; zur Kritik der ersten Fassung der Stellungnahme v. 24.4.1987 HdK/Siebourg Rn. 8; ADS Rn. 45.
7   Busse v. Colbe/Ordelheide/Gebhardt/Pellens Konzernabschlüsse Kap. 2 II. 1.5.2.

Gesamtkonzernabschluss eine deutsche Zwischenholding von der Teilkonzernabschlussverpflichtung befreien will, kommt es darauf an, wie in Frankreich die nationalen Wahlrechte der Richtlinie ausgeübt worden sind. Dieser Ausübung muss der befreiende Konzernabschluss zwar nicht in allen Einzelheiten folgen, aber ihr gleichwertig sein.

Entspricht der befreiende Abschluss nicht in allen Punkten den nach Ausübung der **11** Wahlrechte geltenden nationalen Regelungen, kommt es bei der Prüfung der Gleichwertigkeit darauf an, ob es sich bei den Abweichungen um **wesentliche** Elemente handelt. Die Gleichwertigkeit kann auch durch geeignete **Angaben** in den notes oder in sonstigen Erläuterungen, die zB in den USA von der SEC verlangt werden, hergestellt werden; denn nicht die Gleichwertigkeit der Bilanz oder GuV wird gefordert, sondern die des Abschlusses insgesamt, zu dem auch diese Angaben gehören.[8] Eine Quantifizierung der Auswirkungen von Abweichungen zwischen den vom übergeordneten Mutterunternehmen angewandten und der nach deutschem Recht vorgeschriebenen Methoden auf die Darstellung der Vermögens-, Finanz- und Ertragslage[9] ist nicht zwingend erforderlich, da die Abweichungen nicht wesentlich sein, also die Darstellung nicht verzerren dürfen.

In der **Begründung des Regierungsentwurfs eines KapAEG** vom 27.11.1996 heißt **12** es, dass bisher „die Gleichwertigkeit von nach den US-GAAP oder IAS aufgestellten Konzernabschlüssen mit deutschen Konzernabschlüssen im Rahmen der KonBefrV von keiner Seite in Frage gestellt worden" sei. Zwar ist es bisher – soweit bekannt – nicht zu Rechtsstreiten über die Gleichwertigkeit gekommen, doch gibt es zahlreiche **Unterschiede** zwischen der Konzernrechnungslegung nach den Regelungen des **HGB einerseits** und der **US-GAAP bzw. der IAS andererseits,** aber auch zwischen diesen als international angesehenen Regelwerken gegenüber den Vorschriften der Bilanz-RL. Sie wurden in der Literatur ausführlich behandelt.[10] Zudem werden die US-GAAP und IAS/IFRS laufend weiterentwickelt und ergänzt, so dass schon deshalb eine generelle Aussage über die Gleichwertigkeit von Konzernabschlüssen nach diesen Regeln und denen des HGB oder des Rechtes eines anderen Mitgliedstaates der EU/EWR problematisch ist. Wenn die SEC einem Konzernabschluss nach EU-Recht für die Börsenzulassung in den USA die Anerkennung versagt und somit die Gleichwertigkeit verneint, ist der Rückschluss nicht zulässig, dass somit ein Konzernabschluss nach US-GAAP einem EU-Abschluss nicht gleichwertig sein kann, da er möglicherweise höherwertig ist (→ Rn. 5). Entsprechendes gilt für die Feststellung, ob der Konzernabschluss des in einem Drittland ansässigen Mutterunternehmens nach dem mit den Anforderungen der Bilanz-RL übereinstimmenden Recht eines Mitgliedstaates aufgestellt wurde. Daher ist eine **Einzelfallprüfung** erforderlich.[11]

Die Unterschiede zwischen den Regelwerken können sich auf die Konzernabschlüsse **13** von Unternehmen ganz unterschiedlich auswirken. Die Feststellung der Gleichwertigkeit bzw. Übereinstimmung mit dem EU-Recht wird noch schwieriger, wenn in Folge zunehmender internationaler Kapitalverflechtungen Muttergesellschaften außer aus den USA aus anderen Drittländern wie Japan, Korea oder Taiwan befreiende Konzernabschlüsse vorlegen wollen, ohne sich strikt an US-GAAP oder IAS/IFRS zu halten. Trotz der **Dynamik der Rechnungslegungsvorschriften** und ihrer zum Teil unterschiedlichen Anwendung auf die Abschlüsse einzelner Konzerne bedeutet die Feststellung der Gleichwertigkeit der Konzernabschlüsse in einzelnen Ländern durch die EU-Kommission eine Erleichterung für die Konzerne in diesen Ländern. Falls ein Konzernlagebericht fehlt oder er wesentliche Elemente, die nach EU-Recht erforderlich sind, nicht enthält, ist er entsprechend zu ergänzen bzw. zusätzlich aufzustellen.[12]

---

[8]   BeBiKo/Grottel/Kreher Rn. 25; Busse v. Colbe/Ordelheide/Gebhardt/Pellens Konzernabschlüsse Kap. 2 II. 1.5.2.

[9]   ADS Rn. 49.

[10]   ZB PFGS IntRechnungslegung Kap. 3–26, jeweils aE der Kapitel; Hayn/Graf Waldersee IFRS/US-GAAP/HGB.

[11]   ADS Rn. 47 und 51.

[12]   Deubert/Lewe BB 2016, 1264.

14   **3. Konsolidierungskreis.** Gem. Abs. 1 ist der Konsolidierungskreis dem Wortlaut des § 291 Abs. 2 S. 1 Nr. 1 entsprechend „unbeschadet des § 296" abzugrenzen. § 296 regelt den Verzicht auf die Einbeziehung von bestimmten Tochterunternehmen, zB solchen, die zum Zweck der Weiterveräußerung gehalten werden oder die von untergeordneter Bedeutung für die Vermögens-, Finanz- und Ertragslage sind. Diese Abgrenzung des Konsolidierungskreises ist für Mutterunternehmen außerhalb der EU/EWR so vorzunehmen wie im Falle eines Mutterunternehmens in einem anderen Mitgliedstaat der EU/EWR (→ § 291 Rn. 20, → § 291 Rn. 22).[13]

15   **4. Pflichtangaben im Anhang des Abschlusses der zu befreienden Gesellschaft.** Infolge des Verweises in Abs. 2 S. 1 auf § 291 Abs. 2 S. 1 Nr. 4 sind im Anhang des Abschlusses des zu befreienden Unternehmens für die befreiende Wirkung Name und Sitz des befreienden Mutterunternehmens anzugeben, und es ist auf die Befreiung von der Konzernrechnungslegungspflicht hinzuweisen. Das KapAEG führte zusätzlich in § 291 Abs. 2 Nr. 4 lit. c die Pflicht zu **Erläuterungen** der im befreienden Konzernabschluss vom deutschen Recht abweichenden Bilanzierungs-, Bewertungs- und Konsolidierungsmethoden ein. Bei Anwendung auf Kreditinstitute und Versicherungsunternehmen sind für befreiende Konzernabschlüsse und Konzernlageberichte die in S. 2 von § 291 Abs. 2 genannten EG/EU-Richtlinien zu beachten (→ § 291 Rn. 16). Die Bezeichnung der insoweit maßgebenden Richtlinien wurde durch die Gesetzesänderung im Jahr 2023 nur angepasst.[14] Eine inhaltliche Veränderung ergibt sich dadurch nicht. Wenn eine Erläuterung der im befreienden Konzernabschluss vom deutschen Recht abweichend angewandten Bilanzierungs-, Bewertungs- und Konsolidierungsmethoden gem. § 291 Abs. 2 Nr. 4 lit. c bei Gesellschaften mit Sitz in der EU/EWR für erforderlich gehalten wird, dann gilt dies erst recht für Gesellschaften mit Sitz in Drittländern.

16   An die Pflicht zur Anhangs-**Erläuterung** der im befreienden Konzernabschluss **vom deutschen Recht abweichend** angewandten Bilanzierungs-, Bewertungs- und Konsolidierungsmethoden gem. Abs. 2 iVm § 291 Abs. 2 S. 1 Nr. 4c sind **höhere Anforderungen** zu stellen als an die Erläuterungen eines nach EU-Recht aufgestellten Konzernabschlusses, soweit der befreiende Konzernabschluss nicht nach dem mit den Anforderungen der Bilanz-RL übereinstimmenden deutschen Recht oder dem Recht eines anderen Mitgliedstaates aufgestellt worden ist, sondern ihm mindestens **gleichwertig** ist. Gleichwertig sind Konzernabschlüsse nach der erwähnten Stellungnahme der Kommission (→ Rn. 7) dann, wenn sie dem gemeinsamen, für alle EU-Mitglieder **verpflichtenden Kern der Bilanz-RL** entsprechen und nationale Wahlrechte gleichwertig ausgeübt wurden. Die Erfüllung der Gleichwertigkeit bedarf insofern näherer Erläuterung, als sie nicht anhand nationaler Vorschriften nachgeprüft werden kann, wie es für das mit der Bilanz-RL übereinstimmende Recht möglich ist.

17   **5. Prüfung und Offenlegung.** Die Befreiungswirkung kommt dem Konzernabschluss des Mutterunternehmens auch bei Erfüllung der übrigen Voraussetzungen gem. Abs. 3 S. 1 nur zu, wenn er von einem in Übereinstimmung mit der **Abschlussprüfer-RL** zugelassenen oder von einem eine **gleichwertige** fachliche und persönliche **Befähigung** aufweisenden **Abschlussprüfer** nach den Anforderungen der §§ 316–324 **geprüft** worden ist.[15] Das ist in der Regel ein Prüfer oder eine Prüfungsgesellschaft aus dem Sitzland der befreienden Muttergesellschaft. Die Prüfung erstreckt sich – anders als bisher nach hM vertreten – nicht auf den Konzernlagebericht, da es einen solchen nach den IFRS und den SFAS der USA nicht gibt und vergleichbare Berichte, wie die „management discussion and analysis", nicht der Prüfungspflicht unterliegen.[16]

18   Auch bei **Einschränkung** oder Verweigerung des Bestätigungsvermerks und deren Offenlegung kann der Konzernabschluss befreiend wirken; es sei denn, sie würden wegen

---

[13]   BeBiKo/Grottel/Kreher Rn. 1 und 15.
[14]   Gesetz zur Umsetzung der RL (EU) 2021/2101 im Hinblick auf die Offenlegung von Ertragsteuerinformationen vom 19.6.2023 (BGBl. 2023 I Nr. 154).
[15]   Im Einzelnen ADS Rn. 56–64.
[16]   ADS Rn. 54; Gelhausen/Fey/Kämpfer Q Rn. 136.

Verstoßes gegen die in Abs. 1 iVm § 291 festgelegten Rechnungslegungsvorschriften vorgenommen.[17]

Durch das BilMoG ist eine Regelung verabschiedet und in § 292 Abs. 3 übernommen **19** worden, die auch eine Gleichwertigkeit der Abschlussprüfung ausreichen lässt. Danach können Abschlussprüfer eines kapitalmarktorientierten Mutterunternehmens (mit der Ausnahme von solchen, von denen nur Schuldtitel mit einer Mindeststückelung an einer inländischen Börse zugelassen sind), die nicht nach den Vorschriften der Abschlussprüfer-RL zugelassen worden sind, ihre gleichwertige Befähigung durch die Anerkennung der Wirtschaftsprüferkammer nachweisen. Erforderlich ist insoweit die Eintragung bei der Wirtschafsprüferkammer nach § 134 Abs. 1 WPO. Nach der Begründung des Regierungsentwurfs zum BilMoG soll die Vorschrift der Durchsetzung der Registrierung der Abschlussprüfer aus Drittländern dienen.[18]

Der befreiende Konzernabschluss und -lagebericht sind gem. § 292 Abs. 1 Nr. 4, wie **20** nach § 291, in **deutscher oder englischer Sprache,** aber in der Währung des Sitzstaates der Muttergesellschaft **nach den Vorschriften des HGB offenzulegen** wie der entfallende Konzernabschluss und -lagebericht, dh nach den Vorschriften der §§ 325, 328 (→ § 291 Rn. 24).

6. Minderheitenschutz. Mit dem Verweis auf § 291 Abs. 2 S. 2 und Abs. 3 in Abs. 2 **21** S. 2 **gelten dessen Regelungen** für den Minderheitenschutz auch dann, wenn das die Befreiung anstrebende Mutterunternehmen seinen Sitz außerhalb der EU/EWR hat, so dass bei Vorliegen der gesetzlichen Voraussetzungen ein Teilkonzernabschluss aufgestellt werden muss (→ § 291 Rn. 33 ff.). Der Minderheitenschutz setzt Beteiligungen von wenigstens 10 % (AG/KGaA) oder 20 % (GmbH) voraus und wird über die Antragsmöglichkeit gewährleistet. Nimmt das zu befreiende Mutterunternehmen einen organisierten Markt iSd § 2 Abs. 11 WpHG durch von ihm ausgegebene Wertpapiere iSd § 2 Abs. 1 WPHG in Anspruch, kommt eine Befreiung nicht in Betracht.

7. Offenlegung des befreienden Konzernabschlusses in einem anderen Mit- 22 gliedstaat. Gem. Abs. 1 Nr. 4 sind der befreiende Konzernabschluss und -lagebericht mit dem Bestätigungsvermerk nach den für den entfallenden Konzernabschluss und -lagebericht maßgeblichen Vorschriften – das sind die Regelungen nach den § 325 Abs. 3–5 und § 328 – in deutscher oder englischer Sprache offen zu legen. Die frühere Verpflichtung nach § 3 der (inzwischen aufgehobenen) KonzBefrVO, dem befreienden Konzernabschluss eine Bestätigung über seine Hinterlegung in dem anderen Staat beizufügen, wurde in § 292 nicht übernommen.

§ 292a *[aufgehoben]*

§ 293 Größenabhängige Befreiungen

(1) ¹**Ein Mutterunternehmen ist von der Pflicht, einen Konzernabschluß und einen Konzernlagebericht aufzustellen, befreit, wenn**
1. **am Abschlußstichtag seines Jahresabschlusses und am vorhergehenden Abschlußstichtag mindestens zwei der drei nachstehenden Merkmale zutreffen:**
   a) **Die Bilanzsummen in den Bilanzen des Mutterunternehmens und der Tochterunternehmen, die in den Konzernabschluß einzubeziehen wären, übersteigen insgesamt nicht 24 000 000 Euro.**
   b) **Die Umsatzerlöse des Mutterunternehmens und der Tochterunternehmen, die in den Konzernabschluß einzubeziehen wären, übersteigen in den zwölf Monaten vor dem Abschlußstichtag insgesamt nicht 48 000 000 Euro.**

---

[17] ADS Rn. 65.
[18] Gelhausen/Fey/Kämpfer Q Rn. 133.

c) Das Mutterunternehmen und die Tochterunternehmen, die in den Konzernabschluß einzubeziehen wären, haben in den zwölf Monaten vor dem Abschlußstichtag im Jahresdurchschnitt nicht mehr als 250 Arbeitnehmer beschäftigt;
oder

2. am Abschlußstichtag eines von ihm aufzustellenden Konzernabschlusses und am vorhergehenden Abschlußstichtag mindestens zwei der drei nachstehenden Merkmale zutreffen:

a) Die Bilanzsumme übersteigt nicht 20 000 000 Euro.

b) Die Umsatzerlöse in den zwölf Monaten vor dem Abschlußstichtag übersteigen nicht 40 000 000 Euro.

c) Das Mutterunternehmen und die in den Konzernabschluß einbezogenen Tochterunternehmen haben in den zwölf Monaten vor dem Abschlußstichtag im Jahresdurchschnitt nicht mehr als 250 Arbeitnehmer beschäftigt.

[2]Auf die Ermittlung der durchschnittlichen Zahl der Arbeitnehmer ist § 267 Abs. 5 anzuwenden.

(2) Auf die Ermittlung der Bilanzsumme ist § 267 Absatz 4a entsprechend anzuwenden.

(3) [aufgehoben]

(4) [1]Außer in den Fällen des Absatzes 1 ist ein Mutterunternehmen von der Pflicht zur Aufstellung des Konzernabschlusses und des Konzernlageberichts befreit, wenn die Voraussetzungen des Absatzes 1 nur am Abschlußstichtag oder nur am vorhergehenden Abschlußstichtag erfüllt sind und das Mutterunternehmen am vorhergehenden Abschlußstichtag von der Pflicht zur Aufstellung des Konzernabschlusses und des Konzernlageberichts befreit war. [2]§ 267 Abs. 4 Satz 2 und 3 ist entsprechend anzuwenden.

(5) Die Absätze 1 und 4 sind nicht anzuwenden, wenn das Mutterunternehmen oder ein in dessen Konzernabschluss einbezogenes Tochterunternehmen am Abschlussstichtag kapitalmarktorientiert im Sinn des § 264d ist oder es den Vorschriften des Ersten oder Zweiten Unterabschnitts des Vierten Abschnitts unterworfen ist.

Schrifttum: Biener, Einzelne Fragen zum PublG, (Teil 1) WPg 1972, 1 und (Teil 2) WPg 1972, 85; Busse v. Colbe, Konsolidierte Abschlüsse als Teil der GoB?, FS Baetge, 2007, 121; Geitzhaus/Delp, Arbeitnehmerbegriff und Bilanzrichtliniengesetz, BB 1987, 367; Pellens/Bonse/Gassen, Perspektiven der deutschen Konzernrechnungslegung, DB 1998, 785; Veit, Zur Bedeutung der formellen Bilanzpolitik, DB 1994, 2512; v. Wysocki, Konzernabschluss: Aufstellungs- und Einbeziehungspflichten nach neuem Recht, ZfbF 1987, 274; Zimmer, Das Gesetz zur Kontrolle und Transparenz im Unternehmensbereich, NJW 1998, 3521.

Übersicht

I. Normzweck

Kleineren Konzernen, deren in den Konzernabschluss einbezogene Unternehmen **1** **nicht** kapitalmarktorientiert iSv § 264d sind (Abs. 5), soll die Befreiung von der grundsätzlichen Konzernrechnungslegungspflicht nach § 290 die mit der Konzernrechnungslegung verbundenen **Kosten ersparen.**[1] Mit der – hinsichtlich der Größenmerkmale mehrmals geänderten – Vorschrift wurde ursprünglich das Mitgliedstaatenwahlrecht des Art. 6 Abs. 1 RL 83/349/EWG (heute Art. 23 Abs. 1 und 2 Bilanz-RL) wahrgenommen. Durch das BilRUG (→ Vor § 290 Rn. 19) wurden die Obergrenzen in Abs. 1 aufgerundet, um sie der Bilanz-RL anzupassen und übersichtlicher zu gestalten.

Ob mit der Befreiung von der Konzernrechnungslegungspflicht den Leitungen kleine- **2** rer Konzerne und den Gesellschaftern ihrer Konzernunternehmen letztlich ein Dienst erwiesen wurde, kann bezweifelt werden. Auch für diese Konzerne **vermittelt nur ein konsolidierter Abschluss einen Überblick über die Vermögens-, Finanz- und Ertragslage** des Konzerns als wirtschaftliche Einheit. Ihn können die Einzelabschlüsse der Konzernunternehmen nicht bieten.[2] Die IFRS kennen eine Befreiungsregelung wegen Unterschreitung von Größenschwellen nicht; das gilt auch für die erleichterten IFRS für kleine Unternehmen (IFRS for SMEs 2009). Die Aktionäre eines Konzernunternehmens sind auf die Informationen angewiesen, die der Konzernabschluss gewährt. Das gilt auch für Gesellschafter nicht notierter Mutter- und anderer Konzernunternehmen, die an der Geschäftsführung nicht beteiligt sind. Allerdings können diese Gesellschafter die Vorlage eines Konzernabschlusses in der Satzung vereinbaren. Gleichwohl hat der Gesetzgeber die Befreiungsmöglichkeiten der Bilanz-RL voll ausgenutzt, um die Belastung der Unternehmen mit den Kosten der Rechnungslegung möglichst gering zu halten.

Die Befreiung von der Konzernrechnungslegungspflicht gilt gem. Art. 23 Abs. 2 Bilanz- **3** RL nicht, wenn eines der verbundenen Unternehmen von öffentlichem Interesse ist. Die Befreiung gilt auch für solche Konzerne nicht, wenn ein Konzernunternehmen kapitalmarktorientiert ist.

Die für **Kreditinstitute** und **Versicherungsunternehmen** ursprünglich in den Abs. 2 **4** und 3 enthalten gewesenen besonderen Vorschriften für deren Größenschwellen sind mit dem Bankbilanzrichtlinie-Gesetz von 1990 und dem Versicherungsbilanzrichtlinie-Gesetz von 1994 aufgehoben worden. Für diese Unternehmen besteht die Konzernrechnungslegungspflicht unabhängig von ihrer Größe. Das zeigt, dass für finanziell sensible Branchen auf das Informationsinstrument des Konzernabschlusses generell nicht verzichtet werden soll.

Die Befreiungsmöglichkeit gilt auch für die Pflicht zur Aufstellung von **Teilkonzern-** **5** **abschlüssen,** die grundsätzlich dann besteht, wenn das übergeordnete Mutterunternehmen keinen befreienden Konzernabschluss aufstellt. Für die landesrechtlich geregelten **kommunalen Gesamtabschlüsse** gelten die Größenschwellen für die Befreiung von der Konzernrechnungslegungspflicht hingegen nicht.

II. Einbeziehungskreis

Nach Abs. 1 Nr. 1 sind für die Ermittlung der **summierten Größenmerkmale,** deren **6** Unterschreiten von der Konzernrechnungslegungspflicht befreit, die Tochterunternehmen zu berücksichtigen, die in einen Konzernabschluss einbezogen würden, wenn er aufgestellt würde. Daraus folgt, dass dafür die Konsolidierungswahlrechte des § 296 wahrgenommen werden dürfen.

Falls nach Abs. 1 Nr. 2 **probeweise ein Konzernabschluss** aufgestellt wird, um das **7** Unterschreiten der Größenschwellen zu prüfen, gilt § 296 gleichermaßen. Jedoch sind für einen solchen konsolidierten Probeabschluss Tochterunternehmen, die nicht einbezogen zu werden brauchen, sowie Gemeinschafts- und assoziierte Unternehmen (§§ 310, 311) ggf.

---

[1] Begr. RegE, BT-Drs. 10/3440, 44.
[2] Busse v. Colbe FS Baetge, 2007, 121.

nach der **Equity-Methode** (§ 312) zu bewerten. In die Konzernbilanzsumme geht dann der Equity-Wert ein. In den Umsatzerlösen und der Zahl der Mitarbeiter schlagen sich diese Unternehmen dagegen nicht nieder.[3] Wenn jedoch bereits ein **Konzernabschluss** aufgestellt werden musste, so sind nach dem **Stetigkeitsgrundsatz** (§ 297 Abs. 3 S. 2) die Wahlrechte wie bisher auszuüben. Dann kommt es auf die Tatsache der Einbeziehung, nicht auf die Möglichkeit an.[4] Das ergibt sich auch aus dem Wortsinn des Abs. 1 Nr. 2c, wo von einbezogenen Tochterunternehmen die Rede ist.

8   Auch **Tochterunternehmen im Ausland** müssen bei der Ermittlung der Größenmerkmale berücksichtigt werden. Falls sie ihren Sitz in einem Fremdwährungsgebiet haben, ist für die Ermittlung der Bilanzsumme und der Umsatzerlöse in EUR das in § 308a geregelte Umrechnungsverfahren nach der Stichtagsmethode anzuwenden. Fraglich ist, ob der Ermittlung der Größenmerkmale nach der Bruttomethode die Jahresabschlüsse nach den lokalen Vorschriften, die an die Bilanzierungsmethoden des Mutterunternehmens angepassten oder sogar die für die Einbeziehung in einen Konzernabschluss gem. § 309 Abs. 1 neubewerteten Abschlüsse zugrunde gelegt werden. Vereinfachungsgründe sprechen für die Zulässigkeit der Abschlüsse nach lokalem Recht, der Grundsatz der Einheitlichkeit für die angepassten Abschlüsse,[5] die dritte Alternative scheidet aus, weil sie bereits eine Stufe der Kapitalkonsolidierung ist. Die Wahl des Jahresabschlusses ist für alle Tochterunternehmen gleich auszuüben und im Zeitablauf beizubehalten.

9   **Scheiden** während des Geschäftsjahres, für das die Größenwerte ermittelt werden, Tochterunternehmen **aus,** so sind sie bei den zu ermittelnden Werten nicht mehr anzusetzen. **Kommen** während des Geschäftsjahres zu konsolidierende Tochterunternehmen **hinzu,** so sind ihre Größenmerkmale wie in einem Konzernabschluss zu berücksichtigen.[6]

III. Größenmerkmale (Abs. 1)

10   **1. Wahlrecht zwischen addierten und konsolidierten Größen.** Gem. Abs. 1 können Konzernleitungen die Befreiung von der Pflicht zur Konzernrechnungslegung wahlweise an den **addierten oder konsolidierten** Bilanzsummen und Umsatzerlösen (Brutto- bzw. Nettomethode) feststellen. Die Größenschwellen für Konzerne waren in Ausnutzung eines in Art. 6 Abs. 5 RL 83/349/EWG enthaltenen Staatenwahlrechtes festgesetzt worden, das jedoch auf 10 Jahre ab dem in Art. 94 Abs. 2 RL 83/349/EWG festgelegten Zeitpunkt befristet war und im Abstand mehrerer Jahre mehrfach erhöht worden ist. Aufgrund der Schwellenwert-RL der EU (2003/38/EG) wurden ab dem 1.1.2005 durch das BilReG neue **Größenschwellen** in EUR festgesetzt. Die Größenschwellen wurden durch das BilRUG gem. Art. 23 Abs. 2 Bilanz-RL iVm Art. 3 Abs. 6 Bilanz-RL gegenüber den bisherigen Größen wie folgt leicht angehoben (Angaben für Bilanzsumme und Umsatzerlöse in Mio. EUR):

	Addiert Abs. 1 Nr. 1	Konsolidiert Abs. 1 Nr. 2	§ 11 PublG Konsolidiert
Bilanzsumme	24	20	65
Umsatzerlöse	48	40	130
Arbeitnehmer	250	250	5.000

11   Die Größenschwellen für die Umsatzerlöse sind jeweils doppelt so hoch wie die Bilanzsumme. Die addierten Größen sind 20 % höher als die konsolidierten Werte. Die konsolidierten Größenkriterien stimmen mit denen überein, von denen ab gem. § 267 Abs. 2 Kapitalgesellschaften als groß gelten und somit keine größenabhängigen Erleichterungen für Aufstellung und Publizität des Jahresabschlusses beanspruchen können. Zum Vergleich

---

3   Busse v. Colbe/Ordelheide/Gebhardt/Pellens Konzernabschlüsse 2. Kap. II. 1.4.
4   So auch ADS Rn. 17.
5   BeBiKo/Grottel/Kreher Rn. 12.
6   Busse v. Colbe/Ordelheide/Gebhardt/Pellens Konzernabschlüsse 2. Kap. II. 1.4; BeBiKo/Grottel/Kreher Rn. 26.

sind die Größenschwellen des PublG angegeben, bei deren Überschreiten die Konzernrechnungslegungspflicht für Unternehmen einsetzt, die nicht unter die Regelung für Kapitalgesellschaften fallen. Nach dem PublG ist das Verhältnis der Arbeitnehmerzahl zu den Bilanzgrößen ganz anders als nach dem HGB.

Sofern bisher kein Konzernabschluss aufgestellt wurde, wird man aus Kostengründen **12** zunächst die Bruttokriterien anwenden. Wenn sich danach keine Befreiung ergibt, sollte man die Innenumsatzerlöse feststellen; die Arbeitnehmerzahl liegt ohnehin vor. Eine konsolidierte Probebilanz wäre erst der letzte Schritt zur Ermittlung der konsolidierten Bilanzsumme.[7]

2. Bilanzsumme. Die Bilanzsumme iSd Abs. 1 Nr. 1a ergibt sich aus der Addition **13** der Bilanzsummen des **Mutterunternehmens** und der in einen fiktiv nach den Vorschriften des HGB aufgestellten Konzernabschluss einzubeziehenden **Tochterunternehmen.** Die Bilanzsummen von Tochterunternehmen, die nach § 296 nicht einbezogen werden müssen, gehören ebenso wenig dazu wie die Bilanzsummen von Gemeinschafts- und assoziierten Unternehmen. Beteiligungen an ihnen sind zu ihren Buchwerten in den Bilanzsummen enthalten.

Gem. Abs. 2 ist auf die Ermittlung der Bilanzsumme § 267 Abs. 4a entsprechend anzu- **14** wenden. Danach ergibt sie sich auf der Aktivseite aus der Addition des A. Anlage- und B. Umlaufvermögens, C. der Rechnungsabgrenzungsposten, D. der latenten Steuern und E. des Unterschiedsbetrages aus der Vermögensverrechnung bzw. auf der Passivseite aus der Addition der Postengruppen A. bis E. Bei der Ermittlung der Brutto-Bilanzsumme sind die gem. § 268 Abs. 3 auf der Aktivseite ausgewiesenen, nicht durch Eigenkapital gedeckten **Fehlbeträge** nicht zu berücksichtigen. Ausweiswahlrechte insbesondere für die aktivische offene Absetzung **erhaltener Anzahlungen** (§ 268 Abs. 5) dürfen zur Kürzung der Bilanzsumme wahrgenommen werden, wenn sie im handelsrechtlichen Abschluss tatsächlich auch wahrgenommen werden.[8] Rückstellungen und Verbindlichkeiten für Verbrauchsteuern und Monopolabgaben dürfen dagegen nicht abgezogen werden, da eine § 1 Abs. 2 PublG entsprechende Regelung fehlt.[9] Der Wert aufgrund von § 71 Abs. 1 Nr. 6 oder 8 AktG erworbenen **eigenen Aktien** wird gem. § 272 Abs. 4 S. 1 offen von den entsprechenden Eigenkapitalposten abgesetzt und mindert so automatisch die Bilanzsumme der betreffenden AG.

Auch wenn in Abs. 1 Nr. 2 nicht spezifiziert wird, welcher vom Mutterunternehmen **15** aufzustellende Konzernabschluss gemeint ist, so ist dies nach unbestrittener Meinung der nach den **Vorschriften des HGB aufgestellte Konzernabschluss.** Aus ihm ergibt sich die zu prüfende **Bilanzsumme.** Allerdings dürfen für eine **probeweise** aufgestellte Konzernbilanz unter Beachtung des Stetigkeitsgebots des § 297 Abs. 3 S. 2 und 3 alle **Ansatz-, Bewertungs-, Ausweis- und Konsolidierungswahlrechte** wahrgenommen werden, die zu einer Verringerung der Konzernbilanzsumme führen.[10] Dazu gehört außer den schon für die Einzelabschlüsse geltenden Wahlrechten insbesondere das Wahlrecht, Beteiligungen an Gemeinschaftsunternehmen nach der Equity-Methode, statt sie gem. § 310 anteilmäßig zu konsolidieren.

3. Umsatzerlöse. Bei der **addierten Ermittlung** sind die Umsatzerlöse des Mutter- **16** unternehmens und aller am Bilanzstichtag einbeziehungspflichtigen Tochterunternehmen ohne Eliminierung konzerninterner Umsätze der letzten zwölf Monate vor den Bilanzstichtagen dieser Unternehmen zusammenzufassen.[11] Bei **Erweiterung des Konsolidierungskreises** gilt dies zeitanteilig für hinzutretende Unternehmen.

Für die **konsolidierte Ermittlung** sind hingegen nur die Umsätze mit konzernfrem- **17** den Dritten, aber auch mit nicht einbezogenen verbundenen Unternehmen (**Außenum-**

---

7 Busse v. Colbe/Ordelheide/Gebhardt/Pellens Konzernabschlüsse 2. Kap. II. 1.4.
8 Veit DB 1994, 2512; BeBiKo/Störk/Lawall § 267 Rn. 6.
9 HdK/Siebourg Rn. 13.
10 Beck HdR/Ebeling C 200 Rn. 57.
11 ADS Rn. 26.

sätze) zu erfassen. Wenn Beteiligungen an Gemeinschaftsunternehmen nach der Equity-Methode bewertet, dh nicht quotal konsolidiert werden, gehören deren anteilige Umsätze nicht zu den Umsätzen, die die Größenschwelle bilden. **Verbrauchsteuern** und **Monopolabgaben** sind Teil der Umsätze. Bei **sonstigen Erträgen** in diversifizierten Konzernen ist ihre Zugehörigkeit zu den Umsätzen aus Konzernsicht zu beurteilen.[12] Sind Unternehmen innerhalb des Geschäftsjahres infolge Erwerbs oder Wachstums zu konsolidierungspflichtigen Tochtergesellschaften geworden, so sind deren **Umsätze zeitanteilig** zu berücksichtigen. Scheiden bisher konsolidierungspflichtige Unternehmen während des Geschäftsjahres aus dem **Konsolidierungskreis** aus, so zählen deren Außenumsätze nicht zu den Umsätzen der Größenschwelle.[13]

18   **4. Zahl der Arbeitnehmer.** Gleichermaßen nach der Additions- und der Konsolidierungsmethode ist die Beschäftigtenzahl als **Durchschnitt des Jahres** oder des kürzeren Zeitraumes der Konzernzugehörigkeit unmittelbar vor dem relevanten Abschlussstichtag zu ermitteln. Dabei ist gem. Abs. 1 S. 2 iVm § 267 Abs. 5 die Anzahl der an den jeweiligen Quartalsenden (31.3., 30.6., 30.9. und 31.12.) beschäftigten Arbeitnehmer zugrunde zu legen, auch bei vom Kalenderjahr abweichendem Geschäftsjahr.[14] Im **Ausland** Beschäftigte müssen einbezogen werden. Zur **Berufsausbildung** Beschäftigte (Auszubildende, Volontäre, Praktikanten) sind nicht einzubeziehen. Darüber hinaus enthält das Gesetz keine Abgrenzung der zu berücksichtigenden Arbeitnehmer. Es liegt nahe, nach den Grundsätzen vorzugehen, die im **Arbeitsrecht** entwickelt wurden.[15] Danach sind Teilzeitbeschäftigte, Heimarbeiter, Aushilfskräfte mit befristetem Arbeitsverhältnis und an Wehrübungen teilnehmende Arbeitnehmer voll zu berücksichtigen. Nicht dazu gehören sog. Leiharbeiter, Grundwehr- und Ersatzdienst leistende Personen und Organmitglieder von Kapitalgesellschaften, zB Vorstands- oder Aufsichtsratsmitglieder der AG.[16] Die Zahl von 250 Arbeitnehmern ist seit dem BiRiLiG von 1985 (→ Vor § 290 Rn. 2) unverändert geblieben.

IV. Zeitliche Wirkung (Abs. 4)

19   Das Gesetz geht vom Grundsatz der Konzernrechnungslegungspflicht aus. Wenn aber ein Konzern – dessen Mutter- und keines seiner einbezogenen Tochterunternehmen kapitalmarktorientiert ist – **zwei** der unter III. behandelten **Größenschwellen** am **Bilanzstichtag** und am **vorhergehenden Abschlussstichtag nicht überschritten hat,** so ist das Mutterunternehmen von der Konzernrechnungslegungspflicht befreit. Dabei muss es sich in den einzelnen Jahren nicht um dieselben Größenmerkmale handeln.[17] Abs. 4 verdeutlicht diese Regelung mit dem Hinweis, dass die Befreiung auch eintritt, wenn der Konzern zwei Größenschwellen nur am Abschlussstichtag oder an den beiden vorhergehenden Abschlussstichtagen nicht überschritten hat. Ein bisher nicht rechnungslegungspflichtiger Konzern verliert das Befreiungsrecht durch erstmaliges Überschreiten der Größenschwellen im Berichts- oder Vorjahr ebenso wenig wie ein bisher rechnungslegungspflichtiger Konzern sie durch ein erstmaliges Unterschreiten gewinnt.[18] Insofern bringt Abs. 4 keine Erweiterung der größenabhängigen Befreiung gem. Abs. 1.[19]

20   Mit S. 2 in Abs. 4 wird mit dem Verweis auf § 267 Abs. 4 S. 2 und 3 geklärt, dass die Konzernrechnungslegungspflicht im Falle der Umwandlung oder Neugründung mit Ausnahme des Formwechsels sofort eintritt, wenn die Größenmerkmale über- oder unter-

---

12   ADS Rn. 28.
13   HdK/Siebourg Rn. 44; Busse v. Colbe/Ordelheide/Gebhardt/Pellens Konzernabschlüsse 2. Kap. II. 1.4.
14   HdK/Siebourg Rn. 24.
15   BAG DB 1967, 1374; zur Abgrenzung der Arbeitnehmer Biener WPg 1972, 3; Lehwald BB 1981, 2108, zählt Teilzeitbeschäftigte nicht zu den Arbeitern; BeBiKo/Störk/Lawall § 267 Rn. 9 ff.; Bonner HdR/Matschke § 267, 7 f.; HdR/Knop § 267 Rn. 14 f.; Geitzhaus/Delp BB 1987, 367 (370).
16   Busse v. Colbe/Ordelheide/Gebhardt/Pellens Konzernabschlüsse 2. Kap. II. 1.4.
17   So ADS Rn. 11; BeBiKo/Grottel/Kreher Rn. 20.
18   S. die explizite Fallunterscheidung bei ADS Rn. 38; BeBiKo/Grottel/Kreher Rn. 21.
19   Auch aus ADS, BeBiKo oder HdK ist eine Erweiterung nicht ersichtlich.

schritten werden.[20] Nach dem § 1 UmwG umfasst der Begriff der Umwandlung die Verschmelzung, Spaltung, Vermögensübertragung und den Formwechsel von Rechtsträgern. Durch Auf- oder Abspaltung oder Ausgliederung von Unternehmen bzw. Unternehmensteilen kann aus einem rechtlich einheitlichen Unternehmen, durch Formwechsel des Mutterunternehmens in eine Kapitalgesellschaft aus einem bisher nicht konzernrechnungspflichtigen Konzern ein Konzern entstehen, der die Größenmerkmale des Abs. 1 überschreitet. Infolge einer gegenläufigen Entwicklung kann aus einem Konzern ein rechtlich einheitliches Unternehmen bzw. ein nach HGB nicht konzernrechnungslegungspflichtiger Konzern entstehen. Mit Neugründung, die es im Rechtssinne für einen Konzern nicht gibt, ist offenbar der Vorgang der erstmaligen Konsolidierung eines Tochterunternehmens gemeint; durch Erwerb eines assoziierten Unternehmens oder infolge einer Beteiligung an einem Gemeinschaftsunternehmen iSv § 310 entsteht dadurch allein noch keine Konzernrechnungslegungspflicht, von der die Befreiung zu prüfen wäre. In diesen Fällen ergibt sich bzw. entfällt die Konzernrechnungslegungspflicht für den nächsten Bilanzstichtag, nach dem der Vorgang abgeschlossen ist.[21] Nicht geregelt ist der Fall, dass ein bisher kapitalmarktorientierter Konzern durch Delisting der notierten Gesellschaft(en) die Eigenschaft der Kapitalmarktorientierung verliert und die Größenmerkmale nicht erfüllt. Es liegt nahe, diesen Vorgang analog zu § 267 Abs. 4 S. 2 zu behandeln.

Für Unternehmen, die unter das **PublG** fallen, werden die Größenschwellen in § 11 **21** PublG sowie in § 12 PublG Beginn und Dauer der Konzernrechnungslegungspflicht geregelt. Allerdings fehlt ein Verweis auf § 2 Abs. 1 PublG, in dem der Beginn und die Dauer der Rechnungslegung für den Fall der Umwandlung und des Unternehmensüberganges geregelt werden. Ein Verweis auf § 267 Abs. 4 S. 2 wurde durch das BilMoG nicht in das PublG aufgenommen. Daher wird die Meinung vertreten, dass für die unter das PublG fallenden Unternehmen in den in → Rn. 20 genannten Fällen die Konzernrechnungslegungspflicht nicht bereits mit dem ersten Bilanzstichtag nach einem solchen Vorgang entsteht, sondern erst mit dem Hineinwachsen in die Größenordnungen vom dritten Stichtag an.[22]

V. Sonderregelung bei Kapitalmarktorientierung (Abs. 5)

1. Normzweck. Die Vorschrift dient dem **Schutz der Kapitalmarktteilnehmer.** **22** Der Konzernabschluss ist ein wichtiges **Informationsinstrument** für die Kapitalanleger (→ Vor § 290 Rn. 29 ff. und → § 292 Rn. 29 f.). Das gilt für den Konzernabschluss nach HGB, auch wenn er wegen seiner Bindung an die Vorschriften des Einzelabschlusses als weniger informativ gilt als der Konzernabschluss nach IAS/IFRS. Von den Kapitalmarktteilnehmern werden die nach den Regelungen der Börsen quartalsweise veröffentlichten Konzernabschlüsse wegen ihrer Aktualität als Informationsinstrument sogar noch höher eingeschätzt als der Jahreskonzernabschluss, obgleich sie nicht geprüft werden müssen und durch das HGB nicht geregelt sind.

2. Anwendungsbereich. Mit Abs. 5 wurde zunächst durch das BiRiLiG 1985 die **23** zwingende Mindestregelung des Art. 6 Abs. 4 RL 83/349/EWG übernommen. Durch das KapCoRiLiG wurde die Beschränkung auf Wertpapierbörsen in einem Mitgliedstaat der EU gestrichen und die amtliche Notierung bzw. der Handel am geregelten Markt durch die weitere Formulierung des **organisierten Marktes** iSd § 2 Abs. 11 WpHG ersetzt. Damit wurde der Kreis der Unternehmen, deren Wertpapiere öffentlich gehandelt werden und die deshalb einerseits von größenabhängigen Erleichterungen gem. § 267 Abs. 3 iVm §§ 274a, 288 und andererseits von Befreiungen gem. § 293 ausgenommen sind, einheitlich abgegrenzt. Der organisierte Markt wird in § 2 Abs. 11 WpHG beschrieben als betriebenes oder verwaltetes, durch staatliche Stellen genehmigtes, geregeltes und überwachtes multilaterales System, das die Interessen einer Vielzahl von Personen am Kauf und Verkauf von dort

---

20 BeBiKo/Grottel/Kreher Rn. 22.
21 Ausf. dazu Gelhausen/Fey/Kämpfer Q Rn. 152–162.
22 Gelhausen/Fey/Kämpfer Q Rn. 161–162.

zum Handel zugelassenen Finanzinstrumenten innerhalb des Systems und nach nichtdiskretionären Bestimmungen in einer Weise zusammenbringt oder das Zusammenbringen fördert, die zu einem Vertrag über den Kauf dieser Finanzinstrumente führt.

24   Die größenabhängige Befreiung gilt gem. Abs. 5 nicht für Konzerne, deren **Mutterunternehmen** oder ein in dessen Konzernabschluss einbezogenes **Tochterunternehmen** gem. § 264d mit von ihnen ausgegebenen Wertpapieren einen organisierten Markt iSv § 2 Abs. 11 WpHG in Anspruch nimmt oder die Zulassung solcher Wertpapiere zum Handel an einem organisierten Markt beantragt ist. Als **Wertpapiere** iSd § 2 Abs. 1 WpHG gelten in Übereinstimmung mit § 1 Abs. 11 KWG **Aktien,** Aktienzertifikate, **Schuldverschreibungen,** Genuss- und Optionsscheine sowie andere **vergleichbare Wertpapiere,** die an einem organisierten Markt gehandelt werden können. Die Aufhebung der Befreiung gilt für alle **börsengängigen Inhaberrechte,**[23] also zB auch für den Fall, dass zwar **Forderungstitel** gegen das Unternehmen, nicht aber Anteile an ihm zur Notierung zugelassen sind. Ferner genügt es, dass diese Bedingung für nur ein Tochterunternehmen zutrifft. Dieses braucht seinen Sitz **nicht in der EU** zu haben. Es kommt allein auf den **Handel** seiner Anteile oder anderer Wertpapiere an einem organisierten Markt an. Diese Regelung gilt nicht für **Gemeinschaftsunternehmen** und **assoziierte Unternehmen,** weil diese keine Tochterunternehmen iSd § 290 Abs. 1 und 2 sind.[24]

25   Mutterunternehmen, deren Wertpapiere nur auf einem **nicht organisierten Markt** (Freiverkehr, over the counter) gehandelt werden, dürfen die Befreiung beanspruchen.

26   **3. Anwendung auf kapitalmarktorientierte Unternehmen iSd IAS-VO sowie auf Kreditinstitute und Versicherungen.** Nach Art. 4 IAS-VO über die Anwendung internationaler Rechnungslegungsstandards (→ Vor § 290 Rn. 12) müssen alle Gesellschaften mit Sitz in der EU ihre konsolidierten Abschlüsse nach den von der EU übernommenen IAS/IFRS aufstellen, wenn am jeweiligen Bilanzstichtag ihre Wertpapiere in einem Mitgliedstaat der EU zum Handel in einem organisierten **Markt** zugelassen sind. Nach dieser in Deutschland unmittelbar geltenden Vorschrift können diese Gesellschaften, deren Wertpapiere **innerhalb der EU** gehandelt werden, die Befreiung nicht beanspruchen, wenn sie mit zwei Größenmerkmalen unter den Schwellenwerten liegen.

27   Darüber hinaus gilt nach Abs. 5 die Befreiung auch für die Gesellschaften nicht, deren Wertpapiere **nur außerhalb der EU** gehandelt werden. Diese Regelung in Abs. 5 ist nicht mit der Regelung in § 291 Abs. 3 Nr. 1 abgestimmt (→ § 291 Rn. 32). Im Sinne der IAS-VO gelten solche Gesellschaften nicht als kapitalmarktorientiert. Diese Abgrenzung **harmoniert insofern nicht mit IFRS 10.4(a),** als nach dieser Regelung die Mutter eines einbezogenen Teilkonzerns, deren Anteile oder Schuldtitel in einem ausländischen Markt oder over the counter gehandelt werden, nicht von der Aufstellung eines Teilkonzernabschlusses befreit ist.

28   Durch das BilRUG wurde Abs. 5 dahingehend erweitert, dass die Befreiungsvorschriften der Abs. 1 und 4 nicht auf Kredit- und Finanzdienstleistungsinstitute (§§ 340 ff.) sowie Versicherungsunternehmen und Pensionsfonds (§§ 341 ff.) anwendbar sind.

Zweiter Titel. Konsolidierungskreis

§ 294 Einzubeziehende Unternehmen. Vorlage- und Auskunftspflichten

(1) In den Konzernabschluß sind das Mutterunternehmen und alle Tochterunternehmen ohne Rücksicht auf den Sitz und die Rechtsform der Tochterunternehmen einzubeziehen, sofern die Einbeziehung nicht nach § 296 unterbleibt.

(2) Hat sich die Zusammensetzung der in den Konzernabschluß einbezogenen Unternehmen im Laufe des Geschäftsjahrs wesentlich geändert, so sind in den

---

[23]   Bonner HdR/Matschke § 267 Rn. 7 f.
[24]   Busse v. Colbe/Ordelheide/Gebhardt/Pellens Konzernabschlüsse 2. Kap. II. 1.4.

Konzernabschluß Angaben aufzunehmen, die es ermöglichen, die aufeinanderfolgenden Konzernabschlüsse sinnvoll zu vergleichen.

(3) [1]**Die Tochterunternehmen haben dem Mutterunternehmen ihre Jahresabschlüsse, Einzelabschlüsse nach § 325 Abs. 2a, Lageberichte, gesonderten nichtfinanziellen Berichte, Konzernabschlüsse, Konzernlageberichte, gesonderten nichtfinanziellen Konzernberichte und, wenn eine Abschlussprüfung stattgefunden hat, die Prüfungsberichte sowie, wenn ein Zwischenabschluß aufzustellen ist, einen auf den Stichtag des Konzernabschlusses aufgestellten Abschluß unverzüglich einzureichen.** [2]**Das Mutterunternehmen kann von jedem Tochterunternehmen alle Aufklärungen und Nachweise verlangen, welche die Aufstellung des Konzernabschlusses, des Konzernlageberichts und des gesonderten nichtfinanziellen Konzernberichts erfordert.**

Schrifttum: Albrecht, Anwendung von IFRS 12 auf zur Veräußerung gehaltene Anteile?, KoR 2014, 82; Arbeitskreis Externe Unternehmensrechnung der Schmalenbach-Gesellschaft, Deutsche Gesellschaft für Betriebswirtschaft e. V., Aufstellung von Konzernabschlüssen, ZfbF-Sonderheft 21/1987; Beyhs/Buschhüter/Schurbohm, IFRS 10 und IFRS 12: Die neuen IFRS zum Konsolidierungskreis, WPg 2011, 662; Bieker, Die neuen Standards zur Konzernrechnungslegung nach IFRS – Konzeptionelle Neuorientierung oder fine tuning?, IRZ 2011, 305; Böckem/Stibi/Zoeger, IFRS 10 „Consolidated Financial Statements": Droht eine grundlegende Revision des Konsolidierungskreises?, KoR 2011, 399; Busch/Zwirner, Die Überarbeitung der IFRS-Konsolidierungsregelungen im Überblick – Abgrenzung des Konsolidierungskreises, IRZ 2014, 185; Buschhüter, Neuregelung der Bilanzierung von Investmentgesellschaften, IRZ 2013, 23; Busse v. Colbe, Der Konzernabschluß im Rahmen des Bilanzrichtlinie-Gesetzes, ZfbF 1985, 761; Busse v. Colbe/Chmielewicz, Das neue Bilanzrichtlinien-Gesetz, DBW 1986, 289; DRSC, Deutscher Rechnungslegungsstandard Nr. 19 (DRS 19): Pflicht zur Konzernrechnungslegung und Abgrenzung des Konsolidierungskreises, geänderte Fassung vom 17. Oktober 2019, 2019; Dietrich/Krakuhn/Sierleja, Berücksichtigung von Prinzipal-Agenten-Beziehungen im Rahmen der Abgrenzung des Konsolidierungskreises nach IFRS 10, IRZ 2011, 519; Dietrich/Krakuhn/Sierleja, Analyse der Konsolidierungspflicht ausgewählter Investmentstrukturen nach IFRS 10, IRZ 2012, 23; Dietrich/Krakuhn/Stoek, Angaben zu strukturierten Unternehmen im IFRS-Konzernabschluss von Kreditinstituten, IRZ 2014, 33; Dietrich/Stoek, Angaben zu strukturierten Unternehmen im IFRS-Konzernabschluss von Kreditinstituten, IRZ 2014, 113; Dietrich/Stoek, Einblicke in die Beziehungen zu anderen Unternehmen, IRZ 2014, 487; Dusemond, Die Abgrenzung des Konsolidierungskreises im engeren und weiteren Sinne, DB 1994, 1733; Erchinger/Melcher, IFRS-Konzernrechnungslegung – Neuerungen nach IFRS 10, DB 2011, 1229; Geisman/Pacter, The IASB's Investment Entities project, IRZ 2013, 99; Gelhausen, Tendenzen bei der Umsetzung der Konzernrechnungslegungsvorschriften – ein empirischer Befund zur Ausübung von Wahlrechten, ZfbF-Sonderheft 29/1991, 127; Haeger/Zündorf, Abgrenzung des Konsolidierungskreises nach der wirtschaftlichen Zugehörigkeit, DB 1991, 1841; Heydemann/Koenen, Die Abgrenzung des Konsolidierungskreises bei Kapitalgesellschaften in Theorie und Praxis, DB 1992, 2253; IDW, Stellungnahme zur Rechnungslegung: Vorjahreszahlen im handelsrechtlichen Konzernabschluss und Konzernrechnungslegung bei Änderungen des Konsolidierungskreises (RS HFA 44), WPg Supplement 1/2012, 92; Jungius/Knappstein/Schmidt, Empirische Analyse der Auswirkungen der Erstanwendung des Konsolidierungspakets, KoR 2015, 233; v. Keitz/Ewelt, Die Möglichkeit der beherrschenden Einflussnahme zur Abgrenzung des Vollkonsolidierungskreises, IRZ 2010, 447; Klar/Reinke, Der Spartenkonzern – Abgrenzung des Konsolidierungskreises, WPg 1991, 693; Kraft/Link, Der Konsolidierungskreis nach HGB und IFRS, ZGR 2013, 514; Krawitz, Die Abgrenzung des Konsolidierungskreises nach IFRS 1996, 342; Küting/Mojadadr, Das neue Control-Konzept nach IFRS 10, KoR 2011, 273; Lachmann/Kümpel/Hagen, Eine kritische Analyse der internationalen Konzernrechnungslegung nach IFRS 10–12 vor dem Hintergrund der Ziele des IFRS-Framework, KoR 2013, 573; Landgraf/Roos, Pflicht zur Konzernrechnungslegung und Abgrenzung des Konsolidierungskreises nach DRS 19, KoR 2011, 366; Leitner-Hanetseder/Schausberger, Änderung der Einbezugskriterien gem. IFRS 10, IRZ 2011, 379; Löffler/Müller, Vorjahreszahlen im handelsrechtlichen Jahres- und Konzernabschluss – Ein Überblick zu IDW RS HFA 39 und HFA 44, WPg 2013, 291; Maas/Schruff, Der Konzernabschluß nach neuem Recht (Teil I), WPg 1986, 201; Niehus, Heterogenität eines Konzernunternehmens als Grund für die Nicht-Einbeziehung von Tochterunternehmen in den Konzernabschluss?, DB 1988, 869; Oser/Milanova, Aufstellungspflicht und Abgrenzung des Konsolidierungskreises – Rechtsvergleich zwischen HGB/DRS 19 und dem neuen IFRS 10, BB 2011, 2027; Pollmann, Beherrschungskonzepte nach IAS 27 und IFRS 10 – Gegenüberstellung und Auswirkungen auf die Bilanzierungspraxis, IRZ 2014, 239; Reiland, IFRS 10: Sachgerechte Abgrenzung des Konsolidierungskreises oder Spielwiese für Bilanzpolitiker?, DB 2011, 2729; Scherrer, Konzernrechnungslegung nach HGB, 3. Aufl. 2012; Stibi/Kirsch/Ewelt-Knauer, DRS 19: Pflicht zur Konzernrechnungslegung und Abgrenzung des Konsolidierungskreises, WPg 2011, 761; Weimar, Regelungsbefugnis des Bilanzrichtlinien-Gesetzgebers für Auslandssachverhalte?, DB 1987, 521; Zülch/Erdmann/Popp, Kritische Würdigung der Neuregelungen des IFRS 10 im Vergleich zu den bisherigen

Vorschriften des IAS 27 sowie SIC-12, KoR 2011, 585; Zülch/Erdmann/Popp, IFRS 12 „Disclosure of Interests in Other Entities" – Neuformulierung der konzernbezogenen Anhangangaben im Überblick, KoR 2011, 509; Zwirner/Boecker, Bilanzierungserleichterungen für Private-Equity- und Venture-Capital-Gesellschaften durch die amendments zu IFRS 10, IFRS 12 und IAS 27, KoR 2014, 103; Zwirner/Boecker/Busch, Neuregelungen zum Konsolidierungskreis in IFRS 10 bis IFRS 12, KoR 2014, 608; Zwirner/Froschhammer, Amendments betreffend Investmentgesellschaften: Bilanzierungserleichterungen für Private-Equity- und Venture-Capital-Gesellschaften, IRZ 2013, 215.

Übersicht

I. Bedeutung

1   Die Konzernrechnungslegungsvorschriften des HGB enthalten in den § 294 und § 296 ausführliche Regelungen zur Abgrenzung des **Konsolidierungskreises ieS** (im Wege der Vollkonsolidierung „einzubeziehende Unternehmen"). Es wird die Pflicht begründet, in den Konzernabschluss das **Mutterunternehmen** und grundsätzlich **alle Tochterunternehmen,** inländische und ausländische, „einzubeziehen". Der Konsolidierungskreis iwS umfasst daneben auch Gemeinschaftsunternehmen und assoziierte Unternehmen; ihre Berücksichtigung ist – mit Ausnahme von Abs. 2, der auch „anteilmäßig konsolidierte" Gemeinschaftsunternehmen (§ 310) erfasst (→ Rn. 24) – an anderer Stelle (§ 311 und § 312) geregelt.[1]

2   § 295 ist durch das BilReG aufgehoben worden (→ Rn. 15). In § 294 Abs. 2 ist S. 2 aF durch das BilMoG aufgehoben worden (→ Rn. 28). Das BilRUG brachte nur geringfügige redaktionelle Änderungen mit sich (→ Rn. 7, § 296 Rn. 30). § 294 Abs. 3 S. 1 und 2 wurde mit Wirkung vom 19.4.2017 durch CSR-RUG v. 11.4.2017 (BGBl. 2017 I 802) geändert. Die Änderung erweitert die Vorlage- und Auskunftspflichten gegenüber dem Mutterunternehmen um die gesonderten nichtfinanziellen Berichte und ggf. die gesonderten nichtfinanziellen Konzernberichte (für nach dem 31.12.2016 begonnene Geschäftsjahre; s. Art. 80 EGHGB).

3   Die Vorschriften der § 294 und § 296 gelten **einheitlich** für alle zur Aufstellung eines Konzernabschlusses verpflichteten Unternehmen und regeln die Abgrenzung des Vollkonsolidierungskreises **abschließend. Rechtsform- oder branchenspezifische** Regelungen existieren grundsätzlich nicht. Lediglich für Kreditinstitute werden die Vorschriften zum Konsolidierungskreis durch § 340j ergänzt, der das Einbeziehungswahlrecht bei Weiterveräußerungsabsicht (§ 296 Abs. 1 Nr. 3) konkretisiert. Gemäß § 264a werden auch OHG und KG, bei denen nicht wenigstens ein persönlich haftender Gesellschafter entweder eine

---

[1]   Zur Stufenkonzeption des Konsolidierungskreises vgl. Baetge/Kirsch/Thiele Konzernbilanzen Kap. III. 31; Dusemond DB 1994, 1733 ff.; Krawitz WPg 1996, 342 ff.; v. Wysocki/Wohlgemuth/Brösel Konzernrechnungslegung S. 75.

natürliche Person oder eine OHG, KG oder andere Personengesellschaft mit einer natürlichen Person als persönlich haftender Gesellschafter ist, den ergänzenden Rechnungslegungsvorschriften für Kapitalgesellschaften unterworfen. Dies bedeutet, dass insbesondere die Kapitalgesellschaft & Co. unabhängig von ihrer Größe wie eine Kapitalgesellschaft als Mutterunternehmen behandelt wird und damit die § 294 und § 296 beachten muss. Aber auch **Nichtkapitalgesellschaften,** die aufgrund bestimmter Größenmerkmale nach den Regelungen des **Publizitätsgesetzes** zur Konzernrechnungslegung verpflichtet sind, unterliegen der handelsrechtlichen Regelung: § 13 Abs. 2 S. 1 PublG verlangt ausdrücklich die sinngemäße Anwendung der § 294 und § 296, „damit sich der Konsolidierungskreis [...] nicht von dem der Konzerne der AG, KGaA und GmbH unterscheidet".[2]

Da § 294 auf Mutter- und Tochterunternehmen abstellt, ergeben sich enge Zusammen- **4** hänge zur **Aufstellungspflicht** (§ 290). Wenn die in § 296 genannten Voraussetzungen erfüllt sind, können Tochterunternehmen von der Vollkonsolidierung ausgenommen werden. Dies kann dazu führen, dass ein Konzernabschluss trotz der grundsätzlichen Verpflichtung des § 290 nicht aufgestellt werden muss (§ 290 Abs. 5). Die **materielle Bedeutung** der § 294 und § 296 geht damit über die bloße Abgrenzung des Konsolidierungskreises hinaus.

§ 294 Abs. 1 wird durch DRS 19.78–80, Abs. 2 durch DRS 19.119–123 konkretisiert.[3] **5**

II. Einbeziehungspflicht aller Tochterunternehmen (Abs. 1)

1. Prinzip des „Weltabschlusses". In den von einem Mutterunternehmen nach **6** § 290 aufzustellenden Konzernabschluss sind nach § 294 Abs. 1 – er setzt Art. 22 Abs. 6 Bilanz-RL (früher Art. 3 Abs. 1 RL 83/349/EWG) um – neben dem aufstellenden Mutterunternehmen selbst „alle Tochterunternehmen ohne Rücksicht auf den Sitz und die Rechtsform der Tochterunternehmen einzubeziehen, sofern die Einbeziehung nicht nach § 296 unterbleibt" (Vollständigkeitsgebot). Dieses sog. **Weltabschlussprinzip**[4] bedeutet sowohl für **alle inländischen** als auch für **alle ausländischen** Tochterunternehmen eine grundsätzliche Einbeziehungspflicht. Ausnahmen können sich nur durch Berufung auf die Einbeziehungswahlrechte in § 296 ergeben.

Die Ergänzung „und die Rechtsform" wurde durch das **BilRUG** in Abs. 1 eingefügt. **7** Dies stellt – über den Wortlaut der Bilanz-RL hinaus – klar, dass es für die Einbeziehung von Tochterunternehmen auf deren Rechtsform nicht ankommt.[5]

Abs. 1 schreibt den „Weltabschluss" im Interesse eines **verbesserten** Einblicks in die **8** **Vermögens-, Finanz- und Ertragslage** des Konzerns **zwingend** für Kapitalgesellschaften und gem. § 264a für bestimmte Personenhandelsgesellschaften (insbesondere Kapitalgesellschaft & Co.) vor. Dasselbe gilt für Nichtkapitalgesellschaften, die als Mutterunternehmen den Anforderungen des PublG unterliegen, da § 13 Abs. 2 PublG ausdrücklich auf § 294 verweist.

2. Einbeziehungspflicht bei Mutter-Tochter-Verhältnis. Das Weltabschlussprin- **9** zip fordert grundsätzlich die Einbeziehung des Mutterunternehmens und aller Tochterunternehmen. Daraus lässt sich im Umkehrschluss folgern, dass neben dem aufstellenden Mutterunternehmen **nur** Tochterunternehmen in die Vollkonsolidierung einbezogen wer-

---

2   Begr. RegE, BR-Drs. 163/85, 37 f. zu § 278 (jetzt § 294).
3   Vgl. DRS 19.2; s. dazu Landgraf/Roos KoR 2011, 366 ff.; Oser/Milanova BB 2011, 2027 ff.; Stibi/Kirsch/Ewelt-Knauer WPg 2011, 761 ff.
4   Vgl. ADS Rn. 11 f.; Baetge/Kirsch/Thiele Konzernbilanzen Kap. III. 321; BeBiKo/Störk/Deubert Rn. 5 f.; Beck HdR/Ebeling/Ernst C 210 Rn. 5; Biener/Schatzmann Konzern-Rechnungslegung S. 8; Busse von Colbe ZfbF 1985, 766; Busse von Colbe/Chmielewicz DBW 1986, 330; Coenenberg/Haller/Schultze Jahresabschluss 660; HKMS/Fiederling/Hachmeister Rn. 15 f.; Küting/Weber, Handbuch der Konzernrechnungslegung/Sahner/Sauermann, 2. Aufl. 1998, Rn. 6; Kölner Komm RechnungslegungsR/Claussen/Scherrer Rn. 2; Maas/Schruff WPg 1986, 207; Scherrer Konzernrechnungslegung S. 73; Schildbach/Feldhoff KonzAbschl. E.1.2.; Staub/Kindler Rn. 6 f.; v. Wysocki/Wohlgemuth/Brösel Konzernrechnungslegung S. 74; WP-HdB G Rn. 156 ff.
5   So Begr. RegE BT-Drs. 18/4050, 71; vgl. dazu Zwirner BilRUG 556 f.

den dürfen. Die **freiwillige Vollkonsolidierung** von Gemeinschaftsunternehmen, assoziierten Unternehmen oder sonstigen Beteiligungen ist **verboten;**[6] ihre Behandlung ist separat geregelt und bestimmt **den Konsolidierungskreis iwS.**

10   Fehlt es an Mutter-Tochter-Verhältnissen oder werden alle Tochterunternehmen wegen § 296 nicht in den Konzernabschluss einbezogen, so entfällt die Vollkonsolidierung und damit der Konzernabschluss (§ 290 Abs. 5). In diesem Fall erfolgt lediglich der Ausweis der Anteile im Einzelabschluss der Mutter.

11   **Mutter-Tochter-Verhältnisse** bestimmen sich abschließend nach § 290. Nach Abs. 1 S. 1 liegt eine Mutter-Tochter-Beziehung stets dann vor, wenn das Mutterunternehmen auf das andere Unternehmen unmittelbar oder mittelbar einen beherrschenden Einfluss ausüben kann (Control-Verhältnis). Beherrschender Einfluss besteht stets, wenn das Mutterunternehmen bestimmte **konzerntypische Rechte** – im Einzelnen die Mehrheit der Stimmrechte, Besetzungsrechte der Mehrheit des Verwaltungs-, Leitungs- oder Aufsichtsorgans oder vertragliche oder satzungsmäßige Beherrschungsrechte – besitzt, oder wenn es bei wirtschaftlicher Betrachtung die Mehrheit der Risiken und Chancen eines Unternehmens trägt, das zur Erreichung eines streng begrenzten und genau definierten Ziels des Mutterunternehmens dient (Zweckgesellschaft). Im Einzelnen → § 290 Rn. 13 ff.

12   Alle Unternehmen, die den Bedingungen des § 290 Abs. 1 und 2 genügen, müssen gem. Abs. 1 in den Konzernabschluss einbezogen werden. Diese Pflicht gilt sowohl für die **unmittelbaren** als auch wegen der Vorschriften über die Zurechnung von Rechten (§ 290 Abs. 3) für alle **mittelbaren Tochterunternehmen.** Mittelbare Tochterunternehmen sind solche, die durch die Zurechnung von Rechten bei Vorliegen eines Control-Verhältnisses zustande kommen.[7]

13   Trotz der in § 290 formulierten Tatbestände für das Vorliegen eines Tochterunternehmens finden sich in der Praxis offenbar auch solche Abgrenzungen des Konsolidierungskreises, die gerade nicht darauf abstellen.[8] Obwohl ein Control-Verhältnis in diesem Sinne nicht vorliegt, werden Unternehmen in (Teil-)Konzernabschlüsse einbezogen, weil das den Konzernabschluss aufstellende Unternehmen faktisch die Führungsverantwortung für diese Unternehmen wahrnimmt. Praktische Bedeutung hat diese Vorgehensweise weitgehend nur für große mehrstufige Konzerne mit Teilkonzernabschlüssen, bei denen die Leitung eines Tochterunternehmens von einer Zwischenholding ausgeübt wird, dessen Zuordnung gem. § 290 aber bei der Konzernholding liegt. Wird das Tochterunternehmen trotz fehlender rechtlicher Zuordnung in den Teilkonzernabschluss der Zwischenholding einbezogen, ergeben sich **„erweiterte Konzernabschlüsse"**, zB „Spartenkonzernabschlüsse", die aber nach hM **keinerlei rechtliche Relevanz** und damit als Teilkonzernabschluss auch keine befreiende Wirkung iSd § 291 haben.[9] Werden sie dennoch erstellt, geprüft und publiziert, ist der Bestätigungsvermerk entsprechend anzupassen.

14   **3. Einbeziehungspflicht bei abweichender Tätigkeit.** Nach Abs. 1 sind das Mutterunternehmen und alle Tochterunternehmen einzubeziehen, sofern die Einbeziehung nicht nach § 296 unterbleibt. Dieser regelt abschließend die folgenden Einbeziehungswahlrechte:
- § 296 Abs. 1 Nr. 1: bei erheblicher, andauernder Beschränkung der Rechteausübung,
- § 296 Abs. 1 Nr. 2: bei unverhältnismäßig hohen Kosten oder unangemessenen Verzögerungen,
- § 296 Abs. 1 Nr. 3: bei beabsichtigter Weiterveräußerung der Anteile,

---

[6]   Vgl. DRS 19.78; ADS Rn. 8 f.; Beck HdR/Ebeling/Ernst C 210 Rn. 9; Coenenberg/Haller/Schultze Jahresabschluss 660; Kölner Komm RechnungslegungsR/Claussen/Scherrer Rn. 12; v. Wysocki/Wohlgemuth/Brösel Konzernrechnungslegung S. 75; WP-HdB G Rn. 172.

[7]   Diese Zurechnung erfasst auch die Anteile, mit denen die Rechte regelmäßig verbunden sind; die Konsolidierung selber beruht dann auf den Anteilen (→ § 290 Rn. 63 f.). Ob Tochterunternehmen, deren Rechte dem Mutterunternehmen zuzurechnen sind, ggf. nach § 296 nicht einbezogen werden, spielt keine Rolle.

[8]   Vgl. mit Bsp. Haeger/Zündorf DB 1991, 1841 ff.; Klar/Reinke WPg 1991, 693 ff.

[9]   Vgl. ADS Rn. 10.

– § 296 Abs. 2: bei untergeordneter Bedeutung für das Bild der tatsächlichen Verhältnisse.

Weitere Ausnahmen sind nicht aufgeführt. Dies bedeutet, dass auch Tochterunterneh- **15** men mit abweichender Tätigkeit zwingend in den Konzernabschluss einbezogen werden müssen. Der **aufgehobene § 295 Abs. 1 aF** hatte dies noch verboten, wenn sich die Tätigkeit eines Tochterunternehmens von der Tätigkeit der anderen einbezogenen Unternehmen derart unterschied, dass die Einbeziehung in den Konzernabschluss mit der Verpflichtung, ein den tatsächlichen Verhältnissen entsprechendes Bild der Vermögens-, Finanz- und Ertragslage des Konzerns zu vermitteln, unvereinbar war. Nach hM wurde hingegen bereits vor der Aufhebung von § 295 davon ausgegangen, dass der Einblick in die Vermögens-, Finanz- und Ertragslage eines Konzerns idR eher durch die **Nichteinbeziehung** von Tochterunternehmen als durch deren Einbeziehung beeinträchtigt werden kann.[10] So liegt es durchaus im **Wesen eines Konzerns** als wirtschaftliche Einheit selbstständiger Rechtsträger, auch heterogene Geschäftsbereiche (zB Bau, Energie, Informatik- und Beratungsdienstleistungen, Finanzdienste) „unter einem Dach" zusammenzufassen. Zur Beurteilung unterschiedlicher wirtschaftlicher Verhältnisse im Konzern kann die Segmentberichterstattung dienen (freiwillig; § 297 Abs. 1 S. 2). Die Aufhebung des § 295 aF ist daher zu befürworten.

4. IFRS. Auch in den IFRS dient die Definition des Mutter-Tochter-Verhältnisses **16** nicht nur als Anknüpfung der Pflicht zur Konzernrechnungslegung,[11] sondern zugleich für die Abgrenzung des Konsolidierungskreises. Hierbei stellen die IFRS auf die **control** ab (Beherrschung; besser: Möglichkeit zur Ausübung eines beherrschenden Einflusses). Nach **früherer Regelung** wurde die Beherrschungsmöglichkeit bei Vorliegen bestimmter Rechtspositionen, allen voran einer Stimmrechtsmehrheit, vermutet (IAS 27 aF; ähnlich wie § 290 Abs. 2, jedoch widerlegbar). Nachdem es sich in gewissen Branchen eingebürgert hatte, Aktivitäten zwecks Risikobegrenzung gezielt in besondere Rechtsträger auszulagern (special purpose entities), wurde häufig bewusst auf Rechtspositionen verzichtet, um solche Zweck- oder Objektgesellschaften nicht einbeziehen zu müssen. Die IFRS suchten dem zu begegnen, indem sie eine Vollkonsolidierung auch da verlangten, wo bei wirtschaftlicher Gesamtbetrachtung die Beherrschungsmöglichkeit (control) trotz fehlender Stimmrechtsmehrheit (oder äquivalenter Rechtsposition) zu bejahen war (SIC 12 aF). Mit dem BilMoG wurde § 290 diesem control-Konzept angeglichen; somit gilt § 294 nun gleichermaßen für Zweckgesellschaften iSd § 290 Abs. 2 Nr. 4 (→ § 290 Rn. 48 ff.).

Wegen der weithin uneinheitlichen Handhabung und der in der Finanzkrise bekannt **17** gewordenen Missbräuche im Zusammenhang mit intransparenten Verbriefungen wurde das control-Konzept nun völlig neu geregelt: **IFRS 10** ersetzte IAS 27 und SIC 12 grundsätzlich retrospektiv für Berichtsperioden, die am 1.1.2013 oder später begannen. Abzustellen ist weiterhin auf die control, die aber – ohne an widerlegbare Rechtspositionen zu knüpfen – kumulativ dreierlei umfasst (IFRS 10.5 ff.):

– Bestimmungsmacht (power) über das andere Unternehmen;
– Risiko variabler Erfolge oder Rechte an solchen aufgrund des Engagements beim anderen Unternehmen (variable returns from the involvement);
– Möglichkeit, durch Ausübung der Bestimmungsmacht über das andere Unternehmen die Höhe der Erfolge zu beeinflussen (ability to use the power to affect the amount of the returns).

Die zugehörigen Anwendungsrichtlinien (application guidance) umfassen 101 Paragra- **18** phen, die anhand einer Vielzahl von Anwendungsbeispielen illustriert werden (IFRS 10.B2 ff.). Der Entscheid, ob die Beherrschungsmöglichkeit vorliegt, liegt mangels Vermu-

---

[10]   Vgl. ADS § 295 Rn. 5 ff.; Arbeitskreis Externe Unternehmensrechnung ZfbF-Sonderheft 21/1987, S. 29 f.; Beck HdR/Ebeling/Ernst C 210 Rn. 18; HdK/Sahner/Sauermann § 295 Rn. 6; Krawitz WPg 1996, 346 ff.; Maas/Schruff WPg 1986, 207 f.; Niehus DB 1988, 869 ff.; Sahner/Kammers DB 1983, 2210 f.; Zwingmann DStR 1994, 1551 f.

[11]   Solange nach § 290 keine Aufstellungspflicht besteht, kommt es gem. § 315e nicht zur Anwendung der IFRS, auch wenn nach IFRS ein control-Verhältnis vorliegt (vgl. DRS 19.5).

tungstatbeständen im pflichtgemäßen **Ermessen des Unternehmens.** Bejahendenfalls ist **Vollkonsolidierung zwangsläufig** geboten.[12] Die Beurteilung wird erneut vorgenommen, wenn Gegebenheiten darauf hinweisen, dass sich in Bezug auf eines der drei Elemente etwas verändert hat. Dass diese konsequent auf die Umstände des Einzelfalls ausgerichtete Regelung letztlich den erhofften Fortschritt bringt, wird auch angesichts der praktischen Schwierigkeiten angezweifelt.[13]

19 **IFRS 12** gebietet nun umfassende, vielschichtige Anhangangaben, die eine Beurteilung von Art, Risiken und Auswirkungen sämtlicher „Anteile" anderer Unternehmen auf die Vermögens-, Finanz- und Ertragslage sowie die Cashflows ermöglichen sollen (Konsolidierungskreis iwS; interests = Engagements). Bezüglich Tochterunternehmen, sog. gemeinschaftlicher Vereinbarungen und assoziierter Unternehmen (joint arrangements and associates iSd IFRS 11, IAS 28) sowie nicht konsolidierter strukturierter Unternehmen[14] (ggf. Anreiz gegen Nichteinbeziehung) gelten je spezifische Angabepflichten (für Tochterunternehmen s. IFRS 12.10 ff., 12.B10 ff.).[15]

20 Bei Erwerb eines Tochterunternehmens und auch in der Folge muss das Mutterunternehmen prüfen, ob die Kriterien gem. **IFRS 5** zutreffen, nach denen Anlagevermögen als „zur Veräußerung gehalten" (non-current assets held for sale) zu klassifizieren und damit gem. IFRS 5 darzustellen sowie zu bewerten ist. Bejahendenfalls werden die betreffenden Vermögenswerte und ggf. mit diesen verbundenen Fremdkapitalien als sog. Veräußerungsgruppe (disposal group) je separat bilanziert; der Vermögenswert bzw. die Veräußerungsgruppe wird zum niedrigeren Wert aus Buchwert und beizulegendem Zeitwert abzüglich Veräußerungskosten angesetzt (IFRS 5.15). Zugleich kann das Tochterunternehmen ein aufgegebener Geschäftsbereich (discontinued operation) oder Teil eines solchen sein, der in der GuV separat darzustellen ist. IFRS 5 gebietet sodann Zusatzinformationen im Anhang.

21 Schon für Berichtsperioden ab dem 1.1.2014 wurden IFRS 10 und 12 um ein neuartiges Einbeziehungsverbot ergänzt, das sich an definierte Investmentunternehmen **(investment entities)** richtet:[16] Diese sollen ihre Anteile (investments) an Tochterunternehmen nicht mehr voll konsolidieren, sondern als Finanzinstrumente iSd IFRS 9 zum beizulegenden Zeitwert behandeln, wobei im Anhang spezifische Angaben mit Bezug auf diese Tochterunternehmen zu machen sind (IFRS 10.27 ff., 10.B85A ff.; IFRS 12.9A f., 12.19A ff.). Weiterhin voll konsolidiert bleiben aber Tochterunternehmen, die Investment-bezogene Dienstleistungen an Konzernunternehmen oder Dritte erbringen, sofern sie nicht ihrerseits investment entities sind. In den Konzernabschluss eines Mutterunternehmens, das nicht seinerseits investment entity ist, bleiben die investment entities einbezogen.

22 **IAS 27 aF** hielt noch (wie das HGB) fest, dass neben dem Mutterunternehmen grundsätzlich alle Tochterunternehmen ungeachtet von Rechtsform und Sitz in den Konzernabschluss einbezogen werden müssen. Ausdrücklich waren auch Tochterunternehmen mit abweichen-

12 Vgl. auch Baetge/Kirsch/Thiele Konzernbilanzen Kap. III. 421.
13 S. hierzu Beck HdR/Ebeling/Ernst C 210 Rn. 79 ff.; Beyhs/Buschhüter/Schurbohm WPg 2011, 662 ff.; Bieker IRZ 2011, 305 f.; Böckem/Stibi/Zoeger KoR 2011, 399 ff.; Busch/Zwirner IRZ 2014, 185 ff.; Dietrich/Krakuhn/Sierleja IRZ 2011, 519 ff.; Dietrich/Krakuhn/Sierleja IRZ 2012, 23 ff.; Erchinger/Melcher DB 2011 ff.; Jungius/Knappstein/Schmidt KoR 2015, 233 ff.; Kraft/Link ZGR 2013, 531 ff.; Küting/Mojadadr KoR 2011, 273 ff.; Lachmann/Kümpel/Hagen KoR 2013, 573 ff.; Leitner-Hanetse-der/Schansberger IRZ 2011, 379 ff.; Oser/Milanova BB 2011, 2027 ff.; Pollmann IRZ 2014, 239 ff.; Reiland DB 2011, 2729 ff.; Zülch/Erdmann/Popp KoR 2011, 585 ff.; Zwirner/Boecker/Busch KoR 2014, 608 ff.
14 Strukturierte Unternehmen (structured entities) iSd IFRS 12 sind solche, bei denen „Stimmrechte oder ähnliche Rechte bei der Entscheidung, wer das Unternehmen beherrscht, nicht ausschlaggebend sind, beispielsweise wenn sich Stimmrechte nur auf administrative Aufgaben beziehen und die maßgeblichen Tätigkeiten durch vertragliche Vereinbarungen geregelt werden."
15 S. Albrecht KoR 2014, 82; Beck HdR/Ebeling/Ernst C 210 Rn. 91 ff.; Beyhs/Buschhüter/Schurbohm WPg 2011, 662 ff.; Dietrich/Krakuhn/Stoek IRZ 2014, 33 ff.; Dietrich/Stoek IRZ 2014, 113 ff., 487 ff.; Zülch/Erdmann/Popp KoR 2011, 509 ff.
16 S. hierzu Beck HdR/Ebeling/Ernst C 210 Rn. 90; Buschhüter IRZ 2013, 23 ff.; Geisman/Pacter IRZ 2013, 99 ff.; Kraft/Link ZGR 2013, 543 ff.; Merkt/Probst/Fink/Eiter/Schubert Kap. 14 Rn. 155 ff.; Zwirner/Boecker KoR 2014, 103 ff.; Zwirner/Froschhammer IRZ 2013, 215 ff.

der Geschäftstätigkeit in den Konsolidierungskreis aufzunehmen, wobei Zusatzinformationen im Anhang über deren Tätigkeit verlangt waren. In diesem Zusammenhang verwies IAS 27 aF auf die Segmentberichterstattung, welche nur für kapitalmarktorientierte Mutterunternehmen verpflichtend ist und jene Zusatzinformationen über Geschäftssegmente liefert, derer es bedarf, um Art und Auswirkungen unterschiedlicher Aktivitäten und Umfelder eines Konzerns zu beurteilen (IFRS 8). IAS 27 aF hielt sodann fest, dass auch Tochterunternehmen eines Investment- oder vergleichbaren Unternehmens (venture capital organisation, mutual fund, unit trust or similar entity) nicht von der Einbeziehung ausgeschlossen sind (dh waren).

III. Angabepflicht bei Änderungen des Konsolidierungskreises (Abs. 2)

1. Vorliegen einer Änderung. Abs. 2 setzt Art. 24 Abs. 9 S. 1 Bilanz-RL (früher **23** Art. 28 Abs. 1 RL 83/349/EWG) um. Er bezieht sich auf Zusatzangaben, die in den Konzernabschluss aufzunehmen sind, wenn sich der Konsolidierungskreis im Laufe eines Geschäftsjahrs geändert hat. Dies ist insbesondere dann der Fall, **wenn Unternehmen oder Anteile erworben oder veräußert** werden, so dass zusätzliche Tochterunternehmen in den Konsolidierungskreis eingetreten oder bereits vorhandene daraus ausgeschieden sind. Änderungen können darüber hinaus durch eine im Zeitablauf **unterschiedliche Ausübung von Einbeziehungswahlrechten** begründet sein, wobei das Stetigkeitsgebot gem. § 297 Abs. 3 S. 2 zu beachten ist und somit Änderungen letztlich auf veränderte Einbeziehungs**verhältnisse** zurückzuführen sein müssen.[17] So ist denkbar, dass Tochterunternehmen, die bislang von untergeordneter Bedeutung waren, durch die Konzernentwicklung wesentlich geworden sind, sodass ihre Einbeziehung im Berichtsjahr erforderlich wird.

Während sich Abs. 1 ausschließlich auf Mutter- und Tochterunternehmen bezieht, ist **24** zu beachten, dass in Abs. 2 auch auf „anteilmäßig" – nämlich im Wege der Quotenkonsolidierung – **„einbezogene" Gemeinschaftsunternehmen** (§ 310) Bezug genommen ist.[18] Assoziierte Unternehmen sind demgegenüber aufgrund des Wortlauts in § 311 „nicht einbezogene Unternehmen". Damit gilt: Änderungen des Konsolidierungskreises liegen immer dann vor, wenn sich der Kreis der **voll** bzw. **quotal** konsolidierten **Tochter-** bzw. **Gemeinschaftsunternehmen** durch Zu- oder Abgänge geändert hat. Dazu zählen auch gebotene Wechsel zwischen Quoten- und Vollkonsolidierung.[19]

2. Wesentlichkeit der Änderung. Allerdings führt nicht jede Änderung des Konsoli- **25** dierungskreises zu der in Abs. 2 festgelegten Angabepflicht. Gesetzlich gefordert werden die Zusatzangaben nur dann, wenn die Änderung wesentlich ist. Was unter dem Kriterium der **Wesentlichkeit** verstanden werden muss, ist weder in § 294 selbst noch an anderer Stelle des HGB – etwa unter den allgemeinen Grundsätzen – explizit geregelt (in der Bilanz-RL findet sich sehr wohl eine Regelung; → § 296 Rn. 48). Laut DRS 19.121 ist die Änderung „dann wesentlich, wenn die Entwicklung der Vermögens-, Finanz- und Ertragslage des Konzerns, die sich ohne Änderung ergeben hätte, ohne zusätzliche Angaben nicht erkennbar ist. Dies kann auch von mehreren Zu- oder Abgängen, die einzeln unwesentlich sind, gemeinsam erfüllt werden." Die Vergleichbarkeit mit dem Vorjahresabschluss ist dann beeinträchtigt.[20] Hier fordert Abs. 2, in den Konzernabschluss „Angaben aufzunehmen, die es ermöglichen, die aufeinanderfolgenden Konzernabschlüsse sinnvoll zu vergleichen".

17 Vgl. DRS 19.120; ADS Rn. 16; Baetge/Kirsch/Thiele Konzernbilanzen Kap. III. 323; BeBiKo/Störk/
    Deubert Rn. 9; HdK/Sahner/Sauermann Rn. 12; WP-HdB G Rn. 183. Beck HdR/Ebeling/Ernst
    C 210 Rn. 72 weisen auch darauf hin, dass sich entsprechende Angaben bei konzerninternen Verschmelzungen oder Spaltungen erübrigen.
18 Vgl. ADS Rn. 17; Biener/Berneke BiRiLiG 311; BeBiKo/Störk/Deubert Rn. 9; Beck HdR/Ebeling/
    Ernst C 210 Rn. 73; HKMS/Fiederling/Hachmeister Rn. 17; IDW RS HFA 44 Rn. 10; Kölner Komm
    RechnungslegungsR/Claussen/Scherrer Rn. 14; Staub/Kindler Rn. 8.
19 So IDW RS HFA 44 Rn. 10.
20 Vgl. ADS Rn. 15, 18 f.; Baetge/Kirsch/Thiele Konzernbilanzen Kap. III. 323; BeBiKo/Störk/Deubert
    Rn. 11; Beck HdR/Ebeling/Ernst C 210 Rn. 76; HdK/Sahner/Sauermann Rn. 14 f.; HKMS/Fiederling/Hachmeister Rn. 19; IDW RS HFA 44 Rn. 11; Kölner Komm RechnungslegungsR/Claussen/
    Scherrer Rn. 15; Scherrer Konzernrechnungslegung S. 75; Schildbach/Feldhoff KonzAbschl. E.1.2.;
    Staub/Kindler Rn. 8.

26   Die Beeinträchtigung der Vergleichbarkeit kann sich auf bestimmte Konzernabschlussposten bzw. bestimmte Mutationen im Konsolidierungskreis beschränken. Ob sie vorliegt,
kann nur aufgrund des jeweiligen Einzelfalls entschieden werden: Absolute oder relative
Zahlen, wie zB die Veränderung der Umsatzerlöse, Jahresergebnisse, Bilanzsummen oder
auch der Anzahl der Arbeitnehmer je im Verhältnis zu den Beträgen des Konzerns, können
zwar als grobe Anhaltspunkte für die Wesentlichkeit einer Änderung herangezogen werden,
aber nicht die **Betrachtung der Einzelumstände** ersetzen.[21] Kriterien wie die Überschreitung einer bestimmten Anzahl hinzugekommener oder ausgeschiedener Tochter- bzw.
Gemeinschaftsunternehmen sind wegen ihrer Starrheit abzulehnen[22] (→ § 296 Rn. 50, 54).

27   **3. Zusätzliche Angaben im Konzernabschluss.** Änderungen des Konsolidierungskreises erfordern, unabhängig von ihrer Ursache, die Aufnahme von Angaben in den Kon-
zernabschluss, die es ermöglichen, die aufeinander folgenden Konzernabschlüsse hinsichtlich
der Vermögens-, Finanz- und Ertragslage sinnvoll miteinander zu **vergleichen** (Abs. 2
S. 1). „Die Berichterstattung soll die Auswirkungen der Änderungen im Vergleich zum
Konzernabschluss des Vorjahres erkennen lassen."[23] Dafür sind die wesentlichen Zu- und
Abgänge im Konzernanhang als solche zu identifizieren (Angaben zum Anteilsbesitz; § 313
Abs. 2 Nr. 1 und 3).[24] Darüber hinaus sind deren Auswirkungen auf die Vermögens-,
Finanz- und Ertragslage anzugeben. Nach hM reichen hierzu verbale Aussagen nicht aus.
Als notwendig wird vielmehr für die Postengruppen der Konzernbilanz (§ 266 Abs. 2) sowie
die wichtigsten Posten der Konzern-GuV und der Kapitalflussrechnung die **Angabe von
Beträgen** erachtet, die sich ohne Änderung des Konsolidierungskreises ergeben hätten.[25]
Ob es sich um Beträge des Berichtsjahrs (zB bei Zugang) oder des Vorjahrs (zB bei Abgang)
handelt, dürfte von der Verfügbarkeit der benötigten Informationen abhängen. Zur Abgrenzung der Erträge und Aufwendungen bei unterjähriger Änderung → § 305 Rn. 37 ff. (in
diesem Fall sind im Folgejahr Angaben gem. § 265 Abs. 2 erforderlich).

28   Das Wahlrecht nach Abs. 2 S. 2 aF, anstelle von Zusatzangaben die Vergleichbarkeit
aufeinander folgender Konzernabschlüsse durch Anpassung der Vorjahreszahlen herzustellen,
wurde durch das BilMoG **gestrichen.** Begründet wurde dies damit, dass dieses Vorgehen
in der Praxis nur selten gewählt wurde und auch international unüblich ist.[26] Die IFRS sehen
ein solches restatement ausschließlich für Änderungen der Rechnungslegungsgrundsätze
(changes in accounting policies) und für Fehler aus Vorperioden (prior period errors) vor.
Sehr wohl herstellen lässt sich die Vergleichbarkeit aber durch Hinzufügung einer zusätzlichen (dritten) Spalte mit den angepassten Vorjahreszahlen, wobei klarzustellen ist, dass es
sich um „als ob"-Ausweise handelt (als hätte der geänderte Konsolidierungskreis schon im
Vorjahr bestanden).[27] Dies setzt eine Pro-Forma-Erstkonsolidierung bzw. -Entkonsolidie-
rung und somit die Verfügbarkeit entsprechender Informationen voraus.

29   **4. IFRS.** Das IFRS-Rahmenkonzept erklärt die Vergleichbarkeit (comparability) zu
einer der qualitativen Anforderungen an Finanzinformationen (**Framework** 2.24 ff.).
Jeder einzelne Standard soll im Kontext des Rahmenkonzepts gelesen werden. **IAS 1**
gebietet, dass Abschlüsse die Vermögens-, Finanz- und Ertragslage sowie die Cashflows

---

[21]   Vgl. DRS 19.121; ADS Rn. 18; Beck HdR/Ebeling/Ernst C 210 Rn. 76 f.; BeBiKo/Störk/Deubert
Rn. 11; HdK/Sahner/Sauermann Rn. 15; aA Kölner Komm RechnungslegungsR/Claussen/Scherrer
Rn. 15.

[22]   Vgl. ADS Rn. 19; BeBiKo/Störk/Deubert Rn. 11; HdK/Sahner/Sauermann Rn. 14.

[23]   DRS 19.122. Ebenso IDW RS HFA 44 Rn. 13.

[24]   Vgl. BeBiKo/Störk/Deubert Rn. 13; Staub/Kindler Rn. 11.

[25]   Vgl. DRS 19.122; ADS Rn. 20; Baetge/Kirsch/Thiele Konzernbilanzen Kap. III. 323; BeBiKo/Störk/
Deubert Rn. 14; HKMS/Fiederling/Hachmeister Rn. 22; IDW RS HFA 44 Rn. 13 f.; Kölner Komm
RechnungslegungsR/Claussen/Scherrer Rn. 17 ff.; Löffler/Müller WPg 2013, 298; Staub/Kindler
Rn. 12; WP-HdB G Rn. 183.

[26]   Vgl. BT-Drs. 16/10067, 80.

[27]   Vgl. ADS Rn. 22 ff.; BeBiKo/Störk/Deubert Rn. 15; Beck HdR/Ebeling/Ernst C 210 Rn. 78; HdK/
Sahner/Sauermann Rn. 18 f.; HKMS/Fiederling/Hachmeister Rn. 24; IDW RS HFA 44 Rn. 15 f.;
Löffler/Müller WPg 2013, 294 (298); WP-HdB G Rn. 183.

den tatsächlichen Verhältnissen entsprechend darstellen (fair presentation; IAS 1.15). Hierzu sind die Informationen auf vergleichbare Weise darzustellen und es sind zusätzliche Angaben bereitzustellen, falls es Adressaten sonst nicht möglich ist, diesbezügliche Auswirkungen von Geschäftsvorfällen zu verstehen (IAS 1.17(b), (c); vgl. § 297 Abs. 2 S. 3). Änderungen des Konsolidierungskreises, welche die Vergleichbarkeit beeinträchtigen, erfordern somit Zusatzangaben.

Konkrete Angabepflichten ergeben sich aus **IFRS 3,** der das Vorgehen bei Akquisitio- 30 nen von Tochterunternehmen regelt (dh Zugänge zum Vollkonsolidierungskreis) und gem. IFRS 11 analog auf Gemeinschaftsunternehmen (joint ventures) anzuwenden ist (die allerdings gem. IFRS 11 nicht mehr quotal konsolidiert, sondern ausschließlich nach der Equity-Methode behandelt werden). Im Grundsatz muss der Erwerber eines Tochterunternehmens Informationen offenlegen, durch welche die Adressaten Art und finanzielle Auswirkungen von Akquisitionen beurteilen können, die während der Berichtsperiode oder aber nach deren Ende, jedoch vor Gutheißung des Abschlusses zur Bekanntgabe, erfolgten (IFRS 3.59). Damit werden im Unterschied zum HGB auch Zugänge erfasst, die nach dem Stichtag vollzogen wurden. Zur Erfüllung dieser Zielsetzung muss der Erwerber **umfangreiche Angaben** machen, die in IFRS 3.B64 ff. iVm IFRS 3.60 dargelegt sind (der Katalog ist nicht abschließend; IFRS 3.63).

Besonders hervorzuheben sind die zum Erwerbszeitpunkt für jede Hauptgruppe von 31 erworbenen Vermögenswerten und Fremdkapitalien erfassten Beträge (IFRS 3.B64(i)) sowie die Erlöse und das Ergebnis des erworbenen Unternehmens seit dem Erwerbszeitpunkt, die in der Konzerngesamtergebnisrechnung für die betreffende Periode enthalten sind (IFRS 3.B64(q)(i)). Außerdem sind, sofern praktikabel, die Erlöse und das Ergebnis des Konzerns für die Berichtsperiode pro forma so anzugeben, als ob der Erwerbszeitpunkt am Anfang der Berichtsperiode gewesen wäre (IFRS 3.B64(q)(ii)). Um die Vergleichbarkeit aufeinanderfolgender Abschlüsse noch zu erhöhen, sind ggf. auch Angaben zu machen, durch welche die Adressaten finanzielle Auswirkungen in der Berichtsperiode erfasster Berichtigungen von Akquisitionen beurteilen können, die in dieser oder aber einer Vorperiode stattfanden (IFRS 3.61 f. iVm IFRS 3.B67).

Bei Abgängen von Tochterunternehmen verlangt **IFRS 12** Angaben, die Adressaten 32 ermöglichen, deren Auswirkungen zu beurteilen, und namentlich die Angabe des aus der Entkonsolidierung hervorgehenden Gewinns oder Verlusts (IFRS 12.10(b)(iv), 12.19).

IV. Vorlagepflicht der Tochterunternehmen (Abs. 3 S. 1)

1. Kreis der Vorlagepflichtigen. Die in § 294 Abs. 3 genannten Vorlage- und Aus- 33 kunftspflichten gehen auf das alte Konzernrechnungslegungsrecht zurück (nicht auf EU-Richtlinien), auch wenn sich § 335 Abs. 1 AktG aF noch nicht auf (Teil-)Konzernabschlüsse erstreckt hatte. Sie richten sich an **Tochterunternehmen.** Die Vorlagepflicht („haben dem Mutterunternehmen […] einzureichen") gilt auch dann, wenn ein Mutterunternehmen den Konzernabschluss nach **internationalen Rechnungslegungsstandards** aufstellt (§ 315e) und daher § 294 Abs. 1 und 2 nicht unterliegt. Im Einzelnen ist Folgendes zu beachten:

– Während sich Abs. 2 auf den Kreis der einzubeziehenden Unternehmen bezieht, wozu auch **quotal konsolidierte Gemeinschaftsunternehmen** gehören (→ Rn. 24), unterliegen Letztere nicht der Vorlagepflicht. Daraus ergibt sich, dass das Mutterunternehmen auf die freiwillige Mitwirkung der Leitungsorgane der quotal konsolidierten Gemeinschaftsunternehmen angewiesen ist.[28]

– Abs. 3 bezieht sich sowohl auf inländische als auch auf **ausländische** Tochterunternehmen. Da allerdings bei Letzteren deutsches Recht idR nicht durchsetzbar ist,[29] könnte Abs. 3 – zumindest außerhalb des Geltungsbereichs der Bilanz-RL – im Extremfall ins

---

28 Vgl. BeBiKo/Störk/Deubert Rn. 20; Beck HdR/Ebeling/Ernst C 210 Rn. 15.
29 Vgl. iE Weimar DB 1987, 521 ff.

Leere laufen. Dabei ist zu bedenken, dass dank des Control-Verhältnisses das Mutterunternehmen die Macht haben müsste, die Vorlage der notwendigen Unterlagen auch ohne gesetzliche Vorschrift zu erreichen. Andernfalls erscheint fraglich, ob beherrschender Einfluss überhaupt gegeben ist. Sollte dennoch eine Informationsverweigerung vorliegen, gewährt § 296 Abs. 1 Nr. 1 Mutterunternehmen die Möglichkeit, auf die Einbeziehung des betreffenden Tochterunternehmens zu verzichten (→ § 296 Rn. 9 ff.).[30]

– Alle Tochterunternehmen, **unabhängig** davon, ob sie tatsächlich in den Vollkonsolidierungskreis einbezogen oder aufgrund von § 296 davon ausgenommen werden, sind zur Vorlage der in Abs. 3 genannten Dokumente verpflichtet.[31] Dies kann damit begründet werden, dass das Mutterunternehmen für jeden Stichtag neu entscheiden muss, ob die Voraussetzungen für ein Einbeziehungswahlrecht vorliegen und für dessen Ausübung – zumindest in Einzelfällen – die Dokumente notwendig sein können.

– Das Gesetz lässt offen, ob die Vorlagepflicht auch noch für Tochterunternehmen gilt, die im Laufe, mit Ende des Geschäftsjahres oder kurz danach aus dem Konsolidierungskreis **ausscheiden.** Einerseits ist eine solche Pflicht zu bejahen, da das Mutterunternehmen auf die zur vorschriftsgemäßen Erstellung des Konzernabschlusses erforderlichen Informationen angewiesen ist. Dazu gehören alle Buchungen, die bis zum Ausscheiden des Tochterunternehmens stattgefunden haben. Andererseits erscheint die Vorlage der in Abs. 3 S. 1 genannten Dokumente nur innerhalb einer bestehenden Mutter-Tochter-Beziehung zumutbar.[32] Um Schwierigkeiten von vornherein zu vermeiden, empfiehlt es sich daher, Art und Umfang der einzureichenden Unterlagen vor Ausscheiden des Tochterunternehmens **vertraglich festzulegen.** Gelingt das nicht, können § 296 Abs. 1 Nr. 1 oder 2 zur Anwendung kommen (→ § 296 Rn. 9 ff.).

34   **2. Umfang der Vorlagepflicht.** Im Einzelnen sind gem. Abs. 3 S. 1 Jahresabschlüsse, Einzelabschlüsse nach § 325 Abs. 2a, Lageberichte, gesonderte nichtfinanzielle Berichte, Konzernabschlüsse, Konzernlageberichte, gesonderte nichtfinanzielle Konzernberichte, Prüfungsberichte und Zwischenabschlüsse einzureichen:

– **Jahresabschlüsse.** Bei Kapitalgesellschaften und bestimmten Personenhandelsgesellschaften gem. § 264a (insbesondere Kapitalgesellschaft & Co.) sind dies die Bilanz, die GuV sowie der Anhang (§ 264 Abs. 1 S. 1).[33] Was Form und Inhalt dieser Dokumente anbelangt, bestehen für kleine und mittelgroße Kapitalgesellschaften iSd § 267 Abs. 1 und 2 sowie Kleinstkapitalgesellschaften iSd § 267a Erleichterungen, welche die Aufstellung des Konzernabschlusses durch das Mutterunternehmen erschweren können. Noch gravierendere Informationslücken können bei Personenhandelsgesellschaften sowie bei ausländischen Tochterunternehmen auftreten. Der Wortlaut des Abs. 3 S. 1 enthält zwar keine Vorschriften über Form und Inhalt des Jahresabschlusses. Es wird aber davon auszugehen sein, dass sich die Vorlagepflicht auf die Dokumente bezieht, welche die Tochterunternehmen nach den jeweils geltenden gesetzlichen Vorschriften zu erstellen haben.[34] Dies bedeutet zB, dass Tochterunternehmen, die Personenhandelsgesellschaften sind und nicht dem PublG unterliegen, keinen Anhang vorlegen müssen. Allerdings hat das Mutterunternehmen über Abs. 3 S. 2 die Möglichkeit, zusätzliche

---

30   Vgl. ADS Rn. 43; Beck HdR/Ebeling/Ernst C 210 Rn. 16.
31   Vgl. ADS Rn. 26; Beck HdR/Ebeling/Ernst C 210 Rn. 14; BeBiKo/Störk/Deubert Rn. 20; HKMS/ Fiederling/Hachmeister Rn. 26; Kölner Komm RechnungslegungsR/Claussen/Scherrer Rn. 31; Staub/ Kindler Rn. 13.
32   Vgl. ADS Rn. 37; BeBiKo/Störk/Deubert Rn. 26; Kölner Komm RechnungslegungsR/Claussen/ Scherrer Rn. 31; aA Staub/Kindler Rn. 17.
33   Bei nicht zur Aufstellung eines Konzernabschlusses verpflichteten kapitalmarktorientierten Kapitalgesellschaften iSd § 264d treten Kapitalflussrechnung, Eigenkapitalspiegel und – sofern das entsprechende Wahlrecht ausgeübt wird – Segmentberichterstattung hinzu (§ 264 Abs. 1 S. 2).
34   Vgl. ADS Rn. 28; BeBiKo/Störk/Deubert Rn. 22; HdK/Sahner/Sauermann Rn. 21; Kölner Komm RechnungslegungsR/Claussen/Scherrer Rn. 24, 29; aA Staub/Kindler Rn. 16 (Gleichsetzung von Vorlage- und Auskunftspflicht).

Informationen zu verlangen, welche die Aufstellung des Konzernabschlusses erfordert
(**Auskunftsrecht;** → Rn. 36 ff.).
- **Einzelabschlüsse nach § 325 Abs. 2a.** Die Vorlagepflicht bezieht sich für Kapitalgesell-
schaften, die nach internationalen Rechnungslegungsstandards bilanzieren, auch auf diese.
- **Lageberichte, gesonderte nichtfinanzielle Berichte.** Für sie gelten die getroffenen
Feststellungen sinngemäß.[35]
- **Konzernabschlüsse, Konzernlageberichte, gesonderte nichtfinanzielle Konzern-
berichte.** Tochterunternehmen, die selbst Mutterunternehmen eines Teilkonzerns sind,
müssen neben ihrem Einzelabschluss und Lagebericht ihren (Teil-)Konzernabschluss und
-lagebericht sowie ggf. ihren gesonderten nichtfinanziellen Konzernbericht einreichen.
Sind Tochterunternehmen von der Aufstellungspflicht befreit, was üblicherweise der Fall
sein dürfte, besteht wie bereits oben keine Pflicht zur Vorlage. Allerdings könnte das
Mutterunternehmen diese Dokumente gemäß dem Auskunftsrecht in Abs. 3 S. 2 verlangen, wenn die Aufstellung des Gesamtkonzernabschlusses dies erfordert.[36]
- **Prüfungsberichte.** Diese sind nur dann einzureichen, wenn eine Prüfung tatsächlich
stattgefunden hat. Dabei ist es nach hM unerheblich, ob es sich um eine gesetzliche
Pflichtprüfung oder eine satzungsmäßig vorgenommene oder freiwillige Abschlussprüfung handelt.[37]
- **Zwischenabschlüsse.** Tochterunternehmen, die gem. § 299 Abs. 2 auf den Stichtag
und Zeitraum des Konzernabschlusses einen Zwischenabschluss erstellt haben, müssen
zusätzlich zum Jahresabschluss auch diesen Zwischenabschluss einreichen. Wird bei
abweichendem Stichtag das Tochterunternehmen nicht auf Basis eines Zwischenabschlusses einbezogen, so ist in Anlehnung an § 299 Abs. 3 davon auszugehen, dass sich die in
§ 294 Abs. 3 begründete Vorlage- und Auskunftspflicht auch auf „Vorgänge von besonderer Bedeutung für die Vermögens-, Finanz- und Ertragslage" des Tochterunternehmens
bezieht, die zwischen dem Stichtag des Tochterunternehmens und dem des Konzernabschlusses stattgefunden haben.[38]
- **Kapitalflussrechnung, Eigenkapitalspiegel, Segmentberichterstattung.** Nach
§ 297 Abs. 1 beinhaltet ein Konzernabschluss immer auch eine Kapitalflussrechnung und
einen Eigenkapitalspiegel; zur Aufstellung einer Segmentberichterstattung besteht ein
Wahlrecht. Dies bedeutet, dass Tochterunternehmen im Rahmen der Auskunftspflicht
(→ Rn. 36 ff.) Angaben machen müssen, die zur Aufstellung dieser Konzernabschlussbe-
standteile notwendig sind.

3. Vorlagefrist. Die Tochterunternehmen haben die oben genannten Dokumente   **35**
unverzüglich, dh „ohne schuldhaftes Zögern" (§ 121 Abs. 1 BGB) einzureichen.[39] Insbesondere bei Tochterunternehmen, denen der Gesetzgeber großzügige Fristen bei der Erstellung ihrer Jahresabschlüsse und Lageberichte einräumt (Personenhandelsgesellschaften: § 243
Abs. 2; kleine Kapitalgesellschaften: § 264 Abs. 4; ggf. ausländische Tochterunternehmen),
ist es für das Mutterunternehmen sinnvoll, mit diesen planmäßig eine Terminabstimmung
vorzunehmen, so dass die eigene Aufstellungsfrist von fünf Monaten nach dem Stichtag des
Konzernabschlusses (§ 290 Abs. 1 S. 1) eingehalten werden kann.[40] Nach § 290 Abs. 1 S. 2
sind Konzernabschluss und Konzernlagebericht bereits in den ersten vier Monaten nach
Stichtag aufzustellen, wenn das Mutterunternehmen eine kapitalmarktorientierte Kapitalgesellschaft iSd § 325 Abs. 4 S. 1 ist.

---

[35]   Vgl. ADS Rn. 29; BeBiKo/Störk/Deubert Rn. 21; HdK/Sahner/Sauermann Rn. 21; Kölner Komm
RechnungslegungsR/Claussen/Scherrer Rn. 25.

[36]   Vgl. ADS Rn. 30; BeBiKo/Störk/Deubert Rn. 22.

[37]   Vgl. ADS Rn. 31; BeBiKo/Störk/Deubert Rn. 21 f.; HdK/Sahner/Sauermann Rn. 21; Kölner Komm
RechnungslegungsR/Claussen/Scherrer Rn. 27.

[38]   Vgl. ADS Rn. 32, 40; BeBiKo/Störk/Deubert Rn. 24.

[39]   Vgl. Bunz DB 2019, 170.

[40]   Vgl. ADS Rn. 34; BeBiKo/Störk/Deubert Rn. 23; HKMS/Fiederling/Hachmeister Rn. 36; Kölner
Komm RechnungslegungsR/Claussen/Scherrer Rn. 30; Staub/Kindler Rn. 19.

V. Auskunftsrecht des Mutterunternehmens (Abs. 3 S. 2)

36   **1. Bedeutung.** Neben der Vorlagepflicht der Tochterunternehmen nach Abs. 3 S. 1 besteht nach Abs. 3 S. 2 ein **Auskunftsrecht.** Es steht dem **Mutterunternehmen** unabhängig davon zu, ob es nach HGB oder internationalen Rechnungslegungsstandards bilanziert (§ 315e), und bezieht sich ebenfalls auf alle inländischen und ausländischen Tochterunternehmen. Es besteht ebenfalls unabhängig davon, ob das Tochterunternehmen tatsächlich in den Vollkonsolidierungskreis einbezogen wird oder dies aufgrund von § 296 unterbleibt.[41] Das Auskunftsrecht muss im Unterschied zur Vorlagepflicht vom Mutterunternehmen aktiv ausgeübt werden.[42] Es wird durch § 320 Abs. 2 überlagert, der dem **Abschlussprüfer** die Möglichkeit gibt, „alle Aufklärungen und Nachweise [zu] verlangen, die für eine sorgfältige Prüfung notwendig sind" (s. § 320).

37   **2. Umfang.** Im Unterschied zum Auskunftsrecht des Abschlussprüfers bezieht sich § 294 Abs. 3 S. 2 auf „alle Aufklärungen und Nachweise, welche die Aufstellung des Konzernabschlusses, des Konzernlageberichts und des gesonderten nichtfinanziellen Konzernberichts erfordert". Während unter Nachweisen wohl in erster Linie die Beibringung schriftlicher Unterlagen zu verstehen ist, kommen unter Aufklärungen auch mündliche Aussagen oder Erläuterungen in Betracht. Zu den Nachweisen zählen zudem Unterlagen, deren Aushändigung das auskunftspflichtige Tochterunternehmen von Dritten beanspruchen oder erlangen kann[43] (zB Quittungen oder Belege bei Outsourcing bestimmter Teile des Rechnungswesens Belege, die von Dritten aufbewahrt werden).

38   Als **Auskünfte,** die für die Aufstellung eines **Konzernabschlusses** notwendig sind und über die aufgrund von S. 1 eingereichten Dokumente hinausgehen, kommen vor allem die sog. Handelsbilanzen II („reporting packages") – oder die Angaben für deren ggf. zentrale Aufbereitung – sowie die Angaben über zu konsolidierende Posten dieser Einzelabschlüsse in Betracht. Ohne diese Nachweise und Aufklärungen sind die in den §§ 300–309 geregelte Bilanzierung, einheitliche Bewertung, Währungsumrechnung, Kapitalkonsolidierung, Schuldenkonsolidierung, Zwischenergebniseliminierung, Aufwands- und Ertragskonsolidierung sowie Ermittlung latenter Steuern nicht möglich.[44] Die für den **Konzernanhang und -lagebericht** sowie ggf. den **gesonderten nichtfinanziellen Konzernbericht** erforderlichen Angaben sind wesentlich aus den §§ 313–315d abzuleiten. Allgemein ist das Auskunftsrecht auf das insoweit Erforderliche begrenzt. Allerdings genügt nach hM jeder auch nur mittelbare Zusammenhang zu dieser Aufgabe, um ein Auskunftsrecht zu begründen; Schutzklauseln, auf die sich die Tochterunternehmen möglicherweise beziehen könnten, gibt es in diesem Zusammenhang nicht.[45]

VI. Rechtsfolgen bei Pflichtverletzung

39   Wer als Mitglied des vertretungsberechtigten Organs oder des Aufsichtsrats der Kapitalgesellschaft den Vorschriften in Abs. 1 zuwiderhandelt, handelt ordnungswidrig (§ 334 Abs. 1 Nr. 2a). Eine Verletzung von Abs. 2 hat keine solche Folge. Hier wie in Abs. 1 kann aber eine (ebenfalls ordnungswidrige) Zuwiderhandlung gegen § 297 Abs. 2 vorliegen, der die Vermittlung eines den tatsächlichen Verhältnissen entsprechenden Bildes der Vermögens-, Finanz- und Ertragslage fordert (§ 334 Abs. 1 Nr. 2b). Beide Ordnungswidrigkeiten können mit einer Geldbuße bis zu 50.000 EUR geahndet werden (§ 334 Abs. 3). Dasselbe gilt bei OHG und KG iSd § 264a mit Bezug auf die Mitglieder der vertretungsberechtigten Organe der persönlich haftenden Gesellschafter (§ 335b Abs. 1) sowie bei Mutterunterneh-

---

41   Vgl. ADS Rn. 38; Beck HdR/Ebeling/Ernst C 210 Rn. 14; BeBiKo/Störk/Deubert Rn. 20; Kölner Komm RechnungslegungsR/Claussen/Scherrer Rn. 34; Staub/Kindler Rn. 18.
42   Vgl. Bunz DB 2019, 170.
43   Vgl. sinngemäß ADS § 320 Rn. 28 ff. für das Auskunftsrecht des Abschlussprüfers.
44   Vgl. ADS Rn. 40 f.; BeBiKo/Störk/Deubert Rn. 24; Beck HdR/Ebeling/Ernst C 210 Rn. 12; HKMS/ Fiederling/Hachmeister Rn. 40; Kölner Komm RechnungslegungsR/Claussen/Scherrer Rn. 29, 35.
45   Vgl. ADS Rn. 41; Bunz DB 2019, 171.

men, die nach PublG konzernrechnungslegungspflichtig sind (§ 20 Abs. 1 Nr. 2a und 2b, Abs. 3 PublG). Werden infolgedessen die Verhältnisse des Konzerns im Konzernabschluss, im Konzernlagebericht oder im Konzernzwischenabschluss iSd § 340i unrichtig wiedergegeben oder verschleiert, liegt ein Straftatbestand vor und es droht eine Freiheitsstrafe bis zu drei Jahren oder Geldstrafe (§ 331 Nr. 2 iVm § 335b Abs. 1; § 17 Nr. 2 PublG).

Kommen Tochterunternehmen dem Verlangen des Mutterunternehmens nach den in **40** Abs. 3 S. 2 genannten Aufklärungen und Nachweisen nicht nach, kann dieses sein Auskunftsrecht allein **zivilrechtlich** geltend machen und einklagen.[46] Allerdings können sich Probleme der Durchsetzbarkeit ergeben: Da der deutsche Gesetzgeber grundsätzlich keine Regelungsbefugnis für ausländische Unternehmen hat,[47] kann das Auskunftsrecht im Ausland idR nicht eingeklagt werden. In gravierenden Fällen steht dem Mutterunternehmen daher in § 296 Abs. 1 Nr. 1 die Möglichkeit zu, auf die Einbeziehung des die Auskünfte verweigernden Tochterunternehmens zu verzichten.

§ 295 *[aufgehoben]*

§ 296 Verzicht auf die Einbeziehung

(1) Ein Tochterunternehmen braucht in den Konzernabschluß nicht einbezogen zu werden, wenn
1. **erhebliche und andauernde Beschränkungen die Ausübung der Rechte des Mutterunternehmens in bezug auf das Vermögen oder die Geschäftsführung dieses Unternehmens nachhaltig beeinträchtigen,**
2. **die für die Aufstellung des Konzernabschlusses erforderlichen Angaben nicht ohne unverhältnismäßig hohe Kosten oder unangemessene Verzögerungen zu erhalten sind oder**
3. **die Anteile des Tochterunternehmens ausschließlich zum Zwecke ihrer Weiterveräußerung gehalten werden.**

(2) [1]**Ein Tochterunternehmen braucht in den Konzernabschluß nicht einbezogen zu werden, wenn es für die Verpflichtung, ein den tatsächlichen Verhältnissen entsprechendes Bild der Vermögens-, Finanz- und Ertragslage des Konzerns zu vermitteln, von untergeordneter Bedeutung ist.** [2]**Entsprechen mehrere Tochterunternehmen der Voraussetzung des Satzes 1, so sind diese Unternehmen in den Konzernabschluß einzubeziehen, wenn sie zusammen nicht von untergeordneter Bedeutung sind.**

(3) Die Anwendung der Absätze 1 und 2 ist im Konzernanhang zu begründen.

Schrifttum: Arbeitskreis Externe Unternehmensrechnung der Schmalenbach-Gesellschaft, Deutsche Gesellschaft für Betriebswirtschaft e. V., Aufstellung von Konzernabschlüssen, ZfbF-Sonderheft 21/1987; Busse v. Colbe, Der Konzernabschluß im Rahmen des Bilanzrichtlinie-Gesetzes, ZfbF 1985, 761; Busse v. Colbe/ Chmielewicz, Das neue Bilanzrichtlinien-Gesetz, DBW 1986, 289; DRSC, Deutscher Rechnungslegungsstandard Nr. 19 (DRS 19): Pflicht zur Konzernrechnungslegung und Abgrenzung des Konsolidierungskreises, geänderte Fassung vom 17. Oktober 2019, 2019; Gahlen, Konsolidierung von Leasingobjektgesellschaften nach BilMoG und E-DRS 26: nun Mehrfach- statt Nichtkonsolidierung?, BB 2010, 2877; Gelhausen, Tendenzen bei der Umsetzung der Konzernrechnungslegungsvorschriften – ein empirischer Befund zur Ausübung von Wahlrechten, ZfbF-Sonderheft 29/1991, 127; Gelhausen/Deubert/Klöcker, Zweckgesellschaften nach BilMoG: Mehrheit der Risiken und Chancen als Zurechnungskriterium, DB 2010, 2005; Havermann, Der Konzernabschluß nach neuem Recht – ein Fortschritt?, FS Goerdeler, 1987, 173; Heydemann/Koenen, Die Abgrenzung des Konsolidierungskreises bei Kapitalgesellschaften in Theorie und Praxis, DB 1992, 2253; IDW, Stellungnahme SABI 1/1988: Zur Aufstellungspflicht für einen Konzernabschluß und zur Abgrenzung des Konsolidierungskreises, WPg 1988, 340; Jäger, Der Entherrschungsvertrag, DStR 1995, 1113; Krawitz, Die Abgrenzung des Konsolidierungskreises, WPg 1996, 342; Küting/Seel, Das neue deutsche Konzernbilanz-

---

[46] Vgl. ADS Rn. 44; BeBiKo/Störk/Deubert Rn. 25; Staub/Kindler Rn. 13.
[47] Vgl. iE Weimar DB 1987, 521 ff.

recht – Änderungen der Konzernrechnungslegung durch das Bilanzrechtsmodernisierungsgesetz (BilMoG), DStR 2009, Beihefter zu Heft 26, 37; Küting/Seel, Neukonzeption des Mutter-Tochter-Verhältnisses nach HGB – Auswirkungen des BilMoG auf die handelsrechtliche Bilanzierung, BB 2010, 1459; Landgraf/Roos, Pflicht zur Konzernrechnungslegung und Abgrenzung des Konsolidierungskreises nach DRS 19, KoR 2011, 366; Maas/Schruff, Der Konzernabschluß nach neuem Recht (Teil I), WPg 1986, 201; Maas/Schruff, Ausgliederungen aus dem Konsolidierungskreis, FS Havermann, 1995, 413; Möhlmann/Diethard, Zur Operationalisierung der „untergeordneten Bedeutung" in der Konzernrechnungslegung, BB 1996, 205; Oser/Weidle, Konsolidierung von Unterstützungskassen nach HGB und IFRS, IRZ 2012, 63; Pollmann, Behandlung nicht einbezogener Tochterunternehmen im Konzernabschluss nach HGB und IFRS, DStR 2014, 1732; Rohatschek, Einbeziehung von bisher nicht wesentlichen Tochterunternehmen – Korrektur einer Saldierung, IRZ 2016, 303; Sahner/Kammers, Die Abgrenzung des Konsolidierungskreises nach der 7. EG-Richtlinie im Vergleich zum Aktiengesetz 1965 – ein Fortschritt? (Teil II), DB 1983, 2209; Scherrer, Konzernrechnungslegung nach HGB, 3. Aufl. 2012; Selchert/Baukmann, Die untergeordnete Bedeutung von Tochterunternehmen im Konsolidierungskreis, BB 1993, 1325; Stibi/Kirsch/Ewelt-Knauer, DRS 19: Pflicht zur Konzernrechnungslegung und Abgrenzung des Konsolidierungskreises, WPg 2011, 761; v. Keitz/Ewelt, Die Möglichkeit der beherrschenden Einflussnahme zur Abgrenzung des Vollkonsolidierungskreises, IRZ 2010, 447; v. Wysocki, Konzernabschluß: Aufstellungs- und Einbeziehungspflichten nach neuem Recht, WPg 1987, 277 (= ZfbF 1987, 274); Zwingmann, Zur Einbeziehung von Tochterunternehmen in den Konzernabschluß – Kritik an den Vorschriften der §§ 295 und 296 HGB, DStR 1994, 1547.

Übersicht

I. Bedeutung

1   § 296 schränkt die Gültigkeit des Vollständigkeitsgebots (§ 294 Abs. 1) ein, nach dem grundsätzlich alle Tochterunternehmen in den Konzernabschluss einzubeziehen sind. Im Einzelnen nennt § 296 folgende, jeweils **selbstständig** anwendbare Ausnahmetatbestände, bei deren Vorliegen auf die Einbeziehung verzichtet werden kann **(Möglichkeit der Nichteinbeziehung)**:

– Erhebliche und andauernde Beschränkungen beeinträchtigen die Ausübung wesentlicher Rechte des Mutterunternehmens nachhaltig (Abs. 1 Nr. 1).
– Die für die Aufstellung des Konzernabschlusses erforderlichen Angaben sind nur mit unverhältnismäßig hohen Kosten oder unangemessenen Verzögerungen zu erhalten (Abs. 1 Nr. 2).
– Die Anteile des Tochterunternehmens werden ausschließlich zum Zweck ihrer Weiterveräußerung gehalten (Abs. 1 Nr. 3).
– Die Tochterunternehmen sind für die Vermittlung eines den tatsächlichen Verhältnissen entsprechenden Bildes der Vermögens-, Finanz- und Ertragslage von untergeordneter Bedeutung (Abs. 2).

Die Aufzählung in § 296 ist abschließend; weitere Ausnahmetatbestände existieren 2
nicht. Während die Ausnahmefälle nach Abs. 1 Nr. 2 sowie nach Abs. 2 auf **Wirtschaftlich-keits- und Wesentlichkeitsüberlegungen** beruhen, geht es in den anderen beiden Tatbe-ständen darum, die starre Verpflichtung gem. § 290 Abs. 2 zur Einbeziehung von Tochter-unternehmen bei Vorliegen bestimmter konzerntypischer Rechte „aufzuweichen". Ziel des Gesetzgebers war es, eine Abgrenzung des Konsolidierungskreises zu erreichen, die dem **Konzept der einheitlichen Leitung** gem. § 290 Abs. 1 aF (vorher § 329 AktG aF) ent-sprach.[1] Sowohl bei ausschließlicher Weiterveräußerungsabsicht als auch bei dauerhaften Beschränkungen der Rechteausübung in Bezug auf ein Tochterunternehmen ist nämlich davon auszugehen, dass das Mutterunternehmen dieses Tochterunternehmen gar **nicht** einheitlich leitet.[2] Gleichwohl kann eine Vollkonsolidierungspflicht über die konzerntypi-schen Rechte nach § 290 Abs. 2 gegeben sein, die allein auf das Vorhandensein **formaler Kriterien**, nicht aber auf die tatsächliche Beherrschungsmöglichkeit abstellen. Durch die Zulassung bestimmter Einbeziehungswahlrechte in § 296 sollen das Kriterium der **wirt-schaftlichen Abhängigkeit** und damit die Flexibilität der Unternehmen bei der Einbezie-hung aufgrund konzerntypischer Rechte gestärkt werden.[3]

Fraglich ist allerdings, ob im Fall des Abs. 1 Nr. 1 nicht ein Einbeziehungsverbot 3
angemessener gewesen wäre. Wenn das Mutterunternehmen iSd § 290 Abs. 1 keinen beherrschenden Einfluss ausüben kann, müsste man konsequenterweise die Einbeziehung des betreffenden Tochterunternehmens verbieten.[4] Allenfalls könnte ein Wahlrecht damit begründet werden, dass die Grenzen einer erheblichen und andauernden Beschränkung fließend sind und der Gesetzgeber daher auf eine klare Verbotsvorschrift verzichten wollte.

Trotz der vom Gesetzgeber intendierten Möglichkeit einer flexibleren Gestaltung des 4
Konsolidierungskreises sollte nach hM von der Ausübung der Einbeziehungswahlrechte **restriktiv** Gebrauch gemacht werden.[5] Dies kann zum einen mit dem Vollständigkeitsgebot, zum anderen mit der Verhinderung von Bilanzpolitik (zB Ergebnisverlagerungen) begründet werden. Gegebenenfalls ist für jeden Stichtag zu prüfen, ob die Voraussetzungen für die Ausübung des Wahlrechts noch vorliegen; wenn nicht, ist die Einbeziehung spätestens ab dem Zeitpunkt erforderlich, an dem sie entfallen sind.[6]

Die Einbeziehungswahlrechte gelten für jedes einzelne Tochterunternehmen. Nur bei 5
dem Tatbestand der untergeordneten Bedeutung (Abs. 2) ist zusätzlich zu prüfen, ob meh-rere Tochterunternehmen, die jeweils für sich betrachtet von untergeordneter Bedeutung sind, auch in der Summe von untergeordneter Bedeutung sind **(Gesamtbetrachtung)**.

Wird ein Tochterunternehmen aufgrund eines der genannten Wahlrechte nicht einbe- 6
zogen, muss geprüft werden, ob anstelle einer Vollkonsolidierung die Anwendung der **Equity-Methode** gem. § 311 geboten ist. Obwohl der Gesetzgeber nicht ausdrücklich darauf hinweist, dass § 311 über die Einbeziehung von assoziierten Unternehmen unberührt bleibt, wenn ein Tochterunternehmen nicht durch Vollkonsolidierung einbezogen wird, ist davon auszugehen, dass die Equity-Methode erst recht für solche Tochterunternehmen in Frage kommt, die aufgrund eines Wahlrechts von der Vollkonsolidierung ausgenommen

---

[1]   Vgl. BT-Drs. 10/4268, 114.

[2]   Vgl. ADS Rn. 2; Biener/Schatzmann Konzern-Rechnungslegung S. 25; Busse v. Colbe/Ordelheide/ Gebhardt/Pellens Konzernabschlüsse Kap. 2 III. 4.2.1; HdK/Sahner/Sauermann Rn. 1 f., 6; Maas/ Schruff WPg 1986, 208 f.; Staub/Kindler Rn. 3; Zwingmann DStR 1994, 1548, 1550, 1552.

[3]   Vgl. Baetge/Kirsch/Thiele Konzernbilanzen Kap. III. 322.2.; HKMS/Götz/Hachmeister Rn. 18; v. Keitz/Ewelt IRZ 2010, 452.

[4]   Vgl. ADS Rn. 14; Baetge/Kirsch/Thiele Konzernbilanzen Kap. III. 322.2; Beck HdR/Ebeling/Ernst C 210 Rn. 28; Busse von Colbe ZfbF 1985, 766; Busse von Colbe/Chmielewicz DBW 1986, 331; Busse v. Colbe/Ordelheide/Gebhardt/Pellens Konzernabschlüsse Kap. 2 III. 4.2.1; Havermann FS Goer-deler, 1987, 186; HdK/Sahner/Sauermann Rn. 6; Schildbach/Feldhoff KonzAbschl. E.1.3.1.; v. Keitz/ Ewelt IRZ 2010, 452; v. Wysocki WPg 1987, 281; Zwingmann DStR 1994, 1548.

[5]   Vgl. ADS Rn. 3; BeBiKo/Störk/Deubert Rn. 2; Beck HdR/Ebeling/Ernst C 210 Rn. 24; Sahner/ Kammers DB 1983, 2211; Staub/Kindler Rn. 1.

[6]   Vgl. DRS 19.79.

werden.[7] Eine Quotenkonsolidierung der gem. § 296 nicht vollkonsolidierten Tochterunternehmen kommt hingegen nicht in Frage, da sich die Voraussetzungen für die Anwendung der Vollkonsolidierung und der Quotenkonsolidierung konzeptionell ausschließen.[8]

7   Weiterhin ist bei der Ausübung der Einbeziehungswahlrechte der **Stetigkeitsgrundsatz** zu beachten.[9] Obwohl sich der Gesetzeswortlaut in § 297 Abs. 3 S. 2 nur auf die stetige Anwendung der „Konsolidierungsmethoden" bezieht und die Abgrenzung des Konsolidierungskreises keine solche Methode darstellt, wird die Beachtung der Stetigkeit nach hM damit begründet, dass die Einhaltung der Generalnorm nach § 297 Abs. 2 S. 2, ein den tatsächlichen Verhältnissen entsprechendes Bild der Vermögens-, Finanz- und Ertragslage zu vermitteln, willkürliche Wechsel in der Ausübung der Wahlrechte ausschließt.[10] Änderungen in der Ausübung „sind nur insoweit zulässig bzw. notwendig, als die Voraussetzungen für die Inanspruchnahme entfallen sind, eine geänderte Ausübung die Aussagekraft des Konzernabschlusses verbessert oder die Auswirkungen unwesentlich sind".[11]

8   § 296 Abs. 1 wird durch DRS 19.78–100, Abs. 1 Nr. 1 durch DRS 19.81–86, Nr. 2 durch DRS 19.87–93, Nr. 3 durch DRS 19.94–100, Abs. 2 durch DRS 19.78–80, 19.101–106, Abs. 3 durch DRS 19.115–118 konkretisiert.[12]

II. Erhebliche und andauernde Beschränkungen der Rechteausübung (Abs. 1 Nr. 1)

9   **1. Grundsatz.** Mutterunternehmen können auf die Einbeziehung eines Tochterunternehmens verzichten, wenn „erhebliche und andauernde Beschränkungen die Ausübung der Rechte des Mutterunternehmens in Bezug auf das Vermögen oder die Geschäftsführung dieses Unternehmens nachhaltig beeinträchtigen". Abs. 1 Nr. 1 setzt Art. 23 Abs. 9 lit. c Ziff. i Bilanz-RL um (früher Art. 13 Abs. 3 lit. a aa RL 83/349/EWG). Die Beschränkungen können sich auf Rechte beziehen, die dem Mutterunternehmen selbst oder gem. § 290 Abs. 3 einem Tochterunternehmen oder Dritten gehören, die für Rechnung des Mutterunternehmens oder von Tochterunternehmen handeln.

10   Gravierende Beschränkungen der Rechteausübung in Bezug auf Vermögen oder Geschäftsführung dürften grundsätzlich mit dem Fehlen eines Control-Verhältnisses gem. § 290 Abs. 1 gleichgesetzt werden können.[13] Das Wahlrecht in Abs. 1 Nr. 1 kann daher praktische Relevanz nur für solche Fälle erlangen, in denen ein konzerntypisches Recht iSd § 290 Abs. 2 gegeben ist. Ziel der Vorschrift ist es, Mutterunternehmen die Möglichkeit zu geben, solche Tochterunternehmen aus der Vollkonsolidierung wegzulassen, die zwar die **formalen Kriterien** iSd § 290 Abs. 2 erfüllen, gleichzeitig aber **materiell** kein Tochterunternehmen darstellen, weil es an der beherrschenden Einflussmöglichkeit mangelt (→ Rn. 2). DRS 19.81 empfiehlt daher die einheitliche Ausübung dieses Wahlrechts im Sinne eines Einbeziehungsverzichts.

---

7   Vgl. ADS Rn. 34; Baetge/Kirsch/Thiele Konzernbilanzen Kap. III. 322.1; BeBiKo/Störk/Deubert Rn. 55; Beck HdR/Ebeling/Ernst C 210 Rn. 66; Coenenberg/Haller/Schultze Jahresabschluss 665 f.; Dusemond DB 1994, 1737; HdK/Sahner/Sauermann Rn. 33; Kölner Komm RechnungslegungsR/Claussen/Scherrer Rn. 41; Scherrer Konzernrechnungslegung S. 71 f., 80; Schildbach/Feldhoff Konz-Abschl. E.1.1. und E.1.5.; Staub/Kindler Rn. 22 f.; v. Wysocki/Wohlgemuth/Brösel Konzernrechnungslegung S. 76; WP-HdB G Rn. 180.

8   Vgl. Baetge/Kirsch/Thiele Konzernbilanzen Kap. III. 322.1.

9   Vgl. DRS 19.80; Baetge/Kirsch/Thiele Konzernbilanzen Kap. III. 322.1.; BeBiKo/Störk/Deubert Rn. 3; Beck HdR/Ebeling/Ernst C 210 Rn. 25; Coenenberg/Haller/Schultze Jahresabschluss 660 f., 666; HdK/Sahner/Sauermann Rn. 4; HKMS/Götz/Hachmeister Rn. 9; Staub/Kindler Rn. 1.

10 Vgl. ADS Rn. 5; BeBiKo/Störk/Deubert Rn. 44; WP-HdB G Rn. 182.

11 DRS 19.80.

12 Vgl. DRS 19.2; s. dazu Landgraf/Roos KoR 2011, 366; Stibi/Kirsch/Ewelt-Knauer WPg 2011, 761.

13 Vgl. Arbeitskreis Externe Unternehmensrechnung ZfbF-Sonderheft 21/1987, 32; Busse v. Colbe/Ordelheide/Gebhardt/Pellens Konzernabschlüsse Kap. 2 III. 4.2.1; Havermann FS Goerdeler, 1987, 186; HdK/Sahner/Sauermann Rn. 6; Sahner/Kammers DB 1983, 2211; Staub/Kindler Rn. 4; v. Keitz/Ewelt IRZ 2010, 450; v. Wysocki/Wohlgemuth/Brösel Konzernrechnungslegung S. 77; Zwingmann DStR 1994, 1548.

Allerdings ist auch bei Hinweis auf die Beschränkung konzerntypischer Rechte zunächst **11** zu prüfen, ob nicht bereits ein **Einbeziehungsverbot** mangels Existenz des Rechts gem. § 290 Abs. 2 gegeben ist. Die Antwort auf diese Frage hängt davon ab, ob erheblich und andauernd beschränkte Rechte des Mutterunternehmens bereits gem. § 290 Abs. 3 von den „zustehenden" Rechten „abzuziehen" sind[14] (→ § 290 Rn. 66 ff.; str.). Allgemein lassen sich bei der Beschränkung der Rechtsausübung zwei Fälle unterscheiden:[15]
– die **rechtliche** (oder auch schriftliche) Form, bei der eine Beeinträchtigung insbesondere durch satzungsmäßige oder vertragliche Regelungen (zB Vetoklauseln oder qualifizierte Mehrheitserfordernisse), aber auch durch bestimmte gesetzliche Vorschriften ausländischer Staaten gegeben sein kann;
– die **tatsächliche** (oder auch schriftlose) Form, die durch eine Beeinträchtigung der Rechte insbesondere aufgrund politischer oder wirtschaftlicher Umstände gekennzeichnet ist.

Bei der **rechtlichen Form** der Beeinträchtigung, also bei gesetzlichen, satzungsmäßi- **12** gen oder vertraglichen Beschränkungen, kann die Notwendigkeit bestehen, die beschränkten Rechte von denen, die dem Mutterunternehmen zustehen, wie vorerwähnt abzuziehen. Mithin ist davon auszugehen, dass bei Beschränkungen rechtlicher Art das Einbeziehungswahlrecht des Abs. 1 Nr. 1 nicht greift, sondern stattdessen nach § 290 Abs. 2 und 3 ein Einbeziehungsverbot folgt. Relevanz kann das Wahlrecht allenfalls erlangen, wenn sich in der Praxis Fragen der Abgrenzung einer wesentlichen Beeinträchtigung ergeben, so dass es sinnvoll erscheint, Grenzfälle in das Ermessen gem. Abs. 1 zu stellen[16] (→ Rn. 3). ZB könnte der Fall vorliegen, dass Stimmrechtsbeschränkungen nur für bestimmte Entscheidungen gelten.

Abgesehen von diesen praktischen Abgrenzungsfällen erlangt Abs. 1 Nr. 1 aber auch in **13** all den Situationen Bedeutung, in denen tatsächliche oder **schriftlose Beeinträchtigungen** vorliegen. Beispiele hierfür sind Beschränkungen der Rechte durch Staatseingriffe in die Verfügungsgewalt des Mutterunternehmens (im Einzelnen Betätigungsbeschränkungen in Gesellschaftsorganen, Produktionsbeschränkungen, Preisfestsetzungen, Devisenbewirtschaftung), aber auch durch Naturgewalten, sofern sie erheblich und andauernd sind.[17]

Für den Fall eines Verzichts auf Vollkonsolidierung stellt sich die Frage, ob das nichtein- **14** bezogene Tochterunternehmen allenfalls nach der **Equity-Methode** konsolidiert werden muss. Diese Frage ist zu bejahen, wenn das Mutterunternehmen trotz erheblicher und andauernder Beschränkungen in der Ausübung seiner Rechte bezüglich Vermögen oder Geschäftsführung des betroffenen Tochterunternehmens dennoch einen maßgeblichen Einfluss auf die Geschäfts- und Finanzpolitik dieses Tochterunternehmens **tatsächlich** ausübt (§ 311 Abs. 1) und es für die Vermittlung eines den tatsächlichen Verhältnisses entsprechenden Bildes der Vermögens-, Finanz- und Ertragslage nicht von untergeordneter Bedeutung ist (§ 311 Abs. 2). Weiterhin muss die Voraussetzung einer Beteiligung gem. § 271 Abs. 1 beachtet werden, die aber regelmäßig vorliegen dürfte.

2. Anwendungskriterien. Der Gesetzgeber führt nicht aus, unter welchen **konkre-** **15** **ten Bedingungen** erhebliche und andauernde Beschränkungen die Ausübung der Rechte des Mutterunternehmens in Bezug auf das Vermögen oder die Geschäftsführung nachhaltig beeinträchtigen. Aufgrund hM lassen sich jedoch folgende Aussagen treffen:

a) Vermögensbeschränkungen. Die Beschränkungen der Rechtsausübung können **16** sich einmal auf die Geschäftsführung insgesamt, zum anderen auch auf das Vermögen

---

14 Vgl. Busse v. Colbe/Ordelheide/Gebhardt/Pellens Konzernabschlüsse Kap. 2 III. 3.1.1 und 4.2.1.
15 Vgl. DRS 19.82; ADS Rn. 9 ff.; BeBiKo/Störk/Deubert Rn. 6; HKMS/Götz/Hachmeister Rn. 21; Kölner Komm RechnungslegungsR/Claussen/Scherrer Rn. 12; Maas/Schruff WPg 1986, 209; v. Wysocki/Wohlgemuth/Brösel Konzernrechnungslegung S. 77; WP-HdB G Rn. 160.
16 Vgl. Busse v. Colbe/Ordelheide/Gebhardt/Pellens Konzernabschlüsse Kap. 2 III. 4.2.1.
17 Vgl. ADS Rn. 11; Arbeitskreis Externe Unternehmensrechnung ZfbF-Sonderheft 21/1987, 30 f.; Busse v. Colbe/Ordelheide/Gebhardt/Pellens Konzernabschlüsse Kap. 2 III. 4.2.1; Kölner Komm RechnungslegungsR/Claussen/Scherrer Rn. 12; v. Wysocki WPg 1987, 281; v. Wysocki/Wohlgemuth/Brösel Konzernrechnungslegung S. 78.

beziehen. Vermögensbeschränkungen iSd Abs. 1 Nr. 1 liegen nur dann vor, wenn zumindest wesentliche Teile des Vermögens (ggf. einschließlich des Gewinns) betroffen sind. Verfügungsbeschränkungen über einzelne Vermögensgegenstände – wie zB bei **Sicherungsübereignungen** gegeben – genügen im Allgemeinen nicht zur Inanspruchnahme des Einbeziehungswahlrechts.[18] Das Gleiche gilt auch für die bloße „Möglichkeit" der Verfügungsbeschränkung und für bloß vorübergehende oder geringe Beeinträchtigungen.[19] Erhebliche Vermögensbeschränkungen werden in der Literatur insbesondere für nachstehende Fälle diskutiert.

17   Bei rechtlich selbstständigen **Unterstützungskassen** und ähnlichen Versorgungseinrichtungen kam früher das Einbeziehungswahlrecht gem. § 296 Abs. 1 Nr. 1 in Frage (und wurde auch regelmäßig angewandt), sofern Gemeinnützigkeit gegeben war, denn diese bedeutete ua, dass im Auflösungsfall das Vermögen an soziale Einrichtungen übergeht. Vom IDW wurde die Unternehmenseigenschaft iSd § 290 Abs. 1 S. 1 für Unterstützungskassen überhaupt verneint.[20] Nach jetziger Rechtslage ist das **nicht mehr möglich,**[21] weil für Zweckgesellschaften iSd § 290 Abs. 2 Nr. 4 die Beherrschungsmöglichkeit ohne konzerntypisches Recht zwingend vermutet wird, nebst Unternehmen auch sonstige privatrechtliche Organisationsformen Zweckgesellschaften sein können (→ § 290 Rn. 48 ff.) und Unterstützungskassen, auch rechtlich unselbständige, regelmäßig als Zweckgesellschaft qualifizieren (bezüglich fehlendem Geschäftsführungsrecht → Rn. 22).

18   Bei Tochterunternehmen, die in einem **Insolvenzverfahren** stehen, wird das Vermögen beschlagnahmt. Damit verliert das Mutterunternehmen das Recht, über das zur Insolvenzmasse gehörende Unternehmen zu verfügen oder es zu verwalten. Die Möglichkeit des Mutterunternehmens, einen beherrschenden Einfluss gem. § 290 Abs. 1 auszuüben, erlischt. Streitig ist, ob grundsätzlich eine Einbeziehung über die Existenz konzerntypischer Rechte iSd § 290 Abs. 2 möglich oder geboten ist (→ Rn. 11). Bejaht man dies, dürften die Voraussetzungen des Abs. 1 Nr. 1 als erfüllt betrachtet werden.[22] Dies gilt jedoch nicht rückwirkend für das abgelaufene Geschäftsjahr, wenn das Insolvenzverfahren erst innerhalb der Aufstellungsfrist für den Konzernabschluss eröffnet wird.[23]

19   Im Fall der freiwilligen **Liquidation** des Tochterunternehmens ist die Verfügungsgewalt über das Vermögen nicht beschränkt, da die Liquidation von den Verantwortlichen (idR das Mutterunternehmen) in eigener Regie getätigt wird. Die Nichteinbeziehung des Tochterunternehmens aufgrund von Abs. 1 Nr. 1 kommt daher grundsätzlich nicht in Betracht.[24] Bei einer **Enteignung** muss diese tatsächlich stattgefunden haben und von voraussichtlicher Dauer sein; eine nur drohende Enteignung reicht hingegen nicht als Grund für ein Einbeziehungswahlrecht.[25] „Solange im Einzelabschluss nach dem Going Concern-Grundsatz bewertet wird, muss […] einbezogen werden."[26]

---

[18]   Vgl. DRS 19.83; ADS Rn. 7; BeBiKo/Störk/Deubert Rn. 8; Busse v. Colbe/Ordelheide/Gebhardt/Pellens Konzernabschlüsse Kap. 2 III. 4.2.1; HKMS/Götz/Hachmeister Rn. 23; Kölner Komm RechnungslegungsR/Claussen/Scherrer Rn. 6; Staub/Kindler Rn. 6; WP-HdB G Rn. 161.

[19]   Vgl. DRS 19.84; ADS Rn. 11; HdK/Sahner/Sauermann Rn. 9; Maas/Schruff WPg 1986, 209; Schildbach/Feldhoff KonzAbschl. E.1.3.2.; v. Wysocki/Wohlgemuth/Brösel Konzernrechnungslegung S. 77; WP-HdB G Rn. 164.

[20]   Vgl. IDW WPg 1988, 341 (die Stellungnahme SABI 1/1988 ist mittlerweile aufgehoben).

[21]   Vgl. DRS 19.46 f.; BeBiKo/Störk/Deubert Rn. 13; Oser/Weidle IRZ 2012, 64 f.

[22]   Vgl. DRS 19.85; ADS Rn. 12; BeBiKo/Störk/Deubert Rn. 11; Beck HdR/Ebeling/Ernst C 210 Rn. 37; Busse v. Colbe/Ordelheide/Gebhardt/Pellens Konzernabschlüsse Kap. 2 III. 4.2.1; HKMS/Götz/Hachmeister Rn. 32; Kölner Komm RechnungslegungsR/Claussen/Scherrer Rn. 16; Schildbach/Feldhoff KonzAbschl. E.1.3.2.; Staub/Kindler Rn. 6; v. Wysocki/Wohlgemuth/Brösel Konzernrechnungslegung S. 77.

[23]   So BeBiKo/Störk/Deubert Rn. 11; HKMS/Götz/Hachmeister Rn. 32.

[24]   DRS 19.85 hält diese für denkbar; ebenso Busse v. Colbe/Ordelheide/Gebhardt/Pellens Konzernabschlüsse Kap. 2 III. 4.2.1; aA Kölner Komm RechnungslegungsR/Claussen/Scherrer Rn. 17; iE s. BeBiKo/Störk/Deubert Rn. 11.

[25]   Vgl. ADS Rn. 12; Beck HdR/Ebeling/Ernst C 210 Rn. 30; Kölner Komm RechnungslegungsR/Claussen/Scherrer Rn. 12, 14; aA v. Wysocki/Wohlgemuth/Brösel Konzernrechnungslegung S. 78.

[26]   Busse v. Colbe/Ordelheide/Gebhardt/Pellens Konzernabschlüsse Kap. 2 III. 4.2.1.

b) Geschäftsführungsbeschränkungen. Erhebliche Beschränkungen in der Aus- 20
übung der Geschäftsführung sind dann zu erwarten, wenn Pläne und Maßnahmen des
Mutterunternehmens in Bezug zB auf die Investitions- oder Finanzpolitik, das Operations
Management, die Einkaufs- oder Absatzpolitik oder die Unternehmenspolitik allgemein
wesentlich behindert werden, so dass das Mutterunternehmen „weitgehend in die Rolle
nur eines Halters von Anteilen gedrängt ist".[27] Liegt eine solche Situation vor, müssten –
wie in allen bereits genannten Fällen von gravierenden und andauernden Beschränkungen
in der Rechteausübung – die entsprechenden Anteile im Konzernabschluss als solche unter
den Finanzanlagen erscheinen und nicht die hinter den Anteilen stehenden Vermögensgegenstände und Schulden. Auf die Einbeziehung des Tochterunternehmens wäre somit unter
betriebswirtschaftlichen Aspekten zu verzichten (→ Rn. 3 f.). Ein Einbeziehungsverbot
nach HGB besteht jedoch nicht; der Gesetzgeber beschränkt sich in § 296 auf die Gewährung eines Wahlrechts. Allerdings geht die hM davon aus, dass die Regelung zumindest
restriktiv auszulegen ist.

Als mögliche Anwendungsfälle einer eingeschränkten Geschäftsführung werden bei 21
inländischen Tochterunternehmen insbesondere Beschränkungen durch Einstimmigkeits-
bzw. qualifizierte Mehrheitserfordernisse, Mitwirkungs- oder Zustimmungserfordernisse,
Stimmbindungsverträge, **Entherrschungsverträge** usw. diskutiert.[28] So ist denkbar, dass
aufgrund gesellschaftsrechtlicher oder satzungsmäßiger Bestimmungen für alle wesentlichen
Entscheidungen eine qualifizierte Mehrheit von 75% vorgesehen ist, die eine Beherrschung
durch das Mutterunternehmen tatsächlich verhindert. Weiterhin kann die Beherrschungsmöglichkeit auch dann verneint werden, wenn trotz Vorliegens konzerntypischer Rechte
(§ 290 Abs. 2) Mutter- und Tochterunternehmen einen sog. Entherrschungsvertrag abgeschlossen haben, in dem sich das Mutterunternehmen zB verpflichtet, sein Mehrheitsstimm-
recht nicht auszuüben.[29] Wie aber bereits in → Rn. 11 f. ausgeführt, können diese in
der Literatur häufig genannten Fälle insoweit nicht überzeugen, als die Beschränkungen
rechtlicher Art schon bei der Ermittlung konzerntypischer Rechte iSd § 290 Abs. 2 und 3
berücksichtigt werden müssen. Dies bedeutet zB, dass ein Mutterunternehmen bei rechtlich
geregelten, hinreichend umfänglichen Stimmrechtsbeschränkungen gar nicht über die
Mehrheit der Stimmrechte iSd § 290 Abs. 2 Nr. 1 beim anderen Unternehmen verfügt und
schon deswegen auf die Einbeziehung dieses Unternehmens verzichten muss: Statt eines
Wahlrechts nach § 296 greift ein Verbot nach § 290.[30]

Zweckgesellschaften iSd § 290 Abs. 2 Nr. 4 sind kein Anwendungsfall von § 296 22
Abs. 1 Nr. 1, da hier eine wirtschaftliche Betrachtungsweise auf Basis der Mehrheit der
Chancen und Risiken zur Bestimmung des beherrschenden Einflusses verlangt ist (→ § 290
Rn. 48 ff.). Wo die für die Ausübung der Finanz- und Geschäftspolitik erforderlichen
Rechte liegen, ist dabei unerheblich, weil sie nicht dem formellen Inhaber, sondern dem
die Mehrheit der Chancen und Risiken tragenden Mutterunternehmen zugerechnet wer-
den.[31] Dies gilt auch und gerade für sog. **Autopilot-Mechanismen,** bei denen keine
laufende Einflussnahme des Mutterunternehmens notwendig ist.

Darüber hinaus scheiden **Beschränkungen aufgrund gesetzlicher Regelungen** – 23
zumindest bei inländischen Tochterunternehmen – als mögliche Anwendungsfälle des Einbeziehungswahlrechts aus. Da solche Verfügungsbeschränkungen zB in der Art kartellrecht-
licher, umweltschutzrechtlicher oder behördlicher Auflagen generell für eine Branche oder

---

[27] Busse v. Colbe/Ordelheide/Gebhardt/Pellens Konzernabschlüsse Kap. 2 III. 4.2.1.
[28] Vgl. DRS 19.82, 85; ADS Rn. 8, 12; BeBiKo/Störk/Deubert Rn. 6, 11; Beck HdR/Ebeling/Ernst
C 210 Rn. 27, 32; WP-HdB G Rn. 162; aA Kölner Komm RechnungslegungsR/Claussen/Scherrer
Rn. 13 f.
[29] Vgl. Jäger DStR 1995, 1116.
[30] AA die hM; vgl. etwa BeBiKo/Störk/Deubert Rn. 11 mwN.
[31] Vgl. DRS 19.85 f.; BeBiKo/Störk/Deubert Rn. 12 f.; Beck HdR/Ebeling/Ernst C 210 Rn. 33; Gahlen
BB 2010, 2880; Gelhausen/Deubert/Klöcker DB 2010, 2009; Küting/Seel DStR 2009, Beiheft 36,
39 f.; Küting/Seel BB 2010, 1463; v. Wysocki/Wohlgemuth/Brösel Konzernrechnungslegung S. 78;
WP-HdB G Rn. 165; aA Kölner Komm RechnungslegungsR/Claussen/Scherrer Rn. 5.

Region gelten, können sie nicht als spezifische Beschneidung der Rechte des Mutterunternehmens gesehen werden.[32] Anders stellt sich die Situation bei **Auslandstöchtern** dar, wenn etwa in deren Sitzland Ausländern gesetzlich verboten wird, ihr Vorstands- oder Aufsichtsratsmandat auszuüben oder das Tochterunternehmen unter staatliche Zwangsverwaltung gestellt wird. In diesen Fällen, sofern die Kriterien der Erheblichkeit, Dauerhaftigkeit und Nachhaltigkeit zutreffen, wird die Anwendbarkeit des Einbeziehungswahlrechts zu bejahen sein. Beschränkungen in der Transferierbarkeit von Vermögen, Schulden (Darlehen) oder Gewinnen hingegen werden – für sich allein betrachtet – keinen stichhaltigen Grund für eine Nichteinbeziehung des Tochterunternehmens darstellen; andere Beschränkungen müssen hier als Gründe hinzutreten.[33]

24   **c) Erhebliche und andauernde Beschränkungen sowie nachhaltige Beeinträchtigung.** Unabhängig davon, ob es sich um vermögensrechtliche Beschränkungen oder um solche der Geschäftsführung handelt, ergibt sich ein Wahlrecht nach Abs. 1 Nr. 1 nur dann, wenn die Beschränkungen **erheblich** und **andauernd** sind sowie die Ausübung der Rechte des Mutterunternehmens **nachhaltig** beeinträchtigen.

25   **Erhebliche Beschränkungen** sind derart restriktiv, dass eine Beherrschung nicht mehr möglich ist.[34] Allerdings ist zu beachten, dass die Beherrschung nicht zwangsläufig die volle Entscheidungsfreiheit des Mutterunternehmens erfordert. Dies ist zB dann gegeben, wenn die Verfügungsbeschränkungen nicht grundsätzlich gegen das Leitungskonzept oder die Unternehmenspolitik des Konzerns verstoßen. So können Tätigkeitsverbote für Manager des Mutterunternehmens in Gesellschaftsorganen eines ausländischen Tochterunternehmens die Einflussmöglichkeiten stark einschränken. Ob daraus jedoch ein Einbeziehungswahlrecht resultiert, hängt davon ab, ob die Geschäftspolitik des Mutterunternehmens hierdurch nachhaltig beeinträchtigt wird. Können die Maßnahmen und Pläne des Mutterunternehmens zB auch durch Manager aus dem Sitzland des Tochterunternehmens umgesetzt werden, wird man dies verneinen müssen.

26   Neben der Erheblichkeit der Beschränkungen verlangt der Gesetzgeber, dass sie **andauernd** sind und die Rechtausübung des Mutterunternehmens **nachhaltig** beeinträchtigen. Dies bedeutet zunächst, dass die Beschränkungen sowie die daraus resultierende Beeinträchtigung während des gesamten Geschäftsjahrs bestanden haben und bis zur Aufstellung des Konzernabschlusses fortbestehen **(vergangenheitsorientierte Betrachtung).**[35] Die hM fordert zusätzlich, dass das Mutterunternehmen prüfen muss, dass sie voraussichtlich von Dauer sind, dh mit ihrer Aufhebung bei Würdigung aller Umstände in absehbarer Zeit nicht zu rechnen ist **(zukunftsorientierte Betrachtung).**[36] Gemäß DRS 19.84 hingegen müssen sie nach dem Stichtag nicht mehr bestanden haben.

27   **3. IFRS.** Nach IAS 27 aF mussten ausdrücklich alle Tochterunternehmen einbezogen werden. Schon damals ging es **ausschließlich** darum, ob die **Beherrschungsmöglichkeit**

---

[32]   Vgl. DRS 19.82; ADS Rn. 8; BeBiKo/Störk/Deubert Rn. 6; Kölner Komm RechnungslegungsR/Claussen/Scherrer Rn. 7.

[33]   Vgl. ADS Rn. 12; Arbeitskreis Externe Unternehmensrechnung ZfbF-Sonderheft 21/1987, 30 f.; BeBiKo/Störk/Deubert Rn. 11; HKMS/Götz/Hachmeister Rn. 30; Schildbach/Feldhoff KonzAbschl. E.1.3.2.; v. Wysocki/Wohlgemuth/Brösel Konzernrechnungslegung S. 77 f.

[34]   Vgl. DRS 19.83, 19.85; ADS Rn. 8; Arbeitskreis Externe Unternehmensrechnung ZfbF-Sonderheft 21/1987, 30 f.; Baetge/Kirsch/Thiele Konzernbilanzen Kap. III. 322.2; BeBiKo/Störk/Deubert Rn. 7; Beck HdR/Ebeling/Ernst C 210 Rn. 31, 35; Busse v. Colbe/Ordelheide/Gebhardt/Pellens Konzernabschlüsse Kap. 2 III. 4.2.1; HdK/Sahner/Sauermann Rn. 10; Kölner Komm RechnungslegungsR/Claussen/Scherrer Rn. 10; Scherrer Konzernrechnungslegung S. 77; Schildbach/Feldhoff KonzAbschl. E.1.3.2.; Staub/Kindler Rn. 5; v. Wysocki WPg 1987, 281; v. Wysocki/Wohlgemuth/Brösel Konzernrechnungslegung S. 77 f.

[35]   Vgl. Biener/Schatzmann Konzern-Rechnungslegung 25; Coenenberg/Haller/Schultze Jahresabschluss 662.

[36]   Vgl. ADS Rn. 13; Baetge/Kirsch/Thiele Konzernbilanzen Kap. III. 322.2; BeBiKo/Störk/Deubert Rn. 10; Beck HdR/Ebeling/Ernst C 210 Rn. 36 ff.; HdK/Sahner/Sauermann Rn. 11; HKMS/Götz/Hachmeister Rn. 25; Kölner Komm RechnungslegungsR/Claussen/Scherrer Rn. 11; Scherrer Konzernrechnungslegung S. 77; Schildbach/Feldhoff KonzAbschl. E.1.3.2.; Staub/Kindler Rn. 8.

(control) im Einzelfall vorliegt oder nicht (→ § 294 Rn. 16, → § 294 Rn. 22). Mit Inkrafttreten von **IFRS 10** wurde die Aufzählung konzerntypischer Rechtspositionen, bei deren Vorliegen das control-Verhältnis widerlegbar vermutet wurde, ebenso hinfällig wie die Spezialregelung für special purpose entities; stattdessen zielt die Neuregelung auf eine umfassende Würdigung aller Umstände des Einzelfalls (→ § 294 Rn. 17). Im Rahmen der umfassenden Anhangangaben (→ § 294 Rn. 19) verlangt **IFRS 12** ggf. Angaben, die es ermöglichen sollen, Art und Umfang erheblicher Beschränkungen zu beurteilen, die den Zugang zu Vermögenswerten, deren Nutzung oder die Begleichung von Schulden von Konzernunternehmen betreffen (IFRS 12.10(b)(i); die konkreten Angaben umschreibt IFRS 12.13).

Wo mangels control-Verhältnis eine Vollkonsolidierung nicht (mehr) in Frage kommt, **28** kann sehr wohl ein **maßgeblicher Einfluss** vorliegen (significant influence = **Möglichkeit,** an den finanz- und geschäftspolitischen Entscheidungen des Beteiligungsunternehmens mitzuwirken). Bejahendenfalls ist das betreffende Beteiligungsunternehmen als assoziiertes Unternehmen nach der Equity-Methode in den Konsolidierungskreis iwS aufzunehmen (IAS 28). Wo auch diese Einflussmöglichkeit nicht (mehr) besteht, sind die betreffenden Anteile als Finanzinstrumente iSd IFRS 9 zu behandeln.

III. Unverhältnismäßig hohe Kosten oder unangemessene Verzögerungen (Abs. 1 Nr. 2)

1. Grundsatz. Auf die Einbeziehung eines Tochterunternehmens kann verzichtet wer- **29** den, wenn „die für die Aufstellung des Konzernabschlusses erforderlichen Angaben nicht ohne unverhältnismäßig hohe Kosten oder unangemessene Verzögerungen zu erhalten sind" (Abs. 1 Nr. 2). Diese Vorschrift setzt Art. 23 Abs. 9 lit. a Bilanz-RL (früher Art. 13 Abs. 3 lit. b RL 83/349/EWG) um. Ziel ist zum einen, dem **Grundsatz der Wirtschaftlichkeit** auch explizit im Gesetz Geltung zu verschaffen: Zwischen den Kosten und dem Nutzen der Informationsbeschaffung muss ein angemessenes Verhältnis bestehen. Zum anderen geht es darum, den Unternehmen die Einhaltung der Aufstellungs- und Publizitätspflichten selbst dann zu ermöglichen, wenn Angaben ohne eigenes Verschulden nicht rechtzeitig zu erhalten sind.[37]

Das Wort „unangemessen[e]" wurde durch das **BilRUG** in Abs. 1 Nr. 2 eingefügt. Die **30** Änderung ist rein redaktionell; sie beruht darauf, dass die Bilanz-RL eine gegenüber der früheren RL 83/349/EWG (7. EG-Richtlinie) geänderte Formulierung aufweist.[38] Nicht ins HGB übernommen wurde somit deren deutliche Verschärfung: „Es liegt der äußerst seltene Fall vor, dass die für die Aufstellung eines konsolidierten Abschlusses nach dieser Richtlinie erforderlichen Angaben nicht ohne unverhältnismäßig hohe Kosten oder ungebührliche Verzögerungen zu erhalten sind".[39]

Wird ein Tochterunternehmen aufgrund von Abs. 1 Nr. 2 nicht durch Vollkonsolidie- **31** rung in den Konzernabschluss einbezogen, ist zu prüfen, ob zumindest die Anwendung der **Equity-Methode** in Frage kommt. Diese scheidet nicht von vornherein aus, da die **Informationsanforderungen** an die Equity-Methode gem. § 312 Abs. 5 und 6 grundsätzlich **geringer** sind als an eine Vollkonsolidierung.[40] Im Fall assoziierter Unternehmen sind damit unverhältnismäßige Kosten oder unangemessene Verzögerungen des Konzernabschlusses deutlich weniger wahrscheinlich als im Fall voll zu konsolidierender Tochterunternehmen.

2. Anwendungskriterien. Unklar ist, unter welchen **konkreten Bedingungen** das **32** Wahlrecht nach Abs. 1 Nr. 2 in Anspruch genommen werden kann, da es kaum objektive Anhaltspunkte gibt, mit denen sich die Kriterien unverhältnismäßig hoher Kosten oder

---

[37] Vgl. DRS 19.88.
[38] So Begr. RegE BT-Drs. 18/4050, 71; vgl. dazu Zwirner BilRUG 558 f.
[39] Die Formulierung der RL 83/349/EWG (7. EG-Richtlinie) hingegen hatte jener des Abs. 1 Nr. 2 entsprochen.
[40] Vgl. Beck HdR/Ebeling/Ernst C 210 Rn. 68; HKMS/Götz/Hachmeister Rn. 81; Pollmann DStR 2014, 1733.

unangemessener Verzögerungen feststellen ließen. Nach DRS 19.89 gelten die **Kosten** dann als **unverhältnismäßig hoch,** „wenn ein deutliches Missverhältnis zwischen zu erwartendem Aufwand und dem aus der Einbeziehung resultierenden Informationszuwachs besteht. Dabei sind sämtliche relevante Faktoren (Sitz, Größe und Tätigkeit des Unternehmens, Organisation des Rechnungswesens, Intensität konzerninterner Verflechtungen, Erwartungen der Adressaten etc) zu berücksichtigen."[41] Als Vergleichsgröße abgelehnt werden mangels Objektivität die Kosten für die Einbeziehung eines vergleichbaren Unternehmens in vergleichbarer Lage.[42] So dürften Mehrkosten gegenüber anderen Unternehmen in vergleichbarer Lage vor allem auf Mängel der eigenen Prozesse oder Systeme zurückzuführen sein.[43] Keinesfalls kann sich ein Unternehmen auf das Einbeziehungswahlrecht wegen Mehrkosten berufen, die auf eine nicht gesetzeskonforme Rechnungslegung des Tochterunternehmens zurückzuführen sind.[44] Weiterhin müssen auch Tochterunternehmen grundsätzlich einbezogen werden, die systematisch höhere Kosten im Rahmen der Beschaffung der für die Einbeziehung erforderlichen Angaben aufweisen.

33   Schließlich ist zu beachten, dass sich die Kosten eindeutig auf die Beschaffung der Informationen, **nicht** aber auf die Aufstellung des Konzernabschlusses selbst beziehen.[45] Unberücksichtigt müssen auch Kosten bleiben, die aus den mit einer Einbeziehung des Tochterunternehmens verbundenen **Publizitätswirkungen** (zB aufgrund von Wettbewerbsnachteilen) resultieren können. Insgesamt bleibt festzuhalten, dass der Tatbestand unverhältnismäßig hoher Kosten nach einhelliger Literaturmeinung äußerst **restriktiv** auszulegen ist und nur in Ausnahmefällen die Nichteinbeziehung eines Tochterunternehmens begründen kann.[46] Der Beachtung des Vollständigkeitsgrundsatzes wird eindeutig der Vorrang eingeräumt.

34   Auch für den Tatbestand der **unangemessenen Verzögerungen** gilt das Primat der restriktiven Auslegung. Ebenso wenig wie bei den Kosten liegen hier objektive Größen für die Beurteilung vor, wann eine Nichteinbeziehung gerechtfertigt ist.[47] Nach DRS 19.90 sind Verzögerungen dann „unangemessen, wenn der Konzernabschluss wegen der fehlenden Angaben nicht innerhalb der […] Vier- bzw. Fünfmonatsfrist aufgestellt werden kann." Bedenkt man, dass den Unternehmen heutzutage leistungsfähige Technologien zur Verfügung stehen, wird das Wahlrecht auch aufgrund von Verzögerungen nur in **seltenen Ausnahmefällen** zur Anwendung kommen können.[48]

35   Dazu gehören (hM) zum einen außergewöhnliche Ereignisse wie die **Vernichtung von Datenbeständen** durch Brand oder Naturkatastrophen, der Zusammenbruch von

41   Vgl. auch ADS Rn. 16 f.; Baetge/Kirsch/Thiele Konzernbilanzen Kap. III. 322.3; BeBiKo/Störk/ Deubert Rn. 17; Beck HdR/Ebeling/Ernst C 210 Rn. 42 ff.; Biener/Schatzmann Konzern-Rechnungslegung S. 26; Coenenberg/Haller/Schultze Jahresabschluss 663; HdK/Sahner/Sauermann Rn. 16; HKMS/Götz/Hachmeister Rn. 40; Staub/Kindler Rn. 10; WP-HdB G Rn. 167; Zwingmann DStR 1994, 1549.

42   So vorgeschlagen in HdK/Sahner/Sauermann Rn. 16. Vgl. ADS Rn. 17; BeBiKo/Störk/Deubert Rn. 17; Staub/Kindler Rn. 10.

43   Laut Coenenberg/Haller/Schultze Jahresabschluss 663 dürfen die Verzögerungen nicht schlicht auf mangelnder konzerninterner Organisation beruhen; ebenso WP-HdB G Rn. 167.

44   Vgl. DRS 19.89.

45   Vgl. BeBiKo/Störk/Deubert Rn. 17; Busse v. Colbe/Ordelheide/Gebhardt/Pellens Konzernabschlüsse Kap. 2 III. 4.3.1; Kölner Komm RechnungslegungsR/Claussen/Scherrer Rn. 19.

46   Vgl. DRS 19.88; ADS Rn. 19; Baetge/Kirsch/Thiele Konzernbilanzen Kap. III. 322.3; BeBiKo/Störk/ Deubert Rn. 16; Beck HdR/Ebeling/Ernst C 210 Rn. 45, 48; HdK/Sahner/Sauermann Rn. 14 f.; HKMS/Götz/Hachmeister Rn. 42; Maas/Schruff WPg 1986, 209; Schildbach/Feldhoff KonzAbschl. E.1.3.3.; Staub/Kindler Rn. 9; v. Wysocki/Wohlgemuth/Brösel Konzernrechnungslegung S. 79; WP-HdB G Rn. 167 f.; Busse v. Colbe/Ordelheide/Gebhardt/Pellens Konzernabschlüsse Kap. 2 III. 4.3.1 bezweifeln die Rechtfertigung des Wahlrechts schlechthin: „Die Konsolidierung mit sorgfältig geschätzten Angaben […] ist informativer als der Ausschluss von der Konsolidierung."

47   Vgl. ADS Rn. 18; Baetge/Kirsch/Thiele Konzernbilanzen Kap. III. 322.3; BeBiKo/Störk/Deubert Rn. 16; Sahner/Kammers DB 1983, 2212; Zwingmann DStR 1994, 1549.

48   Vgl. DRS 19.88; ADS Rn. 18 f.; Baetge/Kirsch/Thiele Konzernbilanzen Kap. III. 322.3; BeBiKo/ Störk/Deubert Rn. 16; Beck HdR/Ebeling/Ernst C 210 Rn. 47 f.; Busse von Colbe ZfbF 1985, 766; Busse von Colbe/Chmielewicz DBW 1986, 331; HdK/Sahner/Sauermann Rn. 14 f.; Schildbach/Feldhoff KonzAbschl. E.1.3.3.; Staub/Kindler Rn. 9, 11; v. Keitz/Ewelt IRZ 2010, 450; v. Wysocki/Wohlgemuth/Brösel Konzernrechnungslegung S. 79; WP-HdB G Rn. 167.

Datenverarbeitungssystemen oder ein längerer Streik.[49] Zum anderen soll dem Mutterunternehmen die Aufstellung des Konzernabschlusses im **Jahr des Erwerbs** eines Tochterunternehmens erleichtert werden. Nach hM ist für die Integration eines neu erworbenen Tochterunternehmens in das Berichtswesen ein Zeitraum von bis zu einem Jahr selbst in solchen Konzernen einzuplanen, die organisatorisch gut vorbereitet sind.[50] Spätestens ab dem zweiten Jahr sollte die Einbeziehung erfolgen. Gemäß § 301 Abs. 2 S. 2 dürfen der erstmaligen Einbeziehung vorläufige Wertansätze zugrunde liegen.

Eine das Wahlrecht auslösende Verzögerung liegt nicht vor, wenn die **Hauptversamm-** 36
lung, welcher der Konzernabschluss vorzulegen ist, **verschoben** werden muss – zumindest, solange der neue Hauptversammlungstermin noch innerhalb der zulässigen Frist zustande kommt.[51]

Von dem Wahlrecht nach Abs. 1 Nr. 2 wird selten Gebrauch gemacht.[52] Alle genannten 37
Gründe, die zu seiner Anwendung führen können, sind **zeitlich befristet.** In keinem Fall sollte die Berufung auf unverhältnismäßig hohe Kosten oder unangemessene Verzögerungen zur längerfristigen Nichteinbeziehung eines Tochterunternehmens in den Konzernabschluss führen.[53] „Die Konzernleitung hat in jedem Fall dafür zu sorgen, dass die Informationsbeschaffungsprobleme bei dem betreffenden Tochterunternehmen in angemessener Frist beseitigt werden."[54]

3. IFRS. Das IFRS-Rahmenkonzept stellt den qualitativen Anforderungen an Finanz- 38
informationen eine Kostenrestriktion gegenüber (**Framework** 2.39 ff.): Der Nutzen der Informationen muss die mit ihnen verbundenen Kosten (für Aufsteller wie Adressaten) rechtfertigen, wobei verschiedene Arten von Nutzen und Kosten zu berücksichtigen sind. Den weiteren Ausführungen zufolge ist diese Beurteilung inhärent subjektiv, wobei sich die cost constraint vor allem an die Standardsetzung selber richtet. Jeder einzelne Standard, so auch **IFRS 10,** soll gemäß Vorspann in diesem Kontext gelesen werden. Wegen der Generalnorm einer den tatsächlichen Verhältnissen entsprechenden Darstellung (fair presentation) unter Einhaltung sämtlicher Anforderungen der IFRS (IAS 1.15) ist der Verzicht auf Einbeziehung eines Tochterunternehmens aus Gründen wie nach Abs. 1 Nr. 2 nur **schwer vorstellbar;** ein derartiges Wahlrecht existierte ohnehin noch nie. **IFRS 3** (→ § 294 Rn. 30) gestattet für die erstmalige Einbeziehung vorläufige Wertansätze (IFRS 3.45 ff.).

IV. Weiterveräußerungsabsicht (Abs. 1 Nr. 3)

1. Grundsatz. Nach Abs. 1 Nr. 3 müssen Tochterunternehmen dann nicht in den 39
Konzernabschluss einbezogen werden, wenn die Anteile ausschließlich zum Zwecke ihrer

---

49 Vgl. DRS 19.91; ADS Rn. 18.; Baetge/Kirsch/Thiele Konzernbilanzen Kap. III. 322.3; BeBiKo/Störk/Deubert Rn. 21; Beck HdR/Ebeling/Ernst C 210 Rn. 47; Busse v. Colbe/Ordelheide/Gebhardt/Pellens Konzernabschlüsse Kap. 2 III. 4.3.1; Kölner Komm RechnungslegungsR/Claussen/Scherrer Rn. 20, 23; Scherrer Konzernrechnungslegung S. 78; Schildbach/Feldhoff KonzAbschl. E.1.3.3.; Staub/Kindler Rn. 11; WP-HdB G Rn. 167.

50 So oder ähnlich DRS 19.92 f.; ADS Rn. 18; Baetge/Kirsch/Thiele Konzernbilanzen Kap. III. 322.3; Beck HdR/Ebeling/Ernst C 210 Rn. 47; BeBiKo/Störk/Deubert Rn. 19; Biener/Schatzmann Konzern-Rechnungslegung 26; Busse von Colbe/Chmielewicz DBW 1986, 331; Busse v. Colbe/Ordelheide/Gebhardt/Pellens Konzernabschlüsse Kap. 2 III. 4.3.1; HKMS/Götz/Hachmeister Rn. 44; Kölner Komm RechnungslegungsR/Claussen/Scherrer Rn. 20, 23; Scherrer Konzernrechnungslegung S. 78; Schildbach/Feldhoff KonzAbschl. E.1.3.3.; Staub/Kindler Rn. 11; v. Wysocki WPg 1987, 281; Zwingmann DStR 1994, 1549.

51 Vgl. DRS 19.90; ADS Rn. 18; BeBiKo/Störk/Deubert Rn. 18; Kölner Komm RechnungslegungsR/Claussen/Scherrer Rn. 24.

52 Vgl. Gelhausen ZfbF-Sonderheft 29/1991, 133 f.; Heydemann/Koenen DB 1992, 2255 f.; Krawitz WPg 1996, 349.

53 Vgl. DRS 19.93; Arbeitskreis Externe Unternehmensrechnung ZfbF-Sonderheft 21/1987, 31; BeBiKo/Störk/Deubert Rn. 16; Beck HdR/Ebeling/Ernst C 210 Rn. 47; v. Wysocki WPg 1987, 281; WP-HdB G Rn. 167; aA Busse v. Colbe/Ordelheide/Gebhardt/Pellens Konzernabschlüsse Kap. 2 III. 4.3.1.

54 Baetge/Kirsch/Thiele Konzernbilanzen Kap. III. 322.3.

Weiterveräußerung gehalten werden. Damit wird Art. 23 Abs. 9 lit. b Bilanz-RL (früher Art. 13 Abs. 3 lit. c RL 83/349/EWG) umgesetzt. Dabei spielt es keine Rolle, ob die Anteile bar verkauft oder aber gegen Anteile an anderen Unternehmen getauscht werden sollen.[55] Auch ist unerheblich, ob sich die Weiterveräußerungsabsicht auf die Anteile des Tochterunternehmens (share deal) oder die dahinter stehenden Vermögenswerte und Schulden (asset deal) bezieht:[56] In beiden Fällen müssen bei Ausübung des Wahlrechts die Anteile an dem Tochterunternehmen als Umlaufvermögen ausgewiesen werden (→ Rn. 44).

40   Die Möglichkeit, Tochterunternehmen, die nur kurzfristig dem Konzern angehören und deshalb auch nicht einheitlich geleitet werden, von der Vollkonsolidierung befreien zu können, dient primär der **Konsolidierungsstetigkeit** und damit der Verbesserung der zeitlichen Vergleichbarkeit von Konzernabschlüssen.[57] Ein Einbeziehungsverbot wäre dann zwar angemessener.[58] So oder so besteht aber die **Gefahr,** dass Konzerne die Regelung zu bilanzpolitischen Zwecken (zB Ergebnisverlagerungen) missbrauchen können. Von dem Wahlrecht wird allerdings sehr selten Gebrauch gemacht.[59]

41   Bei Nichteinbeziehung eines Tochterunternehmens aufgrund der Weiterveräußerungsabsicht dürfte grundsätzlich auch eine **Equity-Konsolidierung** nicht in Frage kommen.[60] Dies ergibt sich gem. § 311 Abs. 1 aus zwei Gründen: Zum einen liegt keine **Beteiligung** iSd § 271 Abs. 1 vor, da die Anteile nicht zur Herstellung einer **dauernden** Verbindung gehalten werden. Beteiligungsbesitz ist aber notwendige Voraussetzung für die Anwendbarkeit der Equity-Methode. Zum anderen ist eine maßgebliche Einflussausübung des Mutterunternehmens erforderlich, die bei nur vorübergehender Konzernzugehörigkeit regelmäßig nicht gegeben sein dürfte.

42   **2. Anwendungskriterien.** Entscheidungskriterium für die Anwendung von Abs. 1 Nr. 3 ist die **ausschließliche Weiterveräußerungsabsicht.** Dieser Tatbestand könnte auf den ersten Blick in zwei Fällen vorliegen: zum einen, wenn ein bisher einbezogenes Tochterunternehmen verkauft werden soll; zum anderen dann, wenn ein Tochterunternehmen bereits mit der Absicht der Weiterveräußerung gekauft wurde. Im ersten Fall muss die Inanspruchnahme des Einbeziehungswahlrechts nach hM grundsätzlich verneint werden.[61] Dies ist zum einen damit zu begründen, dass nach dem Wortlaut des Gesetzes von **Weiter-veräußerungsabsicht** und nicht einfach von Veräußerungsabsicht die Rede ist. Der Begriff Weiterveräußerung stellt aber eine Verbindung zwischen dem Erwerb und der Veräußerung her.[62] Zum anderen ist zu beachten, dass bei einem **Tochterunternehmen mit längerer Konzernzugehörigkeit** in aller Regel die Integration in die Einkaufs-, Produktions-, Vertriebs-, Investitions- oder Finanzpolitik auch dann noch bestehen dürfte, wenn das Unternehmen zum Verkauf angeboten wird. Solche Tochterunternehmen werden dann

---

[55]   Vgl. DRS 19.95; ADS Rn. 20; Beck HdR/Ebeling/Ernst C 210 Rn. 56; Scherrer Konzernrechnungslegung S. 78.

[56]   Vgl. DRS 19.95; BeBiKo/Störk/Deubert Rn. 25; Beck HdR/Ebeling/Ernst C 210 Rn. 57.

[57]   Vgl. DRS 19.95; ADS Rn. 28; BeBiKo/Störk/Deubert Rn. 26; Beck HdR/Ebeling/Ernst C 210 Rn. 50; Busse v. Colbe/Ordelheide/Gebhardt/Pellens Konzernabschlüsse Kap. 2 III. 4.4.1; HKMS/Götz/Hachmeister Rn. 49; Maas/Schruff FS Havermann,1995, 418 f.; Staub/Kindler Rn. 12; v. Wysocki/Wohlgemuth/Brösel Konzernrechnungslegung S. 80.

[58]   Vgl. Busse v. Colbe/Ordelheide/Gebhardt/Pellens Konzernabschlüsse Kap. 2 III. 4.4.1.

[59]   Vgl. Gelhausen ZfbF-Sonderheft 29/1991, 133 f.; Heydemann/Koenen DB 1992, 2255 f.; Krawitz WPg 1996, 349.

[60]   Vgl. ADS Rn. 34; Arbeitskreis Externe Unternehmensrechnung ZfbF-Sonderheft 21/1987, 22; BeBiKo/Störk/Deubert Rn. 55; Beck HdR/Ebeling/Ernst C 210 Rn. 69; Coenenberg/Haller/Schultze Jahresabschluss 665 f.; HKMS/Götz/Hachmeister Rn. 87; Kölner Komm RechnungslegungsR/Claussen/Scherrer Rn. 42; Schildbach/Feldhoff KonzAbschl. E.1.5.

[61]   Vgl. DRS 19.97; ADS Rn. 23; Baetge/Kirsch/Thiele Konzernbilanzen Kap. III. 322.4; BeBiKo/Störk/Deubert Rn. 32 ff.; Beck HdR/Ebeling/Ernst C 210 Rn. 51; Busse v. Colbe/Ordelheide/Gebhardt/Pellens Konzernabschlüsse Kap. 2 III. 4.4.1; Maas/Schruff FS Havermann,1995, 416 ff.; Staub/Kindler Rn. 15; v. Wysocki/Wohlgemuth/Brösel Konzernrechnungslegung S. 80; WP-HdB G Rn. 170.

[62]   So Baetge/Kirsch/Thiele Konzernbilanzen Kap. III. 322.4.

aber gerade **nicht** „ausschließlich" mit Weiterveräußerungsabsicht gehalten, wie es das Gesetz explizit fordert. Aus ähnlichen Überlegungen folgt, dass auch Tochterunternehmen, die von Konzernunternehmen mit der Absicht der Veräußerung oder Liquidation neu gegründet werden, keinen Anwendungsfall von Abs. 1 Nr. 3 darstellen können:[63] Die auf das neu gegründete Unternehmen übertragenen Vermögensgegenstände und Schulden gehörten schon vorher dem Konzern; wirtschaftlich betrachtet hat sich gar nichts geändert. Zusammenfassend gilt, dass das Einbeziehungswahlrecht bei Weiterveräußerungsabsicht insbesondere für institutionelle Anleger (einschließlich Banken und Versicherungen) in Frage kommt,[64] „die oftmals größere Anteilspakete ausschließlich zur Platzierung am Kapitalmarkt oder während einer vorübergehenden Sanierungsphase halten"[65] (vgl. in diesem Zusammenhang § 340j). Von Bedeutung ist das Wahlrecht auch dann, wenn im Rahmen der Akquisition eines anderen Konzerns Beteiligungen an einzelnen Tochterunternehmen mit Weiterveräußerungsabsicht erworben wurden, da diese nicht in die Struktur des Konzerns passen.

Unklar bleibt aber dennoch, unter welchen **konkreten Bedingungen** erworbene 43 Anteile ausschließlich zum Zwecke ihrer Weiterveräußerung gehalten werden. Maßgeblich ist nach hM der subjektive **Wille des Mutterunternehmens,** welcher nachprüfbar sein muss.[66] Grundsätzlich dürfte der Tatbestand der Weiterveräußerungsabsicht umso eher gegeben sein, als

– **(Vor-) Verträge** oder Vereinbarungen für einen Weiterverkauf vorliegen,
– **Verkaufsverhandlungen** eingeleitet bzw. Makler oder M&A-Firmen mit dem Verkauf beauftragt sind,
– Beschlüsse des **Aufsichtsrats** vorliegen,
– eine **Integration** des Tochterunternehmens in die Unternehmenspolitik, insbesondere die Produktions-, Investitions- oder Finanzplanung, **nicht** besteht,
– ein erworbenes Tochterunternehmen seiner Art nach nicht in den Konzern passt, dh **wirtschaftliche Gründe** für seine Einbeziehung fehlen.

Verhandlungen auf Basis unrealistischer Preisforderungen stellen keinen Beleg für die 44 Weiterveräußerungsabsicht dar.[67] Je länger das Tochterunternehmen zum Konzern gehört, desto unplausibler ist die Absicht der Weiterveräußerung, die mithin jedes Jahr zu überprüfen ist (→ Rn. 4).[68] Aus Objektivierungsgründen wird deshalb zT eine Befristung gefordert.[69] Wird das Nichteinbeziehungswahlrecht ausgeübt, wird dies in der Konzernbilanz durch Ausweis der Anteile des Tochterunternehmens unter den **Wertpapieren des**

---

[63] Vgl. DRS 19.97; Baetge/Kirsch/Thiele Konzernbilanzen Kap. III. 322.4; BeBiKo/Störk/Deubert Rn. 33; Busse v. Colbe/Ordelheide/Gebhardt/Pellens Konzernabschlüsse Kap. 2 III. 4.4.1; Maas/Schruff FS Havermann, 1995, 420 f.

[64] Vgl. ADS Rn. 29; BeBiKo/Störk/Deubert Rn. 36; Beck HdR/Ebeling/Ernst C 210 Rn. 55; HKMS/ Götz/Hachmeister Rn. 58; Kölner Komm RechnungslegungsR/Claussen/Scherrer Rn. 28; Schildbach/ Feldhoff KonzAbschl. E.1.3.4.; v. Wysocki/Wohlgemuth/Brösel Konzernrechnungslegung S. 80; WP-HdB G Rn. 170.

[65] Baetge/Kirsch/Thiele Konzernbilanzen Kap. III. 322.4.

[66] Vgl. DRS 19.98; ADS Rn. 26; Baetge/Kirsch/Thiele Konzernbilanzen Kap. III. 322.4; BeBiKo/Störk/ Deubert Rn. 29; Beck HdR/Ebeling/Ernst C 210 Rn. 52; Busse v. Colbe/Ordelheide/Gebhardt/Pellens Konzernabschlüsse Kap. 2 III. 4.4.1; HdK/Sahner/Sauermann Rn. 23; Kölner Komm RechnungslegungsR/Claussen/Scherrer Rn. 28 f.; Scherrer Konzernrechnungslegung S. 79; Schildbach/Feldhoff KonzAbschl. E.1.3.4.; Staub/Kindler Rn. 16; v. Wysocki/Wohlgemuth/Brösel Konzernrechnungslegung S. 80; WP-HdB G Rn. 172; Zwingmann DStR 1994, 1550.

[67] So Busse v. Colbe/Ordelheide/Gebhardt/Pellens Konzernabschlüsse Kap. 2 III. 4.4.1.; HKMS/Götz/ Hachmeister Rn. 56.

[68] Vgl. DRS 19.99; ADS Rn. 25; Baetge/Kirsch/Thiele Konzernbilanzen Kap. III. 322.4; BeBiKo/Störk/ Deubert Rn. 29; Beck HdR/Ebeling/Ernst C 210 Rn. 53; Busse von Colbe ZfbF 1985, 766; Busse von Colbe/Chmielewicz DBW 1986, 331; Busse v. Colbe/Ordelheide/Gebhardt/Pellens Konzernabschlüsse Kap. 2 III. 4.3.1; HdK/Sahner/Sauermann Rn. 24; Kölner Komm RechnungslegungsR/Claussen/ Scherrer Rn. 31; Scherrer Konzernrechnungslegung S. 79; Schildbach/Feldhoff KonzAbschl. E.1.3.4.; Staub/Kindler Rn. 16; v. Wysocki/Wohlgemuth/Brösel Konzernrechnungslegung S. 80; WP-HdB G Rn. 173.

[69] Vgl. BeBiKo/Störk/Deubert Rn. 31 (höchstens zwölf Monate ab Erwerbszeitpunkt).

Umlaufvermögens dokumentiert; ein Beleg für die Weiterveräußerungsabsicht ist das allein jedoch nicht.[70]

45   Fraglich ist, ob **alle Anteile** des Tochterunternehmens der Weiterveräußerungsabsicht unterliegen müssen oder ob ein beabsichtigter Teilverkauf bereits für die Anwendung des Wahlrechts ausreicht. Während der Gesetzeswortlaut auf den beabsichtigten Verkauf aller Anteile hindeutet, müssen gem. Protokollerklärung zur früheren RL 83/349/EWG (7. EG-Richtlinie) keineswegs alle Anteile zwecks Weiterveräußerung gehalten werden.[71] Allerdings lässt sich aus dem Sinn der Vorschrift, „Tochterunternehmen", die gar nicht einheitlich geleitet werden, von der Vollkonsolidierung ausschließen zu können, folgern, dass das Wahlrecht nur dann gilt, wenn die zur Veräußerung vorgesehenen Anteile **genügend zahlreich** sind, dass nach deren Verkauf das betrachtete Unternehmen kein Tochterunternehmen mehr wäre. Ansonsten sind alle Anteile, einschließlich der zu veräußernden Anteile, über eine Vollkonsolidierung einzubeziehen.[72] Beabsichtigte **Verkäufe innerhalb des Konzerns** stellen naturgemäß keinen Tatbestand iSd Abs. 1 Nr. 3 dar, weil aus Sicht der wirtschaftlichen Einheit eine Weiterveräußerungsabsicht nur gegenüber Dritten vorliegen kann.[73]

46   **3. IFRS.** Wie in → § 294 Rn. 16 ff. festgehalten, sind nach IFRS alle Tochterunternehmen **voll zu konsolidieren** und ist für jeden Stichtag zu prüfen, ob Anlagevermögen als „zur Veräußerung gehalten", ggf. zusammen mit zugehörigem Fremdkapital als sog. Veräußerungsgruppe, separat zu klassifizieren und ggf. auf den beizulegenden Zeitwert wertzuberichtigen ist **(IFRS 5).** Wird ein Tochterunternehmen zur Veräußerung gehalten, ist das der Fall. Zugleich kann dieses ein aufgegebener Geschäftsbereich oder Teil eines solchen sein, der in der GuV separat darzustellen ist.

V. Untergeordnete Bedeutung (Abs. 2)

47   **1. Grundsatz.** Ein Tochterunternehmen braucht in den Konzernabschluss nicht einbezogen zu werden, wenn es für die Verpflichtung, ein den tatsächlichen Verhältnissen entsprechendes Bild der Vermögens-, Finanz- und Ertragslage des Konzerns zu vermitteln, von **untergeordneter Bedeutung** ist (Abs. 2 S. 1). **Ziel** des Gesetzgebers ist es, Mutterunternehmen die Aufstellung des Konzernabschlusses in solchen Fällen zu erleichtern, in denen die Nichteinbeziehung relativ unbedeutender Tochterunternehmen die entscheidungsrelevanten Informationen für Adressaten praktisch nicht beeinträchtigt. Dies ist allerdings nur dann der Fall, wenn die Nichteinbeziehung sowohl für die Vermögens- als auch für die Finanz- und ebenso für die Ertragslage von untergeordneter Bedeutung ist. Die **Erleichterung** dürfte insbesondere bei Konzernen mit einer Vielzahl kleiner Tochterunternehmen (zB kleine Vertriebsgesellschaften im Ausland, die zT über kein ausgebautes Rechnungswesen verfügen) für Kosten- und Zeitersparnis sorgen,[74] wenn es gelingt, die Anzahl der einzubeziehenden Unternehmen bedeutend zu reduzieren.[75] Sie wird von diesen auch regelmäßig genutzt.[76]

48   Mit Abs. 2 ist der frühere Art. 13 Abs. 1 und 2 RL 83/349/EWG (7. EG-Richtlinie) umgesetzt worden. In der Bilanz-RL ist dieses ausdrückliche Wahlrecht entfallen; stattdessen umschreibt Art. 6 Abs. 1 lit. j Bilanz-RL den Grundsatz der Nichtberücksichtigung von

---

[70]   Vgl. DRS 19.98; ADS Rn. 27; Baetge/Kirsch/Thiele Konzernbilanzen Kap. III. 322.4; BeBiKo/Störk/ Deubert Rn. 30; HKMS/Götz/Hachmeister Rn. 54; Kölner Komm RechnungslegungsR/Claussen/ Scherrer Rn. 30; Schildbach/Feldhoff KonzAbschl. E.1.3.4.; Zwingmann DStR 1994, 1550.

[71]   Vgl. Biener/Schatzmann Konzern-Rechnungslegung S. 25.

[72]   Vgl. DRS 19.96; ADS Rn. 21 f.; BeBiKo/Störk/Deubert Rn. 27; Kölner Komm RechnungslegungsR/ Claussen/Scherrer Rn. 25; Staub/Kindler Rn. 14.

[73]   Vgl. DRS 19.96; ADS Rn. 26; Baetge/Kirsch/Thiele Konzernbilanzen Kap. III. 322.4.; BeBiKo/Störk/ Deubert Rn. 28; Beck HdR/Ebeling/Ernst C 210 Rn. 56; HdK/Sahner/Sauermann Rn. 24; Staub/ Kindler Rn. 15; v. Wysocki/Wohlgemuth/Brösel Konzernrechnungslegung S. 80.

[74]   So Busse v. Colbe/Ordelheide/Gebhardt/Pellens Konzernabschlüsse Kap. 2 III. 4.5.1.

[75]   HdK/Sahner/Sauermann Rn. 31 wollen hingegen auch dieses Wahlrecht auf Ausnahmen beschränken.

[76]   Vgl. Gelhausen ZfbF-Sonderheft 29/1991, 133 f.; Heydemann/Koenen DB 1992, 2256 f.; Krawitz WPg 1996, 349.

Unwesentlichem („Die Anforderungen in dieser Richtlinie […] müssen nicht erfüllt werden, wenn die Wirkung ihrer Einhaltung unwesentlich ist."), während Art. 2 Nr. 16 Bilanz-RL umschreibt, wann Informationen – gesamthaft betrachtet – wesentlich sind: „wenn vernünftigerweise zu erwarten ist, dass ihre Auslassung […] Entscheidungen beeinflusst, die Nutzer auf der Grundlage des Abschlusses […] treffen." Abs. 2 konkretisiert nun diese beiden Vorschriften mit Bezug auf die Einbeziehung von Tochterunternehmen.[77]

Wird auf die Vollkonsolidierung aufgrund untergeordneter Bedeutung verzichtet, bietet **49** sich die Konsolidierung des Tochterunternehmens nach der **Equity-Methode** an. Dafür spricht, dass der **Konsolidierungsaufwand** dabei idR deutlich **geringer** ist als bei einer Vollkonsolidierung. Allerdings besteht auch bei assoziierten Unternehmen ein Konsolidierungswahlrecht wegen untergeordneter Bedeutung (§ 311 Abs. 2). Im Unterschied zu § 296 muss hier nicht explizit geprüft werden, ob bei mehreren – einzeln betrachtet unbedeutenden – Unternehmen diese zusammen ebenfalls von untergeordneter Bedeutung sind. – Der erwähnte Art. 2 Nr. 16 Bilanz-RL verlangt allerdings auch hier die Gesamtbetrachtung: „Die Wesentlichkeit einzelner Posten wird im Zusammenhang mit anderen ähnlichen Posten bewertet".

2. Anwendungskriterien. Fraglich ist, wann ein Tochterunternehmen von **unterge- 50 ordneter Bedeutung** ist und wann nicht. „Ein Tochterunternehmen ist nur dann von untergeordneter Bedeutung, wenn der Konzernabschluss bei Nicht-Einbeziehung kein wesentlich anderes Bild von der wirtschaftlichen Lage des Konzerns vermittelt als bei seiner Einbeziehung. […] Entscheidend ist dabei die Perspektive der Adressaten des Konzernabschlusses."[78] Im Unterschied zur US-amerikanischen Praxis, die auch von starren Verhältniszahlen (zB Anteil von Bilanzsumme und Ergebnis des Tochterunternehmens an den konsolidierten Beträgen) ausgeht,[79] werden solche von der hM zum HGB abgelehnt:[80] Die Vorgehensweise „widerspricht der im Gesetz vorgesehenen flexiblen Regelung und kann zu Zufallsergebnissen führen".[81] In jedem Einzelfall ist zu prüfen, ob durch solche Anhaltspunkte tatsächlich alle für die wirtschaftliche Lage des Konzerns relevanten Faktoren erfasst werden.

Nach hM kann trotz niedriger relativer Größenmerkmale insbesondere dann die Einbe- **51** ziehung eines Tochterunternehmens **geboten** sein, wenn ansonsten **bedeutende Zwischengewinne** oder -verluste nicht eliminiert würden, wenn Tochterunternehmen (zB rechtlich selbstständige Forschungs- und Entwicklungseinheiten) das Ergebnis des Konzerns **strukturell mit Verlusten** belasten und ständiger Zuschüsse bedürfen, wenn wesentliche Verpflichtungen oder Risiken des Konzerns nicht abgebildet würden uam.[82] Die zwingende Einbeziehung von Tochterunternehmen, nur weil sie **unternehmenstypische Funktionen** für den Konzern wahrnehmen (zB Grundstücks-, Finanzierungs-, Speditions- und Transportgesellschaften), wird hingegen abgelehnt, weil die „Ausübung spezifischer Leitungs- und Verwaltungsfunktionen" im Konzernabschluss als solche nicht zum Ausdruck kommt.[83] Einigkeit besteht aber weitgehend darin, bei der Beurteilung, ob ein Tochterunternehmen von untergeordneter Bedeutung ist oder nicht, auf das Gesamtbild aller

---

[77] Vgl. bereits BT-Drs. 10/4268, 114.
[78] DRS 19.102.
[79] Vgl. Regulation S–X der SEC, § 210.1–02(w)(2) und (3) zur „significant subsidiary".
[80] Vgl. DRS 19.103; ADS Rn. 31; Baetge/Kirsch/Thiele Konzernbilanzen Kap. III. 322.5; BeBiKo/Störk/Deubert Rn. 41; Busse v. Colbe/Ordelheide/Gebhardt/Pellens Konzernabschlüsse Kap. 2 III. 4.5.1; HdK/Sahner/Sauermann Rn. 27; HKMS/Götz/Hachmeister Rn. 64; Schildbach/Feldhoff KonzAbschl. E.1.3.5.; Selchert/Baukmann BB 1993, 1331; Staub/Kindler Rn. 18; v. Wysocki/Wohlgemuth/Brösel Konzernrechnungslegung S. 81; aA Beck HdR/Ebeling/Ernst C 210 Rn. 61; Kölner Komm RechnungslegungsR/Claussen/Scherrer Rn. 34 ff.; Möhlmann/Diethard BB 1996, 208 ff.; Scherrer Konzernrechnungslegung S. 79 f.; Zwingmann DStR 1994, 1550 f. Letztere befürworten einen quantitativen Maßstab, um Willkür zu vermeiden.
[81] ADS Rn. 31.
[82] Vgl. DRS 19.104; ADS Rn. 31; BeBiKo/Störk/Deubert Rn. 35; HdK/Sahner/Sauermann Rn. 28; Selchert/Baukmann BB 1993, 1328 ff.
[83] Vgl. BeBiKo/Störk/Deubert Rn. 42; Selchert/Baukmann BB 1993, 1330.

Umstände abzustellen.[84] Diese dürfen nicht auf einem Einmaleffekt beruhen, sondern müssen nachhaltig sein.[85]

52   Entsprechen verschiedene Tochterunternehmen einzeln betrachtet der Voraussetzung einer untergeordneten Bedeutung, so sind diese in den Konzernabschluss einzubeziehen, wenn sie zusammengenommen für die Beurteilung der Vermögens-, Finanz- und Ertragslage von Bedeutung sind (**Gesamtbetrachtung** gem. Abs. 2 S. 2). Hierdurch sollen Missbräuche, insbesondere durch Aufspaltung bedeutender Tochterunternehmen in verschiedene unbedeutende, verhindert werden.[86] Die Gesamtbetrachtung hat sich auf alle für sich genommen unbedeutenden Tochterunternehmen zu beziehen, deren Nichteinbeziehung beabsichtigt ist.

53   Stellt sich heraus, dass alle für sich genommen unbedeutenden Tochterunternehmen zusammengenommen von Bedeutung sind, erhebt sich die Frage, ob sie allesamt einbezogen werden müssen oder ob das Wahlrecht auch für einen **Teil der unbedeutenden Tochterunternehmen** ausgeübt werden kann. Geht man – mit dem Wortlaut des Gesetzes vereinbar – davon aus, dass Tochterunternehmen, obwohl sie einzeln betrachtet unbedeutend sind, nicht in die Gesamtbetrachtung eingehen müssen, besteht Entscheidungsfreiheit bereits bei der Frage, für welche Tochterunternehmen die Anwendbarkeit des Wahlrechts überhaupt geprüft werden soll (dh welche einzeln betrachtet unbedeutenden Tochterunternehmen einbezogen werden sollen). De facto wird man deshalb dem Mutterunternehmen die Möglichkeit, das Wahlrecht auch auf einen Teil der unbedeutenden Unternehmen zu beziehen, **nicht verwehren** können.[87] Dies entspricht auch den praktischen Erfordernissen insbesondere großer Konzerne.[88] Müssten zuerst für alle Tochterunternehmen die Konsolidierungsdaten erfasst und aggregiert werden, entfiele weitgehend die vom Gesetzgeber intendierte Vereinfachung. Allerdings gilt für die Auswahl der Stetigkeitsgrundsatz.[89]

54   Wie bereits bei der Prüfung des einzelnen Tochterunternehmens auf untergeordnete Bedeutung ist auch bei der Gesamtbetrachtung auf das **Gesamtbild der Umstände** abzustellen: Verhältniszahlen oder auch die Anzahl der Tochterunternehmen von untergeordneter Bedeutung können – wenn überhaupt – nur ergänzend als Anhaltspunkt herangezogen werden (→ Rn. 50 f.).[90]

55   **3. IFRS.** Nach dem IFRS-Rahmenkonzept ist Entscheidungsrelevanz (relevance) eine grundlegende qualitative Anforderung an Finanzinformationen (**Framework** 2.6 ff.). Wesentlichkeit (materiality) wird als unternehmensspezifischer Aspekt von Relevanz betrachtet, der sich einer generellen Quantifizierung entzieht (**Framework** 2.11); die Definition lautet gleich wie in der Bilanz-RL (→ Rn. 48). Jeder einzelne Standard, so auch IFRS 10, soll gemäß Vorspann in diesem Kontext gelesen werden. Die Nichteinbeziehung gesamthaft unwesentlicher Tochterunternehmen **versteht sich** damit **von selbst.**[91] Eine Behandlung nach der Equity-Methode – deren Voraussetzungen Tochterunternehmen automatisch erfüllen (IAS 28) – kommt mangels Wesentlichkeit wohl oft ebenfalls nicht in Betracht, weshalb dann die **Anteile** dieser Tochterunternehmen **als Finanzinstrumente** iSd IFRS 9 zu behandeln sind.[92]

---

[84]   Vgl. DRS 19.102; ADS Rn. 32; Baetge/Kirsch/Thiele Konzernbilanzen Kap. III. 322.5; BeBiKo/Störk/Deubert Rn. 41; HKMS/Götz/Hachmeister Rn. 64; Schildbach/Feldhoff KonzAbschl. E.1.3.5.; Selchert/Baukmann BB 1993, 1330 f.; WP-HdB G Rn. 175.

[85]   So BeBiKo/Störk/Deubert Rn. 41.

[86]   Vgl. Biener/Berneke BiRiLiG 317; Beck HdR/Ebeling/Ernst C 210 Rn. 63.

[87]   Vgl. DRS 19.105; BeBiKo/Störk/Deubert Rn. 44; Beck HdR/Ebeling/Ernst C 210 Rn. 63; Busse v. Colbe/Ordelheide/Gebhardt/Pellens Konzernabschlüsse Kap. 2 III. 4.5.1; Selchert/Baukmann BB 1993, 1331 f.; WP-HdB G Rn. 178; aA Biener/Berneke BiRiLiG S. 317.

[88]   Vgl. Busse v. Colbe/Ordelheide/Gebhardt/Pellens Konzernabschlüsse Kap. 2 III. 4.5.1.

[89]   Vgl. BeBiKo/Störk/Deubert Rn. 44.

[90]   Vgl. DRS 19.105; ADS Rn. 32; BeBiKo/Störk/Deubert Rn. 43; HKMS/Götz/Hachmeister Rn. 66; aA Kölner Komm RechnungslegungsR/Claussen/Scherrer Rn. 37.

[91]   Vgl. auch Rohatschek IRZ 2016, 303 f.

[92]   Vgl. auch Baetge/Kirsch/Thiele Konzernbilanzen Kap. III. 421.

VI. Begründungspflicht im Konzernanhang (Abs. 3)

Werden Tochterunternehmen aufgrund der Wahlrechte in § 296 nicht in den Konzern- **56** abschluss einbezogen, so bestehen dennoch dieselben Angabepflichten im Konzernanhang wie für die einbezogenen Tochterunternehmen (Angaben zum Anteilsbesitz; § 313 Abs. 2 Nr. 1: Name, Sitz und Anteil am Kapital). Auch Ausnahmen wegen Unwesentlichkeit (Abs. 2) sind unzulässig.[93] Allerdings entfällt die Angabe des Einbeziehungsgrunds. Stattdessen ist gem. Abs. 3 die Anwendung der Einbeziehungswahlrechte aufgrund der in Abs. 1 und 2 genannten Tatbestände im Konzernanhang zu begründen. Diese Vorschriften setzen Art. 28 Abs. 2 lit. a Bilanz-RL (früher Art. 34 Nr. 2 lit. b RL 83/349/EWG) um. Entfällt wegen der Nichteinbeziehung die Pflicht zur Konzernrechnungslegung ganz, weil andere Tochterunternehmen nicht vorhanden sind (§ 290 Abs. 5), ist die Begründung des Einbeziehungsverzichts in den Anhang des Jahresabschlusses des Mutterunternehmens aufzunehmen.[94] Der Gesetzgeber verlangt **keine Einreichung** der Jahres- oder Konzernabschlüsse der nichteinbezogenen Tochterunternehmen **zum Handelsregister;** die Begründung im (Konzern-)Anhang ist ausreichend. Bezieht allerdings ein Kreditinstitut ein Tochterunternehmen, das Kreditinstitut ist, nach Abs. 1 Nr. 3 in seinen Konzernabschluss nicht ein und ist der vorübergehende Besitz der Anteile dieses Unternehmens auf eine finanzielle Stützungsaktion zur Sanierung oder Rettung des genannten Unternehmens zurückzuführen, so muss es den Jahresabschluss dieses Unternehmens seinem Konzernabschluss beifügen und im Konzernanhang zusätzliche Angaben über die Art und die Bedingungen der finanziellen Stützungsaktion machen (§ 340j).

Fraglich ist, in welchem **Ausmaß** die Begründung zu erfolgen hat. Der reine Verweis **57** auf die angewandte Vorschrift des § 296 wird nach hM abgelehnt.[95] Dies folgt aus dem Wortlaut des Gesetzes, der eine Angabe von Gründen der Anwendung der Abs. 1 und 2 fordert. Letztlich muss erkennbar sein, welche Umstände die Nichteinbeziehung konkret veranlasst haben. Dabei kann auf jedes Tochterunternehmen isoliert oder bei ähnlicher Begründung auch auf mehrere Tochterunternehmen zugleich eingegangen werden.[96] DRS 19.117 empfiehlt in den Fällen des Abs. 1 Nr. 1 und Nr. 3 eine sinngemäße Angabe dann, wenn die betreffenden Tochterunternehmen gleichwohl einbezogen werden.

In Ausnahmefällen könnte die im Anhang publizierte Begründung (zB die Weiterveräu- **58** ßerungsabsicht eines Tochterunternehmens) mit **Nachteilen** für das Mutter- oder Tochterunternehmen verbunden sein. Gleichwohl ist die Anrufung der Schutzklausel gem. § 313 Abs. 3, welche die Angabepflicht für derartige Situationen lockert, für die Begründungspflicht nicht erlaubt, da sie sich ausschließlich auf die in § 313 Abs. 2 verlangten Angaben bezieht.[97] Um den erwarteten Nachteilen zu entgehen, bleibt für das Mutterunternehmen der Ausweg, auf Ausübung des Nichteinbeziehungswahlrechts zu verzichten.

VII. Publizitätsgesetz

§ 296 gilt sinngemäß auch für Konzernabschlüsse nach dem PublG (§ 13 Abs. 2 S. 1 **59** PublG). Unterschiede, die sich nach altem Recht aufgrund abweichender Regelungen zur Aufstellungspflicht ergaben, bestehen **nicht** mehr, da der Konsolidierungskreis nunmehr auch nach PublG ausschließlich nach dem control-Konzept bestimmt wird (§ 11 Abs. 1 und 6 PublG). Da in einen Konzernabschluss nach § 11 Abs. 1 PublG aF nur Unternehmen

---

93 Vgl. DRS 19.107 ff.
94 Vgl. DRS 19.118.
95 Vgl. DRS 19.116; ADS Rn. 33; BeBiKo/Störk/Deubert Rn. 51; Beck HdR/Ebeling/Ernst C 210 Rn. 64; HdK/Sahner/Sauermann Rn. 32; HKMS/Götz/Hachmeister Rn. 70; Kölner Komm RechnungslegungsR/Claussen/Scherrer Rn. 39; Scherrer Konzernrechnungslegung S. 80; Staub/Kindler Rn. 20; WP-HdB G Rn. 179.
96 Vgl. DRS 19.116; ADS Rn. 33; BeBiKo/Störk/Deubert Rn. 51; Beck HdR/Ebeling/Ernst C 210 Rn. 65; HKMS/Götz/Hachmeister Rn. 71; Kölner Komm RechnungslegungsR/Claussen/Scherrer Rn. 40; Staub/Kindler Rn. 20.
97 Vgl. DRS 19.116; ADS Rn. 33; BeBiKo/Störk/Deubert Rn. 52.

einbezogen werden durften, die unter einheitlicher Leitung standen und gravierende Beschränkungen in Bezug auf Vermögen oder Geschäftsführung sowie eine Weiterveräußerungsabsicht grundsätzlich mit dem Fehlen einheitlicher Leitung gleichgesetzt werden konnten, bestand in diesen Fällen im Unterschied zum HGB ein Einbeziehungsverbot.

VIII. Rechtsfolgen bei Pflichtverletzung

60   Wer als Mitglied des vertretungsberechtigten Organs oder des Aufsichtsrats einer Kapitalgesellschaft auf die Einbeziehung von Tochterunternehmen vorsätzlich verzichtet, obwohl die Bedingungen für die Inanspruchnahme der Einbeziehungswahlrechte nicht gegeben sind, verstößt bei der Aufstellung des Konzernabschlusses gegen die Vorschriften in § 294 Abs. 1 und handelt damit ordnungswidrig (§ 334 Abs. 1 Nr. 2 lit. a). Es kann auch eine (ebenfalls ordnungswidrige) Zuwiderhandlung gegen § 297 Abs. 2 vorliegen, der die Vermittlung eines den tatsächlichen Verhältnissen entsprechenden Bildes der Vermögens-, Finanz- und Ertragslage fordert (§ 334 Abs. 1 Nr. 2 lit. b). Beide Ordnungswidrigkeiten können mit einer Geldbuße bis zu 50.000 EUR geahndet werden (§ 334 Abs. 3). Dasselbe gilt bei OHG und KG iSd § 264a mit Bezug auf die Mitglieder der vertretungsberechtigten Organe der persönlich haftenden Gesellschafter (§ 335b Abs. 1) sowie bei Mutterunternehmen, die nach PublG konzernrechnungslegungspflichtig sind (§ 20 Abs. 1 Nr. 2 lit. a und lit. b, Abs. 3 PublG). Werden infolgedessen die Verhältnisse des Konzerns im Konzernabschluss, im Konzernlagebericht (oder im Konzernzwischenabschluss iSd § 340i iVm § 340a Abs. 3) unrichtig wiedergegeben oder verschleiert, liegt ein Straftatbestand vor und es droht eine Freiheitsstrafe bis zu drei Jahren oder eine Geldstrafe (§ 331 Nr. 2 iVm § 335b Abs. 1; § 17 Nr. 2 PublG).

Dritter Titel. Inhalt und Form des Konzernabschlusses

§ 297 Inhalt

(1) ¹Der Konzernabschluss besteht aus der Konzernbilanz, der Konzern-Gewinn- und Verlustrechnung, dem Konzernanhang, der Kapitalflussrechnung und dem Eigenkapitalspiegel. ²Er kann um eine Segmentberichterstattung erweitert werden.

(1a) ¹Im Konzernabschluss sind die Firma, der Sitz, das Registergericht und die Nummer, unter der das Mutterunternehmen in das Handelsregister eingetragen ist, anzugeben. ²Befindet sich das Mutterunternehmen in Liquidation oder Abwicklung, ist auch diese Tatsache anzugeben.

(2) ¹Der Konzernabschluß ist klar und übersichtlich aufzustellen. ²Er hat unter Beachtung der Grundsätze ordnungsmäßiger Buchführung ein den tatsächlichen Verhältnissen entsprechendes Bild der Vermögens-, Finanz- und Ertragslage des Konzerns zu vermitteln. ³Führen besondere Umstände dazu, daß der Konzernabschluß ein den tatsächlichen Verhältnissen entsprechendes Bild im Sinne des Satzes 2 nicht vermittelt, so sind im Konzernanhang zusätzliche Angaben zu machen. ⁴Die Mitglieder des vertretungsberechtigten Organs eines Mutterunternehmens, das als Inlandsemittent (§ 2 Absatz 14 des Wertpapierhandelsgesetzes) Wertpapiere (§ 2 Absatz 1 des Wertpapierhandelsgesetzes) begibt und keine Kapitalgesellschaft im Sinne des § 327a ist, haben in einer dem Konzernabschluss beizufügenden schriftlichen Erklärung zu versichern, dass der Konzernabschluss nach bestem Wissen ein den tatsächlichen Verhältnissen entsprechendes Bild im Sinne des Satzes 2 vermittelt oder der Konzernanhang Angaben nach Satz 3 enthält.

(3) ¹Im Konzernabschluß ist die Vermögens-, Finanz- und Ertragslage der einbezogenen Unternehmen so darzustellen, als ob diese Unternehmen insgesamt ein einziges Unternehmen wären. ²Die auf den vorhergehenden Konzernabschluß

angewandten Konsolidierungsmethoden sind beizubehalten. [3]Abweichungen von Satz 2 sind in Ausnahmefällen zulässig. [4]Sie sind im Konzernanhang anzugeben und zu begründen. [5]Ihr Einfluß auf die Vermögens-, Finanz- und Ertragslage des Konzerns ist anzugeben.

Schrifttum: Böcking/Orth, Segmentberichterstattung – Ein Baustein zur Beurteilung der Lage des Konzerns durch Dritte, in Dörner/Menold/Pfitzer/Oser, Reform des Aktienrechts, der Rechnungslegung und Prüfung, 2. Aufl. 2003, S. 761; Busse v. Colbe, Rechnungslegungsziele und Ansätze zur internationalen Harmonisierung der Rechnungslegung deutscher Unternehmen, in Ballwieser, US-amerikanische Rechnungslegung, 4. Aufl. 2000, S. 485; Busse v. Colbe, Eigenkapitalveränderungsrechnung nach dem E-DRS 7, BB 2000, 2405; Busse v. Colbe, Internationale Entwicklungstendenzen zur Einheitstheorie für den Konzernabschluss, FS Scherrer, 2004, 41; Busse v. Colbe/Seeberg, Vereinbarkeit internationaler Konzernrechnungslegung mit handelsrechtlichen Grundsätzen, 2. Aufl. 1999, ZfbF-Sonderheft 43; Clausen, Kapitalflussrechnung und Segmentberichterstattung, ZGR 1999, 499; Deubert/Lewe, Wesentliche Änderungen im Bereich der handelsrechtlichen Konzernrechnungslegung durch das BilRUG, DB 2015, Beilage-Heft, 5, 49; Fey/Mujkanovic, Segmentberichterstattung im internationalen Umfeld, DBW 1999, 261; Gebhardt/Mansch, Arbeitskreis Finanzierungsrechnung der Schmalenbach-Gesellschaft (Hrsg.), Praxis der Aufstellung und Nutzung von Kapitalflussrechnungen deutscher Industrieunternehmen, ZfbF-Sonderheft 2012; Haller/Park, Grundsätze ordnungsmäßiger Segmentberichterstattung, ZfbF 1994, 499; Küting, Die Kapitalflussrechnung als neue Komponente der externen Rechnungslegung, StuB 1999, 169; Lüdenbach, Konzerninterner Währungserfolg, StuB 2017, 828; Lüdenbach/Hoffmann, Beziehungen zum erworbenen Unternehmen (preexisting relationship) bei der Erstkonsolidierung nach IFRS 3, BB 2005, 651; Meyer, E-DRS 31 Zur Darstellung des Konzerneigenkapitals, Wpg 2015, 461; Ordelheide/Stubenrath, Segmentberichterstattung: US-GAAP im Vergleich mit HGB/DRS, in Ballwieser, US-amerikanische Rechnungslegung, 4. Aufl. 2000, S. 379; Scherrer, Konzernrechnungslegung nach HGB und IFRS, 2. Aufl. 2007; Siener, Kapitalflussrechnungen von Industrieunternehmen, in v. Wysocki, Kapitalflussrechnung, 1998, S. 35; v. Wysocki, Zur jüngeren Entwicklung der Kapitalflussrechnung in Deutschland, FS Budde, 1995, 681; v. Wysocki, Grundlagen, nationale und internationale Stellungnahmen zur Kapitalflussrechnung, in v. Wysocki, Kapitalflussrechnung, 1998, S. 1; v. Wysocki, Die Kapitalflussrechnung nach SFAS No. 95 im Vergleich mit IAS 7, SG/HFA 1/195 und DRS 2, in Ballwieser, US-amerikanische Rechnungslegung, 4. Aufl. 2000, S. 407.

Übersicht

I. Normzweck

1   **1. Generalnorm.** Die Vorschriften des § 297 bilden die **Grundlage** für die Erstellung des Konzernabschlusses. Sie definieren seine Bestandteile (Konzernbilanz, Konzern-Gewinn- und Verlustrechnung, Konzernanhang, Kapitalflussrechnung und Eigenkapitalspiegel sowie wahlweise eine Segmentberichterstattung, Abs. 1) und die Grundsätze für seine Aufstellung (Abs. 2 und 3). Durch das BilRUG wurde in Abs. 1a die Verpflichtung zur Angabe von bestimmten Daten zur Identifikation des Mutterunternehmens aufgenommen. Die Regelung entspricht § 264 Abs. 1a. Der Grundsatz gem. Abs. 2 S. 2, dass der Konzernabschluss „ein den **tatsächlichen Verhältnissen entsprechendes Bild der Vermögens-, Finanz- und Ertragslage** des Konzerns zu vermitteln" hat, bildet die **Generalnorm im engeren Sinne.** Sie entspricht dem englischen Grundsatz des **True and Fair View.**[1] Diese Vorschrift setzte Art. 16 Abs. 3 RL 1983/349/EWG (7. EG-Richtlinie) um. Diese Regelung wurde 2013 durch Art. 24 Abs. 1 Bilanz-RL iVm Art. 4 Abs. 3 Bilanz-RL ersetzt. In der englischen Fassung wird für den Grundsatz der Ausdruck true and fair view beibehalten. Die Generalnorm entspricht IAS 1.15, wonach „the financial statements shall present fairly the financial position …" (→ Vor § 290 Rn. 44 f.). Der Konzernbilanzeid (Abs. 2 S. 4) wird als dem Konzernabschluss beizulegende schriftliche Erklärung umschrieben, die eine Versicherung für den Inhalt enthält, aber selbst nicht Teil des Konzernabschlusses ist.[2] Die strafrechtlichen Folgen einer Verletzung der Pflichten sind in § 331 Nr. 2 und Nr. 3 (unrichtige Wiedergabe oder Verschleierung der Verhältnisse des Konzerns) sowie Nr. 3a (unrichtige Abgabe einer Versicherung der gesetzlichen Vertreter) geregelt.

2   Zu der **Generalnorm in weiterem Sinne** wird auch der Grundsatz des Abs. 3 S. 1 gerechnet.[3] Danach „ist die Vermögens-, Finanz- und Ertragslage der einbezogenen Unternehmen so darzustellen, als ob diese Unternehmen insgesamt ein einziges Unternehmen wären" **(Einheitsgrundsatz, Einheitstheorie).**[4] Mit dieser Vorschrift wurde Art. 26 Abs. 1 RL 1983/349/EWG (7. EG-Richtlinie) umgesetzt. Der Einheitsgrundsatz ist in Art. 24 Abs. 7 Bilanz-RL übernommen worden. Diese **Fiktion der rechtlichen Einheit** bildete auch nach IFRS 10 die Grundlage für die Konsolidierung der Einzelabschlüsse. Aus der Tatsache, dass der Einheitsgrundsatz in der 7. EG-Richtlinie nicht zu den allgemeinen Vorschriften des Art. 16 RL 1983/349/EWG zählte – und entsprechend nicht in IAS 1 zu finden war –, wurde mitunter in der Literatur gefolgert, er sei nicht Bestandteil der Generalnorm, sondern gelte nur für die Konsolidierung im engeren Sinne, aber nicht für die übrigen Konzernrechnungslegungsvorschriften, wie zB für latente Steuern.[5]

3   Die Generalnorm dient der **Auslegung** von Gesetzesvorschriften und Standards sowie der **Ausfüllung** von Regelungslücken.[6] Sie ist jedoch – anders als im angelsächsischen Rechtsraum – **kein „overriding principle",** durch dessen Anwendung in besonderen Einzelfällen von bestehenden Vorschriften abgewichen werden kann. Gleichwohl soll die Generalnorm die missbräuchliche Anwendung von Wahlrechten verhindern. Sollte im Einzelfall die Befolgung der Vorschriften ein irreführendes Bild ergeben können, sind **zusätzlich Angaben** im Anhang erforderlich, um dies zu verhindern.[7] Aus gesellschaftsrechtlicher Sicht sind der Konzernabschluss und der Konzernlagebericht einer AG nach der Aufstellung durch den Vorstand dem Aufsichtsrat vorzulegen (§ 170 Abs. 1 S. 2 AktG). Ferner ist die Hauptversammlung zur Entgegennahme des Konzernabschlusses und des Konzernlageberichts einzuberufen (§ 175 Abs. 1 S. 1 AktG). Der Konzernabschluss wird nicht förmlich festgestellt, sondern bedarf der Billigung durch den Aufsichtsrat (§ 171 Abs. 2 AktG) oder

---

1   So Baetge/Kirsch/Thiele KonzernBil Kap. II. 52; Beck HdR/Hartle C 10 Rn. 40 ff.

2   Vgl. RegE ESEF-UG, S. 20.

3   So HdK/Baetge/Kirsch Rn. 72.

4   ADS Vor §§ 292–315 Rn. 26 ff.; Busse v. Colbe/Ordelheide/Gebhardt/Pellens Konzernabschlüsse 1. Kap. III. 3.1; Kölner Komm RechnungslegungsR/Claussen/Scherrer Rn. 82; Scherrer Konzernrechnungslegung 5. Kap. A. II.3.

5   ADS Rn. 40; Baetge/Kirsch/Thiele KonzernBil Kap. II. 25.

6   ADS Rn. 15.

7   Kölner Komm RechnungslegungsR/Claussen/Scherrer Rn. 80 ff. mwN.

die Hauptversammlung (§ 173 Abs. 1 S. 2 AktG, § 175 Abs. 3 S. 1 AktG). Bei einer GmbH wird der durch die Geschäftsführer aufgestellte Konzernabschluss durch die Gesellschafter in der Gesellschafterversammlung gebilligt (§ 46 Nr. 1b GmbHG iVm §§ 42a Abs. 4 GmbHG, § 48 GmbHG). Die Nichtigkeit des Konzernabschlusses kommt daher nicht in Betracht (vgl. etwa § 256 AktG).

2. Zwecke des Konzernabschlusses und seiner Bestandteile. In Abs. 1 S. 1 wer- 4 den als obligatorische Bestandteile des Konzernabschlusses generell die Konzernbilanz, die Konzern-GuV, der Konzernanhang, die Kapitalflussrechnung und der Eigenkapitalspiegel aufgezählt. In Abs. 1 S. 2 wird als freiwilliger Bestandteil die Segmentberichterstattung erwähnt. Damit wurde Art. 16 Abs. 1 RL 1983/349/EWG (7. EG-Richtlinie) in deutsches Recht übernommen und von dem durch Art. 2 Nr. 7 RL 2003/51/EG (sog. Modernisie-rungs-RL) eingeräumten Wahlrecht Gebrauch gemacht, weitere Bestandteile aufzunehmen (heute Art. 24 Abs. 1 Bilanz-RL und Art. 4 Abs. 3 Bilanz-RL). Allerdings werden dort die Bestandteile als **konsolidiert** bezeichnet. Das ist insofern genauer, als einerseits wegen der Konsolidierungswahlrechte (§ 296) nicht alle Konzernunternehmen in den Abschluss aufgenommen werden müssen und andererseits mit der Möglichkeit der anteilmäßigen Konsolidierung von Gemeinschaftsunternehmen (§ 310) auch Gesellschaften einbezogen werden, die keine Tochterunternehmen iSv § 290 sind.

Die Konzernbilanz soll die **Vermögens-** und für den Bilanzstichtag die **Finanzlage,** 5 die Konzern-GuV die **Ertragslage,** die Kapitalflussrechnung die **finanzielle Entwicklung** der abgelaufenen Periode und der Eigenkapitalspiegel die Quellen der **Veränderung des Eigenkapitals** in der Berichtsperiode der in den Konzernabschluss **einbezogenen Unternehmen** darstellen. Der Konzernanhang soll die vier formalisierten Berichtinstrumente **erläutern und zusätzliche Angaben** bereitstellen. Mit Abs. 1 S. 2 wird die Möglichkeit geboten, sich mit einer **Segmentberichterstattung** dem obligatorischen Konzernabschluss kapitalmarktorientierter Unternehmen anzupassen. Auf diese Weise soll die **wirtschaftliche Lage des Konzerns** und seine Entwicklung quantitativ mit den Mitteln des Rechnungswesens dargestellt und so die **Informationsfunktion** des Konzernabschlusses für die einzelnen Adressatenkreise erfüllt werden (→ Vor § 290 Rn. 29 ff.). Kapitalanleger brauchen für ihre ökonomische Entscheidung darüber hinaus **Informationen über die künftige Entwicklung** der wirtschaftlichen Lage des Konzerns. Solche Informationen liefert der Konzernabschluss infolge seines Charakters primär als Berichtinstrument über die Vergangenheit nicht direkt. Er bildet aber eine Basis für die Bildung von Erwartungen der Kapitalanleger über die künftige Entwicklung. Der Konzernabschluss nach IFRS soll dem noch eher entsprechen (→ Vor § 290 Rn. 59). Die Erwartungsbildung der Adressaten soll durch den Konzernlage-bericht, insbesondere durch den „Prognosebericht" gem. § 315 Abs. 1 S. 4 unterstützt wer-den, in dem die voraussichtliche Entwicklung des Konzerns mit ihren wesentlichen Chancen und Risiken zu beurteilen und zu erläutern ist. Die Aufstellungspflicht für den Konzernlage-bericht ist in § 290 geregelt; dessen Inhalt und Form werden in § 297 aber nicht geregelt, sondern bestimmen sich nach § 315. Für die Beteiligung der Gesellschafter am Gewinn kommt dem Konzernabschluss rechtlich keine Bedeutung zu. Maßgebend sind insoweit die Einzelabschlüsse (vgl. → Vor § 290 Rn. 35 ff.). Gleiches gilt für die Beteiligung des Fiskus an der wirtschaftlichen Leistungsfähigkeit „eines Konzerns". Maßgebend sind insoweit die steuerlichen Ergebnisse der einzelnen Unternehmen bzw. die steuerliche Organschaft (vgl. → Vor § 290 Rn. 37 ff.).

Mit der Erweiterung des klassischen Abschlusses um die Kapitalflussrechnung, den 6 Eigenkapitalspiegel und wahlweise der Segmentberichterstattung werden die Bestandteile des Konzernabschlusses denen des konsolidierten Abschlusses kapitalmarktorientierter Gesellschaften nach den IAS/IFRS (s. § 315e) angeglichen. Dadurch wird der Globalisie-rung der Kapitalmärkte Rechnung getragen und die Konzernrechnungslegung nach dem HGB mit den zusätzlichen formalisierten Berichtinstrumenten insoweit den **international anerkannten Grundsätzen der Konzernrechnungslegung angepasst.**

7   Die **Kapitalflussrechnung** soll die in Abs. 2 gebotene Vermittlung des Bildes der **Finanzlage** des Konzerns durch Ausweis der Geldströme aus dem laufenden Geschäftsbetrieb, aus Investitionen und aus Finanzierungsmaßnahmen der Abrechnungsperiode fördern. Der **Eigenkapitalspiegel** soll nachweisen, um welche Beträge sich das Eigenkapital durch Periodenergebnisse und erfolgsneutral behandelte Wertänderungen sowie durch Gewinnausschüttungen und Änderungen des Eigenkapitals durch Transaktionen zwischen Unternehmen und Gesellschaftern in der Berichtsperiode entwickelt hat. Die **Segmentberichterstattung** soll mit wichtigen nach einzelnen Unternehmensbereichen des Konzerns disaggregierten Daten der Rechnungslegung einen Einblick in die **Chancen und Risiken** bieten, denen Gewinne, Cash Flows und Vermögen unterliegen. Damit soll die **Informationsfunktion** des Konzernabschlusses für Aktionäre und Gläubiger verbessert werden.

II. Konsolidierungsgrundsätze

8   In den Abs. 2 und 3 werden folgende allgemeine Grundsätze für die Aufstellung des Konzernabschlusses kodifiziert:

9   In Abs. 2
- Klarheit und Übersichtlichkeit,
- Beachtung der Grundsätze ordnungsmäßiger Buchführung (GoB),
- Vermittlung eines den tatsächlichen Verhältnissen entsprechenden Bildes der Vermögens-, Finanz- und Ertragslage des Konzerns,
- Verpflichtung zu zusätzlichen Angaben im Konzernanhang, wenn dies besondere Umstände erfordern,

10   und in Abs. 3
- Darstellung der Lage der einbezogenen Unternehmen so, als ob sie insgesamt ein einziges Unternehmen wären und
- Stetigkeit der Konsolidierungsmethoden mit Angabepflicht im Anhang, wenn davon abgewichen wird.

11   Die Grundsätze dienen der Auslegung der gesetzlichen Vorschriften und der Ausfüllung etwaiger Lücken. Mit Abs. 2 wurde Art. 16 Abs. 2, 3 und 4 RL 1983/349/EWG (7. EG-Richtlinie) in deutsches Recht transformiert (heute Art. 24 Bilanz-RL); die Beachtung von GoB enthielt die Richtlinie jedoch nicht. **Abs. 3** setzte Art. 25 RL 1983/349/EWG und Art. 26 Abs. 1 S. 1 RL 1983/349/EWG (7. EG-Richtlinie) um (heute Art. 24 Abs. 7 und 12 Bilanz-RL).

12   Allerdings ist die Zahl der hier aufgeführten Grundsätze geringer als die in den Vorbemerkungen zum Zweiten Unterabschnitt genannte (→ Vor § 290 Rn. 43 ff.). Einige der dort kurz erläuterten Grundsätze finden sich an anderen Stellen des Gesetzes, so der Grundsatz der **Vollständigkeit** des Konzernabschlusses in § 294 Abs. 1, § 300 Abs. 2, der Anwendung **einheitlicher Bewertungsmethoden** in § 308 Abs. 1 oder der **allgemeinen Bewertungsgrundsätze** für den Jahresabschluss gem. § 252 iVm § 298 Abs. 1.

III. Obligatorische Bestandteile des Konzernabschlusses (Abs. 1 S. 1)

13   **1. Entwicklung.** Dem Einzelabschluss einer Kapitalgesellschaft entsprechend (§ 242 Abs. 3 iVm § 264 Abs. 1) bilden die **klassischen Bestandteile** des Konzernabschlusses die **Konzernbilanz**, die **Konzern-GuV** (§ 305) und der **Konzernanhang** (§§ 313, 314). Mit dem KonTraG von 1998 (→ Vor § 290 Rn. 6) wurden zunächst **börsennotierte** Mutterunternehmen, mit dem TransPuG (→ Vor § 290 Rn. 12) alle **kapitalmarktorientierten** Mutterunternehmen verpflichtet, den Konzernanhang um eine **Kapitalflussrechnung**, eine **Segmentberichterstattung** und einen **Eigenkapitalspiegel** zu erweitern.[8] Durch das BilReG wurde mit der Umsetzung der EU-Verordnung über die obligatorische Anwendung internationaler Rechnungslegungsstandards auf den Konzernabschluss kapitalmarktorientierter Gesellschaften die Vorschrift abermals geändert. Seitdem besteht der **Kon-**

---

[8]   EBJS/Böcking/Gros/Schurbohm Rn. 5 ff.

zernabschluss des HGB außer den **klassischen Bestandteilen** stets aus einer **Kapitalflussrechnung** und einem **Eigenkapitalspiegel.** Die **Segmentberichterstattung** ist ein weiterer, aber **freiwilliger** Bestandteil. Für den Konzernabschluss kapitalmarktorientierter Mutterunternehmen gelten gem. der EU-Verordnung die übernommenen Standards des IASB unmittelbar, nicht mehr die Konsolidierungsvorschriften des Zweiten bis Achten Titels des Zweiten Unterabschnittes des Dritten Buchs des HGB (→ Vor § 290 Rn. 13).

Die fünf, gegebenenfalls sechs, Bestandteile des Konzernabschlusses bilden eine **Ein-** 14
heit, auch wenn dies nicht mehr, wie vor Erlass des BilReG, ausdrücklich im Gesetz gesagt wird. Die Bestandteile unterliegen denselben Prüfungs- und Publizitätsvorschriften (§§ 316, 317, 320, 321, 325 Abs. 3). Fehlt ein obligatorischer Bestandteil oder wird ein Bestandteil nicht geprüft oder offengelegt, so sind die Aufstellungs-, Prüfungs- bzw. Offenlegungspflichten verletzt, was die vom Gesetz angedrohten Sanktionen (§§ 334, 335) hervorruft. Die Einheit der Bestandteile impliziert jedoch nicht, dass Angabepflichten für einen Teil durch Aufnahme der Angaben in einen anderen Teil erfüllt werden können; es sei denn, ein ausdrückliches Wahlrecht erlaube dies. Ein solches Wahlrecht besteht zB gem. § 298 Abs. 1 iVm § 265 Abs. 7 für die Zusammenfassung einzelner Posten in der Konzernbilanz und der Konzern-GuV und deren Aufgliederung im Konzernanhang, wenn dadurch die Klarheit der Darstellung vergrößert wird.

Mit der Regelung in Abs. 1 folgt der deutsche Gesetzgeber auch für den **Konzernab-** 15
schluss nach HGB hinsichtlich seiner Bestandteile weitgehend den **internationalen Standards.** Nach IAS 1.10 bestehen die financial statements generell aus Bilanz, GuV, Eigenkapitalspiegel, Kapitalflussrechnung und den dem Anhang vergleichbaren notes. Eine Segmentberichterstattung ist gem. IFRS 8 nur für kapitalmarktorientierte Unternehmen Pflicht. Da deren Konzernabschluss in der EU durch die EU-Verordnung über die Anwendung internationaler Rechnungslegungsstandards geregelt ist, ist für andere Mutterunternehmen die Segmentberichterstattung auch nach IFRS 8 ein freiwilliger Bestandteil.

Bereits 1995 hatten die Schmalenbach-Gesellschaft für Betriebswirtschaft und der 16
Hauptfachausschuss des IDW für die **freiwillige** Aufstellung von **Kapitalflussrechnungen** eine **gemeinsame Stellungnahme** SG/HFA 1/1995 veröffentlicht,[9] die eine lange Vorgeschichte voranging.[10] Ihr sind eine zunehmende Zahl insbesondere großer börsennotierter Mutterunternehmen gefolgt.[11] Diese Stellungnahme lehnt sich an IAS 7 an, ohne ihm in allen Einzelheiten zu entsprechen. Mit der Veröffentlichung des DRS 2 durch das Bundesministerium der Justiz und Verbraucherschutz (s. Anhang 1) wurde SG/HFA 1/1995 zurückgezogen. Für **Eigenkapitalspiegel** und **Segmentberichterstattungen** lagen derartige Empfehlungen nicht vor. Gleichwohl publizierten börsennotierte Mutterunternehmen Segmentberichte freiwillig, wenn auch in geringerer Zahl und mit größeren Unterschieden als bei Kapitalflussrechnungen.[12] Dieser Entwicklung ist der Gesetzgeber zunächst mit Art. 2 Nr. 3a KonTraG 1998, dann 2002 mit dem TransPuG und schließlich mit dem BilReG gefolgt. Für die Kapitalflussrechnung wurde DRS 2 durch DRS 21 ersetzt. In diesem Standard sind die Grundsätze niedergelegt, die Mutterunternehmen zu beachten haben, die gem. § 297 Abs. 1 eine Kapitalflussrechnung für den Konzernabschluss aufzustellen haben. Für die Entwicklung des Konzerneigenkapitals wurde DRS 22 erlassen. Dieser Standard regelt die Darstellung der Zusammensetzung und der Entwicklung des Konzerneigenkapitals im Konzerneigenkapitalspiegel gem. § 297 Abs. 1. DRS 22 konkretisiert zudem die handelsrechtlichen Vorschriften zu ausgewählten Posten des Konzerneigenkapitals. DRS 3 enthielt die Regeln zur Segmentberichterstattung und wurde zum Jahr 2021 durch DRS 28 ersetzt. Danach hat die Segmentierung anhand der operativen Segmente des Unternehmens zu

---

9　IDW (SG/HFA) Hauptfachausschuss und Arbeitskreis „Finanzierungsrechnung" der Schmalenbach-Gesellschaft, Stellungnahme 1/1995, Die Kapitalflußrechnung als Ergänzung des Jahres- und Konzernabschlusses, WPg 1995, 210 (213).

10　v. Wysocki FS Budde, 1995, 681 (694).

11　Stahn DB 1997, 1991 (1996).

12　Thiele/Tschesche DB 1997, 2497 (2502).

erfolgen. Die Segmentierung ergibt sich somit aus der internen Entscheidungs- und Berichtsstruktur des Konzerns.

17   Das Gesetz macht anders als für die klassischen Bestandteile **keine Vorschriften** über Inhalt, Ermittlung und Gliederung von **Kapitalflussrechnung, Eigenkapitalspiegel** und **Segmentberichterstattung.** Da aber in dem Bericht des Rechtsausschusses zum KonTraG (→ Vor § 290 Rn. 7) als Grund für deren Aufnahme in den Anhang die Anpassung an international übliche Bilanzierungsregeln für den Konzernabschluss genannt werden,[13] ist davon auszugehen, dass deren wichtigste Grundsätze auch auf die Gestaltung von obligatorischen Kapitalflussrechnungen und Eigenkapitalspiegel sowie freiwillige Segmentberichterstattungen gem. Abs. 1 anzuwenden sind. Als international anerkannte Rechnungslegungsgrundsätze gelten die IAS/IFRS und die US-GAAP, insbesondere die SFAS/ASC. Für die **Kapitalflussrechnung** sind dies IAS 7[14] sowie für die **Segmentberichterstattung** IFRS 8.[15, 16] Für die international gleichfalls übliche **Eigenkapitalveränderungsrechnung** (Statement of Stockholders Equity bzw. Statement of Changes in Equity gem. IAS 1.106) sowie die Gesamtergebnisrechnung (statement of comprehensive income) existieren keine eigenständigen EU-Standards.[17] Die Vorgaben in IAS 1.106 ff. sind allerdings zu beachten (Informationen, die in der Eigenkapitalveränderungsrechnung oder im Anhang darzustellen sind).

18   Das Deutsche **Rechnungslegungs-Standards Committee** (→ Vor § 290 Rn. 8) hatte je einen Standard zur Kapitalflussrechnung, zum Eigenkapitalspiegel unter dem Titel „Konzerneigenkapital und Konzerngesamtergebnis" und zur Segmentberichterstattung verabschiedet. Die Standards wurden als DRS 2 (heute DRS 21), DRS 7 (heute DRS 22) und DRS 3 2000/2001 (heute DRS 28) im Bundesanzeiger bekannt gemacht. Da keine Einzelheiten der drei Rechnungslegungsinstrumente gesetzlich geregelt sind, wird bei Befolgung der DRS gem. § 342 Abs. 2 vermutet, dass der Anwender die die Konzernrechnungslegungsgrundsätze betreffenden GoB beachtet hat. Das schließt aber nicht aus, dass auch für **andere Formen der Kapitalflussrechnung** – zB hinsichtlich der Abgrenzung des Fonds oder der Struktur des Investitions- und Finanznachweises – bzw. des **Eigenkapitalspiegels** und der **Segmentberichterstattung** diese Vermutung gelten kann. Die wesentlichen heute **allgemein anerkannten Gestaltungsgrundsätze,** wie sie in → Rn. 25 ff. skizziert werden, müssten aber **eingehalten** und die Rechnungen hinreichend **erläutert** werden. In Abs. 1 wird nicht auf international anerkannte Rechnungslegungsgrundsätze verwiesen. Damit können die einschlägigen Standards des IASC oder FASB, an denen sich der DSR in den DRS 21, 22 und 28 orientiert hat, und die drei Standards des DSR selbst zwar als **Leitlinien** für die Erfüllung der Verpflichtung des Abs. 1 S. 1 und für die Beachtung bei der freiwilligen Erweiterung nach S. 2 dienen, sind aber **nicht verbindlich.**

19   **2. Konsolidierungskreis.** Fraglich könnte sein, ob sich die drei zusätzlich zu den klassischen Bestandteilen formalisierten Berichtsinstrumente auf **denselben Konsolidierungskreis** unter identischer Ausübung der Konsolidierungswahlrechte (insbesondere §§ 296, 310) wie die Konzernbilanz und Konzern-GuV beziehen müssen. Bei der Wahl der **anteilmäßigen Konsolidierung von Gemeinschaftsunternehmen** (§ 310) kann die quotale Berücksichtigung für die Bestände an liquiden Mitteln und für die Kapitalflüsse insofern als nicht adäquat angesehen werden, als die Konzernleitung idR nicht über sie verfügen kann. Gleichwohl erscheint die **identische Abgrenzung des Konsolidierungskreises für den gesamten Konzernabschluss zwingend,** weil er gem. S. 1 eine **Einheit** bildet. Der früher geäußerten Meinung, dass nur Konzernunternehmen ab einer gewissen Größe in die Kapitalflussrechnung einbezogen werden müssen oder das Wahlrecht des § 296

---

[13]   BT-Drs. 13/10038.
[14]   IFRS-Komm/v. Wysocki IAS 7.
[15]   IFRS-Komm/Haller IFRS 8.
[16]   Ballwieser US-Rechnungslegung/Ordelheide/Stubenrath S. 379.
[17]   PFGS IntRechnungslegung 7. Kap. 3; Ballwieser US-Rechnungslegung/Busse v. Colbe S. 496.

Abs. 2 anders als für die anderen Teile des Konzernabschlusses ausgeübt werden darf,[18] wird nicht gefolgt; sie wird auch nicht mehr vertreten. Unterschiedliche Berichtskreise würden dieser Festlegung widersprechen. Eine Differenzierung des Konsolidierungskreises würde den **Zweck** der Kapitalflussrechnung, ein Bild der Finanzlage des Konzerns gemeinsam mit der Konzernbilanz zu vermitteln, und den Zweck der Segmentberichterstattung, insbesondere die Ertrags- und Vermögenslage der einbezogenen Unternehmen nach unterschiedlichen Chancen und Risiken in den Tätigkeitsbereichen und Regionen des Konzerns aufzugliedern, in Frage stellen. Die Tatsache, dass das Vermögen, Gewinne und Geldströme von **quotal konsolidierten Gemeinschaftsunternehmen** der Disposition der Konzernleitung nicht in gleicher Weise wie die der Tochterunternehmen unterliegen oder ihr entzogen sind, sollte durch Zusatzangaben berücksichtigt werden.[19] In DRS 21.52 wird die Angabe verlangt, welche Bestände des Finanzmittelfonds von quotal einbezogenen Unternehmen stammen.

3. Konzernbilanz, Konzern–GuV und Konzernanhang. Für die klassischen 20 Bestandteile des Konzernabschlusses gelten gem. § 298 die Vorschriften für den **Einzelabschluss entsprechend,** soweit die Eigenart des Konzernabschlusses keine Abweichungen bedingen und die folgenden Vorschriften nichts anderes bestimmen.

4. Konzern–Kapitalflussrechnung. Mit der systematisch **geordneten Darstellung** 21 **der Geldzu– und Geldabflüsse einer Periode** soll die Kapitalflussrechnung eines Konzerns die **Beurteilung** der Fähigkeit der konsolidierten Unternehmen in ihrer Gesamtheit **erleichtern, künftig** Einzahlungsüberschüsse zu erzielen, um ihren **Zahlungsverpflichtungen** nachzukommen, **Gewinne** an die Anteilseigner auszuschütten (so auch DRS 21.1) und über die **Finanzlage** des Konzerns eingehender zu informieren als es durch die Konzernbilanz allein möglich ist. Nach empirischen Untersuchungen messen insbesondere institutionelle Anleger der Kapitalflussrechnung den gleichen Informationswert bei wie der Gewinn– und Verlustrechnung des Konzerns und benutzen sie für die interne finanzielle Steuerung des Konzerns.[20]

Gleichermaßen nach **IAS 7**[21] und **DRS 21** ist die Kapitalflussrechnung des Konzerns 22 nach den **konsolidierten** Zahlungsströmen (Cash Flows) **zumindest** in
– **laufenden Geschäftstätigkeiten,**
– **Investitions– und Desinvestitionstätigkeiten** und
– externen **Finanzierungstätigkeiten**
in
– **Staffelform** mit entsprechenden **Zwischensalden** sowie in einen
– **Finanzmittelfonds** zu gliedern.
Seine Änderung innerhalb der Rechnungsperiode ergibt sich aus den drei Cash Flows sowie ggf. aus gesondert auszuweisenden Wertänderungen des Fonds, insbesondere infolge von Wechselkursänderungen und Änderungen des Konsolidierungskreises (DRS 21.15).

Für die Darstellung der Zahlungsströme der einbezogenen Unternehmen gelten grund- 23 sätzlich
– das **Bruttoprinzip** (DRS 21.26) und
– das **Stetigkeitsprinzip** (DRS 21.23)
wie für die Konzernbilanz und Konzern–GuV.[22]

Der **Finanzmittelfonds** besteht aus **Zahlungsmitteln** und **Zahlungsmittel-Äqui-** 24 **valenten,** die dem Konzern als Liquiditätsreserve dienen und jederzeit ohne wesentliche Wertänderungen in Zahlungsmittel umgewandelt werden können. (DRS 21.9).

---

[18] So früher offenbar BeBiKo/Förschle/Lust/Kroner, 4. Aufl. 1999, Rn. 45 und 46.
[19] Ballwieser/v. Wysocki SG/HFA 1/1995 212.
[20] Ernst/Gassen/Pellens, Verhalten und Präferenzen deutscher Aktionäre, 2005, S. 35; Gebhardt/Mansch ZfbF-Sonderheft 2012.
[21] Ausf. IFRS-Komm/v. Wysocki/Harzheim IAS 7 Kapitalflussrechnung (Stand 2012).
[22] EBJS/Böcking/Gros/Schurbohm Rn. 37.

25   Die drei Cash Flows und ihre einzeln auszuweisenden Elemente können **originär** aus den einzelnen zahlungswirksamen Geschäftsvorfällen oder gem. DRS 21.11 **derivativ** aus den Posten der Konzernbilanz und Konzern-GuV oder aus der Konsolidierung der Kapitalflussrechnungen der einbezogenen Unternehmen **abgeleitet** werden.[23] Zumindest für den Zahlungsstrom aus laufender Geschäftstätigkeit herrscht die derivative Ermittlung vor. In der Kapitalflussrechnung können dann die Zahlungsströme **direkt als Zahlungen** oder **indirekt** (retrograd) **dargestellt** werden.

26   Der Cash Flow aus **laufender Geschäftstätigkeit** wird selten direkt von den Umsatzeinzahlungen ausgehend, sondern gewöhnlich durch eine **Überleitungsrechnung** zu diesem Cash Flow vom **Jahresergebnis** oder einer ähnlichen Größe (zB Ergebnis der laufenden Geschäftstätigkeit) indirekt dargestellt. Während in IAS 7.19 die direkte Darstellung bevorzugt wird, drückt DRS 21.17 keine Präferenz aus. Dieser Cash Flow zeigt die **Selbstfinanzierungskraft** des Konzerns. Die Zahlungsströme aus **Investitions-/Desinvestitionstätigkeit** und externer **Finanzierungstätigkeit** werden direkt dargestellt. Für den Bereich des **Anlagevermögens** bedeutet dies, dass nur die in der Periode geleisteten Zahlungen für Investitionen und erhaltene Zahlungen für Desinvestitionen ausgewiesen werden. Damit können **Unterschiede zum Anlagespiegel** im Anhang (§ 284 Abs. 3) auftreten, zB dann, wenn Anlagezugänge erst in Folgeperioden bezahlt oder wenn Anlagen im Tausch bzw. gegen Hingabe eigener Aktien erworben werden.

27   Der Grundsatz, in der Kapitalflussrechnung nur Zahlungen auszuweisen, hat Konsequenzen für die Darstellung des Erwerbs und der Veräußerung von Anteilen an zu konsolidierenden bzw. bisher konsolidierten Unternehmen im Bereich der Investitions-/Desinvestitionstätigkeit des Konzerns. Bei einer solchen **Veränderung des Konsolidierungskreises** wird anders als im Anlagespiegel, im Konzernanhang und in der Konzernbilanz, wo die gesamten Aktiva und Schulden sowie der bezahlte Firmenwert bei der Erstkonsolidierung des Unternehmens aufgenommen und bei der Entkonsolidierung eliminiert wurden, in der Konzern-Kapitalflussrechnung **nur der gezahlte bzw. erhaltene Kaufpreis** ausgewiesen. Diese Beträge werden noch um die mit dem Unternehmen übernommenen bzw. abgegebenen **Finanzmittel korrigiert,** da der Endbestand des Finanzmittelfonds des Konzerns sie bereits enthält bzw. um sie vermindert ist.

28   Zahlungen einbezogener Unternehmungen in **fremden Währungen** sind grundsätzlich mit den **Wechselkursen der Zahlungszeitpunkte** in die Währung des Mutterunternehmens (Konzernwährung) umzurechnen. Aus **Vereinfachungsgründen** können stattdessen **Durchschnittskurse** der jeweiligen Berichtsperiode verwendet werden (DRS 21.13). Wenn **Tochtergesellschaften mit Sitz in Fremdwährungsländern** einbezogen werden und deren Cash Flows **indirekt** aus ihren Abschlüssen ermittelt werden (→ Rn. 25), besteht bei erheblichen Wechselkursänderungen die Gefahr wesentlicher **Verzerrungen,** da in diese Ermittlung **Bestandsänderungen** eingehen, die nicht nur durch Zahlungen, sondern auch durch Wechselkursänderungen verursacht werden. Diese Verzerrungen müssen wenigstens näherungsweise eliminiert werden.[24]

29   IAS 7 und DRS 21 regeln in ähnlicher Weise **Details** der Kapitalflussrechnung, insbesondere die **Mindestgliederungen** der drei Bereiche, einschließlich der Überleitung vom Jahresüberschuss auf den Cash Flow aus laufender Geschäftstätigkeit bei indirekter Darstellung des **Ausweises von Steuer-, Zins- und Dividendenzahlungen,** von **außerordentlichen Posten** und **ergänzenden** Angaben.

30   **5. Konzerneigenkapitalspiegel.** Mit dem TransPuG wurde 2002 erstmalig der Eigenkapitalspiegel als Bestandteil des Konzernabschlusses im HGB verankert, wenn auch zuerst nur für kapitalmarktorientierte Mutterunternehmen (→ Vor § 290 Rn. 12). Mit dem BilReG ist er ab 2005 **obligatorischer Bestandteil** des Konzernabschlusses für alle konzernrechnungslegungspflichtige Unternehmen (→ Rn. 13). Infolge der Annäherung an

---

[23]   Zu den Methoden in der Praxis Gebhardt/Mansch ZfbF-Sonderheft 2011.
[24]   Zu Einzelheiten Beck HdR/Scheffler C 620 Rn. 76–79; v. Wysocki/Siener Kapitalflussrechnung S. 35 (57–65).

internationale Rechnungslegungsgrundsätze führen manche Vorgänge, die keine Transaktionen zwischen Unternehmen und Anteilseigner sind, zu Veränderungen des Eigenkapitals, ohne die Gewinn- und Verlustrechnung zu berühren. Sie sind aus den herkömmlichen Bestandteilen des Abschlusses nur schwer oder nicht ersichtlich.[25] Daher ist ein Berichtsinstrument angebracht, das **alle Eigenkapitalveränderungen übersichtlich** darstellt. Außer durch das Jahresergebnis, die Zahlung der Dividenden sowie die Emission neuer und den Rückkauf bestehender Anteile wird das Eigenkapital insbesondere eines Konzerns, aber auch eines einzelnen Unternehmens, durch in jüngster Zeit an Zahl zunehmender **erfolgsneutraler Bewertungsvorgänge** verändert, die vom Abschlussadressaten aus den herkömmlichen Rechenwerken des Abschlusses, Bilanz und Gewinn- und Verlustrechnung, kaum oder überhaupt nicht nachvollziehbar sind, zumal sie im Anhang meist nicht hinreichend erläutert werden. Zu diesen Vorgängen zählten bisher insbesondere die – nach § 309 nF nicht mehr zulässige – **erfolgsneutrale Verrechnung des Firmenwertes** (§ 309 Abs. 1 aF) und die bis zur Auflösung der Beteiligung nach der Stichtagsmethode **erfolgsneutral zu behandelnde Eigenkapitaldifferenz aus der Währungsumrechnung** gem. § 308a für die Umrechnung der Abschlüsse von in fremder Währung aufgestellten Abschlüssen einbezogener Tochterunternehmen.[26] Mit der weiteren Übernahme international anerkannter Rechnungslegungsmethoden können **weitere Vorgänge dieser Art** hinzukommen. So führen die Verlautbarungen des FASB zu den US-GAAP acht Änderungen des Eigenkapitals auf, die nicht aus dem Verkehr mit den Anteilseignern herrühren und ohne Berührung der Gewinn- und Verlustrechnung zum **„other comprehensive Income"** **(OCI)** zählen und damit das Eigenkapital berühren. Nach den IAS/IFRS sind zumindest sieben solcher Vorgänge möglich.[27]

IAS 1 (Anhang) und DRS 22 sehen gleichermaßen für den Eigenkapitalspiegel eine **31** **Matrix** aus Eigenkapitalbeständen und sie verändernden Vorgängen vor. Jedoch ist der Anhang zu IAS 1 nicht Bestandteil des Standards, sondern gibt nur ein Beispiel. Damit ist die Matrixform nach IAS 1 **nicht verbindlich.** Das gilt auch für DRS 22, dem – wie den anderen DRS auch – nach § 342 Abs. 2 nur die **Vermutung** zukommt, dass bei seiner Beachtung die **GoB** für die Konzernrechnungslegung **eingehalten** worden sind. Die Matrixdarstellung hat sich allerdings, wenn auch mit kleinen Variationen, in der Praxis durchgesetzt. Die **Kopfzeile** der Matrix zeigt gem. DRS 22 Anlagen 1 und 2, getrennt für das Mutterunternehmen in der Rechtsform einer Kapitalgesellschaft und beschränkt auf drei Eigenkapitalarten für nicht beherrschende Anteile, die verschiedenen Posten des in der Konzernbilanz **ausgewiesenen Eigenkapitals,** wie[28]
– Gezeichnetes Kapital, eigene Anteile und nicht eingeforderte ausstehende Einlagen, ggf. jeweils unterteilt nach Stamm- und Vorzugsaktien,
– Kapitalrücklagen und Gewinnrücklagen, jeweils unterteilt nach den im Gesetz vorgesehenen Arten,
– Eigenkapitaldifferenz aus Währungsumrechnung,
– Gewinn-/Verlustvortrag,
– Konzernjahresüberschuss/-fehlbetrag.

Hat das Mutterunternehmen nicht die Rechtsform einer Kapitalgesellschaft, so sind **32** die Bezeichnungen entsprechend anzupassen.

Die **Zeilenbezeichnungen** in der Randspalte listen die **Ursachen für die Verände-** **33** **rung** der einzelnen Eigenkapitalposten auf. Nach dem Schema in DRS 22 sind folgende Zeilen vorgesehen:
– Kapitalerhöhung/-herabsetzung,
– Einforderung von Einlagen,
– Einstellung in/Entnahmen aus Rücklagen,

---

25   Busse v. Colbe BB 2001, 2405; Beck HdR/Hayn C 640 Rn. 18 (Stand 2013).
26   S. hierzu die Aufzählung bei Baetge/Kirsch/Thiele KonzernBil Kap. XII. 2.
27   Beck HdR/Hayn C 640 Rn. 65 ff.
28   Beck HdR/Hayn C 640 Rn. 36–48.

– Ausschüttung,
– Währungsumrechnung,
– Sonstige Veränderungen,
– Änderungen des Konsolidierungskreises,
– Konzernjahresüberschuss/-fehlbetrag.

34   Ausschüttungen vermindern das erwirtschaftete Konzernergebnis, der erzielte Konzernjahresüberschuss erhöhen es. Unter den **übrigen Veränderungen** erscheinen zB die Veränderung des Ausgleichspostens aus der nicht in der Gewinn- und Verlustrechnung erfassten (erfolgsneutralen) **Währungsumrechnung,** dessen auf nicht beherrschende Anteile entfallender Anteil gesondert zu zeigen ist. Wenn einzelne Regelungen der IAS/IFRS in die Vorschriften des HGB für den Konzernabschluss übernommen werden, zB für den erfolgsneutralen Ausweis von Änderungen von Bewertungsmethoden oder der Korrektur von Fehlern in vergangenen Perioden, können sich weitere Vorgänge ergeben, die zu übrigen Veränderungen führen.[29] Das gilt zB auch für den Fall, dass der Gesetzgeber von dem Wahlrecht in der Bilanz-RL Gebrauch macht, bestimmten Unternehmen zumindest für den Konzernabschluss zu gestatten oder vorzuschreiben, bestimmte Finanzinstrumente zum **Fair Value** anzusetzen und dessen Änderung erfolgsneutral in einer Rücklage zu erfassen. Besonders wichtig ist, dass Eigenkapitalveränderungen aus den regelmäßig auftretenden **Änderungen des Konsolidierungskreises** durch Erwerb, Verkauf und Verschmelzung von Tochterunternehmen, die sich vor allem bei den Anteilen der Minderheitsgesellschafter ergeben, gesondert gezeigt werden.[30] Bei der Emission von **Options- und Wandelanleihen** können sich gem. § 272 Abs. 2 Nr. 2 Einstellungen in die Kapitalrücklage in erheblichem Umfang ergeben. Die Matrixdarstellung erlaubt es, die auf die **Mehrheitsgesellschafter** einerseits und auf die **anderen Gesellschafter** andererseits entfallenden Eigenkapitaländerungen übersichtlich getrennt auszuweisen.[31]

35   Eine **Ergebnisverwendungsrechnung,** wie sie in § 158 AktG für den Jahresabschluss der einzelnen AG vorgeschrieben ist, wird weder für die Konzern-GuV noch für den Eigenkapitalspiegel nach DRS 22 verlangt. Da der Konzernabschluss rechtlich nicht die Grundlage für die Gewinnausschüttung bildet (→ Vor § 290 Rn. 35), ist die aktienrechtliche Regelung nach hM nicht auf den Konzernabschluss übertragbar und könnte sogar irreführend sein.[32] Da das Konzernergebnis gleichwohl die ökonomische Basis für die Höhe der Gewinnausschüttung des Mutterunternehmens ist (→ Vor § 290 Rn. 35), könnte eine Ergebnisverwendungsrechnung als Ergänzung des Konzernabschlusses dem Informationsinteresse der Anteilseigner des Mutterunternehmens und dem Aktionärsschutz dienen.[33] Mit einem Eigenkapitalausweis vor Ergebnisverwendung könnte die Veränderung des Konzernergebnisses durch erfolgswirksame Konsolidierungsmaßnahmen sichtbar gemacht werden.[34] DRS 22 empfiehlt, den Betrag, der am Konzernabschlussstichtag zur Gewinnausschüttung an die Gesellschafter zur Verfügung steht, sowie Angaben zu Ausschüttungs- bzw. Abführungssperren im Konzerneigenkapitalspiegel oder im Konzernanhang aufzunehmen. DRS 22.60 empfiehlt ferner, dass die Angaben zu den ausschüttungs- oder abführungsgesperrten bzw. anderen Verfügungsbeschränkungen unterliegenden Beträgen solche im Konzerneigenkapitalspiegel ausgewiesene Beträge umfassen, die entweder beim Mutterunternehmen oder bei anderen in den Konzernabschluss einbezogenen Unternehmen einer Ausschüttungs- oder Abführungssperre bzw. anderen Verfügungsbeschränkungen unterliegen.

29   Beck HdR/Hayn C 640 Rn. 31, 32.
30   Busse v. Colbe BB 2001, 2406.
31   BeBiKo/Störk/Rimmelspacher Rn. 129 ff.
32   ZB ADS § 298 Rn. 196; WP-HdB Bd. I M Rn. 543.
33   Pellens, Aktionärsschutz im Konzern, 1994, S. 46 ff.; s. die Vorschläge für eine Ergebnisverwendungsrechnung im Konzern von Baetge/Kirsch/Thiele KonzernBil Kap. XII. 4.
34   Busse v. Colbe/Ordelheide/Gebhardt/Pellens Konzernabschlüsse 9. Kap. IV.

IV. Freiwilliger Bestandteil: Segmentberichterstattung (Abs. 1 S. 2)

Die Konzern-Segmentberichterstattung[35] soll gegenüber Konzernbilanz, Konzern- **36**
GuV und Konzern-Kapitalflussrechnung durch **Disaggregation** einzelner Posten, wie
Umsatzerlöse, Ergebnis, Investitionen, Cash Flow aus laufender Geschäftstätigkeit und Vermögen, nach operativen **Geschäftsbereichen** und **Märkten** Informationen über die wirtschaftliche Lage und Entwicklung eines Konzerns in seinen einzelnen Segmenten bieten,
um den Adressaten insbesondere bei diversifizierten Unternehmen zu ermöglichen, die
Chancen und Risiken und die **Entwicklung der Cash Flows** des Konzerns besser
beurteilen zu können als aus den aggregierten Rechenwerken allein (DRS 28.1 bis 3).

Die Segmente, über die zu berichten ist **(Berichtssegmente),** könnten zur Förderung **37**
des Unternehmensvergleichs nach objektiven Kriterien (zB Wirtschaftszweigen) gebildet
werden, wie das früher in den USA üblich war, oder nach Risiko-/Chancen-Klassen (risk
and reward approach).[36] Stattdessen verlangt **IFRS 8.5,** dass als Berichtssegmente grundsätzlich diejenigen **organisatorischen Einheiten** verwendet werden, die an die Unternehmensleitung berichten und auf deren Berichte über ihre operativen Ergebnisse hin die
operativen Einheiten als Teil des Gesamtunternehmens bewertet werden. Funktionale
Abteilungen und die Unternehmungsleitung mit ihrem Stab, die selbst direkt keine Erträge
erwirtschaften, gelten nicht als Berichtssegmente. Dieser sog. **management approach** liegt
auch dem **DRS 28** zugrunde (DRS 28.10). Der unternehmensindividuelle Zuschnitt der
Segmente erschwert zumindest oder verhindert den Vergleich mit Segmenten anderer
Unternehmen. Die Berichtssegmente können **produktorientierte** oder **geographische
Segmente** sein (DRS 28.15). Die Segmentierung ergibt sich vorrangig aus der internen
Entscheidungs- und Berichtsstruktur des Konzerns, da die für innerbetriebliche Zwecke
optimierte Struktur die interne Überwachung und Steuerung des Konzerns am besten
widerspiegelt und damit auch den externen Abschlussadressaten die beste Entscheidungsgrundlage bietet. Nur in diesem Rahmen sind die Segmente nach differierenden **Chancen-
und Risikostrukturen** (risks and rewards approach) zu bilden (DRS 28.12). Die **zweifache
Segmentierung,** die in dem – inzwischen nicht mehr geltenden – IAS 14.26 für business
and geographical segments nach primary und secondary format geregelt war und wie sie
für Umsätze in § 314 Abs. 1 Nr. 3 vorgeschrieben ist, wurde in den DRS 28 übernommen.
Operative Segmente bilden dann Berichtssegmente, wenn ihre Umsatzerlöse Größenkriterien (10 % der zusammengefassten internen und externen Umsatzerlöse aller Geschäftssegmente) übersteigen (IFRS 8.13 (a); DRS 3.18).

Für jedes Berichtssegment sind gem. DRS 28.33 ff. in Anlehnung an die Regeln des **38**
bis 2009 geltenden IAS 14.50–66 und SFAS No. 131.25–28, die zwar weitgehend überein-
stimmten, sich aber in manchen Einzelheiten unterschieden, **folgende Größen offenzulegen** (so auch **IFRS 8.23**):
– Für jedes anzugebende Segment ist das Segmentergebnis anzugeben (DRS 28.33). Das
  Segmentvermögen, die Segmentschulden bzw. das Segmenteigenkapital eines jeden anzugebenden Segments sind anzugeben, wenn diese Werte der Konzernleitung regelmäßig
  berichtet und von dieser zur Steuerung genutzt werden (DRS 28.34).

Ferner sind anzugeben, sofern sie der Konzernleitung regelmäßig berichtet und von **39**
dieser zur Steuerung genutzt werden, auch wenn sie im Segmentergebnis nicht enthalten
sind:
– Umsatzerlöse oder vergleichbare Erträge, unterteilt nach Umsatzerlösen oder vergleichbaren Erträgen mit Dritten und mit anderen Segmenten,
– Zinserträge und Zinsaufwendungen, planmäßige Abschreibungen,

---

[35] Zu Einzelheiten und Unterschieden zwischen IAS 14 und SFAS No. 131 Busse v. Colbe/Seeberg,
      Vereinbarkeit internationaler Konzernrechnungslegung mit handelsrechtlichen Grundsätzen
      12. Abschnitt; Fey/Mujkanovic DBW 1999, 261 (275); BeBiKo/Störk/Rimmelspacher Rn. 151–178;
      Beck HdR/Orth C 630; ausf. zu IAS 14 IFRS-Komm/Haller IAS 14 Segmentberichterstattung (Stand
      2010).
[36] WP-HdB Bd. I M Rn. 779.

- wesentliche sonstige Ertrags- und Aufwandsposten,
- Anteil des Konzerns am Jahresüberschuss/-fehlbetrag von Unternehmen, die nach der Equity-Methode abgebildet werden,
- Ertragsteueraufwand oder -ertrag und
- wesentliche nicht zahlungswirksame Posten, bei denen es sich nicht um Abschreibungen handelt.

40   Die Segmentdaten können nach dem „Top-down Approach" durch Aufspaltung der Rechenwerke des Konzernabschlusses oder nach dem „Buttom-up Approach" aus den Daten der Buchführung gewonnen werden.[37] Die Daten sind gem. IFRS 28 und entsprechend gem. DRS 28.32 nach den **Ansatz-** und **Bewertungsgrundsätzen für den Konzernabschluss** zu bestimmen. Jedes anzugebende Segment ist zu beschreiben. Dabei ist zu erläutern, welche Merkmale der Abgrenzung der Segmente zugrunde gelegt wurden und anhand welcher Kriterien über die Zusammenfassung von operativen Segmenten entschieden wurde. Die Ansatz- und Bewertungsgrundlagen für die Segmentberichterstattung sind zu erläutern. Zudem ist von Gesamtbeträgen auf die entsprechenden Posten der Konzernbilanz und der Konzerngewinn- und Verlustrechnung bzw. im Falle des Segmentergebnisses auf den Jahresüberschuss/-fehlbetrag oder eine zugehörige Zwischensumme der Konzerngewinn- und Verlustrechnung überzuleiten. Wesentliche Überleitungsposten sind zu erläutern. Nach der konsequenten Anwendung des **management approachs** sind gem. IFRS 8.25–28 die zu berichtenden Segmentdaten nach den **Methoden zu messen,** die für die **interne Steuerung** verwendet werden. Sie können sich zB bei den Abschreibungsmethoden oder Aktivierungs- und Passivierungsansätzen von denen für den Konzernabschluss unterscheiden. Das erfordert den Buttom-up Approach. IFRS 8 „Operating Segments" folgt diesem Ansatz mit der Zielsetzung, die Standards des FASB und IASB einander anzugleichen.

41   Gemeinsamkeit zwischen den Regelwerken herrscht hinsichtlich des Grundsatzes, dass für die wichtigsten **Segmentdaten deren Summen** auf die **entsprechenden Größen des Konzernabschlusses** mit Erläuterungen **überzuleiten** sind (IFRS 8.28). Das gilt gem. DRS 28.39 mindestens für

- Segmentumsatzerlöse bzw. Segmenterträge,
- Segmentvermögen,
- Segmentschulden und
- sonstige wesentliche Segmentposten.

42   Ferner ist das Stetigkeitsgebot zu beachten: Die im Standard formulierten Wahlrechte, bspw. zur Zusammenfassung von Segmenten (DRS 28.14), hinsichtlich der Größenmerkmale (DRS 28.19) oder zu freiwilligen zusätzlichen Informationen (DRS 28.28), sind grundsätzlich stetig auszuüben. Die gewählte Darstellung der Segmentberichterstattung ist ebenfalls stetig anzuwenden. Die Durchbrechung des Grundsatzes der Stetigkeit ist nur in Ausnahmefällen zulässig. Sie ist insoweit zu begründen.

V. Angaben zur Identifikation des Mutterunternehmens

43   In dem Konzernabschluss sind nach § 297 Abs. 1a die Firma, der Sitz, das Registergericht und die Nummer, unter der das Mutterunternehmen in das Handelsregister eingetragen ist, anzugeben. Der durch das BilRUG eingeführte Abs. 1a dient der Umsetzung des Art. 5 Bilanz-RL und entspricht den Vorgaben für den Jahresabschluss (des Mutterunternehmens) in § 264 Abs. 1a. Die Richtlinienregelung schreibt vor, dass im Konzernabschluss Angaben zur Identifikation des Mutterunternehmens anzugeben sind, insbesondere die Firma, der Sitz (nach Maßgabe des Gesellschaftsvertrags oder der Satzung) und Angaben zum Register. Die Angaben können etwa in der Überschrift des Konzernabschlusses, auf einem gesonderten Deckblatt oder an anderer herausgehobener Stelle gemacht werden, um

---

[37]   Beck HdR/Orth C 630 Rn. 53 f.; Dörner/Menold/Pfitzer/Oser Reform AktR/Böcking/Orth S. 773 ff.

auf die Kerndaten des Mutterunternehmens hinzuweisen. Für die Praxis hat sich durch die Einführung der Regelung kaum eine Veränderung ergeben. Diese Angaben wurden überwiegend schon vor der gesetzlichen Verpflichtung dem Konzernabschluss vorangestellt, um eine eindeutige Zuordnung zu ermöglichen. Befindet sich die Gesellschaft in Liquidation oder Abwicklung, ist auch diese Tatsache anzugeben (Abs. 1a S. 2).

VI. Grundsätze für die Aufstellung des Konzernabschlusses (Abs. 2)

1. Klarheit und Übersichtlichkeit (S. 1). Der Vorschrift für den Jahresabschluss in **44** § 243 Abs. 2 entsprechend ist auch der Konzernabschluss klar und übersichtlich aufzustellen. Die Forderung nach Klarheit und Übersichtlichkeit bezieht sich auf die **Form** des Konzernabschlusses, insbesondere also auf die **Gliederung** von Konzernbilanz, -GuV, -kapitalflussrechnung, -eigenkapitalspiegel, -segmentberichterstattung und -anhang,[38] und die eindeutige Bezeichnung ihrer Posten. Sie sind durch die gesetzlichen **Mindestgliederungsschemata** für die Konzernbilanz und -ergebnisrechnung (§ 298 Abs. 1 iVm §§ 266 und 275) sowie durch spezielle **Ausweisvorschriften** zu einzelnen Posten (zB § 301 Abs. 3, § 307, § 312 Abs. 1 und 4) für diese weitgehend vorgeprägt, für die anderen Bestandteile aber nicht. Werden die DRS zur Konzernrechnungslegung befolgt, besteht die Vermutung der Klarheit und Übersichtlichkeit. Aus der Verpflichtung zur klaren und übersichtlichen Darstellung kann sich allerdings im Einzelfall die Notwendigkeit einer tieferen Untergliederung oder zusätzlichen Bezeichnung ergeben.[39]

Materielle Bedeutung hat die Vorschrift besonders für Bezeichnung und Einordnung **45** von Posten, die zwar gesondert auszuweisen sind, für die aber im **Gesetz kein Begriff** festgelegt ist (zB Ausweis der Anteile anderer Gesellschafter gem. § 307 oder des passivischen Unterschiedsbetrages gem. § 309 Abs. 2), sowie für den **Konzernanhang,** weil das Gesetz für ihn keine Gliederungsvorschriften enthält.[40] Er muss übersichtlich aufgebaut und der Text klar formuliert sein.[41]

2. Vermittlung eines den tatsächlichen Verhältnissen entsprechenden Bildes 46 der Lage des Konzerns (S. 2). Ähnlich wie für den Einzelabschluss (§ 264 Abs. 2) wurde aus der angelsächsischen Rechtstradition in Art. 16 RL 1983/349/EWG (7. EG-Richtlinie) der Grundsatz des **„true and fair view"** übernommen und in deutsches Recht als Verpflichtung implementiert, mit dem Konzernabschluss ein den tatsächlichen Verhältnissen entsprechendes Bild – in engerer Anlehnung an die englische Begriffsbildung auch kurz als **getreues Bild** bezeichnet (so zB auch in § 250 UGB – Österreich) – der **Vermögens-, Finanz- und Ertragslage des Konzerns**[42] zu vermitteln. Diese Pflicht wird vielfach im engeren Sinne als **Generalnorm** angesehen (→ Rn. 1).[43] Anders als in Art. 16 Abs. 2 RL 1983/349/EWG (7. EG-Richtlinie)[44] steht die Verpflichtung aus S. 2 unter dem **Vorbehalt der Beachtung der GoB,** hat somit subsidiären Charakter.[45] Zu den GoB gehören auch die Grundsätze ordnungsmäßiger Konsolidierung.[46] Damit ist der Grundsatz kein „overriding principle" wie der „true and fair view" in englischem Sinne.[47] Er setzt weder Einzelvorschriften des Gesetzes noch ungeschriebene GoB außer Kraft (→ Rn. 3).

Mit der Forderung nach der Vermittlung eines den tatsächlichen Verhältnissen entspre- **47** chenden Bildes der Vermögens-, Finanz- und Ertragslage von Kapitalgesellschaften und

---

[38] HuRB/Ebenroth 264 ff.
[39] Busse v. Colbe/Ordelheide/Gebhardt/Pellens Konzernabschlüsse 1. Kap. V. 1.
[40] ADS Rn. 2.
[41] Im Einzelnen ADS Rn. 13; BeBiKo/Störk/Rimmelspacher Rn. 180–184; ausf. HdK/Baetge/Kirsch Rn. 8–22.
[42] LdR/Busse v. Colbe/Brotte 125–129 mzN; A European true and fair view? m. Beiträgen v. Alexander/Burland/Ordelheide/Van Hulle/Walton Eur.Acc.Rev. 1993, 49 (104) und 1996, 483 (506).
[43] ADS Rn. 4 und 15; ausf. HdK/Baetge/Kirsch Rn. 23–69.
[44] Zum Verhältnis zu Art. 16 RL 1983/349/EWG (7. EG-Richtlinie) s. ADS Rn. 18–20.
[45] BeBiKo/Störk/Rimmelspacher Rn. 186.
[46] Zur Bedeutung des Verweises auf die GoB ADS Rn. 20–34.
[47] Schildbach KonzAbschl. C. 3. 1.

Konzernen durch den Abschluss wird ein für Deutschland **unbestimmter Rechtsbegriff** eingeführt. Er hat auch in den angelsächsischen Ländern keine eindeutige Definition. Die Generalnorm verdrängt nach deutschem Recht die Einzelregelungen nicht, sondern dient ihrer Auslegung sowie ihrer dem Gesetzeszweck entsprechenden Anwendung auf vom Gesetzgeber nicht vorausgesehene Fälle und damit der Schließung von Gesetzeslücken.[48] Als Beispiel wird immer wieder der unvollständige Katalog der notwendigen Verrechnungsvorgänge bei der Aufwands- und Ertragskonsolidierung (§ 305) angeführt.[49]

48   Die Pflicht, den Konzernabschluss so aufzustellen, dass er ein den tatsächlichen Verhältnissen entsprechendes Bild der wirtschaftlichen Lage des Konzerns vermittelt, schließt nicht aus, dass gesetzliche **Wahlrechte** wahrgenommen werden, die dieses **Bild beeinträchtigen**.[50] Wahlrechte resultieren häufig aus internationalen Kompromissen, die sich in den EG/EU-Richtlinien niedergeschlagen haben oder aus widerstreitenden Interessen von Bilanzaufstellern und Adressaten. Ihre Wahrnehmung können aber Erläuterungspflichten im Anhang auslösen.

49   **3. Zusatzangaben im Konzernanhang (S. 3).** Analog zu § 264 Abs. 2 S. 2 und in Umsetzung von Art. 16 Abs. 4 RL 1983/349/EWG (7. EG-Richtlinie; heute Art. 24 Abs. 1 Bilanz-RL iVm Art. 4 Abs. 3 Bilanz-RL) sind gem. S. 3 zusätzliche Angaben im Konzernanhang zu machen, wenn **besondere Umstände** (zB staatliche Verfahren oder staatliche (Liefer-)Beschränkungen) dazu führen, dass der Konzernabschluss ein den tatsächlichen Verhältnissen entsprechendes Bild iSv S. 2 sonst nicht vermitteln würde.[51] Im Normalfall erfüllt er also diese Funktion ohne Zusatzangaben.

50   Über die besonderen Umstände, die bereits zu **zusätzlichen Angaben im Jahresabschluss des Mutterunternehmens** verpflichten, ist auch im Konzernanhang zu berichten, wenn ohne solche Angaben auch der Konzernabschluss für den Konsolidierungsbereich das verlangte Bild nicht vermittelte. Das gilt entsprechend auch für angabepflichtige Umstände im Anhang von Tochterunternehmen. Als Beispiele für berichtspflichtige besondere Umstände werden eine erhebliche Verzerrung der Ertragslage durch Bewertung der Vorräte aus **langfristiger Fertigung** nach dem Realisationsprinzip (§ 252 Abs. 1 Nr. 4) infolge der obligatorischen Anwendung der completed contract-Methode sowie die Bildung und Auflösung **stiller Rücklagen** genannt.[52]

51   Außerdem können sich **konzernspezifische Umstände** ergeben, die die Vermittlung des getreuen Bildes der Lage des Konzerns iSv S. 2 verhindern. Als Beispiel dafür galt die Ausübung des Wahlrechtes aus § 309 Abs. 1 S. 2 aF.[53] Danach durfte der **Firmenwert aus der Kapitalkonsolidierung erfolgsneutral** gegen Rücklagen verrechnet werden, wodurch das Eigenkapital zu niedrig und in den Folgejahren das Ergebnis zu hoch im Vergleich zur betriebswirtschaftlich korrekten und international auch üblichen Aktivierung und Abschreibung des Firmenwertes in den Folgejahren ausgewiesen werden. Freilich besteht die Angabepflicht nicht generell, sondern nur insoweit, als durch die Art der Bilanzierung infolge der relativen Größe des Betrages ein falsches Bild der Lage des Konzerns erzeugt wird. Entsprechendes gilt im Hinblick auf die Befolgung der Pflicht gem. § 312 Abs. 5 S. 3, **Ergebnisse aus Geschäften mit assoziierten Unternehmen zu eliminieren,** obgleich dies im Widerspruch zum Einheitsgrundsatz des Abs. 3 steht.[54] Auch die Pflicht zur Konsolidierung von Tochterunternehmen kann ohne ergänzende Angaben dann zu einem falschen Lagebild führen, wenn der Verkauf einer bedeutenden Tochterunternehmung – aus eigener Entscheidung oder wegen einer Auflage der Kartellbehörde – bevorsteht.[55]

---

[48]   Begr. RegE Gesetz zur Durchführung der 4. RL, BR-Drs. 257/83, 76; HuRB/Großfeld 192 ff.
[49]   Vgl. etwa BeBiKo/Störk/Rimmelspacher Rn. 187.
[50]   BeBiKo/Störk/Rimmelpacher Rn. 187.
[51]   Zu den Funktionen des Konzernanhangs Scherrer Konzernrechnungslegung 13. Kap. B.
[52]   ADS § 264 Rn. 122.
[53]   BeBiKo/Störk/Rimmelspacher Rn. 188.
[54]   BeBiKo/Störk/Rimmelspacher Rn. 188.
[55]   ADS Rn. 36.

Fraglich ist dagegen, ob **hohe Inflationsraten** in Sitzländern bedeutender Tochterge- 52
sellschaften mit der Folge hoher Scheingewinne bei Beibehaltung des Anschaffungswertprinzips besondere Umstände darstellen, die eine Pflicht zu zusätzlichen Angaben auslösen,
soweit deren Auswirkungen auf den Konzernabschluss nicht ohnehin bei der Angabe der
Bewertungs- und Umrechnungsmethoden gem. § 313 Abs. 1 Nr. 1 und 2 erläutert werden.
Durch **geeignete Umrechnungsmethoden** für die Jahresabschlüsse dieser Tochtergesellschaften – abweichend von § 308a – insbesondere nach dem **Zeitbezug** kann eine falsche
Darstellung der Lage des Konzerns vermieden werden (→ § 301 Rn. 179 ff.). Zwar enthält
das HGB keine Vorschriften über anzuwendende Umrechnungsmethoden, sondern nur eine
Angabepflicht über deren Wahl, doch sind auch in Anlehnung an international anerkannte
Grundsätze für die Umrechnung (insbesondere IAS 21.38–49) die Grundsätze ordnungsmäßiger Konsolidierung soweit entwickelt,[56] dass die Anwendung ungeeigneter Umrechnungsmethoden einen Verstoß gegen die GoB darstellt.

Die in Art. 16 Abs. 5 RL 1983/349/EWG (7. EG-Richtlinie, heute Art. 4 Abs. 4 **53**
Bilanz-RL) enthaltene Verpflichtung, von den Einzelvorschriften abzuweichen, wenn deren
Anwendung mit der Generalnorm nicht vereinbar ist, wurde in das HGB als Grundsatz nicht
übernommen. Dies bedeutet jedoch keine Verletzung der Bilanz-RL.[57] Nach allgemeinen
Grundsätzen des deutschen Rechts sind die Vorschriften so anzuwenden, dass sie den Gesetz-
zeszweck erfüllen, notfalls gegen deren Wortsinn, wenn sonst ein mit dem Gesetzeszweck
nicht zu vereinbarendes Ergebnis erzielt wird.[58] Ferner kommt dem Grundsatz der Wesentlichkeit und Wirtschaftlichkeit in einzelnen Vorschriften der Konzernrechnungslegung zum
Ausdruck.[59] Unwesentliches wird das den tatsächlichen Verhältnissen entsprechende Bild
der Vermögens-, Finanz- und Ertragslage in der Regel nicht beeinflussen und darf deshalb
vernachlässigt werden. Es gibt allerdings keinen allgemein gültigen Maßstab für den Aspekt
der Wesentlichkeit. Vielmehr ist in den Zusammenhängen der jeweiligen Regelung eine
entsprechende Entscheidung zu treffen.

**4. Entsprechenserklärung des Vorstandes kapitalmarktorientierter Mutterun- 54
ternehmen.** S. 4 ist durch Art. 5 Nr. 5 Transparenzrichtlinie-Umsetzungsgesetz (TUG)
von 2007 (→ Vor § 290 Rn. 11) eingefügt worden. Die Erklärung wird auch als „Bilanzeid"
bezeichnet.[60] Die Erklärung entspricht inhaltlich dem gleichfalls durch das TUG in § 264
Abs. 2 angefügten Satz für den Jahresabschluss (→ § 264 Rn. 89 ff.). Ein Formulierungsvorschlag für einen einfachen und zusammengefassten Bilanzeid enthalten DRS 20.K308 und
DRS 20.K309. Wie die Gesetzesbezeichnung bereits ausdrückt, beruht die Ergänzung des
§ 297 auf einer RL 2004/109/EG der EU zur Harmonisierung der Transparenzanforderungen in Bezug auf Informationen über Emittenten, deren Wertpapiere zum Handel auf einem
geregelten Markt zugelassen sind, vom 15.12.2004 (ABl. 2004 L 390, 38). Im Anschluss an
Art. 4 Abs. 2 und 3 Transparenz-RL und zuletzt geändert durch das ESEF-UG sind die
Mitglieder des vertretungsberechtigten Organs eines Mutterunternehmens, das als Inlandsemittent (§ 2 Abs. 14 WpHG) Wertpapiere (§ 2 Abs. 1 WPHG) begibt und keine Kapitalgesellschaft iSd § 327a ist, gehalten, zu dem konsolidierten Abschluss im Rahmen des **Jahresfinanzberichts** eine Versicherung abzugeben, wonach der Abschluss ihres Wissens nach den
maßgeblichen Rechnungslegungsstandards ein den tatsächlichen Verhältnissen entsprechendes Bild der Vermögenswerte und Verbindlichkeiten sowie der Finanz- und der Ertragslage
des Emittenten und der Gesamtheit der in die Konsolidierung einbezogenen Unternehmen
vermittelt. Diese Vorschrift hat der Gesetzgeber für Inlandsemittenten mit der Ergänzung
des Abs. 2 in deutsches Recht übertragen. Die Vorschrift der Richtlinie und der eingefügte
S. 4 folgen weitgehend dem amerikanischen Sarbanes-Oxley-Act, Section 302, der als
Reaktion auf die Bilanzfälschungsskandale und die nachfolgenden Zusammenbrüche großer

---

56 Hierzu IDW FN-IDW 1998, 277 (285).
57 Busse v. Colbe/Ordelheide/Gebhardt/Pellens Konzernabschlüsse 1. Kap. V. 1 zur 7. EG-Richtlinie.
58 HuRB/Großfeld 201.
59 Eine Zusammenstellung findet sich etwa in BeBiKo/Störk/Rimmelspacher Rn. 195.
60 BeBiKo/Störk/Rimmelspacher Rn. 189; BeckOK HGB/Jakob Rn. 54.

amerikanischer Unternehmen, vor allen Enron im Jahre 2002, erlassen wurde. Durch die Neuformulierung des S. 4 durch das ESEF-UG wird ganz deutlich, dass es sich bei der Versicherung („Bilanzeid") um eine dem Abschluss beizulegende schriftliche Erklärung handelt, die aber selbst nicht Inhalt des Konzernabschlusses ist.[61]

VII. Darstellung der Lage des Konzerns als einziges Unternehmen (Abs. 3 S. 1)

55   **1. Unterschiedliche Auslegung des Einheitsgrundsatzes.** In fast wörtlicher Übernahme von Art. 26 Abs. 1 S. 1 RL 1983/349/EWG (7. EG-Richtlinie) lautet S. 1: „Im Konzernabschluss ist die Vermögens-, Finanz- und Ertragslage der einbezogenen Unternehmen so darzustellen, als ob diese Unternehmen insgesamt ein einziges Unternehmen wären" (heute Art. 24 Abs. 7 Bilanz-RL). Hiermit wird für den Konzernabschluss die **Fiktion** formuliert, dass er die Gesamtheit der konsolidierten Unternehmen als **Einheit** darstellen soll. Dies wird auch als **Einheitstheorie** bezeichnet.[62]

56   In der Literatur ist strittig, ob damit für den Konzernabschluss die **wirtschaftliche Einheit** oder die **rechtliche Einheit fingiert** wird. So wird die Meinung vertreten, für die Gewährleistung eines „den tatsächlichen Verhältnissen entsprechenden Einblicks in die wirtschaftliche Lage des Konzerns" sei „die Tatsache der wirtschaftlichen Einheit völlig hinreichend" und eine „darüber hinausgehende Fiktion der rechtlichen Einheit nach dem Gesetzeszweck nicht erforderlich".[63]

57   Die Beschränkung auf die wirtschaftliche Einheit ist jedoch inkonsistent, widerspricht dem Gesetzestext und ist als Grundlage zur Ausfüllung von Gesetzeslücken ungeeignet. Wenn in der zitierten Meinung auf die **Tatsache der wirtschaftlichen Einheit** rekurriert wird, so ist das nicht mit der **gesetzlichen Fiktion** in S. 1 **kompatibel.** Diese Fiktion auf die wirtschaftliche Einheit zu beziehen, widerspricht dem Gesetz, das in den anderen Vorschriften zur Konzernrechnungslegung, etwa bei der Aufstellungspflicht (§ 290), von der **Tatsache der wirtschaftlichen Einheit** ausgeht. Für die Eliminierung von Zwischenergebnissen (§ 304 Abs. 1) verlangt der Gesetzgeber sogar ausdrücklich, konzernintern gelieferte Gegenstände so zu bewerten, als „wenn die in den Konzernabschluss **einbezogenen Unternehmen auch rechtlich ein einziges Unternehmen bilden würden".[64]** Es ist kein Grund ersichtlich, weshalb der Gesetzgeber hier die Fiktion der rechtlichen Einheit zugrunde legt, aber sonst die wirtschaftliche Einheit gemeint haben könnte. Text und Begründung von Art. 26 Abs. 1 S. 1 RL 1983/349/EWG (7. EG-Richtlinie) geben zu der Frage nichts her, weil die Formulierung nahezu wörtlich in die deutsche Vorschrift übernommen wurde und die Begründung nicht auf sie eingeht.

58   Aus der Tatsache der wirtschaftlichen Einheit lassen sich aber weder die Einzelvorschriften über die Konsolidierung (§§ 300–307) herleiten und auslegen, noch Gesetzeslücken schließen. Die wirtschaftliche Einheit existiert, wenn in der Realität auch in unterschiedlichem Maße, trotz der rechtlichen Selbstständigkeit der Konzernunternehmen. Erst wenn man sich die rechtliche Selbstständigkeit wegdenkt, also Fusion fingiert, kommt man zur Notwendigkeit der Konsolidierungsmaßnahmen und Steuerabgrenzung, die erst den Konzernabschluss gegenüber einer einfachen Summierung der Einzelabschlüsse ausmacht. Für das Folgende wird daher die gesetzliche Fiktion des Abs. 3 S. 1 so verstanden, dass mit ihr die **rechtliche Einheit der konsolidierten Unternehmen fingiert** wird.[65]

59   **2. Übergang der IAS/IFRS von der Interessen- zur Einheitstheorie.** Konsolidierte Abschlüsse folgten im anglo-amerikanischen Bereich weniger der Einheits- als der

---

61   Vgl. RegE ESEF-UG, S. 20.
62   Coenenberg/Haller/Schultze 10. Kap. A. II.
63   ADS Rn. 40, im Anschluss an ADS aber im Ergebnis anders BeBiKo/Störk/Rimmelpacher Rn. 190–192. Von der wirtschaftlichen Einheit gehen auch aus HdK/Baetge/Kirsch Rn. 70.
64   Ausf. hierzu Scherrer Konzernrechnungslegung 5. Kap. A. II. 3.
65   So auch Biener/Schatzmann BiRiLiG 42; Busse v. Colbe/Ordelheide/Gebhardt/Pellens Konzernabschlüsse 1. Kap. V. 3; Coenenberg/Haller/Schultze 10. Kap. A. III.; Beck HdR/Hartle C 10 Rn. 94; Kölner Komm RechnungslegungsR/Claussen/Scherrer Rn. 97.

sog. **Interessentheorie** ($\rightarrow$ Vor § 290 Rn. 46). Danach wird der konsolidierte Abschluss als ein Abschluss aus der Sicht der Anteilseigner des Mutterunternehmens statt als ein Abschluss der wirtschaftlichen Einheit des Konzerns angesehen. Das zeigt sich zB darin, dass die Minderheitsanteile nicht als Teil des Eigenkapitals des Konzerns, sondern eher als Fremdkapital betrachtet werden. Sie wurden daher bisher in der konsolidierten Bilanz nicht im Eigenkapital ausgewiesen und in den Eigenkapitalspiegel nicht aufgenommen. Inzwischen ist jedoch eine **Tendenz zur Einheitstheorie** bei neuen oder geänderten IAS/IFRS zu erkennen.[66] So sind gem. IFRS 10.22 die **Minderheiten** in der konsolidierten Bilanz getrennt **innerhalb des Eigenkapitals** auszuweisen. Entsprechend sollen sie in den Eigenkapitalspiegel aufgenommen werden. Insoweit konvergieren IFRS 10.22 und § 307 Abs. 1. Für die **Kapitalkonsolidierung** war bei Existenz von Minderheiten die proportionale Neubewertungsmethode (Buchwertmethode) sowohl im deutschen wie im anglo-amerikanischen Bereich vorherrschend. Nach dem 2004 verabschiedeten IFRS 3 war damals schon gem. Nr. 40 (aF) allein die **volle Neubewertungsmethode** zulässig. Danach werden im Rahmen einer business combination stille Rücklagen und Lasten auch für die Minderheiten aufgedeckt. Der DSR hatte das bereits mit dem DRS 4 (heute 23) im Jahre 2000 verlangt, obgleich nach § 301 aF beide Methoden erlaubt waren. Seit dem BilMoG ist auch nach dem HGB allein die Neubewertungsmethode zulässig (§ 301). Die Gleichbehandlung von Mehrheits- und Minderheitsgesellschafter auch in dieser Hinsicht ist ein weiterer Schritt in Richtung Einheitstheorie.

60 Weitere Schritte hin zur Einheitstheorie wurden vom IASB erörtert. Das betrifft insbesondere die Zulässigkeit der **Full Goodwill-Methode** sowie die Darstellung des Erwerbs von Anteilen bereits und des Verkaufs von Anteilen weiterhin konsolidierter Tochtergesellschaften als reiner Kapitalvorgang.[67] Allerdings ist dann die Frage zu lösen, wie der Gewinn je Aktie zu berechnen ist, der sich auf den Gewinnanteil der Aktionäre des Mutterunternehmens bezieht und insofern interessentheoretisch ausgerichtet ist ($\rightarrow$ § 307 Rn. 30 f.).

61 **3. Bedeutung des Einheitsgrundsatzes.** Der Einheitsgrundsatz in Abs. 3 S. 1 bildet einerseits die **Grundlage** für die im Vierten Titel (§§ 300–307) geregelten Konsolidierungsmaßnahmen und für die **Auslegung dieser Vorschriften**, indem die rechtlichen Grenzen der einzelnen zu konsolidierenden Rechtseinheiten bei konzerninternen Vorgängen als nicht existent gedacht werden, sofern sie nicht zu Zahlungen an Dritte führen, und andererseits für eine entsprechende Behandlung etwa **nicht geregelter Tatbestände.** Die Fiktion enthält aber keine Annahmen darüber, was die Konzerngesellschaften getan hätten, wenn sie eine rechtliche Einheit wären. Die Aktionen der einzelnen Konzernunternehmen werden als Daten unterstellt. Der Einheitsgrundsatz basiert auf einer rein buchhalterischen Fiktion.[68] Auswirkungen auf die Rechnungslegung, die aufgrund der Tatsache der rechtlichen Gliederung des Konzerns im Verkehr zwischen Konzernunternehmen und mit Dritten entstehen, können für den Konzernabschluss nicht eliminiert werden. Das gilt zB für die Zahlung von Grunderwerbsteuern bei konzerninternen Grundstücksverkäufen oder Tantiemen an Vorstandsmitglieder oder leitende Angestellte des Mutterunternehmens für deren Tätigkeit in Aufsichtsräten von Tochtergesellschaften. Zahlungsverpflichtungen gegenüber Dritten, die aufgrund der rechtlichen Selbstständigkeit der einzelnen Konzernunternehmen bei konzerninternen Vorgängen entstehen, begrenzen den Einheitsgrundsatz, heben ihn aber nicht auf.

62 Strittig ist in der Literatur auch der **Geltungsbereich** des Einheitsgrundsatzes. Fraglich ist, ob sich der Einheitsgrundsatz „**allein auf die Konsolidierung** bezieht",[69] also auf deren Grundsätze für die Kapital-, Schulden-, Aufwands-/Ertragskonsolidierung und Behandlung der Zwischenergebnisse (§§ 300–305), oder ob er auch für die Gliederung des Konzernabschlusses, den Konzernanhang, die latenten Steuern (§ 306), Umrechnungs- und

---

[66] Busse v. Colbe FS Scherrer, 2004, 41 (63).
[67] Busse v. Colbe FS Scherrer, 2004, 47 ff.
[68] Busse v. Colbe/Ordelheide/Gebhardt/Pellens Konzernabschlüsse 1. Kap. III. 3.1.
[69] So ADS Rn. 40 im Anschluss an v. Wysocki/Ruppert Kapitalflussrechnung S. 73.

Bewertungsmethoden (§ 308) sowie nicht geregelte Vorgänge der Konsolidierung (zB die Darstellung von Anteilszu- und -verkäufen), also für den **Konzernabschluss insgesamt** und damit auch für die Kapitalflussrechnung und Segmentberichterstattung gem. Abs. 1 S. 2 gilt. Die Frage ist insbesondere für nicht oder nicht vollständig geregelte Tatbestände und die Währungsumrechnung oder die Kapitalflussrechnung von **materieller Bedeutung.**

63   Gem. Art. 24 Abs. 7 Bilanz-RL ist der Einheitsgrundsatz „insbesondere" auf die Schulden- und Aufwands-/Ertragskonsolidierung sowie auf die Zwischenerfolgseliminierung anzuwenden, die Kapitalkonsolidierung wird schon vorher in Art. 24 Abs. 3 Bilanz-RL geregelt. Diese **Stellung des Einheitsgrundsatzes innerhalb der 7. EG-Richtlinie** und heute der Bilanz-RL im Zusammenhang mit den drei genannten Konsolidierungsschritten und nicht bei den allgemeinen Vorschriften des Art. 16 RL 1983/349/EWG (7. EG-Richtlinie) bzw. Art. 4 Bilanz-RL wird denn auch als Begründung dafür angeführt, dass er sich auch nach deutschem Recht nur auf die Konsolidierung bezöge, nicht aber auf die vorgelagerten Fragen des Konsolidierungskreises, der Währungsumrechnung und den Anhang und offensichtlich auch nicht auf die Equity-Methode (→ Rn. 2).[70]

64   Dieser Meinung ist entgegenzuhalten, dass der **Einheitsgrundsatz** aus Art. 26 Abs. 1 S. 1 RL 1983/349/EWG (7. EG-Richtlinie; heute Art. 24 Abs. 7 Bilanz-RL) im HGB unter die **allgemeinen Vorschriften** des Dritten Titels an vorderer Stelle in § 297 aufgenommen und nicht in den Zusammenhang mit den Konsolidierungsvorschriften im nachfolgenden Titel gestellt wurde. Da die 7. EG-Richtlinie (wie die Bilanz-RL) nur Mindestvorschriften enthält, ist ein weiterer Anwendungsbereich des Grundsatzes **richtlinienkonform.** So findet der Einheitsgrundsatz seinen Niederschlag in den Vorschriften über
- den **Konsolidierungskreis,**
- den einheitlichen **Bilanzstichtag,**
- die **Konsolidierungsmaßnahmen** einschließlich der Kapitalkonsolidierung,
- die Anwendung **einheitlicher Bewertungsmethoden,**
- die **Umgliederung** in der Konzern-GuV unter dem Aspekt des Konzerns,
- die Bereinigung des **Anlagespiegels/Anlagegitters** um konzerninterne Bewegungen.[71]

65   Darüber hinaus führt der Einheitsgrundsatz zur Fiktion der **Konzernbesteuerung** oder steuerlichen Einheit[72] mit Hilfe der latenten Steuern, zur Notwendigkeit der **Umrechnung der Abschlüsse ausländischer Tochtergesellschaften** und zum Erfordernis einheitlicher Datenerfassung und Berichterstattung (→ Vor § 290 Rn. 53). Insbesondere Implikationen des Einheitsgrundsatzes für die Wahl der Umrechnungsmethode werden jedoch in Teilen der Literatur bestritten.[73] Für Ansätze, Bewertung und Gliederung der Posten im Konzernabschluss ist ein solches Maß an Einheitlichkeit erforderlich, wie es auch für den Einzelabschluss des Mutterunternehmens verlangt wird. Gleichartige Tatbestände sind im Konzern grundsätzlich gleichartig zu behandeln.[74]

66   **4. Einschränkung des Einheitsgrundsatzes.** Vom Einheitsgrundsatz ist der Gesetzgeber bei einer Reihe von Einzelvorschriften abgewichen. Dem lag vor allem seine erklärte Absicht zugrunde, alle Wahlrechte der 7. EG-Richtlinie als **Unternehmenswahlrechte** an die deutschen Unternehmen weiterzugeben, „um ihnen eine flexible Gestaltung ihrer Konzernrechnungslegung" zu ermöglichen.[75]

67   Das gilt insbesondere für die Zulassung der Quotenkonsolidierung von **Gemeinschaftsunternehmen** (Art. 32 RL 1983/349/EWG – 7. EG-Richtlinie, heute Art. 26 Bilanz-RL) durch § 310. Das nationale Wahlrecht des Art. 32 Abs. 1 RL 1983/349/EWG

---

[70]   So ADS Vor §§ 290–314 Rn. 29; HdK/Baetge/Kirsch Rn. 72; Baetge/Kirsch/Thiele KonzernBil Kap. II. 25.
[71]   BeBiKo/Störk/Rimmelspacher Rn. 192; Beck HdR/Hartle C 10 Rn. 96–104; Scherrer Konzernrechnungslegung 5. Kap. A. II. 3; v. Wysocki/Ruppert Kapitalflussrechnung I. 3.a.
[72]   ADS Rn. 41.
[73]   Ausf. dazu Ruppert S. 57–73.
[74]   Busse v. Colbe/Ordelheide/Gebhardt/Pellens Konzernabschlüsse 1. Kap. V. 3. 4.
[75]   BegrRegE, BT-Drs. 10/3440, 33.

(heute Art. 26 Abs. 1 Bilanz-RL) und das Unternehmenswahlrecht des § 310 Abs. 1, Gemeinschaftsunternehmen anteilmäßig einzubeziehen, **widerspricht dem Einheits-grundsatz.**[76] Richtlinien- und Gesetzgeber haben allerdings ausdrücklich die Quotenkonsolidierung durch eine Verweisvorschrift, jeweils in Abs. 2, diesem Grundsatz unterworfen. Die nur quotale Übernahme von Vermögen und Schulden des Gemeinschaftsunternehmens und quotale Eliminierung von bilanzwirksamen Beziehungen zwischen Gemeinschafts- und Gesellschafterunternehmen sind mit einer Darstellung der Vermögens-, Finanz- und Ertragslage unter der Fiktion der rechtlichen Einheit des Konzerns im strengen Sinne unvereinbar. Man kann diese Verweisvorschrift aber auch so interpretieren, dass die Fiktion der Rechtseinheit des Konzerns auf Gemeinschaftsunternehmen nur anteilig auf die Quote angewendet wird.

Auch die durch Art. 21 und 23 RL 1983/349/EWG (7. EG-Richtlinie; heute Art. 24 **68** Abs. 4 Bilanz-RL) vorgegebene Pflicht, die Anteile der **Minderheitsgesellschafter** von Tochtergesellschaften in der Konzernbilanz und deren Ergebnisanteile in der Konzern-GuV **gesondert** auszuweisen (§ 307), kann als eine Abweichung von dem Einheitsgrundsatz gelten. Auch die **Einbeziehungswahlrechte** des § 296 weichen von einer strengen Anwendung des Einheitsgrundsatzes ab, sind aber wie das Einbeziehungsverbot (Art. 14 RL 1983/349/EWG) durch die 7. EG-Richtlinie (Art. 13 RL 1983/349/EWG, heute Art. 24 Abs. 9 und Abs. 10 Bilanz-RL) vorgegeben und hinsichtlich der Nichteinbeziehung der Tochterunternehmen von untergeordneter Bedeutung durch den für die Rechnungslegung generell geltenden Grundsatz der Materiality gerechtfertigt.

Weniger als Einschränkung denn als **Überdehnung** des Einheitsgrundsatzes ist die **69** durch Art. 33 Abs. 7 RL 1983/349/EWG iVm Art. 26 Abs. 1 RL 1983/349/EWG (7. EG-Richtlinie) vorgegebene Pflicht, Ergebnisse aus Geschäften mit **assoziierten Unternehmen** gem. § 312 Abs. 5 zu eliminieren, anzusehen (→ Rn. 51). Gleichwohl bildet der **Einheitsgrundsatz** nicht nur in der EU, sondern auch darüber hinaus die **Grundlage** für den Konzernabschluss, auch wenn in der Literatur hier und da an ihm Kritik geübt wird.[77]

VIII. Stetigkeit der Konsolidierungsmethoden (Abs. 3 S. 2–5)

1. Begriff und Abgrenzung der Konsolidierungsmethodenstetigkeit (S. 2). Mit **70** den S. 2–5 wird der in Art. 25 RL 1983/349/EWG (7. EG-Richtlinie, heute Art. 24 Bilanz-RL iVm Art. 6 Abs. 1 lit. b Bilanz-RL) kodifizierte Grundsatz der stetigen Anwendung der **Konsolidierungsmethoden** in das deutsche Recht übernommen. Damit soll die **zeitliche Vergleichbarkeit** aufeinander folgender Konzernabschlüsse gewährleistet werden, soweit nicht Unterbrechungen nach S. 3 gerechtfertigt sind. Abs. 3 S. 2 stellt mit dem Wortlaut „die auf den vorhergehenden Konzernabschluss angewandten Konsolidierungsmethoden sind beizubehalten" auf die **zeitliche Stetigkeit** ab. Durch das BilMoG wurde die Formulierung § 252 Abs. 1 Nr. 6 von „sollen beibehalten werden" in „sind beizubehalten" geändert. Damit wird die bisher übliche Auslegung der Vorschrift als Pflicht bestätigt. Über zeitliche Stetigkeit hinaus wird das Stetigkeitsgebot entsprechend auch als Verpflichtung angesehen, auf gleiche Sachverhalte gleiche Konsolidierungsmethoden **(sachliche Stetigkeit)** anzuwenden.[78] Mit der Formulierung des Art. 25 Abs. 1, „in der Anwendung der Konsolidierungsmethoden soll Stetigkeit bestehen", kann auch die sachliche Stetigkeit als mit erfasst angesehen werden. Das Stetigkeitsgebot ist europarechtlich und im Hinblick auf die Generalnorm, gem. Abs. 2 S. 2 einen getreuen Einblick in die Lage des Konzerns zu vermitteln, auszulegen. Die Anwendung unterschiedlicher Methoden auf gleichartige Sachverhalte ist damit nicht vereinbar. Mithin gilt das Gebot des Abs. 3 grundsätzlich auch für die sachliche Stetigkeit.[79] Der Grundsatz der zeitlichen und sachlichen Stetigkeit ist generell auch in IAS 1.45 unter der Bezeichnung **Consistancy** und in IAS 1.38 ff. unter

---

[76]   ADS Rn. 44.
[77]   Schildbach KonzAbschl. B. 4. 2.
[78]   ADS Rn. 47; Scherrer Konzernrechnungslegung 5. Kap. A. II. 4.
[79]   AA Schildbach KonzAbschl. C. 3. 4.

der Bezeichnung **Comparative Information** speziell für den konsolidierten Abschluss in IFRS 10.19 verankert. Der DSR hat 2002 mit dem **DRS 13** den Grundsatz der Stetigkeit für den Konzernabschluss im Einzelnen formuliert.

71   In **weitem Sinne** lässt sich unter Konsolidierungsmethoden die **Gesamtheit aller Verfahren zur Aufstellung eines Konzernabschlusses** einschließlich der Abgrenzung des Konsolidierungskreises verstehen.[80] Dann sind die vom Gesetz gegebenen **Wahlrechte** für die Einbeziehung von Konzernunternehmen in den Konzernabschluss (§ 296) sowie die infolge der vom BilMoG vorgenommenen Einschränkungen kaum noch verbliebenen Wahlrechte bei der Kapital-, Schulden- und Aufwands- und Ertragskonsolidierung und der Ausschaltung von Zwischenerfolgen zu jeweils einem Abschlussstichtag nach sachlichen Prinzipien **konzerneinheitlich** und im Zeitablauf **gleich bleibend** auszuüben.[81]

72   Allerdings hat der Gesetzgeber für „Konsolidierungsmethoden" keine Definition gegeben. Unstrittig ist wohl, dass die Verfahren der Kapital-, Schulden- und Ertragskonsolidierung (§ 300 Abs. 1, § 301, § 303, § 305), die Behandlung der Anteile anderer Gesellschafter (§ 307) und die anteilmäßige Konsolidierung (§ 310) unter Konsolidierungsverfahren zu subsumieren sind.[82] Die im Titel „Bewertungsvorschriften" zusammengefassten Vorschriften über die einheitliche Bewertung im Konzernabschluss (§ 308) sowie die Behandlung des Unterschiedsbetrages aus der Kapitalkonsolidierung (§ 309) und der Beteiligungen an assoziierten Unternehmen mag man noch dazurechnen. Zählt man sie jedoch zu den Bewertungsvorschriften, so gilt das Stetigkeitsgebot für sie in gleicher Weise durch den Verweis in § 298 Abs. 1 auf das Gebot der **Bewertungsstetigkeit** für den Einzelabschluss in § 252 Abs. 1 Nr. 6.

73   Nach altem Recht blieb offen, ob auch das **Vollständigkeitsgebot** (§ 300 Abs. 2 S. 1) und die **Steuerabgrenzung (latente Steuern)** unter das Stetigkeitsgebot fielen, weil ein Stetigkeitsgebot für Ansatzwahlrechte bisher nicht kodifiziert war. Durch das BilMoG wurde das Stetigkeitsgebot für Ansatzwahlrechte in § 246 Abs. 3 aufgenommen. Mit dem Verweis in § 298 Abs. 1 gilt die Erweiterung des Stetigkeitsgebots auf das Ansatzwahlrecht auch für den Konzernabschluss.

74   Die Vorschriften über den **Konsolidierungskreis** (§ 294 und § 296) und den Stichtag für die Aufstellung (§ 299) kann man vom Wortsinn her zwar kaum als Konsolidierungsmethode bezeichnen.[83] Doch unterliegt ein Wechsel zwischen den in diesen Vorschriften gegebenen Wahlrechten ohnehin dem Willkürverbot, löst aber keine Berichtspflicht im Anhang aus. Ob es unter der neuen Rechtslage noch als zulässig angesehen werden kann – wie es in der Praxis gelegentlich geschieht –, dass zB ein Gemeinschaftsunternehmen zunächst quotal konsolidiert und später die Beteiligung an ihm nach der Equity-Methode bewertet wird, von Gemeinschaftsunternehmen eines Konzerns einige quotal einbezogen und andere at equity bewertet werden, ist zu bezweifeln.

75   **2. Abweichungen von der Konsolidierungsmethodenstetigkeit (S. 3).** Eine Durchbrechung des Stetigkeitsgebotes ist nur in **Ausnahmefällen** zulässig (S. 3) und löst die Pflicht zur Angabe, Begründung und Darstellung der Einflüsse auf die Lage des Konzerns aus. Die Zulässigkeit, vom Stetigkeitsgebot abzuweichen, ist dann gegeben, wenn dadurch die **Aussagefähigkeit des Konzernabschlusses wesentlich verbessert** wird (DRS 13.10 (c)), zB durch Anpassung der Bewertungsmethoden oder den Übergang von der vollen auf die anteilsproportionale Eliminierung bei Anwendung der Equity-Methode (§ 312 Abs. 5).[84] Auch der **Verzicht** auf eine bisher in Anspruch genommene **Erleichterung,** zB gem. § 304 Abs. 2 bei Eliminierung von Zwischenergebnissen, erlaubt einen Methodenwechsel.[85]

---

[80]   So ADS Rn. 50–52.
[81]   So auch Beck HdR/Hartle C 10 Rn. 210.
[82]   HdK/Baetge/Kirsch Rn. 75.
[83]   So auch Kölner Komm RechnungslegungsR/Claussen/Scherrer Rn. 103.
[84]   ADS Rn. 54.
[85]   BeBiKo/Störk/Rimmelspacher Rn. 203.

Eine gerechtfertigte Abweichung ist auch dann gegeben, wenn Konsolidierungsvor- **76** schriften geändert wurden, das Mutterunternehmen einen neuen Mehrheitsgesellschafter erhält und die Konsolidierungsmethoden an die des **neuen Verbundes** angepasst werden oder wenn durch die Abweichung die Vereinheitlichung der Konsolidierungsmethoden im Konzern erhöht wird (DRS 13.8).

Für die Einhaltung der Konsolidierungsmethodenstetigkeit und die Berichtspflicht bei **77** ihrer Durchbrechung ist zwischen dem Wechsel der Methode und dem Wechsel eines Parameters innerhalb einer Methode zu unterscheiden. Ein **Parameterwechsel** ist zulässig und nicht berichtspflichtig. Parameter sind zB der Genauigkeitsgrad bei der Ermittlung konzerninterner Gewinne oder die Abschreibungsdauer eines aus der Kapitalkonsolidierung resultierenden Firmenwertes. Die Schnittstelle zwischen Methoden- und Parameterwechsel könnte dort zu legen sein, wo ein Parameterwechsel für die Aussagekraft des Konzernabschlusses iSd Generalnorm so bedeutsam ist wie ein Methodenwechsel.[86]

3. Angabe und Begründung der Abweichungen im Konzernanhang (S. 4 78 und 5). Abweichungen vom Stetigkeitsgebot sind im Konzernanhang anzugeben und zu begründen (S. 4). Die Angaben müssen
– auf die **Abweichung** und den **Bereich** der Abweichung hinweisen sowie
– die **bisher angewandte** und den Wechsel zu der **anderen Methode** nennen.[87]

Mit der Begründung soll die Durchbrechung der Stetigkeit **gerechtfertigt** und gezeigt **79** werden, dass nicht gegen das Willkürverbot verstoßen wurde, sondern dass der Methodenwechsel dazu geeignet ist, der Generalklausel besser zu entsprechen als mit der Beibehaltung der bisher angewandten Methode.[88]

Zur Erfüllung der Pflicht, den Einfluss der Methodenänderungen auf die Vermögens-, **80** Finanz- und Ertragslage anzugeben, genügt eine **verbale Beschreibung** dann nicht, wenn eine dieser Größen wesentlich beeinflusst wird. Dann ist deren **absolute Änderung,** mindestens ihre prozentuale anzugeben.[89] Die Verpflichtung ist für den Konzernanhang in § 313 Abs. 1 S. 3 Nr. 2 entsprechend enthalten.

§ 298 Anzuwendende Vorschriften. Erleichterungen

(1) Auf den Konzernabschluß sind, soweit seine Eigenart keine Abweichung bedingt oder in den folgenden Vorschriften nichts anderes bestimmt ist, die §§ 244 bis 256a, 264c, 265, 266, 268 Absatz 1 bis 7, die §§ 270, 271, 272 Absatz 1 bis 4, die §§ 274, 275 und 277 über den Jahresabschluß und die für die Rechtsform und den Geschäftszweig der in den Konzernabschluß einbezogenen Unternehmen mit Sitz im Geltungsbereich dieses Gesetzes geltenden Vorschriften, soweit sie für große Kapitalgesellschaften gelten, entsprechend anzuwenden.

(2) [1]Der Konzernanhang und der Anhang des Jahresabschlusses des Mutterunternehmens dürfen zusammengefaßt werden. [2]In diesem Falle müssen der Konzernabschluß und der Jahresabschluß des Mutterunternehmens gemeinsam offengelegt werden. [3]Aus dem zusammengefassten Anhang muss hervorgehen, welche Angaben sich auf den Konzern und welche Angaben sich nur auf das Mutterunternehmen beziehen.

Schrifttum: Busse v. Colbe/Chmielewicz, Das neue Bilanzrichtlinien-Gesetz, DBW 1986, 289; Kirchner, Weltbilanzen, 1978; Lüdenbach, Konzernbilanz bei Aufstellung der Einzelbilanz nach Ergebnisverwendung, StuB 2017, 715; Müller, Der Konzernabschluss aus Sicht des Unternehmers – dargestellt am Beispiel des Hauses Sulzer, ZfbF 1987, 498; Tietze, Die Währungsumrechnung im internationalen Konzernabschluss, 1976; Zündorf, Der Anlagespiegel im Konzernabschluss, 1990.

---

[86] Busse v. Colbe/Ordelheide/Gebhardt/Pellens Konzernabschlüsse 1. Kap. V. 5.
[87] ADS Rn. 60.
[88] HdK/Baetge/Kirsch Rn. 84.
[89] ADS Rn. 61–63.

I. Anwendung der Vorschriften über den Jahresabschluss (Abs. 1)

1   **1. Normzweck.** Gem. Abs. 1 sind auf den Konzernabschluss die allgemeinen Aufstel- lungs- (§§ 244, 245), Ansatz- (§§ 246–251) und Bewertungsvorschriften (§§ 252–256a) sowie die ergänzenden Gliederungsvorschriften (§§ 264c, 265, 266, 268 Abs. 1–7, §§ 270– 272 Abs. 1–4, §§ 274, 275 und 277) für den **Jahresabschluss großer Kapitalgesellschaf- ten** entsprechend anzuwenden, soweit seine Eigenart oder die folgenden Vorschriften nichts anderes verlangen. Seit durch das TransPuG von 2002 (→ Vor § 290 Rn. 12) § 308 Abs. 3 gestrichen worden ist, der die Übernahme **nur nach Steuerrecht** zulässigen Wertansätze vom Jahresabschluss einbezogener Unternehmen in die Konzernbilanz erlaubte, waren schon die entsprechenden Vorschriften für den Einzelabschluss (§ 247 Abs. 3, § 254, § 273, § 279 Abs. 2, § 280 Abs. 2 und 3, § 281 aF) auf den Konzernabschluss **nicht mehr anwend- bar.** Mit dem BilMoG von 2009 sind auch diese Vorschriften entfallen. Im Übrigen gelten die ergänzenden Vorschriften für Kapitalgesellschaften vollständig für den Konzernabschluss. Die Vorschriften beruhen auf Art. 17 Abs. 1 RL 1983/349/EWG und Art. 29 Abs. 1 RL 1983/349/EWG (7. EG-Richtlinie, heute Art. 24 Abs. 1 Bilanz-RL). Sie zählen die auf den Konzernabschluss anzuwendenden Vorschriften **abschließend** auf.

2   **Die Erleichterungen** gem. §§ 274a, 276, 288 für kleine und mittelgroße Kapitalgesell- schaften gem. der Größenklasseneinteilung des § 267 können, **unabhängig von der Größe des Konzerns, nicht beansprucht** werden. Allerdings kann ein Mutterunternehmen die konzerngrößenabhängige **Befreiung** des § 293 wahrnehmen, sofern es nicht kapitalmarkt- orientiert ist (§ 293 Abs. 5). Dem **primären Zweck** des Konzernabschlusses, **Informatio- nen** über die Vermögens-, Finanz- und Ertragslage des Konzerns als wirtschaftliche Einheit zu vermitteln, entspricht es, ihm die **strengeren** Bewertungs- und **weitergehenden** Glie- derungsvorschriften für **große** Kapitalgesellschaften **ohne Erleichterungen** zugrunde zu legen.

3   Die **Verknüpfung der Bewertungsvorschriften zwischen Jahres- und Konzern- abschluss** kann **als Konsequenz des Einheitsgrundsatzes** des § 297 Abs. 3 S. 1 angese- hen werden.[1] Damit werden insbesondere die für den Jahresabschluss geltenden Ansatz- und Bewertungsmethoden auf den Konzernabschluss übertragen. Die Bindung der Konzep- tion des Konzernabschlusses an die des Einzelabschlusses hat den Vorteil, dass man die seit langem erprobten Rechnungslegungsregeln nur analog auf den Konzern als Einheit übertra-

---

[1]   Beck HdR/Hartle C 10 Rn. 210.

gen muss. Konzern- und Einzelabschlüsse, etwa des Mutterunternehmens oder konkurrierender konzernfreier Unternehmen, sind damit **vergleichbar**.

Eine solche durch Abs. 1 bewirkte Verknüpfung ist jedoch nicht zwingend. Dem **Jah-** **4** **resabschluss** der einzelnen Rechtseinheiten wird in Deutschland primär die Funktion der Bemessung der **Ausschüttung** unter dem Gesichtspunkt des **Gläubigerschutzes** und – unter den Einschränkungen steuerrechtlicher Spezialvorschriften – der **Bemessung der Gewinnsteuern** sowie der **Kapitalerhaltung** bei strenger Beachtung des Vorsichtsprinzips zugeschrieben ($\rightarrow$ § 243 Rn. 54, 55). Der **Konzernabschluss** hat dagegen die Aufgabe, die Kapitalgeber über die wirtschaftliche Lage und Entwicklung des Konzerns zu informieren. Daher wäre es durchaus **möglich,** für den Konzernabschluss ganz oder zum Teil **andere Ansatz- und Bewertungsmethoden** und **Informationsanforderungen** zu konzipieren, die seiner **Informationsfunktion** besser entsprechen. ZB könnte der Konzernabschluss unter Einschränkung des Vorsichtsprinzips oder sogar zu Wiederbeschaffungswerten aufgestellt werden, wie es in der Literatur vorgeschlagen und vereinzelt im Ausland praktiziert wurde.[2] Unterschiedliche Konzeptionen für Konzern- und Einzelabschluss im Hinblick auf die verschiedenen Primäraufgaben beider Abschlüsse würden eine höhere Informationserstellungs- und Informationsverarbeitungskapazität der Adressaten erfordern, da sie mit zwei verschiedenen Rechnungslegungssystemen arbeiten müssten.

Seit 1998 bahnt sich in Deutschland eine solche Entwicklung an. Zunächst wurde **5** durch das KapAEG und erweitert durch das KapCoRiLiG **Mutterunternehmen,** die selbst oder über ein Tochterunternehmen durch Ausgabe von Wertpapieren einen organisierten Markt iSv § 2 WpHG in Anspruch nehmen, bis 2004 gem. § 292a aF gestattet, ihren Konzernabschluss nach **international anerkannten Rechnungslegungsgrundsätzen** – allerdings im Einklang mit den EG-Richtlinien und unter Beachtung der Gleichwertigkeit mit den Vorschriften des HGB – aufzustellen. Seit Inkrafttreten des BilReG müssen kapitalmarktorientierte Gesellschaften ihren Konzernabschluss nach den IAS/IFRS aufstellen. Der **Einheitsgrundsatz** wird damit insofern **modifiziert,** als die international anerkannten Grundsätze zwar in Teilen des Auslandes auch für den Jahresabschluss der einzelnen Gesellschaft gelten, in Deutschland auf ihn generell aber nur insoweit angewendet werden dürfen, als sie die HGB-Vorschriften nicht verletzen. Neben diesem handelsrechtlichen Jahresabschluss darf eine Kapitalgesellschaft gem. § 325 Abs. 2a und Abs. 2b allein **für die Offenlegung** anstelle des Jahresabschlusses einen **Einzelabschluss** vorlegen, der nach den in § 315e Abs. 1 bezeichneten **internationalen Rechnungslegungsstandards** aufgestellt worden ist. Wenn eine Gesellschaft von diesem Wahlrecht Gebrauch macht, ist der Einheitsgrundsatz iSd prinzipiellen Übereinstimmung der Rechnungslegungsgrundsätze für Einzel- und Konzernabschluss insoweit gewahrt.

2. Durch die Eigenart des Konzernabschlusses bedingte Abweichungen vom **6** **Jahresabschluss.** Wenn man den Einheitsgrundsatz dem Konzernabschluss nach HGB zugrunde legt, erfordern dessen Eigenart oder die folgenden Vorschriften **keine Abweichungen**[3] von den meisten der in Abs. 1 genannten Vorschriften über den Jahresabschluss bei ihrer Anwendung auf den Konzernabschluss. Auf einige **Konsequenzen des Einheitsgrundsatzes** für die entsprechende Anwendung der Jahresabschlussvorschriften auf den Konzernabschluss sei jedoch hingewiesen:

a) Aufstellung des Konzernabschlusses in EUR (§ 244). Die Pflicht zur Einbezie- **7** hung von Tochterunternehmen, auch mit Sitz im Ausland, erfordert die Umrechnung ihrer Abschlüsse in die Währung des Mutterunternehmens (Konzernwährung). Mit der Einführung des Euro als gemeinsame Währung in den Mitgliedsländern der Eurozone („Euroland") ist die Aufstellung von Abschlüssen in Euro gem. Art. 42 EGHGB für

---

[2]   Tietze, Die Währungsumrechnung im internationalen Konzernabschluss, 1976, S. 117 ff.; Kirchner, Weltbilanzen, 1978, S. 138 ff.; Müller ZfbF 1987, 498 ff.

[3]   S. hierzu im Einzelnen ADS Rn. 63–114; HdK/Berndt Rn. 7–34, 37–52.

Geschäftsjahre, die nach dem 31.12.1998 enden, zulässig und für Geschäftsjahre, die nach dem 31.12.2001 enden, Pflicht (→ § 244 Rn. 3 ff.).

8   Mit der Bilanzierung in Euro sind die Abschlüsse von Tochterunternehmen mit Sitz im Euroland bereits in Konzernwährung aufgestellt, jedoch verbleibt die Notwendigkeit, die Abschlüsse der Tochterunternehmen, die außerhalb des Eurolandes domizilieren, in die Konzernwährung umzurechnen. Die **Umrechnungsmethode** wurde durch das BilMoG erstmalig in § 308a geregelt. In der Praxis der HGB-Konzernabschlüsse wurden bis dahin verschiedene Methoden benutzt. Die in IAS 21 im Anschluss an SFAS No. 52 vorgeschriebene funktionale Methode wurde auch von deutschen Mutterunternehmen in zunehmendem Maße angewendet, bis sie für kapitalmarktorientierte Unternehmen mit der obligatorischen generellen Anwendung der IFRS verpflichtend und für HGB-Konzernabschlüsse mit § 308a durch die modifizierte Stichtagsmethode ersetzt wurde. Ob die Umrechnung eher eine mechanische **Transformation** oder ein **Bewertungsvorgang** ist, wurde in der Literatur strittig beurteilt. Da die Umrechnung ein Teil der Vorbereitung der Einzelabschlüsse der Tochterunternehmen für die Aufnahme in den Konzernabschluss ist und im HGB im Titel Bewertungsvorschriften im Anschluss an § 308 geregelt werden, ist sie als Bewertungsmethode anzusehen.[4]

9   **b) Vollständigkeit, Verrechnungsverbot (§ 246) und Inhalt der Bilanz (§ 247 Abs. 1 und 2).** Das Vollständigkeitsgebot (§ 246 Abs. 1) ist eigens für den Konzernabschluss in § 300 Abs. 2 gesondert geregelt. Das Verrechnungsverbot (§ 246 Abs. 2) zwischen Aktiva und Passiva bzw. Aufwendungen und Erträgen gilt nicht für die nach dem Einheitsgrundsatz (§ 297 Abs. 3 S. 1) notwendigen und gesetzlich geregelten Maßnahmen der Kapital-, Schulden- sowie Aufwands- und Ertragskonsolidierung (§ 300 Abs. 1, §§ 301–305). Das Verrechnungsverbot wurde allerdings mit dem Wahlrecht aus § 309 Abs. 1 S. 3 aF durchbrochen, das eine Verrechnung des Geschäftswertes mit den Rücklagen gestattete. Die Kritik an diesem Wahlrecht und der Widerspruch zu den international geltenden Rechnungslegungsgrundsätzen haben dazu geführt, dass das Wahlrecht mit dem BilMoG gestrichen wurde. Der Inhalt der Bilanz (§ 247 Abs. 1 und 2) wird für Kapitalgesellschaften durch die Gliederungsvorschriften in § 266, der nach Abs. 1 auch für die Konzernbilanz gilt, im Einzelnen spezifiziert.

10   **c) Eingeschränktes Bilanzierungswahlrecht für nicht entgeltlich erworbene immaterielle Gegenstände des Anlagevermögens (§ 248 Abs. 2).** Mit der Kapitalkonsolidierung nach § 301 wird ein Kauf der Vermögensgegenstände des erworbenen Beteiligungsunternehmens fingiert (Erwerbsmethode). Auch wenn es im Gesetz nicht gesagt wird, ist das hM. Daraus folgt, dass vom erworbenen Unternehmen vor seinem Eintritt in den Konzernverbund getätigte nicht aktivierte Ausgaben für von ihm erstellte immaterielle Gegenstände des Anlagevermögens aus Konzernsicht entgeltlich erworbene Gegenstände sind, die nach dem Vollständigkeitsgebot mit ihrem Marktwert zu aktivieren sind. Das gilt jedoch nicht für konzernintern erworbene immaterielle Anlagegegenstände (→ § 300 Rn. 11).

11   **d) Gliederung der Bilanz und GuV (§§ 265, 266, 268 Abs. 1–7, §§ 275, 277).** Gem. Art. 17 Abs. 1 RL 1983/349/EWG (7. EG-Richtlinie, heute Art. 24 Abs. 1 Bilanz-RL) gelten die Gliederungsvorschriften der Bilanz-RL prinzipiell auch für den Konzernabschluss. Somit bleiben die Gliederungsschemata für die Bilanz (§ 266) und für die GuV (§ 275) für den Konzernabschluss grundsätzlich erhalten, müssen aber um Sonderposten, die aus den Konsolidierungsmaßnahmen resultieren, ergänzt werden. ZT macht das Gesetz dafür explizit Vorgaben:

– Nach § 301 Abs. 3 ist ein bei der **Kapitalkonsolidierung** nach Zuordnung stiller Rücklagen und Lasten verbleibender Unterschiedsbetrag im Fall eines **aktivischen** Betrages

---

[4]   So auch Kölner Komm RechnungslegungsR/Claussen/Scherrer § 308 Rn. 21–35, während ADS die Umrechnung ausf. bei der Kommentierung des § 298 Rn. 12–60 behandelt und sie im HdK/Langenbucher unter den Grundsatzfragen Rn. 1028–1209 unabhängig von den HGB-Vorschriften erörtert wird.

im immateriellen Anlagevermögen unter der dafür in § 266 vorgesehenen Position als **Geschäfts- oder Firmenwert** und im Fall eines **passivischen** Betrages als **Unterschiedsbetrag aus der Kapitalkonsolidierung** auszuweisen. Zwar dürfen nach dieser Vorschrift aktivische und passivische Unterschiedsbeträge in der Konzernbilanz verrechnet, müssen dann aber im Konzernanhang getrennt angegeben werden.

– Nach § 307 sind die nicht dem Mutterunternehmen gehörenden **Anteile anderer Gesellschafter** am Eigenkapital einbezogener Tochterunternehmen in der Konzernbilanz innerhalb des **Eigenkapitals** und ihr **Anteil am Ergebnis** in der Konzern-GuV nach dem Jahresüberschuss/Jahresfehlbetrag **unter entsprechender Bezeichnung gesondert** auszuweisen. Gewöhnlich wird der Kapitalanteil der anderen Gesellschafter in **einem Posten** gezeigt. Da die Gliederungsvorschriften nur Mindestvorschriften sind, ist es durchaus zulässig, ihren Kapitalanteil in gleicher Weise nach gezeichnetem Kapital, Rücklagearten und Ergebnis aufzugliedern wie das Eigenkapital des Mutterunternehmens.[5] In der Praxis ist das aber selten.

– Nach § 311 Abs. 1 S. 1 und nach § 312 Abs. 4 sind in der Konzernbilanz Beteiligungen an assoziierten Unternehmen und in der Konzern-GuV das auf sie entfallende **Ergebnis** gesondert auszuweisen (Näheres s. § 312).

Darüber hinaus können im Konzernabschluss **weitere Sonderposten** entstehen. Das **12** gilt insbesondere für den Differenzbetrag bei schwankenden Wechselkursen aus einer **erfolgsneutralen Umrechnung der Abschlüsse** von einbezogenen Tochterunternehmen, die nicht in der Konzernwährung bilanzieren. Ein solcher Posten ist gem. § 308a S. 3 **gesondert als Teil des Eigenkapitals** auszuweisen. Er ist als „Eigenkapitaldifferenz aus Währungsumrechnung" zu bezeichnen. Nach IAS 21.39 (c) ist die Differenz im Rahmen des „other comprohensive incomme" erfolgsneutral als Eigenkapitalbestandteil zu behandeln (IAS 21.41).

Die Gliederung der Konzernbilanz kann sich von der Einzelbilanz außer durch zusätzli- **13** che Posten auch durch **Zusammenfassung** von Posten unterscheiden, die durch die unterschiedlichen Hauptfunktionen der Abschlüsse gerechtfertigt sind. Da der Konzernabschluss nach dem Gesetz nicht der Bemessung der Ausschüttung dient, können die **Gewinnrücklagen,** die im Jahresabschluss gem. § 266 Abs. 3 A. III. zu untergliedern sind, soweit sie auf das Mutterunternehmen entfallen, zu **einem Posten** und mit dem Gewinn-/Verlustvortrag zusammengefasst werden. Ein im Einzelabschluss etwa noch bestehender **Sonderposten mit Rücklageanteil** darf nicht in die Konzernbilanz übernommen werden, sondern muss auf Gewinnrücklagen und Rückstellungen für latente Steuern **verteilt** werden.[6]

e) Konzernanlagespiegel. Die durch Art. 15 Abs. 3a RL 78/660/EWG (4. EG- **14** Richtlinie, heute Art. 17 Bilanz-RL) vorgegebene Verpflichtung, den Anhang von Kapitalgesellschaften gem. § 284 Abs. 3 durch einen sog. Anlagespiegel[7] oder auch Anlagegitter zu ergänzen (→ § 284 Rn. 8 ff.), gilt durch Umsetzung von Art. 24 Abs. 1 Bilanz-RL **auch für Konzernabschlüsse.** Dabei sind für die einzelnen Posten des Anlagevermögens ausgehend von den Bruttoanschaffungs- oder -herstellungskosten die Zugänge, Umbuchungen und Zuschreibungen des Geschäftsjahres sowie die kumulierten Abschreibungen gesondert aufzuführen (§ 313 Abs. 4). Die Abschreibungen des Geschäftsjahres sind zu vermerken. Die verschiedenen Varianten des Anlagespiegels, die im Anhang des Einzelabschlusses erlaubt sind,[8] sind auch für den Konzernabschluss zugelassen.[9] Eine entsprechende Verpflichtung enthalten **IAS 16.73 (e)** sowie – wenn auch in anderer Form – Regelungen der **SEC.**

---

[5] Busse v. Colbe/Ordelheide/Gebhardt/Pellens Konzernabschlüsse 9. Kap. IV. 8.

[6] C&L KonzAbschl. Rn. 218.

[7] Ausf. dazu Busse v. Colbe/Ordelheide/Gebhardt/Pellens Konzernabschlüsse 9. Kap. III.; ADS Rn. 115–148; Beck HdR/Otte C 460.

[8] LdR/Kußmaul 31–40.

[9] Zündorf, Der Anlagespiegel im Konzernabschluss, 1990, S. 10 ff.

15   Der Konzernanlagespiegel dient dem **Zweck,** über **Brutto- und Nettoinvestitionen in das Anlagevermögen zu informieren,** was ohne einen konsolidierten Anlagespiegel, insbesondere bei Vorliegen konzerninterner Anlagegeschäfte, kaum möglich wäre. Der Konzernanlagespiegel kann gem. § 313 Abs. 4 iVm § 284 Abs. 3 in den Konzernanhang aufgenommen werden. Gewöhnlich wird er als eigene Tabelle im Konzernanhang platziert.

16   Der Konzernanlagespiegel entsteht, indem die Anlagespiegel der einbezogenen Unternehmen addiert und die einzelnen **summierten Anlagebewegungen** nach dem Grundsatz der Fiktion der rechtlichen Einheit **konsolidiert** werden. Für die einzelnen Anlagespiegel gelten die Grundsätze für die Einheitlichkeit der Bilanzierungsinhalte. Bei Einbeziehung von **Abschlüssen in fremder Währung** sind bei ihrer Umrechnung zum jeweiligen Stichtagskurs entstehende **Umrechnungsdifferenzen** in den Anlagespiegel aufzunehmen, um die Queraddition vom Anfangs- zum Endbestand des Jahres zu ermöglichen. Die Differenzen sollten gesondert ausgewiesen oder vermerkt werden.[10] Eine Zusammenfassung mit Zu- und Abgängen[11] ist nicht sachgerecht, da es sich nicht um mengenmäßige Änderung, sondern um Wertänderungen handelt.

17   Wird eine **Beteiligung** erworben und im selben Jahr konsolidiert, so ist deren Zugang im Anlagespiegel des Mutterunternehmens zu eliminieren, da aus Konzernsicht keine Beteiligung zugeht. Stattdessen sind deren Anlagegegenstände als Zugang zu zeigen. Ist die Beteiligung jedoch bereits in der Vorjahreskonzernbilanz ausgewiesen worden, dann ist sie in der laufenden Periode als Abgang zu zeigen.[12]

18   Bei **Erweiterung des Konsolidierungskreises** sind die hinzukommenden Anlagegegenstände nach dem Einheitsgrundsatz im Konzernanlagespiegel mit ihren **Restbuchwerten als Zugänge** auszuweisen **(Nettomethode).**[13] Auch die zugeordneten stillen Rücklagen oder Lasten sind, obwohl das Gesetz in § 301 Abs. 1 S. 3 von „Zuschreibung" spricht, in der Zugangsspalte zu berücksichtigen, da es sich aus Konzernsicht um Wertbestandteile von mengenmäßigen Zugängen handelt.[14] Die Zugänge statt mit den Restbuchwerten mit den **Bruttoanschaffungskosten aus dem Einzelabschluss** einzubuchen und den kumulierten Abschreibungen des bisherigen Konsolidierungskreises die kumulierten Abschreibungen der hinzukommenden Gegenstände aus dem Einzelabschluss hinzuzufügen **(Bruttomethode),** widerspricht der Erwerbsfiktion. Die Bruttoinvestition des Konzerns in der Zugangsspalte würde unzutreffend ausgewiesen. Gleichwohl wird das auch für zulässig gehalten.[15]

19   Die mit dem Erwerb der Beteiligung zum Konzern hinzukommenden Anlagen können mit den **Zugängen** aus den Einzelabschlüssen zusammengefasst werden. Dann sind aber bei wesentlichen Änderungen im Konzernanhang Angaben zu machen, die es ermöglichen, die Abschlüsse sinnvoll zu vergleichen (§ 294 Abs. 2 S. 1). Dieser Pflicht kann durch eine „Davon-Angabe" im Anhang genügt werden.[16] Informativer ist jedoch eine **gesonderte Spalte** im Anlagespiegel „Veränderungen des Konsolidierungskreises", wie das von einer Mehrheit der Unternehmen auch praktiziert wird.[17]

20   Auch wenn in § 294 Abs. 2 der S. 2 durch das BilMoG gestrichen wurde, ist es durch den Verweis auf § 265 Abs. 2 S. 3 zulässig, die Vorjahresbeträge bei Änderung des Konsolidierungskreises unter Angabe im Anhang anzupassen.[18] Danach sollten die Bruttoanschaffungskosten der Anlagegegenstände bei **Erweiterung des Konsolidierungskreises** nicht

---

[10]   Busse v. Colbe/Ordelheide/Gebhardt/Pellens Konzernabschlüsse 9. Kap. III. 3; Wiedmann/Böcking/
        Gros Rn. 23–44.
[11]   So BeBiKo/Störk/Deubert Rn. 66.
[12]   ADS Rn. 123.
[13]   So auch Kölner Komm RechnungslegungsR/Claussen/Scherrer Rn. 57.
[14]   Busse v. Colbe/Chmielewicz DBW 1986, 336.
[15]   C&L KonzAbschl. Rn. 193.
[16]   Busse v. Colbe/Ordelheide/Gebhardt/Pellens Konzernabschlüsse 9. Kap. III. 3.
[17]   C&L KonzAbschl. Rn. 194, 195.
[18]   BeBiKo/Störk/Deubert Rn. 65.

in der Zugangsspalte, sondern in der ersten Spalte **„Bruttoanschaffungskosten"** des Anlagespiegels und die entsprechenden kumulierten Abschreibungen in der Spalte kumulierte Abschreibungen aufgenommen werden. Damit änderte sich auch der Vortrag zu Beginn des Jahres. Auch eine solche Darstellung nach der Bruttomethode ist aber im Hinblick auf den Aussagegehalt des Konzernabschlusses **unzweckmäßig,**[19] da sie auf einer nur fingierten Konzernzugehörigkeit im Vorjahr beruht.

Der **Geschäftswert aus der Kapitalkonsolidierung** ist ebenfalls unter den Zugängen **21** im Anlagespiegel auszuweisen. Wird er mit den Geschäftswerten aus dem Einzelabschluss zusammengefasst, dann ist gem. § 294 Abs. 2 eine Erläuterung erforderlich, die einen Vergleich mit den Vorjahreszahlen ermöglicht. Informativer ist die Aufnahme dieses Zugangs in einer Spalte, die alle Veränderungen durch Wechsel im Konsolidierungskreis erfasst. Die im Rahmen der Folgekonsolidierung vorgenommenen Wertkorrekturen der zugeordneten stillen Rücklagen sind unter den Jahres- bzw. kumulierten Abschreibungen der entsprechenden Gegenstände auszuweisen. Beim Abgang der Vermögensgegenstände sind sie in der Abgangsspalte des Konzernanlagespiegels mitzuerfassen.

Bei der **Entkonsolidierung** ist der Abgang der Beteiligung aus dem Anlagespiegel zu **22** eliminieren. An ihre Stelle treten die Abgänge der Anlagegegenstände des Tochterunternehmens, die zuvor in der Konzernbilanz ausgewiesen worden sind. Der Informationsverpflichtung gem. § 294 Abs. 2 über Änderungen des Konsolidierungskreises bei Ausscheiden eines Tochterunternehmens aus dem Konsolidierungskreis wird genügt, wenn vergleichbar der Zugangsspalte eine **weitere zusätzliche Spalte** „Abgänge wegen Veränderung des Konsolidierungskreises" in den Konzernabschluss aufgenommen wird. Dies ist jedoch nicht vorgeschrieben. Die Abgänge können auch zusammen mit denen aus den Einzelabschlüssen ausgewiesen werden, falls wesentlich, sind erläuternde Zusatzangaben im Anhang erforderlich.[20]

Nach dem Einheitsgrundsatz sind **konzerninterne Lieferungen von Anlagegegenständen** aus dem summierten Anlagespiegel zu eliminieren.[21] Die **Herstellung** oder der **Erwerb** von Gegenständen durch ein **einbezogenes Unternehmen** und die unmittelbar anschließende Veräußerung in das Anlagevermögen eines anderen einbezogenen Unternehmens ist aus Konzernsicht ein einziger Zugang von Anlagegegenständen. Der Zugang aus dem Anlagespiegel des erwerbenden Unternehmens wird deshalb in den Konzernanlagespiegel übernommen. Weicht der Wert des Zugangs von den Konzernanschaffungskosten ab, sind ggf. konzerninterne Erfolge zu eliminieren. In den Folgejahren sind auch die Bruttoanschaffungskosten um den konzerninternen Erfolg zu korrigieren. Handelt es sich bei den erzeugten und konzernintern veräußerten Gegenständen aus Konzernsicht um **immaterielle Gegenstände des Anlagevermögens,** die vom Empfänger aktiviert und in den Anlagespiegel eingestellt worden sind, so sind sie aus Konzernsicht als **selbst erstellte** immaterielle Anlagegegenstände seit Erlass des BilMoG gem. § 248 Abs. 2 zu behandeln, im Falle der Nichtaktivierung aus der Summenbilanz und mit ihnen die Anlagebewegungen aus dem summierten Anlagespiegel zu eliminieren. Bei **Lieferung aus dem Anlagevermögen** eines Konzernunternehmens in das eines anderen liegen kein Abgang und kein Zugang vor, sondern ein Wechsel im Einsatz des Gegenstandes. Der Abgangswert aus dem Abschluss des veräußernden Unternehmens ist mit dem Zugangswert beim erwerbenden Unternehmen zu saldieren. Differieren beide Größen, so sind Zwischenerfolge aus dem Zugangswert zu eliminieren, im Zugangswert enthaltene Anschaffungsnebenkosten des Erwerbers sind dagegen in der Zugangsspalte zu belassen, wenn sie sich aus Konzernsicht als nachträgliche Anschaffungs- oder Herstellungskosten des Vermögensgegenstandes darstellen. Entsprechendes gilt für die Fälle von konzerninternen Fusionen und Spaltungen von Konzernunternehmen.

---

[19] Busse v. Colbe/Ordelheide/Gebhardt/Pellens Konzernabschlüsse 9. Kap. III. 3.2.2.1.
[20] Busse v. Colbe/Ordelheide/Gebhardt/Pellens Konzernabschlüsse 9. Kap. III. 3.2.2.2.
[21] Beck HdR/Otte C 460 Rn. 32; Wiedmann/Böcking/Gros Rn. 29.

24   Für **Beteiligungen an assoziierten Unternehmen** sind in einer eigenen Zeile im
Anlagespiegel der Bruttoanschaffungswert unter Zugängen und seine Veränderungen infolge
der Fortschreibung um anteilige Jahresüberschüsse, ausgeschüttete Gewinne und Abschreibung eines Goodwills unter Zuschreibungen/Abschreibungen oder Zu- und Abgängen
gesondert zu zeigen[22] (näher → § 311 Rn. 1 ff., → § 312 Rn. 1 ff.).

II. Anwendung von rechtsform- und geschäftszweigspezifischen Vorschriften
(Abs. 1)

25   **1. Rechtsformspezifische Vorschriften.** Rechtsformspezifische Vorschriften über
den Jahresabschluss sind für den Konzernabschluss entsprechend anzuwenden, soweit die
Eigenart des Konzernabschlusses keine Abweichungen bedingt. Für die **AG** enthalten
§§ 150, 152 AktG (Rücklagen und gezeichnetes Kapital), § 158 AktG (Fortführung der
GuV vom Jahresüberschuss/-fehlbetrag zum Bilanzergebnis), § 160 AktG (Anhang) und
§§ 232, 240 AktG (Kapitalherabsetzung) und für die **GmbH** § 42 GmbHG (Kapitalverkehr
mit den Gesellschaftern), § 58b GmbHG und § 58c GmbHG (Kapitalherabsetzung) spezifische Vorschriften über den Jahresabschluss.[23] Für den Konzernabschluss können insbesondere Vorschriften über die Rücklagen und die Fortführung der GuV relevant sein. Für
die **haftungsbeschränkte Personenhandelsgesellschaft** (→ § 290 Rn. 2) enthält § 264c
rechtsformspezifische Bestimmungen hauptsächlich über den gesonderten Ausweis von
Posten, die auch für die Konzernbilanz einer solchen Gesellschaft als Mutterunternehmen
gelten.[24]

26   **a) Rücklagenspiegel.** Gem. § 152 Abs. 3 AktG sind Einstellungen in und Entnahmen
aus Kapital- und Gewinnrücklagen innerhalb des Geschäftsjahres in der Bilanz oder im
Anhang einer AG/KGaA anzugeben (Rücklagenspiegel). Eine entsprechende Anwendung
auf den Konzernabschluss kann sich nur auf Konzerne mit einer **Mutterunternehmung
in der Rechtsform einer AG/KGaA** beziehen. Für die **GmbH** fehlt es an einer entsprechenden Vorschrift im GmbHG. Die in der Kommentarliteratur früher kontrovers diskutierte Frage, ob für den Konzernabschluss ein Rücklagenspiegel generell oder von börsennotierten Unternehmen aufzustellen ist oder nur von einem Mutterunternehmen in der
Rechtsform der AG/KGaA oder von einem Mutterunternehmen auch anderer Rechtsform,
zu dessen einbezogenen Unternehmen eine AG/KGaA gehört, und welchen Zweck ein
solcher Rücklagenspiegel haben soll,[25] ist seit dem Inkrafttreten des BilReG gegenstandlos
geworden. Nach der neuen Rechtslage müssen gem. § 297 Abs. 1 alle konzernrechnungslegungspflichtigen Mutterunternehmen einen **Eigenkapitalspiegel** aufstellen (→ § 297
Rn. 30 ff.).

27   Der Aktionär/Gesellschafter hat ein Interesse zu erfahren, aus welchen Gründen sich
die Rücklagen verändert haben. Insbesondere die Änderungen, die ohne Berührung der
Konzern-GuV vollzogen wurden, wie durch die erfolgsneutrale **Verrechnung** der **Differenz aus der Währungsumrechnung,** müssen aus einem Eigenkapitalspiegel ersichtlich
sein. Das gilt auch dann, wenn der Konzernabschluss formal nicht die Ausschüttungsgrundlage bildet.

28   Die neuere Entwicklung hin zur Anwendung **international anerkannter Rechnungslegungsgrundsätze** auf den Konzernabschluss zeigt schon vor Inkrafttreten des
KapAEG mit der Einführung des – inzwischen aufgehobenen – § 292a und des BilReG,
dass insbesondere börsennotierte AG in wachsender Zahl einen **Eigenkapitalspiegel** für
den Konzern offenlegen, der über den gesetzlichen Rücklagenspiegel hinausgeht. Inzwischen hat sich auch in Deutschland die Erkenntnis durchgesetzt, dass die Eigenart, insbesondere die primäre **Informationsfunktion des Konzernabschlusses einen Eigenkapital-

---

[22]   Ausf. ADS Rn. 138–148; Wiedmann/Böcking/Gros Rn. 40, 41.
[23]   ADS Rn. 192; BeBiKo/Störk/Deubert Rn. 80 ff.
[24]   FN-IDW 2000, 229.
[25]   HdK/Berndt Rn. 4; ADS Rn. 193; BeBiKo/Hense/Lust, 5. Aufl. 2003, Rn. 44; Niehues/Thyll
Rn. 494; Wiedmann/Böcking/Gros Rn. 11 ff.

spiegel verlangt. Dem entspricht die aktuelle Gesetzeslage in § 297 Abs. 1 auch für nicht kapitalmarktorientierte Unternehmen. Nach den **US-GAAP** gehört schon seit Erscheinen des ARB No. 43 im Jahre 1953[26] und nach den Pflichtangaben im 10K-Report an die SEC[27] ein Eigenkapitalspiegel zu den Consolidated Financial Statements. Das **IASC** hatte den Eigenkapitalspiegel auch für Konzerne in **IAS 1.**106–110 detailliert für die Zahl und Nennbeträge der Aktienarten sowie für verschiedene Rücklagekategorien geregelt. Nun bildet für Mutterunternehmen, die nicht nach den IFRS bilanzieren, DRS 22 eine Leitlinie für Form und Inhalt des Eigenkapitalspiegels (→ § 297 Rn. 30 ff.).

b) Gewinnverwendungsrechnung. Gem. § 158 Abs. 1 AktG ist in der GuV oder **29** im Anhang des Jahresabschlusses der AG eine Überleitung vom Jahresüberschuss/-fehlbetrag über Entnahmen aus und Einstellungen in Kapital- und Gewinnrücklagen auf den Bilanzgewinn/-verlust vorzunehmen. Diese Überleitung wird als Teil der **Ausschüttungsbemessungsfunktion** des Jahresabschlusses angesehen. Dem Konzernabschluss wird diese Funktion nicht – zumindest nicht primär – zugesprochen. Daher lässt sich mit der **Eigenart** des Konzernabschlusses eine **Abweichung** von der Pflicht aus § 158 Abs. 1 AktG auch für die AG/KGaA als Muttergesellschaft begründen. Ohnehin käme nur für sie eine entsprechende Verpflichtung für ihren Konzernabschluss in Betracht, da für die GmbH eine derartige Regelung nicht besteht.

Wenn dem Konzernabschluss keine Ausschüttungsrelevanz zukäme, würde daraus folgen, **30** dass der **Konzernjahresüberschuss/-fehlbetrag** insgesamt, also **vor dessen Verwendung** gem. § 270 in die **Konzernbilanz** übernommen würde. Die Konzernrücklagen enthielten dann keine Zuführungen aus dem Konzernergebnis des laufenden Jahres. Würden in den Einzelabschlüssen Beträge den Rücklagen zugeführt oder aus ihnen entnommen, so würden sie für den Konzernabschluss nicht beachtet. Ergebniskorrekturen, die im Rahmen der Aufstellung des Konzernabschlusses entstehen, schlügen sich damit nicht nur in der GuV, sondern unmittelbar auch im **Konzernergebnis** in der Bilanz nieder. Dass ein Ergebnis eines international agierenden Konzerns nicht als Bilanzgewinn des Mutterunternehmens ohne weiteres ausgeschüttet werden kann, dürfte offensichtlich sein.[28] Allerdings ist bei dieser Art des Ergebnisausweises, die in der Praxis auch anzutreffen ist, dann die voraussichtliche Ausschüttung aus der Konzernbilanz nicht mehr ersichtlich.[29]

Häufig werden in der Praxis auch in der Konzernbilanz Rücklagen und Konzernergeb- **31** nis **nach dessen Verwendung** gezeigt. Dann wird das Konzernergebnis, korrigiert um Einstellungen in die Gewinnrücklagen und Entnahmen aus den Gewinnrücklagen, in der Konzernbilanz ausgewiesen. Der auf die Anteilseigner des Mutterunternehmens entfallende Anteil des derart korrigierten Konzernergebnisses wird dann auch als **„Konzerngewinn/-verlust"** bezeichnet. Während der Begriff „Bilanzgewinn/Bilanzverlust" in § 268 Abs. 1 als die Restgröße nach teilweiser Verwendung des Jahresergebnisses für den Einzelabschluss definiert wird, ist der Begriff Konzerngewinn/Konzernverlust (Konzernergebnis) nicht geregelt. Er wird daher mit **unterschiedlichem Sinngehalt,** vor oder nach teilweiser Verwendung des Konzernjahresergebnisses sowie vor oder nach Abzug der den anderen Gesellschaftern zustehenden Gewinne bzw. Hinzufügung der auf sie entfallenden Verluste, verwendet.

Da der Konzern selbst keine Ergebnisverwendung vornimmt, muss man sich auf die **32** **Ergebnisverwendungen der zugrunde liegenden Einzelabschlüsse** stützen. Wenn Tochter- oder Gemeinschaftsunternehmen Gewinne als zur Ausschüttung vorgesehen ausweisen, die die Gesellschafterunternehmen erst in Folgeperioden vereinnahmen, dann sind aus Konzernsicht nur die Beträge **Gewinnausschüttungen, die an Dritte** oder an nicht konsolidierte Tochter- oder Gemeinschaftsunternehmen fließen sollen. Gewinnausschüttungen an **einbezogene Unternehmen** sind aus Konzernsicht **keine Ergebnisverwen-**

---

[26] Accounting Research Bulletin No. 43.
[27] Näheres Niehus/Thyll, Konzernabschluss nach US-GAAP, 3. Aufl. 2010, Rn. 495–536.
[28] Beck HdR/Bruns/Kühne C 450 Rn. 56.
[29] Busse v. Colbe/Ordelheide/Gebhardt/Pellens Konzernabschlüsse 9. Kap. IV. 3.

dung. Sie sollten daher aus dem Konzernbilanzgewinn eliminiert und in die Gewinnrücklagen des Konzerns umgegliedert werden. Der Anteil **außenstehender Gesellschafter** von Tochterunternehmen ist in der Regel im Ausgleichsposten für Anteile anderer Gesellschafter enthalten.

33   Wird infolge von **Konsolidierungsmaßnahmen** die Summe der Jahresergebnisse korrigiert, so entsteht die Frage, inwieweit auch der Konzernbilanzgewinn davon betroffen sein soll. In der Praxis wird mitunter **als Konzernbilanzgewinn der Bilanzgewinn des Mutterunternehmens** ausgewiesen. Alle erfolgswirksamen Korrekturen werden dann mit den summierten Rücklagen verrechnet. Dieser Ausweis hat den Vorzug, dass auch in der Konzernbilanz die Ausschüttungen an die Anteilseigner des Mutterunternehmens ausgewiesen werden. Ein solcher Ausweis ist insofern berechtigt, als es sich aus Konzernsicht um ausgeschüttete Gewinne handelt.[30] Allerdings kommen noch die in aller Regel nicht gesondert ausgewiesenen Ausschüttungen der Tochterunternehmen an andere Gesellschafter iSv § 307 hinzu.

34   Eine solche Darstellung in der Konzernbilanz nähert sich dann stark der in der Einzelbilanz. Das entspricht dem **Einheitsgrundsatz.** In zunehmendem Maße werden aber die Jahresabschlüsse des Mutterunternehmens, abgesehen von der Pflichtpublikation im Bundesanzeiger gem. § 325 Abs. 3, in den gedruckten **Geschäftsberichten** gar nicht oder nur in verkürzter Form, sondern nur noch der **testierte Konzernabschluss** veröffentlicht. Damit stellt sich die Frage, ob die in → Rn. 29 erwähnte hM, wonach die Eigenart des Konzernabschlusses eine Abweichung von der entsprechenden Anwendung des § 158 Abs. 1 AktG bedinge, noch überzeugt, oder ob eine Ergebnisverwendungsrechnung auch für den Konzern sinnvoll ist (→ § 297 Rn. 35). Tatsächlich ergänzte eine Reihe von Unternehmen ihre Konzern-GuV um eine Verwendungsrechnung für den Konzern-Jahresüberschuss. Nach neuem Recht muss das Mutterunternehmen einen kompletten **Eigenkapitalspiegel** nach international anerkannten Grundsätzen offenlegen, aus dem auch die Gewinnverwendung ersichtlich ist.

35   **c) Forderungen und Verbindlichkeiten gegen Gesellschafter einer GmbH.** Forderungen und Verbindlichkeiten einer GmbH gegen ihre Gesellschafter sind in deren Einzelbilanz gesondert auszuweisen oder im Anhang anzugeben (§ 42 Abs. 3 GmbHG). Aus dem Einheitsgrundsatz generell (§ 297 Abs. 3 S. 1) und der Pflicht zur Schuldenkonsolidierung speziell (§ 303) folgt, dass Forderungen und Verbindlichkeiten einer konsolidierten **Tochterunternehmung** in der Rechtsform der GmbH gegenüber dem Mutterunternehmen oder anderen **konsolidierten Gesellschafterunternehmen** in der Konzernbilanz nicht erscheinen können. Der Einheitsgrundsatz gilt auch für den Konzernanhang, so dass eine Angabe dieser Beträge dort systemwidrig wäre. Die Eigenart des Konzernabschlusses bedingt insoweit eine Abweichung von § 42 Abs. 3 GmbHG.

36   Forderungen und Verbindlichkeiten von konsolidierten **Tochter-GmbH** gegen außerhalb des Konzernabschlusses stehende andere Gesellschafter **(Minderheitsgesellschafter)** könnten dagegen in der Konzernbilanz gesondert ausgewiesen oder im Konzernanhang angegeben werden. Mit dem gesonderten Ausweis im Jahresabschluss einer einzelnen GmbH sollen die sonstigen bilanzierungspflichtigen finanziellen Beziehungen zwischen GmbH und ihren Gesellschaftern dargestellt werden, die neben dem Gesellschafterverhältnis am Bilanzstichtag bestehen.[31] Das macht zwar für einzelne GmbH Sinn, nicht aber für eine große Zahl von Tochter-GmbH insgesamt, zumal diese Ausweis- bzw. Angabepflicht für Tochterunternehmen anderer Rechtsform, insbesondere des Auslandes, nicht existiert. Auch für die finanziellen Beziehungen zu Minderheitsgesellschaftern ist also davon auszugehen, dass die Eigenart des Konzernabschlusses ein Abweichen von der rechtsformspezifischen Vorschrift bedingt.[32]

---

[30]   Busse v. Colbe/Ordelheide/Gebhardt/Pellens Konzernabschlüsse 9. Kap. IV. 4.
[31]   Lutter/Hommelhoff/Kleindiek GmbHG § 42 Rn. 28.
[32]   So auch ADS Rn. 202.

Anders ist die Frage für den Konzernabschluss einer **GmbH als Muttergesellschaft** 37 zu beurteilen. Diese Situation ist mit der einzelnen GmbH durchaus vergleichbar. Dem Einheitsgrundsatz entspricht es, Forderungen und Verbindlichkeiten **nicht nur der Mutter-GmbH,** sondern auch aller **Tochter-GmbH** gegen **Gesellschafter der Mutterunternehmen** in der Konzernbilanz gesondert auszuweisen bzw. im Anhang anzugeben.[33]

2. Geschäftszweigspezifische Vorschriften. Abweichungen von den allgemeinen 38 Ansatz-, Bewertungs-, Gliederungs- und Angabevorschriften für den Jahresabschluss großer Kapitalgesellschaften können für den Konzernabschluss solcher Unternehmen bedingt sein, für die die **ergänzenden Vorschriften** im Vierten Abschnitt des HGB (§§ 340–341a) sowie die aufgrund von § 330 durch Rechtsverordnung vorgeschriebenen **Formblätter** und **andere gesetzliche Vorschriften** gelten, damit das in § 297 Abs. 2 S. 2 geforderte Bild von der Lage des Konzerns vermittelt wird. Dies betrifft vor allem **Kreditinstitute** und andere Finanzdienstleistungsinstitute iSv § 1 KWG sowie **Versicherungsunternehmen** iSv § 341, die unabhängig von Größe und Rechtsform zur Konzernrechnungslegung verpflichtet sind (§§ 340i, 341i), aber auch **Krankenhaus-, Wohnungs- und Verkehrsunternehmen,** für deren Jahresabschlüsse Verordnungen über Formblätter bestehen (Formblattunternehmen).[34]

Auf Konzernabschlüsse von **Kreditinstituten** und **Versicherungsunternehmen als** 39 **Muttergesellschaften,** einschließlich von Holding-Gesellschaften für sie (§ 340i Abs. 3 bzw. § 341i Abs. 2), sind Abs. 1 und gem. § 340i Abs. 2 S. 2 und § 341i Abs. 1 S. 2 nicht anzuwenden. An ihre Stelle treten die Abs. 2 S. 1 bzw. Abs. 1 S. 1 dieser Vorschriften. Danach gelten für die Konzernabschlüsse dieser Unternehmen die §§ 340a–340g bzw. die §§ 341a–341l entsprechend, soweit die Besonderheiten des Konzernabschlusses keine Abweichungen bedingen. Für einbezogene Kreditinstitute sind damit die **besonderen Bewertungsvorschriften** des § 340f auch im Konzernabschluss anwendbar. Besitzt ein Kreditinstitut auch **Tochterunternehmen anderer Geschäftszweige,** deren Aufgabe gem. § 340i eine Verlängerung der Bank- oder eine Hilfstätigkeit darstellt, so sind sie einzubeziehen, während für Tochterunternehmen aus anderen Dienstleistungsbereichen, aus Handel und Industrie das Einbeziehungsverbot des § 295 bis zu dessen Aufhebung (im Jahr 2004) bei Vorliegen besonderer Umstände in Betracht kam. Für **nichtbankgeschäftliche** Aktivitäten, insbesondere bankfremder Tochtergesellschaften, einschließlich der in § 340j genannten, sind die besonderen Rechnungslegungsvorschriften für Kreditinstitute jedoch nicht anwendbar.[35] Gegebenenfalls ist die **Gliederung** des Konzernabschlusses, die sich nach den Formblattvorschriften richtet, in diesen Fällen um Sonderposten für geschäftszweigfremde Posten solcher Tochterunternehmen zu ergänzen.

Ist das Mutterunternehmen kein Formblattunternehmen, zB ein Industrieunternehmen, gelten aber für einzelne Tochterunternehmen geschäftszweigspezifische Rechnungslegungsvorschriften, so dürfen deren abweichend vom Mutterunternehmen gewählte Wertansätze beibehalten werden (§ 308 Abs. 2 S. 2). Die Gliederung des Konzernabschlusses ist um Sonderposten aus den Abschlüssen dieser Tochterunternehmen zu ergänzen.

Nach dem durch das BilRUG aufgehobenen Abs. 2 durften, falls die bilanzielle Gliederung der Vorräte gem. § 266 Abs. 2 B. I. in 1. Roh-, Hilfs- und Betriebsstoffe, 2. unfertige Erzeugnisse und Leistungen, 3. fertige Erzeugnisse und Waren sowie 4. geleistete Anzahlungen für die Konzernbilanz wegen Vorliegens besonderer Umstände mit einem unverhältnismäßigen Aufwand verbunden wäre, zu einem Posten zusammengefasst werden. Die Vorschrift beruhte auf dem nationalen Wahlrecht des Art. 17 Abs. 2 RL 1983/349/EWG (7. EG-Richtlinie). Die die 7. EG-Richtlinie ersetzende Bilanz-RL enthält dieses Wahlrecht nicht mehr.

---

[33] ADS Rn. 202; zu Einzelheiten der Pflichten der GmbH Lutter/Hommelhoff/Kleindiek GmbHG § 42 Rn. 28–33.
[34] BeBiKo/Störk/Deubert Rn. 90 ff.
[35] Krumnow et al. §§ 340i, 340j Rn. 70; aA offenbar ADS Rn. 211. Zu Einzelheiten ADS für Kreditinstitute Rn. 207–213 und für Versicherungsunternehmen Rn. 214–225.

III. Zusammenfassung des Konzernanhangs mit dem Anhang des Mutterunternehmens, der Prüfungsberichte und Bestätigungsvermerke (Abs. 2)

42   **1. Zusammenfassung der Anhänge.** Das Wahlrecht, Konzernanhang und Anhang aus dem Jahresabschluss des Mutterunternehmens zusammenzufassen und gemeinsam offenzulegen, soll es ermöglichen zu **vermeiden,** dass insbesondere die Bilanzierungs-, Bewertungs- und Währungsumrechnungsmethoden im Anhang und als **Wiederholung im Konzernanhang** nochmals dargestellt werden. Entsprechendes trifft für den Beteiligungsbesitz, Fristigkeit und Besicherung der Verbindlichkeiten, Haftungsverhältnisse, Segmentierung der Umsatzerlöse etc zu. Die Zusammenfassung dient der **Übersichtlichkeit** des Einzel- und Konzernabschlusses. Die Vorschrift ist durch die Protokollerklärung Nr. 21 zu Art. 34 RL 1983/349/EWG (7. EG-Richtlinie) des Rates und der Kommission der EG gedeckt.[36] Das Wahlrecht, von dem weitgehend Gebrauch gemacht wurde, **verliert** jedoch in dem Maße **an Bedeutung,** als in den Geschäftsberichten insbesondere von börsennotierten AG nur noch der testierte Konzernabschluss wiedergegeben wird und der Abschluss des Mutterunternehmens nicht mehr oder nur gekürzt enthalten ist. Gem. § 315 Abs. 5 gilt Abs. 2 über die Zusammenfassung der Anhänge entsprechend auch für die Zusammenfassung der **Lageberichte** für das Mutterunternehmen und den Konzern.

43   **2. Zusammenfassung der Prüfungsberichte.** Im Falle der Zusammenfassung der Anhänge und deren gemeinsamer Offenlegung dürfen auch die Prüfungsberichte (§ 321) und die Bestätigungsvermerke (§ 322) für den Jahresabschluss des Mutterunternehmens und für den Konzernabschluss zusammengefasst werden. Für Zweck, Bedeutung und Bezug auf die RL 1983/349/EWG (7. EG-Richtlinie) gilt das unter 1. angeführte entsprechend (näher → § 321). Im Fall einer Zusammenfassung von Anhang und Konzernanhang müssen beide Abschlüsse auch gemeinsam im Unternehmensregister offengelegt werden (vgl. § 325 Abs. 3 und Abs. 3a).

§ 299 Stichtag für die Aufstellung

(1) Der Konzernabschluss ist auf den Stichtag des Jahresabschlusses des Mutterunternehmens aufzustellen.

(2) [1]**Die Jahresabschlüsse der in den Konzernabschluß einbezogenen Unternehmen sollen auf den Stichtag des Konzernabschlusses aufgestellt werden.** [2]**Liegt der Abschlußstichtag eines Unternehmens um mehr als drei Monate vor dem Stichtag des Konzernabschlusses, so ist dieses Unternehmen auf Grund eines auf den Stichtag und den Zeitraum des Konzernabschlusses aufgestellten Zwischenabschlusses in den Konzernabschluß einzubeziehen.**

(3) Wird bei abweichenden Abschlußstichtagen ein Unternehmen nicht auf der Grundlage eines auf den Stichtag und den Zeitraum des Konzernabschlusses aufgestellten Zwischenabschlusses in den Konzernabschluß einbezogen, so sind Vorgänge von besonderer Bedeutung für die Vermögens-, Finanz- und Ertragslage eines in den Konzernabschluß einbezogenen Unternehmens, die zwischen dem Abschlußstichtag dieses Unternehmens und dem Abschlußstichtag des Konzernabschlusses eingetreten sind, in der Konzernbilanz und der Konzern-Gewinn- und Verlustrechnung zu berücksichtigen oder im Konzernanhang anzugeben.

Schrifttum: Haase/Lanfermann, Grundlegende und aktuelle Probleme bei der Erstellung von Zwischenabschlüssen, WPg 1970, 209; Harms/Küting, Konsolidierung bei unterschiedlichen Bilanzstichtagen nach künftigem Konzernrecht, BB 1985, 432; IDW, Stellungnahme HFA 4/1988: Konzernrechnungslegung bei unterschiedlichen Abschlussstichtagen, FN-IDW 1988, 337; Kohlstruck, Ertragsteuern im Konzernabschluss nach dem AktG 1965, DB 1966, 949; Lange, Die Wahl des Konzernbilanzstichtages, DStR 1993, 774; Maas/Schruff, Unterschiedliche Stichtage im künftigen Konzernabschluss?, WPg 1985, 1.

---

[36]   Biener/Schatzmann BiRiLiG S. 58.

I. Einheitlicher Stichtag für den Konzernabschluss und die Jahresabschlüsse einbezogener Unternehmen

1. Grundsatz. Dem **Einheitsgrundsatz** entspräche es, wenn der Konzernabschluss **1** und die Abschlüsse sämtlicher einbezogener Unternehmen einen **einheitlichen Stichtag** haben und sich auf dieselbe Abrechnungsperiode beziehen müssten.[1] Implizit gehen Art. 27 RL 1983/349/EWG (7. EG-Richtlinie) und auch Art. 24 Abs. 8 Bilanz-RL von diesem Grundsatz aus. IFRS 10.B92 bestimmt, dass die bei der Erstellung der Konzernabschlüsse verwendeten Abschlüsse des Mutterunternehmens und seiner Töchter denselben Stichtag haben müssen. Allerdings ist die Aussage nur als Regel zu verstehen, was durch die Verfahrensweise bei Abweichungen dokumentiert wird.

Unterschiedliche Abschlussstichtage bergen die Gefahr, dass Transaktionen zwi- **2** schen dem Abschlussstichtag eines einbezogenen Unternehmens und dem eines anderen oder des Konzerns nicht oder mehrfach erfasst und die Lage des Konzerns dadurch unzutreffend dargestellt wird. Wenn unterschiedliche und vom Stichtag des Konzernabschlusses abweichende Abschlussstichtage einbezogener Unternehmen als Ausnahmen vom Grundsatz zugelassen werden, ist die Zeitdifferenz gem. Abs. 2 S. 2 begrenzt und sind **Zusatzrechnungen** gem. Abs. 3 vorgeschrieben (Art. 24 Abs. 8 Bilanz-RL, IFRS 10.B92 und B 93), die eine wesentliche Beeinträchtigung des Aussagewertes des Konzernabschlusses verhindern sollen.

2. Stichtag für den Konzernabschluss (Abs. 1). Der Konzernabschluss ist auf den **3** Stichtag des Jahresabschlusses des Mutterunternehmens aufzustellen, auch dann, wenn die meisten oder alle anderen einbezogenen Unternehmen andere Stichtage haben.[2] **Identität der Abschlussstichtage für das Mutterunternehmen und den Konzern** und darüber hinaus aller einbezogenen Unternehmen war und ist schon aus Praktikabilitätsgründen herrschende Praxis.[3] Sie ist vom Gesetzgeber mit der Sollvorschrift in Abs. 2 S. 1 auch gewollt.

Ein vom Abschluss des Mutterunternehmens abweichender Stichtag für den Konzern- **4** abschluss[4] war bis zum Inkrafttreten des TransPuG erlaubt, wenn die Mehrzahl oder die bedeutendsten einbezogenen Unternehmen einen abweichenden Stichtag hatten und dies im Konzernanhang begründeten.

II. Zwischenabschlüsse bei abweichenden Abschlussstichtagen (Abs. 2 S. 2)

Abweichend von dem unter I. formulierten Grundsatz eines einheitlichen und mit **5** dem Konzernabschluss übereinstimmenden Abschlussstichtages für sämtliche einbezogenen Unternehmen dürfen gem. Abs. 2 S. 2 auch Einzelabschlüsse mit einem vom Konzernbilanzstichtag abweichenden Stichtag konsolidiert werden. Weicht der Stichtag des Jahresabschlusses eines einbezogenen Unternehmens von dem Stichtag des Konzernabschlusses ab, so muss dieses Unternehmen einen besonderen Abschluss auf den Stichtag des Konzernab-

---

[1] Beck HdR/Lange C 320 Rn. 31.
[2] BeBiKo/Störk/Deubert Rn. 1.
[3] C&L KonzAbschl. Rn. 55.
[4] Zu möglichen Gründen und Voraussetzungen ADS Rn. 7–11.

schlusses (**Zwischenabschluss**) aufstellen, wenn der abweichende Abschlussstichtag **mehr als drei Monate vor dem Stichtag des Konzernabschlusses liegt.** Diese Frist wurde aus der anglo-amerikanischen Praxis und die Regelungen insgesamt in Art. 27 Abs. 3 RL 1983/349/EWG (7. EG-Richtlinie) bzw. Art. 24 Abs. 8 Bilanz-RL und von dort in Abs. 2 übernommen. Sie entspricht auch IFRS 10.B92.

6   Die vom Konzerngeschäftsjahr abweichende Rechnungsperiode eines einbezogenen Unternehmens kann insbesondere durch unterschiedliche, stark ausgeprägte **Saisonrhythmen** bedingt sein. Die mit der Aufstellung eines Zwischenabschlusses verbundenen zusätzlichen Kosten haben in der Praxis dazu geführt, dass die Konzerne, in denen unterschiedliche Abschlussstichtage bestanden, die **Geschäftsjahre** der Konzernunternehmen weitgehend **vereinheitlicht** haben. Unterschiedliche Abschlussstichtage innerhalb des Konsolidierungsbereichs und Zwischenabschlüsse gibt es nur ausnahmsweise, zB bei Erwerb eines Unternehmens, dem aber meist bald eine Angleichung durch Einschaltung eines Rumpfgeschäftsjahres für das Unternehmen folgt.[5]

7   In der RL 1983/349/EWG (7. EG-Richtlinie) und der Bilanz-RL fehlt, wie im HGB, eine ausdrückliche Vorschrift, dass die Zwischenabschlüsse nach den für die jeweilige Rechtsform gültigen Bewertungsvorschriften für den Jahresabschluss aufzustellen sind. Um dem Zweck des Konzernabschlusses zu genügen und zu vermeiden, dass er noch weiter verfälscht wird, sind jedoch für Zwischenabschlüsse die **Vorschriften für den Einzel- und Konzernabschluss** anzuwenden.[6] Insbesondere hat auch der Zwischenabschluss den Ansatz- und Bewertungsvorschriften der § 300 und § 308 zu genügen. Er muss ordnungsgemäß aus den Büchern abgeleitet werden.[7] Allerdings ist **keine förmliche Billigung durch den Aufsichtsrat** erforderlich.[8] Es besteht auch keine Pflicht zur Offenlegung.

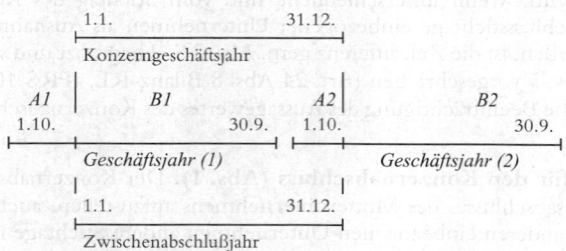

8   Die Probleme rühren daher, dass es für die Periode des **Zwischenabschlusses keine Beschlüsse der Organe** des Einzelunternehmens über die Verwendung des Jahresüberschusses oder Deckung eines Fehlbetrages und auch keine Steuerveranlagung gibt. Für das abgelaufene Geschäftsjahr (1) können die Aufwendungen des abgeschlossenen Einzelgeschäftsjahres zeitanteilig in den Zwischenabschluss übernommen werden. Für das laufende Geschäftsjahr (2) werden dann die Aufwendungen und Erträge der abgelaufenen Monate übernommen und der Steueraufwand aufgrund des bis zum Ende des Konzerngeschäftsjahres erwirtschafteten Ergebnisses berechnet oder – aus Vereinfachungsgründen – die bis dahin geleisteten Steuervorauszahlungen in die Zwischen-GuV eingestellt. Die Differenz zwischen diesem Betrag und dem tatsächlichen Steueraufwand für das Geschäftsjahr (2) wird dann in den nächsten Zwischenabschluss übernommen. Da diese und weitere Probleme angesichts der Tatsache, dass Zwischenabschlüsse nur selten vorkommen und daher wenig praxisrelevant sind, sei auf die Spezialliteratur verwiesen.[9]

---

5   Busse v. Colbe/Ordelheide/Gebhardt/Pellens Konzernabschlüsse 1. Kap. V. 3.2.
6   IDW HFA 4/1988 Rn. 3.
7   Wiedmann/Böcking/Gros Rn. 17.
8   BeBiKo/Störk/Deubert Rn. 17; Wiedmann/Böcking/Gros Rn. 19.
9   ADS Rn. 28–56; Beck HdR/Lange C 320 Rn. 32–54; Kohlstruck DB 1966, 949 f.; Haase/Lanfermann WPg 1970, 212 ff.

III. Überleitungsangaben bei Fehlen von Zwischenabschlüssen (Abs. 3)

Liegt der Abschlussstichtag eines einbezogenen Unternehmens **drei Monate oder** 9
kürzer vor dem Stichtag des Konzernabschlusses – aber keinesfalls danach –, so darf
dieser Abschluss ohne Aufstellung eines Zwischenabschlusses in den Konzernabschluss konsolidiert werden. Allerdings sind solche sowohl **konzerninternen Vorgänge** als auch
Transaktionen mit Dritten entweder in der **Konzernbilanz und Konzern-GuV zu
berücksichtigen oder im Konzernanhang anzugeben,** die zwischen den Bilanzstichtagen stattgefunden haben und in ihrer **Gesamtheit** von **besonderer Bedeutung** für die
Vermögens-, Finanz- und Ertragslage bereits eines einbezogenen Unternehmens – nicht
erst für den Konzern als Ganzen – sind. Diese Regelung entspricht IFRS 10.B93, wonach
allerdings eine solche Fortschreibung nur zulässig ist, wenn die Aufstellung eines Zwischenabschlusses unpraktikabel ist. Die Berücksichtigung im formalen Rechenwerk und die
Angabe im Konzernanhang müssen **gleichwertig** und aufgrund einer **Nebenrechnung
nachprüfbar** sein. Auch bei Wahl der ersten Alternative können Nachbuchungen und
Erläuterungen im Konzernanhang erforderlich sein.[10]

Die Überleitungsrechnung soll eine **Erleichterung** sein, die als **Näherungslösung** an 10
die Stelle des Zwischenabschlusses tritt. Die Vorgänge von besonderer Bedeutung eines
Unternehmens, dessen Rechnungsperiode bis zu drei Monaten vor dem Abschlussstichtag
des Konzerns endet, sind daher auf diesen Stichtag **fortzuschreiben.** Bei **konzerninternen
Vorgängen** von besonderer Bedeutung sind sämtliche in Betracht kommenden vorgeschriebene **Konsolidierungsmaßnahmen** (§§ 300–307) durch Nachberechnungen vorzunehmen. Andernfalls bestünde die Gefahr, dass solche Vorgänge nicht oder mehrfach erfasst
und nicht einheitlich bewertet würden. So müssen für eine richtige und periodengerechte
Aufwands- und Ertragserfassung im Konzernabschluss einerseits zB wesentliche konzerninterne Lieferungen (zB einer Großanlage) eines vor dem Konzernabschlussstichtag abschließenden Unternehmens im Zeitraum zwischen dessen und dem Stichtag des Konzern-
schlusses (Zeitraum A2 in obiger Abbildung) nachgebucht und mit den korrespondierenden
Posten des empfangenden Konzernunternehmens konsolidiert werden. Andererseits müssen
solche Lieferungen aus dem zwischen den Periodenanfängen des Einzel- und des Konzernabschlusses liegenden Zeitraum (Zeitraum A1 in obiger Abbildung) aus dem Einzelabschluss
eliminiert werden.

Da die Erfassung und Berücksichtigung von Vorgängen von besonderer Bedeutung 11
kostenträchtig ist, wird von der Möglichkeit einer Überleitungsrechnung in der Praxis kaum
Gebrauch gemacht. Daher sei für weitere Einzelheiten auch hier auf die Speziallitertur
verwiesen.[11]

Vierter Titel. Vollkonsolidierung

§ 300 Konsolidierungsgrundsätze. Vollständigkeitsgebot

**(1) [1]In dem Konzernabschluß ist der Jahresabschluß des Mutterunternehmens mit
den Jahresabschlüssen der Tochterunternehmen zusammenzufassen. [2]An die Stelle
der dem Mutterunternehmen gehörenden Anteile an den einbezogenen Tochterunternehmen treten die Vermögensgegenstände, Schulden, Rechnungsabgrenzungsposten und Sonderposten der Tochterunternehmen, soweit sie nach dem
Recht des Mutterunternehmens bilanzierungsfähig sind und die Eigenart des Konzernabschlusses keine Abweichungen bedingt oder in den folgenden Vorschriften
nichts anderes bestimmt ist.**

**(2) [1]Die Vermögensgegenstände, Schulden und Rechnungsabgrenzungsposten
sowie die Erträge und Aufwendungen der in den Konzernabschluß einbezogenen
Unternehmen sind unabhängig von ihrer Berücksichtigung in den Jahresabschlüs-**

---

[10] IDW HFA 4/1988 Rn. 5–7; ADS Rn. 68–105; ausf. Beck HdR/Lange C 320 Rn. 55–161 (Stand 2009).
[11] ADS Rn. 68–105; Beck HdR/Lange C 320 Rn. 71–161; HdK/Trütschler Rn. 20–40.

sen dieser Unternehmen vollständig aufzunehmen, soweit nach dem Recht des Mutterunternehmens nicht ein Bilanzierungsverbot oder ein Bilanzierungswahlrecht besteht. [2]Nach dem Recht des Mutterunternehmens zulässige Bilanzierungswahlrechte dürfen im Konzernabschluß unabhängig von ihrer Ausübung in den Jahresabschlüssen der in den Konzernabschluß einbezogenen Unternehmen ausgeübt werden. [3]Ansätze, die auf der Anwendung von für Kreditinstitute oder Versicherungsunternehmen wegen der Besonderheiten des Geschäftszweigs geltenden Vorschriften beruhen, dürfen beibehalten werden; auf die Anwendung dieser Ausnahme ist im Konzernanhang hinzuweisen.

Schrifttum: Förschle/Kropp, Die Bewertungsstetigkeit im Bilanzrichtlinien-Gesetz, ZfB 1986, 873; Löcke, Aktivierung konzernintern erworbener immaterieller Vermögensgegenstände?, BB 1998, 415; Ordelheide, Bilanzansatz und Bewertung im Konzernabschluss, WPg 1985, 509; Ordelheide, Aktivische latente Steuern bei Verlustvorträgen im Einzel- und Konzernabschluss – HGB, SFAS und IAS, FS Havermann, 1995, 601; Petersen/Zwirner/Busch, Bilanzierungswahlrechte in der Konzernrechnungslegung: Neue Problemfelder durch das BilMoG, DB 2011, 1707; Ruhnke Konzernbuchführung, 1995; Selchert/Karsten, Konzernabschlusspolitik und Konzerneinheitlichkeit, DB 1989, 837.

Übersicht

I. Grundsatz der Vollkonsolidierung (Abs. 1)

1   Wie aus der Bezeichnung des Vierten Titels „Vollkonsolidierung" ersichtlich ist, beziehen sich die Vorschriften der §§ 300–307 auf den **Vollkonsolidierungskreis.** Er bildet mit den **Tochterunternehmen,** die dem beherrschenden Einfluss des Mutterunternehmens gem. § 290 unterliegen, den Kern des Konzerns und des Konzernabschlusses. § 300 stellt die Grundprinzipien für die Entwicklung der Konzernbilanz und Konzern-GuV sowie den Konzernanhang aus den Einzelabschlüssen der einbezogenen Konzernunternehmen auf. Die einheitliche Bilanzierung und die Vollständigkeit im Rahmen der Vollkonsolidierung enthalten Konsolidierungsgrundsätze. Weitere Konsolidierungsgrundsätze finden sich in anderen Vorschriften (etwa Klarheit und Übersichtlichkeit, § 297 Abs. 2 S. 1; Fiktion der rechtlichen Einheit, § 297 Abs. 3 S. 1; Stetigkeit der Konsolidierungsmethoden, § 297 Abs. 3 S. 2; regelmäßig einheitlicher Abschlussstichtag, § 299).

2   **1. Begriff der Zusammenfassung.** Die in S. 1 geforderte **Zusammenfassung** der Jahresabschlüsse von Mutter- und Tochterunternehmen kodifiziert das **Grundprinzip des Konzernabschlusses.**[1] Es ist im Kontext des **Einheitsgrundsatzes** des § 297 Abs. 3 S. 1 und der übrigen **Konsolidierungsvorschriften** des Vierten Titels zu verstehen: Die Zusammenfassung schließt das **Konsolidieren der konzerninternen Vorgänge** ein. Damit vollzieht sich das Zusammenfassen der Jahresabschlüsse in folgenden Schritten:

---

[1]   HdK/Trützschler Rn. 9–12.

– **Ausübung der Wahlrechte** (Abs. 2 S. 2), Anwendung **einheitlicher Bewertungsmethoden** nach dem Recht des Mutterunternehmens (§ 308) und **Umrechnung** der Abschlüsse von Tochterunternehmen mit Sitz außerhalb der Eurozone in EUR (Aufbereitung der ursprünglichen Einzelabschlüsse zu konsolidierungsfähigen **Abschlüssen** II oder Handelsbilanz II). Zweck der Handelsbilanz II ist es, einen Abschluss im Rahmen einer organisatorischen Maßnahme zu erstellen, der unmittelbar den eigentlichen Konsolidierungsmaßnahmen zugrunde gelegt werden kann,

– **zeilenweise Addition** der gleichartigen Posten der Einzelabschlüsse aller einbezogenen Unternehmen zu einem summierten Abschluss (Summenbilanz und Summen-GuV; ggf. summierte Anhangangaben) und

– **Korrektur** des summierten Abschlusses zur Beseitigung der buchmäßigen Auswirkungen konzerninterner Kapital-, Kredit- sowie Lieferungs- und Leistungsverflechtungen.

Der Konzernabschluss umfasst gem. § 297 Abs. 1 neben Konzernbilanz, Konzern-GuV **3** und Konzernanhang auch eine Kapitalflussrechnung und einen Eigenkapitalspiegel. Er kann um eine Segmentberichterstattung erweitert werden. Wird die **Konzern-Kapitalflussrechnung** aus Kapitalflussrechnungen der einzelnen einbezogenen Unternehmen abgeleitet, so gilt die Stufenfolge entsprechend. Allerdings sind solche Einzel-Kapitalflussrechnungen bisher nicht vorgeschrieben, aber in der Praxis für die interne Konzernsteuerung mitunter anzutreffen (→ § 297 Rn. 25).[2] Wird die Kapitalflussrechnung hingegen aus dem Konzernabschluss gewonnen, so folgt ggf. als weiterer Schritt die Bereinigung bei Änderung des Konsolidierungskreises und bei Wechselkursänderungen (→ § 297 Rn. 30 und 31). Ein **Eigenkapitalspiegel** ist für die Jahresabschlüsse nicht vorgesehen (nur für kapitalmarktorientierte Kapitalgesellschaften und Gesellschaften nach § 264a, die keinen Konzernabschluss aufstellen müssen) und bisher auch nicht üblich. Er kann direkt aus der Konzernbilanz und Konzern-GuV abgeleitet werden. Die **Segmentberichterstattung** erfordert als weitere Maßnahme die Segmentierung von Rechnungslegungsdaten (zB Umsatzerlöse, Ergebnisse und Investitionen) nach Geschäftsbereichen und geographischen Merkmalen (→ § 297 Rn. 36 ff.).

Eine zutreffende Darstellung der Vermögens-, Finanz- und Ertragslage des Konzerns **4** als Einheit erfordert, dass **Mehrfacherfassungen** aufgrund **konzerninterner Verflechtungen** beseitigt werden. Bei rechtlicher Einheit der einbezogenen Unternehmen bestünden sie nicht. Ihr Einfluss auf den summierten Abschluss ist daher bei der Ableitung des Konzernabschlusses zu eliminieren, denn der Konzernabschluss soll nach dem **Konsolidierungsgrundsatz der Fiktion der rechtlichen Einheit** (→ § 297 Rn. 54 ff.) dem Abschluss eines rechtlich einheitlichen Unternehmens entsprechen (§ 297 Abs. 3).

Der Gesetzgeber geht davon aus, dass der Konzernabschluss **derivativ** aus den Einzelab **5** schlüssen der einbezogenen Unternehmen entwickelt wird. Das entspricht der herrschenden Praxis, zumindest für Konzernbilanz und Konzern-GuV sowie den Konzernanhang. Eine Ableitung des gesamten Konzernabschlusses direkt aus den für ihn relevanten Geschäftsvorfällen wäre allerdings möglich. Eine **partielle Konzernbuchführung** für die Fortschreibung der Differenzen zwischen den ursprünglichen Einzelabschlüssen und Abschlüssen II, der im Rahmen der Kapitalkonsolidierung aufgedeckten stillen Rücklagen und Lasten sowie für weitere Konsolidierungsvorgänge ist zweckmäßig und üblich.[3] Diese Art der Zusammenfassung iSv Konsolidierung entspricht den international anerkannten Rechnungslegungsgrundsätzen (IFRS 10.B86 ff.).

2. Verpflichtung zur Vollkonsolidierung. Bereits aus dem **Einheitsgrundsatz 6** (§ 297 Abs. 3 S. 1) folgt, dass die Aktivposten und Schulden, Aufwendungen und Erträge sowie Ein- und Auszahlungen mit ihren **vollen Werten** aus dem Jahresabschluss II der **Tochterunternehmen,** abgesehen von der Konsolidierung konzerninterner Verflechtungen und der Eliminierung konzerninterner Ergebnisse, auch dann in den Konzernabschluss

---

2 $\quad$ Zur Praxis Gebhardt/Mansch ZfbF-Sonderheft 2012.
3 $\quad$ ADS §§ 290–315 Rn. 44; Ruhnke, Konzernbuchführung, 1995, S. 200 ff.

zu übernehmen sind, wenn der **Kapitalanteil der Konzernunternehmen an Tochterge-sellschaften unter 100 %** liegt; damit entstehen Anteile anderer Gesellschafter iSv § 308 bei der Kapitalkonsolidierung **(Vollkonsolidierung).** Eine nur dem Kapitalanteil des Mut-terunternehmens entsprechende (anteilige) Übernahme der Posten **(anteilmäßige Konso-lidierung)** iSv § 310 ist **unzulässig.** Dies wird auch durch S. 2 bestätigt. Dort fehlt jeder Hinweis auf eine etwa anteilige Übernahme. Die Vollkonsolidierung von Tochterunterneh-men entspricht auch **international anerkannten Rechnungslegungsgrundsätzen** (IFRS 10.B86 (c)).

7   Die **Kapitalkonsolidierung** wird als Grundsatz in S. 2 durch die Formulierung festge-legt, dass an die Stelle der dem Mutterunternehmen gehörenden Anteile an den einbezoge-nen Tochterunternehmen die Bilanzposten (ohne Eigenkapital) dieser Unternehmen treten. Anteile im Besitz einbezogener Tochterunternehmen rechnen gem. § 298 Abs. 1 iVm § 271 Abs. 1 S. 4 und § 16 Abs. 4 AktG dazu. Die Technik der Kapitalkonsolidierung im Einzelnen wird aber erst in § 301 und § 302 geregelt.

8   **3. Bilanzierungsfähigkeit nach dem Recht des Mutterunternehmens.** Mit S. 2 und § 308 Abs. 1 wird sichergestellt, dass sich **Ansatz** und **Bewertung** in der Konzernbilanz nach dem **Recht des Mutterunternehmens,** für Kapitalgesellschaften also primär nach dem HGB, ggf. ergänzt um geschäftszweigspezifische Vorschriften, richten. Soweit die Ein-zelabschlüsse diesem Recht nicht entsprechen, sind sie durch Aufstellung einer sog. **Han-delsbilanz II (HB II)** anzupassen. Die Übernahme von Bilanzposten aus den Abschlüssen der Tochterunternehmen setzt die **Bilanzierungsfähigkeit** nach dem Recht des Mutterun-ternehmens voraus. Mit bilanzierungsfähig ist gemeint, dass der **Ansatz** des Postens zulässig ist. Die Bewertung wird in § 308 geregelt.

9   Die Vorschrift ist insbesondere für **Tochtergesellschaften mit Sitz im Ausland,** vor allem außerhalb der EU relevant, wenn in den nationalen Einzelabschlüssen Posten angesetzt werden dürfen oder müssen, für die nach deutschem Recht ein **Bilanzierungsverbot** (§ 248 Abs. 1), wie zB für Aufwendungen für die **Gründung** des Unternehmens und für die Beschaffung von Eigenkapital, oder ein Ansatzwahlrecht, wie zB für **nicht entgeltlich erworbene immaterielle Gegenstände des Anlagevermögens** (§ 248 Abs. 2 S. 1) besteht, während – unter nationalstaatlich oder durch die IFRS bestimmten Vorausset-zungen – zB Aufwendungen für vom Unternehmen entwickelte und von ihm selbst genutzte Software aktivierungsfähig oder -pflichtig sein können (→ § 248 Rn. 13 ff.). Im Falle ihrer Aktivierung und späteren Abschreibung in Einzelabschlüssen sind sie im Konzernabschluss als Aufwand im Jahr des Anfalls zu behandeln, wenn sie in ihm nicht aktiviert werden. Auch das Verbot, andere als die in § 249 Abs. 1 genannten Rückstellungen zu bilden, ist zu beachten.[4] Ferner gilt für **aktivische Steuerabgrenzungen, ua auf Verlustvorträge,** die in manchen Ländern und auch nach IAS 12.27 obligatorisch sind, wenn ihre Verrech-nung mit künftigen Gewinnen hinreichend sicher ist, nach dem durch das BilMoG geänder-ten § 274 Abs. 1 S. 2 und 4 ein Wahlrecht.

10   **4. Abweichungen wegen Eigenart des Konzernabschlusses.** Die Posten der Jah-resabschlüsse der einbezogenen Tochterunternehmen treten, außer dass sie nach dem Recht des Mutterunternehmens bilanzierungsfähig sein müssen, nur insoweit an die Stelle der dem Mutterunternehmen gehörenden Anteile, als die **Eigenart des Konzernabschlusses** keine Abweichung bedingt oder **nichts anderes in den folgenden Vorschriften bestimmt** ist (Abs. 1 S. 2 Hs. 2).

11   Diese zweite Bedingung schließt solche Posten aus den Abschlüssen einbezogener Toch-terunternehmen von der Übernahme in den Konzernabschluss aus, die aus **Konzernsicht nach dem Einheitsgrundsatz** nicht bilanzierungsfähig sind. Das sind einerseits Posten, die aus **Konzernsicht einen anderen Charakter** bekommen als aus Sicht des einzelnen Unternehmens, und andererseits Posten, die infolge der **Konsolidierungsvorschriften** (§ 303) entfallen. Zur ersten Gruppe gehören zB **immaterielle Vermögensgegenstände,**

---

[4]   HdK/Trützschler Rn. 24 und 25.

die ein einbezogenes Tochterunternehmen entgeltlich von einem anderen erworben hat, selbst nutzt und aktiviert hat,[5] die aber aus Konzernsicht unter das Bilanzierungsverbot des § 248 Abs. 2 S. 2 fallen, oder **Rückstellungen** für drohende Verluste aus schwebenden Geschäften eines einbezogenen Tochterunternehmens mit einem anderen, für die aus Konzernsicht kein schwebendes Geschäft mehr vorliegt. Zur zweiten Gruppe gehören konzerninterne Forderungen, Verbindlichkeiten, Rechnungsabgrenzungsposten und eingeforderte Einlagen, die im Rahmen der **Schuldenkonsolidierung** gegenseitig aufgerechnet werden.

Im weiteren Sinne fallen unter den Übernahmevorbehalt des S. 2 auch Posten, die **12** nicht als solche in die Konzernbilanz einzustellen, sondern die aus Konzernsicht **anders** in das Bilanzgliederungsschema (§ 266) einzuordnen sind als aus Sicht des Einzelunternehmens. Eine **Umgliederung** ist zB erforderlich, wenn ein einbezogenes Tochterunternehmen Ausrüstungsgegenstände für ein anderes fertigt. Dann fallen sie aus Konzernsicht nicht mehr unter Vorräte im Umlaufvermögen, sondern unter Anlagen und Maschinen im Sachanlagevermögen.

II. Grundsatz der Vollständigkeit (Abs. 2 S. 1)

1. Vollständige Übernahme der Abschlussposten der einbezogenen Unterneh- **13** **men.** Mit S. 1 wird der Vollständigkeitsgrundsatz des Art. 18 hinsichtlich der Bilanzposten und der des Art. 22 RL 1983/349/EWG (7. EG-Richtlinie) hinsichtlich der GuV-Posten in deutsches Recht übernommen. Die Bilanz-RL enthält die Regelung in Art. 24 Abs. 2 und Abs. 5 Bilanz-RL. Im Unterschied zu Abs. 1 gilt der Vollständigkeitsgrundsatz des Abs. 2 auch für das **Mutterunternehmen** und gem. § 310 Abs. 2 auch für anteilmäßig einbezogene **Gemeinschaftsunternehmen.** Das Vollständigkeitsgebot bezieht sich also nicht auf den Grundsatz der Vollkonsolidierung in Abs. 1, sondern auf die **lückenlose Übernahme der Abschlussposten,** sofern für sie kein gesetzliches **Ansatzverbot** oder ein **Ansatzwahlrecht** besteht. Mit dem Gebot der Vollständigkeit in S. 1 wird der Grundsatz bekräftigt, der wegen des Verweises in § 298 Abs. 1 auf dieses Gebot in § 246 Abs. 1 S. 1 und aus dem Einheitsgrundsatz ohnehin gilt.

Mithin sind die Vermögensgegenstände, Schulden, Rechnungsabgrenzungsposten und **14** Sonderposten sowie die Aufwendungen und Erträge aus den Rechenwerken des Mutterunternehmens und der vollkonsolidierten Tochter- und anteilmäßig konsolidierten Gemeinschaftsunternehmen (andere einbezogene Unternehmen) **dem Grunde nach vollständig** in den Konzernabschluss zu übernehmen, soweit nach dem **Recht des Mutterunternehmens**
– ein **Ansatzgebot** besteht,
– **kein Ansatzverbot** es verhindert oder
– nicht ein **Ansatzwahlrecht** – zB für nicht entgeltlich erworbene immaterielle Gegenstände des Anlagevermögens und aktive latente Steuern – die Übernahme von der Bilanzpolitik des Mutterunternehmens abhängig macht.

Die Posten werden insoweit aber nicht deshalb aufgenommen, weil sie bereits in den **15** Einzelbilanzen enthalten sind, sondern weil sie nach dem Recht des Mutterunternehmens bilanzierungspflichtig oder bilanzierungsfähig sind und das Mutterunternehmen sein Wahlrecht entsprechend ausübt.[6] Hinzuzufügen ist, dass die **Eigenkapitalposten des Mutterunternehmens** auch zu übernehmen sind. Die Aufrechnungen aus der Kapital-, Schuldensowie Aufwands- und Ertragskonsolidierung berühren das Vollständigkeitsgebot nicht.[7]

2. Ergänzung um Ansatzgebote und -rechte. Das Vollständigkeitsgebot erfasst **16** auch solche Vorgänge aus den Rechenwerken der Tochtergesellschaften, die dort nicht bilanziert wurden, aber nach dem Recht des **Mutterunternehmens ansatzpflichtig** oder **ansatzfähig** sind.[8] In manchen Ländern gelten zB strengere Maßstäbe für die Bildung von

---

5   Zur Frage der Aktivierbarkeit bei konzerninternem Erwerb: Löcke BB 1998, 415 (419).
6   Ordelheide WPg 1985, 511.
7   Busse v. Colbe/Ordelheide/Gebhardt/Pellens Konzernabschlüsse 3. Kap. II. 1.
8   Beck HdR/Pöller C 300 Rn. 22–33.

Rückstellungen als nach dem HGB, etwa hinsichtlich der Eintrittswahrscheinlichkeit für die Erfüllung ungewisser Verbindlichkeiten oder das Verbot von Aufwandsrückstellungen. Bei einer Passivierungspflicht nach § 249 müssen nach dem Vollständigkeitsgrundsatz des Abs. 2 als **Ergänzung** zur Übernahme von Bilanzposten im Konzernabschluss zusätzlich Rückstellungen angesetzt werden. Restrukturierungsrückstellungen, die nach altem Recht im Rahmen der Erstkonsolidierung zulässig waren, dürfen nach Streichung von § 249 Abs. 2 aF nicht mehr gebildet werden. Auch andere Aufwandsrückstellungen, die in zu konsolidierenden Jahresabschlüssen enthalten sind, müssen eliminiert werden.

III. Ausübung von Ansatzwahlrechten (Abs. 2 S. 2)

17   **1. Grundsatz.** Nach § 331 Abs. 1 AktG aF galt für den Ansatz der Bilanzposten im Konzernabschluss der Grundsatz der Maßgeblichkeit der Einzelabschlüsse für den Konzernabschluss. Dieser Grundsatz ist mit der Umsetzung der 4. EG-Richtlinie (RL 78/660/EWG) und der 7. EG-Richtlinie (RL 1983/349/EWG) zu Gunsten des **Rechtes des Mutterunternehmens** für den Konzernabschluss aufgegeben worden. Soweit für das Mutterunternehmen Ansatzwahlrechte zB nach § 250 (Disagio) oder § 274 (aktive latente Steuern) bestehen,[9] gelten sie einerseits für die **Ergänzung** des Konzernabschlusses um Bilanzposten, die in den Einzelbilanzen des Mutterunternehmens und von Tochterunternehmen nicht angesetzt wurden, obgleich sie dem Grunde nach hätten angesetzt werden können, und andererseits für den **Wegfall** von Bilanzposten aus den Einzelbilanzen, obgleich sie von ihnen in die Konzernbilanz hätten übernommen werden dürfen.

18   **2. Differenzierte Ausübung.** Während § 308 Abs. 1 S. 1 ausdrücklich fordert, die in den Konzernabschluss übernommenen Vermögensgegenstände und Schulden „einheitlich zu bewerten", gibt es zwar eine entsprechende explizite Vorschrift für die Bilanzansätze nicht. Doch ist aus dem Einheitsgrundsatz für den Konzernabschluss gem. § 297 Abs. 2 S. 1 eine Verpflichtung zur **einheitlichen Ausübung von Ansatzwahlrechten** im Konzern abzuleiten, seitdem durch das BilMoG der Stetigkeitsgrundsatz durch Einfügung des Abs. 3 in § 246 auf die angewandten Ansatzmethoden ausgedehnt worden ist.[10] Gem. § 298 Abs. 1 gilt die Vorschrift auch für den Konzernabschluss. Zwar wird in § 246 Abs. 3 nur die zeitliche Stetigkeit kodifiziert, doch gilt der Stetigkeitsgrundsatz nach hM auch für die stetige Anwendung auf gleichartige Vorgänge in einem Zeitpunkt (sachliche Stetigkeit; → § 297 Rn. 70).[11] Mitunter wird die Gleichartigkeit auf die Aktivierung/Nichtaktivierung von Entwicklungskosten und latente Steuern beschränkt, während das Ansatzwahlrecht für Disagien unterschiedlich ausgeübt werden könne.[12]

19   Die Ausdehnung des Stetigkeitsgebotes auf die Ansatzwahlrechte verhindert eine **Bilanzpolitik,** die nach altem Recht und bisher hM eine nur an **bilanzpolitischen Erwägungen** ausgerichtete Ausübung von Ansatzwahlrechten insbesondere für **gleichartige, häufig wiederkehrende** Vorgänge, zB für den Ansatz von Disagien bei Aufnahme von Anleihen, oder von aktiven latenten Steuern im Einzel- wie im Konzernabschluss erlaubte, obgleich sie gegen das **Willkürverbot,** einen bislang zwar ungeschriebenen, aber kaum bestrittenen, zu beachtenden Grundsatz ordnungsmäßiger Buchführung (GoB), verstieß. Die **Generalklausel,** nach der gem. § 297 Abs. 2 S. 2 unter Beachtung der GoB ein ihnen entsprechendes Bild des Konzerns zu vermitteln ist, war tangiert, wenn der Wechsel zwischen Ansatzwahlrechten zur Verschleierung der wirtschaftlichen Lage des Konzerns missbraucht würde.[13] Die geltende Rechtslage entspricht dem allgemeinen **Grundsatz in IFRS 10.19,** wonach einheitliche Rechnungslegungsgrundsätze auf gleichartige Transaktionen und andere Ereignisse bei ähnlichen Umständen anzuwenden sind.

---

[9]   Übersicht bei HdK/Trützschler Rn. 33, 34.
[10]   Str. BeBiKo/Störk/Kliem/Walkenbach Rn. 50.
[11]   So iErg auch Gelhausen/Fey/Kämpfer Q Rn. 184.
[12]   Petersen/Zwirner/Busch DB 2011, 1708 f.
[13]   Busse v. Colbe/Ordelheide/Gebhardt/Pellens Konzernabschlüsse 3. Kap. II. 5; ähnlich BeBiKo/Störk/Kliem/Walkenbach Rn. 51; krit. Kölner Komm RechnungslegungsR/Claussen/Scherrer Rn. 35.

IV. Besondere Ansätze für Kreditinstitute und Versicherungsunternehmen (Abs. 2 S. 3)

Abs. 2 S. 3 wurde 1994 durch das VersBiRiLiG[14] angefügt. Er räumt Mutterunterneh- 20 men eines **Industrie- oder Handelskonzerns**, zB mancher Automobilkonzerne, zu dem als Tochterunternehmen ausnahmsweise auch ein Kreditinstitut oder Versicherungsunternehmen gehört, das **Wahlrecht** ein, **geschäftszweigspezifische Sonderposten** aus der Einzelbilanz von Tochterunternehmen in den Konzernabschluss zu übernehmen. Das kann zB für den Fonds für allgemeine Bankrisiken (§ 340g) und Schwankungsrückstellungen bei Versicherungsunternehmen (§ 341k) zutreffen.[15] Solche Sonderposten gehören nicht zum Recht des Mutterunternehmens. Als Alternative zur Beibehaltung der Sonderposten kommt ihre Umgliederung in die sonstigen Rückstellungen, bei Überdotierung mit einem Teil in die Gewinnrücklagen, in Betracht. Eine erfolgswirksame Auflösung der Sonderposten verstieße gegen das Vollständigkeitsgebot, da ein Bilanzierungsverbot für sie nicht besteht. Ihr gesonderter Ausweis würde allerdings, falls wesentlich, der in § 297 Abs. 2 S. 1 geforderten Klarheit und Übersichtlichkeit eher entsprechen als ihre Umgliederung. Gleichwohl betrachtet der Gesetzgeber die Übernahme der Sonderposten als **Ausnahme** und fordert daher einen Hinweis, allerdings keine Begründung, im **Konzernanhang**. Zusätzliche Vorschriften über Konzernabschlüsse von Kreditinstituten und Versicherungsunternehmen enthalten die §§ 340i und 340j sowie §§ 341i und 341j. Für sie gilt Abs. 2 S. 3 nicht.

§ 301 Kapitalkonsolidierung

(1) [1]**Der Wertansatz der dem Mutterunternehmen gehörenden Anteile an einem in den Konzernabschluß einbezogenen Tochterunternehmen wird mit dem auf diese Anteile entfallenden Betrag des Eigenkapitals des Tochterunternehmens verrechnet.** [2]**Das Eigenkapital ist mit dem Betrag anzusetzen, der dem Zeitwert der in den Konzernabschluss aufzunehmenden Vermögensgegenstände, Schulden, Rechnungsabgrenzungsposten und Sonderposten entspricht, der diesen an dem für die Verrechnung nach Absatz 2 maßgeblichen Zeitpunkt beizulegen ist.** [3]**Rückstellungen sind nach § 253 Abs. 1 Satz 2 und 3, Abs. 2 und latente Steuern nach § 274 Abs. 2 zu bewerten.**

(2) [1]**Die Verrechnung nach Absatz 1 ist auf Grundlage der Wertansätze zu dem Zeitpunkt durchzuführen, zu dem das Unternehmen Tochterunternehmen geworden ist.** [2]**Können die Wertansätze zu diesem Zeitpunkt nicht endgültig ermittelt werden, sind sie innerhalb der darauf folgenden zwölf Monate anzupassen.** [3]**Stellt ein Mutterunternehmen erstmalig einen Konzernabschluss auf, sind die Wertansätze zum Zeitpunkt der Einbeziehung des Tochterunternehmens in den Konzernabschluss zugrunde zu legen, soweit das Tochterunternehmen nicht in dem Jahr Tochterunternehmen geworden ist, für das der Konzernabschluss aufgestellt wird.** [4]**Das Gleiche gilt für die erstmalige Einbeziehung eines Tochterunternehmens, auf die bisher gemäß § 296 verzichtet wurde.** [5]**In Ausnahmefällen dürfen die Wertansätze nach Satz 1 auch in den Fällen der Sätze 3 und 4 zugrunde gelegt werden; dies ist im Konzernanhang anzugeben und zu begründen.**

(3) [1]**Ein nach der Verrechnung verbleibender Unterschiedsbetrag ist in der Konzernbilanz, wenn er auf der Aktivseite entsteht, als Geschäfts- oder Firmenwert und, wenn er auf der Passivseite entsteht, unter dem Posten „Unterschiedsbetrag aus der Kapitalkonsolidierung" nach dem Eigenkapital auszuweisen.** [2]**Der Posten**

---

14 Gesetz zur Durchführung der Richtlinie des Rates der Europäischen Gemeinschaften über den Jahresabschluß und den konsolidierten Abschluß von Versicherungsunternehmen (Versicherungsbilanzrichtlinie-Gesetz – VersRiLiG) v. 24.6.1994, BGBl. 1994 I 1377.

15 Im Einzelnen ADS Rn. 22, 23; BeBiKo/Störk/Kliem/Walkenbach Rn. 52 f.

und wesentliche Änderungen gegenüber dem Vorjahr sind im Konzernanhang zu erläutern.

(4) Anteile an dem Mutterunternehmen, die einem in den Konzernabschluss einbezogenen Tochterunternehmen gehören, sind in der Konzernbilanz als eigene Anteile des Mutterunternehmens mit ihrem Nennwert oder, falls ein solcher nicht vorhanden ist, mit ihrem rechnerischen Wert, in der Vorspalte offen von dem Posten „Gezeichnetes Kapital" abzusetzen.

Schrifttum: Baetge, Änderung bestehender Beteiligungsverhältnisse im Konzernabschluss, FS Moxter, 1994, 531; Baetge, Kapitalkonsolidierung nach der Erwerbsmethode im mehrstufigen Konzern, FS Budde, 1995, 19; Baetge/Herrmann, Probleme der Endkonsolidierung im Konzernabschluss, WPg 1995, 225; Brücks/Richter, Business Combinations (Phase II), KoR 2005, 407; Busse v. Colbe, Kapitalkonsolidierung, Erwerbsmethode, HWRev. 2. Aufl. 1992, Sp. 970–982; Busse v. Colbe, Gefährdung des Kongruenzprinzips durch erfolgsneutrale Verrechnung von Aufwendungen im Konzernabschluss, FS Forster, 1992, 125; Busse v. Colbe, Internationale Entwicklungen zur Einheitstheorie für den Konzernabschluss, FS Scherrer, 2004, 41; Busse v. Colbe, Anpassung der Konzernrechnungslegungsvorschriften des HGB an internationale Entwicklungen, BB 2004, 2063; Busse v. Colbe/Falkenhahn, Neuere Entwicklung der Methoden der Kapitalkonsolidierung, FS Graßhoff, 2005, 3; Elkardt/Hundt/Müller, Probleme der Entkonsolidierung, FS Luik, 1991, 53; Ewelt-Knauer/Knauer/Pex, Ausgestaltung und Einsatzbereiche von Earn-Outs in Unternehmenskaufverträgen, ZfbF 2011, 371; Ewert/Schenk, Offene Probleme der Kapitalkonsolidierung im mehrstufigen Konzern, BB-Beilage 14/1993; Falkenhahn, Änderung der Beteiligungsstruktur an Tochterunternehmen im Konzernabschluss, 2006; Fass, Indirekte Beteiligungsverhältnisse bei der Kapitalkonsolidierung, BB 1989, 1161; Focken/Lenz, Spielräume der Kapitalkonsolidierung nach der Erwerbsmethode bei Beteiligungserwerb durch Anteilstausch, DB 2000, 2437; Förschle/Hoffmann, Latente Steuern nach IAS 12 unter Berücksichtigung des deutschen Körperschaftsteuersystems, DB 1998, 2125; Griesar, Prinzipien zur Abbildung einer Verschmelzung im Konzernabschluss, WPg 1997, 768; Haaker, Die Zuordnung des Goodwill auf Cash-Generatin Units zum Zweck des Impairment-Tests nach IFRS, KoR 2005, 426; Haller/Reinke, Immaterielle Werte im Rahmen der Purchase Price Allocation bei Unternehmenszusammenschlüssen nach IFRS, ZfbF, SH 60, 2009; Hammann/von der Gathen, Bilanzierung des Markenwertes und kapitalmarktorientierte Markenbewertungsverfahren, Markenartikel 1994, 204; Hayn, Konsolidierungstechnik bei Erwerb und Veräußerung von Anteilen, 1999; Hendler, Abbildung des Erwerbs und der Veräußerung von Anteilen an Tochterunternehmen nach der Interessentheorie und der Einheitstheorie, 2002; IDW, ERS HFA 2, Einzelfragen zur Anwendung von IAS, FN–IDW 1998, 508; IDW, IDW S 5 Grundsätze zur Bewertung immaterieller Vermögenswerte, FN-IDW 2010, 356; Kahling, Bilanzierung bei konzerninternen Verschmelzungen, 1999; Klaholz/Stibi, Sukzessiver Anteilserwerb nach altem und neuem Handelsrecht, KoR 2009, 297; Klaholz/Stibi, Erstmalige Aufstellung eines handelsrechtlichen Konzernabschlusses nach neuem Recht: Kann es der Vereinfachungen auch zu viel sein?, BB 2011, 2923; Königsmaier, Währungsumrechnung im Konzern, 2004; KPMG Deutsche Treuhand-Gesellschaft, IFRS Aktuell, 2004; Kühn, Ausgestaltungsformen der Erwerbsmethode, 2004; Küting, Aktuelle Fragen der Kapitalkonsolidierung, DStR 1995, 229; Küting, Die Kapitalkonsolidierung nach HGB im Vergleich zu IAS und US-GAAP-Normen, FS Weber, 1999, 359; Küting, Implikationen von IAS 36 (rev. 2004) auf die Firmenwertberücksichtigung bei teilweiser Endkonsolidierung ohne Wechsel der Konsolidierungsmethode, KoR 2005, 415; Küting/Elprana/Wirth, Sukzessive Beteiligungserwerbe in der Konzernrechnungslegung nach IAS 22/ED 3 und dem Business Combinations Project (Phase II), KoR 2003, 477; Küting/Weber/Wirth, Bilanzierung von Anteilsverkäufen an bislang vollkonsolidierten Tochterunternehmen, DStR 2004, 876; Küting/Wirth, Internationale Konzernrechnungslegung: Anschaffungskosten von Beteiligungen an voll zu konsolidierenden Unternehmen, DB 2001, 1190; P. Küting, Ein Plädoyer für die Passivierung latenter Steuern auf den Geschäfts- oder Firmenwert nach HGB und IFRS, BB 2009, 2053; Lanfermann, Kapitalkonsolidierung beim Übergang auf die neuen Konzernrechnungslegungsvorschriften des HGB, Bilanz- und Konzernrecht, FS Goerdeler, 1987, 279; Loitz, DRS 18 – Bilanzierung latenter Steuern nach dem BilMoG, DB 2010, 2177; Lüdenbach/Hoffmann, Beziehungen zum erworbenen Unternehmen (preexisting relationship) bei der Erstkonsolidierung nach IFRS 3, BB 2005, 651; Lüdenbach/Prusacyzk, Bilanzierung von Kundenbeziehungen in der Abgrenzung zu Marken und Goodwill, KoR 2004, 204; Lüdenbach/Prusacyzk, Bilanzierung von „In-Process Research and Development" beim Unternehmenserwerb nach IFRS und US-GAAP, KoR 2004, 415; Meiisel/Pejic, Goodwill durch Sanierungsrückstellung? – Beurteilung nach HGB, US-GAAP und IAS, WPg 2000, 1055; Müller/Reinke, Erwerb von eigenen Anteilen im Konzernabschluss unter Berücksichtigung von DRS 22, StuB 2019, 198; Müller/Reinke, Veräußerung von eigenen Anteilen im Konzernabschluss unter Berücksichtigung von DRS 22, StuB 2019, 432; Mujkanovic/Hehn, Währungsumrechnung im Konzern nach International Accounting Standards, WPg 1996, 605; Ordelheide, Kapitalkonsolidierung nach der Erwerbsmethode, WPg 1984, 237; Ordelheide, Endkonsolidierung bei Ausscheiden eines Unternehmens aus dem Konsolidierungskreis, BB 1986, 766; Ordelheide, Kapitalkonsolidierung und Konzernerfolg, WPg 1987, 309; Oser, Pflicht zur (Neu-)Bildung der Rücklage für eigene Aktien im Konzernabschluss?, DB 1999, 1125; Oser, Latente Steuern bei der Kapitalkonsolidierung nach dem BilMoG: Ansatz und Bewertung von inside und outside differences, Zeitschrift für Bilanzierung, Rechnungswesen und Controlling (BC) 2010, 207; Oser/Mojadadr/Wirth, Kapitalkonsolidierung von Fremdwährungsabschlüssen, KoR 2008, 575; Pawelzik, Die Konsolidierung von Minderheiten nach IAS/IFRS der Phase II („business combinations"), WPg 2004, 677; Pawelzik, Die Bilanzierung von Interessenzusammenschlüssen im Konzernabschluss nach BilMoG und IFRS, BB 2010, 2569; Pellens/Basche/Sellhorn, Full Goodwill Method, KoR 2003, 1; Pellens/Bonse/Schremper, Auswirkungen gespaltener Körperschaftsteuersätze im Konzernabschluss nach HGB, IAS und US-GAAP, WPg 1998, 899; Petersen/Zwirner/Busch, Umstellung auf das neue deutsche Bilanzrecht – Fallstudie zur Konzernrechnungslegung nach BilMoG, DB Beilage 6/2010; Pollmann, Kettenkonsolidierung: Anwendungsfall zur Kapitalkonsolidierung im mehrstufigen Konzern, BC 2017, 225; Preißer/Bressler, Bilanzierungsfragen bei negativem Geschäftswert im Falle des Share Deal, BB 2011, 427; Psarski, Restrukturierungen im Einzel- und Konzernabschluss, 2004; Roß, Anteil am Nennkapital und Kapitalisierungsquote, BB 2000, 1395; Schindler, Kapitalkonsolidierung nach dem Bilanzrichtlinien-Gesetz, 1986; Scholz, Mehrstufige Kapitalkonsolidierung im Konzernabschluss einer Komplementär-GmbH, StuB 2019, 595; Scholz, Ansatz latenter Steuern auf Verlustvorträge im Konzernabschluss, StuB 2019, 676; Schulze-Osterloh, Passiver Ausgleichsposten beim Erwerb von Anteilen an einer Kapitalgesellschaft gegen Zuzahlung des Verkäufers, BB 2006, 1955; Theile/Pawelzik, Erfolgswirksamkeit des Anschaffungsvorganges nach ED 3 beim Unternehmenserwerb im Konzern, WPg 2003, 316; Weber, Zum Begriff der Anteile in § 301 HGB, BB 1990, 169; Weiser, Earnaut-Unternehmenserwerbe im Konzernabschluss nach US-GAAP, IFRS und HGB/DRS, WPg 2005, 269; Wirth, Firmenwertbilanzierung nach IFRS, 2005; Wohlgemuth/Ruhnke, Varianten der Erwerbsmethode nach HGB und International Accounting Standards, WPg 1997, 802; Wolz, Latente Steuern nach BilMoG: Analyse der konzeptionellen Neuregelung im Einzel- und Konzernabschluss, DB 2010, 2625; v. Wysocki, Einflüsse der Körperschaftsteuerreform 1977 auf die aktienrechtliche Rechnungslegung, DB 1977, 1909–1913, 1961–1964; Zündorf, Der Anlagespiegel im Konzernabschluss, 1990.

Übersicht

I. Zweck und Grundlagen

1   **1. Zweck.** Die Konsolidierung der Bilanzen der in den Konzernabschluss einbezogenen Unternehmen wird durch die zeilenweise Addition der gleichartigen Bilanzposten zur **Summenbilanz** und der anschließenden **Aufrechnung** der konzerninternen Verflechtungen der Eigenkapitalposten sowie Forderungen und Verbindlichkeiten vollzogen. In IFRS 10.B86 ist das im Einzelnen geregelt. Die Kapitalkonsolidierung besteht in der Aufrechnung des Buchwertes der dem Mutterunternehmen gehörenden Anteile gegen den ihm zuzurechnenden Anteil am Eigenkapital der Tochterunternehmen und dem getrennten Ausweis der anderen Gesellschafter zuzurechnenden Anteile (Minderheitenanteile). Die Kapitalkonsolidierung ist der erste, wichtigste und auch schwierigste Schritt der Konsolidierung der Einzelabschlüsse, der getan werden muss, um aus ihnen einen Konzernabschluss abzuleiten, der iSv § 297 Abs. 3 S. 1 die **Vermögens-, Finanz- und Ertragslage des Konzerns** in äquivalenter Weise **so abbildet, wie der Einzelabschluss** die eines einzigen Unternehmens. Mit § 301 wurde Art. 19 RL 1983/349/EWG (7. EG-Richtlinie, heute

Art. 24 Abs. 3 Bilanz-RL) in deutsches Recht umgesetzt. Die erstmalige Einbeziehung eines Unternehmens in den Konzernabschluss wird in IFRS 3 „Business Combinations" im Einzelnen geregelt.

2. Vermeidung von Mehrfacherfassungen. Mit der Kapitalkonsolidierung wird die 2 mehrfache Erfassung des Nettovermögens der einbezogenen Tochterunternehmen im Konzernabschluss vermieden. Das **Reinvermögen** eines Tochterunternehmens wird zum einen durch seine **Vermögensgegenstände und Schulden** erfasst, die in die Summenbilanz eingegangen sind. Die Summenbilanz enthält zum anderen auch die **Beteiligung des Mutterunternehmens** an diesem Tochterunternehmen. Da der Wert der Beteiligung – wenn auch nicht ausschließlich, so aber doch wesentlich – auf dem Wert der Vermögensgegenstände und Schulden des Tochterunternehmens beruht, wird das Reinvermögen des Tochterunternehmens in der **Summenbilanz** insoweit doppelt berücksichtigt. Damit korrespondiert eine Doppelrechnung des Eigenkapitals von Mutter- und Tochterunternehmen. Ist das Mutterunternehmen selbst wieder Tochterunternehmen, wird das ursprüngliche Tochterunternehmen bereits dreifach berücksichtigt. Eine zutreffende **Darstellung der Vermögens-, Finanz- und Ertragslage des Konzerns als Einheit** erfordert, dass Mehrfacherfassungen aufgrund konzerninterner Verflechtungen beseitigt werden. Bei rechtlicher Einheit der einbezogenen Unternehmen ergäbe sich keine Mehrfacherfassung. Ihr Einfluss auf den summierten Abschluss ist daher bei der Ableitung des Konzernabschlusses zu eliminieren, denn der Konzernabschluss soll nach dem **Konsolidierungsgrundsatz der Fiktion der rechtlichen Einheit** dem Abschluss eines rechtlich einheitlichen Unternehmens entsprechen (§ 297 Abs. 3; IFRS 10.19 und IFRS 10.B86).[1]

3. Einzelerwerbsfiktion. Für die Kapitalkonsolidierung nach § 301 wird die **Erwei-** 3 **terung des Konzerns** um ein Konzernunternehmen bzw. einen Teilkonzern vermögens- und erfolgsrechnerisch wie der **Erwerb eines Investitionsgutes** behandelt – deshalb auch der Name **Erwerbsmethode** (DRS 23). Ein Investitionsgut geht mit einem Wert in Höhe seiner Anschaffungskosten in die Vermögensrechnung ein. Die Periodenerfolge, zu denen das Investitionsgut beiträgt, werden dann im Verlauf seiner geplanten Nutzungsdauer durch Aufwandsverrechnungen um die Anschaffungskosten gemindert. So wird auch bei der Erwerbsmethode verfahren: Dem Investitionsgut entsprechen beim Zusammenschluss von Unternehmen der **Erwerb der einzelnen Vermögensgegenstände und Schulden des Tochterunternehmens** im Erwerbszeitpunkt der Beteiligung.[2]

Die **Erwerbsmethode** ist das **einzige international anerkannte Verfahren** der 4 Kapitalkonsolidierung (so auch Art. 24 Abs. 3 Bilanz-RL und IFRS 3.4). In Art. 20 RL 1983/349/EWG (7. EG-Richtlinie) war als nationales Wahlrecht für bestimmte Fälle von Unternehmenszusammenschlüssen alternativ die Methode der Interessenzusammenführung zugelassen worden, bei der Vermögen und Schulden der zusammengeschlossenen Unternehmen zu Buchwerten in die Konzernbilanz eingehen. Von diesem Wahlrecht hatte der deutsche Gesetzgeber in § 302 aF Gebrauch gemacht. Sie wurde aber kaum angewendet. Die Methode ist seit der HGB-Novelle nach Streichung von § 302 durch das BilMoG nicht mehr zulässig. Gleichwohl kommt in manchen Fällen ein entsprechendes Verfahren in Betracht, wenn zB Mehrheitsbeteiligungen, die sich in Privatbesitz verschiedener Personen befinden, in eine Holding eingebracht werden, sei es zu Buch- oder Tageswerten.[3] Die als pooling of interests bezeichnete Methode der Interessenzusammenführung war auch bis zum Inkrafttreten von IFRS 3 zulässig. Seitdem gilt gem. IFRS 3.4 ausschließlich die **acquisition method**. DRS 23 bezieht sich auch nur auf diese Methode. Bei der Kapitalkonsolidierung nach § 301 wird so verfahren, **als ob ein asset deal** vorläge, obgleich es rechtstatsächlich ein share deal war.

---

[1] Busse v. Colbe/Ordelheide/Gebhardt/Pellens Konzernabschlüsse 1. Kap. V.
[2] Ordelheide WPg 1984, 238 f.; Kühn, Ausgestaltungsformen der Erwerbsmethode, 2004, S. 21 ff.
[3] Pawelzik BB 2010, 2569 ff.

5   **4. Periodisierungsunterschiede.** Die Konzernperiodenerfolge werden im Verlauf
der Zugehörigkeit des Tochterunternehmens zum Konzern um Beträge reduziert, die in
ihrer Gesamtheit den Anschaffungskosten der Beteiligung an dem Tochterunternehmen
genau gleichen. Jedoch unterscheidet sich die Periodisierung der Anschaffungskosten der
Beteiligung in einem Konzernabschluss nach der Erwerbsmethode von der im Einzelabschluss des Mutterunternehmens. Im Einzelabschluss werden sie nach den Regeln der Beteiligungsbewertung verrechnet. Im Konzernabschluss bewirkt die Kapitalkonsolidierung nach
der Erwerbsmethode hingegen eine Periodisierung nach Maßgabe der Bewertungsregeln
für die im Erstkonsolidierungszeitpunkt vorhandenen und neubewerteten Vermögensgegenstände und Schulden des Tochterunternehmens und eines in den Anschaffungskosten mitbe-
zahlten Geschäftswertes.[4]

6   **5. Neubewertungsmethode.** Der Gesetzgeber hatte in Wahrnehmung des Wahlrechtes
in Art. 19 Abs. 1 RL 1983/349/EWG (7. EG-Richtlinie) mit § 301 aF die Buchwert- und
die Neubewertungsmethode zugelassen. Vorherrschend war in Deutschland die **Buchwertmethode.** Nach dieser Methode gelten die den Vermögensgegenständen und Schulden des
erworbenen Unternehmens beizulegenden Zeitwerte nur für den auf das **Mutterunternehmen entfallenden Anteil.** Der restliche, fiktiv den Minderheiten zuzurechnende Teil der
Vermögensgegenstände und Schulden wird zu den ggf. gem. § 308 angepassten Buchwerten
in die Konzernbilanz übernommen. Daher wird sie auch als **proportionale Neubewertungsmethode** bezeichnet. Die Buchwertmethode galt nach IAS 22.32 als benchmark treat-
ment und als bevorzugte Methode. Das hat sich mit IFRS 3 grundlegend geändert.

7   In Anlehnung an IFRS 3.10 wurde mit dem BilMoG die **Neubewertungsmethode**
als einzig zulässige Methode der Kapitalkonsolidierung kodifiziert. Danach gilt die Bewertung zu **Zeitwerten für Vermögen und Schulden insgesamt,** also auch für die auf die
anderen Gesellschafter entfallenden Anteile. Die Regelung gilt gem. Art. 66 Abs. 3 S. 4
EGHGB für **Erwerbsvorgänge** in Geschäftsjahren, die **nach dem 31.12.2009** beginnen.
Eine Umstellung der vorher nach der Buchwertmethode konsolidierten „Alttochterunter-
nehmen" auf die Neubewertungsmethode ist nicht erforderlich (Art. 66 Abs. 5 EGHGB).
Gem. **IFRS 3.10** ist sie die allein zulässige Methode.

8   Der **DSR** hatte die Neubewertungsmethode bereits 2000 zur einzigen den GoB entsprechenden Methode erklärt (DRS 4.23 aF) und eine entsprechende Änderung von § 301
Abs. 1 aF in seinen Vorschlägen vom 3.5.2005 zum BilMoG (→ Vor § 290 Rn. 19) empfohlen. Die **Neubewertungsmethode entspricht** dem **Einheitsgrundsatz besser** als die
Buchwertmethode insofern, als die Minderheitsgesellschafter bei der Kapitalkonsolidierung
hinsichtlich der Bewertung von Vermögen und Schulden so wie die Mehrheitsbeteiligten
behandelt werden. In der Neubewertungsbilanz sind alle Vermögensgegenstände, Schulden,
Rechnungsabgrenzungsposten und Sonderposten, mit Ausnahme der Rückstellungen und
der latenten Steuern, mit dem beizulegenden Zeitwert zum jeweils maßgeblichen Erstkonsolidierungszeitpunkt zu bewerten (DRS 23.62).

9   **6. Wertansatz bei der Erstkonsolidierung.** Die Vermögensgegenstände und Schulden des zum Konzern hinzutretenden Tochterunternehmens werden im Erwerbszeitpunkt
mit ihren **Marktpreisen** bzw. **beizulegenden Zeitwerten,** entsprechend nach IFRS 3.18
mit ihren **Fair Values,** bewertet. Übersteigt der Anschaffungswert der Beteiligung das so
bewertete anteilige Reinvermögen des Tochterunternehmens, ist der Überschuss gem.
Abs. 3 als **Geschäftswert (Goodwill),** unterschreitet er es, als negativer **Unterschiedsbetrag aus der Konsolidierung** auf der Passivseite der Konzernbilanz auszuweisen. Sofern
der Erwerb der Anteile durch Hingabe von Sachwerten erfolgt (Tausch), wird der Ansatz
zum beizulegenden Zeitwert der hingegebenen Vermögensgegenstände, jedoch höchstens
zum beizulegenden Zeitwert der erlangten Anteile, als Anschaffungskosten für Zwecke der
Kapitalkonsolidierung empfohlen (DRS 23.26). Wird ein negativer Kaufpreis gezahlt, dh
übersteigt eine vom Verkäufer der Anteile an deren Erwerber geleistete Zahlung den von

---

[4]   Busse v. Colbe/Ordelheide/Gebhardt/Pellens Konzernabschlüsse 5. Kap. II. 1.

diesem gezahlten, oft symbolischen Kaufpreis, bspw. aufgrund eines Restrukturierungs-
oder Sanierungsstaus im Erwerbszeitpunkt, ist diese Zahlung im handelsrechtlichen Jahres-
schluss des erwerbenden Mutterunternehmens nach DRS 23.28 regelmäßig in einen passiven Sonderposten einzustellen. Der Sonderposten ist nicht als solcher in den Konzernabschluss zu übernehmen, sondern wie zusätzliches Eigenkapital des zu konsolidierenden
Tochterunternehmens in die Kapitalverrechnung einzubeziehen.

7. Wertansatz bei der Folgekonsolidierung. Während der weiteren Zugehörigkeit **10**
des erworbenen Unternehmens zum Konzern werden die bei der Erstkonsolidierung angesetzten Werte seiner Vermögensgegenstände und Schulden nach **konzerneinheitlichen
Methoden** (§ 308) unter Beachtung des Niederstwertprinzips ihrem Ver- oder Gebrauch,
ihrem teilweisen Verkauf oder ihrer Tilgung entsprechend **fortgeschrieben** (DRS 23.99).
Die bei der Erstkonsolidierung gewählte Bewertungsmethode ist beizubehalten (**zeitliche
Stetigkeit**). Eine neuerliche Bewertung wie bei der Erstkonsolidierung findet im Rahmen
der Folgekonsolidierung also nicht statt. Geschäftswerte (Goodwill) und passivische Unterschiedsbeträge sind gem. § 309 zu behandeln. Nur für sie ist die Folgekonsolidierung gesetzlich geregelt. Stille Reserven, die in der Neubewertungsbilanz dem nicht abnutzbaren Anlagevermögen zugeordnet wurden, sind bis zum Verkauf oder der vollständigen Abschreibung
des betreffenden Vermögensgegenstands bzw. dem Ausscheiden des Tochterunternehmens
aus dem Konsolidierungskreis fortzuführen.

8. Wertansatz bei der Entkonsolidierung. Scheidet ein Tochterunternehmen durch **11**
Verkauf aller oder der Stimmenmehrheit der Anteile aus dem Vollkonsolidierungskreis aus,
so sind die Vermögensgegenstände, Schulden, Aktivierungshilfen, Aufwandsrückstellungen,
Sonderposten und Rechnungsabgrenzungsposten des Tochterunternehmens analog zur Einzelerwerbsfiktion mit den Werten vor seinem Ausscheiden, wie sie aus Konzernsicht zum
Abgangszeitpunkt buchmäßig erfasst waren, auszubuchen (**Fiktion des Einzelabgangs**).
Diese Werte können sich von den Werten in der Bilanz des Tochterunternehmens zB wegen
restlicher Zurechnungsbeträge aus der Erstkonsolidierung oder differierender Bewertungsmethoden im Einzel- und Konzernabschluss unterscheiden. Als Entkonsolidierung werden
mithin jene rechnerischen Schritte bezeichnet, die erforderlich sind, um das Ausscheiden
eines Unternehmens aus dem Konsolidierungskreis im Grundsatz so abzubilden, als ob
der Konzern iSv § 297 Abs. 3 S. 1 ein einziges Unternehmen wäre. Das Verfahren der
Entkonsolidierung ist aber weder in der Bilanz-RL noch im HGB, jedoch in DRS 23.179 ff.
und in IFRS 10.B98 geregelt. Zur ordnungsgemäßen Abbildung der Fortschreibung wird
die Aufstellung eines Zwischenabschlusses zum Zeitpunkt der Beendigung der Möglichkeit
des beherrschenden Einflusses empfohlen.

**II. Abgrenzung der zu konsolidierenden Anteile im Besitz
des Mutterunternehmens (Abs. 1 S. 1)**

1. Eigenkapitalformen. Im Rahmen der Konsolidierung ist der Wertansatz der dem **12**
Mutterunternehmen gehörenden Anteile an einem in den Konzernabschluss einbezogenen
Tochterunternehmen mit dem auf diese Anteile entfallenden Betrag des Eigenkapitals des
Tochterunternehmens zu verrechnen. Die zu konsolidierenden Anteile sind **Beteiligungen**
des Mutterunternehmens am Eigenkapital des Tochterunternehmens. Anteile zeichnen sich
dadurch aus, dass sie Mitgliedsrechte beinhalten, die wiederum durch die Vermögensrechte
(zB Teilnahme am Gewinn und Verlust, Beteiligung am Liquidationserlös) und Verwaltungs-
und Informationsrechte (Einfluss auf die bzw. Überwachung der Geschäftsführung; Einsichtsrechte) gekennzeichnet sind. Die Anteile umfassen
– bei AG und KGaA alle Aktiengattungen iSv § 1 Abs. 2 AktG, Zwischenscheine iSd § 10
  Abs. 3 AktG, bei der KGaA Vermögenseinlagen der persönlich haftenden Gesellschafter,
– bei GmbH alle Geschäftsanteile iSv § 14 GmbHG,
– bei KG und OHG die Kapitalkonten des Gesellschafters.[5]

---

[5]   ADS Rn. 47 ff.

13   Während es bei der Abgrenzung des Konsolidierungskreises auf die Stimmrechtsanteile ankommt, sind für die Kapitalkonsolidierung die **Kapitalanteile maßgeblich.** Dies gilt, sofern das Unternehmen überhaupt konsolidiert wird, auch für Anteile, bei denen die Rechte des Mutterunternehmens beschränkt sind oder es sich einzelner Rechte, zB der Stimmrechte, begeben hat. Weicht die Beteiligungsquote des Mutterunternehmens an den laufenden Ergebnissen (Gewinne und Verluste) sowie am Liquidationsergebnis von seiner kapitalmäßigen Beteiligung am Tochterunternehmen ab, ist das zu konsolidierende Eigenkapital anhand der wirtschaftlichen Beteiligungsquote zu ermitteln (DRS 23.47). Bei Tochter-Zweckgesellschaften kann allerdings nicht bereits deshalb auf eine von den Kapitalanteilen abweichende Vermögens- und Ergebnisbeteiligung geschlossen werden, weil das Mutterunternehmen gem. § 290 Abs. 2 Nr. 4 bei wirtschaftlicher Betrachtung die Mehrheit der Risiken und Chancen aus der Geschäftstätigkeit trägt. Hält das Mutterunternehmen weder direkt noch indirekt Kapitalanteile an einem konsolidierungspflichtigen Tochterunternehmen (zB bei einer Zweckgesellschaft), ist keine Verrechnung vorzunehmen. Es erfolgt ein vollständiger Ausweis des sich ergebenden Reinvermögens des Tochterunternehmens unter dem Posten „nicht beherrschende Anteile" (DRS 23.20).

14   Bei **Zwischenformen der Finanzierung,** wie stillen Beteiligungen, ist zu prüfen, ob bei Würdigung aller Vertragselemente der Eigenkapital- oder der Darlehenscharakter überwiegt. Bei allen Rechtsformen ist die Teilhabe an Gewinn und Verlust einschließlich der Teilhabe am Liquidationserlös ein Kennzeichen des Eigenkapitals.[6]

15   Atypische stille Beteiligungen, partiarische Darlehen, kapitalersetzende Darlehen sowie Wandelschuldverschreibungen, Optionsrechte und Genussscheine sind, vorbehaltlich der Prüfung im Einzelfall, idR keine zu konsolidierenden Anteile.[7]

16   **2. Dem Mutterunternehmen zuzurechnende Anteile.** In der Kapitalkonsolidierung sind gem. § 300 Abs. 1 S. 2 und § 301 Abs. 1 S. 1 „dem Mutterunternehmen gehörende Anteile" einzubeziehen. Für die Kapitalkonsolidierung ist nicht geregelt, welche Anteile dem Mutterunternehmen gehören. § 290 Abs. 3 bestimmt allerdings, welche Anteile einem Unternehmen „zustehen". Ferner wird in § 16 Abs. 4 AktG geregelt, welche Anteile einem Unternehmen „gehören". Dem Mutterunternehmen gehören danach auch Anteile, die Tochterunternehmen gehören, sowie Anteile, die andere Personen für Rechnung des Mutterunternehmens oder von Tochterunternehmen halten. Wenn sich die Einbeziehungspflicht auch auf solche **indirekten** Anteile erstreckt, dann müssen solche Anteile grundsätzlich auch konsolidiert werden, es sei denn, dies erschiene mit den Zwecken des Konzernabschlusses nicht vereinbar.

17   **3. Anteile an Tochterunternehmen im Besitz nicht konsolidierter Tochterunternehmen.** Nach der Zuordnungsregel des § 290 Abs. 3 müssten auch Anteile im Besitz nicht konsolidierter Tochterunternehmen (T_1) an konsolidierten Tochterunternehmen (T_2) in die Kapitalkonsolidierung einbezogen werden.[8] Dieser Fall tritt zB ein, wenn ein Tochterunternehmen (T_1) wegen erheblicher und andauernder Beschränkung der Rechte des Mutterunternehmens (§ 296 Abs. 1), etwa durch einen ausländischen Staat, nicht konsolidiert wird, das andere Tochterunternehmen (T_2) diese Merkmale aber nicht aufweist. Die Anteile an T_2 können aber nicht konsolidiert werden, da sie nicht in der Summenbilanz enthalten sind. Sie müssten daher im Konzernabschluss unter dem Ausgleichsposten für Anteile anderer Gesellschafter ausgewiesen werden. Allerdings könnte dies zur Vermeidung von Fehlinformationen durch die Bezeichnung als **Ausgleichsposten für Anteile an nicht konsolidierten Tochterunternehmen** oder durch einen entsprechenden Hinweis im Anhang kenntlich gemacht werden.[9]

---

[6]   Busse v. Colbe/Ordelheide/Gebhardt/Pellens Konzernabschlüsse 5. Kap. IX. 1.
[7]   Weber BB 1990, 173.
[8]   So auch v. Wysocki/Wohlgemuth III. 1.b. 1.4.
[9]   Vgl. HdK/Dusemond/Weber/Zündorf Rn. 28.

Der Aussagewert des Konzernabschlusses würde jedoch demgegenüber deutlich verbessert, wenn eine **Sprungkonsolidierung** oder mittelbare Konsolidierung vorgenommen wird. Dann wird die Beteiligung an T_1 in Höhe des Buchwertes der Anteile von T_1 an T_2 aufgerechnet. Die Sprungkonsolidierung beruht auf der Überlegung, dass die Beteiligung von T_1 an T_2 durch die Beteiligung des Mutterunternehmens oder eines anderen einbezogenen Tochterunternehmens an dem nicht konsolidierten Tochterunternehmen (T_1) repräsentiert wird. Die Beteiligung an T_1 umfasst auch den Anteil von T_1 an dem konsolidierten Tochterunternehmen T_2, so dass bei Nicht-Konsolidierung die den Anteilen entsprechenden Vermögenswerte im Konzernabschluss doppelt ausgewiesen würden. Eine Verpflichtung zur Sprungkonsolidierung besteht allerdings nicht, weil Abs. 1 S. 1 nur verlangt, dass die Anteile des Mutterunternehmens an den einbezogenen Unternehmen konsolidiert werden müssen, während bei der Sprungkonsolidierung der Anteil an dem nicht einbezogenen Unternehmen T_1 gegen das Kapital von T_2 aufgerechnet würde. Dem Zweck des Konzernabschlusses entspricht eine Sprungkonsolidierung jedoch eher als die Nicht-Konsolidierung dieser Anteile.[10] DRS 23.17 hat sich gegen die Lösung entschieden: Danach sind Anteile, die von nicht konsolidierten Tochterunternehmen, von assoziierten Unternehmen oder im Wege der Equity-Methode abgebildeten Gemeinschaftsunternehmen gehalten werden, nicht zu berücksichtigen. Anteilmäßig zu berücksichtigen sind dagegen die Anteile an einzubeziehenden Tochterunternehmen, die von anteilmäßig einbezogenen Gemeinschaftsunternehmen gehalten werden.

4. Anteile an einbezogenen Tochterunternehmen im Besitz von Gemein- **19** **schafts- und assoziierten Unternehmen.** Anteile an einbezogenen Tochterunternehmen im Besitz von Gemeinschafts- und assoziierten Unternehmen gehören dem Mutterunternehmen nicht und stehen ihm gem. § 290 Abs. 3 und § 16 Abs. 3 AktG auch nicht zu. Eine Verpflichtung zur vollen Konsolidierung der Anteile besteht daher nicht. Für den Fall des Besitzes von assoziierten Unternehmen scheidet die Konsolidierung aus.[11]

Im Hinblick auf die Zwecke der Kapitalkonsolidierung erscheint es jedoch vertretbar **20** (vgl. DRS 23.17), Anteile im Besitz von **Gemeinschaftsunternehmen** zur quotalen Konsolidierung zuzulassen. Damit würden anteilige Doppelzählungen des Vermögens von Tochterunternehmen vermieden. Wenn Tochterunternehmen von Gemeinschaftsunternehmen im Rahmen der Quotenkonsolidierung konsolidiert werden müssen, dann sollten Beteiligungen von Gemeinschaftsunternehmen an einbezogenen Tochterunternehmen konsolidiert werden.[12] Diese Anteile können allerdings wegen der prinzipiell für die Quotenkonsolidierung quotalen Kapitalkonsolidierung nur **anteilmäßig** konsolidiert werden. Bei einem Anteil von zB 50 % an dem Gemeinschaftsunternehmen und einem Anteil dieses Unternehmens von 20 % an dem konsolidierten Tochterunternehmen sind nur 10 % in die Kapitalkonsolidierung einzubeziehen. Die restlichen 10 % werden den anderen Gesellschaftern zugerechnet.[13]

5. Eigene Anteile einbezogener Tochterunternehmen. Eigene Anteile eines zu **21** konsolidierenden Tochterunternehmens, die bereits im **Erstkonsolidierungszeitpunkt** vorhanden sind, müssen konsolidiert werden, wenn sie **langfristig** gehalten werden sollen. Ihre Konsolidierung ist erforderlich, um Doppelzählungen von Vermögenspositionen im Konzernabschluss zu vermeiden. Sie müssen deshalb mit anderen Eigenkapitalpositionen des Tochterunternehmens saldiert werden (DRS 23.37).[14] Dies bewirkt eine Erhöhung der rechnerischen Anteile des Mutterunternehmens und der außenstehenden Anteilseigner des Tochterunternehmens an dessen verbleibendem Kapital im Vergleich zu den nominalen Anteilen am Gesamtkapital.

---

[10]   Busse v. Colbe/Ordelheide/Gebhardt/Pellens Konzernabschlüsse 5. Kap. IX. 2.
[11]   DRS 23.17.
[12]   So auch HdK/Dusemond/Weber/Zündorf Rn. 26, für eine Konsolidierungspflicht der Anteile ADS Rn. 20.
[13]   Busse v. Colbe/Ordelheide/Gebhardt/Pellens Konzernabschlüsse 5. Kap. IX. 3.
[14]   ADS Rn. 216 ff.

22   Werden eigene Aktien von konsolidierten Tochterunternehmen **nach der Erstkonsolidierung erworben,** so gelten sie aus Konzernsicht als durch das Mutterunternehmen erworben. Sie sind daher wie nachträgliche Erwerbe von Anteilen an konsolidierten Tochterunternehmen durch das Mutterunternehmen zu behandeln.

23   Eigene Anteile von Tochterunternehmen, die nur **kurzfristig** gehalten und aus deren Verkauf **Einzahlungen erwartet** werden, zB weil sie an Arbeitnehmer weitergegeben werden sollen (§ 71 Abs. 1 Nr. 2 AktG) oder als kurzfristige Vermögensanlage dienen, sollten in die Konzernbilanz übernommen werden.[15] DRS 23.37 fordert die Aufrechnung der eigenen Anteile des Tochterunternehmens. Eigene Aktien, die zum Zweck der **Einziehung** gem. § 71 Abs. 1 Nr. 8 AktG von Dritten erworben wurden, sind zwar als kurzfristiger Besitz, gleichwohl aber als Korrekturposten anzusehen und daher entsprechend zu behandeln. Bei Übernahme eigener Anteile von Tochterunternehmen in die Konzernbilanz sollten sie gesondert als solche ausgewiesen werden.

24   **6. Anhangangaben.** Zwar sind nach § 313 Abs. 2 Nr. 1 ua Name und Anteil der einbezogenen Unternehmen anzugeben, nicht jedoch die der Zugänge aus der Erstkonsolidierung. Demgegenüber verlangt IFRS 3.B64 für jedes erworbene Unternehmen im Erwerbsjahr ua die Angabe des Anteils an den erworbenen Stimmrechten, der Anschaffungskosten und der Art ihrer Gegenleistung (zB in Geld oder eigenen Aktien). Der entsprechenden Vorgängerregelung in IAS 22.87 war DRS 4.54, allerdings beschränkt auf kapitalmarktorientierte Mutterunternehmen, bereits gefolgt. Nach DRS 23.207 ist die Konsolidierungsmethode bei der Auf- und Abstockung von Anteilen an Tochterunternehmen sowie bei Kapitalmaßnahmen des Tochterunternehmens ohne Statuswechsel im Anhang zu berichten.

III. Bewertung der zu konsolidierenden Anteile im Besitz des Mutterunternehmens (Abs. 1 S. 2)

25   **1. Historische Anschaffungsausgaben.** In Abs. 1 S. 1 heißt es, der „Wertansatz der dem Mutterunternehmen gehörenden Anteile" sei zu verrechnen. Wenn sie bereits mit den historischen oder fortgeschriebenen Anschaffungskosten in den Büchern des Mutterunternehmens stehen, dann sind die zu konsolidierenden Anteile für die Erstkonsolidierung zu diesen **Anschaffungskosten** mit dem anteiligen Eigenkapital des Tochterunternehmens zu verrechnen. Für eine Erstkonsolidierung bei Erwerb von einem konzernfremden Dritten auf den Stichtag, zu dem das Unternehmern Tochterunternehmen geworden ist, ist der Wertansatz der zu konsolidierenden Anteile iSv Abs. 1 S. 1 durch die Anschaffungskosten gegeben. Falls zu konsolidierende Anteile von einbezogenen Unternehmen erworben wurden, sind etwa vorgenommene Gewinnaufschläge oder Abschläge aus deren Anschaffungskosten zu eliminieren. Somit sind die **Konzernanschaffungskosten** heranzuziehen.[16] Nach **IFRS 3.24** sind die zu konsolidierenden Anteile zu ihrem **Fair Value** im Zeitpunkt des Erwerbs der Kontrolle über das Tochterunternehmen anzusetzen. Wenn dieser Wert über den Anschaffungskosten liegt, ist er nach HGB nicht anzuwenden. Sofern der Zeitpunkt des Erwerbs der Anteile und der Zeitpunkt der Erstkonsolidierung auseinanderfallen, ist der evtl. niedrigere Buchwert bei der Erstkonsolidierung zugrunde zu legen (vgl. → Rn. 26).

26   **2. Fortgeschriebene Anschaffungskosten.** Wurden die Anteile dagegen wenigstens zum Teil vor dem Erstkonsolidierungszeitpunkt erworben, zB in den in Abs. 2 S. 3 und 4 genannten Fällen, und wurden inzwischen **Abschreibungen** auf sie vorgenommen, so dürfen die Abschreibungen im Einzelabschluss des Unternehmens, das die Beteiligung hält, vor der Erstkonsolidierung **zurückgenommen** werden, sofern die Abschreibungen auf einem dem Mutterunternehmen zustehenden **Wahlrecht** nach § 253 Abs. 3 S. 6 beruhen. Eine Rücknahme von gebotenen Abschreibungen wegen einer auch im Zeitpunkt der

---

[15] ADS Rn. 24; v. Wysocki/Wohlgemuth III. 1.b.
[16] ADS Rn. 28.

Erstkonsolidierung **andauernden Wertminderung** ist strittig. Einerseits wird sie für unzulässig gehalten, weil sie eine Erhöhung eines aktivischen Unterschiedsbetrages zwischen Beteiligungswert und anteiligem Eigenkapital des zu konsolidierenden Unternehmens im Vergleich zu ihrer Beibehaltung bewirken würde, der aber keinen Geschäftswert darstellt und damit irreführend sein könnte.[17] Andererseits wird die Rücknahme der Abschreibung – wie auch bei einer wahlweisen Beteiligungsabschreibung – sogar als geboten angesehen, da die Wertminderung wegen künftiger Verluste sich im Wertansatz der Vermögensgegenstände und Schulden des zu konsolidierenden Unternehmens niederschlüge.[18] Hier wird der ersten Meinung gefolgt. Eine vor der Zugehörigkeit zum Konsolidierungskreis verursachte und fortwirkende Wertminderung der Beteiligung sollte sich in dem zum Zeitpunkt der Erstkonsolidierung zutreffend ermittelten Unterschiedsbetrag ausdrücken. Nach DRS 23.25 sind Abschreibungen wegen dauerhafter Wertminderung (zB aufgrund von Ertragslosigkeit) nicht zurückzunehmen, wenn der beizulegende Wert nicht gestiegen ist.

IV. Bestimmung der Anschaffungskosten (Gegenleistung)

1. Erwerb gegen Zahlungsmittel. Der Wertansatz der zu konsolidierenden Anteile 27 hängt von der Gegenleistung ab. Wird die Gegenleistung für den Erwerb der Beteiligung in Euro zum Zeitpunkt erbracht, zu dem das erworbene Unternehmen Tochterunternehmen wird, so ist der Betrag Hauptbestandteil der Anschaffungskosten. Erfolgt die Gegenleistung in fremder Währung, so ist der Wechselkurs zu diesem Zeitpunkt, also dem Übergang des wirtschaftlichen Eigentums, relevant,[19] nicht aber der Kurs zu einem späteren oder früheren Zahlungs- oder Beschaffungszeitpunkt für die fremde Währung. Wird eine Verbindlichkeit übernommen, ist der Erfüllungsbetrag maßgebend.

2. Erwerb der Anteile im Tausch gegen andere Vermögensgegenstände. Wird 28 eine zu konsolidierende Beteiligung von konzernfremden Dritten nicht gegen Geld, sondern durch Tausch gegen **Hingabe anderer Vermögensgegenstände** oder **eigener Aktien** erworben, so besteht nach bisher noch hM ein **Wahlrecht,** die Anteile zum **Buch-** oder zum höheren **beizulegenden Wert** oder Marktwert oder einem Zwischenwert anzusetzen.[20] Das **DRSC** empfiehlt dagegen in DRS 23.26 den Ansatz des beizulegenden Wertes der hingegebenen Güter. Bei notierten Aktien ist das ihr Börsenwert. Gem. IFRS 3.37 ist im Falle des **Tausches** stets der Marktwert **(fair value)** der hingegebenen Güter im Erwerbszeitpunkt anzusetzen. IFRS 3.38 regelt Fälle der Hingabe marktgängiger Wertpapiere des Erwerbers und fehlender oder nicht repräsentativer öffentlich zugänglicher Preise.

3. Anschaffungsnebenkosten. Gem. § 255 Abs. 1 S. 2 gehören auch die dem Vermö- 29 gensgegenstand einzeln zurechenbaren Nebenkosten wie Provisionen, Spesen, Kapitalverkehrsteuern, Notariatsgebühren, aber nicht Kosten der Entscheidungsvorbereitung (zB Bewertungsgutachten) zu den Anschaffungskosten der Anteile (DRS 23.23 f.).[21] Eine bloße Ursächlichkeit zwischen diesen Ausgaben und der Anschaffung reicht nicht aus. Das entsprach IFRS 3.29, 3.30 aF. Im Rahmen der weiteren Ausrichtung am Fair Value ist die Gegenleistung zum Fair Value anzusetzen (IFRS 3.37 [2008]). Die Anschaffungsnebenkosten sind damit gem. IFRS 3.53 nicht mehr Bestandteil des Wertes der zu konsolidierenden Anteile und somit als Aufwand anzusetzen. Diese Kosten umfassen Vermittlerprovisionen, Beratungs-, Anwalts-, Wirtschaftsprüfungs-, Bewertungs- und sonstige Fachberatungsgebühren, allgemeine Verwaltungskosten, einschließlich der Kosten für die Erhaltung einer internen Akquisitionsabteilung, sowie Kosten für die Registrierung und Emission von Schuldtiteln oder Aktienpapieren.

---

[17] ADS Rn. 35, 36; BeBiKo/Störk/Deubert Rn. 32 ff.
[18] HdK/Dusemond/Weber/Zündorf Rn. 38.
[19] BeBiKo/Störk/Deubert Rn. 22.
[20] HdK/Dusemond/Weber/Zündorf Rn. 36; Focken/Lenz DB 2000, 2437 (2442); BeBiKo/Störk/Deubert Rn. 21 ff.; MüKoBilanzR/Berndt/Gutsche IFRS 3 Rn. 154–159.
[21] HdK/Dusemond/Weber/Zündorf Rn. 35.

30   **4. Erwerb der Mehrheit in mehreren Tranchen.** Bei einem Erwerb der Anteile in
mehreren Tranchen bis zur Erstkonsolidierung sind die jeweiligen **Anschaffungskosten,**
bei Erwerb in fremder Währung umgerechnet zu den Transaktionskursen, **zu kumulieren.**
Eine Höherbewertung auf den Zeitpunkt, zu dem das Beteiligungsunternehmen Tochterunternehmen geworden ist, würde einen Ausweis unrealisierter Gewinne bedeuten
(→ Rn. 67 ff.). Dem entsprach bisher auch IFRS 3.58 aF. Mit der Neufassung von IFRS 3
von 2008 (und der Neufassung 2017) bestimmt IFRS 3.42, dass die früher erworbenen
Beteiligungstranchen zum Fair Value im Zeitpunkt der Bildung des Konzernverhältnisses
anzusetzen und resultierende Differenzen ergebniswirksam zu behandeln sind. Werden nach
Erlangung des beherrschenden Einflusses weitere Anteile an einem Tochterunternehmen
erworben (Aufstockung) oder veräußert (Abstockung), ohne dass der Status als Tochterunternehmen verloren geht, können diese Transaktionen entweder als Erwerbs- bzw. Veräußerungsvorgang oder als Kapitalvorgang abgebildet werden (DRS 23.171). Dabei ist die
gewählte Methode im Konzernabschluss einheitlich sowie zeitlich stetig anzuwenden.

31   **5. Abhängigkeit der Anschaffungskosten von späteren Ereignissen.** In manchen
Fällen sieht der Vertrag über den Erwerb der Anteile vor, dass der Erwerbspreis innerhalb
einer bestimmten Frist nach dem Übergang des beherrschenden Einflusses auf das erworbene
Unternehmen in Abhängigkeit von den erzielten Gewinnen, Umsätzen oder sonstigen
Ereignissen (zB vom Ausgang eines schwebenden Rechtsstreits) erhöht oder vermindert
wird **(sog. Earn-Out-Vereinbarung).**[22] Nach deutschem Recht sind solche nachträglichen Erhöhungen der Gegenleistung als **nachträgliche Anschaffungskosten** iSd § 255
Abs. 1 S. 2 anzusehen. Sie erhöhen die ursprünglichen Anschaffungskosten erfolgsneutral
und ermäßigen sie im Falle der nachträglichen Verminderung der Gegenleistung.[23] Eine
nachträgliche Erhöhung ist den übernommenen Vermögenswerten und Schulden zuzurechnen, soweit stille Rücklagen und Lasten im Erstkonsolidierungszeitpunkt nicht voll aufgedeckt wurden, im Übrigen aber vor allem zum Firmenwert oder einem passivischen Unterschiedsbetrag. Eine erfolgsneutrale Verrechnung mit den Rücklagen ist nicht zulässig
(DRS 23.161). Eine bereits im Erwerbszeitpunkt wahrscheinliche Erhöhung sei gem.
DRS 23.31 sogleich für die Kapitalkonsolidierung, nicht erst mit Eintritt des Ereignisses,
zu berücksichtigen.[24] Der Vorsichtsgesichtspunkt spricht dafür. Soweit die Änderung im
Erwerbszeitpunkt nicht berücksichtigt wurde, sind die Anschaffungskosten der Beteiligung
anzupassen, sobald sie zuverlässig geschätzt werden können (DRS 23.32 f.). Sofern beim
Beteiligungserwerb **Wertsicherungsklauseln** für einzelne Vermögensgegenstände oder
Schulden vereinbart wurden, die beim Eintritt des betreffenden Ereignisses zu Aufwendungen oder Erträgen beim erworbenen Unternehmen führen, sind diese mit den nachträglichen Anschaffungskosten der Beteiligung zu verrechnen.[25]

32   Nach **IFRS 3.39** hat der Erwerber dem Fair Value-Grundsatz entsprechend bereits im
Erwerbszeitpunkt jede, auch unsichere, Verpflichtung (contingent consideration) aufgrund
späterer Ereignisse, weitere Eigenkapitaltitel zu übertragen oder Zahlungen zu leisten und
sie mit ihrem Fair Value für die Konsolidierung zu berücksichtigen. Auch diese Regelung
erscheint mit dem HGB vereinbar. Spätere Änderungen der im Erwerbszeitpunkt bilanzierten unsicheren Verpflichtung sind im Falle von Zahlungen oder Übernahme von Verpflichtungen nach IAS 39 ggf. erfolgswirksam zu behandeln, im Falle der Gegenleistung in Form
von Eigenkapitaltiteln dagegen nicht zu berücksichtigen.

33   **6. Aufgeschobene Gegenleistung.** Wenn der Erwerbspreis erst nach dem Erwerbszeitpunkt entrichtet wird, entspricht der **Barwert** des Kaufpreises dem Fair Value
(IFRS 3.26 aF hatte dies noch geregelt[26]). Nach HGB ist eine Diskontierung der Verbind-

---

[22]   Ausf. dazu Weiser WPg 2005, 269 (280); BeBiKo/Störk/Deubert Rn. 254; Ewelt-Knauer/Knauer/Pex
        ZfbF 2011, 371.
[23]   ADS Rn. 180; Gelhausen/Fey/Kämpfer Q Rn. 231; Beck HdR/Hachmeister/Beyer C 401 Rn. 75.
[24]   So schon HdK/Dusemond/Weber/Zündorf Rn. 37.
[25]   Küting/Wirth BB 2001, 1197; BeBiKo/Störk/Deubert Rn. 252.
[26]   IFRS-Komm/Baetge/Hayn/Ströher Rn. 133.

lichkeit, die nach § 253 Abs. 1 S. 2 mit ihrem Erfüllungsbetrag anzusetzen ist, dagegen nicht zulässig. Die in Folgeperioden vorzunehmende Aufzinsung der entsprechenden Rückstellung hat keinen Einfluss auf die Höhe der im Erwerbszeitpunkt erfassten (bedingten) Anschaffungskosten der Anteile.

7. Weitere Sonderfälle. IFRS 3 regelt außerdem eine Reihe von weiteren Sonderfällen, in denen die finanziellen Auswirkungen entweder im Fair Value der Gegenleistung zu berücksichtigen oder von ihm auszuschließen (begleitende Transaktionen) sind. Dazu gehören außer den Anschaffungsnebenkosten zB nicht zu berücksichtigende Restrukturierungsrückstellungen oder zurückerworbene Rechte (→ Rn. 29).[27] **34**

V. Abgrenzung des zu konsolidierenden Eigenkapitals der Tochterunternehmen (Abs. 1 S. 1)

1. Bestandteile des Eigenkapitals. Gem. Abs. 1 S. 1 wird der Wert der dem Mutter- **35** unternehmen gehörenden Anteile „mit dem auf diese Anteile entfallenden Betrag des **Eigenkapitals** des Tochterunternehmens verrechnet". Dieser Anteil am Eigenkapital entspricht idR der **Beteiligungsquote,** die dem Mutterunternehmen am **gezeichneten Kapital** des Tochterunternehmens zusteht oder zugerechnet wird (→ § 290 Rn. 48 ff.). Ob von der Quote für die Kapitalkonsolidierung abgewichen werden kann, wenn Gewinn- und Liquidationsanteile von ihr abweichen, ist strittig.[28] Nach DRS 23.47 erscheint es sachgerecht, bei der Ermittlung des konsolidierungspflichtigen Eigenkapitals auf die effektive (wirtschaftliche) Beteiligungsquote abzustellen. Zum aufzurechnenden Eigenkapital gehören alle **Positionen,** die in der Bilanz nach § 266 unter dieser Bezeichnung auszuweisen sind. Das sind bei **Kapitalgesellschaften,** wenn die Bilanz vor Gewinnverwendung aufgestellt wird:

I. Gezeichnetes Kapital (Grundkapital/Stammkapital)
II. Kapitalrücklage
III. Gewinnrücklagen:
   1. gesetzliche Rücklage
   2. Rücklage für Anteile an einem herrschenden oder mehrheitlich beteiligten Unternehmen
   3. satzungsmäßige Rücklage
   4. andere Gewinnrücklagen
IV. Gewinnvortrag/Verlustvortrag
V. Jahresüberschuss/Jahresfehlbetrag.

Bei Aufstellung der Bilanz nach Gewinnverwendung tritt an die Stelle der Positionen **36** IV. und V. nach § 268 Abs. 1 HGB der Bilanzgewinn/Bilanzverlust.[29] Ggf. ist statt der genannten Eigenkapitalposten ein **nicht durch Eigenkapital gedeckter Fehlbetrag** zu konsolidieren. Er bildet oder erhöht einen aktivischen Unterschiedsbetrag aus der Konsolidierung.[30]

Im Falle der Übernahme **eigener Aktien des Tochterunternehmens** in die Kon- **37** zernbilanz (→ Rn. 29) zählt die Rücklage für eigene Aktien dann zum aufzurechnenden Eigenkapital, wenn die Konzernleitung die Nettomethode (→ Rn. 23) wählt. Bei Tochterunternehmen in der Rechtsform der Kommanditgesellschaft auf Aktien (KGaA) sind auch die Einlagen der persönlich haftenden Gesellschafter Teil des konsolidierungspflichtigen Eigenkapitals.

Der Erwerbsmethode zufolge ist die Beteiligung gegen das **erworbene Eigenkapital** **38** aufzurechnen. Ist der Jahresüberschuss ganz oder teilweise vor Erwerb der Beteiligung ent-

---

27 Zu Einzelheiten IFRS-Komm/Baetge/Hayn/Ströher IFRS 3 Rn. 142 ff.; MüKoBilanzR/Berndt/Gutsche IFRS 3 Rn. 114 ff.; Busse v. Colbe/Ordelheide/Gebhardt/Pellens Konzernabschlüsse 5. Kap. III. 4.4 und 7.
28 Roß BB 2000, 1395 (1397).
29 ADS Rn. 48; HdK/Dusemond/Weber/Zündorf Rn. 43–49.
30 ADS Rn. 53; HdK/Dusemond/Weber/Zündorf Rn. 57.

standen und wird er deshalb dem Verkäufer ganz oder teilweise überlassen, so gehört dieser insoweit nicht zum erworbenen Eigenkapital und darf nicht gegen den Beteiligungswert aufgerechnet werden. Er ist eine Verbindlichkeit gegenüber dem Verkäufer.

39   Ein **Sonderposten mit Rücklageanteil** durfte bis zum Inkrafttreten des TransPuG gem. § 300 Abs. 1 S. 2, § 308 Abs. 3 aF in die Konzernbilanz übernommen werden. Dieses Wahlrecht ist durch Streichung von Abs. 3 entfallen. Ein nach altem Recht noch vorhandener Sonderposten ist in Rücklagen und Steuerrückstellungen aufzulösen. Der Eigenkapitalanteil geht dann in das aufzurechnende Eigenkapital ein.[31]

40   Bei **Personengesellschaften** sind die oben genannten Eigenkapitalposten entsprechende Positionen aufzurechnen. Gesellschafterdarlehen und sog. Privatkonten und Steuerentnahmekonten sind nicht in die Kapitalkonsolidierung einzubeziehen. Daher muss deutlich zwischen Eigen- und Fremdkapitalkonten der Gesellschafter unterschieden werden.[32]

41   **2. Ausstehende Einlagen auf das Kapital des Tochterunternehmens.** Für die Behandlung ausstehender Einlagen bei der Kapitalkonsolidierung fehlt eine gesetzliche Regelung. Daher ist hier nach dem Grundsatz der Fiktion der rechtlichen Einheit (§ 297 Abs. 2) und im Hinblick auf die Zwecke des Konzernabschlusses zu verfahren.

42   Eine **nicht eingeforderte Einlage** auf das Kapital von **Tochterunternehmen** ist gegen das entsprechende gezeichnete Kapital aufzurechnen, wenn die nicht voll eingezahlten Anteile beim **Mutterunternehmen, einbezogenen Tochterunternehmen** oder **Gemeinschaftsunternehmen** liegen. Würde nicht aufgerechnet, wäre ein aktivischer Unterschiedsbetrag um die ausstehende Einlage niedriger. Insoweit würde ein gezahlter Geschäftswert als ausstehende Einlage ausgewiesen, was nicht den tatsächlichen Verhältnissen entspräche. Auch nach dem Einheitsgrundsatz ist eine Einbeziehung der ausstehenden Einlage in die Kapitalkonsolidierung geboten, da auch die zugehörige Kapitalposition nach der Aufrechnung nicht im Konzernabschluss ausgewiesen wird. Zudem können aus ihnen keine Kapitalzuflüsse für den Konzern als Einheit resultieren.[33]

43   Liegen die Anteile bei **Außenstehenden** und überträgt man nach dem Einheitsgrundsatz die Einzelabschlussregelungen des § 272 Abs. 1 S. 2 und 3, dann sind eingeforderte ausstehende Einlagen als „nicht eingeforderte ausstehende Einlagen von Dritten auf das gezeichnete Kapital von Tochterunternehmens" unter Forderungen mit der Bezeichnung des Tochterunternehmens zu aktivieren. Sind die ausstehenden Einlagen von Außenstehenden zu erbringen und nicht eingefordert, verringert sich der Ausgleichposten für Anteile anderer Gesellschafter. Liegen die Anteile bei **nicht konsolidierten Tochterunternehmen,** so sind die ausstehenden Einlagen entsprechend zu behandeln wie bei Anteilen von Außenstehenden.[34] Mit der **Einforderung von Einlagen durch ein einbezogenes Unternehmen** entsteht für den Inhaber der Anteile eine passivierungspflichtige Einzahlungsverbindlichkeit. Der Beteiligungsbuchwert erhöht sich mit der Einforderung und der Einbuchung der Verpflichtung um den gleichen Betrag. Die Einzahlungsverpflichtung ist im Rahmen der Schuldenkonsolidierung gegen die ausstehenden Einlagen aufzurechnen.[35] Soweit die Anteile im Besitz von Nicht-Konzernunternehmen oder nichteinbezogenen Konzernunternehmen stehen, sind sie in die Konzernbilanz zu übernehmen.[36]

VI. Erstkonsolidierung (Abs. 2 S. 1)

44   **1. Bewertung des Eigenkapitals.** Für die Erstkonsolidierung sind gem. Abs. 1 die dem Mutterunternehmen gehörenden Anteile gegen sämtliche Vermögensgegenstände, Schulden, Rechnungsabgrenzungs- und Sonderposten des erworbenen Tochterunterneh-

---

[31] BeBiKo/Störk/Deubert Rn. 44.
[32] Busse v. Colbe/Ordelheide/Gebhardt/Pellens Konzernabschlüsse 5. Kap. IX. 1; BeBiKo/Störk/Deubert Rn. 37; ADS Rn. 54; HdK/Dusemond/Weber/Zündorf Rn. 51, 58.
[33] WP-HdB Bd. I M Rn. 324; ADS Rn. 248 und 249.
[34] Busse v. Colbe/Ordelheide/Gebhardt/Pellens Konzernabschlüsse 5. Kap. IX. 2.
[35] Busse v. Colbe/Ordelheide/Gebhardt/Pellens Konzernabschlüsse 6. Kap. V. 1; ADS Rn. 245.
[36] ADS Rn. 246.

mens auf der Grundlage der Zeitwerte zu dem Zeitpunkt, zu dem das Unternehmen Tochterunternehmen geworden ist, aufzurechnen (Kapitalkonsolidierung). Nach der Neubewertungsmethode gilt dies auch dann, wenn an dem Tochterunternehmen Minderheiten beteiligt sind (→ Rn. 7).

Infolge des Ansatzes der Vermögensgegenstände, Schulden, Abgrenzungs- und Sonder- **45** posten zu Zeitwerten ergibt sich gewöhnlich eine Differenz gegenüber dem bisher ausgewiesenen Eigenkapital des Tochterunternehmens. Die Differenz bildet konsolidierungstechnisch eine **Neubewertungsrücklage (so auch DRS 23.34)**, die das Eigenkapital meist insbesondere wegen bisher nicht aktivierter **immaterieller Werte** und anderer **stiller Rücklagen** erhöht, seltener wegen überwiegender stiller Lasten vermindert. Das Ergebnis ist das **neubewertete Eigenkapital.**

2. Ermittlung der Zeitwerte. In der Neubewertungsbilanz sind alle Vermögensgegenstände, Schulden, Rechnungsabgrenzungsposten und Sonderposten, mit Ausnahme der Rückstellungen und der latenten Steuern, mit dem beizulegenden Zeitwert zum jeweils maßgeblichen Erstkonsolidierungszeitpunkt zu bewerten (Abs. 1 S. 2).

a) Grundsatz. Der Zeitwert entspricht gem. § 255 Abs. 4 S. 1 dem Marktpreis. Als **46** Marktpreis gilt der aktuelle Marktwert, der sich unter marktüblichen Bedingungen als Gegenleistung für den Erwerb eines Vermögenswertes oder Ablösung einer Schuld zwischen voneinander unabhängigen sachverständigen und vertragswilligen Parteien ergibt. Im einfachsten Fall bildet der Börsenwert im relevanten Zeitpunkt den Zeitwert. Für die meisten der für die Bildung des Eigenkapitals nach den zu Zeitwerten zu bewertenden Vermögensgegenständen und Schulden gibt es einen Marktpreis, der sich aus einem aktiven Markt ableiten lässt, nicht. Gem. § 255 Abs. 4 S. 2 ist der Zeitwert, soweit kein aktiver Markt besteht, anhand dessen sich der Marktpreis ermitteln lässt, mit Hilfe allgemein anerkannter Bewertungsmethoden zu bestimmen. Zur Bildung einer Ersatzgröße anstelle eines aus einem aktiven Markt abgeleiteten Zeitwertes kann auf die Ermittlung des Fair Values nach den IFRS zurückgegriffen werden. Danach kommen zuerst Marktpreise für gleichartige oder ähnliche Vermögenswerte in Betracht. Falls es auch diese nicht gibt, wie insbesondere für immaterielle Werte, sind anerkannte Bewertungsverfahren heranzuziehen. Sie bestehen zB für Grundstücke. Im Übrigen sind die künftigen Netto Cash Flows zu schätzen, die dem Vermögenswert zugeordnet werden können, und zu diskontieren.[37] Hier bestehen besonders große Ermessensspielräume nicht nur hinsichtlich dieser Schätzungen, sondern auch für den Ansatz des Diskontierungsfaktors. Nach DRS 23.64 hat die Ermittlung der Marktpreise ebenfalls grundsätzlich auf einem aktiven Markt zu erfolgen. Sofern kein aktiver Markt besteht, ist der beizulegende Zeitwert aus Marktpreisen für vergleichbare Vermögensgegenstände oder Geschäftsvorfälle abzuleiten oder, wenn dies möglich ist, unter Anwendung sonstiger anerkannter Bewertungsverfahren zu ermitteln. Kann der beizulegende Zeitwert mit Hilfe allgemein anerkannter Bewertungsverfahren nicht verlässlich ermittelt werden, ist ein Ansatz als Vermögensgegenstand oder Schuld nicht zulässig (DRS 23.67).

Nach § 301 aF waren die Vermögensgegenstände, Schulden etc bei der Wahl der Neu- **47** bewertungsmethode mit dem „beizulegenden Wert" anzusetzen. Nach hM waren die einzelnen Vermögensgegenstände und Schulden des Tochterunternehmens für die Erstkonsolidierung aus dem **Blickwinkel der Konzernplanung** zu bewerten. Dieser eher **subjektive Wertansatz** war ausdrücklich auch in DRS 4.18 (heute aber DRS 23.63, fiktive Konzernanschaffungskosten) vorgesehen. Häufig werden mit dem Erwerb eines Unternehmens **Umstrukturierungen** seiner Entwicklung und Produktion, seines Vertriebs oder seiner Verwaltung geplant, die zB zu Stilllegung von Produktionsstätten und Einsparung von Personal in Entwicklung, Vertrieb und Verwaltung führen können. Die damit verbundene **Verringerung der Werte von Anlagen** gegenüber dem Buchwert in der HB I war nach dieser Sichtweise zu berücksichtigen. Diese Betrachtungsweise galt ursprünglich auch für die IAS 22 (rev. 1993). Mit dem Vordringen des Prinzips der Ansätze von Vermögen und

---

[37] Gelhausen/Fey/Kämpfer Q Rn. 204 f.

Schulden zum **Fair Value** hatte das IASC diesen Ansatz bereits bei der weiteren Revision des IAS 22 im Jahr 1998 aufgegeben und durch das Prinzip ersetzt, Vermögensgegenstände und Schulden des erworbenen Unternehmens zum Fair Value unabhängig von den Plänen des Erwerbers, also **objektiv,** zu bewerten.[38] Dieser Ansatz wird in IFRS 3.18 ff. (2008) bestätigt. Damit sind **Wertminderungen** infolge der Planung des Erwerbers nicht mehr erfolgsneutral im Rahmen der erstmaligen Kapitalkonsolidierung, sondern erst danach erfolgswirksam zu erfassen. § 301 aF ließ die Art der Wertbestimmung offen. Damit entstand die Frage, ob in einem **HGB-Konzernabschluss** nach altem Recht die bisher geltende Betrachtungsweise beizubehalten ist oder der objektive, beizulegende Wert iSd Fair Value nach dem Trend, international anerkannte Rechnungslegungsgrundsätze schrittweise in die Konzernrechnungslegung nach HGB zu übernehmen, angesetzt werden sollte. Diese Frage ist mit der Neufassung des § 301 in dem Sinne geklärt, dass der Zeitwert dem Fair Value entspricht. **Subjektive Gesichtspunkte aus der Konzernplanung gehen mithin nicht in den Zeitwert ein.**

48   Entsprechendes gilt für die nach hM gem. § 301 aF zulässige oder sogar obligatorische Bildung von **Restrukturierungsrückstellungen** für vom Erwerber des Unternehmens geplante Kosten zu Umstrukturierungen, zB der Produktion, des Vertriebs oder Entwicklung oder zur Abfindung ausscheidenden Personals. Soweit sie bis zum Erwerbszeitpunkt vom Erwerber geplant sind, sollten diese Rückstellungen, obgleich sie keine Verbindlichkeiten des Tochterunternehmens sind, nach DRS 4.19 aF erfolgsneutral zu Gunsten des Goodwill gebildet werden. Diese Empfehlung entsprach weitgehend der damals geltenden Regelung in IAS 22.26 ff. (rev. 1998). Die Frage war allerdings im **HGB nicht geregelt,** entsprach aber dem Wertansatz von Vermögensgegenständen aus der Sicht des Erwerbers (→ Rn. 46). Fraglich war jedoch schon nach altem Recht, ob die geplanten Umstrukturierungskosten bereits mit dem Erwerb des Unternehmens zu Lasten des Kapitals des erworbenen Unternehmens gezeigt werden müssen oder ob sie erst in der Folgeperiode zu Lasten des Ergebnisses gebildet werden sollten. Dem Ansatz der übernommenen Vermögensgegenstände zum Fair Value entsprechend hatte der IASB mit dem Ersatz von IAS 22 durch den IFRS 3 im Jahr 2004 bereits den Ansatz von Restrukturierungsrückstellungen aufgegeben, die keine Außenverpflichtung des erworbenen Unternehmens darstellen. Dies ist in der Neufassung des IFRS 3 von 2008 in IFRS 3.11 ausdrücklich bestätigt worden. Dem ist der deutsche Gesetzgeber mit der Neufassung des § 301 gefolgt. Der Ansatz auch der Schulden des Unternehmens zum Zeitwert zu dem Zeitpunkt, in dem das Unternehmen Tochterunternehmen geworden ist, impliziert, dass Restrukturierungsrückstellungen für vom Erwerber geplante Maßnahmen in der Neubewertungsbilanz nicht mehr angesetzt werden dürfen.[39] Dem entspricht auch die Streichung des Wahlrechts zur Bildung von Aufwandsrückstellungen in § 249 Abs. 2 aF.

49   **b) Ausnahmen.** In Abs. 1 S. 3 benennt der Gesetzgeber zwei Ausnahmen vom Ansatz zum Zeitwert: Rückstellungen sind nach § 253 Abs. 1 S. 2 und 3, Abs. 2 sowie latente Steuern nach § 274 Abs. 2 zu bewerten. Mit dem Verweis auf § 253 werden insbesondere die Regelungen für die Abzinsung von Rückstellungen und mit dem Verweis auf § 274 Abs. 2 das Abzinsungsverbot für latente Steuern in die Neubewertungsbilanz übernommen. Schon daraus können sich Abweichungen von ihren Zeitwerten ergeben. Nach der Begründung des Rechtsausschusses des Bundestages diene die Übernahme der beiden Regelungen für den Jahresabschluss der Vereinfachung der Wertermittlung. Der Gesetzgeber lehnt sich damit an zwei entsprechende Ausnahmeregelungen in IFRS 3.22 f. und 3.24 f. an.

50   In IFRS 3.22–3.31 (2008/2019) sind eine Reihe weiterer Ausnahmen vom Ansatz zum Fair Value geregelt. Entsprechende Vorschriften finden sich im HGB nicht. Jedoch ist zu prüfen, ob die Regelungen in IRFS 3 auch zu entsprechenden Ausnahmen vom Ansatz zu Zeitwerten führen können. Zu diesen Ausnahmen zählen Mitarbeitervergütungen

---

[38]   Busse v. Colbe BB 2004, 2068.
[39]   Busse v. Colbe/Schurbohm-Ebnet BB 2008, 99; BeBiKo/Störk/Deubert Rn. 65.

(IFRS 3.26), Ersatzansprüche (IFRS 3.27 f.), Leasingverhältnisse (IFRS 3.28A f.), zurückerworbene Rechte (IFRS 3.29), vom Erwerber ersetzte eigenkapitalbasierte Vergütungsbestandteile (IFRS 3.30) und zur Veräußerung gehaltene langfristige Vermögenswerte (IFRS 3.31). In diesen Fällen sind die einschlägigen IFRS anstelle des Fair Value anzuwenden.[40]

Mitunter bestehen bereits **vor Bildung des Konzernverhältnisses** zwischen dem 51 (jetzigen) Mutterunternehmen und dem Tochterunternehmen **Beziehungen,** die durch den Mehrheitserwerb ihre Existenzberechtigung verlieren, zB dann, wenn eine Forderung gegen dieses Unternehmen wertberichtigt worden war oder es wegen eines Patentverletzungsprozesses (oder eines vermutlich verlustbringenden Vertrages) mit dem jetzigen Mutterunternehmen eine Rückstellung gebildet hatte.[41] Wendete man die Bewertung im Erstkonsolidierungszeitpunkt streng nach dem Zeitwert-Prinzip an, so müssten diese Beziehungen bei der Kaufpreisallokation wie gegenüber Dritten bewertet werden.[42] Die Werte würden dann erst im Rahmen der Folgekonsolidierung erfolgswirksam eliminiert. Nach der zumindest bisher bei der Bewertung im Rahmen der Erstkonsolidierung für den **HGB-Konzernabschluss** geltenden Sichtweise wären diese im Konzern wegfallenden Beziehungen erst gar nicht zu bilanzieren. Dies sollte auch nach § 301 nF gelten, soweit Anspruch und Verpflichtung sich gegenseitig aufheben, da Berechtigter und Verpflichteter aus Konzernsicht zusammenfallen. Die Unterschiede zwischen der Bilanzierung einerseits streng zum Zeitwert und andererseits aus der Konzernsicht wirken sich auf die **Höhe des Goodwills** aus.

c) Zeitwerte einzelner Bilanzpositionen. Immaterielle Vermögensgegen- 52 **stände,** die im Einzelabschluss **nicht aktiviert wurden,** so insbesondere selbst erstellte immaterielle Gegenstände des Anlagevermögens, deren Aktivierung bisher nach deutschem Recht (§ 248 Abs. 2 aF) untersagt war und für die nun ein Ansatzwahlrecht gem. § 248 Abs. 2 S. 1 nF gilt, sind in den Konzernabschluss als erworben mit ihrem Zeitwert einzustellen. Dabei muss es sich um **Vermögensgegenstände** handeln, die als **verkehrsfähige Güter** identifizierbar und einzeln verwertbar sind (zB Patente), nicht um bloße ökonomische Vorteile, wie zB begonnene Entwicklungen oder fortwirkende Markterschließungsmaßnahmen. Am deutlichsten wird die Aktivierbarkeit, wenn die immateriellen Werte in **Rechten** verkörpert sind.

Als einzeln veräußerbar gelten idR auch **Marken.** Sie sind als erworbene Vermögensge- 53 genstände anzusehen und müssen daher getrennt vom Firmenwert aktiviert und in den Folgeperioden abgeschrieben werden. Das war in HGB-Konzernabschlüssen aber offenbar bisher nicht üblich. Der Grund mochte darin liegen, dass die Ermittlung ihres Tageswertes besonders unsicher und der Methode nach strittig ist.[43] Das ist aber kein Grund, sie nicht separat zu aktivieren; denn eine gesonderte Aktivierung und Abschreibung eines Teils des bezahlten Unterschiedsbetrages kann den Informationsgehalt des Konzernabschlusses eher erhöhen als vermindern. Ansatz und Bewertung immaterieller Werte werden für den Fall des Erwerbs als Teil eines Unternehmenszusammenschlusses in **IFRS** 3.B31–3.B34 (2008/ 2019) grundsätzlich und in IAS 38.33 ff. im Einzelnen geregelt. Dabei finden sich auch Vorgaben für Marken (IAS 38.37) und für begonnene Forschungs- und Entwicklungsprojekte (IAS 38.42 und 38.43).[44] Auch wenn diese Regeln nicht direkt für HGB-Konzernabschlüsse gelten, so können sie doch Hinweise geben, wie bei ihnen verfahren werden kann. Das IDW hat mit dem IDW-Standard Nr. 5 von 2015 Grundsätze für die Bewertung immaterieller Vermögenswerte aufgestellt.[45]

---

40 MüKoBilanzR/Berndt/Gutschke IFRS 3 Rn. 120–130.
41 Ausf. dazu Lüdenbach/Hoffmann BB 2005, 651 ff.
42 Lüdenbach/Hoffmann BB 2005, 657; Haller/Reinke ZfbF-Sonderheft 60/2009, 20 ff.
43 Hammann/von der Gathen, Bilanzierung des Markenwertes und kapitalmarktorientierte Markenbewertungsverfahren, Markenartikel 1994, 204–211.
44 Lüdenbach/Prusaczyk KoR 2004, 204 (214); Lüdenbach/Prusaczyk KoR 2004, 415 (422); Beck HdR/ Hachmeister/Schwarzkopf C 402 Rn. 91.
45 Hauptfachausschuss des IDW, IDW Standard: Grundsätze zur Bewertung immaterieller Vermögenswerte (IDW S 5, Stand 23.5.2011, FN 2011, 467 und FN-IDW 8/2015, 447 f.); DRS 23.B24.

54   **Finanzanlagen.** Ist der Tagesbeschaffungswert von **Beteiligungen** höher als der Einzelbilanzwert, so muss idR der höhere Tagesbeschaffungswert bilanziert werden. Anhaltspunkte für den aktuellen Beschaffungswert sind bei Börsennotierung die Börsenpreise der Anteile, anderenfalls ihr durch Diskontierung ihrer Cash Flows nach den Grundsätzen der Unternehmensbewertung gewonnener Ertragswert.

55   **Vorräte.** Bei kurzer Umschlagsdauer und Bilanzierung zu Anschaffungskosten in der Einzelbilanz können die **Roh-, Hilfs- und Betriebsstoffe** des erworbenen Tochterunternehmens mit den Einzelabschlusswerten in die Konzernbilanz eingestellt werden. Dies gilt auch für niedrigere Börsen- oder Marktpreise, da sie in der Einzelbilanz bereits auf den Erstkonsolidierungszeitpunkt bezogen sind. Bei **fertigen Erzeugnissen** sind als Anschaffungskosten aus Konzernsicht die Verkaufspreise des Tochterunternehmens oder der niedrigere Marktpreis, abzüglich noch anfallender Vertriebskosten, anzusetzen. Bei Vorliegen von Absatzrisiken erscheint es vertretbar, die niedrigeren Herstellungskosten des Einzelabschlusses in die Konzernbilanz zu übernehmen. Für **unfertige Erzeugnisse** gelten die Risikoüberlegungen in noch stärkerem Maße, so dass sie wohl auf jeden Fall zu Reproduktionskosten zu bewerten sind.

56   **Forderungen und Verbindlichkeiten.** Für sie ist im Normalfall davon auszugehen, dass der Konzern sie zum Barwert der zu erwartenden Zahlungszugänge bzw. -abgänge einschließlich der Zinszahlungen erworben und dabei konzernspezifische Risikoabschläge bzw. -zuschläge berücksichtigt hat. Kurzfristige **Forderungen** können idR mit dem Bilanzwert des Tochterunternehmens in die Konzernbilanz übernommen werden. Längerfristige Forderungen sind gegenüber dem Bilanzwert des Tochterunternehmens abzuwerten, wenn sie unterhalb des Marktzinses verzinst werden und diese stille Last in der HB II noch nicht berücksichtigt ist. **Verbindlichkeiten** sind gem. § 253 Abs. 1 grundsätzlich mit dem Rückzahlungsbetrag aus dem Einzelabschluss in den Konzernabschluss zu übernehmen. Bei Unverzinslichkeit oder Niedrigverzinslichkeit sollten, wie bei den Forderungen, die stillen Tageswertrücklagen langfristiger Verbindlichkeiten durch Abwertung offengelegt werden, sofern dies nicht bereits in der HB II geschehen ist. **Stille Lasten** kommen insbesondere dann vor, wenn in der HB II **Rückstellungen** für ungewisse Verbindlichkeiten nicht oder aus Konzernsicht nicht hinreichend berücksichtigt wurden. **IFRS 3.10 ff.** (2008/2019) enthalten Leitsätze zur Bestimmung relevanter Wertansätze (fair values) für Vermögen und Schulden.[46]

57   **3. Bewertungszeitraum (Abs. 2 S. 2).** Eine weitere Neuerung gegenüber § 301 aF enthält Abs. 2 S. 2: Danach sind die Wertansätze, die nach S. 1 im Zeitpunkt, zu dem das erworbene Unternehmen Tochterunternehmen geworden ist, nicht endgültig ermittelt werden können, innerhalb der auf den Konsolidierungsstichtag folgenden **zwölf Monaten** anzupassen („Korrekturfenster"). Damit lehnt sich der Gesetzgeber an IFRS 3.45 an. Die Ermittlung der Zeitwerte ist in vielen Fällen, insbesondere für das Anlagevermögen, mitunter auch für Forderungen und Verbindlichkeiten, komplex und erfordert entsprechend Zeit, oder die Genehmigung des Zusammenschlusses durch Behörden oder Aufsichtsorganen mit möglichen Auflagen lässt auf sich warten. Wenn nun ein Konzernabschluss aufzustellen ist, bevor einzelne dieser Werte mit hinreichender Sicherheit ermittelt werden können, so sind in ihn **vorläufige Werte** einzustellen mit entsprechender Auswirkung auf latente Steuern und den Unterschiedsbetrag. Sie sind **erfolgsneutral** innerhalb von zwölf Monaten nach dem Konsolidierungsstichtag zu korrigieren.

58   Gem. § 252 Abs. 1 Nr. 3 iVm § 298 Abs. 1 sind Vermögensgegenstände und Schulden zum Abschlussstichtag zu bewerten. Der Wertansatz hat alle **„wertaufhellenden" Tatsachen,** die bis zum Aufstellungsstichtag eingetreten sind und deren Ursachen bis zum Bilanzstichtag liegen, zu berücksichtigen. Mit der neuen Vorschrift des Abs. 2 S. 2 wird die Wertaufhellungsfrist für die erstmalige Einbeziehung eines Tochterunternehmens auf zwölf auf den Konsolidierungsstichtag folgende Monate ausgeweitet. Wertänderungen aufgrund später

---

[46]   Zu Einzelheiten nach früherem Stand IFRS-Komm/Baetge/Siefke/Siefke IAS 22 Rn. 90.

sich ergebender wertaufhellender Informationen, die durch Vorgänge innerhalb der zwölf Monate verursacht wurden, führen nicht zu einer Anpassungspflicht.[47] Sie werden dann erfolgswirksam erfasst. Ob sie stattdessen auch erfolgsneutral erfasst werden dürfen, ist im Gesetz nicht geregelt. Gem. IFRS 3.50 ist dann IAS 8 anzuwenden. Werthaufhellende Tatsachen, deren Ursachen nach den zwölf Monaten liegen, rechtfertigen keine erfolgsneutrale Korrektur, zB der Verkauf eines Vermögensgegenstandes unterhalb des Zeitwertes zum Konsolidierungsstichtag infolge inzwischen gesunkener Preise.

Die Korrektur des vorläufigen Zeitwertes ist grundsätzlich **retrospektiv auf den Kon-** 59 **solidierungsstichtag** vorzunehmen. Wird die Wertkorrektur des vorläufigen Ansatzes erst nach dem auf den Konsolidierungsstichtag folgenden Abschluss vorgenommen, so betreffen die Korrekturbuchungen die neue Abrechnungsperiode.[48]

Der Korrekturbetrag ist bei einer Beteiligung von 100 % gegen den Unterschiedsbetrag 60 aus der Konsolidierung (Firmenwert oder passivischer Unterschiedsbetrag) aufzurechnen. Sind Minderheiten an den erworbenen Tochterunternehmen beteiligt, so ist deren prozentualer Anteil auf den Ausgleichsposten (§ 307) anzurechnen;[49] denn wären die Werte von Anfang an zutreffend erfasst worden, so wäre ein entsprechender Anteil auf den Ausgleichsposten entfallen.

4. Erstmalige Aufstellung eines Konzernabschlusses (Abs. 2 S. 3 und 4). 61 **a) Grundsatz.** Eine Neuerung gegenüber § 301 aF durch das BilRUG besteht nach den S. 3 und 4 des Abs. 2 in Folgendem: Falls das Mutterunternehmen erstmalig zur Aufstellung eines Konzernabschlusses verpflichtet ist, aber schon vorher ein Konzern bestand, für den keine Konzernrechnungslegungspflicht existierte, sind in Abweichung von S. 1 die **Wertansätze zum Zeitpunkt der erstmaligen Einbeziehung** zugrunde zu legen. S. 4 weist zur Klarstellung darauf hin, dass dies auch dann gilt, wenn das Tochterunternehmen in Wahrnehmung des Wahlrechtes des § 296 bisher nicht konsolidiert wurde. Allerdings gilt die Vorschrift des S. 3 dann nicht, wenn das Unternehmen erst im Jahr der erstmaligen Aufstellung eines Konzernabschlusses Tochterunternehmen geworden ist. Nur in Ausnahmefällen dürfen die Wertansätze des Abs. 2 S. 1 auch in den Fällen der Sätze 3 und 4 zugrunde gelegt werden; dies ist im Konzernanhang anzugeben und zu begründen.

Die Vorschriften des Abs. 2 S. 3 dienen offensichtlich der **Vereinfachung.** Wenn ein 62 Konzern schon seit vielen Jahren bestand und wegen Überschreitung der Größenmerkmale des § 293 oder wegen des Fortfalls der Bedingungen, die einen Verzicht auf die Einbeziehung der Gesellschaft(en) in den Konzernabschluss erlaubten, erstmalig einen Konzernabschluss aufstellen müssen, so könnte zur Erfüllung der nunmehr bestehenden Konzernrechnungslegungspflicht die Ermittlung der Zeitwerte der einzelnen Vermögensgegenstände und Schulden der abhängigen Konzerngesellschaften auf den möglicherweise viele Jahre zurückliegenden Zeitpunkt, zu dem das Unternehmen Tochterunternehmen geworden ist, sowie die Fortschreibung dieser Posten bis zum Zeitpunkt der erstmaligen obligatorischen Aufstellung eines Konzernabschlusses sehr aufwändig werden.

Eine ähnliche Vereinfachungsvorschrift enthält S. 4: Wenn ein bereits konzernrech- 63 nungslegungspflichtiges Mutterunternehmen bisher aufgrund der vorliegenden Umstände **nach § 296** auf die Einbeziehung von Tochtergesellschaften verzichtet hat, nun die gesetzlichen Voraussetzungen für ein Tochterunternehmen entfallen sind und es deshalb oder aus anderen Gründen freiwillig erstmalig in den Konzernabschluss einzieht, dann sind die Zeitwerte zum Zeitpunkt der erstmaligen Einbeziehung der Konsolidierung zugrunde zu legen.

b) Zeitpunkt des Beginns der Konzernrechnungslegungspflicht. Die Pflicht zur 64 Aufstellung eines Konzernabschlusses umfasst auch die Konzern-GuV. Daher beginnt die Konzernrechnungslegungspflicht mit dem **Beginn des Geschäftsjahres,** in dem sie, zB wegen Überschreiten der Größenmerkmale des § 293, eintritt. Somit sind die Zeitwerte

---

[47]   BeBiKo/Störk/Deubert Rn. 117 ff.; Gelhausen/Fey/Kämpfer Q Rn. 220 ff.
[48]   Ausf. Gelhausen/Fey/Kämpfer Q Rn. 226–230; Küting/Weber 8. Kap. 1.4.6.5.3.6.
[49]   So auch BeBiKo/Störk/Deubert Rn. 119; aA Gelhausen/Fey/Kämpfer Q Rn. 225; IAS 3.48.

zu Beginn des Konzerngeschäftsjahres der Neubewertungsbilanz zugrunde zu legen, für das das Mutterunternehmen erstmalig zur Aufstellung eines Konzernabschlusses verpflichtet ist.[50]

65   **c) Verzicht auf die Anwendung von Abs. 2 S. 3 bei Vorliegen freiwilliger Konzernabschlüsse und auf S. 4 bei Ansätzen et equity nach S. 5.** Die Vorschrift des Abs. 2 S. 3 über den Bezugszeitpunkt der Wertansätze bei erstmaliger Pflicht zur Aufstellung eines Konzernabschlusses ist als Pflicht formuliert. Ganz offensichtlich und auch nach der BegrRegE zum BilMoG dient sie der Vereinfachung (→ Rn. 62). Wenn nun aber ein Konzern nach den Vorschriften des HGB freiwillig bereits vor Eintritt der Konzernrechnungslegungspflicht Konzernabschlüsse aufgestellt hat, wäre es einfacher, diese Konzernabschlüsse mit ihren Wertansätzen fortzuführen. Die Ermittlung der Zeitwerte auf den Beginn des Konzerngeschäftsjahres, in dem die Pflicht zur Aufstellung eines Konzernabschlusses erstmalig eintritt, bedeutete einen möglicherweise erheblichen Aufwand und eine Unstetigkeit in der Bilanzierung. An dieser Pflicht auch in diesen Fällen festzuhalten, würde den **Zweck der Norm in ihr Gegenteil** verkehren. Daher wurde es für zulässig gehalten und der Gesetzgeber hat dies in Abs. 2 S. 5 bestätigt, bei Vorliegen freiwilliger HGB-Konzernabschlüsse oder zumindest von HGB-Konzernbilanzen für Geschäftsjahre unmittelbar vor Eintritt der Pflicht zur Aufstellung eines Konzernabschlusses deren **Wertansätze fortzuführen.**[51] Für die Inanspruchnahme der Rückausnahme nach Abs. 2 S. 5 kommt es entscheidend darauf an, dass die Informationen für die Vollkonsolidierung auf der Basis der Zeitwerte bei der Begründung des Mutter-/Tochterverhältnisses verfügbar sind (so auch DRS 23.15).

66   Ein ähnlicher Fall liegt dann vor, wenn ein Unternehmen bisher nicht konsolidiert, aber **et equity** iSv § 312 bilanziert wurde und nun erstmalig voll konsolidiert werden muss, weil das Mutterunternehmen zB die Möglichkeit gewonnen hat, aufgrund vertraglicher Vereinbarungen einen beherrschenden Einfluss iSv § 290 auszuüben. Auch dann würde der Bezug beim Ansatz von Zeitwerten auf den Beginn des Geschäftsjahres der erstmaligen Vollkonsolidierung nicht zu einer Vereinfachung, sondern zu einer Komplizierung führen. Daher erscheint es vertretbar, die Wertansätze nicht nach S. 4, sondern durch Fortführung des Ansatzes et equity aufgrund der entsprechenden Nebenrechnungen zu ermitteln. Entsteht die Pflicht zur Vollkonsolidierung allerdings durch den Erwerb weiterer Anteile an dem Unternehmen, so ist die Ermittlung der Zeitwerte auf den Zeitpunkt erforderlich, zu dem das Unternehmen Tochterunternehmen geworden ist.[52] Dann liegt eine Art des sukzessiven Beteiligungserwerbs vor.

67   **5. Sukzessiver Beteiligungserwerb.** Mitunter wird eine Beteiligung sukzessiv zu verschiedenen Zeitpunkten in einzelnen Tranchen erworben und der beherrschende Einfluss nicht mit der ersten, sondern erst mit einer weiteren Tranche mit der Realisierung eines der in § 290 Abs. 2 genannten Kriterien hergestellt. Auch für diesen im Gesetz, im Unterschied zu § 301 Abs. 2 aF, nicht mehr erwähnten Fall gilt die Vorschrift des Abs. 2 S. 1. Danach sind der Konsolidierung die Zeitwerte in dem **Zeitpunkt** zugrunde zu legen, in dem das Unternehmen durch Erfüllung eines der Kriterien des § 290 **Tochterunternehmen** geworden ist. Das ist gewöhnlich der Zeitpunkt, zu dem die Tranche erworben wird, mit der ein solches Kriterium erfüllt wird.

68   Nach § 301 aF war stattdessen die Konsolidierung auf der Basis der Zeitwerte zu den Zeitpunkten der Erwerbe der einzelnen Tranchen zulässig. Die **tranchenweise Kapitalkonsolidierung** ist jedoch gewöhnlich aufwändiger, weil für jede Tranche eine eigene Rechnung durchgeführt werden muss. Dabei können stille Rücklagen/Lasten und der Firmenwert zu jedem Erwerbszeitpunkt unterschiedlich hoch sein. Dann müssen die aufgelösten stillen Reserven/Lasten für denselben Vermögensgegenstand des Anlagevermögens

---

[50]   Schon ADS Rn. 120; Gelhausen/Fey/Kämpfer Q Rn. 238; BeBiKo/Störk/Deubert Rn. 136.
[51]   Gelhausen/Fey/Kämpfer Q Rn. 241; BeBiKo/Störk/Deubert Rn. 137; Klaholz/Stibi BB 2011, 2923.
[52]   Gelhausen/Fey/Kämpfer Q Rn. 243; Klaholz/Stibi KoR 2009, 301.

anteilig in mehreren Ergänzungsrechnungen fortgeführt werden. Dies gilt entsprechend für den Geschäftswert. Nach IFRS 3.61 und 3.62 (2004) war bisher grundsätzlich nur die **tranchenweise Kapitalkonsolidierung** zulässig. Für jede einzelne bedeutende Tranche waren die Fair Values der einzelnen Vermögensgegenstände und Schulden und ihr jeweiliger auf das Mutterunternehmen entfallender Anteil den Anschaffungskosten der Tranche gegenüber zu stellen. Aus dem Vergleich der kumulierten Anschaffungskosten (IFRS 3.25) der einzelnen Tranchen und dem Fair Value der erworbenen Anteile zu den jeweiligen Erwerbszeitpunkten ergab sich der Goodwill im Zeitpunkt des Erwerbs der Kontrollmacht. Mit der Neufassung von IFRS 3 (2008/2019) wurde diese Regelung durch Zugrundelegung der Zeitwerte einheitlich zu dem Zeitpunkt ersetzt, in dem das Mutterunternehmen „control" erlangt. Dem entspricht die Regelung in § 301 nF.[53] DRS 23.9 enthält insoweit eine klare Aussage: Eine tranchenweise Kapitalkonsolidierung unter Zugrundelegung der Wertverhältnisse der einzelnen (historischen) Erwerbsschritte ist nicht zulässig.

Die Vorschrift in IFRS 3.42 S. 1, wonach die Buchwerte der Anteile aus der früheren **69** Tranche erfolgswirksam dem Fair Value der Tranche angepasst wird, die Control über das Unternehmen vermittelt,[54] hat der Gesetzgeber jedoch nicht in das HGB übernommen. Dies würde bei inzwischen gestiegenem Wert den Ausweis eines unrealisierten Gewinns bedeuten, was nach § 252 Abs. 1 Nr. 4 nicht zulässig ist (→ Rn. 30). Dies führt jedoch zu einer Inkonsistenz zwischen dem Buchwert der Gegenleistung und den Zeitwerten des Unternehmens im Zeitpunkt, zu dem es Tochterunternehmen wird: Hat das Unternehmen seit Erwerb der ersten Tranche bis zu der den beherrschenden Einfluss verschaffenden Tranche Rücklagen gebildet, so werden diese, soweit sie auf die früheren Tranchen entfallen, in der buchhalterischen Gegenleistung nicht abgebildet. Das mindert den auszuweisenden Firmenwert.[55] Diese Inkonsistenz vermeidet die Regelung in IAS 3.42. Ist der Anteilswert bis zum Erwerb der die Beherrschungsmöglichkeit vermittelnden Anteile gefallen, so ist eine Abschreibung der Anteile nach § 253 Abs. 3 S. 5 zu prüfen.

6. Unterschiedsbetrag (Abs. 3). a) Ermittlung. Gem. Abs. 1 S. 1 wird der Wert **70** der dem Mutterunternehmen direkt oder indirekt, also dem Altkonzern gehörenden Anteile an einem in den Konzernabschluss einbezogenen Tochterunternehmen mit dem auf sie entfallenden Anteil am Wert des Eigenkapitals des Tochterunternehmens verrechnet. Im Falle der Erstkonsolidierung ist das Eigenkapital gem. S. 2 zu den Zeitwerten von Vermögen und Schulden zum Zeitpunkt der Erlangung des beherrschenden Einflusses unter Beachtung der Anwendung einheitlicher Bewertungsmethoden gem. § 308 anzusetzen. Gewöhnlich ergibt sich für die Erstkonsolidierung bei Erwerb der Anteile von Dritten ein Unterschiedsbetrag (inside basis difference). Bei der Gründung des Tochterunternehmens durch das Mutterunternehmen ist das idR nicht der Fall.

Übersteigt der Wert der dem Mutterunternehmen gehörenden Anteile (→ Rn. 33) **71** den Wert des Eigenkapitals (→ Rn. 49–52), soweit es **proportional zum Kapitalanteil** dem Mutterunternehmen zuzurechnen ist, so ist der **Unterschiedsbetrag aktivisch und als Geschäfts- oder Firmenwert zu erfassen.** Das ist der bei weitem häufigste Fall. Unterschreitet dagegen der Wert dieser Anteile den proportionalen Kapitalanteil des Mutterunternehmens, so ist der **Unterschiedsbetrag passivisch und als Unterschiedsbetrag aus der Kapitalkonsolidierung zu erfassen.**

Die Summe der jeweiligen Restbeträge des Eigenkapitals der einbezogenen Tochterun- **72** ternehmen, die nicht dem Mutterunternehmen direkt oder indirekt zugeordnet wurden, wird nach § 307 als **Ausgleichsposten für Anteile anderer Gesellschafter** unter einer entsprechenden Bezeichnung in der Konzernbilanz ausgewiesen. Da nach dem Einheits-

---

[53]　Zum Vergleich zwischen alter und neuer Regelung Theile/Stahnke StuB 2008, 578 ff.; Klaholz/Stibi KoR 2009, 297 ff.
[54]　So hat zB die Deutsche Bank AG 2010 zum Erwerb der die Beherrschungsmöglichkeit vermittelnden Anteile an der Postbank die früher erworbenen Anteile um 2,3 Mrd. EUR abgeschrieben; Deutsche Bank, Zwischenbericht zum 30.9.2010, 82.
[55]　Klaholz/Stibi KoR 2009, 300.

grundsatz und gem. § 300 Abs. 1 die Vermögensgegenstände und Schulden des einbezogenen Tochterunternehmens vollständig und nicht nur quotal zum Anteil des Mutterunternehmens in die Konzernbilanz zu übernehmen sind, bewirkt der Ausgleichsposten das bilanzielle Gleichgewicht.

73   **b) Analyse eines aktivischen Unterschiedsbetrages.** Der Unterschiedsbetrag ergibt sich aus der Gegenüberstellung der Anschaffungskosten der Beteiligung mit dem anteiligen Eigenkapital des einbezogenen Tochterunternehmens im Erwerbszeitpunkt. Die Anschaffungskosten spiegeln mindestens den Barwert der Ertragserwartungen des Erwerbers wider. Das anteilige neubewertete Eigenkapital entspricht der Summe der Zeitwerte der Vermögensgegenstände abzüglich der Summe der Zeitwerte der Schulden sowie abzüglich der nach besonderen Vorschriften bewerteten Rückstellungen und latenten Steuern, soweit sie nach den Ansatz- und Bewertungsvorschriften des Mutterunternehmens für die einzelnen Vermögensgegenstände und Schulden angesetzt werden. Damit enthält der Unterschiedsbetrag jene Teile der Ertragserwartung, die nicht im Eigenkapital des Tochterunternehmens erfasst werden.

74   Der Unterschiedsbetrag lässt sich in zwei Hauptkomponenten zerlegen:
– Stille Tageswertrücklagen und -lasten
  – in den bilanzierten Vermögensgegenständen und Schulden und
  – in den nicht bilanzierten immateriellen Vermögenswerten sowie
– Geschäftswert des Tochterunternehmens.

75   Ein nach Abs. 3 S. 1 verbleibender aktiver Unterschiedsbetrag ist in der Konzernbilanz als Geschäfts- oder Firmenwert gesondert auszuweisen. Aufgrund dieser Regelung sind, und in diesem Punkt entspricht die deutsche Regelung Art. 24 Abs. 3 lit. a–c Bilanz-RL, im ersten Schritt die stillen Tageswertrücklagen und -lasten durch Ansatz der Zeitwerte aufzulösen. Ein Ausweis als **Geschäftswert** ist nur insoweit vorgesehen, als nach der Auflösung stiller Rücklagen und Lasten noch Teile des Unterschiedsbetrages verbleiben.[56] Er ist also ein **Restbetrag.** Besteht das erworbene Tochterunternehmen aus mehreren Geschäftsfeldern, wird in DRS 23.85 empfohlen, den Geschäfts- oder Firmenwert einem oder mehreren Geschäftsfeldern zuzuordnen, sofern die Zuordnung objektiv nachvollziehbar möglich ist.

76   Stille Tageswertrücklagen und -lasten ergeben sich jeweils als **Unterschied zwischen dem beizulegenden Zeitwert (Tageswert)** von Vermögensgegenständen und Schulden und dem entsprechenden **Bilanzwert in der HB II.** Tageswerte sind bei Vermögensgegenständen die Kosten ihrer fiktiven Anschaffung zum Erstkonsolidierungszeitpunkt – bei Schulden entsprechend die Kosten ihrer fiktiven Abschaffung. Soweit Vermögensgegenstände und Schulden wegen Bilanzierungsverboten oder wegen ihrer Entstehung erst durch Erwerb der Beteiligung in der HB II nicht erfasst werden, sind sie in voller Höhe stille Rücklagen bzw. Lasten.

77   **c) Analyse eines passivischen Unterschiedsbetrages.** Ein passivischer Unterschiedsbetrag entsteht dann, wenn der Beteiligungswert im Rahmen der Erstkonsolidierung kleiner ist als das anteilige zu Zeitwerten bemessene Eigenkapital des Tochterunternehmens. Ein passivischer Unterschiedsbetrag kann durch Wertminderungen des Tochterunternehmens verursacht sein, die in den Anschaffungskosten der Beteiligung berücksichtigt wurden, nicht aber im Eigenkapital des Tochterunternehmens. Dazu gehören zB dort nicht passivierte Pensionsverpflichtungen oder **Aufwandsrückstellungen zB für Restrukturierungen,** aber auch **nicht** rückstellungsfähige Risiken für die zukünftigen Erträge der Unternehmung oder **absehbare Verluste.** In diesem Fall sind die Anschaffungskosten kleiner als das zu aktuellen niedrigeren Tageswerten unter Berücksichtigung aller eingetretenen Wertminderungen bemessene Eigenkapital. Der passivische Unterschiedsbetrag hat insoweit den Charakter eines **negativen Goodwill (bad will).** Mitunter ergibt sich ein passivischer

---

[56]   HWRev/Busse v. Colbe Sp. 974; v. Wysocki/Wohlgemuth III. 3c.2; Beck HdR/Hachmeister/Beyer C 401 Rn. 129; HdK/Dusemond/Weber/Zündorf Rn. 79; BeBiKo/Störk/Deubert Rn. 151.

Unterschiedsbetrag dann, wenn ein Unternehmen gegen eine Zuzahlung des Verkäufers erworben wird, die bestimmte künftige Aufwendungen oder Verluste abdecken soll.[57]

Wenn die Anschaffungskosten niedriger sind als der Wert der Beteiligung aus Konzern- **78** sicht (**lucky buy–Fall**), hat der passivische Unterschiedsbetrag den Charakter eines Barwertes zukünftiger Erfolge.[58]

Ein passivischer Unterschiedsbetrag kann darüber hinaus entstehen, wenn bei zuvor **79** aktivischem Unterschiedsbetrag die **Auflösung stiller Rücklagen** durch Ansatz der Zeitwerte diesen aktivischen Unterschiedsbetrag übersteigt und der Bilanzausgleich dann durch einen passivischen Unterschiedsbetrag hergestellt oder ein zuvor schon passivischer Unterschiedsbetrag durch Auflösung stiller Rücklagen noch vergrößert wurde. Nach bisher hM verstieß aber die Auflösung stiller Rücklagen über einen aktivischen Unterschiedsbetrag hinaus gegen die **pagatorische Begrenzung** des Unterschiedsbetrages. Nach IFRS 3 gibt es eine solche Begrenzung nicht.

Ferner konnte ein passivischer Unterschiedsbetrag nach § 301 aF daraus resultieren, **80** dass ein Tochterunternehmen im Falle einer **erstmaligen Einbeziehung** zu einem Zeitpunkt **nach** deren **Erwerb** in der Zwischenzeit Jahresüberschüsse den **Rücklagen** zugewiesen hat oder ein **Umrechnungsgewinn** aus einer Wechselkursänderung entstanden ist. Nach § 301 nF und IFRS 3.18 (2008/2019) ist die Konsolidierung immer auf den Erwerbszeitpunkt zu beziehen, so dass ein passivischer Unterschiedsbetrag aus solchen Zeitdifferenzen nicht mehr entstehen kann.

Gem. Abs. 3 S. 1 ist ein passivischer Unterschiedsbetrag unter Bezeichnung „**Unter-** **81** **schiedsbetrag aus der Kapitalkonsolidierung**" nach dem Eigenkapital auszuweisen. Seine Behandlung in den Folgeperioden ist in § 309 Abs. 2 geregelt. Im Unterschied dazu ist gem. IFRS 3.34 ff. ein zunächst passivischer Unterschiedsbetrag nach nochmaliger Überprüfung der Wertansätze von Vermögen und Schulden des Unternehmens und der Gegenleistung als Ertrag zu vereinnahmen, also nicht zu passivieren. Besteht das erworbene Tochterunternehmen aus mehreren Geschäftsfeldern, wird in DRS 23.92 empfohlen, den passiven Unterschiedsbetrag einem oder mehreren Geschäftsfeldern zuzuordnen, sofern die Zuordnung objektiv nachvollziehbar möglich ist.

d) Full Goodwill–Methode. Der Firmenwert bezieht sich allein auf den Anteil, der **82** auf die einbezogenen Unternehmen, also letztlich auf die Anteilseigner des Mutterunternehmens entfällt. Das entspricht der **Interessentheorie.** Dem zunehmenden Gewicht der **Einheitstheorie** würde es aber entsprechen, Mehrheits- und Minderheitsgesellschafter nicht nur bei der Aufdeckung stiller Rücklagen und Lasten, sondern auch beim Goodwill gleich zu behandeln. Dann müsste der Goodwill um den auf die anderen Gesellschafter entfallenden Teil des Firmenwertes erhöht werden. Die sog. **Full Goodwill–Methode** ist mit der Neufassung des IFRS 3.19 von 2008/2019 als Wahlrecht zugelassen (→ § 307 Rn. 10 ff.). Nach dem Wortsinn von Abs. 3 S. 1 ist „ein nach der Verrechnung verbleibender … Unterschiedsbetrag in der Konzernbilanz, wenn er auf der Aktivseite entsteht, als Geschäfts- oder Firmenwert" auszuweisen. Dieser Wortsinn deckt kaum eine Ausdehnung des Firmenwertes auf die Anteile anderer Gesellschafter, obgleich eine solche Erhöhung des Goodwills nur der Zurechnung stiller Rücklagen und Lasten auf diese entspricht. Diese Rechtslage entspricht der bisherigen nationalen und internationalen Praxis, ohne dass dafür eine überzeugende Begründung existiert. Aus DRS 23.93 lässt sich ebenfalls kein anderer Schluss ziehen: In der Konzernbilanz ist für nicht dem Mutterunternehmen gehörende Anteile an in den Konzernabschluss einbezogenen Tochterunternehmen ein Ausgleichsposten für die Anteile der anderen Gesellschafter in Höhe ihres Anteils am Eigenkapital unter dem Posten „nicht beherrschende Anteile" innerhalb des Eigenkapitals nach dem Posten „Jahresüberschuss/Jahresfehlbetrag" auszuweisen.

---

[57] BeBiKo/Störk/Deubert Rn. 155; Busse v. Colbe/Ordelheide/Gebhardt/Pellens Konzernabschlüsse 5. Kap. III. 11.1; Schulze-Osterloh BB 2006, 1955 ff.; Preißer/Bressler BB 2011, 427 ff.
[58] Busse v. Colbe/Ordelheide/Gebhardt/Pellens Konzernabschlüsse 5. Kap. III. 11.1.

83   Entsprechendes gilt für einen passivischen Unterschiedsbetrag. Nach IFRS 3 kommt eine Hochrechnung zwar nicht in Betracht, weil er im Erstkonsolidierungszeitpunkt nach Überprüfung der Wertansätze erfolgswirksam vereinnahmt wird. Bei seiner Passivierung nach § 301 wären eine Hochrechnung für die Minderheiten und ein entsprechender Abzug bei dem Minderheitenanteil jedoch sinnvoll. Ohne sie wird der Minderheitenanteil zu hoch ausgewiesen.[59]

84   **e) Firmenwert in fremder Währung.** Ein besonderes Problem ergibt sich für den Goodwill bei Erwerb eines in **fremder Währung bilanzierenden Unternehmens.** Im HGB ist nicht geregelt, ob der **Firmenwert** dann in **fremder Währung** oder in **Konzern-währung** (EUR) zu ermitteln ist. IAS 21.47 bestimmt indes, dass der Goodwill und alle Anpassungen der Buchwerte an die Fair Values als Vermögen und Schulden dieses Unternehmens in seiner Währung zu behandeln sind. Das ist mit einer **Push down-Bilanzierung** (→ Rn. 96) darstellbar.[60] Bei der üblichen Umrechnung von Vermögen und Schulden der Abschlüsse in fremder Währung zur Aufnahme in die Konzernbilanz zum jeweiligen Stichtagskurs unterliegen Firmenwert und Differenzbeträge den seit dem letzten Bilanzstichtag eingetretenen Kursschwankungen (→ Rn. 140 ff.). Auch wenn die IFRS für einen HGB-Konzernabschluss nicht bindend sind, so erscheint dieses Verfahren auch für diesen zulässig. Nach DRS 23.135 soll sich die Zuordnung nach der Währung richten, in der die im Geschäfts- oder Firmenwert berücksichtigten künftigen Erfolgsbeiträge mehrheitlich realisiert werden. Eine Aufteilung des Geschäfts- oder Firmenwerts auf verschiedene Währungen ist regelmäßig nicht erforderlich. Sofern die Erfolgsbeiträge in der Währung des Tochterunternehmens realisiert werden, ist der Geschäfts- oder Firmenwert wie ein Vermögensgegenstand des Tochterunternehmens zu behandeln. In diesem Fall ist der Geschäfts- oder Firmenwert im Zeitpunkt der Erstkonsolidierung mit dem Kurs zum Zeitpunkt der Erstkonsolidierung in die lokale Währung des Tochterunternehmens umzurechnen (DRS 23.137).

85   **f) Anlagespiegel/Anlagengitter.** Im **Anlagespiegel** oder Anlagengitter (§ 284 Abs. 3 iVm § 313 Abs. 4) ist der Geschäftswert aus der Kapitalkonsolidierung unter den Zugängen auszuweisen. Dies gilt auch, wenn er nach § 309 Abs. 1 S. 3 aF noch in der Periode des Erwerbs mit dem Eigenkapital erfolgsneutral verrechnet wurde;[61] dann ist er zugleich als Abgang zu zeigen.[62] Andernfalls würde die Bruttoinvestition des Konzerns in der Zugangsspalte nicht den tatsächlichen Verhältnissen entsprechend ausgewiesen. Wird er mit den Geschäftswerten aus dem Einzelabschluss zusammengefasst, dann ist gem. § 294 Abs. 2 eine Erläuterung erforderlich, die einen sinnvollen Vergleich mit den Vorjahreszahlen ermöglicht. Dafür kann zB angegeben werden, inwieweit die Zugänge beim Geschäftswert auf Veränderungen des Konsolidierungskreises zurückzuführen sind. Informativer ist es, wenn dieser Zugang in einer gesonderten Spalte, die alle Veränderungen durch Wechsel im Konsolidierungskreis erfasst, gezeigt wird.[63]

86   **g) Anhangangaben.** Nach Abs. 3 S. 2 sind die Firmenwerte und passivischen **Unterschiedsbeträge** und deren Änderungen gegenüber dem Vorjahr, falls wesentlich, im Konzernanhang **zu erläutern.** Bei Firmenwerten ist infolge ihres Ausweises in der Position Geschäfts- oder Firmenwert zwar keine Erläuterung des Begriffs, aber ihrer Entstehung und Zusammensetzung erforderlich, zB dann, wenn in dieser Position in wesentlichem Umfang auch solche Werte aus Einzelabschlüssen einbezogener Unternehmen enthalten sind. Einzelne Firmenwerte der erstmalig konsolidierten Tochterunternehmen brauchen nicht genannt zu werden, doch finden sich nicht selten für relativ große Firmenwerte entsprechende Angaben im Anhang.

---

59   BeBiKo/Störk/Roland § 307 Rn. 27.
60   Busse v. Colbe/Falkenhahn FS Graßhoff, 2005, 10.
61   ADS Rn. 127; aA Zündorf, Der Anlagespiegel im Konzernabschluss, 1990, S. 46.
62   ADS § 298 Rn. 126.
63   Busse v. Colbe/Ordelheide/Gebhardt/Pellens Konzernabschlüsse 9. Kap. III. 3.2.2.

Gem. Abs. 3 S. 2 ist nicht nur der Bestand an Unterschiedsbeträgen, sondern auch **87** seine **Veränderung** im Konzernanhang zu **erläutern.** Eine Veränderung kann verursacht sein durch (vgl. DRS 23.208):
– **Zugänge** infolge der **Erstkonsolidierung** neuer Beteiligungen oder Beteiligungstranchen,
– **Abgänge** infolge der **Entkonsolidierung** bei Verkauf von konsolidierten Beteiligungen oder einzelnen Tranchen bzw. bei Voll- oder Teilliquidation eines Tochterunternehmens sowie im Rahmen der **Folgekonsolidierung** gem. § 309 durch
– planmäßige Abschreibung eines Firmenwertes,
– außerplanmäßige Abschreibung eines Firmenwertes sowie
– Auflösung eines negativen Unterschiedsbetrages.

Wenn im **Anlagespiegel/Anlagengitter** gem. § 284 Abs. 3 iVm § 313 Abs. 4 eine **88** eigene Zeile für **Firmenwerte** aus der Kapitalkonsolidierung und Spalten für Zu- und Abgänge infolge der Änderung des Konsolidierungskreises eingerichtet sind und da Abschreibungen und Zuschreibungen dort gesondert gezeigt werden müssen, können sich Erläuterungen der Änderungen des Firmenwertes auf außerplanmäßige Abschreibungen beschränken. Ansonsten sind wesentliche Änderungen des Firmenwertes anderweitig zu erläutern.[64] Entsprechend sind die Änderungen eines **negativen Unterschiedsbetrages** zu erläutern. **IFRS 3.B64–67** (2008/2019) enthält umfangreiche Kataloge von Angaben, die in den Notes für jeden einzelnen Unternehmenszusammenschluss zu machen sind.

7. Ansatz latenter Steuern. a) Begründung. Anschaffungsvorgänge sind grundsätz- **89** lich **ergebnisneutral.** Das gilt auch für die Anschaffung einer zu konsolidierenden Beteiligung und damit für die Erstkonsolidierung. Folglich sind auch **Ansatz** und **Bewertung** zu Zeitwerten **erfolgsneutral** vorzunehmen. Die gegenüber der HB I aus der Neubewertung resultierenden **zusätzlich aktivierten Beträge** werden in den **Folgeperioden** der Benutzung oder dem Verbrauch der unbewerteten Gegenstände entsprechend **zulasten** – bei Abwertung **zugunsten – des Konzernergebnisses** verrechnet. Die Neubewertung **nicht abnutzbaren** Anlagevermögens wirkt sich bei dessen Verkauf, spätestens bei Verkauf oder Liquidation der Beteiligung, entsprechend auf das Ergebnis aus Anlagenabgängen unterschiedlich im Einzel- und Konzernabschluss aus.

Von dem Grundsatz der **Erfolgsneutralität von Anschaffungsvorgängen** macht **90** **IFRS 3.34** eine **Ausnahme.** Wenn es bei der Kapitalkonsolidierung zu einem passivischen Unterschiedsbetrag käme, ist dieser nicht zu bilanzieren, sondern nach Überprüfung der Wertansätze erfolgswirksam zu vereinnahmen (→ Rn. 81). Der Grund für diese Regelung mag in dem Bestreben zu suchen sein, möglichst weitgehend zu Fair Values zu bilanzieren und damit interpretationsbedürftige Bilanzposten zu vermeiden. Diese Regelung ist zur Zeit weder mit der Bilanz-RL, noch mit dem HGB zu vereinbaren.[65]

Die **gewinnabhängigen Steuern** werden aus dem Ergebnis der HB I oder einer **91** daran mehr oder weniger eng angelehnten Steuerbilanz abgeleitet. Die im Rahmen der Erstkonsolidierung entstandenen Differenzen zwischen den Zeit- und den Buchwerten von Vermögensgegenständen und Schulden und deren spätere Verrechnung im Rahmen der Folge- oder Entkonsolidierung wirken sich auf die Besteuerungsgrundlage nicht aus. Dadurch wird das Verhältnis zwischen **dem Konzernergebnis und den gewinnabhängigen Steuern** in den Perioden **verzerrt,** in denen die Anpassungs- und Zuordnungsbeträge verrechnet werden. **Die erfolgsneutrale Bildung eines Steuerabgrenzungspostens** in der Periode der erstmaligen **Konsolidierung** und dessen **spätere erfolgswirksame Auflösung** ermöglicht es, in den Perioden nach der Erstkonsolidierung einen Steueraufwand auszuweisen, der zum Konzernergebnis vor Steuern passt. Für steuerliche Be- oder Entlastungen, die aus dem Abbau abzugsfähiger oder zu versteuernder temporärer Differenzen der in der Neubewertungsbilanz angesetzten Vermögens- und Schuldposten sowie aus der

---

64 ADS Rn. 140.
65 Krit. Theile/Pawelzik WPg 2003, 316 (324); Busse v. Colbe BB 2004, 2070.

Nutzung eines steuerrechtlichen Verlustvortrags resultieren, sind nach § 306 S. 1 latente Steuern anzusetzen.

92   Die frühere Regelung der Steuerabgrenzung in §§ 274, 306 aF folgte dem ergebnisorientierten Konzept der **„timing differences"**. Danach dürfen Differenzen zwischen handels- und steuerrechtlicher **Ergebnisermittlung** nur dann zu Steuerabgrenzungen führen, wenn sich diese Differenzen in absehbarer Zeit wieder auflösen. Das IASC war jedoch im Anschluss an die US-GAAP mit **IAS 12** (rev. 1996; heute 2008/2019) auf das bilanzorientierte Konzept der **„temporary differences"** übergegangen. Danach sind sämtliche Differenzen zwischen den **Ansätzen von Vermögen und Schulden** in der handelsrechtlichen und steuerrechtlichen Bilanz ohne Rücksicht auf den Zeitraum ihrer Umkehrung durch Ansatz latenter Steuern zu berücksichtigen. Daher sind sie auch für quasi permanente Differenzen, etwa bei Zuordnung von Teilen des Unterschiedsbetrages auf Grundstücke, zu bilden (IAS 12.19).

93   Zwar könnte im Fall der Aufwertung eines Vermögensgegenstandes für den Konzernabschluss die fehlende Steuerabzugsfähigkeit der späteren zusätzlichen Abschreibungen statt durch erfolgsneutrale Bildung eines passivischen Steuerabgrenzungsbetrages (Bruttomethode) über eine erfolgsneutrale Kürzung des Zuordnungsbetrages (Nettomethode, **net of tax-method**) berücksichtigt werden, doch verstieße dies gegen das Bruttoprinzip für die Bilanzierung.

94   Mit der Neufassung des § 306 S. 1 durch das BilMoG hat der Gesetzgeber 2009 das international übliche **Temporary-Konzept** übernommen. Danach sind für eine sich aus der Kapitalkonsolidierung ergebende Steuerbelastung infolge der Differenzen der Wertansätze der Vermögensgegenstände und Schulden und deren steuerlichen Wertansätzen, soweit sie sich in späteren Geschäftsjahren voraussichtlich wieder abbauen, passive latente Steuern und für eine Steuerentlastung aktivische latente Steuern anzusetzen. Damit ist auch geklärt, dass latente Steuern auf sog. quasi permanente Differenzen, zB bei Grundstücken, anzusetzen sind und die net of tax-method nicht zulässig ist. Nach DRS 18.14 (2017) gilt für aktive latente Steuern, die aus einer Anpassung der lokalen Bilanz (HB I) an die Bilanzierungsregeln des Mutterunternehmens (HB II) resultieren, das Wahlrecht des § 274 Abs. 1 S. 2. Damit würden die Differenzen dem Jahresabschluss der Tochtergesellschaft zugerechnet, obgleich sie erst aus der Konsolidierung entstehen.[66] Latente Steuern in der Neubewertungsbilanz sind mit dem unternehmensindividuellen Steuersatz des betreffenden Tochterunternehmens zu bewerten und nicht abzuzinsen.

95   **b) Auswirkungen.** Durch die Bildung eines **passivischen Postens für latente Steuern** erhöht sich oder entsteht ein **Geschäftswert** aus der Kapitalkonsolidierung. Beispiel (in Mio. EUR): Kaufpreis 500 für 70 % von T mit bilanziellem Eigenkapital von 300 und stillen Rücklagen von 200; daraus folgt ohne latente Steuern ein Firmenwert von 500 − 0,7 (300 + 500) = 150.[67] Bei Ansatz von 40 % Steuern auf 200 = 80 ergibt sich ein erhöhter Firmenwert von 500 − 0,7 (300 + [200 − 80]) = 206. Der passivische Posten für latente Steuern wird zu Lasten des bei der Erstkonsolidierung aufzurechnenden Eigenkapitals gebildet. Eine Bildung zu Lasten der Konzernrücklagen, die einen Geschäftswert unverändert ließe, ist nicht zulässig. Aufgrund der **erfolgsneutralen Bildung und erfolgswirksamen Auflösung** des Abgrenzungspostens für latente Steuern in den späteren Jahren würde sonst das Kongruenzprinzip verletzt, nach dem die Summe der Periodengewinne gleich der Summe der Zahlungsströme sein muss.[68] Wird hingegen der Geschäftswert erhöht, so steht der erfolgserhöhenden Wirkung durch die **Auflösung der Steuerabgrenzung in den Folgejahren** eine erfolgsmindernde Wirkung infolge einer Abschreibung des Geschäftswertes gegenüber.[69] Ein passivischer Unterschiedsbetrag würde durch die Bildung eines passivischen Postens für latente Steuern vermindert.

---

[66]   Loitz DB 2010, 2181.
[67]   Oser BC 2010, 209.
[68]   Busse v. Colbe FS Forster, 1992, 127.
[69]   Busse v. Colbe/Ordelheide/Gebhardt/Pellens Konzernabschlüsse 5. Kap. VI. 2.2.

Für die Differenzen zwischen den Buchwerten und den in der Konzernbilanz angesetz- **96** ten Zeitwerten des Vermögens und der Schulden des erworbenen Unternehmens, die auf die **Minderheiten** entfallen (im obigen Beispiel 0,3 x 200 = 60), ergeben sich nach § 306 **latente Steuern** (im Beispiel 0,4 x 60 = 24). Im Falle der anteiligen Aufdeckung stiller Rücklagen dürfen die passivischen latenten Steuern aber den Goodwill nicht erhöhen, solange ein Goodwill nur für den Mehrheitsanteil ausgewiesen wird (→ Rn. 82). Vielmehr mindern sie den Fremdanteil (im Beispiel von 150 auf 126). Im Wege einer „**Push down-Bilanzierung**"[70] kann in der als Nebenrechnung geführten noch zu konsolidierenden Bilanz (HB III; → § 308a Rn. 16) des erworbenen Unternehmens eine Neubewertungs-rücklage in Höhe der Bewertungsdifferenz, aber abzüglich der auf sie entfallenden latenten Steuern, gebildet werden. Im Laufe der Konsolidierung wird diese Neubewertungsrücklage anteilig mit dem Beteiligungsbuchwert verrechnet und dem Minderheitenanteil zugeordnet. Die volle Position für latente Steuern wird in die Konzernbilanz übernommen.

Die Bildung eines **aktivischen Postens für latente Steuern,** der im Rahmen der **97** Erstkonsolidierung wohl eher selten vorkommt, senkt hingegen einen Firmenwert. Falls beim Erwerb des Tochterunternehmens steuerliche **Verlustvorträge** übernommen werden, die voraussichtlich innerhalb der nächsten fünf Jahre mit Gewinnen verrechnet werden können (§ 274 Abs. 1 S. 4), sind auch dafür latente Steuern zu bilden.[71] Für die Bilanzierung latenter Steuern auf steuerrechtliche Verlustvorträge des Tochterunternehmens in der Neu-bewertungsbilanz sind ggf. bestehende Verlustabzugsbeschränkungen, die in Folge des Anteilserwerbs entstehen (§ 8c KStG), zu berücksichtigen.

c) Ausnahme für den Geschäfts- oder Firmenwert und passivischen Unter- 98 schiedsbetrag. Für den **Geschäfts- oder Firmenwert** aus der Erstkonsolidierung gilt zwar auch, dass er handelsrechtlich, aber nicht mit steuerlicher Wirkung in den Folgeperio-den abgeschrieben wird und damit Anlass zur Bildung einer passivischen Steuerlatenz gäbe. Entsprechendes gilt für einen bilanzierten passivischen Unterschiedsbetrag (→ Rn. 77 ff.). Gleichwohl wird eine **passivische Steuerabgrenzung** für den Firmenwert schon bisher nach hM für **unzulässig** gehalten, da er gem. Abs. 3 als Restgröße definiert sei. Eine überzeugendere Begründung dafür ist offenbar nicht zu finden. Gem. **IAS** 12.15 und IAS 12.66 ist der Ansatz latenter Steuern auf den Firmenwert ausdrücklich verboten. Dem hat sich der Gesetzgeber in § 306 S. 3 nF angeschlossen. Allerdings spräche die Tatsache, dass der Goodwill nach den IFRS als asset angesehen wird und gem. § 246 Abs. 1 S. 4 als zeitlich begrenzt nutzbarer Vermögensgegenstand gilt, dafür, den Firmenwert doch in die Steuerabgrenzung einzubeziehen.[72]

VII. Folgekonsolidierung

1. Zweck. Im Gesetz ist nur die Folgekonsolidierung des Firmenwertes und des passi- **99** ven Unterschiedsbetrages in § 309 geregelt (s. dort). Jedoch müssen auch die Differenzen zwischen Zeit- und Buchwerten der Vermögensgegenstände und Schulden **diesen Positio-nen folgend** in den Folgeperioden verrechnet werden, um **Konzernergebnis und -eigenkapital** dem **Einheitsgrundsatz** entsprechend auszuweisen (→ Vor § 290 Rn. 47). Daher müssen die Grundsätze für die **Fortschreibung** der **Differenzbeträge** an Ansatz- und Bewertungsmethoden nach dem Recht des Mutterunternehmens (§ 308) aus der Ein-heitskonzeption und der Einzelerwerbsfiktion sowie aus den allgemeinen Bewertungsvor-schriften abgeleitet werden.[73] Die Differenzbeträge sind aus Konzernsicht Teil des Wertes der Vermögensgegenstände und daher wie die Werte aus der Einzelbilanz zu behandeln. Damit werden sie im Konzernabschluss **erfolgswirksam.** DSR 23.99 formuliert: In den auf die Erstkonsolidierung folgenden Konzernabschlüssen sind die im Zuge der Neubewertung

70 PFGS IntRechnungslegung Kap. 23; Küting/Weber Konzernabschluss 4. Kap. 4.3.
71 BeBiKo/Grottel/Larenz § 306 Rn. 11.
72 Busse v. Colbe BB 2004, 2067; Busse v. Colbe/Falkenhahn FS Graßhoff, 2005, 16 ff.; ausf. P. Küting DB 2009, 2053.
73 ADS Rn. 143.

aufgedeckten stillen Reserven und Lasten wie die Vermögensgegenstände und Schulden, denen sie in der Neubewertungsbilanz zugeordnet wurden, abzuschreiben, aufzulösen, zu verbrauchen oder beizubehalten. Entsprechendes gilt für Vermögensgegenstände und Schulden, die erstmals in der Neubewertungsbilanz angesetzt wurden; auch diese sind nach den allgemeinen Grundsätzen fortzuführen.

100   **2. Aufwandsverrechnung aufgedeckter stiller Rücklagen.** Neubewertungsdifferenzen auf **nicht abnutzbare Gegenstände** wie Grundstücke, Finanzanlagen, Vorräte sowie Forderungen und Wertpapiere des Umlaufvermögens und ihnen entsprechende **passivische latente Steuern mindern** im Konzernabschluss bei deren **Abgang** den daraus resultierenden **Ertrag** und die darauf ruhenden Gewinnsteuern aus dem Einzelabschluss. Bis zu diesem Zeitpunkt sind die stille Reserven, die in der Neubewertungsbilanz dem nicht abnutzbaren Anlagevermögen zugeordnet wurden, fortzuführen.

101   Wurde bei der Übernahme in den Konzernabschluss der Buchwert eines **abnutzbaren Anlagegegenstandes** geändert, so bildet der bisherige Buchwert zuzüglich des Änderungsbetrages die rechnerischen Anschaffungskosten des Vermögensgegenstandes aus Konzernsicht. Sie sind **planmäßig abzuschreiben.** Die Buchwertabschreibung im Einzelabschluss des Tochterunternehmens und die Abschreibung des Korrekturbetrages in einer Ergänzungsrechnung werden nach dem gleichen Verfahren durchgeführt. Die auf diese Abschreibungen entfallenden latenten Steuern werden erfolgserhöhend aufgelöst und mindern so im Konzernabschluss den Steueraufwand. Aus den zusätzlichen Abschreibungen im Konzernabschluss folgt eine sog. „outside basis difference", auf die aber gem. § 306 S. 4 keine latenten Steuern zu bilden sind.[74] Vermögensgegenstände von geringem Wert, die in der Neubewertungsbilanz angesetzt wurden, dürfen aus Vereinfachungsgründen bereits im Konzernabschluss für das Geschäftsjahr der Erstkonsolidierung vollständig abgeschrieben werden, wenn dadurch die Darstellung der Vermögens- und Ertragslage des Konzerns nicht wesentlich beeinträchtigt wird.

102   Wurden davor im Einzelabschluss des Tochterunternehmens Vermögensgegenstände auf den niedrigeren Tageswert abgeschrieben **(außerplanmäßige Abschreibung)** und steht der Vermögensgegenstand aufgrund von Hinzurechnung aus der Erstkonsolidierung im Konzernabschluss noch mit einem höheren Wert als im Einzelabschluss zu Buche, so muss, um den niedrigeren Wert auch im Konzernabschluss auszuweisen, die außerplanmäßige Abschreibung im Konzernabschluss um den Überschuss des Konzernbilanzwertes über den Einzelbilanzwert höher ausfallen als im Einzelabschluss.[75]

103   **3. Verrechnung stiller Lasten.** Wurden bei der Anpassung von Werten an die Zeitwerte Vermögensgegenstände abgewertet und aktivische latente Steuern auf die Differenzen angesetzt, so erhöhen die Bewertungsdifferenzen im Konzernabschluss beim Abgang der Vermögensgegenstände den Ertrag und die darauf entfallenden Steuern.[76] Bei abnutzbaren Gegenständen sinken die planmäßigen Abschreibungen entsprechend. In der Neubewertungsbilanz erstmals angesetzte Rückstellungen sind zu verbrauchen, sobald der damit verbundene Aufwand im Jahresabschluss des betreffenden Tochterunternehmens erfasst wird. Die Rückstellungen sind auch an den auf die Erstkonsolidierung folgenden Konzernabschlussstichtagen mit dem nach vernünftiger kaufmännischer Beurteilung notwendigen Erfüllungsbetrag zu bewerten.

104   **4. Minderheitenanteile.** Da die Zeitwertdifferenzen anteilig (→ Rn. 44) auch auf die Anteile anderer Gesellschafter entfallen, werden sie (→ § 307) anteilig um die Verrechnung stiller Rücklagen und Lasten im Rahmen der Folgekonsolidierung gemindert bzw. erhöht.[77]

---

[74]   Oser BC 2010, 209 f.

[75]   Busse v. Colbe/Ordelheide/Gebhardt/Pellens Konzernabschlüsse 5. Kap. IV. 1; ausf. ADS Rn. 145–166; HdK/Dusemond/Weber/Zündorf Rn. 161–184; Beck HdR/Hachmeister/Beyer C 401 Rn. 163.

[76]   HdK/Dusemond/Weber/Zündorf Rn. 171.

[77]   ADS Rn. 174 und 175.

5. Fortschreibungstechnik. Der Konzernabschluss wird in jedem Abschlusszeitpunkt **105** aus den Einzelabschlüssen der einbezogenen Unternehmen abgeleitet. Daher sind die Erstkonsolidierungsbuchungen jeweils zu wiederholen, die kumulierten Verrechnungsbeträge der aufgedeckten stillen Rücklagen und Lasten der Vorjahre erfolgsneutral mit den Konzernrücklagen zu verrechnen und nur die Verrechnungsbeträge der Abrechnungsperiode erfolgswirksam zu buchen.[78]

VIII. Veränderung des Mehrheitsanteils an konsolidierten Unternehmen

1. Erstkonsolidierung von Kapitaleinlagen in Tochterunternehmen. Der Zeit- **106** punkt der Erstkonsolidierung im Falle einer Kapitalerhöhung eines bereits einbezogenen Tochterunternehmens gegen Einlagen ist analog zum Erwerbszeitpunkt bei Kauf der Beteiligung der **Zeitpunkt, zu dem die Kapitaleinlage eingebracht wird.** Das Eigenkapital, das gegen die Kapitaleinlage aufzurechnen ist, wird grundsätzlich zu diesem Zeitpunkt bestimmt. Für die Ermittlung eines **Unterschiedsbetrages** sind folgende zwei Fälle zu unterscheiden:
– Der **Kapitalanteil** des Mutterunternehmens bleibt **unverändert** (Fall 1).
– Das Mutterunternehmen **beteiligt** sich an der Kapitalerhöhung **unterproportional** bis gar nicht – zB dann, wenn es eine Tochtergesellschaft an die Börse bringt – **oder überproportional** bis ausschließlich (Fall 2).

Im **1. Fall** gleicht die aktivierte Einlage im Wesentlichen dem zusätzlich auf das Mutter- **107** unternehmen entfallenden Eigenkapital des Tochterunternehmens, so dass dann kein Unterschiedsbetrag entsteht. Werden beim Mutterunternehmen jedoch zusätzlich **Anschaffungsnebenkosten** aktiviert (→ Rn. 29; DRS 23.166), sollte der resultierende Unterschiedsbetrag nach dem Grundsatz der Fiktion der rechtlichen Einheit sofort unter „sonstigen betrieblichen Aufwendungen" erfasst werden.[79] Besonders bei **ausländischen Tochterunternehmen** werden auch Kapitalerhöhungen gegen Sacheinlagen vorgenommen, wobei der Einlagewert über dem Buchwert des Gegenstandes liegen kann. Der resultierende Gewinn ist im Rahmen der **Zwischengewinneliminierung** (§ 304) herauszurechnen, so dass kein Unterschiedsbetrag entsteht.[80]

Wenn sich der relative Kapitalanteil des Mutterunternehmens ändert **(Fall 2)**, entsteht **108** nach hM ein **neuer passivischer oder aktivischer Unterschiedsbetrag.**[81] Er ist gem. § 309 zu behandeln. Außerdem ändert sich der **Ausgleichsposten für Anteile anderer Gesellschafter,** auch wenn sie an der Kapitalerhöhung nicht teilnehmen. Nach DRS 23.167/168 gilt: Erhöht sich die Beteiligungsquote des Mutterunternehmens in Folge einer Kapitalmaßnahme des Tochterunternehmens oder mindert sich die Beteiligungsquote, so ist der Unterschiedsbetrag, der aus der Verrechnung der neu erworbenen Anteile mit dem neugeschaffenen anteiligen Eigenkapital entsteht, wie bei einem Hinzuerwerb oder einer Abstockung zu behandeln. Werden nach Erlangung des beherrschenden Einflusses weitere Anteile an einem Tochterunternehmen erworben (Aufstockung) oder veräußert (Abstockung), ohne dass der Status als Tochterunternehmen verloren geht, können diese Transaktionen entweder als Erwerbs- bzw. Veräußerungsvorgang oder als Kapitalvorgang abgebildet werden. Bei einer Interpretation als Erwerbsvorgang sind die Vermögensgegenstände und Schulden anteilig in Höhe des Zuerwerbs neu zu bewerten. Ein sich nach der Verrechnung der Anschaffungskosten der weiteren Anteile mit dem auf diese Anteile entfallenden neubewerteten Eigenkapital ergebender Unterschiedsbetrag ist nach den handelsrechtlichen Vorschriften des § 309 zu behandeln. Bei einer Interpretation als Kapitalvorgang sind die Vermögensgegenstände und Schulden nicht neu zu bewerten. Vielmehr sind die Anschaffungskosten der weiteren Anteile mit dem hierauf entfallenden Anteil anderer Gesellschafter am Eigenkapital zum Zeitpunkt des Erwerbs dieser Anteile zu verrechnen.

---

[78] ADS Rn. 144; BeBiKo/Störk/Deubert Rn. 180.
[79] ADS Rn. 184; BeBiKo/Störk/Deubert Rn. 260; HdK/Dusemond/Weber/Zündorf Rn. 198.
[80] Busse v. Colbe/Ordelheide/Gebhardt/Pellens Konzernabschlüsse 5. Kap. X. 1.2.
[81] ADS Rn. 198–200; HdK/Dusemond/Weber/Zündorf Rn. 199 (m. Zahlenbeispielen).

109   Für die bilanzielle Behandlung der Kapitalerhöhung oder –herabsetzung eines konsolidierten Tochterunternehmens bzw. des Rückkaufs von Anteilen (§ 71 AktG) durch dieses Unternehmen von Dritten können auch die Methoden angewendet werden, die für den Kauf oder Verkauf von Anteilen an bereits bzw. weiterhin konsolidierten Tochterunternehmen diskutiert werden (→ Rn. 114 ff., → § 307 Rn. 14 ff.).

110   Die **Änderung des Ausgleichspostens für Anteile anderer Gesellschafter** sowie das nach hM Entstehen eines **zusätzlichen Unterschiedsbetrages** und eines **zusätzlichen Firmenwertes**, wenn das Mutterunternehmen (M) für die Anteile an dem Tochterunternehmen (T) aus der Kapitalerhöhung mehr als den proportionalen Anteil am bilanziellen Eigenkapital zahlt, sei für den Fall einer Kapitaleinlage nur durch das Mutterunternehmen an folgendem **Zahlenbeispiel** gezeigt:[82]

	Mio. EUR
– **Anschaffungskosten** von M für die Beteiligung an T von 70 % am 1.1.2019	50
70 % ant. bilanzielles Eigenkapital von T von 40 Mio. EUR (nom. 20 Mio. EUR)	– 28
ursprünglicher Unterschiedsbetrag	22
Anteil von M an stillen Rücklagen in Grundstücken und Beteiligungen von 10 Mio. EUR	– 7
ursprünglicher Firmenwert am 1.1.2019	15
kumulierte Abschreibung auf den Firmenwert für 01 bis 02	– 10
restlicher Firmenwert am 1.1.2021	5
Anteile anderer Gesellschafter zu Zeitwerten: 30 % von 40 + 10 Mio. EUR (nom. 6 Mio. EUR)	15
– **Kapitalerhöhung durch M um nominal 10 Mio. EUR + Agio 25 Mio. EUR am 1.1.2022**	35
neues Eigenkapital von T zu Zeitwerten: 40 Mio. EUR + 10 Mio. EUR + 35 Mio. EUR	85
Ausgleichsposten für Anteile anderer Gesellschafter (⁰/₀₀ =) 20 % v. 85 Mio. EUR =	17
neues anteiliges Eigenkapital: von M an T: 75 Mio. EUR – 28 Mio. EUR – (10 – 2) Mio. EUR – 15 Mio. EUR =	24
zusätzlicher Firmenwert: 35 Mio. EUR – 24 Mio. EUR =	11

111   Der Anteil anderer Gesellschafter steigt infolge der Kapitalerhöhung um 2 auf 17 Mio. EUR. Bei Anwendung der Neubewertungsmethode werden keine weiteren stillen Rücklagen aufgedeckt, weil sie bereits bei der Erstkonsolidierung vollständig aufgedeckt worden waren. Schließlich wird ein zusätzlicher Firmenwert von 11 Mio. EUR gezeigt. Fraglich ist, ob diese Vorgehensweise insofern der Einheitstheorie entspricht, als bei einer Kapitalerhöhung eines rechtlich einheitlichen Unternehmens die Aktiva, abgesehen von der Position, die das zusätzliche Vermögen aufnimmt – bei einer Barkapitalerhöhung also die flüssigen Mittel –, unberührt bleiben. Die Kapitalerhöhung durch das Mutterunternehmen ist ein konzerninterner Vorgang, durch den dann kein zusätzlicher Firmenwert entstehen kann. Das spricht dafür, auch Kapitalerhöhungen eines Tochterunternehmens, an denen das Mutterunternehmens über- oder unterproportional beteiligt ist, nicht als Anschaffungs- sondern als Kapitalvorgang abzubilden (→ Rn. 113).

112   **2. Erwerb von Anteilen an bereits konsolidierten Unternehmen.** Die Fälle des Kaufs von Anteilen an einem bereits konsolidierten Unternehmen und des Verkaufs von Anteilen von weiterhin konsolidierten Unternehmen haben Gesetzgeber und IASB bisher nicht geregelt.[83] Den Wert der Beteiligung und des Eigenkapitals gem. Abs. 2 S. 1 auf den Zeitpunkt zu beziehen, zu dem das Unternehmen Tochterunternehmen wurde, trifft den Sachverhalt nicht. Zusätzliche Beteiligungstranchen, die nach Erlangung der Kontrollmacht erworben wurden, sollen nach hM als **Erwerbsvorgang** angesehen werden. Die Anschaffungskosten der Anteile sollen danach gegen das zusätzlich auf das Mutterunternehmen entfallende Eigenkapital aufgerechnet werden. Ein daraus entstehender aktivischer Unterschiedsbetrag soll als **nachträgliche Anschaffungskosten auf die bereits konsolidierten Vermögensgegenstände und Schulden** und den **Firmenwert** aufgeteilt werden. Ähnlich wie im Fall des tranchenweisen Beteiligungserwerbs bis zur Etablierung der Kontroll-

---

[82]   ADS Rn. 200.
[83]   Brücks/Richter KoR 2005, 411.

macht (→ Rn. 67) seien die Differenzbeträge zwischen Buch- und beizulegenden Werten und der Firmenwert für jeden Konzernbilanzstichtag fortzuschreiben und zu kumulieren sowie die Anteile anderer Gesellschafter entsprechend anzupassen. Allerdings ist strittig, ob der Erwerbspreis der zusätzlichen Tranche gegen das zu **diesem Zeitpunkt vorhandene Eigenkapital oder das Eigenkapital zum Zeitpunkt der Erstkonsolidierung** aufzurechnen ist. Mit der Wahl der ersten Alternative würden die seit der Erstkonsolidierung den Minderheiten zugeordneten thesaurierten Ergebnisse und die seitdem gebildeten auf sie entfallenden stillen Rücklagen nun inkonsistent als anteilig erworbenes Eigenkapital behandelt. Daher ist es vorzuziehen, den Erwerbspreis der 2. Tranche gegen das im Erstkonsolidierungszeitpunkt vorhandene Eigenkapital aufzurechnen.[84] Das sei an folgendem Zahlenbeispiel gezeigt: M erwirbt in t_1 60 % der Anteile an TU zu 600 (Angaben in Mio. EUR) und in t_2 eine zusätzliche Tranche von 20 % zu 212. Die Vermögensgegenstände von TU enthalten in t_1 stille Rücklagen in Höhe von 100, die über 10 Jahre abgeschrieben werden, und in t_2 darüber hinaus 20. Im Zeitpunkt der Erstkonsolidierung entfallen damit auf M stille Reserven von 60, beim Erwerb der 2. Tranche nochmals 20 % von 90, sowie 20 % an den inzwischen gebildeten stillen Reserven von 20 (= 4). Damit ergibt sich im Erstkonsolidierungszeitpunkt ein Firmenwert von 300, der hier nicht abgeschrieben werden möge, in t_2 bei Bezug auf diesen Zeitpunkt ein zusätzlicher Firmenwert von 100, beim Rückbezug auf t_1 aber von 114.[85]

	TU(t_1)	60 %	TU(t_2)	20 %(t_2)	20 %(t_1)
Kaufpreis		600		212	212
Bil. Eigenkapital	400	− 240	450	− 90	− 80
St. Rücklagen	100	− 60	90	− 18	18
St. Rückl. 2. Tran.			20	− 4	0
Firmenwert		300		100	114

Kontrovers wird auch die **Alternative** diskutiert, den Erwerb von Anteilen eines bereits **113** konsolidierten Unternehmens von Dritten statt als Erwerbsvorgang wie einen **Kapitalvorgang** zwischen den Anteilseignern der Obergesellschaft und den außenstehenden Anteilseignern des Tochterunternehmens zu behandeln.[86] Von dem nachträglichen Erwerb der Anteile ginge dann **kein Einfluss auf die Aktivseite** der Konzernbilanz aus. Übersteigen die Anschaffungskosten für die nachträglich erworbenen Anteile das anteilige Eigenkapital, dann würde der gesamte Unterschiedsbetrag von den Kapitalrücklagen des Konzerns abgesetzt und damit der Anteilserwerb insoweit wie eine Kapitalrückzahlung an die anderen Gesellschafter des Tochterunternehmens behandelt werden.[87] Dieser Vorschlag wird auch damit begründet, dass dem Konzern **keine neuen Vermögensgegenstände zuwachsen** und der Einheitsgedanke (§ 297 Abs. 3 S. 1) sowie die im Gesetz auch zum Ausdruck kommende grundsätzliche Gleichwertigkeit des dem Mutterunternehmen und des dem Tochterunternehmen zurechenbaren Eigenkapitals (§ 307 Abs. 1) dafür spreche.[88] Kritisch könnte man einwenden, diese Methode entspreche in ihrer Vermögens- und Erfolgswirkung einer gleichzeitigen Anwendung von Erwerbsmethode und Methode der Interessenzusammenführung für verschiedene Anteile an ein und demselben Tochterunternehmen. Die Methode der Interessenzusammenführung hat der Gesetzgeber jedoch mit dem BilMoG nicht mehr zugelassen.[89] Bereits nach IAS 27.30 (2008) war der Erwerb von Anteilen an bereits konsolidierten Unternehmen der **Einheitstheorie** entsprechend als reiner **Kapital-**

---

[84] Zahlenbeispiel bei Busse v. Colbe/Ordelheide/Gebhardt/Pellens Konzernabschlüsse 5. Kap. X. 1.1; aA ADS Rn. 176–179; BeBiKo/Störk/Deubert Rn. 215 ff.

[85] Ausf. mit Zahlenbeispielen Falkenhahn, Änderung der Beteiligungsstruktur an Tochterunternehmen im Konzernabschluss, 2006, Kap. III.

[86] HdK/Dusemond/Weber/Zündorf Rn. 196.

[87] Näheres bei Falkenhahn, Änderung der Beteiligungsstruktur an Tochterunternehmen im Konzernabschluss, 2006, Kap. III. B.

[88] HdK/Dusemond/Weber/Zündorf Rn. 196.

[89] Busse v. Colbe/Ordelheide/Gebhardt/Pellens Konzernabschlüsse 5. Kap. X. 1.1.

vorgang darzustellen.[90] Reiner Kapitalvorgang ist auch eine Veränderung bei den im Besitz nicht beherrschender Anteilseigner befindlichen Anteilen (IFRS 10.B96).

114   **3. Veräußerung von Anteilen an weiterhin konsolidierten Unternehmen.** Auf den nicht geregelten Fall der Veräußerung von Anteilen an weiterhin konsolidierten Unternehmen wird nach der bisher hM, die auch der DSR mit dem DRS 23.176 f. geteilt hat, die **Methode der Entkonsolidierung** (→ Rn. 118 ff.) übertragen.[91] Das an die Konzernbewertung angepasste Veräußerungsergebnis des Verkaufs der Anteile wird dann im **Konzernergebnis** ausgewiesen. Von einem noch aktivierten Goodwill sei der entsprechende Anteil als Vermögensabgang anzusetzen.[92] Bei Anwendung der bisher gebräuchlichen Buchwertmethode soll der Anteil an stillen Reserven/Lasten, der bisher auf das Mutterunternehmen entfiel und sich in den Konzernrücklagen niedergeschlagen hatte, dann den verkauften Anteil entsprechend reduzieren.[93] Die bisher hM war offenbar stark von der **Interessentheorie** geprägt. Sie berücksichtigt nicht, dass mit dem Anteilsverkauf, anders zB infolge des Verkaufs der kompletten Beteiligung, keine Vermögensgegenstände und Schulden des Konzerns abgegangen sind.

115   Bei einem Verkauf von Anteilen an einem weiterhin konsolidierten Unternehmen bleiben vielmehr alle Vermögensgegenstände und Schulden für den Konzern mit ihren im Konzernabschluss fortgeschriebenen Werten erhalten. Eine erfolgswirksame Behandlung eines solchen Verkaufs **verstößt damit gegen das Realisationsprinzip** und ist schon deshalb fragwürdig. Werden Mehrheitsgesellschafter und vorhandene wie hinzukommende Minderheitsgesellschafter iSd **Einheitstheorie** als Eigenkapitalgeber verstanden, so kann eine Transaktion zwischen ihnen für den Konzern nicht erfolgswirksam sein. Überschreitet der Erlös für die Anteile den ihnen zurechenbaren Betrag des Mutterunternehmens am Eigenkapital des Unternehmens, so ist der Überschuss **erfolgsneutral** in die **Kapitalrücklage** einzustellen, unterschreitet er ihn, ist sie entsprechend zu mindern.[94] Bereits nach IAS 27 (2008) und ebenso nach IFRS 10.B96 ist auch die Veräußerung von Anteilen weiterhin konsolidierten Unternehmen als erfolgsneutraler **Kapitalvorgang** abzubilden (→ Rn. 113).[95]

116   **4. Andere Änderungen des Mehrheitsanteils.** Veränderungen des Anteils des Mutterunternehmens an einem konsolidierten Unternehmen können sich auch aus anderen Vorgängen ergeben, zB dann, wenn das Tochterunternehmen Anteile nur von anderen Minderheiten oder nicht proportional auch von dem Mutterunternehmen zurückkauft. Diese Vorgänge sind im Einzelabschluss des Tochterunternehmens erfolgsneutral und damit auch im Konzernabschluss.[96]

117   **5. Behandlung des Goodwills.** Strittig ist, ob ein beim Erwerb der Mehrheitsbeteiligung bezahlter und noch aktivierter Goodwill bei Erwerb und Verkauf von Anteilen bereits bzw. weiterhin konsolidierter Unternehmen der Änderung der Quote der anderen Gesellschafter am Eigenkapital des Unternehmens angepasst werden soll. Bei Erwerb einer Mehrheitsbeteiligung wird ein bezahlter Goodwill nicht dem Anteil der Minderheiten entsprechend erhöht. Im Fall des **Erwerbs von weiteren Anteilen** würde dann derjenige **Goodwill,** der im Zeitpunkt des Erwerbs der Mehrheit für sie anteilig vergütet worden

90   Busse v. Colbe/Falkenhahn FS Graßhoff, 2005, 19 ff.; Brücks/Richter KoR 2005, 411.
91   Ausf. hierzu Küting/Wirth KoR 2005, 415 ff.
92   ADS Rn. 187 ff.; Baetge FS Moxter, 1994, 542 ff.; BeBiKo/Störk/Deubert Rn. 236; Küting/Elprana/ Wirth KoR 2003, 482 ff.; Kölner Komm RechnungslegungsR/Claussen/Scherrer Rn. 224; Baetge/ Kirsch/Thiele KonzernBil Kap. VIII. 231.21; ausf. Hendler, Abbildung des Erwerbs und der Veräußerung von Anteilen an Tochterunternehmen nach der Interessentheorie und der Einheitstheorie, 2002, Abschn. 42.
93   Küting/Wirth KoR 2005, 418.
94   Busse v. Colbe/Ordelheide/Gebhardt/Pellens Konzernabschlüsse 5. Kap. X. 2; ähnlich wohl HdK/ Dusemond/Weber/Zündorf Rn. 221; nun auch BeBiKo/Störk/Deubert Rn. 235.
95   Busse v. Colbe/Falkenhahn FS Graßhoff, 2005, 23.
96   Zu weiteren Fällen s. BeBiKo/Störk/Deubert Rn. 240 ff.

war und für die neue Tranche zusätzlich auf die Muttergesellschaft entfällt, **nachaktiviert.** Durch den Rückbezug auf den Zeitpunkt des Mehrheitserwerbs wird verhindert, dass ein seitdem zusätzlich entstandener originärer Goodwill aktiviert wird. Im Fall des Verkaufs von Anteilen würde der ursprünglich bezahlte Goodwill entsprechend vermindert.[97] Wenn der Goodwill bereits im Zeitpunkt des Erwerbs der Mehrheitsbeteiligung der **Full Good-will-Methode** (→ Rn. 82) entsprechend um den auf die Minderheiten entfallenden Teil erhöht würde, entfiele beim Kauf und Verkauf von Anteilen eine solche Anpassung.[98]

IX. Entkonsolidierung

1. Zweck. Unter Entkonsolidierung (auch Endkonsolidierung) werden diejenigen **118** Maßnahmen der Konzernrechnungslegung verstanden, die das **Ausscheiden eines Unternehmens aus dem Konsolidierungskreis abbilden** (→ Rn. 11). Das gilt insbesondere bei Veräußerung der Anteile an einem Tochterunternehmen insgesamt oder der Stimmenmehrheit an ihm. Die **Übergangskonsolidierung** bezeichnet die Rechenschritte, die beim Übergang von einer Konsolidierungsform zu einer anderen, insbesondere beim Wechsel von der Vollkonsolidierung zur Quotenkonsolidierung[99] sowie bei Reduzierung auf eine Minderheitsbeteiligung und damit auf eine Bewertung nach der Equity-Methode oder zu Anschaffungskosten (HGB) oder Fair Values (IFRS) der Beteiligung durchzuführen sind. Eine partielle Entkonsolidierung ist nach bisher hM dann vorzunehmen, wenn Anteile an einem konsolidierten Tochterunternehmen an Konzernfremde oder andere Gesellschafter veräußert werden, das Controlverhältnis aber erhalten bleibt (→ Rn. 114 f., → § 309 Rn. 44). Das HGB enthält (mit Ausnahme von § 308a S. 4) **keine Regelung** der Entkonsolidierung. Deshalb müssen Grundsätze für sie aus dem Einheitsgrundsatz entwickelt werden. Dafür bietet sich als Analogie zur Einzelerwerbsfiktion beim Zugang die **Einzelveräußerungsfiktion** für den Abgang der Beteiligung an. In **DRS** 23.179 f. wurden einige Grundsätze für die Ent- und Übergangskonsolidierung genannt. IFRS 10.B97 ff. enthält ausführliche Regelungen für die Entkonsolidierung, die auch als Vorbild für eine Entkonsolidierung in einem HGB-Konzernabschluss dienen können.

Eine iSd **Einheitsgrundsatzes** zutreffende Ermittlung des Konzernergebnisses erfor- **119** dert, dass im Konzernabschluss der Erfolg aus der Veräußerung der Beteiligung aus dem Einzelabschluss durch den **Entkonsolidierungserfolg** ersetzt wird. Würden, wie früher in einigen Mitgliedstaaten der EU aufgrund von Art. 59 RL 78/660/EWG (4. EG-Richtlinie) zugelassen, im Einzelabschluss Beteiligungen, die im Konzernabschluss konsolidiert werden, at equity bewertet, was aber nach HGB nicht erlaubt ist, so träten insoweit Friktionen zwischen Einzelabschluss und Konzernabschluss bei der Entkonsolidierung nicht auf, sofern bei der Equity-Bewertung und der Konsolidierung im Konzernabschluss parallel vorgegangen wird. Der Veräußerungserfolg aus dem Einzelabschluss kann auch deshalb nicht unbesehen in den Konzernabschluss übernommen werden, weil der Buchwert der Beteiligung noch **Bestandteile der Anschaffungskosten** enthalten kann, die in der **Folgekonsolidierung** bereits **ergebniswirksam** geworden sind. Die Ansicht, der Beteiligungsabgang sei lediglich ein Vorgang zwischen zwei Gesellschaftergruppen, der sein Ergebnis erfolgsneutral stets direkt im Eigenkapital fände,[100] wird in Übereinstimmung mit der hM (abgesehen von den unter → Rn. 114 ff. behandelten Fällen) nicht geteilt. Das einfache **Weglassen** der Vermögensgegenstände und Schulden des ausgeschiedenen Tochterunternehmens aus dem Konzernabschluss, was früher häufig praktiziert wurde, gilt als **unzulässig.**[101] Das Ergebnis aus dem Beteiligungsabgang auf Basis der Werte im Konzernabschluss betrifft den Anteil des Mutterunternehmens. Das zum Zeitpunkt der Beendigung der Möglichkeit des beherr-

---

[97] Pawelzik WPg 2004, 686.
[98] Busse v. Colbe/Falkenhahn FS Graßhoff, 2005, 23.
[99] Ordelheide BB 1986, 766 ff.; Schindler, Kapitalkonsolidierung nach dem Bilanzrichtlinien-Gesetz, 1986, S. 229 ff.; Baetge/Kirsch/Thiele KonzernBil Kap. VIII. 2.
[100] HdK/Dusemond/Weber/Zündorf Rn. 210–221.
[101] ADS Rn. 257.

schenden Einflusses ermittelte Reinvermögen zu Konzernbuchwerten des Tochterunternehmens ist in voller Höhe als Abgang auszubuchen. Der Unterschied zwischen dem Veräußerungspreis einerseits und dem zum Abgangszeitpunkt fortgeschriebenen Reinvermögen zu Konzernbuchwerten andererseits ist ergebniswirksam als Veräußerungsgewinn bzw. -verlust idR in dem Posten sonstige betriebliche Erträge bzw. Aufwendungen der Gewinn- und Verlustrechnung zu erfassen. Die **Anteile anderer Gesellschafter** werden **erfolgsneutral** entkonsolidiert (IFRS 10.B98 (a); DRS 23.184).

120   **2. Ermittlung des Entkonsolidierungsergebnisses.** Dem Veräußerungserlös für die Beteiligung an dem ausgeschiedenen Tochterunternehmen werden deren Vermögensgegenstände und Schulden, mit denen sie im **Zeitpunkt des Abganges** in der Konzernbilanz angesetzt worden wären, gegenübergestellt, soweit sie auf das Mutterunternehmen entfallen (DRS 23.179). Bei einem **Abgang innerhalb des Geschäftsjahres** darf zur Vermeidung eines Zwischenabschlusses in Analogie zum Zugang die Entkonsolidierung auf den **vorhergehenden Stichtag des Einzelabschlusses** bezogen, müssen aber wesentliche Wertänderungen auf den Abgangszeitpunkt fortgeschrieben werden.[102]

121   Bei der bisher üblichen **Buchwertmethode** betreffen die Bilanzansatz- und Bewertungskorrekturen im Rahmen der Erstkonsolidierung nur die **Anteile des Konzerns.** Soweit sie in der Folgekonsolidierung noch nicht verrechnet wurden, sind sie in dieser Höhe in den Abgangswert der Anteile des Mutterunternehmens bei der Entkonsolidierung einzurechnen. Dies gilt auch für den **noch nicht ergebniswirksam verrechneten Geschäftswert** aus der Erstkonsolidierung oder einen **noch nicht aufgelösten passivischen Unterschiedsbetrag** (DRS 23.179).[103] Ein nach § 309 Abs. 1 S. 3 aF gegen die Rücklagen **erfolgsneutral ausgebuchter Geschäftswert**[104] wird nach hM im Rahmen der Entkonsolidierung aufwandswirksam (→ § 309 Rn. 54). Andernfalls würden elementare Grundsätze des handelsrechtlichen Rechnungswesens, wie insbesondere das **pagatorische Prinzip** und das **Kongruenzprinzip,** verletzt. Mit der Beteiligung wurde aus Konzernsicht auch ein ggf. vorhandener Geschäftswert erworben. Aus Konzernsicht ist dies eine Investition, mit der Erträge erwirtschaftet wurden. Da den Erträgen die Investitionsaufwendungen gegenübergestellt werden müssen, ist der bezahlte Geschäftswert, soweit er nicht im Rahmen der Folgekonsolidierung abgeschrieben wurde, spätestens bei der Entkonsolidierung als Aufwand zu verrechnen.[105] Der Entkonsolidierungserfolg ergibt sich dann wie folgt:

Veräußerungserlös für die Beteiligung
–	anteilige Vermögenswerte des Tochterunternehmens zu Buchwerten in der HB II
+	anteilige Schulden des Tochterunternehmens zu Buchwerten in der HB II
–/+	noch nicht ergebniswirksam verrechnete stille Rücklagen/Lasten aus der Erstkonsolidierung
–	noch nicht ergebniswirksam verrechneter Geschäftswert aus der Erstkonsolidierung oder
–	erfolgsneutral verrechneter und noch nicht verrechneter Geschäftswert
+	noch nicht aufgelöster passivischer Unterschiedsbetrag
=	**Entkonsolidierungserfolg für das Tochterunternehmen**

122   Nach aA durchbricht der Gedanke aus der früheren Regelung in § 309 Abs. 1 S. 3 aF das Periodisierungsprinzip auch mit Wirkung für die Entkonsolidierung, so dass für eine Stornierung der erfolgsneutralen Verrechnung des Geschäftswertes und damit für eine Dotierung der Rücklagen kein Raum sei (→ § 309 Rn. 44).[106]

123   Bei der nach der BilMoG-Novelle allein zulässigen **Neubewertungsmethode** werden die noch nicht ergebniswirksam verrechneten Bilanzansatz- und Bewertungskorrekturen nur anteilig berücksichtigt, weil sich die Korrekturen im Rahmen der Erstkonsolidierung

---

102 ADS Rn. 275; Busse v. Colbe/Ordelheide/Gebhardt/Pellens Konzernabschlüsse 5. Kap. V. 2.4.
103 Busse v. Colbe/Ordelheide/Gebhardt/Pellens Konzernabschlüsse 5. Kap. V. 2.1 und 2.2.
104 Busse v. Colbe/Müller/Reinhard Konzernabschluss Rn. 71; BeBiKo/Störk/Deubert Rn. 308; ADS Rn. 263; Scherrer Konzernrechnungslegung 5. Teil B V.; Baetge/Kirsch/Thiele KonzernBil Kap. VIII. 222.
105 Ordelheide BB 1986, 768; ADS Rn. 262; Busse v. Colbe FS Forster, 1992, 129 ff.
106 Ausf. HdK/Dusemond/Weber/Zündorf Rn. 371 mwN.

auf 100 % der Kapitalanteile beziehen. Ein noch nicht ergebniswirksam verrechneter Geschäftswert wird (abgesehen von der Full-Goodwill-Methode) dagegen auch bei der Neubewertungsmethode in voller Höhe berücksichtigt, da der Geschäftswertanteil nicht auf 100 % hochgerechnet wird. Es gilt dann im Einzelnen:

Veräußerungserlös für die Beteiligung
− anteilige Vermögenswerte des Tochterunternehmens zu Buchwerten in der HB II
+ anteilige Schulden des Tochterunternehmens zu Buchwerten in der HB II
−/+ anteilige noch nicht ergebniswirksam verrechnete stille Rücklagen/Lasten aus der Erstkonsolidierung
− noch nicht ergebniswirksam verrechneter Geschäftswert aus der Erstkonsolidierung (nicht anteilig)
+ noch nicht ergebniswirksam verrechneter passivischer Unterschiedsbetrag (nicht anteilig)
= **Entkonsolidierungserfolg des Tochterunternehmens**[107]

Soweit der anteilige Abgangswert auf die **anderen Gesellschafter** entfällt, ist er bei **124** der **Buchwertmethode** gleich den anteiligen Buchwerten des Vermögensgegenstandes minus den anteiligen Schuldpositionen, jeweils gem. HB II. Bei der **Neubewertungsmethode** ist dem noch der Anteil an den Bilanzansatz- und Bewertungskorrekturen hinzuzufügen, die noch nicht ergebniswirksam verrechnet wurden. Der anteilige Abgangswert entspricht in seiner Höhe dem Ausgleichsposten für Anteile anderer Gesellschafter, so dass dessen Entnahme aus der Konzernbilanz **erfolgsneutral** bleibt, wenn die im Rahmen der Erstkonsolidierung vorgenommenen Korrekturen in der Folgekonsolidierung anteilig mit dem Ausgleichsposten für Anteile anderer Gesellschafter verrechnet wurden (DRS 23.184).

3. Darstellung der Entkonsolidierung. Bei Änderung des Konsolidierungskreises **125** sind gem. § 294 Abs. 2 in den Konzernabschluss Angaben aufzunehmen, die es ermöglichen, die aufeinander folgenden Konzernabschlüsse sinnvoll zu vergleichen. In Abs. 3 S. 2 wird eine Erläuterungspflicht für eine Veränderung des restlichen Unterschiedsbetrages kodifiziert. Für die Darstellung der Änderung des **Anlagevermögens** (einschließlich des **Firmenwertes**) infolge der Entkonsolidierung wird dieser Pflicht vollauf genügt, wenn analog zur Erstkonsolidierung in den **Anlagespiegel/das Anlagengitter** eine zusätzliche Spalte „Abgänge wegen Veränderungen des Konsolidierungskreises" aufgenommen wird. Eine Saldierung von Zugängen aus Erstkonsolidierungen und Abgängen aus Entkonsolidierungen sowie ein Ausweis nur des Saldos in einer besonderen Spalte „Veränderungen des Konsolidierungskreises" widerspräche wohl dem Bruttoprinzip (§ 298 Abs. 1 iVm § 246 Abs. 2). Eine Saldierung ist im Anlagespiegel eines rechtlich einheitlichen Unternehmens unzulässig. Auch für das **Umlaufvermögen** und die **Passiva** sind bei **wesentlichen Änderungen** Angaben erforderlich, die die Vergleichbarkeit herstellen (§ 294 Abs. 2).

Nach dem **Einheitsgrundsatz** müssten die Abgänge von Vermögensgegenständen, **126** Schulden und sonstigen Werten des Tochterunternehmens in der **Konzern-GuV** so behandelt werden, wie sie bei einem rechtlich einheitlichen Unternehmen zu verrechnen wären. Bei strikter Befolgung der Einheitstheorie müsste der Veräußerungserlös der Beteiligung mit Hilfe der **Fiktion des Einzelabgangs** auf die einzelnen Vermögensgegenstände und Schulden und einen ggf. verbleibenden Erfolg aufgeschlüsselt werden. Dies kann jedoch konsolidierungstechnisch aufwändig sein.

Zur **Vereinfachung** können die Aufwendungen für den Abgang der einzelnen Vermö- **127** gensgegenstände in der Konzern-GuV zusammengefasst ausgewiesen werden. Für den Abgang der Schulden des Tochterunternehmens wären die entsprechenden Ertragspositionen zu dotieren. Diesen Erträgen ist dann noch der Veräußerungserlös für die Beteiligung hinzuzufügen. Ein Ausweis im Rahmen des Finanzergebnisses ist im Unterschied zum Einzelabschluss aus Konzernsicht idR unzutreffend, wenn vor allem Vermögensgegenstände abgehen, die aus Konzernsicht zur betrieblichen Sphäre gehören.

Eine über diese Vereinfachungen hinausgehende **Saldierung des Ertrages und des** **128** **Aufwandes aus dem Abgang von Tochterunternehmen** könnte zwar das gem. § 298 Abs. 1 entsprechend auf die Konzern-GuV anzuwendende Verrechnungsverbot für Aufwen-

---

[107] Busse v. Colbe/Ordelheide/Gebhardt/Pellens Konzernabschlüsse 5. Kap. V. 2.

dungen und Erträge (§ 246 Abs. 2) verletzen.[108] Da aber im Einzelabschluss bei einzelnen Anlageabgängen und bei Veräußerung von ganzen Teilbetrieben und anderen **Sachgesamtheiten** nur das **Ergebnis** ausgewiesen wird, wird auch hier die Saldierung für zulässig angesehen.[109] Weist man – wie in der Praxis weitgehend üblich – daher nur den Saldo aus, so sollte dieser zumindest als Veräußerungsgewinn oder -verlust aus dem Abgang von Tochterunternehmen innerhalb des Betriebsergebnisses wie bei Veräußerung eines Teilbetriebes, also nicht im Finanzergebnis, gesondert ausgewiesen oder im Konzernanhang angegeben werden.[110] Ein Ausweis im **außerordentlichen Ergebnis** kommt in Frage, wenn bei angenommener rechtlicher Einheit die Vorgänge nach den Regeln des Einzelabschlusses als außerordentlich einzustufen wären.

129   **4. Übergang auf die Quotenkonsolidierung.** Wird ein Tochterunternehmen zu einem Gemeinschaftsunternehmen iSv § 310, so muss es aus dem Vollkonsolidierungskreis ausscheiden, darf aber quotal konsolidiert werden. Für ggf. veräußerte Anteile ist eine Entkonsolidierung erforderlich. Damit wird auch ein ggf. zuvor ausgewiesener Ausgleichsposten für Anteile anderer Gesellschafter nicht mehr ausgewiesen (DRS 23.186). Die restlichen anteiligen Vermögenswerte und Schulden verbleiben im Konzernabschluss. Eine während der Vollkonsolidierung begonnene planmäßige Abschreibung eines Geschäftswertes im Konzernabschluss wird in den Folgeperioden quotal fortgesetzt. Da bei der Quotenkonsolidierung die gleichen Konsolidierungsverfahren angewendet werden, bleibt der Bilanzausweis und der GuV-Ausweis unverändert. Damit erübrigt sich für diese verbleibenden Anteile eine Übergangskonsolidierung, die bei Übergang auf die Equity-Methode erforderlich würde.

130   **5. Übergang auf die Equity-Bewertung.** Insbesondere bei Verkauf der Mehrheiten an einem bisher einbezogenen Tochterunternehmen kann zu dieser Gesellschaft ein Assoziierungsverhältnis iSv § 311 Abs. 1 entstehen. Wenn das assoziierte Unternehmen von nicht untergeordneter Bedeutung ist, so muss für dieses Unternehmen auf die Equity-Bewertung übergegangen werden. Dies gilt entsprechend für einen Übergang auf ein Gemeinschaftsunternehmen, wenn dieses at equity bewertet werden soll. Für das aus der Vollkonsolidierung ausscheidende Tochterunternehmen sind dessen Anlagegegenstände im **Anlagespiegel/ Anlagengitter** als Abgang und der Wert der dem Konzern verbleibenden Anteile als Zugang im Finanzanlagevermögen zu zeigen.

131   Wenn für die Equity-Bewertung die gleichen Konsolidierungsverfahren angewendet werden wie bei der Vollkonsolidierung, so kann die Beteiligung mit einem Equity-Wert in den Konzernabschluss eingestellt werden, der dem auf das Mutterunternehmen entfallenden anteiligen Abgangswert des Tochterunternehmens im Rahmen der Entkonsolidierung genau entspricht. Der Übergang von der Vollkonsolidierung auf die Equity-Bewertung ist dann insoweit **ergebnis- und eigenkapitalneutral.** Wird jedoch für die Equity-Bewertung von den Konsolidierungsmethoden der Vollkonsolidierung, zB bei der Zwischenerfolgseliminierung, oder von den konzerneinheitlichen Bewertungsmethoden abgewichen, kann die Übergangskonsolidierung auf die Equity-Bewertung erfolgs- und eigenkapitalwirksam sein. Der **Ausgleichsposten für Anteile anderer Gesellschafter** verschwindet erfolgsneutral, da er genauso hoch ist wie der auf diese Gesellschafter entfallende anteilige Abgangswert des Tochterunternehmens. Der auf die veräußerten Anteile entfallende Teil ist in der Konzern-GuV ergebniswirksam zu berücksichtigen.[111]

132   **6. Übergang auf die Anschaffungskostenmethode.** Wenn infolge der Veräußerung von Anteilen an einem bisher einbezogenen Tochterunternehmen kein Assoziierungsverhältnis entsteht, so sind die verbleibenden Anteile an dem Unternehmen nach HGB auch im **Konzernabschluss zu den Anschaffungskosten** oder den niedrigeren Tageswerten zu bewerten. Als Bilanzwert für den Konzernabschluss wäre der Betrag zugrunde zu legen,

[108]   Busse v. Colbe/Ordelheide/Gebhardt/Pellens Konzernabschlüsse 5. Kap. V. 2.3.
[109]   BeBiKo/Störk/Deubert Rn. 331; ADS Rn. 268.
[110]   Baetge/Herrmann WPg 1995, 229 ff.; Baetge/Kirsch/Thiele KonzernBil Kap. VIII. 224.
[111]   Busse v. Colbe/Ordelheide/Gebhardt/Pellens Konzernabschlüsse 5. Kap. V. 4; ADS Rn. 284–287.

mit dem Anteile bei dem Mutterunternehmen zu Buche stehen. Wegen des **Verbots der Equity-Bewertung** für solche Beteiligungen wäre es nicht zulässig, den entsprechenden Equity-Wert dieser Anteile als Anschaffungskosten, bezogen auf den aktuellen Bilanzstichtag, im Konzernabschluss anzusetzen.[112] Jedoch wird der Equity-Ansatz für die restliche Beteiligung in Teilen der Literatur favorisiert[113] oder sogar wegen des Verbots, unrealisierte Gewinne auszuweisen, für geboten gehalten.[114] Auch nach DRS 23.190 gilt das restliche Reinvermögen zu Konzernbilanzwerten als Anschaffungskosten der Beteiligung.

Der Anschaffungswert im Einzelabschluss der im Konzern verbleibenden Anteile kann **133** sich von dem bisherigen Wert im Konzernabschluss dadurch **unterscheiden,** dass
– im Rahmen der Folgekonsolidierung Teile der Anschaffungskosten bereits verrechnet wurden und
– anteilige Gewinnthesaurierungen oder Verlustvorträge nicht den Einzelbilanz-, wohl aber den Konzernbilanzansatz verändert haben.[115]

Setzt man den anteiligen Anschaffungswert der Restbeteiligung aus dem Einzelabschluss **134** auch im Konzernabschluss an, so sind nach hM Unterschiedsbeträge für die verbleibenden Anteile im Jahr der Reduzierung der Beteiligung im Konzernabschluss **erfolgswirksam** zu vereinnahmen, im ersten Fall gewöhnlich als Ertrag, im zweiten meist als Aufwand.[116] Damit würden im Konzernabschluss die früheren Erfolgsbestandteile rückgängig gemacht. Eine **erfolgsneutrale** Verrechnung mit den Konzernrücklagen verletzt bis zum späteren Abgang auch dieser Anteile das Kongruenzprinzip, heilt diesen Mangel aber, wenn dann das im Einzelabschluss ausgewiesene Ergebnis aus diesem späteren Beteiligungsabgang um die Übergangskonsolidierungsdifferenz korrigiert und diese auch erfolgsneutral behandelt wird. Die zum Zeitpunkt des Ausscheidens des Tochterunternehmens veräußerten Anteile werden anteilig nach der Methode der Entkonsolidierung behandelt.

X. Kapitalkonsolidierung im mehrstufigen Konzern

Die gesetzliche Regelung der Kapitalkonsolidierung bezieht sich zwar nur auf das **135** unmittelbare Verhältnis von Mutter- zu Tochterunternehmen (einstufiger Konzern), sie muss aber auch auf die häufig auftretenden Fälle angewendet werden, in denen Tochterunternehmen **(Mutterunternehmen eines Teilkonzerns, Zwischenholdings)** ihrerseits Tochterunternehmen haben (mehrstufiger Konzern). Dann beginnt man mit der Aufstellung eines **Teilkonzernabschlusses** auf der untersten Stufe. In diesem Abschluss werden die Tochterunternehmen, die selbst keine Tochterunternehmen mehr aufweisen, mit ihren unmittelbaren Mutterunternehmen und auf der nächsten Stufe dann diese Teilkonzerne mit ihren unmittelbaren Mutterunternehmen in einem höherrangigen Teilkonzernabschluss zusammengefasst, bis auf der höchsten Stufe die Beteiligung des Mutterunternehmens gegen das Eigenkapital der höchstrangigen Teilkonzernabschlüsse aufgerechnet wird **(stufenweise** oder **Ketten-Konsolidierung).**[117]

Bei der **Konsolidierung eines Teilkonzernabschlusses** sind zusätzlich stille Rückla- **136** gen, die im Teilkonzernabschluss zugeordnet wurden, und ein Geschäftswert unverändert in den Gesamtkonzernabschluss zu übernehmen. Wenn auf einzelnen Stufen **aktivische,** auf anderen **passivische Unterschiedsbeträge** auftreten und man zB einen passivischen Unterschiedsbetrag im Teilkonzernabschluss dem aufzurechnenden Eigenkapital des Teilkonzernabschlusses hinzufügen würde, so vermindert sich ein aktivischer Unterschiedsbetrag auf der nächst höheren Stufe. Fraglich ist, ob hier dazu ein Wahlrecht besteht[118] oder

---

[112] Diskussion bei BeBiKo/Störk/Deubert Rn. 350 f.
[113] HdK/Dusemond/Weber/Zündorf Rn. 388 mwN.
[114] Baetge FS Moxter, 1994, 548.
[115] ADS Rn. 282.
[116] ADS Rn. 283; Busse v. Colbe/Ordelheide/Gebhardt/Pellens Konzernabschlüsse 5. Kap. III. 5.1.
[117] Zu Einzelheiten s. Baetge FS Budde, 1995, 19 (42); Kölner Komm RechnungslegungsR/Claussen/Scherrer Rn. 141–158; Baetge/Kirsch/Thiele KonzernBil Kap. VIII. 1; Küting/Weber Konzernabschluss 8. Kap. 1.4.10.
[118] ADS Rn. 224.

ob zugeordnete Unterschiedsbeträge aus den Teilkonzernabschlüssen in den Gesamtkonzernabschluss unverändert übernommen werden müssen.[119]

137   Bei einer Aufrechnung von Unterschiedsbeträgen verschiedener Stufen könnte es dazu kommen, dass im **Einzelabschluss nicht bilanzierte Rückstellungen auch im Konzernabschluss in Form eines passivischen** Unterschiedsbetrages nicht ausgewiesen würden, weil sie mit stillen Rücklagen oder einem Geschäftswert kompensiert worden wären. Dies widerspräche dem Vollständigkeitsgebot und dem Verrechnungsverbot gem. § 298 Abs. 1 iVm § 246. Deshalb verlangen diejenigen, die ein Wahlrecht befürworten, um die Aufstellung eines Teilkonzernabschlusses zu vermeiden, soweit er nicht zur Einhaltung gesetzlicher Vorschriften oder Steuerung des Konzerns ohnehin aufgestellt wird, die Auflösung der saldierten Unterschiedsbeträge im endgültigen Konzernabschluss.[120]

138   Wenn **andere Gesellschafter** an einer Zwischenholding (Z) beteiligt sind, ist in der Literatur strittig, ob im Rahmen der Erstkonsolidierung der Anteil der Minderheiten am Firmenwert der Tochtergesellschaft (T) von Z und bei der Buchwertmethode auch an stillen Rücklagen (und Lasten) von T in ihrem Ausgleichsposten im Konzernabschluss erhalten bleiben oder daraus eliminiert werden soll (→ § 307 Rn. 18).[121] Für die erste Auffassung wird angeführt, dass gem. § 307 Abs. 1 der Ausgleichsposten für Anteile Dritter als Anteil am Eigenkapital zu bestimmen ist und nicht an einem um anteilige stille Rücklagen und einen anteiligen Geschäftswert reduzierten Eigenkapital, dass die Eliminierung den Berechnungsvorschriften für den Geschäftswert widerspräche und nach dem Einheitsgrundsatz andere Gesellschafter und die des Mutterunternehmens prinzipiell gleichbehandelt werden, wenn dem keine Spezialvorschriften entgegenstehen. Die zweite Auffassung wird damit begründet, dass lediglich die auf das Mutterunternehmen entfallenden Anteile am Geschäftswert auszuweisen sind.[122] Wenn freilich hier ein Geschäftswert und stille Rücklagen auch für die Anteile anderer Gesellschafter ausgewiesen werden, dann ist das ein grundsätzlich anderer Vorgang als die für den Geschäftswert bisher unzulässige Hochrechnung des Unterschiedsbetrages für die Anteile anderer Gesellschafter im Rahmen der Neubewertungsmethode. Im vorliegenden Fall ist der Geschäftswert aus Konzernsicht auch für sie ein erworbener Geschäftswert, während er bei der Neubewertungsmethode nicht pagatorisch abgesichert ist[123] (→ § 307 Rn. 23). Bei Anwendung der Neubewertungsmethode halten allerdings auch Vertreter der ersten Auffassung eine Korrektur nicht für erforderlich.[124] Hier wird gem. der ersten Auffassung die vollständige Übernahme von Firmenwerten aus den Bilanzen von Enkelgesellschaften vertreten.[125]

139   Im Rahmen der **Folgekonsolidierung** ist eine inzwischen von T gebildete Gewinnrücklage, soweit sie auf das Mutterunternehmen von Z entfällt, als Gewinnrücklage in den Konzernabschluss zu übernehmen und der Anteil, der auf die außenstehenden Gesellschafter des Zwischenunternehmens entfällt, dem Ausgleichsposten zuzuweisen. Dieser ist somit vom Eigenkapital des Teilkonzernabschlusses und nicht des Einzelabschlusses von Z zu bestimmen.[126] Der Gegenmeinung, dass die indirekten Anteile der außenstehenden Gesellschafter bei der Ermittlung des Ausgleichspostens nicht berücksichtigt zu werden brauchen,[127] kann hier auch als Wahlrecht nicht gefolgt werden, da dann das Kapital, das auf die außenstehenden Gesellschafter entfällt, rechnerisch den Anteilseignern des Mutterunternehmens zugeordnet würde.

---

[119]   So HdK/Dusemond/Weber/Zündorf Rn. 253.
[120]   ADS Rn. 225 und 226.
[121]   Ausf. dazu Ewert/Schenk BB-Beilage 14/1993; HdK/Dusemond/Weber/Zündorf Rn. 257–337.
[122]   So Kölner Komm RechnungslegungsR/Claussen/Scherrer Rn. 148.
[123]   Busse v. Colbe/Ordelheide/Gebhardt/Pellens Konzernabschlüsse 5. Kap. VII. 1.2.1.
[124]   So Kölner Komm RechnungslegungsR/Claussen/Scherrer Rn. 150.
[125]   IFRS-HdB/Theile/Pawelzik Rn. 3531 ff.; Römges BB-Spezial 2005, 19 (22).
[126]   Busse v. Colbe/Ordelheide/Gebhardt/Pellens Konzernabschlüsse 5. Kap. VII. 1.2.2; HdK/Dusemond/Weber/Zündorf Rn. 334.
[127]   Fass BB 1989, 1116.

XI. Kapitalkonsolidierung von Tochtergesellschaften außerhalb der Euro-Zone

1. Konzernwährung. Der Jahresabschluss und auch der Konzernabschluss ist gem. **140**
§ 244 iVm § 298 Abs. 1 in EUR aufzustellen (**Konzernwährung**). Bei der Kapitalkonsolidierung von Tochtergesellschaften mit Sitz außerhalb des Eurobereichs (Fremdwährungstochterunternehmen) sind die **Währungsumrechnung ihrer Einzelabschlüsse** und die Konsolidierung aufeinander abzustimmen.

2. Erstkonsolidierung. Im Rahmen der Erstkonsolidierung ist der gesamte Fremd- **141**
währungsabschluss und damit auch das aufzurechnende Eigenkapital mit dem **Kurs** umzurechnen, zu dem das Unternehmen Tochterunternehmen geworden ist und auf den sich auch die Zeitwerte beziehen. Bei späteren Wechselkursänderungen gilt dieser Kurs dann als **historischer Kurs.** Dies folgt auch aus der Fiktion des Einzelerwerbs. In § 308a ist jedoch nicht geregelt, auf welche in fremder Währung aufgestellte Bilanz sich im Erstkonsolidierungszeitpunkt die Umrechnung „zum Devisenmittelkurs am Abschlussstichtag" bezieht, ob damit die handelsrechtliche Bilanz (HB I), die an die Bilanzierungsvorschriften des Mutterunternehmens angepasste Bilanz (HB II) oder die zu Zeitwerten aufgestellte Bilanz (HB III) gemeint ist. Im letzten Fall werden auch die **Differenzen zwischen Buch- und Zeitwerten** zum historischen Kurs umgerechnet und unterliegen damit im Rahmen der Folgekonsolidierung der Umrechnung zum jeweiligen Kurs am Bilanzstichtag (Stichtagskurs) genauso wie die zugrunde liegenden Buchwerte des Tochterunternehmens. Das ist insofern konsistent, als bei Zugrundelegung der HB II oder HB I die Differenzen in Konzernwährung ausgedrückt würden, womit sich für die einzelnen Vermögensgegenstände und Schuldposten im Rahmen der Folgekonsolidierung ein Gemisch aus unterschiedlichen Wertansätzen ergäbe. Daher wird es sogar als zwingend angesehen, der Umrechnung im Erstkonsolidierungszeitpunkt die Zeitwertbilanz zugrunde zu legen.[128] Die umgerechneten Zeitwerte der Vermögensgegenstände und Schulden sind dann ihre Konzernwährungs-Anschaffungskosten.

Der Unterschiedsbetrag zwischen den zu Zeitwerten angesetzten Vermögen und Schul- **142**
den und dem Gegenwert ist der dann verbleibende **Firmenwert/passivische Unterschiedsbetrag.** Auch für dessen Umrechnung enthält § 308a keine Regelung. Er kann in Konzernwährung oder in Landeswährung des Tochterunternehmens ermittelt werden. Wird die Beteiligung in Konzern- oder einer Drittwährung erworben, so mag die Ermittlung in Konzernwährung nahe liegen. Im Falle einer Drittwährung sind die Anschaffungskosten vor der Kapitalaufrechnung in die Konzernwährung umzurechnen. Auch dafür ist der Kurs im Erstkonsolidierungszeitpunkt zugrunde zu legen. Dann ergibt sich der Firmenwert als Überschuss des Beteiligungsbuchwertes in Konzernwährung über das so umgerechnete Eigenkapital. Sie sind der Konzernwährungsbetrag, der hätte aufgebracht werden müssen, um die Vermögensgegenstände am Erstkonsolidierungsstichtag zu erwerben.

Wurde die Beteiligung dagegen in der **Fremdwährung des Tochterunternehmens** **143**
erworben, kann die Ermittlung des Firmenwertes in Fremdwährung bevorzugt werden.[129]
Dann werden die Zeitwerte und damit auch der Firmenwert in dieser Fremdwährung angesetzt und dann der so entstandene Abschluss zum Kurs des Zeitpunktes, in dem das Unternehmen Tochterunternehmen geworden ist, in Konzernwährung umgerechnet.

Nach IAS 21.28 sind Vermögen und Schulden des erworbenen Vermögens zu Fair **144**
Values und damit zwingend auch der Goodwill als asset in der Währung des erworbenen Unternehmens anzusetzen. Für einen HGB-Konzernabschluss folgt aus der gesetzlichen Umrechnungsmethode für die Bilanz des Tochterunternehmens keine zwingende Regel für die Umrechnung des **Firmenwertes.**[130] Ist der Firmenwert eher eine Folge nicht bilanzierungsfähiger immaterieller Werte, wie zB einer besonders fähigen Belegschaft, so liegt seine Zuordnung zum Tochterunternehmen und Ermittlung in Fremdwährung nahe

---

[128]   Oser/Mojadadr/Wirth KoR 2008, 580.
[129]   Busse v. Colbe/Müller/Reinhard Konzernabschluss Rn. 59; ADS Rn. 294.
[130]   So auch Oser/Mojadadr/Wirth KoR 2008, 580.

mit der Folge, dass er mit schwankenden Wechselkursen im Rahmen der Folgekonsolidierung auch im Wert schwankt. Rührt der Firmenwert dagegen eher aus Synergievorteilen aus der Zusammenarbeit mit bisher schon zum Konzern gehörigen Unternehmen, so kommt eher eine Zuordnung zum Mutterunternehmen und seine Ermittlung und Fortschreibung in Konzernwährung, unbeeinflusst von Wechselkursänderungen, in Betracht.

145   Bei der erstmaligen Konsolidierung zu einem nach dem Erwerb liegenden Zeitpunkt iSv Abs. 2 S. 3 sind für die Umrechnung des Eigenkapitals die Kurse im Erstkonsolidierungszeitpunkt zugrunde zu legen (→ Rn. 61), während für die Einbuchung der Beteiligung der Kurs im Erwerbszeitpunkt gilt.[131]

146   **3. Folgekonsolidierung.** Auswirkungen der Folgekonsolidierung auf den Konzernabschluss hängen zum einen von der **Art der Umrechnung bei der Erstkonsolidierung** und zum anderen von der **Umrechnungsmethode** für den Einzelabschluss des Tochterunternehmens ab.[132] International herrscht die Umrechnung nach Maßgabe der **funktionalen Währung** vor, wie sie in IAS 21.9–21.41 geregelt ist. Danach gilt je nach dem **Grad der Integration** des Tochterunternehmens in das Gastland oder in das Mutterunternehmen die **Stichtags–** oder die **Zeitbezugsmethode.**[133] Nach § 308a ist zwingend die modifizierte Stichtagsmethode anzuwenden.

147   Wurde die **Kapitalkonsolidierung** in **Konzernwährung** durchgeführt und die **Stichtagsmethode** (→ § 308a Rn. 11 ff.) für die Umrechnung des Abschlusses angewandt, so wird der in der Erstkonsolidierung in Konzernwährung ermittelte Geschäftswert nach HGB planmäßig – ggf. auch außerplanmäßig – in Konzernwährung abgeschrieben. Dabei sind Wertänderungen aufgrund der Wechselkursänderung nicht zu berücksichtigen. Das gilt auch für die Fortschreibung der in der Erstkonsolidierung aufgedeckten stillen Rücklagen und Lasten, wenn der Umrechnung die HB I oder HB II zugrunde gelegt wird.[134] Bei der Umrechnung nach der Stichtagsmethode werden die Vermögenswerte und Schulden des Tochterunternehmens in den folgenden Perioden mit den jeweiligen Wechselkursen am Bilanzstichtag neubewertet. Die daraus resultierenden **Umrechnungsdifferenzen** werden ebenfalls nicht in die Kapitalaufrechnung einbezogen. Vielmehr verändern sie gegenüber den Vorjahreswerten **erfolgsneutral,** dh ohne die GuV zu berühren, unmittelbar mit dem dem Mutterunternehmen zuzurechnenden Anteil die **Eigenkapitaldifferenz aus der Währungsumrechnung** und mit dem den anderen Gesellschaftern zuzurechnenden Anteil den **Ausgleichsposten** und damit das Eigenkapital im Konzernabschluss. **Latente Steuern** werden nach deutschem Recht der hM zufolge nicht angesetzt (→ § 306 Rn. 50), weil sie in Analogie zu § 306 S. 4 auf einer „Outside Base-Differenz" beruhen würden, wohl aber nach IAS 21.41 iVm IAS 12.15 ff.; es sei denn, die Umrechnung werde der Einordnung des § 308a unter die Bewertungsvorschriften im Fünften Titel entsprechend als Bewertungsmethode angesehen.[135]

148   Bei einer **Kapitalkonsolidierung in Fremdwährung** führt die Anwendung der **Stichtagsmethode** dazu, dass die Zuordnungsbeträge infolge der Aufdeckung stiller Rücklagen und Lasten bei der Erstkonsolidierung wie die ihnen zugrunde liegenden Vermögensgegenstände und Schulden mit den jeweiligen Wechselkursen am Bilanzstichtag umgerechnet werden. Das gilt auch für den Geschäftswert, wenn er dem Tochterunternehmen zugeordnet wird (→ Rn. 108). In Konzernwährung gerechnet wird dann je nach Entwicklung der Wechselkurse mehr oder weniger als der Unterschiedsbetrag, umgerechnet zum historischen Kurs, abgeschrieben.[136]

---

[131]   Busse v. Colbe/Ordelheide/Gebhardt/Pellens Konzernabschlüsse 5. Kap. VIII. 1.
[132]   ADS Rn. 295.
[133]   Zu den Umrechnungsmethoden vgl. zB Baetge/Kirsch/Thiele KonzernBil Kap. IV. 4; Busse v. Colbe/ Ordelheide/Gebhardt/Pellens Konzernabschlüsse 4. Kap. mwN; Beck HdR/Gebhardt C 310; HdK/ Langenbucher II. Kap. Rn. 1028; Mujkanovic/Hehn WPg 1996, 605 (616); Königsmaier, Währungsumrechnung im Konzern, 2004, Kap. 5.
[134]   ADS Rn. 296.
[135]   Oser/Mojadadr/Wirth KoR 2008, 580; Küting/Weber Konzernabschluss 7. Kap. 4.5.1.0; Wolz DB 2010, 2633.
[136]   ADS Rn. 297.

4. Entkonsolidierung. Bei Anwendung der **Stichtagsmethode** ergibt sich für eine 149
Tochtergesellschaft mit Sitz außerhalb der Euro-Zone als **Besonderheit,** dass die bisher
erfolgsneutral in der **Eigenkapitaldifferenz aus der Währungsumrechnung** kumulierten bilanziellen Umrechnungsdifferenzen gem. § 308a S. 4 in der Periode der Entkonsolidierung **erfolgswirksam** behandelt werden. So sieht es auch IAS 21.48 vor. Der Ausweis als
Aufwand oder Ertrag gilt anteilig auch bei einer teilweisen Veräußerung und einem Übergang zur Quotenkonsolidierung, Equity- oder Anschaffungsbewertung sowie bei Liquidation wesentlicher Teile des Tochterunternehmens.

XII. Konzerninterne Umstrukturierungen

1. Grundlagen. Konzerninterne finanzielle Umstrukturierungen durch **Kauf und** 150
Verkauf von Anteilen bereits bzw. weiterhin vollkonsolidierter Tochterunternehmen
sowie durch Kapitalerhöhungen des Tochterunternehmens, an denen sich das Mutterunternehmen nicht proportional beteiligt, wurden in → Rn. 106 ff. behandelt (→ § 307 Rn. 17,
→ § 309 Rn. 48 ff.). Außerdem kommt es zu Umstrukturierungen innerhalb eines Konzerns nicht selten durch **konzerninterne Verschmelzungen** von Tochterunternehmen
eines Konzerns auf eine Zwischenholding oder auf das oberste Mutterunternehmen, aber
auch zwischen Tochterunternehmen. Mitunter werden auch Beteiligungen an einem Tochterunternehmen in ein anderes gegen Zahlung oder Hingabe von Anteilen eingebracht,
ohne dass ein Tochterunternehmen seine rechtliche Selbstständigkeit einbüßt **(Einbrin-**
gung). Auch das Gegenteil ist anzutreffen, wobei ein Tochterunternehmen in mehrere
Rechtseinheiten aufgespalten oder ein Teil abgespalten wird **(Aufspaltung).** Die Behandlung dieser Vorgänge im Konzernabschluss ist weder im HGB noch von den IFRS geregelt.
Grundsätzlich sollten diese konzerninternen Vorgänge weder die Wertansätze in der
Gesamtkonzernbilanz ändern, noch das Konzernergebnis beeinflussen. Unter der Fiktion
der rechtlichen Einheit des Gesamtkonzerns hat sich nichts geändert.

Wenn der Konzern jedoch aus Teilkonzernen besteht, die für die konzerninterne Steue- 151
rung relevant sind und vor allem dann, wenn ein Teilkonzern publizitätspflichtig ist, etwa
wegen der Kapitalmarktorientierung der Zwischenholding, ergibt sich die Frage, ob für
die Teilkonzernabschlüsse die finanzielle Umstrukturierung doch zu Wertänderungen und
Erfolgswirksamkeit führen kann. Das kann der Fall sein, wenn die Vorgänge nach dem sog.
Separate Reporting Entity Approach in Anlehnung an die Regeln der Erstkonsolidierung at
arms length und nicht als Ausschnitt aus dem Gesamtkonzernabschluss behandelt werden.[137]

2. Konzerninterne Verschmelzung. a) Rechtsgrundlagen. Rechtsgrundlage für 152
die Behandlung von Verschmelzungen im Jahresabschluss durch die übernehmende Gesellschaft ist seit 1995 § 24 UmwG. Danach besteht ein **Wahlrecht zur Fortführung der**
Buchwerte aus der Schlussbilanz des übertragenden Unternehmens und damit implizit
auch das Recht, die übernommenen Vermögensgegenstände und Schulden bis zum Wert
der Gegenleistung zu ihren **Tageswerten** oder auch zu einem Zwischenwert **als Anschaf-**
fungskosten (Neubewertungsansatz) einzubuchen.[138] Allerdings enthalten das UmwG und
das HGB **keine Regelungen** für die Bilanzierung bei **konzerninternen Verschmelzun-**
gen.

b) Keine Bedeutung für den Konzernabschluss. Wenn das Eigenkapital des über- 153
tragenden **Tochterunternehmens** sich zu **100 % im Besitz einbezogener Unterneh-**
men befand, darf die konzerninterne Verschmelzung **keine Auswirkungen auf den**
Gesamtkonzernabschluss haben. Gem. § 297 Abs. 3 S. 1 ist die Vermögens-, Finanz-
und Ertragslage der einbezogenen Unternehmen in ihm bereits so darzustellen, als ob
diese Unternehmen insgesamt ein einziges Unternehmen wären. Da mithin die rechtliche
Selbstständigkeit der in den Konzernabschluss einbezogenen Unternehmen für die Konzern-

---

[137] S. hierzu IDW Stellungnahme zur Rechnungslegung: Einzelfragen zur Anwendung von IFRS (IDW
RS HFA 2) Stand 18.10.2005, FN-IDW 2005, 815 ff. (Rn. 36 ff.).
[138] Zu Einzelheiten s. Kölner Komm RechnungslegungsR/Claussen/Scherrer Rn. 228–234 mwN.

rechnungslegung weitestgehend negiert wird, kann die tatsächliche Aufgabe der rechtlichen Selbstständigkeit des übertragenden Unternehmens für die Konzernrechnungslegung grundsätzlich keine Bedeutung für Ansatz und Bewertung haben.[139] Zahlungen an Dritte (zB Steuern, Gebühren, Abfindungen), die durch die Verschmelzung verursacht werden, wirken sich allerdings auch auf den Konzernabschluss aus.[140]

154   Bei der Verschmelzung eines einbezogenen Tochterunternehmens, an dem andere einbezogene Konzernunternehmen insgesamt **zu unter 100 % beteiligt** waren, werden die außenstehenden Anteilseigner durch Tausch ihrer Anteile zu Anteilseignern des übernehmenden Rechtsträgers (§ 20 Abs. 1 Nr. 3 UmwG). Die ihnen entsprechenden **Anteile anderer Gesellschafter** werden in der Konzernbilanz dem Umtauschverhältnis zwischen den Anteilen des übertragenden Tochterunternehmens entsprechend in Anteile des übernehmenden Konzernunternehmens durch Erhöhung von Nennkapital und Rücklagen dieses Unternehmens ersetzt.[141] Vermögen und Schulden des übertragenden Tochterunternehmens waren bereits vor der Verschmelzung vollständig in der Konzernbilanz erfasst, so dass sich durch die Verschmelzung zumindest dann nichts ändert, wenn die verschmolzenen Unternehmen unter der bisherigen Leitung verbleiben.[142]

155   **c) Fortführung der Wertansätze der Konzernbilanz.** Bei **Fortführung der Buchwerte** wie auch bei einer **Neubewertung** von Vermögensgegenständen und Schulden des übertragenden Konzernunternehmens können sich **Unterschiede** zwischen ihren Werten in der **Einzelbilanz** des übernehmenden Rechtsträgers und in der **Konzernbilanz** ergeben. Das gilt bei Buchwertverknüpfungen insbesondere dann, wenn aus der Erstkonsolidierung des übertragenden Unternehmens **aufgedeckte stille Rücklagen** und Lasten noch nicht vollständig abgeschrieben oder aufgelöst sind. Dann muss die übernehmende Gesellschaft eine **HB II** aufstellen und für die Folgekonsolidierungen fortschreiben, mit der für diese Posten die Wertansätze der Einzelbilanz an die der **Konzernbilanz angepasst** werden. Die Wertansätze in der Konzernbilanz werden also trotz der Verschmelzung und des Unterganges des übertragenen Unternehmens fortgeführt.[143] Entsprechendes gilt für einen **restlichen Firmenwert** aus der Erstkonsolidierung und für einen passivischen Unterschiedsbetrag.[144]

156   **d) Eliminierung von Bewertungsdifferenzen.** Bei einer Verschmelzung einer konsolidierten Beteiligung von 100 % auf das Mutterunternehmen entsteht in dem Abschluss der übernehmenden Gesellschaft eine **Verschmelzungsdifferenz,** wenn der Beteiligungsbuchwert vom Eigenkapital des Tochterunternehmens abweicht. Ist der Beteiligungsbuchwert höher, zB weil bei Erwerb der Beteiligung ein Firmenwert bezahlt wurde, so entsteht ein **Verschmelzungsmehrwert,** der als **Verschmelzungsverlust** einen außerordentlichen Aufwand darstellt. Liegt dagegen der Beteiligungsbuchwert unter dem Eigenkapital des übertragenen Tochterunternehmens, zB weil es in der Vergangenheit Gewinne thesauriert hat, so ergibt sich ein **Verschmelzungsminderwert,** der als **Verschmelzungsgewinn** erfolgswirksam zu erfassen ist.[145] Das Eigenkapital der übertragenen Tochtergesellschaft ist bei Buchwertverknüpfung die Summe der Eigenkapitalpositionen in ihrer Schlussbilanz und beim Neubewertungsansatz das sich aus ihm ergebende Reinvermögen.

157   Ein **Verschmelzungsgewinn oder -verlust** würde nach dem Separate Reporting Entity Approach für den Teilkonzernabschluss zu berücksichtigen sein. Für den Gesamtkonzernabschluss ist er jedoch **irrelevant.** Er muss daher für ihn **eliminiert** werden. Aus Konzernsicht ist aus dem Verschmelzungsvorgang kein Erfolg entstanden. Verschmelzungs-

---

[139] Küting DStR 1995, 232; BeBiKo/Störk/Deubert Rn. 290.
[140] HdK/Dusemond/Weber/Zündorf Rn. 391.
[141] Zu Einzelheiten Kahling, Bilanzierung bei konzerninternen Verschmelzungen, 1999, S. 192–206.
[142] Zu dem Fall, dass infolge der Verschmelzung die Unternehmensleitung an einen Dritten übergeht: Griesar WPg 1997, 777.
[143] So auch Kölner Komm RechnungslegungsR/Claussen/Scherrer Rn. 234.
[144] ADS Rn. 291; Küting DStR 1995, 232; Kahling, Bilanzierung bei konzerninternen Verschmelzungen, 1999, S. 130 f.
[145] Widmann/Mayer UmwG § 24 D Rn. 336.

verluste und -gewinne aus dem Einzelabschluss werden daher im Konzernabschluss mit den **Gewinnrücklagen** verrechnet.

Differenzen zwischen Bilanzansätzen des übernommenen Tochterunternehmens und **158** in der HB II (→ Rn. 187) werden mit den Gewinnrücklagen verrechnet. Die Gewinnrücklagen werden außerdem um den restlichen **Firmenwert** des verschmolzenen Tochterunternehmens erhöht, der somit reaktiviert und in den Folgejahren wie bisher abgeschrieben wird. Entsprechendes gilt für einen passivischen Unterschiedsbetrag aus der Konsolidierung.[146] Allerdings sind diese Korrekturen nach dem **Grundsatz der Wesentlichkeit,** ähnlich wie andere Konsolidierungsmaßnahmen, nur insoweit erforderlich, als ihre Unterlassung die Generalnorm des § 297 verletzen würde.[147]

3. Konzerninterne Spaltung. Gelegentlich wird ein konsolidiertes Tochterunterneh- **159** men oder das Mutterunternehmen in zwei oder mehr rechtlich selbstständige Einheiten gespalten.[148] Die rechtliche Verselbstständigung eines Teils eines einbezogenen Unternehmens kann als Vorbereitung dienen, einen bisher rechtlich unselbstständigen Teil zu verkaufen, ganz oder zum Teil an die Börse zu bringen (IPO) oder aber an die Aktionäre des Mutterunternehmens zu verteilen (spin off). So lange die neu geschaffenen Anteile im gleichen Verhältnis wie bisher im Besitz des Mutterunternehmens und von Minderheiten verbleiben, ist der Vorgang für den Konzern in entsprechender Weise zu behandeln wie eine konzerninterne Verschmelzung. Gewinne oder Verluste dürfen daraus für den Konzern nicht entstehen.[149] Werden Anteile an Dritte abgegeben und bleibt das Unternehmen aber konsolidiert, so gelten die Ausführungen über den Verkauf von weiterhin konsolidierten Unternehmen entsprechend (→ Rn. 149 ff.), andernfalls sind die Regeln über die Entkonsolidierung anzuwenden.

4. Konzerninterne Einbringung von Anteilen an Tochterunternehmen. Wenn **160** eine Mehrheitsbeteiligung an einem konsolidierten Tochterunternehmen (T_1) von dem Mutterunternehmen in ein anderes konsolidiertes Tochterunternehmen (T_2) zB gegen Zahlung an das Mutterunternehmen abweichend vom Buchwert eingebracht wird, so entsteht für das Mutterunternehmen ein Gewinn oder Verlust. Konsolidiert nun T_2 die Beteiligung an T_1 in seinem Teilkonzernabschluss, so ergibt sich nach Auflösung stiller Rücklagen und Lasten ein Firmenwert, wenn der Preis für die Beteiligung über dem neubewerteten anteiligen Reinvermögen liegt. Werden diese Größen in den Teilkonzernabschluss übernommen, so müssen die aufgedeckten stillen Rücklagen und der Goodwill für den Gesamtkonzernabschluss gegen Rücklagen bzw. das Ergebnis des Mutterunternehmens aufgerechnet werden. Der Vorgang entspricht damit weitgehend dem bei einer konzerninternen Fusion.[150]

XIII. Ausweis von Anteilen des Mutterunternehmens (Abs. 4)

Hält das Mutterunternehmen selbst oder ein einbezogenes Tochterunternehmen als **161** **Rückbeteiligung** Anteile des Mutterunternehmens, so sind gem. Abs. 4 diese Anteile **nicht in die Kapitalkonsolidierung** einzubeziehen, sondern in der Konzernbilanz als eigene Anteile des Mutterunternehmens mit ihrem Nennwert, falls dieser fehlt mit dem rechnerischen Wert, **in der Vorspalte vom gezeichneten Kapital** abzusetzen. Mit Mutterunternehmen ist hier nur das oberste Mutterunternehmen gemeint. Mutterunternehmen, die selbst Tochterunternehmen sind, gelten hier als Tochterunternehmen. Nach § 301 Abs. 4 S. 2 aF waren von Tochterunternehmen gehaltene Anteile am Mutterunternehmen zu fortgeführten Anschaffungskosten im Umlaufvermögen auszuweisen.

Im Jahresabschluss ist bei dem Ausweis eigener Anteile in der Vorspalte zum gezeichne- **162** ten Kapital gem. § 272 Abs. 1a nach S. 2 die zwischen dem Nennbetrag/rechnerischen

---

[146] Zu Einzelheiten Kahling, Bilanzierung bei konzerninternen Verschmelzungen, 1999, S. 141–168.
[147] HdK/Dusemond/Weber/Zündorf Rn. 391.
[148] Kölner Komm RechnungslegungsR/Claussen/Scherrer Rn. 235–238.
[149] BeBiKo/Störk/Deubert Rn. 290 ff.
[150] Zu Einzelheiten IDW FN-IDW 2005 Rn. 36 ff.

Wert und den Anschaffungskosten der eigenen Anteile bestehende **Differenz** mit den frei verfügbaren Rücklagen zu verrechnen. Etwaige Anschaffungsnebenkosten sind als Aufwand zu behandeln. Nach § 298 Abs. 1 ist zwar auch § 272 auf den Konzernabschluss anzuwenden, aber nur soweit, wie seine Eigenart keine Abweichungen bedingt. Da der Konzernabschluss rechtlich keine Ausschüttungsbemessungsfunktion hat, können in ihm die Differenz und die **Anschaffungsnebenkosten** auch mit anderen Rücklagen verrechnet werden.[151]

163   Sind an dem die Rückbeteiligung haltenden Tochterunternehmen **andere Gesellschafter** beteiligt, so müssten sie den ihnen entsprechenden Anteil an der Rückbeteiligung tragen. Nach der eindeutigen Regelung in Abs. 4 ist zwar der gesamte Nennwert/rechnerische Wert der eigenen Anteile in der Vorspalte vom gezeichneten Kapital abzusetzen, jedoch ist zumindest der auf die Minderheiten entfallende Anteil der Differenz zwischen Anschaffungskosten und Nennwert/rechnerischem Wert sowie der Anschaffungsnebenkosten mit dem Minderheitenanteil zu verrechnen. Es wird sogar gefordert, den auf die Minderheiten entfallenden Anteil am Nennwert/rechnerischen Wert der Rückbeteiligung von dem auf die Mehrheit entfallenden Anteil der Differenz abzuziehen und ihn dem Minderheitenanteil anzulasten.[152]

§ 302 [aufgehoben]

§ 303 Schuldenkonsolidierung

(1) Ausleihungen und andere Forderungen, Rückstellungen und Verbindlichkeiten zwischen den in den Konzernabschluß einbezogenen Unternehmen sowie entsprechende Rechnungsabgrenzungsposten sind wegzulassen.

(2) Absatz 1 braucht nicht angewendet zu werden, wenn die wegzulassenden Beträge für die Vermittlung eines den tatsächlichen Verhältnissen entsprechenden Bildes der Vermögens-, Finanz- und Ertragslage des Konzerns nur von untergeordneter Bedeutung sind.

Schrifttum: Arbeitskreis „Externe Unternehmensrechnung" der Schmalenbach Gesellschaft – Deutsche Gesellschaft für Betriebswirtschaft e. V., Vereinbarkeit internationaler Konzernrechnungslegung mit handelsrechtlichen Grundsätzen, ZfbF-Sonderheft 43/1999; Busse v. Colbe/Müller/Reinhard, Aufstellung von Konzernabschlüssen, ZfbF-Sonderheft 21/1987, 2. Aufl. 1989; Coenenberg/Haller/Schultze, Jahresabschluss und Jahresabschlussanalyse, 26. Aufl. 2021; Harms, Das Aussetzen der Equity-Methode, BB 1987, 1426; Kirsch/Höbener, Erfolgsneutrale Schuldenkonsolidierung im Rahmen der Equity-Methode, FS Lüdenbach, 2020, 355; Küting, Konzernrechnungslegung nach IFRS und HGB, DB 2012, 2821; Scheffler, Schuldenkonsolidierung, Der Konzern 2018, 151; Zwirner/Busch, Neuerungen in der handelsrechtlichen Konzernrechnungslegung durch das Bilanzrichtlinie-Umsetzungsgesetz (BilRUG), Der Konzern 2016, 113; Zwirner/Busch, Equity-Bewertung von Anteilen an assoziierten Unternehmen unter Berücksichtigung der Neuerungen durch das BilRUG, Der Konzern 2016, 400.

Übersicht

---

[151]   Gelhausen/Fey/Kämpfer Q Rn. 259 f.; BeBiKo/Störk/Deubert Rn. 168.
[152]   Gelhausen/Fey/Kämpfer Q Rn. 264; BeBiKo/Störk/Deubert Rn. 172.

I. Bedeutung der Norm

1. Zweck der Schuldenkonsolidierung. Nach § 303 Abs. 1 sind im Rahmen der **1** Schuldenkonsolidierung Ausleihungen, andere Forderungen, Rückstellungen, Verbindlichkeiten sowie entsprechende Rechnungsabgrenzungsposten zwischen den in den Konzernabschluss einbezogenen Unternehmen **„wegzulassen".** Darunter versteht man ein gegenseitiges Aufrechnen der einzelnen korrespondierenden Einzelbilanzposten der jeweiligen Konzernunternehmen. Hierbei muss beachtet werden, dass die Begriffe „Forderungen" und „Verbindlichkeiten" nicht im engen bilanztechnischen Sinn zu verstehen sind, sondern alle innerkonzernlichen Rechtsbeziehungen zwischen in den Konzernabschluss einbezogenen Unternehmen, soweit diese zwischengesellschaftlichen Forderungs- und Verbindlichkeitscharakter besitzen, umfassen und im Rahmen der Schuldenkonsolidierung zu eliminieren sind.

Diese Regelung basiert auf der **Fiktion der rechtlichen Einheit** als oberstem Konsoli- **2** dierungsgrundsatz. Danach ist die Vermögens-, Finanz- und Ertragslage der in den Konzernabschluss einbezogenen Unternehmen so darzustellen, „als ob diese Unternehmen insgesamt ein einziges Unternehmen wären" (§ 297 Abs. 3 S. 1). Nach der Einheitsfiktion kann es im Konzernabschluss keinen Ausweis von Forderungen und Verbindlichkeiten zwischen einbezogenen Gesellschaften geben. In der Konzernbilanz werden somit nur Schuldverhältnisse mit Dritten und mit solchen Tochterunternehmen ausgewiesen, die gem. § 296 nicht in den Konzernabschluss einbezogen sind.[1]

2. Geltungs- und Anwendungsbereich. Die Verpflichtung zur Schuldenkonsolidie- **3** rung bestand bereits vor Umsetzung des Art. 26 Abs. 1 lit. a RL 83/349/EWG (7. EG-Richtlinie) in § 331 Abs. 1 Nr. 4 AktG aF. Durch die Neustrukturierung und -formulierung der Konzernrechnungslegungsbestimmungen im Rahmen des **Bilanzrichtliniengesetzes** vom 19.12.1985 wurde die Vorschrift jedoch umfassender formuliert. Gegenwärtig finden sich die Regelungen in Art. 24 Abs. 7 lit. a Bilanz-RL, welche seit dem Geschäftsjahr 2016 die RL 83/349/EWG ersetzt.

Der § 303 gilt für sämtliche in einen Konzernabschluss im Rahmen der **Vollkonsoli- 4 dierung** einzubeziehenden Unternehmen (§ 300 Abs. 1), unabhängig davon, ob sich die Pflicht zur Aufstellung des Konzernabschlusses aus § 290 oder aus § 11 PublG (§ 13 Abs. 2

---

[1] Beck HdR/Scheffler C 420 Rn. 1.

S. 1 PublG) ergibt. Darüber hinaus ist er auch bei der **Quotenkonsolidierung** von Gemeinschaftsunternehmen anzuwenden (→ § 310 Rn. 31). Da die Einbeziehung von assoziierten Unternehmen in einen Konzernabschluss unter Anwendung der **Equity-Methode** (§ 312) im Handelsrecht (HGB) primär als eine Bewertungsmethode von Beteiligungen und weniger als Konsolidierungsmethode interpretiert wird und darüber hinaus eine Erwähnung von § 303 in § 312 fehlt, ist eine Schuldenkonsolidierung im Rahmen der Equity-Methode nicht gefordert.[2] Auch DRS 26 sieht keine Verpflichtung zur Schuldenkonsolidierung vor. Eine freiwillige Schuldenkonsolidierung bei Anwendung der Equity-Methode wird in der Literatur jedoch verbreitet als zulässig erachtet.[3]

5   Unabhängig von den in § 303 Abs. 1 aufgeführten **Bilanzposten** Ausleihungen, andere Forderungen, Rückstellungen, Verbindlichkeiten und Rechnungsabgrenzungsposten müssen alle Sachverhalte konsolidiert werden, die ihrem Charakter nach innerkonzernliche Ansprüche oder Verpflichtungen darstellen. Als zwingende Folge aus der Einheitsfiktion ergibt sich dabei, dass die Konsolidierung nicht nur bezüglich Bilanzposten, sondern auch hinsichtlich der in § 251 genannten und außerhalb der Bilanz auszuweisenden **Eventualverbindlichkeiten und Haftungsverhältnisse** zwischen konsolidierten Konzernunternehmen notwendig ist. Ebenso müssen auch die zwischen den in den Konsolidierungskreis einbezogenen Unternehmen bestehenden **sonstigen finanziellen Verpflichtungen** in konsolidierter Form gem. § 314 Abs. 1 Nr. 2a im Konzernanhang ausgewiesen werden.

6   Darüber hinaus ist die Schuldenkonsolidierung eng mit der **Aufwands- und Ertragskonsolidierung** (§ 305) verbunden, da mit den Verpflichtungsverhältnissen häufig auch Aufwendungen bzw. Erträge einhergehen.

II. Konsolidierungspflichtige Schuldverhältnisse (Abs. 1)

7   **1. Überblick.** Insbesondere folgende Posten und Angaben sind, soweit sie auf Schuldverhältnissen innerhalb des Konsolidierungskreises beruhen, **Gegenstand der Schuldenkonsolidierung:**

Aktivseite	Posten nach § 266
Eingeforderte ausstehende Einlagen auf das gezeichnete Kapital	–
Geleistete Anzahlungen	A. I. 4.; A. II. 4.; B. I. 4.
Ausleihungen an verbundene Unternehmen	A. III. 2.
Forderungen gegen verbundene Unternehmen	B. II. 2.
Sonstige Vermögensgegenstände	B. II. 4.
Sonstige Wertpapiere	B. III. 2.
Schecks und Guthaben bei Kreditinstituten	B. IV.
Rechnungsabgrenzungsposten	C.
Weitere Untergliederungen nach § 265 Abs. 5 mit Forderungscharakter	–
Passivseite	**Posten nach § 266**
Sonstige Rückstellungen	B. 3.
Anleihen	C. 1.
Verbindlichkeiten gegenüber Kreditinstituten	C. 2.
Erhaltene Anzahlungen auf Bestellungen	C. 3.
Verbindlichkeiten aus der Annahme gezogener Wechsel und Ausstellung eigener Wechsel	C. 5.
Verbindlichkeiten gegenüber verbundenen Unternehmen	C. 6.
Rechnungsabgrenzungsposten	D.
Weitere Untergliederungen nach § 265 Abs. 5 mit Verbindlichkeitscharakter	–

---

[2]   ADS Rn. 4; Harms BB 1987, 1427; HWRP/Wohlgemuth Sp. 2167. Während im Rahmen des Gesetzgebungsverfahrens zum BilRUG noch eine Ausweitung des Anwendungsbereichs der Schuldenkonsolidierung auf nach der Equity-Methode bewertete Beteiligungen diskutiert wurde, fand dies keinen Einzug in den finalen Gesetzeswortlaut. Vgl. Zwirner/Busch Der Konzern 2016, 404; Zwirner/Busch Der Konzern 2016, 116.

[3]   Coenenberg/Haller/Schultze Jahresabschluss Kap. 11 B. I.1; Kirsch/Höbener FS Lüdenbach, 2020, 356 f.; Küting/Weber Rechnungslegung-HdB Kap. 10 2.3.4.2; BeBiKo/Störk/Deubert, 13. Aufl. 2022, Rn. 2; Beck HdR/d'Arcy/Kurt C 511 Rn. 161–169; aA HdJ/Wohlgemuth Abt. V/4 Rn. 136.

Angaben zu Eventualverbindlichkeiten und Haftungsverhältnissen nach § 251
Verbindlichkeiten aus der Begebung und Übertragung von Wechseln
Verbindlichkeiten aus Bürgschaften, Wechsel- und Scheckbürgschaften
Verbindlichkeiten aus Gewährleistungsverträgen
Haftungsverhältnisse aus der Bestellung von Sicherheiten für fremde Verbindlichkeiten.
Relevante Anhangangaben
Von der Schuldenkonsolidierung können ergänzend auch Angaben im Anhang betroffen sein (→ Rn. 9).

Hinsichtlich **Gemeinschaftsunternehmen,** die im Rahmen der Quotenkonsolidie- **8**
rung in den Konzernabschluss einbezogen werden, können noch folgende Posten für die
Schuldenkonsolidierung relevant werden:

Aktivseite:	Posten nach § 266
Ausleihungen an Unternehmen, mit denen ein Beteiligungsverhältnis besteht	A. III. 4.
Forderungen gegen Unternehmen, mit denen ein Beteiligungsverhältnis besteht	B. II. 3.

Passivseite:	
Verbindlichkeiten gegenüber Unternehmen, mit denen ein Beteiligungsverhältnis besteht	C. 7.

Neben diesen zu konsolidierenden Posten und Angaben sind noch folgende, die Finanz- **9**
lage betreffenden **Angaben im Anhang** nach § 285 Nr. 1, 3, 3a, 19 und 21 (bzw. Konzern-
anhang nach § 314 Abs. 1 Nr. 1, 2, 2a, 11 und 13)[4] für die Schuldenkonsolidierung relevant:
– Gesamtbetrag der in der Bilanz ausgewiesenen Verbindlichkeiten mit einer Restlaufzeit
 von mehr als fünf Jahren;
– Gesamtbetrag der in der Bilanz ausgewiesenen Verbindlichkeiten, die durch Pfandrechte
 oder ähnliche Rechte gesichert sind, unter Angabe von Art und Form der Sicherheiten;
– Angaben zu Art, Zweck, Risiken und Vorteilen von nicht in der Bilanz enthaltenen
 Geschäften;
– Sonstige finanzielle Verpflichtungen, die nicht in der Bilanz enthalten und nicht nach
 § 298 Abs. 1 iVm § 268 Abs. 7 oder § 285 Nr. 3 (bzw. § 314 Abs. 1 Nr. 2) anzugeben
 sind;
– Derivative Finanzinstrumente, soweit diese nicht zum beizulegenden Zeitwert bilanziert
 werden;
– Angaben zu nicht marktüblichen Geschäften mit nahestehenden Unternehmen und Per-
 sonen.

**2. Konsolidierungsmaßnahmen einzelner Bilanzposten. a) Eingeforderte aus- 10
stehende Einlagen auf das gezeichnete Kapital.** Ausstehende Einlagen weisen einen
Doppelcharakter auf. Sie stellen einerseits einen Korrekturposten zum Grund- oder
Stammkapital, andererseits einen Vermögensgegenstand dar. Nach § 272 Abs. 1 S. 2 sind
die nicht eingeforderten ausstehenden Einlagen mit dem gezeichneten Kapital offen zu
verrechnen. Ausstehende Einlagen sind in die Schuldenkonsolidierung einzubeziehen, wenn
ihnen entsprechende Einzahlungsverpflichtungen von in den Konzernabschluss einzubeziehenden Unternehmen gegenüberstehen. Dies ist idR dann der Fall, wenn am Bilanzstichtag
die ausstehenden Einlagen **eingefordert** sind. Die ausstehenden Einlagen werden dann
konsolidierungstechnisch wie Forderungen behandelt.

Ebenso sind eingeforderte ausstehende Einlagen der Muttergesellschaft, die auf eine **11**
von einer Tochtergesellschaft gehaltene **Rückbeteiligung** an der Muttergesellschaft entfallen, im Rahmen der Schuldenkonsolidierung mit den beim Tochterunternehmen passivierten Einzahlungsverpflichtungen aufzurechnen. Die im Zusammenhang mit der passivierten
Einzahlungsverpflichtung des Tochterunternehmens aktivierten Anteile am Mutterunternehmen sind in der Konzernbilanz als „eigene Anteile" offen vom gezeichneten Kapital
abzusetzen.[5]

---

4 BeBiKo/Störk/Deubert, 13. Aufl. 2022, Rn. 6.
5 BeBiKo/Störk/Deubert, 13. Aufl. 2022, Rn. 10.

12   Bei **nicht eingeforderten ausstehenden** Einlagen überwiegt der Charakter des Korrekturpostens zum gezeichneten Kapital. Sie werden daher mit dem konsolidierungspflichtigen Kapital des Unternehmens verrechnet (§ 301).

13   **b) Anzahlungen.** Geleistete und erhaltene Anzahlungen für Gegenstände des Anlage- und Umlaufvermögens zwischen den in den Konzernabschluss einbezogenen Unternehmen fallen unter die Konsolidierungspflicht. Dies ist unabhängig davon, ob diese in die Konzernbilanz gesondert als Verbindlichkeiten gegenüber verbundenen Unternehmen ausgewiesen oder offen von den Vorräten abgesetzt werden.

14   Besonderheiten ergeben sich daraus, dass bei den Sachanlagen geleistete **Anzahlungen und Anlagen im Bau** gem. § 266 Abs. 2 unter dem Posten A. II. 4. („geleistete Anzahlungen und Anlagen im Bau") zusammengefasst auszuweisen sind. Maßgebend für die Aufgliederung des zusammengefassten Betrages, die bei größeren Objekten uU Schwierigkeiten bereitet, kann dann der Betrag sein, den das Unternehmen, welches die Anzahlungen erhalten hat, nach § 266 Abs. 3 unter dem Posten C.3. („erhaltene Anzahlungen auf Bestellungen") ausweist.[6]

15   **c) Ausleihungen an verbundene Unternehmen.** Die zu Nennwerten ausgewiesenen **Ausleihungen** an verbundene Unternehmen sind mit den entsprechenden Verbindlichkeiten gegenüber einbezogenen verbundenen Unternehmen zu verrechnen.

16   Wird der Wert der Ausleihung wegen **Nieder-** bzw. **Unverzinslichkeit** oder wegen anderer spezifischer Gründe (zB **Transfer- oder Bonitätsrisiken**) gemindert, oder wird der Wert durch entsprechende (spätere) Zuschreibungen (Wertaufholungen) erhöht, so sind die jeweiligen Ab- bzw. Zuschreibungsbeträge auch in der GuV zu eliminieren. Resultiert die Wertdifferenz zwischen der einerseits erfassten Ausleihung und der andererseits ausgewiesenen Schuld aus einer nicht in der jeweiligen Periode, sondern in Vorperioden vorgenommenen Abschreibung, so besteht in der Bilanz die Notwendigkeit, das Eigenkapital (Ergebnisvortrag oder Konzerngewinnrücklagen) um den entsprechenden Wert erfolgsneutral zu korrigieren (→ Rn. 55).[7]

17   **d) Rechnungsabgrenzungsposten.** Die allgemeinen Voraussetzungen für die Bilanzierung von Rechnungsabgrenzungsposten ergeben sich aus § 250. Für die Schuldenkonsolidierung ist grundsätzlich zu beachten, dass **aktive und passive Rechnungsabgrenzungsposten,** soweit sie auf konzerninternen Schuldverhältnissen (zB Zahlung von Zinsen, Mieten und Pachten) basieren, einer Konsolidierungspflicht nach § 303 Abs. 1 unterliegen. Dabei ist unerheblich, ob der Ausgleich von Anspruch und Verpflichtung nicht in Geld, sondern durch eine andere Leistung erfolgt.[8]

18   Besonderheiten bei der Schuldenkonsolidierung ergeben sich aufgrund **der unterschiedlichen bilanziellen Behandlungsmöglichkeiten für das Disagio** (Damnum). Ist der Erfüllungsbetrag einer Verbindlichkeit höher als der Ausgabebetrag, so **darf** der Schuldner nach § 250 Abs. 3 den Unterschiedsbetrag als aktivischen Rechnungsabgrenzungsposten ausweisen. Im Falle einer aktivischen Abgrenzung ist das Disagio durch jährliche Abschreibungen planmäßig über die Laufzeit des entsprechenden Darlehens aufzulösen. Der Gläubiger wird entweder die Forderung mit dem Erfüllungsbetrag bilanzieren und das Disagio passivieren und ratierlich über die Laufzeit auflösen oder die Forderung zum Auszahlungsbetrag aktivieren und den Differenzbetrag planmäßig über die Laufzeit dem Forderungswert zuschreiben. Wegen des aus dem Realisationsprinzip resultierenden Verbots für den Gläubiger, die Forderung (ohne Erfassung eines Abgrenzungspostens) zum Erfüllungsbetrag anzusetzen, und dem gleichzeitigen Wahlrecht des Schuldners, das Disagio sofort als Aufwand zu erfassen (Ausdruck der imparitätischen Behandlung von Gewinnen und Verlusten), ist eine **erfolgsneutrale** Aufrechnung konzerninterner Schuldverhältnisse nicht immer mög-

---

6   ADS Rn. 9; HWRP/Wohlgemuth Sp. 2170 f. Bei modernen EDV-Buchführungssystemen ist eine Aufspaltung idR unproblematisch, Kölner KommRechnungslegungsR/Scherrer Rn. 12.

7   BeBiKo/Störk/Deubert, 13. Aufl. 2022, Rn. 13 f.

8   WP-HdB G Rn. 448.

lich. Ein in der jeweiligen Periode entstehender aktivischer bzw. passivischer Unterschiedsbetrag ist **erfolgswirksam** zu verrechnen, woraus sich auch die Berücksichtigung latenter
Steuern ergibt; aus früheren Perioden resultierende Aufrechnungsdifferenzen sind **erfolgsneutral** im Eigenkapital vorzutragen (→ Rn. 55).[9]

e) Rückstellungen. Grundsätzlich werden die in den Einzelbilanzen der konsolidier- 19
ten Unternehmen gebildeten Rückstellungen unverändert in die Konzernbilanz übernommen, sofern es sich hierbei um ungewisse Verbindlichkeiten gegenüber Dritten (Verbindlichkeitsrückstellungen, Drohverlustrückstellungen und Rückstellungen für
Gewährleistungen ohne rechtliche Verpflichtung) oder um verpflichtend zu bildende Aufwandsrückstellungen gem. § 249 Abs. 1 Nr. 1 handelt. Eine **Konsolidierungspflicht**
besteht jedoch für Rückstellungen, die zur Abdeckung von Verpflichtungen gegenüber
anderen einbezogenen Unternehmen gebildet worden sind. Aus der Sicht des Konzerns
bedeuten diese Rückstellungen eine Verbindlichkeit gegenüber sich selbst, für die das HGB
keine Passivierungsmöglichkeit gewährt.[10] Die Rückstellung, der keine Buchforderung der
korrespondierenden Gesellschaft gegenübersteht, wird im Rahmen der Konsolidierung
rückgängig gemacht. Dadurch **erhöht** sich der **Konzernerfolg** entsprechend gegenüber
der Summe der Jahresüberschüsse bzw. Jahresfehlbeträge aus den Jahresabschlüssen der konsolidierten Unternehmen, dh es handelt sich um eine **erfolgswirksame** Konsolidierung,
die auch die Bildung passiver latenter Steuern notwendig macht.

Ein Weglassen konzerninterner Rückstellungen ist jedoch insoweit nicht geboten, als 20
die Rückstellung aus Sicht des Konzerns (unter der Fiktion der rechtlichen Einheit) eine
zu erfassende Verpflichtung darstellt. Bildet zB ein Konzernunternehmen aufgrund einer
Lieferung ins Sachanlagevermögen eines anderen Konzernunternehmens eine Gewährleistungsrückstellung, so kann diese im Konzern den Charakter einer **Rückstellung für unterlassene Instandhaltungen** (in den Grenzen, in denen eine solche Rückstellung überhaupt
als zulässig betrachtet werden kann) annehmen. Bei Lieferungen ins Vorratsvermögen ist
der Wert einer solchen Gewährleistungsrückstellung aus den Rückstellungen auszubuchen
und vom Buchwert der Vorräte abzusetzen, soweit die Rückstellung tatsächlich eine Wertminderung repräsentiert und die Vorratsgegenstände noch im Konzern auf Lager liegen.[11]
Liegt bei bilanzierten Rückstellungen zwar rechtlich nur eine Verpflichtung gegenüber
einem konsolidierten Unternehmen vor, resultiert aus dem zugrunde liegenden Geschäft
jedoch auch eine faktische materielle Verpflichtung gegenüber Dritten, zB weil der entsprechende innerhalb des Konzerns gelieferte Gegenstand weiterverkauft wurde, so darf die
Rückstellung nicht konsolidiert, dh eliminiert, werden.

Beispiel:[12]
Das Mutterunternehmen liefert Generatoren an das Tochterunternehmen. Das Tochterunternehmen
baut diese in Stromerzeugungsaggregate ein und liefert sie an einen Dritten. Das Mutterunternehmen
garantiert bestimmte Leistungs- und Abgaswerte gegenüber dem Tochterunternehmen und bildet daher
in seinem Jahresabschluss eine Garantierückstellung. Da materiell die Verpflichtung hinsichtlich der
Einhaltung der Abgaswerte auch gegenüber dem Kunden des Tochterunternehmens besteht, stellt die
Rückstellung des Mutterunternehmens auch eine Rückstellung des Konzerns dar und kann somit nicht
weggelassen werden.

Auch eine Rückstellung für **drohende Verluste** aus schwebenden Geschäften mit 21
einem einbezogenen Unternehmen im Konzernabschluss ist dann beizubehalten, wenn das
zur Lieferung verpflichtete Konzernunternehmen seinerseits zu gleichen Bedingungen
einem nicht einbezogenen Unternehmen verpflichtet ist und in seiner Bilanz das schwe-

---

[9]　S. für eine beispielhafte Darstellung HdR/Maas, 2012, C 420 Rn. 43 f.; HdJ/Wohlgemuth Abt. V/4
　　　Rn. 62; HdK/Harms Rn. 21; Scherrer Konzernrechnungslegung 7. Teil E. III.
[10]　WP-HdB G Rn. 446.
[11]　ADS Rn. 14; WP-HdB G Rn. 447; Coenenberg/Haller/Schultze Jahresabschluss Kap. 11 B. I.1; Busse
　　　v. Colbe/Ordelheide/Gebhardt/Pellens Konzernabschlüsse Kap. 6 V. 4.
[12]　Vgl. zu diesem Bsp. auch HdK/Harms Rn. 24.

bende Geschäft, das dort als durchlaufender Posten gesehen werden kann, nicht bilanziert hat.[13]

22   Über die Behandlung einer Rückstellung ist letztlich im Einzelfall zu entscheiden, wobei es auf deren Bezeichnung im Jahresabschluss nicht ankommt. Es ist jedoch darauf zu achten, dass **mehrfache Rückstellungen,** die sich auf denselben Sachverhalt beziehen, unterbleiben.[14]

23   **f) Konzerninterne Anleihen.** Ein konzerninternes Schuldverhältnis begründet sich auch dadurch, dass ein in den Konzernabschluss einbezogenes Unternehmen im Besitz von **Schuldverschreibungen** bzw. ähnlichen festverzinslichen Wertpapieren ist, die von einem anderen einbezogenen Unternehmen ausgegeben wurden. Grundsätzlich ist hier von einer Aufrechnungsverpflichtung des Passivpostens „Anleihen" des einen Unternehmens mit dem entsprechenden Aktivposten „Ausleihungen an verbundene Unternehmen" (oder „Wertpapiere des Anlagevermögens" bzw. „Wertpapiere des Umlaufvermögen") des anderen Unternehmens auszugehen, da wirtschaftlich ein Schuldverhältnis vorliegt, das lediglich hinsichtlich seiner Form eine Besonderheit (Verbriefung als Wertpapier) aufweist.[15] In konsequenter Umsetzung der Einheitsfiktion ist von einer Aufrechnung abzusehen, solange davon ausgegangen werden kann, dass die Wertpapiere in Zukunft noch an nicht einbezogene Unternehmen weiterveräußert werden. Denn im Jahresabschluss dürfen vom Emittenten rückerworbene Schuldverschreibungen nur dann saldiert werden, wenn eine (Wieder-)Veräußerung der Wertpapiere auszuschließen ist.[16]

24   **3. Eventualverbindlichkeiten und Haftungsverhältnisse. a) Grundsätzliches.** Grundlage für die Konsolidierung der Eventualverbindlichkeiten und Haftungsverhältnisse ist § 298 Abs. 1, wonach die Angabepflicht des § 251 iVm § 268 Abs. 7 auch für den Konzernanhang gilt.[17] Wie alle anderen Posten unterliegen die Eventualverbindlichkeiten und Haftungsverhältnisse der **Konsolidierungspflicht.** Dies ergibt sich aus § 303 Abs. 1 sowie auch aus den allgemeinen Vorschriften, insbesondere § 297 Abs. 3, wonach „im Konzernabschluss … die Vermögens-, Finanz- und Ertragslage der einbezogenen Unternehmen so darzustellen ist, als ob diese Unternehmen insgesamt ein einziges Unternehmen wären". Da es keine Eventualforderungen gibt, ist keine Aufrechnung möglich. Die aus Konzernsicht nicht gerechtfertigten Eventualverbindlichkeiten sind im Konzernabschluss deshalb einfach wegzulassen.[18]

25   Gemäß § 298 Abs. 1 iVm §§ 251, 268 Abs. 7 sind nicht passivierte
– Verbindlichkeiten aus der Begebung und Übertragung von Wechseln,
– Verbindlichkeiten aus Bürgschaften, Wechsel- und Scheckbürgschaften,
– Verbindlichkeiten aus Gewährleistungsverträgen,
– Haftungsverhältnisse aus der Bestellung von Sicherheiten für fremde Verbindlichkeiten
jeweils gesondert im Konzernanhang anzugeben, soweit diese auf Rechtsverhältnisse mit nicht in den Konzernabschluss einbezogenen Unternehmen beruhen. Dies gilt auch dann, wenn ihnen gleichwertige Rückgriffsforderungen gegenüber stehen.[19]

26   Nach § 251 müssen die Eventualverbindlichkeiten und Haftungsverhältnisse im Jahresabschluss – abgesehen von Kapitalgesellschaften – nicht jeweils einzeln aufgeführt werden,

---

13   ADS Rn. 15; HWRP/Wohlgemuth Sp. 2169; vgl. das Bsp. bei Baetge/Kirsch/Thiele, 14. Aufl. 2021, Konzernbilanzen Kap. V. 234.
14   Beck HdR/Fischer C 420 Rn. 13 (Stand: Juli 2002); HdJ/Wohlgemuth Abt. V/4 Rn. 70.
15   ADS Rn. 17; IFRS-Komm/Baetge/Hayn/Ströher IAS 27 Rn. 190; Kölner Komm RechnungslegungsR/Scherrer Rn. 24.
16   Beck HdR/Scheffler C 420 Rn. 33; Busse v. Colbe/Ordelheide/Gebhardt/Pellens Konzernabschlüsse Kap. 6 V. 2; HdJ/Wohlgemuth Abt. V/4 Rn. 52 f.
17   Die Angabepflicht nach § 251 iVm § 268 Abs. 7 im Anhang gilt sinngemäß auch für dem PublG unterliegende Unternehmen (→ Rn. 26). Anders als auf Ebene des Einzelabschlusses ist der Konzernanhang nach dem PublG als Pflichtbestandteil in den Konzernabschluss aufzunehmen. Vgl. NK-BR PublG/Schäfer § 13 Rn. 7.
18   HdJ/Wohlgemuth Abt. V/4 Rn. 77 f.; Kölner Komm RechnungslegungsR/Scherrer Rn. 30.
19   Busse v. Colbe/Ordelheide/Gebhardt/Pellens Konzernabschlüsse Kap. 6 V. 6.

sondern es reicht aus, wenn diese in einem Betrag angegeben werden. Nach § 268 Abs. 7 haben **Kapitalgesellschaften die in § 251 bezeichneten Haftungsverhältnisse gesondert** im Anhang aufzugliedern, was nach § 5 Abs. 1 S. 2 PublG sinngemäß auch für dem PublG unterliegende Unternehmen gilt. Hierbei sind für die Haftungsverhältnisse iSd § 251 jeweils gesondert die gewährten Pfandrechte und sonstigen Sicherheiten anzugeben sowie Verpflichtungen, betreffend die Altersversorgung gegenüber verbundenen oder assoziierten Unternehmen, jeweils gesondert zu vermerken. Als Basis für eine ordnungsgemäße Konsolidierung ist bei der Erstellung der Handelsbilanz II darauf zu achten, dass diese Posten im Anhang vollständig erfasst und erläutert werden. Ebenso ist zu beachten, dass die Angaben nach § 268 Abs. 7 zu den in § 251 bezeichneten Haftungsverhältnisse gegenüber nicht in den Konzernabschluss einbezogenen Tochterunternehmen oder gegenüber assoziierten Unternehmen gem. § 314 Abs. 1 Nr. 2a gesondert anzugeben sind.

Bestehende **Rückgriffsforderungen für Eventualverbindlichkeiten** können, müs- **27** sen jedoch nicht, auf der Aktivseite unter dem Strich der Bilanz vermerkt werden. Da bei der Konsolidierung aus diesem Ausweiswahlrecht Probleme entstehen können, falls eine einbezogene Gesellschaft Rückgriffsforderungen unter dem Strich der Bilanz vermerkt, die andere dagegen nicht, ist durch verbindliche Konzernrichtlinien ein einheitlicher Ausweis sicher zu stellen.[20]

b) Wechselobligo. Die Angabe des Wechselobligos unterbleibt, soweit sich die von **28** einem einbezogenen Unternehmen begebenen oder übertragenen Wechsel in der Hand eines anderen konsolidierten Konzernunternehmens befinden. Dasselbe gilt, wenn sich der Wechsel zwar im Besitz von Dritten befindet, aber ein anderes einbezogenes Unternehmen die Verbindlichkeit als Hauptschuldner passiviert hat. Dabei ist es unerheblich, ob die Indossantenkette auch konzernfremde Dritte enthält.[21] Eine derartige Wechselverbindlichkeit darf im Konzernabschluss nicht gleichzeitig zu einem Ausweis als Wechselobligo führen, da ansonsten das Schuldverhältnis doppelt berücksichtigt werden würde. Im Rahmen des Konzernrechnungswesens ist folglich zu gewährleisten, dass der auf einbezogene Unternehmen entfallende Teil des Wechselobligos isoliert werden kann.[22]

c) Verbindlichkeiten aus Bürgschaften und Gewährleistungsverträgen. Im **29** Rahmen der Konsolidierungsmaßnahmen sind zwei Fälle zu unterscheiden. Zunächst gilt der Grundsatz, dass **Bürgschaften,** die Konzernunternehmen gegenüber anderen einbezogenen Unternehmen gewähren, eliminiert werden müssen, weil der Konzern keine **Verpflichtungen gegen sich selbst** ausweisen kann. Sie dürfen daher im Konzernanhang nicht erscheinen. Hinzu kommen diejenigen Fälle, in denen die **Haftung gegenüber Dritten** für die Schuld eines einbezogenen Unternehmens besteht und bereits die entsprechende Hauptschuld unter den Passiva ausgewiesen wird. Die Angabe der Bürgschaft im Konzernanhang muss in diesem Fall unterbleiben, da die Schuld bereits passiviert ist und darüber hinaus für den Konzern keine Verbindlichkeit besteht.[23]

Verbindlichkeiten aus Gewährleistungsverträgen stellen – soweit mit einer Inanspruch- **30** nahme konkret nicht zu rechnen ist – idR **bürgschaftsähnliche Rechtsverhältnisse** dar, die in der Form von Garantieversprechen, Freistellungsverpflichtungen, kumulativen Schuldübernahmen oder auch Patronatserklärungen auftreten. Die Garantie durch Gewährleistung besteht unabhängig vom Schicksal der Hauptschuld. Gewährleistungen sind analog zu Bürgschaften zu behandeln. Sie müssen jedoch dann als Vermerk in den Konzernanhang übernommen werden, soweit sie gegenüber Konzernfremden bestehen und wenn das Garantieversprechen eine wesentliche, über den Rahmen der Hauptschuld hinausgehende, wirtschaftliche Belastung bedeutet.[24] Hiervon ist abzusehen, falls sich – zB bei langfristiger

---

[20]   HdK/Harms Rn. 42.
[21]   Beck HdR/Scheffler C 420 Rn. 54.
[22]   ADS Rn. 19; vgl. zu Bsp. HdK/Harms Rn. 43.
[23]   WP-HdB G Rn. 453 f.
[24]   Busse v. Colbe/Ordelheide/Gebhardt/Pellens Konzernabschlüsse Kap. 6 V. 6.

Fertigung – die Verpflichtung des Konzerns im Rahmen branchenüblicher Gewährleistungen bewegt.[25]

31   **d) Haftung aus der Bestellung von Sicherheiten für fremde Verbindlichkeiten.** Als Konsequenz der Einheitsfiktion dürfen auch in den Jahresabschlüssen der konsolidierten Unternehmen enthaltene Vermerke bzw. Anhangangaben bezüglich der Bestellung von Sicherheiten für fremde Verbindlichkeiten, wie zB
– Sicherungsübertragungen,
– Bestellung von Grundpfandrechten und
– Bestellung von Pfandrechten an beweglichen Sachen und Rechten,
nicht in den Konzernanhang übernommen werden, wenn die Begünstigten aus diesen Haftungsverhältnissen in den Konzernabschluss einbezogene Unternehmen sind, da es sich aus Sicht des Konzerns um keine Sicherheit für fremde, sondern für eigene Verbindlichkeiten handelt.[26] Handelt es sich bei den Begünstigten der Sicherheiten jedoch um konzernfremde Unternehmen sowie um eine zugrunde liegende Verpflichtung gegenüber Dritten, so ist die Haftung nach § 298 Abs. 1 iVm §§ 251, 268 Abs. 7 im Konzernanhang anzugeben. Wenn es sich bei dem Dritten um ein nicht konsolidiertes Tochterunternehmen handelt, ist dies nach § 314 Abs. 1 Nr. 2a im Konzernanhang anzugeben, sofern nicht bereits eine freiwillige Angabe nach § 251 iVm § 268 Abs. 7 als davon-Vermerk erfolgte. Haften jedoch konsolidierte Unternehmen gegenüber Dritten aus der Bestellung von Sicherheiten für Verbindlichkeiten anderer konsolidierter Tochterunternehmen, so ist keine Angabe nach § 298 Abs. 1 iVm §§ 251, 268 Abs. 7 erforderlich, jedoch ist die Besicherung der Verbindlichkeiten nach § 314 Abs. 1 Nr. 1 in den Konzernanhang aufzunehmen.[27]

32   **e) Mehrfachsicherungen.** Mehrfachsicherungen sind dann gegeben, wenn mehrere konsolidierte Unternehmen **parallel** in Form von Eventualverbindlichkeiten oder Haftungsverhältnissen für dieselben Verbindlichkeiten eines konzernfremden Unternehmens haften. Da aus Konzernsicht bei diesen **gleichartigen Sicherungen** eine „Übersicherung" vorliegt, ist der Haftungsausweis für den Konzernabschluss auf die Höhe zu beschränken, in der der Konzern im Höchstfall haftet.[28] Bei **ungleichartigen Sicherungen** ist die jeweils umfassendere Form der Eventualverbindlichkeit oder des Haftungsverhältnisses anzugeben (zB stellen Grundpfandrechte einen umfassenderen Haftungsterm als Ausfallbürgschaften dar).[29] Nach dem Grundsatz des § 265 Abs. 3 S. 1 ist die Mitzugehörigkeit zu einer anderen Gruppe von Haftungsverhältnissen anzugeben, „wenn dies zur Aufstellung eines klaren und übersichtlichen Jahresabschlusses erforderlich ist".[30]

33   **4. Risiken und Vorteile aus außerbilanziellen Geschäften.** Um die Finanzlage eines Unternehmens besser beurteilen zu können und die dafür notwendigen Informationen zu gewähren, enthält § 285 Nr. 3 auf Jahresabschlussebene bzw. für den Konzernanhang in § 314 Abs. 1 Nr. 2 eine separate Vorschrift zur Angabe und Beschreibung (Art, Zweck, Risiken, Vorteile und finanzielle Auswirkungen) von außerbilanziellen Geschäften des Mutterunternehmens und der in den Konzernabschluss einbezogenen Tochterunternehmen. Im Rahmen der Schuldenkonsolidierung müssen diese Geschäftsbeziehungen zwischen Mutter- und konsolidierten Tochterunternehmen, zB Leasing- oder Mietverhältnisse, eliminiert werden.[31] In den Konzernanhang sind somit nur außerbilanzielle Geschäfte des Mutter- oder der konsolidierten Tochterunternehmen mit nicht in den Konzernabschluss einbezogenen Tochterunternehmen, Gemeinschaftsunternehmen, assoziierten Unternehmen und kon-

---

25   ADS Rn. 22.
26   WP-HdB G Rn. 455; Busse v. Colbe/Ordelheide/Gebhardt/Pellens Konzernabschlüsse Kap. 6 V. 6.
27   WP-HdB G Rn. 455.
28   ADS Rn. 25.
29   Busse v. Colbe/Ordelheide/Gebhardt/Pellens Konzernabschlüsse Kap. 6 V. 6.
30   HdJ/Wohlgemuth Abt. V/4 Rn. 97; WP-HdB G Rn. 456.
31   BeBiKo/Störk/Deubert, 13. Aufl. 2022, Rn. 49.

zernfremden Dritten aufzunehmen, sofern dies für die Beurteilung der Finanzlage des Konzerns notwendig ist.

5. Sonstige finanzielle Verpflichtungen. Die gem. § 285 Nr. 3a im Anhang anzuge- 34
benden sonstigen finanziellen Verpflichtungen unterliegen ebenso nach der Einheitstheorie der Konsolidierungspflicht, bevor sie gem. § 314 Abs. 1 Nr. 2a in den Konzernanhang übernommen werden.[32] Der Konzernanhang darf also nur solche finanziellen Verpflichtungen beinhalten, die gegenüber konzernexternen Dritten oder nicht konsolidierten Tochterunternehmen bestehen. Hierbei ist gem. § 314 Abs. 1 Nr. 2a der Gesamtbetrag der sonstigen finanziellen Verpflichtungen aufzuführen, der nicht in der Konzernbilanz enthalten ist und nicht nach § 298 Abs. 1 iVm § 251 oder auch nach § 314 Abs. 1 Nr. 2 anzugeben ist. Davon sind die Verpflichtungen, die die Altersversorgung betreffen sowie die finanziellen Verpflichtungen gegenüber nicht einbezogenen Tochterunternehmen und assoziierten Unternehmen, getrennt auszuweisen.

6. Derivative Finanzinstrumente von Konzernunternehmen. Aufgrund der 35
wesentlichen, mit dem Besitz von Derivaten verbundenen, Risiken (und Chancen) fordert der Gesetzgeber diesbezüglich weit reichende Anhangangaben. Durch die Änderungen des BilMoG (Zeitwertbewertung von Finanzinstrumenten bei Kreditinstituten) wurde eine Erweiterung der bestehenden Pflichtangaben zu derivativen Finanzinstrumenten notwendig. Gemäß § 314 Abs. 1 Nr. 11 sind im Konzernanhang für jede Kategorie von derivativen Finanzinstrumenten (zB Unterteilung in die dem Derivatevertrag zugrunde liegenden Basiswerte: zinsbezogene Geschäfte, währungsbezogene Geschäfte, aktien-/indexbezogene Geschäfte und sonstige Geschäfte)[33] zusätzliche Informationen zu derivativen Finanzinstrumenten anzugeben, soweit diese Instrumente nicht zum beizulegenden Zeitwert bilanziert wurden. Durch die Regelung in § 314 Abs. 1 Nr. 11 lit. c (Angabe eines ggf. vorhandenen Buchwerts und des ihn enthaltenden Bilanzpostens) wird verdeutlicht, dass es sich hierbei nur um Derivate des Mutterunternehmens, der konsolidierten Tochterunternehmen und der quotal einbezogenen Gemeinschaftsunternehmen, aber nicht der assoziierten Unternehmen handelt. Derivateverträge zwischen den konsolidierten Unternehmen sind im Zuge der Schuldenkonsolidierung zu eliminieren.[34]

7. Geschäfte mit nahestehenden Unternehmen und Personen. In den Konzern- 36
anhang sind seit dem BilMoG gem. § 314 Abs. 1 Nr. 13 zusätzliche Angaben zu nicht zu marktüblichen Bedingungen zustande gekommenen Geschäften von Konzernunternehmen mit nahestehenden Unternehmen und Personen aufzunehmen (→ § 314 Rn. 87 ff.). Im Zuge des Bilanzrichtlinie-Umsetzungsgesetzes (BilRUG) wurde in § 314 Abs. 1 Nr. 13 klargestellt, dass auf Konzernebene Geschäfte zwischen in einen Konzernabschluss einbezogenen nahestehenden Unternehmen nicht aufgenommen werden müssen, wenn sie bei der Konsolidierung weggelassen werden.[35]

8. Drittschuldverhältnisse. Drittschuldverhältnisse sind dann gegeben, wenn Unter- 37
nehmen außerhalb des Konsolidierungskreises (konzernfremde Unternehmen oder nicht konsolidierte Konzernunternehmen) gleichzeitig Forderungen und Verbindlichkeiten gegenüber konsolidierten Konzernunternehmen haben. Wird der Konzernabschluss als Bilanz der wirtschaftlichen Einheit Konzern betrachtet, müssten konsequenterweise auch diese Drittschuldverhältnisse in die Konsolidierung einbezogen werden, soweit die allgemeinen Aufrechnungsvoraussetzungen gem. § 387 BGB vorliegen (Gleichartigkeit, Gleichfristigkeit und Gleichwertigkeit der Forderungen und Verbindlichkeiten).

Allerdings ergibt sich nach dem Wortlaut des § 303 Abs. 1 jedoch nur eine Konsolidie- 38
rung von Forderungen und Verbindlichkeiten „zwischen den in den Konzernabschluss

---

[32] ADS Rn. 26 ff. enthalten diesbezüglich Bsp.; Busse v. Colbe/Ordelheide/Gebhardt/Pellens Konzernabschlüsse Kap. 6 V. 8; Scheffler Der Konzern 2018, 155 f.

[33] IDW RH HFA 1.005 Rn. 12; BeBiKo/Grottel, 13. Aufl. 2022, § 285 Rn. 558.

[34] BeBiKo/Störk/Deubert, 13. Aufl. 2022, Rn. 54; BeBiKo/Grottel § 314 Rn. 176.

[35] BeBiKo/Störk/Deubert, 13. Aufl. 2022, Rn. 57; Zwirner/Busch Der Konzern 2016, 117.

einbezogenen Unternehmen" und somit **keine Verpflichtung zur Einbeziehung von Drittschuldverhältnissen** in die Schuldenkonsolidierung. Eine Konsolidierung auf **freiwilliger Basis** ist jedoch möglich, soweit die rechtlichen Voraussetzungen für eine Aufrechnung gegeben sind und damit nicht gegen das Verrechnungsverbot des § 246 Abs. 2 verstoßen wird. Soweit die entsprechenden Informationen hierfür ohne größeren Aufwand beschaffbar sind, ist eine derartige Konsolidierung im Hinblick auf die Aussagefähigkeit des Konzernabschlusses anzuraten. In der Praxis wird idR eine Drittschuldenkonsolidierung mit Blick auf den Grundsatz der Wirtschaftlichkeit der Konzernrechnungslegung unterbleiben, da die Beschaffung der dafür erforderlichen Informationen in vielen Fällen zu aufwändig sein dürfte.[36]

39   Wird eine Konsolidierung von Drittschuldverhältnissen vorgenommen, so sollte dieser Vorgang im **Konzernanhang** erläutert werden. Die Pflicht dazu könnte aufgrund des Abweichens von der Vorschrift des § 303 Abs. 1 aus § 313 Abs. 1 S. 3 Nr. 2 abgeleitet werden.[37] Da sich jedoch die Konsolidierung von Drittschuldverhältnissen nicht unmittelbar aus dem § 303 Abs. 1 ergibt, kann der Auffassung[38] gefolgt werden, dass die Verpflichtung nur vorliegt, wenn entgegen der bisherigen Praxis mit der Konsolidierung von Drittschuldverhältnissen begonnen oder diese in Abweichung von der früheren Verfahrensweise beendet wird.

III. Durchführung der Schuldenkonsolidierung

40   **1. Grundsatz.** Im einfachsten Fall der Schuldenkonsolidierung im Bereich von Bilanzposten stehen sich – unabhängig von dem jeweiligen Bilanzposten – konzerninterne Forderungen und Verbindlichkeiten **wertgleich** gegenüber. Die Verrechnung erfolgt in diesem Fall durch Eliminierung der korrespondierenden Forderungen und Verbindlichkeiten aus der Summenbilanz. Aufgrund der Wertgleichheit ist die Aufrechnung **erfolgsneutral** und führt zu einer Bilanzverkürzung und damit einer Veränderung der Vermögens- und Kapitalstruktur in der Konzernbilanz im Vergleich zur Summenbilanz.[39]

41   Übersteigt die Forderung die ihr gegenüberstehende Verbindlichkeit oder umgekehrt, entstehen aktive oder passive Aufrechnungsdifferenzen. Die Konsolidierung ist in Höhe dieses Unterschiedsbetrags **erfolgswirksam.** Als Ausnahme sind hier „unechte" Aufrechnungsdifferenzen zu nennen, bei denen ggf. auch eine erfolgsneutrale Korrektur durchzuführen ist (→ Rn. 50). Von einer erfolgswirksamen Konsolidierungsmaßnahme wird gesprochen, wenn sich dadurch die Summe der Jahresüberschüsse bzw. -fehlbeträge aus den Jahresabschlüssen der konsolidierten Unternehmen verändert. Es sei darauf hingewiesen, dass in einer Periode neu auftretende Aufrechnungsdifferenzen in der Bilanz auch entsprechende Effekte in der GuV mit sich bringen, die bei der Konsolidierung zu eliminieren sind (§ 305). § 303 Abs. 1 enthält hierfür keine Regelungen. Da jedoch konzerninterne Forderungen und Verbindlichkeiten gemäß dieser Vorschrift vollständig zu eliminieren sind, bedürfen grundsätzlich auch vorhandene Aufrechnungsdifferenzen aus der Schuldenkonsolidierung einer entsprechenden Behandlung.[40]

42   **2. Ursachen für das Entstehen von Aufrechnungsdifferenzen.** Wenn sich Forderungen und Verbindlichkeiten im Rahmen der Schuldenkonsolidierung nicht in gleicher Höhe gegenüberstehen, so ist zwischen „unechten", „stichtagsbedingten" und „echten" Aufrechnungsdifferenzen zu unterscheiden.[41]

43   **a) „Unechte" Aufrechnungsdifferenzen.** Bei „unechten" Aufrechnungsdifferenzen sind die Abweichungen der Wertansätze konzerninterner Forderungen und Verbindlichkei-

---

[36]   Beck HdR/Scheffler C 420 Rn. 68; BeBiKo/Störk/Deubert, 13. Aufl. 2022, Rn. 46.
[37]   Beck HdR/Fischer C 420 Rn. 25 (Juli 2002); ebenso Störl Der Konzern 2018, 156.
[38]   HdJ/Wohlgemuth Abt. V/4 Rn. 116.
[39]   HdK/Harms Rn. 11.
[40]   HdJ/Wohlgemuth Abt. V/4 Rn. 24.
[41]   ADS Rn. 32 ff.; Schildbach/Feldhoff KonzAbschl H. 3.

ten auf **buchungstechnische Probleme** in den Bilanzen einbezogener Unternehmen zurückzuführen. Diese können in Form von falschen oder fehlenden Buchungen oder aufgrund von zeitlichen Differenzen[42] bei der buchhalterischen Erfassung von Sachverhalten um den Bilanzstichtag entstehen.

Beispiele:
1. Begleichung einer Verbindlichkeit eines Konzernunternehmens am Ende einer Periode durch Banküberweisung wobei die Bankgutschrift auf dem Konto des empfangenden Konzernunternehmens erst in der neuen Periode erfolgt.
2. Warenlieferung von einem Konzernunternehmen an ein anderes über einen Spediteur, wobei zum Bilanzstichtag die Ware sich im Besitz des Spediteurs befindet und dieser für den Untergang der Ware haftet (das liefernde Konzernunternehmen realisiert einen Umsatz und bucht deshalb eine Forderung ein, während das empfangende Konzernunternehmen noch keine Leistung empfangen und damit auch keine Verbindlichkeit eingebucht hat).

b) „Stichtagsbedingte" Aufrechnungsdifferenzen. Bei diesem Typus von Auf- **44** rechnungsdifferenzen handelt es sich um zeitliche Differenzen im weiteren Sinne, so dass diese grundsätzlich auch als „unechte" Aufrechnungsdifferenzen aufgefasst werden können.[43] Aufgrund ihrer gesetzlichen Legitimation werden sie jedoch in der Literatur idR als eine eigenständige Kategorie qualifiziert.[44] Denn nach § 299 Abs. 2 ist es möglich, den Jahresabschluss einer Tochtergesellschaft in den Konzernabschluss einzubeziehen, dessen **Stichtag bis zu drei Monate vor dem Stichtag des Konzernabschlusses** liegt. Bei Inanspruchnahme dieser Regelung ergeben sich bedingt durch den normalen Geschäftsablauf zwischen dem abweichenden Stichtag des Jahresabschlusses Veränderungen in den Schuldverhältnissen zwischen den Konzernunternehmen und somit zwangsläufig Abweichungen in der „zeitlichen Erfassung" von Verpflichtungsverhältnissen innerhalb des Konzerns. Die daraus resultierenden „unechten" Aufrechnungsdifferenzen werden als **„stichtagsbedingte"** Aufrechnungsdifferenzen bezeichnet.

Beispiel:
Der Jahresabschluss eines in den Konzernabschluss einbezogenen Unternehmens wird zwei Monate vor dem Konzernabschlussstichtag erstellt und eine Woche vor dem Konzernabschlussstichtag nimmt dieses Tochterunternehmen vom Mutterunternehmen ein Darlehen auf (das Darlehen erscheint im Jahresabschluss des Mutterunternehmens als „Ausleihung an verbundene Unternehmen", die entsprechende Schuld des Tochterunternehmens ist jedoch in dessen in den Konzernabschluss einbezogenen Jahresabschluss nicht erfasst).

c) „Echte" Aufrechnungsdifferenzen. Von „echten" Aufrechnungsdifferenzen wird **45** gesprochen, wenn die Wertansätze der zu konsolidierenden Forderungen und Verbindlichkeiten aufgrund von Bewertungsunterschieden, Unterschieden aus der Währungsumrechnung sowie aus Konzernsicht nicht zulässigen konzerninternen Rückstellungen voneinander abweichen.

Die Vorschriften der Bewertung von Schuldverhältnissen auf Ebene der Jahresabschlüsse **46** von Konzernunternehmen sind nicht davon abhängig, ob die im Rahmen des Schuldverhältnisses beteiligten Unternehmen in den Konsolidierungskreis einbezogen sind oder nicht. Daraus können abweichende Wertansätze von Forderungen oder Verbindlichkeiten aus **Bilanzierungsgrundsätzen** (zB Bewertung der Forderung nach dem Niederstwertprinzip, Bewertung der Verbindlichkeit nach dem Höchstwertprinzip) oder aus der unterschiedlichen Ausnutzung von **Bilanzierungswahlrechten** (zB Behandlung eines Disagios) resultieren.

Bei Schuldverhältnissen mit ausländischen Tochtergesellschaften können sich durch die **47** Verwendung unterschiedlicher Wechselkurse in den entsprechenden Jahresabschlüssen und/ oder im Rahmen der Währungsumrechnung im Konzernabschluss abweichende Wertan-

---

42 Zu einer Übersicht über mögliche Ursachen für zeitliche Differenzen vgl. Busse v. Colbe/Ordelheide/ Gebhardt/Pellens Konzernabschlüsse Kap. 6 II. 2. S. auch HdJ/Wohlgemuth Abt. V/4 Rn. 12 ff.
43 Busse v. Colbe/Ordelheide/Gebhardt/Pellens Konzernabschlüsse Kap. 6 VI. 2.; ADS Rn. 38.
44 Baetge/Kirsch/Thiele Konzernbilanzen Kap. V. 24; HdJ/Wohlgemuth Abt. V/4 Rn. 15.

sätze zwischen den erfassten Ansprüchen und Verpflichtungen ergeben. Die **währungsbezogene Differenz** lässt sich zB auf unterschiedliche Kurse an verschiedenen Börsen, die Veränderung des Wechselkurses in der Zeit zwischen Begründung des Schuldverhältnisses und dem Bilanzstichtag sowie die Gültigkeit des Imparitätsprinzips bei der Währungsumrechnung von langfristigen Valutaforderungen bzw. -verbindlichkeiten gem. § 256a S. 2 im Jahresabschluss zurückführen.[45]

48   Während sich bei den erstgenannten Ursachen für Aufrechnungsunterschiede Forderungen und Verbindlichkeiten mit unterschiedlichen Beträgen gegenüberstehen, kann **konzerninternen Rückstellungen** idR kein Aktivposten zugeordnet werden, so dass sie in voller Höhe als Differenz verbleiben.[46]

49   **3. Behandlung von Aufrechnungsdifferenzen.** Der Gesetzgeber hat keine Aussage zur Behandlung der Aufrechnungsdifferenzen gemacht. Daher ist nach den **allgemeinen Konsolidierungsgrundsätzen** unter besonderer Berücksichtigung der Einheitstheorie zu verfahren. Dies bedeutet, dass der Konzernabschluss so dargestellt werden muss, wie er sich auch ohne das Bestehen der internen Schuldverhältnisse ergeben hätte. Dies kann erfordern, Auswirkungen der Konsolidierung über eine Reihe von Jahren zu verfolgen.

50   **a) „Unechte" Aufrechnungsdifferenzen.** „Unechte" Differenzen müssen bereits bei der zur Aufstellung der Jahresabschlüsse notwendigen innerkonzernlichen Abstimmung festgestellt und bereinigt werden.[47] Ist eine derartige Abstimmung nicht vorgenommen worden, sollte sie im Rahmen der Aufstellung des Konzernabschlusses, soweit aus Kostengründen vertretbar, noch vor der Schuldenkonsolidierung nachgeholt werden.[48] Handelt es sich um zeitliche Buchungsunterschiede, so sind diese, je nachdem ob sie eine erfolgswirksame oder erfolgsneutrale Wirkung hatten, auch durch eine **erfolgswirksame oder erfolgsneutrale** fiktive Buchung im Rahmen der Konsolidierung rückgängig zu machen.[49]

51   Wie auch bezüglich anderer Konsolidierungsmethoden ist hinsichtlich der Behandlung von „unechten" Aufrechnungsdifferenzen der Grundsatz der **Wesentlichkeit** anzuwenden, so dass Differenzen von insgesamt untergeordneter Bedeutung auch direkt erfolgswirksam verarbeitet werden können.[50]

52   **b) „Stichtagsbedingte" Aufrechnungsdifferenzen.** Aufrechnungsdifferenzen, die aufgrund unterschiedlicher Abschlussstichtage entstehen, sind aufgrund ihrer Ähnlichkeit zu den Differenzen aus zeitlichen Gründen wie „unechte" Aufrechnungsdifferenzen zu behandeln (→ Rn. 50 f.).[51] Gemäß § 299 Abs. 3 sind zwischenzeitliche „Vorgänge von besonderer Bedeutung für die Vermögens-, Finanz- und Ertragslage eines in den Konzernabschluss einbezogenen Unternehmens" in der **Konzernbilanz und Konzern-GuV** zu berücksichtigen oder im **Konzernanhang anzugeben.** Nachbuchungen im Rahmen der Schuldenkonsolidierung aufgrund bedeutungsvoller Aufrechnungsdifferenzen schaffen jedoch größere Transparenz im Konzernabschluss als Angaben im Konzernanhang.[52]

53   Die Nachbuchung im Zusammenhang mit der Schuldenkonsolidierung soll die im Jahresabschluss fehlende Buchung durch eine **erfolgsneutrale** Umgliederung gemäß der am Bilanzstichtag aus Konzernsicht gegebenen Situation ausgleichen.[53] Die Entscheidung über einen Verzicht auf Nachbuchungen ist im Einzelfall in Abhängigkeit von der Bedeutung für die Aussagefähigkeit des Konzernabschlusses zu fällen. Die aus dem Unterlassen von Nachbuchungen resultierenden **Differenzen aus der Schuldenkonsolidierung** kön-

---

[45]   BeBiKo/Störk/Deubert, 13. Aufl. 2022, Rn. 17 ff. iVm Rn. 66.
[46]   ADS Rn. 35; HdJ/Wohlgemuth Abt. V/4 Rn. 21.
[47]   ADS Rn. 33; BeBiKo/Störk/Deubert, 13. Aufl. 2022, Rn. 62.
[48]   Busse v. Colbe/Ordelheide/Gebhardt/Pellens Konzernabschlüsse Kap. 6 II. 2.
[49]   ADS Rn. 41; HdJ/Wohlgemuth Abt. V/4 Rn. 11 ff.
[50]   HdK/Harms Rn. 30.
[51]   ADS Rn. 38; Busse v. Colbe/Ordelheide/Gebhardt/Pellens Konzernabschlüsse Kap. 6 VI. 2.
[52]   Busse v. Colbe/Ordelheide/Gebhardt/Pellens Konzernabschlüsse Kap. 6 VI. 2; HdJ/Wohlgemuth Abt. V/4 Rn. 16 ff.
[53]   ADS § 299 Rn. 88; HdJ/Wohlgemuth Abt. V/4 Rn. 18.

nen als aktive oder passive Sonderposten ausgewiesen werden. Trotz der Tatsache, dass in einem Konzernabschluss grundsätzlich Forderungen gegen verbundene bzw. Verbindlichkeiten gegenüber verbundenen Unternehmen mittels Konsolidierung vollständig eliminiert werden, wird im Falle von stichtagsbedingten Aufrechnungsdifferenzen in der Literatur auch vorgeschlagen, diese unter den eben genannten Posten auszuweisen.[54]

c) „Echte" Aufrechnungsdifferenzen. Soweit „echte" Aufrechnungsdifferenzen im **54** Rahmen der Schuldenkonsolidierung im jeweils betrachteten Konzern-Geschäftsjahr zum ersten Mal auftreten, sind sie in diesem **erfolgswirksam** zu behandeln. Dies ist nötig, da die Aufrechnungsdifferenzen in den Jahresabschlüssen durch erfolgswirksame Buchungsvorgänge verursacht wurden und nunmehr erfolgswirksam zu eliminieren sind.[55] Dies bewirkt in der GuV neben etwaiger Aufrechnung von durch das Schuldverhältnis betroffenen GuV-Posten (§ 305) die Erfassung des Aufrechnungsgewinnes/-verlustes als sonstige betriebliche Erträge oder Aufwendungen. Dies gilt sowohl für Restbeträge, die aufgrund von Bilanzierungs- und Bewertungsunterschieden entstehen, wie auch für Restbeträge aus der Währungsumrechnung. Im Rahmen der Währungsumrechnung kann jedoch auch eine Beeinflussung des Konzernergebnisses entstanden sein, selbst wenn aus der Verrechnung von Fremdwährungsforderungen und -verbindlichkeiten keine Aufrechnungsdifferenz resultiert. Diese währungsspezifischen Differenzen ergeben sich vor allem aufgrund der durch das Realisations- und Imparitätsprinzip bedingten unterschiedlichen Behandlung von Fremdwährungstransaktionen in Tochter- und Mutterunternehmen.[56] Nach § 308a müssen die Jahresabschlüsse ausländischer Tochterunternehmen (mit Ausnahme des Eigenkapitals) und somit auch deren Forderungen und Verbindlichkeit zum Devisenkassamittelkurs (= Mittelkurs aus Geld- und Briefkurs) am jeweiligen Bilanzstichtag in EUR umgerechnet werden. Im Jahresabschluss der deutschen Konzernunternehmen gilt für in fremder Währung lautende Vermögensgegenstände und Verbindlichkeiten gem. § 256a die gleiche Umrechnungsmethode. Gleichwohl ist für Posten mit einer Restlaufzeit von mehr als einem Jahr das Realisations- und das Imparitätsprinzip nach § 253 Abs. 1 und § 252 Abs. 1 Nr. 4 Hs. 2 anzuwenden. Hieraus können Verluste bzw. Gewinne (bei Wertaufholungen) aus der Währungsumrechnung entstehen, die über den Jahresabschluss in der Summenbilanz und GuV-Rechnung enthalten sind, aufgrund der Einheitstheorie im Konzernabschluss aber nicht enthalten sein dürfen. Aus einem konzerninternen Schuldverhältnis auf Jahres- und Konzernabschlussebene entstandene Währungsumrechnungsdifferenzen sind deshalb im Konzernabschluss zu korrigieren.[57]

In den **Folgejahren** ist jedoch zu beachten, dass sich nur die **Änderung der Aufrech-** **55** **nungsdifferenz** im abgelaufenen Geschäftsjahr auf das Konzernergebnis auswirken darf. Die aus dem Vorjahr vorgetragenen Aufrechnungsdifferenzen haben bereits frühere Konzernergebnisse beeinflusst. Um den Konzernjahreserfolg im Sinne des Kongruenzgrundsatzes periodengerecht ausweisen zu können, dürfen nur die Veränderungen der Aufrechnungsdifferenz im Berichtsjahr erfolgswirksam werden.[58] Unter Aufrechnungsdifferenz wird in diesem Fall die Zusammenfassung aller aufgetretenen aktiven und passiven Unterschiedsbeträge verstanden. Analog zum erstmaligen Auftreten von Aufrechnungsdifferenzen können auch die erfolgswirksamen jährlichen Veränderungen unter den sonstigen betrieblichen Erträgen oder Aufwendungen ausgewiesen werden. Der **Saldo der Aufrechnungsdifferenzen** aus dem Vorjahr ist nach hM im Konzernabschluss als **Erhöhung bzw. Minderung des Ergebnisvortrages bzw. der Gewinnrücklagen** zu behandeln.[59] Alternativ ist ein

---

[54]　Busse v. Colbe/Ordelheide/Gebhardt/Pellens Konzernabschlüsse Kap. 6 VI. 2.
[55]　Vgl. für ein Bsp. zur Behandlung von Aufrechnungsdifferenzen im Rahmen der Schuldenkonsolidierung HdK/Harms Rn. 34 f.
[56]　S. hierzu mit Bsp. BeBiKo/Störk/Deubert, 13. Aufl. 2022, Rn. 66 iVm Rn. 17 ff.
[57]　Zur Diskussion, inwieweit diese Korrektur erfolgswirksam oder erfolgsneutral zu erfolgen hat s. HdJ/Wohlgemuth Abt. V/4 Rn. 106 f.
[58]　Busse v. Colbe/Müller/Reinhard ZfbF-Sonderheft 21/1987, 2. Aufl. 1989, S. 89.
[59]　ADS Rn. 42; BeBiKo/Störk/Deubert, 13. Aufl. 2022, Rn. 68.

eigenständiger Ausweis in Form eines Bilanzausgleichspostens möglich.[60] Ein Vorteil der letzteren Vorgehensweise besteht darin, dass die konzernspezifische Natur der Aufrechnungsdifferenzen für den Bilanzleser transparent wird.[61] Zur Veranschaulichung s. das nachfolgende Beispiel, das auf alle verschiedenen Fälle von „echten" Aufrechnungsdifferenzen übertragen werden kann.

Beispiel:[62]
Die M-AG gibt ihrem Tochterunternehmen T-AG zum Beginn des Geschäftsjahres 01 ein Darlehen in Höhe von 1 Mio. EUR mit einer Laufzeit von 5 Jahren. Das Darlehen wird mit einem Disagio von 10% ausbezahlt, das die T-AG sofort als Aufwand erfasst, während die M-AG den Betrag über die Laufzeit vereinnahmt.

	31.12.01	31.12.02	31.12.03	31.12.04	31.12.05
Einzelbilanz					
T-AG: Verbindlichkeit	1.000	1.000	1.000	1.000	1.000
M-AG: Forderung	920	940	960	980	1.000
Differenz (Passiva > Aktiva)	**80**	**60**	**40**	**20**	**0**

Wie oben erwähnt, kann die als Konzerneigenkapital interpretierte Differenz, soweit sie bereits in Vorperioden erfolgswirksam erfasst wurde, entweder als Gewinnvortrag bzw. Gewinnrücklage oder als eigenständiger Ausgleichsposten in der Konzernbilanz ausgewiesen werden. Beide Alternativen haben folgende Auswirkungen:

a) Bilanzielle Differenz wird als Konzerngewinnvortrag ausgewiesen:

Konzern-Bilanzgewinnerhöhung aus Differenz zwischen Forderungen und Verbindl.	+80	+60	+40	+20	0
Konzern-Gewinnvortrag aus Aufrechnungsdiff.	0	+80	+60	+40	+20
Veränderung d. Konzern-Gewinnvortrags	**+80**	**−20**	**−20**	**−20**	**−20**

56 b) Bilanzielle Differenz wird als Ausgleichsposten ausgewiesen:

Einstellung in Ausgleichsp.	+80	−	−	−	−
Entnahme aus Ausgleichsp.	−	−20	−20	−20	−20
Bestand des Ausgleichsp. = Aufrechnungsdifferenz	80	60	40	20	0

Bei beiden Alternativen ergeben sich folgende Effekte in der GuV:
Σ-GuV:

	01	02	03	04	05
M-AG: Zinsertrag	+20	+20	+20	+20	+20
T-AG: Zinsaufwand	−100	0	0	0	0
Summen-JÜ	−80	+20	+20	+20	+20
dh die Konzern-GuV muss korrigiert werden um	+80	−20	−20	−20	−20

IV. Schuldenkonsolidierung bei Veränderung des Konsolidierungskreises

57 Bei der **erstmaligen Einbeziehung** eines Unternehmens in den Konzernabschluss ergibt sich die Frage, wie bei der erforderlichen Verrechnung von Forderungen und Verbindlichkeiten, die auf den Vorkonsolidierungszeitraum entfallen, zu verfahren ist. Eine im Rahmen der Konsolidierung entstehende Aufrechnungsdifferenz sollte mit den Konzerngewinnrücklagen verrechnet und in den Folgeperioden erfolgsneutral aufgelöst werden.[63] Eine entsprechende Vorgehensweise sieht auch Art. 27 Abs. 4 EGHGB vor. Hat die Entstehungsursache der Aufrechnungsdifferenz jedoch bereits im Zeitraum vor der erstmaligen Konsoli-

---

[60] HdJ/Wohlgemuth Abt. V/4 Rn. 34.
[61] HdJ/Wohlgemuth Abt. V/4 Rn. 34.
[62] In diesem Bsp. wird von der Bildung latenter Steuern abgesehen.
[63] Busse v. Colbe/Ordelheide/Gebhardt/Pellens Konzernabschlüsse Kap. 6 VI. 1.

dierung die Einzel-GuV des Mutterunternehmens beeinflusst, und hatte sie damit eine Wirkung auf das Konzernergebnis (zB wegen einer Abschreibung einer entsprechenden Forderung auf den beizulegenden Wert im Jahresabschluss des Mutterunternehmens), so ist es auch als zulässig anzusehen, diese Differenz erfolgswirksam bei der erstmaligen Konsolidierung zu erfassen.[64]

Beim **Ausscheiden eines Unternehmens aus dem Konsolidierungskreis** ist die **58** Schuldenkonsolidierung zu beenden, da ansonsten die Vermittlung eines den tatsächlichen Verhältnissen entsprechenden Bildes der Vermögens-, Finanz- und Ertragslage des Konzerns nicht gewährleistet wäre. Dabei sind Forderungen und Verbindlichkeiten eines Konzernunternehmens gegenüber dem ausgeschiedenen Unternehmen neu zu beurteilen und in Anlehnung an den Jahresabschluss zu bewerten. Ergebniseffekte, die aus der Rückgängigmachung der Schuldenkonsolidierung resultieren, sind erfolgswirksam zu berücksichtigen.[65]

V. Berücksichtigung latenter Steuern

Aufgrund des **Temporary-Konzeptes** sind sowohl für erfolgswirksame, als auch für **59** erfolgsneutrale und quasipermanente Aufrechnungsdifferenzen nach § 306 **latente Steuern** zu berücksichtigen, sofern sich die Differenzen in späteren Geschäftsjahren voraussichtlich wieder ausgleichen (→ § 306 Rn. 1 ff.).[66]

VI. Grundsatz der Wesentlichkeit (Abs. 2)

Nach § 303 Abs. 2 sind bzgl. der Vollständigkeit der Schuldenkonsolidierung Ausnah- **60** men zulässig. So kann die Schuldenkonsolidierung aus Vereinfachungsgründen unterbleiben, „wenn die wegzulassenden Beträge für die Vermittlung eines den tatsächlichen Verhältnissen entsprechenden Bildes der Vermögens-, Finanz- und Ertragslage des Konzerns nur von untergeordneter Bedeutung sind" (zur Interpretation der „untergeordneten Bedeutung" → § 296 Rn. 50 ff.). Dieses bedingte Wahlrecht, das sowohl auf sämtliche innerkonzernlichen Schuldverhältnisse oder nur auf spezifische bezogen werden kann, ist Ausfluss der **Grundsätze der Wirtschaftlichkeit und Wesentlichkeit,** wonach zwischen den Kosten der Informationsgewinnung und dem zusätzlichen Nutzen der Information ein angemessenes Verhältnis bestehen soll.

Die Überprüfung der Wesentlichkeit ist nicht auf Basis jeden einzelnen Vorgangs iso- **61** liert, sondern als **Gesamtbetrachtung** durchzuführen, dh dass die eliminierten Posten insgesamt in ihrer Auswirkung auf den Konzernabschluss unwesentlich sein müssen. Hierbei ist es jedoch geboten, die Entscheidung hinsichtlich der Schuldenkonsolidierung im Zusammenhang mit dem Grundsatz der Wesentlichkeit im Rahmen der § 304 Abs. 2, § 305 Abs. 2 sowie § 308 Abs. 2 S. 3 zu sehen, da sich hieraus Wechselwirkungen ergeben können.[67] Die Grenzen bei der Ausübung des Eliminierungswahlrechts lassen sich nicht allgemeingültig festlegen. Aus der Gesamtsicht des Konzerns dienen bestimmte **Kriterien** der Beurteilung der Unwesentlichkeit (bspw. Größe des Konzerns, Verwaltungsaufwand für die Erstellung des Konzernabschlusses, Verhältnis des gesamten Eliminierungsvolumens zu dem unterlassenen Eliminierungsvolumen, Auswirkungen des unterlassenen Eliminierungsvolumens auf Konzern-Bilanzsumme und Konzernerfolg).[68]

Das Eliminierungswahlrecht des § 303 Abs. 2, das auch lediglich auf die erfolgsneutrale **62** Verrechnung von echten Aufrechnungsdifferenzen beschränkt werden kann,[69] unterliegt dem **Stetigkeitsgebot** des § 297 Abs. 3, dh eine willkürliche, periodisch wechselnde Aus-

---

64 HdJ/Wohlgemuth Abt. V/4 Rn. 101; BeBiKo/Störk/Deubert, 13. Aufl. 2022, Rn. 85.
65 BeBiKo/Störk/Deubert, 13. Aufl. 2022, Rn. 87. Vgl. zu einer beispielhaften Darstellung Busse v. Colbe/Ordelheide/Gebhardt/Pellens Konzernabschlüsse Kap. 6 VI. 4.
66 Küting/Weber Rechnungslegung-HdB Kap. 8 2.3.3.
67 BeBiKo/Störk/Deubert, 13. Aufl. 2022, Rn. 75 f.; Kölner Komm RechnungslegungsR/Scherrer Rn. 55.
68 Vgl. zu den Kriterien ADS Rn. 49.
69 BeBiKo/Störk/Deubert, 13. Aufl. 2022, Rn. 79.

übung des Wahlrechts ist unzulässig. Eine **Durchbrechung** des Stetigkeitsgebotes ist jedoch zulässig, wenn bisher aus Vereinfachungsgründen auf die Konsolidierung verzichtet wurde und somit ein Wechsel zu einer exakteren Methode stattfindet.[70] Auch wenn bisher das exaktere Verfahren, dh die Schuldenkonsolidierung, durchgeführt wurde und nun erstmals darauf verzichtet werden soll, ist dies als zulässig zu erachten. In diesem Fall ist das Vorliegen der Voraussetzungen des § 303 Abs. 2 als ein Ausnahmefall iSd § 297 Abs. 3 S. 3 anzusehen.[71] Die Forderung nach einem unbeeinträchtigten Einblick in die Vermögens-, Finanz- und Ertragslage begrenzt dabei die willkürliche Nutzung dieser Vorschriften. Eine Neuausübung des Wahlrechts nach § 303 Abs. 2 ist im Konzernanhang anzugeben und zu begründen (§ 297 Abs. 3 S. 4).

VII. Besonderheiten bei der Erstellung eines Konzernabschlusses nach IFRS und US-GAAP

63   **1. Schuldenkonsolidierung nach IFRS.** Auf Basis der Generalnorm des „**true and fair view**", dh eines realitätsgetreuen Einblicks in die Vermögens-, Finanz- und Ertragslage, ist der Konzern so darzustellen, als ob es sich um **ein einziges Unternehmen** handeln würde. Aus dieser Generalnorm lässt sich eine Notwendigkeit zu sämtlichen Konsolidierungsmaßnahmen und somit auch zur Schuldenkonsolidierung ableiten. IFRS 10.B86(c) verpflichtet daher zur vollständigen Eliminierung von „**intragroup balances**" und daraus resultierenden Ergebniseffekten, worunter im Wesentlichen auch konzerninterne Verpflichtungen und Ansprüche fallen. Dabei enthält IFRS 10.B86 keine Aufzählung der davon betroffenen Bilanzposten, vielmehr wird die Schuldenkonsolidierung nur kursorisch angesprochen.[72]

64   Grundsätzlich sind die oben gemachten Ausführungen auch bei einer Erstellung des Konzernabschlusses auf Basis der IFRS anzuwenden. Das heißt, die Eliminierungspflicht von Schuldverhältnissen zwischen Konzernunternehmen bezieht sich ebenso auf **Bilanz- und GuV-Posten** wie auch auf Anhangangaben.[73] Unter letztere fallen „**contingent liabilities**", dh Eventualschulden (ungewisse Verpflichtungen), sowie „contingent assets", dh Eventualforderungen (ungewisse Vermögenswerte) (IAS 37.27 ff.). So sind „contingent liabilities" gegenüber einem in den Konzernabschluss einbezogenen Unternehmen wegzulassen oder mit ggf. vorhandenen korrespondierenden „contingent assets" zu verrechnen.

65   Die IFRS verstehen unter „**liabilities**" nicht nur Verbindlichkeiten, die in ihrem Eintreten und ihrer Höhe feststehen, sondern auch Rückstellungen mit Schuldcharakter sowie Eventualverbindlichkeiten. Ein Wesensmerkmal der „liability" ist allerdings, dass es sich dabei um eine Verpflichtung gegenüber Dritten handelt (F 4.27 iVm .29). Innenverpflichtungen führen nach IFRS nicht zur Bilanzierung entsprechender Passivposten. Dieses Charakteristikum prägt die Schuldenkonsolidierung nach IFRS, da alle in den Jahresabschlüssen der Konzernunternehmen enthaltenen „liabilities" daraufhin überprüft werden müssen, ob sie gegenüber in den Konzernabschluss einbezogenen Unternehmen bestehen und somit – bezogen auf den Konzern – Innenverpflichtungen, dh keine Verpflichtung gegenüber Dritten darstellen und folglich eliminiert werden müssen. Fraglich ist, ob sich die Schuldenkonsolidierung im Rahmen der IFRS auch auf sog. Drittschuldverhältnisse zu erstrecken hat bzw. erstrecken kann. Dies wäre gem. IAS 1.32 nur dann möglich oder geboten, wenn ein IFRS eine Saldierung explizit erlaubt oder vorschreibt.[74] Da sich IFRS 10.B86(c) jedoch nur auf sog. „intragroup balances" bezieht, dürfen Drittschuldverhältnisse nach IFRS nicht konsolidiert werden.[75]

---

[70]   ADS § 297 Rn. 54; Scheffler Der Konzern 2018, 152.
[71]   ADS Rn. 50.
[72]   Beck IFRS-HdB/Senger/Diersch § 35 Rn. 77.
[73]   IFRS-Komm/Baetge/Hayn/Ströher IFRS 10 Rn. 257.
[74]   Beck IFRS-HdB/Senger/Diersch § 35 Rn. 85.
[75]   IFRS-Komm/Baetge/Hayn/Ströher IFRS 10 Rn. 269.

Wie bereits in → Rn. 23 erwähnt, erfordert auch die angloamerikanische Rechnungs- **66** legungsauffassung, die den IFRS im Wesentlichen zugrunde liegt, die konsequente Anwendung des Einheitsgrundsatzes und damit die Eliminierung von **konzerninternen Anleihen,** dh von Konzernunternehmen gehaltenen Schuldverschreibungen, die von anderen in den Abschluss einbezogenen Konzernunternehmen emittiert wurden.[76]

Die Behandlung der drei Typen von **Aufrechnungsdifferenzen** bei wertmäßigem Aus- **67** einanderfallen von konzerninternen Ansprüchen und Verpflichtungen („unechte“, „stichtagsbedingte“ und „echte“ Aufrechnungsdifferenzen) ist in den IFRS nicht explizit geregelt. In Anbetracht der Zielsetzung und der grundlegenden Prinzipien der Konzernabschlusserstellung nach IFRS (IFRS 10.1 f. und IFRS 10.7 iVm IFRS 10.B86(c)) ergeben sich grundsätzlich keine wesentlichen Abweichungen zu den in → Rn. 49 ff. beschriebenen Vorgehensweisen.[77] Eine Ausnahme stellt die Schuldenkonsolidierung bei konzerninternen monetären Vermögenswerten und Schulden in Fremdwährung dar. Diese darf nach IAS 21.45 nur vorgenommen werden, wenn Währungsdifferenzen im Konzernjahresüberschuss und nicht im *other comprehensive income (OCI)* erfasst werden, es sei denn, die Umrechnungsdifferenz ergibt sich aus einem monetären Posten (Forderung oder Verbindlichkeit), der entsprechend IAS 21.15 wirtschaftlich eng mit einer Beteiligung an einem ausländischen Konzernunternehmen verbunden ist (*net investment in a foreign operation*) (IAS 21.32).[78] Als Begründung wird angeführt, dass monetäre Posten Verpflichtungen darstellen, eine Währung in eine andere zu tauschen und somit auch aus Konzernsicht ein Gewinn oder Verlust aus Währungsschwankungen entsteht. Aufgrund der umfangreichen Bewertung zum Fair Value sowie der Anwendung der Effektivzinsmethode bei Finanzinstrumenten können im IFRS-Konzernabschluss mehr echte Aufrechnungsdifferenzen entstehen als im HGB-Abschluss.[79]

Durch Aufrechnungsdifferenzen entstehen bei Bilanzposten „temporary differences“, **68** die nach IAS 12 unmittelbar zur Bilanzierung **latenter Steuern** führen (→ § 306 Rn. 95 ff.).

Die **Wesentlichkeit** ist ein zentrales Charakteristikum der im Regelungsrahmen der **69** IFRS geforderten Rechnungslegungsinformationen. Nur wesentliche Informationen gelten als entscheidungsrelevant und damit nützlich (F 2.6 iVm .11). Dieses Basisprinzip ist natürlich auch auf die Anwendung sämtlicher Konsolidierungsvorgänge zu übertragen. Dabei ist es, analog zu anderen Konsolidierungsbereichen, wichtig, dass die Gesamtheit aller, unter Berufung auf ihre Unwesentlichkeit unterlassenen Maßnahmen der Schuldenkonsolidierung und nicht jede Unterlassung einzeln beurteilt wird (vgl. hierzu auch die Definition von „material“ in IAS 1.7).

Für Geschäftsjahre ab dem 1.1.2013 ist die Einbeziehung von Gemeinschaftsunterneh- **70** men mittels **Quotenkonsolidierung** nicht mehr zulässig.[80] Nach IFRS 11 sind seither Gemeinschaftsunternehmen ausschließlich über die Equity-Methode einzubeziehen, sofern die Voraussetzungen des IAS 28 für die Anwendung der Equity-Methode gegeben sind (IFRS 11.24). Für die Regelungen zur Equity-Methode verweist IFRS 11.24 auf IAS 28, der sich in seinen Vorschriften (IAS 28.1) auch explizit auf Gemeinschaftsunternehmen bezieht (→ § 310 Rn. 84).

Nach IAS 28.1 iVm IFRS 11.24 ist für Gemeinschaftsunternehmen und assoziierte **71** Unternehmen, die in einen Konzernabschluss einbezogen werden, die Equity-Methode anzuwenden. Grundsätzlich enthält IAS 28 keine konkreten Ausführungen, ob bei Anwendung der **Equity-Methode** eine Schuldenkonsolidierung vorzunehmen ist. Allerdings verweist IAS 28.26 explizit auf die Ähnlichkeit der bei der Equity-Methode anzuwendenden Maßnahmen mit jenen der Vollkonsolidierung (IFRS 10). Obwohl dies in der Literatur zum Teil kontrovers

---

[76] Beck IFRS-HdB/Senger/Diersch § 35 Rn. 82.
[77] Arbeitskreis „Externe Unternehmensrechnung“ ZfbF-Sonderheft 43/1999, 22 f.; IFRS-Komm/Baetge/ Hayn/Ströher IFRS 10 Rn. 271–280; Beck IFRS-HdB/Senger/Diersch § 35 Rn. 91–97.
[78] Mit Bsp. MüKoBilanzR/Senger/Brune IAS 21 Rn. 54 ff.
[79] Vgl. Heuser/Theile, IFRS-Handbuch, 5. Aufl. 2012, Rn. 3811 ff.
[80] Küting DB 2012, 2829 f.

diskutiert wird,[81] ist aufgrund dieser Formulierung davon auszugehen, dass die Schuldenkonsolidierung im Gegensatz zu § 312 auch im Rahmen der Equity-Methode durchzuführen ist. Dabei sind entsprechende erfolgsneutrale Effekte der Schuldenkonsolidierung, dh gleichwertige Aufrechnungen etc, für die Equity-Methode irrelevant. Einen Einfluss auf den Beteiligungswert haben nur erfolgswirksame Konsolidierungseffekte. Diese sind nur anteilsmäßig in Höhe der Beteiligungsquote am assoziierten Unternehmen zu eliminieren.[82]

72   In der Bilanzierungspraxis dürfte sich die Problematik der Schuldenkonsolidierung im Rahmen der Equity-Bewertung regelmäßig stark relativieren, da einerseits aufgrund der fehlenden Beherrschung in vielen Fällen die für eine Konsolidierung notwendigen Informationen für das beteiligte Mutterunternehmen nicht zugänglich sein dürften. Andererseits dürften die Ergebniseffekte häufig das Charakteristikum der Wesentlichkeit nicht erfüllen und somit eine Eliminierung aufgrund des „materiality"-Prinzips nicht geboten sein.[83]

73   **2. Schuldenkonsolidierung nach US-GAAP.** Aufgrund des dominanten Einflusses der US-amerikanischen Rechnungslegungsauffassung auf die IFRS gelten die Ausführungen zu den IFRS auch für einen nach US-GAAP erstellten Konzernabschluss entsprechend. Außer der Feststellung in ASC 810-10-45-1 des FASB, dass „intra-entity balances" innerhalb eines Konzerns zu eliminieren sind, existiert in den USA **keine explizite Vorschrift** zur Schuldenkonsolidierung. Doch auch hier ergibt sich die Notwendigkeit der Konsolidierung sowie deren konkrete Durchführung aus der Grundkonzeption der Rechnungslegung als Instrument zur Gewährleistung entscheidungsrelevanter Informationen und der daraus resultierenden Fokussierung der Abschlusserstellung auf die wirtschaftliche Einheit (Konzern) und nicht auf die rechtliche Einheit (Unternehmung). Demnach hat der Konzernabschluss die Aufgabe, die ökonomische Lage der wirtschaftlichen Einheit realistisch so darzustellen, als ob es sich dabei um ein einzelnes Unternehmen handeln würde (Einheitsfiktion).

74   Die Schuldenkonsolidierung bezieht sich auch nach US-GAAP nicht nur auf Bilanz- und GuV-Posten, sondern auch auf **Eventualverbindlichkeiten** und **Anhangangaben zu Forderungen und Verbindlichkeiten.** Darüber hinaus gilt auch der sowohl Verbindlichkeiten als auch Rückstellungen umfassende „liability"-Begriff, wobei lediglich Rückstellungen mit Verpflichtungscharakter gegenüber Dritten die „liability"-Definition erfüllen und somit passivierungsfähig sind (Statement of Financial Accounting Concepts CON 6.35 f.).[84] Folglich ist im Rahmen der Konzernabschlusserstellung darauf zu achten, dass alle konzerninternen Verpflichtungen eliminiert werden.

75   Aus der grundsätzlichen Konzeption der Abschlusserstellung als Informationsinstrument der wirtschaftlichen Einheit „Konzern" und der damit zusammenhängenden Fiktion der rechtlichen Einheit ergibt sich auch nach US-GAAP die Möglichkeit zur Aufrechnung sog. **Drittschuldverhältnisse,** falls Forderungen und Verbindlichkeiten unterschiedlicher Konzernunternehmen gegenüber dem gleichen Unternehmen bestehen und die erwähnten Voraussetzungen der Gleichartigkeit, Gleichwertigkeit und Gleichfristigkeit vorliegen.

76   Hinsichtlich der Behandlung der **Aufrechnungsdifferenzen** gelten die Erläuterungen zu den HGB-Vorschriften entsprechend.[85] Durch Aufrechnungsdifferenzen entstehen bei Bilanzposten „temporary differences", die nach ASC 740-10-10-3 unmittelbar zur Bilanzierung **latenter Steuern** führen (→ § 306 Rn. 95 ff.).

77   Wie bei den IFRS, so stellt auch für die US-GAAP der **Grundsatz der „materiality"** **(Wesentlichkeit)** ein wichtiges Charakteristikum für die Nützlichkeit von Rechnungslegungsdaten und damit der gesamten Konzernabschlusserstellung dar, denn nur wesentliche Informationen gelten als entscheidungsbeeinflussend. Auch wenn im Gegensatz zu § 303 Abs. 2 in den US-GAAP eine direkte Erwähnung des Wesentlichkeitsprinzips fehlt, so gilt für sämtliche Konsolidierungsvorgänge und damit auch für die Schuldenkonsolidierung die gene-

---

[81] IFRS-Komm/Baetge/Klaholz/Graupe IAS 28 Rn. 131.
[82] Beck IFRS-HdB/Hayn § 36 Rn. 65 f.; s. auch Kirsch/Höbener FS Lüdenbach, 2020, 361 ff.
[83] Beck HdR/d'Arcy/Kurt C 511 Rn. 168.
[84] Vgl. Coenenberg/Haller/Schultze Jahresabschluss Kap. 2 A. III.
[85] Vgl. Coenenberg/Haller/Schultze Jahresabschluss Kap. 11 B. I.

relle Wirkung des im Rahmen des Conceptual Framework des FASB in SFAC 2.123 verankerten Wesentlichkeitsgrundsatzes. Demnach kann analog zu § 303 Abs. 2 auf die Konsolidierung von Schulden verzichtet werden, wenn dies in der Gesamtbetrachtung einen unwesentlichen Einfluss auf die Darstellung der Vermögens-, Finanz- und Ertragslage des Konzerns hat.[86]

Die **Quotenkonsolidierung** ist nach US-GAAP eine sehr selten angewandte Konsoli- **78** dierungsmethode, deren Anwendbarkeit von der Rechtsform und Branche der Gemeinschaftsunternehmen abhängt (Ausnahmen: vgl. ASC 323-10-15 iVm ASC 323-30). Somit bestehen keine näheren Regelungen hinsichtlich der Behandlung von hierbei auftretenden konzerninternen Verpflichtungsverhältnissen.

ASC 323 „*Investments – Equity-Method and Joint Ventures*" (früher APB 18) enthält keine **79** Angaben, inwieweit eine Schuldenkonsolidierung bei Anwendung der **Equity-Methode** durchzuführen ist. Obgleich wie bei IAS 28 konzeptionell eine Eliminierung von Schuldverhältnissen zwischen Konzernunternehmen und assoziierten Unternehmen geboten wäre, wird sie in der US-amerikanischen Rechnungslegungspraxis idR nicht praktiziert. Wird eine Eliminierung vorgenommen, so beschränkt sich die Berücksichtigung der erfolgswirksamen Effekte auch nach US-GAAP auf den Beteiligungsanteil.

§ 304 Behandlung der Zwischenergebnisse

(1) In den Konzernabschluß zu übernehmende Vermögensgegenstände, die ganz oder teilweise auf Lieferungen oder Leistungen zwischen in den Konzernabschluß einbezogenen Unternehmen beruhen, sind in der Konzernbilanz mit einem Betrag anzusetzen, zu dem sie in der auf den Stichtag des Konzernabschlusses aufgestellten Jahresbilanz dieses Unternehmens angesetzt werden könnten, wenn die in den Konzernabschluß einbezogenen Unternehmen auch rechtlich ein einziges Unternehmen bilden würden.

(2) Absatz 1 braucht nicht angewendet zu werden, wenn die Behandlung der Zwischenergebnisse nach Absatz 1 für die Vermittlung eines den tatsächlichen Verhältnissen entsprechenden Bildes der Vermögens-, Finanz- und Ertragslage des Konzerns nur von untergeordneter Bedeutung ist.

Schrifttum: Alfredson ua, Applying International Financial Reporting Standards, 2007; Arbeitskreis „Externe Unternehmensrechnung" der Schmalenbach Gesellschaft – Deutsche Gesellschaft für Betriebswirtschaft e. V., Vereinbarkeit internationaler Konzernrechnungslegung mit handelsrechtlichen Grundsätzen, ZfbF-Sonderheft 43/1999; Arbeitskreis „Weltabschlüsse" der Schmalenbach Gesellschaft – Deutsche Gesellschaft für Betriebswirtschaft e. V., Aufstellung internationaler Konzernabschlüsse, ZfbF-Sonderheft 9/1979; Busse v. Colbe/Müller/ Reinhard, Aufstellung von Konzernabschlüssen, ZfbF-Sonderheft 21/1987, 2. Aufl. 1989; Christensen/Cottrell/ Budd, Advanced Financial Accounting, 12. Aufl. 2019; Coenenberg/Haller/Schultze, Jahresabschluss und Jahresabschlussanalyse, 26. Aufl. 2021; Dusemond, Die Konzernanschaffungs- und Konzernherstellungskosten nach § 304, 1994; Höbener, Zwischengewinneliminierung im IFRS-Konzernabschluss, 2020; Küting, Problematik der derivativen Erstellung des Konzernabschlusses und des Eigenkapitalausweises, DB 2010, 177; Roß/v. Behr, DRS 26 „Assoziierte Unternehmen", Die Wirtschaftsprüfung 21/2018, 1347; Wentland, Die Konzernbilanz als Bilanz der wirtschaftlichen Einheit Konzern, 1979; Zwirner/Busch, Neuerungen in der handelsrechtlichen Konzernrechnungslegung durch das Bilanzrichtlinie-Umsetzungsgesetz (BilRUG), Der Konzern 3/2016, 113.

Übersicht

---

[86]   Vgl. Coenenberg/Haller/Schultze Jahresabschluss Kap. 11 B. I.

I. Bedeutung der Norm

1   Der Konzernabschluss ist unter der **Fiktion der rechtlichen Einheit** aufzustellen. Dies besagt § 297 Abs. 3 S. 1, wonach im Konzernabschluss die Vermögens-, Finanz- und Ertragslage der einbezogenen Unternehmen so darzustellen ist, als ob diese Unternehmen insgesamt ein einziges Unternehmen wären. Folge der Einheitsfiktion ist die **Pflicht zur Zwischenergebniseliminierung** des § 304.

2   Nach der Fiktion der rechtlichen Einheit ist das **Realisationsprinzip** auf den Konzern als Ganzes anzuwenden. Die Gültigkeit dieses Grundsatzes ordnungsmäßiger Buchführung für die Konzernabschlusserstellung folgt aus § 298 Abs. 1 iVm § 252 Abs. 1 Nr. 4. Das Realisationsprinzip besagt im Kern, dass Erfolgsbeiträge grundsätzlich erst bei Lieferung und Leistung entstehen, dh mit der Wertbestätigung durch den Markt. Übertragen auf die ökonomische Einheit Konzern bedeutet dies, dass **Leistungsbeziehungen zwischen Konzernunternehmen erfolgsneutral** zu behandeln sind. Der als Zwischengewinn oder Zwischenverlust zu eliminierende Betrag ergibt sich durch Gegenüberstellung der vereinheitlichten Einzelbilanzwerte der Handelsbilanz II mit den Konzernanschaffungs- bzw. Konzernherstellungskosten, dh den Wertansätzen, die sich aus Konzernsicht unter der Fiktion der rechtlichen Einheit ergeben.

3   Die Eliminierung von Zwischenergebnissen dient der **Erfüllung der Einblicksnorm** des § 297 Abs. 2 S. 2, wonach der Konzernabschluss unter Beachtung der Grundsätze ordnungsmäßiger Buchführung ein den tatsächlichen Verhältnissen entsprechendes Bild der Vermögens-, Finanz- und Ertragslage zu vermitteln hat. Durch die Gestaltung der Verrechnungspreise für konzerninterne Lieferungen und Leistungen sind Verzerrungen dieser Informationen möglich. So führen hohe Verrechnungspreise ceteris paribus zu entsprechend hohen Gewinnen bei dem abgebenden Konzernunternehmen, die jedoch aus Sicht des Konzerns noch keine Wertbestätigung am Markt erfahren haben (Verzerrung der Ertragslage). Gleichzeitig kommt es beim empfangenden Konzernunternehmen zu hohen Bilanzansätzen aus der Aktivierung zu Anschaffungskosten, deren Werthaltigkeit fraglich ist. Rückschlüsse auf die Schuldendeckungsfähigkeit des Konzerns wären somit problematisch (Verzerrung der Vermögenslage).

4   Abs. 1 bestimmt daher, dass in den Konzernabschluss zu übernehmende Vermögensgegenstände, die ganz oder teilweise auf Lieferungen oder Leistungen zwischen in den Konzernabschluss einbezogenen Unternehmen beruhen, in der Konzernbilanz mit einem Betrag anzusetzen sind, zu dem sie in der auf den Stichtag des Konzernabschlusses aufgestellten Jahresbilanz dieses Unternehmens angesetzt werden könnten, wenn die in den Konzernabschluss einbezogenen Unternehmen auch rechtlich ein einziges Unternehmen bilden würden. Die Vorschrift wurde als **Bewertungsvorschrift** für die auf Lieferungen und Leistungen anderer einbezogener Unternehmen beruhenden Vermögensgegenstände, die zum Bilanzstichtag den Konzern noch nicht verlassen haben, formuliert.[1] Der Zwischengewinn bzw. Zwischenverlust ergibt sich durch die Gegenüberstellung der für den Konzern als fiktive Rechtseinheit relevanten Konzernanschaffungskosten bzw. Konzernherstellungskosten mit dem jeweiligen Wert, mit dem der gelieferte Gegenstand in der Einzelbilanz (Handelsbilanz II) des empfangenden Konzernunternehmens erfasst ist. Die so ermittelten Zwischenergebnisse sind unabhängig von der Beteiligungsquote außenstehender Anteilseigner **in vollem Umfang** zu eliminieren. Die Regelung zur vollständigen Eliminierung entspricht der Einheitstheorie, nach der auch Minderheitsgesellschafter als Eigentümer betrachtet werden,[2] und ist in Art. 24 Abs. 7 Bilanz-RL geregelt, welche ab den Geschäftsjahren 2016 die RL 83/349/EWG (7. EG-Richtlinie) ersetzt.

Nach Abs. 2 kann auf die Eliminierung solcher Zwischenergebnisse **verzichtet** werden, **5** wenn diese für die Vermittlung eines den tatsächlichen Verhältnissen entsprechenden Bildes der Vermögens-, Finanz- und Ertragslage des Konzerns nur von untergeordneter Bedeutung ist. Diese Regelung geht zurück auf Art. 26 Abs. 3 RL 83/349/EWG.

§ 304 ist auch auf Konzernabschlüsse von Kreditinstituten anzuwenden, auf jene von **6** Versicherungsunternehmen nur dann, wenn die zugrunde liegenden Transaktionen nicht zu üblichen Marktbedingungen durchgeführt wurden und keine Rechtsansprüche der Versicherungsnehmer begründet haben (§ 341j Abs. 2).[3]

II. Eliminierungspflicht für Zwischenergebnisse nach Abs. 1

1. Allgemeine Voraussetzungen. Die **Pflicht zur Eliminierung** von Zwischener- **7** gebnissen ergibt sich nach Abs. 1 bei Vorliegen folgender Tatbestände:[4]
– Existenz von Vermögensgegenständen,
– die in die Konzernbilanz zu übernehmen sind und
– auf Lieferungen und Leistungen zwischen in den Konzernabschluss einbezogenen Unternehmen beruhen.

2. Vermögensgegenstände. Die Eliminierungspflicht für Zwischengewinne und **8** Zwischenverluste setzt **Lieferungen oder Leistungen von Vermögensgegenständen** zwischen einbezogenen Unternehmen voraus. Das heißt, es muss sich um entgeltlich oder unentgeltlich erworbene Sachen oder Rechte handeln (→ § 246 Rn. 11 ff.). Nicht von der Eliminierungspflicht erfasst werden solche Geschäfte, die bei den Beteiligten nur zu Aufwendungen und Erträgen führen, wie zB konzerninterne Dienstleistungen oder Kreditgeschäfte.[5] Zwar können auch hier Zwischenergebnisse entstehen, diese werden jedoch im Rahmen der Aufwands- und Ertragskonsolidierung eliminiert[6] (→ § 305 Rn. 22 ff.).

Die Eliminierungspflicht für Zwischenergebnisse nach Abs. 1 bezieht sich auf **alle 9 Arten von Vermögensgegenständen,** unabhängig von deren Zuordnung zum Anlage- oder Umlaufvermögen, der Form der Lieferung und Leistung (zB Vertragsform, Finanzierungsmodalitäten etc) sowie dem Wesen des Vermögensgegenstandes (dh materiell bzw. immateriell), dh hierunter fallen sowohl immaterielle Vermögensgegenstände, Gegenstände des Sach- und Finanzanlagevermögens, Vorräte sowie Wertpapiere des Umlaufvermögens.[7]

---

[1] HdJ/Wohlgemuth Abt. V/5 Rn. 24; HdK/H. Weber Rn. 4.
[2] Busse v. Colbe/Ordelheide/Gebhardt/Pellens Konzernabschlüsse Kap. 7 II. 1.
[3] BeBiKo/Störk/Kliem/Walkenbach, 13. Aufl. 2022, Rn. 5.
[4] HdJ/Wohlgemuth Abt. V/5 Rn. 7 ff.; HdK/H. Weber Rn. 7.
[5] Beck HdR/Klein C 430 Rn. 10.
[6] ADS Rn. 42.
[7] BeBiKo/Störk/Kliem/Walkenbach, 13. Aufl. 2022, Rn. 30 ff.; HdK/H. Weber Rn. 9.

10   **3. In die Konzernbilanz zu übernehmende Vermögensgegenstände.** Von der Eliminierungspflicht erfasst werden nur solche Vermögensgegenstände, die gem. § 300 **zum Stichtag** in der Konzernbilanz aktiviert sind. Gemäß § 299 Abs. 2 können Jahresabschlüsse, die auf einen Stichtag bis zu drei Monaten vor dem Stichtag des Konzernabschlusses aufgestellt wurden, als Grundlage für die Einbeziehung dienen. Fraglich ist, ob bei solch einem früheren Stichtag eines einzubeziehenden Jahresabschlusses Zwischengewinne und Zwischenverluste auch dann zu eliminieren sind, wenn in dem Zeitraum zwischen den beiden Stichtagen die entsprechenden Vermögensgegenstände an Konzernfremde weiterveräußert wurden. Dies ist dem **Wortlaut** des Gesetzes folgend zu bejahen, da in Abs. 1 von in den Konzernabschluss **zu übernehmenden** Vermögensgegenständen die Rede ist.[8] Allerdings gilt dies gem. § 299 Abs. 3 nur solange, wie es sich nicht um Vorgänge von besonderer Bedeutung für die Vermögens-, Finanz- und Ertragslage des einbezogenen Unternehmens handelt, die in der Konzernbilanz und der Konzern-GuV zu berücksichtigen oder im Konzernanhang anzugeben sind. Für die Zwischenergebniseliminierung wird im Zweifelsfall eine eher **restriktive Auslegung** dieser Berücksichtigungspflicht, dh Nachbuchungs- und Berichtspflicht nach § 299 Abs. 3, befürwortet.[9]

11   **4. Lieferungen oder Leistungen in den Konzernabschluss einbezogener Unternehmen.** Nur solche Lieferungen und Leistungen, die **ganz oder teilweise** durch in den Konzernabschluss einbezogene Unternehmen erbracht wurden, unterliegen der Eliminierung von Zwischengewinnen und Zwischenverlusten. Da Konzernunternehmen, die unter Berufung auf § 296 nicht in den Konzernabschluss einbezogen werden, als **Fremdunternehmen** gelten, werden deren Lieferbeziehungen mit einbezogenen Unternehmen als Fremdlieferungen behandelt, was eine Zwischenergebniseliminierung ausschließt.[10] Dies kann mitunter zur Folge haben, dass erhebliche faktische Zwischenergebnisse nicht eliminiert werden.[11] Hiervon **unberührt** bleibt die Eliminierungspflicht für Zwischenergebnisse bei quotal konsolidierten Gemeinschaftsunternehmen und bei nach der Equity-Methode bewerteten Beteiligungen (→ Rn. 68 ff.).

12   Aus dem Wortlaut des Abs. 1 geht hervor, dass auch innerkonzernlich gelieferte Vermögensgegenstände, die **Komponenten von Lieferungen von Fremdunternehmen** enthalten, um die Zwischengewinne und Zwischenverluste zu bereinigen sind. Beispielhaft können Fertigerzeugnisse genannt werden, für deren Herstellung das liefernde Konzernunternehmen fremdbezogene Rohstoffe verwandte.

13   Die Eliminierungspflicht für Zwischenergebnisse bezieht sich nach hM nur auf **direkte Lieferungen und Leistungen** eines Konzernunternehmens an ein anderes. Das heißt, dass grundsätzlich bei Zwischenschaltung eines oder mehrerer konzernfremder Unternehmen in die Lieferungs- bzw. Leistungskette, bei sog. **Dreiecksgeschäften,** von einer Eliminierung der Zwischengewinne und Zwischenverluste abzusehen ist. Dies gilt allerdings nach **sinngemäßer Gesetzesauslegung** dann nicht, wenn die mittelbare Lieferung eines einbezogenen Unternehmens über konzernfremde Unternehmen an ein anderes Konzernunternehmen bewusst als **Umgehungsgeschäft** konzipiert war, dh einzig dem Zweck diente, einer Eliminierungspflicht nach Abs. 1 zu entgehen. In diesem Fall und außerdem bei Vorliegen treuhänderischer oder treuhandähnlicher Geschäfte ist eine Zwischenergebniseliminierung vorzunehmen.[12] Dabei kann als Maßstab für die Beurteilung mittelbarer Liefergeschäfte als Umgehungsgeschäfte das Ausmaß dienen, in dem das konzernfremde Unternehmen **Lieferungsrisiken** trägt.

---

[8]   ADS Rn. 45; HdK/H. Weber Rn. 10; Busse v. Colbe/Ordelheide/Gebhardt/Pellens Konzernabschlüsse Kap. 7 VI. 5.

[9]   HdK/H. Weber Rn. 10.

[10]   HdJ/Wohlgemuth Abt. V/5 Rn. 14.

[11]   ADS Rn. 47.

[12]   ADS Rn. 49–51; Busse v. Colbe/Müller/Reinhard ZfbF-Sonderheft 21/1987, 2. Aufl. 1989, S. 85; Baetge/Kirsch/Thiele Konzernbilanzen Kap. V. 31; HdJ/Wohlgemuth Abt. V/5 Rn. 7 ff.

III. Grundsatz der Wesentlichkeit (Abs. 2)

Nach Abs. 2, der historisch auf Art. 26 Abs. 3 RL 83/349/EWG (7. EG-Richtlinie) **14** zurückzuführen und gegenwärtig in der Regelung des Art. 6 Abs. 1 lit. j Bilanz-RL enthalten ist, kann auf die Eliminierung der Zwischenergebnisse **verzichtet** werden (Wahlrecht), „wenn die Behandlung der Zwischenergebnisse nach Abs. 1 für die Vermittlung eines den tatsächlichen Verhältnissen entsprechenden Bildes der Vermögens-, Finanz- und Ertragslage des Konzerns nur von **untergeordneter Bedeutung** ist". Die Überprüfung der Wesentlichkeit ist isoliert nicht auf Basis jedes einzelnen Vorgangs, sondern als **Gesamtbetrachtung** durchzuführen, dh dass die zu eliminierenden Posten insgesamt in ihrer Auswirkung auf den Konzernabschluss unwesentlich sein müssen.[13] Die Anwendung dieser Befreiungsregelung löst keine Angabepflichten im Anhang aus.[14] Wird die Befreiungsregel jedoch in den Vorjahren in Anspruch genommen und in der Abschlussperiode nicht mehr (oder wurde in der Vergangenheit die Regel nicht angewandt und in der Abschlussperiode wird sie angewandt), so liegt eine Stetigkeitsdurchbrechung vor, die gem. § 297 Abs. 3 S. 4 und 5 im Konzernanhang anzugeben und zu erläutern ist.[15]

Das Kriterium der untergeordneten Bedeutung ist Ausfluss des **Grundsatzes der** **15** **Wesentlichkeit (Materiality).**[16] Die Beurteilung der Wesentlichkeit hat sich an der **Entscheidungserheblichkeit des Sachverhaltes** zu orientieren. Das heißt, es ist die Beeinflussung der Vermögenslage durch die Weiterführung von Einzelbilanzwerten sowie die Beeinflussung der Ertragslage durch Ergebnisverzerrungen aufgrund von konzerninternen Erfolgsbeiträgen im Hinblick auf die Entscheidungssituation der Konzernabschlussadressaten zu würdigen. Eine solche Würdigung ist **einzelfallabhängig** und hat der Einheitsfiktion entsprechend aus Sicht des Konzerns, also durch die zentrale Konsolidierungsstelle zu erfolgen. Hierbei ist eine betragsmäßige Schätzung der Abweichungen zu verlangen. Eine **generelle Quantifizierung von Wesentlichkeitsgrenzen** ist hingegen **abzulehnen,**[17] um der Einzelfallabhängigkeit genügend Rechnung tragen zu können.

IV. Ermittlung der nach Abs. 1 maßgeblichen Wertansätze und Ableitung der Zwischenergebnisse

1. Grundsätzliches. Für den Konzernabschluss gilt das **Realisationsprinzip** mit der **16** Maßgabe, dass Erfolgsbeiträge erst dann als realisiert gelten, wenn im Rahmen eines Rechtsgeschäftes das wirtschaftliche Eigentum an einem Vermögensgegenstand auf einen Dritten außerhalb des Konsolidierungskreises übertragen wurde, dh der sog. „Gefahrenübergang" stattgefunden hat. Der **Einheitsfiktion** entsprechend, dürfen Lieferungs- und Leistungsbeziehungen zwischen Unternehmen innerhalb der in den Konzernabschluss einbezogenen Unternehmen nicht zu Ergebniswirkungen im Konzernabschluss führen, da diese Unternehmen wie Betriebsstätten eines rechtlich selbstständigen Unternehmens zu behandeln sind.[18] Erfolgsbeiträge aufgrund von solchen Lieferungen und Leistungen sind daher im Konzernabschluss zu eliminieren.

Was als Zwischengewinn oder Zwischenverlust zu gelten hat und daher zu eliminieren **17** ist, ergibt sich implizit aus dem als **Bewertungsvorschrift** formulierten Abs. 1, wonach in den Konzernabschluss zu übernehmende Vermögensgegenstände, die ganz oder teilweise auf Lieferungen und Leistungen zwischen in den Konzernabschluss einbezogenen Unternehmen beruhen, in der Konzernbilanz mit dem Betrag anzusetzen sind, zu dem sie in der auf den Stichtag des Konzernabschlusses aufgestellten Jahresbilanz dieses Unternehmens

---

13 BeBiKo/Störk/Kliem/Walkenbach, 13. Aufl. 2022, Rn. 62; Kölner Komm RechnungslegungsR/Scherrer Rn. 74 f.
14 BeBiKo/Störk/Kliem/Walkenbach, 13. Aufl. 2022, Rn. 60.
15 Baetge/Kirsch/Thiele Konzernbilanzen Kap. V. 34; HdJ/Wohlgemuth Abt. V/5 Rn. 19.
16 HdJ/Wohlgemuth Abt. V/5 Rn. 17.
17 ADS Rn. 142; Baetge/Kirsch/Thiele Konzernbilanzen Kap. V. 34; aA Busse v. Colbe/Ordelheide/Gebhardt/Pellens Konzernabschlüsse Kap. 7 VI. 2.
18 ADS Rn. 8.

angesetzt werden **könnten,** wenn die in den Konzernabschluss einbezogenen Unternehmen auch rechtlich ein einziges Unternehmen bilden würden. Der anzusetzende Betrag ergibt sich somit aus den für den Konzernabschluss nach § 298 Abs. 1 maßgeblichen Bewertungsvorschriften der §§ 252–256a. Die Anwendung dieser Vorschriften ist in Hinblick auf die Ausübung von Wahlrechten von den in den entsprechenden Einzelbilanzen gewählten Vorgehensweisen unabhängig. Allerdings hat gem. § 308 Abs. 1 S. 1 die Bewertung **einheitlich** zu erfolgen. Der Zwischengewinn oder Zwischenverlust ergibt sich durch Gegenüberstellung des Wertansatzes nach Abs. 1 mit dem Einzelbilanzwert in der Handelsbilanz II des den entsprechenden Vermögensgegenstand bilanzierenden Unternehmens. Übersteigt der Letztere den Ersteren, besteht ein Zwischengewinn, im umgekehrten Fall ein Zwischenverlust.

18   Die anzuwendenden Wertmaßstäbe ergeben sich aus der Fiktion der rechtlichen Einheit. Vermögensgegenstände, die aus Sicht des Konzerns beschafft worden sind und nicht weiterverarbeitet wurden, sind demnach zu den **Konzernanschaffungskosten** zu bewerten. Von Unternehmen des Konsolidierungskreises selbsterstellte Vermögensgegenstände, zB Fertigerzeugnisse, unfertige Erzeugnisse und Anlagegegenstände, sind zu den **Konzernherstellungskosten** zu bewerten. Die Bestimmung einzelner Kostenkomponenten dieser Kategorien hat aus Konzernsicht zu erfolgen.[19]

19   Dem Normzweck des Realisationsprinzips entsprechend, stellen die Konzernanschaffungs- oder Konzernherstellungskosten den **Höchstwert** für die Konzernbilanz dar. Niedrigere Wertansätze resultieren für abnutzbares Anlagevermögen aus den Vorschriften des § 253 Abs. 3, wonach die Wertansätze um planmäßige Abschreibungen zu vermindern sind. Weiterhin sind **Abschreibungspflichten und -wahlrechte** nach dem strengen und dem gemilderten Niederstwertprinzip (§ 253 Abs. 3 und § 253 Abs. 4) zu beachten. Die Anwendung dieser für den Jahresabschluss relevanten Bewertungsvorschriften im Konzernabschluss ergibt sich aus der Fiktion der rechtlichen Einheit (zur Auslegung dieser Normen → § 253 Rn. 1 ff.).

20   **2. Konzernanschaffungskosten.** Konzernanschaffungskosten müssen für Vermögensgegenstände ermittelt werden, die von einem konzernfremden Unternehmen bezogen und innerhalb des Konsolidierungskreises ohne der Leistung einer weiteren Wertschöpfung weiterveräußert wurden.[20] Nach § 298 Abs. 1 iVm § 255 Abs. 1 zählen zu den Konzernanschaffungskosten diejenigen Ausgaben, die geleistet werden, um einen Vermögensgegenstand zu erwerben und ihn in einen betriebsbereiten Zustand zu versetzen, soweit sie dem Vermögensgegenstand einzeln zugeordnet werden können. Hinzuzuzählen sind weiterhin die Anschaffungsnebenkosten sowie die nachträglichen Anschaffungskosten; Anschaffungspreisminderungen sind abzusetzen. Aus der Vorschrift folgt, dass nicht direkt zurechenbare **Gemeinkosten** nicht zu den Anschaffungskosten hinzugezählt werden können (→ § 255 Rn. 26, → § 255 Rn. 66 ff.).[21] Zu den Konzernanschaffungskosten zählen auch **stille Reserven,** die im Rahmen der Erstkonsolidierung aufgedeckt wurden, sofern der betreffende Vermögensgegenstand zum Zeitpunkt der Erstkonsolidierung bereits beim liefernden Unternehmen vorhanden war. Dies ergibt sich dann, wenn zwischen dem Erwerbszeitpunkt des Vermögensgegenstandes beim später in den Konzernabschluss einbezogenen Unternehmen und dem Zeitpunkt der Erstkonsolidierung dieses Unternehmens der Marktwert des Vermögensgegenstandes steigt.[22]

21   Ausgangspunkt für die Ermittlung der Konzernanschaffungskosten ist der Wert des jeweiligen Vermögensgegenstandes in der Handelsbilanz II des Konzernunternehmens, in dessen wirtschaftlichem Eigentum sich dieser zum Bilanzstichtag befindet. Hierauf aufbauend ist zu prüfen, ob sich aus Konzernsicht unter der Einheitsfiktion **Anschaffungskostenminderungen** ergeben. Dies sind Ausgaben, die aus Sicht des Einzelunternehmens

[19]   HdK/H. Weber Rn. 39.
[20]   BeBiKo/Störk/Kliem/Walkenbach, 13. Aufl. 2022, Rn. 12.
[21]   ADS Rn. 16; Kölner Komm RechnungslegungsR/Scherrer Rn. 41.
[22]   HdJ/Wohlgemuth Abt. V/5 Rn. 39.

Bestandteile der Anschaffungskosten darstellen, aus Konzernsicht hingegen nicht. Das ist insbesondere dann der Fall, wenn beim Erwerb des Vermögensgegenstandes und seiner Versetzung in den betriebsbereiten Zustand Leistungen von Konzernunternehmen gewährt werden. Solche Leistungen stellen aus Sicht des einzelnen Unternehmens von Unternehmensexternen bezogene Leistungen und damit Einzelkosten dar. Aus Konzernsicht sind sie hingegen in aller Regel als Gemeinkosten zu interpretieren, die nicht aktiviert werden dürfen (→ § 255 Rn. 66 ff.).[23]

Hinsichtlich **immaterieller Vermögensgegenstände**, die von konzernangehörigen **22** Unternehmen selbst erstellt und innerhalb des Konzerns weiterveräußert worden sind, ist zu unterscheiden: Handelt es sich bei den innerhalb des Konzerns weiterveräußerten Vermögensgegenständen um von einem Konzernunternehmen selbst geschaffene Marken, Drucktitel, Verlagsrechte, Kundenlisten oder vergleichbare immaterielle Vermögensgegenstände des Anlagevermögens, so liegen aus Konzernsicht nicht entgeltlich erworbene immaterielle Vermögensgegenstände vor, für die das Aktivierungsverbot gem. § 298 Abs. 1 iVm § 248 Abs. 2 S. 2 zu beachten ist. Folglich sind für derartige Vermögensgegenstände die Einzelbilanzwerte des erwerbenden Konzernunternehmens vollständig zu eliminieren, dh es fallen **keine Konzernanschaffungskosten** an. Für alle anderen selbst geschaffenen immateriellen Vermögensgegenstände des Anlagevermögens gilt hingegen seit BilMoG ein Aktivierungswahlrecht gem. § 298 Abs. 1 iVm § 248 Abs. 2 S. 1 in Höhe von deren Entwicklungskosten. Dementsprechend sind die im Jahresabschluss des erwerbenden Konzernunternehmens aktivierten Vermögensgegenstände nur dann zu eliminieren, wenn auf Konzernebene keine Aktivierung selbst geschaffener immaterieller Vermögensgegenstände des Anlagevermögens vorgenommen werden soll.[24]

Strittig ist, inwiefern **Ausgaben, die aufgrund der rechtlichen Selbstständigkeit 23 anfallen** (zB Grunderwerbsteuer, Notarkosten, Zölle ua), als Bestandteil der Konzernanschaffungskosten aktivierungspflichtig sind.[25] Gegen eine Aktivierung wird der Einheitsfiktion folgend vorgebracht, solche Kosten wären in einer Rechtseinheit nicht angefallen und würden folglich wegen § 297 Abs. 3 S. 1 nicht für den Ansatz in Betracht kommen.[26] Dem wird zu Recht entgegengehalten, im Sinne des Einheitsgrundsatzes sei nicht die Fiktion der rechtlichen Einheit maßgebend, sondern die Tatsache der **wirtschaftlichen Einheit**. Kosten, die tatsächlich anfallen und somit wirtschaftlich relevant sind, dürfen nicht ignoriert werden. Die Konsequenzen der rechtlichen Selbstständigkeit der Konzernunternehmen müssen im Konzernabschluss abgebildet werden, damit ein den tatsächlichen Verhältnissen entsprechendes Bild iSd § 297 Abs. 2 S. 2 vermittelt werden kann. Es sind daher bei der Ermittlung der Konzernanschaffungskosten von Vermögensgegenständen sämtliche tatsächlich angefallenen Ausgaben zu berücksichtigen, die für den betriebsbereiten Zustand bzw. eine bestimmungsgemäße Nutzung des Vermögensgegenstands erforderlich sind.[27]

3. Konzernherstellungskosten. Neben den Konzernanschaffungskosten stellen die **24** Konzernherstellungskosten eine weitere Wertkategorie iSd Abs. 1 dar. Aus § 298 Abs. 1 iVm § 255 Abs. 2 S. 1 folgt, dass Konzernherstellungskosten diejenigen Aufwendungen sind, die durch den Verbrauch von Gütern und die Inanspruchnahme von Diensten für die Herstellung eines Vermögensgegenstandes, seine Erweiterung oder eine über seinen ursprünglichen Zustand hinausgehende wesentliche Verbesserung entstehen. Hierzu zählen Materialeinzelkosten, Fertigungseinzelkosten und Sonderkosten der Fertigung sowie angemessene Teile der notwendigen Materialgemeinkosten, der notwendigen Fertigungsgemeinkosten und des Wertverzehrs des Anlagevermögens, soweit er durch die Fertigung veranlasst

---

23 HdK/H. Weber Rn. 46.
24 Küting/Weber Rechnungslegung-HdB Kap. 8 3.7.
25 ADS Rn. 18; HdJ/Wohlgemuth Abt. V/5 Rn. 38.
26 Kölner Komm RechnungslegungsR/Scherrer Rn. 43 f.
27 HdJ/Wohlgemuth Abt. V/5 Rn. 37; Wentland, Die Konzernbilanz als Bilanz der wirtschaftlichen Einheit Konzern, 1979, Abschn. 3.2.4.

ist. Weiterhin einbezogen werden können Kosten der allgemeinen Verwaltung, Aufwendungen für soziale Einrichtungen des Betriebs, Aufwendungen für freiwillige soziale Leistungen und für die betriebliche Altersversorgung. Zu den **Konzernherstellungskosten im weiteren Sinne** können nach § 298 Abs. 1 iVm § 255 Abs. 3 S. 2 außerdem Zinsen für Fremdkapital, das zur Finanzierung der Herstellung eines Vermögensgegenstands verwendet wird, gezählt werden. Ein Einbeziehungsverbot besteht hingegen für Forschungs- und Vertriebskosten (→ § 255 Rn. 82 f.).[28]

25   Ausgangspunkt für die Ermittlung der Konzernherstellungskosten sind die Herstellungskosten, die bei dem konzernangehörigen Unternehmen angefallen sind, welches den Gegenstand ursprünglich erstellt hat.[29] Hiervon ausgehend ist zu prüfen, ob bestimmte Aufwendungen unter der Fiktion der rechtlichen Einheit anders zu beurteilen sind, dh sich aus Konzernsicht **Mehrungen oder Minderungen der Herstellungskosten** ergeben.

26   **Herstellungskostenmehrungen** sind Aufwendungen, die aus Sicht des Einzelunternehmens nicht aktivierungsfähig sind, aus Konzernsicht hingegen aktivierungspflichtige oder aktivierungsfähige Bestandteile der Konzernherstellungskosten darstellen. Hierzu zählen zB konzerninterne Transportkosten, die aus Sicht des Einzelunternehmens Vertriebskosten darstellen und wegen § 255 Abs. 2 S. 4 nicht als Herstellungskosten aktivierbar sind. Aus Konzernsicht handelt es sich hingegen um Fertigungskosten, die zwingend in die Konzernherstellungskosten einzubeziehen sind. Nicht aktivierbar sind solche Kosten, die auch aus Konzernsicht als **Vertriebskosten** zu betrachten sind.[30] Des Weiteren können Herstellungskostenmehrungen aus über die im Jahresabschluss hinaus vorgenommenen Abschreibungen resultieren. Solche Mehrabschreibungen ergeben sich aus der im Rahmen der Erstkonsolidierung vorgenommenen Aktivierung immaterieller Anlagewerte, sofern auf Jahresabschlussebene das Aktivierungswahlrecht nicht genutzt wurde, sowie aus der Zuordnung stiller Reserven bei abnutzbaren Sachanlagen.[31]

27   **Herstellungskostenminderungen** sind dann vorzunehmen, wenn im Jahresabschluss Aufwendungen als Herstellungskosten aktiviert worden sind, die aus Sicht des Konzerns nicht aktivierungsfähig sind. Hierzu zählen typischerweise an ein anderes in den Konzernabschluss einbezogenes Unternehmen bezahlte Lizenzgebühren für von diesem selbsterstellte Patente, sowie an andere Konzernunternehmen geleistete Mieten und Pachten, soweit hinter diesen Kosten nicht tatsächlich angefallene Aufwendungen gegenüber Dritten stehen.[32] Fremdkapitalzinsen für konzerninterne Kreditgeschäfte dürfen ebenfalls nicht als Konzernherstellungskosten aktiviert werden. Eine Durchbrechung dieses Grundsatzes wird dann befürwortet, wenn der Kredit ursprünglich von einem konzernfremden Unternehmen aufgenommen und innerhalb des Konzerns weitergeleitet worden ist. Dann sei die Aktivierung in Höhe der an das konzernfremde Unternehmen geleisteten Zinsen zulässig.[33] Diese Vorgehensweise ergibt sich logisch aus der Einheitsfiktion, sie kann aber aufgrund der **nur schwer möglichen Nachprüfbarkeit** einer solchen intendierten mittelbaren Kreditaufnahme nur bei eindeutig erkenn- und nachweisbaren Zusammenhängen zwischen Kreditaufnahme und Herstellungsprozess innerhalb des Konzerns für zulässig erachtet werden, damit der sich in diesem Zusammenhang grundsätzlich ergebende **bilanzpolitische Spielraum** entsprechend klein gehalten wird.

28   Berücksichtigt man diejenigen Aufwendungen, für die ein Aktivierungswahlrecht innerhalb der Konzernherstellungskosten besteht, gelangt man zur **Bandbreite der Konzernherstellungskosten.** Die **Obergrenze der Konzernherstellungskosten** ist

---

[28]   Coenenberg/Haller/Schultze Jahresabschluss Kap. 11 C. I.1; HdJ/Wohlgemuth Abt. V/5 Rn. 42 ff.
[29]   HdK/H. Weber Rn. 40.
[30]   Busse v. Colbe/Müller/Reinhard ZfbF-Sonderheft 21/1987, 2. Aufl. 1989, S. 91; HdJ/Wohlgemuth Abt. V/5 Rn. 46.
[31]   ADS Rn. 24; BeBiKo/Störk/Kliem/Walkenbach, 13. Aufl. 2022, Rn. 17.
[32]   Coenenberg/Haller/Schultze Jahresabschluss Kap. 11 C. I.1; Scherrer, Konzernrechnungslegung nach HGB, 3. Aufl. 2012, Kap. 7 F. III.2.
[33]   ADS Rn. 26.

derjenige Wertansatz, der sich bei Aktivierung aller aktivierungsfähigen Aufwendungen zuzüglich der Herstellungskostenmehrungen und abzüglich der Herstellungskostenminderungen ergibt. Demgegenüber ergibt sich die **Untergrenze der Konzernherstellungskosten** aus der Summe der aktivierungspflichtigen Aufwendungen zuzüglich der Herstellungskostenmehrungen und abzüglich der Herstellungskostenminderungen. Die Obergrenze der Konzernherstellungskosten stellt dem Realisationsprinzip entsprechend eine absolute Wertobergrenze dar. Die Übersicht zeigt die Bandbreite der Konzernherstellungskosten.[34]

Aktivierungspflichtige Konzernherstellungskosten	+	Materialeinzelkosten
	+	Fertigungseinzelkosten
	+	Sondereinzelkosten der Fertigung
	+	Angemessene Teile der notwendigen Materialgemeinkosten
	+	Angemessene Teile der notwendigen Fertigungsgemeinkosten und des Werteverzehrs des Anlagevermögens
	+	Aktivierungspflichtige Herstellungskostenmehrungen
	./.	Herstellungskostenminderungen
	=	**Mindestwert der Konzernherstellungskosten (= Untergrenze)**
Aktivierungsfähige, aber nicht aktivierungspflichtige Konzernherstellungskosten	+	Kosten der allgemeinen Verwaltung
	+	Aufwendungen für soziale Einrichtungen des Betriebs, für freiwillige soziale Leistungen und für betriebliche Altersversorgung
	+	uU Zinsen für Fremdkapital
	+	Aktivierungsfähige, aber nicht aktivierungspflichtige Herstellungskostenmehrungen
	./.	Herstellungskostenminderungen
	=	**Höchstwert der Konzernherstellungskosten (= Obergrenze)**

Der Unterschiedsbetrag zwischen Obergrenze und Untergrenze wird als **eliminierungsfähiger Zwischenergebnisanteil** bezeichnet.[35] Die Ausübung der Einbeziehungswahlrechte bezüglich der Herstellungskostenkomponenten in der Konzernbilanz erfolgt unabhängig von der Ausübung in den Einzelbilanzen. Hierfür spricht auch die Formulierung des Abs. 1, wonach der Betrag anzusetzen ist, zu dem die Vermögensgegenstände in der Jahresbilanz des einheitlichen Unternehmens „angesetzt werden könnten". Der Umfang einer eigenständigen Bilanzpolitik im Konzernabschluss wird allerdings eingeschränkt durch den Grundsatz der **Stetigkeit der Konsolidierungsmethoden** gem. § 297 Abs. 3 S. 2 bzw. § 298 Abs. 1 iVm § 252 Abs. 1 Nr. 6 und durch das **Gebot der einheitlichen Bewertung im Konzernabschluss** (§ 308 Abs. 1 S. 1).[36] **29**

4. Niedrigere Wertansätze nach § 253 Abs. 3 und 4. In bestimmten Fällen erlaubt bzw. schreibt der Gesetzgeber vor, dass **Wertansätze im Jahresabschluss unterhalb der fortgeführten Anschaffungs- oder Herstellungskosten** zum Ansatz kommen. Die relevanten Vorschriften hierfür gelten wegen § 298 Abs. 1 ebenfalls für den Konzernabschluss und lassen sich in Abschreibungspflichten und -wahlrechte untergliedern:[37] **30**
- Abschreibungspflicht
  - bei Gegenständen des Anlagevermögens, wenn die Wertminderung voraussichtlich von Dauer ist (§ 253 Abs. 3 S. 5);
  - bei Gegenständen des Umlaufvermögens zur Anpassung an den niedrigeren aus den Börsen- und Marktpreisen abgeleiteten Wert bzw. den niedrigeren beizulegenden Wert (§ 253 Abs. 4 S. 1 und 2).

---

34 HdK/H. Weber Rn. 44; BeBiKo/Störk/Kliem/Walkenbach, 13. Aufl. 2022, Rn. 20 f.
35 Coenenberg/Haller/Schultze Jahresabschluss Kap. 11 C. I.1; BeBiKo/Störk/Kliem/Walkenbach, 13. Aufl. 2022, Rn. 21.
36 Coenenberg/Haller/Schultze Jahresabschluss Kap. 11 C. I.1; Busse v. Colbe/Ordelheide/Gebhardt/Pellens Konzernabschlüsse Kap. 7 III. 3.; Küting/Weber Rechnungslegung-HdB Kap. 8 3.4.4.
37 Baetge/Kirsch/Thiele Konzernbilanzen Kap. V. 32.

– Abschreibungswahlrecht
  – bei Finanzanlagen, wenn die Wertminderung nur vorübergehend ist (§ 253 Abs. 3 S. 6).

31   Als relevante Bewertungskategorie iSd Abs. 1 kommen diese Vorschriften dann in Frage, wenn der Einzelbilanzwert des Vermögensgegenstandes (Handelsbilanz II) unterhalb der Konzernanschaffungs- oder -herstellungskosten liegt. In diesem Fall ist ein sog. „**Niederstwert-Test**" durchzuführen, um die Einhaltung der Niederstwertvorschriften des § 253 Abs. 3 und 4 zu gewährleisten.[38] Entspricht der Einzelbilanzwert dem Tageswert, so stellt dieser auch den für den Konzernabschluss relevanten Wertansatz dar (im Sachanlagevermögen muss die Wertminderung voraussichtlich von Dauer sein). Eine Zwischenverlusteliminierung darf dann nicht durchgeführt werden. Liegt der Tageswert oberhalb des Einzelbilanzwertes, jedoch unterhalb der Untergrenze der Konzernanschaffungs- oder -herstellungskosten, so ist der Zwischenverlust nur in Höhe der Differenz zwischen Tageswert und Einzelbilanzwert zu eliminieren.

32   Für die Anwendung der **Abschreibungswahlrechte** gilt, dass diese unabhängig von der Vorgehensweise im Jahresabschluss ausgeübt werden können, allerdings unter Beachtung der Einheitlichkeit der Bewertung (§ 308 Abs. 1 S. 1) sowie des Grundsatzes der Konsolidierungsmethodenstetigkeit (§ 297 Abs. 3 S. 2).

33   Außerplanmäßige Abschreibungen, die im Konzernabschluss vorgenommen wurden, sind dann rückgängig zu machen, sobald deren Gründe in einem späteren Geschäftsjahr entfallen sind. Es besteht insofern eine **Wertaufholungspflicht** gem. § 298 Abs. 1 iVm § 253 Abs. 5 S. 1.

34   **5. Konzernhöchstwert und Konzernmindestwert.** Aus den genannten Bewertungsvorschriften ergibt sich für die Wertansätze konzernintern erstellter bzw. erworbener Vermögensgegenstände eine **Bandbreite,** die durch den nicht zu überschreitenden Konzernhöchstwert und den nicht zu unterschreitenden Konzernmindestwert bestimmt wird:[39]

– **Konzernhöchstwert:**
  – aktivierungspflichtige Konzernherstellungs- bzw. -anschaffungskosten
  – + aktivierungsfähige Konzernherstellungs- bzw. -anschaffungskosten
  – ./. planmäßige Abschreibungen
  – ./. außerplanmäßige Abschreibungen aufgrund zwingender Vorschriften.
– **Konzernmindestwert:**
  – aktivierungspflichtige Konzernherstellungs- bzw. -anschaffungskosten
  – ./. planmäßige Abschreibungen
  – ./. außerplanmäßige Abschreibungen aufgrund zwingender Vorschriften
  – ./. außerplanmäßige Abschreibungen bei Ausübung des Abschreibungswahlrechts gem. § 253 Abs. 3 S. 6 (im Falle von veräußerten Finanzanlagen).

35   Innerhalb dieser Bandbreite kann unter Beachtung des Stetigkeitsgrundsatzes (§ 252 Abs. 1 Nr. 6) und des Grundsatzes der Einheitlichkeit der Bewertung (§ 308 Abs. 1 S. 1) jeglicher Zwischenwert gewählt werden.[40]

36   Zwischengewinne und Zwischenverluste ergeben sich aus der Gegenüberstellung von den innerhalb der Bandbreite der im Konzernabschluss gewählten Wertansätze mit den entsprechenden Einzelbilanzwerten.

37   **6. Ermittlung der Zwischenergebnisse.** Bei der Ermittlung der Zwischenergebnisse sind analog zum Charakter der gesetzlichen Bewertungsvorschriften eliminierungspflichtige von eliminierungsfähigen Bestandteilen zu unterscheiden.[41] Ein **Zwischengewinn** liegt allgemein dann vor, wenn der Einzelbilanzwert oberhalb des gewählten Wertes für Konzernanschaffungs- bzw. -herstellungskosten liegt. Berücksichtigt man Pflicht- und

---

[38]   BeBiKo/Störk/Kliem/Walkenbach, 13. Aufl. 2022, Rn. 23.
[39]   HdJ/Wohlgemuth Abt. V/5 Rn. 57 ff.; HdK/H. Weber Rn. 51.
[40]   Küting/Weber Rechnungslegung-HdB Kap. 8 3.4.4.
[41]   Coenenberg/Haller/Schultze Jahresabschluss Kap. 11 C. I. 1.

Wahlbestandteile des Ansatzes in der Konzernbilanz, ergeben sich der eliminierungspflichtige sowie der eliminierungsfähige Zwischengewinn:[42]

– **Eliminierungspflichtiger Zwischengewinn:** Unterschiedsbetrag zwischen Einzelbilanzwert und niedrigerem Konzernhöchstwert. Der Konzernhöchstwert stellt, wie bereits ausgeführt, den Gesamtbetrag der aktivierungspflichtigen und aktivierungsfähigen Konzernherstellungs- und -anschaffungskosten abzgl. der evtl. Abschreibungen aufgrund zwingender Vorschriften dar.

– **Eliminierungsfähiger Zwischengewinn:** Unterschiedsbetrag zwischen Konzernhöchst- und -mindestwert. Bei dem Konzernmindestwert handelt es sich um die aktivierungspflichtigen Konzernherstellungs- oder -anschaffungskosten abzgl. aller gebotenen bzw. freiwillig möglichen Abschreibungen. Der eliminierungsfähige Zwischengewinn beinhaltet damit im Wesentlichen die aktivierungsfähigen, jedoch nicht aktivierungspflichtigen Bestandteile der Konzernherstellungs- bzw. -anschaffungskosten.

Zu Recht wird darauf hingewiesen, dass es sich bei einer Eliminierung über den eliminierungspflichtigen Zwischengewinn hinaus faktisch um eine **Abwertung auf niedrigere Konzernherstellungskosten** handelt.[43] Dennoch wird auch hierfür der Begriff der Zwischengewinneliminierung verwendet. **38**

Ein **Zwischenverlust** liegt grundsätzlich vor, wenn der Einzelbilanzwert unterhalb des Konzernbilanzwertes liegt. In diesem Fall ist, wie bereits ausgeführt, ein Niederstwert-Test durchzuführen, um die Einhaltung der Niederstwertvorschriften auch im Konzernabschluss zu gewährleisten. Aus den Bewertungswahlrechten folgt wiederum die Unterscheidung zwischen eliminierungspflichtigem und eliminierungsfähigem Zwischenverlust:[44] **39**

– **Eliminierungspflichtiger Zwischenverlust:** Unterschiedsbetrag zwischen Einzelbilanzwert und höherem Konzernmindestwert. Wie bereits ausgeführt, stellt der Konzernmindestwert die aktivierungspflichtigen Konzernherstellungs- oder -anschaffungskosten abzgl. aller gebotenen bzw. freiwillig möglichen Abschreibungen dar.

– **Eliminierungsfähiger Zwischenverlust:** Unterschiedsbetrag zwischen Konzernmindest- und -höchstwert. Bei dem Konzernhöchstwert handelt es sich um den Gesamtbetrag der aktivierungsfähigen und aktivierungspflichtigen Bestandteile der Konzernherstellungs- oder -anschaffungskosten abzgl. evtl. Abschreibungen aufgrund zwingender Vorschriften.

Hier gilt ebenfalls, dass der Begriff Zwischenverlusteliminierung streng genommen nur für die Aufwertung bis in Höhe der Untergrenze der Konzernanschaffungs- bzw. -herstellungskosten zutrifft. Eine Aufwertung darüber hinaus bis zur Obergrenze wäre korrekter als **Aufwertung auf die höheren Konzernherstellungskosten** zu bezeichnen.[45] **40**

V. Durchführung der Zwischenergebniseliminierung

1. Grundsätzliches. Bei der Durchführung der Zwischenergebniseliminierung tauchen **in praxi** unterschiedliche Herausforderungen auf, deren Art und Umfang von der Ausgestaltung des konzerninternen Liefer- und Leistungsverkehrs und von der Beschaffenheit der Vermögensgegenstände im Einzelfall abhängt. Bei der Durchführung der Zwischenergebniseliminierung ergeben sich typischerweise folgende **Arbeitsschritte:**[46] **41**

– Ermittlung der aus Lieferungen und Leistungen einbezogener Unternehmen stammenden Bestände (Konzernbestände);
– Ermittlung der Einzelbilanzwerte (Handelsbilanz II);
– Ermittlung der Wertansätze nach Abs. 1;

---

[42] Coenenberg/Haller/Schultze Jahresabschluss Kap. 11 C. I.1; Küting/Weber Rechnungslegung-HdB Kap. 8 3.4.4.; HdK/H. Weber Rn. 52; HdJ/Wohlgemuth Abt. V/5 Rn. 53.

[43] WP-HdB, 2012, Bd. I M Rn. 325.

[44] Coenenberg/Haller/Schultze Jahresabschluss Kap. 11 C. I.1; Küting/Weber Rechnungslegung-HdB Kap. 8 3.4.4.; HdK/H. Weber Rn. 57; HdJ/Wohlgemuth Abt. V/5 Rn. 53.

[45] WP-HdB, 2012, Bd. I M Rn. 326.

[46] ADS Rn. 57; HdJ/Wohlgemuth Abt. V/5 Rn. 64 ff.; zur Technik der Zwischenergebniseliminierung s. auch Küting DB 2010, 179 ff.

– Eliminierung der Zwischenergebnisse.

42   **2. Ermittlung der Konzernbestände.** Die Ermittlung der Konzernbestände ist nur dann als **unproblematisch** anzusehen, wenn diese während der betrachteten Periode zu einem gleich bleibenden Preis ausschließlich von Konzernunternehmen geliefert worden sind. Sowohl für den Fall, dass mehrere Lieferungen des gleichen Materials zu unterschiedlichen Verrechnungspreisen erfolgt sind, als auch dann, wenn eine bestimmte Ware sowohl von konzernangehörigen als auch von dritten Unternehmen geliefert worden ist, kann die Bestimmung der Konzernbestände nicht mehr allein auf Grundlage des Inventars erfolgen.[47] Zwar ist für den ersten Fall die getrennte Inventarisierung genauso denkbar wie die Trennung konzerninterner von konzernexternen Beständen durch gesonderte Kennzeichnung für den zweiten Fall. Aus Gründen der Wirtschaftlichkeit wird aber idR auf **Verbrauchsfolgeverfahren** zur Schätzung der Konzernbestände zurückgegriffen.[48] Dabei stehen grds. folgende Verfahren zur Verfügung:

(1) **Durchschnittswertverfahren:** Hier wird unterstellt, dass Vermögensgegenstände aus allen Lieferungen die gleiche Chance haben, verbraucht zu werden.

(2) **Lifo-Verfahren:** Die zuletzt in das Lager eingegangenen Gegenstände verlassen dieses als erstes wieder (last in first out).

(3) **Fifo-Verfahren:** Die zuerst in das Lager eingegangenen Gegenstände verlassen dieses als erstes wieder (first in first out).

(4) **Kifo-Verfahren:** Die Gegenstände aus Lieferungen von Konzernunternehmen verlassen zuerst das Lager (Konzern in first out).

(5) **Kilo-Verfahren:** Auf Lieferungen von Konzernunternehmen zurückgehende Gegenstände verlassen das Lager zuletzt (Konzern in last out).

43   Das **Kifo-Verfahren** geht davon aus, dass die aus dem Konsolidierungskreis stammenden Vermögensgegenstände zuerst verbraucht werden.[49] Damit wird der Bestand am Ende der Abrechnungsperiode tendenziell als von Dritten bezogen angesehen. Damit würde im Extremfall die Notwendigkeit der Zwischenergebniseliminierung entfallen. Somit kann die Anwendung des Kifo-Verfahrens im Einzelfall zu einer erheblichen Arbeitserleichterung führen.[50]

44   Beim **Kilo-Verfahren** wird hingegen unterstellt, dass die aus dem Konsolidierungskreis gelieferten Vermögensgegenstände zuletzt verbraucht werden. Dies führt tendenziell zu hohen Konzernbeständen am Abschlussstichtag und damit eher zu einer verpflichtenden Vornahme einer Zwischenergebniseliminierung. Aus diesem Grunde wird die praktische Bedeutung des Verfahrens als gering eingeschätzt.[51]

45   Gegen die Anwendung der Verfahren (1) bis (3) ist nichts einzuwenden. Die Zulässigkeit der Verfahren (4) und (5) ist jedoch umstritten. Beide Verfahren wurden aus § 298 Abs. 1 iVm § 256 in der Fassung vor BilMoG entwickelt, wonach neben dem Fifo- und Lifo-Verfahren auch unterstellt werden durfte, dass gleichartige Vermögensgegenstände des Vorratsvermögens in einer sonstigen bestimmten Folge verbraucht oder veräußert worden sind. Im Zuge des BilMoG wurde dieser Zusatz, der die Anwendung sonstiger Verbrauchsfolgeverfahren ermöglichte, gestrichen. Damit sind sowohl im Jahres- als auch im Konzernabschluss nur noch das Fifo- und das Lifo-Verfahren (neben dem Durchschnittswertverfahren) zulässig, eine Anwendung von Kifo- oder Kilo-Verfahren kommt nicht mehr in Betracht.[52] Andererseits könnte argumentiert werden, dass der Verweis des § 298 Abs. 1 auf § 256 unter der Einschränkung „soweit seine (dh des Konzernabschlusses) Eigenart keine Abweichung bedingt" steht. Die Verfahren könnten nach dieser Ansicht,

---

[47]   Busse v. Colbe/Ordelheide/Gebhardt/Pellens Konzernabschlüsse Kap. 7 III. 1.
[48]   ADS Rn. 61 ff.; Küting/Weber Rechnungslegung-HdB Kap. 8 3.4.1; HdK/H. Weber Rn. 77.
[49]   Busse v. Colbe/Ordelheide/Gebhardt/Pellens Konzernabschlüsse Kap. 7 III. 1.
[50]   ADS Rn. 63.
[51]   Busse v. Colbe/Ordelheide/Gebhardt/Pellens Konzernabschlüsse Kap. 7 III. 1.
[52]   Küting/Weber Rechnungslegung-HdB Kap. 8 3.4.1; BeBiKo/Grottel/Huber § 256 Rn. 71 f. iVm BeBiKo/Ellrott, 7. Aufl. 2010, § 256 Rn. 71 ff.

da sie lediglich für die Ermittlung konzerninterner Erfolge im Konzernabschluss sinnvoll sind, unter die einschränkende Klausel des § 298 Abs. 1 subsumiert werden und weiterhin Anwendung finden.[53] In jedem Fall ist hinsichtlich der Anwendung eines Verfahrens das **Stetigkeitsgebot** zu beachten, dh eine einmal gewählte Vorgehensweise ist grundsätzlich im Zeitverlauf beizubehalten.[54]

Die Pflicht zur Zwischenergebniseliminierung fällt auch bei **fertigen und unferti- 46 gen Erzeugnissen** an, wenn bei deren Erstellung konzernintern erbrachte Vorleistungen eingegangen sind. Allerdings gestaltet sich dies ungleich schwieriger, da zurückverfolgt werden muss, welche Vorleistungen zur Herstellung welcher Erzeugnisse verwendet worden sind. Diese aus Konzernlieferungen stammenden Materialanteile müssen zB anhand von Stücklisten festgestellt werden, um den sich am Bilanzstichtag auf Lager befindlichen Bestand ermitteln zu können.[55] Aufgrund des hierfür anfallenden hohen Ermittlungsaufwands sind **weitere Vereinfachungen** nötig, wie die Verwendung von Erzeugnisspannen (prozentualer Anteil des Zwischenergebnisses der Vorstufe(n) am Bestandswert des Erzeugnisses).[56]

3. Ermittlung der Einzelbilanzwerte (Handelsbilanz II). Die den Konzernwerten 47 gegenüberzustellenden Wertansätze sind der Handelsbilanz II zu entnehmen. Das heißt, relevant sind die Wertansätze der Vermögensgegenstände der jeweiligen Konzernunternehmen nach **konzerneinheitlicher Bewertung.** Die Ermittlung dieser Einzelbilanzwerte ist wiederum nur dann unproblematisch, wenn für die jeweiligen Konzernbestände ein einheitlicher Anschaffungspreis vorliegt. Fehlt dieser, muss wiederum auf **Verbrauchsfolge-fiktionen** zurückgegriffen werden (→ Rn. 42 ff.). Bestände und Einzelbilanzwerte werden dann zweckmäßigerweise in einem Rechenvorgang ermittelt.[57]

Falls der Wertansatz einzelner Vermögensgegenstände in der Handelsbilanz II aufgrund 48 entsprechender Abwertungsumstände einem **Wert unterhalb der fortgeführten Anschaffungs- oder Herstellungskosten** nach § 253 Abs. 3 und 4 entspricht, hat das bilanzierende Unternehmen dies der Konsolidierungsstelle mitzuteilen, um die fälschliche Eliminierung von Zwischenverlusten zu verhindern.[58]

4. Ermittlung der Wertansätze nach Abs. 1. Die Konzernanschaffungs- und -her- 49 stellungskosten werden idR **indirekt** durch Korrektur des Einzelbilanzwertes um die enthaltenen Zwischenergebnisse ermittelt. Hierfür lassen sich nach der Genauigkeit folgende **Verfahren** unterscheiden:[59]

– **Lieferungsindividuelles Verfahren:** Das Zwischenergebnis wird individuell für jede einzelne Lieferung durch Rückgriff auf die Kalkulationsunterlagen des Lieferanten ermittelt. Aufgrund des hohen Ermittlungsaufwands empfiehlt sich das Verfahren nur für einzelne Vermögensgegenstände mit hohem Lieferwert.

– **Jahresdurchschnittssätze:** Für alle Lieferungen eines Lieferanten während des Jahres wird ein durchschnittliches Zwischenergebnis ermittelt. Dieses wird üblicherweise berechnet, indem von den Innenumsätzen des Jahres die bei Fiktion der rechtlichen Einheit aktivierungsfähigen Herstellungskosten des Lieferanten abgezogen werden und der resultierende Betrag durch die Anzahl der gelieferten Mengeneinheiten dividiert wird.

– **Konzerndurchschnittssätze:** Liefern mehrere konzerninterne Lieferanten dieselben Erzeugnisse, kann für die entsprechenden Lieferungen eine durchschnittliche Zwischen-

---

53 Ausf. Busse v. Colbe/Ordelheide/Gebhardt/Pellens Konzernabschlüsse Kap. 7 III. 3.
54 Beck HdR/Klein C 430 Rn. 73.
55 HdK/H. Weber Rn. 79.
56 BeBiKo/Grottel/Huber § 256 Rn. 71 f. iVm BeBiKo/Ellrott, 7. Aufl. 2010, § 256 Rn. 71 ff.; Busse v. Colbe/Ordelheide/Gebhardt/Pellens Konzernabschlüsse Kap. 7 III. 1.; HdJ/Wohlgemuth Abt. V/5 Rn. 82 ff.
57 HdK/H. Weber Rn. 80.
58 ADS Rn. 71.
59 Busse v. Colbe/Ordelheide/Gebhardt/Pellens Konzernabschlüsse Kap. 7 III. 2.

ergebnisspanne ermittelt werden. Hierzu ist das gesamte Zwischenergebnis (ermittelt aus der Differenz der Innenumsatzerlöse aller Unternehmen und der entsprechenden Konzernherstellungskosten) ins Verhältnis zu den Innenumsatzerlösen aller Unternehmen zu setzen.

– **Ermittlung der Zwischenergebnisse für Bestandsgruppen:** Findet die Ermittlung der Konzernbestände nach Gütergruppen statt, so sind auch das Zwischenergebnis und die Konzernherstellungskosten für die Gruppe insgesamt zu ermitteln. Dies kann wie für einzelne Güterarten aufgrund von Jahresdurchschnittssätzen oder Konzerndurchschnittssätzen erfolgen.

– **Bruttogewinnverfahren:** Der Konzernbestandswert wird ermittelt, indem vom Einzelbilanzwert beim Abnehmer der Bruttogewinn des Lieferanten abgezogen wird. Als Bruttogewinn gilt dabei der Überschuss des Nettoerlöses über die Einzelkosten.

50   Die nach den dargestellten Grundsätzen ermittelten Wertansätze der Bestände aus konzerninternen Lieferungen sind in dieser Höhe in die Konzernbilanz zu übernehmen.

51   **5. Verrechnung der Zwischenergebnisse im Konzernabschluss.** Die Umbewertung der Einzelbilanzwerte des zum Bilanzstichtag vorhandenen Vermögens erfolgt **aktivisch,** dh die Eliminierung eines Zwischengewinns führt zu einer Aktivminderung, die Eliminierung eines Zwischenverlustes zu einer Aktivmehrung. Dieser aktivischen Buchung muss eine passivische entsprechen: der Änderung der Vermögensansätze steht die betragsmäßig gleiche Änderung im **Konzerneigenkapital** gegenüber.[60]

52   Hat eine Veräußerung von Beständen des Vorratsvermögens stattgefunden, die bereits in der Vorperiode auf Lager gelegen hatten und deren Wertansätze um Zwischenergebnisse bereinigt worden waren, so kommt es zu einer **Realisierung der Zwischenergebnisse.**

53   Bei **abnutzbarem Anlagevermögen** ist zu beachten, dass von den Einzelbilanzwerten abweichende Wertansätze in der Konzernbilanz auch zu abweichenden **planmäßigen Abschreibungen** in den folgenden Geschäftsjahren führen. Ein Zwischengewinn führt in der Konzernbilanz zu niedrigeren Abschreibungen. Die höheren Abschreibungen in der Einzelbilanz führen dann im Zeitverlauf zu einer Realisierung des Zwischenergebnisses. Entsprechend führen höhere Abschreibungen im Konzernabschluss aufgrund eliminierter Zwischenverluste zu einer Annäherung des Konzern- an den Einzelbilanzwertansatz. In beiden Fällen wird der zu eliminierende Betrag im Zeitablauf geringer und ist am Ende der Nutzungsdauer gleich null.[61]

54   Bei Vornahme **außerplanmäßiger Abschreibungen** im Jahresabschluss ist zu prüfen, ob diese sich auch aus Sicht der fiktiven rechtlichen Einheit Konzern ergeben hätten. Ist dies der Fall, so ist der Betrag der außerplanmäßigen Abschreibungen mit dem Zwischengewinn zu kompensieren. Übersteigt die Abschreibung den Zwischengewinn, so ist der verbleibende Restbetrag auch im Konzernabschluss als Abschreibung zu behandeln.[62]

55   Bei der Verrechnung der Bewertungsunterschiede im Konzerneigenkapital sind die erfolgswirksamen von den erfolgsneutralen Bestandteilen zu unterscheiden. Grundsätzlich gilt: Die **Veränderung** eliminierter Zwischenergebnisse gegenüber dem Vorjahresende wird **erfolgswirksam,** der **Betrag** eliminierter Zwischenergebnisse nach dem Stand am Ende des Vorjahres wird **erfolgsneutral** verrechnet.[63] Die Verrechnung erfolgt dabei im Rahmen der Vollkonsolidierung unabhängig von der Beteiligungsquote vollständig (zu Quotenkonsolidierung und Equity-Methode → Rn. 68 ff.).

56   Eine **erfolgswirksame Verrechnung** mit dem Konzernjahresergebnis wird für Zwischenergebnisse vorgenommen, die auf Lieferungen und Leistungen des laufenden

---

60   ADS Rn. 78 f.; Dusemond, Die Konzernanschaffungs- und Konzernherstellungskosten nach § 304, 1994, Abschn. D. IV.
61   S. auch mit entsprechenden Bsp. ADS Rn. 80; Baetge/Kirsch/Thiele Konzernbilanzen Kap. V. 331; HdJ/Wohlgemuth Abt. V/5 Rn. 169.
62   Busse v. Colbe/Ordelheide/Gebhardt/Pellens Konzernabschlüsse Kap. 7 IV. 2.
63   ADS Rn. 94; BeBiKo/Störk/Kliem/Walkenbach, 13. Aufl. 2022, Rn. 51; HdJ/Wohlgemuth Abt. V/5 Rn. 94 ff.; Küting DB 2010, 180.

Geschäftsjahres beruhen. Eliminierte Zwischengewinne reduzieren den Konzernjahresüberschuss, eliminierte Zwischenverluste erhöhen diesen. Eine Auswirkung auf den Konzernbilanzgewinn kann hingegen durch entsprechende Gestaltung der Gewinnverwendungsrechnung im Rahmen des Konzernabschlusses vermieden werden.[64]

Zwischenergebnisse, die bereits in Vorjahren eliminiert worden sind, sind im Konzern- **57** abschluss **erfolgsneutral** zu verrechnen. Handelt es sich um Zwischengewinne, so haben diese im Jahresabschluss des verbundenen Unternehmens zu einem Ertrag und damit zu einer Erhöhung des Eigenkapitals geführt, die im Rahmen der Zwischenergebniseliminierung rückgängig zu machen ist. Spiegelbildlich muss in Höhe der in den Vorjahren eliminierten Zwischenverluste das Konzerneigenkapital erhöht werden.[65] **Strittig** ist hierbei, mit welchem Posten des Konzerneigenkapitals die früheren Zwischenergebnisse zu verrechnen sind.[66] Fest steht, dass eine exakte und „sachlich richtige" Zurechnung der Zwischenergebnisse aus früheren Perioden grundsätzlich nicht möglich ist, da diese von den Gewinnverwendungsentscheidungen der jeweiligen liefernden einbezogenen Unternehmen abhängig ist.[67] Je nach Gewinnverwendung sind sie entweder in den Gewinnrücklagen oder im Ergebnisvortrag oder beiden anteilig enthalten und stecken somit auch in den entsprechenden Posten der Summenbilanz. Da eine korrekte Aufteilung mangels Information und aus Praktikabilitätsgründen idR ausscheidet, wird deshalb der erfolgsneutral zu verrechnende Betrag eliminierter Zwischenergebnisse entweder voll mit den **Gewinnrücklagen oder** dem **Ergebnisvortrag** in der Konzernbilanz verrechnet.[68] Statt einer Verrechnung in diesen beiden Eigenkapitalposten wird auch die Bildung eines eigenen **Sonderpostens (Ausgleichspostens)** für zulässig und sinnvoll gehalten, in dem der erfolgsunwirksam verrechnete Bestand von Zwischenergebnissen aus dem Vorjahr ausgewiesen wird (daneben kann dieser auch die erfolgsunwirksam verrechneten Aufrechnungsdifferenzen aus der Schuldenkonsolidierung enthalten, vgl. zur Behandlung von erfolgsunwirksam verrechneten Aufrechnungsdifferenzen aus der Schuldenkonsolidierung → § 303 Rn. 55 ff.). Zwischengewinnbestände führen zu einem aktiven und Zwischenverlustbestände zu einem passiven Ausgleichsposten.[69]

Bei der **praktischen Umsetzung** der Zwischenergebnisverrechnung ergeben sich **58** regelmäßig die folgenden Herausforderungen: es ist schwerlich für einzelne Beträge festzustellen, ob sie im laufenden Geschäftsjahr entstanden sind oder bereits früher eliminiert worden sind. Weiterhin müsste ermittelt werden, welche der im Vorjahr eliminierten Zwischenergebnisse im laufenden Geschäftsjahr realisiert worden sind. Die hiermit einhergehenden Schwierigkeiten rechtfertigen ggf. weitere Vereinfachungen.[70]

6. Ansatz latenter Steuern. Das steuerliche Maßgeblichkeitsprinzip (§ 5 Abs. 1 **59** EStG) führt dazu, dass die Wertansätze der Jahresabschlüsse idR auch den Ansatzpunkt der steuerlichen Gewinnermittlung darstellen. Dennoch führen insbesondere seit BilMoG zahlreiche Durchbrechungen dieses Systems zunehmend zu Unterschieden zwischen Handels- und Steuerbilanz. Derartige Abweichungen zwischen handels- und steuerrechtlichen Regelungen bilden die Grundlage für die Notwendigkeit der Abgrenzung latenter Steuern. Während § 274 die in den Jahresabschlüssen anfallenden **latenten Steuern** regelt und entsprechend auch auf die Summenbilanz anzuwenden ist, erfolgt gem. § 306 die Abgrenzung von latenten Steuern auch aus Konsolidierungsvorgängen (zu Details → § 306 Rn. 1 ff.).

---

[64] ADS Rn. 90; Coenenberg/Haller/Schultze Jahresabschluss Kap. 11 C. II.; mit Bsp. HdJ/Wohlgemuth Abt. V/5 Rn. 97 ff.

[65] HdK/H. Weber Rn. 70.

[66] ADS Rn. 95 ff.; HdK/H. Weber Rn. 71; Kölner Komm RechnungslegungsR/Scherrer Rn. 70 f.

[67] Busse v. Colbe/Ordelheide/Gebhardt/Pellens Konzernabschlüsse Kap. 9 IV. 3; Beck HdR/Klein C 430 Rn. 129 ff.

[68] ADS Rn. 91; Coenenberg/Haller/Schultze Jahresabschluss Kap. 11 C. II.; Küting/Weber Rechnungslegung-HdB Kap. 8 3.5.

[69] Baetge/Kirsch/Thiele Konzernbilanzen Kap. V. 333; HdJ/Wohlgemuth Abt. V/5 Rn. 103; HWRP/Ruhnke/Radde Sp. 2782.

[70] ADS Rn. 92 f.

Hierin kommt die **Fiktion der steuerlichen Einheit des Konzerns** zum Ausdruck, wonach der Konzernjahresüberschuss als Bemessungsgrundlage der Gewinnsteuern angesehen wird. Würde die Zwischenergebniseliminierung in voller Höhe ohne Berücksichtigung von Steuerwirkungen durchgeführt, so wären im Falle eines Zwischengewinns im Jahr der Lieferung die Gewinnsteuern im Verhältnis zum Konzernjahresüberschuss zu hoch und im Jahr des Verbrauchs, der Abschreibung oder des Abgangs des Vermögensgegenstands zu niedrig. Im Falle eines Zwischenverlusts stellt sich der Effekt entsprechend umgekehrt dar. Durch die Abgrenzung latenter Steuern auf konzernintern gelieferte Bestände werden derartige Verzerrungen vermieden.[71]

60   Eine Abgrenzung latenter Steuern ist gem. § 306 S. 1 vorzunehmen, wenn Differenzen zwischen den handelsrechtlichen Wertansätzen der konzernintern gelieferten Vermögensgegenstände und Schulden und deren steuerlichen Wertansätzen bestehen, die sich in Folgeperioden voraussichtlich umkehren **(zeitlich begrenzte Differenzen).** Die Eliminierung von Zwischenergebnissen ist erfolgswirksam vorzunehmen. Dementsprechend erfolgen auch Bildung und Auflösung latenter Steuern grds. erfolgswirksam. Bei der Beurteilung der Frage, ob die Differenzen zeitlich begrenzt sind, ist eine Unterscheidung vorzunehmen. Betrifft die Zwischenergebniseliminierung Ergebnisse aus Lieferungen in das abnutzbare Anlagevermögen oder das Umlaufvermögen, so gleichen sich die Differenzen aufgrund von Abschreibungen auf Sachanlagevermögen, Verbrauch von Roh-, Hilfs- und Betriebsstoffen und Weiterveräußerung an Konzernfremde im Zeitablauf automatisch aus. Die Eliminierung von Zwischenergebnissen aus Lieferungen in das nicht abnutzbare Anlagevermögen führt hingegen zu **quasi-permanenten Differenzen,**[72] deren Ausgleich zwar nicht ausgeschlossen, aber nicht vorhersehbar ist. Ein Ausgleich erfolgt insbesondere bei späterer außerplanmäßiger Abschreibung, bei Verkauf des betreffenden Vermögensgegenstands an einen Konzernfremden oder bei Liquidation des Unternehmens. Seit BilMoG sind gem. § 306 auch für solche Differenzen latente Steuern zu berücksichtigen.[73]

61   Die Eliminierung eines Zwischengewinnes führt zur Minderung des Konzernergebnisses, die Eliminierung eines Zwischenverlustes zur Erhöhung des Konzernergebnisses. Um den Steueraufwand an den Konzernjahresüberschuss als fiktiver Bemessungsgrundlage anzupassen, folgt somit – das Vorliegen zeitlich begrenzter Differenzen vorausgesetzt – aus der Eliminierung von Zwischengewinnen im Jahr der Lieferung oder Leistung die Pflicht zur Bildung **aktiver latenter Steuern;** aus der Eliminierung von Zwischenverlusten resultiert die Pflicht zum Ansatz **passivischer latenter Steuern.**[74]

VI. Erstmalige und letztmalige Eliminierung von Zwischenergebnissen

62   Die erstmalige Eliminierung von Zwischenergebnissen ist vorzunehmen, wenn ein Unternehmen **erstmals dem Konsolidierungskreis zugehört** bzw. wenn es außerdem erstmals **nicht unter die Befreiungsregelung** des § 296 fällt. Fraglich ist, inwieweit Vermögensgegenstände aus Lieferungs- und Leistungsvorgängen, die **vor Einbeziehung** des betreffenden Unternehmens in den Konzernabschluss stattgefunden haben, bei der Zwischenergebniseliminierung zu berücksichtigen sind.[75]

63   Aus dem **Gesetzeswortlaut** ergibt sich keine Differenzierung der Vermögensgegenstände nach dem Zeitpunkt ihrer Lieferung oder Leistung. Es ist lediglich die Rede von in den Konzernabschluss zu übernehmenden Vermögensgegenständen, die ganz oder teilweise auf Lieferungen oder Leistungen zwischen in den Konzernabschluss einbezogenen Unter-

---

[71]   Busse v. Colbe/Ordelheide/Gebhardt/Pellens Konzernabschlüsse Kap. 7 VII. 1; Baetge/Kirsch/Thiele Konzernbilanzen Kap. VIII. 323.23; HdJ/Wohlgemuth Abt. V/5 Rn. 171 f.
[72]   ADS § 306 Rn. 33.
[73]   BeBiKo/Grottel/Larenz § 306 Rn. 27–29.
[74]   Coenenberg/Haller/Schultze Jahresabschluss Kap. 11 E. I.2.
[75]   HdK/H. Weber Rn. 86.

nehmen beruhen. Demnach wäre eine Eliminierung der Zwischenergebnisse stets vorzunehmen, ohne Rücksicht auf den Zeitpunkt ihrer Entstehung.[76]

Aus der Auslegung des der Konzernabschlusserstellung zugrunde liegenden **Einheits-** 64 **grundsatzes** (§ 297 Abs. 3 S. 1) ergibt sich jedoch eine vom Gesetzeswortlaut abweichende Verfahrensweise.[77] Transaktionen, die der Konzernzugehörigkeit des liefernden Unternehmens zeitlich vorgelagert waren, stellten aus Sicht der fiktiven Rechtseinheit Konzern zu dem Zeitpunkt reine Markttransaktionen dar. Der resultierende Wertansatz in der Konzernbilanz gilt als hinreichend durch den Markt objektiviert und enthält daher keine Zwischenergebnisse. Dasselbe gilt für Lieferungen aus dem Konzern an das neu einbezogene Unternehmen: fanden diese vor Einbeziehung statt, enthält der Wertansatz beim empfangenden Unternehmen **keine Zwischenergebnisse.**[78] Gewinne bzw. Verluste aus solchen Transaktionen sind als für den Konzern realisiert anzusehen.

Entsteht ein **Konzern erstmals** neu durch den **Kauf** von Unternehmen, so sind zum 65 Geschäftsjahresende alle Zwischenergebnisse insoweit erfolgswirksam zu eliminieren, wie sie aus Lieferungen nach Begründung des Mutter-Tochter-Verhältnisses resultieren. Folglich besteht wiederum keine Eliminierungspflicht für Lieferungen und Leistungen vor diesem Zeitpunkt.[79] Bezüglich einer erstmaligen Aufstellung eines **Teilkonzernabschlusses** (zB freiwillig, aufgrund gesetzlicher Vorschriften wegen Minderheitenanteilen oder auf gesellschaftsvertraglicher Grundlage) dürfte, entsprechend dem Grundgedanken des Art. 27 Abs. 4 EGHGB, eine erfolgsneutrale Verrechnung der Zwischenergebnisse bei entsprechender Erläuterung im Konzernanhang für zulässig erachtet werden.[80] Ein im Rahmen der erstmaligen Konsolidierung entstehendes Zwischenergebnis kann folglich nach Art. 27 Abs. 4 EGHGB in die Konzerngewinnrücklagen eingestellt oder mit diesen offen verrechnet werden. Anzumerken bleibt bei dieser Vorgehensweise aber, dass der Konzernjahreserfolg bei der Inanspruchnahme dieser Regelung unzutreffend ausgewiesen wird, da er von der Zwischenergebniseliminierung völlig unberührt bleibt.[81]

Scheidet ein Unternehmen, das in den Vorjahren Vermögensgegenstände innerhalb 66 des Konzerns geliefert hat, **aus dem Konsolidierungskreis aus,** sind vorher eliminierungspflichtige Zwischenergebnisse keineswegs realisiert.[82] Zum Zeitpunkt der Transaktion handelte es sich um eine konzerninterne Lieferung. Die Realisierung der enthaltenen Zwischenergebnisse am Markt steht weiterhin aus. Sie erfolgt erst dann, wenn der Vermögensgegenstand verbraucht wird (bei Gegenständen des Anlagevermögens) oder den Konsolidierungskreis in seiner ursprünglichen oder weiterverarbeiteten Form verlässt. Ab dem Zeitpunkt des Ausscheidens des Tochterunternehmens aus dem Konsolidierungskreis ist für die Zukunft keine Zwischenergebniseliminierung mehr vorzunehmen.

Gegen die **getrennte Erfassung** von Liefervorgängen vor und nach Beginn der 67 Konzernzugehörigkeit kann im Einzelfall der damit verbundene Ermittlungsaufwand sprechen. Aus Gründen der Praktikabilität kann daher uU auch eine einheitliche Zwischenergebniseliminierung für sämtliche Bestände, die aus Lieferungen von einbezogenen Konzernunternehmen resultieren, unabhängig vom Zeitpunkt der Lieferung als zulässig erachtet werden.[83]

VII. Eliminierung von Zwischenergebnissen im Rahmen der Quotenkonsolidierung und der Equity-Bewertung

1. Zwischenergebniseliminierung bei der Quotenkonsolidierung. Wird ein 68 Unternehmen, das mit anderen Unternehmen unter gemeinsamer Führung steht, in Aus-

---

[76] ADS Rn. 122; HdJ/Wohlgemuth Abt. V/5 Rn. 158.
[77] Busse v. Colbe/Ordelheide/Gebhardt/Pellens Konzernabschlüsse Kap. 7 VI. 4.
[78] HdJ/Wohlgemuth Abt. V/5 Rn. 158; HdK/H. Weber Rn. 86.
[79] BeBiKo/Störk/Kliem/Walkenbach, 13. Aufl. 2022, Rn. 65.
[80] ADS EGHGB Vor Art. 23–28 Rn. 55 ff.; BeBiKo/Störk/Kliem/Walkenbach, 13. Aufl. 2022, Rn. 65.
[81] HdJ/Wohlgemuth Abt. V/5 Rn. 159 f.
[82] ADS Rn. 128.
[83] Arbeitskreis „Weltabschlüsse" ZfbF-Sonderheft 9/1979, 96 f.; HdJ/Wohlgemuth Abt. V/5 Rn. 159.

nutzung des Wahlrechts des § 310 Abs. 1 nach dem Verfahren der Quotenkonsolidierung in den Konzernabschluss einbezogen, so verlangt § 310 Abs. 2 die **entsprechende Anwendung der Vorschriften** über die Zwischenergebniseliminierung (→ § 310 Rn. 55 ff.). Dies bedeutet, dass die obigen Ausführungen auch auf im Rahmen der Quotenkonsolidierung in einen Konzernabschluss einbezogene Unternehmen zutreffen, dass jedoch im Unterschied zur Vollkonsolidierung Zwischenergebnisse nur **quotal,** dh in Höhe der **Beteiligungsquote** des Mutterunternehmens an dem Gemeinschaftsunternehmen zu eliminieren sind.[84] Dies ergibt sich auch nach DRS 27.36.

69   **2. Zwischenergebniseliminierung bei der Equity-Bewertung.** Die Eliminierung von Zwischenergebnissen aus Lieferbeziehungen mit sog. assoziierten Unternehmen erfolgt gem. § 312 Abs. 5 S. 3 in **entsprechender Anwendung** des § 304, soweit die für die Beurteilung maßgeblichen Sachverhalte bekannt oder zugänglich sind (→ § 312 Rn. 52 ff.; DRS 26.71). Gemäß DRS 26.76 dürfen Schätzungen vorgenommen werden, wenn die für die Zwischenergebniseliminierung erforderlichen Informationen nicht bekannt sind und es sich um wesentliche Liefer- und Leistungsbeziehungen handelt. Zwischenergebnisse in Lieferungen von assoziierten Unternehmen an Konzernunternehmen (**„Upstream"-Lieferungen**) beeinflussen Wertansätze der Vermögensgegenstände im Konzernabschluss. Ebenso kommt es bei Lieferungen von Konzernunternehmen an assoziierte Unternehmen, sog. **„Downstream"-Lieferungen,** zur Realisierung von Erfolgsbeiträgen im Konzernabschluss. Fasst man die **Equity-Bewertung als Konsolidierungsverfahren** auf, so sind die Wertansätze der aus „Upstream"-Lieferungen resultierenden Vermögensgegenstände direkt um die Zwischenergebnisse zu korrigieren; die Gegenbuchung wird im Ergebnis aus Beteiligungen an assoziierten Unternehmen vorgenommen. Zwischenergebnisse aus „Downstream"-Lieferungen werden eliminiert durch Buchung der Umsatzerlöse gegen den Beteiligungsbuchwert an assoziierten Unternehmen. Betrachtet man hingegen die **Equity-Methode als Bewertungsverfahren für Beteiligungen,** so werden sämtliche aus „Upstream"- und „Downstream"-Lieferungen resultierenden Zwischenergebnisse (bzgl. der Vornahme einer Zwischenergebniseliminierung bei Lieferungen und Leistungen zwischen assoziierten Unternehmen [„cross-stream"] → § 312 Rn. 52) über den Konzern-GuV-Posten „Ergebnis aus assoziierten Unternehmen" gegen den Beteiligungsbuchwert an assoziierten Unternehmen ausgebucht.[85] Allerdings ist zu beachten, dass im Schrifttum eine Zwischenergebniseliminierung teilweise nur bei „Upstream"-Beziehungen für zulässig gehalten wird.[86] Dies wird damit begründet, dass nur bei dieser Lieferrichtung, wie in Abs. 1 gefordert, die von assoziierten Unternehmen gelieferten Vermögensgegenstände in den Konzernabschluss übernommen werden. Nach DRS 26.72 sind Zwischenergebnisse aus „Upstream"-Lieferungen bevorzugt gegen den Bestandswert des erworbenen Vermögensgegenstands oder wahlweise gegen den Equity-Wertansatz zu buchen. Bei „Downstream"-Lieferungen sind Zwischenergebnisse mit dem Equity-Wertansatz zu verrechnen.

70   Die Eliminierung von Zwischenergebnissen ist gem. § 312 Abs. 5 S. 3 im Rahmen der Equity-Methode nur durchzuführen, „soweit die für die Beurteilung maßgeblichen Sachverhalte bekannt oder zugänglich sind." Diese Einschränkung ist zwar **restriktiv** auszulegen, kann aber insbesondere bei „Upstream"-Lieferungen aufgrund fehlender Informationen über die Preiskalkulation des assoziierten Unternehmens in der Praxis dennoch häufiger dazu führen, dass eine Zwischenergebniseliminierung unterbleibt.

71   Sowohl der Gesetzeswortlaut des § 312 Abs. 5 S. 3 als auch DRS 26.70 fordern dabei eine quotale Eliminierung von Zwischenergebnissen. Das historisch bestehende Wahlrecht

---

[84]   Beck HdR/Klein C 430 Rn. 38; HdJ/Wohlgemuth Abt. V/5 Rn. 122 ff.; HWRP/Ruhnke/Radde Sp. 2776.
[85]   Busse v. Colbe/Ordelheide/Gebhardt/Pellens Konzernabschlüsse Kap. 11 IV. 3.2; HdJ/Wohlgemuth Abt. V/5 Rn. 134 f.; HWRP/Ruhnke/Radde Sp. 2777.
[86]   S. zu dieser Diskussion HdJ/Wohlgemuth Abt. V/5 Rn. 134; Kölner Komm RechnungslegungsR/Scherrer § 312 Rn. 121 f.

zwischen voller und anteiliger Eliminierung von Zwischenergebnissen wurde durch das Bilanzrichtlinie–Umsetzungsgesetz (BilRUG) gestrichen und besitzt für Geschäftsjahre, die nach dem 31.12.2015 beginnen, keine Gültigkeit mehr.[87]

VIII. Besonderheiten bei der Erstellung eines Konzernabschlusses nach IFRS und US-GAAP

1. Zwischenergebniseliminierung nach IFRS. Nach IFRS 10.B86(c) sind sowohl 72 Zwischengewinne als auch Zwischenverluste, dh sämtliche aus Konzernsicht unrealisierten Ergebnisse, „in full" und somit vollständig zu eliminieren. Die Vorgehensweise nach IFRS entspricht grds. jener nach HGB.[88] Allerdings besitzen Zwischenverluste nach IAS 36.12 eine Indikatorfunktion für das Vorliegen einer Wertminderung des jeweiligen Vermögenswertes. Liegt tatsächlich eine Wertminderung vor, so ist nicht nur im Umlaufvermögen, sondern auch bei Sachanlagevermögen eine außerplanmäßige Abschreibung vorzunehmen. Die Zwischenergebniseliminierung ist in diesem Fall nicht zulässig.[89]

Eine zu Abs. 2 vergleichbare **explizite Befreiungsmöglichkeit** von der Zwischener- 73 gebniseliminierung aufgrund untergeordneter Bedeutung für die Vermögens-, Finanz- und Ertragslage des Konzerns gewährt IFRS 10 nicht. Allerdings lassen sich – ähnlich wie nach US-GAAP – aus den allgemeinen Rechnungslegungsgrundsätzen, die im Conceptual Framework des IASB verankert sind, implizit Befreiungstatbestände ableiten. So kommt dem Grundsatz der „materiality" (CF 2.11, IAS 1.7), dh der **Wesentlichkeit** von in der Rechnungslegung gewährten Informationen, im Hinblick auf deren Fähigkeit zur Entscheidungsbeeinflussung, in der Rechnungslegungskonzeption des IASB eine große Bedeutung zu. Aus diesem Grundsatz lässt sich somit bei unwesentlichen Zwischenergebnissen ein Verzicht auf deren Eliminierung allgemein begründen. Allerdings bleibt auch im Rahmen der IFRS-Rechnungslegung, wie bei Anwendung des § 304 Abs. 2, die Beurteilung der Wesentlichkeit auf subjektive Einschätzungen angewiesen. Objektive und allgemein gültige Beurteilungsgrößen werden vom IASB nicht gewährt. In der Literatur wird teilweise ein zusammenfassender Verzicht auf die Zwischenergebniseliminierung mit jenem der Schuldenkonsolidierung und der Aufwands- und Ertragskonsolidierung bei der Wesentlichkeitsbeurteilung vorgeschlagen.[90] Dies kann aber nicht als allgemein verbindliche Auslegung des „materiality principle" im IFRS-Kontext gewertet werden.

Bei Durchführung der Zwischenergebniseliminierung nach IFRS 10.19 iVm IFRS 74 10.B86 f. ist darauf zu achten, dass diese von den **IFRS-spezifischen Bilanzierungs- und Bewertungsvorschriften** beeinflusst wird. So bestehen keine sog. „eliminierungsfähigen" Zwischenergebnisse, da die IFRS keine expliziten Wahlrechte hinsichtlich der Einbeziehung von Kostenelementen in die Herstellungskosten einräumen (vgl. zur Ermittlung der Anschaffungs- und Herstellungskosten insbesondere IAS 2.10 ff., IAS 16.16 ff. → § 255).[91] Bei sog. „qualifying assets" sind auch Fremdkapitalkosten aktivierungspflichtig (IAS 23.8).

Wird ein nach dem **HGB erstellter Konzernabschluss auf einen Abschluss auf** 75 **Basis der IFRS übergeleitet,** so ist hinsichtlich der Zwischenergebniseliminierung darauf zu achten, dass – je nachdem in welcher Periode die internen Lieferungen bzw. Leistungen stattfanden – die Eliminierung zu erfolgswirksamen Effekten in den Vorperioden führte (die entsprechend anzupassen sind, vgl. IFRS 1.7). Solange die Vermögenswerte den Konzernkreis noch nicht verlassen haben, beschränkt sich die Eliminierung auf erfolgsneutrale

---

[87] Roß/v. Behr Die Wirtschaftsprüfung 21/2018, 1354; BeBiKo/Störk/Lewe, 13. Aufl. 2022, § 312 Rn. 71; Zwirner/Busch Der Konzern 3/2016, 116.
[88] Arbeitskreis „Externe Unternehmensrechnung" ZfbF-Sonderheft 43/1999, 22 f.; ausf. Höbener, Zwischengewinneliminierung im IFRS-Konzernabschluss, 2020, S. 71 ff.; Für ein Bsp. zur Zwischenergebniseliminierung vgl. PFGS IntRechnungslegung Kap. 21 3.4.2. Höbener, Zwischengewinneliminierung im IFRS-Konzernabschluss, 2020, S. 111 ff.
[89] IFRS-Komm/Baetge/Hayn/Ströher IFRS 10 Rn. 281.
[90] IFRS-Komm/Baetge/Hayn/Ströher IFRS 10 Rn. 298.
[91] IFRS-Komm/Baetge/Hayn/Ströher IFRS 10 Rn. 284–286.

Korrekturbuchungen in der Konzernbilanz (abgesehen von Abschreibungseffekten bei internen Lieferungen ins Anlagevermögen).

76   Da es sich bei Änderungen der Vermögenswerte im Rahmen der Zwischenergebniseliminierung um zeitlich begrenzte Bilanzwertunterschiede im Sinne des „temporary"-Konzeptes handelt, lösen diese allesamt die **Notwendigkeit der Abgrenzung latenter Steuern** nach IAS 12 aus[92] (→ § 306 Rn. 95 ff.).

77   Die Behandlung von Zwischenergebnissen bei Gemeinschaftsunternehmen oder assoziierten Unternehmen erfolgt nach IAS 28.26 grundsätzlich analog zur Vorgehensweise bei der Vollkonsolidierung, wobei bei der Equity-Methode sowohl für „Upstream"- als auch „Downstream"-Lieferungen eine in Höhe der Beteiligungsquote anteilige Eliminierung vorzunehmen ist (IAS 28.28).[93] Da die Einbeziehung von Gemeinschaftsunternehmen mittels Quotenkonsolidierung seit dem 1.1.2013 nicht mehr zulässig ist, sind nach IFRS 11 Gemeinschaftsunternehmen ausschließlich über die Equity-Methode einzubeziehen, sofern die Voraussetzungen des IAS 28 für die Anwendung der Equity-Methode gegeben sind (IFRS 11.24). Für die Regelungen zur Equity-Methode verweist IFRS 11 auf IAS 28, der sich in seinen Vorschriften nun auch explizit auf Gemeinschaftsunternehmen bezieht (→ § 310 Rn. 84, → § 312 Rn. 101).

78   **2. Zwischenergebniseliminierung nach US-GAAP.** Auch nach der US-amerikanischen Konzeption der Konzernrechnungslegung, die ebenso wesentlich von der Einheitsfiktion geprägt ist (FASB ASC 810-10-10-1), ergibt sich die **Notwendigkeit der Zwischenergebniseliminierung** (FASB ASC 810-10-45-1), die sich hinsichtlich der Konsolidierungstechnik nicht von den obigen Erläuterungen zu § 304 unterscheidet. Allerdings sind die nachfolgenden Spezifika zu beachten, die sich aus der für die Konzernrechnungslegung relevanten Regelung, nämlich FASB ASC 810, ergeben.

79   Explizite **Exkulpationsmöglichkeiten** von der Zwischenergebniseliminierung – ähnlich jenen des Abs. 2 – gibt es in den US-GAAP nicht. Allerdings ist in diesem Zusammenhang anzumerken, dass der im Conceptual Framework des Financial Accounting Standards Board (FASB) verankerte Grundsatz der **Wesentlichkeit („materiality")** (SFAC 8.QC11-QC11B) eine sämtliche Bereiche der Abschlusserstellung durchdringende zentrale Bedeutung besitzt. Hieraus ergibt sich – wie für alle anderen Konsolidierungsmaßnahmen – auch für die Zwischenergebniseliminierung die Option, entsprechende Konsolidierungsmaßnahmen zu unterlassen, soweit sie für die Darstellung der wirtschaftlichen Situation des Konzerns und damit zusammenhängender Entscheidungen aufgrund ihrer untergeordneten Bedeutung keine Relevanz besitzen. Wie bei Anwendung des HGB sowie der IFRS beruht die Beurteilung der Wesentlichkeit grundsätzlich auf subjektiven Einschätzungen; die Verwendung genereller quantitativer Grenzwerte wird auch nach US-GAAP allgemein abgelehnt.

80   Unabhängig davon, ob es sich bei den Transaktionen zwischen Mutter- und Tochterunternehmen um **„Downstream"-Lieferungen** oder **„Upstream"-Lieferungen** handelt, müssen Zwischenergebnisse nach FASB ASC 810-10-45-1 vollständig eliminiert werden.

81   Grundsätzlich ist anzumerken, dass es nach US-GAAP nur eliminierungspflichtige und **keine eliminierungsfähigen Zwischenergebnisse** (→ Rn. 36 f.) gibt, da hinsichtlich der in die Anschaffungs- und Herstellungskosten einzubeziehenden Komponenten es in den US-GAAP im Gegensatz zu § 255 keine expliziten Wahlrechte gibt.[94] Nach FASB ASC 330-10-30-1 sind alle Einzel- und Gemeinkosten, die für den Erwerb und die Herstellung der Betriebsbereitschaft bzw. für die Produktion eines Gutes anfallen, einbeziehungspflichtig. Bei sog. „qualifying assets" sind auch Fremdkapitalkosten aktivierungspflichtig.[95]

---

[92]   Alfredson, Applying International Financial Reporting Standards, 2007, Teil 4 21.2.
[93]   Höbener, Zwischengewinneliminierung im IFRS-Konzernabschluss, 2020, S. 211 ff.
[94]   Christensen/Cottrell/Budd, Advanced Financial Accounting, 12. Aufl. 2019, Kap. 6.
[95]   Niehus/Thyll Rn. 605; Coenenberg/Haller/Schultze Jahresabschluss Kap. 11 C. I.

Da die Zwischenergebniseliminierung zu sog. „temporary differences" von Bilanzpos- **82** ten führt, resultiert daraus zwangsläufig die Notwendigkeit zur Abgrenzung entsprechender **latenter Steuern** gem. FASB ASC 740-10-10-3 (→ § 306 Rn. 95 ff.).

Bei der Bewertung einer Beteiligung unter Anwendung der **Equity-Methode** hat die **83** Zwischenergebniseliminierung nach FASB ASC 323-10-35-7 sowohl bei „Upstream"– als auch bei „Downstream"-Lieferungen zu erfolgen.

Die **Quotenkonsolidierung** ist nach US-GAAP eine sehr selten angewandte Konsoli- **84** dierungsmethode, deren Anwendbarkeit von der Rechtsform und Branche der Gemein- schaftsunternehmen abhängt (Ausnahmen: vgl. ASC 323-10-15-5 iVm ASC 323-30).[96] Somit ist eine diesbezügliche Handhabung der Zwischenergebnisse auch nicht geregelt.

§ 305 Aufwands- und Ertragskonsolidierung

(1) In der Konzern-Gewinn- und Verlustrechnung sind

1. **bei den Umsatzerlösen die Erlöse aus Lieferungen und Leistungen zwischen den in den Konzernabschluß einbezogenen Unternehmen mit den auf sie entfallenden Aufwendungen zu verrechnen, soweit sie nicht als Erhöhung des Bestands an fertigen und unfertigen Erzeugnissen oder als andere aktivierte Eigenleistungen auszuweisen sind,**
2. **andere Erträge aus Lieferungen und Leistungen zwischen den in den Konzernabschluß einbezogenen Unternehmen mit den auf sie entfallenden Aufwendungen zu verrechnen, soweit sie nicht als andere aktivierte Eigenleistungen auszuweisen sind.**

(2) Aufwendungen und Erträge brauchen nach Absatz 1 nicht weggelassen zu werden, wenn die wegzulassenden Beträge für die Vermittlung eines den tatsächlichen Verhältnissen entsprechenden Bildes der Vermögens-, Finanz- und Ertragslage des Konzerns nur von untergeordneter Bedeutung sind.

Schrifttum: Busse v. Colbe/Müller/Reinhard, Aufstellung von Konzernabschlüssen, ZfbF-Sonderheft 21/ 1987, 2. Aufl. 1989; Groh, Der Fall Tomberger – Nachlese und Ausblick, DStR 1998, 813; Herzig/Rieck, Europäisierung der handels- und steuerrechtlichen Gewinnermittlung im Gefolge der Tomberger-Entscheidung, IStR 1998, 309; HFA 1/1991, Zur Bilanzierung von Anteilen an Personenhandelsgesellschaften im Jahresabschluß der Kapitalgesellschaft; IDW, Probleme des Umsatzkostenverfahrens, WPg 1987, 141; Löhr, Konsolidierung von Innenumsatzerlösen aus Lieferungen – eine Kritik, BB 1999, 835; Mekat, Der Grundsatz der Wesentlichkeit in Rechnungslegung und Abschlussprüfung, 2009; Watermeyer, Pflicht zur phasengleichen Bilanzierung über „Tomberger" hinaus?, GmbHR 1998, 1061; v. Wysocki, Die Konsolidierung von Innenumsatzerlösen nach § 305 Abs. 1 Nr. 1 HGB, FS Goerdeler, 1987, 723.

Übersicht

---

[96] Coenenberg/Haller/Schultze Jahresabschluss Kap. 11 A. IV.1(b).

I. Grundlagen

1   **1. Normzweck.** Die **Vorgaben zur Aufwands- und Ertragskonsolidierung** nach § 305 stehen im Kontext der **Aufstellung einer vollkonsolidierten Konzern-Gewinn- und Verlustrechnung (Konzern-GuV).** Es sind – insbesondere – wegen § 300 Abs. 1 S. 1 in der Konzern-GuV grundsätzlich sämtliche GuV der in den Konzernabschluss einbezogenen Unternehmen zusammenzufassen.[1] Die Konzern-GuV unterfällt als Bestandteil des Konzernabschlusses gem. § 297 Abs. 1 dem in § 297 Abs. 3 kodifizierten Einheitsgrundsatz. Aufwendungen und Erträge der in den Konzernabschluss einbezogenen Unternehmen sind demnach so abzubilden, als ob diese Unternehmen insgesamt ein einziges Unternehmen darstellen.[2] Nach Maßgabe von § 305 soll die Mehrfacherfassung solcher Aufwendungen und Erträge vermieden werden, welche bei konzerninternen Vorgängen im Jahresabschluss der betreffenden Unternehmen abgebildet werden.[3]

2   Vornehmliches **Ziel** der Aufwands- und Ertragskonsolidierung ist es, die **Verwirklichung des Realisationsprinzips** (§ 252 Abs. 1 Nr. 4 iVm § 298 Abs. 1) sicherzustellen, dh nur den Ausweis von mit konzernexternen Dritten realisierten Erfolgen in der Konzern-GuV **(Konzernaußenbeziehungen)** abzubilden.[4] In diesem Sinne bezweckt Abs. 1 eine **Verhinderung von Doppel- und Mehrfacherfassungen:** Für die Konzern-GuV sind die Aufwendungen und Erträge aus Geschäften zwischen den in den Konzernabschluss einbezogenen Unternehmen wegzulassen.[5] Ein **Verzicht** auf die solchermaßen auszugestaltende Aufwands- und Ertragskonsolidierung ist nach Abs. 2 lediglich dann möglich, wenn die wegzulassenden Beträge von **untergeordneter Bedeutung** für die Vermittlung eines den tatsächlichen Verhältnissen entsprechenden Bildes der Vermögens-, Finanz- und Ertragslage des Konzerns sind.

3   **2. Anwendungsbereich.** § 305 findet **Anwendung** auf die in den **Umsatzerlösen enthaltenen Erlöse (Nr. 1)** und **andere Erträge (Nr. 2)** aus Lieferungen und Leistungen zwischen den in den Konzernabschluss einbezogenen Unternehmen.[6] **Normadressaten** des § 305 sind alle in den **Konzernabschluss einbezogenen Unternehmen,** dh Mutterunternehmen und vollkonsolidierte Tochterunternehmen sowie anteilig konsolidierte Gemeinschaftsunternehmen nach § 310 Abs. 2. Für den Konzernabschluss nach dem Publizitätsgesetz gelten durch den Verweis in § 13 Abs. 2 S. 1 PublG die hier behandelten Vorschriften zur Aufwands- und Ertragskonsolidierung entsprechend.[7]

4   **3. Früheres Recht.** Das BilMoG vom 25.5.2009 (BGBl. 2009 I 1102) hat die Bestimmungen zur Aufwands- und Ertragskonsolidierung nach § 305 nicht berührt.[8]

II. Konsolidierung von Umsatzerlösen (Abs. 1 Nr. 1)

5   **1. Grundlagen.** Bei der Aufstellung der Konzern-GuV hat gem. Abs. 1 Nr. 1 eine **Korrektur der Innenumsatzerlöse,** dh der in der GuV II der einbezogenen Unterneh-

---

1   Wesentliche Teile der Ausführungen, insbes. zu den Konsolidierungstechniken (→ Rn. 5 ff. sub II. und III.), stellen sich dar als Fortführung der Kommentierung aus der → 2. Aufl. 2008, Rn. 5 ff. (Weißenberger).
2   Kölner Komm RechnungslegungsR/Scherrer Rn. 6.
3   Staub/Kraft Rn. 2.
4   Kölner Komm RechnungslegungsR/Scherrer Rn. 5, 6.
5   BeBiKo/Störk/Kliem/Walkenbach Rn. 1.
6   Zum sachlichen Anwendungsbereich von § 305 in Ansehung der Posten der GuV s. Staub/Kraft Rn. 4.
7   BeBiKo/Störk/Kliem/Walkenbach Rn. 55; Staub/Kraft Rn. 7.
8   Zum früheren Recht s. Staub/Kraft Rn. 8, 9; Kölner Komm RechnungslegungsR/Scherrer Rn. 1–3.

men ausgewiesenen Umsatzerlöse, die ganz oder teilweise aus Lieferungen oder Leistungen an andere einbezogene Unternehmen stammen, zu erfolgen. § 305 statuiert die Maßgaben für ergebnisneutrale Verrechnungen und Umgliederungen in der Konzern-GuV.[9] Auf diese Weise wird – vorbehaltlich eines Verzichts auf diese Korrektur nach Maßgabe des Abs. 2 – sichergestellt, dass in der Konzern-GuV nur mit konzernexternen Dritten realisierte Umsätze ausgewiesen werden. Der Begriff der Umsatzerlöse beschreibt hierbei die gewöhnliche Geschäftstätigkeit des Konzerns gem. § 277 Abs. 1 iVm § 298 Abs. 1. Abhängig von dem jeweils zugrunde liegenden Geschäftsvorfall erfolgt die Korrektur der Innenumsatzerlöse **entweder** durch **Aufrechnung** mit den zugehörigen Primäraufwendungen **oder** – bei Anwendung des Gesamtkostenverfahrens – durch **Umgliederung** der Innenumsatzerlöse.[10] Die **Konsolidierungstechnik** bei der Behandlung von Innenumsatzerlösen hängt im Einzelnen ab von der Art der zugrunde liegenden Geschäftsvorfälle,[11] woraus wegen der breit gefächerten Regelungsmaterie eine Vielzahl von Fallkonstellationen resultiert. Die **nachfolgende kasuistische Darstellung** orientiert sich maßgeblich an der Gesetzessystematik und **greift besonders wichtige Fallkonstellationen** heraus.[12]

2. Lieferungen in das Umlaufvermögen. Für die Aufwands- und Ertragskonsolidie- 6 rung von Lieferungen in das Umlaufvermögen wird im Weiteren zwischen den **Lieferungen in das Vorratsvermögen** einerseits und **in das Anlagevermögen** andererseits unterschieden.

a) Lieferungen in das Vorratsvermögen. aa) Am Periodenende unverändert 7 **im Bestand.** Bei der **Lieferung von fremdbezogenen Waren** liegt aus Konzernsicht lediglich ein interner Transportvorgang ohne Wertschöpfungscharakter vor, der deshalb nicht im Konzernabschluss abgebildet werden darf. Die Innenumsatzerlöse aus der Lieferung sind mit den in der GuV des Lieferanten ausgewiesenen zugehörigen Aufwendungen zu verrechnen. Diese Aufwendungen stellen bei Anwendung des **Gesamtkostenverfahrens** demnach *Aufwendungen für Roh-, Hilfs- und Betriebsstoffe und für bezogene Waren* (Pos. 5a)[13] dar.[14] Bei Anwendung des **Umsatzkostenverfahrens** sind die Innenumsatzerlöse mit den *Herstellungskosten der zur Erzielung der Umsatzerlöse erbrachten Leistungen* (Pos. 2) zu verrechnen.[15]

Bei der **Lieferung von in der betrachteten Periode selbst erstellten Erzeugnissen** 8 ist der beim konzerninternen Lieferanten durchgeführte Produktionsvorgang im Konzernabschluss abzubilden. Falls sich die Lieferung am Ende des Geschäftsjahres noch im Bestand des Empfängers befindet, liegt aus Konzernsicht eine Erhöhung des Bilanzpostens *Bestand an fertigen und unfertigen Erzeugnissen* vor.

(1) Gesamtkostenverfahren. Im Falle der Anwendung des **Gesamtkostenverfah-** 9 **rens** ist die Bestandserhöhung auch in der Konzern-GuV abzubilden. Die Innenumsatzerlöse sind in Höhe der Konzernherstellungskosten in die *Erhöhung des Bestands an fertigen und unfertigen Erzeugnissen* (Pos. 2) umzugliedern.

(2) Umsatzkostenverfahren. Bei Anwendung des **Umsatzkostenverfahrens** wer- 10 den in der Konzern-GuV demgegenüber keine Bestandsveränderungen ausgewiesen. Die

9   BeBiKo/Störk/Kliem/Walkenbach Rn. 2.
10 Staub/Kraft Rn. 14; Kölner Komm RechnungslegungsR/Scherrer Rn. 14.
11 Hierfür sind in der Lit. verschiedene Verrechnungsregeln vorgeschlagen worden, so zB von ADS Rn. 9–55; v. Wysocki FS Goerdeler, 1987, 723 (750).
12 Eine entspr. Differenzierung nach dem Gesamtkostenverfahren einerseits und dem Umsatzkostenverfahren andererseits findet sich bei ADS Rn. 15–49 (Gesamtkostenverfahren) und ADS Rn. 50–55 (Umsatzkostenverfahren); Staub/Kraft Rn. 16–29 (Gesamtkostenverfahren) und Staub/Kraft Rn. 30–35 (Umsatzkostenverfahren).
13 Die Postenangaben in der Konzern-GuV beziehen sich hier und im Folgenden jeweils auf das gesetzlich vorgeschriebene Gliederungsschema des § 275 Abs. 2 und 3 iVm § 298 Abs. 1.
14 Zu Umsatzerlösen aus Lieferungen in das Vorratsvermögen unter Anwendung des Gesamtkostenverfahrens s. ferner Kölner Komm RechnungslegungsR/Scherrer Rn. 19, 20 und 22–25.
15 Zu Umsatzerlösen aus Lieferungen in das Vorratsvermögen unter Anwendung des Umsatzkostenverfahrens s. ferner Kölner Komm RechnungslegungsR/Scherrer Rn. 19, 20 und 22–25.

Innenumsatzerlöse sind mit den in der Konzernbilanz aktivierten Aufwendungen *(Herstellungskosten der zur Erzielung der Umsatzerlöse erbrachten Leistungen* sowie ggf. *Allgemeine Verwaltungskosten* und *Vertriebskosten)* zu verrechnen. Hierbei sind alle Aufwendungen zu berücksichtigen, die in die bilanzielle Bewertung einbezogen werden.[16] Umstritten ist, ob den Innenumsatzerlösen zuzurechnende, jedoch nicht aktivierte Aufwendungen in den *Herstellungskosten der zur Erzielung der Umsatzerlöse erbrachten Leistungen* (Pos. 2) verbleiben[17] oder in *Sonstige betriebliche Aufwendungen* (Pos. 7)[18] umzugliedern sind.

11   **(3) In der Vorperiode selbst erstellte Erzeugnisse.** Werden **in der Vorperiode selbst erstellte Erzeugnisse** geliefert, sind die Innenumsatzerlöse mit den beim Lieferanten ausgewiesenen Aufwendungen zu verrechnen. Dies führt bei **Anwendung des Gesamtkostenverfahrens** zu einer *Minderung des Bestands an fertigen und unfertigen Erzeugnissen* (Pos. 2); bei **Anwendung des Umsatzkostenverfahrens** sind demgegenüber die *Herstellungskosten der zur Erzielung der Umsatzerlöse erbrachten Leistungen* (Pos. 2) betroffen.

12   **bb) Am Periodenende weiterverarbeitet, aber nicht weiterveräußert.** Werden die gelieferten Erzeugnisse vom empfangenden Unternehmen zwar im selben Geschäftsjahr weiterverarbeitet, aber nicht an konzernexterne Dritte weiterveräußert, stehen bei **Anwendung des Gesamtkostenverfahrens** den Innenumsatzerlösen des Lieferanten *Aufwendungen für Roh-, Hilfs- und Betriebsstoffe und für bezogene Waren* (Pos. 5a) beim Empfänger in gleicher Höhe gegenüber. Diese Aufwendungen werden im Rahmen der Aufwands- und Ertragskonsolidierung verrechnet. Bei Anwendung **des Umsatzkostenverfahrens** erfolgt die Behandlung entsprechend lit. aa (→ Rn. 7) durch Verrechnung der Innenumsatzerlöse mit den *Herstellungskosten der zur Erzielung der Umsatzerlöse erbrachten Leistungen* (Pos. 2) in gleicher Höhe.

13   **cc) Am Periodenende an Konzernexterne weiterveräußert.** Werden die gelieferten Erzeugnisse vom empfangenden Unternehmen, ggf. nach einer Weiterverarbeitung, an konzernexterne Dritte weiterveräußert, gelten sämtliche Zwischenergebnisse als realisiert. Im Rahmen der Aufwands- und Ertragskonsolidierung müssen bei Anwendung des **Gesamtkostenverfahrens** lediglich noch die Innenumsatzerlöse des Lieferanten gegen die *Aufwendungen für Roh-, Hilfs- und Betriebsstoffe und für bezogene Waren* (Pos. 5a) aufgerechnet werden, um hierdurch eine Doppelerfassung von Aufwendungen und Erträgen zu verhindern. Bei Anwendung des **Umsatzkostenverfahrens** sind die Innenumsatzerlöse des Lieferanten gegen die *Herstellungskosten der zur Erzielung der Umsatzerlöse erbrachten Leistungen* (Pos. 2) aufzurechnen.

14   **b) Lieferungen in sonstige Posten des Umlaufvermögens.** Innenumsatzerlöse aus **Lieferungen in sonstige Posten des Umlaufvermögens** des empfangenden Unternehmens können etwa in Wertpapieren, Devisen oder Sorten bestehen; dergestaltige Innenumsatzerlöse werden im Übrigen regelmäßig eine bloß nachrangige Rolle spielen, sofern nicht Banken betroffen sind. Lieferungen in sonstige Posten des Umlaufvermögens werden jedenfalls gegen die Aufwendungen beim Lieferanten aufzurechnen sein.

15   **3. Lieferungen in das Anlagevermögen.** Bei konzerninternen **Lieferungen fremdbezogener Waren** in das Anlagevermögen des Empfängers sind die Innenumsatzerlöse analog zu Warenlieferungen in das Vorratsvermögen gegen die Aufwendungen beim Lieferanten aufzurechnen. Dabei ist zu beachten, dass einzelne Aufwendungen des Lieferanten oder Empfängers aus Konzernsicht ggf. als Anschaffungsnebenkosten aktivierungspflichtig sind. Solche Aufwendungen werden bei Anwendung des **Gesamtkostenverfahrens** unter dem Posten *Andere aktivierte Eigenleistungen* (Pos. 3) ertragswirksam auszuweisen sein.[19]

16   Busse v. Colbe/Müller/Reinhard Rn. 104.
17   ADS Rn. 48; v. Wysocki FS Goerdeler, 1987, 733 (Bsp. 4).
18   Baetge/Kirsch/Thiele Konzernbilanzen Kap. VI. 425; HdK/Telkamp Rn. 18.
19   Zu Umsatzlösen aus Lieferungen in das Anlagevermögen unter Anwendung des Gesamtkostenverfahrens s. Kölner Komm RechnungslegungsR/Scherrer Rn. 21 und 26–29.

Bei Anwendung des **Umsatzkostenverfahrens** sind entsprechende Aufwendungen mit den Innenumsatzerlösen zu verrechnen.[20]

Die konzerninterne **Lieferung selbst erstellter Erzeugnisse** in das Anlagevermögen **16** erfordert eine Umgliederung der Innenumsatzerlöse. Bei Anwendung des **Gesamtkostenverfahrens** erfolgt die notwendige Umgliederung der Innenumsatzerlöse in *Andere aktivierte Eigenleistungen* (Pos. 3). Bei Anwendung des **Umsatzkostenverfahrens** werden die Innenumsatzerlöse gegen die *Herstellungskosten der zur Erzielung der Umsatzerlöse erbrachten Leistungen* (Pos. 2) verrechnet. Gegebenenfalls nicht aktivierte Aufwendungen in Pos. 2 sind in *Sonstige betriebliche Aufwendungen* (Pos. 7) zu verschieben. Bei konzerninternen Lieferungen selbst erstellter **immaterieller Erzeugnisse** in das Anlagevermögen greift aus Konzernsicht das Aktivierungsverbot des § 248 Abs. 2 S. 2 iVm § 298 Abs. 1. Die Innenumsatzerlöse sind dann vollständig wie Zwischenergebnisse zu eliminieren.[21]

Die im Geschäftsjahr und den Folgeperioden angesetzten **planmäßigen Abschrei-** **17** **bungen** auf Lieferungen in das Anlagevermögen sind ggf. zusätzlich als Konzernanschaffungs- bzw. -herstellungskosten aktivierte Aufwendungen sowie um eliminierte Zwischenergebnisanteile zu korrigieren. Bei Anwendung des **Gesamtkostenverfahrens** sind hierbei regelmäßig nur die *Abschreibungen auf Sachanlagen* (Pos. 7a) betroffen. Bei Anwendung des **Umsatzkostenverfahrens** ist demgegenüber zu berücksichtigen, dass die planmäßigen Abschreibungen nicht nur unter den *Herstellungskosten vom Umsatz,* sondern auch unter anderen Funktionskostenarten, so etwa den *Vertriebskosten* (Pos. 4), ausgewiesen sein können.

4. Leistungen. Sofern die zur Erzielung von Innenumsatzerlösen erbrachten Leistun- **18** gen beim Empfänger keinen Aktivierungsvorgang auslösen, zB bei der Ausgliederung von Verwaltungsaufgaben an eine konzerninterne Dienstleistungsgesellschaft, erfolgt grundsätzlich eine **Verrechnung** mit den korrespondierenden Aufwendungen.[22]

a) Gesamtkostenverfahren. Bei Anwendung des **Gesamtkostenverfahrens** sind die **19** Innenumsatzerlöse in der Regel mit den *Aufwendungen für bezogene Leistungen* (Pos. 5b), ggf. auch mit den *Sonstigen betrieblichen Aufwendungen* (Pos. 8) beim Empfänger zu verrechnen.[23] Damit sind in der Konzern-GuV nur noch die Aufwendungen des leistenden Unternehmens enthalten, bei denen es sich im Übrigen in den meisten Fällen um Personalaufwendungen handeln wird.

b) Umsatzkostenverfahren. Bei Anwendung des **Umsatzkostenverfahrens** sind die **20** Innenumsatzerlöse demgegenüber mit den *Herstellungskosten der zur Erzielung der Umsatzerlöse erbrachten Leistungen* (Pos. 2) des leistenden Unternehmens zu verrechnen. In Einzelfällen kommt auch eine Verrechnung mit den *Allgemeinen Verwaltungskosten* (Pos. 5) oder den *Vertriebskosten* (Pos. 4) des leistenden Unternehmens in Betracht, sofern diese Posten zu den Innenumsatzerlösen korrespondierende Aufwendungen enthalten.[24] Der Ausweis der Aufwendungen für den Bezug der Leistungen beim Empfänger in den einzelnen Funktionsbereichen (Pos. 2, 4, 5 oder 7) entspricht grundsätzlich der Konzernsicht, so dass eine weitere Umgliederung grundsätzlich nicht erforderlich sein wird. Allerdings sind aus diesen Aufwendungen ggf. noch verbliebene Zwischenergebnisanteile zu eliminieren.

III. Konsolidierung von anderen Erträgen aus Lieferungen und Leistungen (Abs. 1 Nr. 2)

Gemäß Abs. 1 Nr. 2 sind andere, dh nicht als Umsatzerlöse ausgewiesene Erträge aus **21** Lieferungen und Leistungen zwischen einbezogenen Unternehmen mit den auf sie entfallenden Aufwendungen zu verrechnen oder bei Anwendung des Gesamtkostenverfahrens als

---

[20] Zu Umsatzerlösen aus Lieferungen in das Anlagevermögen unter Anwendung des Umsatzkostenverfahrens s. Kölner Komm RechnungslegungsR/Scherrer Rn. 34–36.
[21] ADS Rn. 19.
[22] S. auch Kölner Komm RechnungslegungsR/Scherrer Rn. 38–42.
[23] Ebenso v. Wysocki FS Goerdeler, 1987, 747.
[24] BeBiKo/Störk/Kliem/Walkenbach Rn. 22.

Andere aktivierte Eigenleistungen (Pos. 3) auszuweisen. Nach ganz überwiegender Auffassung umfasst der **Regelungsbereich** von Abs. 1 Nr. 2 zudem auch alle anderen Erträge aus konzerninternen Transaktionen sowie andere Aufwendungen, so zB aus konzerninternen Anlagenverkäufen, die sich buchungstechnisch nicht in Umsatzerlösen niederschlagen.[25]

22   **1. Andere Erträge und Aufwendungen aus Lieferungen und Leistungen.** Die Konsolidierung von anderen Erträgen aus Lieferungen und Leistungen mit den korrespondierenden Aufwendungen erfolgt entsprechend der Konsolidierung der Innenumsatzerlöse. In vielen Fällen genügt insoweit eine erfolgsneutrale **Verrechnung** von Erträgen mit Aufwendungen in gleicher Höhe, so zB bei Zinserträgen und -aufwendungen aus konzerninternen Kreditverhältnissen oder bei Erträgen und Aufwendungen aus konzerninternen Beratungsleistungen. Eine zusätzliche Zwischenergebniseliminierung ist in diesen Fällen nicht mehr notwendig. **Umgliederungen** sind entgegen dem Wortlaut von Abs. 1 Nr. 2 nicht nur in Pos. 3 (*Andere aktivierte Eigenleistungen*) des Gesamtkostenverfahrens, sondern ggf. auch in *Erhöhung des Bestands an fertigen und unfertigen Erzeugnissen* (Pos. 2) vorzunehmen.[26]

23   Andere Erträge oder Aufwendungen können auch aus der **Lieferung von Vermögensgegenständen,** zB Anlagen oder Devisen, zu einem konzerninternen Verrechnungspreis, der vom Buchwert des liefernden Unternehmens abweicht, resultieren. Es handelt sich dabei aus Konzernsicht grundsätzlich um Zwischenergebnisse, die erfolgswirksam aus der Konzern-GuV eliminiert werden müssen.

24   **2. Erträge und Aufwendungen aus Ergebnisübernahmen.** Innerhalb der Aufwands- und Ertragskonsolidierung sind auch **Gewinnausschüttungen und Verlustübernahmen zwischen einbezogenen Unternehmen** zu berücksichtigen. Rechtliche Grundlage für Ergebnisübernahmen ist regelmäßig ein entsprechendes Beteiligungsverhältnis. Möglich ist ferner auch die Ergebnisübernahme aufgrund eines Gewinnabführungsvertrags gem. § 291 Abs. 1 AktG, ohne dass gleichzeitig ein Beteiligungsverhältnis besteht. Grundlage für die Konsolidierung von Erträgen und Aufwendungen aus Ergebnisübernahmen ist nicht, wie zB bei der Konsolidierung von Innenumsatzerlösen, deren mangelnde Realisation. Vielmehr ist die **Vermeidung einer doppelten Ergebniserfassung** durch die GuV eines einbezogenen Tochterunternehmens (bzw. Gemeinschaftsunternehmens) einerseits und durch das beim Mutterunternehmen ausgewiesene Beteiligungsergebnis andererseits zu gewährleisten.[27] Zu beachten sind mögliche Doppelerfassungen auch innerhalb der Darstellung der Ergebnisverwendung im Konzern, woraus ggf. entsprechender Korrekturbedarf erwächst. Im Zusammenhang mit Beteiligungsverhältnissen kann auch der einzelfallbezogene **Nachteilsausgleich gem. § 311 Abs. 2 AktG** zu berücksichtigen sein, sofern kein Unternehmensvertrag nach § 291 AktG vorliegt (faktischer Konzern). Die hier anfallenden Aufwendungen beim Mutterunternehmen sind mit den Erträgen aus dem Nachteilsausgleich beim Tochterunternehmen in gleicher Höhe aufzurechnen.

25   **a) Zeitgleiche Ergebnisübernahme.** Durch die Berücksichtigung außenstehender Gesellschafter bei der **Konsolidierung von zeitgleichen Ergebnisübernahmen** verändert sich das Konzernergebnis gegenüber der Summe der Einzelergebnisse. Zu unterscheiden sind **Ergebnisübernahmen mit Gewinnabführungsverträgen**[28] und **ohne Gewinnabführungsverträge.**[29]

26   **aa) Mit Gewinnabführungsvertrag.** Im Falle des Vorhandenseins von Gewinnabführungsverträgen steht der Ergebnisabführung (zB *Aufwendungen aus Gewinnabführung* bzw. *Ertrag durch Verlustübernahme* gem. § 277 Abs. 3 S. 2) in der HB II des Tochterunternehmens eine Ergebnisübernahme in Form eines entsprechenden Beteiligungsertrags bzw. -aufwands des Mutterunternehmens im selben Jahr gegenüber. Sofern am Tochterunternehmen **keine**

---

25   ADS Rn. 57; HdK/Telkamp Rn. 36.
26   Ebenso HdK/Telkamp Rn. 37.
27   So auch Busse v. Colbe/Müller/Reinhard Rn. 106; HdK/Telkamp Rn. 1.
28   Hierzu etwa ADS Rn. 76–79; Kölner Komm RechnungslegungsR/Scherrer Rn. 55–62.
29   Hierzu etwa Kölner Komm RechnungslegungsR/Scherrer Rn. 63–68.

außenstehenden Gesellschafter beteiligt sind, werden beide Posten die gleiche Höhe aufweisen; die Posten sind sodann ohne Auswirkung auf das Konzernergebnis zu verrechnen. Bei Beteiligung **außenstehender Gesellschafter** hängt die jeweilige Vorgehensweise bei der Aufwands- und Ertragskonsolidierung von den Modalitäten der nach § 304 Abs. 1 und 2 AktG vereinbarten Ausgleichszahlung ab.

(1) Verpflichtung des Mutterunternehmens zur Ausgleichszahlung. Liegt die 27 **Verpflichtung zur Ausgleichszahlung beim Mutterunternehmen,** steht den *Aufwendungen aus Gewinnabführung* des Tochterunternehmens ein Beteiligungsertrag des Mutterunternehmens nicht in voller Höhe gegenüber. Die bei der Aufrechnung verbleibende Differenz wird als *außenstehenden Gesellschaftern zustehender Gewinn* ausgewiesen. Bei Verlusten des Tochterunternehmens ist das Mutterunternehmen nicht nur zu deren voller Übernahme verpflichtet, sondern muss darüber hinaus auch die Ausgleichszahlung(en) an die außenstehenden Gesellschafter leisten. Im Rahmen der Aufwands- und Ertragskonsolidierung wird der aus der Ausgleichszahlung resultierende Aufwand in der GuV II des Mutterunternehmens erfolgswirksam storniert. Die Verminderung im Konzernverlust bzw. Erhöhung im Konzernergebnis wird ebenfalls als *außenstehenden Gesellschaftern zustehender Gewinn* ausgewiesen.[30]

(2) Verpflichtung des Tochterunternehmens zur Ausgleichszahlung. Liegt die 28 **Verpflichtung zur Ausgleichszahlung beim Tochterunternehmen,** steht den *Aufwendungen aus Gewinnabführung* bzw. den *Erträgen aus Verlustübernahme* beim Tochterunternehmen ein Beteiligungsergebnis beim Mutterunternehmen in gleicher Höhe gegenüber, sodass ohne Berührung des Jahresergebnisses aufgerechnet werden kann. Die in der HB II des Tochterunternehmens als Aufwand verbuchte Ausgleichszahlung an die außenstehenden Gesellschafter muss erfolgswirksam storniert und als *außenstehenden Gesellschaftern zustehender Gewinn* ausgewiesen werden.

bb) Ohne Gewinnabführungsvertrag. Ergebnisübernahmen ohne Gewinnabführ- 29 ungsvertrag werden grundsätzlich zeitgleich durchgeführt, wenn das Tochterunternehmen eine **Personengesellschaft** ist, bei der gesetzliche oder gesellschaftsvertragliche Bestimmungen einer Verfügung über den Gewinn nicht entgegenstehen.[31] Das Mutterunternehmen kann dann auch ohne formellen Ausschüttungsbeschluss seinen Anteil am Jahresergebnis des Tochterunternehmens vereinnahmen.[32] Die Konsolidierung der Beteiligungserträge erfolgt über die Verrechnung des Beteiligungsergebnisses beim Mutterunternehmen mit dem Jahresergebnis des Tochterunternehmens. Im Falle des Vorhandenseins von außenstehenden Gesellschaftern wird ein Differenzbetrag als *außenstehenden Gesellschaftern zustehender Gewinn/Verlust* ausgewiesen.

Eine zeitgleiche Ergebnisvereinnahmung einer einbezogenen **Kapitalgesellschaft** 30 ohne Vorhandensein eines Gewinnabführungsvertrags verstößt dem Grundsatz nach gegen das Realisationsprinzip. Abweichend von diesem Prinzip haben BGH und EuGH zur **phasengleichen Gewinnvereinnahmung** von Mutterunternehmen und Tochterunternehmen Stellung genommen. Eine Pflicht zur phasengleichen Gewinnvereinnahmung besteht nach den vom BGH entwickelten Maßgaben unter folgenden Voraussetzungen:[33] (1) Eine Konzerngesellschaft als Mutterunternehmen kontrolliert als Alleingesellschafterin das Tochterunternehmen in Rechtsform einer Kapitalgesellschaft, (2) die Geschäftsjahre der beiden Gesellschaften sind deckungsgleich, (3) der Jahresabschluss des Tochterunternehmens vermittelt für das fragliche Geschäftsjahr ein den tatsächlichen Verhältnissen entsprechendes Bild der Vermögens-, Finanz- und Ertragslage, (4) die Gesellschafterversammlung des Tochterunternehmens hat über die Feststellung des Jahresabschlusses und die Gewinnverwendung beschlossen, bevor die Prüfung des Jahresabschlusses des Mutterunternehmens abgeschlossen

[30] ADS Rn. 79; Beck HdR/Hoffmann C 470 Rn. 49.
[31] So auch BeBiKo/Justenhoven/Kliem/Müller § 275 Rn. 177.
[32] HFA 1/1991 Abschn. 3.
[33] BGHZ 137, 378 = NJW 1998, 1559 im Anschluss an EuGH DB 1996, 1400 – Tomberger.

ist und (5) der Gewinnverwendungsbeschluss ist nicht von Tatsachen beeinflusst worden, die erst im Folgejahr aufgetreten sind, ohne dass sie mit Entwicklungen zusammenhängen, die sich bereits im Laufe des Geschäftsjahrs oder früher angebahnt hatten.

31   **b) Zeitverschobene Ergebnisübernahme.** Sind die Bedingungen für eine zeitgleiche Ergebnisvereinnahmung nicht erfüllt, so ist in der Periode der Ergebnisentstehung keine Konsolidierung von Beteiligungsergebnissen notwendig, wohl aber eine **Konsolidierung in der Periode der Ausschüttung** an das Mutterunternehmen. Der ausgewiesene Beteiligungsertrag wird erfolgswirksam in einen passivischen Sonderposten oder erfolgsneutral direkt in das Konzerneigenkapital umgegliedert.[34] Entsprechend ist auch der Ausweis der Anteile außenstehender Gesellschafter zu korrigieren.

32   **3. Erträge und Aufwendungen aus echten Aufrechnungsdifferenzen.** Sind Aufrechnungsdifferenzen aus der Schuldenkonsolidierung **erfolgswirksam** zu behandeln (echte Aufrechnungsdifferenzen), werden diese innerhalb der Aufwands- und Ertragskonsolidierung mit dem Jahresergebnis verrechnet. In der Konzern-GuV sind je nach Anwendung von Gesamtkosten- oder Umsatzkostenverfahren insbesondere die folgenden Posten betroffen: Abschreibung von konzerninternen Forderungen des Umlaufvermögens im üblichen Rahmen: *Sonstige betriebliche Aufwendungen* (Pos. 8) bzw. *Vertriebskosten* (Pos. 4); Abschreibung von konzerninternen Forderungen des Umlaufvermögens in einem Maß, das die üblichen Abschreibungen überschreitet: *Abschreibungen auf Vermögensgegenstände des Umlaufvermögens* (Pos. 7b) bzw. *Sonstige betriebliche Aufwendungen* (Pos. 7); Abschreibung von konzerninternen Forderungen des Anlagevermögens: *Abschreibungen auf Finanzanlagen und Wertpapiere des Finanzanlagevermögens* (Pos. 12 bzw. 11); konzerninterne Bildung von Gewährleistungsrückstellungen: *Sonstige betriebliche Aufwendungen* (Pos. 7 bzw. 8); konzernintern abweichende Behandlung eines Auszahlungsdisagios: *Zinsen und zinsähnliche Erträge* oder *Zinsen und zinsähnliche Aufwendungen* (Pos. 11 oder 13 bzw. 10 oder 12).

33   **4. Abschreibungen und Zuschreibungen auf voll- oder teilkonsolidierte Anteile.** Im Einzelabschluss eines einbezogenen Unternehmens vorgenommene **Abschreibungen** auf Anteile eines voll- oder teilkonsolidierten Unternehmens sind in der Konzern-GuV grundsätzlich erfolgswirksam zu stornieren.[35] Gegebenenfalls sind jedoch aus Konzernsicht folgerichtige Abschreibungen auf die Vermögensgegenstände vorzunehmen, die das voll- oder teilkonsolidierte Unternehmen repräsentieren. Bei **Zuschreibungen** aufgrund von Wertaufholung ist umgekehrt zu verfahren.

IV. Verzicht auf die Konsolidierung von Aufwendungen und Erträgen (Abs. 2)

34   Aufwendungen und Erträge aus konzerninternen Transaktionen brauchen nach Abs. 2 nicht weggelassen zu werden, wenn die wegzulassenden Beträge für ein den tatsächlichen Verhältnissen entsprechendes Bild der Vermögens-, Finanz- und Ertragslage des Konzerns nur von untergeordneter Bedeutung sind. Diese Regelung konkretisiert den **Grundsatz der Wesentlichkeit**[36] für die Aufwands- und Ertragskonsolidierung.[37] Für den Grundsatz der Wesentlichkeit im Kontext der Vollkonsolidierung siehe ferner auch § 303 Abs. 2, § 304 Abs. 2.

35   Voraussetzung für die ausnahmsweise Möglichkeit eines Verzichts auf die grundsätzlich erforderliche Ertrags- und Aufwandskonsolidierung ist, dass die Aufwendungen und Erträge im Verhältnis zu dem durch den Konzernabschluss zu vermittelnden Bild der Vermögens-, Finanz- und Ertragslage des Konzerns **nur von untergeordneter Bedeutung** sind. Vorzunehmen ist richtigerweise eine Gesamtwürdigung aller Umstände, wobei keine absoluten

---

[34]   Nach ADS Rn. 74 soll lediglich ein Ausweis innerhalb der Konzernrücklagen sachgerecht sein; der Ausweis innerhalb eines Sonderpostens wird zwar für möglich, aber entbehrlich gehalten.

[35]   Busse v. Colbe/Müller/Reinhard Rn. 108.

[36]   Zum Grundsatz der Wesentlichkeit in Rechnungslegung und Abschlussprüfung Mekat, Der Grundsatz der Wesentlichkeit in Rechnungslegung und Abschlussprüfung, 2009, passim.

[37]   Staub/Kraft Rn. 66.

qualitativen oder quantitativen Größenordnungen fixiert sind.[38] Vielmehr wird auf die konkrete relative Bedeutung der Aufwendungen und Erträge im Verhältnis zu den jeweils korrespondierenden Positionen der Konzern-GuV abzustellen sein.[39]

Eine Angabe im **Konzernanhang** zum Verzicht auf Maßnahmen der Aufwands- und **36** Ertragskonsolidierung ist zwar nicht vorgeschrieben; eine solche Angabe wird aber als zulässig anzusehen sein und erscheint aufgrund der Informationsfunktion des Konzernabschlusses zudem auch als sachgerecht.[40] Falls in der Vorperiode eine Aufwands- und Ertragskonsolidierung durchgeführt wurde, auf die im laufenden Geschäftsjahr aus Wesentlichkeitsgründen verzichtet wird, ist im Konzernanhang eine Angabe gem. § 313 Abs. 1 S. 3 Nr. 2 vorzunehmen.[41]

V. Veränderungen des Konsolidierungskreises

Veränderungen des Konsolidierungskreises können sich vornehmlich durch den Erwerb **37** oder das Ausscheiden von Tochterunternehmen ergeben.[42] Während solche Veränderungen für die Konzernbilanz als Zeitpunktrechnung keine besonderen Probleme aufwerfen, können demgegenüber für die hier in Rede stehende zeitraumbezogene Konzern-GuV spezifische Problemlagen erwachsen. Sowohl für den Zugang als auch für das Ausscheiden eines Tochterunternehmens aus dem Konsolidierungskreis während eines Konzerngeschäftsjahrs sind sachgerechte Lösungen jedenfalls aus den allgemeinen Konsolidierungsgrundsätzen abzuleiten; insbesondere ist hierbei stets ein den tatsächlichen Verhältnissen entsprechendes Bild der Vermögens-, Finanz- und Ertragslage des Konzerns zu gewährleisten (§ 297 Abs. 2).[43]

Grundsätzlich darf die Konzern-GuV nur solche Erträge und Aufwendungen enthalten, **38** die während der Zugehörigkeit eines einbezogenen Unternehmens zum Konzern anfallen. Wird im Laufe eines Konzerngeschäftsjahrs die **Mehrheitsbeteiligung an einem Unternehmen neu erworben** oder wird ein Unternehmen bei vorhandener Minderheitsbeteiligung im Laufe des Konzerngeschäftsjahrs **unter einheitliche Leitung gestellt** und erfolgt die Erstkonsolidierung auf diesen Zeitpunkt, so ist zwischen Erträgen und Aufwendungen vor der und seit der Konzernzugehörigkeit zu unterscheiden: In der Konzern-GuV dürfen nur diejenigen Aufwendungen und Erträge auftauchen, welche nach Aufnahme in den Konsolidierungskreis entstanden sind.[44]

Bei **unterjährigem Ausscheiden** eines einbezogenen Unternehmens aus dem Konso- **39** lidierungskreis besteht keine Konsolidierungspflicht mehr. Allerdings sind die Erträge und Aufwendungen zeitanteilig in der Konzern-GuV auszuweisen, wenn dadurch der Einblick in die Vermögens-, Finanz- und Ertragslage des Konzerns verbessert wird.[45]

VI. Sanktionen

Verstöße gegen die Vorschriften zur Aufwands- und Ertragskonsolidierung werden **40** gem. § 334 Abs. 1 Nr. 2 lit. b als Ordnungswidrigkeiten behandelt. Zwar wird in § 334 nicht explizit auf die Vorschrift des § 305 verwiesen, wohl aber auf den § 297 Abs. 2. Nachdem sich § 305 als Ausformung von § 297 Abs. 2 darstellt, ist eine mittelbare Sanktionierung nach Maßgabe von § 334 Abs. 1 Nr. 2 lit. b iVm Abs. 3 und 4 möglich.[46]

---

[38] BeBiKo/Störk/Kliem/Walkenbach Rn. 51.
[39] Staub/Kraft Rn. 67.
[40] So auch BeBiKo/Störk/Kliem/Walkenbach Rn. 52.
[41] Ebenso HdK/Telkamp Rn. 7.
[42] ADS Rn. 90.
[43] ADS Rn. 91.
[44] ADS Rn. 92.
[45] ADS Rn. 98 mwN zu einer zeitanteiligen Berücksichtigung.
[46] BeBiKo/Störk/Kliem/Walkenbach Rn. 60.

§ 306 Latente Steuern

[1]Führen Maßnahmen, die nach den Vorschriften dieses Titels durchgeführt worden sind, zu Differenzen zwischen den handelsrechtlichen Wertansätzen der Vermögensgegenstände, Schulden oder Rechnungsabgrenzungsposten und deren steuerlichen Wertansätzen und bauen sich diese Differenzen in späteren Geschäftsjahren voraussichtlich wieder ab, so ist eine sich insgesamt ergebende Steuerbelastung als passive latente Steuern und eine sich insgesamt ergebende Steuerentlastung als aktive latente Steuern in der Konzernbilanz anzusetzen. [2]Die sich ergebende Steuerbe- und die sich ergebende Steuerentlastung können auch unverrechnet angesetzt werden. [3]Differenzen aus dem erstmaligen Ansatz eines nach § 301 Abs. 3 verbleibenden Unterschiedsbetrages bleiben unberücksichtigt. [4]Das Gleiche gilt für Differenzen, die sich zwischen dem steuerlichen Wertansatz einer Beteiligung an einem Tochterunternehmen, assoziierten Unternehmen oder einem Gemeinschaftsunternehmen im Sinn des § 310 Abs. 1 und dem handelsrechtlichen Wertansatz des im Konzernabschluss angesetzten Nettovermögens ergeben. [5]§ 274 Abs. 2 ist entsprechend anzuwenden. [6]Die Posten dürfen mit den Posten nach § 274 zusammengefasst werden.

Schrifttum: Arbeitskreis Bilanzrecht der Hochschullehrer Rechtswissenschaft, Stellungnahme zu dem Entwurf eines BilMoG: Einzelfragen zum materiellen Bilanzrecht, BB 2008, 209; Ballwieser, Was bewirkt eine Umstellung der Rechnungslegung vom HGB auf US-GAAP, in Ballwieser, US-amerikanische Rechnungslegung, 4. Aufl. 2000, S. 447; Becker, Abgrenzung latenter Steuern im Rahmen der Konzernrechnungslegung, DB 1991, 1737; Beiersdorf, Aktueller Stand beim SME-Projekt des IASB, Accounting 2005, 4; Beine, Bedeutung von Steuersatzänderungen für die Bildung latenter Steuern im Einzel- und Konzernabschluß, DStR 1995, 542; Beine/Porstmann, Überleitung vom HGB-Abschluß zu US-GAAP Statements, BB 1998, 995; Bentler, GoB für die Equity-Methode, 1991; Berga/Lorson/Melcher, Theoretische Konzepte zur Abbildung von Ertragsteuern, insbesondere latenter Steuern, DStR 2012, 2550; Berger, Was der DPR aufgefallen ist: Ermessensspielraum und die Bilanzierung von latenten Steuern auf Verlustvorträge, DB 2006, 2473; Berger/Hauck/Prinz, Bilanzierung latenter Steuern auf steuerliche Verlustvorträge nach IAS12 – Streitiger Prognosezeitraum zur Verlustverrechnung, DB 2007, 412; Bischof, Erfassung der ausschüttungsbedingten Änderung des Körperschaftsteueraufwands nach Handelsrecht und nach International Accounting Standards im Licht der §§ 37 und 38 KStG, DB 2002, 1565; Bolik/Linzbach, Verluste und Zinsschranke in der Bilanzierung latenter Steuern, DStR 2010, 1587; Busse v. Colbe, Gefährdung der Kongruenzprinzips durch erfolgsneutrale Verrechnung von Aufwendungen im Konzernabschluß, Rechnungslegung, FS Forster, 1992, 125; Busse v. Colbe/Müller/Reinhard, Aufstellung von Konzernabschlüssen, ZfbF-Sonderheft 21/1987, 2. Aufl. 1989; Busse v. Colbe/Seeberg, Vereinbarkeit internationaler Konzernrechnungslegung mit handelsrechtlichen Grundsätzen, ZfbF-Sonderheft 43/1999, 2. Aufl. 1999; Dahlke, Bilanzierung latenter Steuern bei Organschaften nach dem BilMoG, BB 2009, 878; Dusemond, Ursachen latenter Steuern im Konzernabschluß nach HGB und IAS, Internationale Rechnungslegung, FS Weber, 1999, 311; Engel-Ciric, Konzernrechnungslegung für mittelständische Unternehmen nach BilMoG: Anwendungsfälle, BZR 2009, 549; Engels, Aktive latente Steuern auf Verlustvorträge – Was erwartet den HGB-Bilanzierer bei Umsetzung des RegE BilMoG?, BB 2008, 1554; Fink/Mannsperger, Herausforderungen bei der BilMoG-Umstellung, StuB 2010, 375; Förschle/Hoffmann, Latente Steuern nach IAS 12 unter Berücksichtigung des deutschen Körperschaftsteuersystems, DB 1998, 2125; Hauck/Michel, Neue Vorschriften zur Bilanzierung latenter Steuern in den USA, WPg 1992, 451; Havermann, Die Handelsbilanz II, Handels- und Steuerrecht, FS Döllerer, 1988, 185; Hennig, Bilanzierung latenter Steuern, 1982; Henselmann, Umgekehrte Maßgeblichkeit und latente Steuern, Steuerliche Gewinnermittlung nach dem Bilanzrechtsmodernisierungsgesetz, in Schmiel/Breithecker 2008, 255; Herzig, Modernisierung des Bilanzrechts und Besteuerung, DB 2008, 1; Herzig, Tax Accounting zwischen BilMoG und E-Bilanz, DStR 2010, 1900; Hille, Latente Steuern im Einzel- und Konzernabschluß, 1982; Karrenbrock, Von der Steuerabgrenzung zur Bilanzierung latenter Steuern – Die Neuregelung der Bilanzierung latenter Steuerzahlungen nach dem Entwurf des Bilanzrechtsmodernisierungsgesetzes (BilMoG), WPg 2008, 328; Kessler/Leinen/Paulus, Stolpersteine beim Übergang auf die Vorschriften des BilMoG – macht IDW ERS HFA 28 den Weg frei?, BB 2009, 1910; Kirsch, Die Equity-Methode im Konzernabschluß, 1990; Kirsch, Erfolgsstrukturanalyse auf Basis der Gliederungs- und Angabevorschriften zur IAS/IFRS-Gewinn- und Verlustrechnung, DB 2003, 2449; Kirsch, Latente Steuern im Jahres- und Konzernabschluss nach dem BilMoG, DStZ 2009, 510; Kirsch, „IFRs for SMEs" versus BilMoG, PiR 2010, 1; Klar, Aufwandsrückstellungen im Konzernabschluß, WPg 1993, 278; Klein, Die Bilanzierung latenter Steuern nach HGB, IAS und US-GAAP, DStR 2001, 1450; KPMG, Handbuch zum Konzernabschluß der GmbH 1990; KPMG, Rechnungslegung nach US-amerikanischen Grundsätzen, 4. Aufl. 2006; Küting, Geplante Neuregelung der Bilanzansatzwahlrechte durch das Bilanzrechtsmodernisierungsgesetz, BB 2008, 1330; Küting, Geplante Neuregelung der Kapitalkonsolidierung durch das Bilanzrechtsmodernisierungsgesetz, DStR 2008, 1396; Küting, Problematik der derivativen Erstellung des Konzernabschlusses und des Eigenkapitalausweises, DB 2010, 177; Küting/Gattung, Abgrenzung latenter Steuern auf timing und temporary differences, StuB 2005, 241; Küting/Grau/Seel, Grundlagen der Konzernrechnungslegung, DStR 2010, Beihefter zu Nr. 22, 33; Küting/Seel, Das neue deutsche Konzernbilanzrecht – Änderungen der Konzernrechnungslegung durch das Bilanzrechtsmodernisierungsgesetz (BilMoG), DStR 2009, Beihefter zu Nr. 26, 37; Lochner, Latente Steuern im Einzel- und Konzernabschluß, BB 1989, 2289; Loitz, Latente Steuern und steuerliche Überleitungsrechnung – Unterschiede zwischen IAS/IFRS und US-GAAP, WPg 2004, 1177; Loitz, Latente Steuern nach dem Bilanzrechtsmodernisierungsgesetz (BilMoG), DB 2008, 249; Loitz, Latente Steuern nach dem Bilanzrechtsmodernisierungsgesetz (BilMoG) – ein Wahlrecht als Mogelpackung?, DB 2009, 913; Loitz, Die Ungereimtheiten der Regelung zu latenten Steuern im neuen Bilanzrecht, DB 2009, 922; Loitz, DRS 18 – Bilanzierung latenter Steuern nach dem Bilanzrechtsmodernisierungsgesetz, DB 2010, 2177; Lüdenbach, Steuerlatenz auf den goodwill bei asset und share deal, StuB 2009, 856; Lüdenbach/Freiberg, Beitrag von DSR 18 zur Klärung strittiger Fragen der Steuerlatenzierung, BB 2010, 1971; Lührmann, Latente Steuern im Konzernabschluß 1997; Maier/Weil, Latente Steuern im Einzel- und Konzernabschluss: Auswirkungen des BilMoG auf die Bilanzierungspraxis, DB 2009 2729; Marten/Weiser/Köhler, Aktive latente Steuern auf steuerliche Verlustvorträge: zunehmende Tendenz zur Aktivierung, BB 2003, 2333; Meyer/Ruberg, Die Erstellung von Planungsrechnungen als Voraussetzung für die Bilanzierung latenter Steuern, DStR 2010, 1538; Meyer/Ruberg, Bekanntgabe von DRS 18 Latente Steuern – Partielle Aufhebung der Begrenzung des Prognosehorizonts bei Verlustvorträgen, DStR 2010, 2094; Meyer/Ruberg, Leitlinien für die Erstellung von Planungsrechnungen im Rahmen des Tax Accounting, Ubg 2010, 431; Mujkanovic, Die Bilanzierung des derivativen Geschäfts- oder Firmenwerts, StuB 2010, 167; Ordelheide, Aktivische latente Steuern bei Verlustvorträgen im Einzel- und Konzernabschluß, Internationale Wirtschaftsprüfung, FS Havermann, 1995, 601; Oser, Der Konzernabschluss nach dem BilMoG mit internationalem Antlitz, PiR 2009, 121; Oser, Latente Steuern bei der Kapitalkonsolidierung nach BilMoG, BC 2010, 207; Oser/Roß/Wader/Drögemüller, Ausgewählte Neuregelungen des Bilanzrechtsmodernisierungsgesetzes (BilMoG) – Teil 2, WPg 2008, 105; Pellens/Bonse/Schremper, Auswirkungen gespaltener Körperschaftsteuersätze im Konzernabschluß nach HGB, IAS und US-GAAP, WPg 1998, 899; Petersen/Zwirner, Latente Steuern im Lichte des BilMoG – Mehrfache Ausweitung des Anwendungsbereichs, StuB 2008, 205; Petersen/Zwirner, Latente Steuern nach dem BilMoG – Darstellung und Würdigung der Neukonzeption, StuB 2009, 416; Petersen/Zwirner, Abgrenzung und Erläuterung latenter Steuern nach dem BilMoG, StuB 2010, 216; Pöller, Latente Steuern: Ausweis und Angaben im Konzernanhang nach BilRUG, BC 2016, 154; Prinz/Ruberg, Latente Steuern nach dem BilMoG – Grundkonzept, Bedeutungswandel, erste Anwendungsfragen, Der Konzern 2009, 343; Rautenburger/Schädlich/Kutz, Latente Steuern nach BilMoG: Kein Selbstläufer für Versicherer, VW 2009, 1832; Reiners, Zur Abzinsung von Steuerabgrenzungsposten gem. § 274 HGB, DB 1988, 1902; Reinke/Martens, Latente Steuern nach BilMoG, StC 2009, Nr. 5, 22; Ruberg, Aktuelle Entwicklungen im Bereich des Tax Accounting, Ubg 2009, 863; SABl. 3/1988, Zur Steuerabgrenzung im Einzelabschluß; Schiffers, Handelsbilanzpolitik der GmbH und GmbH & Co. KG, GmbH-StB 2010, 200; Schindler, Latente Steuern in konsolidierten Abschluß nach der Konzernbilanzrichtlinie, BB 1984, 1654; Schmidbauer, Die Bilanzierung latenter Steuern nach HGB unter Berücksichtigung von E-DRS 12 sowie nach IAS auf Basis der Änderungen der Steuergesetze, DB 2001, 1569; Schneeloch, Latente Steuern, HWR, 3. Aufl. 1993, Sp. 1339–1346; Schurbohm-Ebneth/Zoeger, Zur Umsetzung der HGB-Modernisierung durch das BilMoG: Internationalisierung des handelsrechtlichen Konzernabschlusses, DB-Beilage 5/2009, 53; Selchert, Latente Steuern in der Konzernabschlußpolitik, DStR 1994, 34; Siegel, Probleme latenter Steuern im Entwurf des Bilanzrichtlinien-Gesetzes, BB 1984, 1909; Stibi/Klaholz, Kaufpreisverteilung im Rahmen der Kapitalkonsolidierung nach BilMoG: Neue Herausforderungen für die Praxis, BB 2009, 2582; Theile, Reform des Bilanzrechts durch das Bilanzrechtsmodernisierungsgesetz, BBK Fach 2, 1321 (12/2007); Theile, Das Bilanzrechtsmodernisierungsgesetz aus der Sicht IFRS-konzernverbundener Unternehmen, IWB 2009/11 Fach 10, Gruppe 7, 565; Theile, Der Dornröschenschlaf ist vorbei: Latente Steuern im HGB-Abschluss nach BilMoG, BBK Fach 12, 7079; Theile, Übergang auf BilMoG im Konzernabschluss, StuB 2010, 211; Theile/Bornschein, Latente Steuern im HGB-Konzernabschluss nach DRS 10, BBK Fach 14, 8239 (4/2005); Weißenberger/Behrendt, Latente Steuern im Konzern: auslösende Tatbestände im Rahmen einer informationsorientierten Gestaltung des HGB-Konzernabschlusses, BB 2006, 931; Wendhold/Wesemann, Zur Umsetzung der HGB-Modernisierung durch das BilMoG: Bilanzierung von latenten Steuern im Einzel- und Konzernabschluss, DB-Beilage 5/2009, 64; Wendlandt/Vogler, Latente Steuern nach E-DRS 12 im Vergleich mit IAS, US-GAAP und bisheriger Bilanzierung nach HGB sowie Kritik an E-DRS 12, KoR 2001, 244; Wollmert, Gegenwärtige und künftige Behandlung latenter Steuern im IASC-Abschluß, IASC-Rechnungslegung 1995, 83; Wolz, Latente Steuern nach BilMoG: Analyse der konzeptionellen Neuregelung im Einzel- und Konzernabschluss, DB 2010, 2625; v. Wysocki, Einflüsse der Körperschaftsteuerreform auf die aktienrechtliche Rechnungslegung (I), DB 1977, 1909; Zülch, Die Bedeutung der Steuerabgrenzung für die fair-value-Bilanzierung nicht-finanzieller Vermögenswerte nach den Rechnungslegungsvorschriften des IASB, WPg 2004, 565; Zwirner, Das neue deutsche Bilanzrecht nach BilMoG – Umfassende Reformierung, NZG 2009, 530; Zwirner, BilMoG: Eigenkapitalgefährdung durch die Steuerabgrenzung (nicht nur) bei (früheren) Umwandlungsfällen, DB 2010, 737; Zwirner, Latente Steuern (DRS 18), StuB 2010, 570; Zwirner/Künkele, Währungsumrechnung nach HGB: Abgrenzung latenter Steuern?, StuB 2009, 722.

Übersicht

I. Bedeutung der Norm

1   **1. Grundlagen.** Die Regelungen des § 306 zur Steuerabgrenzung bilden die Grundlage für den Ansatz und Ausweis latenter Steuern im Konzernabschluss. Sie ergänzen damit die Regelungen des § 274 für Konsolidierungszwecke im Sinne eines lex specialis für konzernspezifische Problemstellungen. Mit dem Ansatz latenter Steuern in der Bilanz wird der Steueraufwand korrigiert, indem künftige ungewisse steuerliche Be- und Entlastungen ausgewiesen werden. Latente Steuern werden auf temporäre Differenzen abgegrenzt. Mit den Änderungen durch das BilMoG (BGBl. 2009 I 1102) wurde der **Ansatz latenter Steuern auf eine neue Grundlage** gestellt. Vor dem BilMoG resultierte der Ansatz latenter Steuern aus zeitlich begrenzten Differenzen zwischen dem im Konzernabschluss ausgewiesenen Jahresergebnis und der Summe der Einzelergebnisse (HB II) der in den Konzernabschluss einbezogenen Unternehmen, die aufgrund der Anwendung von Vorschriften des Vierten Titels (Vollkonsolidierung) entstanden.[1] Die in der Summen-GuV aus den Einzelabschlüssen der Konzernunternehmen übernommenen *Steuern vom Einkommen und Ertrag* waren bei Vorliegen solcher Differenzen durch die Bildung eines Abgrenzungspostens (Konzernergebnis kleiner als die Summe der Einzelergebnisse) oder einer Rückstellung nach § 249 Abs. 1 S. 1 (Konzernergebnis größer als die Summe der Einzelergebnisse) anzupassen. Dieses GuV-orientierte Konzept (sog. timing concept) wurde aufgegeben.[2] Mit dem BilMoG erfolgte ein Wechsel zum international gebräuchlichen bilanzorientierten Konzept (sog. **temporary concept**), welches eine in sich stimmige handelsrechtliche Steuerabgrenzung gewährleistet (§ 274).[3] Danach bestimmen die Unterschiede zwischen den handelsrechtlichen Wertansätzen der Vermögensgegenstände, Schulden oder Rechnungsabgrenzungsposten und deren steuerlichen Wertansätzen (sog. temporäre Differenzen) die Höhe

---

[1]   Zu dem Konzept und der Regelung vor dem BilMoG vgl. Weißenberger/Behrendt BB 2006, 931.
[2]   Zum RefE und den Hintergründen etwa Wendholt/Wesemann DB-Beil. 1/2008, 49.
[3]   BT-Drs. 16/10067, 83.

der latenten Steuern. Eine ergebniswirksame Entstehung der Differenz ist nicht mehr erforderlich, aber auch nicht schädlich. Der Ausweis in der Bilanz erfolgt als „Sonderposten eigener Art"[4] (§ 266 Abs. 2 und 3). Im Unterschied zu den Vorschriften des § 274, die in Abs. 1 S. 2 für aktive latente Steuern ein Ansatzwahlrecht kodifizieren, besteht nach § 306 eine **Ansatzpflicht** sowohl für aktive als auch für passive latente Steuern. Der **Ausweis** der latenten Steuern gem. § 306 hat zwingend in der Konzernbilanz zu erfolgen. Dabei ist eine Saldierung mit den bereits nach § 274 gebildeten latenten Steuern zulässig und auch üblich (§ 306 S. 5). Ein erfolgswirksamer Ausweis führt in der GuV unter dem Posten „Steuern vom Einkommen und vom Ertrag" zu einem gesonderten „Davon-Vermerk" (§ 306 S. 5 iVm § 274 Abs. 2 S. 3). Im Hinblick auf die anzuwendenden Steuersätze und anderen Angaben im Anhang (§ 314 Abs. 1 Nr. 21) ist § 274 Abs. 2 entsprechend anzuwenden (§ 274).

Das **Ziel** der Steuerabgrenzung gem. § 306 besteht darin, dem Abschlussadressaten auch **2** im Konzernabschluss einen besseren Einblick in die Vermögens-, Finanz- und Ertragslage zu geben und eine periodengerechte Erfolgsabgrenzung in der Rechnungslegung zu gewährleisten.[5] Damit soll der Informationsfunktion des handelsrechtlichen Konzernabschlusses Rechnung getragen werden. Es ist insoweit unerheblich, dass der Konzern rechtlich selbst kein Steuersubjekt darstellt. Analog zu der in § 297 Abs. 3 S. 1 geforderten Einheitsfiktion erfolgt die Ermittlung der latenten Steuern zunächst unter der **Fiktion der steuerrechtlichen Einheit des Konzerns.**[6] Einschränkungen können allerdings aus der mangelnden Ansetzbarkeit latenter Steuern aufgrund fehlender Tatbestandsmerkmale (zB bei Vorliegen permanenter Differenzen) oder auch aus dem Verzicht auf die Aktivierung eines latenten Steuerüberhangs gem. § 274 Abs. 1 S. 2 resultieren. Ferner ist bei dem anzuwendenden Steuersatz zugunsten einer den tatsächlichen Verhältnissen entsprechenden Darstellung der Vermögens-, Finanz- und Ertragslage auf die individuellen Steuersätze der einzelnen Konzernunternehmen abzustellen.[7] Darüber hinaus ist wegen S. 4 zwischen sog. inside basis differences (ein Rechtssubjekt) und sog. outside basis differences (zwei oder mehrere Rechtssubjekte) zu unterscheiden. Letztere betreffen die Differenzen zwischen dem im Konzernabschluss angesetzten Nettovermögen einer Konzerngesellschaft und dem Buchwert der Beteiligung in der Steuerbilanz des Anteilseigners.[8] Sie sind bei der Ermittlung der latenten Steuern nicht zu berücksichtigen.

Die Spezialvorschrift des § 306 setzt Art. 29 Abs. 4 und Art. 34 Nr. 11 RL 1983/349/ **3** EWG (7. EG- Richtlinie) in deutsches Recht um. Art. 29 Abs. 4 RL 1983/349/EWG umfasst die Steuerabgrenzung in allen Phasen der Konzernabschlusserstellung, dh auch die Steuerabgrenzung, die gem. § 274 iVm § 300 Abs. 2 bzw. iVm § 298 Abs. 1 in der HB II vorzunehmen ist (heute Art. 24 Abs. 13 Bilanz-RL[9]). Die Regelung in Art. 24 Abs. 13 Bilanz-RL spricht von latenten Steuersalden und macht deutlich, dass die Bezeichnung „Steueraufwand" in der Altregelung schon immer entsprechend zu verstehen war. Die zwingende Regelung für den Ausweis der aktiven latenten Steuern ergab sich durch ergänzende Heranziehung des Art. 34 Nr. 11 RL 1983/349/EWG.[10] Art. 34 Nr. 11 RL 1983/ 349/EWG regelte den Ausweis der Steuerabgrenzung im Konzernanhang oder dem Konzernabschluss.[11] In den **Geltungsbereich** des § 306 fallen in Deutschland dabei zunächst die gem. §§ 290 ff. zu erstellenden Konzernabschlüsse. Für den Konzern nach § 11 PublG

---

[4] BT-Drs. 16/10067, 67.
[5] Küting/Weber Konzernabschluss 2018, S. 198.
[6] Hennig, Bilanzierung latenter Steuern 1982, S. 112; das Konzept stammt ursprünglich aus den USA.
[7] BT-Drs. 16/10067, 83.
[8] Wolz DB 2010, 2625 (2629).
[9] Richtlinie 2013/34/EU des Europäischen Parlaments und des Rates v. 26.6.2013 über den Jahresabschluss, den konsolidierten Abschluss und damit verbundene Berichte von Unternehmen bestimmter Rechtsformen und zur Änderung der Richtlinie 2006/43/EG des Europäischen Parlaments und des Rates und zur Aufhebung der Richtlinien 78/660/EWG und 83/349/EWG des Rates, ABl. 2013 L 182, 19.
[10] Vgl. BT-Drs. 16/10067, 83.
[11] Zur Ausübung des Wahlrechts BT-Drs. 16/10067, 83.

gelten jedoch durch den Verweis des § 13 Abs. 2 S. 1 PublG die hier behandelten Vorschriften zur Steuerabgrenzung analog.[12]

4   **Verstöße** gegen die Vorschrift des § 306 werden gem. § 334 Abs. 1 Nr. 2 lit. c als **Ordnungswidrigkeiten** behandelt. Zwar wird in § 334 nicht ausdrücklich auf die Vorschrift des § 306 verwiesen, aber auf den § 300 über die Konsolidierungsgrundsätze, die in §§ 301–307 Detailregelungen erfahren haben. Ferner kommt ein Verstoß gegen § 334 Abs. 1 Nr. 2 lit. b in Betracht. § 306 ist insoweit als Spezialvorschrift in Bezug auf § 297 Abs. 2 und 3 anzusehen. Damit ist eine (mittelbare) Sanktionierung der Organmitglieder nach Maßgabe von § 334 Abs. 3 und 4 möglich. Darüber hinaus ist auch eine **strafrechtliche** Folge für Organmitglieder im Rahmen des § 331 Nr. 2 möglich, falls die Verhältnisse in den Konzernunterlagen unrichtig wiedergegeben oder verschleiert werden.

5   Mit **DRS 10** wurde im Jahr 2002 ergänzend zu § 274 und § 306 ein Rechnungslegungsstandard zur Bilanzierung von latenten Steuern im Konzern durch das DRSC herausgegeben. In DRS 10 wurde bereits vor dem BilMoG eine Angleichung der Bilanzierung latenter Steuern im Konzernabschluss mit den Vorgaben des IAS 12 erreicht. DRS 10 ist seit dem BilMoG nicht mehr verpflichtend und wurde inzwischen aufgehoben.[13] Am 8.6.2010 hat das DRSC mit **DRS 18** „near final standard" einen neuen Standard verabschiedet, der am 3.9.2010 vom BMJ im Bundesanzeiger (kaum verändert) bekannt gemacht wurde.[14] Der Standard ist erstmals auf Geschäftsjahre anzuwenden, die nach dem 31.12.2010 beginnen. Den DRS kommt zwar keine Gesetzeskraft zu, aber mit ihrer ordnungsmäßigen Anwendung ist die Vermutung verbunden, dass die für den Konzernabschluss relevanten GoB beachtet wurden (§ 342 Abs. 2). In der nachfolgenden Kommentierung werden die Regelungen des DRS 18 in einem eigenen Kapitel zusammenfassend behandelt (→ Rn. 79 ff.).

6   **2. Auslösende Tatbestände für die Steuerabgrenzung im Konzernabschluss.** Entsprechend den geänderten Regelungen des § 274 können auslösende Tatbestände für eine Steuerabgrenzung nach § 306 nach wie vor allein zeitliche, dh befristete (temporäre) **Differenzen** sein, die sich in späteren Geschäftsjahren voraussichtlich umkehren. Es kommt aber nicht mehr darauf an, ob sich solche Tatbestände sowohl in der Konzern-GuV als auch in der GuV der einbezogenen Unternehmen, allerdings zu unterschiedlichen Zeitpunkten, erfolgswirksam niederschlagen. Grundsätzlich sind nach § 306 S. 1 latente Steuern auf zeitliche Differenzen zwischen dem handelsrechtlichen Buchwert und dem steuerlichen Bilanzwert eines Vermögensgegenstandes bzw. einer Schuld anzusetzen. Zu den zeitlichen Differenzen zählten nach DRS 10.5 auch schon die quasi-permanenten Differenzen.[15] Beide Regelungen entsprechen dem „temporary concept". Das führt sowohl in sachlicher (erfolgsneutral) als auch in zeitlicher Hinsicht (quasi-permanente Differenzen) zu einer umfassenderen Steuerabgrenzung.[16] Nach DRS 18.8 sind temporäre Differenzen solche Unterschiedsbeträge zwischen dem Buchwert eines Vermögensgegenstands, einer Schuld oder eines Rechnungsabgrenzungspostens in der Bilanz und dem entsprechenden steuerlichen Wertansatz, die sich in künftigen Geschäftsjahren voraussichtlich abbauen und dadurch zu einer Erhöhung oder Verminderung des zu versteuernden Einkommens führen.

7   Der **Prognosezeitraum** für die notwendige Umkehrung zeitlicher Differenzen ist vom Gesetzgeber nicht näher spezifiziert worden (→ § 274 Rn. 1 ff.). Grundsätzlich sind unter Berücksichtigung des Vorsichtsprinzips die Wahrscheinlichkeit der Umkehrung und auch die quantitative Bestimmbarkeit des Zeitpunkts der Umkehrung relevant. So wird nach der Neukonzeption zB auch eine Differenz als nicht zeitlich befristet angesehen, wenn

---

[12] Zur Abgrenzung der Steuern vom Einkommen sowie zu Sonderfragen zur Angabe des Abgrenzungspostens im Konzern nach § 11 PublG vgl. ADS PublG § 13 Rn. 13.

[13] Mit DRS 4 v. 18.2.2010 wurde DRS 10 außer Kraft gesetzt.

[14] BAnz. Nr. 133a.

[15] Die Regelung des DRS 10 stand damit bezüglich des Einbezugs quasi-permanenter Differenzen in die Steuerabgrenzung im Widerspruch zur hM (vgl. → 4. Aufl. 2020, Rn. 8); wie hier Beck HdR/Briese C 440 Rn. 2.

[16] Küting/Weber Konzernabschluss 2018, S. 199.

zu ihrer Umkehrung eine unternehmerische Disposition notwendig ist.[17] In der Praxis wird aber eine außerhalb des unternehmerischen Planungshorizonts liegende Disposition, etwa im Falle der Liquidation, als Umkehrung einzuordnen sein. Ein in Anlehnung an frühere internationale Rechnungslegungsgrundsätze maßgebender Zeitraum von drei Jahren ist nach dem „temporary concept" daher nicht mehr akzeptabel.[18] Bei längerfristig nutzbaren Vermögensgegenständen bzw. Schulden ist als Prognosezeitraum regelmäßig die planmäßige Nutzungs- bzw. Vertragsdauer anzusehen. Nach DRS 18.9 müssen gewichtigere Gründe dafür als dagegen sprechen, dass die künftige Steuerbe- oder -entlastung erwartet werden kann.

Bei **permanenten Differenzen** zwischen den handelsrechtlichen Wertansätzen der **8** Vermögensgegenstände, Schulden oder Rechnungsabgrenzungsposten und deren steuerlichen Wertansätzen dürfen keine latenten Steuern angesetzt werden. Permanente Differenzen aus Konsolidierungsmaßnahmen können zB aus konzerninternen Ergebnisübernahmen resultieren (→ Rn. 39 f.). **Quasi-permanente Differenzen** aus Konsolidierungsmaßnahmen sind in Bezug auf die Bildung von latenten Steuern aber relevant. Nach dem Konzept vor dem BilMoG nicht relevante quasi-permanente Differenzen konnten ua bei der Eliminierung von Zwischenergebnissen aus Lieferungen in das nicht abnutzbare Anlagevermögen auftreten (→ Rn. 36). Sofern sich quasi-permanente Differenzen erst bei der Beendigung der Unternehmenstätigkeit umkehrten, war die Bildung von Steuerabgrenzungsposten vor dem BilMoG nicht nur aus dem Wortlaut des § 306 aF, sondern auch aus der Verletzung des **going concern-Prinzips** gem. § 252 Abs. 1 Nr. 2 iVm § 298 Abs. 1 zu verneinen.[19] Da jedoch aus permanenten bzw. quasi-permanenten Differenzen durch geänderte Rahmenbedingungen, zB die konkrete Entscheidung zum Verkauf eines Tochterunternehmens, zeitlich begrenzte Differenzen werden konnten, die dann eine Steuerabgrenzung erforderlich machten, waren aber schon nach alter Rechtslage insbesondere die quasi-permanenten Differenzen regelmäßig zu überprüfen.[20]

Im Einzelnen werden die im Konzernabschluss ausgewiesenen latenten Steuern grund- **9** sätzlich durch folgende Tatbestände ausgelöst:

- **Bereits in den noch nicht angepassten Einzelabschlüssen (HB I) bestehende zeitlich befristete Differenzen zu den Steuerbilanzen der einbezogenen Unternehmen.**[21] In diesem Fall sind latente Steuern gem. § 274 iVm § 300 Abs. 2 in die HB II zu übernehmen bzw. ist deren Bildung dort ggf. nachzuholen. Das Wahlrecht des § 274 Abs. 1 S. 2 zur Aktivierung latenter Steuern lebt in diesem Zusammenhang grundsätzlich wieder auf (im Einzelnen → Rn. 16). Im Rahmen der Ermittlung der aktiven latenten Steuern sind auch die Wirkungen von steuerlichen Verlustvorträgen zu berücksichtigen, aber nur soweit die Steuern aus der innerhalb der nächsten fünf Jahre zu erwartenden Verlustverrechnung hervorgehen (§ 274 Abs. 1 S. 4).
- **Zeitlich befristete Differenzen HB II zu HB I,** zB aufgrund der Anpassung von Ansatz und Bewertung. In diesem Zusammenhang anzusetzende latente Steuern sind nach hM gem. § 274 iVm § 298 Abs. 1 zu bilden.
- **Zeitlich befristete Differenzen,** die aus Konsolidierungsmaßnahmen (Kapitalkonsolidierung, Zwischenergebniseliminierung, Schuldenkonsolidierung, Beteiligungsertragseliminierung) entstehen. Latente Steuern sind hier gemäß den Regeln des § 306 zu bilden.

Für die ersten beiden Fallgruppen hat sich der Ausdruck primäre latente Steuern heraus- **10** gebildet. Die von der dritten Fallgruppe erfassten Vorgänge führen zu sekundären latenten Steuern.[22] Aus Sicht des Konzernabschlusses geht es in Bezug auf die Fallgruppen regelmäßig nur darum, die latenten Steuern in den Fallgruppen zwei und drei zu bilden.

---

[17] So Küting/Weber Konzernabschluss 2018, S. 201.
[18] Becker DB 1991, 1739, bezugnehmend auf IAS 12 (1979, reformatted 1994); vgl. auch ADS Rn. 34.
[19] Gleicher Ansicht Becker DB 1991, 1739; Busse v. Colbe/Ordelheide/Gebhardt/Pellens Konzernabschlüsse 1. Kap. V. 4.5; aA HdJ/Karrenbrock Abt. I/13 Rn. 7.
[20] Dies wird analog auch für den Einzelabschluss gefordert. Vgl. SABl. 3/1988 Abschn. 3.
[21] Zur Entstehung vgl. Baetge/Kirsch/Thiele Konzernbilanzen S. 400.
[22] HdK/Küting/Weber S. 208.

11   Die Bildung der gesamten latenten Steuern für Zwecke des Konzernabschlusses erfolgt insgesamt in einem dreistufigen Prozess. Nach § 274 werden zunächst auf den ersten beiden Stufen die latenten Steuern aus den Ansatz- und Bewertungsunterschieden sowie den Verlustvorträgen, Zinsvorträgen und Steuergutschriften in den Einzelabschlüssen (HB I), aber auch aus den notwendigen Anpassungen der Einzelabschlüsse an die konzerneinheitliche Bilanzierung und Bewertung (HB II) gebildet. Dem § 306 kommt die Aufgabe zu, die latenten Steuern aus den für den Konzernabschluss erforderlichen Konsolidierungsmaßnahmen zu bilden. Da die latenten Steuern nach § 274 mit den latenten Steuern aus den Konsolidierungsmaßnahmen (§ 306) in der Konzernbilanz in einem Posten zusammengefasst werden können (§ 306 S. 6), entfällt insoweit eine Differenzierung nach primären und sekundären latenten Steuern.

12   Daneben können als Sonderfall Geschäftsvorfälle, die sich ausschließlich auf Konzernebene, nicht aber in den Einzelabschlüssen der einbezogenen Unternehmen niederschlagen, den Ansatz latenter Steuern im Konzernabschluss begründen. In diesem Fall besteht ein Wahlrecht zur Aktivierung latenter Steuern nach § 274 iVm § 298 Abs. 1.[23] Die Regelungen in S. 3 und S. 4 und die damit angestrebte Vereinfachung bei der Bildung latenter Steuern sind allerdings zu beachten.

13   Da die notwendigen Informationen zur Steuerabgrenzung aus HB II nur eingeschränkt zu entnehmen sind, unterliegen gem. § 294 Abs. 3 die einbezogenen Tochterunternehmen einer **Auskunftspflicht** gegenüber dem Mutterunternehmen bezüglich der erforderlichen Aufklärungen und Nachweise. Diese Vorschrift ist analog auch auf einbezogene Gemeinschaftsunternehmen anzuwenden.

II. Steuerabgrenzung aufgrund von Konsolidierungsmaßnahmen (S. 1)

14   Die **Bildung der Sonderposten eigener Art für latente Steuern** wird, falls erfolgswirksam, zu Lasten bzw. zu Gunsten des Konzern-GuV-Postens „*Steuern vom Einkommen und vom Ertrag*" (Pos. 14 bzw. 13) vorgenommen. Sofern auf erfolgsneutrale Vorgänge, zB eine höhere steuerliche Abschreibung oder andere höhere Wertansätze der Vermögensgegenstände in der Handelsbilanz als in der Steuerbilanz, latente Steuern folgen, ist der sich ergebende Sonderposten „latente Steuern" erfolgsneutral zu bilden. Soweit zB temporäre Differenzen zwischen handelsrechtlichen und steuerlichen Wertansätzen bei GuV-neutraler Erfassung von Sacheinlagen, Verschmelzungen oder Unternehmenserwerben entstanden sind, sind die in diesem Zusammenhang ansatzpflichtigen bzw. -fähigen latenten Steuern ebenfalls GuV-neutral zu erfassen (DRS 18.51a). Die **Auflösung** des angesetzten Sonderpostens vollzieht sich in jedem Fall erfolgswirksam nach Maßgabe der Umkehrung der zugrunde liegenden Differenzen.

15   **1. Vorbereitende Maßnahmen.** Vor der Erstellung der Summenbilanz und der nachfolgenden Durchführung von Konsolidierungsvorgängen sind als vorbereitende Maßnahmen die Einzelabschlüsse (HB I) der in den Konzernabschluss einzubeziehenden Unternehmen nach dem Recht des Mutterunternehmens unter einheitlicher Ausübung bestehender Ansatz- und Bewertungswahlrechte neu aufzustellen (HB II). Die Steuerabgrenzung im Rahmen dieser vorzubereitenden Maßnahmen hat auf der Basis von § 274 iVm § 300 Abs. 2 bzw. von § 274 iVm § 298 Abs. 1 zu erfolgen. § 306 findet hier keine Anwendung. § 306 erfasst nur die latenten Steuern, die aus Maßnahmen des Titels Vollkonsolidierung (§§ 300–307) entstehen (§ 306 S. 1). Dies spielt insbesondere für die Frage des Ansatzes aktiver Sonderposten für latente Steuern eine Rolle, hat jedoch unter Umständen auch weitere Auswirkungen zB auf die Wahl des anzuwendenden Steuersatzes (→ Rn. 58). Andere Maßnahmen, die nicht im Titel „Vollkonsolidierung" geregelt sind (zB Währungsumrechnungen, § 308a, oder die Anwendung der Equity-Methode, § 312; aber → Rn. 46), können

---

[23]   HdJ/Karrenbrock Abt. I/13 Rn. 68; gleicher Ansicht Klar WPg 1993, 283 f.

grundsätzlich nicht zu latenten Steuern führen (vgl. aber § 310 Abs. 2 und § 312 Abs. 5 S. 3), die nach Maßgabe des § 306 zu behandeln sind.[24]

a) Sonderposten latente Steuern aus HB I. Die in den noch nicht angepassten **16** Einzelabschlüssen der einbezogenen Unternehmen (HB I) ausgewiesenen **passiven latenten Steuern** (§ 274 Abs. 1) sind gem. § 300 Abs. 2 vollständig in HB II und damit auch in den Konzernabschluss zu übernehmen, soweit sie nach dem Recht der Muttergesellschaft bilanzierungspflichtig sind. Wurden passive latente Steuern im Einzelabschluss eines einbezogenen Unternehmens, das nicht die Rechtsform einer Kapitalgesellschaft besitzt, nicht angesetzt, so ist ihre Bildung bei Aufstellung der HB II nachzuholen. Eine Übernahme passiver latenter Steuern hat auch zu erfolgen, wenn der Konzernabschluss insgesamt einen Verlust aufweist, da ansonsten zukünftig zu viele Steuern auf das Konzernergebnis verrechnet würden.[25]

Umstritten ist, inwieweit das nach § 274 Abs. 1 S. 2 bestehende Wahlrecht zum Ansatz **17** **aktiver latenter Steuern** bei Übernahme von Sonderposten für latente Steuern aus HB I in HB II wieder auflebt. Eine Aktivierungspflicht ist insoweit nur dann vertretbar, wenn § 306 als lex specialis zu § 300 Abs. 2 anzusehen ist.[26] Dies ist jedoch mit dem Hinweis auf das ausdrückliche Wahlrecht des § 300 Abs. 2 zu verneinen. Folglich bleibt bei der Übernahme von Sonderposten für aktive latente Steuern aus HB I das **Aktivierungswahlrecht** des § 274 Abs. 1 S. 2 bestehen.[27] Es kann abweichend von den Einzelabschlüssen der einbezogenen Unternehmen ausgeübt werden, allerdings muss die Ausübung einheitlich erfolgen. Das gilt auch, falls Konzernunternehmen mit Sitz im Ausland in den Konzernabschluss des deutschen Mutterunternehmens einzubeziehen und latente Steuern nicht ausgewiesen sind.[28] Eine Ausnahme liegt lediglich vor, wenn durch die später noch vorzunehmenden Konsolidierungsbuchungen eine Neutralisierung des die aktive Steuerabgrenzung auslösenden Sachverhalts in der Konzernbilanz erfolgt, so dass in der letztendlichen Behandlung des Sachverhalts kein Unterschied mehr zwischen Konzernbilanz und Steuerbilanz besteht. Derartige Sonderfälle treten zB im Rahmen der Schuldenkonsolidierung auf (ausführlich → Rn. 33).

b) Latente Steuern aus der Aufstellung HB II. aa) Anpassung von Ansatz und **18** **Bewertung.** Während § 300 Abs. 2, der die Verwendung konzerneinheitlicher Bilanzansätze für alle einbezogenen Unternehmen in der HB II vorschreibt, als Bestandteil des Vierten Titels vom Wortsinn her unter den Regelungsbereich des § 306 fällt, ist die konzerneinheitliche Bewertung gem. § 308 bereits Bestandteil des Fünften Titels. Streng genommen wären daher für die Anpassung der Bilanzansätze gem. § 300 Abs. 2 latente Steuern gem. § 306 zu bilden, für die Anpassung der Bewertung dagegen latente Steuern nach § 274 iVm § 298 Abs. 1. Da beide Maßnahmen jedoch materiell auf die Erstellung der HB II als modifizierten Einzelabschluss nach dem Recht der Muttergesellschaft abzielen, ist eine solche „paradoxe Situation" zu Gunsten einer einheitlichen Vorgehensweise abzulehnen.[29]

Teilweise wird die Auffassung vertreten, dass in beiden Fällen latente Steuern nach den **19** Vorschriften des § 306 zu bilden sind, der Verweis dieser Vorschrift auf die Summe der Einzelergebnisse, mithin auf die HB I zu beziehen sei. Nach hM ist dagegen bei der Aufstellung der HB II eine **Steuerabgrenzung gem. § 274 iVm § 298 Abs. 1** geboten (DRS 18.14).[30] Die Änderungen durch das BilMoG haben insoweit nichts verändert. Die

24 Vgl. BeBiKo/Grottel/Larenz Rn. 5.
25 Gleicher Ansicht Busse v. Colbe/Ordelheide/Gebhardt/Pellens Konzernabschlüsse 3. Kap. V. 1.
26 So zB Schindler BB 1984, 1659.
27 Beck HdR/Briese C 440 Rn. 8 f. mwN; gleicher Ansicht Busse v. Colbe/Ordelheide/Gebhardt/Pellens Konzernabschlüsse 3. Kap. V. 1.1.
28 Vgl. BeBiKo/Grottel/Larenz Rn. 11.
29 Ebenso Busse v. Colbe/Ordelheide/Gebhardt/Pellens Konzernabschlüsse 3. Kap. V. 1.
30 ADS Rn. 25; BeBiKo/Grottel/Larenz Rn. 4; Beck HdR/Briese C 440 Rn. 8; HdK/Baumann Rn. 10; gleicher Ansicht auch Havermann FS Döllerer, 1988, 198; Busse v. Colbe/Müller/Reinhard Rn. 112 ff.

Steuerabgrenzung auf die Anpassung der Bilanzansätze gem. § 300 Abs. 2 ist damit entgegen dem Wortlaut des § 306 („… Vorschriften dieses Titels …") vorzunehmen. Es besteht folglich für aktive latente Steuern sowohl aufgrund von Ansatz- als auch von Bewertungsanpassungen in der HB II ein **Aktivierungswahlrecht,** das aber im Konzern einheitlich auszuüben ist (§§ 298, 300). Seit der HGB-Reform von 1986 gilt der Grundsatz der Maßgeblichkeit des Einzelabschlusses für den Konzernabschluss nicht mehr, vielmehr steht der Grundsatz der Einheitlichkeit der Abschlüsse der einbezogenen Unternehmen im Vordergrund. Die HB II ist damit als die Aufstellung von Einzelabschlüssen nach dem Recht der Muttergesellschaft zu verstehen.[31] § 306 bezieht sich nicht auf diese angepassten Einzelabschlüsse, sondern korrigiert auch den aus HB II übernommenen Steueraufwand, der aufgrund erfolgswirksamer Konsolidierungsvorgänge nicht mehr mit dem Konzernergebnis korrespondiert. Schließlich wird durch die enge Sichtweise bei der Anwendung des § 306 eine Ungleichbehandlung an sich gleicher Sachverhalte bei unterschiedlichen Konzernunternehmen verhindert, die aus einem Aktivierungswahlrecht latenter Steuern gem. § 306 bei der Anpassung des Bilanzansatzes gem. § 300 Abs. 2 resultieren würde.[32] Das Wahlrecht in Bezug auf den Überhang aktiver latenter Steuern auf den beiden Stufen HB I und HB II darf nur einheitlich ausgeübt werden. Eine unterschiedliche Ausübung wäre willkürlich.[33] Die verschiedenen theoretischen Kombinationsmöglichkeiten der Ausübung der Wahlrechte werden dadurch eingeschränkt. Möglich bleibt aber der Verzicht auf den Ausweis eines Überhangs latenter Steuern im Jahresabschluss etwa der Muttergesellschaft und eine Nachholung des Ausweises bei der Aufstellung des Konzernabschlusses. In der Literatur wird nicht ganz zu Unrecht im Interesse einer verbesserten Informationsversorgung der Abschlussadressaten dafür plädiert, das Wahlrecht generell für eine Aktivierung des Überhangs latenter Steuern auszuüben.[34]

20   Zum Sonderfall einer Neutralisierung von Anpassungs- und Bewertungsänderungen durch Konsolidierungsmaßnahmen derart, dass die Behandlung eines Sachverhalts in der Konzernbilanz der Behandlung in der Steuerbilanz entspricht, ausführlich → Rn. 33.

21   **bb) Erstellung von Zwischenabschlüssen.** Werden Unternehmen aufgrund von Zwischenabschlüssen gem. § 299 in den Konzernabschluss einbezogen, so ist auch in diesen Zwischenabschlüssen eine Steuerabgrenzung gem. § 274 iVm § 298 Abs. 1 vorzunehmen. Der Ertragsteueraufwand ist fiktiv zu schätzen; bei der Ermittlung des Abgrenzungsbetrags sind Pauschalierungen und Vereinfachungen zulässig.[35]

22   **cc) Währungsumrechnung.** Der Konzernabschluss ist gem. § 244 iVm § 298 Abs. 1 in einheitlicher Währung (EUR) aufzustellen. Werden bei der Umrechnung von in ausländischer Währung aufgestellten Einzelabschlüssen Bilanzposten (GuV-Posten) mit unterschiedlichen Wechselkursen umgerechnet, können bilanzielle (GuV-)Umrechnungsdifferenzen auftreten. Nach § 308a sind Aktiv- und Passivposten in einer auf fremde Währung lautenden Bilanz zum Devisenkassamittelkurs am Abschlussstichtag in EUR umzurechnen. Für GuV-Posten ist der Durchschnittskurs in EUR maßgebend. Das Eigenkapital ist allerdings zum historischen Kurs in EUR umzurechnen (sog. modifizierte Stichtagskursmethode).

23   Werden diese Umrechnungsdifferenzen erfolgsneutral verrechnet, was nach § 308a S. 3 erfolgen muss, entstehen keine Ergebnisunterschiede zwischen den Einzelabschlüssen der einbezogenen Unternehmen und der HB II. Bei Veräußerung des Tochterunternehmens sind die Beträge erfolgswirksam aufzulösen. Da die Währungsumrechnung nach § 308a nicht als Konsolidierungsmaßnahme des Vierten Titels zu verstehen ist, kommt eine Bildung

---

[31]   Ebenso ADS Rn. 25; Busse v. Colbe/Ordelheide/Gebhardt/Pellens Konzernabschlüsse 3. Kap. I. 1.; Beck HdR/Briese C 440 Rn. 8.
[32]   Gleicher Ansicht HdK/Baumann Rn. 10. Zu dem folgenden Bsp. vgl. Baetge/Kirsch/Thiele Konzernbilanzen Kap. IX. 32.
[33]   Vgl. Kühne/Melcher/Wesemann WPg 2009, 1062; BeBiKo/Grottel/Larenz Rn. 11.
[34]   BeBiKo/Grottel/Larenz Rn. 12.
[35]   Gleicher Ansicht Busse v. Colbe/Ordelheide/Gebhardt/Pellens Konzernabschlüsse 18. Kap. III. 2. Zur möglichen Vorgehensweise für eine Schätzung vgl. HdJ/Karrenbrock Abt. I/13 Rn. 76 ff.

latenter Steuern nach § 306 nicht in Betracht.[36] Gleiches galt vor dem BilMoG auch bei einer **erfolgswirksamen Verrechnung der Umrechnungsdifferenzen.** Die daraus resultierenden Ergebnisunterschiede zwischen den Einzelabschlüssen der einbezogenen Unternehmen und der HB II hatten idR **quasi-permanenten** Charakter. Damit lag auch damals kein auslösender Tatbestand für die Bildung von Steuerabgrenzungsposten vor.[37]

Die **Umrechnung von Sonderposten für latente Steuern** ausländischer Konzern- **24** unternehmen selbst erfolgt nach § 308a zwingend mit dem Devisenkassamittelkurs am Abschlussstichtag. Das vor dem BilMoG bestehende Wahlrecht zum historischen Kurs oder zum Stichtagskurs (Anwendung der deferred bzw. liability-Methode) besteht nicht mehr. Unterliegt das Einkommen einer Zweigniederlassung außerhalb der Eurozone in ihrem Sitzstaat der Besteuerung und wird es im Inland nach Doppelbesteuerungsabkommen steuerfreigestellt, sind temporäre Differenzen im Vermögen der Zweigniederlassung und die daraus resultierenden latenten Steuern in deren Währung zu ermitteln. Zur Ermittlung der temporären Differenzen sind die in fremder Währung nach den deutschen handelsrechtlichen Bestimmungen ermittelten Wertansätze der Vermögensgegenstände und Schulden der Zweigniederlassung den entsprechenden steuerrechtlichen Wertansätzen gegenüberzustellen. Im Ergebnis werden die temporären Differenzen und damit verbundenen latenten Steuern so ermittelt, als ob die Zweigniederlassung ein rechtlich selbstständiges Unternehmen ist (DRS 18.31b).

2. Latente Steuern bei Vollkonsolidierung. Werden nach den Vorschriften des **25** Vierten Titels erfolgsneutrale oder erfolgswirksame Maßnahmen zur Kapitalkonsolidierung, der Schuldenkonsolidierung, der Zwischenergebniseliminierung sowie der Aufwands- und Ertragskonsolidierung von Tochterunternehmen durchgeführt, so bedingen die daraus resultierenden zeitlichen Differenzen zwischen den Wertansätzen in der Konzernbilanz und der Summe der über die Wertansätze in HB II (→ Rn. 19) hinausgehenden Abweichungen von den maßgebenden steuerlichen Wertansätzen den Ansatz latenter Steuern gem. § 306 (temporäre Differenzen).

a) Kapitalkonsolidierung. Im Rahmen der Kapitalkonsolidierung nach der **26** **Erwerbsmethode** gem. § 301 (sog. Neubewertung) wird der Wertansatz der dem Mutterunternehmen gehörenden Anteile an einem in den Konzernabschluss einbezogenen Tochterunternehmen mit dem auf diese Anteile entfallenden Betrag des Eigenkapitals des Tochterunternehmens verrechnet. Das Eigenkapital ist mit dem Betrag anzusetzen, der dem Zeitwert der in den Konzernabschluss aufzunehmenden Vermögensgegenstände, Schulden, Rechnungsabgrenzungsposten und Sonderposten entspricht. Maßgebender Zeitpunkt für den Zeitwert ist der Zeitpunkt der erstmaligen Behandlung als Tochterunternehmen. Ein nach der Aufdeckung der stillen Reserven und Lasten verbleibender Unterschiedsbetrag ist gem. § 301 Abs. 3 als Geschäfts- oder Firmenwert bzw. als passivischer Unterschiedsbetrag aus der Kapitalkonsolidierung im Jahr der Erstkonsolidierung erfolgsneutral auszuweisen. In den Folgejahren ist der Geschäfts- oder Firmenwert nach Maßgabe des § 309 Abs. 1 abzuschreiben. Eine erfolgsneutrale Verrechnung ist nach dem BilMoG nicht mehr zulässig.[38] Ein passivischer Unterschiedsbetrag ist gem. § 309 Abs. 2 erfolgswirksam aufzulösen.

Latente Steuern, die auf der erfolgsneutralen Erstkonsolidierung durch die Aufdeckung **27** von stillen Reserven und stillen Lasten beruhen, sind nach § 306 anzusetzen. Das gilt auch, wenn die latenten Steuern auf dadurch entstehende zeitliche Ansatz- und Bewertungsdifferenzen zwischen der Handels- und Steuerbilanz zurückgehen. Selbst wenn es um **quasi-permanent** einzustufende Differenzen geht (zB Neubewertung des nicht abnutzbaren Anlagevermögens), sind die Differenzen in die Ermittlung der latenten Steuern einzubezie-

---

[36]   AA Wolz DB 2010, 2625 (2633), der in § 308a eine Bewertungsmethode und keine Konsolidierungsmethode sieht.

[37]   Ebenso Busse v. Colbe/Müller/Reinhard Rn. 120.

[38]   Eine erfolgsneutrale Verrechnung des Goodwill war mit DRS 4, der internationalen Regelungen folgt, jedoch schon vor dem BilMoG nicht vereinbar.

hen (→ Rn. 8).[39] Die Erfassung der insoweit zu bildenden latenten Steuern erfolgt ebenfalls erfolgsneutral und beeinflusst je nach Überhang den Geschäfts- oder Firmenwert bzw. den passiven Unterschiedsbetrag aus der Kapitalkonsolidierung. Der Geschäfts- oder Firmenwert, aber auch der passive Unterschiedsbetrag aus der Kapitalkonsolidierung wird vom Gesetzgeber in diesem Zusammenhang allerdings als **reine Residualgröße** angesehen. Nach § 306 S. 3 kommt eine Einbeziehung der Größe bei der Ermittlung der latenten Steuern nicht in Betracht. Die Einbeziehung würde den Unterschiedsbetrag erhöhen, auf den dann wiederum latente Steuern zu berechnen wären.[40] Davon abzugrenzen ist ein echter Geschäfts- oder Firmenwert, der nicht lediglich aus der Konsolidierung entsteht und dem auch ein steuerlich zu berücksichtigender Geschäfts- oder Firmenwert gegenübersteht.[41] Buchwertdifferenzen aus dem erstmaligen Ansatz eines Geschäfts- oder Firmenwerts bzw. passiven Unterschiedsbetrags sind gem. § 306 S. 3 bei der Ermittlung latenter Steuern nicht zu berücksichtigen.

28   Die Ermittlung der Steuerabgrenzung in der Neubewertungsbilanz ist unter der Berücksichtigung der Vorteile aus einem steuerrechtlichen Verlustvortrag vorzunehmen, über den die Tochtergesellschaft im Zeitpunkt der Erstkonsolidierung verfügt. Allerdings sind dabei die Beschränkungen des § 8c KStG zu beachten.[42] Einzubeziehen sind in Anlehnung an die Regelung in § 274 Abs. 1 S. 4 iVm § 298 Abs. 1 aber nur die wirtschaftlichen Vorteile, die sich voraussichtlich in den nächsten fünf Jahren nach der Prognose für die Tochtergesellschaft realisieren lassen.[43] Der Gesetzgeber wollte insoweit das Modell für den Jahresabschluss auch für die Konsolidierung übernehmen.[44] Verlustvorträge anderer Konzernunternehmen, die durch den Erwerb eines Tochterunternehmens Vorteile bringen, dürfen dagegen in der Neubewertungsbilanz nicht berücksichtigt werden. Nach der Gesetzesbegründung handelt es sich insoweit nicht um erworbenes Vermögen.[45] Eine Berücksichtigung in Bezug auf latente Steuern ist insoweit nur im Jahresabschluss des Konzernunternehmens nach allgemeinen Regeln möglich. Für den Ansatz latenter Steuern auf Zinsvorträge (§ 8a KStG, § 4h EStG) gelten die Regelungen entsprechend.[46]

29   Vor den Veränderungen durch das BilMoG wurde, um einen zutreffenden Ausweis der Steuerbelastung im Konzernabschluss zu erreichen, teilweise **über den Wortlaut des § 306** hinaus im Rahmen der **Erst- bzw. Folgekonsolidierung** eine Steuerabgrenzung zumindest für **zulässig** gehalten, um zu einer den tatsächlichen Verhältnissen entsprechenden Darstellung der Vermögens-, Finanz- und Ertragslage des Konzerns gem. der Generalnorm des § 297 Abs. 2 zu gelangen.[47] Im Rahmen des geltenden § 306 erscheint dies im Hinblick auf die Kapitalkonsolidierung weder notwendig noch zulässig. Die bisher angeführten Fallgruppen sind insoweit nicht mehr relevant.

30   Im Rahmen der nach dem BilMoG nicht mehr zulässigen **Kapitalkonsolidierung bei Interessenzusammenführung** war ein anfallender Unterschiedsbetrag gem. § 302 Abs. 2 aF erfolgsneutral mit den Rücklagen zu verrechnen. Stille Reserven bzw. Lasten wurden nicht aufgedeckt. Dadurch konnte kein Unterschied zwischen dem Konzernergebnis und der Summe der Einzelergebnisse der HB II entstehen. § 302 wurde mit dem BilMoG aufgehoben.

31   **b) Schuldenkonsolidierung.** Werden im Rahmen der Schuldenkonsolidierung gem. § 303 Aktiv- und Passivposten in gleicher Höhe verrechnet, wird das Konzernergebnis zunächst nicht berührt. Erst bei Vorliegen von Aufrechnungsdifferenzen (→ § 303

---

[39]   Zur Kodifikation der entsprechenden Aussage in DRS 10 vgl. BeBiKo/Grottel/Larenz Rn. 15.
[40]   BT-Drs. 16/10067, 83.
[41]   Vgl. Loitz DB 2010, 2177 (2182).
[42]   Vgl. Bolik/Linzbach DStR 2010, 1587.
[43]   BeBiKo/Grottel/Larenz Rn. 15.
[44]   Stibi/Klaholz BB 2009, 2582 (2585).
[45]   Vgl. BeBiKo/Störk/Deubert § 301 Rn. 97 f.
[46]   Vgl. Engels BB 2008, 1554 (1557); Bolik/Linzbach DStR 2010, 1587 (1588).
[47]   ADS Rn. 27 f.; Beck HdR/Briese C 440 Rn. 26 ff.; HdK/Baumann Rn. 21 f.; aA Busse v. Colbe/Müller/Reinhard Rn. 118; WP-HdB Bd. I M Rn. 350; Förschle/Hoffmann DB 1998, 2128.

Rn. 42 ff.) kann ein Unterschied zur Summe der Einzelergebnisse in HB II entstehen. Diese sind dann in jedem Fall sog. echte Aufrechnungsdifferenzen, da unechte Aufrechnungsdifferenzen, die auf buchungstechnische Unvollkommenheiten zurückzuführen sind, bereits in HB II korrigiert werden. In der Literatur wird allerdings auch vertreten, dass solche unechten Differenzen, die nicht aufgeklärt werden können, in die Ermittlung der latenten Steuern einzubeziehen sind. So recht überzeugen mag diese Ansicht aber vor dem Hintergrund der Regelung in § 306 nicht, auch wenn sie aus praktischer Sicht den Charme hat, dass die Klärung verschoben werden kann.

Echte Aufrechnungsdifferenzen entstehen, wenn sich im Rahmen der Schulden-   **32** konsolidierung aufzurechnende Aktiv- und Passivposten in unterschiedlicher Höhe entgegenstehen. Dies ist zB bei Abschreibungen auf konzerninterne Forderungen, Abzinsung konzerninterner Forderungen, konzerninternen Drohverlustrückstellungen oder der Umrechnung konzerninterner Fremdwährungskredite mit unterschiedlichen Wechselkursen bei Schuldner und Gläubiger der Fall. Da solche Geschäftsvorfälle aus der Konzernbilanz zu eliminieren sind, sind bei der Aufwands- und Ertragskonsolidierung auch die zugehörigen Erfolgskomponenten in der Summen-GuV wegzulassen. Damit mindern (erhöhen) sie das Konzernergebnis im Vergleich zu der Summe der Einzelergebnisse in HB II. Diese erfolgswirksamen Differenzen hängen von der Laufzeit des konzerninternen Schuldverhältnisses ab und haben deshalb idR zeitlichen Charakter. Sie führen dann zur **Steuerabgrenzung gem. § 306.** Ist der einer Aufrechnungsdifferenz zugrunde liegende Geschäftsvorfall ausnahmsweise auch in der Konzernbilanz abzubilden, muss eine Steuerabgrenzung mangels Differenz naturgemäß entfallen. Dies ist zB bei Rückstellungen für Gewährleistungen ohne rechtliche Verpflichtung bei innerkonzernlichen Lieferungen möglich, die ggf. im Konzernabschluss als Rückstellungen für unterlassene Instandhaltung auszuweisen sind.

Einen Sonderfall stellen Geschäftsvorfälle dar, bei denen durch die noch durchzuführen-   **33** den Konsolidierungsbuchungen eine **in HB II eines einbezogenen Unternehmens bestehende Differenz zur Steuerbilanz neutralisiert** wird. Ökonomisch entfällt dann die Notwendigkeit einer Steuerabgrenzung, da bezogen auf diese Geschäftsvorfälle der Konzernausweis dem in der Steuerbilanz ausgewiesenen Betrag gleicht. Löst die Konsolidierung für einen solchen Geschäftsvorfall deshalb eine passive Steuerabgrenzung gem. § 306 aus (dh nach der Konsolidierungsbuchung ist das Konzernergebnis höher als die Summe der Einzelergebnisse aus HB II), dann waren nach vor dem BilMoG vielfach vertretener Auffassung die aus einem solchen Geschäftsvorfall resultierenden latenten Steuern in der HB II entgegen dem Wortlaut des § 274 Abs. 1 S. 2 **aktivierungspflichtig,** um eine Abbildung des Ertragsteueraufwands im Konzern im Sinne der Fiktion der steuerrechtlichen Einheit des Konzerns zu gewährleisten.[48]

Beispiel:
Die sofortige Abschreibung eines konzerninternen Disagios in der HB II des Schuldners aufgrund konzerneinheitlicher Bewertungsvorschriften (Aktivierungspflicht des Disagios in der Steuerbilanz) muss im Rahmen der Schuldenkonsolidierung durch die erfolgswirksame Eliminierung des Disagios korrigiert werden (Ansatz passiver latenter Steuern gem. § 306).
Durch diesen Konsolidierungsvorgang entspricht das Konzernergebnis letztlich wieder der Summe der Steuerbilanzergebnisse. Allein bei einer Ansatzpflicht der aktiven latenten Steuern gem. § 274 Abs. 2 iVm § 298 Abs. 1 in der HB II ist sichergestellt, dass sich im Konzernabschluss der Ausweis der aktiven und passiven latenten Steuern bezogen auf diesen Geschäftsvorfall ausgleicht und der ausgewiesene Konzernsteueraufwand, der dann wieder identisch mit dem rechtlich angefallenen Steueraufwand ist, mit dem Periodenergebnis korrespondiert.

Alternativ kann bei solchen Geschäftsvorfällen mit materiell gleichem Ergebnis sowohl   **34** auf die Bildung aktiver latenter Steuern in der HB II als auch auf die Bildung passiver latenter Steuern im Konzernabschluss verzichtet werden.[49] Dies ist auch im umgekehrten

---

48 Baetge/Kirsch/Thiele Konzernbilanzen Kap. IX. 333; Dusemond FS Weber, 1999, 318. Mit anderer
    Begr., aber iErg identisch Busse v. Colbe/Ordelheide/Gebhardt/Pellens Konzernabschlüsse 3. Kap. V. 1.
49 HdJ/Karrenbrock Abt. I/13 Rn. 97.

Fall (passive latente Steuern gem. § 274 iVm § 300 Abs. 2 bzw. iVm § 298 Abs. 1, aktive latente Steuern gem. § 306) zulässig.[50]

35   **c) Zwischenergebniseliminierung.** Eine Eliminierung von Gewinnen aus den Einzelgesellschaften, die aus konzerninternen Leistungsbeziehungen verursacht wurden, sieht § 304 vor. Aus Sicht des Konzerns ist bei einheitlicher Betrachtung kein Gewinn entstanden, da die Leistungen den Konzern nicht verlassen haben. Die Eliminierung von Zwischenergebnissen aus Lieferungen und Leistungen in das **abnutzbare Anlagevermögen bzw. das Umlaufvermögen** gem. § 304 führt grundsätzlich zu zeitlichen Differenzen zwischen dem Ausweis in der Konzernbilanz und der Steuerbilanz sowie zu Differenzen zwischen dem Konzernergebnis und der Summe der Einzelergebnisse. Im Einzelnen ist das Konzernergebnis bei der Eliminierung von Zwischengewinnen (Zwischenverlusten) geringer (höher) als die Summe der Einzelergebnisse in HB II. Im Hinblick auf die Wertansätze der Vermögensgegenstände in der Konzernbilanz führt die Eliminierung der Zwischengewinne zu einem verminderten Wertansatz verglichen mit der Steuerbilanz. Eine aktive (passive) **Steuerabgrenzung gem. § 306** ist demnach vorzunehmen. Seit der Änderung durch das BilMoG sind bei kontinuierlichen Lieferungs- und Leistungsbeziehungen Differenzen aus Zwischenergebnissen, die im sog. Bodensatz enthalten sind, obwohl als quasi-permanent zu verstehen, dennoch in die Ermittlung der latenten Steuern nach dem Wortlaut des § 306 einzubeziehen.

36   Betreffen die Zwischenergebnisse Lieferungen und Leistungen in das **nicht abnutzbare Anlagevermögen,** sind die Differenzen zwischen dem Ausweis in der Konzernbilanz und der Steuerbilanz sowie die Differenzen zwischen dem Konzernergebnis und der Summe der Einzelergebnisse idR quasi-permanent. Im Hinblick auf die Wertansätze der Vermögensgegenstände in der Konzernbilanz führt die Eliminierung der Zwischengewinne auch hier zu einem verminderten Wertansatz verglichen mit der Steuerbilanz. Es erfolgt ebenfalls eine **Steuerabgrenzung gem. § 306.** Spätestens mit der Liquidation oder Veräußerung des Unternehmens kehrt sich die Differenz um. Das ist für die Bildung der latenten Steuern nach § 306 ausreichend.

37   Ein Sonderproblem ergibt sich bei **abweichender handels- und steuerrechtlicher Erfolgsrealisierung,** wenn gem. § 1 AStG bei Lieferungen an ausländische Konzernunternehmen in der Steuerbilanz andere (höhere) Verrechnungspreise angesetzt werden als die, zu denen geliefert wurde. Dies führt im Einzelabschluss des liefernden Unternehmens zu einer permanenten Differenz. Im Konzernabschluss ist der im handelsrechtlich angesetzten Verrechnungspreis enthaltene Zwischengewinn zu eliminieren, was bei einer Lieferung bzw. Leistung in das abnutzbare und nicht abnutzbare Anlagevermögen bzw. das Umlaufvermögen eine zeitliche Differenz begründet. Diese fällt grundsätzlich unter den Anwendungsbereich des § 306. Darf das empfangende Unternehmen, zB aufgrund fehlender Doppelbesteuerungsabkommen, den steuerlichen Verrechnungspreis selbst nicht geltend machen, würde die Steuerabgrenzung gem. § 306 zu einer unzutreffenden Darstellung der Ertragsteuerbelastung im Konzern führen. In diesem Fall ist die Steuerabgrenzung deshalb unzulässig.[51]

38   **d) Aufwands- und Ertragskonsolidierung.** Bei der Konsolidierung von Aufwendungen und Erträgen gem. § 305 entstehen bei gleich hohen Aufwendungen und Erträgen keine Differenzen zwischen den Wertansätzen von Vermögensgegenständen und Schulden in der Handelsbilanz und der Steuerbilanz. Die Wertansätze aus der HB II verändern sich durch die Konsolidierung nicht. Es ist deshalb auch **keine Steuerabgrenzung gem. § 306** vorzunehmen. Erfolgswirksame Verrechnungen sind aber in Zusammenhang mit anderen Konsolidierungsschritten, zB der Schuldenkonsolidierung oder der Zwischenergebniseliminierung, vorzunehmen; eine ggf. durchzuführende Steuerabgrenzung wird dort behandelt. Einen Sonderfall stellen **konzerninterne Ergebnisübernahmen** dar (vgl. zur Konsolidierungstechnik im Einzelnen → § 305 Rn. 24 ff.).

---

[50]   Beck HdR/Briese C 440 Rn. 64.
[51]   Beck HdR/Debus C 440 Rn. 169.

aa) Zeitgleiche Ergebnisübernahme. Bei zeitgleichen Ergebnisübernahmen entste- 39
hen Differenzen zwischen der Summe der Einzelergebnisse in HB II und dem Konzernergebnis nur dann, wenn am Tochterunternehmen außenstehende Gesellschafter beteiligt
sind.
– Bei Vorliegen eines **Gewinnabführungsvertrags** bemisst sich die Höhe dieser Differenz
an der den außenstehenden Gesellschaftern zustehenden Ausgleichszahlung. Sie entsteht,
da die von Mutter- oder Tochterunternehmen vorgenommene Ausgleichszahlung
erfolgswirksam gegen das Konzernergebnis storniert und als Ergebnisanteil außenstehender Gesellschafter ausgewiesen wird.
– Bei einer zeitgleichen Ergebnisübernahme **ohne Gewinnabführungsvertrag,** die ua
vorgeschrieben ist, wenn das betroffene Tochterunternehmen eine Personengesellschaft,
bei der gesetzliche oder gesellschaftsvertragliche Bestimmungen einer Verfügung über
den Gewinn nicht entgegen stehen,[52] oder eine Kapitalgesellschaft, die die vom BGH
formulierten Bedingungen erfüllt (→ § 305 Rn. 29), ist, bemisst sich die Höhe der Differenz an dem außenstehenden Gesellschaftern zustehenden Ergebnisanteil des Tochterunternehmens. Sie entsteht durch die Aufrechnung des Beteiligungsergebnisses des Mutterunternehmens mit dem Jahresergebnis des Tochterunternehmens.[53]
   In allen Fällen ist diese Differenz einerseits als permanent einzustufen. Andererseits 40
spiegelt der aus den Einzelabschlüssen übernommene Steueraufwand bei zeitgleichen Ergebnisübernahmen regelmäßig auch den Konzernsteueraufwand in korrekter Höhe wider. Im
Übrigen ist aber auch keine relevante Differenz iSd § 306 feststellbar, sondern vielmehr
eine Differenz im Anwendungsbereich des S. 4.[54] Es ist deshalb **keine Steuerabgrenzung
gem. § 306** vorzunehmen.

bb) Zeitverschobene Ergebnisübernahme. Wird das Ergebnis des Tochterunter- 41
nehmens erst in einer späteren Periode vom Mutterunternehmen vereinnahmt, so ist der
Beteiligungsertrag beim Mutterunternehmen erst in der Periode der Ausschüttung des
Tochterunternehmens erfolgswirksam zu konsolidieren. Auch diese Differenz zwischen dem
Konzernergebnis und der Summe der Einzelergebnisse ist als permanent einzustufen, so
dass **keine Steuerabgrenzung gem. § 306** vorzunehmen ist.
   Allerdings wurde vor dem BilMoG unter Berufung auf eine den tatsächlichen Verhält- 42
nissen entsprechende Abbildung der Vermögens-, Finanz- und Ertragslage des Konzerns
ein **Ansatz passiver latenter Steuern gem. § 297 Abs. 2** auf zeitverschobene Ergebnis-
übernahmen bereits in der Periode der Ergebnisentstehung für zulässig gehalten, sofern
abzusehen ist, dass in der Periode der Ausschüttung an das Mutterunternehmen weitere
Ertragsteuern anfallen.[55] Das ist durch die Veränderung des § 306 nicht mehr mit dem
Gesetz vereinbar. Es handelt sich vielmehr um einen Fall des S. 4 (outside basis differences).
Solche Nachsteuern[56] beruhen insbesondere auf zwei Gründen:
– **Ausländische Quellensteuern.** Vielfach entstehen auf die Ausschüttung ausländischer
Tochterunternehmen für das Mutterunternehmen zusätzliche Steuern, idR Quellensteu-
ern. Die Höhe dieser zusätzlichen Steuern ist abhängig von im Einzelfall vorliegenden
Doppelbesteuerungsabkommen.
– **Zugriffsbesteuerung.** Gem. §§ 7 ff. AStG erstreckt sich die Steuerpflicht des Mutter-
unternehmens möglicherweise auch auf die in der Vorperiode erwirtschafteten und thesauri-
erten passiven Einkünfte eines ausländischen Tochterunternehmens in einem Niedrig-
steuerland. Der Steuerabgrenzungsposten bemisst sich dann an der Höhe der bereits im
Jahr der Ergebnisentstehung zu erwartenden Steuern beim Mutterunternehmen.[57]

---

[52]   Vgl. BeBiKo/Justenhoven/Kliem/Müller § 275 Rn. 177.
[53]   BGHZ 137, 378 = NJW 1998, 1559.
[54]   Loitz DB 2010, 2177 (2183).
[55]   Beck HdR/Debus C 440 Rn. 182 mwN.
[56]   Zur Rechtslage vor dem BilMoG Weißenberger/Behrendt BB 2006, 931 (935).
[57]   So auch Busse v. Colbe/Müller/Reinhard Rn. 117.

43   **3. Latente Steuern bei anteilsmäßiger Konsolidierung.** Bei der anteilsmäßigen Konsolidierung gemeinsam geführter Unternehmen ist die Steuerabgrenzung gem. § 310 Abs. 2 entsprechend durchzuführen. Für die Ermittlung des Abgrenzungsbetrags sind die zeitlichen Differenzen allerdings quotal zugrunde zu legen (vgl. auch DRS 18.26).

44   **4. Latente Steuern aus der Anwendung der Equity-Methode.** Die Anwendung der Equity-Methode ist im Siebenten Titel geregelt. Eine Anwendung von § 306 ergibt sich demnach nicht aus dem Wortlaut dieser Vorschrift, der nur auf den Vierten Titel Bezug nimmt. Dennoch ist eine **Steuerabgrenzung gem. § 306** auf zeitliche Unterschiede zwischen den Equity-Werten (aus der Zuordnung des Unterschiedsbetrags zu den Vermögensgegenständen und Schulden der assoziierten Unternehmen (§ 312 Abs. 2) in der Konzernbilanz) und dem Wertansatz der Vermögensgegenstände und Schulden im Jahresabschluss des assoziierten Unternehmens, die aus der Anwendung der Equity-Methode als Konsolidierungsmethode im Konzernabschluss resultieren, zumindest als zulässig anzusehen.[58] Das gilt nicht, wenn die Methode nur als Bewertungsmethode angewandt wird. Insoweit sind §§ 306, 300 Abs. 2 nicht anwendbar.[59] DRS 18 ist entsprechend auf die anteilmäßige Konsolidierung von Gemeinschaftsunternehmen und auf die Behandlung von assoziierten Unternehmen anzuwenden (DRS 18.4a). Bei einer Angleichung von Bewertungsmethoden im Jahresabschluss des assoziierten Unternehmens gem. § 312 Abs. 5 S. 1 kann eine ebenfalls zulässige Steuerabgrenzung gem. § 274 iVm § 298 Abs. 1 erfolgen (→ Rn. 18 ff.). Im Rahmen der Equity-Methode erfolgt keine (vollständige) Einbeziehung der Vermögensgegenstände und Schulden des assoziierten Unternehmens in den Konzernabschluss. Es wird vielmehr der Buchwert der Beteiligung um die anteilig auf den Anteilseigner entfallenden Veränderungen im Eigenkapital des assoziierten Unternehmens fortgeschrieben.[60]

45   Bei der **erstmaligen Anwendung der Equity-Methode** sind analog zur Vollkonsolidierung stille Reserven und Lasten im Rahmen der Neubewertung aufzudecken und ein ggf. verbleibender Unterschiedsbetrag als Geschäfts- oder Firmenwert bzw. als passivischer Unterschiedsbetrag auszuweisen (§ 312 Abs. 2). In den Folgejahren sind die stillen Reserven und Lasten erfolgswirksam gegen den Equity-Wert abzuschreiben. Der verbleibende Unterschiedsbetrag ist analog zu § 309 zu behandeln. Ein sich dadurch ergebender Unterschied zwischen dem Equity-Wert im Konzernabschluss und dem Wertansatz des Vermögens in den betroffenen Einzelabschlüssen, in denen die Beteiligungen lediglich mit den fortgeführten Anschaffungskosten bewertet sind, ist als quasi-permanent einzustufen, sofern keine konkrete Veräußerungsabsicht besteht. Eine **erfolgsneutrale Steuerabgrenzung im Rahmen der Erstkonsolidierung** ist aber in der Konzernbilanz nicht zwingend erforderlich. Die aufgrund der Berechnung des Unterschiedsbetrags (§ 312 Abs. 2) aufgedeckten stillen Reserven und stillen Lasten sind für die Ermittlung von latenten Steuern zwar zu berücksichtigen, aber in einer Nebenrechnung außerhalb der Konzernbilanz zu erfassen (vgl. dazu aber DRS 18.27). Sie führen erst bei der Fortschreibung des Equity-Werts zu einer Anpassung des Beteiligungswerts.[61] Nach DRS 18.27 sind auf solche temporäre Differenzen (at Equity-Wertansatz) latente Steuern zu bilden. Latente Steuern im Hinblick auf den als Geschäfts- oder Firmenwert bzw. den als passivischer Unterschiedsbetrag auszuweisenden

---

[58]   So schon die hM vor dem BilMoG, so zB ADS Rn. 7; BeBiKo/Grottel/Larenz Rn. 19; HdJ/Karrenbrock Abt. I/13 Rn. 109 f.; gleicher Ansicht auch Busse v. Colbe/Ordelheide/Gebhardt/Pellens Konzernabschlüsse 11. Kap. IV. 3.3.; aA WP-HdB Bd. I M Rn. 549. Bentler, GoB für die Equity-Methode, 1991, S. 59 erachtet die Steuerabgrenzung bei wesentlichen Beträgen aus den Grundsätzen der Einheitlichkeit der Bewertung bzw. der Anwendung des Vollkonsolidierungsgrundsätze sogar für geboten. Baetge/Kirsch/Thiele Konzernbilanzen Kap. IX. 336 beschränken die Zulässigkeit einer Steuerabgrenzung auf ausnahmsweise nach der Equity-Methode bewertete Tochterunternehmen bzw. gemeinsam geführte Unternehmen (sog. untypische assoziierte Unternehmen). Kirsch, Die Equity-Methode im Konzernabschluß, 1990, S. 297 begründet latente Steuern in diesem Zusammenhang mit § 297 Abs. 2.
[59]   Baetge/Kirsch/Thiele Konzernbilanzen 410; Wolz DB 2010, 2625 (2630).
[60]   Küting/Weber Konzernabschluss S. 527.
[61]   Baetge/Kirsch/Thiele Konzernbilanzen S. 410, 411.

Betrag dürfen wegen § 306 S. 3 nicht gebildet werden. Davon zu unterscheiden sind die latenten Steuern auf die Beteiligung selbst. Insoweit geht es um die Differenz zwischen dem Wertansatz der Beteiligung im Konzernabschluss und dem Wertansatz in der Steuerbilanz des Mutterunternehmens (§ 306 S. 4, → Rn. 51).

Zeitliche Differenzen aus der Anwendung der Equity-Methode können auch aus der **46** **Zwischenergebniseliminierung** gem. § 312 Abs. 5 S. 3 resultieren, wenn es um Lieferungen und Leistungen in das Anlagevermögen bzw. in das Umlaufvermögen geht. Hier gelten die Ausführungen in → Rn. 35 ff. analog. Eine Steuerabgrenzung aufgrund der Eliminierung dürfte gleichwohl nicht in Betracht kommen.[62] Der Unterschiedsbetrag ist in der Konzernbilanz mit dem Equity-Wertansatz zu verrechnen. Dadurch entsteht lediglich eine Differenz, die mit der Differenz zwischen dem Wert des Vermögens des assoziierten Unternehmens in der Konzernbilanz und dem Steuerwert der Beteiligung vergleichbar ist. Insoweit kommt aber eine Steuerabgrenzung nach § 306 S. 4 nicht in Betracht.

Weiterhin können sich zeitliche Differenzen im Hinblick auf den Wertansatz durch **47** den einem beteiligten Konzernunternehmen im Rahmen der Fortschreibung des Equity-Wertes zugerechneten **anteiligen Jahresüberschuss** eines assoziierten Unternehmens ergeben. Dieser erhöht bereits in der laufenden Periode den im Konzernabschluss angesetzten Equity-Wert der Beteiligung. Dabei sind zwei Fälle zu unterscheiden:
– Wird der Jahresüberschuss beim assoziierten Unternehmen **thesauriert,** sind die anteiligen Jahreserfolge erst bei Verkauf bzw. Liquidation des assoziierten Unternehmens beim beteiligten Konzernunternehmen steuerlich wirksam. Die Differenz zwischen dem Konzernergebnis und der Summe der Einzelergebnisse ist als quasi-permanent einzustufen. Der Konzernsteueraufwand wird aber in diesem Zusammenhang in korrekter Höhe aus den Einzelabschlüssen übernommen, so dass insoweit **keine Steuerabgrenzung** erforderlich und nach § 306 S. 4 auch nicht vorzunehmen ist (→ Rn. 51 und DRS 18.30).
– Wird der dem beteiligten Unternehmen zustehende Anteil am Jahresüberschuss dagegen in der Folgeperiode **ausgeschüttet,** fallen auf Konzernebene bereits in der laufenden Periode analog zu zeitverschobenen Ergebnisübernahmen vollkonsolidierter Tochterunternehmen möglicherweise Nachsteuern an, für die eine Steuerabgrenzung gem. § 297 Abs. 2, entsprechend der Ansicht vor dem BilMoG, zulässig sein kann, aber aufgrund der Regel in § 306 S. 4 vom Gesetzgeber wohl im Hinblick auf den Vereinfachungsgedanken nicht mehr vorgesehen ist (→ Rn. 41 f.).[63]

Wird im Rahmen der Fortschreibung des Equity-Werts ein **anteiliger Fehlbetrag** **48** eines assoziierten Unternehmens zugerechnet, sind die Regeln zur anteiligen Überschusszurechnung entsprechend heranzuziehen (§ 306 S. 4).

5. Buchwertdifferenzen beim Geschäfts- oder Firmenwert (S. 3). Kommt es im **49** Rahmen von Konsolidierungsmaßnahmen zum Ausweis von Residualbeträgen als Geschäfts- oder Firmenwert bzw. einem Unterschiedsbetrag aus Kapitalkonsolidierung, sind diese bei der Ermittlung der latenten Steuern nicht zu berücksichtigen. Es handelt sich bei den beiden Posten nicht um echte Vermögenswerte oder Schulden, sondern lediglich um ein Residuum.[64] Die Einbeziehung würde den Unterschiedsbetrag erhöhen und diese Erhöhung wäre wiederum Auslöser von latenten Steuern. Temporäre Differenzen sind aber zu berücksichtigen, wenn sie auf einen steuerlich abzugsfähigen Geschäfts- oder Firmenwert zurückzuführen sind (→ Rn. 27). In Anlehnung an die Regeln zur Kapitalkonsolidierung sind bei der Anwendung der Equity-Methode entsprechende temporäre Differenzen ebenfalls nicht zu berücksichtigen (→ Rn. 47).

6. Sog. outside basis differences (S. 4). S. 4 enthält einen Ausschluss vom Anwen- **50** dungsbereich der latenten Steuern für sog. outside basis differences. Dabei handelt es sich

---

62   BeBiKo/Grottel/Larenz Rn. 29.
63   Lochner BB 1989, 2298. ADS § 305 Rn. 84 hält bei einer solchen Anpassung des Konzernsteueraufwands eine Angabe im Konzernanhang für erforderlich.
64   Vgl. BT-Drs. 16/10067, 83.

um temporäre Differenzen zwischen dem steuerlichen Wertansatz einer Beteiligung eines Tochterunternehmens, eines assoziierten Unternehmens oder eines Gemeinschaftsunternehmens und dem handelsrechtlichen Wertansatz des im Konzernabschluss angesetzten Nettovermögens des Unternehmens. Mit dem Ausschluss soll eine erhebliche Vereinfachung bei Inkaufnahme einiger konzeptioneller Unstimmigkeiten erreicht werden.[65] Solche Differenzen, die sich im Nettovermögen des Konzernunternehmens im Konzernabschluss, aber nicht im steuerlichen Beteiligungsbuchwert niederschlagen, können sich bei Gewinnthesaurierungen oder Währungsumrechnungen ergeben.[66] Die Ermittlung wird insoweit auf zwei verschiedene Rechtssubjekte bezogen, nämlich für den steuerlichen Wert auf das die Beteiligung haltende Unternehmen und für den Vergleichswert (Buchwert) auf das Unternehmen, an dem das erste beteiligt ist.[67] Bei der Ermittlung der latenten Steuern im Konzernabschluss sollen solche Differenzen nicht mehr berücksichtigt werden.[68] Für eine differenzierte Betrachtung ist nach der Gesetzesformulierung kein Raum. Das ist der Hauptkritikpunkt an der Regelung. Probleme bereiten insbesondere latente Steuern bei Beteiligung an Kapitalgesellschaften, wenn eine Veräußerung beabsichtigt ist und Gewinne bei der Tochtergesellschaft thesauriert wurden.[69] Bei noch nicht erfolgtem Gewinnverwendungsbeschluss, aber handelsrechtlich zulässiger phasengleicher Übernahme von Ergebnissen aus Beteiligungen entstehen aufgrund des steuerlichen Ansatzverbotes temporäre Differenzen, die ebenfalls dem Ansatzverbot für temporäre Differenzen, die sich zwischen dem steuerlichen Wertansatz einer Beteiligung an einem Tochterunternehmen und dem handelsrechtlichen Wertansatz des im Konzernabschluss angesetzten Nettovermögens ergeben, unterliegen (DRS 18.31). Keine outside basis differences entstehen bei der Konsolidierung von Personengesellschaften. Der steuerliche Wertansatz und der Vergleichswert im Konzernabschluss entsprechen sich, da jeweils das anteilige Nettovermögen abgebildet wird.[70]

51   **7. Ermittlung des Abgrenzungsbetrags.** Der Abgrenzungsbetrag ist durch die **Multiplikation** der als Bemessungsgrundlage ermittelten **zeitlichen Differenzen,** die eine Steuerabgrenzung gem. § 306 auslösen, **mit dem maßgeblichen Steuersatz** zu berechnen. Die Methode zur Berechnung des Betrags der Steuerabgrenzung gilt als Konsolidierungsmethode und fällt damit unter das Stetigkeitsgebot gem. § 297 Abs. 3 S. 2.[71] Wird in begründeten Fällen von der einmal gewählten Ermittlungsmethode abgewichen, ist dies gem. § 297 Abs. 3 S. 4 im Konzernanhang anzugeben und zu begründen; dabei ist gem. S. 5 der Einfluss auf die Vermögens-, Finanz- und Ertragslage des Konzerns gesondert anzugeben.

52   **a) Bemessungsgrundlage.** In der Regel liegen der Aufstellung des Konzernabschlusses mehrere Konsolidierungsvorgänge, die parallel eine Steuerabgrenzung gem. § 306 auslösen, zugrunde. Für **die erstmalige Ermittlung der Bemessungsgrundlage** des abzugrenzenden Betrags sind folgende Vorgehensweisen in Betracht zu ziehen:
– Die **Einzeldifferenzenbetrachtung** (individual transaction method) folgt strikt dem Grundsatz der Einzelbewertung. Dabei wird jede zeitliche Differenz zwischen dem Konzernabschluss und der Summe der Einzelabschlüsse HB II getrennt ermittelt und die darauf entfallenden latenten Steuern berechnet. In den Folgejahren wird jede dieser Differenzen einschließlich des jeweils abgegrenzten Steuerbetrags gesondert bis zu ihrer Umkehrung und der vollständigen Auflösung der ursprünglich angesetzten Steuerabgrenzung fortgeführt.

---

65 Vgl. BT-Drs. 16/12407, 90.
66 BeBiKo/Grottel/Larenz Rn. 35.
67 Wolz DB 2010, 2625 (2629).
68 Zur Kritik Wolz DB 2010, 2625 (2631), der für eine Anhangangabe plädiert.
69 Zur Berechnung Kirsch IRZ 2009, 237 (240).
70 Wolz DB 2010, 2625 (2632).
71 ADS § 297 Rn. 52; WP-HdB Bd. I M Rn. 598. Folgt man einer engeren Auffassung des Konsolidierungsbegriffs, so bleibt das Stetigkeitsgebot dennoch über § 252 Abs. 1 Nr. 6 iVm § 298 Abs. 1 und die entsprechenden Erläuterungspflichten gem. § 313 Abs. 1 Nr. 3 bestehen.

– Die **Gesamtdifferenzenbetrachtung** folgt dagegen dem Konzept der Gruppenbewertung: Die für die Ermittlung der latenten Steuern auf Konzernebene maßgebende Differenz wird insgesamt durch einen Vergleich des Konzernabschlusses nach Beendigung aller Konsolidierungsvorgänge mit der Summe der Einzelabschlüsse vorgenommen. Allein auf diese Gesamtdifferenz – vermindert um permanente Differenzen – wird die anfallende Steuerabgrenzung ermittelt.[72]

Beide Methoden führen bei identischen Steuersätzen zum gleichen rechnerischen **53** Ergebnis. In der Praxis erweist sich die Einzeldifferenzenbetrachtung häufig als unwirtschaftlich, so dass die Steuerabgrenzung idR mit Hilfe der Gesamtdifferenzenbetrachtung durchgeführt wird. Dafür spricht auch, dass § 306 letztlich auf eine Gesamtbetrachtung der Steuerabgrenzung abzielt, denn S. 1 bezieht sich auf die Differenzen der Wertansätze als aggregierte Größe, nicht jedoch auf die zugrunde liegenden einzelnen Werte.[73] Eine Anwendung differenzierter Steuersätze ist aber bei der Gesamtdifferenzenbetrachtung nicht mehr möglich; allerdings ist dies nach § 306 S. 5 iVm § 274 Abs. 2 nach dem BilMoG die Regel. Gleichwohl lässt die Gesetzesbegründung erkennen, dass unter Verhältnismäßigkeits- und Wesentlichkeitsgesichtspunkten die Bewertung ausnahmsweise mit einem konzerneinheitlichen durchschnittlichen Steuersatz erfolgen kann.[74]

Bezüglich der in den **Folgejahren** notwendigen Anpassung der Steuerabgrenzung im **54** Rahmen der **Gesamtdifferenzenbetrachtung,** sowohl durch die Auflösung latenter Steuern aus früheren Perioden als auch durch die notwendige Neubildung von latenten Steuern, können wiederum zwei Vorgehensweisen unterschieden werden, die bei identischen Steuersätzen ebenfalls rechnerisch zum gleichen Ergebnis führen:

– Bei der **Brutto–Methode** (gross change method) werden die latenten Steuern getrennt, im ersten Schritt für die Neubildung zeitlicher Differenzen und im zweiten Schritt für die Umkehrung früherer zeitlicher Differenzen in der betrachteten Periode, ermittelt. In der Summe ergibt sich die Zuführung zu (Auflösung von) latenten Steuern gem. § 306 der laufenden Periode.

– Bei der alternativ anwendbaren **Netto–Methode** (net change method) werden erst die zeitlichen Differenzen der betrachteten sowie früherer Perioden einschließlich der Auflösung dieser Differenzen in der betrachteten Periode saldiert. Mit diesem saldierten Betrag wird dann im zweiten Schritt der Steuersatz zur Ermittlung des Abgrenzungspostens multipliziert. Als Produkt ergibt sich die Zuführung zu (Auflösung von) latenten Steuern gem. § 306 der laufenden Periode.

Der Gesamtbetrag der aktiven oder passiven latenten Steuern gem. § 306 der laufenden **55** Periode ergibt sich dann aus der Kumulierung der so ermittelten Zuführung bzw. Auflösung latenter Steuern gem. § 306 mit den latenten Steuern gem. § 306 der Vorperiode.

Bei der Ermittlung der sich künftig ergebenden Steuerbe- und -entlastung sind im **56** Rahmen der Konsolidierung von Personengesellschaften die steuerlichen Ergänzungsbilanzen zu berücksichtigen.[75] In den Ergänzungsbilanzen werden Wertkorrekturen zu den Beträgen ausgewiesen, die in der Steuerbilanz der Personengesellschaft für das gesamthänderisch gebundene Vermögen angesetzt werden. Die Wirtschaftsgüter sind Eigentum der Gesellschaft und daher in die Ermittlung von latenten Steuern einzubeziehen. Anders ist dies bei Wirtschaftsgütern in den Sonderbilanzen der einzelnen Gesellschafter (sog. Sonderbetriebsvermögen). Dabei handelt es sich handelsrechtlich nicht um Vermögen oder Schulden, die der Personengesellschaft zuzurechnen sind. Im Konzernabschluss sind die Vermögensgegenstände aber zu berücksichtigen, wenn neben der Personengesellschaft auch der Gesellschafter Teil des Konsolidierungskreises ist (vgl. auch DRS 18.39).

---

[72] Ggf. kann die Gesamtdifferenzenbetrachtung auch separat für verschiedene Typen von Differenzen, zB aus unterschiedlichen Konsolidierungsmaßnahmen, durchgeführt werden (Baetge/Kirsch/Thiele Konzernbilanzen Kap. IX. 342). Krit. zur Möglichkeit einer von der Konzern-GuV ausgehenden Gesamtdifferenzenbetrachtung ADS Rn. 38.

[73] Vor dem BilMoG ADS Rn. 38.

[74] BT-Drs. 16/10067, 83.

[75] Wolz DB 2010, 2625 (2632); BeBiKo/Grottel/Larenz Rn. 22.

57   **b) Maßgeblicher Steuersatz.** Bei der Wahl des Steuersatzes zur Berechnung des abzugrenzenden Betrags sind die **Körperschaftsteuer** (einschließlich von Zuschlägen) sowie die **Gewerbeertragsteuer** zu berücksichtigen.[76] § 274 Abs. 2 und über die Verweisung (§ 306 S. 5) auch § 306 gehen von der Maßgeblichkeit eines unternehmensindividuellen Steuersatzes zur Berechnung der latenten Steuern aus. Insoweit wird die Fiktion der steuerrechtlichen Einheit des Konzerns aufgegeben. Auf diesem Wege soll die Darstellung eines den tatsächlichen Verhältnissen entsprechenden Bildes der Vermögens-, Finanz- und Ertragslage des Konzerns verbessert werden. Dabei ist in Übereinstimmung mit DRS 18 das Vorsichtsprinzip besonders zu beachten. Es sollte daher eine aus der Unternehmensplanung abgeleitete nachvollziehbare Steuerplanungsrechnung erstellt werden.[77] Nur ausnahmsweise kann unter Verhältnismäßigkeits- und Wesentlichkeitsgesichtspunkten die Bewertung mit einem konzerneinheitlichen durchschnittlichen Steuersatz erfolgen.[78]

58   Bezüglich des **Zeitbezugs des Steuersatzes** werden folgende Konzepte unterschieden:[79]

–   Bei der **(asset and) liability-Methode** werden der Steuerabgrenzung **zukünftige Steuersätze** zugrunde gelegt, die allerdings über aktuelle Steuersätze approximiert werden. Somit liegt eine Verletzung des Stichtagsprinzips faktisch nicht vor. Die liability-Methode ist statisch orientiert und fokussiert sich auf die Interpretation vor allem der passiven Steuerabgrenzungsposten als Schulden. Bei wesentlichen Steuersatzänderungen bzw. bei Änderungen der Steuergesetze ist die insgesamt ausgewiesene Steuerabgrenzung anzupassen. Dies kann im Rahmen der Einzeldifferenzenbetrachtung bezogen auf die einzelnen Differenzen erfolgen. Bei der Gesamtdifferenzenbetrachtung wird die in der Vorperiode ausgewiesene Steuerabgrenzung nach Maßgabe der Steuersatzänderung angepasst.[80]

–   Bei der **deferred-Methode** wird die Steuerabgrenzung auf der Basis **aktueller Steuersätze** ermittelt. Die deferred-Methode folgt der dynamischen Bilanztheorie, in der es im Wesentlichen darum geht, den der betrachteten Periode zuzurechnenden Steueraufwand zu bestimmen. Eine Anpassung der ausgewiesenen Steuerabgrenzung bei Steuersatzänderungen erfolgt nicht. Da jedoch die Auflösung der Steuerabgrenzungsposten nach Maßgabe der Umkehrung der zeitlichen Differenzen zum jeweiligen Steuersatz der Bildung der Steuerabgrenzungsposten erfolgen sollte, ist dann eine einzelfallbezogene Buchführung über die Differenzen und ihre Umkehrung notwendig.[81]

59   Der Gesetzgeber stellt in § 274 und über die Verweisung in S. 5 auch für § 306 ausdrücklich auf die Höhe der voraussichtlichen Steuerbe- bzw. -entlastung nachfolgender Geschäftsjahre ab. Damit steht für die Steuerabgrenzung nach § 306 nur die liability-Methode zur Verfügung. Die deferred-Methode ist unzulässig.[82] Bei konstanten Steuersätzen führen sie allerdings zum gleichen Ergebnis. Steuersatzänderungen werden bei Anwendung der liability-Methode jedoch auch bei bereits bestehenden Differenzen durch eine Anpassung der Steuerabgrenzung berücksichtigt. Dies ist bei Anwendung der deferred-Methode nicht der Fall, da hier latente Steuern mit dem Steuersatz aufgelöst werden müssen, mit dem sie gebildet wurden.[83] Im Grundsatz werden zur Ermittlung der latenten Steuern

---

[76] Bei Einzelunternehmen und Personenhandelsgesellschaften ist nur die Gewerbeertragsteuer zu berücksichtigen, da die Einkommensteuer der Eigentümer bzw. Gesellschafter dem Privatbereich zugerechnet und in der Handelsbilanz nicht angesetzt wird (WP-HdB Bd. I H Rn. 68).

[77] Vgl. zu den erforderlichen Maßnahmen Meyer/Ruberg DStR 2010, 1538.

[78] BT-Drs. 16/10067, 83.

[79] Teilweise wird in diesem Zusammenhang auch die net-of-tax-Methode (→ Rn. 28) angeführt, die jedoch gegen das Saldierungsverbot verstößt und nach hier vertretener Ansicht deshalb nicht zulässig ist.

[80] Baetge/Kirsch/Thiele Konzernbilanzen Kap. IX. 341.

[81] Hille, Latente Steuern im Einzel- und Konzernabschluß, 1982, S. 224 sieht zwar die Möglichkeit, im Rahmen der Brutto-Methode die Auflösung latenter Steuern mit Hilfe eines Mischsteuersatzes auf der Basis einer fiktiven „Verbrauchsfolge" anzusetzen, kritisiert diese jedoch als für den Bilanzadressaten nur schwer interpretierbar.

[82] Allerdings spricht der Wortlaut des § 306 für die Anwendung der liability-Methode (Busse v. Colbe/Müller/Reinhard Rn. 121).

[83] Hille, Latente Steuern im Einzel- und Konzernabschluß, 1982, S. 167.

nach § 306 die vorgenommenen Konsolidierungsmaßnahmen einzelnen Konzernunternehmen zugeordnet und die insoweit zu prognostizierende voraussichtliche Steuerbe- oder -entlastung wird mit dem jeweils zu ermittelnden unternehmensindividuellen Steuersatz berechnet. Nur ausnahmsweise kann unter Verhältnismäßigkeits- und Wesentlichkeitsgesichtspunkten die Bewertung mit einem konzerneinheitlichen durchschnittlichen Steuersatz erfolgen. Nach einer Ansicht in der Literatur soll das allerdings auch nach dem BilMoG nur für die Schuldenkonsolidierung und die Zwischenergebniseliminierung, aber nicht etwa für die Kapitalkonsolidierung gelten.[84]

Eine **Abzinsung des Steuerabgrenzungspostens** ist auch bei Anwendung der liabi- 60
lity-Methode nicht zulässig (§ 306 S. 5, § 274 Abs. 2 S. 2), da dies bei passiven Posten zu einer Verletzung des Realisationsprinzips führen würde. Eine Abzinsung des aktiven Steuerabgrenzungspostens wurde auch schon vor der Klarstellung durch das BilMoG in der Literatur ebenfalls überwiegend abgelehnt.[85]

Bezüglich der **Höhe des anzuwendenden Steuersatzes** können zwei unterschiedli- 61
che Konzepte verfolgt werden:
- Aus gesetzgeberischer Sicht (§ 274 Abs. 2 S. 1) sollte für jede einzelne Differenz der **Steuersatz des jeweils auslösenden Unternehmens** gewählt werden. Während dies für die Steuerabgrenzung nach § 274 in der HB II noch als hinreichend wirtschaftlich angesehen werden kann, ist eine solche Vorgehensweise auf Konzernebene idR recht aufwändig. Zudem werden Konsolidierungsvorgänge streng genommen immer von mindestens zwei Konzernunternehmen ausgelöst, was bei abweichenden Steuersätzen nicht zu eindeutigen Ergebnissen führt. DRS 18.45 bestimmt daher etwa für die Zwischenergebniseliminierung, dass der Steuersatz desjenigen Unternehmens maßgeblich ist, das die Lieferung oder Leistung empfangen hat.
- Weitgehend für sachgerecht wird ausnahmsweise die Anwendung eines **konzernbezogenen Durchschnittssteuersatzes** angesehen, der meist zu einer Steuerabgrenzung in ähnlicher Höhe wie bei dem erstgenannten Ansatz führt.[86] Dabei sind die gewichteten Steuerlastquoten der Konzernunternehmen sowie sonstige Sondereinflüsse, zB hohe steuerfreie Erträge in einer Periode, zu berücksichtigen. Schätzungen und Pauschalierungen sind aus Wirtschaftlichkeitsgründen vertretbar.[87]

Die Verwendung unterschiedlicher Steuersätze für die aktive und passive Steuerabgren- 62
zung ist abzulehnen.[88] Damit wird zum einen die vom Gesetzgeber in § 306 geforderte Gesamtbetrachtung unterlaufen; zum anderen entsteht bei einer solchen Vorgehensweise ein überhöhter Ergebnisspielraum, der nicht mehr mit der Darstellung eines den tatsächlichen Verhältnissen entsprechenden Bildes der Vermögens-, Finanz- und Ertragslage des Konzerns in Einklang zu bringen ist.[89]

III. Ausweis der Steuerabgrenzung in Konzernbilanz oder Anhang (S. 2)

Aus dem Wortlaut von S. 1 ergibt sich zunächst, dass lediglich ein einziger Abgren- 63
zungsposten anzusetzen ist. Aktive und passive latente Steuern, die sich aus unterschiedlichen Konsolidierungsvorgängen einer Periode ergeben, sind zu saldieren. Das Saldierungsverbot des § 246 Abs. 2 iVm § 298 Abs. 1 greift an dieser Stelle nicht. S. 2 enthält allerdings ein Wahlrecht. Aktive und passive latente Steuern dürfen auch unverrechnet in der Konzernbilanz ausgewiesen werden. Das entspricht dem Ausweiswahlrecht in § 274 Abs. 1 S. 3. Das Ausweiswahlrecht ist stetig auszuüben (§ 298 Abs. 1, § 265 Abs. 1).

Fraglich ist allerdings, inwieweit sich das Saldierungswahlrecht auch auf **Steuerabgren-** 64
zungsposten erstreckt, die nicht gem. der § 274 und § 306 gebildet werden, sondern

---

84   BeBiKo/Grottel/Larenz Rn. 42.
85   HM, ADS § 274 Rn. 33.
86   ADS Rn. 40.
87   BT-Drs. 16/10067, 83.
88   Gleicher Ansicht ADS § 274 Rn. 24.
89   So iErg auch Selchert DStR 1994, 36.

die mit der Darstellung einer den tatsächlichen Verhältnissen entsprechenden Vermögens-, Finanz- und Ertragslage des Konzerns **gem. § 297 Abs. 2** begründet werden. Sofern ein solcher Posten auf die Korrektur des für die Periode auszuweisenden Konzernsteueraufwands bzw. -ertrags abzielt, erscheint eine Behandlung analog zu den Steuerabgrenzungsposten gem. § 306 und damit ein Wahlrecht in Bezug auf die Saldierung sachgerecht. Dies war vor dem BilMoG insbesondere bei dem Ansatz von Nachsteuern der Fall (→ Rn. 42).[90]

65   Der nach S. 1 ermittelte aktive oder passive Steuerabgrenzungsposten ist in der Konzernbilanz gesondert auszuweisen. Bezüglich eines passiven Steuerabgrenzungsposten entspricht der Ausweis gem. § 306 damit § 274 Abs. 1; bezüglich eines aktiven Steuerabgrenzungsposten besteht gem. § 306 im Gegensatz zu § 274 Abs. 1 S. 2 die Pflicht zu einem gesonderten bilanziellen Ausweis. Falls in Übereinstimmung mit S. 2 keine Verrechnung vorgenommen wird, sind beide Positionen in der Konzernbilanz auszuweisen.

66   Bei einem Ausweis innerhalb der **Konzernbilanz** erfolgt die Einordnung in das Gliederungsschema des § 266 analog zu den Sonderposten nach § 274, dh im Falle eines aktiven Abgrenzungsposten als Sonderposten nach den Rechnungsabgrenzungsposten gem. § 266 Abs. 2 D., im Falle eines passiven Abgrenzungsposten als Sonderposten gem. § 266 Abs. 3 E.

67   Erfolgt keine Verrechnung der aktiven latenten Steuern mit den passiven latenten Steuern, sind die jeweiligen Werte analog den gesondert ausgewiesenen latenten Steuern nach § 274 nach § 266 Abs. 2 D. (Aktive latente Steuern) und § 266 Abs. 3 E. (Passive latente Steuern) auszuweisen. Im Hinblick auf die Verbesserung der Information der Abschlussadressaten kann eine Saldierung der aktiven und passiven latenten Steuern dann angezeigt sein, wenn es um die gleiche Steuerart geht und dieselbe Steuerbehörde betroffen ist. Dabei ist aber ferner zu berücksichtigen, dass die Umkehrung auch im gleichen Zeitraum erfolgen muss.[91]

68   Eine **Erläuterungspflicht** des Abgrenzungsposten im Konzernanhang besteht nach § 314 Abs. 1 Nr. 21. Danach ist zu erläutern, auf welchen Differenzen oder steuerlichen Verlustvorträgen die latenten Steuern beruhen und mit welchem Steuersatz die Bewertung erfolgt ist. Qualitative Angaben zur Art der bestehenden Differenzen oder der steuerlichen Verlustvorträge sind regelmäßig ausreichend. Nicht erforderlich ist eine Erläuterung zu temporären Differenzen, die dem Ansatzverbot nach S. 4 unterliegen. Eine gewisse Erweiterung, die von DRS 18.66 in bestimmten Fällen gefordert wurde, ist durch Wegfall der Aussage im Rahmen der Überarbeitung zum Jahresende 2021 nicht mehr relevant..

69   Bei erfolgswirksamer Bildung der Steuerabgrenzung bzw. bei der erfolgswirksamen Auflösung bei Umkehrung der zugrunde liegenden Differenz ist der entsprechende Steueraufwand bzw. -ertrag in der **Konzern-GuV** mit dem Posten Steuern vom Einkommen und Ertrag (Pos. 14 bzw. 13) zu verrechnen. Eine Vorspaltenangabe bzw. ein „Davon-Vermerk" bezüglich der Aufwendungen und Erträge aus der Neubildung bzw. Auflösung von Steuerabgrenzungsposten ist vorzunehmen. Aufwendungen und Erträge aus Veränderungen des Steuerabgrenzungsposten, die aus einer Anpassung des Konzernsteuersatzes oder aus der Auflösung resultieren, sind ebenfalls unter dem Posten auszuweisen (§ 274 Abs. 2 S. 3).

70   Für den Ausweis der Steuerabgrenzung gilt gem. § 265 Abs. 1 iVm § 298 Abs. 1 der Grundsatz der **Ausweisstetigkeit**.[92] Zur Angabe der Vorjahreszahlen bzw. deren Anpassung bei Ausweisänderungen → § 265 Rn. 1 ff.

IV. Zusammenfassung mit Posten nach § 274 (S. 6)

71   Neben dem gem. § 306 gebildeten Abgrenzungsposten kann der Konzernabschluss auch auf der Basis des § 274 gebildete latente Steuern enthalten. Die **Saldierung aller Steuerabgrenzungsposten** ist zulässig und auch üblich; eine Saldierungspflicht ist aus dem

---

[90]   AA Förschle/Hoffmann DB 1998, 2127.
[91]   BeBiKo/Grottel/Larenz Rn. 50.
[92]   ADS Rn. 48.

Gesetzeswortlaut allerdings nicht abzuleiten. Sie besteht lediglich für die aus den Einzelabschlüssen gem. § 274 gebildeten und in die HB II übernommenen Steuerabgrenzungsposten
und den in der HB II neu gebildeten Steuerabgrenzungsposten.[93] Eine Saldierung erscheint
allerdings auf der Grundlage von § 297 Abs. 2 geboten, sofern durch die Konsolidierung
Unterschiede in der HB II zur Steuerbilanz neutralisiert werden und sich damit Steuerlatenzen gem. § 274 mit solchen gem. § 306 ausgleichen (→ Rn. 33).[94]

Die Zusammenfassung von Abgrenzungsposten gem. § 306 und § 274 ist **nicht erläu-** 72
terungspflichtig; sie sollte jedoch aus den Erläuterungen im Konzernanhang erkennbar
sein. Allerdings bleibt die Erläuterungspflicht für einen aktiven Steuerabgrenzungsposten
gem. § 274 Abs. 1 S. 2 bestehen, da der Verweis in § 298 Abs. 1 auf die Eigenart des
Konzernabschlusses eine Reduktion des Informationsumfangs nicht zulässt und die entsprechenden Informationen im Rahmen der Konzernabschlusserstellung ohnehin vorliegen.[95]

V. Sonderfragen zur Steuerabgrenzung

1. Ent- und Übergangskonsolidierung. Bei der **Entkonsolidierung** sind noch 73
bestehende Steuerabgrenzungsposten erfolgswirksam aufzulösen.[96] Aus Konzernsicht scheiden bei der Entkonsolidierung alle Vermögensgegenstände und Schulden aus der Konzernbilanz aus. Die latenten Steuern beeinflussen daher den Veräußerungsgewinn bzw. den
Veräußerungsverlust. Werden aufgrund der Nichtanwendbarkeit von § 294 Abs. 3 zum dem
Verkauf folgenden Konzernbilanzstichtag von dem ehemals einbezogenen Unternehmen
die für die Steuerabgrenzung notwendigen **Auskünfte verweigert,** ist auch in bedeutenden
Fällen von einer Steuerabgrenzung abzusehen. In diesem Fall ist eine entsprechende Angabe
in den Anhang aufzunehmen.

Im Rahmen der **Übergangskonsolidierung** gelten die Ausführungen zur Erst- und 74
Entkonsolidierung analog. Bei einem Übergang von der Voll- bzw. anteiligen Konsolidierung zur Equity-Konsolidierung erfolgt dementsprechend eine erfolgswirksame Entkonsolidierung bezüglich der veräußerten Anteile. Für die noch verbleibenden Anteile ist die
Steuerabgrenzung erfolgsneutral vorzunehmen, sofern nicht auf eine Steuerabgrenzung bei
Anwendung der Equity-Methode ganz verzichtet wird; in dem Fall sind die noch bestehenden Steuerabgrenzungsposten erfolgswirksam aufzulösen.[97] Bei einer Übergangskonsolidierung von der Equity- zur Voll- bzw. anteiligen Konsolidierung ist umgekehrt zu verfahren.[98]

2. Berücksichtigung von Organschaftsverhältnissen. Bei gewerbe- und körper- 75
schaftsteuerlichen Organschaftsverhältnissen hat die Steuerabgrenzung für alle Gesellschaften
des Organkreises durch den Organträger als Steuerschuldner zu erfolgen.[99] Künftige Steu-
erbe- oder -entlastungen aus temporären Differenzen zwischen den handelsrechtlichen
Buchwerten von Vermögensgegenständen, Schulden oder Rechnungsabgrenzungsposten
der Organgesellschaft und den korrespondierenden steuerlichen Wertansätzen sind ausschließlich im Jahresabschluss des Organträgers als Steuersubjekt zu berücksichtigen. Der
Ansatz latenter Steuern im Jahresabschluss des Organträgers für temporäre Differenzen bei
Organgesellschaften darf allerdings nur für die erwartete Laufzeit der Organschaft erfolgen.
Im Einzelnen wird die Steuerabgrenzung zunächst bei den einzelnen Gesellschaften durchgeführt. Die latenten Steueraufwendungen und -erträge sind jeweils in der GuV zu berücksichtigen und werden bilanziell über das Verrechnungskonto mit dem Organträger abgerechnet. Der beim Organträger bilanziell ausgewiesene Steuerabgrenzungsposten fasst dann
sowohl die eigene Steuerabgrenzung als auch die der Gesellschaften des Organkreises zusam-

---

93 Ebenso Busse v. Colbe/Ordelheide/Gebhardt/Pellens Konzernabschlüsse 1. Kap. V. 4.6.
94 Baetge/Kirsch/Thiele Konzernbilanzen Kap. XI. 35.
95 AA ADS Rn. 51.
96 Ebenso Busse v. Colbe/Ordelheide/Gebhardt/Pellens Konzernabschlüsse 6. Kap. VI. 6.2.
97 So auch BeBiKo/Grottel/Larenz Rn. 32.
98 Einzelheiten bei Watrin/Hoehne/Rieger IRZ 2009, 305 (311).
99 Zur Bilanzierung latenter Steuern bei Organschaften nach dem BilMoG Dahlke BB 2009, 878.

men.[100] Umstritten ist, ob der Ausweis der latenten Steuern beim Organträger auch dann vorzunehmen ist, wenn die steuerliche Be- und Entlastung durch sog. Steuerumlagenverträge in voller Höhe an die jeweiligen Organgesellschaften weitergegeben werden kann.[101] DRS 18.35 räumt insoweit ein Wahlrecht ein.

76   **3. Steuerabgrenzung in Verlustsituationen.** Die Steuerabgrenzung gem. § 306 in Verlustsituationen erfolgt grundsätzlich analog zu § 274. Unabhängig davon, ob (mindestens) ein einbezogenes Unternehmen, der Konzern insgesamt oder beide einen Verlust ausweisen, ist die **Steuerabgrenzung gem. § 306 nach allgemeinen Grundsätzen** durchzuführen. Nur wenn abzusehen ist, dass aufgrund einer ungünstigen Ergebnissituation des Konzerns nicht mehr mit zukünftigen Steuerbe- bzw. -entlastungen zu rechnen ist, ist auf die Steuerabgrenzung gem. § 306 zu verzichten; bestehende Steuerabgrenzungsposten sind erfolgswirksam aufzulösen.[102] Bei Verbesserung der Ertragsprognosen ist die Steuerabgrenzung nachzuholen.[103]

77   **Verlustvorträge einzelner Konzernunternehmen** können dazu führen, dass dem Konzernergebnis insgesamt ein zu hoher Steueraufwand gegenübersteht. Eine **Abgrenzung aktiver latenter Steuern** auf diese Verlustvorträge ist nach Maßgabe des § 274 Abs. 1 S. 4 vorzunehmen. Die steuerlichen Verlustvorträge sind danach bei der Berechnung der latenten Steuern in Höhe der innerhalb der nächsten fünf Jahre zu erwartenden Verlustverrechnung zu berücksichtigen. Ein Ansatz aktiver latenter Steuern erscheint auch sachgerecht, wenn andernfalls die Darstellung einer den tatsächlichen Verhältnissen entsprechenden Vermögens-, Finanz- und Ertragslage des Konzerns gem. § 297 Abs. 2 übermäßig verzerrt würde. Dies ist der Fall, wenn ein Verlust eine eindeutig identifizierbare und mit hinreichender Sicherheit nicht wiederkehrende Ursache hat, zB wenn es sich lediglich um Anlaufverluste in Tochtergesellschaften handelt oder wenn zukünftige Gewinne eindeutig ausreichen, den entstandenen Verlust mehr als abzudecken, so dass eine zukünftige Steuerersparnis erreicht werden kann.[104]

78   **4. Übergangsvorschriften.** § 306 wurde durch das BilMoG neu gefasst. Die Neufassung ist nach Art. 66 Abs. 3 EGHGB erstmals auf Geschäftsjahre anzuwenden, die nach dem 31.12.2009 beginnen. Art. 67 Abs. 6 S. 1 EGHGB ermöglicht eine erfolgsneutrale Anpassung an die neue Fassung des § 306, indem die Anpassungsbeträge unmittelbar mit den Gewinnrücklagen verrechnet werden. Bei entsprechender Wahl kann die Regelung auch schon vorzeitig für Geschäftsjahre, die nach dem 31.12.2008 beginnen, angewandt werden. Voraussetzung ist allerdings, dass alle Regelungen des BilMoG schon vorzeitig beachtet werden.

79   **5. Steuerabgrenzung nach DRS 18.** Mit dem vom DSR verabschiedeten und vom BMJ veröffentlichten DRS 18 ist der Nachfolger des DRS 10 geschaffen worden. In DRS 10 wurde die Bilanzierung von latenten Steuern im Konzern geregelt.[105] Da sich DRS 10 eng an die Bilanzierung von latenten Steuern nach internationalen Rechnungslegungsnormen anlehnte, wichen die Regelungen von der hM zur Bilanzierung nach HGB vor dem BilMoG teilweise deutlich ab. Unterschiede bestanden insbesondere:
– bei der Aktivierung von **latenten Steuern auf Verlustvorträge** und Steuergutschriften,
– bei der Abgrenzung von zeitlich begrenzten zu permanenten Differenzen,
– aufgrund des **Saldierungsverbots** für latente Steuern sowie
– aufgrund des **Aktivierungsgebots** für latente Steuern.

80   Mit dem DRÄS 4 vom 18.2.2010, durch das BMJ im Bundesanzeiger bekannt gemacht, wurde der DRS 10 außer Kraft gesetzt. DRS 10 hatte durch die Änderungen, die mit dem

---

100   KPMG, Handbuch Konzernabschluss, Abschn. 3. G. II. 3.g.
101   Für den Ausweis bei den Organgesellschaften Wolz DB 2010, 2625 (2633).
102   Gleicher Ansicht HdK/Baumann Rn. 42.
103   Ebenso HdJ/Karrenbrock Abt. I/13 Rn. 49 ff.
104   So auch Busse v. Colbe/Müller/Reinhard Rn. 124; Ordelheide FS Havermann, 1995, 621 ff.
105   Zum DRS 18 im Gesamtüberblick Loitz DB 2010, 2177.

BilMoG ins HGB Eingang gefunden haben, ganz erheblich an Bedeutung verloren. Am
23.11.2009 wurde vom DRS ein Standard verabschiedet, der sich mit der Bilanzierung
latenter Steuern beschäftigt und am 8.6.2010 als DRS 18 verabschiedet wurde. Am 3.9.2010
wurde der Standard im Bundesanzeiger bekannt gemacht. Der Standard konkretisiert die
Vorschriften der §§ 274, 306, § 314 Abs. 1 Nr. 21 zur latenten Steuerabgrenzung. Eine
reformierte Fassung ist zum Jahr 2022 in Kraft getreten.

a) Grundlagen. Unter den Geltungsbereich von DRS 18 fallen entsprechend dem 81
DRS 10 alle Konzernabschlüsse nach §§ 290 ff. sowie iVm § 264a Abs. 1 und nach § 11
PublG aufgestellte Konzernabschlüsse. Aus dem Anwendungsbereich explizit ausgenommen
sind Unternehmen, die ihren Konzernabschluss gem. § 315e nach internationalen Rechnungslegungsstandards aufstellen (DRS 18.6).

DRS 18 ist erstmals für die nach dem 31.12.2010 beginnenden Geschäftsjahre zu 82
beachten. Die reformierte Version ist im Grundsatz für nach dem 31. Dezember 2021
beginnende Geschäftsjahre vorgesehen. Eine frühere Anwendung des Standards wird aber
empfohlen (DRS 18.68).

b) Ansatz latenter Steuern im Konzernabschluss. Im Ganzen kann in Bezug auf 83
DRS 18 von einem generellen, umfassenden Ansatzgebot im Hinblick auf latente Steuern
gesprochen werden. Während das HGB vor dem BilMoG einer GuV–orientierten Steuerabgrenzung (sog. timing concept) folgte und internationale Rechnungslegungsvorschriften
einen bilanzorientierten Ansatz (sog. temporary concept) zugrunde legen, stellte DRS 10
eine Mischform zwischen beiden Konzeptionen dar. Grundsätzlich waren latente Steuern
auf zeitliche Differenzen zwischen dem Buchwert und dem steuerlichen Bilanzwert eines
Vermögensgegenstandes bzw. einer Schuld anzusetzen (DRS 10.6 und DRS 10.8). Zu den
zeitlichen Differenzen zählten nach DRS 10.5 auch die quasi-permanenten Differenzen.
Beide Regelungen entsprachen dem *temporary concept*. Voraussetzung für eine Steuerabgrenzung war jedoch, dass die zeitlichen Differenzen ergebniswirksam entstanden sind und ihre
Auflösung in künftigen Geschäftsjahren voraussichtlich zu steuerlichen Be- und Entlastungen führte (DRS 10.4). Diese Eingrenzung stimmte mit dem *timing concept* überein. Als
Ausnahmeregel war die Verpflichtung zum Ansatz von latenten Steuern auf im Rahmen
der Kapitalkonsolidierung aufgedeckte stillen Reserven und Lasten zu sehen (DRS 10.16).
Nach DRS 18 sind latente Steuern auf temporäre Differenzen zu bilden, die sich voraussichtlich abbauen und daraus folgend eine Erhöhung oder Verminderung des künftig zu versteuernden Einkommens erwarten lassen. Temporäre Differenzen sind in Übereinstimmung mit
§ 306 Unterschiedsbeträge zwischen dem Buchwert eines Vermögensgegenstands, einer
Schuld oder eines Rechnungsabgrenzungspostens in der Bilanz und dem entsprechenden
steuerlichen Wertansatz (DRS 18.8). Buchwertdifferenzen aus dem erstmaligen Ansatz eines
Geschäfts- oder Firmenwerts bzw. passiven Unterschiedsbetrags B sind bei der Ermittlung
latenter Steuern nicht zu berücksichtigen (§ 306 S. 3). Ferner sind temporäre Differenzen,
die sich zwischen dem steuerlichen Wertansatz einer Beteiligung an einem Tochterunternehmen, assoziierten Unternehmen oder Gemeinschaftsunternehmen und dem handelsrechtlichen Wertansatz des im Konzernabschluss angesetzten Nettovermögens ergeben, bei
der Ermittlung latenter Steuern nicht zu berücksichtigen.

Passive latente Steuern sind voraussichtliche Ertragsteuerbelastungen in künftigen 84
Geschäftsjahren, die sich aus zu versteuernden temporären Differenzen ergeben (DRS 18.8).
Eine zu versteuernde temporäre Differenz liegt vor, wenn der Buchwert eines Vermögensge-
genstands/aktiven Rechnungsabgrenzungspostens höher oder der Buchwert einer Schuld/
eines passiven Rechnungsabgrenzungspostens niedriger ist als der korrespondierende steuerliche Wertansatz und die Angleichung der Buchwerte in künftigen Geschäftsjahren zu einer
Erhöhung des zu versteuernden Einkommens führt.

Aktive latente Steuern sind voraussichtliche Ertragsteuerentlastungen in künftigen 85
Geschäftsjahren, die sich aus abzugsfähigen temporären Differenzen, aus künftig nutzbaren
steuerlichen Verlustvorträgen und Steuergutschriften sowie Zinsvorträgen ergeben (DRS

18.8). Aktive latente Steuern entstehen aufgrund abzugsfähiger temporärer Differenzen sowie aufgrund von Verlustvorträgen, Zinsvorträgen und Steuergutschriften.

86   Hinreichende Wahrscheinlichkeit der Realisierung latenter Steuern ist gegeben, wenn gewichtigere Gründe dafür als dagegen sprechen, dass die künftige Steuerbe- oder -entlastung erwartet werden kann (DRS 18.9). Eine Pflicht zum Ansatz aktiver latenter Steuern besteht bei abzugsfähigen temporären Differenzen, die auf Konsolidierungsmaßnahmen gem. der §§ 300–305, 310 und § 312 beruhen. Dagegen besteht für aktive latente Steuern, die auf temporären Differenzen aus der Anpassung an konzerneinheitliche Bilanzierungs- und Bewertungsmethoden beruhen, ein Ansatzwahlrecht nach § 274 (DRS 18.14). Die Aktivierung kann nicht auf aktive latente Steuern beschränkt werden, die sich aus ausgewählten Einzelsachverhalten ergeben. Die Aktivierung eines Teilbetrags der insgesamt erwarteten voraussichtlichen Steuerentlastung kommt ebenfalls nicht in Betracht. Latente Steuern können in der Bilanz verrechnet oder unverrechnet ausgewiesen werden (DRS 18.56). Entsprechend der Regelung in § 306 kann eine Verrechnung aktiver und passiver latenter Steuern in der Bilanz für latente Steuern aus Konsolidierungsmaßnahmen sowie im Rahmen der Vereinheitlichung der Bilanzierungs- und Bewertungsmethoden der in den Konzernabschluss einzubeziehenden Jahresabschlüsse erfolgen. Darüber hinaus können sie mit dem Posten gem. § 274 zusammengefasst werden.

87   Steuerliche Verlustvorträge sind in Anlehnung an § 274 Abs. 1 S. 4 bei der Berechnung aktiver latenter Steuern grundsätzlich nur zu berücksichtigen, soweit die Realisierung der Steuerentlastung aus dem Verlustvortrag innerhalb der nächsten fünf Jahre erwartet werden kann (DRS 18.18). Gleiches gilt im Hinblick auf den Ansatz latenter Steuern auf Steuergutschriften und Zinsvorträge (DRS 18.20). Besonderheiten sind aber zu berücksichtigen: Ergibt sich insgesamt ein Überhang an zu versteuernden temporären Differenzen und bestehen aufrechnungsfähige und unbeschränkt vortragsfähige Verluste, so sind diese unabhängig von ihrem Realisationszeitpunkt bei der Ermittlung aktiver latenter Steuern zu berücksichtigen (DRS 18.21).

88   Werden im Rahmen der Erstkonsolidierung stille Reserven und Lasten aufgedeckt, ist erfolgsneutral eine Steuerabgrenzung vorzunehmen (DRS 18.51). Bauen sich im Rahmen der Folgekonsolidierung die zugrunde liegenden temporären Differenzen aufgrund der Abschreibung der stillen Reserven erfolgswirksam ab, so sind die passiven latenten Steuern ebenfalls erfolgswirksam aufzulösen. Bei Entkonsolidierung sind noch verbliebene Steuerabgrenzungen aus der Erstkonsolidierung bei der Ermittlung des Abgangsergebnisses zu berücksichtigen und damit ebenfalls erfolgswirksam auszubuchen (DRS 18.52).

89   **c) Bewertung latenter Steuern im Konzernabschluss.** Die Ermittlung latenter Steuern ist aufgrund einer Betrachtung der einzelnen Vermögensgegenstände, Schulden sowie Rechnungsabgrenzungsposten und ihrer steuerlichen Wertansätze vorzunehmen. Die Bewertung latenter Steuern wird auf Basis der liability-Methode vorgenommen, dh der Bewertung müssen zukünftige unternehmensindividuelle Steuersätze zugrunde gelegt werden (DRS 18.41).

90   Bezüglich der **Höhe** des anzuwendenden individuellen Steuersatzes sind Gesetzesänderungen zu berücksichtigen, sobald die maßgebliche gesetzgebende Körperschaft (in Deutschland: Zustimmung des Bundesrats) die Änderung verabschiedet hat (DRS 18.46). Von der grundsätzlichen Regelung, nur unternehmensindividuelle Steuersätze zu verwenden (DRS 18.41), kann nur in begründeten Fällen und unter Kosten-Nutzen-Abwägungen als zulässig angesehen werden, wenn die daraus resultierenden Abweichungen im Vergleich zur Verwendung der individuellen Steuersätze unwesentlich sind (DRS 18.42).

91   Es gilt ein generelles Abzinsungsverbot für latente Steuern (DRS 18.49).

92   **d) Ausweis und Anhangangaben im Konzernabschluss.** Im Konzernanhang sind auszuführen, auf welchen Differenzen oder steuerlichen Verlustvorträgen die latenten Steuern beruhen und die Steuersätze, mit denen die Bewertung erfolgt. Die Angabe hat auch für die latenten Steuern zu erfolgen, die aufgrund der Nutzung von Wahlrechten nicht

angesetzt oder mit zu versteuernden temporären Differenzen verrechnet wurden. Nicht erforderlich ist die Erläuterung von Differenzen, die dem Ansatzverbot nach § 306 S. 4 unterliegen (DRS 18.64).

Angaben, die insoweit dem Interesse einer besseren Information des Abschlussadressaten 93 dienen, sind im Konzernanhang mit Betrag und ggf. dem Zeitpunkt des Verfalls von abzugsfähigen temporären Differenzen, für die kein latenter Steueranspruch in der Bilanz angesetzt ist, von bislang ungenutzten steuerlichen Verlustvorträgen und bislang ungenutzten Steuergutschriften aufzuführen.

Ebenfalls in Anlehnung an die internationalen Standards ist eine Überleitungsrechnung 94 aufzustellen, die vom ausgewiesenen auf den sich unter Anwendung des in Deutschland geltenden Steuersatzes ergebenden Steuerbetrag überleitet (DRS 18.67).

VI. Steuerabgrenzung nach internationalen Rechnungslegungsgrundsätzen (IAS 12)

Die derzeit geltenden internationalen Rechnungslegungsgrundsätze zur Steuerabgren 95 zung nach **IFRS** (IAS 12; rev. 2000)[106] und **US-GAAP** (SFAS 109) sind **in weiten Zügen identisch.**[107]

Die Vorschriften der IFRS bzw. US-GAAP zur Steuerabgrenzung weisen **gegenüber** 96 **den einschlägigen handelsrechtlichen Vorschriften kaum noch konzeptionelle Unterschiede** auf. Die Änderungen mit dem BilMoG haben zu einer weitgehenden Harmonisierung der Konzepte und Einzelbestimmungen geführt.

– Die Steuerabgrenzung nach IFRS und US-GAAP hat ebenfalls grundsätzlich immer dann zu erfolgen, wenn Abweichungen zwischen dem steuerbilanziellen Wertansatz von Vermögensgegenständen und Schulden zum Wertansatz im Konzernabschluss vorliegen. Nach dieser **bilanzorientierten Konzeption** können auch erfolgsneutrale Bewertungsunterschiede in Handels- und Steuerbilanz eine Steuerabgrenzung auslösen, so zB im Rahmen der Erstkonsolidierung oder bei der Neubewertung von Vermögensgegenständen *(revaluation)*.

– Nach IFRS und US-GAAP müssen die Abweichungen zwischen handels- und steuerbilanziellem Wertansatz ergänzend **temporären Charakter** besitzen, dh zumindest die Auflösung dieser Abweichungen hat im Zeitablauf Auswirkungen auf die ertragsteuerliche Bemessungsgrundlage. Eine erfolgswirksame Entstehung der Abweichung ist in Übereinstimmung mit dem HGB keine Voraussetzung für den Ansatz von Steuerabgrenzungsposten im Konzernabschluss nach IFRS oder US-GAAP. Wann die Auflösung der Abweichungen erfolgt, ist unerheblich. Aus diesem Grund wird ein Prognosezeitraum nicht vorgegeben; es wird in den genannten internationalen Standards auch nicht mehr explizit auf eine Umkehrung der Abweichungen verwiesen.

Die nach IFRS bzw. US-GAAP eine Steuerabgrenzung auslösenden temporären 97 Abweichungen umfassen damit grundsätzlich die zeitlichen Differenzen gem. §§ 274, 306 und beziehen entsprechend den Änderungen durch das BilMoG erfolgsneutral entstandene und/oder quasi-permanente Differenzen mit ein.

---

[106] Die folgenden Ausführungen beziehen sich ausschließlich auf die Regelungen von IAS 12 (rev. 2000) inkl. amendments bis 3.6.2009. Auf den Zusatz (rev. 2000) wird dabei im Folgenden verzichtet. IAS 12 wird von SIC 21, Ertragsteuern – Realisierung von neubewerteten, nicht planmäßig abzuschreibenden Vermögenswerten, und SIC 25, Ertragsteuern – Änderungen im Steuerstatus eines Unternehmens oder seiner Anteilseigner, ergänzt. Zu einer Übersicht über die wichtigsten Änderungen gegenüber dem alten IAS 12 (reformatted 1994) s. den Preface zu IAS 12 (rev. 2000).

[107] PFGS IntRechnungslegung Kap. VIII. 5; Klein DStR 2001, 1456. Hintergrund hierfür ist ua die Einordnung des inzwischen überholten Standards IAS 12 (1979) durch die IOSCO in 1993 als einen für eine internationale Börsenzulassung noch überarbeitungsbedürftigen sog. Core Standard. Die umfassende Überarbeitung zunächst zum IAS 12 (rev. 1996) lehnte sich wie auch bei anderen Core Standards eng an das Vorbild der US-GAAP an; aA Loitz WPg 2004, 1177, der aufzeigt, dass die geringfügigen Differenzen zwischen IAS 12 und SFAS 109 in der praktischen Anwendung zu erheblichen Unterschieden führen können.

98   Sowohl in IAS 12 als auch in SFAS 109 wird – der grundsätzlichen Konzeption dieser Regelungswerke folgend und im Unterschied zu den Vorschriften der §§ 274, 306 – **keine Differenzierung zwischen der Steuerabgrenzung im Jahres- und im Konzernabschluss** vorgenommen. Zu Fragestellungen, die bereits auf der Ebene des Jahresabschlusses relevant sind, vgl. deshalb die Ausführungen zu internationalen Rechnungslegungsgrundsätzen in der Kommentierung des § 274 (→ § 274 Rn. 1 ff.). Die folgenden Ausführungen behandeln vor allem die konzernspezifischen Besonderheiten der Steuerabgrenzung nach IAS 12 und SFAS 109.

99   Unter den **Geltungsbereich** von IAS 12 fallen alle Institutionen, die einen Konzernabschluss nach IFRS für Geschäftsjahre aufstellen.

100   **Die Zielsetzung** von IAS 12 besteht, auch bezogen auf den Konzernabschluss, in der zutreffenden Darstellung der Vermögenslage in der Bilanz durch die periodengerechte Abgrenzung des Ertragsteueraufwands. Latente Steuern sind demnach abzugrenzen, wenn durch die Nutzung bzw. den Verkauf eines Vermögensgegenstandes bzw. durch den Ausgleich einer Verbindlichkeit (recovery, realization) zukünftige Steuerzahlungen bzw. -forderungen in ihrer Höhe beeinflusst werden (IAS 12.7 f.). In diesem Fall liegt eine temporäre Differenz zwischen dem Steuerwert (tax base) und dem Wertansatz in der Konzernbilanz (carrying amount) vor. Ein Steuerwert ist gem. IAS 12.9 weiterhin auch Aufwendungen und Erträgen zuzuordnen, die erst in einer zukünftigen Periode steuerlich erfolgswirksam verbucht werden können.

101   Liegt der Wertansatz von Vermögensgegenständen (Schulden) im Konzernabschluss über (unter) dem Steuerwert, liegt nach IAS 12.15 eine zu versteuernde temporäre Abweichung (taxable temporary difference) vor. Der **Ansatz passiver latenter Steuern** ist in diesem Zusammenhang grundsätzlich erforderlich.

102   Ein **Ansatzverbot für Steuerabgrenzungsposten** trotz des Vorliegens einer temporären Abweichung liegt insbesondere in folgendem Fall vor:
Latente Steuern auf Goodwill (IAS 12.15 (a)), der steuerlich nicht abzugsfähig ist. Dies betrifft in Deutschland den im Rahmen der Kapitalkonsolidierung nach der Erwerbsmethode verbleibenden Geschäfts- oder Firmenwert bzw. passivischen Unterschiedsbetrag. Hintergrund ist der Charakter des Geschäfts- oder Firmenwerts als Residualgröße. Wird ein Geschäfts- oder Firmenwert jedoch im Rahmen eines Unternehmenserwerbs durch Übernahmen einzelner Vermögensgegenstände übertragen, ist er für die Steuerabgrenzung zu berücksichtigen.[108]

103   Weiterhin ist eine **Steuerabgrenzung im Konzern als unzulässig** anzusehen, die sich auf die im Rahmen der Erstkonsolidierung nach der Erwerbsmethode offengelegten stillen Reserven bzw. Lasten bezieht, wenn die im Tochterunternehmen bei Realisierung der stillen Reserven bzw. Lasten zu entrichtenden Steuern zu einem entsprechenden Anrechnungsanspruch beim Mutterunternehmen führen.[109]

104   **Verlustvorträge sowie vorgetragene Steuervergünstigungen** (carryforward of unused tax losses/credits) führen gem. IAS 12.5 auch auf Konzernebene zum Ansatz aktiver latenter Steuern, sofern die Voraussetzungen für deren Ansatz gegeben sind. Allerdings fordert IAS 12.35 gerade bei Verlustvorträgen eine strenge Beurteilung der Wahrscheinlichkeit zukünftiger Gewinne im Lichte des durch die Verlustvorträge offengelegten ungünstigen Geschäftsverlaufs der Vergangenheit. **Steuerliche Verlustrückträge** lösen keine Steuerabgrenzung aus, sondern mindern den Steueraufwand der laufenden Periode.

105   Ein Unterschied zu den handelsrechtlichen Regeln besteht im Hinblick auf die Berücksichtigung von sog. outside basis differences. Während § 306 S. 4 die Berücksichtigung solcher Differenzen für die Ermittlung der latenten Steuern für den Konzernabschluss verbietet, sind die Differenzen nach IAS 12.38 ff. zu berücksichtigen. Auf zu versteuernde outside basis differences sind passive latente Steuern nach IAS 12.39 grundsätzlich anzusetzen. Ein Unter-

---

[108]   IFRS-Komm/Coenenberg/Hille IAS 12 Rn. 56.
[109]   Zwar gleichen sich Steuerschulden und Anrechnungsansprüche faktisch aus; in der IFRS-Konzernbilanz würde dies aufgrund des grundsätzlich unsaldierten Ausweises aktiver und passiver latenter Steuern zu einem Aufblähen beider Bilanzposten führen.

nehmen hat danach eine latente Steuerschuld für alle zu versteuernden temporären Differenzen in Verbindung mit Anteilen an Tochterunternehmen, Zweigniederlassungen und assoziierten Unternehmen und Anteilen an Gemeinschaftsunternehmen zu bilanzieren. Ausgenommen sind nur Fälle, in denen das Mutterunternehmen, der Eigentümer oder das Partnerunternehmen in der Lage ist, den zeitlichen Verlauf der Auflösung der temporären Differenz zu steuern und es wahrscheinlich ist, dass sich die temporäre Differenz in absehbarer Zeit nicht auflösen wird. Solche temporären Differenzen entstehen, wenn der Buchwert von Anteilen an Tochterunternehmen, Zweigniederlassungen und assoziierten Unternehmen oder Anteilen an Gemeinschaftsunternehmen (dh der Anteil des Mutterunternehmens oder des Eigentümers am Nettovermögen des Tochterunternehmens, der Zweigniederlassung, des assoziierten Unternehmens oder des Unternehmens, an dem Anteile gehalten werden, einschließlich des Buchwerts eines Geschäfts- oder Firmenwerts) sich gegenüber der steuerlichen Basis der Anteile (welcher häufig gleich dem Anschaffungskosten ist) unterschiedlich entwickelt. Ursache dafür kann beispielsweise das Vorhandensein nicht ausgeschütteter Gewinne von Tochterunternehmen, Zweigniederlassungen, assoziierten Unternehmen und Gemeinschaftsunternehmen oder Änderungen der Wechselkurse, wenn ein Mutterunternehmen und sein Tochterunternehmen ihren jeweiligen Sitz in unterschiedlichen Ländern haben, sein. Outside basis differences betreffen nur das Mutterunternehmen und nicht die Bilanzansätze einzelner Vermögensgegenstände und Schulden, die verglichen werden.

Auf dem Weg über die Einbeziehung in die Ermittlung der latenten Steuern sollen **106** künftige Steuerwirkungen bereits im Zeitpunkt der Entstehung und nicht erst bei Realisierung abgebildet werden. Für aktive latente Steuern gilt, dass ein Unternehmen einen latenten Steueranspruch für alle abzugsfähigen temporären Differenzen aus Anteilen an Tochterunternehmen, Zweigniederlassungen und assoziierten Unternehmen sowie Anteilen an Gemeinschaftsunternehmen ausschließlich in dem Umfang zu bilanzieren hat, in dem es wahrscheinlich ist, dass sich die temporäre Differenz in absehbarer Zeit auflösen wird und ein zu versteuerndes Ergebnis zur Verfügung stehen wird, gegen das die temporäre Differenz verwendet werden kann (IAS 12.44).

Der Wertansatz aktiver Steuerabgrenzungsposten ist an jedem Bilanzstichtag zu über- **107** prüfen und – bei ungünstiger Veränderung der Ergebnisprognosen – entsprechend abzuschreiben (IAS 12.56). Fällt der Grund für die ungünstige Ergebnisprognose in den Folgeperioden weg, ist eine Zuschreibung nach Maßgabe der noch verbliebenen abzugsfähigen temporären Abweichung bzw. von noch anrechenbaren steuerlichen Verlusten oder Steuervergünstigungen vorzunehmen. Dies gilt auch für aufgrund ungünstiger Ergebnisprognosen zunächst nicht angesetzte aktive Steuerabgrenzungsposten (IAS 12.37).

Bezüglich der **Wahl des maßgeblichen Steuersatzes** folgt IAS 12 ausdrücklich dem **108** (bilanzorientierten) **liability-Konzept,** dh es sind zukünftige Steuersätze zu verwenden, deren Änderung vom Gesetzgeber entweder bereits verabschiedet ist *(enacted tax laws)* oder mit deren Verabschiedung hinreichend sicher gerechnet werden kann *(announced tax rate)* (IAS 12.47 f.). Analog zur handelsrechtlichen Rechnungslegung erfolgt die Approximation zukünftiger Steuersätze durch gegenwärtige Steuersätze. Sofern sich der maßgebliche Steuersatz in Abhängigkeit von der tatsächlichen Verwertung bzw. dem Ausgleich einzelner Vermögensgegenstände oder Schulden bestimmt, ist der Steuersatz zu wählen, der die erwartete Verwertung bzw. den erwarteten Ausgleich am Bilanzstichtag repräsentiert (IAS 12.51).[110] Auch mögliche Steuervergünstigungen, zB im Rahmen von Organschaftsverhältnissen oder Doppelbesteuerungsabkommen, sind zu berücksichtigen. Bei der Prognose der Steuersätze ist von dem am Bilanzstichtag erwarteten Zeitpunkt und der Art der Auflösung der Differenz auszugehen (IAS 12.51 f.).

Entsprechend der handelsrechtlichen Rechnungslegung gilt ein **Abzinsungsverbot** für **109** latente Steuern (IAS 12.53 f.), da eine ausreichend detaillierte Steuerplanung für eine hinrei-

---

[110] Dieser Sachverhalt hat in Deutschland derzeit kaum praktische Relevanz, abgesehen von Einzelfällen, zB der steuerfreien Verwendung von Vermögensgegenständen in gemeinnützigen Unternehmen (IFRS-Komm/Coenenberg/Hille IAS 12 Rn. 104).

chend genaue Bestimmung abgezinster Beträge idR nicht vorliegt. Temporäre Abweichungen zwischen abgezinsten handelsbilanziellen Werten und Steuerwerten einzelner Vermögensgegenstände und Schulden sind von dieser Vorschrift jedoch nicht betroffen (IAS 12.55).

110   Der **Ausweis latenter Steuern** erfolgt getrennt von anderen Vermögensgegenständen bzw. Schulden (IAS 1.68). Eine Zusammenfassung mit laufenden Steuerguthaben bzw. -schulden ist nicht zulässig.

111   Grundsätzlich besteht nach IFRS ein **Saldierungsverbot** für aktive und passive Steuerabgrenzungsposten (IAS 12.74). Eine Saldierung ist jedoch **ausnahmsweise** vorgeschrieben, wenn ein rechtlicher Anspruch auf die Verrechnung laufender Steuerguthaben bzw. -schulden besteht,[111] und
– wenn sich die Steuerabgrenzungsposten auf Ertragsteuern gegenüber der gleichen Steuerbehörde (taxation authority) beziehen und das gleiche Steuersubjekt (taxable entity) betreffen, oder
– wenn sich die Steuerabgrenzungsposten zwar auf Ertragsteuern gegenüber der gleichen Steuerbehörde (taxation authority) beziehen, jedoch unterschiedliche Steuersubjekte (taxable entities) betreffen, die aber beabsichtigen, laufende oder künftige Steuerguthaben bzw. -schulden gleichzeitig abzuwickeln.

112   In der **Konzern–GuV** sind latente Steueraufwendungen bzw. -erträge aus der gewöhnlichen Geschäftstätigkeit gesondert auszuweisen (IAS 12.77). Weiterhin sind die latenten Steueraufwendungen und -erträge in folgende Bestandteile zu untergliedern (IAS 12.79 f.):[112]
– latenter Steueraufwand bzw. -ertrag aus der Entstehung und Umkehrung temporärer Differenzen,
– latenter Steueraufwand bzw. -ertrag aus Änderungen des maßgeblichen Steuersatzes bzw. der anzuwendenden Steuergesetze,
– Steuererträge aus der Nutzung vorher nicht angesetzter steuerlicher Verlustvorträge, Steuervergünstigungen oder temporärer Differenzen, die den laufenden oder latenten Steueraufwand mindern, sowie
– Abschreibungen oder Zuschreibungen auf aktive latente Steuern gem. IAS 12.56.

113   In den **Konzernanhang** *(notes)* sind bezogen auf die Steuerabgrenzung zahlreiche Informationen aufzunehmen (IAS 12.81), zB:
– der Gesamtbetrag erfolgsneutral verbuchter latenter und laufender Steuern,
– die Erläuterung der Veränderung der den Steuerlatenzen zugrunde liegenden Steuersätze gegenüber der Vorperiode,
– die Angabe des Betrags eines latenten Steueranspruches und die substanziellen Hinweise für seinen Ansatz, wenn die Realisierung des latenten Steueranspruches von zukünftigen zu versteuernden Ergebnissen abhängt, die höher als die Ergebniseffekte aus der Umkehrung bestehender zu versteuernder temporärer Differenzen sind und das Unternehmen in der laufenden Periode oder der Vorperiode im gleichen Steuerrechtskreis, auf den sich der latente Steueranspruch bezieht, Verluste erlitten hat.

§ 307 Anteile anderer Gesellschafter

(1) In der Konzernbilanz ist für nicht dem Mutterunternehmen gehörende Anteile an in den Konzernabschluß einbezogenen Tochterunternehmen ein Ausgleichsposten für die Anteile der anderen Gesellschafter in Höhe ihres Anteils am Eigenkapital unter dem Posten „nicht beherrschende Anteile" innerhalb des Eigenkapitals gesondert auszuweisen.

---

[111]   Nach hM dürfen in Deutschland zB latente Steuern aus Gewerbesteuerzahlungen mit solchen aus Körperschaftsteuerzahlungen verrechnet werden, da in beiden Fällen der Steuerbilanzgewinn für die Ermittlung der Steuerabgrenzung zugrunde gelegt wird. US-Bundes- und Landessteuern fallen dagegen unter das Saldierungsverbot von IAS 12, s. Wollmert IASC-Rechnungslegung, 97; gleicher Ansicht Baetge/ Kirsch/Thiele Konzernbilanzen Kap. IX. 365, da vergleichbar auch in SFAS 109 kodifiziert ist.

[112]   Diese Informationen werden typischerweise im Anhang offengelegt. Vgl. Kirsch DB 2003, 2449 f.

(2) In der Konzern-Gewinn- und Verlustrechnung ist der im Jahresergebnis enthaltene, anderen Gesellschaftern zustehende Gewinn und der auf sie entfallende Verlust nach dem Posten „Jahresüberschuß/Jahresfehlbetrag" unter dem Posten „nicht beherrschende Anteile" gesondert auszuweisen.

Schrifttum: Brücks/Richter, Business Combination (Phase II), KoR 2005, 407; Busse v. Colbe, Neuere Entwicklungstendenzen in der Konzernrechnungslegung, WPg 1978, 652; Busse v. Colbe/Falkenhahn, Neuere Entwicklung der Methoden der Kapitalkonsolidierung, FS Graßhoff, 2005, 3; Ebeling, Die zweckmäßige Abbildung der Anteile fremder Gesellschafter im Konzernabschluss nach deutschem HGB, DBW 1995, 323; Ebeling, Konsolidierung mehrstufiger Konzerne nach der Methode der integrierten Konsolidierungstechnik, BB 2000, 1667; Eisele/Kratz, Der Ausweis von Anteilen außenstehender Gesellschafter im mehrstufigen Konzern, ZfbF 1997, 291; Ewert/Schenk, Offene Probleme der Kapitalkonsolidierung im mehrstufigen Konzern, BB-Beilage 14/1993, 426; Falkenhahn, Änderungen der Beteiligungsstruktur am Tochterunternehmen im Konzernabschluss, 2006; Hendler, Abbildung des Erwerbs und der Veräußerung von Anteilen an Tochterunternehmen nach der Interessentheorie und der Einheitstheorie, 2002; Hendler/Zülch, Anteile anderer Gesellschafter im IFRS-Konzernabschluss, WPg 2005, 1155; Küting, Zur Problematik des Ausgleichspostens für Anteile in Fremdbesitz im Rahmen des zukünftigen Konzernbilanzrechts, ZfB 1984, 548; Küting/Göth, Minderheiten im Konzernabschluss eines mehrstufigen Konzerns, WPg 1997, 305; Küting/Weber/Wirth, Bilanzierung von Anteilsverkäufen an bislang vollkonsolidierten Tochterunternehmen nach IFRS, DStR 2004, 876; Küting/Wirth, Firmenwertbilanzierung nach IAS 36 (rev. 2004) unter Berücksichtigung von Minderheitenanteilen an erworbenen Tochterunternehmen, KoR 2005, 199; Küting/Wirth, Full Goodwill Approach des Exposure Draft zu IFRS 3, BB-Spezial 2005, 2; Küting/Wirth, Goodwillbilanzierung im neuen Near Final Draft zur Business Combinations Phase II, KoR 2007, 460; Lüdenbach, Eingeräumte Put-Option auf nicht beherrschende Anteile, StuB 2019, 203; Oechsle/Schipper, Negative Fremdanteile im Konzernabschluss, WPg 1994, 344; Ordelheide, Kapitalkonsolidierung und Konzernerfolg, ZfbF 1987, 292; Pawelzik, Die Konsolidierung von Minderheiten nach IAS/IFRS der Phase II („business combination"), WPg 2004, 677; Pellens/Neuhaus/Nölte, Konzernergebnis und Earnings per Share, FS Graßhoff, 2005, 31; Pöller, Geschäfts- und Firmenwert der Kapitalkonsolidierung, BC 2016, 403; Römges, Behandlung des auf Minderheiten entfallenden Goodwill im mehrstufigen Konzern nach IFRS 3, BB-Spezial 10/2005, 19; Schruff, Einflüsse der 7. EG-Richtlinie auf die Aussagefähigkeit des Konzernabschlusses, 1984; Union Européenne des Experts Comptables, Economique et Financiers (UEC), Die Erstellung und Prüfung des Konzernabschlusses, 1977.

Übersicht

I. Normzweck

Aus dem Grundsatz der **wirtschaftlichen Einheit** des Konzerns in § 297 Abs. 3 S. 1 **1** folgt das **Prinzip der Vollkonsolidierung,** das in der Bezeichnung des Vierten Titels, den Konsolidierungsgrundsätzen des § 300 und den Einzelvorschriften des Titels seinen Ausdruck findet (→ § 300 Rn. 6). Danach sind Vermögen und Schulden eines Tochterunternehmens, soweit sie nicht konsolidiert werden, auch dann zu 100 % in die Konzernbilanz zu übernehmen, wenn der Kapitalanteil, der dem Mutterunternehmen zuzurechnen ist, unter 100 % liegt. Schon aus dem Prinzip der Doppik heraus muss der auf **andere Gesellschafter entfallende Anteil am Eigenkapital des Tochterunternehmens** in der Konzernbilanz passiviert werden. Das stellt Abs. 1 sicher und schreibt vor, dass die Minderheitenanteile **gesondert** unter dem Posten „nicht beherrschende Anteile" innerhalb des **Eigenkapitals** auszuweisen sind. Damit ist der Minderheitenausweis ein Bestandteil der Kapitalkonsolidierung. Das Gesetz rechnet in Abs. 1 die Anteile anderer Gesellschafter dem Eigenkapital des Konzerns zu und folgt damit konsequent der **Einheitstheorie** und nicht der Interessentheorie.[1] Mit Abs. 1 wurde Art. 21 RL 1983/349/EWG (7. EG-Richtlinie) in deutsches Recht umgesetzt; allerdings lässt Art. 21 RL 1983/349/EWG die Zuordnung des Postens offen. Art. 24 Abs. 4 Bilanz-RL sieht in der konsolidierten Bilanz einen gesonderten Ausweis als nicht beherrschende Anteile vor. Entsprechend ist der den Minderheiten zustehende **Ergebnisanteil** erst nach dem Konzernergebnis gesondert darzustellen. Die **Quotenkonsolidierung** ohne Minderheitenausweis ist auf den Sonderfall der Einbeziehung von Gemeinschaftsunternehmen beschränkt, für die aber auch die Equity-Bewertung gewählt werden darf.

2   Das Prinzip der Vollkonsolidierung entspricht internationaler Übung. Es ist in **IFRS 10.22** geregelt. Seit der Hinwendung der IAS zur Einheitstheorie (→ § 297 Rn. 58) schrieb IAS 27.18 aF vor, dass **non-controlling interests** in der Konzernbilanz innerhalb des Eigenkapitals auszuweisen und dass Ergebnisanteile der Minderheiten in der Konzern-GuV gesondert zu zeigen sind (IFRS 10.B94).

II. Bilanzansatz (Abs. 1)

3   **1. Abgrenzung der Anteile anderer Gesellschafter und des Eigenkapitals der Tochtergesellschaft.** Als Komplement zu den nach § 301 Abs. 1 S. 1 dem Mutterunternehmen gehörenden Anteilen an in den Konzernabschluss **einbezogenen Tochterunternehmen** ist gem. Abs. 1 für die **nicht dem Mutterunternehmen gehörenden Anteile** ein passivischer Ausgleichsposten in der Konzernbilanz zu bilden. Hier ist, entsprechend § 301 Abs. 1 S. 1 unter „nicht gehören", mangels einer gesetzlichen Definition iSv § 290 Abs. 3 direkt oder indirekt „nicht zustehen" zu verstehen (→ § 301 Rn. 16). Somit sind diese Anteile im Rahmen der Kapitalkonsolidierung nicht dem Mutterunternehmen, sondern den anderen Gesellschaftern zuzurechnen. Das auf andere Gesellschafter entfallende Eigenkapital ist die **Restgröße** des Eigenkapitals, das nicht auf das Mutterunternehmen entfällt. Daher gilt die Abgrenzung des Eigenkapitals bei der Kapitalkonsolidierung auch für die Minderheitsgesellschafter entsprechend. Zu dem auf andere Gesellschafter entfallenden Eigenkapital gehören anteilig auch das **Jahresergebnis** und der Ergebnisvortrag.[2]

4   Zu den anderen Gesellschaftern zuzurechnenden Anteilen gehören auch solche, die im Besitz nicht konsolidierter Tochterunternehmen, assoziierter und sonstiger Beteiligungsgesellschaften sind (→ § 301 Rn. 19).[3] Anteile, die von nicht konsolidierten Tochterunternehmen gehalten werden, sollten gesondert oder mit einem Davon-Vermerk unter den Anteilen anderer Gesellschafter ausgewiesen werden. Soweit Anteile von einem quotal konsolidierten Gemeinschaftsunternehmen gehalten werden, gehört der quotale Anteil an ihnen zwar nicht dem Mutterunternehmen. Gleichwohl dürfte und sollte dieser Anteil vom Mutterunternehmen konsolidiert werden (→ § 301 Rn. 20). Dann ist nur die nicht dem Mutter-, sondern dem anderen Gesellschafterunternehmen zuzurechnende Quote an den Anteilen des Tochterunternehmens im Ausgleichsposten mitzuerfassen.[4]

5   **2. Erst- und Folgekonsolidierung nach der Neubewertungsmethode. a) Zuordnung stiller Rücklagen und Lasten bei der Erstkonsolidierung.** Bei der Erstkonsolidierung nach der Neubewertungsmethode sind in den Ausgleichsposten „nicht beherrschende Anteile" für Anteile anderer Gesellschafter auch die **aufgedeckten stillen Rücklagen** abzüglich stiller Lasten einzubeziehen, die dem Anteil der anderen Gesellschaf-

---

[1]   Im Einzelnen hierzu Hendler, Abbildung des Erwerbs und der Veräußerung von Anteilen an Tochterunternehmen nach der Interessentheorie und der Einheitstheorie, 2002, S. 53 ff.; Hendler/Zülch WPg 2005, 1155 ff.
[2]   ADS Rn. 20.
[3]   Ausf. ADS Rn. 10–12.
[4]   BeBiKo/Störk/Roland Rn. 8 f.; ADS Rn. 13, für Konsolidierungspflicht.

ter am neubewerteten Eigenkapital entsprechen (Abs. 1 S. 2). Da sich § 301 Abs. 1 S. 2 nur auf die den einzelnen Bilanzpositionen beizulegenden Zeitwerte bezieht, sind sie anteilig in die Ausgleichsposten für Anteile anderer Gesellschafter einzubeziehen.

b) Latente Steuern. Die Bildung latenter Steuern auf in den Zeitwerten aufgedeckten **6** stillen Rücklagen und Lasten, die auf die Anteile des Mutterunternehmens entfallen (→ § 301 Rn. 89 ff.), wirft die Frage auf, ob latente Steuern auch auf die Differenzen zwischen Buchwerten und den in die Konzernbilanz eingehenden Tageswerten gebildet werden sollen, die im Rahmen der Neubewertungsmethode auf die Minderheiten entfallen. Nach dem Grundsatz der Gleichbehandlung der Mehrheits- und Minderheitsgesellschafter der Einheitstheorie entsprechend muss das geschehen, zumindest dann, wenn diese Beträge im Rahmen der Folgekonsolidierung erfolgswirksam behandelt werden (→ Rn. 8). Passivische latente Steuern auf die Differenzen zwischen Zeitwerten und Buchwerten der Vermögensgegenstände und Schulden, die auf den Mehrheitsgesellschafter entfallen, erhöhen den Firmenwert. Solange aber der Firmenwert nicht nach der Full Goodwill-Methode (→ Rn. 7) den Minderheiten entsprechend erhöht wird, wäre es inkonsistent, auch für sie als Gegenposten den Firmenwert zu verändern. Stattdessen sollte die Neubewertungsrücklage, die infolge einer Höherbewertung im Vergleich zu den Buchwerten des Tochterunternehmens bei Anwendung des **Push down-Verfahrens** in der HB II des Tochterunternehmens entsteht, gekürzt werden (→ § 301 Rn. 96).

c) Full Goodwill-Methode. In § 301 Abs. 3 S. 1 wird der Firmenwert als die Rest- **7** größe verstanden, die nach Verrechnung der Anschaffungskosten der Beteiligung mit den in die Konzernbilanz aufzunehmenden Zeitwerten der Vermögensgegenstände und Schulden gem. Abs. 1 verbleibt. Eine dem Minderheitenanteil entsprechende Erhöhung des bezahlten **Firmenwertes** ist im Gesetz nicht vorgesehen. Sie wird daher nach hM für **unzulässig** gehalten.[5] Mit der Neufassung des IFRS 3 von 2008 (letzte Überarbeitung 2019) ist in IFRS 3.19 die Full Goodwill-Methode als Wahlrecht zugelassen worden (→ § 301 Rn. 82).[6]

d) Folgekonsolidierung. Für die Folgekonsolidierung ist nicht geregelt und war daher **8** zunächst strittig, wie Abschreibungen oder Ausbuchungen stiller Rücklagen und Lasten sowie die darauf gebildeten latenten Steuern, die auf die Anteile anderer Gesellschafter entfallen, verrechnet werden sollen. Bei einer **ergebnisneutralen Verrechnung** würde dieser Teil der Korrekturen, ohne die Konzern-GuV zu berühren, direkt mit dem Ausgleichsposten verrechnet. In der Periode der Erstkonsolidierung wird zwar der Ausgleichsposten um die auf die anderen Gesellschafter entfallenden Bestandteile erhöht; in den Folgeperioden minderten die Korrekturen den Ausgleichsposten, und zwar insgesamt genau um den Betrag, um den er zu Beginn aufgestockt wurde. Die erfolgsneutrale Verrechnung der aufgelösten stillen Rücklagen würde jedoch dem Einheitsgrundsatz widersprechen, zumal der Gesetzgeber die anderen Gesellschafter ausdrücklich als Eigenkapitalgeber des Konzerns behandelt sehen will. Auch im Einzelabschluss ist eine unmittelbare Verrechnung der Anschaffungskosten von Vermögensgegenständen mit dem Eigenkapital nicht zulässig.[7] Der im Rahmen der Erstkonsolidierung ermittelte Anteil anderer Gesellschafter ist in den folgenden Geschäftsjahren analog zur Entwicklung des Eigenkapitals des Tochterunternehmens in der Neubewertungsbilanz am jeweiligen Abschlussstichtag fortzuschreiben (DRS 23.152).

Bei **ergebniswirksamer Verrechnung** sind die auf die anderen Gesellschafter entfallen- **9** den Korrekturen zunächst wie jene für das Mutterunternehmen zu behandeln. Werden mithin in der **Konzernbilanz** die Eigenkapitalpositionen, die nach Konsolidierung auf das Mutter-

---

[5] Busse v Colbe/Müller/Reinhard Rn. 69; ADS Rn. 32; BeBiKo/Störk/Roland Rn. 33; HdK/Weber/ Zündorf Rn. 9.

[6] Zu Einzelheiten Küting/Weber Rechnungslegung-HdB 8. Kap. 1.4.3. und 1.4.5.3.1.2; Beck HdR/ Hachmeister/Schwarzkopf C 402 Rn. 113 ff.

[7] Busse v. Colbe/Ordelheide/Gebhardt/Pellens Konzernabschlüsse 5. Kap. IV. 10.4; HdK/Weber/Zündorf Rn. 9.

unternehmen entfallen, um Konsolidierungskorrekturen berichtigt ausgewiesen, sind diese grundsätzlich auch im Ausgleichsposten für Anteile anderer Gesellschafter zu berücksichtigen. Die Aufteilung der Konsolidierungskorrekturen auf die beiden Gruppen von Anteilseignern kann aber insbesondere in mehrstufigen verschachtelten Konzernen mit erheblichen praktischen Problemen verbunden sein. Aus diesem Grunde wird es für zulässig angesehen, nach Abwägung der Informationsverluste mit den sonst anfallenden Informationskosten die Zuordnung einzelner Korrekturen zu unterlassen.[8] Dies setzt aber eine Abwägung im Einzelfall voraus.[9] Die Berücksichtigung der anteiligen Konsolidierungsergebnisse bei der Bewertung der Anteile anderer Gesellschafter prinzipiell abzulehnen,[10] erscheint jedoch nicht gerechtfertigt. Die Korrekturen betreffen die Aufwendungen bzw. Erträge in der **Konzern-GuV** und damit den Konzerngesamtjahresüberschuss. Dabei könnte man entweder die gesamten Korrekturen zu Lasten des Ergebnisanteils des Mutterunternehmens verrechnen (einseitige Verrechnung) oder den Ergebnisanteil jeder Gesellschaftergruppe anteilig korrigieren **(anteilige Verrechnung).** Bei der einseitigen Verrechnung würde der Ausgleichsposten im Rahmen der Erstkonsolidierung zwar um den Anteil stiller Rücklagen erhöht, bei der Folgekonsolidierung aber durch die (erfolgswirksame) Verrechnung dieser Beträge nicht berührt. Gegen die einseitige Verrechnung spricht, dass man den Ausgleichsposten sinnvollerweise kaum um stille Reserven aufstocken kann, ohne ihn dann bei Verschwinden der stillen Reserven entsprechend zu kürzen. **Allein zulässig** erscheint somit in Übereinstimmung mit DRS 23.153 die ergebniswirksame **anteilige Verrechnung im Rahmen der Folgekonsolidierung.**[11]

10   **3. Ausweis des Ausgleichspostens.** Der Gesetzgeber verlangt für den Ausgleichsposten die Bezeichnung „nicht beherrschende Anteile" innerhalb des Eigenkapitals, also nur eine den **Anteilen anderer Gesellschafter entsprechende Bezeichnung.** Vor der konkreten Bezeichnung des Postens durch das BilRUG fanden sich in der Praxis neben der vom Gesetzgeber gewählten Umschreibung auch andere Bezeichnungen, zB Minderheiten, Anteile Konzernfremder oder Anteile in Fremdbesitz. Die Bezeichnungen Konzernfremde oder Fremdbesitz stehen im Widerspruch zur Einheitstheorie und der Konzeption sowohl des HGB wie der IAS.

11   Der Forderung in Abs. 1 S. 1 nach Ausweis eines Ausgleichspostens wird mit einem **einzigen Bilanzposten** Genüge getan. Das ist auch üblich. Da es sich bei den Ausweisregelungen um Mindestvorschriften handelt, **darf der Posten weiter aufgegliedert** werden, indem etwa der Ergebnisanteil der anderen Gesellschafter besonders ausgewiesen wird. Eine der Gliederung des Eigenkapitals des § 266 Abs. 3 entsprechende Unterteilung würde dem Einheitsgrundsatz besser entsprechen. Sie kann zB wie folgt gestaltet sein:
Gezeichnetes Kapital
– Mutterunternehmen
– nicht beherrschende Anteile
Kapitalrücklage
– Mutterunternehmen
– nicht beherrschende Anteile
Gewinnrücklagen (gesetzliche Rücklage, andere Gewinnrücklagen)
– Mutterunternehmen
– nicht beherrschende Anteile
Konzernjahresüberschuss/-fehlbetrag
– Mutterunternehmen
– nicht beherrschende Anteile.
In der Konzernbilanz ist aber im Grundsatz für nicht dem Mutterunternehmen gehörende Anteile an in den Konzernabschluss einbezogenen Tochterunternehmen ein Ausgleichspos-

---

[8]   HdK/Weber/Zündorf Rn. 11.
[9]   Busse v. Colbe/Ordelheide/Gebhardt/Pellens Konzernabschlüsse 9. Kap. IV. 8.2; LdR/Ebeling 54.
[10]   So aber ADS Rn. 40.
[11]   So auch BeBiKo/Störk/Roland Rn. 40; Kölner Komm RechnungslegungsR/Claussen/Scherrer Rn. 25;
       s. auch Beck HdR/Hachmeister/Beyer C 401 Rn. 148 ff.

ten für die Anteile der anderen Gesellschafter in Höhe ihres Anteils am Eigenkapital unter dem Posten „nicht beherrschende Anteile" innerhalb des Eigenkapitals nach dem Posten „Jahresüberschuss/Jahresfehlbetrag" auszuweisen (DRS 23.93).

Statt eine solche Untergliederung in der Bilanz selbst hat der Gesetzgeber mit dem **12** BilReG in Übernahme von Regelungen der IFRS in § 297 Abs. 1 einen **Eigenkapitalspiegel** vorgeschrieben, der die Veränderung der einzelnen Komponenten des Eigenkapitals innerhalb des Berichtsjahres, zB durch Kapitalerhöhungen, Veränderungen des Konsolidierungskreises, Währungsumrechnung, Jahresergebnis und Gewinnausschüttung **(Eigenkapitalveränderungsrechnung)** getrennt für die Mehrheit und die Minderheiten, zeigt. Damit werden auch die wichtigsten Quellen der Veränderung des Ausgleichspostens deutlich, nicht jedoch seine Zusammensetzung aus gezeichnetem Kapital und Rücklagearten der Tochterunternehmen.

Als Folge der anteiligen Zuordnung von stillen Lasten bei der Erstkonsolidierung und **13** insbesondere von Jahresfehlbeträgen auf die anderen Gesellschafter eines konsolidierten Tochterunternehmens kann der Fall eintreten, dass der **Minderheitenanteil aufgezehrt** wird.[12] Dann entsteht die Frage, ob der Anteil anderer Gesellschafter auf der **Aktivseite** – getrennt von Passivposten für andere Tochterunternehmen – ausgewiesen oder ob diese anteiligen Fehlbeträge durch Unterbrechung des Ausweises der Minderheitenanteile insoweit dem Mutterunternehmen zugeordnet werden sollten, wie das bei Anwendung der Equity-Bilanzierung praktiziert wird (→ § 312 Rn. 64). So sieht IFRS 10.B94 vor, dass den Minderheiten ein Verlust auch dann zugeordnet wird, wenn er den Vermögensanteil überschreitet. Dieses Verfahren erscheint auch für einen HGB-Konzernabschluss anwendbar.

III. Änderungen des Anteilbesitzes anderer Gesellschafter

1. Verminderung durch Erwerb von Anteilen durch das Mutterunternehmen. 14 Der Ausgleichsposten vermindert sich, wenn das Mutter- oder ein anderes einbezogenes Unternehmen von den anderen Gesellschaftern **Anteile hinzu erwirbt.** Im Einzelabschluss führt das zu **nachträglichen Anschaffungskosten** der Beteiligung. Nach bisher hM ist der Vorgang im Konzernabschluss durch eine **Erstkonsolidierung** der zusätzlichen Anteile abzubilden (→ § 301 Rn. 112). Ein Besitzwechsel zwischen den anderen Gesellschaftern wirkt sich auf den Konzernabschluss nicht aus.

In dem in → § 301 Rn. 112 dargestellten Zahlenbeispiel ergibt sich der Ausgleichsposten **15** für die Anteile anderer Gesellschafter in t_2 unabhängig vom Bezugszeitpunkt für die übrige Kapitalkonsolidierung der 2. Tranche in Höhe von (20 % von 450 Mio. EUR =) 90 Mio. EUR. Bei Anwendung der **Neubewertungsmethode** sei dem Erwerb der zusätzlichen Tranche die Neubewertung von Vermögen und Schulden und damit des Eigenkapitals anteilig zugrunde zu legen.[13] Der Ausgleichsposten ergäbe sich dann auf dieser Basis als verringerter Anteil an dem neubewerteten Eigenkapital einschließlich der seit der Erstkonsolidierung gebildeten stillen Reserven. Damit würde jedoch der verbliebene Teil des Ausgleichspostens aktuell neu bewertet, obgleich er aus früheren Beteiligungserwerben des Mutterunternehmens stammt. Eine solche Aktualisierung des Ausgleichspostens wird bei unverändertem Bestand nicht vorgenommen und dürfte daher auch für den verbliebenen Teil nicht erfolgen.[14] Stattdessen sollte der infolge des zusätzlichen Beteiligungserwerbs verringerte Ausgleichsposten dadurch ermittelt werden, dass der bisherige Posten proportional zur Änderung des Anteilsbesitzes vermindert wird.[15] Betrug der Ausgleichsposten im Zahlenbeispiel in → § 301 Rn. 112 unmittelbar vor dem Verkauf der Tranche ([450 + 90] 0,4 =) 216 Mio. EUR, so beläuft er sich bei dem restlichen Fremdanteil von 20 % auf 108 Mio. EUR. Bei anteiliger Einbeziehung der inzwischen gebildeten stillen Reserven von 20 wäre er um 4 Mio. EUR höher. Allerdings

---

[12]　HdK/Weber/Zündorf Rn. 12.
[13]　So Kölner Komm RechnungslegungsR/Claussen/Scherrer Rn. 28.
[14]　ADS Rn. 57; HdK/Dusemond/Weber/Zündorf § 301 Rn. 205, halten es für zulässig.
[15]　HdK/Dusemond/Weber/Zündorf § 301 Rn. 205; Kölner Komm RechnungslegungsR/Claussen/ Scherrer Rn. 28.

erscheint eine Fortentwicklung der Neubewertungsbilanz, die der Erstkonsolidierung der Beteiligung zugrunde gelegen hat, bis zum Erwerb der zusätzlichen Tranche zur Ermittlung des Ausgleichspostens, wie sie vorgeschlagen wurde,[16] zumindest dann wenig praktikabel, wenn der Zeitraum seitdem lang ist und sich die Zusammensetzung von Vermögen und Schulden am Tochterunternehmen stark geändert hat.

16   **2. Erhöhung durch Verkauf von Anteilen durch das Mutterunternehmen.** Der Anteil anderer Gesellschafter erhöht sich, wenn ein einbezogenes Unternehmen Anteile **an Dritte veräußert,** das Control-Verhältnis aber aufrechterhalten bleibt. Nach hM ist eine **partielle Entkonsolidierung** vorzunehmen (→ § 301 Rn. 114; → § 309 Rn. 44).[17] Nach DRS 23.171 wird in den Fallgruppen, dass nach Erlangung des beherrschenden Einflusses weitere Anteile an einem Tochterunternehmen erworben (Aufstockung) oder veräußert (Abstockung) werden, ohne dass der Status als Tochterunternehmen verloren geht, ein Wahlrecht eingeräumt. Die Transaktionen können entweder als Erwerbs- bzw. Veräußerungsvorgang oder als Kapitalvorgang abgebildet werden. Die gewählte Methode im Konzernabschluss ist einheitlich für alle Auf- und Abstockungsfälle sowie zeitlich stetig anzuwenden. Infolge der **Veräußerung von Anteilen** an dem Tochterunternehmen sei der Ausgleichsposten dem gestiegenen Fremdanteil entsprechend zu erhöhen. Der erhöhte Anteil anderer Gesellschafter ist dadurch zu ermitteln, dass der gestiegene Beteiligungsprozentsatz auf das in der Zeitwertbilanz des Tochterunternehmens ausgewiesene Eigenkapital angewendet wird. Damit wird in der Konzernbilanz ein Teil der Rücklagen in den Ausgleichsposten umgegliedert.[18] Nach hM ist ein Verkauf von Anteilen an weiterhin konsolidierten Unternehmen auch im Konzernabschluss **ergebniswirksam** (→ § 301 Rn. 114),[19] obgleich der Vorgang unter dem Aspekt der Einheitstheorie ein **ergebnisneutraler Kapitalvorgang** zwischen Mehrheits- und Minderheitsgesellschaftern ist. Diese Sichtweise hat sich auch beim IASB durchgesetzt (→ § 301 Rn. 115). Nach DRS 23.173 ist bei einer teilweisen Anteilsveräußerung ohne Verlust der Beherrschung die Differenz zwischen dem Verkaufspreis der Anteile und dem hierauf entfallenden Anteil des Eigenkapitals zum Zeitpunkt der Veräußerung dieser Anteile erfolgswirksam zu behandeln. Der auf die verkauften Anteile entfallende Anteil des Eigenkapitals ist als „nicht beherrschende Anteile" auszuweisen. Ein Geschäfts- oder Firmenwert ist in Höhe der fortgeführten Anschaffungskosten beizubehalten.

17   **3. Änderungen durch nichtproportionale Beteiligung an einer Kapitalerhöhung des Tochterunternehmens.** Eine Kapitalerhöhung, an der sich das Mutterunternehmen nicht proportional zu seinem Kapitalanteil beteiligt, hat eine entsprechende Auswirkung auf den in der Konzernbilanz auszuweisenden Betrag für die Anteile anderer Gesellschafter wie der Erwerb oder der Verkauf von Anteilen an einem Tochterunternehmen, das bereits bzw. weiterhin zu konsolidieren ist (→ § 301 Rn. 108). Ein typischer Fall ist der Verkauf einer Minderheitsbeteiligung an einem bisher zu 100 % dem Konzern gehörenden Tochterunternehmen über die Börse (IPO). Für die bilanzielle Behandlung sei auf → § 309 Rn. 45 ff. verwiesen.

IV. Mehrstufiger Konzern

18   Sind in einem mehrstufigen Konzern andere Gesellschafter an Tochterunternehmen beteiligt, die ihrerseits Tochterunternehmen (T) haben, ist strittig, wie ihr Anteil für die Konzernbilanz bei der **Erstkonsolidierung** zu berechnen ist (→ § 301 Rn. 138). Insbesondere sind die Meinungen darüber geteilt, ob bei einer stufenweisen Konsolidierung von unten über Zwischenholdings nach oben bis zur Muttergesellschaft die Ausgleichsposten für Anteile anderer Gesellschafter einfach addiert werden (additive Ermittlung) oder ob sog.

---

[16]   ADS Rn. 54 und 55.
[17]   AA wohl BeBiKo/Störk/Roland Rn. 32.
[18]   ADS Rn. 59.
[19]   WP-HdB 2023 M Rn. 396 f.

indirekte Anteile anderer Gesellschafter an stillen Rücklagen und Firmenwert zu berücksichtigen sind (multiplikative Ermittlung).[20]

Das Problem sei an folgendem Beispiel erläutert: Das Mutterunternehmen (M) ist an **19** der Zwischenholding (Z) mit 70 % beteiligt (Anschaffungskosten der Beteiligung (AK) 50 Mio. EUR). Z hat gem. Zeitwertbilanz ein Eigenkapital (EK) von 40 Mio. EUR. Daraus ergibt sich ein Unterschiedsbetrag (UBZ) von 22 Mio. EUR. Z ist an T zu 60 % beteiligt (Anschaffungskosten der Beteiligung 20 Mio. EUR). T hat ein Eigenkapital von 25 Mio. EUR, woraus ein Unterschiedsbetrag (UBT) von 5 Mio. EUR folgt. Die Anteile anderer Gesellschafter (Ant. a. G.) an Z betragen 30 % von 40 Mio. EUR = 12 Mio. EUR und an T 40 % von 25 Mio. EUR = 10 Mio. EUR. Die direkten Ausgleichsposten in der Konzernbilanz belaufen sich auf 12 + 10 = 22 Mio. EUR (→ folgendes Schaubild). An dem Unterschiedsbetrag von T in Höhe von 5 Mio. EUR sind auch die anderen Gesellschafter von Z, die 30 % der Anteile von Z halten, in Höhe von 30 % von 5 Mio. EUR = 1,5 Mio. EUR beteiligt. Damit wird ihnen dieser Teilbetrag zugerechnet.[21] Er ist im Ansatz des Ausgleichspostens von 12 Mio. EUR enthalten.

S. hierzu das Schaubild S. 1277

In einem Teil der Literatur wurde bei Anwendung der **Buchwertmethode** gefordert, **20** diesen Teil (1,5 Mio. EUR) aus dem Ausgleichsposten zu eliminieren und die zugeordneten stillen Rücklagen und den Firmenwert von T anteilig zu kürzen. Bei der **Neubewertungs- methode** würde die anteilige Kürzung nur den Firmenwert betreffen.[22] Die Auffassung wird damit begründet, dass eine Aufdeckung der auf die anderen Gesellschafter entfallenden stillen Rücklagen mit der Buchwertmethode und eine Zuordnung eines Firmenwertes mit beiden Methoden nicht vereinbar sei.[23] Daher sei der Unterschiedsbetrag (hier UBT = 5 Mio. EUR) in die Kapitalkonsolidierung des Teilkonzernabschlusses einzubeziehen, so dass sich der Anteil anderer Gesellschafter (hier an Z) entsprechend vermindere (hier von 30 % von 40 = 12 Mio. EUR auf 30 % von 35 Mio. EUR = 10,5 Mio. EUR, also um 1,5 Mio. EUR). Räumt man hingegen dem Einheitsgrundsatz und der Gleichbehandlung der anderen Gesellschafter mit denen des Mutterunternehmens Vorrang ein und berücksich- tigt, dass die Gesellschafter der Zwischenholding den Anteil der Z an T bezahlt haben, so wird von einem Teil der Literatur die **additive,** dh ungekürzte Ermittlung der Anteile anderer Gesellschafter auch für zulässig gehalten.[24]

Dem wird man sich anschließen können, ohne die additive Ermittlung der Ausgleichs- **21** posten für obligatorisch zu halten.[25] Bei additiver Ermittlung sind im Rahmen der **Folge- konsolidierung** die auf den Ausgleichsposten entfallenden indirekten Anteile an stillen Rücklagen, stillen Lasten und am Geschäftswert in gleichem Maße aufzulösen wie für den auf das Mutterunternehmen entfallenden Anteil.

V. Ausweis der Gewinn- und Verlustanteile (Abs. 2)

In der Konzern-GuV ist der im Jahresüberschuss enthaltene, anderen Gesellschaftern **22** zustehende Gewinn und der auf sie entfallende Verlust **nach** dem Posten „Jahresüberschuss/ Jahresfehlbetrag" unter dem Posten „nicht beherrschende Anteile" **gesondert auszuwei- sen.** Darunter wird nach hM der **Anteil am Jahresüberschuss/Jahresfehlbetrag** in der **HB II** des jeweiligen Tochterunternehmens, bei der Neubewertungsmethode unter Berücksichtigung ergebniswirksamer Korrekturen aus der Folgekonsolidierung, verstan-

---

[20]   ADS Rn. 41; ausf. HdK/Dusemond/Weber/Zündorf § 301 Rn. 260–337; Küting/Weber Rechnungsle- gung-HdB 8. Kap. 1.4.10.2.

[21]   So LdR/Ebeling 56.

[22]   ADS Rn. 47.

[23]   ADS Rn. 44; ausf. HdK/Dusemond/Weber/Zündorf § 301 Rn. 260–320.

[24]   HdK/Dusemond/Weber/Zündorf § 301 Rn. 319; Eisele/Kratz ZfbF 1997, 291; Ewert/Schenk BB 1993, Beilage 14.

[25]   So Ebeling DBW 1995, 323 (340).

den[26] (→ Rn. 9). Eine Verrechnung mit den Korrekturen aus den anderen erfolgswirksamen Konsolidierungen wird für unzulässig gehalten.[27] Dies folgt aber nicht aus dem Wortsinn von Abs. 2. Der Gesetzgeber könnte davon ausgegangen sein, dass der Anteil der außenstehenden Gesellschafter im Konzernergebnis „enthalten" ist. Da das Konzernergebnis aber um alle erfolgswirksamen Konsolidierungen bereinigt ist, müsste dies dann auch für den Anteil der anderen Gesellschafter gelten. Andernfalls könnte der Fall eintreten, dass zwar kein Konzernjahresüberschuss, gleichwohl aber ein positives Ergebnis außenstehender Gesellschafter als Anteil des Konzernjahresüberschusses gezeigt werden muss. Ferner folgt aus dem Einheitsgrundsatz des § 297 Abs. 3, dass nicht einer Gruppe von Eigenkapitalgebern auf Kosten einer anderen Gruppe ein höherer Anteil am Jahresergebnis zugerechnet werden darf.

23   Darüber hinaus ist aufgrund der Formulierung in Abs. 2 „zustehender Gewinn …" fraglich, ob hier überhaupt der Ausweis des korrigierten anteiligen Jahresüberschusses gewollt ist. Die Bezeichnung Gewinn und Verlust könnte auf den Bilanzgewinn/-verlust hindeuten. Aus diesem Grunde erscheint es zulässig, hier den Anteil der anderen Gesellschafter am **zur Ausschüttung vorgesehenen Bilanzgewinn** bzw. am Bilanzverlust des Tochterunternehmens laut **HB I** auszuweisen.[28] Die Information über die für die anderen Gesellschafter vorgesehene Gewinnausschüttung ist für Zwecke der Analyse des Jahresabschlusses aussagekräftiger als die Angabe eines ideellen Gewinnanteils. Besonders zweckmäßig erscheint ein solcher Ausweis, wenn als **Konzernbilanzgewinn der Bilanzgewinn des Mutterunternehmens** ausgewiesen wird, da dann über die gesamte Gewinnausschüttung des Konzerns an seine Gesellschafter informiert wird. Der Ausweis des Bilanzgewinns des Mutterunternehmens als Konzernbilanzgewinn wird dadurch möglich, dass die **Konsolidierungskorrekturen mit den Gewinnrücklagen verrechnet** werden. Dementsprechend müssten dann auch die auf die anderen Gesellschafter entfallenden Konsolidierungskorrekturen mit ihrem Anteil an den Gewinnrücklagen verrechnet werden. In der Konzernbilanz wird das jedoch nur dann deutlich, wenn der Ausgleichsposten in der Konzernbilanz aufgegliedert ausgewiesen wird.[29]

24   Werden in den Konzernabschluss Tochtergesellschaften einbezogen, an denen andere Gesellschafter beteiligt sind und von denen **die einen Jahresüberschüsse** bzw. Bilanzgewinne und **die anderen Jahresfehlbeträge** bzw. Bilanzverluste ausweisen, so sind sie entweder getrennt in der Konzern-GuV auszuweisen oder bei Saldierung im Konzernanhang gesondert anzugeben.[30] Nach DRS 23.158 ist ein zusammengefasster Ausweis zulässig.

---

26   ADS Rn. 70; HdK/Weber/Zündorf Rn. 11; Kölner Komm RechnungslegungsR/Claussen/Scherrer Rn. 43; BeBiKo/Störk/Roland Rn. 81.
27   ADS Rn. 38–40, 72; BeBiKo/Störk/Roland Rn. 66.
28   AA ADS Rn. 70.
29   Busse v. Colbe/Ordelheide/Gebhardt/Pellens Konzernabschlüsse 9. Kap. IV. 8.3.
30   ADS Rn. 79; BeBiKo/Störk/Roland Rn. 69; HdK/Weber/Zündorf Rn. 13.

Zu Rn. 19

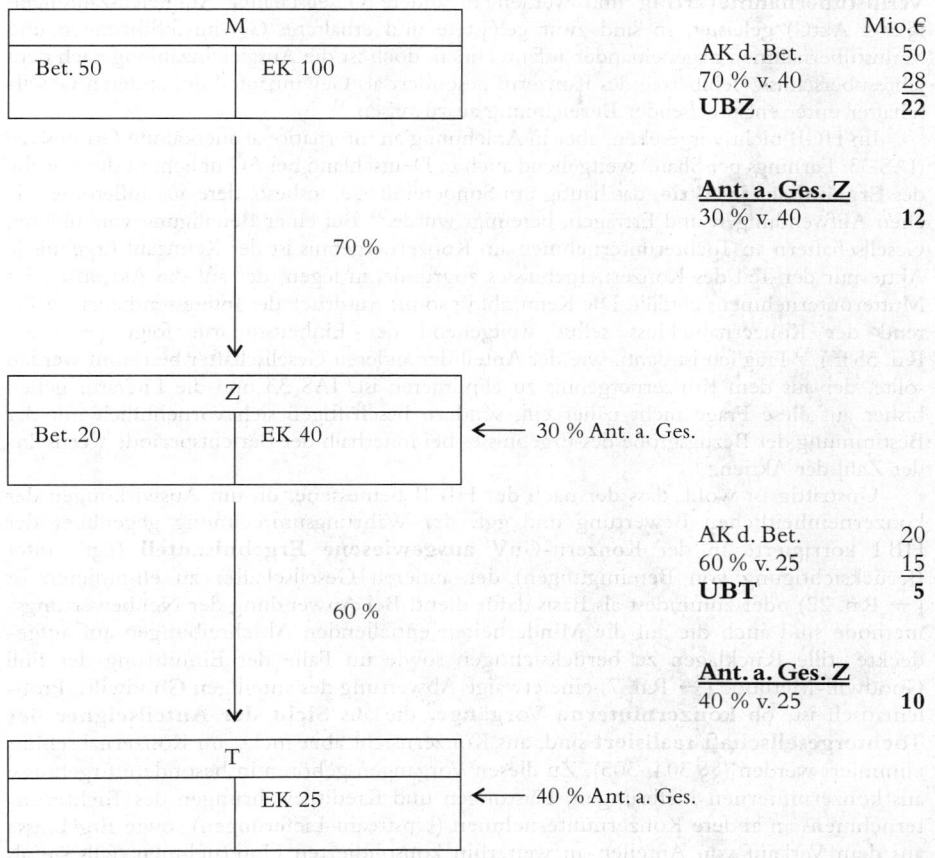

M		Mio.€
Bet. 50	EK 100	AK d. Bet. 50
		70 % v. 40 28
		UBZ 22

Ant. a. Ges. Z
30 % v. 40 12

70 %

Z	
Bet. 20	EK 40	← 30 % Ant. a. Ges.

AK d. Bet. 20
60 % v. 25 15
UBT 5

60 %

Ant. a. Ges. Z
40 % v. 25 10

T	
	EK 25	← 40 % Ant. a. Ges.

Teilkonzern Z	
UBT 5	EK 40
	Ant. a. Ges. T 10

Konzern M	
UBZ 22	EK
UBT 5	Ant. a. Ges. Z 12
27	Ant. a. Ges. T 10
	22

25   Besteht mit einem einbezogenen Tochterunternehmen ein **Gewinnabführungs- und Verlustübernahmevertrag** und werden an andere Gesellschafter Ausgleichszahlungen (§ 304 AktG) geleistet, so sind zwar geleistete und erhaltene Gewinnabführungen und Verlustübernahmen gegeneinander aufzurechnen, doch ist die Ausgleichszahlung nach dem Jahresüberschuss/-fehlbetrag des Konzerns gesondert als Gewinnanteil der anderen Gesellschafter unter entsprechender Bezeichnung auszuweisen.[31]

26   Im HGB nicht vorgesehen, aber in Anlehnung an international anerkannte Grundsätze (IAS 33: Earnings per Share) weitgehend auch in Deutschland bei AG üblich, ist die Angabe des **Ergebnisses je Aktie,** das häufig um Sondereinflüsse, insbesondere aus außerordentlichen Aufwendungen und Erträgen, bereinigt wurde.[32] Bei einer Beteiligung von anderen Gesellschaftern an Tochterunternehmen am Konzernergebnis ist der Kennzahl Ergebnis je Aktie nur der Teil des Konzernergebnisses zugrunde zu legen, der auf die Aktionäre des Mutterunternehmens entfällt. Die Kennzahl ist somit Ausdruck der Interessentheorie, während der Konzernabschluss selbst weitgehend der Einheitstheorie folgt ($\rightarrow$ § 297 Rn. 55 ff.).[33] Fraglich ist dann, wie der Anteil der anderen Gesellschafter bestimmt werden sollte, der aus dem Konzernergebnis zu eliminieren ist. IAS 33 und die Literatur gehen bisher auf diese Frage nicht näher ein, sondern beschäftigen sich vornehmlich mit der Bestimmung der Bezugsgröße des Ergebnisses bei innerhalb der Berichtsperiode wechselnder Zahl der Aktien.[34]

27   Unstrittig ist wohl, dass der nach der HB II bemessene, dh um Auswirkungen der konzerneinheitlichen Bewertung und ggf. der Währungsumrechnung gegenüber der HB I korrigierte in der Konzern-GuV **ausgewiesene Ergebnisanteil** (ggf. unter Berücksichtigung von Bereinigungen) der anderen Gesellschafter zu eliminieren ist ($\rightarrow$ Rn. 22) oder zumindest als Basis dafür dient. Bei Anwendung der Neubewertungsmethode sind auch die auf die Minderheiten entfallenden Abschreibungen auf aufgedeckte stille Rücklagen zu berücksichtigen sowie im Falle der Einführung der Full Goodwill-Methode ($\rightarrow$ Rn. 7) eine etwaige Abwertung des anteiligen Goodwills. Problematisch ist, ob **konzerninterne Vorgänge,** die aus **Sicht der Anteilseigner der Tochtergesellschaft realisiert** sind, aus Konzernsicht aber nicht, im Konzernabschluss eliminiert werden (§§ 304, 305). Zu diesen Vorgängen gehören insbesondere Ergebnisse aus konzerninternen Lieferungen, Leistungen und Kreditgewährungen des Tochterunternehmens an andere Konzernunternehmen (Upstream-Lieferungen) sowie Ergebnisse aus dem Verkauf von Anteilen an weiterhin konsolidierten Unternehmen, falls sie als erfolgsneutraler Kapitalvorgang behandelt werden ($\rightarrow$ § 301 Rn. 115 ff.).[35] Aber auch Lieferungen und Leistungen und Kreditgewährungen anderer Konzernunternehmen an das Tochterunternehmen mit Minderheitenanteilen (Downstream-Lieferungen), die aus Konzernsicht nicht realisiert sind und daher für den Konzernabschluss eliminiert werden, beeinflussen dessen Ergebnis. Eine Bereinigung des Minderheitenanteils am Konzernergebnis um konzerninterne Vorgänge ist bisher nicht üblich und würde erheblichen Aufwand erfordern.

Fünfter Titel. Bewertungsvorschriften

§ 308 Einheitliche Bewertung

(1) [1]**Die in den Konzernabschluß nach § 300 Abs. 2 übernommenen Vermögensgegenstände und Schulden der in den Konzernabschluß einbezogenen Unternehmen sind nach den auf den Jahresabschluß des Mutterunternehmens anwendbaren**

---

[31] Busse v. Colbe/Ordelheide/Gebhardt/Pellens Konzernabschlüsse 8. Kap. II. 1; ADS Rn. 77/78; HdK/Weber/Zündorf Rn. 13.

[32] Busse v. Colbe/Becker/Berndt/Geiger/Haase/Schellmoser/Schmitt/Seeberg/v. Wysocki (Hrsg.), Ergebnis je Aktie nach DVFA/SG, 3. Aufl. 2000.

[33] Pellens/Neuhus/Nölte FS Graßhoff, 2005, 35.

[34] PFGS IntRechnungslegung Kap. 23.

[35] Pellens/Neuhaus/Nölte FS Graßhoff, 2005, 40 ff.

Bewertungsmethoden einheitlich zu bewerten. ²Nach dem Recht des Mutterunternehmens zulässige Bewertungswahlrechte können im Konzernabschluß unabhängig von ihrer Ausübung in den Jahresabschlüssen der in den Konzernabschluß einbezogenen Unternehmen ausgeübt werden. ³Abweichungen von den auf den Jahresabschluß des Mutterunternehmens angewandten Bewertungsmethoden sind im Konzernanhang anzugeben und zu begründen.

(2) ¹Sind in den Konzernabschluß aufzunehmende Vermögensgegenstände oder Schulden des Mutterunternehmens oder der Tochterunternehmen in den Jahresabschlüssen dieser Unternehmen nach Methoden bewertet worden, die sich von denen unterscheiden, die auf den Konzernabschluß anzuwenden sind oder die von den gesetzlichen Vertretern des Mutterunternehmens in Ausübung von Bewertungswahlrechten auf den Konzernabschluß angewendet werden, so sind die abweichend bewerteten Vermögensgegenstände oder Schulden nach den auf den Konzernabschluß angewandten Bewertungsmethoden neu zu bewerten und mit den neuen Wertansätzen in den Konzernabschluß zu übernehmen. ²Wertansätze, die auf der Anwendung von für Kreditinstitute oder Versicherungsunternehmen wegen der Besonderheiten des Geschäftszweigs geltenden Vorschriften beruhen, dürfen beibehalten werden; auf die Anwendung dieser Ausnahme ist im Konzernanhang hinzuweisen. ³Eine einheitliche Bewertung nach Satz 1 braucht nicht vorgenommen zu werden, wenn ihre Auswirkungen für die Vermittlung eines den tatsächlichen Verhältnissen entsprechenden Bildes der Vermögens-, Finanz- und Ertragslage des Konzerns nur von untergeordneter Bedeutung sind. ⁴Darüber hinaus sind Abweichungen in Ausnahmefällen zulässig; sie sind im Konzernanhang anzugeben und zu begründen.

Schrifttum: Bartels, Zwischenergebniseliminierung und konzerneinheitliche Bewertung, WPg 1991, 739; Busse v. Colbe, Die neuen Rechnungslegungsvorschriften aus betriebswirtschaftlicher Sicht, WPg 1987, 117; Deubert/Vogel, Aufhebung des § 308 Abs. 3 HGB durch das TransPuG, KoR 2004, 142; Havermann, Die Handelsbilanz II – Zweck, Inhalt und Einzelfragen ihrer Erstellung, FS Döllerer, 1988, 185; IDW, Stellungnahme HFA 3/1988: Einheitliche Bewertung im Konzernabschluss, WPg 1988, 483; Lorenz, DRS 14 zur Währungsumrechnung: Darstellung und Vergleichbarkeit mit den IASB-Regelungen, KoR 2004, 437; Mujkanovic/Hehn, Währungsumrechnung im Konzern nach International Accounting Standards, WPg 1996, 605; Ordelheide, Bilanzansatz und Bewertung im Konzernabschluss, WPg 1985, 501; Ordelheide, Einheitliche Bewertung sowie Kapital- und Equity-Konsolidierung, WPg 1985, 575; Ordelheide, Anschaffungskostenprinzip im Rahmen der Erstkonsolidierung gem. § 301 HGB, DB 1986, 493; Reintges, Die einheitliche Bewertung im Konzernabschluss, ZfbF 1987, 282; Schildbach, Rechnungslegung nach US-GAAP – Ein Fortschritt für Deutschland?, ZfbF-Sonderheft 40/1998, 55; Schildbach, Rechnungslegung nach US-GAAP: Hoffnung und Wirklichkeit, BB 1999, 359 ff., 411 ff.; Stobbe, Die konzerneinheitliche Bewertung, DB 1986, 1833.

Übersicht

I. Zweck und Grundlagen

1   Der **Informationsfunktion** des Konzernabschlusses (→ Vor § 290 Rn. 29 ff.) wird, soweit sie durch die gesetzliche Rechnungslegungspflicht überhaupt erfüllt werden kann, nur dann entsprochen, wenn die in ihm ausgewiesenen Posten nach einheitlichen Methoden ermittelt werden und das Prinzip der zeitlichen und materiellen Stetigkeit beachtet wird. Eine Zusammenfassung und Konsolidierung von Einzelabschlüssen, die nach unterschiedlichen Bilanzierungsmethoden aufgestellt wurden, würde den Informationsgehalt des einzelnen Konzernabschlusses und die Vergleichbarkeit zwischen ihnen beeinträchtigen. Die Vorschriften des § 308 sollen der Informationsfunktion des Konzernabschlusses durch Gewährleistung zumindest einheitlicher Bewertungsmethoden dienen. Insoweit erfüllen sie die Konsolidierungsgrundsätze (→ Vor § 290 Rn. 43 ff.).

2   Durch die Umsetzung der Art. 18 und 29 RL 1983/349/EWG wurde der durch § 331 Abs. 1 AktG 1965 eingeführte Grundsatz der Maßgeblichkeit der Einzelabschlüsse für den Konzernabschluss mit dem BiRiLiG 1985 (→ Vor § 290 Rn. 1 f.) durch den **Grundsatz der Anwendung einheitlicher Bewertungsmethoden nach dem Recht des Mutterunternehmens,** also primär nach dem HGB, gem. Abs. 1 S. 1 ersetzt. Das entspricht Art. 24 Abs. 10 Bilanz-RL. Falls die Bewertungsmethode für die Einzelbilanzen der einbezogenen Unternehmen dem Grundsatz nicht entspricht, sind sie zumindest soweit denen nach dem Recht des Mutterunternehmens anzupassen, dass sie dem Einheitsgrundsatz des § 297 Abs. 3 genügen. Der angepasste Einzelabschluss wird gewöhnlich als **Handelsbilanz II (HB II)** bezeichnet.[1]

3   Soweit **Konsolidierungsmaßnahmen,** insbesondere die Kapitalkonsolidierung auf der Basis von Zeitwerten infolge der dabei aufzudeckenden stillen Rücklagen oder vorzunehmenden **Neubewertung** und die Zwischenerfolgseliminierung, sich auf Posten des zu konsolidierenden Einzelabschlusses auswirken, sind auch auf die daraus resultierenden Wertansätze die nach dem Recht des Mutterunternehmens zulässigen Bewertungsmethoden einheitlich anzuwenden. Der bei Anwendung der bis 2009 zulässigen und üblichen Buchwertmethode gem. § 301 Abs. 1 Nr. 1 aF in zwei Stufen entwickelte konsolidierungsfähige Einzelabschluss wurde dann mitunter als **Handelsbilanz III (HB III)** bezeichnet.[2]

4   Der Grundsatz der Anwendung einheitlicher Bewertungsmethoden **dient dem Zweck der Generalnorm** des § 297, ein den tatsächlichen Verhältnissen entsprechendes Bild der Vermögens-, Finanz- und Ertragslage des Konzerns unter der Fiktion zu vermitteln, als ob die einbezogenen Unternehmen ein **einziges Unternehmen** wären. Allerdings enthalten Abs. 1 S. 3 und Abs. 2 S. 3 einige **Ausnahmeregelungen.** Der Grundsatz der Anwendung einheitlicher Bewertungsmethoden gilt jedoch für den gesamten Konzernabschluss, also auch für die durch § 297 Abs. 1 zusätzlich verlangten Rechenwerke, Kapitalflussrechnung und Eigenkapitalspiegel sowie für die freiwillige Ergänzung durch eine Segmentberichterstattung.

5   Der Grundsatz der Anwendung einheitlicher Bewertungsmethoden im Konzernabschluss und dessen Auslegung entsprechen der Regelung in IAS 27.24 aF[3] und heute in **IFRS 10.B87.** Verwendet ein Konzernmitglied für gleichartige Geschäftsvorfälle und Ereignisse unter ähnlichen Umständen andere Bilanzierungs- und Bewertungsmethoden als die in den Konzernabschlüssen eingeführten Methoden, werden bei der Erstellung der Konzernabschlüsse angemessene Berichtigungen an den Abschlüssen des betreffenden Konzernmitglieds vorgenommen, um die Konformität mit den Bilanzierungs- und Bewertungsmethoden des Konzerns zu gewährleisten. Die nach IAS 27.21 (rev. 2000) bis 2003 geltende Einschränkung des Grundsatzes, wonach bei Unpraktikabilität über den Anteil der Abweichungen zu berichten war, ist entfallen. In den **US-GAAP** gibt es keine vergleichbare

---

[1]   Ausf. Scherrer Konzernrechnungslegung 6. Kap. C; Beck HdR/Pöller C 300 Rn. 205 ff.
[2]   Busse v. Colbe/Ordelheide/Gebhardt/Pellens Konzernabschlüsse 5. Kap. II.3.
[3]   IAS-Komm/Baetge/Hayn/Ströher IAS 27 Rn. 171–175.

Regelung; allerdings weisen sie gegenüber dem HGB nur weniger explizite Wahlrechte, gleichwohl aber implizit zahlreiche Bewertungsalternativen auf.[4]

Vor allem für Konzernunternehmen mit Sitz in Deutschland wird die **Informati-** 6 **onsfunktion des Einzelabschlusses** durch die Rückwirkung des – wenn auch vielfach durchbrochenen – Prinzips der Maßgeblichkeit der handelsrechtlichen Grundsätze ordnungsmäßiger Buchführung und Bilanzierung für die Steuerbilanz häufig stark beeinträchtigt. Dieses **Maßgeblichkeitsprinzip gilt für den Konzernabschluss nicht,** da er nicht Besteuerungsgrundlage ist. Der Konzernleitung bietet sich somit die Möglichkeit, Kapitalmarktteilnehmer und andere Adressaten mit dem Konzernabschluss besser zu informieren, weil die steuerlichen Auswirkungen nicht eintreten. Der Informationswert wird auch dadurch gefördert, dass durch das TransPuG (→ Vor 290 Rn. 12) der Abs. 3 aF gestrichen wurde, der es erlaubte, nur nach Steuerrecht zulässige Werte und Sonderposten mit Rücklageanteil in den Konzernabschluss zu übernehmen.[5] Für die Konzernbilanz müssen solche nach altem Recht etwa noch vorhandene steuerliche Sonderposten in offene Rücklagen und Steuerrückstellungen aufgelöst und steuerliche Sonderabschreibungen insoweit eliminiert werden, als ihr kumulierter Betrag den rein handelsrechtlichen Wert unterschreitet. Auch durch Auflösung stiller Rücklagen kann das bilanzielle Eigenkapital gegenüber den Einzelabschlüssen höher ausgewiesen und damit ein etwaiges Handicap einer im internationalen Vergleich geringeren Eigenkapitalquote gemildert werden.[6]

II. Anwendung einheitlicher Bewertungsmethoden nach dem Recht des Mutterunternehmens (Abs. 1)

1. Anwendbare Bewertungsmethoden. Maßstab für die auf die Konzernbilanz 7 anzuwendenden Bewertungsmethoden sind grundsätzlich die für das zur Konzernrechnungslegung verpflichtete Mutterunternehmen **zulässigen Bewertungsmethoden.** In einem mehrstufigen Konzern ist nicht das jeweilige Mutterunternehmen der Teilkonzerne, sondern das den Konzernabschluss aufstellende und veröffentlichende **oberste Mutterunternehmen** gemeint. Wurde zB von einem Tochterunternehmen in der Rechtsform eines Personenunternehmens nach altem Recht von den Abschreibungsmöglichkeiten im Rahmen vernünftiger kaufmännischer Beurteilung (§ 253 Abs. 4 aF) oder von der Beibehaltung eines niedrigeren Wertansatzes (§ 253 Abs. 5 aF) Gebrauch gemacht, so waren für den strengeren Bewertungsvorschriften unterliegenden Konzernabschluss einer Kapitalgesellschaft die zusätzlichen Abschreibungen rückgängig zu machen (§ 279 Abs. 1 aF) bzw. die Wertaufholung gem. § 280 Abs. 1 aF unter Beachtung von Abs. 2 nachzuholen. Diese Bewertungsunterschiede sind durch das BilMoG ab 2010 durch Änderung oder Streichung der alten Vorschriften weitgehend beseitigt worden. Jedoch können Bewertungsunterschiede zwischen ausländischen Tochterunternehmen und dem Mutterunternehmen auftreten.

Innerhalb der zulässigen Bewertungsmethoden sind **grundsätzlich** diejenigen Bewer- 8 tungsmethoden auf den Konzernabschluss anzuwenden, die das **Mutterunternehmen** auf seinen Einzelabschluss **tatsächlich angewendet** hat.[7] Abweichungen von diesem Grundsatz sind gem. Abs. 1 S. 3 im Konzernanhang anzugeben und zu begründen. Soweit Bewertungsmethoden für das Mutterunternehmen zwar zulässig sind, aber von ihm nicht angewendet werden, weil es entsprechende Vermögensgegenstände oder Schulden nicht besitzt, zB Vorräte an Fabrikaten (§ 255 Abs. 2 S. 3) bei einer reinen Holdinggesellschaft, stehen sie für den Konzernabschluss originär zur Verfügung.[8]

4   Schildbach ZfbF-Sonderheft 40/1998, 55 (81); Schildbach BB 1999, 359 (365); 411 ff. mwN.
5   Zu Zweifelsfällen und zu Übergangsproblemen s. Deubert/Vogel KoR 2004, 142 ff.
6   Busse v. Colbe WPg 1987, 125.
7   IDW WPg 1988, 483; Küting/Weber Rechnungslegung-HdB 7. Kap. 3.
8   Busse v. Colbe/Ordelheide/Gebhardt/Pellens Konzernabschlüsse 3. Kap. III. 1.1.4.

9   **2. Einheitlichkeitsgebot für Bewertungsmethoden.** Das Gebot zur Anwendung
einheitlicher Bewertungsmethoden bezieht sich auf gleiche oder zumindest gleichartige
Sachverhalte: „Sachverhalte sind im Hinblick auf ihre Bewertung als gleich anzusehen,
wenn **art- oder funktionsgleiche** Vermögensgegenstände oder Schulden unter **gleichen
wertbestimmenden Bedingungen** zu bewerten sind.“[9] In diesen Fällen ist eine unterschiedliche Ausübung von Bewertungswahlrechten unzulässig.[10]

10   Das Einheitlichkeitsgebot ergibt sich bereits aus der Fiktion der **Rechtseinheit des
Konzerns** für den Konzernabschluss (→ § 297 Rn. 54).[11] Bereits für den Einzelabschluss
wird als allgemeiner Bewertungsgrundsatz in § 252 Abs. 1 Nr. 6 die **Stetigkeit der Bewertungsmethoden** kodifiziert. Das Gebot der zeitlichen Bewertungsstetigkeit impliziert
bereits die Anwendung gleicher Bewertungsmethoden auf art- oder funktionsgleiche
Bewertungsobjekte unter gleichen Bedingungen (Gebot der **sachlichen Bewertungsstetigkeit**) in Übereinstimmung mit IFRS 10.B87 (→ Rn. 5).[12] Insofern hat das Gebot der
Anwendung gleicher Bewertungsmethoden auf den Konzernabschluss, das auf Art. 29
Abs. RL 1983/349/EWG basiert, eher klarstellenden als konstituierenden Charakter. Mit
der Novellierung des HGB durch das BilMoG wurde durch Aufnahme eines Abs. 3 in
§ 246 das Stetigkeitsgebot auf die Ansatzmethoden ausgedehnt (→ Rn. 17).

11   Die Einheitlichkeit der Methoden der Bewertung betrifft **nicht den Wertansatz** selbst,
auch wenn dies in der Überschrift des § 308 und daher auch häufig in der Literatur als
einheitliche Bewertung bezeichnet wird, sondern die **Methode der Wertbestimmung.**
So sind zB auf gleiche Gegenstände des Anlagevermögens, die in gleicher Weise unter
gleichen Bedingungen eingesetzt werden, gleiche Abschreibungsmethoden anzuwenden,
auch wenn die Anschaffungspreise etwa bei unterschiedlichen Standorten unterschiedlich
sind. Entsprechendes gilt im Umlaufvermögen für gleiche Erzeugnisse hinsichtlich der
Ermittlungsmethoden für ihren Wertansatz.[13] Mithin sind die gesetzlichen Bewertungsme-
thodenwahlrechte durch das Einheitlichkeitsgebot begrenzt. Wo die Grenzen genau verlaufen, ist strittig.

12   Allgemeingültige Definitionen von **art-, funktions- und wertbestimmender** Bedin-
gungsgleichheit sind schwer zu formulieren. Fraglich ist auch, ob die Parameter einer Bewertungsmethode, zB die Abschreibungsdauer bei linearer Abschreibung von art- und funkti-
onsgleichen Gegenständen, einheitlich bestimmt werden müssen.[14] Umstritten ist ferner,
ob das Wahlrecht für das Ausmaß der in die Herstellungskosten einzubeziehenden Gemeinkosten, zB eines weltweit tätigen Konzerns, bei etwa gleichen Produktionsstrukturen für
alle Fertigungsstandorte gleich auszuüben ist.[15]

13   In den Grenzen des Gebots der Bewertungseinheitlichkeit und -stetigkeit für den Einzelabschluss können die einheitlichen Bewertungsmethoden für Gruppen in sich unterschiedlicher Vermögensgegenstände, zB für abnutzbare Sachanlagen oder Erzeugnisse,
unterschiedlich sein. Diese Methoden dürfen dann in entsprechender Differenzierung auch
auf den Konzernabschluss angewendet werden.[16] Aus dem Grundsatz, gleiche Sachverhalte
bei der Bewertung gleich zu behandeln, folgt auch, dass **unterschiedliche Sachverhalte**
entsprechend unterschiedlich zu behandeln sind. Wenn zB **gleiche Anlagen unter unterschiedlichen Bedingungen,** zB des Klimas, der Wartung, der Einsatzintensität oder der
Instandhaltungspolitik, etwa in inländischen und ausländischen Konzernunternehmen eingesetzt werden, können verschiedene Abschreibungsmethoden und -fristen gerechtfertigt
sein. Ein unterschiedlicher Standort allein ist allerdings noch kein hinreichender Grund für

---

[9]   ADS Rn. 12.
[10] IDW WPg 1988, 483.
[11] So auch Kölner Komm RechnungslegungsR/Claussen/Scherrer Rn. 16; BeBiKo/Grottel/Huber Rn. 7.
[12] ADS § 252 Rn. 107 mwN.
[13] HdK/Pohle Rn. 17.
[14] ADS Rn. 18; BeBiKo/Grottel/Huber Rn. 8.
[15] So ADS Rn. 21 f.
[16] Busse v. Colbe/Ordelheide/Gebhardt/Pellens Konzernabschlüsse 3. Kap. III. 1.1.2.

eine Differenzierung der Abschreibung.[17] Falls ein Tochterunternehmen liquidiert wird, gilt nicht mehr die Bewertungsprämisse der Unternehmensfortführung (§ 252 Abs. 1 Nr. 2), so dass dessen Bilanzposten zu Zerschlagungswerten und damit abweichend vom Einheitlichkeitsgebot anzusetzen sind.[18]

3. Originäre Ausübung von Bewertungswahlrechten. Das **Einheitlichkeitsgebot** 14 des S. 1 für die Bewertungsmethoden impliziert bereits, dass Wahlrechte, die in den Einzelabschlüssen der einbezogenen Unternehmen unterschiedlich ausgeübt wurden, zur Einhaltung des Gebots wenigstens zT im Konzernabschluss anders als in den Einzelabschlüssen, also originär ausgeübt werden müssen. S. 2 von Abs. 1 **erweitert die von den Einzelabschlüssen unabhängige Ausübung von Bewertungswahlrechten** zu dem Recht auf den Fall, dass die Wahlrechte in den Einzelabschlüssen bereits einheitlich, etwa auf Weisung der Konzernleitung, ausgeübt wurden. Auch dann können sie unabhängig von der Art der Wahrnehmung in den Einzelabschlüssen, selbst von der des Mutterunternehmens, ausgeübt werden. Das gilt zB für die Bemessung der Herstellungskosten (§ 255 Abs. 2), die Wahl der Abschreibungsmethode (§ 253 Abs. 2) oder die Festlegung des Zinssatzes bei der Bilanzierung von Pensionsrückstellungen (§ 253 Abs. 1).[19] Damit vollzieht diese Vorschrift eine klare **Abkehr** von der früher geltenden **Maßgeblichkeit** der Einzelabschlüsse für den Konzernabschluss (→ Rn. 2).

Die Regelung erlaubt es den Muttergesellschaften, nicht nur nach dem **Ziel des** 15 **Gesetzgebers** alle **vom Gesetz bereitgestellten Wahlrechte auszunutzen,** allerdings unter der Beachtung des Gebots der Einheitlichkeit wie in einem rechtlich einheitlichen Unternehmen,[20] sondern auch den Konzernabschluss besser als die Einzelabschlüsse als externes **Informationsinstrument** und internes **Steuerungsinstrument** zu nutzen. Daneben ist auch das Gebot der zeitlichen und sachlichen Stetigkeit für die Ausübung der Wahlrechte einzuhalten (→ Rn. 13).[21]

4. Abweichungen von den im Abschluss des Mutterunternehmens angewand- 16 **ten Bewertungsmethoden.** In Umsetzung von Art. 29 Abs. 2 RL 1983/349/EWG (heute Art. 24 Bilanz-RL) dürfen gem. Abs. 1 S. 3 für den Konzernabschluss auch solche Bewertungsmethoden angewendet werden, die das Mutterunternehmen zwar hätte anwenden können, die es aber trotz Vorhandenseins entsprechender Vermögensgegenstände infolge anderer Ausübung ihrer Wahlrechte nicht angewendet hat, zB indem es Vorräte im Konzernabschluss an der handelsrechtlichen Obergrenze, in seinem Einzelabschluss aber an der Untergrenze bewertet. In solchen Fällen muss im **Konzernanhang darüber unter Angabe der Gründe berichtet** werden. Wendet zB das Mutterunternehmen auf gleichartige Gegenstände des Vorratsvermögens zur Ermittlung der Anschaffungskosten durchweg das auch steuerlich zulässige Durchschnittsverfahren, ein Tochterunternehmen im Ausland aber durchweg das – nach § 256 auch zulässige – Last in – first out (Lifo)-Verfahren an, so können die Wertansätze beider Gesellschaften dann unverändert in den Konzernabschluss übernommen werden, wenn sich die Güter beim Tochterunternehmen nach Art, Funktion oder Bedingungen von denen des Mutterunternehmens unterscheiden. Jedoch müsste im Anhang über diese Abweichung von der Bewertungsmethode der Muttergesellschaft berichtet werden.[22] Das Mutterunternehmen könnte die **Berichtspflicht vermeiden,** indem es in ihrem Einzelabschluss eine Güterart des Vorratsvermögens auch nach dem Lifo-Verfahren bewertet. Es verbleibt dann nur die generelle einfache Berichtspflicht für den Konzernanhang über die auf die Konzernbilanz angewendeten Bewertungsmethoden gem. § 313 Abs. 1 Nr. 2. Das mag ein Grund dafür sein, dass auf eine Befragung unter den 40 antwortenden Unternehmen nur zweimal eine

---

17 Zu Einzelheiten ADS Rn. 14 ff.; Reintges ZfbF 1987, 282 ff.; BeBiKo/Grottel/Huber Rn. 40 ff.
18 BeBiKo/Grottel/Huber Rn. 33.
19 Im Einzelnen Baetge/Kirsch/Thiele KonzernBil Kap. IV. 322.
20 BT-Drs. 10/4268, 116.
21 ADS Rn. 26.
22 Busse v. Colbe/Ordelheide/Gebhardt/Pellens Konzernabschlüsse 3. Kap. III. 1.1.5.

Abweichung im Ansatz und sechsmal eine Abweichung in der Bewertung angegeben wurden.[23]

17   **5. Einheitliche Ansatzmethoden.** Die Verpflichtung zur Anwendung einheitlicher Methoden bezieht sich nach Abs. 1 S. 1 nur auf die Bewertung. Mit der Ausdehnung der Beibehaltungspflicht der angewandten Methoden auf die Bilanzansätze durch die Aufnahme eines Abs. 3 in § 246 und die Pflicht zur Anwendung des § 246 gem. § 298 auch auf den Konzernabschluss entsteht die Frage, ob analog zur Anwendung einheitlicher Bewertungsmethoden für den Konzern auch die Ansatzmethoden einheitlich anzuwenden sind, ohne dass es eine ausdrückliche Vorschrift dafür gibt. Zwar betrifft § 246 Abs. 3 nur die zeitliche (intertemporale) Ansatzstetigkeit, doch wird die intertemporale Bewertungsstetigkeit nach § 252 Abs. 1 Nr. 6 nach hM auf die periodenbezogene (horizontale) Stetigkeit im Sinne der Pflicht zur Anwendung einheitlicher Bewertungsmethoden ausgedehnt. Zur Vermeidung einer an bilanzpolitischen Erwägungen ausgerichteten unterschiedlichen Ausübung von Ansatzwahlrechten auf gleichartige Vorgänge bei verschiedenen Gesellschaften eines Konzerns erscheint es gerechtfertigt, im Sinne eines Willkürverbotes einheitliche Ansatzmethoden im Konzern zu verlangen.[24]

III. Umbewertungspflichten (Abs. 2)

18   **1. Grundsatz.** Abs. 2 setzt Art. 29 Abs. 3 RL 1983/349/EWG in deutsches Recht um (heute Art. 24 Abs. 12 Bilanz-RL) und entspricht IFRS 10.B87. Auch diese Vorschriften haben nur klarstellenden Charakter; denn ohne eine solche Anpassung wäre eine Vereinheitlichung der Bewertungsmethoden nicht durchführbar. Soweit in den Einzelbilanzen verschiedener Konzernunternehmen gleiche Sachverhalte unterschiedlich oder abweichend von den Bewertungsmethoden für den Konzernabschluss behandelt werden, sind diese Vermögensgegenstände und Schulden gem. Abs. 2 S. 1 nach den Bewertungsmethoden für den Konzernabschluss **neu zu bewerten** und mit diesen Wertansätzen der HB II in die Konzernbilanz zu übernehmen. Dabei sind auch latente Steuern zu berücksichtigen (→ § 301 Rn. 89).[25] Sind zB bei einer ausländischen Tochtergesellschaft Vermögensgegenstände nach Verfahren bewertet worden, die nach deutschem Recht unzulässig sind, etwa eine Bewertung zu einem die Anschaffungs- oder Herstellungskosten übersteigenden Marktpreis oder indizierten Tageswert, oder wurde eine Teilgewinnrealisierung bei noch nicht abgerechneter langfristiger Fertigung vorgenommen, so ist eine Umbewertung für einen konsolidierungsfähigen Abschluss erforderlich.

19   **Für konzernintern gelieferte** und noch nicht an Konzernfremde abgesetzte Vermögensgegenstände bilden die Wertansätze der HB II die Basis für die Ermittlung der konzerninternen Ergebnisse.[26] Diese **Zwischenergebnisse** sind so zu bestimmen und gem. § 304 so zu eliminieren, dass der resultierende Wertansatz den einheitlichen Bewertungsmethoden iSd § 308 Abs. 1 S. 1 entspricht.

20   Für die **erstmalige Konsolidierung** waren die Bilanzposten für einen HGB-Konzernabschluss nach bisher herrschender Meinung (→ § 301 Rn. 47) auf der Grundlage der Geschäftspolitik der Konzernleitung zu bewerten. Mit der Neufassung von § 301 durch das BilMoG ist an die Stelle des „konzernpolitischen" Wertansatzes die Verpflichtung zum Ansatz der Zeitwerte iSv Marktwerten getreten (→ § 301 Rn. 46). Eine **Anpassung der Wertansätze** über die Aufstellung einer Zeitwertbilanz kann erforderlich werden, soweit die Wertansätze in der Handelsbilanz des Tochterunternehmens bisher unter geschäftspolitischen Prämissen vorgenommen wurden, die dem Zeitwert nicht entsprechen. So sind zB bisher betrieblich wenig oder nicht genutzte Sachanlagen, die zur Veräußerung oder zur Reserve bestimmt waren, daher zu einem geringeren als dem Marktwert angesetzt waren,

---

23   Busse v. Colbe/Müller/Reinhard Anhang B.
24   Busse v. Colbe/Ordelheide/Gebhardt/Pellens Konzernabschlüsse 3. Kap. 1.5.
25   ADS Rn. 36.
26   Bartels WPg 1991, 739 ff.

zum Zeitwert anzusetzen. Ein höherer Wertansatz kann auch dann erforderlich sein, wenn in der Vergangenheit außerplanmäßig abgeschriebene Produktionsanlagen wieder voll genutzt werden und daher eine Wertaufholung bis zum fortgeführten Anschaffungswert gem. § 253 Abs. 5 vorgenommen wird. Nach IFRS 3.18 (2008/2019) sind die Vermögenswerte und Schulden bei erstmaliger Konsolidierung auf den Erwerbszeitpunkt zum Fair Value anzusetzen (→ § 301 Rn. 47).

Die Anpassung der Bewertung in der HB II für den Konzernabschluss wird im Rahmen **21** der **Erstkonsolidierung** eines Tochterunternehmens grundsätzlich **erfolgsneutral** unter Dotierung oder Inanspruchnahme von **Rücklagen,** dh im Zeitpunkt der erstmaligen Einbeziehung zum Zeitpunkt des Erwerbs ohne Auswirkung auf das Konzernergebnis vorgenommen (→ § 301 Rn. 45).

Eine **über das gesetzliche Mindestmaß hinausgehende Vereinheitlichung** der **22** Bewertungsmethoden für den gesamten Konzern oder große Teile wird für die finanzielle **Steuerung und Kontrolle** als zweckmäßig angesehen[27] und auch praktiziert, mitunter auch dann, wenn die Einzelabschlüsse den Bewertungsmethoden des Konzernabschlusses bereits genügen. Gleichwohl wird die Auffassung vertreten, dass eine Neubewertung nicht zulässig sei, wenn die Wertansätze in den ursprünglichen Bilanzen der einbezogenen Unternehmen bereits im Bereich der zulässigen Bewertungsmethoden des Mutterunternehmens liegen. Nach Abs. 2 S. 1 seien in den Konzernabschluss aufzunehmende Vermögensgegenstände nur dann neu zu bewerten, wenn sich die auf sie in den Einzelabschlüssen angewandten Bewertungsmethoden von denen für den Konzernabschluss unterscheiden. Die Vorschrift des Abs. 2 soll jedoch das Einheitlichkeitsgebot für die Anwendung von Bewertungsmethoden in Abs. 1 und die Generalvorschrift des § 297 Abs. 1 und 2 nicht einschränken, sondern umsetzen. Daher ist eine freiwillige weitergehende Vereinheitlichung der Bewertungsmethoden, die der Vermittlung eines den tatsächlichen Verhältnissen entsprechenden Bildes im Sinne der Fiktion der rechtlichen Einheit dient und diese nicht behindert, sondern eher fördert, zulässig.[28]

2. Ausnahmen. a) Kreditinstitute und Versicherungsunternehmen. Wenn in **23** den Konzernabschluss eines Industrie- oder Handelsunternehmens ein Kreditinstitut oder Versicherungsunternehmen einbezogen wird, dürfen gem. Abs. 2 S. 2 Wertansätze, die auf der Anwendung von für sie wegen der **Besonderheiten des Geschäftszweiges** geltenden Vorschriften beruhen, **beibehalten** werden; ggf. ist im **Konzernanhang** darauf hinzuweisen. Solche Unternehmen sind nur in **Ausnahmefällen** überhaupt vorhanden.[29] Vom Rat der EG ist für Kreditinstitute eine Bankbilanz-RL und für Versicherungsunternehmen eine Versicherungsbilanz-RL erlassen worden. Sie wurden 1990 durch das Bankbilanzrichtlinien-Gesetz und 1994 durch das Versicherungsbilanzrichtliniengesetz in deutsches Recht umgesetzt. Die Vorschriften finden sich hauptsächlich für Kreditinstitute in den §§ 340–340o und für Versicherungen in den §§ 341–341p.[30]

b) Untergeordnete Bedeutung der einheitlichen Bewertungsmethoden. Dem **24** allgemeinen auch nach IFRS geltenden Grundsatz der **Wesentlichkeit** (materiality) oder **Wirtschaftlichkeit** der Rechnungslegung entsprechend braucht gem. Abs. 2 S. 3, der Art. 29 Abs. 3 letzter Hs. RL 1983/349/EWG in deutsches Recht umsetzt (heute Art. 24 Bilanz-RL iVm Art. 6 Abs. 1 lit. j Bilanz-RL), eine Vereinheitlichung der Bewertungsmethoden insoweit nicht vorgenommen zu werden, als der Verzicht auf sie für die Vermittlung eines den tatsächlichen Verhältnissen entsprechenden Bildes der Vermögens-, Finanz- und Ertragslage des Konzerns nur von untergeordneter Bedeutung ist. Maßgebend ist die **Gesamtauswirkung** von unterlassenen Vereinheitlichungen der Bewertungsmethoden für den Konzern als Ganzes in allen Einzelfällen zusammen auf jedes Teilbild, auch wenn

---

[27] Ausf. Beck HdR/Pöller C 300 Rn. 113–122.
[28] Busse v. Colbe/Ordelheide/Gebhardt/Pellens Konzernabschlüsse 3. Kap. III. 1.1.6; ADS Rn. 30.
[29] C&L KonzAbschl. Rn. 40 und 120.
[30] ADS Rn. 37–43; zu Einzelheiten Krumnow et al., 2004.

das – wie bei der entsprechenden Vorschrift über die Einbeziehung der Konzerngesellschaften von untergeordneter Bedeutung (§ 296 Abs. 2 S. 2) – nicht im Gesetz gesagt wird.[31] Einer Angabe über eine aus diesem Grunde unterlassene Vereinheitlichung bedarf es – anders als bei unterlassener Einbeziehung (§ 296 Abs. 3) – aber nicht.[32] Fraglich ist, ob die Ausnahmevorschrift des Abs. 2 S. 3 einen Verzicht auf die Anpassung der Bewertungsmethoden erlaubt, wenn **Bewertungsmethoden** ausländischer Tochtergesellschaften die **deutschen GoB** verletzen.[33] Eine Ausnahme von der Einhaltung der GoB ist zwar sonst im Gesetz nicht vorgesehen und könnte daher auch in diesem Fall nicht zulässig sein. Da jedoch ein Konzernabschluss bei Beachtung der Bilanz-RL gem. § 291 befreiend wirkt, sollte eine Verletzung der deutschen GoB von untergeordneter Bedeutung, die sich im Rahmen dieser Richtlinie hält, auch von der Umbewertungspflicht gem. Abs. 2 S. 3 befreien.

25   **c) Sonstige Ausnahmen.** Gem. Abs. 2 S. 4, der Art. 29 Abs. 3 S. 2 RL 1983/349/ EWG übernimmt (heute Art. 24 Abs. 12 Bilanz-RL), sind über die in den S. 2 und 3 genannten Fälle hinaus Ausnahmen von der Umbewertungspflicht zulässig. Näher spezifiziert wurden sie im Gesetz nicht. Gegebenenfalls sind die Ausnahmefälle im Konzernanhang anzugeben und zu begründen. Betragsangaben sind nicht erforderlich. Nach hM ist diese Ausnahmevorschrift vor dem Hintergrund der Informationsvermittlung restriktiv auszulegen.[34] Immer wieder genannte Ausnahmefälle sind die **Unmöglichkeit** (zB der Anwendung von Bewertungsvereinfachungsverfahren bei nur einzelnen Tochtergesellschaften), **Unzumutbarkeit** der Umbewertung (zB Verzögerung der Aufstellung der HB II bei einem im Laufe des Geschäftsjahres erworbenen Unternehmen im Ausland) oder Widerspruch zu höherrangigen Normen (zB Bewertung zu Liquidationswerten bei einem in Abwicklung befindlichen Tochterunternehmen).[35] Dagegen ist eine Unvereinbarkeit landesrechtlicher Vorschriften mit den konzerneinheitlichen Bewertungsmethoden zumindest allein kein hinreichender Grund für die Inanspruchnahme der Ausnahme, da durch Aufstellung der HB II, notfalls in Deutschland, dieser Widerspruch gerade überbrückt werden soll.

§ 308a Umrechnung von auf fremde Währung lautenden Abschlüssen

[1]Die Aktiv- und Passivposten einer auf fremde Währung lautenden Bilanz sind, mit Ausnahme des Eigenkapitals, das zum historischen Kurs in Euro umzurechnen ist, zum Devisenkassamittelkurs am Abschlussstichtag in Euro umzurechnen. [2]Die Posten der Gewinn- und Verlustrechnung sind zum Durchschnittskurs in Euro umzurechnen. [3]Eine sich ergebende Umrechnungsdifferenz ist innerhalb des Konzerneigenkapitals nach den Rücklagen unter dem Posten „Eigenkapitaldifferenz aus Währungsumrechnung" auszuweisen. [4]Bei teilweisem oder vollständigem Ausscheiden des Tochterunternehmens ist der Posten in entsprechender Höhe erfolgswirksam aufzulösen.

Schrifttum: Bovermann, Die Umrechnung der Jahresabschlüsse ausländischer Tochterunternehmen für den Weltabschluß in der EG unter dem Aspekt seiner Informationsfunktion, 1988; Busse v. Colbe, Zur Umrechnung der Jahresabschlüsse ausländischer Konzernunternehmen für die Aufstellung von Konzernabschlüssen bei Wechselkursänderungen, The Finnish Journal of Business Economics 1972, 306; Busse v. Colbe, Umrechnung der Abschlüsse ausländischer Konzernunternehmen nach dem Zeitbezug oder zum Stichtagskurs?, FS v. Kortzfleisch, 1981, 311; Busse v. Colbe, Entsprechen die neueren Regelungen für die Umrechnung ausländischer Abschlüsse zur Aufstellung von Weltbilanzen den Grundsätzen ordnungsmäßiger Buchführung?, FS v. Wysocki, 1985, 143; Busse v. Colbe, Foreign Currency Translation, in

---

[31]   ADS Rn. 44 und 45.
[32]   ADS Rn. 48.
[33]   Hierzu Beck HdR/Pöller C 300 Rn. 135.
[34]   ADS Rn. 49; BeBiKo/Grottel/Huber Rn. 31.
[35]   BeBiKo/Grottel/Huber Rn. 32; ADS Rn. 50 und 51.

Gray, J./Coenenberg, International Group Accounting, 1988, 223; Busse v. Colbe, Konzernabschluß, internationaler, HWInt. 1989, Sp. 1157; Busse v. Colbe, Währungsumrechnung unter dem Einfluß neuer Rechnungslegungsvorschriften, in Baetge, Konzernrechnungslegung und -prüfung, 1990, S. 73; Busse v. Colbe/Hettich, IAS 29 Rechnungslegung in Hochinflationsländern, IFRS-Komm, 2. Aufl. 2002, Stand 2009; Deutscher Standardisierungsrat (DSR): DRS 14 Währungsumrechnung, 2003; Druckstein/Dusemond, Aus der Währungsumrechnung resultierende Eigenkapitaldifferenzen in einem internationalen Konzern, DB 1995, 1673; Dümpel, Der Grundsatz der einheitlichen Bewertung im Konzern und seine Problematik insbesondere bei Einbeziehung ausländischer Tochterunternehmen in den Weltabschluß, 1991; Ebbers, Foreign Currency Reporting in Europe: Consensus and Conflict, in Flower/Lefebre (Eds.), Accounting Regulations in Europe, 1997, 313; Financial Accounting Standards Board (FASB): SFAS No. 52: Foreign Currency Translation, 1981, in FASB (Hrsg.), Accounting Standards, 2009, Vol. I, 501; Gassen/Davarcioglu/Fischkin/Küting, Währungsumrechnung nach IFRS im Rahmen des Konzernabschlusses, KoR 2007, 171; Gebhardt, Zur Aussagefähigkeit von Währungserfolgen in Einzel- und Konzernabschlüssen, FS Busse v. Colbe, 1988, 169; Gmelin, Währungsumrechnung im Einzel- und Konzernabschluß, in Baetge, Rechnungslegung und Prüfung nach neuem Recht, 1987, 147; Haller/Michl, Die Praxis der Währungsumrechnung in österreichischen Konzernabschlüssen, Jahrbuch für Controlling und Rechnungswesen, 2003, 413; International Accounting Standards Committee, IAS 21 Accounting for the Effects of Changes in Foreign Exchange Rates, 1983 (rev. 2008); Küting/Mojadadr, Währungsumrechnung im Einzel- und Konzernabschluss nach dem RegE zum BilMoG, BB 2008, 1869; Küting/Seel, Das neue deutsche Konzernbilanzrecht − Änderungen der Konzernrechnungslegung durch das Bilanzmodernisierungsgesetz (BilMoG), DStR-Beiheft 26/2009, 37; Lorenz, DRS 14 zur Währungsumrechnung: Darstellung und Vergleichbarkeit mit den IASB-Regelungen, KoR 2004, 437; Lück/Jung, Internationale Konzernrechnungslegung und Inflation, BFuP, 1991, 275; Mujkanovic/Hehn, Währungsumrechnung im Konzern nach International Accounting Standards, WPg, 1996, 605; Oser/Mojadadr/Wirth, Kapitalkonsolidierung von Fremdwährungsabschlüssen, KoR 2008, 573; Ossadnik, Umrechnung von Fremdwährungsposten in der Konzernrechnungslegung, DStR 1994, 1393; Roos, E-DRS 33 „Währungsumrechnung im Konzernabschluss", StuB 2017, 912; StuB 2018, 54; Wirth/Dusemond/Küting, Ausgewählte Einzelfragen der Währungsumrechnung im handelsrechtlichen Konzernabschluss unter Beachtung von E-DRS 33 und DRS 23, DB 2018, 201; v. Wysocki, Zur Berichterstattung über die Grundlagen der Umrechnung von Fremdwährungspositionen nach § 313 Abs. 1 Satz 2 Nr. 2 HGB, FS Busse v. Colbe, 1988, 401; Zwirner/Künkele, Währungsumrechnung nach HGB: Erstmalige Kodifizierung durch das BilMoG, StuB 2009, 517.

Übersicht

I. Normzweck

1   Infolge der zunehmenden Internationalisierung der Wirtschaftstätigkeit insbesondere mittlerer und großer Unternehmen, zunächst durch Export und Import, gewann seit dem 20. Jahrhundert der Erwerb und die Gründung von Tochterunternehmen im Ausland und damit zunächst meist in Gebieten mit fremder Währung, seit Gründung der Währungsunion in der Europäischen Union auch im Ausland mit dem EUR als Währung, an Bedeutung. Mit der Pflicht zur Aufstellung eines Konzernabschlusses nach den IFRS für kapitalmarktorientierte Mutterunternehmen iSd § 264d in der Rechtsform einer Kapitalgesellschaft und ihnen in dieser Hinsicht gleichgestellten Muttergesellschaften sowie für Mutterunternehmen ohne Kapitalmarktorientierung bei Überschreiten der Größenschwellen des § 293 bzw. des § 11 PublG nach dem Weltabschlussprinzip des § 294 ergibt sich die Notwendigkeit, auch **Tochterunternehmen mit Sitz in einem Fremdwährungsland** in den Konzernabschluss einzubeziehen. Die Regelung bezieht sich lediglich auf die Umrechnung der auf fremde Währung lautenden Abschlüsse, nicht dagegen auf einzelne Fremdwährungsposten in Abschlüssen (insoweit vgl. §§ 256a, 298 Abs. 1).

2   Im Konzernabschluss sind gem. § 300 die Jahresabschlüsse des Mutterunternehmens mit den Jahresabschlüssen der Tochterunternehmen zusammenzufassen. Der Konzernabschluss wird also aus den einzelnen Jahresabschlüssen durch Konsolidierung abgeleitet, nicht aber direkt aus einer auch möglichen Konzernbuchhaltung in der Berichtswährung des Mutterunternehmens. Daraus folgt die Notwendigkeit, die Jahresabschlüsse der Tochterunternehmen mit Sitz in einem Fremdwährungsland, ggf. nach Anpassung an die Bilanzierungsregeln des Mutterunternehmens und Ansatz der Vermögenswerte und Schulden zu Zeitwerten, in die **Berichtswährung des Mutterunternehmens umzurechnen.**

3   Die Vorschrift in S. 1 enthält zwei Regelungen: Die **Kodifizierung** der sog. **modifizierten Stichtagsmethode** für die Umrechnung und die Festlegung der **Berichtswährung in EUR.** Diese Regelungen sind keineswegs selbstverständlich. In der Literatur werden zahlreiche Umrechnungsmethoden diskutiert und wurden in der Praxis angewendet. In einigen Ländern kann die Berichtswährung für den Konzernabschluss von der Landeswährung des Sitzes des Mutterunternehmens abweichen. Die Festlegungen in S. 1 bezwecken die Vergleichbarkeit zwischen den nach HGB aufgestellten Konzernabschlüssen, auch wenn die nach den IFRS aufgestellten Konzernabschlüsse zT anderen Regeln folgen. Die Umrechnungsmethode kann sich bei starken Änderungen des Wechselkurses zwischen der Währung des Tochterunternehmens und der Berichtswährung des Mutterunternehmens erheblich auf die Darstellung der Vermögens- und Ertragslage des Konzerns auswirken.

II. Entstehungsgeschichte

4   Die bis 2009 geltende Fassung des HGB enthielt für die Währungsumrechnung lediglich in § 313 eine Anhangsvorschrift. Danach mussten gem. § 313 Abs. 1 Nr. 2aF nur die Grundlagen für die Umrechnung von im Konzernabschluss enthaltene Posten in EUR angegeben werden, denen Beträge zugrunde liegen, die auf fremde Währung lauten oder

ursprünglich lauteten. Das bot einen weiten Spielraum für unterschiedliche Methoden der Umrechnung der Abschlüsse von Tochterunternehmen aus Fremdwährungsgebieten. Deshalb hatte der DSR 2003 mit dem DRS 14 eine Regelung für die Umrechnung getroffen, die aber nicht bindend war, gleichwohl weitgehend beachtet wurde. Diese Regelung lehnte sich weitgehend an die Regelungen in **IAS 21** von 1993 (rev. 2003) an, die wiederum auf den US-amerikanischen SFAS 52 zurückgeht. Mit dem Änderungsstandard DRÄS Nr. 4 von 2010 wurde in Art. 10 und 11 der DRS 14 für Abschlüsse ab 2010 aufgehoben.

Die Vorschriften des **IAS 21** (2008/2017) folgen dem Konzept der **funktionalen** 5 **Währung.** Danach hängt die Umrechnungsmethode insbesondere davon ab, ob die Tochtergesellschaft im Fremdwährungsgebiet relativ selbstständig agiert oder mit dem Mutterunternehmen eng verbunden und damit eher eine verlängerte Werkbank des Mutterunternehmens ist. Im ersten Fall ist die modifizierte Stichtagsumrechnung, im zweiten Fall die sog. Zeitbezugsmethode anzuwenden. Nach dieser Methode werden die Posten des Jahresabschlusses grundsätzlich zu den historischen Kursen im Zeitpunkt ihrer Entstehung umgerechnet. Sie gilt auch für in Fremdwährungsgebieten ansässige rechtlich unselbstständige Betriebsstätten, deren Finanzdaten in den Einzelabschluss des Unternehmens eingehen, die sie betreiben. Für Tochtergesellschaften mit Sitz in Hochinflationsländern gilt nach IAS 21 (iVm IAS 29) ein besonderes Umrechnungsverfahren.

Der Gesetzgeber regelt mit der HGB-Novelle durch das **BilMoG** von 2009 **erstmalig** 6 mit § 308a die Umrechnung der in einer fremden Währung aufgestellten Jahresabschlüsse eines konsolidierten Tochterunternehmens nach der **modifizierten Stichtagsmethode.** Er nähert sich damit den international vorherrschenden Rechnungslegungsstandards, **folgt** jedoch insofern **nicht** den **Regelungen in IAS 21,** als er die **funktionale Umrechnungsmethode** mit ihrem Zeitbezug für relativ unselbstständige Tochterunternehmen in Fremdwährungsgebieten **nicht zulässt** und für **Hochinflationsländer keine Regelung** vorsieht. Nach der Begründung des § 308a zum RegE des BilMoG sei die Unterscheidung zwischen den beiden Arten von Tochtergesellschaften nicht zweifelsfrei möglich, es habe die Zeitbezugsmethode keine große praktische Bedeutung und es vereinfache die Festschreibung einer Umrechnungsmethode die Aufstellung des Konzernabschlusses.

Den Vorschriften für den Jahresabschluss entsprechend (§ 256a) hat der Gesetzgeber 7 die Umrechnungsvorschrift des § 308a innerhalb des zweiten den Konzernabschluss betreffenden Unterabschnittes in den Fünften Titel eingeordnet, der die **Bewertungsvorschriften** für den Konzernabschluss regelt. Mit der Kodifizierung der modifizierten **Stichtagsmethode** in § 308a **widerspricht** diese Methode jedoch in **manchen Fällen den allgemeinen Bewertungsvorschriften** des § 253, wonach gem. Abs. 1 Vermögensgegenstände höchstens mit den Anschaffungs- oder Herstellungskosten und sie gem. Abs. 3 und 4 zumindest bei dauernder Wertminderung von Anlagegegenständen mit dem niedrigeren Wert und beim Umlaufvermögen mit dem niedrigeren Marktpreis am Abschlussstichtag anzusetzen sind. Ist zB der Kurs des EUR gegenüber einer fremden Währung seit Anschaffung eines Vermögensgegenstandes gefallen, so ist nach der Stichtagsumrechnung der Wert in EUR zum Bilanzstichtag höher als zum Beschaffungszeitpunkt anzusetzen. Dieser Widerspruch würde bei Verwendung der Zeitbezugsmethode vermieden, wonach Anschaffungswerte im Grundsatz zu historischen Kursen und nur Tageswerte zu Stichtagskursen anzusetzen sind. Der Gesetzgeber hat sich mit § 308a als **lex specialis** den internationalen Rechnungslegungsstandards insoweit angeschlossen, als sie die Stichtagsmethode vorsehen und diese Methode auch für jene Fälle vorgeschrieben, in denen nach der funktionalen Methode der Zeitbezug der Umrechnung zugrunde zu legen ist. Die funktionale Methode ihrerseits war bei ihrer Einführung durch SFAS 52 1951 als ein politischer Kompromiss wegen dieses Widerspruches zu den sonst geltenden Bewertungsgrundsätzen heftig kritisiert worden.[1]

---

[1] S. hierzu zB Busse v. Colbe FS v. Kortzfleisch, 1981, 311 ff.

III. Umrechnung der Bilanz (S. 1)

8   **1. Umrechnungskurse. a) Historischer Kurs.** Gem. S. 1 ist das Eigenkapital zum historischen Kurs in EUR umzurechnen. Er tritt für die Eigenkapitalpositionen an die Stelle des Bilanzstichtagskurses. Da insoweit vom Stichtagskursprinzip abgewichen wird, bezeichnet man diese Methode vielfach als modifizierte Stichtagsmethode. Der historische Kurs ist derjenige Wechselkurs, der im Zeitpunkt der Entstehung eines Vermögensgegenstands, einer Schuld, einer Eigenkapitalposition, eines Ertrags und Aufwands im Rechnungswesen des Unternehmens gegolten hat. Dabei kommt es auf den Zeitpunkt an, in dem eine Position erstmals bilanzierungspflichtig oder bilanzierungsfähig wird. Gewöhnlich ist das der Transaktionstag des Geschäftsvorfalls in fremder Währung, der den Einbuchungszeitpunkt bestimmt. Wenn dieser Zeitpunkt nicht bestimmbar ist oder aus Vereinfachungsgründen wird ein mit den Transaktionsbeträgen gewichteter historischer Kurs ermittelt. Die Formulierung im Gesetz ist insofern nicht exakt, als für das Eigenkapital nicht ein einziger historischer Kurs relevant ist, sondern je nach der zeitlichen Entstehung der einzelnen Eigenkapitalpositionen unterschiedliche historische Kurse anzusetzen sind.

9   **b) Devisenkassamittelkurs am Abschlussstichtag.** Mit der Festlegung des Kassamittelkurses für Devisen am Abschlussstichtag hat der Gesetzgeber die Umrechnung hinsichtlich des anzuwendenden Kurses am Abschlussstichtag eindeutig geregelt, vereinfacht und deren Ergebnisse vergleichbar gemacht. In der Literatur werden stattdessen verschiedene Kurse diskutiert und in manchen Standards vorgeschrieben: So sieht SFAS 52.27(b) für die Stichtagsmethode den Devisengeldkurs vor. Da es aber der Umrechnung von Abschlüssen nicht um Devisentransfers geht und eine Abgangsfiktion für Vermögensgegenstände wirklichkeitsfremd ist, ist die Festschreibung des Mittelkurses zwischen Geld- und Briefkurs sinnvoll. Statt des Kassakurses könnten für Forderungen und Verbindlichkeiten je nach Restlaufzeiten Terminkurse in Betracht kommen. Das entspräche eher der Umrechnung zum Zeitbezug, ist aber nach internationalen Rechnungslegungsgrundsätzen nicht üblich oder unzulässig.[2] Für Geldbestände könnte ein Sortenkurs in Betracht kommen, aber dieser ist nicht üblich.

10   **c) Gespaltene und parallele Kurse.** In Ländern mit Devisenbewirtschaftung sind die offiziellen Kurse mitunter nach Geschäftsarten (wie Import, Export oder reine Finanztransaktionen) gespalten. Daneben entwickeln sich auch schwarze Kurse auf Parallelmärkten, die die Währungsparitäten wirklichkeitsnäher als die offiziellen Kurse der Zentralbank wiedergeben oder zu erwartende Änderungen der Wechselkurse schon vorwegnehmen. Die Verwendung solcher Kurse entspräche zwar der Realität eher als der offizielle Wechselkurs, ist aber mit der Unsicherheit der Kursbestimmung behaftet.[3]

11   **2. Umrechnung des Eigenkapitals. a) Erworbenes Kapital.** Bei Errichtung und Kauf einer Tochtergesellschaft im Fremdwährungsland ist der Wechselkurs zu dem Zeitpunkt maßgeblich, in dem die Gegenleistung, gewöhnlich der Geldbetrag oder andere Finanztitel, transferiert wird. Das gilt in diesem Zeitpunkt zwar für alle Bilanzposten, aber für das erworbene Eigenkapital auch für alle späteren Bilanzstichtage. Entsprechendes gilt für den Kurs, zu dem eine spätere Kapitalerhöhung vorgenommen wird.

12   **b) Jahresergebnis.** Der Tatsache, dass das Konzernjahresergebnis im Lauf des Jahres entsteht, entspricht eine Übernahme des Saldos der gem. S. 2 zum **Durchschnittskurs** umgerechneten Gewinn- und Verlustrechnung in die umgerechnete Bilanz des Tochterunternehmens.[4] Dem entspricht auch die hM (vgl. auch DRS 25.49).

---

2   Busse v. Colbe/Ordelheide/Gebhardt/Pellens Konzernabschlüsse 4. Kap. III. 2.
3   Busse v. Colbe et al., Aufstellung von Konzernabschlüssen, ZfbF-Sonderheft 2/87, 2. Aufl. 1987, S. 53 f.; Beck HdR/Gebhardt C 310 Rn. 20 ff.
4   Gelhausen/Fey/Kämpfer Q Rn. 361.

c) Ausschüttungen. Für die Minderung der Gewinnrücklagen durch Gewinnaus- 13
schüttungen wird zur Umrechnung der Kurs vorgeschlagen, zu dem die Auszahlungsverpflichtung beim Tochterunternehmen entsteht (vgl. DRS 25.47).[5] Der Vorschlag folgt
der zwar nicht geregelten, aber empfohlenen Umrechnung nach IAS 21.[6] Wenn zu
diesem Kurs auch die Dividendenforderung des empfangenden Unternehmens umgerechnet wird, entsteht durch diesen Vorgang keine Umrechnungsdifferenz. Das entspricht zwar der Umrechnung von Verbindlichkeiten und Forderungen nach der Stichtagsmethode. Die Gewinnausschüttung ist aber eine Minderung des Eigenkapitals der
Tochtergesellschaft. Der Gesetzgeber ordnet an, dass Eigenkapital zum historischen Kurs
umzurechnen ist. Die Dividende entstammt den in der Vergangenheit erwirtschafteten
Jahresüberschüssen, ist aber nicht eindeutig den Gewinnrücklagen zuzuordnen, wenn
diese höher oder niedriger als die Dividende sind. Die Zuordnung ist mithin fiktiv. Man
kann die Dividende dem Ergebnis der Abrechnungsperiode zuordnen, wenn sie geringer
als dieses ist. Wenn aber die Dividende höher als der Jahresgewinn ist oder die Gewinnrücklagen durch Ausschüttungen von Enkelgesellschaften dotiert wurden, macht die
Fiktion wenig Sinn. Dann erscheint eine Umrechnung zum **gewichteten historischen
Durchschnittskurs** aus den Dotierungen der Gewinnrücklagen sinnvoller. Entsprechendes gilt für die Minderung der Rücklagen infolge eines Verlustausgleichs oder der
Rückzahlung von Eigenkapital. Die Umrechnung der Ausschüttungen zu den jeweiligen
Transaktionskursen kann dazu führen, dass bei vollständiger Ausschüttung der Gewinn-
rücklagen in Landeswährung die umgerechneten Rücklagen nicht ausreichen oder ein
Rest verbleibt.

d) Rückbeteiligungen. Ist eine konsolidierte Tochtergesellschaft am Mutterunter- 14
nehmen beteiligt, so ist die Rückbeteiligung gem. § 301 Abs. 4 mit ihrem Nennwert oder
rechnerischen Wert in der Vorspalte offen von ihrem gezeichneten Kapital abzusetzen. Im
Fall einer in fremder Währung bilanzierenden Tochtergesellschaft wäre der Buchwert der
Rückbeteiligung als ihr Vermögensgegenstand grundsätzlich zum Stichtagskurs umzurechnen. Aus Konzernsicht ist die Rückbeteiligung jedoch ein negativer Teil des Eigenkapitals
des Mutterunternehmens. Das spricht für eine Umrechnung zu **historischen Kursen;**[7]
falls die Rückbeteiligung bei Erwerb des Unternehmens durch das Mutterunternehmen
bereits vorhanden war, zu dem Kurs zu diesem Zeitpunkt, bei späteren Zugängen zu den
dann gültigen Kursen. Die **Differenz** zwischen dem umgerechneten Buchwert und dem
Nenn- bzw. rechnerischen Wert ist mit den Rücklagen zu verrechnen. Nach DRS 25.58
sind von Tochterunternehmen gehaltene Rückbeteiligungen am Mutterunternehmen wie
ein Eigenkapitalposten zu behandeln und mit dem (historischen) Devisenkassamittelkurs
zum Erwerbszeitpunkt umzurechnen.

3. Umrechnung der Vermögensgegenstände und Schulden. a) Grundsatz. Die 15
Aktivposten und die Passivposten, mit Ausnahme der Eigenkapitalpositionen, sind nach
S. 1 zum **jeweiligen Devisenmittelkurs am Bilanzstichtag** umzurechnen (modifizierte
Stichtagsmethode). Infolge der Umrechnung der Eigenkapitalpositionen entsteht eine
Umrechnungsdifferenz. Da die in dem Tochterunternehmen weiterhin vorhandenen
Vermögensgegenstände und Schulden zu jedem Bilanzstichtag zu dem dann relevanten Kurs
umgerechnet werden, **ändert sich** die Umrechnungsdifferenz entsprechend.

b) Art der umzurechnenden Bilanz. Strittig ist in Literatur und Praxis der Gegen- 16
stand der Umrechnung: In Betracht kommen die ursprünglich nach den lokalen Vorschriften
aufgestellte Bilanz des Tochterunternehmens (Handelsbilanz [HB I]), die gem. § 308 an die
Ansatz- und Bewertungsmethoden des Mutterunternehmens angepasste Bilanz (HB II) und
die Bilanz nach der Neubewertung von Vermögen und Schulden zu **Zeitwerten im Zeitpunkt des Beteiligungserwerbs** gem. § 301 und deren **Fortführung in den Folgeperi-**

---

5   Gelhausen/Fey/Kämpfer Q Rn. 361.
6   IFRS-Komm/Müller/Holzwarth/Laurisch IAS 21 Rn. 109.
7   Gelhausen/Fey/Kämpfer Q Rn. 364 billigen das nur aus Vereinfachungsgründen.

oden (HB III – Push down-Verfahren). Die Gesetzesvorschrift schweigt dazu; auch der DSR hat sich nicht dazu geäußert. Nach IAS 21.47 (rev. 2004) ist bei Anwendung der **Stichtagsmethode die HB III** Gegenstand der Umrechnung, bei Anwendung der – nach § 308a aber nicht zulässigen – Zeitbezugsmethode die HB II.[8]

17   Die Entscheidung für die Art der umzurechnenden Bilanz kann gravierende Auswirkungen auf künftige Jahresabschlüsse haben: Bei Wahl der HB II unterliegen die Anpassungen an die Bilanzierung des Mutterunternehmens und bei Wahl der **HB III** auch die durch die Zeitwertbilanzierung im Zeitpunkt des **Beteiligungserwerbs aufgedeckten stillen Rücklagen und Lasten** zuzüglich der in § 306 entfallenden **latenten Steuern den Wechselkursänderungen im Zeitablauf.** Nach IAS 21.47 ist auch der **Goodwill** zwingend dem Tochterunternehmen zuzuordnen und unterliegt damit auch den künftigen Wechselkursschwankungen. Die bisherige deutsche Praxis bezog die Umrechnung gewöhnlich auf die HB I.[9] Das mag sich infolge der Vorschrift des IAS 21.47, die die nach den IFRS bilanzierenden Muttergesellschaften beachten müssen, auch für andere ändern. Auf der Grundlage der HB I werden die Anpassungsbeträge an die Bilanzierung des Mutterunternehmens, die aufgedeckten stillen Rücklagen und Lasten sowie der Goodwill gedanklich dem Mutterunternehmen zugeordnet. Überzeugender ist die Zuordnung der Bewertungsdifferenzen zum Tochterunternehmen, weil es sich um Ansatz und Bewertungskorrekturen seiner Vermögensgegenstände und Schulden handelt. Das gilt auch für den Goodwill, soweit er seine Ursache im Tochterunternehmen hat. Entsteht der derivative Goodwill aber aus Synergieeffekten in anderen Teilen des Konzerns und wird er ganz oder zT im Rahmen purchase price allocation diesen zugeordnet, so erscheint das Push down-Verfahren für den Goodwill insoweit nicht der Realität zu entsprechen.[10]

18   Bei Einbezug des **Firmenwertes** in die Umrechnung nach der Stichtagsmethode und schwankenden Wechselkursen in der Folgezeit schwanken auch die gem. § 309 vorzunehmenden planmäßigen Abschreibungen auf den Goodwill entsprechend. Dann und insbesondere bei außerplanmäßigen Abschreibungen entsteht die Frage, ob, wann und inwieweit sie erfolgsneutral mit der auf den Firmenwert anfallenden Teil der Umrechnungsdifferenz verrechnet werden sollten.[11] Nach DRS 25.60 ist, sofern sich ein Geschäfts- oder Firmenwert aus der Kapitalkonsolidierung, der auf ein Tochterunternehmen entfällt, welches seinen Abschluss in fremder Währung aufstellt, in dessen Währung realisiert, er wie ein Vermögensgegenstand des ausländischen Tochterunternehmens zu behandeln. Dazu ist der sich aus der Kapitalaufrechnung ergebende Geschäfts- oder Firmenwert in Euro mit dem Devisenkassamittelkurs im maßgeblichen Erstkonsolidierungszeitpunkt in die Fremdwährung umzurechnen (vgl. DRS 23.137). Für die Ermittlung einer ggf. erforderlichen außerplanmäßigen Abschreibung ist der beizulegende Zeitwert des Geschäfts- oder Firmenwerts nach den Grundsätzen des DRS 23.128 f. jeweils in fremder Währung zu ermitteln und mit dem ebenfalls in fremder Währung fortgeführten Buchwert des Geschäfts- oder Firmenwerts zu vergleichen.

IV. Umrechnung der Gewinn- und Verlustrechnung (S. 2)

19   **1. Umrechnungskurse.** Nach S. 2 sind die Posten der Gewinn- und Verlustrechnung zum Durchschnittskurs in EUR umzurechnen. Gemeint ist der **Durchschnittskurs der Abrechnungsperiode als Mittelwert.** Näheres enthalten die Vorschrift und die Begründung nicht. Sie ist insofern eine Vereinfachungsvorschrift, als systematisch die historischen Kurse der Transaktionszeitpunkte zugrunde gelegt werden müssten (Begründung zu § 308a des RegE des BilMoG). Die Verwendung von Durchschnittskursen entspricht jedoch der

8   Gassen/Davarcioglu/Fischkin/Küting KoR 2007, 173.
9   BeBiKo/Grottel/Koeplin Rn. 70.
10   Busse v. Colbe/Ordelheide/Gebhardt/Pellens Konzernabschlüsse 5. Kap. VIII. 2.3; BeBiKo/Grottel/Koeplin Rn. 72., im Anschluss an Oser/Mojadadr/Wirth KoR 2008, 576 ff.
11   S. hierzu Gassen/Davarcioglu/Fischkin/Küting KoR 2007, 174.

internationalen Übung (IAS 21). Bei starken Schwankungen des Wechselkurses im Laufe der Abrechnungsperiode ist der Mittelwert aus den Kursen am Anfang und Ende der Periode nicht zutreffend, vielmehr muss dann für die Jahresrechnung ein Mittel zumindest aus den (mittleren) Kursen der Quartale, genauer der Monate, verwendet werden. Bei stark volatilen Wechselkursen und ungleichmäßigem Anfall von Aufwendungen und Erträgen ist eine **Gewichtung der durchschnittlichen Wechselkurse** der Teilperioden, etwa mit den Umsätzen oder Verkehrszahlen, angezeigt.[12] Wird für alle Aufwendungen und Erträge derselbe Durchschnittskurs verwendet, so ergibt sich aus der umgerechneten Gewinn- und Verlustrechnung keine Umrechnungsdifferenz.

2. Periodenergebnis. Bei der üblichen Umrechnung der Posten der Gewinn- und 20 Verlustrechnung mit einem einheitlichen Durchschnittskurs ist das Periodenergebnis als Saldo auch zu diesem Kurs umgerechnet.

V. Konsolidierung

1. Kapitalkonsolidierung. Der Umrechnung und Konsolidierung kann die HB I, 21 HB II oder HB III (→ Rn. 16) zugrunde gelegt werden. Im Falle der **HB I** werden die Anpassung an die Bilanzierungsmethoden des Mutterunternehmens, an den Ansatz von Vermögen und Schulden zu Zeitwerten und die Ermittlung eines Firmenwertes bzw. passiven Unterschiedsbetrages erst in der Berichtswährung des Mutterunternehmens vorgenommen. In der **HB II** sind die Anpassungen in Landeswährung bereits erfolgt, aber der Ansatz zu Zeitwerten und der Firmenwert muss in der Berichtwährung ausgedrückt werden. Bei einer Umrechnung auf Basis der **HB III** werden die Zeitwerte in fremder Währung gemessen. Nach dem Push down-Verfahren wird somit der Firmenwert bzw. passive Unterschiedsbetrag in fremder Währung bemessen. Er ergibt sich, indem die Gegenleistung in Fremdwährung dem Eigenkapital gegenübergestellt wird. In Höhe der Differenz zwischen den Werten gem. HB I und den Werten der HB II oder HB III wird eine **Neubewertungsrücklage** in fremder Währung gebildet, die noch um zu bilanzierende latente Steuern zu korrigieren ist. Bei Existenz von **Minderheiten** ist die Neubewertungsrücklage im Rahmen der Neubewertungsmethode der Kapitalkonsolidierung (§ 301 Abs. 1) anteilig dem Ausgleichsposten für Anteile anderer Gesellschafter (§ 307) zuzuordnen. Auf den Firmenwert oder passiven Unterschiedsbetrag werden keine latenten Steuern gebildet (§ 306 S. 3). Die Neubewertungsrücklage ist Teil des Eigenkapitals. Im Rahmen der Erstkonsolidierung auf den Zeitpunkt, zu dem das erworbene Unternehmen Tochterunternehmen geworden ist (§ 301 Abs. 2), werden alle Bilanzposten einheitlich mit dem zu diesem Zeitpunkt geltenden Devisenkassamittelkurs umgerechnet.[13]

Nach **IAS 21.47** sind der Goodwill und die Anpassungen an die Zeitwerte im 22 Rahmen der Erstkonsolidierung als Vermögen bzw. Schulden des Tochterunternehmens zu behandeln und damit in seiner funktionalen Währung zu bemessen. Die Verwendung der HB III nach dem Push down-Verfahren impliziert, dass mit der Aufnahme des Goodwills in den Abschluss des Tochterunternehmens zum **Erstkonsolidierungszeitpunkt** ein wesentlicher Konsolidierungsschritt vorweggenommen wird. Damit wandelt sich zumindest nach den IFRS die Umrechnung nach der modifizierten Stichtagsmethode von einem der Konsolidierung vorgeschalteten Verfahren zu einem Bestandteil der Konsolidierung selbst.[14] Der Goodwill und die fortgeschriebenen Bewertungskorrekturen aus dem Ansatz der Zeitwerte unterliegen somit in den Folgeperioden den Änderungen der Stichtagskurse gegenüber der Vorperiode. Das Push down-Verfahren ist mit deutschem Recht vereinbar.[15]

---

[12]   Gelhausen/Fey/Kämpfer Q Rn. 367 f.; BeBiKo/Grottel/Koeplin Rn. 35; IAS-Komm/Müller/Holzwarth/Laurisch IAS 21 Rn. 95, 103.

[13]   Busse v. Colbe/Ordelheide/Gebhardt/Pellens Konzernabschlüsse 5. Kap. VIII.

[14]   Gassen/Davarcioglu/Fischkin/Küting KoR 2007, 171.

[15]   S. dazu im Einzelnen, erläutert an einem Zahlenbeispiel, Oser/Mojadadr/Wirth KoR 2008, 575 ff.

23   In den Folgeperioden wird im Rahmen der **Folgekonsolidierung** die Kapitalkonsolidierung mit den Beträgen der Erstkonsolidierung, also mit dem dabei verwendeten
historischen Kurs wiederholt. Sie wird um seitdem vorgenommene Änderungen des
Eigenkapitals mit den jeweils anzusetzenden historischen Kursen ergänzt. Aus dem
Unterschied zwischen dem Saldo der zum jeweiligen Stichtagskurs umgerechneten Vermögensgegenstände und Schulden einerseits und den zu historischen Kursen umgerechneten Eigenkapitalpositionen andererseits ergibt sich eine **Umrechnungsdifferenz.** Die
aus der Folgebewertung von nichtmonetären und monetären Vermögensgegenständen
und Verbindlichkeiten resultierenden Umrechnungsdifferenzen, welche nicht Teil von
Bewertungseinheiten iSd § 254 sind, sind stets erfolgswirksam zu behandeln (DRS
25.33). Erträge aus Währungsumrechnung sind in der Gewinn- und Verlustrechnung
gesondert unter dem Posten „Sonstige betriebliche Erträge" und Aufwendungen aus
Währungsumrechnung gesondert unter dem Posten „Sonstige betriebliche Aufwendungen" auszuweisen (DRS 25.34).

24   **2. Schuldenkonsolidierung.** Im Rahmen der Aufrechnung konzerninterner Forderungen und Schulden kommt es dann zu **Differenzen,** wenn die konzerninterne Forderung zu einem anderen Kurs umgerechnet wird als die korrespondierende Verbindlichkeit.
Das ist insbesondere dann der Fall, wenn die Verbindlichkeit mit einem seit ihrer Entstehung gestiegenen Stichtagskurs (zB 1,40 \$/EUR) umgerechnet wird, während die Forde-
rung nach dem Niederstwertprinzip des HGB mit dem historischen Kurs (1,20 \$/EUR)
zu Buche steht. Entsprechendes gilt, wenn der Stichtagskurs (zB auf 1,10 \$/EUR) gesun-
ken ist und die Forderung mit diesem Kurs umgerechnet wird, während die Verbindlichkeit mit dem historischen Kurs (1,20 \$/EUR) umgerechnet wird.[16] Die Behandlung
solcher Umrechnungsdifferenzen ist im Gesetz nicht geregelt und in der Literatur strittig.
Umrechnungsdifferenzen aus der Schuldenkonsolidierung zwischen Konzernunternehmen, die zu unterschiedlichen Währungen bilanzieren, sollte das Konzernergebnis nach
der Fiktion der rechtlichen Einheit des Konzerns nicht beeinflussen. Sie sind daher
erfolgsneutral zusammen mit der Umrechnungsdifferenz aus der Umrechnung des Jahresabschlusses zu erfassen.[17] Allerdings sieht IAS 21.33 iVm IAS 21.28 und IAS 21.45 eine
erfolgswirksame Erfassung von solchen Differenzen vor, weil sie im Hinblick auf die
von IAS unterstellte Selbstständigkeit der ausländischen Gesellschaft das Währungsrisiko
repräsentiere.[18]

25   Eine **Ausnahme** von der Umrechnung im Rahmen der Schuldenkonsolidierung
erscheint dann angebracht, wenn ein **Darlehen an ein Tochterunternehmen beteiligungsähnlichen Charakter** und damit aus Sicht des Tochterunternehmens eher Eigenkapitalcharakter hat. Dieser Konstellation wird eine Umrechnung zum historischen Kurs eher
gerecht als zum Stichtagskurs. Bei einer bei Gewährung des Darlehens nicht absehbaren
Rückzahlung ist dann die Umrechnungsdifferenz erfolgsneutral in die Eigenkapitaldifferenz
aus Währungsumrechnung einzustellen.[19]

VI. Umrechnungsdifferenz (S. 3)

26   **1. Entstehung und Änderung.** Immer dann, wenn nicht alle Positionen eines
Rechenwerkes zu demselben Kurs umgerechnet werden, entsteht eine Umrechnungsdifferenz. Sofern nach der modifizierten Stichtagsmethode die Posten der Gewinn- und Verlustrechnung zu demselben Durchschnittskurs der Berichtsperiode umgerechnet werden, was
die Regel ist, ergibt sich in diesem Rechenwerk keine Umrechnungsdifferenz. Gemeint ist

---

[16]   Küting/Weber Rechnungslegung-HdB 8. Kap. 2.3.4.
[17]   Busse v. Colbe/Ordelheide/Gebhardt/Pellens Konzernabschlüsse 6. Kap. VI. 3; aA Küting/Weber Rech-
         nungslegung-HdB 8. Kap. 2.3.4.
[18]   IFRS-Komm/Müller/Holzwarth/Laurisch IAS 21 Rn. 113 f.; MüKoBilanzR/Senger/Brune IAS 21
         Rn. 54 ff.
[19]   Zu diesen Fällen s. auch BeBiKo/Grottel/Koeplin Rn. 69 und die ausf. Darstellung der Regelungen
         nach IAS 21 bei IFRS-Komm/Müller/Holzwarth/Laurisch IAS 21 Rn. 118.

in S. 3 die Umrechnungsdifferenz aus der umgerechneten Bilanz des in fremder Währung bilanzierenden Tochterunternehmens, auch wenn S. 3 unmittelbar auf den Satz über die Umrechnung der Gewinn- und Verlustrechnung folgt. Die **bilanzielle Umrechnungsdifferenz** entsteht dadurch, dass die Eigenkapitalpositionen zu historischen Kursen, die übrigen Positionen zum Stichtagskurs umgerechnet werden. Das gilt für alle auf den Erstkonsolidierungszeitpunkt folgende Bilanzstichtage. Die Umrechnungsdifferenz ändert sich infolge der Änderungen der Wechselkurse sowie infolge einer Änderung der Eigenkapitalpositionen des Tochterunternehmens (→ Rn. 8 ff.).

2. Erfolgsneutralität. Die Umrechnungsdifferenz wird erfolgsneutral gebildet. Das **27** ergibt sich aus S. 4. Danach ist sie (nur) dann aufzulösen, wenn das Tochterunternehmen aus dem Konzern ausscheidet. Die erfolgsneutrale Bildung und Veränderung, abgesehen vom letzten Tatbestand, entspricht IAS 21.32. Diese Regel bestimmt, dass die Umrechnungsdifferenz ohne Berührung der Gewinn- und Verlustrechnung über das „other comphensive income" in das Eigenkapital eingestellt und erst bei Ausscheiden des Tochterunternehmens in die Gewinn- und Verlustrechnung umgegliedert wird.

Die Umrechnungsdifferenz verkörpert den über die Perioden **kumulierten Über-** **28** **schuss der unrealisierten Währungsgewinne** über Währungsverluste im Falle einer **passiven** Differenz oder netto **unrealisierten Währungsverluste** im Falle einer **aktiven** Differenz infolge der Beteiligung an dem Tochterunternehmen.[20] Vor der Aufnahme des § 308a in das HGB durch das BilMoG im Jahr 2009 war die Frage, ob und welche Umrechnungsdifferenzen erfolgsneutral oder erfolgswirksam behandelt werden sollten, umstritten.[21] Die **erfolgsneutrale Behandlung von Währungsverlusten widerspricht** den **allgemeinen Bewertungsgrundsätzen,** nach denen gem. § 252 Abs. 1 Nr. 4 alle vorhersehbaren Verluste, die bis zum Abschlussstichtag entstanden sind, im Jahresabschluss zu berücksichtigen sind (Imparitätsprinzip). Die erfolgsneutrale Behandlung wird in IAS 21 nicht explizit begründet und auch nicht in der Begründung zum RegE des BilMoG. Sie wird damit gerechtfertigt, dass die Umrechnung zum Stichtagskurs keine Bewertungsmethode sei, die Ergebnisse verursache, sondern eine Lineartransformation, die die Relationen in der Bilanz und Gewinn- und Verlustrechnung des Tochterunternehmens nicht verändere, was hinsichtlich des zu historischen Kursen umgerechneten Eigenkapitalpostens allerdings nicht zutrifft.[22]

3. Latente Steuern. Die bilanzielle Umrechnungsdifferenz stellt einen Wertunter- **29** schied zwischen dem in den Konzernabschluss übernommenen Nettovermögen des Tochterunternehmens und ihrem steuerlichen Wertansatz dar. Damit entsteht die Frage, ob auf die Umrechnungsdifferenz latente Steuern zu berechnen sind. In der deutschen Literatur wurde die Frage bisher unterschiedlich beantwortet.[23] Gem. IAS 12.15 und 12.24 sind grundsätzlich für alle temporären Differenzen latente Steuern anzusetzen. Das gilt gem. IAS 12.38 auch für Differenzen infolge von Änderungen der Wechselkurse, wenn Mutter- und Tochterunternehmen ihren Sitz in Ländern mit unterschiedlichen Währungen haben, es sei denn, dass gem. IAS 12.39 das Mutterunternehmen den zeitlichen Verlauf der Auflösung der Differenz steuern könne und sie sich wahrscheinlich in absehbarer Zeit nicht auflöst.

Im HGB wird der Ansatz latenter Steuern auf bilanzielle Umrechnungsdifferenzen **30** nicht explizit angesprochen. Latente Steuern im Konzernabschluss werden in § 306 geregelt. Diese Vorschrift bezieht sich ausdrücklich nur auf den Vierten Titel, der die Konsolidierungsmaßnahmen regelt. Dazu gehört § 308a im Fünften Titel über Bewertungsvorschriften nicht. Gem. § 306 S. 4 werden **keine latenten Steuern auf Differenzen zwischen dem**

---

[20]   Gelhausen/Fey/Kämpfer Q Rn. 370.
[21]   Küting/Weber Rechnungslegung-HdB 7. Kap. 4.4.
[22]   In der deutschen Lit. wurde die Interpretation der Umrechnung als Lineartransformation besonders vertreten zB von v. Wysocki WPg 1973, 26.
[23]   Küting/Pfitzer/Weber/Oser/Mojadadr/Wirth, Das neue deutsche Bilanzrecht, 2009, S. 459.

steuerlichen **Wertansatz einer Beteiligung** an einem Tochterunternehmen und dem **handelsrechtlichen Wertansatz** des im Konzernabschluss angesetzten **Nettovermögens** bilanziert. Diese Differenzen werden in der Literatur als „**outside basis differences**" bezeichnet. S. 4 wurde erst durch den Rechtsausschuss „aus Praktikabilitätsgründen" eingefügt. Nach der zum BilMoG sich offenbar herausbildenden hM gelte das Ansatzverbot des § 306 für solche Differenzen auch für bilanzielle Umrechnungsdifferenzen aus der Anwendung des § 308a.[24] Das erscheint nicht zwingend. Vereinfachungsvorschriften werden gewöhnlich als Wahlrechte formuliert. Das ist zwar hier nicht der Fall. Gleichwohl besteht kein Anlass, das Verbot auf Sachverhalte, für die es nicht explizit formuliert wurde, auszudehnen, zumal es dem System des Ansatzes latenter Steuern widerspricht. Soweit allerdings bei Vorliegen von Doppelbesteuerungsabkommen **Kursgewinne** beim Verkauf oder Liquidation von ausländischen Tochterunternehmen im Inland **steuerfrei** sind, sind die Umrechnungsdifferenzen **permanent,** so dass aus diesem Grund der Ansatz latenter Steuern entfiele.[25]

31   **4. Ausweis.** Die kumulierten Umrechnungsdifferenzen der in fremden Währungen bilanzierenden Tochterunternehmen sind in die Konzernbilanz in einem Betrag zu übernehmen. Die Umrechnungsdifferenz ist laut Gesetzestext „innerhalb des Konzerneigenkapitals nach den Rücklagen unter dem Posten ‚**Eigenkapitaldifferenz aus Währungsumrechnung**' auszuweisen", gegebenenfalls als Saldo passiver und aktiver Beträge in einem Posten. Das betrifft jedoch nur den auf die Konzernunternehmen entfallenen Anteil. Sind **andere Gesellschafter** an dem betreffenden Tochterunternehmen beteiligt, ist der auf sie entfallende Anteil mit dem Ausgleichsposten für andere Gesellschafter „nicht beherrschende Anteile" zu verrechnen.[26] Falls der Saldo der Umrechnungsdifferenzen aktivisch ist, erscheint er auch auf der Passivseite mit negativem Vorzeichen.[27]

VII. Ausscheiden des Tochterunternehmens (S. 4)

32   **1. Grundsatz.** Bei (vollständigem) Ausscheiden des Tochterunternehmens – offenbar aus dem Konsolidierungskreis – ist die kumulierte Umrechnungsdifferenz, soweit sie (bei Existenz von Minderheiten) auf Konzernunternehmen entfällt, gem. S. 4 erfolgswirksam aufzulösen. Damit wird zu diesem Zeitpunkt der bisher erfolgsneutral kumulierte anteilige Saldo aus Währungsgewinnen und -verlusten des betreffenden Tochterunternehmens in die Konzerngewinn- und -verlustrechnung derjenigen Periode übernommen, in der das Mutter-Tochter-Verhältnis iSd § 290 endet. Der aufgelöste Betrag der Umrechnungsdifferenz ist ein Teil des Ergebnisses aus der Entkonsolidierung des Tochterunternehmens.[28] Dies kann durch Verkauf aller oder zumindest der Mehrheit der Anteile oder durch Liquidation eintreten. Zu diesem Zweck müssen die periodischen Währungsgewinne und -verluste der einzelnen in einer fremden Währung bilanzierenden Tochtergesellschaften in einer Nebenbuchhaltung erfasst werden. Im Falle einer konzerninternen Fusion des Tochter- mit einem anderen konsolidierten Unternehmen wird die Umrechnungsdifferenz auf dieses übertragen. Mit dieser Vorschrift folgt der Gesetzgeber den international geltenden Regeln, wie sie in IAS 21.48 festgelegt sind. Mit dem Ausscheiden des Tochterunternehmens aus dem Konsolidierungskreis gelten die kumulierten Währungsgewinne und -verluste als realisiert.

33   **2. Teilweises Ausscheiden.** S. 4 bezieht sich ausdrücklich auch auf ein „teilweises Ausscheiden" eines Tochterunternehmens. Die Formulierung ist insofern zumindest

---

24   Küting/Pfitzer/Weber/Oser/Mojadadr/Wirth, Das neue deutsche Bilanzrecht, 2009, S. 460; Zwirner/
     Künkele StB 2009, 724; BeBiKo/Grottel/Koeplin Rn. 102; Küting/Weber Rechnungslegung-HdB 7.
     Kap. 4.5.1.
25   IFRS-Komm/Müller/Holzwarth/Laurisch IAS 21 Rn. 145.
26   BeBiKo/Grottel/Koeplin Rn. 21.
27   Gelhausen/Fey/Kämpfer Q Rn. 371.
28   BeBiKo/Grottel/Koeplin Rn. 26.

unscharf, als ein Tochterunternehmen entweder zum Konsolidierungskreis gehört oder nicht; es kann nicht „teilweise" dazugehören oder ausscheiden. Gemeint ist vermutlich eine teilweise Veräußerung der Anteile an dem bisher konsolidierten Tochterunternehmen. Dafür lassen sich eine Reihe von Fällen unterscheiden:

a) Abstockung einer weiterhin konsolidierten Beteiligung. Eine Veräußerung **34** von Anteilen an einem Tochterunternehmen, die nicht zur Beendigung des Mutter-/ Tochterverhältnisses iSd § 290 führt (Abstockung), darf nach DRS 23.171 entweder als Veräußerungs- oder als Kapitalvorgang behandelt werden. Auch wenn dieser Fall vom Gesetzgeber in § 308a nicht gemeint sein mag, so ist doch zu klären, wie mit der Umrechnungsdifferenz dann zu verfahren ist. Dies sollte sich danach richten, wie bei einer solchen Abstockung die Änderung der auf die Muttergesellschaft entfallenden anderen Eigenkapitalposten und wie ein im Jahresabschluss der beteiligten Konzerngesellschaft ausgewiesenes Ergebnis des Anteilsverkaufs im Konzernabschluss behandelt werden. Geregelt ist das im HGB nicht. Nach **DSR 4.48 (wurde durch DRS 23 ersetzt) war der Vorgang erfolgswirksam.** Dagegen war die Abstockung einer weiterhin konsolidierten Beteiligung bereits gem. IAS 27.30/31 (rev. 2008) und ist nach IFRS 10.B96 **als Kapitaltransaktion** zwischen den Mehrheits- und den Minderheitsgesellschaftern anzusehen und damit **erfolgsneutral** zu buchen ($\rightarrow$ § 301 Rn. 115). Die erfolgsneutrale Behandlung entspricht der Einheitstheorie des Konzernabschlusses, auf die hin sich die Entwicklung der Rechnungslegungsvorschriften des HGB und der IFRS bewegt.[29] Demzufolge wäre in diesem Fall die Umrechnungsdifferenz anteilig nicht erfolgswirksam aufzulösen, sondern **anteilig auf den Ausgleichsposten** für andere Gesellschafter zu übertragen. Ein solches Vorgehen widerspricht nicht dem Gesetz, da der Fall nicht unter § 308a S. 4 zu subsumieren ist. DRS 25.65 knüpft an die Behandlung des Vorgangs durch das Mutterunternehmen an: Bei einer Behandlung als Veräußerung ist die auf die veräußerten Anteile entfallende Eigenkapitaldifferenz aus Währungsumrechnung nach § 308 S. 4 erfolgswirksam aufzulösen (vgl. DRS 23.174). Erfolgt die Abbildung als Kapitalvorgang, ist auch die auf die veräußerten Anteile entfallende Eigenkapitaldifferenz aus Währungsumrechnung erfolgsneutral in den Posten „nicht beherrschende Anteile" umzugliedern (vgl. DRS 23.177).

b) Umwandlung in eine Beteiligung an einem assoziierten Unternehmen oder 35 Gemeinschaftsunternehmen. Assoziierte Unternehmen iSd § 311 gehören nicht zum Konsolidierungskreis, die Bewertung einer Beteiligung an ihnen unterliegt aber gem. § 312 besonderen Vorschriften, die in mancher Hinsicht einer Konsolidierung ähneln. Veräußert ein Konzernunternehmen so viele Anteile an einem bisher konsolidierten Unternehmen – einen solchen Fall hat der Gesetzgeber vermutlich mit „teilweisem Ausscheiden" gemeint –, so ist die Umrechnungsdifferenz gem. S. 4 nur in „entsprechender Höhe erfolgswirksam aufzulösen". Entsprechend heißt hier offenbar für den Teil der Beteiligung, der nicht als Beteiligung an einem assoziierten Unternehmen im Konzernabschluss verbleibt. Entsprechendes gilt für die Umwandlung in ein Gemeinschaftsunternehmen iSv § 310. Bei einem Übergang von der Vollkonsolidierung auf die anteilmäßige Konsolidierung erfolgt für die im Konzern verbleibenden Anteile nach DRS 23.188 keine neue Erwerbsbilanzierung. Dementsprechend ist auch eine auf die im Konzern verbleibenden Anteile entfallende Eigenkapitaldifferenz aus Währungsumrechnung nach allgemeinen Grundsätzen fortzuführen (DRS 25.70).

c) Umwandlung in eine Beteiligung ohne maßgeblichen Einfluss. Werden so **36** viele Anteile an einem bisher konsolidierten Unternehmen veräußert, dass nur eine normale Beteiligung ohne maßgeblichen Einfluss verbleibt, so entsteht die Frage, ob nur der dem veräußerten Teil der Beteiligung entsprechende Anteil an der kumulierten Umrechnungsdifferenz erfolgswirksam aufzulösen oder sie vollständig aufzulösen ist. Für letzteres spricht,

---

[29]   Busse v. Colbe/Ordelheide/Gebhardt/Pellens Konzernabschlüsse 5. Kap. X. 2.2.

dass für eine solche Beteiligung, wenn sie von Beginn an bestanden hätte, keine Umrechnungsdifferenz gebildet worden wäre. Wenn sie aus einer konsolidierten Beteiligung infolge von Anteilsveräußerungen hervorgeht, ist sie zum fortgeführten Anschaffungswert aus der Bilanz des Gesellschafterunternehmens in den Konzernabschluss zu übernehmen.[30] Dieser Anschaffungswert verursacht keine Umrechnungsdifferenz. Allerdings gelte nach DRS 23.190 nach Ende des beherrschenden Einflusses infolge der Anteilsveräußerung (und Fehlen eines maßgeblichen Einflusses) das entsprechende Reinvermögen lt. Konzernrechnungslegung als Anschaffungswert.[31] Das impliziert, dass für die verbleibende Beteiligung die **anteilige Umrechnungsdifferenz nicht aufgelöst wird.** Nach DRS 25.72 sind daher bei einem Übergang von der Vollkonsolidierung auf die Anschaffungskostenbewertung die auf die im Konzern verbleibenden Anteile entfallende Eigenkapitaldifferenz aus Währungsumrechnung mit dem Zugangswert der Anteile, der dem darauf entfallenden anteiligen Reinvermögen zu Konzernbuchwerten zum Zeitpunkt des Statuswechsels entspricht, zu verrechnen.

VIII. Umrechnung von Abschlüssen aus Hochinflationsländern

37   **1. Gründe für spezielle Umrechnungsmethoden.** In Ländern mit hohen Inflationsraten von 25 % p.a. und mehr verlieren Jahresabschlüsse auf nominaler Basis ihren Informationswert. Die in verschiedenen Jahren beschafften Sachvermögensgegenstände sind untereinander nicht sinnvoll vergleichbar, weil dann zB gleichartige Gegenstände unterschiedliche hohe Anschaffungskosten aufweisen.[32] Es entstehen nominelle Scheingewinne aus dem Umsatzprozess, obgleich die Erlöse die Wiederbeschaffung der für sie verbrauchten Produktionsfaktoren nicht finanzieren. Solche Verzerrungen der Rechnungslegung in der Währung eines Hochinflationslandes würden durch eine Umrechnung der nominellen fortgeschriebenen Anschaffungswerte zum Stichtagskurs in die Berichtswährung des Mutterunternehmens übertragen. Folglich muss die Umrechnung so modifiziert werden, dass die Verzerrungen infolge der Inflation möglichst weitgehend eliminiert werden.

38   In § 308a wird dieses Problem zwar nicht angesprochen, doch heißt es in der **Begründung des RegE des BilMoG** zu § 308a: „§ 308a HGB findet keine Anwendung auf ausländische Währung lautende Abschlüsse aus Hochinflationsländern." Klarer wäre es gewesen, wenn dieser Satz in den § 308a aufgenommen worden wäre. So muss diese Vorschrift gegen den eindeutigen Wortsinn wie nach dem britischen overriding principle ausgelegt werden, um eine sinnvolle Umrechnung zu ermöglichen, indem für solche Fälle eine geeignete Umrechnungsmethode angewendet wird. Das war schon in DRS 14.35 gefordert worden, der allerdings auf der funktionalen Umrechnungsmethode basiert, die nach § 308a nicht mehr zulässig ist.

39   **2. Definition eines Hochinflationslandes.** In der Gesetzesbegründung wird keine Grenze der Preissteigerung oder kein Kriterium genannt, von wo ab ein Land als Hochinflationsland gilt. In Anlehnung an IAS 29.3 waren in DRS 14.36 einige solcher Kriterien angegeben worden, die sich auf das Verhalten der Bevölkerung beziehen, zB Vermeidung der Haltung von Vermögen in Nominalwerten, Bindung von Preisen, Löhnen, Zinsen an einen Preisindex, und als quantitatives Maß eine **kumulative Inflationsrate über drei Jahre von um 100 % oder mehr** nennt (DRS 25.97). Diese Merkmale werden auch in der deutschen Praxis angewendet, auch wenn die Grenze von 100 % innerhalb von drei Jahren willkürlich ist. Die bisherige Praxis bleibe nach der Gesetzesbegründung durch § 308a unberührt. Das gilt auch für die dann angewendeten Methoden. Darüber hinaus nennt DRS 25.97 bestimmte Indikatoren, die auf eine Hochinflation hinweisen sollen: Vermögen wird in Sachwerten oder stabiler Auslandswährung gehalten, Beträge in Landeswährung

---

[30]   Gelhausen/Fey/Kämpfer Q Rn. 380.
[31]   BeBiKo/Störk/Deubert § 301 Rn. 350 f.
[32]   Busse v. Colbe/Ordelheide/Gebhardt/Pellens Konzernabschlüsse 4. Kap. V. 1.

werden unverzüglich investiert, Preise werden in einer stabilen Auslandswährung angegeben, Preise für Zielgeschäfte enthalten Prämien für die erwartete Geldentwertung, selbst wenn die Kreditperiode nur kurz ist, Zinssätze, Löhne und andere Preise sind an einen Preisindex, z.B. Verbraucherpreisindex oder Index der Erzeugerpreise, gebunden sowie zum Schutz der Landeswährung erfolgt von staatlicher Seite eine strikte Devisenbewirtschaftung/ -kontrolle. Die vorstehend genannten Indikatoren sind nicht abschließend und brauchen auch nicht kumulativ erfüllt zu werden. Ausschlaggebend ist vielmehr das Gesamtbild der Verhältnisse.

3. Umrechnungsmethoden. Da keine gesetzlichen Vorschriften über anzuwendende **40** Umrechnungsmethoden für Abschlüsse aus Hochinflationsländern existieren, liegt es nahe, sich an den Methoden zu orientieren, die in DRS 25.99 erwähnt werden und die in den IAS 21.42–43 vorgesehen sind. Die Inflationsbereinigung darf entweder durch die Aufstellung eines Hartwährungsabschlusses oder durch die Indexierung des auf dem Anschaffungskosten-/Nominalwertprinzip beruhenden und in der (hochinflationären) Landeswährung aufgestellten Jahresabschlusses erfolgen. Die Inflationseffekte können also einerseits durch einen **Abschluss** des **Tochterunternehmens in einer weitestgehend stabilen Währung,** wie der Berichtswährung nach HGB in EUR oder in US$, weitgehend eliminiert werden. Davon haben in der Vergangenheit einige deutsche Unternehmen Gebrauch gemacht.

Zu einem ähnlichen Ergebnis gelangt man durch Anwendung der **Zeitbezugsme-** **41** **thode.** Nach dieser Methode werden Vermögen, Schulden, Aufwendungen und Erträge grundsätzlich zu historischen Transaktionskursen umgerechnet (vgl. DRS 25.101). Die Zeitbezugsmethode entspricht weitgehend den für HGB-Jahresabschlüsse geltenden Bewertungsvorschriften. Sie wird für diese auch auf einzelne in anderen Währungsgebieten liegende Vermögensgegenstände und rechtlich unselbständige Betriebsstätten angewendet. Der Anschaffungswert eines solchen Gegenstandes wird zum historischen Kurs umgerechnet und verbleibt zu diesem Ansatz ohne Rücksicht auf Wechselkursänderungen im Jahresabschluss, bei abnutzbaren Vermögensgegenständen abzüglich der Abschreibungen in EUR. Die Anwendung der Zeitbezugsmethode auf den Konzernabschluss für die Umrechnung von in fremder Währung aufgestellten Abschlüssen einbezogener Tochterunternehmen generell entspräche dem Grundsatz des § 297 Abs. 3, wonach im Konzernabschluss die Vermögens-, Finanz- und Ertragslage der einbezogenen Unternehmen so darzustellen ist, als ob diese Unternehmen insgesamt ein einziges Unternehmen wären. Wenn der Gesetzgeber in § 308a die Zeitbezugsmethode für den Normalfall im Anschluss an die IFRS auch ausgeschlossen hat, so kann sie für den Fall der **Hochinflation im Sitzland eines Tochterunternehmens doch angewendet** werden, um der Zielsetzung des Gesetzes in § 297 zu entsprechen.

Nach IAS 21.42 (und DRS 25.99) ist wahlweise die sog. **„restate translate-method"** **42** anzuwenden. Danach werden gem. IAS 29.11 (und DRS 25.104), wie für einen einzelnen Jahresabschluss, die zu Anschaffungswerten bilanzierten Posten der Bilanz und der Gewinn- und Verlustrechnung zuerst mit einem allgemeinen Preisindex der seit ihrer Entstehung eingetretenen Inflation angepasst und dann zusammen mit zu Tageswerten bilanzierten Posten (zB Geldbestände, an den Preisindex gekoppelte Forderungen und Schulden) zum Stichtagskurs in die Berichtswährung des Konzerns umgerechnet.[33] Diese Methode führt zu ähnlichen Ergebnissen wie die Zeitbezugsmethode.

Auch die nach IAS 21.42 vorgesehene Methode ist im Fall einer Hochinflation **43** im Sitzland einer Tochtergesellschaft für einen HGB-Konzernabschluss **anwendbar.** Das gewählte Verfahren ist im **Konzernanhang** gem. § 313 Abs. 1 S. 3 Nr. 1 anzugeben.[34]

---

[33] Busse v. Colbe/Ordelheide/Gebhardt/Pellens Konzernabschlüsse 4. Kap. V. 3; IFRS-Komm/Busse v. Colbe/Hettich IAS 21 Rn. 68 ff.

[34] Gelhausen/Fey/Kämpfer Q Rn. 355.

IX. Beteiligungen an Gemeinschafts- und assoziierten Unternehmen

44 **1. Gemeinschaftsunternehmen.** In § 310 Abs. 2 wird ausdrücklich darauf hinge-wiesen, dass § 308a auch auf Gemeinschaftsunternehmen entsprechend anzuwenden ist (vgl. DRS 25.41). Danach ist der Jahresabschluss des Gemeinschaftsunternehmens nach der Stichtagsmethode in EUR umzurechnen (→ § 310 Rn. 31). Bei Wahrnehmung des Wahlrechts zur Quotenkonsolidierung, bei der keine Minderheiten ausgewiesen und die Vermögensgegenstände, Schulden, Aufwendungen und Erträge nur quotal in den Kon-zernabschluss übernommen werden, gelangt auch die Umrechnungsdifferenz nur quotal in die Konzernbilanz.[35] Statt der anteilmäßigen Konsolidierung kann die Beteiligung an dem Gemeinschaftsunternehmen nach der Equity-Methode in dem Konzernabschluss aus-gewiesen werden (→ Rn. 45).

45 **2. Assoziierte Unternehmen.** In den Vorschriften über assoziierte Unternehmen der § 311 und § 312 fehlt ein Verweis auf § 308a. Damit entsteht die in der Literatur strittige Frage, ob dadurch die Anwendung des § 308a auf die Beteiligungen an assoziierten Unter-nehmen ausgeschlossen oder implizit ein Wahlrecht für die Umrechnung gegeben[36] wird oder sogar eine Pflicht zur Anwendung von § 308a auch auf Beteiligungen an Gemein-schafts- und assoziierten Unternehmen besteht, die nach der Equity-Methode bewertet werden.[37] Letzteres entspricht der expliziten Regelung in IAS 21.3. DRS 25.42 empfiehlt für die Umrechnung der auf fremde Währung lautenden Abschlüsse von assoziierten Unter-nehmen, die im Konzernabschluss nach der Equity-Methode bewertet werden, § 308a ent-sprechend anzuwenden.

46 Eine Möglichkeit besteht darin, die nach der **Equity-Methode bewertete Beteili-gung** zu jedem Bilanzstichtag nach ihrer Fortschreibung des Unterschiedsbetrages gem. § 312 Abs. 2 (Auflösung stiller Rücklagen und Abschreibung der anteiligen Firmenwerte sowie um anteilige Ergebnisse und Ausschüttungen) zum jeweiligen **Stichtagskurs wie einzelne Vermögensgegenstände** eines in fremder Währung bilanzierenden konsolidier-ten Tochterunternehmens umzurechnen.

47 Die Anwendung des § 308a bedeutet, dass der Jahresabschluss des assoziierten Unter-nehmens zu jedem Bilanzstichtag vollständig nach der Stichtagsmethode umgerechnet und die anteilige Umrechnungsdifferenz in die Fortschreibung des Equity-Ansatzes einbezogen wird. Im Zeitpunkt der erstmaligen Anwendung der Equity-Methode, zu dem das Unter-nehmen als assoziiert einzustufen ist, führen beide Methoden zu demselben Ergebnis. Im Laufe der Zeit mit sich ändernden Wechselkursen können sich beide Methoden in der Bewertung der Beteiligung an dem assoziierten Unternehmen erheblich unterscheiden. Der Anschaffungswert der Beteiligung und die Fortschreibung des Unterschiedsbetrags sind mit dem historischen Kurs, die Ausschüttungen mit dem jeweiligen Kurs des Ausschüttungszeit-punkts, dann zu jedem Bilanzstichtag umzurechnen und ändern so den Equity-Ansatz der Beteiligung.[38] Die anteilige Umrechnungsdifferenz wird erfolgsneutral gesondert bzw. zusammen mit anderen Umrechnungsdifferenzen bilanziert. Nach DRS 25.90 gibt es zwei Ausweisalternativen, wobei die erste Alternative vorzugswürdig sein soll: Der Equity-Wert darf mit den Stichtagskursen umgerechnet werden. Die Differenz, die sich aus der Umrech-nung des Equity-Werts mit dem Stichtagskurs einerseits und den differenzierten (histori-schen) Kursen andererseits ergibt, ist erfolgsneutral in den Posten „Eigenkapitaldifferenz aus Währungsumrechnung" einzustellen und dort durch einen Davon-Vermerk kenntlich zu machen. Der Equity-Wert darf alternativ mit den historischen Kursen umgerechnet werden.

---

[35] BeBiKo/Grottel/Koeplin Rn. 40.
[36] Küting/Mojadadr DB 2008, 1872 verneinen eine Umrechnungspflicht des Jahresabschlusses des assoziier-ten Unternehmens nach der Stichtagsmethode des § 308a mit dem Hinweis auf die fehlende Pflicht zur einheitlichen Bewertung gem. § 312 Abs. 5, empfehlen diese Umrechnungsmethode jedoch.
[37] BeBiKo/Grottel/Koeplin Rn. 42; unter der Interpretation der Equity-Bewertung als einer „one line consolidation" auch Gelhausen/Fey/Kämpfer Q Rn. 352.
[38] Busse v. Colbe/Ordelheide/Gebhardt/Pellens Konzernabschlüsse 11. Kap. VI. 2, zeigen das an Bsp.; BeBiKo/Grottel/Koeplin Rn. 44.

Die Differenz, die sich aus der Umrechnung des Equity-Werts mit den differenzierten (historischen) Kursen einerseits und mit dem Stichtagskurs andererseits ergibt, ist im Posten „Anteile aus assoziierten Unternehmen" auszuweisen und dort oder im Konzernanhang zu vermerken.

X. Andere Rechenwerke des Konzernabschlusses

1. Anlagespiegel. Infolge der Anwendung der modifizierten Stichtagsmethode diffe- **48** rieren die umgerechneten Wertansätze des Anlagevermögens entsprechend den Schwankungen der Wechselkurse gegenüber den (fortgeschriebenen) Ansätzen des Vorjahres. Zumindest bei erheblichen Differenzen wird der Ausweis in einer besonderen Spalte oder Zeile empfohlen.[39] Eine solche Erweiterung des Anlagespiegels/Anlagengitters findet sich auch in der Praxis.

2. Eigenkapitalspiegel. Die erfolgsneutral erfassten Umrechnungsdifferenzen sind in **49** dem in § 297 geforderten Eigenkapitalspiegel als Teil des Konzernabschlusses im Rahmen des kumulierten übrigen Konzernergebnisses auszuweisen.[40] Im Ausweisschema des DRS 22 ist eine eigene Spalte vorgesehen. Sie sollte unter Übernahme des Begriffes aus § 308a als „Eigenkapitaldifferenz aus Währungsumrechnung" bezeichnet werden.

3. Kapitalflussrechnung. Eine Kapitalflussrechnung ist gem. § 297 Abs. 1 Bestandteil **50** des Konzernabschlusses, aber im Gesetz nicht weiter geregelt. Sie weist Ein- und Auszahlungsströme der Abrechnungsperiode, gegliedert nach ihrer Herkunft und Verwendung, im Konzern aus. Die Konzernkapitalflussrechnung kann aus einem Vergleich von zwei aufeinanderfolgenden Konzernabschlüssen, aus den Kapitalflussrechnungen der einbezogenen Unternehmen oder direkt aus ihren Zahlungsvorgängen abgeleitet werden. Auch Zwischenformen sind möglich und werden in der Praxis vielfach benutzt.[41] Die kumulierte Umrechnungsdifferenz ist kein Zahlungsvorgang und erscheint deshalb nicht in der Kapitalflussrechnung. Bei indirekter Ermittlung der Konzernkapitalflussrechnung aus indirekt abgeleiteten Kapitalflussrechnungen der einbezogenen Tochterunternehmen oder aus dem Vergleich von zwei Konzernabschlüssen müssen aus den Bestandsänderungen, insbesondere im Bereich der laufenden Geschäftstätigkeit, die wechselkursbedingten Wertänderungen eliminiert werden. Außerdem sind die Wertänderungen des Fonds an liquiden Mitteln infolge von Wechselkursänderungen gesondert bei der Fondsentwicklung vom Anfangs- zum Endbestand darzustellen.[42]

4. Segmentberichterstattung. Während eine Segmentberichterstattung für kapital- **51** marktorientierte Unternehmen nach den IAS/IFRS Pflichtbestandteil des Konzernabschlusses ist, besteht für andere konzernrechnungslegungspflichtige Mutterunternehmen nach § 297 Abs. 1 ein Wahlrecht, die Segmentberichterstattung in den Konzernabschluss aufzunehmen. Mangels gesetzlicher Vorschriften hat der DSR mit dem DRS 3 (2016) und heute DRS 28 Regelungen für eine freiwillige Segmentberichterstattung erlassen. Im Unterschied zu IFRS 8 gelten nach DRS 28.24 auch für die Segmentberichterstattung die Ansatz- und Bewertungsvorschriften für die anderen Teile des Konzernabschlusses. Somit ist für sie auch § 308a zu beachten, selbst wenn konzernintern ein anderes Umrechnungsverfahren angewendet würde, was für die Segmentberichterstattung nach IFRS 8 relevant wäre.

XI. Unterschiede gegenüber den IFRS

1. Funktionale Methode. Im Unterschied zu den vier Sätzen des § 308a ist die **52** Umrechnung nach den IFRS in IAS 21 und für den Fall der Hochinflationsländer in IAS 29

---

[39] BeBiKo/Grottel/Koeplin Rn. 127.
[40] BeBiKo/Grottel/Koeplin Rn. 125.
[41] Gebhardt/Mansch ZfbF-Sonderheft 2012.
[42] Ausf. mit Zahlenbeispielen Busse v. Colbe/Ordelheide/Gebhardt/Pellens Konzernabschlüsse 12. Kap. VI.

detailliert geregelt.[43] Nach IAS 21.9 basiert die Methode der Währungsumrechnung auf dem Konzept der funktionalen Währung; das ist die Währung des primären Wirtschaftsumfeldes des Unternehmens, in der insbesondere die Mehrheit der Umsätze, Lohnzahlungen und Materialeinkäufe abgewickelt werden und die lokale Finanzberichterstattung erfolgt. Weicht diese funktionale Währung eines Tochterunternehmens von der des Mutterunternehmens ab, so agiert das Tochterunternehmen im Rahmen der Konzernpolitik relativ selbstständig. Ihr Jahresabschluss ist für die Einbeziehung in den Konzernabschluss nach der modifizierten Stichtagsmethode in die Währung umzurechnen (IAS 21.38 ff.), in der der Konzernabschluss aufgestellt wird, für Muttergesellschaften mit Sitz in Deutschland also in EUR, und die Umrechnungsdifferenz bis zum Ausscheiden des Tochterunternehmens erfolgsneutral zu behandeln. Ist die funktionale Währung eines meist relativ unselbstständigen Tochterunternehmens („verlängerte Werkbank") hingegen die des Mutterunternehmens, obgleich es die täglichen Transaktionen in der Währung ihres Sitzlandes abwickelt, so wird ihr lokaler Abschluss nach der (vereinfachten) Zeitbezugsmethode umgerechnet. Dabei werden die Sachvermögensgegenstände zu ihren historischen Kursen, Nominalwerte und Schulden zum Stichtagskurs umgerechnet (IAS 21.22 ff.). Die Umrechnungsdifferenz ist erfolgswirksam. Da in der Regel der erste Fall vorliegt, herrscht die modifizierte Stichtagsmethode bei den nach den IFRS bilanzierenden Unternehmen vor.[44] Insofern ist der Unterschied gegenüber den Vorschriften des § 308a nicht sehr groß (→ Rn. 5 und → Rn. 6).

53   **2. Behandlung des Firmenwertes.** Gem. IAS 21.47 sind nicht nur Anpassungen der Buchwerte des in einer Fremdwährung bilanzierenden Tochterunternehmens an die Zeitwerte im Zeitpunkt der Erstkonsolidierung, sondern auch ein dann entstehender Firmenwert dem Tochterunternehmen zuzurechnen (Push down-Verfahren). Bei der Umrechnung nach der modifizierten Stichtagsmethode unterliegt der Firmenwert damit den Kursschwankungen. Die Behandlung des Firmenwertes im Rahmen der Umrechnung ist im HGB nicht geregelt. Daher erscheint seine Einbeziehung in die Umrechnung nach der Zeitbezugsmethode und dem Push down-Verfahren zulässig, zumindest insoweit, als der Firmenwert dem Tochterunternehmen auch wirtschaftlich zuzurechnen ist (→ Rn. 17).

54   **3. Latente Steuern auf Umrechnungsdifferenzen.** Gem. IAS 12.12 und 12.24 sind grundsätzlich auf alle temporären Differenzen latente Steuern zu bilden. Das gilt nach IAS 12.38 grundsätzlich auch für Umrechnungsdifferenzen (→ Rn. 29). Für HGB-Konzernabschlüsse gilt nach hM das Verbot der Bildung latenter Steuern auf sog. „outside basis differences" auch für Umrechnungsdifferenzen (→ Rn. 30).

55   **4. Abschlüsse aus Hochinflationsländern.** Während die Umrechnung der Abschlüsse von Tochtergesellschaften mit Sitz in Hochinflationsländern im HGB nicht geregelt ist, die Anwendung der modifizierten Stichtagsmethode nach der Begründung des § 308a im RegE des BilMoG aber ausscheidet, ist nach IAS 21.42 iVm IAS 29.11 die „Restate Translate-Methode" anzuwenden (→ Rn. 40).

§ 309 Behandlung des Unterschiedsbetrags

(1) Die Abschreibung eines nach § 301 Abs. 3 auszuweisenden Geschäfts- oder Firmenwertes bestimmt sich nach den Vorschriften des Ersten Abschnitts.

(2) Ein nach § 301 Absatz 3 auf der Passivseite auszuweisender Unterschiedsbetrag kann ergebniswirksam aufgelöst werden, soweit ein solches Vorgehen den Grund-

---

[43]   Zu den Unterschieden BeBiKo/Grottel/Koeplin Rn. 150–120.

[44]   Ausf. Darstellung der Zeitbezugsmethode bei Beck HdR/Gebhardt C 310 Rn. 40 ff. Nach einer Erhebung für das Jahr 2005 wendeten damals rd. 73 % der Unternehmen des Prime Standards die Stichtagsmethode an; s. Gassen/Davrcioglu/Fischkin/Küting KoR 2007, 174.

sätzen der §§ 297 und 298 in Verbindung mit den Vorschriften des Ersten Abschnitts entspricht.

Schrifttum: Ballwieser/Küting/Schildbach, Fair value – erstrebenswerter Wertansatz im Rahmen einer Reform der handelsrechtlichen Rechnungslegung?, BFuP 2004, 529; Brücks/Richter, Business Combinations (Phase II) KoR 2005, 407; Busch/Zwirner, Behandlung negativer Unterschiedsbeträge aus einem Unternehmenserwerb, IRZ 2019, 10; Busse v. Colbe, Der Konzernabschluss im Rahmen des Bilanzrichtlinien-Gesetzes, ZfbF 1985, 761; Busse v. Colbe, New Accounting for Goodwill: Application of American Criteria from a German Perspective, GS Ordelheide, 2004, 201; Busse v. Colbe/Seeberg, Vereinbarkeit internationaler Konzernrechnungslegung mit handelsrechtlichen Grundsätzen, 2. Aufl. 1999, ZfbF-Sonderheft 43; Dusemond, Endkonsolidierung und erfolgsneutrale Verrechnung des Geschäfts- oder Firmenwertes, DB 1997, 53; Elkardt/Hundt/Müller, Probleme der Entkonsolidierung, FS Luik, 1991, 53; Falkenhahn, Änderungen der Beteiligungsstruktur an Tochterunternehmen im Konzernabschluss, 2006; Focken, Die Bilanzierung des Goodwill nach SFAS 141/142, 2006; Gemeinsame Arbeitsgruppe der DVFA und Schmalenbach-Gesellschaft, Fortentwicklung des Ergebnisses nach DVFA/SG, DB 1998, 2537; Haaker, Die Zuordnung des Goodwill auf Cash Generating Units zum Zweck des Impairment-Tests nach IFRS, KoR 2005, 426; Hayn/Küting, Beendigung der Vollkonsolidierung von Tochterunternehmen, BB 1999, 2092; Hecker, Die Zuordnung des Goodwill auf Cash Generating Units zum Zweck des Impairment-Tests nach IFRS, KoR 2005, 426; Heidemann, Die Kaufpreisallokation bei einem Unternehmenszusammenschluss nach IFRS 3, 2005; IDW, SABl. 2/1988: Behandlung des Unterschiedsbetrags aus der Kapitalkonsolidierung, WPg 1988, 622; Kinne, Der konzernbilanzielle Firmenwert von Tochterunternehmen, 1989; KPMG, IFRS aktuell 2004; Kühnberger, Firmenwerte in Bilanz, GuV und Kapitalflussrechnung nach HGB, IFRS und US-GAAP, DB 2005, 677; Küting, Der Geschäfts- oder Firmenwert als Schlüsselgröße der Analyse von Bilanzen deutscher Konzerne, DB 2005, 2757; Küting/Dusemond/Wirth, Mehrstufiger Konzern: Pagatorisch abgesicherte Anschaffungskosten im Lichte der handelsrechtlichen Kapitalkonsolidierung, DB 2018, 529; Küting/Harth, Die Behandlung einer negativen Aufrechnungsdifferenz im Rahmen der Purchase-Methode nach APB 16 und IAS 22, WPg 1999, 489; Küting/Wirth, Bilanzierung von Unternehmenszusammenschlüssen nach IFRS 3, KoR 2004, 167; Küting/Wirth, Full Goodwill Approach des Exposure Draft zu IFRS 3, BB-Spezial 2005, 2; Küting/Wirth, Firmenwertbilanzierung nach IAS 36 (rev. 2004) unter Berücksichtigung von Minderheitsanteilen an erworbenen Tochterunternehmen, KoR 2005, 199; Küting/Wirth, Die Berücksichtigung von Geschäfts- und Firmenwerten bei der Endkonsolidierung von Tochterunternehmen unter Geltung von IAS 36 (rev. 2004), WPg 2005, 704; Küting/Wirth, Implikationen von IAS 36 (rev. 2004) auf die Firmenwertberücksichtigung bei einer teilweisen Endkonsolidierung ohne Wechsel der Konsolidierungsmethode, KoR 2005, 415; Müller, Der Einfluß des Bilanzrichtliniengesetzes auf die Daten zur Steuerung des Konzerns, DB 1985, 241; Oser, Erfolgsneutral verrechneter Geschäfts- oder Firmenwert im Lichte der Entkonsolidierung, WPg 1995, 266; Oser, Pflicht zur (Neu-)Bildung der Rücklage für eigene Aktien im Konzernabschluss?, DB 1999, 1125; Pellens/Sellhorn, Minderheitenproblematik beim Goodwill Impairment Test nach geplanten IFRS und geltenden US-GAAP, DB 2003, 401; Qin, Bilanzierung des Excess nach IFRS 3, 2005; Sauthoff, Der Firmenwert im Konzernabschluss, 1996; Schindler, Kapitalkonsolidierung nach dem Bilanzrichtlinien-Gesetz, 1986; Schurbohm-Ebnet/Zoeger, Zum Referentenentwurf des Bilanzrechtsmodernisierungsgesetzes (BilMoG), DB-Beilage 1/2008, 40; Sellhorn, Goodwill Impairment – An Empirical Investigation of Write-Offs under SFAS 142, 2004; Stibi/Klaholz, Kaufpreisverteilung im Rahmen der Kapitalkonsolidierung nach BilMoG: Neue Herausforderungen für die Praxis, BB 2009, 2582; Theile, Übergang auf BilMoG im Konzernabschluss, StuB 2010, 211; Theile/Pawelzik, Erfolgswirksamkeit des Anschaffungsvorgangs nach ED 3 beim Unternehmenserwerb im Konzern, WPg 2003, 316; Trützschler, Die Behandlung des Firmenwertes nach HGB und US-GAAP, FS Weber, 1999, 391; Weber/Zündorf, Der Posten „Geschäfts- oder Firmenwert" im Konzernabschluss, DB 1989, 333; Wirth, Firmenwertbilanzierung nach IFRS, 2005; Wöhe, Zur Bilanzierung und Bewertung des Firmenwertes, StuW 1980, 89; Zielke, Zur Behandlung des Goodwill im Konzernabschluss, FS Havermann, 1995, 829; s. auch das Schrifttum zu § 301.

Übersicht

I. Normzweck

1   **1. Bedeutung.** Infolge des Erwerbs auch von großen Unternehmen zu Preisen, die weit über dem neubewerteten bilanziellen Eigenkapital des erworbenen Unternehmens lagen, haben insbesondere seit Beginn der neunziger Jahre die **Firmenwerte** in den Konzernbilanzen zahlreicher Unternehmen im Verhältnis zum Eigenkapital des Erwerbers **bedeutende Größenordnungen** erreicht. Mitunter belaufen sich die Firmenwerte auf zwei Drittel des Eigenkapitals oder überschreiten es in manchen Fällen sogar.[1] Damit wird der Firmenwert zu einer wichtigen Größe für die **Beurteilung der Finanz- und Vermögenslage** eines Konzerns im Hinblick auf die Werthaltigkeit dieses Bilanzpostens.[2] Der Art ihrer Behandlung im Rahmen der Folgekonsolidierung kommt daher im Hinblick auf Konzernergebnis und Konzerneigenkapital große Bedeutung zu. Die Vorschriften des § 309 sollten Firmenwert und passivischen Unterschiedsbetrag im Rahmen der Folgekonsolidierung so regeln, dass sie der Generalklausel des § 297 entsprechen, wonach der Konzernabschluss ein den tatsächlichen Verhältnissen entsprechendes Bild der wirtschaftlichen Lage des Konzerns unter der Fiktion der rechtlichen Einheit der einbezogenen Unternehmen zu vermitteln hat.

2   **2. Gesetzliche Regelung.** Die Regelung des § 309 Abs. 1 aF, insbesondere des Wahlrechts, den Firmenwert erfolgsneutral mit den Rücklagen zu verrechnen oder ihn willkürlich abzuschreiben, womit sich ein breiter Spielraum für Bilanzpolitik eröffnete, hatte eine lang anhaltende und breite Kritik hervorgerufen. Daher hat der Gesetzgeber zwar in Anlehnung an die IFRS, aber auch mit deutlichen Unterschieden zu ihnen, mit der BilMoG-Novelle des HGB 2009 eine neue Regelung für den Geschäfts- oder Firmenwert geschaffen. Danach gilt der aktivierungspflichtige Firmenwert nach dem reformierten § 246 Abs. 1 S. 4 als „zeitlich begrenzt nutzbarer Vermögensgegenstand". Die Abschreibung des Firmenwertes richtet sich gem. Abs. 1 nach dem Ersten Abschnitt des Dritten Buchs des HGB und damit nach den Bewertungsvorschriften der §§ 252 ff. An die Stelle der Wahlrechte für die Behandlung des Firmenwertes im Rahmen der Folgekonsolidierung nach § 309 Abs. 1 aF tritt die planmäßige Abschreibung über dessen voraussichtliche Nutzungsdauer. Die neue Vorschrift gilt für alle Unternehmenserwerbe, die nach dem 31.12.2009 abgeschlossen wur-

---

[1]   Pellens/Sellhorn, Paradigmenwechsel in der Firmenwert-Bilanzierung, FAZ Nr. 292 v. 16.2.2002, empirische Untersuchung der Konzernabschlüsse 2001 der DAX-30-Unternehmen.

[2]   Küting DB 2005, 2757 ff.

den. Frühere Unternehmenserwerbe und deren daraus resultierende Firmenwerte aus der Konsolidierung werden nicht berührt (Art. 66 Abs. 3 S. 4 EGHGB). Durch das BilRUG 2015 wurde die Regelung in Abs. 2 zum passiven Unterschiedsbetrag neu gefasst. Eine erfolgswirksame Auflösung kommt nur in Betracht, wenn die Maßnahme den allgemeinen Grundsätzen der Konzernrechnungslegung entspricht.

Der IASB hatte schon mit der Verabschiedung der ersten Fassung des IFRS 3 von **3** 2004 sich in Anlehnung an die Regelung des FASB dafür entschieden, eine planmäßige Abschreibung des obligatorisch aktivierten Goodwills abzuschaffen und allein durch eine außerplanmäßige Abschreibung bei Eintritt seiner partiellen oder völligen Entwertung zu ersetzen (impairment only approach). Daran hat die Neufassung des IFRS 3 bis heute nichts geändert.

II. Entstehung, Bestandteile und bilanzieller Charakter des Firmenwertes

1. Ermittlung des Firmenwertes. Nach der **Neubewertungsmethode** ergibt sich **4** der Firmenwert aus der Konsolidierung als Überschuss der Anschaffungskosten der Beteiligung über das zu Tagespreisen des Erstkonsolidierungszeitpunkts bewertete Reinvermögen der Anteile an dem Tochterunternehmen, die auf das Mutterunternehmen direkt oder indirekt entfallen (→ § 301 Rn. 70 ff.). Aus ökonomischer Sicht handelt es sich um die diskontierten Gewinne (Überschuss der künftigen Einnahmenüberschüsse über die Zeitwerte der erworbenen Vermögensgegenstände abzüglich der Schulden) künftiger Perioden.

2. Bestandteile des Firmenwertes. Der Firmenwert kann einerseits daraus resul- **5** tieren, dass das Tochterunternehmen im **Erwerbszeitpunkt** über nicht aktivierungsfähige **spezifizierbare ökonomische Werte** verfügt, wie zB Produkte in Entwicklung, eine eingespielte Absatzorganisation, eingeführte Produktarten, eine **hervorragende allgemeine Marktstellung,** die überdurchschnittliche künftige Gewinne erwarten lässt, Spezialisten für betriebliche Tätigkeiten oder übernormal hohe gewinnbringende Auftragsbestände. Der Firmenwert kann aber auch darauf beruhen, dass mit dem Unternehmenserwerb Potential für **Synergien** aus dem Zusammenschluss mit dem Konzern erschlossen werden.[3] Die Ursachen lassen sich allerdings nicht immer streng trennen. Die **ökonomischen Werte** sind zwar zumindest grob quantifizierbar, erfüllen aber nicht die Kriterien für einen **Vermögensgegenstand** iSd GoB, insbesondere nicht das Kriterium der Einzelveräußerbarkeit. Sie sind daher auch im Konzernabschluss nicht einzeln bilanzierungsfähig, obgleich sie im Rahmen des Gesamtkaufpreises bezahlt wurden. Daher werden sie zusammen mit den anderen Komponenten als **Geschäfts- oder Firmenwert (Goodwill)** behandelt. In **IFRS 3.Appendix A** heißt es, der Goodwill repräsentiere die Zahlung, die der Erwerber in Erwartung künftiger „economic benefits" infolge eines Unternehmenszusammenschlusses aus nicht einzeln identifizierbaren und getrennt bilanzierbaren Werten geleistet hat.

Nach deutschem Recht kann ein aktiver Unterschiedsbetrag auch daraus resultieren, **6** dass ein Tochterunternehmen in der Zeit zwischen Erwerb und einer **späteren erstmaligen Einbeziehung** gem. § 301 Abs. 2 S. 3 **Verluste** erlitten oder der **Wechselkurs** für die **Umrechnung** eines ausländischen Abschlusses sich geändert hat. Ist zB bei Anwendung der Stichtagsmethode der Kurs der Konzernwährung im Verhältnis zur lokalen Währung des Tochterunternehmens gestiegen, so entsteht für diesen Zeitraum ein Umrechnungsverlust (→ § 301 Rn. 144). Dieser Überschuss des in der Vergangenheit geleisteten Gegenwerts über die Zeitwerte der Vermögensgegenstände und Schulden im aktuellen Zeitpunkt der erstmaligen Einbeziehung ist kein Firmenwert in ökonomischem Sinne. Wäre das Unternehmen schon seit Erwerb oder Gründung durch den Konzern konsolidiert worden, wären die Verluste gegen die Rücklagen im Konzern aufgerechnet worden. Daher sollte die Differenz nicht als Firmenwert ausgewiesen, sondern mit den Rücklagen im Konzernabschluss

---

[3] ADS Rn. 8.

verrechnet werden. Die Vorschrift in § 301 Abs. 2 S. 3 mag zwar der Vereinfachung dienen, führt aber zu einer Inkonsistenz zwischen dem historischen Gegenwert und dem aktuellen Zeitwert, die durch die Aufrechnung mit den Rücklagen beseitigt werden kann. Entsprechendes gilt im Falle eines sukzessiven Beteiligungserwerbs bei der Gegenüberstellung der historischen Anschaffungskosten und den aktuellen Zeitwerten (→ § 301 Rn. 69). In DRS 23.113 wird vorgeschlagen, dass eine gesonderte Behandlung des aktiven Unterschiedsbetrags erforderlich ist, wenn ein Tochterunternehmen aufgrund eines Einbeziehungswahlrechts erst nach dem in § 301 Abs. 2 S. 1 genannten Zeitpunkt in den Konzernabschluss einbezogen wird und zwischen diesem und dem Zeitpunkt der erstmaligen Einbeziehung Verluste entstanden sind. In diesem Fall ist der im Erstkonsolidierungszeitpunkt aufgelaufene Verlust(-Vortrag), sofern er nicht mit den Konzerngewinnrücklagen verrechnet wird, dem Konzerngewinn- und -verlustvortrag zuzuordnen und nur der Restbetrag als Geschäfts- oder Firmenwert auszuweisen. Bei der Gründung eines Tochterunternehmens anfallende Gründungskosten (zB Kosten für die Beurkundung des Gesellschaftsvertrags und die Eintragung in das Handelsregister) sind im Jahresabschluss des Gesellschafters als Anschaffungsnebenkosten der Anteile zu erfassen (DRS 23.110).

7   **3. Bilanzieller Charakter des Firmenwertes.** Ein Geschäfts- oder Firmenwert gilt zwar gem. § 246 Abs. 1 S. 4 als Vermögensgegenstand und ist gem. § 266 Abs. 2 in dem gesetzlichen Gliederungsschema unter A. I. 3. gesondert als **immaterieller Vermögensgegenstand** auszuweisen, unabhängig davon, ob er aus einem Einzelabschluss oder aus einer Kapitalkonsolidierung resultiert. Dies entspricht der Tatsache, dass er wegen seiner Bezahlung im Kaufpreis eine **Investition** ist. Gleichwohl ist sein **bilanzieller Charakter** im deutschen Schrifttum strittig, weil er nicht einzeln veräußerbar ist. So wurde er als **Korrekturposten zum Eigenkapital** angesehen, weil er nach altem Recht beim Entstehen als Aufwand angesetzt (§ 255 Abs. 4 aF) oder mit den Konzernrücklagen verrechnet (§ 309 Abs. 1 S. 3 aF) werden durfte. Von manchen Autoren wurde er als **Bilanzierungshilfe** oder als Grenzfall zwischen Vermögensgegenstand und Bilanzierungshilfe angesehen,[4] von anderen salomonisch als **Wert eigener Art**[5] gekennzeichnet. Auch mit der neuen Vorschrift, nach der er als Vermögensgegenstand gilt, erscheint der Charakter als Vermögensgegenstand eher als Fiktion. In **IFRS 3.Appendix A** wird der Goodwill dagegen eindeutig als „an **asset**" bezeichnet.

8   **4. Zuordnung des Firmenwertes auf Geschäftsbereiche.** Die ökonomischen Vorteile, für die ein Firmenwert bezahlt wurde, können in dem erworbenen Unternehmen selbst, aber wenigstens zT auch in anderen Geschäftsbereichen des Konzerns, zB durch Kostenersparnisse oder zusätzliche Erträge, anfallen **(Synergien).** Dann sollte der Firmenwert denjenigen Geschäftsbereichen zugeordnet werden, denen er zu Gute kommt. Das gilt bereits dann, wenn das erworbene Unternehmen aus verschiedenen Geschäftsbereichen besteht. Ein solche **Zuordnung des Firmenwertes auf Geschäftsbereiche** wird zwar vom Gesetz nicht verlangt, widerspricht ihm aber auch nicht. Der DSR sieht in DRS 23.85 eine Zuordnung auf Geschäftsfelder offenbar nur dann vor, wenn das erworbene Unternehmen entsprechende Geschäftsfelder enthält. Aber auch bei einem Unternehmen ohne solche Geschäftsfeldstruktur können Synergien unterschiedlichen Bereichen des Konzerns zu Gute kommen. Unter Geschäftsfeldern dürften mindestens die in der Segmentberichterstattung ausgewiesenen Segmente gemeint sein, zulässig ist aber auch eine Zuordnung auf darunter liegende Berichtseinheiten. IAS 36.80 ff. verlangt eine solche **purchase price allocation** auf die **cash generating units** im Hinblick auf den Impairmenttest des Goodwills[6] (→ Rn. 24). Die Zuordnung zu Geschäftsbereichen erleichtert auch nach deutschem Recht eine differenzierte Abschreibung des Firmenwertes (DRS 23.121).[7] Die Zuordnung des

---

4   So etwa BeBiKo/Förschle/Hoffmann, 6. Aufl. 2006, Rn. 6; HdK/Weber/Zündorf Rn. 11.
5   ADS Rn. 13.
6   Haaker KoR 2005, 426 ff.; MüKoBilanzR/Kuhner/Hitz IAS 36 Rn. 116 ff.
7   Busse v. Colbe BB 2004, 2069; für eine Zuordnungspflicht: Beck HdR/Hachmeister/Beyer C 401 Rn. 129.

erworbenen Firmenwertes auf verschiedene Bereiche sollte nach deren Synergiepotentialen vorgenommen werden. Allerdings öffnet sich damit eine Möglichkeit der **Bilanzpolitik** insofern, als die Zuordnung des Firmenwertes Planungen und Erwartungen über die Höhe und Nutzung der Potentiale voraussetzt. Ungeklärt ist, ob bei der Zuordnung des erworbenen Goodwills auch negative Synergien für einzelne Bereiche des Konzerns, die zwar durch den erworbenen Goodwill insgesamt überkompensiert werden, berücksichtigt werden sollten, die für diese Bereiche zu einem **negativen Goodwill** führen.[8]

5. Ansatz latenter Steuern auf Bewertungsdifferenzen. Die nach der Neubewer- **9** tungsmethode vorzunehmende **erfolgsneutrale Zuordnung** der im Überschuss der Anschaffungskosten der Beteiligung über das anteilige Eigenkapital in der HB II des Tochterunternehmens enthaltenen **stillen Rücklagen,** ggf. abzüglich stiller Lasten, führt dazu, dass sie im Rahmen der Folge- oder Entkonsolidierung den zugrunde liegenden Vermögensgegenständen und Schulden entsprechend bei deren Gebrauch, Verbrauch oder Abgang das Konzernergebnis zusätzlich belasten, ohne die gewinnabhängigen Steuern zu mindern, die auf Basis des steuerpflichtigen Gewinns der einzelnen Konzernunternehmen ermittelt werden.

Um diese **Verzerrung** zu vermeiden, sind nach dem durch das BilMoG novellierten **10** § 306 gem. S. 1 auf die Differenzen zwischen den gem. § 301 anzusetzenden Zeitwerten und steuerlichen Wertansätzen der Vermögensgegenstände und Schulden, soweit sich diese Differenzen in späteren Geschäftsjahren voraussichtlich wieder abbauen, latente Steuern anzusetzen. Die Steuerabgrenzung wird in den **Folgeperioden** in dem Maße **erfolgswirksam aufgelöst,** wie die Verrechnung der nach den Zeitwerten zugeordneten stillen Rücklagen und Lasten das Konzernergebnis beeinflussen. Damit wird die Verzerrung der Verhältnisse zwischen Steuerlast und Ergebnis des Konzerns vermieden (→ § 301 Rn. 95 ff.). Diese Regelung entspricht **IAS 12.19.**

Die Bildung einer passivischen Steuerabgrenzung auf zugeordnete stille Rücklagen **11** im Rahmen der Erstkonsolidierung führt infolge dieses zusätzlichen Passivpostens dazu, dass der **Geschäftswert um den anteiligen Abgrenzungsbetrag höher** ist, als wenn die latente Steuerposition nicht gebildet worden wäre (→ § 301 Rn. 91).[9] Dadurch kann in Fällen, in denen die anteiligen stillen Rücklagen höher als der ursprüngliche Unterschiedsbetrag sind, ein Geschäftswert ausgewiesen werden. Auf den **Geschäftswert selbst** ist nach hM **keine Steuerabgrenzung** zu bilden, obgleich auch dessen Abschreibung in der Folgekonsolidierung steuerlich unwirksam ist. **IAS** 12.15 und 12.66 untersagen ausdrücklich die Bildung einer „deferred tax liability" für den Goodwill (→ § 301 Rn. 95).

III. Ermittlung des passivischen Unterschiedsbetrags

Auch der passivische Unterschiedsbetrag ist eine **Restgröße.** Sie entsteht im **12** **Erwerbszeitpunkt** insbesondere dann, wenn das anteilige Reinvermögen des Tochterunternehmens gem. HB II die Anschaffungskosten der Beteiligung überschreitet (→ § 301 Rn. 73 f.; IFRS 3.34 ff. [2008/2019]). Ein rational handelnder Erwerber einer Beteiligung zahlt dann weniger als den Betrag des anteiligen Reinvermögens, wenn er damit rechnet, dass der **Barwert** der ihm zufließenden künftigen Überschüsse geringer ist als das anteilige bilanzielle Reinvermögen. Dies kann daraus resultieren, dass der Erwerber davon ausgeht, **Fehlbeträge** oder eine **nicht marktübliche Verzinsung** des anteiligen Eigenkapitals in einzelnen künftigen Perioden hinnehmen zu müssen, die voraussichtlich nicht durch Überschüsse in anderen Perioden überkompensiert werden. Die Fehlbeträge oder besondere Aufwendungen mögen zT einzelnen Geschäftsbereichen und Perioden in der Planung des Beteiligungserwerbs zugeordnet werden können, ohne dass daraus schon Verbindlichkeiten resultieren, die in der HB II zu berücksichtigen wären. Sie können dann

---

[8]   Hierzu im Einzelnen Haaker KoR 2005, 433 ff.

[9]   Zahlenbeispiel bei IFRS-HdB/Theile/Pawelzik Rn. 3451.

bei ihrem Eintritt gegen den entsprechenden Teil des passivischen Unterschiedsbetrags aufgerechnet werden.

13   Nur ausnahmsweise dürfte ein passivischer Unterschiedsbetrag daraus herrühren, dass der Erwerber weniger als das anteilige Eigenkapital zahlt, aber schon bei Erwerb gleichwohl mit einer marktüblichen Rendite darauf rechnet. Dies wird dann als **lucky buy** bezeichnet. Eher tritt eine solche Situation allenfalls später ein, wenn sich herausstellt, dass die Fehlbeträge oder unzureichende Gewinne nicht in dem Maße hingenommen werden müssen, wie sie im Erwerbszeitpunkt erwartet wurden.

14   Ein passivischer Unterschiedsbetrag kann auch daraus resultieren, dass ein Tochterunternehmen zwischen den Zeitpunkten des Erwerbs und der späteren erstmaligen Einbeziehung gem. § 301 Abs. 2 S. 3 **Gewinne thesauriert** hat. In diesem Fall sollte der passive Unterschiedsbetrag, analog zu dem in → Rn. 6 behandelten Fall, den Konzernrücklagen zugeschlagen werden; denn wäre das Unternehmen seit seinem Erwerb konsolidiert worden, hätten die thesaurierten Gewinne die Konzernrücklagen erhöht. Hat sich der **Wechselkurs** zwischen Erwerb des Unternehmens und seiner erstmaligen Konsolidierung geändert, der für die **Umrechnung** der Bilanz eines ausländischen Tochterunternehmens verwendet wird, so kann auch daraus ein passivischer Unterschiedsbetrag entstehen. Ist zB die Währung des Mutterunternehmens in Relation zu der des ausländischen Tochterunternehmens im Wert gesunken, so entsteht bei Anwendung der Stichtagsumrechnung ein erfolgsneutraler Umrechnungsgewinn. Ferner kann ein passivischer Unterschiedsbetrag dann entstehen, wenn die Beteiligung durch **Tausch** gegen Hingabe eigener Anteile oder Vermögensgegenstände unter ihrem Marktpreis erworben wurde. Nach IFRS 3.37 (2008/2019) ist immer der Fair Value der hingegebenen Werte als Anschaffungskosten anzusetzen.

IV. Planmäßige Abschreibung des Firmenwertes (Abs. 1)

15   **1. Gesetzliche Regelung.** Für die planmäßige Abschreibung des Firmenwertes gelten gem. Abs. 1 S. 1 die **Regelungen für den Einzelabschluss.** Statt der Wahlrechte, wie der erfolgsneutralen Verrechnung mit Rücklagen nach § 309 aF, gilt nach der Gesetzesnovelle durch das BilMoG für Unternehmenserwerbe ab 2010 allein die planmäßige Abschreibung über die voraussichtliche Nutzungsdauer als Fortschreibungsmethode (→ Rn. 2). Für Firmenwerte aus früheren Unternehmenserwerben ist eine Verrechnung mit Rücklagen beizubehalten bzw. eine pauschale Abschreibung fortzuführen.[10] Im deutschen wie im europäischen Bilanzrecht sind **keine bestimmte, auch keine maximale voraussichtliche Nutzungsdauer** und keine **Abschreibungsmethode** vorgesehen.[11] Falls keine besonderen Gründe vorliegen, wird **linear** abgeschrieben. Steuerlich gilt für Geschäftswertabschreibungen im Einzelabschluss eine Nutzungsdauer von 15 Jahren bei gleichen Jahresbeträgen (§ 7 Abs. 1 S. 3 EStG). Die Methode kann auch für den Konzernabschluss angewendet werden, wenn sie der voraussichtlichen Nutzungsdauer entspricht. Zum Zeitpunkt der Erstkonsolidierung ist ein Abschreibungsplan zu erstellen, in dem sowohl die Abschreibungsmethode als auch die Nutzungsdauer festzulegen sind (DRS 23.115). Der Geschäfts- oder Firmenwert ist grundsätzlich linear abzuschreiben. Eine andere Abschreibungsmethode ist nur dann zulässig, wenn objektive Nachweise dafür vorliegen, dass diese Methode den Abnutzungsverlauf zutreffender widerspiegelt.

16   **2. Abschätzung der Nutzungsdauer.** Die Festlegung der Nutzungsdauer ist zwar subjektiv, aber doch nicht beliebig.[12] Sie hängt wesentlich davon ab, was zusätzlich zu den bilanzierten Vermögensgegenständen mit dem Kaufpreis bezahlt wurde. Beruht der Geschäftswert, wie zB bei einem noch vergleichsweise jungen, aber gleichwohl erfolgrei-

---

[10]   Gelhausen/Fey/Kämpfer Q Rn. 434 ff.
[11]   IDW WPg 1988, 622 (625), die als Maximum wie in den USA 40 Jahre ansieht; Kommission Rechnungswesen im Verband der Hochschullehrer für Betriebswirtschaft eV: Stellungnahme zur Umsetzung der 4. und 7. EG-Richtlinie (Bilanzrichtlinien-Gesetz) v. 17.9.1985, 27.
[12]   Wöhe StuW 1980, 98.

chen Software-Unternehmen, wesentlich auf der Qualität des Personals und ist dieses nicht durch besondere Verträge langfristig an das Unternehmen gebunden, wird man eine deutlich kürzere Nutzungsdauer annehmen müssen als beim Erwerb von geschützten Markennamen für gut eingeführte Produkte mit erheblichen Marktanteilen. Zwar kommt es auf die Bedingungen des Einzelfalles an, doch besteht auch dann ein erheblicher Spielraum bei der Abschätzung der Nutzungsdauer.[13] In der Praxis streut die Abschreibungsdauer aufgrund der voraussichtlichen wirtschaftlichen Nutzungsdauer des Firmenwertes zwischen 10 und 20 Jahren, in einzelnen Fällen darunter und darüber.[14] Mit dem BilMoG ist die Pflicht eingeführt worden, entsprechend § 285 Nr. 13 die Gründe anzugeben, die die Annahme einer betrieblichen Nutzungsdauer eines in der Konzernbilanz ausgewiesenen entgeltlich erworbenen Firmenwertes für den konkreten Zeitraum rechtfertigen (§ 314 Abs. 1 Nr. 20).

Nach § 253 Abs. 3 S. 3 und S. 4 ist der Goodwill **planmäßig** über seine voraussichtliche **17 Nutzungsdauer** von hilfsweise **10 Jahren abzuschreiben, wenn in Ausnahmefällen die voraussichtliche Nutzungsdauer nicht verlässlich geschätzt werden kann.** Die Werthaltigkeit bleibe nur selten über einen diese Methode unterliegenden Zeitraum erhalten. Die gleich bleibende Abschreibung sei anzuwenden, es sei denn, eine andere Methode spiegle den Abnutzungsverlauf besser wider. Eine spätere Änderung des Abschreibungsplans bedarf einer besonderen Begründung. Gem. DRS 23.123 sind die **Werthaltigkeit** und die verbleibende Restnutzungsdauer des Firmenwertes jedes Jahr **zu prüfen.** Gegebenenfalls ist eine außerplanmäßige Abschreibung vorzunehmen (→ Rn. 34).

Bis zu seiner Aufhebung 2004 hatte **IAS** 22.44–54 aF die Abschreibung (Amortisation) **18** des Firmenwertes sehr ausführlich geregelt. Danach war der Goodwill **systematisch über seine Nutzungsdauer,** die die beste, aber vorsichtige Schätzung des Zeitraums der künftigen wirtschaftlichen Vorteile reflektieren soll, zu amortisieren. Dafür bestand die Vermutung (rebuttable presumption), dass dieser Zeitraum **20 Jahre nicht überschreitet** (IAS 22.44, 22.49 und 22.51). Die Abschreibungsmethode hatte dem Verbrauch der erwarteten ökonomischen Vorteile zu entsprechen, die der Goodwill ausdrückt. Die Abschreibung war in **gleichen Jahresbeträgen** vorzunehmen, es sei denn, ein anderes Verfahren wäre zur Erfassung des Wertverzehrs besser geeignet (IAS 22.45). Sie war stets als **Aufwand** zu behandeln (IAS 22.46), eine erfolgsneutrale Verrechnung also nicht zulässig. Auch wenn der Goodwill sich nicht zu verändern scheint, ist seine Amortisation geboten, weil dann der derivative allmählich durch einen originären Goodwill ersetzt wird, der aber gem. IAS 38 nicht aktivierungsfähig war (IAS 22.47). Im Gegensatz dazu wurde 2004 mit IFRS 3.55 vorgeschrieben, dass der Goodwill nicht mehr planmäßig zu amortisieren, sondern nur regelmäßig einem Impairmenttest zu unterziehen ist. Gleichwohl können die in IAS 22.48 aF genannten Kriterien für die Abschätzung der Nutzungszeit für einen Konzernabschluss nach HGB nützlich sein, die sich in sehr ähnlicher Form in DRS 23.121 und in der Begründung des RegE BilMoG wiederfinden:[15]

Zur **Schätzung der Nutzungsdauer des Goodwill** sind insbesondere folgende Fak- **19** toren zu berücksichtigen:
– Die voraussichtliche Dauer der Existenz des erworbenen Unternehmens und seines Wirtschaftszweigs,
– **öffentlich** zugängliche **Informationen** über den **Charakter des Goodwill** in ähnlichen Unternehmen und Wirtschaftszweigen und deren wirtschaftliche Entwicklung,
– die Wirkungen der **wirtschaftlichen Überholung** der Produkte des Unternehmens und von Nachfrageänderungen,
– die **Übernahme von Schlüsselpersonen** des Unternehmens und die Möglichkeiten ihrer Ersetzung,
– das Niveau der Ausgaben zur Erhaltung der künftigen wirtschaftlichen Vorteile,

---

13   Busse v. Colbe/Ordelheide/Gebhardt/Pellens Konzernabschlüsse 5. Kap. IV. 2.1.
14   C&L KonzAbschl. Rn. 80.
15   Gelhausen/Fey/Kämpfer Q Rn. 410.

– Aktionen von existierenden und potentiellen **Wettbewerbern** sowie
– die voraussichtliche **Dauer** der **Kontrolle** über das erworbene Unternehmen sowie
  Regelungen und Verträge, die sich auf die Nutzungsdauer auswirken (ähnlich DRS
  23.121).

20   Wegen der mit dem Laufe der Zukunft zunehmenden Schwierigkeiten, die Synergie-
und andere ökonomische Vorteile abzuschätzen, gibt es nur in **seltenen Fällen** überzeugende Gründe, die **Abschreibungszeit über 20 Jahre** hinaus auszudehnen. Dann muss
jährlich festgestellt werden **(Impairmenttest),** ob der Restwert des Goodwill durch künftige wirtschaftliche Vorteile noch gerechtfertigt ist (IAS 22.50 und 22.56 aF). Daher ist,
wenn in Ausnahmefällen die voraussichtliche Nutzungsdauer des Geschäfts- oder Firmenwerts nicht verlässlich geschätzt werden kann, die planmäßige Abschreibung über einen
Zeitraum von zehn Jahren vorzunehmen (DRS 23.122).

21   Grundsätzlich unterläge der Firmenwert als Vermögensgegenstand dem Wertaufholungsgebot des § 253 Abs. 5 S. 1. In S. 2 dieser Vorschrift wird die Wertaufholung eines
entgeltlich erworbenen Firmenwertes ausdrücklich verboten. Das **Wertaufholungsverbot**
gilt iVm § 298 Abs. 1 auch für den Konzernabschluss. Mit dem Ersatz von IAS 22 durch
IFRS 3 ist eine Wertaufholung des Goodwills gem. IAS 36.124 generell verboten.

V. Außerplanmäßige Abschreibung

22   **1. Außerplanmäßige Abschreibung nach HGB.** Da der Firmenwert im Konzernabschluss gem. § 246 Abs. 1 S. 4 iVm § 298 Abs. 1 als Vermögensgegenstand gilt, unterliegt
er gem. § 253 Abs. 3 S. 5 iVm § 298 Abs. 1 der Pflicht zur außerplanmäßigen Abschreibung, wenn ihm am Abschlussstichtag dauernd ein niedrigerer als der fortgeführte
Anschaffungswert beizulegen ist. Zur Bestimmung des niedrigeren beizulegenden Wertes
dürfen originäre Bestandteile seines Wertes nicht berücksichtigt werden, weil originäre
Firmenwerte nicht aktivierungsfähig sind. Allerdings kann es bei der Prüfung, ob eine
außerordentliche Wertminderung des fortgeschriebenen Firmenwertes vorliegt, schwierig
werden, derivative von originären Anteilen zu trennen.[16] Dauernde Verminderungen des
Geschäftswertes unter dem fortgeführten Anschaffungswert resultieren aus einer Verringerung des Barwertes der erwarteten künftigen Gewinne unter den Betrag, der dem
ursprünglichen Abschreibungsplan zugrunde lag. Dafür können zB Änderungen der
Marktlage, Ausscheiden wichtigen Personals oder mangelnde Realisierung von Synergie-
potential ursächlich sein.[17] Eine außerplanmäßige Abschreibung ist auch dann vorzunehmen, wenn sich innerhalb des Bewertungszeitraums nach § 301 Abs. 2 S. 2 herausstellt,
dass der Barwert der ihm zugrunde liegenden künftigen Gewinne aus Kosteneinsparungen
oder zusätzlichen Erlösen nur für kürzere Zeit oder in geringerer Höhe zu erwarten ist
oder der Diskontierungssatz wegen höherer Risiken angehoben werden muss.[18]

23   Eine außerplanmäßige **Abschreibung der Beteiligung im Einzelabschluss** führt
nicht automatisch zu einer gleich hohen Abschreibung des Firmenwertes im Konzernabschluss, sondern nur insoweit zu einer außerplanmäßigen Abschreibung des Firmenwertes,
als sie dessen bisher vorgenommenen kumulierten planmäßigen Abschreibungen übersteigt.[19] Die Höhe der außerplanmäßigen Abschreibung ergibt sich aus dem Vergleich
des Buchwerts des am Abschlussstichtag ausgewiesenen Geschäfts- oder Firmenwerts eines
Tochterunternehmens mit dem zu diesem Zeitpunkt ermittelten beizulegenden Wert des
Geschäfts- oder Firmenwerts des Tochterunternehmens. Der beizulegende Wert des
Geschäfts- oder Firmenwerts errechnet sich konzeptionell anhand des folgenden Schemas
(nach DRS 23.128):

---

[16]   Gelhausen/Fey/Kämpfer Q Rn. 426 ff.
[17]   ADS Rn. 25.
[18]   Gelhausen/Fey/Kämpfer Q Rn. 419 f.
[19]   Gelhausen/Fey/Kämpfer Q Rn. 421.

beizulegender Zeitwert der Beteiligung des Mutterunternehmens am Tochterunternehmen ./. anteiliger beizulegender Zeitwert des Nettovermögens iSv § 301 Abs. 1 S. 2 des Tochterunternehmens = Beizulegender Wert des Geschäfts- oder Firmenwerts.

2. Impairmenttest nach IFRS 3/IAS 36. Mit der **Aufhebung der planmäßigen** 24 **Amortisierung des Goodwills** durch IFRS 3.55 wurde 2004 der mindestens einmal jährlich und bei Anzeichen für eine Wertminderung (IAS 36.7–17) auch jeweils durchzuführende Impairmenttest des Goodwills auf der Grundlage der einzelnen **„cash generating units"** (CGU) gem. IAS 36.65–108 eingeführt. In Deutschland gilt dies für die Mutterunternehmen, die wegen ihrer **Kapitalmarktorientierung** gem. der EU-Verordnung von 2002 ab 2005/2007 ihren Konzernabschluss nach IAS/IFRS aufstellen müssen oder es gem. § 315e freiwillig tun (→ Vor § 290 Rn. 14 f.). Für den Impairmenttest muss ein erworbener Goodwill den einzelnen CGU des Konzerns zugeordnet werden (IAS 36.80 ff.; → Rn. 7). Der Test besteht aus einem Vergleich des erzielbaren Betrages (recoverable amount) für die CGU mit dessen Buchwert einschließlich des zugeordneten Goodwillanteils. Als erzielbarer Betrag gilt das Maximum aus dem Fortführungswert (value in use) und dem erzielbaren Nettoerlös (fair value less costs to sell). Ist der erzielbare Betrag geringer als der Buchwert der CGU, liegt ein „impairment loss" vor. Der Goodwill ist entsprechend erfolgswirksam abzuschreiben.[20] Eine spätere **Wertaufholung,** wenn der erzielbare Betrag über den verringerten Buchwert gestiegen ist, ist allerdings **nicht zulässig** (IAS 36.124). Im Hinblick auf das Fair Value-Prinzip ist das freilich inkonsistent.

Falls das erworbene Unternehmen **Minderheiten** aufweist, muss im Rahmen des 25 Impairmenttests den einzelnen CGU der gesamte Goodwill einschließlich des auf die Minderheiten entfallenden Anteils zur Ermittlung ihres Buchwerts in einer Nebenrechnung zugeordnet werden, um einen sinnvollen Vergleich mit ihrem Value in use bzw. ihrem Fair Value zu ermöglichen. Diese Zuordnung des auf die Minderheiten entfallenden Goodwills geht aber so lange nicht in den Bilanzansatz ein, wie die Full Goodwill-Methode (→ § 307 Rn. 7) nicht angewendet wird.[21]

Die Aufgabe der planmäßigen Abschreibung des Goodwill und die Art der Bestimmung 26 der Wertminderung bedeutet insoweit eine Abkehr des IASB im Anschluss an den FASB (→ SFAS 141 und 142 von 2001) von bis dahin international anerkannten Grundsätzen der planmäßigen Abschreibung des Goodwills über die geschätzte Nutzungsdauer.[22] Diese Art des Impairmenttests impliziert, dass ggf. **Anteile an einem originären Goodwill** der einzelnen CGU bilanziert werden, die die Wertminderungen des erworbenen Goodwills ersetzen. Theoretisch mag dieses Verfahren dann überzeugend sein, wenn nicht schon im Erwerbszeitpunkt der Beteiligung mit einem Verzehr des Goodwills im Zeitablauf, zB durch Konkurrenzdruck, gerechnet wird. Es birgt jedoch die Gefahr der Informationsverzerrung durch Bilanzpolitik und **subjektiv geprägter Schätzungen** der künftigen Entwicklung der CGU mit sich.[23] Es bedeutet zugleich einen weiteren Schritt in Richtung der Bilanzierung zu Fair Values, die wegen der vermutlichen Erweiterung der Ermessensspielräume für den Bilanzierenden sehr kritisch gesehen wird.[24] Aber kritisch wird nicht nur die schwindende Objektivität der Bilanzierung und ihrer Nachprüfung durch den Abschlussprüfer gesehen, sondern auch die Eignung des Impairmenttestes für unternehmerische Entscheidung und Kontrolle. Ein ausgewiesener Impairment loss ist nicht eindeutig als Zeichen für eine Fehlinvestition zu deuten, wenn bei der Zuordnung des Goodwills auf die CGU Bilanzpolitik getrieben wurde oder zB die Bildung negativer Goodwillbeträge für einzelne

---

[20]   Aus der umfangreichen Lit. zu diesem Thema s. stellvertretend PFGS IntRechnungslegung Kap. 21.3.3.4.2; Küting/Wirth KoR 2004, 167 (177); Brücks/Wiederhold KoR 2004, 177 (185); KPMG Kap. C 5; Haaker KoR 2005, 426 (434).

[21]   Pellens/Sellhorn DB 2003, 405 ff.; PFGS IntRechnungslegung 21. Kap. 3.3.4.2; Küting/Wirth KoR 2005, 204.

[22]   Zur Entwicklung der Regelungen des FASB und des IASB s. Küting DB 2005, 2760; Focken, Die Bilanzierung des Goodwill nach SFAS 141/142, 2006, S. 10 ff.

[23]   Busse v. Colbe GS Ordelheide, 2004, 201 (217).

[24]   Ballwieser/Küting/Schildbach BFuP 2004, 529 (549); Küting DB 2005, 2765.

CGU wegen, wenn auch überkompensierter, negativer Synergien als nicht zulässig angesehen wird.[25]

27   Für die Konzernrechnungslegung nach **HGB** kommt eine außerplanmäßige Abschreibung nur neben der planmäßigen in Betracht. Für die Feststellung einer Wertminderung des fortgeführten Buchwerts eines einer CGU zugeordneten Firmenwertes oder eines Teil von ihm darf aber ein anteiliger originärer Firmenwert nicht gegengerechnet werden. Originäre Firmenwerte sind nicht aktivierungsfähig. Zudem würde es sich um einen Verstoß gegen den Einzelbewertungsgrundsatz (§ 252 Abs. 1 iVm § 298 Abs. 1) und das Saldierungsverbot (§ 246 Abs. 2 S. 1 iVm § 298 Abs. 1) handeln.[26] Daher ist IAS 36 zumindest nicht unmittelbar anwendbar. Die Feststellung einer Wertminderung des Goodwills ist allerdings auch dann stark subjektiv beeinflusst und nur im Rahmen von **Ermessensspielräumen** möglich. Freilich verringert die planmäßige Abschreibung des Firmenwertes die Notwendigkeit einer weiteren Wertkorrektur durch eine außerplanmäßige.

VI. Auflösung eines passivischen Unterschiedsbetrags (Abs. 2)

28   **1. Eintritt der erwarteten ungünstigen Entwicklung der Ertragslage.** Wurden im Preis für den Erwerb eines Tochterunternehmens seine voraussichtlich ungünstige Ergebnisentwicklung, zB wegen steigender Faktorpreise oder sinkender Umsätze oder künftiger Aufwendungen, zB infolge von Prozess-, Kredit-, Produkthaftungsrisiken oder für die Beseitigung noch ungewisser Umweltschäden, berücksichtigt, die sich in der Zeitwertbilanz des Unternehmens noch nicht niedergeschlagen haben, und führt dies zu einem passivischen Unterschiedsbetrag, so hat er aus Konzernsicht den **Charakter einer Rückstellung für drohende Verluste** (→ § 301 Rn. 77).[27] Sie wurde allerdings im Unterschied zu anderen Rückstellungen iSv § 249 **erfolgsneutral** gebildet. Ein passiver Unterschiedsbetrag kann bei wirtschaftlicher Betrachtungsweise Eigen- oder Fremdkapitalcharakter haben. In bestimmten Ausnahmefällen kann sich ein passiver Unterschiedsbetrag auch nur aus der Konsolidierungstechnik und damit als technischer passiver Unterschiedsbetrag ergeben.

29   Bis zum BiLRUG 2015 war der negative Unterschiedsbetrag nur in zwei Fällen ergebniswirksam auflösbar, wenn die für die Entstehung des Unterschiedsbetrags ursächlichen negativen Erwartungen eintreten (beispielsweise ein Sozialplan zur Umstrukturierung notwendig wird) oder der Unterschiedsbetrag einem realisierten Gewinn entspricht. Nach geltendem Recht ist eine Übertragung bzw. Auflösung immer dann möglich, wenn die ergebniswirksame Vereinnahmung den allgemeinen Bewertungsgrundsätzen und -methoden entspricht. Die deutsche Regelung beruht insoweit auf Art. 24 Abs. 3 lit. f Bilanz-RL. Inhaltlich brachte die Änderung in § 309 Abs. 2 mehr Flexibilität für die Konzernrechnungslegung. Wenn in den Folgeperioden die **erwartete** ungünstige **Entwicklung** der Ergebnisse oder die erwarteten **Aufwendungen eintreten,** ist der passivische Unterschiedsbetrag in entsprechendem Maße ertragsteigernd aufzulösen **(DRS 23.145 f.; Auflösungsgebot).** Insoweit werden die Ergebnisminderungen kompensiert. In Abs. 2 heißt es zwar, dass der Unterschiedsbetrag dann aufgelöst werden „kann", soweit dies den Grundsätzen der §§ 297, 298 „in Verbindung mit den Vorschriften des Ersten Abschnittes entspricht", doch besteht in der Literatur **kein Zweifel** daran, dass er **aufgelöst werden muss,** also kein Wahlrecht besteht, ihn beizubehalten,[28] wenn die Gründe für sein Entstehen entfallen sind. Der Hinweis auf § 297 bezieht sich wohl vor allem auf dessen Abs. 2 mit der Forderung, dass der Konzernabschluss klar und übersichtlich aufzustellen ist und unter Beachtung der GoB ein den tatsächlichen Verhältnissen entsprechendes Bild der Lage des Konzerns zu vermitteln hat. Der Verweis auf § 298 betrifft

---

25   Haaker KoR 2005, 428 ff.
26   Gelhausen/Fey/Kämpfer Q Rn. 423.
27   ADS Rn. 79; HdK/Weber/Zündorf Rn. 83.
28   Ordelheide WPg 1984, 244; Busse v. Colbe ZfbF 1985, 773; Busse v. Colbe/Ordelheide/Gebhardt/
      Pellens Konzernabschlüsse 5. Kap. IV. 4; ADS Rn. 71; BeBiKo/Störk/Roland Rn. 27, 29.

wohl insbesondere dessen Abs. 1, der sich auf die Anwendung der allgemeinen Bilanzierungsvorschriften der §§ 256a ff. auf den Konzernabschluss bezieht. Nach DRS 23.143 ist ein passiver Unterschiedsbetrag mit Fremdkapitalcharakter in den folgenden Geschäftsjahren in dem Ausmaß, in dem er auf erwarteten künftigen Aufwendungen oder Verlusten im Zusammenhang mit dem erworbenen Unternehmen beruht, bei Anfall dieser Aufwendungen oder Verluste ergebniswirksam aufzulösen. Sofern sich im Zeitablauf zweifelsfrei herausstellt, dass die erwarteten künftigen Aufwendungen oder Verluste wider Erwarten nicht mehr eintreten werden, ist der passive Unterschiedsbetrag insoweit aufzulösen. Soweit der passive Unterschiedsbetrag auf einem günstigen Gelegenheitskauf beruht, ist er planmäßig über die gewichtete durchschnittliche Restnutzungsdauer der erworbenen abnutzbaren Vermögensgegenstände zu vereinnahmen (DRS 23.145).

Für eine dem Eintritt der Erwartungen der ungünstigen Entwicklung entsprechende **30** Auflösung des passivischen Unterschiedsbetrages ist es erforderlich, diese **Erwartungen im Erwerbszeitpunkt** oder dem Zeitpunkt der erstmaligen Einbeziehung quantitativ im Einzelnen zu **dokumentieren,** dh den Unterschiedsbetrag nach erwarteten Aufwandsbeträgen und allgemeinen Ergebnisminderungen, differenziert nach Zeiträumen, aufzuschlüsseln. Für einzelne Aufwandsarten mag dies mit hinreichender Sicherheit möglich, für den Rest des Unterschiedsbetrages nur unter größerer Unsicherheit durchführbar sein. Bilanzpolitik lässt sich bei der Auflösung nicht ausschließen. Eine von vornherein **schematische Auflösung** analog zur linearen Abschreibung des Firmenwertes ist mit dem Sinn der Vorschrift des Abs. 2 nur dann vereinbar, wenn der passivische Unterschiedsbetrag allein auf einer für eine Anzahl von Jahren veranschlagten, unterhalb der Marktrendite liegenden Verzinsung des eingesetzten Kapitals beruht.[29] Die aufgelösten Beträge sind in der **Konzern-GuV** unter den **sonstigen betrieblichen Erträgen** oder als **Sonderposten** auszuweisen, wenn sie Aufwendungen oder Mindererträge der gewöhnlichen Geschäftstätigkeit kompensieren, und nur als außerordentlicher Ertrag, wenn auch der Aufwand außerordentlich ist.[30]

2. Feststellung einer Vermehrung des Eigenkapitals. In Abs. 2 Nr. 2 aF hieß es **31** zwar, dass der passivische Unterschiedsbetrag auch „ergebniswirksam" aufgelöst werden „darf", wenn „am Abschlussstichtag feststeht, dass er einem realisierten Gewinn entspricht". **Realisiert** iSv § 252 Abs. 1 Nr. 4 ist ein Gewinn nach hM entweder dann, wenn durch einen Umsatzakt am Markt ein Erlös erzielt worden ist, der die Anschaffungs- oder Selbstkosten eines Vermögensgegenstandes oder einer Dienstleistung übersteigt, oder eine Verbindlichkeit zu einem niedrigeren Betrag getilgt wird, als für ihre Entstehung passiviert wurde. Zu prüfen ist auch nach der Neufassung der Regelung, unter welchen Umständen ein solcher Vorgang iSv Abs. 2 und den dort in Bezug genommenen allgemeinen Grundsätzen vorliegt und ob er dann erfolgswirksam oder erfolgsneutral zu behandeln ist. Liegt er vor, so besteht iSd GoB ein **Auflösungsgebot.**

Ist mit hinreichender Sicherheit damit zu rechnen, dass die im Erwerbs- oder Erstkonso- **32** lidierungszeitpunkt erwartete **ungünstige Ergebnisentwicklung** oder die in der HB II nicht passivierten **künftigen Aufwendungen,** die im Erwerbspreis berücksichtigt wurden (→ Rn. 12), nicht oder nur in weit geringerem Maße als erwartet eintreten, so ist der passivische **Unterschiedsbetrag insoweit aufzulösen.**[31] Strittig ist allerdings, ob dies gem. Abs. 2 erfolgswirksam oder aber erfolgsneutral erfolgen soll. Eine **ergebniswirksame** Auflösung wird bei dieser Sachlage für zulässig oder sogar für geboten[32] gehalten, zT bisher aber einschränkend nur dann, wenn der Ertragswert des Tochterunternehmens dessen Reinvermögen gem. Konzernbilanz nicht unterschreitet. In diesem Fall habe der Konzern bei Erwerb der Beteiligung einen Gewinn erwirtschaftet.

---

29   ADS Rn. 72; BeBiKo/Störk/Roland Rn. 28.
30   ADS Rn. 95–97.
31   ADS Rn. 74; BeBiKo/Störk/Roland Rn. 27.
32   Ordelheide WPg 1987, 311.

33   Für eine **erfolgsneutrale Umgliederung in Rücklagen** spricht hingegen, dass bei günstigen Einkäufen von einzelnen Vermögensgegenständen sonst kein Gewinn als realisiert gilt, sondern erst bei ihrer Veräußerung an Dritte. Zudem ist der passivische Unterschiedsbetrag erfolgsneutral gebildet worden, was eine entsprechende Behandlung bei seiner Auflösung nahe legt. So geht die überwiegende Meinung von einer erfolgsneutralen Umgliederung aus, die im Anhang zu erläutern ist.[33] Allerdings gehen die Meinungen darüber auseinander, ob der Unterschiedsbetrag in die Gewinnrücklagen[34] oder in die Kapitalrücklagen oder einen Sonderposten des Eigenkapitals[35] eingestellt werden soll. Bei strenger Auslegung des Realisationsprinzips sollte der passivische Unterschiedsbetrag erst erfolgswirksam aufgelöst werden, wenn die Anteile veräußert werden.[36] Hier wird die Meinung vertreten, dass der passivische Unterschiedsbetrag **erfolgsneutral** ins Eigenkapital **umgegliedert** werden sollte, wenn die oben genannten **Gründe** für seine Entstehung mit hinreichender Sicherheit **entfallen** sind. Jedoch muss eine **erfolgswirksame Auflösung** schon dann nach dem Wortsinn des Gesetzes auch als **zulässig** angesehen werden.

34   In → Rn. 14 wurde als eine Ursache für die Entstehung eines passivischen Unterschiedsbetrages der Fall erwähnt, dass ein Tochterunternehmen in der **Zeit zwischen Erwerb und erstmaliger Einbeziehung** (§ 301 Abs. 2 S. 3) **Gewinne thesauriert** hat und die Beteiligung bis dahin zu Anschaffungskosten geführt hat. Dann hat der Unterschiedsbetrag den Charakter einer Gewinnrücklage. Sie wäre unter sonst gleichen Umständen auch entstanden, wenn die Beteiligung auf den Erwerbszeitpunkt konsolidiert worden wäre. Sie sollte **erfolgsneutral** in die **Gewinnrücklagen** umgegliedert werden.[37] Im Rahmen der Entkonsolidierung müsste sie dann erfolgswirksam werden. Allerdings erscheint auch eine sofortige **erfolgswirksame** Behandlung als **außerordentlicher Ertrag** mit der Begründung zulässig oder sogar präferabel, dass die thesaurierten Gewinne bereits während der Zugehörigkeit zum Konzern erzielt, aber bis zur späteren Erstkonsolidierung in der Konzernrechnung nicht erfasst worden sind.[38] Das **Kongruenzprinzip** spricht für diese Lösung.

35   Ein ähnlicher, auch in → Rn. 14 bereits erwähnter Fall liegt dann vor, wenn der passivische Unterschiedsbetrag aus **Wechselkursänderungen** zwischen Erwerbs- und Erstkonsolidierungszeitpunkt resultiert. Dann repräsentiert der Unterschiedsbetrag eine **bilanzielle Umrechnungsdifferenz** (→ § 301 Rn. 178). Sie ist eine Eigenkapitalmehrung. Daher sollte sie der Umrechnungsmethode entsprechend erfolgsneutral oder erfolgswirksam behandelt werden, die auf den Jahresabschluss des Tochterunternehmens für die Erstkonsolidierung angewendet wird. Bei Anwendung der **erfolgsneutralen** Umrechnung nach der **Stichtagsmethode** kann der aus einer Abwertung der Konzernwährung entstandene passivische Unterschiedsbetrag mit der bilanziellen Umrechnungsdifferenz erfolgsneutral zusammengefasst werden. Die Umrechnungsdifferenz wird erst bei Verkauf oder Liquidation des Tochterunternehmens erfolgswirksam.

36   Bei Erwerb eines Tochterunternehmens im **Tausch** gegen **eigene Aktien** aus einer Kapitalerhöhung (→ Rn. 9) resultiert ein passivischer Unterschiedsbetrag, wenn die Beteiligung im Einzelabschluss zu einem Betrag eingebucht wird, der unter deren Marktwert und unter dem anteiligen bilanziellen Reinvermögen des Tochterunternehmens gem. HB II liegt, im Extremfall zum Nennwert der hingegebenen Anteile. Nach hM ist dies zulässig.[39] Der passivische Unterschiedsbetrag entspricht dann den stillen Rücklagen in Höhe des Überschusses des anteiligen bilanziellen Eigenkapitals über den Beteiligungsansatz. Bei einer

---

[33]   ADS Rn. 74; HdK/Weber/Zündorf Rn. 87.
[34]   ADS Rn. 92.
[35]   HdK/Weber/Zündorf Rn. 87.
[36]   IDW WPg 1988, 624; ADS Rn. 76; BeBiKo/Störk/Roland Rn. 35.
[37]   ADS Rn. 68; BeBiKo/Störk/Roland Rn. 35; aA Scherrer Konzernrechnungslegung 5. Teil B. IV. 2c, der eine Umgliederung in die Kapitalrücklagen empfiehlt oder mit Hinweis auf den Bezug auf den Stichtag der Erstkonsolidierung ablehnt.
[38]   BeBiKo/Störk/Roland Rn. 35.
[39]   BeBiKo/Schubert/Gadek § 255 Rn. 39 ff.

höheren Einbuchung der hingegebenen Anteile wären entsprechend zusätzliche Kapital-rücklagen in der Bilanz des Mutterunternehmens und damit auch in der Konzernbilanz entstanden. Daher ist es gerechtfertigt, in einem solchen Fall den passivischen Unterschieds-betrag den **Kapitalrücklagen** zuzuordnen und die Behandlung im Anhang zu erläutern. Werden **Vermögensgegenstände,** die **stille Rücklagen** enthalten, im Tausch gegen die Anteile des Tochterunternehmens hingegeben, so entspricht der passivische Unterschieds-betrag zumindest einem Teil dieser stillen Rücklagen. Er sollte sofort erfolgswirksam[40] oder zunächst erfolgsneutral[41] den Gewinnrücklagen zugeordnet werden.

3. Behandlung des passivischen Unterschiedsbetrags nach IFRS 3.34. Nach 37 IFRS 3.34 (2008/2019) entsteht ein passivischer Unterschiedsbetrag in Höhe des Betrages, um den die anteiligen beizulegenden Werte (fair values) der einzelnen identifizierbaren assets und liabilities im Zeitpunkt des Beteiligungserwerbs die Anschaffungskosten der Beteiligung überschreiten („Excess"). Die Auflösung dieses negativen Goodwills ist im Unterschied zu § 309 Abs. 2 und in Abkehr vom früheren IAS 22.59 ff. wie folgt geregelt:[42]

Im **ersten Schritt** sind die Fair Values der identifizierbaren Vermögenswerte und Ver- 38 bindlichkeiten des erworbenen Unternehmens sowie der hingegebenen Werte auf ihre korrekte Höhe zu **überprüfen (IFRS 3.36).** In der Praxis mögen sich dabei insbesondere bei den immateriellen Werten Ermessensspielräume ergeben, vor allem dann, wenn sie vom erworbenen Unternehmen nicht bilanziert worden waren. Wenn dann doch noch ein passi-vischer Unterschiedsbetrag verbleibt, ist dieser gem. IFRS 3.34 im **zweiten Schritt** in voller Höhe zum Erwerbszeit **erfolgswirksam** zu vereinnahmen.

VII. Ausweis des Firmenwertes

Eine gesetzliche Regelung für den Ausweis des Geschäftswertes existiert nicht. Auf- 39 grund der Gleichartigkeit der Inhalte können alle Geschäftswerte aus der Konsolidierung und aus den Einzelabschlüssen in **einer Position** gem. § 266 Abs. 1 unter A. I. 3. zusam-mengefasst werden. Hilfreich ist eine Trennung der Geschäftswerte im Anhang, zB nach Geschäftswerten aus
– Einzelbilanzen,
– Vollkonsolidierung,
– Quotenkonsolidierung und
– Equity-Bewertung.[43]

Wird der Geschäftswert **abgeschrieben,** so ist ein vorheriger Ausweis als **Zugang im** 40 **Anlagespiegel/Anlagengitter** zwingend. Sobald der Geschäftswert voll abgeschrieben ist, wird er als **Abgang** aus den Bruttoanschaffungskosten und aus den kumulierten Abschrei-bungen herausgenommen, auch wenn es einen Abgang eines abgeschriebenen Geschäfts-wertes im physischen Sinne nicht gibt. Damit wird berücksichtigt, dass der mit der Beteili-gung erworbene Geschäftswert nicht mehr vorhanden ist.

VIII. Entkonsolidierung

1. Entkonsolidierung des Firmenwerts. Für die Entkonsolidierung enthält das 41 Gesetz keine Regelungen. Soweit der **Firmenwert noch nicht** durch Abschreibung **auf-wandswirksam** geworden ist, ist er für die Ermittlung des Konzernergebnisses bei der Entkonsolidierung dem Erlös aus dem Verkauf der Anteile gegenüberzustellen (→ § 301 Rn. 125). Um die abgeschriebenen Teile des Firmenwertes ist das Ergebnis aus seinem Abgang im Konzern- höher als im Einzelabschluss, soweit die Beteiligung nicht im Einzelab-schluss außerplanmäßig abgeschrieben wurde.

---

[40] BeBiKo/Störk/Roland Rn. 35.
[41] ADS Rn. 78.
[42] Im Einzelnen s. Qin, Bilanzierung des Excess nach IFRS 3, 2005, S. 31 ff.
[43] Weber/Zündorf DB 1989, 339.

42   **2. Entkonsolidierung eines passivischen Unterschiedsbetrags.** Im Rahmen der
Entkonsolidierung ist ein passivischer Unterschiedsbetrag **analog zu einem Firmenwert**
zu behandeln (→ Rn. 41). Auch für die Entkonsolidierung dieses Unterschiedsbetrags gibt
es keine gesetzliche Regelung, aber auch kaum Literatur. Soweit der passivische Unterschiedsbetrag **noch nicht** zur Kompensation von **erwarteten Ergebnisminderungen**
oder **von Aufwandsbeträgen ertragswirksam** geworden ist, ist er zur Ermittlung des
Konzernergebnisses dem Erlös aus dem Verkauf der Anteile hinzuzufügen.[44]

43   Soweit ein passivischer Unterschiedsbetrag **erfolgsneutral** den **Rücklagen zugeordnet** worden ist, sollte er im Rahmen der Entkonsolidierung zur Ermittlung des Konzernergebnisses **erfolgserhöhend** den Rücklagen entnommen werden. Auf diese Weise würde
das Kongruenzprinzip bei der Entkonsolidierung in analoger Weise gewahrt wie mit der
erfolgsmindernden Behandlung des nach § 309 Abs. 1 aF ursprünglich neutral verrechneten
Firmenwertes. Andernfalls würde zB im Falle der erfolgsneutralen Zuordnung eines passivischen Unterschiedsbetrages zu den Rücklagen wegen Fortfalls erwarteter und im Kaufpreis
berücksichtigter Ergebnisminderungen ein mit Verkauf der Beteiligung realisierter entsprechender Gewinn zwar im Einzelabschluss, aber zu keinem Zeitpunkt im Konzernabschluss
ausgewiesen werden.

44   **3. Verkauf von Anteilen an weiterhin konsolidierte Tochterunternehmen.**
Nach hM ist bei einem nur teilweisen Verkauf von Anteilen unter Aufrechterhaltung der
Kontrollmacht nach § 290 eine Entkonsolidierung wie bei einem Verkauf unter deren Aufgabe vorzunehmen (→ § 301 Rn. 114 f.). Das entspricht der Interessen-, widerspricht aber
der **Einheitstheorie,** nach der der Konzernabschluss nach HGB und auch nach den IFRS
konzipiert ist. Bei Aufrechterhaltung der Kontrollmacht gehen mit dem Verkauf von Anteilen keine Vermögensgegenstände und Schulden des Konzerns ab. Der **Firmenwert** bleibt
gleichfalls **unberührt.** Der Anteil der Minderheiten am Nettovermögen des Tochterunternehmens steigt. Dementsprechend muss dem passivischen Ausgleichsposten ein höherer
Anteil des Nettovermögens zugerechnet werden (→ § 307 Rn. 16). Das schließt auch den
Anteil an einem aktivierten Firmenwert ein. Der **Anteil** geht vom Mehrheitsgesellschafter
auf die **Minderheiten** über. Er ist durch den früheren Erwerb pagatorisch belegt. Damit
widerspricht seine Zurechnung auf die Minderheiten nicht dem sonst für die Erstkonsolidierung geltenden Verbot einer Hochrechnung des Firmenwertes, zumindest solange nicht die
Full Goodwill Methode eingeführt ist. Zurechnungsprobleme entstehen allerdings dann,
wenn ein Firmenwert im Rahmen der Erstkonsolidierung verschiedenen Geschäftseinheiten
zugeordnet wurde (→ Rn. 8).

IX. Behandlung eines Unterschiedsbetrags bei Eigenkapitalbeschaffung über ein konsolidiertes Tochterunternehmen

45   **1. Problemstellung.** In einer zunehmenden Zahl von Fällen beschaffen sich Konzernleitungen zusätzliches Eigenkapital für den Konzern nicht durch eine Kapitalerhöhung des
Mutterunternehmens, sondern über ein konsolidiertes Tochterunternehmen, indem eine
Beteiligungstranche veräußert oder das **Eigenkapital des Tochterunternehmens**
durch eine Beteiligung von Dritten **erhöht** wird. Häufig wird im ersten Fall eine Minderheit
des gezeichneten Kapitals des Tochterunternehmens an die Börse gebracht, das Mutter-
Tochter-Verhältnis und damit die **Vollkonsolidierung** zumindest für einige Jahre aber
aufrechterhalten. Auch von einer Eigenkapitalerhöhung bleibt das **Konzernverhältnis**
solange **unberührt,** als die Konsolidierungspflicht aufgrund von § 294 weiterhin besteht.

46   Bei Verkauf einer Minderheitstranche wird gewöhnlich ein Erlös erzielt, der weit –
mitunter sehr weit – über dem anteiligen Eigenkapital liegt. Dieser Überschuss ist der
Gegenwert für **anteilige stille Rücklagen** und einen anteiligen **Firmenwert.** Entsprechendes gilt für eine Eigenkapitalerhöhung, wenn über das anteilige Eigenkapital der emit-

---

[44]   Busse v. Colbe/Seeberg, Vereinbarkeit internationaler Konzernrechnungslegung mit handelsrechtlichen
Grundsätzen, 2. Aufl. 1999, ZfbF-Sonderheft 43, Rn. 2.9.

tierten Anteile hinaus ein **Emissionsagio** erzielt wird. Der **Überschuss** im ersten Fall und der **Teil des Agios**, der dem Altkonzern zuzurechnen ist, sind im Falle der Abgabe von Anteilen ein **Pendant zum Unterschiedsbetrag bei Erwerb von Anteilen**. In der Literatur ist jedoch **strittig**, ob diese Unterschiedsbeträge im Konzernabschluss als **Gewinn oder erfolgsneutral als Kapitalerhöhung** behandelt werden sollten (→ § 301 Rn. 114 ff.). Im Gesetz ist die Frage bisher nicht geregelt. Mit der Revision des IAS 27 von 2008 war bereits in IAS 27.30/31 die Behandlung als erfolgsneutrale Kapitalmaßnahme vorgeschrieben, wie sie seit 2011 nach IFRS 10.B96 gilt.[45] Zu ihrer Beurteilung muss auf die allgemeinen Grundsätze für die Aufstellung des Konzernabschlusses, insbesondere auf die **Fiktion der rechtlichen Einheit** (→ Vor § 290 Rn. 47), zurückgegriffen werden. Sie gilt ausdrücklich gem. § 297 Abs. 3 für Inhalt und Form des Konzernabschlusses und zeigt sich auch in der Ausweisvorschrift des § 307 für Anteile anderer Gesellschafter als Teil des Eigenkapitals des Konzerns.

2. Veräußerung einer Minderheitsbeteiligung an einem konsolidierten Toch-   **47** **terunternehmen.** Zur Vereinfachung sei zunächst unterstellt, dass ein bisher rechtlich unselbstständiger Geschäftsbereich des Mutterunternehmens im ersten Schritt zu Buchwerten in eine AG eingebracht wird, an der es **allein beteiligt** ist. In einem zweiten Schritt werden zB 20 % des gezeichneten Kapitals (100 Mio. EUR) an der Börse eingeführt (initial public offering: IPO). Der Emissionsnettoerlös liegt mit zB 100 Mio. EUR um 60 Mio. EUR über dem anteiligen Eigenkapital von 40 Mio. EUR des Tochterunternehmens. Im Einzelabschluss des Mutterunternehmens ergibt sich damit ein Ertrag von 60 Mio. EUR.

Nach noch hM wird der Ertrag des Mutterunternehmens aus der Veräußerung der   **48** Anteile in den Konzernabschluss als **Ergebnisbestandteil** übernommen (DRS 23.176 f.), im obigen einfachen Beispiel unverändert. Falls Anteile eines erworbenen Tochterunternehmens veräußert werden, für das noch ein **Firmenwert aus der Kapitalkonsolidierung** und noch nicht aufgelöste **stille Rücklagen** oder Lasten aus der Erstkonsolidierung in der Konzernbilanz vorhanden sind, ist der Emissionsertrag des Mutterunternehmens für den Konzernabschluss entsprechend **anzupassen**.[46] Der von den neuen anderen Gesellschaftern gezahlte Mehrbetrag sei auch im Konzernabschluss zwingend als Ertrag zu vereinnahmen, weil es sich aus Konzernsicht um einen Veräußerungsgewinn handele.[47]

Dem steht die Meinung gegenüber, dass die Veräußerung der Anteile an dem weiterhin   **49** konsolidierten Tochterunternehmen **konzernergebnisneutral** sei. Die Transaktion sei als **Kapitalerhöhung** mit Aufgeld zu behandeln, das in die Kapitalrücklage einzustellen sei.[48] Im Ergebnis wird hier der **zweiten Meinung gefolgt**. Die Abgabe einer Minderheitsbeteiligung bei Aufrechterhaltung der Vollkonsolidierung erfordert keine erfolgswirksame Entkonsolidierung,[49] wie sie unter → § 301 Rn. 118 ff. erörtert wurde. Die Konsolidierung nach den Vorschriften des HGB basiert – wie in → Rn. 46 erwähnt – auf dem **Einheitsgrundsatz** (→ § 297 Rn. 55 ff.), nicht auf der Interessentheorie, nach der der Konzernabschluss aus Sicht der Anteilseigner des Mutterunternehmens entwickelt wird.

Nach dem Einheitsgrundsatz entsteht aus Transaktionen zwischen Gesellschaften und   **50** Gesellschaftern der einbezogenen Konzernunternehmen keine Ergebniswirkung für den Konzern; Ergebnisse können erst aus Transaktionen im Verkehr mit nicht konsolidierten Rechtsträgern resultieren. Folglich ist der Überschuss (im Beispiel 60 Mio. EUR) des Emissionserlöses (100 Mio. EUR) über das anteilige Eigenkapital (40 Mio. EUR) der abgegebenen Anteile des Tochterunternehmens erfolgsneutral als Kapitalzuführung zu vereinnahmen. Er ist den Kapitalrücklagen zuzuweisen. Der Betrag ist der Preis dafür, dass die neuen anderen Gesellschafter an den stillen Rücklagen und dem originären Firmenwert des Konzerns als Einheit partizipieren.

---

[45]   Busse v. Colbe/Ordelheide/Gebhardt/Pellens Konzernabschlüsse 5. Kap. X. 2.2.
[46]   ADS § 301 Rn. 187–189.
[47]   ADS § 301 Rn. 192.
[48]   HdK/Dusemond/Weber/Zündorf § 301 Rn. 210; BeBiKo/Störk/Deubert § 301 Rn. 235.
[49]   AA Baetge FS Moxter, 1994, 542.

51   Wendet man auf die Abgabe der Anteile analog zu ihrem Erwerb die **Neubewertungs-methode** an, so wird das für die stillen Rücklagen deutlich. Nimmt man für das Beispiel in → Rn. 47 an, dass die stillen Rücklagen des Tochterunternehmens 75 Mio. EUR betragen, so entfallen 20 % (15 Mio. EUR) davon auf die neue Minderheit. Der Bilanzansatz nach der bisher üblichen Buchwertmethode erhöhte sich für sie von 40 Mio. EUR auf 55 Mio. EUR. Die Konzernrücklagen sind dann außer um den Überschuss von 60 Mio. EUR um weitere (75–15 =) 60 Mio. EUR anteilige stille Rücklagen höher, die infolge der Neubewertung auf das Mutterunternehmen entfallen.

52   **3. Kapitalerhöhung eines konsolidierten Tochterunternehmens durch Einlagen einer neuen Minderheit.** Wie im Beispiel (→ Rn. 47) unterstellt, sei ein konsolidiertes Tochterunternehmen im alleinigen Besitz des Mutterunternehmens. Das neue Eigenkapital werde aber nicht durch Verkauf einer Beteiligungstranche durch das Mutterunternehmen, sondern durch eine Kapitalerhöhung um zB 25 % des gezeichneten Kapitals (100 Mio. EUR) durch das Tochterunternehmen ohne Beteiligung des Mutterunternehmens beschafft. Sein Anteil sinkt auf 80 %. Der Anteil der neuen anderen Gesellschafter beträgt mithin 20 % des neuen Nennkapitals (125 Mio. EUR), absolut 25 Mio. EUR. Das Agio möge 75 Mio. EUR betragen. Dem Tochterunternehmen sind mithin 100 Mio. EUR neues Eigenkapital zugeflossen. Unterstellt, es habe vorher bereits 100 Mio. EUR Kapitalrücklagen ausgewiesen, so beläuft sich das neue Eigenkapital auf 300 Mio. EUR. Davon entfallen im Konzernabschluss 20 % (60 Mio. EUR) auf die neuen Minderheiten und 80 %, also 240 Mio. EUR, auf das Mutterunternehmen. Den Anteilseignern des Mutterunternehmens werden mithin 40 Mio. EUR aus der Kapitalerhöhung zugerechnet. Auch in diesem Fall sind die Meinungen darüber geteilt, wie dieser Zurechnungsbetrag zu behandeln ist.

53   Nach der einen Auffassung ist der **Zurechnungsbetrag** das Ergebnis einer **nachträglichen Kapitalkonsolidierung.** Diese Differenz zwischen dem unveränderten Beteiligungsbuchwert und dem neuen Anteil am erhöhten Eigenkapital sei mithin ein **passivischer Unterschiedsbetrag** iSv Abs. 2. Er entspräche idR einem realisierten Gewinn, der sofort ergebniswirksam vereinnahmt werden dürfe, oder einer Rückstellung für künftig auf den Konzern entfallende Aufwendungen, die bei ihrer Auflösung ergebniswirksam werde.[50]

54   Nach der **Gegenmeinung** ist der Zurechnungsbetrag als Teil des vom Tochterunternehmen erzielten Agios als Kapitalzuführung für den Konzern zu Gunsten des Mutterunternehmens zu behandeln, die erfolgsneutral ist. Der Betrag sei den Kapitalrücklagen zuzuführen.[51]

55   Auch in diesem Fall wird der **zweiten Meinung gefolgt.** Für eine nachträgliche Kapitalkonsolidierung ist kein Raum. Eine Konsolidierung findet bei Erwerb der Anteile statt. Die Interpretation als passivischer Unterschiedsbetrag mit Ergebniswirkung entspricht dem Vorgang nicht. Ähnlich wie der Überschuss des Emissionserlöses beim Verkauf einer Beteiligungstranche ist der Zuordnungsbetrag das Entgelt für die Beteiligung der neuen anderen Gesellschafter an stillen Rücklagen und originärem Firmenwert und daher auch kein Gewinn.

56   Möglich, aber vermutlich selten sind die Fälle, in denen ein Mutterunternehmen eine Minderheitstranche an einem konsolidierten Tochterunternehmen zu einem Wert verkauft, der **unter dem anteiligen Eigenkapital liegt.** Dann entsteht im Abschluss des Mutterunternehmens ein Verlust, der im Konzernabschluss – analog zu der in → Rn. 49 vertretenen Meinung – zu einer **Entnahme aus der Kapitalrücklage** führt. Bei einer Kapitalerhöhung des Tochterunternehmens zu einem Kurs unterhalb des anteiligen Eigenkapitals – aber unter Beachtung von §§ 9, 182 AktG – ergibt sich ein **negativer Zurechnungsbetrag.** Der → Rn. 49 und → Rn. 54 vertretenen Auffassung nach ist dieser Unterschiedsbetrag im Konzernabschluss erfolgsneutral mit den Kapitalrücklagen zu verrechnen.[52]

---

[50]   ADS § 301 Rn. 199.
[51]   HdK/Dusemond/Weber/Zündorf § 301 Rn. 228, 234; BeBiKo/Störk/Deubert § 301 Rn. 265 ff.
[52]   HdK/Dusemond/Weber/Zündorf § 301 Rn. 228.

Sechster Titel. Anteilmäßige Konsolidierung

§ 310 Anteilmäßige Konsolidierung

(1) Führt ein in einen Konzernabschluß einbezogenes Mutter- oder Tochterunternehmen ein anderes Unternehmen gemeinsam mit einem oder mehreren nicht in den Konzernabschluß einbezogenen Unternehmen, so darf das andere Unternehmen in den Konzernabschluß entsprechend den Anteilen am Kapital einbezogen werden, die dem Mutterunternehmen gehören.

(2) Auf die anteilmäßige Konsolidierung sind die §§ 297 bis 301, §§ 303 bis 306, 308, 308a, 309 entsprechend anzuwenden.

Schrifttum: Baetge/Kirsch/Thiele, Konzernbilanzen, 14. Aufl. 2021; Bartholomew/Brown/Muis, Konzernabschlüsse in Europa, 1981; Biener, Die Konzernrechnungslegung nach der Siebenten Richtlinie des Rates der Europäischen Gemeinschaften über den Konzernabschluß, DB-Beil. Nr. 19 zu Heft 35/1983; Böckem/ Ismar, Die Bilanzierung von Joint Arrangements nach IFRS 11, WPg 2011, 820; Böckem/Röhricht, Joint Operation oder Joint Venture? – zur praktischen Umsetzung der Klassifizierungsvorgaben für Joint Arrangements nach IFRS 11, WPg 2014, 1032; Busse v. Colbe, Zum Bilanzansatz von Beteiligungen, ZfbF 1972, 145; Busse v. Colbe, Der Konzernabschluß im Rahmen des Bilanzrichtlinien-Gesetzes, ZfbF 1985, 761; Busse v. Colbe/Chmielewicz, Das neue Bilanzrichtlinien-Gesetz, DBW 1986, 289; Busse v. Colbe/Ordelheide/ Gebhardt/Pellens, Konzernabschlüsse, 9. Aufl. 2010; Cairns, Applying International Accounting Standards, 4. Aufl. 2004; Deubert/Klöcker, Das Verhältnis von Zeitbewertung und Zwischenergebniseliminierung bei der Übergangskonsolidierung nach BilMoG, KoR 2010, 571; Dill, Bilanzierung von Beteiligungen an Arbeitsgemeinschaften nach neuem Bilanzrecht, DB 1987, 752; Dusemond, Quotenkonsolidierung versus Equity-Methode – Kritische Analyse der Vorteilhaftigkeit anhand praxisrelevanter Kennzahlen, DB 1997, 1781; Dusemond/Küting/Wirth, Küting/Weber: Der Konzernabschluss, 14. Aufl. 2018; Eisele/Rentschler, Gemeinschaftsunternehmen im Konzernabschluß, BFuP 1989, 309; Eisenschmidt/Labrenz, Abbildung gemeinschaftlicher Vereinbarungen nach IFRS 11 – Konzeptionelle Ausrichtung und informationsökonomische Folgewirkungen, KoR 2014, 25; Eisolt, US-amerikanische und deutsche Konzernrechnungslegung, 1992; Emmerich/Gansweid, Die Problematik der Gemeinschaftsunternehmen – BGHZ 62, 193, JuS 1975, 294; Emmerich/Habersack, Konzernrecht, 11. Aufl. 2020; Erchinger/Melcher, Stand der Konvergenz zwischen IFRS und US-GAAP: Die Bilanzierung von Joint Ventures, KoR 2008, 164; Ewelt-Knauer/Knauer, Variable Kaufpreisklauseln bei (Teil-)Unternehmenserwerben, DStR 2011, 1918; Fey/Schruff, Das Standard Interpretations Committee (SIC) des International Accounting Standards Committee, WPg 1997, 585; Financial Accounting Standards Board, The IASC-U.S. Comparison Project, 1999; Früh/Klar, Joint Ventures – Bilanzielle Behandlung und Berichterstattung – zur neuen HFA-Stellungnahme 1/1993 des IDW, WPg 1993, 493; Fuchs/Stibi, IFRS 11 „Joint Arrangements" – lange erwartet und doch noch mit (kleinen) Überraschungen?, BB 2011, 1451; Galbiati/Baur, IFRS 11 „Joint Arrangements": Major changes and anticipated impact, IRZ 2011, 317; Gansweid, Gemeinsame Tochtergesellschaften im deutschen Konzern- und Wettbewerbsrecht, 1976; GEFIU (Arbeitskreis „Rechnungslegungsvorschriften der EG-Kommission"), Zum Entwurf eines Gesetzes zur Durchführung der 7. und 8. EG-Richtlinie zur Koordinierung des Gesellschaftsrechts, DB 1985, 1705; GEFIU, Möglichkeiten und Grenzen der Anpassung deutscher Konzernabschlüsse an die Rechnungslegungsgrundsätze des International Accounting Standards Committee (IASC), DB 1995, 1185 (Teil II); Gehrs/ Wörmann/Peters, Anteilmäßige Konsolidierung gemäß DRS 27: Bestätigung der „herrschenden Meinung" oder Änderung der bisherigen Auslegung? – eine Praxisbetrachtung, WPg 2019, 262; Gloth/Becker, E-DRS 35 – ein Standardentwurf zur Einbeziehung von Gemeinschaftsunternehmen in einen Konzernabschluss, DB 2018, 913; Göthel, Vertragsgestaltung bei internationalen Joint Ventures, BB 2014, 1475; Gross/Schruff/v. Wysocki, Der Konzernabschluß nach neuem Recht, 2. Aufl. 1987; Hacker/Kamlage, Empirische Untersuchung zur Anwendung der Equity-Methode bei Joint Ventures nach IFRS in Deutschland, IRZ 2017, 81; Haeger/Zündorf, Die Abbildung von Gemeinschaftsunternehmen im Konzernabschluss nach IFRS, FS Küting, 2009, 247; Harms/Knischewski, Quotenkonsolidierung versus Equity-Methode im Konzernabschluß – ein bilanzpolitisches Entscheidungsproblem, DB 1985, 1353; Havermann, Der Konzernabschluß nach neuem Recht – ein Fortschritt?, FS Goerdeler, 1987, 173; Hayn, Konsolidierungstechnik bei Erwerb und Veräußerung von Anteilen, 1999; Höfner, Gemeinschaftliche Vereinbarungen nach IFRS 11, 2017; Hoffmann-Becking/Rellermeyer, Gemeinschaftsunternehmen im neuen Recht der Konzernrechnungslegung, FS Goerdeler, 1987, 199; Holzapfel/Mujkanovic, Die Bau-ARGE als joint arrangement, PiR 2012, 337; Hommelhoff, Der Verlustausgleich im Mehrmütter-Vertragskonzern – zu den Legitimationsgrundlagen der aktienrechtlichen Ausgleichspflicht, FS Goerdeler, 1987, 221; Huber/Börner, Gemeinschaftsunternehmen im Deutschen und Europäischen Wettbewerbsrecht, 1978; IASC, G4+1: Special Report on Reporting Interests in Joint Ventures and Similar Arrangements, 1999; IDW, Stellungnahme HFA 1/1993: Zur Bilanzierung von Joint Ventures, WPg 1993, 441; Kellers, Quotenkonsolidierung, in: Busse v. Colbe/Reinhard (Hrsg.), Erste Erfahrungen mit den neuen Rechnungslegungsvorschriften, 1990, 99; Kirsch, E-DRS 35: Anteilmäßige

Konsolidierung – Wesentliche zu erwartende inhaltliche Änderungen gegenüber DRS 9 und deren Bewertung, StuB 2018, 237; Kirsch, Neuerungen durch DRS 26 und DRS 27 – Bilanzierung von Anteilen an assoziierten Unternehmen und Gemeinschaftsunternehmen, StuB 2018, 628; Klaholz/Stibi, Sukzessiver Anteilserwerb nach altem und neuem Handelsrecht, KoR 2009, 297; Kollruss, Konsolidierung eines Joint Venture in der Rechtsform einer KGaA nach IFRS, HGB, BilMoG und Implikationen auf die Zinsschranke, KoR 2009, 425; Kommission Rechnungswesen im Verband der Hochschullehrer für Betriebswirtschaft e.V., Stellungnahme zur Umsetzung der 7. EG-Richtlinie (Konzernabschluß-Richtlinie), DBW 1985, 267; Krawitz, Quotenkonsolidierung für Gemeinschaftsunternehmen nach E-DRS 9, BB 2001, 668; Küting, Die Quotenkonsolidierung nach der 7. EG-Richtlinie – Anwendungsprobleme und kritische Würdigung, BB 1983, 804; Küting/Höfner, Die konsolidierungstechnische Behandlung des Statuswechsels eines Gemeinschaftsunternehmens zum assoziierten Unternehmen, KoR 2013, 88; Küting/Seel, Die Abgrenzung und Bilanzierung von Joint Arrangements nach IFRS 11, KoR 2011, 342; Küting/Seel, Gemeinschaftliche Beherrschung nach IFRS 11 – zur Beurteilung von Konfliktlösungs- oder Beendigungsmechanismen, IRZ 2012, 467; Küting/Wirth, Umstellung von Gemeinschaftsunternehmen auf die Equity-Methode gemäß IFRS 11, KoR 2012, 150; Kunowski, Bilanzierung von Anteilen an assoziierten Unternehmen sowie Gemeinschaftsunternehmen im Konzernabschluss nach DRS 8 und DRS 9, StuB 2002, 261; Labrenz/Neubauer/Schmidt/Schmidt, Joint Ventures im Konzernabschluss deutscher börsennotierter Unternehmen – Studie zur rechtlichen Ausgestaltung und bilanziellen Abbildung von Joint Ventures, KoR 2008, 178; Langefeld-Wirth, Rechtsfragen des internationalen Gemeinschaftsunternehmens – Joint Venture, RIW 1990, 1; Lauer, Gemeinsam geführte Unternehmen im Bilanz- und Gesellschaftsrecht, 2006; Leitner-Hanetseder/Stockinger, How does the Elimination of the proportionate Consolidation Method for Joint Venture Investments influence European Companies?, Journal of Finance and Risk Perspectives 2014 (Vol. 3, Issue 1), 1; Marchand, Abhängigkeit und Konzernzugehörigkeit von Gemeinschaftsunternehmen, 1985; Müller/Reinke, Gemeinschaftsunternehmen im Konzernabschluss – Identifikationen und anteilmäßige Konsolidierung nach den Empfehlungen des DRSC durch E-DRS 35, BC 2018, 272; Müller/Reinke, E-DRS 34 „Assoziierte Unternehmen" und E-DRS 35 „Anteilmäßige Konsolidierung" – begrüßenswerte Auslegungshilfen, BB 2018, 811; Mujkanovic/Holzapfel, Klassifikation der Bau-ARGE als joint arrangement nach IFRS 11, PiR 2014, 81; Niehus, Neues Konzernrecht für die GmbH, DB 1984, 1789; Nölte/Weinreis/Mezhova, Praxis der Bilanzierung von Gemeinschaftsunternehmen nach IAS 31, PiR 2007, 164; Nordmeyer, Die Einbeziehung von Joint Ventures in den Konzernabschluß, WPg 1994, 301; Ordelheide, Der Konzern als Gegenstand betriebswirtschaftlicher Forschung, BFuP 1986, 293; Pellens/Fülbier/Gassen/Sellhorn, Internationale Rechnungslegung, 11. Aufl. 2021; Petersen/Zwirner, Unternehmensbegriff, Unternehmenseigenschaft und Unternehmensformen, DB 2008, 481; Pollmann/Wulf, Gemeinschaftliche Vereinbarungen und assoziierte Unternehmen im IFRS-Konzernabschluss, IRZ 2013, 371; Rolfes, Gemeinschaftsunternehmen – Ziele ihrer Errichtung sowie ihre betriebswirtschaftlichen und rechtlichen Probleme, 1979; Roll, Die Wahlmöglichkeiten bei der Konsolidierung von Gemeinschaftsunternehmen, BB 1987, 2339; Roß, Gemeinschaftsunternehmen als Gesellschafterunternehmen im Konzernabschluß – Zur Methode und zur Quote der Einbeziehung der Beteiligungsgesellschaft, WPg 1995, 617; Roß, Anteil am Nennkapital und Konsolidierungsquote: Keine pauschale Gleichsetzung, BB 2000, 1395; Rottnauer, Vertragsgestaltungsproblematik bei „Mehrmütterorganschaft" im GmbH-Konzernrecht, DB 1991, 27; Ruhnke/Kluge, Gemeinschaftsunternehmen im Konzernabschluss nach IAS und HGB, RIW 1996, 577; Schäfer, Bilanzierung von Beteiligungen nach der Equity-Methode, 1982; Scherrer, Grundlagen der US-amerikanischen Konzernrechnungslegung, in Ballwieser, US-amerikanische Rechnungslegung, 4. Aufl. 2000, S. 329; Scherrer, Konzernrechnungslegung nach HGB, 3. Aufl. 2012; Schild, Die Rechnungslegungseinheit gemeinsamer Vereinbarungen nach IFRS 11, DK 2016, 343; Schild, Bündelung mehrerer gemeinsamer Vereinbarungen innerhalb eines separaten Vehikels, KoR 2016, 493; Schild, Transformation einer Gemeinschaftsunternehmung in eine gemeinschaftliche Tätigkeit, WPg 2017, 191; Schild, Anteilserwerbe an gemeinschaftlichen Tätigkeiten, 2018; Schild, Sachgründung gemeinschaftlicher Tätigkeiten, IRZ 2018, 227; Schild, Anteilsaufstockung bei gemeinschaftlichen Tätigkeiten, DStR 2018, 2349; Schildbach/Feldhoff, Der Konzernabschluss nach HGB und IFRS, 8. Aufl. 2018; Schindler, Konsolidierung von Gemeinschaftsunternehmen: Ein Beitrag zu § 310 HGB, BB 1987, 158; Schmidt/Labrenz, Konsequenzen möglicher Änderungen bei der Bilanzierung von Gemeinschaftsunternehmen, KoR 2006, 467; Schruff, Einflüsse der 7. EG-Richtlinie auf die Aussagefähigkeit des Konzernabschlusses, 1984; Schubert/Küting, Unternehmungszusammenschlüsse, 1981; Seel, Joint Ventures in der Konzernrechnungslegung nach IFRS und HGB, 2013; Sigle, Betriebswirtschaftliche Aspekte der Quotenkonsolidierung, in Albrecht/Forster, Bilanzrichtlinien-Gesetz, ZfB 1987, Ergänzungsheft 1/87, 321; Streichenberg/Vögele, Gemeinschaftliche Tätigkeiten nach IFRS 11, IRZ 2017, 361; Ulmer, Begriffsvielfalt im Recht der verbundenen Unternehmen als Folge des Bilanzrichtlinien-Gesetzes, FS Goerdeler, 1987, 623; Vaubel, Joint Ventures im Konzernabschluß des Partnerunternehmens, 2001; v. Wysocki/Wohlgemuth/Brösel, Konzernrechnungslegung, 5. Aufl. 2014; Weber/Küting/Seel/Höfner, Die bilanzielle Abbildung von gemeinschaftlichen Tätigkeiten bei divergierenden Quoten – ein lösbares Problem?, KoR 2014, 241; Wirth/Dusemond/Küting, Kapitalkonsolidierung im mehrstufigen Konzern in der handelsrechtlichen Rechnungslegung unter Beachtung von DRS 23, DB 2017, 2493; Wirth/Weber/Dusemond/Küting, Praxis der handelsrechtlichen Kapitalkonsolidierung – E-DRS 30: ein wichtiger Schritt, aber nicht der erwartet große Wurf, DB 2015, 1053 (Teil I); Zeyer/Frank, Bilanzierung von Beteiligungen an joint operations nach IFRS 11, PiR 2013, 103; Zilias, Zum Unternehmensbegriff im neuen Bilanzrecht (Drittes Buch des HGB), DB 1986, 1110;

Zülch/Erdmann/Popp/Wünsch, IFRS 11 – Die neuen Regelungen zur Bilanzierung von Joint Arrangements und ihre praktischen Implikationen, DB 2011, 1817; Zülch/Popp/Teuteberg, Die Bilanzierung von Beteiligungen an assoziierten Unternehmen sowie Gemeinschaftsunternehmen auf der Basis des überarbeiteten IAS 28 – Implikationen der Neuerungen für die Bilanzierungspraxis, WPg 2014, 34; Zündorf, Quotenkonsolidierung versus Equity-Methode, 1987; Zündorf, Zur Abgrenzung des Konsolidierungskreises für Gemeinschaftsunternehmen, BB 1987, 1852; Zündorf, Zum Begriff des Gemeinschaftsunternehmens in § 310 HGB, BB 1987, 1910; Zündorf, Zur Problematik der Zwischenergebniseliminierung im Rahmen der Quotenkonsolidierung, BB 1987, 2125.

Übersicht

I. Allgemeiner Teil

1. Normzweck. Den Vorgaben der RL 2013/34/EU (Bilanz-RL) folgend, geht der **1** deutsche Gesetzgeber in Abhängigkeit von der Intensität der Einflussnahmemöglichkeit des Mutterunternehmens von einem **stufenweisen Übergang** zwischen Konzernunternehmen einerseits und Marktpartnern andererseits aus. So enthält § 310 (Anteilmäßige Konsolidierung) die Definition und die **Bilanzierungsregeln für Gemeinschaftsunternehmen** (Joint Ventures) im Konzernabschluss. Gemeinschaftsunternehmen unterliegen keinem beherrschenden Einfluss des Mutterunternehmens iSd § 290, sondern werden von zwei oder mehr voneinander unabhängigen Gesellschafterunternehmen gemeinschaftlich geführt. Sie stehen in der Verbindungsintensität zum Mutterunternehmen damit deutlich hinter den Tochterunternehmen (vgl. § 294), aber vor den assoziierten (vgl. § 311) und Beteiligungsunternehmen (vgl. § 271).[1] Gemeinschaftsunternehmen gehören insofern nicht zu den verbundenen Unternehmen gem. § 271 Abs. 2.

Gemäß § 310 dürfen Gemeinschaftsunternehmen derart in den Konzernabschluss einbezogen werden, als die ihnen zugehörigen Vermögensgegenstände, Schulden, Rechnungs- **2**

---

[1] Zu diesem Stufenkonzept bereits Busse v. Colbe/Chmielewicz DBW 1986, 326 f.; Ordelheide BFuP 1986, 297 ff.

abgrenzungs- und Sonderposten sowie Aufwendungen (Auszahlungen) und Erträge (Einzahlungen) entsprechend dem Kapitalanteil des Gesellschafterunternehmens und damit quotal in den Konzernabschluss übernommen werden. Für diese Einbeziehungsmethode hat sich die Bezeichnung „Quotenkonsolidierung" durchgesetzt. Während § 310 neben dem Grundsatz der Quotenkonsolidierung lediglich Verweise auf die Regelungen zur Vollkonsolidierung festschreibt, erfahren besagte Vorschriften ihrerseits über DRS 27[2] (iVm DRS 23 und DRS 19) eine Konkretisierung.

3   Da Gemeinschaftsunternehmen hinsichtlich der **Verbindungsintensität** hinter den Tochterunternehmen stehen (→ Rn. 1, → Rn. 14), kommt für sie die Vollkonsolidierung mit entsprechendem Minderheitenausweis nicht in Betracht. Alternativ zur Quotenkonsolidierung können sie im Konzernabschluss jedoch auch nach der Equity-Methode gem. § 312 bilanziert werden; dabei bleibt die Einordnung als Gemeinschaftsunternehmen auch dann erhalten, sofern durch das Mutterunternehmen auf die anteilmäßige Einbeziehung in den Konzernabschluss verzichtet wird (vgl. DRS 27.29). Die einmal gewählte Methode unterliegt in den Folgejahren dem in § 297 Abs. 3 S. 2 verankerten Grundsatz der zeitlichen Stetigkeit der Konsolidierungsmethoden. Ob dieses Methodenwahlrecht für jedes Gemeinschaftsunternehmen gesondert ausgeübt werden darf oder dem (auch) das Gebot der sachlichen Konsolidierungsstetigkeit gem. DRS 27.28 entgegensteht, ist davon abhängig, inwieweit diese DRSC-Forderung als Konkretisierung der Generalnorm des § 297 Abs. 2 S. 2 gewertet wird (vgl. so DRS 13.15). Nach hier vertretener Ansicht dürfte solch eine unterschiedliche Konsolidierungshandhabung insoweit zulässig sein, als die Differenzierung nicht willkürlich erfolgt.[3] Etwaige Abweichungen sind dabei lediglich in begründeten Ausnahmefällen zulässig und im Konzernanhang unter Angabe der Gründe zu erläutern (vgl. DRS 27.28).

4   **2. Entstehungsgeschichte.** Obwohl Gemeinschaftsunternehmen nicht zur wirtschaftlichen Einheit „Konzern" im engeren Sinne gehören und die Quotenkonsolidierung grds. nicht mit dem in § 297 Abs. 3 S. 1 verankerten Einheitsgrundsatz harmoniert, zudem durch ihre Anwendung auch eine Aussagewertbeeinträchtigung befürchtet wird, hat der deutsche Gesetzgeber sie in § 310 mit der Maßgabe aufgenommen, alle EU-seitig gewährten **Erleichterungen** an betreffende Unternehmen weiterzugeben.[4] Mit § 310 wurde schließlich das nationale Wahlrecht des Art. 26 Bilanz-RL in deutsches Recht als Unternehmens- bzw. Konsolidierungswahlrecht transformiert.[5]

5   **3. Sanktionen.** Da Gemeinschaftsunternehmen **wahlweise** über die Quotenkonsolidierung oder nach der Equity-Methode im Konzernabschluss abgebildet werden dürfen, bleibt eine etwaige Nichtanwendung des § 310 sanktionslos. Unterbleibt auch die dann stattdessen gebotene Equity-Bewertung nach § 312, so greifen die Sanktionsregeln des § 334 Abs. 1 Nr. 2 lit. e bzw. § 20 Abs. 1 Nr. 2 lit. e PublG, die Bußgelder bis zu 50.000 EUR nach sich ziehen können. Für kapitalmarktorientierte Kapitalgesellschaften (bzw. ihnen über § 264a gleichgestellte Personengesellschaften) iSd § 264d gelten für Geschäftsjahre, die nach dem 31.12.2016 begonnen haben (vgl. Art. 80 EGHGB), höhere Obergrenzen: Bei Verstößen gegen die Tatbestände des § 334 Abs. 1 beträgt die Obergrenze 2 Mio. EUR oder das Zweifache des aus der Ordnungswidrigkeit gezogenen Vorteils, wobei der höhere der beiden Werte maßgeblich ist. Wird gegen ein solch kapitalmarktorientiertes Unternehmen eine

---

2   Die Regelungen jenes – DRS 9 „Bilanzierung von Anteilen an Gemeinschaftsunternehmen im Konzernabschluss" in Gänze aufhebenden (vgl. DRS 27.71) – Standards sind erstmalig für Geschäftsjahre, die nach dem 31.12.2019 begonnen haben, anzuwenden. Eine rückwirkende Anwendung ist unzulässig (vgl. DRS 27.69).

3   BeBiKo/Störk/Lewe Rn. 8; Busse v. Colbe/Ordelheide/Gebhardt/Pellens Konzernabschlüsse Kap. 10 II. 1.

4   Busse v. Colbe/Ordelheide/Gebhardt/Pellens Konzernabschlüsse Kap. 10 I. und IV. 1.; Roß WPg 1995, 621 f.; HdK/Sigle Rn. 1 ff.

5   Zur Entwicklung jener Vorschrift auch Bonner HdR/Lorson/Hell/Höfner Rn. 1 ff.

Geldbuße nach § 30 OWiG verhängt, gilt als Obergrenze der höhere Betrag aus folgenden Beträgen (vgl. Abs. 3a):
- 10 Mio. EUR,
- 5% des jährlichen Gesamtumsatzes (iSd Abs. 3b), den betreffendes Unternehmen in dem der Behördenentscheidung vorausgegangenen Geschäftsjahr erzielt hat, oder
- das Zweifache des aus der Ordnungswidrigkeit gezogenen Vorteils.

Darüber hinaus wird mit Freiheitsstrafe bis zu drei Jahren oder mit Geldstrafe bestraft, **6** wer als Mitglied des vertretungsberechtigten Organs oder des Aufsichtsrats einer Kapitalgesellschaft bzw. haftungsbeschränkten Personengesellschaft die Verhältnisse des Konzerns im Konzernabschluss, im Konzernlagebericht einschließlich der nichtfinanziellen Konzernerklärung respektive im gesonderten nichtfinanziellen Konzernbericht unrichtig wiedergibt oder verschleiert (vgl. § 331 Nr. 2).

II. Anwendungsbereich der Quotenkonsolidierung

1. Begriff des Gemeinschaftsunternehmens. Nach Abs. 1 stehen Gemeinschafts- **7** unternehmen unter **gemeinsamer Führung** von zwei oder mehr Unternehmen. Bei mindestens einem dieser Gesellschafter- oder Stammunternehmen[6] muss es sich um ein nicht konsolidiertes Unternehmen handeln. Gemeinschaftsunternehmen werden in der englischsprachigen Literatur und meist auch, wenn ein Führungspartner seinen Sitz im Ausland hat, als **Joint Ventures** bezeichnet.

Gemeinschaftsunternehmen müssen gem. Abs. 1 den **Unternehmenstatbestand 8** erfüllen (vgl. auch DRS 27.8 iVm DRS 19.6), können aber in **beliebiger Rechtsform** geführt werden; Selbiges gilt für ausländische Gemeinschaftsunternehmen (vgl. DRS 27.9).[7]

Nach dem Gesetzeswortlaut des § 310 muss der konzernfremde **Führungspartner ein 9 Unternehmen** sein. Ist der andere Gesellschafter zB eine natürliche Person, Personenvereinigung, Stiftung oder öffentlich-rechtliche Gebietskörperschaft, so ist die Anwendung der Quotenkonsolidierung gleichwohl zulässig, sofern dieser Gesellschafter sich wie ein Unternehmen an der Führung des Gemeinschaftsunternehmens beteiligt (vgl. auch DRS 27.B5).[8] Der Unternehmensbegriff ist hier insofern weit auszulegen.[9]

2. Merkmale eines Gemeinschaftsunternehmens. Die gemeinsame Führung resul- **10** tiert häufig aus der **Zweckbestimmung** von Gemeinschaftsunternehmen, die in der Verfolgung gemeinsamer Ziele und Interessen der Führungsunternehmen besteht und zugleich oftmals im Gesellschaftervertrag bzw. in der Satzung festgelegt wird. Speziell im internationalen Kontext auf Vertriebs-, Produktions-, Forschungs- und Entwicklungsprojekte gerichtete Gemeinschaftsunternehmen weisen einen solchen gemeinsamen beherrschenden Einfluss auf. Nach Abs. 1 bzw. DRS 27.10(a) sind konstituierende Merkmale eines Gemeinschaftsunternehmens:
- die gemeinsame Führung durch mehrere Unternehmen, von denen
- mindestens ein Führungspartner nicht in den Konzernabschluss einbezogen ist.

In Ermangelung einer gesetzlichen Normierung war es lange Zeit strittig, ob für Zwe- **11** cke des gemeinschaftlichen Auftretens eine gesonderte vertragliche Grundlage erforderlich ist. DRS 27.10(b) konkretisiert diese Frage nunmehr dahingehend, als es einer **auf Dauer angelegten vertraglichen Vereinbarung** zur gemeinsamen Führung durch die Gesellschafter bedarf (vgl. auch DRS 27.B7). Dabei kann es sich um schuldrechtliche Abreden, zB in Form von sog. Joint-Venture- oder Stimmrechtspooling-Verträgen, um gesellschaftsvertragliche Vereinbarungen oder entsprechende (Vorschalt-)Strukturen zur Koordination der gemeinsamen Willensbildung (zB Stimmrechts-GbR) handeln (vgl. DRS 27.16).

---

[6] HdK/Sigle Rn. 12.
[7] BeckOGK/Senger/Schrimpf-Dörges Rn. 14; Baetge/Kirsch/Thiele/Ebeling Rn. 33 ff.; Hoffmann/Lüdenbach Rn. 8 ff.; HdJ/Niehus V/7 Rn. 26.
[8] AA HKMS/Sultana Rn. 31.
[9] Busse v. Colbe/Ordelheide/Gebhardt/Pellens Konzernabschlüsse Kap. 10 II. 2.; HdK/Sigle Rn. 15 ff., der die diesbezügliche Formulierung des § 310 als „nicht glücklich" erachtet.

12   Das Merkmal der gemeinsamen Führung ist ein **unbestimmter Rechtsbegriff** und damit inhaltlich auszulegen.[10] Sie bezieht sich auf die Absatz-, Investitions-, Finanz- und Personalpolitik des Gemeinschaftsunternehmens. In DRS 27.10 ff. wird die gemeinsame Führung explizit definiert und dann als gegeben angenommen, sofern strategische Geschäftsentscheidungen, Absatzentscheidungen, Entscheidungen über Investitions- und Finanzierungstätigkeiten sowie Entscheidungen über die Personalpolitik einstimmig durch die Gesellschafterunternehmen getroffen werden (vgl. DRS 27.12 f.).

13   Getrennte Zuständigkeiten, etwa bei der kaufmännischen bzw. technischen Geschäftsführung, stehen einer gemeinsamen Führung nicht entgegen, sofern der jeweilige (Entscheidungs-)Rahmen in diesen Teilbereichen gemeinsam von sämtlichen an der gemeinschaftlichen Willensbildung beteiligten Partnerunternehmen vorgegeben wird (vgl. DRS 27.14).

14   Die Führung im Sinne einer tatsächlich gleichberechtigten Mitwirkung (vgl. DRS 27.11) weist im Vergleich zum **beherrschenden Einfluss** eine schwächere Verbindungsintensität auf. Dies gilt zumindest in Bezug auf das einzelne Gesellschafterunternehmen. Ob sich die gemeinsame Führung durch alle Gesellschafterunternehmen in der Verbindungsintensität vom beherrschenden Einfluss gem. § 290 unterscheidet, ist hingegen offen. Sofern die Begriffe „beherrschen" und „führen" gleich interpretiert werden, üben letztlich alle Gesellschafterunternehmen einen „gemeinsamen beherrschenden Einfluss" aus.

15   Anders als in § 290 für die Prüfung des Vorliegens einer Mutter-Tochter-Beziehung muss die gemeinsame Führung von betreffenden Gesellschafterunternehmen **tatsächlich ausgeübt** werden (vgl. auch DRS 27.7 bzw. DRS 27.B4). Die bloße Möglichkeit zur gemeinsamen Führung reicht, wie auch bei assoziierten Unternehmen nach § 311, nicht aus, so dass sich damit auch die Frage, ob und inwieweit ggf. potenzielle Stimmrechte zu berücksichtigen sind, erübrigt. Die gemeinsame Führung sollte zudem **dauerhaft** angelegt sein, so dass eine nur temporäre Einflussnahme – zumindest dem Grunde nach – nicht als gemeinsame Führung angesehen werden kann (→ Rn. 21 f.).

16   Die einem Mutterunternehmen oder einem in den Konzernabschluss einbezogenen Tochterunternehmen zustehenden Rechte zur gemeinsamen Führung können aufgrund von Restriktionen außerhalb des Einflussbereichs der Gesellschafter so erheblich und/oder andauernd beschränkt sein (vgl. auch § 296 Abs. 1 Nr. 1; DRS 19.81 ff.), dass eine tatsächliche Ausübung der gemeinsamen Führung nicht möglich ist und somit kein Gemeinschaftsunternehmen vorliegt (vgl. DRS 27.20).

17   Sind bei für die (tatsächliche) Beherrschung der Finanz- und Geschäftspolitik wesentlichen Entscheidungen Mehrheitsentscheidungen möglich, liegt keine gemeinsame Führung iSd § 310 vor (vgl. DRS 27.19; DRS 27.B9). Solch eine Fallkonstellation ist gem. DRS 27.21 etwa dann gegeben, sofern sich einer der beteiligten Gesellschafter in Fragen der Finanz- und Geschäftspolitik in Konfliktfällen oder Pattsituationen einseitig durchsetzen kann. In diesen Fällen liegt dann regelmäßig ein Tochterunternehmen aus Sicht jenes Gesellschafters vor. Sind demgegenüber in der zugrunde liegenden vertraglichen Vereinbarung **Lösungsmechanismen** festgeschrieben, wie im Fall solcher **Konflikt- bzw. Pattsituationen** zu verfahren ist,[11] um letztlich zu einer gemeinsamen Entscheidung zu gelangen, ist dies ein starkes Indiz für das Vorliegen einer gemeinsamen Führung (vgl. DRS 27.17).

18   Rein faktische Gesellschaftsverhältnisse, zB paritätische Beteiligungen, reichen alleine für eine gemeinsame Führung iSd § 310 Abs. 1 ebenso wenig aus wie die Tatsache, dass die Gesellschafter eines Unternehmens zwar erkennbar gleichgerichtete Interessen in Bezug auf dessen Geschäftstätigkeit aufweisen, allerdings keinerlei vertragliche Vereinbarungen zur gemeinsamen Führung der Finanz- und Geschäftspolitik des betreffenden Unternehmens bestehen (vgl. DRS 27.25). Entsprechend verhält es sich bei

– nur zufälligen respektive fallweisen Abstimmungen der Gesellschafter über zentrale Fragen der Finanz- und Geschäftspolitik (vgl. DRS 27.26), bzw.

---

[10]   Zur begrifflichen Bestimmung Dusemond DB 1997, 1781; Schindler BB 1987, 158 f.; Zündorf BB 1987, 1910 ff.

[11]   Grdl. dazu Seel, Joint Ventures in der Konzernrechnungslegung nach IFRS und HGB, 2013, S. 94 ff., mwN.

– reinen Finanzbeteiligungen, die sich lediglich auf die Ausübung mitgliedschaftlicher Rechte beschränken (vgl. DRS 27.27).

Soweit durch Vereinbarungen im Innenverhältnis Gesellschafter eines Unternehmens 19 die Mehrheit der Risiken und Chancen aus der Geschäftstätigkeit für einen bestimmten Bereich tragen (sog. Silo- oder Zebra-Gesellschaften), liegt regelmäßig ein Tochterunternehmen in Form einer Zweckgesellschaft (vgl. § 290 Abs. 2 Nr. 4) vor. Bei solch zellularen Strukturen (vgl. auch DRS 19.44) besitzt die Einbeziehung der dem Tochterunternehmen zuzurechnenden Aktivität im Rahmen der Vollkonsolidierung Vorrang gegenüber der Bilanzierung als eventuelles Gemeinschaftsunternehmen (vgl. DRS 27.24).

3. Kapitalanteilshöhe. Obwohl § 310 explizit keine Kapitalbeteiligung an dem 20 Gemeinschaftsunternehmen verlangt, ist davon auszugehen, dass sie – anders als bei Zweckgesellschaften iSd § 290 Abs. 2 Nr. 4 – eine notwendige Voraussetzung für das Vorliegen eines Gemeinschaftsunternehmens ist. Dies kann aus § 310 Abs. 1 insofern abgeleitet werden, als die Kapitalanteilsquote die Basis der anteilmäßigen Konsolidierung darstellt (vgl. auch DRS 27.38 ff.). Ohne eine entsprechende gesellschaftsrechtliche Vermittlung ist die Durchführung einer Quotenkonsolidierung nicht möglich.

Da die Quotenkonsolidierung in der gesetzlichen Systematik eine Alternative zur 21 Equity-Bewertung darstellt, ist eine Kapitalbeteiligung erforderlich, um das Gemeinschaftsunternehmen zumindest auf das Verbindungsniveau eines assoziierten Unternehmens zu heben. Hinsichtlich der notwendigen **Mindesthöhe** am Kapital des Gemeinschaftsunternehmens kann daher auf die Merkmale einer Beteiligung iSd § 271 Abs. 1 zurückgegriffen werden. Damit müssen die Anteile als Ausgangsbasis für die Herstellung einer **dauernden Verbindung** dienen, wobei die Mindestdauer solch einer vertraglichen Vereinbarung typischerweise von der seitens des Gemeinschaftsunternehmens verfolgten Geschäftstätigkeit abhängt. Gemäß DRS 27.18 schließt das Merkmal der Dauerhaftigkeit nicht aus, dass das Gemeinschaftsunternehmen von vornherein nur für eine gewisse Dauer, zB zur Abwicklung eines Großprojekts, errichtet wird (vgl. auch DRS 27.B6).

Folglich stellt sich die Frage nach der Behandlung einer zB in der Bau- und Montage- 22 branche häufig anzutreffenden, eigenständig bilanzierenden Bau-Arbeitsgemeinschaft (ARGE). Weil ARGE – meist in der Erscheinungsform einer BGB-Gesellschaft – idR nicht auf Dauer angelegt sind, wird eine Quotenkonsolidierung überwiegend abgelehnt (vgl. auch DRS 9.2 (aF)).[12] Da aber – wie dargelegt – die Tatsache, dass Gemeinschaftsunternehmen von vornherein nur für eine gewisse Dauer errichtet werden, einer quotalen Einbeziehung grundsätzlich nicht entgegensteht, ist in solchen Fallkonstellationen zumindest die Unternehmenseigenschaft nachzuweisen, welche übereinstimmend dann als gegeben angesehen wird, sofern

– das Vermögen ganz oder teilweise gesamthänderisch gebunden ist,
– keine rein vermögensverwaltende Tätigkeit ausgeübt wird,
– erwerbswirtschaftliche Interessen verfolgt werden,
– eine nach außen in Erscheinung tretende Organisation vorliegt, und
– Rechtsbeziehungen zu konzernverbundenen Unternehmen oder Dritten unterhalten werden.[13]

Wird unter diesen Umständen eine GbR als Gemeinschaftsunternehmen klassifiziert, 23 können derartig ausgestaltete – eigenständig bilanzierende – ARGE prinzipiell gem. § 310 quotal konsolidiert werden.[14] Solch eine Einbeziehung wäre darüber hinaus für die Darstellung der Vermögens-, Finanz- und Ertragslage gem. § 297 Abs. 2 S. 2 durchaus sinnvoll, um die Relationen in Bilanz, GuV oder auch Kapitalflussrechnung nicht zu verzerren.[15]

---

[12] Eisele/Rentschler BFuP 1989, 310; Schindler BB 1987, 159; Zündorf, Quotenkonsolidierung versus Equity-Methode, 1987, S. 10; Kunowski StuB 2002, 261 f.

[13] IDW (HFA 1/1993) WPg 1993, 443.

[14] Dill BB 1987, 754; ähnlich HdK/Sigle Rn. 22, der jedoch einen dreijährigen Geschäftsbetrieb der ARGE fordert, um sie als Gemeinschaftsunternehmen zu klassifizieren.

[15] HdK/Sigle Rn. 23; dazu auch ADS Rn. 26; BeBiKo/Störk/Lewe Rn. 22 f.

Zudem erscheint eine quotale Einbeziehung in den Konzernabschluss auch für interne Steuerungs- und Kontrollzwecke zweckmäßig. Anderenfalls lassen sich gerade in einem diversifizierten Konzern einzelne, über ARGE arbeitende Geschäftsbereiche tendenziell nur schwerlich mit anderen vergleichen.

24   Die gemeinsame Führung resultiert meist aus **paritätischen Beteiligungsverhältnissen** der Investoren am Gemeinschaftsunternehmen. So folgt aus den regelmäßig vorzufindenden 50 % : 50 %– respektive 33,33 % : 33,33 % : 33,33 %–Beteiligungsverhältnissen faktisch die rechtliche Absicherung der gemeinsamen Führung. Paritätische Kapitalanteile sind jedoch **keine zwingende Voraussetzung.** Auch Unternehmen, deren Kapitalanteile ungleich auf die Anteilseigner aufgeteilt sind, können gemeinsam geführt werden, wenn zB im Gesellschaftervertrag festgelegt wird, dass wesentliche Beschlüsse einstimmig gefasst werden müssen.[16] Folglich kann auch ein über 50 % liegender Kapitalanteil an einem Gemeinschaftsunternehmen eine anteilmäßige Konsolidierung nach § 310 auslösen, wenn vertragliche (Neben-)Abreden die gemeinsame Führung vorsehen.[17]

25   **4. Anzahl der Gesellschafterunternehmen.** Der gemeinsamen Führung eines Gemeinschaftsunternehmens durch lediglich ein Gesellschafterunternehmen widerspricht bereits der Sinn und Wortlaut des § 310 bzw. DRS 27. In solchen Fällen greift entweder die Vollkonsolidierung gem. den §§ 290 ff. (DRS 23) oder die Equity-Bewertung gem. §§ 311 f. (DRS 26). Zwei Gesellschafterunternehmen bilden demnach die **Untergrenze.**[18] § 310 sieht hingegen **keine Obergrenze** für die Anzahl der Gesellschafterunternehmen vor (vgl. auch DRS 27.22). Die Obergrenze der Führungsgesellschaften ist erst dann erreicht, wenn die Vielzahl der Gesellschafterunternehmen eine gemeinschaftliche Willensbildung und damit auch eine gemeinsame Führung verhindert (vgl. DRS 27.B10).

26   Dem handelsrechtlichen Stufenkonzept der Einflussnahme folgend, kann die maximale Anzahl der Gesellschafterunternehmen möglicherweise über eine **Negativabgrenzung** aus den § 290 und § 311 abgeleitet werden. Aus dem Erfordernis möglichst gleichmäßiger Kapitalanteile zur Durchsetzung der gemeinsamen Führung könnte sich iVm den §§ 290 und 311 ergeben, dass der Kapitalanteil jedes Gesellschafterunternehmens zwischen 20 % und 50 % liegen muss, so dass maximal fünf Gesellschafterunternehmen in Betracht kommen.[19]

27   Sofern neben den Führungsunternehmen an betreffendem Gemeinschaftsunternehmen noch weitere – nicht an der tatsächlichen Willensbildung mitwirkende – Gesellschafter beteiligt sind, steht dies einer Anwendung der Quotenkonsolidierung prinzipiell nicht entgegen (vgl. so auch DRS 27.15). So kann zB eine 45 % : 45 %–Beteiligung der Führungsunternehmen gleichwohl eine Quotenkonsolidierung ermöglichen, solange die restlichen 10 % nicht in der Lage sind, die tatsächlich ausgeübte gemeinschaftliche Beherrschung der Finanz- und Geschäftspolitik zu verhindern (vgl. DRS 27.B8).[20]

28   **5. Wesentlichkeitsgrundsatz und sonstige Ausschlussgründe.** Abs. 2 enthält keinen Verweis auf die **Konsolidierungskreisvorschriften** der § 294 und § 296. Damit stellt sich die Frage, ob die Ausschlussmöglichkeiten des § 296 für Gemeinschaftsunternehmen nicht gelten. Die bestehende Gesetzeslücke kann durch Rückgriff auf Art. 26 Bilanz-RL geschlossen werden. Art. 26 Bilanz-RL enthält in Abs. 2 einen Verweis auf die in Art. 23 Abs. 9 Bilanz-RL formulierte Konsolidierungskreisabgrenzung für Tochterunternehmen. Entsprechend wären die § 294 und § 296 auch für quotal konsolidierte Gemeinschaftsunternehmen einschlägig.[21]

---

[16]   Beck HdR/Scheffler B 733 Rn. 175 f.; BeBiKo/Störk/Lewe Rn. 25.
[17]   BeBiKo/Störk/Lewe Rn. 25; Biener DB-Beil. 19/1983, 12; Lauer, Gemeinsam geführte Unternehmen im Bilanz- und Gesellschaftsrecht, 2006, S. 106.
[18]   HdK/Sigle Rn. 31.
[19]   ADS Rn. 15; WP-HdB 2021 Rn. G 596; BeBiKo/Störk/Lewe Rn. 26; HdK/Sigle Rn. 36.
[20]   HdK/Sigle Rn. 28.
[21]   So bereits Biener DB-Beil. 19/1983, 12; Zündorf, Quotenkonsolidierung versus Equity-Methode, 1987, S. 20.

Ähnliches gilt für den **Wesentlichkeitsgrundsatz.**[22] § 310 erwähnt nicht explizit, 29 dass Gemeinschaftsunternehmen von untergeordneter Bedeutung nicht quotal einbezogen werden müssen. Auch hier ist die **Bilanz-RL** konkreter. Der Verweis in Art. 26 Abs. 2 Bilanz-RL umfasst auch Art. 23 Abs. 10 Bilanz-RL, der den entsprechenden Wesentlichkeitsgrundsatz enthält. Darüber hinaus kann angeführt werden, dass Gemeinschaftsunternehmen grundsätzlich wahlweise nach der Equity-Methode gem. § 312 im Konzernabschluss bilanziert werden können. Für assoziierte Unternehmen gilt jedoch unmittelbar § 311 Abs. 2, wonach unwesentliche Beteiligungen an assoziierten Unternehmen vereinfacht nach der Anschaffungskostenmethode bewertet werden dürfen.

III. Vorgehensweise bei quotaler Einbeziehung

1. Maßgeblicher Abschluss. Ausgangspunkt für die Anwendung der anteilmäßigen 30 Konsolidierung ist der Jahresabschluss (sog. HB I) des Gemeinschaftsunternehmens (vgl. DRS 27.31). Ist das Gemeinschaftsunternehmen selbst Mutterunternehmen eines oder mehrerer Tochterunternehmen und erstellt einen **Konzernabschluss,** so ist dieser analog zu § 312 Abs. 6 S. 2 der Quotenkonsolidierung gem. § 310 zugrunde zu legen (vgl. DRS 27.32).

2. Anwendung der Vorschriften zur Vollkonsolidierung. Für die Quotenkonsoli- 31 dierung iSd § 310 gelten gem. Abs. 2 die folgenden Konzernabschlussregulierungen der Vollkonsolidierung entsprechend (vgl. auch DRS 27.30):
– § 297: Inhalt, Aufstellungsgrundsätze, Stetigkeitsgrundsatz;
– § 298: Verweisung auf die jeweils anzuwendenden Vorschriften über den Jahresabschluss, Gliederung;
– § 299: Stichtag für die Aufstellung;
– § 300: Konsolidierungsgrundsätze, Vollständigkeitsgebot;
– § 301: Kapitalkonsolidierung;
– § 303: Schuldenkonsolidierung;
– § 304: Behandlung der Zwischenergebnisse;
– § 305: Aufwands- und Ertragskonsolidierung;
– § 306: Latente Steuern;
– § 308: Einheitliche Bewertung;
– § 308a: Umrechnung von auf fremde Währung lautenden Abschlüssen;
– § 309: Behandlung des Unterschiedsbetrags.

Der **fehlende Verweis auf die §§ 290–293** stellt klar, dass ein Konzernabschluss nicht 32 aufzustellen ist, sofern eine Kapitalgesellschaft bzw. Personengesellschaft iSd § 264a nur Gesellschafterunternehmen eines oder mehrerer Gemeinschaftsunternehmen ist. Das Vorhandensein von Gemeinschaftsunternehmen löst also für sich genommen, wie aus § 290 zu entnehmen ist, keine Pflicht zur Aufstellung eines Konzernabschlusses aus. Obwohl auch die §§ 294–296 in Abs. 2 nicht benannt werden, ist mit Verweis auf Art. 26 Abs. 2 Bilanz-RL iVm Art. 23 Abs. 9 Bilanz-RL von ihrer Gültigkeit für die Quotenkonsolidierung auszugehen (→ Rn. 28). Der in § 307 regulierte Ausweis anderer (nicht beherrschender) Gesellschafter passt hingegen nicht in die Systematik der Quotenkonsolidierung, da die diesen anteilig zuzurechnenden Vermögensgegenstände und Schulden im Konzernabschluss nicht aufgenommen werden; eine sinngemäße Anwendung jener Vorschrift entfällt insoweit bereits konzeptionsbedingt (vgl. auch DRS 27.44).

3. Zwischenabschluss und Bilanzierungsanpassung. Aufgrund des Verweises in 33 Abs. 2 auf § 299 hat das Gemeinschaftsunternehmen bei einem gegenüber dem Gesellschafterunternehmen abweichenden Geschäftsjahr einen Zwischenabschluss zu erstellen (vgl. auch DRS 27.34). Für Gemeinschaftsunternehmen gelten hier folglich die gleichen Regeln wie für vollkonsolidierungspflichtige Tochterunternehmen.

---

[22] AA HKMS/Sultana Rn. 23.

34   Der Verweis auf die §§ 300 und 308 erfordert von dem Gemeinschaftsunternehmen darüber hinaus die Anwendung konzerneinheitlicher Bilanzierungsregeln und damit ggf. die **Erstellung einer HB II** (vgl. DRS 27.33).[23] Insbesondere für ausländische Gemeinschaftsunternehmen kann dies dazu führen, dass sie drei oder mehr Abschlüsse (HB I und je eine HB II für die Gesellschafterunternehmen) erstellen müssen. Dies kann speziell bei Gemeinschaftsunternehmen, die selbst als Mutterunternehmen eines mehrstufigen Konzerns organisiert sind, zu erheblichem Erstellungsaufwand führen. Daraus kann allerdings kein Ausnahmetatbestand iSd § 308 Abs. 2 S. 4 abgeleitet werden,[24] wonach Abweichungen vom Grundsatz der einheitlichen Bilanzierung in Ausnahmefällen, mit Angabe und Begründung im Konzernanhang, zulässig sind. Unbeschadet der Anwendung des § 308 Abs. 2 S. 4 ist jedoch zumindest die Einhaltung der GoB zu fordern.[25] Ist das Gemeinschaftsunternehmen für die Darstellung der Vermögens-, Finanz- und Ertragslage von **untergeordneter Bedeutung,** so kann eine Anpassung an konzerneinheitliche Bilanzierungsgrundsätze aufgrund von § 308 Abs. 2 S. 3 unterbleiben. Auch sollte der Grundsatz der Wirtschaftlichkeit beachtet werden.

35   Ist ein nach konzerneinheitlichen Bilanzierungsregeln erstellter Abschluss nicht zu erhalten, bliebe die Möglichkeit der **Equity-Bewertung** des Gemeinschaftsunternehmens nach § 312. Hier kann nach § 312 Abs. 5 S. 2 auf die konzerneinheitliche Bilanzierung im Abschluss des assoziierten Unternehmens bei entsprechenden Anhangangaben verzichtet werden.

36   **4. Währungsumrechnung.** Auch die Abschlüsse ausländischer Gemeinschaftsunternehmen sind vor ihrer quotalen Einbeziehung in den Konzernabschluss mittels der sog. **modifizierten Stichtagskursmethode** in die Konzernwährung umzurechnen. Hierfür wiederum sind die Regelungen des § 308a iVm DRS 25 maßgeblich (vgl. auch DRS 27.4; DRS 25.41). Entsprechend dem generellen Vorgehen bei der Quotenkonsolidierung werden Differenzen, die aus der Währungsumrechnung entstehen, ebenfalls nur anteilig erfasst.[26]

37   **5. Bestimmung der Kapitalquote.** Nach dem Vollständigkeitsgebot des § 300 Abs. 2 sind in den Konzernabschluss grundsätzlich alle Vermögensgegenstände, Schulden, Rechnungsabgrenzungs- und Sonderposten sowie Aufwendungen (Auszahlungen) und Erträge (Einzahlungen) aufzunehmen, wobei die Jahresabschlusspositionen der Gemeinschaftsunternehmen nach § 310 Abs. 1 (bzw. DRS 27.35) jedoch nur entsprechend dem **Anteil am Kapital des Gemeinschaftsunternehmens** einzubeziehen sind.

38   Wird das Gemeinschaftsunternehmen in der Rechtsform einer Kapitalgesellschaft geführt, so bestimmt sich der Kapitalanteil im Fall von Nennbetragsaktien nach dem Verhältnis des Nennbetrags der dem Mutterunternehmen unmittelbar oder mittelbar gehörenden Anteile am gezeichneten Kapital bzw. bei Existenz von (nennwertlosen) Stückaktien nach dem Verhältnis der Anzahl der Anteile, die dem Mutterunternehmen gehören, zu den insgesamt ausgegebenen Anteilen; in beiden Fällen sind dem Gemeinschaftsunternehmen gehörende eigene Anteile abzuziehen (vgl. auch DRS 27.39).

39   Bei Gemeinschaftsunternehmen in der Rechtsform einer Personengesellschaft ermittelt sich – vorbehaltlich abweichender gesellschaftsvertraglicher Regelungen – der Kapitalanteil nach dem Verhältnis des dem Mutterunternehmen unmittelbar oder mittelbar zustehenden Kapitalkontos zum Gesamteigenkapital betreffender Personengesellschaft (vgl. DRS 27.40).

40   Rechtstatsächlich sind Fallkonstellationen denkbar, in denen es, zB infolge spezifischer Leistungen und/oder aufgrund besonderer Bedeutung eines der Partnerunternehmen, zu **divergierenden Kapital- und Gewinnanteilen** kommen kann. Nach wohl hM sollte auch in diesen Fällen – streng dem Wortlaut des § 310 Abs. 1 folgend – die Einbeziehung

---

[23]   Busse v. Colbe/Müller/Reinhard, 2. Aufl. 1989, Rn. 128 f.
[24]   HdK/Sigle Rn. 74; eher abl. auch Busse v. Colbe/Ordelheide/Gebhardt/Pellens Konzernabschlüsse Kap. 10 III. 1.
[25]   Busse v. Colbe/Müller/Reinhard, 2. Aufl. 1989, Rn. 128.
[26]   BeBiKo/Grottel/Koeplin § 308a Rn. 55; Küting/Pfitzer/Weber Rechnungslegung-HdB/Küting/Mojadadr S. 483 f.; Staub/Kraft Rn. 86.

eines Gemeinschaftsunternehmens regelmäßig auf der Grundlage des Kapitalanteils erfolgen (vgl. so auch DRS 27.38). Würde so verfahren, wäre im Fall abweichender Gewinnverteilungsabreden in der konsolidierten Ergebnisrechnung ein zusätzlicher Ausgleichsposten einzufügen, der die vertraglich vereinbarten und insoweit vom Kapitalanteil abweichenden Gewinnanteile zutreffend repräsentiert.[27] Selbst wenn Kapital- und Stimmrechtsanteile voneinander abweichen, wären damit ausschließlich die Kapitalanteile für eine quotale Einbeziehung der Vermögensgegenstände und Schulden des Gemeinschaftsunternehmens relevant (vgl. DRS 27.41).

DRS 27.42 sieht diesbezüglich in **Ausnahmefällen** eine Konsolidierung nach der **41** wirtschaftlichen, statt der kapitalmäßigen Anteilsquote vor. Auf dieses – bereits aus DRS 23.47 bekannte und nicht unumstrittene – Hilfskonstrukt soll nur dann zurückgegriffen werden, sofern die wirtschaftliche Beteiligungsquote des Mutterunternehmens an den laufenden Ergebnissen sowie am Liquidationserlös dauerhaft vom Kapitalanteil abweicht.[28]

Sofern die Anteile an einem Gemeinschaftsunternehmen auf mehrere Konzernunter- **42** nehmen verteilt sind, stellen sich vielfältige Zurechnungsfragen.[29] Maßgebend sind nicht allein die unmittelbaren Kapitalanteile der Führungsgesellschaft, sondern grundsätzlich zunächst die **Anteile von allen Konzernunternehmen am Gemeinschaftsunternehmen** im Verhältnis zu den Anteilen der übrigen konzernfremden Gesellschafterunternehmen. Hierzu sind für die Ermittlung der Stimm- (vgl. auch § 290 Abs. 4), Vermögens- und sonstigen Beteiligungsrechte, die dem Mutterunternehmen an betreffendem Gemeinschaftsunternehmen zustehen, die in § 290 Abs. 3 kodifizierten Grundsätze zur Hinzurechnung und zum Abzug von Rechten entsprechend anzuwenden (vgl. DRS 27.23 iVm DRS 19.62 ff.). Dies kann so bereits aus Abs. 1 abgeleitet werden. Hiernach sind diejenigen Anteile, die (unmittelbar oder mittelbar) dem „Mutterunternehmen gehören", für Zwecke der Quotenkonsolidierung maßgebend. Des Weiteren wird in § 313 Abs. 2 Nr. 3 explizit verlangt, den im Konzernanhang anzugebenden Anteil an Gemeinschaftsunternehmen auf Basis der Kapitalanteile von Mutter- und einbezogenen Tochterunternehmen sowie auf Rechnung dieser Unternehmen handelnder Dritter zu berechnen.[30]

Für Zwecke der Anteilszurechnung wird im Schrifttum mit Verweis auf das Fehlen **43** eines konsolidierbaren Anteils überwiegend die Auffassung vertreten, dass Anteile an Gemeinschaftsunternehmen, die von **nicht vollkonsolidierten Tochterunternehmen** gehalten werden, nicht einbezogen werden dürfen.[31] Dies wiederum hätte zur Konsequenz, dass lediglich diejenigen Kapitalanteile zu berücksichtigen wären, die seitens des Mutterunternehmens und allen vollkonsolidierten Tochterunternehmen gehalten werden. Außer Ansatz blieben demnach die Anteile sämtlicher
– konzernfremder Unternehmen,
– Beteiligungsunternehmen gem. § 271 Abs. 1,
– assoziierter Unternehmen iSd § 311 Abs. 1,
– quotal konsolidierter Gemeinschaftsunternehmen, sowie
– nicht vollkonsolidierter Tochterunternehmen.[32]

Diese Ansicht wirft speziell in Bezug auf bestimmte, über § 296 nicht vollkonsolidierte **44** Tochterunternehmen vielfältige Fragen auf. Schließlich sind auch von solchen Unternehmen gehaltene Anteile gem. § 271 Abs. 1 S. 4 iVm § 16 Abs. 4 AktG als dem „Mutterunternehmen gehörend" anzusehen. Dass nunmehr auch DRS 27 diese scheinbar hM adaptiert, wird damit begründet, eine Berücksichtigung von Anteilen an Gemeinschaftsunternehmen,

---

27 Küting/Weber Konzernabschluss, 14. Aufl. 2018, S. 636; Bonner HdR/Lorson/Hell/Höfner Rn. 79 ff.; Petersen/Zwirner/Kirsch BilR Rn. 26; nicht eindeutig Hoffmann/Lüdenbach Rn. 30 f.

28 Krit. dazu bereits Wirth/Weber/Dusemond/Küting DB 2015, 1059.

29 ADS Rn. 29 f.; BeBiKo/Störk/Lewe Rn. 30 ff.; fernerhin Busse v. Colbe/Ordelheide/Gebhardt/Pellens Konzernabschlüsse Kap. 10 II. 4.; HdJ/Niehus V/7 Rn. 156 ff.

30 BeBiKo/Störk/Lewe Rn. 30 ff.

31 HdK/Sigle Rn. 39; Baetge/Kirsch/Thiele/Ebeling Rn. 73 ff.; HKMS/Sultana Rn. 61; aA Busse v. Colbe/Ordelheide/Gebhardt/Pellens Konzernabschlüsse Kap. 10 II. 4.

32 BeBiKo/Störk/Lewe Rn. 38.

die von nicht vollkonsolidierten Unternehmen gehalten werden, sei schlichtweg nicht sachgerecht. Insbesondere wäre hier eine in Übereinstimmung mit § 301 iVm § 310 Abs. 2 vorzunehmende Kapitalverrechnung nicht möglich (vgl. DRS 27.B12). Solch eine Wertung „begegnet jedoch erheblichen Bedenken, da die Quote nach den Anteilen zu bemessen ist, die dem Mutterunternehmen gehören".[33] Eine Beschränkung auf lediglich „diejenigen Anteile, die im Konzernabschluss bei Nichtkonsolidierung auszuweisen wären",[34] ist – wie nachfolgend skizziert – weder aus „konsolidierungstechnischen Gründen noch nach dem Sinn der Zurechnungsregel erforderlich".[35]

45   Zunächst geht DRS 27.23 zutreffend davon aus, dass Rechte, die Tochterunternehmen zustehen, deren Finanz- und Geschäftspolitik vom Mutterunternehmen unter den Voraussetzungen des § 296 Abs. 1 Nr. 1 nicht tatsächlich beherrscht werden kann (vgl. DRS 19.81 ff.), nicht für Zwecke des § 310 Abs. 1 zu berücksichtigen sind. Ob und inwieweit es allerdings zweckmäßig ist, diese Empfehlung unreflektiert auf alle Wahlrechtstatbestände des § 296 auszudehnen, darf zumindest bezweifelt werden. Sicherlich werden die Gründe für eine etwaige Nichteinbeziehung eines Tochterunternehmens oftmals zugleich auf diesem Unternehmen hierarchisch nachgeordnete Unternehmen durchschlagen. Damit aber pauschal zu rechtfertigen, dass in solchen Konstellationen stets eine Konsolidierung des in Rede stehenden Anteils zu unterbleiben hat, wird der Intention des § 290 Abs. 3 wenig gerecht. Schließlich ist es im Sinne einer gesteigerten Aussagefähigkeit des handelsrechtlichen Konzernabschlusses einerseits denkbar, die im Rahmen der Kapitalkonsolidierung nicht aufrechenbaren Eigenkapitalbeträge – wie zT bereits gefordert – in einen entsprechend bezeichneten **(passivischen) Ausgleichsposten** einzustellen.[36] Soweit dies mit Verweis auf einen „nicht interpretierbaren Passivposten"[37] (→ Rn. 46, → Rn. 49) abgelehnt wird, käme andererseits im Sinne eines zutreffenden (Netto-)Vermögensausweises die Vornahme einer sog. **Sprungkonsolidierung** in Betracht.[38] Ökonomisch beruht solch eine mittelbare Konsolidierung auf der Überlegung, dass die von dem nicht vollkonsolidierten Tochterunternehmen gehaltene Beteiligung im Konzernabschluss durch die unmittelbare Beteiligung der Mutter an eben jenem nicht einbezogenen Tochterunternehmen repräsentiert wird. Die Beteiligung der Mutter an dem nicht vollkonsolidierten Tochterunternehmen umfasst danach vermögensmäßig auch denjenigen Anteil, der von dem nicht einbezogenen Tochterunternehmen an dem voll bzw. quotal zu konsolidierenden Tochter- bzw. Gemeinschaftsunternehmen gehalten wird, so dass bei einer Nichtkonsolidierung die den Anteilen entsprechenden Vermögensgegenstände im Konzernabschluss doppelt ausgewiesen würden. Käme in Ausnahmefällen ein solches Herausschälen bzw. Abspalten jenes Anteils deswegen nicht in Betracht, weil die unmittelbar seitens der Mutter an dem nicht vollkonsolidierten Tochterunternehmen gehaltene Beteiligung wertmäßig zu gering ist, verbliebe alternativ die Möglichkeit einer dann auf HB II-Ebene vorzunehmenden Anpassungsbuchung. Im Zuge derer wäre der über das nicht einbezogene Tochterunternehmen (mittelbar) gehaltene Anteil als dem betreffenden Mutterunternehmen unmittelbar gehörend zu betrachten und demnach – abhängig von der Kapital- bzw. Finanzierungsstruktur des nicht vollkonsolidierten Tochterunternehmens – in der HB II entsprechend ein- bzw. nachzubuchen, um schließlich auf dieser (kumulierten) Wertbasis sodann die Kapitalkonsolidierung vornehmen zu können. In jedem Fall sollte – zumindest, wenn es sich um wesentliche Anteile handelt, stets geprüft werden, ob nicht ggf. doch eine Vollkonsolidierung des betreffenden Tochterunternehmens von Vorteil ist (vgl. DRS 27.B12).[39]

---

[33]   ADS Rn. 30.
[34]   Staub/Kraft Rn. 63.
[35]   Busse v. Colbe/Ordelheide/Gebhardt/Pellens Konzernabschlüsse Kap. 10 II. 4.
[36]   Busse v. Colbe/Ordelheide/Gebhardt/Pellens Konzernabschlüsse Kap. 10 II. 4.
[37]   HKMS/Sultana Rn. 61.
[38]   HdK/Dusemond/Weber/Zündorf § 301 Rn. 342 ff.; zudem Busse v. Colbe/Ordelheide/Gebhardt/Pellens Konzernabschlüsse Kap. 5 IX. 2.
[39]   HdK/Dusemond/Weber/Zündorf § 301 Rn. 346.

Gehören einem Mutterunternehmen 30 % und dessen 100 %-igem (vollkonsolidierten) **46**
Tochterunternehmen weitere 20 % der Kapitalanteile an einem Gemeinschaftsunternehmen, so kann dieses Gemeinschaftsunternehmen, sofern auch die sonstigen Einbeziehungs-
voraussetzungen erfüllt sind, quotal mit 50 % in den Konzernabschluss einbezogen werden.
Hält das Mutterunternehmen an betreffendem Tochterunternehmen lediglich 75 % des
Kapitals, änderte dies aufgrund der gebotenen Konzernbetrachtung nichts an der Qualifikation als Gemeinschaftsunternehmen. Welche Quote der Konsolidierung in diesem konkreten Fall zugrunde zu legen ist, richtet sich danach, ob die derweil auch von DRS 23.194
präferierte additive (50 %) oder aber – als weiterhin zulässig erachtete – multiplikative (45 %
(= 0,30 + 0,75 x 0,20)) Methode zur Anwendung gelangt.[40] Die maßgebliche Quote soll
nach hM wie auch inzwischen nach DRS 27 auf 30 % zu reduzieren sein, sofern das
die 20 % haltende Tochterunternehmen selbst nicht über § 296 in den Konzernabschluss
einbezogen wird.[41] Solch eine Anteilsbeschränkung bzw. -reduktion ist aus dem Gesetzeswortlaut nicht abzuleiten. Soweit hier der – die hM repräsentierenden – Vorgabe des DRS
27 nicht gefolgt wird, könnte in konsolidierungstechnischer Hinsicht wie zuvor dargelegt
(→ Rn. 45) verfahren werden. Würde sich dabei eines nach § 307 zu bildenden Ausgleichspostens bedient, so wäre dies entweder mittels eines „davon"-Vermerks (zB: davon auf
Anteile nicht einbezogener Tochterunternehmen am Kapital von quotal konsolidierten
Gemeinschaftsunternehmen entfallend) oder durch geeignete Anhangangaben entsprechend
kenntlich zu machen.

Wird ein Gemeinschaftsunternehmen faktisch (ausschließlich) von einem Tochterun- **47**
ternehmen sowie einem konzernfremden Partner geführt und das Tochterunternehmen
infolge erheblicher und andauernder Beschränkungen in der Rechteausübung iSd § 296
Abs. 1 Nr. 1 (vgl. DRS 19.81 ff.) nicht in den Konzernabschluss einbezogen, so kann in
diesem Szenario eine gemeinsame Führung nicht rechtstatsächlich ausgeübt werden, so dass
eine quotale Konsolidierung ausscheidet (vgl. DRS 27.23; DRS 27.B11). Inwieweit hier
eine Equity-Bewertung nach § 312 in Betracht kommt, hängt letztlich von der Frage ab,
ob zumindest noch ein maßgeblicher Einfluss tatsächlich geltend gemacht werden kann (im
Übrigen sei auf → Rn. 45 verwiesen).

Fungiert im Fall mehrstufiger Beteiligungsverhältnisse ein in den Konzernabschluss **ein-** **48**
bezogenes Gemeinschaftsunternehmen als Gesellschafterunternehmen eines weiteren (potenziellen) Gemeinschaftsunternehmens, wirft dies die Frage auf, mittels welcher
Methode sowie mit welcher Quote betreffendes Beteiligungsunternehmen in den Konzernabschluss einzubeziehen ist. Angenommen, ein Mutterunternehmen ist jeweils unmittelbar
zu 100 % an einem Tochterunternehmen wie auch zu 50 % an einem Gemeinschaftsunternehmen iSd § 310 beteiligt, wobei sowohl das Tochter- als auch das Gemeinschaftsunternehmen wiederum jeweils 50 % der Anteile an einem weiteren Beteiligungsunternehmen halten:
Weitgehend unstrittig liegt der Fall, sofern das Gemeinschaftsunternehmen im Wege der
Equity-Methode bewertet wird. Wird betreffendes Unternehmen dagegen anteilmäßig konsolidiert, so ist angesichts des Wortlauts des § 310 Abs. 1 zweifelhaft, ob die Voraussetzung
„mit einem nicht in den Konzernabschluss einbezogenen Unternehmen" im vorliegenden
Fall gegeben ist. Zwar qualifiziert sich das Gemeinschaftsunternehmen nicht als Tochterun-
ternehmen, dennoch gilt es aber nach § 310 Abs. 2 iVm § 297 Abs. 3 S. 1 als (anteilig)
„einbezogen". Fraglich ist, ob letztlich der Qualifikation als Tochterunternehmen oder der
Einbeziehungsart Vorrang einzuräumen ist. Dabei stellt die wohl hM vorrangig auf die
Einbeziehungsart ab, lässt diese jedoch aus Gründen der wirtschaftlichen Betrachtung[42] und/
oder geringeren Beherrschungsintensität[43] nicht durchgreifen. Jene Beurteilung ist zwar im
Ergebnis zutreffend, allerdings kann ihr in Bezug auf die Begründung nicht beigepflichtet
werden. Denn: Nicht die Technik bzw. Einbeziehung ist entscheidend, sondern allein die

---

40   Speziell dazu stellvertretend Wirth/Dusemond/Küting DB 2017, 2493 ff.
41   Stellvertretend HdK/Sigle Rn. 39.
42   ADS Rn. 18.
43   BeBiKo/Störk/Lewe Rn. 34.

Tatsache, dass es sich bei dem Gemeinschaftsunternehmen um kein Tochterunternehmen iSd § 290 handelt. Dies wiederum bedeutet im Umkehrschluss, dass Anteile, die dem Gemeinschaftsunternehmen „gehören", dem Mutterunternehmen formal richtigerweise nicht nach § 271 Abs. 1 S. 4 iVm § 16 Abs. 2 und Abs. 4 AktG zugerechnet werden können. Da vor diesem Hintergrund das quotal konsolidierte Gemeinschaftsunternehmen eben nicht der unmittelbaren Beherrschungssphäre des Mutterunternehmens, sondern vielmehr – wie auch assoziierte Unternehmen – der Konzernperipherie angehört, folgt hieraus die „Berechtigung, ein drittes Unternehmen anteilmäßig einzubeziehen, sofern dieses von den Partnerunternehmen gemeinsam geführt wird."[44] Nicht zuletzt deshalb, weil eine Nichtberücksichtigung der von dem Gemeinschaftsunternehmen gehaltenen Anteile an dem hier in Rede stehenden Unternehmen zu einer unsachgemäßen Konsolidierung führen würde, ist das Beteiligungsunternehmen daher mit einer Quote von 75 % in den Konzernabschluss einzubeziehen.[45] Dies ergibt sich in letzter Konsequenz daraus, dass neben dem vom Tochterunternehmen unmittelbar gehaltenen Anteilen (50 %) letztlich auch die seitens des quotal konsolidierten Gemeinschaftsunternehmens gehaltenen Anteile – und zwar entsprechend der Quote (0,50 x 0,50) – dem Mutterunternehmen zuzurechnen sind. Obgleich es vorliegend damit zu einer Einbeziehungsquote von insgesamt 75 % kommt, verändert sich dadurch die Qualifikation des nachgelagerten Unternehmens als Gemeinschaftsunternehmen iSd § 310 nicht; eine Vollkonsolidierung als Tochterunternehmen scheidet damit – rein formell betrachtet – aus. Würde dieser, eng der Gesetzessystematik verhafteten Betrachtung nicht gefolgt, wäre zumindest nicht auszuschließen, dass hier in Rede stehendes Beteiligungsunternehmen aufgrund faktischer Verhältnisse nicht doch als Tochterunternehmen iSd § 290 einzustufen und demnach auf Grundlage der Vollkonsolidierung einzubeziehen ist.[46]

49   Ein **Gemeinschaftsunternehmen des Mutterunternehmens und eines nicht vollkonsolidierten Tochterunternehmens** würde zwar formell den Anforderungen von § 310 ebenso wie DRS 27.7 entsprechen. Da aber die Kapitalanteile des nichtkonsolidierten Tochterunternehmens dem Mutterunternehmen zuzurechnen sind, ist hier von einem Tochterunternehmen auszugehen, das folglich über die Vollkonsolidierung oder ggf. at equity in den Konzernabschluss einzubeziehen ist.[47] Soweit dafür (im Fall der Vollkonsolidierung) auf die Bildung eines Ausgleichspostens zurückgegriffen wird (hierzu sei auf → Rn. 45 verwiesen), sollte dies zwecks Erhöhung des Aussagewerts des Konzernabschlusses entweder mittels eines „davon"-Vermerks (zB: davon auf Anteile nicht vollkonsolidierter Tochterunternehmen entfallend) oder durch geeignete Anhangangaben entsprechend kenntlich gemacht werden.

50   **6. Konsolidierungsmaßnahmen. a) Grundsätzliche Vorgehensweise.** Die nach konzerneinheitlichen Bilanzierungsregeln ermittelten und ggf. in Konzernwährung umgerechneten Vermögensgegenstände, Schulden, Rechnungsabgrenzungs- und Sonderposten sowie Aufwendungen und Erträge des Gemeinschaftsunternehmens werden jeweils mit der zuzurechnenden Kapitalquote multipliziert und anschließend (anteilmäßig) in die Summenbilanz und Summen-GuV aufgenommen (vgl. DRS 27.35). Im Kontext der Konsolidierungsmaßnahmen sind anschließend sämtliche aus den Beziehungen zwischen den konsolidierten Unternehmen und dem Gemeinschaftsunternehmen resultierenden Positionen in Höhe der Anteilsquote des Konzerns zu eliminieren (vgl. DRS 27.36).

51   **b) Kapitalkonsolidierung.** Aus dem Summenabschluss ist im Rahmen der Kapitalkonsolidierung der Buchwert der Beteiligung an dem Gemeinschaftsunternehmen mit dem vollständig neubewerteten anteiligen Eigenkapital zu verrechnen. Die Kapitalkonsolidierung ist wie bei der Vollkonsolidierung gem. § 301 nach der **Neubewertungsmethode** vorzu-

---

[44]   Staub/Kraft Rn. 46.
[45]   BeckOGK/Senger/Schrimpf-Dörges Rn. 69.
[46]   So etwa Zündorf, Quotenkonsolidierung versus Equity-Methode, 1987, S. 8 f.
[47]   ADS Rn. 17; Zündorf, Quotenkonsolidierung versus Equity-Methode, 1987, S. 8; bezüglich weiterer Konstellationen ADS Rn. 30; BeBiKo/Störk/Lewe Rn. 34 ff.; HdK/Sigle Rn. 35 ff.

nehmen (für sog. Altfälle, die vor BilMoG noch mittels Buchwertmethode einbezogen wurden, kann jene Methode weiterhin angewandt werden (vgl. Art. 66 EGHGB)). Wegen der quotalen Erfassung der Jahresabschlussposten des Gemeinschaftsunternehmens entfällt der Ausgleichsposten für Anteile nicht beherrschender Gesellschafter nach § 307. Ein im Konzernabschluss des Gemeinschaftsunternehmens ggf. vorhandener **Minderheitenanteil** ist quotal zu übernehmen und auf nicht beherrschende (Minderheiten-)Anteile im Konzernabschluss umzugliedern (vgl. DRS 27.44).[48] Die erstmalige Verrechnung ist nach § 301 Abs. 2 zu dem Zeitpunkt vorzunehmen, zu dem das Unternehmen Gemeinschaftsunternehmen geworden ist (vgl. DRS 27.B13). Die Ausnahmeregelung des § 301 Abs. 2 S. 2 gilt für eine etwaige quotale Einbeziehung gleichermaßen; entsprechend verhält es sich hinsichtlich der mit § 301 Abs. 2 S. 3 ff. gewährten Erleichterungsmöglichkeiten (vgl. DRS 27.43).

c) Schuldenkonsolidierung. Schuldverhältnisse zwischen einem konsolidierten **52** Unternehmen und einem Gemeinschaftsunternehmen sind nur in der Höhe zu eliminieren, in der die Forderung oder Verbindlichkeit in den Summenabschluss übernommen wurde. Differenzen aus der Schuldenkonsolidierung sind analog zu § 303 in einen Ausgleichsposten einzustellen und ggf. mit den Konzernrücklagen zu verrechnen. Die nicht konsolidierten Beträge der verbundenen Unternehmen gilt es schließlich in den Konzernabschluss zu übernehmen, da sie nach dem Grundgedanken der Quotenkonsolidierung gegenüber dem konzernfremden Gesellschafterunternehmen als realisiert anzusehen sind. Sie sind unter den Forderungen bzw. Verbindlichkeiten gegenüber Unternehmen, mit denen ein Beteiligungsverhältnis besteht (§ 266 Abs. 2 B. II. 3. bzw. Abs. 3 C. 7.), auszuweisen (vgl. auch DRS 27.45).[49]

Forderungen und Verbindlichkeiten **zwischen Gemeinschaftsunternehmen** unter- **53** liegen der Schuldenkonsolidierung, da diese iSd § 303 Abs. 1 als einbezogene Unternehmen gelten. Sind im Konzernabschluss zB zwei Gemeinschaftsunternehmen quotal konsolidiert, und hält ein 40 %-iges Gemeinschaftsunternehmen eine Forderung in Höhe von 100 EUR gegenüber einem 50 %-igen Gemeinschaftsunternehmen, so sind im Rahmen der Schuldenkonsolidierung (0,50 × 0,40 × 100 =) 20 EUR zu konsolidieren.[50]

Die Eliminierungshöhe ergibt sich aus der Multiplikation der jeweiligen Kapitalquoten **54** an den beteiligten Gemeinschaftsunternehmen und zeigt die vom Konzern zu tragende Quote an dem internen Kreditgeschäft. Demgegenüber wird in der Literatur aber auch eine Eliminierungspflicht in Höhe der niedrigeren der beiden Beteiligungsquoten (hier: 40 %) vorgeschlagen.[51] Die Schuldenkonsolidierung kann gem. § 303 Abs. 2 gänzlich unterbleiben, wenn die Beträge für die Vermittlung eines den tatsächlichen Verhältnissen entsprechenden Bildes der Vermögens-, Finanz- und Ertragslage von **untergeordneter Bedeutung** sind.

d) Zwischenerfolgseliminierung. Abs. 2 verweist auf § 304 Abs. 1, wonach Vermö- **55** gensgegenstände, die ganz oder teilweise aus **konzerninternem Lieferungs- und Leistungsverkehr** stammen, im Konzernabschluss mit den Konzernanschaffungs- oder -herstellungskosten anzusetzen sind. Folglich sind Zwischenerfolge aus internen Lieferungen zwischen
– Gemeinschaftsunternehmen und vollkonsolidierten Unternehmen (upstream-Lieferung),
– vollkonsolidierten Unternehmen und Gemeinschaftsunternehmen (downstream-Lieferung), sowie
– mehreren quotal konsolidierten Gemeinschaftsunternehmen (crossstream-Lieferung)

---

[48] Busse v. Colbe/Müller/Reinhard, 2. Aufl. 1989, Rn. 127; HdJ/Niehus V/7 Rn. 144.
[49] ADS Rn. 37 f.; BeBiKo/Störk/Lewe Rn. 62 f.; Busse v. Colbe/Ordelheide/Gebhardt/Pellens Konzernabschlüsse Kap. 10 III. 2.3; HdK/Sigle Rn. 86; Bonner HdR/Lorson/Hell/Höfner Rn. 59.
[50] So für die Zwischenerfolgseliminierung etwa Busse v. Colbe/Ordelheide/Gebhardt/Pellens Konzernabschlüsse Kap. 10 III. 2.4; DRS 27.45.
[51] So zumindest für die Zwischenerfolgseliminierung ADS Rn. 42; BeBiKo/Störk/Lewe Rn. 66; Zündorf BB 1987, 2132 f.

zu eliminieren,[52] sofern der Ausnahmetatbestand des § 304 Abs. 2 nicht greift.

56   Obwohl § 304 grundsätzlich eine vollständige Zwischenerfolgseliminierung vorschreibt, sind Zwischenerfolge aus **downstream-Lieferungen,** die am Abschlussstichtag
noch in Anlage- oder Umlaufvermögensgegenständen des Gemeinschaftsunternehmens enthalten sind, nur anteilig zu eliminieren (vgl. so auch DRS 27.46). Dies ergibt sich bereits
daraus, dass die Gegenstände nur anteilig in den Konzernabschluss einbezogen werden und
ansonsten zu einem unterhalb der Konzernanschaffungs- oder -herstellungskosten liegenden
Ansatz bilanziert würden. In Höhe der Kapitalquote der konzernfremden Gesellschafter des
Gemeinschaftsunternehmens sind die Zwischenerfolge als realisiert anzusehen und insoweit
nicht zu eliminieren.

57   Zwischenerfolge aus **upstream-Lieferungen** könnten zwar vollständig eliminiert werden, da die Vermögensgegenstände in voller Höhe im Konzernabschluss ausgewiesen werden. Dennoch erscheint auch hier – in Übereinstimmung mit DRS 27.46 – nur eine
anteilige Zwischenerfolgseliminierung konsistent, zumal solche Zwischenerfolge in Höhe
der Beteiligungsquote der konzernfremden Gesellschafterunternehmen als realisiert anzusehen sind.[53] Eine über den Marktpreisen liegende Bewertung wird verhindert, da die Bewertungsregeln des § 253 auch für Gegenstände aus internen Geschäften gelten.

58   Zwischenerfolge aus sog. **crossstream-Lieferungen** zwischen mehreren anteilig konsolidierten Gemeinschaftsunternehmen eines Mutter- oder Tochterunternehmens sind zu
eliminieren, weil davon auszugehen ist, dass Gemeinschaftsunternehmen iSd § 304 Abs. 1
als einbezogene Unternehmen zu gelten haben. Dennoch kann die ökonomische Rechtfertigung einer Zwischenerfolgseliminierungspflicht bei crossstream-Lieferungen kritisch hinterfragt werden. Was hier den Eliminierungsumfang betrifft, so sollte auch die Zwischenerfolgseliminierung – wie bereits bei der Schuldenkonsolidierung (→ Rn. 53 f.) – auf das
Produkt der Beteiligungsquoten an den betroffenen Gemeinschaftsunternehmen beschränkt
werden (vgl. so noch DRS 9.12 [aF]).[54] Alternativ wird – in Übereinstimmung mit DRS
27.47 – vorgeschlagen, die Zwischenerfolge in Höhe der Quote desjenigen Gemeinschaftsunternehmens zu eliminieren, das die Lieferung empfangen hat.[55]

59   **e) Aufwands- und Ertragskonsolidierung.** Sämtliche Aufwendungen und Erträge
des Gemeinschaftsunternehmens werden anteilig in die Summen-GuV übernommen. Die
jeweiligen Aufwendungen und Erträge aus Lieferungen und Leistungen zwischen dem
Gemeinschaftsunternehmen und den vollkonsolidierten Unternehmen sind in Höhe der
Beteiligungsquote an dem Gemeinschaftsunternehmen gegeneinander aufzurechnen. Im
Konzernabschluss verbleiben somit nur solche Aufwendungen und Erträge des Gemeinschaftsunternehmens, die aus Lieferungen und Leistungen mit nicht einbezogenen Unternehmen resultieren.

60   Aufwendungen und Erträge aus Lieferungen und Leistungen der Gemeinschaftsunter-
nehmen untereinander **(crossstream)** werden entsprechend in Höhe der multiplizierten
Beteiligungsquoten an den betroffenen Gemeinschaftsunternehmen eliminiert (→ Rn. 53 f.,
→ Rn. 58).

61   Sofern das Gesellschafterunternehmen im Jahresabschluss einen Beteiligungsertrag von
Gemeinschaftsunternehmen ausweist, wird dieser über die Summen-GuV in den Konzernabschluss übernommen. Da hier aber auch das dem Beteiligungsertrag zugrunde liegende
anteilige Jahresergebnis des Gemeinschaftsunternehmens enthalten ist, sind diese Beträge
vollständig gegeneinander aufzurechnen.[56]

62   **f) Latente Steuern.** § 310 reguliert die entsprechende Anwendung von § 306 zur
Bilanzierung latenter Steuern. Daher ist die nach Maßgabe des § 306 iVm DRS 18 (vgl.

---

52   Busse v. Colbe/Ordelheide/Gebhardt/Pellens Konzernabschlüsse Kap. 10 III. 2.4; DRS 27.46 f.
53   Busse v. Colbe/Müller/Reinhard 2. Aufl. 1989, Rn. 132 f.
54   ADS Rn. 42; Busse v. Colbe/Ordelheide/Gebhardt/Pellens Konzernabschlüsse Kap. 10 III. 2.4.
55   v. Wysocki/Wohlgemuth/Brösel S. 242; HKMS/Sultana Rn. 89.
56   ADS Rn. 46; BeBiKo/Störk/Lewe Rn. 69; Bonner HdR/Lorson/Hell/Höfner Rn. 66.

DRS 27.4) vorzunehmende Steuerabgrenzung auch auf die anteilmäßige Konsolidierung von Gemeinschaftsunternehmen anzuwenden.[57] Es besteht also die grundsätzliche Pflicht, sowohl aktive als auch passive latente Steuern auf sämtliche Konsolidierungseffekte abgrenzen zu müssen. Insoweit ergeben sich auch hier keine systematischen Unterschiede zur Vollkonsolidierung.[58]

g) Konsolidierungsmaßnahmen in der Kapitalflussrechnung. Sämtliche Aus- 63 und Einzahlungen des Gemeinschaftsunternehmens sind anteilig in die Konzernkapitalflussrechnung (vgl. DRS 21) zu übernehmen. Sofern sie aus den originären Einzelrechnungen erstellt wird, sind zur Vermeidung von Doppelrechnungen alle internen Zahlungsvorgänge zu korrigieren. Entsprechend sind auch die jeweiligen Aus- und Einzahlungen aus Lieferungen und Leistungen zwischen dem Gemeinschaftsunternehmen und den sonstigen in den Konzernabschluss einbezogenen Unternehmen in Höhe der Beteiligungsquote an dem Gemeinschaftsunternehmen gegeneinander aufzurechnen.

h) Konsolidierungserleichterungen. Die jeweiligen Erleichterungsvorschriften für 64 die Schuldenkonsolidierung (vgl. § 303 Abs. 2), Zwischenerfolgseliminierung (vgl. § 304 Abs. 2) und Aufwands- und Ertragskonsolidierung (vgl. § 305 Abs. 2) gelten auch für Gemeinschaftsunternehmen (vgl. DRS 27.37). Die Tatbestandsvoraussetzungen sind jeweils für den einzelnen Sachverhalt, aber auch insgesamt für sämtliche in Anspruch genommenen Erleichterungen zu prüfen.[59]

7. Ausweis im Konzernabschluss. Auch wenn DRS 27 – anders als noch DRS 9.19 65 (aF) – keine Aussage mehr hinsichtlich des Berichtsformats trifft, so dürfte für Zwecke des Ausweises der anteilig in den konsolidierten Abschluss zu übernehmenden Vermögensgegenstände, Schulden, Aufwendungen, Erträge und Zahlungsströme des Gemeinschaftsunternehmens auch weiterhin – abweichend von der (ehemaligen) internationalen Übung – nur eine undifferenzierte Zusammenfassung mit den jeweiligen Konzernabschlussposten zulässig sein (sog. line-by-line reporting).[60]

IV. Statuswahrende Anteilsveränderungen

Werden nach Etablierung einer gemeinsamen Führung weitere Anteile an einem 66 Gemeinschaftsunternehmen erworben (Aufstockung) oder veräußert (Abstockung), ohne dass sich der Status als Gemeinschaftsunternehmen ändert, so sind diese Transaktionen als Erwerbs- bzw. Veräußerungsvorgang abzubilden (vgl. DRS 27.48; DRS 27.B14). Der Sache nach entsprechend verhält es sich bei sog. eigenkapitalverändernden Maßnahmen.[61]

Bei einer Aufstockung sind die Vermögensgegenstände und Schulden anteilig in Höhe 67 der hinzuerworbenen Tranche neu zu bewerten. Ein sich nach der Verrechnung der Anschaffungskosten der weiteren Anteile mit dem auf diese Anteile entfallenden neubewerteten Eigenkapital ergebender Unterschiedsbetrag ist entsprechend § 301 Abs. 3 iVm § 309 zu behandeln (vgl. DRS 27.49).

Demgegenüber sind im Fall einer Abstockung der auf die veräußerten Anteile entfal- 68 lende Anteil an Vermögensgegenständen und Schulden sowie ein noch vorhandener anteiliger Geschäfts- oder Firmenwert bzw. passiver Unterschiedsbetrag als Abgang auszubuchen. Die Differenz zwischen dem Verkaufspreis der Anteile und dem hierauf entfallenden Anteil am Eigenkapital sowie des anteiligen Geschäfts- oder Firmenwerts bzw. passiven Unterschiedsbetrags ist zum Zeitpunkt der Veräußerung dieser Anteile GuV-wirksam als Veräußerungsgewinn bzw. -verlust zu erfassen (vgl. DRS 27.50).

---

[57] Bonner HdR/Lorson/Hell/Höfner Rn. 67.
[58] Beck HdR/Briese C 440 Rn. 91 f.
[59] BeBiKo/Störk/Lewe Rn. 71.
[60] Ebenso Hoffmann/Lüdenbach Rn. 29.
[61] Grdl. zur konsolidierungstechnischen Umsetzung bei Kapitalerhöhungen bzw. -herabsetzungen Hayn, Konsolidierungstechnik bei Erwerb und Veräußerung von Anteilen, 1999, S. 406 ff.

V. Beendigung der Quotenkonsolidierung und Konsolidierungswechsel

69   **1. Grundsatz.** Eine quotal konsolidierte Beteiligung an einem Gemeinschaftsunternehmen kann – etwa durch Beteiligungszukauf bzw. -verkauf und/oder vertragliche Veränderungen – in andere Intensitätsstufen des handelsrechtlichen Stufenkonzepts wechseln (vgl. auch DRS 27.51). Wird die Beteiligung an einem Gemeinschaftsunternehmen vollständig veräußert, steht eine Entkonsolidierung analog zur Vollkonsolidierung an (→ § 301 Rn. 118 ff.). Lediglich die Entkonsolidierungsmaßnahmen für etwaige, nicht beherrschende (Minderheiten-)Anteile entfallen hier.

70   **2. Wechsel zur Equity-Bilanzierung.** Ist ein bislang quotal konsolidiertes Gemeinschaftsunternehmen durch Beteiligungsverkauf, vertragliche Vereinbarung oder wahlrechtsbedingt als assoziiertes Unternehmen nach der Equity-Methode gem. § 312 zu bilanzieren, so wird eine „Übergangskonsolidierung" erforderlich. Im Fall eines reinen Methodenwechsels dienen nach DRS 27.56 die bis zum Übergang quotal konsolidierten Vermögensgegenstände und Schulden als Grundlage für die Anschaffungskosten der Equity-Beteiligung.[62] Es findet insoweit eine erfolgsneutrale Überführung des noch verbleibenden anteiligen Reinvermögens in den Wertansatz der Anteile statt. Sofern ein negatives anteiliges Reinvermögen vorliegt, ist zum Zeitpunkt der Übergangskonsolidierung ein Ertrag zu buchen, soweit aus Konzernsicht keine Außenverpflichtungen bestehen, die als Rückstellung oder Verbindlichkeit bilanzierungspflichtig sind. Werden zugleich Kapitalanteile veräußert, ist in Höhe der veräußerten Beteiligungstranche eine (GuV-wirksame) Entkonsolidierung (→ § 301 Rn. 118 ff.) vorzunehmen und die verbleibende Tranche nach Maßgabe des § 312 at equity zu bewerten.

71   **3. Wechsel zur Anschaffungskostenmethode.** Durch Beteiligungsverkauf oder vertragliche Vereinbarung kann ein Gemeinschaftsunternehmen zu einem reinen Beteiligungsunternehmen iSd § 271 werden, das gem. § 253 zu Anschaffungskosten zu bilanzieren ist. In diesem Fall ist zunächst eine GuV-wirksame Übergangskonsolidierung angezeigt: Während die abgehenden Anteile an betreffendem Gemeinschaftsunternehmen (GuV-wirksam) entzukonsolidieren sind, sollte die Zugangsbewertung der im Konzern verbleibenden (Rest-)Beteiligung nach hier vertretener Ansicht mittels des auf jene Anteile entfallenden Nettovermögens zu fortgeführten Konzernbuchwerten vorgenommen werden. Mithin stellen die bislang im Konzern anteilmäßig konsolidierten Vermögensgegenstände und Schulden die Grundlage für die Bestimmung der Anschaffungskosten dar (vgl. auch DRS 27.56).[63]

72   **4. Übergang zur Vollkonsolidierung.** Ungeklärt ist die Frage, wie sog. sukzessive Unternehmenszusammenschlüsse konsolidierungstechnisch abzubilden sind. E-DRS 30 sah hier zwar konkrete Regelungen zur Übergangskonsolidierung sowohl für den Fall, dass ein bislang zB quotal einbezogenes Gemeinschaftsunternehmen durch einen Hinzuerwerb von Anteilen den Status eines Tochterunternehmens erlangt (sog. Aufwärtswechsel), als auch für den umgekehrten Fall des Wechsels von der Voll- auf die Quotenkonsolidierung (sog. Abwärtswechsel) vor. DRS 23 enthält nun nur noch Vorschriften für den Abwärtswechsel (vgl. DRS 23.185 ff.). Die Regeln zum Aufwärtswechsel (vgl. E-DRS 30.180 ff.) sind gestrichen worden. Ursächlich hierfür ist, dass das DRSC seitens des BMJV mit der Überarbeitung des § 301 beauftragt wurde, um eine gesetzliche und insoweit GoB-konforme Grundlage für die Übergangskonsolidierung bei einem Aufwärtswechsel zu schaffen.

73   Diverse, noch auf DRS 9.15 (aF) gestützte Bemühungen, eine bis zur Verabschiedung des BilMoG noch mehrheitlich angewandte tranchenweise Konsolidierung – konkret: anteilige Neubewertung der neu hinzuerworbenen und Fortführung der alten Tranche – (weiterhin) für zulässig zu erklären,[64] dürften bereits daran scheitern, dass § 301 explizit vorsieht,

---

62   Busse v. Colbe/Ordelheide/Gebhardt/Pellens Konzernabschlüsse Kap. 10 III. 3.
63   BeckOGK/Senger/Schrimpf-Dörges Rn. 69.
64   So etwa Bonner HdR/Lorson/Hell/Höfner Rn. 72 ff.; Hoffmann/Lüdenbach Rn. 34; BeBiKo/Störk/
      Deubert § 301 Rn. 230 f.; HKMS/Sultana Rn. 98, mwN.

zum Zeitpunkt der Beherrschungserlangung eine vollständige Neubewertung sämtlicher akquirierter Vermögensgegenstände und Schulden vornehmen zu müssen. Auch bloßen Hilfskonstruktionen, wie die vollständige Neubewertung mit anschließender Vornahme einer Zwischenerfolgseliminierung,[65] ist angesichts des eindeutigen Wortlauts eine Absage zu erteilen. Bezeichnenderweise stellt selbst das DRSC in E-DRS 30.B45 fest: „Vor diesem Hintergrund gestattet der Standard eine tranchenweise Kapitalkonsolidierung [...] zu den jeweiligen Erwerbszeitpunkten beim Übergang von der Quotenkonsolidierung oder Equity-Bewertung auf die Vollkonsolidierung, auch wenn dies nach dem Wortlaut des § 301 formal nicht länger zulässig ist."

So verbleibt bis zur abschließenden Klärung die Notwendigkeit, zunächst eine **voll-** 74 **ständige Neubewertung** sämtlicher (aus Konzernsicht zugegangener) Vermögensgegenstände und Schulden vornehmen zu müssen. Die zuvor durchgeführte Quotenkonsolidierung ist zu demjenigen Zeitpunkt einzustellen. Das bislang auf die konsolidierten Altanteile anteilig entfallende Reinvermögen (bewertet zu Konzernbuchwerten) dient hierbei im Zeitpunkt der Übergangskonsolidierung als Grundlage für die Bemessung der relevanten Anschaffungskosten. Gemeinsam mit den Anschaffungskosten der Beherrschung vermittelnden Tranche hat dann die Gegenüberstellung bzw. Verrechnung mit dem anteiligen Eigenkapital zu erfolgen.[66]

VI. Angabepflichten im Konzernanhang

Gemäß § 313 Abs. 2 Nr. 3 (vgl. überdies DRS 27.57 ff.; DRS 27.B16) sind **zu jedem** 75 **Bilanzstichtag** neben dem Namen und satzungsmäßigen Sitz derjenigen Unternehmen, die nach § 310 anteilmäßig in den Konzernabschluss einbezogen worden sind, auch der Tatbestand, aus dem sich die Anwendung dieser Vorschrift ergibt, sowie der Anteil am Kapital jener Unternehmen, der dem Mutterunternehmen und den in den Konzernabschluss einbezogenen Tochterunternehmen gehört oder von einer für Rechnung dieser Unternehmen handelnden Person gehalten wird, anzugeben.

Ferner sind gem. § 313 Abs. 1 S. 3 Nr. 1 die **auf die Posten der Konzernbilanz und** 76 **Konzern-GuV angewandten Bilanzierungsmethoden** im Konzernanhang anzugeben. Danach sind mit DRS 27.65 zumindest die folgenden Angaben zwingend erforderlich:
a) die Angabe und Erläuterung der Gründe für eine abweichende Ausübung des Wahlrechts zur anteilmäßigen Einbeziehung (→ Rn. 3);
b) die etwaige Berücksichtigung bzw. Verwendung von wirtschaftlichen Beteiligungsquoten (→ Rn. 41) an anteilmäßig einbezogenen Unternehmen (jene Angaben können auch im Kontext von § 313 Abs. 2 Nr. 3 gemacht werden → Rn. 75);
c) die Anwendung von § 301 Abs. 2 S. 2 iVm § 310 Abs. 2 (vorläufige Kapitalkonsolidierung → Rn. 51), deren Begründung sowie Auswirkungen auf den Konzernabschluss der Folgeperiode; werden Vorjahreszahlen angepasst (vgl. analog DRS 23.79), ist dies ebenfalls anzugeben;
d) die Inanspruchnahme von § 301 Abs. 2 S. 5 iVm § 310 Abs. 2 (→ Rn. 51);
e) die Erläuterung der bei der Ermittlung des neubewerteten Eigenkapitals (iSd § 301 Abs. 1 iVm § 310 Abs. 2) zugrunde gelegten Bilanzierungsmethoden.

Wird ein Gemeinschaftsunternehmen wie ein assoziiertes Unternehmen gem. § 312 77 im Konzernabschluss behandelt, sind die Angabepflichten nach § 313 Abs. 2 Nr. 2 S. 1 zu befolgen. Soweit bei Verzicht auf die anteilmäßige Einbeziehung ein Gemeinschaftsunternehmen infolge von § 311 Abs. 2 auch im Wege der Equity-Methode keine Berücksichtigung erfährt, sind zusätzlich die Angabepflichten nach § 313 Abs. 2 Nr. 2 S. 2 zu beachten (vgl. DRS 26.80 ff.).

Neben der Tatsache, dass die Angaben zu den bei quotal einbezogenen Unternehmen 78 durchschnittlich beschäftigten Arbeitnehmern gem. § 314 Abs. 1 Nr. 4 anteilig und geson-

---

[65] E-DRS 30.180 ff.; Haufe-HGB/Müller/Kreipl Rn. 34; BeBiKo/Störk/Lewe Rn. 74; Deubert/Klöcker KoR 2010, 574 f.
[66] Ganz idS wohl auch BeckOGK/Senger/Kurz § 301 Rn. 159 ff.

dert darzustellen sind (vgl. DRS 27.68), schreibt DRS 27.66 des Weiteren mittels eines entsprechenden Verweises auf DRS 23.208 f. spezielle Erläuterungspflichten für sich aus einer quotalen Einbeziehung ergebende Geschäfts- oder Firmenwerte wie auch etwaige passive Unterschiedsbeträge vor.

VII. Publizitätsgesetz

79   Gemäß § 13 Abs. 2 S. 1 PublG gilt § 310 sinngemäß auch für einen nach den Regelungen des PublG aufzustellenden Konzernabschluss (vgl. DRS 27.3). Insoweit steht das Methodenwahlrecht des § 310 auch für solche konzernabschlusspflichtigen Mutterunternehmen (iSd § 11 PublG) zur Verfügung, die nicht in der Rechtsform einer Kapitalgesellschaft bzw. ihnen über § 264a gleichgestellten Personengesellschaft firmieren. Wird in solch einem publizitätsgesetzlichen Konzernabschluss von der anteilmäßigen Einbeziehung abgesehen und betreffendes Gemeinschaftsunternehmen stattdessen nach Maßgabe der Equity-Methode bilanziert, so sind die §§ 311 f. entsprechend zu beachten.[67]

VIII. International Financial Reporting Standards (IFRS)

80   Regelungen zur bilanziellen Abbildung von Gemeinschaftsunternehmen iSd § 310 sind in IFRS 11 normiert. Dabei ist das Vorliegen einer gemeinschaftlichen Vereinbarung **(Joint Arrangement)** an zwei charakteristische, kumulativ zu erfüllende Bedingungen geknüpft (vgl. IFRS 11.15):
– Es muss eine vertragliche Vereinbarung **(Contractual Arrangement)** zwischen mindestens zwei Parteien bestehen, und
– beide Partnerunternehmen können eine gemeinschaftliche Beherrschung **(Joint Control)** über die von ihnen jeweils verfolgten Aktivitäten ausüben.

81   Das Erfordernis des Vorliegens einer vertraglichen Vereinbarung dient hierbei vornehmlich dem Ziel, eine gemeinschaftliche Beherrschung von einem nur maßgeblichen Einfluss (iSd IAS 28) abzugrenzen (vgl. IFRS 11.5). Mangelt es an solch einer vertraglichen Vereinbarung, wird unterstellt, dass betreffende Aktivitäten nicht unter den Anwendungsbereich des IFRS 11 fallen (vgl. IFRS 11.5).

82   Anders als in § 310, wonach die betreffenden Parteien ihren gemeinsamen Führungsanspruch tatsächlich geltend zu machen haben, reicht es nach IFRS 11 bereits aus, wenn die bloße Möglichkeit zur gemeinschaftlichen Beherrschung gegeben ist. Dieses zweite konstitutive Tatbestandsmerkmal wird dann als erfüllt angesehen, sofern
– unter gebotenem Rekurs auf die Vorgaben des IFRS 10 die notwendige Möglichkeit einer kollektiven Beherrschung bejaht, und
– der beherrschende Einfluss nicht allein durch nur eine Partei, sondern vielmehr in einem Parteienverbund (einstimmig) ausgeübt werden kann.

83   Liegt eine gemeinschaftliche Vereinbarung vor, differenziert IFRS 11 zwischen **zwei Typen gemeinschaftlicher Vereinbarungen.** Abhängig von den Rechten und Pflichten, die den Beteiligten aus betreffender Vereinbarung erwachsen, ist die gemeinschaftliche Vereinbarung entweder als
– gemeinschaftliche Tätigkeit **(Joint Operation),** oder
– Gemeinschaftsunternehmen **(Joint Venture)**
zu klassifizieren. Hierzu sind im Einzelnen die Rechte und Pflichten der in die gemeinsame Vereinbarung involvierten Parteien in Abhängigkeit von der konkreten Ausgestaltung in einem ggf. mehrstufigen Prüfverfahren entsprechend zu identifizieren (vgl. IFRS 11.B15 ff.): Erwachsen den Parteien aus der gemeinsamen Aktivität sowohl Rechte an den Vermögenswerten als auch Pflichten aus den Schulden, so liegt eine **Joint Operation** vor (vgl. IFRS 11.15). Besitzen dagegen die Parteien lediglich einen (ggf. anteiligen) Anspruch auf das Nettovermögen (Residualanspruch) einer rechtlich separaten Einheit, so handelt es sich um ein **Joint Venture** (vgl. IFRS 11.16).

---

[67]   BeBiKo/Störk/Lewe Rn. 80.

Abhängig von der nach IFRS 11 vorgenommenen Klassifizierung, ergeben sich hin- **84** sichtlich der konzernbilanziellen Abbildung unterschiedliche Konsequenzen: Sofern die gemeinsame Vereinbarung als ein **Gemeinschaftsunternehmen** iSd IFRS 11.16 zu qualifizieren ist, darf ausschließlich die in IAS 28 kodifizierte **Equity-Methode** angewendet werden (vgl. IFRS 11.24; im Übrigen sei auf → § 311 Rn. 41, → § 312 Rn. 94 ff. verwiesen). Soweit aber eine **gemeinschaftliche Tätigkeit** iSd IFRS 11.15 vorliegt, sind die hiermit verbundenen Aktiva und Passiva sowie die korrespondierenden Erfolgskomponenten (ggf. anteilig) unmittelbar in die Abschlüsse der Partnerunternehmen zu übernehmen (vgl. IFRS 11.20 f.). Wenn auch nicht in konzeptioneller Hinsicht, so entspricht jene Vorgehensweise gleichwohl in ihrer Wirkung der früher noch zulässigen – § 310 dem Grunde nach vergleichbaren – **Quotenkonsolidierung** von Gemeinschaftsunternehmen iSd IAS 31 (aF).

Der **Ausweis** von Vermögenswerten und Schulden aus gemeinsamen Vereinbarungen **85** hängt wie auch deren bilanzielle Abbildung von der Klassifikation als entweder gemeinschaftliche Tätigkeit oder Gemeinschaftsunternehmen ab. Im Fall einer gemeinschaftlichen Tätigkeit sind die einzelnen dem Gesellschafterunternehmen zuzurechnenden Vermögenswerte und Schulden, die entsprechend der jeweils einschlägigen IFRS-Standards zu bilanzieren sind, nach Maßgabe der mit diesen verbundenen Rechten und Pflichten auszuweisen. Der Ausweis der eigenen Aufwendungen sowie der angefallenen (anteiligen) Erlöse in der Gesamtergebnisrechnung hat nach den Mindestvorgaben des IAS 1 zu erfolgen. Die entsprechenden Erfolgskomponenten sind mit den Ergebnispositionen des Konzerns zusammenzufassen **(line-by-line reporting)**. Für at equity bewertete Gemeinschaftsunternehmen wird in IAS 1.54(e) nicht nur ein separater Ausweis in der Bilanz gefordert; vielmehr sind auch die auf Gemeinschaftsunternehmen entfallenden Anteile am Gewinn bzw. Verlust sowie am sonstigen Ergebnis in der Gesamtergebnisrechnung gesondert darzustellen (vgl. IAS 1.82(c); IAS 1.82A(b)).

Im Ergebnis bestehen zwischen § 310 und IFRS 11 zT **signifikante Unterschiede,** **86** die sowohl im Kontext des Anwendungsbereichs als auch der Klassifizierung ebenso wie der Bilanzierung auszumachen sind.[68]

Siebenter Titel. Assoziierte Unternehmen

§ 311 Definition. Befreiung

(1) ¹Wird von einem in den Konzernabschluß einbezogenen Unternehmen ein maßgeblicher Einfluß auf die Geschäfts- und Finanzpolitik eines nicht einbezogenen Unternehmens, an dem das Unternehmen nach § 271 Abs. 1 beteiligt ist, ausgeübt (assoziiertes Unternehmen), so ist diese Beteiligung in der Konzernbilanz unter einem besonderen Posten mit entsprechender Bezeichnung auszuweisen. ²Ein maßgeblicher Einfluß wird vermutet, wenn ein Unternehmen bei einem anderen Unternehmen mindestens den fünften Teil der Stimmrechte der Gesellschafter innehat.

(2) Auf eine Beteiligung an einem assoziierten Unternehmen brauchen Absatz 1 und § 312 nicht angewendet zu werden, wenn die Beteiligung für die Vermittlung eines den tatsächlichen Verhältnissen entsprechenden Bildes der Vermögens-, Finanz- und Ertragslage des Konzerns von untergeordneter Bedeutung ist.

Schrifttum: Baetge/Bruns, Die Equity-Methode nach IAS 28: Darstellung ausgewählter IAS-Regelungen und Vergleich mit dem deutschen Handelsrecht, FS Weber, 1999, 267; Baetge/Kirsch/Thiele, Konzernbilanzen, 14. Aufl. 2021; Biener, Die Konzernrechnungslegung nach der Siebten Richtlinie des Rates der Europäischen Gemeinschaften über den Konzernabschluß, DB-Beil. Nr. 19 zu Heft 35/1983; Bötzel, Diagnose von Konzernkrisen, 1993; Bühner/Hille, Anwendungsprobleme der Equity-Methode für die Konzernrechnungslegung in der Europäischen Gemeinschaft, WPg 1980, 261; Busse v. Colbe, Zum Bilanzansatz von Beteiligungen, ZfbF 1972, 145; Dusemond, Quotenkonsolidierung versus Equity-Methode, DB 1997, 1781; Duse-

---

[68] Grdl. wie ausf. dazu PFGS IntRechnungslegung Kap. 22.2 (22.5), mwN.

mond/Küting/Wirth in Küting/Weber: Der Konzernabschluss, 14. Aufl. 2018; Enke, Bilanzierung von Beteiligungen nach der Equity-Methode, 1977; Fricke, Rechnungslegung für Beteiligungen nach der Anschaffungskostenmethode und nach der Equity-Methode, 1983; Harms, Ausweisfragen bei der Bewertung „at equity", BB 1987, 935; Havermann, Die Equity-Bewertung von Beteiligungen, WPg 1987, 315; Hawkins, Towards the New Balance Sheet, Harvard Business Review 1984, 156; Hinrichs, Der konzernbilanzielle Begriff des assoziierten Unternehmens, 1989; Hinrichs, Der „maßgebliche Einfluss" als Definitionskriterium assoziierter Unternehmens, DB 1989, 1733; Jonas, Die Equity-Methode, BFuP 1981, 550; Kessler, Zur konsolidierungstechnischen Umsetzung der Equity-Methode im Konzernabschluß nach HGB, BB 1999, 1750; Kirsch, Die Equity-Methode im Konzernabschluß, 1990; Küting/Weber/Zündorf, Die Equity-Methode im Übergang auf die neue Konzernrechnungslegung, BB 1987, 1496; Kirsch, E-DRS 34: Assoziierte Unternehmen – Wesentliche zu erwartende inhaltliche Änderungen gegenüber DRS 8 und deren Bewertung, StuB 2018, 217; Kirsch, Neuerungen durch DRS 26 und DRS 27 – Bilanzierung von Anteilen an assoziierten Unternehmen und Gemeinschaftsunternehmen, StuB 2018, 628; Küting/Zündorf, Die Equity-Methode im deutschen Bilanzrecht, BB-Beil. Nr. 7 zu Heft 21/1986; Küting/Zündorf, Die Praxis des Equity-Accounting, BB 1988, 872; Kunowski, Bilanzierung von Anteilen an assoziierten Unternehmen sowie Gemeinschaftsunternehmen im Konzernabschluss nach DRS 8 und DRS 9, StuB 2002, 261; Littkemann, Die Bewertung assoziierter Unternehmen „at equity", StuB 1999, 1191; Maas/Schruff, Der Konzernabschluß nach neuem Recht, WPg 1986, 237 (Teil II); Mantke, Beteiligung an assoziierten Unternehmen – Beurteilung der Wesentlichkeit und Umstellung auf die Equity-Methode nach IFRS, WPg 2017, 69; Müller/Reinke, Equity-Bewertung im HGB-Konzernabschluss – Identifikation und Bewertung nach den Empfehlungen des DRSC durch E-DRS 34 und E-DRS 35, BC 2018, 427; Müller/Reinke, E-DRS 34 „Assoziierte Unternehmen" und E-DRS 35 „Anteilmäßige Konsolidierung" – begrüßenswerte Auslegungshilfen, BB 2018, 811; Ordelheide, Einheitliche Bewertung sowie Kapital- und Equity-Konsolidierung im Konzernabschluss, WPg 1985, 575; Pellens/Fülbier/Gassen/Sellhorn, Internationale Rechnungslegung, 11. Aufl. 2021; Roß/v. Behr, DRS 26 „Assoziierte Unternehmen" – Überblick und kritische Würdigung, WPg 2018, 1347; Sahner/Gersenich, Assoziierte Unternehmen und Equity-Bewertung, in Albach/Klein, Harmonisierung der Konzernrechnungslegung in Europa, 1990, S. 175; Schäfer, Bilanzierung von Beteiligungen an assoziierten Unternehmen nach der Equity-Methode, 1982; Scherrer, Grundlagen der US-amerikanischen Konzernrechnungslegung, in Ballwieser, US-amerikanische Rechnungslegung, 4. Aufl. 2000, S. 329; Scherrer, Konzernrechnungslegung nach HGB, 3. Aufl. 2012; Schildbach/Feldhoff, Der Konzernabschluss nach HGB und IFRS, 8. Aufl. 2018; Schmidbauer, Der DRS Nr. 8 zur Bilanzierung von Anteilen an assoziierten Unternehmen im Konzernabschluss, DStR 2001, 1540; Schruff, Bilanzierung von Anteilen an assoziierten Unternehmen im Konzernabschluss nach E-DRS 8, BB 2001, 87; v. Behr, E-DRS 34: Assoziierte Unternehmen, DB 2018, 1102; v. Wysocki/Wohlgemuth/Brösel, Konzernrechnungslegung, 5. Aufl. 2014; Wirth/Dusemond/Küting, Ausgewählte Einzelfragen der Währungsumrechnung im handelsrechtlichen Konzernabschluss unter Beachtung von E-DRS 33 und DRS 23, DB 2018, 137 (Teil I); Zündorf, Zum Begriff des Gemeinschaftsunternehmens in § 310 HGB, BB 1987, 1910.

Übersicht

I. Normzweck

1   Mit den §§ 311 f. (iVm DRS 26[1]) wird die Bilanzierung von Beteiligungen an assoziierten Unternehmen im Konzernabschluss reguliert. Assoziierte Unternehmen stehen in der Verbindungsintensität zum Mutterunternehmen hinter den Tochter- (vgl. § 294) und

---

[1]   DRS 26 ersetzt DRS 8 „Bilanzierung von Anteilen an assoziierten Unternehmen im Konzernabschluss" vollständig (vgl. DRS 26.95) und ist erstmalig für Geschäftsjahre, die nach dem 31.12.2019 begonnen haben, anzuwenden. Eine rückwirkende Anwendung ist unzulässig (vgl. DRS 26.93).

Gemeinschaftsunternehmen (vgl. § 310), aber vor den Beteiligungsunternehmen (vgl. § 271). Der vom Gesellschafterunternehmen (Investor) hier ausgeübte maßgebliche Einfluss auf die Geschäfts- und Finanzpolitik des Beteiligungsunternehmens als konstituierendes Merkmal eines Assoziierungsverhältnisses rechtfertigt, dass sich die bilanzielle Bewertung von **Beteiligungen an assoziierten Unternehmen** – ausgehend von den Anschaffungskosten – in den Folgejahren an der Entwicklung des anteiligen Eigenkapitals (at equity) der Beteiligungsgesellschaft, also am Bilanzkurs, orientiert (Equity-Methode).[2] Die Equity-Methode kann daher als eine modifizierte Zeitwertbilanzierung angesehen werden.[3]

Die Equity-Methode ist – vergleichbar der Anschaffungskostenmethode gem. § 253 – **2** ein **besonders ausgestaltetes Bewertungsverfahren für bestimmte Beteiligungen** (vgl. auch DRS 26.B1, wonach es sich hierbei trotz gewisser konzeptioneller Annäherungen an die Vollkonsolidierung um ein eigenständiges Verfahren zur Abbildung von Anteilen an assoziierten Unternehmen handelt).[4] Sie entstammt dem anglo-amerikanischen Rechtsraum. Für den Jahresabschluss ist sie in Art. 9 Abs. 7 Bilanz-RL als Mitgliedstaatenwahlrecht vorgesehen, für den Konzernabschluss demgegenüber gem. Art. 27 **Bilanz-RL** als Pflicht vorgeschrieben. Der deutsche Gesetzgeber hat von dem Wahlrecht, die Equity-Methode auch im handelsrechtlichen Jahresabschluss zuzulassen, bisher keinen Gebrauch gemacht. Insofern ist sie im Jahresabschluss nicht zulässig, was zu zwingenden Bilanzierungsunterschieden zwischen Jahres- und Konzernabschluss beiträgt.[5]

Obgleich die Equity-Methode **nur im Konzernabschluss** anwendbar ist, kann die **3** Existenz von assoziierten Unternehmen allein keine Konzernabschlusspflicht auslösen, denn assoziierte Unternehmen sind keine in den Konzernabschluss einzubeziehenden Konzernunternehmen iSd § 290.[6] Ist das Gesellschafterunternehmen nicht aufgrund vollkonsolidierter Tochterunternehmen zur Aufstellung eines Konzernabschlusses verpflichtet und stellt auch freiwillig einen solchen nicht auf, so kommt die Equity-Methode nicht zur Anwendung und die Beteiligung ist im Jahresabschluss nach der Anschaffungskostenmethode zu bilanzieren.

II. Sanktionen

Sowohl § 334 Abs. 1 Nr. 2 lit. e als auch § 20 Abs. 1 Nr. 2 lit. e sehen für den Fall der **4** Zuwiderhandlung gegen § 311 Abs. 1 S. 1 iVm § 312 **Bußgelder von bis 50.000 EUR** vor.[7] Für kapitalmarktorientierte Kapitalgesellschaften (bzw. ihnen qua § 264a gleichgestellte Personengesellschaften) iSd § 264d gelten für Geschäftsjahre, die nach dem 31.12.2016 begonnen haben (vgl. Art. 80 EGHGB), höhere Obergrenzen: Bei Verstößen gegen die Tatbestände des § 334 Abs. 1 beträgt die Obergrenze 2 Mio. EUR oder das Zweifache des aus der Ordnungswidrigkeit gezogenen Vorteils, wobei der höhere der beiden Werte maßgeblich ist. Wird gegen ein solch kapitalmarktorientiertes Unternehmen eine Geldbuße nach § 30 OWiG verhängt, gilt als Obergrenze der höhere Betrag aus folgenden Beträgen (vgl. Abs. 3a):
- 10 Mio. EUR,
- 5% des jährlichen Gesamtumsatzes (iSd Abs. 3b), den betreffende Unternehmen in dem der Behördenentscheidung vorausgegangenen Geschäftsjahr erzielt hat, oder
- das Zweifache des aus der Ordnungswidrigkeit gezogenen Vorteils.[8]

---

[2]   PFGS IntRechnungslegung Kap. 22.3.2.
[3]   Busse v. Colbe/Ordelheide/Gebhardt/Pellens Konzernabschlüsse Kap. 11 I. 1.
[4]   Busse v. Colbe/Ordelheide/Gebhardt/Pellens Konzernabschlüsse Kap. 11 I. 2.2; Wirth/Dusemond/ Küting DB 2018, 145.
[5]   Die Ableitung der Konzernrechnungslegung aus den jeweiligen Jahresabschlüssen konzernverbundener Unternehmen macht Anpassungsbuchungen (Erstellung einer sog HB II) erforderlich, die zu erheblichem Mehraufwand führen; zu Einzelheiten auch Kessler BB 1999, 1750.
[6]   Baetge/Kirsch/Thiele/Hachmeister/Beyer Rn. 7.
[7]   BeBiKo/Störk/Lewe Rn. 35.
[8]   Damit werden an die mögliche Widerlegung der Vermutung eines maßgeblichen Einflusses spürbar höhere Anforderungen gestellt als an die nur indirekt über § 266 sanktionierten Definitionen respektive Vermutungen zum Beteiligungsbegriff des § 271 Abs. 1; dazu auch HdR/Küting § 271 Rn. 175.

5   Darüber hinaus wird mit Freiheitsstrafe bis zu drei Jahren oder mit Geldstrafe bestraft, wer als Mitglied des vertretungsberechtigten Organs oder des Aufsichtsrats einer Kapitalgesellschaft bzw. haftungsbeschränkten Personengesellschaft die Verhältnisse des Konzern im Konzernabschluss, im Konzernlagebericht einschließlich der nichtfinanziellen Konzernerklärung, respektive im gesonderten nichtfinanziellen Konzernbericht unrichtig wiedergibt oder verschleiert (vgl. § 331 Nr. 2).

III. Anwendungsvoraussetzungen

6   **1. Assoziierte Unternehmen.** Die Anwendung der Equity-Methode setzt voraus, dass ein Assoziierungsverhältnis zwischen einem in den Konzernabschluss einbezogenen Unternehmen und der Beteiligungsgesellschaft besteht (vgl. DRS 26.7). § 311 Abs. 1 liefert die **Definition eines assoziierten Unternehmens,** wobei es sich um eine Legaldefinition in Form eines Klammervermerks handelt. Voraussetzung ist erstens das Vorliegen einer Beteiligung an einem Unternehmen iSd § 271 Abs. 1 und zweitens die tatsächliche Ausübung eines maßgeblichen Einflusses auf die Geschäfts- und Finanzpolitik dieses Beteiligungsunternehmens (vgl. DRS 26.9).[9] Dies wiederum impliziert, dass es sich sowohl bei dem am assoziierten Unternehmen beteiligten Konzernunternehmen als auch beim assoziierten Unternehmen selbst um ein **Unternehmen** handeln muss. Übereinstimmend mit DRS 19.6, DRS 23.7 wie auch DRS 27.7 sei diese notwendige Unternehmenseigenschaft dann anzunehmen, sofern seitens der beteiligten Wirtschaftseinheiten Interessen kaufmännischer oder wirtschaftlicher Art – und zwar unabhängig von Rechtsform und Sitz – mittels einer nach außen in Erscheinung tretenden Organisation verfolgt werden (vgl. DRS 26.7). Damit kommen neben Kapitalgesellschaften und Personengesellschaften grundsätzlich auch teilrechtsfähige Personenverbände wie nicht rechtsfähige Vereine oder BGB-Gesellschaften als Unternehmen in Betracht.[10]

7   **a) Existenz einer Beteiligung.** Eine Beteiligung iSd § 271 Abs. 1 liegt vor,[11] wenn die gehaltenen Anteile am Nennkapital dazu bestimmt sind, dem eigenen Geschäftsbetrieb durch **Herstellung einer dauerhaften Verbindung** zu der Gesellschaft zu dienen.[12] Damit erfüllen zB reine Finanzbeteiligungen ebenso wie Anteile, die nicht dauerhaft gehalten werden sollen, idR nicht den Beteiligungsbegriff und kommen damit auch nicht für eine Bewertung nach der Equity-Methode in Frage.

8   Betragen die Anteile am Nennkapital eines Unternehmens mehr als 20 %, so stellt § 271 Abs. 1 S. 3 die **widerlegbare Vermutung** auf, dass die Tatbestandsmerkmale einer Beteiligung erfüllt sind (Beteiligungsvermutung).[13] Für die **Berechnung der Anteilsquote** sind die Ermittlungsvorschriften des § 16 Abs. 2 und Abs. 4 AktG anzuwenden, so dass – vergleichbar der Anteilsermittlung nach § 290 Abs. 3 – neben unmittelbar auch mittelbar gehaltene Anteile zu berücksichtigen sind. Ausnahmsweise können die Voraussetzungen aber auch bereits bei geringerem Anteilsbesitz erfüllt sein, wenn die Ausübung eines maßgeblichen Einflusses nachgewiesen wird.[14]

9   Die **Widerlegung der Beteiligungsvermutung** erfordert den expliziten Nachweis des Gesellschafterunternehmens, dass die oben genannten Voraussetzungen nicht erfüllt sind, also insbesondere die Herstellung einer dauerhaften Verbindung nicht beabsichtigt ist. Hier gelten dieselben Grundsätze, die auch für die Widerlegung der Beteiligungsvermutung im Jahresabschluss anwendbar sind. Eine fehlende (subjektive) Beteiligungsabsicht reicht nicht aus; vielmehr muss die Beteiligungsvermutung objektiv nachvollziehbar entkräftet werden.[15]

---

[9]   BeBiKo/Störk/Lewe Rn. 5, 15.
[10] HKMS/Hacker/Holzmeier Rn. 11 f.
[11] BeckOGK/Senger/Hoehne Rn. 8 ff.; HdJ/Niehus V/3 Rn. 32 ff.
[12] BeBiKo/Grottel/Kreher § 271 Rn. 16; HKMS/Hacker/Holzmeier Rn. 13 ff.
[13] Die Beteiligungsvermutung ist von der im Folgenden darzustellenden Assoziierungsvermutung strikt zu trennen.
[14] Bötzel, Diagnose von Konzernkrisen, 1993, S. 66.
[15] Zu Einzelheiten Beck HdR/Scheffler B 213 Rn. 238; überdies HdR/Bieg/Waschbusch § 271 Rn. 45 ff.

b) Ausübung des maßgeblichen Einflusses. Die zweite Voraussetzung eines Assozi- 10 ierungsverhältnisses erfordert, dass **ein maßgeblicher Einfluss auf die Geschäfts- und Finanzpolitik der Beteiligungsgesellschaft rechtstatsächlich** ausgeübt wird (vgl. DRS 26.7).[16] Solch ein Einfluss wiederum muss durch eine **Beteiligung** vermittelt sein, rein faktische Gegebenheiten oder vertragliche Verhältnisse reichen hier nicht aus.[17]

Der maßgebliche Einfluss muss durch ein in den Konzernabschluss einbezogenes Unter- 11 nehmen geltend gemacht werden, wobei solch eine Einflussnahme mit Verweis auf § 294 Abs. 1 durchaus auch in Form eines Zusammenwirkens mehrerer einbezogener Konzernunternehmen herbeigeführt werden kann.[18] Sofern der maßgebliche Einfluss von einem über § 296 nicht vollkonsolidierten Tochterunternehmen ausgeübt wird, käme formell die Anwendung der Equity-Bewertung nicht in Betracht, obwohl die Einflussnahme durch ein solches Tochterunternehmen faktisch mit der Einflussnahme durch ein einbezogenes Tochterunternehmen identisch sein kann. Eine Nichtanwendung der Equity-Bewertung erscheint insbesondere dann zweckmäßig, sofern gem. § 296 Abs. 1 Nr. 1 erhebliche und andauernde Beschränkungen die Ausübung der Rechte an betreffendem Tochterunternehmen nachhaltig beeinträchtigen.[19] Daraus aber zu schließen, infolge einer Nichtkonsolidierung eines Tochterunternehmens scheide die Anwendung der Equity-Methode generell aus, greift zu kurz, zumal faktische Einflussnahmemöglichkeiten gleichwohl weiterhin existieren können. In jedem Fall aber ist davon auszugehen, dass ein Tochterunternehmen, das eine aus Konzernsicht bedeutsame Beteiligung an einem assoziierten Unternehmen hält, nicht als unwesentlich iSd § 296 Abs. 2 gewertet werden kann.[20]

Im Umkehrschluss gelten damit als „nicht in den Konzernabschluss einbezogene Unter- 12 nehmen" zunächst sämtliche Unternehmen, die als assoziierte Unternehmen im Wege der Equity-Methode zu bilanzieren sind. Strittig ist, ob dies analog auch auf von quotal konsolidierten Gemeinschaftsunternehmen gehaltene (assoziative) Beteiligungen zutrifft. Schließlich umfassen die von § 311 Abs. 1 S. 1 adressierten „in den Konzernabschluss einbezogenen Unternehmen" auch Gemeinschaftsunternehmen, wenngleich die Einbeziehung lediglich „entsprechend den Anteilen am Kapital" erfolgt. Vom Ausnahmetatbestand einer mehrfachen Abhängigkeit abstrahiert,[21] wird dies nach hM bejaht. Nicht nur, dass damit die Qualifikation der Beteiligung von der Ausübung des Wahlrechts nach § 310 abhängig wäre; auch sind bereits aus systematischen Gründen Zweifel angebracht. Denn während sich die Einflussnahme durch ein Tochterunternehmen idR noch als mittelbarer Einfluss des Mutterunternehmens qualifiziert, lässt sich der über ein Gemeinschaftsunternehmen geltend gemachte Einfluss nicht (mehr) dem Mutterunternehmen zurechnen.[22]

Nach § 311 kommt es darauf an, dass der maßgebliche Einfluss auch **tatsächlich ausge-** 13 **übt** wird; die bloße Möglichkeit dazu reicht nicht aus,[23] weshalb sich damit auch die Frage, ob und inwieweit ggf. potenzielle Stimmrechte zu berücksichtigen sind, erübrigt. Ebenso sollte der maßgebliche Einfluss auf Dauer angelegt sein. Einmalige oder nur kurzzeitige Aktionen begründen keinen maßgeblichen Einfluss.[24] Diese Regelung wurde nahezu wörtlich aus Art. 33 Abs. 1 RL 83/349/EWG (damals noch gültige 7. EG-Richtlinie) übernommen.[25] Derweil versteht Art. 2 Nr. 13 Bilanz-RL unter einem assoziierten Unternehmen ein „Unternehmen, an dem ein anderes Unternehmen eine Beteiligung hält und dessen Geschäfts- und Finanzpolitik durch dieses andere Unternehmen maßgeblich beeinflusst

16 Haufe-HGB/Seidler Rn. 15.
17 Beck HdR/d'Arcy/Kurt C 510 Rn. 23, 29.
18 ADS Rn. 32; detaillierter Beck HdR/d'Arcy/Kurt C 510 Rn. 40 ff.; BeckOGK/Senger/Hoehne Rn. 15 ff.
19 Beck HdR/d'Arcy/Kurt C 510 Rn. 46.
20 HKMS/Hacker/Holzmeier Rn. 30; in Teilen aA BeckOGK/Senger/Hoehne Rn. 15.
21 Dazu HdK/Küting/Köthner/Zündorf Rn. 127.
22 Heidel/Schall/Thelen/Heyes/Elprana/Pfender/Schubert Rn. 11 f.; ferner Baetge/Kirsch/Thiele/Hachmeister/Beyer Rn. 46; ADS Rn. 35.
23 HdJ/Niehus V/3 Rn. 68 ff.
24 Kunowski StuB 2002, 262.
25 Krit. Busse v. Colbe/Ordelheide/Gebhardt/Pellens Konzernabschlüsse Kap. 11 II. 1.2.

wird." Eine Notwendigkeit, § 311 hier diesbezüglich abzuändern, sah der Gesetzgeber bisher offensichtlich nicht.

14   Das HGB enthält keine Legaldefinition für den maßgeblichen Einfluss, so dass ein **unbestimmter Rechtsbegriff** vorliegt, der im Rahmen einer systematischen Auslegung an der vom Gesetzgeber mit der Equity-Methode verfolgten Zielsetzung bzw. der Generalnorm des § 297 Abs. 2 S. 2 auszufüllen ist.[26] Aus der sich an der Intensität von Unternehmensverbindungen orientierenden Gesetzessystematik[27] folgt, dass der Definitionsbereich eines assoziierten Unternehmens oberhalb der einfachen Finanzbeteiligungen iSd § 271 Abs. 1 beginnt und unterhalb der gemeinschaftlich geführten Unternehmen iSd § 310 Abs. 1 bzw. der verbundenen Unternehmen iSd § 271 Abs. 2 endet (vgl. auch DRS 26.7).[28]

15   Ein maßgeblicher Einfluss iSd § 311 Abs. 1 erreicht äußerstenfalls die paritätische Mitwirkung an den unternehmenspolitischen Entscheidungen. In Form einer **Negativabgrenzung** kann er dahingehend interpretiert werden, dass Entscheidungen von grundlegender Bedeutung nicht ohne Mitwirkung bzw. gegen den Willen des beteiligten Unternehmens bzw. der anderen Gesellschafterunternehmen getroffen werden können.[29] Eine Beherrschung (iSd § 290) des Beteiligungsunternehmens kommt also nicht in Betracht.

16   Der Begriff des maßgeblichen Einflusses entstammt der anglo-amerikanischen Rechnungslegung und hat über die europäischen Bilanzrichtlinie(n) Eingang in das deutsche Recht gefunden. Zu seiner Interpretation kann demnach auf die vielfältigen **anglo-amerikanischen Kriterien** zurückgegriffen werden. So nennt IAS 28.6 – in Anlehnung an ASC 323-10-15-6 – die folgenden konstituierenden Merkmale eines maßgeblichen Einflusses auf die Geschäfts- und Finanzpolitik:

– Zugehörigkeit zum Geschäftsführungs- und/oder Kontrollorgan respektive eines gleichwertigen Gremiums des betreffenden Beteiligungsunternehmens;
– Partizipation an den wesentlichen Entscheidungsprozessen, einschließlich der Teilnahme an Entscheidungen über Dividenden oder sonstige Ausschüttungen;
– Existenz wesentlicher Geschäftsbeziehungen zwischen den beteiligten Unternehmen;
– Möglichkeit zur Substitution von Führungspersonal;
– Bereitstellung bedeutsamer (technischer) Informationen.

17   Vorstehende Aufzählung ist nicht abschließend. Eine ähnliche Aufstellung findet sich in DRS 26.18. Es ist nicht notwendig, dass alle genannten Kriterien (kumulativ) erfüllt sind.[30] Wegen weiterer Kriterien kann bzw. sollte im Zweifelsfall auf ASC 323-10-15-10 zurückgegriffen werden.[31] Ganz allgemein wird unter maßgeblichem Einfluss die Mitsprache bei grundlegenden unternehmerischen Entscheidungen im Rahmen der Geschäfts- und Finanzpolitik verstanden.[32] Während unter die Geschäftspolitik beispielsweise Entscheidungen hinsichtlich der langfristigen Unternehmensstrategie fallen, umfasst die Finanzpolitik Entscheidungen bezüglich der Kapitalbedarfsplanung, der -verwendung sowie der -verwendungsplanung.[33] Konkret lassen sich darunter Fragen der Budgetplanung, der Fremdkapitalaufnahme und der Ausschüttungspolitik subsumieren.[34]

18   Bei den oben genannten Bedingungen für die Ausübung eines maßgeblichen Einflusses wurde lange Zeit vorgeschlagen, die Möglichkeit des Investors, die **Gewinnverwendung** in der Beteiligungsgesellschaft maßgeblich zu beeinflussen, als entscheidendes Merkmal für

---

[26]   Hinrichs DB 1989, 1733 ff.
[27]   Baetge/Bruns FS Weber, 1999, 270.
[28]   Alternativ wird auch auf die Intensität von Unternehmensverbindungen gem. §§ 15 ff. AktG verwiesen; so etwa Sahner/Gersenich in Albach/Klein, Harmonisierung der Konzernrechnungslegung in Europa, 1990, S. 182 f.
[29]   ADS Rn. 16 f.
[30]   ADS Rn. 30; Bonner HdR/Scherrer Rn. 13 f.
[31]   Busse v. Colbe/Ordelheide/Gebhardt/Pellens Konzernabschlüsse Kap. 11 II.1.2.; Bühner/Hille WPg 1980, 262; ausf. zur Ableitung einer Begriffsabgrenzung Hinrichs, Der konzernbilanzielle Begriff des assoziierten Unternehmens, 1989, §§ 4 ff. (S. 142 ff.).
[32]   Baetge/Kirsch/Thiele/Hachmeister/Beyer Rn. 28.
[33]   HdK/Küting/Köthner/Zündorf Rn. 23.
[34]   Küting/Weber Konzernabschluss, 14. Aufl. 2018, S. 150.

einen maßgeblichen Einfluss und damit als Anwendungsvoraussetzung für die Equity-Methode anzusehen.[35] Damit wäre auch die Verteilung der sonstigen Anteilsrechte an betreffender Beteiligungsgesellschaft zu berücksichtigen.[36]

Kann der Investor faktisch auf die Gewinnverwendung des Beteiligungsunternehmens **19** Einfluss nehmen, so lässt sich dies insofern als Kriterium für die Anwendung der Equity-Methode begründen, als sich die beim Investor GuV-wirksam vereinnahmten anteiligen Thesaurierungen des Beteiligungsunternehmens dann im Sinne eines **„Schütt-aus-Hol-zurück"-Verfahrens** interpretieren lassen.[37] Damit könnte der Vorwurf gegen die Bilanzierungstechnik der Equity-Methode, sie verstieße gegen die handelsrechtliche Ausprägung des Realisationsprinzips, entschärft werden.[38] So wurde denn auch das Kriterium der Teilnahme am Entscheidungsprozess über Dividenden oder sonstige Ausschüttungen seitens des IASB explizit in IAS 28.6 aufgenommen (→ Rn. 16).

Der alleinige Einfluss auf die Gewinnverwendungspolitik wird in der Literatur allerdings **20** als nicht hinreichend eingestuft, da hier zwar von einem Einfluss auf die Finanz-, nicht aber auf die Geschäftspolitik auszugehen sei.[39] Zusätzlich zu dem in der Haupt- bzw. Gesellschafterversammlung wahrgenommenen Einfluss wird eine **aktive Teilnahme an der Geschäftspolitik,** etwa durch Mitwirkung in Aufsichts- oder Leitungsgremien, gefordert.[40] Es erscheint indes fraglich, ob sich aus der Zielsetzung der Equity-Methode derart weitreichende Anforderungen an den Begriff des maßgeblichen Einflusses ableiten lassen.[41] Wenn bestimmte Entscheidungen bedingt durch Satzung oder Gesetze, zB § 179 Abs. 2 AktG zu Satzungsänderungen oder § 182 Abs. 1 AktG zu Kapitalerhöhungen (gegen Einlagen), eine qualifizierte Mehrheit von 75 % erfordern, ließe sich mit mehr als 25 % der Stimmanteile in Einzelfragen ggf. ein maßgeblicher Einfluss tatsächlich ausüben.[42] Die allein aus einer derartigen Sperrminorität resultierende Möglichkeit der Blockade bestimmter Entscheidungen, ohne dabei eigene Zielvorstellungen zu erreichen, scheint allerdings kaum ausreichend, um einen maßgeblichen Einfluss zu begründen.[43]

Der maßgebliche Einfluss muss nicht unbedingt mit einem tatsächlichen Einfluss auf **21** bestimmte einzelne Entscheidungen einhergehen; die **Mitwirkung an Grundsatzfragen** der **Geschäfts- und Finanzpolitik** eines assoziierten Unternehmens reicht bereits aus.[44] Dabei bildet die Finanzpolitik einen integralen Bestandteil einer weit verstandenen Unternehmenspolitik, woraus wiederum folgt, dass die Equity-Methode nicht bereits deshalb außer Anwendung bleibt, weil nur die Geschäfts- oder nur die Finanzpolitik maßgeblich beeinflusst wird.[45]

Der maßgebliche Einfluss **muss auf Dauer angelegt sein** und kann auch gegen den **22** Einfluss eines anderen Unternehmens ausgeübt werden.[46] Der Gesetzgeber nennt diesbezüglich keine bestimmte (Mindest-)Dauer, allerdings lässt sich aufgrund der idR längerfristigen Ausrichtung der Geschäfts- und Finanzpolitik möglicherweise eine mehrjährige Einflussnahme ableiten.[47] Bei einer bestehenden Weiterveräußerungsabsicht der Beteiligung wird ein maßgeblicher Einfluss überwiegend abgelehnt, weil dieser eben nur vorübergehend existiert (vgl. auch so explizit noch DRS 8.6 f. [aF]). Wird betreffende Beteiligung dagegen

---

[35] Hawkins Harvard Business Review 1984, 160 f.; differenzierter BeckOGK/Senger/Hoehne Rn. 19.
[36] Busse v. Colbe FS Grochla, 1986, 253.
[37] Busse v. Colbe/Ordelheide/Gebhardt/Pellens Konzernabschlüsse Kap. 11 II. 1.2.
[38] Zu dieser Kritik Jonas BFuP 1981, 559; anders dagegen Busse v. Colbe ZfbF 1972, 145 ff.
[39] Baetge/Kirsch/Thiele/Hachmeister/Beyer Rn. 35 f.
[40] Biener DB-Beil. 19/1983, 12.
[41] Busse v. Colbe/Ordelheide/Gebhardt/Pellens Konzernabschlüsse Kap. 11 II. 1.2.
[42] HdK/Küting/Köthner/Zündorf Rn. 29.
[43] HdK/Küting/Köthner/Zündorf Rn. 30.
[44] Petersen/Zwirner BilR/Busch/Petersen/Zwirner Rn. 29; Haufe-HGB/Seidler Rn. 13; ganz idS wohl auch Hoffmann/Lüdenbach Rn. 8.
[45] Heymann/Henssler Rn. 14; Staub/Kindler Rn. 19 ff.; BeckOGK/Senger/Hoehne Rn. 12; HdJ/Niehus V/3 Rn. 74 ff.
[46] BeBiKo/Störk/Lewe Rn. 15.
[47] WP-HdB 2021 Rn. G 617.

mit langfristiger Halteabsicht erworben und über die Veräußerung erst später entschieden, so ist die Beteiligung bis zum Zeitpunkt der Veräußerung mittels der Equity-Methode zu bewerten.[48]

23   Der Gesetzgeber gewährleistet eine gewisse Rechtssicherheit und Nachprüfbarkeit hinsichtlich einer einheitlichen Anwendung dadurch, indem er in § 311 Abs. 1 S. 2 die **widerlegbare Vermutung** aufstellt, dass ein maßgeblicher Einfluss dann gegeben ist, wenn ein Konzernunternehmen bei einem anderen Unternehmen – dem (potenziellen) assoziierten Unternehmen – mindestens 20 % der **Stimmrechte** besitzt (sog. **positive** Assoziierungsvermutung). Dabei ist es unerheblich, ob betreffende Konzernunternehmen, die die Stimmrechte unmittelbar halten, tatsächlich in den Konzernabschluss einbezogen werden. Wird die Vermutung nicht widerlegt, so gilt die Beteiligung als assoziiertes Unternehmen, ohne dass der maßgebliche Einfluss tatsächlich nachgewiesen muss (vgl. DRS 26.16). Demgegenüber kehrt sich die Beweislast um, soweit ein Stimmrechtsanteil von weniger als 20 % gegeben ist (sog. **negative** Assoziierungsvermutung). In diesem Fall wäre zusätzlich nachzuweisen, ob unter Berücksichtigung der faktischen Gesamtumstände (vgl. DRS 26.17) ein maßgeblicher Einfluss tatsächlich ausgeübt wird (vgl. DRS 26.15 f.; DRS 26.B4). Besagte Einflussvermutung steht dabei neben der Beteiligungsvermutung des § 271 Abs. 1 S. 3.[49] Jener – in IAS 28.5 bzw. ASC 323-10-15 genannte und über Art. 2 Nr. 13 Bilanz-RL in das deutsche Recht transformierte – Schwellenwert kann zwar nicht die Begriffsauslegung ersetzen, erfüllt aber ähnliche Aufgaben wie eine Legaldefinition. Er führt zu einer Umkehr der Beweislast und damit zu mehr Rechtssicherheit.[50]

24   Eine Modifikation gegenüber der Beteiligungsabgrenzung in § 271 Abs. 1 liegt hier nur insofern vor, als sich der Schwellenwert nicht auf den Nennwertanteil (am Kapital), sondern den **Stimmrechtsanteil** bezieht, auf der anderen Seite aber ein 20 %-iger Stimmrechtsanteil bereits ausreicht. Obwohl nicht ausdrücklich in § 311 Abs. 1 formuliert, war nach Art. 33 Abs. 1 S. 3 RL 83/349/EWG iVm Art. 2 RL 83/349/EWG (der früheren 7. EG-Richtlinie) bislang stets davon auszugehen, dass – ebenso wie nach IAS 28.5 – für die Berechnung der Stimmrechtsanteile die in § 290 Abs. 3 und Abs. 4 verankerten Grundsätze entsprechend anzuwenden (vgl. auch DRS 26.15 iVm DRS 27.23), mithin neben den unmittelbaren Stimmrechten auch die mittelbar seitens Tochterunternehmen gehaltenen Rechte für Zwecke der Schwellenwertermittlung zu berücksichtigen sind.[51] Daran hat sich, wie im Übrigen auch DRS 26.15 (vgl. zuvor schon DRS 8.3 [aF]) explizit bestätigt, bis heute nichts geändert. Dass es in der derweil Gültigkeit besitzenden Bilanz-RL an solch einem Verweis (auf Art. 22 Abs. 3 Bilanz-RL) mangelt, dürfte auf ein redaktionelles Versehen zurückzuführen sein.[52]

25   Damit verlieren die oben angeführten Merkmale zur Klassifikation eines maßgeblichen Einflusses insofern an Bedeutung, als sie nur noch zum Nachweis eines maßgeblichen Einflusses auf Beteiligungsunternehmen, an denen ein Stimmrechtsanteil kleiner 20 % besteht, und insbesondere für die **Widerlegung eines maßgeblichen Einflusses** herangezogen werden müssen.[53] Wie ein derartiger Beweis letztlich konkret zu führen ist, lässt sich § 311 nicht entnehmen. Ausweislich des in ASC 323-10-15-10 (vgl. auch DRS 26.19) verankerten Negativkatalogs gilt ein maßgeblicher Einfluss vornehmlich dann als widerlegt, sofern

– eine Verzichtserklärung zur Ausübung der Beteiligungsrechte vorliegt,
– die notwendige Informationsbeschaffung vergeblich war,[54]

---

[48]   BeBiKo/Störk/Lewe Rn. 15.
[49]   BeBiKo/Störk/Lewe Rn. 16.
[50]   ADS Rn. 37.
[51]   ADS Rn. 6, 41; Heidel/Schall/Thelen/Heyes/Elprana/Pfender/Schubert Rn. 8; WP-HdB, 17. Aufl. 2021, Rn. M 545.
[52]   Dies wohl auch so annehmend WP-HdB, 17. Aufl. 2021, Rn. G 611.
[53]   HKMS/Hacker/Holzmeier Rn. 36.
[54]   BeBiKo/Störk/Lewe Rn. 18; ADS Rn. 58 ff.; krit. Baetge/Kirsch/Thiele/Hachmeister/Beyer Rn. 55.

- sich andere Anteilseigner zusammenschließen, um die Finanz- und Geschäftspolitik (maßgeblich) zu beeinflussen,
- Widerspruch gegen die Beteiligung, zB in Gestalt von Klagen des Managements oder behördlichen Einwänden, besteht, und/oder
- nachweislich und wiederholt kein Einfluss auf die Besetzung der Organe geltend gemacht werden konnte.[55]

Sämtliche Widerlegungskriterien werden auch nach § 311 regelmäßig anerkannt.[56] **26** Darüber hinaus wird auch auf § 296 Abs. 1 Nr. 1 und Nr. 3 als Gründe für die Widerlegung eines maßgeblichen Einflusses verwiesen.[57] Die jeweiligen Gründe zur Widerlegung der Vermutung müssen für jedwede Beteiligung einer gerichtlichen Nachprüfung standhalten, schließlich wird ein Verstoß gegen Abs. 1 S. 1 grundsätzlich mit einem entsprechenden Bußgeld geahndet.[58]

2. Maßgeblicher Einfluss auf andere Tochterunternehmen. Fraglich ist, ob **27** **Tochterunternehmen eines anderen Mutterunternehmens** von einer dritten Beteiligungsgesellschaft noch maßgeblich beeinflusst werden können. So sei mitunter die Ausübung eines maßgeblichen Einflusses nicht durch die Tatsache ausgeschlossen, dass einem anderen nicht zum Konzern gehörenden Unternehmen die Stimmrechtsmehrheit zusteht.[59] Weil nach § 290 die Möglichkeit eines beherrschenden Einflusses für ein Mutter-Tochter-Verhältnis ausreicht, ist entscheidend, wie intensiv der beherrschende Einfluss des Mutterunternehmens rechtstatsächlich auf das Tochterunternehmen ausgeübt wird und welche Mitwirkungsmöglichkeiten dem Investor noch zustehen. Wird der beherrschende Einfluss vom Mutterunternehmen **tatsächlich** auch ausgeübt, verbleibt für die Ausübung eines nur maßgeblichen Einflusses lediglich eine mögliche Sperrminorität bei geschäfts- und finanzpolitischen Beschlüssen, die aber für bestimmte Fallkonstellationen regelmäßig eine qualifizierte Mehrheit von 75 % erfordern. Anderenfalls kann infolge der restlichen Anteilsverteilung grundsätzlich kein Assoziierungsverhältnis mehr begründet werden.[60] Zutreffend führt DRS 26.17 diesbezüglich aus, dass zur Beurteilung der Frage, ob letztlich ein maßgeblicher Einfluss ausgeübt wird, stets eine einzelfallbezogene Würdigung der Gesamtumstände erforderlich ist. Hierbei gilt es auch tatsächlich existierende Einflussmöglichkeiten, die sich aus der Anteilseignerstruktur des zu beurteilenden Unternehmens oder sonstigen Vereinbarungen ergeben, entsprechend zu würdigen.

3. Maßgeblicher Einfluss auf andere Gemeinschaftsunternehmen. Fraglich ist **28** auch, ob ein Gemeinschaftsunternehmen zweier oder mehr Führungsgesellschaften von einer dritten Beteiligungsgesellschaft noch maßgeblich beeinflusst werden kann. Sofern davon ausgegangen wird, dass die gemeinsame Führung nach § 310 vergleichbar mit einer tatsächlich vorgenommenen Beherrschung ist, verbleibt für die Ausübung eines maßgeblichen Einflusses lediglich eine mögliche Sperrminorität bei finanz- und geschäftspolitischen Beschlüssen, die aber idR nicht selten eine qualifizierte Mehrheit erfordern.

4. Eigene Gemeinschafts- und Tochterunternehmen. Geht die **Intensität der** **29** **Unternehmensverbindung** zu der Beteiligungsgesellschaft über einen maßgeblichen Einfluss (sog [echtes] assoziiertes Unternehmen im engeren Sinne) hinaus und wird die Gesellschaft gemeinsam mit einem oder mehreren konzernfremden Unternehmen geführt, oder

---

55 Zu weiteren Merkmalen Enke, Bilanzierung von Beteiligungen nach der Equity-Methode, 1977, S. 39; HKMS/Hacker/Holzmeier Rn. 46.
56 Da die reine Möglichkeit jedoch im Vergleich zur tatsächlichen Ausübung eines maßgeblichen Einflusses einfacher zu widerlegen ist, dürften an die Widerlegung der Einflussvermutung nach HGB tendenziell niedrigere Anforderungen zu stellen sein.
57 Beck HdR/d'Arcy/Kurt C 510 Rn. 54 ff.
58 BeBiKo/Störk/Lewe Rn. 17.
59 Etwa Schäfer, Bilanzierung von Beteiligungen an assoziierten Unternehmen nach der Equity-Methode, 1982, S. 208; WP-HdB 2021 Rn. G 615; Haufe-HGB/Seidler Rn. 16.
60 HdK/Küting/Köthner/Zündorf Rn. 79; Küting/Weber Konzernabschluss, 14. Aufl. 2018, 234; des Weiteren Hoffmann/Lüdenbach Rn. 12 f.

besteht sogar beherrschender Einfluss (vgl. § 290), so qualifiziert sich betreffendes Beteiligungsunternehmen per se als ein Gemeinschafts- respektive Tochterunternehmen. Da auch diese Gesellschaften zu den Beteiligungsunternehmen zählen und eine gemeinsame Führung (vgl. § 310 Abs. 1) bzw. ein beherrschender Einfluss (vgl. § 290) stets dem Grunde nach mindestens einen maßgeblichen Einfluss implizieren, können sie als sog. **untypische assoziierte Unternehmen**[61] bzw. (unechte) assoziierte Unternehmen im weiteren Sinne angesehen werden (vgl. auch DRS 26.B2 f.). Allerdings können in Ausnahmefällen auch Beherrschungsrechte bestehen, ohne dass faktisch maßgeblicher Einfluss ausgeübt wird. Wenn hier die Möglichkeit eines maßgeblichen Einflusses ausreicht, dann gilt § 290 als hinreichende Bedingung.[62]

30   Auf Beteiligungen an **Gemeinschaftsunternehmen** findet, sofern nicht das Wahlrecht zur Anwendung der Quotenkonsolidierung gem. § 310 wahrgenommen wird,[63] grundsätzlich die Equity-Methode Anwendung (vgl. DRS 26.8 f.),[64] schließlich ist bei Gemeinschaftsunternehmen ein maßgeblicher Einfluss immer anzunehmen.[65]

31   Aus der Gesetzessystematik wird deutlich, dass die Equity-Bewertung auch für **Tochterunternehmen** prinzipiell dann in Betracht kommt, wenn eines der Konsolidierungswahlrechte nach § 296 in Anspruch genommen wird (vgl. DRS 26.8 f.). Eine Quotenkonsolidierung scheidet für nicht vollkonsolidierte Tochterunternehmen aus.

32   Bei Ausübung des Konsolidierungswahlrechts **wegen andauernder Beschränkung der Ausübung der Rechte des Mutterunternehmens** gem. § 296 Abs. 1 Nr. 1 ist zu prüfen, ob die Beeinträchtigung auch einen maßgeblichen Einfluss verhindert (vgl. DRS 26.10). Bei tatsächlicher und länger andauernder Beeinträchtigung der Rechte ist die Equity-Methode nicht anzuwenden, zumal ansonsten Vermögen ausgewiesen würde, das dem Zugriff der Unternehmen des Konsolidierungskreises entzogen ist.[66] In solchen Fällen ist die Beteiligung stattdessen nach der Anschaffungskostenmethode zu bilanzieren.

33   Der wahlweise Ausschluss von der Vollkonsolidierung gem. § 296 Abs. 1 Nr. 2 **wegen unverhältnismäßig hoher Kosten oder Verzögerungen** bei der Beschaffung der für den Konzernabschluss erforderlichen Angaben kann nur eingeschränkt auf die Anwendung der Equity-Methode übertragen werden (vgl. so wohl auch DRS 26.11).[67] Da nach § 312 Abs. 6 für die Ermittlung des Equity-Ansatzes jeweils der letzte Jahresabschluss des assoziierten Unternehmens zugrunde zu legen ist, sind weniger Daten und diese unter geringerem Zeitdruck zu beschaffen als bei einer Vollkonsolidierung. Ein Verzicht auf die Equity-Bewertung einer Gesellschaft wegen nicht erhältlicher Daten ist wohl gleichbedeutend mit der oben angeführten Widerlegung eines maßgeblichen Einflusses.

34   Bei Verzicht auf die Vollkonsolidierung gem. § 296 Abs. 1 Nr. 3 für den Fall, dass die Anteile an einem Tochterunternehmen ausschließlich **zum Zwecke der Weiterveräußerung** gehalten werden, ist die Anwendung der Equity-Methode ausgeschlossen. Nicht nur, dass keine Beteiligung iSd § 271 Abs. 1 gegeben ist (vgl. DRS 26.12), auch dürfte zumeist die Vermutung eines maßgeblichen Einflusses zu widerlegen sein. In diesem Fall wären die Anteile nach der Anschaffungskostenmethode zu bilanzieren. Etwas anderes soll nach DRS 26.13 gelten, sofern betreffende Anteile lediglich teilweise in Weiterveräußerungsabsicht erworben wurden, mithin die nach der intendierten Weiterveräußerung weiterhin gehaltenen Anteile nur noch einen maßgeblichen Einfluss vermitteln. Speziell dann dürfen sämtliche Anteile an diesem Tochterunternehmen vom Erwerbszeitpunkt an nach der Equity-Methode bilanziert werden.

35   Das Konsolidierungswahlrecht für Tochterunternehmen **von untergeordneter Bedeutung** gem. § 296 Abs. 2 gilt für die Equity-Bewertung schon deshalb, weil in § 296

---

[61]   Baetge/Kirsch/Thiele Konzernbilanzen S. 378 ff.
[62]   Für diese Interpretation auch Biener/Bernecke BiRiLiG S. 368.
[63]   Für einen Vergleich beider Methoden Dusemond DB 1997, 1781 ff.
[64]   So auch HdK/Küting/Köthner/Zündorf Rn. 97 ff.; Beck HdR/d'Arcy/Kurt C 510 Rn. 71.
[65]   BeBiKo/Störk/Lewe Rn. 7; Littkemann StuB 1999, 1193.
[66]   BeBiKo/Störk/Lewe Rn. 6.
[67]   Beck HdR/d'Arcy/Kurt C 510 Rn. 60 f.

Abs. 2 von einer Gesamtbetrachtung auszugehen ist, wohingegen sich die äquivalente Regelung in § 311 Abs. 2 auf das jeweilige Beteiligungsunternehmen bezieht. Ist ein Konzernunternehmen für die Vollkonsolidierung von untergeordneter Bedeutung, gilt dies insofern – isoliert betrachtet – auch für die Einbeziehung nach der Equity-Methode, zumal hier lediglich auf das Eigenkapital, seine Veränderungen sowie das Ergebnis abgestellt wird und andere Kriterien, wie Umsatz, Bilanzsumme etc, nicht betrachtet werden (im Übrigen sei auf → Rn. 36 ebenso wie DRS 26.14 verwiesen).[68]

5. Nichtanwendung der Equity-Methode bei untergeordneter Bedeutung. 36 Wenn die Beteiligung an einem assoziierten Unternehmen für die Vermittlung eines den tatsächlichen Verhältnissen entsprechenden Bildes der Vermögens-, Finanz- und Ertragslage eines Konzerns nur **von untergeordneter Bedeutung** ist, so kann gem. § 311 Abs. 2 anstelle der Equity-Methode die Anschaffungskostenmethode zur Beteiligungsbewertung herangezogen werden. Das Kriterium der untergeordneten Bedeutung (vgl. DRS 26.21 iVm DRS 19.102 ff.) ist **sowohl** für jedes einzelne Unternehmen gesondert **als auch** für alle als unwesentlich anzusehenden Unternehmen insgesamt zu prüfen (vgl. DRS 26.20 iVm DRS 26.14), wobei den der Equity-Methode immanenten Besonderheiten des „Einzeilenausweises" in Bilanz und GuV allerdings nur in vereinfachter Form Rechnung zu tragen ist (vgl. DRS 26.B5). In diesem Zusammenhang wird ein assoziiertes Unternehmen für die Würdigung der Finanzlage des Konzerns regelmäßig von untergeordneter Bedeutung sein. Ob und inwieweit das betreffende Unternehmen aber zugleich für die Vermögens- und/oder die Ertragslage des Konzerns unbedeutsam ist, muss im jeweiligen Einzelfall gesondert gewürdigt werden (vgl. DRS 26.22). Hierbei gilt es zu beachten, dass die Ausübung jenes Wahlrechts stets in Kontinuität zur Wahlrechtsausübung in den Vorjahren erfolgt, damit der Grundsatz der Bewertungs- bzw. Konsolidierungsstetigkeit gewahrt bleibt.[69]

6. Fazit. Somit ist für Beteiligungen an nicht vollkonsolidierten **Tochterunternehmen** 37 nicht etwa die Quotenkonsolidierung, sondern – abgesehen von den Fällen untergeordneter Bedeutung und sonstiger Ausnahmetatbestände (→ Rn. 27 ff.) – die Equity-Methode anzuwenden. Für Beteiligungen an **Gemeinschaftsunternehmen,** für die ein Wahlrecht iSd § 296 Abs. 1 beansprucht wird, gilt die Equity-Bewertung in gleicher Weise. Entsprechend verhält es sich auch dann, sofern von dem Wahlrecht zur Anwendung der Quotenkonsolidierung iSd § 310 kein Gebrauch gemacht wird. Für **assoziierte Unternehmen** im engeren Sinne sind im Wesentlichen nur das Bestehen einer Beteiligung und die tatsächliche Ausübung eines maßgeblichen Einflusses sowie der Ausnahmegrund der untergeordneten Bedeutung zu prüfen.[70]

IV. Ausweis der Beteiligung

Für den Equity-Wert ist gem. § 311 Abs. 1 S. 1 ein **gesonderter Ausweis in der** 38 **Konzernbilanz** erforderlich (vgl. auch DRS 26.77). Der Ausweis hat zwingend unter den „Finanzanlagen" (§ 266 Abs. 2 A. III.) zu erfolgen, zumal es sich hierbei um eine „Beteiligung" iSd § 271 Abs. 1 handelt. Eine bestimmte Bezeichnung ist nicht vorgeschrieben; dem Inhalt entspräche jedoch ein Ausweis als „Beteiligungen an assoziierten Unternehmen", vorzugsweise vor den „Beteiligungen".[71] Sämtliche Beteiligungen, die nach der Equity-Methode bewertet werden, können in einer Position zusammengefasst werden. Sind jedoch Tochterunternehmen darunter, so ist die Mitzugehörigkeit zum Posten „Anteile an verbundenen Unternehmen" (§ 266 Abs. 2 III. 1.) zu vermerken.[72] Der Ausweis etwaiger Equity-

[68] BeBiKo/Störk/Lewe Rn. 6, 20 f.; Küting/Zündorf BB 1988, 873.
[69] BeBiKo/Störk/Lewe Rn. 20; Baetge/Kirsch/Thiele/Hachmeister/Beyer Rn. 61 ff.; Staub/Kindler Rn. 35 f.
[70] Detaillierter WP-HdB 2021 Rn. G 607 ff.
[71] BeBiKo/Störk/Lewe Rn. 25; Petersen/Zwirner BilanzR/Busch/Petersen/Zwirner Rn. 34; aA Bonner HdR/Scherrer Rn. 21.
[72] Baetge/Kirsch/Thiele/Hachmeister/Beyer Rn. 81.

Ergebnisse in der GuV hat schließlich ebenfalls unter einer gesonderten Position zu erfolgen (→ § 312 Rn. 83 ff.; DRS 26.78 f.).[73]

V. Publizitätsgesetz

39   Gemäß § 13 Abs. 2 S. 1 PublG gelten die §§ 311 f. sinngemäß auch für einen nach den Regelungen des PublG aufzustellenden Konzernabschluss (vgl. DRS 26.3). Damit sind assoziierte Unternehmen auch in einem **publizitätsgesetzlichen Konzernabschluss** at equity zu bewerten, sofern die Voraussetzungen des § 311 Abs. 1 vorliegen und nicht widerlegt werden.[74]

VI. International Financial Reporting Standards (IFRS)

40   Das IASB regelt die Equity-Bilanzierung in **IAS 28**. Im **Konzernabschluss** ist die Equity-Methode auf Beteiligungen an assoziierten Unternehmen sowie Joint Ventures (iSd IFRS 11.16) anzuwenden.[75] Stellt ein Unternehmen einen **(separaten) IFRS-Einzelabschluss** auf, so hat es die Anteile an assoziierten Unternehmen – unter Wahrung des Stetigkeitsgrundsatzes – entweder

– zu Anschaffungskosten, oder
– (wie im Fall einfacher Finanzbeteiligungen verpflichtend geboten) in Übereinstimmung mit IFRS 9, oder
– anhand der in IAS 28 beschriebenen Equity-Methode

zu bewerten, soweit sie nicht iSd IFRS 5 als zur „Veräußerung gehalten" zu klassifizieren sind (vgl. IAS 27.10).

41   Analog zu IFRS 11 sind auch nach IAS 28 keine expliziten Ausnahmen vom **Anwendungsbereich** vorgesehen. Allerdings besteht auf der Bewertungsebene für Anteile an assoziierten wie auch Gemeinschaftsunternehmen, die von sog. Wagniskapitalorganisationen, Investmentfonds, Unit Trusts und/oder ähnlichen Unternehmen gehalten werden, eine Befreiungsvorschrift. Solche Unternehmen können ihre Anteile an betreffenden Unternehmen im Konzernabschluss wahlweise at equity oder gem. IFRS 9 GuV-wirksam zum beizulegenden Zeitwert bewerten (vgl. IAS 28.18).

42   Nicht vollkonsolidierte **Tochterunternehmen** dürfen – anders als nach HGB – in IFRS-Konzernabschlüssen nicht anhand der Equity-Methode bewertet werden, da ein Tochterunternehmen nach IAS 28.3 ex definitione kein assoziiertes Unternehmen sein kann. Nicht konsolidierte Tochterunternehmen sind stattdessen im Konzernabschluss nach Maßgabe des IFRS 9 zu bilanzieren.[76]

43   **Maßgeblicher Einfluss** iSd IAS 28 liegt vor, wenn ein Investor die finanz- und geschäftspolitischen Entscheidungen eines assoziierten Unternehmens **maßgeblich beeinflussen kann.** Damit ist der Anwendungsbereich der Equity-Methode nach IAS 28 weiter gefasst als der von § 311, nach dem der maßgebliche Einfluss tatsächlich ausgeübt werden muss. Diese Erweiterung des Anwendungskreises verhindert etwaige bilanzpolitische Spielräume des Gesellschafterunternehmens, zumal die Ermessensentscheidung, eine bestehende Einflussmöglichkeit tatsächlich zu nutzen, keinerlei bilanzielle Folgen verursacht. Darüber hinaus erscheint die bloße Einflussnahmemöglichkeit hinreichend für die Anwendung der Equity-Bewertung zu sein. Es darf dem Investor aber nicht möglich sein, die Entscheidungsprozesse des assoziierten Unternehmens derart zu steuern, dass daraus für ihn wirtschaftliche Vorteile erwachsen. In diesem Fall der Beherrschungsmöglichkeit (Control) läge ein vollkonsolidierungspflichtiges Tochterunternehmen iSd IFRS 10 vor.

44   IAS 28.6 zählt fünf **Indikatoren** für das Vorliegen eines maßgeblichen Einflusses auf, von denen idR einer oder mehrere vorliegen müssen (→ Rn. 16).

---

[73]   Beck HdR/d'Arcy/Kurt C 510 Rn. 75; Petersen/Zwirner BilanzR/Busch/Petersen/Zwirner Rn. 46.
[74]   BeBiKo/Störk/Lewe Rn. 30.
[75]   PFGS IntRechnungslegung Kap. 22.3.
[76]   Küting/Weber Konzernabschluss, 14. Aufl. 2018, S. 239.

Bei einem (direkt oder indirekt gehaltenen) Stimmrechtsanteil eines Investors von 20 % **45** oder mehr, aber weniger als 50 %, wird das Vorliegen eines maßgeblichen Einflusses **widerlegbar vermutet** (vgl. IAS 28.5). Umgekehrt wird das Vorliegen eines maßgeblichen Einflusses widerlegbar als nicht vorhanden angenommen, sofern der Stimmrechtsanteil 20 % unter- bzw. 50 % überschreitet. Verfügt der Investor darüber hinaus über sog. potenzielle Stimmrechte, die zB aus der Ausübung von Aktienoptionen, Bezugsrechten oder der Umwandlung von Wandelanleihen bzw. sonstiger wandelbarer Instrumente in Stammaktien resultieren, sind diese gem. IAS 28.7 bei der Identifikation von Assoziierungsverhältnissen entsprechend zu berücksichtigen.

Dieser Unterschied wirkt sich auch auf die **Widerlegung der (positiven oder negati-** **46** **ven) Assoziierungsvermutung** aus: Während nach HGB der Nachweis genügt, dass kein maßgeblicher Einfluss ausgeübt wird, ist nach IAS 28 explizit darzulegen, dass selbst die Möglichkeit zur Ausübung eines maßgeblichen Einflusses nicht besteht. In beiden Rechtskreisen trägt der Bilanzierende die Beweislast.[77] Bei einer Stimmrechtsquote von weniger als 20 % muss die Einflussnahmemöglichkeit dagegen explizit belegt werden; liegt sie über 50 %, besteht eine Beherrschungsvermutung.

Ist ein Unternehmen in die gemeinschaftliche Führung eines Joint Venture involviert **47** oder übt einen maßgeblichen Einfluss auf ein Beteiligungsunternehmen aus, so hat es seinen Beteiligungsanteil nach Maßgabe der Equity-Methode zu bewerten (vgl. IAS 28.16). Auf die Anwendung der Equity-Methode darf aufgrund des sämtliche Bereiche der (konsolidierten) IFRS-Rechnungslegung durchdringenden **Wesentlichkeitsgrundsatzes (Materiality)** verzichtet werden, sofern betreffende Beteiligung(en) für die Vermittlung eines den tatsächlichen Verhältnissen entsprechenden Bildes der Vermögens-, Finanz- und Ertragslage von (insgesamt) untergeordneter Bedeutung ist (sind). In diesem Fall wäre solch eine Beteiligung in Übereinstimmung mit IFRS 9 zu bilanzieren.

Die **Anwendung der Equity-Methode ist einzustellen,** sofern die Möglichkeit zur **48** Ausübung eines signifikanten Einflusses bzw. einer gemeinschaftlichen Führung nicht mehr gegeben ist (vgl. IAS 28.9; IAS 28.22). Dies ist der Fall, wenn
– die entsprechenden Anteile vollständig veräußert wurden,
– die notwendigen Voraussetzungen des IFRS 5 zur (Um-)Qualifizierung als zur „Veräußerung gehalten" (held-for-sale) kumulativ erfüllt sind (vgl. IAS 28.20 f.), oder
– der bisherige Status als assoziiertes respektive Gemeinschaftsunternehmen, zB aufgrund von Kapitaltransaktionen, die mit Änderungen der Beteiligungsquote verbunden sind, verloren geht.

Gemäß IAS 1.54(e) iVm IAS 28.15 sind nach der Equity-Methode bewertete Anteile **49** in der Bilanz in einem **gesonderten Posten** zu zeigen; Entsprechendes gilt dem Grunde nach auch für den – differenziert vorzunehmenden – Ausweis in der Gesamtergebnisrechnung (→ § 312 Rn. 106).

§ 312 Wertansatz der Beteiligung und Behandlung des Unterschiedsbetrags

(1) [1]**Eine Beteiligung an einem assoziierten Unternehmen ist in der Konzernbilanz mit dem Buchwert anzusetzen.** [2]**Der Unterschiedsbetrag zwischen dem Buchwert und dem anteiligen Eigenkapital des assoziierten Unternehmens sowie ein darin enthaltener Geschäfts- oder Firmenwert oder passiver Unterschiedsbetrag sind im Konzernanhang anzugeben.**

(2) [1]**Der Unterschiedsbetrag nach Absatz 1 Satz 2 ist den Wertansätzen der Vermögensgegenstände, Schulden, Rechnungsabgrenzungsposten und Sonderposten des assoziierten Unternehmens insoweit zuzuordnen, als deren beizulegender Zeitwert höher oder niedriger ist als ihr Buchwert.** [2]**Der nach Satz 1 zugeordnete Unterschiedsbetrag ist entsprechend der Behandlung der Wertansätze dieser Ver-**

---

[77]   Baetge/Bruns FS Weber, 1999, 271 f.

mögensgegenstände, Schulden, Rechnungsabgrenzungsposten und Sonderposten im Jahresabschluss des assoziierten Unternehmens im Konzernabschluss fortzuführen, abzuschreiben oder aufzulösen. [3]Auf einen nach Zuordnung nach Satz 1 verbleibenden Geschäfts- oder Firmenwert oder passiven Unterschiedsbetrag ist § 309 entsprechend anzuwenden. [4]§ 301 Abs. 1 Satz 3 ist entsprechend anzuwenden.

(3) [1]Der Wertansatz der Beteiligung und der Unterschiedsbetrag sind auf der Grundlage der Wertansätze zu dem Zeitpunkt zu ermitteln, zu dem das Unternehmen assoziiertes Unternehmen geworden ist. [2]Können die Wertansätze zu diesem Zeitpunkt nicht endgültig ermittelt werden, sind sie innerhalb der darauf folgenden zwölf Monate anzupassen. [3]§ 301 Absatz 2 Satz 3 bis 5 gilt entsprechend.

(4) [1]Der nach Absatz 1 ermittelte Wertansatz einer Beteiligung ist in den Folgejahren um den Betrag der Eigenkapitalveränderungen, die den dem Mutterunternehmen gehörenden Anteilen am Kapital des assoziierten Unternehmens entsprechen, zu erhöhen oder zu vermindern; auf die Beteiligung entfallende Gewinnausschüttungen sind abzusetzen. [2]In der Konzern-Gewinn- und Verlustrechnung ist das auf assoziierte Beteiligungen entfallende Ergebnis unter einem gesonderten Posten auszuweisen.

(5) [1]Wendet das assoziierte Unternehmen in seinem Jahresabschluß vom Konzernabschluß abweichende Bewertungsmethoden an, so können abweichend bewertete Vermögensgegenstände oder Schulden für die Zwecke der Absätze 1 bis 4 nach den auf den Konzernabschluß angewandten Bewertungsmethoden bewertet werden. [2]Wird die Bewertung nicht angepaßt, so ist dies im Konzernanhang anzugeben. [3]Die §§ 304 und 306 sind entsprechend anzuwenden, soweit die für die Beurteilung maßgeblichen Sachverhalte bekannt oder zugänglich sind.

(6) [1]Es ist jeweils der letzte Jahresabschluß des assoziierten Unternehmens zugrunde zu legen. [2]Stellt das assoziierte Unternehmen einen Konzernabschluß auf, so ist von diesem und nicht vom Jahresabschluß des assoziierten Unternehmens auszugehen.

Schrifttum: Anders, Kennzahlenoptimierung mittels Equity-Methode, PiR 2014, 138; Baetge/Bruns, Die Equity-Methode nach IAS 28: Darstellung ausgewählter IAS-Regelungen und Vergleich mit dem deutschen Handelsrecht, FS Weber, 1999, 267; Baetge/Kirsch/Thiele, Konzernbilanzen, 14. Aufl. 2021; Bentler, Grundsätze ordnungsmäßiger Bilanzierung für die Equitymethode, 1991; Beyer/Hachmeister, Proportionale Kapitalerhöhung bei assoziierten Kapitalgesellschaften nach HGB, WPg 2015, 27; Brune, Darstellung der Zwischengewinneliminierung bei Downstream-Transaktionen mit assoziierten Unternehmen oder Joint Ventures bei einem Equity-Buchwert von Null, IRZ 2017, 132; Bühner/Hille, Anwendungsprobleme der Equity-Methode für die Konzernrechnungslegung in der Europäischen Gemeinschaft, WPg 1980, 261; Busse v. Colbe, Die Equitymethode zur Bewertung von Beteiligungen im Konzernabschluß, FS Grochla, 1986, 249; Busse v. Colbe, Gefährdung des Kongruenzprinzips durch erfolgsneutrale Verrechnung von Aufwendungen im Konzernabschluß, FS Forster, 1992, 125; Busse v. Colbe/Chmielewicz, Das neue Bilanzrichtlinien-Gesetz, DBW 1986, 289; Busse v. Colbe/Ordelheide/Gebhardt/Pellens, Konzernabschlüsse, 9. Aufl. 2010; Coenenberg/ Haller/Schultze, Jahresabschluss und Jahresabschlussanalyse, 26. Aufl. 2021; Deubert/Hoffmann, Vermögensauskehrungen von Beteiligungsunternehmen, DK 2014, 154; Deubert/Klöcker, Das Verhältnis von Zeitwertbewertung und Zwischenergebniseliminierung bei der Übergangskonsolidierung nach BilMoG, KoR 2010, 571; Deubert/Lewe, Wesentliche Änderungen im Bereich der handelsrechtlichen Konzernrechnungslegung durch das BilRUG, DB-Beil. Nr. 5 zu Heft 36/2015, 49; Deubert/Meyer/Müller, DRS 25 „Währungsumrechnung im Konzernabschluss" – ein Überblick, DK 2018, 96; Dusemond, Quotenkonsolidierung versus Equity-Methode, DB 1997, 1781; Dusemond/Küting/Wirth in Küting/Weber, Der Konzernabschluss, 14. Aufl. 2018; Ewelt-Knauer/Knauer, Variable Kaufpreisklauseln bei (Teil-)Unternehmenserwerben, DStR 2011, 1918; Fey/Mujkanovic, Außerplanmäßige Abschreibungen auf das Finanzanlagevermögen, WPg 2003, 212; Freiberg, Nichtkonsolidierung von assoziierten Unternehmen mangels Information?, PiR 2007, 260; Freiberg, Ausstrahlung der (Voll-)Konsolidierungsmethoden auf assoziierte Unternehmen, PiR 2011, 175; Freiberg, Ausweis des Ergebnisses aus der Equity-Bewertung, PiR 2013, 232; Fricke, Rechnungslegung für Beteiligungen nach der Anschaffungskostenmethode und nach der Equity-Methode, 1983; Fröhlich, Bilanzierung von Beteiligungen an assoziierten Unternehmen, 2001; Fröhlich, Bewertung von Anteilen an assoziierten Unternehmen bei wechselseitigen Beteiligungen, IRZ 2017, 33; GEFIU, Möglichkeiten und Grenzen der Anpassung deutscher Konzernabschlüsse an die Rechnungslegungsgrundsätze des International Accounting Standards Committee (IASC), DB 1995, 1185 (Teil II); Geisel/Schmidt, Anwendung der Equity-Methode bei assoziierten Unternehmen mit kündbaren Anteilen, KoR 2010, 81; Gelhausen/Fey/Kämpfer, Rechnungslegung und Prüfung nach dem Bilanzrechtsmodernisierungsgesetz, 2009; Gimpel-Henning, Konzernbilanzielle Abbildung der Umklassifizierung eines bestehenden Joint Venture als Joint Operation, IRZ 2015, 416; Goebel, Konzernrechnungslegung nach den International Accounting Standards, DB 1994, 2457; Haaker/Freiberg, Anschaffungskostenrestriktion bei der Equity-Bewertung?, PiR 2018, 122; Haase, Zur Zwischenerfolgseliminierung bei Equity-Bilanzierung, BB 1985, 1702; Harms, Ausweisfragen bei Bewertung „at equity", BB 1987, 935; Harms, Das Aussetzen der Equity-Methode, BB 1987, 1426; Harms/Knischewski, Quotenkonsolidierung versus Equity-Methode im Konzernabschluß, DB 1985, 1353; Harms/Küting, Equity-Accounting im Konzernabschluß, BB 1982, 2150; Harr/Zeyer, Zwischenergebniseliminierung bei assoziierten Unternehmen in Verbindung mit der PoC-Methode, KoR 2010, 588; Harrmann, Der Anlagespiegel nach dem Entwurf des Bilanzrichtlinie-Gesetzes und die praktischen Konsequenzen, DB 1984, 1416; Havermann, Die Equity-Bewertung von Beteiligungen, WPg 1987, 315; Hayn, Konsolidierungstechnik bei Erwerb und Veräußerung von Anteilen, 1999; Heintges/Urbanczik, Erwerb und Folgebewertung assoziierter Unternehmen nach IAS 28, KoR 2002, 154; Heurung, Die Bewertung assoziierter Unternehmen im Konzernabschluss im Vergleich zwischen HGB, IAS und US-GAAP, IStR 2000, 628 (Teil I), 664 (Teil II); Hofbauer, Cross-holdings: Anwendung der Equity-Methode nach IFRS, WPg 2016, 907; IASC, G4+1: Special Report on Reporting Interests in Joint Ventures and Similar Arrangements, 1999; IDW, HFA: Geänderter Entwurf einer Verlautbarung zur Währungsumrechnung im Jahres- und Konzernabschluß, WPg 1986, 664; IDW, Stellungnahme HFA 3/1976: Zur Bilanzierung von Beteiligungen an Personengesellschaften nach aktienrechtlichen Grundsätzen, WPg 1976, 591; Jonas, Die Equity-Methode, BFuP 1981, 550; Karami, Equity-Accounting bei gegenseitigen Beteiligungen an assoziierten Unternehmen im mehrperiodigen Kontext, KoR 2017, 118; Kessler, Zur konsolidierungstechnischen Umsetzung der Equity-Methode im Konzernabschluß nach HGB, BB 1999, 1750; Kessler/Leinen, Bewertung von Anteilen an assoziierten Unternehmen bei wechselseitigen Beteiligungen, IRZ 2016, 159 (Teil I), 221 (Teil II); Kessler/Leinen/Paulus, Das BilMoG und die latenten Steuern, KoR 2010, 46 (Teil II); Kirsch, Die Equity-Methode im Konzernabschluß, 1990; Kirsch, E-DRS 34: Assoziierte Unternehmen – Wesentliche zu erwartende inhaltliche Änderungen gegenüber DRS 8 und deren Bewertung, StuB 2018, 217; Kirsch, Neuerungen durch DRS 26 und DRS 27 – Bilanzierung von Anteilen an assoziierten Unternehmen und Gemeinschaftsunternehmen, StuB 2018, 628; Klaholz/Stibi, Sukzessiver Anteilserwerb nach altem und neuem Handelsrecht, KoR 2009, 297; Küting, Konzerninterne Umstrukturierungen, 2012; Küting/Mojadadr, Währungsumrechnung im Einzel- und Konzernabschluss nach dem RegE zum BilMoG, DB 2008, 1869; Küting/Seel, Das neue deutsche Konzernbilanzrecht – Änderungen der Konzernrechnungslegung durch das Bilanzrechtsmodernisierungsgesetz (BilMoG), DStR-Beil. Nr. 3 zu Heft 26/2009, 37; Küting/Seel, Konvergenz der Equity-Methode zwischen neuem HGB und IFRS? – Unterschiede und Gemeinsamkeiten nach dem BilMoG und IFRS 3 (rev. 2008)/Annual Improvements 2008, DB 2011, 1005; Küting/Weber, Die Bilanzanalyse, 11. Aufl. 2015; Küting/Weber/Gattung, Beendigung der Behandlung von Anteilen nach der Equity-Methode im IFRS-Konzernabschluss: die partielle Endkonsolidierung, WPg 2006, 657; Küting/Weber/Gattung, Fallbeispiele zur Beendigung der Behandlung von Anteilen nach der Equity-Methode im IFRS-Konzernabschluss, WPg 2006, 765; Küting/Weber/Zündorf, Die Equity-Methode im Übergang auf die neue Konzernrechnungslegung, BB 1987, 1496; Küting/Zündorf, Die Equity-Methode im deutschen Bilanzrecht, BB-Beil. Nr. 7 zu Heft 21/1986; Kunowski, Bilanzierung von Anteilen an assoziierten Unternehmen sowie Gemeinschaftsunternehmen im Konzernabschluss nach DRS 8 und DRS 9, StuB 2002, 261; Labrenz/Thorand, Der Einfluss gesellschaftsrechtlicher Beschlussquoren auf die Wertstabilität von Beteiligungen – Ökonomische Relevanz und Signalisierungsmöglichkeiten, KoR 2016, 545; Langenbucher, Die Umrechnung von Fremdwährungsgeschäften nach handels- und steuerrechtlichen Grundsätzen, 1986; Lauer/Böckem, Sonderprobleme der Währungsumrechnung bei Anwendung der Equity-Methode, BB 1992, 1890; Lienau, Die Bilanzierung nach der Equity-Methode unter Berücksichtigung latenter Steuern, KoR 2007, 14; Littkemann, Die Bewertung assoziierter Unternehmen „at equity", StuB 1999, 1191; Littkemann, Einzelfragen der Bewertung assoziierter Unternehmen „at equity", StuB 1999, 1306; Littkemann/Nicnerski, Equity-Bewertung in Konzernabschlüssen, BB 1999, 1804; Lochner, Latente Steuern im Einzel- und Konzernabschluß, BB 1989, 2289; Lüdenbach, Bewertung von Anteilen an assoziierten Unternehmen bei Veräußerungsabsicht, PiR 2006, 45; Lüdenbach, Zwischenergebniseliminierung bei Anwendung der equity-Methode, PiR 2006, 207; Lüdenbach, Sukzessive Erwerbe nach IFRS bei Anwendung der Equity-Methode, KoR 2014, 289; Lüdenbach, Minderheitenanteile beim assoziierten Unternehmen, StuB 2014, 341; Lüdenbach, Aufwands- und Schuldenkonsolidierung bei assoziiertem Unternehmen, StuB 2014, 775; Lüdenbach, Bilanzierung des Anteils an einer ARGE, PiR 2016, 233; Lüdenbach, Equity-Bilanzierung wechselseitiger Beteiligungen, StuB 2016, 924; Lüdenbach/Frowein, Bilanzierung von Equity-Beteiligungen bei Verlusten – ein Vergleich zwischen HGB, IFRS und US-GAAP, BB 2003, 2449; Maas/Schruff, Unterschiedliche Stichtage im künftigen Konzernabschluß? – eine Stellungnahme zur künftigen Transformation von Art. 27 der 7. EG-Richtlinie, WPg 1985, 1; Mantke, Beteiligung an assoziierten Unternehmen, WPg 2017, 69; Mantke, Umstellung auf die Equity-Methode, WPg 2017, 1378; Mayer, Steuerbilanzielle Behandlung von Mehrwerten bei Erwerb einer Beteiligung an einer doppelstöckigen Personengesellschaft – Anwendung der Spiegelbildmethode in der Steuerbilanz, DB 2003, 2034; Melcher/Erchinger, Bilanzierung von assoziierten Unternehmen unter IFRS at Equity bei Vorliegen von komplexen Beteiligungsstrukturen nach der Hypothetischen Liquidationsmethode, KoR 2012, 234; Melcher/Murer, Die Auswirkungen des BilMoG auf die Equity-Methode nach § 312 HGB, DB 2010, 1597; Meyer, Wiedereinführung der Equity-Methode und ihre Konsequenzen für die Bilanzierung latenter Steuern auf Beteiligungen, PiR 2014, 65; Müller, Die latenten Steuern im Jahresabschluß, WPg 1987, 245; Müller, Steuerliche Gewinnermittlung bei Personengesellschaften, 1992; Müller/Reinke, Equity-Bewertung im HGB-Konzernabschluss – Identifikation und Bewertung nach den Empfehlungen des DRSC durch E-DRS 34 und E-DRS 35, BC 2018, 427; Müller/Reinke, E-DRS 34 „Assoziierte Unternehmen" und E-DRS 35 „Anteilmäßige Konsolidierung" – begrüßenswerte Auslegungshilfen, BB 2018, 811; Müller/Wobbe, Behandlung von assoziierten Unternehmen nach HGB, StuB 2014, 83; Ordelheide, Einheitliche Bewertung sowie Kapital- und Equity-Konsolidierung im Konzernabschluß, WPg 1985, 575; Ordelheide, Endkonsolidierung bei Ausscheiden eines Unternehmens aus dem Konsolidierungskreis, BB 1986, 766; Oser, Plädoyer für die Anwendung der Equity-Methode im handelsrechtlichen Jahresabschluss, DB 2014, M1; Pellens, Der Informationswert von Konzernabschlüssen, 1989; Pellens, Die Anwendung der Equity-Methode auf ausländische assoziierte Mutterunternehmen, DB 1990, 697 (Teil I), 747 (Teil II); Pellens, Equity-Methode, in Chmielewicz/Schweitzer, Handwörterbuch der Rechnungswesens, 3. Aufl. 1993, Sp. 537; Pellens/Fülbier/Gassen/Sellhorn, Internationale Rechnungslegung, 11. Aufl. 2021; Pohlmann, Die Wahl von Bewertungskonzeptionen im externen Jahresabschluß unter besonderer Berücksichtigung von Preisänderungen, 1981; Pollmann/Wulf, Gemeinschaftliche Vereinbarungen und assoziierte Unternehmen im IFRS-Konzernabschluss, IRZ 2013, 371; Read/Bartsch, How to account for acquisitions under FASB 96, Journal of Accountancy 1989 (Vol. 167, Issue 5), 54; Richter, Ausweis des sonstigen Ergebnisses aus der Anwendung der Equity-Methode in der Gesamtergebnisrechnung, IRZ 2014, 47; Risse, International Accounting Standards für den deutschen Konzernabschluß, 1997; Roos, Währungsumrechnung bei at equity-bilanzierten ausländischen Beteiligungen im Rahmen des handelsrechtlichen Konzernabschlusses, DStR 2014, 1508; Roß/v. Behr, DRS 26 „Assoziierte Unternehmen" – Überblick und kritische Würdigung, WPg 2018, 1347; Sahner/Gersenich, Assoziierte Unternehmen und Equity-Bewertung, in Albach/Klein, Harmonisierung der Konzernrechnungslegung in Europa, 1990, S. 175; Sahner/Häger, Zur Zwischenerfolgseliminierung beim Beteiligungsansatz „at equity", BB 1988, 1780; Sandleben/Wittmann, Die At-Equity-Bilanzierung bei negativem Eigenkapital des assoziierten Unternehmens, IRZ 2008, 537; Sandleben/Wittmann, Die Auswirkungen der Neuregelung von IFRS 3 (rev. 2008) und IAS 27 (rev. 2008) auf die At-Equity-Bilanzierung, IRZ 2009, 280; Schäfer, Bilanzierung von Beteiligungen an assoziierten Unternehmen nach der Equity-Methode, 1982; Scherrer, Grundlagen der US-amerikanischen Konzernrechnungslegung, in Ballwieser, US-amerikanische Rechnungslegung, 4. Aufl. 2000, S. 329; Scherrer, Konzernrechnungslegung nach HGB, 3. Aufl. 2012; Schild, Einbringung von Sachanlagen in eine assoziierte Unternehmung, DStR 2018, 1138; Schildbach/Feldhoff, Der Konzernabschluss nach HGB und IFRS, 8. Aufl. 2018; Schmidbauer, Der DRS 8 zur Bilanzierung von Anteilen an assoziierten Unternehmen im Konzernabschluss – Vergleich mit den bestehenden handelsrechtlichen Vorschriften sowie mit den IAS, DStR 2001, 1540; Schmidt, Die Rechnungslegung nach der Equity-Methode im konsolidierten Abschluß, 1996; Schmidt, Die Equity-Methode – Interessentheoretische One-Line-Consolidation oder Bilanzierung eines Vermögenswerts?, PiR 2010, 61; Schruff, Bilanzierung von Anteilen an assoziierten Unternehmen im Konzernabschluss nach dem E-DRS 8, BB 2001, 87; v. Behr, E-DRS 34: Assoziierte Unternehmen, DB 2018, 1102; v. Wysocki/Wohlgemuth/Brösel, Konzernrechnungslegung, 5. Aufl. 2014; Watrin/Hoehne/Rieger, Übergangskonsolidierung nach IAS 27 (2008) – Übergang von der Vollkonsolidierung auf die Bilanzierung nach der Equity-Methode, IRZ 2009, 305 (Teil I), 359 (Teil II); Wirth/Dusemond/Küting, Ausgewählte Einzelfragen der Währungsumrechnung im handelsrechtlichen Konzernabschluss unter Beachtung von E-DRS 33 und DRS 23, DB 2018, 137 (Teil I), 201 (Teil II); Zülch/Popp/Teuteberg, Die Bilanzierung von Beteiligungen an assoziierten Unternehmen sowie Gemeinschaftsunternehmen auf der Basis des überarbeiteten IAS 28 – Implikationen der Neuerungen für die Bilanzierungspraxis, WPg 2014, 34; Zündorf, Quotenkonsolidierung versus Equity-Methode, 1987.

Übersicht

I. Allgemeiner Teil

1. Normzweck. Nach der **Anschaffungskostenmethode** gem. § 253 bilden die im **1** Erwerbszeitpunkt geleisteten Anschaffungskosten auch in den Folgejahren die Bewertungsobergrenze der Vermögensgegenstände. Das die Beteiligung haltende Unternehmen (Investor, Gesellschafterunternehmen) vereinnahmt die von einer Beteiligungsgesellschaft ausgeschütteten Gewinne als Beteiligungsertrag ergebniswirksam in der GuV. Gewinnthesaurierungen in der Beteiligungsgesellschaft spiegeln sich dagegen nicht im Beteiligungsbuchwert wider, so dass dieser oft stille Zwangsrücklagen enthält, die sich erst bei einem Beteiligungsverkauf auflösen.[1]

§ 312 sieht für **Beteiligungen an assoziierten Unternehmen** iSd § 311 im Konzern- **2** abschluss die Bilanzierung nach der **Equity-Methode** vor. Damit soll eine von den Anschaffungskosten ausgehende Bilanzbewertung für Beteiligungen erreicht werden, die sich an der Entwicklung des anteiligen bilanziellen Eigenkapitals der Beteiligungsgesellschaft („Bilanzkurs"[2]) orientiert. Insofern werden Gewinnthesaurierungen in der Beteiligungsgesellschaft in der Bilanz des Investors durch eine anteilige Beteiligungszuschreibung in der GuV ertragswirksam erfasst. Sofern Gewinnthesaurierungen zu einer Marktwertsteigerung der Beteiligung beitragen, kann die Equity-Bewertung als eine marktwertangenäherte Beteiligungsbilanzierung angesehen werden.[3] Die Bewertungsgrundlage ist dabei anhand der Jahresabschlusszahlen betreffender assoziierter Unternehmen nachvollziehbar und entspricht daher den an die Nachprüfbarkeit bzw. Objektivität der Rechnungslegung gestellten Anforderungen.

Die Anpassung des Bilanzansatzes an das anteilige bilanzielle Eigenkapital der Beteili- **3** gungsgesellschaft erfordert **zwei Maßnahmen:**[4] Zunächst werden die Anschaffungskosten der Beteiligung dem anteiligen Eigenkapital der Beteiligungsgesellschaft im Zeitpunkt, zu dem das Unternehmen assoziiertes Unternehmen geworden ist, gegenübergestellt. Ein Unterschiedsbetrag ist gem. § 312 Abs. 2 in einer Nebenrechnung auf eventuell anteilige stille Reserven bzw. stille Lasten sowie einen verbleibenden Geschäfts- oder Firmenwert bzw. passiven Unterschiedsbetrag aufzuteilen. In den Folgejahren sind die den einzelnen Vermögensgegenständen bzw. Schulden zugeordneten Beträge GuV-wirksam wie die ihnen

---

1   LdR/Küting 237 ff.
2   Küting/Weber Bilanzanalyse, 11. Aufl. 2015, S. 146, 238; Coenenberg/Haller/Schultze Jahresabschluss S. 1105, 1141 f.
3   Busse v. Colbe/Ordelheide/Gebhardt/Pellens Konzernabschlüsse Kap. 11 I. 1.
4   Busse von Colbe FS Grochla, 1986, 249 ff.; LdR/Küting 239 ff.; Bentler, Grundsätze ordnungsmäßiger Bilanzierung für die Equitymethode, 1991, S. 12 ff.

zugrunde liegenden Positionen fortzuschreiben.[5] Ein regelmäßig verbleibender Geschäfts- oder Firmenwert ist, wie in § 246 Abs. 1 iVm § 253 Abs. 3 vorgesehen, GuV-wirksam über die voraussichtliche Nutzungsdauer abzuschreiben (vgl. § 312 Abs. 2 S. 2 iVm § 309 Abs. 1). Hierdurch nähert sich der Beteiligungswertansatz im Laufe der Verrechnungsdauer ceteris paribus dem anteiligen bilanziellen Eigenkapital des Beteiligungsunternehmens zum Zeitpunkt der erstmaligen Anwendung der Equity-Methode an.

4   Als zweite Maßnahme werden die in den **Folgeperioden** vom assoziierten Unternehmen erwirtschafteten Jahresüberschüsse bzw. eingetretenen Jahresfehlbeträge zeitkongruent im Jahresabschluss des Investors anteilig GuV-wirksam vereinnahmt und dem Beteiligungsbuchwert zugeordnet (vgl. § 312 Abs. 4). Ausschüttungen der Beteiligungsgesellschaft aus Jahresüberschüssen oder freien Rücklagen werden vom Investor bereits über dessen Jahresabschluss GuV-wirksam vereinnahmt. Sie sind vom Beteiligungsbuchwert daher wieder GuV-wirksam abzuziehen. Per Saldo spiegelt der Beteiligungsbuchwert damit die anteiligen thesaurierten Gewinne bzw. Jahresfehlbeträge der Beteiligungsgesellschaft seit der erstmaligen Anwendung wider. Damit führt die Equity-Bewertung insgesamt zu einer zeitlichen Kongruenz zwischen Ergebniserzielung der Beteiligungsgesellschaft und Ergebnisvereinnahmung durch den Investor.

5   Beide Maßnahmen zusammen führen dazu, dass die Beteiligung nach Verrechnung des Unterschiedsbetrags mit dem aus der Bilanz des Beteiligungsunternehmens zu entnehmenden anteiligen Eigenkapital und damit zum **Bilanzkurs** bewertet wird. Eine Überschreitung des Marktwerts der Beteiligung wird verhindert, weil das Abschreibungsgebot des § 253 Abs. 3 S. 5 iVm § 298 Abs. 1 auch für at equity bewertete Beteiligungen gilt.

6   Für den **Bilanzausweis** einer at equity bewerteten Beteiligung schreibt § 312 Abs. 1 zwecks Berücksichtigung des Unterschiedsbetrags die Anwendung der **Buchwertmethode** vor. Das frühere Wahlrecht zwischen Buchwert- und Kapitalanteilsmethode wurde mit dem BilMoG in 2009 gestrichen[6] (für sog. Altfälle, die vor BilMoG noch mittels Kapitalanteilsmethode bewertet wurden, kann jene Methode weiterhin angewandt werden (vgl. Art. 66 EGHGB)). Nach der Buchwertmethode wird die Beteiligung in der Bilanz in einem Betrag ausgewiesen und der Unterschiedsbetrag sowie ein darin enthaltener Geschäfts- oder Firmenwert jeweils separat im Konzernanhang angegeben.

7   Die in vielen Rechtskreisen praktizierte Equity-Methode[7] wird in der Literatur auch als „**partielle**" oder „**kleine**" **Konsolidierung**, „**Konsolidierungsersatz**" bzw. „**Ein-Zeilen-Konsolidierung**" (one-line-consolidation) bezeichnet.[8] Dies wird mit einer der Kapitalkonsolidierung vergleichbaren Behandlung eines etwaigen Unterschiedsbetrags sowie der grundsätzlichen Eliminierungspflicht von Zwischenerfolgen aus Lieferungen und Leistungen zwischen assoziierten und Konzernunternehmen (→ Rn. 52 ff.) begründet. Würde zudem eine einheitliche Bewertung sowie eine GuV-wirksame Schuldenkonsolidierung durchgeführt, führte die Equity-Bewertung im Konzernabschluss im Vergleich zur Quotenkonsolidierung zum gleichen Eigenkapital und Jahresergebnis.

8   Definiert man Bewertungsverfahren als die Ermittlung von Wertansätzen für einzelne Jahresabschlusspositionen,[9] so qualifiziert sich die Equity-Methode als ein **besonders ausgestaltetes Verfahren zur Bewertung von Beteiligungen**.[10]

---

5   Krit. dazu Schildbach/Feldhoff KonzAbschl G 2.4.5.

6   BT-Drs. 16/10067, 84 f.

7   Kirsch, Die Equity-Methode im Konzernabschluß, 1990, 68 ff.; Sahner/Gersenich in Albach/Klein, Harmonisierung der Konzernrechnungslegung in Europa, 1990, S. 189 ff.

8   Zündorf, Quotenkonsolidierung versus Equity-Methode, 1987, 24; HdK/Küting/Zündorf Rn. 7 ff.; Schäfer, Bilanzierung von Beteiligungen an assoziierten Unternehmen nach der Equity-Methode, 1982, 16; Busse v. Colbe/Ordelheide/Gebhardt/Pellens Konzernabschlüsse Kap. 11 I. 2.2; Küting, Konzerninterne Umstrukturierungen, 2012, 31 (dortige Fn. 230).

9   Pohlmann, Die Wahl von Bewertungskonzeptionen im externen Jahresabschluß unter besonderer Berücksichtigung von Preisänderungen, 1981, 22 ff.

10   Busse v. Colbe FS Grochla, 1986, 256; Sahner/Gersenich in Albach/Klein, Harmonisierung der Konzernrechnungslegung in Europa, 1990, S. 181; Littkemann/Nicnerski BB 1999, 1804 ff.; Littkemann StuB 1999, 1191.

2. Entstehungsgeschichte. Die Equity-Bewertung wurde in Deutschland erstmalig **9** mit dem sog. Bilanzrichtlinien-Gesetz vom 19.12.1985 (BGBl. 1985 I 2355) kodifiziert. Konkret werden mit § 312 (iVm DRS 26[11]) die Vorgaben des Art. 27 **Bilanz-RL** (zuvor Art. 33 RL 83/349/EWG – 7. EG-Richtlinie) in deutsches Recht transformiert. Von dem Mitgliedstaatenwahlrecht des Art. 9 Abs. 7 Bilanz-RL, die Equity-Bewertung (flankiert von einer Ausschüttungssperre) auch im Jahresabschluss zuzulassen, hat der deutsche Gesetzgeber (bislang) keinen Gebrauch gemacht. Gesetzesseitige (materielle) Anpassungen erfuhr § 312 zuletzt durch das am 23.7.2015 in Kraft getretene Bilanzrichtlinie-Umsetzungsgesetz (BilRUG) vom 17.7.2015 (BGBl. 2015 I 1245).

3. Sanktionen. Zuwiderhandlungen gegen zwingende Vorschriften des § 312 sind **10** gem. § 334 Abs. 1 Nr. 2 lit. e (gleichlautend: § 20 Abs. 1 Nr. 2 lit. e PublG) **bußgeldbewehrt** (→ § 311 Rn. 4).

II. Erstmalige Anwendung

1. Anpassung der Bilanzierungsvorschriften. § 312 Abs. 5 S. 1 gewährt ein Wahl- **11** recht, die Bewertungsmethoden des Jahresabschlusses des assoziierten Unternehmens in einer Ergänzungsrechnung (HB II) an die **konzerneinheitlichen Bewertungsmethoden** anzupassen (vgl. DRS 26.30).[12] Im Fall der Nichtanpassung ist dies gem. Abs. 5 S. 2 im Konzernanhang zu vermerken. Eine Begründung sowie eine Angabe der Auswirkungen auf die Vermögens-, Finanz- und Ertragslage sind nicht erforderlich.[13] Insbesondere bei ausländischen assoziierten Unternehmen können die nationalen Rechnungslegungsvorschriften von den Regeln des HGB abweichen, weshalb etwaige Bewertungsadjustierungen zu unterschiedlichen Jahresergebnissen des betreffenden assoziierten Unternehmens führen (können).

Wenngleich § 312 Abs. 5 S. 1 explizit nur von im Konzernabschluss angewandten **12** Bewertungsmethoden spricht, so wird damit nach wohl hM richtigerweise implizit auch ein **konzerneinheitlicher Ansatz** erfasst,[14] zumal beide für die Erfolgs- und Eigenkapitalermittlung die gleiche Bedeutung aufweisen; eine analoge Anwendung des § 300 Abs. 2 erscheint daher auch im Kontext der Equity-Methode geboten (vgl. DRS 26.B12). Unterbleibt sie, so ist auch dies im Konzernanhang entsprechend anzugeben.[15] Die in konzeptioneller Hinsicht dem Grunde nach mit der Equity-Methode vergleichbare **Spiegelbildmethode**[16] zur steuerlichen Bewertung von Beteiligungen an Personengesellschaften sieht hingegen eine solche Ansatz- und Bewertungsanpassung nicht vor.[17]

Indessen ist zu beachten, dass eine per se gebotene Anpassung an konzerneinheitliche **13** Ansatz- und Bewertungsvorgaben oftmals – von ausnahmsweise at equity bewerteten Tochter- bzw. Gemeinschaftsunternehmen abstrahiert (vgl. dazu DRS 26.31) – daran scheitern kann, dass der maßgebliche Einfluss nicht ausreicht, um das assoziierte Unternehmen zur Aufstellung einer HB II bzw. Herausgabe der hierfür notwendigen Informationen zu veranlassen.[18] In diesem praktischen Regelfall muss jedoch – ungeachtet der „Qualität" solcher (ausländischen) Abschlüsse (vgl. DRS 26.B13 f.) – sichergestellt sein, dass das für Zwecke der Equity-Bewertung zugrunde gelegte Zahlenwerk **GoB-Konformität** aufweist.[19] Eine

---

[11]   Die Regelungen des früheren DRS 8 „Bilanzierung von Anteilen an assoziierten Unternehmen im Konzernabschluss" wurden durch DRS 26 aufgehoben (vgl. DRS 26.95). DRS 26 ist erstmals für Geschäftsjahre, die nach dem 31.12.2019 begonnen haben, anzuwenden. Eine rückwirkende Anwendung ist unzulässig (vgl. DRS 26.93).

[12]   Baetge/Kirsch/Thiele KonzernBil 371.

[13]   BeBiKo/Störk/Lewe Rn. 68.

[14]   ADS Rn. 132 ff.; WP-HdB 2021 Rn. G 628, 642; Staub/Kraft Rn. 108 f.

[15]   BeBiKo/Störk/Lewe Rn. 68.

[16]   Hoffmann/Lüdenbach Rn. 8; sodann grdl. Müller, Steuerliche Gewinnermittlung bei Personengesellschaften, 1992, S. 112 ff.

[17]   Zur Bewertung nach der Spiegelbildmethode vgl. Mayer DB 2003, 2034 (2040).

[18]   Haufe-HGB/Seidler Rn. 77; BeckOGK/Senger/Schrimpf-Dörges Rn. 87.

[19]   Baetge/Kirsch/Thiele/Hachmeister/Beyer Rn. 153; BeckOGK/Senger/Schrimpf-Dörges Rn. 89.

derartige – im Übrigen bereits aus der Generalnorm des § 297 Abs. 2 S. 2 ableitbare – Forderung ist bei unterstellter Wesentlichkeit schon deshalb unabdingbar, als etwa Auszahlungen, für die nach GoB-Verständnis ein Aktivierungsverbot besteht, die aber im Abschluss der assoziativen Beteiligung aktiviert sind, im Bilanzansatz korrigiert werden müssen.[20] DRS 26.32 stellt in diesem Zusammenhang fest, dass – soweit überhaupt möglich – die Wahlrechte nach § 300 Abs. 2 S. 2 f. und § 308 Abs. 2 S. 2 ff. bei der einheitlichen Bilanzierung im Rahmen der HB II des assoziierten Unternehmens entsprechend angewandt werden dürfen (vgl. auch DRS 26.B15).

14   Geht man folglich von einer Anpassungspflicht an die GoB aus, so müsste eine Equity-Bewertung assoziierter Unternehmen im engeren Sinne unterbleiben, wenn der maßgebliche Einfluss nicht so weit geht, dass die hierfür **erforderlichen Angaben zugänglich** sind. Das ist bei assoziierten Unternehmen ggf. häufig der Fall und kann den Anwendungsbereich der Equity-Methode auf ausländische Beteiligungen einschränken. Dies gilt mitunter auch dann, wenn das assoziierte Unternehmen seinen Einzel- oder Konzernabschluss nach IFRS erstellt und damit einzelne Sachverhalte – GoB-inkonform – GuV-neutral im sog. „sonstigen Ergebnis" erfasst, wie zB die Fair Value-Bewertung von bestimmten Wertpapieren oder Sachanlagevermögenswerten.[21] Ob und inwieweit die im Abschluss eines ausländischen assoziierten Unternehmens praktizierte Bilanzierung GoB-konform ist, dürfte letztlich nur im Rahmen der Konzernabschlussprüfung feststellbar sein.[22] Lässt sich die aufgrund der Wesentlichkeit gebotene Vornahme von Anpassungen an die GoB aus welchen Gründen auch immer nachweislich nicht realisieren, so ist eine Beteiligungsbewertung zu historischen Anschaffungskosten vorzuziehen.[23] Wenn indes ein nicht vollkonsolidiertes Tochter- bzw. ein nicht quotal konsolidiertes Gemeinschaftsunternehmen ersatzweise nach der Equity-Methode bewertet wird, so ist im Regelfall davon auszugehen, dass die notwendigen Informationen zur Bilanzierungsanpassung beschafft werden können.[24]

15   Da nach § 312 Abs. 6 S. 2 ggf. der **Konzernabschluss eines assoziierten Unternehmens** für die Equity-Methode heranzuziehen ist (→ Rn. 23 ff.), gilt die Anpassungspflicht auch für die von einem ausländischen assoziierten Mutterunternehmen angewandten und zugleich als GoB-inkonform zu wertenden Konsolidierungsmethoden. Für die Festlegung, welche Konsolidierungsvorschriften nicht mit den GoB vereinbar sind, kann auf die entsprechenden Befreiungsanforderungen der §§ 291 f. rekurriert werden. Ist eine Anpassung nicht möglich, und stellen sich die Rechnungslegungsunterschiede als wesentlich heraus, so ist die Beteiligung an dem betreffenden assoziierten (Mutter-)Unternehmen auch im Konzernabschluss nach der Anschaffungskostenmethode zu bewerten.

16   Für die Bestimmung des Equity-Ansatzes in EUR ist im Anschluss an Jahresabschlussanpassung und inhaltliche Eigenkapitalabgrenzung von ausländischen assoziierten Unternehmen eine **Währungsumrechnung** vorzunehmen (vgl. auch DRS 26.29 (B11) iVm DRS 25).[25] Dies gilt bei der erstmaligen Anwendung für das anteilig erworbene Eigenkapital des assoziierten Unternehmens ebenso wie für die Anschaffungskosten der Beteiligung.

17   **2. Buchwert der Beteiligung.** Ausweislich des Gesetzeswortlauts ist das anteilige Eigenkapital bei der Equity-Methode gem. § 312 gegen den Buchwert der Beteiligung aufzurechnen. Der Beteiligungsbuchwert entspricht im Allgemeinen den **Anschaffungskosten** betreffender Beteiligung iSd § 255 Abs. 1 iVm § 253 Abs. 1 S. 1 (vgl. DRS 26.33 f. iVm DRS 23.21 ff.). Demzufolge gelten im Regelfall eines Anteilserwerbs von Dritten als Anschaffungskosten der entrichtete Kaufpreis zuzüglich etwaiger **Nebenkosten,** wie

---

[20]   HdK/Küting/Zündorf Rn. 207; Zündorf, Quotenkonsolidierung versus Equity-Methode, 1987, S. 150 f.

[21]   Beck HdR/d'Arcy/Kurt C 511 Rn. 20 f.

[22]   Beck HdR/d'Arcy/Kurt C 511 Rn. 22.

[23]   HdK/Küting/Zündorf Rn. 210 mwN.

[24]   Baetge/Kirsch/Thiele/Hachmeister/Beyer Rn. 152; BeckOGK/Senger/Schrimpf-Dörges Rn. 88; überdies (zugunsten einer unkorrigierten Übernahme ausländischer Jahresabschlüsse argumentierend) Jonas BFuP 1981, 559.

[25]   Hierzu stellvertretend Pellens DB 1990, 697 ff., 747 ff.; Lauer/Böckem BB 1992, 1890 ff., jeweils mwN.

Beurkundungs- und Eintragungsgebühren, Maklerprovisionen und Grunderwerbsteuer.[26] Keinen Bestandteil der Anschaffungskosten dagegen bilden sog. vorgelagerte Aufwendungen, die einzig und allein der Vorbereitung der Entscheidungsfindung dienen, wie zB Beratungskosten oder Kosten für Bewertungsgutachten. Kapitalerhöhungen, verdeckte Einlagen sowie Zu- und Nachschüsse sind als **nachträgliche Anschaffungskosten** zu qualifizieren.[27] Die so ermittelte Größe bildet sodann – zumindest im Grundsatz (→ Rn. 18 f.) – den Aufsatzpunkt für die gebotene Aufrechnung mit dem anteiligen Eigenkapital.

Sind die im Jahresabschluss bilanzierten Anschaffungskosten des beteiligten Unternehmens durch konzerninterne Transaktionen, wie etwa Einbringungen, Kauf- oder Tauschvorgänge, der Höhe nach beeinflusst worden, so haben an deren Stelle die **Konzernanschaffungskosten** (vgl. DRS 23.21 ff.) zu treten.[28] Dadurch bedingte Zwischenerfolge wären in diesen Fällen analog zu § 304 entsprechend zu korrigieren (vgl. DRS 26.33).[29]   **18**

Lauten die **Anschaffungskosten der Beteiligung** an einem (ausländischen) assoziierten Unternehmen auf einer vom Euro abweichenden (Fremd-)Währung, so sind betreffende Anteile bereits auf einzelgesellschaftlicher Ebene in Euro umzurechnen. Im Fall der Bar- oder Voraus- bzw. Anzahlung ist jeweils der für den Fremdwährungsbetrag aufgewendete Eurobetrag maßgebend.[30] Hat betreffendes Unternehmen den geschuldeten Fremdwährungsbetrag dagegen aus bereits vorgehaltenen Währungsbeständen beglichen oder ein Termingeschäft darüber abgeschlossen, so werden die Anschaffungskosten durch den (historischen) Anschaffungspreis des Fremdwährungsbetrags determiniert.[31] In den übrigen Fällen gilt der Umrechnungskurs desjenigen Tages, an dem die Anteile in die wirtschaftliche Verfügungsmacht des bilanzierenden Unternehmens übergegangen, ihm mithin wirtschaftlich zuzurechnen sind.[32] Als maßgeblicher Umrechnungskurs ist hierbei der **Devisenkassamittelkurs** heranzuziehen. Zwar regelt § 256a die Umrechnung in Euro lediglich für den Fall der Bewertung an einem auf den Zugang des betreffenden Vermögensgegenstands folgenden Abschlussstichtag;[33] allerdings ist der Regierungsbegründung zu entnehmen, dass aus der verpflichtenden Anwendung des Devisenkassakurses für die Folgebewertung unter Berücksichtigung des Anschaffungskostenprinzips folgt, dass auf Fremdwährung lautende Geschäftsvorfälle auch im Zugangszeitpunkt mit dem Devisenkassakurs umzurechnen sind.[34] So wurde denn auch in der finalen Fassung des § 256a der Devisenkassamittelkurs als maßgebender Umrechnungskurs festgeschrieben. Entsprechend der Begründung des Rechtsausschusses ist dieser auf Vorschlag der Praxis in das Gesetz aufgenommen worden, um auf diese Weise die Währungsumrechnung durch die nicht mehr erforderliche Unterscheidung in Geld- und Briefkurs zu vereinfachen.[35]   **19**

3. Ermittlung des anteiligen Eigenkapitals. a) Jahresabschluss. Für die **inhaltliche Abgrenzung des Eigenkapitals** eines assoziierten Unternehmens sind die § 266 Abs. 3 und § 272 heranzuziehen. Danach ergibt sich das Eigenkapital aus der Summe der auf der Passivseite als Bestandteile des Eigenkapitals ausgewiesenen Positionen (Gezeichnetes Kapital, Kapitalrücklage, Gewinnrücklagen, Ergebnisvortrag, Jahresergebnis), vermindert um die entsprechenden aktivischen Korrekturposten, wie Forderungen auf eingeforderte, aber noch nicht eingezahlte Einlagen oder ein nicht durch Eigenkapital gedeckter Fehlbetrag (iSd § 268 Abs. 3).[36]   **20**

---

26   HdK/Küting/Zündorf Rn. 13; Baetge/Kirsch/Thiele/Hachmeister/Beyer Rn. 33 ff.
27   HdK/Küting/Zündorf Rn. 13; Baetge/Kirsch/Thiele/Hachmeister/Beyer Rn. 33.
28   Haufe-HGB/Seidler Rn. 14.
29   Staub/Kraft Rn. 19; Baetge/Kirsch/Thiele/Hachmeister/Beyer Rn. 33.1.
30   Baetge/Kirsch/Thiele/Kahle § 255 Rn. 64.
31   BeckOGK/Tiedchen § 255 Rn. 22.
32   BFH Urt. v. 16.12.1977 – III R 92/75, BStBl. II 1978, 233 f.
33   BT-Drs. 16/10067, 43, 62.
34   BT-Drs. 16/10067, 62.
35   BT-Drs. 16/12407, 86.
36   Küting/Zündorf BB-Beil. 7/1986, 4 f.; Bentler, Grundsätze ordnungsmäßiger Bilanzierung für die Equitymethode, 1991, S. 73 ff.; differenzierter (auch im Hinblick auf Personengesellschaften) Baetge/Kirsch/Thiele/Hachmeister/Beyer Rn. 37 ff.

21   Für die **Ermittlung des anteiligen Eigenkapitals** in Euro zu demjenigen Zeitpunkt, zu dem das Assoziierungsverhältnis begründet wurde, ist es auch nach Inkrafttreten des BilMoG **fraglich,** ob die nach § 308a für die Währungsumrechnung vorgeschriebene **modifizierte Stichtagskursmethode** auch für nach § 312 mittels der Equity-Methode einbezogene assoziierte bzw. Gemeinschaftsunternehmen verpflichtend anzuwenden ist. Nach wohl hM wird deren Anwendung zwar empfohlen;[37] dennoch wird aber mit Verweis auf das Wahlrecht zur Anpassung der Bewertungsmethoden auch (weiterhin) jede andere Methode als zulässig erachtet.[38] Insofern wären für Zwecke der erstmaligen Ermittlung des anteiligen Eigenkapitals eines assoziierten Unternehmens mehrere Vorgehensweisen denkbar:[39] Der gesamte Jahresabschluss des assoziierten Unternehmens könnte zum Kurs desjenigen Zeitpunkts, zu dem das Unternehmen assoziiertes Unternehmen geworden ist, in Euro umgerechnet werden;[40] dann ergäbe sich das Eigenkapital als Residualgröße aus dem Nettovermögen der Beteiligungsgesellschaft in Euro. Alternativ könnten stattdessen lediglich die einzelnen Positionen des anteiligen Eigenkapitals in Euro umgerechnet werden.[41] Damit würde wiederum unterstellt, dass das Eigenkapital einen eigenständigen Vermögensgegenstand darstellt, den es seinerseits in EUR zu transformieren gälte. Beide Vorgehensweisen führ(t)en zT zu deutlich voneinander abweichenden Ergebnissen.[42] Solch eine zweite Auslegung verkennt indes, dass das mit § 312 Abs. 5 S. 1 gewährte Adjustierungswahlrecht ausschließlich solche Bewertungsmethoden adressiert, die das assoziierte Unternehmen selbst anwendet. Demgegenüber handelt es sich bei der Währungsumrechnung des anteiligen Eigenkapitals von assoziierten Unternehmen um eine reine Bewertungsmaßnahme des Konzerns, die streng genommen nicht unter dieses Wahlrecht fällt.[43]

22   Rekapitulierend, dass § 308a im Zuge des BilMoG eingeführt wurde, um die Währungsumrechnung von Abschlüssen für Zwecke der Konzernabschlusserstellung nicht nur zu vereinfachen, sondern auch zu vereinheitlichen,[44] wird hier mit der hM für eine entsprechende Anwendung des § 308a auf assoziative Beteiligungen plädiert.[45] Auch der sich mit der Währungsumrechnung im Konzern beschäftigende DRS 25 empfiehlt eine analoge Anwendung (vgl. DRS 26.4 iVm DRS 25.42). Dies bedeutet mit Blick auf die erstmalige Erfassung eines nicht in Euro bilanzierenden assoziierten Unternehmens, dessen anteiliges Nettovermögen – bestehend aus dem Buchwert des Eigenkapitals zuzüglich stiller Reserven sowie eines ggf. vorhandenen Geschäfts- oder Firmenwerts bzw. abzüglich stiller Lasten sowie eines ggf. vorhandenen passiven Unterschiedsbetrags – im Zeitpunkt der Ersterfassung mit dem **Devisenkassamittelkurs,** der seinerseits sodann den historischen Kurs darstellt, umrechnen zu müssen (vgl. DRS 25.88 f.).[46]

23   **b) Konzernabschluss.** Sofern das assoziierte Unternehmen selbst Mutterunternehmen ist und einen (Teil-)Konzernabschluss aufstellt, bildet dieser die Grundlage für den Equity-Ansatz (vgl. § 312 Abs. 6 S. 2; DRS 26.23).[47] Allerdings ist dann zu prüfen, inwiefern über die für den Jahresabschluss genannten Positionen hinaus noch **weitere Eigenkapitalgrößen** existieren, die für die Anwendung der Equity-Methode ggf. zu beachten sind. Unterstellt, dass die Effekte aus Währungsumrechnung (vgl. DRS 25.53 f.) ebenso wie

---

[37]   Stellvertretend Küting/Mojadadr DB 2008, 1872 f.; überdies BeBiKo/Grottel/Koeplin § 308a Rn. 60 ff.
[38]   Baetge/Kirsch/Thiele/Hachmeister/Beyer Rn. 204; nicht eindeutig BeckOGK/Senger/Brune § 308a Rn. 11, 53 f.
[39]   Pellens DB 1990, 697 ff. (700 f.), 747 ff.; ADS Rn. 219 ff.
[40]   Busse v. Colbe/Müller/Reinhard, 2. Aufl. 1989, Rn. 150.
[41]   HdK/Küting/Hayn/Zündorf Rn. 198 ff.
[42]   BeckOGK/Senger/Brune § 308a Rn. 53.
[43]   So auch Baetge/Kirsch/Thiele/Hachmeister/Beyer Rn. 204; aA Küting/Mojadadr DB 2008, 1872 f.
[44]   BT-Drs. 16/10067, 83 f.
[45]   Etwa Haufe-HGB/Seidler Rn. 110; BeBiKo/Grottel/Koeplin § 308a Rn. 60 ff.
[46]   BeckOGK/Senger/Schrimpf-Dörges Rn. 69; Baetge/Kirsch/Thiele/Hachmeister/Beyer Rn. 205 ff.
[47]   BeBiKo/Störk/Lewe Rn. 92; Staub/Kraft Rn. 140 f.; ADS Rn. 188 ff. Ist betreffendes assoziiertes Unternehmen zwar gleichzeitig Mutterunternehmen, stellt es indes infolge der größenabhängigen Befreiungsvorschrift des § 293 keinen Konzernabschluss auf, so ist (weiterhin) der Jahresabschluss maßgebende Bezugsgrundlage.

diejenigen aus allen anderen Konsolidierungsmaßnahmen jeweils differenziert nach Gesellschafterstämmen dokumentiert und entsprechend fortgeschrieben werden, so erschöpft sich der damit verbundene Problemkreis in der Frage, wie in derartigen Konstellationen einerseits mit dem sog. **Ausgleichsposten für nicht beherrschende Anteile** (iSd § 307 Abs. 1) und andererseits einem etwaigen **passiven Unterschiedsbetrag** (iSd § 301 Abs. 3 S. 1) zu verfahren ist.

Würden **Anteile nicht beherrschender Gesellschafter,** die nach § 307 Abs. 1 S. 1 **24** als Eigenkapital des Konzerns gelten, bei der Ermittlung des anteiligen Eigenkapitals für Zwecke der Equity-Bewertung einbezogen, flössen mitunter auch an den einzelnen Tochterunternehmen des assoziierten Unternehmens ggf. bestehende Anteile konzernfremder Gesellschafter mit in die Dotierung des Beteiligungsbuchwerts ein. Weil der Investor aber lediglich Anteile am Eigenkapital des assoziierten Unternehmens hält, haben solche Anteile bei der Equity-Bewertung außer Acht zu bleiben (vgl. auch DRS 26.35 iVm DRS 23.46 ff.).[48] Entsprechend ist auch die (idR auf Basis des Kapitalanteils[49] vorzunehmende) Beteiligungsfortschreibung auf das anteilige – um etwaige nicht beherrschende Anteile zu bereinigende – (Konzern-)Jahresergebnis des assoziierten Unternehmens zu beschränken.[50]

Eine seitens des betreffenden (Mutter-)Unternehmens vorgenommene Kapitalkonsoli- **25** dierung kann in der Konzernbilanz des assoziierten Unternehmens nach Aufdeckung von stillen Reserven bzw. stillen Lasten den **Ausweis eines passiven Unterschiedsbetrags** erfordern. Streng genommen ist ein solcher Posten gem. § 301 Abs. 3 S. 1 **nach** dem Eigenkapital des Konzerns auszuweisen, weshalb dieser zunächst keinen unmittelbaren Eigenkapitalbestandteil darstellt. Ungeachtet der in § 309 Abs. 2 geregelten Auflösungsmodalitäten, kann ein solcher (negativer) Unterschiedsbetrag nicht nur Fremd-, sondern durchaus auch **Eigenkapitalcharakter** besitzen (vgl. DRS 23.139 ff.), nämlich dann, wenn er auf einem günstigen Kauf (lucky buy) basiert (vgl. DRS 23.144 ff.). In diesem Fall wäre er dem konzernbilanziellen Eigenkapital des assoziierten Unternehmens zuzurechnen und anteilig berücksichtigungspflichtig.[51]

Resultiert aus der Aufrechnung des Nettovermögens mit den Anschaffungskosten der **26** Beteiligung ein aktiver Unterschiedsbetrag, so werden in aller Regel Zuordnungs- bzw. Fortschreibungsprobleme insoweit bestehen, als nicht nur unmittelbar auf Ebene des assoziierten (Mutter-)Unternehmens, sondern auch auf darunter liegenden Hierarchieebenen jenes (Teil-)Konzerns stille Reserven wie auch etwaige stille Lasten zu verzeichnen sein werden. In diesen Fällen verbleibt oftmals nur die Möglichkeit, mit Hilfslösungen zu arbeiten. In Betracht kommen hier vereinfachende, pauschalierende Annahmen über Gruppen von Vermögensgegenständen und Schulden sowie durchschnittliche Nutzungsdauern.[52] Anderenfalls dürfte eine Anwendung der Equity-Methode auf Basis eines konsolidierten Abschluss nicht praktikabel sein.

4. Zeitpunkt der erstmaligen Gegenüberstellung der Anschaffungskosten mit 27 dem anteiligen Eigenkapital. § 312 Abs. 3 verlangt, dass zu demjenigen **Stichtag, zu dem eine Beteiligungsgesellschaft assoziiertes Unternehmen geworden ist** (S. 1) und somit erstmals ein maßgeblicher Einfluss geltend gemacht wird, eine Gegenüberstellung

---

48   HdJ/Niehus V/3 Rn. 156; Baetge/Kirsch/Thiele/Hachmeister/Beyer Rn. 190.
49   Weicht hingegen in Ausnahmefällen die Beteiligungsquote an den laufenden Ergebnissen sowie am Liquidationsergebnis von der kapitalmäßigen Beteiligung ab, soll nach DRS 23.47 das maßgebliche Eigenkapital mittels wirtschaftlicher Beteiligungsquote zu ermitteln sein; krit. dazu bereits Wirth/Weber/ Dusemond/Küting DB 2015, 1059.
50   So bereits Pellens DB 1990, 699 f.; Bentler, Grundsätze ordnungsmäßiger Bilanzierung für die Equitymethode, 1991, S. 76 ff.
51   Ebenso Baetge/Kirsch/Thiele/Hachmeister/Beyer Rn. 190; HdJ/Niehus V/3 Rn. 157; des Weiteren sodann HKMS/Hacker/Holzmeier Rn. 51 ff. Differenzierter verhält es sich dagegen hinsichtlich sog. technischer Unterschiedsbeträge iSd DRS 23.147. Ob ein solcher dem (anteiligen) Eigenkapital zuzurechnen ist, hängt hierbei ganz entscheidend vom bilanziellen Charakter dieses Postens im jeweiligen Einzelfall ab.
52   Baetge/Kirsch/Thiele/Hachmeister/Beyer Rn. 191; Staub/Kraft Rn. 145.

des Beteiligungsbuchwerts mit dem anteiligen Eigenkapital zu erfolgen hat.[53] Mit dieser Regelung werden aus einem etwaigen **sukzessiven Anteilserwerb** resultierende (technische) Probleme dergestalt vermieden, als nun nicht mehr für jede einzelne Tranche eine entsprechende Aufrechnung vorzunehmen ist (vgl. auch DRS 26.39).[54]

28   Grundsätzlich finden die **Erleichterungen des § 301 Abs. 2 S. 3 f.** auch für Zwecke der Equity-Bewertung entsprechend Anwendung. Danach sind für den Fall, dass ein Mutterunternehmen erstmals zur Aufstellung eines Konzernabschlusses verpflichtet ist, grundsätzlich die Wertansätze eines assoziierten Unternehmens zum Zeitpunkt seiner Einbeziehung in den Konzernabschluss zugrunde zu legen (S. 3); Selbiges gilt im Hinblick auf solche assoziierten Unternehmen, auf deren Einbeziehung bislang gem. § 296 verzichtet worden ist (S. 4).

29   Wird vor der erstmaligen Einbeziehung eines Tochterunternehmens im Wege der Vollkonsolidierung nach den §§ 300 ff. von einem Einbeziehungswahlrecht nach § 296 Gebrauch gemacht und werden die Anteile an diesem Tochterunternehmen danach at equity bilanziert, sind für Zwecke der Equity-Methode – unbeschadet des § 301 Abs. 2 S. 3 – die Wertverhältnisse zu dem Zeitpunkt, zu dem ein Mutter-Tochter-Verhältnis iSd § 290 begründet wurde (vgl. DRS 23.8), zugrunde zu legen (vgl. DRS 26.40). Soweit demgegenüber für ein Tochterunternehmen nach bereits erfolgter Vollkonsolidierung erstmals ein Einbeziehungswahlrecht nach § 296 ausgeübt wird, mit der Folge, dieses stattdessen at equity bewerten zu müssen, sind die anteilig auf das Mutterunternehmen entfallenden Zeitwertbewertungen nach § 301 Abs. 1 S. 2 sowie ein ggf. noch vorhandener Geschäfts- oder Firmenwert bzw. passiver Unterschiedsbetrag nach § 301 Abs. 3 entsprechend im Rahmen der Equity-Bewertung fortzuführen (vgl. DRS 26.41). Damit scheidet eine erneute Wertermittlung nach Maßgabe des § 312 Abs. 3 S. 1 in diesem Fall aus.

30   Wird das Assoziierungsverhältnis zu einem Zeitpunkt begründet, auf den kein regulärer Abschluss erstellt wird, weicht mithin der Abschlussstichtag des assoziierten Unternehmens von dem des Mutterunternehmens ab, so sieht § 312 Abs. 6 vor, dass der Equity-Bewertung jeweils der letzte verfügbare Jahres- bzw. Konzernabschluss des assoziierten Unternehmens als Ausgangspunkt zugrunde zu legen ist.[55] Nach DRS 26.23 hat dies im Zeitablauf stetig zu erfolgen (vgl. § 252 Abs. 1 Nr. 6 iVm § 298 Abs. 1) und gilt sowohl für die erstmalige Anwendung als auch für die Fortschreibung des Equity-Wertansatzes in Folgejahren (vgl. DRS 26.23). Damit betreffender Abschluss im Zuge der Equity-Methode Verwendung finden kann, muss er zumindest von den dafür zuständigen Organen aufgestellt und dem Mutterunternehmen zugänglich sein; dies wiederum impliziert, dass sämtliche für diesen Abschluss zentralen Bilanzierungsentscheidungen bereits verbindlich festgelegt worden sind. Im Fall einer bestehenden Prüfungspflicht sollten zumindest alle wesentlichen Prüfungshandlungen abgeschlossen sein. Eine Feststellung des Jahres- bzw. Billigung des Konzernabschlusses jenes assoziierten Unternehmens noch innerhalb der Aufstellungsphase für den Konzernabschluss des Mutterunternehmens durch die Gesellschafter respektive sonst dafür zuständigen Organe wird als nicht zwingend erforderlich angesehen (vgl. DRS 26.24; DRS 26.B6 f.).[56]

31   Damit wird seitens des Gesetzgebers berücksichtigt, dass der Einfluss eines Mutterunternehmens auf betreffendes assoziiertes Unternehmen nur maßgeblich ist und regelmäßig nicht ausreichen dürfte, um ein Aufstellen von Zwischenabschlüssen zu erzwingen. Ohnehin

---

[53]   Bezüglich spezifischer Konstellationen, die notwendigerweise ein Abweichen von diesem Grundsatz erforderlich machen, sei auf DRS 26.42 ff. verwiesen (vgl. auch DRS 26.B17).

[54]   BeckOGK/Senger/Schrimpf-Dörges Rn. 55 f.

[55]   HdK/Küting/Hayn/Zündorf Rn. 192 f.; Bentler, Grundsätze ordnungsmäßiger Bilanzierung für die Equitymethode, 1991, S. 79 ff.; ADS Rn. 181. Im Schrifttum finden sich vereinzelt Stimmen, die solch einen Abschluss in zeitlicher Hinsicht dergestalt zu restringieren versuchen, als dieser in aller Regel nicht mehr als zwölf Monate vor dem Konzernabschlussstichtag liegen darf; vgl. etwa Maas/Schruff WPg 1985, 6. Da sich solch eine Festlegung weder aus dem Gesetz noch aus DRS 26 ableiten lässt, stellt dies nach hier vertretener Ansicht eine unzulässige Einschränkung dar.

[56]   BeckOGK/Senger/Schrimpf-Dörges Rn. 110; idS nicht eindeutig HKMS/Hacker/Holzmeier Rn. 112 f.

kann schon allein deshalb keine der Voll- bzw. Quotenkonsolidierung vergleichbare Pflicht zur Aufstellung eines Zwischenabschlusses iSd § 299 Abs. 2 abgeleitet werden, weil eben – unter Vereinfachungsgesichtspunkten – jeweils der letzte verfügbare Jahres- bzw. Konzernabschluss des assoziierten Unternehmens als Aufsatzpunkt zugrunde zu legen ist (vgl. DRS 26.25). Dem aber steht gem. DRS 26.26 nicht entgegen, dass zwecks Verbesserung der Aussagekraft handelsrechtlicher Konzernabschlüsse gleichwohl auf entweder einen freiwillig aufgestellten Zwischenabschluss oder eine infolge von Kapitalmarktbestimmungen verfügbare Zwischenberichterstattung zurückgegriffen wird (vgl. auch DRS 26.B8).

Ebenso wenig müssen Vorgänge von besonderer Bedeutung für die wirtschaftliche Lage **32** (iSd § 299 Abs. 3) des assoziierten Unternehmens, die sich nach dem Stichtag von dessen Abschluss ereignen oder bekannt werden, bei Anwendung der Equity-Methode berücksichtigt werden (vgl. DRS 26.B9; auf eine etwaige Angabepflicht iSd § 297 Abs. 2 S. 3 weist DRS 26.27 hin). Etwas anderes soll speziell bei Kapitalmaßnahmen, zB Kapitalerhöhungen bzw. -rückzahlungen, oder vergleichbaren Vorgängen, die zu einer anlassbezogenen, nicht periodischen Fortschreibung des Equity-Werts führen, gelten (vgl. DRS 26.28): Liegen dem Mutterunternehmen danach alle bilanzierungsrelevanten Informationen in Bezug auf dieses assoziierte Unternehmen vor, wären derartige Vorgänge auch dann zu berücksichtigen, sofern sie zwischen dem Stichtag des Abschlusses, der der Equity-Methode zugrunde liegt, und dem Konzernabschlussstichtag erfolgen (vgl. DRS 26.28). Durch solch eine obligatorische Berücksichtigung würde eine nicht den tatsächlichen Verhältnissen entsprechende Darstellung des Vermögens- und Erfolgsausweises im Konzernabschluss vermieden, die sich ansonsten aus einer GuV-wirksamen Erfassung jener Differenzen ergäbe (vgl. DRS 26.B10).

Probleme ergeben sich auch dann, wenn der Ersterfassungszeitpunkt zwar auf den **33** (gemeinsamen) Bilanzstichtag beider Unternehmen fällt, indes der Jahres- bzw. Konzernabschluss des assoziierten Unternehmens für die erstmalige Anwendung der Equity-Methode beim Investor noch nicht vorliegt, was häufig der Fall sein dürfte. Auch hier wäre die Verwendung des letztjährigen Abschlusses des assoziierten Unternehmens zwar vertretbar, könnte aber ebenfalls, zumal etwa kaufpreisrelevante Veränderungen von besonderer Bedeutung eingetreten sind, zu einem verzerrten anteiligen Eigenkapital führen. Nicht zuletzt vor diesem Hintergrund gestattet § 312 Abs. 3 S. 2 für denjenigen Fall, dass die Wertansätze nicht endgültig und verlässlich ermittelt werden können, sie innerhalb der darauf folgenden zwölf Monate entsprechend anzupassen sind (vgl. auch DRS 26.38).[57]

5. Technik der Equity-Methode. Mit dem BilMoG wurde das Variantenwahlrecht **34** zwischen Buchwert- und Kapitalanteilsmethode zugunsten der Buchwertmethode aufgehoben.[58] Demnach ist zum Zeitpunkt der erstmaligen Anwendung der Equity-Methode die Beteiligung gem. Abs. 1 S. 1 in der Konzernbilanz mit den Anschaffungskosten zu bewerten (vgl. auch DRS 26.33 f.).[59] Diese werden sodann in einer internen Nebenrechnung dem anteilig erworbenen Eigenkapital des assoziierten Unternehmens zum Zeitpunkt, zu dem das Unternehmen assoziiertes Unternehmen geworden ist (Abs. 3), gegenübergestellt.[60] Resultiert aus der Verrechnung des **Anschaffungswerts mit dem anteiligen Eigenkapital** ein **Unterschiedsbetrag,**[61] so ist dieser in einer **internen Nebenrechnung** zunächst nach DRS 26.37 iVm DRS 23.51 ff. auf etwaige stille Reserven und Lasten der Beteiligungsgesellschaft hin zu untersuchen. Insofern sind analog zur Einzelerwerbsfiktion des § 301 auch hier sämtliche bilanzierungspflichtigen Vermögensgegenstände und Schulden anteilig zu identifizieren sowie diesen die – angemessen zu dokumentierenden – stillen Reserven und Lasten zuzuordnen, sofern deren **beizulegender Zeitwert** über dem Buchwert liegt (vgl. § 312 Abs. 2 S. 1; DRS 26.47; DRS 26.B18). Um hierbei einen weitgehenden Gleich-

---

57   BeckOGK/Senger/Schrimpf-Dörges Rn. 36 ff.
58   Küting/Pfitzer/Weber Rechnungslegung-HdB/Oser/Reichart/Wirth S. 434 ff.
59   LdR/Küting 239 ff.; BeBiKo/Störk/Lewe Rn. 5 ff.
60   Ausf. Beck HdR/d'Arcy/Kurt C 511 Rn. 51 ff.; konkret zum Aufbau einer formalisierten Nebenrechnung Bentler, Grundsätze ordnungsmäßiger Bilanzierung für die Equitymethode, 1991, S. 131 ff.
61   Gem. DRS 26.34 resultiert hieraus der sog. „Unterschiedsbetrag (1)".

lauf mit den Vorschriften des § 301 sicherzustellen,[62] ist § 301 Abs. 1 S. 3 entsprechend anzuwenden (Abs. 2 S. 4). Danach sind – zwecks Vermeidung unnötiger Anpassungsbuchungen – Rückstellungen (vgl. § 253 Abs. 1 S. 2 f., Abs. 2) ebenso wie latente Steuern (vgl. § 274 Abs. 2) stattdessen jeweils nach Maßgabe ihrer spezifischen Vorgaben zu bewerten.[63]

35   Verbleibt danach ein aktiver **Unterschiedsbetrag**,[64] so ist dieser als **Geschäfts- oder Firmenwert** zu klassifizieren, der seinerseits entsprechend der Vorgabe in § 309 Abs. 1 zu behandeln ist. Was den in der internen Nebenrechnung vorzunehmenden Umfang der Aufdeckung stiller Reserven und Lasten anbelangt, so herrschte bis zur Verabschiedung des BilMoG die Auffassung vor, stille Reserven (abzüglich stiller Lasten) maximal in Höhe des anteiligen (aktiven) Unterschiedsbetrags aufdecken zu dürfen, um im Sinne einer **streng ausgelegten Anschaffungskostenrestriktion** ein Entstehen bzw. eine Erhöhung eines passiven Unterschiedsbetrags zu verhindern.[65] In diesem Zusammenhang wurde die Entstehung eines passiven Unterschiedsbetrags generell abgelehnt. Für den Fall, dass der Saldo aus anteiligen stillen Reserven und Lasten den aktiven Unterschiedsbetrag überstieg, bestand für den Investor in Ermangelung einer gesetzlichen Vorgabe nach hM ein **Zuordnungswahlrecht**. Als Allokationsmethode galten im einschlägigen Schrifttum die Liquidierbarkeit, die Wahrscheinlichkeit des Vorhandenseins sowie eine proportionale Verteilung des Unterschiedsbetrags als zulässige Verfahren.[66] Lag ein passiver Unterschiedsbetrag vor, waren keinerlei stille Reserven aufzudecken. Fernerhin wurde es für den Fall, dass die stillen Lasten den passiven Unterschiedsbetrag dominierten, als zulässig erachtet, stille Reserven in demjenigen Umfang anzusetzen, wie die stillen Lasten den passiven Unterschiedsbetrag überstiegen.[67]

36   Ob und inwieweit eine solch streng interpretierte **Anschaffungskostenrestriktion** noch statthaft ist, darf bezweifelt werden. Schließlich lässt sich eine derartige Deckelung aus dem Gesetzeswortlaut nicht ableiten. Auch die Diktion in der Regierungsbegründung zum BilMoG spricht eher gegen eine derartige Interpretation. So ist dort etwa (lediglich) vom „Unterschiedsbetrag zwischen dem Buchwert und dem zum beizulegenden Zeitwert im Erwerbszeitpunkt bewerteten anteiligen Eigenkapital"[68] die Rede. Vor diesem Hintergrund wird auch angesichts der mit BilMoG verfolgten Stärkung der Informationsfunktion handelsrechtlicher Konzernabschlüsse hier die Auffassung vertreten, die bisher vorherrschende Meinung entsprechend zu relativieren. Dass dabei auch weiterhin über § 298 iVm § 253 Abs. 1 S. 1 eine Restriktion auf die Anschaffungskosten geboten ist, dürfte außer Frage stehen. Dem steht allerdings nicht entgegen, im Zuge der erstmaligen Kapitalaufrechnung in der internen Nebenrechnung eine vollumfängliche (anteilige) Aufdeckung stiller Reserven (abzüglich anteiliger stiller Lasten) vorzunehmen (vgl. so derweil auch DRS 26.36; DRS 26.B16), mit der Konsequenz, dass dadurch ein ursprünglich aktiver durchaus in einen passiven Unterschiedsbetrag umschlagen kann.[69] Denn: Die Auflösung jener stiller Reserven und Lasten ist ebenso wie die eines etwaigen passiven Unterschiedsbetrags Bestandteil der Folgebewertung, so dass darin kein Verstoß gegen das Anschaffungswertprinzip gesehen werden kann.[70]

37   Auch ein aus der Kapitalaufrechnung gem. § 312 Abs. 1 hervorgehender **(vorläufiger) passiver Unterschiedsbetrag**[71] ist nach Abs. 2 S. 1 auf etwaig vorhandene stille Lasten

62   BT-Drs. 16/12407, 90.
63   Haufe-HGB/Seidler Rn. 31; Staub/Kraft Rn. 36.
64   In der Terminologie des DRS 26.34: „Unterschiedsbetrag (2)".
65   So mitunter (noch) Küting/Weber Konzernabschluss, 13. Aufl. 2012, 585 f.; Busse v. Colbe/Ordelheide/Gebhardt/Pellens Konzernabschlüsse Kap. 11 III. 4.; v. Wysocki/Wohlgemuth/Brösel Konzernrechnungslegung 195 f.
66   Littkemann StuB 1999, 1195 f.; Baetge/Kirsch/Thiele/Hachmeister/Beyer Rn. 55.
67   Baetge/Kirsch/Thiele/Hachmeister/Beyer Rn. 55.
68   BT-Drs. 16/10067, 58.
69   Ebenso Küting/Weber S. 663 ff.; Baetge/Kirsch/Thiele/Hachmeister/Beyer Rn. 55.1 f.; aA Haufe-HGB/Seidler/Seel DB 2001, 1007 f.
70   MüKoBilanzR/Senger Rn. 31; HKMS/Hacker/Holzmeier Rn. 25.
71   In der Diktion des DRS 26.34: „Unterschiedsbetrag (2)".

hin zu untersuchen. Selbst in diesem Fall bilden die Anschaffungskosten der Beteiligung die absolute Wertobergrenze des Equity-Buchwerts. Insofern führt ein passiver Unterschiedsbetrag im Rahmen der Erstbewertung nicht (wie nach IFRS) zu einer GuV-wirksamen Aufstockung des Wertansatzes über die Anschaffungskosten hinaus. Ebenso wie im Fall eines aktiven Unterschiedsbetrags ist auch hier eine vollständige (anteilige) Aufdeckung stiller Reserven und Lasten geboten, selbst wenn sich dadurch ein vorläufiger passiver Unterschiedsbetrag erhöht.[72] Analog zur Behandlung eines aktiven Unterschiedsbetrags bleibt auch hier das Anschaffungswertprinzip gewahrt. Schließlich kommt es über Abs. 2 S. 3 iVm § 309 Abs. 2 erst in den Folgeperioden zu einer korrespondierenden Erhöhung des Equity-Wertansatzes respektive einer entsprechenden Neutralisation gegenläufiger Aufwandseffekte. Dies gilt nicht für Fälle von sog. **technisch bedingten Unterschiedsbeträgen** (vgl. DRS 23.147), etwa dann, wenn wie im Kontext sukzessiver Anteilserwerbe Gewinnthesaurierungen (bezogen auf die Alttranchen) zu verzeichnen sind. In solchen Fallkonstellationen wäre der konzernbilanzielle Equity-Wert bereits im Zeitpunkt der erstmaligen Erfassung GuV-neutral zugunsten der Gewinnrücklagen zu erhöhen.[73]

Scheitert trotz maßgeblichen Einflusses die für eine **Aufteilung des Unterschiedsbe- 38 trags** erforderliche Informationsbeschaffung, so könnte in Erwägung gezogen werden, auf eine Equity-Bewertung in Gänze zu verzichten.[74] Der Generalnorm des § 297 Abs. 2 S. 2 entspräche es indes eher, die Equity-Bewertung dennoch anzuwenden und den gesamten Differenzbetrag als Geschäfts- oder Firmenwert bzw. passiven Unterschiedsbetrag zu interpretieren und entsprechend in den Folgejahren zu behandeln.[75] Dies stellt sicher, dass sich der Beteiligungsansatz äquivalent zur Veränderung des anteiligen Eigenkapitals der Beteiligungsgesellschaft in den Folgeperioden entwickelt.

Angabepflichten: Neben dem Unterschiedsbetrag zwischen Buchwert und anteiligem 39 Eigenkapital (vor Aufdeckung stiller Reserven und Lasten) ist im **Konzernanhang** ein darin enthaltener Geschäfts- oder Firmenwert bzw. passiver Unterschiedsbetrag anzugeben (vgl. § 312 Abs. 1 S. 2); dies nicht nur im Jahr der erstmaligen Anwendung, sondern vielmehr zu jedem Bilanzstichtag. Im (Regel-)Fall des Vorliegens mehrerer Assoziierungsverhältnisse ist die Ermittlung des Unterschiedsbetrags für jedes assoziierte Unternehmen gesondert vorzunehmen. Dieser Angabepflicht wird hinreichend Rechnung getragen, soweit zu jedem Bilanzstichtag jeweils die Summe der Geschäfts- oder Firmenwerte sowie passiven Unterschiedsbeträge, die auf sämtliche assoziierten Unternehmen entfallen, angegeben werden; eine Saldierung von aktiven und passiven Unterschiedsbeträgen ist dabei unzulässig (vgl. DRS 26.88 f.).[76]

III. Anwendung in den Folgejahren

Der nach § 312 Abs. 1 ermittelte Equity-Wertansatz einer Beteiligung ist in den Folge- 40 jahren gem. Abs. 4 S. 1 um den auf die gehaltenen Anteile jeweils entfallenden Betrag an bilanziellen Nettovermögensänderungen entsprechend zu erhöhen oder zu vermindern (vgl. auch DRS 26.52). Hierzu ist der Equity-Wert des vorherigen Konzernbilanzstichtags um den Anteil am erwirtschafteten Jahresergebnis des assoziierten Unternehmens sowie die auf das betreffende Geschäftsjahr entfallenden anteiligen sonstigen Ergebniseffekte aus der internen Nebenrechnung fortzuführen (vgl. auch DRS 26.45 f. iVm Anlage A1). Seitens des assoziierten Unternehmens geleistete Gewinnausschüttungen sind GuV-neutral vom Equity-Wert abzusetzen (Abs. 4 S. 1).

Ausgangspunkt für die Beteiligungsfortschreibung in den folgenden Perioden stellt der- 41 jenige Equity-Buchwert dar, der im letztjährigen Konzernabschluss ausgewiesen wurde.

---

[72] MüKoBilanzR/Senger Rn. 34 f.
[73] MüKoBilanzR/Senger Rn. 36.
[74] So Küting/Weber/Zündorf BB 1987, 1500; Bentler, Grundsätze ordnungsmäßiger Bilanzierung für die Equitymethode, 1991, S. 184.
[75] Restriktiver BeckOGK/Senger/Schrimpf-Dörges Rn. 70.
[76] BeBiKo/Störk/Lewe Rn. 15.

Demgegenüber steht im Summenabschluss aber lediglich der im einzelgesellschaftlichen Abschluss des Investors bilanzierte Beteiligungsbuchwert. Insofern sind jährlich Adjustierungsbuchungen erforderlich, um den einzelbilanziellen Beteiligungsbuchwert auf den Equity-Wertansatz zu Jahresbeginn zu korrigieren. Da sich dabei in Vorjahren GuV-wirksam erfasste Vorgänge im laufenden Geschäftsjahr nicht erneut GuV-wirksam niederschlagen dürfen, sind sie GuV-neutral – vorzugsweise in den Gewinnrücklagen des Konzerns – zu verbuchen. In Vorjahren rein GuV-neutral erfasste Tatbestände sind auch im laufenden Jahr GuV-neutral zu wiederholen; hierbei hat die Verbuchung dergestalt zu erfolgen, als es stets denjenigen Posten anzusprechen gilt, in dem die GuV-neutrale Differenz auch in den Vorjahren erfasst wurde. Hierfür sind die Wertansätze der internen Nebenrechnung heranzuziehen.[77]

42   **1. Fortschreibung um anteilige Jahresergebnisse und Ausschüttungen.** Die Equity-Bewertung bildet anteilige Eigenkapitalveränderungen beim assoziierten Unternehmen synchron im Jahresabschluss des die Beteiligung haltenden Unternehmens ab. Insoweit ist der Beteiligungsbuchwert um das **anteilige Jahresergebnis** des assoziierten Unternehmens GuV-wirksam fortzuschreiben, dh um einen anteiligen Jahresüberschuss zu erhöhen bzw. um einen anteiligen Jahresfehlbetrag zu vermindern (vgl. § 312 Abs. 4; DRS 26.52 f.).

43   Besteht zwischen dem assoziierten Unternehmen und einem konzernfremden Dritten ein **Ergebnisabführungsvertrag** iSd § 291 Abs. 1 AktG (iVm § 302 Abs. 1 AktG), resultiert hieraus beim assoziierten Unternehmen infolge der bestehenden Ergebnisausgleichsverpflichtung formal stets ein (ausgeglichenes) Jahresergebnis in Höhe von Null. Insoweit sind damit keinerlei Auswirkungen auf Konzernbilanz und Konzern-GuV des Investors verbunden. Werden in diesem Zusammenhang seitens des Drittunternehmens **Ausgleichszahlungen** iSd § 304 AktG geleistet, so sind diese im „Ergebnis aus Beteiligungen an assoziierten Unternehmen" auszuweisen. Da sich hierdurch das Eigenkapital des assoziierten Unternehmens der Höhe nach nicht verändert, bleibt der Beteiligungsansatz hiervon unberührt.[78]

44   Wurde ein etwaiger **Jahresfehlbetrag** auf Ebene des assoziierten Unternehmens durch **Rücklagenauflösung** neutralisiert, so ist dies für die Equity-Bilanzierung insoweit relevant, als sich das anteilige Eigenkapital trotz dieser Umbuchung vermindert und somit zu einer GuV-wirksamen Nettovermögensänderung iSd Abs. 4 führt.[79]

45   **Gewinnausschüttungen,** die das assoziierte Unternehmen in der laufenden Periode aus dem Jahresüberschuss des Vorjahrs vorgenommen hat, sind im Jahresabschluss des Investors als Beteiligungsertrag GuV-wirksam zu vereinnahmen (zeitverschobene Gewinnvereinnahmung). Sie gehen damit in die Summen-GuV ein, aus der sie jedoch ergebnismindernd zu eliminieren sind, weil ihre GuV-wirksame Vereinnahmung als Beteiligungsertrag aus assoziierten Unternehmen im Konzernabschluss bereits in der Vorperiode erfolgt war. Bilanziell ist im Zeitpunkt der Dividendenzahlung der konzernbilanzielle Equity-Wertansatz um den ausgeschütteten Betrag entsprechend zu reduzieren, da sich durch die Ausschüttung das anteilige bilanzielle Eigenkapital vermindert hat (vgl. auch DRS 26.53).[80]

46   **2. Fortschreibung der stillen Reserven und Unterschiedsbeträge.** In den folgenden Perioden sind die in der internen **Nebenrechnung** aufgedeckten anteiligen stillen Reserven und Lasten entsprechend ihrer wirtschaftlichen Entwicklung im assoziierten Unternehmen fortzuführen und GuV-wirksam abzuschreiben bzw. aufzulösen (vgl. § 312

---

[77]   Küting/Weber Konzernabschluss, 14. Aufl. 2018, S. 696 f.; PFGS IntRechnungslegung Kap. 22.3.2.2.2.

[78]   Staub/Kraft Rn. 82; BeckOGK/Senger/Schrimpf-Dörges Rn. 66; Baetge/Kirsch/Thiele/Hachmeister/Beyer Rn. 95.

[79]   BeckOGK/Senger/Schrimpf-Dörges Rn. 67; Baetge/Kirsch/Thiele/Hachmeister/Beyer Rn. 99; Haufe-HGB/Seidler Rn. 61.

[80]   Staub/Kraft Rn. 83 f.; BeckOGK/Senger/Schrimpf-Dörges Rn. 68; Bonner HdR/Scherrer Rn. 49; für den Spezialfall einer zeitkongruenten Gewinnvereinnahmung Busse v. Colbe/Ordelheide/Gebhardt/Pellens Konzernabschlüsse Kap. 11 IV. 2.

Abs. 2 S. 2; DRS 26.48 f. iVm DRS 23.99 ff.).[81] Die Fortschreibung ist dabei analog der Behandlung der zugrunde liegenden Vermögensgegenstände, Schulden, Rechnungsabgrenzungs- wie auch Sonderposten des assoziierten Unternehmens vorzunehmen. Damit teilen die stillen Reserven und Lasten das Schicksal ihrer jeweiligen Bilanzposition.[82]

Ein sich aus der Kapitalaufrechnung in der internen Nebenrechnung ergebender **47 Geschäfts- oder Firmenwert** ist gem. § 309 Abs. 1 entsprechend der Regelungen des § 253 Abs. 3 S. 1 iVm § 246 Abs. 1 S. 3 zu behandeln (vgl. § 312 Abs. 2 S. 3; DRS 26.48 f.) und somit über die voraussichtliche Nutzungsdauer grundsätzlich linear abzuschreiben.[83] Eine andere Abschreibungsmethode ist nach DRS 26.50 iVm DRS 23.109 ff. lediglich dann zulässig, sofern objektive Nachweise dafür vorliegen, dass diese Methode den Abnutzungsverlauf zutreffender widerspiegelt. Kann in Ausnahmefällen die voraussichtliche Nutzungsdauer des Geschäfts- oder Firmenwerts nicht verlässlich geschätzt werden, ist die planmäßige Abschreibung gem. § 309 Abs. 1 iVm § 253 Abs. 3 S. 4 über einen Zeitraum von zehn Jahren vorzunehmen.

Ein verbleibender **passiver Unterschiedsbetrag** ist über § 312 Abs. 2 S. 3 nach Maß- **48** gabe des § 309 Abs. 2 zu behandeln (vgl. DRS 26.51 iVm DRS 23.139 ff.). Er darf lediglich dann GuV-wirksam und damit buchwerterhöhend aufgelöst werden, soweit ein solches Vorgehen den allgemeinen Grundsätzen der §§ 297 und 298 iVm den §§ 238 ff. genügt.[84] Dies bedeutet speziell mit Blick auf **Fremdkapitalcharakter** aufweisende passive Unterschiedsbeträge, dass sie erst dann GuV-wirksam aufgelöst werden dürfen, wenn sich die Vermögensbelastung im Jahresabschluss des assoziierten Unternehmens durch einen entsprechenden Aufwand konkretisiert hat. Sofern sich im Zeitablauf herausstellt, dass die erwarteten Aufwendungen bzw. Verluste nicht mehr eintreten, ist der passive Unterschiedsbetrag (anteilig) aufzulösen (vgl. DRS 23.142 f.). Beruht der passive Unterschiedsbetrag dagegen auf einem günstigen (Gelegenheits-)Kauf, weist er mithin **Eigenkapitalcharakter** auf, so ist er planmäßig über die gewichtete durchschnittliche Restnutzungsdauer der erworbenen abnutzbaren (nicht-monetären) Vermögensgegenstände zu vereinnahmen.[85] Eine vorzeitige Vereinnahmung dürfte dabei lediglich bei wesentlichen Abgängen der zugrunde liegenden erworbenen abnutzbaren Vermögensgegenstände in Betracht kommen (vgl. so explizit auch DRS 23.144 f.). Für den Fall, dass das erworbene Vermögen zu einem wesentlichen Teil aus nicht abnutzbaren Vermögensgegenständen besteht, hat sich die Behandlung des passiven Unterschiedsbetrags am Verbrauch oder Abgang der nicht abnutzbaren Vermögensgegenstände zu orientieren. Damit wäre der passive Unterschiedsbetrag in dem Umfang GuV-wirksam aufzulösen, wie die nicht abnutzbaren Vermögensgegenstände außerplanmäßig abgeschrieben oder etwa infolge eines Verkaufs als Abgang erfasst werden (vgl. DRS 23.146).[86]

3. Spezielle Probleme bei der Fortschreibung des Equity-Wertansatzes. 49 a) GuV-neutrale Eigenkapitalveränderungen. Eine Durchbrechung des **Grundsatzes der Bilanzkongruenz** akzeptierend, sind GuV-neutrale Veränderungen des Eigenkapitals von assoziierten Unternehmen, die aufgrund von handelsrechtlichen Rechnungslegungsgrundsätzen nicht in der GuV zu erfassen sind und nicht auf Transaktionen mit Anteilseignern beruhen, mithin auch eine nach Maßgabe des § 308a im Konzerneigenkapital nach den Gewinnrücklagen auszuweisende **Eigenkapitaldifferenz aus Währungsumrechnung,** entsprechend der Beteiligungsquote GuV-neutral in den Equity-Wertansatz zu übernehmen (vgl. DRS 26.52). Hierzu zählen mitunter auch etwaige Umstellungseffekte aus der Anwendung neuer und/oder geänderter Rechnungslegungsvorschriften sowie GuV-neutral erfasste Veränderungen des Konzerneigenkapitals im Zusammenhang mit der Auf-

---

[81]   Zur Nebenrechnung iE Kessler BB 1999, 1750.
[82]   HdJ/Niehus V/3 Rn. 117; HKMS/Hacker/Holzmeier Rn. 46.
[83]   BeckOGK/Senger/Schrimpf-Dörges Rn. 72.
[84]   Baetge/Kirsch/Thiele/Hachmeister/Beyer Rn. 103.3; BeckOGK/Senger/Schrimpf-Dörges Rn. 73.
[85]   BeBiKo/Störk/Lewe Rn. 32.
[86]   Im Übrigen sei bezüglich sog. technischer (passiver) Unterschiedsbeträge auf DRS 23.147 ff. verwiesen.

bzw. Abstockung von Anteilen an Tochterunternehmen ohne Statuswechsel (vgl. DRS 22.55).

50   Neben dem Erwerb respektive einer Veräußerung von Anteilen können Veränderungen des (anteiligen) Eigenkapitals auf Ebene eines assoziierten Unternehmens auch durch **Kapitalerhöhungen** bzw. **–herabsetzungen** verursacht sein und damit eine Veränderung des Equity-Wertansatzes bewirken.[87] Unkritisch verhält es sich dabei für denjenigen Fall, dass im assoziierten Unternehmen eine Kapitalerhöhung aus Gesellschaftsmitteln durchgeführt wird. Schließlich besitzen derartige Transaktionen keinerlei Auswirkungen auf die Höhe des Equity-Buchwerts.[88] Erfolgt die Kapitalerhöhung jedoch gegen Ausgabe neuer Anteile, so ist differenzierter vorzugehen: Nimmt der Investor in Höhe seiner bisherigen Beteiligungsquote (proportional) an der Kapitaltransaktion teil, so sind die aus dieser verhältniswahrenden Maßnahme resultierenden Eigenkapitaleffekte als GuV-neutrale Veränderung des Beteiligungsbuchwerts zu erfassen (vgl. auch DRS 26.61). Dem anteilig erhöhten Eigenkapital des assoziierten Unternehmens stehen die geleisteten Anschaffungskosten in gleicher Höhe gegenüber. Spiegelbildlich verhält es sich bei einer ggf. durchgeführten Kapitalherabsetzung: Der Buchwert des assoziierten Unternehmens verringert sich in Höhe des zurückgewährten Eigenkapitals, der insoweit der (anteiligen) Reduktion des auf betreffende Anteilseigner entfallenden Nettovermögens entspricht.

51   Nimmt der Investor an einer Kapitalerhöhung nicht teil bzw. partizipiert über- oder unterproportional an betreffender Kapitalmaßnahme, sieht DRS 26.62 demgegenüber eine GuV-wirksame Berücksichtigung der Veränderung des anteiligen Eigenkapitals im Beteiligungsbuchwert vor; Selbiges gilt für den Fall einer nicht verhältniswahrenden Kapitalherabsetzung (vgl. auch DRS 26.B22).[89] Analog ist darüber hinaus zu verfahren, sofern das assoziierte Unternehmen eigene Anteile mit einem über bzw. unter dem Buchwert des Eigenkapitals liegenden Kaufpreis erwirbt.[90]

52   **b) Zwischenerfolgseliminierung.** Für die Ermittlung des Equity-Wertansatzes sind nach § 312 Abs. 5 S. 3 Zwischenerfolge aus Lieferungen und Leistungen zwischen einem assoziierten und einem voll- bzw. quotal konsolidierten Unternehmen analog zu § 304 zu eliminieren, sofern die für die Beurteilung maßgeblichen Sachverhalte bekannt oder zugänglich sind. Obwohl die Zwischenerfolgseliminierung im Rahmen der Equity-Bewertung assoziierter Unternehmen ökonomisch wegen der nicht gerechtfertigten Übertragung des in § 297 Abs. 3 S. 1 verankerten Einheitsgrundsatzes (auch) auf Assoziierungsverhältnisse überaus kritisch zu sehen ist, sieht auch DRS 26 eine generelle Pflicht zur Eliminierung von Zwischenerfolgen vor. Dies gilt gem. DRS 26.70 sowohl für Lieferungen bzw. Leistungen vom assoziierten Unternehmen an ein in den Konzernabschluss einbezogenes Unternehmen **(upstream-Eliminierung)** als auch umgekehrt **(downstream-Eliminierung).** Eine auch schon früher schwer zu rechtfertigende Beschränkung auf reine upstream-Transaktionen kommt mit Verweis auf die Vorgaben der Bilanz-RL nicht mehr in Betracht.[91] Legt man den Wortlaut des Abs. 5 S. 3 (im Sinne einer Anwendung der Grundsätze des § 304) weit aus, so könnte zudem daran gedacht werden, die Zwischenerfolgseliminierung im Rahmen der Equity-Methode auch auf Transaktionen zwischen assoziierten bzw. Gemeinschaftsunternehmen untereinander auszuweiten. Einem derart weitreichenden Eliminierungsgebot im Kontext solcher **Satelliten- bzw. Crossstream-Geschäfte** wird nach hM jedoch mit guten Gründen nicht gefolgt (vgl. auch DRS 26.70).[92] Etwas anderes gilt freilich bei sog. Umgehungsgeschäften, solchen Geschäftsbeziehungen, die bewusst und einzig mit dem Ziel eingegangen wurden, sich der per se gebotenen Pflicht zur Vornahme einer Zwischenerfolgseliminierung zu entziehen (vgl. DRS 26.B23).[93]

---

[87]   Grdl. wie ausf. dazu HKMS/Hacker/Holzmeier Rn. 73 ff., mwN.
[88]   Staub/Kraft Rn. 89; Baetge/Kirsch/Thiele/Hachmeister/Beyer Rn. 131 ff.
[89]   Baetge/Kirsch/Thiele/Hachmeister/Beyer Rn. 138.6 ff., 147 ff.
[90]   BeBiKo/Störk/Lewe Rn. 51.
[91]   Baetge/Kirsch/Thiele/Hachmeister/Beyer Rn. 158 f.; BeBiKo/Störk/Lewe Rn. 71.
[92]   BeBiKo/Störk/Lewe Rn. 83; Petersen/Zwirner BilanzR/Busch/Petersen/Zwirner Rn. 64.
[93]   BeckOGK/Senger/Schrimpf-Dörges Rn. 97.

Was die **technische Umsetzung** anbetrifft, so ist nach DRS 26.72 bei upstream-Trans-   **53**
aktionen eine Verrechnung mit dem jeweiligen Bestandswert oder dem Equity-Wertansatz
möglich, wobei vom DRSC die Verrechnung mit dem Bestandswert empfohlen wird. Wird
die Equity-Bilanzierung demgegenüber als Bewertungsverfahren für Beteiligungen interpretiert, so wäre die Korrektur des Beteiligungsbuchwerts naheliegender. Soweit bei dieser (zweiten) Verrechnungsvariante ein zu eliminierender Gewinn den Equity-Wertansatz übersteigt,
führt dies nicht zu einem negativen Equity-Wert, sondern der übersteigende Betrag ist mit
dem Buchwert des erworbenen Vermögensgegenstands zu verrechnen. Gleiches gilt, wenn
sonst Verluste aus der laufenden Fortschreibung des Equity-Wertansatzes nicht im Konzernabschluss berücksichtigt werden können (vgl. DRS 26.73). Bei downstream-Transaktionen ist
nach DRS 26.74 ein zu eliminierendes Zwischenergebnis zwingend mit dem Equity-Wertansatz zu verrechnen. Übersteigt der infolge einer downstream-Lieferung zu eliminierende
Zwischengewinn den Equity-Wertansatz, gilt es den übersteigenden Betrag zunächst mit ggf.
bestehenden sonstigen langfristigen Forderungen bzw. beteiligungsähnlichen Gesellschafterdarlehen gegen das assoziierte Unternehmen zu verrechnen; anderenfalls mündete die anteilige
Zwischenerfolgseliminierung in einem negativen Equity-Wert (→ Rn. 64 f.).

Nach § 312 Abs. 5 S. 3 kann – flankiert von entsprechenden Angabepflichten – von einer   **54**
Eliminierung dann abgesehen werden, wenn die erforderlichen Informationen nicht bekannt
oder zugänglich sind (vgl. auch DRS 26.71).[94] Damit soll das Informationsbeschaffungsprob-
lem bei Assoziierungsverhältnissen berücksichtigt werden. Schließlich stehen betreffenden
Mutterunternehmen gegenüber typischen assoziierten Unternehmen – und damit insoweit
anders als bei Tochterunternehmen – keine diesbezüglichen Auskunftsrechte iSd § 294 Abs. 3
zu. Es kann davon ausgegangen werden, dass diese Regelung faktisch auch über den schon
nach § 304 Abs. 2 geltenden **Ausnahmetatbestand** hinausgeht. Dies gilt nicht zuletzt deshalb, weil Lieferungen und Leistungen zwischen den Konzernunternehmen des Investors und
dem assoziierten Unternehmen infolge der begrenzten Einflussnahmemöglichkeiten regelmäßig zu **Marktpreisen** stattfinden (dürften). Daher ist das Zwischengewinnrisiko hier auch
weniger relevant bzw. vernachlässigbar; zugleich gilt, dass assoziierte Unternehmen im engeren
Sinne explizit nicht als „einbezogene Unternehmen" iSd § 297 Abs. 3 S. 1 gelten. Insofern
ist hier davon auszugehen, dass die so verursachte Unterlassung der Zwischenerfolgselimini-
rung den Aussagegehalt des Konzernabschlusses grundsätzlich nicht negativ beeinflusst.

Je nach Richtung des Güter- oder Dienstleistungsstroms wirken sich Lieferungen und   **55**
Leistungen entweder auf die Kalkulationsbasis (upstream-Transaktion) oder aber die Lager-
bestandsentwicklung sowie die Vorratsbewertung im Jahresabschluss des assoziierten Unternehmens (downstream-Transaktion) aus. Sind die für eine Zwischenerfolgseliminierung
erforderlichen Informationen nicht bekannt oder zugänglich, wird man sich zumindest bei
als wesentlich zu erachtenden Lieferungs- und Leistungsbeziehungen mit entsprechenden
Pauschalierungen und/oder Näherungsrechnungen behelfen müssen (vgl. so derweil auch
DRS 26.76).[95] Angesichts dessen könnte bei Aufwärtslieferungen etwa eine marktübliche
Gewinnmarge angenommen werden, wohingegen im Fall von Abwärtslieferungen die
jeweiligen Umschlagshäufigkeiten auf Basis von Liefermengen und -frequenzen in Betracht
kommen, um die am Abschlussstichtag vorhandenen Bestände abzuleiten (vgl. DRS
26.B25). Sind aber – wie dies vielfach der Fall sein dürfte – die benötigen Informationen
nicht bekannt und/oder zugänglich, wird mithin deshalb auf die Vornahme einer Zwischenerfolgseliminierung verzichtet (dies gilt typischerweise nicht für at equity bewertete Tochter-
und/oder Gemeinschaftsunternehmen; vgl. auch DRS 26.B24), mit der Folge, dass dadurch
die Vermögens-, Finanz- und Ertragslage wesentlich verzerrt wiedergegeben wird, so müssen entsprechende Angaben im Konzernanhang gemacht werden.[96]

§ 312 Abs. 5 S. 4 (aF) gewährte noch ein Wahlrecht, wonach eine Zwischenerfolgseli-   **56**
minierung mit assoziierten Unternehmen entweder **voll oder anteilmäßig (quotal)** erfol-

---

94   ADS Rn. 148; Schruff BB 2001, 89 f.
95   BeBiKo/Störk/Lewe Rn. 75.
96   BeckOGK/Senger/Schrimpf-Dörges Rn. 104.

gen konnte. Dieses Wahlrecht wurde durch Art. 27 Abs. 7 Bilanz-RL iVm Art. 24 Abs. 7 lit. c Bilanz-RL im Zuge des BilRUG gestrichen.[97] Wie die jetzige Vorgabe des Abs. 5 S. 3 zu interpretieren ist, ergibt sich aus Abs. 4 S. 1 (bzw. Art. 27 Abs. 4 Bilanz-RL), wonach der Equity-Wert in den Folgejahren um denjenigen Betrag an Nettovermögensveränderungen, die den Anteilen des Mutterunternehmens am Kapital des assoziierten Unternehmens entsprechen, fortzuschreiben ist. Solch ein **quotales Vorgehen** wird nach hM als zweckmäßig erachtet (vgl. so derweil auch DRS 26.70), weil ein eliminierungspflichtiges Zwischenergebnis letztlich auch nur eine anteilsproportionale Veränderung des Beteiligungsbuchwerts bewirkt und eine vollständige Eliminierung mithin die Erfolgswirkung im Konzernabschluss überkompensieren würde.[98]

57   Eine beteiligungsproportionale Zwischenerfolgseliminierung ist nach hM im Schrifttum auf im Wege der Equity-Methode bewertete assoziierte sowie Gemeinschaftsunternehmen zu beschränken. Ob in den Fällen, in denen ein Tochterunternehmen mit Verweis auf einen der in § 296 verankerten Tatbestände at equity bewertet wird, eine vollständige Eliminierung etwaiger Verbundergebnisse angezeigt ist,[99] kann durchaus kritisch hinterfragt werden.

58   **c) Sonstige Konsolidierungsmaßnahmen.** Eine (anteilige) Eliminierung von Forderungen bzw. Verbindlichkeiten des Investors gegenüber einem assoziierten Unternehmen **(Schuldenkonsolidierung)** scheidet im Rahmen der Equity-Bewertung schon insofern aus, als den entsprechenden Beträgen des Investors keine korrespondierenden Beträge des assoziierten Unternehmens im Konzernabschluss des Investors gegenüberstehen. Dies gilt umso mehr, als assoziierte Unternehmen im engeren Sinne explizit nicht als „einbezogene Unternehmen" iSd § 297 Abs. 3 S. 1 gelten, und insoweit nach einer von der Anschaffungskostenmethode abweichenden Equity-Bewertung im Konzernabschluss zu bilanzieren sind. Aus Konsistenzargumenten zur Zwischenerfolgseliminierung ist jedoch uU zu erwägen, bestimmte ergebniswirksame Aufrechnungsdifferenzen gleichwohl im Wege der Schuldenkonsolidierung zu eliminieren, wenngleich sich diese Forderung auch nur dann durchsetzen ließe, sofern die dafür notwendigen Informationen auch tatsächlich zur Verfügung stünden. Erfasst zB ein (assoziiertes) Unternehmen eine Garantierückstellung aufgrund einer Lieferung an den Investor, ohne dass dieser seinerseits eine korrespondierende Forderung bilanziert, so könnte der (anteilige) Aufwand GuV-wirksam korrigiert und der Equity-Wertansatz damit erhöht werden. Eine solche Vorgehensweise wäre dann nur konsistent zur Zwischenerfolgseliminierung. Aber auch hier gilt, dass die assoziierten Unternehmen nicht dem Einheitsgrundsatz unterliegen und insofern alle sonstige Konsolidierungsmaßnahmen kritisch zu hinterfragen sind.

59   Auch die **Aufwands- und Ertragskonsolidierung** findet in Abs. 5 S. 3 keine gesonderte Erwähnung. Dies ist nach hM insoweit zweckmäßig, als betreffende Aufwendungen und Erträge des assoziierten Unternehmens konzeptionsbedingt nicht in die konsolidierte Ergebnisrechnung zu übernehmen sind.[100]

60   **d) Latente Steuern.** Auch aus der Anwendung der Equity-Methode können prinzipiell temporäre Differenzen zwischen den Wertansätzen in der Konzern- und Steuerbilanz (iSd § 306) resultieren. Da die Equity-Bewertung jedoch in den §§ 311 f. – und somit außerhalb des Vierten Titels des HGB – geregelt ist, sich die im handelsrechtlichen Konzernabschluss vorzunehmende **Steuerabgrenzung nach § 306** aber ausschließlich auf die Maßnahmen der Voll- (und Quoten-)Konsolidierung bezieht, konnte bis zum Inkrafttreten des BilRUG eine Pflicht zur Abgrenzung (sekundärer) latenter Steuern aus § 306 nicht abgeleitet werden.[101]

---

97 BT-Drs. 18/4050, 73.
98 Petersen/Zwirner BilanzR/Busch/Petersen/Zwirner Rn. 66; Baetge/Kirsch/Thiele/Hachmeister/ Beyer Rn. 162; Küting/Weber Konzernabschluss, 14. Aufl. 2018, 672 f.; iE Sahner/Häger BB 1988, 1780; Beck HdR/d'Arcy/Kurt C 511 Rn. 137 ff.
99 MüKoBilanzR/Senger Rn. 95.
100 Saarbrücker-HB/Kessler/Strickmann Kap. II/I Rn. 2760; ferner Baetge/Kirsch/Thiele/Hachmeister/ Beyer Rn. 169.
101 Küting/Weber Konzernabschluss, 13. Aufl. 2012, S. 602 f.; Zwirner/Busch/Zwirner BilRUG S. 580; aA etwa DRS 18.26 f. (aF); Deubert/Lewe DB-Beil. 5/2015, 56; Gelhausen/Fey/Kämpfer Rn. Q 300, 453.

Stattdessen war eine ggf. notwendig werdende Steuerabgrenzung nach § 274 iVm § 298 angezeigt, mit der Folge, dass lediglich für passive latente Steuern eine Ansatzpflicht existierte. Gleichwohl bestanden gegen eine fakultative Anwendung der strengeren Vorschriften des § 306 (hier existiert auch für aktive Steuerlatenzen eine Ansatzpflicht) keine Bedenken.

Mit dem BilRUG wurde Abs. 5 S. 3 insoweit abgeändert, als § 306 iVm DRS 18 **61** (vgl. DRS 26.4) nun „entsprechend Anwendung" findet, soweit die für die Beurteilung maßgeblichen Sachverhalte bekannt oder zugänglich sind.[102]

Bei Anwendung der Equity-Methode können dem Grunde nach dieselben Differenzen **62** zwischen der Konzern- und Steuerbilanz auftreten wie bei der Kapitalkonsolidierung. Ursächlich dafür sind in erster Linie die im Rahmen der Kapitalaufrechnung GuV-neutral (anteilig) aufzudeckenden stillen Reserven und Lasten sowie deren GuV-wirksame Fortschreibung. Allerdings erfolgt die anteilige Ermittlung jener Größen nicht im Rahmen einer klassischen Konsolidierungsbuchung, sondern vielmehr in der internen Nebenrechnung. Die dort konzeptionsbedingt abzugrenzenden latenten Steuern finden als solche keinen unmittelbaren Eingang in den konsolidierten Abschluss, sondern gehen implizit mit in den (fortgeschriebenen) Buchwert der at equity zu bilanzierenden Beteiligung ein.[103] Hinsichtlich der Zwischenerfolgseliminierung ergeben sich ebenfalls keinerlei Unterschiede zur Vorgehensweise bei der Vollkonsolidierung.

Wie schon bei den vollkonsolidierten Tochter- bzw. quotal konsolidierten Gemein- **63** schaftsunternehmen dürfen auch bei der Equity-Bewertung latente Steuern nur auf klassische **inside-based differences**[104] gebildet werden. Dies liegt darin begründet, dass für solche temporären Differenzen, die daraus erwachsen, dass der Equity-Wert im Konzernabschluss von seinem steuerlichen Beteiligungsbuchwert im Jahresabschluss des Investors abweicht (sog. outside-based differences), ein explizites **Ansatzverbot** besteht (vgl. § 306 S. 4). Zudem wird ein im Wertansatz der Anteile an assoziierten Unternehmen nach Zuordnung stiller Reserven und Lasten verbleibender Geschäfts- oder Firmenwert bzw. passiver Unterschiedsbetrag mit einem **Abgrenzungsverbot** belegt (vgl. § 306 S. 3).[105]

4. Negativer Equity-Wert. Mündet die periodische Equity-Wertfortschreibung iSd **64** Abs. 4, zB infolge anhaltender Verlustsituationen und/oder der Vornahme einer Zwischenerfolgseliminierung[106] (vgl. DRS 26.75), in einem **negativen Wertansatz,** ist die Equity-Bewertung auszusetzen. Nach wohl hM ist bei Erreichen der „Null-Grenze" die Beteiligung mit einem Erinnerungswert in Höhe von 1 EUR anzusetzen (vgl. DRS 26.54);[107] darüber hinaus gehende Verluste sind außerbilanziell nur in der internen **Nebenrechnung** festzuhalten. Kehrt das assoziierte Unternehmen in den folgenden Perioden zur Profitabilität zurück, „taucht" die Equity-Beteiligung erst dann wieder als Aktivposten in der Konzernbilanz auf, wenn die in der internen Nebenrechnung erfassten kumulierten Verluste vollständig durch anteilig dem Investor zustehende Gewinne oder Leistungen der Gesellschafter kompensiert wurden (sog. **U-Boot-Methode**).[108] Für den Ausnahmefall, dass zwischen beteiligter Gesellschaft und assoziiertem Unternehmen eine Nachschuss-, Haftungs- oder Verlustübernahmevereinbarung existiert, wäre es indes notwendig, im Konzernabschluss (bzw. bereits im Jahresabschluss des Investors) eine entsprechende Verbindlichkeit respektive Rückstellung hierfür zu bilden (vgl. DRS 26.55; DRS 26.B19).[109]

---

[102]   Zur Begr. BT-Drs. 18/4050, 73.
[103]   Beck HdR/Briese C 440 Rn. 94 ff.
[104]   PFGS IntRechnungslegung Kap. 6.3.2 (22.3.2.2.2); sodann Baetge/Kirsch/Thiele/Hachmeister/Beyer Rn. 208 ff.
[105]   Zwirner/Busch/Zwirner BilRUG 581.
[106]   Krit. dazu MüKoBilanzR/Senger Rn. 88; Baetge/Kirsch/Thiele/Hachmeister/Beyer Rn. 168 f.
[107]   Stellvertretend BeckOGK/Senger/Schrimpf-Dörges Rn. 79.
[108]   So Jonas BFuP 1981, 567; Fricke, Rechnungslegung für Beteiligungen nach der Anschaffungskostenmethode und nach der Equity-Methode, 1983, S. 241 ff.; HdK/Küting/Zündorf Rn. 130 f.; WP-HdB 2021 Rn. G 651 ff.
[109]   BeckOGK/Senger/Schrimpf-Dörges Rn. 81 f.

65   Weitere eigenkapitalähnliche Posten, wie zB langfristige Darlehen an das assoziierte Unternehmen, sind bei der Fortschreibung im Fall eines negativen Equity-Werts in umgekehrter Rangreihenfolge (dh ihrer Priorität bei der Liquidierung) zu berücksichtigen. Eine Einbeziehung hat jedoch nur dann zu erfolgen, sofern betreffender Darlehensgeber beteiligungsähnlichen Risiken ausgesetzt ist, mithin keine anderweitige werthaltige Besicherung oder Garantie vorliegt (vgl. DRS 26.56; DRS 26.B20).

66   **5. Außerplanmäßige Wertkorrekturen.** Nach DRS 26.57 ist der Equity-Wertansatz zu jedem Konzernabschlussstichtag auf seine Werthaltigkeit hin zu überprüfen. Eine außerplanmäßige Abschreibung auf den **niedrigeren beizulegenden Wert** ist dann geboten, wenn der Equity-Wert dauerhaft über dem beizulegenden Wert liegt (vgl. § 298 Abs. 1 iVm § 253 Abs. 3 S. 5; DRS 26.B21).[110] Darüber hinaus gewährt § 253 Abs. 3 S. 6 iVm § 298 Abs. 1 das Wahlrecht, auch bei nur vorübergehender Wertminderung eine außerplanmäßige Wertkorrektur vorzunehmen. In diesem Fall sieht § 314 Abs. 1 Nr. 10 entsprechende Angaben im Konzernanhang vor. Der neue (wertberichtigte) Equity-Wert ist sodann in den jeweiligen Folgeperioden den betreffenden Fortschreibungsmaßnahmen als Aufsatzpunkt zugrunde zu legen.

67   Bevor eine im Jahresabschluss des Investors ggf. vorgenommene **außerplanmäßige Abschreibung** in den konsolidierten Abschluss übernommen wird, muss ausgeschlossen werden, dass sich Equity-Ansatz im Konzernabschluss und Beteiligungsbuchwert im Jahresabschluss aufgrund der periodischen Fortschreibung voneinander entfernt haben. Für den Konzernabschluss ist mithin stets gesondert zu beurteilen, ob und ggf. in welcher Höhe eine außerplanmäßige Abschreibung des Equity-Werts erforderlich bzw. erlaubt ist.

68   Wie im Fall der Vornahme einer außerplanmäßigen Abschreibung konkret zu verfahren ist, ergibt sich aus DRS 26.58 ff.[111] Danach haben außerplanmäßige Abschreibungen zunächst zwingend den in der internen Nebenrechnung dokumentierten (fortgeschriebenen) Geschäfts- oder Firmenwert zu mindern, bevor es nach dessen vollständiger Abschreibung erst noch eventuell vorhandene stille Reserven und dann zuletzt den verbleibenden bilanzierten Equity-Wert zu reduzieren gilt.

69   Entfallen in einer der Folgeperioden die Gründe für die außerplanmäßige Abschreibung und hat sich eine Wertsteigerung eingestellt, so ist – das strikte **Zuschreibungsverbot** des § 253 Abs. 5 S. 2 iVm § 298 Abs. 1 wahrend – der niedrigere Wertansatz eines Geschäfts- oder Firmenwerts in der internen Nebenrechnung zwingend beizubehalten (vgl. DRS 26.59). Dem aber steht mit Blick auf das allgemeine **Wertaufholungsgebot** des § 253 Abs. 5 S. 1 (iVm § 298 Abs. 1) nicht entgegen, gleichwohl eine auf die Methodik der Equity-Bewertung zugeschnittene (GuV-wirksame) Zuschreibung vorzunehmen. Hiernach gilt, dass die Zuschreibung auf denjenigen Betrag begrenzt ist, der sich ergeben hätte, wenn der fortgeführte Equity-Wert keiner entsprechenden Wertberichtigung unterzogen worden wäre.[112] Mit anderen Worten: Der nicht auf dem Geschäfts- oder Firmenwert basierende Equity-Wert ist höchstens bis zum anteiligen bilanziellen Eigenkapital im Bewertungszeitpunkt abzüglich der in der internen Nebenrechnung fortgeführten stillen Reserven bzw. zuzüglich etwaig fortgeführter stiller Lasten zuzuschreiben (vgl. DRS 26.60).

70   **6. Währungsumrechnung.** Wie dargestellt (→ Rn. 21 f.), sollte § 308a auch auf Fremdwährungsabschlüsse von assoziierten Unternehmen angewandt werden (vgl. auch DRS 25.42). Unter Zugrundelegung des betreffenden Abschlusses, sieht DRS 25.90 hier eine Ausweisalternative für eine umrechnungsbedingte Eigenkapitaldifferenz vor. Diese darf entweder als Teil der Eigenkapitaldifferenz aus Währungsumrechnung im Konzerneigenka-

---

[110]   IdS auch HKMS/Hacker/Holzmeier Rn. 139 ff., mit expliziter Benennung typischer Indikatoren für solch eine dauerhafte Wertminderung.
[111]   Hoffmann/Lüdenbach Rn. 48 ff.; Baetge/Kirsch/Thiele/Hachmeister/Beyer Rn. 111 ff.
[112]   BeckOGK/Senger/Schrimpf-Dörges Rn. 76.

pital (mit entsprechender Kenntlichmachung durch einen „davon"-Vermerk) oder als Bestandteil des Equity-Werts im Finanzanlagevermögen ausgewiesen werden.[113] Erfolgt die Equity-Bewertung auf der Basis eines Konzernabschlusses des assoziierten Unternehmens, so ist eine dort währungsbedingt ausgewiesene Eigenkapitaldifferenz anteilig in den konsolidierten Abschluss des Investors zu übernehmen und als „davon"-Vermerk im Posten „Eigenkapitaldifferenz aus Währungsumrechnung" entsprechend kenntlich zu machen (vgl. DRS 25.93).

Beide Ausweisvarianten werden nach DRS 25.B34 als zulässig und insoweit mit § 308a **71** als vereinbar angesehen. Dies muss überraschen: Wenn § 308a analog auch auf ausländische assoziierte Unternehmen anzuwenden sein soll, bleibt fraglich, warum dann der Equity-Wert gem. DRS 25.90(b) alternativ mit den historischen Kursen umgerechnet werden darf.[114] Dies hätte – wie beschrieben – zur Folge, dass die Differenz, die sich aus der Umrechnung des Equity-Werts mit den differenzierten (historischen) Kursen einerseits und dem Stichtagskurs andererseits ergibt, im Posten „Anteile an assoziierten Unternehmen" ausgewiesen und dort oder im Anhang entsprechend vermerkt werden müsste. Solch eine ggf. noch vor dem Hintergrund der Vielzahl an in der Vergangenheit für zulässig erklärten Umrechnungsverfahren rechtfertigbare Methodik, die letztlich darin mündet, dass wechselkursbedingte Schwankungen des Eigenkapitals im Beteiligungswertansatz unberücksichtigt bleiben,[115] steht jedenfalls der mit § 308a verfolgten Zielsetzung diametral entgegen, weshalb sie nach hier vertretener Ansicht als nicht GoB-konform zu werten ist. Anders formuliert: Der Equity-Wert ist zwingend mit den Stichtagskursen umzurechnen. Eine Differenz, die sich aus der Umrechnung des Equity-Werts mit dem Stichtagskurs einerseits und den differenzierten (historischen) Kursen andererseits ergibt, ist GuV-neutral in den Posten „Eigenkapitaldifferenz aus Währungsumrechnung" einzustellen und dort durch einen „davon"-Vermerk kenntlich zu machen (vgl. DRS 25.90(a)). Mithin sind – analog zur Vorgehensweise im Rahmen der Voll- bzw. Quotenkonsolidierung – auch die in der internen Nebenrechnung vorgenommenen Reserven- und Lastenaufdeckungen (mitsamt eines Geschäfts- oder Firmenwerts bzw. passiven Unterschiedsbetrags) in der Fremdwährung des betreffenden assoziierten Unternehmens fortzuführen und mit dem jeweiligen Stichtagskurs umzurechnen.[116] Soweit der Equity-Wert darüber hinaus durch weitere Tatbestände, wie etwa die Vornahme einer Zwischenerfolgseliminierung oder Dividendenausschüttungen, der Höhe nach beeinflusst wird, so ist auch dies im Rahmen der Währungsumrechnung entsprechend zu berücksichtigen.[117] Nur diese Verbuchungstechnik trägt dem Umstand adäquat Rechnung, dass es sich bei der Equity-Methode um ein **Verfahren zur Bewertung von Beteiligungen** handelt.

Wird für die Beteiligung an einem assoziierten Unternehmen eine Eigenkapitaldifferenz **72** im Konzerneigenkapital geführt und der Equity-Wert nach § 253 Abs. 3 S. 5 iVm § 298 Abs. 1 außerplanmäßig wertberichtigt, ist die mit den Anteilen korrespondierende Eigenkapitaldifferenz aus Währungsumrechnung gem. DRS 25.92 wie folgt zu behandeln:[118]
– Währungsgewinne (passivische Differenz) sind unter Berücksichtigung des Realisationsprinzips gem. § 252 Abs. 1 Nr. 4 iVm § 298 Abs. 1 nicht bzw. erst bei Veräußerung oder Liquidation zu erfassen (a);
– Währungsverluste (aktivische Differenz) sind dagegen unter Berücksichtigung des Imparitätsprinzips gem. § 252 Abs. 1 Nr. 4 iVm § 298 Abs. 1 unmittelbar GuV-wirksam im Ergebnis des assoziierten Unternehmens zu erfassen (b).[119]

---

[113]   Deubert/Meyer/Müller DK 2018, 104; dazu bereits krit. Wirth/Dusemond/Küting DB 2018, 144 ff., 201 ff.
[114]   So auch HdJ/Deubert/Meyer I/17 Rn. 247 ff.
[115]   HdK/Küting/Zündorf Rn. 203.
[116]   Ebenso Lauer/Böckem BB 1992, 1893; DRS 25.B34 ff.
[117]   HdJ/Deubert/Meyer I/17 Rn. 259 ff.; Baetge/Kirsch/Thiele/Hachmeister/Beyer Rn. 207 ff.
[118]   HdJ/Deubert/Meyer I/17 Rn. 253 ff.
[119]   Deubert/Meyer/Müller DK 2018, 104; krit. hierzu wiederum Wirth/Dusemond/Küting DB 2018, 210 f., die dieser worauf auch immer gründenden Vorschrift mit Skepsis begegnen.

IV. Statuswahrende Anteilsveränderungen

73   **1. Sukzessive Anteilserhöhung.** Werden – ohne dass sich am Beteiligungsstatus etwas verändert – weitere Anteile an einem bereits nach der Equity-Methode bilanzierten Unternehmen erworben, führt dies zu einer Erhöhung der Anschaffungskosten und damit einhergehend dazu, für die neu hinzuerworbene Anteilstranche eine eigenständige Erstbewertung – basierend auf den Wertverhältnissen zum Erwerbsstichtag – durchführen zu müssen. Im Gegensatz zum Vorgehen bei der Übergangskonsolidierung (mit Statuswechsel) hat im Fall des Hinzuerwerbs neuer Anteile keine vollständige Neubewertung zu erfolgen, zumal eine derartige Vorgehensweise nur dann in Betracht kommt, wenn der Tatbestand eines Unternehmenszusammenschlusses iSd § 290 erfüllt wäre. Da dies aber gerade nicht gegeben ist, sind für jeden weiteren Erwerb unter Beibehaltung des maßgeblichen Einflusses etwaige neu zu identifizierende stille Reserven und Lasten lediglich in Höhe des neu hinzuerworbenen Anteils aufzudecken.[120] Eine zusätzliche Berücksichtigung von auf Altanteile entfallenden – zwischenzeitlich eingetretenen – Wertunterschieden wäre mit Verweis auf DRS 26.63 abzulehnen.

74   **2. Sukzessive Anteilsreduktion.** Bei einer Anteilsveräußerung ohne Verlust des maßgeblichen Einflusses ist bezüglich dieser Anteile eine entsprechende partielle Endabrechnung durchzuführen. Dabei ist der Equity-Wertansatz um den veräußerten Anteil GuV-wirksam zu vermindern und dem dafür erhaltenen Veräußerungserlös gegenüberzustellen (vgl. auch DRS 26.64). Damit verbunden ist auch die Pflicht, noch nicht GuV-wirksam verrechnete stille Reserven und Lasten sowie einen ggf. noch vorhandenen Geschäfts- oder Firmenwert beteiligungsproportional abzustocken. Wurden die veräußerten Anteile (sukzessiv) im Zuge mehrerer Tranchen erworben, sind hinsichtlich der Berechnung der mit den Anteilen abgehenden stillen Reserven und Lasten (einschließlich eines Geschäfts- oder Firmenwerts) regelmäßig Vereinfachungslösungen – wie etwa in Gestalt einer Durchschnittsbetrachtung – unvermeidbar.[121]

V. Beendigung der Equity-Bewertung

75   Die **Equity-Bilanzierung ist zu beenden,** sofern
   – die Beteiligung an einem assoziierten Unternehmen vollständig veräußert wird (Beteiligungsabgang);
   – der Investor den maßgeblichen Einfluss, zB infolge des Verkaufs einer Beteiligungstranche, aufgrund von Stimmrechtsverlusten, Stimmrechtsverzichts oder Änderungen in der Beteiligungsstruktur des assoziierten Unternehmens, rechtstatsächlich nicht mehr ausüben kann, mit der Folge, dass die Beteiligung damit auch im Konzernabschluss nach der Anschaffungskostenmethode zu bewerten ist (Wechsel zur Anschaffungskostenmethode);
   – auf die quotale Einbeziehung gem. § 310 übergegangen wird (Wechsel zur Quotenkonsolidierung);
   – ein beherrschender Einfluss iSd § 290 gegeben bzw. der Grund für ein bis dato in Anspruch genommenes Konsolidierungswahlrecht entfallen ist (Wechsel zur Vollkonsolidierung).

76   **1. Abgang der Beteiligung.** Wird die Beteiligung an einem assoziierten Unternehmen vollständig veräußert, müssen betreffende Anteile in ihrer Gesamtheit GuV-wirksam endabgerechnet werden. Hierbei wird der **Veräußerungserfolg** („Erfolg aus dem Abgang von Beteiligungen an assoziierten Unternehmen") derart ermittelt, als der Verkaufspreis dem letzten Equity-Bilanzansatz gegenübergestellt wird (vgl. auch DRS 26.67).[122]

---

[120]   Staub/Kraft Rn. 146 f.; Baetge/Kirsch/Thiele/Hachmeister/Beyer Rn. 115, 118. In diesem Zusammenhang wird es mit DRS 26.65 bei fortlaufenden (sukzessiven) Anteilserwerben im Zeitablauf als zulässig angesehen, betreffende Einzelerwerbe in wirtschaftlich sinnvollen Tranchen zu bündeln sowie die Ermittlung des Unterschiedsbetrags tranchenweise vorzunehmen.
[121]   Baetge/Kirsch/Thiele/Hachmeister/Beyer Rn. 121 ff. (125).
[122]   MüKoBilanzR/Senger Rn. 99; ADS Rn. 213.

2. Wechsel zur Anschaffungskostenmethode. Verliert der Investor infolge einer **77** (teilweisen) Anteilsveräußerung seinen maßgeblichen Einfluss iSd § 311, so ist von der Equity-Bewertung auf die Bilanzierung nach der **Anschaffungskostenmethode** überzugehen.[123] Dies bedeutet zunächst, für die abgehenden Anteile eine GuV-wirksame Endabrechnung vorzunehmen, bevor die verbleibenden Anteile einer **Übergangsbilanzierung** zu unterziehen sind. Hierfür ist nach DRS 26.68 der anteilige letztmalige Equity-Ansatz zugrunde zu legen.[124] Dieser Ansicht wird im einschlägigen Schrifttum indes nicht durchgängig gefolgt, denn der Equity-Wert könne zu Differenzen zwischen Einzel- und Konzernbilanzansatz führen und verstoße möglicherweise gegen das handelsrechtliche Anschaffungskostenprinzip.[125] Dieser Vorwurf kann indessen mit dem Hinweis entkräftet werden, dass zum Bilanzierungsübergang die Beteiligung an dem assoziierten Unternehmen veräußert und eine „einfache" Beteiligung erworben wird. Darüber hinaus ist sichergestellt, dass der Beteiligungsansatz, sollte er über dem beizulegenden Wert liegen, ggf. abgeschrieben werden muss (→ Rn. 66 ff.). Insoweit ist für Zwecke der Dotierung der (neuen) Anschaffungskosten ein Abstellen auf den im Veräußerungszeitpunkt anteilig verbleibenden Equity-Wert zu befürworten,[126] womit sich der Übergang auf die Anschaffungskostenmethode schließlich GuV-neutral vollziehen würde. Soweit bei unveränderter Beteiligung die Voraussetzungen für die Anwendung der Equity-Methode nicht mehr gegeben sind, gilt Entsprechendes (vgl. DRS 26.69).

3. Wechsel zur Quotenkonsolidierung. Ein Übergang von der Equity-Methode auf **78** die Quotenkonsolidierung kann entweder dadurch notwendig werden, dass ein bislang at equity bewertetes Gemeinschaftsunternehmen nunmehr aufgrund anderer Wahlrechtsausübung quotal konsolidiert wird, oder ein bisher assoziiertes Unternehmen aufgrund von Änderungen in der Anteilsquote oder Eigentümerstruktur erstmals die Charakteristika eines Gemeinschaftsunternehmens aufweist und gem. § 310 Abs. 1 behandelt wird.[127] Auch hier gälte es dann den letzten Equity-Ansatz als Wertansatz für die erstmalige Anwendung der Quotenkonsolidierung heranzuziehen. Dabei wären die bislang im Wertansatz der Beteiligung enthaltenen und nach § 312 Abs. 2 S. 2 f. fortgeführten Beträge direkt den anteilig in den Konzernabschluss zu übernehmenden Vermögensgegenständen, Schulden, Rechnungsabgrenzungs- und Sonderposten sowie dem Geschäfts- oder Firmenwert bzw. passiven Unterschiedsbetrag zuzuordnen (vgl. DRS 27.53).[128] Für ggf. hinzuerworbene Anteile hat auf den Zeitpunkt, von dem an die gemeinsame Führung tatsächlich ausgeübt wird, eine Kapitalverrechnung nach Maßgabe des § 301 Abs. 1 iVm § 310 Abs. 2 zu erfolgen (vgl. DRS 27.54). Insoweit vollzieht sich auch der Übergang von der Equity-Methode auf die Quotenkonsolidierung erfolgsneutral.

4. Wechsel zur Vollkonsolidierung. Durch den Zukauf weiterer Anteile an einem **79** assoziierten Unternehmen kann sich der maßgebliche Einfluss zum beherrschenden Einfluss (vgl. § 290) intensivieren. Hier liegt dann ein **Tochterunternehmen** vor, das, vorbehaltlich der Tatbestände des § 296, voll zu konsolidieren ist.[129] Wie solche **sukzessiven Unternehmenszusammenschlüsse** letztlich konsolidierungstechnisch zu behandeln sind, ist weiterhin ungeklärt. E-DRS 30 sah hier zwar konkrete Regelungen zur Übergangskonsolidierung sowohl für den Fall, dass ein bislang zB at equity bewertetes assoziiertes Unternehmen durch einen Hinzuerwerb von Anteilen den Status eines Tochterunternehmens erlangt (sog. Aufwärtswechsel), als auch für den umgekehrten Fall des Wechsels von der Vollkonsolidie-

---

[123]   Beck HdR/d'Arcy/Kurt C 511 Rn. 205; v. Wysocki/Wohlgemuth/Brösel Konzernrechnungslegung S. 204.

[124]   Schäfer, Bilanzierung von Beteiligungen an assoziierten Unternehmen nach der Equity-Methode, 1982, S. 326 f.; Bentler, Grundsätze ordnungsmäßiger Bilanzierung für die Equitymethode, 1991, S. 252 ff.

[125]   HdK/Küting/Zündorf Rn. 163, 167.

[126]   So wohl auch BeckOGK/Senger/Schrimpf-Dörges Rn. 123.

[127]   ADS Rn. 206.

[128]   AA Hoffmann/Lüdenbach Rn. 66.

[129]   ADS Rn. 206.

rung auf die Equity-Bewertung (sog. Abwärtswechsel) vor. DRS 23 enthält demgegenüber nur noch Vorschriften für den Abwärtswechsel (vgl. DRS 23.185 ff.). Die Vorschriften zum Aufwärtswechsel (vgl. E-DRS 30.180 ff.) sind gestrichen worden. Ursächlich hierfür ist, dass das DRSC seitens des BMJV mit der Überarbeitung des § 301 beauftragt wurde, um eine gesetzliche und insoweit GoB-konforme Grundlage für die Übergangskonsolidierung bei einem Aufwärtswechsel zu schaffen.

80   Diverse Bemühungen, eine bis zur Verabschiedung des BilMoG aus dem Jahr 2009 noch mehrheitlich angewandte tranchenweise Konsolidierung – konkret: anteilige Neubewertung der neu hinzuerworbenen und Fortführung der alten Tranche – (weiterhin) für zulässig zu erklären,[130] dürften bereits daran scheitern, dass § 301 explizit vorsieht, zum Zeitpunkt der Beherrschungserlangung eine vollständige Neubewertung sämtlicher akquirierter Vermögensgegenstände und Schulden vornehmen zu müssen. Auch bloßen Hilfskonstruktionen, wie die vollständige Neubewertung mit anschließender Vornahme einer Zwischenerfolgseliminierung,[131] ist angesichts des eindeutigen Wortlauts eine Absage zu erteilen. Bezeichnenderweise stellt selbst das DRSC in E-DRS 30.B45 fest: „Vor diesem Hintergrund gestattet der Standard eine tranchenweise Kapitalkonsolidierung […] zu den jeweiligen Erwerbszeitpunkten beim Übergang von der Quotenkonsolidierung oder Equity-Bewertung auf die Vollkonsolidierung, auch wenn dies nach dem Wortlaut des § 301 formal nicht länger zulässig ist.“

81   So verbleibt denn bis zur abschließenden Klärung die Notwendigkeit, zunächst eine **vollständige Neubewertung** sämtlicher (aus Konzernsicht zugegangener) Vermögensgegenstände und Schulden vornehmen zu müssen. Die zuvor in Übereinstimmung mit den §§ 311 f. praktizierte Equity-Methode ist zu demjenigen Zeitpunkt einzustellen. In diesem Sinne stellt der fortgeschriebene Equity-Wert im Zeitpunkt des Übergangs auf die Vollkonsolidierung die anteiligen Anschaffungskosten der entsprechenden Beteiligung dar. Gemeinsam mit den Anschaffungskosten der die Beherrschung vermittelnden Tranche hat sodann die Gegenüberstellung/Verrechnung mit dem anteiligen Eigenkapital zu erfolgen.[132]

VI. Ausweis im Konzernabschluss

82   **1. Konzernbilanz und GuV.** Für den Equity-Wert ist gem. § 311 Abs. 1 S. 1 (vgl. auch DRS 26.77) ein **gesonderter Ausweis in der Konzernbilanz** erforderlich (→ § 311 Rn. 38).

83   Gemäß § 312 Abs. 4 S. 2 sind **rein GuV-wirksame Veränderungen des Equity-Werts** in der **GuV** ebenfalls unter einem gesonderten Posten auszuweisen (vgl. DRS 26.78). Das auch im Rahmen der Equity-Methode prinzipiell geltende **Saldierungsverbot** gem. § 246 Abs. 2 iVm § 298 Abs. 1 strikt auslegend,[133] müssten danach übernommene **positive Ergebnisbeiträge** als „Erträge aus assoziierten Unternehmen“ zwischen den „Erträgen aus Beteiligungen“ und den „Erträgen aus anderen Wertpapieren und Ausleihungen des Finanzanlagevermögens“ ausgewiesen werden. Demgegenüber wären anteilig übernommene **negative Erfolgsbeiträge** als „Aufwendungen aus Verlustübernahmen assoziierter Unternehmen“ nach den „Abschreibungen auf Finanzanlagen und auf Wertpapiere des Umlaufvermögens“ zu erfassen.[134]

84   Weil aber der Gesetzeswortlaut explizit verlangt, „[d]as auf assoziierte Beteiligungen entfallende Ergebnis unter einem gesonderten Posten auszuweisen“ (§ 312 Abs. 4 S. 2), wird es im Schrifttum auch für zulässig erachtet, positive und negative Erfolgsbeiträge als **„Ergebnis aus Beteiligungen an assoziierten Unternehmen“** saldiert in einem Posten darzustellen.[135]

---

130   So etwa BeBiKo/Störk/Deubert § 301 Rn. 225 ff. mwN.
131   E-DRS 30.180 ff.; Deubert/Klöcker KoR 2010, 574 f.
132   IdS wohl auch BeckOGK/Senger/Kurz § 301 Rn. 162; Baetge/Kirsch/Thiele/Hachmeister/Beyer Rn. 120; Staub/Kraft Rn. 151.
133   Lediglich Bentler, Grundsätze ordnungsmäßiger Bilanzierung für die Equitymethode, 1991, S. 260.
134   WP-HdB 2021 Rn. G 648.
135   WP-HdB 2021 Rn. G 649; Haufe-HGB/Seidler Rn. 58, 60.

Strittig ist, ob der Ertrag aus assoziierten Unternehmen vor **Ertragsteuern des assozi- 85 ierten Unternehmens** auszuweisen ist, oder ob nur der nach Ertragsteuern verbleibende Beteiligungsertrag zu zeigen ist. Die sog. **Bruttomethode** sieht vor, den auf das thesaurierte anteilige Ergebnis entfallenden Ertragsteueraufwand des assoziierten Unternehmens im konsolidierten Ertragsteueraufwand der Konzern-GuV zu erfassen. Diese Vorgehensweise wäre dann konsequent, würde die Equity-Methode als Konsolidierungsverfahren qualifiziert.[136] Wird sie jedoch – wie hier befürwortet – als besonders ausgestaltetes Verfahren zur Bewertung von Beteiligungen angesehen, so wäre nach der sog. **Nettomethode** zu verfahren. Damit wird der anteilige Jahresüberschuss nach Ertragsteuern des assoziierten Unternehmens als Beteiligungsertrag aus assoziierten Unternehmen gezeigt. Die bilanzielle Gegenposition „Anteile an assoziierten Unternehmen" würde in beiden Fällen um das anteilige Jahresergebnis nach Steuern fortgeschrieben.[137] Anders als noch DRS 8.46 (aF), erlaubt DRS 26.79 sowohl die Brutto- als auch Nettomethode.

2. Anlagespiegel. Gemäß § 313 Abs. 4 iVm § 284 Abs. 3 müssen im Anhang Positio- 86 nen des Anlagevermögens ausgehend von den historischen Anschaffungskosten unter Berücksichtigung von Zu- und Abgängen, Umbuchungen, Ab- und Zuschreibungen der Periode sowie der kumulierten Abschreibungen bis zum Buchwert des Abschlussstichtags fortgeführt werden **(Anlagespiegel).**[138] Für den nach § 311 Abs. 1 S. 1 gesondert auszuweisenden Equity-Wertansatz sollte dieser Anlagespiegel indes modifiziert werden (vgl. demgegenüber auch DRS 26.90 ff.).[139]

Im Rahmen der **Equity-Fortschreibung um anteilige Jahresergebnisse** stellen 87 anteilige Jahresüberschüsse weder einen Zugang noch eine Zuschreibung (Wertaufholung) und die Fortführung um anteilmäßige Jahresfehlbeträge und Dividenden weder einen Abgang noch eine Abschreibung dar.[140] Um diese Vorgänge zweckmäßig erfassen und ausweisen zu können, ist eine gesonderte Spalte im Anlagespiegel erforderlich.[141] Auch bei Anteilsquoten- oder Statusveränderungen betreffender Beteiligung könnte anstelle der Umgliederungs-, Abgangs- oder Zugangsspalten eine gesonderte Spalte „Veränderungen des Konsolidierungskreises" zielführend(er) sein.[142]

Im Anlagespiegel sind mengenmäßige Beteiligungszugänge als Zugang zu buchen. Ver- 88 fährt man mit der Equity-Fortschreibung um positive Jahresergebnisse ebenso, obwohl es sich um rein wertmäßige Zugänge handelt, so ist ein verwirrender Ausweis die Folge, obgleich diese einen anschaffungsähnlichen Vorgang darstellen. Für diese Fälle sollte eine entsprechend zu bezeichnende **eigene Spalte** eingerichtet werden.

Bei anteiligen Jahresergebnissen ebenso wie Gewinnausschüttungen erscheint im Anla- 89 gespiegel eine Saldierung sinnvoll, sofern dies im Anhang erläutert wird. Ein Saldo wäre dann entweder in einer gesonderten Spalte oder aber zusammen mit den sonstigen Fortschreibungskomponenten auszuweisen.

VII. Angabepflichten im Konzernanhang

Gemäß § 313 Abs. 2 Nr. 2 (vgl. überdies DRS 26.80 ff.; DRS 26.B26) sind **zu jedem** 90 **Bilanzstichtag** neben dem Namen und satzungsmäßigen Sitz auch der Anteil am Kapital assoziierter Unternehmen, der dem Mutterunternehmen und den in den Konzernabschluss einbezogenen Tochterunternehmen gehört oder der von einer für Rechnung dieser Unternehmen handelnden Person gehalten wird, anzugeben. Dies gilt selbst dann, sofern in

---

[136]   BeBiKo/Störk/Lewe Rn. 44.
[137]   BeBiKo/Störk/Lewe Rn. 44.
[138]   Harrmann DB 1984, 1416 ff.; Zündorf, Quotenkonsolidierung versus Equity-Methode, 1987, S. 89 ff.
[139]   So auch Coenenberg/Haller/Schultze Jahresabschluss S. 734 f.; hinsichtlich eines Überblicks über mögliche Ausweisalternativen HdK/Küting/Zündorf Rn. 104 ff.; Baetge/Kirsch/Thiele/Hachmeister/Beyer Rn. 221 ff.
[140]   AA BeBiKo/Störk/Lewe Rn. 54.
[141]   Busse v. Colbe FS Grochla, 1986, 261 f.; Küting/Zündorf BB-Beil. 7/1986, 11 f.
[142]   BeBiKo/Störk/Lewe Rn. 53.

Übereinstimmung mit § 311 Abs. 2 auf die Anwendung der Equity-Methode verzichtet worden ist.

91   Des Weiteren sind gem. § 313 Abs. 1 S. 3 Nr. 1 die **auf die Posten der Konzernbilanz und Konzern–GuV angewandten Bilanzierungsmethoden** im Konzernanhang anzugeben. Danach sind mit DRS 26.87 zumindest die folgenden Angaben zwingend erforderlich:

a) die Anwendung der Equity-Methode auf gem. § 296 nicht einbezogene Tochterunternehmen, wobei diese Angabe auch mit den nach § 313 Abs. 2 Nr. 1 erforderlichen Angaben zusammengefasst werden darf (vgl. auch DRS 26.85);

b) die etwaige Berücksichtigung bzw. Verwendung von wirtschaftlichen Beteiligungsquoten (→ Rn. 24) an assoziierten Unternehmen (jene Angaben können auch im Kontext von § 313 Abs. 2 Nr. 2 gemacht werden → Rn. 90);

c) die Anwendung von § 301 Abs. 2 S. 2 iVm § 312 Abs. 3 S. 2 (vorläufige Ermittlung der beizulegenden Zeitwerte bei Zuordnung des Unterschiedsbetrags → Rn. 33), deren Begründung sowie Auswirkungen auf den Konzernabschluss der Folgeperiode; werden Vorjahreszahlen angepasst (vgl. analog DRS 23.79), ist dies ebenfalls anzugeben;

d) die Inanspruchnahme von § 301 Abs. 2 S. 5 iVm § 312 Abs. 3 S. 3 (→ Rn. 28 f.);

e) der Verzicht auf die Anpassung bei vom Konzernabschluss abweichenden Bilanzierungsmethoden im Abschluss des assoziierten Unternehmens iSd § 312 Abs. 5 S. 1 f. (→ Rn. 11 ff.);

f) die Summe der in der Konzernbilanz nicht erfassten negativen Equity-Werte aus der internen Nebenrechnung (→ Rn. 64 f.);

g) der Stichtag des Abschlusses wesentlicher assoziierter Unternehmen, soweit dieser nicht dem Stichtag des Konzernabschlusses entspricht; Vorgänge von besonderer Bedeutung auf Ebene des assoziierten Unternehmens, welche den Einblick in die Vermögens-, Finanz- und Ertragslage des Konzerns beeinträchtigen können (→ Rn. 30 ff.);

h) die Methode der Berücksichtigung von Ertragsteuern beim Ausweis des Ergebnisses aus der Änderung des Equity-Werts in der Konzern-GuV (→ Rn. 85).

92   Über die allgemeinen Berichtsanforderungen der §§ 313 f. hinaus (vgl. auch DRS 26.80 ff.), sieht auch § 312 selbst noch weitergehende **Berichterstattungspflichten** vor. So ist zunächst gem. Abs. 1 S. 2 über den Unterschiedsbetrag zwischen Buchwert und anteiligem Eigenkapital des betreffenden assoziierten Unternehmens sowie einen darin enthaltenen Geschäfts- oder Firmenwert bzw. passiven Unterschiedsbetrag im Konzernanhang zu berichten (→ Rn. 39). Auch sollte unter Rückgriff auf § 314 Abs. 1 Nr. 20 jeweils erläutert werden, über welchen Zeitraum ein entgeltlich erworbener und in der internen Nebenrechnung erfasster Geschäfts- oder Firmenwert abgeschrieben wird.

VIII. Publizitätsgesetz

93   Gemäß § 13 Abs. 2 S. 1 PublG gilt § 312 sinngemäß auch für einen nach den Bestimmungen des PublG aufzustellenden Konzernabschluss (vgl. DRS 26.3).[143]

IX. International Financial Reporting Standards (IFRS)

94   Die methodische **Vorgehensweise** der Equity-Bewertung ist nach IFRS und HGB weitgehend äquivalent.[144] Gemäß IAS 28.10 sind Beteiligungen an assoziierten ebenso wie Gemeinschaftsunternehmen zunächst mit den Anschaffungskosten zu bewerten und in den Folgeperioden um das anteilige Jahresergebnis des Beteiligungsunternehmens zu erhöhen bzw. zu vermindern. Hierbei umfasst der Anschaffungskostenbegriff des IAS 28.10 – im Gegensatz zu IFRS 3.53 – auch sämtliche der Anschaffung unmittelbar zurechenbaren Nebenkosten. Erhaltene Gewinnausschüttungen vermindern den Equity-Wertansatz. Wei-

---

[143] BeBiKo/Störk/Lewe Rn. 95.
[144] Grdl. wie ausf. dazu PFGS IntRechnungslegung Kap. 22.3.2 (22.5); des Weiteren auch Baetge/Kirsch/Thiele/Hachmeister/Beyer Rn. 501 ff., jeweils mwN.

terhin kann sich der Equity-Wert dadurch ändern, dass die Anteilshöhe des Investors aufgrund von Eigenkapitalveränderungen aufseiten des assoziierten Unternehmens schwankt.

Maßgebend für die erstmalige Anwendung der Equity-Methode ist der **Zeitpunkt,** 95 ab dem ein Beteiligungsunternehmen als assoziiertes bzw. Gemeinschaftsunternehmen zu qualifizieren ist (vgl. IAS 28.32). Auf diesen Zeitpunkt ist – auch bei abweichendem Bilanzstichtag – die hier ebenfalls in einer Nebenrechnung vorzunehmende Kapitalaufrechnung einschließlich der Aufdeckung stiller Reserven und Lasten zu beziehen.

Nach IAS 28.33 ist bei Anwendung der Equity-Methode der **letzte verfügbare** 96 **Abschluss** zu verwenden. Haben das beteiligungshaltende Unternehmen und das Beteiligungsunternehmen identische Bilanzstichtage, so muss gewährleistet sein, dass die Daten des Beteiligungsunternehmens rechtzeitig an den Investor übermittelt werden. Bei abweichenden Bilanzstichtagen verlangt IAS 28.33 die Aufstellung eines **Zwischenabschlusses** des Beteiligungsunternehmens. Sollte die Aufstellung eines solchen Abschlusses nicht möglich sein, zB weil die dafür benötigten Informationen nicht oder nicht rechtzeitig bereitgestellt werden, so ist eine Arbeitsbilanz auf der Grundlage von Anpassungen für wesentliche Transaktionen oder Ereignisse zwischen den beiden Abschlussstichtagen zu erstellen. Der Zeitraum zwischen den abweichenden Bilanzstichtagen von Investor und Beteiligungsunternehmen sollte in keinem Fall mehr als drei Monate betragen (vgl. IAS 28.34).

IAS 28.35 verlangt eine **einheitliche Bilanzierung** von Investor und Beteiligungsun- 97 ternehmen. Diese wird sowohl im Anschaffungszeitpunkt zur Feststellung des Werts des anteiligen Eigenkapitals als auch für Zwecke der Folgebewertung vorausgesetzt. Allerdings wird es dem Investor in vielen Fällen nicht möglich sein, einen entsprechend adjustierten Abschluss einzufordern, da keine hierfür typischerweise notwendige Beherrschungsmöglichkeit iSd IFRS 10 vorliegt. Ungeachtet dessen wird in IAS 28.36 festgelegt, dass die Rechnungslegungsmethoden an den Rechtsrahmen bzw. die Ansatz-, Bewertungs- und Ausweisgrundsätze des Mutterunternehmens angepasst werden müssen. Es bleibt daher unklar, wie ein Investor zu handeln hat, wenn die dafür erforderlichen Informationen nicht verfügbar sind. Im schlechtesten Fall gelingt es auch unter nachweislich größtmöglichen Anstrengungen nicht, die für die gebotenen Korrekturen notwendigen Informationen zu erhalten. Zwar könnte in diesem Fall schon die bloße Möglichkeit einer maßgeblichen Einflussnahme generell in Frage gestellt werden. Allerdings wäre selbst unter diesen Umständen zunächst zu prüfen, ob der Equity-Ansatz nicht im Rahmen einer vereinfachten Ermittlung auf Grundlage von Schätzungen bestimmt werden kann.[145]

Nach IAS 28.32 werden die Vermögenswerte und Schulden des assoziierten Unterneh- 98 mens mit ihren **beizulegenden Zeitwerten** angesetzt, um das anteilige (neubewertete) Eigenkapital zu ermitteln. Ergibt sich aus der Verrechnung der Anschaffungskosten mit dem anteilig neubewerteten Nettovermögen ein Unterschiedsbetrag, so ist dieser prinzipiell nach den Vorgaben des IFRS 3 zu bilanzieren. Ein verbleibender positiver (aktiver) Unterschiedsbetrag ist als Geschäfts- oder Firmenwert **(Goodwill)** auch hier in einer **internen Nebenrechnung** zu erfassen. Er wird nicht separat in der konsolidierten Bilanz ausgewiesen, sondern bildet einen impliziten Bestandteil des Equity-Buchwerts (vgl. IAS 28.32(a)). Übersteigt dagegen das anteilig neubewertete Nettovermögen die Anschaffungskosten, ist der sich daraus ergebende negative (passive) Unterschiedsbetrag **(Excess)** unmittelbar bereits im Rahmen der erstmaligen Anwendung ertragswirksam und damit anteilserhöhend zu vereinnahmen (vgl. IAS 28.32(b)). Dadurch wird die Equity-Beteiligung – anders als nach HGB – bereits im Zugangszeitpunkt mit einem Wert oberhalb der (pagatorischen) Anschaffungskosten in der Bilanz ausgewiesen.

Die im Zuge der **Neubewertung des anteiligen Eigenkapitals** eines assoziierten 99 bzw. Gemeinschaftsunternehmens aufgedeckten stillen Reserven und Lasten werden in den Folgeperioden so behandelt wie die ihnen zugrundeliegenden Vermögenswerte und Schulden. Damit teilen sie das Schicksal ihrer jeweiligen Bilanzposition, wodurch jeweils der

---

[145]   Haufe IFRS-Komm. § 33 Rn. 88 ff.; Beck IFRS-HdB/Hayn § 36 Rn. 35, 48.

Equity-Wert infolge der (planmäßigen) **GuV-wirksamen Auflösung** stiller Reserven (Lasten) entsprechend gemindert (erhöht) wird.

100   Die **Wertfortführung in den Folgeperioden** erfolgt weitgehend analog zu den HGB-Regelungen. Gemäß IAS 28.37 ist für den Fall, dass betreffendes Unternehmen Aktien mit kumulativem Dividendenvorzug ausgegeben hat, der Erfolgsanteil des Investors zunächst um diese Dividenden zu vermindern.[146] Über die nach IAS 28.10 (bzw. HGB) zu berücksichtigenden Fortschreibungskomponenten hinaus ist der Equity-Wert im Normengefüge der IFRS auch um solche Eigenkapitalveränderungen fortzuschreiben, die auf Ebene des Beteiligungsunternehmens GuV-neutral erfasst wurden. Ihnen wiederum ist gemein, dass sie im Rahmen der Beteiligungsfortschreibung eine **rein GuV-neutrale Berücksichtigung** im sog. Other Comprehensive Income (OCI) erfahren. Insoweit kommt es hierbei zwangsläufig zu einem konzeptionsbedingten Auseinanderfallen zwischen der Änderung des Beteiligungsansatzes in der Konzernbilanz und dem in der konsolidierten GuV ausgewiesenen Ergebnis aus assoziierten Unternehmen.

101   **Eliminierung von Verbundergebnissen:** Wird ein Vermögenswert zwischen dem Investor bzw. einem seiner vollkonsolidierten Tochterunternehmen und einem nach Maßgabe des IAS 28 at equity bewerteten Beteiligungsunternehmen veräußert, so sind hiermit verbundene Zwischenergebnisse beteiligungsproportional zu eliminieren (vgl. IAS 28.28). Dieser Grundsatz gilt sowohl für upstream- als auch downstream-Transaktionen. Obwohl die Zwischenerfolgseliminierung mE aufgrund des für diese Unternehmen nicht geltenden Einheitsgrundsatzes kritisch zu hinterfragen ist, ist ein etwaiger Zwischenerfolg in der Konzernbilanz durch eine anteilige Korrektur des Beteiligungsansatzes zu eliminieren. Das Gegenkonto für diese dann ggf. notwendig werdenden Korrekturbuchungen stellt das „Ergebnis aus Beteiligungen an assoziierten Unternehmen" dar. Sind die Informationen zur Durchführung der Zwischenerfolgseliminierung nicht verfügbar, sollten die Ergebnisse auf Basis von Schätzungen eliminiert werden.[147] Können auch keine verlässlichen Schätzungen abgegeben werden, sollte diese Tatsache im Rahmen der Erläuterungen zur Equity-Methode im Anhang angegeben werden.

102   Ebenso wie nach HGB sind auch nach IFRS bei der Equity-Bewertung prinzipiell latente Steuern nach IAS 12 anzusetzen. Ursächlich dafür sind in erster Linie die im Rahmen der Kapitalaufrechnung GuV-neutral aufzudeckenden stillen Reserven (und Lasten) sowie deren GuV-wirksame Fortschreibung. Da aber die anteilige Ermittlung dieser Größen lediglich in der internen Nebenrechnung erfolgt, dürfen die dort konzeptionsbedingt abzugrenzenden latenten Steuern als solche aufgrund ihres **inside-based-Charakters** keinen unmittelbaren Eingang in den konsolidierten Abschluss finden, sondern gehen stattdessen – abhängig von ihrer Entstehungsursache – ebenfalls implizit mit in den fortgeschriebenen Beteiligungsbuchwert ein. Wird eine Zwischenerfolgseliminierung durchgeführt, ergeben sich konzeptionell keine Unterschiede zur Vorgehensweise bei der Vollkonsolidierung. Allerdings gilt es – anders als etwa nach HGB – gem. IAS 12.39 uU auch für sog. verdeckt auftretende (temporäre) Differenzen diejenigen ertragsteuerlichen Implikationen abzubilden, die in naher Zukunft auf Ebene des Anteilseigners zu tatsächlichen Ertragsteuerbe- oder -entlastungen führen. Solche Differenzen können sich mitunter aus einer fiktiven Veräußerung betreffender Beteiligung oder bei konzerninternen phasenverschobenen Gewinnausschüttungen ergeben. Derartige **(outside-based-)Differenzen** treten immer dann auf, wenn sich das anteilige Nettovermögen eines at equity bewerteten Beteiligungsunternehmens, beispielsweise aufgrund von Gewinnthesaurierungen, verändert, der steuerbilanzielle Beteiligungsbuchwert von dieser Entwicklung aber aufgrund eines Zuschreibungsverbots unberührt bleibt.

103   **Negativer Equity-Buchwert:** Im Fall anhaltender Verluste eines assoziierten bzw. Gemeinschaftsunternehmens kann der um die anteiligen Verluste fortzuschreibende Equity-Buchwert vollständig aufgezehrt werden und unter Null sinken. Entsprechen bzw. überstei-

---

[146]   IFRS-Komm/Baetge/Graupe/Höbener IAS 28 Rn. 140 ff.
[147]   IFRS-Komm/Baetge/Graupe/Höbener IAS 28 Rn. 163 f.

gen die auf den Investor entfallenden anteiligen Verluste sein finanzielles Engagement, so beträgt der Equity-Wert Null und die Equity-Bewertung ist auszusetzen (vgl. IAS 28.38 f.). Zuvor indes sind die übrigen Bestandteile einer Nettoinvestition des Investors, wie zB eigenkapitalsubstituierende Forderungen und Verbindlichkeiten, deren Abwicklung in absehbarer Zukunft weder geplant noch wahrscheinlich ist, zu verrechnen. Dabei darf die vor Aussetzen der Equity-Methode gebotene Saldierung mit diesen anderen Komponenten keineswegs willkürlich erfolgen; vielmehr gebietet es IAS 28.38, diese in umgekehrter Reihenfolge zu ihrem (Vor-)Rang im Insolvenzfall vornehmen zu müssen. Verbleiben nach Abwertung sämtlicher Komponenten der Nettoinvestition weitere anteilig zu berücksichtigende Verluste, ist die Equity-Methode zunächst auszusetzen. Zusätzliche Verluste, die einen negativen Beteiligungsbuchwert zur Folge hätten, sind nur dann bilanziell zu berücksichtigen, sofern der Investor infolge bestehender rechtlicher oder faktischer Verpflichtungen zur Bildung einer entsprechenden Rückstellung angehalten ist (vgl. IAS 28.39). Anderenfalls sind die übersteigenden Verluste aufgrund des fehlenden Verrechnungspotenzials nur in der internen Nebenrechnung und damit außerbilanziell zu erfassen. Erwirtschaftet das Beteiligungsunternehmen in den Folgeperioden wieder positive Ergebnisse, sind diese zunächst mit den aufgelaufenen (kumulierten) Verlusten in der internen Nebenrechnung zu saldieren. Erst wenn diese wieder vollständig durch anteilig dem Investor zustehende Gewinne kompensiert wurden, „taucht" die Equity-Beteiligung wieder als korrespondierender Aktivposten in der Konzernbilanz auf (sog. U-Boot-Methode).[148]

Nach IAS 28.32(a) darf ein in der internen Nebenrechnung ermittelter Geschäfts- oder **104** Firmenwert konzeptionsbedingt weder planmäßig abgeschrieben noch kann er gesondert einem Werthaltigkeitstest iSd IAS 36 unterzogen werden. Vor diesem Hintergrund wird er bei Vorliegen objektiver Hinweise (vgl. IAS 28.41A ff.) nur implizit auf Wertminderung getestet, indem der Buchwert der Equity-Beteiligung an sich Gegenstand des **Wertminderungstests** ist (vgl. IAS 28.42). Liegt ein solcher objektiver Hinweis auf Wertminderung vor, ist der Equity-Buchwert nach IAS 36 auf Werthaltigkeit zu überprüfen. Dabei ist der erzielbare Betrag der Equity-Beteiligung, der sich als höherer der beiden Beträge aus beizulegendem Zeitwert abzüglich Veräußerungskosten und Nutzungswert ergibt, mit dem Beteiligungsbuchwert zu vergleichen (vgl. IAS 36.6; IAS 36.59). Hierzu wird der grundsätzlich nach IAS 36.30 ff. zu ermittelnde Nutzungswert (value in use) speziell für at equity zu bewertende Beteiligungen durch IAS 28.42 konkretisiert. Alternativ lässt er sich – jeweils ergänzt um den Barwert des erwarteten Liquidationserlöses – entweder bestimmen als
– Barwert der anteilig dem Investor aus der operativen Tätigkeit zuzurechnenden (Netto-)Cashflows (vgl. IAS 28.42(a)), oder aber als
– Barwert der erwarteten künftigen Cashflows aus Dividendenzahlungen (vgl. IAS 28.42(b)).[149]

Liegt der nach IAS 28.43 zu ermittelnde erzielbare Betrag unterhalb des Beteiligungs- **105** buchwerts, so ist dieser in Höhe des Differenzbetrags GuV-wirksam wertzumindern. Entfällt in den Folgeperioden der Grund für die ursprüngliche Wertminderung, ist der **Beteiligungsbuchwert maximal auf denjenigen Betrag zuzuschreiben,** der sich ohne das Vorliegen des Wertminderungstatbestands ergeben hätte (vgl. IAS 28.42). Diese Vorgehensweise impliziert zugleich, dass auch ein im Zuge der Wertminderung des Beteiligungsbuchwerts implizit abgeschriebener derivativer Geschäfts- oder Firmenwert (Goodwill) im Fall einer Werterholung der Equity-Beteiligung GuV-wirksam zugeschrieben werden müsste.

Gemäß IAS 1.54(e) iVm IAS 28.15 sind nach der Equity-Methode bewertete Anteile **106** in der Bilanz in einem **gesonderten Posten** zu zeigen. Ein separater Ausweis ist zudem sowohl für die GuV-wirksam (vgl. IAS 1.82(c)) als auch GuV-neutral zu erfassenden Fortschreibungskomponenten vorgeschrieben. Für Erstere ist nicht explizit vorgegeben, ob der Gewinn- bzw. Verlustanteil inner- oder außerhalb des operativen Ergebnisses auszuweisen

---

[148] Beck IFRS-HdB/Hayn § 36 Rn. 82 ff.
[149] Eine Vollausschüttungshypothese unterstellt, sollten gem. IAS 28.42 beide Verfahren bei Zugrundelegen sachgerechter Prämissen zum gleichen Ergebnis führen.

ist, so dass hier managementseitig ein Ermessensspielraum besteht. Letztere sind gem. IAS 1.82A(b) iVm IAS 1.IG6 fernerhin danach zu differenzieren, ob sie bei Eintritt der entsprechenden Voraussetzungen in Übereinstimmung mit IAS 1.93 GuV-wirksam umzugliedern (reclassification adjustments) sind oder nicht.[150]

107   Die Bilanzierung nach der Equity-Methode gem. IAS 28 kann für assoziierte Unternehmen und Gemeinschaftsunternehmen grundsätzlich kritisch hinterfragt werden, weil nach IFRS 9 alle Eigenkapitaltitel generell zum jeweiligen Fair Value am Bilanzstichtag bilanziert werden.[151] Warum die speziellen Eigenkapitalanteile, die als assoziierten Unternehmen (und Gemeinschaftsunternehmen) klassifiziert werden, hiervon ausgenommen sind, erschließt sich nicht unmittelbar. Wenn die Equity-Bewertung als eine marktwertangenäherte Bilanzierungsmethode angesehen wird,[152] bei der sich der Beteiligungsbuchwert ausgehend von den Anschaffungskosten um die anteiligen einbehaltenen Periodenergebnisse der Beteiligungsgesellschaft verändert (Bilanzkurs), ist die Bewertungsobjektivität gegenüber einer am Börsenkurs (Level 1) ausgerichteten Fair Value-Bewertung kaum höher. Wenn keine Börsen- oder Marktpreise für den Eigenkapitaltitel vorliegen (Level 2 oder 3), ist die Nachprüfbarkeit einer Equity-Bewertung gegenüber einer auf Vergleichsmärkte oder gar Business Plänen basierenden Fair Value-Bewertung idR höher. Da die Nachprüfbarkeit (bzw. glaubwürdige Darstellung) in der IFRS-Bilanzierung ein gegenüber der Relevanz nachrangiges Entscheidungskriterium darstellt, wäre eine generelle Fair Value-Bewertung aller Eigenkapitalanteile und damit auch für assoziierte und Gemeinschaftsunternehmen naheliegend. Ansonsten böte sich die Equity-Methode für die Bewertung aller Eigenkapitalanteile dann an, wenn keine Markt- oder Börsenpreise vorhanden sind.

108   Diese Überlegungen können jedoch nicht auf die HGB-Bilanzierung übertragen werden, weil das HGB keine generelle Fair Value-Bewertung für langfristig gehaltene Eigenkapitalinstrumente vorsieht. Andererseits dürfte der Objektivierungsgedanke hier viel schwerer wiegen. Insofern ist die Equity-Bewertung nach § 312 von diesen Überlegungen unbeeinflusst.

Achter Titel. Konzernanhang

§ 313 Erläuterung der Konzernbilanz und der Konzern-Gewinn- und Verlustrechnung. Angaben zum Beteiligungsbesitz

(1) ¹In den Konzernanhang sind diejenigen Angaben aufzunehmen, die zu einzelnen Posten der Konzernbilanz oder der Konzern-Gewinn- und Verlustrechnung vorgeschrieben sind; diese Angaben sind in der Reihenfolge der einzelnen Posten der Konzernbilanz und der Konzern-Gewinn- und Verlustrechnung darzustellen. ²Im Konzernanhang sind auch die Angaben zu machen, die in Ausübung eines Wahlrechts nicht in die Konzernbilanz oder in die Konzern-Gewinn- und Verlustrechnung aufgenommen wurden. ³Im Konzernanhang müssen

1. die auf die Posten der Konzernbilanz und der Konzern-Gewinn- und Verlustrechnung angewandten Bilanzierungs- und Bewertungsmethoden angegeben werden;

2. Abweichungen von Bilanzierungs-, Bewertungs- und Konsolidierungsmethoden angegeben und begründet werden; deren Einfluß auf die Vermögens-, Finanz- und Ertragslage des Konzerns ist gesondert darzustellen.

(2) Im Konzernanhang sind außerdem anzugeben:

1. ¹Name und Sitz der in den Konzernabschluß einbezogenen Unternehmen, der Anteil am Kapital der Tochterunternehmen, der dem Mutterunternehmen und den in den Konzernabschluß einbezogenen Tochterunternehmen gehört oder von einer für Rechnung dieser Unternehmen handelnden Person gehalten wird, sowie der zur Einbeziehung in den Konzernabschluß verpflichtende Sachver-

---

[150] Differenzierter Beck IFRS-HdB/Hayn § 36 Rn. 137 ff.
[151] Grdl. wie ausf. dazu PFGS IntRechnungslegung Kap. 17.4.3.
[152] PFGS IntRechnungslegung S. 895 ff.

halt, sofern die Einbeziehung nicht auf einer der Kapitalbeteiligung entsprechenden Mehrheit der Sitmmrechte beruht. [2]Diese Angaben sind auch für Tochterunternehmen zu machen, die nach § 296 nicht einbezogen worden sind;

2. [1]Name und Sitz der assoziierten Unternehmen, der Anteil am Kapital der assoziierten Unternehmen, der dem Mutterunternehmen und den in den Konzernabschluß einbezogenen Tochterunternehmen gehört oder von einer für Rechnung dieser Unternehmen handelnden Person gehalten wird. [2]Die Anwendung des § 311 Abs. 2 ist jeweils anzugeben und zu begründen;

3. Name und Sitz der Unternehmen, die nach § 310 nur anteilmäßig in den Konzernabschluß einbezogen worden sind, der Tatbestand, aus dem sich die Anwendung dieser Vorschrift ergibt, sowie der Anteil am Kapital dieser Unternehmen, der dem Mutterunternehmen und den in den Konzernabschluß einbezogenen Tochterunternehmen gehört oder von einer für Rechnung dieser Unternehmen handelnden Person gehalten wird;

4. Name und Sitz anderer Unternehmen, die Höhe des Anteils am Kapital, das Eigenkapital und das Ergebnis des letzten Geschäftsjahrs dieser Unternehmen, für das ein Jahresabschluss vorliegt, soweit es sich um Beteiligungen im Sinne des § 271 Absatz 1 handelt oder ein solcher Anteil von einer Person für Rechnung des Mutterunternehmens oder eines anderen in den Konzernabschluss einbezogenen Unternehmens gehalten wird;

5. alle nicht nach den Nummern 1 bis 4 aufzuführenden Beteiligungen an großen Kapitalgesellschaften, die 5 Prozent der Stimmrechte überschreiten, wenn sie von einem börsennotierten Mutterunternehmen, börsennotierten Tochterunternehmen oder von einer für Rechnung eines dieser Unternehmen handelnden Person gehalten werden;

6. Name, Sitz und Rechtsform der Unternehmen, deren unbeschränkt haftender Gesellschafter das Mutterunternehmen oder ein anderes in den Konzernabschluss einbezogenes Unternehmen ist;

7. Name und Sitz des Unternehmens, das den Konzernabschluss für den größten Kreis von Unternehmen aufstellt, dem das Mutterunternehmen als Tochterunternehmen angehört, und im Falle der Offenlegung des von diesem anderen Mutterunternehmen aufgestellten Konzernabschlusses der Ort, wo dieser erhältlich ist;

8. Name und Sitz des Unternehmens, das den Konzernabschluss für den kleinsten Kreis von Unternehmen aufstellt, dem das Mutterunternehmen als Tochterunternehmen angehört, und im Falle der Offenlegung des von diesem anderen Mutterunternehmen aufgestellten Konzernabschlusses der Ort, wo dieser erhältlich ist.

(3) [1]Die in Absatz 2 verlangten Angaben brauchen insoweit nicht gemacht zu werden, als nach vernünftiger kaufmännischer Beurteilung damit gerechnet werden muß, daß durch die Angaben dem Mutterunternehmen, einem Tochterunternehmen oder einem anderen in Absatz 2 bezeichneten Unternehmen erhebliche Nachteile entstehen können. [2]Die Anwendung der Ausnahmeregelung ist im Konzernanhang anzugeben. [3]Satz 1 gilt nicht, wenn ein Mutterunternehmen oder eines seiner Tochterunternehmen kapitalmarktorientiert im Sinn des § 264d ist. [4]Die Angaben nach Absatz 2 Nummer 4 und 5 brauchen nicht gemacht zu werden, wenn sie für die Vermittlung eines den tatsächlichen Verhältnissen entsprechenden Bilds der Vermögens-, Finanz- und Ertragslage des Konzerns von untergeordneter Bedeutung sind. [5]Die Pflicht zur Angabe von Eigenkapital und Ergebnis nach Absatz 2 Nummer 4 braucht auch dann nicht erfüllt zu werden, wenn das in Anteilsbesitz stehende Unternehmen seinen Jahresabschluss nicht offenlegt.

(4) § 284 Absatz 2 Nummer 4 und Absatz 3 ist entsprechend anzuwenden.

Poelzig

Schrifttum: Vgl. auch Schrifttum zu §§ 284–288 und § 314; Ammermann/Ravenstein, Verstöße gegen die Aufstellungs- und Offenlegungspflicht von Konzernabschlüssen, WPg 2008, 690; Arbeitskreis Weltab-schlüsse der Schmalenbach-Gesellschaft – Deutsche Gesellschaft für Betriebswirtschaft e. V., Aufstellung internationaler Konzernabschlüsse, ZfbF-Sonderheft 9/1979; Arbeitskreis „Weltbilanz" des IDW, Die Ein-beziehung ausländischer Unternehmen in den Konzernabschluß, 1977; Armeloh, Die Berichterstattung im Anhang: Eine theoretische und empirische Untersuchung der Qualität der Berichterstattung im Anhang börsennotierter Kapitalgesellschaften, 1998; Baetge/Armeloh, Konzernanhang und Konzernlagebericht, BBK Fach 18, 627; Baetge/Klönne/Schuhmacher, Herausforderungen bei Financial Due Diligence-Unter-suchungen aufgrund des BilMoG, DB 2011, 829; Biener, Die Konzernrechnungslegung nach der Siebenten Richtlinie des Rates der Europäischen Gemeinschaften über den Konzernabschluß, DB-Beilage 19/1983; Bores, Konsolidierte Erfolgsbilanzen und andere Bilanzierungsmethoden für Konzerne und Kontrollgesell-schaften, 1935; Budde/Förschle, Ausgewählte Fragen zum Inhalt des Anhangs, DB 1988, 1457; Busse v. Colbe, Zur Umrechnung der Jahresabschlüsse ausländischer Konzernunternehmen für die Aufstellung von Konzernabschlüssen bei Wechselkursänderungen, Liiketaloudellinen Aikakauskirja (The Finnish Journal of Business Economics) 1972, 306; Busse v. Colbe/Seeberg, Vereinbarkeit internationaler Konzernrechnungs-legung mit handelsrechtlichen Grundsätzen: Empfehlungen des Arbeitskreises „Externe Unternehmensrech-nung" der Schmalenbach-Gesellschaft – Deutsche Gesellschaft für Betriebswirtschaft e. V., ZfbF-Sonderheft 43, 2. Aufl. 1999; Coenenberg/Schultze, Funktionale Währungsumrechnung nach DRS, IFRS und US-GAAP, WiSt 2006, 646; Csik/Schneck, Fremdwährungsumrechnung in einem Weltabschluß (Teil I bis III), WPg 1983, 293; Farr, Checkliste für die Prüfung des Anhangs im Rahmen der Jahresabschlußprüfung, DB 1995, 232; Fink/Theile, Anhang und Lagebericht nach dem RegE zum Bilanzrichtlinie-Umsetzungsgesetz, DB 2015, 753; Gebhardt, Die Umrechnung und die Behandlung von Umrechnungsdifferenzen bei der Aufstellung internationaler Konzernabschlüsse, WPg 1976, 30; Gelhausen/Mujkanovic, Auswertung zur Währungsumrechnung im Konzernabschluß, DStR 1995, 1724; Gesellschaft für Finanzwirtschaft in der Unternehmensführung e. V. (GEFIU) – Arbeitskreis „Rechnungslegungsvorschriften der EG-Kommission", Währungsumrechnung im Einzel- und Konzernabschluß: Stellungnahme zum Arbeitspapier des Accounting Advisory Forums der EG-Kommission vom Juli 1992, DB 1993, 745; Haller, Die Grundlagen der externen Rechnungslegung in den USA, 4. Aufl. 1994; Harms/Küting, Der Konzernanhang nach künftigem Recht, BB 1984, 1977; Hauptfachausschuß (HFA) des IDW, Entwurf einer Verlautbarung des HFA: Zur Währungs-umrechnung im Jahres- und Konzernabschluß, WPg 1984, 585; Hauptfachausschuß (HFA) des IDW, Geän-derter Entwurf einer Verlautbarung des HFA: Zur Währungsumrechnung im Jahres- und Konzernabschluß, WPg 1986, 664; Hauptfachausschuß (HFA) des IDW, Stellungnahme HFA 5/1988: Vergleichszahlen im Jahresabschluß und im Konzernabschluß sowie ihre Prüfung, WPg 1989, 42; Hauptfachausschuß (HFA) des IDW, Entwurf einer Stellungnahme: Zur Währungsumrechnung im Konzernabschluß, WPg 1998, 549; Hauptmann/Sailer/Benz, Anhangangaben zu Geschäften mit nahe stehenden Unternehmen und Personen am Beispiel von Unternehmen des öffentlichen Sektors, Der Konzern 2010, 112; Havermann, Offene Fragen der Konzernrechnungslegung, in: Übergang auf das neue Bilanzrecht, Bericht über die Fachtagung 1986, IDW, 1986, 43; Hepworth, Reporting Foreign Operations, Michigan Business Studies, Vol. 12, No. 5, Ann Arbor 1956; Kirsch/Ewelt-Knauer/Gallasch, Stärkung der wahrgenommenen Unabhängigkeit des Abschlussprüfers durch Angaben zu den Honoraren im Konzernanhang?, ZGR 2013, 647; Kommission Rechnungswesen im Verband der Hochschullehrer für Betriebswirtschaft e. V., Stellungnahme zur Umset-zung der 7. EG-Richtlinie (Konzernabschluß-Richtlinie), DBW 1985, 267; Lorensen, Reporting Foreign Operations of U. S. Companies in U. S. Dollars, AICPA Accounting Research Study No. 12, 1972; Loren-sen, The Temporal Principle of Translation, The Journal of Accountancy (August) 1972, 48; Lorenz, DRS 14 zur Währungsumrechnung: Darstellung und Vergleichbarkeit mit den IAS-Regelungen, KoR 2004, 437; Lück, Die Umrechnung der Jahresabschlüsse ausländischer Konzerngesellschaften und die Behandlung von Umrechnungsdifferenzen für die Aufstellung internationaler Konzernabschlüsse, 1974; Kolb/Roß, Der Referentenentwurf des Bilanzrichtlinienumsetzungsgesetzes – Diskussion etwaiger Änderungen des HGB durch das BilRUG, WPg 2014, 1089; Moxter, Die Jahresabschlußaufgaben nach der EG-Bilanzrichtlinie: Zur Auslegung von Art. 2 EG-Bilanzrichtlinie, AG 1979, 141; Mueller, Are Traditional Foreign Exchange Translation Methods Obsolete?, California Management Review 1965 (Vol. 7), 41; Mujkanovic/Hehn, Währungsumrechnung im Konzern nach International Accounting Standards, WPg 1996, 605; National Association of Accountants (NAA), Management Accounting Problems in Foreign Operations, NAA Research Report No. 36, 1960; Ordelheide, Kapitalmarktorientierte Bilanzierungsregeln für den Geschäfts-wert – HGB, IAS und US-GAAP, in Aktien- und Bilanzrecht, FS Kropff, 1997, 569; Oser/Hahn/Breitweg/ Eisenhardt/Kuhn, Bewertungseinheiten in der Bilanzierungspraxis mittelständischer Konzerne, StuB 2012, 91; Ossadnik, Auswirkungen der Umrechnung von Fremdwährungsabschlüssen auf die Lagedarstellung des Konzerns (Teil I und II), WPg 1991, 285, 327; Pellens, Die Anwendung der Equity-Methode auf ausländi-sche assoziierte Mutterunternehmen (Teil I und II), DB 1990, 697; Rimmelspacher/Meyer, Änderungen im (Konzern-)Anhang durch das BilRUG, DB 2015 Beilage 5, 23; Schellhorn, Offenlegungsfragen des Konzernabschlusses der Personenhandelsgesellschaft nach dem Publizitätsgesetz, DB 2008, 1700; Schmidt-bauer, Die Fremdwährungsumrechnung nach deutschem Recht und nach den Regelungen des IASB – Vergleichende Darstellung unter Berücksichtigung von DRS 14 und den Änderungen von IAS 21, DStR 2004, 699; Schönborn, Funktionale Währungsumrechnung im Konzernabschluß, 1993; Schütte, Zur erweiterten Berichterstattungspflicht nach DRS-11, DB 2003, 457; Selchert/Karsten, Inhalt und Gliederung des Anhangs, BB 1985, 1889; Selchert/Karsten, Inhalt und Gliederung des Konzernanhangs, BB 1986, 1258; Weber/Zündorf, Der Posten „Geschäfts- oder Firmenwert" im Konzernabschluß, DB 1989, 333; Wehrheim, Angaben zum Anteilsbesitz im Einzel- bzw. Konzernanhang, BB 1995, 454; v. Wysocki, Zum Informationsgehalt von Weltbilanzen deutscher Obergesellschaften, WPg 1973, 26; v. Wysocki, Weltbilanzen als Planungsobjekte und Planungsinstrumente multinationaler Unternehmen, ZfbF 1973, 682; Zillessen, Zur Praxis der Währungsumrechnung deutscher Konzerne, DBW 1982, 533.

Übersicht

I. Allgemeiner Teil

1. Normzweck. Der Konzernanhang ist gesetzlicher **Bestandteil des Konzernabschlusses.** Er steht neben der Konzernbilanz, der Konzern-GuV, der Kapitalflussrechnung und dem Eigenkapitalspiegel, die zusammen den Konzernabschluss bilden (§ 297 Abs. 1). Der Konzernabschluss kann dabei wahlweise um eine Segmentberichterstattung erweitert werden.

In § 313 und § 314 ist ein **wesentlicher Teil der Angabepflichten** kodifiziert, denen **2** im Konzernanhang entsprochen werden muss, um unter Beachtung der Grundsätze ordnungsmäßiger Buchführung (GoB) ein den tatsächlichen Verhältnissen entsprechendes Bild der Vermögens-, Finanz- und Ertragslage des Konzerns zu vermitteln. Die Angabepflichten der § 313 und § 314 sind nicht abschließend und werden durch eine Vielzahl weiterer Angabepflichten ergänzt, die aus anderen Vorschriften des Dritten Buchs des Handelsgesetzbuchs resultieren. Der Konzernanhang kann auch im Gesetz nicht verlangte Angaben enthalten (→ Rn. 20).

3   In der gesetzlichen Konzeption orientiert sich der Konzernanhang an dem **Anhang des Einzelabschlusses.** Die Vorschriften zum Konzernanhang in § 313 und § 314 sind in weiten Teilen mit denen zum Anhang des Einzelabschlusses (§§ 284–288) identisch. Dennoch stehen Anhang und Konzernanhang selbstständig nebeneinander. Keiner wird durch den jeweils anderen ersetzt. Ihnen liegen mit dem Konzern als wirtschaftliche Einheit einerseits und dem Unternehmen als rechtliche Einheit andererseits **zwei unterschiedlich abgegrenzte rechnungslegende Einheiten** zugrunde. Dabei ergibt sich der Konzernanhang auch nicht aus der Summe der Anhänge der in den Konzernabschluss einbezogenen Unternehmen. Der Konzernanhang ist vielmehr ein eigenständig zu entwickelnder Teil des Konzernabschlusses.[1] Um Redundanzen zwischen Konzernanhang und Anhang des Einzelabschlusses zu vermeiden, sieht § 298 Abs. 2 die Möglichkeit vor, beide Anhänge **zusammenzufassen.**

4   **2. Anwendungsbereich.** Alle **Kapitalgesellschaften** (AG, KGaA, GmbH), die nach § 290 Abs. 1 S. 1 innerhalb von fünf Monaten bzw. nach § 290 Abs. 1 S. 2 innerhalb von vier Monaten nach Ablauf des Konzerngeschäftsjahres einen Konzernabschluss und einen Konzernlagebericht aufstellen müssen, unterliegen der **Verpflichtung zur Aufstellung eines Konzernanhangs.**

5   Seit dem Kapitalgesellschaften- und Co-Richtlinie-Gesetz (KapCoRiLiG, BGBl. 2000 I 154) gilt diese Verpflichtung unter den Voraussetzungen des § 264a Abs. 1 auch für bestimmte OHG und KG. Die größenabhängige Befreiungsvorschrift des § 293 gilt für den Konzernabschluss und ist deshalb auch für den Konzernanhang gültig. Größenabhängige Erleichterungen bestehen im Gegensatz zum Anhang des Einzelabschlusses von Kapitalgesellschaften (§§ 274a, 276 S. 2, § 288) jedoch nicht. Lediglich für Kreditinstitute und Versicherungsunternehmen existieren bestimmte inhaltliche Erleichterungen (§ 340i Abs. 2 S. 2, § 341j Abs. 1 S. 2, 3).

6   Der Konzernanhang ist auch von den Unternehmen aufzustellen, die gem. § 11 PublG der Konzernrechnungslegungspflicht unterliegen (§ 13 Abs. 2 PublG). Diese Verpflichtung greift unabhängig von der Rechtsform und kann somit **Einzelkaufleute und Personenhandelsgesellschaften** treffen, selbst wenn sie ihren Einzelabschluss gemäß HGB und § 5 Abs. 1 S. 1, Abs. 2 S. 1 PublG nicht um einen Anhang erweitern müssen.[2] Der Unternehmensbegriff des § 11 PublG kann unter bestimmten Voraussetzungen auch **Genossenschaften, rechtsfähige Stiftungen des bürgerlichen Rechts, BGB-Gesellschaften** und sogar **natürliche Personen** umfassen.[3] Bei Kreditinstituten und Versicherungsunternehmen gehen die Spezialvorschriften der §§ 340i, 341i, 341j dem PublG vor.

7   Die handelsrechtlichen Vorschriften zum Konzernanhang gelten auch für **Teilkonzernabschlüsse,** die im Sinne des sog. Tannenbaumprinzips (→ Vor § 290 Rn. 24)[4] von Tochterunternehmen erstellt werden müssen, sofern sie selbst Mutterunternehmen sind. Liegt indes ein übergeordneter Konzernabschluss vor, der die Befreiungsvoraussetzungen der §§ 291, 292 sowie der KonBefrV erfüllt, bedarf es keines Teilkonzernabschlusses und damit auch keines Teilkonzernanhangs mehr. Dennoch ergeben sich in diesem Fall Angabepflichten in Bezug auf den Teilkonzern. Da ein Teilkonzernanhang nicht aufgestellt wird,

---

[1]   Biener/Bernecke BiRiLiG S. 377; BeBiKo/Grottel Rn. 35; EBJS/Böcking/Gros/Tonne Rn. 2; Wiedmann/Böcking/Gros/Tonne Rn. 2.

[2]   Zu der Veröffentlichung des Konzernanhangs im Falle des § 13 PublG s. Schellhorn DB 2008, 1700 (1701 f.).

[3]   HdK/Ischebeck PublG § 11 Rn. 1 ff.

[4]   Biener DB-Beil. Heft 19/1983, 6.

hat der Anhang im Einzelabschluss des befreiten Unternehmens den Namen und Sitz des übergeordneten Mutterunternehmens, den Hinweis auf die Befreiung von der Aufstellungspflicht sowie eine Erläuterung der im befreienden Konzernabschluss vom deutschen Recht abweichend angewandten Bilanzierungs-, Bewertungs- und Konsolidierungsmethoden zu enthalten (§ 291 Abs. 2 Nr. 4).

Damit ein übergeordneter Konzernabschluss befreiende Wirkung gegenüber einem **8** zur Aufstellung eines Konzernabschlusses verpflichteten deutschen Unternehmens erlangen kann, bedarf es ua der Konformität mit der Richtlinie 2013/34/EU (Bilanz-RL) nach § 291 Abs. 2 S. 1 Nr. 2, § 292 Abs. 1 S. 1. Demnach ist auch ein **ausländisches Mutterunternehmen** zur Aufstellung eines Konzernanhangs verpflichtet, sofern es einen befreienden Konzernabschluss für einen inländischen Teilkonzern erstellt. Für Mutterunternehmen mit einem Sitz außerhalb der EU reicht gem. § 292 Abs. 1 eine der Anhangberichterstattung gleichwertige Form der Erläuterung und Darstellung aus.

Sofern ein Unternehmen nach § 315e Abs. 1 oder 2 einen befreienden Konzernab- **9** schluss nach international anerkannten Rechnungslegungsgrundsätzen aufstellen muss oder gem. § 315e Abs. 3 freiwillig aufstellt, ist ein Konzernanhang nach deutschem Recht nicht mehr erforderlich.

Als international anerkannte Rechnungslegungsgrundsätze gelten in diesem Kontext **10** die IFRS. Obwohl sie einen Konzernanhang im Sinne des deutschen Handelsrechts nicht kennen, sind die umfangreichen „notes" noch am ehesten mit dem deutschen Konzernanhang vergleichbar.[5] Sie bilden zusammen mit den fünf Rechenwerken (Bilanz, GuV, Kapitalflussrechnung, Eigenkapitalveränderungsrechnung und Segmentberichterstattung) die Pflichtbestandteile der IFRS-Abschlüsse.[6]

3. Entstehungsgeschichte. Eine Konzernrechnungslegungspflicht wurde in Deutsch- **11** land erstmalig im AktG 1965 (BGBl. I 1089) kodifiziert. Mutterunternehmen in der Rechtsform einer AG oder KGaA hatten in diesem Zusammenhang gem. §§ 329 Abs. 1 und 334 AktG 1965 auch einen **Konzerngeschäftsbericht** zu erstellen, der in Teilen (insbesondere § 334 Abs. 1, 3, 4 AktG 1965) als Vorläufer des heutigen Konzernanhangs angesehen werden kann. Der sehr viel umfassendere Konzernanhang im heutigen Sinne entstand erst mit dem Bilanzrichtlinien-Gesetz vom 19.12.1985 (BGBl. 1985 I 2355), das europäische Vorgaben ua zur Konzernrechnungslegung in deutsches Recht transformierte. Mit § 313 und § 314 hat der deutsche Gesetzgeber insbesondere die Angabepflichten gem. Art. 34 und 35 **RL 83/349/EWG (7. EG-Richtlinie)**[7] in das HGB einfließen lassen. Weitergehende Änderungen haben sich mit Einführung des BilReG, des VorstOG, des EHUG und des BilMoG ergeben. Während allerdings mit dem BilReG und dem EHUG geringfügige Streichungen bei § 313 verbunden waren, wurden die Angabepflichten gem. § 314 durch das BilReG, das VorstOG und das BilMoG jeweils deutlich ausgeweitet. Mit Inkrafttreten der **Bilanz-RL**[8] wurde die 7. EG-Richtlinie aufgehoben und jüngste Änderungen der §§ 313, 314 gehen vor allem auf das **BilRUG** zur Umsetzung von Art. 28 Bilanz-RL nF zurück.

4. Offenlegung, Prüfung und Sanktionen. Als gesetzlicher Bestandteil des Kon- **12** zernabschlusses unterliegt der Konzernanhang den gleichen Offenlegungs- und Prüfungspflichten, die auch für Konzernbilanz und Konzern-GuV gelten. So begründet die Pflicht zur Aufstellung eines Konzernabschlusses – anders als beim Einzelabschluss von Nicht-Kapitalgesellschaften – immer auch die **Prüfungspflicht** (§ 316 Abs. 2; § 14 Abs. 1 PublG).

---

5   Busse v. Colbe/Ordelheide/Gebhardt/Pellens 14. Kap. I. 2.

6   PFGS IntRechnungslegung 5. Kap. 1 S. 180.

7   Siebente Richtlinie des Rates v. 13.6.1983 aufgrund von Art. 54 Abs. 3 Buchst. g des Vertrages über den konsolidierten Abschluss (83/349/EWG), ABl. EG 1983 L 193, 1.

8   Richtlinie 2013/34/EU des Europäischen Parlaments und des Rates v. 26.6.2013 über den Jahresabschluss, den konsolidierten Abschluss und damit verbundene Berichte von Unternehmen bestimmter Rechtsformen und zur Änderung der Richtlinie 2006/43/EG des Europäischen Parlaments und des Rates und zur Aufhebung der Richtlinien 78/660/EWG und 83/349/EWG des Rates.

Der Bestätigungsvermerk nach § 322 bezieht sich daher in vollem Umfang auch auf den Konzernanhang.

13   Im Rahmen des geprüften Konzernabschlusses ist der Konzernanhang innerhalb von zwölf Monaten nach Ablauf des betreffenden Geschäftsjahres im **Bundesanzeiger bekannt zu geben** (§ 325 Abs. 3 iVm Abs. 1, 1a). Für kapitalmarktorientierte Kapitalgesellschaften iSd § 264d, die nicht unter die Erleichterungsvorschrift des § 327a fallen, beträgt die Frist zur Einreichung beim Bundesanzeiger demgegenüber nur vier Monate (§ 325 Abs. 4 S. 1). Sofern Konzernanhang und Anhang des Einzelabschlusses gem. § 298 Abs. 2 zusammengefasst worden sind, müssen sie auch gemeinsam offengelegt werden (§ 298 Abs. 2 S. 2).

14   Der Konzernanhang unterliegt auch den **Sanktionen,** die auf die Verletzung zwingender Vorschriften über den Konzernabschluss folgen. Eine derartige Zuwiderhandlung kann den Charakter von Ordnungswidrigkeiten annehmen und mit Bußgeldern bewehrt sein (§ 334 Abs. 1 Nr. 2; § 20 Abs. 1 Nr. 2 PublG) oder einen Straftatbestand markieren, der Geld- oder Freiheitsstrafen nach sich zieht (§ 331 Nr. 2; § 17 Nr. 2 PublG).

II. Funktion des Konzernanhangs, Umfang und Anforderungen

15   **1. Funktion.** Der Konzernanhang teilt als Bestandteil des Konzernabschlusses auch dessen Funktion, unter Beachtung der GoB ein den tatsächlichen Verhältnissen entsprechendes Bild der Vermögens-, Finanz- und Ertragslage des Konzerns zu vermitteln (sog. **Generalnorm,** § 297 Abs. 2 S. 2). Diese aus § 264 Abs. 2 für den Einzelabschluss bekannte Generalnorm ist damit auf den Konzernabschluss übertragen worden. Dem **Grundsatz der wirtschaftlichen Einheit**[9] oder der **Fiktion der rechtlichen Einheit des Konzerns**[10] folgend ist die Vermögens-, Finanz- und Ertragslage der einbezogenen Unternehmen dabei so darzustellen, als ob diese Unternehmen insgesamt ein einziges Unternehmen wären (§ 297 Abs. 3 S. 1).

16   Im Unterschied zum Einzelabschluss ist der Konzernabschluss **keine Grundlage für die Ausschüttungsbemessung und steuerliche Gewinnermittlung.** Dadurch rückt für den Konzernabschluss die **Informationsfunktion** in den Vordergrund. Da die in den Rechenwerken (Konzernbilanz, Konzern-GuV, Kapitalflussrechnung und Eigenkapitalspiegel) zusammengefasst dargestellten Posten aber allein nur unzureichend in der Lage sind, das in der Generalnorm des § 297 Abs. 2 S. 2 geforderte Bild zu vermitteln,[11] hat der Konzernanhang mindestens zu den Posten von Konzernbilanz und Konzern-GuV, ggf. aber auch darüber hinaus Informationen bereitzustellen. Im Einzelnen ergeben sich daraus für den Konzernanhang die nachfolgend aufgeführten Sub-Funktionen:[12]

– **Erläuterungsfunktion:** Dem Konzernanhang kommt die Aufgabe zu, die Posten der Konzernbilanz und Konzern-GuV zu kommentieren und zu verdeutlichen. Neben grundsätzlichen Angaben zu den angewendeten Bilanzierungs- und Bewertungsmethoden haben dabei konzernspezifische Angaben, insbesondere zu Konsolidierungskreis und Konsolidierungsmethoden, eine hervorgehobene Bedeutung. Veränderungen gegenüber der Vorperiode sind hierbei deutlich zu machen, um den Periodenvergleich der Rechenwerke zu erleichtern.

– **Ergänzungsfunktion:** Der Konzernanhang soll auch zusätzliche Informationen beinhalten, die Konzernbilanz und Konzern-GuV ergänzen, soweit dies zur Vermittlung und zum Verständnis des in der Generalnorm geforderten Lagebildes notwendig ist. Diese Ergänzungsfunktion bezieht sich auch auf qualitative Sachverhalte, die für die Darstellung

9   ZB ADS § 297 Rn. 29, 39 ff.; BeBiKo/Störk/Rimmelspacher § 297 Rn. 190–193; BeBiKo/Grottel Rn. 11; HdK/Baetge/Kirsch § 297 Rn. 24; Beck HdR/Hachmeister/Zeyer C 600 Rn. 10.
10   Busse v. Colbe/Ordelheide/Gebhardt/Pellens Konzernabschlüsse 1. Kap. III. 3., V. 3. und 14. Kap. I.; Beck HdR/Hartle C 10 Rn. 90 ff.; v. Wysocki/Wohlgemuth/Brösel Konzernrechnungslegung Kap. XI.3.1.
11   Harms/Küting BB 1984, 1977; BeBiKo/Grottel Rn. 10.
12   ADS Rn. 17 ff.; Baetge/Kirsch/Thiele Konzernbilanzen Kap. IX. 11; Baetge/Armeloh BBK Fach 18, 628 f.; Selchert/Karsten BB 1986, 1258 f.; v. Wysocki/Wohlgemuth/Brösel Konzernrechnungslegung Kap. XI.2.

der Vermögens-, Finanz- und Ertragslage von Bedeutung sind, ohne sich im Zahlenmaterial wiederzufinden.

– **Entlastungsfunktion:** Dem Grundsatz der Klarheit und Übersichtlichkeit entsprechend, sollen Konzernbilanz und Konzern-GuV nicht mit Details überlastet werden. Wegen der Einheit des Konzernabschlusses und der Gleichwertigkeit seiner Bestandteile (→ Rn. 1) besteht deshalb die Möglichkeit, bestimmte Angaben in den Konzernanhang zu verlagern. Der Konzernanhang entlastet damit die Rechenwerke.

– **Korrekturfunktion:** Führen besondere Umstände dazu, dass das vermittelte Bild der Vermögens-, Finanz- und Ertragslage des Konzerns nicht den tatsächlichen Verhältnissen entspricht, sind im Konzernanhang zusätzliche Angaben erforderlich (§ 297 Abs. 2 S. 3). Dies bedeutet jedoch nicht, dass missverständliche oder gar unzutreffende Darstellungen in den Rechenwerken grundsätzlich geduldet und über Anhangangaben korrigiert werden können.[13] Die Korrekturfunktion des Konzernanhangs beschränkt sich lediglich auf sehr seltene Ausnahmefälle,[14] in denen Einzelvorschriften und/oder GoB dem geforderten Lagebild entgegenstehen. Diese Ausnahmefälle sollten im Konzernabschluss noch seltener vorkommen als im Einzelabschluss, da die Rechenwerke des Einzelabschlusses wegen der auf Ausschüttung und Besteuerung zielenden Zahlungsbemessungsfunktion nur eingeschränkt der Informationsvermittlung dienen und der Anhang hier in verstärktem Maße korrigierend bzw. „heilend" wirken muss.[15] Durch Wegfall der Zahlungsbemessungsfunktion wird das Spannungsverhältnis zwischen Rechenwerken und Anhang im Konzernabschluss reduziert.

Die Informationsfunktion des Konzernanhangs erlangt bei **börsennotierten Mutter-** **17** **unternehmen** eine verstärkte Bedeutung. Wie für den Konzernabschluss gilt für den Konzernanhang das Bedürfnis, die Unsicherheit anonymer Kapitalmarktteilnehmer bezüglich der Qualität der angebotenen Wertpapiere durch die Veröffentlichung entscheidungsrelevanter Informationen zu reduzieren.[16]

Da die Funktionen des Einzel- und Konzernabschlusses differieren, ist zunächst fraglich, **18** ob der Konzernanhang und der Anhang des Einzelabschlusses des Mutterunternehmens überhaupt gem. § 298 Abs. 2 zusammengefasst werden dürfen. Diese Frage gilt verstärkt für börsennotierte Mutterunternehmen. Eine **Zusammenfassung** scheint nur möglich, wenn dadurch die klare Informationsausrichtung des Konzernabschlusses im Allgemeinen und des Konzernanhangs im Speziellen keinerlei Einschränkungen erfährt. In diesem Sinne muss gem. § 298 Abs. 2 S. 3 aus dem Anhang hervorgehen, welche Angaben sich auf den Konzern und welche sich nur auf das Mutterunternehmen beziehen.

2. Umfang. Um seine Funktion zu erfüllen, beinhaltet der Konzernanhang folgende **19** Gruppen gesetzlich vorgeschriebener und zugelassener Angaben:[17]

– **Pflichtangaben:** Gesetzlich vorgeschriebene Angabepflichten ergeben sich aus §§ 313, 314 sowie unmittelbar aus den übrigen in §§ 290 ff. festgelegten Vorschriften zur Konzernrechnungslegung. Des Weiteren greifen die Vorschriften des EGHGB (Art. 24, 28, 42, 48 und 67). Darüber hinaus gehende Angabepflichten resultieren aus bestimmten Vorschriften zum Einzelabschluss, einschließlich rechtsform- und branchenbezogener Vorschriften, die über § 298 Abs. 1 auch für den Konzernabschluss gelten.

– **Wahlpflichtangaben:** Aufgrund gesetzlicher Ausweiswahlrechte können bestimmte Angaben statt in der Konzernbilanz oder Konzern-GuV im Konzernanhang gemacht werden.

– **Zusätzliche Angaben:** Der Konzernanhang hat insbesondere im Sinne seiner Korrekturfunktion zusätzliche Angaben bereitzustellen, um das in der Generalnorm des § 297

---

[13]   ADS Rn. 20; Budde/Förschle DB 1988, 1459.
[14]   Busse v. Colbe/Müller/Reinhard Rn. 176.
[15]   Sehr viel weiter geht noch die sog. „Abkopplungsthese", vgl. dazu Moxter AG 1979, 141 ff.
[16]   Zur Qualität publizierter Anhangangaben bei börsennotierten Gesellschaften vgl. Armeloh, Die Berichterstattung im Anhang, 1998, S. 97 ff.
[17]   ADS Rn. 15.

Abs. 2 S. 2 gewünschte Lagebild zu vermitteln. Es handelt sich hierbei um zusätzliche Pflichtangaben.

– **Freiwillige Angaben:** Die gesetzlichen Vorgaben zum Konzernanhang markieren nur den geforderten Mindestumfang. Darüber hinaus sind zusätzliche freiwillige Angaben möglich, da der Gesetzgeber die Menge freiwilliger Angaben grundsätzlich nicht beschränkt.[18] Die Öffnung des Konzernanhangs für freiwillige Angaben findet jedoch Grenzen. Freiwillige Angaben müssen in einem sachlichen Zusammenhang zum Konzernabschluss stehen, der Vermittlung des in § 297 Abs. 2 S. 2 gewünschten Lagebildes dienen und dabei immer dem Grundsatz der Klarheit und Übersichtlichkeit (→ Rn. 24) entsprechen.[19] Es ist zu berücksichtigen, dass freiwillige Angaben als Bestandteil des Konzernanhangs gleichermaßen den für den Konzernabschluss geltenden Prüfungs- und Offenlegungspflichten (→ Rn. 12 ff.) unterliegen. Freiwillige Angaben im Konzernanhang sind deshalb streng von den Bestandteilen im „freien" Teil des Geschäftsberichts zu trennen.

20   Ergänzende und weitergehende Angabepflichten ergeben sich aus der Anwendung der durch das DRSC erlassenen Deutschen Rechnungslegungsstandards **(DRS).** Dabei kommt eine Anwendung prinzipiell nur dann in Frage, wenn das Wahlrecht des § 315e Abs. 3 zur Aufstellung eines Konzernabschlusses nach IFRS nicht ausgeübt wird. Sofern die DRS für die Erstellung des Konzernabschlusses herangezogen werden, wird gem. § 342 Abs. 2 vermutet, dass dieser nach den Grundsätzen ordnungsmäßiger Konzernrechnungslegung aufgestellt wurde.

21   **3. Materielle und formelle Anforderungen an den Konzernanhang.** Die Berichterstattung im Konzernanhang hat denselben Anforderungen zu genügen, die auch an den Anhang des Einzelabschlusses gestellt werden (→ § 284 Rn. 13 ff.). Unter Beachtung der GoB hat diese Berichterstattung in Kombination mit der Konzernbilanz und Konzern-GuV ein den tatsächlichen Verhältnissen entsprechendes Bild der Vermögens-, Finanz- und Ertragslage zu vermitteln. Obwohl die primären inhaltlichen Anforderungen aus den gesetzlichen Einzelvorschriften resultieren, gibt die **Generalnorm** des § 297 Abs. 2 S. 2 einen Obersatz vor, der als **Leitlinie für die Berichterstattung im Konzernanhang** gelten kann.[20] Da die Generalnorm jedoch nicht als „overriding principle" konzipiert worden ist, gehen die Einzelvorschriften zur Konzernanhangberichterstattung der Generalnorm im Zweifelsfall vor.

22   Die Berichterstattung im Konzernanhang hat unabhängig von den Vorgaben der jeweiligen Einzelvorschriften allgemeinen, für den gesamten Konzernabschluss geltenden Grundsätzen zu entsprechen. Dies resultiert aus der Tatsache, dass in der Generalnorm des § 297 Abs. 2 S. 2 die Beachtung der GoB explizit gefordert wird. Im Wesentlichen sind hierbei die Grundsätze der **Wahrheit** und **Vollständigkeit,** aber auch **Klarheit** und **Übersichtlichkeit** (§ 297 Abs. 2 S. 1) zu beachten.[21] Diese Grundsätze stehen zueinander in einem gewissen Spannungsverhältnis. So kann insbesondere das Gebot der Klarheit und Übersichtlichkeit mit dem der Vollständigkeit kollidieren. In Verbindung mit dem bei Aufstellung des Konzernabschlusses grundsätzlich geltenden und auch aus einzelnen Vorschriften der Konzernrechnungslegung bekannten Grundsatz der **Wesentlichkeit** (ua § 296 Abs. 2 S. 1, § 303 Abs. 2, § 304 Abs. 2, § 305 Abs. 2, § 311 Abs. 2, § 313 Abs. 3 S. 4) besteht schließlich die Möglichkeit, Anhangangaben von untergeordneter Bedeutung der Klarheit und Übersichtlichkeit halber wegzulassen.[22] Die Bedeutung des zu beurteilenden Sachverhaltes bemisst sich hierbei im Verhältnis zu der wirtschaftlichen Einheit des gesamten Konzerns.

---

18   ADS Rn. 43; BeBiKo/Grottel Rn. 95.
19   Biener/Bernecke BiRiLiG S. 377.
20   ADS Rn. 21.
21   ADS Rn. 25 ff.; Baetge/Armeloh BBK Fach 18, 630; BeBiKo/Grottel Rn. 15; Beck HdR/Hachmeister/ Zeyer C 600 Rn. 12, 20; v. Wysocki/Wohlgemuth/Brösel Konzernrechnungslegung Kap. XI.3.2.
22   Busse v. Colbe/Müller/Reinhard Rn. 177; v. Wysocki/Wohlgemuth/Brösel Konzernrechnungslegung Kap. XI.3.2.

Die Größe und Bedeutung des durch den Sachverhalt betroffenen Konzernunternehmens spielt dagegen keine Rolle.[23]

Für den Konzernanhang ist keine bestimmte **Form der Darstellung** vorgeschrieben. 23 Formvorschriften sind nur zu beachten, wenn bestimmte Angaben statt in der Konzernbilanz oder in der Konzern-GuV im Konzernanhang gemacht werden (Wahlpflichtangaben). Unter Beachtung des Grundsatzes der Klarheit und Übersichtlichkeit gilt für den Konzernanhang daher grundsätzlich **Darstellungsfreiheit.**

Die Darstellungsfreiheit des Konzernanhangs erstreckt sich insbesondere auf **Aufbau** 24 **und Gliederung.** Das Gesetz enthält hierzu keine Vorgaben. Auch die in §§ 313, 314 gewählte Reihenfolge der Pflichtangaben kann keine Gliederungshilfe bieten, da weitere Pflicht- und Wahlpflichtangaben existieren, die sich über die gesamten Vorschriften zur (Konzern-) Rechnungslegung verteilen. Aus dem Grundsatz der Klarheit und Übersichtlichkeit folgt allerdings, dass der Konzernanhang nach funktionsmäßigen und sachlogischen Gesichtspunkten zu strukturieren ist.

Trotz der grundsätzlichen Darstellungsfreiheit hat sich in der Praxis folgendes **Gliede-** 25 **rungsschema** für den Konzernanhang herausgebildet:[24]
1. Allgemeine Angaben zum Konzernabschluss
2. Angaben zum Konsolidierungskreis
3. Angaben zu den Konsolidierungsmethoden
4. Angaben zu den Bilanzierungs- und Bewertungsmethoden sowie zur Währungsumrechnung
5. Angaben zu einzelnen Posten der Konzernbilanz, Konzern-GuV
6. Sonstige Angaben.

Für den Konzernanhang gilt das Gebot einer **Darstellungsstetigkeit,**[25] so wie es sich 26 aus § 265 Abs. 1 iVm § 298 Abs. 1 insbesondere für die Rechenwerke des Konzernabschlusses ergibt. Ein derartiges formelles Stetigkeitsgebot wird für den Konzernanhang in Teilen des Schrifttums zwar bestritten[26] oder nur in abgeschwächter Form akzeptiert.[27] Die Beibehaltung der einmal gewählten Darstellungsform im Konzernanhang, zB hinsichtlich der Struktur und Gliederung oder der Platzierung der einzelnen Angaben, ist aber aus Gründen der Klarheit und Übersichtlichkeit, gerade auch bei periodenübergreifenden Vergleichen, geboten. Abweichungen können nur in Ausnahmefällen aufgrund besonderer Umstände erforderlich sein.[28]

Wie der gesamte Konzernabschluss basiert auch die Berichterstattung im Konzernan- 27 hang auf der **deutschen Sprache.** Beträge sind in **EUR** anzugeben (§ 244 iVm § 298 Abs. 1).

Da im Konzernanhang nicht auf Anhänge früherer Perioden Bezug genommen werden 28 kann – eine § 160 Abs. 2 S. 2 AktG 1965 entsprechende Regelung fehlt –, sind alle vorgeschriebenen Anhangangaben **in jeder Periode erneut** zu machen. Angaben, die über mehrere Perioden Gültigkeit besitzen, müssen in jedem Konzernanhang immer wieder neu vorgenommen werden.[29] **Vergleichszahlen des Vorjahres** können zur Erleichterung periodenübergreifender Vergleiche im Konzernanhang aufgeführt werden. Eine entsprechende Verpflichtung existiert jedoch nicht, da sich § 298 Abs. 1 iVm § 265 Abs. 2 nur auf die Rechenwerke des Konzernabschlusses bezieht. Dies gilt nicht für Wahlpflichtangaben, die nur durch Ausübung eines Ausweiswahlrechts aus den Rechenwerken in den Anhang verlagert worden sind. Für sie müssen Vergleichszahlen des Vorjahres angegeben werden.[30]

23   ADS Rn. 29.
24   ADS Rn. 37; Busse v. Colbe/Müller/Reinhard Rn. 180; BeBiKo/Grottel Rn. 31; Harms/Küting BB 1984, 1980; Selchert/Karsten BB 1986, 1259 ff.; Baetge/Kirsch/Thiele Konzernbilanzen Kap. IX. 13.
25   Baetge/Armeloh BBK Fach 18, 630; Budde/Förschle DB 1988, 1462 ff.; BeBiKo/Grottel Rn. 28; Beck HdR/Hachmeister/Zeyer C 600 Rn. 21.
26   Biener/Bernecke BiRiLiG S. 377.
27   ADS Rn. 31; Busse v. Colbe/Müller/Reinhard Rn. 178, 180.
28   So zB Baetge/Kirsch/Thiele Konzernbilanzen Kap. IX. 13.
29   Busse v. Colbe/Müller/Reinhard Rn. 177.
30   HFA WPg 1989, 42.

Bei der Anwendung der DRS ist demgegenüber zu beachten, dass diese den Ersteller des Konzernabschlusses verpflichten, Vorjahreszahlen anzugeben.

29   Die für Konzernbilanz und Konzern-GuV gem. § 298 Abs. 1 iVm § 265 Abs. 8 vorgesehene Möglichkeit, auf die Angabe von **Leerposten** zu verzichten, sofern auch im Vorjahr unter diesem Posten kein Betrag ausgewiesen wurde, gilt grundsätzlich auch für den Konzernanhang. Ebenso brauchen keine **Fehlanzeigen** gemacht zu werden, wenn keine berichtspflichtigen Sachverhalte existieren.[31] Fehlanzeigen können uU jedoch im Sinne der Informationsfunktion sinnvoll sein.

30   Der Konzernanhang muss als solcher **deutlich gekennzeichnet** sein. Er muss sich insbesondere vom Konzernlagebericht und den sonstigen Berichtsbestandteilen unterscheiden. Dabei muss aber die Zusammengehörigkeit mit der Konzernbilanz und der Konzern-GuV deutlich werden. Der Konzernanhang ist allerdings nicht zwingend als zusammenhängende Einheit in geschlossener Form zu erstellen. Sofern der Grundsatz der Klarheit und Übersichtlichkeit beachtet wird, können die auf Konzernbilanz und Konzern-GuV bezogenen Anhangangaben hier auch als Fußnoten vorgenommen werden.[32] Diese Vorgehensweise wird trotz der damit einhergehenden Unfähigkeit akzeptiert, den Konzernanhang noch deutlicher kennzeichnen und abgrenzen zu können.

III. Allgemeine Angabepflichten (Abs. 1 S. 1, S. 2)

31   **1. Pflichtangaben.** In den Konzernanhang sind nach Abs. 1 S. 1 diejenigen Angaben aufzunehmen, die zu einzelnen Posten der Konzernbilanz oder Konzern-GuV vorgeschrieben sind. Die daraus resultierenden Pflichtangaben ergeben sich aus §§ 313, 314 sowie unmittelbar aus den übrigen handelsrechtlichen, größen-, rechtsform- und branchenbezogenen Vorschriften zur Rechnungslegung und zur Konzernrechnungslegung. Die Angaben sind gem. § 313 Abs. 1 S. 1 Hs. 2 in der Reihenfolge zu machen, wie sie auch als Posten in der Konzernbilanz und der Konzern-GuV dargestellt sind; sachgerechter Weise sollte dabei mit den Aktiva begonnen werden.[33] Die zwingende Reihenfolge ergibt sich aus der Umsetzung von Art. 15 Bilanz-RL, war jedoch bereits zuvor in der Praxis üblich.[34] Dadurch sollen Konzernabschlüsse insgesamt übersichtlicher, besser lesbar und vergleichbar werden.[35]

32   Im Einzelnen ergeben sich unter Beachtung der bei Anwendung der DRS geltenden Vorschriften folgende **Pflichtangaben**:
- § 264 Abs. 3 S. 1 Nr. 4: Angabe der Tochterunternehmen, die gem. § 264 Abs. 3 von der Anwendung der §§ 264 ff. befreit sind;
- § 264b Nr. 3: Angabe der Tochterunternehmen (bestimmte Personenhandelsgesellschaften iSd § 264a Abs. 1), die gem. § 264b von der Anwendung der §§ 264 ff. befreit sind;
- § 296 Abs. 3: Angabe[36] und Begründung der Nichteinbeziehung von Tochterunternehmen nach § 296 Abs. 1 und 2;
- § 297 Abs. 2 S. 3: Bereitstellung zusätzlicher Angaben, um das in der Generalnorm des § 297 Abs. 2 S. 2 gewünschte Lagebild zu vermitteln;
- § 297 Abs. 3 S. 4 und 5: Angabe und Begründung der Abweichungen von den im vorausgehenden Konzernabschluss angewandten Konsolidierungsmethoden; Angabe ihres Einflusses auf die Vermögens-, Finanz- und Ertragslage des Konzerns;
- § 298 Abs. 1 iVm den handelsrechtlichen, rechtsform- und branchenbezogenen Vorschriften zum Einzelabschluss (→ § 284 Rn. 27 ff.), soweit konzernspezifische Besonderheiten keine Abweichungen bedingen und die Vorschriften zum Konzernabschluss nichts anderes bestimmen; die in der Literatur umstrittene Frage, welche der rechtsformspezifischen Angabepflichten, zB diejenigen des § 160 Abs. 1 AktG, gem. § 298 Abs. 1 zu

---

[31]   BeBiKo/Grottel Rn. 20, § 314 Rn. 1.
[32]   Biener/Bernecke BiRiLiG S. 377.
[33]   Rimmelspacher/Meyer DB 2015 Beil. 5, 23 (30).
[34]   Fink/Theile DB 2015, 753 (754); Rimmelspacher/Meyer DB 2015 Beil. 5, 23 (30).
[35]   Kolb/Roß WPg 2014, 1089 (1091).
[36]   HdK/Dörner/Wirth Rn. 145.

berücksichtigen sind,[37] kann nur im konkreten Einzelfall beantwortet werden und zwar vor dem Hintergrund, inwieweit die Angaben der Darstellung der Vermögens-, Finanz- und Ertragslage des Konzerns dienen;[38]

- § 300 Abs. 2 S. 3 Hs. 2: Hinweis auf die Beibehaltung von Ansätzen, die auf der Anwendung der für Kreditinstitute und Versicherungsunternehmen wegen der Besonderheiten des Geschäftszweigs geltenden Vorschriften (insbesondere KWG, VAG) beruhen;
- § 301 Abs. 2 S. 5 Hs. 2: Angabe und Begründung, soweit abweichend von § 301 Abs. 2 S. 3, 4 die Wertansätze nicht zum Zeitpunkt der erstmaligen Konsolidierung verrechnet werden, sondern zu dem Zeitpunkt an dem das Unternehmen zum Tochterunternehmen geworden ist;
- § 301 Abs. 3 S. 2: Erläuterung der aktiven und passiven Unterschiedsbeträge aus der Kapitalkonsolidierung sowie wesentlicher Veränderungen dieser Beträge gegenüber dem Vorjahr; des Weiteren kann die Erläuterung unter Beachtung von DRS 23.208 f. vorgenommen werden;
- § 308 Abs. 1 S. 3: Angabe und Begründung der vom Einzelabschluss des Mutterunternehmens abweichenden Bewertungsmethoden;
- § 308 Abs. 2 S. 2 Hs. 2: Hinweis auf die Beibehaltung von Wertansätzen, die auf der Anwendung der für Kreditinstitute und Versicherungsunternehmen wegen der Besonderheiten des Geschäftszweigs geltenden Vorschriften (insbesondere KWG, VAG) beruhen;
- § 308 Abs. 2 S. 4: Angabe und Begründung der Abweichungen vom Grundsatz der einheitlichen Bewertung;
- § 310 Abs. 2: Pflichtangaben zur anteilmäßigen Konsolidierung, die sich iVm §§ 297–301, §§ 303–306, 308, 308a, 309 ergeben; weitere Angaben ergeben sich bei Anwendung der DRS gem. DRS 9.23 ff.;
- § 312 Abs. 1 S. 2: Angabe des Unterschiedsbetrags zwischen dem Buchwert und dem anteiligen Eigenkapital des assoziierten Unternehmens sowie eines darin enthaltenen Geschäfts- oder Firmenwerts oder passiven Unterschiedsbetrags; nicht erforderlich bei Anwendung des DRS 8.4;
- § 312 Abs. 5 S. 2: Angabe der unterlassenen Anpassung der vom Konzernabschluss abweichenden Bewertungsmethoden bei assoziierten Unternehmen;
- § 313 Abs. 1 S. 3 Nr. 1: Angabe der in Konzernbilanz und Konzern-GuV angewandten Bilanzierungs- und Bewertungsmethoden;
- § 313 Abs. 1 S. 3 Nr. 2: Angabe und Begründung von Abweichungen von Bilanzierungs-, Bewertungs- und Konsolidierungsmethoden; gesonderte Darstellung des Einflusses auf die Vermögens-, Finanz- und Ertragslage des Konzerns;
- § 313 Abs. 2 Nr. 1: Angaben zu den in den Konzernabschluss einbezogenen und nach § 296 nicht einbezogenen Tochterunternehmen (Name, Sitz, Kapitalanteil, ggf. den zur Einbeziehung in den Konzernabschluss verpflichtenden Sachverhalt);
- § 313 Abs. 2 Nr. 2: Angaben zu den assoziierten Unternehmen (Name, Sitz, Kapitalanteil); Angabe und Begründung der angewendeten Ausnahmeregel des § 311 Abs. 2 für assoziierte Unternehmen von untergeordneter Bedeutung;
- § 313 Abs. 2 Nr. 3: Angaben zu den anteilmäßig in den Konzernabschluss einbezogenen Unternehmen (Name, Sitz, Kapitalanteil sowie Tatbestand, aus dem sich die Anwendung von § 310 ergibt);
- § 313 Abs. 2 Nr. 4: Angaben zu anderen Unternehmen, an denen eine Beteiligung des Konzerns iSv § 271 Abs. 1 besteht (Name, Sitz, Kapitalanteil, Höhe des Eigenkapitals, Ergebnis des letzten Geschäftsjahres, für das ein Abschluss aufgestellt worden ist);
- § 313 Abs. 2 Nr. 5: Angaben von börsennotierten Konzernunternehmen zu Beteiligungen an anderen großen Kapitalgesellschaften, die mit mehr als 5% der Stimmrechte gehalten werden;

---

[37] Zu dieser Diskussion zB Biener/Bernecke BiRiLiG S. 380; BeBiKo/Grottel Rn. 70–72; Busse v. Colbe/Müller/Reinhard 172 f.; Selchert/Karsten BB 1986, 1260 ff.; v. Wysocki/Wohlgemuth/Brösel Konzernrechnungslegung Kap. XI.1.

[38] BeBiKo/Grottel Rn. 70 f.; IDW/Havermann S. 48 f.

- § 313 Abs. 2 Nr. 6: Angaben über Unternehmen, deren unbeschränkt haftender Gesellschafter das Mutterunternehmen oder ein anderes in den Konzernabschluss einbezogenes Unternehmen ist (Name, Sitz und Rechtsform);
- § 313 Abs. 2 Nr. 7: Angaben von Name und Sitz des Mutterunternehmens, das den größten Konzernabschluss aufstellt, sowie Angabe des Ortes, wo dieser Konzernabschluss erhältlich ist;
- § 313 Abs. 2 Nr. 8: Angabe von Name und Sitz des Mutterunternehmens, das den kleinsten Konzernabschluss aufstellt, sowie des Ortes, wo dieser erhältlich ist;
- § 313 Abs. 3 S. 2: Angabe der Inanspruchnahme der Ausnahmeregel des § 313 Abs. 3 S. 1 bezüglich des Weglassens von Angaben über im Konzernanteilsbesitz stehende Unternehmen;
- § 313 Abs. 4: Pflichtangaben zur Einbeziehung von Zinsen für Fremdkapital in die Herstellungskosten sowie der Darstellung des Brutto-Anlagengitters, die sich iVm § 284 Abs. 2 Nr. 4 ergeben;
- § 314 Abs. 1 Nr. 1: Angabe des Gesamtbetrags der in der Konzernbilanz ausgewiesenen Verbindlichkeiten mit einer Restlaufzeit von mehr als fünf Jahren sowie der gesicherten Verbindlichkeiten unter Angabe von Art und Form der Sicherheiten;
- § 314 Abs. 1 Nr. 2: Angaben zu nicht in der Konzernbilanz enthaltenen Geschäften;
- § 314 Abs. 1 Nr. 2a: Angabe des Gesamtbetrags, der nicht in der Konzernbilanz oder nach § 314 Abs. 1 Nr. 2 oder § 298 Abs. 1 iVm § 268 Abs. 7 ausgewiesenen, sonstigen finanziellen Verpflichtungen, sofern die Angabe für die Beurteilung der Finanzlage des Konzerns von Bedeutung ist (Hs. 1); gesonderte Angabe der Verpflichtungen betreffend die Altersversorgung sowie gegenüber assoziierten Unternehmen und nicht in den Konzernabschluss einbezogenen Tochterunternehmen (Hs. 2);
- § 314 Abs. 1 Nr. 3: Aufgliederung der Umsatzerlöse nach Tätigkeitsbereichen sowie geographisch bestimmten Märkten; Angabepflicht entfällt gem. § 314 Abs. 2, wenn Konzerne ihren Konzernabschluss um eine Segmentberichterstattung erweitern;
- § 314 Abs. 1 Nr. 4: Durchschnittliche Zahl der Arbeitnehmer des Konzerns während des Geschäftsjahrs, getrennt nach Gruppen und gesondert für nach § 310 anteilmäßig konsolidierte Unternehmen sowie Personalaufwand bei Anwendung des Umsatzkostenverfahrens;
- § 314 Abs. 1 Nr. 6: Angabe der Gesamtbezüge, Vorschüsse und Kredite für Organmitglieder des Mutterunternehmens sowie der zu ihren Gunsten eingegangenen Haftungsverhältnisse; Angabe der Gesamtbezüge sowie der gebildeten und nicht gebildeten Rückstellungen für laufende Pensionen und Anwartschaften auf Pensionen für frühere Organmitglieder und ihre Hinterbliebenen (Nr. 6 lit. a S. 1–4; Nr. 6 lit. b, c); bei börsennotierten Aktiengesellschaften zusätzlich gesonderte Angabe der Bezüge der einzelnen Vorstandsmitglieder unter Namensnennung und Aufteilung der Bezüge nach erfolgsunabhängigen und erfolgsbezogenen Komponenten sowie Angabe von Leistungen nach Beendigung der Vorstandstätigkeit; Angabe der Leistungen von Dritten für die Vorstandstätigkeit sowie einzelne Angabe von Bezügen, zu denen der Konzernabschluss Angaben enthält (Nr. 6 lit. a S. 5–8);
- § 314 Abs. 1 Nr. 7: Angabe des Bestandes (Zahl, Nennbetrag oder rechnerischer Wert und Kapitalanteil) von konzerneigenen Anteilen am Mutterunternehmen;
- § 314 Abs. 1 Nr. 7a: zahlenmäßige Angabe der im Geschäftsjahr gezeichneten Aktien des Mutterunternehmens jeder Gattung im Rahmen des genehmigten Kapitals;
- § 314 Abs. 1 Nr. 7b: Angaben zu ausgegebenen Genussscheinen, Optionsscheinen und ähnlichen Rechten auf Gewinnbezug;
- § 314 Abs. 1 Nr. 8: Angabe, dass die gem. § 161 AktG geforderte Erklärung zum DCGK für jedes einbezogene börsennotierte Unternehmen abgegeben und den Aktionären zugänglich gemacht worden ist;
- § 314 Abs. 1 Nr. 9: Angaben über das von dem Abschlussprüfer des Konzernabschlusses für das Geschäftsjahr berechnete Gesamthonorar;

- § 314 Abs. 1 Nr. 10: Angabe von Buchwert, beizulegendem Zeitwert und den Gründen für das Unterlassen einer Abschreibung für zu den Finanzanlagen zählenden Finanzinstrumenten, die über ihrem beizulegenden Zeitwert ausgewiesen werden;
- § 314 Abs. 1 Nr. 11: Angabe von Art, Umfang und beizulegendem Zeitwert für jede Kategorie derivativer Finanzinstrumente und der angewandten Bewertungsmethode, deren Buchwert, und Bilanzposition, in der der Buchwert enthalten ist, sowie ggf. Gründe für die Nichtbestimmbarkeit des beizulegenden Zeitwerts;
- § 314 Abs. 1 Nr. 12: Angabe der grundlegenden Annahmen sowie Umfang und Art der gem. § 340e Abs. 3 S. 1 mit dem beizulegenden Zeitwert bewerteten Finanzinstrumente;
- § 314 Abs. 1 Nr. 13: Angaben über die nicht zu marktüblichen Bedingungen zustande gekommenen Geschäfte mit nahestehenden Unternehmen und Personen;
- § 314 Abs. 1 Nr. 14: Gesamtbetrag der Forschungs- und Entwicklungskosten des Geschäftsjahres;
- § 314 Abs. 1 Nr. 15: Angabe von Betrag, abgesicherten Risiken und Erläuterung der mit hoher Wahrscheinlichkeit erwarteten Transaktionen zu den nach § 254 gebildeten Bewertungseinheiten;
- § 314 Abs. 1 Nr. 16: Angaben zu den Pensionsrückstellungen;
- § 314 Abs. 1 Nr. 17: Angaben zu der Verrechnung von Vermögensgegenständen und Schulden nach § 246 Abs. 2 S. 2;
- § 314 Abs. 1 Nr. 18: Angaben zu Anteilen oder Anlageaktien an Investmentvermögen;
- § 314 Abs. 1 Nr. 19: Begründung der Risikoeinschätzung bei Verbindlichkeiten und Haftungsverhältnissen iSd § 268 Abs. 7;
- § 314 Abs. 1 Nr. 20: Erläuterung des Zeitraums der Abschreibung eines entgeltlich erworbenen Geschäfts- oder Firmenwerts;
- § 314 Abs. 1 Nr. 21: Angabe der Differenzen und steuerlichen Verlustvorträge sowie die bewertungsrelevanten Steuersätze zu latenten Steuern;
- § 314 Abs. 1 Nr. 22: Angaben zu latenten Steuersalden am Geschäftsjahresende und deren Entwicklung währenddessen, wenn latente Steuerschulden angesetzt werden;
- § 314 Abs. 1 Nr. 23: Angaben zu Art und Betrag von Erträgen und Aufwendungen außergewöhnlicher Größenordnung oder außergewöhnlicher Bedeutung;
- § 314 Abs. 1 Nr. 24: Erläuterung der periodenfremden Erträge und Aufwendungen bezüglich Betrag und Art, soweit nicht von untergeordneter Bedeutung;
- § 314 Abs. 1 Nr. 25: Angabe von Vorgängen von besonderer Bedeutung nach dem Schluss des Konzerngeschäftsjahres und deren finanzielle Auswirkungen;
- § 314 Abs. 1 Nr. 26: Vorschlag zur Ergebnisverwendung bzw. dessen Beschluss;
- Art. 28 Abs. 2 EGHGB: Angabe des Betrags der gem. Art. 28 Abs. 1 EGHGB nicht in der Konzernbilanz ausgewiesenen Rückstellungen für laufende Pensionen, Anwartschaften auf Pensionen und ähnlicher Verpflichtungen;
- Art. 48 Abs. 6 iVm Art. 28 Abs. 2 EGHGB: Angabe des Betrags bei gem. § 264a definierten Personengesellschaften nach Art. 28 Abs. 2 EGHGB, bei gem. Art. 28 Abs. 1 EGHGB nicht in der Konzernbilanz ausgewiesenen Rückstellungen für laufende Pensionen, Anwartschaften auf Pensionen und ähnlicher Verpflichtungen;
- Art. 67 Abs. 1 S. 4 EGHGB: Angabe des Betrags der Überdeckung für den Fall, dass die Pensionsrückstellungen aufgrund des Wahlrechts nach Art. 67 Abs. 1 S. 2 EGHGB beibehalten werden;
- Art. 67 Abs. 2 EGHGB: Angabe der nicht in der Bilanz ausgewiesenen Rückstellungen für laufende Pensionen, Anwartschaften auf Pensionen und ähnliche Verpflichtungen;
- Art. 67 Abs. 8 S. 2 Hs. 2 EGHGB: Hinweis auf die Nichtanpassung der Vorjahreszahlen bei erstmaliger Anwendung der durch das BilMoG geänderten Vorschriften nach Art. 67 Abs. 8 S. 2 Hs. 1 EGHGB;
- Art. 75 Abs. 2 S. 3 EGHGB: Hinweis auf fehlende Vergleichbarkeit der Umsatzerlöse bei erstmaligen Anwendung der durch das BilRUG geänderten Vorschriften, dazu nachrichtliche Nennung der Umsatzerlöse des Vorjahres nach neuem Recht.

Poelzig   1395

33   **2. Wahlpflichtangaben.** Aufgrund gesetzlicher Ausweiswahlrechte können bestimmte Angaben statt in der Konzernbilanz oder Konzern-GuV gem. § 313 Abs. 1 S. 2 im Konzernanhang gemacht werden. Über den Wortlaut des § 313 Abs. 1 S. 1 Hs. 2 hinaus gilt die zwingende Reihenfolge nicht nur für die Pflichtangaben nach S. 1, sondern für sämtliche Anhangangaben, also auch die Wahlpflichtangaben nach S. 2.[39] Dies entspricht dem im Vergleich zum HGB weiteren Wortlaut von Art. 15 Bilanz-RL. Nach dem Gebot der **Darstellungsstetigkeit** (→ Rn. 28) soll der einmal gewählte Ort des Ausweises auch in den Folgeperioden grds. beibehalten werden.

34   Im Einzelnen ergeben sich folgende **Wahlpflichtangaben:**
  – § 294 Abs. 2 S. 1: Angaben zur Herstellung der periodenübergreifenden Vergleichbarkeit des Konzernabschlusses bei wesentlichen Veränderungen im Konsolidierungskreis;
  – § 298 Abs. 1 iVm den handelsrechtlichen, rechtsform- und branchenbezogenen Ausweiswahlrechten zum Einzelabschluss (→ § 284 Rn. 31 ff.), soweit konzernspezifische Besonderheiten keine Abweichungen bedingen und die Vorschriften zum Konzernabschluss nichts anderes bestimmen; die in der Literatur umstrittene Frage, welche der rechtsformspezifischen Angabepflichten, hier zB die sich auf die Gewinnverwendung beziehenden Angabepflichten der § 29 Abs. 4 S. 2 Hs. 2 GmbHG, § 58 Abs. 2a S. 2 Hs. 2 GmbHG, § 152 Abs. 2, 3 GmbHG, § 158 Abs. 1 S. 2 GmbHG, § 240 S. 3 AktG, gem. § 298 Abs. 1 zu berücksichtigen sind,[40] kann nur im konkreten Einzelfall beantwortet werden, und zwar vor dem Hintergrund, inwieweit die Angaben der Darstellung der Vermögens-, Finanz- und Ertragslage des Konzerns dienen;[41]
  – § 299 Abs. 3: Angabe der Vorgänge von besonderer Bedeutung bei Einbeziehung von Unternehmen mit abweichenden Abschlussstichtagen;
  – § 310 Abs. 2 iVm § 299 Abs. 3: Angabe der Vorgänge von besonderer Bedeutung bei quotaler Einbeziehung von Unternehmen mit abweichenden Abschlussstichtagen;
  – § 314 Abs. 1 Nr. 4: Angabe des im Geschäftsjahr angefallenen Personalaufwands, soweit nicht gesondert in der GuV ausgewiesen.

IV. Angaben zu Bilanzierungs-, Bewertungs- und Konsolidierungsmethoden (Abs. 1 S. 3)

35   **1. Angabe der Bilanzierungs- und Bewertungsmethoden (Abs. 1 S. 3 Nr. 1).** Abs. 1 S. 3 Nr. 1 verlangt die Angabe der auf die Posten der Konzernbilanz und der Konzern-GuV angewandten Bilanzierungs- und Bewertungsmethoden. Nicht die Posten an sich, sondern nur die ihnen zugrunde liegenden **Ansatz- und Bewertungsentscheidungen** und damit die auf diese Posten tatsächlich angewendeten Methoden sind hier zu erläutern. Diese Erläuterung darf sich nicht nur auf die Wiedergabe des gesetzlichen Wortlauts der entsprechenden Methode beschränken. Auch die Darstellung, wie bestehende Wahlrechte ausgeübt und Ermessensspielräume genutzt worden sind, ist Bestandteil dieser Pflichtangabe.[42]

36   Die Angabe der Bilanzierungs- und Bewertungsmethoden gem. Abs. 1 S. 3 Nr. 1 entspricht nahezu wörtlich der Pflichtangabe gem. § 284 Abs. 2 Nr. 1. Insofern kann auf die dortigen Ausführungen zum Inhalt verwiesen werden (→ § 284 Rn. 40 ff.), da die Bilanzierungs- und Bewertungsvorschriften für den Einzelabschluss gem. § 298 Abs. 1 auch für den Konzernabschluss gelten. Die Erläuterungen dürfen sich aber nur auf die im Konzernabschluss tatsächlich angewandten Bilanzierungs- und Bewertungsmethoden beziehen, so dass eventuell abweichende Methoden in den Einzelabschlüssen der einbezogenen Unternehmen im Konzernanhang keine Berücksichtigung finden. Abweichungen sind möglich, da die Bilanzierungs- und Bewertungswahlrechte im Konzernabschluss unabhängig von

---

[39]   Rimmelspacher/Meyer DB 2015 Beil. 5, 23 (30).
[40]   Zu dieser Diskussion zB Biener/Bernecke BiRiLiG S. 380; BeBiKo/Grottel Rn. 70 f., 44 f.; Fehrenbacher → 298 Rn. 25 ff. Rn. 172 f.; Selchert/Karsten BB 1986, 1260 ff.
[41]   IDW/Havermann S. 48 f.
[42]   Budde/Förschle DB 1988, 1461 f.

ihrer Ausübung in den Einzelabschlüssen wahrgenommen werden können (§ 300 Abs. 2 S. 2, § 308 Abs. 1 S. 2). Gelangen die **Methoden in Einzel- und Konzernabschluss** gleichermaßen zur Anwendung, sind die entsprechenden Angaben aus dem Anhang des Einzelabschlusses in den Konzernanhang zu übernehmen, sofern beide Anhänge nicht ohnehin gem. § 298 Abs. 2 zusammengefasst werden. Erläuterungen zur Überleitung der HB I in die HB II sind gem. Abs. 1 S. 3 Nr. 1 grundsätzlich nicht erforderlich.[43]

Neben der Darstellung der getroffenen Ansatz- und Bewertungsentscheidungen sind **37** im Konzernanhang auch Erläuterungen darüber erforderlich, inwieweit im Konzernabschluss dem **Grundsatz der einheitlichen Bilanzierung und Bewertung** (§§ 300, 308) Rechnung getragen wird. Auf Abweichungen von diesem Grundsatz ist hinzuweisen, insbesondere sind die von den konzerneinheitlichen Methoden abweichenden Bilanzierungs- und Bewertungsmethoden im Einzelnen anzugeben; im Falle der Bewertung ist die Abweichung auch gem. § 308 Abs. 1 S. 3 zu begründen. Die Beibehaltung von Ansätzen, die auf der Anwendung der für Kreditinstitute und Versicherungsunternehmen wegen der Besonderheiten des Geschäftszweigs geltenden Vorschriften beruhen, ist im Konzernanhang ebenfalls anzugeben (§ 300 Abs. 2 S. 3, § 308 Abs. 2 S. 2).

Die Angabe der Bilanzierungs- und Bewertungsmethoden trifft auch **steuerrechtlich 38 motivierte Ansatz- und Bewertungsentscheidungen,** die gem. § 300 Abs. 1 S. 2, § 308 Abs. 1 S. 1 im Konzernabschluss beibehalten werden können, sofern es sich nicht um nur nach Steuerrecht zulässige Wertansätze handelt, die im Konzernabschluss nicht herangezogen werden dürfen. Steuerlich motivierte Ansatz- und Bewertungsentscheidungen geben darüber hinaus immer Anlass zu überprüfen, ob zusätzliche Angaben im Anhang notwendig sind, um das in der Generalnorm des § 297 Abs. 2 S. 2 gewünschte Lagebild zu vermitteln.

Im Rahmen der Berichterstattung über getroffene Ansatz- und Bewertungsentschei- **39** dungen ist auch den **konzernspezifischen Besonderheiten** Rechnung zu tragen.[44] So sind bestimmte Ansatzentscheidungen zu erläutern, die zB den aus der Kapitalkonsolidierung resultierenden Unterschiedsbetrag oder die latenten Steuern betreffen. Im Vordergrund dieser Berichterstattung stehen jedoch die Bewertungsmethoden, die im Rahmen der Konsolidierung angewendet werden. Überschneidungen zu den Angabepflichten, die das HGB zu den einzelnen Konsolidierungsmethoden vorschreibt, sind hier durchaus möglich. Bei Anwendung der **Neubewertungsmethode** in der Kapitalkonsolidierung (§ 301 Abs. 1 S. 2) bzw. der **Kapitalanteilsmethode (Equity-Methode)** bei der Einbeziehung assoziierter Unternehmen (§ 312 Abs. 1 S. 2) muss im Konzernanhang nicht nur darauf hingewiesen werden, auch die Art des zur Neubewertung herangezogenen Wertmaßstabes (zB Marktwert, Wiederbeschaffungskosten etc) und dessen Ermittlung (zB Marktpreisfeststellung, Gutachten etc) muss erläutert werden. Sofern die neu bewerteten Posten insgesamt die zulässige Obergrenze der Anschaffungskosten des Mutterunternehmens für die erworbenen Unternehmensanteile überschreiten, muss auch die methodische Vorgehensweise der Wertanpassung (sog. Abstockung zB durch prozentuale Reduzierung) erläutert werden.[45]

Weitere Angaben zu den Konsolidierungsmethoden betreffen zB den **Umfang der 40 Konzern-Anschaffungs- und -Herstellungskosten** (§ 304 Abs. 1) und den **Verzicht auf die Zwischenergebniseliminierung** (§ 304 Abs. 2). Die bislang von der Angabepflicht gem. § 313 Abs. 1 S. 3 Nr. 1 erfasste Vorgehensweise bei der Ermittlung latenter Steuern (§ 306) geht in § 314 Abs. 1 Nr. 21 auf, wonach im Konzernanhang anzugeben ist, auf welchen Differenzen oder steuerlichen Verlustvorträgen die latenten Steuern beruhen und mit welchen Steuersätzen die Bewertung erfolgt ist. Angaben zur vorgenommenen **Schuldenkonsolidierung** (§ 303), **Zwischenergebniseliminierung** (§ 304 Abs. 1), **Aufwands- und Ertragskonsolidierung** (§ 305), **Quotenkonsolidierung** (§ 310), **Entkonsolidierung** oder auch zum **Konzernergebnis** (zB Erläuterungen wesentlicher Unterschiede zum Ergebnis des Mutterunternehmens) sollten ebenfalls nicht fehlen. Ergänzend

---

43   ADS Rn. 60; BeBiKo/Grottel Rn. 121.
44   BeBiKo/Grottel Rn. 122.
45   Bonner HdR/Kirsch Rn. 106–13; WP-HdB G Rn. 720.

zu diesen bestehenden handelsrechtlichen Vorschriften sind ebenfalls spezifische DRS zu beachten. Zu den letztgenannten gehören Angaben und Erläuterungen zu DRS 3.25 ff., DRS 8.47–49, DRS 9.23–25, DRS 13.28–33, DRS 18.63–67, DRS 19.107–124, DRS 21.52 f., DRS 22.60 f., DRS 23.207–209 (bzw. DRS 4.52 ff. für Geschäftsjahre mit Beginn vor oder am 31.12.2016), DRS 24.134–146.[46]

41   Ein wesentlicher Bestandteil der Berichterstattung über die im Konzern getroffenen Ansatz- und Bewertungsentscheidungen betrifft die bilanzielle Behandlung der verbleibenden positiven und negativen **Unterschiedsbeträge aus der Kapitalkonsolidierung** (§ 301 Abs. 3 S. 1, § 309; ebenfalls DRS 23.208). In Verbindung mit den Angabepflichten gem. § 301 Abs. 3 S. 2 und 3 sowie insbesondere vor dem Hintergrund der Informationsfunktion des Konzernanhangs sollte in diesem Zusammenhang nicht nur über die Verfahren der **Abschreibung eines aktivierten Geschäfts- oder Firmenwerts** (so auch gem. DRS 23.208) und der **Auflösung eines passiven Unterschiedsbetrages** (s. auch DRS 23.208 f.) aus der Kapitalkonsolidierung berichtet werden. Es erscheint sinnvoll, die entsprechenden Sammelposten auf der Aktiv- und Passivseite (Geschäfts- oder Firmenwert, Unterschiedsbetrag aus der Kapitalkonsolidierung) **offen im Konzernanhang aufzuschlüsseln.** Hier bietet es sich an, nach bilanzieller Herkunft zu differenzieren und die aus den Einzelbilanzen, der Vollkonsolidierung, Quotenkonsolidierung sowie Equity-Methode resultierenden Betragsbestandteile gesondert auszuweisen.[47] Die Differenzierung könnte hinsichtlich des Geschäfts- und Firmenwertes noch ausgeweitet werden, indem eine Aufschlüsselung nach Risikoklassen – konkretisiert an den der Abschreibung zugrunde liegenden Nutzungsdauern – vorgenommen wird.[48] Der Geschäfts- und Firmenwert wäre damit einerseits nach bilanzieller Herkunft und andererseits nach den verschiedenen Nutzungsdauerklassen zu differenzieren.

42   Mit dem BilRUG wurde die Pflicht zu gesonderten Angaben zur Währungsumrechnung gem. Abs. 1 S. 2 Nr. 2 aF gestrichen. Gleichwohl sind die Grundlagen der Währungsumrechnung aber weiterhin im Rahmen der Bewertungsmethoden gem. Abs. 1 S. 3 Nr. 1 anzugeben, sofern der Konzernabschluss Posten enthält, die auf fremde Währung lauten oder ursprünglich auf fremde Währung lauteten.[49] Als **Fremdwährung** gelten in einer Negativabgrenzung alle Währungen außer dem EUR. Die Währungsumrechnung im Konzernabschluss ist – anders als im Einzelabschluss – für zwei Vorgänge relevant: für die **Umrechnung der in fremder Währung getätigten Transaktionen und gehaltenen Positionen** sowie die **Umrechnung der auf fremde Währung lautenden Abschlüsse in den Konzernabschluss einbezogener Unternehmen.**[50]

43   Um die Währungsumrechnung für die Aufstellung handelsrechtlicher Konzernabschlüsse zu vereinfachen und zu vereinheitlichen,[51] hat der Gesetzgeber mit dem BilMoG im Interesse der Klarheit und Übersichtlichkeit in **§ 308a** die Umrechnung von Fremdwährungsposten und die Umrechnung von auf fremde Währung lautenden Abschlüssen ausdrücklich gesetzlich normiert und damit die Grundlagen für die Währungsumrechnung im Wesentlichen vorgegeben. Nach § 308a ist die Währungsumrechnung von Abschlüssen ausländischer Tochterunternehmen nunmehr ausschließlich nach **der modifizierten Stichtagskursmethode** möglich.[52] Im Anwendungsbereich des § 308a erübrigt sich daher die Angabe der im Konzernanhang angewendeten **Umrechnungsmethode.**[53] Die Angabepflicht nach Abs. 1 S. 3 Nr. 1 beschränkt sich auf die Fälle außerhalb des Anwendungsbereichs von § 308a. Die Angabepflicht gilt auch für die Methode zur Umrechnung von Jahresabschlüssen aus **Hochinflationsländern** (→ § 308a Rn. 39 ff.).

---

[46]   BeBiKo/Grottel Rn. 110.
[47]   Weber/Zündorf DB 1989, 339, mit Bsp. aus der Praxis.
[48]   Ordelheide FS Kropff, 1997, 587 f.
[49]   Fink/Theile DB 2015, 753 (754); Kolb/Roß WPg 2014, 1092.
[50]   BeBiKo/Grottel Rn. 130; Kölner Komm RechnungslegungsR/Scherrer Rn. 70.
[51]   Begr. RegE BilMoG, BT-Drs. 16/10067, 83.
[52]   Küting/Mojadadr DB 2008, 1869 (1873 f.); Gelhausen/Fey/Kämpfer Q Rn. 383.
[53]   BeBiKo/Grottel Rn. 131.

2. Angabe und Begründung der Abweichungen von Bilanzierungs-, Bewer- 44 tungs- und Konsolidierungsmethoden sowie Darstellung ihres Einflusses auf die Vermögens-, Finanz- und Ertragslage (Abs. 1 S. 3 Nr. 2). Nach Abs. 1 S. 3 Nr. 2 sind Abweichungen von Bilanzierungs-, Bewertungs- und Konsolidierungsmethoden anzugeben, zu begründen und in ihren Auswirkungen auf die Vermögens-, Finanz- und Ertragslage des Konzerns gesondert darzustellen. DRS 13.29 fordert diesbezüglich, dass die Auswirkungen betragsmäßig einzeln für die jeweils betroffenen Bilanzpositionen darzustellen und Pro-forma-Angaben für die maßgeblichen Posten der an die abweichenden Methoden angepass-ten Vorjahresabschlüsse zu machen und zu erläutern sind. Es werden hier zumindest **zwei Arten von Abweichungen** unterschieden:[54]
- Abweichungen im periodenübergreifenden Zeitablauf und
- Abweichungen in Teilbereichen des Konzernabschlusses vom Regelfall der dort angewen-deten Methoden.

Die erste Art zielt auf Abweichungen von Methoden, die in den vorherigen Konzernab- 45 schlüssen Anwendung gefunden haben. Abweichungen von Bewertungsmethoden gehen hier mit einer **Durchbrechung des Stetigkeitsgebots** einher. Für die Angabepflichten nach Abs. 1 S. 3 Nr. 2 ist es unerheblich, dass für die Bilanzierung das Stetigkeitsgebot nicht explizit gilt. Für Konzernabschlüsse, die erstmalig nach den Regelungen des BilMoG aufgestellt werden, gilt § 313 Abs. 1 S. 3 Nr. 2 nicht (Art. 67 Abs. 8 S. 1 EGHGB). Die zweite Art der Abweichungen kennzeichnet eine **Durchbrechung des Grundsatzes der einheitlichen Bilanzierung und Bewertung.** Die Angabe und Begründung von Bewer-tungsabweichungen dieser Art wird durch zwei Rechtsnormen eingefordert, da hier nicht nur Abs. 1 S. 3 Nr. 2,[55] sondern auch § 308 Abs. 2 S. 4 Hs. 2 greift. Weitere Berichterstat-tungspflichten sollten aus der abweichenden Verwendung angewendeter Methoden bei ver-gleichbaren Sachverhalten (sachliche Stetigkeit) resultieren. Zur Erleichterung unterneh-mensübergreifender Vergleiche, zB mit Unternehmen derselben Branche, ist darüber hinaus anzuraten, Abweichungen von den Methoden zu berücksichtigen, die den gesetzlichen Regelfall markieren oder die in der deutschen Bilanzierungspraxis bzw. in der jeweiligen Branche gängig und allgemein akzeptiert sind.

Abs. 1 S. 3 Nr. 2 verlangt ausführliche, im Regelfall **verbale Angaben und Begrün-** 46 **dungen.** Die im Konzernanhang aufgeführten Begründungen sind dabei auch zugleich Voraussetzung für die Abweichungen, da letztere ansonsten nicht vorgenommen werden dürfen.[56] Die Beweggründe, die zB zu einer veränderten Ausübung eines Wahlrechts geführt haben, sind zu verdeutlichen; auf gesetzliche Ausnahmetatbestände ist hinzuweisen. Dabei muss der **Grundsatz der Wesentlichkeit** grundsätzlich beachtet werden, so dass nur über diejenigen Abweichungen zu berichten ist, die für die Vermittlung des in der Generalnorm des § 297 Abs. 2 S. 2 geforderten Lagebildes wesentlich sind.

Im Wortlaut entspricht Abs. 1 S. 3 Nr. 2 weitgehend § 284 Abs. 2 Nr. 2; verständlicher- 47 weise bleiben dort nur die Abweichungen von den Konsolidierungsmethoden unberück-sichtigt. Da die **Bilanzierungs- und Bewertungsvorschriften für den Einzelabschluss** gem. § 298 Abs. 1 auch für den Konzernabschluss gelten, kann hinsichtlich der diesbezügli-chen Angaben und Begründungen auf die dortigen Ausführungen verwiesen werden (→ § 284 Rn. 66 ff.).

Erläuterungspflichtige Abweichungen von **Bilanzierungsmethoden** betreffen darü- 48 ber hinaus § 300 und umfassen damit Ausnahmen von der einheitlichen Bilanzierung (§ 300 Abs. 1 S. 2 Hs. 2), Abweichungen von dem Vollständigkeitsgebot (§ 300 Abs. 2 S. 1) und die Beibehaltung nicht konzerneinheitlicher, für Kreditinstitute und Versicherungen geltender Bilanzierungsvorschriften (§ 300 Abs. 2 S. 3 Hs. 1). Im letzten Fall ergibt sich bereits aus § 300 Abs. 2 S. 3 Hs. 2 die Verpflichtung zu einem Hinweis im Konzernanhang auf die

---

[54] WP-HdB G Rn. 720.
[55] Für eine hier abgeschwächte Angabepflicht ADS Rn. 80.
[56] Vgl. DH 25 HFA 38. 19.

Anwendung dieser Gesetzesnorm, der wiederum als Begründung iSv § 313 Abs. 1 S. 3 Nr. 2 gelten kann.

49   Soweit sie nicht der Art nach schon im Einzelabschluss auftreten können, betreffen erläuterungspflichtige Abweichungen von **Bewertungsmethoden** vor allem das Gebot der einheitlichen Bewertung (§ 308). Abweichungen sind nach § 308 Abs. 2 S. 4 Hs. 1 im Ausnahmefall zulässig und können zB auftreten, wenn die Erstellung einer HB II bei einbezogenen Unternehmen mit einem unverhältnismäßig hohen Arbeitsaufwand einhergeht.[57] Abweichungen resultieren auch aus der Beibehaltung nicht konzerneinheitlicher, für Kreditinstitute und Versicherungen geltender Wertansätze (§ 308 Abs. 2 S. 2 Hs. 1); der diesbezügliche Hinweis auf die Gesetzesnorm im Konzernanhang (§ 308 Abs. 2 S. 2 Hs. 2) kann wiederum als Begründung iSv § 313 Abs. 1 S. 3 Nr. 2 angesehen werden. Ein nur noch ausnahmsweise zulässiger Wechsel in der Methode der Währungsumrechnung ist im Konzernanhang anzugeben und zu begründen (→ Rn. 50).

50   Neben den Abweichungen von den Bilanzierungs- und Bewertungsmethoden müssen auch Abweichungen von den **Konsolidierungsmethoden** im Konzernanhang angegeben und begründet werden. Die Anwendung der Konsolidierungsmethoden hat ebenfalls stetig zu erfolgen (§ 297 Abs. 3 S. 2), wobei Ausnahmen zulässig sind, sofern sie im Konzernanhang angegeben und begründet werden (§ 297 Abs. 3 S. 3, 4). Die Angabepflicht gem. § 313 Abs. 1 S. 3 Nr. 2 findet hier somit ihre Entsprechung. Sie zielt auf alle Konsolidierungsmethoden der §§ 290 ff. und damit insbesondere auf Abweichungen im Rahmen der

– **Einbeziehung von Jahresabschlüssen, deren Stichtag vom Konzernabschlussstichtag abweicht** (§ 299);
– **Kapitalkonsolidierung,** wenn zB für Altfälle auf der Grundlage des Art. 66 EGHGB die Konsolidierung nach der Buchwertmethode gem. § 301 Abs. 1 S. 2 Nr. 1 aF, der Interessenzusammenführungsmethode gem. § 302 oder der Neubewertungsmethode gem. § 312 Abs. 1 S. 1 Nr. 2 aF beibehalten wird;
– **Schuldenkonsolidierung** (§ 303), was zB die Behandlung von Drittschuldverhältnissen angeht;
– **Zwischenergebniseliminierung** (§ 304), zB bei uneinheitlicher Verfahrensweise mit dem Ausnahmetatbestand des § 304 Abs. 2;
– **Behandlung des Steuerabgrenzungspostens** (§ 306), was zB die Zusammenfassung mit dem Posten nach § 274 oder die Saldierung aktiver und passiver Steuerabgrenzungsposten betrifft (DRS 18.63 ff.);
– **Quotenkonsolidierung** (§ 310), wenn zB von den bei der Vollkonsolidierung angewendeten Konsolidierungsmethoden abgewichen wird, oder bei einem Wechsel zwischen der Quotenkonsolidierung und der Berücksichtigung auf der Basis der Equity-Methode, im Übrigen ist hier vor allem die Angabepflicht nach Abs. 2 Nr. 3 zu beachten;
– **Equity-Methode,** wenn sich zB Änderungen bei der Neubewertung assoziierter Unternehmen (§ 312 Abs. 5 S. 2) ergeben und wenn bei dem Einbezug von assoziierten Unternehmen in den Konzernabschluss nach § 312 Abs. 6 S. 2 nicht vom Konzernabschluss des assoziierten Unternehmens ausgegangen wird (sofern ein solcher aufgestellt wird), sondern vom Jahresabschluss (DRS 8.9);
– **Behandlung des Unterschiedsbetrags aus der Kapitalkonsolidierung** (§ 309), wenn zB zwischen der erfolgsneutralen Rücklagenverrechnung und der Aktivierung des Geschäfts- oder Firmenwerts gewechselt wird.

51   Abweichungen von Bilanzierungs-, Bewertungs- und Konsolidierungsmethoden müssen im Konzernanhang nicht nur angegeben und begründet werden; sie sind auch in ihrem **Einfluss auf die Vermögens-, Finanz- und Ertragslage des Konzerns** gesondert darzustellen (Abs. 1 S. 3 Nr. 2 Hs. 2). Diese Bestimmung entspricht im Wortlaut § 284 Abs. 2 Nr. 2 Hs. 2, so dass sinngemäß auf die dortigen Ausführungen verwiesen werden kann (→ § 284 Rn. 78 ff.).

---

[57]   ADS Rn. 82 f.; BeBiKo/Grottel Rn. 150 f.; Kölner Komm RechnungslegungsR/Scherrer Rn. 79.

Der Adressat soll durch die Darstellung dieses Einflusses in die Lage versetzt werden, **52** das Ausmaß und die Auswirkungen der Methodenabweichungen zu erkennen. Nur so kann die Vergleichbarkeit des Konzernabschlusses sichergestellt werden.[58] Wenn es um die Abschätzung von Ausmaß und Auswirkungen geht, kann eine verbale Darstellung im Regelfall allein nicht genügen.[59] **Betragsmäßige Angaben** sind unter Umständen erforderlich, um den Umfang des Einflusses auf die Vermögens-, Finanz- und Ertragslage in etwa quantifizieren zu können.[60] Diese können zB durch die betragsmäßige Anpassung der Vorjahreszahlen an die geänderte Methode[61] oder, umgekehrt, durch Anpassung der aktuellen Zahlen an die ursprüngliche Methode vorgenommen werden.

Die Darstellung des Einflusses auf die Vermögens-, Finanz- und Ertragslage hat **geson- 53 dert** und damit getrennt von anderen Ausführungen sowie von den Angaben und Begründungen des Abs. 1 S. 3 Nr. 2 Hs. 1 zu erfolgen. Die unterschiedlichen Abweichungen dürfen darüber hinaus in ihrem Einfluss auf die Vermögens-, Finanz- und Ertragslage des Konzerns **nicht saldiert** betrachtet werden. Dies gilt insbesondere für die Konsolidierungsmethodenänderungen, die gem. § 297 Abs. 3 S. 5 noch einmal eine gleich lautende Verpflichtung zu dieser Art der Berichterstattung nach sich ziehen, und die deshalb getrennt von dem Einfluss der übrigen Methodenabweichungen darzustellen sind.

V. Angaben zu Konsolidierungskreis und Konzernbeteiligungen (Abs. 2)

1. Allgemeines. Die Pflichtangaben zu den einbezogenen Unternehmen und zum **54** sonstigen Anteilsbesitz korrespondieren eng mit den Vorschriften zur Abgrenzung des Konsolidierungskreises (§ 294 und § 296) und zum Beteiligungsbesitz des Konzerns (§ 298 Abs. 1 iVm § 271 Abs. 1, §§ 310, 311). Dabei ist zu beachten, dass auch die DRS (DRS 8.47 f.) entsprechende Vorschriften beinhalten.

Im Einzelnen werden detaillierte Angaben verlangt zu   **55**
– den in den Konzernabschluss **einbezogenen Tochterunternehmen** (Abs. 2 Nr. 1 S. 1),
– den in den Konzernabschluss gem. § 296 **nicht einbezogenen Tochterunternehmen** (Abs. 2 Nr. 1 S. 2),
– den **assoziierten Unternehmen** (Abs. 2 Nr. 2),
– den **quotal konsolidierten Unternehmen** (Abs. 2 Nr. 3),
– den **sonstigen Beteiligungen iSv § 271 Abs. 1** (Abs. 2 Nr. 4),
– den sonstigen **Beteiligungen** von börsennotierten Mutterunternehmen **an großen Kapitalgesellschaften** mit mehr als 5% der Stimmrechte (Abs. 2 Nr. 5),
– den **Komplementärbeteiligungen** des Unternehmens oder eines anderen in den Konzernabschluss einbezogenen Unternehmens, einschließlich Name, Sitz und die Rechtsform (Abs. 2 Nr. 6),
– dem **Mutterunternehmen** der Kapitalgesellschaft, das den **Konzernabschluss für den größten Kreis** von Unternehmen aufstellt (Abs. 2 Nr. 7),
– dem **Mutterunternehmen** der Kapitalgesellschaft, das den Konzernabschluss **für den kleinsten Kreis** von Unternehmen aufstellt (Abs. 2 Nr. 8).

Zu beachten ist, dass diese Angaben auch in einem nach § 315e gemäß den IFRS **56** erstellten Konzernabschluss erforderlich sind.

Die Pflichtangaben nach Abs. 2 finden im Anhang des Einzelabschlusses ihre **Parallelen 57 in § 285 Nr. 11–11b, 14, 14a.** Im Anhang des Einzelabschlusses ist über den Anteilsbesitz der rechtlichen Einheit zu berichten, während Abs. 2 Nr. 2–8 Informationen über den **Anteilsbesitz des Konzerns als wirtschaftliche Einheit** verlangt. Abs. 2 Nr. 1 enthält darüber hinaus Angaben zu der genauen Abgrenzung dieser wirtschaftlichen Einheit. Veränderungen dieser Abgrenzung oder des Anteilsbesitzes führen nach Abs. 2 zu keinen Anhang-

---

[58] ADS Rn. 90.
[59] Eine nur verbale Darstellung halten für ausreichend zB ADS Rn. 90; BeBiKo/Grottel Rn. 175; Bonner HdR/Kirsch Rn. 124; Busse v. Colbe/Müller/Reinhard Rn. 185.
[60] Biener/Bernecke BiRiLiG S. 384.
[61] BeBiKo/Grottel Rn. 177.

angaben. Es ist nur über den Status quo als solchen zu berichten. Vorjahresvergleiche sind nicht vorgeschrieben. Die anderweitig geregelten Angabepflichten, insbesondere über Veränderungen des Konsolidierungskreises (§ 294 Abs. 2),[62] bleiben davon jedoch unberührt.

58　　Unter Berücksichtigung der Ausnahmeregel des Abs. 3 (→ Rn. 99 ff.) sind Angaben zu allen Unternehmen zu machen, die zum **Zeitpunkt des Konzernabschlussstichtages** die Voraussetzungen des Abs. 2 erfüllen. Der Grundsatz der Wesentlichkeit gilt explizit nur für die Angaben zu dem sonstigen Anteilsbesitz (Abs. 3 S. 4) und bleibt in Abs. 2 ansonsten außen vor.[63] Die Angaben zu den Tochterunternehmen (Nr. 1), assoziierten (Nr. 2) und quotal konsolidierten Unternehmen (Nr. 3) sowie nach Nr. 6–8 müssen somit **sämtliche betroffene Unternehmen** erfassen. Darunter fallen auch Tochterunternehmen sowie assoziierte Unternehmen, die gem. § 296 Abs. 2 bzw. § 311 Abs. 2 nicht vollkonsolidiert bzw. nicht at equity einbezogen worden sind, da sie für die Vermittlung eines den tatsächlichen Verhältnissen entsprechenden Bildes der Vermögens-, Finanz- und Ertragslage des Konzerns von untergeordneter Bedeutung sind (Abs. 2 Nr. 1 S. 2, Nr. 2 S. 2).

59　　Wegen des Vollständigkeitsgebots können die Angaben gem. Abs. 2 je nach Größe des Konzerns einen beträchtlichen Umfang annehmen. Da ihr formeller Aufbau nicht gesetzlich geregelt ist, bietet sich aus Gründen der Klarheit und Übersichtlichkeit an, die **Form einer Auflistung** zu wählen. Diese Liste sollte in ihrer Struktur zumindest den unterschiedlichen Unternehmensgruppen des Abs. 2 Rechnung tragen. Die Bildung von Untergruppen ist in Abhängigkeit von der Größe des Konzerns sinnvoll.[64] Zudem wäre denkbar, die unter Abs. 1 S. 3 Nr. 1 vorgeschlagene Aufschlüsselung der Unterschiedsbeträge aus der Kapitalkonsolidierung (→ Rn. 43) in diese Liste zu integrieren.

60　　**2. Pflichtangaben des Abs. 2 im Einzelnen. a) Einbezogene Tochterunternehmen (Abs. 2 Nr. 1 S. 1).** In den Konzernanhang sind Angaben zu den in den Konzernabschluss tatsächlich einbezogenen Tochterunternehmen zu machen. Im Sinne des Weltabschlussprinzips gem. § 294 Abs. 1 sind hiervon **alle vollkonsolidierten Tochterunternehmen** ungeachtet ihres Sitzes und ihrer Rechtsform betroffen. Damit soll der Konsolidierungskreis vollständig abgebildet werden. Wird die Kapitalkonsolidierung bei Tochterunternehmen aufgrund des Beibehaltungswahlrechts gem. Art. 67 Abs. 5 S. 2 EGHGB nach der Methode der Interessenzusammenführung nach § 302 aF durchgeführt, sind im Rahmen der Anteilsauflistung im Konzernanhang gesonderte Angaben zu diesen Unternehmen gem. § 302 Abs. 3 aF erforderlich.[65]

61　　Anzugeben sind gem. Abs. 2 Nr. 1 S. 1 der
– Name,
– Sitz,
– Anteil am Kapital dieser Tochterunternehmen und
– der zur Einbeziehung in den Konzernabschluss verpflichtende Sachverhalt, sofern keine Stimmrechtsmehrheit gehalten wird.

62　　**Name** und **Sitz** richten sich nach der entsprechenden Handelsregister-Eintragung. Der **Name** des Unternehmens ist die Firma gem. §§ 17 ff. und damit der Name, unter dem ein Kaufmann seine Geschäfte betreibt, die Unterschrift abgibt, klagt oder verklagt wird. Der in das Handelsregister einzutragende **Sitz** des Unternehmens ergibt sich aus der Satzung bzw. dem Gesellschaftsvertrag. Der eingetragene Sitz ist auch dann anzugeben, wenn der Verwaltungssitz, dh der Ort, an dem die Hauptverwaltung geführt wird (§ 24 BGB), vom Sitz laut Handelsregister abweicht (→ § 285 Rn. 210).[66] Bei Auslandsgesellschaften sind der Name und der Sitz aufgrund einer vergleichbaren öffentlichen Eintragung

---

62　　BeBiKo/Grottel Rn. 182.
63　　ADS Rn. 93; BeBiKo/Grottel Rn. 183.
64　　BeBiKo/Grottel Rn. 184.
65　　ADS Rn. 96; BeBiKo/Grottel Rn. 195.
66　　Zu der den Jahresabschluss betreffenden Parallelvorschrift gem. § 285 Nr. 11 Gschrei BB 1990, 1587 (1588); BeBiKo/Grottel § 285 Rn. 385.

oder bei deren Fehlen aus dem Gesellschaftsvertrag zugrunde zu legen.[67] Bei Auslandsunternehmen ist die Angabe von Ort (Stadt) und Staat sinnvoll.

Der **Anteil am Kapital des Tochterunternehmens** ergibt sich als Summe aller **63** Anteile, die vom Konzernmutterunternehmen, allen in den Konzernabschluss einbezogenen Tochterunternehmen und von Dritten gehalten werden, die für Rechnung eines dieser Unternehmen handeln. Bei der Summenbildung werden die Anteile, die im Eigentum von Tochterunternehmen stehen, an denen selbst wiederum Minderheiten beteiligt sind, dem berichtenden Konzernmutterunternehmen voll und nicht quotal zugerechnet (§ 16 Abs. 4 AktG).[68] Einer Differenzierung danach, wer die Kapitalanteile hält, bedarf es nicht.[69] Der Anteil am Kapital des Tochterunternehmens ist als genauer Prozentsatz im Sinne einer Beteiligungsquote anzugeben. Stimmrechte spielen keine Rolle. Die Beteiligungsquote ergibt sich als Quotient aus dem Nennwert der gehaltenen Eigenkapitalanteile und, im Regelfall, dem gezeichneten Kapital.[70] Bei nennwertlosen Aktien ergibt sich die Beteiligungsquote aus dem Verhältnis der gehaltenen Aktienzahl und der Gesamtstückzahl (§ 16 Abs. 2 AktG). Halten Konzernunternehmen Anteile am Kapital einbezogener Unternehmen für Rechnung Dritter, sind diesbezüglich keine Angaben nach Nr. 1 S. 1 erforderlich. Diejenigen Anteile, die von nicht in den Konzernabschluss einbezogenen Tochterunternehmen gehalten werden, sind ebenfalls nicht zu berücksichtigen.[71]

Wenn die Einbeziehung des Tochterunternehmens in den Konzernabschluss nicht auf **64** einer Stimmrechtsmehrheit beruht (§ 290 Abs. 2 Nr. 1), sondern auf den Voraussetzungen des § 290 Abs. 2 Nr. 2–4 oder auf der Generalnorm des § 290 Abs. 1, so ist dieser **Konsolidierungsgrund zusätzlich** zu benennen. Derartige Sachverhalte kennzeichnen in der Praxis lediglich Ausnahmefälle, die deshalb als Regelabweichungen mit einer Angabepflicht einhergehen.[72]

b) Nicht einbezogene Tochterunternehmen (Abs. 2 Nr. 1 S. 2). In den Kon- **65** zernanhang sind die vorgenannten Angaben gem. Abs. 2 Nr. 1 S. 1 auch zu den **wegen § 296 nicht in den Konzernabschluss einbezogenen Tochterunternehmen** zu machen, obwohl sie konsolidierungstechnisch anders behandelt werden. Anstelle des etwaigen Konsolidierungsgrundes ist der Verzicht auf die Einbeziehung zu begründen (§ 296 Abs. 3).[73] Aus Gründen der Klarheit und Übersichtlichkeit sollte sich die Untergliederung der Angaben gem. Abs. 2 Nr. 1 S. 2 an den in § 296 genannten Sachverhalten orientieren.[74]

c) Assoziierte Unternehmen (Abs. 2 Nr. 2). Im Konzernanhang sind Angaben zu **66** **allen gem. § 311 Abs. 1 assoziierten Unternehmen** zu machen. Dies gilt unabhängig davon, ob diese Unternehmen mit der Muttergesellschaft oder mit einem vollkonsolidierten Tochterunternehmen assoziiert sind und ob sie im Konzernabschluss at equity oder zu Anschaffungskosten bilanziert werden. Werden sie gem. § 311 Abs. 2 aufgrund untergeordneter Bedeutung nicht at equity bilanziert, muss dies zusätzlich angegeben und begründet werden (Nr. 2 S. 2). Die Zurechnungsvorschriften des § 16 Abs. 2 und 4 AktG sind anzuwenden.[75] Diejenigen Unternehmen, die mit einem in den Konzernabschluss nicht einbezogenen Tochterunternehmen assoziiert sind, werden von den Angabepflichten nach Nr. 2 nicht berührt.

Anzugeben sind gem. Abs. 2 Nr. 2 S. 1 der **67**
– Name,
– Sitz und
– Anteil am Kapital der assoziierten Unternehmen.

---

[67] Staub/Kraft Rn. 107; Kölner Komm RechnungslegungsR/Scherrer Rn. 97.
[68] ADS Rn. 98; BeBiKo/Grottel Rn. 194.
[69] Biener/Bernecke BiRiLiG S. 384.
[70] Biener/Schatzmann S. 61; Kölner Komm RechnungslegungsR/Scherrer Rn. 99.
[71] ADS Rn. 97; Bonner HdR/Kirsch Rn. 138; BeBiKo/Grottel Rn. 195.
[72] WP-HdB G Rn. 681.
[73] WP-HdB G Rn. 682; aA ADS Rn. 102.
[74] BeBiKo/Grottel Rn. 200.
[75] Biener/Bernecke BiRiLiG S. 378, 381; BeBiKo/Grottel Rn. 205.

68   Die Angaben zu **Name, Sitz** und **Anteil am Kapital der assoziierten Unterneh-men** sind analog zu den Angaben gem. Abs. 2 Nr. 1 zu gestalten, so dass auf die dortigen Ausführungen verwiesen werden kann (→ Rn. 60 ff.). Diese Angabepflichten beschränken sich immer nur auf das assoziierte Unternehmen an sich, auch wenn es selbst ein Mutterun-ternehmen darstellt[76] und für die Equity-Bilanzierung dessen Konzernabschluss ausschlagge-bend ist (§ 312 Abs. 6). Weitere Angabepflichten für jedes wesentliche assoziierte Unterneh-men ergeben sich bei Anwendung der DRS aus den Vorschriften von DRS 8.48 f.

69   **d) Quotal konsolidierte Unternehmen (Abs. 2 Nr. 3).** In den Konzernanhang sind Angaben zu **allen gem. § 310 quotal konsolidierten Unternehmen** aufzunehmen. Dies gilt unabhängig davon, ob diese Unternehmen von der Muttergesellschaft oder einem vollkonsolidierten Tochterunternehmen gemeinsam mit Dritten geführt werden. Die Zurechnungsvorschriften des § 16 Abs. 2 und 4 AktG sind anzuwenden.[77] Der Rechtssyste-matik des § 313 Abs. 2 folgend, wären hier jedoch Angaben zu allen Gemeinschaftsunter-nehmen gem. § 310 Abs. 1 zu fordern. Ansonsten blieben hier nicht quotal konsolidierte Gemeinschaftsunternehmen außen vor.

70   Anzugeben sind gem. Abs. 2 Nr. 3 der
– Name,
– Sitz,
– Anteil am Kapital der quotal konsolidierten Unternehmen und
– der Tatbestand, aus dem sich die Anwendung der quotalen Konsolidierung gem. § 310 ergibt.

71   Die Angaben zu **Name, Sitz** und **Anteil am Kapital der quotal konsolidierten Unternehmen** sind analog zu den Angaben gem. Abs. 2 Nr. 1 zu gestalten, so dass auf die dortigen Ausführungen verwiesen werden kann (→ Rn. 60 ff.).

72   Gemäß Nr. 3 ist darüber hinaus der **Tatbestand** anzugeben, aus dem sich die Anwen-dung des § 310 ergibt. Bei strenger Orientierung am Gesetzestext wird es in diesem Zusam-menhang schon ausreichen, nur auf die gemeinsame Führung des quotal konsolidierten Unternehmens zusammen mit konzernfremden Dritten hinzuweisen.[78] Darüber hinausge-hende Angaben zu den genauen Umständen der gemeinsamen Führung sind aber im Sinne des in der Generalnorm vermittelten Lagebildes sinnvoll. Dazu zählen zB Angaben zu den gesellschaftsrechtlichen Grundlagen, vertraglichen Vereinbarungen oder faktischen Verhält-nissen, auf denen diese Führung beruht oder Angaben zu Zahl, Name und Sitz der konzern-fremden Unternehmen, die in die gemeinsame Führung mit eingebunden sind.[79]

73   Im Gegensatz zu den Angabepflichten bei assoziierten Unternehmen (→ Rn. 81 ff.) beschränken sich die Angabepflichten nach Abs. 2 Nr. 3 nicht nur auf das quotal konsoli-dierte Unternehmen an sich, wenn es **selbst wiederum Mutterunternehmen** ist. Um bei den Pflichtangaben zu den einbezogenen Unternehmen gem. Abs. 2 Nr. 1–3 wirklich alle Unternehmen zu erfassen, die in den Konzernabschluss einbezogen worden sind, müssen nach Abs. 2 Nr. 3 auch diejenigen Unternehmen berücksichtigt werden, die in den quotal konsolidierten Konzernabschluss einbezogen worden sind. Dies gilt für die dort einbezoge-nen vollkonsolidierten Tochterunternehmen und, streng genommen, auch für die dort berücksichtigten assoziierten[80] und quotal konsolidierten Unternehmen. Weitergehende Angabepflichten für jedes wesentliche Gemeinschaftsunternehmen ergeben sich zusätzlich bei Anwendung der DRS aus den Vorschriften von DRS 9.23, 25.

74   **e) Beteiligungen an anderen Unternehmen (Abs. 2 Nr. 4).** Bei Abs. 2 Nr. 4 han-delt es sich um einen **Auffangtatbestand.** Dieser soll sicherstellen, dass in dem Konzernan-hang auch Angaben über den sonstigen, von Abs. 2 Nr. 1–3 nicht betroffenen Anteilsbesitz

---

[76]   BeBiKo/Grottel Rn. 207, 246.
[77]   Biener/Bernecke BiRiLiG, 378, 381; BeBiKo/Grottel Rn. 210.
[78]   HdK/Dörner/Wirth Rn. 300.
[79]   ADS Rn. 109; WP-HdB G Rn. 686; v. Wysocki/Wohlgemuth/Brösel Konzernrechnungslegung Kap. XI.42.4.
[80]   BeBiKo/Grottel Rn. 247.

enthalten sind. Bis zur Änderung durch das BilRUG ergab sich dies explizit aus dem Wortlaut, nun aus der systematischen Stellung. Mit dieser Änderung ist die Angabepflicht zudem enger an § 285 Nr. 11 für den Anhang orientiert.[81] Diese Angaben gehen über die in Abs. 2 Nr. 1–3 verlangten Informationen hinaus und umfassen

– den Namen,
– den Sitz,
– den Anteil am Kapital dieser Unternehmen,
– die Höhe ihres Eigenkapitals und
– das Ergebnis ihres letzten Geschäftsjahres.

Das Mutterunternehmen, ein anderes in den Konzernabschluss einbezogenes Unter- **75** nehmen oder eine für Rechnung des Mutterunternehmens handelnde Person muss an den von Abs. 2 Nr. 4 betroffenen Unternehmen iSv § 271 Abs. 1 beteiligt sein. Streng genommen ist hierbei auf das Eigentum an diesen Kapitalanteilen abzustellen.[82] In Übereinstimmung mit Art. 28 Abs. 2 Bilanz-RL wurde die Angabepflicht durch das BilRUG auf Beteiligungen iSv § 271 Abs. 1 von Tochterunternehmen beschränkt, die unter Anwendung der Ausnahmeregeln des § 296 nicht vollkonsolidiert worden und somit in den Konzernabschluss einbezogen sind. Von nicht einbezogenen Tochterunternehmen oder assoziierten bzw. anteilsmäßig einbezogenen Unternehmen gehaltene Beteiligungen sind nicht mehr angabepflichtig.[83]

Die Angaben zu **Name, Sitz** und **Anteil am Kapital der Unternehmen,** an denen **76** eine Beteiligung iSv § 271 Abs. 1 besteht, sind analog zu den Angaben gem. Abs. 2 Nr. 1 zu gestalten, so dass auf die dortigen Ausführungen verwiesen werden kann (→ Rn. 76 ff.).

Gemäß Abs. 2 Nr. 4 ist für die betreffenden Unternehmen zusätzlich die **Höhe des** **77** **Eigenkapitals** und das **Ergebnis des letzten Geschäftsjahrs** anzugeben. Das bilanzielle Eigenkapital sowie der gesondert anzugebende Jahresüberschuss bzw. Jahresfehlbetrag bezieht sich auf das letzte Geschäftsjahr, für das ein Jahresabschluss aufgestellt worden ist. Liegt also zum Zeitpunkt der Erstellung des Konzernabschlusses noch kein aktueller Abschluss des betreffenden Unternehmens vor, ist auf den vorherigen Abschluss zurückzugreifen. Aus Gründen der Klarheit und Übersichtlichkeit sollte das zugrunde liegende Abschlussjahr angegeben werden.[84]

Bei **ausländischem Anteilsbesitz** ist zu beachten, dass die Jahresabschlüsse ggf. nach **78** anderen Rechnungslegungsregeln und nicht in EUR aufgestellt werden. Im Falle abweichender Rechnungslegungsregeln erscheint eine Überleitungsrechnung unter Kosten-Nutzen-Gesichtspunkten wenig sinnvoll und wegen des oft fehlenden Einflusses auch selten durchsetzbar. Im Falle ausländischer Währungen muss, wenn von einer Währungsumrechnung abgesehen wird, zumindest der Devisenkassamittelkurs am Konzernabschlussstichtag der Angabe hinzugefügt werden.[85]

Bezüglich der Angabepflichten zur Höhe des Eigenkapitals und zum Ergebnis des **79** letzten Geschäftsjahres kann auf die **Ausführungen zu § 285 Nr. 11** (→ § 285 Rn. 195 ff.) verwiesen werden. Durch das Kapitalgesellschaften- und Co-Richtlinie-Gesetz (KapCoRiLiG) vom 24.2.2000 (BGBl. 2000 I 154) war in § 313 Abs. 2 Nr. 4 ein § 285 Nr. 11 fast wortgleicher S. 2 eingefügt worden, der **weitere Angaben für Konzerne mit börsennotierten Mutter- und/oder Tochterunternehmen** vorsah. Mit dem BilRUG wurde diese Vorgabe in eine eigenständige Nr. 5 überführt, parallel zu § 285 Nr. 11 und Nr. 11b.

Die Angabepflichten von Abs. 2 Nr. 4 beschränken sich – analog zu den Angabepflich- **80** ten bei assoziierten Unternehmen (→ Rn. 81 ff.) – auf das betroffene Unternehmen an sich. Damit wären bei **Mutterunternehmen** die Angaben wohl dem Einzelabschluss zu entnehmen,[86] obwohl auch hier die Konzernabschlussdaten für die Vermittlung eines den

81 Begr. RegE BilRUG, BT-Drs. 18/4050, 73.
82 BeBiKo/Grottel Rn. 217.
83 Fink/Theile DB 2015, 753 (760); BeBiKo/Grottel Rn. 218.
84 HdK/Dörner/Wirth Rn. 307.
85 Busse v. Colbe/Müller/Reinhard Rn. 183; BeBiKo/Grottel Rn. 251.
86 BeBiKo/Grottel Rn. 245.

tatsächlichen Verhältnissen entsprechenden Bildes der Vermögens-, Finanz- und Ertragslage nützlichere Informationen enthalten.

81   f) Angaben zu Beteiligungen an großen Kapitalgesellschaften von börsennotierten Mutterunternehmen (Abs. 2 Nr. 5). Die Angabepflicht börsennotierter Konzernunternehmen zu Beteiligungen an großen Kapitalgesellschaften wurde mit dem **BilRUG** von Abs. 2 Nr. 4 in Nr. 5 ausgelagert, ebenso wie die Parallelvorschrift aus § 285 Nr. 11b. Gemäß Abs. 2 Nr. 4 S. 2 sind alle Beteiligungen an großen Kapitalgesellschaften, die nicht bereits unter die Angabepflichten von Abs. 2 Nr. 1–4 fallen, anzugeben, sofern sie von einem börsennotierten Mutterunternehmen, einem börsennotierten Tochterunternehmen oder einer für Rechnung dieser Unternehmen handelnden Person gehalten werden und 5% der Stimmrechte überschreiten (zum Begriff der Beteiligung → § 285 Rn. 227). Sollte die Beteiligung von einem börsennotierten Tochterunternehmen gehalten werden, ist es unerheblich, ob dieses Tochterunternehmen vollkonsolidiert wird oder nicht. Anders als in Abs. 2 Nr. 4 beschränken sich die Zusatzangaben in Abs. 2 Nr. 5 auf die Angabe der Beteiligung an sich, dh erst einmal nur auf den Namen der großen Kapitalgesellschaft. Die Angabe des Sitzes, des Stimmrechtsanteils sowie des Anteils am Kapital ist ebenfalls sinnvoll. Es ist nicht verlangt, die Höhe des Eigenkapitals und des Ergebnisses des letzten Geschäftsjahrs anzugeben.

82   g) Angaben zur Stellung als unbeschränkt haftender Gesellschafter (Abs. 2 Nr. 6). Nach Abs. 2 Nr. 6 sind zusätzliche Angaben zu anderen Unternehmen verlangt, für welche eine **unbeschränkte Gesellschafterhaftung des Mutterunternehmens** oder eines in den Konzernabschluss **einbezogenen Unternehmens** besteht. Darüber hinaus entsprechen die Angaben denen des Einzelabschlusses gem. § 285 Nr. 11a (→ § 285 Rn. 224).

83   h) Angaben zu Name und Sitz des übergeordneten Mutterunternehmens (Abs. 2 Nr. 7–8). Abs. 2 Nr. 7–8 verlangt zusätzliche Angaben, wenn das angabepflichtige Mutterunternehmen zugleich Tochterunternehmen eines dritten Unternehmens ist. Zur Offenlegung der Konzernverbindungen sind daher Angaben zum **größten** (Nr. 7, idR die Konzernspitze) bzw. **kleinsten Konsolidierungskreis** (Nr. 8) erforderlich. Dabei sind jeweils Name und Sitz des übergeordneten Mutterunternehmens anzugeben, dazu der Ort, wo deren Jahresabschlüsse erhältlich sind. Die mit dem BilRUG eingeführten Angabepflichten gleichen denen des Jahresabschlusses, worin ebenfalls Angaben zum größten und kleinsten Mutterunternehmen gem. **§ 285 Nr. 14, 14a** im Anhang erforderlich sind. Da Nr. 7 und 8 diesen Vorschriften inhaltlich entsprechen, kann insoweit auf sie verwiesen werden[87] (→ § 285 Rn. 245 ff.).

VI. Unterlassen von Angaben zum Konsolidierungskreis und Konzernbeteiligungen (Abs. 3)

84   1. Ausnahmeregelung bei erheblicher Nachteilszufügung (S. 1–3). Abs. 3 enthält eine **Ausnahmeregelung,** die sich auf die Pflichtangaben gem. Abs. 2, nicht jedoch auf diejenigen gem. Abs. 1 oder sonstiger Vorschriften bezieht. Gemäß Abs. 3 S. 1 können die in Abs. 2 verlangten Angaben in Ausnahmefällen[88] unterlassen werden, sofern nach vernünftiger kaufmännischer Beurteilung damit gerechnet werden muss, dass dadurch entweder dem Mutterunternehmen, einem Tochterunternehmen oder einem sonstigen, in Abs. 2 bezeichneten Unternehmen erhebliche Nachteile entstehen. Nicht anzuwenden ist die Schutzklausel gem. Abs. 3 S. 3 dagegen regelmäßig, wenn das Mutter- oder eines seiner Tochterunternehmen kapitalmarktorientiert iSd § 264d sind, wenn also das Mutterunternehmen selbst oder eines seiner Tochterunternehmen Wertpapiere an einem organisierten Markt iSd § 2 Abs. 11 WpHG ausgegeben hat oder eine entsprechende Zulassung beantragt

---

[87]   Rimmelspacher/Meyer DB 2015, Beil. 5, 23 (35).
[88]   v. Wysocki/Wohlgemuth/Brösel Konzernrechnungslegung Kap. XI.4.2.6.

worden ist. Diese mit dem TransPuG eingeführte und durch das BilMoG modifizierte Ausnahmeregelung für kapitalmarktorientierte Unternehmen wird damit begründet, dass in diesen Fällen das Interesse der Abschlussadressaten an einer ausreichenden Information durch den Konzernabschluss die Interessen der Unternehmen iSd Abs. 2 überwiegt.[89]

Die **erhebliche Nachteilszufügung** bezieht sich nicht auf den Konzern als solchen. Es **85** reicht aus, wenn bereits einem einzigen der unter Abs. 2 Nr. 1–8 genannten Unternehmen erhebliche Nachteile entstehen. In dieser Logik kann sich die Erheblichkeit auch nur auf das jeweils von Nachteilen betroffene Unternehmen beziehen.[90] Die Frage, wann die Nachteile erheblich sind, beantwortet sich somit nicht aus der Sicht des gesamten Konzerns. Im Rahmen der Überprüfung der Voraussetzungen für Abs. 3 S. 1 ist eine Abwägung mit den von der Unterlassung möglicherweise betroffenen „Gemeinwohlinteressen" nicht explizit vorgesehen.[91] Berücksichtigt man den Informationszweck des Konzernabschlusses, erscheint aber zumindest eine Güterabwägung zwischen den erheblichen Nachteilen der betroffenen Unternehmen und den Informationsinteressen der Adressaten, zB der Kapitalgeber, geboten.[92] Zur weiteren Konkretisierung des Nachteilsbegriffs und des Erheblichkeitskriteriums sei auf die Ausführungen zu § 286 Abs. 3 S. 1 Nr. 2 verwiesen (→ § 286 Rn. 48, → § 286 Rn. 28 ff.).

Maßstab für eine erhebliche Nachteilszufügung ist eine **vernünftige kaufmännische 86 Beurteilung.** Zur Auslegung dieses unbestimmten Rechtsbegriffs sei auf die Ausführungen zu § 253 verwiesen (→ § 253 Rn. 83 ff.).

Im Falle einer antizipierten Nachteilszufügung können die Angaben **insoweit** unterlas- **87** sen werden. Demnach sind nicht alle unter § 313 Abs. 2 Nr. 1–8 erforderlichen Angaben zu unterlassen, sondern nur die, die für diese Nachteilszufügung verantwortlich wären.

Die Anwendung dieser Schutzklausel ist gem. Abs. 3 S. 2 im **Konzernanhang anzu- 88 geben.** Diese Angabe kann so restriktiv erfolgen, wie es zur Vermeidung der Nachteilszufügung notwendig ist. Der bloße Hinweis auf die Tatsache der Inanspruchnahme muss demnach reichen. Auf die konkret unterlassenen Angaben oder auch auf die Art der konkret unterlassenen Angaben sowie auf die Gründe für die Inanspruchnahme der Schutzklausel braucht nicht hingewiesen zu werden.[93]

2. Unterlassen von Angaben über Unternehmen nach Abs. 2 Nr. 4, 5 bei 89 untergeordneter Bedeutung (Abs. 3 S. 4). Über Unternehmen von untergeordneter Bedeutung existiert in Abs. 3 S. 4 eine Ausnahmeklausel. Hiernach können die Angaben nach Abs. 2 Nr. 4, 5 entfallen, wenn sie für die Vermittlung eines den tatsächlichen Verhältnissen entsprechenden Bildes der Vermögens-, Finanz- und Ertragslage des Konzerns von untergeordneter Bedeutung sind. Im Gegensatz zu Abs. 2 Nr. 1–3 und Nr. 6–8 gilt für Abs. 2 Nr. 4 und Nr. 5 insofern der Grundsatz der Wesentlichkeit (→ Rn. 73). Jedes einzelne der durch Abs. 2 Nr. 4 und 5 betroffenen Unternehmen ist auf seine Bedeutung für die Lage des gesamten Konzerns hin zu überprüfen. Selbst wenn einzelne Unternehmen von untergeordneter Bedeutung sind, können sie zusammen durchaus Bedeutung erlangen und diesbezügliche Angaben im Konzernanhang rechtfertigen.[94] Zur weiteren Auslegung kann auf die Ausführungen zu dem ähnlich formulierten § 286 Abs. 3 S. 1 Nr. 1 verwiesen werden (→ § 286 Rn. 41 ff.).

3. Unterlassen von Angaben über nicht offenlegungspflichtige Unternehmen 90 nach Abs. 2 Nr. 4 (Abs. 3 S. 5). Eine **weitere Ausnahmeklausel** besteht für Konzernbeteiligungen an anderen Unternehmen iSv § 271 Abs. 1. Die Angaben zur Höhe des Eigenkapitals und zum Ergebnis des letzten Geschäftsjahres können unterlassen werden,

---

89   Begr. RegE TransPuG, BT-Drs. 1487/69, 27.
90   BeBiKo/Grottel Rn. 292.
91   Dennoch fordernd ADS Rn. 124.
92   BeBiKo/Grottel Rn. 292.
93   Busse v. Colbe/Müller/Reinhard Rn. 184; Kölner Komm RechnungslegungsR/Scherrer Rn. 124.
94   ADS Rn. 115; BeBiKo/Grottel Rn. 296; Staub/Kraft Rn. 120; Kölner Komm RechnungslegungsR/ Scherrer Rn. 112.

wenn das in Anteilsbesitz stehende Unternehmen, zB als kleine Personenhandelsgesellschaft, nicht zur Offenlegung seines Abschlusses verpflichtet ist. Wegen der Parallele zu § 286 Abs. 3 S. 1 Nr. 2 sei auf die dortigen Ausführungen verwiesen (→ § 286 Rn. 47 ff.).

91   **4. Schutzklausel gem. § 286 Abs. 1 analog.** Eine Schutzklausel zum Wohl der Bundesrepublik Deutschland oder eines ihrer Länder, wie sie für den Anhang des Einzelabschlusses in § 286 Abs. 1 existiert, ist für die Berichterstattung im Konzernanhang nicht vorgesehen. Gegen eine analoge Anwendung von § 286 Abs. 1 könnte zunächst sprechen, dass in § 313 Abs. 3 Ausnahmeregelungen vorgesehen und jüngst mit dem BilRUG erweitert worden sind, die sich zum Teil mit § 286 Abs. 2–4 überschneiden. Für eine analoge Anwendung dieser Schutzklausel auf den Konzernanhang spricht gleichwohl, dass dennoch von einer unbewussten Regelungslücke auszugehen ist und auch hier ein entsprechendes Allgemeininteresse an Geheimhaltung bestehen kann.[95] Daher hat die Berichterstattung im Konzernanhang zu unterbleiben, soweit es für das **Wohl der Bundesrepublik Deutschland oder eines ihrer Länder,** nicht hingegen eines ausländischen Staates erforderlich ist. Diese Klausel sollte jedoch eng ausgelegt werden[96] und dürfte keine große praktische Bedeutung besitzen.[97]

VII. Angaben über die Entwicklung des Anlagevermögens und die Aktivierung von Fremdkapitalzinsen (Abs. 4)

92   Die Einfügung von Abs. 4 ist eine Änderung infolge der Verschiebung des **Anlagespiegels** von § 268 Abs. 2 aF nach § 284 Abs. 3 und der Streichung des Ausweiswahlrechts durch das **BilRUG.**[98] Dadurch wird die diesbezügliche Angabepflicht für Konzerne nicht mehr vom Verweis in § 298 Abs. 1 erfasst. Inhaltlich kann auf die Ausführungen zu § 284 Abs. 3 verwiesen werden (→ § 284 Rn. 124).

93   Weiterhin gilt die Angabepflicht der Einbeziehung von Zinsen für Fremdkapital in die Herstellungskosten iSv § 284 Abs. 2 Nr. 4 nach dem BilRUG nun auch explizit für den Konzernanhang. Diese Einbeziehung in die Herstellungskosten stellt ein Bewertungswahlrecht nach § 255 Abs. 3 dar und wäre daher ohnehin nach § 313 Abs. 1 S. 3 Nr. 1 angabepflichtig; inhaltliche Veränderungen ergeben sich daher mit dieser Neuregelung nicht.[99]

VIII. Sanktionen

94   Wie im Falle des Anhangs zum Einzelabschluss (→ § 284 Rn. 125 ff.) können Verstöße gegen die Vorschriften zum Konzernanhang **strafrechtliche** Sanktionen gem. § 331 Nr. 3 und § 400 Abs. 1 Nr. 1 AktG sowie **ordnungswidrigkeitenrechtliche** Sanktionen gem. § 334 Abs. 1 Nr. 2 lit. f nach sich ziehen.

95   Der **Abschlussprüfer** muss nach § 321 Abs. 1 S. 3 über Verstöße gegen die gesetzlichen Konzernanhangpflichten **berichten,** wenn er solche bei der Durchführung der Prüfung feststellt. Bei wesentlichen und nicht nur geringfügigen Beanstandungen[100] hat der Konzernabschlussprüfer gem. § 322 Abs. 4 den **Bestätigungsvermerk** für den Konzernabschluss **einzuschränken.** Ein solch wesentlicher Verstoß liegt zB bei Fehlen der nach § 314 Abs. 1 Nr. 8 notwendigen Angabe der Entsprechenserklärung iSd § 161 AktG vor.[101] Von dem fehlerhaften Konzernanhang bleibt die Ordnungsmäßigkeit der Einzelabschlüsse grundsätzlich unberührt.[102]

96   Im Gegensatz zum Jahresabschluss, der bei Fehlen des Anhangs gem. § 256 AktG (analog) nichtig ist (→ § 284 Rn. 126), bleibt der Konzernbericht bei Fehlen des Konzernanhangs wirksam. Grund hierfür ist, dass der Konzernanhang gem. § 171 Abs. 1 S. 1 AktG

95   IErg ebenso BeBiKo/Grottel Rn. 7, § 314 Rn. 5.
96   Selchert/Karsten BB 1985, 1890.
97   Biener/Bernecke BiRiLiG S. 272.
98   Vgl. Begr. RegE, BT-Drs. 18/4050, 50.
99   Rimmelspacher/Meyer DB 2015 Beil. 5, 23 (35).
100   Vgl. IDW PS 405 Rn. 10 ff., IDW Life 2018, 101 (104 f.).
101   Begr. RegE TransPuG, BT-Drs. 14/8769, 25.
102   Ammermann/Ravenstein WPg 2008, 690 (691).

lediglich vom Aufsichtsrat des Mutterunternehmens zu prüfen, aber nicht feststellungsfähig iSd § 256 AktG ist.[103] § 256 AktG ist mangels vergleichbarer Sachlage auch nicht analog auf den Konzernabschluss anwendbar, da dessen vorrangiger Informationsfunktion durch die Behebung des Fehlers in laufender Rechnung Genüge getan werden kann.[104]

IX. Konzernanhang nach IAS/IFRS

1. Allgemeines. Innerhalb eines IFRS-Konzernabschlusses bilden die **notes** zusam- **97** men mit den Rechenwerken (GuV, Bilanz, Kapitalflussrechnung, Eigenkapitalveränderungsrechnung) die gleichbedeutend nebeneinanderstehenden Pflichtbestandteile eines IFRS-Konzernabschlusses (IAS 1.10).[105] Die notes lassen sich dabei in wesentlichen Rechnungslegungsmethoden (accounting policies) und erläuternde Angaben (explanatory notes) unterteilen (IAS 1.10 lit. e).[106]

Die gesamte Rechnungslegung dient nach IFRS der **Vermittlung entscheidungsre- 98 levanter Informationen** (decision-usefulness).[107] Mit dem Konzernabschluss sollen die Adressaten über die Vermögens- und Finanzlage sowie Leistungsfähigkeit des Konzerns als wirtschaftliche Einheit informiert werden, um ihre ökonomischen Entscheidungen treffen zu können (IASB, Framework 12). Dieser monovalente Zweck gilt für den Konzernabschluss in seiner Gesamtheit und für jeden seiner Bestandteile, damit auch für die notes.

Die notes sollen die Rechenwerke **erläutern, ergänzen und entlasten.** In diesen **99** drei Subzwecken stimmen die notes und der handelsrechtliche Konzernanhang überein (→ § 313 Rn. 17).[108] Die notes erfüllen jedoch keinen Korrekturzweck (IAS 1.18),[109] da jeder Abschlussbestandteil und damit auch die Rechenwerke für sich gesehen den Informationszweck erfüllen und ein den tatsächlichen Verhältnissen entsprechendes Bild der Vermögens-, Finanz- und Ertragslage des Konzerns vermitteln müssen.

Die Berichterstattung in den notes hat im Vergleich zum Konzernanhang ähnlichen **100 Anforderungen,** allerdings unter stärkerer Betonung der wirtschaftlichen Betrachtungsweise (substance over form), zu genügen (→ § 313 Rn. 23 ff.).[110] Der zentrale Grundsatz des „true and fair view" bzw. der „fair presentation" bildet die übergeordnete Leitlinie der gesamten IFRS-Berichterstattung (IAS 1.15). Anders als die Generalnorm des § 297 Abs. 2 S. 2 wird dieser Grundsatz nicht durch zwingend zu beachtende GoB relativiert. In seltenen Einzelfällen rechtfertigt er sogar eine mit zusätzlichen Angabepflichten einhergehende Abkehr von irreführenden (misleading) Regeln (IAS 1.19 ff.). Damit der Konzernabschluss und seine Bestandteile diesem Grundsatz entsprechen, haben sie qualitativen Anforderungen zu genügen. So haben Informationen in den notes, wie in allen anderen Abschlussbestandteilen, verständlich, vergleichbar, vor allem aber relevant und zuverlässig zu sein. Die beiden letzten Kriterien werden weiter konkretisiert durch die Sekundärgrundsätze der Wesentlichkeit sowie Richtigkeit, wirtschaftlichen Betrachtungsweise, Willkürfreiheit, Vorsicht und Vollständigkeit.[111]

Die notes sind grundlegend in **IAS 1** (Presentation of Financial Statements) geregelt. **101** Dort finden sich konkrete Vorgaben zu Aufbau und Inhalt. Der Kasuistik der IFRS entsprechend, finden sich viele Angabepflichten aber auch in den einzelnen IFRS im Rahmen der jeweils dort behandelten Rechnungslegungsbereiche.[112] Die jeweiligen Standards führen

---

[103]   BGH AG 2008, 325; OLG Frankfurt a. M. AG 2007, 282 f.
[104]   BGH AG 2008, 325; Hennrichs ZHR 2004, 383 (397); Koch AktG § 256 Rn. 3; aA K. Schmidt/
        Lutter/Schwab AktG § 256 Rn. 3.
[105]   IFRS-Komm/Baetge/Kirsch/Wollmert/Brüggemann Teil A Kap. II Rn. 8; MüKoBilanzR/Zülch/
        Fischer IAS 1 Rn. 14.
[106]   Baetge/Kirsch/Thiele Konzernbilanzen 523.
[107]   Ausf. zu den Zwecken eines IFRS-Abschlusses IFRS-Komm/Baetge/Kirsch/Wollmert/Brüggemann
        Teil A Kap. II Rn. 1–7; PFGS IntRechnungslegung 3. Kap. 2 S. 100 ff.
[108]   Krawitz, Anhang und Lagebericht nach IFRS, 2005, S. 16.
[109]   IFRS-Komm/Baetge/Kirsch/Wollmert/Brüggemann Teil A Kap. II Rn. 9.
[110]   Busse v. Colbe/Seeberg Rn. 1.1.
[111]   IASB Framework 13–41; PFGS IntRechnungslegung 3. Kap. 3.2 S. 106 ff.
[112]   Heering/Heering StuB 2004, 149 (150 f.).

die notwendigen Angabepflichten idR gesondert unter der Überschrift „disclosure" auf. Der Disclosure-Begriff wird vielfach synonym zu den notes benutzt. Den zT sehr detaillierten und umfangreichen Angabepflichten kann idR innerhalb der Rechenwerke oder in den notes entsprochen werden.[113]

102   Wie beim HGB-Konzernanhang existieren **Pflichtangaben** und **Wahlpflichtangaben,** die durch **freiwillige Angaben** ergänzt werden können (→ § 313 Rn. 20). Obwohl die notes keinen Korrekturzweck erfüllen, können **zusätzliche Angaben** innerhalb der notes zur Vermittlung eines den tatsächlichen Verhältnissen entsprechenden Bildes notwendig sein (IAS 1.17 (c)).

103   Die notes haben gem. IAS 1.112 folgende drei **Gruppen von Informationen** zu enthalten:

– Informationen über die Grundlagen der Aufstellung des Abschlusses und die besonderen Bilanzierungs- und Bewertungsmethoden, die bei bedeutsamen Geschäftsvorfällen und Ereignissen angewendet worden sind;
– Informationen, die von den IFRS verlangt, aber an keiner anderen Stelle im Abschluss präsentiert werden;
– zusätzliche Informationen, die nicht im Abschluss präsentiert werden, zur Vermittlung eines den tatsächlichen Verhältnissen entsprechenden Bildes aber notwendig sind.

104   Für die **Form** der Darstellung der notes existieren keine zwingenden Vorgaben. Gemäß IAS 1 müssen die notes aber als solche klar identifizierbar sein (IAS 1.49), einen systematischen Aufbau erkennen lassen und durch Referenzverweise mit den jeweils betroffenen Posten der Rechenwerke verbunden sein (IAS 1.113). Dabei können die Angaben in den notes beispielsweise in der folgenden, keineswegs zwingenden Reihenfolge präsentiert werden (IAS 1.114 lit. c):

a) Bestätigung der Übereinstimmung des Jahresabschlusses mit den IFRS;
b) Erläuterung der angewendeten Bilanzierungs- und Bewertungsmethoden;
c) Ergänzende Informationen zu einzelnen Posten der Rechenwerke;
d) andere Angaben.

105   Die **Reihenfolge** der Angaben in den notes bestimmt sich letztlich nach Zweckmäßigkeitserwägungen, solange ein systematischer Aufbau gewahrt bleibt. Eine Darstellung ist etwa auch nach besonderer Relevanz für den Nutzer oder mit einer Zusammenfassung nach gleichen Bewertungsmaßstäben möglich (IAS 1.114 lit. a und lit. b).[114] Es ist auch möglich, die Erläuterungen der angewendeten Bilanzierungs- und Bewertungsmethoden als eigenen, separaten Bestandteil des Konzernabschlusses zu präsentieren (IAS 1.116).

106   **2. Inhalt.** Eine Differenzierung der Anhangangaben nach Einzel- und Konzernabschluss – so wie sie das HGB kennt – ist den IFRS fremd. Mit Ausnahme konzernspezifischer Vorschriften gelten die in den IFRS konkretisierten Abbildungsregeln und Angabepflichten **für Einzel- und Konzernabschluss** grundsätzlich **gleichermaßen** (→ § 284 Rn. 127 ff.).

107   **Konzernspezifische Angaben** ergeben sich nach IFRS aus den Besonderheiten des Konzernabschlusses. Im Wesentlichen geht es hier um die Abgrenzung des Konsolidierungskreises, die Währungsumrechnung, die Konsolidierungsmethodik sowie Angaben über Beziehungen zu nahestehenden Unternehmen und Personen. Die zusätzlichen Angabepflichten ergeben sich im Wesentlichen aus IAS 21 (The Effects of Changes in Foreign Exchange Rates), IFRS 3 (Business Combinations), IAS 24 (Related Party Disclosures),[115] und insbesondere dem neugefassten IFRS 12, der alle erforderlichen Anhangangaben zu den Standards IFRS 10 (Consolidated Financial Statements), IFRS 11 (Joint Arrangements), IAS 27 (Separate Financial Statements) und IAS 28 (Investments in Associates and Joint Ventures) zusammenfügt.[116]

---

[113]   Achleitner/Pejic DB 1996, 2040 ff.
[114]   Beck IFRS-HdB/Driesch § 19 Rn. 11.
[115]   Dazu Beck IFRS-HdB/Senger/Prengel § 20 Rn. 40.
[116]   S. für eine genaue Aufzählung der einschlägigen Vorschriften die Auflistung bei Baetge/Kirsch/Thiele/Müller Bilanzrecht § 313 Rn. 512; sowie allg. zu den IAS/IFRS-Anhangangaben die Listen bei IFRS-Komm/Wollmert/Bischof Teil C Anhang I; Beck IFRS-HdB/Driesch Anlage: IFRS-Anhangscheckliste.

§ 314 Sonstige Pflichtangaben

(1) Im Konzernanhang sind ferner anzugeben:

1. der Gesamtbetrag der in der Konzernbilanz ausgewiesenen Verbindlichkeiten mit einer Restlaufzeit von mehr als fünf Jahren sowie der Gesamtbetrag der in der Konzernbilanz ausgewiesenen Verbindlichkeiten, die von in den Konzernabschluß einbezogenen Unternehmen durch Pfandrechte oder ähnliche Rechte gesichert sind, unter Angabe von Art und Form der Sicherheiten;

2. Art und Zweck sowie Risiken, Vorteile und finanzielle Auswirkungen von nicht in der Konzernbilanz enthaltenen Geschäften des Mutterunternehmens und der in den Konzernabschluss einbezogenen Tochterunternehmen, soweit die Risiken und Vorteile wesentlich sind und die Offenlegung für die Beurteilung der Finanzlage des Konzerns erforderlich ist;

2a. der Gesamtbetrag der sonstigen finanziellen Verpflichtungen, die nicht in der Konzernbilanz enthalten sind und die nicht nach § 298 Absatz 1 in Verbindung mit § 268 Absatz 7 oder nach Nummer 2 anzugeben sind, sofern diese Angabe für die Beurteilung der Finanzlage des Konzerns von Bedeutung ist; davon sind Verpflichtungen betreffend die Altersversorgung sowie Verpflichtungen gegenüber Tochterunternehmen, die nicht in den Konzernabschluss einbezogen werden, oder gegenüber assoziierten Unternehmen jeweils gesondert anzugeben;

3. die Aufgliederung der Umsatzerlöse des Konzerns nach Tätigkeitsbereichen sowie nach geografisch bestimmten Märkten, soweit sich unter Berücksichtigung der Organisation des Verkaufs, der Vermietung oder Verpachtung von Produkten und der Erbringung von Dienstleistungen des Konzerns die Tätigkeitsbereiche und geografisch bestimmten Märkte untereinander erheblich unterscheiden;

4. die durchschnittliche Zahl der Arbeitnehmer der in den Konzernabschluss einbezogenen Unternehmen während des Geschäftsjahrs, getrennt nach Gruppen und gesondert für die nach § 310 nur anteilmäßig konsolidierten Unternehmen, sowie, falls er nicht gesondert in der Konzern-Gewinn- und Verlustrechnung ausgewiesen ist, der in dem Geschäftsjahr entstandene gesamte Personalaufwand, aufgeschlüsselt nach Löhnen und Gehältern, Kosten der sozialen Sicherheit und Kosten der Altersversorgung;

5. *[aufgehoben]*

6. für die Mitglieder des Geschäftsführungsorgans, eines Aufsichtsrats, eines Beirats oder einer ähnlichen Einrichtung des Mutterunternehmens, jeweils für jede Personengruppe:

   a) die für die Wahrnehmung ihrer Aufgaben im Mutterunternehmen und den Tochterunternehmen im Geschäftsjahr gewährten Gesamtbezüge (Gehälter, Gewinnbeteiligungen, Bezugsrechte und sonstige aktienbasierte Vergütungen, Aufwandsentschädigungen, Versicherungsentgelte, Provisionen und Nebenleistungen jeder Art). In die Gesamtbezüge sind auch Bezüge einzurechnen, die nicht ausgezahlt, sondern in Ansprüche anderer Art umgewandelt oder zur Erhöhung anderer Ansprüche verwendet werden. Außer den Bezügen für das Geschäftsjahr sind die weiteren Bezüge anzugeben, die im Geschäftsjahr gewährt, bisher aber in keinem Konzernabschluss angegeben worden sind. Bezugsrechte und sonstige aktienbasierte Vergütungen sind mit ihrer Anzahl und dem beizulegenden Zeitwert zum Zeitpunkt ihrer Gewährung anzugeben; spätere Wertveränderungen, die auf einer Änderung der Ausübungsbedingungen beruhen, sind zu berücksichtigen.

   b) die für die Wahrnehmung ihrer Aufgaben im Mutterunternehmen und den Tochterunternehmen gewährten Gesamtbezüge (Abfindungen, Ruhegehälter, Hinterbliebenenbezüge und Leistungen verwandter Art) der früheren Mitglieder der bezeichneten Organe und ihrer Hinterbliebenen; Buchstabe a Satz 2 und 3 ist entsprechend anzuwenden. Ferner ist der Betrag der für diese Personengruppe gebildeten Rückstellungen für laufende Pensionen und Anwartschaften auf Pensionen und der Betrag der für diese Verpflichtungen nicht gebildeten Rückstellungen anzugeben;

c) die vom Mutterunternehmen und den Tochterunternehmen gewährten Vorschüsse und Kredite unter Angabe der gegebenenfalls im Geschäftsjahr zurückgezahlten oder erlassenen Beträge sowie die zugunsten dieser Personen eingegangenen Haftungsverhältnisse;

7.   der Bestand an Anteilen an dem Mutterunternehmen, die das Mutterunternehmen oder ein Tochterunternehmen oder ein anderer für Rechnung eines in den Konzernabschluß einbezogenen Unternehmens erworben oder als Pfand genommen hat; dabei sind die Zahl und der Nennbetrag oder rechnerische Wert dieser Anteile sowie deren Anteil am Kapital anzugeben;

7a. die Zahl der Aktien jeder Gattung der während des Geschäftsjahrs im Rahmen des genehmigten Kapitals gezeichneten Aktien des Mutterunternehmens, wobei zu Nennbetragsaktien der Nennbetrag und zu Stückaktien der rechnerische Wert für jede von ihnen anzugeben ist;

7b. das Bestehen von Genussscheinen, Wandelschuldverschreibungen, Optionsscheinen, Optionen oder vergleichbaren Wertpapieren oder Rechten, aus denen das Mutterunternehmen verpflichtet ist, unter Angabe der Anzahl und der Rechte, die sie verbriefen;

8.   für jedes in den Konzernabschluss einbezogene börsennotierte Unternehmen, dass die nach § 161 des Aktiengesetzes vorgeschriebene Erklärung abgegeben und wo sie öffentlich zugänglich gemacht worden ist;

9.   das von dem Abschlussprüfer des Konzernabschlusses für das Geschäftsjahr berechnete Gesamthonorar, aufgeschlüsselt in das Honorar für
a) die Abschlussprüfungsleistungen,
b) andere Bestätigungsleistungen,
c) Steuerberatungsleistungen,
d) sonstige Leistungen;

10. für zu den Finanzanlagen (§ 266 Abs. 2 A. III.) gehörende Finanzinstrumente, die in der Konzernbilanz über ihrem beizulegenden Zeitwert ausgewiesen werden, da eine außerplanmäßige Abschreibung gemäß § 253 Absatz 3 Satz 6 unterblieben ist,
a) der Buchwert und der beizulegende Zeitwert der einzelnen Vermögensgegenstände oder angemessener Gruppierungen sowie
b) die Gründe für das Unterlassen der Abschreibung einschließlich der Anhaltspunkte, die darauf hindeuten, dass die Wertminderung voraussichtlich nicht von Dauer ist;

11. für jede Kategorie nicht zum beizulegenden Zeitwert bilanzierter derivativer Finanzinstrumente
a) deren Art und Umfang,
b) deren beizulegender Zeitwert, soweit er sich nach § 255 Abs. 4 verlässlich ermitteln lässt, unter Angabe der angewandten Bewertungsmethode,
c) deren Buchwert und der Bilanzposten, in welchem der Buchwert, soweit vorhanden, erfasst ist, sowie
d) die Gründe dafür, warum der beizulegende Zeitwert nicht bestimmt werden kann;

12. für mit dem beizulegenden Zeitwert bewertete Finanzinstrumente
a) die grundlegenden Annahmen, die der Bestimmung des beizulegenden Zeitwertes mit Hilfe allgemein anerkannter Bewertungsmethoden zugrunde gelegt wurden, sowie

b) Umfang und Art jeder Kategorie derivativer Finanzinstrumente einschließlich der wesentlichen Bedingungen, welche die Höhe, den Zeitpunkt und die Sicherheit künftiger Zahlungsströme beeinflussen können;

13. zumindest die nicht zu marktüblichen Bedingungen zustande gekommenen Geschäfte des Mutterunternehmens und seiner Tochterunternehmen, soweit sie wesentlich sind, mit nahe stehenden Unternehmen und Personen, einschließlich Angaben zur Art der Beziehung, zum Wert der Geschäfte sowie weiterer Angaben, die für die Beurteilung der Finanzlage des Konzerns notwendig sind; ausgenommen sind Geschäfte zwischen in einen Konzernabschluss einbezogenen nahestehenden Unternehmen, wenn diese Geschäfte bei der Konsolidierung weggelassen werden; Angaben über Geschäfte können nach Geschäftsarten zusammengefasst werden, sofern die getrennte Angabe für die Beurteilung der Auswirkungen auf die Finanzlage des Konzerns nicht notwendig ist;

14. im Fall der Aktivierung nach § 248 Abs. 2 der Gesamtbetrag der Forschungs- und Entwicklungskosten des Geschäftsjahres der in den Konzernabschluss einbezogenen Unternehmen sowie der davon auf die selbst geschaffenen immateriellen Vermögensgegenstände des Anlagevermögens entfallende Betrag;

15. bei Anwendung des § 254 im Konzernabschluss,
    a) mit welchem Betrag jeweils Vermögensgegenstände, Schulden, schwebende Geschäfte und mit hoher Wahrscheinlichkeit erwartete Transaktionen zur Absicherung welcher Risiken in welche Arten von Bewertungseinheiten einbezogen sind sowie die Höhe der mit Bewertungseinheiten abgesicherten Risiken;
    b) für die jeweils abgesicherten Risiken, warum, in welchem Umfang und für welchen Zeitraum sich die gegenläufigen Wertänderungen oder Zahlungsströme künftig voraussichtlich ausgleichen einschließlich der Methode der Ermittlung;
    c) eine Erläuterung der mit hoher Wahrscheinlichkeit erwarteten Transaktionen, die in Bewertungseinheiten einbezogen wurden,
    soweit die Angaben nicht im Konzernlagebericht gemacht werden;

16. zu den in der Konzernbilanz ausgewiesenen Rückstellungen für Pensionen und ähnliche Verpflichtungen das angewandte versicherungsmathematische Berechnungsverfahren sowie die grundlegenden Annahmen der Berechnung, wie Zinssatz, erwartete Lohn- und Gehaltssteigerungen und zugrunde gelegte Sterbetafeln;

17. im Fall der Verrechnung von in der Konzernbilanz ausgewiesenen Vermögensgegenständen und Schulden nach § 246 Abs. 2 Satz 2 die Anschaffungskosten und der beizulegende Zeitwert der verrechneten Vermögensgegenstände, der Erfüllungsbetrag der verrechneten Schulden sowie die verrechneten Aufwendungen und Erträge; Nummer 12 Buchstabe a ist entsprechend anzuwenden;

18. zu den in der Konzernbilanz ausgewiesenen Anteilen an Sondervermögen im Sinn des § 1 Absatz 10 des Kapitalanlagegesetzbuchs oder Anlageaktien an Investmentaktiengesellschaften mit veränderlichem Kapital im Sinn der §§ 108 bis 123 des Kapitalanlagegesetzbuchs oder vergleichbaren EU-Investmentvermögen oder vergleichbaren ausländischen Investmentvermögen von mehr als dem zehnten Teil, aufgegliedert nach Anlagezielen, deren Wert im Sinn der §§ 168, 278 oder 286 Absatz 1 des Kapitalanlagegesetzbuchs oder vergleichbarer ausländischer Vorschriften über die Ermittlung des Marktwertes, die Differenz zum Buchwert und die für das Geschäftsjahr erfolgte Ausschüttung sowie Beschränkungen in der Möglichkeit der täglichen Rückgabe; darüber hinaus die Gründe dafür, dass eine Abschreibung gemäß § 253 Absatz 3 Satz 6 unter-

blieben ist, einschließlich der Anhaltspunkte, die darauf hindeuten, dass die Wertminderung voraussichtlich nicht von Dauer ist; Nummer 10 ist insoweit nicht anzuwenden;

19. für nach § 268 Abs. 7 im Konzernanhang ausgewiesene Verbindlichkeiten und Haftungsverhältnisse die Gründe der Einschätzung des Risikos der Inanspruchnahme;

20. jeweils eine Erläuterung des Zeitraums, über den ein entgeltlich erworbener Geschäfts- oder Firmenwert abgeschrieben wird;

21. auf welchen Differenzen oder steuerlichen Verlustvorträgen die latenten Steuern beruhen und mit welchen Steuersätzen die Bewertung erfolgt ist;

22. wenn latente Steuerschulden in der Konzernbilanz angesetzt werden, die latenten Steuersalden am Ende des Geschäftsjahrs und die im Laufe des Geschäftsjahrs erfolgten Änderungen dieser Salden;

23. jeweils den Betrag und die Art der einzelnen Erträge und Aufwendungen von außergewöhnlicher Größenordnung oder außergewöhnlicher Bedeutung, soweit die Beträge nicht von untergeordneter Bedeutung sind;

24. eine Erläuterung der einzelnen Erträge und Aufwendungen hinsichtlich ihres Betrages und ihrer Art, die einem anderen Konzerngeschäftsjahr zuzurechnen sind, soweit die Beträge für die Beurteilung der Vermögens-, Finanz- und Ertragslage des Konzerns nicht von untergeordneter Bedeutung sind;

25. Vorgänge von besonderer Bedeutung, die nach dem Schluss des Konzerngeschäftsjahrs eingetreten und weder in der Konzern-Gewinn- und Verlustrechnung noch in der Konzernbilanz berücksichtigt sind, unter Angabe ihrer Art und ihrer finanziellen Auswirkungen;

26. der Vorschlag für die Verwendung des Ergebnisses des Mutterunternehmens oder gegebenenfalls der Beschluss über die Verwendung des Ergebnisses des Mutterunternehmens.

(2) Mutterunternehmen, die den Konzernabschluss um eine Segmentberichterstattung erweitern (§ 297 Abs. 1 Satz 2), sind von der Angabepflicht gemäß Absatz 1 Nr. 3 befreit.

(3) Für die Angabepflicht gemäß Absatz 1 Nummer 6 Buchstabe a und b gilt § 286 Absatz 4 entsprechend.

Schrifttum: Vgl. auch Schrifttum zu §§ 284–288 und § 313; Achleitner/Pejic, Des Abschlusses neue Kleider: Standardentwurf des International Accounting Standards Committee (IASC) zur „Presentation of Financial Statements", DB 1996, 2037; Bischof, Anhangangaben zu den Honoraren für Leistungen des Abschlussprüfers, WPg 2006, 705; Böcking/Benecke, Der Entwurf des DRSC zur Segmentberichterstattung „E-DRS 3": Eine Orientierung an dem Standard SFAS 131 des FASB und/oder an dem Standard IAS 14 revised des IASC?, WPg 1999, 839; Busse v. Colbe/Seeberg, Vereinbarkeit internationaler Konzernrechnungslegung mit handelsrechtlichen Grundsätzen: Empfehlungen des Arbeitskreises „Externe Unternehmensrechnung" der Schmalenbach-Gesellschaft – Deutsche Gesellschaft für Betriebswirtschaft e. V., ZfbF-Sonderheft 43, 2. Aufl. 1999; Fleischer, Das Vorstandsvergütungs-Offenlegungsgesetz, DB 2005, 1611; Haller, Die Grundlagen der externen Rechnungslegung in den USA, 4. Aufl. 1994; Hauptfachausschuss (HFA) des IDW, IDW Rechnungslegungshinweis: Anhangangaben nach § 285 Satz 1 Nr. 17 HGB bzw. § 314 Abs. 1 Nr. 9 HGB über das Abschlussprüferhonorar (IDW RH HFA 1.006); Hauptmann/Seiler/Benz, Anhangangaben zu Geschäften mit nahe stehenden Unternehmen und Personen am Beispiel von Unternehmen des öffentlichen Sektors, Der Konzern 2010, 112; Heering/Heering, Die Anhangangaben (notes) nach IAS/IFRS, StuB 2004, 149; Hohenstatt/Wagner, Zur Transparenz der Vorstandsvergütung – 10 Fragen aus der Unternehmenspraxis, ZIP 2008, 945; Kieso/Weygandt/Warfield, Intermediate Accounting, 11. Aufl. 2004; Krawitz, Anhang und Lagebericht nach IFRS, 2005; Küting/Gattung, Nahe stehende Unternehmen und Personen nach IAS 24 (Teil 1), WPg 2005, 1061; Lühn, Bilanzierung von Finanzinstrumenten nach HGB i.d.F. des BilMoG, BBK 2009, 993; Maier/Weil, Latente Steuern im Einzel- und Konzernabschluss: Auswirkungen des BilMoG auf die Bilanzierungspraxis, DB 2009, 2729; Müller/Peskes, Konsequenzen der geplanten Änderungen der Segmentberichterstattung nach IFRS für Abschlusserstellung und Unternehmenssteuerung, BB 2006, 819; Naumann, Standardentwurf zur Segmentberichterstattung, BB 1999, 2288; Niehus, „7. EG-Richtlinie = US GAAP"? – Duale Konzernrechnungslegung in Frankreich, WPg 1991, 1; Niehus, Zur „Internationalisierung" der Konzernabschlüsse 1994 der Bayer AG und der Schering AG, DB 1995, 937; Niehus, Berichterstattung über Geschäfte mit nahe stehenden natürlichen Personen nach dem BilMoG und dem Deutschen Corporate Governance Kodex, DB 2008, 2493; Pfitzer/Oser/Orth, Offene Fragen und Systemwidrigkeiten des Bilanzrechtsreformgesetzes (BilReg), DB 2004, 2593; Philipps, Konkretisierung der Anhangangaben zu außerbilanziellen Geschäften, DB 2011, 125; Poullie, Besonderheiten bei den Anhangangaben zu Geschäften mit nahe stehenden Unternehmen und Personen bei Unternehmen der öffentlichen Hand, WPg 2010, 1058; Prystawik/Schauf, Steuerliche Anhangangaben nach HGB – was ist erforderlich?, DB 2011, 313; Rimmelspacher/Fey, Anhangangaben zu nahe stehenden Unternehmen und Personen nach dem BilMoG, WPg 2010, 180; Selchert, Die Aufgliederung der Umsatzerlöse im Konzernanhang, BB 1992, 2032; Schruff, Die Behandlung von Zweckgesellschaften nach dem Bilanzrechtsmodernisierungsgesetz, Der Konzern 2009, 411; Schüppen, Prüfung und Beratung – ein Bilanzierungsproblem, in: FS VMEBF, 2016, 187; Schurbohm/Streckenbach, Modernisierung der Konzernrechnungslegung durch das Transparenz- und Publizitätsgesetz, WPg 2002, 845; Simon-Heckroth/Lüdders, Anhangangaben über das Abschlussprüferhonorar – IDW RS HFA 36 n. F. im Kontext der Begrenzung der Erbringung von Nichtprüfungsleistungen nach der EU-VO, WPg 2017, 248; Strieder/Kuhn, Die Offenlegung der jährlichen Entsprechenserklärung zum Deutschen Corporate Governance Kodex sowie die zukünftigen Änderungen durch das EHUG, DB 2006, 2247; Wendholt/Wesemann, Zur Umsetzung der HGB-Modernisierung durch das BilMoG: Bilanzierung von latenten Steuern im Einzel- und Konzernabschluss, DB 2009, Beilage 6, 64.

Übersicht

I. Allgemeines

1   In den Konzernanhang sind gem. § 314 **weitere Pflichtangaben** aufzunehmen. Sie dienen der näheren Erläuterung einzelner Posten der Rechenwerke des Konzernabschlusses oder stellen zusätzliche Informationen bereit. Die Pflichtangaben gem. § 314 sind Pflichtangaben wie andere auch. Die Ausführungen zum Allgemeinen Teil von § 313 (→ § 313 Rn. 1 ff.) gelten hier entsprechend. § 314 wurde zur Umsetzung von Art. 34 Nr. 6–10, 12 f. RL 83/349/EWG (7. EG-Richtlinie) idF der Abänderungsrichtlinie (Abs. 1 Nr. 1–6), von Art. 14 RL 78/660/EWG (4. EG-Richtlinie) iVm Art. 17 Abs. 1 RL 83/349/EWG (Abs. 1 Nr. 2), von Art. 36 Abs. 2 lit. d RL 83/349/EWG (Abs. 1 Nr. 7) sowie von Art. 35 Abs. 2 RL 83/349/EWG (Abs. 2) eingeführt.

2   Um die Transparenz der Unternehmensführung und -überwachung zu erhöhen, hat das **TransPuG** vom 19.7.2002 ua die handelsrechtlichen Angabepflichten gem. § 314 verändert und erweitert. Durch das **VorstOG** vom 3.8.2005 kam es zu einer Ausweitung der Angabepflichten im Zusammenhang mit den Bezügen der Organmitglieder. Ein weiteres Mal wurden die sonstigen Pflichtangaben nach Abs. 1 für Leistungen anlässlich der Beendigung der Vorstandstätigkeit für börsennotierte Aktiengesellschaften durch das **VorstAG** vom 31.7.2009 ausgeweitet. Anlass hierfür war die durch den Gesetzgeber aus der Finanzmarktkrise gezogene Lehre, dass von kurzfristig ausgerichteten Vergütungsinstrumenten fehlerhafte Verhaltensanreize ausgehen können.[1]

3   Mit dem **BilMoG** vom 25.5.2009 wurden zusätzliche bzw. geänderte Pflichtangaben eingefügt, um die Informationsfunktion des handelsrechtlichen Konzernabschlusses im Wege der Modernisierung der Rechnungslegungsvorschriften des HGB zu stärken und die Rechnungslegungsvorschriften zu einer vollwertigen, aber kostengünstigeren und einfacheren Alternative zu den IFRS fortzuentwickeln.[2] Die durch das BilMoG neu eingeführten und geänderten Vorschriften gelten gem. Art. 66 Abs. 3 S. 1 EGHGB erstmals für das Geschäftsjahr, das nach dem 31.12.2008 beginnt (§ 314 Abs. 1 Nr. 2, 2a, 8, 9, 13), und gem. Art. 66 Abs. 2 S. 1 EGHGB teilweise bereits für das Geschäftsjahr, das nach dem 31.12.2009 beginnt (§ 314 Abs. 1 Nr. 10–12, 14–21). Durch das **BilRUG** wurden die Angabepflichten des Konzernanhangs entsprechend den Vorschriften des Einzelabschlusses ausgeweitet (§ 314 Abs. 1 Nr. 2, 2a, 7b, 20, 22–26). Konzernspezifische Änderungen ergeben sich bei der Aufschlüsselung des Personalaufwands (§ 314 Abs. 1 Nr. 4) sowie einer neuen Angabepflicht zu während des Geschäftsjahres im Rahmen des genehmigten Kapitals gezeichneten Aktien des Mutterunternehmens, die § 160 Abs. 1 S. 3 AktG entspricht (§ 314 Abs. 1 Nr. 7a). Mit dem Gesetz zur Umsetzung der zweiten Aktionärsrechterichtlinie (RL (EU) 2017/828) vom 12.12.2019 (**ARUG II**) wurde § 314 Abs. 1 Nr. 6 lit. a S. 5–8, Abs. 3 S. 1 aufgehoben und die Angabepflicht vom Anhang in den Vergütungsbericht gem. § 162 Abs. 2 AktG verlagert.[3]

---

[1]   Begr. RegE, BT-Drs. 16/12278, 5.
[2]   Begr. RegE, BT-Drs. 16/10067, 1.
[3]   RegE ARUG II, BT-Drs. 19/9739, 26.

Im Einzelnen werden gem. Abs. 1 Angaben verlangt zu: **4**
- dem Gesamtbetrag der **Verbindlichkeiten** mit einer Restlaufzeit von mehr als fünf Jahren sowie der gesicherten Verbindlichkeiten (Nr. 1);
- den **nicht in der Konzernbilanz enthaltenen Geschäften** (Nr. 2);
- dem Gesamtbetrag der **sonstigen finanziellen Verpflichtungen** (Nr. 2a);
- der **Aufgliederung der Umsatzerlöse** (Nr. 3);
- der durchschnittlichen **Zahl der Arbeitnehmer** und dem **Personalaufwand** (Nr. 4);
- den **Gesamtbezügen, Krediten und sonstigen Rechtsverhältnissen** an bzw. zu Organmitgliedern (Nr. 6);
- **eigenen Anteilen** (Nr. 7);
- den während des Geschäftsjahres im Rahmen des genehmigten Kapitals gezeichneten Aktien (Nr. 7a)
- **Genussscheinen** und vergleichbaren Rechten (Nr. 7b);
- der Abgabe der **Erklärung zum Deutschen Corporate Governance Kodex** (Nr. 8);
- dem für das Geschäftsjahr berechneten **Gesamthonorar des Abschlussprüfers** (Nr. 9);
- den Finanzinstrumenten, die zu den **Finanzanlagen (§ 266 Abs. 2 A. III.)** gehören (Nr. 10);
- den nicht zu dem beizulegenden Zeitwert bilanzierten **derivativen Finanzinstrumenten** (Nr. 11);
- Buchwert und beizulegendem **Zeitwert von Finanzinstrumenten** in bestimmten Fällen (Nr. 12);
- **nicht zu marktüblichen Bedingungen** zustande gekommenen Geschäften (Nr. 13);
- dem Gesamtbetrag der **Forschungs- und Entwicklungskosten** im Falle der Aktivierung nach § 248 Abs. 2 (Nr. 14);
- der Bildung von **Bewertungseinheiten** (Nr. 15);
- den **Rückstellungen für Pensionen** und ähnliche Verpflichtungen (Nr. 16);
- der **Verrechnung** von Vermögensgegenständen und Schulden (Nr. 17);
- den Anteilen oder Anlageaktien an **Investmentvermögen** (Nr. 18);
- den ausgewiesenen **Eventualverbindlichkeiten** und Haftungsverhältnissen iSd § 268 Abs. 7 (Nr. 19);
- der **Nutzungsdauer** eines Geschäfts- oder Firmenwertes (Nr. 20) und
- den **latenten Steuern** (Nr. 21);
- den **latenten Steuersalden** (Nr. 22);
- den **außergewöhnlichen Erträgen** und **Aufwendungen** (Nr. 23);
- den **periodenfremden Beträgen** (Nr. 24);
- den **Ereignissen nach** dem **Abschlussstichtag** (Nr. 25);
- dem Vorschlag bzw. Beschluss über die **Gewinnverwendung** (Nr. 26).

Die durch das Gesetz in Abs. 1 Nr. 1–26 vorgegebene Reihenfolge der einzelnen **5**
Pflichtangaben ist nicht zwingend. Die Reihenfolge hat seit dem BilRUG gem. § 313 Abs. 1
S. 1 Hs. 2 der Postengliederung in der Konzernbilanz und GuV zu entsprechen (→ § 313
Rn. 34).[4]

§ 314 lehnt sich eng an § 285 an. Insofern kann weitgehend auf die dortigen Ausführun- **6**
gen verwiesen werden, sofern nicht konzernspezifische Besonderheiten eine eigene Kommentierung rechtfertigen. Bestimmte Pflichtangaben, die für den **Anhang des Einzelabschlusses** vorgesehen sind, brauchen jedoch nicht im Konzernanhang gemacht zu werden.
So fehlt in § 314 zB die verlangte Aufgliederung bestimmter Verbindlichkeiten (§ 285
Nr. 2), oder auch die Angabe des Materialaufwands bei Anwendung des Umsatzkostenver-
fahrens (§ 285 Nr. 8 lit. a). Umgekehrt findet sich aber der in § 314 enthaltene Katalog von
Pflichtangaben weitgehend in den Vorgaben des § 285 wieder. Lediglich die in § 314 Abs. 1
Nr. 7, 7b geforderten Angaben zu eigenen Anteilen werden nach § 285 nicht verlangt.
Auch die durch das BilMoG und BilRUG ergänzten Pflichtangaben für den Anhang (§ 285
Nr. 16–34) bzw. Konzernanhang (§ 314 Abs. 1 Nr. 8–26) sind – bis auf wenige Ausnahmen

---

[4]   BeBiKo/Grottel Rn. 1.

(§ 285 Nr. 8b, 28) – weitgehend identisch. Zu den Folgen der Covid19-Pandemie auf die Rechnungslegung kann auf die Ausführungen zu § 285 verwiesen werden (→ § 284 Rn. 487 ff.)

7   Angabepflichtig nach § 314 sind alle **Kapitalgesellschaften** und haftungsbeschränkten **Personenhandelsgesellschaften** iSd § 264a, die gem. §§ 290 ff. einen Konzernabschluss aufstellen müssen. Die Angabepflichten sind grundsätzlich auch von anhangpflichtigen Mutterunternehmen iSd **PublG** (§ 13 Abs. 2 S. 1 PublG iVm § 3 Abs. 1 Nr. 3–5 PublG und § 3 Abs. 2a PublG) zu beachten, wenn sie die von § 11 PublG statuierten Größenmerkmale erfüllen. Einzelne Angabepflichten nach § 314 müssen außerdem **Kreditinstitute** gem. § 340i Abs. 2 und **Versicherungsunternehmen** gem. § 341j einhalten. Auf die Angabepflichten gem. Abs. 1 Nr. 4, 6, 8, 9; Abs. 3 verweist zudem § 315e für den **IFRS-Konzernanhang.**

8   Ausnahmen existieren nach § 340i Abs. 2 S. 2, § 341j Abs. 1 S. 2 speziell für Kreditinstitute bzw. Versicherungsunternehmen und Pensionsfonds, die von den Angabepflichten des § 314 Abs. 1 Nr. 1, 3, 6 lit. c, 23 bzw. § 314 Abs. 1 Nr. 3, 23 befreit sind. Versicherungsunternehmen und Pensionsfonds brauchen darüber hinaus unter § 314 Abs. 1 Nr. 2a keine Angaben über finanzielle Verpflichtungen aus dem Versicherungsgeschäft zu machen (§ 341j Abs. 1 S. 3). Unternehmen im Geltungsbereich des PublG brauchen gem. § 13 Abs. 3 S. 1 PublG den § 314 Abs. 1 Nr. 6 nicht anzuwenden.

II. Pflichtangaben des Abs. 1 im Einzelnen

9   **1. Gesamtbetrag der Verbindlichkeiten mit einer Restlaufzeit von mehr als fünf Jahren sowie der gesicherten Verbindlichkeiten (Abs. 1 Nr. 1).** Im Konzernanhang sind gem. Abs. 1 Nr. 1 der
– Gesamtbetrag der in der Konzernbilanz ausgewiesenen Verbindlichkeiten mit einer **Restlaufzeit von mehr als fünf Jahren** sowie der
– Gesamtbetrag der in der Konzernbilanz ausgewiesenen Verbindlichkeiten, die von den in den Konzernabschluss einbezogenen Unternehmen durch **Pfandrechte oder ähnliche Rechte gesichert** sind, unter Nennung von Art und Form der Sicherheiten anzugeben.

10   Die Angabepflicht trifft alle nach § 290 konzernrechnungspflichtigen Kapitalgesellschaften und Personenhandelsgesellschaften iSd § 264a. Unternehmen im Geltungsbereich des **PublG** (§ 13 Abs. 2 S. 1 PublG) und **Versicherungsunternehmen und Pensionsfonds** (§ 341j Abs. 1 S. 1 iVm § 341a Abs. 1) sind ebenfalls zu den Angaben gem. Abs. 1 Nr. 1 verpflichtet. Für **Kreditinstitute** wird die Angabepflicht gem. Abs. 1 Nr. 1 durch die speziellen Regelungen in § 37 RechKredV iVm § 9 RechKredV und § 35 Abs. 5 RechKredV verdrängt (§ 340i Abs. 2 S. 2); demnach gelten weitergehende Anforderungen an die Aufgliederung der Restlaufzeiten. Für den Fall, dass der handelsrechtliche Konzernabschluss durch einen nach internationalen Rechnungslegungsvorschriften aufgestellten Konzernabschluss ersetzt wird, ist Abs. 1 Nr. 1 nicht zu beachten (§ 315e Abs. 1).

11   Abs. 1 Nr. 1 stimmt nahezu wörtlich mit § 285 Nr. 1 überein, so dass auf die dortigen Ausführungen verwiesen werden kann (→ § 285 Rn. 9 ff.). Eine **weitergehende Aufgliederung** der Verbindlichkeiten, so wie sie in § 285 Nr. 2 vorgesehen ist, muss jedoch gem. § 314 nicht unternommen werden. Hier reicht allein die Angabe des Gesamtbetrages. Die Verpflichtung zur postenbezogenen Angabe der Verbindlichkeiten mit einer Restlaufzeit von bis zu einem Jahr gem. § 298 Abs. 1 iVm § 268 Abs. 5 bleibt davon unberührt. Es ist möglich, nicht jedoch zwingend erforderlich, alle Angaben zu den Konzernverbindlichkeiten analog zu dem Verbindlichkeitenspiegel im Einzelabschluss (→ § 285 Rn. 26 ff.) in einer Art Konzern-Verbindlichkeitenspiegel aufzunehmen.[5]

12   Abs. 1 Nr. 1 stellt nur auf die **in der Konzernbilanz ausgewiesenen Verbindlichkeiten** ab. Dazu zählen neben den Verbindlichkeiten des Mutterunternehmens die Verbindlichkeiten der voll konsolidierten Tochterunternehmen sowie der quotal konsolidierten

---

[5]   BeBiKo/Grottel Rn. 13.

Gemeinschaftsunternehmen. Verbindlichkeiten der nicht voll oder nicht quotal konsolidierten Tochter- oder Gemeinschaftsunternehmen unterliegen nicht dieser Angabepflicht. Nicht angabepflichtig sind auch die Verbindlichkeiten assoziierter Unternehmen.[6] Da die in der Konzernbilanz ausgewiesenen Verbindlichkeiten nach durchgeführter Schuldenkonsolidierung um konzerninterne Verbindlichkeiten bereinigt worden sind, kann es sich bei den angabepflichtigen Verbindlichkeiten grundsätzlich nur noch um Verbindlichkeiten gegenüber konzernfremden und nicht einbezogenen Unternehmen handeln. Die Verbindlichkeiten der einbezogenen Unternehmen gegenüber nicht voll oder nicht quotal konsolidierten Tochter- oder Gemeinschaftsunternehmen zählen somit dazu.

Sofern in der Konzernbilanz Verbindlichkeiten ausgewiesen werden, die eine Restlauf- **13** zeit von mehr als fünf Jahren haben oder die von einbezogenen Unternehmen durch Pfandrechte oder ähnliche Rechte gesichert sind, ist es für die Angabepflicht nach Nr. 1 unerheblich, ob für das Konzernmutterunternehmen ein oder mehrere einbezogene Tochter- oder Gemeinschaftsunternehmen als **Schuldner oder Sicherungsgeber** der entsprechenden Verbindlichkeiten fungieren.[7]

Bezüglich der Konkretisierung der in Abs. 1 Nr. 1 vorgeschriebenen **Restlaufzeit** und **14** der Erläuterungen zu Art und Form der **Sicherheiten** sei auf die Ausführungen zu § 285 Nr. 1 verwiesen (→ § 285 Rn. 13 ff.).

2. Angaben zu nicht in der Konzernbilanz enthaltenen Geschäften (Abs. 1 **15** Nr. 2).

Nr. 2). Nach der durch das BilMoG zur Umsetzung von Art. 34 Nr. 7 lit. a RL 83/349/ EWG (7. EG-Richtlinie) eingefügten und durch das BilRUG in Umsetzung von Art. 17 Abs. 1 Buchst. p Bilanz-RL iVm Art. 28 Abs. 1 Bilanz-RL leicht geänderten Angabepflicht gem. Abs. 1 Nr. 2 sind Art und Zweck sowie Risiken, Vorteile und finanzielle Auswirkungen von nicht in der Konzernbilanz enthaltenen Geschäften des Mutterunternehmens und der in den Konzernabschluss einbezogenen Tochterunternehmen anzugeben, soweit letztere für die Beurteilung der Finanzlage des Konzerns wesentlich und dies für die Beurteilung der Finanzlage erforderlich ist.[8] Hierdurch werden die für den Anhang des Jahresabschlusses in § 285 Nr. 3 vorgenommenen Änderungen entsprechend für den Anhang zum Konzernabschluss nachvollzogen.[9] Abgesehen von der konzernspezifischen Anknüpfung an die Konzernbilanz und die Anwendung auf alle Geschäfte der in den Konzernabschluss einbezogenen Mutter- und Tochterunternehmen stimmt Nr. 2 nahezu wörtlich mit § 285 Nr. 3 überein, so dass auf die dortigen Ausführungen weitgehend verwiesen werden kann (→ § 285 Rn. 29 ff.). Die bis zum BilMoG geltende Nr. 2 aF wurde mit dieser Änderung in die neue Nr. 2a verschoben. Die Tatbestände in Abs. 1 Nr. 2 und Nr. 2a überschneiden sich teilweise. So können Verbindlichkeiten iSd Abs. 1 Nr. 2a auch Geschäfte iSd Nr. 2 sein und umgekehrt. Nach seinem Wortlaut fungiert Nr. 2a nunmehr als Auffangtatbestand. Abs. 1 Nr. 2 ist demgegenüber *lex specialis,* so dass eine zusätzliche Angabe nach Abs. 1 Nr. 2a entfällt, wenn der Anwendungsbereich des Abs. 1 Nr. 2 eröffnet ist.

Die Angabepflicht trifft alle nach § 290 konzernrechnungspflichtigen Kapitalgesellschaf- **16** ten und Personenhandelsgesellschaften iSd § 264a. Unternehmen im Geltungsbereich des **PublG** (§ 13 Abs. 2 S. 1 PublG), **Kreditinstitute** (§ 340i Abs. 2 iVm § 340a), **Versicherungsunternehmen** und **Pensionsfonds** (§ 341j Abs. 1 S. 1 iVm § 341a Abs. 1) sind ebenfalls zu den Angaben gem. Abs. 1 Nr. 2 verpflichtet. Für den Fall, dass der handelsrechtliche Konzernabschluss durch einen nach internationalen Rechnungslegungsvorschriften aufgestellten Konzernabschluss ersetzt wird, ist Abs. 1 Nr. 2 nicht zu beachten (§ 315e Abs. 1).

Abs. 1 Nr. 2 stellt auf die außerbilanziellen Geschäfte des Mutterunternehmens und der **17** in die Konzernbilanz einbezogenen Tochterunternehmen ab. Unter die außerbilanziellen Geschäfte gem. Abs. 1 Nr. 2 fallen neben den Geschäften des Mutterunternehmens außer-

---

6   ADS Rn. 6; BeBiKo/Grottel Rn. 11; Staub/Kraft Rn. 7; Kölner Komm RechnungslegungsR/Scherrer Rn. 23.
7   BeBiKo/Grottel Rn. 12.
8   Hierzu Philipps DB 2011, 125 ff.
9   Beschlussempfehlung und Bericht des Rechtsausschusses, BT-Drs. 16/12407, 183.

dem die Geschäfte **der in den Konzernabschluss voll** nach §§ 300 ff. einbezogenen Tochterunternehmen.

18   Geschäfte der **quotal gem. § 310 einbezogenen Gemeinschaftsunternehmen** lassen sich nicht unter die Norm subsumieren, da es sich hierbei nicht um Tochterunternehmen handelt.[10] Das gilt auch für außerbilanzielle Geschäfte von assoziierten Unternehmen iSd § 311 Abs. 1 S. 1.[11] Außerbilanzielle Geschäfte von nach § 296 **nicht konsolidierten Tochterunternehmen** sind ebenfalls nicht anzugeben. Außerbilanzielle Geschäfte von einbezogenen Konzernunternehmen **mit** Gemeinschafts- und assoziierten Unternehmen sowie nicht einbezogenen Tochterunternehmen sind hingegen anzugeben.

19   **Konzerninterne** Geschäfte, an denen ausschließlich in den Konzernabschluss einbezogene Konzernunternehmen beteiligt sind, fallen nicht unter Abs. 1 Nr. 2. Nach Maßgabe der Einheitstheorie gem. § 297 Abs. 3 S. 1 (→ § 297 Rn. 55 ff.) sind alle Geschäfte in der Bilanz so darzustellen, als ob es sich um ein einheitliches Unternehmen handelt, so dass solche konzerninternen Geschäfte bereits in der Konzernbilanz abgebildet sind.[12] Eine zusätzliche Angabe solcher Geschäfte im Konzernanhang wäre daher irreführend. Die Angaben nach Abs. 1 Nr. 2 müssen daher insbesondere nicht für Geschäfte zwischen dem Mutterunternehmen und einzelnen Tochterunternehmen gesondert dargestellt werden.

20   Die außerbilanziellen Geschäfte sind nur insoweit anzugeben, soweit die durch sie verkörperten Risiken und Vorteile wesentlich sind und die Angabe für die Beurteilung der Finanzlage des Konzerns erforderlich ist. Der hierin verkörperte Grundsatz der **Wesentlichkeit** bezieht sich auf die **Finanzlage des Konzerns.**[13] Daher können Angaben zu den sonstigen finanziellen Verpflichtungen zwar im Anhang des Einzelabschlusses eines einbezogenen Unternehmens, nicht aber im Konzernanhang enthalten sein.[14] Umgekehrt kann das Zusammenwirken von Verpflichtungen einzelner Konzerngesellschaften, die je für sich genommen im Anhang der jeweils betroffenen Einzelabschlüsse nicht anzugeben sind, erhebliche Folgen für die Finanzlage des Konzerns haben. Sie müssen deshalb im Konzernanhang in ihrer Gesamtheit angegeben werden.[15] Eine Abs. 1 Nr. 2a Hs. 2 entsprechende Regelung, die außerbilanziellen Geschäfte **der nicht in den Konzernabschluss einbezogenen Tochterunternehmen** gesondert anzugeben, gibt es im Zusammenhang mit Abs. 1 Nr. 2 nicht.

21   **3. Gesamtbetrag der sonstigen finanziellen Verpflichtungen und Haftungsverhältnisse (Abs. 1 Nr. 2a).** Gemäß Abs. 1 Nr. 2a sind im Konzernanhang
– der Gesamtbetrag der **sonstigen finanziellen Verpflichtungen,** die nicht in Abs. 1 Nr. 2 oder gem. § 298 Abs. 1 iVm § 268 Abs. 7 auch nicht unter der Konzernbilanz ausgewiesen werden, und
– dabei die sonstigen finanziellen Verpflichtungen **gegenüber den nicht in den Konzernabschluss einbezogenen Tochterunternehmen, gegenüber assoziierten Unternehmen und betreffend die Altersversorgung** gesondert anzugeben.

22   Die Angabepflicht trifft alle nach § 290 konzernrechnungspflichtigen Kapitalgesellschaften und Personenhandelsgesellschaften iSd § 264a. Unternehmen im Geltungsbereich des **PublG** (§ 13 Abs. 2 S. 1 PublG) und **Kreditinstitute** (§ 340i Abs. 2 iVm § 340a) sind ebenfalls zu den Angaben gem. Abs. 1 Nr. 2a verpflichtet. Gemäß § 341j Abs. 1 S. 3 gilt Abs. 1 Nr. 2a für **Versicherungsunternehmen** und **Pensionsfonds** mit der Maßgabe, dass Angaben zu finanziellen Verpflichtungen, die im Rahmen des Versicherungsgeschäfts entstehen, unterbleiben können. Für den Fall, dass der handelsrechtliche Konzernabschluss durch einen nach internationalen Rechnungslegungsvorschriften aufgestellten Konzernabschluss ersetzt wird, ist Abs. 1 Nr. 2a nicht zu beachten (§ 315e Abs. 1).

10   BeBiKo/Grottel Rn. 17; aA Gelhausen/Fey/Kämpfer R Rn. 14.
11   IDW RS HFA 32 Rn. 29; BeBiKo/Grottel Rn. 17; Kölner Komm RechnungslegungsR/Scherrer Rn. 23.
12   BeBiKo/Grottel Rn. 17; Gelhausen/Fey/Kämpfer R Rn. 15.
13   BeBiKo/Grottel Rn. 23; Gelhausen/Fey/Kämpfer R Rn. 17.
14   Biener/Bernecke BiRiLiG S. 390.
15   Gelhausen/Fey/Kämpfer R Rn. 17.

Diese Vorschrift findet ihre Entsprechung in § 285 Nr. 3a, so dass auf die dortigen **23**
Ausführungen verwiesen werden kann (→ § 285 Rn. 49 ff.). Abs. 1 Nr. 2a steht in Konkurrenz zu Abs. 1 Nr. 2 und greift nach seinem Wortlaut nur subsidiär als Auffangtatbestand,
wenn die Angaben nicht bereits in den Anwendungsbereich des Abs. 1 Nr. 2 fallen. Vorrangig ist zudem die Ausweisung in der Konzernbilanz nach § 298 Abs. 1 iVm § 268 Abs. 7.

Unter die sonstigen finanziellen Verpflichtungen gem. Abs. 1 Nr. 2a fallen nur die **24**
Verpflichtungen der in den Konzernabschluss einbezogenen Unternehmen. Im
Gegensatz zu Abs. 1 Nr. 2 ist der Wortlaut der Regelung nicht auf Mutter- und Tochterunternehmen beschränkt. Daher gehören zu den angabepflichtigen sonstigen finanziellen Verpflichtungen auch solche der **voll konsolidierten Tochterunternehmen** und **der quotal**[16] **einbezogenen Gemeinschaftsunternehmen.**

Konzerninterne Verpflichtungen zwischen in den Konzernabschluss einbezogenen **25**
Unternehmen sind wegzulassen, da diese bereits in der Konzernbilanz erscheinen.[17] Damit
beziehen sich die Angaben nach Abs. 1 Nr. 2a nur auf Verpflichtungen gegenüber konzernfremden und nicht einbezogenen Unternehmen.

Die Angaben können jedoch unterbleiben, sofern sie für die Beurteilung der Finanzlage **26**
des Konzerns nicht von Bedeutung sind. Insoweit greift hier der **Grundsatz der Wesentlichkeit.** Die Beurteilung hat aus Konzernsicht zu erfolgen. So können Angaben zu den
sonstigen finanziellen Verpflichtungen all zwar im Anhang des Einzelabschlusses eines einbezogenen Unternehmens, nicht aber im Konzernanhang enthalten sein.[18] Der umgekehrte
Fall ist ebenfalls denkbar, wonach viele sonstige Verpflichtungen, die im Anhang der jeweils
betroffenen Einzelabschlüsse zu keiner Angabepflicht geführt haben, im Konzernanhang
wegen der Wirkung in ihrer Gesamtheit angegeben werden müssen. Da in Nr. 2a auf den
Gesamtbetrag der sonstigen finanziellen Verpflichtungen abgestellt wird, muss nicht jede
einzelne Verpflichtung, sondern der Gesamtbetrag derselben in ihrer Bedeutung für die
Finanzlage des Konzerns untersucht werden.[19]

Abs. 1 Nr. 2a Hs. 2 schreibt des Weiteren vor, dass Verpflichtungen, die **gegenüber 27
den nicht in den Konzernabschluss einbezogenen Tochterunternehmen** und **assoziierten Unternehmen** bestehen, zB durch Davon-Vermerk, gesondert angegeben werden. Diese Vorschrift ist mit § 285 Nr. 3 Hs. 2 vergleichbar, wonach im Anhang des Einzelabschlusses sonstige finanzielle Verpflichtungen gegenüber verbundenen Unternehmen
gesondert anzugeben sind. Diese Verpflichtung tritt neben § 251 sowie § 268 Abs. 7, die
über § 298 Abs. 1 auch für den Konzernanhang gelten.

Obwohl gem. Abs. 1 Nr. 2a nur der Gesamtbetrag der sonstigen Verpflichtungen anzu- **28**
geben ist, kann es aus Gründen der Klarheit und Übersichtlichkeit sinnvoll oder im Hinblick
auf § 297 Abs. 2 S. 2 und 3 sogar erforderlich sein, eine **Aufgliederung** dieses Betrages
vorzunehmen und zB nach Art oder Fristigkeit der Verpflichtungen zu differenzieren.[20]
Eine Differenzierung nach den angegebenen Haftungsverhältnissen kann ebenfalls sinnvoll
sein. Die Angaben zu den sonstigen finanziellen Verhältnissen dürfen nicht mit denjenigen
zu den Haftungsverhältnissen zusammengefasst werden.[21]

4. Aufgliederung der Umsatzerlöse (Abs. 1 Nr. 3). Im Konzernanhang sind die **29**
Umsatzerlöse gem. Abs. 1 Nr. 3 nach **Tätigkeitsbereichen** sowie nach **geographisch
bestimmten Märkten** aufzugliedern. Dafür wird vorausgesetzt, dass sich die Tätigkeitsbereiche und geographisch bestimmten Märkte unter Berücksichtigung der Organisation von
Verkauf, Verpachtung oder Vermietung von Produkten und Erbringung von Dienstleistungen erheblich unterscheiden. Diese Vorschrift ist § 285 Nr. 4 nachgebildet, so dass auf die
dortigen Ausführungen verwiesen werden kann (→ § 285 Rn. 89 ff.). Sofern Mutterunter-

---

[16] BeBiKo/Grottel Rn. 22.
[17] ADS Rn. 11; Busse v. Colbe/Müller/Reinhard Rn. 188; BeBiKo/Grottel Rn. 21; WP-HdB G Rn. 742.
[18] Biener/Bernecke BiRiLiG S. 390.
[19] BeBiKo/Grottel Rn. 23.
[20] ADS Rn. 13.
[21] ADS Rn. 17.

nehmen ihren Konzernabschluss um eine Segmentberichterstattung gem. § 297 Abs. 1 S. 2 (→ § 297 Rn. 36 ff.) erweitern, sind sie jedoch von dieser Angabepflicht befreit (§ 314 Abs. 2).

30   Die Angabepflicht trifft alle nach § 290 konzernrechnungspflichtigen Kapitalgesellschaften und Personenhandelsgesellschaften iSd § 264a. Unternehmen im Geltungsbereich des **PublG** (§ 13 Abs. 2 S. 1 PublG) sind ebenfalls zu den Angaben gem. Abs. 1 Nr. 3 verpflichtet. Für **Kreditinstitute** sowie **Versicherungsunternehmen und Pensionsfonds** werden die allgemeinen Vorschriften zur Aufgliederung der Umsatzerlöse gem. § 340i Abs. 2 S. 2 bzw. § 341j Abs. 1 S. 2 durch die speziellen Regelungen in § 37 RechKredV iVm § 34 Abs. 2 Nr. 1 RechKredV bzw. § 59 Abs. 3 RechVersV verdrängt. Für den Fall, dass der handelsrechtliche Konzernabschluss durch einen nach internationalen Rechnungslegungsvorschriften aufgestellten Konzernabschluss ersetzt wird, gilt Abs. 1 Nr. 3 nicht (§ 315e Abs. 1).

31   Dem **Grundsatz der wirtschaftlichen Einheit**[22] oder gar der **Fiktion der rechtlichen Einheit des Konzerns**[23] folgend, kann es sich bei den Umsatzerlösen gem. Abs. 1 Nr. 3 nur um **Außenumsatzerlöse** iSv § 298 Abs. 2 iVm § 275 Abs. 2 Nr. 1, Abs. 3 Nr. 1 handeln, so wie sie sich nach der Aufwands- und Ertragskonsolidierung ergeben. Dies sind die konsolidierten, gegenüber konzernfremden und nicht einbezogenen Unternehmen anfallenden Umsatzerlöse der vollständig oder quotal in den Konzernabschluss einbezogenen Unternehmen.[24] Innenumsatzerlöse im Verhältnis zwischen den konsolidierten Gesellschaften müssen nicht aufgegliedert werden.[25] Eine derartige Aufgliederung kann jedoch zusätzlich zur Aufgliederung der Außenumsatzerlöse auf freiwilliger Basis erfolgen.

32   Die Aufgliederung der Umsatzerlöse nach geographisch bestimmten Märkten könnte sich an den Produktionsstandorten oder an den Absatzmärkten orientieren. Verkauft, vermietet oder verpachtet zB ein französisches einbezogenes Tochterunternehmen Waren in Malaysia, so wäre der daraus resultierende Umsatzerlös sowohl der Region Frankreich/ Europa als auch Malaysia/Südostasien zurechenbar. Da die Gesetzesformulierung aber verlangt, bei der Aufgliederung die Organisation des Verkaufs, der Vermietung oder Verpachtung (nicht der Produktion) zu berücksichtigen, ist die **absatzmarktorientierte Segmentierung** grundsätzlich zu präferieren.[26]

33   Die Aufgliederung der Umsatzerlöse gem. Abs. 1 Nr. 3 nach Tätigkeitsbereichen sowie geographisch bestimmten Märkten ist die einzige gesetzliche Vorgabe zur **Segmentberichterstattung.** Damit bleibt das HGB diesbezüglich hinter den Vorgaben nach IFRS oder US-GAAP zurück.[27] Im Zuge des BilReG wurde § 297 Abs. 1 dahingehend geändert, dass Konzerne eine Segmentberichterstattung freiwillig aufstellen können. Gesetzliche Vorschriften zur inhaltlichen Ausgestaltung derselben sind in diesem Zusammenhang nicht festgelegt worden. Die inhaltliche Ausgestaltung hat der Gesetzgeber dem DRSC überlassen, das 2000 mit **DRS 3** einen Rechnungslegungsstandard zur Segmentberichterstattung veröffentlicht hat, der sich inhaltlich eng an IFRS 8 (Segment Reporting) und SFAS No. 131 (Disclosures about Segments of an Enterprise and Related Information) anlehnt[28] und damit weit über § 314 Abs. 1 Nr. 3 hinausgeht (→ § 297 Rn. 36 ff.).[29]

34   Die **Segmentierung** hat nach DRS 3 anhand der operativen Teileinheiten zu erfolgen. Diese ergeben sich aus der internen Organisations- und Berichtsstruktur (management

---

[22]   ZB ADS § 297 Rn. 29, 39 ff.
[23]   Busse v. Colbe/Ordelheide/Gebhardt/Pellens Konzernabschlüsse 1. Kap. V. 3.; Beck HdR/Hartle C 10 Rn. 90 ff.; BeBiKo/Störk/Rimmelspacher § 297 Rn. 190–193; v. Wysocki/Wohlgemuth/Brösel Konzernrechnungslegung Kap. XI.3.2.
[24]   ADS Rn. 21; Biener/Bernecke BiRiLiG S. 390; BeBiKo/Grottel Rn. 41; Selchert BB 1992, 2035; WP-HdB G Rn. 726.
[25]   ADS Rn. 21; BeBiKo/Grottel Rn. 41; Bonner HdR/Kirsch Rn. 17.
[26]   BeBiKo/Grottel Rn. 42; WP-HdB G Rn. 729.
[27]   PFGS IntRechnungslegung 25. Kap. 7 S. 1037.
[28]   Zum Vergleich von E-DRS 3, IAS 14 (rev.) und SFAS No. 131 vgl. Geiger BB 2002, 1903 ff.; Böcking/ Benecke WPg 1999, 839 ff.; Naumann BB 1999, 2288 ff.
[29]   Hierzu Alvarez DB 2002, 2057 ff.; Geiger BB 2002, 1903 ff.

approach) unter gleichzeitiger Unterstellung, dass diese Struktur auf die unterschiedlichen Chancen und Risiken der Unternehmensaktivitäten abstellt (risk and reward approach). Für jedes operative Segment sind gem. DRS 3.31 ua die folgenden **Angaben** erforderlich:

- Segmenterträge oder Segmentumsatzerlöse unterteilt nach Erträgen bzw. Umsatzerlösen mit externen Dritten sowie nach Intersegmenterträgen bzw. Intersegmentumsatzerlösen,
- Segmentergebnis sowie die darin enthaltenen Abschreibungen, andere nicht zahlungswirksame Posten, Zinserträge und Zinsaufwendungen, Ergebnisse von nach der Equity-Methode bilanzierten Beteiligungen des Segments, Erträge aus sonstigen Beteiligungen des Segments, Aufwendungen und Erträge aus Ertragsteuern,
- Segmentvermögen sowie die darin enthaltenen nach der Equity-Methode bilanzierten Beteiligungen und sonstigen Beteiligungen des Segments,
- Investitionen in langfristiges Segmentvermögen,
- Segmentschulden.

    5. Zahl der Arbeitnehmer und Personalaufwand (Abs. 1 Nr. 4). Im Konzernan- **35** hang werden gem. Abs. 1 Nr. 4 Angaben verlangt zu

- der durchschnittlichen, nach Gruppen getrennten **Zahl der Arbeitnehmer der einbezogenen Unternehmen** während des Geschäftsjahres,
- davon gesondert, der durchschnittlichen Zahl der Arbeitnehmer der nach § 310 nur anteilsmäßig einbezogenen Unternehmen und
- dem in dem Geschäftsjahr verursachten **Personalaufwand,** aufgeschlüsselt nach Löhnen und Gehältern, Kosten der sozialen Sicherheit und Kosten der Altersversorgung, sofern er nicht gesondert in der Konzern-GuV ausgewiesen ist.

    Die Verpflichtung zur Angabe der durchschnittlichen Zahl der Arbeitnehmer der einbe- **36** zogenen Unternehmen ist § 285 Nr. 7 nachgebildet, so dass diesbezüglich auf die dortigen Ausführungen verwiesen werden kann (→ § 285 Rn. 106 ff.).

    Die Angabepflicht trifft alle nach § 290 konzernrechnungspflichtigen Kapitalgesellschaf- **37** ten und Personenhandelsgesellschaften iSd § 264a. Unternehmen im Geltungsbereich des **PublG** (§ 13 Abs. 2 S. 1 PublG), **Kreditinstitute** (§ 340i Abs. 2 iVm § 340a) sowie **Versicherungsunternehmen** und **Pensionsfonds** (§ 341j Abs. 1 S. 1 iVm § 341a Abs. 1) sind ebenfalls zu den Angaben gem. Abs. 1 Nr. 4 verpflichtet. Für den Fall, dass der handelsrechtliche Konzernabschluss durch einen nach internationalen Rechnungslegungsvorschriften aufgestellten Konzernabschluss ersetzt wird, ist Abs. 1 Nr. 4 zu beachten (§ 315e Abs. 1).

    In die Arbeitnehmerzahl sind die Arbeitnehmer des **Mutterunternehmens, aller** **38** **konsolidierten Tochterunternehmen und quotal konsolidierten Gemeinschaftsunternehmen** im In- und Ausland einzubeziehen. Assoziierte Unternehmen bleiben dabei ebenso außen vor[30] wie Tochterunternehmen, die aufgrund von § 296 nicht in den Konzernabschluss einbezogen werden. Um die geforderte Differenzierung zwischen den Arbeitnehmern der voll- und der nur quotal konsolidierten Unternehmen zu gewährleisten, gibt es zwei Möglichkeiten: Entweder werden die Arbeitnehmerzahlen der voll- und quotal konsolidierten Unternehmen separat voneinander angegeben oder sie werden zu einer Gesamtzahl zusammengefasst und mit einem Davon-Vermerk zur Arbeitnehmerzahl der quotal einbezogenen Unternehmen gekennzeichnet. Die Arbeitnehmer der quotal konsolidierten Unternehmen können entweder voll[31] oder entsprechend der Konsolidierungsquote anteilmäßig in die Gesamtzahl einfließen,[32] solange dies den Adressaten durch entsprechende Hinweise deutlich gemacht wird. Konsequent wäre hier dem Grundgedanken der Quotenkonsolidierung folgend, die anteilig zuzurechnenden Mitarbeiter des Gemeinschaftsunternehmens anzuführen, da ansonsten auf Mitarbeiterbasis gebildete Konzernabschlussrelationen verfälscht werden.

    Bei der **Erfassung der Arbeitnehmer** kann es in einem Konzern zu Überschneidun- **39** gen kommen, wenn Arbeitnehmer von einem einbezogenen Unternehmen in ein anderes

---

[30]   ADS Rn. 30; WP-HdB G Rn. 746.
[31]   ADS Rn. 31.
[32]   BeBiKo/Grottel Rn. 60 f.; aA ADS Rn. 31.

entsandt werden. Um Überschneidungen auszuschließen, sollen Arbeitnehmer nur bei den Unternehmen erfasst werden, bei denen sie originär angestellt sind.[33] Veränderungen im Kreis der einbezogenen Unternehmen durch neu hinzukommende oder austretende Unternehmen sollten zudem zeitanteilig berücksichtigt werden.[34] Arbeitnehmer der vollkonsolidierten Tochterunternehmen sind unabhängig von ihrer Beteiligungsquote voll und nicht anteilig zu erfassen. Wenn die Arbeitnehmer der quotal konsolidierten Unternehmen ebenfalls voll erfasst werden, steht einer zusätzlichen und damit freiwilligen Angabe der anteiligen, an ihrer Konsolidierungsquote ausgerichteten Arbeitnehmerzahl dieser Unternehmen nichts entgegen.[35]

40   Die Vorgehensweise bei der Ermittlung der **Jahresdurchschnitte** ist im Gesetz nicht festgelegt. Hier herrscht grundsätzlich Methodenfreiheit. Zur Vermeidung von Fehlinterpretationen ist die Angabe der angewendeten Methode jedoch sinnvoll.[36] Zu den möglichen Ermittlungsregeln sei auf die Ausführungen zu § 267 Abs. 5 (→ § 267 Rn. 10) und § 285 Nr. 7 (→ § 285 Rn. 106 ff.) verwiesen.

41   Die **Gruppenbildung** orientiert sich an denselben Leitlinien, die auch für § 285 Nr. 7 gelten (→ § 285 Rn. 117). Für die Arbeitnehmer anteilig einbezogener Unternehmen ist eine Gruppenbildung im Gesetz nicht explizit gefordert; einer freiwilligen Gruppenbildung steht jedoch nichts entgegen.

42   Abs. 1 Nr. 4 verlangt auch die Angabe des im Geschäftsjahr verursachten **Personalaufwands,** sofern dieser nicht sowieso schon in der nach dem Gesamtkostenverfahren aufgestellten Konzern-GuV gem. § 298 Abs. 1 iVm § 275 Abs. 2 Nr. 6 ausgewiesen wird. Eine Angabe wird demnach bei Verwendung des Umsatzkostenverfahrens erforderlich. Anzugeben sind die Gesamtkosten der voll und anteilsmäßig einbezogenen Unternehmen. Seit dem BilRUG ist der Aufwandsbetrag **aufzuschlüsseln** nach (a) Löhnen und Gehältern, (b) Kosten der sozialen Sicherheit und Unterstützung sowie (c) Kosten der Altersversorgung. Diese Aufgliederung gleicht der des Anhangs[37] und entspricht zwar nicht dem Wortlaut von § 314 Abs. 1 Nr. 4, sollte aber aus Gründen der Einheitlichkeit auch für den Konzernanhang vorgenommen werden, zumal sich die Vorgaben für Beides einheitlich aus Art. 17 Abs. 1 lit. e Bilanz-RL (bzw. iVm Art. 28 Abs. 1 Bilanz-RL) ergeben. Hierdurch wird insbesondere klargestellt, dass Kosten für Unterstützung unter sonstige soziale Leistungen fallen.[38] Die bloße Betragsangabe reicht nicht mehr. Eine Verpflichtung zur Angabe oder gar Aufgliederung des Materialaufwands bei Anwendung des Umsatzkostenverfahrens (§ 285 Nr. 8 lit. a) fehlt im Konzernanhang. Mutterunternehmen, die gem. § 315e ihren Konzernabschluss pflichtgemäß oder freiwillig nach internationalen Rechnungslegungsvorschriften aufstellen, werden explizit verpflichtet, diese Angaben zu machen (§ 315e Abs. 1).

43   **6. Gesamtbezüge, Kredite und sonstige Rechtsverhältnisse an bzw. zu Organmitgliedern (Abs. 1 Nr. 6). a) Allgemeines.** Im Konzernanhang sind gem. Abs. 1 Nr. 6 für die Mitglieder des Geschäftsführungsorgans, eines Aufsichtsrats, eines Beirats oder einer ähnlichen Einrichtung des Mutterunternehmens

– die für die Wahrnehmung ihrer Aufgaben in Mutter- und Tochterunternehmen im Geschäftsjahr gewährten Gesamtbezüge (Abs. 1 Nr. 6 lit. a),

– die für die Wahrnehmung ihrer Aufgaben in Mutter- und Tochterunternehmen gewährten Gesamtbezüge der früheren Mitglieder dieser Organe und ihrer Hinterbliebenen sowie der Betrag der für Pensionsverpflichtungen gebildeten und nicht gebildeten Rückstellungen (Abs. 1 Nr. 6 lit. b) und

– die vom Mutter- und den Tochterunternehmen an die genannten Personengruppen gewährten Vorschüsse und Kredite und Haftungsverhältnisse anzugeben (Abs. 1 Nr. 6 lit. c).

---

[33]   ADS Rn. 29.
[34]   HdK/Dörner/Wirth §§ 313, 314 Rn. 350.
[35]   ADS Rn. 31; BeBiKo/Grottel Rn. 55.
[36]   Busse v. Colbe/Müller/Reinhard Rn. 189; BeBiKo/Grottel Rn. 51.
[37]   → § 285 Rn. 124; BeBiKo/Grottel § 285 Rn. 220; ADS § 285 Rn. 155.
[38]   Rimmelspacher/Meyer DB 2015 Beil. 5, 23 (35 f.).

Die Angabepflicht trifft alle nach § 290 konzernrechnungspflichtigen Kapitalgesellschaf- **44**
ten und Personenhandelsgesellschaften iSd § 264a. **Versicherungsunternehmen** und **Pensionsfonds** (§ 341j Abs. 1) sowie **Kreditinstitute** sind ebenfalls zu den Angaben gem.
Abs. 1 Nr. 6 verpflichtet. Letztere sind gem. § 340i Abs. 2 S. 2 nur von den Pflichtangaben
nach Nr. 6 lit. c befreit. Abs. 1 Nr. 6 ist auch bei einem Konzernabschluss nach IFRS gem.
§ 315e zu beachten. Für Kreditinstitute gilt in diesem Fall anstelle von Abs. 1 Nr. 6 lit. c
die Vorschrift des § 34 Abs. 2 Nr. 2 KredRechV iVm § 37 KredRechV (§ 340i Abs. 2 S. 4).
Unternehmen im Geltungsbereich des **PublG** brauchen § 314 Abs. 1 Nr. 6 gem. § 13
Abs. 3 S. 1 PublG nicht anzuwenden.

Abs. 1 Nr. 6 ist der Regelung für den Anhang des Einzelabschlusses gem. § 285 Nr. 9 **45**
nachgebildet, so dass auf die dortigen Ausführungen weitgehend verwiesen werden kann
(→ § 285 Rn. 125 ff.). Lediglich die Angabepflicht nach Abs. 1 Nr. 6 Buchst. c ist seit dem
BilRUG im Vergleich zu § 285 Nr. 9 lit. c insoweit eingeschränkt, dass nur noch die Höhe
der an die betroffene Personengruppe bezahlten Beträge, aber nicht mehr die Zinsen oder
wesentlichen Bedingungen anzugeben sind.[39] Wie in § 285 Nr. 9 sind die in § 314 Abs. 1
Nr. 6 geforderten Angaben nur für jede **Personengruppe,** nicht individualisiert für jede
Einzelperson erforderlich (→ § 285 Rn. 128).

b) Betroffener Personenkreis. In § 285 Nr. 9 und § 314 Abs. 1 Nr. 6 ist der von **46**
den jeweiligen Pflichtangaben betroffene **Personenkreis** identisch. Es handelt sich um
amtierende und ehemalige Organmitglieder des berichtspflichtigen Konzernmutterunternehmens sowie um deren Hinterbliebene. Es kommt auf die bestehende oder frühere Mitgliedschaft in einem der im Gesetz genannten Gremien des Mutterunternehmens an. Die
Organmitglieder des dem berichtenden Unternehmen übergeordneten Mutterunternehmens oder der Tochterunternehmen sind von den Pflichtangaben nicht betroffen,[40] es sei
denn, sie üben eine Doppel- bzw. Mehrfachfunktion aus und sind gleichzeitig auch Organmitglieder des berichtspflichtigen Konzernmutterunternehmens oder deren Hinterbliebene.
Da es auf die Organtätigkeit im Mutterunternehmen ankommt, sind Bezüge eines Organmitglieds eines Tochterunternehmens für seine Tätigkeit als Angestellter des Mutterunternehmens nicht anzugeben. Ist also beispielsweise ein Vorstand- oder Aufsichtsratsmitglied
eines Tochterunternehmens zugleich Angestellter oder Prokurist des berichtenden Mutterunternehmens, ist letzteres nicht nach Nr. 6 zur Angabe der Bezüge im Konzernanhang
verpflichtet, da die Organmitgliedschaft in der Muttergesellschaft maßgeblich ist.[41] Die
Zuordnung der Bezüge richtet sich nach der Mitgliedschaft im berichtenden Mutterunternehmen: Ist das Vorstandsmitglied des Mutterunternehmens beispielsweise zugleich Aufsichtsratsmitglied in einem Tochterunternehmen, erhöht die Aufsichtsratsvergütung durch
das Tochterunternehmen den Betrag der Gesamtbezüge als Vorstand.

c) Umfang der Angabepflicht. aa) Angaben für amtierende Organmitglieder **47**
gem. Abs. 1 Nr. 6 lit. a. Nach Abs. 1 Nr. 6 lit. a S. 1 sind die **im Geschäftsjahr gewährten Gesamtbezüge der aktuellen Organmitglieder** anzugeben. Darunter fallen nicht
nur Gehälter, Gewinnbeteiligungen, Bezugsrechte und sonstige aktienbasierte Vergütungen,
Aufwandsentschädigungen, Versicherungsentgelte, Provisionen und Nebenleistungen jeder
Art, sondern gem. Abs. 1 Nr. 6 lit. a S. 2 und 3 auch nicht ausgezahlte, in Ansprüche
anderer Art umgewandelte oder im Konzernabschluss nicht angegebene Bezüge.[42] Zur
weiteren Konkretisierung dieser mit § 285 Nr. 9 lit. a übereinstimmenden Komponenten
der Gesamtbezüge sei auf die Ausführungen zu § 285 verwiesen (→ § 285 Rn. 138 ff.).
Anders als § 285 Nr. 9 bezieht § 314 Abs. 1 Nr. 6 jedoch die Bezüge für die Aufgaben der
Organmitglieder des Konzernmutterunternehmens bei den Tochterunternehmen iSd § 290
Abs. 1 explizit mit ein. Wenn zB ein Vorstand des Mutterunternehmens gleichzeitig auch

---

39 Vgl. Begr. RegE BilRUG, BT-Drs. 18/4050, 74.
40 BeBiKo/Grottel Rn. 80.
41 BeBiKo/Grottel Rn. 81.
42 Zum Einbezug von sonstigen aktienbasierten Vergütungen Schurbohm/Streckenbach WPg 2002, 852.

Aufsichtsratsvorsitzender eines Tochterunternehmens ist, fließen die Bezüge aus beiden Funktionen in die anzugebenden Gesamtbezüge der Vorstandsgruppe ein. Die im Vergleich zu dem Tätigkeitsbegriff des § 285 Nr. 9 lit. a in Abs. 1 Nr. 6 lit. a bestehende Abweichung im **Begriff** der „Wahrnehmung ihrer Aufgaben" hat keine inhaltliche Bedeutung. Der Begriff erstreckt sich, unabhängig von der tatsächlichen Ausübung,[43] auf jede Handlung, Tätigkeit, Verrichtung oder Funktionsausübung. Wie der Tätigkeitsbegriff des § 285 Nr. 9 lit. a ist auch der Begriff der Aufgaben nur auf Tätigkeiten der Organmitglieder in ihrer Funktion als Organmitglied beschränkt.[44] Ist ein Vorstandsmitglied des Mutterunternehmens zusätzlich als Angestellter für das Tochterunternehmen tätig, sind nur die Vorstandsbezüge anzugeben.

48   Die Gesamtbezüge beziehen sich auf die Wahrnehmung von Aufgaben in Mutter- und **Tochterunternehmen iSd § 290 Abs. 1.** Nach dem Gesetzeswortlaut ist es unerheblich, ob die betreffenden Tochterunternehmen in den Konzernabschluss einbezogen worden sind oder nicht (s. auch Art. 28 Abs. 1 lit. c Bilanz-RL).[45] Auch der Sitz des Tochterunternehmens ist unerheblich, so dass Bezüge für Aufgaben in inländischen wie in ausländischen Tochterunternehmen erfasst sind. Allerdings sind die Bezüge von Tochterunternehmen nur in der Zeit relevant, in der diese Unternehmen auch wirklich Tochterunternehmen sind. Im Jahr des Hinzutretens oder Ausscheidens aus dem Konzern ist eine anteilige Erfassung der entsprechenden Bezüge sinnvoll.[46] Die Aufgabenerfüllung in Gemeinschaftsunternehmen gem. § 310 und assoziierten Unternehmen gem. § 311 spielt für die Ermittlung der Gesamtbezüge keine Rolle. Diese Unternehmen sind keine Tochterunternehmen iSd § 290 Abs. 2, unabhängig davon, ob sie im Konzernabschluss berücksichtigt worden sind. Bei einem Teilkonzernabschluss spielen auch diejenigen Bezüge keine Rolle, die das Organmitglied des berichtspflichtigen Mutterunternehmens des Teilkonzerns aufgrund einer Aufgabe für ein „übergeordnetes" (Mutter-)Unternehmen oder für ein sonstiges, nicht dem Teilkonzern angehörendes Unternehmen des Gesamtkonzerns erhalten hat.[47]

49   Es sind sowohl Leistungen der Bezüge durch Mutter- als auch der Tochterunternehmen erfasst,[48] nicht hingegen Bezüge für Aufgaben in Mutter- und Tochterunternehmen, die von dritter Seite gezahlt werden. Da nur Gesamtbezüge anzugeben sind, ist eine quellenorientierte Differenzierung nach Mutter- und Tochterunternehmen nicht erforderlich. Werden Konzernanhang sowie Anhang des Einzelabschlusses jedoch zusammengefasst, muss diese Differenzierung vorgenommen werden, sofern der Tätigkeitsbegriff des § 285 Nr. 9 auf das Einzelunternehmen beschränkt wird.[49]

50   Die mit dem VorstOG für börsennotierte Aktiengesellschaften als Mutterunternehmen in Abs. 1 Nr. 6 lit. a S. 5–8 eingeführten zusätzlichen Angabepflichten zu den Bezügen jedes einzelnen Vorstandsmitglieds, aufgeteilt nach erfolgsabhängigen und erfolgsunabhängigen Komponenten sowie Komponenten mit langfristiger Anreizwirkung,[50] wurden mit dem Gesetz zur Umsetzung der zweiten Aktionärsrichtlinie (RL (EU) 2017/828) vom 12.12.2019 (ARUG II) gemeinsam mit § 285 Nr. 9 lit. a S. 5–7 aF aufgehoben und in § 162 Abs. 2 AktG überführt.[51] Dadurch soll das gleiche Regelungsniveau beibehalten werden.[52] Allerdings wurde § 314 Abs. 1 Nr. 6 lit. a S. 8 aF endgültig gestrichen. Eine Verschärfung der Publizitätspflicht ergibt sich dadurch, dass die Möglichkeit gem. § 314 Abs. 3 S. 1 iVm § 286 Abs. 5 aF, durch Hauptversammlungsbeschluss von der Berichtspflicht abzuweichen, nach ihrer Streichung ohne einen aktienrechtlichen Ersatz bleibt, obwohl dies für die nicht

---

43 BeBiKo/Grottel Rn. 89.
44 BeBiKo/Grottel Rn. 88; dazu auch ADS Rn. 43; Biener/Bernecke BiRiLiG S. 390.
45 Biener/Bernecke BiRiLiG S. 390.
46 BeBiKo/Grottel Rn. 91.
47 ADS Rn. 46; WP-HdB G Rn. 749.
48 BeBiKo/Grottel Rn. 90 (auch Leistungen nicht einbezogener Tochterunternehmen).
49 BeBiKo/Grottel Rn. 74 f.
50 Zum VorstOG Fleischer DB 2005, 1615 f.
51 RegE ARUG II, BT-Drs. 19/9739, 26, 120.
52 Vgl. RegE ARUG II, BT-Drs. 19/9739, 113.

durch die Aktionärsrechte-RL vorgeprägte Regelung des § 162 Abs. 2 AktG weiterhin möglich gewesen wäre.[53]

bb) Angaben für ausgeschiedene Organmitglieder gem. Abs. 1 Nr. 6 lit. b. Die 51 nach Abs. 1 Nr. 6 lit. b angabepflichtigen **Gesamtbezüge für die früheren Organmitglieder** des berichtspflichtigen Mutterunternehmens und für deren Hinterbliebene entsprechen denen nach § 285 Nr. 9 lit. b, so dass auf die dortigen Ausführungen verwiesen wird (→ § 285 Rn. 163 ff.). Vor dem Hintergrund der im Gesetz angegebenen Konkretisierung (Abfindungen, Ruhegehälter, Hinterbliebenenbezüge und Leistungen verwandter Art) handelt es sich bei den Gesamtbezügen streng genommen auch nur um jene für die frühere und nicht mehr für die gegenwärtige Aufgabenwahrnehmung. Eine aktive Aufgabenwahrnehmung ehemaliger Organmitglieder des Mutterunternehmens wäre schließlich bei Tochterunternehmen noch denkbar. Die hieraus resultierenden Bezüge sind nicht angabepflichtig, es sei denn, sie werden auf die unter Abs. 1 Nr. 6 lit. b genannten Komponenten angerechnet.[54]

Der Betrag der gebildeten und nicht gebildeten **Pensionsrückstellungen** ermittelt 52 sich analog zu § 285 Nr. 9 lit. b (→ § 285 Rn. 170 ff.). Der Gesetzessystematik folgend werden gem. Abs. 1 Nr. 6 lit. b die für die entsprechende Personengruppe gebildeten sowie nicht gebildeten Pensionsrückstellungen bei Mutter- und Tochterunternehmen zusammengefasst. Da auch nicht konsolidierte Tochterunternehmen berücksichtigt werden, ist hierbei auf eine einheitliche Bewertung zu achten.[55]

cc) Angabe zu Vorschüssen, Kredite und eingegangene Haftungsverhältnisse 53 **gem. Abs. 1 Nr. 6 lit. c.** Gemäß Abs. 1 Nr. 6 lit. c sind die den amtierenden Organmitgliedern des berichtspflichtigen Mutterunternehmens gewährten **Vorschüsse und Kredite** sowie die zu ihren Gunsten eingegangenen **Haftungsverhältnisse** anzugeben. Wegen der grundsätzlichen Parallele zu § 285 Nr. 9 lit. c kann auf die dortigen Ausführungen verwiesen werden (→ § 285 Rn. 173 ff.). Im Unterschied zu § 285 Nr. 9 lit. c sind aber seit dem BilRUG nur noch die Höhe der an die betroffene Personengruppe gewährten Vorschüsse und Kredite, aber nicht mehr die Zinsen oder wesentlichen Bedingungen anzugeben.[56] Durch Tochterunternehmen gewährte Vorschüsse und Kredite sowie eingegangene Haftungsverhältnisse sind von § 314 Abs. 1 Nr. 6 lit. c ausdrücklich mit eingeschlossen. Dies gilt grundsätzlich auch, wenn eines der betreffenden Tochterunternehmen ein Kreditinstitut ist.[57] Eine Saldierung der gewährten Vorschüsse oder Kredite mit den Verbindlichkeiten anderer Konzernunternehmen gegenüber den Organmitgliedern des berichtspflichtigen Mutterunternehmens ist nicht zulässig.[58]

d) Befreiung von der Angabepflicht. Eine **Befreiung** von der Angabepflicht aus 54 § 314 Abs. 1 Nr. 6 lit. a und b ist für nicht börsennotierte Aktiengesellschaften wie in **§ 286 Abs. 4** für den Einzelabschluss durch das BilRUG in § 314 Abs. 3 S. 2 eingefügt worden (→ Rn. 134).[59] Damit gilt die Befreiungsmöglichkeit bei Feststellbarkeit individueller Bezüge von einzelnen Organmitgliedern aus der Angabe der Gesamtbezüge nun sowohl für den Jahres- als auch den Konzernabschluss. Die Angabe der gem. Nr. 6 lit. a und b geforderten Gesamtbezüge kann demnach unterbleiben, wenn hieraus die individuellen Bezüge eines Organmitglieds feststellbar sind. Damit wird nun der Schutz der persönlichen Daten von Organmitgliedern nicht börsennotierter Gesellschaften ausreichend gewährleistet.

Für die Angaben gem. Abs. 1 Nr. 6 lit. a S. 5–8 ist § 315 Abs. 2 Nr. 4 S. 2 sowie § 314 55 Abs. 3 S. 1 iVm § 286 Abs. 5 zu beachten (→ Rn. 124).

---

[53]　Vgl. RegE ARUG II, BT-Drs. 19/9739, 119 f.
[54]　BeBiKo/Grottel Rn. 106; EBJS/Böcking/Gros/Tonne Rn. 36; Wiedmann/Böcking/Gros/Tonne Rn. 36.
[55]　BeBiKo/Grottel Rn. 111.
[56]　Vgl. RegE BilRUG BT-Drs. 18/4050, 74.
[57]　ADS Rn. 49.
[58]　BeBiKo/Grottel Rn. 117.
[59]　Begr. RegE, BT-Drs. 18/4050, 18.

56   **7. Angaben zu den eigenen Anteilen des Mutterunternehmens (Abs. 1 Nr. 7).**
Im Konzernanhang ist gem. Abs. 1 Nr. 7 der Bestand an eigenen Anteilen anzugeben, die
das Mutterunternehmen oder ein Tochterunternehmen oder ein anderer für Rechnung
eines in den Konzernabschluss einbezogenen Unternehmens erworben oder als Pfand
genommen hat. Dabei sind die **Zahl**, der **Nennbetrag** oder, bei nennwertlosen Stückaktien, der **rechnerische Wert** dieser Anteile sowie deren prozentualer **Anteil am** (gezeichneten) **Kapital** zu benennen. Diese Vorschrift dient der Umsetzung von Art. 29 Abs. 2
lit. a Bilanz-RL.

57   Die Angabepflicht trifft alle nach § 290 konzernrechnungspflichtigen Kapitalgesellschaften und Personenhandelsgesellschaften iSd § 264a. Unternehmen im Geltungsbereich des
PublG (§ 13 Abs. 2 S. 1 PublG), **Kreditinstitute** (§ 340i Abs. 2 iVm § 340a) und **Versicherungsunternehmen** und **Pensionsfonds** (§ 341j Abs. 1 S. 1 iVm § 341a Abs. 1) sind
ebenfalls zu den Angaben gem. Abs. 1 Nr. 7 verpflichtet. Für den Fall, dass der handelsrechtliche Konzernabschluss durch einen nach internationalen Rechnungslegungsvorschriften
aufgestellten Konzernabschluss ersetzt wird, gilt Abs. 1 Nr. 7 nicht (§ 315e Abs. 1).

58   Eine Abs. 1 Nr. 7 vergleichbare Pflichtangabe existiert für den Anhang des Einzelabschlusses nicht. **§ 160 Abs. 1 Nr. 2 AktG** sieht indes für Aktiengesellschaften und Kommanditgesellschaften auf Aktien vergleichbare, zT weitergehende Angabepflichten vor
(→ § 284 Rn. 30).[60]

59   Als eigene Anteile werden die **Anteile am Mutterunternehmen** bezeichnet, die
das Mutterunternehmen selbst oder ein einbezogenes Tochterunternehmen oder ein anderer für Rechnung eines in den Konzernabschluss einbezogenen Unternehmens erworben
oder als Pfand genommen hat.[61] Anteile an Tochterunternehmen fallen grundsätzlich
nicht unter Abs. 1 Nr. 7; sie werden im Rahmen der Kapitalkonsolidierung verrechnet.
Der **Erwerb** oder die **Inpfandnahme** eigener Anteile ist für Unternehmen in Rechtsform der AG in § 71 AktG und für solche in Rechtsform der GmbH in § 33 GmbHG
geregelt. Die Angabepflicht hängt allerdings nicht von der Zulässigkeit des Erwerbs oder
der Inpfandnahme ab, soweit auch der unzulässige Erwerb bzw. die unzulässige Inpfandnahme eigener Aktien wirksam ist (§ 71 Abs. 4 AktG, § 71e Abs. 2 AktG; § 33 Abs. 2
S. 2 GmbHG).[62] Ordnet das Gesetz die Nichtigkeit des Erwerbs wegen Unzulässigkeit
an, so entfällt die Angabepflicht. Das gilt auch für den Erwerb durch Tochterunternehmen
und auf Rechnung des Mutterunternehmens oder eines Tochterunternehmens (s. etwa
§ 71a Abs. 2 AktG). Angabepflichtig sind aber eigene Anteile, die das Mutterunternehmen
infolge Kaduzierung hält.[63]

60   Dem Wortlaut des Gesetzes folgend, fallen auch die Anteile am Mutterunternehmen
unter die Angabepflicht des Abs. 1 Nr. 7, die von **nicht konsolidierten Tochterunternehmen** erworben werden und die deshalb nicht in der Konzernbilanz ausgewiesen sind.[64]
Halten Dritte Anteile am Mutterunternehmen für Rechnung nicht konsolidierter Tochterunternehmen, so müssten diese Anteile nach dem Gesetzeswortlaut streng genommen nicht
berücksichtigt werden. Dies widerspricht jedoch dem Wortlaut von Art. 29 Abs. 2 lit. a
Bilanz-RL, der Abs. 1 Nr. 7 zugrunde liegt. Demnach sind auch Anteile, die „in eigenem
Namen, aber für Rechnung eines dieser Unternehmen handelnden Personen gehalten wer-
den, anzugeben". Es ist zudem nicht einzusehen, warum die von nicht konsolidierten
Tochterunternehmen gehaltenen Anteile berücksichtigt werden, die für sie treuhänderisch
gehaltenen Anteile hingegen nicht. Insofern ist davon auszugehen, dass die von Dritten für
Rechnung nicht konsolidierter Tochterunternehmen gehaltenen Anteile ebenfalls unter die
Angabepflicht des Abs. 1 Nr. 7 fallen.[65] Anteile am Mutterunternehmen, die von **Gemein-**

---

[60]   Hierzu Koch AktG § 160 Rn. 7 ff.
[61]   BeBiKo/Grottel Rn. 121 f.
[62]   Zu § 160 Nr. 2 AktG: Koch AktG § 160 Rn. 7.
[63]   Zu § 160 Nr. 2 AktG MüKoAktG/Bayer § 64 Rn. 70; Kölner Komm AktG/Drygala § 64 Rn. 43; GK-
       AktG/Gehrlein § 64 Rn. 46; Koch AktG § 160 Rn. 7.
[64]   ADS §§ 313, 314 Rn. 52; BeBiKo/Grottel Rn. 125; WP-HdB G Rn. 731.
[65]   BeBiKo/Grottel Rn. 126.

schaftsunternehmen oder **assoziierten Unternehmen** gehalten werden, müssen nicht angegeben werden, es sei denn, diese Unternehmen handeln für Rechnung des Mutterunternehmens oder eines Tochterunternehmens.[66]

Eigene Anteile am Mutterunternehmen fallen **nicht** unter den **sonstigen Anteilsbe-   61 sitz** gem. § 313 Abs. 2 Nr. 4. Insofern ist auch eine Inanspruchnahme der Schutzklausel gem. § 313 Abs. 3 ausgeschlossen.[67]

8. Zahl der im Geschäftsjahr gezeichneten Aktien des Mutterunternehmens   62 im Rahmen des genehmigten Kapitals (Abs. 1 Nr. 7a). Nach dem durch das BilRUG in Umsetzung von Art. 28 Abs. 1 Bilanz-RL iVm Art. 17 Abs. 1 lit. i bilanz-RL eingefügten Abs. 1 Nr. 7a sind Angaben zu **vom Mutterunternehmen ausgegebenen Aktien** erforderlich, soweit sie während des Geschäftsjahres im Rahmen des genehmigten Kapitals gezeichnet wurden. Diese Aktien sind dabei **nach Gattung** in **Zahlen** anzugeben. Eine Gattung bilden gem. § 11 S. 2 AktG Aktien mit gleichen Rechten. Weiterhin ist bei Stückaktien der rechnerische Wert und bei Nennbetragsaktien der Nennwert anzugeben. Die Beträge des Grundkapitals für jede Gattung von Aktien ergibt sich gem. § 152 Abs. 1 S. 2 AktG aus der Bilanz. Die Angabepflicht entspricht im Wesentlichen der Spezialvorschrift für den Jahresabschluss von Aktiengesellschaften und KGaA aus § 160 Abs. 1 Nr. 3 AktG.[68] Abs. 1 Nr. 7a ist allerdings enger gefasst, indem zum einen nicht alle Aktien, sondern nur die im Geschäftsjahr gezeichneten erfasst sind, und die Angabepflicht zum anderen auf die im genehmigten Kapital gezeichneten Aktien (§§ 202 ff. AktG) beschränkt ist. Im Konzernanhang gilt insoweit eine Erleichterung im Vergleich zu § 160 Abs. 1 Nr. 3 AktG im Einzelabschluss.

9. Angaben zu Aktien und Bezugsrechten (Abs. 1 Nr. 7b). Nach Abs. 1 Nr. 7b   63 sind für ausgegebene Genussscheine, Wandelschuldverschreibungen, Optionsscheine, Optionen und vergleichbare Wertpapiere oder Rechte zusätzliche Angaben zu **Anzahl** und **Art** erforderlich. Diese Angabepflicht wurde in Umsetzung von Art. 28 Abs. 1 Bilanz-RL iVm Art. 17 Abs. 1 lit. j Bilanz-RL mit dem BilRUG eingeführt und bestand zuvor gem. § 160 Abs. 1 Nr. 6 AktG aF nur für Aktiengesellschaften und KGaA. Die Angabepflicht trifft nun alle nach § 290 konzernrechnungspflichtigen Kapitalgesellschaften und Personenhandelsgesellschaften iSd § 264a.[69] Unternehmen im Geltungsbereich des **PublG** (§ 13 Abs. 2 S. 1 PublG), **Kreditinstitute** (§ 340i Abs. 2 iVm § 340a) und **Versicherungsunternehmen** und **Pensionsfonds** (§ 341j Abs. 1 S. 1 iVm § 341a Abs. 1) sind ebenfalls zu den Angaben gem. Abs. 1 Nr. 7b verpflichtet.

Zu den Einzelheiten kann auf die Ausführungen zu dem in Bezug auf den Konzernab-   64 schluss nahezu wortgleichen **§ 285 Nr. 15a** verwiesen werden (→ § 285 Rn. 258 ff.). Zwar erwähnt diese Vorschrift über Abs. 1 Nr. 7b hinaus zusätzlich auch Genussrechte und Besserungsscheine, diese zählen jedoch zu den „vergleichbaren Wertpapieren oder Rechten" iSv Abs. 1 Nr. 7b und sind somit ebenfalls erfasst.[70] Erfasst sind nur Verpflichtungen, die das Mutterunternehmen betreffen, vormals mussten gem. § 298 Abs. 1 iVm § 160 Abs. 1 Nr. 6 AktG aF auch Rechte angegeben werden, die von einbezogenen Tochterunternehmen gewährt wurden.[71]

10. Entsprechenserklärung Corporate Governance Kodex (Abs. 1 Nr. 8).   65 Gemäß Abs. 1 Nr. 8 ist im Konzernanhang anzugeben, dass die nach § 161 AktG vorgeschriebene Erklärung zum Corporate Governance Kodex abgegeben und wo sie öffentlich zugänglich gemacht worden ist. In der Erklärung müssen Vorstand und Aufsichtsrat börsennotierter Gesellschaften darlegen, dass sie die vom Bundesministerium der Justiz und für

---

[66]   ADS Rn. 52; Biener/Bernecke BiRiLiG S. 390; BeBiKo/Grottel Rn. 127.
[67]   BeBiKo/Grottel Rn. 129.
[68]   Zu § 160 Abs. 1 Nr. 3 AktG vgl. MüKoAktG/Kessler § 160 Rn. 33; Koch AktG § 160 Rn. 10.
[69]   RegE BilRUG BT-Drs. 18/4050, 75.
[70]   Rimmelspacher/Meyer DB 2015 Beil. 5, 23 (26 f.); BeBiKo/Grottel Rn. 140.
[71]   BeBiKo/Grottel Rn. 141.

Verbraucherschutz im amtlichen Teil des Bundesanzeigers bekannt gemachten Empfehlungen der „Regierungskommission Deutscher Corporate Governance Kodex" eingehalten haben. Die Angabepflicht stimmt weitestgehend mit § 285 Nr. 16 überein (→ § 285 Rn. 266).

66   Die Angabepflicht trifft alle nach § 290 konzernrechnungspflichtigen Kapitalgesellschaften und Personenhandelsgesellschaften iSd § 264a. Unternehmen im Geltungsbereich des **PublG** (§ 13 Abs. 2 S. 1 PublG), **Kreditinstitute** (§ 340i Abs. 2 iVm § 340a) und **Versicherungsunternehmen** und **Pensionsfonds** (§ 341j Abs. 1 S. 1 iVm § 341a Abs. 1) sind ebenfalls zu den Angaben gem. Abs. 1 Nr. 8 verpflichtet. Für den Fall, dass der handelsrechtliche Konzernabschluss durch einen nach internationalen Rechnungslegungsvorschriften aufgestellten Konzernabschluss ersetzt wird, gilt Abs. 1 Nr. 8 ebenfalls (§ 315e Abs. 1).

67   Die Angabepflicht erstreckt sich auf die börsennotierte Muttergesellschaft und auf alle in den Konzernabschluss einbezogenen börsennotierten Unternehmen.[72] Im Konzernanhang ist für alle in den Konzernabschluss einbezogenen börsennotierten Unternehmen anzugeben, dass diese Erklärung abgegeben und wo sie öffentlich zugänglich gemacht worden ist.[73] Als einbezogene Unternehmen gelten hierbei jedes gem. §§ 300 ff. voll einbezogene Tochterunternehmen sowie die anteilig einbezogenen Gemeinschaftsunternehmen gem. § 310. Nicht erfasst sind die assoziierten Unternehmen iSd § 311 und die anderen Unternehmen iSd § 313 Abs. 2 Nr. 4.[74] Die Angabepflicht des Abs. 1 Nr. 8 gilt auch für einen Konzernabschluss nach IFRS gem. § 315e Abs. 1.

68   **11. Honorare für Abschlussprüfer (Abs. 1 Nr. 9). a) Allgemeines.** Konzernrechnungspflichtige Gesellschaften müssen laut Abs. 1 Nr. 9 das von dem Abschlussprüfer des Konzernabschlusses für das Geschäftsjahr berechnete Gesamthonorar für Abschlussprüfungen, andere Bestätigungsleistungen, Steuerberatungsleistungen sowie sonstige Leistungen im Konzernanhang angeben. Vergleichbare Angaben sind im Anhang des Einzelabschlusses zu machen (§ 285 Nr. 17). Für die Angabepflicht nach Abs. 1 Nr. 9 kann im Wesentlichen auf die Ausführungen zu § 285 Nr. 17 verwiesen werden (→ § 285 Rn. 273 ff.). Zu beachten ist jedoch, dass die Angabepflicht des Abs. 1 Nr. 9 im Unterschied zu § 285 Nr. 17 an den Abschlussprüfer des Konzernabschlusses anknüpft.

69   Abs. 1 Nr. 9 ist durch das BilMoG neu formuliert worden, um den Anforderungen von Art. 43 Nr. 15 RL 83/349/EWG (7. EG-Richtlinie) idF der Abschlussprüfer-RL (bzw. nun Art. 28 Abs. 1 Bilanz-RL iVm Art. 18 Abs. 1 lit. b Bilanz-RL) Rechnung zu tragen. Die Angabepflicht ist nicht mehr auf kapitalmarktorientierte Mutterunternehmen beschränkt, sondern gilt für alle Mutterunternehmen.[75] Zweck der Angabepflicht ist es, durch mehr Transparenz im Verhältnis zwischen Abschlussprüfer bzw. Prüfungsgesellschaft und geprüftem Unternehmen die Unabhängigkeit der Abschlussprüfung zu stärken (→ § 285 Rn. 273). Die Unabhängigkeit eines Abschlussprüfers oder einer Prüfungsgesellschaft kann durch die Erbringung von zusätzlichen prüfungsfremden Leistungen und durch die Höhe des von einem geprüften Unternehmen gezahlten Prüfungshonorars und/oder die Zusammensetzung der Honorare gefährdet sein (Erwägungsgrund Nr. 11 Abschlussprüfer-RL).

70   Die Angabepflicht trifft alle nach § 290 konzernrechnungspflichtigen Kapitalgesellschaften und Personenhandelsgesellschaften iSd § 264a. **Versicherungsunternehmen** und **Pensionsfonds** (§ 341j Abs. 1), **Kreditinstitute** (§ 340i Abs. 2 S. 1) sowie Unternehmen im Geltungsbereich des **PublG** (§ 13 Abs. 2 S. 1 PublG) sind ebenfalls zu den Angaben gem. Abs. 1 Nr. 9 verpflichtet. Für den Fall, dass der handelsrechtliche Konzernabschluss durch einen nach internationalen Rechnungslegungsvorschriften aufgestellten Konzernabschluss ersetzt wird, verweist § 315e Abs. 1 auf § 314 Abs. 1 Nr. 9.

---

[72]   IDW PS 345 Rn. 17.
[73]   Strieder/Kuhn DB 2006, 2248; IDW PS 345 Rn. 17.
[74]   BeBiKo/Grottel Rn. 150.
[75]   Begr. RegE BilMoG, BT-Drs. 16/10067, 85.

b) Umfang der Angabepflicht. Nr. 9 verlangt die Angabe des Gesamthonorars, das **71** von dem Abschlussprüfer des Konzernabschlusses für das Geschäftsjahr berechnet wurde. Der Abschlussprüfer als Honorarempfänger ist ausschließlich derjenige, der beauftragt und gewählt wurde, nicht hingegen mit diesem verbundene Unternehmen (zum Begriff des Abschlussprüfers → § 285 Rn. 278).

Das Gesamthonorar des Konzernabschlussprüfers ist aufzuschlüsseln in das Honorar für **72** Abschlussprüfungsleistungen (Abs. 1 Nr. 9 lit. a), andere Bestätigungsleistungen (Abs. 1 Nr. 9 lit. b), Steuerberatungsleistungen (Abs. 1 Nr. 9 lit. c) und sonstige Leistungen (Abs. 1 Nr. 9 lit. d). Zu den **Abschlussprüfungsleistungen** iSd Abs. 1 Nr. 9 lit. a gehören sämtliche Leistungen im Zusammenhang mit der Konzernabschlussprüfung. **Andere Bestätigungsleistungen** iSd Abs. 1 Nr. 9 lit. b sind die übrigen prüfungsnahen Leistungen, die im Geschäftsjahr angefallen sind und nicht mit dem geprüften Abschluss zusammenhängen. Die Honorare für **Steuerberatungsleistungen** iSd Abs. 1 Nr. 9 lit. c betreffen alle für das Geschäftsjahr berechneten Honorare an den Abschlussprüfer für Dienstleistungen in steuerlichen Angelegenheiten. Die Honorare für **sonstige Leistungen** iSd Abs. 1 Nr. 9 lit. d stellen eine Art Sammelposten für andere Aufträge des Konzernabschlussprüfers dar, die – wie Sonderprüfungen – keiner der drei anderen Kategorien zugeordnet werden können, sich aber dennoch auf die Unabhängigkeit des Konzernabschlussprüfers auswirken können. Bei der Zuordnung zu den drei Kategorien kann es somit zu Spielräumen kommen, wobei auch hier die Vergleichbarkeit zwischen den Jahren gewährleistet sein sollte.[76] Dabei kann sinngemäß auch auf die Ausführungen zu § 285 Nr. 17 verwiesen werden (→ § 285 Rn. 279).

Das anzugebende **Gesamthonorar** umfasst zunächst alle Honorare, die vom Konzern- **73** abschlussprüfer **für die Konzernabschlussprüfung** und sonstige der in Nr. 9 lit. b–d genannten Leistungen für die Muttergesellschaft in Rechnung gestellt werden. Unklar ist, ob auch die **Honorare,** die der Konzernabschlussprüfer **für die Jahresabschlüsse einbezogener Unternehmen** erhalten hat, zwingend in das im Konzernanhang anzugebende Gesamthonorar einzuberechnen sind[77] oder ob diese auch ausschließlich im Einzelabschluss angegeben werden können. Bis zur Neuformulierung des Abs. 1 Nr. 9 durch das BilMoG waren nach dem Wortlaut ausdrücklich alle Leistungen des Konzernabschlussprüfers zugunsten des Mutterunternehmens sowie der einbezogenen Tochterunternehmen anzugeben (vgl. Abs. 1 Nr. 9 lit. d aF).[78] Mit dem BilMoG wurde der Verweis auf Leistungen des Konzernabschlussprüfers für Mutter- und Tochterunternehmen gestrichen. Das ist darauf zurückzuführen, dass auch der zugrunde liegende Art. 34 Nr. 15 RL 83/349/EWG (7. EG-Richtlinie) idF der Abschlussprüfer-RL (heute Art. 18 Abs. 1 lit. b Bilanz-RL) lediglich von Leistungen spricht, ohne Mutter- und Tochterunternehmen als Begünstigte der Leistung ausdrücklich zu benennen. Der Wortlaut von Nr. 9 erfasst wie § 285 Nr. 17 nur die auf die jeweilige Art bezogenen „Leistungen" und ist insoweit offen. Auch aus der Formulierung der sog. Konzernklausel aus § 285 Nr. 17 aE („soweit [...] nicht in einem das Unternehmen einbeziehenden Konzernabschluss enthalten") lässt sich keine Aussage zur Pflicht zur Angabe der Honorare des Abschlussprüfers für den Einzelabschluss im Konzernabschluss entnehmen. Nach weit verbreiteter Auffassung im Schrifttum sind im Konzernabschluss alle **Honorare des Konzernabschlussprüfers** für Leistungen zugunsten der einbezogenen Unternehmen in das Gesamthonorar einzurechnen.[79] Hierdurch soll dem Zweck der Angabepflicht im Konzernanhang Rechnung getragen werden, die Unabhängigkeit des Konzernabschlussprüfers durch Transparenz seiner Vergütung zu stärken. Gegen die unbedingte Pflicht zur Angabe von Honoraren für Leistungen zugunsten einbezogener Unternehmen spricht aber der Wortlaut von Art. 18 Abs. 3 aE Bilanz-RL, der bei Umsetzung als echtes Wahlrecht

---

[76] Baetge/Kirsch/Thiele/Müller Bilanzrecht Rn. 104.
[77] Gelhausen/Fey/Kämpfer R Rn. 29.
[78] Zur alten Rechtslage vgl. Pfitzer/Oser/Orth DB 2004, 2597.
[79] IDW RS HFA 36 Rn. 19; Gelhausen/Fey/Kämpfer R Rn. 28; Kirsch/Ewelt-Knauer/Gallasch ZGR 2013, 647 (654 f.); Schüppen FS VMEBF, 2016, 187 (202 f.); Simon-Heckroth/Lüdders WPg 2017, 248, 250.

interpretiert werden kann, und der durch das BilMoG vollzogene Paradigmenwechsel vom abschlussprüferspezifischen zum abschlussprüfungsspezifischen Honorar und der Wille des Gesetzgebers.[80]

74   Für Honorare, die **andere Abschlussprüfer** durch einbezogene Unternehmen erhalten, besteht ebenfalls ein Wahlrecht, dies im Einzel- oder im Konzernanhang anzugeben. Soweit die Angaben im Einzelabschluss des einbezogenen Unternehmens insoweit unterbleiben, sind sie im Konzernabschluss in das Gesamthonorar mit einzubeziehen. Für diesen Fall ist eine Aufgliederung nach den einzelnen Abschlussprüfern und unterteilt in die Leistungskategorien nötig.[81]

75   **c) Befreiung von der Angabepflicht gem. § 285 Nr. 17.** § 285 Nr. 17 Hs. 3 befreit von der Pflicht zur Angabe des Honorars des Abschlussprüfers im Anhang des Jahresabschlusses, wenn die dort vorzunehmenden Angaben im Konzernabschluss gemacht werden (→ § 285 Rn. 280 ff.). In den Konzernabschluss einbezogene Unternehmen können demnach Honorare des Konzernabschlussprüfers, die im Zusammenhang mit der Jahresabschlussprüfung oder anderen Bestätigungs- und Steuerberatungsleistungen oder sonstigen Leistungen stehen, im Anhang des Einzelabschlusses oder wahlweise im Konzernanhang angeben. Geht man von einer Angabepflicht im Konzernanhang aus (→ Rn. 73), gilt in diesem Fall die Befreiung für den Jahresabschluss einbezogener Tochterunternehmen „automatisch".[82]

76   § 285 Nr. 17 Hs. 3 („soweit") knüpft die Befreiung nach ihrem Wortlaut an die konkrete Angabe an, für die die Befreiung begehrt wird; die Befreiung wird nach dem Wortlaut nicht davon abhängig gemacht, dass sämtliche Informationen vollständig im Konzernanhang angegeben werden.[83] Dennoch setzt die Befreiung nach ihrem Regelungszweck – Schaffung von Transparenz über die Vergütung des Abschlussprüfers – nach dem Alles-oder-Nichts-Prinzip voraus, dass die Honorare **aller** einbezogener Tochterunternehmen **vollständig** im Konzernanhang angegeben werden.[84] Nur so ist die Vergleichbarkeit und die sachgerechte Beurteilung der Unabhängigkeit des Abschlussprüfers gewährleistet (→ § 285 Rn. 283).

77   Die Befreiungsmöglichkeit des § 285 Nr. 17 Hs. 3 gilt nicht nur für Leistungen des Konzernabschlussprüfers, sondern erfasst auch Leistungen **anderer Abschlussprüfer,** soweit die entsprechenden Angaben in einem das Unternehmen einbeziehenden Konzernabschluss enthalten sind (→ § 285 Rn. 284). Die auf den Konzernabschlussprüfer beschränkte Angabepflicht gem. Abs. 1 Nr. 9 schließt nicht die freiwillige Angabe von Leistungen anderer Abschlussprüfer zugunsten der Tochterunternehmen im Konzernanhang aus. In diesem Fall der fehlenden Identität von Konzernabschlussprüfer und Abschlussprüfer des einbezogenen Unternehmens sind die jeweiligen Honorare aber gesondert anzugeben und als solche kenntlich zu machen, um insoweit die Befreiung von der Angabepflicht im Anhang des Einzelabschlusses zu erreichen.[85]

78   **12. Angaben zu nicht außerplanmäßig abgeschriebenen Finanzanlagen (Abs. 1 Nr. 10).** Nach Abs. 1 Nr. 10 sind für Finanzinstrumente, die in der Konzernbilanz als Finanzanlagen iSd § 266 Abs. 2 A. III. ausgewiesen und in Ausübung des Wahlrechts nach § 253 Abs. 3 S. 6 nicht auf den niedrigeren beizulegenden Zeitwert am Abschlussstichtag außerplanmäßig abgeschrieben werden, im Anhang bestimmte Angaben zu machen.[86]

---

80   Dahingehend Beschlussempfehlung und Bericht des Rechtsausschusses, BT-Drs. 16/12407, 91. S. auch Begr. RegE BilMoG, BT-Drs. 16/10067, 85: „Zudem können diejenigen Honorare, die im Zusammenhang mit der Jahresabschlussprüfung oder anderen Bestätigungs- und Steuerberatungsleistungen oder sonstigen Leistungen stehen, die durch den Abschlussprüfer für einzelne in den Konzernabschluss einbezogene Tochterunternehmen erbracht worden sind, mit befreiender Wirkung für den Anhang des Jahresabschlusses in den Konzernanhang aufgenommen werden."
81   IDW RS HFA 36 Rn. 20.
82   Gelhausen/Fey/Kämpfer R Rn. 29.
83   AA Gelhausen/Fey/Kämpfer O Rn. 83; Kölner Komm RechnungslegungsR/Peters § 285 Rn. 195.
84   Beschlussempfehlung und Bericht des Rechtsausschusses, BT-Drs. 16/12407, 88.
85   IDW RS HFA 36 Rn. 19; BeBiKo/Grottel § 285 Rn. 520; Gelhausen/Fey/Kämpfer O Rn. 85.
86   Hierzu Lühn BBK 2009, 993 ff.

Die Angabepflicht trifft alle nach § 290 konzernrechnungspflichtigen Kapitalgesellschaf- 79
ten und Personenhandelsgesellschaften iSd § 264a. Unternehmen im Geltungsbereich des
PublG (§ 13 Abs. 2 S. 1 PublG), **Kreditinstitute** (§ 340i Abs. 2 iVm § 340a) sowie **Versi-**
cherungsunternehmen und **Pensionsfonds** (§ 341j Abs. 1 S. 1 iVm § 341a Abs. 1) sind
ebenfalls zu den Angaben gem. Abs. 1 Nr. 10 verpflichtet. Für den Fall, dass der handelsrechtliche Konzernabschluss durch einen nach internationalen Rechnungslegungsvorschriften aufgestellten Konzernabschluss ersetzt wird, gilt Abs. 1 Nr. 10 nicht (§ 315e Abs. 1).

Gegenstand von Abs. 1 Nr. 10 sind Finanzanlagen der Konzernbilanz. Dazu zählen 80
Finanzanlagen der Mutterunternehmen, der vollständig einbezogenen Tochterunternehmen
und der anteilig einbezogenen Gemeinschaftsunternehmen.[87]

Anzugeben sind Buchwert und beizulegender Zeitwert der einzelnen Vermögensge- 81
genstände oder angemessener Gruppierungen (Abs. 1 Nr. 10 lit. a) sowie die Gründe für
das Unterlassen der Abschreibung auf den niedrigeren beizulegenden Zeitwert, einschließlich der Anhaltspunkte, die darauf hindeuten, dass die Wertminderung voraussichtlich nicht
von Dauer ist (Abs. 1 Nr. 10 lit. b). Diese Angaben verlangt § 285 Nr. 18 auch für den
Anhang zum Jahresabschluss, so dass insoweit die dortigen Ausführungen auch hier zu
beachten sind (→ § 285 Rn. 285 ff.). Im Verhältnis zu der speziellen Angabepflicht für
Anteile oder Anlageaktien an Investmentvermögen von mehr als 10 % (Abs. 1 Nr. 18) tritt
die Angabepflicht nach Abs. 1 Nr. 10 als allgemeinere Vorschrift zurück.[88]

13. Angaben zu derivativen Finanzinstrumenten (Abs. 1 Nr. 11). Nach Abs. 1 82
Nr. 11 sind im Konzernanhang für jede Kategorie derivativer Finanzinstrumente Art und
Umfang der jeweiligen Finanzinstrumente sowie der beizulegende Zeitwert anzugeben.

Die Angabepflicht trifft alle nach § 290 konzernrechnungspflichtigen Kapitalgesellschaf- 83
ten und Personenhandelsgesellschaften iSd § 264a. Unternehmen im Geltungsbereich des
PublG (§ 13 Abs. 2 S. 1 PublG), **Kreditinstitute** (§ 340i Abs. 2 iVm § 340a) sowie **Versi-**
cherungsunternehmen und **Pensionsfonds** (§ 341j Abs. 1 S. 1 iVm § 341a Abs. 1) sind
ebenfalls zu den Angaben gem. Abs. 1 Nr. 11 verpflichtet. Für den Fall, dass der handelsrechtliche Konzernabschluss durch einen nach internationalen Rechnungslegungsvorschriften aufgestellten Konzernabschluss ersetzt wird, gilt Abs. 1 Nr. 11 nicht (§ 315e Abs. 1).

Die Formulierung von Abs. 1 Nr. 11 entspricht wörtlich § 285 Nr. 19. Die Ausführun- 84
gen dazu gelten hier sinngemäß (→ § 285 Rn. 294). Die Angabepflicht bezieht sich auf
Derivate des Mutterunternehmens, aller voll einbezogenen Tochterunternehmen und quotal
einbezogenen Gemeinschaftsunternehmen, nicht jedoch der assoziierten Unternehmen.[89]
Für quotal einbezogene Unternehmen sind die beizulegenden Zeitwerte und Buchwerte
quotal in die Betragsangaben einzubeziehen.[90] Bei Abschluss von Derivateverträgen mit
einbezogenen Unternehmen sind diese nach Konsolidierungsmaßnahmen ggf. in die Angaben einzubeziehen.[91] Die Angabepflicht ist dabei unabhängig von einer evtl. bilanzwirksamen Erfassung der derivativen Finanzinstrumente.

14. Angaben zu mit dem beizulegenden Zeitwert bewertete Finanzinstru- 85
mente (Abs. 1 Nr. 12). Abs. 1 Nr. 12 verlangt für Finanzinstrumente, die zum beizulegenden Zeitwert in der Konzernbilanz angesetzt und bewertet sind, die Angabe der grundlegenden Annahmen, die der Bestimmung des beizulegenden Zeitwerts mit Hilfe allgemein
anerkannter Bewertungsmethoden nach § 255 Abs. 4 S. 2 zugrunde liegen. Die Angabepflicht wurde durch das BilMoG zunächst beschränkt auf Finanzinstrumente, die gem.
§ 340e Abs. 3 S. 1 mit dem beizulegenden Zeitwert zu bewerten sind; sie dient der teilweisen
Umsetzung von Art. 34 Nr. 14 RL 83/349/EWG (7. EG-Richtlinie) idF der Fair-Value-
Richtlinie. Durch das **CSR-Richtlinienumsetzungsgesetz** wurde die Vorschrift enger

---

[87] BeBiKo/Grottel Rn. 171.
[88] BeBiKo/Grottel Rn. 172.
[89] BeBiKo/Grottel Rn. 176; Gelhausen/Fey/Kämpfer R Rn. 42.
[90] BeBiKo/Grottel Rn. 176; Gelhausen/Fey/Kämpfer R Rn. 42.
[91] BeBiKo/Grottel Rn. 176; Gelhausen/Fey/Kämpfer R Rn. 42.

an den Wortlaut von Art. 28 Abs. 1 Bilanz-RL iVm Art. 16 Abs. 1 lit. c Bilanz-RL angepasst und auf alle mit dem beizulegenden Zeitwert bewertete Finanzinstrumente ausgeweitet (→ § 285 Rn. 307).[92] Inhaltliche Änderungen sind damit jedoch vorerst nicht verbunden, da das geltende Recht eine solche Bewertung zum beizulegenden Zeitwert jedoch weiterhin nur im vormals explizit erwähnten § 340e Abs. 3 S. 1 vorsieht.[93] Abs. 1 Nr. 12 entspricht der für den Anhang des Jahresabschlusses geltenden Angabepflicht gem. § 285 Nr. 20, so dass die dortigen Ausführungen auch für Abs. 1 Nr. 12 entsprechend zu beachten sind (→ § 285 Rn. 307 ff.).

86   Die Angabepflicht trifft alle nach § 290 konzernrechnungspflichtigen Kapitalgesellschaften und Personenhandelsgesellschaften iSd § 264a. Unternehmen im Geltungsbereich des **PublG** (§ 13 Abs. 2 S. 1 PublG), **Kreditinstitute** (§ 340i Abs. 2 iVm § 340a) sowie **Versicherungsunternehmen** und **Pensionsfonds** (§ 341j Abs. 1 S. 1 iVm § 341a Abs. 1) sind ebenfalls zu den Angaben gem. Abs. 1 Nr. 12 verpflichtet. Für den Fall, dass der handelsrechtliche Konzernabschluss durch einen nach internationalen Rechnungslegungsvorschriften aufgestellten Konzernabschluss ersetzt wird, gilt Abs. 1 Nr. 12 nicht (§ 315e Abs. 1).

87   **15. Angaben zu Geschäften mit nahestehenden Unternehmen und Personen (Abs. 1 Nr. 13).** Im Konzernanhang sind nach Abs. 1 Nr. 13 zumindest die zu nicht marktüblichen Bedingungen zustande gekommene Geschäfte des Mutterunternehmens und seiner Tochterunternehmen mit nahestehenden Unternehmen und Personen anzugeben, soweit sie wesentlich sind.[94] Die Angabepflicht wurde durch das BilMoG zur Umsetzung des Art. 34 Nr. 7b RL 83/349/EWG (7. EG-Richtlinie) idF der Abänderungsrichtlinie neu eingeführt. Zweck der gesetzlichen Neuregelung in Abs. 1 Nr. 13 ist es, im Zuge der „Modernisierung" des HGB, die Beziehungen zu verbundenen Unternehmen transparenter zu gestalten und die handelsrechtlichen Berichtspflichten an die internationale Rechnungslegung anzunähern, hier insbesondere an die Angabepflichten nach IAS 24.[95] Hierdurch wollte der Gesetzgeber den Gefahren begegnen, die aus Transaktionen mit nahestehenden Personen und Unternehmen herrühren, und die mögliche Verschleierung der tatsächlichen Vermögens-, Finanz- und Ertragslage verhindern.[96] Zum Inhalt der Angabepflicht nach Abs. 1 Nr. 13 kann auf die Ausführungen zu § 285 Nr. 21 verwiesen werden (→ § 285 Rn. 313 ff.).[97] Abweichungen können sich freilich aus der Eigenart des Konzerns als Einheit iSd § 297 Abs. 3 S. 1 ergeben.

88   Die Angabepflicht trifft alle nach § 290 konzernrechnungspflichtigen Kapitalgesellschaften und Personenhandelsgesellschaften iSd § 264a. Unternehmen im Geltungsbereich des **PublG** (§ 13 Abs. 2 S. 1 PublG), **Kreditinstitute** (§ 340i Abs. 2 iVm § 340a) sowie **Versicherungsunternehmen** und **Pensionsfonds** (§ 341j Abs. 1 S. 1 iVm § 341a Abs. 1) sind ebenfalls zu den Angaben gem. Abs. 1 Nr. 13 verpflichtet. Für den Fall, dass der handelsrechtliche Konzernabschluss durch einen nach internationalen Rechnungslegungsvorschriften aufgestellten Konzernabschluss ersetzt wird, gilt Abs. 1 Nr. 13 nicht (§ 315e Abs. 1). Kapitalmarktorientierte Mutterunternehmen, die ihren Konzernabschluss nach internationalen Rechnungslegungsstandards zu erstellen haben, müssen die Angabepflicht nach **IAS 24** (Related Party Disclosures) beachten. Börsennotierte Aktiengesellschaften müssen außerdem § 111c AktG beachten, wonach Geschäfte mit nahestehenden Personen unverzüglich zu veröffentlichen sind (→ § 285 Rn. 313).[98]

---

92   Begr. RegE CSR-RUG, BT-Drs. 18/9982, 54.
93   Begr. RegE CSR-RUG, BT-Drs. 18/9982, 54, 42.
94   Hierzu Hauptmann/Seiler/Benz Der Konzern 2010, 112 ff.; Poullie WPg 2010, 1058 ff.; Rimmelspacher/Fey WPg 2010, 180 ff.
95   Niehaus DB 2008, 2493; Rimmelspacher/Fey WPg 2010, 180.
96   Begr. RegE, BT-Drs. 16/10067, 39.
97   Zu einem Anwendungsbeispiel für Unternehmen des öffentlichen Sektors Hauptmann/Seiler/Benz Der Konzern 2010, 112 (116 ff.).
98   Zu den Besonderheiten bei Unternehmen der öffentlichen Hand, vgl. Hauptmann/Sailer/Benz Der Konzern 2010, 112 ff.; Poullie WPg 2010, 1058 ff.

a) Geschäfte mit nahestehenden Personen. Gemäß Abs. 1 Nr. 13 ist im Konzern- 89
anhang über Geschäfte des Mutterunternehmens und seiner Tochterunternehmen mit
jeweils nahestehenden, nicht in den Konsolidierungskreis einbezogenen Dritten zu berichten.[99] Im Unterschied zur Angabepflicht für den Jahresabschluss gem. § 285 Nr. 21 kommt
es für den Begriff der nahestehenden Unternehmen und Personen in Abs. 1 Nr. 13 auf die
Perspektive des Konzerns als Einheit an. Die Angabepflicht erfasst daher nicht nur Geschäfte
des Mutterunternehmens, sondern auch Geschäfte der Tochterunternehmen iSd § 290 mit
nahestehenden Personen und Unternehmen. Umstritten ist aber, ob Geschäfte nicht einbezogener Tochtergesellschaften ebenfalls anzugeben sind.[100] Hierfür spricht der uneingeschränkte Wortlaut des Gesetzes. Die Angabepflicht ist in unionrechtskonformer Auslegung
in Übereinstimmung mit Art. 17 Abs. 1 lit. r Bilanz-RL iVm Art. 28 Abs. 1 Bilanz-RL
(ursprünglich Art. 34 Nr. 7b RL 83/349/EWG) auf Geschäfte zu beschränken, die in den
Konsolidierungskreis einbezogene Unternehmen – also das Mutterunternehmen und vollständig konsolidierte Tochterunternehmen – mit nahestehenden Unternehmen und Personen zu nicht marktüblichen Bedingungen geschlossen haben.[101] Geschäfte von assoziierten
Unternehmen iSd § 311 Abs. 1 mit nahestehenden Personen sind von der Angabepflicht
ausgenommen. Ausgeschlossen sind auch Geschäfte von Gemeinschaftsunternehmen
iSd § 310 Abs. 1.[102] Angabepflichtig sind hingegen Geschäfte des Mutter- oder seiner Tochterunternehmen **mit** quotal einbezogenen Gemeinschaftsunternehmen und assoziierten
Unternehmen.[103]

Nahestehende Unternehmen und Personen sind daher solche, bei denen die Vorausset- 90
zungen einer Nähebeziehung im Verhältnis zu dem Mutter- oder einem seiner Tochterunternehmen vorliegen. Personen und Unternehmen, die quotal einbezogenen Gemeinschaftsunternehmen iSd § 310 oder assoziierten Unternehmen iSd § 311 nahe stehen, sind
nicht erfasst.

Ausgangspunkt für die Auslegung des Begriffs **„nahe stehend"** ist Art. 2 Nr. 3 Bilanz- 91
RL, wonach der Begriff unter Berücksichtigung der IAS-Verordnung 1606/2002 auszulegen
ist. Zu berücksichtigen sind insbesondere IAS 24.9 und IAS 24.11.[104] Diese gelten – anders
als es IAS 24.3 und IAS 24.4 vermuten lassen könnten – auch für den Konzernabschluss.[105]
Bei der Auslegung sind die Eigenarten des Konzernabschlusses nach § 298 Abs. 1 ausreichend zu beachten.[106]

Nahestehend sind insbesondere Unternehmen und Personen, die das Mutter- oder 92
Tochterunternehmen beherrschen, durch eine Beteiligung maßgeblichen Einfluss ausüben
oder das Unternehmen gemeinschaftlich führen (IAS 24.9; ausführlich → § 285
Rn. 317 ff.). Für die Feststellung, welche natürlichen Personen in **Schlüsselpositionen**
tätig sind, also für die Planung, Leitung und Überwachung der Tätigkeiten des Unternehmens direkt oder indirekt zuständig und verantwortlich sind, kommt es auf die Perspektive
des Konzerns an.[107] Personen in Schlüsselpositionen sind demnach die Mitglieder der
Geschäftsführungs- und Aufsichtsorgane des Mutterunternehmens und die eigenverantwortlich handelnden leitenden Angestellten des Mutterunternehmens.[108] Im Ausnahmefall
können auch Mitglieder der Geschäftsführungs- und Aufsichtsorgane eines Tochterunternehmens Schlüsselpositionen im Konzern einnehmen, wenn sie für die Planung, Leitung
und Überwachung der Tätigkeiten des Konzerns zuständig und verantwortlich zeichnen.[109]

---

99   IDW RS HFA 33 Rn. 32.
100   So BeBiKo/Grottel Rn. 186; aA Rimmelspacher/Fey WPg 2010, 180 (191).
101   Gelhausen/Fey/Kämpfer R Rn. 50; Rimmelspacher/Fey WPg 2010, 180 (191).
102   Begr. RegE BilMoG, BT-Drs. 16/10067, 86.
103   Begr. RegE BilMoG, BT-Drs. 16/10067, 86; BeBiKo/Grottel Rn. 186. Zu den entspr. IAS–Regelungen
      IFRS-Komm/Fink/Zeyer IAS 24 Rn. 52; MüKoBilanzR/Hennrichs/Schubert IAS 24 Rn. 25.
104   Ausf. hierzu Niehus DB 2008, 2493 f.
105   MüKoBilanzR/Hennrichs/Schubert IAS 24 Rn. 24.
106   BeBiKo/Grottel Rn. 187.
107   Für IAS 24 ADS International Abschn. 27 Rn. 57, 63; MüKoBilanzR/Hennrichs/Schubert IAS 24
      Rn. 54. So auch für § 314 BeBiKo/Grottel Rn. 187.
108   Vgl. auch BeBiKo/Grottel Rn. 189.
109   Andrejewski/Böckem KoR 2005, 173; BeBiKo/Grottel Rn. 189.

93   Voraussetzung für die Angabepflicht ist die **Wesentlichkeit** und die **Marktunüblich-keit** der Geschäfte (→ § 285 Rn. 327 ff.). Beide Kriterien – sowohl die Wesentlichkeit als auch die Marktunüblichkeit – sind jeweils aus der Perspektive des Konzerns, nicht der einzelnen Mutter- bzw. Tochtergesellschaften zu bestimmen. Geschäfte sind wesentlich und damit angabepflichtig, wenn sie sich auf die Finanzlage des Konzerns nicht unerheblich auswirken.[110]

94   **b) Ausnahme für Geschäfte zwischen einbezogenen nahestehenden Unterneh-men.** Wie § 285 Nr. 21 Hs. 2 für den Jahresabschluss sieht **Abs. 1 Nr. 13 Hs. 2** für den Konzernabschluss Ausnahmen von der Angabepflicht vor. Seit dem **BilRUG** lauten die Ausnahmevorschriften in § 285 Nr. 21 und § 314 Abs. 1 Nr. 13 jedoch nicht mehr gleich, da § 285 Nr. 21 Hs. 2 – wie bis zum BilRUG auch § 313 Abs. 1 Nr. 13 – Geschäfte von der Angabepflicht ausnimmt, die mit und zwischen mittel- oder unmittelbar in 100-prozen-tigem Anteilsbesitz stehenden, in einen Konzernabschluss einbezogenen Unternehmen getä-tigt werden. Dadurch sollen hoch integrierte Konzerne mit einem komplexen und ausge-prägten internen Leistungsverkehr entlastet werden.[111] Nach der Änderung des Abs. 1 Nr. 13 Hs. 2 erfasst dieser nach seinem Wortlaut nun alle Geschäfte zwischen in den Kon-zernabschluss einbezogenen Unternehmen, die bei der Konsolidierung weggelassen werden (sog. **konzerninterne Geschäfte**). Damit ist nun ausdrücklich klargestellt, dass Tochterun-ternehmen, die zwar vollkonsolidiert sind, aber nicht in 100-prozentigem Anteilsbesitz des Mutterunternehmens stehen, von der Angabepflicht nach Abs. 1 Nr. 13 ausgenommen sind. Da der Konzernabschluss gem. § 297 Abs. 3 S. 1 die wirtschaftliche Einheit des Konzerns abbildet, muss über die innerhalb des Konzerns getätigten Transaktionen nicht gesondert im Anhang berichtet werden.[112] Dies entsprach schon zuvor der hM.[113] Insoweit ergeben sich aus der Änderung keine materiellen Konsequenzen.[114] Die Angabepflicht nach Abs. 1 Nr. 13 gilt für Geschäfte mit Tochterunternehmen nur dann, wenn das Tochterunterneh-men nicht in den Konzernabschluss einbezogen ist oder das konkrete Geschäft nicht nach §§ 303, 305 konsolidiert wird.[115]

95   **c) Art der Darstellung.** Um den Anhang übersichtlich und transparent zu gestalten, können die angabepflichtigen Geschäfte gem. Abs. 1 Nr. 13 Hs. 3 nach Geschäftsarten zusammengefasst werden. Eine getrennte Angabe ist jedoch geboten, wenn dies für die Beurteilung der Auswirkungen auf die Finanzlage des Konzerns notwendig ist, also nur so eine selbstständige Beurteilung der Finanzlage des Konzerns durch den Konzernabschlussad-ressaten möglich ist.[116] Hierzu kann auf die Ausführungen zu § 285 Nr. 21 verwiesen werden (→ § 285 Rn. 348).

96   **16. Angaben zu Forschungs- und Entwicklungskosten (Abs. 1 Nr. 14).** Nach Abs. 1 Nr. 14, der durch das BilMoG parallel zu dem gleichlautenden § 285 Nr. 22 eingeführt wurde, ist im Falle der Aktivierung gem. § 248 Abs. 2 der Gesamtbetrag der Forschungs- und Entwicklungskosten des Geschäftsjahres der in den Konzernabschluss einbezogenen Unternehmen sowie des davon auf selbst geschaffene immaterielle Vermögensgegenstände des Anlagevermögens entfallenden Betrags anzugeben.

97   Die Angabepflicht trifft alle nach § 290 konzernrechnungspflichtigen Kapitalgesellschaf-ten und Personenhandelsgesellschaften iSd § 264a. Unternehmen im Geltungsbereich des **PublG** (§ 13 Abs. 2 S. 1 PublG), **Kreditinstitute** (§ 340i Abs. 2 iVm § 340a) sowie **Versi-cherungsunternehmen** und **Pensionsfonds** (§ 341j Abs. 1 S. 1 iVm § 341a Abs. 1) sind ebenfalls zu den Angaben gem. Abs. 1 Nr. 14 verpflichtet. Für den Fall, dass der handels-

---

[110] BeBiKo/Grottel Rn. 191.
[111] Petersen/Zwirner/Waschbusch BilMoG 562.
[112] IDW RS HFA 33 Rn. 30.
[113] Vgl. → 3. Aufl. 2013, § 313 Rn. 89.
[114] Vgl. Rimmelspacher/Meyer DB 2015 Beil. 5, 23 (36).
[115] So zu der parallelen Regelung des IAS 24 MüKoBilanzR/Hennrichs/Schubert IAS 24 Rn. 25.
[116] Petersen/Zwirner/Waschbusch BilMoG 562.

rechtliche Konzernabschluss durch einen nach internationalen Rechnungslegungsvorschriften aufgestellten Konzernabschluss ersetzt wird, gilt Abs. 1 Nr. 14 nicht (§ 315e Abs. 1).

Da Abs. 1 Nr. 14 im Wesentlichen mit der Angabepflicht für den Anhang zum Jahresab- **98**
schluss gem. § 285 Nr. 22 korrespondiert, kann auf die dortigen Ausführungen verwiesen
werden (→ § 285 Rn. 351 ff.). Die Angabepflicht setzt voraus, dass selbst geschaffene immaterielle Vermögensgegenstände des Anlagevermögens aktiviert werden. Gegenstand der
Angabepflicht sind die Forschungs- und Entwicklungskosten aller in den Konzernabschluss
einbezogenen Unternehmen. Anzugeben sind daher die Forschungs- und Entwicklungskosten des Mutterunternehmens und der in den Konzernabschluss vollständig einbezogenen
Tochterunternehmen sowie der quotal einbezogenen Gemeinschaftsunternehmen iSd
§ 310. Nicht anzugeben sind die Forschungs- und Entwicklungskosten der nicht in den
Konzernabschluss einbezogenen Tochterunternehmen und der assoziierten Unternehmen
iSd § 311.[117] Die Angaben zu selbst geschaffenen immateriellen Vermögensgegenständen
des Anlagevermögens nach § 285 Nr. 22 sind im Konzernabschluss kumuliert darzustellen.[118] Für konzerninterne Transaktionen sind die §§ 304, 305 zu beachten.[119]

17. Angaben zu Bewertungseinheiten (Abs. 1 Nr. 15). Abs. 1 Nr. 15, der durch **99**
das BilMoG eingeführt wurde und mit der Angabepflicht für den Anhang zum Jahresabschluss gem. § 285 Nr. 23 inhaltlich korrespondiert, verpflichtet bei der Anwendung des
§ 254 zu bestimmten Anhangangaben zum Grundgeschäft (Abs. 1 Nr. 15 lit. a) und zur
Effektivität der Bewertungseinheiten (Abs. 1 Nr. 15 lit. b). Verlangt ist darüber hinaus eine
Erläuterung der mit hoher Wahrscheinlichkeit erwarteten Transaktionen, die in die Bewertungseinheiten einbezogen wurden (Abs. 1 Nr. 15 lit. c). Unter Berücksichtigung der konzernspezifischen Eigenheiten kann auf die Ausführungen zu § 285 Nr. 23 verwiesen werden
(→ § 285 Rn. 360 ff.).

Die Angabepflicht trifft alle nach § 290 konzernrechnungspflichtigen Kapitalgesell- **100**
schaften und Personenhandelsgesellschaften iSd § 264a. Unternehmen im Geltungsbereich
des **PublG** (§ 13 Abs. 2 S. 1 PublG), **Kreditinstitute** (§ 340i Abs. 2 iVm § 340a) sowie
Versicherungsunternehmen und **Pensionsfonds** (§ 341j Abs. 1 S. 1 iVm § 341a
Abs. 1) sind ebenfalls zu den Angaben gem. Abs. 1 Nr. 15 verpflichtet. Für den Fall, dass
der handelsrechtliche Konzernabschluss durch einen nach internationalen Rechnungslegungsvorschriften aufgestellten Konzernabschluss ersetzt wird, gilt Abs. 1 Nr. 15 nicht
(§ 315e Abs. 1).

Die Angabepflicht nach Abs. 1 Nr. 15 erstreckt sich auf die Anwendung des § 254 im **101**
Konzernabschluss. Gegenstand der Angabepflicht sind daher sämtliche Bewertungseinheiten, die die in den Konzernabschluss einbezogenen Unternehmen nach § 254 gebildet
haben.[120] Einbezogene Unternehmen iSd Abs. 1 Nr. 15 sind das Mutterunternehmen,
vollständig konsolidierte Tochterunternehmen und quotal einbezogene Gemeinschaftsunternehmen iSd § 310; nicht jedoch assoziierte Unternehmen iSd § 311. Zu den angabepflichtigen Bewertungseinheiten gehören vor allem die Bewertungseinheiten, die nach
§ 285 Nr. 23 im Jahresabschluss des einbezogenen Unternehmens anzugeben sind. Im
Konzernanhang sind darüber hinaus Bewertungseinheiten nach § 254 anzugeben, bei
denen Grund- und Sicherungsgeschäft jeweils von verschiedenen einbezogenen Unternehmen mit konzernfremden Dritten getätigt wurden.[121] Bewertungseinheiten aus Grund-
und Sicherungsgeschäften, die ausschließlich zwischen in den Konzernabschluss einbezogenen Unternehmen zustande gekommen sind und daher im Rahmen der Konsolidierung
im Konzernabschluss eliminiert werden, sind nicht im Anhang nach Abs. 1 Nr. 15 anzugeben.[122]

---

[117] BeBiKo/Grottel Rn. 202.
[118] Begr. RegE BilMoG, BT-Drs. 16/10067, 86.
[119] BeBiKo/Grottel Rn. 202; Gelhausen/Fey/Kämpfer R Rn. 55.
[120] Gelhausen/Fey/Kämpfer R Rn. 60.
[121] BeBiKo/Grottel Rn. 210; Gelhausen/Fey/Kämpfer R Rn. 60.
[122] Gelhausen/Fey/Kämpfer R Rn. 59.

102   Die Angabepflicht im Konzernanhang entfällt, wenn die Angaben bereits im Konzernlagebericht gem. § 315 Abs. 2 Nr. 2 (→ § 315 Rn. 51 ff.) enthalten sind (§ 314 Abs. 1
Nr. 15 aE).

103   **18. Angaben zu Rückstellungen für Pensionen und ähnlichen Verpflichtungen
(Abs. 1 Nr. 16).** Nach Abs. 1 Nr. 16, der durch das BilMoG eingeführt wurde und mit
der Angabepflicht für den Anhang zum Jahresabschluss gem. § 285 Nr. 24 inhaltlich korrespondiert, sind zur Bewertung der in der Konzernbilanz ausgewiesenen Rückstellungen für
Pensionen und ähnlichen Verpflichtungen im Konzernanhang das angewandte versicherungsmathematische Berechnungsverfahren sowie die grundlegenden Annahmen der
Berechnung anzugeben. Unter Berücksichtigung der konzernspezifischen Eigenheiten kann
auf die Ausführungen zu § 285 Nr. 24 verwiesen werden (→ § 285 Rn. 382 ff.).

104   Die Angabepflicht trifft alle nach § 290 konzernrechnungspflichtigen Kapitalgesellschaften und Personenhandelsgesellschaften iSd § 264a. Unternehmen im Geltungsbereich des
PublG (§ 13 Abs. 2 S. 1 PublG), **Kreditinstitute** (§ 340i Abs. 2 iVm § 340a) sowie **Versicherungsunternehmen** und **Pensionsfonds** (§ 341j Abs. 1 S. 1 iVm § 341a Abs. 1) sind
ebenfalls zu den Angaben gem. Abs. 1 Nr. 16 verpflichtet. Für den Fall, dass der handelsrechtliche Konzernabschluss durch einen nach internationalen Rechnungslegungsvorschriften aufgestellten Konzernabschluss ersetzt wird, gilt Abs. 1 Nr. 16 nicht (§ 315e Abs. 1).

105   Gegenstand der Angabepflicht nach Abs. 1 Nr. 16 sind die in der Konzernbilanz ausgewiesenen Rückstellungen für Pensionen und ähnliche Verpflichtungen. Dazu zählen die
Pensionsrückstellungen sämtlicher in den Konzernabschluss einbezogener Unternehmen,
einschließlich der vollständig konsolidierten Tochterunternehmen und der anteilig konsolidierten Gemeinschaftsunternehmen iSd § 310. Nicht im Konzernanhang anzugeben sind
hingegen Pensionsrückstellungen der assoziierten Unternehmen und der nicht einbezogenen Tochterunternehmen.[123]

106   Im Gegensatz zu § 285 Nr. 24 beschränkt Abs. 1 Nr. 16 die Angabepflicht nach seinem
Wortlaut auf Rückstellungen, die in der Konzernbilanz **ausgewiesen** sind. Nach § 246
Abs. 2 S. 2 verrechnete Rückstellungen sind daher bei einer eng am Wortlaut orientierten
Auslegung nicht erfasst. In teleologischer Erweiterung der Regelung wird die Anwendung
der Angabepflicht auf verrechnete und deshalb nicht bilanzierte Rückstellungen teilweise
befürwortet, da anderenfalls der verfolgte Zweck der Vereinheitlichung und Vergleichbarkeit[124] konterkariert wäre.[125] Hiergegen spricht indes der klare Wortlaut des Abs. 1 Nr. 16,
der sich insoweit deutlich von § 285 Nr. 24 abhebt. Nach § 246 Abs. 2 S. 2 verrechnete
Rückstellungen sind daher im Konzernanhang im Gegensatz zu dem Anhang des Jahresabschlusses nicht angabepflichtig.

107   **19. Angaben zur Verrechnung von Vermögensgegenständen und Schulden
(Abs. 1 Nr. 17).** Abs. 1 Nr. 17, der durch das BilMoG eingeführt wurde und mit der
Angabepflicht für den Anhang zum Jahresabschluss gem. § 285 Nr. 25 inhaltlich korrespondiert, verpflichtet im Fall der Verrechnung von in der Konzernbilanz ausgewiesenen Vermögensgegenständen und Schulden nach § 246 Abs. 2 S. 2 zur Angabe der Anschaffungskosten
iSd § 255 Abs. 1 und 4; des beizulegenden Zeitwerts der verrechneten Vermögensgegenstände gem. § 253 Abs. 1 S. 4 iVm S. 3, des Erfüllungsbetrags der verrechneten Schulden
gem. § 253 Abs. 1 S. 2 sowie der hieraus folgenden verrechneten Aufwendungen und
Erträge gem. § 246 Abs. 2 S. 2 Hs. 2. Lässt sich der beizulegende Zeitwert der Vermögensgegenstände mangels eines aktiven Marktes nicht auf der Grundlage des Marktpreises (§ 255
Abs. 4 S. 1) ermitteln, sind nach Abs. 1 Nr. 17 Hs. 2 iVm Abs. 1 Nr. 12 lit. a darüber
hinaus die Annahmen anzugeben, die der Bestimmung des Zeitwerts mit Hilfe allgemein
anerkannter Bewertungsmethoden iSd § 255 Abs. 4 S. 2 zugrunde liegen. Die durch Abs. 1
Nr. 17 verlangten Angaben sollen dem Konzernabschlussadressaten veranschaulichen, wel-

---

[123]   BeBiKo/Grottel Rn. 221.
[124]   Vgl. zu § 285 Nr. 24 Begr. RegE BilMoG, BT-Drs. 16/10067, 73.
[125]   BeBiKo/Grottel Rn. 223.

che Aktiv- und Passivposten der Konzernbilanz und welche Aufwendungen und Erträge in der GuV in welcher Höhe miteinander verrechnet wurden.[126]

Die Angabepflicht trifft alle nach § 290 konzernrechnungspflichtigen Kapitalgesellschaf- **108** ten und Personenhandelsgesellschaften iSd § 264a. Unternehmen im Geltungsbereich des **PublG** (§ 13 Abs. 2 S. 1 PublG), **Kreditinstitute** (§ 340i Abs. 2 iVm § 340a) sowie **Versicherungsunternehmen** und **Pensionsfonds** (§ 341j Abs. 1 S. 1 iVm § 341a Abs. 1) sind ebenfalls zu den Angaben gem. Abs. 1 Nr. 17 verpflichtet. Für den Fall, dass der handelsrechtliche Konzernabschluss durch einen nach internationalen Rechnungslegungsvorschriften aufgestellten Konzernabschluss ersetzt wird, gilt Abs. 1 Nr. 17 nicht (§ 315e Abs. 1).

Unter Berücksichtigung der konzernspezifischen Eigenheiten kann für den Regelungs- **109** gehalt von Abs. 1 Nr. 17 auf die Ausführungen zu § 285 Nr. 25 verwiesen werden (→ § 285 Rn. 394 ff.). Gegenstand der Angabepflicht nach Abs. 1 Nr. 17 sind die in der Konzernbilanz ausgewiesenen Vermögensgegenstände und Schulden. Dazu gehören die Vermögensgegenstände und Schulden sämtlicher in den Konzernabschluss einbezogener Unternehmen, einschließlich der vollständig konsolidierten Tochterunternehmen und der anteilig einbezogenen Gemeinschaftsunternehmen. Ausgenommen sind verrechnete Vermögensgegenstände und Schulden der assoziierten Unternehmen und der nicht in die Konzernbilanz einbezogenen Tochterunternehmen.[127]

20. Angaben zu Anteilen oder Anlageaktien an Investmentvermögen (Abs. 1 **110** **Nr. 18).** Gegenstand der Angabepflicht nach Abs. 1 Nr. 18 sind die in der Konzernbilanz ausgewiesenen Anteile oder Anlageaktien an Sondervermögen iSd § 1 Abs. 10 KAGB oder Anlageaktien an Investmentaktiengesellschaften mit veränderlichem Kapital iSd §§ 108–123 KAGB oder vergleichbaren EU-Investmentvermögen bzw. ausländischen Investmentvermögen. Die Regelung korrespondiert inhaltlich mit der Angabepflicht für den Anhang zum Jahresabschluss gem. § 285 Nr. 26. Insoweit kann auf die dortigen Ausführungen verwiesen werden (→ § 285 Rn. 400 ff.). Wie § 285 Nr. 26 dient auch die Angabepflicht des § 314 Abs. 1 Nr. 18 ausweislich der Gesetzesbegründung als Surrogat für die Konsolidierung von Investmentvermögen gem. § 290 Abs. 2 Nr. 4.[128]

Die Angabepflicht trifft alle nach § 290 konzernrechnungspflichtigen Kapitalgesellschaf- **111** ten und Personenhandelsgesellschaften iSd § 264a. Unternehmen im Geltungsbereich des **PublG** (§ 13 Abs. 2 S. 1 PublG), **Kreditinstitute** (§ 340i Abs. 2 iVm § 340a) sowie **Versicherungsunternehmen** und **Pensionsfonds** (§ 341j Abs. 1 S. 1 iVm § 341a Abs. 1) sind ebenfalls zu den Angaben gem. Abs. 1 Nr. 18 verpflichtet. Für den Fall, dass der handelsrechtliche Konzernabschluss durch einen nach internationalen Rechnungslegungsvorschriften aufgestellten Konzernabschluss ersetzt wird, gilt Abs. 1 Nr. 18 nicht (§ 315e Abs. 1).

Voraussetzung der Angabepflicht ist, dass die in der Konzernbilanz ausgewiesenen **112** Anteile und Anlageaktien an Investmentvermögen jeweils 10 % der in Umlauf befindlichen Anteile bzw. Aktien übersteigt. Erfasst wird der Anteils- und Anlageaktienbesitz aller in die Konzernbilanz einbezogenen Unternehmen. Anzugeben sind Anteile oder Anlageaktien des Mutterunternehmens, der vollständig einbezogenen Tochterunternehmen und der quotal einbezogenen Gemeinschaftsunternehmen iSd § 310. Ausgenommen sind Anteile und Anlageaktien assoziierter Unternehmen iSd § 311.[129]

21. Angaben zu ausgewiesenen Verbindlichkeiten und Haftungsverhältnissen **113** **(Abs. 1 Nr. 19).** Die Angabepflicht aus Abs. 1 Nr. 19 betrifft die Verbindlichkeiten und Haftungsverhältnisse, die nach § 268 Abs. 7 im Konzernanhang auszuweisen sind. Diesbezüglich sind zusätzlich die Gründe anzugeben, die zur Einschätzung des Risikos geführt haben, aus den Verbindlichkeiten und Haftungsverhältnissen in Anspruch genommen zu werden. Abs. 1 Nr. 19 wurde durch das BilMoG eingeführt. Da die Regelung der Angabe-

---

[126] Begr. RegE BilMoG, BT-Drs. 16/10067, 73, 86.
[127] BeBiKo/Grottel Rn. 230.
[128] Begr. RegE BilMoG BT-Drs. 16/10067, 73, 86.
[129] BeBiKo/Grottel Rn. 250.

pflicht für den Anhang zum Jahresabschluss gem. § 285 Nr. 27 inhaltlich im Wesentlichen entspricht, kann insoweit auf die dortigen Ausführungen verwiesen werden (→ § 285 Rn. 413 ff.).

114   Die Angabepflicht trifft alle nach § 290 konzernrechnungspflichtigen Kapitalgesellschaften und Personenhandelsgesellschaften iSd § 264a. Unternehmen im Geltungsbereich des **PublG** (§ 13 Abs. 2 S. 1 PublG) sind ebenfalls zu den Angaben gem. Abs. 1 Nr. 19 verpflichtet. Für **Kreditinstitute** sind an Stelle der in Abs. 1 Nr. 19 die in § 34 Abs. 2 Nr. 4 RechKredV vorgeschriebenen Angaben zu machen (§ 340i Abs. 2 iVm § 340a Abs. 2 S. 2 iVm § 37 RechKredV). **Versicherungsunternehmen** und **Pensionsfonds** müssen neben Abs. 1 Nr. 19 zusätzlich § 51 Abs. 1, Abs. 3 S. 1 RechVersV beachten (§ 341j Abs. 1 S. 1 iVm § 341a Abs. 2 S. 2). Für den Fall, dass der handelsrechtliche Konzernabschluss durch einen nach internationalen Rechnungslegungsvorschriften aufgestellten Konzernabschluss ersetzt wird, gilt Abs. 1 Nr. 19 nicht (§ 315e Abs. 1).

115   Die nach Abs. 1 Nr. 19 gebotenen Angaben sollen die notwendige Transparenz schaffen, damit der Konzernabschlussadressat die Risiken der künftigen Inanspruchnahme besser einschätzen kann. Eventualverbindlichkeiten sind nach § 268 Abs. 7 im Konzernanhang als Gesamtbetrag anzugeben, ohne dass die einzelnen berücksichtigten Verpflichtungen und Haftungsverhältnisse konkret erkennbar werden müssen.[130]

116   Gegenstand der Angabepflicht sind nach dem Wortlaut des Abs. 1 Nr. 19 alle nach § 268 Abs. 7 im Konzernanhang ausgewiesenen Verbindlichkeiten und Haftungsverhältnisse. Erfasst sind daher die Verbindlichkeiten und Haftungsverhältnisse aller in die Konzernbilanz einbezogenen Unternehmen, einschließlich des Mutterunternehmens, der vollständig einbezogenen Tochterunternehmen und der quotal einbezogenen Gemeinschaftsunternehmen gem. § 310; ausgenommen sind Verbindlichkeiten und Haftungsverhältnisse assoziierter Unternehmen iSd § 311.[131] Ausgenommen sind auch konzerninterne Eventualverbindlichkeiten, die im Wege der Schuldenkonsolidierung gem. § 303 eliminiert wurden.[132]

117   **22. Angaben zur Nutzungsdauer des Geschäfts- oder Firmenwerts (Abs. 1 Nr. 20).** Nach Abs. 1 Nr. 20 sind im Konzernanhang Gründe anzugeben, die die planmäßige Abschreibung eines in der Konzernbilanz ausgewiesenen entgeltlich erworbenen Geschäfts- oder Firmenwertes aus der Kapitalkonsolidierung erläutern. Die Regelung ist der den Anhang zum Jahresabschluss betreffenden Regelung gem. § 285 Nr. 13 nachgebildet, um so einen Gleichlauf zwischen Konzern- und Einzelabschluss zu erreichen.[133] Daher kann insoweit auf die Ausführungen zu § 285 Nr. 13 verwiesen werden (→ § 285 Rn. 238 ff.).

118   Die Angabepflicht trifft alle nach § 290 konzernrechnungspflichtigen Kapitalgesellschaften und Personenhandelsgesellschaften iSd § 264a. **Versicherungsunternehmen** und **Pensionsfonds** (§ 341j Abs. 1 S. 1), **Kreditinstitute** (§ 340i Abs. 2 iVm § 340a Abs. 1 S. 2) sowie Unternehmen im Geltungsbereich des **PublG** (§ 13 Abs. 2 S. 1 PublG) sind ebenfalls zu den Angaben gem. Abs. 1 Nr. 20 verpflichtet. Für den Fall, dass der handelsrechtliche Konzernabschluss durch einen nach internationalen Rechnungslegungsvorschriften aufgestellten Konzernabschluss ersetzt wird, gilt Abs. 1 Nr. 20 nicht (§ 315e Abs. 1).

119   Gegenstand der Angabepflicht nach Abs. 1 Nr. 20 ist der Geschäfts- und Firmenwert aus der Kapitalkonsolidierung iSd § 301 Abs. 3 S. 1, § 309 Abs. 1. Hierbei handelt es sich um den **positiven Unterschiedsbetrag,** der nach der Verrechnung der dem Mutterunternehmen gehörenden Anteile an einem in den Konzernabschluss einbezogenen Tochterunternehmen mit dem darauf anteilig entfallenden Eigenkapital des Tochterunternehmens verbleibt. Geschäfts- oder Firmenwerte aus dem Jahresabschluss der einbezogenen Unternehmen fallen mit der Änderung durch das BilRUG ebenfalls unter Abs. 1 Nr. 20.[134] Ist

---

130   Begr. RegE BilMoG BT-Drs. 16/10067, 73, 86.
131   BeBiKo/Grottel Rn. 250.
132   Gelhausen/Fey/Kämpfer R Rn. 75; BeBiKo/Grottel Rn. 250.
133   Beschlussempfehlung und Bericht des Rechtsausschusses BilMoG, BT-Drs. 16/12407, 91.
134   BeBiKo/Grottel Rn. 261.

der nach der Verrechnung verbleibende Unterschiedsbetrag negativ, ist Abs. 1 Nr. 20 nicht einschlägig; es gilt § 301 Abs. 3 S. 1 Hs. 2.

23. Angaben zur Ermittlung latenter Steuern (Abs. 1 Nr. 21). a) Allgemeines. **120**
Nach Abs. 1 Nr. 21 ist im Konzernanhang anzugeben, auf welchen Differenzen oder steuerlichen Verlustvorträgen die latenten Steuern beruhen und mit welchen Steuersätzen die Bewertung vorgenommen wurde. Abs. 1 Nr. 21 ist wie § 285 Nr. 29 für den Anhang des Jahresabschlusses durch das BilMoG als Folge des geänderten § 274 Abs. 2 neu eingeführt worden.[135] Die Einführung eines Wahlrechts zum Ausweis der aktiven latenten Steuern anstelle einer Aktivierungspflicht unter Beibehaltung der Gesamtdifferenzbetrachtung schwächt die Vergleichbarkeit und Aussagefähigkeit von Konzernabschlüssen. Um diese Nachteile des Aktivierungswahlrechts für den Informationsgehalt des Konzernabschlusses auszugleichen, wurden die Angabepflichten im Zusammenhang mit den latenten Steuern durch das BilMoG erheblich ausgeweitet. Zu den Einzelheiten kann auf die Ausführungen zu dem wortgleichen § 285 Nr. 29 verwiesen werden (→ § 285 Rn. 429 ff.). Für den Umfang der Angabepflicht zur Ermittlung latenter Steuern sind die Regelungen des **DRS 18 als Konzern-GoB** gem. § 342 Abs. 2 zu beachten (DRS 18.4).[136]

Die Angabepflicht trifft alle nach § 290 konzernrechnungspflichtigen Kapitalgesellschaf- **121** ten und Personenhandelsgesellschaften iSd § 264a. **Versicherungsunternehmen** und **Pensionsfonds** (§ 341j Abs. 1 S. 1), **Kreditinstitute** (§ 340i Abs. 2 S. 1) sowie Unternehmen im Geltungsbereich des **PublG** (§ 13 Abs. 2 S. 1 PublG) sind ebenfalls zu den Angaben gem. Abs. 1 Nr. 21 verpflichtet. Für den Fall, dass der handelsrechtliche Konzernabschluss durch einen nach internationalen Rechnungslegungsvorschriften aufgestellten Konzernabschluss ersetzt wird, gilt Abs. 1 Nr. 21 nicht (§ 315e Abs. 1).

b) Latente Steuern in der Konzernbilanz. Im Konzernanhang ist anzugeben, auf **122** welchen Differenzen oder steuerlichen Verlustvorträgen latente Steuern beruhen, und die Steuersätze, mit denen die Bewertung erfolgt ist (s. auch DRS 18.63). Gegenstand der Angabepflicht sind die latenten Steuern in der **Konzernbilanz,** die nach Maßgabe des § 306 S. 1 zu ermitteln sind. Wird von dem Wahlrecht des § 306 S. 6 Gebrauch gemacht, die latenten Steuern aus Konsolidierungsmaßnahmen nach § 306 mit denjenigen zusammenzufassen, die gem. § 274 iVm § 298 Abs. 1 in den Jahresabschlüssen der voll oder quotal **einbezogenen Unternehmen** gebildet und gem. § 300 Abs. 2 S. 1 in den Konzernabschluss übernommen werden, sind auch letztere von der Angabepflicht des Abs. 1 Nr. 21 erfasst. In Übereinstimmung mit § 306 S. 6 iVm § 275 sind daher Angaben zu den latenten Steuern der vollständig einbezogenen Tochterunternehmen und der anteilig einbezogenen Gemeinschaftsunternehmen iSd § 310 vorzunehmen. Temporäre Differenzen zwischen dem steuerlichen Wertansatz einer Beteiligung an einem Tochterunternehmen, assoziierten Unternehmen oder einem Gemeinschaftsunternehmen iSd § 310 Abs. 1 und dem handelsrechtlichen Wertansatz des im Konzernabschluss angesetzten Nettovermögens (outside basis difference), die dem Ansatzverbot nach § 306 S. 4 unterliegen, müssen nicht erläutert werden (DRS 18.64 S. 2).[137]

Die Angabepflicht gilt unabhängig davon, ob latente Steuern in der Bilanz ausgewiesen **123** sind. Die den latenten Steuern zugrunde liegenden Differenzen oder steuerlichen Verlustvorträge sind auch dann anzugeben, wenn die latenten Steuern mit zu versteuernden temporären Differenzen verrechnet oder unter Inanspruchnahme von Wahlrechten nicht ausgewiesen werden.

c) Umfang der Angabepflicht. Für den Umfang der Angabepflicht kann im Wesent- **124** lichen auf die Ausführungen zu § 285 Nr. 29 verwiesen werden (→ § 285 Rn. 435 ff.). Im Interesse einer erhöhten Transparenz kann es allerdings uU geboten sein, den Betrag und ggf. den Zeitpunkt des Verfalls von abzugsfähigen temporären Differenzen, für die kein

---

[135] Vgl. Beschlussempfehlung und Bericht des Rechtsausschusses BilMoG, BT-Drs. 16/12407, 91.
[136] Ausf. zum DRS 18 Loitz DB 2010, 2177 ff.
[137] Prystawik/Schauf DB 2011, 313 (315); Wendholt/Wesemann DB-Beil. Heft 5/2009, 64 (74).

latenter Steueranspruch in der Bilanz angesetzt ist, von bislang ungenutzten steuerlichen Verlustvorträgen und bislang ungenutzten Steuergutschriften im Konzernanhang anzugeben (DRS 18.66).

125   **d) Form der Darstellung.** Abs. 1 Nr. 21 verlangt keine besondere **Form** der Darstellung. Die Angaben müssen insbesondere nicht zahlenmäßig angegeben werden, qualitative Angaben zu der Art der bestehenden Differenzen oder steuerlichen Verlustvorträge sind regelmäßig ausreichend, um die Erläuterungspflicht zu erfüllen und künftiges Nutzenpotential aufzuzeigen (DRS 18.65). Allerdings kann insbesondere bei komplexen Sachverhalten eine Darstellung in Tabellenform angezeigt sein.[138] Zudem ist eine Aufgliederung unter Beachtung der Wesentlichkeit sachgerecht (DRS 18.67). Bei unterschiedlichen Steuerrechtssubjekten – wie bei Tochtergesellschaften im Konzernabschluss – kann sich die Angabe auf die Bandbreite der Steuersätze oder die Steuersätze für die wesentlichen latenten Steuern beschränken.[139] Aus dem Wortlaut des Abs. 1 Nr. 21 ist nicht erkennbar, ob eine **Überleitungsrechnung** zu erstellen ist.[140] DRS 18.67 hat eine solche Pflicht ausdrücklich normiert. Demnach ist eine Überleitungsrechnung von dem Steueraufwand, der bei Anwendung des in Deutschland geltenden Steuersatzes oder eines gewichteten Konzernsteuersatzes zu erwarten ist, zu dem ausgewiesenen Steueraufwand zu erstellen.

126   **24. Angaben zu den latenten Steuersalden (Abs. 1 Nr. 22).** Der durch das BilRUG eingeführte Abs. 1 Nr. 22 fordert zusätzliche **quantitative Angaben** zu latenten Steuersalden und deren Änderungen im Geschäftsjahr, sofern **latente Steuerschulden** in der Konzernbilanz angesetzt wurden. Eine entsprechende Forderung ergibt sich nun auch aus DRS 18.63 lit. c. Zu den Einzelheiten kann auf die Ausführungen zu dem in Bezug auf den Konzernabschluss wortgleichen § 285 Nr. 30 verwiesen werden (→ § 285 Rn. 570 ff.).

127   **25. Angaben zu außergewöhnlichen Ertrags- und Aufwandsposten (Abs. 1 Nr. 23).** Nach Abs. 1 Nr. 23 sind für **Erträge** und **Aufwendungen außergewöhnlicher Größenordnung oder Bedeutung** zusätzliche Angaben von **Betrag** und **Art** erforderlich. Eine Ausnahme besteht für Beträge untergeordneter Bedeutung. Diese Angabepflicht wurde mit dem BilRUG von der GuV gem. § 298 Abs. 1 iVm § 277 Abs. 4 S. 2 aF in den Anhang verlagert. Zu den Einzelheiten kann auf die Ausführungen zu dem in Bezug auf den Konzernabschluss spiegelbildlichen[141] **§ 285 Nr. 31** verwiesen werden (→ § 285 Rn. 444 ff.).

128   Die Angabepflicht trifft alle nach § 290 konzernrechnungspflichtigen Kapitalgesellschaften und Personenhandelsgesellschaften iSd § 264a, ferner Unternehmen im Geltungsbereich des **PublG** (§ 13 Abs. 2 S. 1 PublG). Nicht angabepflichtig sind hingegen **Kreditinstitute** (§ 340i Abs. 2 S. 2) sowie **Versicherungsunternehmen** und **Pensionsfonds** (§ 341j Abs. 1 S. 2).

129   **26. Angaben zu Erträgen und Aufwendungen, die einem anderen Geschäftsjahr zuzurechnen sind (Abs. 1 Nr. 24).** Nach Abs. 1 Nr. 24 sind auch für **periodenfremde Erträge** und **Aufwendungen** zusätzliche Angaben zu **Betrag** und **Art** erforderlich. Diese Angabepflicht wurde mit dem BilRUG von der GuV gem. 298 Abs. 1 iVm § 277 Abs. 4 S. 3 aF in den Anhang verlagert. Zu den Einzelheiten kann auf die Ausführungen zur Parallelvorschrift **§ 285 Nr. 32** verwiesen werden (→ § 285 Rn. 451 ff.). Die Ausnahme in Abs. 1 Nr. 24 ist jedoch enger gefasst, indem sie nur für Beträge besteht, die für die Beurteilung der **Vermögens-, Finanz- und Ertragslage** des Konzerns von untergeordneter Bedeutung sind. Demgegenüber bestimmt sich die untergeordnete Bedeutung in § 285 Nr. 32 nur mit Rücksicht auf die Ertragslage (→ § 285 Rn. 456).[142] Die praktischen Aus-

---

[138] BeBiKo/Grottel Rn. 270.
[139] Zu einer möglichen Formulierung Prystawik/Schauf DB 2011, 313 (316).
[140] Dagegen Prystawik/Schauf DB 2011, 313 (316).
[141] RegE BilRUG, BT-Drs. 18/4050, 75.
[142] Vgl. → 3. Aufl. 2013, § 277 Rn. 46; aA BeBiKo/Grottel Rn. 301.

wirkungen des unterschiedlichen Beurteilungsmaßstabs dürften jedoch gering bleiben, da es auch bei Abs. 1 Nr. 24 praktisch überwiegend auf die Ertragslage ankommen wird.[143]

27. Angaben zu Vorgängen von besonderer Bedeutung, die nach dem Schluss 130 des Geschäftsjahrs eingetreten sind und in Bilanz und GuV nicht berücksichtigt sind (Abs. 1 Nr. 25). Nach Abs. 1 Nr. 25 ist der sog. **Nachtragsbericht** für Vorgänge von besonderer Bedeutung nach Geschäftsjahresschluss auch für den Konzern anzugeben, bezogen auf die Art und finanziellen Auswirkungen. Nach Änderungen durch das BilRUG sind die Angaben nicht mehr im Konzernlagebericht, sondern im Konzernanhang zu machen. Zu den Einzelheiten kann auf die Ausführungen zur Parallelvorschrift **§ 285 Nr. 33** verwiesen werden (→ § 285 Rn. 457 ff.), insbesondere auch zur Nachrichterstattung im Zuge der Covid19-Pandemie zum Stichtag 31.12.2019 (→ § 285 Rn. 459).[144] Die Angabepflicht besteht nur, sofern die Vorgänge nicht schon in der Konzernbilanz oder der Konzern-GuV berücksichtigt sind. Die besondere Bedeutung muss sich auf den Gesamtkonzern beziehen.[145]

28. Angaben zu Ergebnisverwendungsvorschlag bzw. -beschluss (Abs. 1 131 Nr. 26). Der durch das BilRUG eingeführte Abs. 1 Nr. 26 fordert Angaben zum **Vorschlag** für die Ergebnisverwendung oder zum diesbezüglichen **Beschluss** des Mutterunternehmens. Zu den Einzelheiten kann auf die Ausführungen zu dem in Bezug auf das Mutterunternehmen wortgleichen **§ 285 Nr. 34** verwiesen werden (→ § 285 Rn. 464 ff.).

III. Befreiung von der Angabepflicht (Abs. 2 und 3)

Abs. 2 befreit Mutterunternehmen, die eine Segmentberichterstattung gem. § 297 132 Abs. 1 S. 2 in den Konzernabschluss aufnehmen, von der Pflicht, den Konzernumsatz nach § 314 Abs. 1 Nr. 3 aufzugliedern. Nach der Gesetzesbegründung dient die Aufgliederung der Umsatzerlöse im Konzernanhang gem. Abs. 1 Nr. 3 als Ersatzinformation für eine fehlende Segmentberichterstattung. Erstellen Unternehmen eine Segmentberichterstattung freiwillig oder weil sie dazu nach § 297 Abs. 1 verpflichtet sind, entfällt daher das Bedürfnis nach der Angabe im Anhang gem. Abs. 1 Nr. 3. Die Befreiungswirkung ist zwar explizit nicht vom konkreten Inhalt der dargelegten Segmentberichterstattung abhängig, dennoch kann aus der Gesetzesbegründung geschlossen werden, dass die gem. Abs. 1 Nr. 3 und insbesondere gem. DRS 3 geforderten Angaben enthalten sein sollten (→ § 297 Rn. 37 ff.).

Abs. 3 S. 1 befreit die angabepflichtige börsennotierte Aktiengesellschaft über einen 133 Verweis auf § 286 Abs. 5 von ihrer Pflicht zur Offenlegung der Angaben nach § 314 Abs. 1 Nr. 6 lit. a S. 5–8, wenn die Hauptversammlung einen entsprechenden Beschluss fasst. Ein solcher Beschluss benötigt eine Mehrheit, die mindestens drei Viertel des bei der Beschlussfassung vertretenen Grundkapitals umfasst. Der Beschluss gilt für den nächsten Jahresabschluss und kann für ein Jahr oder maximal fünf Kalenderjahre gelten. Für konsolidierungspflichtige Mutterunternehmen, die durch Art. 4 der IAS-VO unmittelbar zur Konzernrechnungslegung nach IAS/IFRS verpflichtet sind, ordnet § 315e Abs. 1 die Anwendung der Befreiungsregelung gem. § 314 Abs. 2 S. 2 iVm § 286 Abs. 5 ausdrücklich an. Mit der Aufhebung von § 314 Abs. 1 Nr. 6 lit. a S. 5–8 aF durch das ARWG II (→ Rn. 50) entfällt auch die Ausnahmevorschrift aus § 314 Abs. 1 S. 3 iVm § 286 Abs. 5. Die Angabepflicht aus § 314 Abs. 1 Nr. 6 lit. a S. 5–7 wurde in § 162 Abs. 2 AktG übergeleitet, auf eine § 314 Abs. 3 S. 1 entsprechende Befreiungsmöglichkeit wurde jedoch verzichtet.[146]

Weiterhin verweist § 314 Abs. 3 S. 2 auf § 286 Abs. 4, wonach die Pflicht zur Angabe 134 der Gesamtbezüge gegenwärtiger und ehemaliger Organmitglieder aus § 314 Abs. 1 Nr. 6

---

143 BeBiKo/Grottel Rn. 301.
144 Hierzu auch Fachlicher Hinweis des DW v. 4.3.2020. Auswirkung der Ausbreitung des Coronavirus auf die Rechnungslegung zum Stichtag 31.12.2019 und deren Prüfung, S. 2 f.
145 BeBiKo/Grottel Rn. 311.
146 Vgl. RegE ARUG II, BT-Drs. 19/9739, 119 f.).

lit. a und b entfällt, wenn sich anhand dieser Angaben die Bezüge einzelner Mitglieder feststellen ließen. Dies dient dem Schutz der personenbezogenen Daten der einzelnen Organmitglieder.[147] Damit setzt der Gesetzgeber das Mitgliedstaatenwahlrecht aus Art. 28 Bilanz-RL iVm Art. 17 Abs. 1 lit. d UAbs. 2 Bilanz-RL um. Zuvor bestand diesbezüglich eine Regelungslücke.[148] Für die Einzelheiten kann auf die diesbezüglichen Ausführungen zu § 286 Abs. 4 verwiesen werden (→ § 286 Rn. 70).

Neunter Titel. Konzernlagebericht

§ 315 Inhalt des Konzernlageberichts

(1) [1]Im Konzernlagebericht sind der Geschäftsverlauf einschließlich des Geschäftsergebnisses und die Lage des Konzerns so darzustellen, dass ein den tatsächlichen Verhältnissen entsprechendes Bild vermittelt wird. [2]Er hat eine ausgewogene und umfassende, dem Umfang und der Komplexität der Geschäftstätigkeit entsprechende Analyse des Geschäftsverlaufs und der Lage des Konzerns zu enthalten. [3]In die Analyse sind die für die Geschäftstätigkeit bedeutsamsten finanziellen Leistungsindikatoren einzubeziehen und unter Bezugnahme auf die im Konzernabschluss ausgewiesenen Beträge und Angaben zu erläutern. [4]Ferner ist im Konzernlagebericht die voraussichtliche Entwicklung mit ihren wesentlichen Chancen und Risiken zu beurteilen und zu erläutern; zugrunde liegende Annahmen sind anzugeben. [5]Die Mitglieder des vertretungsberechtigten Organs eines Mutterunternehmens, das als Inlandsemittent (§ 2 Absatz 14 des Wertpapierhandelsgesetzes) Wertpapiere (§ 2 Absatz 1 des Wertpapierhandelsgesetzes) begibt und keine Kapitalgesellschaft im Sinne des § 327a ist, haben in einer dem Konzernlagebericht beizufügenden schriftlichen Erklärung zu versichern, dass im Konzernlagebericht nach bestem Wissen der Geschäftsverlauf einschließlich des Geschäftsergebnisses und die Lage des Konzerns so dargestellt sind, dass ein den tatsächlichen Verhältnissen entsprechendes Bild vermittelt wird und dass die wesentlichen Chancen und Risiken im Sinne des Satzes 4 beschrieben sind.

(2) [1]Im Konzernlagebericht ist auch einzugehen auf:
1. a) die Risikomanagementziele und -methoden des Konzerns einschließlich seiner Methoden zur Absicherung aller wichtigen Arten von Transaktionen, die im Rahmen der Bilanzierung von Sicherungsgeschäften erfasst werden, sowie
   b) die Preisänderungs-, Ausfall- und Liquiditätsrisiken sowie die Risiken aus Zahlungsstromschwankungen, denen der Konzern ausgesetzt ist,
   jeweils in Bezug auf die Verwendung von Finanzinstrumenten durch den Konzern und sofern dies für die Beurteilung der Lage oder der voraussichtlichen Entwicklung von Belang ist;
2. den Bereich Forschung und Entwicklung des Konzerns und
3. für das Verständnis der Lage des Konzerns wesentliche Zweigniederlassungen der insgesamt in den Konzernabschluss einbezogenen Unternehmen.
[2]Ist das Mutterunternehmen eine Aktiengesellschaft, hat es im Konzernlagebericht auf die nach § 160 Absatz 1 Nummer 2 des Aktiengesetztes im Anhang zu machenden Angaben zu verweisen.

(3) Absatz 1 Satz 3 gilt entsprechend für nichtfinanzielle Leistungsindikatoren, wie Informationen über Umwelt- und Arbeitnehmerbelange, soweit sie für das Verständnis des Geschäftsverlaufs und der Lage des Konzerns von Bedeutung sind.

(4) Ist das Mutterunternehmen oder ein in den Konzernabschluss einbezogenes Tochterunternehmen kapitalmarktorientiert im Sinne des § 264d, ist im Konzern-

---

[147] RegE BilRUG, BT-Drs. 18/4050, 76.
[148] Vgl. → 3. Aufl. 2013, § 286 Rn. 72.

lagebericht auch auf die wesentlichen Merkmale des internen Kontroll- und Risikomanagementsystems im Hinblick auf den Konzernrechnungslegungsprozess einzugehen.

(5) § 298 Absatz 2 über die Zusammenfassung von Konzernanhang und Anhang ist entsprechend anzuwenden.

Schrifttum zu §§ 315 und 315a: Vgl. auch Schrifttum zu §§ 289 und 289a; *Alberti/Schreiber,* Beispielhafte Darstellung von Angaben zur COVID-19-Pandemie im IFRS-Geschäftsbericht eines fiktiven Industrieunternehmens, BB 2020, 2475 ff.; *Altendorfer/Eierle/Steeger/Townend,* Die Berichterstattung umweltbezogener Leistungsindikatoren in der europäischen Automobilindustrie, KoR 2022, 151; Arbeitskreis „Externe Unternehmensrechnung" der Schmalenbach-Gesellschaft, Nichtfinanzielle Leistungsindikatoren – Bedeutung für die Finanzberichterstattung, ZfbF 2015, 235; Arbeitskreis „Immaterielle Werte im Rechnungswesen" der Schmalenbach-Gesellschaft, Kategorisierung und bilanzielle Erfassung immaterieller Werte, DB 2001, 989; Arbeitskreis „Immaterielle Werte im Rechnungswesen" der Schmalenbach-Gesellschaft, Freiwillige externe Berichterstattung für immaterielle Werte, DB 2003, 1233; *Baetge/Brüggemann/Haenelt,* Erweiterte Offenlegungspflicht in der handelsrechtlichen Lageberichterstattung, BB 2007, 1887; *Baetge/Fischer/Paskert,* Der Lagebericht: Aufstellung, Prüfung und Offenlegung, 1989; *Baetge/Heumann,* Wertorientierte Berichterstattung, DB 2006, 345; *Baetge/Heumann,* Value Reporting in Konzernlageberichten, IRZ 2006, 39; *Baetge/ Hippel/Sommerhoff,* Anforderungen und Praxis der Prognoseberichterstattung, DB 2011, 365; *Baetge/ Prigge,* Anforderungen an verpflichtende, empfohlene und freiwillige Angaben des Konzernlageberichts, DB 2006, 401; *Baetge/Schulze,* Der Lagebericht, in Baetge/Kirchhoff, Der Geschäftsbericht, 1997, S. 128; *Bahre/ Gawenko/Hinz,* Zur Coronavirus-Risikoberichterstattung der DAX-Unternehmen, WPg 2020, 1498; *Ballwieser,* Die Lageberichte der DAX-Gesellschaften im Lichte der Grundsätze ordnungsmäßiger Lageberichterstattung, FS Baetge, 1997, 153; *Bardens/Wallek/Werth,* EU-Taxonomie implementieren – Ein Mammutprojekt?, WPg 2022, 184; *Barenhoff,* Die Lageberichterstattung der DAX-Konzerne unter dem Einfluss des Bilanzrechtsreformgesetzes, 2008; *Barth,* Prognoseberichterstattung: Praxis, Determinanten und Kapitalmarktwirkungen bei deutschen börsennotierten Unternehmen, 2009; *Barth/Thormann,* Enforcement der Lageberichterstattung, DB 2015, 993; *Barth/Rahe/Rabenhorst,* Ausgewählte Anwendungsfragen zur Konzernlageberichterstattung nach DRS 20, KoR 2014, 47; *Beiersdorf/Buchheim,* IASB-Diskussionspapier „Management Commentary": Export des deutschen Lageberichts als Managementbericht?, BB 2006, 96; *Beiersdorf/Buchheim,* Entwurf des Gesetzes zur Umsetzung der EU-Transparenzrichtlinie: Ausweitung der Publizitätspflichten, BB 2006, 1674; *Beiersdorf/Rahe,* Verabschiedung des Gesetzes zur Umsetzung der EU-Transparenzrichtlinie (TUG) – Update zu BB 2006, 1674, BB 2007, 99; *Berger/Alberti,* Vorschläge des IASB zu Lageberichten im Kontext der Entwicklungen in der Unternehmensberichterstattung, BB 2021, 2027; *Beyhs,* Schwerpunkte des DPR-Enforcements der Finanzberichterstattung in 2021, IRZ 2020, 541; *Böcking,* Zum Verhältnis von Rechnungslegung und Kapitalmarkt: Vom „financial accounting" zum „business reporting", ZfbF-Sonderheft 1998, 17; *Böcking/Gros/Koch/Wallek,* Der neue Konzernlagebericht nach DRS 20, Der Konzern 2013, 30; *Bretzke,* Inhalt und Prüfung des Lageberichtes: Anmerkungen zur gegenwärtigen und zukünftigen Praxis der Prognosepublizität, WPg 1979, 337; *Bruns/Renner,* Annual Report on Form 20-F: A Guidance on Transitioning to the New „International Disclosure Standards", FB 2000, 615; *Buchheim,* ED Management Commentary des IASB: Neues zum Lagebericht aus London?, BB 2009, 1685; *Buchheim/Knorr,* Der Lagebericht nach DRS 15 und internationale Entwicklungen, WPg 2006, 413; *Busse v. Colbe,* Prognosepublizität von Aktiengesellschaften, FS Käfer, 1968, 91; *Coenenberg,* Strategische Jahresabschlussanalyse: Zwecke und Methoden, KoR 2003, 165; *Dickmann/v. Keitz/Wulf,* Darstellung der Berechnung für nicht offensichtliche finanzielle Leistungsindikatoren im Lagebericht, KoR 2019, 432; *Diehl/Loistl/Rehkugler,* Effiziente Kapitalmarktkommunikation, 1998; *Dittmar/Klönne/Dollereder,* Das Überarbeitungsprojekt zum Management Commentary nach IFRS, WPg 2019, 1154; *Dobler,* Risikoberichterstattung: Eine ökonomische Analyse, 2004; *Dobler,* Incentives for Risk Reporting: A Discretionary and Cheap Talk Approach, The International Journal of Accounting 2008, 184; *Dobler,* Zum Verständnis von Prognose- und Risikoberichterstattung zwischen Finanzkrise und Bilanzrechtsmodernisierung, in Hachmeister, BilMoG, 2010, 98; *Dobler/ Schwartze,* Risikoberichterstattung in der deutschen Versicherungswirtschaft: Eine empirische Untersuchung von Konzernlageberichten, ZVersWiss 2020, 181; *Dörner,* Vom Risikobericht zum Chancenbericht: Eine Erwartungslücke?, FS Baetge, 2007, 171; *Eidel/Strickmann,* Der Lagebericht im Mittelstand zwischen Anspruch und Realität (I und II), DB 2013, 1979, 2037; *Eierle,* Die Entwicklung der Differenzierung der Unternehmensberichterstattung in Deutschland und Großbritannien, 2004; *Eisenschmidt,* Die Risikoberichterstattung deutscher Konzerne: Eine empirische Analyse der Unternehmen des HDAX und SDAX, KoR 2011, 203; *ESMA* (European Securities and Markets Authority), ESMA Guidelines on Alternative Performance Measures, 2015; *Filipiuk,* Transparenz der Risikoberichterstattung: Anforderungen und Umsetzung in der Unternehmenspraxis, 2009; *Fink,* Management Commentary: Eine Diskussionsgrundlage zur internationalen Lageberichterstattung, KoR 2006, 141; *Fink/Kajüter,* Das IFRS Practice Statement „Management Commentary", KoR 2011, 177; *Fink/Kajüter,* Lageberichterstattung, 2. Aufl. 2021; *Fink/Theile,* Anhang und Lagebericht nach dem RegE zum Bilanzrichtlinie-Umsetzungsgesetz, DB 2015, 753; *Fisch/Mujkanovic,*

Leistungsindikatoren im Lagebericht, PiR 2015, 213; Flick/Meyding-Metzger, Die „grüne" Taxonomie-Verordnung – Ein Überblick, WPg 2020, 1404; Freidank/Scheffler/Simon-Heckroth, Trennung des Lageberichts von „übrigen Berichten", WPg 2018, 683; Freidank/Sepetauz, (Konzern-)Lagebericht nach DRS 20, StuB 2013, 54; Freidank/Steinmeyer, Fortentwicklung der Lageberichterstattung nach dem BilReG aus betriebswirtschaftlicher Sicht, BB 2005, 2512; Fülbier/Klein, Balancing past and present: Impact of accounting internationalization on German accounting regulations, Accounting History 2015 (Special Issue), 342; Geirhofer, Vom Lagebericht zum Managementbericht: Ein Überblick über den IASB Exposure Draft „Management Commentary", IRZ 2009, 431; Gödel, Unverzichtbarkeit der Prognoseberichterstattung im (Konzern-)Lagebericht, DB 2010, 431; Greinert, Weitergehende Anforderungen an den Konzernlagebericht durch E-DRS 20 sowie das Bilanzrechtsreformgesetz, KoR 2004, 51; Großkopf/Hitz, Ein neues Kapitel der Kapitalmarktinformation, WPg 2015, 1229; Grottke, Die strukturale Lageberichtsanalyse als Bestandteil einer offenen, erweiterten Jahresabschlussanalyse, 2012; Grottke/Höschele, Die internationalen Stellungnahmen zum ED Management Commentary: Eine quantitative und qualitative Auswertung, PiR 2010, 149; Haaker, Die Risikoberichterstattung nach DRS 20 für Kreditgenossenschaften, ZfgG 2020, 54; Hachmeister/Sigel, Berichterstattung über das Coronavirus, DB 2020, 905; Haller/Gruber, Aufnahme nichtfinanzieller Informationen in die Lageberichterstattung – Auswirkungen auf die Überwachungsfunktion des Aufsichtsrats, KoR 2018, 474; Hartmann, Internationalisierung der Lageberichterstattung: Darstellung und Vergleich des deutschen Lageberichts und der US-amerikanischen MD&A, 2006; Henselmann/Klein/Hartmann, Risikopublizität in börsenregulierten Marktsegmenten, Corporate Finance 2010, 543; Heumann, Value Reporting in IFRS-Abschlüssen und Lageberichten, 2005; Hinze, „Nichtfinanzielle Leistungsindikatoren" in der Berichterstattung, WPg 2016, 1168; Hippel, Konzernlagebericht und Kapitalmarkt: Eine empirische Analyse der Berichtspflichten nach HGB und DRS, 2011; Hofmann/Lorson/Melcher, Wesentliche Auswirkungen der Wirtschaftskrise auf den Lagebericht, DB 2010, 233; Hölscher/Helms/Nelde, Risikoberichterstattung gemäß DRS 20, WPg 2018, 951; IDW, IDW Prüfungsstandard: Prüfung des Lageberichts im Rahmen der Abschlussprüfung (IDW PS 350 (nF), IDW Life 2.2018, 225; IDW Arbeitskreis „Lageberichtsprüfung", Prüfung des Lageberichts (IDW EPS 350 n.F.), WPg 2016, 538; IDW Arbeitskreis „Lageberichtsprüfung", Neuerungen in der Prüfung des (Konzern-)Lageberichts nach IDW PS 350 n.F., WPg 2018, 850; IOSCO (International Organization of Securities Commissions), Statement on Non-GAAP Financial Measures, Final Report, June 2016; Jensen/Ruback, The Market for Corporate Control: The Scientific Evidence, Journal of Financial Economics 1983, 5; Kajüter, Berichterstattung über Chancen und Risiken im Lagebericht, BB 2004, 427; Kajüter, Der Lagebericht als Instrument einer kapitalmarktorientierten Rechnungslegung, DB 2004, 197; Kajüter/Bachert/Blaesing, Ergänzung des IFRS-Abschlusses um einen Managementbericht: Wie ist die Resonanz auf das Management Commentary-Projekt des IASB in Deutschland?, KoR 2010, 183; Kajüter/Bachert/Blaesing/Kleinmanns, Die DRS zur Lageberichterstattung auf dem Prüfstand: Empirische Befunde zur Beurteilung und Anwendung der DRS, DB 2010, 457; Kajüter/Esser, Risiko- und Chancenberichterstattung im Lagebericht: Eine empirische Analyse der HDAX-Unternehmen, IRZ 2007, 381; Kajüter/Guttmeier, Der Exposure Draft des IASB zum Management Commentary: Kritische Analyse und Vergleich mit DRS 15, DB 2009, 2333; Kajüter/Hannen/Huth, Prognoseberichterstattung nach DRS 20, DB 2014, 2841; Kajüter/Nienhaus/Mohrschladt, Chancen- und Risikoberichterstattung nach DRS 20 – Berichtspraxis und Anwendungserfahrungen bei DAX- und MDAX-Unternehmen, WPg 2015, 514; Kajüter/Nienhaus/Nienaber, Prüfung des Lageberichts, WPg 2017, 801; Kajüter/Winkler, Praxis der Risikoberichterstattung deutscher Konzerne, WPg 2004, 249; Kasperzak/Beiersdorf, Diskussionspapier Management Commentary: Eine erste Auswertung der Stellungnahmen an das IASB, KoR 2007, 121; v. Keitz/Gloth/Pelster, F&E-Berichterstattung im Konzernlagebericht, DB 2019, 201; v. Keitz/Wulf, Darstellung der Berechnung für nicht offensichtliche finanzielle Leistungsindikatoren im Lagebericht, KoR 2019, 432; Kellinghusen/Irrgang, Der optimale Geschäftsbericht, DB 1978, 2277; Kersting/Sohbi, Haftungsrechtliche Aspekte einer vorausschauenden Berichterstattung, in Shareholder Value Reporting: Veränderte Anforderungen an die Berichterstattung börsennotierter Unternehmen, 1998, 293; Kirsch/Scheele, Die Auswirkungen der Modernisierungsrichtlinie auf die (Konzern-)Lageberichterstattung – unter Berücksichtigung von E-DRS 20 und des Entwurfs eines Bilanzrechtsreformgesetzes vom 15.12.2003, WPg 2004, 1; Kirsch/Scheele, Diskussionspapier des IASB zum „Management Commentary", WPg 2006, 89; Kirsch/Scheele, Prüfung der Chancen- und Risikoberichterstattung im Lagebericht, in Freidank/Peemöller, Corporate Governance und Interne Revision, 2008, S. 337; Klein/Hartmann/Scherr, Investororientierte Prognoseberichtspublizität in börsennotierten Marktsegmenten? Eine empirische Untersuchung am Beispiel des Entry Standards, KoR 2011, 143; Kliem/Kosma/Optenkamp, Das einstufige Enforcement nach dem Gesetz zur Stärkung der Finanzmarktintegrität (FISG), DB 2021, 1518; Knauer/Wömpener, Prognoseberichterstattung gemäß DRS 15: Eine empirische Analyse der Unternehmen des Prime Standards, Corporate Finance 2010, 84; Kolb/Neubeck, Effiziente Lageberichterstattung mittelständischer Unternehmen/Konzerne, StuB 2015, 97; Krawitz, Anhang und Lagebericht nach IFRS, 2005; Krawitz/Hartmann, Internationalisierung der Lageberichterstattung, in Wollmert/Lück, Wirtschaftsprüfung und Unternehmensüberwachung, FS Lück, 2003, 286; Krawitz/Hartmann, Aktueller handelsrechtlicher Lage- und Konzernlagebericht im Rahmen eines IAS/IFRS-Abschlusses, WPg 2006, 1262; Kropff, Der Lagebericht nach geltendem und künftigem Recht, BFuP 1980, 514; Krumbholz, Die Qualität publizierter Lageberichte: Ein empirischer Befund zur Unternehmenspublizität, 1994; Kümmel/Zülch, Lageberichterstattung: Das IASB Discussion Paper „Management Commentary", StuB 2006, 393; Kümpel/Luksch/Oriolo, Auswirkung des DRS 20 auf die Praxis der Prognoseberichterstattung im Lagebericht (I, II und III), IRZ 2015, 199, 247, 307; Küting/Hütten, Die Lageberichterstattung über Risiken der künftigen Entwicklung: Annäherung an die geplante Änderung der §§ 289, 315 HGB durch das KonTraG, AG 1997, 250; Küting/Hütten, Der befreiende Konzernlagebericht nach internationalen Vorschriften, WPg 1999, 12; Lackmann/Steinmeier/Stich, Status Quo der Chancen- und Risikoberichterstattung gem. DRS 20, KoR 2014, 44; Leffson, Bilanzanalyse, 3. Aufl. 1984; Lehmann, Managementprognosen und Analystenschätzungen, 2014; Lenz/Diehm, Einfluss der Finanz- und Wirtschaftskrise auf die Risikoberichterstattung im SDAX, KoR 2010, 385; Lorson/Melcher/Müller/Velte/Wulf/Zündorf, Relevanz von Rechnungslegungsempfehlungen des Deutschen Rechnungslegungs Standards Committee (DRSC) unter besonderer Berücksichtigung des Deutschen Rechnungslegungsstandards Nr. (DRS) 20 (Konzernlagebericht), ZGR 2015, 887; Maul, Der Lagebericht nach der 4. EG-Richtlinie und dem Entwurf des Bilanzrichtlinie-Gesetzes, WPg 1984, 187; Melcher/Murer, Das IFRS Practice Statement „Management Commentary" im Vergleich zu den DRS Verlautbarungen zur Lageberichterstattung, DB 2011, 430; Merkt, Das Informationsmodell im Gesellschafts- und Kapitalmarktrecht, ZfbF-Sonderheft 55/2006, 24; Merkt/Binder, Änderungen im Übernahmerecht nach Umsetzung der EG-Übernahmerichtlinie: Das deutsche Umsetzungsgesetz und verbleibende Problemfelder, BB 2006, 1285; Meyer/Herder, Green and More: Künftige Klimaberichterstattung im (Konzern-)Lagebericht, WPg 2022, 194; Meyer/Kinne, Steuerliche Risikoberichterstattung − Wie umfangreich berichten DAX30-Unternehmen?, WPg 2021, 510; Moxter, Fundamentalgrundsätze ordnungsmäßiger Rechenschaft, FS Leffson, 1976, 87; Mujkanovic, Befreiende Konzernabschlüsse und Konzernlageberichte, BB 1999, 999; Müller, Coronavirus im Lagebericht: Die Risikoberichterstattung, b+b 4/2020, 26 f.; Müller/Pommerenke/Reinke, Erweiterte Anforderungen des DRS 20 an die Konzernlageberichterstattung kapitalmarktorientierter Mutterunternehmen, PiR 2013, 119; Müller/Seebeck/Weeger, Entwicklung der Risikoberichterstattung im Mittelstand seit Inkrafttreten des DRS 20, DB 2021, 2505 ff.; Müller/Sellhorn, Wie geht es nach Corona weiter?, FAZ Nr. 92 v. 20.4.2020, 16; Nagel/Koep/Günther/Günther, „Diesel Gate" in der Risikoberichterstattung, KoR 2018, 421; Needham/Müller/Mack, Steuerungsrelevanz von Nachhaltigkeitskennzahlen, PiR 2018, 293; Noodt/Grede, Die Welt ändert sich − die Rechnungslegung auch, DB 2013, 714; Olbrich, Die wirtschaftliche Lage der Kapitalgesellschaft: Prüfung und Berichterstattung im Rahmen der Abschlußprüfung, 1992; Orth/Oppermann, Neue Herausforderungen bei der Erstellung und Prüfung des Lageberichts, DB 2020, 401; Peiffer, Möglichkeiten und Grenzen der Prüfung von Prognosen im Geschäftsbericht (Teil I und II), WPg 1974, 159, 186; Pellens/Fülbier, Differenzierung der Rechnungslegungsregulierung nach Börsenzulassung, ZGR 2000, 572; Philipps, Steuerungskennzahlenorientierter Prognosebericht nach DRS 20?, DB 2014, 137; Philipps, Berichtspraxis nach DRS 20 zum Konzernsteuerungssystem, DB 2014, 1501; Philipps, Berichtspraxis zur voraussichtlichen Konzernentwicklung (Prognosebericht) nach DRS 20, DB 2015, 445; Pöckel, Das Diskussionspapier „Management Commentary" des IASB: Vergleich und denkbare Wechselwirkungen mit dem bestehenden Regelwerk, PiR 2006, 71; Prigge, Konzernlageberichterstattung vor dem Hintergrund einer Bilanzierung nach IFRS, 2006; Prigge, Inhaltliche Redundanzen in Konzernlagebericht und IFRS-Konzernanhang, KoR 2006, 252; Quick/Gauch/Niekrawietz, Prognoseberichterstattung am deutschen Kapitalmarkt, Der Konzern 2021, 104; Quick/Reus, Zur Qualität der Prognoseberichterstattung der DAX 30-Gesellschaften, KoR 2009, 18; Rabenhorst/Schmidt/Speiser, Der IDW PS 350 n.F.: Ein Plädoyer für eine fokussierte Lageberichterstattung, DB 2019, 857; Räuber, Der Lagebericht, BB 1988, 1285; Rauch, Informationsabstufung und -verknüpfung im Konzernlagebericht, 2019; Riegler, Immaterielle Werte in Management Commentary und Intellectual Capital Statement, IRZ 2006, 113; Rodewald/Unger, Zusätzliche Transparenz für die europäischen Kapitalmärkte: Die Umsetzung der EU-Transparenzrichtlinie in Deutschland, BB 2006, 1917; Ruhnke/Heinrichs/Adomeit, Determinanten der Qualität der Prognoseberichterstattung deutscher börsennotierter Unternehmen nach DRS 20, KoR 2018, 283; Ruhnke/Heinrichs/Kundt, Qualität des Prognoseberichts gem. DRS 20 und Schätzungen von Finanzanalysten, BFuP 2019, 385; Ruhwedel/Schultze, Value Reporting: Theoretische Konzeption und Umsetzung bei den DAX 100-Unternehmen, ZfbF 2002, 602; Ruhwedel/Sellhorn/Lerchenmüller, Prognoseberichterstattung in Aufschwung und Krise: Eine empirische Untersuchung der DAX-Unternehmen, DB 2009, 1305; Schall/Figlin, Finanzielle und nichtfinanzielle Leistungsindikatoren im Lagebericht nach DRS 20: Auswertung der SDAX-Geschäftsberichte für das Geschäftsjahr 2017, IRZ 2020, 129; Schäfer/Rimmelspacher, Änderungen im (Konzern-)Lagebericht inkl. der Erklärung zur Unternehmensführung durch das BilRuG, DB 2015, 57; Schaefer/Schröder, Auswirkungen des DRS 20 auf die Berichterstattung nichtfinanzieller Leistungsindikatoren in den Lageberichten der DAX 30, KoR 2015, 95; Schlüter/Hartmann-Wendels/Weber/Zander, Die Risikoberichterstattung deutscher Banken: Erhebung des Branchenstandards, ZfbF 2014, 386; Schwab, Prognoseberichterstattung in der Finanzkrise: Unmöglichkeit gesetzestreuer Rechnungslegung, KoR 2010, 652; Selchert, Die MD&A: Ein Vorbild für den Lagebericht, FS Weber, 1999, 219; Selchert/Erhardt/Fuhr/Greinert, Prüfung des Lageberichts, 2000; Selchert/Karsten, Inhalt und Gliederung des Anhangs, BB 1985, 1889; Sellhorn/Hombach/Stier, Strategische Finanzberichterstattung durch Pro forma-Kennzahlen und Finanzgrafiken, 2014; Singer/Wullenkord, Mittelstand: Erstellung und Prüfung von Lageberichten nach IDW PS 350 n.F., WPg 2020, 119; Sprenger, Grundsätze gewissenhafter und getreuer Rechenschaft im Geschäftsbericht: Ein Beitrag zur Interpretation von § 160 Abs. 4 Satz 1 AktG, 1976; Stein, Eine ökonomische Analyse der Entwicklung der Lageberichtsqualität, 2011; Stenzel/Hachmeister/Bootsmann, Die Lageberichterstattung der DAX 30-Unternehmen − eine empirische Analyse der Prognosegüte, IRZ 2016, 43; Strieder, Erweiterung der Lageberichterstattung nach dem BilMoG, BB 2009, 1002;

Strieder/Ammedick, Der Zwischenlagebericht als neues Instrument der Zwischenberichterstattung, DB 2007, 1368; Theis, Kommunikation zwischen Unternehmen und Kapitalmarkt, 2014; Teitler-Feinberg, ProForma Statements, Notwendigkeit oder Beschönigung?, Der Schweizer Treuhänder 2002, 191; Thiere, Chancen- und Risikoberichterstattung, 2009; Tiedemann/Ratzinger-Sakel, Finanzberichterstattung und Bestätigungsvermerke im Lichte der Coronakrise, WPg 2020, 791; Velte/Czaya, Status Quo der Risikoberichterstattung nach DRS 20, KoR 2017, 70; Weber, Quantitative Risikoberichterstattung von Kreditinstituten nach § 315 HGB und IFRS 7: Ein integrativer Ansatz der handelsrechtlichen Risikopublizität, Corporate Finance 2010, 29; Weber, Ziele und Erfolgsfaktoren der externen Risikoberichterstattung von Kreditinstituten, KoR 2010, 208; Weber, Risikopublizität in der Krise, Teil 1 bis 3, Risiko Manager 2010, 21: 10, 22: 13, 23: 22; Weigt, Die Berichterstattung von Konzernsteuerungskennzahlen im Konzernlagebericht, 2020; Wendlandt/Knorr, Das Bilanzrechtsreformgesetz – Zeitliche Anwendung der wesentlichen bilanzrechtlichen Änderungen des HGB und Folgen für die IFRS-Anwendung in Deutschland, KoR 2005, 53; Wiechers, Erstellung und Prüfung des Lageberichts im Mittelstand (I, II und III), BBK 2017, 177, 230, 288; Withus, Neue Anforderungen nach BilMoG zur Beschreibung der wesentlichen Merkmale des Internen Kontroll- und Risikomanagementsystems im Lagebericht kapitalmarktorientierter Unternehmen, KoR 2009, 440; Withus, Lageberichterstattung über Chancen und Risiken im Fokus des Enforcementverfahrens, KoR 2010, 237; Withus, Standardisierungsrat überarbeitet Rechnungslegungsstandards zum Konzernlagebericht, DB 2010, 68; Wolf, Neuerungen im (Konzern-)Lagebericht durch das Bilanzrechtsreformgesetz (BilReG) – Anforderungen und ihre praktische Umsetzung, DStR 2005, 438; Wulf/Staikowski, Umsetzung der Risikoberichterstattung am deutschen Kapitalmarkt: Ableitung von Handlungsempfehlungen für Standardsetter mittels Metaanalyse, DB 2020, 737; Zülch/Höltken, Die „neue" (Konzern-)Lageberichterstattung nach DRS 20 – ein Anwendungsleitfaden, DB 2013, 2457; Zülch/Voll, Die Kommunikation finanzieller Leistungsindikatoren in der deutschen Praxis, KoR 2016, 487.

Übersicht

I. Allgemeiner Teil

1   **1. Normzweck.** Der Konzernlagebericht ist kein Bestandteil des Konzernabschlusses (§ 297 Abs. 1). Er bildet jedoch einen **notwendigen und eigenständigen Bestandteil der Konzernrechnungslegung** und hat **mit dem Konzernabschluss in Einklang zu stehen** (so auch DRS 20.4).

2   § 315 regelt zusammen mit §§ 315a–315d den **Inhalt** des Konzernlageberichts. Aus dem Dritten Buch des HGB ergeben sich im Gegensatz zum Konzernanhang keine weiteren Vorschriften zum Inhalt des Konzernlageberichts. Allerdings liegt seit 2012 der **DRS 20 „Konzernlagebericht"** vor (anzuwenden seit dem 1.1.2013), der iSv § 342 Abs. 2 im Rahmen einer pflichtgemäßen Lageberichterstattung zu beachten ist (→ Rn. 11, → Rn. 21). Während sich der Konzernanhang auf die Rechenwerke des Konzernabschlusses bezieht und diese im Wesentlichen erläutert, entlastet und ergänzt (§ 313), hat der Konzernlagebericht den gesamten Konzernabschluss mit grundlegenden Informationen so zu ergänzen, dass die Adressaten eine **Gesamtwürdigung der Unternehmenslage** vornehmen können.[1] Der Geschäftsverlauf einschließlich des Geschäftsergebnisses und die Lage des Konzerns sind so darzustellen, dass ein den tatsächlichen Verhältnissen entsprechendes Bild vermittelt wird (Abs. 1 S. 1).

Schon durch die Loslösung von den eher vergangenheitsorientierten Rechenwerken **3** ist der Konzernlagebericht stärker **prospektiv ausgerichtet.** Er stellt die wichtigste, gesetzlich vorgesehene, periodische Quelle für zukunftsbezogene Informationen dar.[2] Die prospektive Ausrichtung wird auch explizit in § 315 gefordert. So ist im Konzernlagebericht zB auf die voraussichtliche Entwicklung mit ihren wesentlichen Chancen und Risiken (Abs. 1 S. 4), auf Preisänderungs-, Ausfall- und Liquiditätsrisiken sowie Risiken aus Zahlungsstromschwankungen und diesbezügliche Risikomanagementziele und -methoden (Abs. 2 Nr. 1) sowie auf Forschungs- und Entwicklungsaktivitäten (Abs. 2 Nr. 2) einzugehen.

In der gesetzlichen Konzeption orientiert sich der Konzernlagebericht unter Berück- **4** sichtigung der konzernspezifischen Besonderheiten am **Lagebericht der Kapitalgesellschaft** (§§ 289–289f). §§ 315b–315d verweisen sogar explizit auf die analoge Regulierung zum Lagebericht der Kapitalgesellschaft. Insofern kann auf die dortigen Ausführungen verwiesen werden. Trotz teilweise sogar identischer Formulierung der jeweiligen handelsrechtlichen Regulierungen stehen beide Berichte aber selbstständig nebeneinander. Ihnen liegen mit dem Konzern als wirtschaftliche Einheit einerseits und dem Unternehmen bzw. der Kapitalgesellschaft als rechtliche Einheit andererseits zwei unterschiedlich abgegrenzte Berichtseinheiten zugrunde. Der Konzernlagebericht und der Lagebericht der Kapitalgesellschaft können jedoch zur Vermeidung von Redundanzen gem. Abs. 5 iVm § 298 Abs. 2 zusammengefasst werden (→ Rn. 72 ff.).

2. Anwendungsbereich. Jedes konzernrechnungslegungspflichtige Mutterunterneh- **5** men hat innerhalb von fünf Monaten nach Ablauf des Konzerngeschäftsjahres zusätzlich zum Konzernabschluss einen Konzernlagebericht aufzustellen. Die Konzernrechnungslegungspflicht umfasst insofern die **Pflicht zur Aufstellung des Konzernlageberichts.** Diese Verpflichtung erwächst für Kapitalgesellschaften aus §§ 290 ff., greift aber bei Kreditinstituten und Versicherungsunternehmen (§§ 340i, 341i, 341j) sowie bei Vorliegen bestimmter Größenordnungen (§§ 11 ff. PublG) auch unabhängig von der Rechtsform.

Um ein deutsches Mutterunternehmen von der (Teil-)Konzernrechnungslegungspflicht **6** gem. §§ 291, 292 zu befreien, müssen übergeordnete **ausländische Mutterunternehmen** neben einem Konzernabschluss einen Konzernlagebericht ua im Einklang mit den entsprechenden EU-Richtlinien (§ 291 Abs. 2) erstellen. Für Mutterunternehmen außerhalb der EU reicht gem. § 292 Abs. 1 eine dieser Konzernlageberichterstattung gleichwertige Form der Berichterstattung in deutscher Sprache aus.

Gemäß § 315e Abs. 1, 2 und 3 müssen deutsche Mutterunternehmen, die gemäß EU- **7** Verordnung 1606/2002 zur IFRS-Konzernrechnungslegung verpflichtet sind oder den IFRS gem. § 315e Abs. 3 freiwillig folgen, einen Konzernlagebericht nach den Vorschriften von §§ 315 ff. erstellen. Diese Verpflichtung ist auch dadurch zu erklären, dass ein dem deutschen Lagebericht entsprechendes Äquivalent in den IFRS fehlt (→ Rn. 75 ff.). Allerdings existiert seit Dezember 2010 ein sog. „IFRS Practice Statement" zum Management Commentary. Das IASB gibt hier als unverbindlichen Leitfaden nur einen groben Rahmen prinzipienorientierter und allgemein formulierter Berichtsgrundsätze vor. Die handelsrechtliche Pflicht zur Aufstellung des Konzernlageberichts bleibt davon unberührt.

---

[1] ADS Rn. 4; Busse v. Colbe/Ordelheide/Gebhardt/Pellens Konzernabschlüsse 15. Kap. I.; Busse v. Colbe/Müller/Reinhard Rn. 191; Beck HdR/Hachmeister/Glaser C 610 Rn. 7 ff.; WP-HdB Bd. I M Rn. 730; v. Wysocki/Wohlgemuth/Brösel Konzernrechnungslegung Kap. XII.2; für den Lagebericht der Kapitalgesellschaft treffend Maul WPg 1984, 187; Räuber BB 1988, 1286 f.

[2] Kersting/Sohbi in Shareholder Value Reporting S. 297; aA Maul WPg 1984, 191.

8 Deutsche Unternehmen, deren Wertpapiere an ausländischen Börsen notiert werden, haben die dortigen Publizitätsvorschriften zu beachten. Das gilt im Falle einer US-Börse für die weitreichenden **Publizitätsvorschriften der SEC,** die in Teilen deutliche Parallelen zur Konzernlageberichterstattung aufweisen. Problematisch ist hierbei, dass keine separierbare Komponente der Berichterstattung gegenüber der SEC – auch nicht die dem Konzernlagebericht noch am ehesten entsprechende „Management's Discussion and Analysis of Financial Condition and Results of Operations (MD&A)" bzw., für ausländische Emittenten, „Operation and Financial Review and Prospects (OFR)" – für sich gesehen als Konzernlagebericht klassifizierbar ist (→ Rn. 83). Demzufolge muss die MD&A/OFR ggf. um alle gem. §§ 315 ff. geforderten Angaben erweitert werden, um als befreiender Konzernlagebericht zu gelten.[3] Eine andere Bezeichnung des Konzernlageberichts, zB als „extended MD&A", ist dabei akzeptabel.[4] Der Gleichbehandlungsgrundsatz aller Aktionäre (§ 53a AktG) ist hierbei erfüllt, weil die gesamte SEC-Berichterstattung den deutschen (und sämtlichen sonstigen) Aktionären über die online kostenfrei verfügbare SEC EDGAR-Datenbank zugänglich ist.

9 **3. Entstehungsgeschichte.** Mit der Konzernrechnungslegungspflicht nach AktG 1965 (BGBl. 1965 I 1089) hatten Mutterunternehmen in der Rechtsform einer AG oder KGaA gem. §§ 329 Abs. 1 und 334 AktG 1965 einen **Konzerngeschäftsbericht** zu erstellen, der in Teilen (insbesondere § 334 Abs. 2 AktG 1965) auch als Vorläufer des heutigen Konzernlageberichts angesehen werden kann. Der heutige Konzernlagebericht entstand mit dem **BiRiLiG**[5] 1985, das europäische Vorgaben ua zur Konzernrechnungslegung in deutsches Recht transformierte. Mit dem ursprünglich relativ kurz gefassten § 315 HGB 1985 hat der deutsche Gesetzgeber den früheren Art. 36 RL 83/349/EWG (**7. EG-Richtlinie;** heute Art. 29 iVm Art. 19 und 20 Bilanz-RL) in das HGB einfließen lassen. Nur die in Art. 36 Nr. 2 lit. d RL 83/349/EWG vorgeschriebene Angabe zu eigenen Anteilen wurde durch § 314 Abs. 1 Nr. 7 transformiert und bildet insofern einen Bestandteil des Konzernanhangs. Auf die Risiken der künftigen Entwicklung ist seit April 1998 einzugehen, da diese Regel erst durch das **KonTraG**[6] eingefügt worden ist.

10 Die heutige Fassung des § 315 und § 315a geht in weiten Teilen auf das **BilReG**[7] 2004 zurück. Die in diesem Zusammenhang erweiterten Anforderungen an die Analyse der Geschäftstätigkeit und der Lage des Konzerns, sowie an die Prognose- und Risikoberichterstattung dienen der Anpassung des deutschen Bilanzrechts an die RL 2003/51/EG und die Fair-Value-RL (RL 2001/65/EG),[8] um dem Adressaten eine breitere Basis an entscheidungsrelevanten Informationen zur Verfügung stellen zu können.[9] Weitere Veränderungen und Erweiterungen gehen auf das **VorstOG**[10] zurück, soweit es um die Erläuterung der Grundzüge des Vergütungssystems geht, und auf das **TUG,**[11] das den sog. „Bilanzeid"[12] in den Konzernlagebericht integriert hat. Diese Erläuterung des Vergütungssystems ist 2019 durch das **ARUG II**[13] in das AktG verlagert worden – zusammen mit den entsprechenden Anhangangaben. Mit der Umsetzung der Übernahme-RL (RL 2004/25/EG) durch das **Übernahme-RL-Umsetzungsgesetz**[14] sind Berichterstattungspflichten neu eingefügt

---

[3] Küting/Hütten WPg 1999, 18 f.
[4] Mujkanovic BB 1999, 1003.
[5] Bilanzrichtlinien-Gesetz (BiRiLiG) v. 19.12.1985, BGBl. 1985 I 2355.
[6] Gesetz zur Kontrolle und Transparenz im Unternehmensbereich (KonTraG) v. 5.3.1998, BGBl. 1988 I 786.
[7] Bilanzrechtsreformgesetz (BilReG) v. 4.12.2004, BGBl. 2004 I 3166.
[8] BT-Drs. 15/3419, 33.
[9] Wendlandt/Knorr KoR 2005, 56.
[10] Vorstandsvergütungs-Offenlegungsgesetz (VorstOG) v. 3.8.2005, BGBl. 2005 I 2267.
[11] Transparenzrichtlinie-Umsetzungsgesetz (TUG) v. 5.1.2007, BGBl. 2007 I 10.
[12] BT-Drs. 16/2498, 55 sowie Beiersdorf/Buchheim BB 2006, 1674; Beiersdorf/Rahe BB 2007, 99.
[13] Gesetz zur Umsetzung der zweiten Aktionärsrechterichtlinie (ARUG II) v. 14.11.2019, BT-Drs. 19/15153.
[14] Übernahmerichtlinie-Umsetzungsgesetz v. 8.7.2006, BGBl. 2006 I 1426.

worden, die bei bestimmten Mutterunternehmen weitere Informationen über die Eigentumsstruktur sowie mögliche Übernahmehindernisse bereitstellen sollen. Weitere kleinere Änderungen und Ergänzungen gehen auf das **BilMoG**[15] 2009 zurück. Darunter fällt insbesondere die Ergänzung der Konzernlageberichterstattung um Informationen zum internen Kontroll- und Risikomanagementsystem im Hinblick auf den Konzernrechnungslegungsprozess, die der Umsetzung der früheren Konzernbilanz-RL (RL 83/349/EWG) idF der Abänderungsrichtlinie (RL 2006/46/EG) geschuldet sind. Mit dem **BilRUG**[16] 2015 sind insbesondere bestimmte, vormals nur als Soll-Vorschriften regulierte Berichterstattungspflichten (zB zu dem Bereich Forschung und Entwicklung) in Muss-Vorschriften überführt worden; zudem ist der sog. Nachtragsbericht in den Konzernanhang verlagert worden. Die heute sichtbare Aufsplittung des Neunten Titels zum Konzernlagebericht in §§ 315–315d und die deutliche Erweiterung der handelsrechtlichen Regulierung von ursprünglich nur einem Paragraphen geht auf das **CSR-Richtlinie-Umsetzungsgesetz**[17] 2017 und die damit vollzogene Transformation der EU-Richtlinie zur Nichtfinanziellen Berichterstattung (Non-Financial Reporting Directive, RL 2014/95/EU zur Änderung der Bilanz-RL) zurück. Mit diesem Gesetz wurde die bisherige Konzernlageberichterstattung mit leichten Modifikationen in § 315 und § 315a überführt und, vor allem, die Pflicht zur nichtfinanziellen Konzernerklärung für bestimmte Mutterunternehmen gem. § 315b und § 315c sowie die Konzernerklärung zur Unternehmensführung in § 315d neu eingeführt. Von großer Bedeutung für die (künftige) Konzernlageberichterstattung wird die tiefgreifende Überarbeitung der Nichtfinanziellen bzw. Nachhaltigkeitsberichterstattung von Unternehmen durch die neue **Corporate Sustainability Reporting Directive** der EU (RL 2022/2464) sein. Die Ende 2022 verabschiedete Richtlinie verändert und erweitert nicht nur Art und Umfang der Nachhaltigkeitsberichterstattung deutlich; auch der Kreis der berichtspflichtigen Unternehmen wird stark ausgeweitet, auf geschätzt etwa 15.000 Unternehmen allein in Deutschland. Nachhaltigkeitsinformationen sollen hiernach künftig ausschließlich im (Konzern-)Lagebericht offengelegt werden. Zusammen mit der 2020 vorgelegten **Taxonomie-VO** (VO (EU) 2020/852), die eine Klassifikation zur Einordnung nachhaltiger Wirtschaftstätigkeiten vorsieht, hat die EU damit hochkomplexe und durch weitere Standardisierungsinstanzen noch auszugestaltende Regulierungen vorgelegt, die die nichtfinanzielle Seite der Unternehmensberichterstattung im Konzernlagebericht extrem aufwerten und ausweiten.

Die handelsrechtlichen Anforderungen zur Konzernlageberichterstattung werden durch **11** **DRS 20 „Konzernlagebericht"** konkretisiert (DRS 20.1). Der ursprünglich 2012 verabschiedete und zuletzt 2022 überarbeitete DRS 20 hat das Ziel (DRS 20.3), „Rechenschaft über die Verwendung der anvertrauten Ressourcen im Berichtszeitraum zu legen sowie Informationen zur Verfügung zu stellen, die es dem verständigen Adressaten ermöglichen, sich ein zutreffendes Bild vom Geschäftsverlauf, von der Lage und von der voraussichtlichen Entwicklung des Konzerns sowie von den mit dieser Entwicklung einhergehenden Chancen und Risiken zu machen". Um den DRS 20 formal an die geänderte Gesetzeslage des FüPoG II[18] und die Berichtsanforderungen der Taxonomie-Verordnung (EU/2020/852) anzupassen, wurde er zuletzt im Februar 2022 durch den DRÄS 12 geändert. DRS 20 ersetzt die Vorgängerregeln des DRS 15 „Lagebericht" (2004) und DRS 5 „Risikoberichterstattung" (2001) einschließlich der branchenspezifischen Standards DRS 5-10 „Risikoberichterstattung von Kredit- und Finanzdienstleistungsinstituten" (2000) und DRS 5-20 „Risikoberichterstattung von Versicherungsunternehmen" (2001).[19]

---

[15]   Bilanzrechtsmodernisierungsgesetz (BilMoG) v. 25.5.2009, BGBl. 2009 I 1102.

[16]   Bilanzrichtlinie-Umsetzungsgesetz (BilRUG) v. 17.7.2015, BGBl. 2015 I 1245.

[17]   Gesetz zur Stärkung der nichtfinanziellen Berichterstattung der Unternehmen in ihren Lage- und Konzernlageberichten (CSR-Richtlinie-Umsetzungsgesetz) v. 11.4.2017, BGBl. 2017 I 802.

[18]   Gesetz zur Ergänzung und Änderung der Regelungen für die gleichberechtigte Teilhabe von Frauen an Führungspositionen in der Privatwirtschaft und im öffentlichen Dienst (Zweites Führungspositionen-Gesetz – FüPoG II) v. 11.8.2021, BGBl. 2021 I 3311.

[19]   Zum Standardsetzungsverfahren des DRS 20 und zum Abgleich von DRS 20 mit DRS 15 ausf. zB Böcking/Gros/Koch/Wallek Der Konzern 2013, 30 ff.

12   **4. Offenlegung, Prüfung und Sanktionen.** Der Konzernlagebericht ist gem. § 316 Abs. 2, § 14 Abs. 1 PublG durch einen Abschlussprüfer zu prüfen. Obwohl sich die **Prüfung des Konzernlageberichts** gem. § 317 Abs. 2 S. 1 erst einmal nur darauf bezieht, ob er mit dem Konzernabschluss sowie mit den bei der Prüfung gewonnenen Erkenntnissen des Abschlussprüfers in Einklang steht und ob er insgesamt ein zutreffendes Bild von der Lage des Konzerns vermittelt, ist der Prüfungsumfang gegenüber früherer Regulierung nachfolgend ausgeweitet worden. So ist nicht nur explizit zu prüfen, ob die Chancen und Risiken der künftigen Entwicklung zutreffend dargestellt sind (S. 2), sondern vor allem auch, ob die gesetzlichen Vorschriften zur Aufstellung des Konzernlageberichts beachtet worden sind (S. 3), was einer gegenüber dem Konzernabschluss keineswegs nachrangigen Prüfung des Konzernlageberichts gleichkommen dürfte. Allerdings gilt dies nach Maßgabe des § 317 Abs. 2 S. 4 ff. nur eingeschränkt für die nichtfinanzielle Konzernerklärung in § 315b und § 315c sowie die Konzernerklärung zur Unternehmensführung gem. § 315d. Sie sind nur hinsichtlich ihrer Vorlage, nicht aber inhaltlich zu prüfen.[20] Im Prüfungsbericht ist über das Ergebnis der Prüfung zu berichten (§ 321); im Bestätigungsvermerk ist gem. § 322 Abs. 6 explizit auf die Prüfung des Konzernlageberichts einzugehen. Einschlägige Norm für die Prüfung des Konzernlageberichts ist der Prüfungsstandard **IDW PS 350 nF.**[21] Lageberichtsfremde Angaben, also nach Gesetz und DRS 20 nicht vorgeschriebene Angaben, gehören grundsätzlich nicht zum Pflichtbestandteil der Abschlussprüfung nach § 317 Abs. 2, wenn sie eindeutig von den inhaltlich geprüften Lageberichtsangaben abgegrenzt sind.[22] Diese Angaben unterliegen aber trotzdem einer Lesepflicht und Würdigung nach ISA [DE] 720 (Revised) durch den Abschlussprüfer.[23] Auch der **Aufsichtsrat** einer Kapitalgesellschaft hat gem. § 171 AktG/§ 52 Abs. 1 GmbHG den Konzernlagebericht zu prüfen und gegenüber der Haupt- bzw. Gesellschafterversammlung zu berichten.[24] Bei Unternehmen, deren Wertpapiere iSd § 2 Abs. 1 S. 1 WpHG an einer inländischen Börse zum Handel im regulierten Markt zugelassen sind, unterlag der Konzernlagebericht nach Maßgabe von § 342b aF auch dem **Enforcement** durch die Deutsche Prüfstelle für Rechnungslegung (DPR).[25] Mit dem als Reaktion auf den Wirecard-Skandal erlassenen **FISG**[26] wurde das zweistufige nationale Enforcement abgeschafft und ab dem Jahresbeginn 2022 vollumfänglich auf die BaFin übertragen. Die BaFin führt gem. § 141 Abs. 1 WpHG nF noch nicht beendete Prüfungen der DPR fort.[27]

13   Wie der Konzernabschluss ist auch der Konzernlagebericht gem. § 325 Abs. 3 iVm Abs. 1–2 **offenzulegen.** Er ist innerhalb eines Jahres nach Ablauf des betreffenden Geschäftsjahres beim Betreiber des Bundesanzeigers elektronisch einzureichen; bei einer kapitalmarktorientierten Kapitalgesellschaft (§§ 264d, 327a) beträgt diese Frist gem. § 325 Abs. 4 maximal vier Monate. Handelsrechtliche Publizitätspflichten haben auch **kapitalmarktrechtliche Konsequenzen** für diejenigen Unternehmen, die in den Anwendungsbereich des WpHG fallen. Die bisherige Übertragung der handelsrechtlichen Konzernab-

---

[20]   Über die gesetzlichen Anforderungen hinaus, kann hier eine inhaltliche Prüfung vorgenommen werden; vgl. IDW PS 350 nF Rn. 87, A90 iVm IDW EPS 352.

[21]   Freidank/Peemöller, Corporate Governance und Interne Revision/Kirsch/Scheele, 2008, S. 337 ff. zu IDW PS 350 (WPg 2006, 1293 ff.) und zur Prüfung (von Teilbereichen) des Konzernlageberichts. Der urspr. PS 350 ist Ende 2017 überarbeitet worden und liegt seitdem als PS 350 nF in weiter aktualisierten Fassungen vor; hierzu ua Orth/Oppermann DB 2020, 401 ff.; Singer/Wullenkord WPg 2020, 119 ff.; Rabenhorst/Schmidt/Speiser DB 2019, 857 ff.; IDW Arbeitskreis „Lageberichtsprüfung" WPg 2018, 850 ff.; IDW Arbeitskreis „Lageberichtsprüfung" WPg 2016, 538 ff.; Wiechers BBK 2017, 177 ff., 230 ff., 288 ff. Einen Einblick in die Praxis der Lageberichtsprüfung geben ua Kajüter/Nienhaus/Nienaber WPg 2017, 801 ff.

[22]   Vgl. IDW PS 350 nF Rn. 14 ff.; Freidank/Scheffler/Simon-Heckroth WPg 2018, 683 ff.

[23]   Eine Übersicht über die Änderungen bei der Lageberichtsprüfung bieten Orth/Oppermann DB 2020, 401 ff.

[24]   Vgl. zur Überwachungsfunktion des Aufsichtsrats bei der (Konzern-)Lageberichterstattung im Zuge der zunehmend integrierten Berichterstattung genauer Haller/Gruber KoR 2018, 474 ff. mwN.

[25]   Eine Analyse von 10 Jahren DPR-Prüfungstätigkeit in Bezug auf die Lageberichterstattung findet sich bei Barth/Thormann DB 2015, 993 ff.

[26]   Gesetz zur Stärkung der Finanzmarktintegrität (FISG) v. 10.6.2021, BGBl. 2021 I 1534.

[27]   Einen Überblick über das neue Enforcementsystem bieten Kliem/Kosma/Optenkamp DB 2021, 1518 ff.

schluss- und -lageberichtspublizität in § 39 Abs. 1 Nr. 3, Abs. 2 BörsG aF iVm § 65 BörsZulV aF ist durch das TUG aufgehoben und unter Anpassung an die Anforderungen der Transparenz-RL in das **WpHG** verlagert worden. Damit unterliegen diese Regelungen auch der Überwachung durch die **BaFin,** die gem. § 106 WpHG nF explizit den Konzernlagebericht daraufhin zu prüfen hat, ob er den gesetzlichen Vorschriften einschließlich der GoB oder den sonstigen gesetzlich zugelassenen Rechnungslegungsstandards entspricht. Es existiert hierbei das Gebot eines öffentlichen Zugangs zu allen Informationen, die für die Rechtsausübung der Wertpapierinhaber erforderlich sind (§ 48 Abs. 1 Nr. 2 WpHG). §§ 114 ff. WpHG sehen die Veröffentlichung des Konzernabschlusses und Konzernlageberichts innerhalb von vier Monaten nach Ablauf des Geschäftsjahres vor (bzw. innerhalb von drei Monaten im Falle des Zwischen(konzern)lageberichts im Halbjahresfinanzbericht[28]).

Die Erstellung des Konzernlageberichts unterliegt auch den **Sanktionen,** die auf die **14** Verletzung zwingender Vorschriften zum Konzernabschluss folgen. Eine derartige Zuwiderhandlung kann auch beim Konzernlagebericht den Charakter von Ordnungswidrigkeiten annehmen und mit Bußgeldern bewehrt sein (§ 334 Abs. 1 Nr. 4, § 20 Abs. 1 Nr. 4 PublG) oder einen Straftatbestand markieren, der Geld- oder Freiheitsstrafen nach sich zieht (§ 331 Abs. 1 Nr. 2, § 17 Abs. 1 Nr. 2 PublG). Zudem greifen für die Unternehmen im Geltungsbereich des WpHG die Straf- und Bußgeldvorschriften des §§ 119 ff. WpHG.

5. Schutzklausel. Eine gesetzliche **Schutzklausel,** so wie sie für den Anhang des **15** Einzelabschlusses in § 286 vorgesehen ist, gibt es für den Konzernlagebericht nicht. Eine beschränkte Ausnahme hiervon stellt allerdings § 315a Abs. 1 Nr. 8 dar (→ Rn. 69 f.). Diese Angabepflicht kann unterbleiben, soweit sie geeignet ist, dem Mutterunternehmen einen erheblichen Nachteil zuzufügen (so auch DRS 20.K216 f.). Eine Konzernlageberichterstattung, die dem **Wohl der Bundesrepublik Deutschland oder eines ihrer Länder** abträglich wäre, kann kaum dem Willen des Gesetzgebers entsprechen. Die Schutzklausel gem. § 286 Abs. 1 ist somit analog auch für den Konzernlagebericht anzuwenden.[29] Sie sollte jedoch sehr eng ausgelegt werden[30] und dürfte keine große praktische Bedeutung besitzen.[31] Ähnliches dürfte auch in sehr seltenen Ausnahmefällen für einen begrenzten Teil der Konzernlageberichterstattung für den Fall einer **erheblichen Nachteilszufügung** durch den Konzernlagebericht gelten, wenn gravierende Nachteile für ein Konzernunternehmen drohen. Gerade im Prognose- und Risikobericht sowie im Finanzrisikobericht darf diese Schutzklausel unter Berücksichtigung der Informationsinteressen der Adressaten aber nicht dazu führen, dass auf die Darstellung eines Risikos vollkommen verzichtet wird.[32] Allerdings erlaubt auch DRS 20.154 hinsichtlich der eigentlich geforderten Quantifizierung des Risikos eine Ausnahme „unter besonderen Umständen, in denen damit gerechnet werden muss, dass die Angabe von Informationen … die Position des Konzerns (zB in einem Rechtsstreit) erheblich beeinträchtigen würde".

II. Funktion des Konzernlageberichts, Anforderungen und Umfang des § 315

1. Funktion. Der Konzernlagebericht hat den Konzernabschluss in sachlicher und **16** zeitlicher Hinsicht zu **ergänzen,**[33] um gem. Abs. 1 S. 1 ein den tatsächlichen Verhältnissen entsprechendes Bild des Konzerns zu vermitteln. Die Konzernlageberichtsanalyse ergänzt insofern die Konzernabschlussanalyse.[34] Wie der Konzernabschluss hat damit auch der Konzernlagebericht im Wesentlichen eine **Informationsfunktion.**

---

[28]   Zum Zwischenlagebericht vgl. auch Strieder/Ammedick DB 2007, 1368 ff.

[29]   HdK/Lück Rn. 30; BeBiKo/Grottel Rn. 40; aA ADS Rn. 5.

[30]   Selchert/Karsten BB 1985, 1890, analog zum Konzernanhang.

[31]   Biener/Bernecke BiRiLiG S. 272, analog zum Konzernanhang.

[32]   Küting/Hütten AG 1997, 255 mwN.

[33]   ADS Busse v. Colbe/Ordelheide/Gebhardt/Pellens Konzernabschlüsse Rn. 4; Baetge/Fischer/Paskert, Der Lagebericht: Aufstellung, Prüfung und Offenlegung, 1989, S. 9 f.; Busse v. Colbe/Ordelheide/Gebhardt/ Pellens Konzernabschlüsse 15. Kap. I.; Busse v. Colbe/Müller/Reinhard Rn. 191; Beck HdR/Hachmeister/ Glaser C 610 Rn. 7 ff.; v. Wysocki/Wohlgemuth/Brösel Konzernrechnungslegung Kap. XII.2.

[34]   Vgl. zB Grottke, Die strukturale Lageberichtsanalyse als Bestandteil einer offenen, erweiterten Jahresabschlussanalyse, 2012.

17   Der Wortlaut von Abs. 1 S. 1 stimmt nicht mit derjenigen der Generalnorm des § 297 Abs. 2 S. 2 überein. Von einer Zweckidentität zwischen Konzernabschluss und Konzernlagebericht ist insofern nicht auszugehen. Während das in § 297 Abs. 2 S. 2 geforderte Lagebild immer unter der Beachtung der GoB zu vermitteln ist, fehlt diese Einschränkung in § 315 Abs. 1 S. 1. Zudem wird das Lagebild der Generalnorm auf die Vermögens-, Finanz- und Ertragslage des Konzerns beschränkt, während in Abs. 1 S. 1 umfassender von der Lage des Konzerns im Sinne einer Gesamtlage die Rede ist. Daraus ist zu folgern, dass die **Informationsfunktion des Konzernlageberichts weiter greift** als diejenige des Konzernabschlusses.[35]

18   Der Konzernlagebericht hat nicht nur statisch über den Konzern zum Zeitpunkt des Stichtages zu informieren. Er soll auch Informationen vermitteln, die den Konzern in seiner wirtschaftlichen Entwicklung widerspiegeln. Während der Konzernabschluss stark auf die jeweilige Berichtsperiode fokussiert ist, ist der zeitliche Betrachtungshorizont des Konzernlageberichts weiter und umfasst auch den vor der Berichtsperiode beginnenden und sich nach ihr fortsetzenden Entwicklungsverlauf des wirtschaftlichen Gesamtgeschehens. Auf den **prozessualen Charakter der Konzernlageberichterstattung** deutet bereits die Wortwahl des § 315 hin (zB „Geschäftsverlauf" gem. Abs. 1 S. 1 sowie DRS 20.11, „Entwicklung" gem. Abs. 1 S. 4).

19   Bei der Darstellung der wirtschaftlichen Entwicklung spielen im Konzernlagebericht **prospektive Informationen** eine wichtige Rolle. Dies resultiert schon aus dem in Abs. 1 verwendeten **Begriff der Lage,** der nicht nur auf die Verhältnisse zu einem bestimmten Zeitpunkt,[36] sondern vor allem auf künftig erwartete Konstellationen abstellt.[37] Nach § 315 ist zudem auf die voraussichtliche Entwicklung mit ihren wesentlichen Chancen und Risiken (Abs. 1 S. 4) einzugehen. Auch die Berichterstattung über Risiken und Risikomanagementmaßnahmen in Bezug auf die Verwendung von Finanzinstrumenten (Abs. 2 Nr. 1) und Forschungs- und Entwicklungsaktivitäten (Abs. 2 Nr. 2) hat einen zukunftsgerichteten Charakter. Da derartige Informationen im hohen Maße der Entscheidungsunterstützung der Rechnungslegungsadressaten dienen, ist die zukunftsorientierte (Konzern-)Lageberichterstattung schon früh gefordert worden.[38] Dieser Forderung ist in §§ 315 ff. Rechnung getragen worden, so dass der Konzernlagebericht innerhalb der informationsorientierten Konzernrechnungslegung eine hohe Bedeutung hat.

20   Die starke Ausrichtung der Konzernlageberichterstattung an der Informationsfunktion darf allerdings nicht pauschal dazu führen, dass einem ungezügelten Mehr an Informationen ohne Berücksichtigung irgendwelcher Informationskosten das Wort geredet wird. Dies gilt erst einmal grundsätzlich; **Informationsüberflutung ist nicht das gesetzgeberische Ziel.**

21   Die **Berücksichtigung von Kosten-Nutzen-Abwägungen** gilt in besonderem Maße abseits der Kapitalmärkte für nicht-kapitalmarktorientierte Unternehmen. Anders als kapitalmarktorientierte Unternehmen, die insbesondere die Informationsbedürfnisse anonymer Investoren und die Funktionsfähigkeit transparenter Kapitalmärkte berücksichtigen müssen, sind die oft mittelständisch organisierten Unternehmen abseits der organisierten Kapitalmärkte in ein völlig anderes Vertragsgeflecht eingebunden, in denen der gesetzlich erzwungene Informationsabgleich angesichts regelmäßig existierender, alternativer, bilateral

---

[35]   Ähnlich zB der frühere IDW RS HFA 1 Rn. 51; HdK/Lück Rn. 10.

[36]   Busse v. Colbe/Ordelheide/Gebhardt/Pellens Konzernabschlüsse 15. Kap. III. AA scheinbar DRS 20.11 bei der Definition der „wirtschaftlichen Lage".

[37]   HdK/Lück Rn. 45; der zukunftsorientierte (dynamische) Lagebegriff findet sich zB bei Baetge/Fischer/Paskert, Der Lagebericht: Aufstellung, Prüfung und Offenlegung, 1989, S. 8, 28 ff.; Busse v. Colbe FS Käfer, 1968, 101; Leffson Bilanzanalyse Kap. 210.3 (Rn. 65 ff.). Bretzke WPg 1979, 338 spricht von „stichtagsbezogenen Entwicklungserwartungen"; vgl. überblicksartig Olbrich, Die wirtschaftliche Lage der Kapitalgesellschaft: Prüfung und Berichterstattung im Rahmen der Abschlußprüfung, 1992, S. 16 ff. mwN.

[38]   ZB Bretzke WPg 1979, 338 ff.; Busse v. Colbe FS Käfer, 1968, 111 ff.; Kellinghusen/Irrgang DB 1978, 2280 f.; Kropff BFuP 1980, 530 ff.; Peiffer WPg 1974, 161 ff.

vertraglich zugesicherter Informationskanäle berechtigterweise nicht denselben Stellenwert besitzt.[39] So ist vor allem hinsichtlich der Berichterstattungsanforderungen und -konkretisierungen des **DRS 20 für nicht-kapitalmarktorientierte, mittelständische Unternehmen entsprechendes Augenmaß unter besonderer Berücksichtigung von Kosten-Nutzen-Überlegungen** zu fordern, solange dem Gesetz und den Grundsätzen der Konzernlageberichterstattung entsprochen wird.[40] Dies ist letztlich **auch Ausdruck des Grundsatzes der Informationsabstufung** (DRS 20.34 f., → Rn. 27).[41] Der Sinn des DRS 20 liegt also gerade im mittelständischen Bereich darin, gesetzliche Bestimmung nur zu konkretisieren, nicht darüber hinausgehende Anforderungen zu formulieren. Mithin ist eine wortgetreue Anwendung des DRS 20 im Konzernlagebericht gerade hinsichtlich letzterer Anforderungen nicht immer vertretbar.[42]

Im Umkehrschluss gilt: Die Informationsfunktion des Konzernlageberichts erlangt bei **22 kapitalmarktorientierten Mutterunternehmen** eine verstärkte Bedeutung. Der Konzernlagebericht wird durch § 117 WpHG zu einem kapitalmarktrechtlichen Informationsinstrument. Hier hat der Konzernlagebericht die Unsicherheit anonymer Kapitalmarktteilnehmer bezüglich der Qualität der angebotenen Wertpapiere und die damit einhergehende Informationsasymmetrie durch die Veröffentlichung entscheidungsrelevanter Informationen zu reduzieren. Dafür ist der Konzernlagebericht schon konzeptionell, insbesondere durch seine prospektive Ausrichtung, geeignet.[43] Vor diesem Hintergrund werden höhere Berichtsanforderungen bei kapitalmarktorientierten Unternehmen gesehen, die sich auch in den zusätzlichen Anforderungen des DRS 20 (gekennzeichnet mit dem Buchstaben „K") widerspiegeln.[44]

Im Konzernlagebericht ist die Lage des Konzerns so darzustellen, dass ein den tatsächli- **23** chen Verhältnissen entsprechendes Bild vermittelt wird. Aus dem **Grundsatz der wirtschaftlichen Einheit**[45] oder der **Fiktion der rechtlichen Einheit des Konzerns**[46] ergibt sich zweierlei: Die Darstellung der Gesamtlage darf nicht allein aus Sicht des Mutterunternehmens erfolgen, sie darf auch nicht als bloße Zusammenfassung aller Konzernunternehmen aufgefasst werden. Gegenstand der Berichterstattung ist die wirtschaftliche Einheit des Konzerns in seiner Gesamtheit. Eine Differenzierung der Berichterstattung nach Segmenten, wie zB Regionen oder Produkten, steht dem nicht entgegen.

Nach herrschender Meinung wird in der Konzernlageberichterstattung im Gegensatz **24** zum Konzernabschluss auf den gesamten Konzern und damit auf **alle Konzernunternehmen** abgestellt, also auch auf die gem. § 296 nicht konsolidierten. Die weitergehende Berücksichtigung quotal konsolidierter Unternehmen ist vor diesem Hintergrund nicht unproblematisch. Da aber auch quotal konsolidierte Unternehmen die wirtschaftliche Lage des Konzerns wesentlich beeinflussen können, sollten sie in der Konzernlageberichterstat-

---

[39] ZB grdl. Eierle, Die Entwicklung der Differenzierung der Unternehmensberichterstattung in Deutschland und Großbritannien, 2004; Pellens/Fülbier ZGR 2000, 572 ff.; Fülbier/Klein Accounting History 2015, 342.

[40] Ähnlich auch Kolb/Neubeck StuB 2015, 97 ff.; vgl. Eidel/Strickmann DB 2013, 1979 ff., 2037 ff. zur deutlich zurückhaltenden Lageberichterstattung im Mittelstand; s. auch Kajüter/Bachert/Blaesing/Kleinmanns DB 2010, 457 ff.

[41] ZB Kolb/Neubeck StuB 2015, 97 ff.; Rauch, Informationsabstufung und -verknüpfung im Konzernlagebericht, 2019; Zülch/Höltken DB 2013, 2460 f.

[42] Lorson/Melcher/Müller/Velte/Wulf/Zündorf ZGR 2015, 888, 912 ff., die diese Aussage grds., also auch für kapitalmarktorientierte Unternehmen gelten lassen und einen zwingenden Rechtsnormcharakter der DRS verneinen.

[43] Zur Bedeutung der Konzernlageberichterstattung für Adressaten, insbes. Kapitalmarktteilnehmer, und zur Berichtsqualität allgemeiner ua Baetge/Prigge DB 2006, 401 ff.; Barenhoff, Die Lageberichterstattung der DAX-Konzerne, 2008; Stein, Eine ökonomische Analyse der Entwicklung der Lageberichtsqualität, 2011.

[44] Beck HdR/Hachmeister/Glaser C 610 Rn. 60 f.

[45] ZB ADS § 297 Rn. 29, 39 ff.; BeBiKo/Winkeljohann/Rimmelspacher § 297 Rn. 190 ff.

[46] Busse v. Colbe/Ordelheide/Gebhardt/Pellens Konzernabschlüsse 1. Kap. III. 3., V. 3.; Beck HdR/Hartle C 10 Rn. 90 ff.; iErg auch Baetge/Kirsch/Thiele/Ballwieser Bilanzrecht § 297 Rn. 153; Küting/Weber Rechnungslegung-HdB 3. Kap.

tung berücksichtigt werden. Im Ausnahmefall kann dies sogar für assoziierte Unternehmen (§ 311) oder sonstige, im Anteilsbesitz stehende Unternehmen iSv § 313 Abs. 2 Nr. 4 gelten, so dass auch ihre Einbeziehung sinnvoll sein kann.[47]

25   **2. Materielle und formelle Anforderungen an die Konzernlageberichterstattung.** Die Berichterstattung im Konzernlagebericht hat denselben Anforderungen zu genügen, die auch für den Lagebericht gelten. Dabei wird die **Leitlinie der Konzernlageberichterstattung** durch den Wortlaut von Abs. 1 S. 1 vorgegeben. Zu berücksichtigen sind auch die in DRS 20.12 ff. festgelegten Grundsätze der Konzernlageberichterstattung.

26   Obwohl die Beachtung der GoB für den Konzernlagebericht – anders als in § 297 Abs. 2 S. 2 für den Konzernabschluss – nicht explizit vorgeschrieben ist, hat auch die Konzernlageberichterstattung bestimmten Grundsätzen zu folgen, um der gesetzlich vorgegebenen Leitlinie und dem dahinter stehenden Informationszweck zu genügen. Im Wesentlichen sind hierbei die Grundsätze der **Wahrheit** und **Vollständigkeit,** aber auch **Klarheit** und **Übersichtlichkeit** (§ 297 Abs. 2 S. 1 analog) zu nennen.[48] Diese Grundsätze können auch als Konkretisierung der noch in § 334 Abs. 4 S. 1 AktG 1965 aufgeführten Grundsätze einer gewissenhaften und getreuen Rechenschaft angesehen werden.[49] In Verbindung mit dem auch für die Konzernlageberichterstattung geltenden Grundsatz der **Wesentlichkeit**[50] können Lageberichtsangaben von untergeordneter Bedeutung unterbleiben. Die Bedeutung des zu beurteilenden Sachverhaltes bemisst sich im Verhältnis zu der wirtschaftlichen Einheit des gesamten Konzerns.

27   Wenig überraschend benennt und konkretisiert auch DRS 20.12 ff. mit der **Vollständigkeit** (einschließlich Verständlichkeit), **Verlässlichkeit und Ausgewogenheit, Klarheit und Übersichtlichkeit** (einschließlich der Berichterstattungsstetigkeit hinsichtlich des Inhaltes und der Form), und der **Wesentlichkeit** ähnliche, wichtige Berichterstattungsgrundsätze. Diese werden noch ergänzt um Aussagen zur **Informationsperspektive (Vermittlung aus Sicht der Konzernleitung)** und zur **Informationsabstufung,** wonach Ausführlichkeit und Detaillierungsgrad der Ausführungen im Konzernlagebericht von den spezifischen Gegebenheiten des Konzerns abhängen. In der Konsequenz darf die Anwendung des Konzepts der Informationsabstufung aber nicht dazu führen, dass von DRS 20 geforderte Berichtsaspekte vollständig unterlassen werden (DRS 20.35, beachte aber Rn. 21). Die in DRS 20.31 vorgegebene Informationsperspektive (aus Sicht der Konzernleitung) darf nicht wirklich verwundern, denn schließlich ist die (Konzern-)Rechnungslegung per definitionem ein Informationsabgleich zwischen besser informierten Unternehmensinsidern (Konzernleitung, -management) und schlechter informierten Outsidern, dh außenstehenden Vertragspartnern des gesamten Konzerns.[51] Die starke Betonung dieser internen Managementperspektive ähnelt der US-amerikanischen MD&A (→ Rn. 83), die diese Perspektive sogar in der Bezeichnung führt. Im Sinne der IFRS wäre hier der sog. **„Management Approach"** gemeint.

28   Eine bestimmte Form der Darstellung ist für den Konzernlagebericht nicht vorgeschrieben.[52] Unter Beachtung des Grundsatzes der Klarheit und Übersichtlichkeit gilt für den

---

[47]   ADS Rn. 15; Busse v. Colbe/Ordelheide/Gebhardt/Pellens Konzernabschlüsse 15. Kap. II.; Busse v. Colbe/Müller/Reinhard Rn. 194; Beck HdR/Hachmeister/Glaser C 610 Rn. 20; BeBiKo/Grottel Rn. 52 f.; HdK/Lück Rn. 9 f.

[48]   Baetge/Fischer/Paskert, Der Lagebericht: Aufstellung, Prüfung und Offenlegung, 1989, S. 16 ff.; Baetge/ Kirsch/Thiele Konzernbilanzen Kap. XIII.21; Ballwieser FS Baetge, 1997, 153 ff.; Biener/Bernecke BiRiLiG S. 394; BeBiKo/Grottel § 289 Rn. 21 ff.; Beck HdR/Hachmeister/Glaser C 610 Rn. 26 ff.; Krumbholz, Die Qualität publizierter Lageberichte: Ein empirischer Befund zur Unternehmenspublizität, 1994, S. 19 ff.; nach Moxter FS Leffson, 1976, 89 ff. gelten die erstgenannten drei (Fundamental-)Grundsätze für alle Rechenschaftsbereiche schlechthin.

[49]   Sprenger, Grundsätze gewissenhafter und getreuer Rechenschaft im Geschäftsbericht, 1976; vgl. dazu auch ADS Rn. 17; Kropff BFuP 1980, 530 ff.; HdK/Lück Rn. 17 ff.

[50]   ADS Rn. 16; Baetge/Fischer/Paskert, Der Lagebericht: Aufstellung, Prüfung und Offenlegung, 1989, S. 22; BeBiKo/Grottel § 289 Rn. 23 ff.; HdK/Lück Rn. 10, 21.

[51]   PFGS IntRechnungslegung Kap. 1 erkennen hier das „Metaziel" einer jeden Rechnungslegung.

[52]   Biener/Bernecke BiRiLiG S. 394.

Konzernlagebericht daher grundsätzlich **Darstellungsfreiheit,** die von der Konzernleitung nach pflichtgemäßem Ermessen zu nutzen ist. Um die Klarheit und Übersichtlichkeit gerade auch bei periodenübergreifenden Vergleichen zu wahren, gilt auch für den Konzernlagebericht das Gebot der **Stetigkeit.** Abweichungen von der einmal gewählten Darstellungsform sind aufgrund gewichtiger Gründe in Ausnahmefällen möglich.[53] DRS 20.26 betont in diesem Zusammenhang, dass Ausnahmen von der stetigen Berichterstattung nur zulässig sind, wenn dadurch die Klarheit und Übersichtlichkeit des Konzernlageberichts verbessert wird. Diese Ausnahmen sind anzugeben und zu begründen. Bei Bezug auf Vorjahreszahlen sind diese Vorjahresangaben entsprechend rückwirkend anzupassen, soweit dies mit vertretbarem Aufwand möglich ist; andernfalls sind Angaben für die Berichtsperiode nach alter sowie neuer Darstellungsweise erforderlich.

   3. Überblick über den Pflichtumfang nach § 315. Das Gesetz formuliert **Min-** 29 **destanforderungen** an den Konzernlagebericht,[54] die im Fortgang der Regulierungsmaßnahmen der letzten Jahre aber **sehr umfangreich** geworden sind. Die frühere Differenzierung des § 315 in Muss- und Soll-Bestandteile ist seit dem BilRUG aufgehoben (→ Rn. 10); nunmehr ist der § 315 (wie auch §§ 315a ff.) allein durch Pflichtberichtsinhalte geprägt. Zusätzlich sind auch **freiwillige Lageberichtsinformationen,** wie etwa Angaben zu Zielen und Strategien des Konzerns (DRS 20.39-44) möglich. Sie sind als „Kürelemente"[55] insbesondere bei kapitalmarktorientierten Mutterunternehmen denkbar (→ Rn. 20 ff.). Dabei ist zu beachten, dass auch diese Berichtsbestandteile den für den Konzernlagebericht geltenden Prüfungs- und Offenlegungspflichten unterliegen (→ Rn. 12 ff.). Freiwillige Lageberichtsangaben sind insofern von dem „freien" Teil des Geschäftsberichts streng zu trennen.

   Der Konzernlagebericht ist zwischen den im Wesentlichen auf das Rechenwerk bezo- 30 genen Angaben des Konzernanhangs und den sonstigen Informationen des „freien" Teils des Geschäftsberichts angesiedelt.[56] Eine **klare Trennung** der Geschäftsberichtsbestandteile ist schon wegen der unterschiedlichen Prüfungsanforderungen aus Gründen der Klarheit und Übersichtlichkeit erforderlich. Der Konzernlagebericht muss von dem Konzernabschluss und vor allem auch von den übrigen Informationen eindeutig getrennt und als solcher unter der Überschrift „Konzernlagebericht" **in geschlossener Form erkennbar** sein (DRS 20.20).[57]

   Entsprechend der gesetzlichen Vorgaben bilden folgende Berichte den Inhalt des Kon- 31 zernlageberichts gem. § 315:
– **Wirtschaftsbericht:** In dem Wirtschaftsbericht ist über den Geschäftsverlauf einschließlich Geschäftsergebnis und die Lage des Konzerns zu berichten (Abs. 1 S. 1).
– **Prognose-, Chancen- und Risikobericht:** Ergänzend zum Wirtschaftsbericht ist auf die voraussichtliche Entwicklung des Konzerns mit ihren wesentlichen Chancen und Risiken einzugehen (Abs. 1 S. 4).
– **Bilanzeid:** Die Mitglieder des vertretungsberechtigten Organs des Mutterunternehmens haben zu versichern, dass der Wirtschaftsbericht (Abs. 1 S. 1) sowie der Chancen- und Risikobericht (Abs. 1 S. 4) ein den tatsächlichen Verhältnissen entsprechendes Bild vermitteln (Abs. 1 S. 5).
– **Finanzrisikobericht:** Im Finanzrisikobericht ist über Risiken aus Finanzinstrumenten sowie über Risikomanagementziele und -methoden des Konzerns zu berichten (Abs. 2 Nr. 1).
– **Forschungs- und Entwicklungsbericht:** Die gesetzlichen Vorgaben zum Konzernlagebericht sehen Angaben zum Bereich Forschung- und Entwicklung vor (Abs. 2 Nr. 2).

---

[53]   ZB HdK/Lück Rn. 16, 28.
[54]   Biener/Bernecke BiRiLiG S. 394.
[55]   Diehl/Loistl/Rehkugler, Effiziente Kapitalmarktkommunikation, 1998, Kap. I. 5.2.1.
[56]   ADS Rn. 9.
[57]   Biener/Bernecke BiRiLiG S. 394; Busse v. Colbe/Müller/Reinhard Rn. 193.

- **Zweigniederlassungsbericht:** Der Zweigniederlassungsbericht stellt Informationen zu Zweigniederlassungen der Konzernunternehmen bereit, die für das Verständnis der Lage des Konzerns wesentlich sind (Abs. 2 Nr. 3).
- **Kontroll- und Risikomanagementbericht:** Dieser Bericht im Falle kapitalmarktorientierter Konzernunternehmen verlangt Informationen zu den wesentlichen Merkmalen des internen Kontroll- und Risikomanagementsystems im Hinblick auf den Konzernrechnungslegungsprozess (Abs. 4).

32   Mit dem CSR-Richtlinie-Umsetzungsgesetz 2017 ist Abs. 2 durch eine Angabepflicht für Mutterunternehmen in der Rechtsform einer Aktiengesellschaft ergänzt worden. Hiernach ist zusätzlich zu den genannten Berichten **ein Verweis auf die Anhangangaben zum Erwerb eigener Aktien gem. § 160 Abs. 1 Nr. 2 AktG** notwendig. Der **Nachtragsbericht,** innerhalb dessen auf Vorgänge von besonderer Bedeutung nach dem Abschlussstichtag einzugehen ist, wurde mit dem BilRUG aus dem Konzernlagebericht, in modifizierter Form, in den Konzernanhang (§ 314 Abs. 1 Nr. 25) verlagert.[58]

III. Inhalt des Konzernlageberichts nach § 315

33   **1. Berichterstattungspflichten nach § 315 Abs. 1 und 3. a) Wirtschaftsbericht (Abs. 1 S. 1–3, Abs. 3).** Im Konzernlagebericht sind der Geschäftsverlauf einschließlich Geschäftsergebnis und Lage des Konzerns so darzustellen, dass ein den tatsächlichen Verhältnissen entsprechendes Bild des Konzerns vermittelt wird (§ 315 Abs. 1 S. 1). Diese **Analyse des Geschäftsverlaufs und der Lage des Konzerns** muss dabei nicht nur ausgewogen und umfassend sein (→ Rn. 24 f.), sondern auch Umfang und Komplexität der Geschäftstätigkeit berücksichtigen. DRS 20.53 und 20.59-61 verlangen in diesem Zusammenhang, auch auf die gesamtwirtschaftlichen und branchenbezogenen Rahmenbedingungen einzugehen. Zudem verlangt das Gesetz, im Rahmen dieser Analyse, die für die Geschäftstätigkeit bedeutsamsten finanziellen (§ 315 Abs. 1 S. 3) und ggf. auch nichtfinanziellen Leistungsindikatoren (§ 315 Abs. 3) einzubeziehen und zu erläutern.

34   Grundsätzlich entspricht diese Regulierung derjenigen in § 289 Abs. 1 für den Lagebericht einer Kapitalgesellschaft. Allerdings ist die Berücksichtigung nichtfinanzieller Leistungsindikatoren dort nur bei einer großen Kapitalgesellschaft erforderlich, wenn dies für das Verständnis des Geschäftsverlaufs oder der Lage dieser großen Kapitalgesellschaft (§ 267 Abs. 3) von Bedeutung ist. Im Konzernlagebericht sind die nichtfinanziellen Leistungsindikatoren hingegen **unabhängig von Größenkriterien** stets zu erläutern, soweit sie für das Verständnis des Geschäftsverlaufs oder der Lage des Konzern von Bedeutung sind (§ 289 Abs. 3; § 315 Abs. 3).

35   Der Wirtschaftsbericht wird in DRS 20.53-20.113 weiter ausgestaltet. Davor setzt DRS 20.36-20.52 noch die Berichterstattung zu den **„Grundlagen des Konzerns",** in denen das Geschäftsmodell des Konzerns, die Zweigniederlassungen, das Steuerungssystem einschließlich Ziele und Strategien sowie der Bereich Forschung und Entwicklung zu erläutern ist. Wenn diese Inhalte nicht zu eigenen (Teil-)Berichten im Konzernlagebericht gehören, sind sie streng genommen dem Wirtschaftsbericht und der entsprechenden gesetzlichen Regulierung zuzuordnen, da sie den „Ausgangspunkt" (DRS 20.36) für die im Wirtschaftsbericht angesiedelte Darstellung, Analyse und Beurteilung von Geschäftsverlauf und Lage des Konzerns bilden.

36   Der **Geschäftsverlauf** ist zwar nicht im Gesetz, dafür aber in DRS 20.11 definiert. Hiernach stellt der Geschäftsverlauf die vergangenheitsorientierte und zeitraumbezogene Entwicklung der Geschäftstätigkeit des Konzerns im Berichtszeitraum, einschließlich der hierfür ursächlichen Ereignisse, dar. Nach DRS 20.62 ist hierbei auf Entwicklungen und Ereignisse einzugehen, die für den Geschäftsverlauf des Konzerns ursächlich waren. In diesem Zusammenhang sind in DRS 20.63 einige beispielhafte Sachverhalte angegeben wie

---

[58]   Fink/Theile DB 2015, 759 f., 762, die diese Verlagerung bedauern, da der Nachtragsbericht ihrer Meinung nach „sachlogischer Bestandteil" des Konzernlageberichts sei und idZ die Frage stellen, ob ohne ihn eine zutreffende Lagedarstellung möglich sein könne.

Restrukturierungs- und Rationalisierungsmaßnahmen, Unternehmenskäufe oder -verkäufe, Abschluss oder Beendigung von Kooperationsvereinbarungen, veränderte Rahmen-, Markt- oder Wettbewerbsbedingungen, besondere saisonale Einflüsse sowie besondere Schadens- und Unglücksfälle. Die Konzerngeschäftsverlaufsdarstellung bezieht sich also in erster Linie auf die Entwicklung des Konzerns im abgelaufenen Konzerngeschäftsjahr. Vorherige Entwicklungen können jedoch dargestellt werden, sofern dadurch das Verständnis für die Entwicklung erleichtert wird. Im Sinne des prozessualen Charakters der Konzernlageberichterstattung (→ Rn. 18 f.) dürften aber auch prospektive Elemente, die über das abgelaufene Geschäftsjahr hinaus in die Zukunft reichen, Gegenstand des Wirtschaftsberichts sein, auch wenn der Fokus auf dem abgelaufenen Geschäftsjahr liegt. Inhaltlich orientiert sich die Darstellung an den gleichen Sachverhalten, die auch den Lagebericht eines einzelnen Unternehmens bestimmen.[59]

DRS 20.11. definiert auch die (wirtschaftliche) **Lage,** unter der die zeitpunktbezogene **37** Situation des Konzerns zu verstehen ist, einschließlich aller Faktoren, die die Fähigkeit des Konzerns beeinflussen, künftig Einzahlungsüberschüsse zu generieren. Der ohnehin nicht auf die Vermögens-, Finanz- und Ertragslage des Konzerns beschränkte Begriff der (Gesamt-)Lage (→ Rn. 17) ist hier folgerichtig umfassend definiert und in der Orientierung an künftigen Einzahlungsüberschüssen dynamisch ausgestaltet, was den prozessualen Charakter der Konzernlageberichterstattung betont (→ Rn. 18 f.). Die Darstellung und Analyse von Geschäftsverlauf und Lage können gem. DRS 20.55 gemeinsam im Wirtschaftsbericht erfolgen und sind gem. DRS 20.58 zu einer **Gesamtaussage** zu verdichten. Hierbei hat die Konzernleitung anzugeben, ob die Geschäftsentwicklung insgesamt günstig oder ungünstig verlaufen ist. Geschäftsverlauf und Lage des Konzerns sind aber nicht mit Geschäftsverlauf und Lage des berichtspflichtigen Mutterunternehmens identisch. Eine weitgehende Übereinstimmung ist jedoch in Abhängigkeit vom wirtschaftlichen Gewicht des Mutterunternehmens innerhalb des Konzerns möglich. Dies gilt im Übrigen für alle Unternehmen, auf die sich der Konzernlagebericht bezieht. Dem **Grundsatz der wirtschaftlichen Einheit des Konzerns** folgend sollten zudem Geschäftsbeziehungen, die diese Unternehmen untereinander pflegen, idR keinen Eingang in die Konzernlageberichterstattung finden. Geschäftsverlauf und Lage des Konzerns werden in Analogie zum Konzernabschluss durch das Geschäftsgebaren des Konzerns mit Außenstehenden bestimmt.

Geschäftsverlauf und Lage sind nicht überschneidungsfrei. Aus der Entwicklung des **38** Konzerns im abgelaufenen Geschäftsjahr ergibt sich bereits ein erster Einblick in die Lage des Konzerns.[60] Dieser Einblick ist um die Berichterstattung über die wirtschaftliche Gesamtlage des Konzerns zum Zeitpunkt des Abschlussstichtags zu ergänzen. Da der Lagebegriff aber nicht nur auf die Verhältnisse zu einem bestimmten Zeitpunkt, sondern vor allem auch auf die Zukunft abstellt (→ Rn. 3, → Rn. 18 f., → Rn. 37), müssen absehbare künftige Entwicklungen berücksichtigt werden. Überschneidungen mit dem Prognosebericht gem. Abs. 1 S. 4 sollten hier jedoch möglichst vermieden werden. Obwohl weiter gefasst, bezieht sich der Lagebegriff im Kern auf die Vermögens-, Finanz- und Ertragslage des Konzerns (DRS 20.64). Die **Ertragslage** beschreibt diesbezüglich die Ergebnisentwicklung des Konzerns; DRS 20.65 ff. verlangt die Darstellung, Analyse und Beurteilung der Ertragslage anhand der Ergebnisquellen und betont einmal mehr den prozessualen Charakter der Berichterstattung, die hier insbesondere auf Veränderungen (zum Vorjahr) und dafür ursächliche Faktoren abstellt, zB externe Marktentwicklungen, Mangel an zentralen Ressourcen, unsichere Zulieferungsbedingungen und Abhängigkeiten, Haftungsfälle oder die Entwicklung von Patenten, Lizenzen oder Franchiseverträgen. Im Rahmen der **Finanzlage** verlangt DRS 20.78 ff. die Darstellung, Analyse und Beurteilung der Kapitalstruktur, der

---

[59]   Eine mögliche Gliederungsstruktur für den Wirtschaftsbericht des Konzernanhangs präsentiert HdK/ Lück Rn. 37 ff. Vgl. auch Selchert/Erhardt/Fuhr/Greinert, Prüfung des Lageberichts, 2000, S. 9, die den Geschäftsverlauf als die Entwicklung der Gesellschaft beschreiben.

[60]   Selchert/Erhardt/Fuhr/Greinert, Prüfung des Lageberichts, 2000, S. 10, die die Lage als Ergebnis des Geschäftsverlaufs beschreiben.

Investitionen und der Liquidität insbesondere auch in ihren Veränderungen (zum Vorjahr). DRS 20.78-20.98 widmet sich relativ ausführlich den Berichterstattungsvorgaben zur Finanzlage und drückt damit auch die Bedeutung der für die Konzernanalyse sensiblen Bereiche für die Adressaten aus, wie zB wesentliche Finanzierungsvorhaben, Kreditkonditionen und Kreditlinien, außerbilanzielle Verpflichtungen, Zahlungsfähigkeit und Liquiditätssituation sowie Investitionspolitik des Konzerns. Kapitalmarktorientierte Mutterunternehmen haben zudem Grundsätze und Ziele des Finanzmanagements darzustellen, soweit dies für das Verständnis der Finanzlage des Konzerns erforderlich ist (DRS 20.K79). Die Darstellung, Analyse und Beurteilung der **Vermögenslage** ist im DRS 20 nur in zwei Paragraphen formuliert (DRS 20.99-20.100), die auch wieder prozessual auf Veränderungen (gegenüber dem Vorjahr) und explizit auf wesentliche Erhöhungen oder Minderungen des Vermögens im Berichtszeitraum abstellen. Wesentliche Inflations- und Wechselkurseinflüsse sind zudem darzustellen und zu erläutern.

39   Die Berichterstattung über wesentliche Investitionen (und ihre Finanzierung) ist in DRS 20 nicht explizit unter die Vermögenslage subsumiert. Nach DRS 20.88 sind Informationen zu Investitionen in die Sach- und Finanzanlagen und das bilanzierte **immaterielle Vermögen** notwendig. An dieser Stelle ging die Vorgängerregel im DRS 15.115 ff. bei der Darstellung der Vermögenslage indes weiter, da hier noch eine Berichterstattung über die immateriellen Werte des Konzerns unabhängig von deren Bilanzierungsfähigkeit angemahnt wurde. Dies dürfte aber auch unter DRS 20 gelten, weil die Aktivierung gerade selbst erstellter immaterieller Werte nach HGB wie IFRS allenfalls in Teilen möglich bzw. zwingend ist und der Konzernlagebericht bei wesentlichen Werten genau an dieser Stelle – im Zusammenspiel mit dem Forschungs- und Entwicklungsbericht gem. Abs. 2 Nr. 2 (→ Rn. 61 ff.) – angesichts seiner klaren Informationsausrichtung kompensierend wirken sollte. Es bietet sich an, diese Berichterstattung für die verschiedenen Kategorien von immateriellen Werten wie Innovationskapital, Humankapital, Kundenbeziehungen, Lieferantenbeziehungen, Investor- und Kapitalmarktbeziehungen, Organisations- und Verfahrensvorteile und Standortfaktoren getrennt vorzunehmen.[61] Diese Berichterstattung, zB unter der Überschrift einer **immateriellen Wertrechnung** (Intellectual Capital Statement), könnte zB so aussehen, dass für jede Kategorie kurz beschrieben wird, wie das Unternehmen sich hier aufgestellt sieht, welche Indikatoren und konkrete Ausprägungen (mit Vorjahresangaben) dies dokumentieren und in welche Richtung sich das Unternehmen in dieser Kategorie strategisch weiterentwickeln will. Dieses Vorgehen entspricht auch der geforderten Konzernleitungssicht (Management Approach), in der das Konzern-Management aus seiner Sicht berichtet und sich an seinen Vorgaben auch messen lässt.[62]

40   Seit Verabschiedung des BilReG ist bei der Beschreibung des Geschäftsverlaufs ausdrücklich auch auf das **Geschäftsergebnis** einzugehen. Grundsätzlich kann das Geschäftsergebnis als Teil des Geschäftsverlaufs und der Lage angesehen werden,[63] weshalb diese Gesetzesergänzung hauptsächlich klarstellenden Charakter hat, da dies bereits implizit in der alten Vorschrift gefordert wurde.[64] Diese Klarstellung kommt auch darin zum Ausdruck, dass der Lagebegriff die Ertragslage definitiv mit umfasst (→ Rn. 38). Zur Beschreibung des Geschäftsergebnisses ist im Konzernlagebericht auf Saldogrößen der Konzern-GuV und ggf. auch Konzern-Gesamtergebnisrechnung im Falle der IFRS-Bilanzierung abzustellen. Diese umfassen primär den Konzernjahresüberschuss,[65] aber, ggf. auch das Konzern-Gesamtergebnis einschließlich der GuV-neutralen Eigenkapitalveränderungen (sog. Other Comprehensive Income, OCI) oder auch Teilergebnisgrößen, die zB stärker das operative Geschäft betreffen, wie das Betriebsergebnis oder das Ergebnis der gewöhnlichen Geschäftstätigkeit.

---

[61]   Zur Kategorisierung immaterieller Werte Arbeitskreis „Immaterielle Werte im Rechnungswesen" der Schmalenbach-Gesellschaft DB 2001, 990.

[62]   Arbeitskreis „Immaterielle Werte im Rechnungswesen" der Schmalenbach-Gesellschaft DB 2003, 1233 ff.

[63]   BT-Drs. 15/3419, 30.

[64]   Kirsch/Scheele WPg 2004, 7.

[65]   AA Greinert KoR 2004, 53.

An dieser Stelle ist die Schnittstelle deutlich sichtbar zu der ohnehin gem. § 315 Abs. 1 S. 3 geforderten Einbeziehung der bedeutsamsten finanziellen Leistungsindikatoren.

Mit den **finanziellen Leistungsindikatoren** sind Kennzahlen gemeint, die Aufschluss **41** über das Geschäftsgebaren des Konzerns geben.[66] DRS 20.11 definiert einen **Leistungsindikator** als qualitative oder quantitative Größe, die der Beurteilung eines Aspekts der Leistung eines Konzerns dient. Dabei dürften finanzielle Leistungsindikatoren wohl primär quantitativer Natur sein. Nach DRS 20.102 sind insbesondere diejenigen finanziellen Leistungsindikatoren einzubeziehen, die **auch zur internen Steuerung** des Konzerns herangezogen werden. Für kapitalmarkorientierte Unternehmen ist nach DRS 20.K45 zusätzlich das Steuerungssystem darzustellen und dabei auch die Berechnung dieser Kennzahlen anzugeben, sofern diese für einen verständigen Adressaten nicht offensichtlich ist.[67] Bedeutsamste Leistungsindikatoren sind also regelmäßig die in der Konzernsteuerung verwendeten Kennzahlen.[68] Unter finanzielle Leistungsindikatoren fallen sowohl **Ergebniskennzahlen** insbesondere zur gewöhnlichen Geschäftätigkeit, wie zB EBIT oder EBITDA, **einzelne Finanzkennzahlen,** wie zB Renditen, Umsatz, Working Capital, Netto-Finanzschulden, Entschuldungsdauer, Zinsdeckungsgrad sowie Free Cashflow oder auch **residualgewinnorientierte Kennzahlen,** wie zB Value Added (ROCE – WACC), EVA oder CVA (ähnlich auch DRS 20.103).[69] Sie besitzen auf der einen Seite eine Spätindikatorenfunktion, indem sie das bisherige Ergebnis des Geschäftsverlaufs insgesamt oder in Teilaspekten darstellen, auf der anderen Seite lassen sie Rückschlüsse auf die künftige Entwicklung zu und haben somit auch eine Frühindikatorenfunktion.[70] Folglich können bei der Analyse der finanziellen Leistungsindikatoren auch Überschneidungen mit der Darstellung des Geschäftsergebnisses und der Lage auftreten.

Damit die verwendeten Kennzahlen auch einen Mehrwert an Informationen für den **42** Konzernlageberichtsadressaten generieren, **müssen sie zudem klar definiert und erklärt werden.** Einzelne Finanzkennzahlen, insbesondere aber „Earnings before-Größen" (sog. „Pro forma-Kennzahlen", „Non-GAAP Measures" oder „Alternative Performance Measures") und auch residualgewinnorientierte Kennzahlen bergen ansonsten die Gefahr intransparenter Berechnungswege. Das gilt im verstärktem Maße für die sog. **„Als-ob-Berechnungen" gerade bei den „Earnings before-Größen",** in der von externer Seite kaum nachvollziehbare Bereinigungen um (angeblich) außergewöhnliche, einmalige oder betriebsfremde Ergebnisbestandteile vorgenommen werden (zB Restrukturierungsaufwendungen, außerplanmäßige Abschreibungen, Ergebnisse aus der Veräußerung von Unternehmensanteilen, höhere Rückstellungszuführungen etc).[71] Im Einklang mit den Leitlinien der europäischen und internationalen Kapitalmarktaufsicht ist bei der Verwendung dieser um Sondereinflüsse bereinigten Größen Transparenz über genaue Berechnung und Bereinigung auch in der Konzernlageberichterstattung (ggf. per Verweis auf den Konzernanhang) zwingend erforderlich.[72] Das gilt auch für nicht-kapitalmarktorientierte Mutterunternehmen, sofern sie diese bereinigten Kennzahlen im Konzernlagebericht verwenden. Im Übrigen verlangt auch DRS 20.104 im Einklang mit dem Gesetzeswortlaut („unter Bezugnahme auf die im Konzernabschluss ausge-

---

[66]   Freidank/Steinmeyer BB 2005, 2512.
[67]   Zur Erläuterung der beiden unbestimmten Rechtsbegriffe „verständiger Adressat" und „nicht offensichtlich" sowie einer empirischen Auswertung der Berichtspraxis vgl. Dickmann/v. Keitz/Wulf KoR 2019, 432 ff.
[68]   Barth/Rahe/Rabenhorst KoR 2014, 51 f.; zum uneinheitlichen Verständnis von und zu Differenzen zwischen steuerungsrelevanten Kennzahlen und prognoserelevanten Leistungsindikatoren vgl. Philipps DB 2014, 137 ff.
[69]   Empirische Befunde über verwendete Leistungsindikatoren (bzw. steuerungsrelevante Kennzahlen) finden sich ua bei Fisch/Mujkanovic PiR 2015, 213 ff.; Philipps DB 2014, 137 ff.; DB 2014, 1501 ff.; Schall/Figlin IRZ 2020, 129 f.; Weigt, Die Berichterstattung von Konzernsteuerungskennzahlen im Konzernlagebericht, 2020; Zülch/Voll KoR 2016, 487 ff.
[70]   Freidank/Steinmeyer BB 2005, 2512.
[71]   Vgl. zB Sellhorn/Hombach/Stier, Strategische Finanzberichterstattung durch Pro forma-Kennzahlen und Finanzgrafiken, 2014; v. Keitz/Wulf KoR 2019, 432 ff.
[72]   Vgl. insbes. ESMA, ESMA Guidelines on Alternative Performance Measures, 2015; IOSCO, Statement on Non-GAAP Financial Measures, 2016.

wiesenen Beträge und Angaben", § 315 Abs. 1 S. 3), die Berechnung mit **Überleitungsrech-nung** (auf den Konzernabschluss) transparent darzustellen. Der hier aufgeführte Zusatz, „sofern eine solche Überleitung sinnvoll möglich ist", kann und darf diesbezüglich keine Einschränkung entfalten, da das Transparenzgebot an dieser zentralen Stelle schwerer wiegt und die (wenn überhaupt extrem seltene) Möglichkeit einer nicht-sinnvollen Überleitung die Kennzahl wohl an sich in Frage stellt. Des Weiteren eröffnet ein Mehrjahresvergleich der unter Stetigkeitsgesichtspunkten gleich berechneten Kennzahlen (konsistente Berichterstattung)[73] die Möglichkeit, die wirtschaftliche Lage des Konzerns nicht nur mit anderen Unternehmen, sondern auch im Zeitablauf mit der eigenen finanziellen Leistung zu vergleichen. Dies dürfte den Informationsgehalt des Konzernlageberichts erhöhen.[74]

43   Die **Berichterstattung über nichtfinanzielle Leistungsindikatoren** (§ 315 Abs. 3) bezieht sich explizit auf den Wirtschaftsbericht in § 315 Abs. 1 S. 3, der entsprechend anzuwenden ist. Auch die für die Geschäftstätigkeit bedeutsamsten nichtfinanziellen Leistungsindikatoren sind in die Analyse mit einzubeziehen, soweit sie für das Verständnis des Geschäftsverlaufs oder der Lage des Konzerns von Bedeutung sind. Der Hinweis in § 315 Abs. 1 S. 3, wonach die Leistungsindikatoren unter Bezugnahme auf die in der finanziellen Sphäre (des Konzernabschlusses) ausgewiesenen Beträge und Angaben zu erläutern sind, gilt auch für nichtfinanzielle Indikatoren, sofern sich diese Bezüge herstellen lassen. In der Berichterstattung über nichtfinanzielle Leistungsindikatoren drücken sich die **veränderten Informationsanforderungen der Abschlussadressaten** auf und abseits der Kapitalmärkte aus.[75] Diese Berichterstattungspflicht im Wirtschaftsbericht ist schon über das BilReG 2004 in den § 315 eingeflossen und existierte demnach schon deutlich vor Umsetzung des CSR-Richtlinie-Umsetzungsgesetzes 2017 und der Einführung der nichtfinanziellen Konzernerklärung in § 315b und § 315c. Ausgangspunkt war damals wohl das intensiver diskutierte „Value Reporting", das die „Erweiterung der traditionellen Finanzberichterstattung um zukunftsorientierte, nicht-monetäre und wert-/risikoorientierte Informationen"[76] vorsieht. Natürlich ist hiervon das veränderte Informationsverhalten der Adressaten in den letzten Jahren in Richtung zusätzlicher, nichtfinanzieller Daten und die damit einhergehende gesellschaftliche Diskussion um **nachhaltiges Wirtschaften** nicht wirklich zu trennen (so auch DRS 20.111 und 20.112). Intensive Diskussionen und Regulierungsaktivitäten im Bereich der Nachhaltigkeit und Nachhaltigkeitsberichterstattung haben bei den Unternehmen und den Regulierern zu Anpassungen geführt. Erstere nehmen das nachhaltige Wirtschaften immer öfter explizit als Unternehmensziel auf und richten auch ihre Unternehmenskommunikation stärker darauf aus.[77] Letztere gießen entsprechende Berichtsanforderungen in Richtlinien, Verordnungen und Gesetze und halten die Unternehmen über diese Berichtspflichten zur stärkeren Wahrnehmung und Steuerung dieser nichtfinanziellen Indikatoren an. Unter diesem letzten Gesichtspunkt dient die Konzernlageberichterstattung also keineswegs nur der verbesserten Transparenz, sondern auch der **Verhaltensbeeinflussung.**

44   Obwohl DRS 20.11 den Begriff des Leistungsindikators definiert (→ Rn. 41), scheint die nichtfinanzielle Variante, die sowohl quantitativer wie auch qualitativer Natur sein dürfte, eher unbestimmt. Eine Legaldefinition gibt es ohnehin nicht.[78] § 315 Abs. 3 nennt als Bei-

[73]   Zülch/Voll KoR 2016, 487 ff., die für den DAX30 sowie MDAX auch einen „Konsistenzindex" (2009–2014) berechnen und hier immer noch ein hohes Maß an Inkonsistenzen identifizieren.
[74]   Zur Vergleichbarkeitsproblematik sog. Pro forma-Kennzahlen vgl. auch Teitler-Feinberg, Der Schweizer Treuhänder 2002, 191 (192).
[75]   ZB Kirsch/Scheele WPg 2004, 10; Noodt/Grede DB 2013, 714 ff.
[76]   Wolf DStR 2005, 439; Ruhwedel/Schultze ZfbF 2002, 602. Zur Integration von Value Reporting und Konzernlageberichterstattung auch Baetge/Heumann IRZ 2006, 39 ff.; Baetge/Heumann DB 2006, 349 f. sowie Heumann, Value Reporting in IFRS-Abschlüssen und Lageberichten, 2005.
[77]   Fink/Kajüter, Lageberichterstattung 2. Aufl. 2021, S. 50 ff.
[78]   Vgl. zur Begriffsfindung und Konkretisierung der nichtfinanziellen Leistungsindikatoren auch Hinze WPg 2016, 1168 f. Empirische Befunde über verwendete nichtfinanzielle Leistungsindikatoren finden sich ua bei Altendorfer/Eierle/Steeger/Townend KoR 2022, 151 ff.; Arbeitskreis „Externe Unternehmensrechnung" der Schmalenbach-Gesellschaft ZfbF 2015, 235 f.; Philipps DB 2014, 1501 ff.; Schaefer/Schröder KoR 2015, 95 ff.; Schall/Figlin IRZ 2020, 129 ff.; Weigt, Die Berichterstattung von Konzernsteuerungskennzahlen im Konzernlagebericht 2020.

spiele für nichtfinanzielle Leistungsindikatoren explizit nur die **Umwelt- und Arbeitnehmerbelange.** DRS 20.107 konkretisiert diese durch weitere Beispiele und fügt weitere Belange und Aspekte beispielhaft hinzu: Konkretisiert werden die Umweltbelange zB durch Emissionswerte, (Ab-)Wasserwerte, Angaben zu Materialien, zur Biodiversität, zu Abfall oder Energieverbrauch und die Arbeitnehmerbelange zB durch Mitarbeiterfluktuation, Mitarbeiterzufriedenheit, Betriebszugehörigkeit oder Fortbildungsmaßnahmen. Zusätzlich aufgeführt werden hier die **Kundenbelange** (zB Indikatoren zum Kundenstamm, Kundenzufriedenheit), **Indikatoren zu Forschung und Entwicklung** (sofern diese Angaben nicht im Forschungs- und Entwicklungsbericht gemacht werden) und die **gesellschaftliche Reputation des Konzerns** (zB Indikatoren zum sozialen und kulturellen Engagement, Wahrnehmung gesellschaftlicher Verantwortung). Diese zusätzlichen Beispiele sind bereits in der Gesetzesbegründung genannt worden,[79] die aber auch noch das **Humankapital** aufführt. Bei der Berichterstattung über nichtfinanzielle Leistungsindikatoren dürften Schnittmengen zur generellen Geschäftsverlaufs- und Lagedarstellung bestehen, da dort auch über immaterielle Werte, zB in Form einer immateriellen Wertrechnung, zu berichten ist (→ Rn. 39). Die Konkretisierung der nichtfinanziellen, nachhaltigkeitsorientierten Indikatoren schreitet in jüngster Vergangenheit mit vielen Regulierungs- und Standardisierungsinitiativen voran. So werden durch die EU-Taxonomie-Verordnung 2020/852 konkrete Kriterien zur Beurteilung der Nachhaltigkeit wirtschaftlicher Aktivitäten bereitgestellt und so auch nichtfinanzielle Kennzahlen kodifiziert. Dafür werden in Art. 9 der Verordnung sechs Umweltziele genannt. Gemäß Art. 3 der Verordnung gelten Wirtschaftsaktivitäten als ökologisch nachhaltig, wenn sie einen substanziellen Beitrag zur Verwirklichung mindestens einer der sechs Ziele leisten, nicht zu einer erheblichen Beeinträchtigung mindestens einer der übrigen Ziele führen und sich im Rahmen einer sozialen Mindestbedingung bewegen. Technische Bewertungskriterien zur Anwendung dieser Kriterien werden in sehr umfangreichen, komplexen Delegierten Rechtsakten festgelegt. Auf dieser Klassifizierung aufbauend werden mit Art. 8 Abs. 2 der Verordnung Angabepflichten für drei Nachhaltigkeitskennzahlen geschaffen, welche jedoch im Rahmen der nichtfinanziellen Berichterstattung gem. § 315b erfolgen soll. Weitere Veränderungen und Konkretisierungen werden sich aus der **CSRD** der EU und Standardisierungsinitiativen auf weltweiter, europäischer und deutscher Ebene ergeben.[80]

Überschneidungen sind auch möglich zur nichtfinanziellen Berichterstat- 45 **tungspflicht gem. § 315c.** Die Abgrenzung zwischen § 315 Abs. 3 und § 315c scheint keineswegs trivial, zumal sich dortige Mindestangaben zB auch auf Umwelt- und Arbeitnehmerbelange erstrecken (§ 315c Abs. 1 iVm § 289c Abs. 2) und das Wesentlichkeitskriterium für die gesamte Konzernlageberichterstattung gilt. Als Abgrenzungskriterium taugt indes der Begriff des Leistungsindikators, der für das Geschäftsverlaufs- und Lageverständnis des Konzerns von Bedeutung sein muss. Vor diesem Hintergrund zielt **§ 315 Abs. 3 deutlich fokussierter und restriktiver nur auf wenige, zentrale nichtfinanzielle Aspekte,** die diesen Voraussetzungen genügen, während § 315c weiter gefasst ist. In diese Richtung deutet auch DRS 20.106. Hiernach sind (vor allem) diejenigen nichtfinanziellen Leistungsindikatoren einzubeziehen, die **auch in der internen Steuerung** des Konzerns Verwendung finden. Dies dürfte sich nur auf wenige nichtfinanzielle Aspekte beschränken, die für die Umsetzung der Konzernstrategien und Erreichung der Konzernziele eine zentrale Bedeutung erlangen und die auch für die Incentivierung der Führungskräfte eine Rolle spielen.[81] DRS 20.108 fordert unter Berücksichtigung des Wesentlichkeitsgrundsatzes explizit sogar quantitative Angaben zu den nichtfinanziellen Leistungsindikatoren, sofern diese Angaben auch zur internen Steuerung herangezogen werden. Frühere Bestrebungen der Unternehmenspraxis, ganze Nachhaltigkeitsberichte unter die nichtfinanziellen Leistungsin-

---

79　Begr. zu Nr. 9 Buchst. C BilReG, BT-Drs. 15/3419, 31.
80　Vgl. zu den neuen Berichtpflichten u.a. auch Bardens/Wallek/Werth WPg 2022, 184 ff.; Flick/Meyding-Metzger WPg 2020, 1404 ff.; Meyer/Herder WPg 2022, 194 ff.
81　ZB auch Arbeitskreis „Externe Unternehmensrechnung" der Schmalenbach-Gesellschaft ZfbF 2015, 235 ff., 248; empirische Belege deuten in diese Richtung, vgl. zB Needham/Müller/Mack PiR 2018, 293 ff.

dikatoren zu subsumieren, können, insbesondere nach Kodifizierung der § 315b und § 315c, nicht (mehr) überzeugen.

46   Da nichtfinanzielle, vor allem aber auch finanzielle, Leistungsindikatoren oft als Kennzahlen für interne Steuerungszwecke verwendet werden und DRS 20.102 und 20.106 ihre Einbeziehung in den Wirtschaftsbericht vor allem dann verlangt, sind sie folglich dazu geeignet, die gem. DRS 20.31 geforderte Sicht der Unternehmensleitung zu vermitteln (→ Rn. 27). Somit unterstützen sie den **Management Approach** der Informationsvermittlung.

47   **b) Prognose-, Chancen- und Risikobericht (Abs. 1 S. 4).** Im Konzernlagebericht ist zudem gem. Abs. 1 S. 4 die **voraussichtliche Entwicklung mit ihren wesentlichen Chancen und Risiken** zu beurteilen und zu erläutern. Dieser Halbsatz ist identisch in § 289 Abs. 1 enthalten, der sich auf den Lagebericht der einzelnen Kapitalgesellschaft bezieht, weshalb auch auf die dortigen Ausführungen verwiesen werden kann. Diese explizite Verpflichtung zur prospektiven Konzernlageberichterstattung wird in der Literatur gemeinhin drei Berichten zugeordnet: Dem **Prognosebericht** (Beurteilung und Erläuterung der voraussichtlichen Entwicklung), dem **Chancenbericht** (Beurteilung und Erläuterung der wesentlichen Chancen) und dem **Risikobericht** (Beurteilung und Erläuterung der wesentlichen Risiken).[82] Hierbei ergeben sich jedoch **Möglichkeiten der Zusammenfassung,** da der Chancen- und Risikobericht schon dem Gesetzeswortlaut nach den Prognosebericht ausgestaltet und ergänzt, so dass inhaltliche Überschneidungen der Berichte wohl kaum zu vermeiden sind. DRS 20.117 stellt es dem berichterstattenden Unternehmen insofern auch frei, den Risikobericht getrennt von oder gemeinsam mit dem Chancenbericht zu verfassen und, unabhängig davon, beide in den Prognosebericht zu integrieren. Hierbei ist der Grundsatz der Klarheit und Vollständigkeit zu beachten.

48   DRS 20 enthält umfangreiche Regeln zum Prognose- (DRS 20.118-20.134), Chancen- (DRS 20.165–20.167) und, vor allem, Risikobericht (DRS 20.135-20.164). Zentral sind hierbei auch die **Begriffsdefinitionen in DRS 20.11. Prognosen** sind hiernach Aussagen über voraussichtliche Entwicklungen und Ereignisse, wobei als Prognosearten die Intervallprognose, (qualifiziert) komparative Prognose, die Punktprognose sowie die verbalargumentative, qualitative Prognose differenziert werden. **Risiken** definiert DRS 20.11 als mögliche künftige Entwicklungen oder Ereignisse, die zu einer negativen Abweichung von Prognosen bzw. Zielen des Konzerns führen können. Bei der in diesem Zusammenhang aufgeführten Fülle von Risikoarten ist im Einzelfall je nach Geschäftsmodell insbesondere das Ausfall- und Kreditrisiko, Kontrahentenrisiko, Liquiditätsrisiko, Marktpreisrisiko, operationelles Risiko sowie (Re-)Finanzierungsrisiko zu beachten. Unter das Marktpreisrisiko fallen dann zB Zinsänderungs- oder Währungsrisiken sowie Preisrisiken auf bestimmten Märkten wie Aktien- oder Rohstoffmärkten einschließlich der damit zusammenhängenden Optionsrisiken (DRS 20.11, DRS 20 A1, A2). Auch steuerliche Risiken sind zu beachten[83] und Risiken aus Pandemien – wie die immense Tragweite der COVID 19-Pandemie 2020 bis 2022 eindrucksvoll belegte.[84] **Chancen** werden indes, umgekehrt zu den Risiken, als mögliche künftige Entwicklungen oder Ereignisse bezeichnet, die zu einer positiven Abweichung von Prognosen bzw. Zielen des Konzerns führen können. Eine Differenzierung in Chancenarten existiert nicht; allerdings referenziert DRS 20.165 bei der Chancenberichterstattung auf die sinngemäß anzuwendenden Regeln zur Risikoberichterstattung.

49   **Gegenstand des Prognoseberichts** ist, wie im Wirtschaftsbericht, der Geschäftsverlauf und die Lage des Konzerns (so auch DRS 20.118). Die diesbezügliche Berichterstattung hat allerdings in Abgrenzung zum Wirtschaftsbericht klar und ausschließlich zukunftsorientiert zu erfolgen.[85] Sie hat sich dabei auch auf die bedeutsamsten finanziellen und nichtfinan-

---

[82]   Vgl. zB Fink/Kajüter, Lageberichterstattung, 2. Aufl. 2021, S. 241–309.

[83]   Meyer/Kinne WPg 2021, 510 ff.

[84]   Vgl. zur COVID 19-Berichterstattung ua Alberti/Schreiber BB 2020, 2475 ff.; Bahre/Gawenko/Hinz WPg 2020, 1498 ff.; Hachmeister/Sigel DB 2020, 905 ff.; Müller b+b 4/2020, 26 f.; Tiedemann/Ratzinger-Sakel WPg 2020, 791 ff.

[85]   Fink/Kajüter, Lageberichterstattung, 2. Aufl. 2021, S. 243 f.

ziellen Leistungsindikatoren zu beziehen, die bereits im Wirtschaftsbericht genannt und erläutert werden. Noch dürften hier die finanziellen Leistungsindikatoren dominieren. Der Bezug und die identische Art der Ermittlung ist angesichts des gleichen Gegenstands fachlich geboten und führt dazu, dass Adressaten in die Lage versetzt werden, (vorherige) Prognose- und (aus dem Konzernabschluss und Wirtschaftsbericht generierte) Istwerte für denselben Berichtszeitraum gegenüberzustellen (DRS 20.126, auch DRS 20.57). Da DRS 20.119 die Zusammensetzung des Konzerns im Prognosezeitraum zugrunde legt, müssen künftig absehbare, wesentliche Veränderungen in der Konzernabgrenzung im Prognosebericht benannt werden. Die Identität des Berichtsgegenstands führt dazu, dass auch die Prognose-berichterstattung dem **Management Approach** folgt (→ Rn. 27, → Rn. 46). Prognosen und Wertungen sind als solche zu kennzeichnen (so auch DRS 20.125); Prognosen in der Konzernlage- bzw. Prognoseberichterstattung dürfen nicht von den internen Erwartungen der Konzernleitung (zB im internen Rechnungswesen) abweichen.[86] Im Gegenteil, es geht ja um die Erwartungen und auch Planungen der Konzernleitung, auf die sich die Prognose-berichterstattung bezieht.[87]

Neben dem Prognosegegenstand ist der Prognose immer auch ein Zeithorizont **50** zugrunde zu legen. Der **Prognosezeitraum** umfasst nach DRS 20.127 mindestens ein Jahr, gerechnet vom letzten Konzernabschlussstichtag. Der Prognosezeitraum ist aber letztlich abhängig von den Gegebenheiten und dem Geschäftsmodell des Konzerns, zB von Produkt-lebenszyklen oder Großprojekten; er ist in jedem Fall anzugeben (DRS 20.127). Die Einjah-res-Regel kann den verbleibenden Prognoseresthorizont für den Adressaten zum Betrach-tungszeitpunkt angesichts entsprechender Fristen zur Offenlegung von Konzernabschluss de facto deutlich verkürzen.[88] Während die Vorgängerregel des DRS 15.86 deshalb noch einen Zweijahres-Mindestzeitraum vorsah, ist nach DRS 20 der **Mindestcharakter des einjährigen Prognosezeitraums** in besonderem Maße zu betonen. Zudem fordert DRS 20.127 die Angabe und Analyse absehbarer Sondereinflüsse für die Zeit danach.

Die Prognoseberichterstattung **kann in der Präzision variieren;** DRS 20.11 hat **51** vor diesem Hintergrund Prognosearten differenziert (→ Rn. 48). Allerdings erfüllen im Regelfall nur Punktprognosen, Intervallprognosen sowie qualifiziert-komparative Prognosen die Anforderungen des DRS 20.128, wonach Aussagen zur erwarteten Veränderung der prognostizierten Leistungsindikatoren gegenüber dem entsprechenden Istwert des Berichts-jahres enthalten sein müssen. Die Richtung und Intensität der Veränderung ist dabei zu verdeutlichen. Komparative und qualitative Prognosen erfüllen diese Anforderung nicht. In Ausnahmefällen, zB bei **gesamtwirtschaftlichen Krisen,** die die Rahmenbedingungen unternehmerischer Tätigkeit unmittelbar beeinflussen, kann die Unsicherheit bei der Abschätzung der künftigen Entwicklung indes so groß sein, dass konkrete Aussagen teilweise oder gänzlich unmöglich werden. Dennoch darf auch unter diesen Umständen nicht voll-ständig auf zukunftsgerichtete Aussagen verzichtet werden.[89] Zudem ist dann auf die beson-deren Umstände hinzuweisen sowie deren Auswirkungen auf die Prognosefähigkeit, auf den Geschäftsverlauf und die Lage des Konzerns zu beschreiben (DRS 20.133). Eine Abnahme der Prognosepräzision **in Zeiten hoher Unsicherheit** soll auch nicht automa-tisch mit einem reduzierten Prognoseumfang einhergehen, obwohl empirische Studien genau dies in Krisenzeiten nachgewiesen haben.[90] Eher müsste das Gegenteil der Fall sein,

---

86   IDW PS 350 nF Rn. 69.
87   So wurde dies in der Vorgängerregel des DRS 15.30-15.34 auch noch explizit gefordert.
88   Fink/Kajüter, Lageberichterstattung, 2. Aufl. 2021, S. 246 ff.
89   OLG Frankfurt a. M. DB 2009, 2773; dazu auch Gödel DB 2010, 431 ff.; Schwab KoR 2010, 652 ff.;
      Withus KoR 2010, 237 ff.
90   Ruhwedel/Sellhorn/Lerchenmüller DB 2009, 1305 ff.; empirische Befunde zur Prognose-, Chancen- und
      Risikoberichterstattung finden sich ua bei Baetge/Hippel/Sommerhoff DB 2011, 368 ff.; Barenhoff, Die
      Lageberichterstattung der DAX-Konzerne unter dem Einfluss des Bilanzrechtsreformgesetzes, 2008,
      S. 153 ff.; Barth, Prognoseberichterstattung, 2009; Dobler/Schwartze ZVersWiss 2020, 181 ff.; Eisen-
      schmidt KoR 2011, 203 ff.; Filipiuk, Transparenz der Risikoberichterstattung, 2009, S. 173 ff.; Großkopf/
      Hitz WPg 2015, 1229 ff.; Hippel, Konzernlagebericht und Kapitalmarkt, 2011; Henselmann/Klein/Hart-
      mann Corporate Finance 2010, 543 ff.; Hofmann/Lorson/Melcher DB 2010, 233 ff.; Hölscher/Helms/

angesichts des notwendigen Hinweises auf die besonderen Umstände, die Erläuterungen der Auswirkungen auf die Prognosefähigkeit und auf die wirtschaftliche Lage. Diese sollten um qualifiziert-komparative Trendaussagen und/oder alternative quantitative sowie qualitative Szenario-Darstellungen ergänzt werden.[91] So erlaubt DRS 20.133 f. vor diesem Hintergrund in Zeiten außergewöhnlich hoher Unsicherheit komparative Prognosen oder die Darstellung der voraussichtlichen Entwicklung der zur internen Steuerung verwendeten Leistungsindikatoren in verschiedenen Zukunftsszenarien unter Angabe ihrer jeweiligen Annahmen, solange noch die Richtung der erwarteten Veränderung der prognostizierten Leistungsindikatoren gegenüber dem entsprechenden Istwert des Vorjahres verdeutlicht werden kann.

52   Prognosen unterliegen naturgemäß gewissen **Aussagegrenzen;** vor diesem Hintergrund sind sie immer zu interpretieren.[92] Deshalb ist es zwingend und im Gesetzeswortlaut festgeschrieben (§ 315 Abs. 1 S. 4 Hs. 2), dass die den Prognosen **zugrunde liegenden Annahmen anzugeben** sind. Diese von der Konzernleitung getroffenen Annahmen müssen mit den Annahmen, die dem Konzernabschluss zugrunde liegen, im Einklang stehen (DRS 20.120). Als Beispiele werden hier Annahmen zu Wirtschafts- und Branchenentwicklungen, Wechselkurse, Inflation, regulatorische Maßnahmen, technischer Fortschritt, erwartete Sondereinflüsse für den Konzern, Realisierung von Synergiepotenzialen, Abschluss von Entwicklungsprojekten und Inbetriebnahme neuer Anlagen genannt (DRS 20.122). Prognosen von dritter Seite sind kenntlich zu machen; sie dürfen zu keiner Beeinträchtigung der internen, konzernspezifischen Prognosen führen (DRS 20.123 f.). Durch die auch in DRS 20.57 geforderte interperiodische Vergleichbarkeit (Vergleich der Vorjahresprognose mit dem tatsächlichen Geschäftsverlauf) ist die **Prognosegüte** zumindest **ex post erkennbar.**[93]

53   Die **Regulierung des Chancenberichts zusammen mit dem Risikobericht** in Abs. 1 S. 4, stellt eine der wesentlichen, im Rahmen des BilReG durchgeführten Änderungen des Konzernlageberichts dar.[94] Während zuvor nur auf die Risiken der künftigen Entwicklung einzugehen war, kommt der spiegelbildlichen Erfassung der Chancen einer **paritätischen Behandlung von Chancen und Risiken** im Sinne eines integrierten Chancen- und Risikomanagements gleich. Hierin dokumentiert sich die Abkehr von der asymmetrischen, auf Vorsicht beruhenden Rechnungslegung hin zu **mehr Neutralität** in der Konzernlageberichterstattung.[95] Gemäß des nach den GoB (§ 246 Abs. 2) geltenden Saldierungsverbots ist es nämlich nicht zulässig, Teile der Risiken mit Chancen zu „saldieren"

Nelde WPg 2018, 951 ff.; Kajüter/Esser IRZ 2007, 381 ff.; Kajüter/Hannen/Huth DB 2014, 2841 ff.; Kajüter/Nienhaus/Mohrschladt WPg 2015, 514 ff.; Kajüter/Winkler WPg 2004, 249 ff.; Klein/Hartmann/Scherr KoR 2011, 143 ff.; Knauer/Wömpener Corporate Finance 2010, 84 ff.; Kümpel/Luksch/Oriolo IRZ 2015, 199 ff., 247 ff., 307 ff.; Lackmann/Steinmeier/Stich KoR 2014, 44 ff.; Lehmann, Managementprognosen und Analystenschätzungen, 2014, S. 69 ff., 175 ff.; Lenz/Diehm KoR 2010, 385 ff.; Müller/Pommerenke/Reinke PiR 2013, 119 ff.; Müller/Seebeck/Weeger DB 2021, 2505 ff.; Nagel/Koep/Günther/Günther KoR 2018, 421 ff.; Philipps DB 2014, 137 ff.; Philipps DB 2014, 1501 ff.; Philipps DB 2015, 445 ff.; Quick/Gauch/Niekrawietz Der Konzern 2021, 104 ff.; Quick/Reus KoR 2009, 18 ff.; Ruhnke/Heinrichs/Adomeit KoR 2018, 283 ff.; Ruhnke/Heinrichs/Kundt BFuP 2019, 385 ff.; Schlüter/Hartmann-Wendels/Weber/Zander ZfbF 2014, 386 ff.; Stenzel/Hachmeister/Bootsmann IRZ 2016, 43 ff.; Theis, Kommunikation zwischen Unternehmen und Kapitalmarkt, 2014, S. 164 ff., 194 ff.; Velte/Czaya KoR 2017, 70 ff.; Weber Risiko Manager 2010. Die Konzernlageberichts- insbes. Risikoberichterstattung war auch jahrelang Prüfungsschwerpunkt der DPR; vgl. hierzu Barth/Thormann DB 2015, 993 ff. Für das Geschäftsjahr 2020 war der Konzernlagebericht mit besonderem Augenmerk auf die Risikoberichterstattung erneut Prüfungsschwerpunkt der DPR; vgl. Beyhs IRZ 2020, 541 ff.

[91]   Withus KoR 2010, 238; s. auch Gödel DB 2010, 433; Baetge/Hippel/Sommerhoff DB 2011, 367; für die Corona-Pandemie ähnlich wieder Müller/Sellhorn FAZ 2020, 16, die den Unternehmen mehr „guidance" in der Prognoseberichterstattung in Krisenzeiten empfehlen.

[92]   Dobler, Zum Verständnis von Prognose- und Risikoberichterstattung, 2010, S. 98 ff. mwN.

[93]   Zülch/Höltken DB 2013, 2462, s. auch Freidank/Sepetauz StuB 2013, 54 ff.; IDW PS 350 nF Rn. 63 ff., A69 ff.

[94]   Pfitzer/Oser/Orth DB 2005, 2593 sowie Buchheim/Knorr WPg 2006, 415; zur regulatorischen Entwicklung auch Dörner FS Baetge, 2007, 171 ff.

[95]   Kajüter/Winkler WPg 2004, 260.

und nur die verbleibenden Risiken in den Konzernlagebericht aufzunehmen.[96] Konsequent ist deshalb auch die Forderung in DRS 20.166 f., die Auswirkungen von Chancen und Risiken nicht miteinander zu verrechnen und über Chancen und Risiken ausgewogen zu berichten. Dies mag getrennt erfolgen oder in Form eines **zusammenhängenden Chancen- und Risikoberichts** (→ Rn. 47); da es sich bei Chancen und Risiken aber letztlich um „zwei Seiten einer Medaille" handelt, dürfte viel für die Integration beider Berichtsbestandteile sprechen.[97]

Der Chancen- und Risikobericht ist für Adressaten neben dem Prognosebericht von **54** besonderer Bedeutung. Er spiegelt die Sicht der Konzernleitung auf wichtige Faktoren wider, die die voraussichtliche Entwicklung des Konzerns positiv oder negativ beeinflussen können. Dabei ist bei der Berichterstattung die sensible Gratwanderung zwischen Informationsinteresse der Adressaten und den möglichen Nachteilen für den Ersteller zu beachten, zB wenn es bei bestandsgefährdenden Risiken um die Gefahr einer sich selbst erfüllenden Prophezeiung geht (→ Rn. 15).[98] **Risiken und Chancen** werden iSv DRS 20.11 als **negative bzw. positive Prognose-/Zielabweichungen** interpretiert (→ Rn. 48), so dass sie sich auf die eigentliche Prognose als Referenzpunkt (Punktprognose oder qualifiziert-komparative Prognose mit konstantem Prognosewert) oder Referenzintervall (Intervallprognose) beziehen und auf die unter Unsicherheit nicht auszuschließenden Abweichungen nach oben bzw. unten.[99] Risiken wie Chancen beziehen sich dabei wie die als Referenz zugrunde liegende Prognosen **auf den Konzern in seiner Gesamtheit.** Risiken und Chancen einzelner Konzernunternehmen können hiervon abweichen und sind nur soweit relevant, als sie auf den Gesamtkonzern ausstrahlen. Im besonderen Maße berichtspflichtig sind konzernspezifische Konzentrationen von Chancen und Risiken, die sich also aus der Konzernierung ergeben. Dabei ist die Sicht der Konzernleitung **(Management Approach,** → Rn. 27, → Rn. 46) maßgebend. Insofern bietet es sich an, Chancen und Risiken in geeigneter Form zu Kategorien zusammenzufassen, die sich an dem internen **Risikomanagementsystem** orientieren sollten (DRS 20.135 ff., DRS 20.165). Wesentliche Chancen und Risiken sind einzeln darzustellen und hinsichtlich ihrer zu erwartenden Konsequenzen für den Konzern und für wesentliche Konzernunternehmen zu analysieren und zu beurteilen (DRS 20.149 f., 20.165). Wenn ein Risiko für den Konzern oder einzelne, wesentliche Konzernunternehmen bestandsgefährdend sein sollte, ist es auch als solches zu bezeichnen (DRS 20.148). Enthält der Konzernabschluss eine Segmentberichterstattung, sind die von den Risiken und Chancen betroffenen **Segmente** zu benennen, wenn dies nicht offensichtlich ist (DRS 20.151, 20.165).[100] Zusätzlich scheint es sinnvoll, die Chancen und Risiken bezüglich ihrer Bedeutung für den Konzern und seine Segmente in eine Art **Rangfolge** zu bringen (ähnlich DRS 20.162) sowie die zugrunde liegenden Ursachen, mögliche Auswirkungen und Interdependenzen bestimmter Chancen und Risiken zu erwähnen.[101]

Abs. 1 S. 4 fordert nicht nur die Nennung der Chancen und Risiken, sondern auch **55** deren **Beurteilung und Erläuterung einschließlich der Angabe der zugrunde liegenden Annahmen** (→ Rn. 52). Daraus könnte abgeleitet werden, dass die Chancen und Risiken hinsichtlich ihrer Eintrittswahrscheinlichkeit und der potentiellen Auswirkungen (auf Geschäftsverlauf und Lage des Konzerns) zu quantifizieren sind (so forderten es noch die Vorgängerregeln in DRS 5.19 und 5.20, DRS 15.85, 15.177). Dies bedingt allerdings, dass eine Quantifizierung nach anerkannten und verlässlichen Methoden möglich (keine Unmöglichkeit oder Vortäuschung von Scheingenauigkeit), wirtschaftlich vertretbar und

---

[96]   Vgl. zB Wolf DStR 2005, 438 (441).
[97]   Kajüter/Bachert/Blaesing/Kleinmanns DB 2010, 463.
[98]   Fink/Kajüter, Lageberichterstattung, 2. Aufl. 2021, S. 263 f.; vgl. auch DRS 20.154.
[99]   Fink/Kajüter, Lageberichterstattung, 2. Aufl. 2021, S. 265 f.
[100]   Zur Risikoberichterstattung vgl. grundlegender ua Baetge/Schulze DB 1998, 937 ff.; Dobler Risikoberichterstattung, 2004; Dörner/Bischof WPg 1999, 445 ff.; Filipiuk, Transparenz der Risikoberichterstattung, 2009; Küting/Hütten AG 1997, 250 ff.; Kajüter DB 2004, 201 f.; Kajüter BB 2004, 427 ff.; Kajüter/Winkler WPg 2004, 249 ff.; Thiere, Chancen- und Risikoberichterstattung, 2009.
[101]   Kajüter BB 2004, 430.

für die Adressaten auch entscheidungsrelevant ist.[102] In diesem Fall sind die methodischen Grundlagen und wesentlichen Annahmen zur Abschätzung der Chancen und Risiken zu erläutern, soweit dies nicht bereits gem. Abs. 2 Nr. 1 und Abs. 4 notwendig ist. DRS 20.152 verlangt deshalb eine **Quantifizierung der Risiken nur, wenn dies auch zur internen Steuerung erfolgt** und die quantitativen Angaben für den verständigen Adressaten wesentlich sind.[103] Intern ermittelte Werte sind dann anzugeben und die verwendeten Modelle und Annahmen darzustellen. Sinngemäß dürfte dies auch für die Quantifizierung von Chancen gelten (DRS 20.165). Die starke Orientierung der DRS 20-Regeln zur Risikoberichterstattung gerade für kapitalmarktorientierte Unternehmen am **Risikomanagementsystem** (DRS 20.K137 ff.) deutet die sinnvolle Bindung des Chancen- und Risikoberichts an die interne Steuerung an und die damit einhergehende Notwendigkeit, den Adressaten die Funktionsweise dieses Risikomanagementsystems zu erläutern, damit sie den internen Umgang mit Chancen und, vor allem, Risiken im Konzern besser einschätzen können.[104]

56   **c) Bilanzeid (Abs. 1 S. 5).** Die Einführung des sog. „Bilanzeids"[105] geht auf das TUG 2007 zurück. Die Mitglieder des vertretungsberechtigten Organs eines Mutterunternehmens nach § 297 Abs. 2 S. 4 müssen hiernach versichern, dass Konzernabschluss und Konzernlagebericht „nach bestem Wissen" den Berichtspflichten des Unternehmens entsprechen und ein den tatsächlichen Verhältnissen entsprechendes Bild vermitteln. Bei Verstoß drohen Geld- oder sogar Freiheitsstrafen nach den handelsrechtlichen Sanktionsvorschriften.[106] Da den gesetzlichen Vertretern bei unrichtiger Darstellung und Verletzung der Berichtspflicht ohnehin entsprechende Sanktionen drohen (§§ 331 ff.), ist fraglich, inwieweit ein Verstoß auch gegen den Bilanzeid zu einer Erhöhung des Strafmaßes führt.[107] Möglicherweise hofft der Gesetzgeber jedoch auf eine eher psychologische Wirkung, die diese Versicherung bei den Organmitgliedern haben könnte. Mit der Integration entsprechender Regulierungen des US-amerikanischen Sarbanes-Oxley-Act und der Transparenz-RL (RL 2004/109/EG) in das deutsche Recht hat der Gesetzgeber zumindest nach außen signalisiert, dass er im Streben um Markttransparenz und Anlegerschutz auf immer stärker integrierten Kapitalmärkten nicht zurückstehen möchte.[108]

57   **2. Berichterstattungspflichten nach § 315 Abs. 2.** Die Konzernlageberichtsbestandteile des Abs. 2 sind seit dem BilRUG 2015 ebenfalls Pflichtbestandteile; die vormalige Soll-Vorschrift in Abs. 2 ist in eine **Muss–Vorschrift** („ist auch einzugehen auf") überführt worden. Zudem ist der vormals in § 315 Abs. 2 aF regulierte **Nachtragsbericht,** der auf Vorgänge von besonderer Bedeutung zwischen dem Schluss des Konzerngeschäftsjahres und dem Berichterstattungszeitpunkt eingeht, in den Konzernanhang verlagert worden (§ 314 Abs. 1 Nr. 25). Durch das CSR-Richtlinie-Umsetzungsgesetz 2017 sind weitere Lageberichtsbestandteile des § 315 Abs. 2 aF (Eigentumsstrukturbericht) in den neu geschaffenen § 315a überführt worden. § 315 Abs. 2 entspricht weitgehend § 289 Abs. 2, so dass auf die dortige Kommentierung sinngemäß verwiesen werden kann (→ § 289 Rn. 104 ff.).

58   **a) Finanzrisikobericht (Abs. 2 Nr. 1).** Hinsichtlich der **Verwendung von Finanzinstrumenten** soll der Konzernlagebericht gem. Abs. 2 Nr. 1 verschiedene Risiko(manage-

---

[102]   Krit. verweisend auf „regulatorisch nicht auszuräumende Spielräume sowie Aussagegrenzen der Prognose- und Risikoberichterstattung" im informationsökonomischen Zusammenhang Hachmeister/Dobler BilMoG 98 ff. mwN, zB Dobler The International Journal of Accounting 2008, 184 ff.

[103]   Nach DRS 20.A1.4 gilt dies auch im Speziellen für Kredit- und Finanzdienstleistungsinstitute, wobei hier zusätzlich nach dem Management Approach bewertet werden muss, ob die potentiellen Risikoinformationen für das Verständnis der Risikolage wesentlich sind und für die Entscheidung der Adressaten überhaupt relevant sein können; vgl. Haaker ZfgG 2020, 61.

[104]   Wulf/Staikowski DB 2020, 737 ff. mit einem Überblick über die Berichtsvorgaben zur Risikoberichterstattung nach DRS 20 und einer Metaanalyse über die Umsetzung am deutschen Kapitalmarkt.

[105]   BT-Drs. 16/2498, 55.

[106]   Beiersdorf/Buchheim BB 2006, 1674.

[107]   Rodewald/Unger BB 2006, 1919.

[108]   Beiersdorf/Buchheim BB 2006, 1674.

ment)informationen enthalten, wenn diese für die Beurteilung der Lage oder der voraussichtlichen Entwicklung von Bedeutung sind.[109] Hierunter fallen zum einen die in Abs. 2 Nr. 1a genannten **Risikomanagementziele und -methoden** des Konzerns einschließlich der Methoden zur Absicherung aller wichtigen Transaktionen, die im Rahmen der Bilanzierung von Sicherungsgeschäften erfasst werden. Zum anderen soll der Konzernlagebericht gem. Abs. 2 Nr. 1b **Preisänderungs-, Ausfall- und Liquiditätsrisiken sowie die Risiken aus Zahlungsstromschwankungen,** denen der Konzern ausgesetzt ist, enthalten. Diese Daten konkretisieren insoweit Teile der Angabepflichten zur voraussichtlichen Entwicklung einschließlich der Chancen und Risiken (Prognose-, Chancen- und Risikobericht gem. Abs. 1 S. 4) und erzeugen gewisse **Abgrenzungsprobleme.**[110] Eine gesetzliche Vorgabe, ob die jeweiligen Angaben nun getrennt oder zusammengefasst unter Abs. 1 S. 4 und/ oder unter Abs. 2 Nr. 1 erfolgen sollen, gibt es nicht, solange die allgemeinen Berichterstattungsgrundsätze ggf. unter Verwendung einer klaren Verweistechnik gewahrt werden. Auch DRS 20.179 f. erlaubt die **Integration des Finanzrisikoberichts in den allgemeinen Chancen- und Risikobericht,** solange die Risiken aus der Verwendung von Finanzinstrumenten gesondert dargestellt und die Klarheit und Übersichtlichkeit des Konzernlageberichts nicht beeinträchtigt werden. Während die detaillierteren Regeln des DRS 20.K137 ff. zur Darstellung des Konzern-Risikomanagementsystems aber nur kapitalmarktorientierte Mutterunternehmen treffen, zielt Abs. 2 Nr. 1 auf **alle Mutterunternehmen,** die einen Konzernlagebericht aufstellen.

Die im Finanzrisikobericht im Zuge des BilReG 2004 eingeführten Berichterstattungs- **59** pflichten beziehen sich primär auf Risiken aus Finanzinstrumenten sowie deren Steuerung, die aus der Umsetzung der Fair-Value-RL stammten und sich inhaltlich stark an **IFRS 7 (Financial Instruments: Disclosures)** orientier(t)en. Insbesondere in IFRS 7.31 ff. werden Angaben zu den aus der Verwendung von Finanzinstrumenten entstehenden Risiken, deren mögliche Auswirkungen auf das Ergebnis sowie zu den daher erforderlichen Risikomanagementmaßnahmen verlangt. Zu den typischen Risiken, über die in diesem Zusammenhang nach IFRS 7 berichtet werden soll, zählen ua **Ausfallrisiken, Liquiditätsrisiken** und **Marktrisiken,** die sich in den im Gesetzestext genannten Risikoarten auch wiederfinden. Entsprechende Definitionen dieser Risikoarten finden sich in DRS 20.11. Wichtig ist im Finanzrisikobericht indes der klare Bezug dieser Risiken zu Finanzinstrumenten. Zur Auslegung und Ausgestaltung der Inhalte des Finanzrisikoberichts erscheint es sachgerecht, sich auf IFRS 7 und den dortigen qualitativen und quantitativen Angabepflichten zu Art und Ausmaß dieser Risiken zu beziehen.[111]

Mit Bezug auf Abs. 2 Nr. 1a sollten zur Konkretisierung des Finanzrisikoberichts auch **60** diejenigen Angabepflichten von IFRS 7 berücksichtigt werden, die speziell für **Sicherungsbeziehungen** festgelegt worden sind. Im Rahmen der Bilanzierung von Sicherungsgeschäften fordert IFRS 7.21A ff. hierzu im Wesentlichen Informationen über die Risikomanagementstrategie des Konzerns sowie die Art und Weise, wie diese zur Risikosteuerung angewandt wird (IFRS 7.22A ff.), Informationen, inwieweit die Sicherungsgeschäfte die Höhe, den Zeitpunkt und die Unsicherheit künftiger Zahlungsströme beeinflussen können (IFRS 7.23A ff.) sowie Informationen zu den Auswirkungen dieser Bilanzierung auf die Rechenwerke im Konzernabschluss und die damit einhergehende Darstellung der Vermögens-, Finanz- und Ertragslage (IFRS 7.24A ff.). Um eine Doppelnennung dieser Angaben

---

[109] ZB Baetge/Kirsch/Thiele Konzernbilanzen Kap. XIII.232; vgl. zu diesen Angaben ausf. PFGS IntRechnungslegung Kap. 17 und 18.

[110] Ein Teil der Lit. sieht hier auch nur eine rein deklaratorische Bedeutung des Abs. 2 Nr. 1, weil eine ohnehin bestehende Berichterstattungspflicht für ein bedeutsames Risikofeld konkretisiert wird; vgl. ua Kajüter BB 2004, 431; Krawitz/Hartmann WPg 2006, 1265 f.; Baetge/Kirsch/Thiele/Böcking/Dutzi/ Gros § 289 Rn. 172; Fink/Kajüter, Lageberichterstattung 2. Aufl. 2021, 293.

[111] Beck HdR/Hachmeister/Glaser C 610 Rn. 133 ff.; Baetge/Kirsch/Thiele/Böcking/Dutzi/Gros § 289 Rn. 181; Fink/Kajüter, Lageberichterstattung, 2. Aufl. 2021, S. 293. Zum komplexen Nebeneinander von IFRS 7, § 315 sowie bankenaufsichtsrechtlichen Bestimmungen Weber Corporate Finance 2010, 29 ff.; Weber KoR 2010, 208 ff.

im IFRS-Konzernabschluss, insbesondere im Anhang, und dem zusätzlich zu erstellenden Konzernlagebericht zu vermeiden, befürworten Teile der Literatur, dass IFRS-Anwender in den Konzernlagebericht – der Vorgehensweise zB von § 315a Abs. 1 S. 2, 3 folgend – lediglich einen **Verweis auf die entsprechenden Passagen im Anhang** aufzunehmen brauchen.[112] Dies dürfte unter Beachtung der Grundsätze der Klarheit, Übersichtlichkeit und Vollständigkeit (bezogen auf Konzernabschluss und Konzernlagebericht in der Summe) auch vor dem Hintergrund gelten, dass DRS 20 diese Verweismöglichkeit anders als die Vorgängerregel in DRS 15.98 nicht mehr explizit aufführt.

61   **b) Forschungs- und Entwicklungsbericht (Abs. 2 Nr. 2).** Im Konzernlagebericht ist gem. Abs. 2 Nr. 2 auf den Forschungs- und Entwicklungsbereich des Konzerns einzugehen (Forschungs- und Entwicklungsbericht). Diese Informationen haben nach DRS 20.49 einen Einblick in die **allgemeine Ausrichtung** der Forschungs- und Entwicklungsaktivitäten sowie deren **Intensität** zu vermitteln. Hierbei sind quantitative Angaben zum Faktoreinsatz (gem. DRS 20.50 zB absolute und relative Angaben zum Forschungs- und Entwicklungsaufwand, zu Investitionen und Mitarbeitern in diesem Bereich) und zu den Ergebnissen der Forschungs- und Entwicklungsaktivitäten (gem. DRS 20.50 zB neue Patente, Lizenzen und Produktentwicklungen sowie deren finanzielle Bedeutung) zu machen, sofern sie für die Adressaten wesentlich sind. Wesentliche Veränderungen gegenüber dem Vorjahr sind anzugeben und zu erläutern (DRS 20.51).[113]

62   **Überschneidungen mit dem Wirtschaftsbericht im Bereich der immateriellen Werte** sind denkbar und sollten unter Beachtung der Grundsätze der Klarheit, Vollständigkeit und Übersichtlichkeit ggf. unter entsprechender Verweistechnik gelöst werden. DRS 20.52 ergänzt den für den Wirtschaftsbericht geltenden DRS 20.88 an dieser Stelle (→ Rn. 39) und stellt klar, dass die Berichtspflicht gem. Abs. 2 Nr. 2 unabhängig davon besteht, ob und welche Entwicklungskosten im Konzernabschluss aktiviert werden. Die Berichtspflicht erstreckt sich damit auch auf nicht aktivierte immaterielle Werte in der Forschungs- oder Entwicklungsphase. Zudem verlangt DRS 20.52 die Angabe der Aktivierungsquote sowie der im Berichtszeitraum vorgenommenen Abschreibungen auf aktivierte immaterielle Werte in der Entwicklungsphase. Sofern eine immaterielle Wertrechnung (Intellectual Capital Statement, → Rn. 39) erstellt wird, kann auf dieses Berichtsinstrument und hier insbesondere auf die Angaben zum Innovationskapital verwiesen werden.

63   **c) Zweigniederlassungsbericht (Abs. 2 Nr. 3).** Der Konzernlagebericht hat gem. Abs. 2 Nr. 3 über Zweigniederlassungen zu berichten, die für das Verständnis der Lage des Konzerns wesentlich sind. Dieser Zweigniederlassungsbericht ist erst durch das BilRUG 2015 in § 315 aufgenommen worden, obwohl die entsprechende Regel für den Lagebericht des Jahres- bzw. Einzelabschlusses in § 289 Abs. 2 Nr. 3 durch Umsetzung der früheren Zweigniederlassungs-RL (RL 89/666/EWG; heute GesR-RL) schon vorher existierte. Nach DRS 20.11 ist eine Zweigniederlassung ein auf Dauer angelegter, räumlich und organisatorisch von der Hauptniederlassung getrennter Unternehmensteil ohne eigene Rechtspersönlichkeit, der im Außenverhältnis selbstständig handelt und im Innenverhältnis weisungsgebunden ist. Im Konzernlagebericht bezieht sich der Zweigniederlassungsbericht notwendigerweise auf den Konzern, dh auf die Zweigniederlassungen **aller einbezogenen Konzernunternehmen im In- und Ausland.** Dies stellt der Gesetzeswortlaut explizit klar.

64   Die **Bedeutung des Zweigniederlassungsberichts im Konzernlagebericht ist noch unklar.** Da Zweigniederlassungen rechtlich einem Konzernunternehmen und damit dem Konzern zuzuordnen sind, sind sie im Konzernabschluss ohnehin enthalten und wirken

---

[112]   Stellungnahme des DRSC zum RegE-BilReG v. 22.1.2004; s. auch Prigge, Konzernlageberichterstattung vor dem Hintergrund einer Bilanzierung nach IFRS, 2006, S. 84 ff.

[113]   Jüngste empirische Belege zur durchaus heterogenen F&E-Berichterstattung im Konzernlagebericht und zu ausgewählten „Best Practice"-Beispielen finden sich zB bei v. Keitz/Gloth/Pelster DB 2019, 201 ff. mwN.

im Fall der Wesentlichkeit selbstverständlich in den Konzernlagebericht mit seinen Berichtsbestandteilen hinein, auch ohne Abs. 2 Nr. 3. Die Einführung des Zweigniederlassungsberichts in den Konzernlagebericht ist der später hergestellten Konsistenz von § 315 und § 289 geschuldet.[114] Dabei weicht § 315 Abs. 2 Nr. 3 von dem Pendant in § 289 allerdings insofern ab, als dass hier **nur auf die für das Verständnis der Lage des Konzerns wesentlichen Zweigniederlassungen** einzugehen ist. Mit dieser Begrenzung wird die Übersichtlichkeit der Darstellung im Konzernzusammenhang gefördert. Die rechtstatsächliche Bedeutung des Zweigniederlassungsberichts nach Abs. 2 Nr. 3 wird noch empirisch zu untersuchen sein; die Literatur vermutet erhebliche Auswirkungen für die Konzerne, die (nur) mit Zweigniederlassungen in Entwicklungsländern vertreten sind, in denen compliance-relevante Sachverhalte eine Rolle spielen.[115]

DRS 20.38a geht über den Gesetzeswortlaut hinaus und fordert, die Bedeutung der **65** Zweigniederlassungen für den Konzern darzustellen. Hierbei kann zB auf die geografische Verbreitung und den Geschäftszweck der Zweigniederlassungen eingegangen werden (DRS 20.38b). Der **klare Wesentlichkeitsbezug des Gesetzes** kommt darin nicht zum Ausdruck, muss aber berücksichtigt werden. So dürfte es zB ausreichen, im Zweigniederlassungsbericht (allein) auf die nicht wesentliche Bedeutung der Zweigniederlassungen im Konzern im Sinne einer Art Fehlanzeige hinzuweisen. Ist das Wesentlichkeitskriterium indes erfüllt, gibt **DRS 20.38c einige konkretisierende Angabepflichten** (Sitz der in- und ausländischen Zweigniederlassungen, abweichende Firmierung bei Nichterkennbarkeit der Zugehörigkeit zur Hauptniederlassung, wesentliche Veränderungen gegenüber dem Vorjahr zB hinsichtlich der Errichtung, Aufhebung oder Sitzverlegung) vor. Eine weitergehende Berichtspflicht zB über Tätigkeitsschwerpunkte oder betriebswirtschaftliche Kennzahlen betroffener Zweigniederlassungen besteht nach Literaturmeinung nicht.[116]

d) Verweis auf aktienrechtlich geforderte Angaben (Abs. 2 S. 2). Mit dem CSR- **66** Richtlinie-Umsetzungsgesetz 2017 ist Abs. 2 durch einen abschließenden Satz ergänzt worden, wonach Mutterunternehmen in der Rechtsform einer Aktiengesellschaft im Konzernlagebericht auf die Anhangangaben zum Erwerb eigener Aktien gem. § 160 Abs. 1 Nr. 2 AktG verweisen müssen. Mit dieser Änderung ist Art. 29 Abs. 1 iVm Art. 19 Abs. 2 Buchst. c Bilanz-RL umgesetzt worden.

3. Berichterstattungspflichten nach § 315 Abs. 4: Kontroll- und Risikomana- 67 gementbericht. Seit dem BilMoG 2009 enthält § 315 Angaben zum sog. Kontroll- und Risikomanagementbericht. Dieser Bericht kann nach der Gesetzesbegründung trotz fehlender gesetzlicher Regelung mit den Angaben nach Abs. 2 Nr. 1 (Finanzrisikobericht) zusammengefasst werden.[117] DRS 20.K169 und K171 erlaubt hier explizit die Zusammenfassung mit den Ausführungen zum allgemeinen konzernweiten sowie konzernrechnungslegungsbezogenen Risikomanagementsystem innerhalb des Risikoberichts. Und da auch der Finanzrisikobericht gem. DRS 20.180 in den allgemeinen Chancen-/Risikobericht integriert werden kann, **ist eine sinnvolle Zusammenfassung aller dieser Teilberichte** (§ 315 Abs. 1 S. 4, Abs. 2 Nr. 1 und Abs. 4) möglich, solange die Grundsätze der Klarheit und Übersichtlichkeit sowie Vollständigkeit des Konzernlageberichts gewahrt bleiben.[118] Sofern kein internes Kontroll- oder Risikomanagementsystem im Hinblick auf den Konzernrechnungslegungsprozess existiert, ist dies im Konzernlagebericht als Fehlanzeige anzugeben (DRS 20.K178).

Gemäß Abs. 4 ist im Konzernlagebericht auf die wesentlichen Merkmale des internen **68** Kontroll- und Risikomanagementsystems im Hinblick auf den Konzernrechnungslegungsprozess einzugehen. Dies gilt jedoch nur, sofern eines der in den Konzernabschluss einbezo-

---

114   ZB Schäfer/Rimmelspacher DB 2015, 58, auch mit Bezug auf das Ziel der Bilanz-RL.
115   Fink/Theile DB 2015, 762; Schäfer/Rimmelspacher DB 2015, 58.
116   Fink/Kajüter, Lageberichterstattung, 2. Aufl. 2021, S. 161 mwN.
117   BT-Drs. 16/10067, 86.
118   Ähnlich bereits Withus DB 2010, 70.

genen Unternehmen (Mutter- oder Tochterunternehmen) **kapitalmarktorientiert iSd § 264d** ist. Damit könnte auch ein nicht-kapitalmarktorientiertes Mutterunternehmen nach Abs. 4 berichtspflichtig werden, solange mindestens ein kapitalmarktorientiertes Tochterunternehmen einbezogen wird.

69   Hinsichtlich der Frage, was genau unter den wesentlichen Merkmalen des internen Kontroll- und Risikomanagementsystems zu verstehen ist, dürfte erst einmal kein prinzipieller Unterschied zur Berichterstattungssituation im Lagebericht gem. § 289 Abs. 4 existieren. Im **Kontext der Konzernlageberichterstattung** ergeben sich hierbei aber zwei wichtige Anmerkungen: Analog zu § 289 Abs. 4 bezieht sich das Objekt der Berichterstattung nicht auf das gesamte interne Kontroll- und Risikomanagementsystem, sondern nur auf den rechnungslegungsbezogenen Teil. Aufgrund der weiter gefassten Berichteinheit in der Konzernlageberichterstattung liegt der Fokus in § 315 Abs. 4 auf dem **Prozess der Konzernrechnungslegung,** also auf der Erstellung des Konzernabschlusses und des Konzernlageberichts (→ Rn. 1 f.). Nach DRS 20.11 handelt es sich bei dem Konzernrechnungslegungsprozess um einen Prozess zur Erstellung des Konzernabschlusses und des Konzernlageberichts, der die rechnungslegungsbezogenen Prozesse der in den Konzernabschluss einbezogenen Unternehmen umfasst, soweit sie sich auf Rechnungslegungsinformationen beziehen, die in den Konzernabschluss oder Konzernlagebericht eingehen, sowie die damit einhergehenden Konsolidierungs- und Berichtprozesse. Hierzu gehören **sämtliche Schritte der Konzernrechnungslegung,** angefangen von der Feststellung der Aufstellungspflicht, der Abgrenzung des Konsolidierungskreises, der Vereinheitlichung der einzubeziehenden Abschlüsse einschließlich Währungsumrechnung, der Erstellung von Summenabschlüssen, der Konsolidierung, der Erstellung und Offenlegung der Rechenwerke des Konzernabschlusses, des Konzernanhangs und des Konzernlageberichts. Dazu gehört auch die Erstellung und Validierung der HB-II-Abschlüsse der einbezogenen Unternehmen auf Grundlage der früheren Konzernbilanz-RL (RL 83/349/EWG; heute Bilanz-RL), die ohne Rückgriff auf die HB-I-Erstellung und letztlich auf die gesamte Buchhaltung aller einbezogenen Unternehmen kaum möglich sein dürfte.[119] DRS 20.K173 stellt insofern klar, dass **die relevanten Rechnungslegungsprozesse der einbezogenen Unternehmen** von der Berichterstattungspflicht des Abs. 4 mit betroffen sind.

70   Die zweite Anmerkung zielt auf das interne Kontroll- und Risikomanagementsystem. Obwohl der deutsche Gesetzgeber auf Regulierungen zur Ausgestaltung des internen Kontroll- und Risikomanagementsystems verzichtet hat, stehen gerade konzernrechnungslegungspflichtige Mutterunternehmen angesichts ihrer Beteiligungsstruktur und der damit einhergehenden konzernspezifischen Risiken in der besonderen Verantwortung, die Einrichtung derartige Systeme zu prüfen. Andernfalls droht eine Sorgfaltspflichtverletzung des Vorstands.[120] Durch den klaren Bezug zum Konzernrechnungslegungsprozess hat sich das interne Kontroll- und Risikomanagementsystem auf den gesamten Konsolidierungskreis zu erstrecken. Die Reichweite dürfte sich dabei **nicht nur auf den Vollkonsolidierungskreis beschränken,** da quotal konsolidierte Unternehmen, in Ausnahmefällen sogar assoziierte und sonstige im Anteilsbesitz stehende Unternehmen, die wirtschaftliche Lage des Konzerns wesentlich beeinflussen können und in der Konzernlageberichterstattung berücksichtigt werden (→ Rn. 24).

71   Inhaltlich stellt DRS 20.K170 klar, dass trotz der im Gesetzeswortlaut vorgenommenen Fokussierung auf Prozesse **auch auf Strukturen** des konzernrechnungslegungsspezifischen internen Kontroll- und Risikomanagementsystems einzugehen ist. Das scheint folgerichtig, da eine prozessuale Betrachtung kaum von den zugrundeliegenden Strukturen zu trennen sein dürfte. Wenn in diesem Zusammenhang auf ein allgemein anerkanntes Rahmenkonzept abgestellt wird, ist dies nach DRS 20.K172 anzugeben. Zudem sehen DRS 20.K174 ff.

---

[119]   Ähnlich für § 289 Strieder BB 2009, 1003, der eine weite Auslegung des Begriffs „Rechnungslegungsprozess" präferiert.
[120]   Withus KoR 2009, 440 ff. mit Hinweis auf BGH NJW 2009, 850, allerdings ohne den Konzernbezug besonders zu betonen.

weitere inhaltliche Vorgaben für den Kontroll- und Risikomanagementbericht zur Konkretisierung des Gesetzeswortlauts vor. DRS 20.K174 formuliert **Pflichtangaben in Bezug auf das interne Kontrollsystem** (Angaben zu den Grundsätzen und Verfahren zur Sicherung der Wirksamkeit und ggf. auch der Wirtschaftlichkeit der Kontrollen im Konzernrechnungslegungsprozess sowie zum internen Revisionssystem, soweit es Maßnahmen in Bezug auf das Kontrollziel betrifft), die durch beispielhaft aufgeführte Angaben in DRS 20.K175 und K176 zum Rechnungslegungsprozess bzw. Konsolidierungsprozess ergänzt werden können. Weitere **Pflichtangaben zum Risikomanagementsystem** in Bezug auf den Konzernrechnungslegungsprozess sind in DRS 20.K177 aufgeführt (Angaben zu den Maßnahmen zur Identifizierung und Bewertung von Risiken, die der Normenkonformität von Konzernabschluss und Konzernlagebericht entgegenstehen könnten, zu Maßnahmen zur Überprüfung und Begrenzung erkannter Risiken einschließlich der entsprechenden Abbildung dieser Risiken). Trotz dieser hilfreichen Konkretisierungen ist angesichts der Fülle der hier gerade in DRS 20.K175 f. beispielhaft aufgeführten Bereiche zu beachten, dass dem Gesetzeswortlaut nach **immer nur auf wesentliche Merkmale** des internen Kontroll- und Risikomanagementsystems einzugehen ist, die **immer nur in Bezug auf den Konzernrechnungslegungsprozess** zu betrachten sind.

4. Zusammenfassung von Konzernlagebericht und Lagebericht des Mutter- 72 unternehmens (Abs. 5). Der Konzernlagebericht darf mit dem Lagebericht des Mutterunternehmens zusammengefasst werden (Abs. 5). Das in § 298 Abs. 2 für den Konzernanhang existierende **Wahlrecht,** mit dem Anhang des Mutterunternehmens zusammengefasst zu werden, wird damit **auf den Konzernlagebericht übertragen.** Als Voraussetzung für die Ausübung des Wahlrechts muss der Konzernabschluss mit dem Konzernlagebericht und der Jahresabschluss des Mutterunternehmens mit dem Lagebericht gemeinsam offengelegt werden (§ 298 Abs. 2 S. 2 iVm § 315 Abs. 5).

Die Zusammenfassung von Konzernlagebericht und Lagebericht des Mutterunterneh- 73 mens dient der **Vermeidung von Doppelangaben, Verweisen und Wiederholungen.** Da die Berichterstattungspflichten der §§ 289, 315 ff. in vollem Umfang bestehen bleiben, dürfen nur die Inhalte zusammengefasst werden, die für den Konzern und das Mutterunternehmen im gleichen Maße zutreffen. Bei abweichenden Inhalten ist innerhalb des zusammengefassten Lageberichts auch weiterhin gesondert zu berichten.[121] Dem Grundsatz der Klarheit und dem Gesetzeswortlaut folgend, muss aus dem zusammengefassten Lagebericht hervorgehen, welche Angaben sich auf den Konzern und welche sich nur auf das Mutterunternehmen beziehen (§ 298 Abs. 2 S. 2 iVm § 315 Abs. 5).

Der zusammengefasste Lagebericht hat ein den tatsächlichen Verhältnissen entsprechen- 74 des Bild sowohl des Konzerns als auch des Mutterunternehmens zu vermitteln. Diese auf den Informationszweck zielende Forderung ist in § 289 Abs. 1 und § 315 Abs. 1 gleichermaßen festgelegt. Da der Lagebericht aber den Einzelabschluss des Mutterunternehmens – wie der Konzernlagebericht den Konzernabschluss – zu ergänzen hat, sind Rückwirkungen des auch auf Ausschüttungsbemessung und steuerliche Gewinnermittlung zielenden Einzelabschlusses auf den Lagebericht nicht ausgeschlossen.[122] Die Zusammenfassung von Konzernlagebericht und Lagebericht des Mutterunternehmens kann aber **nur unter der Voraussetzung** erfolgen, dass die klare Informationsausrichtung der Konzernrechnungslegung und insbesondere des Konzernlageberichts dadurch **keinerlei Einschränkungen** erfährt.

IV. Konzernlagebericht nach IFRS

Vom IASB existiert **kein § 315 und §§ 315 ff. vergleichbarer Standard.**[123] Grund- 75 sätzlich sieht das IASB seine Aufgabe in der Veröffentlichung jahresabschlussrelevanter, inter-

---

[121] ADS Rn. 32; Busse v. Colbe/Müller/Reinhard Rn. 192.

[122] Einen zumindest mittelbaren Zusammenhang zwischen Lagebericht und Zweck der Kapitalerhaltung deuten zB Baetge/Fischer/Paskert, Der Lagebericht: Aufstellung, Prüfung und Offenlegung, 1989, S. 8, an.

[123] Auch Beiersdorf/Buchheim BB 2006, 96; Hartmann, Internationalisierung der Lageberichterstattung, 2006, S. 309. Die folgenden Ausführungen sind teilw. angelehnt an PFGS IntRechnungslegung Kap. 27.

national harmonisierter Rechnungslegungsgrundsätze. Im Zuge dieser Fokussierung auf die Rechnungslegung im engeren Sinne bleibt das Konstrukt eines (Konzern-)Lageberichts außen vor. Das IASB überlässt die Regulierung der restlichen Unternehmenspublizität – damit auch der Konzernlageberichterstattung – den nationalen Regulierern bzw. kooperiert diesbezüglich mit der IOSCO (International Organisation of Securities Commissions).

76   Aufgrund des international gestiegenen Interesses an Lageberichtsinformationen[124] und der Erkenntnis, dass der IFRS-Abschluss allein nur unzureichend über die wirtschaftliche Lage informiert,[125] rief das IASB in 2002 eine Projektgruppe zum Thema **„Management Commentary"** ins Leben. Nach einem Diskussionspapier in 2005[126] legte das IASB 2009 einen Exposure Draft vor.[127] Darin sind die Vorgaben für den Managementbericht nicht in Form eines verbindlich anzuwendenden Standards festgelegt worden, sondern als **unverbindlicher Leitfaden.** Dieser Leitfaden wurde im Dezember 2010 als sog. **„IFRS Practice Statement"** veröffentlicht und stellt einen groben Rahmen für die Erstellung eines Managementberichts dar.[128] Auf diese Weise soll vermieden werden, dass die Vorschriften der IFRS mit den nationalen Vorschriften – etwa zur HGB-Konzernlageberichterstattung in Deutschland – in Konflikt geraten. Trotzdem können die aus IASB-Sicht freiwillig anwendbaren Grundsätze zur Managementberichterstattung von Gesetzgebern bzw. Börsenaufsichten ggf. unter Anpassung an die jeweiligen nationalen Gegebenheiten zu verpflichtenden Bestandteilen erhoben werden. Die Zielsetzung des Managementberichts liegt gemäß dem Practice Statement Management Commentary (PS MC) darin, den Investoren einen Blick **aus der Perspektive des Managements** auf das Unternehmen zu ermöglichen. Somit folgt der Managementbericht ähnlich wie andere Berichtsinstrumente bzw. Bestandteile des IFRS-Abschlusses dem **Management Approach.** Wie bei den IFRS im Allgemeinen geht es auch hier um die **Bereitstellung einer entscheidungsnützlichen Managementberichterstattung** aus Sicht der Unternehmensleitung insbesondere auch zur (zukunftsgerichteten) Ergänzung und Erweiterung der Abschlussinformationen (PS MC.12, 13, 15).

77   Der Inhalt des Managementberichts orientiert sich stark an den Gegebenheiten und Umständen des einzelnen Unternehmens, um so den **Charakter der Geschäftstätigkeit, die Strategien des Managements und das regulatorische Umfeld, in dem das jeweilige Unternehmen tätig ist, widerzuspiegeln** (PS MC.22). Im Sinne der Bereitstellung entscheidungsnützlicher Informationen sollte der Managementbericht jedoch zu folgenden Bereichen Informationen beinhalten (PS MC.24 ff.):
– Art des Geschäfts,
– Ziele und Strategien der Unternehmensleitung,
– Ressourcen, Risiken und Beziehungen des Unternehmens,
– Geschäftsergebnis und -aussichten,
– Leistungsmaßstäbe und Indikatoren, die die Unternehmensleitung zur Beurteilung heranzieht.

78   Diese Themenbereiche sollen nicht isoliert dargestellt werden, vielmehr stehen sie in einem Wirkungszusammenhang, der ebenfalls analysiert und erläutert werden soll (PS MC.25). Obwohl der Managementbericht als separates Berichtsinstrument veröffentlicht wird, stellt er einen Bestandteil der gesamten Finanzberichterstattung dar und sollte **mit den in den anderen Berichtsinstrumenten veröffentlichten Informationen inhaltlich konsistent** sein.

---

[124] Neben den in Deutschland erweiterten Anforderungen an die Lageberichterstattung sind in den letzten Jahren die entsprechenden Verlautbarungen zB auch in den USA (Management's Discussion and Analysis of Financial Conditions and Results of Operations) und in Großbritannien (Operation and Financial Review) überarbeitet worden.
[125] ZB Riegler IRZ 2006, 115.
[126] ZB Beiersdorf/Buchheim BB 2006, 96 ff.; Kirsch/Scheele WPg 2006, 89 ff.; Fink KoR 2006, 141 ff., Pöckel PiR 2006, 71 ff.; Kümmel/Zülch StuB 2006, 393 ff.
[127] Zum Exposure Draft erläuternd zB Buchheim BB 2009, 1685 ff.; Geirhofer IRZ 2009, 431 ff.; Kajüter/ Bachert/Blaesing KoR 2010, 183 ff.; Kajüter/Guttmeier DB 2009, 2333.
[128] Zum IFRS Practice Statement erläuternd zB Fink/Kajüter KoR 2011, 177 ff.; Melcher/Murer DB 2011, 430 ff.

Die Beschäftigung des IASB mit dem Management Commentary spiegelt die Weiter- **79** entwicklung der Rechnungslegung von einem vergangenheitsorientierten Financial Accounting zu einem **umfassenderen Business Reporting** wider.[129] Viele Stellungnahmen im Entstehungsprozess haben diesen Wandel befürwortet.[130] Auch große internationale Unterschiede in der existierenden „Lageberichterstattung" (gerade auch über die EU hinaus) scheinen einen entsprechenden Bedarf zu rechtfertigen. Allerdings steht dem die Regulierungshoheit der betroffenen Staaten im Bereich des Gesellschafts- und Kapitalmarktrechts entgegen, so dass bislang nur der unverbindliche Leitfadencharakter möglich scheint. Schließlich behalten die §§ 289 ff. und 315 ff. für deutsche Unternehmen, seien sie nun IFRS-Bilanzierer oder nicht, uneingeschränkte Gültigkeit. HGB-(Konzern-)Lagebericht und Managementbericht des IASB weisen dabei allerdings Gemeinsamkeiten auf. Unter Berücksichtigung der DRS zur Konzernlageberichterstattung (DRS 20) liegen die Unterschiede im Detaillierungsgrad der Vorgaben. Die IASB-Vorgaben stellen eher prinzipienorientierte Berichtsgrundsätze dar, die insgesamt sehr allgemein formuliert sind.[131] Vielleicht ist auch vor diesem Hintergrund die Anwendungshäufigkeit des PS MC in der Praxis gering. Das IASB hat deshalb in 2017 eine Arbeitsgruppe zur Überarbeitung des PS MC eingerichtet. Diese Überarbeitung scheint zudem nötig, um der Fortentwicklung der Unternehmensberichterstattung insbesondere in den Bereichen Nachhaltigkeit und Integrated Reporting Rechnung zu tragen.[132] Hierfür hat das IASB im Mai 2021 einen Exposure Draft (ED/2021/6) PS MC veröffentlicht. Hiermit versucht das IASB, klarer und umfassender auf die narrativen Informationsbedürfnisse von Investoren und Kreditgebern einzugehen und die Bestrebungen auch der IFRS Foundation in der Standardisierung der Nachhaltigkeitsberichterstattung mit zu berücksichtigen.[133]

Parallelen zu einzelnen Konzernlageberichtsbestandteilen existieren auch in den **Anga-** **80** **bepflichten einzelner IFRS.**[134] Als zentrales Beispiel mag IFRS 7 und die hiernach erforderlichen Angaben zu den aus Finanzinstrumenten resultierenden Risiken sowie deren Management dienen, an denen sich die Angabepflichten im **Finanzrisikobericht** (Abs. 2 Nr. 1) des Konzernlageberichts orientieren. Auch die Menge offenzulegender Informationen zu immateriellen Werten gem. IAS 38 sehen Angaben vor, die zumindest in die Richtung eines **Forschungs- und Entwicklungsberichts** gem. § 315 Abs. 2 Nr. 2 deuten.

Trotz der Fokussierung der IFRS auf die Rechnungslegung ieS wird den berichtenden **81** Unternehmen in IAS 1.13 empfohlen, neben dem (Konzern-)Abschluss eine Art **Finanzbericht (Financial Review by Management)** auf freiwilliger Basis zu veröffentlichen. Darin sollten über die Rechenwerke hinausgehende Informationen zu den wesentlichen Merkmalen der Vermögens-, Finanz- und Ertragslage des Konzerns sowie der diesbezüglich wichtigsten Unsicherheiten enthalten sein. IAS 1.13 führt hierzu insbesondere Informationen auf zu den wesentlichen externen sowie internen Einflussfaktoren, zur Finanzierungs-, Investitions- aber auch Dividendenpolitik und auch zu nicht-bilanziell erfassten Ressourcen. Parallelen zum **Wirtschafts- und Risikobericht** gem. Abs. 1 sind offenkundig.

Sofern **weitere Aufstellungen und Informationen,** wie zB Umweltberichte, Nach- **82** haltigkeitsberichte oder Wertschöpfungsrechnungen, den Adressaten entscheidungsrelevante Informationen liefern können, hält das IASB ihre freiwillige Veröffentlichung ebenfalls für sinnvoll (IAS 1.14).

---

[129] Fink KoR 2006, 141; Böcking ZfbF-Sonderheft 1998, 17 ff. Zur diesbezüglichen Entwicklung der Rechnungslegung vgl. Coenenberg KoR 2003, 165.
[130] Beispielhafte Auswertungen der Stellungnahmen finden sich bei Kasperzak/Beiersdorf KoR 2007, 121 ff.; Grottke/Höschele PiR 2010, 149 ff.
[131] Hachmeister/Dobler BilMoG 103, spricht von einem „wachsweichen Harmonisierungsversuch des IASB", der die „international teils als Vorreiter geltenden Regeln des DRS" nicht verwässern sollte; ähnlich auch Melcher/Murer DB 2011, 434.
[132] Dittmar/Klönne/Dollereder WPg 2019, 1154 ff.
[133] Zum neuen Exposure Draft erläuternd zB Berger/Alberti BB 2021, 2027 ff.; Fink/Kajüter, Lageberichterstattung, 2. Aufl. 2021, S. 47 f.
[134] Prigge, Konzernlageberichterstattung vor dem Hintergrund einer Bilanzierung nach IFRS, 2006, 79 ff.

83   Auch die **IOSCO** hat sich mit lageberichtsähnlichen Publizitätsinstrumenten beschäftigt. Bereits 1998 verabschiedete sie „International Disclosure Standards for Cross-Border Offerings and Initial Listings by Foreign Issuers", die unter Item 5 die Verpflichtung zur Anfertigung eines „Operating and Financial Review and Prospects" enthalten. Weitere diesbezügliche Vorlage- und Ausgestaltungsempfehlungen der IOSCO sind bis heute gefolgt, zB die „General Principles Regarding Disclosure of Management's Discussion and Analysis of Financial Condition and Results of Operations" (2003) oder die „Principles for Periodic Disclosure by Listed Entities" (2010). Regelmäßiger Bezugspunkt dieser IOSCO-Initiativen ist die **US-amerikanische MD&A (Management's Discussion and Analysis of Financial Condition and Results of Operations).** Dieses Berichtselement für börsennotierte US-Unternehmen ist zwar nicht mit dem Konzernlagebericht gem. §§ 315 ff. identisch, weist jedoch hohe inhaltliche Schnittmengen gerade zum Wirtschaftsbericht auf. In der MD&A hat das Management die Kapital-, Liquiditäts- und Ertragssituation des Konzerns über die letzten fünf Jahre hinweg zu analysieren. So soll den Investoren die Betrachtung des Unternehmens aus der Managementperspektive ermöglicht werden,[135] um ihnen und den übrigen Nutzern die Beurteilung der Finanz- und Ertragslage, aber auch der künftigen Entwicklung, zu erleichtern.[136] Der MD&A wird eine Verdichtungs-, Erläuterungs- und Ergänzungsfunktion zugestanden.[137] Seit 1999 heißt die MD&A bei ausländischen Emittenten gem. Item 5 der SEC Form 20-F **Operation and Financial Review and Prospects (OFR)** mit allerdings inhaltlich weitgehend identischen Berichterstattungspflichten.[138]

§ 315a Ergänzende Vorschriften für bestimmte Aktiengesellschaften und Kommanditgesellschaften auf Aktien

[1]**Mutterunternehmen (§ 290), die einen organisierten Markt im Sinne des § 2 Absatz 7 des Wertpapiererwerbs- und Übernahmegesetzes durch von ihnen ausgegebene stimmberechtigte Aktien in Anspruch nehmen, haben im Konzernlagebericht außerdem anzugeben:**

1. **die Zusammensetzung des gezeichneten Kapitals unter gesondertem Ausweis der mit jeder Gattung verbundenen Rechte und Pflichten und des Anteils am Gesellschaftskapital;**
2. **Beschränkungen, die Stimmrechte oder die Übertragung von Aktien betreffen, auch wenn sie sich aus Vereinbarungen zwischen Gesellschaftern ergeben können, soweit die Beschränkungen dem Vorstand der Gesellschaft bekannt sind;**
3. **direkte oder indirekte Beteiligungen am Kapital, die 10 Prozent der Stimmrechte überschreiten;**
4. **die Inhaber von Aktien mit Sonderrechten, die Kontrollbefugnisse verleihen, und eine Beschreibung dieser Sonderrechte;**
5. **die Art der Stimmrechtskontrolle, wenn Arbeitnehmer am Kapital beteiligt sind und ihre Kontrollrechte nicht unmittelbar ausüben;**
6. **die gesetzlichen Vorschriften und Bestimmungen der Satzung über die Ernennung und Abberufung der Mitglieder des Vorstands und über die Änderung der Satzung;**
7. **die Befugnisse des Vorstands insbesondere hinsichtlich der Möglichkeit, Aktien auszugeben oder zurückzukaufen;**
8. **wesentliche Vereinbarungen des Mutterunternehmens, die unter der Bedingung eines Kontrollwechsels infolge eines Übernahmeangebots stehen, und die hieraus folgenden Wirkungen;**

---

[135]   Krawitz, Anhang und Lagebericht nach IFRS, 2005, 218.
[136]   Kasperzak/Beiersdorf KoR 2007, 123.
[137]   Krawitz/Hartmann FS Lück, 2003, 299.
[138]   SEC Release Nr. 33–8350, Fn. 1. Zur inhaltlichen Übereinstimmung von MD&A und OFR vgl. auch Bruns/Renner FB 2000, 617.

9. **Entschädigungsvereinbarungen des Mutterunternehmens, die für den Fall eines Übernahmeangebots mit den Mitgliedern des Vorstands oder mit Arbeitnehmern getroffen sind.**
[2]Die Angaben nach Satz 1 Nummer 1, 3 und 9 können unterbleiben, soweit sie im Konzernanhang zu machen sind. [3]Sind Angaben nach Satz 1 im Konzernanhang zu machen, ist im Konzernlagebericht darauf zu verweisen. [4]Die Angaben nach Satz 1 Nummer 8 können unterbleiben, soweit sie geeignet sind, dem Mutterunternehmen einen erheblichen Nachteil zuzufügen; die Angabepflicht nach anderen gesetzlichen Vorschriften bleibt unberührt.

Schrifttum: s. bei § 315.

I. Allgemeiner Teil und Überblick

Es gelten die Kommentierungen des § 315 hinsichtlich des Allgemeinen Teils **1** (→ § 315 Rn. 1 ff.) und auch hinsichtlich der Funktionen sowie der Anforderungen an den Konzernlagebericht (→ § 315 Rn. 16 ff.). § 315a führt die gesetzlich vorgeschriebenen Inhalte der Konzernlageberichterstattung für bestimmte Mutterunternehmen fort.

§ 315a ist durch das **CSR-Richtlinie-Umsetzungsgesetz**[1] 2017 und die damit voll- **2** zogene Transformation der CSR-RL (RL 2014/95/EU zur Änderung der Bilanz-RL) neu in das HGB eingeführt worden. Inhaltlich sind in den § 315a allerdings zuvor bekannte und in § 315 aF festgelegte Konzernlageberichtsbestandteile übertragen worden, ohne dass materielle Änderungen durch diese Übertragung beabsichtigt waren. Die ursprünglich in § 315a regulierte Erläuterung des Vergütungssystems (Vergütungsbericht) ist 2019 durch das ARUG II in das AktG verlagert worden.

Entsprechend der gesetzlichen Vorgaben bildet der **Eigentumsstrukturbericht** den **3** Inhalt des Konzernlageberichts gem. § 315a. Der Eigentumsstrukturbericht soll einen umfassenden Einblick in die Eigentumsstruktur des am organisierten Kapitalmarkt agierenden Mutterunternehmens ermöglichen und etwaige Übernahmehindernisse wie zB Stimmrechtsbeschränkungen identifizieren. Die Berichtsinhalte des § 315a stehen bei den berichtspflichtigen Unternehmen **gleichberechtigt** neben den Berichtsinhalten des § 315 sowie §§ 315b–315d. Berichtspflichtig sind allerdings **nur bestimmte Mutterunternehmen**, die einen organisierten Markt iSd § 2 Abs. 7 WpÜG in Anspruch nehmen.

II. Inhalt des Konzernlageberichts nach § 315a

Sofern ein Mutterunternehmen durch Ausgabe stimmberechtigter Aktien einen organi- **4** sierten Markt iSd § 2 Abs. 7 WpÜG in Anspruch nimmt, muss dieses Mutterunternehmen seinen Konzernlagebericht um einen Eigentumsstrukturbericht erweitern. Die **Zielsetzung** des aus der Umsetzung von Art. 10 Übernahme-RL stammenden Eigentumsstrukturberichts liegt primär in der Vorabinformation Übernahmeinteressierter über mögliche Übernahmehindernisse und folgt damit einem „Publizitätsmodell des Anleger- und Marktschutzes durch Transparenz".[2] Dies stärkt letztlich die Funktionsfähigkeit des Kapitalmarktes (auch) als Kontrollmarkt, um die Unternehmensleitung zu anlegerkonformen Handeln zu bewegen.[3] Übernahmeinteressierte können somit die Marktfähigkeit der Zielgesellschaft besser beurteilen und durch Berücksichtigung der Übernahmehindernisse ihr Übernahmeangebot fundierter bewerten und vorbereiten.[4]

§ 315a entspricht im Wortlaut weitgehend § 289a, weshalb auf die dortigen Ausführun- **5** gen verwiesen werden kann. Die Übereinstimmung mit § 289a ist beim Eigentumsstruktur-

[1]   Gesetz zur Stärkung der nichtfinanziellen Berichterstattung der Unternehmen in ihren Lage- und Konzernlageberichten (CSR-Richtlinie-Umsetzungsgesetz) v. 11.4.2017, BGBl. 2017 I 802.
[2]   Merkt/Binder BB 2006, 1291. Zum Regulierungskonzept des sog. „Informationsmodells" vgl. Binder/Broichhausen ZBB 2006, 88 ff.; Merkt ZfbF-Sonderheft 2006, 24 ff.
[3]   ZB Jensen/Ruback Journal of Financial Economics 1983, 5 ff.
[4]   Merkt/Binder BB 2006, 1291; Baetge/Brüggemann/Haenelt BB 2007, 1887 ff.

bericht sogar noch weitreichender als in den sonstigen Konzernlageberichtsbestandteilen, da der **Konzernzusammenhang bei der Eigentumsstruktur nur eine untergeordnete Rolle** spielt. Letztlich determiniert die direkte und indirekte Eigentumsstruktur der Muttergesellschaft auch diejenige des Konzerns. Minderheiten auf Ebene der Tochterunternehmen gehören zwar ökonomisch zur Eigentumsstruktur des Konzerns als wirtschaftliche Einheit (Einheitstheorie), sind indes zur Beherrschung bzw. Kontrolle des Konzerns, wenn überhaupt, nur von geringer Bedeutung und damit für Übernahmeüberlegungen wenig relevant. Dennoch ist Nr. 1–9 darauf zu prüfen, ob **Eigentums- und Stimmrechtsstrukturen auf Ebene der Tochterunternehmen** für den ganzen Konzern Bedeutung erlangen können. Denkbar wären zB Beherrschungsverhältnisse im faktischen Konzern ohne formales Vorliegen einer Stimmrechtsmehrheit oder die Existenz von Sperrminoritäten. Darüber wäre im Falle der Wesentlichkeit ebenfalls zu berichten.

6   Im Einzelnen ist gem. S. 1 einzugehen auf:
– die Zusammensetzung des gezeichneten Kapitals (Nr. 1),
– Beschränkungen, die die Stimmrechte oder die Übertragung von Aktien betreffen (Nr. 2),
– wesentliche direkte oder indirekte Beteiligungen am Kapital (Nr. 3),
– Inhaber von Aktien mit besonderen, zu erläuternden Kontrollbefugnissen (Nr. 4),
– die mögliche Stimmrechtskontrolle von am Kapital beteiligten Arbeitnehmern (Nr. 5),
– die Bestimmungen zur Ernennung und Abberufung von Vorstandsmitgliedern und zu entsprechenden Satzungsänderungen (Nr. 6),
– die Vorstandsbefugnisse hinsichtlich Aktienausgabe und –rückkauf (Nr. 7),
– wesentliche Vereinbarungen des Mutterunternehmens, die unter der Bedingung eines Kontrollwechsels in Folge eines Übernahmeangebots stehen, und die hieraus folgenden Wirkungen (Nr. 8) sowie
– Entschädigungsvereinbarungen des Mutterunternehmens mit seinem Vorstand und seinen Arbeitnehmern für den Fall eines Übernahmeangebots (Nr. 9).

7   Es gelten die Verhältnisse zum Bilanzstichtag (DRS 20.K189).

8   Die **Zusammensetzung des gezeichneten Kapitals** ist anzugeben (Nr. 1). Sofern sich das gezeichnete Kapital des Mutterunternehmens in unterschiedliche Aktiengattungen einteilen lässt, ist hierauf im Konzernlagebericht einzugehen. Dabei sind der Anteil der jeweiligen Aktiengattung am gezeichneten Kapital sowie die mit diesen Aktien verbundenen Rechte und Pflichten zu erläutern (Nr. 1 sowie DRS 20.K190).[5] DRS 20.K191 fordert idZ, die Anzahl der ausgegebenen Aktien, bei mehreren Aktiengattungen die Zahl der pro Gattung ausgegebenen Aktien, anzugeben. Zudem ist hiernach, sofern vorhanden, der Nennbetrag der Aktien und die Zahl der Aktien jeden Nennbetrages sowie die Art der ausgegebenen Aktien (Nennbetrags- oder Stückaktie sowie Inhaber-, Namens- oder vinkulierte Namensaktie) zu benennen. DRS 20.K190-191-Angaben können entfallen, wenn diese im Konzernanhang enthalten sind und ein entsprechender Verweis im Eigentumsstrukturbericht existiert (DRS 20.K192).

9   Unter **Beschränkungen, die Stimmrechte oder die Übertragung von Aktien betreffen** (Nr. 2), versteht die Übernahme-RL sowohl Beschränkungen des Wertpapierbesitzes als auch das Erfordernis einer Genehmigung durch die Gesellschaft oder die übrigen Wertpapierinhaber.[6] Formal können sich Beschränkungen gem. DRS 20.K195 ua aus gesetzlichen Vorschriften (hier ist ein entsprechender Verweis ausreichend), Satzungsbestimmungen, Vereinbarungen zwischen den Gesellschaftern ergeben. Dabei können zeitliche Beschränkungen auftreten oder solche, die die Ausübung des Stimmrechts betreffen. An dieser Stelle ist auch über Regelungen zu informieren, die die Stimmrechte auf einen bestimmten Prozentsatz oder eine bestimmte Stimmrechtsanzahl beschränken. Zu informieren ist auch über Stimmbindungsverträge oder Beschränkungen des Wertpapierbesitzes. Diese Informationspflicht gilt auch für Vereinbarungen zwischen Gesellschaftern, die die Übertragung von Wertpapieren oder die Stimmrechtsausübung beschränken. Sinnvoll

---

5   BR-Drs. 154/06, 48.
6   BR-Drs. 154/06, 49.

erscheint idZ eine Negativerklärung des Vorstands, wenn diesem keine Beschränkungen bekannt sind.[7] Durch Nr. 2 wird für den Vorstand aber weder ein Auskunftsrecht noch eine Erkundigungspflicht begründet (DRS 20.K196). Aktionäre sind hiernach auch nicht verpflichtet, dem Vorstand bestehende Stimmbindungsverträge anzuzeigen.

Angaben zu **wesentlichen Beteiligungen am Kapital** (Nr. 3) beziehen sich auf alle 10 mittelbar oder unmittelbar gehaltenen Beteiligungen, sofern diese Beteiligungen einen Schwellenwert von 10 % der Stimmrechte übersteigen (so auch DRS 20.K197). Als Beispiele für direkte und indirekte Beteiligungen am Kapital nennt die Gesetzesbegründung auch Pyramidenstrukturen oder wechselseitige Beteiligungen.[8] Für die Zurechnung von indirekten Beteiligungen am Kapital verweist DRS 20.K199 auf §§ 22 f. WpHG, die anzuwenden sind. DRS 20.K200 verlangt auch Angaben zu den Beteiligten, die mindestens Name/Firma sowie (Wohnort- bzw. Sitz-)Staat enthalten müssen.

Im Eigentumsstrukturbericht sind **namentlich die Aktieninhaber mit Sonderrech-** 11 **ten anzugeben,** sofern diese Kontrollbefugnisse verleihen (Nr. 4); die Sonderrechte, zB Entsenderechte in den Aufsichtsrat gem. § 101 Abs. 2 AktG, sind zu beschreiben (DRS 20.K202 f.). Sofern **Arbeitnehmer am Kapital beteiligt** sind, die ihre Kontrollrechte nicht unmittelbar ausüben, weil sie zB durch einen gemeinsamen Vertreter oder einen Mitarbeiteraktionärsverein ausgeübt werden, ist die Art der **Stimmrechtskontrolle darzustellen** (Nr. 5; DRS 20.K204 f.). Auch hier gilt nach DRS 20.K206, dass diese Angabepflicht weder ein Auskunftsrecht noch eine Erkundigungspflicht des Vorstands begründet. Eine Verpflichtung für die Arbeitnehmer, dem Vorstand entsprechende Vereinbarungen anzuzeigen, besteht hiernach nicht.

Hinsichtlich der Angaben zu den gesetzlichen Vorschriften sowie Satzungsbestimmun- 12 gen über die **Ernennung und Abberufung der Vorstandsmitglieder sowie über Satzungsänderungen** (Nr. 6; DRS20.K207 f.) ist ein Verweis auf die relevanten Rechtsvorschriften ausreichend. Die wesentlichen Satzungsbestimmungen sind darzustellen, soweit das Gesetz ergänzt oder von dispositiven Gesetzesvorschriften abgewichen wird.

Im Eigentumsstrukturbericht sind auch die **Befugnisse des Vorstands, insbesondere** 13 **hinsichtlich der Aktienausgabe- oder -rückkaufmöglichkeiten** anzugeben (Nr. 7; DRS 20.K209). IdZ müssen die entsprechenden, konkreten Ermächtigungen zur Aktienausgabe und zum Aktienrückkauf dargestellt werden. Dies kann nach DRS 20.K210 zB Ermächtigungen zum Erwerb eigener Aktien (§ 71 Abs. 1 Nr. 6–8 AktG), zur Ausgabe von Aktien aus dem genehmigten Kapital (§§ 202 ff. AktG) und zur Ausgabe von Wandelschuldverschreibungen, Gewinnschuldverschreibungen oder Genussrechten gem. § 221 AktG umfassen, soweit die Ermächtigung für die beiden zuletzt genannten Finanzinstrumente die Ausstattung mit einem Umtausch- bzw. Bezugsrecht auf Aktien vorsieht.

Der Eigentumsstrukturbericht ist in Nr. 8 bezüglich wesentlicher Vereinbarungen des 14 Mutterunternehmens, die **unter der Bedingung eines Kontrollwechsels in Folge eines Übernahmeangebots** stehen, durch das BilMoG „um die hieraus folgenden Wirkungen" ergänzt worden. Dieser eingefügte Halbsatz beseitigt ein Redaktionsversehen eines früheren Gesetzgebungsverfahrens und erreicht die gewünschte Wortlautangleichung an § 289 aF bzw. § 289a.[9]

Die Pflichtangabe gem. Nr. 8 steht wie auch das Pendant in § 289a unter einer Aus- 15 nahme. Sollte dem Unternehmen aus der Bekanntgabe dieser Vereinbarungen **ein erheblicher Nachteil** entstehen, kann von dieser Berichtspflicht abgesehen werden. Die Ermittlung dessen, was unter einem erheblichen Nachteil zu verstehen ist, sollte nach vernünftiger kaufmännischer Beurteilung erfolgen. Da der Gesetzgeber die Nachteilszufügung in Abs. 1 S. 4 explizit auf das Mutterunternehmen und nicht auf den Konzern bezieht, ist diese Beurteilung aus Perspektive des Mutterunternehmens vorzunehmen. Indirekt spielen Tochterunternehmen und andere Beteiligungen dabei eine Rolle, weil sie wesentliche Finanzak-

---

[7] Baetge/Brüggemann/Haenelt BB 2007, 1890.
[8] BR-Drs. 154/06, 49 f.
[9] BT-Drs. 16/12407, 91.

tiva des Mutterunternehmens darstellen können. Bei der Identifikation wesentlicher Vereinbarungen an sich zielt der Gesetzeswortlaut ebenfalls auf das Mutterunternehmen. Nur **wesentliche Vereinbarungen des Mutterunternehmens** stehen explizit in der Angabepflicht nach Nr. 8. Da sich die Abschätzung der Wesentlichkeit allerdings aus der Adressatenperspektive, dh aus der Perspektive eines Übernahmeinteressierten ergibt, erscheint auch hier eine **Konzernperspektive** und damit **eine eher wirtschaftliche Betrachtungsweise ratsam:** Da in der Konzernrechnungslegung jedes Tochterunternehmen per definitionem vom Mutterunternehmen beherrscht wird, sind auch die Vereinbarungen der Tochterunternehmen dem Mutterunternehmen (und letztlich der wirtschaftlichen Einheit als solcher) zuzurechnen. Somit sollte über diejenigen Vereinbarungen innerhalb des Konsolidierungskreises berichtet werden, die sich wesentlich auf die künftige Vermögens-, Finanz- und Ertragslage des gesamten Konzerns auswirken und insofern für einen Übernahmeinteressierten (des Mutterunternehmens) entscheidungsrelevant wären.[10]

16   Der Gesetzeswortlaut weist bezüglich des Nr. 8 betreffenden Ausnahmetatbestands in Abs. 1 S. 4 Hs. 2 darauf hin, dass die **Angabepflichten nach anderen gesetzlichen Vorschriften unberührt bleiben.** Damit wird angedeutet, dass sich die Angabepflichten des Eigentumsstrukturberichts teilweise mit den insbesondere in § 160 AktG für den Anhang der Aktiengesellschaft geforderten **Angaben überschneiden.** Es ist hierbei fraglich, ob die **Zusammenfassung dieser Angabepflichten mit entsprechenden Verweisen** trotz explizit fehlender Erlaubnis möglich ist. Andererseits fehlt diese Erlaubnis auch im Finanzrisikobericht, wo die Zusammenfassung indes befürwortet wird (→ § 315 Rn. 60).

17   S. 2 weist darauf hin, dass im Konzernlagebericht ein **Verweis auf den Konzernanhang** zu erfolgen hat, wenn dort Pflichtangaben gem. S. 1 Nr. 1 (Aktiengattungen), Nr. 3 (Beteiligungen) und Nr. 9 (bestimmte Entschädigungsvereinbarungen) enthalten sind. Hintergrund dieser Ergänzung sind inhaltliche Redundanzen, die vor allem zwischen dem HGB-Konzernlagebericht und dem IFRS-Konzernanhang aufgetreten sind.[11]

§ 315b Pflicht zur nichtfinanziellen Konzernerklärung; Befreiungen

(1) [1]**Eine Kapitalgesellschaft, die Mutterunternehmen (§ 290) ist, hat ihren Konzernlagebericht um eine nichtfinanzielle Konzernerklärung zu erweitern, wenn die folgenden Merkmale erfüllt sind:**
1. **die Kapitalgesellschaft ist kapitalmarktorientiert im Sinne des § 264d,**
2. **für die in den Konzernabschluss einzubeziehenden Unternehmen gilt:**
   a) **sie erfüllen die in § 293 Absatz 1 Satz 1 Nummer 1 oder 2 geregelten Voraussetzungen für eine größenabhängige Befreiung nicht und**
   b) **bei ihnen sind insgesamt im Jahresdurchschnitt mehr als 500 Arbeitnehmer beschäftigt.**
[2]**§ 267 Absatz 4 bis 5 sowie § 298 Absatz 2 sind entsprechend anzuwenden.** [3]**Wenn die nichtfinanzielle Konzernerklärung einen besonderen Abschnitt des Konzernlageberichts bildet, darf die Kapitalgesellschaft auf die an anderer Stelle im Konzernlagebericht enthaltenen nichtfinanziellen Angaben verweisen.**

(2) [1]**Ein Mutterunternehmen im Sinne des Absatzes 1 ist unbeschadet anderer Befreiungsvorschriften von der Pflicht zur Erweiterung des Konzernlageberichts um eine nichtfinanzielle Konzernerklärung befreit, wenn**
1. **das Mutterunternehmen zugleich ein Tochterunternehmen ist, das in den Konzernlagebericht eines anderen Mutterunternehmens einbezogen ist, und**
2. **der Konzernlagebericht nach Nummer 1 nach Maßgabe des nationalen Rechts eines Mitgliedstaats der Europäischen Union oder eines anderen Vertragsstaats des Abkommens über den Europäischen Wirtschaftsraum im Einklang mit der**

---

[10]   AA wohl Baetge/Brüggemann/Haenelt BB 2007, 1891.
[11]   Prigge KoR 2006, 252 ff., was nicht ausschließt, dass auch innerhalb des HGB-Systems Redundanzen auftreten können.

Richtlinie 2013/34/EU aufgestellt wird und eine nichtfinanzielle Konzernerklärung enthält. [2]Satz 1 gilt entsprechend, wenn das andere Mutterunternehmen im Sinne des Satzes 1 einen gesonderten nichtfinanziellen Konzernbericht nach Absatz 3 oder nach Maßgabe des nationalen Rechts eines Mitgliedstaats der Europäischen Union oder eines anderen Vertragsstaats des Abkommens über den Europäischen Wirtschaftsraum im Einklang mit der Richtlinie 2013/34/EU erstellt und öffentlich zugänglich macht. [3]Ist ein Mutterunternehmen nach Satz 1 oder 2 von der Pflicht zur Erstellung einer nichtfinanziellen Konzernerklärung befreit, hat es dies in seinem Konzernlagebericht mit der Erläuterung anzugeben, welches andere Mutterunternehmen den Konzernlagebericht oder den gesonderten nichtfinanziellen Konzernbericht öffentlich zugänglich macht und wo der Bericht in deutscher oder englischer Sprache offengelegt oder veröffentlicht ist.

(3) [1]Ein Mutterunternehmen im Sinne des Absatzes 1 ist auch dann von der Pflicht zur Erweiterung des Konzernlageberichts um eine nichtfinanzielle Konzernerklärung befreit, wenn das Mutterunternehmen für dasselbe Geschäftsjahr einen gesonderten nichtfinanziellen Konzernbericht außerhalb des Konzernlageberichts erstellt und folgende Voraussetzungen erfüllt:
1. der gesonderte nichtfinanzielle Konzernbericht erfüllt zumindest die inhaltlichen Vorgaben nach § 315c in Verbindung mit § 289c und
2. das Mutterunternehmen macht den gesonderten nichtfinanziellen Konzernbericht öffentlich zugänglich durch
   a) Offenlegung zusammen mit dem Konzernlagebericht nach § 325 oder
   b) Veröffentlichung auf der Internetseite des Mutterunternehmens spätestens vier Monate nach dem Abschlussstichtag und mindestens für zehn Jahre, sofern der Konzernlagebericht auf diese Veröffentlichung unter Angabe der Internetseite Bezug nimmt.
[2]Absatz 1 Satz 3, die §§ 289d und 289e sowie § 298 Absatz 2 sind auf den gesonderten nichtfinanziellen Konzernbericht entsprechend anzuwenden.

(4) Ist die nichtfinanzielle Konzernerklärung oder der gesonderte nichtfinanzielle Konzernbericht inhaltlich überprüft worden, ist auch die Beurteilung des Prüfungsergebnisses in gleicher Weise wie die nichtfinanzielle Konzernerklärung oder der gesonderte nichtfinanzielle Konzernbericht öffentlich zugänglich zu machen.

§ 315c Inhalt der nichtfinanziellen Konzernerklärung

(1) Auf den Inhalt der nichtfinanziellen Konzernerklärung ist § 289c entsprechend anzuwenden.

(2) § 289c Absatz 3 gilt mit der Maßgabe, dass diejenigen Angaben zu machen sind, die für das Verständnis des Geschäftsverlaufs, des Geschäftsergebnisses, der Lage des Konzerns sowie der Auswirkungen seiner Tätigkeit auf die in § 289c Absatz 2 genannten Aspekte erforderlich sind.

(3) Die §§ 289d und 289e sind entsprechend anzuwenden.

Schrifttum: Baumüller/Follert, Prüfung der nichtfinanziellen Erklärung durch den Abschlussprüfer. Verpflichtungen von bislang unterschätzter Reichweite, IRZ 2017, 473; Behncke/Wulf, Erste Berichts- und Prüfungssaison der nichtfinanziellen Berichterstattung – Eine empirische Analyse der DAX160-Unternehmen für das Geschäftsjahr 2017, KoR 2019, 21; Blöink/Halbleib, Umsetzung der sog. CSR-Richtlinie 2014/95/EU: Aktueller Überblick über die verabschiedeten Regelungen des CSR-Richtlinie-Umsetzungsgesetzes, DK 2017, 182; Fink/Kajüter, Lageberichterstattung, 2. Aufl. 2021; Fink/Schmotz, Die Vorschläge der EU-Kommission zur Überarbeitung der CSR-Richtlinie, KoR 2021, 304; Hennrichs/Pöschke, Die Pflicht des Aufsichtsrats zur Prüfung des „CSR-Berichts", NZG 2017, 121; Holzmeier/Burth/Hachmeister, Die nichtfinanzielle Konzernberichterstattung nach dem CSR-Richtlinie-Umsetzungsgesetz, IRZ 2017, 215; Hommel-hoff, CSR-Vorstands- und -Aufsichtsratspflichten, NZG 2017, 1361; IDW (Hrsg.), Hrinkow/Hummel/Terko, Aktuelle Fragen aus der Praxis zur EU-Taxonomie-Verordnung – zur Definition von Wirtschaftsaktivitäten und Rolle des Wesentlichkeitsverständnisses, RWZ 2022, 16; IDW Positionspapier: Pflichten und Zweifelsfragen zur nichtfinanziellen Erklärung als Bestandteil der Unternehmensführung, Düsseldorf 2017; Kajüter, Neuerungen in der Lageberichterstattung nach dem Referentenentwurf des CSR-Richtlinie-Umsetzungsgesetzes, KoR 2016, 230; Kajüter, Die nichtfinanzielle Erklärung nach dem Regierungsentwurf zum CSR-Richtlinie-Umsetzungsgesetz, IRZ 2016, 507; Kajüter, Nichtfinanzielle Berichterstattung nach dem CSR-Richtlinie-Umsetzungsgesetz, DB 2017, 617; Kajüter, Das CSR-Richtlinie-Umsetzungsgesetz – ein Kompromiss, IRZ 2017, 137; Kajüter/Wirth, Praxis der nichtfinanziellen Berichterstattung nach dem CSR-RUG – Empirische Befunde für die DAX-Unternehmen, DB 2018, 1605; Kajüter/Wolff, Berichterstattung nach der EU-Taxonomie – Empirische Befunde zur Erstanwendung bei DAX-Unternehmen, DB 2022, 2041; Kirsch, E-DRÄS 8: Erneute Änderung am DRS 20 „Konzernlagebericht", StuB 2017, 573; Lanfermann, Auswirkungen der EU-Taxonomie-Verordnung auf die Unternehmensberichterstattung, BB 2020, 1643; Lanfermann/Scheid, Anwendung der EU-Taxonomie zu grünen Wirtschaftsaktivitäten – Überblick und Implikationen für deutsche Unternehmen, DB 2021, 741; Lanfermann/Scheid, Vorschlag der EU-Kommission zur Corporate Sustainability Reporting Directive (CSRD), DB 2021, 1213; Mock, Die Leitlinien der Europäischen Kommission zur CSR-Berichterstattung, DB 2017, 2144; Müller/Scheid, Konkretisierung der Umsetzung der CSR-Richtlinie in DRS 20 – Erweiterung der Konzernlageberichterstattung durch E-DRÄS 8, BB 2017, 1835; Orth/Oppermann, Neue Herausforderungen bei der Erstellung und Prüfung des Lageberichts, DB 2020, 401; Rimmelspacher/Schäfer/Schönberger, Das CSR-Richtlinie-Umsetzungsgesetz: Neue Anforderungen an die nichtfinanzielle Berichterstattung und darüber hinaus, KoR 2017, 225; Ruhnke/Schmidt, Veröffentlichungs- und Prüfungspflichten im Zusammenhang mit der Erklärung zur Unternehmensführung und der nichtfinanziellen Erklärung, DB 2017, 2557; Scheid/Müller, Leitlinien der Europäischen Kommission zur nichtfinanziellen Berichterstattung – Vereinheitlichungschancen der Berichterstattung und Ausstrahlungswirkung auf weitere Unternehmen, DStR 2017, 2240; Scheid/Müller, Notwendigkeit der klimabezogenen Berichterstattung, PiR 2019, 330; Schmotz/Schmidt, Nichtfinanzielle Berichtspflichten in der Finanzberichterstattung – Konkretisierung des CSR-RUG durch DRS 20 und Ausblick –, DB 2017, 2877; Schmotz/Schwedler/Barckow, Drei Jahre CSR-RUG: Horizontalstudie zur Anwendungspraxis und Handlungsempfehlungen des DRSC, DB 2021, 797; Seibt, CSR-Richtlinie-Umsetzungsgesetz: Berichterstattung über nichtfinanzielle Aspekte der Geschäftstätigkeit, DB 2016, 2707; Sopp/Baumüller, Die Leitlinien der EU-Kommission für die Berichterstattung über nichtfinanzielle Informationen: Orientierungshilfe ohne Orientierung, IRZ 2017, 377; Sopp/Baumüller, Nichtfinanzielle Berichterstattung: Kritik an den neuen Leitlinien zu klimabezogenen Angaben, DB 2019, 1801; Velte, Prüfung der nichtfinanziellen Erklärung nach dem CSR-Richtlinie-Umsetzungsgesetz. Neue Erwartungslücke beim Aufsichtsrat?, IRZ 2017, 325.

Übersicht

I. Hintergrund und Normzweck

1   Die §§ 315b und 315c setzen die Vorgaben der sog. CSR-RL[1] in deutsches Recht um. Sie verpflichten bestimmte Mutterunternehmen dazu, ihren Konzernlagebericht um eine sog. **nichtfinanzielle Konzernerklärung** zu erweitern. Die durch das CSR-Richtlinie-Umsetzungsgesetz[2] eingeführte Berichtspflicht war erstmals für Geschäftsjahre, die nach dem 31.12.2016 begannen, zu erfüllen (Art. 80 S. 1 EGHGB). Parallel dazu wurden analoge

---

[1]   Vgl. Richtlinie 2014/95/EU des Europäischen Parlamentes und des Rates vom 22.10.2014 zur Änderung der Richtlinie 2013/34/EU im Hinblick auf die Angabe nichtfinanzieller und die Diversität betreffender Informationen durch bestimmte große Unternehmen und Gruppen, ABl. EU 2014 L 330, 1.

[2]   Vgl. Gesetz zur Stärkung der nichtfinanziellen Berichterstattung der Unternehmen in ihren Lage- und Konzernlageberichten (CSR-Richtlinie-Umsetzungsgesetz) vom 11.4.20217, BGBl. 2017 I 802; BT-Drs. 18/9982; zum RegE vgl. Kajüter IRZ 2016, 507.

Vorschriften für die Erweiterung des Lageberichts um eine nichtfinanzielle Berichterstattung eingeführt (§§ 289b–289e).[3] Die §§ 315b und 315c sind hierzu spiegelbildlich aufgebaut und verweisen im Hinblick auf den Inhalt der nichtfinanziellen Konzernerklärung auf **§§ 289c–289e, die entsprechend anzuwenden** sind. Daher kann grundsätzlich auf die Kommentierung zu §§ 289b–289e verwiesen werden (s. Kommentierung zu §§ 289b–289e). Auf Konzernebene sind jedoch einige Besonderheiten zu beachten.

Die analoge Erweiterung der Vorschriften für den Lage- und Konzernlagebericht resul- **2** tiert aus dem gemeinsamen Ziel, Mindestanforderungen an die Berichterstattung über ökonomische, ökologische und soziale Belange zu definieren. Diese Mindestanforderungen sollen dazu beitragen, die **Transparenz** über die Auswirkungen der Geschäftstätigkeit von Unternehmen und Konzernen zu **erhöhen** und EU-weit zu harmonisieren.[4] Zugleich möchte die EU mit den neuen Berichtspflichten auch das **Verhalten** der (Mutter-)Unternehmen **beeinflussen**.[5] Die stärkere Rechenschaftspflicht soll diese dazu anregen, nachhaltiges Wirtschaften in ihren internen Entscheidungsprozessen intensiver zu berücksichtigen.

Die gesetzlichen Vorschriften der §§ 315b und § 315c werden durch DRS 20 Konzern- **3** lagebericht konkretisiert (DRS 20.232 ff.).[6] Dieser wurde durch DRÄS 8 an die durch das CSR-Richtlinie-Umsetzungsgesetz eingeführten nichtfinanziellen Berichtspflichten angepasst.[7]

Die von der EU-Kommission gem. Art. 2 CSR-RL im Juni 2017 veröffentlichten **4** unverbindlichen „Leitlinien für die Berichterstattung über nichtfinanzielle Informationen"[8] gelten wie auch der **Nachtrag zur klimabezogenen Berichterstattung**[9] vom 20.6.2019 ebenfalls für die nichtfinanzielle Konzernberichterstattung. Darüber hinaus wurde diese durch die **Taxonomie-VO** (VO (EU) 2020/852) vom 18.6.2020 um Angaben zu sog. Taxonomiequoten erweitert.[10] Ferner sei auf die aktuelle Weiterentwicklung der Regulierung auf europäischer Ebene hingewiesen, wo mit der **Corporate Sustainability Reporting Directive** (CSRD) eine erhebliche Ausweitung des Anwendungsbereichs und eine deutliche inhaltliche Erweiterung der Berichtspflichten ansteht (→ Rn. 31 ff., → §§ 289b–289e Rn. 7 ff., → §§ 289b–289e Rn. 87 ff.).

II. Anwendungsbereich

1. Berichtspflichtige Mutterunternehmen. Die Pflicht zur nichtfinanziellen **5** Berichterstattung auf Konzernebene gilt nur für bestimmte **Mutterunternehmen iSv** **§ 290.** Diese müssen ihren Konzernlagebericht um eine nichtfinanzielle Konzernerklärung

---

[3] Vgl. Blöink/Halbleib DK 2017, 182; Kajüter DB 2017, 617; Rimmelspacher/Schäfer/Schönberger KoR 2017, 230.

[4] Vgl. Kajüter KoR 2016, 230.

[5] Vgl. Erwägungsgrund 3 CSR-RL; Begr. RegE CSR-Richtlinie-Umsetzungsgesetz, BT-Drs. 18/9982, 26; Kajüter KoR 2016, 230; Seibt DB 2016, 2708.

[6] Zur Verbindlichkeit von DRS 20 für den Konzernlagebericht vgl. Fink/Kajüter, Lageberichterstattung, 2. Aufl. 2021, S. 27 f.; Beck HdR/Kirsch/Köhrmann/Huter B 500 Rn. 46.

[7] Vgl. Kirsch StuB 2017, 573; Müller/Scheid BB 2017, 1835; Schmotz/Schmidt DB 2017, 2877.

[8] Vgl. EU-Kommission, Mitteilungen der Kommission – Leitlinien für die Berichterstattung über nichtfinanzielle Informationen (Methode zur Berichterstattung über nichtfinanzielle Informationen) vom 5.7.2017, ABl. EU 2017 C 215, 1. Vgl. dazu auch → §§ 289b–289e Rn. 3; Mock DB 2017, 2144; Scheid/Müller DStR 2017, 2240; Sopp/Baumüller IRZ 2017, 377.

[9] Vgl. EU-Kommission, Mitteilungen der Kommission – Leitlinien für die Berichterstattung über nichtfinanzielle Informationen: Nachtrag zur klimabezogenen Berichterstattung vom 20.6.2019, ABl. EU 2019 C 209, 1. Vgl. dazu auch → §§ 289b–289e Rn. 6; Scheid/Müller PiR 2019, 330; Sopp/Baumüller DB 2019, 1801.

[10] Vgl. Verordnung (EU) 2020/852 des Europäischen Parlaments und des Rates vom 18.6.2020 über die Errichtung eines Rahmens zur Erleichterung nachhaltiger Investitionen und zur Änderung der Verordnung (EU) 2019/2088, ABl. EU 2020 L 198, 13. Vgl. dazu auch Lanfermann BB 2020, 1643; Fink/Kajüter, Lageberichterstattung, 2. Aufl. 2021, S. 358 f.; Lanfermann/Scheid DB 2021, 741; Hrinkow/Hummel/Terko RWZ 2022, 16; für empirische Befunde zur Erstanwendung Kajüter/Wolff DB 2022, 2041.

erweitern, wenn folgende **Voraussetzungen** kumulativ erfüllt sind (§ 315b Abs. 1, DRS 20.232):

1. das Mutterunternehmen ist kapitalmarktorientiert iSv § 264d;
2. die in den Konzernabschluss einzubeziehenden Unternehmen erfüllen zusammen nicht die Voraussetzungen für eine größenabhängige Befreiung nach § 293 Abs. 1 und
3. beschäftigen insgesamt im Jahresdurchschnitt mehr als 500 Arbeitnehmer.

6   Mutterunternehmen, die nach § 11 PublG verpflichtet sind, einen Konzernlagebericht aufzustellen, fallen nicht in den Anwendungsbereich der nichtfinanziellen Konzernerklärung, da § 13 Abs. 2 S. 3 PublG keinen entsprechenden Verweis enthält.

7   **Kreditinstitute und Versicherungsunternehmen,** die Mutterunternehmen iSv § 290 sind, müssen ihren Konzernlagebericht um eine nichtfinanzielle Konzernerklärung erweitern, sofern die in Rn. 5 als Nr. 2 und 3 genannten Voraussetzungen erfüllt sind (§ 340i Abs. 5 und § 341j Abs. 4; DRS 20.233). Die in § 293 Abs. 1 genannten Größenkriterien sind somit für die nichtfinanzielle Berichterstattung von Kreditinstituten und Versicherungsunternehmen relevant, auch wenn diese ansonsten für den Konzernlagebericht nicht gelten §§ 340i Abs. 1, Abs. 2 S. 2 bzw. § 341i Abs. 1, § 341j Abs. 1 S. 2). Das Merkmal der Kapitalmarktorientierung iSv § 264d ist für Kreditinstitute und Versicherungsunternehmen unerheblich.

8   Die **Größenmerkmale** Bilanzsumme, Umsatzerlöse und Arbeitnehmer nach § 293 müssen tatsächlich erfüllt sein. Sie sind anhand der in den Konzernabschluss tatsächlich einbezogenen Unternehmen zu ermitteln. Hierzu gehören das Mutterunternehmen und alle vollkonsolidierten Tochterunternehmen, nicht jedoch die quotal konsolidierten Gemeinschaftsunternehmen (DRS 20.232).[11] Bei der Berechnung der Größenmerkmale gilt das Wahlrecht zwischen der Brutto- oder Nettomethode (§ 291 Abs. 1). Bilanzsumme, Umsatzerlöse und Arbeitnehmer sind nach den Regeln des § 267 Abs. 4, 4a und 5 zu bestimmen (§ 315b Abs. 1 S. 2). Maßgeblich sind die Bilanzsumme und die Umsatzerlöse nach HGB, auch wenn ein IFRS-Konzernabschluss erstellt wird.[12] Bei Kreditinstituten und Versicherungsunternehmen ist es aufgrund einer fehlenden gesetzlichen Definition der Umsatzerlöse sachgerecht, auf die Bußgeldvorschriften der § 340n bzw. § 341n zurückzugreifen. Danach bestimmen sich die Umsatzerlöse aus dem Gesamtumsatz gem. § 340n Abs. 3b bzw. § 341n Abs. 3b (→ §§ 289b–289e Rn. 13).[13]

9   Die Größenmerkmale müssen an den **Abschlussstichtagen von zwei aufeinander folgenden Geschäftsjahren** erfüllt sein (DRS 20.234).[14] Es ist nicht zwingend, dass neben der Anzahl der Arbeitnehmer an beiden Abschlussstichtagen dasselbe zweite Kriterium (Bilanzsumme oder Umsatzerlöse) erfüllt wird. Ein **einmaliges Überschreiten** der Schwellenwerte löst grundsätzlich keine Berichtspflicht aus. Bei Neugründungen und Umwandlungen (mit Ausnahme eines Formwechsels) ist hingegen nur der erste Abschlussstichtag nach der Neugründung oder Umwandlung maßgeblich.[15] Für das Merkmal der Kapitalmarktorientierung iSv § 264d ist stets nur der betreffende Abschlussstichtag relevant, zu dem der Konzernlagebericht erstellt wird. Ein Antrag des Mutterunternehmens auf Zulassung von Wertpapieren zum Handel an einem organisierten Markt kurz vor dem Abschlussstichtag ist somit hinreichend, um das Merkmal der Kapitalmarktorientierung zu erfüllen. Sobald ein Mutterunternehmen sich vom Kapitalmarkt zurückzieht, braucht es hingegen den Konzernlagebericht für das Berichtsjahr nicht mehr um eine nichtfinanzielle Erklärung zu erweitern.

---

[11] Vgl. Begr. RegE CSR-Richtlinie-Umsetzungsgesetz, BT-Drs. 18/9982, 56; Rimmelspacher/Schäfer/Schönberger KoR 2017, 230; BeBiKo/Störk/Schäfer/Schönberger § 315b Rn. 9; aA IDW, IDW Positionspapier: Pflichten und Zweifelsfragen zur nichtfinanziellen Erklärung als Bestandteil der Unternehmensführung, 2017, S. 11.

[12] Vgl. BeBiKo/Störk/Schäfer/Schönberger § 315b Rn. 8.

[13] Vgl. Rimmelspacher/Schäfer/Schönberger KoR 2017, 226; BeBiKo/Störk/Schäfer/Schönberger § 315b Rn. 8.

[14] Vgl. BeBiKo/Störk/Schäfer/Schönberger § 315b Rn. 11.

[15] Vgl. Begr. RegE CSR-Richtlinie-Umsetzungsgesetz, BT-Drs. 18/9982, 44.

2. Befreiungsvorschriften. Die Pflicht zur nichtfinanziellen Berichterstattung auf **10** Konzernebene knüpft an die Aufstellung des Konzernlageberichts an (DRS 20.239). Daher sind Mutterunternehmen, die nach §§ 291 und 292 keinen Konzernlagebericht erstellen, von der Pflicht zur nichtfinanziellen Konzernerklärung befreit. Unbeschadet dieser und anderer Befreiungsvorschriften zur Aufstellung des Konzernlageberichts ist ein Mutterunternehmen nach § 315b Abs. 2 S. 1 von der Pflicht zur nichtfinanziellen Konzernerklärung befreit, wenn es folgende **Voraussetzungen** kumulativ erfüllt (DRS 20.237 ff.):

– Das Mutterunternehmen ist zugleich Tochterunternehmen und wird als solches in den Konzernlagebericht eines anderen (übergeordneten) Mutterunternehmens einbezogen.
– Der Konzernlagebericht des anderen (übergeordneten) Mutterunternehmens ist nach dem nationalen Recht eines EU-Mitgliedstaates oder eines EWR-Vertragsstaates im Einklang mit der Bilanz-RL aufgestellt.
– Der Konzernlagebericht des anderen (übergeordneten) Mutterunternehmens enthält eine nichtfinanzielle Konzernerklärung.

Unerheblich ist, wo das andere Mutterunternehmen seinen Sitz hat. Dies kann auch **11** in einem Drittstaat sein, sofern der Konzernlagebericht nach HGB oder dem nationalen Recht eines anderen EU- oder EWR-Staates aufgestellt und offengelegt wird. Nach § 315b Abs. 2 S. 2 gelten die Befreiungsvoraussetzungen analog, wenn das andere Mutterunternehmen alternativ zur nichtfinanziellen Konzernerklärung einen gesonderten nichtfinanziellen Konzernbericht gemäß § 315b Abs. 3 oder nach Maßgabe des nationalen Rechts eines anderen EU- oder EWR-Staates erstellt und öffentlich zugänglich macht. Die Befreiungsvoraussetzungen sind somit unabhängig von der Berichtsvariante (→ Rn. 17).

Dem Wortlaut von § 315b Abs. 2 S. 1 Nr. 2 nach muss der gesamte Konzernlagebericht **12** des anderen Mutterunternehmens einschließlich der nichtfinanziellen Konzernerklärung nach dem nationalen Recht eines EU- oder EWR-Staates im Einklang mit der Bilanz-RL aufgestellt sein, um befreiende Wirkung zu haben. Nach dem Sinn und Zweck der Regelung erscheint es jedoch hinreichend, wenn lediglich die nichtfinanzielle Konzernerklärung diesen Anforderungen genügt, nicht aber der übrige Konzernlagebericht.[16]

Ist ein Mutterunternehmen nach § 315b Abs. 2 S. 1 oder 2 von der Pflicht zur nichtfi- **13** nanziellen Konzernerklärung befreit, sind hierzu **Angaben im Konzernlagebericht** erforderlich. Nach § 315b Abs. 2 S. 3 (DRS 20.238) hat das Mutterunternehmen in diesem Fall anzugeben,

– dass es befreit ist,
– welches andere (übergeordnete) Mutterunternehmen den Konzernlagebericht oder den gesonderten nichtfinanziellen Konzernbericht öffentlich zugänglich macht und
– wo dieser in deutscher oder englischer Sprache offengelegt bzw. veröffentlicht ist.

Für den Hinweis auf die Inanspruchnahme der Befreiungsmöglichkeit und die Prüfung, **14** ob alle Voraussetzungen dafür erfüllt sind, sind die gesetzlichen Vertreter des Mutterunternehmens verantwortlich. Sie müssen den Hinweis für jedes Geschäftsjahr, in dem von der Befreiung Gebrauch gemacht wird, in ihren Konzernlagebericht aufnehmen. Die **Angabe des anderen Mutterunternehmens** soll es den Adressaten vor allem bei mehrstufigen Konzernen erleichtern, den Konzernlagebericht bzw. den gesonderten nichtfinanziellen Konzernbericht aufzufinden. Zu dem anderen Mutterunternehmen sind somit die Firma und der Sitz zu nennen. Darüber hinaus ist das Register, bei dem der Konzernlagebericht des anderen Mutterunternehmens offengelegt ist, oder die Internetseite, auf der der gesonderte nichtfinanzielle Konzernbericht veröffentlicht ist, anzugeben. Die Angabe der Internetseite muss dabei so konkret erfolgen, dass der gesonderte nichtfinanzielle Konzernbericht direkt auffindbar ist (DRS 20.250). Schließlich müssen die gesetzlichen Vertreter des Mutterunternehmens auch dafür sorgen, dass die Offenlegung bzw. Veröffentlichung in **deutscher oder englischer Sprache** erfolgt (DRS 20.240). Sind die Konzernberichte des anderen Mutterunternehmens in einer anderen Sprache offengelegt bzw. veröffentlicht, müssen sie eine deutsche oder englische Übersetzung erstellen und öffentlich zugänglich machen, um

---

[16] GlA BeBiKo/Störk/Schäfer/Schönberger § 289b Rn. 35; → §§ 289b–289e Rn. 18.

die Befreiungsmöglichkeit in Anspruch nehmen zu können. Auch wenn nach dem Wortlaut von § 315b Abs. 2 S. 3 der gesamte Konzernlagebericht einschließlich nichtfinanzieller Konzernerklärung in deutscher oder englischer Sprache offengelegt sein muss, ist es nach dem Sinn und Zweck der Vorschrift als hinreichend anzusehen, wenn nur die nichtfinanzielle Konzernerklärung diesen Anforderungen genügt.[17] Der übrige Teil des Konzernlageberichts muss somit nicht unbedingt in deutscher oder englischer Sprache öffentlich zugänglich sein.

15   Eine weitere Möglichkeit zur Befreiung von der Pflicht, den Konzernlagebericht um eine nichtfinanzielle Konzernerklärung zu erweitern, folgt aus § 315b Abs. 3. Danach kann ein Mutterunternehmen alternativ zur nichtfinanziellen Konzernerklärung nach § 315b Abs. 1 für dasselbe Geschäftsjahr einen sog. **gesonderten nichtfinanziellen Konzernbericht** außerhalb des Konzernlageberichts erstellen (DRS 20.246 f.). Dieser hat befreiende Wirkung für die nichtfinanzielle Konzernerklärung, wenn er
- die Mindestanforderungen an den Inhalt einer nichtfinanziellen Konzernerklärung nach § 315c iVm § 289c erfüllt und
- entweder zusammen mit dem Konzernlagebericht nach § 325 HGB im BAnz offengelegt oder, sofern der Konzernlagebericht darauf Bezug nimmt, spätestens vier Monate nach dem Abschlussstichtag auf der Internetseite des Mutterunternehmens veröffentlicht und für mindestens zehn Jahre zur Verfügung gestellt wird.

16   Formal handelt es sich bei § 315b Abs. 3 um eine Befreiungsvorschrift, faktisch eröffnet sie jedoch ein Wahlrecht zur Ausgestaltung der nichtfinanziellen Berichterstattung auf Konzernebene (→ Rn. 17). Die Regelung bietet keine inhaltlichen Erleichterungen gegenüber der nichtfinanziellen Konzernerklärung, wohl aber Flexibilität hinsichtlich Form, Ort und Zeitpunkt der Aufstellung und Veröffentlichung. Konzeptionell stellt der gesonderte nichtfinanzielle Konzernbericht wie der gesonderte nichtfinanzielle Bericht des Einzelunternehmens ein neues Berichtsmedium dar. Er ist **nicht Bestandteil des Konzernlageberichts,** sondern ein eigenständiger Bericht. Gleichwohl gelten die Grundsätze ordnungsmäßiger Konzernlageberichterstattung (DRS 20.12 ff.) sinngemäß auch für den gesonderten nichtfinanziellen Konzernbericht (DRS 20.251). Für die Erstellung und Offenlegung bzw. Veröffentlichung des gesonderten nichtfinanziellen Konzernberichts sind wie für die nichtfinanzielle Konzernerklärung im Konzernlagebericht die gesetzlichen Vertreter des Mutterunternehmens verantwortlich.[18] Auch wenn es nicht erforderlich ist, dass sie den gesonderten nichtfinanziellen Konzernbericht unterzeichnen, ist es sinnvoll, die gesetzlichen Vertreter des Mutterunternehmens als verantwortliches Organ zu benennen.

III. Berichts- und Offenlegungsvarianten

17   Der Gesetzgeber gewährt den berichtspflichtigen Mutterunternehmen große Flexibilität, wie sie die nichtfinanziellen Berichtspflichten auf Konzernebene erfüllen. Grundsätzlich ist die nichtfinanzielle Konzernerklärung eine Erweiterung des Konzernlageberichts und als solche in diesen aufzunehmen (§ 315b Abs. 1). In Verbindung mit der Befreiungsvorschrift nach § 315b Abs. 3 können die Angaben aber auch außerhalb des Konzernlageberichts in einem gesonderten nichtfinanziellen Konzernbericht erbracht werden. Innerhalb dieser beiden Berichtsformate sind wiederum unterschiedliche Ausgestaltungsformen möglich, so dass sich insgesamt **fünf verschiedene Berichtsvarianten** ergeben (DRS 20.241 und 252):
Nichtfinanzielle Konzernerklärung
- als eigener Abschnitt im Konzernlagebericht;
- durchgehend integriert in den Konzernlagebericht.
Gesonderter nichtfinanzieller Konzernbericht
- als separater Konzernbericht;
- als eigener Abschnitt in einem anderen Konzernbericht;
- durchgehend integriert in einen anderen Konzernbericht.

---

[17]   GlA BeBiKo/Störk/Schäfer/Schönberger § 289b Rn. 42.
[18]   Vgl. BeBiKo/Störk/Schäfer/Schönberger § 315b Rn. 15.

Diese fünf Berichtsformate entsprechen denen auf der Ebene des Einzelunternehmens **18** gem. § 289b, so dass auf die Kommentierung zu § 289b verwiesen werden kann (→ §§ 289b–289e Rn. 23 ff.). Werden die nichtfinanziellen Angaben durchgehend in den Konzernlagebericht oder in einen anderen Konzernbericht integriert, empfiehlt es sich, zB durch eine tabellarische Übersicht anzugeben, an welchen Stellen im Konzernlagebericht bzw. im anderen Konzernbericht sich die Angaben befinden (DRS 20.242 bzw. 255). Analog zur nichtfinanziellen Berichterstattung des Einzelunternehmens sind auch in der nichtfinanziellen Konzernerklärung und im gesonderten nichtfinanziellen Konzernbericht **Verweise** auf Angaben an anderer Stelle im Konzernlagebericht möglich, um Redundanzen zu vermeiden (§ 315b Abs. 1 S. 3 und § 315b Abs. 3 S. 2, DRS 20.243 f. und 256). Unzulässig sind hingegen Verweise auf den Konzernanhang (DRS 20.244 und 256). Davon unberührt bleibt § 315c iVm § 289c Abs. 3 Nr. 6, wonach auf im Konzernabschluss ausgewiesene Beträge hinzuweisen und zusätzliche Erläuterungen dazu zu geben sind, soweit dies für das Verständnis erforderlich ist.

Die **nichtfinanzielle Berichterstattung** des Mutterunternehmens und des Konzerns **19** können auch **zusammengefasst** werden. Nach § 315b Abs. 1 S. 2 besteht die Möglichkeit, die nichtfinanzielle Erklärung des Mutterunternehmens mit der nichtfinanziellen Konzernerklärung zusammenzufassen (DRS 20.245). Ebenso kann der gesonderte nichtfinanzielle Bericht des Mutterunternehmens mit dem gesonderten nichtfinanziellen Konzernbericht zusammengefasst werden (§ 315b Abs. 3 S. 2, DRS 20.248). Dies gilt unabhängig davon, ob es sich bei dem gesonderten nichtfinanziellen Konzernbericht um einen separaten Bericht handelt oder ob er in einen anderen Konzernbericht integriert ist (DRS 20.254). Eine Zusammenfassung der beiden Erklärungen ist nur bei einem zusammengefassten Lagebericht nach § 315 Abs. 5 möglich, da die nichtfinanzielle Erklärung integraler Bestandteil des (Konzern-)Lageberichts ist.[19] Insofern folgt aus der Ausübung des Wahlrechts nach § 315 Abs. 5 automatisch eine zusammengefasste nichtfinanzielle Erklärung. Dies ist bei dem gesonderten nichtfinanziellen Bericht anders, da dieser ein eigenständiges Berichtsinstrument ist, das von der Pflicht zur nichtfinanziellen Erklärung befreit. Daher ist es nach § 315 Abs. 3 S. 2 möglich, den gesonderten nichtfinanziellen Bericht des Mutterunternehmens und den gesonderten nichtfinanziellen Konzernbericht auch dann zusammenzufassen, wenn eine solche Zusammenfassung für den Lagebericht nicht erfolgt. Auf den Umstand, dass der gesonderte nichtfinanzielle Bericht des Mutterunternehmens und der gesonderte nichtfinanzielle Konzernbericht zusammengefasst wurden, ist hinzuweisen (DRS 20.249), zB durch die Bezeichnung als „zusammengefasster gesonderter nichtfinanzieller Bericht". Sowohl in einer zusammengefassten nichtfinanziellen Erklärung als auch in einem zusammengefassten gesonderten nichtfinanziellen Bericht muss deutlich werden, welche Informationen sich auf den Konzern und welche sich nur auf das Mutterunternehmen beziehen (DRS 20.245 und 249).

Aufgrund der weitgehenden Gestaltungsmöglichkeiten beim Berichtsformat und den **20** unterschiedlichen Offenlegungsvarianten können berichtspflichtige Mutterunternehmen die nichtfinanzielle Konzernberichterstattung flexibel in ihre Berichtspraxis einbetten. Der vom Gesetzgeber angestrebten besseren Vergleichbarkeit der nichtfinanziellen Konzernberichterstattung ist die gewährte Flexibilität jedoch eher abträglich.[20] Sie wird in zeitlicher Hinsicht nur durch das Stetigkeitsgebot eingeschränkt (DRS 20.26). Zwischenbetrieblich zeigen empirische Befunde eine entsprechend **heterogene Berichtspraxis.** Bei der Erstanwendung haben 30 % der DAX-Konzerne eine nichtfinanzielle Konzernerklärung erstellt, 70 % einen gesonderten nichtfinanziellen Konzernbericht.[21] Keine der Berichtsvarianten hat sich als dominant erwiesen, obgleich sich eine gewisse Präferenz für ein separates Berichtsformat erkennen lässt.

---

[19] Vgl. BeBiKo/Störk/Schäfer/Schönberger § 315b Rn. 25.
[20] So auch Holzmeier/Burth/Hachmeister IRZ 2017, 215 (220); Kajüter IRZ 2017, 137 (138).
[21] Vgl. Kajüter/Wirth DB 2018, 1605 (1606 f.); ferner Behncke/Wulf KoR 2019, 21 (22 ff.); Schmotz/Schwedler/Barckow DB 2021, 797.

IV. Inhalt der nichtfinanziellen Konzernerklärung

21   Für den Inhalt der nichtfinanziellen Konzernerklärung schreibt § 315c Abs. 1 eine **entsprechende Anwendung von § 289c** vor. Es gilt auf Konzernebene mithin derselbe Berichtsrahmen mit Mindestinhalten wie für Einzelunternehmen, weshalb auf die Kommentierung zu § 289c verwiesen wird (→ §§ 289b–289e Rn. 30 ff.). Dies gilt auch für die Angaben nach Art. 8 Taxonomie-VO (→ §§ 289b–289e Rn. 66 ff.).

22   Die **Mindestinhalte** der nichtfinanziellen Konzernerklärung umfassen
– eine Beschreibung des Geschäftsmodells und
– Angaben zu fünf nichtfinanziellen Aspekten.

23   Im Konzern kann sich die Besonderheit ergeben, dass mehrere Geschäftsmodelle existieren. Vor allem in diversifizierten Konzernen dürfte dies häufig zutreffen, zB wenn ein Automobilhersteller auch eine Bank oder Versicherung betreibt.[22] In diesem Fall sind die unterschiedlichen Geschäftsmodelle und ihr Zusammenwirken im Konzern kurz zu beschreiben. Bei den nichtfinanziellen Aspekten können sich aufgrund der Wesentlichkeitsbeurteilung aus Konzern- anstatt Einzelunternehmenssicht andere Angabepflichten ergeben.

24   Nach § 315c Abs. 2 gilt für die nichtfinanzielle Konzernerklärung der **spezielle Wesentlichkeitsgrundsatz** gem. § 289c Abs. 3 **aus Sicht des Konzerns.** Es sind daher in der nichtfinanziellen Konzernerklärung jeweils diejenigen Angaben zu machen, die für das Verständnis des Geschäftsverlaufs, des Geschäftsergebnisses, der Lage des Konzerns *sowie* der Auswirkungen seiner Tätigkeit auf die nichtfinanziellen Aspekte erforderlich sind. Bei der Beurteilung der Wesentlichkeit ist somit auf den Konzern als wirtschaftliche Einheit abzustellen. Eine Beschränkung auf das Mutterunternehmen und einzelne große Tochterunternehmen ist nicht zulässig. Da der Konzernabschluss und der Konzernlagebericht miteinander in Einklang stehen müssen, ist der Wesentlichkeitsbeurteilung derselbe Konsolidierungskreis wie beim Konzernabschluss zugrunde zu legen.[23] Wird der Konzernlagebericht inkl. nichtfinanzieller Konzernerklärung ergänzend zu einem IFRS-Konzernabschluss erstellt, ist auf den Konsolidierungskreis nach IFRS abzustellen.

25   Ist ein im Hinblick auf einen nichtfinanziellen Aspekt verfolgtes Konzept nicht konzernweit implementiert (zB weil die Integration eines akquirierten Tochterunternehmens noch nicht abgeschlossen ist), ist hierauf im Rahmen der Beschreibung der Konzepte hinzuweisen. Nur wenn konzernweit im Hinblick auf einen nichtfinanziellen Aspekt **kein Konzept** verfolgt wird, ist dies gem. dem „comply-or-explain"-Prinzip klar zu erläutern und zu begründen (§ 289c Abs. 4; DRS 20.290).

V. Nutzung von Rahmenwerken

26   Bei der Erstellung der nichtfinanziellen Konzernerklärung können Mutterunternehmen anerkannte **nationale, europäische oder internationale Rahmenwerke** zur Nachhaltigkeits- oder Unternehmensberichterstattung nutzen (DRS 20.296 ff.). § 315c Abs. 3 sieht hier eine entsprechende Anwendung von § 289d vor, so dass auf die dortige Kommentierung verwiesen wird (→ §§ 289b–289e Rn. 74 ff.).

VI. Weglassen nachteiliger Angaben

27   Auch die in § 289e verankerte **Schutzklausel** ist für die nichtfinanzielle Konzernerklärung entsprechend anzuwenden (§ 315c Abs. 3, DRS 20.302 ff.; → §§ 289b–289e Rn. 77 ff.). Sie gilt nur für Angaben in der nichtfinanziellen Konzernerklärung und nicht für andere Teile des Konzernlageberichts. Die in § 289c genannten Voraussetzungen für das Weglassen nachteiliger Angaben sind bei der nichtfinanziellen Konzernerklärung nicht auf das Einzelunternehmen, sondern auf den **Konzern** zu beziehen. Somit muss es sich um einen für den Konzern „erheblichen Nachteil" handeln und trotz des Verzichts auf die Angaben muss

---

[22]   Vgl. Kajüter DB 2017, 617 (621).
[23]   Vgl. BeBiKo/Störk/Schäfer/Schönberger § 315c Rn. 6.

dennoch ein den tatsächlichen Verhältnissen entsprechendes und ausgewogenes Verständnis des Geschäftsverlaufs, des Geschäftsergebnisses, der Lage des Konzerns sowie der Auswirkungen seiner Tätigkeit vermittelt werden (DRS 20.302). Dies kann im Einzelfall dazu führen, dass die Voraussetzungen für ein Einzelunternehmen erfüllt sind, nicht aber für den Konzern.

VII. Prüfung

Die Anforderungen an die Prüfung der nichtfinanziellen Konzernberichterstattung entsprechen jenen auf Einzelunternehmensebene (vgl. → §§ 289b–289e Rn. 80 ff.).[24] Nach § 317 Abs. 2 S. 4 muss der **Abschlussprüfer nur formal prüfen,** ob die nichtfinanzielle Konzernerklärung bzw. der gesonderte nichtfinanzielle Konzernbericht vorgelegt wurde. Dabei ist auch zu prüfen, ob die Befreiungsvoraussetzungen nach § 315b Abs. 2 und 3 erfüllt sind. Zudem muss der Abschlussprüfer aufgrund berufsständischer Vorgaben die nichtfinanzielle Konzernerklärung bzw. den gesonderten nichtfinanziellen Konzernbericht als „sonstige Information" lesen und würdigen, ob diese(r) wesentliche Unstimmigkeiten zum geprüften Konzernabschluss und Konzernlagebericht und den bei der Prüfung gewonnenen Erkenntnissen aufweist (ISA 720 (Revised) (DE) Tz. D.1.2). **28**

Wurde die nichtfinanzielle Konzernerklärung bzw. der gesonderte nichtfinanzielle Konzernbericht freiwillig einer **inhaltlichen Überprüfung** durch einen unabhängigen Dritten unterzogen, ist die Beurteilung des Prüfungsergebnisses in gleicher Weise wie die nichtfinanzielle Konzernerklärung bzw. der gesonderte nichtfinanzielle Konzernbericht öffentlich zugänglich zu machen (§ 315b Abs. 4). Eine solche inhaltliche Überprüfung kann auch der **Aufsichtsrat** des Mutterunternehmens nach § 111 Abs. 2 AktG beauftragen, um sich bei seiner eigenen Prüfungspflicht gem. § 171 Abs. 1 AktG auf das Urteil eines unabhängigen Dritten stützen zu können (→ §§ 289b–289e Rn. 83).[25] **29**

VIII. Rechtsfolgen bei Verletzung

Bei Verstößen gegen §§ 315b–315c gelten dieselben Sanktionen wie für Verstöße gegen §§ 289b–289e sowie den Konzernlagebericht allgemein. Es wird daher auf die Kommentierung zu §§ 289b–289e und § 315 verwiesen (→ §§ 289b–289e Rn. 85 f.; → § 315 Rn. 14 ff.). **30**

IX. Ausblick auf weitere Entwicklung

Die EU-Kommission hat am 21.4.2021 einen Vorschlag für eine **Corporate Sustainability Reporting Directive** (CSRD) veröffentlicht.[26] Nach Abschluss der Konsultationsphase haben EU-Kommission, Parlament und Rat am 21.6.2022 eine vorläufige politische Einigung zur CSRD erzielt, die nun noch offiziell bestätigt werden muss (Stand: 15.9.2022). Die CSRD ändert insbesondere die Bilanz-RL (RL 2013/34/EU) und muss spätestens 18 Monate nach ihrem Inkrafttreten in nationales Recht der Mitgliedstaaten umgesetzt werden. Damit wird auch der deutsche Gesetzgeber gefordert sein, die §§ 315b–315c sowie §§ 289b–289e grundlegend zu überarbeiten. **31**

Mit der CSRD wird der **Anwendungsbereich** in mehreren Schritten erheblich ausgeweitet. Während ab 2024 die aktuell zur nichtfinanziellen Konzernberichterstattung verpflichteten Mutterunternehmen die neuen Berichtspflichten erfüllen müssen, werden ab 2025 alle Mutterunternehmen großer Konzerne unabhängig von ihrer Kapitalmarktorientierung berichtspflichtig. Ab 2026 gilt dies auch für börsennotierte Mutterunternehmen von KMU und ab 2028 für bestimmte Nicht-EU-Unternehmen (→ §§ 289b–289e Rn. 88). **32**

---

[24] Vgl. IDW PS 350 nF Rn. 13; Baumüller/Follert IRZ 2017, 473; Ruhnke/Schmidt DB 2017, 2557; Orth/Oppermann DB 2020, 401; Fink/Kajüter, Lageberichterstattung, 2. Aufl. 2021, S. 542 f.

[25] Vgl. Hennrichs/Pöschke NZG 2017, 121; Hommelhoff NZG 2017, 1361; Velte IRZ 2017, 325.

[26] Vgl. EU-Kommission, Proposal for a Directive of the European Parliament and of the Council amending Directive 2013/34/EU, Directive 2004/109/EC, Directive 2006/43/EC and Regulation (EU) nr. 537/2014, as regards corporate sustainability reporting, COM(2021) 189 final. Vgl. dazu Fink/Schmotz KoR 2021, 304; Lanfermann/Scheid DB 2021, 1213.

33 Darüber hinaus werden die **inhaltlichen Berichtspflichten** neu strukturiert und deutlich erhöht, eigene European Sustainability Reporting Standards (ESRS) eingeführt, die Angaben zwingend im **Konzernlagebericht** verortet sowie einer **Prüfungspflicht** mit begrenzter Sicherheit und bei kapitalmarktorientierten Mutterunternehmen dem **Enforcement** unterworfen (→ §§ 289b–289e Rn. 90 ff.)

§ 315d Konzernerklärung zur Unternehmensführung

¹**Ein Mutterunternehmen, das eine Gesellschaft im Sinne des § 289f Absatz 1 oder Absatz 3 ist, hat für den Konzern eine Erklärung zur Unternehmensführung zu erstellen und als gesonderten Abschnitt in den Konzernlagebericht aufzunehmen. ²§ 289f ist entsprechend anzuwenden.**

Schrifttum: Arbeitskreis Corporate Governance Reporting der Schmalenbach-Gesellschaft für Betriebswirtschaft e.V.: Weiterentwicklung der Unternehmensberichterstattung, DB 2016, 2130; Arbeitskreis Corporate Governance Reporting der Schmalenbach-Gesellschaft für Betriebswirtschaft e.V.: Weiterentwicklung der Unternehmensberichterstattung – Überlegungen zur Reform des Corporate Governance Reportings und zur Einführung einer Mustergliederung, DB 2018, 2125; Arbeitskreis Corporate Governance Reporting der Schmalenbach-Gesellschaft für Betriebswirtschaft e.V.: Weiterentwicklung der Unternehmensberichterstattung – Gemeinsame Berichterstattung zur Corporate Governance nach Vorstand und Aufsichtsrat (§ 289f HGB, Grundsatz 17 DCGK-E), DB 2019, 317; Arbeitskreis Corporate Governance Reporting der Schmalenbach-Gesellschaft für Betriebswirtschaft e.V.: Weiterentwicklung der Unternehmensberichterstattung – Leitlinien zur Struktur der (Konzern-)Erklärung zur Unternehmensführung, DB 2020, 2025; Böcking/Bundle, Die Umsetzung der zweiten Aktionärsrechtrichtlinie (ARUG II), DK 2020, 15; Bürk/Wentz, Die vorstandsrechtlichen Neuregelungen des zweiten Führungspositionen-Gesetzes (FüPoG II), DK 2022, 177; Fink/Kajüter, Lageberichterstattung, 2. Aufl. 2021; Herb, Gesetz für gleichberechtigte Teilhabe an Führungspositionen – Umsetzung in der Praxis, DB 2015, 964; IDW Life 2016, 55; Kajüter, Neuerungen in der Lageberichterstattung nach dem Referentenentwurf des CSR-Richtlinie-Umsetzungsgesetzes, KoR 2016, 230; Kocher, Vorstandsquote und Mandatspause nach dem FüPoG II, DB 2022, 104; Lüdenbach/Freiberg, Die Regelungen des BilRUG im Konzernabschluss – Änderungen im Überblick, StuB 2015, 619; Orth/Oppermann, Neue Herausforderungen bei der Erstellung und Prüfung des Lageberichts, DB 2020, 401; Orth/Oser/Philippsen/Sultana, ARUG II: Zum neuen aktienrechtlichen Vergütungsbericht und sonstigen Änderungen im HGB – Erstellung, Prüfung und Offenlegung des Vergütungsberichts, DB 2019, 2814; Rimmelspacher/Schäfer/Schönberger, Das CSR-Richtlinie-Umsetzungsgesetz: Neue Anforderungen an die nichtfinanzielle Berichterstattung und darüber hinaus, KoR 2017, 225; Röhm-Kottmann/Gundel, Frauenquote und Zielgrößen für den Frauenanteil, WPg 2015, 1110; Ruhnke/Schmidt, Veröffentlichungs- und Prüfungspflichten im Zusammenhang mit der Erklärung zur Unternehmensführung und der nichtfinanziellen Erklärung, DB 2017, 2557; Schäfer/Rimmelspacher, Änderungen im (Konzern-)Lagebericht inkl. der Erklärung zur Unternehmensführung durch das BilRUG, DB Beilage 5/2015, 57; Schüppen/Walz, „Mitbestimmungslücke" und mangelhafte Berichterstattung über die „Frauenquote", WPg 2015, 1155; Seibt, Frauen in Leitungsorganen und Führungspositionen – RegE zum Zweiten Führungspositionen-Gesetz, DB 2021, 438; Stüber, Die Frauenquote ist da – Das Gesetz zur gleichberechtigten Teilhabe und die Folgen für die Praxis, DStR, 947; Teichmann/Rüb, Der Regierungsentwurf zur Geschlechterquote in Aufsichtsrat und Vorstand, BB 2015, 259; Winter/Marx/De Decker, Zielgrößen für den Frauenanteil in Führungspositionen bei mitbestimmten Unternehmen, DB 2015, 1331.

Übersicht

I. Hintergrund und Normzweck

1 Die Konzernerklärung zur Unternehmensführung nach § 315d (zuvor § 315 Abs. 5 aF) vermittelt Informationen zur **Corporate Governance des Konzerns.** Sie ist Bestandteil des Konzernlageberichts bestimmter kapitalmarktorientierter Mutterunternehmen. Die Berichtpflicht wurde mit dem BilRUG zur Umsetzung von Art. 29 Abs. 1 Bilanz-RL (RL 2013/34/EU) im Jahr 2015 eingeführt und galt erstmals für nach dem 31.12.2015 begonnene Geschäftsjahre (Art. 75 EGHGB). Bis dahin gab es nur eine analoge Berichtpflicht als Erklärung zur Unternehmensführung nach § 289a aF für den Lagebericht.[1] Durch die Schaffung eines Pendants für den Konzern trägt der Gesetzgeber dem Umstand Rechnung, dass der Konzernabschluss und Konzernlagebericht das primäre Informationsinstrument von Mutterunternehmen sind. Die zunächst in § 315 Abs. 5 aF kodifizierte Berichtpflicht wurde bereits mehrfach erweitert und durch das CSR-Richtlinie-Umsetzungsgesetz[2] in § 315d verschoben.[3] Dadurch wird zum einen signalisiert, dass die Konzernerklärung zur Unternehmensführung auch außerhalb des Konzernlageberichts stehen kann, und zum anderen gesetzestechnisch eine spiegelbildliche Regelung zur Erklärung zur Unternehmensführung nach § 289f geschaffen.[4] DRS 20.K224 ff. konkretisiert die gesetzlichen Vorgaben.

Die Adressaten des Konzernlageberichts sollen durch die Konzernerklärung zur Unter- **2** nehmensführung einen Einblick in die Struktur und Arbeitsweise der Leitungs- und Überwachungsorgane erhalten. In der Konzernerklärung zur Unternehmensführung geht es dabei um eine **auf den Konzern bezogene Gesamtaussage** zur Corporate Governance.[5] Obgleich der Gesetzgeber davon ausgeht, dass Mutterunternehmen für den Konzern und sich selbst die gleichen Unternehmensführungsgrundsätze verfolgen, sind die Erklärung zur Unternehmensführung des Mutterunternehmens nach § 289f und die Konzernerklärung zur Unternehmensführung nach § 315d nicht in jedem Fall deckungsgleich. Vielmehr sind bei der von § 315d S. 2 geforderten entsprechenden Anwendung von § 289f **Konzernspezifika** zu beachten.

§ 315d regelt in S. 1 den Anwendungsbereich und verlangt in S. 2 eine entsprechende **3** Anwendung von § 289 f. Dies betrifft die Abgabe und Offenlegung sowie den Inhalt der Konzernerklärung zur Unternehmensführung, so dass für diese Aspekte auf die **Kommentierung zu § 289f** verwiesen werden kann (s. § 289f) und sich die folgenden Ausführungen auf die Besonderheiten im Konzern fokussieren können. Der Verweis auf § 289f impliziert ferner, dass die durch das FüPoG I[6] und FüPoG II[7] in § 289f Abs. 2 Nr. 4, 5 und 5a, durch das CSR-Richtlinie-Umsetzungsgesetz in § 289f Abs. 2 Nr. 6 sowie durch das ARUG II[8] in § 289f Abs. 2 Nr. 1a eingeführten Berichts- und Verweispflichten auch für die Konzernerklärung zur Unternehmensführung zu beachten sind. Zudem gilt die in der Kommentierung zu § 289f an den aktuellen Rechtsnormen geäußerte Kritik (unübersichtliche Struktur, Fehlen eines stringenten Berichtskonzepts, kasuistische Inhalte) und der sich daraus ergebende Reformbedarf analog für § 315d.[9]

---

[1] Vgl. Fink/Kajüter, Lageberichterstattung, 2. Aufl. 2021, S. 365 ff.

[2] Vgl. Gesetz zur Stärkung der nichtfinanziellen Berichterstattung der Unternehmen in ihren Lage- und Konzernlageberichten (CSR-Richtlinie-Umsetzungsgesetz) vom 11.4.20217, BGBl. 2017 I 802; BT-Drs. 18/9982.

[3] Vgl. Kajüter KoR 2016, 230 (231).

[4] Vgl. Begr. RegE CSR-Richtlinie-Umsetzungsgesetz, BT-Drs. 18/9982, 57.

[5] Vgl. Begr. Beschlussempfehlung und Bericht RA zum RegE BilRUG, BT-Drs. 18/5256, 86.

[6] Vgl. Gesetz für die gleichberechtigte Teilhabe von Frauen und Männern an Führungspositionen in der Privatwirtschaft und im öffentlichen Dienst, BGBl. 2015 I 642; vgl. dazu auch Herb DB 2015, 964 ff.; Stüber DStR 2015, 947 ff.; Röhm-Kottmann/Gundel WPg 2015, 1110 ff.; Schüppen/Walz WPg 2015, 1155; Teichmann/Rüb BB 2015, 259 ff.; Winter/Marx/De Dekker DB 2015, 1331 ff.

[7] Vgl. Gesetz zur Ergänzung und Änderung der Regelungen für die gleichberechtigte Teilhabe Frauen an Führungspositionen in der Privatwirtschaft und im öffentlichen Dienst, vom 7.8.2021, BGBl. 2021 I 3311; vgl. dazu auch Seibt DB 2021, 438; Bürk/Wentz DK 2022, 177; Kocher DB 2022, 104.

[8] Vgl. Gesetz zur Umsetzung der Richtlinie 2017/828/EU des Europäischen Parlaments und des Rates vom 17.5.2017 zur Änderung der Richtlinie 2007/36/EG im Hinblick auf die Förderung der langfristigen Mitwirkung der Aktionäre vom 12.12.2019, BGBl. 2019 I 2637; BT-Drs. 19/9739; BT-Drs. 19/10507, mit Änderungen aus der Beschlussempfehlung RA, BT-Drs. 19/15153.

[9] Vgl. zur Diskussion um den Reformbedarf Arbeitskreis Corporate Governance Reporting der Schmalenbach-Gesellschaft für Betriebswirtschaft e.V. DB 2016, 2130 ff., DB 2018, 2125 ff., DB 2019, 317 ff.; DB 2020, 2025 ff.

II. Anwendungsbereich

4   Die Konzernerklärung zur Unternehmensführung ist eine besondere Berichtspflicht für bestimmte kapitalmarktorientierte Mutterunternehmen. Wie auch beim Anwendungsbereich von § 289f variiert der Kreis der von einzelnen Berichtspflichten betroffenen Mutterunternehmen je nach Angabe, was die Anwendung in der Praxis erschwert. Relevante Differenzierungskriterien sind die Rechtsform, Kapitalmarktorientierung, Mitbestimmung und Größe.

5   Nach § 315d S. 1 müssen Mutterunternehmen iSv § 289f Abs. 1 oder 3 eine Konzernerklärung zur Unternehmensführung erstellen. Betroffen sind mithin **Mutterunternehmen** (§§ 290 ff.) in der Rechtsform der **AG, KGaA und SE,** die **börsennotiert** iSv § 3 Abs. 2 AktG sind, oder solche, die **andere Wertpapiere** als Aktien (zB Schuldverschreibungen, Genussscheine oder Pfandbriefe, vgl. § 2 Abs. 1 WpÜG) zum Handel an einem organisierten Markt (§ 2 Abs. 11 WpHG) zugelassen haben und deren **Aktien zugleich auf eigene Veranlassung über ein multilaterales Handelssystem** (§ 2 Abs. 8 S. 1 Nr. 8 WpHG) gehandelt werden (DRS 20.K224). Ein solches multilaterales Handelssystem ist in Deutschland der Freiverkehr. Die Einschränkung auf solche Aktien, die auf eigene Veranlassung gehandelt werden, berücksichtigt den Umstand, dass Unternehmen nicht zwingend von dem Handel ihrer Aktien in einem multilateralen Handelssystem erfahren, da keine Informationspflicht seitens der Marktteilnehmer besteht.

6   Diese Definition des Anwenderkreises unterscheidet sich von jener der kapitalmarktorientierten Mutterunternehmen iSv § 264d. Die Berichtspflicht nach § 315d S. 1 iVm § 289f Abs. 1 greift nur, wenn der organisierte Markt bereits in Anspruch genommen wurde; die Beantragung zur Zulassung zum Handel reicht – anders als zB bei § 289 Abs. 4 – nicht aus. Auch das Merkmal „auf Veranlassung der AG" findet sich in § 289 Abs. 4 nicht.

7   Maßgeblich für die Berichtspflicht nach § 315d ist allein die Rechtsform und Kapitalmarktorientierung des **Mutterunternehmens.** Sofern ein Tochterunternehmen kapitalmarktorientiert iSd § 289f Abs. 1 oder 3 ist, löst dies keine Pflicht zur Erstellung einer Konzernerklärung zur Unternehmensführung beim Mutterunternehmen aus.[10] Vielmehr müssen solche Tochterunternehmen selbst eine Erklärung zur Unternehmensführung nach § 289f bzw. bei ausländischen Tochterunternehmen nach den vergleichbaren auf sie anwendbaren ausländischen Vorschriften abgeben. Dies gilt auch dann, wenn diese Tochterunternehmen in den vom Mutterunternehmen erstellten Konzernlagebericht einbezogen werden.

8   Aus dem expliziten Verweis auf § 289f Abs. 1 und 3 folgt, dass Mutterunternehmen iSv § 289f Abs. 4 keine Konzernerklärung zur Unternehmensführung erstellen müssen. Dies betrifft vor allem Mutterunternehmen in der Rechtsform der GmbH, die nach dem FüPoG Zielgrößen und Fristen für den Frauenanteil in Führungspositionen festlegen müssen (→ § 289f Rn. 11). Eine **Möglichkeit zur Befreiung** von der Erklärungspflicht nach § 315d **besteht nicht.** Allerdings müssen die Angaben zum **Diversitätskonzept** nach § 289f Abs. 2 Nr. 6 nur von solchen Mutterunternehmen gem. § 289f Abs. 1 und 3 gemacht werden, bei denen das Mutterunternehmen und die in den Konzernabschluss einzubeziehenden Tochterunternehmen zusammen am Abschlussstichtag und am vorhergehenden Abschlussstichtag die Voraussetzungen für eine größenabhängige Befreiung gem. § 293 Abs. 1 nicht erfüllen (DRS 20.K231d). Andere als die berichtspflichtigen Mutterunternehmen können § 315d **freiwillig** anwenden. Die eigenständige Berichtspflicht eines Tochterunternehmens nach § 289f bleibt dadurch unberührt.

III. Berichts- und Offenlegungsvarianten

9   Die Konzernerklärung zur Unternehmensführung ist grundsätzlich im Konzernlagebericht verortet und ist Bestandteil desselben. Gleichwohl gewährt § 315d iVm § 289f Abs. 1

---

[10]   Vgl. BeBiKo/Grottel § 289f Rn. 17; HdR/Kajüter §§ 289, 289a–289f Rn. 292; Schäfer/Rimmelspacher DB Beilage 5/2015, 57, 59.

das Wahlrecht zwischen zwei alternativen Berichts- und Offenlegungsformen. Die Konzernerklärung zur Unternehmensführung kann entweder als gesonderter Abschnitt **in den Konzernlagebericht aufgenommen** (§ 315d iVm § 289f Abs. 1 S. 1) oder **auf der Internetseite** des Mutterunternehmens öffentlich zugänglich gemacht werden (§ 315d iVm § 289f Abs. 1 S. 2). Bei der letztgenannten Variante ist im Konzernlagebericht ein Hinweis auf die entsprechende Internetseite erforderlich (§ 315d iVm § 289f Abs. 1 S. 3). DRS 20.21 stellt klar, dass die Ausgliederung der Konzernerklärung zur Unternehmensführung und Veröffentlichung auf der Internetseite der geschlossenen Form des Konzernlageberichts nicht entgegensteht. Unabhängig davon, welche Berichts- und Offenlegungsform gewählt wird, gelten die in DRS 20.12 ff. definierten Grundsätze der Konzernlageberichterstattung auch für die Konzernerklärung zur Unternehmensführung.

Wird nach § 315 Abs. 5 (DRS 20.22) der Lagebericht des Mutterunternehmens mit **10** dem Konzernlagebericht zusammengefasst, dann ist die Erklärung zur Unternehmensführung Bestandteil des zusammengefassten Lageberichts. In diesem Fall muss auch für die **zusammengefasste Erklärung zur Unternehmensführung** erkennbar sein, welche Angaben sich auf den Konzern und welche Angaben sich nur auf das Mutterunternehmen beziehen. Sofern die Erklärung und die Konzernerklärung zur Unternehmensführung gem. § 289f Abs. 1 S. 2 auf der Internetseite des Mutterunternehmens öffentlich zugänglich gemacht werden, stellt sich die Frage, ob das Wahlrecht nach § 315 Abs. 5 nur gemeinsam für den Lagebericht und die Erklärung zur Unternehmensführung ausgeübt werden kann, oder ob es zulässig ist, das Wahlrecht einzeln für den Lagebericht und die Erklärung zur Unternehmensführung auszuüben. Obgleich der Wortlaut von § 315 Abs. 5 iVm § 298 Abs. 2 nur von einer entsprechenden Anwendung für den Lagebericht spricht, erscheint eine unterschiedliche Ausübung des Wahlrechts möglich, da die Wahlrechte nach § 289f Abs. 1 S. 2 und § 315 Abs. 5 voneinander unabhängig sind. Mithin kann zB ein Lagebericht des Mutterunternehmens und ein Konzernlagebericht erstellt werden sowie eine zusammengefasste Erklärung zur Unternehmensführung, die auf der Internetseite des Mutterunternehmens öffentlich zugänglich ist. In diesem Fall ist sowohl im Lage- als auch im Konzernlagebericht auf die zusammengefasste Erklärung zur Unternehmensführung zu verweisen.

Da § 315d S. 2 für die Berichts- und Offenlegungsform auf § 289f verweist und eine **11** entsprechende Anwendung für die Konzernerklärung zur Unternehmensführung fordert, kann für weitere Detailfragen zur Verantwortlichkeit für die Abgabe der Konzernerklärung, den Berichtszeitraum und Offenlegungsfristen auf die Kommentierung zu § 289f verwiesen werden (→ § 289f Rn. 14 ff.).

IV. Inhalt

Für den Inhalt der Konzernerklärung zur Unternehmensführung ist § 289f Abs. 2 ent- **12** sprechend anzuwenden (§ 315d S. 2). Erforderlich sind mithin Angaben zu sieben Themenfeldern sowie ein Verweis auf den Vergütungsbericht nach § 162 AktG. Die **sieben Themenfelder** nach § 289f Abs. 2 sind (DRS 20.K227):
1. die Entsprechenserklärung zum DCGK gem. § 161 AktG (Nr. 1),
2. Angaben zu Unternehmensführungspraktiken (Nr. 2),
3. Beschreibung der Arbeitsweise von Vorstand und Aufsichtsrat sowie Zusammensetzung und Arbeitsweise ihrer Ausschüsse (Nr. 3),
4. Angaben zu Zielgrößen für den Anteil von Frauen in Führungspositionen (Nr. 4),
5. Angaben zur Einhaltung der gesetzlichen Geschlechterquoten im Aufsichtsrat (Nr. 5),
6. Angaben zur Einhaltung des Mindestbeteiligungsgebots im Vorstand (Nr. 5a),
7. Angaben zum Diversitätskonzept (Nr. 6 und Abs. 5).

Durch das ARUG II wurde § 289f Abs. 2 Nr. 1a ergänzt, wodurch die Konzernerklä- **13** rung zur Unternehmensführung einen **Verweis auf den Vergütungsbericht nach § 162 AktG** enthalten muss.[11] Die Verweispflicht gilt nur für börsennotierte Mutterunternehmen

---

[11]   Vgl. Orth/Oser/Philippsen/Sultana DB 2019, 2814 (2820); Böcking/Bundle DK 2020, 15 (18 f.).

in der Rechtsform der AG, KGaA oder SE, die einen Vergütungsbericht nach § 162 AktG erstellen müssen. Damit soll der inhaltliche Zusammenhang der Vergütung der Organmitglieder als Element der Corporate Governance aufgezeigt werden. Der Verweis muss auf die Internetseite des Mutterunternehmens Bezug nehmen, auf der der Vergütungsbericht über das letzte Geschäftsjahr und der Vermerk des Abschlussprüfers gem. § 162 AktG, das geltende Vergütungssystem gem. § 87a Abs. 1 und 2 S. 1 AktG und der letzte Vergütungsbeschluss gem. § 113 Abs. 3 AktG öffentlich zugänglich gemacht werden (DRS 20.K227b). Der Verweis kann auch elektronisch als URL-Hyperlink ausgestaltet sein.

14   Für die Inhalte der Konzernerklärung zur Unternehmensführung kann aufgrund der entsprechenden Anwendung von § 289f auf dessen Kommentierung verwiesen werden (→ § 289f Rn. 18 ff.). Die entsprechende Anwendung von § 289f begründet sich in der Annahme des Gesetzgebers, dass die Corporate Governance des Mutterunternehmens und des Konzerns auf den gleichen Grundsätzen beruht.[12] Somit kommt es regelmäßig zu weitgehenden inhaltlichen Überschneidungen und Wiederholungen zwischen der Erklärung des Mutterunternehmens nach § 289f und der Konzernerklärung nach § 315d, was durch eine zusammengefasste Erklärung zur Unternehmensführung vermieden werden kann (→ Rn. 10). Trotz dieser Parallelen ergeben sich im Konzern eine Reihe von **Besonderheiten,** die für die Angaben in der Konzernerklärung zur Unternehmensführung zu beachten sind.

15   Bei der Wiedergabe der **Entsprechenserklärung zum DCGK** (§ 289f Abs. 2 Nr. 1, DRS 20.K228) stellt sich das Problem, dass § 161 AktG separate Erklärungen für das Mutterunternehmen und den Konzern nicht vorsieht. Gleichwohl geht der Gesetzgeber nach der Beschlussempfehlung zum BilRUG davon aus, dass in der Entsprechenserklärung zum DCGK in der Erklärung nach § 289f Abs. 2 Nr. 1 insbesondere auf das erklärungspflichtige Unternehmen selbst eingegangen wird, während in der Konzernerklärung auf den Konzern als Ganzes Bezug genommen wird.[13] Diese unscharfe Begründung wird in der Literatur zu Recht kritisiert.[14] Dabei werden unterschiedliche Auffassungen zur Erfüllung der Berichtspflicht nach § 289f Abs. 2 Nr. 1 in der Konzernerklärung zur Unternehmensführung vertreten. Während teilweise eine Beschränkung auf konzernbezogene Inhalte unter Hinweis auf diese Tatsache für zulässig erachtet wird,[15] sollten Konzernerklärung und Erklärung des Mutterunternehmens nach Auffassung des IDW möglichst übereinstimmen.[16]

16   Für die **Angaben zu den Unternehmensführungspraktiken** (§ 289f Abs. 2 Nr. 2, DRS 20.K229) gilt, dass diese in der Erklärung nach § 289f auf das Mutterunternehmen fokussiert sind und daher eine größere Informationstiefe aufweisen sollten, während die Angaben in der Konzernerklärung zur Unternehmensführung eine größere Informationsbreite erfordern, da sie sich auf den Konzern als Ganzes beziehen müssen.[17] Dies kann gem. dem Wesentlichkeitsgrundsatz mit einer geringeren Informationstiefe einhergehen.

17   Bei der **Beschreibung der Arbeitsweise von Vorstand und Aufsichtsrat** sowie der Zusammensetzung und Arbeitsweise ihrer Ausschüsse (§ 289f Abs. 2 Nr. 3, DRS 20.K230) ist in der Konzernerklärung zur Unternehmensführung auf die Konzernspitze abzustellen. Es sind mithin die Angaben des Mutterunternehmens hinreichend; entsprechende Angaben für Tochterunternehmen sind grundsätzlich nicht erforderlich. Dies gilt auch dann, wenn diese selbst als Mutterunternehmen einem Teilkonzern vorstehen, da es um die Konzernsicht geht. Im Einzelfall kann es indes geboten sein, auf abweichende Arbeitsweisen einzugehen, sofern diese für das Verständnis der Konzernsicht wesentlich sind. Abweichungen können zB durch eine noch nicht abgeschlossene Integration eines akquirierten Tochterunternehmens bedingt sein.

---

[12]   Vgl. BeBiKo/Grottel § 315d Rn. 15.
[13]   Vgl. Beschlussempfehlung und Bericht RA zum RegE BilRUG vom 17.6.2015, BT-Drs. 18/5256, 85.
[14]   Vgl. Lüdenbach/Freiberg StuB 2015, 619 (626); Schäfer/Rimmelspacher DB-Beil. 5/2015, 57 (59).
[15]   Vgl. Schäfer/Rimmelspacher DB-Beil. 5/2015, 57 (59).
[16]   Vgl. IDW Life 2016, 55.
[17]   Vgl. Begr. Beschlussempfehlung und Bericht RA zum RegE BilRUG, BT-Drs. 18/5256, 86; BeBiKo/ Grottel § 315d Rn. 17.

Unterschiede zwischen den Erklärungen nach § 289f und § 315d können auch bei den **18** Angaben nach § 289f Abs. 2 Nr. 4 (DRS 20.K231a) bestehen. Dies gilt nicht für die Zielgrößen für den Frauenanteil im Vorstand und Aufsichtsrat des Mutterunternehmens, wohl aber für die **Zielgrößen für den Frauenanteil in den beiden Führungsebenen unterhalb des Vorstands.** So kann die Anzahl der Führungsebenen variieren, wenn zB im Mutterunternehmen nur eine Führungsebene unterhalb des Vorstands existiert, im Konzern hingegen unter Einbezug der Tochterunternehmen zwei oder mehr Führungsebenen. Es empfiehlt sich daher anzugeben, wie im Konzern die erste und zweite Führungsebene unterhalb des Vorstands abgegrenzt werden (DRS 20.K231b).

Die Berichtspflicht nach § 289f Abs. 2 Nr. 5 (DRS 20.K231c) zur Einhaltung der **fixen** **19** **Geschlechterquote im Aufsichtsrat** bezieht sich im Konzern nur auf das Mutterunternehmen, sofern dieses börsennotiert ist und der paritätischen Mitbestimmung unterliegt. Bei einer Mehrheitsbeteiligung des Bundes (§ 393a Abs. 1 und 2 AktG) ist die Börsennotierung und paritätische Mitbestimmung unerheblich. Die Berichtspflicht des Mutterunternehmens impliziert nicht automatisch eine analoge Pflicht zur Berichterstattung über eine fixe Geschlechterquote in den Aufsichtsräten von Tochtergesellschaften.[18]

Die mit dem FüPoG II eingeführte Berichtspflicht nach § 289f Abs. 2 Nr. 5a (DRS **20** 20.K227g) zur Einhaltung des **Mindestbeteiligungsgebots von Frauen und Männern im Vorstand** betrifft im Konzern nur Mutterunternehmen, die börsennotiert sind, der paritätischen Mitbestimmung unterliegen und deren Vorstand aus mehr als drei Personen besteht. Bei Mutterunternehmen, an dem der Bund mehrheitlich beteiligt ist (§ 393a Abs. 1 und 2 AktG), gilt das Mindestbeteiligungsgebot auch unabhängig von der Börsennotierung und paritätischen Mitbestimmung; zudem ist das Mindestbeteiligungsgebot und die daran anknüpfende Berichtspflicht bereits dann zu beachten, wenn der Vorstand mehr als zwei Personen umfasst. Aus der Berichtspflicht des Mutterunternehmens resultiert nicht automatisch eine analoge Pflicht zur Einhaltung des Mindestbeteiligungsgebots von Frauen und Männern in den Vorständen von Tochtergesellschaften.

Bei den Angaben zum **Diversitätskonzept** nach § 289f Abs. 2 Nr. 6 ist der spezielle **21** Anwenderkreis zu beachten, der durch die Größenkriterien nach § 293 beschränkt wird (DRS 20.K231e). Inhaltlich sind nur Angaben für die Konzernebene erforderlich. Die Darstellung kann sich somit auf die Diversität in den Leitungs- und Überwachungsorganen des Mutterunternehmens beschränken.[19]

V. Prüfung

Im Hinblick auf die **Prüfung** hat die Konzernerklärung zur Unternehmensführung **22** wie die Erklärung nach § 289f eine Sonderstellung.[20] Sie ist gem. § 317 Abs. 2 S. 6 vom Abschlussprüfer nur dahingehend zu prüfen, ob die Angaben gemacht wurden und sie im Konzernlagebericht einen eigenen Abschnitt bilden, bzw. bei einer Ausgliederung, ob der Konzernlagebericht den Hinweis auf die Internetseite des Mutterunternehmens enthält, die Konzernerklärung zur Unternehmensführung dort öffentlich zugänglich ist und die Angaben nach § 289f Abs. 2 und 5 beinhaltet. Eine inhaltliche Prüfung mit hinreichender Sicherheit wie für die übrigen Teile des Konzernlageberichts ist mithin nicht erforderlich. Aufgrund berufsständischer Vorschriften muss der Abschlussprüfer die Konzernerklärung zur Unternehmensführung aber lesen und würdigen, ob sie wesentliche Unstimmigkeiten zum geprüften Konzernabschluss, Konzernlagebericht und zu den bei der Abschlussprüfung gewonnenen Erkenntnissen aufweist. Diese Verpflichtung ergibt sich aus ISA 720 (Revised) Tz. D1.2, wonach die Konzernerklärung zur Unternehmensführung zu den „sonstigen

---

18 Vgl. Stüber DStR 2015, 947.
19 Vgl. Rimmelspacher/Schäfer/Schönberger KoR 2017, 225 (231).
20 Vgl. IDW PS 350 nF Rn. 13; Ruhnke/Schmidt DB 2017, 2557; Orth/Oppermann DB 2020, 401; Fink/Kajüter, Lageberichterstattung, 2. Aufl. 2021, S. 543 f.

Informationen" zählt, die zusammen mit dem Konzernabschluss und Konzernlagebericht veröffentlicht werden.[21]

VI. Rechtsfolgen bei Verletzung

23   Bei Verstößen gegen § 315d gelten dieselben Sanktionen wie für solche gegen § 289f. Insofern wird auf die entsprechende Kommentierung zu § 289f verwiesen (→ § 289f Rn. 50 ff.).

Zehnter Titel. Konzernabschluss nach internationalen Rechnungslegungsstandards

§ 315e Konzernabschluss nach internationalen Rechnungslegungsstandards

(1) Ist ein Mutterunternehmen, das nach den Vorschriften des Ersten Titels einen Konzernabschluss aufzustellen hat, nach Artikel 4 der Verordnung (EG) Nr. 1606/2002 des Europäischen Parlaments und des Rates vom 19. Juli 2002 betreffend die Anwendung internationaler Rechnungslegungsstandards (ABl. L. 243 vom 11.9.2002, S. 1), die zuletzt durch die Verordnung (EG) Nr. 297/2008 (ABl. L 97 vom 9.4.2008), S. 62 geändert worden ist, verpflichtet, die nach den Artikeln 2, 3 und 6 der genannten Verordnung übernommenen internationalen Rechnungslegungsstandards anzuwenden, so sind von den Vorschriften des Zweiten bis Achten Titels nur § 294 Abs. 3, § 297 Absatz 1a, 2 Satz 4, § 298 Abs. 1, dieser jedoch nur in Verbindung mit den §§ 244 und 245, ferner § 313 Abs. 2 und 3, § 314 Abs. 1 Nr. 4, 6, 8 und 9, Absatz 3 sowie die Bestimmungen des Neunten Titels und die Vorschriften außerhalb dieses Unterabschnitts, die den Konzernabschluss oder den Konzernlagebericht betreffen, entsprechend anzuwenden.

(2) Mutterunternehmen, die nicht unter Absatz 1 fallen, haben ihren Konzernabschluss nach den dort genannten internationalen Rechnungslegungsstandards und Vorschriften aufzustellen, wenn für sie bis zum jeweiligen Bilanzstichtag die Zulassung eines Wertpapiers im Sinne des § 2 Absatz 1 des Wertpapierhandelsgesetzes zum Handel an einem organisierten Markt im Sinne des § 2 Absatz 11 des Wertpapierhandelsgesetzes im Inland beantragt worden ist.

(3) [1]Mutterunternehmen, die nicht unter Absatz 1 oder 2 fallen, dürfen ihren Konzernabschluss nach den in Absatz 1 genannten internationalen Rechnungslegungsstandards und Vorschriften aufstellen. [2]Ein Unternehmen, das von diesem Wahlrecht Gebrauch macht, hat die in Absatz 1 genannten Standards und Vorschriften vollständig zu befolgen.

Schrifttum: s. auch bei §§ 290 ff.; Engelmann/Zülch, Pflicht zur Aufstellung eines IFRS-Konzernabschlusses trotz nach HGB unwesentlicher Tochterunternehmen?, DB 2006, 293; Knorr/Buchheim/Schmidt, Konzernrechnungslegungspflicht und Konsolidierungskreis – Wechselwirkungen und Folgen für die Verpflichtung zur Anwendung der IFRS, BB 2005, 2399; Pfitzer/Oser/Orth, Offene Fragen und Systemwidrigkeiten des Bilanzrechtsreformgesetzes (BilReG), BB 2004, 2593; Wendlandt/Knorr, Das Bilanzrechtsreformgesetz, KoR 2005, 53.

Übersicht

---

[21]   Vgl. Orth/Oppermann DB 2020, 401 (407).

I. Normzweck

Die Vorschrift des heutigen § 315e wurde als § 315a durch das Bilanzrechtsreformgesetz **1** vom 4.12.2004 **(BilReG)** in das HGB aufgenommen worden (→ Vor § 290 Rn. 14). Die Bestimmungen sind ein Ausfluss der Regelungen der im Gesetzestext genannten **IAS-VO** vom 19.7.2002 über die **Anwendung der Internationalen Rechnungslegungsstandards** (IAS) auf die Konzernabschlüsse kapitalmarktorientierter Gesellschaften. Seit 2001 werden die IAS als International Financial Reporting Standards (IFRS) bezeichnet (→ Vor § 290 Rn. 16). Die sog. IAS-VO und ihre Umsetzung erweisen sich als eine tiefgreifende Änderung der Konzernrechnungslegung deutscher Unternehmen mit vermutlich künftigen Auswirkungen auch auf den Jahresabschluss einzelner Gesellschaften. Durch das Gesetz zur Stärkung der nichtfinanziellen Berichterstattung der Unternehmen in ihren Lage- und Konzernlageberichten (CSR-RLUG) ist § 315a in § 315e verschoben worden. Die mit der Gesetzesänderung im Jahr 2023 angepasste Formulierung[1] führt zu keiner inhaltlichen Änderung. Vielmehr wird nur die letzte Änderung konkret in Bezug genommen.

Mit der obligatorischen Anwendung der IFRS auf die konsolidierten Abschlüsse kapi- **2** talmarktorientierter Unternehmen soll die **Transparenz und Vergleichbarkeit** dieser der Information der Kapitalmarktteilnehmer dienenden Instrumente gefördert und so ein Beitrag zu einer **effizienten und kostengünstigen Funktionsweise des Kapitalmarktes** geleistet werden. Mit den Bilanzrichtlinien war dies nicht gelungen. Das erneut angestrebte Ziel der Harmonisierung der Rechnungslegungsvorschriften zumindest der kapitalmarktorientierten Unternehmen lässt sich freilich nur erreichen, wenn die internationalen Standards in den Mitgliedsländern und von den Unternehmen hinreichend einheitlich angewendet werden. Bei den EG-Richtlinien war das nicht der Fall gewesen. Die möglichst fehlerfreie Anwendung der Standards soll durch **Enforcementinstitutionen** erzwungen werden. Deren Errichtung ist zwar nicht Gegenstand der VO, sondern nationalen Regelungen vorbehalten. Mit dem Bilanzkontrollgesetz (BilKoG) von 2004 (BGBl. 2004 I 3408) ist ein solches Gremium für Deutschland geschaffen worden (**Prüfstelle** gem. §§ 342b–342d aF). Seit dem 1.1.2022 ist allein die BaFin für die Kontrolle von Bilanzen kapitalmarktorientierter Unternehmen verantwortlich. Das bis dahin geltende zweistufige Verfahren – mit der privatrechtlich organisierten Deutschen Prüfstelle für Rechnungslegung e. V. (DPR) auf Stufe 1

---

[1] Gesetz zur Umsetzung der RL (EU) 2021/2101 im Hinblick auf die Offenlegung von Ertragsteuerinformationen vom 19.6.2023 (BGBl. 2023 I Nr. 154).

und der BaFin auf Stufe 2 – wurde mit dem Inkrafttreten des FISG[2] in ein einstufiges Verfahren übergeleitet. Anlassprüfungen und stichprobenartige Prüfungen werden nur noch durch die BaFin durchgeführt und nicht mehr zuerst durch eine privatrechtlich handelnde Organisation (§§ 106 ff. WpHG).

3   Die Wahrnehmung des **nationalen Wahlrechts** aus Art. 5 lit. b IAS-VO, **nicht kapitalmarktorientierten Gesellschaften** zu gestatten, ihre **konsolidierten Abschlüsse** nach den IFRS aufzustellen (Abs. 3), dient dem Ziel, dass sich diese Unternehmen in ihrer Finanzberichterstattung **vergleichbar mit kapitalmarktorientierten Unternehmen** darstellen dürfen. Zahlreiche, insbesondere mittelständische Konzerne sind im Ausland mit Tochtergesellschaften vertreten oder exportieren und haben ein Interesse, sich mit ihrer Finanzberichterstattung nach IFRS ihren dortigen Kunden, Lieferanten und Kreditgebern **besser verständlich zu repräsentieren** als mit einer Rechnungslegung nach HGB.

II. Geltungsbereich

4   **1. Entstehungsgeschichte.** Als Vorläufer des § 315e (Nachfolgeregelung zu § 315a) kann § 292a aF angesehen werden. Mit dem **KapAEG** wurde diese Vorschrift in das HGB eingeführt, aber bis zum 31.12.2004 begrenzt (→ Vor § 290 Rn. 6).[3] Durch § 292a aF wurde Mutterunternehmen, die einen organisierten Markt iSd § 2 Abs. 11 WpHG durch von ihnen oder durch eine ihrer Tochtergesellschaften ausgegebene Wertpapiere in Anspruch nahmen, das Recht eingeräumt, an Stelle der Konzernrechnungslegung nach HGB einen Konzernabschluss und Konzernlagebericht nach international anerkannten Rechnungslegungsgrundsätzen, aber im Einklang mit der 7. EG-Richtlinie, mit befreiender Wirkung aufzustellen. Als international anerkannte Rechnungslegungsgrundsätze galten neben den IAS auch die Generally Accepted Accounting Principles der USA (US-GAAP).

5   Im Juni 2000 hatte dann die Kommission der EU in ihrer **Mitteilung „Rechnungslegung der EU: Künftiges Vorgehen"** in Abkehr von ihrer bis dahin geltenden Politik der Harmonisierung der Rechnungslegung der Kapitalgesellschaften nur innerhalb der EU durch Richtlinien vorgeschlagen, dass alle kapitalmarktorientierten Gesellschaften in der EU ihre konsolidierten Abschlüsse spätestens ab dem 1.1.2005 einheitlich nach den Rechnungslegungsstandards „International Accounting Standards (IAS)" aufzustellen haben (→ Vor § 290 Rn. 13). Im Juli 2002 wurde dieser Vorschlag durch die IAS-VO in europäisches Recht überführt. Sie trat am 14.9.2002 in Kraft (ABl. EG 2008 L 243).

6   **2. Abgrenzung der kapitalmarktorientierten Unternehmen.** Die IAS-VO ist in den Mitgliedsländern der EU **unmittelbar geltendes Recht.** Deshalb brauchte die **Verpflichtung** des Art. 4 IAS-VO für Gesellschaften, deren Wertpapiere in einem Mitgliedstaat der EU zum Handel in einem **geregelten Markt** iSd **Wertpapierdienstleistungs-RL[4]** zugelassen sind **(kapitalmarktorientierte Gesellschaften),** ab 2005 ihre konsolidierten Abschlüsse nach den Internationalen Standards aufzustellen, nicht in das HGB aufgenommen zu werden. Die Verpflichtung gilt für die Zulassung zum Handel sowohl von **Anteilspapieren** (Aktien, Aktienzertifikate) als auch von **Schuldverschreibungen** und Genussscheinen. Sie gilt nicht für den Handel der Wertpapiere im Freiverkehr.

7   Im Unterschied zu dem inzwischen aufgehobenen § 292a unterliegen Gesellschaften, deren **Wertpapiere nur außerhalb der EU** oder von denen Wertpapiere, die **nur von Tochterunternehmen** emittiert wurden, an einem organisierten Kapitalmarkt zum Handel zugelassen sind, **nicht** dieser Regelung.[5] Insbesondere die Regelung, dass nur die von der **Muttergesellschaft selbst** ausgegebenen und zum Handel an einem regulierten Markt der EU zugelassenen Wertpapiere die Pflicht zur Konzernrechnungslegung nach IAS/IFRS auslöst, könnte sich als Mangel erweisen. Wenn zB eine Tochtergesellschaft als Finanzie-

---

[2]   Finanzmarktintegritätsstärkungsgesetz vom 3.6.2021 (BGBl. 2021 I 1534).
[3]   Zu Einzelheiten → 1. Aufl. 2001, § 292a Rn. 3.
[4]   RL 93/22/EWG des Rates über Wertpapierdienstleistungen vom 10.5.1993, ABl. EG 1993 L 141, 27, aufgehoben mWv 30.4.2005 durch Art. 69 RL 2004/39/EG.
[5]   WP-HdB 2023 N Rn. 7.

rungsunternehmen Schuldverschreibungen ausgibt, die der Finanzierung der Muttergesellschaft oder anderer Konzerngesellschaften dienen, wie das vielfach der Fall ist, und das Mutterunternehmen für die Finanzierungsgesellschaft durch Vertrag oder Satzung die Haftung übernommen hat, so ist das wirtschaftlich mit der Ausgabe von Schuldverschreibungen durch die Muttergesellschaft selbst gleichzustellen. Dann stellt sich die Frage, ob nicht die Vorschrift in Art. 4 IAS-VO bzw. in Abs. 1 nach ihrem wirtschaftlichen Gehalt auszulegen ist und ein solches Mutterunternehmen auch zur Konzernrechnungslegung nach IFRS verpflichtet ist.

Mutterunternehmen, die nach §§ 290 ff. zur Aufstellung eines Konzernabschlusses verpflichtet sind, unterliegen den Vorschriften des Abs. 1. Konzernrechnungslegungspflichtig sind gem. § 290 Muttergesellschaften nach Abs. 1, die auf ein anderes Unternehmen unmittelbar oder mittelbar einen beherrschenden Einfluss ausüben können, insbesondere nach Abs. 2 konzerntypische Rechte haben (Control-Konzept). Nach § 290 aF war strittig, ob die Konzernrechnungslegungspflicht nach diesen Kriterien auch dann weiter besteht, wenn das Mutterunternehmen aufgrund von § 296, etwa wegen untergeordneter Bedeutung des Tochterunternehmens (Abs. 2), auf die **Einbeziehung von Tochterunternehmen verzichtet** und keine anderen Tochterunternehmen hat.[6] Durch die Einfügung von Abs. 5 in § 290 durch das BilMoG hat der Gesetzgeber die Frage dahingehend geklärt, dass ein Mutterunternehmen von der Konzernrechnungslegungspflicht befreit ist, wenn es nur Tochterunternehmen hat, die nicht in den Konzernabschluss einbezogen zu werden brauchen. Nach Abs. 1 richtet sich die Konzernrechnungslegungspflicht auch für kapitalmarktorientierte Unternehmen weiterhin nach § 290, der Konsolidierungskreis dagegen nach IFRS 10. **8**

3. Rechtsformen der unter § 315e fallenden Unternehmen. In Art. 4 IAS-VO **9** werden kapitalmarktorientierte „**Gesellschaften**" zur Aufstellung ihres konsolidierten Abschlusses nach den IAS/IFRS verpflichtet; in Art. 5 IAS-VO wird den Mitgliedstaaten das Recht eingeräumt, Gesellschaften, die nicht unter Art. 4 fallen, zu gestatten oder vorzuschreiben, die IAS/IFRS auf ihre konsolidierten Abschlüsse anzuwenden. Im Vorspann der VO wird unter Nr. 3 auf die allgemeinen EWG-Rechnungslegungsrichtlinien für den Jahresabschluss (RL 78/660/EWG) und den konsolidierten Abschluss (RL 83/349/EWG) (heute einheitlich Bilanz-RL) sowie auf die branchenspezifischen Richtlinien für Kreditinstitute 86/635 und Versicherungsunternehmen (RL 91/674) Bezug genommen. Daraus ist zu schließen, dass die dort genannten Rechtsformen der Unternehmen mit Gesellschaften gemeint sind.

In § 315e ist hingegen von „**Mutterunternehmen**" die Rede. § 315e ist Teil des **10** Zweiten Abschnittes des Dritten Buchs des HGB, der das Rechnungslegungsrecht der **Kapitalgesellschaften** (AG, KGaA und GmbH) regelt. Daher sind mit Unternehmen diese Rechtsformen gemeint. Die Umsetzung der EWG-Richtlinien für Kreditinstitute und Versicherungsunternehmen hat zu den ergänzenden Vorschriften für sie im Vierten Abschnitt geführt. Durch eine entsprechende Ergänzung der § 340i und § 341j durch das BilReG wird § 315e auch auf **Kreditinstitute und Versicherungsunternehmen** anderer Rechtsformen für anwendbar erklärt (→ § 340j Rn. 3; → § 341j Rn. 8). Insoweit entsprechen sich die Anwendungsbereiche nach den Art. 4 IAS-VO und Art. 5 IAS-VO und dem HGB. Außerdem werden aufgrund der GmbH & Co.-RL[7] mit § 264a **Personengesellschaften ohne einen persönlich haftenden Gesellschafter** dem Rechnungslegungsrecht der Kapitalgesellschaften unterworfen. Damit ist § 315e auch auf sie anwendbar. Die EWG-Richtlinien regeln im Übrigen nicht die Rechnungslegung von Personenunternehmen und Unternehmen anderer Rechtsformen. Dennoch gelten infolge einer Ergänzung des § 11

---

[6] Ausf. Knorr/Buchheim/Schmidt BB 2005, 2399; Burger/Ulbrich/Luce B.Bl. 2005, 96; aA Engelmann/ Zülch BB 2006, 293 mit Hinweisen auf Intentionen des deutschen Gesetzgebers.

[7] RL 90/605/EWG des Rates vom 8.11.1990 zur Änderung der Richtlinien 78/660/EWG und 83/349/ EWG über den Jahresabschluß bzw. den konsolidierten Abschluß hinsichtlich ihres Anwendungsbereichs, ABl. EG 1990 L 317, 60.

Abs. 6 PublG durch das BilReG die Vorschriften des § 315e auch für die **unter das PublG fallenden Unternehmen.**

11   **4. Wahlrechte für andere Unternehmen.** Im Unterschied zu der Verpflichtung von kapitalmarktorientierten Muttergesellschaften aus Art. 4 IAS-VO mussten die in der IAS-VO enthaltenen **Wahlrechte,** die IAS/IFRS auch auf die Konzernabschlüsse anderer Gesellschaften und auf Jahresabschlüsse (Einzelabschlüsse) anzuwenden, national geregelt werden. Entsprechende zwingende Regelungen finden sich für Mutterunternehmen, die bisher nur die Zulassung eines Wertpapiers iSd § 2 Abs. 1 WpHG zum Handel an einem organisierten Markt **beantragt** haben, in Abs. 2, sowie als Unternehmenswahlrechte für **andere Mutterunternehmen** in Abs. 3 und für den **Einzelabschluss** zum Zweck der Offenlegung in § 325 Abs. 2a.

12   Für nicht kapitalmarktorientierte Mutterunternehmen tritt mit der Wahrnehmung des **Unternehmenswahlrechts** nach Abs. 3 der Konzernabschluss nach IFRS an die Stelle des Konzernabschlusses nach HGB. Mit der befreienden Wirkung eines solchen Konzernabschlusses werden die Kosten vermieden, die durch einen zusätzlich – zum zwingend aufzustellenden HGB-Konzernabschluss – verpflichtend aufzustellenden Konzernabschluss nach IFRS entstünden. Die Befreiungswirkung eines freiwillig aufgestellten IRFS-Konzernabschlusses gilt für alle nicht kapitalmarktorientierten Unternehmen, die nach einer in → Rn. 7 genannten Rechtsformen geführt werden und verpflichtet sind, nach den §§ 290 ff. einen Konzernabschluss aufzustellen. Für eine befreiende Wirkung eines IAS/IFRS-Konzernabschlusses für nach Landesrecht aufzustellende Konzernabschlüsse der Kommunen (→ Vor § 290 Rn. 22) bedarf es gesonderter Regelungen.

13   Die Regelung in Abs. 3 unterscheidet sich von der in § 325 Abs. 2a, wonach ein nach IAS/IFRS aufgestellter Einzelabschluss **nur für die Offenlegung** an die Stelle des Jahresabschlusses nach HGB treten darf. Ein solcher **Einzelabschluss** hat **keine befreiende Wirkung** für gesellschaftsrechtliche, handelsrechtliche und steuerrechtliche Zwecke (→ § 325 Rn. 83 ff.).

14   **5. Übernahme von internationalen Standards durch die EU.** Von den IFRS sind nur diejenigen Regelungen auf die befreienden konsolidierten Abschlüsse anzuwenden, die nach Art. 3 IAS-VO iVm Art. 6 IAS-VO aufgrund einer Prüfung durch einen Ausschuss **übernommen** und als eine **Kommissions-VO veröffentlicht** („Endorsement-Verfahren") worden sind. Daher ist in Abs. 1 von „übernommenen internationalen Rechnungslegungsstandards" die Rede. Die Übernahme ist ein Rechtsakt. Auf diese Weise gelten die von einer privaten Organisation entwickelten IAS/IFRS nicht unmittelbar, sondern erst durch den Akt der Übernahme rechtsverbindlich für Unternehmen der EU.

15   Bisher hat es bei der Übernahme nur beim IAS 39 „Financial Instruments: Recognition and Measurement" Schwierigkeiten gegeben. Dessen Regelungen wurden zunächst nur zum Teil übernommen. Das hat zu Problemen bei der Formulierung des Bestätigungsvermerks durch den Abschlussprüfer geführt.[8] Auch für das Endorsement von IFRS 8 ergaben sich Probleme.

III. Weitergeltung von HGB-Vorschriften für kapitalmarktorientierte Gesellschaften (Abs. 1)

16   **1. Partielle Weitergeltung der Bilanz-RL und Konzernbilanz-Richtlinien.** Um zu vermeiden, dass die von den IFRS nicht abgedeckten Bereiche für kapitalmarktorientierte Unternehmen innerhalb der EU zu unterschiedlichen nationalen Regelungen führen, haben Rat und Kommission der EU anlässlich der Verabschiedung der RL 2003/51/EG (sog. Modernisierungs-RL; → Vor § 290 Rn. 13) in einer gemeinsamen Erklärung darauf hingewiesen, welche Regelungen der 4. EG-Richtlinie (RL 78/660/EWG) und 7. EG-Richtlinie (RL 83/349/EWG) für diese Gesellschaften weiterhin gelten.[9]

---

[8]   Pfitzer/Oser/Orth DB 2004, 3593 ff.
[9]   BMJ, Begr. RegE BilReG vom 16.12.2003, 35.

2. Weitergeltung der Aufstellungspflichten. Der **IASB** verfolgt das Ziel, einen 17 einzigen Satz von **global anwendbaren Rechnungslegungsstandards von hoher Qualität** zu entwickeln, der Teilnehmern an Kapitalmärkten hilft, durch die Nutzung transparenter und vergleichbarer Informationen in financial statements und anderen financial reports wirtschaftliche Entscheidungen zu treffen. Damit dienen die IFRS zwar den Informationsbedürfnissen der Kapitalmarktteilnehmer, sind aber nicht auf Rechtsformen, Unternehmensgrößen, Börsennotierung oder Wirtschaftszweige beschränkt. Sie regeln damit nicht, welche Unternehmen zur Aufstellung von Einzel- und Konzernabschlüssen verpflichtet sind oder sein sollten. Das ist Gegenstand nationaler oder supranationaler Gesetzgebung zB der EU (→ Rn. 8). Wenn aber ein Unternehmen einen als mit IFRS konform bezeichneten Abschluss aufstellt und eine Muttergesellschaft ist, die Tochtergesellschaften iSv IFRS 10.7 ff. kontrolliert, dann muss sie diese konsolidieren.

Für kapitalmarktorientierte Mutterunternehmen, die nach der IAS-VO verpflichtet 18 sind, ihren Konzernabschluss nach den IFRS aufzustellen, gelten daher gem. Abs. 1 die Vorschriften des Ersten Titels über den **Anwendungsbereich** im Zweiten Unterabschnitt Konzernabschluss und Konzernlagebericht (§§ 290–293) weiter. Damit bleiben die **Pflichten für die Aufstellung des Konzernabschlusses** nach dem Konzept der Möglichkeit, einen beherrschenden Einfluss auf ein anderes Unternehmen auszuüben, gem. § 290 Abs. 1 (Control-Konzept) und § 290 Abs. 2 sowie für die Aufstellung des **Konzernlageberichts** weiterhin gültig.

Aber auch die Kriterien für das **Control-Konzept** gem. § 290 Abs. 2 und IFRS 10.7 19 sind nicht deckungsgleich. Während § 290 Abs. 2 auf drei **konzerntypisch zustehende Rechte** (1.) aus der Mehrheit der Stimmrechte, (2.), den Besetzungsrechten für die Mehrheit der Leitungsorgane der Gesellschaft, (3.), aus einem Beherrschungsvertrag/Satzungsbestimmung und mit BilMoG (4.) aus der mehrheitlichen Übernahme von Risiken und Chancen von Zweckgesellschaften auf einen beherrschenden Einfluss auf die Gesellschaft rekurriert, stützt sich die Konsolidierungspflicht nach IFRS 10.10 ff. auf die **tatsächliche Macht,** eine Gesellschaft aufgrund solcher Rechte zu kontrollieren oder mit anderen Mitteln die Aktivitäten und die Gewinnausschüttungen zu steuern. Inwieweit sich aus diesen Differenzen tatsächlich Unterschiede für den Geltungsbereich der Konsolidierungspflicht ergeben, kann nur im Einzelfall entschieden werden, zumal die Einbeziehungsvorschriften der § 294 Abs. 1 und 2, § 296 für kapitalmarktorientierte Gesellschaften nicht weiter gelten.

Die Vorschriften über die **befreiende Wirkung** von EU/EWR-Konzernabschlüssen 20 gem. § 291 sowie über die **Befreiung** von Mutterunternehmen, die die in § 293 genannten Größenmerkmale nicht erreichen, sind für kapitalmarktorientierte Mutterunternehmen weitgehend **gegenstandslos.** In § 291 Abs. 3 wird die Befreiung von der Aufstellungspflicht für Mutterunternehmen eines Teilkonzerns ausgeschlossen, deren Wertpapiere an einem geregelten Markt iSd Wertpapierdienstleistungs-RL in der **EU** oder EWR zum Handel zugelassen sind. Jedoch ist die Aufhebung der Befreiung nicht auf kapitalmarktorientierte Mutterunternehmen übertragen worden, die von der Aufstellungspflicht aufgrund eines höherrangigen Konzernabschlusses eines Unternehmens mit Sitz in einem **Drittstaat** gem. § 292 befreit sind. Die **größenabhängigen Befreiungen** des § 293 sind gem. Abs. 5 nicht anzuwenden, wenn das Mutterunternehmen oder ein in dessen Konzernabschluss einbezogenes Tochterunternehmen einen organisierten Markt iSd § 2 Abs. 11 WpHG **ohne geographische Beschränkung** durch von ihm ausgegebene Wertpapiere in Anspruch nimmt oder die Zulassung zum Handel an ihm beantragt hat. Mithin sind Mutterunternehmen, deren Wertpapiere zum Handel an einem organisierten Markt zugelassen sind, zur Konzernrechnungslegung nach IAS/IFRS verpflichtet, auch wenn sie als **Mutterunternehmen eines Teilkonzerns** in einen übergeordneten Konzernabschluss eines Unternehmens mit Sitz in der EU/EWR einbezogen sind oder wenn sie die **Größenmerkmale** des § 293 nicht erreichen.

Die Regelung in § 291 Abs. 3 lehnt sich mit dem Bezug auf die Börsenzulassung in 21 einem EU-Mitgliedstaat an die Wertpapierdienstleistungsrichtlinie und eng an Art. 4 IAS-

VO von 2002 an. Die IAS-VO beschränkt sich auf die Kapitalmärkte der EU. Die Vorschrift des § 293 Abs. 5 geht im **Vergleich** dazu insbesondere insofern weiter als die des § 291 Abs. 3, als einerseits bereits die Zulassung eines Wertpapiers eines konsolidierten **Tochterunternehmens** zum Handel und andererseits auch die Zulassung von Wertpapieren konsolidierter Unternehmen an einem **organisierten Markt eines Drittstaates** die Befreiungswirkung aufhebt. Im Hinblick auf die Funktionsfähigkeit des Kapitalmarktes war § 293 Abs. 5 schon durch das KapCoRiLiG vom 24.2.2000 eingeführt worden (→ § 293 Rn. 21 ff.; zu der mangelnden Abstimmung mit Art. 4 IAS-VO → Rn. 18). Mit der Implementierung der EU-VO in deutsches Recht wollte der Gesetzgeber aber offenbar nicht über die europarechtlichen Vorgaben hinausgehen.

22   Eine **Ungereimtheit** zwischen deutschem und europäischem Recht ergibt sich für § 293 Abs. 5 im Hinblick auf den Ausschluss von der Befreiung von der Konzernrechnungslegungspflicht für Unternehmen, die die Größenmerkmale des § 293 Abs. 1 nicht erreichen, aber einen Kapitalmarkt iSd § 2 Abs. 11 WpHG beanspruchen. Ein iSd § 293 Abs. 1 kleines Mutterunternehmen hat auch im Falle einer **alleinigen** Inanspruchnahme eines organisierten Kapitalmarktes **außerhalb der EU** für den Konzern Rechnung zu legen, unterfällt aber nicht Art. 4 IAS-VO. Es hat dann die Wahl zwischen der Konzernrechnungslegung nach HGB und IAS/IFRS gem. Abs. 3. Auch wenn sich die Regelungskompetenz der EU nicht auf Kapitalmärkte außerhalb der EU erstreckt, würde es der Transparenz dienen, wenn alle Gesellschaften mit Sitz in der EU, die einen organisierten Kapitalmarkt in Anspruch nehmen, einheitlichen Konzernrechnungslegungsvorschriften unterlägen.

23   **3. Weitergeltung der Informationspflichten der Tochtergesellschaften.** Gem. § 294 Abs. 3 haben die Tochterunternehmen ihre Jahresabschlüsse, ggf. Einzelabschlüsse gem. § 325 Abs. 2a, Konzernabschlüsse, Lage- und Konzernlageberichte, Prüfungsberichte der Abschlussprüfer und ggf. Zwischenabschlüsse unverzüglich dem Mutterunternehmen einzureichen sowie alle von ihm angeforderten Aufklärungen und Nachweise zu liefern, die für die Aufstellung des Konzernabschlusses und des Konzernlageberichts erforderlich sind (→ § 294 Rn. 34 ff.). Diese Informationspflicht gilt für Tochtergesellschaften gleichermaßen von kapitalmarktorientierten und anderen Mutterunternehmen.

24   **4. Weitergeltung allgemeiner Vorschriften.** Der Verweis auf § 297 Abs. 2 S. 4 ist, wie diese Vorschrift selbst, durch das TUG[10] 2007 eingefügt worden. Danach ist auch einem nach den IFRS aufgestellten Konzernabschluss bei der Unterzeichnung die **Erklärung der gesetzlichen Vertreter** des Mutterunternehmens über die Einhaltung der Verpflichtung, mit dem Konzernabschluss ein den tatsächlichen Verhältnissen entsprechendes Bild zu vermitteln, beizufügen. Mit dem Verweis auf § 298 Abs. 1 iVm §§ 244, 245 ist geregelt, dass auch ein konsolidierter Abschluss nach IAS/IFRS **in deutscher Sprache in EUR** aufzustellen und vom Kaufmann unter Angabe des Datums zu unterzeichnen ist. Eine entsprechende Vorschrift, wonach der Konzernabschluss in der Sprache und in der Währung des Sitzes der Muttergesellschaft aufzustellen ist, enthalten die IAS/IFRS nicht.

25   **5. Weitergeltung von Angabepflichten für den Konzernanhang.** Nach Abs. 1 sind von kapitalmarktorientierten Unternehmen auch ein Teil der Vorschriften der §§ 313, 314 anzuwenden.[11] Da den pflichtgemäßen Erläuterungen von Posten der Konzernbilanz und Konzern-Gewinn- und Verlustrechnung nach § 313 Abs. 1 entsprechende Verpflichtungen zur disclosure in den einzelnen IFRS gegenüberstehen, gelten nur die restlichen Abs. 2 und 3 auch für kapitalmarktorientierte Unternehmen. Sie betreffen die Angabepflichten über **einbezogene, assoziierte und Gemeinschafts-Unternehmen** (Abs. 2) sowie Schutzvorschriften (Abs. 3). Entsprechende Vorschriften finden sich in den IFRS nicht. Zu

---

[10]   Gesetz zur Umsetzung der RL 2004/109/EG des Europäischen Parlaments und des Rates vom 15.12.2004 zur Harmonisierung der Transparenzanforderungen in Bezug auf Informationen über Emittenten, deren Wertpapiere zum Handel auf einem geregelten Markt zugelassen sind, und zur Änderung der RL 2001/34/EG (Transparenzrichtlinie-Umsetzungsgesetz) vom 5.1.2007 (BGBl. 2007 I 10).
[11]   WP-HdB 2023 N Rn. 14.

den Pflichtangaben gem. § 314, die auch von kapitalmarktorientierten Unternehmen zu machen sind, zählen die **Zahl der Arbeitnehmer** (Nr. 4), die **Bezüge der Mitglieder des Geschäftsführungs- und des Aufsichtsorgans** (Nr. 6), die **Entsprechenserklärung** gem. § 161 AktG zum DCGK (Nr. 8) und die als Aufwand erfassten **Honorare an Abschlussprüfer des Konzernabschlusses** für Abschlussprüfungen, Steuerberatungs- und sonstige Leistungen, die für das Mutter- oder Tochterunternehmen erbracht worden sind (Nr. 9).

6. Weitergeltung der Bestimmungen über den Konzernlagebericht. Da die **26** IFRS den Konzernlagebericht nicht regeln, haben auch die kapitalmarktorientierten Mutterunternehmen die Vorschriften des § 315 über den Konzernlagebericht zu beachten. Sie wurden durch das BilReG und das BilMoG erweitert (→ § 315 Rn. 7).

7. Weitergeltung von Vorschriften außerhalb des Zweiten Unterabschnittes, **27** **die die Konzernrechnungslegung betreffen.** Dazu gehören innerhalb des für alle Kaufleute geltenden Ersten Abschnitts des HGB einzelne Vorschriften des Dritten Unterabschnitts über die **Prüfung,** des Vierten Unterabschnittes über die **Offenlegung** sowie des Sechsten Unterabschnitts über **Straf-, Buß- und Ordnungsgelder.** Außerdem enthält der Vierte Abschnitt ergänzende Vorschriften für Unternehmen bestimmter Geschäftszweige, einzelne diese Unternehmen betreffende Vorschriften über den Konzernabschluss, zB §§ 340i, 340j für **Kreditinstitute** und § 341i und § 341j über **Versicherungsunternehmen.**

IV. Anwendung der IAS-VO auf Mutterunternehmen mit Antrag auf Börsenzulassung (Abs. 2)

Nach Art. 5 lit. b IAS-VO können Mitgliedstaaten **vorschreiben,** dass auch andere als **28** die in Art. 4 genannten kapitalmarktorientierten Unternehmen ihren Konzernabschluss nach den IAS/IFRS aufstellen. Von diesem **nationalen Wahlrecht** hat der Gesetzgeber insofern – sehr zurückhaltend – Gebrauch gemacht, als auch Mutterunternehmen, die bis zum jeweiligen Bilanzstichtag nur die **Zulassung eines Wertpapiers** iSd § 2 Abs. 1 WpHG zum Handel an einem organisierten Markt iSd § 2 Abs. 11 WpHG **beantragt** haben, so für den Konzern Rechnung zu legen haben wie die Unternehmen, die bereits kapitalmarktorientiert iSd Art. 4 IAS-VO sind. Ein Zulassungsantrag eines Tochterunternehmens löst keine Rechnungslegungspflicht für das Mutterunternehmen nach IFRS aus, da Art. 4 IAS-VO nur auf die Zulassung zum Handel der Wertpapiere des Mutterunternehmens abstellt. Wenn aber das Tochterunternehmen selbst Mutterunternehmen eines Teilkonzerns ist, trifft es auch die Pflicht zur Konzernrechnungslegung nach internationalen Standards.

Diese über den europarechtlichen Pflichtenrahmen hinausgehende Regelung wird mit **29** dem **Informationsinteresse** potenzieller Kapitalanleger begründet, das bereits dann besteht, wenn ein Unternehmen mit dem Zulassungsantrag zu erkennen gibt, dass es den organisierten Kapitalmarkt in Anspruch nehmen will. Die Anwendung der Vorschriften des Abs. 1 auf den iSd Abs. 2 erweiterten Kreis kapitalmarktorientierter Unternehmen entspricht schon vor dem Erlass des BilReG vorhandenen Vorschriften, zB in § 267 Abs. 3 S. 2 über die Abgrenzung großer Kapitalgesellschaften und in dem in → Rn. 21 erwähnten § 293 Abs. 5 sowie in § 292a Abs. 1 aF und § 297 Abs. 1 S. 2 aF.[12]

Die **Definition des organisierten Marktes** in § 2 Abs. 11 WpHG als ein Markt, der **30** von staatlich anerkannten Stellen geregelt und überwacht wird, regelmäßig stattfindet und für das Publikum unmittelbar oder mittelbar zugänglich ist, enthält **keine geographische Begrenzung.** Damit unterscheidet sich die Vorschrift von Art. 4 IAS-VO, der für die Abgrenzung kapitalmarktorientierter Gesellschaften auf einen geregelten Markt in einem Mitgliedstaat der **EU** abstellt. Offensichtlich macht es aber keinen Sinn, ein Unternehmen mit Sitz in der EU, das einen Antrag auf Zulassung zum Handel seiner Wertpapiere nur an einem organisierten Markt außerhalb der EU stellt, zur Konzernrechnungslegung nach IAS/

---

[12]   BMJ, Begr. RegE BilReG vom 16.12.2003, 34.

IFRS zu zwingen, aber nach erfolgter Zulassung aus dieser Pflicht zu entlassen, weil sie sich nicht aus Art. 4 IAS-VO ergibt. Da Europarecht dem einfachen nationalen Recht vorgeht, ist die Vorschrift des Abs. 2 iSd Art. 4 IAS-VO anzuwenden.

V. Freiwillige Anwendung der IFRS-Konzernrechnungslegung (Abs. 3)

31 **1. Wahlrecht für nicht kapitalmarktorientierte Unternehmen.** Gem. Abs. 3 haben Mutterunternehmen, die **nicht kapitalmarktorientiert** sind und damit nicht nach Abs. 1 oder Abs. 2 verpflichtet sind, ihren Konzernabschluss nach den IAS/IFRS aufzustellen, das **Wahlrecht,** anstelle eines nach HGB aufzustellenden Konzernabschlusses einen Konzernabschluss nach den in Abs. 1 genannten internationalen Rechnungslegungsstandards aufzustellen. Dieses Unternehmenswahlrecht gilt nicht nur für Kapitalgesellschaften (AG, KGaA, GmbH), sondern gem. § 340i und § 341j für Kreditinstitute und Versicherungsunternehmen auch anderer Rechtsformen sowie gem. § 11 Abs. 6 S. 1 Nr. 2 PublG auch für Unternehmen, die unter den Geltungsbereich des PublG fallen (→ Rn. 10).

32 Freilich gelten auch für die freiwillig nach internationalen Standards iSd Abs. 1 aufgestellten Konzernabschlüsse die in **Abs. 1 genannten Vorschriften** über die Aufstellungspflichten im Ersten Titel des Zweiten Unterabschnittes, die von der Nichtanwendung ausgenommenen Vorschriften des Zweiten bis Achten Titels, die Vorschriften des Neunten Titels über den Konzernlagebericht sowie die die Konzernrechnungslegung betreffenden Vorschriften außerhalb des Zweiten Unterabschnittes genauso weiter wie für die kapitalmarktorientierten Mutterunternehmen (→ Rn. 16 ff.).

33 In Abs. 3 S. 2 wird ausdrücklich darauf hingewiesen, dass ein Mutterunternehmen, das von dem Wahlrecht Gebrauch macht, ihren Konzernabschluss nach den IFRS aufzustellen, die in Abs. 1 genannten Standards und weiter geltende Vorschriften des HGB **vollständig zu befolgen** hat. Die Prüfung des Konzernabschlusses gem. § 317 Abs. 1 erstreckt sich auch darauf.

34 **2. Kosten und Nutzen einer freiwilligen Anwendung der IFRS. a) Umstellungsgrundsätze.** Für die Entscheidung, von dem Wahlrecht, den Konzernabschluss vom HGB auf IFRS umzustellen, Gebrauch zu machen, sollten die Kosten und der Nutzen der Anwendung der internationalen Rechnungslegungsstandards gegeneinander abgewogen werden. Das Procedere der Umstellung ist in **IFRS 1** „First-time Adoption of International Financial Reporting Standards" (rev. 2008) detailliert geregelt. Um einen **Zeitvergleich** zu ermöglichen, ist im Umstellungszeitpunkt nicht nur für das erste Jahr, auf das die internationalen Standards anstelle der Vorschriften des HGB angewendet werden sollen (Umstellungsjahr), sondern neben der HGB-Rechnungslegung auch für das Vorjahr ein IFRS-Abschluss aufzustellen. Zudem sind die IFRS idR **retrospektiv** anzuwenden, also auf alle noch nicht abgeschlossenen Vorgänge (zB Abschreibungen auf noch nicht voll abgeschriebene Anlagen, laufende Leasingverträge) so, als ob die Standards schon immer gegolten hätten; nur in speziellen Ausnahmefällen sind sie prospektiv anzuwenden.[13]

35 **b) Einmalige und laufende Kosten.** Die Umstellung von der HGB- auf die IFRS-Rechnungslegung erfordert einen **einmaligen** zusätzlichen Personalaufwand. Der Konzernabschluss nach den IAS/IFRS ist aus den **Einzelabschlüssen** der einbezogenen Unternehmen abzuleiten. Deren Rechnungslegung und die dazu erforderlichen EDV-Systeme sind entweder vollständig auf die internationalen Standards umzustellen oder für sie neben der HGB-Rechnungslegung zusätzliche Systeme aufzubauen, bevor ein IFRS-Konzernabschluss aufgestellt werden kann. Die Umstellung der Einzelabschlüsse erfordert eine entsprechende Qualifikation der damit befassten Personen. Daran kann es insbesondere in mittelständischen Unternehmen angesichts der **hohen Komplexität** der Standards mangeln, so dass externe Berater für die EDV-Umstellung und die materielle Umstellung von Ansatz

---

[13] Erl. hierzu zB von IAS-Komm/Baetge/Bischof/Matena IFRS 1 Rn. 29 ff.; Beck IFRS-HdB/IFRS 1, 49–84.

und Bewertung von Vermögen und Schulden hinzugezogen werden müssen. Das verursacht entsprechende Honorare.

Neben den einmaligen Umstellungskosten treten für die Zukunft **laufende** zusätzliche **36** Kosten der Rechnungslegung auf. Solange der **handelsrechtliche Jahresabschluss** für die einzelnen einbezogenen Unternehmen mit Sitz in Deutschland weiterhin nach den Vorschriften des **HGB** aufgestellt werden muss und soweit dies für andere Sitzländer von Tochtergesellschaften entsprechend gilt, ist die **Rechnungslegung parallel** nach nationalen Vorschriften und den IFRS vorzunehmen. Dafür können als Grundlage für die Erfassung der Geschäftsvorfälle und die Bilanzansätze die nationalen Vorschriften verwendet und die IFRS-Abschlüsse durch Zusatzbuchungen abgeleitet werden; es kann aber auch umgekehrt die Rechnungslegung nach IAS/IFRS als Basis dienen und der nationale Jahresabschluss daraus abgeleitet werden. Beide Abschlüsse sind den nationalen Vorschriften entsprechend durch Abschlussprüfer zu prüfen. Die **Komplexität** und die **häufigen Änderungen** der Standards (im Rahmen des Konzernabschlusses insbesondere für die Behandlung des Goodwill) verursachen auch laufend zusätzlichen Aufwand für entsprechend qualifiziertes Personal.

c) Nutzen von IFRS-Konzernabschlüssen. Während der einmalige und der lau- **37** fende Zusatzaufwand für die Umstellung der Rechnungslegung des Konzerns auf die IFRS noch wenigstens grob quantifiziert werden kann, ist die **Quantifizierung des Nutzens** viel schwieriger oder kaum möglich. Ein wichtiges Motiv für die freiwillige Umstellung des Konzernabschlusses von HGB-Vorschriften auf die internationalen Standards ist besonders für Unternehmen, die mit Tochtergesellschaften im Ausland vertreten sind oder einen erheblichen Teil ihres Umsatzes mit ausländischen Kunden abwickeln, sich ihren Geschäftspartnern und ausländischen Kreditgebern mit einer **Finanzberichterstattung zu präsentieren,** die **international vorherrscht** und daher von ihnen ohne Schwierigkeiten zu verstehen ist. Ein weiterer Grund für die Umstellung kann in dem Vorteil bestehen, die interne **Steuerung der Geschäftseinheiten des Konzerns** ohne Rücksicht auf ihren Sitz nach einheitlichen Regeln durchzuführen, und zwar in einer „Sprache" der Rechnungslegung, die von den Führungskräften im Ausland verstanden, zumindest leichter verstanden wird als die ihnen fremde des HGB. Die Tatsache, dass zu einer Zeit, als die Anwendung international anerkannter Rechnungslegungsgrundsätze auf die Konzernabschlüsse kapitalmarktorientierter Unternehmen gem. § 292a aF noch freiwillig war, ein hoher Prozentsatz der Unternehmen von diesem Wahlrecht Gebrauch gemacht hatte, spricht dafür, dass für diese Gesellschaften der Nutzen dieser Art der Rechnungslegung deren Kosten überkompensierte. Darüber hinaus hat der IASB für mittlere und kleine Unternehmen vereinfachte Standards verabschiedet,[14] die aber noch nicht von der EU übernommen worden sind.

VI. Übergangsregelungen

1. Übergangsvorschriften für nur mit Schuldtiteln zum Handel zugelassenen 38 Gesellschaften. Art. 9 IAS-VO enthält zwei Übergangsbestimmungen in der Form von Mitgliedstaatenwahlrechten für kapitalmarktorientierte Unternehmen (→ Rn. 34). Von ihnen hatte der deutsche Gesetzgeber durch Einfügung eines Art. 57 EGHGB in das EGHGB Gebrauch gemacht, um eine möglichst große Flexibilität für die Umstellung zu gewährleisten. Nach Art. 57 S. 1 Nr. 1 EGHGB brauchten Gesellschaften, von denen lediglich Schuldtitel an einem geregelten Markt eines Mitgliedstaates der EU oder eines anderen Vertragsstaates der EWR iSd damals geltenden Art. 1 Nr. 13 Wertpapierdienstleistungs-RL zugelassen waren, die IFRS auf ihren Konzernabschluss erst auf Geschäftsjahre anzuwenden, die nach dem 31.12.2006 begannen.

2. Übergangsvorschriften für mit Wertpapieren zum Handel in einem Dritt- 39 staat zugelassenen Gesellschaften. Nach Art. 57 S. 1 Nr. 2 EGHGB brauchten auch solche Gesellschaften, von denen Wertpapiere zum öffentlichen Handel in einem Drittstaat

---

[14]   IASB, IFRS for Small and Medium-sized Entities, 2009.

außerhalb der EU und des EWR zugelassen waren und die zu diesem Zweck seit einem Geschäftsjahr, das bereits vor dem 11.9.2002 begonnen hat, international anerkannte Rechnungslegungsstandards anwenden, ihre Konzernabschlüsse erst für Geschäftsjahre, die nach dem 31.12.2006 begannen, nach den IAS/IFRS aufzustellen. Diese Übergangsvorschrift beanspruchten vor allem solche Gesellschaften, die ihren **Konzernabschluss** nach den **US-GAAP aufstellten** und deren Aktien oder American Depositary Shares (ADN) an der New York Stock Exchange **gelistet** waren.

Dritter Unterabschnitt. Prüfung

Vorbemerkung (Vor § 316)

Schrifttum: s. bei § 316.

1   Die Vorschriften des dritten Unterabschnitts über die Prüfung des Jahres- und Konzernabschlusses (§§ 316–324a) sind seit dem Erscheinen der → 4. Aufl. 2020 durch eine Reihe von Gesetzen in mehreren zentralen Punkten geändert bzw. ergänzt worden. Wesentliche Vorgaben stammen aus dem europäischen Unionsrecht. Die Europäische Kommission hatte im Oktober 2010 mit der Vorlage des Grünbuchs „Weiteres Vorgehen im Bereich der Abschlussprüfung: Lehren aus der Krise" („Audit Policy: Lessons from the Crisis")[1] zwecks Aufarbeitung der Finanzmarktkrise innerhalb der EU einen Reformprozess der Regeln für Abschlussprüfer und Abschlussprüfungen angestoßen. Ziel dieses Prozesses war unter anderem die Verbesserung der Qualität der Abschlussprüfungen, die Steigerung der Aussagekraft der Prüfungsergebnisse, die weitere Stärkung der Unabhängigkeit und Unparteilichkeit des Abschlussprüfers sowie die stärkere Verantwortung der unternehmensinternen Aufsichtsorgane bzw. Prüfungsausschüsse bei der Begleitung der Abschlussprüfung.[2] Dazu wurden die RL 2014/56/EU zur Änderung der RL 2006/43/EU über Abschlussprüfungen von Jahresabschlüssen und konsolidierten Abschlüssen **(Abschlussprüfer-RL)** vom 16.4.2014[3] sowie die unmittelbar geltende VO (EU) 537/2014 zur Abschlussprüfung bei Unternehmen von öffentlichem Interesse **(Abschlussprüfungs-VO)** vom gleichen Tag[4] erlassen.[5] Der **EuGH** bemerkt dazu, dass die Abschlussprüfer-RL „eine Harmonisierung der Anforderungen an die Abschlussprüfung auf hohem Niveau bezweckt, indem sie unter anderem den Abschlussprüfern strenge ethische Standards, insbesondere in Bezug auf ihre Integrität, ihre Unabhängigkeit und ihre Unparteilichkeit, vorschreibt, um im Interesse sowohl der geprüften Unternehmen als auch Dritter die Qualität der Prüfungen zu gewährleisten und so zum reibungslosen Funktionieren der Märkte beizutragen, indem sichergestellt wird, dass die Jahresabschlüsse ein den tatsächlichen Verhältnissen entsprechendes Bild dieser Unternehmen vermitteln".[6] Das Erfordernis der Unabhängigkeit habe „nicht nur einen internen Aspekt", „soweit es darauf abzielt, dem geprüften Unternehmen die Zuverlässigkeit der von dem mit der Prüfung beauftragten Abschlussprüfer durchgeführten Prüfung zu gewährleisten, sondern auch einen externen Aspekt, soweit es darauf abzielt, das Vertrauen Dritter, wie z.B. Gläubiger und Anleger, in die Zuverlässigkeit dieser Prüfung zu wahren". Dieser externe Aspekt sei „umso wichtiger, als ein solches Vertrauen entscheidend ist, um den Schutz des Wertes der Beteiligungen von Gesellschaftern und Anteilseignern und damit das ordnungsgemäße Funktionieren der Märkte

---

[1]   KOM(2010) 561(endg).

[2]   Zu Einzelheiten des Grünbuchs Böcking/Gros/Wallek/Worret WPg 2011, 1159; Bremer NZG 2011, 224; Köhler/Ruhnke/M. Schmidt DB 2011, 773; Lanfermann BB 2011, 937; Obermüller/Riemenschneider KoR 2011, 374.

[3]   RL 2014/56/EU v. 16.4.2014, ABl. EU 2014 L 158, 196. Dazu Lanfermann BB 2014, 1771; Lanfermann BB 2014, 2348.

[4]   VO (EU) 537/2014 v. 16.4.2014, ABl. EU 2014 L 158, 77, berichtigt ABl. EU 2014 L 170, 66. Dazu Naumann/Herkendehl WPg 2014, 177; Klaas WPg 2014, 763.

[5]   Dazu instruktiv Hopt ZGR 2015, 186; Schüppen NZG 2016, 247; Quick DB 2016, 1205.

[6]   EuGH Urt. v. 24.3.2021 – C-950/19, ECLI:EU:C:2021:230 Rn. 39 – Patentti- ja rekisterihallituksen tilintarkastuslautakunta.

insgesamt für die Anleger sicherzustellen. Die Abschlussprüfungen müssen daher nicht nur zuverlässig sein, sondern von Dritten auch als zuverlässig wahrgenommen werden".[7]

Die **RL 2014/56/EU,** die die Abschlussprüfer-RL ändert, will nach Erwägungsgrund **2** 1 RL 2014/56/EU die einschlägigen Vorschriften über die Abschlussprüfung auf Unionsebene weiter harmonisieren, um so die Anforderungen an die Abschlussprüfer klarer und vorhersehbarer zu gestalten und mehr Unabhängigkeit und Unparteilichkeit bei der Wahrnehmung ihrer Aufgaben zu gewährleisten. Dazu verpflichtet die Richtlinie die Mitgliedstaaten ua, dafür zu sorgen, dass Abschlussprüfer und Prüfungsgesellschaften bei der Durchführung einer Abschlussprüfung während der gesamten Prüfung ihre **kritische Grundhaltung** (englisch: *professional specticism*)[8] beibehalten (§ 43 Abs. 4 S. 1 WPO; § 37 S. 1 BS WP/vBP) und ungeachtet ihrer bisherigen Erfahrungen mit der Aufrichtigkeit und Integrität des Managements des geprüften Unternehmens und der mit der Unternehmensführung betrauten Personen die Möglichkeit in Betracht ziehen, dass es aufgrund von Sachverhalten oder Verhaltensweisen, die auf Unregelmäßigkeiten wie Betrug oder Irrtümer hindeuten, zu einer wesentlichen falschen Darstellung gekommen sein könnte. Die Anforderungen an die Unabhängigkeit und Unparteilichkeit des Abschlussprüfers werden erhöht. Die Richtlinie verschärft außerdem die Anforderungen an die interne Organisation von Abschlussprüfern und Prüfungsgesellschaften und verlangt von den Mitgliedstaaten, die Abschlussprüfer und Prüfungsgesellschaften zu verpflichten, Abschlussprüfungen unter Beachtung der von der Kommission angenommenen internationalen Prüfungsstandards durchzuführen. Die Richtlinie erweitert außerdem den Inhalt des Bestätigungsvermerks und konkretisiert die Vorschriften über die Einrichtung eines Prüfungsausschusses.

Die Vorgaben der Abschlussprüfer-RL gelten nicht unmittelbar, sondern bedürfen der **3** Umsetzung in nationales Recht (Art. 288 Abs. 3 AEUV). Mit der Umsetzung in nationales Recht wird der Richtlinieninhalt Teil der nationalen Rechtsordnung und gilt damit für alle, die von dem Umsetzungsakt (zB ein Gesetz) betroffen sind. Ob die **Umsetzung der Abschlussprüfer-RL** in das deutsche Recht (→ Rn. 5 ff.) richtlinienkonform erfolgt ist, ist im Einzelfall durch Auslegung zu ermitteln.

Die ab dem 17.6.2016 (unmittelbar geltende, Art. 288 Abs. 2 AEUV) **Abschlussprü- 4 fungs-VO** von 2014 verschärft die Anforderungen an die Abschlussprüfung bei sog. Unternehmen von öffentlichem Interesse (englisch: *public interest entities* – PIE), um das Vertrauen der Öffentlichkeit in die Jahresabschlüsse und konsolidierten Abschlüsse dieser Unternehmen zu stärken. Gemäß Erwägungsgrund 5 Abschlussprüfungs-VO ist es „wichtig, detaillierte Vorschriften festzulegen, um zu gewährleisten, dass Abschlussprüfungen bei Unternehmen von öffentlichem Interesse die erforderliche Qualität aufweisen und die mit diesen Prüfungen betrauten Abschlussprüfer und Prüfungsgesellschaften strengen Anforderungen unterliegen." Ein gemeinsamer rechtlicher Ansatz „dürfte", so betont der Verordnungsgeber, „die Integrität, Unabhängigkeit, Unparteilichkeit, Verantwortung, Transparenz und Verlässlichkeit von Abschlussprüfern und Prüfungsgesellschaften, die Unternehmen von öffentlichem Interesse prüfen, stärken und so zur Qualität der Abschlussprüfung in der Europäischen Union und damit auch zu einem reibungslos funktionierenden Binnenmarkt im Sinne eines hohen Maßes an Verbraucher- und Anlegerschutz beitragen". **Unternehmen von öffentlichem Interesse** sind nach Art. 2 Nr. 13 Abschlussprüfer-RL „Unternehmen, die unter das Recht eines Mit-

---

[7] EuGH Urt. v. 24.3.2021 – C-950/19, ECLI:EU:C:2021:230 Rn. 42 – Patentti- ja rekisterihallituksen tilintarkastuslautakunta.

[8] Vgl. OLG Stuttgart NZG 2022, 953 Rn. 53 („Der Grundsatz der kritischen Grundhaltung wird als grundsätzliche Bereitschaft des Abschlussprüfers definiert, Dinge kritisch zu hinterfragen und auf Umstände zu achten, die auf mögliche Fehlerdarstellungen in der Rechnungslegung durch Fehler oder Betrug hinweisen können, sowie die Prüfungsnachweise kritisch zu beurteilen"). In Deutschland wurde die Berufspflicht der kritischen Grundhaltung durch das am 17.6.2016 in Kraft getretene Abschlussprüferaufsichtsgesetz (APAReG) in Umsetzung von Art. 21 Abs. 2 Abschlussprüfer-RL idF der RL 2014/56/EU in § 43 Abs. 4 WPO aufgenommen und in § 37 S. 1 BS WP/vBP weiter konkretisiert. Zu Einzelheiten der Anforderungen an die kritische Grundhaltung Chekushina/Loth NZG 2014, 8; Deckers/Hermann DB 2013, 2315; Farr WPg 2018, 397; Koch/Worret Der Konzern 2013, 475; Marten DB 2022, 69; Naumann/Sack DB 2022, 681.

gliedstaats fallen und deren übertragbare Wertpapiere zum Handel auf einem geregelten Markt eines Mitgliedstaats im Sinne von Artikel 4 Absatz 1 Nummer 14 der Richtlinie 2004/39/EG zugelassen sind, Kreditinstitute im Sinne von Artikel 1 Nummer 1 der Richtlinie 2000/12/EG[9] und Versicherungsunternehmen im Sinne von Artikel 2 Absatz 1 der Richtlinie 91/674/EWG".[10] Die Mitgliedstaaten können nach dieser Vorschrift auch andere Unternehmen zu Unternehmen von öffentlichem Interesse bestimmen (zB Unternehmen, die aufgrund der Art ihrer Tätigkeit, ihrer Größe oder der Zahl ihrer Beschäftigten von erheblicher öffentlicher Bedeutung sind. Der deutsche Gesetzgeber hat von der Möglichkeit, den Kreis der Unternehmen von öffentlichem Interesse zu erweitern, keinen Gebrauch gemacht. In Deutschland gelten als PIE Unternehmen, die kapitalmarktorientiert iSd § 264d sind, CRR-Kreditinstitute (Capital Requirements Regulation) iSd § 1 Abs. 3d S. 1 KWG, mit Ausnahme der in § 2 Abs. 1 Nr. 1 und 2 KWG genannten Institute (§ 340k Abs. 1) sowie Versicherungsunternehmen iSd Art. 2 Abs. 1 RL 91/674/EWG (§ 341k Abs. 1) (§ 316a). Die §§ 316 ff. bleiben für PIE neben der Abschlussprüfungs-VO grundsätzlich subsidiär anwendbar (§ 317 Abs. 3a).[11] Die Abschlussprüfungs-VO ist als unmittelbar geltendes Unionsrecht im Einklang mit dem Auslegungskanon des EuGH **autonom auszulegen**.[12]

5   Zur Umsetzung der Vorschriften der überarbeiteten Abschlussprüfer-RL hat der deutsche Gesetzgeber das **Abschlussprüfungsreformgesetz** (AReG) vom 10.5.2016 (BGBl. 2016 I 1142) erlassen.[13] Das AReG nutzt darüber hinaus nationale Wahlrechte aus, die die Abschlussprüfungs-VO den Mitgliedstaaten einräumt. Das führt dazu, dass Unternehmen von öffentlichem Interesse sowohl durch die – unmittelbar geltende und autonom auszulegende – Abschlussprüfungs-VO als auch durch die sie ergänzenden, auf der Ausübung nationaler Wahlrechte beruhenden Vorschriften des deutschen Rechts geregelt werden, die sich ihrerseits an den Vorgaben der Abschlussprüfungs-VO messen lassen müssen.[14] Das AReG führte unter anderem die externe Rotation des Abschlussprüfers ein, wobei das nationale Wahlrecht in der Abschlussprüfungs-VO, die Höchstdauer eines Prüfungsauftrags unter bestimmten Voraussetzungen von zehn auf 20 Jahre zu verlängern, ausgenutzt wird (vgl. § 318 Abs. 1a und 1b aF).[15] Der Gesetzgeber nutzte im AReG außerdem das nationale Wahlrecht, die Erbringung bestimmter Steuerberatungsleistungen durch den Abschlussprüfer in Grenzen zuzulassen, macht die Erbringung der Steuerberatungsleistungen aber von der vorherigen Zustimmung des Prüfungsausschusses bzw. des Aufsichts- oder Verwaltungsrats des Unternehmens abhängig.[16] Darüber hinaus wird die Verantwortung des unternehmensinternen, nach § 324 Abs. 1 S. 1 eingerichteten Prüfungsausschusses bezüglich der Auswahl und Überwachung der Unabhängigkeit des Abschlussprüfers erhöht (§ 333a und § 334 Abs. 2a). Neu ist ferner die Anwendung internationaler Prüfungsstandards bei der Erstellung des Bestätigungsvermerks (§ 322 Abs. 1a).[17]

6   Das AReG wird ergänzt durch das **Abschlussprüferaufsichtsreformgesetz** (APAReG) vom 31.3.2016 (BGBl. 2016 I 518),[18] das die durch die beiden genannten EU-Rechtsakte veranlassten Anpassungen im Berufsrecht der Wirtschaftsprüfer sowie bei der Abschlussprüferaufsicht vornimmt. Die Berufssatzung für WP/vBP (idF vom 3.6.2022) wurde den Vorgaben des EU-Rechts angepasst.[19] Aufgrund des APAReG, das am 5.4.2016

---

9   RL 2000/12/EG, ABl. EU 2000 L 126, 1.
10   RL 91/674/EWG, ABl. EU 2003 L 207, 1.
11   Schüppen Abschlussprüfung Vor §§ 316–324a Rn. 5.
12   Schüppen Abschlussprüfung Vor §§ 316–324a Rn. 7.
13   S. dazu den Überblick bei Hopt/Merkt Einl. v. § 316 Rn. 7–10 sowie die Einführungen von Schüppen NZG 2016, 247 und Zwirner/Boecker DStR 2016, 984. Zum AReG-RefE s. Blöink/Walterc BB 2016, 109; Blöink/Kumm BB 2015, 1067.
14   Wiedmann/Böcking/Gros/Böcking/Gros/Rabenhorst Rn. 5.
15   Velte DStR 2016, 1944 (1944–1946); Schüppen NZG 2016, 247 (250 f.).
16   Velte DStR 2016, 1944 (1946 f.); Hennrichs/Bode NZG 2016, 1281; Schüppen NZG 2016, 247 (252).
17   Zwirner/Boecker DStR 2016, 984 (987 f.). Zu Einzelheiten internationaler Prüfungsstandards Köhler ZGR 2015, 204; Merkt NZG 2015, 215.
18   Überblick bei Kelm/Schneiß/Schmitz-Herkendell WPg 2016, 60; Boecker/Zwirner DStR 2016, 90.
19   Zu den Einzelheiten Petersen/Geithner WPK Mitt. Sonderausgabe 2016, 6.

im Bundesgesetzblatt verkündet wurde, endete am 16.6.2016 die Amtszeit der (nicht aus Wirtschaftsprüfern bestehendem ehrenamtlich tätigen) Abschlussprüferaufsichtskommission (APAK), die seit 2006 unabhängig und frei von Weisungen die Fachaufsicht über die Wirtschaftsprüferkammer (WPK) und die darin organisierten Wirtschaftsprüfer ausübte.[20] Ihre Aufgaben werden seither von der berufsstandunabhängigen und selbständigen **Abschlussprüferaufsichtsstelle (APAS)** beim Bundesamt für Wirtschaft und Ausfuhrkontrolle (BAFA) übernommen.[21] Neben der Fachaufsicht über die WPK ist es insbesondere Aufgabe der APAS, bei Berufsangehörigen, Wirtschaftsprüfungsgesellschaften und genossenschaftlichen Prüfungsverbänden, die gesetzlich vorgeschriebene Abschlussprüfungen bei Unternehmen von öffentlichem Interesse nach § 316a durchführen, sowie nach § 63h S. 1 GenG bei genossenschaftlichen Prüfungsverbänden, soweit diese gesetzlich vorgeschriebene Abschlussprüfungen bei kapitalmarktorientierten Unternehmen iSd § 264d HGB durchführen, ohne besonderen Anlass zu ermitteln (Inspektionen). Darüber hinaus gibt es anlassbezogene Ermittlungen, soweit sich beispielsweise bei Inspektionen konkrete Anhaltspunkte für Verstöße gegen Berufspflichten ergeben. Nicht zuletzt leistet die APAS einen Beitrag zur Verbesserung der Prüfungsqualität durch Mitarbeit in den europäischen und internationalen Gremien der Prüferaufsicht.[22]

7 Weitere Änderungen für die Abschlussprüfung ergeben sich aus dem **Bilanzrichtlinie-Umsetzungsgesetz** (BilRUG) vom 17.7.2015 (BGBl. 2015 I 1245),[23] mit dem die Vorgaben der RL 2013/34/EU über den Jahresabschluss, den konsolidierten Abschluss und damit verbundene Berichte von Unternehmen bestimmter Rechtsformen (ABl. EU 2013 L 182, 19) in deutsches Recht umgesetzt wurden.[24] Ziel dieses Gesetzes ist es, kleine und mittlere Unternehmen zu entlasten und die Vergleichbarkeit von Jahresabschlüssen innerhalb der EU zu erhöhen. Durch das BilRUG werden die Schwellenwerte zur Bestimmung der Größenklassen (§ 267 Abs. 1 und 2) für die Merkmale „Bilanzsumme" und „Umsatzerlöse" angehoben. Die Schwellenwerte für das Merkmal „Anzahl der Arbeitnehmer" bleiben dagegen unverändert. Nach Einschätzung der Bundesregierung werden durch die höheren Schwellenwerte rund 7.000 bisher mittelgroße Unternehmen künftig als klein einzustufen und deshalb nicht mehr prüfungspflichtig sein (vgl. § 316 Abs. 1). Darüber hinaus stellt das Gesetz weitere Anforderungen an den Bestätigungsvermerk (§ 317 Abs. 2 S. 3; § 322 Abs. 6 S. 1; § 322 Abs. 7 S. 3; § 317 Abs. 2 S. 4) sowie neue Offenlegungsanforderungen auf (§ 325 Abs. 1a iVm § 325 Abs. 1). Außerdem werden im BilRUG redaktionelle Versehen, die im Rahmen des Bilanzrechtsmodernisierungsgesetzes (BilMoG) entstanden waren, korrigiert und bestehende Zweifelsfragen klargestellt.

8 Auswirkungen auf die Abschlussprüfung ergeben sich auch aus der Umsetzung der **CSR-RL**[25] durch das CSR-Richtlinie-Umsetzungsgesetz vom 11.4.2017.[26] Danach müs-

---

[20] Der Sache nach handelte es sich bei der APAK um eine Maßnahme des sog. Public Oversight, die dem US-amerikanischen Public Company Accounting Oversight Board (PCAOB) nachempfunden worden war. Dazu Röhricht WPg Sonderheft 2008, 28; Schneiß/Groove WPg Sonderheft 2008, 44; Heiniger WPg 2008, 535; Marten/Köhler WPg 2005, 145; Marten/Paulitschek Stbg 2005, 521.

[21] Zu Einzelheiten Gelhausen/Krauß WPK Mitt. Sonderausgabe 2016, 39.

[22] Ebke in Krieger/Schneider Managerhaftung-HdB S. 314. Zur Entscheidung der Beschlusskammer „Berufsaufsicht" der APAS v. 31.3.2023 in dem Berufsaufsichtsverfahren der Abschlussprüfer im Fall Wirecard s. die Pressemitteilung der APAS v. 3.4.2023, abrufbar unter https://www.apasbafa.bund.de/SharedDocs/Pressemitteilungen/APAS/DE/2023_01_wirecard_html.

[23] Zu Einzelheiten Oser/Orth/Wirtz DB 2015, 197; Blöink/Knoll-Biermann Konzern 2015, 65.

[24] Zu Einzelheiten Kreipl/Müller ZCG 2014, 235; Lüdenbach/Freiberg BB 2014, 2219; Oser/Orth DB 2014, 1877; Zwirner DStR 2014, 1889; Zwirner DStR 2015, 375.

[25] Richtlinie 2014/95/EU zur Änderung der Richtlinie 2013/34/EU im Hinblick auf die Angabe nichtfinanzieller und die Diversität betreffender Informationen durch bestimmte große Unternehmen und Gruppen v. 22.10.2014, ABl. EU 2014 L 330, 1. Zur Umsetzung der CSR-Richtlinie im europäischen Vergleich Richter/Gawenko/Kinne WPg 2021, 703.

[26] Gesetz zur Stärkung der nichtfinanziellen Berichterstattung der Unternehmen in ihren Lage- und Konzernlageberichten (CSR-Richtlinie-Umsetzungsgesetz) v. 11.4.2017, BGBl. 2017 I 802. Zu Einzelheiten s. Hummel/Pfaff FS Böcking, 2021, 135; Althoff/Wirth WPg 2018, 1138; Blöink/Halbleib DK 2017, 182; Gundel WPg 2018, 108; Mock ZIP 2017, 1195; Richter/Johne/König WPg 2017, 566; Rimmelspacher/Schäfer/Schönberger KoR 2017, 225; Schäfer/Schröder WPg 2017, 1324.

sen betroffene Unternehmen nicht nur zu ihren finanziellen, sondern auch zu ihrem sozialen und ökologischen Handeln Rechenschaft ablegen.[27] Das Umsetzungsgesetz klärt unter anderem den Umfang der Prüfungspflicht (§ 317 Abs. 2 S. 4)[28] und passt § 320 Abs. 1 S. 1 sowie Abs. 3 S. 1 an die Vorgaben der CSR-RL an.[29] Mit dem CSR-Richtlinie-Umsetzungsgesetz wird die Berichterstattung zu Nachhaltigkeitsthemen erstmals wirksam geregelt. Das Gesetz schreibt in Umsetzung der RL 2014/95/EU vor, dass große Unternehmen künftig über **Umwelt-, Arbeitnehmer- und Sozialbelange** sowie Maßnahmen zur Umsetzung der **Menschenrechte** und Bekämpfung der Korruption berichten müssen.

9   Weitere Änderungen des Rechts der Abschlussprüfung ergeben sich aus dem Gesetz zur weiteren Umsetzung der Transparenzrichtlinie-Änderungsrichtlinie im Hinblick auf ein einheitliches elektronisches Format für Jahresfinanzberichte **(ESEF-UG)** vom 12.8.2020 (BGBl. 2020 I 1874).[30] Das ESEF-UG gibt ein einheitliches Veröffentlichungsformat für Jahresfinanzberichte vor. Regelungsgegenstand des ESEF-UG ist der Jahresfinanzbericht, der bereits mit Art. 4 Transparenz-RL im europäischen Unionsrecht verankert wurde. Gemäß Art. 4 Transparenz-RL sind EU-Mitgliedstaaten dazu verpflichtet, bestimmten Emittenten die Erstellung und Veröffentlichung von Jahresfinanzberichten vorzuschreiben. Mit dem Transparenzrichtlinie-Umsetzungsgesetz **(TUG)** vom 5.1.2007 (BGBl. 2007 I 10) wurden die Anforderungen der Transparenz-RL in nationales Recht umgesetzt. Zur Vermeidung einer Doppelbelastung für die betroffenen Kapitalmarktunternehmen[31] wird in der Veröffentlichungspflicht des Jahresfinanzberichts in § 114 Abs. 1 S. 1 WpHG auf die handelsrechtlichen Vorschriften zur Offenlegung verwiesen. Demnach muss ein Unternehmen, das als Inlandsemittent (§ 2 Abs. 14 WpHG) Wertpapiere (§ 2 Abs. 1 WpHG) begibt, einen Jahresfinanzbericht erstellen und veröffentlichen, wenn es nicht den handelsrechtlichen Vorschriften zur Offenlegung der in § 114 Abs. 2 Nr. 1–3 WpHG aufgeführten Rechnungslegungsunterlagen unterliegt.[32]

10   Zahlreiche weitere, zum Teil tiefgreifende Änderungen der §§ 316 ff. ergeben sich schließlich aus dem Gesetz zur Stärkung der Finanzmarktintegrität **(FISG)** vom 3.6.2021 (BGBl. 2021 I 1534)[33] zur Aufarbeitung des **Wirecard**-Falls.[34] Das FISG dient ua der Umsetzung als vordringlich empfundener Maßnahmen zur Wiederherstellung und dauerhaften Stärkung des Vertrauens in den deutschen Finanzmarkt, insbesondere zur Verhinderung von Bilanzmanipulationen durch Kapitalmarktunternehmen, Stärkung der Bilanzkontrolle mit erweiterten Prüfungs-, Auskunfts- und Informationsrechten der BaFin, weiteren

---

[27] Kempkes/Schalk/Suprano/Wömper WPg 2019, 25; Velte/Stawinoga WPg 2019, 879.

[28] Zur Prüfung der nichtfinanziellen Berichterstattung im DAX 30 Althoff/Wirth WPg 2018, 1138.

[29] Zu Einzelheiten der CSR-RL, ihrer Umsetzung und Bedeutung für die Wirtschaftsprüfungspraxis in Deutschland: Althoff/Wirth WPg 2018, 1138; Blöink/Halbleib DK 2017, 182; Gundel WPg 2018, 108; Mock ZIP 2017, 1195; Richter/Johne/König WPg 2017, 566; Rimmelspacher/Schäfer/Schönberger KoR 2017, 225; Schäfer/Schröder WPg 2017, 1324.

[30] Zu Einzelheiten des ESEF-UG die Nachweise in → 4. Aufl. 2020/Böcking/Ebke/Hanke Nachtrag zum ESEF-UG, Schrifttum vor der Vorbemerkung.

[31] Vgl. BT-Drs. 16/2498, 43.

[32] Zu Einzelheiten → 4. Aufl. 2020/Böcking/Ebke/Hanke Nachtrag zum ESEF-UG Vorbem. Rn. 1 ff. Zur Erstellung und Prüfung von ESEF-Finanzberichten Ruhnke/Schmidt WPg 2021, 275. Zur Berichterstattung über die Prüfung von ESEF-Jahresfinanzberichten Ruhnke/Schmidt WPg 2021, 413.

[33] Eine rechtsökonomische Analyse des RegE FISG findet sich bei Drewes/Follert/Widmann ZCG 2021, 72.

[34] Zu Chronologie und Einzelheiten des Wirecard-Falls: Karami, Skandalfall Wirecard – Eine wissenschaftlich-fundierte interdisziplinäre Analyse, 2022; Langenbucher/Leuz/Krahnen/Pelizzon, What Are the Wider Supervisory Implications of the Wirecard Case?, 2020; Bergermann/ter Haseborg, Die Wirecard-Story: Die Geschichte einer Milliarden-Lüge, 2020; McCrum, House of Wirecard: Wie ich den größten Wirtschaftsskandal Deutschlands aufdeckte und einen DAX-Konzern zu Fall brachte, 2022; Weiguny, Wirecard: Das Psychogramm eines Jahrhundertskandals, 2021; Dicken, 150 Jahre Krisen, Bilanzskandale und Reformbedarf, 2021, S. 7 ff. S. ferner Velte/Graewe, Reform der Corporate Governance nach dem Wirecard-Skandal, 2021; Binder FS Ebke, 2021, 89; Farr WPg 2021, 66; Hommelhoff FS Ebke, 2021, 403; Köhler WPg 2020, 100; Langenbucher FS Ebke, 2021, 573; Loy/Velte WPg 2020, 1283; Merkt FS Ebke, 2021, 663. Zur strafrechtlichen Würdigung des Verhaltens der beteiligten Wirtschaftsprüfer s. Haas FS Ebke, 2021, 291. S. ferner Fn. 22 oben.

Regulierung der Abschlussprüfung betreffend korrekter Rechnungslegungsunterlagen, Änderung der Regeln der externen Rotation[35] sowie der Haftung des Abschlussprüfers und Anpassungen im Bilanzstrafrecht. Ob die Verschärfung der Abschlussprüferhaftung die richtige Antwort auf den Wirecard-Fall ist, wird mit Recht in Frage gestellt.[36]

Auswirkungen auf das Recht der Jahresabschlussprüfungen haben ferner die Neufassun- **11** gen der **WPO**[37] und der **Berufssatzung für Wirtschaftsprüfer/vereidigte Buchprüfer** (**BS WP/vBP**).[38] Diese passen das nationale Recht an die unionsrechtlichen Vorgaben an und entwickeln bestehendes Recht fort. Damit einher gehen die Anpassungen der IDW Prüfungsstandards (IDW PS) und der IDW Prüfungshinweise (IDW PH) an die International Standards on Auditing (ISA), die vom IDW in die deutsche Sprache übersetzt und um deutsche Besonderheiten modifiziert werden (International Standards on Auditing [**ISA DE**] → § 317 Rn. 54 ff.) und die Neufassung des **IDW QS 1:** Anforderungen an die Qualitätssicherung in der Wirtschaftsprüferpraxis vom 9.6.2017[39] sowie die neuen Qualitätsmanagementstandards **IDW QMS 1:** Qualitätsmanagement in der Wirtschaftsprüferpraxis (Stand: 28.9.2022)[40] und **IDW QMS 2:** Auftragsbegleitende Qualitätssicherung (Stand: 28.9.2022),[41] die erforderlich wurden, um den vom International Auditing and Assurance Standards Board (IAASB) verabschiedeten International Standard on Quality Management (ISQM) 1 umzusetzen und mit dem deutschen Berufsrecht zu verknüpfen. Beobachtet werden sollten in diesem Zusammenhang auch die strategische Ausrichtung und die Projekte des IASB bis zum Jahre 2026.[42]

Die jüngsten Änderungen des Rechts der Abschlussprüfung und der Abschlussprüfer **12** stehen in engem Zusammenhang mit der im In- und Ausland intensiv geführten Diskussion über die Rolle, Stellung und Verantwortlichkeit des Abschlussprüfers für die interne und externe **Corporate Governance**.[43] Hinzu kommt die wachsende Bedeutung der Rechtsvergleichung – namentlich mit den USA[44] – sowie der **interdisziplinären Forschung** für die Fortentwicklung des Rechts der Jahresabschlussprüfung und der Abschlussprüfer.[45]

Die Anfang 2020 einsetzende **COVID-19** („Corona") Pandemie hat ebenfalls weitrei- **13** chende Auswirkungen auf die Rechnungslegung und deren Prüfung.[46] Hervorzuheben sind die Folgen von Zugangsbeschränkungen für den Abschlussprüfer aufgrund der Corona-Pandemie, die Vor-Ort-Prüfungen beispielsweise im Rahmen der Jahresabschlussprüfung nach §§ 28 ff. KWG oder der WpHG-Prüfungen nach § 89 WpHG sowie standardmäßig

---

[35] Zum Übergangsrecht Simons WPg 2022, 1206.
[36] Poelzig ZBB 2021, 73 (83); Homborg/Landahl NZG 2021, 859; Nietsch WM 2021, 158.
[37] Die Vorschriften der WPO sind umfassend kommentiert in Hense/Ulrich, WPO Kommentar, 4. Aufl. 2022.
[38] BAnz. AT 22.7.2016 B1.
[39] IDW Life 20017, 887; dazu Marten WPg 2017, 428; Marten WPg 2017, 610; Haasmann WP Praxis 2017, 260; IDW, IDW Qualitätsmanagement Handbuch, 2022.
[40] IDW Life 2022, 982.
[41] IDW Life 2022, 1040.
[42] Dazu Berger/Schreiber WPg 2023, 69.
[43] Baetge/Lutter, Abschlussprüfung und Corporate Governance, 2003; Breuer WPg Sonderheft 2003, 115; Ebke in Ferrarini/Hopt/Winter/Wymeersch, Reforming Company and Takeover Law in Europe, 2004, 507; Ebke FS Yamauchi, 2006, 105; Hennrichs FS Hommelhoff, 2012, 383; Lanfermann BB 2011, 937; monographisch B. Mößle, Abschlussprüfer und Corporate Governance, 2003; Orth, Abschlussprüfung und Corporate Governance, 2000; Pfiffner, Revisionsstelle und Corporate Governance, 2008; Simons, Internationalisierung von Rechnungslegung, Prüfung und Corporate Governance, 2005. Zur Kapitalmarkteffizienz Klormann, Externe Corporate Governance und ineffiziente Kapitalmärkte, 2015.
[44] Zum Einfluss des Sarbanes-Oxley Act: van Hulle/Lanfermann WPg Sonderheft 2003, 102.
[45] Zur internationalen Prüfungsforschung zuletzt Köhler/Rinne WPg 2023, 109; Köhler/Gundlach WPg 2022, 663; Köhler/Nipper WPg 2022, 396; Köhler/Meier WPg 2021, 810; Köhler/Meier WPg 2021, 1057; Köhler/Kowalski WPg 2021, 199.
[46] Skoluda WPg 2021, 2; Kaiser WPg 2021, 179; Schlüter/Ratzinger-Sakel WPg 2021, 1270; Hantzsch WPg 2023, 91; HKMS/Hachmeister § 322 Rn. 122–129; Hopt/Merkt Einl. v. § 316 Rn. 15; Bernhardt u.a., Rechnungslegung in der Corona-Krise – Handelsrechtliche Bilanzierung, Steuerrechtliche Aspekte, Sonderthemen, 2020.

durchgeführte Prüfungshandlungen (wie Inventurbeobachtungen oder Saldenbestätigungen) erschweren oder gar unmöglich machen und deshalb alternative Prüfungshandlungen erfordern. Bei Fernzugriff sind Belange des Datenschutzes zu bedenken. Besondere Herausforderungen stellt die Fernprüfung von Systemen und ausgelagerten Dienstleistungen wie dem Internen Kontrollsystem und dem Risikomanagementsystem. Schwierige Fragen können sich auch bezüglich der Annahme der Unternehmensfortführung (*going concern*) stellen. Das hat Auswirkungen auf die Berichterstattung über entwicklungsbeeinträchtigende Tatsachen und bestandsgefährdende Risiken. Weitere Besonderheiten ergeben sich im Hinblick auf die Festlegung der Wesentlichkeit (*materiality*) im Rahmen der Abschlussprüfung sowie die Dokumentation des Abschlussprüfers. Die Corona-Pandemie kann auf Mandantenseite aber auch auf Abschlussprüferseite zu Verzögerungen bei der Aufstellung und Prüfung von Jahresabschlüssen und demzufolge auch bei deren Feststellung und Veröffentlichung führen. Hierdurch können gesetzliche Fristen versäumt werden. Das IDW hat fachliche Hinweise zu Auswirkungen der Corona-Pandemie auf Rechnungslegung und Prüfung veröffentlicht und auf einer gesonderten Themenseite zur Verfügung gestellt.[47] Accountancy Europe hat ebenfalls eine Übersichtsseite mit Informationen zu den Auswirkungen der Corona-Pandemie auf die Rechnungslegung und Prüfung erstellt. Dort stehen Links zu weiterführenden Informationen der Mitgliedsorganisationen zur Verfügung.[48] Die WPK hat ebenfalls Antworten auf zahlreiche Fragen mit Bezug zum Coronavirus (SARS-CoV-2) zusammengestellt und die Zusammenstellung nach und nach aktualisiert.[49]

14 Der am 24.2.2022 von der Russischen Föderation begonnene **Krieg gegen die Ukraine** hat ebenfalls weitreichende Auswirkungen auf die Rechnungslegung und Prüfung von Jahresabschlüssen.[50] Das IDW veröffentlicht dazu ständig aktualisierte Fachliche Hinweise.[51] Die jüngste Fassung (Stand: Februar 2023) vom 22.12.2022 beschäftigt sich unter anderem mit Blick auf die Jahresabschlussprüfung ausführlich mit Fragen der Auswirkungen des Krieges auf die Risikoidentifizierung und -beurteilung, die Feststellung relevanter Ereignisse nach dem Abschlussstichtag, die Beurteilung von zukunftsbezogenen Sachverhalten einschließlich der *going concern*-Prämisse sowie von prognostischen Angaben, die Besonderheiten bei der Durchführung von Konzernabschlussprüfungen, wenn Tochterunternehmen mit Sitz in der Ukraine oder in Russland bzw. Belarus vorhanden sind, die Berichterstattung über bestandsgefährdende Risiken und entwicklungsbeeinträchtigende Tatsachen, die Berichterstattung über *key audit matters,* die Aufnahme eines Hinweises zur Hervorhebung eines Sachverhalts im Zusammenhang mit den Kriegsereignissen in den Bestätigungsvermerk, die Berichterstattung über Sanktionsverstöße, die Kommunikation mit den für die Überwachung Verantwortlichen, die Pflichten des Abschlussprüfers nach der Erteilung des Bestätigungsvermerks sowie die Auswirkungen der Sanktionen auf bestehende Verträge (zB den Prüfungsvertrag). Die WPK veröffentlicht dazu ebenfalls wegweisende Hinweise.[52]

15 Die infolge der kriegsbedingten Verteuerung von Energie und Rohstoffen im Jahre 2022 gestiegenen Zinsen und **Inflationsraten** haben ebenfalls Auswirkungen auf die Bilanzierung und Berichterstattung im handelsrechtlichen Abschluss und Lagebericht sowie die Abschlussprüfung der Einzel- und Konzernabschlüssen[53] bis hin zu der Frage, ob die Vereinbarung einer am Verbraucherindex orientierten Preisgleitklausel berufsrechtlich zulässig ist, um auf diese Weise die Inflation während des über einen längeren Zeitraum laufenden Auftragsverhältnisses berücksichtigen zu können.[54]

---

[47] www.idw.de/idw/im-fokus/coronavirus.
[48] www.accountancyeurope.eu/professional-matters/covid-19-resources-for-european-accountants.
[49] www.wpk.de/coronavirus/.
[50] IDW, Auswirkungen des Russland-Krieges auf Rechnungslegung und Prüfung, WPg 2022, 502.
[51] https://www.idw.de/idw/themen-und-branchen/russland-ukraine-krieg.
[52] WPK Magazin 1/2023, 19.
[53] Zwirner/Vodermeier/Zimny WPg 2023, 117; Gasch, Die Problematik der Inflation in der Rechnungslegung, 2022.
[54] WPK Magazin 1/2023, 18 (bejahend).

§ 316 Pflicht zur Prüfung

(1) ¹Der Jahresabschluß und der Lagebericht von Kapitalgesellschaften, die nicht kleine im Sinne des § 267 Abs. 1 sind, sind durch einen Abschlußprüfer zu prüfen. ²Hat keine Prüfung stattgefunden, so kann der Jahresabschluß nicht festgestellt werden.

(2) ¹Der Konzernabschluß und der Konzernlagebericht von Kapitalgesellschaften sind durch einen Abschlußprüfer zu prüfen. ²Hat keine Prüfung stattgefunden, so kann der Konzernabschluss nicht gebilligt werden.

(3) ¹Werden der Jahresabschluß, der Konzernabschluß, der Lagebericht oder der Konzernlagebericht nach Vorlage des Prüfungsberichts geändert, so hat der Abschlußprüfer diese Unterlagen erneut zu prüfen, soweit es die Änderung erfordert. ²Über das Ergebnis der Prüfung ist zu berichten; der Bestätigungsvermerk ist entsprechend zu ergänzen. ³Die Sätze 1 und 2 gelten entsprechend für diejenige Wiedergabe des Jahresabschlusses, des Lageberichts, des Konzernabschlusses und des Konzernlageberichts, welche eine Kapitalgesellschaft, die als Inlandsemittent (§ 2 Absatz 14 des Wertpapierhandelsgesetzes) Wertpapiere (§ 2 Absatz 1 des Wertpapierhandelsgesetzes) begibt und keine Kapitalgesellschaft im Sinne des § 327a ist, für Zwecke der Offenlegung erstellt hat.

Schrifttum: Althoff/Wirth, Nichtfinanzielle Berichterstattung und Prüfung im DAX 30 – Eine Analyse der Erstanwendung des CSR-Richtlinie-Umsetzungsgesetzes, WPg 2018, 1138; Arbeitskreis Bilanzrecht Hochschullehrer Rechtswissenschaft, Stellungnahme zum Grünbuch der Europäischen Kommission Weiteres Vorgehen im Bereich der Abschlussprüfung – Lehren aus der Krise, NZG 2011, 176; Baetge/Lutter, Abschlussprüfung und Corporate Governance, 2003; Baetge/Thiele/Matena, Mittelbare Sicherung der Prüfungsqualität durch Enforcement geprüfter Jahresabschlüsse: Überlegungen aus ökonomischer Sicht, BFuP 2004, 201; Bahr, Vertrauen in Wirtschaftsprüfer – Konzeptioneller Bezugsrahmen für eine realwissenschaftliche Theorie der Erwartungslücke, 2003; Ball, Die Krisenwarnpflichten des Jahresabschlussprüfers gegenüber dem Aufsichtsrat, 2002; Bantleon/Thormann/Bühner, Die Neufassung des IDW Prüfungsstandards: „Zur Aufdeckung von Unregelmäßigkeiten im Rahmen der Abschlussprüfung (IDW PS 210)" und dessen Auswirkungen auf die Unternehmensorganisation, DStR 2007, 1978; Baumeister/Oldewurtel/Pott/Weinand, Prüfungsnachweise mit Hilfe von Auswahlprüfungen – Empirische Analyse unter Berücksichtigung von IDW PS 300 n.F. und IDW PS 310, WPg 2018, 73; Becker, Verwaltungskontrolle durch Gesellschafterrechte, 1997; Beham, Das deutsche Pflichtprüfungswesen, 1940; Berenz/Voit, Die Geschäftsprozessorientierung in der Abschlussprüfung, WPg 2003, 1233; Bertram/Heininger, Neue Anforderungen an Berufsaufsicht und Qualitätskontrolle durch das Abschlussprüferaufsichtsgesetz (APAG), DB 2004, 1737; Bezzenberger, Die Überwachungsaufgabe des Aufsichtsrats und die Durchführung besonderer Prüfungshandlungen unter Einschaltung des Abschlußprüfers, FS Brönner, 2000, 35; Biener, Die Erwartungslücke – eine endlose Geschichte, FS Havermann, 1995, 37; Bierwirth, Die erweiterte Prüfung und Berichterstattung nach § 53 Haushaltsgrundsätzegesetz (HGrG), FS Ludewig, 1996, 123; Binder, Der Wirtschaftsprüfer in der Bankaufsicht und das Haftungsrecht, FS Ebke, 2021, 89; Blöink/Kumm, AReG-RefE: neue Pflichten zur Verbesserung der Qualität und Steigerung der Aussagekraft der Abschlussprüfung, DB 2015, 1067; Boecker, Accounting Fraud aufdecken und vorbeugen, 2010; Boecker/Petersen/Zwirner, Accounting Fraud – vielfältiges Betätigungsfeld des Abschlussprüfers, BW 2011, 889; Böcking/Gros/Wallek/Worret, Analysis of the EU Consultation on the Green Paper „Audit Policy: Lessons from the Crisis", 2011; Bormann, Übermittlung des Prüfungsberichts an den Aufsichtsrat – ein Beitrag zu § 170 Abs. 3 S. 2 AktG, BB 2003, 1887; Born, Die Weltwirtschaftskrise als zeitgeschichtlicher Hintergrund der Einführung der gesetzlichen Pflichtprüfung, in Muthesius, Deutsche Treuhand-Gesellschaft, 1965, 53; M. Breuer, Die Abschlussprüfung aus Sicht der Unternehmen: Das Zusammenspiel mit dem Abschlussprüfer als Element der Corporate Governance, WPg Sonderheft 2003, 115; Brown, A History of Accounting and Accountants, 1905 (Neudruck 1968); Chekushina/Loth, Die kritische Grundhaltung des Abschlussprüfers, NZG 2014, 8; Dahnke, Wirecard: Warum haben alle Sicherungslinien versagt?, Audit Committee Q. IV/2020, 42; Deckers/Hermann, Die kritische Grundhaltung des Abschlussprüfers (professional criticism), DB 2013, 2315; Dißars, Kündigung des Auftrags zur gesetzlichen Abschlussprüfung aus wichtigem Grund, BB 2005, 2231; W. Downar/Bartkowiak, Zur Marktsituation von Prüfungsverbänden deutscher Kreditgenossenschaften, WPg 2018, 1395; Drewes/Follert/Widmann, Wirecard und die Folgen: Rechtsökonomische Analyse eines Gesetzesvorhabens, ZCG 2021, 72; Duesing, Unterlassene Pflichtprüfung bei GmbH und GmbH & Co. KG: Zivil- und steuerrechtliche Folgen nach neuem Recht, GmbH-Steuerberater 1999, 350; Ebke, Abschlußprüfer, Bestätigungsvermerk und Drittschutz, JZ 1998, 991; Ebke, Accounting, Auditing, and

Global Capital Markets, FS Buxbaum, 2000, 113; Ebke, Conflicts of Corporate Laws in Europe: „Utopia Limited; Or: The Flowers of Progress, SMU L. Rev. 68 (2015), 1021; Ebke, Der Deutsche Standardisierungsrat und das Deutsche Rechnungslegungs Standards Committee: Aussichten für eine professionelle Entwicklung von Rechnungslegungsgrundsätzen, ZIP 1999, 1193; Ebke, Die Internationalisierung der Rechnungslegung, Prüfung und Publizität und die Schweiz, ZSR 119 (2000), 39; Ebke, In Search of Alternatives: Comparative Reflections on Corporate Governance and the Independent Auditor's Responsibilities, Nw. U. L. Rev. 79 (1984), 663; Ebke, „Ithaca" – Or: The Long Road to a Common Understanding of the Statutory Auditor's Third Party Liability in Europe, FS Stürner, 2013, 1001; Ebke, Kapitalmarktinformationen, Abschlussprüfung und Haftung, FS Yamauchi, 2006, 105; Ebke, Publizität – (k)ein Thema?, in Ebke/Möhlenkamp, Rechnungslegung, Publizität und Wettbewerb, 2010, 29; Ebke, Rechnungslegung und Publizität in europarechtlicher und rechtsvergleichender Sicht, in Ebke/Luttermann/Siegel, Internationale Rechnungslegungsstandards für börsenunabhängige Unternehmen?, 2007, S. 67; Ebke, The Impact of Transparency Regulation on Company Law, in Hopt/Wymeersch, Capital Markets and Company Law, 2003, 173; Ebke, Unternehmensinsolvenz und Abschlussprüfung, FS Hopt, 2010, 559; Ebke/Siegel, Comfort Letters, Börsengänge und Haftung: Überlegungen aus Sicht des deutschen und US-amerikanischen Rechts, WM 2001 Sonderbeilage 2; Eibelshäuser/Kämpfer, Prüfung nach § 53 HGrG, in Förschle/Peemöller, Wirtschaftsprüfung und Interne Revision, 2004, 336; Erkan, Die risikoorientierte Jahresabschlussprüfung. Planung, Strategie und Durchführung, 2019; Ewelt-Knauer/Schneider/Hofmann, Schafft die Frauenquote Transparenz für Investoren? – Geschlechterverteilung im Aufsichtsrat und auf den zwei Führungsebenen unterhalb des Vorstand, WPg 2018, 649; Farr, Die kritische Grundhaltung als Berufspflicht, WPg 2018, 397; Farr, Wirecard und seine Folgen für die Abschlussprüfung – Aufdeckung doloser Handlungen nach ISA [DE] 240, WPg 2021, 66; Farr, Zur Krisenwarnpflicht des Wirtschaftsprüfers bzw. Steuerberaters bei der Erstellung eines Jahresabschlusses, WPg 2022, 436; Frielinghaus, Der Beruf des Wirtschaftsprüfers, 2. Aufl. 1932; Frings, Pflichtverletzungen des Abschlussprüfers – ein Grund zur Besorgnis der Befangenheit?, WPg 2006, 821; Gehringer, Die Prüfung befreiender Konzernabschlüsse nach § 292a HGB, WPg 2003, 849; Gerhards, Öffentliche Wahrnehmung der Wirtschaftsprüfer? Zum Streit über die Verstaatlichung der Wirtschaftsprüfung, DÖV 2022, 635; Graumann, Wirtschaftliches Prüfungswesen, 6. Aufl. 2020; Gundel/Lanfermann, Die Qualität der Abschlussprüfung als Gegenstand der Aufsichtsratsüberwachung, WP Praxis 2019, 187; Haas, Mögliches strafbares Fehlverhalten der beteiligten Wirtschaftsprüfer im Wirecard-Skandal, FS Ebke, 2021, 291; Habersack, Der Abschlussprüfer, in Bayer/Habersack, Aktienrecht im Wandel, Bd. 2, 2007, 681; Hauser, Jahresabschlussprüfung und Aufdeckung von Wirtschaftskriminalität, 2000; Hennrichs, Abschlussprüferreform im Unionsrecht, ZGR 2015, 248; Hennrichs, Corporate Governance und Abschlussprüfung, FS Hommelhoff, 2012, 383; Hense/Ulrich, WPO Kommentar, 4. Aufl. 2022; Hillebrand, Rechnungslegung und Prüfung in der Krise und in der Insolvenz, in IDW, Sanierung und Insolvenz, 2017, 394; Hönle, Der Wirtschaftsprüfer, ein Organ der Rechtspflege, BB 1981, 466; Homborg/Landahl, FISG – Ist die Verschärfung der Abschlussprüferhaftung die richtige Antwort auf den Wirecard Skandal?, NZG 2021, 859; Hummel/Pfaff, Die Umsetzung der CSR-Richtlinie in Deutschland – erste empirische Erkenntnisse, FS Böcking, 2021, 135; F. Immenga, Internationale Kooperation und Haftung von Dienstleistungsunternehmen, 1998; Joos, Verstaatlichung der Abschlussprüfung kapitalmarktorientierter Unternehmen zur Steigerung der Unabhängigkeit und Qualität – Pro: Jahresabschlussprüfung durch eine staatliche Behörde, WP Praxis 11/2013, 210; Jundt, Abschlussprüfung in der Insolvenz, WPK Magazin 1/2007, 41; Kaiser, Auswirkungen der COVID-19-Pandemie auf die Arbeitsweise in Wirtschaftsprüfung und Steuerberatung – Ergebnisse einer Befragung unter Experten in beiden Berufsfeldern, WPg 2021, 179; Kaiser/Berbuer, Die Ersetzung des Abschlussprüfers in der Insolvenz der Berichtsfirma, ZIP 2017, 161; Kempkes/Schalk/Suprano/Wömpener, Steht die CSR-Berichterstattung vor einer Trendwende? – Eine empirische Analyse deutscher Nachhaltigkeitsberichte, WPg 2019, 25; Kersting, Die Haftung des Wirtschaftsprüfers für die Prüfung nach § 53 HGrG – keine Haftung nach § 323 Abs. 2 HGB, ZIP 2014, 2420; Kersting, Noch einmal: Die Haftung des Wirtschaftsprüfers für die Prüfung nach § 53 HGrG – keine Haftung nach § 323 Abs. 2 HGB!, ZIP 2015, 817; Kind/Frank/Heinrich, Die Pflicht zur Prüfung von Jahresabschlüssen und Lageberichten nach § 316 Abs. 1 Satz 1 HGB in der Insolvenz, NZI 2006, 205; Kniebes, Der Antrag des Insolvenzverwalters auf Befreiung von der Jahresabschlussprüfung, ZInsO 2016, 1669; Kniebes, Die Bestellung und Abberufung des Abschlussprüfers nach Insolvenzeröffnung, ZInsO 2015, 383; Koch, Die öffentlich-rechtliche Stellung des Wirtschaftsprüfers im internationalen Kontext (insbesondere EU), Konzern 2005, 723; Köhler, Aussagen über die Ordnungsmäßigkeit von Jahresabschlüssen in Bescheinigungen – unterschiedliche Regelungen für Wirtschaftsprüfer und Steuerberater, DB 2006, 1065; Köhler, Eine ökonomische Analyse von Comfort Letters, DBW 2003, 77; Köhler, Nutzen-Kosten-Effekte der sogenannten Audit Reform – Einschätzungen der Prüfungsausschussvorsitzenden von Public Listed Entities in Deutschland vor dem Hintergrund des Wirecard-Skandals, WPg 2020, 100; Köhler/Weiser, Die Bedeutung des Comfort Letters im Zusammenhang mit Emissionen – Darstellung der Rechtsgrundlagen, DB 2003, 565; Kragler, Wirtschaftsprüfung und externe Qualitätskontrolle – Ein Vergleich des deutschen und amerikanischen „Peer Review"-Systems, 2003; Kunold, Comfort Letter, in Habersack/Mülbert/Schlitt, Unternehmensfinanzierung am Kapitalmarkt, 2005, 610; Landmann, Die Haftung für Comfort Letters bei der Neuemission von Aktien, 2007; Lanfermann, Berichterstattung des Abschlussprüfers als Element der Corporate Governance, BB 2011, 937; Loy/Velte, Reform der Corporate Governance und Abschlussprüfung nach dem Wirecard-Skandal – Zum Aktionsplan der Bundesregierung vom 7.10.2020, WPg 2020, 1283; Marten, Fraud in der Abschlussprüfung – eine Bestandsaufnahme der aktuellen Aktivitäten des IAASB, RWZ 31 (2021), 244; Marten/Föhr/McIntosh, KI-basierte Datenanalysen und risikoorientierter Prüfungsansatz; WPg 2022, 914; Mattheus, Die gewandelte Rolle des Wirtschaftsprüfers als Partner des Aufsichtsrats nach dem KonTraG, ZGR 1999, 682; Mekat, Der Grundsatz der Wesentlichkeit in Rechnungslegung und Abschlussprüfung, 2009; Merkt, Abschlussprüfung nach Wirecard: Wieviel watchdog, wieviel Sparringspartner?, FS Ebke, 2021, 663; Merkt, Die Bedeutung der International Standards on Auditing (ISA) für die Abschlussprüfung in Europa und Deutschland, ZGR 2015, 215; A. Meyer, Der IDW Prüfungsstandard für Comfort Letters – ein wesentlicher Beitrag zur Weiterentwicklung des Emissionsgeschäfts in Deutschland, WM 2003, 1745; B. Mößle, Abschlussprüfer und Corporate Governance, 2003; Müller-Froelich, Ist der Abschlußprüfer ein Organ der Aktiengesellschaft?, WPg 1972, 545; Müller/Gelhausen, Zur handelsrechtlichen Rechnungslegungs- und Prüfungspflicht nach § 155 InsO bei Kapitalgesellschaften, FS Claussen, 1997, 687; Nagel, Risikoorientierte Jahresabschlußprüfung: Grundsätze für die Bewältigung des Prüfungsrisikos des Abschlußprüfers, 1997; Naumann/Sack, Die kritische Grundhaltung als Kernprinzip der Abschlussprüfung, DB 2022, 681; Nietsch, Abschlussprüferhaftung nach Wirecard, WM 2021, 158; Orth/Meyer, Greene and more: Künftige Pflicht zur Prüfung der Nachhaltigkeitsberichterstattung im Lagebericht, WPg 2022, 909; Paschke, Zur Neuregelung der genossenschaftlichen Pflichtprüfung, WPg 2019, 446; K. Petersen, Berichts- und Publizitätspflichten nach § 264 Abs. 3 und Abs. 4 HGB, WPg 2018, 1410; K. Petersen, Erforderlicher Inhalt einer Verlustübernahmeverpflichtung zur Befreiung von der Offenlegungspflicht der Tochtergesellschaft – Kritische Würdigung der Entscheidung des OLG Köln vom 13.7.2018, WPg 2018, 1493; T. Petersen, Jahresabschlussprüfung in der Insolvenz, 2018; Pfiffner, Revisionsstelle und Corporate Governance, 2008; Potthoff, Ist die Pflichtprüfung des Jahresabschlusses auf Konflikt angelegt?, WPg 1980, 322; Quandil, Bedeutung der Abschlussprüfung für den Kapitalmarkt, in Quandil, Wahrnehmung der Qualität der Abschlussprüfung – Eine theoretische und empirische Analyse für den deutschen Kapitalmarkt, 2014, S. 50; Quick/D. Sánchez Toledano/J. Sánchez Toledano, Erfüllen Abschlussprüfer die Erwartungen der Öffentlichkeit? – Forschungsbefunde zur Erwartungslücke und Implikationen für die Prüfungspraxis, WPg 2020, 867; Rimmelspacher/Kliem, FüPoG II: Geänderte Angaben zur Frauenförderung in der Erklärung zur Unternehmensführung, WPg 2021, 1460; Rosenboom, Abschlussprüfung und Haftung nach portugiesischem Recht, 2004; Schüppen, To comply or not to comply – that's the question! – „Existenzfragen" des Transparenz- und Publizitätsgesetzes im magischen Dreieck kapitalmarktorientierter Unternehmensführung; ZIP 2002, 1269; Schüppen, Die Haftung des Abschlussprüfers bei Prüfungserweiterungen gem. § 53 HGrG – keine Anwendung der §§ 316 ff. HGB?, ZIP 2015, 814; Schulze-Osterloh, Zur öffentlichen Funktion des Abschlußprüfers, ZGR 1976, 411; Skoluda, Jahresabschlussprüfung 2020 in Zeiten von Corona – Auswirkungen der Corona-Pandemie auf die aktuelle Prüfungssaison, WPg 2021, 2; Spanrunft, Die Jahresabschlussprüfung bei Krisenunternehmen: Besonderheiten vor und nach der Insolvenzantragstellung, 2014; Strenger/Redenius-Hövermann, Die freiwillige Sonderprüfung – Instrument für bessere Unternehmensgovernance, FS Böcking, 2021, 199; Strickmann, Eine Verstaatlichung der Abschlussprüfung bringt keinen Vorteil, aber erhebliche Nachteile – Contra: Jahresabschlussprüfung durch eine staatliche Behörde, WP Praxis 11/2013, 214; Stutte, Die Folgen von Bilanzskandalen aus Sicht der Abschlussprüfung, WP Praxis 3/2023, 85; Tiedemann/Ratzinger-Sakel, Nachtragsprüfungen gemäß § 316 Abs. 3 HGB – Empirische Befunde zu Verbreitung und Anlässen im CDAX im Zeitraum von 2009 bis 2020, WPg 2022, 614; Vagts, Law and Accounting in Business Associations, International Encyclopedia of Comparative Law, Bd. XIII Kap. 12A, 1972; Velte/Graewe, Reform der Corporate Governance nach dem Wirecard-Skandal, 2021; Widmann/Nickels, Ermittlung von Wesentlichkeitsgrenzen – Ergebnisse einer Fallstudie im deutschen Berufsstand, WP-Praxis 2022, 89; Widmann/Nickels/Wolz, Zur Festlegung der Wesentlichkeitsgrenze durch den Abschlussprüfer – Ergebnisse einer Befragung des deutschen Berufsstands im Vergleich zu Erkenntnissen aus Großbritannien; WPg 2021, 991; Widmann/Schmitz, Die Festlegung der Wesentlichkeit im Schatten der Corona-Pandemie – Eine Analyse berichteter Bezugsgrößen und Grenzwerte in Großbritannien, ZCG 2022, 177; Wolz, Die Festlegung von Wesentlichkeitsgrenzen in der deutschen Wirtschaftsprüfungspraxis, ZfbF 2004, 122; Wolz, Wesentlichkeit im Rahmen der Jahresabschlussprüfung, 2003; Zimmermann, Konsequenzen einer unterlassenen handelsrechtlichen Pflichtprüfung bei Kapitalgesellschaften nach neuem Körperschaftsteuerrecht, DStR 2002, 2145.

Übersicht

I. Der normative Rahmen der Abschlussprüfung

1   § 316 regelt die Pflicht zur Prüfung des Einzelabschlusses (Abs. 1 S. 1) und des Konzern-abschlusses (Abs. 2). In Abs. 3 ist die sog. Nachtragsprüfung geregelt.

2   **1. Gesetzlich vorgeschriebene Prüfungen von Einzelabschlüssen (Abs. 1). a) Kapitalgesellschaften.** Abs. 1 S. 1 begründet die Pflicht zur Prüfung des Jahresabschlus-ses mittelgroßer (§ 267 Abs. 2) und großer (§ 267 Abs. 3) Kapitalgesellschaften (AG, GmbH, KGaA, SE) und bestimmt allgemein den Gegenstand der Prüfung.[1] Ungeachtet der in § 267 Abs. 1–3 angeführten Größenmerkmale gelten kapitalmarktorientierte Kapitalgesellschaften (§ 264d) stets als große und unterliegen damit der Prüfungspflicht (§ 267 Abs. 3 S. 2). Die Prüfungspflicht bezieht sich auch auf Rumpfgeschäftsjahre. Im Liquidationszeitraum besteht für AG, KGaA, GmbH und SE die Prüfungspflicht grundsätzlich fort.[2] Das Gericht (zustän-dig ist das Amtsgericht – Registergericht – am Sitz der Gesellschaft: §§ 375 Nr. 3 und Nr. 6, 377 Abs. 1 FamFG)[3] kann aber von der Pflicht zur Prüfung des Jahresabschlusses und des Lageberichts durch einen Abschlussprüfer befreien, wenn die Verhältnisse der Gesell-schaft so überschaubar sind, dass eine Prüfung im Interesse der Gläubiger und Aktionäre nicht geboten erscheint (vgl. § 270 Abs. 3 S. 1 AktG; § 71 Abs. 3 S. 1 GmbHG).[4] Durch die **Insolvenz** des prüfungspflichtigen Unternehmens bleibt die Prüfungspflicht nach HGB grundsätzlich unberührt.[5] Jahresabschlüsse und Lageberichte mittelgroßer und großer Kapi-talgesellschaften, die Zeiträume vor der Insolvenzeröffnung umfassen, unterliegen ebenfalls ohne Einschränkung der Abschlussprüfung.[6] Umstritten ist, ob die für die gesellschaftsrecht-liche Liquidation geltenden Befreiungsmöglichkeiten nach § 270 Abs. 3 AktG bzw. § 71 Abs. 3 S. 1 GmbHG in der Insolvenz der prüfungspflichtigen Gesellschaft analog angewen-

---

[1]   Zu den Besonderheiten der Abschlussprüfung kleiner und mittelgroßer Unternehmen s. IDW PH 9.100.1: Besonderheiten der Abschlussprüfung kleiner und mittelgroßer Unternehmen (Stand: 29.11.2006), WPg Supp 1/2007, 53; zum Entwurf Niemann DStR 2005, 663; Siebert WPg 2004, 973. Zu den handels- und steuerrechtlichen Folgen einer unterlassenen Pflichtprüfung s. Schlagheck BBK 2006, F. 28, S. 1319.

[2]   Hopt/Merkt Rn. 1; Ebke FS Hopt, 2010, 572 (573); vgl. Petersen, Jahresabschlussprüfung in der Insol-venz, 2018, S. 134, 135.

[3]   HKMS/Mylich/Müller Rn. 19.

[4]   Vgl. LG Dresden ZIP 1995, 233 (234) = EWiR 1995, 679 mAnm Siemon. Zu Einzelheiten Kind/Frank/Heinrich NZI 2006, 205; Ebke FS Hopt, 2010, 572 (575) mwN; HKMS/Mylich/Müller Rn. 19; Wiedmann/Böcking/Gros/Böcking/Gros/Rabenhorst Rn. 13.

[5]   BGH NZI 2022, 554 Rn. 15; NJW 2022, 2185 Rn. 13 ff. (dort auch zu der Frage der rechtlichen Einordnung des Vergütungsanspruchs des Prüfers aus einem nach Eröffnung des Insolvenzverfahrens gem. § 155 Abs. 3 S. 2 InsO fortwirkenden Prüfungsauftrag). Zu Einzelheiten s. Ebke FS Hopt, 2010, 559 (571 ff.); monographisch Petersen, Jahresabschlussprüfung in der Insolvenz, 2018; Spanrunft, Die Jahresabschlussprüfung bei Krisenunternehmen, 2014; s. ferner Eisolt/Th. Schmidt BB 2009, 654 (657); Dreyer/Brosig/Beier KSI 2008, 273; Hillebrand in IDW, Sanierung und Insolvenz, 2017, 394.

[6]   OLG München ZIP 2005, 2068.

det werden können. Die hM bejaht eine analoge Anwendung der Befreiungsvorschriften in der Insolvenz.[7] Eine Anwendung der **Befreiungsvorschriften** auf vorinsolvenzliche Zeiträume wird indes – zu Recht – überwiegend abgelehnt.[8] Die Befreiungsvorschriften können demnach allenfalls auf Geschäftsjahre nach Eröffnung des Insolvenzverfahrens Anwendung finden.[9] Voraussetzung für die Befreiung von der Abschlussprüfungspflicht ist, dass die Verhältnisse der Gesellschaft so überschaubar sind, dass eine Prüfung im Interesse der Gläubiger und Gesellschafter nicht mehr geboten erscheint. Wann die Verhältnisse der Gesellschaft derart überschaubar sind, wird im Einzelnen unterschiedlich beurteilt.[10] Spaltgesellschaften können von dem Erfordernis der Abschlussprüfung ebenfalls befreit sein.[11]

Die Prüfungspflichten der von Abs. 1 S. 1 erfassten Kapitalgesellschaften gehen auf **3** Art. 51 RL 78/660/EWG (4. EG-Richtlinie) zurück. Bei einem **Wechsel der Größenklassen** treten die Rechtsfolgen der Merkmale nach § 267 Abs. 1–3 S. 1 nur ein, wenn sie an den Abschlussstichtagen von zwei aufeinanderfolgenden Geschäftsjahren über- oder unterschritten werden (§ 267 Abs. 4 S. 1).[12] Nicht der Prüfung unterliegt mithin nur der Jahresabschluss des ersten Jahres, in dem die Gesellschaft nicht mehr als kleine, sondern als mittelgroße bzw. große Gesellschaft zu qualifizieren ist.[13] Umgekehrt wird eine bestehende Prüfungspflicht durch einmaliges Unterschreiten der Schwellenwerte nicht berührt.[14] Da nach Abs. 1 Satz 1 sowohl mittelgroße als auch große Kapitalgesellschaften der Prüfungspflicht unterliegen, hat ein Wechsel innerhalb dieser Größenklassen für Zwecke des § 316 keine Bedeutung.[15] Kapitalmarktorientierte Kapitalgesellschaften (§ 264d) gelten stets als „große" (§ 267 Abs. 3 S. 2); deshalb ist ein Wechsel der Größenklassen bei solchen Gesellschaften im Rahmen des § 316 ohne Bedeutung.[16] Das Größenklassenprivileg entfällt auch bei Prüfungen nach dem KAGB.[17] Im Falle der **Umwandlung** oder **Neugründung** treten die Rechtsfolgen schon ein, wenn die Voraussetzungen der Abs. 1, 2 oder 3 des § 267 am ersten Abschlussstichtag nach der Umwandlung oder Neugründung vorliegen (§ 267 Abs. 4 S. 2). § 267 Abs. 4 S. 2 findet im Falle des **Formwechsels** keine Anwendung, sofern der formwechselnde Rechtsträger eine Kapitalgesellschaft oder eine Personenhandelsgesellschaft iSd § 264a Abs. 1 ist (§ 267 Abs. 4 S. 3).

b) Kapitalgesellschaften & Co. § 264a Abs. 1, der durch Art. 1 Nr. 4 Gesetz zur **4** Durchführung der Richtlinie des Rates der Europäischen Union zur Änderung der Bilanz- und Konzernbilanzrichtlinie hinsichtlich ihres Anwendungsbereichs (RL 90/605/EWG), zur Verbesserung der Offenlegung von Jahresabschlüssen und der Änderung anderer handelsrechtlicher Bestimmungen (Kapitalgesellschaften & Co-Richtlinie-Gesetz – KapCoRiLiG) vom 24.2.2000 (BGBl. 2000 I 154) mWv 9.3.2000 in das HGB eingefügt wurde, erstreckt die Prüfungspflicht auf oHG und KG, bei denen nicht wenigstens ein persönlich haftender Gesellschafter eine natürliche Person (§ 264a Abs. 1 Nr. 1) oder eine

---

7   BGHZ 190, 110 (119); LG Oldenburg GmbHR 1994, 191; LG Dresden ZIP 1995, 235 mAnm Siemon EWiR 1995, 679 f.; skeptisch OLG München DB 2005, 2013 (aA noch AG München ZIP 2004, 2110 = EWiR 2005, 261 mAnm Paulus); später klarstellend und befürwortend in OLG München BB 2008, 886 mAnm Schulze-Osterloh BB 2008, 887 (888); s. ferner OLG Frankfurt BeckRS 9998, 42713. Zum Streitstand in der Lit. ausf. Petersen, Jahresabschlussprüfung in der Insolvenz, 2018, S. 135–138; s. ferner Kniebes ZInsO 2016, 1669; Kind/Frank/Heinrich NZI 2006, 205; Ebke FS Hopt, 2010, 559 (572–575) mwN.
8   Petersen, Jahresabschlussprüfung in der Insolvenz, 2018, S. 139 mwN.
9   Ebke FS Hopt, 2010, 559 (573).
10   Zum Meinungsspektrum Ebke FS Hopt, 2010, 559 (574). Zu weiteren Einzelheiten Petersen, Jahresabschlussprüfung in der Insolvenz, 2018, S. 140–147 mwN.
11   Vgl. BGH AG 1990, 543 mAnm Werner WuB II A. § 14 AktG 1.90.
12   Hopt/Merkt § 267 Rn. 10 (kein „Zufallsausschlag").
13   Staub/Habersack/Schürnbrand Rn. 4 mwN; HKMS/Mylich/Müller Rn. 12; Schüppen Rn. 8.
14   Staub/Habersack/Schürnbrand Rn. 4 mwN; HKMS/Mylich/Müller Rn. 12; Schüppen Rn. 8.
15   Staub/Habersack/Schürnbrand Rn. 4 mwN.
16   HKMS/Mylich/Müller Rn. 12.
17   HKMS/Mylich/Müller Rn. 12.

oHG, KG oder andere Personengesellschaft mit einer natürlichen Person als persönlich haftendem Gesellschafter (§ 264a Abs. 1 Nr. 2) ist oder sich die Verbindung von Gesellschaften in dieser Art fortsetzt,[18] soweit nicht die Befreiungsvorschrift des § 264b eingreift.[19] Erfasst ist von § 264a Abs. 1 vor allem die in Deutschland besonders verbreitete **Grundtypenvermischung** der GmbH & Co. KG (aber auch vergleichbare Formen wie Stiftung/AG/SE/Verein/eG & Co.), bei der einzige Komplementärin eine GmbH (oder eine vergleichbare Kapitalgesellschaft aus einem EU/EWR-Staat, einem Bundesstaat der USA oder einem anderen völkerrechtlich privilegierten Staat)[20] ist.[21] Erfasst sind aber beispielsweise auch oHG, bei denen nicht wenigstens ein Gesellschafter eine natürliche Person oder – im Falle mehrstufiger Gesellschaftsverhältnisse – wiederum eine OHG, KG oder andere Personengesellschaft mit einer natürlichen Person als persönlich haftendem Gesellschafter ist.

5   Über die Prüfungspflicht der erfassten Personengesellschaften entscheiden die **Schwellenwerte** der §§ 267, 293 (vgl. § 264a Abs. 1, der auf §§ 264–330 verweist); prüfungspflichtig sind daher nur mittelgroße und große oHG und KG iSd § 264a Abs. 1 (zum Wechsel der Schwellenwerte → Rn. 2).[22] Die Schwellenwerte zur Bestimmung der Größenklassen (§ 267 Abs. 1 und 2) für die Merkmale „Bilanzsumme" und „Umsatzerlöse" wurden im **BilRUG** vom 17.7.2015 in Umsetzung der RL 2013/34/EU angehoben; dadurch sind rund 7.000 Gesellschaften nicht mehr prüfungspflichtig (→ Vor § 316 Rn. 5). Die Prüfung der oHG und KG iSd § 264a Abs. 1 richtet sich nach §§ 316 ff. mit der Maßgabe, dass mittelgroße Personengesellschaften iSd § 264a Abs. 1 auch von vereidigten Buchprüfern und Buchprüfungsgesellschaften geprüft werden können (§ 319 Abs. 1 S. 2). Abschlussprüfer nach § 319 Abs. 1 S. 1 und 2 müssen über einen Auszug aus dem Berufsregister verfügen, aus dem sich ergibt, dass die Eintragung nach § 38 Nr. 1 lit. h oder Nr. 2 lit. f WPO vorgenommen worden ist (§ 319 Abs. 1 S. 3).

6   **c) Tochtergesellschaften.** Eine Kapitalgesellschaft, die als Tochterunternehmen in den Konzernabschluss eines Mutterunternehmens mit Sitz in einem Mitgliedstaat der EU oder einem anderen Vertragsstaat des EWR einbezogen ist, unterliegt nicht der Pflicht zur Abschlussprüfung nach § 316, wenn die in § 264 Abs. 3 genannten engen Voraussetzungen **kumulativ** erfüllt sind und die Gesellschafter des Tochterunternehmens der Befreiung für das jeweilige Geschäftsjahr zugestimmt haben.[23] Die Befreiung von der Abschlussprüfung bei einem unter § 264 Abs. 3 fallenden Tochterunternehmen betrifft nur die gesetzliche Verpflichtung zur Jahresabschlussprüfung nach §§ 316 ff. Davon unberührt bleibt die Not-

---

18   Zu Einzelheiten des KapCoRiLiG s. Bitter/Grashoff DB 2000, 833; Eisolt/Verdenhalven NZG 2000, 130; Kusterer/Kirnberger/Fleischmann DStR 2000, 606; Salgert WPK-Mitt. 2000, 86; Scheffler DStR 2000, 529; Winkeljohann/Schindhelm, Das KapCoRiLiG, 2000; Strobel DB 2000, 53.

19   HKMS/Mylich/Müller Rn. 14. Zu Einzelheiten Zimmer/Eckhold NJW 2000, 1361 (1363 f.); Theile GmbHR 2000, 215 (220).

20   Zu der kollisionsrechtlichen Zulässigkeit einer solchen Typenvermischung („ausländische Kapitalgesellschaft & Co. KG") aufgrund der Hinwendung zu der „Gründungstheorie" gegenüber Gesellschaften aus EU/EWR-Ländern und den USA Ebke FS Hellwig, 2010, 124; Ebke ZVglRWiss 110 (2011), 2 (16–21, 22–24). Kapitalgesellschaften aus sog. „nicht privilegierten" Drittstaaten (zB der Schweiz – BGH BB 2009, 14) können nach der Rechtsprechung (insoweit gilt die Sitztheorie fort: OLG Hamburg BB 2007, 1519 [Isle of Man], BayObLG RIW 2003, 387 [Sambia], AG Ludwigsburg ZIP 2006, 1507 [Serbien], BGH ZIP 2009, 2385 [Singapur], OLG Köln ZIP 2007, 935 [Südafrika]) Komplementärin einer deutschen KG oder Gesellschafterin einer oHG deutschen Rechts dagegen nur sein, wenn sie ihren effektiven Verwaltungssitz (siège réel, real seat) in ihrem Gründungsstaat haben, wenn also die Beteiligung an der deutschen Personengesellschaft nicht Schwerpunkt ihrer Tätigkeit ist. Zur Fortgeltung der „Sitztheorie" gegenüber Gesellschaften aus nicht-privilegierten Drittstaaten Ebke SMU L. Rev. 68 (2015), 1021; monographisch L. Hübner, Kollisionsrechtliche Behandlung von Gesellschaften aus „nicht-privilegierten" Drittstaaten, 2011; zu weiteren Einzelheiten → § 323 Rn. 227.

21   Dazu eingehend Winkeljohann/Schindhelm, Das KapCoRiLiG, 2000, S. 114–139; Herrmann WPg 2001, 271.

22   Eisolt/Verdenhalven NZG 2000, 130 (132); Kusterer/Kirnberger/Fleischmann DStR 2000, 606 (612).

23   Zu Einzelheiten des Zustimmungsbeschlusses und der Einstandsverpflichtung Petersen WPg 2018, 1410; Petersen WPg 2018, 1493 (zu OLG Köln v. 13.7.2018).

wendigkeit der Prüfung des Jahresabschlusses im Rahmen der Konzernabschlussprüfung (§ 317 Abs. 3 S. 1).[24]

§ 264 Abs. 3 ist auf Kapitalgesellschaften und oHG bzw. KG iSd § 264a Abs. 1, die **7** Tochterunternehmen eines nach den Vorschriften des **PublG** zur Aufstellung eines Konzernabschlusses verpflichteten Mutterunternehmens sind, entsprechend anzuwenden, sofern in diesem Konzernabschluss von dem Wahlrecht des § 13 Abs. 3 Satz 1 PublG nicht Gebrauch gemacht worden ist (§ 264 Abs. 4).

Eine **Personenhandelsgesellschaft** iSd § 264a Abs. 1 ist als Tochtergesellschaft von **8** der Pflicht zur Abschlussprüfung nach § 316 befreit, wenn die Voraussetzungen nach § 264b erfüllt sind.[25]

d) Andere Gesellschaften. Neben den Kapitalgesellschaften sowie den oHG und KG **9** iSd § 264a sind eine Reihe von Unternehmen kraft ihrer Rechtsform, Größe oder Zugehörigkeit zu einem bestimmten Wirtschaftszweig zur Abschlussprüfung verpflichtet.[26] Hierzu zählen beispielsweise Bausparkassen (vgl. § 1 Abs. 1 BausparkG, § 13 BausparkG),[27] Genossenschaften (§§ 53 ff. GenG),[28] Kredit- und Finanzdienstleistungsinstitute (§ 340k),[29] Versicherungsunternehmen (§ 341k),[30] Unternehmensbeteiligungsgesellschaften (§ 8 UBGG) sowie publizitätspflichtige Unternehmen (§ 6 iVm. § 1 PublG).[31] Umstritten ist, ob die Prüfung auf Verlangen der an einem privatrechtlich organisierten Unternehmen mehrheitlich beteiligten Gebietskörperschaft (§ 53 HGrG) eine Pflichtprüfung darstellt.[32] Besonderheiten gelten für Energieversorgungsunternehmen (zB kommunale Photovoltaik-Betreiber) nach § 6b Abs. 1 S. 1 EnWG[33] und für Abschlussprüfungen nach dem Kraft-Wärme-Koppelungsgesetz.[34] Kapitalmarktorientierte Kapitalgesellschaften (§ 264d) gelten stets als „große" Kapitalgesellschaften (§ 267 Abs. 3 S. 2) und unterliegen deshalb der Prüfungspflicht.[35]

e) Zwingender Charakter. Abs. 1 Satz 2 stellt klar, dass der Jahresabschluss nicht **10** festgestellt werden kann,[36] wenn keine Prüfung stattgefunden hat (für Versicherungsunternehmen vgl. § 341k Abs. 1 S. 3) **(Feststellungssperre).**[37] Wird der Jahresabschluss dennoch

---

[24] Schindler/Rabenhorst BB 1998, 1886 (1893). Zu den Pflichten des Abschlussprüfers des Tochterunternehmens und des Konzernabschlussprüfers nach § 264 Abs. 3: IDW PH 9.200.1: Pflichten des Abschlussprüfers des Tochterunternehmens und des Konzernabschlussprüfers im Zusammenhang mit § 264 Abs. 3 HGB (Stand: 19.6.2013), WPg Supp. 3/2013, 28.

[25] HKMS/Mylich/Müller Rn. 18.

[26] Weitere Prüfungssubjekte sind aufgelistet bei Graumann Prüfungswesen S. 115–125. Zu den Prüfungspflichten nach dem KAGB Ponzer/Stümpfle WPg 2017, 450.

[27] HKMS/Mylich/Müller Rn. 15.

[28] Paschke WPg 2019, 446; Hucke WPg 2001, 558; dazu Spanier WPg 2001, 767; s. ferner Spanier WPg 2003, 911; Graumann Prüfungswesen S. 124.

[29] HKMS/Mylich/Müller Rn. 15; Graumann Prüfungswesen S. 122–123.

[30] HKMS/Mylich/Müller Rn. 15; Hopt/Merkt Rn. 1; Graumann Prüfungswesen S. 123–124.

[31] Weitere Einzelheiten in Hopt/Merkt Rn. 1; HKMS/Mylich/Müller Rn. 17.

[32] Mit Recht bejahend Schüppen ZIP 2015, 814; Hopt/Merkt Rn. 1; aA Kersting ZIP 2014, 2420; Kersting ZIP 2015, 817. Zu Einzelheiten der Prüfung nach § 53 HGrG: Bierwirth FS Ludewig, 1996, 123; Eibelshäuser/Kämpfer in Förschle/Peemöller, Wirtschaftsprüfung und Interne Revision, 2004, S. 336; Graumann Prüfungswesen S. 126–127.

[33] Kronawitter BayVBl 2011, 135; dazu IDW PS 610: Prüfung nach § 6b Energiewirtschaftsgesetz (Stand: 2.7.2021), IDW Life 2021, 822.

[34] IDW PS 971: Prüfungen nach dem Kraft-Wärme-Koppelungsgesetz (Stand: 26.11.2013), WPg Supp. 1/2014, 25.

[35] HKMS/Mylich/Müller Rn. 12.

[36] Feststellung ist die förmliche Billigung des Jahresabschlusses durch das dazu berufene Organ: BGHZ 76, 338 (342). Die Feststellung des Jahresabschlusses einer Personengesellschaft ist eine den Gesellschaftern obliegende Angelegenheit der laufenden Verwaltung und wird regelmäßig von einer allgemeinen Mehrheitsklausel im Gesellschaftsvertrag gedeckt: BGH BB 2007, 1128 (Aufgabe von BGHZ 132, 263 [268]).

[37] HKMS/Mylich/Müller Rn. 29; BeBiKo/Justhoven/Küster/Bernhardt Rn. 11; Wiedmann/Böcking/Gros/Böcking/Gros/Rabenhorst Rn. 14; Hense/Ulrich/Stenger WPO § 43 Rn. 497; Günther, Die Unabhängigkeit des Abschlussprüfers bei privaten Unternehmen in Deutschland, 2019, S. 109. Zu den körperschaftsteuerlichen Konsequenzen einer unterlassenen handelsrechtlichen Pflichtprüfung: Zimmermann DStR 2002, 2145.

festgestellt, ist er nichtig.[38] Für die AG, die KGaA und die SE folgt das aus § 256 Abs. 1 Nr. 2 AktG, für die nach dem PublG prüfungspflichtigen Gesellschaften aus § 10 S. 1 PublG.[39] Für die GmbH[40] und die atypische Personengesellschaft (§ 264a)[41] gilt § 256 Abs. 1 Nr. 2 AktG entsprechend.[42] Die Nichtigkeit kann nicht mehr geltend gemacht werden, wenn seit der Bekanntmachung nach § 325 Abs. 2 drei Jahre verstrichen sind (§ 256 Abs. 6 S. 1 AktG; § 10 S. 2 PublG).[43] Abgesehen von dieser Fristenregelung kann eine **Heilung** nur durch Nachholung der unterlassenen Pflichtprüfung und durch erneute Feststellung durch das zuständige Gesellschaftsorgan (173 AktG; § 46 Nr. 1 GmbHG) erfolgen.[44] Abs. 1 S. 2 erfasst nach seinem Wortlaut zunächst den „eher theoretischen"[45] Fall, dass überhaupt keine Abschlussprüfung stattgefunden hat;[46] eher denkbar ist der Fall der unterbliebenen Nachtragsprüfung (Abs. 3). Eine Nachtragsprüfung ist erforderlich, wenn der Vorstand den Jahresabschluss oder den Lagebericht nach Vorlage des Prüfungsberichts (§ 321) geändert hat.[47] Nichtig ist der Jahresabschluss aber nicht nur dann, wenn überhaupt keine Prüfung stattgefunden hat, sondern auch dann, wenn die Mindestanforderungen an eine gesetzliche Abschlussprüfung nicht erfüllt wurden.[48] Das ist insbesondere dann der Fall, wenn ganze Positionen der Bilanz (zB Anlage- oder Umlaufvermögen) nicht geprüft wurden, aber gleichwohl ein Prüfungsbericht (§ 321) erstattet und ein Bestätigungsvermerk erteilt oder versagt wurde (§ 322). Gleiches gilt, wenn die Prüfung aufgrund eines nicht prüffähigen Jahresabschlusses erfolgt ist.[49]

11   Unverzichtbar zur Vermeidung der Nichtigkeitsfolge sind nach hM ferner Schriftform und **Unterzeichnung** des Prüfungsberichts (§ 321 Abs. 1 S. 1, Abs. 5 S. 1) und des Bestätigungsvermerks (§ 322 Abs. 7 S. 1).[50] Die nach dem Berufsrecht der Wirtschaftsprüfung gebotene **Siegelung** soll zur Wahrung der Mindestanforderungen des § 256 Abs. 1 Nr. 2 AktG dagegen nicht erforderlich sein.[51] Nichtig ist der Jahresabschluss nach Abs. 1 Satz 2 außerdem, wenn er von einer nicht (wirksam) zum Abschlussprüfer bestellten oder nicht zur Vornahme von Abschlussprüfungen zugelassenen Person (vgl. § 319 Abs. 1) geprüft wurde (§ 256 Abs. 1 Nr. 3 AktG, analog für die GmbH[52]).[53]

12   **2. Prüfungen ohne gesetzliche Verpflichtung.** Bei kleinen Kapitalgesellschaften (§ 267 Abs. 1) und Personenhandelsgesellschaften (mit Ausnahme der oHG und KG iSv § 264a Abs. 1) sowie Einzelkaufleuten muss eine Pflichtprüfung nach Abs. 1 Satz 1 nicht

---

38   Schüppen Rn. 29; HKMS/Mylich/Müller Rn. 32; BeBiKo/Justhoven/Küster/Bernhardt Rn. 11; Wiedmann/Böcking/Gros/Böcking/Gros/Rabenhorst Rn. 14.

39   OLG Düsseldorf WM 1996, 1777 (1779); vgl. BFHE 223, 131 (137).

40   Zu der entsprechenden Anwendbarkeit des § 256 AktG auf die GmbH: FG Düsseldorf BeckRS 9998, 42941; OLG Hamm AG 1992, 233 (234); Pfizenmayer WPK-Mitt. 1996, 90 (91); Remme/Theile GmbHR 1998, 909; BeBiKo/Justhoven/Küster/Bernhardt Rn. 12.

41   Scheffler DStR 2000, 529 (532); Staub/Habersack/Schürnbrand Rn. 10.

42   Schüppen Rn. 29.

43   HKMS/Mylich/Müller Rn. 31.

44   HKMS/Mylich/Müller Rn. 32, dort auch zu den Auswirkungen der Nichtigkeit auf alle Rechtsakte, die einen geprüften und festgestellten Jahresabschluss voraussetzen (zB Gewinnverwendung, § 174 Abs. 1 S. 2 AktG, Kapitalerhöhung aus Gesellschaftsmitteln, § 209 Abs. 1 und 2 AktG).

45   Koch AktG § 256 Rn. 9; s. aber BFHE 223, 131 (137).

46   OLG Düsseldorf ZIP 1996, 1040 (1041). S. ferner Duesing GmbH-Steuerberater 1999, 350; Scharl Kreditw 2000, 144.

47   Der Begriff der Änderung iSv Abs. 3 S. 1 ist weit zu verstehen. Zu Einzelheiten Hopt/Merkt Rn. 4.

48   OLG Stuttgart DB 2009, 1521; HKMS/Mylich/Müller Rn. 32–33; Staub/Habersack/Schürnbrand Rn. 10. Vgl. LG Köln DB 1992, 627 (628).

49   Vgl. OLG Düsseldorf BeckRS 2005, 156558 Rn. 32–33 (betr. Prüfung auf der Grundlage vorläufiger Unterlagen); OLG Brandenburg GmbHR 2001, 865 (betr. Vorlage von „Bilanzfragmenten").

50   BGH NJW 2022, 2185 Rn. 39.

51   OLG Stuttgart DB 2009, 1521.

52   Zu Fällen von Pflichtprüfungen (§ 316), in denen – wie etwa bei dem Konzernabschluss oder dem Einzelabschluss iSd § 325 Abs. 2a – keine Feststellung, sondern eine „Billigung" des Abschlusses erfolgt, s. Gelhausen/Heinz WPg 2005, 693 (702).

53   Vgl. Begr. RegE BilReG, BT-Drs. 15/3419, 55 v. 24.6.2004; HKMS/Mylich/Müller Rn. 30.

stattfinden,[54] wofür im Wesentlichen Kostenerwägungen angeführt werden.[55] Eine Prüfung ist auch ohne gesetzliche Verpflichtung möglich (sog. „freiwillige Prüfung") und bei kleinen Kapitalgesellschaften und bei den von § 264a Abs. 1 nicht erfassten Personenhandelsgesellschaften in der Praxis durchaus verbreitet; entsprechende Verpflichtungen finden sich häufig in der Satzung, aber auch in Verträgen (insbesondere Kreditverträgen mit Kreditgebern).[56] Für Gegenstand, Art und Umfang solcher gesetzlich nicht angeordneten „freiwilligen" Abschlussprüfungen sind die Bestimmungen der gesetzlichen Prüfung maßgebend, sofern die Satzung oder der betreffende Vertrag keine anders lautende Regelung enthält.[57] Einen dem § 322 Abs. 1 nachgebildeten Bestätigungsvermerk darf der Wirtschaftsprüfer freilich nur erteilen, wenn seine Prüfung des Jahresabschlusses nach Art, Gegenstand und Umfang einer gesetzlich angeordneten Prüfung entspricht und die Regelungen des Qualitätssicherungssystems für Abschlussprüfungen nach §§ 316 ff. entsprechend angewandt werden (§ 8 Abs. 2 S. 1 BS WP/vBP); andernfalls darf er nur eine sog. **Bescheinigung** erteilen.[58] Umgekehrt reicht die Bescheinigung eines Wirtschaftsprüfers nicht aus, wenn der Gesellschaftsvertrag einer nicht prüfungspflichtigen Personenhandelsgesellschaft bestimmt, dass der Jahresabschluss von einem Wirtschaftsprüfer zu prüfen ist und der Bestätigungsvermerk § 322 zu entsprechen hat.[59] Wird nach erfolgter Abschlussprüfung der Bestätigungsvermerk eingeschränkt (vgl. § 322 Abs. 2 Nr. 2), ist der gesellschaftsvertraglichen Verpflichtung zur Durchführung einer Abschlussprüfung dennoch Genüge getan. Entsprechendes gilt – vorbehaltlich anderer Vereinbarungen – für sonstige vertraglich vorgesehene Prüfungen. Es empfiehlt sich, bei gesetzlich nicht vorgeschriebenen Abschlussprüfungen Gegenstand, Art und Umfang der Prüfung in dem Prüfungsauftrag an den Abschlussprüfer genau zu bestimmen.[60] Entsprechendes gilt für gesetzlich nicht vorgeschriebene Prüfungen von Zwischenabschlüssen.[61] Zur prüferischen Durchsicht von Jahres-, Konzern- und Zwischenabschlüssen → § 318 Rn. 2.[62] Besonderheiten gelten im Falle der Prüfung bei einem Börsengang (Comfort Letter).[63]

3. Konzernabschlussprüfung (Abs. 2).

3. Konzernabschlussprüfung (Abs. 2). Abs. 2 (der Art. 37 RL 83/349/EWG **13** [7. EG-Richtlinie] in deutsches Recht umgesetzt hat) regelt die Prüfung des Konzernabschlusses und des Konzernlageberichts von Kapitalgesellschaften.

a) Prüfungspflicht. Ist ein Mutterunternehmen zur Aufstellung eines Konzernab- **14** schlusses verpflichtet (§§ 290–292), müssen der Konzernabschluss mit den in § 297 Abs. 1 festgelegten Bestandteilen und der Konzernlagebericht gemäß Abs. 2 Satz 1 geprüft werden. Die größenabhängigen Befreiungen des § 293 sind zu beachten. Die Pflicht zur Prüfung des Konzernabschlusses erstreckt sich auch auf einen nach internationalen Rechnungsle-

---

54 Braun BB 1989, 803.
55 Hopt GesR Rn. 486; Klar DB 1997, 685.
56 Hopt/Merkt Rn. 5; Staub/Habersack/Schürnbrand Rn. 28–29; HKMS/Mylich/Müller Rn. 21 und 49; Braun BB 1989, 803. S. aber auch OLG Düsseldorf DB 1995, 1392 (1393).
57 Vgl. BGH WM 2006, 423 (426, 427); BGH WM 1991, 1951 (1952) = BB 1991, 2342 = DB 1991, 2429 = EWiR 1991, 1217 mAnm Schulze-Osterloh; Hommelhoff/Priester ZGR 1986, 463 (492); Goerdeler FS Fischer, 1979, 160 (161). Die für die gesetzliche Abschlussprüfung bestehenden besonderen Verfahrensregeln werden auf gesetzlich nicht vorgeschriebene (sog. „freiwillige") Abschlussprüfungen dagegen nicht angewandt (BGH aaO).
58 Vgl. OLG Düsseldorf WM 1995, 1840 (1841); OLG München BB 1996, 1824 = DB 1996, 1666 = EWiR 1996, 891 mAnm Mankowski. S. ferner HKMS/Mylich/Müller Rn. 49; Peemöller DStR 2005, 2203; Köhler DB 2006, 1065.
59 OLG Düsseldorf WM 1995, 1840 (1841); OLG München BB 1996, 1824 = DB 1996, 1666 = EWiR 1996, 891 mAnm Mankowski.
60 Selchert EdBWL Sp. 1738, 1742; vgl. IDW PS 220.18.
61 Duell EdBWL Sp. 2744, 2751–2752; s. auch Schindler WPg 2002, 1121.
62 Dazu Schindler WPg 2002, 1121.
63 IDW PS 910: Grundsätze für die Erteilung eines Comfort Letter (Stand: 4.3.2004), WPg 2004, 342. Zu Einzelheiten der Comfort Letters: Ebke/Siegel WM 2001 Sonderbeilage 2 (rechtsvergleichend); Köhler DBW 2003, 77; Köhler/Weiser DB 2003, 565; Kunold in Habersack/Mülbert/Schlitt, Unternehmensfinanzierung, 2005, S. 610; Landmann, Die Haftung für Comfort Letters bei der Neuemission von Aktien, 2007; Meyer WM 2003, 1745.

gungsgrundsätzen aufgestellten Konzernabschluss.[64] Eine Prüfungspflicht besteht außerdem bei Kreditinstituten und Versicherungsunternehmen sowie deren Holdings, unabhängig von der Rechtsform und der Größe (§§ 340k, 341k) und bei publizitätspflichtigen Unternehmen (§ 14 PublG), wozu auch Genossenschaften (§ 14 Abs. 2 PublG, mit Ausnahme von Kreditinstituten und Versicherungsunternehmen) gehören. Die Prüfungspflicht gilt auch für den Konzernabschluss und den Konzernlagebericht im Abwicklungszeitraum, sofern die Größenklassen gemäß § 293 mindestens zweimal oder die Merkmale des § 11 PublG mindestens an drei aufeinander folgenden Konzernabschlussstichtagen unterschritten wurden (§ 12 Abs. 1 PublG). Kreditinstitute und Versicherungsunternehmen müssen ihren Konzernabschluss und Konzernlagebericht dagegen bis zum Ende der Liquidation prüfen lassen.[65] Ohne gesetzliche Verpflichtung („freiwillig") aufgestellte Konzernabschlüsse unterliegen nicht der Prüfungspflicht. Wenn ein freiwillig aufgestellter Konzernabschluss gemäß § 291 oder § 292 befreiende Wirkung hat, müssen Konzernabschluss und Konzernlagebericht nach §§ 316 ff. geprüft sein (§ 291 Abs. 2 Nr. 2, § 292 Abs. 2).[66]

15   **b) Billigung.** Der Konzernabschluss bedarf im Gegensatz zum Einzelabschluss nicht der Feststellung (so ausdrücklich schon § 42a Abs. 4 GmbHG aF).[67] Ein ungeprüfter Konzernabschluss war daher nach bisherigem Recht nicht nichtig; er hatte allerdings keine befreiende Wirkung iSd §§ 291, 292a aF und § 11 Abs. 6 PublG. Abs. 2 S. 2, der durch das TransPuG vom 19.7.2002 (BGBl. 2002 I 2681) in das Gesetz eingefügt wurde, überträgt nunmehr die für den Einzelabschluss geltende Regelung des Abs. 1 S. 2 auf den Konzernabschluss, der künftig einer förmlichen „Billigung" als Korrelat zur Feststellung des Einzelabschlusses bedarf.[68] Der Konzernabschluss kann nicht gebilligt werden, wenn keine Prüfung stattgefunden hat (Abs. 2 S. 2).[69] Unklar ist, ob sich aus Verstößen gegen die Pflicht, den Konzernabschluss zu billigen, andere Rechtsfolgen ergeben als aus Verstößen gegen die Feststellungspflicht gemäß Abs. 1 S. 2. Die wohl hM geht zutreffend davon aus, dass Verstöße gegen die Pflicht, den Konzernabschluss zu billigen, keine Rechtsfolgen haben, da dieser weder rechtsbegründende noch rechtsbegrenzende Wirkungen habe.[70] Böcking/Gros/Rabenhorst weisen allerdings mit Recht darauf hin, dass das Fehlen der Billigung durch den Aufsichtsrat in dessen schriftlichen Bericht an die Hauptversammlung (§ 171 Abs. 2 AktG) über die Prüfung zu vermerken ist, der nach § 325 Abs. 1 Nr. 2 nebst der Erklärung nach § 161 AktG offenzulegen ist.[71]

16   **4. Nachtragsprüfung (Abs. 3).** Abs. 3 regelt Nachtragsprüfungen.[72]

17   **a) Notwendigkeit (Abs. 3 S. 1).** Im Falle der Änderung des Jahresabschlusses, Konzernabschlusses bzw. IAS/IFRS-Einzelabschlusses nach § 325 Abs. 2a oder des Lage- bzw. Konzernlageberichts **nach Vorlage** des Prüfungsberichts (§ 321; ein Entwurfsexemplar oder Vorwegbericht ist damit nicht erfasst)[73] schreibt Abs. 3 S. 1 eine erneute Prüfung (sog. Nachtragsprüfung) dieser Unterlagen durch den Abschlussprüfer vor, „soweit es die Ände-

---

64   HKMS/Mylich/Müller Rn. 25.
65   BeBiKo/Justhoven/Küster/Bernhardt Rn. 18 mwN.
66   BeBiKo/Justhoven/Küster/Bernhardt Rn. 21; Staub/Habersack/Schürnbrand Rn. 10.
67   Krit. IDW WPg 2000, 1027 (1031).
68   BMJ, RegE TransPuG v. 6.2.2002, S. 70; Busse v. Colbe BB 2002, 1583 (1586); Schüppen ZIP 2002, 1269 (1275); Theile GmbHR 2002, 231 (234, 235).
69   HKMS/Mylich/Müller Rn. 30; Günther, Die Unabhängigkeit des Abschlussprüfers bei privaten Unternehmen in Deutschland, 2019, S. 109.
70   Oser/Wirth/Bischof in Dörner/Menold/Pfitzer/Oser, Reform des Aktienrechts, der Rechnungslegung und der Prüfung, 2. Aufl. 2003 S. 612, vertreten die Ansicht, dass die „Billigungssperre – wie auch Verstöße gegen die Pflicht, den Konzernabschluss zu billigen, selbst – keine Rechtsfolgen" hat; ebenso HKMS/Mylich/Müller Rn. 36; Wiedmann/Böcking/Gros/Böcking/Gros/Rabenhorst Rn. 17; offenlassend Hopt/Merkt Rn. 3.
71   Wiedmann/Böcking/Gros/Böcking/Gros/Rabenhorst Rn. 17.
72   § 316 Abs. 3 gilt für Genossenschaften entsprechend (§ 53 Abs. 2 GenG). Zur Nachtragsprüfung in der Insolvenz des prüfungspflichtigen Unternehmens: Jundt WPK Magazin 1/2007, 41 (44–45).
73   So zutr. Staub/Habersack/Schürnbrand Rn. 19.

rung erfordert" (vgl. § 8 Abs. 3 S. 1 PublG).[74] Aber auch **vor Ablieferung** des Prüfungsberichts kann eine Nachtragsprüfung erforderlich sein, nämlich dann, wenn nach Beendigung der Prüfung, aber vor Ablieferung des Prüfungsberichts wesentliche Änderungen eingetreten sind.[75] Der Nachtragsprüfung unterliegt auch die Änderung eines bereits festgestellten Jahresabschlusses (vgl. § 173 Abs. 3 AktG).[76] Als Änderungen iSd Abs. 3 S. 1 kommen textliche Änderungen (mit Ausnahme der Korrektur von Rechtschreib- und Zeichensetzungsfehlern), Änderungen im Zahlenwerk, wertaufhellende Ereignisse, die eine Änderung des Zahlenwerks erforderlich machen (zB Insolvenz von Großkunden oder Beteiligungsgesellschaften), oder Änderungen des Gewinnverwendungsvorschlags (§ 278 S. 1 Hs. 2) in Betracht.[77] Ob eine Änderung eine Nachtragsprüfung erforderlich macht, ist vom Abschlussprüfer zu entscheiden, nicht von der geprüften Gesellschaft.[78] Die Nachtragsprüfung ist **von dem bestellten Abschlussprüfer durchzuführen** (IDW PS 400.87 nF;[79] IDW PS 450.144 nF[80]);[81] ein besonderer und von dem Abschlussprüfer verschiedener Nachtragsprüfer kann nicht bestellt werden,[82] es sei denn, der ursprüngliche Abschlussprüfer ist weggefallen.[83] Der Nachtragsprüfer muss über einen Auszug aus dem Berufsregister verfügen, aus dem sich ergibt, dass die Eintragung nach § 38 Nr. 1 lit. h oder Nr. 2 lit. f WPO vorgenommen worden ist (vgl. § 319 Abs. 1 S. 3). Während einer laufenden Nachtragsprüfung ist der Nachtragsprüfer verpflichtet, eine Löschung der Eintragung unverzüglich gegenüber der Gesellschaft anzuzeigen (§ 319 Abs. 1 S. 4).

b) Umfang (Abs. 3 S. 1). Art und Umfang der Nachtragsprüfung hängen von den **18** Gegebenheiten des Einzelfalls ab.[84] Der Nachtragsprüfer hat allen unmittelbaren und mittelbaren Auswirkungen der Änderungen auf den Abschluss bzw. den Lagebericht nachzugehen. Teile des (Konzern-)Abschlusses bzw. des (Konzern-)Lageberichts, die von der nachträglichen Änderung **offensichtlich nicht erfasst** sind, brauchen hingegen nicht erneut geprüft zu werden. Gelangt der Prüfer im Rahmen der Nachtragsprüfung zu der Erkenntnis, dass in dem von der Nachtragsprüfung nicht erfassten Teil des Jahresabschlusses/Konzernabschlusses oder Lageberichts/Konzernlageberichts Mängel vorhanden sind, die schon im Rahmen der Hauptprüfung zu einer Einschränkung oder Versagung des Bestätigungsvermerks hätten führen müssen, muss er die neuen Erkenntnisse im Rahmen der Nachtragsprüfung berücksichtigen, weil sich der Bestätigungsvermerk aufgrund einer Nachtragsprüfung auf den gesamten (Konzern-)Abschluss und (Konzern-)Lagebericht bezieht.[85] Eine Nachtragsprüfung wegen Einschränkung des Bestätigungsvermerks hindert nicht, in der Nachtragsprüfung abweichende Feststellungen auch zu Bilanzpositionen zu treffen, welche die Testatseinschränkung nicht verursacht hatten.[86] Der Prüfer kann für Zwecke der Nachtragsprüfung die Vorlage von Unterlagen (auch bereits eingesehener) verlangen sowie Auskunft begehren (§ 320).[87]

---

[74] Zu Verbreitung und Anlässen von Nachtragsprüfungen im CDAX im Zeitraum von 2009 bis 2020 s. die empirischen Befunde von Tiedemann/Ratzinger-Sakel WPg 2022, 614.

[75] Staub/Habersack/Schürnbrand Rn. 19; BeBiKo/Justhoven/Küster/Bernhardt Rn. 31.

[76] Hopt/Merkt Rn. 4. Zur analogen Anwendbarkeit des § 173 Abs. 3 AktG auf die GmbH: FG Düsseldorf BeckRS 9998, 42941 mwN.

[77] Vgl. OLG Karlsruhe NZG 2002, 341; FG Düsseldorf BeckRS 9998, 42941; weitere Beispiele bei Staub/Habersack/Schürnbrand Rn. 17; Hopt/Merkt Rn. 4; Wiedmann/Böcking/Gros/Böcking/Gros/Rabenhorst Rn. 18.

[78] So zutr. Wiedmann/Böcking/Gros/Böcking/Gros/Rabenhorst Rn. 18.

[79] IDW PS 400: Bildung eines Prüfungsurteils und Erteilung eines Bestätigungsvermerks (Stand: 29.10.2021), IDW Life 2021, 1291.

[80] IDW PS 450: Grundsätze ordnungsmäßiger Erstellung von Prüfungsberichten (Stand: 28.10.2021), IDW Life 2022, 78.

[81] Vgl. Gelhausen/Hönsch AG 2005, 511 (522); Neumann BuW 2000, 853 (861); HKMS/Mylich/Müller Rn. 47; Hopt/Merkt Rn. 4.

[82] HKMS/Mylich/Müller Rn. 47; BeBiKo/Justhoven/Küster/Bernhardt Rn. 32.

[83] Dazu WPK WPK Magazin 4/2006, 41.

[84] S. auch BeBiKo/Justhoven/Küster/Bernhardt Rn. 32; Staub/Habersack/Schürnbrand Rn. 17–18.

[85] OLG Hamm GI 1999, 248 (252).

[86] OLG Hamm GI 1999, 248 (251) (Vorinstanz LG Bochum GI 1997, 173).

[87] So auch Staub/Habersack/Schürnbrand Rn. 21.

19   **c) Berichtspflicht (Abs. 3 S. 2).** Über das Ergebnis der Prüfung ist zu berichten (Abs. 3 S. 2 Hs. 1). Um die Wahrheit und Vollständigkeit sowie die Aktualität der Berichterstattung über die Prüfung zu gewährleisten und um Missverständnisse zu vermeiden, hat die Berichterstattung schriftlich (grundsätzlich in der Form eines **eigenständigen Nachtragsprüfungsberichts**) zu erfolgen (IDW PS 450.145 nF).[88] Ein bloß mündlicher Bericht reicht nicht aus;[89] das folgt aus dem Rechtsgedanken des § 321 Abs. 1 S. 1, wonach Berichte über Prüfungen schriftlich zu erfolgen haben.[90] Der Nachtragsprüfungsbericht hat zwingend einen Hinweis zu enthalten, dass der ursprünglich erstattete Prüfungsbericht und der Nachtragsprüfungsbericht nur gemeinsam verwendet werden dürfen (IDW PS 450.145 nF).[91] Der Nachtragsprüfungsbericht bezieht sich ausschließlich auf die vorgenommenen Änderungen, sodass die allgemeinen Gliederungsanforderungen grundsätzlich nicht zur Anwendung gelangen (IDW PS 450.145 nF). Eine genaue **schriftliche Dokumentation** der Nachtragsprüfung und ihrer Ergebnisse empfiehlt sich nicht zuletzt im Hinblick auf mögliche Haftungsrisiken im Zusammenhang mit einer Nachtragsprüfung.

20   **d) Wiedergaben im ESEF-Format (Abs. 3 S. 3).** Der durch das Gesetz zur weiteren Umsetzung der Transparenzrichtlinie-Änderungsrichtlinie im Hinblick auf ein einheitliches elektronisches Format für Jahresfinanzberichte (ESEF-UG)[92] vom 12.8.2020 (BGBl. 2020 I 1874) neu eingefügte Abs. 3 S. 3 stellt klar, dass auch für die Zwecke der Offenlegung erstellte Wiedergaben der Abschlüsse und Lageberichte im ESEF-Format von der Nachtragsprüfung betroffen sein können, sofern diese nach Vorlage des Prüfungsberichts geändert werden. In der Begründung des RegE zum ESEF-UG werden hierbei insbesondere Änderungen der iXBRL-Auszeichnungen angeführt. Gleichwohl wird klargestellt, dass die Notwendigkeit einer Nachtragsprüfung bei prüfungspflichtigen Änderungen für Zwecke der Offenlegung die Feststellung und Billigung der aufgestellten Abschlüsse nicht berührt. Diese könne zeitlich losgelöst von Feststellung und Billigung erfolgen.[93] In den Stellungnahmen zum RefE des ESEF-UG wurde die Problematik einer durch rein technische Fehler verursachten Nachtragsprüfung und die hierdurch entstehenden unangemessenen Verzögerungen der **Kapitalmarktkommunikation** angesprochen. Durch die Umsetzung der ESEF-Formatvorgaben in der sog. Offenlegungslösung wurde diesen Bedenken Rechnung getragen. Aufgrund der im ESEF-UG vorgesehenen Prüfungspflicht der elektronischen Wiedergaben der Abschlüsse und der Lageberichte für die Zwecke der Offenlegung ist dennoch eine entsprechende Nachtragsprüfung durch den bestellten Abschlussprüfer notwendig. Eine Nachtragsprüfung ist aber nicht nur dann erforderlich, wenn sich in den bereits bei Erteilung des Bestätigungsvermerks geprüften ESEF-Unterlagen nachträglich Änderungen ergeben haben, sondern auch dann, wenn die ESEF-Unterlagen erst nach der Erteilung des ursprünglichen Bestätigungsvermerks erstmals vorgelegt wurden.

21   **e) Auswirkungen auf den Bestätigungsvermerk (Abs. 3 S. 2 Hs. 2).** Nach Abs. 3 S. 2 Hs. 2 bleibt der Bestätigungsvermerk im Falle der Nachtragsprüfung grundsätzlich erhalten und wirksam; er ist aber erforderlichenfalls entsprechend zu ergänzen.[94] Führt

---

[88]   IDW PS 450.14: Grundsätze ordnungsmäßiger Erstellung von Prüfungsberichten (Stand: 28.10.2021), IDW Life 2022, 78; ebenso Staub/Habersack/Schürnbrand Rn. 23; HKMS/Mylich/Müller Rn. 45. Zu Einzelheiten der Nachtragsberichterstattung s. die empirische Analyse von Schwartze/Dobler WPg 2022, 678.

[89]   IdS auch HKMS/Mylich/Müller Rn. 45; BeBiKo/Justhoven/Küster/Bernhardt Rn. 33; Staub/Habersack/Schürnbrand Rn. 23; aA Wiedmann/Böcking/Gros/Böcking/Gros/Rabenhorst Rn. 20.

[90]   Ebenso IDW PS 450.145 nF.

[91]   IDW PS 450: Grundsätze ordnungsmäßiger Erstellung von Prüfungsberichten (Stand: 28.10.2021), IDW Life 2022, 78.

[92]   Zu Einzelheiten des ESEF-UG s. das Schrifttum in → 4. Aufl. 2020, Nachtrag zum ESEF-UG, vor der Vorbem.

[93]   Vgl. RegE ESEF-UG, S. 20.

[94]   IDW PS 400.88 nF: Bildung eines Prüfungsurteils und Erteilung eines Bestätigungsvermerks (Stand: 29.10.2021), IDW Life 2021, 1291; Hopt/Merkt Rn. 4; HKMS/Mylich/Müller Rn. 46.

die Nachtragsprüfung zu dem Ergebnis, dass der ursprünglich erteilte uneingeschränkte Bestätigungsvermerk unverändert aufrecht erhalten werden kann, ist grundsätzlich die Ergänzung des Prüfungsurteils um einen gesonderten Absatz erforderlich, um deutlich zu machen, dass sich der Bestätigungsvermerk auf einen geänderten Jahresabschluss, Konzernabschluss, Lagebericht oder Konzernlagebericht bezieht.[95] In dem gesonderten Absatz ist auch der Gegenstand der Änderung zu bezeichnen (möglichst unter Hinweis auf die Berichterstattung des Unternehmens) und ggf. zum Ausdruck zu bringen, dass sich aus der Prüfung der Änderungen keine Einwendungen ergeben haben.

Änderungen des Jahresabschlusses/Konzernabschlusses oder des Lageberichts/Konzernlageberichts **nach Erteilung** des Bestätigungsvermerks haben immer dann Auswirkungen auf den bereits erteilten Bestätigungsvermerk (Abs. 3 S. 2 Hs. 2), wenn durch die Änderung **ursprüngliche Mängel** des Abschlusses beseitigt oder neue Mängel begründet werden. In derartigen Fällen ist es erforderlich, das Prüfungsurteil neu zu formulieren und um einen gesonderten Absatz mit einem Hinweis auf die Änderung zu ergänzen.[96] Einschränkungen oder Versagungen des Bestätigungsvermerks (vgl. § 322 Abs. 2 S. 1) aufgrund der nachträglichen Änderung sind als solche zu bezeichnen.[97] Im Fall der Nachtragsprüfung ist der Bestätigungsvermerk – ungeachtet der Ergänzung des Prüfungsurteils um einen gesonderten Absatz – mit den Daten der Beendigung der ursprünglichen Abschlussprüfung und der Beendigung der Nachtragsprüfung **(Doppeldatum)** zu unterzeichnen.[98]

f) Feststellung. Hat eine notwendige Nachtragsprüfung nicht stattgefunden, so kann der Jahresabschluss nicht festgestellt (Abs. 1 S. 2 analog) bzw. der Konzernabschluss nicht gebilligt werden (Abs. 2 S. 2 analog).[99]

5. Zeitraum für gesetzlich vorgeschriebene Prüfungen. Den Zeitraum für die Durchführung einer gesetzlich vorgeschriebenen Abschlussprüfung oder die Frist für die Beendigung einer solchen Abschlussprüfung hat der Gesetzgeber nur indirekt geregelt – und zwar über die Fristen für die Aufstellung des Jahres- bzw. Konzernabschlusses (§ 264 Abs. 1, § 290 Abs. 1), für die Vorlage des Jahres- bzw. Konzernabschlusses an den Abschlussprüfer (§ 320 Abs. 1 S. 1), für die Prüfung des Jahres- bzw. Konzernabschlusses durch den Aufsichtsrat (§ 171 Abs. 1 AktG)[100] sowie für die Einberufung und Durchführung der Hauptversammlung der Aktiengesellschaft (§§ 123, 175 AktG) bzw. Gesellschafterversammlung der GmbH (§ 42a GmbHG). Danach muss die Prüfung bei der Aktiengesellschaft 4 ¾ Monate nach Ende des Geschäftsjahres beendet sein, wenn alle beteiligten Organe die ihnen gesetzten Fristen voll ausschöpfen. Für die GmbH ohne Aufsichtsrat entfällt die Frist für die Prüfung durch den Aufsichtsrat; deshalb verlängert sich die Frist um zwei weitere Monate.[101] Viele Unternehmen, insbesondere (börsennotierte) Großunternehmen verkürzen die vorgegebenen Fristen, um den Adressaten die Informationen des Jahres- bzw. Konzernabschlusses schneller zur Verfügung stellen zu können. Das hat Auswirkungen auf die Vorbereitungs- und Prüfungshandlungen des Abschlussprüfers.

II. Aufgaben und Ziele der Abschlussprüfung

Die Prüfung des Jahresabschlusses und des Lageberichts selbständiger Kapitalgesellschaften (Abs. 1 S. 1) und prüfungspflichtiger Personengesellschaften iSd § 264a Abs. 1 sowie des

---

[95] IDW PS 406.14: Hinweise im Bestätigungsvermerk (Stand: 29.10.2021), IDW Life 2021, 1395.
[96] IDW PS 400.88 nF.
[97] IDW PS 400.88 nF; HKMS/Mylich/Müller Rn. 46.
[98] Vgl. IDW PS 400.90 nF; IDW PS 450.145 nF.
[99] Zu weiteren Einzelheiten: HKMS/Mylich/Müller Rn. 48; Schüppen Rn. 29; Staub/Habersack/Schürnbrand Rn. 27; Hopt/Merkt Rn. 4.
[100] Dazu Strieder AG 2006, 363.
[101] Zu weiteren Einzelheiten BeBiKo/Justhoven/Küster/Bernhardt Rn. 27.

Konzernabschlusses und des Konzernlageberichts (Abs. 2 S. 1) durch „einen"[102] Abschlussprüfer hat Kontroll-, Informations- und Beglaubigungsfunktionen.[103]

26   **1. Kontrolle.** Die handelsrechtliche Rechnungslegung mittels Jahresabschlusses und
Lageberichts (§ 264) bezweckt die Information der Organe der prüfungspflichtigen Gesellschaft, der Gesellschafter und der Arbeitnehmer der Gesellschaft sowie derjenigen, welche in
geschäftlichen Beziehungen zu der Gesellschaft stehen; sie dient überdies der Unterrichtung
solcher Personen, welche erst geschäftliche Beziehungen zu der Gesellschaft aufnehmen,
ihr Waren- oder Geldkredit gewähren, sich an ihr beteiligen oder sie übernehmen wollen,
ferner dem Staat (vgl. § 5 Abs. 1 S. 1 EStG, § 8 Abs. 1 KStG) und – entsprechend ihrer
jeweiligen gesamtwirtschaftlichen Bedeutung – auch der Allgemeinheit.[104] Entsprechendes
gilt für den Konzernabschluss und den Konzernlagebericht (§§ 290 ff.).[105] Durch die Information soll das Wissensgefälle zwischen der Gesellschaft und den Adressaten **(Informationsasymmetrie)** abgebaut werden.[106] Damit der handelsrechtliche (Konzern-)Abschluss
nebst (Konzern-)Lagebericht die erwähnten Aufgaben erfüllen können, müssen sie in formeller und materieller Hinsicht bestimmten Anforderungen genügen. Die Einhaltung der
einschlägigen Regeln und Grundsätze wird seit der **Notverordnung des Reichspräsidenten** aus dem Jahre 1931[107] durch eine zwingend angeordnete, privatwirtschaftlich organisierte[108] Abschlussprüfung kontrolliert (vgl. § 316, § 317 Abs. 1 S. 2, § 321 Abs. 2 S. 1)[109] –

---

[102]   Das Wort „einen" in § 316 Abs. 1 S. 1 bzw. § 316 Abs. 2 S. 1 ist als unbestimmter Artikel und nicht als
        Zahl zu verstehen (allgM). Daher ist die Bestellung mehrerer Personen zum gesetzlichen Abschlussprüfer
        nicht ausgeschlossen (allgM: statt aller BeBiKo/Justhoven/Küster/Bernhardt Rn. 2 [„mindestens einen
        Abschlussprüfer"]); Hopt/Merkt Rn. 1 („durch einen [oder mehrere] Abschlussprüfer"). S. auch § 322
        Abs. 6a S. 1 („Wurden mehrere Prüfer oder Prüfungsgesellschaften gemeinsam zum Abschlussprüfer
        bestellt …").

[103]   OLG Stuttgart NZG 2022, 953 Rn. 73 mAnm John. Ausf. Petersen, Jahresabschlussprüfung in der
        Insolvenz, 2018, S. 64–134; HKMS/Mylich/Müller Rn. 3–10; Wiedmann/Böcking/Gros/Böcking/
        Gros/Rabenhorst Rn. 7–10; Schönfeld, Der Einfluss von sozialen Beziehungen zwischen Finanzvorstand
        und Abschlussprüfer auf die Prüfungsqualität, Diss. Ulm 2018, S. 39 ff.

[104]   Ebke Wirtschaftsprüfer S. 11; ausdrücklich zust. OLG Stuttgart NZG 2022, 953 Rn. 73; s. ferner Peter-
        sen, Jahresabschlussprüfung in der Insolvenz, 2018, S. 64 ff. und 109 ff.; HKMS/Mylich/Müller Rn. 4–
        6. S. auch BVerwG WPK Magazin 1/2006, 48 (49) („[Der Wirtschaftsprüfer] übernimmt wichtige
        Kontrollfunktionen zugunsten der Öffentlichkeit, der Unternehmen, zugunsten des Kapitalanlegerschut-
        zes und des Gläubigerschutzes") (betr. den Widerruf der Bestellung wegen nicht geordneter wirtschaftli-
        cher Verhältnisse); OLG Brandenburg GmbHR 2001, 865 („Einen wesentlichen Prüfungszweck bilden
        neben der Information der Geschäftsleitung vor allem das Interesse der Öffentlichkeit und insbesondere
        die Schutz- und Unternehmensbelange der mit dem Unternehmen in Beziehung stehenden Dritten").

[105]   Der Konzernabschluss hat in Deutschland für die steuerliche Gewinnermittlung derzeit keine Bedeutung.
        Zu Forderungen nach einer Einheitsbesteuerung, die den Konzern als wirtschaftliche Einheit erfasst und
        der Besteuerung zuführt, s. Witt, Die Konzernbesteuerung, 2006.

[106]   Ebke FS Yamauchi, 2006, 110–111; Petersen, Jahresabschlussprüfung in der Insolvenz, 2018, S. 64, 65.

[107]   VO des Reichspräsidenten über Aktienrecht, Bankenaufsicht und über eine Steueramnestie v. 19.9.1931,
        RGBl. 1931 I 493. Art VI der Verordnung fügte die Vorschriften über die Abschlussprüfung der Aktien-
        gesellschaft als §§ 262a–262g in das HGB ein. Art X Abs. 1 erstreckte sie auf die Kommanditgesellschaft
        auf Aktien (KGaA).

[108]   In den 1970er Jahren wurde unter dem Begriff „Aktienamt" ein stärkerer Einfluss des Staates zB auf die
        Auftragsvergabe (Richter, Die Sicherung der aktienrechtlichen Publizität durch ein Aktienamt, 1975,
        271), später sogar die Verstaatlichung der Abschlussprüfung kapitalmarktorientierter Unternehmen zur
        Steigerung der Unabhängigkeit und Qualität gefordert (Joos WP Praxis 11/2013, 210; aA Strickmann
        WP Praxis 11/2013, 214; Koch Konzern 2005, 723 [732]; Gerhards DÖV 2022, 635 [637-638]). Im
        Gefolge des Wirecard-Falls hat sich der AKBR (Arbeitskreis Bilanzrecht Hochschullehrer Rechtswissen-
        schaft) in seiner Stellungnahme „Denkbare weitere Schritte zur Reform von Abschlussprüfung, Bilanz-
        kontrolle und Corporate Governance", S. 2 und 14 zwar gegen eine Verstaatlichung der Abschlussprü-
        fung ausgesprochen, aber vorgeschlagen, die Prüferbestellung einer „zentralen, ggf. staatlichen Stelle"
        zu übertragen. Als Antwort auf den Enron-Fall wurde in den USA noch weitergehend die Abschaffung
        der Pflichtprüfung und ihre Ersetzung durch eine Bilanzversicherung (financial statement insurance)
        vorgeschlagen (Ronen Stan. J. Law, Bus. & Fin. 8 [2002], 39 [48-68]; Cunningham UCLA L. Rev. 52
        [2004], 413; krit. dazu Koch Konzern 2005, 723 [731-732]).

[109]   Zur Geschichte der Pflichtprüfung: Beham, Das deutsche Pflichtprüfungswesen, 1940; Brönner/Busch
        WPg 1981, 533; Frielinghaus DBW 1932, 256; Bayer/Habersack AktienR im Wandel/Habersack

und zwar durch öffentlich bestellte Wirtschaftsprüfer oder staatlich anerkannte Wirtschaftsprüfungsgesellschaften (§ 319 Abs. 1 S. 1) bzw. vereidigte Buchprüfer oder Buchprüfungsgesellschaften (§ 319 Abs. 1 S. 2),[110] die über einen Auszug aus dem Berufsregister verfügen,
aus dem sich ergibt, dass die Eintragung nach § 38 Nr. 1 lit. h oder Nr. 2 lit. f WPO
vorgenommen worden ist (§ 319 Abs. 1 S. 3 Hs. 1). Während einer laufenden Abschlussprüfung sind die Abschlussprüfer verpflichtet, eine Löschung der Eintragung unverzüglich
(sprich: ohne schuldhaftes Zögern, § 121 Abs. 1 S. 1 BGB) gegenüber der Gesellschaft
anzuzeigen (§ 319 Abs. 1 S. 4). Die Kontrollfunktion ist seit Einführung der Pflichtprüfung
„unverändert der Kernbereich der Abschlussprüfung".[111] Zur prüfungstheoretischen
Begründung der Kontrollfunktion des Abschlussprüfers → Rn. 42. Als Ausfluss der Kontrollfunktion werden ergänzend die **Korrekturfunktion** (Berichtigung erkannter Fehler
→ § 319 Rn. 73)[112] und die **Prophylaxefunktion** (Anhalten zu normkonformem Verhalten) genannt.[113]

2. Information. Die Jahresabschlussprüfung hat darüber hinaus gesellschaftsbezogene   **27**
(„interne") wie gesellschaftsübergreifende („externe") Informationsfunktionen. Der
Abschlussprüfer kommt seinen **internen Informationspflichten** in erster Linie mittels
der Erstattung des **Prüfungsberichts** nach (§ 321).[114] Zweck der Berichterstattung des
Abschlussprüfers mittels des Prüfungsberichts gemäß § 321 ist in erster Linie eine von
dem Vorstand unabhängige und sachverständige Unterrichtung des Aufsichtsrats[115] (bei
der GmbH ohne Aufsichtsrat: der Gesellschafter, vgl. § 42a Abs. 1 S. 2 GmbH) und der
Feststellungsorgane (bei der AG die Hauptversammlung, bei der GmbH die Gesellschafterversammlung) über die Vermögens-, Finanz- und Ertragslage der Gesellschaft.[116] Besteht
ein Prüfungsausschuss als Ausschuss des Aufsichtsrats (§ 107 Abs. 3 S. 2 AktG) oder nach
§ 324 als eigenständige Einrichtung, so sind dessen Mitglieder „vorrangige Adressaten"
des Prüfungsberichts.[117] In der **Insolvenz** der prüfungspflichtigen Gesellschaft verlagert
sich die Informationsfunktion des Prüfungsberichts von den Organen der prüfungspflichtigen Gesellschaft auf den Insolvenzverwalter (§ 80 Abs. 1 InsO).[118] Zusätzliche Interessenten sind das Insolvenzgericht und der Gläubigerausschuss, die nicht zuletzt mit Hilfe
des Prüfungsberichts ihrer Aufsichts- (§ 58 Abs. 1 InsO) bzw. Überwachungspflicht (§ 69
S. 1 InsO) nachkommen.[119] Eine weitere Ausprägung der Änderung der Informationsfunktion des Prüfungsberichts in der Insolvenz der prüfungspflichtigen Gesellschaft ist
§ 321a, der durch das BilReG vom 4.12.2004 (BGBl. 2004 I 3166) in das Gesetz eingefügt
wurde. Die Bestimmung erweitert den Adressatenkreis des Prüfungsberichts nach Insolvenzeröffnung oder Abweisung des Antrags auf Insolvenzeröffnung mangels Masse rückwirkend auf bestimmte Gesellschafter und Gläubiger der geprüften Gesellschaft, um „auch
außerhalb des Aufsichtsrats nachvollziehbar (zu machen), ob der Abschlussprüfer seiner

---

S. 688–696; Karoli, Bilanzprüfung und Prüfungsergebnis, 1934; Penndorf DBW 1932, 311; Quick ZUG
1990, 217.

[110] Zur Geschichte der Wirtschaftsprüfer Frielinghaus, Der Beruf des Wirtschaftsprüfers, 2. Aufl. 1932;
Hunger, Die deutschen Wirtschaftsprüfer, 1981; Markus, Der Wirtschaftsprüfer, 1996; Meisel,
Geschichte der deutschen Wirtschaftsprüfer, 1992; Brockhage DBW 1932, 313; Eisfeld WPg 1956, 450.

[111] HKMS/Mylich/Müller Rn. 4; Sträter, Gesamturteil des Abschlussprüfers (Wirtschaftsprüfers) nach der
Prüfung eines Jahres- oder Konzernabschlusses, Diss. TU Dortmund 2020, S. 67.

[112] S. nur BGH AG 2006, 887 (Zwischenprüfungen sind „ein sinnvolles Vorgehen, das eine frühzeitige
Fehlerkorrektur durch den Prüfer ermöglicht").

[113] HKMS/Mylich/Müller Rn. 4 mwN; Petersen, Jahresabschlussprüfung in der Insolvenz, 2018, S. 111,
112 („präventive Komponente").

[114] Die Finanzverwaltung erhält Einblick in den Prüfungsbericht (§ 60 Abs. 3 S. 1 EStDV, § 60 EStG, § 31
Abs. 1 S. 1 KStG).

[115] Velte DB 2011, 1173; W. Schruff, Unternehmensüberwachung und Abschlussprüfer, in IDW, Kapitalmarktorientierte Unternehmensüberwachung, 2001, 150.

[116] Graumann Prüfungswesen S. 796; Scheffler WPg 2002, 1289 (1290).

[117] HKMS/Mylich/Müller Rn. 7; dort auch zu den Informationspflichten gegenüber externen Aufsichtseinrichtungen.

[118] Petersen, Jahresabschlussprüfung in der Insolvenz, 2018, S. 88; Ebke FS Hopt, 2010, 559 (561–562).

[119] Petersen, Jahresabschlussprüfung in der Insolvenz, 2018, S. 82–85.

gesetzlichen Berichtspflicht, insbesondere der nach § 321 Abs. 1 S. 3 HGB geforderten Stellungnahme zur Lagebeurteilung durch die gesetzlichen Vertreter des Unternehmens und der Berichterstattung über Entwicklungsbeeinträchtigungen und Bestandsgefährdungen, die er im Verlauf der Prüfung festgestellt hat (§ 321 Abs. 1 S. 3 HGB), nachgekommen ist".[120]

28   Zu der internen Informationsfunktion der Abschlussprüfung gehört auch die Pflicht des Abschlussprüfers zur **Teilnahme** an den Verhandlungen über die Feststellung des Jahresabschlusses (zwingend für die AG nach § 176 Abs. 2 S. 1, 2 AktG, auf Verlangen bei der GmbH nach § 42a Abs. 3 GmbHG).[121] Der Prüfer ist ferner verpflichtet, an der Bilanzsitzung des Gesamtaufsichtsrats oder des Prüfungsausschusses (§ 107 Abs. 3 S. 2 AktG) teilzunehmen und über die wesentlichen Ergebnisse seiner Prüfung, insbesondere wesentliche Schwächen des internen Kontroll- und das Risikomanagementsystems bezogen auf den Rechnungslegungsprozess zu berichten (§ 171 Abs. 1 S. 2 AktG).[122] Bei der GmbH, bei der nach dem Gesellschaftsvertrag ein Aufsichtsrat zu bestellen ist, gilt die Teilnahmepflicht entsprechend, soweit im Gesellschaftsvertrag nicht etwas anderes bestimmt ist (§ 52 Abs. 1 GmbHG). Zur **mündlichen Berichtspflicht** des Abschlussprüfers → § 321 Rn. 98.[123]

29   Seiner **externen Informationsfunktion** kommt der Abschlussprüfer insbesondere durch die Erstattung des Bestätigungsvermerks nach § 322 nach.[124] Der Bestätigungsvermerk enthält das Gesamturteil des Prüfers über die auf der Grundlage der gesetzlichen Bestimmungen durchgeführte Abschlussprüfung.[125] Der **Bestätigungsvermerk** ist ein unternehmensexternes Informationsinstrument.[126] Er richtet sich – anders als der Prüfungsbericht (§ 321) – nicht nur an die Auftraggeberin und deren Organe, sondern auch an die Gesellschafter, Anlageinteressenten, Waren- und Geldkreditgeber, Unternehmenserwerber, Arbeitnehmer, Kapitalmarktteilnehmer[127] und die interessierte Öffentlichkeit.[128] Deshalb soll der Bestätigungsvermerk „allgemein verständlich und problemorien-

---

120   IDW WPg 2000, 1027 (1031, 1032). S. ferner Kronner/Seidler FS Böcking, 2021, 319.
121   HKMS/Mylich/Müller Rn. 9.
122   Petersen, Jahresabschlussprüfung in der Insolvenz, 2018, S. 73.
123   Koch Konzern 2005, 723 (730).
124   Petersen, Jahresabschlussprüfung in der Insolvenz, 2018, S. 76.
125   Hopt/Merkt Rn. 1; HKMS/Hachmeister Rn. 2; Graumann Prüfungswesen S. 822; Sträter, Gesamturteil des Abschlussprüfers (Wirtschaftsprüfers) nach der Prüfung eines Jahres- oder Konzernabschlusses, Diss. TU Dortmund 2020, S. 22; Günther, Die Unabhängigkeit des Abschlussprüfers bei privaten Unternehmen in Deutschland, 2019, S. 104.
126   BGH DB 2006, 1105 (1106) („So kommt den Bestätigungsvermerken von Abschlussprüfern schon aufgrund verschiedener Publizitätsvorschriften, wie zB § 325 Abs. 1 HGB …, die Bedeutung zu, Dritten einen Einblick in die wirtschaftliche Situation des publizitätspflichtigen Unternehmens zu gewähren und ihnen, sei es als künftigen Kunden, sei es als an einer Beteiligung Interessierten, für ihr beabsichtigtes Engagement eine Beurteilungsgrundlage zu geben"); OLG München WM 2022, 470 Rn. 11 und 45; KG AG 2001, 187 (188); dazu Hirsch WPg 2001, 606. S. ferner Ebke FS Wellensiek, 2011, 429 (430); Ebke FS Hopt, 2010, 582 (583); Sträter, Gesamturteil des Abschlussprüfers (Wirtschaftsprüfers) nach der Prüfung eines Jahres- oder Konzernabschlusses, Diss. TU Dortmund 2020, S. 65; Schüppen Rn. 1; Merkt/Probst/Fink/Quick S. 1529 Rn. 222. Vgl. Hense/Ulrich/Stenger WPO § 43 Rn. 496 („wesentliche Ordnungsfunktion").
127   Zur Bedeutung des Bestätigungsvermerks als öffentliche Kapitalmarktinformation iSd KapMuG Foerster ZIP 2022, 1683.
128   Vgl. BGH NJW 2022, 2185 Rn. 36 unter Hinweis auf BGH WM 2020, 987 Rn. 28 („… der gemäß § 325 Abs. 1 S. 1 Nr. 1 HGB offenzulegende Bestätigungs- oder Versagungsvermerk als Gesamturteil über den Jahresabschluss des Unternehmens [ist] für sich betrachtet von erheblicher rechtlicher und wirtschaftlicher Bedeutung, insbesondere für das geprüfte Unternehmen, die Anteilseigner und die Öffentlichkeit"); OLG Brandenburg GmbHR 2001, 865 („die Interessen an einer vertrauenswürdigen Information über die Vermögens-, Finanz- und Ertragslage eines Unternehmens"); vgl. KG AG 2001, 187 (188); OLG Hamm NZG 2009, 1078; BayObLG WM 1987, 1361 (1363); LG Hagen GmbHR 1994, 714 (715) („Bestätigungsvermerk iSd § 322 ist im Interesse der Gläubiger, aber auch im Interesse der Öffentlichkeit allgemein vorgeschrieben"); s. auch LG Leipzig ZIP 2008, 1733 (1735). S. ferner HKMS/Hachmeister Rn. 2; Schüppen Rn. 1; BeBiKo/Justenhoven/Küster/Bernhardt Rn. 8; Wiedmann/Böcking/Gros/Böcking/Gros/Rabenhorst Rn. 5.

tiert" formuliert sein (§ 322 Abs. 2 S. 2); und deshalb unterliegt er – anders als der Prüfungsbericht (§ 321) – auch der Offenlegungspflicht (§ 325 Abs. 1 S. 1). Auf Risiken, die den Fortbestand des Unternehmens oder eines Konzernunternehmens gefährden, muss der Prüfer „gesondert eingehen" (§ 322 Abs. 2 S. 3). § 322 Abs. 3–7 enthält detaillierte Vorschriften für die Erteilung, Einschränkung bzw. Versagung des Bestätigungsvermerks, die den Bestätigungsvermerk an die detaillierten unionsrechtlichen Vorgaben anpassen. Informationspflichten bestehen ferner gegenüber externen Aufsichtseinrichtungen (zB der APAS und der BaFin).[129]

3. Beglaubigung. Die Jahresabschlussprüfung erfüllt nach Ansicht der Rechtspre- **30** chung[130] und der überwiegenden Ansicht in der Literatur[131] außerdem eine Beglaubigungsfunktion gegenüber den externen Adressaten des Jahresabschlusses, die sich in dem Bestätigungsvermerk (Testat) manifestiert, in dem das Ergebnis der Prüfung zusammengefasst wird (§ 322 Abs. 1 S. 1). Mit dem gemäß § 322 Abs. 1 S. 1 am Ende der Prüfung zu erteilenden Bestätigungsvermerk wird die Leistung des Abschlussprüfers nicht nur formal abgeschlossen, vielmehr ist der gemäß § 325 Abs. 1 S. 1 Nr. 1 offenzulegende Bestätigungs- oder Versagungsvermerk als Gesamturteil über den Jahresabschluss des Unternehmens „von erheblicher rechtlicher und wirtschaftlicher Bedeutung, insbesondere für das geprüfte Unternehmen, die Anteilseigner und die Öffentlichkeit".[132] An den Bestätigungsvermerk knüpft sich – wie das OLG Düsseldorf betont[133] – das Vertrauen des Rechtsverkehrs.[134] Ein Bestätigungsvermerk begründet „zumindest das Vertrauen, dass zu dem maßgeblichen Zeitpunkt keine Mängel vorhanden waren, die zur Einschränkung des Testats hätten führen müssen."[135] An der Wahrheit und Vollständigkeit seines Bestätigungsvermerks wird der Prüfer gemessen.[136] Die Beglaubigungsfunktion der Abschlussprüfung findet ihren Ausdruck in dem strengen Schriftlichkeitserfordernis des § 322 Abs. 7, das der Rechtsklarheit und Sicherheit im Rechtsverkehr dient.[137] Bei Erteilung eines Bestätigungsvermerks ist der Abschlussprüfer zur **Siegelführung** verpflichtet (§ 48 Abs. 1 WPO).[138] Die Pflicht des Wirtschaftsprüfers zur Benutzung eines Siegels bei Erteilung eines Bestätigungs- bzw. Versagungsvermerks unterstreicht die interne wie die gesellschaftsübergreifende Funktion gesetzlich vorgeschriebener Abschlussprüfungen. Der Rechtsverkehr verbindet mit dem Siegel die Inanspruchnahme besonderen Vertrauens auch und gerade bezüglich der Gesetzeskonformität der erbrachten Abschlussprüfungsleistungen.[139]

---

[129] HKMS/Mylich/Müller Rn. 7.

[130] OLG Stuttgart NZG 2022, 953 Rn. 73.

[131] Sträter, Gesamturteil des Abschlussprüfers (Wirtschaftsprüfers) nach der Prüfung eines Jahres- oder Konzernabschlusses, Diss. TU Dortmund 2020, S. 68; HKMS/Mylich/Müller Rn. 10; Forster WPK-Mitt. 1996, 151 (152); Scheffler FS Havermann, 1995, 666; Koch Konzern 2005, 723 (725 und 727); aA Petersen, Jahresabschlussprüfung in der Insolvenz, 2018, S. 129–132 unter Hinweis auf Wolz, Die Krisenwarnfunktion des Abschlussprüfers, 1996, 1996, 2 und Kuhner ZGR 2010, 980 [997]), der in der Beglaubigungsfunktion keine „eigenständige" Funktion sieht, sondern sie als Unterfall der Informationsfunktion begreift; vgl. Erle, Der Bestätigungsvermerk des Abschlußprüfers, 1990, S. 67 ff., der von „Gewährleistungsfunktion" spricht.

[132] BGH NJW 2022, 2185 Rn. 38 unter Hinweis auf BGH WM 2020, 987 Rn. 28.

[133] OLG Düsseldorf WM 1996, 1777 (1779).

[134] Vgl. LG Hagen GmbHR 1994, 714 (715) („Bestätigungsvermerk iSd § 322 ist im Interesse der Gläubiger, aber auch im Interesse der Öffentlichkeit allgemein vorgeschrieben").

[135] BGH BeckRS 2013, 4612 Rn. 21.

[136] Ernst WPg 1998, 1025 (1029).

[137] Schüppen § 322 Rn. 22.

[138] Vgl. Koch Konzern 2005, 723 (733) (Pflicht zur Siegelführung). Zu Einzelfragen der Siegelführung Gelhausen/Hermesmeier WPg 2013, 513. Zur Möglichkeit digitaler Bestätigungsvermerks Kuck/Kreisel IDW Life 2020, 480.

[139] Hense/Ulrich/Geithner, 4. Aufl. 2022, WPO § 48 Rn. 1. S. aus haftungsrechtlicher Perspektive OLG Stuttgart NZG 2022, 953 Rn. 37 mwN, wonach das haftungsbegründende Verhalten des Prüfers in der „Erteilung eines Bestätigungsvermerks für einen nicht gesetzeskonformen Jahresabschluss infolge der (sorgfaltswidrigen) Nichtaufdeckung von unwahren oder unvollständigen Angaben" liegt.

III. Rolle und Stellung des Abschlussprüfers

31   **1. Gesellschaftsübergreifende Funktion.** Die Kontrolle durch den Abschlussprüfer dient, obgleich der Prüfer ausschließlich mit der prüfungspflichtigen Gesellschaft vertragliche Beziehungen unterhält (§ 318 Abs. 1 S. 4) und seine Prüfungstätigkeit nur von dieser vergütet wird, nicht allein den Kontroll- und Informationsinteressen der zu prüfenden Gesellschaft und ihrer Organe **(interne Corporate Governance).** Die Abschlussprüfung als Kontrollinstrument hat vielmehr – ebenso wie ihr Substrat – auch gesellschaftsübergreifende Funktionen: Sie dient (auch) den Kontroll- und Informationsinteressen derer, die sich an der prüfungspflichtigen Gesellschaft beteiligt haben bzw. beteiligen wollen oder ihr (Waren-)Kredit gewährt haben bzw. gewähren wollen,[140] ferner den Arbeitnehmern und – wegen der gesamtwirtschaftlichen Bedeutung gerade der mittelgroßen und großen Kapitalgesellschaften (§ 267 Abs. 2, 3) – auch dem Staat (vgl. § 5 Abs. 1 S. 1 EStG, § 8 Abs. 1 KStG)[141] und der Allgemeinheit (→ Rn. 26).[142] Im Hinblick auf die wachsende Bedeutung des Marktes für Unternehmenskontrolle (*market for corporate control*)[143] ist die Abschlussprüfung neben der Rechnungslegung und der Publizität außerdem eine Grundvoraussetzung für das Funktionieren der **externen Corporate Governance.**[144] Die jüngsten Verschärfungen des aufsichtsrechtlichen Instrumentariums[145] unterstreichen ebenfalls, dass der Abschlussprüfer seine gesetzlichen Aufgaben nicht nur im Interesse der prüfungspflichtigen Gesellschaft, sondern auch gesellschaftsübergreifend im öffentlichen Interesse wahrzunehmen hat. Dass aus der (auch) gesellschaftsübergreifenden Kontrollfunktion der Abschlussprüfung nach geltendem Recht nicht automatisch eine Ersatzpflicht des Abschlussprüfers für sämtliche Schäden prüfungsvertragsfremder Personen („Dritter") folgt (→ § 323 Rn. 127 ff.), steht der Annahme einer (auch) gesellschaftsübergreifenden Kontrollfunktion nicht entgegen.[146]

32   Die (auch) gesellschaftsübergreifende Funktion der Abschlussprüfung wird schon durch die **Entstehungsgeschichte** des Gedankens **der Pflichtprüfung** belegt.[147] In der Begründung des Aktiengesetzentwurfs von 1930, in dem erstmals – in Anlehnung namentlich an englische Vorbilder – eine Pflichtprüfung für Aktiengesellschaften und Kommanditgesellschaften auf Aktien vorgesehen war, heißt es: „Die regelmäßige Rechnungsprüfung, die eine Reihe ausländischer Rechte vorschreibt, kann, wie namentlich die in England gemachten Erfahrungen beweisen, zur Gesundung des Aktienwesens und zu seiner Sicherung in erheblichem Maße beitragen. Eine derartige Kontrolle erscheint auch deshalb notwendig, weil eine Zahl von Aktiengesellschaften […] sich zu zentralen Sammelstellen des nationalen Kapitals entwickelt haben. Eine gewissenhafte Rechnungsprüfung entspricht daher nicht nur dem Interesse der Gesellschaft, ihrer Gläubiger und Aktionäre, sondern auch der Volkswirtschaft".[148]

33   **2. Stellung des Abschlussprüfers.** Der gesellschaftsübergreifenden Zielrichtung der Abschlussprüfung entspricht die Ausgestaltung der Stellung des Abschlussprüfers:

---

140 Vgl. § 18 S. 1 KWG.
141 Bei Kapitalgesellschaften ist der Prüfungsbericht der Körperschaftsteuererklärung beizufügen (§ 150 Abs. 4 AO iVm § 60 Abs. 3 S. 1 EStDV).
142 Ebke Wirtschaftsprüfer S. 11 mwN; Ebke WPK-Mitt. 1998, 76 (77).
143 Macey Va. L. & Bus. Rev. 1 (2006), 10 (13–21). Zur Theorie des „market for corporate control": Manne 73 J. Pol. Econ. 73 (1965), 110; Carney Case W. Rers. L. Rev. 50 (1999), 215; Sharfman/Moore Berkeley Bus. L. J. 18 (2021), 1; Ebke ZVglRWiss 111 (2012), 1; zur empirischen Evidenz: Jensen/Ruback J. Fin. Econ. 11 (1983), 5; Jarrell/Brickley/Netter J. Econ. Persp. 2 (1988), 49.
144 Dazu Ebke ZVglRWiss 109 (2010), 397 (399–400).
145 S. statt aller Krieger/Schneider Managerhaftung-HdB/Ebke S. 314.
146 Ebke WPK-Mitt. 1998, 76 (77 Fn. 12).
147 Ebke Nw.U.L.Rev. 79 (1984), 663 (673–674).
148 Reichsjustizministerium, Entwurf eines Gesetzes über Aktiengesellschaften und Kommanditgesellschaften auf Aktien sowie Entwurf eines Einführungsgesetzes nebst erläuternden Bemerkungen, 1930, 115.

Der Abschlussprüfer hat nach heute herrschendem Verständnis keine gesellschafts*innen*-rechtliche Stellung:[149] Er ist weder Organ der prüfungspflichtigen Gesellschaft[150] noch ein Hilfs-,[151] Unterstützungs-[152] bzw. Beratungsorgan[153] des Aufsichtsrats bei der Überwachung des Vorstandes und des geprüften Unternehmens; der gesetzliche Abschlussprüfer ist vielmehr ein von dem zuständigen Organ (zB der Hauptversammlung oder der Gesellschafterversammlung) gewählter **gesellschaftsexterner, unabhängiger, unparteilicher und sachverständiger Vertragspartner der prüfungspflichtigen Gesellschaft mit gesetzlich umrissenen Kontroll-, Informations- und Beglaubigungsaufgaben**[154] oder – nach anderer Ansicht – „außenstehende Kontrollinstanz mit öffentlicher Funktion".[155]

a) Kein Organ der zu prüfenden Gesellschaft. Gegen die Annahme, der Abschluss- **34** prüfer sei Organ der geprüften Gesellschaft (→ Rn. 33), spricht insbesondere, dass sich die in § 323 Abs. 1 S. 1 Hs. 1, § 318 Abs. 3 S. 1, § 319 Abs. 2–5 und § 319b geforderte Objektivität („Unabhängigkeit", „Unbefangenheit" und „Unparteilichkeit") des Abschlussprüfers mit einer Organstellung des Prüfers nicht vereinbaren lässt.[156] Außerdem ist seit der ausdrücklichen Normierung einer Rede- und Warnpflicht des Abschlussprüfers in § 166 Abs. 2 AktG 1965 (vgl. § 322 Abs. 2 S. 3)[157] auch der eigentliche Anlass für die Annahme des BGH, der Abschlussprüfer sei Organ der Gesellschaft,[158] entfallen.[159]

---

149 Dazu rechtsvergleichend Ebke in Hopt/Wymeersch Capital Markets S. 181–182.
150 BayObLGZ 1987, 297 (308); OLG Düsseldorf NZG 2006, 758 (759); Ebke Wirtschaftsprüfer S. 14; Hopt/Merkt § 318 Rn. 2; Richter DBW 38 (1978), 21 (23). Für eine Organstellung hingegen noch BGHZ 16, 17 (25) (sog. „Redepflicht-Entscheidung"); ebenso wohl auch LG Stuttgart Urt. v. 8.12.1975 – 14 O 504/73, insbesondere S. 18 (unveröffentlicht, zitiert von Richter DBW 38 [1978], 21 [23 Fn. 16]); Scheffler FS Havermann, 1995, 651 („Überwachungsorgan"). Zweifelnd aber BGHZ 76, 338 (342) („wie ein Gesellschaftsorgan"); ähnlich Pougin, BFuP 28 (1976), 93 (93) („organähnliche Stellung"); noch weiter gehend BGH DB 2010, 159 („außenstehender Dritter"). Abwegig ist es, den Abschlussprüfer als „Organ der Rechtspflege" zu bezeichnen (so aber Hönle BB 1981, 466).
151 Ludewig DB 2000, 634 (635); Theisen DB 1999, 341 (l. Sp.); Schlegelberger/Quassowski AktG 1965 § 141 Rn. 2; vgl. Seibert WM 1997, 1 (5 Fn. 68); Rürup AG 1995, 219.
152 Rabenhorst DStR 2003, 436 (438).
153 Schwegler BB 1995, 1683 (l. Sp.).
154 Ebke Wirtschaftsprüfer S. 14; ausdrücklich zust. OLG Düsseldorf DB 2006, 1670 (r. Sp.); Merkt FS Ebke, 2021, 663 (666); HKMS/Mylich/Müller § 316 Rn. 4; ähnlich Lutter ZSR 124 (2005-II), 415 (445) („kein Organ, sondern unabhängiger Vertragspartner der Gesellschaft"); Kübler/Assmann, Gesellschaftsrecht, 6. Aufl. 2006, S. 317 („externe Prüfungsinstanz"); Staub/Habersack/Schürnbrand Vor § 316 Rn. 19 aE.
155 Vgl. BayObLGZ 1987, 297 (308); BayObLGZ 2002, 364 (365); OLG Brandenburg GmbHR 2001, 865 (866); LG München ZIP 2008, 1123 (1126); Hopt ZHR 141 (1977), 389 (401–403); Hopt/Merkt § 318 Rn. 2; ähnlich Erle, Der Bestätigungsvermerk des Abschlußprüfers, 1990, S. 25; Schulze-Osterloh ZGR 1976, 411 (419); Schüppen Vor §§ 316–324a Rn. 9 aE. AA wohl Mai, Rechtsverhältnis zwischen Abschlussprüfer und prüfungspflichtiger Kapitalgesellschaft, 1993, S. 259 („Inhaber eines privatrechtlichen Amtes"); Baus ZVglRWiss 103 (2004), 219 (243) (bei Fn. 140) („öffentliches Amt"); Becker, Verwaltungskontrolle durch Gesellschafterrechte, 1997, S. 783 („kein Ombudsmann für die Gesellschaft, die Gesellschaftsgläubiger oder gar für die Allgemeinheit").
156 Ebke Wirtschaftsprüfer S. 14; gegen die „Organtheorie" auch Richter DBW 38 (1978), 21 (23). In der Schweiz ist der traditionell auf eine gesellschaftsinnenrechtliche Stellung der Revisionsstelle beschränkte Verständnishorizont durch die Stärkung der Revision und der Revisionsstelle im Aktiengesetz von 1992 gesprengt worden: Ebke RIW 1992, 823 (827). Das Schweizer Bundesgericht hat diese Sicht in einem Urt. v. Dezember 1997 (BG AJP/PJA 1998, 1235 mAnm Glanzmann) bestätigt: Bertschinger FS Zäch, 1999, 473 (476); Kunz, Der Minderheitenschutz im schweizerischen Aktienrecht, 2001, S. 413 („kein reines Innenorgan der AG"); Ebke ZSR 119 (2000), 39 (74); diff. Pfiffner, Revisionsstelle und Corporate Governance, 2008, S. 605 ff. Zum österreichischen Recht: W. Doralt, Haftung des Abschlussprüfers, 2005, S. 58.
157 Vgl. Pfitzer/Orth in Dörner/Menold/Pfitzer/Oser, Reform des Aktienrechts, der Rechnungslegung und der Prüfung, 2. Aufl. 2003, S. 877. Zu Einzelheiten der Rede- und Warnpflicht: Farr WPg 2022, 436; Baetge FS Havermann, 1995, 1; Buchner/Wolz FS Baetge, 1997, 909; Lück BB 2001, 406.
158 So BGHZ 16, 17 (25).
159 Ebke Wirtschaftsprüfer S. 14; HKMS/Mylich/Müller Rn. 4.

35   **b) Keine „Hilfsperson für den Aufsichtsrat".** Der Prüfer ist nach heutigem Verständnis auch nicht „Gehilfe" des Aufsichtsrats oder „Hilfsperson für den Aufsichtsrat".[160] Gegen eine „Gehilfenstellung" spricht ebenfalls das Gebot der „Unabhängigkeit" des Abschlussprüfers (§ 323 Abs. 1 S. 1; § 319 Abs. 2–5; § 319b), mit dem die für einen Gehilfen typische Weisungsgebundenheit nicht vereinbar ist.[161] Im Übrigen hat bereits das KonTraG vom 27.4.1998 (BGBl. 1998 I 786) das traditionell gesellschafts*innen*rechtliche Verständnis der Stellung des gesetzlichen Abschlussprüfers durch verschiedene Gesetzesänderungen endgültig gesprengt (→ 2. Aufl. 2008, Vor § 316 Rn. 1 ff.).[162] Das KonTraG hat die Unabhängigkeit des Abschlussprüfers sowie seine Stellung gegenüber dem Vorstand und dem Aufsichtsrat nachhaltig zu stärken versucht und dem Prüfer damit eine gewichtigere Rolle bei der Unternehmens(leiter)kontrolle (Corporate Governance) zugewiesen.[163]

36   Das BilReG vom 4.12.2004 (BGBl. 2004 I 3166) – ergänzt durch das AReG vom 10.5.2016 (BGBl. 2004 I 3166) – zielt auf eine weitere **Stärkung der Unabhängigkeit** des gesetzlichen Abschlussprüfers (§§ 319, 319b). Aufgrund der fortan noch stärker problem-, risiko- und zukunftsorientierten Abschlussprüfung kommt dem Prüfer als gesellschaftsexternem, unabhängigem und sachverständigem Vertragspartner der prüfungspflichtigen Gesellschaft mit gesetzlich umrissenen Kontroll-, Informations- und Beglaubigungsaufgaben[164] nach dem Gesetz ein noch stärkeres und eigenständigeres Gewicht im Rahmen der Unternehmens(leiter)kontrolle **(Corporate Governance)** als bisher zu.[165] Die Tätigkeit des gesetzlichen Abschlussprüfers beschränkt sich insbesondere nicht auf bloße Vor-, Zu- oder Hilfsarbeiten für den überwachenden Aufsichtsrat. Auch wenn die Abschlussprüfung nicht auf Konfrontation zu den Organen der geprüften Gesellschaft angelegt ist,[166] sitzen Aufsichtsrat und Abschlussprüfer insoweit nicht „in demselben Boot". Daher ist es zumindest missverständlich, den Abschlussprüfer als „Beratungsorgan",[167] „Berater und verlängerten Arm"[168] oder gar „Partner"[169] des Aufsichtsrats zu bezeichnen. Die jüngsten Abschlussprüfungsreformen auf Unionsebene (zB Abschlussprüfer-RL und Abschlussprüfungs-VO) bestätigen diese Ansicht. Die unionsrechtlichen Reformen verlangen von Abschlussprüfern, bei der Durchführung einer Abschlussprüfung während der gesamten Prüfung eine **kritische Grundhaltung** (zu Einzelheiten und Nachweisen → Vor § 316 Rn. 2)[170] beizubehalten (§ 43 Abs. 4 S. 1 WPO; § 37 S. 1 BS WP/vBP) und ungeachtet ihrer bisherigen Erfahrungen mit der Aufrichtigkeit und Integrität des Managements des geprüften Unternehmens und der mit der Unternehmensführung betrauten Personen die Möglichkeit in Betracht zu ziehen, dass es aufgrund von Sachverhalten oder Verhaltensweisen, die auf Unregelmäßig-

---

[160]   So noch Schmölder in der Sitzung des Reichswirtschaftsrats v. 30.11.1932, Sitzungsprotokoll abgedruckt in Schubert/Hommelhoff S. 511, 530 („Der Pflichtprüfer ist kein Organ, das über dem Aufsichtsrat steht, sondern er ist als Hilfsperson für den Aufsichtsrat gedacht. Er soll den Aufsichtsrat entlasten von der schwierigen Aufgabe einer Kontrolle der Bilanz unter dem Gesichtspunkt des Rechnungswesens"). Vgl. Schmölder JW 1932, 2623 (2625). AA Poelzig ZBB 2021, 73 (74) („kein Erfüllungsgehilfe des Aufsichtsrats"); Merkt FS Ebke, 2021, 663 (665).

[161]   Ebke Wirtschaftsprüfer S. 15; Erle, Der Bestätigungsvermerk des Abschlußprüfers, 1990, S. 25.

[162]   Zust. Merkt FS Ebke, 2021, 663 (666).

[163]   Zu Einzelheiten Eibelshäuser WPK-Mitt. 1997, 166; Emmerich, Neue Anforderungen an Abschlussprüfung und Abschlussprüfer, in IDW, Weltweite Rechnungslegung und Prüfung, 1998, 339; Forster AG 1999, 193; Hachmeister DStR 1999, 1453; Hommelhoff BB 1998, 2567 und 2625; Hommelhoff/Mattheus AG 1998, 249; Mattheus ZGR 1999, 682; Ludewig/Olbrich WPg 1999, 381.

[164]   Ebke Wirtschaftsprüfer S. 14.

[165]   Dazu näher Lutter, Wirtschaftsprüfer als Element der Corporate Governance, 2001; Baetge/Lutter, Abschlussprüfung und Corporate Governance, 2003; B. Mößle, Abschlussprüfer und Corporate Governance, 2003; Pfiffner, Revisionsstelle und Corporate Governance, 2008; Scheffler WPg 2005, 477.

[166]   Vgl. Potthoff WPg 1980, 322.

[167]   Schwegler BB 1995, 1683 (l. Sp.).

[168]   Müller WPg 2002, 1301 (1302).

[169]   So aber Escher-Weingart NZG 1999, 909; Hachmeister DStR 1999, 1453; Mattheus ZGR 1999, 682 (686); Hopt/Merkt § 317 Rn. 1.

[170]   OLG Stuttgart NZG 2022, 953 Rn. 53.

keiten wie Betrug oder Irrtümer hindeuten, zu einer wesentlichen falschen Darstellung
gekommen sein könnte.[171]

c) Tätigkeit im öffentlichen Interesse. Problematisch ist auch die in Rechtspre- **37**
chung[172] und Literatur[173] verbreitete Qualifikation der Funktion des gesetzlichen Abschlussprüfers als Tätigkeit im „öffentlichen Interesse". Die Qualifikation der Funktion des
Abschlussprüfers als „Aufgabe von öffentlichem Interesse" findet sich zwar in Art. 21 Abs. 1
Abschlussprüfer-RL der am 29.6.2006 in Kraft getretenen reformierten Richtlinie („Funktion für das öffentliche Interesse") und sie befindet sich auch rechtsvergleichend in guter
Gesellschaft; weder die Richtlinie noch das geltende deutsche Recht leiten aus der allgemei-
nen Qualifikation aber Schlüsse auf die gesellschaftsrechtliche Stellung des gesetzlichen
Abschlussprüfers ab.

aa) USA. In der wegleitenden Entscheidung „United States v. Arthur Young & Co." **38**
hat der Oberste Gerichtshof der Vereinigten Staaten von Amerika die „öffentliche Funktion" des gesetzlichen Abschlussprüfers (*auditor*) wie folgt beschrieben: „By certifying the
public reports that collectively depict a corporation's financial status, the independent auditor
assumes a public responsibility transcending any employment relationship with the client.
The independent public accountant performing this special function owes ultimate allegi-
ance to the corporation's creditors and stockholders, as well as to investing public. This
‚public watchdog' function demands that the accountant maintain total independence
from the client at all times and requires complete fidelity to the public trust".[174] Die starke
Betonung der „öffentlichen Funktion" des Abschlussprüfers diente freilich nur *einem* Zweck,
nämlich den Abschlussprüfer zu verpflichten, der Bundessteuerbehörde (Internal Revenue
Service – IRS) unter Durchbrechung des Grundsatzes der Verschwiegenheit und des Zeugnisverweigerungsrechts seine Arbeitspapiere (*work papers*) zu übergeben. Weitere Konsequenzen hat der Oberste Gerichtshof der USA aus dieser Entscheidung für gesetzliche
Abschlussprüfer nicht abgeleitet.[175] Einige Zivilgerichte nahmen die Ausführungen des
Supreme Court im Falle *United States* v. *Arthur Young & Co.* zur „öffentlichen Funktion"
des Abschlussprüfers allerdings bald darauf zum Anlass, eine Dritthaftung des Abschlussprüfers (vgl. → § 323 Rn. 127 ff.) für fahrlässige Pflichtverletzungen zu begründen.[176]

bb) Deutschland. In Deutschland ist die Situation insoweit eine andere:[177] Aus der **39**
(unbestreitbar – → Rn. 26 und → Rn. 31–32) gesellschaftsübergreifenden Funktion der
Abschlussprüfung werden nach geltendem Recht keine (konkreten) Rechte „der Öffentlichkeit" oder Pflichten „gegenüber der Öffentlichkeit" im Allgemeinen oder bestimmter „Dritter" im Besonderen begründet (vgl. die Antragsberechtigten nach § 318 Abs. 3 und 4 sowie
die zivilrechtlichen Schadensersatzberechtigungen in § 323 Abs. 1 S. 3; §§ 823, 826, 831
BGB). Über die Grenzen der Verschwiegenheit und des Zeugnisverweigerungsrechts enthält
das deutsche Recht im Übrigen gesetzliche Regelungen (→ § 323 Rn. 62 ff., → § 323
Rn. 72), so dass es auch insoweit eines Rückgriffs auf die „öffentliche Funktion" des
Abschlussprüfers in Deutschland nicht bedarf. Gleiches gilt die gesetzlich geregelte uneingeschränkte Verpflichtung des Abschlussprüfers zur Vorlage der Arbeitspapiere im Berufsauf-

---

[171] IdS auch HKMS/Mylich/Müller Rn. 4.
[172] Vgl. BVerfG AnwBl. 1998, 405 (409); BayObLGZ 2002, 364 (365); OLG Brandenburg GmbHR 2001, 865
       (866); VG Berlin BeckRS 2010, 56855: „die mit ihren übertragenen Kontroll- und Bestätigungsaufgaben
       eine Funktion von erheblichem öffentlichem Interesse ausüben; VG Berlin BeckRS 2011, 56864: „der Wirt-
       schaftsprüfer als Abschlussprüfer [wird] aufgrund der ihm als Kernaufgabe zugewiesenen Kontroll- und
       Bestätigungsfunktion im Rechts- und Wirtschaftsleben vorrangig im öffentlichen Interesse tätig".
[173] Baus ZVglRWiss 103 (2004), 219 (243) bei Fn. 140: „öffentliches Amt"; Dißars BB 2005, 2231 (2232)
       („öffentliche Aufgabe"); Merkt FS Ebke, 2021, 663 (666): „Element der öffentlichen Aufsicht"; Staub/
       Habersack/Schürnbrand Vor § 316 Rn. 19: „privates Amt im öffentlichen Interesse".
[174] United States v. Arthur Young & Co., 465 U. S. 805, 817–818, 104 S.Ct. 1495, 1503 (1984).
[175] Herwitz/Barrett, Accounting for Lawyers, 2. Aufl. 1997, 156–158; Ebke Wirtschaftsprüfer S. 250.
[176] Ebke FS Stürner, 2013, 1011; Ebke WPK-Mitt. Sonderheft April 1996, 17, 23–27; Ebke Nw.U.L.Rev.
       79 (1984), 663 (674, 680 ff.).
[177] Ausf. Ebke Arbeitspapiere S. 39–43; s. aber Binder FS Ebke, 2021, 89 (92).

sichtsverfahren nach § 62 Abs. 1 S. 2 WPO.[178] Hinzu kommt, dass in Deutschland – anders als in den USA[179] – nicht nur „Unternehmen von öffentlichem Interesse" (§ 316a) prüfungspflichtig sind, sondern auch mittelgroße Gesellschaften mit beschränkter Haftung (§ 267 Abs. 2) und sogar mittelgroße Personengesellschaften iSd § 264a Abs. 1, die den organisierten Markt nicht in Anspruch nehmen und daher *insoweit* nicht „von öffentlichem Interesse" sind (Abs. 1 S. 1).[180] Die verbreitete Betonung der „öffentlichen Funktion" des Abschlussprüfers erfolgt in Deutschland jedenfalls ohne die Zuweisung einer öffentlich-rechtlichen Stellung.[181]

40   **d) Fazit.** Daher ist es mit Blick auf das derzeit geltende deutsche Recht zutreffend, den gesetzlichen Abschlussprüfer als einen von dem zuständigen Organ (zB der Hauptversammlung oder der Gesellschafterversammlung) gewählten gesellschaftsexternen, unabhängigen, unparteilichen und sachverständigen Vertragspartner der prüfungspflichtigen Gesellschaft mit gesetzlich umrissenen Kontroll-, Informations- und Beglaubigungsaufgaben zu qualifizieren (→ Rn. 33).[182]

41   **3. Notwendigkeit einer gesetzlichen Abschlussprüfung.** Die Notwendigkeit eines gesellschaftsexternen Kontroll-, Informations- und Beglaubigungsinstruments wie der Abschlussprüfung durch unabhängige Sachverständige ergibt sich bei Kapitalgesellschaften vor allem aus der Trennung von Eigentum und Herrschaft (*„separation of ownership and control"*).[183] Die moderne Prüfungstheorie hat die ursprünglich auf das Verhältnis von Management und Anteilseignern in der Publikumskapitalgesellschaft fokussierte Trennungsthese von *Berle* und *Means*[184] verfeinert. Sie begründet die Nachfrage nach Abschlussprüfungsleistungen ua mit Hilfe der **Prinzipal-Agenten-Theorie** (*principal agent theory*).[185] Die moderne Prinzipal-Agenten-Theorie geht von der Annahme aus, dass alle ökonomischen Akteure sich opportunistisch verhalten und ihren persönlichen Nutzen maximieren.[186] Dies führt dazu, dass die gesetzlichen Vertreter (Vorstand), die den Jahresabschluss der Kapitalgesellschaft zu verantworten haben (vgl. § 322 Abs. 2 S. 2), einem Fehlanreiz ausgesetzt sind, bestehende **Informationsasymmetrien** zu ihren Gunsten und zulasten der Aktionäre

---

178   Zur Verfassungsmäßigkeit der Vorlagepflicht: VG Berlin Urt. v. 24.11.2011 – 16 K 313.10, openJur 2012, 16265 Rn. 36 ff.

179   Vgl. Ebke FS Trinkner, 1995, 497 (498); Ebke in Ebke/Luttermann/Siegel, Internationale Rechnungslegungsstandards für börsenunabhängige Unternehmen?, 2007, S. 67; Siegel in Ebke/Luttermann/Siegel, Internationale Rechnungslegungsstandards für börsenunabhängige Unternehmen?, 2007, S. 95.

180   Dazu näher Ebke in Ebke/Luttermann/Siegel, Internationale Rechnungslegungsstandards für börsenunabhängige Unternehmen?, 2007, S. 67; Ebke in Ebke/Möhlenkamp, Rechnungslegung, Publizität und Wettbewerb, 2010, S. 29; Petersen, Jahresabschlussprüfung in der Insolvenz, 2018, S. 49–50.

181   So zutr. Koch Konzern 2005, 723 (731).

182   So Ebke Wirtschaftsprüfer S. 14; ihm ausdrücklich zust. OLG Düsseldorf DB 2006, 1670 (r. Sp.); Merkt FS Ebke, 2021, 663 (666) („… ausschließlich gesellschaftsexterner, unabhängiger und unparteilicher Vertragspartner der Gesellschaft mit gesetzlich umrissenen Kontroll-, Informations- und Beglaubigungsfunktion"); HKMS/Mylich/Müller § 316 Rn. 4 („gesellschaftsexterner, unabhängiger und sachverständiger Kontrolleur"); ähnlich Lutter ZSR 124 (2005-II), 415 (445) („kein Organ, sondern unabhängiger Vertragspartner der Gesellschaft"); Poelzig ZBB 2021, 73 (74) („… weder Organ der Gesellschaft noch Erfüllungshilfe des Aufsichtsrats. Er steht als unabhängiger Experte vielmehr zwischen der Gesellschaft und der Außenwelt"); Staub/Habersack/Schürnbrand Vor § 316 Rn. 19 aE („unabhängiger und eigenverantwortlicher Sachverständiger …, der als Inhaber eines privaten Amtes seine Aufgabe zugleich im öffentlichen Interesse wahrnimmt").

183   Ebke Unternehmenskontrolle S. 21–28; Ebke ZVglRWiss 111 (2012), 1; Großfeld/Ebke AG 1977, 92 (98–102); Cunningham UCLA L.Rev. 2004, 413 (414); Petersen, Jahresabschlussprüfung in der Insolvenz, 2018, S. 68.

184   Berle/Means, The Modern Corporation and Private Property, 1932.

185   S. dazu die jüngsten zusammenfassenden Darstellungen von Petersen, Jahresabschlussprüfung in der Insolvenz, 2018, S. 66 ff.; Stutte WP Praxis 3/2023, 85; F. Schmidt, Die Wahrnehmung der Unabhängigkeit des Abschlussprüfers, Diss. TU Darmstadt 2018, S. 75–77; Schönfeld, Der Einfluss von sozialen Beziehungen zwischen Finanzvorstand und Abschlussprüfer auf die Prüfungsqualität, Diss. Ulm 2018, S. 11 ff. (dort auch zu den Begründungen der property rights theory und der Transaktionskostentheorie).

186   Petersen, Jahresabschlussprüfung in der Insolvenz, 2018, S. 67 (unter Hinweis auf Jensen/Meckling J. Fin. Econ. 3 (1976), 305 (308); Stutte WP Praxis 3/2023, 85 (85); Schönfeld, Der Einfluss von sozialen Beziehungen zwischen Finanzvorstand und Abschlussprüfer auf die Prüfungsqualität, Diss. Ulm 2018, S 11.

auszunutzen. Da den Aktionären weder die notwendigen fachlichen noch die erforderlichen zeitlichen Ressourcen zur Verfügung stehen, um die Arbeit des Vorstands selbst zu kontrollieren und zu überwachen, schreibt der deutsche Gesetzgeber bei Aktiengesellschaften einen Aufsichtsrat vor, der den Vorstand im Interesse der Aktionäre überwacht (§ 111 Abs. 1 AktG) und ihnen gegenüber zur Rechenschaft verpflichtet ist.[187] Doch auch in diesem, als doppelstufig bezeichneten Prinzipal-Agenten-Modell bestehen **agenturtheoretische Probleme** in Form von versteckten Absichten, Eigenschaften und Handlungen.[188] Konkret besteht beispielsweise die Gefahr einer Koalitionsbildung von Vorstand und Aufsichtsrat wiederum zulasten der Aktionäre.[189] Die hieraus resultierende Forderung nach einer weiteren Überwachungsinstanz begründet theoretisch die Nachfrage von Abschlussprüfungen.[190] Sowohl beabsichtigte als auch unbeabsichtigte Fehler in der Rechnungslegung sollen durch den Abschlussprüfer im Rahmen der Prinzipal-Agenten-Theorie bei gewissenhafter Berufsausübung zu erkennen sein (vgl. § 317 Abs. 1 S. 3).[191] Infolgedessen muss sich ein Abschlussprüfer im Rahmen seiner Prüfung auch mit der Möglichkeit von Unrichtigkeiten und Verstößen gegen gesetzliche Vorschriften und sie ergänzende Bestimmungen des Gesellschaftsvertrags oder der Satzung (Bilanzdelikte) auseinandersetzen, die sich auf die Darstellung des sich nach § 264 Abs. 2 ergebenden Bildes der Vermögens-, Finanz- und Ertragslage der Kapitalgesellschaft wesentlich auswirken (vgl. § 317 Abs. 1 S. 3). Gleichwohl ist der **Nutzen der Abschlussprüfung** aus Sicht der Adressaten der Rechnungslegung agenturtheoretisch ungewiss, weil auch der Abschlussprüfer als Agent zu qualifizieren ist, der agenturtheoretischen Fehlanreizen unterliegen kann.[192] Konkret könnte der Abschlussprüfer versuchen, seine Nutzen mindernde Arbeitslast zu verringern, was eine nicht ordnungsgemäße Prüfung zur Folge hätte.[193] Die Prüfung durch den verantwortlichen Prüfungspartner (vgl. §§ 38 Abs. 2, 44 Abs. 1 BS WP/vBP) wird daher ergänzt durch **weitere Prüfungsinstanzen:** (1) die Kontrolle der Prüfung durch den zweiten unterschreibenden Wirtschaftsprüfer (vgl. § 322 Abs. 7 S. 3),[194] (2) bei PIE die Kontrolle durch die (interne) auftragsbegleitende Qualitätssicherung (§§ 48 Abs. 3, 60 BS WP/vBP),[195] (3) die Nachkontrolle durch

---

[187]　Petersen, Jahresabschlussprüfung in der Insolvenz, 2018, S. 71; Stutte WP Praxis 3/2023, 85 (85); Schönfeld, Der Einfluss von sozialen Beziehungen zwischen Finanzvorstand und Abschlussprüfer auf die Prüfungsqualität, Diss. Ulm 2018, S 14.

[188]　Stutte WP Praxis 3/2023, 85 (86).

[189]　Stutte WP Praxis 3/2023, 85 (86); Schönfeld, Der Einfluss sozialer Beziehungen zwischen Finanzvorstand und Abschlussprüfer auf die Prüfungsqualität, Diss. Ulm 2018, S. 17.

[190]　Merkt/Probst/Fink/Bruckner/Homfeldt S. 1455 Rn. 3, die darauf hinweisen, dass in den 30er Jahren des vergangenen Jahrhunderts eine Vielzahl von Unternehmen von einer Insolvenzwelle getroffen wurden, die nicht nur von der schlechten Weltwirtschaft, sondern auch aufgrund von Bilanzverschleierungen und Bilanzfälschungen ausgelöst wurde. Daher sei der alleinigen Überwachung durch den Aufsichtsrat eine weitere externe Kontrollinstanz zur Seite gestellt worden (→ Rn. 26 Fn. 109).

[191]　Stutte WP Praxis 3/2023, 85 (86).

[192]　Stutte WP Praxis 3/2023, 85 (86).

[193]　Stutte WP Praxis 3/2023, 85 (86).

[194]　In der Praxis ist es üblich, dass sich eine Wirtschaftsprüfungsgesellschaft im Rahmen einer Abschlussprüfung von mehreren Prüfern vertreten lässt, um durch das Vier-Augen-Prinzip die Systemsicherheit und damit auch Qualitätsansprüche zu erhöhen. S. Erl. zu § 38 BS WP/vBP S. 90. „Dies verlangt von dem weiteren Verantwortlichen," heißt es in den Erl. zu § 38 BS WP/vBP S. 90–91, „dass er sich soweit mit allen wesentlichen Aspekten des Auftrages und der Auftragsdurchführung befassen muss, dass er das Prüfungsergebnis in allen wesentlichen Belangen mittragen kann. Hierzu muss er sich über die grundlegenden Prüfungsansätze, den wesentlichen Ablauf der Prüfung, über die wesentlichen und kritischen Fragestellungen im Verlauf der Prüfung und über die Inhalte des Prüfungsergebnisses sowohl im Prüfungsbericht als insbesondere auch im Bestätigungs- oder Versagungsvermerk jeweils ein eigenes Urteil bilden. Hierzu kann er sich vom vorrangig verantwortlichen WP/vBP und anderen Mitgliedern des Prüfungsteams informieren lassen, muss dort aber auch selbst nachfragen und ausgewählte Arbeitspapiere zur Prüfungsplanung und zu risikobehafteten Prüffeldern ansehen. Anders als der vorrangig verantwortliche WP/vBP hat er aber nicht die Aufgabe, die Einzelheiten der Prüfungsdurchführung aktiv mitzugestalten und zu begleiten."

[195]　Für die auftragsbegleitende Qualitätssicherung bei Abschlussprüfungen von Unternehmen von öffentlichem Interesse iSv § 316a S. 2 gilt gemäß § 48 Abs. 3 BS WP/vBP Art. 8 Abschlussprüfungs-VO. Zu Einzelheiten Hense/Ulrich/Clauß WPO § 55b Rn. 32 ff.

die interne Nachschau (§§ 8 Abs. 1 S. 1, 49 BS WP/vBP; § 55b Abs. 3 WPO),[196] (4) die Berufsaufsicht durch die WPK (§§ 61a ff. WPO),[197] (5) bei PIE die Aufsicht durch die Abschlussprüferaufsichtsstelle (APAS) (§ 66a Abs. 6 WPO)[198] und schließlich (6) die Qualitätskontrolle der Wirtschaftsprüferpraxis durch einen externen Wirtschaftsprüfer (*peer review*) nach § 57a WPO.[199]

42   Die Pflichtprüfung der Kapitalgesellschaft wird darüber hinaus als **Korrelat der beschränkten** persönlichen **Haftung** der Gesellschafter begriffen.[200] Aus diesem Blickwinkel lässt sich dann auch die Erstreckung der Prüfungspflicht auf Personenhandelsgesellschaften, bei denen keine natürliche Person persönlich unbeschränkt haftet (vgl. § 264a Abs. 1), begründen. Bei „Unternehmen von öffentlichem Interesse" (vgl. § 316a S. 2) ergibt sich die Notwendigkeit einer Abschlussprüfung außerdem daraus, dass die Abschlussprüfung neben der Rechnungslegung und der Publizität eine Grundvoraussetzung für das Funktionieren der (nationalen und internationalen) Kapitalmärkte ist.[201] Die Pflichtprüfung für Kapitalgesellschaften & Co. wird ferner mit der Notwendigkeit begründet, Wettbewerbsverzerrungen im Europäischen Binnenmarkt zu beseitigen, die sich daraus ergeben, dass Kapitalgesellschaften & Co. ein typisch deutsches Phänomen darstellen, während in den meisten anderen Mitgliedstaaten der EU die Kapitalgesellschaft die typische Organisationsform für Unternehmen ist.[202] In anderen wichtigen Industrienationen, namentlich in den USA, ist die Prüfungspflicht dagegen das Korrelat für die Inanspruchnahme des Kapitalmarkts.[203]

§ 316a Abschlussprüfung bei Unternehmen von öffentlichem Interesse

[1]Auf die Abschlussprüfung bei Kapitalgesellschaften, die Unternehmen von öffentlichem Interesse sind, sind die Vorschriften dieses Unterabschnitts nur insoweit anzuwenden, als nicht die Verordnung (EU) Nr. 537/2014 des Europäischen Parlaments und des Rates vom 16. April 2014 über spezifische Anforderungen an die

---

[196] Zu Einzelheiten der internen Nachschau Hense/Ulrich/Clauß WPO § 55b Rn. 62 ff.

[197] Zu Einzelheiten der Berufsaufsicht durch die WPK Hense/Ulrich/Grabarse-Wilde WPO § 61a Rn. 1 ff. Brandt/Burschel/Behrmann/Müller-Burmeister FS Freidank, 2018, 399 (406, 407).

[198] Zu Einzelheiten zur Aufsicht der APAS über gesetzliche Abschlussprüfungen bei PIE Hense/Ulrich/Richter WPO § 66a Rn. 43 ff.; Kelm/Schneiß/Schmitz-Herkendell WPO 2016, 60. Zu der Frage, ob die Neuordnung der Berufsaufsicht und externen Qualitätskontrolle der Wirtschaftsprüfer nach dem APAReG zu einer erhöhten Prüfungsqualität führt, s. Velte/Stawinova dms 1 (2016), 135; Kühn, Die Wirkungszusammenhänge von Enforcement und Abschlussprüfung im Kontext der Qualität von Rechnungslegung und der Funktionsfähigkeit des Kapitalmarkts, 2020.

[199] Zu Gegenstand und Umfang der Qualitätskontrolle Hense/Ulrich/Clauß WPO § 57a Rn. 18 ff.; Kragler, Wirtschaftsprüfung und externe Qualitätskontrolle: Ein Vergleich des deutschen und amerikanischen „Peer Review"-Systems, 2003; Dorin, Institutionelle Maßnahmen zur Verbesserung der Qualität von Abschlußprüfung: – Peer Review und Bilanzkontrollstelle im Vergleich, 2006; Nommensen, Der Nutzen der externen Qualitätssicherung der Abschlussprüfer aus der Sicht von Aufsichtsräten, Diss. TU Darmstadt 2017; Gabor, Systeme der externen Qualitätskontrolle im Berufsstand der Wirtschaftsprüfer: Ein spieltheoretische Betrachtung, 2008; Marten WPK Mitt. Sonderheft April 2001, 23; Marten/Köhler Zeitschrift für Planung 14 (2003), 457.

[200] Vgl. Baetge/Apelt BFuP 1992, 393 (394). Krit. zu dieser Begründung vor dem Hintergrund der modernen Entwicklung des Gesellschaftsrechts in den USA Ebke BB 45/2005 S. I („Die erste Seite"); Ebke in Ebke/Möhlenkamp, Rechnungslegung, Publizität und Wettbewerb, 2010, S. 33–34. Zur Bedeutung der Publizität in der EU als Korrelat der beschränkten persönlichen Haftung Walter, Publizität der Rechnungslegung im internationalen Vergleich, 2012.

[201] Vgl. EuGH Urt. v. 24.3.2021 – C-950/19, ECLI:EU:C:2021:230 Rn. 42 – Patentti- ja rekisterihallituksen tilintarkastuslautakunta. S. ferner Ebke FS Yamauchi, 2006, 106–114; Ebke WPK-Mitt. Sonderheft Juni 1997, 12 (20); Sträter, Gesamturteil des Abschlussprüfers (Wirtschaftsprüfers) nach der Prüfung eines Jahresoder Konzernabschlusses, Diss. TU Dortmund 2020, S. 70; Scheffler WPg 2005, 477 (483); Böcking ZfbF Sonderheft 40 (1998), 17 (19); Quandil in Quandil, Wahrnehmung der Qualität der Abschlussprüfung – Eine theoretische und empirische Analyse für den deutschen Kapitalmarkt, 2014, S. 50.

[202] Schwarz, Europäisches Gesellschaftsrecht, 2000, S. 265 f. S. aber auch Ebke in Ebke/Möhlenkamp, Rechnungslegung, Publizität und Wettbewerb, 2010, S. 37.

[203] Ebke ZSR 119 (2000), 39 (84); Ebke in Ebke/Möhlenkamp, Rechnungslegung, Publizität und Wettbewerb, 2010, S. 33–34.

Abschlussprüfung bei Unternehmen von öffentlichem Interesse und zur Aufhebung des Beschlusses 2005/909/EG der Kommission (ABl. L 158 vom 27.5.2014, S. 77; L 170 vom 11.6.2014, S. 66) anzuwenden ist. [2]Unternehmen von öffentlichem Interesse sind Unternehmen, die

1. **kapitalmarktorientiert sind im Sinne des § 264d,**
2. **CRR-Kreditinstitute sind im Sinne des § 1 Absatz 3d Satz 1 des Kreditwesengesetzes, mit Ausnahme derjenigen Institute, die in § 2 Absatz 1 Nummer 1 und 2 des Kreditwesengesetzes und in Artikel 2 Absatz 5 Nummer 2 bis 23 der Richtlinie 2013/36/EU des Europäischen Parlaments und des Rates vom 26. Juni 2013 über den Zugang zur Tätigkeit von Kreditinstituten und die Beaufsichtigung von Kreditinstituten und Wertpapierfirmen, zur Änderung der Richtlinie 2002/87/EG und zur Aufhebung der Richtlinien 2006/48/EG und 2006/49/EG (ABl. L 176 vom 27.6.2013, S. 338; L 208 vom 2.8.2013, S. 73; L 20 vom 25.1.2017, S. 1; L 203 vom 26.6.2020, S. 95), die zuletzt durch die Richtlinie (EU) 2019/2034 (ABl. L 314 vom 5.12.2019, S. 64) geändert worden ist, genannt sind, oder**
3. **Versicherungsunternehmen sind im Sinne des Artikel 2 Absatz 1 der Richtlinie 91/674/EWG.**

Schrifttum: s. auch bei § 316; Abbou/Bernhardt/Koch, Der neue Bestätigungsvermerk bei Abschlussprüfungen von Kreditinstituten, WPg 2019, 512; Bode, Überwachung und Billigung von Nichtprüfungsleistungen im PIE-Konzern, BB 2017, 491; Bose/Lilienbecker, Praktische Auslegungsfragen zur Begrenzung von Nichtprüfungsleistungen, BB 2019, 746; Disser/Schobel, Investmentvermögen: Public Interest Entities?, WPg 2017, 823; Downar/Bartkowiak, Zur Marktsituation von Prüfungsverbänden deutscher Kreditgenossenschaften, WPg 2018, 1395; Ebke, Kapitalmarktinformationen, Abschlussprüfung und Haftung, FS Yamauchi, 2006, 105; Gröger, Kapitalmarktorientierte Unternehmensbewertung, 2009; Gundel/Hommelhoff/Lanfermann, Der einheitliche Abschlussprüfer im konzernierten Unternehmen von öffentlichem Interesse, DB 2017, 171; Haaker, Begriffsvielfalt und Rechtsfolgen bei „Kapitalmarktorientierung" und „öffentlichem Interesse" von Unternehmen in Rechnungslegung und Prüfung, IRZ 2014, 181; Lanfermann, Billigungspflicht für Nicht-Prüfungsleistungen bei Unternehmen von öffentlichem Interesse, DB 2016, 1834; Lenz, Honorare für Abschlussprüfungs- und Nichtprüfungsleistungen bei Unternehmen von öffentlichem Interesse, DB 2016, 2555; Petersen/Zwirner, Besondere Ausschlussgründe für Wirtschaftsprüfer bei Unternehmen von öffentlichem Interesse – Anmerkungen zu § 319a HGB, WPg 2009, 769; Richter/Johne/König, Umsetzung der CSR-Richtlinie in nationales Recht – Was sind die Implikationen für die Praxis, WPg 2017, 566; Rimmelspacher/Schäfer/Schönberger, Das CSR-Richtlinie-Umsetzungsgesetz: neue Anforderungen an die nichtfinanzielle Berichterstattung und darüber hinaus, KoR 2017, 225; Schaefer/Schröder, CSR-Richtlinie-Umsetzungsgesetz: Implikationen für den Mittelstand, WPg 2017, 1324; Sultana/Willeke, Die neuen Unabhängigkeitsregeln bei der Abschlussprüfung von kapitalmarktorientierten Unternehmen: Darstellung und Auswirkung des neuen § 319a HGB, StuB 2005, 212; Theile, Kapitalmarktorientierte Unternehmen (IFRS, HGB), 2019; Wassermann, Kapitalmarktorientierung in Accounting und Controlling, 2011; Zwirner, Kapitalmarktorientierung – Legaldefinition und Rechtsfolgen, KoR 2010, 1; Zwirner, Kapitalmarktorientierung versus Börsennotierung, PiR 2010, 93.

I. Hintergrund

§ 316a wurde durch das Gesetz zur Stärkung der Finanzmarktintegrität (FISG) vom **1** 3.6.2021 (BGBl. 2021 I 1534) in das HGB eingefügt. Die Vorschrift ändert die seit den Neuregelungen durch das AReG bestehende Rechtslage allerdings nur unwesentlich. **S. 1** übernimmt nämlich die in der bis zum 30.6.2021 geltenden Gesetzesfassung in § 317 Abs. 3a enthaltene Bestimmung des Anwendungsbereichs der §§ 316–324a bei „Unternehmen von öffentlichem Interesse" (*public interest entities* – PIE).[1] **S. 2** enthält – mit geringfügiger Abweichung unter Übernahme von Art. 2 Nr. 13 Abschlussprüfer-RL – eine Legaldefinition des Begriffs „Unternehmen von öffentlichem Interesse". Diese Definition dient, so heißt es in dem RefE FISG, „dem besseren Verständnis und ermöglicht eine übersichtlichere Gestaltung von Rechtsvorschriften, indem anderenorts auf die Definition verwiesen werden kann."[2] Die Definition ist ihrerseits für die in S. 1 enthaltene Regelung des Verhältnisses

---

[1]   Dazu, dass „Unternehmen öffentlichen Interesses" „kürzer, prägnanter und richtiger" ist als „Unternehmen von öffentlichem Interesse": Schüppen Rn. 8.

[2]   RefE FISG S. 99.

der §§ 316–324a zu der Abschlussprüfungs-VO von zentraler Bedeutung. Es hätte daher in der Tat nahe gelegen, sie bereits im Zusammenhang mit den Neuregelungen des AReG in das Gesetz aufzunehmen.[3]

II. Verhältnis der Abschlussprüfungs-VO zu den §§ 316–324a (S. 1)

2   Die Abschlussprüfungs-VO enthält für die Abschlussprüfung von „Unternehmen von öffentlichem Interesse" besondere Vorschriften. Diese Vorschriften gelten kraft Unionsrechts in Deutschland unmittelbar und bedürfen daher (anders als Richtlinienrecht) keiner Transformation in nationales Recht (Art. 288 Abs. 2 AEUV). Doch stellt sich die Frage nach dem Verhältnis der §§ 316 ff. zu der Abschlussprüfungs-VO. § 316a S. 1 stellt klar, dass die Vorschriften des dritten Unterabschnitts (§§ 316–324a) für „Unternehmen von öffentlichem Interesse" nur insoweit gelten, als die Abschlussprüfungs-VO keine eigenständigen Regelungen enthält. Im Gegenschluss gilt: Soweit die Abschlussprüfungs-VO keine eigenständigen Regelungen enthält oder der deutsche Gesetzgeber in der Abschlussprüfungs-VO enthaltene Wahlrechte zulässig ausgeübt hat, sind die Vorschriften des dritten Unterabschnitts zu beachten.[4] Für den Rechtsanwender bedeutet das, dass er **im Einzelfall feststellen** muss, ob (1) die Abschlussprüfungs-VO (1) überhaupt eine eigenständige einschlägige Regelung enthält, und, falls ja, (2) diese Regelung als abschließend zu verstehen ist oder für ergänzende Regelungen des nationalen Rechts Raum ist.[5] Im letzteren Fall gelten aufgrund der in S. 1 enthaltenen grundsätzlichen Geltungsanordnung der §§ 316–324a diese zusätzlich zu den Bestimmungen der Abschlussprüfungs-VO.

3   Die in S. 2 enthaltene Legaldefinition des Begriffs **„Unternehmen von öffentlichem Interesse"**[6] hat Auswirkungen auf die Bestimmung des Geltungsbereichs der Abschlussprüfungs-VO, soweit sie über den sich aus der Abschlussprüfungs-VO ergebenden „Mindestanwendungsbereich" hinaus geht. Während die Abschlussprüfungs-VO nur auf solche Unternehmen anwendbar ist, deren übertragbare Wertpapiere zum Handel an einem organisierten Markt bereits zugelassen sind (Art. 2 Nr. 13 lit. A Abschlussprüfungs-VO), sind nach S. 2 Nr. 1 als kapitalmarktorientiert auch solche Unternehmen erfasst, die eine **Zulassung** solcher Wertpapiere (§ 2 Abs. 1 WpHG) zum Handel an einem organisierten Markt (§ 2 Abs. 11 WpHG) bislang lediglich **beantragt** haben (§ 264d).[7] Auf letztgenannte Unternehmen findet die Abschlussprüfungs-VO nunmehr ebenfalls Anwendung.[8] Eingeschränkt ist die Anwendung der Abschlussprüfungs-VO in Ausübung des mitgliedstaatlichen Wahlrechts in Art. 2 Abs. 3 und 4 Abschlussprüfungs-VO dagegen für Sparkassen und Genossenschaften, auch wenn diese – wegen Kapitalmarktorientierung und/oder als CRR-Kreditinstitut – Unternehmen von öffentlichem Interesse sind (S. 2 Nr. 2 und 3). § 340k sowie eine Reihe von Einzelvorschriften des GenG regeln diese Einschränkungen im Einzelnen. Dadurch wird sichergestellt, dass diese Institute die Abschlussprüfung weiterhin durch die Prüfungsstellen bzw. Prüfungsverbände durchführen lassen können, denen sei angehören.[9] Ausgenommen von der Qualifikation als Unternehmen von öffentlichem Interesse sind nach S. 2 Nr. 2 iVm § 2 Abs. 1 Nr. 1 und 2 KWG die **Deutsche Bundesbank** und die **Kreditanstalt für Wiederaufbau** (→ Rn. 7) sowie iVm Art. 2 Abs. 5 Nr. 5 RL 2013/36/EU idF der RL (EU) 2019/878 v. 20.5.2019 (ABl. EU 2019 L 150, 253) eine Reihe weiterer Institute.[10] Versicherungsunternehmen sind grundsätzlich Unternehmen von öffentlichem Interesse (S. 2 Nr. 3), sofern sie in den Anwendungsbereich des Art. 2 Abs. 1 der Richtlinie 91/674/EWG fallen.[11]

---

3   Schüppen Rn. 1 unter Hinweis auf RegBegr BR-Drs. 9/21 S. 113.
4   Schüppen Rn. 3.
5   Schüppen Rn. 3.
6   Zum europarechtlichen Hintergrund Schüppen Rn. 6–8.
7   BeBiKo/Justhoven/Nagel Rn. 2.
8   Schüppen Rn. 4.
9   Schüppen Rn. 5.
10   Schüppen Rn. 17; BeBiKo/Justhoven/Nagel Rn. 3; Hopt/Merkt Rn. 4.
11   Zu Einzelheiten Schüppen Rn. 18–21.

III. Legaldefinition (S. 2)

S. 2 Nr. 1–3 enthält eine Legaldefinition des Begriffs „Unternehmen von öffentlichem **4** Interesse" (englisch: Public Interest Entities – PIE), die die Definition des Art. 2 Nr. 13 Abschlussprüfer-RL mit geringfügigen Änderungen übernimmt. Unternehmen von öffentlichem Interesse sind danach kapitalmarktorientierte Unternehmen (Nr. 1). CRR-Kreditinstitute (Nr. 2) und Versicherungsunternehmen (Nr. 3).

1. Kapitalmarktorientierte Kapitalgesellschaften (Nr. 1). Nach Nr. 1 sind **5** „Unternehmen von öffentlichem Interesse" Unternehmen, die kapitalmarktorientiert sind iSd § 264d. Danach sind Kapitalgesellschaften (zB AG, SE, KGaA oder GmbH) kapitalmarktorientiert, wenn sie einen organisierten Markt iSd § 2 Abs. 11 WpHG durch von ihr ausgegebene Wertpapiere iSd § 2 Abs. 1 WpHG in Anspruch nehmen oder die Zulassung solcher Wertpapiere zum Handel an einem organisierten Markt beantragt haben (§ 264d).[12] Ein organisierter Markt ist ein **multilaterales System** (*multilateral trading facility* – § 2 Abs. 21 WpHG), das im Inland oder in einem Mitgliedstaat der EU oder des EWR (Fürstentum Liechtenstein, Island, Norwegen)[13] betrieben oder verwaltet wird, das durch staatliche Stellen genehmigt, geregelt und überwacht wird und das die Interessen einer Vielzahl von Personen an Kauf oder Verkauf von dort zum Handel zugelassenen Finanzinstrumenten innerhalb des Systems und nach festgelegten, nicht abdingbaren Regeln in einer Weise zusammen bringt oder das Zusammenbringen fördert, die zu einem Vertrag über den Kauf dieser Finanzinstrumente führt (§ 2 Abs. 11 WpHG). Gemeint ist damit der **regulierte Markt** (§§ 32 ff. BörsG).[14] Der regulierte Markt umfasst seit Inkrafttreten des Finanzmarktrichtlinie-Umsetzungsgesetzes (FRUG) vom 16.7.2007 (BGBl. 2007 I 1330) den früheren sog. amtlichen (§§ 30 ff. BörsG aF) und den früheren sog. geregelten (§§ 49 ff. BörsG aF) Markt. Nach wie vor *nicht* erfasst sind Unternehmen, deren Wertpapiere im **Open Market** (bis Oktober 2005 als **Freiverkehr** bezeichnet) gehandelt werden,[15] da dieser nicht von staatlich anerkannten Stellen geregelt ist, sondern durch privatrechtliche Freiverkehrsrichtlinie.

Ein Unternehmen nimmt einen **organisierten Markt** iSd § 2 Abs. 11 WpHG in **6** Anspruch, wenn die von ihm emittierten Wertpapiere (nicht nur ihre eigenen Gesellschaftsanteile) unter staatlicher Regelung und Kontrolle auf dem betreffenden Markt öffentlich gehandelt werden. Wertpapiere iSd des WpHG sind, auch wenn für sie keine Urkunden ausgestellt sind, **Aktien,** andere Anteile an in- oder ausländischen juristischen Personen, Personengesellschaften und sonstigen Unternehmen, und sie Aktien vergleichbar sind, sowie Hinterlegungsscheine, die Aktien vertreten, sowie **Schuldtitel** insbesondere Genussscheine, Inhaberschuldverschreibungen und Orderschuldverschreibungen sowie Hinterlegungsscheine, die Schuldtitel vertreten, sowie **sonstige Wertpapiere,** die zum Erwerb oder zur Veräußerung von den vorgenannten Wertpapieren berechtigen oder zu einer Barzahlung führen, die in Abhängigkeit von Wertpapieren, von Währungen, Zinssätzen oder anderen Erträgen, von Waren, Indices oder Messgrößen bestimmt wird (vgl. § 2 Abs. 1 WpHG). Aus dem Wortlaut des § 264d ergibt sich, dass auch solche Kapitalgesellschaften erfasst sind, die die **Zulassung** von Wertpapieren iSv § 2 Abs. 1 WpHG zum Handel an einem organisierten Markt erst **beantragt** haben (§ 32 Abs. 2 S. 1 BörsG). Mit der Antragstellung – also noch vor Zulassung – ist die Gesellschaft danach „kapitalmarktorientiert" und ist ab diesem Zeitpunkt daher von § 316a erfasst.[16] Nicht erfasst sind hingegen solche Kapitalge-

---

[12]   Zu Einzelheiten Haaker IRZ 2014, 181; Zwirner KoR 2010, 1.

[13]   Ein Unternehmen, das nur einen (organisierten) Kapitalmarkt außerhalb des EU-/EWR-Raums (zB eine Börse in den USA oder in Japan) in Anspruch nimmt, ist nicht kapitalmarktorientiert iSd § 264d: BeBiKo/Justhoven/Nagel Rn. 2; Wiedmann/Böcking/Gros/Böcking/Gros/Oser § 264d Rn. 4.

[14]   Poelzig, Kapitalmarktrecht, 2018, Rn. 153; BeBiKo/Justhoven/Nagel Rn. 2; HKMS/Stöber § 264d Rn. 7; Wiedmann/Böcking/Gros/Böcking/Gros/Oser § 264d Rn. 4.

[15]   Schüppen Rn. 14; BeBiKo/Justhoven/Nagel Rn. 2; Wiedmann/Böcking/Gros/Böcking/Gros/Oser § 264d Rn. 4.

[16]   Unklar ist, ob die Qualifikation als kapitalmarktorientiert rückwirkend entfällt, wenn der Zulassungsantrag abgelehnt wird und es daher nicht zu einer alsbaldigen Notierung kommt.

sellschaften, die eine Inanspruchnahme des regulierten Marktes lediglich beabsichtigen oder planen. Eine Kapitalgesellschaft nimmt einen organisierten Markt auch nicht schon deshalb in Anspruch, weil ihr Mutterunternehmen, ihr Tochterunternehmen oder ihr Schwesterunternehmen einen organisierten Markt iSd § 2 Abs. 11 WpHG in Anspruch nimmt.

7   **2. CRR-Kreditinstitute (Nr. 2).** Nr. 2 erweitert die Anwendung des § 316a S. 1 auf CRR-Kreditinstitute iSd § 1 Abs. 3d S. 1 des KWG (mit Ausnahme der in § 2 Abs. 1 Nr. 1 und 2 KWG genannten Institute: Deutsche Bundesbank und Kreditanstalt für Wiederaufbau – KfW). § 340k Abs. 1 S. 2 stellt klar, dass die Vorschriften des § 316a auf CRR Kreditinstitute nur insoweit anzuwenden sind, als nicht die Abschlussprüfungs-VO anzuwenden ist. CRR-Kreditinstitute sind Kreditinstitute iSd Art. 4 Abs. 1 Nr. 1 Kapitaladäquanz-VO,[17] englisch: **Capital Requirements Regulation – CRR**), also Unternehmen, deren Tätigkeit darin besteht, Einlagen oder andere rückzahlbare Gelder des Publikums entgegenzunehmen und Kredite für eigene Rechnung zu gewähren. Der Begriff der CRR-Kreditinstitute ist nicht deckungsgleich mit dem Begriff der „Kreditinstitute" iSd § 1 Abs. 1 S. 1 KWG. So genügt für die Qualifikation als Kreditinstitut nach KWG bereits das Betreiben eines einzigen Bankgeschäfts aus dem Katalog des § 1 Abs. 1 S. 2 KWG. Der Begriff des CRR-Kreditinstituts ist daher enger definiert als der Begriff des Kreditinstituts iSd § 1 Abs. 1 S. 1 KWG.[18] Als CRR-Kreditinstitute (früher: Einlagenkreditinstitute) kommen insbesondere **Banken** und **Sparkassen** in Betracht. Da einerseits der Kreditbegriff bankrechtlich umfassend ist (s. die Legaldefinition des § 19 KWG für Millionenkredite nach § 14 KWG) und hierunter das gesamte Kreditgeschäft im weitesten Sinn erfasst wird und sich andererseits auch das Einlagengeschäft auf die verschiedensten Formen der Geldanlage erstreckt, kann davon ausgegangen werden, dass alle mit **Volllizenz** ausgestattete Kreditinstitute, also Universalbanken und Spezialbanken, Konzernbanken, Autobanken und Teilzahlungsbanken zu den CRR-Kreditinstituten gehören, sofern sie auch das Einlagengeschäft betreiben.[19] Darüber hinaus betreiben CRR-Kreditinstitute bankrechtlich die in § 1 Abs. 1 Nr. 1–4 KWG aufgezählten Bankgeschäfte (§ 1 Abs. 3d S. 4 KWG). Die hieraus resultierende Sortimentspalette rechtfertigt eine Zuordnung der CRR-Kreditinstitute zu den Universalbanken. Auf andere Unternehmen, die als dem „**Kapitalmarkt nahe stehend**" angesehen werden, ist § 316a nicht (auch nicht entsprechend) anwendbar.[20] Dazu gehören Kreditinstitute, die keine CRR-Kreditinstitute darstellen, Zahlungsinstitute, Versicherungsunternehmen, die nicht als Unternehmen von öffentlichem Interesse definiert sind (→ Rn. 8) und Pensionsfonds (→ Rn. 8). Finanzdienstleistungsinstitute sowie Investmentgesellschaften sind ebenfalls nicht erfasst.[21] Die in § 2 Abs. 1 Nr. 1 und 2 KWG genannte **Deutsche Bundesbank** und vergleichbare Institutionen anderer EU-Mitgliedstaaten, sofern sie Mitglieder des Europäischen Systems der Zentralbanken sind, und die **Kreditanstalt für Wiederaufbau** zählen mangels Eigengeschäfts ebenfalls nicht zu den CRR-Kreditinstituten iSd § 316a S. 2 Nr. 2 („mit Ausnahme der in § 2 Abs. 1 Nr. 1 und 2 KWG genannten Institute").

8   **3. Versicherungsunternehmen (Nr. 3).** Zu den „Unternehmen von öffentlichem Interesse" zählen außerdem Versicherungsunternehmen iSd Art. 2 Abs. 1 RL 91/674/EWG über den Jahresabschluß und den konsolidierten Abschluss von Versicherungsunternehmen (ABl. EWG 1991 L 374, 7). Hierunter fallen Lebensversicherungen einschließlich Zusatzversicherungen zu Lebensversicherungen (zB Berufsunfähigkeit) und Rentenversicherungen sowie Schadensversicherungen (Unfallversicherungen, Krankenversicherungen,

---

[17]   VO (EU) 575/2013 vom 26.6.2013 über Aufsichtsanforderungen an Kreditinstitute und Wertpapierfirmen.
[18]   Für die Zulassung der CRR-Kreditinstitute zum Betreiben des Einlagen- und Kreditgeschäfts ist die Europäische Zentralbank zuständig, nicht die BAFin.
[19]   Vgl. BeBiKo/Justhoven/Nagel Rn. 3.
[20]   WPK Beilage zu WPK Magazin 4/2019, S. 5; HKMS/Mylich/Müller § 319a Rn. 4; speziell zu Investmentvermögen Disser/Schobel WPg 2017, 823.
[21]   WPK Beilage zu WPK Magazin 4/2019, S. 5.

Fahrzeugversicherungen, Transportversicherungen, Feuer- und Elementarschadenversicherungen, sonstige Sachversicherungen, Haftpflichtversicherungen, Kreditversicherungen und Rechtsschutzversicherungen). Darüber hinaus zählen auch Rückversicherungen zu den Unternehmen von öffentlichem Interesse.[22] Sterbekassen iSv § 218 Abs. 1 VAG (also ein Lebensversicherungsunternehmen, die nach ihrem Geschäftsplan nur Todesfallrisiken im Inland versichern, soweit der Betrag ihrer Leistungen den Durchschnittswert der Bestattungskosten bei einem Todesfall nicht übersteigt oder diese Leistungen in Sachwerten erbracht werden), Pensionskassen iSv § 232 Abs. 1 VAG (also ein Lebensversicherungsunternehmen, deren Zweck die Absicherung wegfallenden Erwerbseinkommens wegen Alters, Invalidität oder Todes ist und das das Versicherungsgeschäft im Wege des Kapitaldeckungsverfahrens betreibt, Leistungen grundsätzlich erst ab dem Zeitpunkt des Wegfalls des Erwerbseinkommens vorsieht, Leistungen im Todesfall nur an Hinterbliebene erbringen darf und der versicherten Person einen eigenen Anspruch auf Leistung gegen die Pensionskasse einräumt) und Pensionsfonds iSv § 236 VAG (also Versorgungseinrichtungen, die Altersversorgungsleistungen erbringen) sind dagegen keine Unternehmen von öffentlichem Interesse iSv Abs. 1 S. 1.[23] Auf sie ist daher S. 1 nicht (auch nicht entsprechend) anwendbar. Erfasst von Nr. 3 sind dagegen Rückversicherungen.[24]

IV. Beginn und Ende der Qualifikation als PIE

Es ist für Zwecke des § 316a ausreichend, aber auch erforderlich, dass die betreffende **9** Kapitalgesellschaft in dem zu prüfenden Geschäftsjahr kapitalmarktorientiert ist. Ob sie in dem diesem Geschäftsjahr vorausgehenden Geschäftsjahr oder in dem nachfolgenden Geschäftsjahr ebenfalls kapitalmarktorientiert ist, ist unerheblich.[25] Zieht sich die Gesellschaft im Laufe eines Geschäftsjahres von dem organisierten Markt zurück (*delisting*),[26] endet die Qualifikation als kapitalmarktorientiertes Unternehmen und damit die Anwendbarkeit des § 316a S. 1.[27] Maßgeblich sind die Verhältnisse am Bilanzstichtag.[28]

§ 317[1] Gegenstand und Umfang der Prüfung

(1) [1]In die Prüfung des Jahresabschlusses ist die Buchführung einzubeziehen. [2]Die Prüfung des Jahresabschlusses und des Konzernabschlusses hat sich darauf zu erstrecken, ob die gesetzlichen Vorschriften und sie ergänzende Bestimmungen des Gesellschaftsvertrags oder der Satzung beachtet worden sind. [3]Die Prüfung ist so anzulegen, daß Unrichtigkeiten und Verstöße gegen die in Satz 2 aufgeführten Bestimmungen, die sich auf die Darstellung des sich nach § 264 Abs. 2 ergebenden Bildes der Vermögens-, Finanz- und Ertragslage der Kapitalgesellschaft wesentlich auswirken, bei gewissenhafter Berufsausübung erkannt werden.

(2) [1]Der Lagebericht und der Konzernlagebericht sind darauf zu prüfen, ob der Lagebericht mit dem Jahresabschluß, gegebenenfalls auch mit dem Einzelab-

---

22 BeBiKo/Justhoven/Nagel Rn. 3.
23 BeBiKo/Justhoven/Nagel Rn. 3.
24 Schüppen Rn. 21.
25 Staub/Habersack/Schürnbrand § 319a Rn. 5.
26 Der Widerruf der Börsenzulassung für den regulierten Markt auf Antrag des Emittenten berührt grundsätzlich nicht den Schutzbereich des Eigentumsgrundrechts des Aktionärs (Art. 14 Abs. 1 GG): BVerfGE 132, 99. Zu verwaltungsprozessualen Aspekten des *delisting* Gabriel ZIP 2022, 1251.
27 BeBiKo/Justhoven/Nagel Rn. 15: „Als Formen des Delisting kommen in Betracht: Widerruf der Börsenzulassung durch den Emittenten (sog. Going Private), gesellschaftsrechtliche Umstrukturierungen wie Formwechsel, Verschmelzung oder Eingliederung in eine nicht börsennotierte Gesellschaft oder Squeeze-Out".
28 Schüppen Rn. 23.
1 Zur Regelung des einheitlichen elektronischen Formats für Jahresfinanzberichte durch das Gesetz zur weiteren Umsetzung der Transparenzrichtlinie-Änderungsrichtlinie – ESEF-UG → 4. Aufl. 2020, Nachtrag ESEF-UG Rn. 1 ff.

schluss nach § 325 Abs. 2a, und der Konzernlagebericht mit dem Konzernabschluß sowie mit den bei der Prüfung gewonnenen Erkenntnissen des Abschlußprüfers in Einklang stehen und ob der Lagebericht insgesamt ein zutreffendes Bild von der Lage der Kapitalgesellschaft und der Konzernlagebericht insgesamt ein zutreffendes Bild von der Lage des Konzerns vermittelt. ²Dabei ist auch zu prüfen, ob die Chancen und Risiken der künftigen Entwicklung zutreffend dargestellt sind. ³Die Prüfung des Lageberichts und des Konzernlageberichts hat sich auch darauf zu erstrecken, ob die gesetzlichen Vorschriften zur Aufstellung des Lage- oder Konzernlageberichts beachtet worden sind. ⁴Im Hinblick auf die Vorgaben nach den §§ 289b bis 289e und den §§ 315b und 315c ist nur zu prüfen, ob die nichtfinanzielle Erklärung oder der gesonderte nichtfinanzielle Bericht, die nichtfinanzielle Konzernerklärung oder der gesonderte nichtfinanzielle Konzernbericht vorgelegt wurde. ⁵Im Fall des § 289b Absatz 3 Satz 1 Nummer 2 Buchstabe b ist vier Monate nach dem Abschlussstichtag eine ergänzende Prüfung durch denselben Abschlussprüfer durchzuführen, ob der gesonderte nichtfinanzielle Bericht oder der gesonderte nichtfinanzielle Konzernbericht vorgelegt wurde; § 316 Absatz 3 Satz 2 gilt entsprechend mit der Maßgabe, dass der Bestätigungsvermerk nur dann zu ergänzen ist, wenn der gesonderte nichtfinanzielle Bericht oder der gesonderte nichtfinanzielle Konzernbericht nicht innerhalb von vier Monaten nach dem Abschlussstichtag vorgelegt worden ist. ⁶Die Prüfung der Angaben nach § 289f Absatz 2 und 5 sowie § 315d ist darauf zu beschränken, ob die Angaben gemacht wurden.

(3) ¹Der Abschlußprüfer des Konzernabschlusses hat auch die im Konzernabschluß zusammengefaßten Jahresabschlüsse, insbesondere die konsolidierungsbedingten Anpassungen, in entsprechender Anwendung des Absatzes 1 zu prüfen. ²Sind diese Jahresabschlüsse von einem anderen Abschlussprüfer geprüft worden, hat der Konzernabschlussprüfer dessen Arbeit zu überprüfen und dies zu dokumentieren.

(3a) ¹Bei einer Kapitalgesellschaft, die als Inlandsemittent (§ 2 Absatz 14 des Wertpapierhandelsgesetzes) Wertpapiere (§ 2 Absatz 1 des Wertpapierhandelsgesetzes) begibt und keine Kapitalgesellschaft im Sinne des § 327a ist, hat der Abschlussprüfer im Rahmen der Prüfung auch zu beurteilen, ob die für Zwecke der Offenlegung erstellte Wiedergabe des Jahresabschlusses und die für Zwecke der Offenlegung erstellte Wiedergabe des Lageberichts den Vorgaben des § 328 Absatz 1 entsprechen. ²Bei einer Kapitalgesellschaft im Sinne des Satzes 1 hat der Abschlussprüfer des Konzernabschlusses im Rahmen der Prüfung auch zu beurteilen, ob die für Zwecke der Offenlegung erstellte Wiedergabe des Konzernabschlusses und die für Zwecke der Offenlegung erstellte Wiedergabe des Konzernlageberichts den Vorgaben des § 328 Absatz 1 entsprechen.

(3b) Der Abschlussprüfer des Jahresabschlusses hat im Rahmen der Prüfung auch zu beurteilen, ob die Kapitalgesellschaft

1. für das Geschäftsjahr, das demjenigen Geschäftsjahr vorausging, für dessen Schluss der zu prüfende Jahresabschluss aufgestellt wird, zur Offenlegung eines Ertragsteuerinformationsberichts gemäß § 342m Absatz 1 oder 2 verpflichtet war und

2. im Falle der Nummer 1 ihre dort genannte Verpflichtung zur Offenlegung erfüllt hat.

(4) Bei einer börsennotierten Aktiengesellschaft ist außerdem im Rahmen der Prüfung zu beurteilen, ob der Vorstand die ihm nach § 91 Abs. 2 des Aktiengesetzes obliegenden Maßnahmen in einer geeigneten Form getroffen hat und ob das danach einzurichtende Überwachungssystem seine Aufgaben erfüllen kann.

(4a) Soweit nichts anderes bestimmt ist, hat die Prüfung sich nicht darauf zu erstrecken, ob der Fortbestand der geprüften Kapitalgesellschaft oder die Wirksamkeit und Wirtschaftlichkeit der Geschäftsführung zugesichert werden kann.

(5) Bei der Durchführung einer Prüfung hat der Abschlussprüfer die internationalen Prüfungsstandards anzuwenden, die von der Europäischen Kommission in dem Verfahren nach Artikel 26 Abs. 3 der Richtlinie 2006/43/EG des Europäischen Parlaments und des Rates vom 17. Mai 2006 über Abschlussprüfungen von Jahresabschlüssen und konsolidierten Abschlüssen, zur Änderung der Richtlinien 78/660/EWG und 83/349/EWG des Rates und zur Aufhebung der Richtlinie 84/253/EWG des Rates (ABl. EU Nr. L 157 S. 87), die zuletzt durch die Richtlinie 2014/56/EU (ABl. L 158 vom 27.5.2014, S. 196) geändert worden ist, angenommen worden sind.

(6) Das Bundesministerium der Justiz wird ermächtigt, im Einvernehmen mit dem Bundesministerium für Wirtschaft und Klimaschutz durch Rechtsverordnung, die nicht der Zustimmung des Bundesrates bedarf, zusätzlich zu den bei der Durchführung der Abschlussprüfung nach Absatz 5 anzuwendenden internationalen Prüfungsstandards weitere Abschlussprüfungsanforderungen vorzuschreiben, wenn dies durch den Umfang der Abschlussprüfung bedingt ist und den in den Absätzen 1 bis 4 genannten Prüfungszielen dient.

Schrifttum: s. auch bei § 316; Althoff/Wirth, Nichtfinanzielle Berichterstattung und Prüfung im DAX 30: Eine Analyse der Erstanwendung des CSR-Richtlinie-Umsetzungsgesetzes, WPg 2018, 1138; Blöink/Halbleib, Umsetzung der sog. CSR-Richtlinie 2014/95/EU: Aktueller Überblick über die verabschiedeten Regelungen des CSR-Richtlinie-Umsetzungsgesetzes, DK 2017, 182; Böhm/Moser/Thomsen, Neue IDW Prüfungsstandards für die Prüfung von Abschlüssen und Lageberichten weniger komplexer Einheiten (IDW PS KMU), WPg 2023. 3; Brösel/Freichel/Toll/Buchner, Wirtschaftliches Prüfungswesen. Der Einstieg in die Wirtschaftsprüfung, 3. Aufl. 2015; Daub, Rückstellungen nach HGB, US GAAP und IAS, 2000; Diederichs/Giesing/Meyer/Riesch, Risikotragfähigkeit und Risikoaggregation – Eine praxisorientierte Umsetzung von IDW PS 340 n. F. (01.2022), WPg 2022, 815; Dietz, Erstellung von Carve-out Abschlüssen, FS Böcking, 2021, 271; Dobler, Die Prüfung des Risikofrüherkennungssystems gemäß § 317 Abs. 4 HGB – Kritische Analyse und empirischer Befund, DStR 2001, 2086; Dorenkamp, Materiality-Entscheidungen: Qualitativer statt quantitativer Prüfungsansatz, BB 2003, 1116; Durchlaub, Die Einholung von Saldenbestätigungen im Rahmen der Abschlußprüfung, WPg 1978, 142; Ebke, Der Deutsche Standardisierungsrat und das Deutsche Rechnungslegungs Standards Committee: Aussichten für eine professionelle Entwicklung von Rechnungslegungsgrundsätzen, ZIP 1999, 1193; Ebke, Die Internationalisierung der Rechnungslegung, Revision und Publizität und die Schweiz, ZSR 119 (2000), 39; Ebke, Rechnungslegung und Abschlußprüfung im Umbruch, WPK-Mitt. 1997 Sonderheft Juni 1997, 12; Ebke, Verrechnungsverbot, in Leffson/Rückle/Großfeld, Handwörterbuch unbestimmter Rechtsbegriffe des HGB, 1986, 365; Ebke/Siegel, Comfort Letters, Börsengänge und Haftung: Überlegungen aus Sicht des deutschen und US-amerikanischen Rechts, WM 2001 Sonderbeilage 2; Eibelshäuser, Die Aufgaben des Abschlußprüfers nach § 53 Haushaltsgrundsätzegesetz, FS Moxter, 1994, 919; Eibelshäuser/Kämpfer, Prüfung nach § 53 HGrG, in Förschle/Peemöller, Wirtschaftsprüfung und Interne Revision, 2004, 336–351; Eichler, Prüfung von Compliance-Management Systemen: Welche Änderungen an IDW PS 980 sind geplant?, WPg 2022, 444; Farr, Bank- und Rechtsanwaltsbestätigungen als Prüfungsnachweis – Pflicht oder Kür? – Der Übergang von IDW PS 302 n.F. auf ISA (E-DE) und ISA (E-DE) 505, WPg 2019, 753; Farr, Der neue Prüfungsbericht 2018/2019 – Auswirkungen von IDW PS 450 n.F. und des neuen umfangreichen Bestätigungsvermerks, WPg 2018, 1130; Farr, Die kritische Grundhaltung als Berufspflicht des Wirtschaftsprüfers, WPg 2018, 397; Farr, Neuerungen beim Auftragsbestätigungsschreiben – Beauftragung des Abschlussprüfers – Übergang von IDW PS 220 auf ISA (E-DE) 210, WPg 2019, 538; Farr, Schriftliche Erklärungen als Prüfungsnachweis – Neuerungen in ISA (E-DE) 580 im Vergleich zu IDW PS 303 n.F., WPg 2019,1069; Farr, Wirecard und seine Folgen für die Abschlussprüfung – Aufdeckung doloser Handlungen nach ISA [DE] 240, WPg 2021, 66; Fiala/von Walter, Die Handakte des Steuerberaters, Wirtschaftsprüfers und Rechtsanwalts (Teil I und II), DStR 1998, 694 und 736; Forster/Gelhausen/Möller, Das Einsichtsrecht nach § 321a HGB in Prüfungsberichte des gesetzlichen Abschlußprüfers, WPg 2007, 191; Gehringer, Abschlussprüfung, Gewissenhaftigkeit und Prüfungsstandards, 2002; Gewehr/Moser, Zur künftigen Anwendung der ISA in Deutschland, WPg 2018, 193; Gleißner, Wie beweist man, dass das Risikomanagement den Anforderungen der §§ 91 und 93 AktG nicht genügt (obwohl bestätigende Prüfberichte der Abschlussprüfer existieren)?, RWZ 2020, 273; Gleißner/Kimpel, Prüfung des Risikomanagements und der neue DIIR Revisionsstandard Nr. 2 – Anforderungen der §§ 91 und 93 AktG an das Risikomanagement im Fokus, ZIR 2019, 148; Gnädinger, Praxishandbuch Digitale Abschlussprüfung, 2022; Graumann, Wirtschaftliches Prüfungswesen, 6. Aufl. 2020; Gutman, Anspruch auf Herausgabe von Arbeitspapieren des Wirtschaftsprüfers, BB 2010, 171; Gundel, Prüfung der CSR-Berichterstattung durch den Aufsichtsrat – Wie intensiv muss der Aufsichtsrat die Rechtmäßigkeit prüfen?, WPg 2018, 108; Haasmann, Der finale IDW QS 1: Die einzig wahre Berufsauffassung zur Qualitätssicherung?, WP Praxis 2017,

260; Hauser, Jahresabschlussprüfung und Aufdeckung von Wirtschaftskriminalität, 2000; Hennrichs, CSR-Umsetzung – Neue Pflichten für Aufsichtsräte, NZG 2017, 841; Hennrichs/Schulze-Osterloh, Das Fortführungsprinzip gemäß § 252 Abs. 1 Nr. 2 HGB im Lichte der EU-Bilanz-Richtlinie, DStR 2018, 1731; Herlitz/Scheffler/Flath, Risikotragfähigkeit – Die regulatorische Neuerung der Risikotragfähigkeit als Chance für die Unternehmenssteuerung, ZfRM 2021, 41; Herold/Rausch, Neue Anforderungen aufgrund externer Rotation des Abschlussprüfers an Unternehmen von öffentlichem Interesse und Wirtschaftsprüfungsgesellschaften, FS Böcking, 2021, 293; Herrmann, Der ungedeckte Fehlbetrag nach § 268 Abs. 3 HGB und die Folgepflichten für Abschlußprüfer und Gesellschaftsorgane in AG und GmbH, ZGR 1989, 273; Hirsch, Die Bedeutung der vom Institut der Wirtschaftsprüfer herausgegebenen Fachgutachten, Stellungnahmen und Verlautbarungen, 1990; Hohner/Zimmerling, Buchbesprechung, WPg 2004, 837; Hülsberg/Bauer, Prüfung der Governance-Elemente durch den Aufsichtsrat – Zur Bedeutung von IDW PS 981, IDW PS 982 und IDW PS 983, WPg 2017, 1111; Huter, Auslegungsfragen zur Risikoberichterstattung in der nichtfinanziellen Erklärung, WPg 2019, 603; Jacob, Die Transformation der International Standards on Auditing in deutsche Grundsätze ordnungsmäßiger Abschlussprüfung, WPg 2001, 237; Jaspers, Bedeutung der Vollaufnahmeschicht bei der praktischen Durchführung der Stichprobeninventur; WPg 2021, 142; Jaspers, Inventurarbeiten in Coronazeiten. Erfüllung gesetzlicher Verpflichtungen trotz erschwerter Rahmenbedingungen, DB 2021, 19; Jaspers, Stichprobeninventurprüfung, StBp 2005, 319; Jaspers/Meinor, Kostensenkung durch Stichprobeninventur – Zeitliche Gestaltung der Stichtagsinventur durch Kombination mit der Stichprobeninventur, WPg 2005, 1077; Jundt, Abschlussprüfung in der Insolvenz, WPK Magazin 1/2007, 41; Kämpfer/S. Schmidt, Die Auswirkungen der neueren Prüfungsstandards auf die Durchführung von Abschlussprüfungen, WPg 2009, 47; Kämpfer/S. Schmidt, Management und Prüfung bestandsgefährdender Risiken, FS Böcking, 2021, 303; Kahle/Kopp, Der Wesentlichkeitsgrundsatz in der Handels- und Steuerbilanz, DStR 2022, 2627; Kajüter/Nienhaus/Nienaber, Prüfung des Lageberichts – Empirische Befunde einer explorativen Studie, WPg 2017, 801; Keller, Einholung von Bestätigungen Dritter bei der Erstellung und Prüfung des Jahresabschlusses: Muster einer Saldenbestätigung für Debitoren und Kreditoren und Bestätigung des Rechtsanwalts, BBK 2006, Fach 4, 2083; Kirsch/Huter, Die Prüfung der nicht-finanziellen Erklärung – Neue Pflichten für den Aufsichtsrat, WPg 2017, 1017; Klein/Klaas, Die Entwicklung der neuen Abschlussprüferrichtlinie in den Beratungen von Kommission, Ministerrat und Europäischem Parlament, WPg 2006, 885; Köbrich/Schöffel, Durchführung von Saldenbestätigungsaktionen, BuW 2000, 477; Köhlbrandt/Günther, Umsetzung gesetzlicher Anforderungen an das Risikomanagement in DAX- und MDAX-Unternehmen. Eine empirische Studie zur Erfüllung der gesetzlichen Anforderungen nach den §§ 91 und 93 AktG, Corporate Finance 2020, 248; Kohl/Sack, Bedeutung von IDW S 1 i.d.F. 2008 bei der Bewertung kleiner und mittelgroßer Unternehmen, WPg 2021, 1030; Kunold, Comfort Letter, in Habersack/Mülbert/Schlitt, Unternehmensfinanzierung am Kapitalmarkt, 4. Aufl. 2018, 610; Landmann, Die Haftung für Comfort Letters bei der Neuemission von Aktien, 2007; Leffson, Wesentlich, in Leffson/Rückle/Großfeld, Handwörterbuch unbestimmter Rechtsbegriffe des HGB, 1986, 434; Leffson, Wirtschaftsprüfung, 4. Aufl. 1988; Leffson/Bönkhoff, Zu Materiality-Entscheidungen bei Jahresabschlußprüfungen, WPg 1982, 389; Lenz, Die Verantwortung des Abschlussprüfers zur Aufdeckung von Bilanzdelikten (Täuschungen, Vermögensschädigungen), KoR 2020, 546; Liggio, The Expectation Gap: The Accountant's Waterloo, J. Contemp. Bus. 3 (1974), 27; Link/Maciuka/Steßl, Effektives Managementsystem zur Überwachung von Sicherheitsrisiken im Unternehmen? – Möglichkeiten eines Risikomanagementsystems (IDW PS 981), WPg 2017, 1051; Littkemann/Schwarzer/Schwarz, Auswirkungen der Digitalisierung auf die Jahresabschlussprüfung, Controlling 31 (2019), 43; Maciuka/Richtering, Zur Praxis der Prüfung des Internen Revisionssystems nach IDW PS 983, WPg 2019, 1; Mader/Seitz, Hinweispflichten bei der Jahresabschlusserstellung – Bilanzrichtlinie(n) und „Fortführungsprognose", DStR 2018, 1; Mader/Seitz, Unternehmensfortführung („Going Concern") – Prämisse, Prinzip oder Prognose? DStR 2018,1933; Makowicz/Maciuca, Prüfung von Compliance-Management-Systemen im Lichte neuer ISO-Standards – Status quo und Impulse auch zur Weiterentwicklung von IDW PS 980, WPg 2020, 73; Marten/Graschitz, Digitalisierung in der Wirtschaftsprüfung – Herausforderungen und Chancen, in Institut Österreichischer Wirtschaftsprüfer Wirtschaftsprüfer-Jahrbuch 2020, 2020, S. 3; Marten/Harder, Digitalisierung in der Abschlussprüfung – Ein Vergleich zwischen Big4 und Next 6, WPg 2020, 11; Marten/Quick/Ruhnke, Wirtschaftsprüfung: Grundlagen des betriebswirtschaftlichen Prüfungswesens nach nationalen und internationalen Normen, 6. Aufl. 2020; Mekat, Der Grundsatz der Wesentlichkeit in Rechnungslegung und Abschlussprüfung, 2009; Mock, Die Bilanz(sonder)prüfung – zur Pflicht und zum Recht auf eine nachträgliche Prüfung von Unternehmensabschlüssen, FS Vetter, 2019, 461; H.-P. Müller, Pflicht des Abschlußprüfers zur Prüfung rechtlicher Vorfragen, in Treuarbeit, Rechtliche Vorfragen im Jahresabschluß, 1991, 35; Müller-Marqués Berger/Heiling, Prüfung der Ordnungsmäßigkeit der Haushaltswirtschaft (IDW EPS 731) – Erweiterung der Abschlussprüfung bei Gebietskörperschaften, WPg 2017, 334; Naumann/Moser, Zur Entwicklung nationaler Grundsätze für die Prüfung von Abschlüssen weniger komplexer Unternehmen durch das IDW, WPg 2021, 1265; Naumann/Schneiß, Zur inhaltlichen Prüfung von nicht-finanziellen Informationen – Überlegungen zur Übertragung der Grundkonzepte des IDW PS 350 nF auf die inhaltliche Prüfung der nichtfinanziellen Erklärung im Rahmen der Lageberichtsprüfung, FS Böcking, 2021, 371; Orth, Die Zukunft der Abschlussprüfung, FS Böcking, 2021, 391; Oser, Änderung der Befreiungsvoraussetzungen für Tochter-Kapitalgesellschaften durch das BilRUG – Die neue Einstandspflicht nach § 264 Abs. 3 Satz 1 Nr. 2 HGB, WPg 2017, 691; Paal, Zur Vorlagepflicht von Arbeitspapieren des Abschlussprüfers im Enforcementverfahren, BB 2007, 1773; Pagels/Lüder, Prüfungsrelevante Fragen beim Vorliegen von (ausländischen) Patronatserklärungen – Eignung als konzerninternes Sanierungsinstrument unter Berücksichtigung von IDW S 11 und IDW PS 270, WPg 2017, 230; Paschke, Zur Neuregelung der genossenschaftlichen Pflichtprüfung, WPg 2019, 446; Philipps, Prüfung der Going Concern-Annahme im Rahmen der Abschlussprüfung, WP Praxis 1/2021, 107; Poll, NOCLAR und die veränderte Rolle des Wirtschaftsprüfers im Umgang mit Gesetzesverstößen, WPg 2017, 986; Ponzer/Stümpfle, Prüfung des Jahresabschlusses nach § 38 Abs. 3 KAGB – Externe Kapitalverwaltungsgesellschaften, die geschlossene Investmentvermögen verwalten, WPg 2017, 450; Prinz, Rückstellungen: aktuelles Praxis-Knowhow, WPg 2018, 1152; Prinz, Rückstellungen: aktuelles Praxis Knowhow, WPg 2019, 978; Probst/Szondy, Überarbeitung von IDW PS 345 – nur ein (weiteres) Zwischenspiel? Auswirkungen der EU-Abschlussprüferreform auf die Unabhängigkeitserklärung nach dem Corporate Governance Kodex, WPg 2017, 176; Quick, The Audit Expectation Gap: A Review of the Academic Literature, Maandblad voor Accountancy en Bedrijfseconomie [MAB] 94 (2020), 5; Rapp/Pampel, Zur Akzeptanz künstlicher Intelligenz in der Abschlussprüfung – Ein aktuelles Meinungsbild aus der deutschen Prüfungsbranche, WPg 2021, 678; Ritzer-Angerer, Allgemeine Auftragsbedingungen (AAB) für Wirtschaftsprüfer – Entwicklung zu Haftungsfragen in Fachliteratur und Rechtsprechung, WPg 2017, 1431; Roese/Koch, Digitalisierung der Abschlussprüfung – Anforderungen an eine digitale Vollprüfung zur Vermeidung einer neuen Erwartungslücke, FS Böcking, 2021, 403; Rosenboom, Abschlussprüfung und Haftung nach portugiesischem Recht, 2004; Ruhnke, Prüfung von Jahresabschlüssen nach internationalen Prüfungsnormen, DB 2006, 1169; Ruhnke, Transformation der Abschlussprüfung durch Big Data Analytics, WPg 2017, 422; Ruhnke/Schmitz, Wesentlichkeitsüberlegungen bei der Prüfung von Konzernabschlüssen, IRZ 2011, 193; Sarburg/Mengwasser, Die Fortführung der Unternehmenstätigkeit im Lichte der Pflichten des Abschlussprüfers, WPg 2017, 1179; Schmid/Deicke, Berichterstattung des Abschlussprüfers und Kommunikation mit den für die Überwachung Verantwortlichen – Praxishinweise zur Anwendung von IDW PS 450 n.F. und IDW PS 470 n.F., WPg 2018, 1266; Schwartze/Dobler, Nachtragsberichterstattung im Wandel – Eine empirische Analyse, WPg 2022, 678; Simon-Heckroth/Lüdders, Anhangangaben über das Abschlussprüferhonorar – IDW RS HFA 36 n.F. im Kontext der Begrenzung der Erbringung von Nichtprüfungsleistungen nach der EU-VO, WPg 2017, 248; Singer/Wullenkord, Mittelstand: Erstellung und Prüfung von Lageberichten nach IDW PS 350 n.F. – Hilfestellung für mittelständische Unternehmen und deren Prüfer bei der Erstanwendung von IDW PS 350 n.F., WPg 2020, 119; Sommerschuh, Berufshaftung und Berufsaufsicht: Wirtschaftsprüfer, Rechtsanwälte und Notare im Vergleich, 2003; Stadler, Buchbesprechung, WPK-Magazin 1/2004, 54; Stark, Fortführungsprinzip und vorinsolvenzliche Sanierung nach dem StaRUG, ZVglRWiss 121 (2022), 298; Stecker/Neumann, Grundsätze ordnungsmäßiger Prüfung von CMS: IDW PS 980 im Unternehmenspraxis, WPg 2020, 70; Tiedemann/Ratzinger-Sakel, Nachtragsprüfungen gemäß § 316 Abs. 3 HGB – Empirische Befunde zu Verbreitung und Anlässen im CDAX im Zeitraum von 2009 bis 2020, WPg 2022, 614; Thole, Überlegungen zum Zusammenspiel von handelsbilanzrechtlichem Fortführungsprinzip, insolvenzrechtlicher Überschuldungsprüfung und Verantwortlichkeit des Bilanzerstellers, FS Ebke, 2021, 997; Velte, Prüfung von Nachhaltigkeitsberichten nach dem Entwurf einer „CSR-Richtlinie 2.0" – Vergleichende Analyse der Reformmaßnahmen und kritische Würdigung, WPg 2021, 613; Verhoeven/Riesch/Diederichs, Risikofrüherkennungs- und Risikoüberwachungssystem nach § 91 Abs. 2 AktG – Umsetzung von IDW PS 340 n. F. im Aurubis Konzern, WPg 2021. 215; Wagner/Mayer/Kubessa, Adressatengerechte Finanzberichterstattung im Lichte der CSR-Berichtspflichten, WPg 2018, 935; Wermelt/Oehlmann, Prüfung von Risikofrüherkennungssystemen – IDW EPS 340 n.F.: Die Prüfung der Maßnahmen nach § 91 Abs. 2 AktG im Rahmen der Jahresabschlussprüfung gemäß § 317 Abs. 4 HGB, WPg 2019, 1026; Wermelt/Scheffler, Risikomanagement und Wirtschaftsprüfung – Warum ist IDW PS 981 notwendig und was kann er leisten?, WPg 2017, 925; Widmann/Nickels/Wolz, Zur Festlegung der Wesentlichkeitsgrenze durch den Abschlussprüfer – Ergebnisse einer Befragung des deutschen Berufsstands im Vergleich zu Erkenntnissen aus Großbritannien, WPg 2021, 991; Winkeljohann/Wirth, Das Zusammenwirken von Aufsichtsrat und Abschlussprüfer– Erlebtes, Erstrebtes, Ergebnis, FS Böcking, 2021, 247; Wolz, Die Festlegung von Wesentlichkeitsgrenzen im deutschen Wirtschaftsprüfungspraxis, ZfbF 2004, 122; Wolz, Wesentlichkeit im Rahmen der Jahresabschlussprüfung, 2003.

Übersicht

A. Überblick

§ 317 regelt neben § 316 den **Gegenstand** der Prüfung des Jahresabschlusses und des **1** Konzernabschlusses. § 317 bestimmt außerdem den **Umfang der Prüfung,** indem er Kriterien für die Prüfung einzelner Prüfungsgegenstände aufstellt; dadurch wird der Umfang der Prüfung allerdings nur mittelbar festgelegt. Weitere Anhaltspunkte für den Umfang der Prüfung ergeben sich aus dem Pflichtinhalt des Prüfungsberichts (§ 321) und des Bestätigungsvermerks (§ 322). Die Art und Weise der Prüfung, insbesondere die Anforderungen an das Verhalten des Prüfers im Rahmen der Planung und Durchführung einer Abschlussprüfung regelt § 317 ebenfalls nicht unmittelbar (s. aber Abs. 5 und 6: Internationale Prüfungsstandards und weitere Abschlussprüfungsanforderungen).[2]

I. KonTraG

§ 317 war durch das KonTraG vom 27.4.1998 (BGBl. 1998 I 786) in einigen zentralen **2** Punkten geändert worden. Danach war die Prüfung so anzulegen, dass Unrichtigkeiten und Verstöße gegen gesetzliche Vorschriften und sie ergänzende Bestimmungen des Gesellschaftsvertrags oder der Satzung, die sich auf die Darstellung des Vermögens-, Finanz- und Ertragslage des Unternehmens (§ 264 Abs. 2) wesentlich auswirken, erkannt werden (Abs. 1 S. 3). Erweitert wurde die Prüfung ferner durch die Pflicht des Abschlussprüfers, den Lagebericht und den Konzernlagebericht darauf zu prüfen, ob die nach § 289 Abs. 1 S. 4 darzustellenden Risiken der künftigen Entwicklung zutreffend dargestellt sind (Abs. 2 S. 2). Neu war schließlich die Pflicht des Prüfers, bei einer Aktiengesellschaft, die Aktien mit amtlicher Notierung ausgegeben hat, im Rahmen der Prüfung zu beurteilen, ob der Vorstand die ihm nach § 91 Abs. 2 AktG obliegenden Maßnahmen in einer geeigneten Form getroffen hat und ob das danach einzurichtende Überwachungssystem seine Aufgaben erfüllen kann (vgl. Abs. 4, der durch das TransPuG vom 19.7.2002 erneut geändert wurde; → Rn. 3). Zielsetzung der Neufassung des § 317 durch das KonTraG war es, die **Qualität der Abschlussprüfung** zu stärken und sie stärker an den Interessen derjenigen auszurichten, die auf der Grundlage bestätigter Jahresabschlüsse bzw. Konzernabschlüsse vermögenswirksame Entscheidungen treffen und entsprechende Maßnahmen ergreifen. Nach der Begründung des KonTraG sollte mit der gesetzlichen Neuregelung in Anlehnung an internationale Standards eine stärkere **Risiko- und Problemorientierung** der Abschlussprüfung erreicht werden.[3] Das erfordert ein risiko- und problemorientiertes Vorgehen bei der Abschlussprüfung.[4]

---

[2] Zur Sicht der Praxis: ISA [DE] 300: Planung einer Abschlussprüfung (Stand: 26.3.2020), IDW Life 2019, 667, IDW Life 2020, 509.

[3] Begr. RegE BT-Drs. 13/9712, 26–27 = ZIP 1997, 2100 (2101). Dazu Ernst WPg 1998, 1025 (1028); Hommelhoff/Mattheus AG 1998, 249 (256); Mattheus ZGR 1999, 682; Moxter BB 1997, 722 (724); Scheffler WPg 2005, 477 (480).

[4] Dazu eingehend BeBiKo/Justhoven/Küster/Bernhardt Rn. 135 ff.; Erkan, Die risikoorientierte Jahresabschlussprüfung. Planung, Strategie und Durchführung, 2019; Nagel, Risikoorientierte Jahresabschlussprüfung: Grundsätze für die Bewältigung des Prüfungsrisikos des Abschlussprüfers, 1997. Zur KI-basierten Datenanalyse im Lichte des risikoorientierten Prüfungsansatzes: Marten/Föhr/McIntosh WPg 2022, 91; Weißenberger WPg 2019, 1123.

II. TransPuG

3   Das TransPuG vom 19.7.2002 (BGBl. 2002 I 2681) erweiterte die Pflicht zur Prüfung des Risikoüberwachungssystems nach Abs. 4 auf alle börsennotierten Aktiengesellschaften. Unbeschadet der verbreiteten Kritik an § 91 Abs. 2 AktG wird die Erstreckung der Prüfungspflicht auf alle börsennotierten Aktiengesellschaften überwiegend als „sachgerecht" empfunden.[5]

III. BilReG

4   Das BilReG vom 4.12.2004 (BGBl. 2004 I 3166) fügte in Abs. 2 S. 1 die Worte „gegebenenfalls auch mit dem Einzelabschluss nach § 325 Abs. 2a" ein; diese Änderung wurde notwendig im Gefolge der Einführung eines Einzelabschlusses nach internationalen Rechnungslegungsstandards (**IFRS/IAS-Einzelabschluss**). Ergänzt wurde darüber hinaus Abs. 2 S. 2: Der Prüfer hat danach nicht nur zu prüfen, ob die Risiken der künftigen Entwicklung in dem (Konzern-)Lagebericht zutreffend dargestellt sind, sondern auch die Chancen.

IV. BilMoG

5   Das BilMoG vom 25.5.2009 (BGBl. 2009 I 1102) hat § 317 um mehrere Bestimmungen ergänzt. Eingefügt wurde in Abs. 2 der S. 3, wonach die Angaben nach § 289a (Erklärung zur Unternehmensführung) in die Prüfung nicht einzubeziehen sind. Neu ist auch die Vorschrift des Abs. 3 S. 2; danach muss der Konzernabschlussprüfer, wenn die Jahresabschlüsse der im Konzernabschluss zusammengefassten Jahresabschlüsse von einem anderen Abschlussprüfer geprüft wurden, die Arbeit des anderen Abschlussprüfers „überprüfen" und seine Prüfung dokumentieren. Angefügt wurde Abs. 5, wonach der Abschlussprüfer bei der Durchführung einer Prüfung die internationalen Prüfungsstandards anzuwenden hat, die von der Europäischen Kommission in dem sog. **Komitologieverfahren** angenommen worden sind.[6] Neu ist außerdem Abs. 6, der das BMJ ermächtigt, im Einvernehmen mit dem Bundesministerium der Wirtschaft durch (nicht der Zustimmung des Bundesrats bedürfende) Rechtsverordnung zusätzlich zu den bei der Durchführung der Abschlussprüfung nach Abs. 5 anzuwendenden internationalen Prüfungsstandards weitere Abschlussprüfungsanforderungen oder die Nichtanwendung von Teilen der internationalen Prüfungsstandards (International Standards on Auditing – ISA) vorzuschreiben, wenn dies durch den Umfang der Abschlussprüfung bedingt ist und den in den Abs. 1–4 genannten Prüfungszielen dient.

V. BilRUG

6   Das Bilanzrichtlinie-Umsetzungsgesetz[7] vom 17.7.2015 (BGBl. 2015 I 1245) ersetzte in Abs. 2 S. 1 die Wörter „eine zutreffende Vorstellung" durch die Wörter „ein zutreffendes Bild". Der Begründung des BilRUG[8] ist zu entnehmen, dass die Ersetzung des Wortes „Vorstellung" durch das Wort **„Bild"** in Abs. 2 S. 1 ausschließlich redaktioneller Natur ist und die Formulierung unter anderem aus § 322 Abs. 2 S. 4 übernommen wurde, um eine Einheitlichkeit herzustellen. Materiell-rechtlich wirkt sich die sprachliche Anpassung mithin nicht aus.[9] Abs. 2 S. 3 ergänzt klarstellend, dass sich die Prüfung des Lageberichts und des Konzernlageberichts auch darauf zu erstrecken hat, ob die gesetzlichen Vorschriften zu ihrer Aufstellung beachtet worden sind. Da die Angaben nach § 289a Abs. 2 HGB und § 315

---

5   S. nur Schüppen ZIP 2002, 1269 (1274).
6   Zu Einzelheiten des Komitologieverfahrens Wolfram. „Underground Law? Abgeleitete Rechtsetzung durch Komitologieverfahren in der EU, 2009; Landgraf, Das neue Komitologieverfahren, 2012, S. 6–10; Töller Integration 36 (2013), 213.
7   Dazu Oser/Orth/Wirtz DB 2015, 197; Blöink/Knoll-Biermann Konzern 2015, 65.
8   Begr. RefE BilRUG, BT-Drs. 18/4050, 76 f.
9   So auch HKMS/Burg Rn. 8.

Abs. 5 HGB (**Erklärung zur Unternehmensführung**) gemäß dem neuen Abs. 2 S. 4 Hs. 1 nicht Gegenstand der Abschlussprüfung sind, muss im Rahmen der Prüfung nur festgestellt werden, ob diese Angaben tatsächlich gemacht wurden; eine weitergehende inhaltliche Prüfung durch den Abschlussprüfer erfolgt nicht (Abs. 2 S. 4 Hs. 2). Die Änderungen in § 317 HGB führen zu keiner sachlichen Änderung des Prüfungsumfangs, da bereits vor dem BilRUG im Prüfungsbericht auszuführen (und damit vorgängig zu prüfen) war, ob die Buchführung und die weiteren rechnungslegungsrelevanten Unterlagen (und hierzu gehört auch der Lage- bzw. Konzernlagebericht) den gesetzlichen Vorschriften entsprechen.[10]

VI. AReG

Das Abschlussprüfungsreformgesetz (AReG) vom 10.5.2016 (BGBl. 2016 I 1142) hat **7** § 317 in einigen zentralen Punkten geändert.[11] Das Gesetz fügte einen neuen Abs. 3a ein, nach dem auf Abschlussprüfungen bei kapitalmarktorientierten Unternehmen (§ 264d) die Vorschriften des dritten Unterabschnitts nur insoweit anzuwenden sind, als nicht die Abschlussprüfungs-VO anzuwenden ist.[12] Diese Bestimmung trägt der Tatsache Rechnung, dass die Bestimmungen der Abschlussprüfungs-VO als unmittelbar anwendbares Recht den Bestimmungen des nationalen Rechts vorgehen.[13] Außerdem fügt das AReG einen neuen Abs. 4a ein, der klarstellt, dass sich – soweit nichts anderes bestimmt ist – die Prüfung *nicht* darauf zu erstrecken hat, ob der **Fortbestand des geprüften Unternehmens** oder die **Wirksamkeit und Wirtschaftlichkeit der Geschäftsführung** zugesichert werden kann („Anti-Erwartungslücke-Klausel"[14]).[15] In Abs. 5 wird eine Aktualisierung vorgenommen. In Abs. 6 werden die Wörter „oder die Nichtanwendung von Teilen der internationalen Prüfungsstandards" gestrichen.

VII. CSR-RL-Umsetzungsgesetz

Das Corporate Social Responsibility-Richtlinie-Umsetzungsgesetz vom 11.4.2017 **8** (BGBl. 2017 I 802) ersetzt Abs. 2 S. 4 durch drei Sätze, die den Umfang der Prüfung der (gesonderten) nichtfinanziellen Erklärung regeln.[16]

VIII. ESEF-UG

Das Gesetz zur weiteren Umsetzung der Transparenzrichtlinie-Änderungsrichtlinie im **9** Hinblick auf ein einheitliches Format für Jahresfinanzberichte (ESEF-UG) vom 12.8.2020 (BGBl. 2020 I 1874) fügte Abs. 3b in das HGB ein.

IX. FISG

Das Gesetz zur Stärkung der Finanzmarktintegrität (FISG) vom 3.6.2021 (BGBl. 2021 **10** I 1534) hob Abs. 3a idF des AREG auf und verschob die Vorschrift (inhaltlich im Wesentlichen unverändert) in den neuen § 316a. Infolge der Verschiebung des Abs. 3a den neuen § 316a wurde aus Abs. 3b idF des ESEF-UG der aktuelle Abs. 3a. Darüber hinaus änderte das FISG § 317 an weiteren Stellen redaktionell. So wurden in Abs. 1 S. 3 und Abs. 2 S. 1 jeweils die Wörter „des Unternehmens" durch die Wörter „der Kapitalgesellschaft" ersetzt.

---

10   IE ebenso HKMS/Burg Rn. 9.
11   S. dazu Blöink/Walter BB 2016, 109; Schüppen NZG 2016, 247.
12   Zu der Frage, wer Unternehmen von öffentlichem Interesse prüft, s. die empirische Untersuchung von Loy/Heidrich WPg 2017, 487 (für die Jahre 2010–2015).
13   HKMS/Burg Rn. 10.
14   Schüppen Rn. 38.
15   HKMS/Burg Rn. 11; Sträter, Gesamturteil des Abschlussprüfers (Wirtschaftsprüfers) nach der Prüfung eines Jahres- oder Konzernabschlusses, Diss. TU Dortmund 2020, S. 74.
16   Zu Einzelheiten: Althoff/Wirth WPg 2018, 1138; Blöink/Halbleib DK 2017, 182; Gundel WPg 2018, 108; Mock ZIP 2017, 1195; Richter/Johne/König WPg 2017, 566; Rimmelspacher/Schäfer/Schönberger KoR 2017, 225; Schäfer/Schröder WPg 2017, 1324.

Und in Abs. 4a wurden die Wörter „des geprüften Unternehmens" durch die Wörter „der geprüften Kapitalgesellschaft" ersetzt.

X. Anwendungsbereich

11   **1. Gesetzlich vorgeschriebene Abschlussprüfungen.** § 317 erfasst alle nach § 316 durchzuführenden Pflichtprüfungen, also die gesetzlich vorgeschriebene Prüfung des Jahresabschlusses und Lageberichts mittelgroßer und großer Kapitalgesellschaften[17] und Personengesellschaften iSd § 264a Abs. 1 sowie die Prüfung der nach §§ 290–293 aufzustellenden Konzernabschlüsse und des Konzernlageberichts; ferner die Prüfung von Kreditinstituten (§ 340k Abs. 1 S. 1 Hs. 1) und Versicherungsunternehmen (§ 341k Abs. 1 S. 1). Auf § 317 verweisen außerdem § 6 Abs. 1 PublG und § 14 Abs. 1 PublG, wobei sich aus der Befreiung von der Pflicht zur Aufstellung eines Anhangs bzw. Lageberichts für bestimmte publizitätspflichtige Unternehmen Besonderheiten ergeben. Abs. 1 S. 2 und 3, Abs. 2 sind auf die Prüfung der Genossenschaft entsprechend anzuwenden (§ 53 Abs. 2 GenG); bei der genossenschaftlichen Pflichtprüfung ist der Prüfungsgegenstand allerdings erweitert (vgl. § 53 Abs. 1 GenG).[18] Umstritten ist, ob die Prüfung auf Verlangen der an einem privatrechtlich organisierten Unternehmen mehrheitlich beteiligten Gebietskörperschaft (§ 53 HGrG) eine Pflichtprüfung iSd §§ 316 ff. darstellt.[19] Für Unternehmen von öffentlichem Interesse ist § 316a zu berücksichtigen.

12   **2. Gesetzlich nicht vorgeschriebene Abschlussprüfungen.** Auf gesetzlich nicht vorgeschriebene (sog. „freiwillige") Abschlussprüfungen (zB kleiner Kapitalgesellschaften iSv § 267 Abs. 1 oder kleiner Personengesellschaften iSv § 264a Abs. 1 – → § 316 Rn. 3 ff.) sind die Bestimmungen des § 317 nur anwendbar, wenn die Satzung oder der Gesellschaftsvertrag der Gesellschaft eine entsprechende Bestimmung enthält.[20] Ein dem § 322 Abs. 1 nachgebildeter Bestätigungsvermerk darf der Abschlussprüfer allerdings nur erteilen, wenn seine Prüfung des Jahresabschlusses nach Gegenstand, Art und Umfang einer gesetzlich angeordneten Prüfung entspricht und die Regelungen des Qualitätssicherungssystems für Abschlussprüfungen nach §§ 316 ff. entsprechend angewandt worden sind (§ 8 Abs. 2 S. 1 BS WP/vBP); andernfalls darf er nur eine sog. **Bescheinigung** erteilen.[21] Besonderheiten können sich hinsichtlich des Gegenstands und des Umfangs der Prüfung daraus ergeben, dass kleine Gesellschaften (§ 267 Abs. 1) keinen Lagebericht aufzustellen haben (§ 264 Abs. 1 S. 3). Abschlussprüfungen können auch Zwischenabschlüsse betreffen.[22] Für sie gilt, sofern sie gesetzlich nicht vorgeschrieben sind, das zu den sog. „freiwilligen" Abschlussprüfungen Gesagte entsprechend.

B. Prüfung des Jahresabschlusses und des Konzernabschlusses (Abs. 1)

I. Ziel

13   Wesentliches Ziel der Abschlussprüfung ist es, festzustellen, ob der Jahresabschluss bzw. der Konzernabschluss den gesetzlichen Vorschriften und sie ergänzende Bestimmungen des Gesellschaftsvertrages oder der Satzung entspricht und der Abschluss unter Beachtung der

---

[17]   Zu den Besonderheiten der Abschlussprüfung kleiner und mittelgroßer Unternehmen IDW PH 9.100.1 (Stand: 29.11.2006), WPg Supp. 1/2007, 53. Dazu Niemann DStR 2005, 663; Siebert WPg 2004, 973.

[18]   Zu Einzelheiten Paschke WPg 2019, 446.

[19]   Mit Recht bejahend Schüppen ZIP 2015, 814; Hopt/Merkt § 316 Rn. 1; aA Kersting ZIP 2014, 2420; Kersting ZIP 2015, 817.

[20]   Vgl. BGH WM 1991, 1951 (1952) = EWiR 1991, 1217 mAnm Schulze-Osterloh; HKMS/Burg Rn. 9; Staub/Habersack/Schürnbrand Rn. 2; Hommelhoff/Priester ZGR 1986, 463 (492); Goerdeler FS Fischer, 1979, 160, 161.

[21]   Vgl. OLG Düsseldorf WM 1995, 1840 (1841); OLG München BB 1996, 1824 = EWiR 1996, 891 mAnm Mankowski. S. ferner Peemöller DStR 2005, 2203; Köhler DB 2006, 1065; HKMS/Burg Rn. 16.

[22]   AG Duisburg DB 1994, 466.

Grundsätze ordnungsmäßiger Buchführung (Abs. 1 S. 1) ein den tatsächlichen Verhältnissen entsprechendes Bild der **Vermögens-, Finanz- und Ertragslage** der Gesellschaft vermittelt (§ 317 Abs. 1 S. 2, § 264 Abs. 2 S. 1). Die Prüfung ist so anzulegen, dass Unrichtigkeiten und Verstöße gegen die in Abs. 1 S. 2 aufgeführten Bestimmungen, die sich auf die Darstellung des sich nach § 264 Abs. 2 ergebenden Bildes der Vermögens-, Finanz- und Ertragslage des Unternehmens wesentlich auswirken, **bei gewissenhafter Berufsausübung** erkannt werden (Abs. 1 S. 3). Zu den **Mindestanforderungen** an eine gesetzliche Abschlussprüfung iSd §§ 316 ff. gehört es, dass (1) die Vorschriften über Gegenstand, Art und Umfang der Prüfung eingehalten werden, (2) der Prüfer über Art und Umfang sowie über das Ergebnis der Prüfung schriftlich und mit der gebotenen Klarheit berichtet (§ 321 Abs. 1 S. 2) und die sonstigen Berichtpflichten gemäß § 321 beachtet und (3) ein (uneingeschränkter bzw. eingeschränkter) Bestätigungsvermerk bzw. ein Vermerk über die Versagung oder ein Nichterteilungsvermerk (sog. „*disclaimer*") iSd § 322 Abs. 2 S. 1 erteilt wird.[23]

II. Gegenstand der Prüfung

1. Jahresabschluss. Gegenstand der Prüfung der Rechnungslegung einer Kapitalgesellschaft iSv § 316 Abs. 1 S. 1 ist der Jahresabschluss, bestehend aus Bilanz, Gewinn- und Verlustrechnung und Anhang (§ 242 Abs. 3, § 264 Abs. 1 S. 1) sowie der Lagebericht (§ 316 Abs. 1 S. 1). Bei kapitalmarktorientierten Kapitalgesellschaften (§ 264d), die nicht zur Aufstellung eines Konzernabschlusses verpflichtet sind, gehört zum Jahresabschluss außerdem die Kapitalflussrechnung und der Eigenkapitalspiegel, die mit der Bilanz, der Gewinn- und Verlustrechnung und dem Anhang eine Einheit bilden (§ 264 Abs. 1 S. 2).[24] Nach Abs. 1 S. 1 ist die **Buchführung** in die Prüfung des Jahresabschlusses einzubeziehen (vgl. § 243).[25] Zur Buchführung zählen die Finanzbuchführung, die Anlagenbuchführung, die Lohn- und Gehaltsbuchhaltung und die Lagerbuchhaltung, ferner das Inventar.[26] Die Kostenrechnung ist nicht unmittelbar Gegenstand der Abschlussprüfung; sie muss aber insoweit in die Prüfung mit einbezogen werden, als sie Grundlage für Ansatz oder Bewertung einzelner Bilanzposten ist.[27] Für die Prüfung einer nach dem Umsatzkostenverfahren aufgestellten Gewinn- und Verlustrechnung (§ 275 Abs. 3) ist die Kostenstellen- und die Kostenträgerrechnung heranzuziehen.[28] Die Prüfung des internen Kontrollsystems ist „unabdingbar", da sie Voraussetzung für die Einschätzung des Kontrollrisikos ist und daher Art, zeitliche Abfolge und Umfang der Prüfungshandlungen durch den Abschlussprüfer bestimmt.[29]   **14**

2. Konzernabschluss. Gegenstand der Prüfung der Konzernrechnungslegung ist der (klar und übersichtlich aufzustellende, § 297 Abs. 2 S. 1) Konzernabschluss, bestehend aus der Konzernbilanz, der Konzern-Gewinn- und Verlustrechnung (§ 305), dem Konzernanhang (§§ 313, 314), der Kapitalflussrechnung (Cashflow-Rechnung) und dem Eigenkapitalspiegel (§ 297 Abs. 1 S. 1) sowie dem Konzernlagebericht (§ 315). Der Konzernabschluss kann um eine Segmentberichterstattung erweitert werden (§ 297 Abs. 1 S. 1). Die für die Prüfung des Jahresabschlusses geltende Pflicht zur Einbeziehung der Buchführung in die Prüfung (Abs. 1 S. 1) gilt für die Konzernabschlussprüfung nicht, weil der Konzern als solcher keiner Buchführungspflicht unterliegt.[30] Die Konzernabschlussprüfung umfasst seit Inkrafttreten des BilReG auch die Kapitalflussrechnung und den Eigenkapitalspiegel (§ 297   **15**

---

23   AllgM: s. statt aller Ebke FS Röhricht, 2005, 839; Gehringer, Abschlussprüfung, Gewissenhaftigkeit und Prüfungsstandards, 2002, S. 48, 49; OLG Brandenburg GmbHR 2001, 865 (866); OLG Düsseldorf openJur 2022, 252 Rn. 24 („Überwachungserfolg").

24   BGH BeckRS 2018, 39375; BGH BeckRS 2019, 2916; BGH BeckRS 2018, 39821.

25   Zu Einzelheiten Graumann Prüfungswesen S. 345–405.

26   Hopt/Merkt Rn. 27; HKMS/Burg Rn. 27. Zu Einzelheiten Graumann Prüfungswesen S. 405–428.

27   Wiedmann/Böcking/Gros/Böcking/Gros/Rabenhorst   Rn. 6;   BeBiKo/Justhoven/Küster/Bernhardt Rn. 5.

28   BeBiKo/Justhoven/Küster/Bernhardt Rn. 5.

29   Wiedmann/Böcking/Gros/Böcking/Gros/Rabenhorst Rn. 8. Zur Praxis der Prüfung des Internen Kontrollsystems Maciuka/Richtering WPg 2019, 1.

30   HKMS/Burg Rn. 18.

Abs. 1 S. 1) sowie die (freiwillige) Segmentberichterstattung (§ 297 Abs. 1 S. 2).[31] Die **Kapitalflussrechnung** soll die in § 297 Abs. 2 S. 2 gebotene Vermittlung eines den tatsächlichen Verhältnissen entsprechenden Bildes der Finanzlage des Konzerns durch Ausweis der Geldströme aus dem laufenden Geschäftsbetrieb, aus Investitionen und aus Finanzierungsmaßnahmen innerhalb des Geschäftsjahres fördern.[32] Der **Eigenkapitalspiegel** soll nachweisen, um welche Beträge sich das Eigenkapital durch Periodenergebnisse und erfolgsneutral behandelte Wertänderungen sowie durch Gewinnausschüttungen und Änderungen des Eigenkapitals durch Transaktionen zwischen Unternehmen und Gesellschaftern in der Berichtsperiode entwickelt hat.[33] Die **Segmentberichterstattung** soll mit wichtigen nach einzelnen Unternehmensbereichen des Konzerns disaggregierten Daten der Rechnungslegung einen Einblick in die Chancen und Risiken bieten, denen Gewinne, Cash-Flows und Vermögen unterliegen.[34] Anders als für die Konzernbilanz, die Konzern-Gewinn- und Verlustrechnung sowie den Konzernanhang enthält das Gesetz keine Vorgaben über Inhalt, Ermittlung und Gliederung von Kapitalflussrechnung, Eigenkapitalspiegel und Segmentberichterstattung.

16   In der Praxis haben die international anerkannten Grundsätze über die Gestaltung der Kapitalflussrechnung (vgl. DRS 21), des Eigenkapitalspiegels (vgl. DRS 22) sowie der Segmentberichterstattung (vgl. DRS 3) große Bedeutung. Zu der Bedeutung der einschlägigen Standards, die der Deutsche Rechnungslegungs-Standards Committee **(DRSC)** verabschiedet hat (vgl. § 342 Abs. 1 S. 1) und die nach Bekanntmachung durch das BMJ (§ 342 Abs. 2) die widerlegbare Rechtsvermutung für sich haben, die Konzernrechnungslegung betreffende Grundsätze ordnungsmäßiger Konzernrechnungslegung zu sein, → § 342 Rn. 1 ff.[35]

C. Prüfung des Lageberichts und des Konzernlageberichts (Abs. 2)

17   Gemäß Abs. 2 S. 1 sind der Lagebericht bzw. der Konzernlagebericht darauf zu prüfen, ob der Lagebericht mit dem Jahresabschluss, ggf. auch mit dem Einzelabschluss nach § 325 Abs. 2a, bzw. der Konzernlagebericht mit dem Konzernabschluss sowie mit den bei der Prüfung gewonnenen Erkenntnissen des Abschlussprüfers in Einklang steht und ob der Lagebericht insgesamt ein **zutreffendes Bild** von der Lage der Kapitalgesellschaft bzw. der Konzernlagebericht insgesamt eine zutreffende Vorstellung von der Lage des Konzerns vermittelt (Abs. 2 S. 1). Dabei ist auch zu prüfen, ob die Chancen und Risiken der künftigen Entwicklung zutreffend dargestellt sind (Abs. 2 S. 2).[36] Die Prüfung des Lageberichts und des Konzernlageberichts hat sich auch darauf zu erstrecken, ob die gesetzlichen Vorschriften zur Aufstellung des Lage- oder Konzernlageberichts beachtet worden sind (Abs. 2 S. 3). Im Hinblick auf die Vorgaben nach den §§ 289b bis 289e und den §§ 315b und 315c ist nur zu prüfen, ob die nichtfinanzielle Erklärung oder der gesonderte nichtfinanzielle Bericht, die nichtfinanzielle Konzernerklärung oder der gesonderte nichtfinanzielle Konzernbericht vorgelegt wurde (Abs. 2 S. 4). Im Fall des § 289b Abs. 3 S. 1 Nr. 2 lit. b ist vier Monate nach dem Abschlussstichtag eine **ergänzende Prüfung** durch denselben Abschlussprüfer durchzuführen, ob der gesonderte nichtfinanzielle Bericht oder der gesonderte nichtfinanzielle Konzernbericht vorgelegt wurde; § 316 Abs. 3 S. 2 gilt entsprechen mit der Maßgabe, dass der Bestätigungsvermerk nur dann zu ergänzen ist, wenn der gesonderte nichtfinanzielle Bericht oder der gesonderte nichtfinanzielle Konzernbericht nicht innerhalb von vier

---

31   Wiedmann/Böcking/Gros/Böcking/Gros/Rabenhorst Rn. 11; HKMS/Burg Rn. 18; zum Berichtsverhalten Sopp/Ceylan WPg 2018, 1513.
32   Vgl. HKMS/Burg Rn. 18. Zu Einzelheiten s. etwa BeBiKo/Störk/Rimmelspacher § 297 Rn. 20 ff.
33   HKMS/Burg Rn. 18. Zu Einzelheiten BeBiKo/Störk/Rimmelspacher § 297 Rn. 100 ff.
34   Vgl. HKMS/Burg Rn. 18. Zu Einzelheiten BeBiKo/Störk/Rimmelspacher § 297 Rn. 150 ff.
35   Zu Einzelheiten des DRSC Ebke ZIP 1999, 1193.
36   BGH BeckRS 2020, 8216; dazu Wöstmann WPg 2020, 1386. Zu Einzelheiten Kajüter BB 2004, 427.

Monaten nach dem Abschlussstichtag vorgelegt worden ist (Abs. 2 S. 5). Die Prüfung der Angaben nach § 289f Abs. 2 und 5 sowie § 315d ist darauf zu beschränken, ob die Angaben gemacht wurden (Abs. 2 S. 6).

I. Prüfungsgegenstand und Prüfungsumfang (Abs. 2 Satz 1)

Seit der Novellierung des Abs. 2 S. 1 durch das am 1.5.1998 in Kraft getretene KonTraG **18** vom 27.4.1998 (BGBl. 1998 I 786) hat der Abschlussprüfer den Lagebericht (§ 289) und den Konzernlagebericht (§ 315) darauf zu prüfen, ob der Lagebericht mit dem Jahresabschluss, ggfs. auch mit dem Einzelabschluss nach § 325 Abs. 2a, und der Konzernlagebericht mit dem Konzernabschluss[37] sowie mit den bei der Prüfung gewonnenen Erkenntnissen des Abschlussprüfers im Einklang stehen und ob der Lagebericht **„insgesamt ein zutreffendes Bild"** von der Lage der Kapitalgesellschaft und der Konzernlagebericht „insgesamt ein zutreffendes Bild" von der Lage des Konzerns vermittelt (Abs. 2 S. 1).[38] Das BilReG hat Abs. 2 S. 1 insoweit unverändert gelassen. Eingefügt wurde lediglich der Nebensatz „gegebenenfalls auch mit dem Einzelabschluss nach § 325 Abs. 2a". Diese Änderung wurde im Gefolge der Einführung eines Einzelabschlusses nach internationalen Rechnungslegungsstandards (sog. IFRS/IAS-Einzelabschluss) notwendig. Stellt das zu prüfende Unternehmen zum Zwecke der Offenlegung einen Einzelabschluss nach den in § 315e Abs. 1 bezeichneten internationalen Rechnungslegungsstandards auf, so muss der Lagebericht nach § 289 in dem erforderlichen Umfang auch auf diesen Einzelabschluss Bezug nehmen (vgl. § 325 Abs. 2a S. 4). Daher muss der Abschlussprüfer nach Abs. 2 S. 1 auch prüfen, ob der Lagebericht mit dem Einzelabschluss nach § 325 Abs. 2a in Einklang steht. Das Bilanzrichtlinie-Umsetzungsgesetz[39] vom 17.7.2015 (BGBl. 2015 I 1245) ersetzte in Abs. 2 S. 1 die Wörter „eine zutreffende Vorstellung" durch die Wörter „ein zutreffendes Bild". Der Begründung des BilRUG[40] ist zu entnehmen, dass die Ersetzung des Wortes „Vorstellung" durch das Wort **„Bild"** in Abs. 2 S. 1 ausschließlich redaktioneller Natur ist und die Formulierung unter anderem aus § 322 Abs. 2 S. 4 übernommen wurde, um eine Einheitlichkeit herzustellen. Materiell-rechtlich wirkt sich die sprachliche Anpassung mithin nicht aus.[41]

Nach Abs. 2 S. 1 hat der Prüfer eine Aussage über zwei Prüfungsbereiche zu treffen **19** („in Einklang stehen" und „zutreffendes Bild von der Lage der Kapitalgesellschaft bzw. des Konzerns"). Maßgebend für die Beurteilung ist der **Gesamteindruck** des Prüfers; Auffassungsunterschiede in unbedeutenden Einzelpunkten können daher unberücksichtigt bleiben, sofern sie sich auf den Gesamteindruck nicht nachteilig auswirken. Soweit der (Konzern-)Lagebericht über die Vergangenheit berichtet, hat der Abschlussprüfer die zugrunde liegenden Tatsachen und Annahmen zu überprüfen.[42] **Zukunftsorientierte Aussagen** im (Konzern-)Lagebericht (s. etwa § 289 Abs. 1 S. 4, § 315 Abs. 1 S. 5: „die voraussichtliche Entwicklung") sind auf Plausibilität und auf Übereinstimmung mit den von dem Prüfer im Rahmen der Prüfung sonst gewonnenen Erkenntnissen zu prüfen.[43] Es ist also zu prüfen, ob die prognostischen Angaben vor dem Hintergrund der Angaben im Jahres- bzw. Konzernabschluss plausibel erscheinen und ob die für die Prognoseerstellung

---

[37] Die gesetzlichen Anforderungen an den Konzernlagebericht (§ 315) werden konkretisiert durch DRS 15: Lageberichterstattung sowie DRS 5: Risikoberichterstattung. Die Beachtung der die Konzernrechnungslegung betreffenden Grundsätze ordnungsmäßiger Buchführung wird vermutet, soweit die Empfehlungen des DRSC beachtet wurden (§ 342 Abs. 2).

[38] Schüppen Rn. 18 hält die erste und zweite der in Abs. 2 genannten Anforderungen für redundant, „weil der Jahresabschluss nach den gesetzlichen Bestimmungen ein zutreffendes Bild der Vermögens-, Finanz- und Ertragslage vermitteln muss und ein mit diesem Jahresabschluss in Einklang stehender Lagebericht damit zwangsläufig [ein] zutreffendes Bild] von der Lage des Unternehmens vermittelt, soweit dies im Rahmen der gesetzlichen Vorschriften möglich ist."

[39] S. dazu Oser/Orth/Wirtz DB 2015, 197; Blöink/Knoll-Biermann Konzern 2015, 65.

[40] Begr. RefE BilRUG, BT-Drs. 18/4050, 76f.

[41] So auch HKMS/Burg Rn. 8.

[42] Baumbach/Hueck/Schulze-Osterloh, 18. Aufl. 2006, GmbHG § 41 Rn. 80.

[43] Baumbach/Hueck/Schulze-Osterloh, 18. Aufl. 2006, GmbHG § 41 Rn. 80; BeBiKo/Justhoven/Küster/ Koch Rn. 56.

grundlegenden Annahmen und Wirkungszusammenhänge, die Art der Schätzung sowie deren Zeithorizont hinreichend erläutert wurden.[44] Der Abschlussprüfer hat auch zu prüfen, ob die Ausführungen zu den **finanziellen Leistungsindikatoren** (§ 289 Abs. 1 S. 3, § 315 Abs. 1 S. 3) und ggf. den nichtfinanziellen Leistungsindikatoren wie Informationen über Umwelt- und Arbeitnehmerbelange (§ 289 Abs. 3, § 315 Abs. 1 S. 4) dazu beitragen, ein zutreffendes Bild von der Lage der Kapitalgesellschaft oder dem Geschäftsverlauf zu vermitteln. Darüber hinaus ist die Beachtung des **Stetigkeitsgrundsatzes** bei der Verwendung und Darstellung der Kennzahlen und Indikatoren zu prüfen. Sofern der Lagebericht mit dem Jahresabschluss und ergänzenden Informationen unter gesonderter Kennzeichnung in einem „Geschäftsbericht" zusammengefasst wird, unterliegen die sonstigen Informationen, die erkennbar losgelöst von dem Lagebericht und von dem Jahresabschluss gegeben werden, nicht der Prüfung durch den Abschlussprüfer. Stellt der Abschlussprüfer bei Wahrnehmung seiner Aufgaben fest, dass die sonstigen Informationen einen falschen Eindruck von der Lage des Unternehmens vermitteln, so hat er aber eine Richtigstellung zu veranlassen.[45]

20   Der (Konzern-)Lagebericht ist mit derselben **Sorgfalt** zu prüfen wie der Jahres- bzw. Konzernabschluss.[46] Die Prüfung der prognostischen Angaben setzt voraus, dass der Abschlussprüfer sich zunächst von der Zuverlässigkeit und Funktionsfähigkeit des unternehmerischen Planungssystems überzeugt, soweit dieses für die Herleitung der Angaben im Lagebericht von Bedeutung ist. Zum Prüfungsablauf und den erforderlichen Prüfungshandlungen s. aus Sicht des Berufsstands IDW PS 350: Prüfung des Lageberichts im Rahmen der Abschlussprüfung (Stand: 29.10.2021).[47] Die Angaben des Lageberichts sind daraufhin zu prüfen, ob sie den **Grundsätzen der Lageberichterstattung** entsprechen. Dabei sind auch solche Angaben innerhalb des Lageberichts, die über die Kataloge der §§ 289, 315 hinausgehen, grundsätzlich uneingeschränkt zu prüfen. Im Hinblick auf die Berichts- und Bestätigungspflichten des Prüfers gemäß §§ 321, 322 ist bei der Abschlussprüfung eine Gesamtwürdigung des mit dem (Konzern-)Lagebericht vermittelten Bildes von der Lage der Kapitalgesellschaft bzw. des Konzerns und seiner künftigen Entwicklung aus Sicht des Abschlussprüfers vorzunehmen.

II. Chancen und Risiken (Abs. 2 S. 2)

21   **1. Plausibilitätsprüfung.** Abs. 2 Satz 2 verpflichtet den Prüfer darüber hinaus zu prüfen, ob die Chancen und Risiken der künftigen Entwicklung im Lagebericht bzw. Konzernlagebericht zutreffend dargestellt sind.[48] Nach Abs. 2 S. 2 idF des KonTraG musste das Unternehmen lediglich über die Risiken der künftigen Entwicklung berichten; über die **Chancen** konnte es freiwillig berichten, dadurch durften die **Risiken** der künftigen Entwicklung aber nicht in einem falschen Licht erscheinen.[49] Die Erweiterung der Prüfung auf die Darstellung der Chancen der zukünftigen Entwicklung ist eine Folgeänderung einer entsprechenden Erweiterung der Berichterstattung im Lagebericht (§ 289 Abs. 1 S. 4) und im Konzernlagebericht (§ 315 Abs. 1 S. 5).[50] Abs. 2 S. 2 verlangt nicht, dass der Prüfer seine eigene Prognose über die voraussichtliche Entwicklung der Kapitalgesellschaft mit ihren

---

[44] BeBiKo/Justhoven/Küster/Bernhardt Rn. 60–61. Zu Einzelheiten Scherff/Willeke StuB 2006, 143.

[45] IDW PS 202: Die Beurteilung von zusätzlichen Informationen, die von Unternehmen zusammen mit dem Jahresabschluss veröffentlicht werden (Stand: 9.9.2010), WPg Supp. 4/2010, 1.

[46] BeBiKo/Justhoven/Küster/Bernhardt Rn. 53.

[47] IDW PS 350: Prüfung des Lageberichts im Rahmen der Abschlussprüfung (Stand: 29.10.2021), IDW Life 2022, 45. Zu Einzelheiten Singer/Wullenkord WPg 2020, 119. Zur Prüfung der Prognoseberichterstattung bei KMU gemäß IDW PS 350 nF vor dem Hintergrund der COVID 19-Pandemie: Schorn/Babicheva WPg 2021, 208.

[48] BeBiKo/Justhoven/Küster/Bernhardt Rn. 60–61. Zu Einzelheiten etwa Kirsch/Scheele WPg 2005, 1149.

[49] → 1. Aufl. 2001, § 317 Rn. 53.

[50] § 289 Abs. 1 S. 4, § 315 Abs. 1 S. 5 sprechen von der „voraussichtlichen Entwicklung mit ihren wesentlichen Chancen und Risiken" (Hervorhebung des Verf.), § 317 Abs. 2 S. 2 verpflichtet den Prüfer dagegen zu prüfen, „ob die Chancen und Risiken der künftigen Entwicklung zutreffend dargestellt sind".

wesentlichen Chancen und Risiken an die Stelle der Prognose des Vorstandes setzt.[51] Es gilt vielmehr der Grundsatz, dass für die Darstellung der Lage der Kapitalgesellschaft die Geschäftsführung der rechnungslegenden Gesellschaft allein verantwortlich ist (vgl. § 322 Abs. 2 S. 2) und der Prüfer nur die „Plausibilität" dieser Darstellung prüfen kann.[52] Der Abschlussprüfer muss sich demnach hinreichende Gewissheit darüber verschaffen, ob die Geschäftsführung alle verfügbaren Informationen verwendet hat, ob die grundlegenden Annahmen realistisch und in sich widerspruchsfrei sind, ob Prognoseverfahren richtig gehandhabt wurden und ob alle erforderlichen Tatsachen in die Entscheidung einbezogen wurden.[53] Die der Darstellung zugrunde liegenden Erwartungen müssen realitätsnah sein. Die Prüfung stellt somit der Sache nach eine **Plausibilitätsprüfung** dar.[54] Darüber hinaus ist zu prüfen, ob nicht durch die Darstellungsform oder die Wortwahl eine irreführende Vorstellung von den Chancen und Risiken der Kapitalgesellschaft bzw. des Konzerns vermittelt wird.[55] Für die Wahrheit und Vollständigkeit der Darstellung der Unternehmenslage – und damit auch für die Aussagen über die voraussichtliche Entwicklung mit ihren wesentlichen Chancen und Risiken (§ 289 Abs. 1 S. 4, § 315 Abs. 1 S. 5) – trägt nicht der Abschlussprüfer die Verantwortung, sondern nach wie vor die gesetzlichen Vertreter (vgl. § 322 Abs. 2 S. 2: „dass die gesetzlichen Vertreter den Abschluss zu verantworten haben").[56]

2. Auslegung und Anwendung. Bei der Auslegung und Anwendung des Tatbe- **22** standsmerkmals „Chancen und Risiken" (Abs. 2 S. 2) ist zu berücksichtigen, dass mit jeder unternehmerischen Tätigkeit Chancen und Risiken verbunden sind.[57] Abs. 2 S. 2 geht es nicht um derartige allgemeine Chancen und Risiken, sondern um **besondere Chancen und Risiken,** die über die in dem Jahresabschluss bzw. Konzernabschluss bereits abgebildeten Chancen (positive Erwartungen) und Risiken (Abwertungen, Rückstellungen) hinausgehen. Der Prüfer muss auf der Grundlage der Angaben der Gesellschaft und anhand eigener bei der Prüfung gewonnener Erkenntnisse die Risikofaktoren und die positiven Erwartungen sorgfältig analysieren. Einzubeziehen sind grundsätzlich sämtliche positiven Erwartungen, aber auch die Risiken aus dem unternehmerischen Umfeld der betreffenden Kapitalgesellschaft, insbesondere Risiken aus der Entwicklung der Absatz- und Beschaffungsmärkte, aus der Änderung der Produktionsverfahren, aus neuen Technologien, aus veränderten rechtlichen Rahmenbedingungen (zB Werbeverboten für Alkohol oder Tabakwaren), aus veränderten ökologischen (zB Dürren), gesundheitlichen (zB Pandemie) oder politischen (zB Krieg) Gegebenheiten für die Kapitalgesellschaft sowie aus sich wandelnden Wettbewerbsverhältnissen, aber auch Risiken wegen fehlender Innovationen oder auslaufender Patentrechte.[58]

---

[51] HKMS/Burg Rn. 79 („… dass der Abschlussprüfer nicht eine eigene Einschätzung abgibt").

[52] Ernst WPg 1998, 1025 (1028); Mattheus ZGR 1999, 682 (699). AA Forster WPg 1998, 41 (46). Krit. auch Moxter BB 1997, 722 (724) („überflüssig").

[53] Vgl. Begr. RegE KonTraG BT-Drs. 13/9712, 27.

[54] BeBiKo/Justhoven/Küster/Bernhardt Rn. 60; Schüppen Rn. 18; Staub/Habersack/Schürnbrand Rn. 16; HKMS/Burg Rn. 79; Wiedmann/Böcking/Gros/Böcking/Gros/Rabenhorst Rn. 24; Hopt/Merkt Rn. 7. Vgl. OLG Düsseldorf BB 1996, 2614 (2615). Es versteht sich von selbst, dass der Abschlussprüfer über ausreichende Kenntnisse über die Geschäftstätigkeit sowie das wirtschaftliche und rechtliche Umfeld des prüfungspflichtigen Unternehmens verfügen muss; vgl. IDW PS 230: Kenntnisse über die Geschäftstätigkeit sowie das wirtschaftliche und rechtliche Umfeld des zu prüfenden Unternehmens im Rahmen der Abschlussprüfung (Stand: 8.12.2005), WPg 2006, 218; s. ferner ISA [DE] 315 (Revised): Identifizierung und Beurteilung der Risiken wesentlich falscher Darstellungen aus dem Verständnis von der Einheit und ihrem Umfeld (Stand: 26.3.2020), IDW Life 2019, 669, IDW Life 2020, 509.

[55] Staub/Habersack/Schürnbrand Rn. 17.

[56] Zutr. Mattheus ZGR 1999, 682 (700); Hopt/Merkt Rn. 7.

[57] Vgl. BGH WM 2020, 987 Rn. 34 („Zwar ist die Prüfung des Jahresabschlusses und des Lageberichts von Kapitalgesellschaften durch einen Abschlussprüfer keine umfassende Rechts- und Wirtschaftsprüfung, sondern nur eine Rechnungslegungsprüfung. Sie hat allerdings zum Ziel, dass Unrichtigkeiten und Rechtsverstöße, die sich auf die Darstellung des Bildes der Vermögens-, Finanz- und Ertragslage der Kapitalgesellschaft wesentlich auswirken, bei gewissenhafter Berufsausübung erkannt werden").

[58] Schindler/Rabenhorst BB 1998, 1886 (1891); Forster WPg 1998, 41 (46); Kirsch/Scheele WPg 2005, 1149; HKMS/Burg Rn. 81.

23   **Allgemeine Risiken** können eine Berichtspflicht auslösen, soweit aus ihnen bei vernünftiger Würdigung aller Umstände wesentliche Rückwirkungen auf die betreffende Kapitalgesellschaft zu erwarten sind. Hierzu gehören beispielweise bei einem stark export- bzw.
importabhängigen Unternehmen dauernde Veränderungen von Wechselkursen[59] oder
nachhaltige Beschränkungen des internationalen Zahlungs-, Kapital-[60] oder Handelsver-
kehrs, ferner nationale oder supranationale Maßnahmen (zB Erfüllungsverbote), die auf
Resolutionen des Sicherheitsrates der Vereinten Nationen beruhen (wie im Falle der Irak-,
Russland- oder Nordkorea-Embargos).[61] Es ist nicht nur über solche Risiken zu berichten,
die den Bestand der Kapitalgesellschaft zu gefährden geeignet sind, sondern auch über
solche, die die künftige Entwicklung der Kapitalgesellschaft wesentlich und nachhaltig belasten können, ohne **bestandsgefährdend** zu sein.[62] Nach Sinn und Zweck des Abs. 2 S. 2
sind mit „Risiken" nur solche Risiken gemeint, die einen wesentlichen Einfluss auf die
Vermögens-, Finanz- und Ertragslage haben können.[63] Baetge/Schulze haben zu Recht
darauf hingewiesen, dass Abs. 2 S. 2 daher eine „verlustorientierte Sichtweise" erfordert.[64]

24   **3. Zielkonflikt.** Bei wirtschaftlichen Schwierigkeiten der Kapitalgesellschaft besteht
ein Zielkonflikt zwischen den Informationsinteressen der Adressaten des (Konzern-)Lagebe-
richts und dem Wunsch der Gesellschaft, durch die Darstellung der einschlägigen Risiken
den Fortbestand der Gesellschaft nicht zu gefährden (*self-fulfilling prophecy*) (→ § 322
Rn. 59).[65] Im Einzelfall ist der Zielkonflikt mit Hilfe des allgemeinen Grundsatzes der
Güter- und Pflichtenabwägung zu lösen, wobei die Informationsinteressen der (Kon-
zern-)Lageberichtsadressaten nach einer Ansicht „tendenziell",[66] nach anderer Ansicht „fast
ausnahmslos"[67] Vorrang genießen sollen. Aus juristischer Sicht verbietet sich jede schematische Lösung; entscheidend ist das Ergebnis der **Güter- und Pflichtenabwägung** im Einzelfall. In keinem Fall darf die Darstellung der Chancen und Risiken „saldiert" erfolgen;[68]
insbesondere darf eine Berichterstattung über Risiken der künftigen Entwicklung (= Ver-
lustgefahren) nicht deshalb unterbleiben, weil die Gewinnchancen aus der künftigen
Geschäftstätigkeit voraussichtlich stark überwiegen.[69]

III. Einhaltung der gesetzlichen Vorschriften (Abs. 2 S. 3)

25   Abs. 2 S. 3, der durch das Bilanzrichtlinie-Umsetzungsgesetz[70] vom 17.7.2015 (BGBl.
2015 I 1245) in das Gesetz eingefügt wurde, ergänzt klarstellend, dass sich die Prüfung des
Lageberichts und des Konzernlageberichts auch darauf zu erstrecken hat, ob die gesetzlichen

---

[59] Schindler/Rabenhorst BB 1998, 1886 (1891); HKMS/Burg Rn. 82; s. dazu Dicken, 150 Jahre Krisen,
Bilanzskandale und Reformbedarf, 2021, 22-23 (betr. den „Devisenskandal" bei der Volkswagen AG
1986).

[60] Zu möglichen Erscheinungsformen Ebke, Internationales Devisenrecht, 1990, 46; s. ferner Ebke
ZVglRWiss 115 (2016), 299; speziell mit Blick auf die Staatsverschuldung Ebke ZVglRWiss 121 (2022),
258.

[61] Zu den Auswirkungen internationaler Embargos auf privatrechtliche Schuldverträge Neumann, Internationale Handelsembargos und privatrechtliche Verträge, 2001, 209 ff.; zu devisen- und währungsrechtli-
chen Eingriffen Ebke FS Wolfrum, 2012, 17.

[62] Vgl. Küting/Hütten AG 1997, 250 (252); Schindler/Rabenhorst BB 1998, 1886 (1891); vgl. auch OLG
Stuttgart BeckRS 2006, 5144 („risikoträchtige, wegweisende Entscheidungen").

[63] IdS auch Schindler/Rabenhorst BB 1998, 1886 (1891); Graumann Prüfungswesen S. 461.

[64] Baetge/Schulze DB 1998, 937 (940).

[65] Allgemein Frey, Die self-fulfilling prophecy in der Abschlussprüfung – eine empirische Analyse, 2014.
S. aber auch Günther, Die Unabhängigkeit des Abschlussprüfers bei privaten Unternehmen in Deutschland, 2019, S. 141 ff., der darauf hinweist, dass gegen die „self-fulfilling prophecy" die „self-defeating
prophecy" wirken kann, also eine „Vorhersage, die selber verhindert, dass sie eintritt".

[66] Schindler/Rabenhorst BB 1998, 1886 (1891).

[67] Küting/Hütten AG 1997, 250 (255); ähnlich Baetge/Schulze DB 1998, 937 (943).

[68] Wiedmann/Böcking/Gros/Böcking/Gros/Rabenhorst Rn. 23; Hopt/Merkt Rn. 7.

[69] Hopt/Merkt Rn. 7.

[70] Dazu Oser/Orth/Wirtz DB 2015, 197; Blöink/Knoll-Biermann Konzern 2015, 65.

Vorschriften zur Aufstellung des Lage- oder Konzernlageberichts beachtet worden sind.[71] Die Änderung in Abs. 2 S. 3 führt zu keiner sachlichen Änderung des Prüfungsumfangs, da bereits vor dem BilRUG im Prüfungsbericht auszuführen (und damit vorher zu prüfen) war, ob die Buchführung und die weiteren rechnungslegungsrelevanten Unterlagen (und hierzu gehört auch der Lage- bzw. Konzernlagebericht) den gesetzlichen Vorschriften entsprechen.[72]

IV. Nichtfinanzielle (Konzern-)Erklärung oder gesonderter nichtfinanzieller (Konzern-)Bericht (Abs. 2 S. 4)

Abs. 2 S. 4, der durch das CSR-Richtlinie-Umsetzungsgesetz vom 11.4.2017 (BGBl. **26** 2017 I 802) in das Gesetz eingefügt wurde, schränkt die Prüfungspflicht des Abschlussprüfers ein. Danach ist im Hinblick auf die Vorgaben nach den §§ 289b–289e und den § 315b und § 315c nur zu prüfen, ob die nichtfinanzielle Erklärung oder der gesonderte nichtfinanzielle Bericht bzw. die nichtfinanzielle Konzernerklärung oder der gesonderte nichtfinanzielle Konzernbericht vorgelegt wurde. Die nichtfinanzielle (Konzern-)Erklärung bzw. der gesonderte nichtfinanzielle (Konzern-)Bericht[73] unterliegt mithin nur einer formellen Prüfung dahingehend, ob diese Erklärung bzw. dieser Bericht vorgelegt wurden (bloße **„Existenzprüfung"**[74]).[75] Eine inhaltliche Prüfung durch den gesetzlichen Abschlussprüfer ist nicht vorgeschrieben. Die formelle Prüfung durch den Abschlussprüfer schließt allerdings ein kritisches Lesen iSv IDW PS 202.6–202.10a ein.[76]

V. Gesonderter nichtfinanzieller (Konzern-)Bericht (Abs. 2 S. 5)

Eine weitere Einschränkung der Prüfungspflicht ergibt sich aus (dem ebenfalls durch **27** das CSR-Richtlinie-Umsetzungsgesetz vom 11.4.2017 in das HGB eingefügten) Abs. 2 S. 5 Hs. 1 für die ergänzende Prüfung des Prüfers des Jahresabschlusses, ob die Kapitalgesellschaft iSd § 289b Abs. 1 vier Monate nach dem Abschlussstichtag, wie von § 289b Abs. 3 S. 1 Nr. 2 lit. b gefordert, den gesonderten nichtfinanziellen Bericht bzw. den gesonderten nichtfinanziellen Konzernbericht auf ihrer Internetseite öffentlich zugänglich gemacht hat.[77] Nach Abs. 2 S. 5 Hs. 2 gilt § 316 Abs. 3 S. 2 (Nachtragsprüfung) entsprechend mit der Maßgabe, dass der Bestätigungsvermerk nur dann zu ergänzen ist, wenn der gesonderte nichtfinanzielle Bericht oder der gesonderte nichtfinanzielle Konzernbericht nicht **innerhalb von vier Monaten** nach dem Abschlussstichtag vorgelegt worden ist. Auswirkungen auf die Wirksamkeit des ursprünglichen Bestätigungsvermerks haben die Nachtragsprüfung und die Ergänzung des Bestätigungsvermerks wie im Rahmen von § 316 Abs. 3 nicht.[78] Wurde der gesonderte nichtfinanzielle (Konzern-)Bericht entweder gar nicht oder verspätet veröffentlicht, ist der Bestätigungsvermerk zu ergänzen.[79] Ergibt die nachgeschaltete Prüfung keine Beanstandungen, ist der Bestätigungsvermerk nicht zu ergänzen und es findet auch keine Kommunikation gegenüber der Öffentlichkeit statt.[80]

---

[71]   Zur adressatengerechten Finanzberichterstattung im Lichte der CSR-Berichtspflichten Wagner/Mayer/ Kubessa WPg 2018, 935.

[72]   IE ebenso HKMS/Burg Rn. 96; Hopt/Merkt Rn. 7.

[73]   Dazu näher Althoff/Wirth WPg 2018, 1138; Blöink/Halbleib Der Konzern 2017, 182; Rimmelspacher/ Schäfer/Schönberger KoR 2017, 225; Kirsch/Huter WPg 2017, 1017.

[74]   Schüppen Rn. 20.

[75]   Hopt/Merkt Rn. 7; Wiedmann/Böcking/Gros/Böcking/Gros/Rabenhorst Rn. 29; BeBiKo/Justhoven/Küster/Bernhardt Rn. 70–71.

[76]   IDW PS 202: Die Beurteilung von zusätzlichen Informationen, die von Unternehmen zusammen mit dem Jahresabschluss veröffentlicht werden (Stand: 9.9.2010), WPg Supp. 4/2010, 1.

[77]   BeBiKo/Justhoven/Küster/Bernhardt Rn. 70; HKMS/Burg Rn. 91.

[78]   HKMS/Burg Rn. 91; Hopt/Merkt Rn. 7.

[79]   Wiedmann/Böcking/Gros/Böcking/Gros/Rabenhorst Rn. 29.

[80]   Schüppen Rn. 21.

VI. Erklärung zur Unternehmensführung (Abs. 2 S. 6)

28   Darüber hinaus schränkt auch Abs. 2 S. 6 idF des CSR-Richtlinie-Umsetzungsgesetzes die Prüfungspflicht des Abschlussprüfers ein. Börsennotierte Aktiengesellschaften haben eine Erklärung zur Unternehmensführung in ihren Lagebericht aufzunehmen, die dort einen gesonderten Abschnitt bildet (§ 289f Abs. 1 S. 1).[81] Die Erklärung kann auch auf der **Internetseite** der Gesellschaft öffentlich zugänglich gemacht werden (§ 289f Abs. 1 S. 2).[82] In diesem Fall ist in den Lagebericht eine Bezugnahme aufzunehmen, welche die Angabe der Internetseite enthält (§ 289f Abs. 1 S. 3).

29   In die Erklärung zur Unternehmensführung sind aufzunehmen: (1) die Erklärung gemäß § 161 AktG **(Erklärung zum Corporate Governance Kodex),** (2) relevante Angaben zu Unternehmensführungspraktiken, die über die gesetzlichen Anforderungen hinaus angewandt werden, nebst Hinweis, wo sie öffentlich zugänglich sind und (3) eine Beschreibung der Arbeitsweise von Vorstand und Aufsichtsrat sowie der Zusammensetzung und Arbeitsweise von deren Ausschüsse (§ 289f Abs. 2 Nr. 1–3). Weitere Angaben betreffen die Zielgrößen für den **Frauenanteil,**[83] Angaben zur geschlechterspezifischen Mindestbesetzung des Aufsichtsrats und Angaben zum Diversitätskonzept (§ 289f Abs. 2 Nr. 4–6).[84] Gemäß **Abs. 2 S. 6** ist die Prüfung der Angaben nach § 289f Abs. 2 und 5 darauf zu beschränken, ob die Angaben gemacht wurden. Die inhaltliche Richtigkeit der Angaben ist im Rahmen der Pflichtprüfung durch den Abschlussprüfer mithin nicht zu prüfen.[85] Das gilt auch für die Erläuterung nach § 289f Abs. 5, sofern eine Gesellschaft kein Diversitätskonzept verfolgt.[86] Entsprechendes gilt nach Abs. 2 S. 6 für die **Konzernerklärung zur Unternehmensführung** (§ 315d). Nach IDW PS 202.6–202.10a muss der Prüfer die in dem (Konzern-)Lagebericht enthaltene (Konzern-)Erklärung zur Unternehmensführung aber „kritisch lesen".[87]

D. Jahresabschlüsse konzernzugehöriger Tochtergesellschaften (Abs. 3)

I. Überprüfen und Dokumentieren

30   Der Abschlussprüfer des Konzernabschlusses hat auch die im Konzernabschluss zusammengefassten Jahresabschlüsse, insbesondere die konsolidierungsbedingten Anpassungen, in entsprechender Anwendung des Abs. 1 zu prüfen (Abs. 3 S. 1). Konsolidierungsbedingte Anpassungen iSv Abs. 3 S. 1 sind nicht nur Konsolidierungsmaßnahmen, sondern auch Änderungen, die in der Handelsbilanz II wegen der Einheitlichkeit von Bilanzansatz und Bewertung im Konzernabschluss vorgenommen werden.[88] Die Prüfungspflicht gilt auch

---

[81]   Zu Einzelheiten der Änderungen bezüglich der (Konzern-)Erklärung zur Unternehmensführung durch das BilRUG Schäfer/Rimmelspacher DB Beil. 5/2015, 57; Möckelmann, Die externe Risikoberichterstattung der Unternehmen und Konzerne, 2021, S. 219 ff.

[82]   Eibelshäuser/Stein Der Konzern 2008, 486 (492).

[83]   Der HFA des IDW hat am 24.1.2022 die Aufhebung von IDW PH 9.350.1: Angaben zur Frauenquote als Bestandteil der Erklärung zur Unternehmensführung auf Bestätigungsvermerk und Prüfungsbericht (Stand: 6.1.2017), IDW Life 2017, 249, beschlossen. Dazu Rimmelspacher/Kliem WPg 2021, 1460. Hintergrund dieser Maßnahme sind Gesetzesänderungen betr. die Erklärung zur Unternehmensführung: das Zweite Führungspositionengesetz (FüPoG II) v. 7.8.2021 (BGBl. 2021 I 3311), das am 12.8.2021 in Kraft getreten ist. Das Gesetz hat ua die Inhalte der (Konzern-)Erklärung zur Unternehmensführung (§§ 289f, 315d HGB) und die Bußgeldvorschriften für Ordnungswidrigkeiten im Zusammenhang mit der (Konzern-)Erklärung zur Unternehmensführung (§ 334 Abs. 1) geändert. Siehe jetzt IDW EPS 351: Die formelle Prüfung der Angaben zur Frauenquote als Bestandteil der Erklärung der Unternehmensführung (Stand: 21.2.2023), IDW Life 2023, 317.

[84]   Velte WPg 2018, 477.

[85]   HKMS/Burg Rn. 91; BeBiKo/Justhoven/Küster/Bernhardt Rn. 73; Hopt/Merkt Rn. 7; Schüppen Rn. 23.

[86]   Wiedmann/Böcking/Gros/Böcking/Gros/Worret § 289f Rn. 35.

[87]   IDW PS 202: Die Beurteilung von zusätzlichen Informationen, die von Unternehmen zusammen mit dem Jahresabschluss veröffentlicht werden (Stand: 9.9.2010), WPg Supp. 2010, 1.

[88]   Vgl. BegrRefE KonTraG ZIP 1997, 2100 (2101); BeBiKo/Justhoven/Küster/Bernhardt Rn. 36.

für den Jahresabschluss von Tochterunternehmen, die selbst nach § 264 Abs. 3 und 4 von der Prüfungspflicht befreit sind.[89] Nach Abs. 3 S. 2, der durch das BilMoG vom 25.5.2009 (BGBl. 2009 I 1102) in das HGB eingefügt wurde, muss der Konzernabschlussprüfer, wenn die Jahresabschlüsse von einem anderen Abschlussprüfer geprüft worden sind, dessen Arbeit „überprüfen" und dies dokumentieren.[90] Der Konzernabschlussprüfer muss also den Jahresabschluss (einschließlich der Buchführung, Abs. 1 S. 1) der Tochterunternehmung iSv § 264 Abs. 3 und 4 **„überprüfen"**, ohne zum Abschlussprüfer des Tochterunternehmens gewählt zu sein, ohne einen besonderen Prüfungsauftrag erhalten zu haben und ohne einen Prüfungsbericht und einen Bestätigungsvermerk erstellen zu müssen.[91] Damit sind die nach bisherigem Recht zulässige Praxis und die Einschränkungen bezüglich Tochterunternehmen mit Sitz im Ausland nicht mehr zulässig. Abs. 3 S. 2 trägt Art. 1 Nr. 22 Abschlussprüfer-RL idF der RL 2014/56/EU vom 16.4.2014 (ABl. EU 2014 L 158, 196) Rechnung. Diese Vorschrift verpflichtet die Mitgliedstaaten, sicherzustellen, dass bei der Abschlussprüfung der konsolidierten Abschlüsse eines Konzerns der Konzernabschlussprüfer in Bezug auf die konsolidierten Abschlüsse „die volle Verantwortung" für den Bestätigungsvermerk trägt und dass der Konzernabschlussprüfer die von Prüfern aus einem Drittland für die Zwecke der Konzernabschlussprüfung ausgeführten Prüfungsarbeiten bewertet und die Natur, den Zeitplan und das Ausmaß der von diesen Prüfern durchgeführten Arbeit dokumentiert, wozu ggfs. auch die Durchsicht von relevanten Teilen der Prüfungsunterlagen dieser Prüfer durch den Konzernabschlussprüfer zählt.[92] Die von dem Konzernabschlussprüfer aufbewahrten Unterlagen müssen so beschaffen sein, dass die entsprechende zuständige Behörde (in Deutschland: die **APAS**) die Arbeit des Konzernabschlussprüfers überprüfen kann. Die vorgenannten Pflichten entfallen nur dann, wenn ihrer Erfüllung Rechtsvorschriften des Drittstaates oder tatsächliche Gründe entgegenstehen. In einem solchen Fall hat der Konzernabschlussprüfer zu dokumentieren, warum die Aushändigung der Unterlagen (zB der Arbeitspapiere) oder der Zugriff auf sie nicht möglich war.[93]

II. Risikoorientierter Prüfungsansatz

Bezüglich des Umfangs der „Überprüfung" (Abs. 3 S. 2) im Einzelfall wird man auf **31** den **Grundsatz der Wesentlichkeit** (international: *principle of materiality*) zurückgreifen können.[94] Das bedeutet, dass für den Konzernabschluss „gänzlich unbedeutende" Tochtergesellschaften nicht geprüft werden müssen.[95] Die Prüfung der Jahresabschlüsse von Tochtergesellschaften, die für den Konzernabschluss in quantitativer und/oder qualitativer Hinsicht insgesamt von geringer Bedeutung (dh nicht „wesentlich") sind, kann sich auf bestimmte Abschlussposten beschränken oder sich vom Prüfungsumfang her auf eine prüferische Durchsicht iSv **IDW PS 900:** *Grundsätze für die prüferische Durchsicht von Abschlüssen*[96] reduzieren.[97]

---

[89] Zu den Änderungen der Befreiungsvoraussetzungen für Tochter-Kapitalgesellschaften durch das BilRUG s. Oser WPg 2017, 691.

[90] Zu Einzelheiten der Prüfungsdokumentation: ISA [DE] 230: Prüfungsdokumentation (Stand: 26.3.2020), IDW Life 2019, 658 ff.; IDW Life 2020, 509; IDW Life 2020, 996 ff.

[91] HKMS/Burg Rn. 20.

[92] Vgl. HKMS/Burg Rn. 21. Zu Einzelheiten der prüferischen Durchsicht s. IDW PS 900: Grundsätze für die prüferische Durchsicht von Abschlüssen (Stand: 1.10.2002), WPg 2001, 1078.

[93] Naumann/Feld WPg 2006, 873 (884). Zu Einzelheiten der Prüfungsdokumentation s. ISA [DE] 230: Prüfungsdokumentation (Stand: 26.3.2020), IDW Life 2019, 658 ff.; IDW Life 2020, 509; IDW Life 2020, 996 ff.

[94] BeBiKo/Justhoven/Küster/Bernhardt Rn. 43; HKMS/Burg Rn. 22. Zu Einzelheiten des Grundsatzes der Wesentlichkeit bei der Abschlussprüfung: Mekat, Der Grundsatz der Wesentlichkeit in Rechnungslegung und Abschlussprüfung, 2009, S. 123 ff. mwN; empirisch und rechtsvergleichend Widmann/Nickels/Wolz WPg 2021, 991.

[95] BeBiKo/Justhoven/Küster/Bernhardt Rn. 37.

[96] Stand: 1.10.2002, WPg 2001, 1078.

[97] BeBiKo/Justhoven/Küster/Bernhardt Rn. 37 unter Hinweis auf IDW PS 320: Besondere Grundsätze für die Durchführung von Konzernabschlussprüfungen (einschließlich der Verwertung der Tätigkeit von Teilbereichsprüfern) nF (Stand: 10.7.2014, WPg Supp. 3/2014, 11) Tz. 24 ff. und ISA [DE] 600: Besondere Überlegungen zu Konzernabschlussprüfungen (einschließlich der Tätigkeit von Teilbereichsprüfern) (Tz. 28 f.).

Die Sicherheit und Genauigkeit der Urteilsbildung seitens des Abschlussprüfers dürfen freilich keinesfalls leiden; insbesondere ist der **risikoorientierte Prüfungsansatz** (→ § 317 Rn. 2) zu beachten.[98] Darüber hinaus sollen die fachliche Kompetenz und die berufliche Qualifikation des externen Prüfers von Bedeutung sein.[99] Von der notwendigen fachlichen Kompetenz und beruflichen Qualifikation des anderen externen Abschlussprüfers soll der Konzernabschlussprüfer zumindest dann ausgehen können, wenn der betreffende Prüfer seinen Sitz in einem Mitgliedstaat der EU oder einem anderen Mitgliedstaat des EWR (dh Fürstentum Liechtenstein, Island und Norwegen) oder der Schweiz hat.[100] In anderen Fällen soll sich der Konzernabschlussprüfer bei der Beurteilung vor allem an folgenden Kriterien orientieren: Unabhängigkeit, Unparteilichkeit, Unbefangenheit, Gewissenhaftigkeit und Eigenverantwortlichkeit.[101] **ISA [DE] 600:** *Besondere Überlegungen zu Konzernabschlussprüfungen (einschließlich der Tätigkeit von Teilbereichsprüfern)*[102] und IDW PS **320:** *Besondere Grundsätze für die Durchführung von Konzernabschlussprüfungen (einschließlich der Verwertung der Tätigkeit von Teilbereichsprüfern)*[103] enthalten nähere Ausführungen dazu, was aus Sicht des Berufsstands bei der Überprüfung iSv Abs. 3 Satz 2 erforderlich ist. Im Hinblick auf allfällige Haftungsrisiken empfiehlt sich besondere **Sorgfalt** bei der von Abs. 3 S. 2 geforderten **Dokumentation** der Überprüfung durch den Konzernabschlussprüfer (vgl. Abs. 3 S. 2: „hat … zu dokumentieren").[104]

E. Prüfung von ESEF-Abschlüssen (Abs. 3a)

32   Gemäß Abs. 3a S. 1 hat der Abschlussprüfer bei einer Kapitalgesellschaft, die als Inlandsemittent (§ 2 Abs. 14 WpHG) Wertpapiere (§ 2 Abs. 1 WpHG) begibt und nicht zu den Kapitalgesellschaften iSd § 327a gehört, im Rahmen der Prüfung auch zu beurteilen, ob die für Zwecke der Offenlegung erstellte Wiedergabe des Abschlusses und des Lageberichts ESEF-konform erfolgt sind[105] und damit den Vorgaben des § 328 Abs. 1 entsprechen. Gleiches gilt nach Abs. 3a S. 2 für den Abschlussprüfer des Konzernabschlusses. Diese Kapitalgesellschaften müssen bereits unmittelbar nach Aufstellung des Abschlusses eine elektronische Wiedergabe im **ESEF-Format** erstellen und maschinenlesbar auszeichnen. Durch Abs. 3a wird der Gegenstand der Abschlussprüfung also auf die Überprüfung von technischen Formatvorgaben ausgeweitet. Insbesondere die Formatvorgaben der Art. 3, 4 und 6 ESEF-VO sind demgemäß auf ihre Einhaltung zu prüfen. Wie eine solche Prüfung zu erfolgen hat, muss sich mangels gesetzlicher Vorgabe und spezifischer Prüfungsstandards in der Praxis herausstellen. Faßhauer/Schmidt/Özcan bemerken hierzu, dass gemäß ISA 720 (Revised) XBRL-Tags keine sonstigen Informationen darstellen.[106] Es bedarf zudem einer Klarstellung des Prüfungsgegenstands und -umfangs.[107]

---

[98]   Vgl. BeBiKo/Justhoven/Küster/Bernhardt Rn. 36; HKMS/Burg Rn. 22.
[99]   HKMS/Burg Rn. 22; Hopt/Merkt Rn. 10.
[100]   RegBegr BilMoG, BT-Drs. 16/10067, 87.
[101]   HKMS/Burg Rn. 22 unter Hinweis auf RegBegr BilMoG, BT-Drs. 16/10067, 87; Hopt/Merkt Rn. 10.
[102]   Stand: 26.3.2020, IDW Life 2019, 702; IDW Life 2020, 509.
[103]   Stand: 10.7.2014, WPg Supp. 2012, 29, WPg Supp. 3/2014, 11.
[104]   HKMS/Burg Rn. 23; Hopt/Merkt Rn. 10; s. auch IDW PS 320.48 nF., WPg Supp. 3/2014, 11. Die Dokumentation der Überprüfung des anderen Prüfers ist in die Arbeitspapiere des Konzernprüfers aufzunehmen: IDW PS 460: Arbeitspapiere des Abschlussprüfers (Stand: 9.9.2009), WPg Supp. 4/2009, 1.
[105]   Das Gesetz zur weiteren Umsetzung der Transparenzrichtlinie-Änderungsrichtlinie im Hinblick auf ein einheitliches elektronisches Format für Jahresfinanzberichte (ESEF-UG) wurde am 18.8.2020 im Bundesgesetzblatt verkündet (BGBl. 2020 I 1874). Mit dem Gesetz wird Art. 4 Abs. 7 Transparenz-RL umgesetzt, wonach Jahresfinanzberichte von Inlandsemittenten mit Wirkung zum 1.1.2020 in einem einheitlichen europäischen elektronischen Format (European Single Electronic Format, ESEF) erstellt werden müssen. Zu Einzelheiten Ruhnke/Schmidt WPg 2021, 275; Ruhnke/Schmidt WPg 2021, 413.
[106]   Vgl. ISA 720.A10; vgl. ISA [DE]: Verantwortlichkeiten des Abschlussprüfers im Zusammenhang mit sonstigen Informationen (Stand: 7.5.2020), IDW Life 2020, 509. Zu Einzelheiten Faßhauer/Schmidt/Özcan DK 2019, 437 (444); Henselmann/Vetter/Mielich WPg 2019, 719 (723).
[107]   Vgl. auch Orth/Obst WPg 2020, 422 (426).

In den Stellungnahmen zu RefE ESEF-UG[108] wurde angeführt, dass die Prüfung **33** auf ESEF-Konformität, insbesondere die Prüfung einer ordnungsgemäßen iXBRL-Auszeichnung, einen eigenständigen Prüfungsansatz, ähnlich einer Compliance-Prüfung, erfordere. Für den Zweck der Prüfung der ESEF-Formatvorgaben hat das Committee of European Auditing Oversight Bodies (CEAOB) am 28.11.2019 eine unverbindliche Leitlinie veröffentlicht. Im Wesentlichen sieht die Leitlinie ein **zweistufiges Vorgehen** vor.[109] Im ersten Schritt ist zu prüfen, ob der Abschluss und der Lagebericht in der für Nutzer lesbaren Ansicht mit dem bereits geprüften Abschluss und Lagebericht übereinstimmen. Auffällig ist in diesem Zusammenhang, dass die Leitlinie auch die Prüfung der Berichtsinhalte auf Basis des elektronischen Berichtsformats regelt („is either audited, or identical to the audited information") und dies in den Erläuterungen der ersten Stufe explizit vorsieht.[110] Entgegen der Annahmen in den Stellungnahmen zum RefE ESEF-UG, dass EU-Mitgliedstaaten, welche die Formatvorgabe in den Aufstellungsprozess integrieren, nicht bekannt seien, geht das CEAOB offensichtlich auch von dem Fall einer ausschließlich elektronischen Aufstellung der Jahresfinanzberichte aus. Im zweiten Schritt soll dann eine Überprüfung der im elektronischen Bericht eingebetteten Informationen in Übereinstimmung mit den ESEF-Formatvorgaben erfolgen. Hiernach soll der Abschlussprüfer eine angemessene Wesentlichkeit festlegen, Risiken einer wesentlichen Falschdarstellung der ausgezeichneten Informationen identifizieren und bewerten sowie angemessene Prüfungshandlungen festlegen, die festgestellte Risiken adressieren.[111] Ob die Ausführungen der Leitlinie Unklarheiten des Prüfungsauftrags heilen, bleibt abzuwarten.

Der Gesetzgeber stützt sich bei der Anordnung einer Prüfungspflicht für die ESEF- **34** konforme Umsetzung der Formatvorgabe der ESEF-VO auf die Auffassung der EU-Kommission, welche die Vorgaben der ESEF-VO iSd Art. 28 Abs. 2 lit. c Ziff. ii Abschlussprüfer-RL in der geänderten Fassung durch die RL 2014/56/EU vom 16.4.2014 (ABl. EU 2014 L 158, 196) für prüfungspflichtig hält.[112] Zudem soll eine Prüfung der Formatvorgaben sicherstellen, das Vertrauen der Berichtsadressaten „in die Richtigkeit der Angaben und damit die Integrität der Kapitalmärkte" nicht zu schwächen.[113] Anzumerken bleibt, dass sich die zum Teil angeführten Vorteile der Prüfung auf Basis des elektronischen Formats[114] aufgrund der Wahl der **Offenlegungslösung** und somit der Prüfung der ESEF-Formatvorgaben nachgelagert zu (bzw. losgelöst von) der ursprünglichen gesetzlichen Abschlussprüfung voraussichtlich geringere Wirkung entfalten werden.

F. Prüfung von Ertragsteuerinformationen (Abs. 3b)

Abs. 3b wurde durch das Gesetz zur Umsetzung der Richtlinie (EU) 2021/2101 **34a** im Hinblick auf die Offenlegung von Ertragsteuerinformationen durch bestimmte Unternehmen und Zweigniederlassungen sowie zur Änderung des Verbraucherstreitbeilegungsgesetzes und des Pflichtversicherungsgesetzes vom 19.6.2023 (BGBl. 2023 I Nr. 154 vom 21.6.2023) in das Gesetz eingefügt. Die Richtlinie (EU) 2021/2101 (ABl. EU 2021 L 429, 1) zielt darauf ab, **Ertragsteuerinformationen multinationaler umsatzstarker Unternehmen** und Konzerne, die in der EU entweder ansässig sind

---

108 RefE v. 23.9.2019; dazu Seebeck/Rudolph IRZ 2020, 35.
109 Vgl. auch RegE ESEF-UG, S. 20 f.
110 Vgl. CEAOB guidelines on the auditors' involvement on financial statements in European Single Electronic Format, S. 3, abrufbar unter: https://ec.europa.eu.
111 Vgl. CEAOB guidelines on the auditors' involvement on financial statements in European Single Electronic Format, S. 4–6, abrufbar unter: https://ec.europa.eu.
112 Vgl. ESMA, Q&A on the RTS on European Single Electronic Format (ESEF), S. 3, abrufbar unter: https://ec.europa.eu; s. auch RegE ESEF-UG, S. 15.
113 Vgl. RegE ESEF-UG, S. 15.
114 Vgl. Faßhauer/Schmidt/Özcan DK 2019, 437 (445); Seebeck WPg 2018, 612 (615 ff.).

oder aber Tochterunternehmen oder Zweigniederlassungen einer bestimmten Größe haben, transparent zu machen.[115] Die Berichterstattung über Ertragsteuerinformationen hat aufgeschlüsselt nach Mitgliedstaaten der EU und bestimmten weiteren Steuerhoheitsgebieten, in denen eine Geschäftstätigkeit ausgeübt wird, zu erfolgen. Dadurch soll eine informierte öffentliche Debatte darüber ermöglicht werden, ob die betroffenen multinationalen Unternehmen und Konzerne ihren Beitrag zum Gemeinwohl auch dort leisten, wo sie tätig sind. Die Richtlinie (EU) 2021/2101 ergänzt insoweit die u. a. für bestimmte Kreditinstitute im europäischen Aufsichtsrecht bereits verankerte Pflicht zur öffentlichen länderbezogenen Berichterstattung über Ertragsteuerinformationen. Indem die Richtlinie (EU) 2021/2101 die Tätigkeit multinationaler Unternehmen transparenter macht, leistet sie einen Beitrag zur Erreichung der Ziele 12 („Nachhaltig produzieren und konsumieren") und 16 („Starke und transparente Institutionen fördern") der **UN Agenda 2030 für nachhaltige Entwicklung.** Die Richtlinie war bis zum 22.6.2023 in deutsches Recht umzusetzen.

34b   **Abs. 3b erweitert die Abschlussprüfung.** Danach hat der Abschlussprüfer des Jahresabschlusses im Rahmen der Prüfung zu beurteilen, ob die Kapitalgesellschaft für das Geschäftsjahr, das demjenigen Geschäftsjahr vorausging, für dessen Schluss der zu prüfende Jahresabschluss aufgestellt wird, zur Offenlegung eines Ertragsteuerinformationsberichts gemäß § 342m Abs. 1 oder 2 verpflichtet war (Nr. 1) und, sofern eine entsprechende Pflicht bestand, ihre dort genannte Verpflichtung zur Offenlegung erfüllt hat (Nr. 2). Wegen § 264a Abs. 1 gilt dies auch für alle prüfungspflichtigen Personenhandelsgesellschaften ohne natürliche Person als Vollhafter. Über das Ergebnis der Prüfung ist in einem besonderen Abschnitt des Bestätigungsvermerks zu berichten (§ 322 Abs. 1 S. 4). Die Prüfung hat unabhängig davon zu erfolgen, ob die Gesellschaft die Vorschriften zur Ertragsteuerinformationsberichterstattung auf sich angewendet hat. Diese Erweiterung der Abschlussprüfung ist erforderlich, damit der Jahresabschlussprüfer die gemäß Art. 48f der Bilanzrichtlinie 2013/34/EU vorgeschriebene Erklärung abgeben kann. Eine Pflicht zur Prüfung, ob der Ertragsteuerinformationsbericht inhaltlich den gesetzlichen Vorgaben entspricht, wird damit nicht begründet.[116] Eine entsprechende Erweiterung der Abschlussprüfung kann das prüfungspflichtige Unternehmen aber jederzeit freiwillig in Auftrag geben.

34c   Die **Pflicht zur Offenlegung eines Ertragsteuerinformationsberichts** kann sich für die geprüfte Gesellschaft aus § 342m Abs. 1 oder 2 ergeben. Dessen Voraussetzungen hat der Abschlussprüfer mit Unternehmensdaten abzugleichen, die er im Rahmen der Abschlussprüfung ohnehin prüfen muss (etwa die Höhe der Umsatzerlöse oder Angaben zur Konzernverflechtung) oder die er gesondert erhebt, ob etwa im Falle einer grundsätzlichen Berichtspflicht ein Befreiungstatbestand gemäß § 342b Abs. 2 (betr. CRR-Kreditinstitute), § 342c Abs. 2 (betr. CRR-Kreditinstitute) oder § 342d Abs. 3 (betr. bestimmte Tochtergesellschaften) vorlag. Die Bundesregierung geht davon aus, dass etwa 550 der geschätzt 600 insgesamt zur Erstellung und Offenlegung eines Ertragsteuerinformationsberichts verpflichteten Gesellschaften in der Bundesrepublik Deutschland der Abschlussprüfung unterliegen. Für Drittstaats-Kapitalgesellschaften gelten die § 316 ff. grundsätzlich nicht.[117] Für die Wirtschaft ergibt sich aus der Prüfung des Bestehens einer Pflicht zur Offenlegung eines Ertragsteuerinformationsberichts nach § 317 Abs. 3b und der Mitteilung des Ergebnisses der Prüfung im Bestätigungsvermerk nach § 322 Abs. 1 S. 4 ein jährlicher Erfüllungsaufwand von 12 775 TEuro bzw. 2 869 TEuro.[118]

---

[115]   RefE eines Gesetzes zur Umsetzung der Richtlinie 2021/2101 vom 30.9.2022, S. 29.

[116]   RegE eines Gesetzes zur Umsetzung der Richtlinie 2021/2101 vom 7.12.2022. S. 45; iE ebenso das IDW in seiner Stellungnahme vom 28.10.2022 zu dem RefE eines Gesetzes zur Umsetzung der Richtlinie 2021/2101 vom 30.9.2022. S. 4, jedoch krit. zu dem Verweis auf § 342m Abs. 1 und 2 in § 317 Abs. 3b Nr. 1 HGB-E.

[117]   RegE eines Gesetzes zur Umsetzung der Richtlinie 2021/2101 vom 7.12.2022. S. 35.

[118]   RegE eines Gesetzes zur Umsetzung der Richtlinie 2021/2101 vom 7.12.2022. S. 33.

G. Prüfung des Risikofrüherkennungssystems, des internen Kontrollsystems und des Risikomanagementsystems (Abs. 4)

I. Risikofrüherkennungssystem

Bei einer börsennotierten Aktiengesellschaft (sowie KGaA und SE) ist außerdem im **35** Rahmen der Prüfung zu beurteilen, ob der Vorstand die ihm nach § 91 Abs. 2 AktG obliegenden Maßnahmen in einer geeigneten Form getroffen hat und ob das danach einzurichtende **Überwachungssystem** zur **Früherkennung bestandsgefährdender Risiken** (zB drohende Zahlungsunfähigkeit, Zahlungsunfähigkeit, Überschuldung, §§ 17 ff. InsO) seine Aufgaben erfüllen kann (Abs. 4).[119] Die durch das TransPuG ausgeweitete Vorschrift des Abs. 4 gilt nur für börsennotierte Aktiengesellschaften iSd § 3 Abs. 2 AktG. Andere Gesellschaften, die aus Gründen einer ordnungsgemäßen Geschäftsführung ein Überwachungssystem nach Art von § 91 Abs. 2 AktG eingerichtet haben, unterliegen der Prüfungspflicht nach Abs. 4 **nicht.**[120] Eine freiwillige Ergänzung des Prüfungsauftrags ist in diesen Fällen aber möglich und zulässig. In der betriebswirtschaftlichen Literatur wird wegen des Erkenntnispotenzials des Risikoüberwachungssystems für den Abschlussprüfer dem Aufsichtsrat auch einer nicht börsennotierten Aktiengesellschaft empfohlen, den Prüfungsauftrag um die Prüfung des Risikofrüherkennungssystems zu ergänzen.[121]

II. Internes Kontrollsystem, Risikomanagementsystem

Durch das FISG wurde in § 91 AktG ein neuer Abs. 3 eingefügt. Diese Bestimmung **36** verpflichtet den Vorstand einer börsennotierten Aktiengesellschaft, ein „im Hinblick auf den Umfang der Geschäftstätigkeit und die Risikolage des Unternehmens angemessenes und wirksames **internes Kontrollsystem und Risikomanagementsystem** einzurichten."[122] Der Gesetzgeber hielt eine „explizite Pflicht zur Einrichtung" für erforderlich, um die Bedeutung dieser Systeme zu unterstreichen,[123] auch wenn solche Systeme jedenfalls bei börsennotierten Aktiengesellschaften bisher schon selbstverständlich sind. Nach Ansicht des Gesetzgebers wird mit der Erfüllung der Pflicht gemäß § 91 Abs. 3 AktG nF „in der Regel" auch die Verpflichtung des Vorstands nach § 91 Abs. 2 AktG erfüllt, „geeignete Maßnahmen zu treffen, insbesondere ein Überwachungssystem einzurichten, damit den Fortbestand der Gesellschaft gefährdende Entwicklungen früh erkannt werden."[124] Vor diesem Hintergrund dürfte es als Redaktionsversehen anzusehen sein, dass in Abs. 4 als Prüfungsgegenstand nach wie vor nur Abs. 2 und nicht auch der neue Abs. 3 des § 91 AktG erwähnt ist.[125]

III. Umfang der Prüfung

Abs. 4 verlangt von dem Abschlussprüfer eine Beurteilung, ob der Vorstand die ihm **37** nach § 91 Abs. 2 und 3 AktG obliegenden Maßnahmen „in einer geeigneten Form" getroffen hat und ob die danach einzurichtenden Systeme ihre Aufgaben erfüllen können.[126]

---

[119] Zu Einzelheiten der Prüfung der Maßnahmen zur Beurteilung des Überwachungssystems nach § 91 Abs. 2 AktG: IDW PS 340: Die Prüfung des Risikofrüherkennungssystems (Stand: 27.5.2020), IDW Life 2020, 631; zu Einzelheiten Verhoeven/Riesch/Diederichs WPg 2021, 215; Diederichs/Giesing/Meyer/Riesch WPg 2022, 815; Wermelt/Oehlmann WPg 2019, 1026.

[120] IdS auch Schüppen Rn. 37; BeBiKo/Justhoven/Küster/Bernhardt Rn. 111.

[121] Böcking/Müßig Der Konzern 2003, 38 (44, 45). Nach Lengerke WPK-Mitt. 2002, 96 (99), nimmt die Nachfrage nach gesetzlich nicht vorgeschriebenen (sog. „freiwilligen") Prüfungen des Risikomanagementsystems zu.

[122] IDW PS 981: Grundsätze ordnungsmäßiger Prüfung von Risikomanagementsystemen (Stand: 3.3.2017), IDW Life 2017, 380; Zu Einzelheiten Hülsberg/Bauer WPg 2017, 1111; Link/Maciuak/Steßl WPg 2017, 1051; Wermelt/Scheffler WPg 2017, 925; Gleißner RWZ 2020, 273.

[123] RegBegr FISG, BR-Drs. 9/21, 130.

[124] RegBegr FISG, BR-Drs. 9/21, 131.

[125] Schüppen Rn. 37.

[126] Staub/Habersack/Schürnbrand Rn. 31; HKMS/Burg Rn. 111; Dobler DStR 2001, 2086 (2088–2090); Dörner, Beurteilung von Unternehmensrisiken im Rahmen der Abschlussprüfung, in IDW, Kapitalmarktorientierte Unternehmensüberwachung, 2001, 243–244.

Dabei geht es nur darum zu prüfen, ob das **System** zur Risikofrüherkennung, das interne Kontrollsystem bzw. das Risikomanagementsystem iSv § 92 Abs. 2 und 3 AktG **geeignet** ist und **seine Aufgaben erfüllen kann.**[127] Es geht hingegen nicht darum festzustellen, ob der Vorstand ein von ihm erkanntes Risiko erfolgreich bewältigt hat und ob er im Hinblick auf die Risikobewältigung geeignete und angemessene Risikobewältigungsmaßnahmen ergriffen hat.[128] Abs. 4 verlangt von dem Abschlussprüfer mithin nicht, Risikovermeidungsstrategien oder Risikobewältigungsmaßnahmen zu beurteilen.[129] Bei der Prüfung des Risikofrüherkennungssystems nach Abs. 4 hat der Prüfer vielmehr festzustellen, ob das System die Risikoidentifikation, die Risikoanalyse und Risikobewertung, die Risikokommunikation und die dazu gehörige Überwachung unternehmensweit und dauernd für alle wesentlichen Risiken sicherstellt.[130] Die Prüfung nach Abs. 4 ist also eine Systemprüfung.[131]

38   Die erweiterte Prüfungspflicht ist **nicht** identisch mit der Prüfung des auf das Rechnungswesen ausgerichteten **internen Kontrollsystems des internen und externen Berichtswesens;**[132] es geht vielmehr darüber hinaus und betrifft jeden Bereich des unternehmerischen Handelns.[133] Allerdings kann die Prüfung des Risikofrüherkennungssystems nicht mit einer umfassenden Geschäftsführungsprüfung gleichgesetzt werden.[134] Von der gesetzlichen Prüfung gemäß Abs. 4 der Maßnahmen nach § 91 Abs. 2 und 3 AktG ist außerdem die freiwillige Prüfung von Corporate Management Systemen abzugrenzen, insbesondere die Prüfung des **Compliance Management Systems** nach IDW PS 980[135] sowie des internen Revisionssystems nach IDW PS 983.[136]

39   Ist im Rahmen der Abschlussprüfung eine Beurteilung nach Abs. 4 abgegeben worden, so ist deren Ergebnis in einem besonderen Teil des Prüfungsberichts darzustellen (§ 321 Abs. 4 S. 1).[137] Es ist außerdem darauf einzugehen, ob Maßnahmen erforderlich sind, um das unternehmensinterne Überwachungssystem zu verbessern (§ 321 Abs. 4 S. 2). Im Hinblick auf allfällige Haftungsrisiken empfiehlt sich eine sorgfältige **Dokumentation** der Maßnahmen zur Beurteilung gemäß Abs. 4 durch den Abschlussprüfer.

---

[127] Vgl. BeBiKo/Justhoven/Küster/Bernhardt Rn. 119, 121; Dörner, Beurteilung von Unternehmensrisiken im Rahmen der Abschlussprüfung, in IDW, Kapitalmarktorientierte Unternehmensüberwachung, 2001, S. 243, 244.

[128] Lengerke WPK-Mitt. 2002, 96 (99); Ernst WPg 1998, 1025 (1027); Giese WPg 1998, 451.

[129] Ernst WPg 1998, 1025, 1027; Löhr StB 2000, 312, 312 (l.Sp.); Wall WPg 2003, 457 (458).

[130] So zutr. Dörner, Beurteilung von Unternehmensrisiken im Rahmen der Jahresabschlussprüfung, in IDW, Kapitalmarktorientierte Unternehmensüberwachung, 2001, S. 243; zust. Wiedmann/Böcking/Gros/ Böcking/Gros/Rabenhorst Rn. 35; weitere Einzelheiten bei HKMS/Burg Rn. 116–133.

[131] IDWPS 340: Die Prüfung des Risikofrüherkennungssystems (Stand: 27.5.2020), IDW Life 2020, 631 (Tz. 4).

[132] Dazu IDW PS 982: Grundsätze ordnungsmäßiger Prüfung des internen Kontrollsystems des internen und externen Berichtswesens (Stand: 3.3.2017), IDW Life 2017, 415.

[133] Gelhausen AG Sonderheft 1997, 73 (81); Böcking/Orth DB 1998, 1873 (1878); Remme/Theile GmbHR 1998, 909 (914, 915); Matthaus ZGR 1999, 682 (703).

[134] IdS auch HKMS/Burg Rn. 116 („Systemprüfung und keine Geschäftsführungsprüfung"); Dörner WPg 1998, 302 (306); Schindler/Rabenhorst BB 1998, 1886 (1892); Staub/Habersack/Schürnbrand Rn. 31; BeBiKo/Justhoven/Küster/Bernhardt Rn. 8, 119 ff.; Hopt/Merkt Rn. 13; tendenziell weitergehend Hommelhoff BB 1998, 2625 (l. Sp.); Bezzenberger FS Brönner, 2000, 43; aA Böcking/Orth WPg 1998, 351 (361) (wonach der Prüfer „quasi" [!] verpflichtet sein soll, eine Geschäftsführungsprüfung durchzuführen). Vgl. OLG Düsseldorf BB 1996, 2614 (1.Sp.) („Die Abschlussprüfung ist keine Kreditwürdigkeits-, Organisations-, Steuer-, Rentabilitätsprüfung und Prüfung der Geschäftsführung"); OLG Karlsruhe WM 1985, 940 (942); OLG Celle WPK-Mitt. 2000, 258 (259).

[135] Dazu IDW PS 980: Grundsätze ordnungsmäßiger Prüfung von Compliance Management Systemen (Stand: 7.11.2022), IDW Life 2022, 1147. Zu Einzelheiten Eichler WPg 2022, 444; Gnändiger/Herold/ Biaesch WPg 2020, 666; Stecker/Neumann WPg 2020, 70; Makowicz/Maciuca WPg 2020, 73. S. ferner IDW PH 1/2022: Ausgestaltung und Prüfung eines Compliance Management Systems zur Prävention von Geldwäsche und Terrorismusfinanzierung im Nicht-Finanzsektor gemäß IDW PS 980 nF (09.2022) (Stand: 28.9.2022), IDW Life 2022, 1185.

[136] S. IDW PS 983: Grundsätze ordnungsmäßiger Prüfung des internen Revisionssystems (Stand: 3.3.2017), IDW Life 2017, 448.

[137] Vgl. IDW PS 450: Grundsätze ordnungsmäßiger Erstellung von Prüfungsberichten (Stand: 28.10.2021), IDW Life 2022, 78 (Tz. 12).

H. Negativabgrenzung des Prüfungsumfangs (Abs. 4a)

Der durch das AReG in das Gesetz eingefügte Abs. 4a stellt klar, dass sich – soweit nichts **40** anderes bestimmt ist – die Prüfung **nicht** darauf zu erstrecken hat, ob der Fortbestand der geprüften Kapitalgesellschaft oder die Wirksamkeit und Wirtschaftlichkeit der Geschäftsführung zugesichert werden kann. Damit setzt der Gesetzgeber Art. 25a Abschlussprüfungs-RL idF der RL 2014/56/EU vom 16.4.2014 (ABl. EU 2014 L 158, 196) in deutsches Recht um. Art. 25a Abschlussprüfungs-RL bestimmt, dass eine Abschlussprüfung „keine Zusicherung über den künftigen Fortbestand des geprüften Unternehmens oder die Effizienz oder Wirksamkeit mit der das Leitungs- oder Verwaltungsorgan des Unternehmens dessen Geschäfte bisher geführt hat oder zukünftig führen wird." Damit soll der national wie international verbreiteten „Erwartungslücke" (*expectation gap*) entgegengewirkt werden, die auf einer über die gesetzlichen Anforderungen an die Abschlussprüfung hinausgehenden Erwartung von Teilen der Öffentlichkeit an die Abschlussprüfung beruht.[138] Abs. 4a wird deshalb zutreffend **„Anti-Erwartungslücke-Klausel"** genannt.[139] Durch Abs. 4a wird der Verantwortungsbereich des Abschlussprüfers von dem Verantwortungsbereich der gesetzlichen Vertreter abgegrenzt.[140] Dass die gesetzlichen Vertreter den Jahresabschluss zu vertreten haben, stellt schon § 322 Abs. 2 S. 2 klar. Mit dem Begriff „zugesichert" in Abs. 4a dürfte ein eigenständiges Prüfungsurteil des Abschlussprüfers im Bestätigungsvermerk bzw. im Prüfungsbericht gemeint sein.[141]

Abs. 4a entbindet den Abschlussprüfer nicht von seiner Pflicht, die Angemessenheit der **41** Annahme der Unternehmensfortführung (vgl. § 252 Abs. 1 Nr. 2) durch die gesetzlichen Vertreter, die den Abschluss zu verantworten haben (vgl. § 322 Abs. 2 S. 2), zu würdigen.[142] Auch wenn mit der Erteilung eines uneingeschränkten Bestätigungsvermerks auf der Grundlage der Abschlussprüfung keine Zusicherung des Fortbestands verbunden ist, bringt der Abschlussprüfer mit seinem Testat zum Ausdruck, dass die gesetzlichen Vertreter nach dem Ergebnis seiner Prüfung begründet von der Annahme der Unternehmensfortführung ausgehen konnte und etwaige **bestandsgefährdende Risiken** im Anhang und im Lagebericht zutreffend angegeben sind. Weitergehende Anforderungen an die Prüfung der „Wirksamkeit und Wirtschaftlichkeit" der Geschäftsführung können sich aus der Erteilung eines Prüfungsauftrags nach § 53 HGrG[143] oder § 53 Abs. 1 GenG[144] ergeben. Das ergibt sich aus den einleitenden Worten des Abs. 4a („Soweit nichts anderes bestimmt ist"), der gesetzlich erweiterte Prüfungspflichten unberührt lässt.[145] § 322 Abs. 2 S. 3 verlangt, dass der Abschlussprüfer im Bestätigungsvermerk auf Risiken, die den Fortbestand des Unternehmens oder eines Konzernunternehmens gefährden, gesondert eingeht. Burg weist zutreffend

---

[138]   Sträter, Gesamturteil des Abschlussprüfers (Wirtschaftsprüfers) nach der Prüfung eines Jahres- oder Konzernabschlusses, Diss. TU Dortmund 2020, S. 127 ff.; Liggio J. Contemp. Bus. 3 (1974), 27. Zu dem „unendlichen" Thema der Erwartungslücke s. nur Quick MAB 94 (2020), 5; Quick/D. Sánchez Toledano/J. Sánchez Toledano WPg 2020, 867.

[139]   Schüppen § 317 Rn. 38.

[140]   BeBiKo/Justhoven/Küster/Bernhardt Rn. 9; HKMS/Burg Rn. 25.

[141]   BeBiKo/Justhoven/Küster/Bernhardt Rn. 9; HKMS/Burg Rn. 25.

[142]   Vgl. LG Düsseldorf NZI 2018, 332 (334); s. auch Schüppen Rn. 40.

[143]   Zu Einzelheiten der erweiterten Prüfung und Berichterstattung nach § 53 HGrG: Bierwirth FS Ludewig, 1996, 123; Eibelshäuser/Kämpfer in Förschle/Peemöller, Wirtschaftsprüfung und Interne Revision, 2004, S. 336. Zu der umstrittenen Frage, ob die Prüfung nach § 53 HGrG eine Pflichtprüfung darstellt, auf die die §§ 316 ff. anwendbar sind, s. zu Recht bejahend Schüppen ZIP 2015, 814; Hopt/Merkt § 316 Rn. 1; aA Kersting ZIP 2014, 2420; Kersting ZIP 2015, 817. Zu Einzelheiten der Erweiterung der Abschlussprüfung bei Gebietskörperschaften IDW PS 731: Prüfung der Ordnungsmäßigkeit der Haushaltswirtschaft als Erweiterung der Abschlussprüfung bei Gebietskörperschaften (Stand: 26.11.2020), IDW Life 2021, 48, dazu Müller-Marqués Berger/Eulner WPg 2021, 716. Zur Berichterstattung über die Erweiterung der Abschlussprüfung nach § 53 HGrG: IDW PS 720: Berichterstattung über die Erweiterung der Abschlussprüfung nach § 53 HGrG (Stand: 9.9.2010), WPg Supp. 22/2006, 1452, WPg Supp. 1/2011, 1.

[144]   Zu Einzelheiten Paschke WPg 2019, 446; Hucke WPg 2001, 558; Spanier WPg 2001, 767; Graumann Prüfungswesen S. 761–762 und 766–768.

[145]   Wiedmann/Böcking/Gros/Böcking/Gros/Rabenhorst Rn. 39; Schüppen Rn. 40.

darauf hin, dass daraus, dass eine derartige Angabe im Bestätigungsvermerk nicht enthalten ist (weil keine fortbestandsgefährdenden Risiken ersichtlich sind), **keine Zusicherung des Abschlussprüfers** bezüglich des künftigen Fortbestands des Unternehmens abgeleitet werden kann.[146] Die Prüfung nach § 317 HGB umfasst auch nicht die Prüfung der Ordnungsmäßigkeit der Geschäftsführung, die wirtschaftlichen Verhältnisse der Gesellschaft, des Berichts des Aufsichtsrats nach § 171 Abs. 2 AktG und die unterjährige Zwischenberichterstattung.[147] Die Prüfung des Jahresabschlusses und des Lageberichts von Kapitalgesellschaften durch einen Abschlussprüfer nach §§ 316 ff. ist, so betont der BGH zutreffend, keine „umfassende Rechts- und Wirtschaftlichkeitsprüfung, sondern lediglich eine Rechnungslegungsprüfung."[148] Abs. 4a könnte in Fällen der Dritthaftung des Abschlussprüfers (→ § 323 Rn. 127 ff.) Bedeutung erlangen.[149]

I. Internationale Prüfungsstandards (Abs. 5)

42   Abs. 5, der durch das Abschlussprüfungsreformgesetz (AReG) vom 10.5.2016 (BGBl. 2016 I 1142) aktualisiert worden ist, verpflichtet den Abschlussprüfer, bei der Durchführung einer gesetzlich vorgeschriebenen Abschlussprüfung die internationalen Prüfungsstandards anzuwenden, die von der Europäischen Kommission in dem Verfahren nach Art. 26 Abs. 3 Abschlussprüfungs-RL idF in europäisches Recht übernommen worden sind.[150] Das International Auditing and Assurance Standards Board **(IAASB)** des Internationalen Wirtschaftsprüferverbands (International Federation of Accountants – **IFAC**) hat 2010 nach seinem Clarity Project die International Standards on Auditing **(IAS)**[151] veröffentlicht und seitdem weiterentwickelt. Abs. 5 schreibt die Anwendung der ISA verbindlich vor. Allerdings hängt diese Verpflichtung von der noch ausstehenden **förmlichen Annahme (*adoption*) der ISA** durch die EU-Kommission in dem Verfahren nach Art. 26 Abs. 3 RL 2014/56/EU ab. Bis zu einer solchen Annahme dürfen die ISA, müssen aber nicht angewendet werden. Gemäß Art. 26 Abs. 1 S. 2 RL 2014/56/EU können die Mitgliedstaaten nationale Prüfungsstandards, Prüfverfahren oder Prüfungsanforderungen solange anwenden, wie die Kommission keine internationalen Prüfungsstandards, die für denselben Bereich gelten, angenommen hat.[152] Bislang hat die EU Kommission, wie gesagt, noch keine ISA angenommen.[153] In Deutschland gelten daher weiterhin die nationalen Prüfungsstandards (→ Rn. 54 ff.). Es gibt derzeit keinen konkreten Zeitplan für den Annahmeprozess. Abs. 5 läuft deshalb (noch) leer. Da die ISA in nahezu allen EU-Mitgliedstaaten auch ohne Annahme dieser Standards durch die EU Eingang in die nationalen Prüfungsstandards gefunden haben, ist fraglich, ob es noch zu einer förmlichen Annahme durch die EU kommen wird.[154]

---

[146]   HKMS/Burg Rn. 26.
[147]   HKMS/Burg Rn. 24; BeBiKo/Justhoven/Küster/Bernhardt Rn. 9; Sträter, Gesamturteil des Abschlussprüfers (Wirtschaftsprüfers) nach der Prüfung eines Jahres- oder Konzernabschlusses, Diss. TU Dortmund 2020, S. 74 f.
[148]   BGH NJW 2022, 2262 Rn. 50 (allerdings habe die Abschlussprüfung „zum Ziel, dass Unrichtigkeiten und Rechtsverstöße, die sich auf die Darstellung des Bildes der Vermögens-, Finanz- und Ertragslage der Kapitalgesellschaft [§ 264 Abs. 2 S. 1 HGB] wesentlich auswirken, bei gewissenhafter Berufsausübung erkannt werden"); BGH BeckRS 2018, 39821 mwN; OLG Dresden DStRE 2014, 829 (830); LG Düsseldorf NZI 2018, 332 = ECLI:DE:LGD:2017:1220.13O481.14.00 Rn. 58, bestätigt durch OLG Düsseldorf ZIP 2019, 2122, Revisionsverfahren BGH VII ZR 8/19 (anhängig); ebenso HKMS/Burg Rn. 11; BeBiKo/Justhoven/Küster/Bernhardt Rn. 8–9.
[149]   So zutr. Schüppen § 317 Rn. 40.
[150]   Zu Einzelheiten des Ausschussverfahrens und den nach wie vor nicht geklärten Fragen der Vereinbarkeit dieses Verfahrens mit dem Demokratieprinzip: Staub/Habersack/Schürnbrand Rn. 37 mwN.
[151]   Zu Einzelheiten Noodt/Kunellis WPg 2011, 557 (zu der Anpassung von IDW-Prüfungsstandards an die im Rahmen des Clarity-Projekts überarbeiteten ISA); Brinkmann/Spieß KoR 2006, 395.
[152]   Vgl. Naumann/Feld WPg 2006, 873 (883).
[153]   OLG Düsseldorf BeckRS 2021, 41602; Schüppen Rn. 41; Plath WPg 2012, 173 (175); WPK, Anwendung der International Standards on Auditing (ISA) in Deutschland, WPK Magazin 2/2020, 28.
[154]   Wiedmann/Böcking/Gros/Böcking/Gros/Rabenhorst Rn. 40; vgl. Schüppen Rn. 41.

Der HFA des IDW hat inzwischen eine Reihe von **ISA [DE]** verabschiedet **43** (→ Rn. 54). Diese beruhen auf den vom IAASB verabschiedeten International Standards on Auditing (ISA) und sind um deutsche Besonderheiten ergänzt worden.[155] Solange und soweit die Europäische Kommission keine ISA angenommen hat (vgl. Abs. 5), gelten – wie gesagt – die bisherigen nationalen Prüfungsstandards fort. Durch die ISA [DE] erlangen die ISA in der Praxis allerdings mittelbar erhebliche Bedeutung: Ebenso wie die IDW PS und die IDW PH sind die ISA [DE] zwar **keine verbindlichen Rechtsnormen** (→ § 323 Rn. 37, 40) und binden insbesondere nicht die Gerichte bei der Auslegung und Konkretisierung der Pflicht des Abschlussprüfers zur „gewissenhaften" (§ 323 Abs. 1 S. 1; § 317 Abs. 1 S. 3) und „unparteiischen" (§ 323 Abs. 1 S. 1) sowie „sorgfältigen" (§ 320 Abs. 2 S. 1 und 3; § 276 Abs. 2 BGB) Prüfung.[156] Als Standards, die in einem geordneten Verfahren entwickelt worden sind, die „fachliche Meinung der einschlägigen Verkehrskreise" wiedergeben und die Mitglieder des IDW binden, sind sie in der Praxis aber eine wichtige Erkenntnisquelle und Entscheidungshilfe, „die kraft sachlicher Überzeugung wirken"[157] („persuasive, but not conclusive evidence"). Ob man insofern von einer „faktischen Bindungswirkung" der ISA [DE] sprechen kann,[158] erscheint zweifelhaft, zumal die Entscheidung über die Geltung im Einzelfall letztlich in den Händen der Gerichte liegt.[159] Andererseits ist es in der Tat **rechtstaatlich bedenklich,** wenn die ISA über die ISA [DE] (mittelbar) Eingang in die Jahresabschlussprüfung deutscher Unternehmen finden, obgleich der europäische Gesetzgeber die Wirksamkeit der ISA ausdrücklich von einer förmlichen Annahme *(adoption)* abhängig macht.[160]

J. Verordnungsermächtigung (Abs. 6)

Abs. 6 ermächtigt das BMJ, im Einvernehmen mit dem Bundesministerium für Wirt- **44** schaft und Energie durch (nicht der Zustimmung des Bundesrates bedürfende) Rechtsverordnung zusätzlich zu den bei der Durchführung der Abschlussprüfung nach Abs. 5 anzuwendenden internationalen Prüfungsstandards weitere „Abschlussprüfungsanforderungen" vorzuschreiben, wenn dies durch den Umfang der Abschlussprüfung bedingt ist und den in den Abs. 1–4 genannten Prüfungszielen dient.[161] Die im alten Recht enthaltene Ermächtigung an den BMJ zur Erklärung der „Nichtanwendung von Teilen der internationalen Prüfungsstandards" wurde durch das AReG vom 10.5.2016 ersatzlos gestrichen. Von der Ermächtigung nach Abs. 6 wurde bisher kein Gebrauch gemacht, da die IAS von der EU noch nicht angenommen worden sind (→ Rn. 42).

K. Art und Weise der Prüfung

§§ 316–324a sagen ebenso wie ihre Vorläufer über die Art und Weise der Durchfüh- **45** rung der Abschlussprüfung nur wenig aus.[162] § 320 stattet den Abschlussprüfer mit weitreichenden Einblicks- und Auskunftsrechten aus; ansonsten verpflichtet ihn das Gesetz zur „gewissenhaften" und „unparteiischen" (§ 317 Abs. 1 S. 3, § 323 Abs. 1 S. 1) sowie „sorg-

---

155 Gewehr/Moser WPg 2018, 193 (194, 195); Schüppen Rn. 43.
156 OLG Stuttgart NZG 2022, 953 Rn. 38 (unter Hinweis auf → 4. Aufl. 2020, § 323 Rn. 32).
157 OLG Stuttgart NZG 2022, 953 Rn. 38.
158 Vgl. Schüppen Rn. 45; Gewehr/Moser WPg 2018, 193 (194).
159 So zutr. OLG Stuttgart NZG 2022, 953 Rn. 38.
160 Schüppen § 317 Rn. 45.
161 Zu Bedeutung und Auslegung der Norm BeBiKo/Justhoven/Küster/Bernhardt Rn. 125 ff.; Staub/Habersack/Schürnbrand Rn. 39. Zu dem Hintergrund der Regelung Kuhn/Stibi WPg 2009, 1157 (1158).
162 Vgl. OLG Stuttgart NZG 2022, 953 Rn. 37.

fältigen" (§ 320 Abs. 2 S. 1 und 3; § 276 Abs. 2 BGB) Prüfung.[163] Der Gesetzgeber begnügt sich also mit **generalklauselartigen Anweisungen** bzw. unbestimmten Rechtsbegriffen bezüglich des Verhaltens von Abschlussprüfern bei der Planung und Durchführung von Jahresabschlussprüfungen nach § 316 Abs. 1 S. 1 und Abs. 2 S. 1. Abs. 5, der mit Inkrafttreten des BilMoG vom 25.5.2009 (BGBl. 2009 I 1102) Eingang in das Recht der Abschlussprüfung gefunden hat und durch das AReG vom 10.5.2016 (BGBl. 2016 I 1142) aktualisiert worden ist, schreibt vor, dass der Abschlussprüfer bei der Durchführung einer Prüfung die **internationalen Prüfungsstandards** (International Standards on Auditing – ISA) anzuwenden hat. Die Verpflichtung zur Anwendung der ISA steht allerdings unter dem Vorbehalt der Annahme dieser Standards durch die Europäische Kommission in dem sog. Komitologieverfahren.[164] Die Kommission hat die ISA bislang nicht angenommen (→ Rn. 42).[165] Solange und sofern solche Prüfungsstandards nicht angenommen worden sind, bleibt es bei den nationalen Standards – in Deutschland also insbesondere bei den IDW Prüfungsstandards (IDW PS) und den IDW Prüfungshinweisen (IDW PH) (→ Rn. 56 ff.).[166] Außerdem hat das IDW die ISA in die deutsche Sprache übersetzt und um die zu beachtenden nationalen Besonderheiten ergänzt (ISA [DE]; → Rn. 43, 54). Die ISA [DE] und IDW PS bilden „Grundsätze ordnungsmäßiger Abschlussprüfung" (GoA). Sie sind für die Gerichte in Deutschland bei der Auslegung des § 323 Abs. 1 S. 1 Hs. 1 zwar rechtlich nicht verbindlich, sie sind aber wichtige **Erkenntnisquellen** und **Entscheidungshilfen** bei der Auslegung und Anwendung der generalklauselartigen Anweisungen und unbestimmten Rechtsbegriffe (→ § 323 Rn. 37 ff.).

I. Grundsätze ordnungsmäßiger Abschlussprüfung

46   Die Revisionswissenschaft versucht seit langem, ein System von Grundsätzen ordnungsmäßiger Abschlussprüfung (GoA) zu entwickeln, das in sich geschlossen, also widerspruchsfrei ist und das Verhalten von Abschlussprüfern durch Handlungsanweisungen steuern soll und damit zugleich die von der Prüfung Betroffenen oder an ihrem Ergebnis interessierten Personen über die (Mindest-)Qualität der Prüfung informiert.[167] GoA sollen ferner der Erleichterung der Überwachung der Tätigkeit des Abschlussprüfers und der Stärkung seiner Unabhängigkeit dienen[168] und die Berichtspflicht gemäß § 321 erleichtern. Letztlich geht es darum, die gesetzlichen Anforderungen an die Durchführung gesetzlicher Abschlussprüfungen durch Wirtschaftsprüfer und vereidigte Buchprüfer (§ 319 Abs. 1) mit den mit dem Gebot der Gewissenhaftigkeit, Unparteilichkeit (§ 317 Abs. 1 S. 3, § 323 Abs. 1 S. 1) und der Sorgfalt (§ 320 Abs. 2 S. 1 und 3; § 276 Abs. 2 BGB) im Einklang stehenden gesetzlich nicht konkretisierten Grundsätzen über die ordnungsmäßige Durchführung von Abschlussprüfungen zu einer Einheit zusammenzuführen, so dass sie in ihrer Gesamtheit die Zwecke der Abschlussprüfung durch externe unabhängige Sachverständige möglichst gut erreichen. Zu der Verordnungsermächtigung an das BMJ als Grundlage für Erweiterungen der Anforderungen an die Abschlussprüfung („weitere Abschlussprüfungsanforderungen")[169] → Rn. 44 zu Abs. 6.

47   Bei der **Konkretisierung** der Anforderungen an eine ordnungsmäßige Abschlussprüfung bestehen allerdings erhebliche Schwierigkeiten, weil es sich hierbei nicht um ein starres System handelt. Vielmehr unterliegen die Anforderungen an eine ordnungsmäßige Abschlussprüfung (nebst ordnungsmäßiger Planung, Berichterstattung und Bestätigung,

---

163   Zur Frage des Verhältnisses von Gewissenhaftigkeit und Sorgfalt → § 323 Rn. 46.
164   Inwinkl/Kortebusch/Schneider Der Konzern 2008, 215 (217–218); Wiedmann/Böcking/Gros/ Böcking/Gros/Worret Rn. 40.
165   OLG Düsseldorf BeckRS 2021, 41602.
166   HKMS/Burg Rn. 137. Zu den um die deutschen Besonderheiten modifizierten ISA [DE] → Rn. 43.
167   Vgl. Rückle ZfbF Sonderheft 36, 1996, 107 (112).
168   Richter DBW 1978, 18 (30); Otte, Prüfungstheorie und Grundsätze ordnungsmäßiger Abschlussprüfung, 1996, S. 9.
169   Die in der früheren Fassung von Abs. 6 enthaltenen Wörter „oder die Nichtanwendung von Teilen der internationalen Prüfungsstandards" wurde durch das AReG v. 10.5.2016 (BGBl. 2016 I 1142) gestrichen.

§§ 321, 322) im Laufe der Zeit Wandlungen, um sich neuen Erkenntnissen der Revisionswissenschaft und neuen Prüfungsverfahren und Prüfungsmethoden, veränderten Erwartungen der Adressaten der Rechnungslegung und der Kapitalmärkte sowie internationalen
Entwicklungen anpassen zu können. Für die Konkretisierung des Gebots der gewissenhaften, unparteiischen (§ 317 Abs. 1 S. 3, § 323 Abs. 1 S. 1) und sorgfältigen (§ 320 Abs. 2
S. 1 und 3; § 276 Abs. 2 S. 1 BGB) Prüfung stehen im Wesentlichen drei methodische
Vorgehensweisen zur Verfügung: die induktive Ermittlung, die deduktive Ermittlung und
die teleologische Ermittlung.

II. Induktive Ermittlung

Das ältere Schrifttum stand überwiegend auf dem Standpunkt, dass GoA **induktiv** zu   **48**
ermitteln seien.[170] Bei der induktiven Ermittlung bestimmt sich der Inhalt der Anforderungen an eine ordnungsmäßige Abschlussprüfung anhand der Verkehrsanschauung „ordentlicher und ehrenwerter" Abschlussprüfer, wobei man in erster Linie darauf abstellt, wie in
der Abschlussprüfungspraxis tatsächlich verfahren wird. Eine unmittelbare Übernahme der
Anschauungen der Abschlussprüferpraxis scheidet aber schon deshalb aus, weil die zu beurteilenden Abschlussprüfer die Maßstäbe für ihre Tätigkeit ansonsten selbst setzen und damit
letztlich zu Richtern über sich selbst werden würden.[171] Die induktive Methode der Konkretisierung ist im Übrigen **problematisch,** weil sich kaum Kriterien dafür finden lassen,
wer als „ordentlicher und ehrenwerter" Abschlussprüfer anzusehen ist und wodurch sich
ein solcher von einem diesem Ideal nicht entsprechenden Prüfer unterscheidet. Darüber
hinaus erschwert die induktive Vorgehensweise die Weiterentwicklung der Grundsätze ordnungsmäßiger Abschlussprüfung, weil sich in der Praxis zu vielen Fragen nicht ohne weiteres
und zügig eine einheitliche Ansicht herausbilden wird.

III. Deduktive Ermittlung

Nach heute wohl herrschender Ansicht in der revisionswissenschaftlichen Literatur sind   **49**
GoA deduktiv zu ermitteln.[172] Danach ist die Frage, was im Einzelfall den GoA entspricht,
durch logisches Ableiten, also durch „Nachdenken", aus den gesetzlichen **Zielen der**
Abschlussprüfung zu beantworten.[173] Das setzt allerdings allgemein anerkannte Oberprin-
zipien voraus, aus denen sich konkrete Grundsätze ableiten lassen. Diese Obersätze dürfen
außerdem nicht zu allgemein formuliert sein, um als konkrete Leitlinien zur Lösung konkreter Fragen der Durchführung von Abschlussprüfungen dienen zu können. An der deduktiven Methode wird ausgesetzt, dass es häufig an einer geeigneten Deduktionsgrundlage fehle.
Mangels hinreichender theoretischer Fundierung der Prüfungslehre sei es bisher noch nicht
gelungen, Zusammenhänge zwischen einzelnen Prüfungszielen und einzelnen Prüfungshandlungen zu formulieren. Eine zweifelsfreie Deduktion sei daher oft nicht möglich.[174]

IV. Teleologische Ermittlung

Juristen bevorzugen die teleologische Ermittlung der GoA. Ausgangspunkt der teleolo-   **50**
gischen Methode ist die Konkretisierung der unbestimmten Rechtsbegriffe der Gewissen-

---

[170] Zum älteren Schrifttum s. die Nachweise in Schulze zur Wiesche, Grundsätze ordnungsmäßiger aktien-
       rechtlicher Abschlußprüfung, 1963, S. 17 Fn. 21; Pougin, Die Berücksichtigung des internen Kontroll-
       systems als Grundlage ordnungsmäßiger Abschlussprüfung, 1958, S. 31. Vgl. Niemann DStR 2003, 1454
       (1456) (der ohne jeden Beleg behauptet, der induktiven Methode werde „vor allem von Juristen vorran-
       gige Bedeutung beigemessen").
[171] Krit. dazu Salje NZG 1999, 905 (906); Ruhnke, Normierung der Abschlussprüfung, 2000, S. 77.
[172] Kircherer, Grundsätze ordnungsmäßiger Abschlussprüfung, 1970, S. 29; Schade, Zur Konkretisierung
       des Gebots sorgfältiger Abschlußprüfung, 1982, S. 40, 41.
[173] Ebke Wirtschaftsprüfer S. 19; Buchner, Wirtschaftliches Prüfungswesen, 2. Aufl. 1997, S. 76; Rückle
       ZfbF Sonderheft 36 (1996), 107 (121); Rückle/Klatte WISU 1994, 138 (139); Schade, Zur Konkretisie-
       rung des Gebots sorgfältiger Abschlußprüfung, 1982, S. 40; Ruhnke, Normierung der Abschlussprüfung,
       2000, S. 77, 78; Niemann DStR 2003, 1454 (1456).
[174] v. Wysocki Grundsätze S. 175, 179; Buchner, Wirtschaftliches Prüfungswesen, 2. Aufl. 1997, S. 76.

haftigkeit (§ 317 Abs. 1 S. 3, § 323 Abs. 1 S. 1) und der Sorgfalt (§ 320 Abs. 2 S. 1 und 3; § 276 Abs. 2 BGB) mit Hilfe der anerkannten Auslegungsregeln der Rechtswissenschaft. Problematisch bei der Auslegung des Begriffs der Gewissenhaftigkeit und der Sorgfalt ist, dass die heranziehbaren gesetzlichen Vorschriften und Materialien **zu unbestimmt** sind, um damit ein eindeutiges, allgemein anerkanntes und geschlossenes System der Grundsätze ordnungsmäßiger Abschlussprüfung zu entwickeln. Infolge der Internationalisierung der Rechnungslegung und Prüfung haben sich die Schwierigkeiten in den letzten Jahren noch verstärkt. Der zunehmende Einfluss der International Standards on Auditing (ISA), aber auch der US-amerikanischen Generally Accepted Auditing Standards (US GAAS) auf die deutschen Prüfungsgrundsätze ist unverkennbar (→ Rn. 52 ff.). Im Übrigen kommt auch die teleologische Methode ohne Rückgriff auf **Erkenntnisse der revisionswissenschaftlichen Forschung** sowie auf Prüfungsstandards, Prüfungshinweise, Stellungnahmen und Verlautbarungen nationaler, europäischer und internationaler Berufsorganisationen nicht aus (auch wenn nicht besonders betont zu werden braucht, dass derartige Prüfungsstandards, Prüfungshinweise, Stellungnahmen und Verlautbarungen die deutschen Gerichte nicht binden; → § 323 Rn. 37, 40).

V. Zusammenfassung

51   Bei der Konkretisierung der Anforderungen an die Art und Weise sowie den Umfang der Abschlussprüfung handelt es sich nach alledem um einen mehrstufigen Erkenntnisprozess, der neben dem Rückgriff auf rechtswissenschaftliche Auslegungsmethoden und Auslegungsgrundsätze gleichzeitig Elemente der deduktiven und der induktiven Vorgehensweise enthält. Es geht der Sache nach um einen ständigen Auslegungsvorgang, bei dem der Abschlussprüfer ebenso wie die Rechtsanwender selbst gefestigte Abschlussprüfungsgrundsätze immer wieder überprüfen und erforderlichenfalls abändern müssen, um den gesetzlichen Zielen der Abschlussprüfung im Einzelfall gerecht zu werden. Da es bei der dargestellten Ausgangslage in dem dynamischen Auslegungsprozess unter den Betroffenen nicht immer einen Konsens über das „richtige" Verhalten des Abschlussprüfers in einer konkreten Situation geben wird, bleiben die Anforderungen an den Umfang der Abschlussprüfung letztlich unter der Kontrolle der Gerichte.

VI. Prüfungsstandards

52   **1. Überblick.** Der gesetzlichen Zielsetzung einer risiko- und problemorientierten Vorgehensweise bei der Prüfung (Abs. 1 S. 3) entsprechen auf berufsständischer Ebene die Maßnahmen des IDW, die nationalen Prüfungsstandards **(IDW PS)** und Prüfungshinweise **(IDW PH)** sowie die sonstigen Stellungnahmen nach Inhalt, Form und Struktur den Internationalen Prüfungsstandards (International Standards on Auditing – **ISA**) der International Federation of Accountants (IFAC) anzugleichen,[175] um für den internationalen Bereich nachvollziehbar zu machen, dass die deutschen Berufsgrundsätze den strengen internationalen Maßstäben nicht nachstehen.[176] Das IDW hat seine Prüfungsstandards (IDW PS) und Prüfungshinweise (IDW PH) daher immer wieder im Lichte der internationalen Entwicklungen – namentlich mit Blick auf die ISA – aktualisiert, ergänzt und fortentwickelt.[177] Das bislang angewandte Verfahren der Anpassung der IDW PS an die ISA ist vom IDW inzwischen jedoch aufgegeben worden.[178] Die vom International Auditing and Assurance Standards Board (IAASB) der IFAC[179] verabschiedeten ISA, die zu den international aner-

---

[175] Mertin/Schmidt WPg 2001, 317 (324–333).

[176] Zitzelsberger WPg 1998, 129 (131); ohne Verf. WPg 1998, 652.

[177] Noodt/Kunellis WPg 2011, 557 (zu der Anpassung von IDW-Prüfungsstandards an die im Rahmen des Clarity-Projekts überarbeiteten ISA); Kämpfer/S. Schmidt WPg 2009, 47; Kuhn/Stibi WPg 2009, 1157; s. ferner Petersen/Zwirner WPg 2008, 967; Krommes DB 2008, 713.

[178] Zur Transformation der ISA in deutsche Grundsätze ordnungsmäßiger Abschlussprüfung Jacob WPg 2001, 237 und → Rn. 42.

[179] Der IAASB fungiert als unabhängiges Standardsetzungsgremium unter dem internationalen Wirtschaftsprüferverband (IFAC).

kannten Prüfungsgrundsätzen gehören, werden vom IDW in die deutsche Sprache übersetzt und um deutsche Besonderheiten ergänzt **(ISA [DE])**. Mit ihrem Inkrafttreten ersetzen die ISA[DE] – soweit sie reichen – die korrespondierenden IDW PS. Solange die Europäische Kommission keine internationalen Prüfungsstands angenommen hat (→ Abs. 5), sind die ISA/ISA[DE] in Deutschland jedoch nicht gesetzlich verpflichtend. Für die Mitglieder des IDW gelten die **ISA [DE]** einheitlich erstmals für die Prüfung von Jahresabschlüssen für Zeiträume, die am oder nach dem 15.12.2021 beginnen. Ausgenommen sind Rumpfgeschäftsjahre, die vor dem 31. Dezember 2022 enden. Der ursprüngliche Erstanwendungszeitpunkt wurde vom Hauptfachausschuss (HFA) des IDW um ein Jahr verschoben. Die ISA [DE] bilden zusammen mit den weiteren für die Prüfung des Abschlusses und für die Prüfung des Lageberichts relevanten IDW PS die vom IDW festgestellten „Grundsätze ordnungsmäßiger Abschlussprüfung **(GoA)**". Zur Rechtsnatur und Verbindlichkeit der ISA [DE], IDW PS und IDW PH → § 323 Rn. 37, 40.

Zu ausgewählten IDW PS veröffentlicht das IDW darüber hinaus „**IDW Fragen und** **53** **Antworten** zu IDW Prüfungsstandards" („F&A ISA [DE], „F&A IDW PS") mit Stellungnahmen zu konkreten Auslegungsfragen und Überlegungen zur praktischen Anwendung der Grundsätze.[180] Hinzu kommen IDW Qualitätssicherungsstandards zur Konkretisierung der Anforderungen an die Qualitätssicherung in der Wirtschaftsprüferpraxis **(IDW QS 1)** sowie IDW Standards **(IDW S)** sowie IDW Fragen und Antworten zu IDW Standards (F& A IDW S). Entwürfe – ISA [E-DE], IDW EPS, IDW EQS, IDW ERS und IDW ES – werden bis zu ihrer endgültigen Verabschiedung öffentlich bereitgestellt, um dem Berufsstand und der interessierten Öffentlichkeit die Möglichkeit der Kenntnis- und Stellungnahme zu bieten.

2. ISA [DE]. Der HFA des IDW hat bisher folgende um deutsche Besonderheiten **54** modifizierte International Standards on Auditing (ISA [DE]) verabschiedet: **ISA [DE] 200:** Übergeordnete Ziele des unabhängigen Prüfers und Grundsätze einer Prüfung in Übereinstimmung mit den International Standards on Auditing (Stand: 26.3.2020,[181] **ISA [DE]** **210:** Vereinbarung der Auftragsbedingungen für Prüfungsaufträge (Stand: 26.3.2020),[182] **ISA [DE] 230:** Prüfungsdokumentation (Stand: 26.3.2020,[183] **ISA [DE] 240:** Verantwortlichkeiten des Abschlussprüfers bei dolosen Handlungen (Stand: 26.3.2020),[184] **ISA [DE]** **250 (Revised):** Berücksichtigung von Gesetzen und anderen Rechtsvorschriften bei einer Abschlussprüfung (Stand: 26.3.2020),[185] **ISA [DE] 300:** Planung einer Abschlussprüfung (Stand: 26.3.2020),[186] **ISA [DE] 315 (Revised):** Identifizierung und Beurteilung der Risiken wesentlich falscher Darstellungen aus dem Verständnis von der Einheit und ihrem Umfeld (Stand: 26.3.2020),[187] **ISA [DE] 320:** Wesentlichkeit bei der Prüfung und Durchführung einer Abschlussprüfung (Stand: 26.3.2020),[188] **ISA [DE] 330:** Reaktionen des Abschlussprüfers auf beurteilte Risiken (Stand: 26.3.2020),[189] **ISA [DE] 402:** Überlegungen bei der Abschlussprüfung von Einheiten, die Dienstleister in Anspruch nehmen (Stand: 26.3.2020),[190] **ISA [DE] 450:** Beurteilung der während der Abschlussprüfung identifizierten falschen Darstellungen (Stand: 26.3.2020),[191] **ISA [DE] 500:** Prüfungsnachweise

---

[180]   Zu den ISA [DE]: IDW, Fragen und Antworten: Zur Einführung der ISA [DE] und Einzelfragen bei der Anwendung ausgewählter ISA [DE], 2020.
[181]   IDW Life 2019, 649, IDW Life 2020, 509, IDW Life 2020, 996, IDW Life 2021, 1352.
[182]   IDW Life 2019, 654, IDW Life 2020, 509.
[183]   IDW Life 2019, 658, IDW Life 2020, 509, IDW Life 2020, 996.
[184]   IDW Life 2019, 660, IDW Life 2020, 509, IDW Life 2020, 998; dazu Farr WPg 2021, 66; Marten RWZ 31 (2021), 244.
[185]   IDW Life 2019, 664, IDW Life 2020, 509.
[186]   IDW Life 2019, 667, IDW Life 2020, 509.
[187]   IDW Life 2019, 669, IDW Life 2020, 509.
[188]   IDW Life 2019, 672, IDW Life 2020, 509.
[189]   IDW Life 2019, 673, IDW Life 2020, 509.
[190]   IDW Life 2019, 675, IDW Life 2020, 509.
[191]   IDW Life 2019, 678, IDW Life 2020, 509.

(Stand: 26.3.2020),[192] **ISA [DE] 501:** Prüfungsnachweise – Besondere Überlegungen zu ausgewählten Sachverhalten (Stand: 26.3.2020),[193] **ISA [DE] 505:** Externe Bestätigungen (Stand: 26.3.2020),[194] **ISA [DE] 510:** Eröffnungsbilanzwerte bei Erstprüfungsaufträgen (Stand: 26.3.2020),[195] **ISA [DE] 520:** Prüfungsnachweise (Stand: 26.9.2019),[196] **ISA [DE] 530:** Stichprobenprüfungen (Stand: 26.3.2020),[197] **ISA [DE] 540 (Revised):** Prüfung geschätzter Werte in der Rechnungslegung und damit zusammenhängender Abschlussangaben (Stand: 14.10.2020),[198] **ISA [DE] 550:** Nahe stehende Personen (Stand: 26.3.2020),[199] **ISA [DE] 560:** Nachträgliche Ereignisse (Stand: 26.3.2020),[200] **ISA [DE] 580:** Schriftliche Erklärungen (Stand: 29.10.2021),[201] **ISA [DE] 600:** Besondere Überlegungen zu Konzernabschlussprüfungen (einschließlich der Tätigkeit von Teilbereichsprüfern) (Stand: 26.3.2020),[202] **ISA [DE] 610:** Nutzung der Tätigkeit interner Revisoren (Stand: 26.3.2020),[203] **ISA [DE] 620:** Nutzung der Tätigkeit eines Sachverständigen des Abschlussprüfers (Stand: 26.3.2020),[204] **ISA [DE] 710:** Vergleichsinformation – Vergleichsangaben und Vergleichsabschlüsse (Stand: 26.3.2020),[205] **ISA [DE] 720 (Revised):** Verantwortlichkeiten des Abschlussprüfers im Zusammenhang mit sonstigen Informationen (Stand: 7.5.2020).[206]

55   **3. ISA [DE] (Entwürfe).** Aktuell gibt es außerdem folgende ISA [DE] im Entwurfsstadium (ISA [E-DE]: **ISA [E-DE] 220:** International Standard on Auditing 220 (Revised): Qualitätsmanagement bei einer Abschlussprüfung (Stand: 7.11.2022), **ISA [E-DE] 315:** Identifizierung und Beurteilung der Risiken wesentlicher falscher Darstellungen (Stand: 11.11.2021)[207] und **ISA [DE] 540:** Entwurf von Folgeänderungen an anderen ISA [DE] aufgrund der Neufassung des ISA [DE] 540 (Revised) (Stand: 23.7.2020).[208]

56   **4. IDW Prüfungsstandards.** Die IDW Prüfungsstandards betreffen die Qualitätssicherung (IDW PS 140), den Prüfungsgegenstand und den Prüfungsauftrag (IDW PS 200–240), den Prüfungsansatz (IDW PS 250–270), die Prüfungsdurchführung (IDW PS 300–350), den Bestätigungsvermerk, den Prüfungsbericht und Bescheinigungen (IDW PS 400–490), die Abschlussprüfung von Unternehmen bestimmter Branchen (IDW PS 522–750) und andere Reporting-Aufträge (IDW PS 810–983). Folgende IDW Prüfungsstandards sind veröffentlicht worden (Stand: 10.5.2023):[209]

57   **a) Qualitätssicherung. IDW PS 140:** Die Durchführung von Qualitätskontrollen in der Wirtschaftsprüfungspraxis (Stand: 9.6.2017).[210]

58   **b) Prüfungsgegenstand und Prüfungsauftrag. IDW PS 200:** Ziele und allgemeine Grundsätze der Durchführung von Abschlussprüfungen (Stand: 3.6.2015),[211] **IDW PS 201:**

---

[192]   IDW Life 2019, 680, IDW Life 2020, 509, IDW Life 2020, 999.
[193]   IDW Life 2019, 682, IDW Life 2020, 509.
[194]   IDW Life 2019, 683, IDW Life 2020, 509.
[195]   IDW Life 2019, 686, IDW Life 2020, 509.
[196]   IDW Life 2019, 690, IDW Life 2020, 509.
[197]   IDW Life 2019, 691, IDW Life 2020, 509.
[198]   IDW Life 2020, 862.
[199]   IDW Life 2019, 693, IDW Life 2020, 509.
[200]   IDW Life 2019, 697, IDW Life 2020, 509.
[201]   IDW Life 2019, 699, IDW Life 2020, 509, IDW Life 2020, 1004, IDW Life 2022, 77.
[202]   IDW Life 2019, 702, IDW 2020, 509.
[203]   IDW Life 2019, 709, IDW Life 2020, 509.
[204]   IDW Life 2019, 712, IDW Life 2020, 509.
[205]   IDW Life 2019, 714, IDW Life 2020, 509.
[206]   IDW Life 2020, 509; dazu Baumüller WPg 2021, 488.
[207]   IDW Life 2022, 516.
[208]   IDW Life 2020. 759.
[209]   Die IDW PS und IDW PH werden nicht nur in WPg Supplement, in den FN-IDW und neuerdings in IDW Life veröffentlicht, sondern sind auch als Loseblattsammlung erhältlich: IDW, IDW Prüfungsstandards, IDW Stellungnahmen zur Rechnungslegung, Bd. 1–5 (lfd. erg. Losebl.Slg.).
[210]   IDW Life 2017, 946. Dazu Marten WPg 2017, 308; Bruckner/Schmidt WPg 2017, 58.
[211]   WPg 2000, 706, WPg Supp. 3/2015, 1.

Rechnungslegungs- und Prüfungsgrundsätze für die Abschlussprüfung (Stand: 28.9.2022),[212] **IDW PS 202:** Die Beurteilung von zusätzlichen Informationen, die von Unternehmen zusammen mit dem Jahresabschluss veröffentlicht werden (Stand: 9.9.2010),[213] **IDW PS 203:** Ereignisse nach dem Abschlussstichtag (Stand: 9.9.2009),[214] **IDW PS 205:** Prüfung von Eröffnungsbilanzwerten im Rahmen von Erstprüfungen (Stand: 9.9.2010),[215] **IDW PS 208:** Zur Durchführung von Gemeinschaftsprüfungen (Joint Audit) (Stand: 13.8.2021),[216] **IDW PS 210:** Zur Aufdeckung von Unregelmäßigkeiten im Rahmen der Abschlussprüfung (Stand: 12.12.2012),[217] **IDW PS 220:** Beauftragung des Abschlussprüfers (Stand: 9.9.2009),[218] **IDW PS 230:** Kenntnisse über die Geschäftstätigkeit sowie das wirtschaftliche und rechtliche Umfeld des zu prüfenden Unternehmens im Rahmen der Abschlussprüfung (Stand: 8.12.2005),[219] **IDW PS 240:** Grundsätze der Planung von Abschlussprüfungen (Stand: 9.9.2010).[220]

c) Prüfungsansatz. IDW PS 250: Wesentlichkeit im Rahmen der Abschlussprüfung **59** (Stand: 12.12.2012),[221] **IDW PS 255:** Beziehungen zu nahe stehenden Personen im Rahmen der Abschlussprüfung (Stand: 24.11.2010),[222] **IDW PS 261:** Feststellung und Beurteilung von Fehlerrisiken und Reaktionen des Abschlussprüfers auf die beurteilten Fehlerrisiken (Stand: 15.9.2017)[223] und **IDW PS 270:** Die Beurteilung der Fortführung der Unternehmenstätigkeit im Rahmen der Abschlussprüfung (Stand: 29.10.2021).[224]

d) Prüfungsdurchführung. IDW PS 300: Prüfungsnachweise im Rahmen der **60** Abschlussprüfung (Stand: 15.12.2016),[225] **IDW PS 301:** Prüfung der Vorratsinventur (Stand: 24.11.2010),[226] **IDW PS 302:** Bestätigungen Dritter (Stand: 10.7.2014),[227] **IDW PS 303:** Erklärungen der gesetzlichen Vertreter gegenüber dem Abschlussprüfer (Stand: 9.9.2009),[228] **IDW PS 310:** Repräsentative Auswahlverfahren (Stichprobe) in der Abschlussprüfung (Stand: 14.6.2016),[229] **IDW PS 312:** Analytische Prüfungshandlungen (Stand: 13.3.2013),[230] **IDW PS 314:** Die Prüfung von geschätzten Werten in der Rechnungslegung (Stand: 9.9.2009),[231] **IDW PS 318:** Prüfung von Vergleichsangaben über Vorjahre (Stand: 24.11.2010),[232] **IDW PS 320:** Besondere Grundsätze für die Durchführung von Konzernabschlussprüfungen (einschließlich der Verwertung der Tätigkeit von Teilbereichsprüfern) (Stand: 10.7.2014),[233] **IDW PS 321:** Interne Revision und Abschlussprüfung (Stand: 9.9.2010),[234] **IDW PS 322:** Verwertung der Arbeit eines für den Abschlussprüfer tätigen Sachverständigen (Stand: 15.9.2017),[235] **IDW PS 330:** Abschlussprüfung bei Einsatz von

---

[212] IDW Life 2022, 889; dazu Moser/Weiser WPg 2022, 116.
[213] WPg 2001, 121, WPg Supp. 4/2009, 1, WPg Supp. 4/2010, 1.
[214] WPg Supp. 4/2009, 14.
[215] WPg 2001, 150, WPg Supp. 4/2010, 1.
[216] IDW Life 2021, 1075.
[217] WPg 2006, 1422, WPg Supp. 4/2010, 1, WPg Supp. 1/2013, 7.
[218] WPg 2001, 895, WPg Supp. 4/2009, 1.
[219] WPg 2000, 842, WPg 2006, 218.
[220] WPg 2000, 846, WPg 2006, 218, WPg Supp. 1/2011, 1.
[221] WPg Supp. 1/2013, 1.
[222] WPg 2003, 1069, WPg Supp. 1/2007, 1, WPg Supp. 4/2010, 423.
[223] WPg Supp. 2/2012, 3, WPg Supp. 3/2013, 13, Life 2018, 172.
[224] IDW Life 2021, 1264.
[225] IDW Life 2016, 624.
[226] WPg 2003, 715, WPg Supp. 1/2011, 1.
[227] WPg Supp. 3/2014, 1.
[228] WPg Supp. 4/2009, 19.
[229] IDW Life 2016, 636.
[230] WPg 2001, 903, WPg Supp. 2/2013, 1, WPg Supp. 3/2013, 16.
[231] WPg Supp. 4/2009, 23.
[232] WPg Supp. 1/2011, 1.
[233] WPg Supp. 3/2014, 11.
[234] WPg 2002, 686, WPg Supp.4/2010, 1.
[235] WPg Supp. 3/2013, 17, IDW Life 2018, 1.

Informationstechnologie (Stand: 24.9.2002),[236] **IDW PS 331:** Abschlussprüfung bei teilweiser Auslagerung der Rechnungslegung auf Dienstleistungsunternehmen (Stand. 11.9.2015),[237] **IDW PS 340:** Die Prüfung des Risikofrüherkennungssystems (Stand: 27.5.2020),[238] **IDW PS 345:** Auswirkungen des Deutschen Corporate Governance Kodex auf die Abschlussprüfung (Stand: 6.5.2021),[239] **IDW PS 350:** Prüfung des Lageberichts im Rahmen der Abschlussprüfung (Stand: 29.10.2021).[240]

61   **e) Bestätigungsvermerk, Prüfungsbericht und Bescheinigungen. IDW PS 400:** Bildung eines Prüfungsurteils und Erteilung eines Bestätigungsvermerks (Stand: 29.10.2021),[241] **IDW PS 401:** Mitteilung besonders wichtiger Prüfungssachverhalte im Bestätigungsvermerk (Stand: 29.10.2021),[242] **IDW PS 405:** Modifizierungen des Prüfungsurteils im Bestätigungsvermerk (29.10.2021),[243] **IDW PS 406:** Hinweise im Bestätigungsvermerk (Stand: 29.10.2021),[244] **IDW PS 450:** Grundsätze ordnungsmäßiger Berichterstattung bei Abschlussprüfungen (Stand: 28.10.2021),[245] **IDW PS 460:** Arbeitspapiere des Abschlussprüfers (Stand: 9.9.2009)[246] und **IDW PS 470:** Grundsätze für die Kommunikation mit den für die Überwachung Verantwortlichen (Stand: 29.10.2021),[247] **IDW PS 475:** Mitteilung von Mängeln im internen Kontrollsystem an die für die Überwachung Verantwortlichen und das Management (Stand: 26.3.2020),[248] **IDW PS 480:** Prüfung von Abschlüssen, die nach Rechnungslegungsgrundsätzen für einen speziellen Zweck aufgestellt wurden (Stand: 28.11.2014),[249] **IDW PS 490:** Prüfung von Finanzaufstellungen oder deren Bestandteile (Stand: 28.11.2014),[250]

62   **f) Abschlussprüfung von Unternehmen bestimmter Branchen. IDW PS 521:** Die Prüfung des Wertpapierdienstleistungsgeschäfts nach § 89 WpHG (Stand: 17.11.2020),[251] **IDW PS 522:** Prüfung der Adressenausfallrisiken und des Kreditgeschäfts von Kreditinstituten (Stand: 1.10.2002),[252] **IDW PS 570:** Beurteilung von Embedded Value Berichten von Versicherungsunternehmen nach Art des marktkonsistenten Embedded Value (MCEV) entsprechend den Prinzipien des CFO Forums (Stand: 11.3.2011),[253] **IDW PS 580:** Prüfung der Solvabilitätsübersicht nach § 35 Abs. 2 VAG (Stand: 8.11.2017),[254] **IDW PS 610:** Prüfung nach § 6b Energiewirtschaftsgesetz (Stand: 2.7.2021),[255] **IDW PS 611:** Gesonderte Prüfung aufgrund der Festlegungen der BNetzA nach § 6b Abs. 6 iVm § 29 EnWG (Stand: 9.6.2021),[256] **DW PS 650:** Zum erweiterten Umfang der Jahresabschluss-

---

[236]   WPg 2002, 1167.
[237]   WPg Supp. 4/2015, 1.
[238]   IDW Life 2020, 631. Zu Einzelheiten Verhoeven/Riesch/Diederichs WPg 2021, 215; Diederichs/ Giesing/Meyer/Riesch WPg 2022, 815. Zu IDW EPS 340 Wermelt/Oehlmann WPg 2019, 1026.
[239]   IDW Life 2021, 984.
[240]   IDW PS 350: Prüfung des Lageberichts im Rahmen der Abschlussprüfung (Stand: 29.10.2021), IDW Life 2022, 45. Zu Einzelheiten Singer/Wullenkord WPg 2020, 119. Zur Prüfung der Prognoseberichterstattung bei KMU gemäß IDW PS 350 nF vor dem Hintergrund der COVID 19-Pandemie Schorn/ Babicheva WPg 2021, 208.
[241]   IDW Life 2021. 1291.
[242]   IDW Life 2021, 1353.
[243]   IDW Life 2021, 1367.
[244]   IDW Life 2021, 1395.
[245]   IDW Life 2022, 78.
[246]   WPg Supp. 2/2008, 27, WPg Supp. 4/2009, 1.
[247]   IDW Life 2021, 1411, 2022, 447. Dazu Schmid/Deicke WPg 2018, 1266.
[248]   IDW Life 2019, 722, IDW Life 2020, 509.
[249]   WPg Supp. 1/2015, 1.
[250]   WPg Supp. 1/2015, 14.
[251]   IDW Life 2021, 35; dazu Hartmann/Butzke WPg 2022, 275.
[252]   WPg 22/2002, 1254.
[253]   WPg Supp. 2/2011, 26.
[254]   IDW Life 2017, 1319.
[255]   IDW Life 2021, 822; dazu Hünger WPg 2021, 1304.
[256]   IDW Life 2021, 832.

prüfung von Krankenhäusern nach Landeskrankenhausrecht (Stand: 28.3.2022),[257] **IDW PS 700:** Prüfung von Beihilfen nach Art. 107 AEUV insbesondere zugunsten öffentlicher Unternehmen (Stand: 29.11.2012),[258] **IDW PS 710:** Prüfung des Rechenschaftsberichts einer politischen Partei (Stand: 12.5.2005),[259] **IDW PS 720** Berichterstattung über die Erweiterung der Abschlussprüfung nach § 53 HGrG (Stand: 9.9.2010),[260] **IDW PS 721:** Prüfung der Marktkonformität nach § 43 Abs. 1 Satz 2 Medienstaatsvertrag als Erweiterung der Abschlussprüfung (Stand: 26.11.2020),[261] **IDW PS 730:** Prüfung des Jahresabschlusses und Lageberichts einer Gebietskörperschaft (Stand: 30.3.2012),[262] **DW PS 731:** Prüfung der Ordnungsmäßigkeit der Haushaltswirtschaft als Erweiterung der Abschlussprüfung bei Gebietskörperschaften (Stand: 26.11.2020),[263] **IDW PS 740:** Prüfung von Stiftungen (Stand: 25.2.2000),[264] **IDW PS 750:** Prüfung von Vereinen (Stand: 9.9.2010).[265]

g) Andere Reporting-Aufträge. IDW PS 810: Prüfung der Substanzwertrechnung **63** von Leasingunternehmen (Stand: 6.12.2013),[266] **IDW PS 830:** Prüfung von Bauträgern und Baubetreuern iSd § 34c Abs. 1 S. 1 Nr. 3 GewO nach § 16 Abs. 1 MaBV (Stand: 16.2.2021),[267] **IDW PS 840:** Prüfung von Finanzanlagenvermittlern iSd § 34f Abs. 1 S. 1 GewO nach § 24 Abs. 1 S. 1 FinVermV (Stand: 12.12.2018),[268] **IDW PS 850:** Projektbegleitende Prüfung bei Einsatz von Informationstechnologie (Stand: 24.1.2021),[269] **IDW PS 860:** IT-Prüfung außerhalb der Abschlussprüfung (Stand: 2.3.2018),[270] **IDW PS 861:** Prüfung von KI-Systemen (Stand: 10.3.2023),[271] **IDW PS 870:** Die Prüfung des Vergütungsberichts nach § 162 Abs. 3 AktG (Stand: 30.8.2021),[272] **IDW PS 880:** Die Prüfung von Softwareprodukten (Stand: 24.1.2022),[273] **IDW PS 900:** Grundsätze für die prüferische Durchsicht von Abschlüssen (Stand: 1.10.2002),[274] **IDW PS 910:** Grundsätze für die Erteilung eines Comfort Letter (Stand: 4.3.2004),[275] **IDW PS 920:** Prüfung von Systemen nach § 20 WpHG bei nichtfinanziellen Gegenparteien (Stand: 24.11.2016),[276] **IDW PS 951:** Die Prüfung des internen Kontrollsystems bei Dienstleistungsunternehmen (Stand: 26.3.2021),[277] **IDW PS 971:** Prüfungen nach dem Kraft-Wärme-Koppelungsgesetz (Stand: 26.11.2013),[278] **IDW PS 980:** Grundsätze ordnungsmäßiger Prüfung von Compliance Management Systemen (Stand: 28.9.2022),[279] **IDW PS 981:** Grundsätze ordnungsmäßiger

---

[257] IDW Life 2022, 447.
[258] WPg Supp. 1/2013, 38.
[259] WPg 2005, 724.
[260] WPg 2006, 1452, WPg Supp. 1/2011, 1.
[261] IDW Life 2020, 1006.
[262] WPg Supp. 2/2012, 52.
[263] IDW Life 2021, 48. Zu Einzelheiten der Erweiterung der Abschlussprüfung bei Gebietskörperschaften gemäß IDW PS 731 Müller-Marqués-Berger/Eulner WPg 2021, 716.
[264] WPg 2000, 385.
[265] WPg 2006, 646, WPg 2006, 1077, WPg Supp. 1/2011, 1.
[266] WPg Supp. 1/2014, 59.
[267] IDW Life 2021, 1001.
[268] IDW Life 2019, 41.
[269] IDW Life 2022, 221.
[270] IDW Life 2018, 607, IDW Life 2021, 509; dazu Campe/Riedel WPg 2020, 317; Trischtler/Wilking WPg 2020, 693.
[271] IDW Life 2023, 325.
[272] IDW Life 2021, 1078. Dazu Pföhler/Boxberg WPg 2022, 244.
[273] IDW Life 2022, 233.
[274] WPg 2001, 1078.
[275] WPg 2004, 342. Zu Einzelheiten der Comfort Letters: Ebke/Siegel WM 2001 Sonderbeilage 2 (rechtsvergleichend); Köhler DBW 2003, 77; Köhler/Weiser DB 2003, 565; Landmann, Die Haftung für Comfort Letters bei der Neuemission von Aktien, 2007; Meyer WM 2003, 1745.
[276] IDW Life 2017, 52.
[277] IDW Life 2021, 509.
[278] WPg Supp. 1/2014, 25.
[279] IDW Life 2022, 1147. Dazu Eichler WPg 2022, 444; Gnändiger/Herold/Biaesch WPg 2020, 666; Stecker/Neumann WPg 2020, 70; Makowicz/Maciuca WPg 2020, 73. S. ferner IDW PH 1/2022: Ausgestaltung und Prüfung eines Compliance Management Systems zur Prävention von Geldwäsche und Terrorismusfinanzierung im Nicht-Finanzsektor gemäß IDW PS 980 nF (Stand: 28.9.2022), IDW Life 12/2022.

Prüfung von Risikomanagementsystemen (Stand: 3.3.2017),[280] **IDW PS 982:** Grundsätze ordnungsmäßiger Prüfung des internen Kontrollsystems des internen und externen Berichtswesens (Stand: 3.3.2017),[281] **IDW PS 983:** Grundsätze ordnungsmäßiger Prüfung von internen Revisionssystemen (Stand: 3.3.2017).[282]

64 **5. IDW Prüfungsstandards (Entwürfe).** Aktuell gibt es folgende IDW PS im Entwurfsstadium (IDW EPS): **IDW EPS 202:** Pflichten des Abschlussprüfers bei Aufnahme eines von ihm geprüften Abschlusses in einen Prospekt (Stand: 28.9.2022),[283] **IDW EPS 351:** Die formale Prüfung der Angaben zur Frauenquote als Bestandteil der Erklärung der Unternehmensführung (Stand: 21.2.2023)[284] **IDW EPS 352:** Inhaltliche Prüfung der nichtfinanziellen (Konzern-) Erklärung im Rahmen der Abschlussprüfung (Stand: 17.8.2022),[285] **IDW EPS 371:** Prüfung der Ordnungsmäßigkeit der Haushaltswirtschaft als Erweiterung der Abschlussprüfung bei Gebietskörperschaften (Stand: 14.6.2016),[286] **IDW EPS 526:** Aufsichtsrechtliche Prüfungen und sonstige vergleichbare Tätigkeiten durch Wirtschaftsprüfer bei beaufsichtigten Instituten (Stand: 8.6.2018),[287] IDW EPS 861: Prüfung von KI-Systemen (Stand: 25.2.2022),[288] **IDW EPS 870:** Die Prüfung des Vergütungsberichts nach § 162 Abs. 3 AktG (Stand: 17.2.2023),[289] **IDW EPS 920:** Prüfung von Systemen nach § 32 WpHG bei nichtfinanziellen Gegenparteien (Stand: 6.12.2021),[290] **IDW EPS 970:** Sonstige betriebswirtschaftliche Prüfungen und ähnliche Leistungen im Zusammenhang mit energierechtlichen Vorschriften (Stand: 15.2.2016),[291] **IDW EPS 980:** Grundsätze ordnungsmäßiger Prüfung von Compliance Management Systemen (Stand: 28.10.2021),[292] **IDW EPS 990:** Inhaltliche Prüfung mit hinreichender Sicherheit der nichtfinanziellen (Konzern-)Berichterstattung außerhalb der Abschlussprüfung (Stand: 24.11.2022),[293] **IDW EPS 991:** Inhaltliche Prüfung mit begrenzter Sicherheit der nichtfinanziellen (Konzern-)Berichterstattung außerhalb der Abschlussprüfung (Stand: 24.11.2022).[294]

65 **6. IDW Prüfungsstandards KMU.** Der Hauptfachausschuss (HFA) des IDW hat am 28.9.2022 die IDW Prüfungsstandards für weniger komplexe Einheiten (IDW PS KMU) verabschiedet.[295] Die insgesamt neun Prüfungsstandards können bei der Prüfung von Abschlüssen und Lageberichten von weniger komplexen Einheiten angewendet werden. Hierin werden die internationalen Anforderungen der ISA nicht vollumfänglich berücksichtigt, sondern in Form eines sog. **Bottom-up-Ansatzes** auf eine typisierte Risikosituation einer weniger komplexen Einheit reduziert. Der Abschlussprüfer soll mit den IDW PS KMU in die Lage versetzt werden, ein Prüfungsurteil mit hinreichender Sicherheit zu ertei-

---

[280] IDW Life 2017, 380. Dazu Link/Scheffler/Oehlmann WPg 2020, 937 (zu IDW PS 981, 982 und 983); Hülsberg/Bauer WPg 2017, 1111; Link/Maciuak/Steßl WPg 2017, 1051; Wermelt/Scheffler WPg 2017, 925, 1.
[281] IDW Life 2017, 415. Dazu Hülsberg/Bauer WPg 2017, 1111.
[282] IDW Life 2017, 448. Dazu Hülsberg/Bauer WPg 2017, 1111.
[283] IDW Life 2022, 1144.
[284] IDW Life 2023, 317.
[285] IDW Life 2022, 801. Dazu WPK Magazin 1/2023, 34.
[286] IDW Life 2016, 768.
[287] IDW Life 2018, 672. Das IDW gibt dazu folgenden Hinweis: „Da der IDW EPS 526 weiter intensiv mit der Bankenaufsicht (BaFin und Deutsche Bundesbank) erörtert und infolgedessen voraussichtlich noch grundlegende Änderungen erfahren wird, wurde – nachdem die Stellungnahmefrist am 31.12.2018 abgelaufen ist – die Möglichkeit seines Abrufs deaktiviert. Eine freiwillige vorzeitige Anwendung des Entwurfs sieht der Bankenfachausschuss (BFA) nicht vor."
[288] IDW Life 2022, 370. Dazu Loitz WPg 2022, 660; Fucas/Remark/Thomas/Sack/Pöhlmann WPg 2022, 1257; Marten/Föhr/McIntosh WPg 2022, 898; Kreher/Winkler WPg 2022, 964; IDW Arbeitsgruppe „Prüfung von KI" WPg 2022, 714; IDW Arbeitsgruppe „Prüfung von KI" WPg 2022, 776.
[289] IDW Life 2023, 298. Zu Einzelheiten Pföhler/Boxberg WPg 2022, 244.
[290] IDW Life (in Vorbereitung).
[291] IDW Life 2016, 169.
[292] Quelle in Vorbereitung; dazu Joos/Kerckhoff/Ghassemi-Tabar DB 2022, 1465.
[293] IDW Life 2023, 46.
[294] IDW Life 2023, 46.
[295] Zu Einzelheiten Böhm/Moser/Thomsen WPg 2023. 3; Schüttler DB 2022, 1279.

len. Die Standards können also auch bei gesetzlichen Abschlussprüfungen nach den §§ 317 ff. angewendet werden. Sie dürfen bereits für die Prüfung von Abschlüssen und Lageberichten des kalendergleichen Geschäftsjahres 2022 angewendet werden – freiwillig bereits früher.[296]

Aktuell gibt es folgende IDW PS für weniger komplexe Einheiten: **IDW PS KMU** **66** **1**: Vorbemerkungen und Anwendungsbereich (Stand. 28.9.2022),[297] **IDW PS KMU 2**: Übergreifende Anforderungen (Stand. 28.9.2022),[298] **IDW PS KMU 3**: Auftragsannahme und vorbereitende Tätigkeiten (Stand. 28.9.2022),[299] **IDW PS KMU 4**: Risikoidentifizierung und -beurteilung (Stand. 28.9.2022),[300] **IDW PS KMU 5**: Reaktionen auf relevante Risiken (Stand. 28.9.2022),[301] **IDW PS KMU 6**: Abschließende Prüfungshandlungen Kommunikation mit den für die Überwachung Verantwortlichen und Erlangung schriftlicher Erklärungen Stand. 28.9.2022),[302] **IDW PS KMU 7**: Prüfungsurteil, Berichterstattung und Archivierung (Stand. 28.9.2022),[303] **IDW PS KMU 8**: Prüfung des Lageberichts (Stand. 28.9.2022)[304] und **IDW PS KMU 9**: Ergänzende Anforderungen für besondere Fälle (Stand. 28.9.2022).[305]

7. IDW Prüfungshinweise. Die IDW Prüfungshinweise betreffen die **Qualitätssi-** **67** **cherung** (IDW PH 9.100–199), den **Prüfungsgegenstand** und den **Prüfungsauftrag** (IDW PH 9.200–249), den **Prüfungsansatz** (IDW PH 9.250–299), die **Prüfungsdurch-** **führung** (IDW PH 9.300–399), den **Bestätigungsvermerk,** den **Prüfungsbericht** und **Bescheinigungen** (IDW PH 9.400–499), die Abschlussprüfung von Unternehmen bestimmter Branchen (IDW PH 9.500–799) und andere Reporting-Aufträge (IDW PH 9.800–999). Folgende IDW Prüfungshinweise wurden inzwischen veröffentlicht (Stand: 19.2.2012):

a) Qualitätssicherung. IDW PH 9.100.1: Besonderheiten der Abschlussprüfung **68** kleiner und mittelgroßer Unternehmen (Stand: 29.11.2006)[306] und **IDW PH 9.140:** Checklisten zur Durchführung der Qualitätskontrolle (Stand: 20.8.2018).[307]

b) Prüfungsgegenstand und Prüfungsauftrag. IDW PH 9.200.1: Pflichten des **69** Abschlussprüfers des Tochterunternehmens und des Konzernabschlussprüfers im Zusammenhang mit § 264 Abs. 3 HGB (Stand: 19.6.2013);[308] **IDW PH 9.200.2:** Pflichten des Abschlussprüfers eines Tochter- oder Gemeinschaftsunternehmens und des Konzernabschlussprüfers im Zusammenhang mit § 285 Nr. 17 HGB (Stand: 19.6.2013)[309]

c) Prüfungsdurchführung. IDW PH 9.302.1: Bestätigungen Dritter bei Kredit- **70** und Finanzdienstleistungsinstituten (Stand: 3.11.2016),[310] **IDW PH 9.302.2:** Bestätigungen Dritter bei Versicherungsunternehmen (Stand: 12.5.2006),[311] **IDW PH 9.330.1:** Checkliste zur Abschlussprüfung bei Einsatz von Informationstechnologie (Stand: 1.7.2002),[312] **IDW PH 9.330.2:** Prüfung von IT-gestützten Geschäftsprozessen im Rahmen der Abschlussprüfung (Stand: 24.8.2010),[313] **IDW PH 9.330.3:** Einsatz von Datenanalysen im Rahmen der

---

[296] IDW PS KMU 1: Vorbemerkungen und Anwendungsbereich (Stand. 28.9.2022) (Tz. 25).
[297] IDW Life 2022, 877.
[298] IDW Life 2022, 890.
[299] IDW Life 2022, 896.
[300] IDW Life 2022, 900.
[301] IDW Life 2022, 910.
[302] IDW Life 2022, 922.
[303] IDW Life 2022, 928.
[304] IDW Life 2022, 965.
[305] IDW Life 2022, 972.
[306] WPg Supp. 1/2007, 53.
[307] IDW Life 2018, 935.
[308] WPg Supp. 3/2013, 28.
[309] WPg Supp. 3/2013, 31.
[310] IDW Life 2017, 312.
[311] WPg 2006, 1316.
[312] Quelle: Broschüre IDW-Verlag.
[313] WPg Supp. 1/2009, 27, WPg Supp. 1/2011, 1.

Abschlussprüfung (Stand: 15.10.2010);[314] **IDW PH 9.350.1:** Auswirkungen der Angaben zur Frauenquote als Bestandteil der Erklärung zur Unternehmensführung auf Bestätigungsvermerk und Prüfungsbericht (Stand: 6.1.2017),[315] **IDW PH 9.350.2:** Die Behandlung der nichtfinanziellen Berichterstattung nach §§ 289b bis 289e, 315b und 315c HGB durch den Abschlussprüfer (Einordnung und Berichterstattung) (Stand: 22.9.2020).[316]

71   **d) Bestätigungsvermerk, Prüfungsbericht und Bescheinigungen. IDW PH 9.400.1:** Zur Erteilung des Bestätigungsvermerks bei Krankenhäusern (Stand: 14.12.2018),[317] **IDW PH 9.400.2:** Vermerk des Abschlussprüfers zum Jahresbericht eines Sondervermögens gemäß § 102 Kapitalanlagegesetzbuch (Stand: 13.9.2018),[318] **IDW PH 9.400.3:** Zur Erteilung des Bestätigungsvermerks bei kommunalen Wirtschaftsbetrieben (Stand: 17.12.2021),[319] **IDW PH 9.400.5:** Bestätigungsvermerk bei Prüfungen bei Liquidationseröffnungsbilanzen (Stand: 1.3.2006),[320] **IDW PH 9.400.6:** Prüfung von Jahres- und Zwischenbilanzen bei Kapitalerhöhungen aus Gesellschaftsmitteln (Stand: 9.9.2010),[321] **IDW PH 9.400.7:** Vermerk des Abschlussprüfers zum Auflösungsbericht eines Sondervermögens gemäß § 105 Abs. 3 KAGB (Stand: 13.9.2018),[322] **IDW PH 9.400.8:** Prüfung einer vorläufigen IFRS-Konzerneröffnungsbilanz (Stand: 1.3.2006),[323] **IDW PH 9.400.12:** Vermerk des Abschlussprüfers zum Zwischenbericht eines Sondervermögens gemäß § 104 Abs. 2 KAGB (Stand: 13.9.2018),[324] **IDW PH 9.400.13:** Bestätigungsvermerk des Abschlussprüfers zum Jahresabschluss und Lagebericht einer Investmentaktiengesellschaft gemäß § 121 Abs. 2 KAGB bzw. § 148 Abs. 1 KAGB iVm § 121 Abs. 2 KAGB (Stand: 10.9.2019),[325] **IDW PH 9.400.14:** Vermerk des Abschlussprüfers zum Abwicklungsbericht eines Sondervermögens gemäß § 105 Abs. 3 KAGB (Stand: 3.9.2014),[326] **IDW PH 9.400.15:** Bestätigungs-/Vermerk des Abschlussprüfers zum Jahresabschluss und Lagebericht einer Investmentkommanditgesellschaft gemäß § 136 Abs. 1 KAGB bzw. § 159 KAGB iVm § 136 Abs. 1 KAGB sowie Investmentgesellschaften gemäß § 47 KAGB (Stand: 18.2.2015),[327] **IDW PH 9.400.16:** Bestätigungsvermerk des Abschlussprüfers zum Jahresabschluss und Lagebericht eines Emittenten von Vermögensanlagen gemäß § 25 VermAnlG (Stand: 18.2.2015),[328] **IDW PH 9.400.17:** Bestätigungsvermerk des Abschlussprüfers zum Jahresabschluss und Lagebericht einer registrierungspflichtigen Kapitalverwaltungsgesellschaft gemäß § 45a Abs. 1 KAGB (Stand: 13.4.2022),[329] **IDW PH 9.420.1:** Berichterstattung über die Prüfung der Verwendung pauschaler Fördermittel nach Landeskrankenhausrecht (Stand: 4.9.2008),[330] **IDW PH 9.420.2:** Prüfungsvermerk des Wirtschaftsprüfers über die Ermittlung des Arbeitsergebnisses und seine Verwendung gemäß § 12 WVO (Werkstättenverordnung) (Stand: 15.1.2020),[331] **IDW PH 9.420.4:** Vermerk des Abschlussprüfers nach § 17a Abs. 7 KHG (Stand: 22.11.2006),[332] **IDW PH 9.430.1:** Besonderheiten bei der Prüfung der Träger gesetzlicher Krankenversicherung (Stand: 29.10.2012),[333] **IDW PH**

---

314   WPg Supp. 1/2011, 35.
315   IDW Life 2017, 249. Dazu Ewelt-Knauer/Schneider/Hofmann WPg 2018, 649.
316   IDW Life 2020, 905.
317   IDW Life 2019, 109.
318   IDW Life 2018, 1045.
319   Quelle: in Vorbereitung.
320   WPg 2001, 913.
321   WPg 2004, 535, WPg Supp. 1/2011, 1.
322   IDW Life 2018, 1047.
323   WPg 2005, 433, WPg 2005, 679.
324   IDW Life 2018, 1049.
325   IDW Life 2019, 809.
326   IDW Life 2018, 1054.
327   IDW Life 2018, 1056.
328   IDW Life 2018, 1067.
329   IDW Life 2022, 457.
330   WPg Supp. 1/2009, 38.
331   IDW Life 2020, 105.
332   WPg Supp. 1/2007, 66.
333   WPg Supp. 4/2012, 81.

9.450.2: Zur Wiedergabe des Vermerks über die Abschlussprüfung im Prüfungsbericht (Stand: 10.1.2022),[334] **IDW PH 9.490.1:** Besonderheiten bei der Prüfung einer Schlussbilanz iSd § 17 Abs. 2 UmwG (Stand: 10.8.2015).[335]

e) Abschlussprüfung von Unternehmen bestimmter Branchen. IDW PH 72 9.520.1: Jahresabschlussprüfung bei Finanzdienstleistungsinstituten unter besonderer Berücksichtigung der aufsichtsrechtlichen Anforderungen (Stand: 8.11.2011),[336] **IDW PH 9.522.1:** Berücksichtigung von Immobiliensicherheiten bei der Prüfung der Werthaltigkeit von ausfallgefährdeten Forderungen bei Kreditinstituten (Stand: 7.7.2005)[337] und **IDW PH 9.720.1:** Beurteilung der Angemessenheit der Eigenkapitalausstattung öffentlicher Unternehmen (Stand: 9.9.2010),[338] **IDW PH 9.720.2:** Verhältnis der Jahresabschlussprüfung bei kommunalen Wirtschaftsbetrieben zur örtlichen und überörtlichen Prüfung (Stand: 30.5.2022),[339] **IDW PH 9.860.1:** Prüfung der Grundsätze, Verfahren und Maßnahmen nach der DS-GVO und dem BDSG (Stand: 19.6.2018),[340] **IDW PH 9.860.2:** Die Prüfung der von Betreibern Kritischer Infrastrukturen gemäß § 8a Abs. 1 BSIG umzusetzenden Maßnahmen (Stand: 21.6.2019)[341] und **IDW PH 9.860.3:** Die Prüfung von Cloud Diensten (Stand: 15.10.2021).[342]

f) Andere Reporting-Aufträge. IDW PH 9.950.1: Prüfungen der Meldungen der 73 Arten und Mengen von Elektro- und Elektronikgeräten an die Stiftung EAR (Stand: 11.4.2007),[343] **IDW PH 9.950.2:** Besonderheiten bei der Prüfung einer REIT-Aktiengesellschaft nach § 1 Abs. 4 REIT-Gesetz, einer Vor-REIT-Aktiengesellschaft nach § 2 Satz 3 REIT-Gesetz und der Prüfung nach § 21 Abs. 3 S. 3 REIT-Gesetz (Stand: 25.10.2010),[344] **IDW PH 9.960.1:** Prüfung von Pro-Forma-Finanzinformationen (Stand: 12.7.2017),[345] **IDW PH 9.960.2:** Prüfung von zusätzlichen Abschlusselementen (Stand: 30.1.2006),[346] **IDW PH 9.970.10:** Besonderheiten der Prüfung im Zusammenhang mit der Antragstellung stromkostenintensiver Unternehmen auf Besondere Ausgleichsregelung nach dem EEG 2021 im Antragsjahr 2022 (Stand: 16.2.2022),[347] **IDW PH 9.970.11:** Besonderheiten der Prüfung nach § 75 S. 1 EEG 2021 der zusammengefassten Endabrechnung eines Netzbetreibers für das Kalenderjahr 2021 (Stand: 16.2.2022),[348] **IDW PH 9.970.12:** Besonderheiten der Prüfungen nach § 75 Satz 1 EEG 2021 und § 30 Abs. 1 Nr. 5 KWKG der Abrechnungen von Elektrizitätsversorgungsunternehmen, stromkostenintensiven Unternehmen, Letztverbrauchern und Eigenversorgern für das Kalenderjahr 2021 (Stand: 16.2.2022),[349] **IDW PH 9.970.15:** Besonderheiten der Prüfung eines Abschlusses für einen selbständigen Unternehmensteil iSd § 64 Abs. 5 EEG für Zwecke der Antragstellung auf Besondere Ausgleichsregelung nach dem EEG 2017 (Stand: 13.5.2019),[350] **IDW PH 9.970.30:** Besonderheiten der Prüfung nach § 19 Abs. 2 Satz 15 StromNEV iVm § 30 Abs. 1 Nr. 7 KWKG 2016 der Jahresabrechnung über entgangene Netzentgelterlöse eines Netzbetreibers (Stand: 20.4.2022),[351] **IDW PH 9.970.31:** Besonderheiten der Prüfung nach § 30 Abs. 1 Nr. 3

---

334 IDW Life 2022, 172.
335 WPg Supp. 3/2013, 35, WPg Supp. 4/2013, 29, WPg Supp. 4/2015, 29.
336 WPg Supp. 1/2012, 56.
337 WPg 2005, 850.
338 WPg Supp. 3/2007, 1, WPg Supp. 1/2011, 1.
339 IDW Life 2023, 578.
340 IDW Life 2018, 777.
341 IDW Life 2020, 391; dazu Tritschler/Wilting WPg 2020, 693.
342 IDW Life 2021, 1159.
343 WPg Supp. 4/2007, 55.
344 WPg Supp. 1/2011, 85.
345 IDW Life 2017, 1094.
346 WPg 2006, 333.
347 IDW Life 2019, 302.
348 IDW Life 2022, 254.
349 IDW Life 2022, 247.
350 IDW Life 2019, 427.
351 IDW Life 2022, 461.

KWKG im Zusammenhang mit der Antragstellung auf Förderung von Wärme- und Kälte-netzen (Stand: 16.5.2017),[352] **IDW PH 9.970.32:** Besonderheiten der Prüfung nach § 30 Abs. 1 Nr. 4 KWKG im Zusammenhang mit der Antragstellung auf Förderung von Wärme- und Kältespeichern (Stand: 31.5.2016),[353] **IDW PH 9.970.33:** Besonderheiten der Prüfung nach § 30 Abs. 1 Nr. 9 KWKG 2020 der Abrechnungen eines Netzbetreibers für das Kalenderjahr 2021 (Stand: 16.3.2022),[354] **IDW PH 9.970.35:** Besonderheiten der Prüfung nach § 19 Abs. 2 S. 15 StromNEV iVm § 30 Abs. 1 Nr. 5 KWKG 2016 im Zusammenhang mit der Begrenzung der StromNEV-Umlage (Stand: 12.7.2021),[355] **IDW PH 9.970.60:** Besonderheiten der Prüfung nach § 2 Abs. 6 S. 3 KAV iVm Abs. 4 KAV des Grenzpreisvergleichs Strom auf Ebene des Letztverbrauchers (Sondervertragskunde) (Stand: 30.10.2018),[356] **IDW PH 9.970.61:** Besonderheiten der Prüfung nach § 2 Abs. 6 S. 3 KAV iVm Abs. 4 KAV des Grenzpreisvergleichs Strom auf Ebene des Lieferanten (Stand: 30.10.2018),[357] **IDW PH 9.970.62:** Besonderheiten der Prüfung nach § 2 Abs. 8 KAV iVm Abs. 6 S. 3 KAV der Aufstellung von Strommengen eines Weiterverteilers zur Abrechnung der Konzessionsabgabe für Strom (Stand: 30.10.2018),[358] **IDW PH 9.970.63:** Besonderheiten der Prüfung nach § 2 Abs. 6 S. 1 KAV von Stromlieferungen zu lastschwachen Zeiten (Schwachlaststrom) auf Ebene des Lieferanten (Stand: 30.10.2018),[359] **IDW PH 9.970.65:** Besonderheiten der Prüfung nach § 2 Abs. 6 S. 3 KAV iVm Abs. 5 S. 1 Nr. 2 KAV des Grenzpreisvergleichs Gas (Stand: 20.8.2021),[360] **IDW PH 9.970.66:** Besonderheiten der Prüfung nach § 2 Abs. 8 KAV iVm Abs. 6 S. 3 KAV der Aufstellung von Gasmengen eines Weiterverteilers zur Abrechnung der Konzessionsabgabe für Gas (Stand: 20.8.2021)[361] und **IDW PS 9.970.67:** Besonderheiten der Prüfung der Konzessionsabgabenabrechnung Gas gegenüber einer Gemeinde (Stand: 20.8.2021).[362]

74   **8. IDW QS und IDW QMS 1 und 2.** Hinzu kommen **IDW QS 1:** Anforderungen an die Qualitätssicherung in der Wirtschaftsprüferpraxis (Stand: 9.6.2017)[363] und **IDW QMS 1:** Qualitätsmanagement in der Wirtschaftsprüferpraxis (Stand: 28.9.2022)[364] sowie **IDW QMS 2:** Auftragsbegleitende Qualitätssicherung (Stand: 28.9.2022).[365]

75   Zum Hintergrund: Das IAASB hatte im Dezember 2020 den International Standard on Quality Management **(ISQM) 1:** *Quality Management for Firms that Perform Audits or Reviews of Financial Statements, or Other Assurance or Related Services Engagements* sowie **ISQM 2:** *Engagement Quality Reviews* veröffentlicht. Mit dem IDW QS 1 wurde bisher der ISQC 1 unter Einbeziehung der deutschen und europarechtlichen berufsrechtlichen Regelungen transformiert. Diesem Ansatz wurde auch bei der Transformation von ISQM 1 und ISQM 2 in IDW QMS 1 (Stand: 28.9.2022) und IDW QMS 2 (Stand: 28.9.2022) gefolgt. Mit der Beachtung der IDW OMS 1 und IDW QMS 2 kommen Wirtschaftsprüfer berufsrechtlich ihren Sorgfaltspflichten zur präventiven Vermeidung von Pflichtverletzungen bei der Berufsausübung in der WP-Praxis nach. Dem IDW QMS 1 liegt ein **risikobasierter Qualitätsmanagementansatz** zugrunde, der in seiner allgemeinen Beschreibung als Konkretisierung der gesetzlichen Verpflichtung für Wirtschaftsprüfer zu verstehen ist, ein internes Qualitätssicherungssystem nach § 55b Abs. 1 S. 1 WPO iVm § 8 Abs. 1 BS WP/vBP einzu-

---

[352]   IDW Life 2017, 771.
[353]   IDW Life 2016, 551.
[354]   IDW Life 2022, 372.
[355]   IDW Life 2021, 921.
[356]   IDW Life 2018, 1111.
[357]   IDW Life 2018, 1119.
[358]   IDW Life 2018, 1129.
[359]   IDW Life 2018, 1137.
[360]   IDW Life 2021, 1003.
[361]   IDW Life 2022, 1014.
[362]   IDW Life 2021, 1023.
[363]   IDW Life 2017, 887.
[364]   IDW Life 2022, 982.
[365]   IDW Life 2022, 1040.

richten, das auf die Einhaltung der Berufspflichten für alle Tätigkeitsbereiche einer WP-Praxis ausgerichtet ist. Konkrete Anforderungen an das Qualitätsmanagementsystem enthält IDW QMS 1, soweit WP-Gesellschaften betriebswirtschaftliche Prüfungen nach § 2 Abs. 1 WPO sowie verwandte Dienstleistungen (insbesondere Aufträge über vereinbarte Untersuchungshandlungen und Erstellung von Abschlüssen) durchführen. Diese konkreten Anforderungen sind daher zB nicht anwendbar auf Aufträge zur Steuerberatung und sonstige Beratung. IDW QMS 2 legt dar, wie die Benennung eines **auftragsbegleitenden Qualitätssicherers** in WP-Gesellschaften erfolgt, nach welchen Kriterien dessen Eignung zu beurteilen ist und wie die auftragsbegleitende Qualitätssicherung durchzuführen und zu dokumentieren ist. Neu ist, dass eine auftragsbegleitende Qualitätssicherung auch bei Abschlussprüfungen kapitalmarktnotierter Unternehmen durchzuführen ist. Dh, dass zB auch für Unternehmen, deren Wertpapiere im Freiverkehr iSd § 48 BörsG gehandelt werden, künftig eine auftragsbegleitende Qualitätssicherung erforderlich ist.

9. IDW Standards (IDW S). IDW S 1: Grundsätze zur Durchführung von Unter- **76** nehmensbewertungen (Stand: 4.7.2016),[366] **IDW S 2:** Anforderungen an Insolvenzpläne (Stand: 18.11.2019),[367] **IDW S 4:** Grundsätze ordnungsmäßiger Beurteilung der gesetzlichen Verkaufsunterlagen von Alternativen Investmentfonds (Stand: 24.5.2016),[368] **IDW S 5:** Grundsätze zur Bewertung immaterieller Vermögenswerte (Stand: 16.4.2015),[369] **IDW S 6:** Anforderungen an Sanierungskonzepte (Stand: 16.5.2018),[370] **IDW S 7:** Grundsätze für die Erstellung von Jahresabschlüssen (Stand: 27.11.2009),[371] **IDW S 8:** Grundsätze für die Erstellung von Fairness Opinions (Stand: 17.1.2011),[372] **IDW S 9:** Bescheinigung nach § 270b InsO (Stand: 18.8.2014),[373] **IDW S 10:** Grundsätze zur Bewertung von Immobilien (Stand: 14.8.2013),[374] **IDW S 11:** Beurteilung des Vorliegens von Insolvenzeröffnungsgründen (Stand: 22.8.2016),[375] **IDW S 12:** Wertermittlung bei Beteiligungen an einer Immobiliengesellschaft nach § 250 Abs. 1 Nr. 2 und § 236 Abs. 1 KAGB (Stand: 2.2.2016),[376] **IDW S 13:** Besonderheiten bei der Unternehmensbewertung zur Bestimmung von Ansprüchen im Familien- und Erbrecht (Stand: 6.4.2016)[377] und **IDW S 14:** Grundsätze ordnungsmäßiger Begutachtung der gesetzlichen Verkaufsunterlagen über öffentlich angebotene Vermögensanlagen nach dem Vermögensanlagengesetz (Stand: 9.7.2018).[378]

VII. Anwendbare Prüfungsgrundsätze

1. Gesetzlich vorgeschriebene Prüfungen. Die Durchführung gesetzlich vorge- **77** schriebener Abschlussprüfungen iSv §§ 316 ff. hat nach dem deutschen Recht der Abschlussprüfung zu erfolgen. Das gilt auch, wenn ein der Prüfung zugrunde liegender Abschluss nicht **nach deutschen Rechnungslegungsgrundsätzen** erstellt wurde (s. zB § 315e).[379] Die deutschen Prüfungsgrundsätze umfassen alle unmittelbar oder mittelbar für die Abschlussprüfung geltenden gesetzlichen Vorschriften (zB HGB, AktG, GmbHG,

---

[366] WPg Supp. 3/2008, 68, IDW Life 2016, 731.
[367] IDW Life 2020, 45. S. ferner IDW ES 2 nF: Anforderungen an Insolvenzpläne (Stand: 27.9.2022), IDW Life 2023, 7.
[368] IDW Life 2016, 813.
[369] WPg Supp. 3/2011, 98, WPg Supp. 3/2015, 16.
[370] IDW Life 2018, 813. Dazu Steffan/Solmecke WPg 2017, 1410. S. auch IDW ES 6 nF: Anforderungen an Sanierungskonzepte (Stand: 27.9.2022), IDW Life 2023, 47.
[371] WPg Supp. 3/2010, 100. Dazu Gewehr/Harrison WPg 2010, 1053.
[372] WPg Supp. 3/2011, 85. Zu Einzelheiten des IDW S 8: Kossmann NZG 2011, 46; Graser/Klüwer/Nestler BB 2010, 1587; Fleischer ZIP 2011, 201; Seibt CFL 2011, 213; 237.
[373] WPg Supp. 4/2014, 45.
[374] WPg Supp. 4/2013, 41.
[375] IDW Life 2017, 332. Vgl. IDW ES 11 nF: Beurteilung des Vorliegens von Insolvenzeröffnungsgründen (Stand: 27.9.2022), Quelle: in Vorbereitung. Dazu Steffan/Poppe/Oberg WPg 2022, 880.
[376] IDW Life 2016, 378.
[377] IDW Life 2016, 574.
[378] IDW Life 2018, 894.
[379] Vgl. IDW PS 201.20.

WPO). Zu beachten ist ferner die Berufssatzung der Wirtschaftsprüfer und vereidigten Buchprüfer (BS WP/vBP) idF vom 3.6.2022 (zur rechtlichen Bedeutung der BS WP/vBP → § 323 Rn. 145).[380] Den ISA [DE], den IDW Prüfungsstandards (IDW PS) und den IDW Prüfungshinweisen (IDW PH) kommt aufgrund ihrer Erarbeitung in Fachausschüssen und Arbeitskreisen des IDW sowie aufgrund des Verfahrens ihrer Verabschiedung in diesem Zusammenhang in der Praxis ebenfalls Bedeutung zu, auch wenn sie die Gerichte nicht binden (→ § 323 Rn. 37 ff.). Zu den sonstigen Prüfungsgrundsätzen zählt der Berufsstand der Wirtschaftsprüfer außerdem **IDW QS 1:** *Anforderungen an die Qualitätssicherung in der Wirtschaftsprüferpraxis* (Stand: 9.6.2017),[381] IDW QS 1 enthält eine geschlossene Darstellung der gesetzlichen und berufsständischen Anforderungen an die Qualitätssicherung und berücksichtigt die Anforderungen der International Standards ISQC 1 und ISA 220.

78   **2. Internationale Prüfungsstandards.** Art. 26 Abs. 1 Abschlussprüfungs-RL[382] eröffnete die Möglichkeit zur Anwendung der Internationalen Abschlussprüfungsstandards (International Standards on Auditing – ISA), sofern die ISA zuvor durch die EU Kommission angenommen (*adopted*) wurden.[383] In Umsetzung des Art. 26 Abschlussprüfer-RL hat der deutsche Gesetzgeber im BilMoG vom 25.5.2009 (BGBl. 2009 I 1102) in § 317 die Abs. 5 und 6 eingefügt. Das Abschlussprüfungsreformgesetz (AReG) vom 10.5.2016 (BGBl. 2016 I 1142) hat die Abs. 5 und 6 zwecks Umsetzung der prüfungsbezogenen Regelungen der RL 2014/56/EU und zur Ausführung der entsprechenden Vorgaben der Abschlussprüfungs-VO im Hinblick auf die Abschlussprüfung von Unternehmen von öffentlichem Interesse aktualisiert. Die Verpflichtung zur Anwendung internationaler Prüfungsstandards steht jedoch unter dem **Vorbehalt** der Annahme dieser Standards durch die EU in einem der Annahme der International Financial Reporting Standards (IFRS) vergleichbaren Komitologieverfahren. Die Annahme der ISA durch die EU steht noch aus. Der HFA des IDW hat inzwischen eine Reihe von um nationale Besonderheiten modifizierte International Standards on Auditing ISA [DE] verabschiedet, die aber gesetzlich nicht verpflichtend sind (→ § 323 Rn. 40).

79   **3. Gesetzlich nicht vorgeschriebene Prüfungen.** Im Falle gesetzlich nicht vorgeschriebener Abschlussprüfungen (sog. „freiwillige" Abschlussprüfungen; → § 316 Rn. 12) können die Parteien vereinbaren, dass die Prüfung unter ausschließlicher Anwendung der von der International Federation of Accountants (IFAC) über das International Auditing and Assurance Standards Board (IAASB) herausgegebenen International Standards on Auditing (ISA) durchgeführt und bestätigt werden soll. Die ISA stimmen mit den geltenden deutschen Prüfungsgrundsätzen inhaltlich überein, soweit deutsche gesetzliche Vorschriften dem nicht entgegenstehen. Durch die vertragliche Vereinbarung der ISA als Grundlage des Prüfungsauftrags verzichtet der Auftraggeber auf die Anwendung deutscher Prüfungsgrundsätze, sofern die deutschen Grundsätze über die ISA hinausgehen (zB bezüglich des Prüfungsberichts). Entsprechendes gilt bei Vereinbarung anderer international anerkannter Prüfungsgrundsätze (zB US GAAS).

VIII. Umfang der Prüfung

80   Die Entscheidung des Abschlussprüfers, ob der Jahresabschluss bzw. der Konzernabschluss den Vorgaben des Abs. 1 entspricht, bedingt Ermittlungen in tatsächlicher und rechtlicher Hinsicht.

---

[380] BAnz AT 22.7.2016 B 1.
[381] IDW Life 2017, 887. Dazu Haasmann WP Praxis 2017, 260; Marten WPg 2017, 428; Marten WPg 2017, 610.
[382] Zu Einzelheiten der novellierten Richtlinie Kein/Klaas WPg 2006, 885; Naumann/Feld WPg 2006, 873; Tiedje WPg 2006, 593.
[383] Das IDW hat die Anwendung der ISA bei allen gesetzlich vorgeschriebenen Abschlussprüfungen in der EU ausdrücklich begrüßt (WPg 2004, 650 [653]). S. auch Klein/Tielmann WPg 2004, 501 (505); Klein/Klaas WPg 2006, 885 (892); Heininger WPg 2010, 15.

1. Ermittlung der Tatsachen. Den rechtlichen Beurteilungen (Bilanzierungs- und **81** Bewertungsprüfung) gehen umfangreiche tatsächliche Ermittlungen voraus, deren Ziel es ist, die für die prüfungspflichtige Gesellschaft bedeutsamen Geschäftsvorfälle zu sichten und zu prüfen.

a) Stichproben. Eine dem Gebot der gewissenhaften und sorgfältigen Prüfung ver- **82** pflichtete Jahresabschlussprüfung scheint zu erfordern, dass der Abschlussprüfer von jedem Geschäftsvorfall, der für den zu prüfenden Jahresabschluss von Bedeutung ist, Kenntnis nimmt und rechnungslegungsrechtlich beurteilt. Bei den Geschäftsvorfällen handelt es sich wohlgemerkt nicht nur um Vorgänge des mit dem Stichtag endenden Geschäftsjahres, son- dern auch um Ereignisse, die aus früherer Zeit stammen, sich aber noch im laufenden Geschäftsjahr auswirken; hierher gehören beispielsweise die Anschaffung und Herstellung von Gegenständen des Anlage- oder Umlaufvermögens in einem früheren Geschäftsjahr, die im zu prüfenden Geschäftsjahr noch vorhanden waren. Daneben sind auch Ereignisse nach dem Abschlussstichtag zu berücksichtigen, wie beispielsweise voraussichtlich dauernde Wertminderungen.[384] Ein derart umfassendes Prüfungsprogramm ist angesichts des Zeit- drucks und des wachsenden Prüfungsstoffes sowie wegen der gebotenen Wirtschaftlich- keit[385] im Rahmen der Jahresabschlussprüfung selbst bei sachgerechter Vorbereitung der Prüfung und planmäßigem Vorgehen während der Prüfung und selbst auf der Grundlage zusätzlicher Vor- oder Zwischenprüfungen (→ § 320 Rn. 18)[386] nicht zu bewältigen.[387]

In **Rechtsprechung,**[388] **Literatur**[389] und **Prüferpraxis**[390] besteht daher im Grund- **83** satz Einigkeit darüber, dass eine Prüfung in Stichproben der weitaus meisten Teilgebiete des Prüfungsgegenstandes zulässig ist.[391] Im IDW PS 200: *Ziele und allgemeine Grundsätze der Durchführung von Abschlussprüfungen* (Stand: 3.6.2015) wird ebenfalls programmatisch darauf hingewiesen, dass die Zielsetzung der Abschlussprüfung keine lückenlose Prüfung erfordert.[392] IDW PS 310: *Repräsentative Auswahlverfahren (Stichproben) in der Abschlussprüfung* (Stand: 14.6.2016)[393] erläutert repräsentative Auswahlverfahren (Stichproben). ISA [DE] 530: *Stichprobenprüfungen* (Stand: 26.3.2020)[394] regelt Einzelheiten der Prüfung mittels Stich- proben. Zutreffend ist, dass im Rahmen einer gesetzlichen Jahresabschlussprüfung – schon aus Gründen der **Wirtschaftlichkeit** – eine vollständige Prüfung in allen Bereichen nicht

---

[384]   BFH BB 2006, 1737 mit Kommentar Schlotter.

[385]   Jasper/Meinor WPg 2005, 1077; HKMS/Burg Rn. 50; BeBiKo/Justhoven/Küster/Koch Rn. 143.

[386]   Vor- und Zwischenprüfungen sind jedenfalls ab einer gewissen Unternehmensgröße unabdingbar und gängige Praxis: BeBiKo/Justhoven/Heinz § 320 Rn. 32.

[387]   Vgl. OLG München WM 2022, 1111 Rn. 98 (Revision anhängig: BGH VII ZR 97/22). Vgl. → 4. Aufl. 2020, § 317 Rn. 50, 51.

[388]   OLG Stuttgart NZG 2022, 953 Rn. 47; OLG München WM 2022, 1111 Rn. 98 (Revision anhängig: BGH VII ZR 97/22); OLG Düsseldorf BeckRS 2021, 41602 Rn. 69 (betr. EDV-gestützte Buchhaltung); OLG Düsseldorf BB 1996, 2614 (2615); OLG Düsseldorf WPK-Mitt. 2003, 173 (175 l. Sp.) (Bericht); LG Frankfurt a. M. BB 1997, 1682 (1684) mit Aufs. Ebke BB 1997, 1731; LG München ZIP 2008, 1123 (1125); OLG Köln DB 1967, 1409.

[389]   Scheffler WPg 2005, 477 (481); Jaspers WPg 2021, 142; Schulze-Osterloh FS Hefermehl, 1976, 410; Hopt/Merkt Rn. 4; HKMS/Burg Rn. 68; Ebke Wirtschaftsprüfer S. 22 (mN älterer Lit.).

[390]   S. nur ISA [DE] 530: Stichprobenprüfungen (Stand: 26.3.2020), IDW Life 2019, 691; IDW Life 2020, 509; IDW PS 310: Repräsentative Auswahlverfahren (Stichproben) in der Abschlussprüfung (Stand: 14.6.2016), IDW Life 2016, 636; IDW PS KMU 5: Reaktionen auf relevante Risiken (Stand: 28.9.2022) Tz. 11–17, IDW Life 2022, 910.

[391]   OLG München WM 2022, 1111 Rn. 98 (Revision anhängig: BGH VII ZR 97/22) (vgl. → 4. Aufl. 2020, § 317 Rn. 50, 51). Zu Einzelheiten s. etwa Göb/Karrer WPg 2010, 593; Jaspers StBp 2005, 319; Jaspers/Meinor WPg 2005, 1077; Hövermann WPg 1979, 62. Zur Berichtspflicht (§ 321) Farr WPg 2018, 1130; IDW PS 450: Grundsätze ordnungsmäßiger Erstellung von Prüfungsberichten (Stand: 28.10.2021), IDW Life 2022, 78.

[392]   IDW PS 200.19 und 200.26 („Prüfung in Stichproben"), WPg Supp. 15/2000, 706, WPg Supp. 3/ 2015, 1; ebenso BeBiKo/Justhoven/Küster/Koch Rn. 137.

[393]   IDW Life 2016, S. 636. OLG München WM 2022, 1111 Rn. 98 (Revision anhängig: BGH VII ZR 97/22).

[394]   IDW Life 2019, 691; IDW Life 2020, 509.

in Betracht kommt.[395] Dass das Gesetz (im Gegensatz etwa zu der Prüfung von Kreditinstituten, § 340k Abs. 1 S. 3) auf die Prüfungsdauer und das Ende der Prüfung keinen *unmittelbaren* Hinweis enthält, steht dem Gesagten nicht entgegen; der Gesetzgeber ist nicht von einer „unendlichen" Prüfung ausgegangen. Aus dem Gebot der Gewissenhaftigkeit (§ 317 Abs. 1 S. 3, § 323 Abs. 1 S. 1) und der Sorgfalt (§ 320 Abs. 2 S. 1 und 3; § 276 Abs. 2 BGB) folgt andererseits, dass die **Sicherheit** und die **Genauigkeit** der Urteilsbildung seitens des Abschlussprüfers durch die Prüfung in Stichproben nicht zu leiden darf.[396]

84   Sicherheit und Genauigkeit der Urteilsbildung hängen in erster Linie von der Art der Auswahl der tatsächlich zu prüfenden Gegenstände im Prüffeld ab.[397] Bei einer Stichprobenauswahl hat sich der Prüfer daher von der Bedeutung **(Wesentlichkeit)**[398] der jeweiligen Prüfungsgegenstände für den Jahresabschluss[399] sowie von dem Grad der Wahrscheinlichkeit der Fehleranfälligkeit des Prüffeldes[400] leiten zu lassen.[401] Ergibt eine (bewusste oder mathematisch-statistische) **Stichprobe** bei einer Einzelfall- oder Systemprüfung Fehler,[402] so ist in dem betreffenden Prüffeld die Prüfung zu verstärken und erforderlichenfalls bis zur vollständigen Erfassung aller mit ihm im Zusammenhang stehenden Geschäftsvorfälle auszudehnen.[403] Das gilt auch und gerade dann, wenn die stichprobenweise Prüfung etwa von Belegen, Beständen, Verbuchungen oder Übertragungen oder die Stichprobe der datenträgerinternen Verarbeitung seitens des Prüfers den Verdacht einer Untreue, einer Unterschlagung oder anderer krimineller Handlungen begründet.[404] Ebenso strenge Anforderungen sind an die Beurteilung der Verlässlichkeit von in elektronischer Form vorliegenden Prüfungsnachweisen zu stellen.[405]

---

[395]   Zust. OLG München OLG München WM 2022, 1111 Rn. 98 (Revision anhängig: BGH VII ZR 97/22). S. ferner Staub/Habersack/Schürnbrand Rn. 13; BeBiKo/Justhoven/Küster/Koch Rn. 143; HKMS/Burg Rn. 68.

[396]   Zust. OLG München WM 2022, 1111 Rn. 98 (Revision anhängig: BGH VII ZR 97/22); LG München ZIP 2008, 1123 (1125).

[397]   IDW PS 240: Grundsätze der Planung von Abschlussprüfungen (Stand: 9.9.2010), WPg 2000, 846, WPg 2006, 218, WPg Supp. 1/2011, 1. Zu besonderen Prüffeldern im Profifußball Koch/Weber WPg 2022, 493.

[398]   Zur Wesentlichkeit im Rahmen der Abschlussprüfung allgemein ISA [DE] 320: Wesentlichkeit bei der Planung und Durchführung einer Abschlussprüfung (Stand: 26.3.2020), IDW Life 2019, 672, IDW Life 2020, 509; zuvor IDW PS 250: Wesentlichkeit im Rahmen der Abschlussprüfung (Stand: 12.12.2012), WPg Supp. 2013, 1; IDW PS KMU 3: Auftragsannahme und vorbereitende Tätigkeiten (Stand: 28.9.2022) (Tz. 24); IDW PS KMU 5: Reaktionen auf relevante Risiken (Stand: 28.9.2022) (Tz. 8–17). Zur Festlegung der Wesentlichkeitsgrenzen durch den Abschlussprüfer Widmann/Nickels/Wolz WPg 2021, 991; BeBiKo/Justhoven/Küster/Koch Rn. 140 ff.

[399]   OLG Stuttgart NZG 2022, 953 Rn. 50; BeBiKo/Justhoven/Küster/Koch Rn. 224. Zu Wesentlichkeitsüberlegungen bei der Prüfung von Konzernabschlüssen BeBiKo/Justhoven/Küster/Koch Rn. 260–261; Ruhnke/Schmitz IRZ 2011, 193 sowie allgemein Mekat, Der Grundsatz der Wesentlichkeit in Rechnungslegung und Abschlussprüfung, 2009, S. 123 ff.; empirisch Widmann/Nickels/Wolz WPg 2021, 991.

[400]   Zum Fehlerrisiko s. statt aller BeBiKo/Justhoven/Küster/Koch Rn. 150–151; IDW PS 261: Feststellung und Beurteilung von Fehlerrisiken und Reaktionen des Abschlussprüfers auf die beurteilten Fehlerrisiken (Stand: 15.9.2017), WPg Supp. 2/2012, 3, WPg Supp. 3/2013, 13, IDW Life 2016, 635, IDW Life 2018, 172.

[401]   In der Prüfungspraxis werden verschiedene Verfahren zur Ermittlung quantitativer Wesentlichkeitsgrenzen angewendet: BeBiKo/Justhoven/Küster/Koch Rn. 140 ff. S. ferner IDW PS 250: Wesentlichkeit im Rahmen der Abschlussprüfung (Stand: 12.12.2012), WPg Supp. 1/2013, 1. Zu Einzelheiten der Bedeutung des Grundsatzes der Wesentlichkeit (*materiality principle*) im Rahmen der Abschlussprüfung monographisch Mekat, Der Grundsatz der Wesentlichkeit in Rechnungslegung und Abschlussprüfung, 2009; Petrika, Der Wesentlichkeitsgrundsatz in der Abschlussprüfung, Diss. Bamberg 2016.

[402]   Die Auswahl des Stichprobenverfahrens obliegt dem Prüfer nach pflichtgemäßem Ermessen: Ebke Wirtschaftsprüfer S. 23 Fn. 67; Buchner, Bewußte Auswahl oder Zufallsauswahl bei der aktienrechtlichen Pflichtprüfung?, in v. Wysocki/Hagest, Praxis des Prüfungswesens, 1976, S. 86; HKMS/Burg Rn. 68; BeBiKo/Justhoven/Küster/Koch Rn. 222–224. Über die Zielsetzung und die Art des angewandten Stichprobenverfahrens (Vollerhebung, bewusste Auswahl und Stichprobe) ist im Prüfungsbericht (§ 321) zu berichten: IDW PS 450: Grundsätze ordnungsmäßiger Erstellung von Prüfungsberichten (Stand: 28.10.2021), IDW Life 2022, 78 Tz. 57.

[403]   OLG Düsseldorf BB 1996, 2614 (2615); Schulze-Osterloh FS Hefermehl, 1976, 410; Ebke Wirtschaftsprüfer S. 23; HKMS/Burg Rn. 68.

[404]   Marschdorf DStR 1995, 111 und 148; Langenbucher/Blaum DB 1997, 437.

[405]   Fachlicher Hinweis des IDW „Zweifelsfragen zu den Auswirkungen der Ausbreitung des Coronavirus auf die Rechnungslegung und deren Prüfung" (Teil 3, 5. Update, April 2021), S. 44.

b) Prüfungsintensität. Zeitdruck und Umfang des Prüfungsstoffes bedingen aber nicht **85** nur Prüfungen in Stichproben, sondern auch eine gebietsweise unterschiedliche Gewichtung der Prüfungsintensität: Nicht jedes Jahr werden sämtliche Teilgebiete eines Prüfungsgegenstandes mit gleich hoher Intensität geprüft werden können. IDW PS 200.20–22 lässt daher das Arbeiten mit wechselnden Prüfungsschwerpunkten zu.[406] Nach dem bisher Gesagten wird man das mit der Forderung der § 317 Abs. 1 S. 3, § 323 Abs. 1 S. 1 allerdings nur dann für vereinbar ansehen können, wenn der Prüfer einen angemessenen (mehrjährigen) Prüfungsplan erstellt hat,[407] die geringere Prüfungsintensität sich auf Bereiche der Ordnungsmäßigkeits- und Formalprüfungen beschränkt und insbesondere ein unternehmensinternes Kontrollsystem (*internal control*) besteht, welches die wahrheitsgemäße, vollständige und unverzügliche Erfassung und Verarbeitung der Geschäftsvorfälle sicherstellt.[408]

Nach allgemeiner Ansicht darf der Prüfer Prüfungsergebnisse und Unterlagen der internen **86** Kontrolle den eigenen Prüfungshandlungen nicht unbesehen zugrunde legen.[409] Existenz und Effektivität **unternehmensinterner Kontrollvorkehrungen** können aber bei der richtigen Gewichtung der Prüfungshandlungen wichtige Anhaltspunkte sein:[410] Hat sich der Abschlussprüfer von der Wirksamkeit vorhandener interner Kontrollvorkehrungen überzeugt, sind an die Intensität der weiteren Prüfungshandlungen insoweit geringere Anforderungen zu stellen; erweist sich die interne Kontrolle hingegen als lückenhaft oder unzulänglich, muss der Abschlussprüfer seine eigene Prüfung (nicht nur gebietsweise) intensivieren.[411] Auf der Grundlage der Beurteilung der Fehlerrisiken muss der Abschlussprüfer festlegen, in welcher Kombination Funktionsprüfungen des internen Kontrollsystems, aussagebezogene analytische Prüfungshandlungen[412] und Einzelfallprüfungen[413] durchgeführt werden.

c) Unmittelbarkeit der Prüfung. Die vorstehenden Ausführungen zur Übernahme **87** von Ergebnissen und Unterlagen unternehmensinterner Kontrolleinrichtungen durch den gesetzlichen Abschlussprüfer berühren ein allgemeines Problem der Abschlussprüfung: die Frage nämlich, wie der Prüfer sich Kenntnis von den prüfungserheblichen Tatsachen verschaffen muss. Es geht also um die Frage, ob der Prüfer nur solche Tatsachen als richtig unterstellen darf, von deren Vorhandensein er sich durch **eigene Wahrnehmung** überzeugt hat, oder ob er sich insoweit auf die Angaben der prüfungspflichtigen Gesellschaft oder auf die Angaben Dritter verlassen darf. Die Literatur hat diese Frage besonders intensiv an den Beispielen der Bestandsaufnahme (Inventur)[414] und der Prüfung von Forderungen[415] und

---

[406]   Dazu auch HKMS/Burg Rn. 69; BeBiKo/Justhoven/Küster/Koch Rn. 139 ff.

[407]   So auch Hopt/Merkt Rn. 4. S. ferner ISA [DE] 520: Analytische Prüfungshandlungen (Stand: 26.3.2020), IDW Life 201, 690; IDW Life 2020, 509; zuvor IDW PS 312: Analytische Prüfungshandlungen (Stand: 13.3.2013), WPg 2001, 903, WPg Supp. 2/2013, 1, WPg Supp. 3/2013, 16; IDW PS 240: Grundsätze der Planung von Abschlussprüfungen (Stand: 9.9.2010), WPg 2000, 846, WPg 2006, 218, WPg Supp. 1/2011, 1. Zur Prüfungsplanung statt vieler Graumann Prüfungswesen S. 319 ff.

[408]   Withus WPg 2009, 858; BeBiKo/Justhoven/Küster/Koch Rn. 181–187; Lück/Makowski WPK-Mitt. 1996, 157; Klees DStR 1998, 93; tom Dieck/Swart WPg Sonderheft 2003, 230; HKMS/Burg Rn. 69. Zur Prüfungsintensität bezüglich Forderungen aus Lieferungen und Leistungen OLG Frankfurt BeckRS 2014, 119019 (betr. § 323 Abs. 2 HGB aF.) (Nichtzulassungsbeschwerde zurückgewiesen: BGH 8.9.2016 – VII ZR 242/14).

[409]   Zur Berichtspflicht IDW PS 450: Grundsätze ordnungsmäßiger Erstellung von Prüfungsberichten (Stand: 28.10.2021), IDW Life 2022, 78 (Tz. 16).

[410]   OLG Düsseldorf BeckRS 2021, 41602 Rn. 73.

[411]   Zust. Rosenboom, Abschlussprüfung und Haftung nach portugiesischem Recht, 2004, S. 32, 33; BeBiKo/Justhoven/Küster/Koch Rn. 196 ff.; HKMS/Burg Rn. 69.

[412]   ISA [DE] 520: Analytische Prüfungshandlungen (Stand: 26.3.2020), IDW Life 2019, 690; IDW Life 2020, 509; zuvor IDW PS 312: Analytische Prüfungshandlungen (Stand: 13.3.2013), WPg 2001, 903, WPg Supp. 2/2013, 1, WPg Supp. 3/2013, 16; dazu BeBiKo/Justhoven/Küster/Koch Rn. 213 ff.

[413]   S. Schmidt WPg 2005, 873; BeBiKo/Justhoven/Küster/Koch Rn. 220 ff.

[414]   HKMS/Burg Rn. 71. Zu Einzelheiten der Inventur s. statt vieler BeBiKo/Störk/Lewe § 240 Rn. 5 ff. (Stichprobeninventur) und Rn. 34 ff. (andere Inventurverfahren); Graumann Prüfungswesen S. 405 ff. Zur Sicht des Berufsstands: IDW PS 301: Prüfung der Vorratsinventur (Stand: 24.11.2010), WPg 2003, 715, WPg Supp 1/2011, 1.

[415]   Statt vieler HKMS/Burg Rn. 72.

Verbindlichkeiten[416] untersucht. Im **Wirecard-Fall** stellte sich die Frage, ob die Prüfer sich Originalkontoauszüge und Banksaldenbestätigungen zu den Treuhandkonten von Wirecard zeigen lassen mussten und/oder die Zahlungseingänge auf den Treuhandkonten prüfen mussten.[417] In jüngerer Zeit findet sich auch eine intensive Auseinandersetzung mit dem Problem der Übernahme fremder Urteile (zB Prüfungsberichte und Testate eines anderen Wirtschaftsprüfers [vgl. ISA 600[418]] oder Gutachten von Sachverständigen, wie zB Versicherungsmathematikern [vgl. ISA 620[419]]).[420]

88   **aa) Bestandsaufnahmen.** Nach wohl hM genügt der Prüfer dem Gebot der Gewissenhaftigkeit nur, wenn er sich durch eigene Beobachtungen von der Zuverlässigkeit des Bestandsaufnahmeverfahrens und seiner Anwendung überzeugt (vgl. IDW PS 301.6 und 301.7).[421] § 320 Abs. 2 S. 2 gibt dem Prüfer ausdrücklich das Recht, die Aufnahme des Vorhandenseins, der Vollständigkeit und der Beschaffenheit der Vorräte zu beobachten.[422] Den eigenen Beobachtungen des Prüfers (und seiner Gehilfen) kommt Vorrang vor eigenen gleichzeitigen Kontrollzählungen zu. Die Vornahme eigener Bestandsaufnahmemaßnahmen (ggf. mit Hilfe von EDV-Vergleichsprogrammen) ist zu einem späteren Zeitpunkt möglich und angezeigt. Auf eigene Beobachtungen und die Vornahme eigener Bestandsprüfungen darf der Prüfer nur verzichten, wenn der Bestand nach Art und Wert im Verhältnis zum Ganzen nur unwesentlich, also unbedeutend ist.[423] Die Inventurprüfung erfordert eine sorgfältige Planung und Durchführung.[424] Dabei ist das vorratsbezogene interne Kontrollsystem ebenso zu prüfen wie die Aufnahmeprotokolle und endgültigen Bestandslisten. Im Falle der **Unmöglichkeit der eigenen Inventurbeobachtung** (zB bei Erteilung des Prüfungsauftrags nach erfolgter Durchführung der Inventur oder aufgrund von Einschränkungen der Vor-Ort-Prüfung wegen der Corona-Pandemie) sind alternative Prüfungshandlungen vorzunehmen (vgl. IDW PS 301.21). So könnte etwa mittels Echtzeit-Bildübertragungen über ein Smartphone oder einen Tablet-PC oder sogar durch Drohnen das Vorhandensein von Vorräten oder der Fertigstellungsgrad von Sachanlageinvestitionen beurteilt werden.[425] Dabei ist allerdings immer das

---

[416]   Statt vieler HKMS/Burg Rn. 72.

[417]   OLG München BeckRS 2022, 11529 Rn. 89; OLG München BeckRS 2022, 11750 Rn. 91; OLG München WM 2022, 1120 Rn. 108. Zum Wirecard-Fall und seine Folgen für die Abschlussprüfung, insbesondere bezüglich der Aufdeckung doloser Handlungen nach ISA [DE] 240, s. Farr WPg 2021, 66. Zur Prüfung von Treuhandkonten im Rahmen der Abschlussprüfung: Marten DB 2020, 1465; Henrichs FS Heidel, 2021, 785; Lenz BB 2021, 683.

[418]   ISA [DE] 600: Besondere Überlegungen zu Konzernabschlussprüfungen (einschließlich der Tätigkeit von Teilbereichsprüfern) (Stand: 26.3.2020), IDW Life 2019, 702, IDW Life 2020, 509. S. auch IDW PS 320: Besondere Grundsätze für die Durchführung von Konzernabschlussprüfungen (einschließlich der Verwertung der Tätigkeit von Teilbereichsprüfern) (Stand: 10.7.2014), WPg Supp. 2/2012, 29, WPg Supp. 3/2014, 11. Vgl. BGH WPK-Mitt. 2000, 254 (betr. Steuerberater).

[419]   ISA [DE] 620: Nutzung der Tätigkeit eines Sachverständigen des Abschlussprüfers (Stand: 26.3.2020), IDW Life 2019, 712, IDW Life 2020, 509. Vgl. IDW PS 302: Bestätigungen Dritter (Stand: 10.7.2014), WPg Supp. 3/2014, 1.

[420]   S. schon Neitemeier, Die Übernahme fremder Urteile bei Prüfungen, 1979; Rusch FS v. Wysocki, 1985, 253. Zur Berichtspflicht (§ 321), wenn sich Beurteilungen des Abschlussprüfers auf nicht selbst durchgeführte Prüfungshandlungen oder auf Gutachten Dritter stützten: IDW PS 450: Grundsätze ordnungsmäßiger Erstellung von Prüfungsberichten (Stand: 28.10.2021), IDW Life 2022, 78 (Tz. 16).

[421]   OLG Stuttgart NZG 2022, 953 Rn. 49; OLG Düsseldorf BB 1996, 2614 (2615) („In Gegenwart und unter Kontrolle der Mitarbeiter des Prüfers"); LG Frankfurt a. M. BB 1997, 1682 (1684) („Die Annahme, die verantwortlichen Abschlußprüfer müßten bei der körperlichen Bestandaufnahme stets gegenwärtig sein, erscheint gerade bei großen Unternehmen unrealistisch"). S. ferner HKMS/Burg Rn. 68.

[422]   BeBiKo/Justhoven/Heinz § 320 Rn. 20.

[423]   OLG Stuttgart NZG 2022, 953 Rn. 50.

[424]   Zu Einzelheiten IDW PS 301: Prüfung der Vorratsinventur (Stand: 24.11.2010), WPg 2003, 715, WPg Supp 1/2011, 1.

[425]   Eine Übersicht über Möglichkeiten zur Durchführung von Fernprüfungshandlungen bietet der Fachliche Hinweis des IDW „Zweifelsfragen zu den Auswirkungen der Ausbreitung des Coronavirus auf die Rechnungslegung und deren Prüfung" (Teil 3, 5. Update, April 2021), S. 72–74. Allgemein zur Digitalisierung der Abschlussprüfung: Marten/Harder WPg 2020, 11; Marten/Graschitz WP-Jb 2020, 3; Littkemann/Scharzer/Schwarz Controlling 31 (2019), 43; Gnädinger, Praxishandbuch Digitale Abschlussprüfung, 2022.

erhöhte Risiko durch den Abschlussprüfer zu berücksichtigen und ggf. durch geeignete Vorgaben zu minimieren.

bb) Saldenbestätigungen. Ähnlich strenge Anforderungen haben für die Prüfung von **89** Forderungen und Verbindlichkeiten des zu prüfenden Unternehmens zu gelten.[426] Wenn die Höhe der Forderungen oder Verbindlichkeiten absolut oder relativ wesentlich ist, sind zur Prüfung ihres Nachweises Saldenbestätigungen heranzuziehen (soweit nicht ausnahmsweise die notwendigen Nachweise auf andere Weise einfacher und mit mindestens gleicher Sicherheit erbracht werden können).[427] Bleibt ein Bestätigungsersuchen des Abschlussprüfers (auch nach einem Erinnerungsschreiben)[428] unbeantwortet[429] (oder wird sie als nicht zustellbar zurückgeschickt[430]), muss sich der Prüfer durch alternative Prüfungshandlungen ein Urteil über diese Posten bilden.[431] **Alternative Prüfungshandlungen** können aber auch bei beantworteten Bestätigungsersuchen notwendig sein, wenn sich Zweifel aufdrängen.[432] Denn Informationen Dritter sind nicht *per se* zuverlässig, unbewusste oder bewusste Veränderungen von Daten nicht von vornherein auszuschließen. Zweifel müssen sich insbesondere dann aufdrängen, wenn Saldenbestätigungen nur in Kopie vorgelegt worden sind, weil das Verfälschungsrisiko in solchen Fällen besonders groß ist.[433] Das OLG Stuttgart hat unter Hinweis auf IDW PS 302[434] mit Recht darauf hingewiesen, dass für Saldenbestätigungen – wie für alle anderen Bestätigungen (zB Vollständigkeitserklärungen)[435] – der Grundsatz gilt, dass der Abschlussprüfer die Kontrolle sowohl über den **Versand** als auch über den **Empfang** der Bestätigungen bewahren muss.[436] Deshalb ist es ausgeschlossen, dass Bestätigungen durch das

---

[426] HKMS/Burg Rn. 72.

[427] IdS auch OLG Stuttgart NZG 2022, 953 Rn. 41; OLG München BeckRS 2022, 11529 Rn. 89; OLG München BeckRS 2022, 11750 Rn. 91; OLG München WM 2022, 1120 Rn. 108; OLG Frankfurt BeckRS 2014, 119019 (betr. § 323 Abs. 2 HGB aF) (Nichtzulassungsbeschwerde zurückgewiesen: BGH 8.9.2016 – VII ZR 242/14); LG Hamburg BeckRS 2013, 10766 Rn. 149 ff., Kurzfassung in WPK Magazin 4/2015, 67; ebenso BeBiKo/Justhoven/Küster/Koch Rn. 227; Ebke Wirtschaftsprüfer S. 26; Durchlaub WPg 1978, 142; Sommerschuh, Berufshaftung und Berufsaufsicht: Wirtschaftsprüfer, Rechtsanwälte und Notare im Vergleich, 2003, S. 175. Vgl. LG Hamburg WM 1999, 139, (142 [r. Sp.]). Zur Durchführung von Saldenbestätigungsaktionen LG Hamburg BeckRS 2013, 10766, Kurzfassung in WPK Magazin 4/2015, 67 Rn. 154 ff.; Köbrich/Schöffel BuW 2000, 477; IDW PS 302.7 ff.: Bestätigungen Dritter (Stand: 10.7.2014), WPg Supp. 3/2014, 1. Die Vorgehensweise und die Kriterien, nach denen Saldenbestätigungen eingeholt wurden, sind im Prüfungsbericht darzustellen (IDW PS 450: Grundsätze ordnungsmäßiger Erstellung von Prüfungsberichten [Stand: 28.10.2021], IDW Life 2022, 78 [Tz. 59]).

[428] Zu der Notwendigkeit einer sog. Rücklaufkontrolle s. den Bericht der Versicherungsstelle Wiesbaden in WPK Magazin 1/2010, S. 40–41; BeBiKo/Justhoven/Küster/Koch Rn. 227.

[429] OLG Düsseldorf BeckRS 2021, 41602 Rn. 109 („Dass Dritte eine Saldenbestätigung nicht übersenden, ist nicht ungewöhnlich").

[430] Vgl. IDW PS 302.6 nF.

[431] Vgl. OLG Stuttgart NZG 2022, 953 Rn. 42, das zu Recht darauf hinweist, dass die alternativen Prüfungshandlungen geeignet sein müssen, etwaige Verstöße der geprüften Gesellschaft aufzudecken. S. auch OLG Frankfurt a.M. BeckRS 2014, 1190919 (Nichtzulassungsbeschwerde zurückgewiesen: BGH 8.9.2016 – VII ZR 242/14) (da die Saldenanfragen unbeantwortet geblieben waren, hätten die beklagten Wirtschaftsprüfer, so betont das OLG, „alternative Prüfungshandlungen in dem bereits geschilderten Umfang durchführen müssen, d.h. sie hätten Lieferbestätigungen oder ähnlich qualifizierte Dokumente anfordern müssen, um sich auf andere Weise ein zutreffendes Bild von dem Bestand der Forderungen verschaffen zu können); ebenso IDW PS KMU 5: Reaktionen auf relevante Risiken (Stand: 28.9.2022) (Tz. 39).

[432] Ohne Verf. WPK-Mitt. 1997, 33 (35) (Bericht über das Urteil des OLG Hamburg v. 25.9.1996 – 5 U 208/95).

[433] Instruktiv öOGH Urt. v. 27.11.2001 – 5 Ob 262/01t, ÖBA 2002, 820 – Rieger Bank mAnm W. Doralt = ÖZW 2002/3, 88 mAnm Artmann. Dazu auch W. Doralt, Haftung des Abschlussprüfers, 2005, S. 149.

[434] IDW PS 302: Bestätigungen Dritter (Stand. 20.7.2014), WPg Supp. 3/2014, 1 (Tz. A.3 – A.5).

[435] IDW PS 303: Erklärungen der gesetzlichen Vertreter gegenüber dem Abschlussprüfer (Stand: 9.9.2009), WPg Supp. 4/2009, 19 (Tz. 24); vgl. IDW PH 2/2022: Ergänzungen der Vollständigkeitserklärungen bzw. gesonderte Erklärungen in Zusammenhang mit bestimmten Einzelsachverhalten (Stand: 9.2.2022), IDW Life 2022, 388. S. ferner IDW PH 9.302.1: Bestätigungen Dritter bei Kredit- und Finanzdienstleistungsinstituten (Stand: 3.11.2016), IDW Life 20171, 312 und IDW PH 9.302.2: Bestätigungen Dritter bei Versicherungsunternehmen (Stand: 12.5.2006), WPg Supp. 20/2006, 1316.

[436] Ebenso deutlich IDW PS KMU 5: Reaktionen auf relevante Risiken (Stand: 28.9.2022) (Tz. 34).

zu prüfende Unternehmen versandt werden oder dass das zu prüfenden Unternehmen die Rücksendungen in Empfang nimmt und sie dann an den Abschlussprüfer weiterleitet.[437] Die Pflicht, die Kontrolle über das Bestätigungsverfahren zu bewahren und etwaigen Zweifeln an der Verlässlichkeit durch angemessene Prüfungshandlungen zu begegnen, gilt auch, wenn Bestätigungen Dritter in elektronischer Form (zB per E-Mail) eingeholt oder dazu digitale Plattformen (zB der DATEV) genutzt werden.[438]

90   Zu berücksichtigen ist, dass eine **Verletzung von Datenschutzregelungen** vorliegen kann, wenn im Fall der Einholung von Saldenbestätigungen in einer unverschlüsselten E-Mail ein konkreter (Forderungs- bzw. Verbindlichkeiten-)Saldo des Mandanten bspw. in Euro gegenüber dem Dritten enthalten ist und der Dritte keine Zustimmung erteilt hat, dass ihn betreffende Daten unverschlüsselt kommuniziert werden dürfen. Somit sollte entweder sichergestellt werden, dass der Mandant selbst eine Erlaubnis bei den anzufragenden Empfängern der Bestätigungsanfrage eingeholt hat oder dass die Anfragen keine konkreten Daten enthalten (offene Bestätigungsanfragen; vgl. IDW PS 302.6 nF), so dass eine Verletzung von Datenschutzregeln ausgeschlossen werden kann. Um Zweifel an der Verlässlichkeit der erlangten Antworten zu den Bestätigungsanfragen zu beseitigen, kann der Abschlussprüfer beispielsweise unmittelbaren (telefonischen) Kontakt zu dem bestätigenden Dritten aufnehmen und sich den Inhalt der erhaltenen Antwort zB mündlich bestätigen lassen.[439]

91   **cc) Vollständigkeitserklärungen.** Aus Sicherheitsgründen ist der Prüfer aufgrund der Pflicht zur gewissenhaften Prüfung (§ 317 Abs. 1 S. 3, § 323 Abs. 1 S. 1) außerdem gehalten, zum Ende der Prüfung von dem zu prüfenden Unternehmen eine Vollständigkeitserklärung,[440] Bestätigungen für von Dritten verwahrte Vorräte[441] sowie sonstige Bestätigungen (zB Bank-,[442] Rechtsanwalts- bzw. Steuerberaterbestätigungen[443]) einzuholen.

---

[437] OLG Stuttgart NZG 2022, 953 Rn. 46. S. ferner LG Hamburg BeckRS 2013, 10766 Rn. 175 (zu Rücklaufkontrolle) und Rn. 180 (zu sog. Nachfassaktionen).

[438] Zu Einzelheiten: Fachlicher Hinweis des IDW „Zweifelsfragen zu den Auswirkungen der Ausbreitung des Coronavirus auf die Rechnungslegung und deren Prüfung" (Teil 3, 5. Update, April 2021), S. 44–45. Allgemein zur Digitalisierung der Jahresabschlussprüfung Marten/Harder WPg 2020, 11; Marten/Graschitz WP-Jb 2020, 3; Littkemann/Schwarzer/Schwarz Controlling 31 (2019), 43; Gnädinger, Praxishandbuch Digitale Abschlussprüfung, 2022.

[439] Fachlicher Hinweis des IDW „Zweifelsfragen zu den Auswirkungen der Ausbreitung des Coronavirus auf die Rechnungslegung und deren Prüfung" (Teil 3, 5. Update, April 2021), S. 45.

[440] Vgl. OLG Düsseldorf BB 1996, 2614 (r. Sp.); Ebke Wirtschaftsprüfer S. 29; Hopt/Merkt Rn. 4; BeBiKo/Justhoven/Küster/Koch Rn. 230; HKMS/Burg Rn. 73; Staub/Habersack/Schürnbrand § 320 Rn. 12; Graumann Prüfungswesen S. 172. S. dazu auch IDW PS 303, Erklärungen der gesetzlichen Vertreter gegenüber dem Abschlussprüfer (Stand: 9.9.2009), WPg Supp. 4/2009, 19 (Tz. 24).

[441] BeBiKo/Justhoven/Küster/Koch Rn. 227.

[442] Der BGH hat in NJW 2010, 1808 entschieden, dass eine nicht ordnungsgemäße Einholung von Bankbestätigungen einen Verstoß gegen Abschlussprüfer-Pflichten darstellen und zu einem Schadenersatzanspruch gegen ihn führen kann. Das IDW hatte daraufhin eine grundsätzliche Pflicht zur Einholung von Bankbestätigungen angenommen (IDW PS 302 nF: Bestätigungen Dritter [Stand: 10.7.2014], WPg Supp. 3/2014, 1). So heißt es im IDW PS 302.20 nF: „Bankbestätigungen sind für alle Arten der geschäftlichen Beziehungen des Unternehmens mit Kreditinstituten (bzw. deren jeweiliger Niederlassung) einzuholen". Von der Einholung einer Bankbestätigung konnte nur unter den engen Voraussetzungen von IDW PS 302.23 abgesehen werden. Vgl. IDW PS 302.A20-24, A25-26 nF. Die International Standards on Auditing (ISA) äußern sich zu Bankbestätigungen dagegen nicht. Der deutsche Prüfungsstandard geht daher über das hinaus, was internationale Übung ist. In dem neuen ISA [DE] 505: Externe Bestätigungen (Stand: 26.3.2020), IDW Life 2019, 683, IDW Life 2020, 509, wird nunmehr dem allgemeinen Ansatz der ISA gefolgt, auch die Einholung von Bankbestätigungen – entsprechend seiner Risikobeurteilung – in das pflichtgemäße Ermessen des Abschlussprüfers zu stellen. Zu beachten ist jedoch, dass der Abschlussprüfer nach ISA [DE] 505.10 Antworten auf Bestätigungsanfragen auf ihre Verlässlichkeit hin zu würdigen hat. Im Falle der Nichtbeantwortung hat der Abschlussprüfer alternative Prüfungshandlungen durchzuführen, um relevante und verlässliche Prüfungsnachweise zu erlangen (ISA [DE] 505.12). Zum Übergang von IDW PS 302 auf ISA [DE] 505 Farr WPg 2019, 753. Ausf. zu Bankbestätigungen Hennrichs FS Heidel, 2021, 785; BeBiKo/Justhoven/Küster/Koch Rn. 228–229. S. auch IDW PS KMU 5: Reaktionen auf relevante Risiken (Stand: 28.9.2022) (Tz. 33).

[443] BeBiKo/Justhoven/Küster/Koch Rn. 229. Zu Einzelheiten aus berufsständischer Sicht: ISA DE] 505: Externe Bestätigungen (Stand: 26.3.2020), IDW Life 2019, 683, IDW Life 2020, 509; IDW PS 302: Bestätigungen Dritter (Stand: 10.7.2014), WPg Supp. 3/2014, 1.

Solche Erklärungen ersetzen zwar nicht die eigene Prüfungshandlung des Prüfers (und mindern auch nicht die Verantwortlichkeit des Prüfers);[444] sie sind aber – wie das OLG Düsseldorf betont – „die Versicherung, daß alle verlangten Auskünfte und Nachweise erbracht wurden und [sind] somit Teil des Nachweises der Prüfungshandlungen".[445] In der Literatur herrscht Streit darüber, ob die zu prüfende Gesellschaft eine **Rechtspflicht** hat, eine Vollständigkeitserklärung abzugeben.[446] In der Praxis hat dieser Streit so gut wie keine Bedeutung, weil nach Abschnitt 3 Abs. 2 der Allgemeinen Auftragsbedingungen für Wirtschaftsprüfer und Wirtschaftsprüfungsgesellschaften (AAB) vom 1.1.2017[447] die zu prüfende Gesellschaft „auf Verlangen" des Prüfers eine Vollständigkeitserklärung abzugeben hat.[448] Wird die Vollständigkeitserklärung nicht oder nicht rechtzeitig erteilt, sind die Unterlassung bzw. Verzögerung und ihre Auswirkungen auf die Art und den Umfang der Prüfung und auf das Prüfungsergebnis im Prüfungsbericht (§ 321 Abs. 2 Satz 6) zu erläutern.[449]

2. Rechnungslegungsrechtliche Ermittlungen. Nach der Ermittlung der prüfungs- **92** erheblichen Geschäftsvorfälle und sonstigen Tatsachen setzt die Urteilsbildung auf Seiten des Abschlussprüfers die Prüfung der Einhaltung der maßgebenden formellen und materiellen Regeln über die Rechnungslegung voraus.

a) Formell. In formeller Hinsicht wird der Abschlussprüfer insbesondere zu prüfen **93** haben, ob der Jahresabschluss klar und übersichtlich aufgestellt (§§ 238 Abs. 1 Satz 2, 243 Abs. 2, 247 Abs. 1) und vollständig (§ 246 Abs. 1)[450] ist, ob die Bestimmungen über die hinreichende Aufgliederung der Bilanz (§ 247 Abs. 1) und der Gewinn- und Verlustrechnung (gemäß GoB) eingehalten sind, ob das Gebot des gesonderten Ausweises der einzelnen Posten (§ 247 Abs. 1), der Vorrang des Ausweises unter bestimmten Posten (§ 247 Abs. 2) sowie Verrechnungsverbote (§ 246 Abs. 2)[451] beachtet sind. Des Weiteren ist die Einhaltung des nur für die Bewertung kodifizierten (§ 252 Abs. 1 Nr. 1), aber auch für den Ansatz geltenden Grundsatzes der Bilanzidentität (Periodisierung)[452] zu prüfen. Es ist ferner festzustellen, ob die Gliederungsvorschriften (§§ 266, 275) eingehalten wurden oder die Voraussetzungen des § 265 Abs. 1 S. 1 vorliegen, ob vorgeschriebene Formblätter (§ 330 Abs. 1 S. 1) verwendet wurden und ob die Gesellschaft geschäftszweigspezifische Gliederungsvorschriften beachtet hat. Schließlich hat sich die Prüfung darauf zu erstrecken, ob der Jahresabschluss in deutscher Sprache verfasst und in der vorgeschriebenen Währung (Euro) aufgestellt (§ 244) und entsprechend den gesetzlichen Bestimmungen unterzeichnet (§ 245) ist. Der Prüfer hat außerdem zu prüfen, ob ein nicht durch Eigenkapital gedeckter Fehlbetrag am Schluss der Bilanz auf der Aktivseite gesondert unter entsprechender Bezeichnung ausgewiesen ist.[453] Hinzu kommt die Prüfung der Vollständigkeit der Darstellung und Einzelangaben im Anhang (§§ 284 ff.).[454]

---

[444] Ebke Wirtschaftsprüfer S. 29; Hopt/Merkt Rn. 4 (unter Hinweis auf BGH NJW 2010, 1808 [1811]); Staub/Habersack/Schürnbrand § 320 Rn. 12; BeBiKo/Justhoven/Küster/Koch Rn. 230 („kein Ersatz für vorzunehmende Prüfungshandlungen").

[445] OLG Düsseldorf BB 1996, 2614 (r. Sp.). Unrichtige Angaben in Aufklärungen und Nachweisen gegenüber dem Abschlussprüfer sind nach § 331 Nr. 4 strafbar (vgl. OLG München AG 2022, 368 Rn. 48).

[446] Zum Stand der Meinungen: Baumbach/Hueck/Schulze-Osterloh, 18. Aufl. 2006, GmbHG § 41 Rn. 123; HKMS/Burg Rn. 73; HKMS/Müller § 320 Rn. 17 mwN; Hopt/Merkt Rn. 4 („Gesellschaft ist zur Abgabe nicht verpflichtet"); aA (für einen Anspruch des Prüfers auf Erteilung einer schriftlichen Vollständigkeitserklärung) Staub/Habersack/Schürnbrand § 320 Rn. 12.

[447] Abgedruckt zB bei Hopt/Merkt HGB Anh. 2b. Zur Vereinbarung der AAB: ISA [DE] 210: Vereinbarung der Auftragsbedingungen für Prüfungsaufträge (Stand: 26.3.2020), IDW Life 2019, 654 ff.; IDW Life 2020, 509.

[448] Zust. HKMS/Burg Rn. 73. Im Prüfungsbericht ist darzustellen, ob die gesetzlichen Vertreter die verlangten Aufklärungen und Nachweise erbracht haben (§ 321 Abs. 2 S. 6).

[449] HKMS/Burg Rn. 73.

[450] Vollständigkeit bedeutet, dass alle Kontensalden und Geschäftsvorfälle, die im Jahresabschluss abzubilden sind, auch enthalten sein müssen.

[451] Ebke Verrechnungsverbot in Leffson/Rückle/Großfeld, Handwörterbuch unbestimmter Rechtsbegriffe im Bilanzrecht des HGB, 1986, S. 365.

[452] Vgl. Großfeld/Luttermann Bilanzrecht S. 91, 92.

[453] Herrmann ZGR 1989, 273.

[454] BeBiKo/Justhoven/Küster/Bernhardt Rn. 64–66.

94   **b) Materiell.** Von der Prüfung der Einhaltung der formellen Grundsätze der Rechnungslegung ist die schwierigere Prüfung des Jahresabschlusses in materieller Hinsicht zu
unterscheiden. In materieller Hinsicht hat sich die Prüfung des Jahresabschlusses darauf zu
erstrecken, ob die gesetzlichen Vorschriften (einschließlich der Grundsätze ordnungsmäßiger
Buchführung) und sie ergänzende Bestimmungen des Gesellschaftsvertrages oder der Satzung beachtet worden sind (Abs. 1 S. 2).[455] Die Prüfung ist so anzulegen, dass Unrichtigkeiten und Verstöße gegen die gesetzlichen Vorschriften (einschließlich der GoB) und sie
ergänzende Bestimmungen des Gesellschaftsvertrags oder der Satzung, die sich auf die Darstellung des sich nach § 264 Abs. 2 ergebenden Bildes der Vermögens-, Finanz- und Ertragslage des Unternehmens wesentlich auswirken, bei gewissenhafter Berufsausübung erkannt
werden (Abs. 1 S. 3).[456] Abs. 1 S. 3 stellt indirekt klar, dass die in Abs. 1 Satz 2 erwähnten
„gesetzlichen Vorschriften und sie ergänzende Bestimmungen des Gesellschaftsvertrages
oder der Satzung" nur solche sind, die die Rechnungslegung betreffen.[457] Die Einhaltung
gesetzlicher Vorschriften oder sie ergänzender Bestimmungen des Gesellschaftsvertrags und
der Satzung, die die Rechnungslegung *nicht* betreffen (auch solche des Steuerrechts), ist
nicht Gegenstand der Prüfung nach §§ 316 ff. Sofern sich aus steuerlichen oder sonstigen
gesetzlichen (zB umwelthaftungsrechtlichen) Vorschriften aber Risiken für das Unternehmen ergeben, sind diese im Jahresabschluss zu berücksichtigen.

95   **aa) Ansatz- und Bewertungswahlrechte.** Die Tragweite des in Abs. 1 S. 3 in Bezug
genommenen § 264 Abs. 2 wird nach wie vor unterschiedlich beurteilt (s. Erl. zu § 264
Abs. 2).[458] Dabei geht es zum einen um das Verhältnis der Generalnorm des § 264 Abs. 2
S. 1 zum Anhang, zum anderen um ihr Verhältnis zu den einzelnen Ansatz- und Bewertungsregeln.

96   **(1) Verhältnis zum Anhang.** Abs. 1 S. 3 stellt klar, dass die Generalnorm des § 264
Abs. 2 S. 1 aus dem Zahlenwerk der (Konzern-)Bilanz und der (Konzern-)Gewinn- und
Verlustrechnung **nicht herausgehalten werden darf.** Der Gesetzgeber hat sich damit
gegen Ansichten in der Literatur entschieden, dass die Generalnorm vor allem eine „Generalnorm für den Anhang" ist (sog. „Abkoppelungstheorie"). Die „Abkoppelungstheorie"
ist mit dem im Urteil des EuGH in Sachen „Tomberger"[459] besonders betonten Grundsatz
der Bilanzwahrheit unvereinbar und daher abzulehnen.[460] Die „Abkoppelungstheorie"
demontiert im Übrigen den Gesellschafterschutz, missachtet die Ausschüttungsinteressen der
Gesellschafter und läuft einer stärker am Shareholder Value ausgerichteten Rechnungslegung
zuwider.[461] Der Abschlussprüfer muss daher im Rahmen seiner Prüfung feststellen (und in
seinem Prüfungsbericht darstellen, § 321 Abs. 2 S. 1),[462] ob die Generalnorm des § 264
Abs. 2 S. 1 im Zahlenwerk der (Konzern-)Bilanz und der (Konzern-)Gewinn- und Verlustrechnung beachtet wurde. Diesbezügliche Fehler können durch eine entsprechende Berichterstattung im Anhang grundsätzlich (vgl. § 264 Abs. 2 S. 2) **nicht geheilt** werden.[463]

---

[455] Zu Einzelheiten s. etwa Graumann Prüfungswesen S. 191 ff.; BeBiKo/Justhoven/Küster/Bernhardt
Rn. 10 ff.

[456] Ausweislich der Begründung des RegE KonTraG entspricht der in § 317 Abs. 1 S. 3 verankerte Grundsatz, dass die Prüfung auf das Erkennen von Unrichtigkeiten und Verstößen auszurichten ist, „internationalen Maßstäben" (BT-Drs. 13/9712, 26).

[457] Scheffler WPg 2005, 477 (480); Geiger VW 1998, 594 (597). Krit. zu der Formulierung des § 317
Abs. 1 S. 2 schon die Stellungnahme des Gemeinsamen Arbeitsausschusses von BDI, BDB, DIHT und
GDV, WM 1997, 490 (498).

[458] S. nur Großfeld/Luttermann Bilanzrecht S. 69–73; Moxter FS Ludewig, 1996, 671.

[459] EuGH Urt. v. 27.6.1996 – Rs. C-234/94, ECLI:EU:C:1996:252 – Tomberger ./. Gebrüder von der
Wettern GmbH. Zu Einzelheiten des Tomberger-Urteils Gelhausen WPg 1996, 573; Großfeld FS Fikent-
scher, 1998, 866 (867).

[460] Großfeld AG 1999, 155 (156, 157); Beine WPg 1995, 467 (475); Ebke ZSR 119 (2000), 39 (63); aA
Beisse FS W. Müller, 2001, 738 (739).

[461] Großfeld/Luttermann Bilanzrecht S. 72 und 476.

[462] Vgl. IDW PS 450: Grundsätze ordnungsmäßiger Erstellung von Prüfungsberichten (Stand: 28.10.2021),
IDW Life 2022, 78 (Tz. 72), IDW Life 2022, 78 („Gesamtschau der einzelnen Bestandteile [Bilanz,
Gewinn- und Verlustrechnung sowie Anhang] ergibt [Gesamtaussage des Jahresabschlusses]").

[463] Vgl. Ebke ZIP 1999, 1193 (1196); Wiedmann FS Brönner, 2000, 450 (451).

(2) Verhältnis zu einzelnen Rechnungslegungsregeln. Streitig ist überdies das Ver- **97** hältnis der Generalnorm des § 264 Abs. 2 S. 1 zu den einzelnen Ansatz- und Bewertungsregeln.[464] Nach einer verbreiteten Ansicht im Schrifttum ist jede an sich zulässige und im Einzelfall nicht als missbräuchlich erscheinende Ansatz- oder Bewertungsmethode anwendbar, auch wenn sie insgesamt für die Vermittlung eines den tatsächlichen Verhältnissen entsprechenden Bildes der Vermögens-, Finanz- und Ertragslage der Gesellschaft nicht die bestmögliche ist. Nach heute wohl hM ist hingegen anzunehmen, dass die Gesamtaussage des vorgelegten Jahresabschlusses durch die Anwendung der Ansatz- und Bewertungsregeln nicht leiden darf.[465] Der Streit um die Auslegung des § 264 Abs. 2 rührt daher, dass das Rechnungslegungsrecht dem aufstellungspflichtigen Unternehmen Raum für subjektive, bilanzpolitische Entscheidungen lässt.[466]

Der Spielraum wird durch die Einräumung von **Ansatzwahlrechten** (zB bei vor dem **98** 1.1.1987 gegebenen Pensionszusagen; Art. 28 Abs. 1 S. 1 EGHGB) sowie insbesondere dadurch vermittelt, dass die Bewertungsvorschriften oft eine Wahl unter mehreren Bewertungsmethoden gestatten. Beispiele für **Bewertungswahlrechte** finden sich bei den Herstellungskosten (§ 255 Abs. 2 S. 3), den Abschreibungsarten, außerplanmäßigen Abschreibungen, den Bewertungsvereinfachungsverfahren (§ 256) und der Beibehaltung niedriger Wertansätze (§ 253 Abs. 5). Da die **Zahlen** der Bilanz lediglich Funktionen der zugrunde gelegten Ansatz- und Bewertungsregeln, also **nicht absolut** sind, wirkt sich die Auswahl unter den zulässigen Bilanzierungswahlrechten und Bewertungsmethoden zwangsläufig auf das Bild der Vermögens-, Finanz- und Ertragslage der Gesellschaft aus.

Um den Vorgaben der § 317 Abs. 1 S. 3, § 264 Abs. 2 S. 1 zu genügen, müssen die für **99** die Aufstellung des Jahresabschlusses verantwortlichen gesetzlichen Vertreter (vgl. § 322 Abs. 2 S. 2) bei der Anwendung der Wahlrechte **willkürfrei** handeln. Die **Gesamtaussage** des vorgelegten Jahresabschlusses darf insbesondere durch die Wahl der Bewertungsmethode im Einzelfall nicht leiden (hM).[467] Die gesetzlichen Vertreter sind also bei der Auswahl der Bewertungsmethode nicht frei; sie haben vielmehr bei der Auswahl darauf zu achten, dass der Jahresabschluss der Gesellschaft **insgesamt** ein den tatsächlichen Verhältnissen entsprechendes, also **„realitätsgerechtes"** Bild der Vermögens-, Finanz- und Ertragslage der Gesellschaft vermittelt.[468] Dieses Bild ist als Richtschnur im Auge zu behalten.[469]

(3) Kontrolle durch den Abschlussprüfer. Die so gebundene Ermessensausübung **100** durch das Unternehmen unterliegt der Kontrolle des Abschlussprüfers.[470] Dieser hat festzustellen, ob das Unternehmen das ihm eingeräumte Ermessen in einer dem Sinn und Zweck des Wahrheitsgrundsatzes entsprechenden Weise, also ermessensfehlerfrei, gehandhabt hat. Bei seiner Kontrolle, ob die Entscheidung danach rechnungslegungsrechtlich zulässig und sachgerecht ist, muss der Abschlussprüfer wegen des Gebots der Unparteilichkeit (§ 323 Abs. 1 Satz 1)[471] die schutzwürdigen Belange der Gesellschaft ebenso beachten wie die Belange Dritter. Ist eine eindeutige Festlegung nicht möglich, bleibt es bei der vom Vorstand getroffenen Entscheidung. Mit anderen Worten: Der Abschlussprüfer darf nur prüfen, ob der Vorstand das ihm eingeräumte Ermessen **„wahrheitsgrundsatzkonform"** ausgeübt hat, und muss nötigenfalls fragliche Ausweise beanstanden. Der Prüfer darf den Jahresabschluss aber nicht „selbst in die Hand" nehmen und sein Ermessen an die Stelle des Ermessens des Aufstellers

---

[464] S. statt aller Großfeld/Luttermann Bilanzrecht S. 71–73; Moxter FS Budde, 1995, 419.

[465] Vgl. Großfeld/Luttermann Bilanzrecht S. 89, 90; Ebke Wirtschaftsprüfer S. 31.

[466] Zur Prüfung von geschätzten Werten in der Rechnungslegung einschließlich von Zeitwerten aus Sicht des Berufsstands IDW PS 314 (Stand: 9.9.2009), WPg Supp. 4/2009, 23.

[467] Zu den Gründen Großfeld/Luttermann Bilanzrecht S. 69, 70.

[468] Großfeld, Internationales Bilanzrecht, 2011, 49; vgl. Reiner § 264 Rn. 28 („getreues Bild"); § 222 Abs. 2 S. 1 öUGB.

[469] S. statt aller Großfeld in Ebke/Elsing/Großfeld/Kühne, Das deutsche Wirtschaftsrecht unter dem Einfluss des US-amerikanischen Rechts, 2011, S. 233 (234); Großfeld in Ebke/Luttermann/Siegel, Internationale Rechnungslegungsstandards für börsenunabhängige Unternehmen?, 2007, S. 22 (23).

[470] Vgl. Niemann DStR 2004, 52.

[471] W. Klein EdBWL Sp. 2406–2412.

setzen. Soweit das Unternehmen sich mit seiner Rechnungslegung innerhalb des von dem Wahrheitsgrundsatz vorgezeichneten Ermessensrahmens bewegt, hat der Prüfer den Jahresabschluss zu bestätigen. Überschreitet der Vorstand das ihm durch Gesetz, Gesellschaftsvertrag oder Satzung eingeräumte Ermessen, hat der Prüfer den Jahresabschluss zu beanstanden und, sofern das Unternehmen keine oder keine hinreichenden Änderungen vornimmt, den Bestätigungsvermerk einzuschränken oder zu versagen (§ 322 Abs. 4 S. 1).

101   **bb) Rückstellungen.** Ähnliche Fragen können sich für den Prüfer auch im Hinblick auf Rückstellungen (§ 249) ergeben.[472] Rückstellungen sind dem Grunde und/oder der Höhe nach unsicher.[473] Sie umfassen nach § 249 Abs. 1 S. 1 ungewisse Verbindlichkeiten (zB aus einem Prozess)[474] oder drohende Verluste aus schwebenden Geschäften (zB der Errichtung eines Hochhauses),[475] in Grenzen auch Verpflichtungen des Unternehmens „gegen sich selbst" (zB aus unterlassenen Instandhaltungen – § 249 Abs. 1 S. 2 Nr. 1, Abs. 2). Hinzu kommen Rückstellungen für Abraumbeseitigungen sowie Rückstellungen für Altzusagen (Art. 28 bzw. 48 EGHGB). Die Entscheidungen des Unternehmens bezüglich des Ausweises von Rückstellungen – insbesondere Pensionsrückstellungen[476] – sind handelsbilanzrechtlich in gewissen Grenzen bilanzpolitischen Gestaltungen zugänglich.[477] Die diesbezüglichen Entscheidungen des Unternehmens unterliegen – entsprechend dem zu den Ansatz- und Bewertungswahlrechten Gesagten – der Kontrolle des Abschlussprüfers. Bei Rückstellungen tauchen in der Praxis außerdem häufig Rechtsfragen auf, deren Beantwortung die Hinzuziehung von unternehmenseigenen und anderen Juristen erforderlich machen kann.[478]

102   **cc) Grundsätze ordnungsmäßiger Buchführung.** Abs. 1 S. 1 verlangt darüber hinaus die Prüfung der Vereinbarkeit des Jahresabschlusses mit den Grundsätzen ordnungsmäßiger Buchführung im Übrigen – insbesondere: mit dem Stichtagsprinzip (§ 242 Abs. 1, Abs. 2), dem „going concern"-Prinzip (§ 252 Abs. 1 Nr. 2),[479] dem Grundsatz der Einzelbewertung (§ 252 Abs. 1 Nr. 3), dem Grundsatz der Bewertungsstetigkeit (§ 252 Abs. 1

---

[472] Prinz WPg 2019, 978; Prinz WPg 2018, 1152; Prinz WPg 2017, 1316; Euler/Engel-Ciric WPg Sonderheft 2004, 139; Graumann Prüfungswesen S. 600 ff.; s. auch OLG Düsseldorf WPK-Mitt. 2003, 173 (174, 175) (Bericht).

[473] Zu Einzelheiten Daub, Rückstellungen nach HGB, US GAAP und IAS, 2000, S. 45–184; Graumann Prüfungswesen S. 601 ff.

[474] IDW RS HFA 34: Einzelfragen zur handelsrechtlichen Bilanzierung von Verbindlichkeitsrückstellungen (Stand: 3.6.2015), WPg Supp. 3/2015, 9.

[475] IDW RS HFA 4: Zweifelsfragen zum Ansatz und zur Bewertung von Drohverlustrückstellungen (Stand: 29.11.2012), WPg Supp. 1/2013, 131.

[476] S. dazu aus Sicht des Handels- und Steuerbilanzrechts Sedemund FS Heidel, 2021, 961; Graumann Prüfungswesen S. 611 ff. und S. 623 ff.

[477] Zu Einzelheiten (auch im Vergleich zu § 6a EStG, § 8 Abs. 1 KStG): Ebke WPK-Mitt. 1998, 76 (79) mwN; Sailer FS Böcking, 2021, 663. Zu neuen Rückstellungskriterien des BFH: Hommel/Stein/Ummenhofer WPg 2021, 80.

[478] Allgemein zur Bedeutung von Rechtsfragen in der Abschlussprüfung Kropff FS Havermann, 1995, 321; H.-P. Müller, Pflicht des Abschlußprüfers zur Prüfung rechtlicher Vorfragen, in Treuarbeit, Rechtliche Vorfragen im Jahresabschluß, 1991, S. 35.

[479] Hopt/Merkt Rn. 2; Semler/Goldschmidt ZIP 2005, 3; Groß WPg 2010, 119. Zu Einzelheiten des Fortführungsprinzips zuletzt Stark, Fortführungsprinzip und (Vor-)Insolvenz, 2022; Stark ZVglRWiss 121 (2002), 298. Zu der Frage, ob zukunftsbezogene Sachverhalte im Abschluss und oder prognostische Angaben im Lagebericht in der derzeitigen mit außergewöhnlich hoher Unsicherheit verbundenen Situation (Stichwort: Corona) überhaupt beurteilt werden können oder allgemein ein Prüfungshemmnis anzunehmen ist, s. Fachlicher Hinweis des IDW „Zweifelsfragen zu den Auswirkungen der Ausbreitung des Coronavirus auf die Rechnungslegung und deren Prüfung" (Teil 3, 5. Update, April 2021), S. 51 ff.; Philipps WP Praxis 1/2021, 107. Zu den Folgen für die Berichtspflicht des Prüfers (§ 321), wenn die gesetzlichen Vertreter bei der Bilanzierung unzulässigerweise die Annahme der Unternehmensfortführung zugrunde gelegt haben: Pagels/Lüder WPg 2017, 230 (zu IDW PS 270: Die Beurteilung der Fortführung der Unternehmenstätigkeit im Rahmen der Abschlussprüfung [Stand: 29.10.2021], IDW Life 2021, 1264); IDW S 11: Beurteilung des Vorliegens von Insolvenzeröffnungsgründen [Stand: 23.8.2021], IDW Life 2022, 107); s. ferner Steffan/Poppe/Oberg WPg 2022, 880 (zu IDW S 11); Mader/Seitz DStR 2018, 1; Mader/Seitz DStR 2018, 1935; Hennrichs/Schulze-Osterloh DStR 2018, 1731; Hennrichs/Schulze-Osterloh DStR 2018, 1933.

Nr. 6), dem Anschaffungs- und Herstellungskostenprinzip (§ 253 Abs. 1, Abs. 2) sowie dem Vorsichtsprinzip, konkretisiert durch das Imparitätsprinzip (§ 252 Abs. 1 Nr. 4 Hs. 1) und das Realisationsprinzip (§ 252 Abs. 1 Nr. 4 Hs. 2) sowie das Niederstwertprinzip (§ 253 Abs. 1–3). Hinzu kommt der **Grundsatz der Wesentlichkeit** in der Rechnungslegung (in der Sprache des anglo-amerikanischen Rechnungslegungsrechts *„materiality principle"*).[480] Hierher gehört ferner die Prüfung der Beachtung etwaiger Bilanzierungsverbote (zB §§ 248, 249 Abs. 2 S. 1) sowie die Prüfung der Vorjahreszahlen gemäß § 265 Abs. 2 S. 1.[481] Zu den Grundsätzen ordnungsmäßiger Buchführung zählen nicht nur die kodifizierten GoB, sondern auch die nichtkodifizierten.

3. Unrichtigkeiten und Verstöße gegen Gesetz, Gesellschaftsvertrag oder Satzung. Durch das KonTraG wurde in das HGB ausdrücklich die Verpflichtung des Prüfers **103** aufgenommen, die Prüfung so anzulegen, dass Unrichtigkeiten und Verstöße gegen gesetzliche Vorschriften (einschließlich GoB) und sie ergänzende Bestimmungen des Gesellschaftsvertrags oder der Satzung, die sich auf Darstellung des sich nach § 264 Abs. 2 ergebenden Bildes der Vermögens-, Finanz- und Ertragslage des Unternehmens wesentlich auswirken, bei gewissenhafter Berufsausübung erkannt werden (Abs. 1 S. 3). Nach den Erkenntnissen des Gesetzgebers wurde der internationalen Maßstäben[482] entsprechende Grundsatz, dass die Prüfung auf das Erkennen von Unrichtigkeit und Verstößen gegen Gesetz, Gesellschaftsvertrag oder Satzung anzulegen ist, von Prüfern und Prüfungsgesellschaften bereits vor der Novellierung der Bestimmung durch das KonTraG beachtet. *So gesehen* brachte Abs. 1 S. 3 für den Berufsstand in der Tat „nichts grundsätzlich Neues".[483] Mit der Novellierung des § 317 hat der Gesetzgeber diesen Grundsatz allerdings zum gesetzlichen Maßstab der Abschlussprüfung erhoben.[484]

Dass schon in der Vorbemerkung der Stellungnahme des HFA 7/1997: „Zur Aufde- **104** ckung von Unregelmäßigkeiten im Rahmen der Abschlussprüfung" die Verpflichtung des Prüfers unterstrichen wird, „im Rahmen der Prüfungsplanung, der Prüfung des internen Kontrollsystems und bei der Auswahl der Prüfungshandlungen die Möglichkeit von betrügerischen Handlungen zu berücksichtigen",[485] macht die Vorschrift des Abs. 1 Satz 3 ebenso wenig **überflüssig**[486] wie ISA [DE] 240: Verantwortlichkeiten des Abschlussprüfers bei dolosen Handlungen (Stand: 26.3.2020)[487] bzw. IDW PS 210: Zur Aufdeckung von Unregelmäßigkeiten im Rahmen der Abschlussprüfung (Stand: 12.12.2012)[488] oder IDW PS KMU 5: Reaktionen auf relevante Risiken (Stand: 28.9.2022) (Tz. 48–50). Denn Berufspflichten haben nicht dieselbe Rechtsqualität wie gesetzliche Pflichten;[489] sie binden insbesondere nicht die Gerichte bei der Auslegung und Anwendung des Gebots der gewissenhaften (§ 323 Abs. 1 S. 1, § 317 Abs. 1 S. 3) und sorgfältigen (§ 320 Abs. 2 S. 1 und 3; § 276 Abs. 2 S. 1 BGB) Prüfung (vgl. → § 323 Rn. 33). So gesehen hat die Verpflichtung nach Abs. 1 S. 3 mehr als nur „psychologische Bedeutung".[490] Die angebliche „größere Publikumswirksamkeit"[491] einer gesetzlichen Regelung ist **rechtlich unerheblich.**

---

[480] Großfeld/Luttermann Bilanzrecht S. 93, 94; Leffson/Bönkhoff WPg 1982, 389; grdl. Mekat, Der Grundsatz der Wesentlichkeit in Rechnungslegung und Abschlussprüfung, 2009, S. 67 ff.; Petrika, Der Wesentlichkeitsgrundsatz in der Abschlussprüfung, Diss. Bamberg 2016.

[481] Vgl. IDW PS 318: Prüfung von Vergleichsangaben über Vorjahre (Stand: 24.11.2010), WPg Supp. 1/2011, 1.

[482] S. nur ISA [DE] 240: Verantwortlichkeiten des Abschlussprüfers bei dolosen Handlungen, IDW Life 2019, 660; dazu Farr WPg 2021, 66; Marten RWZ 31 (2021), 244.

[483] Forster WPg 1998, 41 (44).

[484] Begr. RegE BT-Drs. 13/9712, 27 = ZIP 1997, 2100 (2101).

[485] WPg 1998, 29.

[486] AA Schindler/Rabenhorst BB 1998, 1886 (1890).

[487] IDW Life 2019, 660 ff.; IDW Life 2020, 509; IDW Life 2020, 998; dazu Farr WPg 2021, 66.

[488] WPg Supp. 1/2013, 7.

[489] Zu Einzelheiten Hirsch, Die Bedeutung der vom Institut der Wirtschaftsprüfer herausgegebenen Fachgutachten, Stellungnahmen und Verlautbarungen, 1990.

[490] Gelhausen AG Sonderheft 1997, 73 (79).

[491] Böcking/Orth WPg 1998, 351 (358).

105   Der Gesetzgeber hat die Gelegenheit des KonTraG genutzt, die Anforderungen an den Umfang der erweiterten Prüfung zu konkretisieren, um im Hinblick auf die (hinlänglich bekannte und häufig beklagte) **„Erwartungslücke"** (*„expectation gap"*) (→ § 317 Rn. 15). Fehlvorstellungen der Adressaten von Jahresabschlüssen und der Öffentlichkeit zu begegnen. Dem Gesetzgeber geht es in Abs. 1 S. 3 nur um solche Unrichtigkeiten und Verstöße, die *wesentliche* Auswirkungen auf die Darstellung des sich nach § 264 Abs. 2 ergebenden Bildes der Vermögens-, Finanz- und Ertragslage des Unternehmens haben (was dem bisher schon geltenden Grundsatz der Wesentlichkeit (*materiality principle*) entspricht − → Rn. 106).[492] Darüber hinaus geht es nach dem Gesetzeswortlaut um das Erkennen von Unrichtigkeiten und Verstößen bei „gewissenhafter Berufsausübung" (Abs. 1 S. 3). Der Gesetzgeber gibt damit zu erkennen, dass die Abschlussprüfung nach Abs. 1 ihrem Wesen nach **nicht** auf die **gezielte Aufdeckung** und Aufklärung strafrechtlicher Tatbestände (zB Untreue, Unterschlagung oder Diebstahl) oder außerhalb der Rechnungslegung begangener Ordnungswidrigkeiten grundsätzlich angelegt ist.[493] Daran hat die gesetzliche Verankerung des risikoorientierten Prüfungsansatzes (→ § 317 Rn. 2) nichts geändert.[494] Die Abschlussprüfung muss nach Abs. 1 Satz 3 daher auch in Zukunft **nicht den Umfang einer (gezielten) Unterschlagungsprüfung** annehmen.[495] Im Rahmen der Erkenntnismöglichkeiten ist aber zu prüfen, ob der Jahresabschluss oder der Konzernabschluss nicht wesentliche unrichtige oder unvollständige Angaben enthält, die aus Verstößen gegen straf- bzw. ordnungswidrigkeitsrechtliche Bestimmungen entstanden sind.[496]

106   **4. Grundsatz der Wesentlichkeit.** Die Abschlussprüfung ist nach Abs. 1 S. 3 so anzulegen, dass Unrichtigkeiten und Verstöße gegen die in Abs. 1 S. 2 aufgeführten Bestimmungen, die sich auf die Darstellung des sich nach § 264 Abs. 2 ergebenden Bildes der Vermögens-, Finanz- und Ertragslage des Unternehmens **wesentlich auswirken,** bei gewissenhafter Berufsausübung erkannt werden.[497] Über erkannte wesentliche Unrichtigkeiten und Verstöße ist im Prüfungsbericht und im Bestätigungsvermerk zu berichten. Abs. 1 S. 3 beruht auf dem Grundsatz der Wesentlichkeit (in der Sprache der US-amerikanischen und internationalen Regeln über die Abschlussprüfung: *principle of audit materiality*) in der Abschlussprüfung.[498] Der Grundsatz der Wesentlichkeit in der Abschlussprüfung besagt, dass die Prüfung des Jahresabschlusses und des Lageberichts bzw. des Konzernabschlusses und des Konzernlageberichts darauf auszurichten ist, dass bei gewissenhafter

---

[492]   Insoweit zutr. Schindler/Rabenhorst BB 1998, 1886 (1890).

[493]   Ebenso HKMS/Burg Rn. 63; BeBiKo/Justhoven/Küster/Bernhardt Rn. 18; Schüppen Rn. 8. Zum Ganzen Boecker, Accounting Fraud aufdecken und vorbeugen, 2010; Hauser, Jahresabschlussprüfung und Aufdeckung von Wirtschaftskriminalität, 2000, S. 57 ff.; Sell, Die Aufdeckung von Bilanzdelikten bei der Abschlussprüfung. Berücksichtigung von Fraud & Error nach deutschen und internationalen Vorschriften, 1999; Marschdorf DStR 1995, 111 und 148.

[494]   HKMS/Burg Rn. 63; vgl. Graumann Prüfungswesen S. 200 f.

[495]   Vgl. OLG München Urt. v. 21.11.2006 − 8 U 2543/04 (Bericht in WPK Magazin 1/2007, 50, 51). S. ferner Hopt/Merkt Rn. 3; Scheffler WPg 2005, 477 (480); Wiedmann FS Brönner, 2000, 458; Schindler/Rabenhorst BB 1998, 1886 (1890); aA Böcking/Orth WPg 1998, 351 (361). Zu Einzelheiten der Unterschlagungsprüfung Graumann Prüfungswesen S. 200 ff.; monographisch Hauser, Jahresabschlussprüfung und Aufdeckung von Wirtschaftskriminalität, 2000, S. 57 ff. Zu den Hintergründen der Mitarbeiterkriminalität von Heyden Die Bank 1999, 228. Zu neuen Ansätzen zur Aufdeckung von Unrichtigkeiten und Verstößen gegen Gesetz, Gesellschaftsvertrag oder Satzung: W. Schruff WPg 2005, 207; Knabe/Mika/Müller/Rätsch/W. Schruff WPg 2004, 1057; Mertin/Schmidt WPg 2001, 1303. Zu den aktuellen Aktivitäten des IAASB bezüglich der Aufdeckung von fraud in der Abschlussprüfung Marten RWZ 31 (2021), 244.

[496]   Zu Einzelheiten: IDW PS 201: Rechnungslegungs- und Prüfungsgrundsätze für die Abschlussprüfung (Stand: 23.4.2021), IDW Life 2021, 500; dazu Moser/Weiser WPg 2022, 116.

[497]   IDW PS 210.12.

[498]   Hopt/Merkt Rn. 3; Graumann Prüfungswesen S. 269 ff. Der Grundsatz der Wesentlichkeit in der Abschlussprüfung ist zu unterscheiden von dem Grundsatz der Wesentlichkeit in der Rechnungslegung und dem Grundsatz der Wesentlichkeit im Rahmen der Unabhängigkeit des Abschlussprüfers. Zu Einzelheiten s. die Arbeiten von Mekat, Der Grundsatz der Wesentlichkeit in Rechnungslegung und Abschlussprüfung, 2009; Wolz, Wesentlichkeit im Rahmen der Jahresabschlussprüfung, 2003; Petrika, Der Wesentlichkeitsgrundsatz in der Abschlussprüfung, Diss. Bamberg 2016.

Berufsausübung mit hinreichender Sicherheit falsche Angaben aufgedeckt werden, die auf Unrichtigkeiten oder Verstöße gegen gesetzliche oder gesellschaftsvertragliche Bestimmungen zurückzuführen sind und die wegen ihrer **quantitativen und/oder qualitativen Bedeutung** einen Einfluss auf den Aussagewert der Rechnungslegungsadressaten haben.[499] Die Berücksichtigung des Grundsatzes der Wesentlichkeit (s. dazu auch → § 323 Rn. 51) in der Abschlussprüfung ermöglicht eine Konzentration der Prüfung auf entscheidungserhebliche Sachverhalte.[500]

Die Wesentlichkeit ist auf die Angaben in der Rechnungslegung sowie auf die sonstigen **107** Prüfungsgegenstände bezogen.[501] Wesentlichkeit kann sich sowohl **quantitativ** in einem Grenzwert als auch **qualitativ** in einer Eigenschaft ausdrücken.[502] Bei der Beurteilung der Frage, ob eine Angabe oder ein sonstiger Prüfungsgegenstand in quantitativer oder qualitativer Hinsicht für die Darstellung des sich nach § 264 Abs. 2 ergebenden Bildes der Vermögens-, Finanz- und Ertragslage des Unternehmens wesentlich ist, verbietet sich jede schematische Lösung.[503] Es ist insbesondere nicht sinnvoll, die Entscheidung, was wesentlich ist, auf vorab festgelegte quantitative Kriterien (wie zB einen bestimmten Prozentsatz vom Jahresergebnis) zu stützen.[504] Maßgebend ist, ob eine Unrichtigkeit oder ein Verstoß gegen die in Abs. 1 S. 2 aufgeführten Bestimmungen nach Art oder Bedeutung allein oder zusammen mit anderen Unrichtigkeiten oder Verstößen nach den **Umständen des konkreten Falles** bezogen auf die Gesamtaussage der Rechnungslegung iSv § 264 Abs. 2 geeignet ist, sich auf die Entscheidung eines vernünftig und objektiv denkenden Adressaten der Rechnungslegung, der sich auf die Aussagen in dem Abschluss nebst Lagebericht verlässt, auszuwirken.[505] Dabei ist es unerheblich, ob sich die betreffende Unrichtigkeit oder der betreffende Verstoß in einer fehlerhaften Angabe oder in dem Weglassen einer Angabe in dem Abschluss nebst Lagebericht äußert.

Der Grundsatz der Wesentlichkeit in der Abschlussprüfung ist schon bei der **Planung 108** von Abschlussprüfungen zu beachten (IDW PS 250.14–18 nF; IDW PS KMU 3.24–28; ISA [DE] 320.5 und 10).[506] Wesentlichkeit und Prüfungsrisiko (= Fehlerrisiko x Entdeckungsri-

---

[499] BeBiKo/Justhoven/Küster/Bernhardt Rn. 69. Zu Einzelheiten ISA [DE] 320: Wesentlichkeit bei der Planung und Durchführung einer Abschlussprüfung (Stand: 26.3.2020), IDW Life 2019, 672, IDW Life 2020, 509; IDW PS 250: Wesentlichkeit im Rahmen der Abschlussprüfung (Stand: 12.12.2012), WPg Supp. 2013, 1; Zu Einzelheiten Petrika, Der Wesentlichkeitsgrundsatz in der Abschlussprüfung: Überlegungen zur Umsetzung in der Praxis (Diss. Bamberg, 2016); Keel ST 2014, 256; Wagner, Wesentlichkeit in der Abschlussprüfung: Eine kritische Bestandsaufnahme (Masterarbeit, Universität Graz, 2020); Paier, Audit Materiality – Der Grundsatz der Wesentlichkeit im Rahmen der Abschlussprüfung (Masterarbeit, Universität Graz, 2011). Zur Festlegung der Wesentlichkeitsgrenze durch den Abschlussprüfer empirisch und rechtsvergleichend Widmann/Nickels/Wolz WPg 2021, 991; Wolz ZfbF 2004, 122.

[500] BeBiKo/Justhoven/Küster/Bernhardt Rn. 69; Graumann Prüfungswesen S. 270.

[501] Vgl. IDW PS 250.6.

[502] Zu Einzelheiten Dorenkamp BB 2003, 1116; BeBiKo/Justhoven/Küster/Bernhardt Rn. 69. In der Praxis werden verschiedene Verfahren zur Ermittlung quantitativer Wesentlichkeitsgrenzen angewandt: Mekat, Der Grundsatz der Wesentlichkeit in Rechnungslegung und Abschlussprüfung, 2009, S. 277 ff.; Wolz ZfbF 2004, 122; empirisch und rechtsvergleichend Widmann/Nickels/Wolz WPg 2021, 991.

[503] Vgl. IDW PS 250.14. Zu Verfahren in der deutschen Wirtschaftsprüferpraxis, Wesentlichkeitsgrenzen festzulegen, s. etwa Widmann/Nickels/Wolz WPg 2021, 991; Wolz ZfbF 2004, 122; BeBiKo/Justhoven/Küster/Koch Rn. 140 ff.; s. ferner allgemein Würtele, Die Operationalisierung des Grundsatzes der Materiality bei Abschlußprüfungen, 1989.

[504] IdS auch Graumann Prüfungswesen S. 271; Dorenkamp BB 2003, 1116 (1117); vgl. aber BeBiKo/Justhoven/Küster/Koch Rn. 141–142; aA auch Schade, Zur Konkretisierung des Gebots sorgfältiger Abschlußprüfung, 1982, S. 72, 73 (für quantitative Materiality-Werte); vgl. Leffson/Bönkhoff WPg 1982, 389.

[505] Graumann Prüfungswesen S. 271 („Bei der Wahl der Bezugsgröße sind die Umstände des Einzelfalls [zB Anlagenintensität, Kapitalumschlag, Wertschöpfungsquote oder Aufwandsstruktur] angemessen zu würdigen"); Schüppen Rn. 7.

[506] Mekat, Der Grundsatz der Wesentlichkeit in Rechnungslegung und Abschlussprüfung, 2009, S. 155 ff.; Marten/Quick/Ruhnke, Wirtschaftsprüfung: Grundlagen des betriebswirtschaftlichen Prüfungswesens nach nationalen und internationalen Normen, 5. Aufl. 2015, S. 212. Zu Einzelheiten ISA [DE] 320: International Standard on Auditing 320: Wesentlichkeit bei der Planung und Durchführung einer Abschlussprüfung (Stand: 26.3.2020), IDW Life 2019, 672, IDW Life 2020, 509. IDW PS 250: Wesentlichkeit im Rahmen der Abschlussprüfung (Stand: 12.12.2012), WPg Supp. 1/2013, 1.

siko)[507] stehen in einem wechselseitigen Zusammenhang: Je höher die Wesentlichkeit festgelegt wird, umso geringer ist das Prüfungsrisiko und umgekehrt.[508] Dieser Zusammenhang ist bei der Planung von Art, zeitlichem Ablauf und Umfang von Prüfungshandlungen zu berücksichtigen. Die bei der Planung vorläufige Risikoeinschätzung ist den während der Prüfung gewonnenen Erkenntnissen laufend anzupassen.[509] Der Grundsatz der Wesentlichkeit entfaltet darüber hinaus auch und gerade bei der **Durchführung** der Abschlussprüfung Wirkungen (IDW PS 250.19–22 nF; IDW PS KMU 3.24-28; ISA [DE] 320.5), und zwar sowohl bei der Ermittlung der Tatsachen als auch bei den Ermittlungen in rechnungslegungsrechtlicher Hinsicht (→ Rn. 92 ff.).[510] Der Grundsatz der Wesentlichkeit ist bei der Prüfung einzelner Prüffelder (wie zB Kontensalden, Arten von Geschäftsfällen und Angaben in Anhang oder Lagebericht) ebenso zu beachten wie bei der Auswahl der erforderlichen Prüfungshandlungen.[511] Dabei hat sich der Prüfer von der nötigen Prüfungssicherheit und dem Gebot der Wirtschaftlichkeit (vgl. → Rn. 83) leiten zu lassen.[512] Der Grundsatz der Wesentlichkeit kommt ferner bei der **Berichterstattung** über die Ergebnisse der Prüfung (§ 321) sowie bei der **Bestätigung** nach § 322 zum Tragen.[513] Der Grundsatz der Wesentlichkeit ist auch im Rahmen der **Dokumentation** der Abschlussprüfung zu berücksichtigen (ISA [DE] 320.14). Der Prüfer hat die Wesentlichkeit nach den Umständen des Einzelfalles im Rahmen seines beruflichen Ermessens zu beurteilen.

L. Dokumentation

109   Zu den Grundsätzen ordnungsmäßiger Abschlussprüfung gehört – auch bei Gemeinschaftsprüfungen[514] – eine ordnungsmäßige Dokumentation.[515] Die Pflicht zur ordnungsmäßigen Dokumentation ist Ausfluss des Gebots der Gewissenhaftigkeit des Abschlussprüfers (§ 323 Abs. 1 S. 1; § 43 Abs. 1 S. 1 WPO;[516] §§ 4, 24b BS WP/vBP; vgl. → § 323 Rn. 46 ff.).[517] Ausländische Regeln können ebenfalls Auswirkungen auf den Inhalt und den Umfang der Dokumentation des Abschlussprüfers haben.[518]

I. Handakten

110   Der Prüfer ist berufsrechtlich verpflichtet, Handakten anzulegen, die ein zutreffendes Bild von der von ihm entfalteten Tätigkeit geben können (s. § 51b Abs. 1 WPO).[519] Bei

---

[507] Günther, Die Unabhängigkeit des Abschlussprüfers bei privaten Unternehmen in Deutschland, 2019, S. 99.

[508] IDW PS 250.14 nF. Vgl. BeBiKo/Justhoven/Küster/Koch Rn. 138–139; HKMS/Burg Rn. 45–50.

[509] Vgl. IDW PS 210.22.

[510] Mekat, Der Grundsatz der Wesentlichkeit in Rechnungslegung und Abschlussprüfung, 2009, S. 163 ff.; Marten/Quick/Ruhnke, Wirtschaftsprüfung: Grundlagen des betriebswirtschaftlichen Prüfungswesens nach nationalen und internationalen Normen, 5. Aufl. 2015, S. 212; ISA [DE] 240: Wesentlichkeit bei der Planung und Durchführung einer Abschlussprüfung (Stand: 26.3.2020), IDW Life 2019, 672 f.; IDW Life 2020, 509.

[511] Vgl. Hoffmann BB 1986, 1050.

[512] BeBiKo/Justhoven/Küster/Koch Rn. 140–143; HKMS/Burg Rn. 50.

[513] Mekat, Der Grundsatz der Wesentlichkeit in Rechnungslegung und Abschlussprüfung, 2009, S. 175 ff.

[514] IDW PS 208: Zur Durchführung von Gemeinschaftsprüfungen (Joint Audit) (Stand: 13.8.2021), IDW Life 2021, 1075.

[515] IDW PS 240.28 – 240.32; IDW QS 1 Tz. 185–204. S. auch ISA [DE] 230: Prüfungsdokumentation (Stand: 26.3.2020), IDW Life 2019, 658 ff.; IDW Life 2020, 509; IDW Life 2020, 996 ff.

[516] § 43 WPO gilt sinngemäß für Wirtschaftsprüfungsgesellschaften sowie Vorstandsmitglieder, Geschäftsführer, Partner und persönlich haftende Gesellschafter einer Wirtschaftsprüfungsgesellschaft, die nicht Wirtschaftsprüfer sind (§ 56 Abs. 1 WPO).

[517] Zur Bedeutung einer ordnungsgemäßen Dokumentation im Falle eines Haftpflichtprozesses s. nur die Hinweise der Versicherungsgemeinschaft für das wirtschaftliche Prüfungs- und Treuhandwesen WPK-Mitt. 2002, 116 (118) und WPK-Mitt. 2003, 173 (176).

[518] Bertschinger/Meier ST 2006, 371.

[519] Ebke, Die Arbeitspapiere des Wirtschaftsprüfers und Steuerberaters im Zivilprozess, 2002, 1; Fiala/von Walter DStR 1998, 694 und 736.

gesetzlichen Abschlussprüfungen nach §§ 316 ff. ist für jede Abschlussprüfung eine Handakte (Prüfungsakte) anzulegen, für die besondere Dokumentationspflichten gelten (§ 51b Abs. 5 S. 1 WPO). Zum Führen der Handakten kann sich der Prüfer der elektronischen Datenverarbeitung bedienen (§ 51b Abs. 5 S. 1, Abs. 7 WPO).

1. Begriff. Der Begriff der Handakten wird in der WPO nicht einheitlich **111** gebraucht.[520] Die Handakten iSv § 51b Abs. 1 WPO umfassen die Schriftstücke, die der Wirtschaftsprüfer aus Anlass seiner beruflichen Tätigkeit von seinem Auftraggeber oder für ihn erhalten hat, und darüber hinaus den Briefwechsel zwischen dem Wirtschaftsprüfer und seinem Auftraggeber, die Schriftstücke, die der Auftraggeber bereits in Urschrift oder Abschrift erhalten hat, sowie die zu internen Zwecken gefertigten Arbeitspapiere (*work papers*) (§ 51b Abs. 4 WPO).[521] Aufzubewahren und ggf. herauszugeben sind aber nur die Handakten iSv § 51b Abs. 2 und 3 WPO, also nur die Schriftstücke, die der Wirtschaftsprüfer aus Anlass seiner beruflichen Tätigkeit von dem Auftraggeber oder für ihn erhalten hat, nicht dagegen der Briefwechsel zwischen dem Wirtschaftsprüfer und seinem Auftraggeber, die Schriftstücke, die dieser bereits in Urschrift oder Abschrift erhalten hat, und auch nicht die „zu internen Zwecken" gefertigten Arbeitspapiere (§ 51b Abs. 4 WPO).[522]

2. Aufbewahrung; Herausgabe. Handakten sind – auch wenn sie in elektronischer **112** Form geführt werden (§ 51b Abs. 5 S. 1 WPO) – für die Dauer von **zehn Jahren**[523] nach Beendigung des Auftrags aufzubewahren (§ 51b Abs. 2 S. 1;[524] in anderen Gesetzen geregelte Aufbewahrungsfristen bleiben unberührt, § 51b Abs. 7 S. 2 WPO). Die Aufbewahrungsfrist beginnt mit Beendigung des Prüfungsauftrages im Rechtssinne, bei Abschlussprüfungen also mit der Unterzeichnung des Bestätigungsvermerks.[525] Die Verpflichtung zur Aufbewahrung erlischt jedoch schon vor Beendigung dieses Zeitraums, wenn der Wirtschaftsprüfer den Auftraggeber aufgefordert hat, die Handakten in Empfang zu nehmen, und der Auftraggeber dieser Aufforderung binnen sechs Monaten, nachdem er sie erhalten hat, nicht nachgekommen ist (§ 51b Abs. 2 S. 2 WPO).[526] Der Wirtschaftsprüfer kann seinem Auftraggeber die **Herausgabe** der Handakten **verweigern,** bis er wegen seiner Vergütung und Auslagen befriedigt ist (§ 51b Abs. 3 S. 1 WPO).[527] Das gilt nicht, soweit die Vorenthaltung der Handakten oder einzelner Schriftstücke nach den Umständen unangemessen wäre (§ 51b Abs. 3 S. 2 WPO).[528] Besondere Herausgabepflichten ergeben sich aus dem Gesetz (zB § 51b Abs. 6 WPO [Übergabe bestimmter Unterlagen an die WPK], § 62 Abs. 1 S. 1 und 2 WPO [Vorlagepflicht im Rahmen der Berufsaufsicht],[529] §§ 97, 104 AO [Vorlage von Mandantenunterlagen an die Finanzverwaltung][530] und § 57d WPO [Mitwirkungspflicht im Rahmen der externen Qualitätskontrolle]).[531]

---

[520] Hense/Ulrich/Batz WPO § 51b Rn. 13; Graumann Prüfungswesen S. 876 ff.
[521] Der Begriff der Handakten iSv § 51b Abs. 1 WPO deckt sich mit dem Begriff der Handakten iSv § 62 Abs. 1 S. 2 WPO, die im Rahmen von Aufsichts- und Beschwerdesachen der WPK ggf. vorzulegen sind. Vgl. Ebke, Die Arbeitspapiere des Wirtschaftsprüfers und Steuerberaters im Zivilprozess, 2002, S. 44, 45.
[522] LG Frankfurt a.M. BeckRS 2021, 60374 (betr. Spruchverfahren).
[523] Zu den Gründen für die Verlängerung der Aufbewahrungsfrist von 7 auf 10 Jahre durch die 7. WPO-Novelle 2007 Hense/Ulrich/Batz WPO § 51b Rn. 27.
[524] Graumann Prüfungswesen S. 877.
[525] Hense/Ulrich/Batz WPO § 51b Rn. 25.
[526] Ebke, Die Arbeitspapiere des Wirtschaftsprüfers und Steuerberaters im Zivilprozess, 2002, S. 1, 2.
[527] Zu Einzelheiten Hense/Ulrich/Batz WPO § 51b Rn. 50 ff.; s. auch Rosenboom, Abschlussprüfung und Haftung nach portugiesischem Recht, 2004, S. 32, 33. Zur anlasslosen Zurückbehaltung der Handakten durch den Rechtsanwalt s. BGH AnwBl 2015, 179.
[528] Zu Durchsuchungs- und Beschlagnahmemaßnahmen gegen Wirtschaftsprüfer: LG Bonn WPK-Mitt. 2003, 74; dazu Kunz WPK-Mitt. 2003, 166.
[529] Dazu Hense/Ulrich/Batz WPO § 51b Rn. 109–111. Zur Vorlagepflicht der Arbeitspapiere VG Berlin BeckRS 2011, 56864; BeckRS 2018, 46743; vgl. BGHSt 51, 377 = DB 2007, 1865 zu § 80 Abs. 1 S. 2 StBerG, § 89 Abs. 1 StBerG; BGH AnwBl 2015, 179 zu § 43 BRAO iVm §§ 675, 667 BGB.
[530] Dazu Hense/Ulrich/Batz WPO § 51b Rn. 107–108.
[531] Hense/Ulrich/Batz WPO § 51b Rn. 110.

113   Vor dem 1.1.2022 war umstritten ist, ob und ggf. in welchem Umfang der Abschluss-prüfer im Rahmen des (damals zweistufigen) **Enforcement-Verfahrens** zur Vorlage seiner Handakte verpflichtet war. Richtigerweise wurde diesbezüglich zwischen der ersten (privat-rechtlich organisierten) und der zweiten (öffentlich-rechtlich organisierten) Stufe des Enfor-cement-Verfahrens zu unterscheiden.[532] Mit dem Gesetz zur Stärkung der Finanzmarktin-tegrität (FISG) hat der Gesetzgeber das zweistufige Enforcement-System in Deutschland abgeschafft. Verantwortlich für das nunmehr rein staatliche Enforcement ist fortan allein die BaFin. Die Deutsche Prüfstelle für Rechnungslegung **(DPR),** die seit dem Jahr 2005 als erste Stufe des Enforcement in Deutschland fungierte, hat zum 31.12.2021 ihre Arbeit zu Gunsten eines einstufigen Verfahrens eingestellt. Die Regelungen zur DPR (§ 108 WpHG und §§ 342b–342e) wurden zum 1.1.2022 ersatzlos gestrichen. Alle zu diesem Zeitpunkt noch nicht abgeschlossenen DPR-Prüfungen (§ 342b Abs. 2 S. 3) werden seither von der BaFin gemäß den neuen Vorschriften des WpHG fortgesetzt (§ 141 Abs. 1 WpHG). Ab dem 1.1.2022 erfolgen sowohl anlassbezogene Prüfungen als auch Stichprobenprüfungen der Rechnungslegung von Inlandsemittenten **ausschließlich durch die BaFin** (§ 107 Abs. 1 S. 1 WpHG).[533] Bei anlassbezogenen Prüfung wurde die Prüfungsbefugnis auf die beiden Geschäftsjahre ausgeweitet, das dem zu prüfenden Geschäftsjahr vorausgehen (§ 107 Abs. 2 WpHG). In der Vergangenheit konnte nur das dem zu prüfenden Geschäftsjahr vorausgehende Geschäftsjahr in das Enforcement-Verfahren einbezogen werden. Nach § 107 Abs. 5 S. 1 WpHG können die BaFin und Personen, derer sich die BaFin bei der Durchfüh-rung ihrer Aufgaben bedient, von dem Abschlussprüfer der geprüften Unternehmen Aus-künfte, die Vorlage von Unterlagen oder sonstige Daten und die Überlassung von Kopien verlangen, soweit dies zur Wahrnehmung der Aufgaben nach § 106 WpHG erforderlich ist. Dazu gehören auch die Handakten des Abschlussprüfers. Die **Auskunftspflicht der Abschlussprüfer** beschränkt sich allerdings auf Tatsachen, die ihnen im Rahmen der Abschlussprüfung bekannt geworden sind (§ 107 Abs. 5 S. 5 WpHG).

114   **3. Aktenvernichtung.** Eine Aktenvernichtung ist erst nach Ablauf der Aufbewah-rungsfrist zulässig[534] (und dann nur durch den Abschlussprüfer selbst, eingewiesenes Personal oder ein die Vertraulichkeit gewährleistendes Fachunternehmen).[535] Ausgeschlossen von der Aktenvernichtung sind Unterlagen, die im Eigentum des Auftraggebers stehen; sie sind an den Auftraggeber herauszugeben.[536] Über die Vernichtung der Handakten ist eine Niederschrift anzufertigen, aus der sich zweifelsfrei und nachvollziehbar ergibt, welche Bestandteile der Handakten wann, wo und von wem vernichtet wurden, damit jederzeit der **Nachweis über den Verbleib** der Handakten geführt werden kann.[537] Bei der Akten-vernichtung ist die Verschwiegenheitspflicht zu beachten (§ 323 Abs. 1 S. 3, § 43 Abs. 1 WPO, § 50 WPO; § 10 BS WP/vBP).

II. Prüfungsakte

115   **1. Spezielle Dokumentationspflichten.** Bei gesetzlichen Abschlussprüfungen nach § 316 ist für jede Abschlussprüfung eine Prüfungsakte anzulegen (§ 51b Abs. 5 S. 1 WPO; § 58 BS WP/vBP).[538] § 51b Abs. 5 WPO wurde durch das APAReG vom 31.3.2016 (BGBl. 2016 I 518) eingefügt, das die Vorgaben der Art. 22b und 24b Abschlussprüfer-RL umsetzt. Bei der Prüfungsakte handelt es sich um eine **spezielle Ausformung der Handakte** nach § 51b Abs. 1 WPO (vgl. § 51b Abs. 5 S. 1 WPO).[539] Die Einfügung besonderer Vorschriften

---

[532] Zu Einzelheiten Paal BB 2007, 1775 (zu OLG Frankfurt AG 2007, 207); Krach DB 2008, 626; Hense/ Ulrich/Batz WPO § 51b Rn. 111–112 mwN.

[533] Die Kosten, die der BaFin im Zusammenhang mit der Prüfung der Rechnungslegung entstehen, sind dieser durch die geprüften Unternehmen gesondert zu erstatten (§ 15 Abs. 1 S. 1 Nr. 12 FinDAG).

[534] Hense/Ulrich/Batz WPO § 51b Rn. 30 (zu Ausnahmen s. Rn. 31).

[535] Hense/Ulrich/Batz WPO § 51b Rn. 32.

[536] Hense/Ulrich/Batz WPO § 51b Rn. 31.

[537] Hense/Ulrich/Batz WPO § 51b Rn. 32 („Protokollierung der Aktenvernichtung").

[538] Graumann Prüfungswesen S. 876.

[539] Hense/Ulrich/Batz WPO § 51b Rn. 59.

für Handakten für den Bereich der gesetzlichen Abschlussprüfung in § 51b Abs. 5 WPO sollte eine Überregulierung für Tätigkeiten des Wirtschaftsprüfers außerhalb der Pflichtprüfungen vermieden werden.[540] § 51b Abs. 5 WPO erfasst in persönlicher Hinsicht sowohl Wirtschaftsprüfer als auch vereidigte Buchprüfer und Buchprüfungsgesellschaften.[541] In sachlicher Hinsicht werden nur **gesetzliche Abschlussprüfungen nach § 316** erfasst. Gesetzliche Abschlussprüfungen nach anderen Vorschriften, die nicht auf § 316 verweisen, sind nach dem Wortlaut von § 51b Abs. 5 S. 1 WPO nicht erfasst.[542] Bei gesetzlichen Abschlussprüfungen nach § 316 hat der Abschlussprüfer – aufgrund unionsrechtlicher Vorgaben – die in § 51b Abs. 5 S. 2 WPO geforderten Punkte zu dokumentieren.[543] Die besonderen Dokumentationspflichten nach § 51 Abs. 5 S. 2 betreffen Angaben bezüglich der Anforderungen an die Unabhängigkeit (Nr. 1), zu personellen und zeitlichen Ressourcen (Nr. 2) sowie zur Einholung externen Rats (Nr. 3). Hinzu kommen – ebenfalls aufgrund unionsrechtlicher Vorgaben[544] – Angaben zu Auswahl und Benennung des **verantwortlichen Prüfungspartners** (§ 51b Abs. 5 S. 3 WPO).

§ 51b Abs. 5 S. 4 WPO verpflichtet die Abschlussprüfer darüber hinaus, „alle Infor- **116** mationen und Unterlagen aufzubewahren, die zur Begründung des Bestätigungsvermerks [iSv § 322], des Prüfungsberichts [iSd § 321] oder zur Kontrolle der Einhaltung der Berufspflichten von Bedeutung sind oder die schriftliche Beschwerde über die Durchführung der Abschlussprüfungen beinhalten" (vgl. § 58 BS WP/vBP).[545] Die genannten Aufbewahrungspflichten setzen denknotwendig entsprechende Dokumentationspflichten voraus, da die Aufbewahrungspflichten sonst leerlaufen würden. § 51b Abs. 5 S. 4 WPO ist somit auch als Verpflichtung zu einer entsprechende Dokumentation zu verstehen, soweit sich eine solche Pflicht nicht bereits aus anderen Vorschriften – wie etwa § 51b Abs. 1 oder Abs. 5 S. 2 oder 3 – ergibt.[546] Da alles, was zu dokumentieren ist, auch aufzubewahren ist (weil die Dokumentation sonst weitgehend ein Selbstzweck wäre), besteht der eigentliche Regelungsgehalt von § 51b Abs. 5 S. 4 WPO letztlich in der (berufsrechtlichen) **Begründung** weiterer **umfassender Dokumentationspflichten.** Um das Prüfungsergebnis und damit die Begründung des Bestätigungsvermerks und des Prüfungsberichts nachvollziehen und die Einhaltung der Berufspflicht zur Gewissenhaftigkeit und Sorgfalt beurteilen zu können, muss insbesondere die Prüfungsabwicklung in angemessenem Umfang dokumentiert werden (§ 39 BS WP/vBP).[547] Die Dauer der Aufbewahrungspflicht ist in § 51b Abs. 5 S. 4 WPO nicht geregelt. In der Literatur wird mit guten Gründen eine Maximaldauer von zehn Jahren für ausreichend, aber auch erforderlich gehalten.[548]

2. Schließung der Prüfungsakte. Die Dokumentation und damit auch die Führung **117** der Prüfungsakte kann in Papierform oder elektronisch erfolgen (§ 51b Abs. 7 S. 1 WPO). Bei gesetzlichen Abschlussprüfungen nach § 316 ist die Prüfungsakte spätestens 60 Tage nach Unterzeichnung des Bestätigungsvermerks nach § 322 zu schließen (§ 51b Abs. 5 S. 1 WPO). Unter Schließung der Prüfungsakte ist der Abschluss der Auftragsdokumentation zu verstehen.[549] Der Abschluss umfasst die Zusammenstellung der Arbeitspapiere und die damit verbundenen dokumentationstechnischen Maßnahmen, nicht jedoch neue Prüfungshandlungen bzw. Schlussfolgerungen.[550] Die nachträgliche Veränderung der Prüfungsakte

---

540 BT-Drs. 18/6282, 75.
541 Hense/Ulrich/Batz WPO § 51b Rn. 60.
542 Hense/Ulrich/Batz WPO § 51b Rn. 60.
543 Hense/Ulrich/Batz WPO § 51b Rn. 67.
544 Hense/Ulrich/Batz WPO § 51b Rn. 74.
545 Zu der Frage, warum schriftliche Beschwerden in der Prüfungsakte aufzubewahren sind: Hense/Ulrich/Krauß WPO § 51b Rn. 80.
546 Hense/Ulrich/Batz WPO § 51b Rn. 82.
547 Hense/Ulrich/Batz WPO § 51b Rn. 82.
548 S. dazu die differenzierten Ausführungen von Hense/Ulrich/Batz WPO § 51b Rn. 82.
549 Hense/Ulrich/Batz WPO § 51b Rn. 64.
550 Hense/Ulrich/Batz WPO § 51b Rn. 64.

ist grundsätzlich unzulässig.[551] Für den Beginn der **60-Tage-Frist** kann auf das Datum des Bestätigungsvermerks abgestellt werden.[552]

118   **3. Unternehmen von öffentlichem Interesse.** § 51b Abs. 5 S. 5 WPO stellt klar, dass die besonderen Dokumentationspflichten nach Art. 6–8 Abschlussprüfungs-VO und die besonderen Aufbewahrungspflichten nach Art. 15 Abschlussprüfungs-VO für Abschlussprüfungen von Unternehmen von öffentlichem Interesse unberührt bleiben, also diesen entweder vorgehen oder darüber hinaus zusätzlich zu beachten sind.[553]

III. Arbeitspapiere

119   **1. Funktion.** Arbeitspapiere (*work papers*) sind gemäß IDW PS 460: Arbeitspapiere des Abschlussprüfers[554] „alle Aufzeichnungen und Unterlagen, die der Abschlussprüfer im Zusammenhang mit der Abschlussprüfung selbst erstellt, sowie alle Schriftstücke und Unterlagen, die er von dem geprüften Unternehmen oder von Dritten als Ergänzung seiner eigenen Unterlagen zum Verbleib erhält" (Tz. 1).[555] Die planvolle Anlage von Arbeitspapieren dient der Dokumentation der durchgeführten Abschlussprüfung (vgl. § 58 BS WP/vBP).[556] Die Arbeitspapiere sind so anzulegen, dass ein sachverständiger Dritter in der Lage ist, aus den Arbeitspapieren und dem Prüfungsbericht den gesamten Verlauf der Prüfungsplanung (sachliche Planung, Zeitplanung, Personalplanung) und der Prüfungsdurchführung.[557] In den Arbeitspapieren sind alle Prüfungsfeststellungen zu dokumentieren, die Prüfungsnachweise zur Stützung des Prüfungsurteils liefern.[558] Entsprechende Anweisungen des Prüfers an die Mitarbeiter sollen gewährleisten, dass die Prüfungshandlungen in den Arbeitspapieren ausreichend und ordnungsgemäß dokumentiert werden. Eine Regelung des (Mindest-)Inhalts der Arbeitspapiere bei gesetzlichen Abschlussprüfungen nach § 316 ist durch das APAReG vom 31.3.2016 (BGBl. 2016 I 518) erfolgt. Die Arbeitspapiere sind im Rahmen der geltenden Bestimmungen (zB HGB, AO) sicher aufzubewahren. Die Arbeitspapiere sind das Bindeglied zwischen der Abschlussprüfung und dem Prüfungsbericht (§ 321). Arbeitspapiere werden nur für interne Zwecke des Abschlussprüfers angefertigt (§ 51b Abs. 4 WPO).[559] Arbeitspapiere sind Eigentum des Wirtschaftsprüfers bzw. der Wirtschaftsprü-

---

[551]   Hense/Ulrich/Batz WPO § 51b Rn. 65; zu Ausnahmen Rn. 66.

[552]   Hense/Ulrich/Batz WPO § 51b Rn. 63.

[553]   Hense/Ulrich/Batz WPO § 51b Rn. 63.

[554]   (Stand: 9.9.2009), WPg Supp. 2/2008, 27, WPg Supp. 4/2009, 1.

[555]   Vgl. OLG Frankfurt a.M. BeckRS 2014, 119019 (Nichtzulassungsbeschwerde zurückgewiesen: BGH 8.9.2016 – III ZR 242/14). Zu Begriff und Funktion der Arbeitspapiere: Ebke, Die Arbeitspapiere des Wirtschaftsprüfers und Steuerberaters im Zivilprozess, 2002, 4; Graumann Prüfungswesen S. 873 ff. Funktion, Struktur und Inhalt der Arbeitspapiere bei Abschlussprüfungen kleiner und mittlerer Unternehmen unterscheiden sich grundsätzlich nicht von denen anderer Abschlussprüfungen: Siebert WPg 2004, 973 (983).

[556]   Ebke, Die Arbeitspapiere des Wirtschaftsprüfers und Steuerberaters im Zivilprozess, 2002, 2, 3; BeBiKo/Justhoven/Küster/Koch Rn. 265–267; Göttgens/Wolfgarten WPg 2006, 20 (28). Die Ausführungen zu Gegenstand, Art und Umfang der Prüfung im Prüfungsbericht (§ 321 Abs. 3) sind nicht als Nachweis der durchgeführten Prüfungshandlungen zu dienen bestimmt: IDW PS 450: Grundsätze ordnungsmäßiger Erstellung von Prüfungsberichten (Stand: 28.10.2021), IDW Life 2022, 78 (Tz. 51); vgl. IDW PS 460: Arbeitspapiere des Abschlussprüfers (Stand: 9.9.2009), WPg Supp. 4/2009, 533; idS auch OLG Düsseldorf BeckRS 2021, 41602 Rn. 56 (ein „Fehler der Dokumentation" dürfe nicht „der fehlerhaften Erfüllung des Auftrags gleichgesetzt" werden); aA OLG Dresden DStRE 2013, 59 (Tz. 58) (juris): Nach Ansicht des Gerichts gilt die fehlende Dokumentation einer aus fachlicher Sicht (zB IDW PS 460) zu dokumentierenden Maßnahme „zumindest als erhebliches Indiz, dass diese unterblieben ist".

[557]   BeBiKo/Justhoven/Küster/Koch Rn. 265; Granobs FS Ludewig, 1996, 291; Graumann Prüfungswesen S. 873 ff.; Ebke Wirtschaftsprüfer S. 83. Zur Funktion der Arbeitspapiere im Rahmen der Berichtskritik Pfitzer WPg 2006, 186 (192).

[558]   OLG Frankfurt a.M. BeckRS 2014, 1190919 (Nichtzulassungsbeschwerde zurückgewiesen: BGH 8.9.2016 – VII ZR 242/14).

[559]   Vgl. OLG Düsseldorf BeckRS 2021, 41602 Rn. 56 („Die Dokumentation dient in erster Linie dem Abschlussprüfer, damit er seiner sekundären Darlegungslast genügen kann, wenn ihm eine Pflichtverletzung vorgeworfen wird").

fungsgesellschaft.[560] Sie unterliegen keinem Anspruch des Mandanten bzw. Dritter auf Herausgabe oder Vorlage,[561] auch nicht im Zivilprozess (str.).[562] Im Falle der Offenlegung des Prüfungsberichts in den Fällen des § 321a besteht ebenfalls **keine Herausgabe- oder Vorlagepflicht** des Prüfers bezüglich seiner **Arbeitspapiere** (→ § 321a Rn. 11).[563] Besonderheiten gelten für die Vorlage der Arbeitspapiere in Aufsichts- und Beschwerdesachen vor der Wirtschaftsprüferkammer (§ 62 Abs. 1 S. 2 WPO)[564] und in den (ab dem 1.1.2022 nur noch einstufigen) Enforcement-Verfahren vor der BaFin, soweit dies zur Wahrnehmung der Aufgaben der BaFin nach § 106 WpHG erforderlich ist (§ 107 Abs. 5 S. 1 WpHG).

2. Inhalt. Die – nur **zu internen Zwecken** gefertigten (vgl. § 51b Abs. 4 WPO) – **120** Arbeitspapiere müssen sämtliche Vorbereitungshandlungen, Vorbereitungsmaßnahmen und Prüfungshandlungen, die angewandten Prüfungsmethoden, die gewählten Stichprobenverfahren, die erhaltenen Auskünfte und Nachweise und die daraus gezogenen Folgerungen zweifelsfrei erkennen lassen.[565] Die Verantwortlichkeit für die Auftragsdurchführung ist in den Arbeitspapieren ebenso zu dokumentieren wie die Ergebnisse eines uU einzuholenden (internen oder externen) fachlichen Rats zu Zweifelsfragen, die für das Prüfungsergebnis bedeutsam sind. Die zur Überprüfung des (Fort-)Bestehens der Unabhängigkeit und Unbefangenheit des Abschlussprüfers getroffenen Maßnahmen und dabei festgestellte **„kritische" Sachverhalte** sind in den Arbeitspapieren ebenfalls schriftlich zu dokumentieren (vgl. § 51b Abs. 5 S. 2 Nr. 1 WPO). Die Bedeutung der berufsrechtlichen Dokumentationspflicht der Unabhängigkeit des Abschlussprüfers ergibt sich schon aus Art. 22 Abs. 3 Abschlussprüfer-RL vom 17.5.2006), der die Mitgliedstaaten verpflichtet, dafür zu sorgen, „dass Abschlussprüfer und Prüfungsgesellschaften in ihren Arbeitspapieren alle *bedeutsamen* Risiken für seine, ihre oder deren Unabhängigkeit und die Schutzmaßnahmen, die zur

---

[560] Ebke, Die Arbeitspapiere des Wirtschaftsprüfers und Steuerberaters im Zivilprozess, 2002, 15 mwN.

[561] Ebke, Die Arbeitspapiere des Wirtschaftsprüfers und Steuerberaters im Zivilprozess, 2002, 23 et passim; Haußer in Veit, Sonderprüfungen – Prüfungsanlässe, Prüfungsarten, Prüfungswege, 2006, 131; teilw. aA Hense/Ulrich/Batz WPO § 51b Rn. 121.

[562] Dazu ausf. Ebke, Die Arbeitspapiere des Wirtschaftsprüfers und Steuerberaters im Zivilprozess, 2002, 7–67; zust. Gelhausen/Hönsch AG 2005, 511 (522); Hohner/Zimmerling WPg 2004, 837; aA Stadler WPK-Magazin 1/2004, 54; wohl auch Hense/Ulrich/Batz WPO § 51b Rn. 121. Zur Auslegung und Anwendung des § 142 ZPO durch die Gerichte s. etwa BGH WM 2014, 1611 Rn. 32 (betr. Massenbuch und Notarnebenakte; in casu verneinend) („Nach § 142 Abs. 1 S. 1 ZPO kann das Gericht anordnen, dass eine Partei die sich in ihrem Besitz befindlichen Urkunden und sonstigen Unterlagen, auf die sich eine Partei bezogen hat, vorlegt. Die Anordnung der Urkundenvorlegung gemäß § 142 Abs. 1 ZPO steht im Ermessen des Gerichts. Bei seiner Ermessensentscheidung kann das Gericht den möglichen Erkenntniswert und die Verhältnismäßigkeit einer Anordnung, aber auch berechtigte Belange des Geheimnis- und Persönlichkeitsschutzes berücksichtigen"); BGH NJW-RR 2007, 1393 („§ 142 ZPO dient nicht dazu, einer Partei die Darlegungslast dadurch zu erleichtern, dass das Gericht eine Ausforschung betreibt"); OLG Stuttgart ZIP 2007, 1210; LG Frankfurt Zwischenurt. v. 5.10.2006 – 3/15 O 47/04 – Philipp Holzmann AG. S. auch BGH NJW 2014, 3312 (zu § 810 BGB) („Ein schutzwürdiges rechtliches Interesse an der Einsicht in eine Urkunde im Sinne von § 810 Fall 2 BGB fehlt, wenn der Anspruchsteller die Einsicht nur aufgrund vager Vermutungen über den Inhalt der Urkunde verlangt, um erst durch die Einsicht Anhaltspunkte für eine spätere Rechtsverfolgung zu gewinnen"). Augenscheinlich weiter in einem Prozess auf Schadensersatz und Schmerzengeld wegen Gesundheitsschäden aufgrund der Exposition mit dem gesundheitsschädlichen Stoff Beryllium BGH VersR 2019, 835 Rn. 20 (nach Ansicht des Senats ist ein materiellrechtlicher Auskunfts- oder Herausgabeanspruch nicht Voraussetzung für eine Vorlageanordnung durch das Gericht; die Vorlagepflicht des Gegners nach § 422 ZPO stehe neben der Befugnis des Gerichts, eine Vorlage nach § 142 Abs. 1 ZPO anzuordnen; der Kläger müsse aber die vorzulegenden Unterlagen hinreichend substantiiert bezeichnen, ein Vortrag „ins Blaue hinein" oder „aufs Geratewohl" auf der Basis von Vermutungen reiche dagegen nicht aus). Zu den Rechtsmitteln gegen die Ablehnung einer Anordnung gemäß § 142 Abs. 1 ZPO im Erkenntnisverfahren und im selbständigen Beweisverfahren BGH AnwBl 2017, 449 (betr. Arzthaftung).

[563] IdS auch Forster/Gelhausen/Möller WPg 2007, 191 (196) mwN; Hopt/Merkt § 321a Rn. 1; Ebke FS Wellensiek, 2011, 438.

[564] Zur Vorlagepflicht der Arbeitspapiere des Wirtschaftsprüfers nach § 62 Abs. 1 S. 2 WPO VG Berlin BeckRS 2011, 56864; 2018, 46743; vgl. BGHSt 51, 377 = DB 2007, 1865 zu § 80 Abs. 1 S. 2 StBerG, § 89 Abs. 1 StBerG; BGH AnwBl 2015, 179 zu § 43 BRAO iVm §§ 675, 667 BGB.

[565] S. Schmidt in Förschle/Peemöller, Wirtschaftsprüfung und Interne Revision, 2004, S. 296–298.

Eindämmung dieser Risiken ergriffen wurden, dokumentieren".[566] Der Prüfer hat auch die in Bezug auf die Vorratsinventur durchgeführten Prüfungshandlungen, einschließlich der Feststellungen in den Arbeitspapieren angemessen zu dokumentieren.[567] Von besonderer Bedeutung ist die Dokumentation der Prüfungshandlungen und der Prüfungsfeststellungen bei besonderen Prüfungsrisiken.[568]

121   **3. IDW PS 460 und ISA [DE] 230.** Der HFA des IDW hat am 9.9.2009 den neuen IDW PS 460: Arbeitspapiere des Abschlussprüfers verabschiedet.[569] Dieser Prüfungsstandard legt für Funktion, Form und Inhalt von Arbeitspapieren fest und behandelt Fragen der Vertraulichkeit und Aufbewahrung von Arbeitspapieren. IDW PS 460 ist auch bei Konzernabschlussprüfungen und Prüfungen von Abschlussbestandteilen zu beachten. IDW PS 460 entspricht dem International Standard on Auditing (ISA) 230: *Audit Documentation*, soweit nicht nationale Besonderheiten im Einzelfall Abweichungen erfordern (vgl. ISA [DE] 230: *Prüfungsdokumentation*).[570] **IDW QS 1** vom 9.6.2017[571] bekräftigt die Notwendigkeit des gewissenhaften Umgangs mit Arbeitspapieren und hebt das Erfordernis von Regelungen zur Sicherung der Arbeitspapiere gegen unbefugten Zugriff hervor.

122   **4. Kleine und mittelgroße Unternehmen.** Bei kleinen und mittelgroßen Unternehmen können Struktur und Inhalt der Arbeitspapiere nach Ansicht des Berufsstandes an die Größe und Komplexität des geprüften Unternehmens angepasst werden.[572] Etwaige besondere Kenntnisse des Abschlussprüfers über das geprüfte Unternehmen befreien im Interesse einer Nachvollziehbarkeit der Prüfung nicht von der Notwendigkeit einer angemessenen Dokumentation. Für die Dokumentation des rechnungslegungsbezogenen internen Kontrollsystems in den Arbeitspapieren empfiehlt das IDW beschreibende Darstellungen und Ablaufdiagramme.[573] Das Fehlen einzelner interner Kontrollen oder deren Unwirksamkeit ist ebenfalls zu dokumentieren.[574]

§ 318 Bestellung und Abberufung des Abschlußprüfers

(1) [1]**Der Abschlußprüfer des Jahresabschlusses wird von den Gesellschaftern gewählt; den Abschlußprüfer des Konzernabschlusses wählen die Gesellschafter des Mutterunternehmens.** [2]**Bei Gesellschaften mit beschränkter Haftung und bei offenen Handelsgesellschaften und Kommanditgesellschaften im Sinne des § 264a Abs. 1 kann der Gesellschaftsvertrag etwas anderes bestimmen.** [3]**Der Abschlußprüfer soll jeweils vor Ablauf des Geschäftsjahrs gewählt werden, auf das sich seine Prüfungstätigkeit erstreckt.** [4]**Die gesetzlichen Vertreter, bei Zuständigkeit des Aufsichtsrats dieser, haben unverzüglich nach der Wahl den Prüfungsauftrag zu erteilen.** [5]**Der Prüfungsauftrag kann nur widerrufen werden, wenn nach Absatz 3 ein anderer Prüfer bestellt worden ist.**

(1a) Eine Vereinbarung, die die Wahlmöglichkeiten nach Absatz 1 auf bestimmte Kategorien oder Listen von Prüfern oder Prüfungsgesellschaften beschränkt, ist nichtig.

---

566   Vgl. Klein/Klaas WPg 2006, 885 (889).

567   Vgl. IDW PS 301.33–35.

568   St. Schmidt WPg 2005, 873 (885, 886).

569   WPg Supp. 4/2009, 1. Zu den Dokumentationspflichten nach IDW PS 460 gehört nicht nur die Dokumentation des Ergebnisses der Prüfung, sondern auch der im Rahmen der Prüfung getroffenen Entscheidungen (zB der angewandten Auswahlkriterien): VG Berlin BeckRS 2010, 56855.

570   ISA [DE] 230: Prüfungsdokumentation (Stand: 26.3.2020), IDW Life 2019, 658 ff.; IDW Life 2020, 509; IDW Life 2020, 996 ff.

571   IDW Life 2017, 887.

572   Vgl. IDW PH 9.100.1: Besonderheiten der Abschlussprüfung kleiner und mittelgroßer Unternehmen (Stand: 29.11.2006), WPg Supp 1/2007, 53 (Tz. 79).

573   IDW PH 9.100.1 Tz. 80.

574   IDW PH 9.100.1 Tz. 80.

(2) [1]Als Abschlußprüfer des Konzernabschlusses gilt, wenn kein anderer Prüfer bestellt wird, der Prüfer als bestellt, der für die Prüfung des in den Konzernabschluß einbezogenen Jahresabschlusses des Mutterunternehmens bestellt worden ist. [2]Erfolgt die Einbeziehung auf Grund eines Zwischenabschlusses, so gilt, wenn kein anderer Prüfer bestellt wird, der Prüfer als bestellt, der für die Prüfung des letzten vor dem Konzernabschlußstichtag aufgestellten Jahresabschlusses des Mutterunternehmens bestellt worden ist.

(3) [1]Auf Antrag der gesetzlichen Vertreter, des Aufsichtsrats oder von Gesellschaftern, deren Anteile bei Antragstellung zusammen den zwanzigsten Teil der Stimmrechte oder des gezeichneten Kapitals oder einen Börsenwert von 500 000 Euro erreichen, hat das Gericht nach Anhörung der Beteiligten und des gewählten Prüfers einen anderen Abschlussprüfer zu bestellen, wenn

1. dies aus einem in der Person des gewählten Prüfers liegenden Grund geboten erscheint, insbesondere, wenn ein Ausschlussgrund nach § 319 Absatz 2 bis 5 oder nach § 319b besteht oder ein Verstoß gegen Artikel 5 Absatz 4 Unterabsatz 1 Satz 1 oder Absatz 5 Unterabsatz 2 Satz 2 der Verordnung (EU) Nr. 537/2014 vorliegt, oder

2. die Vorschriften zur Bestellung des Prüfers nach Artikel 16 der Verordnung (EU) Nr. 537/2014 oder die Vorschriften zur Laufzeit des Prüfungsmandats nach Artikel 17 der Verordnung (EU) Nr. 537/2014 nicht eingehalten worden sind.

[2]Der Antrag ist binnen zwei Wochen nach dem Tag der Wahl des Abschlussprüfers zu stellen; Aktionäre können den Antrag nur stellen, wenn sie gegen die Wahl des Abschlussprüfers bei der Beschlussfassung Widerspruch erklärt haben. [3]Wird ein Grund zur Bestellung eines anderen Abschlussprüfers als des gewählten Prüfers erst nach dessen Wahl bekannt oder tritt ein solcher Grund erst nach dessen Wahl ein, ist der Antrag binnen zwei Wochen nach dem Tag zu stellen, an dem der Antragsberechtigte Kenntnis von den antragsbegründenden Umständen erlangt hat oder ohne grobe Fahrlässigkeit hätte erlangen müssen. [4]Stellen Aktionäre den Antrag, so haben sie glaubhaft zu machen, dass sie seit mindestens drei Monaten vor dem Tag der Wahl des Abschlussprüfers Inhaber der Aktien sind. [5]Zur Glaubhaftmachung genügt eine eidesstattliche Versicherung vor einem Notar. [6]Unterliegt die Gesellschaft einer staatlichen Aufsicht, so kann auch die Aufsichtsbehörde den Antrag stellen. [7]Der Antrag kann nach Erteilung des Bestätigungsvermerks, im Fall einer Nachtragsprüfung nach § 316 Abs. 3 nach Ergänzung des Bestätigungsvermerks nicht mehr gestellt werden. [8]Gegen die Entscheidung ist die Beschwerde zulässig.

(4) [1]Ist der Abschlußprüfer bis zum Ablauf des Geschäftsjahrs nicht gewählt worden, so hat das Gericht auf Antrag der gesetzlichen Vertreter, des Aufsichtsrats oder eines Gesellschafters den Abschlußprüfer zu bestellen. [2]Gleiches gilt, wenn ein gewählter Abschlußprüfer die Annahme des Prüfungsauftrags abgelehnt hat, weggefallen ist oder am rechtzeitigen Abschluß der Prüfung verhindert ist und ein anderer Abschlußprüfer nicht gewählt worden ist. [3]Die gesetzlichen Vertreter sind verpflichtet, den Antrag zu stellen. [4]Gegen die Entscheidung des Gerichts findet die Beschwerde statt; die Bestellung des Abschlußprüfers ist unanfechtbar.

(5) [1]Der vom Gericht bestellte Abschlußprüfer hat Anspruch auf Ersatz angemessener barer Auslagen und auf Vergütung für seine Tätigkeit. [2]Die Auslagen und die Vergütung setzt das Gericht fest. [3]Gegen die Entscheidung findet die Beschwerde statt; die Rechtsbeschwerde ist ausgeschlossen. [4]Aus der rechtskräftigen Entscheidung findet die Zwangsvollstreckung nach der Zivilprozeßordnung statt.

(6) [1]Ein von dem Abschlußprüfer angenommener Prüfungsauftrag kann von dem Abschlußprüfer nur aus wichtigem Grund gekündigt werden. [2]Als wichtiger Grund ist es nicht anzusehen, wenn Meinungsverschiedenheiten über den Inhalt des Bestätigungsvermerks, seine Einschränkung oder Versagung bestehen. [3]Die Kündigung ist schriftlich zu begründen. [4]Der Abschlußprüfer hat über das Ergebnis seiner bisherigen Prüfung zu berichten; § 321 ist entsprechend anzuwenden.

(7) [1]Kündigt der Abschlußprüfer den Prüfungsauftrag nach Absatz 6, so haben die gesetzlichen Vertreter die Kündigung dem Aufsichtsrat, der nächsten Hauptversammlung oder bei Gesellschaften mit beschränkter Haftung den Gesellschaftern mitzuteilen. [2]Den Bericht des bisherigen Abschlußprüfers haben die gesetzlichen Vertreter unverzüglich dem Aufsichtsrat vorzulegen. [3]Jedes Aufsichtsratsmitglied hat das Recht, von dem Bericht Kenntnis zu nehmen. [4]Der Bericht ist auch jedem Aufsichtsratsmitglied oder, soweit der Aufsichtsrat dies beschlossen hat, den Mitgliedern eines Ausschusses auszuhändigen. [5]Ist der Prüfungsauftrag vom Aufsichtsrat erteilt worden, obliegen die Pflichten der gesetzlichen Vertreter dem Aufsichtsrat einschließlich der Unterrichtung der gesetzlichen Vertreter.

(8) Die Wirtschaftsprüferkammer ist unverzüglich und schriftlich begründet durch den Abschlussprüfer und die gesetzlichen Vertreter der geprüften Gesellschaft von der Kündigung oder dem Widerruf des Prüfungsauftrages zu unterrichten.

Schrifttum: Arbeitskreis Bilanzrecht Hochschullehrer Rechtswissenschaft (AKBR), Für eine mehrjährige Bestellperiode des Abschlussprüfers, BB 2015, 555; Aschoff, Die Ausschreibung von Abschlussprüferleistungen durch öffentliche Auftraggeber, WPg 2008, 146; Aschoff, Gesellschaftsrechtliche Rechtsfolgen von Vergabefehlern bezüglich der Abschlussprüfungsleistung, DZWiR 2008, 309; Baßler, Die Rüge der fehlerhaften Prüferbestellung im Anfechtungsprozess, AG 2006, 487; Baumbach, Aktiengesetz vom 30. Januar 1937, 1937; Baumann/Ratzinger-Sakel, Erforderliche Prüferwechsel und Ausschreibungen bei Unternehmen von öffentlichem Interesse (PIE), WPg 2019, 254; Bode, Verfahren zur Auswahl des Abschlussprüfers nach Art. 16 EU-VO – ausgewählte Fragen, BB 2016, 1707; Bruckner/Schmidt, Grundsätze zur Durchführung von Qualitätskontrollen – Überarbeitung von IDW PS 140, WPg 2017, 58; Dißars, Kündigung des Auftrags zur gesetzlichen Abschlussprüfung aus wichtigem Grund, BB 2005, 2231; Ebke, Corporate Governance and Auditor Independence: The Battle of the Private Versus the Public Interest, in Ferrarini/Hopt/Winter/Wymeersch, Reforming Company and Takeover Law in Europe, 2004, S. 507; Ebke, Wirtschaftsprüfer und Dritthaftung, 1983; Ebke, The Impact of Transparency Regulation on Company Law, in Hopt/Wymeersch, Capital Markets and Company Law, 2003, S. 173; Ebke/Jurisch, Der unerwünschte Abschlussprüfer: Ersetzungsverfahren (§ 318 Abs. 3 HGB) versus Anfechtungsklage (§ 243 Abs. 1 AktG), AG 2000, 208; Eibelshäuser, Digitalisierung und Unternehmensüberwachung: Neue Herausforderungen für den Aufsichtsrat und seine Zusammenarbeit mit dem Abschlussprüfer, FS Böcking, 2021, 63; Ernst & Young, In Sachen Swissair. Untersuchungsbericht, 2003; von Falkenhausen/Kocher, Erneute Bestellung desselben Abschlussprüfers durch das Registergericht – Was tun, wenn die Prüferbestellung durch die Hauptversammlung angefochten wurde?, ZIP 2005, 602; Farr, Das neue Qualitätssicherungssystem für Kleinpraxen – § 55b WPO, BS WP/vBP samt Erläuterungen und IDW EQS, WPg 2017, 299; Fölsing, Der Widerruf der Bestellung des Wirtschaftsprüfers wegen nicht geordneter wirtschaftlicher Verhältnisse, DStR 2006, 1427; Fortun, „Ersetzung" bereits gewählter Abschlussprüfer, BB 2002, 2012; Frings, Pflichtverletzungen des Abschlussprüfers – ein Grund zur Besorgnis der Befangenheit?, WPg 2006, 821; Gelhausen/Heinz, Der befangene Abschlussprüfer, seine Ersetzung und sein Honoraranspruch – Eine aktuelle Bestandsaufnahme auf der Grundlage des Bilanzreformgesetzes, WPg 2005, 693; Gelhausen/Kuss, Vereinbarkeit von Abschlussprüfung und Beratungsleistungen durch den Abschlussprüfer, NZG 2003, 424; Gloeckner, Die zivilrechtliche Haftung des Wirtschaftsprüfers, 1967; Gödecke/Hoegen, Vergütungssysteme der freien Berufe: Gebührenordnung versus Vergütungsvereinbarung, in Ebke/Seagon/Blatz, Unternehmensrestrukturierung und Unternehmensinsolvenz: National – international – europäisch, 2015, 175; Gundel/Hommelhoff/Lanfermann, Der einheitliche Abschlussprüfer im konzernierten Unternehmen von öffentlichem Interesse, DB 2017, 171; Habersack, Die Auswirkungen der Nichtigkeit des Beschlusses über die Bestellung des Abschlussprüfers auf den festgestellten Jahresabschluss, NZG 2003, 659; Heck, Ersatzpflicht des Bilanzprüfers. Auszug aus einem Rechtsgutachten, AcP 140 (1935), 154; Hennrichs, Gerichtliche Bestellung des Abschlussprüfers bei anhängiger Anfechtungsklage – Zugleich Anmerkungen zu OLG Karlsruhe Beschluss vom 27.10.2015 – 11 Wx 87/15, WPg 2017, 482; Henssler, Erfolgshonorare für wirtschaftsnahe Beratungsberufe? „Nichts wird so respektiert wie der Erfolg", BB 5/2006 S. I („Die erste Seite"); Herold, Praxishinweise zur Ausschreibung der Abschlussprüfung, WPg 2019, 391; Hommelhoff/Lanfermann, Die mehrjährige Bestellperiode des Abschlussprüfers, FS Haarmann, 2015, 73; Hüffer, Bestellung,

Mandatierung und Ersetzung von Abschlussprüfern, FS Hommelhoff, 2012, 483; Joha, Abschlussprüferhonorare bei großen, nicht kapitalmarktorientierten Unternehmen – Eine qualitative und quantitative Analyse der Honorarpublizität, WPg 2018, 403; Kaiser, Bestellung des Abschlussprüfers während des Insolvenzverfahrens, WPg 2018, 1331; Kaiser/Berbuer, Die Ersetzung des Abschlussprüfers in der Insolvenz der Berichtsfirma, ZIP 2017, 161; Kaspar, Erfahrungen mit der Ausschreibung der Abschlussprüfung nach der EU-Regulierung, WPg 2019, 1019; Kelm/Naumann, Neue (?) Anforderungen an den Prüfungsausschuss nach der EU-Abschlussprüfungsreform, WPg 2016, 653; Kilian/Rimkus, Die Verwendung Allgemeiner Auftragsbedingungen für Wirtschaftsprüfer und Wirtschaftsprüfungsgesellschaften – Klauselrechtliche Probleme in der Praxis, ZIP 2016, 608; Klausing, Reform des Aktienrechts, 1933; Klerx, Ersetzung des bestellten Abschlussprüfers durch den Insolvenzverwalter, NZG 2003, 943; Kniebes, Die Bestellung und Abberufung des Abschlussprüfers nach Insolvenzeröffnung, ZInsO 2015, 383; Knorr, Fehlleistungen des Abschlussprüfers als Befangenheitsgrund, FS Röhricht, 2005, 935; Kragler, Wirtschaftsprüfung und externe Qualitätskontrolle, 2003; Lehrbass/Scheipers, Determinanten der Höhe von Abschlussprüferhonoraren, WPg 2017, 1437; Leicht, Die Qualifikation der Haftung von Angehörigen rechts- und wirtschaftsberatender Berufe im grenzüberschreitenden Dienstleistungsverkehr, 2002; Lenz, Zu den Honoraren für Abschlussprüfungs- und Nichtprüfungsleistungen bei Unternehmen von öffentlichem Interesse, DB 2016, 2555; Lutter, Der doppelte Wirtschaftsprüfer, FS Semler, 1993, 835; Marsch-Barner, Zur Anfechtung der Wahl des Abschlussprüfers wegen Verletzung von Informationsrechten, FS Hommelhoff, 2012, 691; Merkt/Osbahr, Summenmäßig Begrenzung der Prüferhaftung: Ein allgemeiner Grundsatz bei Pflichtprüfungen, WPg 2019, 246; Merkt/Osbahr, Summenmäßige Begrenzung der Prüferhaftung: Stand der Diskussion, WPg 2019, 187; Mottinger/Hofer/Rohatschek, Die Entwicklung der Honorare für Abschlussprüfer und der Prüferkonzentration, WPg 2023, 423; H.-P. Müller/Gelhausen, Zur handelsrechtlichen Rechnungslegungs- und Prüfungspflicht nach § 155 InsO bei Kapitalgesellschaften, FS Claussen, 1997, 687; W. Müller, Mehrjährige Wahl des Abschlussprüfers bei Unternehmen von öffentlichem Interesse?, FS Marsch-Barner, 2018, 375; Peemöller, Gebührenordnung für Abschlussprüfer – ein Ansatz zur Qualitätssicherung, WPK Magazin 1/ 2012, 37; Puschmann, Die Rotation des verantwortlichen Prüfungspartners als Instrument zur Steigerung der Prüfungsqualität, 2019; Quick/Schmidt/Simons, Sind Joint Audits sinnvoll?, WPg 2016, 11; Ritzer-Angerer, Allgemeine Auftragsbedingungen (AAB) für Wirtschaftsprüfer, WPg 2017, 1431; Römermann, Berufsrechtliche Zulässigkeit von Kostenvoranschlägen und Beauty Contests durch Rechtsanwälte, Steuerberater und Wirtschaftsprüfer, Inf. 2000, 374; F. Schmidt, Die Wahrnehmung der Unabhängigkeit des Abschlussprüfers – Eine empirische Analyse für den deutschen Prüfungsmarkt, 2019; Schockenhoff/Culmann, Anfechtung und Wahl des Abschlussprüfers und gerichtliche Bestellung analog § 318 Abs. 4 HGB, AG 2016, 23; Schüppen, Die Bestellung des Abschlussprüfers für mehrere Geschäftsjahre, FS Vetter, 2019, 737; Schüppen, Von Allweiler zu HVB: Beifall, Pfiffe und ein Trauerspiel – Anmerkungen zur BGH-Entscheidung II ZR 49/01 vom 25.11.2002, zugleich eine Stellungnahme zu Welf Müller, WPg 2003, S. 741 ff., WPg 2003, 750; Severus, Jahresabschlussprüfung in Form eines Joint Audit's – Eine fallstudienbasierte Wirkungsanalyse, 2007; Simons, Die Wahl des Abschlussprüfers durch die Hauptversammlung – Teil 1: Gegenstand des Wahlbeschlusses, WPg 2018, 713; Simons, Die Wahl des Abschlussprüfer durch die Hauptversammlung – Teil 2: Der Beschlussvorschlag an die Hauptversammlung, WPg 2018, 771; Späth, Kritische Anmerkungen zu den Haftungsregelungen der „Allgemeinen Auftragsbedingungen für Wirtschaftsprüfer und Wirtschaftsprüfungsgesellschaften" vom 1.1.1999, INF 1999, 535; Stoffels, Zur Wirksamkeit der Haftungsbegrenzung in den Allgemeinen Auftragsbedingungen für Wirtschaftsprüfer und Wirtschaftsprüfungsgesellschaften ZIP 2016, 2389; Teichmann/Koehler, Aktiengesetz, Kommentar, 2. Aufl. 1939; Verse, Inhabilität und Wegfall des Prüfers bei der gerichtlichen Bestellung von Sonderprüfern, FS Ebke, 2021, 1007; F. v. Westphalen, Wirtschaftsprüfung – Serienschaden – Haftungsbegrenzung, DB 2000, 861; Widmann, Das Prüfungshonorar des Abschlussprüfers – Eine Analyse der Preissetzung vor dem Hintergrund der EU-Reformen zur Abschlussprüfung, 2019.

Übersicht

I. Überblick

1   **1. Inhalt der Regelung und Anwendungsbereich.** § 318 regelt Einzelheiten der Bestellung, Abberufung und Ersetzung des Abschlussprüfers sowie der Beendigung des Prüfungsvertrages. Grundlage für das Tätigwerden des Abschlussprüfers iSv § 319 Abs. 1 ist seine Bestellung. Der **Bestellung** des Abschlussprüfers liegen **drei Verfahrensschritte** zugrunde: (1) die Wahl des Abschlussprüfers durch das zuständige Organ oder Gremium der prüfungspflichtigen Gesellschaft (korporationsrechtlicher Bestellungsakt), (2) die Erteilung des Prüfungsauftrages (sprich: die Erteilung des Angebots zum Abschluss eines Prüfungsvertrages) durch das zuständige Organ der prüfungspflichtigen Gesellschaft und (3) die

Annahme des Angebots zum Abschluss eines Prüfungsvertrages durch den Prüfer.[1] Alle drei Verfahrensschritte müssen zur Begründung der Stellung als gesetzlicher Abschlussprüfer eines Jahresabschlusses vollzogen sein.[2] Die drei Verfahrensschritte gelten grundsätzlich auch für die Bestellung des Konzernabschlussprüfers. § 318 gilt unmittelbar für alle nach § 316 Abs. 1 und 2 prüfungspflichtigen Kapitalgesellschaften, außerdem für die den **Kapitalgesellschaften** gleichgestellten Personenhandelsgesellschaften iSd § 264a Abs. 1.[3] Auf § 316 verweisen außerdem mehrere spezialgesetzliche Vorschriften (zB § 340k Abs. 1, § 341k Abs. 1 S. 1, Abs. 2; §§ 3, 6 Abs. 1 PublG, § 14 PublG; § 8 Abs. 1 UBGG; § 17 Abs. 2 UmwG; § 155 Abs. 3 InsO; § 64 Abs. 5 S. 4 EEG; § 4 Abs. 1 MontanMitbestGErgG).[4] Darüber hinaus gilt § 318 wegen des Verweises in § 324a Abs. 1 S. 1 auch für die Bestellung des Prüfers für die Prüfung von **IFRS-Einzelabschlüssen** (§ 325 Abs. 2a).[5] Für die Bestellung des Prüfers für die (freiwillige) **prüferische Durchsicht von Halbjahresfinanzberichten** börsennotierter Unternehmen ist § 318 ebenfalls entsprechend anzuwenden (§ 115 Abs. 5 S. 2 WpHG).[6] Dagegen gilt § 318 nicht (auch nicht entsprechend) für gesetzlich nicht vorgeschriebene (**„freiwillige"**) **Abschlussprüfungen,** selbst wenn der Gesellschaftsvertrag eine nach Gegenstand, Umfang und Art den §§ 316 ff. entsprechende Prüfung des Jahresabschlusses vorsieht.[7] Für **Unternehmen von öffentlichem Interesse** gelten ergänzend und erweiternd die Bestimmungen der Art. 16–19 und für die Auftragsannahme des Art. 6 Abschlussprüfungs-VO als unmittelbar geltendes Recht.[8]

2. Entstehungsgeschichte. Die Bestellung und Abberufung des Abschlussprüfers ist 2 seit Einführung der gesetzlichen Abschlussprüfung durch die Verordnung über Aktienrecht, Bankenaufsicht und eine Steueramnestie **(Notverordnung)** vom 19.9.1931 (RGBl. 1931 I 493) geregelt, und zwar anfänglich nur für die Aktiengesellschaften (§ 262b HGB 1931, § 136 AktG 1937, § 163 AktG 1965). Mit dem **BiRiLiG** vom 19.12.1985 (BGBl. 1985 I 2355) wurde die Bestimmung als § 318 in das HGB übernommen und auf die GmbH erweitert.[9] Das Gesetz über die Zulassung von Stückaktien **(StückAG)** vom 25.3.1998 (BGBl. 1998 I 590) wurde die Antragsberechtigung nach Abs. 3 S. 1 auf (zunächst) 1/10 des Grundkapitals angepasst. Mit dem **KonTraG** vom 27.4.1998 (BGBl. 1998 I 786) wurde die Abschlussprüfung mittels Neuregelung von Art. 1 S. 4 und des Abs. 7 S. 4 stärker an den Aufsichtsrat gebunden. Der Prüfungsauftrag war fortan nicht mehr vom Vorstand, sondern vom Aufsichtsrat zu erteilen. Gleiches galt für eine allfällige Kündigung des Prü-

---

[1]   BGH NJW 2022, 2185 Rn. 17 mit Verweis auf OLG Naumburg BeckRS 2003, 155433 Rn. 38 = OLGR Naumburg 2005, 275 („Wahl, Auftragsangebot, Annahme"); idS auch Ebke FS Hopt, 2010, 559 (577); BeBiKo/Justenhoven/Heinz Rn. 2; Staub/Habersack/Schürnbrand Rn. 1; Hopt/Merkt Rn. 2; Schüppen Rn. 3; HKMS/Mylich/Müller Rn. 3.

[2]   Zur Erlangung des korporationsrechtlichen Status als Abschlussprüfer muss noch die Bekanntgabe der Wahl an den Gewählten hinzukommen: Hüffer FS Hommelhoff, 2012, 483 (485); Schüppen Rn. 3 Fn. 3. In der Rspr. ist die Regelung der drei Verfahrensschritte „Wahl, Auftragsangebot, Annahme" vereinzelt dahin interpretiert worden ist, dass eine Auftragserteilung an einen Wirtschaftsprüfer bei gänzlich fehlendem Wahlbeschluss iSv § 134 BGB gesetzlich verboten sei (vgl. LG Berlin Urt. v. 27.10.1994 – 93 O 98/94 sowie LG Köln DB 1992, 265); offen gelassen von OLG Naumburg BeckRS 2003, 155433 = OLGR Naumburg 2005, 275.

[3]   HKMS/Mylich/Müller Rn. 1; Wiedmann/Böcking/Gros/Böcking/Gros/Rabenhorst Rn. 3; Merkt/Probst/Fink/Bruckner/Homfeldt S. 1472 Rn. 51.

[4]   HKMS/Mylich/Müller Rn. 1; BeBiKo/Justenhoven/Heinz Rn. 145, 150–155; Wiedmann/Böcking/Gros/Böcking/Gros/Rabenhorst Rn. 3; Merkt/Probst/Fink/Bruckner/Homfeldt S. 1472 Rn. 51.

[5]   Merkt/Probst/Fink/Bruckner/Homfeldt S. 1472 Rn. 51.

[6]   BeBiKo/Justenhoven/Heinz Rn. 9; HKMS/Mylich/Müller Rn. 1; zu Einzelheiten Simons/Kallweit BB 2016, 332; Wasmann/Harzenetter NZG 2016, 97; Schockenhoff/Culmann AG 2016, 23.

[7]   BGH BB 1991, 2342 = WM 1991, 1951 mit insoweit zust. Anm. von Schulze-Osterloh EWiR § 318 HGB 1/91, 1217, 1217–1218. Zust. BeBiKo/Justenhoven/Heinz Rn. 8; Merkt/Probst/Fink/Bruckner/Homfeldt S. 1472 Rn. 51; Schüppen Rn. 2; aA HKMS/Mylich/Müller Rn. 1.

[8]   HKMS/Müller Rn. 1; Wiedmann/Böcking/Gros/Böcking/Gros/Rabenhorst Rn. 3a. Zu Einzelheiten der Art. 16 und 17 Abschlussprüfungs-VO: Schüppen Anh. § 318: Art. 16 und 17 Abschlussprüfungs-VO.

[9]   S. hierzu und zum Folgenden HKMS/Mylich/Müller Rn. 4; Merkt/Probst/Fink/Bruckner/Homfeldt S. 1472 Rn. 50; ausf. Ebke/Jurisch AG 2000, 208.

fungsauftrags. Im Zuge der Einführung des Euro wurde mit Wirkung vom 1.1.1999 das Aktienquorum von 2 Mio. DM auf (zunächst) 1 Mio. Euro umgestellt. Das **BilReG** vom 4.12.2004 (BGBl. 2004 I 3166) setzte die Aktienquoten in Abs. 3 S. 1 herab auf ein Fünftel des Grundkapitals (bei Stückaktien) oder auf einen Börsenwert von 500.000 Euro statt des bis dahin geltenden Nennbetrags der Aktien von 1 Mio. Euro.[10] Damit einher gingen Änderungen des § 243 Abs. 3 Nr. 2 AktG und des § 249 Abs. 1 S. 1 AktG sowie des § 256 Abs. 1 Nr. 3 und Abs. 7 AktG. Das **UMAG** vom 22.9.2005 (BGBl. 2005 I 2802) hat durch die Streichung des Verweises auf § 243 Abs. 3 Nr. 2 AktG in § 249 Abs. 1 S. 1 AktG den Ausschluss der aktienrechtlichen Nichtigkeitsklage (§ 249 AktG) neben dem handelsrechtlichen Ersetzungsverfahren (Abs. 3) wieder beseitigt.[11] Das **BilMoG** vom 25.5.2009 (BGBl. 2009 I 1102) hat in Abs. 3 S. 1 aE eine redaktionelle Änderung vorgenommen (Erweiterung um den Tatbestand des 319b [Netzwerk]), die Regelung des Rechtsbehelfs gegen die Festsetzung der Vergütung des gerichtlich bestellten Abschlussprüfers in Abs. 5 S. 3 neugefasst und einen neuen Abs. 8 angefügt, der – in Umsetzung der Abschlussprüfer-RL – die Pflicht zur Unterrichtung der Wirtschaftsprüferkammer im Fall der Kündigung oder des Widerrufs des Prüfungsauftrages betrifft.[12]

3   Das Abschlussprüfungsreformgesetz **(AReG)** vom 10.5.2016 (BGBl. 2016 I 1142) hat § 318 in einigen zentralen Punkten tiefgreifend geändert und ergänzt. Das Gesetz fügte die Abs. 1a und 1b ein. In Abs. 1a nutzte der deutsche Gesetzgeber ein nationales Wahlrecht der Abschlussprüfungs-VO in vollem Umfang und verlängerte unter bestimmten Voraussetzungen die **Höchstlaufzeit des Prüfungsmandats** von 10 Jahren auf 20 Jahre bei öffentlicher Ausschreibung bzw. auf 24 Jahre bei gemeinsamer Bestellung mehrerer Wirtschaftsprüfer zum Abschlussprüfer (Gemeinschaftsprüfung oder Joint Audit). Der neue Abs. 1b stellt klar, dass eine Vereinbarung, die die Wahlmöglichkeit auf bestimmte Kategorien oder Listen von Prüfern oder Prüfungsgesellschaften beschränkt, nichtig ist.[13] Für Unternehmen von öffentlichem Interesse ist dies bereits mit unmittelbarer Wirkung in Art. 16 Abs. 6 Abschlussprüfungs-VO geregelt, verbunden mit der (nur für PIE geltenden) Maßgabe, dass jeder Versuch von Dritten, eine solche Vertragsklausel durchzusetzen oder die Entscheidung der Gesellschafterversammlung oder Hauptversammlung über die Bestellung eines Abschlussprüfers oder einer Prüfungsgesellschaft anderweitig ungebührlich zu beeinflussen, der Abschlussprüferaufsichtsstelle zu melden ist (§ 66a Abs. 2 WPO).[14] In Umsetzung von Art. 38 Abs. 3 **Abschlussprüfer-RL idF der Änderungen durch die RL 2014/56/EU** (ABl. EU 2014 L 158, 196) ist Abs. 3 dahingehend geändert worden, dass ein Antrag auf Abberufung des Abschlussprüfers nunmehr Gesellschafter stellen können, deren Anteile bei Antragstellung zusammen den zwanzigsten Teil **der Stimmrechte oder des Grundkapitals** erreichen. Beibehalten wurde das weitere Quorum des Börsenwertes von 500.000 Euro, obwohl das von der RL 2014/56/EU nicht gefordert wird.[15] Konkretisiert wurde Abs. 3 S. 1 (Nr. 1 und 2) durch Aufnahme der Art. 5, 16 und 17 **Abschlussprüfungs-VO,** deren Verletzung Abberufungsgründe darstellen können.

4   Abs. 1a idF des AReG wurde durch Art. 11 des Gesetzes zur Stärkung der Finanzmarktintegrität **(FISG)** vom 3.6.2021 (BGBl. 2021 I 1534) aufgehoben. Mit Abs. 1a idF des AReG hatte der deutsche Gesetzgeber von dem nationalen Wahlrecht gemäß Art. 17 Abs. 4 Abschlussprüfungs-VO Gebrauch gemacht, die **Höchstlaufzeiten** des Prüfungsauftrags von zehn Jahren entweder auf 20 Jahre (S. 1 aF) oder sogar 24 Jahre (S. 2 aF)) zu verlängern.[16]

---

10   Krit. zu dieser Regelung HKMS/Mylich/Müller Rn. 1, weil eine Antragsberechtigung nicht von volatilen Parametern abhängig sein sollte.
11   Frings WPg 2006, 821 (829 Fn. 76).
12   S. dazu die zust. Ausführungen von HKMS/MylichMüller Rn. 1.
13   Merkt/Probst/Fink/Bruckner/Homfeldt S. 1472 Rn. 50 („big-four-only"-Klausel); Schüppen Anh. § 318: Art. 16 f. Abschlussprüfungs-VO Rn. 11 („Big 4 only"-Klausel).
14   HKMS/Mylich/Müller Rn. 1. Zu den Änderungen der Abschlussprüferaufsicht durch das APAReG Kelm/Schneiß/Schmitz-Herkendell WPg 2016, 60; Gelhausen/Krauß WPK Mitt. Sonderausgabe 2016, 39; Lenz WP Praxis 2015, 213; Tebben StuB 2016, 93.
15   HKMS/Mylich/Müller Rn. 1.
16   Zu Einzelheiten → 4. Aufl. 2020, § 318 Rn. 48–54.

Durch die Streichung des Abs. 1a aF wird die Höchstlaufzeit des Prüfungsauftrags gemäß (dem unmittelbar geltenden) Art. 17 Abschlussprüfungs-VO einheitlich auf zehn Jahre begrenzt.[17] Damit soll der Gefahr einer zu großen Nähe des Abschlussprüfers zu der geprüften Kapitalgesellschaft entgegengewirkt und die Unabhängigkeit des Abschlussprüfers gestärkt werden.[18] Es bleibt die **Verlängerungsmöglichkeit in Ausnahmefällen** für höchstens zwei Jahre durch Behördenentscheidung nach Art. 17 Abs. 6 Abschlussprüfungs-VO. Im Lichte der mit der Höchstlaufzeit verfolgten Ziele ist die Ausnahmeregelung eng auszulegen. Zu denken ist an Fälle, in denen ein vorgesehener und möglicherweise bereits ausgewählter neuer Abschlussprüfer überraschend wegfällt oder in denen aus von dem PIE zu vertretenden Gründen das Verfahren zur Auswahl eines neuen Abschlussprüfers nicht rechtzeitig zum Abschluss gebracht werden kann.

In Abs. 3 S. 1 wurde durch das FISG in dem Satzteil vor Nr. 1 das Wort „Grundkapitals"   **5** durch die Wörter **„gezeichneten Kapitals"** ersetzt. Die Ersetzung des Begriffs „Grundkapital" durch den Begriff „gezeichnetes Kapital" als Bezugsgröße des 5-Prozent-Quorums für die Antragsberechtigung in Abs. 3 S. 1 idF des FISG erleichtert die Anwendung der Vorschrift auf andere Gesellschaften als Aktiengesellschaften, die in den Anwendungsbereich fallen und kein Grundkapital, sondern – wie die Gesellschaften mit beschränkter Haftung – ein Stammkapital (§ 5 GmbHG) oder – wie die Personenhandelsgesellschaften iSd § 264a Abs. 1 – sog. Kapitalanteile (§ 264c Abs. 2 S. 1) kennen.[19] Die Änderungen in Abs. 3 S. 3 dienen der Klarstellung, dass ein nachträglicher Ersetzungsantrag bei sämtlichen Gründen möglich ist, die nach Abs. 3 S. 1 Nr. 1 oder 2 zur Ersetzung des Abschlussprüfers führen können.[20]

II. Bestellung des Prüfers des Jahresabschlusses (Abs. 1)

1. Wahl des Abschlussprüfers (Abs. 1 S. 1 und 2). Nach Abs. 1 S. 1 Hs. 1 wird der   **6** Abschlussprüfer des Jahresabschlusses von den Gesellschaftern gewählt.[21] Die Einzelheiten der Wahl sind bei Aktiengesellschaften, KGaA, GmbH, Kapitalgesellschaft & Co. und nach dem PublG unterschiedlich geregelt.

a) Aktiengesellschaft. Bei der Aktiengesellschaft erfolgt der korporationsrechtliche   **7** Bestellungsakt[22] der Wahl gemäß § 119 Abs. 1 Nr. 5 AktG – **nur auf Vorschlag des Aufsichtsrats** (§ 124 Abs. 3 S. 1 AktG)[23] – durch Beschluss der Hauptversammlung,[24] soweit nicht Sonderregelungen eingreifen (zB § 341k Abs. 2 S. 1 für Versicherungsunternehmen oder § 30 Abs. 1 S. 1 AktG für das erste Voll- oder Rumpfgeschäftsjahr).[25] Die Zuständigkeit der Hauptversammlung nach § 119 Abs. 1 Nr. 5 AktG kann wegen des zwingenden Charakters der Vorschrift durch die Satzung nicht anderweitig zugewiesen werden.[26] Die Wahl des Abschlussprüfers findet in der Regel in der ordentlichen **Hauptversammlung** statt, die über die Gewinnverwendung und Entlastung beschließt; sie kann aber auch

---

[17]   Zu den Übergangsfristen: Art. 86 Abs. 2 EGHGB.
[18]   RegBegr. BR-Drs. 9/21, S. 113.
[19]   RefE FISG S. 100.
[20]   RefE FISG S. 101.
[21]   Als Abschlussprüfer des Einzelabschlusses nach § 325 Abs. 2a (IFRS-Einzelabschluss) gilt der für die Prüfung des Jahresabschlusses bestellte Prüfer als bestellt (§ 324a Abs. 2 S. 1).
[22]   BGH NJW 2022, 2185 Rn. 17.
[23]   Hopt/Merkt Rn. 1. Zur Notwendigkeit einer solchen Regelung: Ebke in Hopt/Wymeersch, Capital Markets S. 183. Ein gemeinsamer oder auch nur gleichlautender Vorschlag von Aufsichtsrat und Vorstand und ein daraufhin ergehender Beschluss der Hauptversammlung ist anfechtbar: BGHZ 153, 32 – Hypo-Vereinsbank.
[24]   Zum Gegenstand des Wahlbeschlusses und des Beschlussvorschlags Simons WPg 2018, 713 (Teil 1); Simons WPg 2018, 771 (Teil 2).
[25]   Zur Auswahl des Prüfers Theisen DB 1999, 341 (343). Zur Einholung der Unabhängigkeitserklärung des Abschlussprüfers im Vorfeld der Wahl bei Einhaltung des DCGK Stürz/Harms in Pfitzer/Oser/Orth DCGK S. 280; IDW PS 345: Auswirkungen des Deutschen Corporate Governance Kodex auf die Abschlussprüfung (Stand: 6.5.2021), IDW Life 2021, 984.
[26]   BeBiKo/Justenhoven/Heinz Rn. 12 Merkt/Probst/Fink/Bruckner/Homfeldt S. 1473 Rn. 55.

in einer außerordentlichen Hauptversammlung erfolgen.[27] Die Hauptversammlung fasst die erforderlichen Beschlüsse mit einfacher Stimmenmehrheit, soweit die Satzung keine höhere Mehrheit vorschreibt (§ 133 Abs. 1 AktG).[28] An die Vorschläge des Aufsichtsrats bezüglich der Bestellung des Abschlussprüfers ist die Hauptversammlung **nicht gebunden.**[29] Aktionäre können eigene Wahlvorschläge machen (§§ 126, 127 AktG).[30] Der Beschluss der Hauptversammlung unterliegt den allgemeinen Regeln über die **Nichtigkeit** und **Anfechtbarkeit** von Gesellschafterbeschlüssen (§§ 241, 243 AktG).[31]

8   Aufgrund der Änderungen des § 318 Abs. 3 sowie der § 243 Abs. 3 Nr. 3 AktG, § 249 Abs. 1 S. 1 AktG durch das BilReG vom 4.12.2004 (BGBl. 2004 I 3166) und des AReG vom 10.5.2016 (BGBl. 2016 I 1142) ist der **Beschluss der Hauptversammlung** über die Wahl des Abschlussprüfers – entgegen der bis dahin geltenden Rechtslage[32] – allerdings **weder anfechtbar noch nichtig,** wenn in der Person des Abschlussprüfers Gründe bestehen, die gegen seine Bestellung sprechen, insbesondere wenn (**1**) ein Ausschlussgrund nach § 319 Abs. 2–5, § 319b besteht (Abs. 3 S. 1 Nr. 1)[33] oder – im Falle eines Unternehmens von öffentlichem Interesse – (**2**) ein Verstoß gegen Art. 5 Abs. 4 UAbs. 1 S. 1 Abschlussprüfungs-VO (Erbringung von zulässigen Nichtprüfungsleistungen ohne Billigung des Prüfungsausschusses) (Abs. 3 S. 1 Nr. 1)[34] oder (**3**) gegen Abs. 5 UAbs. 2 S. 2 Abschlussprüfungs-VO (Verbot der Fortsetzung der Prüfung ohne die notwendige Begründung) vorliegt (Abs. 3 S. 1 Nr. 1) oder (**4**) die Vorschriften des Art. 16 Abschlussprüfungs-VO über die Bestellung des Prüfers (Abs. 3 S. 1 Nr. 2) oder (**5**) die Bestimmungen des Art. 17 Abschlussprüfungs-VO betreffend die Laufzeit des Prüfungsmandats nicht eingehalten worden sind (Abs. 3 S. 1 Nr. 2). Liegt einer der in Abs. 3 S. 1 Nr. 1 oder 2 genannten Fälle vor, kommt nur eine Ersetzung nach Bestellung eines anderen Abschlussprüfers in Betracht (zu Einzelheiten → Rn. 69 ff.).[35] Eine Anfechtung aus anderen als den vorgenannten Gründen (zB Einberufungsmängel, falsche Zählung der Stimmen etc.) bleibt allerdings möglich.[36] Zu der Frage, ob die Klage auf Feststellung der Nichtigkeit in solchen Fällen wieder zulässig ist, weil § 249 Abs. 1 S. 1 AktG aufgrund von Art. 1 UMAG vom 22.9.2005 (BGBl. 2005 I 2802) keinen Hinweis mehr auf § 243 Abs. 3 Nr. 2 AktG enthält,[37] → Rn. 69.

9   **b) Aktiengesellschaft/Europäische Aktiengesellschaft von öffentlichem Interesse.** Für Aktiengesellschaften von öffentlichem Interesse[38] ist für das Bestellungsverfahren zusätzlich Art. 16 Abschlussprüfungs-VO als unmittelbar geltendes Recht zu beachten. Die Regeln der Abschlussprüfungs-VO ergänzen die Bestellungsvorschriften des Abs. 1. Falls sich Überschneidungen oder Kollisionen ergeben, gehen die Regeln der Abschlussprüfungs-VO als höherrangigem, unmittelbar geltendem Recht vor. Art. 16 Abschlussprüfungs-VO

---

[27]   BeBiKo/Justenhoven/Heinz Rn. 12.

[28]   Schüppen Rn. 4; Merkt/Probst/Fink/Bruckner/Homfeldt S. 1473 Rn. 55.

[29]   BeBiKo/Justenhoven/Heinz Rn. 12; Wiedmann/Böcking/Gros/Böcking/Gros/Rabenhorst Rn. 5; Merkt/Probst/Fink/Bruckner/Homfeldt S. 1473 Rn. 55.

[30]   Merkt/Probst/Fink/Bruckner/Homfeldt S. 1473 Rn. 55.

[31]   BeBiKo/Justenhoven/Heinz Rn. 13. Zur Anfechtung der Wahl des Abschlussprüfers wegen Verletzung von Informationsrechten Marsch-Barner FS Hommelhoff, 2012, 691.

[32]   Vgl. BGHZ 153, 32 – HypoVereinsbank; OLG Frankfurt WPK-Mitt. 2002, 265 (266); aA LG Köln WM 1997, 920 – KHD mit zust. Anm. Wittkowski WuB II A. § 243 AktG 1.97; ausf. Ebke/Jurisch AG 2000, 208; Ebke BB 1999, 2515.

[33]   OLG München WuB II A. § 243 AktG 1.09 mAnm Soehring („strikter Vorrang des Verfahrens nach § 318 Abs. 3 HGB"); OLG Frankfurt a.M. NZG 2008, 429 (430).

[34]   Nicht des Aufsichtsrats, wie Wiedmann/Böcking/Gros/Böcking/Gros/Rabenhorst Rn. 17 meinen.

[35]   Ausf. Ebke/Jurisch AG 2000, 208; s. ferner Ebke BB 1999, 2515; Frings WPg 2006, 821 (829); Gelhausen/Heinz WPg 2005, 693 (697 und 701); BeBiKo/Justenhoven/Heinz Rn. 13, 77; HKMS/Mylich/Müller Rn. 7; Schüppen Rn. 15.

[36]   Schüppen Rn. 13.

[37]   Frings WPg 2006, 821 (829 Fn. 76); Merkt/Probst/Fink/Bruckner/Homfeldt S. 1472 Rn. 50; BeBiKo/Justenhoven/Heinz Rn. 77.

[38]   Bei der Societas Europaea (SE) ist auf die Wahl des Abschlussprüfers nach Art. 52 S. 2 SE-VO mangels spezieller Regeln deutsches Aktienrecht anzuwenden, wenn die SE ihren Sitz in Deutschland hat: BeBiKo/Justenhoven/Heinz Rn. 16.

geht von der Existenz eines **Prüfungsausschusses** aus, was bei Aktiengesellschaften von öffentlichem Interesse der Regelfall sein dürfte, aber keineswegs zwingend ist.[39] Im Falle des Fehlens eines Prüfungsausschusses fallen die Aufgaben nach Art. 16 Abschlussprüfungs-VO dem Aufsichtsrat zu.[40] Art. 16 Abschlussprüfungs-VO differenziert zwischen der Erstbestellung und der Verlängerung des Prüfungsauftrags.[41] Der Empfehlung des Prüfungsausschusses für die Erstbestellung hat ein im Detail geregeltes **Auswahlverfahren** voranzugehen, für dessen Durchführung der Prüfungsausschuss zuständig und verantwortlich ist (Art. 16 Abs. 2 und 3 Abschlussprüfungs-VO).[42] Die technische Abwicklung führt jedoch „das geprüfte Unternehmen" (Art. 16 Abs. 3 Abschlussprüfungs-VO).[43] Für das Auswahlverfahren gelten nach Art. 16 Abs. 3 Abschlussprüfungs-VO **sechs Kriterien** (lit. a–f), die zu erfüllen bzw. zu berücksichtigen sind.[44] Bei einer Erneuerung (Verlängerung) des Prüfungsauftrags entfällt das Auswahlverfahren.

c) KGaA; KGaA von öffentlichem Interesse. Bei der KGaA erfolgt die Wahl des **10** Abschlussprüfers ebenfalls durch die Hauptversammlung (vgl. § 285 Abs. 1 S. 2 Nr. 6 AktG). Die persönlich haftenden Gesellschafter haben allerdings bei der Beschlussfassung über die Wahl des Abschlussprüfers kein Stimmrecht; sie können das Stimmrecht auch nicht auf einen anderen übertragen oder das Stimmrecht für einen anderen ausüben (§ 285 Abs. 1 S. 2 Nr. 6 AktG).[45] Das **Stimmverbot** kann durch die Satzung nicht ausgeschlossen werden.[46] Dadurch soll eine Einflussnahme der den Jahresabschluss aufstellenden und verantwortenden persönlich haftenden Gesellschafter (§ 283 Nr. 9 AktG; § 322 Abs. 2 S. 2) auf die Wahl des Abschlussprüfers verhindert werden.[47] Dementsprechend bedarf die Ausübung der Befugnisse, die der Hauptversammlung bei der Bestellung von Abschlussprüfern zustehen, nicht der Zustimmung der persönlich haftenden Gesellschafter (§ 285 Abs. 2 S. 2 AktG). Die persönlich haftenden Gesellschafter haben jedoch das Recht, nach Abs. 3 die Ersetzung des Abschlussprüfers zu betreiben.[48] Bei der **KGaA von öffentlichem Interesse** gilt Art. 16 Abschlussprüfungs-VO (zu Einzelheiten → Rn. 9).[49]

d) GmbH; GmbH von öffentlichem Interesse. Bei der GmbH ist ebenfalls grund- **11** sätzlich die Gesellschafterversammlung für die Wahl des Abschlussprüfers zuständig (Abs. 1 S. 1 Hs. 1).[50] Allerdings sieht Abs. 1 S. 2 bei Pflichtprüfungen iSd §§ 316 ff. ausdrücklich vor, dass der Gesellschaftsvertrag der GmbH die Zuständigkeit für die Wahl des Abschlussprüfers abweichend von Abs. 1 S. 1 regeln darf.[51] Die Wahlzuständigkeit kann insbesondere einem Gesellschafter (aber in der Regel nicht einem Mehrheitsgesellschafter), einem **fakultativen Aufsichtsrat**, einem **Beirat** oder einem **Gesellschafterausschuss** übertragen werden (allgM),[52] nicht hingegen – wegen offensichtlicher Interessenkollisionen – einem

---

[39]   HKMS/Müller Rn. 9; Schüppen Anh. § 318: Art. 16 f. Abschlussprüfungs-VO Rn. 2.

[40]   Näher dazu HKMS/Mylich/Müller Rn. 9.

[41]   Zu Einzelheiten HKMS/Mylich/Müller Rn. 9.

[42]   HKMS/Mylich/Müller Rn. 12; Schüppen Anh. § 318: Art. 16 f. Abschlussprüfungs-VO Rn. 9.

[43]   Zu Einzelheiten HKMS/Mylich/Müller Rn. 12.

[44]   Zu den Details HKMS/Mylich/Müller Rn. 13–22; Schüppen Anh. § 318: Art. 16 f. Abschlussprüfungs-VO Rn. 6–12; Baumann/Ratzinger-Sakel WPg 2019, 254; Kaspar WPg 2019, 1019; Herold WPg 2019, 391; Bode BB 2016, 1707; Hartmann BOARD 2017, 358; Nonnenmacher FS Haarmann, 2015, 143; Nonnenmacher/Wemmer/von Werder DB 2016, 2826.

[45]   BeBiKo/Justenhoven/Heinz Rn. 15; Staub/Habersack/Schürnbrand Rn. 9. Zu Einzelheiten Dreisow DB 1977, 851; Durchlaub BB 1977, 1581.

[46]   BeBiKo/Justenhoven/Heinz Rn. 15.

[47]   BeBiKo/Justenhoven/Heinz Rn. 15. Zu der Frage, wie zu verfahren ist, wenn außer den persönlich haftenden Gesellschaftern keine Kommanditaktionäre in der KGaA vorhanden sind, s. HKMS/Müller Rn. 24.

[48]   Merkt/Probst/Fink/Bruckner/Homfeldt S. 1474 Rn. 56; Staub/Habersack/Schürnbrand Rn. 10.

[49]   HKMS/Mylich/Müller Rn. 24.

[50]   BGH WM 2018, 1314; HKMS/Mylich/Müller Rn. 25; BeBiKo/Justenhoven/Heinz Rn. 18.

[51]   BGH WM 2018, 1314.

[52]   BeBiKo/Justenhoven/Heinz Rn. 18; HKMS/Mylich/Müller Rn. 25; Hopt/Merkt Rn. 1; Staub/Habersack/Schürnbrand Rn. 7; Schüppen Rn. 5; Merkt/Probst/Fink/Bruckner/Homfeldt S. 1474 Rn. 56; Wiedmann/Böcking/Gros/Böcking/Gros/Rabenhorst Rn. 7.

(Fremd- oder Gesellschafter-)Geschäftsführer oder einem Geschäftsführerausschuss (str.).[53] Besteht bei der GmbH aufgrund gesellschaftsvertraglicher oder gesetzlicher Bestimmungen ein Aufsichtsrat, so ist dieser seit dem 1.5.1998 für die Erteilung des Prüfungsauftrags zwingend zuständig (§ 111 Abs. 2 S. 3 AktG iVm § 52 Abs. 1 GmbHG, § 1 Abs. 1 Nr. 3 DrittelbG, § 25 Abs. 1 Nr. 2 MitbestG, § 1 Abs. 1 MitbestErgG, § 3 Abs. 2 Montan-MitbestG; §§ 23, 24 Abs. 2 S. 1 MgVG; § 18 Abs. 2 S. 1 KAGB).[54] Ist im Gesellschaftsvertrag nichts anderes bestimmt, wird der Abschlussprüfer durch die **Gesellschafterversammlung** mit einfacher Mehrheit (§ 47 Abs. 1 GmbHG) gewählt. Gesellschafter-Geschäftsführer sind vom Stimmrecht **nicht ausgeschlossen;** ein Stimmverbot entsprechend § 47 Abs. 4 GmbHG greift nicht, da die Abschlussprüfung keine Geschäftsführungsprüfung ist.[55] Aufgrund der weit reichenden **Gestaltungsfreiheit** (Satzungsfreiheit) im Recht der GmbH ist der Wahlvorgang frei gestaltbar.[56] Der Beschluss der Gesellschafterversammlung unterliegt den allgemeinen Regeln über die Nichtigkeit und Anfechtbarkeit von Gesellschafterbeschlüssen (analog §§ 241 ff. AktG).[57] Bei der **GmbH von öffentlichem Interesse** gilt Art. 16 Abschlussprüfungs-VO (zu Einzelheiten → Rn. 9).[58]

12   **e) Kapitalgesellschaften & Co.** Das für die GmbH Gesagte (→ Rn. 11) gilt gemäß § 318 Abs. 1 S. 1 und 2 auch für die oHG und KG iSv § 264a Abs. 1,[59] bei der KG unter Einbeziehung der Kommanditisten.[60]

13   **f) PublG.** Bei Gesellschaften, die dem PublG unterliegen, richtet sich die Wahl des Abschlussprüfers nach § 6 Abs. 3 S. 1 PublG.[61]

14   **g) Konzernabschlussprüfer.** Zur Bestimmung des Konzernabschlussprüfers (Abs. 1 S. 1 Hs. 2 und Abs. 2) → Rn. 56.

15   **h) Versicherungsunternehmen.** Bei Versicherungsunternehmen wird der Abschlussprüfer des Jahresabschlusses und des Konzernabschlusses vom Aufsichtsrat bestimmt (§ 341k Abs. 2 S. 1). Abs. 1 S. 3 und 4 gilt entsprechend (§ 341k Abs. 2 S. 2).[62]

16   **i) Insolvenzverfahren.** Gemäß § 155 Abs. 3 S. 1 InsO entfällt mit der Eröffnung des Insolvenzverfahrens die Befugnis der Gesellschaftsorgane nach Abs. 1 S. 1 und 2 zur Bestellung des Abschlussprüfers.[63] Ab diesem Zeitpunkt ist der Abschlussprüfer nur noch auf Antrag des Insolvenzverwalters und **durch das Gericht zu bestellen.**[64] § 155 Abs. 3 S. 2 InsO stellt allerdings ausdrücklich klar, dass die bereits vor Eröffnung des Insolvenzverfahrens durch die Organe der Gesellschaft erfolgte Bestellung (gemeint ist: Wahl) des Abschlussprüfers durch die nachfolgende Eröffnung des Insolvenzverfahrens in ihrer Wirk-

---

[53]   Wie hier Schüppen Rn. 5; Staub/Habersack/Schürnbrand Rn. 8; Merkt/Probst/Fink/Bruckner/Homfeldt S. 1474 Rn. 56; Wiedmann/Böcking/Gros/Böcking/Gros/Rabenhorst Rn. 7; Hommelhoff WPg 1984, 629 (636); Hommelhoff/Priester ZGR 1986, 463 (485); aA HKMS/Mylich/Müller Rn. 25; BeBiKo/Justenhoven/Heinz Rn. 18. Vgl. OLG Hamburg BB 1992, 1533.

[54]   HKMS/Mylich/Müller Rn. 25; Bremer GmbHR 1999, 116.

[55]   HKMS/Mylich/Müller Rn. 25; Staub/Habersack/Schürnbrand Rn. 6; Wiedmann/Böcking/Gros/Böcking/Gros/Rabenhorst Rn. 7; Becker, Verwaltungskontrolle durch Gesellschafterrechte, 1997, 783.

[56]   HKMS/Mylich/Müller Rn. 25; BeBiKo/Justenhoven/Heinz Rn. 19.

[57]   BeBiKo/Justenhoven/Heinz Rn. 19. Zu Einzelheiten Noack/Servatius/Haas/Kersting GmbHG § 42a Rn. 24–34.

[58]   HKMS/Mylich/Müller Rn. 145.

[59]   Staub/Habersack/Schürnbrand Rn. 11; BeBiKo/Justenhoven/Heinz Rn. 20; HKMS/Mylich/Müller Rn. 26.

[60]   BGH BB 1980, 695. S. dazu auch Schüppen Rn. 4.

[61]   Zu Einzelheiten HKMS/Mylich/Müller Rn. 27; Staub/Habersack/Schürnbrand Rn. 11.

[62]   Staub/Habersack/Schürnbrand Rn. 12.

[63]   Zu Einzelheiten: Ebke FS Hopt, 2011, 571 (572); HKMS/Mylich/Müller Rn. 29; H.-P. Müller/Gelhausen FS Claussen, 1997, 687; Eisolt/Th. Schmidt BB 2009, 654 (657). S. ferner Jundt WPK Magazin 1/2007, 41; Kaiser WPg 2018, 1331; Hillebrand ZinsO 2019, 774.

[64]   BGH Beschl. v. 8.5.2018 – II ZB 17/17, WM 2018, 1314 Rn. 30.

samkeit nicht berührt wird.[65] § 155 Abs. 3 S. 2 InsO gilt nach der Rechtsprechung des BGH nicht nur für das (regelmäßig verkürzte) Geschäftsjahr, in welchem die Eröffnung des Insolvenzverfahrens erfolgt, sondern auch für die Bestellung von Abschlussprüfern in vorangegangenen Geschäftsjahren.[66] Die Pflicht zur Veranlassung der Bestellung eines Abschlussprüfers (auch) für vergangene Geschäftsjahre, für die noch kein Abschlussprüfer bestellt wurde, geht mit der Eröffnung dagegen auf den Insolvenzverwalter über.[67] Ob es dem Insolvenzverwalter möglich ist, einem vor der Eröffnung des Insolvenzverfahrens wirksam bestellten Abschlussprüfer, der sein Vertrauen nicht genießt, den **Prüfungsauftrag** zu **entziehen** und bei Gericht die Bestellung eines neuen Abschlussprüfers zu beantragen, ist umstritten (→ Rn. 110).[68] In seinem Beschluss vom 8.5.2018 geht der II. Zivilsenat des BGH davon aus, dass die Bestellung des Abschlussprüfers kein Automatismus ist. Sofern der Insolvenzverwalter der Auffassung ist, dass die Ersetzung des Abschlussprüfers aus einem in der Person des gewählten Prüfers liegenden Grund geboten erscheint, kann er gem. Abs. 3 die gerichtliche Ersetzung des Abschlussprüfers beantragen.[69]

---

[65] BGH Beschl. v. 8.5.2018 – II ZB 17/17, WM 2018, 1314 Rn. 9; BGH BeckRS 2022, 11050 Rn. 14; BGH NJW 2022, 2185 Rn. 15; BGH BeckRS 2022, 18743 Rn. 30.

[66] BGH WM 2018, 1314 Rn. 12; ebenso BGH BeckRS 2022, 11050 Rn. 16; BGH NJW 2022, 2185 Rn. 15. Bis 2018 war umstritten, ob § 155 Abs. 3 S. 2 InsO nur für das durch die Insolvenzeröffnung regelmäßig entstehende Rumpfgeschäftsjahr (§ 155 Abs. 2 S. 1 InsO) bis zur Insolvenzeröffnung gilt oder ob die Regelung auch auf die davorliegenden Geschäftsjahre anzuwenden ist. Zum Stand der Meinungen: BGH WM 2018, 1314 Rn. 11. Der II. Zivilsenat des BGH hatte diese Frage in BeckRS 2011, 22984 Rn. 13 offengelassen. Einerseits war vertreten worden, dass nach § 155 Abs. 3 S. 2 InsO die Wirksamkeit einer bereits vor der Insolvenzverfahrenseröffnung vorgenommenen Bestellung eines Abschlussprüfers durch die Eröffnung des Insolvenzverfahrens nur dann nicht berührt werde, wenn sie das mit ihr endende Geschäftsjahr betreffe; für davor liegende Geschäftsjahre habe die Bestellung nach § 155 Abs. 3 S. 1 InsO auf Antrag Insolvenzverwalters durch das Amtsgericht (neu) zu erfolgen (OLG Dresden NZI 2009, 858). Andererseits war vertreten worden, dass auch die Bestellung eines Abschlussprüfers für davor liegende Jahre von § 155 Abs. 3 Satz 2 InsO erfasst und deren Wirksamkeit durch die Eröffnung des Insolvenzverfahrens nicht berührt werde (OLG Frankfurt a.M. ZIP 2004, 1114 [1115]). Das OLG Karlsruhe hatte mit seinem Beschl. v. 4.5.2017, ZInsO 2018, 175, entgegen der Auffassung des OLG Dresden, NZI 2009, 858, entschieden, dass die Wirksamkeit der Bestellung des Abschlussprüfers durch die Eröffnung des Insolvenzverfahrens nicht berührt werde und deshalb das Registergericht für dieses Jahr keinen neuen Abschlussprüfer bestellen könne. In seinem Beschl. v. 8.5.2018 – II ZB 17/17, WM 2018, 1314 Rn. 12 ff., hat der II. Zivilsenat des BGH mit überzeugender Begründung entschieden, dass die Wirksamkeit der Bestellung eines Abschlussprüfers für sämtliche Geschäftsjahre vor Eröffnung des Verfahrens nicht berührt ist, und sich damit der ua auch in dieser Kommentierung → 3. Aufl. 2013, § 318 Rn. 66 vertretenen Ansicht angeschlossen.

[67] BGH BeckRS 2022, 18743 Rn. 30 unter Hinweis auf BGH WM 2018, 1314 Rn. 7.

[68] Zum Streitstand: Ebke FS Hopt, 2011, 579–582 mwN; Kaiser WPg 2018, 1331; Kaiser/Berbuer ZIP 2017, 161; Klerx NZG 2003, 943; Kniebes ZInsO 2015, 383; OLG Frankfurt AG 2004, 215 = BB 2004, 599 = NZG 2004, 285 (in casu offenlassend); vgl. OLG Dresden NZI 2009, 858; OLG Karlsruhe NZI 2017, 729.

[69] BGH WM 2018, 1314 Rn. 15. Bis 2022 waren die Auswirkungen auf die Vergütung des Abschlussprüfers umstritten: s. einerseits OLG Düsseldorf BeckRS 2021, 26208 (nach Ansicht des Senats findet keine Durchbrechung der §§ 115, 116 InsO statt, der Geschäftsbesorgungsvertrag des Abschlussprüfers sei daher nicht teilbar und somit stelle das gesamte – zum Zeitpunkt der Insolvenzeröffnung noch nicht bezahlte – Prüferhonorar eine Masseverbindlichkeit dar), andererseits OLG Frankfurt a. M. BeckRS 2021, 13281 (der Senat kommt zu dem Schluss, dass die Ansprüche des Abschlussprüfers teilbar und die Vergütungsansprüche, die sich auf die Tätigkeiten vor Insolvenzeröffnung beziehen, einfache Insolvenzforderungen sind). Der IX. Zivilsenat des BGH hat in BeckRS 2022, 11050 Rn. 16 die Entscheidung des BGH v. 8.5.2018 – II ZB 17/17, WM 2018, 1314 bestätigt und festgestellt, dass der Prüfungsauftrag auch bei Insolvenz des zu prüfenden Unternehmens nach § 155 Abs. 3 S. 2 InsO weiterbesteht und ein Prüfungsauftrag nicht nur für das (regelmäßig verkürzte) Geschäftsjahr gilt, in welchem die Eröffnung des Insolvenzverfahrens erfolgt, sondern auch für ein vorangegangenes Geschäftsjahr Anwendung findet. Der IX. Zivilsenat des BGH stellt aber klar, dass der Honoraranspruch des Abschlussprüfers, soweit er auf Leistungen beruht, die bis zu Eröffnung des Insolvenzverfahrens erbracht wurden, nur eine (einfache) Insolvenzforderung gem. §§ 38, 87 InsO darstellt. Lediglich der Teil der Honorarforderung, der tatsächlich nach Eröffnung des Insolvenzverfahrens erbracht wurde, begründe eine Masseverbindlichkeit gem. § 55 Abs. 1 Nr. 2 Fall 2 InsO: BGH BeckRS 2022, 11050 Rn. 12, 21 ff.; ebenso BGH NJW 2022, 2185 Rn. 20; BGH BeckRS 2022, 18743 Rn. 18.

17   **j) Zeitpunkt der Wahl (Abs. 1 S. 3).** Nach Abs. 1 S. 3 **soll** der Abschlussprüfer jeweils **vor Ablauf** des Geschäftsjahres gewählt werden, auf das sich seine Prüfungstätigkeit erstreckt. Eine frühzeitige Wahl soll sicherstellen, dass ausreichend Zeit für die Planung, Vorbereitung und Durchführung der Abschlussprüfung zur Verfügung steht und dem Prüfer Vorprüfungen sowie die Teilnahme an der zum Abschlussstichtag erfolgenden Bestandsaufnahme (Inventur) möglich sind.[70] Abs. 1 S. 3 ist allerdings eine Soll-Vorschrift. Die Wahl des Abschlussprüfers ist daher – trotz der damit verbundenen Probleme für die Prüfung – grundsätzlich auch noch dann zulässig, wenn sie erst **nach Ablauf des Geschäftsjahres** erfolgt, allerdings nur so lange keine gerichtliche Bestellung gemäß Abs. 4 erfolgt ist (allgM).[71] Eine nach gerichtlicher Bestellung vorgenommene Wahl ist dagegen unwirksam.[72] Das Gesetz schließt eine Wahl des Abschlussprüfers **vor Beginn des Geschäftsjahres** nicht ausdrücklich aus. Sie ist aber nur zulässig, solange sich der Inhalt des Wahlbeschlusses eindeutig nur auf ein Geschäftsjahr bezieht.[73]

18   **k) Dauer der Bestellung (Abs. 1 S. 3).** Die Wahl des Prüfers kann nur für ein Geschäftsjahr erfolgen; sie darf sich nur auf die Prüfung eines einzelnen und bestimmten Jahresabschlusses beziehen.[74] Sie ist daher für jedes Geschäftsjahr neu und gesondert vorzunehmen.[75] Das folgt aus Abs. 1 S. 1 und 3.[76] Die **Wahl für mehrere Geschäftsjahre** (im Voraus) ist nach herrschender und zutreffender Ansicht unzulässig.[77] Gleiches gilt, wenn ein Rumpfgeschäftsjahr eingelegt wird oder der bisher gewählte Prüfer wegfällt oder eine Haupt- oder Gesellschafterversammlung über die Bestellung des Abschlussprüfers für die Prüfung von zwei oder mehr **bereits abgelaufenen** Geschäftsjahren beschließt.[78] Eine **Ausnahme** von dem Grundsatz, dass die Wahl für jedes Geschäftsjahr gesondert vorzunehmen ist, ist dagegen anerkannt für die Wahl des Prüfers für die (freiwillige) prüferische Durchsicht von Halbjahresfinanzberichten nach § 115 Abs. 5 S. 1 WpHG (der mit dem Prüfer des Jahresabschlusses nicht identisch sein muss, aber wie der Jahresabschlussprüfer durch einen Beschluss der Hauptversammlung zu bestellen ist, § 115 Abs. 5 S. 2 WpHG) für das erste Halbjahr des Folgejahres.[79] Allerdings bedarf es auch

---

70   BeBiKo/Justenhoven/Heinz Rn. 25; HKMS/Mylich/Müller Rn. 32; Wiedmann/Böcking/Gros/ Böcking/Gros/Rabenhorst Rn. 8.
71   OLG Naumburg OLGR Naumburg 2005, 275 = BeckRS 2003, 155433; HKMS/Mylich/Müller Rn. 33; BeBiKo/Justenhoven/Heinz Rn. 26; Staub/Habersack/Schürnbrand Rn. 14; Schüppen FS Vetter, 2019, 737 (743); unklar Wiedmann/Böcking/Gros/Böcking/Gros/Rabenhorst Rn. 8, die einerseits von einer „de facto"-„Muss"-Vorschrift sprechen und die Ansicht vertreten, den Gesellschaftern werde „das Wahlrecht aberkannt", andererseits die Wahl des Prüfers aber auch nach Ablauf des Geschäftsjahres erlauben wollen, „solange keine gerichtliche Bestellung erfolgt ist". Unklar auch Merkt/Probst/Fink/ Bruckner/Homfeldt S. 1474 Rn. 59, die die Ansicht vertreten, eine Wahl könne auch noch nach Ablauf des zu prüfenden Geschäftsjahres wirksam vorgenommen werden, ohne aber auf die Grenze des Abs. 4 (gerichtliche Bestellung) hinzuweisen.
72   BeBiKo/Justenhoven/Heinz Rn. 27.
73   IdS auch HKMS/Mylich/Müller Rn. 33; aA BeBiKo/Justenhoven/Heinz Rn. 28, weil das Wahlorgan bei der Auswahl des Abschlussprüfers nicht die Erfahrungen aus der vorangegangenen Prüfung berücksichtigen könne; glA Staub/Habersack/Schürnbrand Rn. 15; explizit krit. zu dieser Ansicht Schüppen FS Vetter, 2019, 737 (743, 744).
74   OLG Naumburg BeckRS 2003, 155433 Rn. 43, 50. Ebenso HKMS/Müller Rn. 35; BeBiKo/Justenhoven/Heinz Rn. 26. Zu der Frage, ob das Gebot der alljährlichen Neuwahl gemäß § 318 Abs. 1 S. 3 ein Verbotsgesetz iSd § 134 BGB ist, s. OLG Naumburg OLGR Naumburg 2005, 275 (verneinend).
75   HKMS/Mylich/Mylich/Müller Rn. 31, 38; BeBiKo/Justenhoven/Heinz Rn. 26.
76   OLG Naumburg BeckRS 2003, 155433. Ebenso HKMS/Müller Rn. 35. Zur geschichtlichen Entwicklung des Abs. 1 S. 3 Schüppen FS Vetter, 2019, 737 (741, 742).
77   BeBiKo/Justenhoven/Heinz Rn. 26; HKMS/Mylich/Müller Rn. 35; aA Schüppen FS Vetter, 2019, 737 (744 und 746), der entgegen dem klaren Wortlaut von Abs. 1 S. 3 eine periodenübergreifende Wahl eines Abschlussprüfers für „ein oder mehrere Folgejahre" für zulässig hält, wenn ein sachlicher Grund vorliegt und die Unabhängigkeit des Prüfers sowie die Prüfungsqualität nicht gefährdet sind, im Gegenzug aber für jedes Geschäftsjahr einen gesonderten Wahlbeschluss verlangt und aus „Gründen der Klarheit und größeren Rechtssicherheit" dafür gesonderte Tagesordnungspunkte empfiehlt.
78   HKMS/Mylich/Müller Rn. 35; BeBiKo/Justenhoven/Heinz Rn. 26; aA Schüppen FS Vetter, 2019, 737 (742).
79   BeBiKo/Justenhoven/Heinz Rn. 26; Schüppen FS Vetter, 2019, 737 (742); Simons/Kallweit BB 2016, 332 (335).

für diesen Fall eines von der Wahl des Abschlussprüfers für das laufende Geschäftsjahr getrennten, gesonderten Wahlbeschlusses. Aus „Gründen der Klarheit und größeren Rechtssicherheit" empfehlen sich dafür gesonderte Tagesordnungspunkte.[80] Keine Bedenken bestehen grundsätzlich gegen eine **Wiederwahl** des Prüfers,[81] wobei aber gesetzliche Beschränkungen zu beachten sind (s. dazu den durch das AReG vom 10.5.2016, BGBl. 2016 I 1142, in das Gesetz eingefügten Abs. 1a). Bereits in den 70er Jahren des vergangenen Jahrhunderts wurde in Deutschland eine Diskussion über die **Zulassung mehrjähriger Bestellungszeiträume** geführt.[82] Im Rahmen der Beratungen über die nationale Umsetzung namentlich des Art. 17 Abs. 2 lit. a Abschlussprüfungs-VO durch das AReG wurde die Frage eines mehrjährigen Bestellungszeitraums erneut erörtert und eine Verlängerung der Bestellungsperiode vorgeschlagen.[83] Der Gesetzgeber ist derartigen Vorschlägen nicht gefolgt und hat es bei der geltenden Regelung der Bestellung des Abschlussprüfers belassen.[84]

l) Wählbarkeit (Abs. 1 S. 1). Wählbar zum Abschlussprüfer (Abs. 1 S. 1) sind gemäß **19** § 319 Abs. 1 S. 1 nur Wirtschaftsprüfer und Wirtschaftsprüfungsgesellschaften. **Wirtschaftsprüfer** sind natürliche Personen, die von der Wirtschaftsprüferkammer (WPK, Berlin) als solche öffentlich bestellt sind (§ 1 Abs. 1 S. 1 WPO, § 15 WPO). Die Bestellung setzt den Nachweis der persönlichen und fachlichen Eignung im Zulassungs- und staatlichen Prüfungsverfahren voraus (§ 1 Abs. 1 S. 2 WPO). Wirtschaftsprüfungsgesellschaften sind nach Maßgabe der §§ 27–34 WPO von der WPK als solche anerkannte Gesellschaften (§ 1 Abs. 3 S. 1 WPO). Die Anerkennung setzt den Nachweis voraus, dass die Gesellschaft von Wirtschaftsprüfern verantwortlich geführt wird (§ 1 Abs. 3 S. 2 WPO). Abschlussprüfer von Jahresabschlüssen und Lageberichten mittelgroßer (§ 267 Abs. 2) GmbH sowie oHG bzw. KG iSv § 264a Abs. 1 können auch **vereidigte Buchprüfer** und Buchprüfungsgesellschaften sein (§ 319 Abs. 1 S. 2), nicht jedoch Rechtsanwälte oder Steuerberater, welche nicht über die Berufsqualifikation eines öffentlich bestellten Wirtschaftsprüfers bzw. vereidigten Buchprüfers verfügen. Vereidigter Buchprüfer ist, wer nach den Vorschriften der WPO als solcher anerkannt oder bestellt ist (§ 128 Abs. 1 S. 1 Hs. 1 WPO). Buchprüfungsgesellschaften sind als solche anerkannte Gesellschaften (§ 128 Abs. 1 S. 2 Hs. 1 WPO). Vereidigte Buchprüfer und Buchprüfungsgesellschaften sind Mitglieder der Wirtschaftsprüferkammer (§ 128 Abs. 3 WPO). Abschlussprüfer gemäß § 319 Abs. 1 S. 1 bzw. 2 müssen über einen **Auszug aus dem Berufsregister** verfügen, aus dem sich ergibt, dass die Eintragung nach § 38 Nr. 1 lit. h oder Nr. 2 lit. f WPO (Anzeige der Tätigkeit als gesetzlicher Abschlussprüfer nach § 57a Abs. 1 S. 2 WPO)[85] vorgenommen worden ist (§ 319 Abs. 1 S. 3 Hs. 1). Abschlussprüfer, die erstmalig eine gesetzlich vorgeschriebene Abschlussprüfung nach § 316 durchführen, müssen spätestens sechs Wochen nach Annahme eines Prüfungsauftrages über den Auszug aus dem Berufsregister verfügen (§ 319 Abs. 1 S. 3 Hs. 2). Während einer laufenden Abschlussprüfung sind die Abschlussprüfer verpflichtet, eine **Löschung der Eintragung im Berufsregister**[86] unverzüglich (also ohne schuldhaftes Zögern, vgl. § 121 Abs. 1 S. 1 BGB) gegenüber der Gesellschaft anzuzeigen (§ 319 Abs. 1 S. 4). Wirtschaftsprüfer, die gesetzliche Abschlussprüfungen durchführen, haben besondere Regeln für die Quali-

---

80 So zutr. Schüppen FS Vetter, 2019, 737 (746 Fn. 45).
81 OLG Naumburg OLGR Naumburg 2005, 275; Staub/Habersack/Schürnbrand Rn. 15; Hopt/Merkt Rn. 1; Hommelhoff/Priester ZGR 1986, 463 (486, 487).
82 Forster FS Werner, 1984, 131 (133, 134); Schulze-Osterloh in Busse von Colbe/Lutter, Wirtschaftsprüfung heute, 1977, 95, 113.
83 Hommelhoff/Lanfermann FS Haarmann, 2015, 73; für eine mehrjährige Bestellperiode des Abschlussprüfers auch Arbeitskreis Bilanzrecht Hochschullehrer Rechtswissenschaft (AKBR) BB 2015, 555.
84 Blöink/Kumm BB 2015, 1067 (1069); Schüppen FS Vetter, 2019, 737 (739).
85 Dazu Hense/Ulrich/Uhlmann WPO § 38 Rn. 26 ff.
86 Die Eintragung im Berufsregister nach § 38 Nr. 1 lit. h bzw. Nr. 2 lit. f WPO sind zu löschen, wenn die Kommission für Qualitätskontrolle (§ 57e WPO) auf die Löschung der Eintragung als gesetzlicher Abschlussprüfer entschieden hat oder wenn die eingetragenen Berufsangehörigen oder Wirtschaftsprüfungsgesellschaften auf die Durchführung gesetzlicher Abschlussprüfungen verzichtet haben (§ 39 Abs. 2 S. 1 WPO). Zu den sonstigen Löschungsgründen § 39 Abs. 1 WPO.

tätskontrolle (§§ 57a ff. WPO)[87] und ein internes Qualitätssicherungssystem nach §§ 55b WPO einzuhalten.[88]

20   **Ein nach ausländischem Recht qualifizierter Prüfer** (zB *chartered public accountant, Commissaire aux comptes, revisore legale* etc.) ist grundsätzlich nicht wählbar.[89] Nach § 131g Abs. 1 WPO können Personen, die in einem anderen Mitgliedstaat der EU oder in einem anderen Vertragsstaat des Abkommens über den Europäischen Wirtschaftsraum (Fürstentum Liechtenstein, Island und Norwegen) oder der Schweiz als Abschlussprüfer zugelassen sind,[90] als Wirtschaftsprüfer bestellt werden, wenn sie eine **Eignungsprüfung** als Wirtschaftsprüfer abgelegt haben. Bei der Eignungsprüfung wird überprüft, ob der Bewerber oder die Bewerberin „über angemessene Kenntnisse der für die Abschlussprüfung relevanten Rechtsvorschriften der Bundesrepublik Deutschland" verfügt (§ 131h Abs. 2 S. 1 WPO). Nach erfolgreicher Eignungsprüfung werden die Geprüften unter denselben formellen und materiellen Voraussetzungen wie erfolgreiche Absolventen des Wirtschaftsprüferexamens (§§ 15–17 WPO) als Wirtschaftsprüfer bestellt (§ 131k WPO).[91] Nach erfolgter Bestellung sind sie zum Abschlussprüfer iSv Abs. 1 S. 1 iVm § 319 Abs. 1 S. 1 und 2 wählbar.[92] Eine EU- oder EWR-**Abschlussprüfungsgesellschaft** darf unter der Berufsbezeichnung ihres Herkunftsstaats Abschlussprüfungen nach § 316 durchführen, wenn der für die jeweilige Prüfung verantwortliche Prüfungspartner iSd § 43 Abs. 3 S. 3 und 4 WPO aufgrund des Wirtschaftsprüferexamens (§§ 12–14a WPO) oder der Eignungsprüfung (§§ 131g–131m WPO) als Wirtschaftsprüfer zugelassen ist (§ 131 S. 1 WPO). Die EU- oder EWR-Abschlussprüfungsgesellschaft ist verpflichtet, sich nach § 131a WPO registrieren zu lassen; soweit Abschlussprüfungen nach § 316 durchgeführt werden, ist sie auch verpflichtet, ihre Tätigkeit nach § 57a Abs. 1 S. 2 WPO anzuzeigen (§ 131 S. 2 WPO).[93] Für Prüfer bzw. **Prüfungsgesellschaften aus Drittstaaten** (Drittstaatsprüfer bzw. Drittstaatsprüfungsgesellschaften) ist § 134 WPO zu beachten.[94]

21   Liegen die **elementaren Voraussetzungen** im Hinblick auf die **Berufsqualifikation** und die an die **Unabhängigkeit und Unbefangenheit** eines Abschlussprüfers zu stellenden Anforderungen der § 318 Abs. 3 S. 1 Nr. 1, § 319 Abs. 2, 3, 4 oder 5 und § 319b Abs. 1 sowie die speziellen Vorgaben der Abschlussprüfungs-VO an die Abschlussprüfer von Unternehmen von öffentlichem Interesse für die Bestellung zum Abschlussprüfer nicht vor, ist der **Wahlbeschluss** der Hauptversammlung gemäß § 241 Nr. 3 AktG (analog für die GmbH[95] und Personenhandelsgesellschaften iSd § 264a[96]) von Anfang an (*ex tunc*) **nichtig;**[97] ein gegebenenfalls erteilter Bestätigungsvermerk ist ebenfalls nichtig.[98] Ein Verstoß

---

87   Zu Einzelheiten der Qualitätskontrolle IDW PS 140: Die Durchführung von Qualitätskontrollen in der Wirtschaftsprüferpraxis (Stand: 9.6.2017), IDW Life 2017, 946. Dazu Bruckner/Schmidt WPg 2017, 58; Farr WPg 2017, 299; Farr WPg 2017, 1268; Marten WPg 2017, 308.
88   Zu Einzelheiten der Qualitätssicherung IDW QS 1: Anforderungen an die Qualitätssicherung in der Wirtschaftsprüferpraxis (Stand: 9.6.2017), IDW Life 2017, 887. Dazu Marten WPg 2017, 428; Marten WPg 2017, 610; Haasmann WP Praxis 2017, 260.
89   HKMS/Mylich/Müller Rn. 56.
90   Auf die Staatsangehörigkeit der Person kommt es nicht an: Hense/Ulrich/Tüffers/Bauch WPO § 131g Rn. 5.
91   Hense/Ulrich/Tüffers/Bauch WPO § 131k Rn. 3.
92   HKMS/Mylich/Müller Rn. 56.
93   Soweit nichts anderes geregelt ist, unterliegen EU- und EWR-Abschlussprüfungsgesellschaften im Hinblick auf ihre Prüfungstätigkeiten nach § 131b S. 1 WPO den Vorschriften der WPO über die Berufsaufsicht (§§ 61a–71 WPO) und der Berufsgerichtsbarkeit (§§ 71a–127 WPO). Hinsichtlich der Inspektionen und der sonstigen Qualitätssicherungsprüfungen iSd Art. 29 Abschlussprüfer-RL unterliegen sie der Aufsicht des Herkunftsstaats (§ 131b S. 2 WPO).
94   Dazu HKMS/Mylich/Müller Rn. 57.
95   Noack/Servatius/Haas/Kersting GmbHG § 42a Rn. 33; HKMS/Müller Rn. 58.
96   HKMS/Müller Rn. 58.
97   Vgl. § 256 Abs. 1 Nr. 3 AktG („die nicht Abschlussprüfer sind"). Ebenso HKMS/Müller Rn. 58; BeBiKo/Justenhoven/Heinz Rn. 30.
98   Vgl. Begr. RegE BilReG, BT-Drs. 15/3419, 36 v. 24.6.2004; OLG Karlsruhe BB 2015, 3022 = NZG 2016, 64 = ZIP 2015, 2319.

gegen § 319 Abs. 1 führt darüber hinaus gemäß § 134 BGB zur Nichtigkeit des Prüfungsauftrags und des Prüfungsvertrages sowie nach § 256 Abs. 1 Nr. 3 AktG (analog für die GmbH[99]
und Personenhandelsgesellschaften iSd § 264a[100]) zur **Nichtigkeit des festgestellten Jahresabschlusses.**[101]

m) Einschränkungen des wählbaren Personenkreises. Zu Möglichkeiten der 22
Konkretisierung bzw. Einschränkung des Kreises der zum Abschlussprüfer wählbaren Personen s. Abs. 1a.

n) Gemeinschaftsprüfungen. Die Wahl mehrerer[102] Prüfer zum gesetzlichen 23
Abschlussprüfer (Gemeinschaftsprüfung oder Joint Audit) ist **grundsätzlich zulässig.**[103]
§ 316 Abs. 1 S. 1 steht dem nicht entgegen, weil das Wort „einen" in § 316 Abs. 1 S. 1
als unbestimmter Artikel und nicht als Zahlwort zu verstehen ist (allgM).[104] Dass Abs. 1
S. 1–3 vom Abschlussprüfer stets im Singular spricht, schließt ebenfalls nicht aus, dass
mehrere Abschlussprüfer **gemeinsam** die Position des gesetzlichen Abschlussprüfers einnehmen und die Prüfung gemeinschaftlich durchführen und gemeinschaftlich Verantwortung tragen (selbst wenn sie zu unterschiedlichen Ergebnissen gelangen, § 322 Abs. 6a).[105]
Die **Zulässigkeit** der gemeinschaftlichen Abschlussprüfung folgt heute im Übrigen
unmittelbar aus (dem im Zuge der Reform durch das AReG vom 10.5.2016 in das HGB
eingefügten) **§ 322 Abs. 6a,** mit dem in Umsetzung von Art. 28 Abs. 3 Abschlussprüfer-
RL idF der Änderungen durch die RL 2014/56/EU (ABl. EU 2014 L 158, 196) die
gemeinsame Bestellung mehrerer Wirtschaftsprüfer bzw. Wirtschaftsprüfungsgesellschaften zum Abschlussprüfer gesetzlich verankert wurde.[106] § 322 Abs. 6a S. 3 lässt außerdem
erkennen, welche **Kombinationen von Prüfern** (WP, vBP) **und Prüfungsgesellschaften** (WPG und BPG) für eine gemeinschaftliche Abschlussprüfung möglich und zulässig
sind. Die Personen, welche nach dem Willen des wahlberechtigten Organs bzw. Gremiums
zum gesetzlichen Abschlussprüfer bestellt werden sollen, müssen in dem Wahlbeschluss
aber so eindeutig bezeichnet sein, dass die gesetzlichen Vertreter oder der Aufsichtsrat
ohne eigenes **Auswahlermessen** unverzüglich den Prüfungsauftrag erteilen können (vgl.
Abs. 1 S. 4).[107]

Ein **Wahlbeschluss,** der es den gesetzlichen Vertretern oder dem Aufsichtsrat überlässt, 24
unter den gewählten Personen den gesetzlichen Abschlussprüfer auszuwählen, ist mangels
Bestimmtheit der Wahl **unwirksam.**[108] Nicht zulässig ist ferner die Wahl mehrerer Personen zum Abschlussprüfer mit der Maßgabe, dass zu einem späteren Zeitpunkt bestimmt
werden kann, wer gesetzlicher Abschlussprüfer sein soll. Es ist ebenfalls **unzulässig,** eine

---

[99] Noack/Servatius/Haas/Kersting GmbHG § 42a Rn. 27.
[100] HKMS/Mylich/Müller Rn. 58.
[101] Vgl. Begr. RegE BilReG, BT-Drs. 15/3419, 55 v. 24.6.2004; Noack/Servatius/Haas/Kersting GmbHG
      § 42a Rn. 27.
[102] Nicht zu verwechseln mit der Wahl „mehrerer Prüfer" ist die (vorsorgliche) Wahl eines Ersatzprüfers:
      HKMS/Mylich/Müller Rn. 67.
[103] Hopt/Merkt Rn. 1; HKMS/Mylich/Müller Rn. 61. Gemeinschaftsprüfungen waren in Deutschland
      allerdings bislang nicht sehr verbreitet: ohne Verf. WPK Magazin 1/2006, 16 (19). Zu der Frage, ob
      Gemeinschaftsprüfungen die Qualität der Abschlussprüfung steigern können: Velte WPg 2011, 948
      („keine empirischen Nachweise"); s. aber auch die fallstudienbasierte Wirkungsanalyse von Severus,
      Jahresabschlussprüfung in Form eines Joint Audit's, 2007. Die EU Kommission hatte das Thema
      „Gemeinschaftsprüfungen" in ihrem Grünbuch „Weiteres Vorgehen im Bereich der Abschlussprüfung:
      Lehren aus der Krise" (→ Vor § 316 Rn. 2) aufgegriffen. Zu den Antworten im Rahmen des Konsultati-
      onsprozesses Böcking/Gros/Wallek/Worret, Analysis of the EU Consultation on the Green Paper „Audit
      Policy: Lessons from the Crisis", 2011, 42–45.
[104] Vgl. statt aller BeBiKo/Justenhoven/Küster/Bernhardt § 316 Rn. 2 („mindestens ein Abschlussprüfer");
      Ebke ZSR 119 (2000), 39 (74 Fn. 163); Westhoff DStR 2003, 2132 (2135).
[105] HKMS/Mylich/Müller Rn. 61; Graumann Prüfungswesen S. 820.
[106] Hopt/Merkt § 322 Rn. 18.
[107] Vgl. IDW PS 208: Zur Durchführung von Gemeinschaftsprüfungen (Joint Audit) (Stand: 13.8.2021),
      IDW Life 2021, 1075.
[108] HKMS/Mylich/Müller Rn. 61; BeBiKo/Justenhoven/Heinz Rn. 31.

Mehrzahl von Personen mit der Maßgabe zum gesetzlichen Abschlussprüfer zu wählen, dass jeder von ihnen nur ein bestimmtes **Teilgebiet** des Jahres- bzw. Konzernabschlusses zu prüfen hat.[109] Es ist darüber hinaus unzulässig, mehrere Prüfer mit der Maßgabe zu wählen, sie zu beauftragen, den Jahresabschluss nicht gemeinschaftlich, sondern nebeneinander oder hintereinander und voneinander unabhängig zu prüfen und darüber jeweils einen eigenen Bestätigungsvermerk zu erteilen (sog. **Mehrfachprüfungen**); mehrfache Prüfungen ein und desselben Jahresabschlusses sind mit den – nicht abdingbaren – gesetzlichen Vorschriften über die Jahresabschlussprüfung nicht vereinbar und daher unzulässig (str.).[110] Zulässig (in der Praxis aber vermutlich selten) ist dagegen, neben der und unabhängig von der gesetzlichen Abschlussprüfung (§ 316) eine gesetzlich nicht vorgeschriebene („freiwillige") Abschlussprüfung durch einen anderen Prüfer durchführen zu lassen.[111] Für diesen Fall bedarf es für die Wahl des gesetzlichen Abschlussprüfers eines getrennten, gesonderten Wahlbeschlusses. Aus Gründen der **Klarheit** und größerer **Rechtssicherheit** empfehlen sich dafür gesonderte Tagesordnungspunkte.[112]

25   Bezeichnet der **Wahlbeschluss** mehrere Personen ohne weitere Maßgabe als Abschlussprüfer, so ist im Zweifel davon auszugehen, dass sie die Prüfung gemeinsam als Gemeinschaftsprüfer (Joint Auditors) durchführen sollen.[113] Lautet der Wahlbeschluss auf die **Wahl einer Wirtschaftsprüfungsgesellschaft** (Buchprüfungsgesellschaft) zum gesetzlichen Abschlussprüfer, ist dieser in der Regel dahin auszulegen, dass diejenigen Wirtschaftsprüfer, die im Zeitpunkt der Wahl der Wirtschaftsprüfungsgesellschaft als Partner angehören, Gemeinschaftsprüfer sein sollen.[114] Soll nur ein bestimmter Partner der Wirtschaftsprüfungsgesellschaft oder sollen **mehrere bestimmte Partner** der Wirtschaftsprüfungsgesellschaft zum gesetzlichen Abschlussprüfer bestellt werden, muss dieses im Wahlbeschluss eindeutig festgelegt sein.[115] Treten nach der Wahl einer Wirtschaftsprüfungsgesellschaft zum Abschlussprüfer weitere Wirtschaftsprüfer als Partner in die Prüfungsgesellschaft ein, sind die **neuen Partner** im Zweifel nicht zum Gemeinschaftsprüfer gewählt.[116] Scheidet umgekehrt nach der Wahl einer Wirtschaftsprüfungsgesellschaft ein oder mehrere Sozien (Partner) aus der Gesellschaft aus, hängt es von dem Wahlbeschluss ab, ob die Prüfung durch die **verbleibenden Sozien** (Partner) allein fortgeführt werden soll oder ob für den oder die ausgeschiedenen Partner eine Ersatzbestellung vorzunehmen ist (Abs. 4 S. 2).[117] Eine Gemeinschaftsprüfung liegt nicht vor, wenn der Wahlbeschluss einen bestimmten Wirtschaftsprüfer bezeichnet, der Partner einer Wirtschaftsprüfungsgesellschaft ist.[118] Tritt dieser Wirtschaftsprüfer aus der Sozietät aus, bleibt seine Wahl zum Abschlussprüfer unberührt.[119] Sind mehrere Prüfer gemeinsam zum Abschlussprüfer gewählt worden und **fällt einer der Prüfer weg** (zB weil er die erforderliche Qualifikation nach § 319 Abs. 1 nicht aufweist oder verliert oder Ausschlussgründe nach § 319 Abs. 2, 3, 4 und 5 oder § 319b vorliegen), ist der Wahlbeschluss **insoweit unwirksam** (Teilunwirksamkeit) oder je nach Grund nichtig (Teilnichtigkeit).[120] Die **verbleibenden Prüfer** können in einem solchen Fall die Prüfung nur dann alleine durchführen, wenn

---

109   HKMS/Mylich/Müller Rn. 62; BeBiKo/Justenhoven/Heinz Rn. 31.
110   HKMS/Mylich/Müller Rn. 64; BeBiKo/Justenhoven/Heinz Rn. 31.
111   HKMS/Mylich/Müller Rn. 65; BeBiKo/Justenhoven/Heinz Rn. 31; Staub/Habersack/Schürnbrand Rn. 19.
112   So für den ähnlich gelagerten Fall der (freiwilligen) prüferischen Durchsicht eines Halbjahresfinanzberichts nach § 115 Abs. 5 S. 2 WpHG Schüppen FS Vetter, 2019, 737 (746 Fn. 45).
113   IDW PS 208.6; BeBiKo/Justenhoven/Heinz Rn. 31.
114   IDW PS 208.7.
115   Vgl. IDW PS 208.7.
116   IDW PS 208.8; vgl. dagegen BGH NJW 1994, 257 für den Fall der Mandatserstreckung auf nach Mandatserteilung der Sozietät als Partner beigetretene Anwälte.
117   IDW PS 208.9.
118   Vgl. IDW PS 208.10. Vgl. aber BGH NJW 2000, 1333 (1334); BGHZ 124, 47 (48).
119   IDW PS 208.10.
120   HKMS/Mylich/Müller Rn. 63; IDW PS 208.11 (dort auch zu der Frage der gemeinsamen Berufsausübung nach § 319 Abs. 3).

der Wahlbeschluss dies für den Fall des Wegfalls eines der gewählten Prüfer ausdrücklich vorsieht.[121] Gleiches gilt, wenn einer der als Gemeinschaftsprüfer gewählten Prüfer die Annahme des Prüfungsauftrags abgelehnt hat.

o) Ersatzprüfer. Möglich und zulässig ist auch die vorsorgliche Wahl eines Ersatzprüfers, der erst bei Wegfall eines zunächst gewählten Abschlussprüfers an dessen Stelle tritt.[122] **26** Die Wahl des Ersatzprüfers steht unter der aufschiebenden Bedingung (§ 158 Abs. 1 BGB) des Wegfalls des primär gewählten Prüfers. Ein Prüfungsauftrag (Abs. 1 S. 4) wird erst dann erteilt, wenn die Bedingung eingetreten ist.[123]

p) Änderung und Aufhebung des Wahlbeschlusses. Der Beschluss über die Wahl **27** des Abschlussprüfers kann so lange **geändert** oder **aufgehoben** werden, bis der gewählte Prüfer den Prüfungsauftrag angenommen hat.[124]

2. Prüfungsauftrag (Abs. 1 S. 4). Die gesetzlichen Vertreter (bei Zuständigkeit es **28** Aufsichtsrats dieser) haben unverzüglich[125] (also ohne schuldhaftes Zögern, § 121 Abs. 1 S. 1 BGB) nach der Wahl den Prüfungsauftrag zu erteilen (Abs. 1 S. 4).[126] Gemeint ist damit die Erteilung des Angebots zum Abschluss des schuldrechtlichen Prüfungsvertrages (zu anderen denkbaren Fallkonstellationen des **Zustandekommens des Prüfungsvertrages** → Rn. 36 ff.).[127] Kamen die gesetzlichen Vertreter einer prüfungspflichtigen Gesellschaft ihrer Pflicht zur unverzüglichen Erteilung des Prüfungsauftrags (Abs. 1 S. 4) nicht nach, konnten sie nach früherem Recht vom Registergericht durch Festsetzung von Ordnungsgeld dazu angehalten werden (§ 335 S. 1 Nr. 3 aF; → 2. Aufl. 2008, Rn. 21). Im Zuge der Umgestaltung des § 335 durch das EHUG vom 10.11.2006 (BGBl. 2006 I 2553) ist diese Sanktionsmöglichkeit entfallen.[128] Eine **Beauftragung *vor* dem Wahlbeschluss** verstößt gegen Abs. 1 S. 4 und kann nicht zu einer gesetzlichen Abschlussprüfung führen.[129] Sie ist allenfalls mit der aufschiebenden Bedingung (§ 158 Abs. 1 BGB) des nachfolgenden Wahlbeschlusses zulässig.[130] Wird der beauftragte Prüfer nachfolgend gewählt, wird die Beauftragung wirksam. Einer erneuten (schuldrechtlichen) Beauftragung bedarf es dann nicht mehr.[131] Wird der Prüfer dagegen nachfolgend nicht gewählt, ist er mangels Bedingungseintritts nicht wirksam beauftragt und wird damit nicht zum gesetzlichen Abschlussprüfer.[132] Denkbar ist eine **Umdeutung** entsprechend § 140 BGB in einen Auftrag zur Durchführung einer gesetzlich nicht vorgeschriebenen („freiwilligen") Abschlussprüfung.[133] Der gewählte Prüfer muss prüfen, ob er ordnungsgemäß bestellt wurde.[134]

---

121 HKMS/Mylich/Müller Rn. 63.
122 BeBiKo/Justenhoven/Heinz Rn. 31. Zu Einzelheiten der Wahl und der Rolle eines Ersatzprüfers ausf. HKMS/Mylich/Müller Rn. 67–68.
123 HKMS/Mylich/Müller Rn. 68.
124 Ebenso BeBiKo/Justenhoven/Heinz Rn. 32; Hüffer FS Hommelhoff, 2012, 483 (487, 488); HKMS/Mylich/Müller Rn. 86; Schüppen Rn. 21.
125 Zu den Gründen für die Unverzüglichkeit BeBiKo/Justenhoven/Heinz Rn. 36; Wiedmann/Böcking/Gros/Böcking/Gros/Rabenhorst Rn. 10.
126 Zu den Folgen einer Auftragserteilung an den Wirtschaftsprüfer bei gänzlich fehlendem Wahlbeschluss: LG Köln DB 1992, 265; LG Berlin Urt. v. 27.10.1994 – 93 O 98/94 (juris); offen gelassen in OLG Naumburg OLGR Naumburg 2005, 275.
127 Staub/Habersack/Schürnbrand Rn. 22.
128 Staub/Habersack/Schürnbrand Rn. 22. Zu Hintergrund und Neuordnung des § 335 Schreiber in Ebke/Möhlenkamp, Rechnungslegung, Publizität und Wettbewerb, 2010, S. 112–114.
129 LG Köln DB 1992, 265 (266); LG Berlin WPK Magazin 1995, 180; zust. HKMS/Mylich/Müller Rn. 79.
130 HKMS/Mylich/Müller Rn. 79.
131 HKMS/Mylich/Müller Rn. 79.
132 IE ebenso HKMS/Mylich/Müller Rn. 79.
133 IE ebenso HKMS/Mylich/Müller Rn. 79.
134 OLG Frankfurt a.M. BeckRS 2014, 1190919 (Nichtzulassungsbeschwerde zurückgewiesen: BGH 8.9.2016 – VII ZR 242/14).

29   **a) Qualifikation.** Nach heute hM ist der gesetzliche Abschlussprüfer weder Organ der Gesellschaft[135] noch ein Hilfs-,[136] Unterstützungs-[137] bzw. Beratungsorgan[138] des Aufsichtsrats bei der Überwachung des Vorstandes und des geprüften Unternehmens; der gesetzliche Abschlussprüfer ist vielmehr ein von dem zuständigen Organ (zB der Hauptversammlung) gewählter gesellschaftsexterner, unabhängiger und sachverständiger **Vertragspartner der prüfungspflichtigen Gesellschaft** mit gesetzlich umrissenen Kontroll-, Informations- und Beglaubigungsaufgaben[139] oder – nach anderer Ansicht – „außenstehende Kontrollinstanz mit öffentlicher Funktion".[140] Das Ende des gesellschafts*innen*rechtlichen Verständnisses von der Stellung des gesetzlichen Abschlussprüfers hat Folgen für die Qualifikation des Rechtsverhältnisses zwischen der prüfungspflichtigen Gesellschaft und dem gesetzlichen Abschlussprüfer: An die Stelle eines Organverhältnisses nebst schuldrechtlicher Vereinbarung zwischen der prüfungspflichtigen Gesellschaft und ihrem externen gesetzlichen Abschlussprüfer tritt eine (durch Angebot und Annahme zustande kommende) **vertragliche Rechtsbeziehung** zwischen der zu prüfenden Gesellschaft und dem Wirtschaftsprüfer auf der Grundlage des **korporationsrechtlichen Bestellungsaktes** (→ Rn. 1).[141] Die Stellung als gesetzlicher Abschlussprüfer steht und fällt nach alledem mit der wirksamen Wahl durch das zuständige Organ oder Gremium der prüfungspflichtigen Gesellschaft (Abs. 1 S. 1 und 2), der Erteilung des Angebots zum Abschluss eines schuldrechtlichen Prüfungsvertrages und dessen Annahme durch den Prüfer (Abs. 1 S. 4).[142]

30   **b) Rechtsnatur.** Die Rechtsnatur des Prüfungsvertrages ist in der **Literatur** nach wie vor **umstritten.**[143] Einigkeit besteht darüber, dass der Prüfungsvertrag als privatrechtliches Rechtsverhältnis zu qualifizieren ist.[144] Teils wird der Prüfungsvertrag als Werkver-

---

135   BayObLGZ 1987, 297 (308); OLG Düsseldorf NZG 2006, 758 (759); Ebke Wirtschaftsprüfer S. 14; Hopt/Merkt Rn. 2; HKMS/Mylich/Müller Rn. 88. Für eine Organstellung hingegen noch BGHZ 16, 17 (25) (sog. „Redepflicht-Entscheidung"); zweifelnd aber BGHZ 76, 338 (342) („wie ein Gesellschaftsorgan"); noch weiter gehend BGH DB 2010, 159 („außenstehender Dritter"). Abwegig ist es, den Abschlussprüfer als „Organ der Rechtspflege" zu bezeichnen (so aber Hönle BB 1981, 466).
136   Ludewig DB 2000, 634 (635); Theisen DB 1999, 341 (341 l. Sp.); Schlegelberger/Quassowski § 141 AktG 1965 Rn. 2; vgl. Seibert WM 1997, 1 (5 Fn. 68).
137   Rabenhorst DStR 2003, 436 (438).
138   Schwegler BB 1995, 1683 (1683 l. Sp.).
139   Ebke Wirtschaftsprüfer S. 14; ausdrücklich zust. OLG Düsseldorf DB 2006, 1670 (r. Sp.); ähnlich Lutter ZSR 124 (2005-II), 415 (445) („kein Organ, sondern unabhängiger Vertragspartner der Gesellschaft"); Kübler/Assmann, Gesellschaftsrecht, 6. Aufl. 2006, S. 317 („externe Prüfungsinstanz"); Staub/Habersack/Schürnbrand Vor § 316 Rn. 19 aE.
140   Vgl. BayObLGZ 1987, 297 (308); BayObLGZ 2002, 364 (365); OLG Brandenburg GmbHR 2001, 865 (866); LG München ZIP 2008, 1123 (1126); Hopt ZHR 141 (1977), 389 (401–403); Hopt/Merkt Rn. 2; ähnlich Hellwig ZIP 1999, 2117 (2123) („öffentlicher Garant"); Schulze-Osterloh ZGR 1976, 411 (419); vgl. HKMS/Mylich/Müller Rn. 2 („öffentlich-rechtliche Funktion"). AA wohl Mai, Rechtsverhältnis zwischen Abschlußprüfer und prüfungspflichtiger Kapitalgesellschaft, 1993, 259 („Inhaber eines privatrechtlichen Amtes"); Baus ZVglRWiss 103 (2004), 219 (243 (bei Fn. 140) („öffentliches Amt"); Becker Verwaltungskontrolle S. 783 („kein Ombudsmann für die Gesellschaft, die Gesellschaftsgläubiger oder gar für die Allgemeinheit").
141   BGH NJW 2022, 2185 Rn. 17; OLG Naumburg OLGR Naumburg 2005, 275. Ebenso HKMS/Mylich/Müller Rn. 2, 3; Hopt/Merkt Rn. 2; Hense/Ulrich/Goltz/Bärenz WPO § 43 Rn. 102. Zur Sicht des Berufsstands IDW PS 220: Beauftragung des Abschlussprüfers (Stand: 9.9.2009), WPg Supp. 4/2009, 1.
142   OLG Naumburg BeckRS 2003, 155433 Rn. 38 („Wahl, Auftragsangebot, Annahme"); BGH NJW 2022, 2185 Rn. 17; ebenso BeBiKo/Justenhoven/Heinz Rn. 2; Staub/Habersack/Schürnbrand Rn. 1; Hopt/Merkt Rn. 2; Schüppen Rn. 3; HKMS/Mylich/Müller Rn. 3; Merkt/Probst/Fink/Bruckner/Homfeldt S. 1475 Rn. 62. Zur Erlangung des korporationsrechtlichen Status als Abschlussprüfer muss noch die Bekanntgabe der Wahl an den Gewählten hinzukommen: Hüffer FS Hommelhoff, 2012, 483 (485); Schüppen Rn. 3 Fn. 3.
143   Vgl. aus dem älteren Schrifttum Ebke Wirtschaftsprüfer S. 11 Fn. 7 mwN; Heck AcP 140 (1935), 154 (176); Gloeckner, Die zivilrechtliche Haftung des Wirtschaftsprüfers, 1967, S. 22–24.
144   HKMS/Mylich/Müller Rn. 2 („im Kern privatrechtlich"), der zutr. bemerkt, dass dieser „Rechtsgrundsatz … bisher nie ernsthaft zugunsten einer behördlichen oder gerichtlichen Bestellung oder sogar eines staatlichen Aktienamts in Frage gestellt worden" ist, und Rn. 88 („rein schuldrechtliches Rechtsverhältnis"); Graumann Prüfungswesen 164 („schuldrechtliche Vereinbarungen"); Hense/Ulrich/Goltz/Bärenz WPO § 43 Rn. 106 („schuldrechtliche Vereinbarung").

trag,[145] teils als Dienstvertrag,[146] teils als (atypischer) Geschäftsbesorgungsvertrag (mit Werk-vertragscharakter)[147] qualifiziert. In der Literatur wird seit langem die Ansicht vertreten, die Unterscheidung dürfe nicht „überbetont" werden[148] und sei „wegen gesetzlicher Typi-sierung kaum relevant".[149] In der Tat sind §§ 318, 323 *leges speciales,* die viele allfällige Unterschiede infolge einer unterschiedlichen rechtlichen Qualifikation des Prüfungsvertra-ges überlagern. Besonderheiten gelten außerdem für die Vergütung (→ Rn. 41 ff.). Die Qualifikationsfrage gewinnt nach einer Ansicht im Schrifttum freilich in der **Insolvenz** der prüfungspflichtigen Gesellschaft im Hinblick auf die Befugnisse des Insolvenzverwalters Bedeutung (vgl. § 108 Abs. 1 InsO, § 115 Abs. 1 InsO, § 116 S. 1 InsO, §§ 103, 113 InsO).[150] Nach § 115 Abs. 1, § 116 S. 1 InsO erlischt ein Dienst- oder Werkvertrag, durch den sich jemand dem Schuldner gegenüber verpflichtet hat, ein Geschäft für diesen zu besorgen, mit der Eröffnung des Insolvenzverfahrens. Die hM in der insolvenzrechtlichen Literatur geht allerdings davon aus, dass wegen des gesetzlich angeordneten Fortwirkens einer *vor* Eröffnung des Insolvenzverfahrens erfolgten „Bestellung" des Abschlussprüfers (§ 155 Abs. 3 S. 2 InsO) auch der schuldrechtliche Prüfungsvertrag – unabhängig von seiner Qualifikation – weiter besteht.[151] Begründet wird diese Ansicht damit, dass § 155 Abs. 3 S. 2 InsO als *lex specialis* die Regelungen der §§ 115, 116 InsO verdränge;[152] der BGH sieht das ebenso.[153] Folgt man dieser insolvenzrechtlich geprägten Ansicht, ist die schuldrechtliche Qualifikation des Prüfungsvertrages also auch im Insolvenzfall in der Tat „kaum relevant".[154]

---

[145] Aus dem neueren Schrifttum: W. Doralt, Haftung der Abschlussprüfer, 2005, S. 85; Henssler/Dedek WPK-Mitt. 2002, 278 (279); Magnus in Koziol/Doralt, Abschlussprüfer – Haftung und Versicherung, 2004, S. 22 Fn. 18.

[146] IdS Leicht, Die Qualifikation der Haftung von Angehörigen rechts- und wirtschaftsberatender Berufe im grenzüberschreitenden Dienstleistungsverkehr, 2002, S. 20.

[147] HKMS/Mylich/Müller Rn. 89; BeBiKo/Justenhoven/Heinz Rn. 36; Schüppen Rn. 9; Hopt/Merkt Rn. 3; Wiedmann/Böcking/Gros/Böcking/Gros/Rabenhorst Rn. 11; Altmeppen ZGR 2004, 390 (406).

[148] Emmerich in Busse von Colbe/Lutter, Wirtschaftsprüfung heute: Entwicklung oder Reform?, 1977, S. 224.

[149] Hopt/Merkt Rn. 3.

[150] Dazu Ebke FS Hopt, 2010, 577 (578); Klerx NZG 2003, 943 (944).

[151] Vgl. die Nachweise in BGH BeckRS 2022, 18743 Rn. 30; BGH NJW 2022, 2185 Rn. 14; BGH BeckRS 2022, 11050 Rn. 13. Der BGH hat außerdem entschieden, dass § 155 Abs. 3 S. 2 InsO nicht nur für das Geschäftsjahr gilt, in welchem die Eröffnung des Insolvenzverfahrens erfolgt, sondern auch für die „Bestellung" von Abschlussprüfern in vorangegangenen Geschäftsjahren; BGH ZIP 2018, 1358 Rn. 12 ff. Der BGH begreift den Begriff der Bestellung als „zusammenfassenden Oberbegriff" für den in der Wahl des Abschlussprüfers liegenden korporationsrechtlichen Bestellungsakt und die nachfolgende schuldrechtliche Beauftragung des Prüfers durch die Gesellschaft: BGH NJW 2022, 2185 Rn. 17.

[152] Müller/Gelhausen FS Claussen, 1997, 687 (696); Kniebes ZInsO 2015, 383 (385); Kaiser/Berbuer ZIP 2017, 161 (162); Hillebrand ZInsO 2019, 774 (776). Demnach kann der Insolvenzverwalter den Prüfungsvertrag entsprechend Abs. 1 S. 5 nur widerrufen, wenn nach Abs. 3 ein anderer Prüfer bestellt worden ist; ebenso OLG Frankfurt a.M. ZIP 2021, 1978 (1980). Zu den Folgefragen Ebke FS Hopt, 2010, 577 (578).

[153] Nach Ansicht des BGH verdient die hM den Vorzug: BGH BeckRS 2022, 11050 Rn. 17; ebenso BGH NJW 2022, 2185 Rn. 16 mwN; BGH BeckRS 2022, 11050 Rn. 17; s. ferner OLG Frankfurt a.M. NZG 2004, 285 (286) („Durchbrechung der Grundregel von § 115 Abs. 1 InsO, § 116 S. 1 InsO); OLG Frankfurt a.M. ZIP 2021, 1978 (1980).

[154] Bezüglich des Vergütungsanspruchs des Prüfers ist nach Ansicht des BGH für die Zeit vor und die Zeit nach der Eröffnung des Insolvenzverfahrens zu unterscheiden: Der Honoraranspruch des Prüfers stellt sich danach als bloße Insolvenzforderung gem. §§ 38, 87 InsO dar, soweit er auf Leistungen beruht, die bis zur Eröffnung des Insolvenzverfahrens erbracht wurden. Die nach diesem Zeitpunkt erbrachte Tätigkeit und die daran anknüpfende Vergütungsforderung begründen gem. § 55 Abs. 1 Nr. 2 Fall 2 InsO hingegen eine Masseverbindlichkeit. S. BGH BeckRS 2022, 11050 Rn. 21; BGH, NJW 2022, 2185 Rn. 20; ebenso OLG Frankfurt a.M. BeckRS 2021, 13281 Rn. 55 ff.; aA OLG Düsseldorf BeckRS 2021, 26208 Rn. 34 (aufgehoben durch BGH NJW 2022, 2185). Der BGH weist darauf hin, dass der Prüfer – wie andere Gläubiger auch – sich vor den Auswirkungen der Insolvenzeröffnung auf seinen Vergütungsanspruch für bereits erbrachte Leistungen durch die Vereinbarung von Vorschuss- oder Abschlagszahlungen schützen könne (BGH NJW 2022, 2185 Rn. 29). Ziff. 13 Abs. 1 der AAB für Wirtschaftsprüfer und Wirtschaftsprüfungsgesellschaften (abgedruckt bei Hopt/Merkt Anh 2[b]) sieht das vertragliche Recht des Prüfers vor, angemessene Vorschüsse auf seine Vergütung und den Auslagenersatz verlangen zu können. Sofern die AAB nicht vereinbart oder nicht wirk-

Andernfalls ist eine präzise Qualifikation des Prüfungsvertrages unerlässlich. Die zivilrechtliche **Rechtsprechung** geht mit überzeugender Begründung davon aus, dass der Prüfungsvertrag als **Werkvertrag** zu qualifizieren ist, der eine **Geschäftsbesorgung** zum Gegenstand hat.[155]

31   **c) Allgemeine Auftragsbedingungen.** Dem Prüfungsauftrag werden in der Regel die Allgemeinen Auftragsbedingungen (AAB) für Wirtschaftsprüfer und Wirtschaftsprüfungsgesellschaften (Stand: 1.1.2017) zugrunde gelegt.[156] Für die Einbeziehung und Wirksamkeit der AAB (Inhaltskontrolle) gelten die allgemeinen Regeln der §§ 305–310 BGB (→ § 323 Rn. 14).[157] Von besonderer Bedeutung ist in diesem Zusammenhang Ziff. 9 der AAB (Haftungsbegrenzung),[158] deren Wirksamkeit umstritten ist.[159] An das „Aushandeln"

---

sam einbezogen worden sind, bleibt der gesetzliche Vorschussanspruch gem. § 669 BGB, der nach § 675 Abs. 1 BGB auf den Prüfungsvertrag als Werkvertrag mit Geschäftsbesorgungscharakter anwendbar ist. Abschlagszahlungen für bereits erbrachte Teilleistungen kann der Abschlussprüfer auch ohne vertragliche Vereinbarung (die AAB enthalten keine Regelung hierzu) unmittelbar auf der Grundlage des BGB-Werkvertragsrechts (§ 632a BGB) verlangen. Um das Risiko einer erfolgreichen Anfechtung durch den späteren Insolvenzverwalter zu minimieren, sollten Vorschüsse und Abschlagszahlungen im Vorfeld einer Insolvenz nach den Regelungen für Bargeschäfte (§ 142 InsO) eingefordert und geleistet werden: WPK Magazin 3/2022, 68 (72).

[155]   BGH NJW 2022, 2185 Rn. 13 mwN (Werkvertrag mit Geschäftsbesorgungscharakter) mwN; BGH BeckRS 2022, 18743 Rn. 30 (Geschäftsbesorgungsvertrag); OLG Düsseldorf BeckRS 2021, 41602 Rn. 23 unter Hinweis auf BGHZ 213, 374 („werkvertragliche Verpflichtung mit Geschäftsbesorgungscharakter"). Vgl. BGH NJW 2000, 1107 (Werkvertrag); BGHZ 124, 27 (30); noch offen gelassen in BGH WM 1975, 763 (764); vgl. OLG Hamburg WPg 1964, 553; OLG Hamburg Stbg 1981, 188; OLG Köln ZIP 1980, 991 (992).

[156]   Ritzer-Angerer WPg 2017, 1431; HKMS/Mylich/Müller Rn. 91; Graumann Prüfungswesen S. 184. Zur Vereinbarung der AAB: ISA [DE] 210: Vereinbarung der Auftragsbedingungen für Prüfungsaufträge (Stand: 26.3.2020), IDW Life 2020, 509.

[157]   Ebke ZVglRWiss 109 (2010), 397 (410–412); HKMS/Mylich/Müller Rn. 91. Aus dem älteren Schrifttum Brandner JZ 1985, 757; Bunte BB 1981, 1064.

[158]   Ziff. 9 der AAB lautet:
„(1) Für gesetzlich vorgeschriebene Leistungen des Wirtschaftsprüfers, insbesondere Prüfungen, gelten die jeweils anzuwendenden gesetzlichen Haftungsbeschränkungen, insbesondere die Haftungsbeschränkung des § 323 Abs. 2 HGB.
(2) Sofern weder eine gesetzliche Haftungsbeschränkung Anwendung findet noch eine einzelvertragliche Haftungsbeschränkung besteht, ist die Haftung des Wirtschaftsprüfers für Schadensersatzansprüche jeder Art, mit Ausnahme von Schäden aus der Verletzung von Leben, Körper und Gesundheit, sowie von Schäden, die eine Ersatzpflicht des Herstellers nach § 1 ProdHaftG begründen, bei einem fahrlässig verursachten einzelnen Schadensfall gemäß § 54a Abs. 1 Nr. 2 WPO auf 4 Mio. Euro beschränkt.
(3) Einreden und Einwendungen aus dem Vertragsverhältnis mit dem Auftraggeber stehen dem Wirtschaftsprüfer auch gegenüber Dritten zu.
(4) Leiten mehrere Anspruchsteller aus dem mit dem Wirtschaftsprüfer bestehenden Vertragsverhältnis Ansprüche aus einer fahrlässigen Pflichtverletzung des Wirtschaftsprüfers her, gilt der in Abs. 2 genannte Höchstbetrag für die betreffenden Ansprüche aller Anspruchsteller insgesamt.
(5) Ein einzelner Schadensfall im Sinne von Abs. 2 ist auch bezüglich eines aus mehreren Pflichtverletzungen stammenden einheitlichen Schadens gegeben. Der einzelne Schadensfall umfasst sämtliche Folgen einer Pflichtverletzung ohne Rücksicht darauf, ob Schäden in einem oder in mehreren aufeinanderfolgenden Jahren entstanden sind. Dabei gilt mehrfaches auf gleicher oder gleichartiger Fehlerquelle beruhendes Tun oder Unterlassen als einheitliche Pflichtverletzung, wenn die betreffenden Angelegenheiten miteinander in rechtlichem oder wirtschaftlichem Zusammenhang stehen. In diesem Fall kann der Wirtschaftsprüfer nur bis zur Höhe von 5 Mio. Euro in Anspruch genommen werden. Die Begrenzung auf das Fünffache der Mindestversicherungssumme gilt nicht bei gesetzlich vorgeschriebenen Pflichtprüfungen.
(6) Ein Schadensersatzanspruch erlischt, wenn nicht innerhalb von sechs Monaten nach der schriftlichen Ablehnung der Ersatzleistung Klage erhoben wird und der Auftraggeber auf diese Folge hingewiesen wurde. Dies gilt nicht für Schadensersatzansprüche, die auf vorsätzliches Verhalten zurückzuführen sind, sowie bei einer schuldhaften Verletzung von Leben, Körper oder Gesundheit sowie bei Schäden, die eine Ersatzpflicht des Herstellers nach § 1 ProdHaftG begründen. Das Recht, die Einrede der Verjährung geltend zu machen, bleibt unberührt."

[159]   Zum Stand der Diskussion Merkt/Osbahr WPg 2019, 187; zu Einzelheiten: Merkt/Osbahr WPg 2019, 246; Ritzer-Angerer WPg 2017, 1431; Stoffels ZIP 2016, 2389; Stoffels DB 2016, 2648; Kilian/Rimkus ZIP 2016, 608.

einer wirksamen Individualvereinbarung iSd § 305 Abs. 1 S. 3 BGB stellt die Rechtsprechung hohe Anforderungen.[160] Die AAB der Wirtschaftsprüfer und Wirtschaftsprüfungsgesellschaften werden in der Regel bei der Auftragsannahme aufgrund eines ausdrücklichen Hinweises in dem **Auftragsbestätigungsschreiben** an die Auftraggeberin Bestandteil des Prüfungsvertrages (§ 305 Abs. 2 Nr. 1 BGB).[161] Es sind jedoch auch andere Fallgestaltungen denkbar.[162] Nach § 310 Abs. 1 S. 1 BGB gelten die Bestimmungen des § 305 Abs. 2 und 3 BGB über die Einbeziehung von AGB in den Vertrag nicht gegenüber einem Unternehmer (§ 14 BGB), einer juristischen Person des öffentlichen Rechts oder einem öffentlich-rechtlichen Sondervermögen. Gleichwohl ist in diesen Fällen eine **Einbeziehungsvereinbarung** erforderlich, für die nach der Rechtsprechung freilich geringere Anforderungen als nach § 305 Abs. 2 und 3 BGB gelten. Abweichend von § 305 Abs. 2 Nr. 1 können die AGB danach auch durch schlüssiges Verhalten in den Vertrag einbezogen werden (zB bei ständiger Geschäftsbeziehung durch wiederholte Hinweise in Rechnungen).[163] AGB, die erstmals in einer Auftragsbestätigung erwähnt werden, können durch widerspruchslose Entgegennahme der vertraglich geschuldeten Leistung einbezogen werden;[164] ebenso durch Schweigen auf ein kaufmännisches Bestätigungsschreiben, in dem die AGB erwähnt sind, denen der andere Teil nicht widerspricht.[165]

Im Falle des Abschlusses eines Prüfungsvertrags ist es denkbar, dass die AAB erst nach **32** Abschluss des Prüfungsvertrages einem „**Auftragsbestätigungsschreiben**" beigefügt werden, das keine Willenserklärung zum Abschluss des Prüfungsvertrages beinhaltet, sondern der nachträglichen Dokumentation getroffener Vereinbarungen dient,[166] und die prüfungspflichtige Gesellschaft den anhängenden AAB nicht widerspricht oder sich mit ihnen einverstanden erklärt.[167] Denkbar ist aber auch, dass die AAB erst dem **Prüfungsbericht** (§ 321) beigefügt werden, und die prüfungspflichtige Gesellschaft dazu schweigt. Ob die AAB dadurch in den Prüfungsvertrag einbezogen werden, ist zweifelhaft, sofern nach den Umständen des Falles aus dem Schweigen der prüfungspflichtigen Gesellschaft nicht ausnahmsweise auf deren Zustimmung zu der vertragsergänzenden Einbeziehung der AAB geschlossen werden kann.[168] Die **Inhaltskontrolle** von AAB, die gegenüber Unternehmen (§ 14 BGB), einer juristischen Person des öffentlichen Rechts oder einem öffentlich-rechtlichen Sondervermögen verwandt werden, richtet sich nach den allgemeinen Regeln (§ 310 Abs. 1 S. 1 und 2 BGB, § 307 BGB). Das gilt auch für die Frage der **Wirksamkeit von Haftungsbeschränkungen** gemäß Ziff. 9 AAB.[169]

d) Erteilung (Abs. 1 S. 4). Bei der **Aktiengesellschaft** lag die Zuständigkeit für die **33** Erteilung des Prüfungsauftrages bis 1998 gemäß § 318 Abs. 1 S. 4 aF iVm § 78 AktG aF beim Vorstand. An dieser Regelung wurde kritisiert, dass sich der Vorstand letztlich seinen Prüfer selbst wähle.[170] Außerdem wurde geltend gemacht, es sei nicht auszuschließen, dass die Aushandlung der Vertragskonditionen mit dem Vorstand zu einer unerwünschten Abhängigkeit des Prüfers vom Vorstand führen könne.[171] Um derartigen Bedenken Rech-

---

[160] BGH WPK Magazin 4/2005, 50.
[161] Graumann Prüfungswesen S. 165 („Verweis auf allgemeine Auftragsbedingungen").
[162] Ebke ZVglRWiss 109 (2010), 397 (410–412); vgl. zu den denkbaren Fallgestaltungen des Zustandekommens eines Prüfungsvertrags auch IDW PS 220.7.
[163] Vgl. BGH NJW-RR 1991, 571.
[164] Vgl. BGH NJW-RR 1995, 1672.
[165] Vgl. BGH NJW 1978, 2244.
[166] S. zu dieser Bedeutung des „Bestätigungsschreibens" IDW PS 220.13. Zu Neuerungen des Auftragsbestätigungsschreibens Farr WPg 2019, 538.
[167] HKMS/Mylich/Müller Rn. 91.
[168] So HKMS/Mylich/Müller Rn. 91 („wirkungslos"); Ebke ZVglRWiss 109 (2010), 397 (412 Fn. 12), dort auch zu den kollisionsrechtlichen Fragen der Einbeziehung der AAB.
[169] Dazu näher Merkt/Osbahr WPg 2019, 187; Merkt/Osbahr WPg 2019, 246; Ritzer-Angerer WPg 2017, 1431; Stoffels ZIP 2016, 2389; Stoffels DB 2016, 2648; Kilian/Rimkus ZIP 2016, 608.
[170] Forster AG 1995, 1 (2); Clemm FS Havermann, 1995, 98; Götz AG 1995, 337 (343); Theisen WPg 1994, 809 (818, 819).
[171] Funke ZIP 1996, 1602 (1603); Theisen WPg 1994, 809 (819).

nung zu tragen, sieht § 111 Abs. 2 S. 3 AktG nunmehr vor, dass der von der Hauptversammlung gewählte Abschlussprüfer den Prüfungsauftrag nicht mehr durch den Vorstand, sondern durch den **Aufsichtsrat** (vertreten durch seinen Vorsitzenden)[172] erhält.[173] Der durch Art. 1 Nr. 12 KonTraG (BGBl. 1998 I 786) eingefügte § 111 Abs. 2 S. 3 AktG sollte *Signalwirkung* entfalten; der Gesetzgeber wollte vermeiden, dass mit der Auftragserteilung durch den Vorstand der „Eindruck einer zu großen Nähe des Prüfers zum Vorstand entstehen" könnte.[174] Denn, so bemerkt *Detlev Vagts* aus rechtsvergleichender Sicht anschaulich und treffend, „[c]ynicism suggests that the watchdog is less apt to bark loudly if the hand that is found in the till is the hand that feeds it".[175] Die Neuregelung entsprach Forderungen im Schrifttum[176] und verdient grundsätzlich Zustimmung.[177] Nach einer empirischen Untersuchung stehen Führungskräfte börsennotierter Unternehmen in Deutschland dem Zuständigkeitswechsel allerdings „eher reserviert gegenüber".[178] Die WPK sah dagegen keinen Anlass, sich gegen die Neuregelung auszusprechen.[179] Der Arbeitskreis „Abschlussprüfung und Corporate Governance"[180] und der Deutsche Corporate Governance Kodex[181] haben empfohlen, die Erteilung des Prüfungsauftrages, die Festlegung des Prüfungsumfangs etc. an den **Prüfungsausschuss** (Audit Committee) zu delegieren.[182] Das ist konsequent, da die dem Aufsichtsrat zugewiesene Aufgabe der Erteilung des Prüfungsauftrages keinem Plenarvorbehalt unterliegt; die Einzelheiten sind allerdings umstritten.[183] Für die **KGaA** gilt das Gesagte entsprechend.[184] Bei der **SE mit dualistischem System** wird der Prüfungsauftrag nach Art. 61 SE-VO iVm § 111 Abs. 2 S. 3 AktG durch den Aufsichtsrat erteilt. Bei der **SE mit monistischem System** ist nach § 22 Abs. 4 S. 3 SEAG zwingend der Verwaltungsrat für die Erteilung des Prüfungsauftrags zuständig.[185]

34   Für die **GmbH** gilt § 111 Abs. 2 S. 3 AktG entsprechend, wenn nach dem Gesellschaftsvertrag ein Aufsichtsrat zu bestellen ist (vgl. den – allerdings dispositiven – § 52 Abs. 1 GmbHG).[186] Ansonsten ist die Geschäftsführung zuständig (§ 35 Abs. 1 S. 1 GmbHG).[187] Bei der **mitbestimmten GmbH** ist zwingend der Aufsichtsrat zuständig (vgl. § 1 Abs. 1 Nr. 3 DrittelbG; § 25 Abs. 1 S. 1 Nr. 2 MitbestG; § 3 Abs. 2 MontanMitbestG; § 3 Abs. 1 S. 2 MitbestErgG).[188] Geht aus einer (innerhalb der EU stattfindenden) **grenzüberschreitenden Verschmelzung** eine GmbH hervor, so ist dort unter den im MgVG[189] genannten

---

172 Dörner FS Röhricht, 2005, 822.
173 Nach § 111 Abs. 2 S. 4 AktG kann der Aufsichtsrat darüber hinaus eine externe inhaltliche Überprüfung der nichtfinanziellen Erklärung oder des gesonderten nichtfinanziellen Berichts (§ 289b HGB), der nichtfinanziellen Konzernerklärung oder des gesonderten nichtfinanziellen Konzernberichts (§ 315b HGB) beauftragen.
174 S. die Begründung des RegE KonTraG, BT-Drs. 13/9712, 16.
175 Vagts, Law and Accounting in Business Associations, Int.Enc.Comp.L. XIII Ch. 12A, 1972, Sec. 27(3), S. 25.
176 Clemm FS Havermann, 1995, 97; Kaminski/Marks FS Havermann, 1995, 272; Lutter ZHR 159 (1995), 287 (299, 300); zust. zum RegE des KonTraG Baums AG Sonderheft 1997, 26 (31); aA noch Forster AG 1995, 1 (3).
177 Hommelhoff/Mattheus AG 1998, 249 (256); Mattheus ZGR 1999, 682 (707, 708); ebenso Forster WPg 1998, 41 (42); zweifelnd Gelhausen AG Sonderheft 1997, 73 (77).
178 Förschle/Glaum/Mandler DB 1998, 889 (892).
179 Hense WPK-Mitt. Beilage 3/1999, 3 (6).
180 Baetge/Lutter, Abschlussprüfung und Corporate Governance, 2003, S. 4.
181 Deutscher Corporate Governance Kodex v. 28.4.2022, D.10.
182 Zur Rolle des Prüfungsausschusses bei der Verlängerung der Höchstdauer des Prüfungsmandats Abs. 1a S. 1.
183 Zum Stand der Meinungen: Altmeppen ZGR 2004, 390 (405 Fn. 92); Böcking/Müßig Der Konzern 2003, 38 (45).
184 Merkt/Probst/Fink/Buckner/Homfeldt S. 1475 Rn. 61; BeBiKo/Justenhoven/Heinz Rn. 39.
185 BeBiKo/Justenhoven/Heinz Rn. 41.
186 Noack/Servatius/Haas/Noack GmbHG § 52 Rn. 1; BeBiKo/Justenhoven/Heinz Rn. 42.
187 BeBiKo/Justenhoven/Heinz Rn. 42; HKMS/Mylich/Müller Rn. 80; Schüppen Rn. 10.
188 BeBiKo/Justenhoven/Heinz Rn. 42; HKMS/Mylich/Müller Rn. 80.
189 Gesetz über die Mitbestimmung der Arbeitnehmer bei einer grenzüberschreitenden Verschmelzung vom 21.12.2006 (BGBl. 2006 I 3332). Das Gesetz beruht auf Art. 16 RL 2005/56/EG v. 25.10.2005.

Voraussetzungen ebenfalls ein Aufsichtsrat zu bilden (§§ 23, 24 Abs. 1 S. 1 MgVG). Ist die GmbH eine externe **Kapitalverwaltungsgesellschaft,** hat sie ebenfalls einen obligatorischen Aufsichtsrat zu bilden (§ 18 Abs. 2 S. 1 KAGB).[190] § 18 Abs. 2 S. 1 KAGB nimmt – dem Vorbild des § 1 Abs. 1 Nr. 3 DrittelbG folgend – eine Reihe aktienrechtlicher Vorschriften zwingend in Bezug, darunter § 111 Abs. 2 S. 3 AktG.

Bei der **oHG** und der **KG** (vgl. § 264a Abs. 1) schließen die vertretungsberechtigten **35** persönlich haftenden Gesellschafter den Prüfungsvertrag ab, soweit der Gesellschaftsvertrag nicht etwas anderes bestimmt.[191] Bei der **Kapitalgesellschaft & Co. KG** erteilen die gesetzlichen Vertreter der Kapitalgesellschaft den Prüfungsauftrag, sofern der Gesellschaftsvertrag nicht etwas anderes vorsieht.[192]

e) Angebot und Annahme (Abs. 1 S. 4). Der schuldrechtliche Prüfungsvertrag **36** kommt zustande, wenn das Angebot einer Partei zum Abschluss eines solchen Vertrages von der anderen Partei angenommen wird.[193]

aa) Gesetzliche Regelung. Das gesetzliche Leitbild geht davon aus, dass das **Auf-** **37** **tragsangebot** zum Abschluss des Prüfungsvertrages von der prüfungspflichtigen Gesellschaft ausgeht (*engagement letter*) und der Prüfer das Angebot annimmt (vgl. Abs. 1 S. 4, Abs. 4 S. 2, Abs. 6 S. 1; Abs. 1a S. 1; Art. 16 Abs. 3 Abschlussprüfungs-VO).[194] Mit der Annahme des Angebots kommt der schuldrechtliche Prüfungsvertrag zustande.[195] In der Annahme des Angebots liegt zugleich die Annahme des von den gesetzlichen Vertretern bzw. dem Aufsichtsrat namens der prüfungspflichtigen Gesellschaft erteilten Prüfungsauftrags (Abs. 1 S. 3) und die Vollendung des korporationsrechtlichen Akts der Bestellung zum Abschlussprüfer.[196] Die Annahme ist eine grundsätzlich **empfangsbedürftige Willenserklärung,** durch die der Prüfer der prüfungspflichtigen Gesellschaft sein Einverständnis mit dem angebotenen Prüfungsvertrag zu verstehen gibt. Als (grundsätzlich) empfangsbedürftige Willenserklärung wird die Annahmeerklärung erst mit Zugang bei der prüfungspflichtigen Gesellschaft wirksam. Bis zum Zugang kann der Prüfer seine Erklärung nach den allgemeinen Regeln mithin widerrufen (§ 130 Abs. 1 S. 2 BGB). Die prüfungspflichtige Gesellschaft kann eine Frist für die Annahme bestimmen (§ 148 BGB; vgl. aber § 663 S. 1 BGB, § 51 S. 1 WPO). Die Gesellschaft kann die Erfordernisse an die Annahmeerklärung erleichtern (zB auf Zugang verzichten) oder erschweren (zB Übergabe an ein bestimmtes Mitglied des Aufsichtsrats der Gesellschaft persönlich). Es ist jedoch auch denkbar, dass das **Angebot** nicht von der prüfungspflichtigen Gesellschaft ausgeht, sondern der **Abschlussprüfer** (uU auch schon vor seiner Wahl durch das zuständige Organ) der prüfungspflichtigen Gesellschaft ein Angebot zur Durchführung der Jahresabschlussprüfung abgibt, das, sofern es alle wesentlichen Bestandteile enthält, über die nach dem Willen auch nur einer Partei eine Einigung erzielt werden soll, ohne **Erweiterungen,** Einschränkungen oder sonstige Änderungen angenommen werden kann, wodurch der Prüfungsauftrag mit dem Inhalt des Angebots wirksam wird.[197] Denkbar ist ferner, dass der Wirtschaftsprüfer das Angebot der prüfungs-

---

190 Noack/Servatius/Haas/Noack GmbHG § 52 Rn. 317.
191 Dazu näher BeBiKo/Justenhoven/Heinz Rn. 44.
192 Wiedmann/Böcking/Gros/Böcking/Gros/Rabenhorst Rn. 10.
193 Hense/Ulrich/Goltz/Bärenz WPO § 43 Rn. 106.
194 Schüppen Rn. 9; HKMS/Mylich/Müller Rn. 77–87.
195 Hense/Ulrich/Goltz/Bärenz WPO § 43 Rn. 106.
196 Vgl. BGH NJW 2022, 2185 Rn. 17; Staub/Habersack/Schürnbrand Rn. 24; Hopt/Merkt Rn. 2. Zum Inhalt des Auftragsbestätigungsschreibens aus Sicht des Berufsstandes IDW PS 220.19.
197 Ebke ZVglRWiss 109 (2010), 397 (411 Fn. 74); Schüppen Rn. 9; s. auch IDW PS 220.7: „Gibt der Abschlussprüfer nach entsprechender Aufforderung vor der Wahl ein Angebot zur Durchführung der Jahresabschlussprüfung ab, das alle wesentlichen Bestandteile enthält, kann dieses Angebot von dem Unternehmen ohne zusätzliche weitere Absprache durch Erklärung nach der Wahl zum Abschlussprüfer angenommen werden. Dadurch wird der Prüfungsauftrag mit dem Inhalt des Angebots wirksam." Ein solcher Fall ist beispielsweise denkbar im Falle des Auswahlverfahrens nach Art. 16 Abschlussprüfungs-VO für Zwecke der Verlängerung der Höchstlaufzeit des Prüfungsauftrags, wenn das prüfungspflichtige Unternehmen einen Prüfer aufgrund der Ausschreibungsunterlage zur Abgabe eines Angebots („Vorschlag") aufgefordert hat und das Angebot im Einklang mit dem Auswahl- und Vorschlagsverfahrens nach Art. 16 am Ende vollumfänglich angenommen wird.

pflichtigen Gesellschaft ablehnt und dann seinerseits der Gesellschaft ein Angebot macht (→ Rn. 38, → Rn. 40).

38   Für die **Annahme** gilt: Die Annahmeerklärung muss in Bezug auf das Angebot abgegeben werden. Inhaltlich muss die Annahmeerklärung mit dem Angebot übereinstimmen, andernfalls liegt keine Einigung vor.[198] In der **Praxis**[199] enthält das Angebot der prüfungspflichtigen Gesellschaft zum Abschluss eines Prüfungsvertrages häufig nicht alle erforderlichen Vertragsbestandteile, so dass eine Annahme des Angebots durch ein bloßes „Auftragsbestätigungsschreiben" nicht erfolgen kann. In vielen Fällen wird das **„Auftragsbestätigungsschreiben"** des gewählten Abschlussprüfers an die zu prüfende Gesellschaft gegenüber dem Angebot Erweiterungen, Einschränkungen oder sonstige Änderungen enthalten; in einem solchen Fall bringt der Prüfer zum Ausdruck, dass er mit dem Angebot der Gesellschaft nicht oder jedenfalls nicht in vollem Umfang einverstanden ist. Daher ist seine Erklärung nicht als Annahme, sondern als Ablehnung des Angebots aufzufassen; sie gilt nach § 150 Abs. 2 BGB als neuer Antrag, den das prüfungspflichtige Unternehmen annehmen oder ablehnen kann. Äußert sich das zu prüfende Unternehmen daraufhin nicht, so kann sein **Schweigen** nicht als Zustimmung und demnach nicht als Annahme des neuen Angebots angesehen werden.

39   **Vor Auftragsannahme** hat der Prüfer gewissenhaft zu prüfen, ob er nach den gesetzlichen und berufsrechtlichen Vorschriften den Prüfungsauftrag annehmen darf und ob die erforderlichen sachlichen Kenntnisse und Erfahrungen vorliegen sowie personelle und zeitliche Ressourcen vorhanden sind, um die Prüfung sachgerecht durchführen zu können (§ 4 Abs. 2 BS WP/vBP, § 38 Abs. 1 BS WP/vBP, § 47 BS WP/vBP).[200] Der Abschlussprüfer hat sich insbesondere zu vergewissern, dass dem Prüfungsauftrag **keine Ausschlussgründe** nach § 319 Abs. 2–5, § 319b, § 49 WPO sowie berufsrechtliche Bestimmung wie §§ 2, 28, 29, 31 BS WP/vBP entgegenstehen[201] oder ein Ersetzungsgrund iSv Abs. 3 S. 1 Nr. 1 und 2 vorliegen würde. Bei Vorliegen eines der gesetzlichen Ausschlussgründe oder bei Vorliegen der Besorgnis der Befangenheit muss der gewählte Prüfer die Annahme des Prüfungsauftrags ablehnen.[202] Der Abschlussprüfer hat darüber hinaus bis **zur Beendigung der Prüfung** weiter darauf zu achten, ob zwischenzeitlich Umstände eingetreten sind, die eine Pflicht zur Kündigung begründen.[203] Treten **nach Auftragsannahme** Umstände ein, die zur Ablehnung des Prüfungsauftrags hätten führen müssen, ist der Auftrag im Rahmen des rechtlich Möglichen und Zulässigen zu beenden (§ 4 Abs. 4 BS WP/vBP, § 53 Nr. 11 BS WP/vBP). Besondere Pflichten erwachsen dem Prüfer, wenn er einen Prüfungsauftrag als **Mandatsnachfolger** annehmen möchte, weil ein Prüfungsauftrag bei einer gesetzlich vorgeschriebenen Abschlussprüfung durch Kündigung des Abschlussprüfers nach Abs. 6 oder durch Widerruf gemäß Abs. 1 S. 5 beendet worden ist (§ 42 BS WP/vBP).[204] Bei **Unternehmen von öffentlichem Interesse** obliegen dem gewählten Abschlussprüfer vor Annahme des Prüfungsauftrags besondere Beurteilungs-, Dokumentations-, Erklärungs- und Erörterungspflichten nach Art. 4–6 und 17 Abschlussprüfungs-VO (Prüfungshonorar, Unabhängigkeit, Begrenzung von Nichtprüfungsleistungen, Pflichtrotation etc).[205]

40   **bb) Auftragsablehnung; Abbruch von Vertragsverhandlungen.** Aus dem Grundsatz der Privatautonomie folgt, dass der Prüfer grundsätzlich frei ist, das Angebot der prü-

---

[198] IDW PS 220.7.
[199] Dazu IDW PS 220.7: Beauftragung des Abschlussprüfers (Stand: 9.9.2009), WPg 2001, 895, WPg-Supp 4/2009, 1; Theisen DB 1999, 341 (343).
[200] Hense/Ulrich/Goltz/Bärenz WPO § 43 Rn. 127; Wiedmann/Böcking/Gros/Böcking/Gros/Rabenhorst Rn. 13; IDW PS 220.11.
[201] IDW PS 220.11; Wiedmann/Böcking/Gros/Böcking/Gros/Rabenhorst Rn. 13; Hense/Ulrich/Goltz/Bärenz WPO § 43 Rn. 127.
[202] Wiedmann/Böcking/Gros/Böcking/Gros/Rabenhorst Rn. 13.
[203] IDW PS 220.12.
[204] Hense/Ulrich/Haarmann WPO § 43 Rn. 131.
[205] Hense/Ulrich/Haarmann WPO § 43 Rn. 134. Zu Einzelheiten ausf. HKMS/Mylich/Müller Rn. 87. Zur Anfechtung der Wahl des Abschlussprüfers wegen Verletzung von Informationspflichten Marsch-Barner FS Hommelhoff, 2012, 691.

fungspflichtigen Gesellschaft anzunehmen oder abzulehnen.[206] Ein Wirtschaftsprüfer, der einen Prüfungsauftrag nicht annehmen will, hat die **Ablehnung** jedoch unverzüglich (also ohne schuldhaftes Zögern, § 121 Abs. 1 S. 1 BGB)[207] gegenüber dem für die Erteilung des Prüfungsauftrags zuständigen Gesellschaftsorgan zu erklären (s. § 663 S. 1 BGB, § 51 S. 1 WPO).[208] Er hat den Schaden zu ersetzen, der aus einer schuldhaften Verzögerung der Ablehnungserklärung entsteht.[209] Die **Schadensersatzpflicht** folgt unmittelbar aus § 51 S. 2 WPO, der einen gesetzlich geregelten Fall des Verschuldens bei Vertragsschluss (*culpa in contrahendo*) darstellt;[210] ein Rückgriff auf § 241 Abs. 1 BGB, § 280 Abs. 1 BGB, § 311 Abs. 2 Nr. 1 BGB ist deshalb entbehrlich.[211] Die Ablehnung bedarf grundsätzlich keiner Begründung[212] und ist an keine bestimmte Form gebunden.[213] Der Zugang der Ablehnungserklärung ist keine Voraussetzung für deren Wirksamkeit (str.).[214] Mit der Ablehnung des Antrags erlischt der Antrag (§ 146 1 Var. BGB); der Antrag kann durch Rücknahme der Ablehnungserklärung also nicht wieder aufleben.[215] Eine Annahme des Antrags nach dessen Ablehnung kann aber nach §§ 133, 157 BGB als neuer Antrag des Berufsangehörigen ausgelegt werden, der wiederum annahmebedürftig wäre.[216] Mit Ablehnung des Auftrags kommt erneut die Wahlkompetenz der Gesellschafter nach Abs. 1 S. 1 zum Zuge, nach Ablauf des Geschäftsjahres ggf. die gerichtliche Bestellung nach Abs. 4 S. 2.[217] Bricht der Prüfer oder die prüfungspflichtige Gesellschaft **laufende Verhandlungen** über die Erteilung eines Prüfungsauftrages ohne triftigen Grund ab, kommt eine Schadensersatzpflicht aus *culpa in contrahendo* (§ 241 Abs. 1 BGB, § 280 Abs. 1 BGB, § 311 Abs. 2 Nr. 1 BGB) in Betracht, wenn die eine Partei bei der anderen schuldhaft die irrige Vorstellung hervorgerufen hat, sie sei zum Abschluss des Prüfungsvertrages fest entschlossen; der Abbruch der Vertragsverhandlungen kann vorsätzlich, aber auch nur fahrlässig geschehen, sofern die eine Partei sich sagen muss, ihr Verhalten könne von der anderen Partei nur so verstanden werden, dass sie den Vertragsschluss herbeiführen wolle.[218] Eine Haftung wegen Verletzung der vorvertraglichen Pflicht, auf Rechte, Rechtsgüter und Interessen des Verhandlungspartners Rücksicht zu nehmen (§ 311 Abs. 2 Nr. 1 BGB, § 241 Abs. 2 BGB, § 280 Abs. 1 BGB), kommt auch dann in Betracht, wenn die zunächst abschlusswillige Partei der anderen ihren Sinneswandel nicht rechtzeitig mitteilt.[219] Der Geschädigte ist gemäß § 249 BGB

---

206 HKMS/Mylich/Müller Rn. 85; BeBiKo/Justenhoven/Heinz Rn. 45; Hopt/Merkt Rn. 1.

207 Hense/Ulrich/Bernt § 51 Rn. 9 bemerken dazu treffend: „Ob eine Ablehnung unverzüglich erfolgt ist, lässt sich nicht anhand eines bestimmten, allg. gültigen Zeitraums feststellen, sondern ist unter Würdigung der Umstände des jeweiligen Einzelfalls zu beurteilen. Grundsätzlich ist dem WP eine angemessene Frist zur Prüfung des Antrags einzuräumen, um ggf. auch Rat zu etwaigen berufsrechtlichen Ablehnungsgründen einzuholen. … Die Überlegungsfrist sollte die Dauer weniger Tage nicht überschreiten."

208 BeBiKo/Justenhoven/Heinz Rn. 45; HKMS/Mylich/Müller Rn. 85; Hense/Ulrich/Haarmann WPO § 43 Rn. 130.

209 Hense/Ulrich/Bernt § 51 Rn. 12 ff.

210 Staub/Habersack/Schürnbrand Rn. 24; HKMS/Mylich/Müller Rn. 85; Hense/Ulrich/Bernt § 51 Rn. 13.

211 Hense/Ulrich/Bernt § 51 Rn. 13; aA HKMS/Mylich/Müller Rn. 85; die Anspruchsgrundlage offenlassend Hopt/Merkt Rn. 1.

212 BeBiKo/Justenhoven/Heinz Rn. 45; Hopt/Merkt Rn. 1; aA LG Köln DB 1992, 265; HKMS/Mylich/Müller Rn. 86.

213 Hense/Ulrich/Bernt WPO § 51 Rn. 8 mit dem zutreffenden Hinweis, dass die Ablehnungserklärung zu Beweiszwecken zumindest in Textform, in eiligen Fällen zunächst mündlich bzw. telefonisch mit darauf folgender schriftlicher Bestätigung abgegeben werden sollte.

214 Hense/Ulrich/Bernt WPO § 51 Rn. 8 mwN.

215 Hense/Ulrich/Bernt WPO § 51 Rn. 11.

216 Hense/Ulrich/Bernt WPO § 51 Rn. 11.

217 HKMS/Mylich/Müller Rn. 86.

218 BGH NJW 1996, 1885; OLG Düsseldorf IMR 2020, 125 (in casu verneinend). Vgl. allgemein zur Haftung bei Abbruch von Vertragsverhandlungen Grunewald JZ 1984, 708; Kues, Vereinbarungen im Vorfeld eines Vertrages – Eine rechtsvergleichende Arbeit zum deutschen und schweizerischen Recht, 1994, 7–26; Kaiser JZ 1997, 448; Friedl ZVglRWiss 97 (1998), 161; Krawitz, Schutz vorvertraglicher Investitionen, 2015.

219 Zu der Frage einer Rechtswahlvereinbarung für den Fall des Scheiterns der Verhandlungen eines Prüfungsauftrages mit Bezug zu einem anderen Staat Gunst JZ 1991, 202 (204) (sub III).

dabei so zu stellen, wie wenn das schädigende Ereignis nicht eingetreten wäre. Der Ersatz erfolgt auf der Basis des **Vertrauensschadens.**

41   **f) Vergütung.** Der Abschlussprüfer hat Anspruch auf Vergütung seiner Tätigkeit.[220] Eine Vergütungsordnung (Gebührenordnung) für Wirtschaftsprüfer („Taxe") gibt es derzeit nicht, und zwar weder für gesetzliche Abschlussprüfungen[221] noch für die sonstigen Tätigkeiten des Wirtschaftsprüfers iSd § 2 WPO.[222] § 55a WPO 1961, der eine Ermächtigung zum Erlass einer Gebührenordnung enthalten hatte, wurde durch die 7. WPO Novelle 2007 aufgehoben.[223] Das OLG Brandenburg führt die Aufhebung des § 55a WPO 1961 auf die „Passivität des nach § 55 WPO zuständigen Gebührenordnungsgebers" zurück.[224] Wirtschaftsprüfer können daher unter Beachtung der europarechtlichen Vorgaben,[225] der allgemeinen zivilrechtlichen Grundsätze, des Wettbewerbsrechts[226] sowie der berufsrechtlichen Vorgaben in den § 55 WPO (Verbot des Erfolgshonorars) sowie § 43 BS WP/vBP[227] ihre Vergütung mit der Auftraggeberin **privatautonom verhandeln und ausgestalten.**[228] Wegen der unterschiedlichen Anknüpfungsmöglichkeiten für die Vergütung (zB Zeitaufwand, Wert des Auftrags, Art der Aufgabe) ist eine Honorarvereinbarung unerlässlich.[229] Bei (in der Praxis wohl eher selten anzutreffendem) Fehlen einer Vergütungsvereinbarung gilt § 632 Abs. 2 BGB (bei Qualifikation des Vertragsverhältnisses als Werkvertrag) bzw. § 612 Abs. 2 BGB (bei Qualifikation als Dienstvertrag).[230]

42   **aa) Gestaltung.** Die Möglichkeiten der Gestaltung der Vergütung für Prüfungsleistungen sind vielfältig.[231] Bei der Gestaltung von Honorarvereinbarungen ist das Gebot der Unabhängigkeit des Abschlussprüfers zu beachten (§ 319 Abs. 2–5, § 319b; § 43 Abs. 1 S. 1 WPO).[232] Nach § 43 Abs. 1 S. 1 BS WP/vBP sind Wirtschaftsprüfer darüber hinaus verpflichtet, bei der Vereinbarung und Abrechnung der Vergütung für Prüfungen dafür zu sorgen, dass die Qualität der beruflichen Tätigkeit sichergestellt wird.[233] Besteht bei gesetzlich vorgeschriebenen Abschlussprüfungen zwischen der erbrachten Leistung und der ver-

---

[220] HKMS/Mylich/Müller Rn. 92.

[221] Die Vergütung einer Nachtragsprüfung iSd § 316 Abs. 3 richtet sich nach den allg. Grundsätzen.

[222] Hense/Ulrich/Goltz WPO § 55 Rn. 2. Zur Bedeutung der Gebührenordnung von 1939 Velte WPg 2009, 1229 (1229 Fn. 4). Zur Diskussion betr. eine Gebührenordnung für Abschlussprüfer Peemöller WPK Magazin 1/2012, 37; Gödecke/Hoegen in Ebke/Seagon/Blatz, Unternehmensrestrukturierung und Unternehmensinsolvenz, 2015, S. 175 (213–219).

[223] Hense/Ulrich/Goltz WPO § 55 Rn. 4; Velte WPg 2009, 1229 (1229 Fn. 4).

[224] OLG Brandenburg GmbHR 2001, 865.

[225] Zur Honorargestaltung bei Abschlussprüfungen von PIE HKMS/Mylich/Müller Rn. 96–97.

[226] Zu den wettbewerbsrechtlichen Aspekten Hense/Ulrich/Goltz WPO § 55 Rn. 11–12.

[227] HKMS/Mylich/Müller Rn. 94. Zur berufsrechtlichen Zulässigkeit von Kostenvoranschlägen und sog. „Beauty Contestes" durch Wirtschaftsprüfer: Römermann INF 2000, 374.

[228] HKMS/Mylich/Müller Rn. 92; Hense/Ulrich/Goltz WPO § 55 Rn. 6. Zu den Honoraren für Abschlussprüfungs- und Nichtabschlussprüfungsleistungen: WPK, Marktstrukturanalyse 2021: Anbieterstruktur, Mandatsverteilungen, Abschlussprüferhonorare und Umsatzerlöse im Wirtschaftsprüfungsmarkt 2021, WPK Magazin Beilage zu Heft 4/2022, 1; Joha WPg 2018, 403; Lenz DB 2016, 2555; Wild DBW 2010, 513; Mottinger/Hofer/Rohatschek WPg 2023, 423.

[229] Kilian BB 2006, 225; Forster WPg 1998, 41 (43).

[230] HKMS/Mylich/Müller Rn. 92. Zu Einzelheiten: Hense/Ulrich/Goltz Rn. 10, unter Hinweis auf OLG Düsseldorf WPK Mitt. 1989, 87 (das die StBVV als Taxe iSv § 612 Abs. 2 BGB, § 632 Abs. 2 BGB zugrunde legen will) und KG WPK Magazin 1/2010, 35 sowie LG Magdeburg DStR 2013, 2539 (die sich gegen die StBVV als Taxe entscheiden und statt dessen grundsätzlich die §§ 315, 316 BGB in die Beurteilung einbeziehen wollen).

[231] Köhler/Gundlach/Weinem WPg 2021, 345 (Honorarentwicklung in den letzten 15 Jahren); Köhler/Gundlach/Weinem WPg 2021, 481 (Entwicklung der Honorarrelation der letzten 15 Jahre); WPK, Marktstrukturanalyse 2021: Anbieterstruktur, Mandatsverteilungen, Abschlussprüferhonorare und Umsatzerlöse im Wirtschaftsprüfungsmarkt 2021, WPK Magazin Beilage zu Heft 4/2022, 1 (9). Zur Preissetzung vor dem Hintergrund der EU-Reformen zur Abschlussprüfung Widmann, Das Prüfungshonorar des Abschlussprüfers, 2019. Zu dem Gesichtspunkt „Gebühren als Marketinginstrument" Weiler DStR 2006, 585.

[232] HKMS/Mylich/Müller Rn. 93. Zu Einzelheiten Schwandtner DStR 2002, 323 (327).

[233] HKMS/Mylich/Müller Rn. 93.

einbarten Vergütung ein **erhebliches Missverhältnis,** muss der WPK oder der APAS auf Verlangen nachgewiesen werden können, dass für die Prüfung eine angemessene Zeit aufgewandt und qualifiziertes Personal eingesetzt wurde (§ 55 Abs. 1 S. 5 WPO, § 43 Abs. 1 S. 2 BS WP/vBP).[234] Es besteht also eine Vermutung zwischen einer unzutreffend niedrigen Vergütung und einer unzureichenden Durchführung des Prüfungsauftrags, den der Prüfer zu widerlegen hat.[235] Nach § 43 Abs. 2 BS WP/vBP dürfen Wirtschaftsprüfer und Wirtschaftsprüfungsgesellschaften ein **Pauschalhonorar** für einen Prüfungsauftrag grundsätzlich nur dann vereinbaren, wenn festgelegt wird, dass bei Eintritt für den Prüfer nicht vorhersehbarer Umstände im Bereich des Auftraggebers, die zu einer erheblichen Erhöhung des Prüfungsaufwandes führen, das Honorar entsprechend zu erhöhen ist.[236] Solche Pauschalhonorare mit **Öffnungsklausel** sind bei großen Unternehmen derzeit die Regel.[237] Sofern kein Pauschalhonorar mit Öffnungsklausel vereinbart wird, bemisst sich das Honorar regelmäßig nach den im Vorfeld festzusetzenden abrechenbaren **Stundensätzen** bzw. **Tagessätzen** des Prüfers und seiner Gehilfen,[238] möglicherweise zuzüglich einer von der Bilanzsumme des geprüften Unternehmens abhängigen **Wertgebühr.** Die Höhe der angemessenen Stunden- und Tagessätze kann stark variieren. Die Sätze orientieren sich an der Bedeutung der Tätigkeit, deren Umfang, dem Schwierigkeitsgrad, dem Haftungsrisiko sowie an der beruflichen Qualifikation und Stellung derjenigen Person, die die Leistung erbringt, und bei Wirtschaftsprüfungsgesellschaften auch an deren Größe. Berufsrechtlich bestehen auch keine Bedenken gegen die Vereinbarung einer am Verbraucherpreisindex orientierten **Preisgleitklausel,** um auf diese Weise die Inflation während des über einen längeren Zeitraum laufenden Auftragsverhältnisses berücksichtigen zu können.[239]

Die Vereinbarung eines **Erfolgshonorars** für Abschlussprüfungen ist europa-[240] und **43** berufsrechtlich[241] unzulässig (für Hilfeleistungen in Steuersachen gelten allerdings Ausnahmen: § 55a WPO)[242] und zivilrechtlich nichtig (§ 134 BGB).[243] § 55 Abs. 1 S. 1 WPO

---

234   Zu Einzelheiten Hense/Ulrich/Goltz WPO § 55 Rn. 38 ff.

235   HKMS/Mylich/Müller Rn. 94. Zur Auslegung und Anwendung des Merkmals des „erheblichen Missverhältnisses": Hense/Ulrich/Glotz WPO § 55 Rn. 40; Graumann Prüfungswesen S. 62.

236   Graumann Prüfungswesen S. 63; HKMS/Mylich/Müller Rn. 95; Staub/Habersack/Schürnbrand Rn. 31; Velte WPg 2009, 1229 (1230).

237   Stürz/Harms in Pfitzer/Oser/Orth DCGK S. 296.

238   BeBiKo/Justenhoven/Heinz Rn. 49 („feste Beträge für angefallene Stunden nach Maßgabe der unterschiedlichen Qualifikation der eingesetzten Mitarbeiter"); Staub/Habersack/Schürnbrand Rn. 31. Zur Zulässigkeit von Stundenhonoraren s. auch BGH NJW 2000, 1107. Die Vereinbarung einer Vergütung nach Zeitaufwand erleichtert die Abgrenzung und Bewertung von Teilleistungen, die zB vor bzw. nach der Eröffnung des Insolvenzverfahrens über das Vermögen der geprüften Gesellschaft oder im Falle des Widerrufs oder der Kündigung des Prüfungsvertrags erbracht wurden; zur Teilbarkeit der Prüfungsleistungen: OLG Frankfurt a.M. BeckRS 2021, 13281 Rn. 58; BGH NJW 2022, 2185 Rn. 36–37.

239   WPK Magazin 1/2023, 18.

240   Art. 4 Abs. 1 Abschlussprüfungs-VO. Dazu HKMS/Müller Rn. 96–97.

241   § 55 Abs. 1 S. 1 und 2 WPO. Dazu Hense/Ulrich/Goltz WPO § 55 Rn. 14; HKMS/Mylich/Müller Rn. 95. Zur früheren Rechtslage LG Berlin WPK-Mitt. 2000, 203; Velte WPg 2009, 1229 (1230). Dass Erfolgshonorare in der Praxis keineswegs unbekannt sind, zeigt der Fall des Prüfers der im März 2002 liquidierten SWISSAIR, obgleich nach schweizerischem Recht ein Erfolgshonorar ebenfalls unzulässig ist: dazu Ebke in Ferrarini/Hopt/Winter/Wymeersch, Reforming Company and Takeover Law in Europe, 2004, S. 532 Fn. 110 (unter Hinweis auf Ernst & Young, In Sachen Swissair: Untersuchungsbericht, 2003, 243).

242   Zu Grundfragen des § 55a WPO aF Kilian BB 2007, 1061 sowie die Kommentierung Hense/Ulrich/Goltz WPO § 55a.

243   HKMS/Mylich/Müller Rn. 95; BeBiKo/Justenhoven/Heinz Rn. 49; Hense/Ulrich/Goltz § 55 Rn. 60, dort in Rn. 61 auch zu der Frage, ob bei Vereinbarung eines Erfolgshonorars die Vergütungsvereinbarung insgesamt nichtig ist oder ob der Abschlussprüfer entsprechend § 55a Abs. 5 S. 1 WPO „keine höhere als eine nach den Vorschriften des bürgerlichen Rechts bemessene Vergütung erhält." Goltz bejaht das unter Hinweis auf BGH NJW 2014, 2653, wonach aus einer Vereinbarung zwischen Rechtsanwalt und Mandant, die gegen die Voraussetzungen für den Abschluss einer Erfolgshonorarvereinbarung nach § 4a Abs. 1 und 2 RVG verstößt, die vereinbarte Vergütung bis zur Höhe der gesetzlichen Gebühr gefordert werden kann. Zu beachten ist, dass die Erfolgshonorarvereinbarung eines Rechtsanwalts mit einem Mandanten grundsätzlich nicht gemäß § 134 BGB nichtig ist, auch wenn sie gegen § 49b Abs. 2 BRAO, § 4a RVG verstößt, weil § 4b RVG insoweit eine den § 134 BGB verdrängende Sondernorm darstellt

bestimmt, dass Wirtschaftsprüfer keine Vereinbarung schließen dürfen, durch welche die Höhe der Vergütung vom Ergebnis ihrer Tätigkeit als Wirtschaftsprüfer abhängig gemacht wird.[244] § 55 Abs. 1 S. 3 WPO ergänzt, dass die Vergütung für gesetzlich vorgeschriebene Abschlussprüfungen über § 55 Abs. 1 S. 1 WPO hinaus nicht an **weitere Bedingungen** geknüpft sein (§ 55 Abs. 1 S. 3 1 Var. WPO)[245] und sie auch nicht von der **Erbringung zusätzlicher Leistungen** für das geprüfte Unternehmen beeinflusst oder bestimmt sein darf (§ 55 Abs. 1 S. 3 2 Var. WPO).[246] Der Eingangspassus in § 55 Abs. 1 S. 1 „Unbeschadet des Artikels 4 der Verordnung (EU) Nr. 537/2014" stellt klar, dass § 55 Abs. 1 S. 1 WPO nur außerhalb des Regelungsbereichs der **Abschlussprüfungs-VO** Anwendung findet, die in Art. 4 Abs. 1 eine eigene Regelung für „ergebnisabhängige Honorare" für die Durchführung von Abschlussprüfungen bei Unternehmen von öffentlichem Interesse enthält.[247] § 55 Abs. 1 S. 4 WPO erstreckt die Verbote von § 55 Abs. 1 S. 3 WPO auf die Vergütung oder Leistungsbewertung von Personen, die als Beteiligte oder anderweitig in der Lage sind, das Ergebnis der Abschlussprüfung zu beeinflussen.[248] Bei der Vereinbarung der Vergütung sollte auch darauf eingegangen werden, ob **bare Auslagen** gesondert ersetzt werden sollen oder bei der Vergütung bereits berücksichtigt worden sind (IDW PS 220.19; vgl. Abs. 5 S. 1 für den gerichtlich bestellten Abschlussprüfer).[249] Die **Verjährung** der Honoraransprüche des Prüfers richtet sich nach den allgemeinen Regeln (§§ 195 ff. BGB).

44   Die Abgabe und Entgegennahme eines Teils der Vergütung oder sonstiger Vorteile für die **Vermittlung von Aufträgen** (sowohl im Verhältnis zu einem Wirtschaftsprüfer als auch einem Dritten) ist unzulässig (§ 55 Abs. 2 WPO).[250] Die **Abtretung** von Vergütungsforderungen oder die **Übertragung ihrer Einziehung** an Berufsangehörige, Berufsgesellschaften oder Berufsausübungsgemeinschaften ist auch ohne Zustimmung der auftraggebenden Person zulässig; diese sind in gleicher Weise zur Verschwiegenheit verpflichtet (§ 55 Abs. 3 S. 1 WPO).[251] § 55 Abs. 3 S. 1 WPO gilt auch bei Abtretung oder Übertragung an Angehörige anderer freier, der Verschwiegenheit unterliegenden Berufe (§ 55 Abs. 3 S. 2 WPO).[252] Die Abtretung von Vergütungsforderungen oder die Übertragung ihrer Einziehung an andere Personen (zB ein Inkassobüro), ist nur zulässig bei rechtskräftiger Feststellung der Vergütungsforderung oder mit Zustimmung der auftraggebenden Person (§ 50 Abs. 3 S. 3 WPO).[253] Anders als nach altem Recht ist eine „ausdrückliche *schriftliche* Einwilligung" des Auftraggebers nach § 55 WPO nicht mehr erforderlich; die **Schriftform** empfiehlt sich aber im Hinblick auf sonst möglicherweise auftretende Beweisprobleme.

(OLG München WM 2020, 564). Hinzu kommt, dass es für Wirtschaftsprüfer an einer gesetzlichen Vergütungsregelung fehlt. Dennoch wird man die neue Rechtsprechung in BGHZ 201, 334 im Grundsatz auf die berufliche Tätigkeit des Wirtschaftsprüfers übertragen können und die Regelung des § 55a Abs. 5 S. 1 WPO im Bereich des § 55 Abs. 1 S. 1 WPO (Erfolgshonorar) analog anwenden können. Ebenso Hense/Ulrich/Goltz WPO § 55 Rn. 61. Offen ist, was für Verstöße gegen § 55 Abs. 1 S. 3 WPO (Vergütung ist an weitere Bedingungen geknüpft oder von der Erbringung zusätzlicher Leistungen für das geprüfte Unternehmen beeinflusst oder bestimmt) zu gelten hat. Zur Rückerstattung des verbotswidrig geleisteten Entgelts nach Bereicherungsrecht Hense/Ulrich/Goltz WPO § 55 Rn. 62.

244   Zu Einzelheiten Hense/Ulrich/Goltz WPO § 55 Rn. 14 ff.
245   Zu Einzelheiten Hense/Ulrich/Goltz WPO § 55 Rn. 20 ff.; zust. BeBiKo/Justenhoven/Heinz Rn. 49.
246   Zu Einzelheiten Hense/Ulrich/Goltz WPO § 55 Rn. 24 ff.
247   Nach Art. 4 Abs. 1 UAbs. 1 Abschlussprüfungs-VO dürfen Honorare für die Durchführung von Abschlussprüfungen bei Unternehmen von öffentlichem Interesse nicht ergebnisabhängig sein (HKMS/Mylich/Müller Rn. 96). Gemäß Art. 4 Abs. 1 UAbs. 2 Abschlussprüfungs-VO ist ein Honorar für ein Prüfungsmandat ergebnisabhängig, „wenn es im Hinblick auf den Ausgang oder das Ergebnis einer Transaktion oder das Ergebnis der ausgeführten Arbeiten auf einer vorab festgelegten Basis berechnet wird", wobei Honorare, die von einem Gericht oder einer zuständigen Behörde festgesetzt werden, nicht als ergebnisabhängig zu betrachten sind".
248   Zu Einzelheiten Hense/Ulrich/Goltz WPO § 55 Rn. 33 ff.
249   Nach Staub/Habersack/Schürnbrand Rn. 32, soll „im Zweifel" anzunehmen sein, dass die Aufwendungen bereits in den Gebühren berücksichtigt worden sind; dagegen mit Recht diff. ADS Rn. 231.
250   Zu Einzelheiten Hense/Ulrich/Goltz WPO § 55 Rn. 45 ff.
251   Zu Einzelheiten Hense/Ulrich/Goltz WPO § 55 Rn. 53 ff.
252   Zu Einzelheiten Hense/Ulrich/Goltz WPO § 55 Rn. 56 ff.
253   Zu Einzelheiten Hense/Ulrich/Goltz WPO § 55 Rn. 59.

bb) Zuständigkeit. Bei Aktiengesellschaften liegt die Zuständigkeit für die Vereinba- **45** rung des Honorars bei dem Aufsichtsrat als Vertreter der beauftragenden Aktiengesellschaft.[254] Der Aufsichtsrat kann aber als Kollegialorgan keine Verhandlungen führen. Daher handelt der **Vorsitzende des Aufsichtsrats** kraft Amtes (oder nach anderer Ansicht[255] aufgrund einer stillschweigenden Ermächtigung), soweit der Aufsichtsrat keine besondere Vollmacht erteilt hat.[256] Die Vollmacht wird im Allgemeinen das Recht zum Abschluss eines Prüfungsvertrages mit dem gesetzlichen Prüfungsumfang und zu den üblichen Bedingungen einschließen. Entsprechendes gilt für die **GmbH,** wenn ein Aufsichtsrat besteht.[257] Andernfalls obliegt das Aushandeln der Vergütung bei der GmbH grundsätzlich den Geschäftsführern, soweit der Gesellschaftsvertrag nicht etwas anderes bestimmt oder die Gesellschafter nicht etwas anderes beschlossen haben. Bei prüfungspflichtigen Personengesellschaften iSd § 264a Abs. 1 Nr. 2 gilt das für die GmbH Gesagte entsprechend.

cc) Offenlegung. Nach § 285 Nr. 17, § 314 Abs. 1 Nr. 9 idF des BilMoG müssen **46** nunmehr alle prüfungspflichtigen Unternehmen im Anhang das von dem Abschlussprüfer für das Geschäftsjahr berechnete **Gesamthonorar** offenlegen, aufgeschlüsselt in das Honorar für die Abschlussprüfungsleistungen, andere Bestätigungsleistungen, Steuerberatungsleistungen und sonstige Leistungen, soweit die Angaben nicht in einem das Unternehmen einbeziehenden Konzernabschluss enthalten sind.[258] Gleiches gilt für den Konzernabschluss (§ 314 Abs. 1 Nr. 9).[259] Weitere Offenlegungspflichten ergeben sich im Hinblick auf die Vergütung uU aus dem DCGK sowie aus § 321 Abs. 4a (Bestätigung der Unabhängigkeit des Abschlussprüfers im Prüfungsbericht nach § 321).[260]

g) Widerruf (Abs. 1 S. 5). Der dem Prüfer erteilte und von ihm angenommene **47** Prüfungsauftrag kann nur von dem Prüfer gekündigt werden, und dann auch nur aus wichtigem Grund (Abs. 6 S. 1).[261] Eine **einvernehmliche Vertragsaufhebung** ist nur zulässig, wenn die Voraussetzungen einer Kündigung aus wichtigem Grund nach Abs. 6 S. 1 vorliegen (str.).[262] In anderen Fällen ist sie unzulässig. Die Gesellschaft kann den Prüfungsauftrag nur widerrufen, wenn wegen eines in der Person des Prüfers liegenden Grundes, insbesondere wegen eines Ausschlussgrundes gemäß § 319 Abs. 2–5, § 319b nach § 318 Abs. 3 Nr. 1, ein anderer Prüfer bestellt worden ist (Abs. 1 S. 5).[263] Zweck dieser Bestimmung ist es, die Unabhängigkeit des Abschlussprüfers gegenüber der zu prüfenden Gesellschaft zu stärken[264] und eine Abschlussprüferlosigkeit zu verhindern.[265]

---

[254] Vgl. BT-Drs. 13/9712, 16. Zur Bedeutung der Vereinbarung des Prüferhonorars durch Aufsichtsrat und Abschlussprüfer für die Corporate Governance Velte WPg 2009, 1229.

[255] Staub/Habersack/Schürnbrand Rn. 33.

[256] Dörner FS Röhricht, 2005, 822; Theisen DB 1999, 341 (343); Schindler/Rabenhorst BB 1998, 1886 (1887); aA Ziemons DB 2000, 77 (81) (nur durch Gesamtaufsichtsrat).

[257] Noack/Servatius/Haas/Noack GmbHG § 52 Rn. 114.

[258] Zu Einzelheiten: Simon-Heckroth/Lüdders WPg 2017, 248; Kling WPg 2011, 209; Bischof WPg 2006, 705; Klein/Klaas WPg 2006, 885 (891, 892); Lenz/Möller/Höhn BB 2006, 1787 (1788, 1789); Zimmermann KoR 2006, 273.

[259] Velte WPg 2009, 1229 (1232); Petersen/Zwirner WPg 2008, 279 (282); zu Einzelheiten Günther, Die Unabhängigkeit des Abschlussprüfers bei privaten Unternehmen in Deutschland, 2019, S. 71 ff.

[260] Staub/Habersack/Schürnbrand Rn. 33 aE.

[261] Schüppen Rn. 24. Zu dem Sonderfall, dass sich erst nach der Wahl und dem Abschluss des Prüfungsvertrages herausstellt, dass die Gesellschaft nicht prüfungspflichtig ist, weil sie beispielsweise die Größenmerkmale des § 267 Abs. 2–3 unterschreitet (Abs. 1 S. 1) oder liquidations- bzw. insolvenzbedingt von der Prüfungspflicht befreit ist (dazu Ebke FS Hopt, 2010, 572–575), s. Staub/Habersack/Schürnbrand Rn. 34.

[262] Wie hier HKMS/Mylich/Müller Rn. 98; Hopt/Merkt Rn. 14; Staub/Habersack/Schürnbrand Rn. 34; enger BeBiKo/Justenhoven/Heinz Rn. 51; Wiedmann/Böcking/Gros/Böcking/Gros/Rabenhorst Rn. 14; aA Graumann Prüfungswesen S. 168 („einvernehmliche Aufhebung nicht möglich").

[263] HKMS/Mylich/Müller Rn. 98; Wiedmann/Böcking/Gros/Böcking/Gros/Rabenhorst Rn. 14.

[264] HKMS/Mylich/Müller Rn. 98; Hopt/Merkt Rn. 4; Merkt/Probst/Fink/Bruckner/Homfeldt S. 1475 Rn. 63.

[265] Vgl. LG München I AG 2000, 235 (236) – HypoVereinsbank; Hopt/Merkt Rn. 4; HKMS/Müller Rn. 98; Merkt/Probst/Fink/Bruckner/Homfeldt S. 1475 Rn. 63.

48   Der Verweis des Abs. 1 S. 5 auf das Ersetzungsverfahren nach Abs. 3, das eine wirksame Bestellung des Prüfers und damit einen wirksamen Prüfungsauftrag voraussetzt, zeigt, dass es sich bei dem **Widerruf** gemäß Abs. 1 S. 5 nicht um einen Widerruf iSv § 130 Abs. 1 S. 2 BGB handelt, sondern um einen **Sonderfall der Kündigung aus wichtigem Grund**.[266] Der Widerruf des Prüfungsauftrags ist erst *nach* der Bestellung des neuen Prüfers durch das Gericht zulässig (Abs. 1 S. 5).[267] Der Widerruf dürfte in entsprechender Anwendung des Abs. 1 S. 5 auch möglich sein, wenn der Prüfer „am rechtzeitigen Abschluß der Prüfung verhindert" oder (zB durch Krankheit oder Geschäftsunfähigkeit) „weggefallen" ist (Abs. 4 S. 2) (str.).[268] In einem solchen Fall entfaltet der Widerruf entsprechend Abs. 1 S. 5 aber erst Rechtswirkungen, wenn das Gericht nach Abs. 4 S. 2 einen neuen Prüfer bestellt hat. Bei Widerruf des Prüfungsauftrags durch das zu prüfende Unternehmen besteht keine Verpflichtung, über das Ergebnis der bisherigen Prüfung zu berichten.[269] Zu dem Vergütungsanspruch des Abschlussprüfers bei Widerruf des Prüfungsauftrages nach Abs. 1 S. 5 → Rn. 47.

49   **3. Zusatzvereinbarungen.** In der Begründung des RegE KonTraG wird darauf hingewiesen, dass es möglich sei, in dem Prüfungsauftrag besondere Prüfungsschwerpunkte festzulegen.[270] Dagegen ist vorgetragen worden, dass die Bestimmung des Mindestinhalts der Prüfung Sache des Abschlussprüfers bleiben muss, die ihm im Hinblick auf seine berufs- (§ 43 Abs. 1 S. 1 WPO)[271] und haftungsrechtliche (§ 323 Abs. 1 S. 3, §§ 823, 826, 831 BGB) Verantwortung nicht abgenommen werden dürfe.[272] Richtig ist: Bei gesetzlich vorgeschriebenen Abschlussprüfungen iSv §§ 316 ff. können die Prüfungsanforderungen vertraglich **nicht unter die gesetzlichen Mindestanforderungen herabgesetzt** werden.[273] Den Parteien steht es aber frei, die Anforderungen an die Art und Weise der Prüfung (Prüfungsanforderungen) **über die gesetzlichen Mindestanforderungen hinaus** zu erweitern (→ § 323 Rn. 19), sofern dem keine zwingenden gesetzlichen Bestimmungen entgegenstehen.[274] Von den vorgenannten **Erweiterungen des Prüfungsauftrags** zu unterscheiden sind **Ergänzungen des Prüfungsauftrags** durch Prüfungsinhalte, die über den gesetzlichen Prüfungsauftrag hinausgehen (zB gezielte Unterschlagungsprüfungen, Sonderprüfungen – → § 323 Rn. 17 f.).[275] Derartige Ergänzungen sind nicht Teil des gesetzlichen Prüfungsauftrages und sind daher Gegenstand eines eigenständigen Vertrages (→ § 323 Rn. 19).[276] Der Abschlussprüfer ist nicht verpflichtet, einen Auftrag zur Ergänzung der Abschlussprüfung anzunehmen, soweit ein solcher nicht gesetzlich vorgeschrieben ist.[277] Über die Feststellungen aus Erweiterungen des Prüfungsauftrags ist nach IDW PS 450.12 im **Prüfungsbericht** zu berichten, auch wenn über das Ergebnis der Erweiterung der Abschlussprüfung nicht im Bestätigungsvermerk (§ 322) berichtet werden darf.

---

[266]   IE ebenso OLG Düsseldorf ZIP 1996, 1040 (1041); HKMS/Mylich/Müller Rn. 98; Schüppen Rn. 20; Hopt/Merkt Rn. 4; vgl. AG Wolfsburg AG 1992, 205 (r. Sp.); aA Staub/Habersack/Schürnbrand Rn. 34 (Teil der Abberufung des Abschlussprüfers).

[267]   Schüppen Rn. 20; BeBiKo/Justenhoven/Heinz Rn. 51.

[268]   Baumbach/Hueck/Schulze-Osterloh, 18. Aufl. 2006, GmbHG § 41 Rn. 86; aA BeBiKo/Justenhoven/Heinz Rn. 51.

[269]   Vgl. IDW PS 450: Grundsätze ordnungsmäßiger Erstellung von Prüfungsberichten (Stand: 28.10.2021), IDW Life 2022, 78 (Tz. 150).

[270]   BT-Drs. 13/9712, 16.

[271]   § 43 WPO gilt sinngemäß für Wirtschaftsprüfungsgesellschaften sowie Vorstandsmitglieder, Geschäftsführer, Partner und persönlich haftende Gesellschafter einer Wirtschaftsprüfungsgesellschaft, die nicht Wirtschaftsprüfer sind (§ 56 Abs. 1 WPO).

[272]   Gelhausen AG Sonderheft 1997, 73 (77); aA wohl Deilmann FS Sandrock, 2000, 173. Zur Sicht des Berufsstandes: IDW PS 220.28.

[273]   OLG Stuttgart BeckRS 2022, 6326 Rn. 37.

[274]   BeBiKo/Justenhoven/Heinz Rn. 50.

[275]   IDW PS 220.29. Zur Unterscheidung von Erweiterungen und Ergänzungen des Prüfungsauftrags auch IDW PS 220.20. Zu den Anlässen und Arten von Sonderprüfungen: Veit, Sonderprüfungen, 2005; zu ausgewählten Fragen der Sonderprüfung Slavik WM 2017, 1684; Verse FS Ebke, 2021, 1007.

[276]   Vgl. BeBiKo/Justenhoven/Heinz Rn. 50; Hense/Ulrich/Goltz/Bärenz WPO § 43 Rn. 107.

[277]   IDW PS 220.29.

III. Beschränkung der Wahlmöglichkeiten (Abs. 1a)

Der aktuelle Abs. 1a betr. die Beschränkung der Wahlmöglichkeiten wurde durch das **50** AReG vom 10.5.2014 (BGBl. 2014 I 1142) als Abs. 1b in das HGB eingefügt und setzt Art. 37 Abs. 3 Abschlussprüfer-RL idF der Änderungen durch die RL 2014/56/EU um. Nach Aufhebung des Abs. 1a idF des AReG durch Art. 11 FISG vom 3.6.2021 (BGBl. 2021 I 1534) wurde aus Abs. 1b aF der heutige Abs. 1a (→ Rn. 4).

1. Vereinbarungen zur Beschränkung der Wahlmöglichkeiten. Abs. 1a idF des **51** FISG bestimmt, dass eine Vereinbarung, die die Wahlmöglichkeiten nach Absatz 1 auf bestimmte Kategorien oder Listen von Prüfern oder Prüfungsgesellschaften beschränkt, nichtig ist (§ 134 BGB).[278] Dadurch soll die Wahlfreiheit der für die Wahl des Abschlussprüfers Zuständigen und die Chancengleichheit potentieller Abschlussprüfer gewährleistet werden, um nicht bestimmte Prüfer oder Prüfungsgesellschaften von vorherin von der Wahl zum Abschlussprüfer auszuschließen.[279] Dennoch kann der Kreis der wählbaren Personen mit Hilfe von fachlichen oder persönlichen Qualifikationsanforderungen an den Abschlussprüfer, die über die gesetzlichen Anforderungen des § 319 Abs. 1 hinausgehen und dem Prüfungszweck dienlich sind, konkretisiert werden.[280] So kann der Gesellschaftsvertrag vorsehen, dass der zu bestellende Prüfer über **wirtschaftszweigspezifische** oder **rechtliche Kenntnisse,**[281] über spezielle Erfahrungen bezüglich der Beurteilung grenzüberschreitender Sachverhalte, über besondere Erfahrungen bei der Anwendung und Auslegung internationaler bzw. **ausländischer Rechnungslegungsgrundsätze** (vgl. § 315e Abs. 1, § 325 Abs. 2a) oder über besondere Sprachkenntnisse verfügt.[282] Der Gesellschaftsvertrag kann ferner vorsehen, dass der zu bestellende Prüfer oder die zu bestellende Prüfungsgesellschaft über eine bestimmte personelle oder sachliche **Ausstattung** verfügt, um die Prüfung angemessen vorbereiten, durchführen und beenden zu können.[283] Der Gesellschaftsvertrag einer mittelgroßen (§ 267 Abs. 2) GmbH oder oHG bzw. KG iSd § 264a Abs. 1 kann außerdem vorsehen, dass nur ein Wirtschaftsprüfer oder eine Wirtschaftsprüfungsgesellschaft anstelle eines vereidigten Buchprüfers oder einer Buchprüfungsgesellschaft zum Abschlussprüfer gewählt wird (vgl. § 319 Abs. 1 S. 2).[284] Einigkeit besteht darüber, dass der Kreis der zum Abschlussprüfer wählbaren Personen aber nicht derart eingeschränkt werden darf, dass **keine „echte" Auswahl** mehr möglich ist.[285]

2. Unternehmen von öffentlichem Interesse. Abs. 1a, der grundsätzlich für alle **52** nach §§ 316 ff. prüfungspflichtigen Gesellschaften gilt, gilt wegen § 316a Abs. 1 S. 1 aber insoweit *nicht* für die Abschlussprüfung von Unternehmen von öffentlichem Interesse, als Art. 16 Abs. 2 UAbs. 3 und Abs. 6 UAbs. 1 Abschlussprüfungs-VO vorrangige und abschließende Sonderregelungen enthalten. Nach Art. 16 Abs. 2 UAbs. 3 Abschlussprüfungs-VO hat der Prüfungsausschuss in seiner Empfehlung zu erklären, dass „diese frei von ungebührlicher Einflussnahme durch Dritte ist und ihm keine Klausel der in Absatz 6 genannten Art auferlegt wurde". Nach Art. 16 Abs. 6 UAbs. 1 Abschlussprüfungs-VO ist „[j]ede Klausel in einem zwischen einem **Unternehmen** von öffentlichem Interesse und **Dritten** geschlossenen **Vertrag,** die die Auswahlmöglichkeiten der Gesellschafterversammlung oder Aktio-

---

[278]   HKMS/Mylich/Müller Rn. 31. Zu etwaigen Unterlassungs- oder Schadensersatzansprüchen bei Verstoß gegen Abs. 1a (Verbotsgesetz!) Schüppen § 318 Rn. 13.

[279]   Schüppen § 318 Rn. 13 (die Bestimmung sei insbesondere gegen sog. „Big 4-Klauseln" gerichtet"); vgl. Wiedmann/Böcking/Gros/Böcking/Gros/Rabenhorst Rn. 9; Blöink/Kumm BB 2015, 1067 (1069).

[280]   BeBiKo/Justenhoven/Heinz Rn. 71.

[281]   BeBiKo/Justenhoven/Heinz Rn. 33; vgl. ISA [DE] 315: Identifizierung und Beurteilung der Risiken wesentlicher falscher Darstellungen aus dem Verständnis von der Einheit und ihrem Umfeld (Stand: 26.3.2020), IDW Life 2019, 669, IDW Life 2020, 509; IDW PS 230: Kenntnisse über die Geschäftstätigkeit sowie das wirtschaftliche und rechtliche Umfeld des zu prüfenden Unternehmens im Rahmen der Abschlussprüfung (Stand: 8.12.2005), WPg 2006, 218.

[282]   BeBiKo/Justenhoven/Heinz Rn. 33; Staub/Habersack/Schürnbrand Rn. 13.

[283]   Wiedmann/Böcking/Gros/Böcking/Gros/Rabenhorst Rn. 9.

[284]   BeBiKo/Justenhoven/Heinz Rn. 33.

[285]   Hopt/Merkt Rn. 1; Staub/Habersack/Schürnbrand Rn. 13; BeBiKo/Justenhoven/Heinz Rn. 33.

närshauptversammlung des betreffenden Unternehmens gemäß Art. 37 Abschlussprüfungs-RL im Hinblick auf die Auswahl eines bestimmten Abschlussprüfers oder einer bestimmten Prüfungsgesellschaft für die Durchführung der Abschlussprüfung bei diesem Unternehmen auf bestimmte Kategorien oder Listen von Abschussprüfern oder Prüfungsgesellschaften beschränkt", **nichtig.**

53   Die Regelungen des **Abs. 1a** und **Art. 16** Abs. 6 UAbs. 1 Abschlussprüfungs-VO sind nach ihrem Wortlaut **nicht deckungsgleich:**[286] Ein gewichtige Unterschied zwischen Art. 16 Abs. 6 UAbs. 1 Abschlussprüfungs-VO und Abs. 1a besteht darin, dass Art. 16 UAbs. 1 Abschlussprüfungs-VO nur „**Verträge**" zwischen einem Unternehmen von öffentlichem Interesse und Dritten (zB Kreditgebern, Lieferanten) betrifft, wohingegen Abs. 1a schlechthin jede „**Vereinbarung**" über die Beschränkung der Wahlmöglichkeiten erfasst und damit weitergehend ist.[287] Von Abs. 1a werden – im Gegensatz zu Art. 16 Abs. 6 UAbs. 1 Abschlussprüfungs-VO – also auch Vereinbarungen der Aktionäre/Gesellschafter untereinander (zB Stimmbindungsvereinbarungen unter den Gesellschaftern etwa in Pool- oder Konsortialverträgen) oder mit Dritten erfasst.[288] Ein weiterer gewichtiger Unterschied besteht darin, dass Art. 16 Abs. 2 UAbs. 3 Abschlussprüfungs-VO – im Gegensatz zu Abs. 1a – auch **informelle Einflussnahmen** Dritter erfasst, die in der Praxis bedeutsamer sein dürften als explizite Vertragsklauseln.[289]

54   Abs. 1a und Art. 16 Abs. 6 UAbs. 1 Abschlussprüfungs-VO sind **Verbotsgesetze** iSd § 134 BGB; ein Verstoß gegen die Verbotsnorm führt daher zur Nichtigkeit der Klausel.[290] Ist die Klausel Teil eines Vertragswerks (zB Kreditvertrag, Covenant), so bleibt das Vertragswerk im Übrigen in der Regel wirksam, da sich die Nichtigkeit nach Sinn und Zweck der Verbotsnorm nur auf die verbotene Klausel bezieht (§ 139 BGB).[291] Aufgrund der Nichtigkeit der Klausel können die Gesellschafter ihr Wahlrecht nach Abs. 1 S. 1 und 2 frei und ungebunden ausüben.[292] Entscheiden sich die Gesellschafter, freiwillig einen auf der nichtigen Vorschlagsliste des Dritten aufgeführten Abschlussprüfer zu wählen, so ist die Stimmabgabe **dennoch nicht nichtig,** denn der automatische Ausschluss aller auf der Liste aufgeführten Prüfer bzw. Prüfungsgesellschaften würde seinerseits die Auswahlmöglichkeiten der Gesellschafter unzulässig beschränken.[293] In Betracht kommt allerdings eine Beschlussanfechtung nach § 243 Abs. 1 AktG (analog für die GmbH), wenn die Wahlentscheidung nicht frei und ungebunden war, weil beispielsweise eine anderweitige ungebührliche Einflussnahme (etwa durch die finanzierende Hausbank) erfolgte (vgl. Art. 16 Abs. 2 UAbs. 3 Abschlussprüfungs-VO).[294]

55   **3. Mitteilung an die zuständige Behörde.** Art. 16 Abs. 6 UAbs. 2 Abschlussprüfungs-VO verpflichtet Unternehmen von öffentlichem Interesse, die zuständigen Behörden „unmittelbar und unverzüglich" über jeden Versuch Dritter zu informieren, eine der in Art. 16 Abs. 6 UAbs. 1 Abschlussprüfungs-VO bezeichneten Vertragsklauseln durchzusetzen oder die Entscheidung der Gesellschafterversammlung oder Hauptversammlung über die Bestellung eines Abschlussprüfers „**anderweitig ungebührlich zu beeinflussen.**" Im Gegensatz zu Art. 16 Abs. 6 UAbs. 2 Abschlussprüfungs-VO sieht Abs. 1a keine Pflicht zur Mitteilung des Versuchs der Durchsetzung einer solchen nichtigen Klausel oder des Versuchs der anderweitigen ungebührlichen Beeinflussung an die APAS vor.[295]

---

286   Schüppen § 318 Rn. 14 („nicht identisch"); HKMS/Mylich/Müller Rn. 31 („erscheint im Gleichklang mit Art. 16 Abs. 6 VO", aber „ein gravierender Unterschied") (zu Abs. 1b aF); aA Hopt/Merkt Rn. 7 („inhaltsgleich") (zu Abs. 1b aF).
287   HKMS/Mylich/Müller Rn. 31; Schüppen § 318 Rn. 14.
288   HKMS/Mylich/Müller Rn. 31; Schüppen § 318 Rn. 14.
289   Instruktiv das einleitende Fallbeispiel von Hüffer FS Hommelhoff, 2015, 483 (483).
290   Schüppen Rn. 13; HKMS/Mylich/Müller Rn. 31.
291   Zweifelnd insoweit wohl HKMS/Mylich/Müller Rn. 31 mwN.
292   BeBiKo/Justenhoven/Heinz Rn. 73.
293   BeBiKo/Justenhoven/Heinz Rn. 73; iE ebenso HKMS/Mylich/Müller Rn. 31.
294   Für eine mögliche Anfechtbarkeit auch HKMS/Mylich/Müller Rn. 31.
295   HKMS/Mylich/Müller Rn. 31; BeBiKo/Justenhoven/Heinz Rn. 70.

IV. Bestellung des Konzernabschlussprüfers (Abs. 2)

Abs. 1 S. 1 Hs. 2 stellt klar, dass die Gesellschafter der Muttergesellschaft den Abschluss- **56** prüfer des Konzernabschlusses **wählen** (s. aber § 341k Abs. 2 S. 1 für Versicherungsunternehmen: Aufsichtsrat).[296] Erfolgt keine gesonderte Wahl des Konzernabschlussprüfers, gilt der Prüfer als bestellt,[297] der für die Prüfung des in den Konzernabschluss einbezogenen Jahresabschlusses des Mutterunternehmens bestellt worden ist (Abs. 2 S. 1).[298] Weichen der Stichtag des Konzernabschlusses und des Jahresabschlusses des Mutterunternehmens voneinander ab, gilt, wenn kein anderer Prüfer bestellt wird, der Prüfer als bestellt, der für die Prüfung des letzten vor dem Konzernabschlussstichtag aufgestellten Jahresabschlusses des Mutterunternehmens bestellt worden ist (Abs. 2 S. 2).[299] Die **gesetzliche Fiktion** des Abs. 2 S. 1 erübrigt eine gesonderte Wahl eines Abschlussprüfers für den Konzernabschluss, wenn der Abschlussprüfer des in den Konzernabschluss einbezogenen Jahresabschlusses des Mutterunternehmens nach dem Willen der Gesellschafter des Mutterunternehmens auch Abschlussprüfer des Konzernabschlusses sein soll.[300] Die Fiktion gemäß Abs. 2 S. 1 **ersetzt nur den Wahlakt;** sie ersetzt nicht die weiteren Voraussetzungen des dreistufigen Verfahrens (→ Rn. 1) wie die Erteilung des Prüfungsauftrags durch das zuständige Organ und dessen Annahme durch den Prüfer.[301] Die Fiktion des Abs. 2 S. 1 greift auch ein, wenn die Muttergesellschaft selbst nicht prüfungspflichtig ist (zB als kleine Konzernholdingmutter iSd § 267 Abs. 1).[302] Die **gerichtliche Bestellung** des Abschlussprüfers für den Einzelabschluss nach Abs. 3 oder Abs. 4 löst ebenfalls die Fiktion des Abs. 2 aus.[303] Dem Gericht steht es allerdings frei, für den Einzelabschluss und den Konzernabschluss unterschiedliche Prüfer zu bestellen.[304]

V. Gerichtliche Ersetzung des Abschlussprüfers (Abs. 3)

1. Hintergrund. Abs. 3 regelt die Voraussetzungen für die Abberufung des gewählten **57** Abschlussprüfers und seine gerichtliche Ersetzung durch einen anderen Prüfer.[305] Die Vorschrift wurde durch das Bilanzrechtsreformgesetz (**BilReG**) vom 4.12.2004 (BGBl. 2004 I 3166) neu gefasst. Die Neufassung des Abs. 3 stand im Zusammenhang mit der Reform des § 319 Abs. 2, 3 und 4, der Einfügung des § 319b sowie den Änderungen des § 243 Abs. 3 Nr. 2 AktG und des § 249 Abs. 1 S. 1 AktG durch das BilReG.[306] Das Gesetz zur Unternehmensintegrität und Modernisierung des Anfechtungsrechts (**UMAG**) vom 22.9.2005 (BGBl. 2005 I 2802) hat den (durch das BilReG eingefügten) Verweis auf § 243 Abs. 3 Nr. 2 AktG in § 249 Abs. 1 S. 1 AktG wieder beseitigt.[307] Durch das Abschlussprüfungsreformgesetz (**AReG**) vom 10.5.2016 (BGBl. 2016 I 1142) wurde Abs. 3 neugefasst.

---

[296]   Schüppen Rn. 18. Zu Besonderheiten nach dem Publizitätsgesetz BeBiKo/Justenhoven/Heinz Rn. 145–147.

[297]   Abs. 2 spricht von der „Bestellung" des Abschlussprüfers für den Konzernabschluss im Gegensatz zur „Wahl" des Abschlussprüfers in Abs. 1. Abs. 2 meint mit „Bestellung" den ersten Verfahrensschritt, nämlich den Wahlbeschluss durch das zuständige Wahlorgan (→ Rn. 1). Nur wenn der Wahl des Konzernabschlussprüfers unterbleibt, kommt die Fiktion des Abs. 2 S. 1 zum Tragen. IdS auch HKMS/Mylich/Müller Rn. 69.

[298]   Zu Einzelheiten HKMS/Mylich/Müller Rn. 75. Zu den Gründen der Fiktion Merkt/Probst/Fink/Bruckner/Homfeldt S. 1477 Rn. 69; Wiedmann/Böcking/Gros/Böcking/Gros/Rabenhorst Rn. 15.

[299]   Wiedmann/Böcking/Gros/Böcking/Gros/Rabenhorst Rn. 16; Merkt/Probst/Fink/Bruckner/Homfeldt S. 1477 Rn. 69.

[300]   BeBiKo/Justenhoven/Heinz Rn. 21. Umstritten ist, wie lange die Wahlmöglichkeit der Gesellschaft vor Eintritt der Fiktion besteht. Zum Streitstand Staub/Habersack/Schürnbrand Rn. 39.

[301]   HKMS/Mylich/Müller Rn. 75.

[302]   HKMS/Mylich/Müller Rn. 70; Merkt/Probst/Fink/Bruckner/Homfeldt S. 1477 Rn. 69.

[303]   HKMS/Mylich/Müller Rn. 71; BeBiKo/Justenhoven/Heinz Rn. 21; aA Wiedmann/Böcking/Gros/Böcking/Gros/Rabenhorst Rn. 15 (nur im Falle des Abs. 4).

[304]   HKMS/Mylich/Müller Rn. 71.

[305]   Zu den Vorläufern des § 318 Abs. 3 (§ 262b Abs. 2, 3 HGB 1931; § 136 Abs. 2 AktG 1937; § 163 Abs. 2 AktG 1965; § 318 Abs. 3 idF des KonTraG) Ebke/Jurisch AG 2000, 208 (209–213).

[306]   S. die Begr. RegE BilReG, BT-Drs. 15/3419, 35 v. 24.6.2004; dazu Ebke FS Röhricht, 2005, 837 Fn. 24; Ebke FS Immenga, 2004, 523 Fn. 38.

[307]   Frings WPg 2006, 821 (829 Fn. 76).

Die aktuelle Fassung des Abs. 3 wurde durch Art. 11 FISG vom 3.6.2021 (BGBl. 2021 I 1534) eingefügt.

58   **2. Anwendungsbereich.** Abs. 3 ist auf alle nach § 316 Abs. 1 S. 1, Abs. 2 S. 1 (und auf diese Bestimmung verweisende Vorschriften) prüfungspflichtigen Gesellschaften, nicht hingegen auf gesetzlich nicht vorgeschriebene („freiwillige") Abschlussprüfungen anwendbar (allgM).[308] Auf Genossenschaften ist Abs. 3 ebenfalls nicht anzuwenden.[309]

59   **3. Verhältnis zu Anfechtungs- und Nichtigkeitsklage.** Unter Geltung des Abs. 3 idF des KonTraG war das Verhältnis des Ersetzungsverfahrens nach Abs. 3 S. 1 zu der aktienrechtlichen Anfechtungsklage nach § 243 AktG aF umstritten.[310] Es ging namentlich um die Frage, ob das handelsrechtliche Ersetzungsverfahren und die aktienrechtliche Anfechtung des Beschlusses über die Wahl des Abschlussprüfers (§ 243 AktG) aus einem in der Person des gewählten Prüfers liegenden Grund, insbesondere wegen Besorgnis der Befangenheit (Abs. 3 S. 1 HGB idF des KonTraG), nebeneinander zulässig waren oder ob in den genannten Fällen ausschließlich das handelsrechtliche Ersetzungsverfahren statthaft war.

60   **a) Schrifttum.** In der Literatur gingen die Meinungen auseinander. Weit verbreitet war die Ansicht, dass das Ersetzungsverfahren nach Abs. 3 aF als „Rechtsbehelf eigener Art" anzusehen sei, der gegenüber §§ 243–248 AktG aF keine ausschließliche Geltung beanspruchen könne, weil er im Vergleich zu §§ 243–248 AktG aF andere Voraussetzungen habe.[311] Wesentliches Argument der Vertreter dieser Ansicht war, dass dem Gesetz ein Vorrang des handelsrechtlichen Ersetzungsverfahrens (damals ein FGG-Verfahren) nicht zu entnehmen sei; im Übrigen werde die Rechtsstellung des einzelnen Aktionärs unangemessen beeinträchtigt, wenn selbst bei einem Gesetzesverstoß die Anfechtung nach den Grundsätzen des Aktienrechts ausgeschlossen würde.[312] Nach Auffassung anderer Autoren sprachen demgegenüber **historische, systematische und teleologische Gründe** dafür, dass in den genannten Fällen **ausschließlich** das gerichtliche Ersetzungsverfahren nach Abs. 3 HGB idF des KonTraG statthaft sei.[313] Das von einigen Vertretern der Gegenansicht angeführte Urteil des RG vom 25.9.1936[314] stand dieser Auffassung nicht entgegen.[315]

61   **b) Rechtsprechung.** Die Rechtsprechung hatte selten Gelegenheit, zu der Rechtsfrage Stellung zu nehmen. In einer Entscheidung des BayObLG blieb der Streit unentschieden, weil der Rechtsstreit die Antragsberechtigung nach Abs. 3 S. 1 HGB aF, nicht hingegen die Anfechtungsbefugnis nach § 243 AktG aF zum Gegenstand hatte.[316] Das **OLG Frankfurt a.M.** vertrat 15 Jahre später unter Berufung auf Hopt und Marsch-Barner die Ansicht, dass das „Verfahren auf gerichtliche Ersetzung des Abschlussprüfers … selbständig neben der Möglichkeit [steht], eine Anfechtungsklage zu erheben".[317] Eine Begründung gab das Gericht nicht.[318] Die **gegenteilige Auffassung** fand sich in zwei landgerichtlichen Entscheidungen.

---

[308]   HKMS/Mylich/Müller Rn. 122; BeBiKo/Justenhoven/Heinz Rn. 76; Hopt/Merkt Rn. 9.

[309]   OLG Hamm OLGZ 1989, 285 = WM 1990, 16. Zu Unterschieden und Gemeinsamkeiten von handelsrechtlichem und genossenschaftlichem Prüfungswesen Peemöller/Finsterer/Weller WPg 1999, 345. Zur Neuregelung des genossenschaftlichen Prüfungswesens: Paschke WPg 2019, 446.

[310]   → 1. Aufl. 2001, Rn. 52–61, Rn. 52, auch zu dem Verhältnis des Ersetzungsverfahrens zu der aktienrechtlichen Nichtigkeitsklage.

[311]   Grdl. Lutter FS Semler, 1993, 835; GK-HGB/Zimmer Rn. 44a; umfangreiche Nachweise in BGHZ 153, 32 (45) – HypoVereinsbank.

[312]   S. statt aller GK-HGB/Zimmer Rn. 44a.

[313]   Grdl. Ebke/Jurisch AG 2000, 208; ferner → 3. Aufl. 2013, Rn. 47 ff.; Ebke BB 1999, 2515; Wittkowski WuB II A. § 243 AktG 1.97; iS dieser Lehre auch schon Baumbach, Aktiengesetz vom 30. Januar 1937, 1937, § 136 Anm. 3 (S. 245): „Der Widerspruch ist ein außerordentlicher Rechtsbehelf, der die Anfechtung wegen der Auswahl ausschließt"; ebenso Teichmann/Koehler, Aktiengesetz, 1950, § 136 Anm. 3a.

[314]   RG HRR 1937 Nr. 14.

[315]   Zu den Gründen Ebke/Jurisch AG 2000, 208 (210, 211).

[316]   BayObLGZ 1987, 297 (301–303).

[317]   OLG Frankfurt a.M. WPK-Mitt. 2002, 265 (266).

[318]   OLG Frankfurt a.M. WPK-Mitt. 2002, 265 (266) („Wenn dem aber so ist …").

So entschied das LG Köln in der Rechtssache „KHD", dass in den Fällen der Besorgnis der Befangenheit ausschließlich das gerichtliche Ersetzungsverfahren nach Abs. 3 HGB aF statthaft sei.[319] Dieser Rechtsauffassung schloss sich das LG München I in seiner Entscheidung in der Rechtssache „HypoVereinsbank" an.[320] Die – im Vergleich zu der aktienrechtlichen Anfechtungsklage – strengeren Voraussetzungen des Ersetzungsverfahrens nach Abs. 3 HGB aF würden, so hoben das **LG Köln**[321] und das **LG München I**[322] hervor, unterlaufen, „ließe man zugleich die Anfechtungsklage nach dem Aktiengesetz auch für den Fall der Besorgnis der Befangenheit zu".[323] Abs. 3 aF bezwecke, dass mögliche Bedenken gegen die Geeignetheit der Person des gewählten Abschlussprüfers, insbesondere seine Unparteilichkeit, in einem schnellen und einfachen Verfahren der freiwilligen Gerichtsbarkeit geltend gemacht werden könnten. Abs. 3 S. 1 aF beuge zudem einer langen Ungewissheit über die Person des Abschlussprüfers und dem unerwünschten Zustand der Prüferlosigkeit vor.[324] Die Landgerichte Köln und München wiesen die Anfechtungsklagen daher als unzulässig zurück. Das **OLG München** vertrat als Berufungsgericht in der Rechtssache „HypoVereinsbank" dagegen die Ansicht, dass das Verfahren nach Abs. 3 HGB idF des KonTraG „keine Sperrwirkung für eine aktienrechtliche Kassationsklage entfaltet".[325] Das Gericht hielt die Klage deshalb für zulässig, wies sie mangels einer Besorgnis der Befangenheit aber als unbegründet ab.

c) II. Zivilsenat des BGH. Der II. Zivilsenat des BGH entschied den Streit in der 62 Rechtssache „HypoVereinsbank" im Sinne der herrschenden Lehre. Nach Ansicht des Senats schließt das gerichtliche Ersetzungsverfahren gemäß Abs. 3 HGB idF des KonTraG die Anfechtungsklage nach § 243 AktG *nicht* aus.[326] Der Senat begründet seine Ansicht unter anderem damit, dass sich der „Ausschließlichkeitscharakter" des Ersetzungsverfahrens im Wortlaut des Abs. 3 idF des KonTraG nicht niedergeschlagen habe. Die historische Entwicklung der Vorschrift spreche nicht zwingend dafür, dass das Ersetzungsverfahren die Anfechtung des Hauptversammlungsbeschlusses wegen Besorgnis der Befangenheit des bestellten Abschlussprüfers ausschließe. Ersetzungsverfahren und Anfechtungsklage verfolgten außerdem unterschiedliche Schutzzwecke. Deshalb könne das **Ersetzungsverfahren keine Ausschließlichkeit** beanspruchen. Der Senat hielt die Anfechtungsklage *in casu* daher für zulässig; entgegen der Ansicht des OLG München als Vorinstanz[327] hielt der Senat die Klage aber für begründet, da nach Ansicht der Richter die Besorgnis der Befangenheit (§ 318 Abs. 3 S. 1 idF des KonTraG) bestand.

d) Bundesregierung. Die Bundesregierung reagierte prompt auf die Entscheidung 63 des II. Zivilsenats des BGH. Nach Überzeugung der Bundesregierung stellt das Nebeneinander von Anfechtungsklage und Ersetzungsverfahren **„nicht die optimale Konstellation"** dar, um die durch eine mögliche Befangenheit des Abschlussprüfers „aufgeworfene Gemengelage problemadäquat" zu lösen.[328] Neben den Interessen der Aktionäre und der Verwaltung an einer unbefangenen und ordnungsgemäßen Abschlussprüfung durch den gewählten Abschlussprüfer seien „auch die Interessen des Rechtsverkehrs, insbesondere der Gläubiger

---

[319] LG Köln WM 1997, 920 mit zust. Anm. Wittkowski WuB II A § 243 AktG 1.97.
[320] LG München I AG 2000, 235 (236). Zum Hintergrund des Falles Hoffmann DB 2000, 485.
[321] LG Köln WM 1997, 920 (921).
[322] LG München I AG 2000, 235 (236); zust. Ebke/Jurisch AG 2000, 208 (213–216).
[323] LG Köln WM 1997, 920 (921) mit zust. Anm. Wittkowski WuB II A. § 243 AktG 1.97; MHdB GesR/ Hoffmann-Becking, Bd. 4, 3. Aufl. 2007, § 44 Rn. 7; Ebke BB 1999, 2515.
[324] Zu Einzelheiten → 3. Aufl. 2013, Rn. 54–60.
[325] OLG München DB 2001, 258.
[326] BGHZ 153, 32 – HypoVereinsbank. Im Sinne des BGH auch OLG Frankfurt WPK-Mitt. 2002, 265 (266). Dezidiert aA Ebke/Jurisch AG 2000, 208. Zu Einzelheiten der BGH-Entscheidung: Ebke FS Röhricht, 2005, 835 ff.; Ebke FS Immenga, 2004, 521; Ebke in Ferrarini/Hopt/Winter/Wymeersch, Reforming Company and Takeover Law in Europe, 2004, 526, 527; Gelhausen/Kuss NZG 2003, 424; Habersack NZG 2003, 659; Kiethe NZG 2003, 937; W. Müller WPg 2003, 741; Schüppen WPg 2003, 750.
[327] OLG München DB 2001, 258.
[328] BT-Drs. 15/3419, 35 v. 24.6.2004.

der Gesellschaft an der Wirksamkeit des geprüften Jahresabschlusses, und nicht zuletzt die Interessen der Gesellschaft, ihrer Aktionäre und des gewählten Abschlussprüfers an einer zeitnahen und verlässlichen Entscheidung über die Wirksamkeit der Prüferbestellung, der von diesem vorgenommenen Prüfungshandlungen und des Ergebnisses seiner Jahresabschlussprüfung in Einklang zu bringen".[329]

64   **4. Reform durch das BilReG.** Das BilReG löste die Gemengelage dahingehend, dass die Prüfung der in der Person des gewählten Prüfers liegenden Gründe, insbesondere das Vorliegen eines Ausschlussgrundes nach § 319 Abs. 2–5, § 319a aF, § 319b, unabhängig davon, ob der Ausschlussgrund bereits im Zeitpunkt seiner Wahl durch die Hauptversammlung bestand oder erst später eingetreten ist, ausschließlich in einem einheitlichen Ersetzungsverfahren erfolgt (§ 318 Abs. 3 S. 1 idF des BilReG).

65   **a) Anfechtungsklage.** § 243 Abs. 3 Nr. 2 AktG idF des BilReG stellte ausdrücklich klar, dass die Anfechtung des Beschlusses der Hauptversammlung über die Wahl des Abschlussprüfers insoweit **ausgeschlossen** ist, als die Anfechtung auf Gründe gestützt wird, die ein Ersetzungsverfahren nach § 318 Abs. 3 S. 1 aF rechtfertigen. Im Falle eines Ausschlussgrundes nach § 319 Abs. 2, 3 oder 4 bzw. §§ 319a aF, 319b stand den Aktionären und der Verwaltung der prüfungspflichtigen Gesellschaft mithin nur die Einleitung des gerichtlichen Ersetzungsverfahrens nach § 318 Abs. 3 S. 1 zur Verfügung.[330] Eine gleichwohl erhobene Anfechtungsklage wäre als unzulässig abzuweisen.[331]

66   **b) Nichtigkeitsklage.** Der Gesetzgeber fügte durch das BilReG außerdem in § 249 Abs. 1 S. 1 AktG einen Verweis auf § 243 Abs. 3 Nr. 2 AktG idF des BilReG ein. Daraus folgt, dass auch eine aktienrechtliche Nichtigkeitsklage gegen den Beschluss der Hauptversammlung über die Wahl des Abschlussprüfers **nicht statthaft** ist, wenn in der Person des gewählten gesetzlichen Abschlussprüfers ein Ersetzungsgrund, insbesondere ein Ausschlussgrund nach § 319 Abs. 2, 3 oder 4 bzw. § 319b besteht. Die Gesetzesänderung ist **konsequent**. Sowohl die aktienrechtliche Anfechtungs- als auch die aktienrechtliche Nichtigkeitsklage verfolgen das Ziel der Klärung der Nichtigkeit des Hauptversammlungsbeschlusses mit Wirkung für und gegen jedermann (*inter omnes*). Daraus folgt, dass auch bei einer Anfechtungsklage die Nichtigkeitsgründe mit zu prüfen sind.[332] Eine unterschiedliche Behandlung von Anfechtungs- und Nichtigkeitsklage erscheint daher im Hinblick auf das Verhältnis der beiden aktienrechtlichen Rechtsbehelfe zu dem handelsrechtlichen Ersetzungsverfahren nach § 318 Abs. 3 S. 1 nicht als sinnvoll. Darüber hinaus stellte § 256 Abs. 1 Nr. 3 AktG idF des BilReG (analog für die GmbH) klar, dass ein Verstoß gegen § 319 Abs. 2, 3 oder 4 HGB bzw. § 319b Abs. 1 HGB nicht zur Nichtigkeit des testierten und festgestellten Jahresabschlusses führt.[333] Damit war die nach altem Recht umstrittene Frage, ob die Besorgnis der Befangenheit des gewählten Abschlussprüfers die Wirksamkeit des von ihm geprüften und bestätigten Abschlusses berührt, im Sinne der bisher schon herrschenden

---

[329]   BT-Drs. 15/3419, 35 v. 24.6.2004. IdS bereits → 1. Aufl. 2001, Rn. 54–59. Die historische Entwicklung des Abs. 3 S. 1 aF stützt die Ansicht der Bundesregierung: Ebke/Jurisch AG 2000, 208 ff.

[330]   OLG München ZIP 2009, 1667 (1670, 1671) („strikter Vorrang des Verfahrens nach § 318 Abs. 3 HGB gegenüber der Anfechtungsklage"); zust. Schüppen Rn. 15 („strikter Vorrang des Ersetzungsverfahrens") und Rn. 35 („Sperrwirkung des Ersetzungsverfahrens für Anfechtungs- und Nichtigkeitsklage").

[331]   Gelhausen/Heinz WPg 2005, 693 (697); Frings WPg 2006, 821 (829).

[332]   Vgl. BGHZ 135, 260 (262) – Allweiler (offenlassend, ob die Nichtigkeitsfeststellungsklage die zutreffende Klageform ist, weil die in casu erhobenen Anfechtungsklagen „dasselbe materielle Ziel, nämlich die richterliche Klärung der Nichtigkeit des Gesellschafterbeschlusses mit Wirkung für und gegen jedermann verfolgen"); s. auch BGHZ 134, 364 (366); BGH ZIP 2002, 1684.

[333]   Gelhausen/Heinz WPg 2005, 693 (699) (dort auch zu den Auswirkungen auf den Prüfungsvertrag und den Honoraranspruch des Prüfers); Frings WPg 2006, 821 (830). Vgl. Begr. RegE BilReG, BT-Drs. 15/3419, 55 v. 24.6.2004. Nichtig ist aber die Feststellung des Jahresabschlusses nach (gesetzlich vorgeschriebener) Abschlussprüfung durch jemanden, der nicht zum Abschlussprüfer bestellt ist oder der nicht die Voraussetzungen des § 319 Abs. 1 HGB erfüllt, also nicht Wirtschaftsprüfer oder Wirtschaftsprüfungsgesellschaft oder (nur zulässig bei mittelgroßen Gesellschaften) nicht vereidigter Buchprüfer oder Buchprüfungsgesellschaft ist (§ 256 Abs. 1 Nr. 3 AktG).

Meinung verneint worden.[334] Mit der begrüßenswerten Klarstellung hat der BilReG-Gesetzgeber zugleich den Ausschluss der Klage auf Feststellung der Nichtigkeit gegen die Gesellschaft verbunden (§ 256 Abs. 7 S. 1 AktG).[335]

c) Erleichterung des Ersetzungsverfahrens. Im Gegenzug zu dem Ausschluss der **67** Anfechtungsklage und der Nichtigkeitsklage gegen den Wahlbeschluss der Hauptversammlung erleichterte das BilReG die Einleitung des Ersetzungsverfahrens nach Abs. 3 S. 1: Der **Schwellenwert** für die Einleitung des Ersetzungsverfahrens seitens der Aktionäre bei Antragstellung wurde von dem zehnten Teil des Grundkapitals oder einem anteiligen Betrag in Höhe von einer Million Euro auf die Hälfte dieser Beträge gesenkt. Entsprechend den in § 122 Abs. 1 und 2 AktG vorgesehenen Minderheitenrechten betrug der Schwellenwert fortan den zwanzigsten Teil (5 %) des Grundkapitals oder einen anteiligen Börsenwert von 500.000 Euro.[336]

d) Reaktionen. Die Neuordnung des Verhältnisses des Ersetzungsverfahrens (Abs. 3 **68** S. 1) zu der aktienrechtlichen Anfechtungs- bzw. Nichtigkeitsklage ist in der Literatur allgemein begrüßt worden.[337] Die Gesetzesänderung sei, so betont Merkt, „eine im Interesse des Rechtsverkehrs und aller Beteiligten begrüßenswerte, rechtssicherere Konzentration auf ein einziges Verfahren".[338] Die gesetzliche Festschreibung des Vorrangs des Ersetzungsverfahrens wirke, so heben Gelhausen/Heinz aus Sicht der Praxis hervor, der missbräuchlichen Geltendmachung von Befangenheitsgründen durch Aktionäre entgegen, „die in der Vergangenheit gerade wegen der Unsicherheiten, die aufgrund der längeren Verfahrensdauer für die Wirksamkeit der Abschlussprüfung entstehen, eine finanzielle Abgeltung des Lästigkeitswertes ihrer Klage erstrebt haben".[339] Aus den § 318 Abs. 3 S. 1 und den § 243 Abs. 3 Nr. 2 AktG, § 249 Abs. 1 S. 1 AktG idF des BilReG ergibt sich in der Tat **eine sinnvolle Ordnung** der aktienrechtlichen Individualklagemöglichkeiten und der gerichtlichen Ersetzung des gewählten Abschlussprüfers wegen Besorgnis der Befangenheit oder eines anderen in der Person des Prüfers liegenden Grundes.[340] Abs. 3 S. 1 verfolgt den Zweck, den Antragsberechtigten zu ermöglichen, etwaige Zweifel hinsichtlich der Geeignetheit, insbesondere das Bestehen der Besorgnis der Befangenheit (§ 319 Abs. 2) in einem schnellen und einfachen Verfahren der freiwilligen Gerichtsbarkeit (nach dem FamFG) zu klären.[341] Dem liegt die Erkenntnis zugrunde, dass jedes Verfahren zur Abberufung eines gewählten und bestellten Prüfers und zur Bestellung eines anderen Prüfers eine Verunsicherung in einem hoch sensiblen Bereich der prüfungspflichtigen Gesellschaft mit abträglicher Außenwirkung darstellt.[342] Das Ersetzungsverfahren gewährleistet außerdem, dass die prüfungspflichtige Gesellschaft nicht ohne Abschlussprüfer dasteht,[343] denn das Ersetzungsverfahren setzt voraus, dass ein Prüfer bereits gewählt und ggf. ein Prüfungsvertrag abgeschlossen worden ist.[344] Das Verfahren nach dem

---

334   Gelhausen/Heinz WPg 2005, 693 (699). Zum alten Recht Ebke FS Röhricht, 2005, 842 (843) mwN; LG München I BB 2005, 1644.

335   Gelhausen/Heinz WPg 2005, 693 (699).

336   Peemöller/Oehler BB 2004, 539 (545).

337   Frings WPg 2006, 821 (829); IDW Stellungnahme WPg 2004, 143 (147).

338   Hopt/Merkt Rn. 12.

339   Gelhausen/Heinz WPg 2005, 693, 697.

340   So schon Ebke/Jurisch AG 2000, 208; Ebke BB 1999, 2515.

341   Ebke/Jurisch AG 2000, 208 (215); OLG Frankfurt a.M. BB 2004, 599 (600) („… eindeutigen Zweck des Gesetzes, schnellstmöglich eine endgültige Klarheit über die Person des Abschlussprüfers herbeizuführen …").

342   Vgl. Röhricht WPg 1998, 153 (155); Ebke/Jurisch AG 2000, 208 (215).

343   Ebke/Jurisch AG 2000, 208 (215, 216); Frings WPg 2006, 821 (829). Zu dem Problem der (vorsorglichen) Wahl eines zweiten Abschlussprüfers, falls die endgültige Entscheidung in dem (uU langjährigen) Anfechtungsprozess auf sich warten lässt, s. Lutter FS Semler, 1993, 849–852; AG Wolfsburg AG 1992, 205. Zur Frage, ob bei Anfechtung des Wahlbeschlusses der Hauptversammlung eine erneute Bestellung des Prüfers durch das Registergericht möglich ist, s. von Falkenhausen/Kocher ZIP 2005, 602.

344   HKMS/Mylich/Müller Rn. 122, die zutr. darauf hinweisen, dass sich das Ersetzungsverfahren nach Abs. 3 dadurch von dem gerichtlichen Bestellungsverfahren nach Abs. 4 unterscheidet, das zum Zuge kommt, wenn die Gesellschaft eine Prüferwahl nicht rechtzeitig vorgenommen hat oder der gewählte Prüfer die Annahme des Prüfungsauftrags verweigert hat, weggefallen oder sonst am rechtzeitigen Prüfungsabschluss gehindert ist.

damaligen FGG (heute: FamFG) war, worauf das LG München I zu Recht aufmerksam gemacht hat, im Übrigen „geeigneter als der Zivilprozeß, Befangenheitsgründe aufzuklären, da dort das Amtsermittlungsprinzip gilt".[345]

69   **5. Änderung durch das UMAG.** § 249 Abs. 1 S. 1 AktG idF des BilReG wurde allerdings durch Art I des Gesetzes zur Unternehmensintegrität und Modernisierung des Anfechtungsrechts (UMAG) vom 22.9.2005 (BGBl. 2005 I 2802) mit Wirkung vom 1.11.2005 wieder geändert. § 249 Abs. 1 S. 1 AktG idF des UMAG enthält keinen Verweis mehr auf § 243 Abs. 3 Nr. 2 AktG. Damit ist nach dem Wortlaut des § 249 Abs. 1 S. 1 AktG in der derzeit geltenden Fassung die aktienrechtliche Nichtigkeitsklage neben dem handelsrechtlichen Ersetzungsverfahren nach § 318 Abs. 3 S. 1 wieder zulässig. Eine Begründung für die Streichung des Verweises auf § 243 Abs. 3 Nr. 2 AktG findet sich weder in dem RefE UMAG vom Januar 2004 noch in dem RegE UMAG[346] und auch nicht in dem Gesetzesbeschluss des Deutschen Bundestages vom 16.6.2005.[347] Daraus kann geschlossen werden, dass der Wegfall des Verweises auf § 243 Abs. 3 Nr. 2 AktG in § 249 Abs. 1 S. 1 AktG idF des UMAG irrtümlich erfolgt ist.[348] Im Falle eines **offensichtlichen Redaktionsversehens** des Gesetzgebers sind die Rechtsanwender nicht an den Wortlaut der Gesetzesbestimmung gebunden, sondern vielmehr dem erkannten Normzweck verpflichtet.[349] Der vermeintlich „eindeutige" Wortlaut der Norm muss zurücktreten, wenn und soweit er das klare Regelungsziel der Norm nicht verwirklicht.[350]

70   Der fehlende Verweis auf § 243 Abs. 3 Nr. 2 AktG in § 249 Abs. 1 S. 1 AktG idF des UMAG vermittelt das erstrebte Regelungsziel des Gesetzgebers mit Sicherheit nicht, sondern verfälscht es. Im Interesse der Verwirklichung des vom Gesetzgeber mit der Reform des Abs. 3 beabsichtigten Zieles, dem handelsrechtlichen Ersetzungsverfahren insoweit Ausschließlichkeit gegenüber aktienrechtlichen Anfechtungs- und Nichtigkeitsklagen einzuräumen, ist **§ 249 Abs. 1 S. 1 AktG** idF des UMAG **berichtigend** dahin **auszulegen,** dass entsprechend § 243 Abs. 3 Nr. 2 AktG die Klage auf Feststellung der Nichtigkeit des Beschlusses der Hauptversammlung über die Wahl des gesetzlichen Abschlussprüfers nicht auf Gründe gestützt werden kann, die ein Ersetzungsverfahren nach § 318 Abs. 3 S. 1 rechtfertigen.[351] Eine dennoch erhobene Nichtigkeitsklage ist als unzulässig abzuweisen.[352] Schüppen spricht in diesem Zusammenhang daher mit Recht von einem „strikten Vorrang" des Ersetzungsverfahrens.[353] Das **OLG Karlsruhe** hat sich dieser Sicht unlängst ausdrücklich angeschlossen.[354] Eine Nichtigkeitsklage aus anderen als den in Abs. 3 S. 1 genannten Gründen (zB Einberufungsmangel, falsche Zählung der Stimmen etc.) bleibt allerdings zulässig.[355] Denkbar ist auch eine Anfechtung der Wahl des Abschlussprüfers wegen Verletzung von Informationsrechten.[356]

71   Nach Ansicht von Mylich und Müller stellen die **persönlichen Ausschlussgründe** nach Abs. 3 S. 1, § 319 Abs. 2, 3 oder 4, § 319b Abs. 1 HGB **keine Nichtigkeitsgründe**

[345]   LG München I AG 2000, 235 (236).
[346]   Vgl. BT-Drs. 15/5092 v. 14.3.2005.
[347]   BR-Drs. 454/05 v. 17.6.2005.
[348]   Zust. HKMS/Mylich/Müller Rn. 123 („offensichtliches Redaktionsversehen"); ebenso Schüppen § 318 Rn. 16; Hopt/Merkt Rn. 12; aA Staub/Habersack/Schürnbrand Rn. 46.
[349]   Vgl. Rüthers/Fischer/Birk, Rechtstheorie, 12. Aufl. 2022, 574 („Aufgabe der Rechtsanwendung ist es, den wirklichen Willen der Gesetzgebung zu vollziehen; es geht um den denkenden Gehorsam, nicht um Buchstabengehorsam.").
[350]   Vgl. RüthersFirscher/Birk, Rechtstheorie, 12. Aufl. 2022, 573.
[351]   IdS auch Paal DStR 2007, 1210 (1215, 1216); HKMS/Mylich/Müller Rn. 123; Schüppen § 318 Rn. 15 mwN; BeBiKo/Justenhoven/Heinz Rn. 77; Hopt/Merkt Rn. 12; jedenfalls iE zust. auch Staub/Habersack/Schürnbrand Rn. 46 aE.
[352]   HKMS/Mylich/Müller Rn. 123.
[353]   Schüppen § 318 Rn. 15.
[354]   OLG Karlsruhe NJW-RR 2016, 295 = ZIP 2015, 2319. Zu Einzelheiten dieses Beschlusses Hennrichs WPg 2017, 482.
[355]   BeBiKo/Justenhoven/Heinz Rn. 77; Schüppen § 318 Rn. 15.
[356]   Dazu ausf. Marsch-Barner FS Hommelhoff, 2012, 691 (697 ff.).

iSv § 241 AktG dar.[357] In Betracht komme allenfalls § 241 Nr. 3 AktG. Bei den persönlichen Ausschlussgründen handele es sich aber nicht um Vorschriften, „die ausschließlich oder überwiegend dem Schutz der Gläubiger der Gesellschaft oder sonst im öffentlichen Interesse gegeben sind".[358] Das folge schon daraus, dass diese Regeln zur Disposition der Antragsberechtigten nach Abs. 3 S. 1 stünden.[359] Ob der Antrag nach Abs. 3 S. 1 wirklich uneingeschränkt zur Disposition der Antragsberechtigten steht, erscheint angesichts der gesellschaftsübergreifenden („öffentlichen") Funktion der Jahresabschlussprüfung (→ § 316 Rn. 33 und 37 ff.) allerdings zweifelhaft (→ Rn. 108). Aufgrund der Pflicht des Abschlussprüfers, dem prüfungspflichtigen Unternehmen vor Auftragsannahme etwaige persönliche Ausschlussgründe offenzulegen,[360] die Mandantin bei Eintreten eines persönlichen Ausschlussgrundes während der Prüfung unverzüglich zu informieren und seine Unabhängigkeit im Prüfungsbericht zu bestätigen (§ 321 Abs. 4a), dürfte der Fall einer möglichen Nichtigkeit aufgrund persönlicher Ausschlussgründe freilich ohnehin praktisch eher selten sein.

6. Änderungen durch das AReG. Abs. 3 S. 1 idF des Abschlussprüfungsreformgeset- **72** zes (AReG) vom 10.5.2016 (BGBl. 2016 I 1142) waren fortan auch Gesellschafter, deren Anteile bei Antragstellung zusammen den zwanzigsten Teil (5 %) der Stimmrechte (bis dahin: nur des Grundkapitals) erreichen, antragsberechtigt. Außerdem traten bei Unternehmen von öffentlichem Interesse **weitere Ausschlussgründe** hinzu, die sich aus der Abschlussprüfungs-VO ergeben: **(1)** Verstoß gegen Art. 5 Abs. 4 UAbs. 1 S. 1 Abschlussprüfungs-VO (Erbringung von – erlaubten – Nichtprüfungsleistungen ohne Billigung des Aufsichtsrats) (Abs. 3 S. 1 Nr. 1), **(2)** Verstoß gegen Abs. 5 UAbs. 2 S. 2 Abschlussprüfungs-VO (Erbringung von – nichterlaubten – Nichtprüfungsleistungen, ohne dass begründet werden kann, dass diese Nichtprüfungsleistungen die fachliche Einschätzung und den Bestätigungsvermerk nicht beeinträchtigen) (Abs. 3 S. 1 Nr. 1) und Nichteinhaltung der Vorschriften **(3)** zur Bestellung des Prüfers nach Art. 16 Abschlussprüfungs-VO (Abs. 3 S. 1 Nr. 2) oder **(4)** zur Laufzeit des Prüfungsmandats nach Art. 17 Abschlussprüfungs-VO (Abs. 3 S. 1 Nr. 2).[361] Die auf bestimmte Verstöße gegen die Abschlussprüfungs-VO zielende Erweiterung der Ersetzungsgründe (Abs. 3 S. 1 Nr. 1 und 2) führten aufgrund der Exklusivität des Ersetzungsverfahrens nach Abs. 3 S. 1 dazu, dass bei Vorliegen eines der genannten Ausschlussgründe bei Unternehmen von öffentlichem Interesse die **Anfechtungs- und Nichtigkeitsklage** ebenfalls **ausgeschlossen** ist.[362]

Art. 5 Nr. 4 AReG hat **§ 256 Abs. 1 Nr. 3 AktG** (gilt analog für die GmbH) **neu** **73** **gefasst.** Die Bestimmung stellt klar, dass – wie bisher – die Prüfung durch einen nach § 319 Abs. 2, 3 oder 4 oder § 319b Abs. 1 ausgeschlossenen, qualifizierten Prüfer nicht zur Nichtigkeit des festgestellten Jahresabschlusses führt und – neu – der Ausschluss der Nichtigkeitsfolge auch Verstöße gegen die Abschlussprüfungs-VO über spezifische Anforderungen an die Abschlussprüfung bei Unternehmen von öffentlichem Interesse, insbesondere Verstöße gegen deren Art. 16 und 17 Abschlussprüfungs-VO betrifft.[363] **Nichtig** ist aber wie bisher die **Feststellung des Jahresabschlusses** nach einer (gesetzlich vorgeschriebenen) Abschlussprüfung durch jemanden, der nicht zum Abschlussprüfer gewählt (bestellt) ist oder der nicht die Voraussetzungen des § 319 Abs. 1 erfüllt, also nicht Wirtschaftsprüfer oder Wirtschaftsprüfungsgesellschaft oder (nur zulässig bei mittelgroßen Gesellschaften iSv § 267 Abs. 2) nicht vereidigter Buchprüfer oder Buchprüfungsgesellschaft ist.

---

357   HKMS/Mylich/Müller Rn. 123.
358   HKMS/Mylich/Müller Rn. 123.
359   HKMS/Mylich/Müller Rn. 123.
360   §§ 43, 49 WPO; § 29 Abs. 5 S. 1 BS WP/vBP; IDW PS 345.36. Zu Einzelheiten der Unabhängigkeitserklärung des vorgesehenen Prüfers nach dem DCGK 7.2.1 aF: Stürz/Harms in Pfitzer/Oser/Orth DCGK S. 280–288; Gelhausen/Heinz WPg 2005, 693 (698). S. ferner die Erklärung über die Unabhängigkeit nach Art. 6 Abs. 2 lit. a Abschlussprüfungs-VO. Zur Pflicht zur Offenlegung eines Ausschlusstatbestands nach § 319 Abs. 2, 3 aF: LG Köln DB 1992, 265.
361   BeBiKo/Justenhoven/Heinz Rn. 75; Wiedmann/Böcking/Gros/Böcking/Gros/Rabenhorst Rn. 17.
362   Schüppen Rn. 40.
363   Begr. RegE AReG, BT-Drs. 18/7290, 57.

74   **7. Verfahrensvoraussetzungen.** Das Ersetzungsverfahren nach der aktuellen, zuletzt durch das FISG geänderten Fassung des **Abs. 3 S. 1** ist an eine Reihe von Voraussetzungen geknüpft.[364]

75   **a) Ersetzungsgrund.** Die gerichtliche Abberufung des gewählten Abschlussprüfers und seine Ersetzung durch einen anderen Prüfer setzen nach Abs. 3 S. 1 einen „in der Person des gewählten Prüfers liegenden Grund" voraus. Als Beispiel („insbesondere") ist nach **Abs. 3 S. 1 Nr. 1** idF des FISG das Vorliegen eines Ausschlussgrundes nach § 319 Abs. 2 bis 5 oder nach § 319b erwähnt. § 319 Abs. 2 stellt klar, dass ein Wirtschaftsprüfer oder vereidigter Buchprüfer (vgl. § 319 Abs. 1 S. 1 und 2) als Abschlussprüfer ausgeschlossen ist, wenn Gründe, insbesondere Beziehungen geschäftlicher, finanzieller oder persönlicher Art, vorliegen, nach denen die Besorgnis der Befangenheit besteht. § 319 Abs. 3–5 und § 319b idF des FISG konkretisieren dann Fallgestaltungen, bei deren Vorliegen die Besorgnis der Befangenheit unwiderlegbar vermutet wird.[365] Darüber hinaus bilden seit der Änderung des Abs. 3 S. 1 Nr. 1 durch das AReG (→ Rn. 72) bei Unternehmen von öffentlichem Interesse auch ein Verstoß gegen Art. 5 Abs. 4 UAbs. 1 S. 1 Abschlussprüfungs-VO (betr. Erbringung von Nichtprüfungsleistungen ohne Zustimmung des Prüfungsausschusses) oder Art. 5 Abs. 5 UAbs. 2 S. 2 Abschlussprüfungs-VO (betr. Erbringung von Nichtprüfungsleistungen durch ein Mitglied des Netzwerks gegenüber Drittlands-Tochtergesellschaften der geprüften Gesellschaft) einen Ersetzungsgrund.[366] Der ebenfalls durch das AReG (→ Rn. 72) eingefügte **Abs. 3 S. 1 Nr. 2** erklärt für Unternehmen von öffentlichem Interesse außerdem Verstöße gegen das in Fällen des Prüferwechsels zu beachtende Auswahlverfahren (Art. 16 Abschlussprüfungs-VO) und gegen die Vorschriften über die Höchstdauer des Prüfungsauftrags (Art. 17 EU-APrVP) zu Ersetzungsgründen.[367]

76   In dem Gesetzgebungsverfahren des FISG wurde intensiv diskutiert, ob und inwieweit die Erbringung verbotener Nichtprüfungsleistungen nach **Art. 5 Abs. 1** Abschlussprüfungs-VO einen Ersetzungsgrund darstellt.[368] Im RefE FISG war vorgesehen, die Aufzählung der Ersetzungsgründe in Abs. 3 S. 1 Nr. 1 um Art. 5 Abs. 1 Abschlussprüfungs-VO zu erweitern. Dadurch sollte „klargestellt" werden, „dass auch ein Verstoß gegen Art. 5 Abs. 1 Abschlussprüfungs-VO stets einen Ersetzungsgrund darstellt".[369] Das **IDW** hatte sich in seiner Stellungnahme vom 6.11.2020 zu dem RefE gegen die vorgeschlagene Änderung ausgesprochen. Mit der vorgeschlagenen Änderung drohe, so betonte das IDW, „den Unternehmen von öffentlichem Interesse künftig bei jeder Inanspruchnahme verbotener Nichtprüfungsleistungen iSd Art. 5 Abs. 1 Abschlussprüfungs-VO – unabhängig von deren Bedeutung – die Ersetzung des Abschlussprüfers". Das gelte nicht nur für einen Verstoß des Abschlussprüfers selbst, sondern auch für ein Mitglied seines internationalen Netzwerks. Die im RefE vorgeschlagene Änderung von Abs. 3 S. 1 Nr. 1 sei im Übrigen „nicht erforderlich, weil die Erbringung verbotener Nichtprüfungsleistungen, die tatsächlich die Besorgnis der Befangenheit des Abschlussprüfers begründen, nach § 319 Abs. 2 HGB ohnehin zum Wechsel des Abschlussprüfers" führten. Ähnlich hatte die **WPK** in ihrer Stellungnahme vom 9.11.2020 zu dem RefE argumentiert. Der Regelungsvorschlag gehe „deutlich zu weit und über den Pflichtenkatalog der Abschlussprüfungs-VO hinaus". Bezogen auf die Erbringung von Nichtprüfungsleistungen an den Prüfungsmandanten sei ein Interesse an der Ersetzung des Abschlussprüfers nachvollziehbar nur gegeben, wenn die Erbringung

---

[364]   Der pauschale Verweis auf § 318 in § 155 Abs. 3 S. 1 InsO verdeutlicht, dass die Ersetzung des Abschlussprüfers auch in der Insolvenz bestimmten Voraussetzungen unterliegt; Sonderregelungen enthält § 155 Abs. 3 InsO ausdrücklich nur für die Zuständigkeit und das Verfahren: Ebke FS Hopt, 2010, 581 (582); Hopt/Merkt Rn. 13; aA BeBiKo/Justenhoven/Heinz Rn. 84; Staub/Habersack/Schürnbrand Rn. 49.

[365]   Gelhausen/Heinz WPg 2005, 693 (697); BeBiKo/Justenhoven/Heinz Rn. 93.

[366]   BeBiKo/Justenhoven/Heinz Rn. 96 und 100.

[367]   BeBiKo/Justenhoven/Heinz Rn. 101.

[368]   Zu Zweifelsfragen betr. die Bedeutung und Reichweite des Verbots bestimmter Nichtprüfungsleistungen durch den Abschlussprüfer gem. Art. 5 Abschlussprüfungs-VO s. Hennrichs/Bode NZG 2016, 1281; Bose/Lilienbecker BB 2019, 746.

[369]   ReFE FISG, S. 100.

der Nichtprüfungsleistung die Besorgnis der Befangenheit bei der Abschlussprüfung begründe. Dies sei bei Verstößen gegen Art. 5 Abs. 1 Abschlussprüfungs-VO, der „in sehr weitgehendem Umfang und ohne die Einbeziehung von Wesentlichkeitsgesichtspunkten" (im Gegensatz zu § 319; → § 319 Rn. 5, 6) die Erbringung von Nichtprüfungsleistungen verbiete, regelmäßig nicht der Fall (zB bei allgemeiner rechtlicher Beratung ohne Relevanz für den zu prüfenden Abschluss; Art. 5 Abs. 1 UAbs. 2 lit. g Ziff. i Abschlussprüfungs-VO). Der Verweis auf § 319 Abs. 2–5, § 319b in Abs. 3 S. 1 Nr. 1 sei „auch im Zusammenhang mit der Erbringung unzulässiger Nichtprüfungsleistungen nach Art. 5 Abs. 1 Abschlussprüfungs-VO ausreichend". Die geplante Ergänzung des § 318 Abs. 3 S. 1 Nr. 1 HGB um Verstöße gegen Art. 5 Abs. 1 Abschlussprüfungs-VO solle daher gestrichen werden. In seiner Stellungnahme vom 9.11.2020 zum RefE betonte auch der **BDI**, mit der geplanten Ergänzung des Abs. 3 S. 1 Nr. 1 drohe den Unternehmen von öffentlichem Interesse „zukünftig bei jedem, dh auch einem eindeutig unbedeutenden Verstoß gegen die Liste verbotener Nichtprüfungsleistungen des Art. 5 Abs. 1 Abschlussprüfungs-VO die Ersetzung des Abschlussprüfers bzw. als rechtliche Folgewirkung die Kündigung des Prüfungsauftrags durch den Abschlussprüfer (§ 318 Abs. 6 S. 1 HGB iVm § 49 WPO)." Auf die vorgesehene Regelung solle daher verzichtet werden. Auf **Empfehlung des Finanzausschusses** hat der Gesetzgeber auf die Änderung des Abs. 3 S. 1 Nr. 1 am Ende verzichtet.[370] Die Gelegenheit, die wünschenswerten Klarstellungen im Rahmen des § 319 Abs. 2 und 3 vorzunehmen, hat der Gesetzgeber dagegen leider verpasst.[371]

Dennoch sollte in der Tat klar sein, dass die §§ 319 Abs. 2 -5, 319b **europarechtskon- 77 form** so **auszulegen** sind, dass die Erbringung verbotener Nichtprüfungsleistungen iSd Art. 5 Abs. 1 Abschlussprüfungs-VO, die tatsächlich die Besorgnis der Befangenheit des Abschlussprüfers begründen, einen Ersetzungsgrund gemäß Abs. 3 S. 1 Nr. 1 („Besorgnis der Befangenheit") darstellt.[372] Art. 5 Abs. 1 Abschlussprüfungs-VO umfasst einen Katalog von weitgefassten Nichtprüfungsleistungen (sog. *black list*) bei Unternehmen von öffentlichem Interesse, deren Erbringung für Prüfungsmandaten dem Abschlussprüfer grundsätzlich untersagt ist, ohne dass Schutzmaßnahmen (*safe guards*) möglich wären.[373] **Ziel** dieser Regelungen ist es, der nach Auffassung des europäischen Gesetzgebers (und in der Tat auch objektiv) von einer extensive Erbringung von Nichtprüfungsleistungen ausgehenden Gefährdung der Unabhängigkeit des Abschlussprüfers entgegenzuwirken.[374] Allerdings erscheint eine Differenzierung der Verbotstatbestände sinnvoll und vertretbar.[375] Während ein Verstoß gegen Art. 5 Abs. 1 UAbs. 2 lit. b,[376] c[377] und e[378] Abschlussprüfungs-VO

---

[370] Bericht des Finanzausschusses BT-Drs. 19/29879, S. 174. Zust. Schüppen § 318 Rn. 40.

[371] Schüppen DStR 2021, 246 (249-250).

[372] Schüppen § 318 Rn. 40; BeBiKo/Justenhoven/Heinz Rn. 100.

[373] Zu Einzelheiten des Art. 5 Abs. 1 Abschlussprüfungs-VO → 4. Aufl. 2020, § 319a Rn. 47–59; Schüppen Anh. § 319 Rn. 16–30; BeBiKo/Justenhoven/Nagel Rn. 130–202.

[374] Schüppen Anh. § 319 Rn. 2 (unter Hinweis auf Erwägungsgründe 7 und 8 Abschlussprüfungs-VO).

[375] BeBiKo/Justenhoven/Heinz Rn. 100; zu „ungeschriebenen Bagatellgrenzen" Hennrichs WPg 2018, 1057.

[376] Art. 5 Abs. 1 UAbs. 2 lit. b Abschlussprüfungs-VO verbietet Leistungen, mit denen eine Teilnahme an der Führung oder an Entscheidungen des geprüften Unternehmens verbunden ist (services that involve playing any part in the management or decision-making of the audited entity). Zu Einzelheiten → 4. Aufl. 2020, § 319a Rn. 50; BeBiKo/Justenhoven/Nagel Rn. 145–147; Schüppen Anh. § 319 Rn. 23; HKMS/Mylich/Müller § 319a Rn. 91.

[377] Art. 5 Abs. 1 UAbs. 2 lit. c Abschlussprüfungs-VO verbietet dem Abschlussprüfer die Buchhaltung (bookkeeping) und die Erstellung von Unterlagen der Rechnungslegung und von Jahresabschlüssen (preparing accounting records and financial statements). Zu Einzelheiten → 4. Aufl. 2020, § 319a Rn. 51; BeBiKo/Justenhoven/Nagel Rn. 150; Schüppen Anh. § 319 Rn. 24–25.

[378] Nach Art. 5 Abs. 1 UAbs. 2 lit. e Abschlussprüfungs-VO ist dem Abschlussprüfer die Gestaltung und Umsetzung interner Kontroll- oder Risikomanagementverfahren, die bei der Erstellung und/oder Kontrolle von Finanzinformationen (financial information) oder Finanzinformationstechnologiesystemen (financial information technology systems) zum Einsatz kommen, verboten. Zu Einzelheiten → 4. Aufl. 2020, § 319a Rn. 53, BeBiKo/Justenhoven/Nagel Rn. 160–165; Schüppen Anh. § 319 Rn. 24–25; HKMS/Mylich/Müller Rn. 66.

ausnahmslos zur Inhabilität des Abschlussprüfers führt und daher stets einen Ersetzungsgrund darstellt, ist bei allen übrigen verbotenen Nichtprüfungsleistungen[379] eine **Würdigung im Einzelfall** unter Abwägung aller Interessen vorzunehmen, „ob der Verstoß gegen Art. 5 Abs. 1 Abschlussprüfungs-VO nach Art, Umfang und Schwere geeignet ist, den Ausschlussgrund der Besorgnis der Befangenheit zu erfüllen".[380] Denkbar ist, dass „ausreichende Schutzmaßnahmen angewendet wurden, die geeignet sind, eine Gefährdung der Unabhängigkeit im konkreten Einzelfall abzuschwächen".[381] In derartigen Fällen liegt nicht zwingend ein Ersetzungsgrund vor.[382] Zu weiteren Einzelheiten → Rn. 85. Zu beachten ist ferner, dass Art. 5 Abs. 1 Abschlussprüfungs-VO grundsätzlich auch eine **„Konzerndimension"** hat, indem er auch Muttergesellschaften des geprüften Unternehmens sowie von dem geprüften Unternehmen beherrschte Unternehmen erfasst.[383] Nicht erfasst sind danach Schwestergesellschaften sowie – nach dem Wortlaut („in der Union") – Tochtergesellschaften mit Sitz außerhalb der EU. Das macht angesichts der Zielsetzung der Norm wenig Sinn, ist aber letztlich unvermeidbar, weil die EU den Geltungsbereich der von ihr erlassenen Verbotsnormen nicht extraterritorial ausweiten kann.[384] Dennoch wird man die Erbringung von ihrer Art nach verbotenen Nichtprüfungsleistungen an Schwestergesellschaften und Nicht-EU-Tochtergesellschaften des geprüften Unternehmens im Rahmen der Auslegung und Anwendung des § 319 Abs. 2 im Einzelfall berücksichtigen können.[385]

78   **aa) In der Person des gewählten Prüfers liegender Grund. (1) § 319 Abs. 2–5, § 319b.** Zu Einzelheiten der in Abs. 3 S. 1 Nr. 1 beispielhaft („insbesondere") genannten, in der Person des gewählten Prüfers liegender Ausschlussgründe nach § 319 Abs. 2–5, § 319b s. die Erläuterungen zu den genannten Vorschriften.

79   **(2) Art. 5 Abs. 4 UAbs. 1 S. 1 Abschlussprüfungs-VO.** Weitere in Abs. 3 S. 1 Nr. 1 beispielhaft erwähnte Ersetzungsgründe ergeben sich aus einem Verstoß gegen Art. 5 Abs. 4 UAbs. 1 S. 1 Abschlussprüfungs-VO.[386] Diese Vorschrift betrifft die Erbringung von Nichtprüfungsleistungen ohne Zustimmung des Prüfungsausschusses. Nach Art. 5 Abs. 4 UAbs. 1 S. 1 Abschlussprüfungs-VO dürfen Abschlussprüfer, die eine Abschlussprüfung bei einem Unternehmen von öffentlichem Interesse durchführen, und jedes Mitglied des Netzwerks, dem der Abschlussprüfer angehört, für das geprüfte Unternehmen, dessen Muttergesellschaft oder die von diesem beherrschten Unternehmen andere als die nach Art. 5 Abs. 1 bzw. 2 Abschlussprüfungs-VO verbotenen Nichtprüfungsleistungen[387] nur erbringen, wenn der Prüfungsausschuss dies „nach gebührender Beurteilung der Gefährdung der Unabhängigkeit und der angewendeten Schutzmaßnahmen gemäß Art. 22b Abschlussprüfungs-RL bil-

---

[379] Das sind bestimmte Steuerberatungsleistungen (tax services) (lit. a), Lohn- und Gehaltsabrechnungen (payroll services) (lit. d), Bewertungsleistungen (valuation services) (lit. f), juristische Leistungen („legal services") (lit. g), Leistungen im Zusammenhang mit der internen Revision (internal audit) (lit. h), Leistungen im Zusammenhang mit der Finanzierung (financing), der Kapitalstruktur (capital structure) und Kapitalausstattung (capital allocation) sowie der Anlagestrategie (investment strategy) des geprüften Unternehmens (lit. i), Werbung für (promoting), der Handel mit (dealing in) oder die Zeichnung (underwriting) von Aktien (shares) des geprüften Unternehmens (lit. j) sowie Personaldienstleistungen (human resources services) (lit. k). Zu Einzelheiten → 4. Aufl. 2020, § 319a Rn. 48, 52, 55, 56–59; BeBiKo/Justenhoven/Nagel Rn. 141–144, 155, 175-184, 190-193, 195, 200–202; Schüppen Anh. § 319 Rn. 22, 27–30; HKMS/Mylich/Müller § 319a Rn. 90–99.

[380] BeBiKo/Justenhoven/Heinz Rn. 100.

[381] Bericht Finanzausschuss FISG BT-Drucks. 19/29879, 174.

[382] Ebenso BeBiKo/Justenhoven/Heinz Rn. 100.

[383] Zu Einzelheiten → 4. Aufl. 2020, § 319a Rn. 47; Schüppen Anh. § 319 Rn. 18–19.

[384] S. → 4. Aufl. 2020, § 319a Rn. 47: Schüppen Anh. § 319 Rn. 18; BeBiKo/Justenhoven/Nagel Rn. 225.

[385] So zutr. Schüppen Anh. § 319 Rn. 18.

[386] Zu Einzelheiten der Art. 5 Abs. 4 Abschlussprüfungs-VO BeBiKo/Justhoven/Nagel Rn. 220–223; Schüppen Anh. § 319 Rn. 31–34. Aus dem strikten Vorrang des Ersetzungsverfahrens nach § 318 Abs. 3 folgt, dass auf einen Verstoß gegen Art. 5 Abs. 4 UAbs. 1 S. 1 Abschlussprüfungs-VO eine Anfechtung des Wahlbeschlusses nicht gestützt werden kann (§ 243 Abs. 3 Nr. 3 AktG).

[387] Zu Einzelheiten der gem. Art. 5 Abs. 1 und 2 Abschlussprüfungs-VO verbotenen Nichtprüfungsleistungen → 4. Aufl. 2020, § 319a Rn. 47–60; BeBiKo/Justhoven/Nagel Rn. 130–202; Schüppen Rn. 16–30.

ligt".[388] Ohne entsprechende **Billigung des Prüfungsausschusses** (§ 324) erbrachte Nichtprüfungsleistungen aus dem Verbotskatalog des Art. 5 Abs. 1 oder darüber hinaus gehenden nationalen Verboten gemäß Art. 5 Abs. 2 stellen einen Ersetzungsgrund nach Abs. 3 S. 1 Nr. 1 dar.[389] „Billigung" ist ein Oberbegriff, der sowohl die vorherige Zustimmung (Einwilligung) als auch die nachträgliche Zustimmung (Genehmigung) einschließt (vgl. §§ 183 und 184 BGB).[390] Der Wortlaut des Art. 5 Abs. 4 Abschlussprüfungs-VO lässt offen, wann die Billigung zu erfolgen hat. *Justenhoven* und *Nagel* weisen mit Recht darauf hin, dass dem Erwägungsgrund 9 Abschlussprüfungs-VO zu entnehmen ist, dass die Erbringung der betreffenden Leistung zuvor zu billigen ist (sog. *pre-approval*).[391] Daher dürfte generell von dem Erfordernis einer vorherigen Billigung auszugehen sein.[392] Aus der Pflicht des Prüfungsausschusses, die Gefährdung der Unabhängigkeit aufgrund von Nichtprüfungsleistungen „gebührend" zu beurteilen, folgt, dass im Vorhinein erteilte Zustimmungen des Prüfungsausschusses (sog. *pre-approval*) nur dann zulässig sind, wenn sie konkrete, unionsrechtlich zulässige Leistungen betreffen und der Umfang der jeweiligen Leistungen einschließlich der Höhe der Vergütung konkret auf der Grundlage und am Maßstab des Unionsrechts festgelegt ist.[393]

(3) Art. 5 Abs. 5 UAbs. 2 S. 2 Abschlussprüfungs-VO. Ein Ersetzungsgrund ist **80** nach Abs. 3 S. 1 Nr. 1 ferner gegeben, wenn ein Verstoß gegen Art. 5 Abs. 5 UAbs. 2 S. 2 Abschlussprüfungs-VO vorliegt.[394] Danach darf der Abschlussprüfer bzw. die Prüfungsgesellschaft die Abschlussprüfung nur „fortsetzen", wenn er/sie gemäß Art. 6 Abschlussprüfungs-VO und Art. 22b Abschlussprüfungs-RL begründen kann, dass die Erbringung der Nichtprüfungsleistungen gemäß Art. 5 Abs. 1 bzw. 2 weder seine/ihre fachliche Einschätzung noch den Bestätigungsvermerk beeinträchtigt.[395] Art. 5 Abs. 5 betrifft die Erbringung verbotener Nichtprüfungsleistungen durch ein Mitglied des Netzwerkes, dem der Abschlussprüfer bzw. die Prüfungsgesellschaft angehört, für eine Tochtergesellschaft des geprüften Unternehmens von öffentlichem Interesse mit Sitz in einem Drittland (vgl. § 3 Abs. 1 S. 1 Hs. 2 WPO). Da die EU außerhalb des Geltungsbereichs der Abschlussprüfungs-VO nicht mit einem Verbot der Nichtprüfungsleistungen arbeiten kann, knüpft sie in Art. 5 Abs. 5 UAbs. 2 S. 2 die „Fortsetzung" der Abschlussprüfung daran, dass der Abschlussprüfer zu der Einschätzung gelangt, dass die Erbringung dieser Leistungen weder seine fachliche Einschätzung noch den Bestätigungsvermerk beeinträchtigt.

Allerdings bestimmt **Art. 5 Abs. 5 UAbs. 3 lit. a Abschlussprüfungs-VO** zwingend, **81** dass die Teilnahme an der Führung oder an Entscheidungen des geprüften Unternehmens

---

388 Zur Überwachung und Billigung von Nichtprüfungsleistungen im PIE-Konzern s. Bode BB 2017, 491.
389 BeBiKo/Justhoven/Nagel Rn. 220.
390 BeBiKo/Justhoven/Nagel Rn. 220; Schüppen Anh. § 319 Rn. 32.
391 BeBiKo/Justhoven/Nagel Rn. 220. Die rechtlich unverbindlichen (so EuGH 19.6.2014 – C-345/13, ECLI:EU:C:2014:2013 Rn. 31 – Karen Millen Fashions; s. ferner EuGH 13.9.2018 – C-287/17, ECLI:EU:2018:707 Rn. 33 – Česká pojišťvna; EuGH 24.11.2005 – C-136/04, ECLI:EU:C:2005:716 Rn. 32 – Deutsches Milch-Kontor; EuGH 13.3.2019 – C-647/17, ECLI:EU:C:2019:195 Rn. 32 – Skatteverket/Srf konsulterna,) Erwägungsgründe der Abschlussprüfer-RL können – auch wenn sie keinen normativen Gehalt haben und auch keine politische Willensbekundung enthalten (s. Ziff. 10 Gemeinsamer Leitfaden des Europäischen Parlaments, des Rates und der Kommission für Personen, die in den Gemeinschaftsorganen an der Abfassung von Rechtstexten mitwirken, 2. Aufl. 2015, 31–36) – als Entscheidungshilfen in die Betrachtung mit einbezogen werden. Sie können freilich „weder herangezogen werden, um von den Bestimmungen des betreffenden Rechtsakts abzuweichen, noch, um diese Bestimmungen in einem Sinne auszulegen, der ihrem Wortlaut offensichtlich widerspricht" (EuGH Urt. v. 19.6.2014 – Rs. C-345/13, ECLI:EU:C:2014:2013 Rn. 31 – Karen Millen Fashions). Vgl. Ebke ZVglRWiss 121 (2022), 1 (21–22).
392 BeBiKo/Justhoven/Nagel Rn. 220; Schüppen Anh. § 319 Rn. 32.
393 Ausf. Schüppen Anh. § 319 Rn. 33, dort Rn. 34 auch zur Auslegung und Anwendung von Art. 5 Abs. 4 UAbs. 1 S. 2 Abschlussprüfungs-VO („Aufstellung von Leitlinien durch den Prüfungsausschuss").
394 Aus dem strikten Vorrang des Ersetzungsverfahrens nach § 318 Abs. 3 folgt, dass auf einen Verstoß gegen Art. 5 Abs. 5 UAbs. 2 S. 2 Abschlussprüfungs-VO eine Anfechtung des Wahlbeschlusses nicht gestützt werden kann (§ 243 Abs. 3 Nr. 3 AktG).
395 Zur Zulässigkeit von Nichtprüfungsleistungen des Abschlussprüfers nach dem FISG Hayn/Kelm/Schmitz-Herkendell, WPg 2022, 374.

(Abs. 1 S. 2 **lit. b:** *„services that involve playing any part in the management or decision-making of the audited entity"*),[396] die Buchhaltung und Erstellung von Unterlagen der Rechnungslegung und von Abschlüssen (Abs. 1 S. 2 **lit. c:** *„bookkeeping"* und *„preparing accounting records and financial statements"*)[397] bzw. die Gestaltung und Umsetzung interner Kontroll- oder Risikomanagementverfahren, die bei der Erstellung und/oder Kontrolle von Finanzinformationen (*financial information"*) oder Finanzinformationstechnologiesystemen (*„financial information technology systems*) zum Einsatz kommen (Abs. 1 S, 2 **lit. e:** *„internal control"* or *„risk management procedures"*)[398] durch das Drittlands-Netzwerkmitglied „auf jeden Fall" als Gefährdung der Unabhängigkeit anzusehen sind, die durch Schutzmaßnahmen *keinesfalls* vermindert werden kann. Die Vermeidung der Gefährdung der Unabhängigkeit durch **Schutzmaßnahmen** gemäß Art. 6 Abschlussprüfungs-VO oder Art. 22b Abschlussprüfer-RL kommt nach Art. 5 Abs. 5 UAbs. 3 lit. b Abschlussprüfungs-VO nur für andere als die vorgenannten verbotenen Nichtprüfungsleistungen durch das Drittlands-Netzwerkmitglied in Betracht, also insbesondere bei Steuerberatungsleistungen (Abs. 1 S. 2 lit. a: *„tax services"*),[399] Lohn- und Gehaltsabrechnungen (Art. 1 S. 2 lit. d: *„payroll services"*),[400] Bewertungsleistungen (Abs. 1 S. 2 lit. f: *„valuation services"*),[401] Rechtsberatungsleistungen (Abs. 1 S. 2 lit. g: *„legal services"*),[402] Personaldienstleistungen (Abs. 1 S, 2 lit. k: *„human resources services"*)[403] bzw. Leistungen im Zusammenhang mit der Finanzierung (*financing*), der Kapitalstruktur (*capital structure*) und Kapitalausstattung (*capital allocation*) sowie der Anlagestrategie (*investment strategy*) des geprüften Unternehmens (Abs. 1 S. 2 lit. i).[404]

82   **bb) Art. 16 Abschlussprüfungs-VO.** Die Nichteinhaltung der Vorschriften betreffend die Bestellung des Abschlussprüfers nach Art. 16 Abschlussprüfungs-VO bildet gemäß Abs. 3 S. 1 Nr. 2 ebenfalls einen Grund für die Ersetzung des Abschlussprüfers.[405] Die über § 318 hinausgehenden Anforderungen des Art. 16 Abschlussprüfungs-VO an die Auswahl des Abschlussprüfers und die Vorbereitung der **Bestellungsentscheidung** betreffen nur Unternehmen von öffentlichem Interesse.[406] Die Norm regelt in ihren Abs. 1–5 Einzelheiten des gesamten Verfahrens der Auswahl des Abschlussprüfers bis zum formellen Wahlvorschlag in den Fällen des Wechsels des Abschlussprüfers.[407] Darüber hinaus enthält Abs. 6 der Bestimmung ein Klauselverbot.[408] Danach ist jede Klausel in einem zwischen dem

---

[396] Zu Einzelheiten → 4. Aufl. 2020, § 319a Rn. 50.

[397] Zu Einzelheiten → 4. Aufl. 2020, § 319a Rn. 51.

[398] Zu Einzelheiten → 4. Aufl. 2020, § 319a Rn. 53.

[399] Zu Einzelheiten → 4. Aufl. 2020, § 319a Rn. 49.

[400] Zu Einzelheiten → 4. Aufl. 2020, § 319a Rn. 52.

[401] Zu Einzelheiten → 4. Aufl. 2020, § 319a Rn. 54.

[402] Zu Einzelheiten → 4. Aufl. 2020, § 319a Rn. 55.

[403] Zu Einzelheiten → 4. Aufl. 2020, § 319a Rn. 59.

[404] S. dazu → 4. Aufl. 2020, § 319a Rn. 57 mit Einzelheiten zu comfort letters, Prüfungen prospektbezogener Gewinnprognosen und pro forma-Finanzinformationen, fairness opinions (inadequacy opinions) sowie due diligence-Prüfungen.

[405] BeBiKo/Justenhoven/Heinz Rn. 101. Aus dem strikten Vorrang des Ersetzungsverfahrens nach § 318 Abs. 3 folgt, dass auf einen Verstoß gegen Art. 16 Abs. 2–5 Abschlussprüfungs-VO eine Anfechtung des Wahlbeschlusses nicht gestützt werden kann (§ 243 Abs. 3 Nr. 3 AktG).

[406] Zu Einzelheiten der Art. 16 Abschlussprüfungs-VO Schüppen Anh. § 318 Rn. 1–19.

[407] Ein Auswahlverfahren ist nach Art. 16 Abs. 2 UAbs. 2, Abs. 3 und Abs. 5 UAbs. 1 nicht vorgeschrieben, wenn der Prüfungsausschuss eine „Erneuerung eines Prüfungsmandats gemäß Art. 17 Abs. 1 und 2 Abschlussprüfungs-VO empfiehlt, also eine Wiederbestellung des bisherigen Abschlussprüfers vorgeschlagen wird. Ob es sich um eine „Erneuerung eines Prüfungsmandats" oder um ein „erstes Mandat" (Art. 17 Abs. 1 Abschlussprüfungs-VO) handelt, kann zweifelhaft sein, wenn das „erste Mandat" nicht auf der Grundlage eines Auswahlverfahrens gemäß Art. 16 Abs. 3 Abschlussprüfungs-VO erteilt wurde, sondern (1) die prüfungspflichtige Kapitalgesellschaft erstmals die Qualifikation eines Unternehmens von öffentlichem Interesse erfüllt und den bisherigen Abschlussprüfer erneut bestellt, (2) der zur Wiederwahl anstehende Abschlussprüfer durch gerichtliche Entscheidung nach § 318 Abs. 3 bestellt war oder (3) der Abschlussprüfer auf Vorschlag eines Aktionärs durch die Hauptversammlung gewählt worden war, obwohl er nicht an einem Auswahlverfahren gemäß Art. 16 Abs. 3 Abschlussprüfungs-VO beteiligt war. Zu den möglichen Lösungen derartiger Fälle ausf. und überzeugend Schüppen Anh. § 318 Rn. 12–14.

[408] Das Klauselverbot ist Verbotsgesetz iSv § 134 BGB. Nach allgemeinen Grundsätzen können sich aus Verstößen zudem Schadensersatzverpflichtungen ergeben. Dazu Schüppen Anh. § 318 Rn. 17.

prüfungpflichtigen Unternehmen von öffentlichem Interesse und Dritten geschlossenen Vertrag nichtig, die die Auswahlmöglichkeiten der Gesellschafterversammlung bezüglich der Bestellung des Abschlussprüfers beschränkt (sog. „Anti-Big-4-only-Klausel"). [409] Art. 16 Abs. 7 Abschlussprüfungs-VO räumt den Mitgliedstaaten ein Wahlrecht ein, die Prüfung durch mehr als einen Abschlussprüfer vorzuschreiben und die Modalitäten einer solchen Gemeinschaftsprüfung (*„joint audit"*) festzulegen. [410] Art. 16 Abs. 8 Abschlussprüfungs-VO sieht ein nationales Wahlrecht vor, die im Rahmen des Art. 16 Abschlussprüfungs-VO dem Prüfungsausschuss übertragenen Aufgaben auf einen Nominierungsausschuss zu übertragen.

cc) Art. 17 Abschlussprüfungs-VO. Nach Abs. 3 S. 1 Nr. 2 kann ein Ersetzungsan- **83** trag auch darauf gestützt werden, dass die Vorschriften zur Laufzeit des Prüfungsmandats bei Unternehmen von öffentlichem Interesse nach Art. 17 Abschlussprüfungs-VO nicht eingehalten worden sind. [411] Art. 17 Abschlussprüfungs-VO enthält eine der zentralen Neuerungen der EU-Abschlussprüfungsreform. [412] Neben der weiterhin vorgesehenen internen Rotation des verantwortlichen Prüfungspartners (Art. 17 Abs. 7 Abschlussprüfungs-VO; § 43 Abs. 6 S. 2 WPO) und des beteiligten Führungspersonals (Art. 17 Abs. 7 Abschlussprüfungs-VO) ist in Art. 17 Abs. 1–6 Abschlussprüfungs-VO die **Pflicht zur externen Rotation,** also zu einer Auswechslung des Abschlussprüfers, nach – regelmäßig – zehn Jahren vorgesehen (s. dazu die Berechnungsvorschrift der Art. 17 Abs. 8 Abschlussprüfungs-VO; → 4. Aufl. 2020, § 318 Rn. 55). Nach den Vorstellungen des europäischen Gesetzgebers soll die externe Rotation der „Gefahr der zu großen Vertrautheit des Prüfers mit dem Unternehmen entgegenwirken und so die Unabhängigkeit von Abschlussprüfern [...] stärken". [413] Darüber hinaus soll die „kritische Grundhaltung" (zu Einzelheiten und Nachweisen → Vor § 316 Rn. 2) gestärkt und die Prüfungsqualität gesteigert werden. [414] Deutschland hatte in § 318 Abs. 1a idF des AReG zunächst von der Möglichkeit nach Art. 17 Abs. 4 Abschlussprüfungs-VO, abweichend von Art. 17 Abs. 1 und Abs. 2 lit. b Abschlussprüfungs-VO die Höchstlaufzeit des Prüfungsmandats zu verlängern, in vollem Umfang Gebrauch gemacht, so dass eine Verlängerung der Höchstlaufzeit auf 20 Jahre bzw. – bei Durchführung einer Gemeinschaftsprüfung (*joint audit*) – auf 24 Jahre in Betracht kam. [415] Die Verlängerungsmöglichkeit galt allerdings von vornherein nicht für Banken (§ 340k Abs. 1 S. 1 idF des AReG) und Versicherungsgesellschaften (§ 341k Abs. 1 S. 2 idF des AReG). Mit Art. 11 Nr. 5 FISG hat der Gesetzgeber § 318 Abs. 1a idF des AReG ersatzlos aufgehoben. Reguläre Möglichkeiten zur **Verlängerung der Mandatshöchstdauer** von zehn Jahren bestehen daher nicht mehr. [416]

Nach Art. 17 Abs. 6 Abschlussprüfungs-VO kann die zuständige Behörde auf Antrag **84** des Unternehmens von öffentlichem Interesse in Ausnahmefällen gestatten, dass dem Abschlussprüfer nach Ablauf der Höchstlaufzeit für höchstens zwei Jahre ein Prüfungsauftrag erteilt wird. Im Lichte der mit der Höchstlaufzeit verfolgten Ziele ist diese Ausnahmeregelung **eng auszulegen.** [417] Zu denken ist an Fälle, in denen ein vorgesehener und möglicherweise bereits gewählter neuer Abschlussprüfer überraschend wegfällt oder in denen aus von dem PIE zu vertretenden Gründen das Verfahren zur Auswahl eines neuen Abschlussprüfers nicht rechtzeitig zum Abschluss gebracht werden kann.

---

[409]　Dadurch soll die Chance von Abschlussprüfungsgesellschaften, die nicht zu dem Kreis der „Big 4" gehören, erhöht werden, von Unternehmen von öffentlichem Interesse einen Prüfungsauftrag zu erhalten: Schüppen Anh. § 318 Rn. 15.

[410]　Zu der Frage, ob joint audits sinnvoll sind: Quick/Schmidt/Simons WPg 2016, 11.

[411]　BeBiKo/Justenhoven/Heinz Rn. 101.

[412]　Zu Einzelheiten des Art. 17 Abschlussprüfungs-VO Schüppen Anh. § 318 Rn. 22–44.

[413]　ErwägG 21 Abschlussprüfungs-VO.

[414]　Dazu monographisch Puschmann, Die Rotation des verantwortlichen Prüfungspartners als Instrument zur Steigerung der Prüfungsqualität, 2019; Wiemann, Prüfungsqualität des Abschlussprüfers – Einfluss der Mandatsdauer auf die Bilanzpolitik beim Mandanten, 2010.

[415]　S. dazu → 4. Aufl. 2020, § 318 Rn. 48 ff.

[416]　Zur Kritik an der Regelung der Höchstlaufzeiten vor Inkrafttreten des FISG s. → 4. Aufl. 2020, § 318 Rn. 49).

[417]　Schüppen Anh. § 318 Rn. 31.

85   **dd) Sonstige Ersetzungsgründe.** Die Bezugnahme in Abs. 3 S. 1 auf die Ausschlussgründe des § 319 Abs. 2–5 und § 319b, Art. 5 Abs. 4 UAbs. 1 S. 1, Abs. 5 UAbs. 2 S. 2, 16 bzw. 17 Abschlussprüfungs-VO ist **nicht abschließend** („insbesondere"). Die genannten Vorschriften sperren demnach nicht den Rückgriff auf andere in der Person des gewählten Prüfers liegende Gründe iSd § 318 Abs. 3 S. 1 (allgM).[418] Wenn die Voraussetzungen eines gesetzlichen Ausschlussgrundes iSd § 319 Abs. 2–5 oder des § 319b bzw. der Art. 5 Abs. 4 UAbs. 1 S. 1, Abs. 5 UAbs. 2 S. 2, 16 bzw. 17 Abschlussprüfungs-VO nicht erfüllt sind, ist nach § 318 Abs. 3 S. 1 Nr. 1 folglich zu prüfen, ob „in der Person" des gewählten Prüfers ein anderer Grund vorliegt, der eine Abberufung und Ersetzung des gewählten Prüfers geboten erscheinen lässt. Bei der Auslegung und der Anwendung des Tatbestandsmerkmals „in der Person des gewählten Prüfers liegenden Grund" ist anhand der Gesamtheit der Umstände zu ermitteln, ob zu den Beteiligten oder zu den der Prüfungs-, Berichts- und Bestätigungspflicht unterliegenden Gegenständen derart enge **geschäftliche, finanzielle oder persönliche Beziehungen** bestehen, dass sie aus Sicht eines „vernünftig und objektiv denkenden Dritten"[419] geeignet sein *könnten,* die Urteilsbildung und die Entscheidung des Prüfers sachfremd zu beeinflussen.[420] Der Anwendungsbereich der Ersetzung aufgrund eines „in der Person des gewählten Prüfers liegenden Grundes" für allein dem HGB unterliegende Abschlussprüfungen ist allerdings eher gering, seitdem infolge der Gesetzesänderungen durch das BilReG auch die allgemeine Besorgnis der Befangenheit zu den gesetzlichen Ausschlussgründen zählt (§ 319 Abs. 2; zu Einzelheiten → § 319 Rn. 35 ff.).[421]

86   Ein in der Person des gewählten Abschlussprüfers liegender Grund für seine Ersetzung iSv Abs. 3 S. 1 Nr. 1 kann sich – abgesehen von den in Abs. 3 S. 1 Nr. 1 und 2 genannten gesetzlich geregelten Fällen – etwa aus mangelnder **Neutralität** oder **Geeignetheit** für die Funktion des Abschlussprüfers ergeben. Ein solcher Fall kann beispielsweise gegeben sein, wenn der gesetzliche Abschlussprüfer vor oder nach seiner Wahl Äußerungen getan hat, die seine Bereitschaft oder Fähigkeit zu einer gewissenhaften Prüfung und einer besonnenen, ausgewogenen und unparteiischen Urteilsbildung nachhaltig in Zweifel ziehen können. Entsprechendes gilt, wenn Äußerungen des gewählten Prüfers Zweifel aufkommen lassen, ob er auf der Höhe des Rechnungslegungs- oder Abschlussprüfungsrechts ist. Ein Ersetzungsgrund kann auch in der **Überlastung** des Prüfers liegen, wenn zu besorgen ist, dass der Prüfungsauftrag nicht rechtzeitig erledigt werden kann oder der Prüfer aus anderen (etwa gesundheitlichen) Gründen an dem rechtzeitigen Abschluss der Prüfung gehindert oder (zB durch Tod) weggefallen ist (vgl. Abs. 4 S. 2).[422] Ein Ersetzungsgrund iSd Abs. 3 S. 1 kann ferner darin zu sehen sein, dass sich der Prüfer eines schwerwiegenden **Vertrauensbruchs** schuldig gemacht hat (zB durch Abwerbung leitender Angestellter des zu prüfenden Unternehmens, Bruch der Verschwiegenheitspflicht oder Bestrafung in einem berufsrechtlichen Verfahren).[423] Mangelnde persönliche Zuverlässigkeit des Prüfers, die sich zB durch die Verurteilung in einem berufsrechtlichen Verfahren äußern kann, kann ebenfalls einen Ersetzungsgrund darstellen.[424] Die **mangelnde fachliche Qualifikation** des Prüfers[425] oder objektiv fehlende Kenntnisse über die Geschäftstätigkeit sowie das wirtschaftli-

---

[418]   S. statt aller BeBiKo/Justenhoven/Heinz Rn. 97; Schüppen Rn. 40; HKMS/Mylich/Müller Rn. 142–145; Frings WPg 2006, 821 (823); Ebke FS Hopt, 2010, 582; Erle FS Röhricht, 2005, 866; Knorr FS Röhricht, 2005, 937.

[419]   BGHZ 153, 32 = BB 2003, 462 (465) – HypoVereinsbank; zust. Hense/Ulrich/Bärenz/Goltz WPO § 49 Rn. 37.

[420]   Zust. AG Frankfurt a.M. Beschl. v. 29.1.2009 – HRB 30000 – Kirch/Deutsche Bank.

[421]   BeBiKo/Justenhoven/Heinz Rn. 97.

[422]   Vgl. BeBiKo/Justenhoven/Heinz Rn. 98; Schüppen Rn. 39; HKMS/Mylich/Müller Rn. 142 und 144; Hopt/Merkt Rn. 9; Hense/Ulrich/Haarmann WPO § 43 Rn. 142.

[423]   BeBiKo/Justenhoven/Heinz Rn. 98; Hopt/Merkt Rn. 9; Schüppen Rn. 39; HKMS/Mylich/Müller Rn. 144; Hense/Ulrich/Haarmann WPO § 43 Rn. 142; Graumann Prüfungswesen S. 167.

[424]   BeBiKo/Justenhoven/Heinz Rn. 98.

[425]   BeBiKo/Justenhoven/Heinz Rn. 98; Wiedmann/Böcking/Gros/Böcking/Gros/Rabenhorst Rn. 18; Hopt/Merkt Rn. 9; Hense/Ulrich/Haarmann WPO § 43 Rn. 142; s. auch Staub/Habersack/Schürnbrand Rn. 60; aA HKMS/Mylich/Müller Rn. 142 („in der Regel kein Ersetzungsgrund, solange die formale Berufszulassung fortbesteht").

che und rechtliche Umfeld des zu prüfenden Unternehmens im Rahmen der Abschlussprüfung[426] können im Einzelfall ebenfalls Grund für eine Ersetzung sein.[427] Dagegen begründet die **personelle oder sachliche Ausstattung** des Abschlussprüfers nur dann einen Ersetzungsgrund, wenn die ordnungsgemäße Durchführung der Abschlussprüfung durch die (zulässige) Hinzuziehung sachkundiger Personen bzw. sonstiger Gehilfen (§ 323 Abs. 1 S. 1) nicht hinreichend sichergestellt ist.[428]

b) Antragsberechtigte. Antragsberechtigt sind nach Abs. 3 S. 1 idF des FISG die **87** gesetzlichen Vertreter, der Aufsichtsrat[429] oder die Gesellschafter. Gesellschafter von AG bzw. KGaA sind jedoch nur antragsberechtigt, wenn die Anteile der den Antrag stellenden Gesellschafter **zusammen** den zwanzigsten Teil (5 %) der Stimmrechte oder des gezeichneten Kapitals (zu den Gründen für das Abstellen auf das gezeichnete Kapital → Rn. 5) oder – bei börsennotierten Gesellschaften – einen Börsenwert[430] von 500.000 Euro erreichen.[431]

aa) Schwellenwerte. Mit der Aufstellung strenger Voraussetzungen für die Einleitung **88** des gerichtlichen Ersetzungsverfahrens hat der Gesetzgeber zum Ausdruck gebracht, dass „es auf mögliche Befangenheitsgründe, die aus Sicht eines einzelnen Aktionärs bestehen können, nicht ankommt, sondern daß das als Befangenheit geltend gemachte Verhalten von einer erheblichen Anzahl von Aktionären beanstandet wird".[432] Durch die hohen Schwellenwerte soll „die Möglichkeit entzogen werden, durch missbräuchlich oder mutwillig gestellte Anträge auf gerichtliche Ersetzung den ordnungsgemäßen Ablauf der Abschlussprüfung und ihre zeitgerechte Beendigung zu verhindern."[433] Der **Schwellenwert** für die Einleitung des Ersetzungsverfahrens durch Aktionäre wurde durch das BilReG vom 4.12.2004 (BGBl. 2004 I 3166) von ursprünglich 10 % des Grundkapitals oder einem anteiligen Betrag iHv einer Million Euro **auf die Hälfte** dieser Werte **gesenkt,** und zwar im Gegenzug zu dem Ausschluss der Anfechtungs- und Nichtigkeitsklage (→ Rn. 67). Das Antragsrecht von Aktionären, deren Anteile bei Antragstellung zusammen **5% der Stimmrechte** erreichen, wurde durch das AReG vom 10.5.2016 (BGBl. 2016 I 1142) in Abs. 3 S. 1 eingefügt.[434] Die Senkung von ursprünglich 10 % auf 5 % hat die Einleitung des Ersetzungsverfahrens seitens der Aktionäre nach Ansicht einiger Autoren erleichtert,[435] nach anderer Auffassung „keineswegs" erleichtert.[436] Bei der Festlegung des Schwellenwertes wurde berücksichtigt, dass mit dem durch das BilKonG eingeführte Enforcement-Verfahren eine zusätzliche Möglichkeit eröffnet ist, Fehler in Jahresabschlüssen geltend zu machen, ohne dass dafür das Quorum gemäß Abs. 3 S. 1 erforderlich wäre.[437] Der vorgeschriebene

---

[426] Vgl. IDW PS 230: Kenntnisse über die Geschäftstätigkeit sowie das wirtschaftliche und rechtliche Umfeld des zu prüfenden Unternehmens im Rahmen der Abschlussprüfung (Stand: 8.12.2005), WPg 2006, 218; s. ferner ISA [DE] 315 (Revised): Identifizierung und Beurteilung der Risiken wesentlicher falscher Darstellungen aus dem Verständnis von der Einheit und ihrem Umfeld (Stand: 26.3.2020), IDW Life 2019, 669, IDW Life 2020, 509.

[427] HKMS/Mylich/Müller Rn. 142; Staub/Habersack/Schürnbrand Rn. 60; Hense/Ulrich/Haarmann WPO § 43 Rn. 142.

[428] BeBiKo/Justenhoven/Heinz Rn. 99; Graumann Prüfungswesen S. 167–168; ähnlich Hopt/Merkt Rn. 9; Staub/Habersack/Schürnbrand Rn. 61; Wiedmann/Böcking/Gros/Böcking/Gros/Rabenhorst Rn. 18.

[429] Zum Handlungsrahmen des Aufsichtsrats bei der Initiierung eines Ersetzungsverfahrens nach § 318 Abs. 3 Lanfermann BB 2017, 2989.

[430] Krit. zu der Inbezugnahme des volatilen Börsenwerts der Aktien des Antragstellers HKMS/Mylich/Müller Rn. 127 („Missgriff des Gesetzgebers").

[431] Zum Fall der Legitimationsübertragung: BayObLGZ 1987, 297 = WM 1987, 1363 mAnm Immenga/Boll WuB II A § 129 AktG 1.88; zust. Hopt/Merkt Rn. 8.

[432] LG München I AG 2000, 235 (236). S. auch HKMS/Mylich/Müller Rn. 126 („damit soll sichergestellt werden, dass der ordnungsmäßige Prüfungsablauf nicht durch unbedeutende Minderheiten ggf. durch willkürliche oder zweckfremde Anträge behindert werden").

[433] BeBiKo/Justenhoven/Heinz Rn. 82.

[434] Damit hat der deutsche Gesetzgeber Art. 38 Abs. 3 lit. a Abschlussprüfer-RL umgesetzt. Zur Berechnung der Stimmrechte HKMS/Mylich/Müller Rn. 129.

[435] Peemöller/Oehler BB 2004, 539 (545).

[436] HKMS/Mylich/Müller Rn. 127 (wegen des volatilen Börsenwerts als Bezugsgröße).

[437] Begr. RegE BilReG, BT-Drs. 15/3419, 36 v. 24.6.2004.

Schwellenwert muss nicht von einem Aktionär allein erreicht werden, es können sich auch **mehrere Aktionäre** zur Erreichung des Schwellenwerts **zusammenschließen** (s. Abs. 3 S. 1: „zusammen").[438]

89   **bb) Weitere Voraussetzungen.** Gesellschafter von AG bzw. KGaA müssen darüber hinaus gegen die Wahl des Abschlussprüfers bei der Beschlussfassung **Widerspruch** erklärt haben, sofern der Abberufungsgrund bereits bei der Wahl bekannt war (vgl. Abs. 3 S. 2 Hs. 2).[439] Außerdem haben die antragstellenden Aktionäre glaubhaft zu machen, dass sie seit mindestens drei Monaten vor dem Tag der Wahl des Abschlussprüfers Inhaber der Aktien waren (Abs. 3 S. 4); zur **Glaubhaftmachung** genügt eine eidesstattliche Versicherung vor einem Notar (Abs. 3 S. 5).[440] Für die **Berechnung des Börsenwertes** können § 5 WpÜG-AV (inländische Börsenkurse) und § 6 WpÜG-AV (ausländische Börsenkurse) herangezogen werden.[441] **Maßgeblicher Zeitpunkt** für die Berechnung des Börsenwerts ist nach dem klaren Wortlaut sowie dem Sinn und Zweck des Abs. 3 S. 1 allerdings der Zeitpunkt der Antragstellung.[442] Nach Erteilung des Bestätigungsvermerks oder im Fall der Nachtragsprüfung gemäß § 316 Abs. 3 nach Ergänzung des Bestätigungsvermerks kann der Antrag auf Ersetzung des Abschlussprüfers nicht mehr gestellt werden.

90   **cc) Pflicht zur Antragstellung.** In Anbetracht der gesellschaftsübergreifenden Funktion der gesetzlichen Abschlussprüfung nach §§ 316 ff. im Allgemeinen (→ § 316 Rn. 30 f.) und des Zieles des Abs. 3, die Abschlussprüfung durch einen unbefangenen Prüfer sicherzustellen,[443] im Besonderen ist davon auszugehen, dass die gesetzlichen Vertreter bzw. der Aufsichtsrat **verpflichtet** sind, einen **Ersetzungsantrag zu stellen,** wenn sie einen konkreten Anhaltspunkt für die Besorgnis der Befangenheit des gewählten Abschlussprüfers haben.[444] Wenn der Prüfer freiwillig oder wie früher gemäß DCKG Ziff. 7.2.1 aF[445] im Vorfeld seiner Bestellung eine Unabhängigkeitserklärung oder die Erklärung über die Unabhängigkeit nach Art. 6 Abs. 2 lit. a Abschlussprüfungs-VO bzw. § 321 Abs. 4a auf der Grundlage der geltenden europarechtlichen, deutschen gesetzlichen und berufsrechtlichen Unabhängigkeitsanforderungen (Art. 4, 5, 17, 41 Abschlussprüfungs-VO, §§ 319, 319b, §§ 43 und 49 WPO sowie §§ 28 ff. BS WP/vBP) abgegeben hat, werden für das Unternehmen allerdings in der Regel kaum weitere Erkenntnismöglichkeiten bestehen. Die gesetzlichen Vertreter bzw. der Aufsichtsrat haben aber **Hinweisen** Dritter (zB von Aktionären) oder des Abschlussprüfers selbst[446] nachzugehen. Bei Vorliegen der Voraussetzungen des Abs. 3 sind sie verpflichtet, den Antrag nach Abs. 3 auf Ersetzung des gewählten Prüfers zu stellen.[447] Bei verspäteter Antragstellung kann ein Schaden entstehen, weil erhöhte Prü-

---

[438] HKMS/Mylich/Müller Rn. 128; Hopt/Merkt Rn. 13; BeBiKo/Justenhoven/Heinz Rn. 82.

[439] Zu Einzelheiten HKMS/Mylich/Müller Rn. 126 und 131; BeBiKo/Justenhoven/Heinz Rn. 81; Staub/Habersack/Schürnbrand Rn. 54.

[440] BeBiKo/Justenhoven/Heinz Rn. 81; HKMS/Mylich/Müller Rn. 126 und 132: Das erfolgt in der Regel durch Depotbescheinigungen, Auszüge aus dem Aktionärsregister, Abrechnungen oder Schlussscheine. Vgl. AG Frankfurt a. M. Beschl. v. 29.2.2009 – HRB 30000 (das Gericht lässt die Bescheinigung eines Bankhauses über den Aktienbesitz genügen).

[441] AG Frankfurt a.M. Beschl. v. 29.1.2009 – HRB 30000 – Kirch/Deutsche Bank; zust. HKMS/Mylich/Müller Rn. 127; Hopt/Merkt Rn. 13; Staub/Habersack/Schürnbrand Rn. 53.

[442] So auch mit ausführlicher Begründung HKMS/Mylich/Müller Rn. 127.

[443] Hense/Ulrich/Haarmann WPO § 43 Rn. 142.

[444] Gelhausen/Heinz WPg 2005, 693 (698); Frings WPg 2006, 821 (829); Staub/Habersack/Schürnbrand Rn. 50; BeBiKo/Justenhoven/Heinz Rn. 85; aA HKMS/Mylich/Müller Rn. 123 („stehen zur Disposition der Antragsberechtigten").

[445] Dazu Stürz/Harms in Pfitzer/Oser/Orth DCGK S. 280; Staub/Habersack/Schürnbrand Rn. 57. Zu Einzelheiten zu Inhalt und Empfänger der Unabhängigkeitserklärung: Tz. 36–57 des IDW PS 345: Auswirkungen des Deutschen Corporate Governance Kodex auf die Abschlussprüfung (Stand: 6.5.2021), IDW Life 2021, 984. Vgl. aber Georgiou/Maniora WPg 2019, 840.

[446] § 30 Abs. 5 S. 1 BS WP/vBP: „Vor Annahme eines Auftrages sowie während der gesamten Dauer der Auftragsdurchführung ist zu prüfen, ob die Unbefangenheit gefährdende Umstände vorliegen."

[447] BeBiKo/Justenhoven/Heinz Rn. 85; Staub/Habersack/Schürnbrand Rn. 50; Gelhausen/Heinz WPg 2005, 693 (6989; Frings WPg 2006, 821 (829); aA HKMS/Mylich/Müller Rn. 123.

fungskosten für den zu ersetzenden alten und den neuen Abschlussprüfer aufgewendet werden müssen.[448] Gelhausen und Heinz haben ergänzend darauf hingewiesen, dass das Ersetzungsverfahren von den gesetzlichen Vertretern bzw. dem Aufsichtsrat auch eingeleitet werden kann, um **im Falle rechtlicher Zweifel** Rechtssicherheit zu erlangen.[449] Falls ein Ersetzungsgrund zweifelsfrei vorliegt, kann der Abschlussprüfer den Prüfungsauftrag ggf. aus wichtigem Grund kündigen (Abs. 6 S. 1).[450] Die **Antragsberechtigung** der gesetzlichen Vertreter bzw. des Aufsichtsrats ist angesichts der zwingenden Natur des Abs. 3 S. 1 **nicht übertragbar** (zB auf ein Organmitglied), auch nicht auf einen Prüfungsausschuss (Audit Committee).[451]

dd) Antragsrecht des Abschlussprüfers? Der gewählte Abschlussprüfer selbst ist **91** nach dem Wortlaut des Abs. 3 S. 1 **nicht antragsberechtigt** (allgM).[452] Der Prüfer kann unter Wahrung des Gebots der Verschwiegenheit eine Auskunft der Wirtschaftsprüferkammer (auch aus dem Regelungsbereich der Abschlussprüfungs-VO) einholen (vgl. § 57 Abs. 2 Nr. 1 WPO),[453] die aber keine „Bindungswirkung" für die Wirksamkeit der Bestellung zum Abschlussprüfer entfaltet.[454]

ee) Antragsrecht der Aufsichtsbehörde. Unterliegt die Gesellschaft einer staatlichen **92** Aufsicht, so kann auch die Aufsichtsbehörde den Antrag nach Abs. 3 S. 1 stellen (Abs. 3 S. 6).[455] Mylich und Müller haben aber zutreffend darauf hingewiesen, dass Abs. 3 S. 6 einschränkend dahin auszulegen ist, dass Abs. 3 S. 1 nicht zur Anwendung kommt, wo Spezialregelungen (zB § 28 Abs. 2 KWG; § 36 Abs. 1 VAG) eingreifen.[456] In den Anwendungsbereich von Abs. 3 S. 6 fallen demnach insbesondere Unternehmen in der Rechtsform der (öffentlichen oder privaten) Stiftung oder eines wirtschaftlichen Vereins, die kraft staatlicher Anerkennung unter Aufsicht stehen, wenn auf sie kraft Verweisung (zB § 6 Abs. 1 S. 2 PublG) die Pflichtprüfung zur Anwendung kommt.[457]

ff) Antragsrecht des Insolvenzverwalters. Ungeachtet des klaren Wortlauts des **93** Abs. 3 S. 1 ist umstritten, ob der Insolvenzverwalter berechtigt ist, den Antrag nach Abs. 3 S. 1 zu stellen (→ Rn. 16).[458] Es ist zu differenzieren: Gemäß § 155 Abs. 3 S. 1 InsO entfällt mit der Eröffnung des Insolvenzverfahrens über das Vermögen einer prüfungspflichtigen Gesellschaft die Befugnis der Gesellschaftsorgane zur Bestellung des Abschlussprüfers. Ab diesem Zeitpunkt ist der Abschlussprüfer nur noch auf Antrag des Insolvenzverwalters durch das **Registergericht** zu bestellen (§ 155 Abs. 3 S. 1 InsO).[459] § 155 Abs. 3 S. 2 InsO stellt allerdings ausdrücklich klar, dass die bereits **vor Eröffnung** des Insolvenzverfahrens durch

---

[448] So zutr. BeBiKo/Justenhoven/Heinz Rn. 85.

[449] Gelhausen/Heinz WPg 2005, 693, 698.

[450] BeBiKo/Justenhoven/Heinz Rn. 85.

[451] BeBiKo/Justenhoven/Heinz Rn. 83; aA HKMS/Mylich/Müller Rn. 125.

[452] Frings WPg 2006, 821 (829); Gelhausen/Heinz WPg 2005, 693 (698); BeBiKo/Justenhoven/Heinz Rn. 80; Hopt/Merkt Rn. 13; Staub/Habersack/Schürnbrand Rn. 49.

[453] Vgl. Hense/Ulrich/Spang WPO § 43 Rn. 887.

[454] Gelhausen/Heinz WPg 2005, 693 (698). Zur Möglichkeit der Erörterung etwaiger Gefährdungstatbestände mit Aufsichtsstellen außerhalb des Unternehmens (zB BAFin): § 30 Abs. 1 S. 2 Nr. 2 BS WP/vBP.

[455] HKMS/Mylich/Müller Rn. 134; Staub/Habersack/Schürnbrand Rn. 56; Wiedmann/Böcking/Gros/Böcking/Gros/Rabenhorst Rn. 19.

[456] HKMS/Mylich/Müller Rn. 134.

[457] HKMS/Mylich/Müller Rn. 134.

[458] Für einen Sonderfall ein Antragsrecht des Abschlussprüfers bejahend OLG Dresden NZI 2009, 858; zust. Kaiser/Berbuer ZIP 2017, 161 (163); Kniebes ZInsO 2015, 383 (385). Ein Antragsrecht verneinend LG Hamburg ZIP 1985, 805 (zu § 6 Abs. 4 PublG); zust. Schüppen Rn. 37 mit Fn. 54; im Grundsatz ebenfalls verneinend, iE aber offenlassend, weil die übrigen Voraussetzungen des § 318 Abs. 3 aF nicht erfüllt waren: OLG Frankfurt a.M. BB 2004, 599 (600); zust. Göb/Ossendot NZI 2017, 730; Singer StuB 2018, 403 (404); HKMS/Mylich/Müller Rn. 30. ISd OLG Frankfurt a.M. ausdrücklich BGH WM 2018, 1314.

[459] BGH WM 2018, 1314 Rn. 7; BGH BeckRS 2022, 18743 Rn. 30; Ebke FS Hopt, 2010, 559 (575); BeBiKo/Justenhoven/Heinz Rn. 84 Graumann Prüfungswesen S. 167; Kaiser WPg 2018, 1331.

die zuständigen Organe erfolgte Bestellung des Abschlussprüfers durch die nachfolgende Eröffnung des Insolvenzverfahrens in ihrer Wirksamkeit nicht berührt wird.[460] In einem solchen Fall ist mE **mindestens** eine **subsidiäre Zuständigkeit** des Insolvenzverwalters für die Beantragung der Ersetzung des vor der Eröffnung des Insolvenzverfahrens bestellten Abschlussprüfers zu bejahen (§ 155 Abs. 3 S. 2 InsO), falls die vor Eröffnung des Insolvenzverfahrens Antragsberechtigten bei dem zuständigen Gericht den Antrag auf Ersetzung des vor Insolvenzeröffnung bestellten Prüfers nicht stellen, obgleich ein in seiner Person liegender Grund, insbesondere ein Ausschlussgrund nach § 319 Abs. 2–5, § 319b zweifelsohne besteht (Abs. 3 S. 1 Nr. 1) und der Prüfer den Prüfungsauftrag nicht aus wichtigem Grund kündigt (Abs. 6 S. 1).[461]

94   **c) Antragsfrist.** Der Antrag ist **binnen zwei Wochen** nach dem Tage der Wahl des Abschlussprüfers zu stellen (Abs. 3 S. 2 Hs. 1).[462] Es handelt sich um eine zwingende Ausschlussfrist.[463] Ein verspäteter Antrag führt zur Abweisung des Antrags als unbegründet.[464] Eine Unterbrechung oder Hemmung der Frist findet nicht statt.[465] Die kurze Antragsfrist trägt der Tatsache Rechnung, dass Abs. 3 darauf zielt, rasch eine Klärung über die Habilität des Prüfers herbeizuführen. Aktionäre können den Antrag nur stellen, wenn sie gegen die Wahl des Abschlussprüfers bei der Beschlussfassung **Widerspruch** erklärt haben (Abs. 3 S. 2 Hs. 2).[466] Wird der Abschlussprüfer nicht von einer Haupt- oder Gesellschafterversammlung gewählt, beginnt die Antragsfrist zu laufen, wenn der Wahlbeschluss oder die Entscheidung zustande gekommen ist. Wird ein Grund zur Bestellung eines anderen Abschussprüfers als des gewählten Prüfers erst **nach dessen Wahl** bekannt oder tritt ein Grund erst nach dessen Wahl ein, ist der Antrag binnen zwei Wochen nach dem Tag zu stellen, an dem der Antragsberechtigte Kenntnis von den antragsbegründenden Umständen erlangt hat oder ohne grobe Fahrlässigkeit hätte erlangen **müssen** (Abs. 3 S. 3 idF des FISG).[467] Diese – bei werbenden prüfungspflichtigen Gesellschaften nicht zuletzt dem Schutz der Minderheitsgesellschafter dienende – Regelung muss bei analoger Anwendung des Abs. 3 in der Insolvenz der prüfungspflichtigen Gesellschaft für den Fall, dass der Prüfer schon **vor der Eröffnung des Insolvenzverfahrens** von dem zuständigen Organ bestellt worden ist (vgl. § 155 Abs. 3 S. 2 InsO), erst recht für den **Insolvenzverwalter** gelten; denn dieser wird in der Regel weder an der Wahl des Prüfers beteiligt gewesen sein noch entsprechende Einblicke in die Verhältnisse der Gesellschaft bzw. die Person des gewählten Prüfers haben.[468] Etwaiges diesbezügliches Wissen der „primär" Antragsberechtigten (→ Rn. 85) ist dem Insolvenzverwalter nicht zuzurechnen. Deshalb beginnt die 2-Wochen-

---

460   BGH NJW 2022, 2185 Rn. 14; BGH BeckRS 2022, 11050 Rn. 15.
461   Ebke FS Hopt, 2010, 559 (580, 581); zust. Hopt/Merkt Rn. 13; BeBiKo/Justenhoven/Heinz Rn. 84; weitergehend Staub/Habersack/Schürnbrand Rn. 49, die den Übergang des Antragsrechts auf den Insolvenzverwalter annehmen; s. ferner Kaiser/Berbuer ZIP 2017, 161.
462   Für die Berechnung der Frist gelten § 16 FamFG iVm §§ 222, 224 Abs. 2 und 3 (Verkürzung oder Verlängerung der Frist), § 225 ZPO, § 187 Abs. 1 BGB, § 188 Abs. 2 BGB: HKMS/Mylich/Müller Rn. 135. Der Fristbeginn knüpft an die Wahl des Abschlussprüfers an. Ist eine Wahl nicht erfolgt, ist der Wahlbeschluss nichtig, hat die Gesellschafterversammlung den Wahlbeschluss aufgehoben oder hat der gewählte Prüfer den Prüfungsauftrag nicht angenommen, kommt das Ersetzungsverfahren nach Abs. 3 nicht zum Zuge: HKMS/Mylich/Müller Rn. 136.
463   Merkt/Probst/Fink/Bruckner/Homfeldt S. 1478 Rn. 73; BeBiKo/Justenhoven/Heinz Rn. 87; HKMS/Mylich/Müller Rn. 135; Staub/Habersack/Schürnbrand Rn. 57.
464   HKMS/Mylich/Müller Rn. 135.
465   HKMS/Mylich/Müller Rn. 135.
466   HKMS/Mylich/Müller Rn. 131, dort auch zu der Frage, ob der Widerspruch – entsprechend der Regelung bei der Anfechtungsklage (§ 245 Nr. 1 AktG) – zur Niederschrift in das Hauptversammlungsprotokoll (§ 130 AktG) erklärt werden muss oder auch formlos zulässig ist. Wird die Erklärung des Widerspruchs in der Hauptversammlung versäumt, ist eine Antragsberechtigung nicht zulässig: BeBiKo/Justenhoven/Heinz Rn. 81.
467   Die Änderungen in Abs. 3 S. 3 durch das FISG dienen der Klarstellung, dass ein nachträglicher Ersetzungsantrag bei sämtlichen Gründen möglich ist, die nach Abs. 3 S. 1 Nr. 1 oder 2 zur Ersetzung des Abschlussprüfers führen können. Vgl. zum alten Recht OLG Frankfurt a.M. BB 2004, 599 (600).
468   Ebke FS Hopt, 2010, 559 (581).

Frist gemäß Abs. 3 S. 2 Hs. 1 erst mit dem Tag, an dem der Insolvenzverwalter von den die Ersetzung begründenden Umständen Kenntnis erlangt hat oder ohne grobe Fahrlässigkeit hätte erlangen müssen (vgl. Abs. 3 S. 3 idF des FISG).[469]

Offen bleibt, wie zu entscheiden ist, wenn die **Frist** nach Abs. 3 S. 3 **versäumt** wird.[470] **95** Das kann insbesondere dann problematisch sein, wenn in der Person des Prüfers ein eindeutiger Abberufungsgrund, insbesondere die Besorgnis der Befangenheit (Abs. 3 S. 1 iVm § 319 Abs. 2) vorliegt, der Vorstand bzw. der Aufsichtsrat trotz der Pflicht zur Antragstellung aber nicht tätig wird. Das Gesetz sieht für einen solchen Fall keine besondere Sanktion vor (vgl. § 335). Allerdings ist gerade bei prüfungspflichtigen Gesellschaften iSd §§ 316 ff. davon auszugehen, dass die Gesellschafter, die nach Abs. 3 S. 1 ebenfalls antragsberechtigt sind, von ihrem Antragsrecht regelmäßig fristgerecht Gebrauch machen werden, so dass die Frage **in der Praxis selten** Bedeutung erlangen dürfte (zu dem Fall der Insolvenz → Rn. 84). Nur wenn den Gesellschaftern der in der Person des Prüfers liegende Grund verborgen bleiben sollte, kann es theoretisch passieren, dass wegen der Untätigkeit der gesetzlichen Vertreter bzw. des Aufsichtsrats der möglicherweise befangene Prüfer nicht ersetzt wird und er die Prüfung durchführt. Ein solcher Fall dürfte wegen der berufsrechtlichen Sanktionen, die dem Prüfer bei Durchführung der Prüfung trotz Befangenheit drohen, sowie im Hinblick auf die vertragsrechtlichen Folgen (zB Schadensersatz aufgrund erhöhter Prüfungskosten) aber selten praktisch werden.[471] Im Übrigen kann der Abschlussprüfer den Prüfungsauftrag ggf. **aus wichtigem Grund kündigen** (Abs. 6 S. 1), wenn ein Ersetzungsgrund zweifelsfrei vorliegt.[472]

d) Aktionärseigenschaft. Stellen Aktionäre den Antrag, so haben sie glaubhaft zu **96** machen, dass sie seit mindestens drei Monaten vor dem Tage der Hauptversammlung Inhaber der Aktien sind (Abs. 3 S. 4). Zur **Glaubhaftmachung** genügt eine eidesstattliche Versicherung vor einem Notar (Abs. 3 S. 5). Die Glaubhaftmachung erfolgt in der Regel. durch Depotbescheinigungen, Auszüge aus dem Aktionärsregister, Abrechnungen oder Schlussscheine.[473] Das Erfordernis des dreimonatigen Aktienbesitzes soll verhindern, dass Aktien nur zum Zwecke der Stellung des Ersetzungsantrags erworben werden.[474] Eine Unterbrechung der Zeit der Inhaberschaft führt zum Verlust der Antragsberechtigung.[475] Die Aktionärseigenschaft ist **von Amts wegen zu prüfen,** weil sie Zulässigkeitsvoraussetzung ist. Ein besonderes Antragsinteresse ist nicht erforderlich; das notwendige Antragsinteresse ergibt sich bereits aus der Mitgliedschaft. Die Fortdauer der Aktionärseigenschaft während der Dauer des FamFG-Verfahrens ist nach dem Wortlaut des Abs. 3 **nicht erforderlich;** selbst wenn alle antragstellenden Aktionäre ihre Aktien nach Antragstellung veräußern, würde die Antragsbefugnis nach Abs. 3 S. 1 nicht (rückwirkend) entfallen. Allerdings wird man verlangen müssen, dass die bisherigen Aktionäre an der Fortführung des Ersetzungsverfahrens ein rechtliches Interesse haben. Das wird man nur annehmen können, wenn sich aus dem behaupteten Ausschlussgrund für die Antragsteller fortdauernde rechtliche oder wirtschaftliche Nachteile ergeben.

e) Grenzen des Antragsrechts. Der Antrag der Aktionäre auf Ersetzung des gewähl- **97** ten Abschlussprüfers unterliegt ungeachtet der verbandsrechtlichen Kontrollfunktion den für private Rechtsausübung auch sonst geltenden Schranken, insbesondere dem aus § 242 BGB folgenden Verbot des (individuellen) **Rechtsmissbrauchs.**[476] Typische Anwendungsfälle sind diejenigen illoyaler, grob eigennütziger Rechtsausübung. Nicht erforderlich ist

---

[469] Ebke FS Hopt, 2010, 559 (581).
[470] Vgl. Gelhausen/Heinz WPg 2005, 693 (698).
[471] BeBiKo/Justenhoven/Heinz Rn. 85. Zu etwaigen Schadensersatzpflichten Staub/Habersack/Schürnbrand Rn. 50.
[472] BeBiKo/Justenhoven/Heinz Rn. 85.
[473] BeBiKo/Justenhoven/Heinz Rn. 81; HKMS/Mylich/Müller Rn. 132.
[474] BeBiKo/Justenhoven/Heinz Rn. 81.
[475] HKMS/Mylich/Müller Rn. 132.
[476] IdS auch BeBiKo/Justenhoven/Heinz Rn. 82.

allerdings ein gesteigerter Rechtsmissbrauch in Form strafrechtlich relevanten Verhaltens (zB Nötigung, Erpressung), auch nicht Schikane iSv § 226 BGB. Entscheidend ist die Beurteilung des Einzelfalles. Zu den klassischen Fällen gehören Sachverhalte, in denen sich die antragberechtigten Aktionäre den **Lästigkeitswert** („*nuisance value*") ihres Antrags von der Gesellschaft oder dem Abschlussprüfer abkaufen lassen möchten.[477] Ein Rechtsmissbrauch kann auch vorliegen, wenn der Ersetzungsantrag als **Druckmittel** in einem separaten Schadensersatzprozess eingesetzt wird oder werden soll.[478] Zu würdigen ist das gesamte prozessuale und außerprozessuale Verhalten der antragstellenden Aktionäre.

98   **f) Erlöschen des Antragsrechts.** Der Antrag auf gerichtliche Ersetzung kann nach Erteilung des Bestätigungsvermerks, im Fall einer Nachtragsprüfung nach § 316 Abs. 3 nach Ergänzung des Bestätigungsvermerks,[479] nicht mehr gestellt werden (Abs. 3 S. 7).[480] In diesem Fall käme eine Ersetzung zu spät, weil die Tätigkeit des Abschlussprüfers beendet ist.[481] Da das Prüfungsergebnis trotz der bestehenden Besorgnis der Befangenheit Bestand hat (vgl. § 256 Abs. 1 Nr. 3 AktG)[482] und der Abschluss nach Beendigung der Prüfung und Erteilung des Bestätigungsvermerks festgestellt bzw. gebilligt werden kann (§ 316 Abs. 1 S. 2 bzw. Abs. 2 S. 2),[483] besteht für die Bestellung eines anderen Prüfers kein Bedarf, es sei denn, es steht noch eine Nachtragsprüfung an (vgl. § 316 Abs. 3).[484]

99   **8. Gerichtliche Entscheidung.** Hält das Gericht den Ersetzungsantrag für zulässig und begründet, so „bestellt" es den neuen Abschlussprüfer (Abs. 3 S. 1).[485]

100   **a) Wirkungen.** Mit Wirksamwerden der Entscheidung des Gerichts (§ 40 Abs. 1 FamFG)[486] endet die Bestellung des von den zuständigen Organen der prüfungspflichtigen Gesellschaft gewählten Abschlussprüfers; dieser kann deshalb die Prüfung nicht rechtswirksam zu Ende führen.[487] Der Prüfungsvertrag ist nach Abs. 1 S. 5 zu widerrufen;[488] der **Widerruf** nach Abs. 1 S. 5 stellt – wie in → Rn. 48 ausgeführt – einen Sonderfall der Kündigung aus wichtigem Grund dar. Die Gesellschaft ist zum Widerruf verpflichtet, um sich vor weiteren Vergütungsansprüchen des ersetzten Abschlussprüfers zu schützen.[489] Für den Vergütungsanspruch des ersetzten Prüfers für die bis dahin erbrachten Leistungen gelten § 628 Abs. 1 S. 1 BGB, § 645 Abs. 1 S. 1 BGB.[490] Der Ersetzungsbeschluss des Gerichts ersetzt die Wahl, dh den korporationsrechtlichen Bestellungsakt, und das Angebot der Gesellschaft zum Abschluss eines Prüfungsvertrages (→ Rn. 1), ohne dass es der Abgabe einer eigenen hierauf gerichteten Willenserklärung seitens der Gesellschaft bedürfte.[491] Der

---

[477]   Zust. BeBiKo/Justenhoven/Heinz Rn. 82. Zu solchen Fällen Gelhausen/Heinz WPg 2005, 693 (697). Aus modelltheoretischer Sicht Rosenberg/Shavell Int'l Rev. Law & Econ. 5 (1985), 3.

[478]   Vgl. OLG Frankfurt a.M. AG 1996, 135 (136, 137).

[479]   Vgl. IDW Stellungnahme WPg 2004, 143 (147); BeBiKo/Justenhoven/Heinz Rn. 82; Schüppen Rn. 34.

[480]   Zust. OLG Frankfurt a.M. BeckRS 2011, 15592 Rn. 5; BayObLG NZG 2003, 291 (Abweichung von BayObLGZ 1987, 297).

[481]   Zust. Staub/Habersack/Schürnbrand Rn. 58.

[482]   Frings WPg 2006, 821 (830); Gelhausen/Heinz WPg 2005, 693 (698) (dort auf S. 720 auch zu den Fällen der Pflichtprüfungen, in denen – wie bei dem Konzernabschluss oder dem Einzelabschluss iSd § 325 Abs. 2a – keine Feststellung, sondern lediglich eine Billigung erfolgt).

[483]   Zust. OLG Frankfurt a.M. BeckRS 2011, 15592 Rn. 5.

[484]   So treffend Gelhausen/Heinz WPg 2005, 693 (698); zust. Staub/Habersack/Schürnbrand Rn. 58.

[485]   HKMS/Mylich/Müller Rn. 147.

[486]   HKMS/Mylich/Müller Rn. 147. Der Beschluss wird wirksam mit Bekanntgabe an den Beteiligten, für den er seinem wesentlichen Inhalt nach bestimmt ist (§ 40 Abs. 1 FamFG). Die formelle Rechtskraft eines Beschlusses tritt nach § 45 Abs. 1 FamFG allerdings nicht ein, bevor die Frist für die Einlegung des zulässigen Rechtsmittels abgelaufen ist. Der Eintritt der Rechtskraft wird dadurch gehemmt, dass das Rechtsmittel rechtzeitig eingelegt wird (§ 45 Abs. 2 FamFG).

[487]   HKMS/Mylich/Müller Rn. 147.

[488]   Ebenso Hense/Ulrich/Haarmann WPO § 43 Rn. 117; HKMS/Mylich/Müller Rn. 147; vgl. Staub/Habersack/Schürnbrand Rn. 68 („Kündigung des schuldrechtlichen Prüfungsvertrages").

[489]   HKMS/Mylich/Müller Rn. 147; Staub/Habersack/Schürnbrand Rn. 68.

[490]   Vgl. BGH NJW 2022, 2185 Rn. 37 mwN („Die Vornahme der entsprechenden Bewertung obliegt dem Tatrichter, der sich sachverständiger Hilfe bedienen kann").

[491]   HKMS/Mylich/Müller Rn. 148; Hense/Ulrich/Goltz/Bärenz WPO § 43 Rn. 112, 113.

vorgesehene neue Abschlussprüfer erlangt seine Rechtsstellung als gesetzlicher Abschlussprüfer durch Annahme des Angebots zum Abschluss des Prüfungsvertrags (→ Rn. 1).[492]
Er ist zur Annahme des Angebots nicht verpflichtet.[493]

b) Ablehnung des Antrags. Falls der Prüfer den Prüfungsauftrag nicht annehmen **101**
will, hat er seine Ablehnung unverzüglich (§ 121 Abs. 1 S. 1 BGB)[494] zu erklären (vgl.
§ 663 S. 1 BGB; § 51 S. 1 WPO).[495] Andernfalls hat er den Schaden zu ersetzen, der
aus der schuldhaften Verzögerung dieser Erklärung entsteht (§ 51 S. 2 WPO).[496] Mit der
Ablehnung erlischt der Antrag (§ 146 1 Var. BGB); er kann durch Rücknahme der Ablehnungserklärung nicht wiederaufleben.[497]

c) Ausgestaltung des Prüfungsvertrages. Die Ausgestaltung des Prüfungsvertrages **102**
ist Sache der Parteien, also der prüfungspflichtigen Gesellschaft und des vorgesehenen Prüfers.[498] Das gilt auch für die Vergütung und den Ersatz angemessener barer Auslagen, auf
die der gerichtlich bestellte Prüfer Anspruch hat (Abs. 5 S. 1).[499] Kommt eine Einigung
darüber zwischen den Parteien nicht zustande, setzt das Gericht die **Vergütung** und die
zu ersetzenden angemessenen baren Auslagen fest (Abs. 5 S. 2).[500] Dabei lässt sich das
Gericht – je nach Qualifikation des Prüfungsvertrags – von den allgemeinen Regeln (§§ 621,
632 BGB) leiten. Zu etwaigen Abschlagszahlungen s. § 632a BGB. Gegen die Entscheidung
des Gerichts findet die Beschwerde statt (Abs. 5 S. 3 Hs. 1); die Rechtsbeschwerde ist ausgeschlossen (Abs. 5 S. 3 Hs. 2). Aus der rechtskräftigen Entscheidung findet die Zwangsvollstreckung nach der Zivilprozessordnung statt (Abs. 5 S. 4).

d) Auswahlermessen des Gerichts. Das Gericht hat bei seiner Entscheidung über **103**
einen neuen Abschlussprüfer ein Auswahlermessen; an die Anträge der Parteien ist es nicht
gebunden (allgM).[501] Da der gerichtliche Beschluss den korporationsrechtlichen Bestellungsakt, also die Wahl durch das zuständige Organ (Abs. 1 S. 1 und 2) kraft Gesetzes ersetzt,
wird sich das Gericht aber nur in begründeten Einzelfällen über einen Vorschlag seitens
der Gesellschaft hinwegsetzen.[502] Hat die Gesellschaft einen **Ersatzprüfer** gewählt, so ist
dieser vom Gericht zu bestellen; insofern besteht kein Auswahlermessen (str.).[503] Das
Gericht ist bei seiner Bestellung des gewählten Ersatzprüfers in jedem Fall an die Anforderungen des § 319 Abs. 1 (berufliche Qualifikation, Auszug aus dem Berufsregister nach
§ 38 Nr. 1 lit. h oder Nr. 2 lit. f WPO) sowie die **Vorgaben des Gesetzes** bezüglich der
Unabhängigkeit und Unbefangenheit (§ 318 Abs. 3 S. 1, § 319 Abs. 2–5, § 319b, Art. 5
Abschlussprüfungs-VO) und die Höchstlaufzeiten des Art. 17 VO gebunden.[504] Das Gericht
kann grundsätzlich keine **Gemeinschaftsprüfer** bestellen, wenn der ursprüngliche Gesellschafterbeschluss auf die Bestellung eines Einzelprüfers lautete.[505]

---

[492] HKMS/Mylich/Müller Rn. 148; Hense/Ulrich/Goltz/Bärenz WPO § 43 Rn. 1113. BeBiKo/Justenho-
ven/Heinz Rn. 91 weisen mit Recht darauf hin, dass das Gericht den vorgesehenen Prüfer zuvor anhören
sollte, schon um Widerrufs- und Befangenheitsgründe auszuschließen.

[493] HKMS/Mylich/Müller Rn. 148; Staub/Habersack/Schürnbrand Rn. 68.

[494] Zur Konkretisierung des Begriffs der Unverzüglichkeit Hense/Ulrich/Bernt WPO § 51 Rn. 9.

[495] Die Ablehnung ist an keine bestimmte Form gebunden; der Zugang der Ablehnungserklärung ist keine
Voraussetzung für deren Wirksamkeit: Hense/Ulrich/Bernt WPO § 51 Rn. 8.

[496] Hense/Ulrich/Bernt WPO § 51 Rn. 12–14.

[497] Hense/Ulrich/Bernt WPO § 51 Rn. 11. Eine Annahme nach erfolgter Ablehnung kann aber uU nach
§§ 133, 157 BGB als neuer Antrag des Prüfers ausgelegt werden, der dann der Annahme durch das
prüfungspflichtige Unternehmen bedürfte.

[498] HKMS/Mylich/Müller Rn. 148 („im Rahmen des Zulässigen").

[499] HKMS/Mylich/Müller Rn. 148; Schüppen Rn. 42.

[500] HKMS/Mylich/Müller Rn. 148.

[501] HKMS/Mylich/Müller Rn. 149; Hopt/Merkt Rn. 13; Merkt/Probst/Fink/Bruckner/Homfeldt
S. 1478 Rn. 73.

[502] HKMS/Mylich/Müller Rn. 149.

[503] Wie hier HKMS/Mylich/Müller Rn. 149 mN auch der Gegenansicht.

[504] HKMS/Mylich/Müller Rn. 149.

[505] HKMS/Mylich/Müller Rn. 149.

104   **e) Ersetzungsentscheidung.** Die Entscheidung über den Ersetzungsantrag gemäß Abs. 3 S. 1 setzt voraus, dass der zu ersetzende Abschlussprüfer als Abschlussprüfer bestellt worden ist und er bis zum Zeitpunkt der gerichtlichen Entscheidung über den Ersetzungsantrag bestellt bleibt; denn nur in diesem Fall besteht Raum für eine gerichtliche Abberufung. Der Prüfungsvertrag darf daher vor der Entscheidung des Gerichts weder durch Kündigung aus wichtigem Grund (Abs. 6 S. 1) noch aufgrund einvernehmlicher Aufhebung (→ Rn. 45) beendet worden sein. Andernfalls muss das Gericht den **Ersetzungsantrag** als **unbegründet** abweisen. Der Antrag ist auch abzuweisen, wenn er nach Erteilung bzw. Versagung des Bestätigungsvermerks, im Fall einer Nachtragsprüfung nach § 316 Abs. 3 nach Ergänzung des Bestätigungsvermerks (§ 322) durch den von der Hauptversammlung gewählten Abschlussprüfer gestellt wurde (Abs. 3 S. 7).[506] Wird die Abschlussprüfung durch den bestellten Abschlussprüfer während des FamFG-Verfahrens durch Erteilung bzw. Versagung des Bestätigungsvermerks (§ 322) abgeschlossen, so hat sich der angefochtene Beschluss in der Hauptsache erledigt (vgl. Abs. 3 S. 7). Nach **Erledigung der Hauptsache** kann das Beschwerdegericht auf Antrag aussprechen, dass die Entscheidung des Gerichts des ersten Rechtszugs den Beschwerdeführer in seinen Rechten verletzt, wenn der Beschwerdeführer ein berechtigtes Interesse an der Feststellung hat (§ 62 Abs. 1 FamFG). Hat ein nach Abs. 3 S. 1 gerichtlich bestellter Abschlussprüfer den Jahresabschluss einer Gesellschaft geprüft, so bleibt eine **spätere Aufhebung oder Abänderung des Bestellungsbeschlusses** ohne Einfluss auf die Wirksamkeit der Abschlussprüfung und des Bestätigungsvermerks.[507]

105   **9. Gerichtliches Verfahren.** Das Ersetzungsverfahren richtet sich nach dem FamFG (§ 375 Nr. 1 FamFG). Zuständig ist das **Amtsgericht** am Sitz der Gesellschaft (§ 23a Abs. 2 Nr. 4 GVG; § 375 Nr. 1 FamFG, § 377 Abs. 1 FamFG).[508] Das Amtsgericht entscheidet nach Anhörung der Beteiligten (Antragsteller und Organe der Gesellschaft sowie des gewählten Abschlussprüfers bzw. bei Gemeinschaftsprüfungen der gewählten Abschlussprüfer, Abs. 3 S. 1) durch **Beschluss** (§ 38 Abs. 1 S. 1 FamFG). Dagegen ist die **Beschwerde** (Abs. 3 S. 8; § 58 Abs. 1 FamFG) zulässig,[509] die binnen einer Frist von einem Monat einzulegen ist (§ 63 Abs. 1 FamFG). Beschwerdebefugt ist auch der gewählte Abschlussprüfer.[510] Rechtsgrundlage für die Entscheidung über die **Kosten** (dh Gerichtskosten [Gebühren und Auslagen] und die zur Durchführung des Verfahrens notwendigen Aufwendungen, § 80 S. 1 FamFG; § 91 Abs. 1 S. 2 ZPO analog) des Verfahrens sind die §§ 81 ff. FamFG. Danach kann das Gericht die Kosten des Verfahrens nach billigem Ermessen den Beteiligten ganz oder zum Teil auferlegen (§ 81 Abs. 1 S. 1 FamFG).[511] § 81 Abs. 2–5 FamFG stellt für die Auferlegung der Kosten eine Reihe von Kriterien auf („soll auferlegen"). Für die Kosten nach Erledigung in der Hauptsache gilt § 81 FamFG entsprechend (§ 83 Abs. 2 FamFG).

VI. Gerichtliche Bestellung des Abschlussprüfers (Abs. 4)

106   **1. Allgemeines.** Wenn der gesetzliche Abschlussprüfer bis zum Ablauf des Geschäftsjahres nicht gewählt worden ist, hat das Gericht auf Antrag der gesetzlichen Vertreter, des Aufsichtsrats oder (anders als nach Abs. 3) eines einzelnen Gesellschafters den Abschlussprüfer zu bestellen (Abs. 4 S. 1).[512] Gleiches gilt, wenn ein gewählter Abschlussprüfer die Annahme des Prüfungsauftrags abgelehnt hat, weggefallen ist oder an dem rechtzeitigen

---

506   OLG Frankfurt a.M. BeckRS 2011, 15592 Rn. 5; BayObLG NZG 2003, 291 (Abweichung von BayObLGZ 1987, 297). Vgl. IDW Stellungnahme WPg 2004, 143 (147); Schüppen Rn. 34.
507   OLG Düsseldorf ZIP 1996, 1040.
508   BeBiKo/Justenhoven/Heinz Rn. 90; HKMS/Mylich/Müller Rn. 146; Schüppen Rn. 44; Hopt/Merkt Rn. 13; Merkt/Probst/Fink/Bruckner/Homfeldt S. 1478 Rn. 73.
509   Schüppen Rn. 45.
510   Wiedmann/Böcking/Gros/Böcking/Gros/Rabenhorst Rn. 22.
511   Zum alten Recht (§ 13a Abs. 1 S. 1 FGG aF): BayObLGZ 1990, 37 (41).
512   Der Wortlaut des Abs. 4 S. 1 spricht davon, dass das Gericht „den" Abschlussprüfer zu bestellen hat. Eine inhaltliche Einengung der Auswahlentscheidung enthält das Gesetz insoweit aber nicht: OLG Karlsruhe NZG 2016, 64 = ZIP 2015, 2319.

Abschluss der Prüfung verhindert ist *und* ein anderer Abschlussprüfer nicht gewählt worden ist (Abs. 4 S. 2).[513] **Sinn und Zweck** des (nur für gesetzlich vorgeschriebene Abschlussprüfungen iSd §§ 316 ff. geltenden)[514] Abs. 4 S. 1 und 2 ist es, die Durchführung der gesetzlich vorgeschriebenen Abschlussprüfung sicherzustellen, falls bis zum Ablauf des Geschäftsjahres überhaupt kein Prüfer gewählt wurde, der gewählte Prüfer den erteilten Prüfungsauftrag ablehnt, der gewählte Prüfer nachträglich weggefallen ist oder der Prüfer aus anderen Gründen die Prüfung nicht rechtzeitig zum Abschluss bringen kann.[515] Im **Unterschied zu Abs. 3** geht es um Abs. 4 nicht um die gerichtliche Ersetzung eines vorhandenen Prüfers, sondern um die erstmalige Einsetzung oder Ersetzung eines weggefallenen Prüfers.[516] Das Antragsrecht der gesetzlichen Vertreter (im Falle der Aktiengesellschaft: der Aufsichtsrat) gemäß Abs. 4 S. 1, 2 wird in Abs. 4 S. 3 zu einer **Antragspflicht** ausgestaltet;[517] die Antragstellung durch andere Antragsberechtigte ist fakultativ.[518] Kommen die gesetzlichen Vertreter ihrer Pflicht, den Antrag auf gerichtliche Bestellung des Abschlussprüfers zu stellen, nicht nach, können sie vom Registergericht durch Festsetzung eines Ordnungsgelds dazu angehalten werden (§ 335 Abs. 1 S. 1 Nr. 1).[519] Das gerichtliche Bestellungsverfahren nach Abs. 4 ist **subsidiär zum Wahlverfahren** nach Abs. 1.[520] Solange eine gerichtliche Entscheidung noch nicht wirksam geworden ist (§ 40 Abs. 1 FamFG), kann das Wahlorgan noch tätig werden (ggf. auch noch nach Ablauf des Geschäftsjahres).[521]

2. Abs. 4 Satz 1. Umstritten ist, ob die Antragsberechtigten[522] mit der Stellung des **107** Antrags nach Abs. 4 S. 1 auf gerichtliche Bestellung des Abschlussprüfers bis zum Ablauf des Geschäftsjahres zuwarten müssen („Ist der Abschlussprüfer bis zum Ablauf des Geschäftsjahres nicht gewählt worden") oder ob der Antrag auch schon vor Ablauf des Geschäftsjahres gestellt werden kann. Eine Antwort lässt sich aus dem Gesetz nicht eindeutig entnehmen. Einige Autoren wollen unter Berufung auf den Wortlaut von Abs. 4 S. 1 die Antragstellung vor Ablauf des Geschäftsjahres nicht zulassen.[523] Eine im Vordringen befindliche Ansicht hält dagegen die Stellung eines Antrags nach Abs. 4 S. 1 – jedenfalls unter bestimmten Voraussetzungen – auch schon vor Ablauf des Geschäftsjahres für zulässig.[524] Eine Entscheidung des Gerichts sei vor Ablauf des Geschäftsjahres aber nicht zulässig.[525] Durch die rechtzeitige Wahl des Prüfers erledige sich der Antrag;[526] nach anderer Ansicht muss der

---

[513] BeBiKo/Justenhoven/Heinz Rn. 105 ff.; Hopt/Merkt Rn. 16; Schüppen Rn. 33; Wiedmann/Böcking/Gros/Böcking/Gros/Rabenhorst Rn. 23. Zur Berichtpflicht des weggefallenen Prüfers IDW PS 450: Grundsätze ordnungsmäßiger Erstellung von Prüfungsberichten (Stand: 28.10.2021), IDW Life 2022, 78.

[514] Abs. 4 gilt nicht für gesetzlich nicht vorgeschriebene (sog. „freiwillige") Abschlussprüfungen: BGH BB 1991, 2342 = DB 1991, 2429 = WM 1991, 1951 mit insoweit zust. Anm. von Schulze-Osterloh EWiR § 318 HGB 1/91, 1217, 1217–1218; ebenso Merkt/Probst/Fink/Bruckner/Homfeldt S. 1478 Rn. 74.

[515] Wiedmann/Böcking/Gros/Böcking/Gros/Rabenhorst Rn. 24; Merkt/Probst/Fink/Bruckner/Homfeldt S. 1478 Rn. 74.

[516] HKMS/Mylich/Müller Rn. 152; Merkt/Probst/Fink/Bruckner/Homfeldt S. 1478 Rn. 74; Hopt/Merkt Rn. 16.

[517] Schüppen Rn. 32; HKMS/Mylich/Müller Rn. 153. Zu der Antragsberechtigung nach Eröffnung des Insolvenzverfahrens über das Vermögen des zu prüfenden Unternehmens Ebke FS Hopt, 2010, 559 (579–582); BGH BeckRS 2022, 18743 Rn. 30; BGH WM 2018, 1314 Rn. 7.

[518] BeBiKo/Justenhoven/Heinz Rn. 106.

[519] HKMS/Mylich/Müller Rn. 153.

[520] BeBiKo/Justenhoven/Heinz Rn. 106; HKMS/Mylich/Müller Rn. 152. Zur Bedeutung des Grundsatzes der Subsidiarität der gerichtlichen Bestellung OLG Karlsruhe ZIP 2015, 2319 = EWiR 2016, 105 mAnm Mock.

[521] HKMS/Mylich/Müller Rn. 152.

[522] Zu dem Kreis der Antragsberechtigten ausf. HKMS/Mylich/Müller Rn. 153–155; BeBiKo/Justenhoven/Heinz Rn. 108.

[523] BeBiKo/Justenhoven/Heinz Rn. 111 mwN („nach dem klaren Wortlaut"); ebenso Wiedmann/Böcking/Gros/Böcking/Gros/Rabenhorst Rn. 24.

[524] von Falkenhausen/Kocher ZIP 2005, 602 (604); Staub/Habersack/Schürnbrand Rn. 70; HKMS/Müller Rn. 156.

[525] HKMS/Mylich/Müller Rn. 156; s. auch BeBiKo/Justenhoven/Heinz Rn. 111.

[526] Staub/Habersack/Schürnbrand Rn. 70.

Antrag bei rechtzeitiger Wahl zurückgenommen werden.[527] Der Streit ist in der Vergangenheit, so scheint es, vergleichsweise selten praktisch geworden.

108 **a) Antragstellung vor Ablauf des Geschäftsjahrs.** Für die Zulässigkeit der Antragstellung schon vor Ablauf des Geschäftsjahres spricht namentlich das Interesse der Gesellschaft und der Gesellschafter sowie – im Hinblick auf die gesellschaftsübergreifende Funktion der gesetzlichen Abschlussprüfung (→ § 316 Rn. 33, → § 316 Rn. 37 ff.) – auch des Rechtsverkehrs und des Staates an einer gerichtlichen Bestellung des Abschlussprüfers zeitnah zum Abschlussstichtag, wenn nach Lage der Dinge **unzweifelhaft feststeht** (Frage des Einzelfalles!), dass vor Ablauf des Geschäftsjahres ein Wahlbeschluss nicht mehr zustande kommen wird.[528] Bedenken hinsichtlich des in Abs. 4 S. 1 statuierten Subsidiaritätsprinzips, wonach die **Autonomie der Gesellschafter** bzw. der sonst Wahlberechtigten (Abs. 1 S. 1, 2) der gerichtlichen Bestellung vorgeht,[529] werden dadurch abgemildert, dass jedenfalls nach Ansicht einiger Vertreter der neuen Lehre eine Entscheidung des Gerichts über die gerichtliche Bestellung vor Ablauf des Geschäftsjahres nicht zulässig ist.[530] Im Falle der Ablehnung der Annahme des Prüfungsauftrags, des Wegfalls des gewählten Prüfers und Verhinderung am rechtzeitigen Abschluss der Prüfung ist es auch nach Ansicht des OLG Karlsruhe im Hinblick auf den Subsidiaritätsgrundsatz „konsequent", der Gesellschaft „zunächst die Möglichkeit zu einer Wahl im laufenden Geschäftsjahr zu belassen."[531] Wenn aber unzweifelhaft feststeht, dass ein Wahlbeschluss vor Ablauf des Geschäftsjahres nicht mehr zustande kommen wird, dürfte es eher unwahrscheinlich sein, dass zB ein einzelner Gesellschafter (vgl. Abs. 4 S. 1) die „Androhung" einer vorzeitigen Antragstellung als **Druckmittel** zur Erreichung eines bestimmten Ausgangs der Wahl zum Abschlussprüfer einsetzen kann. Andererseits belasten Anträge, die sich nach dann doch noch rechtzeitiger (wenn auch verspäteter) Wahl des Prüfers erledigen bzw. die nach doch noch rechtzeitiger Wahl des Prüfers zurückgenommen werden müssen, die Gerichte unnötig, was ökonomisch wenig sinnvoll ist und **Kosten** verursacht. Wenn das Gericht – wie von einigen Autoren zutreffend betont wird – ohnehin erst nach Ablauf des Geschäftsjahres über die Bestellung des Abschlussprüfers entscheiden darf, wäre mit einer vorzeitigen Antragstellung immerhin ein gewisser **Zeitgewinn** verbunden. Dieser würde dem Ziel des Abs. 4 S. 1 Rechnung tragen, die zeitnahe Bestellung eines Abschlussprüfers zwecks Gewährleistung der ordnungsgemäßen Durchführung und des zeitnahen Abschlusses der gesetzlich vorgeschriebenen Abschlussprüfung nach §§ 316 ff. sicherzustellen. Im **Ergebnis** sprechen deshalb die besseren Gründe dafür, im Grundsatz daran festzuhalten, dass der Antrag auf gerichtliche Bestellung nach Abs. 4 S. 1 erst **nach Ablauf** des Geschäftsjahres gestellt werden darf und nur ausnahmsweise schon vorher gestellt werden kann, wenn nach Lage der Dinge im Einzelfall **zweifelsfrei feststeht,** dass ein Wahlbeschlusses vor Ablauf des Geschäftsjahres nicht zustande kommen wird. Eine gerichtliche Entscheidung ist dagegen erst nach Ablauf des Geschäftsjahres zulässig.

109 **b) Wahlbeschluss und gerichtliche Bestellung.** Da die Bestellung des Abschlussprüfers durch das Gericht nur erfolgen kann, wenn der Abschlussprüfer bis zum Ablauf des Geschäftsjahres nicht gewählt worden ist (Abs. 4 S. 1), muss ein **Antrag** auf gerichtliche Bestellung **als unbegründet abgewiesen** werden, wenn die Wahl durch das Wahlorgan (Abs. 1 S. 1, 2) – wenn auch verspätet – vor Ablauf des Geschäftsjahres erfolgt ist.[532] Gleiches gilt, wenn die Wahl nach Ablauf des Geschäftsjahres erfolgt, das Gericht über den Antrag

---

[527]   von Falkenhausen/Kocher ZIP 2005, 602 (604).
[528]   Vgl. HKMS/Mylich/Müller Rn. 156 („dürfte … zulässig sein, wenn nach Sachlage feststeht, dass vor Ablauf des Geschäftsjahres ein Wahlbeschluss nicht mehr zustande kommen kann").
[529]   Zur Bedeutung des Grundsatzes der Subsidiarität der gerichtlichen Bestellung OLG Karlsruhe ZIP 2015, 2319 = EWiR 2016, 105 mAnm Mock.
[530]   So HKMS/Mylich/Müller Rn. 156; aA AG Charlottenburg NZG 2023, 370 (370 r.Sp.) mAnm Schüppen, wenn von vornherein absehbar ist, dass eine rechtzeitige Wahl des Prüfers durch die Hauptversammlung unzweifelhaft nicht mehr zustande kommen wird.
[531]   OLG Karlsruhe NZG 2016, 64 = ZIP 2015, 2319.
[532]   HKMS/Mylich/Müller Rn. 156; BeBiKo/Justenhoven/Heinz Rn. 113.

aber noch nicht entschieden hat oder die Entscheidung noch nicht wirksam geworden ist (§ 40 Abs. 1 FamFG).[533] Die Wahlbefugnis des Wahlorgans erlischt erst mit der Wirksamkeit der Bestellung des Abschlussprüfers durch das Gericht (§ 40 Abs. 1 FamFG).[534] Eine danach durchgeführte Wahl des Abschlussprüfers ist unwirksam.[535] Zulässig ist dagegen die **Wahl eines Ersatzprüfers** für den Fall, dass der gerichtlich bestellte Prüfer die Annahme des Prüfungsauftrags ablehnt, wegfällt oder am rechtzeitigen Abschluss der Prüfung verhindert ist.[536] Unklar ist die Rechtslage, wenn ein Prüfer vor Wirksamkeit der gerichtlichen Bestellung gewählt wurde, das Gericht aber in Unkenntnis der Wahl einen Prüfer bestellt hat und diese Entscheidung wirksam geworden ist (§ 40 Abs. 1 FamFG). Die gerichtliche Bestellung ist dann unanfechtbar und damit auch durch das Rechtsmittel der Beschwerde nicht mehr zu beseitigen (Abs. 4 S. 4 Hs. 2). Damit ist der gerichtlich bestellte Prüfer wirksam bestellt. Wirksam ist aber auch die Wahl des Prüfers durch das Wahlorgan. Zur Lösung des **Problems der Doppelbestellung** werden unterschiedliche Ansichten vertreten.[537] Vorzugswürdig erscheint die Ansicht, dass nach der wirksamen Prüferwahl durch das zuständige Wahlorgan die weitere Prüferbestellung durch das Gericht mit Wirksamkeit der Entscheidung (§ 40 Abs. 1 FamFG) zwar Bestand hat, der gerichtlich bestellte Prüfer die Leistung wegen des Verbots der Mehrfachprüfung aber nicht erbringen kann (Fall der anfänglichen Unmöglichkeit, § 275 Abs. 1 BGB). Deshalb muss der gerichtlich bestellte Prüfer seine Tätigkeit versagen (§ 49 WPO).[538]

3. Abs. 4 Satz 2. Eine gerichtliche Bestellung des Abschlussprüfers ist nach Abs. 4 S. 2 **110** außerdem vorgesehen, wenn ein gewählter Abschlussprüfer die **Annahme des Prüfungsauftrags abgelehnt** hat (Abs. 4 S. 2 Var. 1), **weggefallen** ist (Abs. 4 S. 2 Var. 2) oder am rechtzeitigen Abschluss der Prüfung **verhindert** ist (Abs. 4 S. 2 3 Var.) *und* ein anderer Abschlussprüfer nicht gewählt worden ist.[539] In den Fällen nach Abs. 4 S. 2 dürfte in der Regel vor Ablauf des Geschäftsjahres genügend Zeit sein, die für die Wahl des neuen Prüfers Zuständigen (Abs. 1 S. 1, 2) zu bemühen. Wird beispielsweise der Antrag auf gerichtliche Bestellung erforderlich, weil der gewählte Prüfer die Annahme des Prüfungsauftrags **abgelehnt** hat,[540] wird – jedenfalls bei frühzeitiger Wahl und unverzüglicher Erteilung des Prüfungsauftrags (Abs. 1 S. 4) – im Allgemeinen genügend Zeit für die Wahl eines anderen Prüfers bleiben, da der Prüfer der Gesellschaft die Ablehnung des erteilten Prüfungsauftrags unverzüglich, also ohne schuldhaftes Zögern (§ 121 Abs. 1 S. 1 BGB) anzeigen muss (§ 663 S. 1 BGB, § 51 S. 1 WPO).[541] Entsprechendes dürfte in der Regel bei dem **Wegfall** eines gewählten Prüfers (zB durch Kündigung gemäß Abs. 6 S. 1, nachträglichem Wegfall der Berufsqualifikation nach § 319 Abs. 1, Tod, Geschäftsunfähigkeit oä)[542] bzw. bei **Verhinderung** an dem rechtzeitigen Abschluss der Prüfung (zB durch schwere Krankheit, Zeitmangel, Mangel an qualifizierten Mitarbeitern, Fehler in der Prüfungsplanung etc.)[543] gelten. Fehlt es in derartigen Fällen vor Ablauf des Geschäftsjahres an einer Neuwahl durch die für die Wahl Zuständigen und ist mit einer Wahl des Prüfers durch das Wahlorgan vor Ablauf des Geschäftsjahres nicht mehr zu rechnen, ist auf Antrag eine gerichtliche Bestellung des Abschlussprüfers (ggf. auch schon vor Ablauf des Geschäftsjahres) möglich und zulässig. In Einzelfällen kann es für das angerufene Gericht schwierig sein, überhaupt einen Prüfer zu finden, wenn beispielsweise die prüfungspflichtige Gesellschaft – wie im Falle des angeschlagenen Immobilien-Konzerns **Adler Group** – nach Wegfall des gewählten Prüfers auf ihre

---

[533] HKMS/Mylich/Müller Rn. 156; BeBiKo/Justenhoven/Heinz Rn. 113.
[534] HKMS/Mylich/Müller Rn. 156; BeBiKo/Justenhoven/Heinz Rn. 113.
[535] BeBiKo/Justenhoven/Heinz Rn. 114.
[536] BeBiKo/Justenhoven/Heinz Rn. 114.
[537] Zum Stand der Meinungen: HKMS/Mylich/Müller Rn. 157.
[538] HKMS/Mylich/Müller Rn. 157; aA BeBiKo/Justenhoven/Heinz Rn. 114.
[539] BeBiKo/Justenhoven/Heinz Rn. 116.
[540] Zu Einzelheiten HKMS/Mylich/Müller Rn. 159.
[541] BeBiKo/Justenhoven/Heinz Rn. 118.
[542] Zu Einzelheiten HKMS/Mylich/Müller Rn. 160.
[543] Zu Einzelheiten HKMS/Mylich/Müller Rn. 161.

Ausschreibung der Abschlussprüfung keine Angebote von qualifizierten Prüfern erhalten hat, deshalb ohne Abschlussprüfer dasteht und in Betracht kommende Abschlussprüfer entweder für das betreffende Geschäftsjahr keine Kapazität mehr haben oder die Annahme des Prüfungsauftrags wegen der damit verbundenen Risiken (nicht zuletzt für die eigene Reputation) ablehnen.[544]

111   **4. Nichtigkeits- und Anfechtungsklage.** Wenn die Wahl des Abschlussprüfers durch die Hauptversammlung bis zum Ablauf des Geschäftsjahres erfolgt ist, aber aus anderen als den eine Ersetzung nach Abs. 3 S. 1 rechtfertigenden Gründen nichtig[545] oder eine Anfechtungsklage gegen den Wahlbeschluss (zB wegen eines Verfahrensfehlers oder wegen Verletzung des Auskunftsrechts der Aktionäre, §§ 131, 243 AktG) **erfolgreich** ist, kommt ebenfalls eine gerichtliche Bestellung nach Abs. 4 in Betracht.[546] Bei erfolgreicher Anfechtungsklage wird der Wahlbeschluss nämlich rückwirkend für nichtig erklärt (§ 248 AktG).[547] Daraus folgt, dass der Abschlussprüfer von Anfang an nicht wirksam bestellt war und daher iSv Abs. 4 S. 1 als nicht gewählt anzusehen ist.[548] **Umstritten** ist, ob Abs. 4 Anwendung findet, wenn der Abschlussprüfer zwar bis zum Abschluss des Geschäftsjahres gewählt, der Wahlbeschluss der Hauptversammlung aber mit einer Anfechtungs- oder Nichtigkeitsklage angegriffen und das **Verfahren** zum Ablauf des Geschäftsjahres **noch anhängig** ist (was der Normalfall sein dürfte). Bis zu einem rechtskräftigen Urteil kann der gewählte Prüfer noch nicht als nicht gewählt oder weggefallen angesehen werden. Mit der Anfechtungsklage gegen den Wahlbeschluss hat der Kläger ein erhebliches **Druckmittel** gegen die Gesellschaft in der Hand. Das Gesetz schafft für solche Fälle unmittelbar keine Abhilfe, da der Fall der anhängigen und später erfolgreichen Anfechtungsklage in Abs. 4 S. 1 oder 2 nicht ausdrücklich genannt ist. Die hM geht davon aus, dass die Bestimmung des Abs. 4 S. 2 im Falle einer anhängigen Anfechtungsklage **analog** anzuwenden ist.[549] Das OLG Karlsruhe hat in seinem Beschluss vom 27.10.2015 überzeugend dargelegt, warum Abs. 4 S. 2 im Falle einer anhängigen Anfechtungsklage analog angewendet werden kann.[550] Es ist zu differenzieren.[551]

112   **a) Beschränkung des Auswahlermessens.** Eine Ersatzbestellung in analoger Anwendung von Abs. 4 S. 2 ist unproblematisch, wenn das (bei seiner Auswahl grundsätzlich

---

[544]   Schreiber, Adler bettelt um Abschlussprüfer, SZ Nr. 199 v. 30.8.2022, S. 15; Fehr, Adler fehlt ein Testat – und der Bilanzprüfer, FAZ Nr. 202 v. 31.8.2022, S. 21. Die KPMG hat am 11.1.2023 die Bestellung zum Abschlussprüfer der Adler Real Estate ausgeschlagen, die das AG Berlin-Charlottenburg vorgeschlagen hatte (AG Charlottenburg NZG 2023, 370 [371]). Andere große WP-Gesellschaften hatten vorher abgewinkt. Schüppen NZG 2023, 371 (372) bejaht in solchen Fällen einen Kontrahierungszwang einer der Big 4-Gesellschaften bei komplexen börsennotierten Kapitalgesellschaften, der im Zivilprozess oder unter Einschaltung der WPR durchzusetzen sei.

[545]   OLG Karlsruhe NJW-RR 2016, 295 = NZG 2016, 64 = ZIP 2015, 2319 = EWiR 2016, 105 mAnm Mock; OLG Frankfurt a.M. ZIP 2004, 1114 (1116, 1117); Hennrichs WPg 2017, 482; Hopt/Merkt Rn. 16.

[546]   OLG Karlsruhe NJW-RR 2016, 295 = BB 2015, 3022 = NZG 2016, 64 = ZIP 2015, 2319.

[547]   Ist die Bestellung des Abschlussprüfers rückwirkend für nichtig erklärt worden, ist damit auch der von ihm geprüfte Jahresabschluss nichtig. Das hat weitreichende Folgen für die Gesellschaft (vgl. Marsch-Barner FS Hommelhoff, 2012, 691 [693, 694]). Mit dem Wegfall des Jahresabschlusses entfällt die Rechtsgrundlage für die Zahlung der Dividende. Diese muss bei gleichzeitiger Kassation des Gewinnverwendungsbeschlusses nach § 62 AktG zurückgefordert werden. Bei einem etwaigen Ausfall der Gesellschaft hätten die Mitglieder des Vorstands und des Aufsichtsrats persönlich einzustehen: OLG Karlsruhe NZG 2016, 64 = ZIP 2015, 2319.

[548]   Offenlassend, ob ein Fall von Abs. 4 S. 1 oder S. 2 vorliegt: OLG Karlsruhe NZG 2016, 64 = ZIP 2015, 2319 („… dass Abs. 4 HGB im Falle einer erfolgreichen Anfechtungsklage – wegen der dann gescheiterten Wahl des Abschlussprüfers – unmittelbar anwendbar ist"); vgl. OLG Frankfurt ZIP 2004, 1114 (1116, 1117).

[549]   OLG Karlsruhe NZG 2016, 64 = ZIP 2015, 2319 (mit Hinweis auf zahlreiche unveröffentlichte amtsgerichtliche Entscheidungen); AG Wolfsburg AG 1992, 205; Hennrichs WPg 2017, 482; Hopt/Merkt Rn. 16; Staub/Habersack/Schürnbrand Rn. 72; Marsch-Barner FS Hommelhoff, 2012, 653 (671); von Falkenhausen/Kocher ZIP 2005, 602; ausf. HKMS/Mylich/Müller Rn. 162; krit. Schüppen Rn. 33 („dogmatisch fragwürdig", es fehle an der für eine Analogie erforderlichen Regelungslücke).

[550]   OLG Karlsruhe NZG 2016, 64 = ZIP 2015, 2319.

[551]   S. hierzu und zum Folgenden HKMS/Mylich/Müller Rn. 162.

freie, an die Vorschläge der Gesellschaft nicht gebundene)[552] Gericht den von der Hauptversammlung/Gesellschafterversammlung mit dem angefochtenem Wahlbeschluss gewählten Abschlussprüfer bestellt. Das ist grundsätzlich zulässig, wenn gegen den gewählten Prüfer keine Ausschluss- oder Befangenheitsgründe nach § 319 Abs. 2–5, § 319b, Art. 5 Abs. 4 oder 5 Abschlussprüfungs-VO oder Laufzeitüberschreitungsgründe nach Art. 17 Abschlussprüfungs-VO vorliegen.[553] Hat die **Anfechtungs-/Nichtigkeitsklage Erfolg,** ist der Wahlbeschluss zwar nichtig, die gerichtliche Bestellung aber wirksam.[554] Hat die Anfechtungs-/Nichtigkeitsklage keinen Erfolg, sind Wahl und gerichtliche Bestellung wirksam.[555] Da sich Wahl und gerichtliche Bestellung in dieser Fallgestaltung auf ein und dieselbe Person beziehen, ist das **Doppelmandat** rechtlich unkompliziert.[556] Der (mit dem gewählten Prüfer identische) gerichtlich bestellte Prüfer kann nach Wirksamwerden der gerichtlichen Entscheidung (§ 40 Abs. 1 FamFG) und nach Annahme des Prüfungsauftrags die Arbeit an der Abschlussprüfung aufnehmen. Wenn nach der Überzeugung des Gerichts keine Ausschluss- oder Laufzeitüberschreitungsgründe vorliegen, ist wegen des in Abs. 4 S. 1 statuierten Subsidiaritätsprinzips, wonach die Autonomie der Gesellschafter bzw. der sonst Wahlberechtigten (Abs. 1 S. 1, 2) der gerichtlichen Bestellung vorgeht,[557] anzunehmen, dass das **Auswahlermessen des Gerichts** durch den in der Regel. lediglich verfahrensrechtlich fehlerhaften Wahlbeschluss der Gesellschafter auf den von den Wahlberechtigten gewählten Abschlussprüfer beschränkt ist.[558] In einem solchen Fall hat die Hauptversammlung eine Wahlentscheidung getroffen. Auf Grund der Tatsache, dass sich eine Anfechtungsklage (wie auch eine Nichtigkeitsklage) nach geltendem Recht nicht mehr auf einen Ausschlussgrund oder eine Laufzeitüberschreitung nach § 319 Abs. 2–5, § 319b und Art. 5 Abs. 4 UAbs. 1 oder Abs. 5 UAbs. 2 S. 2 Abschlussprüfungs-VO, Art. 16 oder 17 Abschlussprüfungs-VO stützen lässt (dafür steht nur noch das Ersetzungsverfahren nach Abs. 3 zur Verfügung – → Rn. 67 ff.), gibt es keine zwingende Notwendigkeit, mit Rücksicht auf die anhängige Anfechtungs- oder Nichtigkeitsklage auf die gerichtliche Bestellung des von der Hauptversammlung gewählten Prüfers zu verzichten.[559] Voraussetzung ist allerdings, dass der gewählte Prüfer geeignet ist.[560] Bestellt das Gericht – wie etwa im Fall des OLG Karlsruhe geschehen – den von der Hauptversammlung gewählten Prüfer, verwirklicht die gerichtliche Bestellung „faktisch die – wenn auch angefochtene – Mehrheitsentscheidung, einen Abschlussprüfer zu bestellen und die Pflichtprüfung nach § 316 Abs. 1 ordnungsgemäß und zeitnah durchzuführen sowie – bei gerichtlicher Bestellung desselben Abschlussprüfers – die getroffene Wahlentscheidung".[561] Damit löst sich zugleich das Problem einer etwaigen **Doppelbestellung,** falls die Anfechtungsklage erfolglos bleiben sollte und der gewählte Abschlussprüfer dann als bestellt anzusehen ist.

b) Bestellung eines weiteren Prüfers. Wenn nach der Erkenntnis des nach Abs. 4 **113** angerufenen Gerichts gegen den (durch den angefochtenen Wahlbeschluss) gewählten Prü-

[552] Der Wortlaut des Abs. 4 S. 1, auf den S. 2 verweist („Gleiches gilt, …"), spricht davon, dass das Gericht „den" Abschlussprüfer zu bestellen hat. Eine inhaltliche Einengung der Auswahlentscheidung enthält das Gesetz insoweit aber nicht: OLG Karlsruhe NZG 2016, 64 = ZIP 2015, 2319; vgl. HKMS/Mylich/Müller Rn. 164 (Gericht hat Auswahlermessen).
[553] HKMS/Mylich/Müller Rn. 162; aA Schüppen Rn. 33, weil die Abschlussprüfung dann gegen den Erfolg der Anfechtungsklage „immunisiert" werde.
[554] AA Schüppen Rn. 33, weil die Wahl des Abschlussprüfers bis zu einem etwaigen Erfolg der Anfechtungsklage wirksam sei, so dass für die gerichtliche Bestellung „an sich" kein Raum sei.
[555] HKMS/Mylich/Müller Rn. 162.
[556] HKMS/Mylich/Müller Rn. 162.
[557] Zur Bedeutung des Grundsatzes der Subsidiarität der gerichtlichen Bestellung OLG Karlsruhe ZIP 2015, 2319 = EWiR 2016, 105 mAnm Mock.
[558] So treffend HKMS/Mylich/Müller Rn. 162.
[559] OLG Karlsruhe NZG 2016, 64 = ZIP 2015, 2319.
[560] Bei der Auswahl ist das Gericht an die Vorgaben der § 319 Abs. 2–5, § 319b sowie der Abschlussprüfungs-VO gebunden. Aus diesem Grunde ist das berufene Gericht verpflichtet, bei seiner Auswahlentscheidung die Frage etwaiger Ausschlussgründe und die zulässigen Höchstlaufzeiten zu prüfen: OLG Karlsruhe NZG 2016, 64 = ZIP 2015, 2319.
[561] OLG Karlsruhe NZG 2016, 64 = ZIP 2015, 2319. S. ferner Hennrichs WPg 2017. 482.

fer aber **Ausschluss- oder Befangenheitsgründe** nach § 319 Abs. 2–5, § 319b, Art. 5 Abs. 4 oder 5 Abschlussprüfungs-VO oder Laufzeitüberschreitungsgründe nach Art. 17 Abschlussprüfungs-VO **bestehen,** ist die gerichtliche Bestellung eines mit dem (durch den angefochtenen Wahlbeschluss) gewählten Prüfer identischen Prüfers ausgeschlossen.[562] Fraglich ist dann, ob das nach Abs. 4 angerufene Gericht in analoger Anwendung des Abs. 4 S. 2 einen anderen als den (angefochten) gewählten Prüfers bestellen darf.[563] Das ist unproblematisch, wenn die **Nichtigkeits- oder Anfechtungsklage** am Ende **Erfolg** hat und der Wahlbeschluss *ex tunc* nichtig ist. Hat die Klage dagegen keinen Erfolg, bleibt der Wahlbeschluss wirksam. Wirksam ist aber auch die Bestellung des gerichtlich bestellten, nicht identischen Prüfers, jedenfalls nach Eintritt der formellen Rechtskraft (§ 45 FamFG).[564] Eine **Mehrfachprüfung** (also die Wahl und Bestellung mehrerer Prüfer, die nicht gemeinsam, sondern nebeneinander oder hintereinander und voneinander unabhängig prüfen) ist aber **ausgeschlossen,** weil sie nach herrschender und zutreffender Ansicht unzulässig ist.[565] Eine Mehrfachprüfung darf auch nicht mittels analoger Anwendung von Abs. 4 S. 2 herbeigeführt werden.[566] Ein **Ausweg aus dem Dilemma** kann nach Ansicht von Mylich und Müller darin bestehen, dass das Gericht zusätzlich zu dem anfechtbar gewählten Prüfer einen weiteren Prüfer bestellt mit der Maßgabe, dass im Falle des Wegfalls des gewählten Prüfers der bestellte Prüfer die Abschlussprüfung allein durchführen kann.[567] Begründet wird diese Lösung nachvollziehbar damit, dass die Wahl mehrerer Prüfer als gemeinsame Prüfer zulässig ist und der diesbezügliche Wahlbeschluss dahin gefasst werden kann, dass die Prüfung auch von einem Prüfer allein durchgeführt werden darf, falls einer der als gemeinsame Prüfer gewählten Prüfer den Prüfungsauftrag nicht annimmt, die erforderliche Qualifikation nach § 319 Abs. 1 nicht aufweist, Ausschlussgründe nach § 319 Abs. 2–5, § 319b vorliegen oder gegen Vorschriften der Abschlussprüfungs-VO verstoßen wird.[568] Was Gegenstand eines Wahlbeschlusses sein kann, könne auch zum Gegenstand eines Gerichtsbeschlusses nach Abs. 4 S. 2 gemacht werden.[569]

114   Falls dieser Weg nicht beschritten wird und es bei erfolgloser Anfechtungsklage tatsächlich zu einer **Doppelbestellung** kommt, darf es **keine Mehrfachprüfung** geben.[570] Hier sind zwei Fallgestaltungen zu unterscheiden. Hat der gerichtlich bestellte Prüfer die Abschlussprüfung beendet und einen Bestätigungsvermerk erteilt, hat es entsprechend § 47 FamFG damit sein Bewenden. Der gewählte Prüfer kann die geschuldete Leistung nicht (mehr) erbringen (§ 275 BGB); er muss daher seine Tätigkeit versagen (§ 49 WPO).[571] Wenn der gerichtlich bestellte Prüfer seine Abschlussprüfung **noch** nicht beendet hat, hat er bei erfolgloser Anfechtungsklage aufgrund der Subsidiarität der gerichtlichen Bestellung und der Autonomie der Gesellschafter seine Tätigkeit einzustellen, seine weitere Tätigkeit nach § 49 WPO zu versagen und den Prüfungsauftrag gemäß Abs. 6 S. 1 aus wichtigem Grunde zu kündigen (sofern sich das zuständige Wahlorgan nicht doch noch für eine gemeinsame Abschlussprüfung durch den gewählten und den gerichtlich bestellten Abschlussprüfer entscheidet).[572] Der gewählte Abschlussprüfer hat die Abschlussprüfung

---

[562]   HKMS/Mylich/Müller Rn. 163.
[563]   HKMS/Mylich/Müller Rn. 163.
[564]   HKMS/Mylich/Müller Rn. 163.
[565]   HKMS/Mylich/Müller Rn. 64–66 mwN; Schüppen § 316 Rn. 19; Merkt/Probst/Fink/Bruckner/ Homfeldt S. 1474 Rn. 60; Hopt/Merkt § 317 Rn. 6; Staub/Habersack/Schürnbrand Rn. 19; aA AG Wolfsburg AG 1992, 205; Lutter FS Semler, 1993, 835 (851); BeBiKo/Justenhoven/Heinz Rn. 31.
[566]   HKMS/Mylich/Müller Rn. 163.
[567]   HKMS/Mylich/Müller Rn. 163.
[568]   Vgl. HKMS/Mylich/Müller Rn. 63; vgl. IDW PS 208: Zur Durchführung von Gemeinschaftsprüfungen (Joint Audit) (Stand: 13.8.2021), IDW Life 2021, 1075 (Tz. 11).
[569]   HKMS/Mylich/Müller Rn. 163.
[570]   HKMS/Mylich/Müller Rn. 163.
[571]   HKMS/Mylich/Müller Rn. 163.
[572]   Zu den berufsrechtlichen Pflichten des gewählten Prüfers gegenüber dem gerichtlich bestellten Prüfer nach dem Wechsel: § 42 Abs. 2 BS WP/vBP. Zu dem Vergütungsanspruch des gerichtlich bestellten Prüfers für die von ihm bis zum Wechsel erbrachten Leistungen: § 628 BGB und BGH NJW 2022, 2185 Rn. 37 mwN.

durchzuführen und einen Bestätigungsvermerk zu erteilen.[573] Dabei darf er im Rahmen des in § 43 Abs. 1 S. 1 WPO und § 12 BS WP/vBP kodifizierten **Grundsatzes der Eigenverantwortlichkeit** die Arbeit des gerichtlich bestellten Abschlussprüfers verwerten (nicht: übernehmen!).[574] Die Verantwortung des gewählten Abschlussprüfers für das Prüfungsurteil bleibt aber unberührt.[575] Er hat seine Prüfung mit dem erforderlichen Maß an Sorgfalt und Gewissenhaftigkeit so zu anzulegen, dass er unter Beachtung der Grundsätze der **Wesentlichkeit** (*principle of audit materiality;* → § 317 Rn. 103 ff.)[576] und **Wirtschaftlichkeit**[577] zu einem eigenverantwortlichen Prüfungsurteil gelangen kann.[578]

5. Gerichtliches Verfahren. Das Verfahren nach Abs. 4 richtet sich nach dem FamFG.   **115** Im Falle des Wegfalls des Prüfers oder bei Verhinderung an dem rechtzeitigen Abschluss der Prüfung (Abs. 4 S. 2) ist der Abschlussprüfer persönlich zu hören (vgl. § 34 Abs. 1 FamFG), soweit seine Anhörung nicht ausnahmsweise unterbleiben kann (§ 34 Abs. 2 FamFG: wenn erhebliche Nachteile für seine Gesundheit zu besorgen sind oder der Beteiligte offensichtlich nicht in der Lage ist, seinen Willen kundzutun). Das Gericht entscheidet durch Beschluss (§ 38 Abs. 1 S. 1 FamFG). Der Beschluss ist zu begründen (§ 38 Abs. 3 S. 1 FamFG, Ausnahmen in § 38 Abs. 4 FamFG).[579] Gegen die Entscheidung des Gerichts findet (binnen eines Monats: § 63 Abs. 1 FamFG) die **Beschwerde** statt (§ 318 Abs. 4 S. 4 Hs. 1; §§ 58 ff. FamFG) und – bei Zulassung (§ 70 Abs. 1 FamFG) – die Rechtsbeschwerde (§§ 70 ff. FamFG).[580] Die **Bestellung** ist dagegen **unanfechtbar** (§ 318 Abs. 4 S. 4 Hs. 2)[581] und damit auch mittels Beschwerde nicht mehr zu beseitigen,[582] selbst wenn die Voraussetzungen des § 318 Abs. 4 nicht erfüllt sind.[583] Verstößt die Bestellung gegen § 319 Abs. 1, ist sie nichtig.[584]

---

[573] Bestehen gegen den gewählten Prüfer Ausschluss- oder Befangenheitsgründe nach § 319 Abs. 2–5, § 319b, Art. 5 Abs. 4 oder 5 Abschlussprüfungs-VO oder Laufzeitüberschreitungsgründe nach Art. 17 Abschlussprüfungs-VO, steht das Ersetzungsverfahren nach Abs. 3 S. 1 zur Verfügung.

[574] Vgl. Hense/Ulrich/Schleip WPO § 43 Rn. 398 (unter Hinweis auf § 317 Abs. 3 S. 2). Zur Verwertung der Arbeiten Dritter: IDW PS 320 nF: Besondere Grundsätze für die Durchführung von Konzernabschlussprüfungen (einschließlich der Verwertung der Tätigkeit von Teilbereichsprüfern) (Stand: 10.7.2014), WPg Supp. 3/2014, 11 (Tz. 11); IDW PS 321: Interne Revision und Abschlussprüfung (Stand: 9.9.2010), WPg Supp. 4/2010, 1 (Tz. 11); IDW PS 322 nF: Verwertung der Arbeit eines für den Abschlussprüfer tätigen Sachverständigen (Stand: 15.9.2017), IDW Life 2018, 173 (Tz. 7). S. ferner ISA [DE] 505: Externe Bestätigungen (Stand: 26.3.2020), IDW Life 2019, 683; IDW Life 2020, 509; ISA [DE] 600: Besondere Überlegungen zu Konzernabschlussprüfungen (einschließlich der Tätigkeit von Teilbereichsprüfern) (Stand: 26.3.2020), IDW Life 2019, 702; IDW Life 2020, 509.

[575] Graumann Prüfungswesen S. 310; Hense/Ulrich/Schleip WPO § 43 Rn. 400.

[576] Zu Einzelheiten IDW PS 250: Wesentlichkeit im Rahmen der Abschlussprüfung (Stand 12.12.2012), WPg Supp. 1/2013, 1; ISA [DE] 320: International Standard on Auditing 320: Wesentlichkeit bei der Planung und Durchführung einer Abschlussprüfung (Stand: 26.3.2020), IDW Life 2019, 672, IDW Life 2020, 509. Dazu näher Graumann Prüfungswesen S. 269 ff.; Hense/Ulrich/Förster WPO § 43 Rn. 532–535; monographisch Mekat, Der Grundsatz der Wesentlichkeit in Rechnungslegung und Abschlussprüfung, 2009; Petrika, Der Wesentlichkeitsgrundsatz in der Abschlussprüfung, 2016; empirisch und rechtsvergleichend Widmann/Nickels/Wolz WPg 2021, 991.

[577] HKMS/Burg § 317 Rn. 50 unter Hinweis auf IDW PS 200: Ziele und allgemeine Grundsätze der Durchführung von Abschlussprüfungen (Stand: 3.6.2015), WPg Supp. 15/2000, 706, WPg Supp. 3/2015, 1 (Tz. 9: „Grundsatz der Wirtschaftlichkeit"); BeBiKo/Justhoven/Küster/Koch § 317 Rn. 143 (Dies bedeutet für den Abschlussprüfer, „dass er seine Prüfungshandlungen so auszurichten hat, dass er mit dem geringstmöglichen Aufwand unter Beachtung des Grundsatzes der Wesentlichkeit mit hinreichender Sicherheit zu einem abschließenden Urteil über die Rechnungslegung gelangt").

[578] Hense/Ulrich/Schleip WPO § 43 Rn. 399–400. Über die Verwertung von wesentlichen Arbeiten des gerichtlich bestellten Prüfers ist im Prüfungsbericht zu berichten (vgl. IDW PS 450: Grundsätze ordnungsmäßiger Erstellung von Prüfungsberichten (Stand: 28.10.2021), IDW Life 2022, 78 (Tz. 7).

[579] HKMS/Mylich/Müller Rn. 164 („Über einen Vorschlag der Antragsberechtigten wird sich das Gericht ... nur begründet hinwegsetzen").

[580] Hopt/Merkt Rn. 16.

[581] Vgl. OLG Karlsruhe NZG 2016, 64 = ZIP 2015, 2319.

[582] Zu den Gründen für die Unanfechtbarkeit: OLG Düsseldorf WM 1998, 2021 (2022).

[583] Staub/Habersack/Schürnbrand Rn. 77.

[584] Staub/Habersack/Schürnbrand Rn. 77.

116   **6. Annahme der Bestellung.** Der gerichtlich bestellte Prüfer erlangt seine Rechtsstellung als gesetzlicher Abschlussprüfer durch Annahme der gerichtlichen Bestellung.[585] Der vorgesehene Prüfer ist zur Annahme der gerichtlichen Bestellung nicht verpflichtet.[586] Die **Annahmeerklärung** ist gegenüber der Gesellschaft abzugeben (str.).[587] Durch die Annahmeerklärung kommt zugleich der schuldrechtliche Prüfungsvertrag zwischen dem gerichtlich bestellten Prüfer und der prüfungspflichtigen Gesellschaft zustande.[588] Der Anspruch des gerichtlich bestellten Prüfers auf Vergütung und Ersatz barer Auslagen richtet sich, wenn keine Vergütungsvereinbarung zwischen dem gerichtlich bestellten Prüfer und der zu prüfenden Gesellschaft besteht, nach Abs. 5.[589] Mit der Bestellung eines neuen Prüfers durch das Gericht erlischt grundsätzlich das Mandat des gewählten Prüfers.[590] Nach Annahme der gerichtlichen Bestellung durch den neuen Prüfer darf die prüfungspflichtige Gesellschaft den **Prüfungsauftrag** des ursprünglich gewählten, aber weggefallenen oder am rechtzeitigen Abschluss der Prüfung verhinderten Prüfers entsprechend Abs. 1 S. 5 **widerrufen.**[591] Im Falle des Widerrufs richtet sich der Vergütungsanspruch des scheidenden Prüfers nach § 628 BGB.[592] Hat ein gemäß Abs. 4 S. 1 oder 2 gerichtlich bestellter Abschlussprüfer den Jahresabschluss einer prüfungspflichtigen Gesellschaft (§ 316 Abs. 1, 2) geprüft und testiert, so bleibt eine spätere Aufhebung oder Abänderung des Bestellungsbeschlusses ohne Einfluss auf die Wirksamkeit der Abschlussprüfung und des Bestätigungsvermerks.[593] Der nach Abs. 4 S. 1 bzw. 2 gerichtlich bestellte Prüfer kann, sofern die Voraussetzungen vorliegen, wie ein gewählter Prüfer ersetzt werden.[594]

VII. Vergütung des gerichtlich bestellten Abschlussprüfers (Abs. 5)

117   Abs. 5 regelt die Vergütung gerichtlich bestellter Abschlussprüfer in den Fällen des Abs. 3 und des Abs. 4.[595] Gerichtlich bestellte Abschlussprüfer haben Anspruch auf Vergütung für ihre Tätigkeit und auf Ersatz angemessener barer Auslagen (Abs. 5 S. 1; vgl. § 2 Abs. 3 S. 4 PublG). Der gerichtlich bestellte Abschlussprüfer und die prüfungspflichtige Gesellschaft können die Höhe des Auslagenersatzes und der Vergütung vereinbaren; es gilt der **Grundsatz der Vertragsfreiheit.**[596] Eine Festsetzung durch das Gericht ist – entgegen dem Wortlaut des Abs. 5 S. 2 – nicht zwingend erforderlich und erfolgt nicht automatisch von Amts wegen, sondern nur auf Antrag (in der Regel des gerichtlich bestellten Abschlussprüfers).[597] Mangels einer Gebührenordnung für Wirtschaftsprüfer wird das Gericht in der Regel **angemessene Stundensätze** oder ein **Pauschalhonorar** mit Öffnungsklausel (→ Rn. 42) festsetzen.[598] Sachlich zuständig sind die Amtsgerichte;

---

[585]   Vgl. Hopt/Merkt Rn. 17.

[586]   Staub/Habersack/Schürnbrand Rn. 78.

[587]   Baumbach/Hueck/Schulze-Osterloh, 18. Aufl. 2006, GmbHG § 41 Rn. 95 mwN.

[588]   BeBiKo/Justenhoven/Heinz Rn. 125; Merkt/Probst/Fink/Bruckner/Homfeldt S. 1479 Rn. 77; aA Schüppen Rn. 42 („gesetzliches Schuldverhältnis").

[589]   Hopt/Merkt Rn. 17.

[590]   HKMS/Mylich/Müller Rn. 161.

[591]   HKMS/Mylich/Müller Rn. 161 mwN.

[592]   Die Bewertung der vor und nach dem Widerruf erbrachten Leistungen obliegt dem Tatrichter, der sich sachverständiger Hilfe bedienen kann: BGH NJW 2022, 2185 Rn. 37 mwN.

[593]   OLG Düsseldorf DB 1996, 1178 = WM 1996, 1777 = WPK-Mitt. 1996, 241 = ZIP 1996, 1040.

[594]   Staub/Habersack/Schürnbrand Rn. 78.

[595]   HKMS/Mylich/Müller Rn. 165; BeBiKo/Justenhoven/Heinz Rn. 125; Merkt/Probst/Fink/Bruckner/ Homfeldt S. 1479 Rn. 77. Für gerichtlich bestellte Verschmelzungsprüfer gilt § 318 Abs. 5 entsprechend (§ 10 Abs. 1 S. 3 UmwG), ebenso für gerichtlich bestellte KWG-Prüfer (§ 28 Abs. 2 S. 3 KWG).

[596]   HKMS/Mylich/Müller Rn. 165; BeBiKo/Justenhoven/Heinz Rn. 126; Hopt/Merkt Rn. 17; Wiedmann/Böcking/Gros/Böcking/Gros/Rabenhorst Rn. 26; Merkt/Probst/Fink/Bruckner/Homfeldt S. 1479 Rn. 77; iE ebenso, obwohl er das Verhältnis zwischen dem gerichtlich bestellten Prüfer und der Gesellschaft als gesetzliches Schuldverhältnis qualifiziert: Schüppen Rn. 43; Schüppen NZG 2023, 371 (372).

[597]   BeBiKo/Justenhoven/Heinz Rn. 126; Wiedmann/Böcking/Gros/Böcking/Gros/Rabenhorst Rn. 26; HKMS/Mylich/Müller Rn. 165; Merkt/Probst/Fink/Bruckner/Homfeldt S. 1479 Rn. 77.

[598]   HKMS/Mylich/Müller Rn. 166 („berufsübliche Tarife").

die örtliche Zuständigkeit folgt aus § 377 FamFG. Gegen die Entscheidung des Amtsgerichts findet die Beschwerde statt (Abs. 5 S. 3 Hs. 1; §§ 58 ff. FamFG). Die Beschwerde ist binnen einer Frist von einem Monat einzulegen (§ 63 Abs. 1 FamFG). Die Rechtsbeschwerde (vgl. §§ 70 ff. FamFG) ist ausgeschlossen (Abs. 5 S. 3 Hs. 2). Aus der rechtskräftigen Entscheidung findet die Zwangsvollstreckung nach der Zivilprozessordnung statt (Abs. 5 S. 4).[599] Der rechtskräftige Beschluss (§ 45 FamFG) ist Vollstreckungstitel iSd § 794 Abs. 1 Nr. 3 ZPO.[600]

VIII. Kündigung des Prüfungsauftrages (Abs. 6 und 7)

Der von dem Prüfer angenommene Prüfungsauftrag kann von der Gesellschaft überhaupt nicht,[601] von dem Abschlussprüfer nach Abs. 6 S. 1 nur aus wichtigem Grund gekündigt werden.[602] **118**

1. Kündigung aus wichtigem Grund (Abs. 6 S. 1). Die Kündigung des Prüfungsauftrages aus wichtigem Grund setzt eine Kündigungserklärung und einen Kündigungsgrund voraus. **119**

a) Kündigungserklärung. Die Kündigung aus wichtigem Grund ist eine empfangsbedürftige Willenserklärung, deren Wirksamkeit sich zunächst nach den Vorschriften der §§ 104 ff. BGB richtet. Die Kündigungserklärung ist gegenüber der geprüften Gesellschaft (Mandantin) abzugeben.[603] Aus der Kündigungserklärung des Prüfers muss für den Empfänger **eindeutig hervorgehen,** dass das Prüfungsverhältnis aus wichtigem Grund beendet werden soll.[604] Es ist nicht erforderlich, dass der Prüfer das Wort „kündigen" verwendet (§§ 133, 157 BGB). Die Kündigung aus wichtigem Grund erfolgt meistens fristlos (vgl. § 627 Abs. 1 BGB, § 671 BGB, § 675 Abs. 1 BGB). Die Kündigung ist **grundsätzlich bedingungsfeindlich.** Erlaubt ist die Beifügung einer Bedingung aber **ausnahmsweise** dann, wenn deren Eintritt oder Nichteintritt ausschließlich vom Willen der geprüften Gesellschaft abhängt. **120**

Die Kündigung ist nach der gesetzlichen Regel nicht an eine Form gebunden und kann daher auch **mündlich** wirksam **erklärt** werden (sofern nicht etwas anderes vereinbart wurde).[605] Der Kündigungsgrund braucht bei mündlich erklärter Kündigung nicht angegeben zu werden. Nach Abs. 6 S. 3 ist die mündliche Kündigung aber **schriftlich zu begrün-** **121**

---

[599] BeBiKo/Justenhoven/Heinz Rn. 127; HKMS/Mylich/Müller Rn. 167.

[600] HKMS/Mylich/Müller Rn. 167 (vereinfachtes Vollstreckungsverfahren).

[601] Graumann Prüfungswesen S. 167 („kann sich nicht durch Kündigung entziehen"). Nach Abs. 1 S. 5 kann die Gesellschaft den Prüfungsauftrag nur widerrufen, wenn nach Abs. 3 ein anderer Prüfer bestellt worden ist. Dazu rechtsvergleichend Ebke The Impact of Transparency Regulation on Company Law, in Hopt/Wymeersch, Capital Markets and Company Law, 2003, 173 (183–184).

[602] Die Beschränkung der Kündigung des Prüfungsauftrags auf die Fälle der Kündigung durch den Prüfer aus wichtigem Grund gilt nur für gesetzlich vorgeschriebene Abschlussprüfungen iSd §§ 316 ff. Bei gesetzlich nicht vorgeschriebenen („freiwilligen") Abschlussprüfungen können die Parteien die Bedingungen, unter denen der Prüfungsauftrag gekündigt werden kann, individuell vereinbaren: BeBiKo/Justenhoven/Heinz Rn. 134; aA wohl Graumann Prüfungswesen S. 168. Bei gesetzlich angeordneten Abschlussprüfungen ist eine vertragliche Abbedingung, Erweiterung oder Beschränkung der Kündigungsmöglichkeit wegen des Gebots der Unabhängigkeit des Abschlussprüfers (§§ 319 Abs. 2–5, 319b) dagegen unzulässig: Dißars BB 2005, 2231; BeBiKo/Justenhoven/Heinz Rn. 130, 134; HKMS/Mylich/Müller Rn. 102.

[603] Wiedmann/Böcking/Gros/Böcking/Gros/Rabenhorst Rn. 28. Zu der Frage, wer Adressat der Kündigungserklärung ist, wenn der Aufsichtsrat den Prüfungsauftrag erteilt hat, s. einerseits HKMS/Mylich/Müller Rn. 106, andererseits Hense/Ulrich/Haarmann WPO § 43 Rn. 119; Merkt/Probst/Fink/Bruckner/Homfeldt S. 1479 Rn. 79.

[604] BeBiKo/Justenhoven/Heinz Rn. 135.

[605] Allg. Meinung: BeBiKo/Justenhoven/Heinz Rn. 135; HKMS/Mylich/Müller Rn. 106; Staub/Habersack/Schürnbrand Rn. 85; Wiedmann/Böcking/Gros/Böcking/Gros/Rabenhorst Rn. 28; Merkt/Probst/Fink/Bruckner/Homfeldt S. 1479 Rn. 79.

den.[606] Einer schriftlichen Begründung bedarf auch die schriftlich erklärte Kündigung (Abs. 6 S. 3). Dabei wird man die Wirksamkeit der schriftlich erklärten Kündigung nicht davon abhängig machen dürfen, dass in ihr die Kündigung bereits begründet ist. Dass die Angabe des Kündigungsgrundes keine Voraussetzung für die Wirksamkeit der Kündigung ist, folgt schon aus dem Schweigen des Gesetzes.[607] Die schriftliche Begründung hat allerdings unverzüglich, dh ohne schuldhaftes Zögern (§ 121 Abs. 1 S. 1 BGB) zu erfolgen, um der Gesellschaft Klarheit über den Grund bzw. die Gründe der Kündigung zu verschaffen (analog § 663 S. 1 BGB, § 51 S. 1 WPO). Die Kündigung kann nur bis zur Vorlage des Prüfungsberichts, spätestens bis zur Vorlage des Prüfungsberichts über die Nachtragsprüfung erklärt werden.[608]

122   **b) Kündigungsgrund.** Die Kündigung nach Abs. 6 S. 1 setzt einen **wichtigen Grund** voraus. Für die Auslegung und Anwendung von Abs. 6 S. 1 können die dienst- bzw. werkvertraglichen Bestimmungen nicht unbesehen übernommen werden.[609] Vielmehr sind die Besonderheiten des Abschlussprüfungsrechts und die gesellschaftsübergreifende Funktion des Abschlussprüfers zu berücksichtigen. Entscheidend sind die Umstände des Einzelfalls. Bei der Entscheidung im Einzelfall sind das Interesse des Abschlussprüfers an der Beendigung des Prüfungsverhältnisses und das Interesse der geprüften Gesellschaft sowie der Rechnungslegungsadressaten an der Durchführung und dem Abschluss der Prüfung (einschließlich des Prüfungsberichts und des Bestätigungsvermerks) gegeneinander abzuwägen. Dabei sind Gesichtspunkte wie das Gewicht und die Intensität des (auftrags- oder gesetzwidrigen) Verhaltens der Organe bzw. Mitarbeiter der geprüften Gesellschaft, der Grad des Verschuldens und die Wiederholungsgefahr[610] in die Abwägung einzubeziehen. Es ist außerdem zu beachten, dass es sich bei der Kündigung aus wichtigem Grund um **das äußerste Mittel** handelt und der Gesetzgeber in Abs. 6 S. 1 („*nur aus wichtigem Grund*") und Abs. 6 S. 2 zu erkennen gibt, dass sich der Prüfer nur nach Anlegung eines **strengen Maßstabes** von dem einmal angenommenen Prüfungsauftrag soll lösen dürfen.[611] Daher muss es dem Prüfer unter Abwägung aller Interessen **schlechterdings unzumutbar** sein, den angenommenen Prüfungsauftrag zu Ende zu führen.[612] Aus dem (die Rechtsordnung insgesamt beherrschenden) Grundsatz der Verhältnismäßigkeit folgt, dass eine Kündigung des Prüfers aus wichtigem Grund erst dann zulässig ist, wenn mildere Mittel nicht zur Verfügung stehen, erfolglos waren oder dem Prüfer nicht zumutbar sind. Ein wichtiger Grund iSd Abs. 6 S. 1 setzt seitens der prüfungspflichtigen Gesellschaft jedoch **kein Verschulden** voraus.

---

[606]   Hense/Ulrich/Haarmann WPO § 43 Rn. 119; BeBiKo/Justenhoven/Heinz Rn. 135; Schüppen Rn. 25. Es empfiehlt sich, die Begründung der Kündigung in den Prüfungsbericht aufzunehmen: Hense/Ulrich/Stenger WPO § 43 Rn. 575/22; IDW PS 450: Grundsätze ordnungsmäßiger Erstellung von Prüfungsberichten (Stand: 28.10.2021), IDW Life 2022, 78 (Tz. 150). Nach § 42 Abs. 1 BS WP/vBP darf der vorgesehene Mandatsnachfolger den Auftrag nur annehmen, wenn er sich über den Grund der Kündigung gemäß Abs. 6 oder des Widerrufs nach Abs. 1 S. 5 iVm Abs. 3 und das Ergebnis der bisherigen Prüfung unterrichtet hat. Eine ordnungsgemäße Unterrichtung erfordert, dass der vorgesehene Mandatsnachfolger sich die schriftliche Begründung der Kündigung (Abs. 6 S. 3) oder das Ersetzungsurteil (Abs. 3), die Mitteilungen an die Wirtschaftsprüferkammer (Abs. 8) sowie den Bericht über das Ergebnis der bisherigen Prüfung (Abs. 6 S. 4) vorlegen lässt (§ 42 Abs. 2 BS WP/vBP).
[607]   IE ebenso HKMS/Mylich/Müller Rn. 107.
[608]   HKMS/Mylich/Müller Rn. 106; BeBiKo/Justenhoven/Heinz Rn. 135; Graumann Prüfungswesen S. 168.
[609]   IdS auch HKMS/Mylich/Müller Rn. 104; aA BeBiKo/Justenhoven/Heinz Rn. 130 („Der Begriff des ‚wichtigen Grundes' entspricht dem aus § 626 BGB").
[610]   Der Gesichtspunkt der Wiederholungsgefahr (Prognose!) darf allerdings nicht überspannt werden, damit die Kündigungsmöglichkeit aus wichtigem Grund zulasten des Prüfers nicht über Gebühr eingeschränkt wird.
[611]   Ähnlich strenge Anforderungen stellend: HKMS/Mylich/Müller Rn. 104; Dißars BB 2005, 2231 (2232); BeBiKo/Justenhoven/Heinz Rn. 130; Wiedmann/Böcking/Gros/Böcking/Gros/Rabenhorst Rn. 27. S. auch AG Wolfsburg AG 1992, 205 („tiefgreifende Gründe").
[612]   BeBiKo/Justenhoven/Heinz Rn. 130; Merkt/Probst/Fink/Bruckner/Homfeldt S. 1479 Rn. 78.

aa) Meinungsverschiedenheiten (Abs. 6 S. 2). Abs. 6 S. 2 stellt klar, dass Mei- 123
nungsverschiedenheiten zwischen dem Prüfer und der geprüften Gesellschaft über den
Inhalt des Bestätigungsvermerks, seine Einschränkung oder Versagung **keinen wichti-
gen Grund** für eine Kündigung darstellen.[613] Dadurch soll verhindert werden, dass
Probleme bei der prüfungspflichtigen Gesellschaft zulasten Dritter durch Kündigung des
Prüfungsauftrages verdeckt werden können.[614] Soweit die Meinungsverschiedenheiten
ihren Grund in der Auslegung und Anwendung der gesetzlichen Vorschriften oder von
Bestimmungen des Gesellschaftsvertrages bzw. der Satzung über den Jahresabschluss oder
Lagebericht haben, stand den Beteiligten bislang das Verfahren nach § 324 aF zur Verfügung. Nach der ersatzlosen **Streichung des § 324** durch das BilMoG vom 25.5.2009
(BGBl. 2009 I 1102) sind allfällige Meinungsverschiedenheiten zwischen der prüfungspflichtigen Gesellschaft und dem Prüfer über Fragen der Rechnungslegung und
Abschlussprüfung in einem Klageverfahren nach der ZPO zu klären.[615] Bei **Gemeinschaftsprüfungen** (Joint Audits) sind Meinungsunterschiede zwischen den Gemeinschaftsprüfern über das Prüfungsergebnis nach Ansicht des Berufsstandes ebenfalls **kein
wichtiger Grund** zur Kündigung des Prüfungsauftrags iSv Abs. 6 S. 1.[616] Aus Abs. 6
S. 2 ist zu schließen, dass **sachliche Differenzen** zwischen dem Abschlussprüfer und
der Mandantin im Hinblick auf die Beurteilung von Sachverhalten, über Feststellungen
des Prüfers, über die Auslegung und Anwendung von Rechnungslegungsregeln, gesetzlichen Vorschriften oder Bestimmungen der Satzung oder des Gesellschaftsvertrags keinen
wichtigen Grund iSd Abs. 6 S. 1 darstellen.[617] Bei derartigen sachlichen Differenzen
muss der Abschlussprüfer den Bestätigungsvermerk erforderlichenfalls einschränken oder
versagen.[618] Meinungsverschiedenheiten über **Zahlungen des Prüfungshonorars** (zB
Vorschüsse auf das Prüfungshonorar) stellen in der Regel ebenfalls keinen wichtigen
Grund für eine Kündigung des Prüfungsauftrages iSv Abs. 6 S. 2 dar, da dem Prüfer
zivilrechtliche Handlungsmöglichkeiten zur Verfügung stehen, um seinen Honoraranspruch zu sichern bzw. durchzusetzen.[619]

bb) Verweigerung von Aufklärungen und Nachweisen. Umstritten ist, ob die 124
Verweigerung der von der Gesellschaft nach § 320 Abs. 2 zu erbringenden Aufklärungen
und Nachweise einen wichtigen Grund für eine Kündigung darstellt.[620] Der Gesetzgeber
scheint in § 321 Abs. 2 S. 6 (der inhaltlich dem § 321 Abs. 2 S. 1 idF des KonTraG vom
27.4.1998 (BGBl. 1998 I 786) entspricht, durch Art. 2 Nr. 14b TransPuG vom 19.7.2002
(BGBl. 2002 I 2681) in S. 6 der Vorschrift verschoben wurde und durch das BilReG
vom 4.12.2004 (BGBl. 2004 I 3166) und seither inhaltlich unverändert geblieben ist)

---

[613] BeBiKo/Justenhoven/Heinz Rn. 131; HKMS/Mylich/Müller Rn. 104; Hopt/Merkt Rn. 18; Dißars BB
2005, 2231 (2232); Graumann Prüfungswesen S. 168; Staub/Habersack/Schürnbrand Rn. 82; Hense/
Ulrich/Goltz/Bärenz WPO § 43 Rn. 118; Wiedmann/Böcking/Gros/Böcking/Gros/Rabenhorst
Rn. 27; Merkt/Probst/Fink/Bruckner/Homfeldt S. 1479 Rn. 78; Günther, Die Unabhängigkeit des
Abschlussprüfers bei privaten Unternehmen in Deutschland, 2019, S. 67.
[614] Staub/Habersack/Schürnbrand Rn. 82; Schüppen Rn. 23; Hopt/Merkt Rn. 18.
[615] OLG Düsseldorf DB 2010, 1454 (1458); Graumann Prüfungswesen S. 168.
[616] IDW PS 208: Zur Durchführung von Gemeinschaftsprüfungen (Joint Audit) (Stand: 13.8.2021), IDW
Life 2021, 1075 (Tz. 24).
[617] HKMS/Mylich/Müller Rn. 104; BeBiKo/Justenhoven/Heinz Rn. 131; Schüppen Rn. 23; Graumann
Prüfungswesen S. 168.
[618] BeBiKo/Justenhoven/Heinz Rn. 131.
[619] Schüppen Rn. 24; Hense/Ulrich/Goltz/Bärenz WPO § 43 Rn. 118; Staub/Habersack/Schürnbrand
Rn. 82; aA BeBiKo/Justenhoven/Heinz Rn. 132 (betr. Verweigerung vereinbarter Abschlagszahlungen);
HKMS/Mylich/Müller Rn. 105; Graumann Prüfungswesen S. 168.
[620] Verneinend zB Dißars BB 2005, 2231 (2232); Hopt/Merkt Rn. 18; HKMS/Müller Rn. 104 („erforderlichenfalls sind Konsequenzen im Bestätigungsvermerk zu ziehen"); BeBiKo/Justenhoven/Heinz Rn. 131
(jedenfalls nicht die „punktuelle" Verletzung von Auskunftspflichten); Merkt/Probst/Fink/Bruckner/
Homfeldt S. 1479 Rn. 78; Wiedmann/Böcking/Gros/Böcking/Gros/Rabenhorst Rn. 27; Mai, Rechtsverhältnis zwischen Abschlußprüfer und prüfungspflichtiger Kapitalgesellschaft, 1993, 76 und 114–115;
Elkart/Naumann WPg 1995, 357 (360); aA Erle, Der Bestätigungsvermerk des Abschlussprüfers, 1990,
S. 37.

davon auszugehen, dass die Verweigerung angeforderter Aufklärungen und Nachweise gemäß § 320 Abs. 2 die **Durchführung und Beendigung einer Abschlussprüfung grundsätzlich nicht hindert,** wenn er von dem Abschlussprüfer verlangt, im Hauptteil des Prüfungsberichts anzugeben, ob die gesetzlichen Vertreter die verlangten Aufklärungen und Nachweise erbracht haben. Die ernsthafte und dauerhafte Weigerung einer prüfungspflichtigen Gesellschaft, ihrem Abschlussprüfer die Aufklärungen und Nachweise gemäß § 320 Abs. 2 zu erbringen, wird (je nach Bedeutung der Aufklärungen oder Nachweise für den Jahresabschluss) im Regelfall zur Einschränkung bzw. **Versagung des Bestätigungsvermerks** führen (§ 322 Abs. 2 S. 1 Nr. 2 und 3).[621] Nach § 322 Abs. 5 S. 1 iVm Abs. 2 S. 1 Nr. 4 besteht nunmehr außerdem die Möglichkeit, den Bestätigungsvermerk zu versagen, wenn der Abschlussprüfer nach Ausschöpfung aller angemessenen Möglichkeiten zur Klärung des Sachverhalts nicht in der Lage ist, ein Prüfungsurteil abzugeben (sog. **Nichterteilungsvermerk**).[622] Für eine Kündigung des Prüfungsauftrags aus wichtigem Grund ist in derartigen Fällen in der Regel nur Raum, wenn zusätzlich einer der in → Rn. 125 genannten Gründe vorliegt (zB massive Behinderungen von Prüfungshandlungen, Nötigungen, Täuschungshandlungen, kriminelle Machenschaften) besteht.[623]

125   **cc) Behinderungen, Täuschung(sversuche).** Persönliche Differenzen des Prüfers mit den Organen der geprüften Gesellschaft werden im Allgemeinen ebenfalls keinen wichtigen Grund iSv Abs. 6 S. 1 darstellen,[624] es sei denn, sie sind Folge massiver Behinderungen, Bedrohungen oder **Nötigungen** des Prüfers bei der Durchführung der Prüfung durch Organe oder Mitarbeiter der zu prüfenden Gesellschaft.[625] Schwerwiegende **Täuschungshandlungen** (einschließlich Täuschungsversuche) oder berechtigte Zweifel an der Vertrauenswürdigkeit der prüfungspflichtigen Gesellschaft (zB bei **kriminellen Machenschaften** der Gesellschaft oder ihrer Organe) können ebenfalls die Durchführung des Prüfungsauftrags unzumutbar machen (vgl. IDW PS 210.76).[626]

126   **dd) Ausschlussgründe.** Der Eintritt eines Ausschlussgrundes iSv **§ 319 Abs. 2–5**, **§ 319b** oder – im Falle von Unternehmen von öffentlichem Interesse (PIE) – die Ausschlussgründe nach Art. 5 Abschlussprüfungs-VO ist **stets ein wichtige Grund** iSv Abs. 6 S. 1.[627] Werden dem Prüfer nach Annahme des Prüfungsauftrags solche Gründe bekannt, ist er zur Kündigung verpflichtet, sofern der betreffende Grund nicht beseitigt werden kann.[628] Der **Widerruf der Bestellung** zum Wirtschaftsprüfer bzw. vereidigten Buchprüfer (§ 319 Abs. 1 S. 1, 2),[629] die Löschung der Eintragung in das Berufsregister (§ 319 Abs. 1 S. 3, 4), der nachträgliche Wegfall der gesetzlichen Prüfungspflicht (zB infolge der Anhebung der Schwellenwerte des § 267)[630] oder in der Person des Prüfers liegende Gründe (Abs. 3

---

[621]   Merkt/Probst/Fink/Bruckner/Homfeldt S. 1479 Rn. 78.

[622]   Vgl. Hopt/Merkt Rn. 18.

[623]   IdS auch BeBiKo/Justenhoven/Heinz Rn. 132; Dißars BB 2005, 2231 (2232); aA HKMS/Mylich/Müller § 320 Rn. 105.

[624]   HKMS/Mylich/Müller Rn. 105.

[625]   BeBiKo/Justenhoven/Heinz Rn. 132; Günther, Die Unabhängigkeit des Abschlussprüfers bei privaten Unternehmen in Deutschland, 2019, S. 68; Graumann Prüfungswesen S. 168; Hense/Ulrich/Goltz/Bärenz WPO § 43 Rn. 118.

[626]   Zust. Dißars BB 2005, 2231 (2232); BeBiKo/Justenhoven/Heinz Rn. 132; Schüppen Rn. 23; HKMS/Mylich/Müller Rn. 105; Hopt/Merkt Rn. 18; Merkt/Probst/Fink/Bruckner/Homfeldt S. 1479 Rn. 78; Hense/Ulrich/Goltz/Bärenz WPO § 43 Rn. 118; Graumann Prüfungswesen S. 168.

[627]   HKMS/Mylich/Müller Rn. 105; BeBiKo/Justenhoven/Heinz Rn. 133; Hopt/Merkt Rn. 18; Wiedmann/Böcking/Gros/Böcking/Gros/Rabenhorst Rn. 27; Hense/Ulrich/Goltz/Bärenz WPO § 43 Rn. 118; Graumann Prüfungswesen S. 168.

[628]   HKMS/Mylich/Müller Rn. 105; Hopt/Merkt Rn. 18.

[629]   Zum Widerruf der Bestellung wegen nicht geordneter wirtschaftlicher Verhältnisse Fölsing DStR 2006, 1427.

[630]   Dazu ohne Verf., BilMoG – Nachträglicher Wegfall der Prüfungspflicht durch Anhebung der Schwellenwerte, WPK Magazin 2/2009, S. 8 (8–9); vgl. BeBiKo/Justenhoven/Heinz Rn. 51 (Wegfall der Prüfungspflicht).

S. 1 Nr. 1) wie eine schwere Erkrankung[631] rechtfertigen ebenfalls eine Kündigung des Prüfungsauftrags aus wichtigem Grund (Abs. 6 S. 1).

c) Zwingender Charakter des Abs. 6 S. 1. Abs. 6 S. 1 ist bei gesetzlich vorgeschrie- **127** benen Abschlussprüfungen iSd §§ 316 ff. zwingend. Daher kann das Kündigungsrecht für den Prüfer ebenso wie das Widerrufsrecht für die prüfungspflichtige Gesellschaft nicht abbedungen, erschwert oder erleichtert werden.[632] Der Prüfer kann nach Sinn und Zweck des Abs. 6 S. 1 auf sein Kündigungsrecht aus wichtigem Grunde auch nicht verzichten. Entsprechendes gilt für das Widerrufsrecht der Gesellschaft nach Abs. 1 S. 5. Eine **einvernehmliche Aufhebung** des Prüfungsvertrages ist nur zulässig, wenn die Voraussetzungen einer Kündigung aus wichtigem Grund nach Abs. 6 S. 1 vorliegen (str.).[633] In anderen Fällen ist sie unzulässig. Damit die Rechtsfolgen einer Kündigung aus wichtigem Grund nach Abs. 6 S. 4 und Abs. 7 nicht umgangen werden können, sind Abs. 6 S. 4 und Abs. 7 bei einvernehmlicher Vertragsaufhebung analog anzuwenden.

d) Wirksamwerden der Kündigung. Die Kündigung des Prüfungsauftrages aus **128** wichtigem Grund wird erst dann wirksam, wenn sie der zu prüfenden Gesellschaft **zugeht** (§§ 130–132 BGB). Bei einer mündlichen Kündigung muss die Gesellschaft von dieser Kenntnis genommen haben. Erfolgt die Kündigung schriftlich (etwa in einem Brief), so wird sie regelmäßig mit der Übergabe des Schreibens an den anwesenden gesetzlichen Vertreter (auch bei mehreren gesetzlichen Vertretern – vgl. § 170 Abs. 3 ZPO), bei Übersendung (auch per Fax oder E-Mail) dann wirksam, wenn die Erklärung in den Bereich der prüfungspflichtigen Gesellschaft gelangt ist und mit der Möglichkeit der Kenntnisnahme unter normalen Umständen gerechnet werden kann. Der Zugang kann auch unter Inanspruchnahme eines **Empfangsboten** erfolgen. In diesem Fall wird die Kündigungserklärung in dem Augenblick wirksam, in dem sie dem Empfangsboten ausgehändigt wird. Wird die Kündigung durch einen **Vertreter des Prüfers** oder der beauftragten Prüfungsgesellschaft erklärt, ist sie unwirksam, wenn der Vertreter keine Vollmachtsurkunde vorlegt und die geprüfte Gesellschaft aus diesem Grunde die Kündigung unverzüglich, also ohne schuldhaftes Zögern (vgl. § 121 Abs. 1 S. 1 BGB), zurückweist (§ 174 S. 1 BGB). Die Zurückweisung ist allerdings ausgeschlossen, wenn der Prüfer bzw. die Prüfungsgesellschaft die geprüfte Gesellschaft von der Bevollmächtigung in Kenntnis gesetzt hat (§ 174 S. 2 BGB).

e) Frist. Der Prüfer muss die Kündigung nicht sofort nach Kenntnis des Kündigungs- **129** grundes („auf der Stelle") erklären. Die in § 626 Abs. 2 S. 1 BGB vorgesehene Ausschlussfrist von zwei Wochen gilt für den Prüfungsauftrag nicht (vgl. § 627 Abs. 1 BGB, § 675 BGB). Für die prüfungspflichtige Gesellschaft wäre es aber unzumutbar, wenn der Prüfer wichtige Kündigungsgründe „aufsparen" könnte. Daher wird man – nicht zuletzt wegen der gesellschaftsübergreifenden Funktion der Abschlussprüfung (→ § 316 Rn. 30), des Erfordernisses eines rechtzeitigen Abschlusses der Abschlussprüfung und der mit der Bestellung eines neuen Prüfers verbundenen Kosten und Verzögerungen – verlangen müssen, dass der Prüfer einen wichtigen Kündigungsgrund innerhalb einer angemessenen **(Überlegungs-)Frist** nach Kenntniserlangung von den für die Kündigung maßgebenden Tatsachen geltend macht (§§ 242, 241 Abs. 2 BGB; § 51 S. 1 WPO analog). Andernfalls ist (widerlegbar) zu vermuten, dass ein an sich bestehender wichtiger Grund doch nicht so schwer wiegt, um die Fortsetzung des Prüfungsauftrags für den Prüfer unzumutbar erscheinen zu lassen. Kündigungsgründe, die vor der Kündigung aus wichtigem Grunde entstanden, dem Prüfer aber

---

[631] BeBiKo/Justenhoven/Heinz Rn. 133; Dißars BB 2005, 2231 (2232); Hense/Ulrich/Goltz/Bärenz WPO § 43 Rn. 118.

[632] Dißars BB 2005, 2231 mit Fn. 5; BeBiKo/Justenhoven/Heinz Rn. 130; HKMS/Mylich/Müller Rn. 102.

[633] Wie hier Hopt/Merkt Rn. 18; Staub/Habersack/Schürnbrand Rn. 34; enger Wiedmann/Böcking/Gros/Böcking/Gros/Rabenhorst Rn. 14; aA HKMS/Mylich/Müller Rn. 98 und 102 („ausgeschlossen"); BeBiKo/Justenhoven/Heinz Rn. 130 (einvernehmliche Aufhebung des Prüfungsvertrags ist unzulässig) Graumann Prüfungswesen S. 168 („einvernehmliche Aufhebung nicht möglich"); vgl. Schüppen Rn. 24 („einvernehmliche Kündigung theoretisch nicht, praktisch nur eingeschränkt möglich").

erst nachher bekannt geworden sind, können schriftlich (vgl. Abs. 6 S. 3) nachgeschoben werden. Um unnötige Verzögerungen zu vermeiden, dürfte ein **Nachschieben im Allgemeinen** auch dann zulässig sein, wenn dem Prüfer die Kündigungsgründe bereits vorher bekannt waren.

130　　**2. Rechtsfolgen.** Die wirksame Kündigung führt zur Beendigung des Prüfungsauftrags und des schuldrechtlichen Prüfungsvertrages *ex nunc*.[634] Die Prüfungspflicht des Prüfers erlischt daher ebenso wie Pflichten des geprüften Unternehmens nach § 320. Gleichzeitig verliert der Prüfer seine Stellung als gesetzlicher Abschlussprüfer, da die wirksame Kündigung aus wichtigem Grund einen der drei notwendigen Bestandteile (→ Rn. 1) *ex nunc* entfallen lässt.[635] Einer besonderen Niederlegung des Mandats des gesetzlichen Abschlussprüfers bedarf es nach hM nicht.[636] Aufgrund der wirksamen Kündigung fällt der gesetzliche Abschlussprüfer weg (Abs. 4 S. 2). Daher muss die Gesellschaft nach Abs. 1 einen **neuen Abschlussprüfer wählen** (sofern nicht ausnahmsweise schon ein Ersatzprüfer gewählt wurde).[637] Wird bis zum Ablauf des Geschäftsjahres kein Abschlussprüfer gewählt oder kündigt der Abschlussprüfer erst nach Ablauf des Geschäftsjahres, ist auf Antrag der gesetzlichen Vertreter, des Aufsichtsrats oder eines Gesellschafters ein Prüfer gerichtlich zu bestellen (Abs. 4 S. 2 Var. 2: wegen Wegfalls des Prüfers).[638] Die gesetzlichen Vertreter sind verpflichtet, den Antrag zu stellen (Abs. 4 S. 3). **Fehlt** es hingegen an einem **wichtigen Grund,** ist die Kündigung durch den Abschlussprüfer unwirksam; Prüfungsvertrag und Prüferbestellung bestehen fort.[639]

131　　Wird der Prüfungsauftrag nach Abs. 6 S. 1 aus wichtigem Grund gekündigt, so kann der Prüfer nach den allgemeinen Regeln des Zivilrechts für seine bis dahin erbrachten Leistungen eine angemessene **Vergütung** verlangen (vgl. § 628 Abs. 1 S. 1 BGB; § 645 Abs. 1 S. 1 BGB analog).[640] Die Bewertung der vor und nach der Kündigung erbrachten Leistungen obliegt dem Tatrichter, der sich sachverständiger Hilfe bedienen kann.[641] Eine weitergehende Haftung des prüfungspflichtigen Unternehmens wegen Verschuldens bleibt unberührt (vgl. § 628 Abs. 2 BGB; § 645 Abs. 2 BGB analog). Herausgabe-, Aufbewahrungs- und Zurückbehaltungsrechte bestimmen sich nach den allgemeinen Regeln.

132　　**3. Berichtspflicht (Abs. 6 S. 4, Abs. 7).** Der scheidende Abschlussprüfer hat nach wirksamer Kündigung aus wichtigem Grund über das Ergebnis der Prüfung zu berichten (Abs. 6 S. 4 Hs. 1).[642] Auf den Bericht ist § 321 entsprechend anzuwenden (Abs. 6 S. 4 Hs. 2).[643] Die Berichtspflicht soll sicherstellen, dass die bisherigen Ergebnisse des scheidenden Prüfers für die Gesellschaftsorgane (und den nachfolgenden Prüfer) nicht verlorengehen.[644] **Art und Umfang** der Berichterstattung richten sich nach dem Stand der Abschlussprüfung im Zeitpunkt des Wirksamwerdens der Kündigung.[645] Ein abschließendes Prüfungsurteil (Gesamturteil) wird dem Prüfer in vielen Fällen nicht möglich sein. Ein

---

[634]　HKMS/Mylich/Müller Rn. 109; Wiedmann/Böcking/Gros/Böcking/Gros/Rabenhorst Rn. 28; BeBiKo/Justenhoven/Heinz Rn. 136.
[635]　Dißars BB 2005, 2231 (2233).
[636]　BeBiKo/Justenhoven/Heinz Rn. 136.
[637]　Staub/Habersack/Schürnbrand Rn. 86; BeBiKo/Justenhoven/Heinz Rn. 140.
[638]　BeBiKo/Justenhoven/Heinz Rn. 140; aA HKMS/Mylich/Müller Rn. 109 (Antrag nach Abs. 3).
[639]　HKMS/Mylich/Müller Rn. 109.
[640]　BGH NJW 2022, 2185 Rn. 37 mwN; Dißars BB 2005, 2231 (2233); Staub/Habersack/Schürnbrand Rn. 86; ohne Verf. WPK Magazin 2/2009, S. 8 (9).
[641]　BGH NJW 2022, 2185 Rn. 37 mwN.
[642]　IDW PS 450: Grundsätze ordnungsmäßiger Erstellung von Prüfungsberichten (Stand: 28.10.2021), IDW Life 2022, 78 (Tz. 150); HKMS/Mylich/Müller Rn. 110; BeBiKo/Justenhoven/Heinz Rn. 137. Diese Berichtspflicht gilt nur für Kündigungen nach Abs. 6, nicht jedoch für den Widerruf des Prüfungsauftrags durch die prüfungspflichtige Gesellschaft nach Abs. 1 S. 5 (IDW PS 450: Grundsätze ordnungsmäßiger Erstellung von Prüfungsberichten [Stand: 28.10.2021], IDW Life 2022, 78 [Tz. 150]).
[643]　Graumann Prüfungswesen S. 168 spricht daher anschaulich von einem „Rumpfprüfungsbericht".
[644]　HKMS/Mylich/Müller Rn. 110; BeBiKo/Justenhoven/Heinz Rn. 137.
[645]　HKMS/Mylich/Müller Rn. 111; BeBiKo/Justenhoven/Heinz Rn. 137.

Bestätigungsvermerk darf nicht erteilt werden.[646] Der Abschlussprüfer hat zur **Ordnungs-mäßigkeit der Buchführung** und der bereits geprüften Teile des Jahresabschlusses und des Lageberichts Stellung zu nehmen, soweit dies nach dem Stand der bereits durchgeführten Prüfungsarbeiten und der vorhandenen Aufzeichnungen möglich ist (Abs. 6 S. 4 Hs. 2 iVm § 321 Abs. 2 S. 1).[647] Wenn der Lagebericht schon vorliegt, muss der Bericht auch die **Lagebeurteilung** durch den Vorstand bzw. die Geschäftsführung kommentieren (Abs. 6 S. 4 Hs. 2 iVm § 321 Abs. 2 S. 1).[648] Ferner muss dargelegt werden, ob die gesetzlichen Vertreter die verlangten Aufklärungen und Nachweise erbracht haben (Abs. 6 S. 4 Hs. 2 iVm § 321 Abs. 2 S. 6). Der Abschlussprüfer hat auch über bei Durchführung der Prüfung festgestellte Unrichtigkeiten oder Verstöße gegen gesetzliche Vorschriften sowie Tatsachen zu berichten, die den Bestand des geprüften Unternehmens oder des Konzerns gefährden oder seine Entwicklung wesentlich beeinträchtigen können oder die **schwerwiegende Verstöße** der gesetzlichen Vertreter oder von Arbeitnehmern gegen Gesetz, Gesellschaftsvertrag oder die Satzung erkennen lassen (Abs. 6 S. 4 Hs. 2 iVm § 321 Abs. 1 S. 3).

Der **Bericht** muss in Prüfungsberichtsform **schriftlich** erstattet, vom Prüfer unter **133** Angabe des Datums unterzeichnet und den gesetzlichen Vertretern (bzw. dem Aufsichtsrat und gleichzeitig einem eingerichteten Prüfungsausschuss, entsprechend § 321 Abs. 5 S. 2) der geprüften Gesellschaft vorgelegt werden (entsprechend § 321 Abs. 5 S. 1). Die gesetzlichen Vertreter der geprüften Gesellschaft haben die Kündigung dem Aufsichtsrat, der nächsten (also keiner außerordentlichen!)[649] **Hauptversammlung** oder bei der GmbH den Gesellschaftern mitzuteilen (Abs. 7 S. 1).[650] Den Bericht des bisherigen Abschlussprüfers nach Abs. 6 S. 4 Hs. 1 haben die gesetzlichen Vertreter unverzüglich, also ohne schuldhaftes Zögern (vgl. § 121 Abs. 1 S. 1 BGB), dem **Aufsichtsrat vorzulegen** (Abs. 7 S. 2). Jedes Aufsichtsratsmitglied hat das Recht, von dem Bericht Kenntnis zu nehmen (Abs. 7 S. 3). Der Bericht ist auch jedem Aufsichtsratsmitglied oder, soweit der Aufsichtsrat dies beschlossen hat, den Mitgliedern eines Ausschusses (zB **Prüfungsausschuss,** Audit Committee) auszuhändigen (Abs. 7 S. 4). Ist der Prüfungsauftrag vom Aufsichtsrat erteilt worden, obliegen die Pflichten der gesetzlichen Vertreter dem Aufsichtsrat einschließlich der Unterrichtung der gesetzlichen Vertreter (Abs. 7 S. 5). Die Berichtspflicht ist Bestandteil des gekündigten Prüfungsvertrags und ist deshalb von der prüfungspflichtigen Gesellschaft zu vergüten (mindestens die übliche, sonst die vereinbarte **Vergütung**).[651] Die Gesellschaft hat einen klagbaren Anspruch auf den Bericht des scheidenden Abschlussprüfers, der von den gesetzlichen Vertretern der Gesellschaft wahrzunehmen ist, damit sie ihrer Vorlagepflicht nach Abs. 7 S. 1 nachkommen können.[652]

4. Weitere Pflichten bei Kündigung des Prüfungsauftrages. Der vorgesehene **134** Abschlussprüfer (Mandatsnachfolger) darf den Prüfungsauftrag nach berufsrechtlichen Grundsätzen nur annehmen, wenn er sich über den Grund der Kündigung und das Ergebnis der bisherigen Prüfung unterrichtet hat (§ 42 Abs. 1 BS WP/vBP).[653] Eine ordnungsgemäße **Unterrichtung** erfordert, dass der vorgesehene Prüfer sich die schriftliche Begründung der Kündigung (Abs. 6 S. 3), den Bericht über das Ergebnis der bisherigen Prüfung (Abs. 6 S. 4 Hs. 1) sowie die Mitteilungen an die Wirtschaftsprüferkammer (Abs. 8) vorlegen lässt (§ 42 Abs. 2 BS WP/vBP). Der Mandatsvorgänger ist verpflichtet, seinem Nachfolger **auf schriftliches Anfrage** die schriftliche Begründung der Kündigung und den schriftlichen Prüfungsbericht zu **erläutern,** sofern dem die Verschwiegenheitspflicht, andere gesetzliche Bestimmungen oder eigene berechtigte Interessen (vgl. § 193 StGB) nicht entge-

---

646   IDW PS 400.86; IDW PS 400.A84.
647   BeBiKo/Justenhoven/Heinz Rn. 137.
648   BeBiKo/Justenhoven/Heinz Rn. 137.
649   Staub/Habersack/Schürnbrand Rn. 88.
650   BeBiKo/Justenhoven/Heinz Rn. 138 („kann formlos erfolgen"); Dißars BB 2005, 2231 (2233).
651   HKMS/Mylich/Müller Rn. 111.
652   HKMS/Mylich/Müller Rn. 111.
653   Zu den Informationspflichten im Zusammenhang mit dem Abschlussprüferwechsel bei PIE Hense/Ulrich/Goltz/Bärenz WPO § 43 Rn. 120–125.

genstehen (§ 42 Abs. 3 S. 1 BS WP/vBP; zu den Grenzen der Verschwiegenheit des ausgeschiedenen Prüfers, wenn die prüfungspflichtige Gesellschaft gegenüber dem vorgesehenen
neuen Prüfer oder Dritten Unwahres über den ausgeschiedenen Prüfer oder seine Prüfungstätigkeit bzw. Kündigungsgründe verbreitet, → § 323 Rn. 56 ff.).[654] Erfolgt die Erläuterung
nicht, so hat der nachfolgende Prüfer nach berufsrechtlichen Grundsätzen den Prüfungsauftrag abzulehnen; es sei denn, er hat sich auf andere Art und Weise davon überzeugt, dass
gegen die Annahme des Prüfungsauftrags keine Bedenken bestehen (§ 42 Abs. 3 S. 2 BS
WP/vBP). Eine Verletzung der vorgenannten Pflichten hat berufsrechtliche Folgen.[655] Ein
Recht auf Einsichtnahme des Mandatsnachfolgers in die (nur internen Zwecken des Prüfers
dienenden, § 51b Abs. 4 WPO) **Arbeitspapiere** des scheidenden Prüfers oder gar deren
Überlassung an den Nachfolger kann aus der Informationspflicht nicht abgeleitet werden.[656]

IX. Unterrichtung der WPK (Abs. 8)

135   Der durch das BilMoG vom 25.5.2009 (BGBl. 2009 I 1102) in das Gesetz eingefügte
Abs. 8 verpflichtet den Abschlussprüfer und die gesetzlichen Vertreter der geprüften Gesellschaft[657] die Wirtschaftsprüferkammer (WPK) unverzüglich (also ohne schuldhaftes Zögern,
§ 121 Abs. 1 S. 1 BGB) und „schriftlich begründet" von der Kündigung (Abs. 6 S. 1) oder
dem Widerruf (Abs. 1 S. 5) des Prüfungsauftrages zu unterrichten. Die Vorschrift dient der
Umsetzung des Art. 38 Abs. 2 **Abschlussprüfungs-RL.** Danach haben die Mitgliedstaaten
sicherzustellen, dass das geprüfte Unternehmen und der Abschlussprüfer die für die öffentliche Aufsicht zuständigen Stellen von der Abberufung oder dem Rücktritt des Abschlussprüfers während der Laufzeit des Auftrags in Kenntnis setzen und eine ausreichende Begründung liefern. Die Regelung soll verhindern, dass sich der Abschlussprüfer und die
prüfungspflichtige Gesellschaft mehr oder weniger unbemerkt einvernehmlich trennen,
um – aus welchen Gründen auch immer – dem Prüfer den Austritt aus dem Prüfungsauftrag
und der Gesellschaft den Eintritt eines anderen Prüfers zu ermöglichen.[658] Nach der **Gesetzesbegründung** besteht die Unterrichtungspflicht jeweils für den Abschlussprüfer und die
gesetzlichen Vertreter des geprüften Unternehmens, und zwar im Falle sowohl der Kündigung (Abs. 6 S. 1) als auch des Widerrufs (Abs. 1 S. 5).[659] Im Falle des Widerrufs wird dessen
Ordnungsmäßigkeit allerdings bereits im Rahmen des gerichtlichen Ersetzungsverfahrens
geprüft (Abs. 3). Eine Pflicht zur Unterrichtung der WPK ist demnach bei einem Widerruf
in der Sache an sich nicht geboten.[660] Die Regelung des Abs. 8 beruht aber auf der entsprechenden Regelung in der Abschlussprüfer-RL. Unabhängig davon dürfte es weder bei der
Kündigung noch bei dem Widerruf erforderlich sein, dass der Abschlussprüfer und die
geprüfte Gesellschaft in jeweils eigenständigen Schreiben ihrer Unterrichtungspflicht nachkommen.[661] Bei übereinstimmender Darstellung des Sachverhalts kommt auch ein von
beiden unterzeichneter, gemeinsamer Text in Betracht.[662] Eine gemeinsame Mitteilung
ist auch dann denkbar, wenn der Abschlussprüfer und die geprüfte Gesellschaft in ihren
Ausführungen teilweise voneinander abweichen, sofern die **inhaltlichen Abweichungen**
deutlich getrennt dargestellt werden und erkennbar ist, wem die entsprechenden Ausführun-

---

[654] HKMS/Mylich/Müller Rn. 113; Hense/Ulrich/Goltz/Bärenz WPO § 43 Rn. 121; Graumann Prü-
       fungswesen S. 169.
[655] HKMS/Mylich/Müller Rn. 112.
[656] So zutr. Graumann Prüfungswesen S. 169. Zu Begriff und Funktion der Arbeitspapiere Ebke, Die
       Arbeitspapiere des Wirtschaftsprüfers und Steuerberaters, 2003, S. 4.
[657] Krit. dazu für den Fall, dass die Erteilung des Prüfungsauftrags dem Aufsichtsrat obliegt, Staub/Haber-
       sack/Schürnbrand Rn. 90.
[658] BeBiKo/Justenhoven/Heinz Rn. 160, 161; HKMS/Mylich/Müller Rn. 119; Graumann Prüfungswesen
       S. 170; Hopt/Merkt Rn. 20; Merkt/Probst/Fink/Bruckner/Homfeldt S. 1480 Rn. 82; RegBegr Bil-
       MoG BT-Drs. 16/10067, 88.
[659] HKMS/Mylich/Müller Rn. 119 („Es sind also zwei Mitteilungen an die Kammer erforderlich").
[660] Ohne Verf. WPK Magazin 2/2009, S. 4 (6).
[661] Ohne Verf. WPK Magazin 2/2009, S. 4 (6).
[662] Ohne Verf. WPK Magazin 2/2009, S. 4 (6); HKMS/Mylich/Müller Rn. 119; Hopt/Merkt Rn. 20.

gen zuzuordnen sind.[663] Schwer vorstellbar ist es dagegen, dass das geprüfte Unternehmen den vormaligen Abschlussprüfer bei der Unterrichtung der WPK „als Vertreter" einsetzen können soll.[664]

Die Adressaten müssen die Begründung so abfassen, dass die WPK die Rechtmäßigkeit **136** der Kündigung des Prüfers aus wichtigem Grund überprüfen kann.[665] Rechtsfolgen der Unterlassung der Unterrichtungspflicht bzw. bei abweichender Beurteilung durch die WPK im Hinblick auf das Vorliegen eines wichtigen Grundes ergeben sich nicht unmittelbar aus dem Gesetz. Für den Abschlussprüfer kann das Unterlassen einer Unterrichtung der WPK eine **Berufspflichtverletzung** darstellen, die berufsaufsichtsrechtliche Maßnahmen nach sich ziehen kann (§§ 61a ff. WPO).[666] Für die geprüfte Gesellschaft bleibt ein Unterlassen der Unterrichtung der Kammer sanktionslos.[667]

§ 319 Auswahl der Abschlussprüfer und Ausschlussgründe

(1) [1]Abschlussprüfer können Wirtschaftsprüfer und Wirtschaftsprüfungsgesellschaften sein. [2]Abschlußprüfer von Jahresabschlüssen und Lageberichten mittelgroßer Gesellschaften mit beschränkter Haftung (§ 267 Abs. 2) oder von mittelgroßen Personenhandelsgesellschaften im Sinne des § 264a Abs. 1 können auch vereidigte Buchprüfer und Buchprüfungsgesellschaften sein. [3]Die Abschlussprüfer nach den Sätzen 1 und 2 müssen über einen Auszug aus dem Berufsregister verfügen, aus dem sich ergibt, dass die Eintragung nach § 38 Nummer 1 Buchstabe h oder Nummer 2 Buchstabe f der Wirtschaftsprüferordnung vorgenommen worden ist; Abschlussprüfer, die erstmalig eine gesetzlich vorgeschriebene Abschlussprüfung nach § 316 des Handelsgesetzbuches durchführen, müssen spätestens sechs Wochen nach Annahme eines Prüfungsauftrages über den Auszug aus dem Berufsregister verfügen. [4]Die Abschlussprüfer sind während einer laufenden Abschlussprüfung verpflichtet, eine Löschung der Eintragung unverzüglich gegenüber der Gesellschaft anzuzeigen.

(2) Ein Wirtschaftsprüfer oder vereidigter Buchprüfer ist als Abschlussprüfer ausgeschlossen, wenn während des Geschäftsjahres, für dessen Schluss der zu prüfende Jahresabschluss aufgestellt wird, oder während der Abschlussprüfung Gründe, insbesondere Beziehungen geschäftlicher, finanzieller oder persönlicher Art, vorliegen, nach denen die Besorgnis der Befangenheit besteht.

(3) [1]Ein Wirtschaftsprüfer oder vereidigter Buchprüfer ist insbesondere von der Abschlussprüfung ausgeschlossen, wenn er oder eine Person, mit der er seinen Beruf gemeinsam ausübt,
1. Anteile oder andere nicht nur unwesentliche finanzielle Interessen an der zu prüfenden Kapitalgesellschaft oder eine Beteiligung an einem Unternehmen besitzt, das mit der zu prüfenden Kapitalgesellschaft verbunden ist oder von dieser mehr als zwanzig vom Hundert der Anteile besitzt;
2. gesetzlicher Vertreter, Mitglied des Aufsichtsrats oder Arbeitnehmer der zu prüfenden Kapitalgesellschaft oder eines Unternehmens ist, das mit der zu prüfenden Kapitalgesellschaft verbunden ist oder von dieser mehr als zwanzig vom Hundert der Anteile besitzt;
3. über die Prüfungstätigkeit hinaus bei der zu prüfenden oder für die zu prüfende Kapitalgesellschaft in dem zu prüfenden Geschäftsjahr oder bis zur Erteilung des Bestätigungsvermerks

---

663 HKMS/Mylich/Müller Rn. 119; BeBiKo/Justenhoven/Heinz Rn. 164.
664 IdS ohne Verf. WPK Magazin 2/2009, S. 4 (6); vgl. Schüppen Rn. 30.
665 Hopt/Merkt Rn. 20; Staub/Habersack/Schürnbrand Rn. 90; HKMS/Mylich/Müller Rn. 120.
666 HKMS/Mylich/Müller Rn. 120; BeBiKo/Justenhoven/Heinz Rn. 171.
667 BeBiKo/Justenhoven/Heinz Rn. 171; HKMS/Mylich/Müller Rn. 120.

a) bei der Führung der Bücher oder der Aufstellung des zu prüfenden Jahresabschlusses mitgewirkt hat,

b) bei der Durchführung der internen Revision in verantwortlicher Position mitgewirkt hat,

c) Unternehmensleitungs- oder Finanzdienstleistungen erbracht hat oder

d) eigenständige versicherungsmathematische oder Bewertungsleistungen erbracht hat, die sich auf den zu prüfenden Jahresabschluss nicht nur unwesentlich auswirken,

sofern diese Tätigkeiten nicht von untergeordneter Bedeutung sind; dies gilt auch, wenn eine dieser Tätigkeiten von einem Unternehmen für die zu prüfende Kapitalgesellschaft ausgeübt wird, bei dem der Wirtschaftsprüfer oder vereidigte Buchprüfer gesetzlicher Vertreter, Arbeitnehmer, Mitglied des Aufsichtsrats oder Gesellschafter, der mehr als zwanzig vom Hundert der den Gesellschaftern zustehenden Stimmrechte besitzt, ist;

4. bei der Prüfung eine Person beschäftigt, die nach den Nummern 1 bis 3 nicht Abschlussprüfer sein darf;

5. in den letzten fünf Jahren jeweils mehr als dreißig vom Hundert der Gesamteinnahmen aus seiner beruflichen Tätigkeit von der zu prüfenden Kapitalgesellschaft und von Unternehmen, an denen die zu prüfende Kapitalgesellschaft mehr als zwanzig vom Hundert der Anteile besitzt, bezogen hat und dies auch im laufenden Geschäftsjahr zu erwarten ist; zur Vermeidung von Härtefällen kann die Wirtschaftsprüferkammer befristete Ausnahmegenehmigungen erteilen.

²Dies gilt auch, wenn der Ehegatte oder der Lebenspartner einen Ausschlussgrund nach Satz 1 Nr. 1, 2 oder 3 erfüllt.

(4) ¹Wirtschaftsprüfungsgesellschaften und Buchprüfungsgesellschaften sind von der Abschlussprüfung ausgeschlossen, wenn sie selbst, einer ihrer gesetzlichen Vertreter, ein Gesellschafter, der mehr als zwanzig vom Hundert der den Gesellschaftern zustehenden Stimmrechte besitzt, ein verbundenes Unternehmen, ein bei der Prüfung in verantwortlicher Position beschäftigter Gesellschafter oder eine andere von ihr beschäftigte Person, die das Ergebnis der Prüfung beeinflussen kann, nach Absatz 2 oder Absatz 3 ausgeschlossen sind. ²Satz 1 gilt auch, wenn ein Mitglied des Aufsichtsrats nach Absatz 3 Satz 1 Nr. 2 ausgeschlossen ist oder wenn mehrere Gesellschafter, die zusammen mehr als zwanzig vom Hundert der den Gesellschaftern zustehenden Stimmrechte besitzen, jeweils einzeln oder zusammen nach Absatz 2 oder Absatz 3 ausgeschlossen sind.

(5) Absatz 1 Satz 3 sowie die Absätze 2 bis 4 sind auf den Abschlussprüfer des Konzernabschlusses entsprechend anzuwenden.

Schrifttum: Allen/Siegel, Threats and Safeguards in the Determination of Auditor Independence, Wash. U. L. Rev. 80 (2002), 51; Baumann/Ratzinger-Sakel, Erforderlicher Prüferwechsel und Ausschreibungen bei Unternehmen von öffentlichem Interesse (PIE) – Eine Analyse unter Berücksichtigung neu veröffentlichter Mandatsdauern, WPg 2019, 254; Benckendorff, Anmerkung zum Urteil des OLG Karlsruhe vom 23.11.1995 („Allweiler"), WPK-Mitt. 1996, 122; Bormann, Auswirkungen auf den schuldrechtlichen Prüfungsvertrag bei Verstößen gegen § 319 HGB, DStR 2010, 1386, 1430; Bison, Mißbrauch der Anfechtungsklage durch den Aktionär, 1997; Bose/Lilienbecker, Praktische Auslegungsfragen zur Begrenzung von Nichtprüfungsleistungen, BB 2019, 746; Demme, Die Unabhängigkeit des Abschlussprüfers nach deutschem, US-amerikanischem und internationalem Recht, 2003; Deussen, Qualitätssicherung der WP-Praxis und deren externe Überprüfung, WP Praxis 2017, 253; Downar/Ernstberger/Koch, Wer ist verantwortlicher Wirtschaftsprüfer? – Eine Analyse der praktischen Anwendung von IDW PS 400 n.F., Tz. 70, WPg 2019, 594; Ebke, Accounting, Auditing and Global Capital Markets, FS Buxbaum, 2000, 113; Ebke, Anmerkung zum Urteil des BGH v. 21.4.1997 („Allweiler"), WPK-Mitt. 1998, 76; Ebke, Corporate Governance and Auditor Independence: The Battle of the Private Versus the Public Interest, in Ferrarini/Hopt/Winter/Wymeersch, Reforming Company and Takeover Law in Europe, 2004, 507; Ebke, Die Besorgnis der Befangenheit des Abschlussprüfers und ihre Auswirkungen auf die Abschlussprüfung und den testierten Abschluss, FS Röhricht, 2005,

833; Ebke, Einmal befangen, immer befangen? Bemerkungen zu Auslegung und Anwendung des §318 Abs. 3 Satz 1 HGB, FS Immenga, 2004, 517; Ebke, Iustitia, FS Müller-Graff, 2015, 1451; Ebke/Paal, Die Unabhängigkeit des gesetzlichen Abschlussprüfers: Absolute Ausschlussgründe und ihre Auswirkungen auf den Prüfungsvertrag, ZGR 2005, 895; Eble, Abschlussprüfer, Unabhängigkeit und Netzwerke, 2015; Erle, Steuerberatung durch den Abschlussprüfer, FS Röhricht, 2005, 859; Ernst/Seidler, Der Regierungsentwurf eines Gesetzes zur Modernisierung des Bilanzrechts, ZGR 2008, 660; Fölsing, Unabhängigkeit in Prüfungs- und Beratungsnetzwerken, ZCG 2009, 76; Frings, Pflichtverletzungen des Abschlussprüfers – ein Grund zur Besorgnis der Befangenheit?, WPg 2006, 821; Gehringer, Abschlussprüfung, Gewissenhaftigkeit und Prüfungsstandards, 2002; Gelhausen, Stärkung der Unabhängigkeit des Abschlussprüfers durch das BilReG, in Freidank, Reform der Rechnungslegung und Corporate Governance in Deutschland und Europa, 2004, 162; Gelhausen/Buchenau, Besorgnis der Befangenheit bei Mitgliedschaft im Beirat der Komplementärgesellschaft der geprüften GmbH & Co. KG – Anmerkung zu LG Berlin vom 25.2.2010, WPK Magazin 2010, 42; Gelhausen/Heinz, Der befangene Abschlussprüfer, seine Ersetzung und sein Honoraranspruch – Eine aktuelle Bestandsaufnahme auf der Grundlage des Bilanzreformgesetzes, WPg 2005, 693; Gelter, BGH zur Unabhängigkeit des Abschlussprüfers im Fall Hypovereinsbank, RdW 2003, 354; Gelter, Die Unabhängigkeit des Abschlussprüfers, 2004; Georgiou/Maniora, Reform des Deutschen Corporate Governance Kodex – When the public speaks does the government listen?, WPg 2019, 840; Granobs, Die Unabhängigkeit des Abschlußprüfers, BFuP 1981, 531; Günther, Die Unabhängigkeit des Abschlussprüfers bei privaten Unternehmen in Deutschland – Eine empirische Analyse im Kontext der Honorare für Prüfung und Beratung, 2019; Hayn/Kelm/Schmitz-Herkendell, Zulässigkeit von Nichtprüfungsleistungen des Abschlussprüfers nach dem FISG, WPg 2022, 374; Hennrichs, Verbotene Nichtprüfungsleistungen und (ungeschriebene) Bagatellgrenze, WPg 2018, 1057; Hennrichs/Bode, Zweifelsfragen zur Bedeutung und Reichweite des Verbots bestimmter Nichtprüfungsleistungen durch den Abschlussprüfer gem. Art. 5 AP-VO, NZG 2016, 1281; Hönsch, Unzulässiger Wechsel des Prüfungspartners zum geprüften Unternehmen, WPg 2022, 293; Hommelhoff, Zur Mitwirkung des Abschlußprüfers nach §319 Abs. 2 Nr. 5, GS Knobbe-Keuk, 1997, 471; F. Immenga, Internationale Kooperation und Haftung von Dienstleistungsunternehmen, 1998; Kämpfer/Gelhausen, Rechnungslegung und Prüfung nach dem Bilanzrechtsmodernisierungsgesetz (BilMoG), Unabhängigkeit des Abschlussprüfers (§§319a, 319b HGB), 2009; Kelm/Schneiß/Schmitz-Herkendell, Abschlussprüferaufsichtsreformgesetz – Neuordnung der Berufsaufsicht, WPg 2016, 60; Kiethe, Der befangene Abschlussprüfer – Schadensersatz bei Interessenkollision?, NZG 2003, 937; Klausing, Reform des Aktienrechts, 1933; Klerx, Ersetzung des bestellten Abschlussprüfers durch den Insolvenzverwalter, NZG 2003, 943; Knorr, Fehlleistungen des Abschlussprüfers als Befangenheitsgrund, FS Röhricht, 2005, 935; Lanfermann, „Cooling-in"-Periode für Nicht-Prüfungsleistungen, WP Praxis 2016, 1; Lenz, Honorare für Abschlussprüfungs- und Nichtprüfungsleistungen bei Unternehmen von öffentlichem Interesse, DB 2016, 2555; Lenz, Organisation und Aufgaben der Abschlussprüferaufsichtsstelle beim Bundesamt für Wirtschaft und Ausfuhrkontrolle, WP Praxis 2015, 213; Marten, IDW EPS 140 n.F.: wesentliche Neuerungen, WPg 2017, 308; Mekat, Der Grundsatz der Wesentlichkeit in der Rechnungslegung und Abschlussprüfung, 2009; Meister, Der Ausschluss des Abschlussprüfers im Konzern, Diss. HU Berlin, 2019; Möhle, Die Unabhängigkeit des Prüfers, Gutachters und Beraters, WPg 1948, 23; W. Müller, Der befangene Abschlussprüfer im Unternehmensverbund, NZG 2004, 1037; Nitschinger/Canbay/Roider, EU-Mitgliedstaatenwahlrechte zu Nicht-Prüfungsleistungen – Trend zur Harmonisierung oder Flickenteppich?, WPg 2021, 749; ohne Verf., Das berufsrechtliche Stichwort: Nachträglicher Wegfall eines Abschlußprüfers bei gemeinsamer Abschlussprüfung, WPK-Magazin 3/2004, 26; ohne Verf., Erfassen von Netzwerken im Berufsregister, WPK Magazin 4/2009, S. 23; Paal, Rechtsfolgen und Rechtsbehelfe bei Inhabilität des Abschlussprüfers, DStR 2007, 1210; Petersen/Zwirner/Boecker, Ausweitung der Ausschlussgründe für Wirtschaftsprüfer bei Vorliegen eines Netzwerkes – Anmerkungen zu §319b HGB, WPg 2010, 464; Probst/Szondy, Überarbeitung von IDW PS 345 – nur ein (weiteres) Zwischenspiel? – Auswirkungen der EU-Abschlussprüferreform auf die Unabhängigkeitserklärung nach dem DCGK, WPg 2017, 176; Quick/Krones/Pappert, Maßnahmen zur Stärkung der Unabhängigkeit von PIE-Abschlussprüfern – Ergebnisse einer Befragung von Wirtschaftsprüfern, WPg 2022, 320; Ring, Entwicklung einheitlicher Unabhängigkeitsregeln in Europa – Beitrag des europäischen Berufsstandes der Wirtschaftsprüfer, FS Röhricht, 2005, 1055; Ring, Gesetzliche Neuregelungen der Unabhängigkeit des Abschlussprüfers, WPg 2005, 197; Sattler, Beeinträchtigen Beratungsleistungen die Urteilsfreiheit des Abschlussprüfers?, ZfbF 63 (2011), 310; F. Schmidt, Die Jahresabschlussprüfung und das Image der Wirtschaftsprüfung – Ein Vergleich zwischen Eigen- und Fremdwahrnehmung, BFuP 69 (2017), 513; F. Schmidt, Die Wahrnehmung der Unabhängigkeit des Abschlussprüfers – Eine empirische Analyse für den deutschen Prüfungsmarkt, Diss. TU Darmstadt 2018; Schüppen, Die europäische Abschlussprüfungsreform und ihre Implementierung in Deutschland: Vom Löwen zum Bettvorleger?, NZG 2016, 247; Schüppen, Die Frau des Anderen – Überlegungen zur Auslegung des §319 Abs. 3 S. 2 HGB, FS Heidel, 2021, 395; Schüppen, Schadensersatzforderungen des Prüfungsmandanten und Unabhängigkeit des Abschlussprüfers, FS Ebke, 2021, 881; Veidt/Uhlmann, Brexit – was nun? Auswirkungen eines Hard Brexit auf den deutschen Berufsstand der Wirtschaftsprüfer, WPK Magazin 1/2019, 48; Verse, Inhabilität und Wegfall des Prüfers bei der gerichtlichen Bestellung von Sonderprüfern, FS Ebke, 2021, 1007; Weißenberger, Wider die erzwungene Rotation des Abschlußprüfers – Eine institutionenökonomische Analyse der Regelung zum Prüferwechsel innerhalb des Referentenentwurfs zum KonTraG, BB 1997, 2315; WPK, Zurechnung von Befangenheitstatbeständen, WPK Magazin 3/2017, 35.

Übersicht

I. Einleitung

1. Hintergrund. § 319 bestimmt, wer als Abschlussprüfer gewählt werden kann (Abs. 1) **1** und in welchen Fällen ein Wirtschaftsprüfer bzw. vereidigter Buchprüfer als Abschlussprüfer ausgeschlossen ist (Abs. 2–5). Seit Einführung der Pflichtprüfung im Jahre 1931[1] war die Durchführung gesetzlich vorgeschriebener Jahresabschlussprüfungen öffentlich bestellten **Wirtschaftsprüfern vorbehalten.**[2] Die Pflichtprüfung galt zunächst nur für Aktiengesellschaften.[3] Mit Ausweitung der Prüfungspflicht auf alle Kapitalgesellschaften (mit Ausnahme kleiner iSv § 267 Abs. 1) durch das Bilanzrichtliniengesetz (BiRiLiG) vom 19.12.1985 (BGBl. 1985 I 2355) wurde die Prüfungsbefugnis auf vereidigte Buchprüfer und Buchprüfungsgesellschaften ausgedehnt,[4] allerdings beschränkt auf die Prüfung der Abschlüsse mittelgroßer GmbH (§ 267 Abs. 2) und seit dem Kapitalgesellschaften und Co.-Richtlinien-Gesetz (Kap-CoRiLiG) vom 24.2.2000 (BGBl. 2000 I 154) zusätzlich auf Personengesellschaften iSd § 264a Abs. 1. **Ausschlussgründe** finden sich ebenfalls schon (zunächst nur für Aktiengesellschaften) in § 262c HGB 1931, später in § 137 Abs. 2 und 3 AktG 1937, § 164 Abs. 2 und 3 AktG 1965.[5] Mit dem BiRiLiG wurden die Regelungen in das HGB überführt (§ 319 Abs. 2–4) mit Geltung für alle Kapitalgesellschaften (die nicht kleine iSv § 267 Abs. 1 sind).

§ 319 wurde durch das Bilanzrechtsreformgesetz **(BilReG)** vom 4.12.2004 (BGBl. **2** 2004 I 3166) neu gefasst. Der neue **Abs. 2** macht die Besorgnis der Befangenheit zu einem allgemeinen („relativen") Ausschlussgrund,[6] der bis dahin lediglich im Ersetzungsverfahren nach § 318 Abs. 3 und dort nur auf Antrag geltend gemacht werden konnte.[7] Der ebenfalls neugefasste **Abs. 3** enthält eine Reihe von Sachverhalten, bei deren Vorliegen die Befangenheit unwiderleglich vermutet wird (sog. besondere oder „absolute" Ausschlussgründe).[8] **Abs. 4** überträgt die Regeln des Abs. 2 und 3 S. 1 auf Wirtschaftsprüfungsgesellschaften und Buchprüfungsgesellschaften. **Abs. 5** bestimmt, dass die Abs. 2–4 auf den Abschlussprüfer des Konzernabschlusses entsprechend anzuwenden sind. Im Zusammenhang mit der Neufassung des § 319 durch das BilReG wurde außerdem **§ 319a aF** in das Gesetz eingefügt, der über die in § 319 Abs. 3–5 genannten besonderen („absoluten") Ausschlussgründe hinaus zusätzliche besondere („absolute") Ausschlussgründe bei Unternehmen von öffentlichem Interesse (Public Interest Entities – PIE) aufstellte.[9] §§ 319, 319a aF setzen die Empfehlung 2002/590/EG der EU-Kommission zur „Unabhängigkeit des Abschlussprüfers in der EU – Grundprinzipien" vom 16.5.2002[10] sowie die Forderung des Zehn-Punkte-Pro-

---

[1]   Zu den Ursprüngen und zeitgeschichtlichen Hintergründen der gesetzlichen Abschlussprüfung in Deutschland: Beham, Das deutsche Pflichtprüfungswesen, 1940; Born, Die Weltwirtschaftskrise als zeitgeschichtlicher Hintergrund der Einführung der gesetzlichen Pflichtprüfung, in Muthesius, Deutsche Treuhand-Gesellschaft, 1965, 53; Homburger JW 1931, 2935; Karoli, Bilanzprüfung und Prüfungsergebnis, 1934; Meisel WPK-Mitt. 1993, 1; Penndorf DBW 1932, 311; Quick ZUG 1990, 217.

[2]   Zur Entstehungsgeschichte des Berufs des Wirtschaftsprüfers in Deutschland: Brockhage/Busch WPg 1981, 533; Eisfeld WPg 1956, 450; Frielinghaus, Der Beruf des Wirtschaftsprüfers, 2. Aufl. 1932; Habersack in Bayer/Habersack, Aktienrecht im Wandel, Bd. 2, 2007, 681; Meisel, Geschichte der deutschen Wirtschaftsprüfer, 1992.

[3]   Art. 15 Erste DVO zur Aktienrechtsverordnung v. 19.9.1931, RGBl. 1931 I 493; später geregelt in § 137 Abs. 1 AktG 1937, dann in § 164 AktG 1965.

[4]   Der Berufsstand der vereidigten Buchprüfer ist der älteste Berufsstand des deutschen Prüfungs- und Treuhandwesens; er ist aus dem Berufsstand der Bücherrevisoren des 19. Jahrhunderts hervorgegangen (Penndorf DBW 1932, 311 [312]), ist aber ein „sterbender Berufsstand"; HKMS/Mylich/Müller Rn. 12; zu Einzelheiten Hense/Ulrich/Uhlmann WPO Vor §§ 128 ff. Rn. 2 ff.

[5]   Zu Einzelheiten Möhle WPg 1948, 23; Möhle DB 1950, 135.

[6]   Hopt/Merkt Rn. 6; HKMS/Mylich/Müller Rn. 1.

[7]   HKMS/Mylich/Müller Rn. 4.

[8]   Zu der überkommenen Terminologie („absolute" versus „relative" Ausschlussgründe): BayObLGZ 1987, 297, 311 (zu Abs. 2 und 3 aF). In der Lit. wird diese Terminologie von manchen beibehalten (zB HKMS/Mylich/Müller Rn. 1; Merkt/Probst/Fink/Bruckner/Homfeldt S. 1482 Rn. 85; BeBiKo/Justenhoven/Nagel § 318 Rn. 94, 95), andere sprechen dagegen (auch) von „allgemeinen" und „besonderen" Ausschlussgründen (zB Hopt/Merkt Rn. 6; Graumann Prüfungswesen S. 139 und 146).

[9]   BeBiKo/Justenhoven/Nagel Vor § 319 Rn. 1.

[10]   ABl. EG 2002 L 191, 22; dazu Niehues WPK-Mitt. 2002, 182; Niehus WPg 2002, 616, 618; Schmidt BB 2003, 779.

gramms der Bundesregierung nach einer **Stärkung der Unabhängigkeit** des Abschluss-
prüfers[11] um.[12] In den parlamentarischen Beratungen des BilReG wurde deutlich, dass die
Forderung nach „größtmöglicher Unabhängigkeit" des Abschlussprüfers im Interesse einer
Stärkung der **Unternehmensintegrität** und des **Anlegerschutzes** von den politischen
Parteien im BT unterstützt wird; es wurde aber auch betont, dass bei der Umsetzung der
Forderung „Augenmaß" angezeigt sei.[13] Im Zuge der weiteren Reformen des Rechts der
Jahresabschlussprüfung wurden die Ausschlusstatbestände weiter aufgefächert und teilweise
verschärft.

3   In Umsetzung von Art. 22 Abs. 2 Abschlussprüfer-RL fügte das Bilanzrechtsmodernisierungsgesetz **(BilMoG)** vom 25.5.2009 (BGBl. 2009 I 1102) mit **§ 319b** weitere besondere („absolute") Ausschlussgründe in das Gesetz ein.[14] Aus Sicht des europäischen Gesetzgebers erschien es angesichts der zunehmenden nationalen bzw. grenzüberschreitenden
Zusammenarbeit von Wirtschaftsprüfern und Wirtschaftsprüfungsgesellschaften sinnvoll, die
Regelungen der §§ 319, 319a aF auf solche Wirtschaftsprüfer und Wirtschaftsprüfungsgesellschaften auszudehnen, die ihre wirtschaftlichen Interessen in sog. **Netzwerken** verfolgen.
Das Abschlussprüfungsreformgesetz (AReG) vom 19.5.2016 (BGBl. 2016 I 1142) hat den
Ausschlusszeitraum in **Abs. 2** durch Einfügung der Worte „während des Geschäftsjahres,
für dessen Schluss der zu prüfende Jahresabschluss aufgestellt wird, oder während der
Abschlussprüfung" konkretisiert. Die Ergänzung legt den letztmöglichen Zeitpunkt fest, zu
dem Besorgnis der Befangenheit zum Ausschluss des Prüfers führen kann. Sie ist im Einklang
mit § 318 Abs. 3 S. 3 und 7, wonach auch ein nach der Wahl des Abschlussprüfers eingetretener Befangenheitsgrund zu einer Ersetzung des Prüfers führen, ein Antrag auf Ersetzung
aber nach Erteilung des Bestätigungsvermerks nicht mehr gestellt werden kann.[15] Das AReG
änderte auch **§ 319a Abs. 1** aF in einigen zentralen Punkten und fügte der Bestimmung
außerdem **Abs. 1a** und **Abs. 3** an. Das Abschlussprüferaufsichtsreformgesetz (APAReG)
vom 31.3.2016 (BGBl. 2016 I 518) ersetzt schließlich in **Abs. 1 S. 3** (der nach Abs. 5 auf
den Abschlussprüfer des Konzernabschlusses entsprechend anzuwenden ist) die Teilnahmebescheinigung an einer Qualitätskontrolle durch den Auszug aus dem Berufsregister, aus
dem sich ergibt, dass die Eintragung nach § 38 Nr. 1 lit. h oder Nr. 2 lit. f WPO vorgenommen worden ist. § 319 Abs. 2–5, § 319b werden für Unternehmen von öffentlichem Interesse (PIE) durch **Art. 4, 5 und 17 Abschlussprüfungs-VO** ergänzt, die sowohl „absolute"
als auch „relative" Ausschlussgründe enthalten.[16] Die Regelungen des § 319 sind auch für
Unternehmen von öffentlichem Interesse anwendbar, soweit die § 319b und die Abschlussprüfungs-VO keine abschließenden Sonderregelungen enthalten (vgl. § 316a).[17]

4   **2. Sinn und Zweck.** Die Ausschlussgründe von § 319 Abs. 2–5 und § 319b und des
Art. 5 Abschlussprüfungs-VO sollen die Unabhängigkeit und Unbefangenheit des
Abschlussprüfers sichern, die ihrerseits dem Gebot einer unparteiischen und gewissenhaften

---

[11] Abgedruckt in WPK-Mitt. 2003, 44 = BB 2003, 693. Zu dem Maßnahmenkatalog der Bundesregierung
      allgemein Knorr/Hülsmann NZG 2003, 567; Seibert BB 2003, 693.
[12] Die Entwicklungen in den USA auf Grund des Sarbanes-Oxley Act v. 30.7.2002 (Pub.L. No. 107–204),
      mit dem der US-amerikanische Bundesgesetzgeber auf Rechnungslegungs- und Abschlussprüfungsskan-
      dale wie Enron, Worldcom und Comroad reagierte, und der am 6.5.2003 in Kraft getretenen Final
      Rule der Securities and Exchange Commission (SEC) „Strengthening the Commission's Requirements
      Regarding Auditor Independence" (Release No. 33-8183; 34–47265; 35-27642; 17 CFR Parts 210,
      240, 249 und 274) fanden in dem Reformprozess rechtsvergleichend Beachtung: vgl. Begr. RegE
      BilReG, BT-Drs. 15/3419, 26 v. 24.6.2004; Ebke, Corporate Governance and Auditor Independence:
      The Battle of the Private Versus the Public Interest, in Ferrarini/Hopt/Winter/Wymeersch, Reforming
      Company and Takeover Law in Europe, 2004, 507 (517–536); Ring WPg 2005, 197 (199); S. Schmidt
      BB 2003, 779.
[13] Plenarprotokoll 15/136, S. 12522 (Marco Wanderwitz, MdB), S. 12524 (Rainer Funke, MdB), S. 12525
      (Olaf Scholz, MdB).
[14] HKMS/Mylich/Müller Rn. 1.
[15] BeBiKo/Justenhoven/Nagel Vor § 319 Rn. 1.
[16] HKMS/Mylich/Müller Rn. 1; Schüppen Rn. 21.
[17] BeBiKo/Justenhoven/Nagel Vor § 319 Rn. 1.

Prüfung (vgl. § 323 Abs. 1 S. 1) zu dienen bestimmt sind.[18] Der Grundsatz der Unabhängigkeit und Unbefangenheit des Abschlussprüfers ist – national wie international unbestritten – einer der zentralen Grundsätze des Rechts der Abschlussprüfung.[19] Im Berufsrecht der Wirtschaftsprüfer ist der Grundsatz der Unabhängigkeit ebenfalls fest verankert (§ 43 Abs. 1 S. 1 WPO; §§ 2, 29, 31 BS WP/vBP).[20] Wenn ein Wirtschaftsprüfer den Tatbestand eines Ausschlussgrundes nach § 319 Abs. 2–5, § 319b verwirklicht, hat er bei allen gesetzlich vorgeschriebenen Prüfungen nach § 49 2 Var. WPO seine Tätigkeit zu versagen (§ 31 Abs. 1 S. 1 BS WP/vBP).[21] Unabhängigkeit und Unbefangenheit bilden den **Grundstein** für die Tätigkeit des Abschlussprüfers.[22] Unabhängigkeit und Unbefangenheit des Abschlussprüfers sind nicht nur Grundvoraussetzungen für das Vertrauen der gegenwärtigen und zukünftigen Anleger in Abschlussprüfungen (vgl. Art. 22 Abs. 4 Abschlussprüfer-RL: „Vertrauen in Abschlussprüfungen"), sondern auch für das Funktionieren der internen und externen Corporate Governance,[23] der nationalen und internationalen Finanz- und Kapitalmärkte,[24] des europäischen Binnenmarktes[25] und nicht zuletzt der Volkswirtschaft insgesamt.[26] Bei der Unabhängigkeit geht es, wie die Europäische Kommission bereits im Jahre 1996 in ihrem **Grünbuch** über die „Rolle, Stellung und Haftung des gesetzlichen Abschlussprüfers in der Europäischen Union" zutreffend betont, „zum einen um die Unbefangenheit, also die innere Einstellung bei der Beurteilung aller für seine Aufgaben maßgeblichen Tatbestände (**innere Unabhängigkeit,** *independence in mind*), und zum anderen um die Unabhängigkeit nach außen, also die Vermeidung von Sachverhalten und Umständen, die so schwer wiegen, daß ein informierter Dritter die Unparteilichkeit des Abschlußprüfers in Zweifel ziehen würde" (**äußere Unabhängigkeit,** *independence in appearance*).[27] Die Empfehlung 2002/590/EG der EU Kommission zur Unabhängigkeit des Abschlussprüfers in der EU vom 16.5.2002 (→ Rn. 1) greift die Unterscheidung des Grünbuchs auf. Nach der Empfehlung umfasst die Unabhängigkeit des Abschlussprüfers sowohl die innere als auch die äußere Unabhängigkeit.[28] Nach der **Abschlussprüfungs-RL** muss der Abschlussprüfer sowohl

---

[18] § 51b Abs. 5 S. 1 WPO bestimmt, dass Abschlussprüfer in Fällen einer gesetzlichen Abschlussprüfung iSd §§ 316 ff. eine Handakte nach § 51b Abs. 1 WPO zu führen haben (sog. Prüfungsakte), in der sie zu dokumentieren haben, ob sie die Anforderungen an ihre Unabhängigkeit iSd § 319 Abs. 2–5 und des § 319a (und über den Wortlaut der Vorschrift hinaus auch § 319b) erfüllen, ob ihre Unabhängigkeit gefährdende Umstände vorliegen und welche Schutzmaßnahmen sie ggf. zur Verminderung dieser Gefahren ergriffen haben (§ 51b Abs. 5 S. 2 Nr. 1 WPO). Dazu Graumann Prüfungswesen S. 876.

[19] Peemöller/Oehler BB 2004, 1158 (1159).

[20] Wirtschaftsprüfer sind berufsrechtlich verpflichtet, vor Annahme eines Auftrages sowie während der gesamten Dauer der Auftragsdurchführung zu prüfen, ob die Unbefangenheit gefährdende Umstände vorliegen (§ 29 Abs. 5 S. 1 BS WP/vBP). Zur Prüfung, ob nach dem Berufsrecht die Annahme des Prüfungsauftrags erfolgen darf, s. Graumann Prüfungswesen S. 165.

[21] Verstöße gegen die berufsrechtlichen Unabhängigkeitspflichten werden nur berufsrechtlich geahndet (§§ 67 ff. WPO): HKMS/Mylich/Müller Rn. 8.

[22] Ebke Wirtschaftsprüfer S. 298 („... ‚cornerstone' für eine wirksame, auch drittschutzbezogene Abschlußprüfung").

[23] Ebke FS Yamauchi, 2006, 105 (111–113); Pfiffner, Revisionsstelle und Corporate Governance, 2008, S. 348 ff.; Schüppen Rn. 6; F. Schmidt, Die Wahrnehmung der Unabhängigkeit des Abschlussprüfers, Diss. TU Darmstadt 2018, 68 ff.

[24] Ebke FS Buxbaum, 2000, 113 (115 ff.); Ebke WPK-Mitt. Sonderheft Juni 1997, 12; BeBiKo/Justenhoven/Nagel Vor § 319 Rn. 2.

[25] S. nur Erwägungsgrund 5 Abschlussprüfungs-VO.

[26] Ebke in Ferrarini/Hopt/Winter/Wymeersch, Reforming Company and Takeover Law in Europe, 2004, 517 (518); Ebke FS Immenga, 2004, 522 (523); Ebke/Paal ZGR 2005, 895 (899).

[27] ABl. EG 1996 C 321, 1, 10 (Tz. 4.8); Hense/Ulrich/Bärenz/Goltz WPO § 43 Rn. 6, 7; F. Schmidt, Die Wahrnehmung der Unabhängigkeit des Abschlussprüfers, Diss. TU Darmstadt 2018, 18–22.

[28] Niehues WPK-Mitt. 2002, 182 (184); HKMS/Mylich/Müller Rn. 29; Schmidt BB 2003, 779. Die in den USA übliche Unterscheidung (s. dazu Allen/Siegel Wash. U. L. Rev. 80 [2002], 519 [526]) zwischen „independence of mind" (also „freedom from the effects of threats to auditor independence that would be sufficient to compromise an auditor's objectivity") und „independence in appearance" (also „absence of activities, relationships, and other circumstances that would lead well-informed investors and other users [of the audited financial statements] reasonably to conclude that there is an unacceptably high risk that an auditor lacks independence of mind") zielt inhaltlich in die gleiche Richtung. Vgl. Ebke in Ferrarini/Hopt/Winter/Wymeersch, Reforming Company and Takeover Law in Europe, 2004, 517

tatsächlich unabhängig (Art. 22 Abs. 1 Abschlussprüfer-RL) sein als auch aus der Sicht eines „objektiven, verständigen und informierten Dritten" so erscheinen (Art. 22 Abs. 2 S. 1 Abschlussprüfer-RL).[29] Die §§ 319, 319a (inzwischen aufgehoben), 319b setzen (ergänzt durch Art. 4, 5 und 17 Abschlussprüfungs-VO für PIE) das genannte Ziel mit Hilfe von Ausschlussgründen um. Der EuGH bemerkt dazu, dass diese „Richtlinie, wie sich aus ihrem Art. 1 unter Berücksichtigung ihrer Erwägungsgründe 5, 8, 9, 11 und 13 ergibt, eine Harmonisierung der Anforderungen an die Abschlussprüfung auf hohem Niveau bezweckt, indem sie u.a. den Abschlussprüfern strenge ethische Standards, insbesondere in Bezug auf ihre Integrität, ihre Unabhängigkeit und ihre Unparteilichkeit, vorschreibt, um im Interesse sowohl der geprüften Unternehmen als auch Dritter die Qualität der Prüfungen zu gewährleisten und so zum reibungslosen Funktionieren der Märkte beizutragen, indem sichergestellt wird, dass die Jahresabschlüsse ein den tatsächlichen Verhältnissen entsprechendes Bild dieser Unternehmen vermitteln".[30]

5   **3. „Allgemeine" und „besondere" Ausschlussgründe.** Der durch das AReG neu eingefügte Abs. 2 enthält nunmehr die handelsrechtliche Grundregel **(Generalklausel),**[31] dass ein Wirtschaftsprüfer als Abschlussprüfer ausgeschlossen ist, wenn Gründe, insbesondere Beziehungen geschäftlicher, finanzieller oder persönlicher Art vorliegen, nach denen die Besorgnis der Befangenheit besteht (in der bisherigen Terminologie: „relative" Ausschlussgründe,[32] heute besser **„allgemeine" Ausschlussgründe**).[33] In solchen Fällen ist anhand der Gesamtheit der Umstände zu ermitteln, ob zu den Beteiligten oder zu den der Prüfungs-, Berichts- und Bestätigungspflicht unterliegenden Gegenständen derart enge geschäftliche, finanzielle oder persönliche Beziehungen bestehen, dass sie aus Sicht eines „vernünftig und objektiv denkenden Dritten"[34] geeignet sein *könnten,* die Urteilsbildung und die Entscheidung des Prüfers sachfremd zu beeinflussen.[35] Können entsprechende Zweifel nicht – auch nicht durch geeignete **Schutzmaßnahmen** (*safeguards*)[36] – soweit abgeschwächt werden, dass die Wesentlichkeitsschwelle[37] unterschritten wird, ist der Wirtschaftsprüfer nach Abs. 2 als Abschlussprüfer ausgeschlossen.[38] Dagegen sind die in Abs. 3, 4 und 5 genannten Einzelfälle (ebenso wie die Fälle des § 319b) als **besondere** (in der bisherigen Terminologie: „absolute")[39] **Ausschlussgründe** anzusehen, bei denen die **Besorgnis der Befangenheit**

---

(518); Graumann Prüfungswesen S. 49; Demme, Die Unabhängigkeit des Abschlussprüfers nach deutschem, US-amerikanischem und internationalem Recht, 2003, 126, 127; F. Schmidt, Die Wahrnehmung der Unabhängigkeit des Abschlussprüfers, 2018, 18–22.

29   Zust. AG Frankfurt a.M. Beschl. v. 29.1.2009 – HRB 30000 – Kirch/Deutsche Bank. S. ferner Niehus WPg 2002, 616 (616 r.Sp.); Niehues WPK-Mitt. 2002, 182 (184); Röhricht WPg-Sonderheft 2001, 80; Windmöller FS Ludewig, 1996, 1093.

30   EuGH Urt. v. 24.3.2021 – C-950/19, ECLI:EU:C:2021:230 Rn. 39 – Patentti- ja rekisterihallituksen tilintarkastuslautakunta.

31   Hopt/Merkt Rn. 6; BeBiKo/Justenhoven/Nagel Rn. 2.

32   BeBiKo/Justenhoven/Nagel Rn. 91; BeBiKo/Justenhoven/Heinz § 318 Rn. 95.

33   S. nur Graumann Prüfungswesen S. 139, 141.

34   BGHZ 153, 32 = BB 2003, 462 (465) – HypoVereinsbank; LG Düsseldorf Urt. v. 11.9.2015 – 36 O 65/13 (juris); vgl. Begr. RegE BilReG, BT-Drs. 15/3419, 78 ff. v. 24.6.2004 und § 29 Abs. 3 S. 1 BS WP/vBP („aus Sicht eines verständigen Dritten").

35   HKMS/Mylich/Müller Rn. 1 („Analyse des individuellen Sachverhalts", „Widerlegung möglich"). Vgl. § 29 Abs. 3 S. 1 BS WP/vBP.

36   Nach § 30 Abs. 1 S. 1 BS WP/vBP sind Schutzmaßnahmen „solche Maßnahmen oder Verfahren, die geeignet sind, eine Gefährdung der Unbefangenheit der WP/vBP so weit abzuschwächen, dass aus Sicht eines verständigen Dritten die Gefährdung insgesamt als unwesentlich zu beurteilen ist." Beispiele für solche Schutzmaßnahmen finden sich in § 30 Abs. 1 S. 2 BS WP/vBP; BeBiKo/Justenhoven/Nagel Rn. 5 und 7; Graumann Prüfungswesen S. 51; Hense/Ulrich/Bärenz/Goltz WPO § 49 Rn. 184 ff.; F. Schmidt, Die Wahrnehmung der Unabhängigkeit des Abschlussprüfers, Diss. TU Darmstadt 2018, 28 ff.

37   Ebke FS Immenga, 2004, 528 („von einigem Gewicht" und „konkret"); Hense/Ulrich/Bärenz/Goltz WPO § 49 Rn. 184 („insgesamt nicht mehr … wesentlich").

38   Gelhausen/Heinz WPg 2005, 693 (697); HKMS/Mylich/Müller Rn. 1; BeBiKo/Justenhoven/Nagel Rn. 2 iVm Rn. 91.

39   BeBiKo/Justenhoven/Heinz § 318 Rn. 94; BeBiKo/Justenhoven/Nagel Rn. 91; Hense/Ulrich/Bärenz/Goltz WPO § 49 Rn. 23, 192, 195 et passim.

unwiderleglich **vermutet** wird, wenn der gesetzliche Tatbestand erfüllt ist.[40] In solchen Fällen kommt es nicht darauf an, ob der Prüfer tatsächlich befangen ist, ob aus seiner eigenen, subjektiven Sicht Besorgnis der Befangenheit besteht oder ob aus Sicht eines „vernünftig und objektiv denkenden Dritten" Besorgnis der Befangenheit anzunehmen ist. Die Verwirklichung der tatbestandlichen Voraussetzungen allein führt zum Ausschluss als Abschlussprüfer. Umstände des Einzelfalls, die auch entlastende Wirkung haben können, sind insoweit unerheblich; Schutzmaßnahmen finden bei besonderen Ausschlussgründen keine Berücksichtigung.[41]

a) Unterschiede. Die Abs. 2, 3 und 4 nF erklären nach ihrem Wortlaut („ausgeschlos- **6** sen") die Übernahme der Tätigkeit als Abschlussprüfer nicht nur – wie nach bisherigem Recht – bei Vorliegen eines besonderen („absoluten") Ausschlussgrundes für unzulässig, sondern auch bei Vorliegen eines allgemeinen („relativen") Ausschlussgrundes. Hinsichtlich des Ausschlusses von der Tätigkeit als Abschlussprüfer kommt es also auf die herkömmliche Unterscheidung zwischen „absoluten" und „relativen" Ausschlussgründen nicht mehr an.[42] Unterschiede bestehen dagegen weiterhin bezüglich der **Beweislage** nach den Vorschriften über die beiden Arten von Ausschlussgründen: Bei den besonderen („absoluten") Ausschlussgründen nach Abs. 3, 4 und § 319b wird die (Besorgnis der) Befangenheit unwiderleglich vermutet, was unabhängig von den Einzelheiten des betreffenden Falls zum Ausschluss des Abschlussprüfers führt (→ Rn. 4).[43] Dagegen sind im Rahmen der Beurteilung der Besorgnis der Befangenheit nach Abs. 2 alle **Umstände des Einzelfalles** zu würdigen und in die Auslegung und Anwendung des Abs. 2 mit einzubeziehen (→ Rn. 4).[44] Es ist allerdings zu berücksichtigen, dass nicht nur Abs. 2 mit **unbestimmten Rechtsbegriffen** (zB „Beziehungen" „geschäftlicher," „finanzieller" oder „persönlicher Art", „Besorgnis der Befangenheit") versehen ist, sondern dass auch Abs. 3 (iVm. Abs. 4 und 5) – ebenso wie § 319b – unbestimmte Rechtsbegriffe (zB „nicht nur unwesentliche finanzielle Interessen", „nicht nur unwesentlich auswirken", „nicht von untergeordneter Bedeutung", „Härtefälle") enthält, die ihrerseits aus Sicht eines „vernünftig und objektiv denkenden Dritten" zu konkretisieren sind.[45]

b) Prüfung der Ausschlussgründe. Bezüglich der Prüfung der Ausschlussgründe ist **7** wie folgt zu verfahren: Zuerst müssen die besonderen Ausschlussgründe des Abs. 3 (iVm Abs. 4 oder 5) bzw. für Unternehmen von öffentlichem Interesse, darüber hinaus der § 319b geprüft werden. Soweit Abs. 3 (iVm Abs. 4 oder 5) und § 319b nicht eingreifen, ist zu prüfen, ob die Voraussetzungen des in Abs. 2 genannten allgemeinen Ausschlussgrunds der Besorgnis der Befangenheit insbesondere aufgrund von Beziehungen geschäftlicher, finanzieller oder persönlicher Art vorliegen. Der Rückgriff auf Abs. 2 wird also nicht gesperrt, wie sich aus Abs. 3 S. 1 („insbesondere") ergibt.[46] **Abs. 2 ist also die Generalklau-**

---

40   Gelhausen/Heinz WPg 2005, 693 (697); HKMS/Mylich/Müller Rn. 1; BeBiKo/Justenhoven/Heinz § 318 Rn. 94. Wenn einer der Tatbestände des § 319 Abs. 3 oder des § 319b verwirklicht ist, wird die Besorgnis der Befangenheit auch berufsrechtlich unwiderleglich vermutet (§ 31 Abs. 2 S. 1 BS WP/vBP): VG Berlin BeckRS 2010, 55361; Hense/Ulrich/Bärenz/Goltz WPO § 49 Rn. 23, 194.

41   Begr. RegE BilReG, BT-Drs. 15/3419, 38 v. 24.6.2004; Gelhausen/Heinz WPg 2005, 693 (697); das Berufsrecht der Wirtschaftsprüfer sieht das ebenso: § 31 Abs. 2 S. 2 BS WP/vBP; Hense/Ulrich/Bärenz/Goltz WPO § 49 Rn. 23, 194; vgl. BeBiKo/Justenhoven/Nagel Rn. 2 iVm Rn. 91 („Vermeidungsmaßnahmen denkbar und in der Regel geboten, soweit dadurch die Gefährdung für die Zukunft unterbunden wird").

42   Gelhausen/Heinz WPg 2005, 693 (696).

43   Hense/Ulrich/Bärenz/Goltz WPO § 49 Rn. 23, 195; HKMS/Myöich/Müller Rn. 1; BeBiKo/Justenhoven/Nagel Rn. 2; BeBiKo/Justenhoven/Heinz § 318 Rn. 94.

44   HKMS/Mylich/Müller Rn. 1; Hopt/Merkt Rn. 7; BeBiKo/Justenhoven/Heinz § 318 Rn. 95; dazu auch Gelhausen in Freidank, Reform der Rechnungslegung und Corporate Governance in Deutschland und Europa, 2004, 174 ff.

45   So zutr. Gelhausen/Heinz WPg 2005, 693 (697); ebenso AG Frankfurt a.M. Beschl. v. 29.1.2009 – HRB 30.000 – Kirch/Deutsche Bank.

46   HKMS/Mylich/Müller Rn. 26; Hopt/Merkt Rn. 6; Schüppen Rn. 25; BeBiKo/Justenhoven/Nagel Rn. 2.

sel.[47] Danach ist Besorgnis der Befangenheit gegeben, wenn in dem maßgeblichen Zeitraum (→ Rn. 2) – aus Sicht eines vernünftigen und verständigen Dritten – objektive Gründe vorliegen, aus denen sich eine **Besorgnis der Befangenheit** ergibt.[48] Es kommt also nicht darauf an, ob der Prüfer tatsächlich befangen ist oder ob aus seiner eigenen, subjektiven Sicht Besorgnis der Befangenheit besteht (sog. innere Unabhängigkeit). Maßgeblich ist allein, ob aus Sicht eines „vernünftig und objektiv denkenden Dritten"[49] die Besorgnis der Befangenheit anzunehmen ist.[50] Abs. 2 nennt selbst **Beispiele** für solche Gründe, nämlich Beziehungen geschäftlicher, finanzieller oder persönlicher Art. Diese Aufzählung ist aber nicht abschießend („insbesondere"), so dass auch andere Beziehungen oder Gründe zum Tragen kommen können. **Mögliche Ursachen** einer Gefährdung der Unabhängigkeit sind Eigeninteressen, Selbstprüfung, Interessenvertretung, persönliche Vertrautheit sowie Einschüchterung.[51] Die Besorgnis der Befangenheit kann auch dadurch begründet werden, dass (a) Personen, mit denen der Prüfer seinen Beruf gemeinsam ausübt, (b) Personen, mit denen der Prüfer in einem Netzwerk verbunden ist, (c) Ehegatten (→ § 319 Rn. 90, 92), Lebenspartner (→ § 319 Rn. 91) oder Verwandte in grader Linie (§ 1589 S. 1 BGB) des Prüfers, sonstige Familienmitglieder, die seit mindestens einem Jahr mit dem Prüfer in einem Haushalt leben, oder für eine dieser Personen handelnde Vertreter, (d) Unternehmen, auf die der Prüfer maßgeblichen Einfluss hat oder (e) Personen, mit denen der Prüfer in einem Büro zusammenarbeitet, soweit Leistungen für dieselben Mandanten erbracht werden, Sachverhalte verwirklichen, die die Unbefangenheit beeinträchtigen können.[52] Die Beurteilung erfordert eine Abwägung im Einzelfall unter Berücksichtigung der zur Verringerung erkannter Risiken getroffenen **Schutzmaßnahmen** (*safeguards*) (vgl. § 30 BS WP/vBP – → Rn. 4).[53] Im Unterschied zu Abs. 3 (iVm Abs. 4 oder 5) und § 319b gibt es im Falle von Abs. 2 keine Vermutung, schon gar keine unwiderlegbare Vermutung der Besorgnis der Befangenheit (→ Rn. 4).[54] Zur Klärung von Meinungsverschiedenheiten steht das Ersetzungsverfahren nach § 318 Abs. 3 S. 1 zur Verfügung.[55] Eine Ersetzung nach § 318 Abs. 3 S. 1 Nr. 1 ist aber nicht nur bei Vorliegen eines Ausschlussgrundes nach Abs. 2 oder 3 (iVm Abs. 4 oder 5) oder nach § 319b möglich, sondern auch aus einem anderen **in der Person des gewählten Abschlussprüfers liegenden Grundes,** wie sich aus dem Wort „insbesondere" in § 318 Abs. 3 S. 1 Nr. 1 ergibt (→ § 318 Rn. 75).[56] Unberührt bleiben die Verfahren nach § 318 Abs. 4 (gerichtliche Ersetzung) und § 334 Abs. 2 (Ordnungswidrigkeit).[57]

8   **4. Anwendungsbereich.** Die Ausschlussgründe des Abs. 2–5 erfassen alle gesetzlich vorgeschriebenen Abschlussprüfungen iSv §§ 316 ff., und zwar auch Abschlussprüfungen von Unternehmen, die einen organisierten Markt iSv § 2 Abs. 5 WpHG **nicht in Anspruch nehmen** und auch kein CRR-Kreditinstitut iSd § 1 Abs. 3d S. 1 KWG bzw. Versicherungsunternehmen iSd Art. 2 Abs. 1 RL 91/674/EWG sind. Erfasst sind **Pflichtprüfungen nach § 316** Abs. 1 und 2 (große und mittelgroße Kapitalgesellschaften) sowie Pflichtprüfungen, auf die kraft Verweisung auf die §§ 316 ff. Bezug genommen wird.[58] Dazu

---

[47] Hopt/Merkt Rn. 6; BeBiKo/Justenhoven/Nagel Rn. 2; Schüppen Rn. 25.

[48] Hopt/Merkt Rn. 6.

[49] BGHZ 153, 32 = BB 2003, 462 (465) – HypoVereinsbank; LG Düsseldorf BeckRS 2015, 120171; vgl. Begr. RegE BilReG, BT-Drs. 15/3419, 78 ff. v. 24.6.2004 und § 29 Abs. 3 S. 1 BS WP/vBP („aus Sicht eines verständigen Dritten").

[50] Hopt/Merkt Rn. 7.

[51] Hopt/Merkt Rn. 7; BeBiKo/Justenhoven/Nagel Vor § 319 Rn. 4.

[52] Vgl. § 29 Abs. 4 S. 1 BS WP/vBP; ebenso VG Berlin BeckRS 2010, 55361 (betr. die Tätigkeit des Sozius des Abschlussprüfers im Beirat der geprüften Gesellschaft).

[53] Vgl. § 29 Abs. 3 S. 2 BS WP/vBP; dazu BeBiKo/Justenhoven/Nagel Vor § 319 Rn. 5 und 7; Hopt/Merkt Rn. 11.

[54] BeBiKo/Justenhoven/Nagel Rn. 2.

[55] Hopt/Merkt Rn. 6.

[56] Hopt/Merkt Rn. 7.

[57] Hopt/Merkt Rn. 7.

[58] Merkt/Probst/Fink/Bruckner/Homfeldt S. 1482 Rn. 87.

gehören Personengesellschaften iSv § 264a, Unternehmen von öffentlichem Interesse nach Art. 2 Abs. 1 lit. v Abschlussprüfungs-VO, Kreditinstitute (§ 340k Abs. 1 S. 1) und Versicherungsunternehmen (§ 341k Abs. 1 S. 1).[59] Abs. 2 und 3 (iVm Abs. 4 oder 5) gelten außerdem entsprechend bei einer Reihe von **besonderen Prüfungen,** so ua für Sonderprüfer (§ 143 Abs. 2 AktG, § 258 Abs. 4 S. 2 AktG), Gründungsprüfer (§ 33 Abs. 5 S. 1 AktG), Verschmelzungsprüfer (§ 11 Abs. 1 S. 1 UmwG) sowie Kapitalerhöhungsprüfer (§ 209 Abs. 4 S. 2 AktG).[60]

5. Gesetzlich nicht vorgeschriebene Abschlussprüfungen. Für gesetzlich nicht **9** vorgeschriebene („freiwillige") Abschlussprüfungen, also Prüfungen, die kraft Satzung, Gesellschaftsvertrag, Gesellschafterbeschluss oder auf Anforderung Dritter (zB Kreditgeber) vorgeschrieben sind, kommt § 319 Abs. 3 (iVm Abs. 4 und 5) **nicht unmittelbar** zur Anwendung.[61] Nach Ansicht des Berufsstandes gelten die Bestimmungen des Abs. 3 (iVm Abs. 4 oder 5) **sinngemäß** aber auch für alle nicht gesetzlich vorgeschriebenen Abschlussprüfungen, bei denen ein Bestätigungsvermerk erteilt wird, der dem gesetzlichen Bestätigungsvermerk nach § 322 nachgebildet ist (§ 31 Abs. 1 S. 2 BS WP/vBP). Nach Ansicht der WPK rechtfertigt sich die Ausweitung aus der notwendigen einheitlichen Betrachtung von Tätigkeiten nach § 2 Abs. 1 WPO, soweit sie zu einem vergleichbaren Vertrauensschutz der Öffentlichkeit führen.[62] In Rechtsprechung[63] und Literatur[64] wird diese Ansicht geteilt.

II. Wählbarkeit (Abs. 1)

Abs. 1 S. 1 und 2 regelt, wer zum Abschlussprüfer gewählt werden kann. Der neu **10** eingefügte Abs. 1 S. 3 macht anstelle der bislang erforderlichen Bescheinigung über die Teilnahme an der Qualitätskontrolle nach § 57a WPO grundsätzlich einen Auszug aus dem Berufsregister über die Eintragung nach § 38 Nr. 1 lit. h oder Nr. 2 lit. f WPO zur Voraussetzung für die Wählbarkeit zum Abschlussprüfer. § 319 ist **zwingendes Recht.** Danach ausgeschlossene Personen oder Gesellschaften können daher weder durch Satzung noch durch Gesellschaftsvertrag als Abschlussprüfer zugelassen werden.[65]

1. Wirtschaftsprüfer und Wirtschaftsprüfungsgesellschaften (Abs. 1 S. 1). Zum **11** Abschlussprüfer können Wirtschaftsprüfer und Wirtschaftsprüfungsgesellschaften gewählt werden (Abs. 1 S. 1).

a) Wirtschaftsprüfer. Wirtschaftsprüfer ist, wer als solcher öffentlich bestellt ist (§ 1 **12** Abs. 1 S. 1 WPO). Die Bestellung zum Wirtschaftsprüfer setzt den Nachweis der persönlichen und fachlichen Eignung im Zulassungs- und Prüfungsverfahren voraus (§ 1 Abs. 1 S. 2 WPO). Die Bestellung als Wirtschaftsprüfer erlischt durch Tod, Verzicht oder unanfechtbare Ausschließung aus dem Beruf (§ 19 Abs. 1 WPO) sowie durch Rücknahme oder Widerruf der Bestellung (§ 20 WPO).[66] Zeitgleich mit dem Erlöschen der Bestellung erlöschen alle Rechte und Pflichten als Wirtschaftsprüfers.[67] Ein **nach ausländischem Recht qualifi-**

---

59 HKMS/Mylich/Müller Rn. 6; Merkt/Probst/Fink/Bruckner/Homfeldt S. 1482 Rn. 87.
60 Zu weiteren Anwendungen Staub/Habersack/Schürnbrand Rn. 5.
61 BGH NJW 2010, 8 (9) = ZIP 2010, 433 (434); OLG Düsseldorf WM 1995, 1840 (1841); HKMS/ Müller Rn. 7.
62 S. die Begründung der WPK zu § 31 Abs. 1 BS WP/vBP.
63 BGH NJW 2010, 8 (9) = ZIP 2010, 433 (434); OLG Düsseldorf WM 1995, 1840 (1841).
64 HKMS/Mylich/Müller Rn. 8; Merkt/Probst/Fink/Bruckner/Homfeldt S. 1482 Rn. 87; Hense/ Ulrich/Bärenz/Goltz WPO § 49 Rn. 25.
65 BeBiKo/Justenhoven/Nagel Rn. 5.
66 HKMS/Mylich/Müller Rn. 11. Unter Rücknahme versteht man die Aufhebung eines von Anfang an rechtswidrigen Verwaltungsakts (§ 20 Abs. 1 WPO); der Widerruf ist die Aufhebung eines rechtmäßiger Verwaltungsakts (§ 20 Abs. 2 WPO). § 20 Abs. 1 WPO bezieht sich auf die zwingenden Versagungsgründe des § 16 Abs. 1 WPO; die Widerrufgründe sind in § 20 Abs. 2 WPO abschließend geregelt: Hense/Ulrich/Schwoy WPO § 20 Rn. 5, 6, 12 und 14.
67 Hense/Ulrich/Uhlmann WPO § 19 Rn. 21; HKMS/Müller Rn. 11 („Ende der Qualifikation als Wirtschaftsprüfer").

zierter Prüfer (zB *certified public accountant, chartered public accountant, Commissaire aux comptes, revisore legale* etc.) ist grundsätzlich nicht wählbar.[68] Allerdings geben § 319 Abs. 1 S. 1 und 2 die aktuelle Rechtslage nicht mehr zutreffend wieder, sondern sind iVm §§ 131 ff. WPO idF des APAReG (8. WPO-Novelle) vom 31.3.2016 (BGBl. 2016 I 518) zu lesen.[69] Nach § 131g Abs. 1 WPO können Personen, die in einem anderen Mitgliedstaat der EU oder in einem anderen Vertragsstaat des Abkommens über den Europäischen Wirtschaftsraum (EWR – Fürstentum Liechtenstein, Island und Norwegen) oder in der Schweiz (vgl. § 3 Abs. 1 S. 1 Hs. 2 WPO) als Abschlussprüfer zugelassen sind (vgl. § 131h Abs. 2 S. 2 WPO),[70] als Wirtschaftsprüfer bestellt werden, wenn sie eine **Eignungsprüfung** als Wirtschaftsprüfer abgelegt haben (§ 131g Abs. 1 WPO). Bei der Eignungsprüfung wird überprüft, ob der Bewerber oder die Bewerberin „über angemessene Kenntnisse der für die Abschlussprüfung relevanten Rechtsvorschriften der Bundesrepublik Deutschland" verfügt (§ 131h Abs. 2 S. 1 WPO). Nach erfolgreicher Eignungsprüfung werden die Geprüften unter denselben formellen und materiellen Voraussetzungen wie erfolgreiche Absolventen des Wirtschaftsprüferexamens (§§ 15–17 WPO) **als Wirtschaftsprüfer bestellt** (§ 131k WPO).[71] Nach erfolgter Bestellung sind sie zum Abschlussprüfer iSv Abs. 1 S. 1 und 2 wählbar (§ 131k WPO).[72]

13   **b) Wirtschaftsprüfungsgesellschaften.** Wirtschaftsprüfungsgesellschaften bedürfen der Anerkennung (§ 1 Abs. 3 S. 1 WPO). Die Anerkennung setzt den Nachweis voraus, dass die Gesellschaft von Wirtschaftsprüfern verantwortlich geführt wird (§ 1 Abs. 3 S. 2 WPO). Als Wirtschaftsprüfungsgesellschaften können (1) **europäische Gesellschaften**,[73] (2) **Gesellschaften nach deutschem Recht**[74] oder (3) Gesellschaften in einer nach dem Recht eines Mitgliedstaats der **EU** oder eines Vertragsstaats des **EWR** (Fürstentum Liechtenstein, Island, Norwegen)[75] zulässigen Rechtsform zugelassen werden (§ 27 Abs. 1 WPO). Danach stehen alle nach deutschem Recht möglichen Gesellschaftsformen (AG, KGaA, GmbH, PartG, PartG mbH, nunmehr auch die GbR) grundsätzlich zur Verfügung.[76] Offene Handelsgesellschaften (**oHG**) und Kommanditgesellschaften (**KG**) können als Wirtschaftsprüfungsgesellschaften anerkannt werden, wenn sie wegen ihrer Treuhandtätigkeit (§ 2 Abs. 3 Nr. 3 WPO) als Handelsgesellschaften in das Handelsregister eingetragen worden sind (§ 27 Abs. 2 WPO).[77] Die Voraussetzungen für die Anerkennung (§ 28 WPO) und das Verfahren (§ 29 WPO) sind gesetzlich geregelt. Die anerkannte Gesellschaft ist verpflichtet, die Bezeichnung „Wirtschaftsprüfungsgesellschaft" in die Firma oder den Namen aufzunehmen (§ 31 S. 1 WPO). Eine **EU-Abschlussprüfungsgesellschaft** oder EWR-Abschlussprüfungsgesellschaft darf unter der Berufsbezeichnung ihres Herkunftsstaats Abschlussprüfungen nach § 316 durchführen, wenn der für die jeweilige Prüfung **verant-**

---

[68]   HKMS/Mylich/Müller § 318 Rn. 56.

[69]   Schüppen Rn. 9.

[70]   Auf die Staatsangehörigkeit der Person kommt es nicht an: Hense/Ulrich/Tüffers/Bauch WPO § 131g Rn. 5.

[71]   Hense/Ulrich/Uhlmann WPO § 131k Rn. 3.

[72]   HKMS/Mylich/Müller § 318 Rn. 56; Hense/Ulrich/Uhlmann WPO § 131k Rn. 3.

[73]   Europäische Aktiengesellschaften (Societas Europaea – SE) können als Wirtschaftsprüfungsgesellschaften anerkannt werden, nicht hingegen Europäische Wirtschaftliche Interessenvereinigungen (EWIV) und Europäische Genossenschaften (Societas Cooperativa Europaea – SCE): Hense/Ulrich/Timmer WPO § 27 Rn. 13 und 15; HKMS/Mylich/Müller Rn. 21.

[74]   Am 1.1.2021 hatten etwa 82 % aller Wirtschaftsprüfungsgesellschaften in Deutschland die Rechtsform der GmbH, 3 % waren in der Rechtsform der AG organisiert: Hense/Ulrich/Timmer WPO § 27 Rn. 5–6.

[75]   Die Öffnung für EU-Prüfungsgesellschaften und EWR-Prüfungsgesellschaften erfolgte in der 8. WPO-Novelle (APAReG) v. 31.3.2016 (BGBl. 2016 I 518) in Umsetzung unionsrechtlicher Vorgaben: Lücke/Stöbener/Giesler BB 2015, 1578 (1581).

[76]   Zu Einzelheiten: BeBiKo/Justenhoven/Nagel Rn. 9 ff.; HKMS/Mylich/Müller Rn. 15 und 20; Hense/Ulrich/Timmer WPO § 27 Rn. 6 ff.

[77]   Hense/Ulrich/Timmer WPO § 27 Rn. 9; HKMS/Mylich/Müller Rn. 15. Zu der bislang umstrittenen Frage, ob Berufsgesellschaften von Freiberuflern in der Rechtsform der GmbH & Co. KG errichtet werden dürfen, s. Hense/Ulrich/Timmer WPO § 27 Rn. 9 (zu dem am 1.1.2024 in Kraft tretenden MoPeG v. 10.8.2021, BGBl. 2021 I 3436).

wortliche Prüfungspartner (§ 24a Abs. 2 BS WP/vBP) aufgrund des Wirtschaftsprüfer-examens (§§ 12–14a WPO) oder der Eignungsprüfung (§§ 131g, 131h, 131k WPO) als Wirtschaftsprüfer **zugelassen** ist (§ 131 S. 1 WPO).[78] Die EU- oder EWR-Abschlussprü-fungsgesellschaft ist verpflichtet, sich nach § 131a WPO registrieren zu lassen (§ 131 S. 2 Hs. 1 WPO).[79] Soweit Abschlussprüfungen nach § 316 durchgeführt werden, ist sie auch verpflichtet, ihre Tätigkeit nach § 57a Abs. 1 S. 2 WPO anzuzeigen (§ 131 S. 2 Hs. 2 WPO).[80]

c) Drittstaatsprüfer und Drittstaatsprüfungsgesellschaften. Für Prüfer bzw. Prü- **14** fungsgesellschaften aus Drittstaaten[81] (Drittstaatsprüfer bzw. Drittstaatsprüfungsgesellschaf-ten) ist § 134 WPO zu beachten,[82] der mit der 8. WPO-Novelle vom 31.3.2016 (Abschluss-prüferaufsichtsreformgesetz – APAReG, BGBl. 2016 I 518) aufgrund unionsrechtlicher Vorgaben geändert wurde.[83] Danach sind Abschlussprüfer bzw. Abschlussprüfungsge-schaften aus Drittstaaten verpflichtet, auch wenn keine Bestellung oder Anerkennung nach der WPO vorliegt, sich nach den §§ 37–40a WPO in das **Berufsregister** für Wirtschafts-prüfer und Wirtschaftsprüfungsgesellschaften **eintragen** zu lassen,[84] wenn sie beabsichtigen, den Bestätigungsvermerk für einen gesetzlich vorgeschriebenen Jahresabschluss oder Kon-zernabschluss einer Gesellschaft mit Sitz außerhalb der EU und des EWR zu erteilen, deren übertragbare Wertpapiere zum Handel an einem geregelten Markt iSv Art. 4 Abs. 1 Nr. 14 RL 2004/39/EG (in der jeweils geltenden Fassung; mWv 3.1.2018 ersetzt durch RL 2014/65/EU – MiFID II) in Deutschland zugelassen sind (§ 134 Abs. 1 S. 1 WPO). Die Pflicht, sich eintragen zu lassen, gilt nicht bei Bestätigungsvermerken für Gesellschaften, deren aus-schließlich zum Handel an einem geregelten Markt eines Mitgliedstaates der EU zugelassene Schuldtitel iSd Art. 2 Abs. 1 lit. b Transparenz-RL mit einer Mindeststückelung zu je 100.000 Euro (oder einen am Ausgabetag entsprechenden Gegenwert einer anderen Wäh-rung) aufweisen oder eine Mindeststückelung zu je 50.000 Euro (oder einen am Ausgabetag entsprechenden Gegenwert einer anderen Währung) aufweisen und vor dem 31.12.2010 begeben worden sind (§ 134 Abs. 1 S. 2 WPO). Die Eintragung ist an eine Reihe von **Voraussetzungen** gebunden (§ 134 Abs. 2 WPO). Die eingetragenen Drittstaatsprüfer und Drittstaatsprüfungsgesellschaften unterliegen im Hinblick auf ihre Tätigkeit nach § 134 Abs. 1 WPO gemäß § 134 Abs. 3 S. 1 WPO grundsätzlich den Vorschriften der Qualitäts-kontrolle (§§ 57a–57g WPO), der Berufsaufsicht (§§ 61a–71 WPO) sowie der Berufsge-richtsbarkeit (§§ 71a–127 WPO).

2. Vereidigte Buchprüfer und Buchprüfungsgesellschaften (Abs. 1 S. 2). **15** Gesetzlicher Abschlussprüfer von Jahresabschlüssen (nur von Einzelabschlüssen, nicht Kon-zernabschlüssen)[85] und Lageberichten mittelgroßer (§ 267 Abs. 2) Gesellschaften mit beschränkter Haftung (nicht allgemein mittelgroßer Kapitalgesellschaften, zB AG)[86] sowie mittelgroßer Personenhandelsgesellschaften iSv § 264a Abs. 1 können auch vereidigte Buch-prüfer und Buchprüfungsgesellschaften sein (Abs. 1 S. 2; vgl. § 129 Abs. 1 S. 4 WPO). Auf die Prüfung von Versicherungsunternehmen (§ 341k Abs. 1 S. 2) und Kreditinstituten (§ 340k

---

[78] Hense/Ulrich/Schwoy WPO § 131a Rn. 2; HKMS/Mylich/Müller Rn. 15 und 21; Schüppen Rn. 9; BeBiKo/Justenhoven/Nagel Rn. 9.

[79] Zur Eintragung in das Berufsregister: § 38 Nr. 4 WPO.

[80] Soweit nichts anderes geregelt ist, unterliegen EU-Abschlussprüfungsgesellschaften und EWR-Abschluss-prüfungsgesellschaften im Hinblick auf ihre Prüfungstätigkeiten nach § 131b S. 1 WPO) den Vorschriften der WPO über die Berufsaufsicht (§§ 61a–71 WPO) und der Berufsgerichtsbarkeit (§§ 71a–127 WPO). Hinsichtlich der Inspektionen und der sonstigen Qualitätssicherungsprüfungen iSd Art. 29 Abschlussprü-fer-RL unterliegen sie der Aufsicht des Herkunftsstaats (§ 131b S. 2 WPO).

[81] Drittstaaten werden in § 3 Abs. 1 S. 1 Hs. 2 WPO legal definiert als Staaten, die nicht Mitglied der EU, Vertragsstaaten des EWR (Fürstentum Liechtenstein, Island und Norwegen) oder die Schweiz sind.

[82] Dazu HKMS/Mylich/Müller § 318 Rn. 57.

[83] Hense/Ulrich/Schwoy WPO § 134 Rn. 2; zu Einzelheiten Lücke/Stöbener/Giesler BB 2015, 1578.

[84] Zur Eintragung in das Berufsregister § 38 Nr. 5 WPO.

[85] Hopt/Merkt Rn. 1.

[86] Hopt/Merkt Rn. 1.

Abs. 1 S. 1 Hs. 2) ist Abs. 1 S. 2 nicht anzuwenden (→ Rn. 17 und 18). **Vereidigter Buch-**
prüfer ist, wer nach den Vorschriften der WPO als solcher anerkannt oder bestellt ist (§ 128
Abs. 1 S. 1 Hs. 1 WPO). **Buchprüfungsgesellschaften** iSv Abs. 1 S. 2 sind die nach der
WPO anerkannten Buchprüfungsgesellschaften (§ 128 Abs. 1 S. 2 Hs. 1 WPO). Vereidigte
Buchprüfer haben die berufliche Aufgabe, Prüfungen auf dem Gebiet des betrieblichen Rech-
nungswesens, insbesondere Buch- und Bilanzprüfungen, durchzuführen (§ 129 Abs. 1 S. 1
WPO). Sie können über das Ergebnis ihrer Prüfungen Prüfungsvermerke erteilen (§ 129
Abs. 1 S. 2 WPO). Zu den Prüfungsvermerken gehören auch Bestätigungen, die vereidigte
Buchprüfer aufgrund gesetzlicher Vorschriften vornehmen (§ 129 Abs. 1 S. 3 WPO). Hierzu
zählt auch die Erteilung eines Bestätigungsvermerks über die Pflichtprüfung des Jahresabschlusses einer mittelgroßen GmbH und Personenhandelsgesellschaft iSd § 264a (§ 267 Abs. 2)
nach § 316 Abs. 1 S. 1 (§ 129 Abs. 1 S. 4 WPO).[87] Der Berufsstand der vereidigten Buchprüfer
wurde mit dem Bilanzrichtliniengesetz vom 19.12.1985 (BGBl. 1985 I 2355) wiedereröff-
net,[88] die 5. WPO-Novelle 2004 hat den Zugang zum Beruf des vereidigten Buchprüfers
geschlossen.[89] Die 8. WPO-Novelle vom 31.3.2016 (Abschlussprüferaufsichtsreformgesetz –
APAReG, BGBl. 2016 I 518) hat die Möglichkeit eines Übergangsexamens für vereidigte
Buchprüfer zum Wirtschaftsprüfer in § 13a WPO wieder eingeführt.[90]

16   **3. Andere Professionen.** Angehörige anderer Professionen (zB Rechtsanwälte oder
Steuerberater) dürfen zum gesetzlichen Abschlussprüfer für eine nach § 316 Abs. 1 S. 1
vorgeschriebene Abschlussprüfung nur gewählt und bestellt werden, wenn sie die nach
Abs. 1 S. 1 oder 2 **notwendige Qualifikation** als Wirtschaftsprüfer bzw. vereidigter Buchprüfer haben.

17   **4. Kreditinstitute.** Kreditinstitute haben unabhängig von ihrer Größe ihren Jahresabschluss von einem Wirtschaftsprüfer bzw. einer Wirtschaftsprüfungsgesellschaft prüfen zu
lassen (§ 340k Abs. 1 S. 1). Vereidigte Buchprüfer bzw. Buchprüfungsgesellschaften sind
als gesetzlicher Abschlussprüfer insoweit nicht qualifiziert (§ 340k Abs. 1 S. 1).[91] Ist das
Kreditinstitut eine Genossenschaft oder ein rechtsfähiger wirtschaftlicher Verein, so ist die
Prüfung abweichend von Abs. 1 S. 1 von dem **Prüfungsverband**[92] durchzuführen, dem
das Kreditinstitut als Mitglied angehört, sofern mehr als die Hälfte der Mitglieder des Vorstands dieses Prüfungsverbands Wirtschaftsprüfer sind (§ 340k Abs. 2 S. 1).[93] Hat der Prüfungsverband nur zwei Vorstandmitglieder, so muss einer von ihnen Wirtschaftsprüfer sein
(§ 340k Abs. 2 S. 2). Ist das Kreditinstitut eine Sparkasse, so dürfen die nach § 340k Abs. 1
vorgeschriebenen Prüfungen abweichend von § 319 Abs. 1 S. 1 von der **Prüfungsstelle**
eines Sparkassen- und Giroverbandes durchgeführt werden (§ 340k Abs. 3 S. 1).[94] Die
Prüfung darf von der Prüfungsstelle jedoch nur durchgeführt werden, wenn der Leiter der
Prüfungsstelle die Voraussetzungen des § 319 Abs. 1 S. 1 und 2 erfüllt (§ 340k Abs. 3 S. 2).
Außerdem muss sichergestellt sein, dass der Abschlussprüfer die Prüfung unabhängig von
den Weisungen der Organe des Sparkassen- und Giroverbandes durchführen kann (§ 340k
Abs. 3 S. 3).

---

[87]   Zur Abgrenzung von Pflichtprüfungen (zB nach § 316 Abs. 1 S. 1) und gesetzlich nicht angeordneten
        („freiwilligen") Jahresabschlussprüfungen Hense/Ulrich/Geithner WPO § 2 Rn. 6–8.
[88]   Zu Einzelheiten Hense/Ulrich/Uhlmann WPO Vor §§ 128 ff. Rn. 8–10.
[89]   Hense/Ulrich/Uhlmann WPO Vor §§ 128 ff. Rn. 11 ff.; Schüppen Rn. 7.
[90]   Zu den Gründen Hense/Ulrich/Uhlmann WPO Vor §§ 128 ff. Rn. 18.
[91]   HKMS/Mylich/Müller Rn. 6.
[92]   Genossenschaftliche Prüfungsverbände sind in das Register der WPK einzutragen, wenn sie gesetzlich
        vorgeschriebene Abschlussprüfungen iSd § 53 Abs. 2 GenG, des § 340k Abs. 2 S. 1 oder des Art. 25
        Abs. 1 S. 1 EGHGB durchführen (§ 40a Abs. 1 S. 1 WPO). Zu den erfassten Gesellschaften Hense/
        Ulrich/Uhlmann WPO § 40a Rn. 5.
[93]   Zur Marktsituation von Prüfungsverbänden deutscher Kreditgenossenschaften Downar/Bartkowiak WPg
        2018, 1395. Zur Offenlegung der Prüfungshonorare bei Sparkassen Kaya/Loy/Zentgraf WPg 2018, 2.
[94]   Die Prüfungsstellen der Sparkassen- und Giroverbände sind ungeachtet ihrer tatsächlichen Prüfungstätig-
        keit in das Register der WPK einzutragen (§ 40a Abs. 1 S. 1 WPO): Hense/Ulrich/Uhlmann WPO
        § 40a Rn. 8.

5. Versicherungsunternehmen. Versicherungsunternehmen haben unabhängig von **18** ihrer Größe ihren Jahresabschluss und Lagebericht sowie ihren Konzernabschluss und Konzernlagebericht von einem Wirtschaftsprüfer oder einer Wirtschaftsprüfungsgesellschaft prüfen zu lassen (§ 341k Abs. 1 S. 1); Abs. 1 S. 2 ist nicht anzuwenden (§ 341k Abs. 1 S. 2). Vereidigte Buchprüfer oder Buchprüfungsgesellschaften sind insoweit als Abschlussprüfer nicht qualifiziert.[95]

6. Auszug aus dem Berufsregister (Abs. 1 S. 3). Abschlussprüfer iSv Abs. 1 S. 1 **19** bzw. 2 müssen nach Abs. 2 S. 3 Hs. 1 über einen Auszug aus dem Berufsregister verfügen, aus dem sich ergibt, dass die **Eintragung** der **Anzeige** der Tätigkeit als gesetzlicher Abschlussprüfer nach § 57a Abs. 1 S. 2 WPO vorgenommen worden ist (§ 38 Nr. 1 lit. h oder Nr. 2 lit. f WPO).[96]

a) Anzeige der Tätigkeit als gesetzlicher Abschlussprüfer. Nach § 57a Abs. 1 **20** S. 2 WPO sind Wirtschaftsprüfer und Wirtschaftsprüfungsgesellschaften verpflichtet, der WPK spätestens zwei Wochen nach Annahme eines Prüfungsauftrags die Bestellung zum gesetzlichen Abschlussprüfer anzuzeigen. Wirtschaftsprüfer und Wirtschaftsprüfungsgesellschaften haben sich nach § 57a Abs. 1 S. 1 WPO einer Qualitätskontrolle zu unterziehen, wenn sie gesetzlich vorgeschriebene Abschlussprüfungen nach § 316 durchführen. Auf der Grundlage dieser Anzeige erfolgt die Eintragung der Tätigkeit als gesetzlicher Abschlussprüfer in das **Berufsregister** (§ 38 Nr. 1 lit. h WPO für Wirtschaftsprüfer und § 38 Nr. 2 lit. f für Wirtschaftsprüfungsgesellschaften) durch die WPK unverzüglich von Amts wegen (§ 40 Abs. 1 WPO). Die Anzeige hat der WPK spätestens zwei Wochen nach Annahme des Prüfungsauftrags für die Abschlussprüfung nach § 316 vorzuliegen (§ 57a Abs. 1 S. 2 WPO). Die **Zwei-Wochen-Frist** erklärt sich daraus, dass die Kommission für Qualitätskontrolle (KfQK; § 57e WPO) frühzeitig über die Bestellung zum gesetzlichen Abschlussprüfer nach § 316 informiert werden soll, um so innerhalb der von Abs. 1 S. 3 vorgesehenen SechswochenfFrist bei erstmaliger Bestellung den für die Bestellung zum Abschlussprüfer erforderlichen Registerauszug übersenden zu können.[97] Bei erstmaliger Bestellung eines Abschlussprüfers gehört es zu den **Sorgfaltspflichten** des Aufsichtsrats/Prüfungsausschusses, sich bereits im Auswahlverfahren (vgl. Art. 16 Abschlussprüfungs-VO) und vor der Beschlussfassung (§ 124 Abs. 3 S. 1 AktG) über den Eintrag in das Berufsregister zu vergewissern; das kann mit der Vorlage der **Unabhängigkeitserklärung** des Abschlussprüfers nach Art. 6 Abs. 2 lit. b Abschlussprüfungs-VO[98] (vgl. Ziff. 7.2.1 DCGK aF)[99] verbunden

---

[95] HKMS/Mylich/Müller Rn. 6.
[96] Die Anzeige kann der WPK auch schon vor einer Bestellung zum gesetzlichen Abschlussprüfer nach § 316 übermittelt werden; die Eintragung als gesetzlicher Abschlussprüfer im Berufsregister nach § 38 Nr. 1 lit. h und Nr. 2 lit. f WPO kann bereits bei Vorliegen einer konkreten Absicht zur Durchführung gesetzlicher Abschlussprüfungen nach § 316 erfolgen. Die Pflicht zur Durchführung einer Qualitätskontrolle wird aber erst mit der Bestellung zum gesetzlichen Abschlussprüfer nach § 316 begründet: Hense/Ulrich/Clauß WPO § 57a Rn. 14.
[97] Hense/Ulrich/Clauß WPO § 57a Rn. 13; Schüppen Rn. 12.
[98] Art. 6 Abs. 1 bestimmt, dass ein Abschlussprüfer vor Annahme oder Fortsetzung eines Auftrags zur Prüfung des Jahresabschlusses eines Unternehmens von öffentlichem Interesse prüft, ob er die Anforderungen der Art. 4 und 5 Abschlussprüfungs-VO an seine Unabhängigkeit erfüllt. Art. 6 Abs. 2 lit. a Abschlussprüfungs-VO sieht ergänzend vor, dass der Abschlussprüfer eines Unternehmens von öffentlichem Interesse gegenüber dem Prüfungsausschuss jährlich schriftlich seine Unabhängigkeit erklärt. Dabei ist zu beachten, dass die Erklärung über die Unabhängigkeit nach Art. 6 Abs. 2 lit. a Abschlussprüfungs-VO in den Prüfungsbericht aufzunehmen ist (Art. 11 Abs. 2 lit. a Abschlussprüfungs-VO; § 321 Abs. 4a). Vgl. IDW PS 450: Grundsätze ordnungsmäßiger Erstellung von Prüfungsberichten (Stand: 28.10.2021), IDW Life 2022, 78 (Tz. 23a).
[99] Gemäß Ziff. 7.2.1 DCGK aF sollte der Aufsichtsrat bzw. der Prüfungsausschuss vor der Unterbreitung des Wahlvorschlags an die Hauptversammlung eine Erklärung des für den Wahlvorschlag vorgesehenen Wirtschaftsprüfers bzw. der Wirtschaftsprüfungsgesellschaft einholen, ob und ggf. welche geschäftlichen, finanziellen, persönlichen oder sonstigen Beziehungen zwischen dem Wirtschaftsprüfer, seinen Organen und dem Prüfungsteam einerseits und dem zu prüfenden Unternehmen und seinen Organmitgliedern andererseits bestehen, die Zweifel an der Unabhängigkeit des Wirtschaftsprüfers begründen können. Die Erklärung sollte sich auch darauf erstrecken, in welchem Umfang im vorausgegangenen Geschäftsjahr

werden,[100] der bei Unternehmen von öffentlichem Interesse eine erörternde, ausführliche Auskunft eventueller Gefahren für die Unabhängigkeit des Abschlussprüfers sowie der von diesem zur Verminderung der Gefahren angewandten Schutzmaßnahmen verlangt. Ein entsprechendes Vorgehen empfiehlt sich auch bei der Auswahl von Abschlussprüfern bei Unternehmen, die keine PIE sind (vgl. zur Berichterstattung über die Unabhängigkeit des Abschlussprüfers im Prüfungsbericht nach § 321 Abs. 4a → § 321 Rn. 80 ff.).

21   **b) Löschung der Eintragung.** Die Abschlussprüfer sind während einer laufenden Abschlussprüfung handelsrechtlich (Abs. 1 S. 4) und berufsrechtlich (§ 39 Abs. 3 WPO) verpflichtet, eine Löschung der Eintragung der Angaben im Berufsregister zur Tätigkeit als gesetzlicher Abschlussprüfer (§ 38 Nr. 1 lit. h bzw. Nr. 2 lit. f WPO) unverzüglich gegenüber der Gesellschaft **anzuzeigen.**[101] Die Angaben nach § 38 Nr. 1 lit. h bzw. Nr. 2 lit. f WPO sind zu löschen, wenn die Kommission für Qualitätskontrolle auf die Löschung der Eintragung als gesetzlicher Abschlussprüfer entschieden hat (§ 57a Abs. 6a S. 2 WPO)[102] oder wenn der eingetragene Wirtschaftsprüfer oder die eingetragene Wirtschaftsprüfungsgesellschaft auf die Durchführung gesetzlicher Abschlussprüfungen verzichtet hat (§ 39 Abs. 2 S. 1 WPO). Löschungen werden von der WPK unverzüglich von Amts wegen vorgenommen (§ 40 Abs. 1 WPO). Mit der Löschung der Eintragung der Tätigkeit als gesetzlicher Abschlussprüfer im Berufsregister **endet die Qualifikation** und Berechtigung zur Durchführung gesetzlicher Abschlussprüfungen nach § 316 Abs. 1 S. 1.[103] **Maßgeblich** für die Qualifikation als gesetzlicher Abschlussprüfer ist (entgegen dem Wortlaut des Abs. 1 S. 3) nicht der Auszug aus dem Berufsregister, sondern die **Registereintragung** selbst.[104] Das folgt nicht zuletzt daraus, dass Abs. 1 S. 4 auf die Löschung der Eintragung und nicht etwa auf den Wegfall oder gar das Abhandenkommen des Registerauszugs abstellt.[105] Eine Löschung der Eintragung während der laufenden Abschlussprüfung führt zum Wegfall des gesetzlichen Abschlussprüfers und zu einem **gerichtlichen Bestellungsverfahren** nach § 318 Abs. 4 S. 2,[106] sofern nicht ausnahmsweise ein Ersatzprüfer gewählt wurde. Die prüfungspflichtige Gesellschaft braucht die Anzeige des Prüfers von der Löschung (Abs. 1 S. 4) nicht abzuwarten, wenn sie vorher von der Löschung Kenntnis erhält.[107] Umgekehrt kann

andere Leistungen für das Unternehmen, insbesondere auf dem Beratungssektor, erbracht worden waren bzw. für das zu prüfende Geschäftsjahr vertraglich vereinbart worden sind. Ergänzend sollte der Aufsichtsrat mit dem Abschlussprüfer vereinbaren, dass der Vorsitzende des Aufsichtsrats bzw. des Prüfungsausschusses über während der Prüfung auftretende mögliche Ausschluss- oder Befangenheitsgründe unterrichtet wird, soweit diese nicht unverzüglich beseitigt werden. Wurde die Erklärung nach Ziff. 7.2.1 DCGK aF vom Aufsichtsrat nicht eingeholt, war dies von Vorstand und Aufsichtsrat in der nach § 161 AktG geforderten Entsprechenserklärung anzugeben. Vgl. IDW PS 345: Auswirkungen des Deutschen Corporate Governance Kodex auf die Abschlussprüfung (Stand: 6.5.2021), IDW Life 2021, 984. Zu Einzelheiten der Auswirkungen der EU-Abschlussprüferreform auf die Unabhängigkeitserklärung nach dem DCGK Probst/Szondy WPg 2017, 176. IdF des DCGK vom 16.12.2019, die am 20.3.2020 im BAnz bekanntgemacht worden ist, fehlt eine entsprechende Regelung. Zu Einzelheiten der Reform des Deutschen Corporate Governance Kodex (DCGK): Georgiou/Maniora WPg 2019, 840.

100   HKMS/Mylich/Müller Rn. 6; Hopt/Merkt Rn. 13.
101   BeBiKo/Justenhoven/Nagel Rn. 15; Hopt/Merkt Rn. 2; Schüppen Rn. 11; Merkt/Probst/Fink/Bruckner/Homfeldt S. 1484 Rn. 92.
102   Die Kommission für Qualitätskontrolle (KfQK) entscheidet auf Löschung der Eintragung nach § 38 Nr. 1 lit. h oder Nr. 2 lit. f WPO, wenn die Qualitätskontrolle nicht innerhalb der von der KfQK vorgegebenen Frist oder unter Verstoß gegen § 57a Abs. 3 S. 1 und 5 WPO oder § 57a Abs. 4 WPO durchgeführt worden ist, wesentliche Prüfungshemmnisse festgestellt worden sind oder wesentliche Mängel in der Qualitätssicherung festgestellt worden sind, die das Qualitätssicherungssystem als unangemessen oder unwirksam erscheinen lassen (§ 57a Abs. 6a S. 2).
103   Schüppen Rn. 13 unter Hinweis auf die RegBegr. AReG, BT-Drs. 18/6282, 81 („… ohne diese Anzeige und Eintragung dürfen keine gesetzlichen Abschlussprüfungen durchgeführt werden"); BeBiKo/Justenhoven/Nagel Rn. 15; Wiedmann/Böcking/Gros/Böcking/Gros/Rabenhorst Rn. 7.
104   Ausf. Schüppen Rn. 13; ebenso BeBiKo/Justenhoven/Nagel Rn. 15.
105   Schüppen Rn. 13; BeBiKo/Justenhoven/Nagel Rn. 15.
106   HKMS/Mylich/Müller Rn. 23.
107   HKMS/Mylich/Müller Rn. 23. Das Berufsregister wird elektronisch geführt und ist der Öffentlichkeit mit den aktuellen Daten (mit Ausnahme des Geburtstags und des Geburtsortes) elektronisch zugänglich (§ 37 Abs. 1 S. 3 WPO).

sie von dem Fortbestand der Eintragung in das Berufsregister ausgehen, solange eine solche Anzeige nicht erfolgt ist.[108] Erfolgt die Löschung vor Abschluss der Prüfung (Unterzeichnung des Prüfungsberichts), darf diese von dem Prüfer nicht weiter durchgeführt und abgeschlossen werden.[109] Auf frühere, während des Bestehens der Eintragung im Berufsregister durchgeführte Abschlussprüfungen und erteilte Bestätigungsvermerke hat die spätere Löschung der Eintragung keine Auswirkungen.

7. Qualitätskontrolle. Der Auszug aus dem Berufsregister ist mWv 17.6.2016 an die **22** Stelle der bis dahin erforderlichen Teilnahmebescheinigung an der Qualitätskontrolle nach § 57a WPO getreten (zur Übergangsregelung s. Art. 78 EGHGB). Das Berufsregister soll es der Öffentlichkeit im Allgemeinen und prüfungspflichtigen Gesellschaften im Besonderen ermöglichen, sich jederzeit über die wesentlichen Daten des zur Durchführung betriebswirtschaftlicher Prüfungen, insbesondere der zur Prüfung von Jahresabschlüssen berechtigten Personen und Gesellschaften zu informieren.[110] Das in den **§§ 57a ff. WPO** kodifizierte System der Qualitätskontrolle, dem sich Wirtschaftsprüfer in eigener Praxis und Wirtschaftsprüfungsgesellschaften zu unterziehen haben, wenn sie gesetzlich vorgeschriebene Abschlussprüfungen nach § 316 durchführen (§ 57a Abs. 1 S. 1 WPO), dient der Sicherstellung einer angemessenen Qualität der Leistungen des Abschlussprüfers mittels Überwachung, ob die Regelungen zur **Qualitätssicherung** nach Maßgabe der gesetzlichen Vorschriften und der BS WP/vBP insgesamt und bei der Durchführung einzelner Prüfungsaufträge eingehalten werden (§ 57a Abs. 2 S. 1 und 2 WPO).[111] Die Qualitätskontrolle, die durch Prüfer für Qualitätskontrolle durchgeführt wird (§ 57a Abs. 3 S. 1 WPO)[112] und auf der Grundlage einer **Risikoanalyse** mindestens alle **sechs Jahre** stattzufinden hat (§ 57a Abs. 2 S. 4 WPO),[113] soll darüber hinaus das **Vertrauen** der Öffentlichkeit in die Abschlussprüfung steigern.[114] Die Qualitätskontrolle muss im Hinblick auf den Umfang und die Komplexität der Tätigkeit der Geprüften geeignet und angemessen sein (§ 57a Abs. 5b S. 1 WPO). Dies ist insbesondere bei der gesetzlichen Abschlussprüfung von **mittleren und kleinen Unternehmen** nach § 267 Abs. 1 und 2 zu berücksichtigen, wobei der Art, der Anzahl der Mandate und der Größe der Praxis besondere Bedeutung zukommt (§ 57a Abs. 5b S. 2 WPO).

a) Unternehmen von öffentlichem Interesse. Wirtschaftsprüfer oder Wirtschafts- **23** prüfungsgesellschaften, die gesetzlich vorgeschriebene Abschlussprüfungen bei Unternehmen von öffentlichem Interesse (§ 316a S. 2) durchführen, sind verpflichtet, sich für diese Prüfungsaufträge anstelle der Qualitätskontrolle nach §§ 57a ff. WPO einer (nicht Anlass

---

108   HKMS/Mylich/Müller Rn. 23.
109   Schüppen Rn. 13; Wiedmann/Böcking/Gros/Böcking/Gros/Rabenhorst Rn. 7.
110   Hense/Ulrich/Uhlmann WPO § 38 Rn. 2. Die Qualitätskontrolle umfasst auf der Grundlage einer angemessenen Überprüfung ausgewählter Prüfungsunterlagen eine Beurteilung der Angemessenheit und Wirksamkeit des Qualitätssicherungssystems nach § 55b WPO, insbesondere bezogen auf die Einhaltung der einschlägigen Berufsausübungsregelungen, die Unabhängigkeitsanforderungen, die Quantität und Qualität der eingesetzten Mittel und des Personals sowie der berechneten Vergütung (§ 57a Abs. 2 S. 3 WPO).
111   Wiedmann/Böcking/Gros/Böcking/Gros/Rabenhorst Rn. 7a; vgl. Graumann Prüfungswesen S. 88, der dem Registerauszug auch die Funktion eines Nachweises „der Beachtung allgemein anerkannter Standards und Berufsgrundsätze im Rahmen der Leistungserbringung sowie Ermöglichung einer laufenden Verbesserung der Leistungs-(Prüfungs-)qualität" beimisst. Diese Sichtweise folgt nach Ansicht von BeBiKo/Justenhoven/Nagel Rn. 15 jedoch „eher praktischen Erwägungen, die die Anforderungen des Abs. 1 Satz 3 an den Abschlussprüfer nicht ändern".
112   Dörschell WPK Magazin 4/2016, 27; Poll WPK Magazin 4/2016, 26. Zu den Arbeitspapieren eines Prüfers für Qualitätskontrolle und deren Aufbewahrung s. WPK WPK-Magazin 1/2018, 30; Graumann Prüfungswesen S. 85 f.
113   Merkt/Probst/Fink/Bruckner/Homfeldt S. 1484 Rn. 92. Haben zu Prüfende erstmals nach § 57a Abs. 1 S. 2 WPO angezeigt, gesetzlich vorgeschriebene Abschlussprüfungen nach § 316 durchzuführen, hat die Qualitätskontrolle spätestens drei Jahre nach Beginn der ersten derartigen Prüfung stattzufinden (§ 57a Abs. 2 S. 6 WPO): Graumann Prüfungswesen S. 89; krit. zur Aufnahme von S. 6 in § 57a WPO Hense/Ulrich/Clauß WPO § 57a Rn. 73 („nicht nachvollziehbar").
114   Graumann Prüfungswesen S. 88.

bezogenen) **Inspektion** nach Art. 26 Abschlussprüfungs-VO durch die Abschlussprüferaufsichtsstelle **(APAS)** beim Bundesamt für Wirtschaft und Ausfuhrkontrolle (BAFA) zu unterziehen (§§ 62b, 66a Abs. 6 WPO).[115] Bei Wirtschaftsprüfern und Wirtschaftsprüfungsgesellschaften, die gesetzlich vorgeschriebene Abschlussprüfungen von Unternehmen von öffentlichem Interesse nach § 316a S. 2 durchführen, sind im Rahmen der Qualitätskontrolle die Ergebnisse der Inspektion nach Art. 26 Abschlussprüfungs-VO zu berücksichtigen (§ 57a Abs. 5a S. 1 WPO). Die Qualitätskontrolle und der Qualitätskontrollbericht haben nicht die in Art. 26 Abs. 6 Abschlussprüfungs-VO genannten Bereiche zu betreffen (§ 57a Abs. 5a S. 2 WPO). Auf der Grundlage des aktuellen Inspektionsberichts beurteilen die Prüfer für Qualitätskontrolle ausschließlich die Wirksamkeit des Qualitätssicherungssystems bei gesetzlich vorgeschriebenen Abschlussprüfungen von Unternehmen, die nicht von öffentlichem Interesse iSd § 316a S. 2 sind, und bei betriebswirtschaftlichen Prüfungen, die von der BaFin beauftragt wurden, und benennen ggfs. festgestellte Mängel in Bezug auf diese Prüfungen (§ 57a Abs. 5a S. 3 WPO).

24   **b) EU- und EWR-Abschlussprüfer.** Personen, die in einem anderen Mitgliedstaat der EU oder in einem anderen Vertragsstaat des Abkommens über den Europäischen Wirtschaftsraum (EWR – Fürstentum Liechtenstein, Island und Norwegen) oder in der Schweiz (vgl. § 3 Abs. 1 S. 1 Hs. 2 WPO) als Abschlussprüfer zugelassen sind (vgl. § 131h Abs. 2 S. 2 WPO) und in Deutschland aufgrund einer erfolgreich abgelegten **Eignungsprüfung** als Wirtschaftsprüfer bestellt worden sind (§ 131g Abs. 1 WPO), unterliegen mit der Bestellung als Wirtschaftsprüfer den allgemeinen Rechten und Pflichten für Wirtschaftsprüfer (§ 131k WPO).[116] Sie müssen also auch über den Auszug aus dem Berufsregister nach Abs. 1 S. 3 (genauer: Eintragung in das Berufsregister) verfügen, wenn sie gesetzliche Abschlussprüfungen nach §§ 316 ff. durchführen wollen.

25   **c) EU- und EWR-Abschlussprüfungsgesellschaften.** EU-Abschlussprüfungsgesellschaften und EWR-Abschlussprüfungsgesellschaften, die auf der Grundlage von § 131 WPO gesetzliche Abschlussprüfungen durchführen wollen, müssen sich nach § 131a WPO **registrieren** lassen (§ 131 S. 3 Hs. 1 WPO). Zum Zwecke ihrer Registrierung haben sie der WPK die in § 38 Nr. 4 iVm Nr. 2 und 3 genannten Angaben mitzuteilen sowie eine Bescheinigung der zuständigen Stelle des Herkunftsstaats über ihre dortige Zulassung vorzulegen (§ 131a Abs. 1 S. 1 WPO). Soweit sie Abschlussprüfungen nach § 316 durchführen, sind sie auch verpflichtet, ihre Tätigkeit nach § 57a Abs. 1 S. 2 WPO **anzuzeigen** (§ 131 S. 3 Hs. 2 WPO). Nach § 131 WPO registrierte EU- und EWR-Abschlussprüfungsgesellschaften sind im Berufsregister zu **löschen,** wenn die Zulassung der Prüfungsgesellschaft im Herkunftsmitgliedstaat erloschen ist oder unanfechtbar zurückgenommen, widerrufen oder in sonstiger Weise aufgehoben wurde oder die Prüfungsgesellschaft in dem Herkunftsmitgliedstaat nicht mehr registriert ist (§ 39 Abs. 1 Nr. 4 WPO).[117] Soweit nichts anderes geregelt ist, unterliegen EU- und EWR-Abschlussprüfungsgesellschaften nach § 131b S. 1 WPO im Hinblick auf ihre Tätigkeiten als gesetzliche Abschlussprüfer den Vorschriften der WPO, insbesondere denjenigen der **Berufsaufsicht** (§§ 61a–71 WPO) und der Berufsgerichtsbarkeit (§§ 71a–127 WPO). Hinsichtlich der **Inspektionen** und der sonstigen Qualitätssicherungsprüfungen iSd Art. 29 Abschlussprüfungs-RL unterliegen sie der Aufsicht des Herkunftsstaats (§ 131b S. 2 WPO).

26   **8. Rechtsfolgen mangelnder Qualifikation (Abs. 1).** Nach der Neuregelung der § 318 Abs. 3 S. 1, §§ 319, 319b ist bezüglich der rechtlichen Folgen eines Verstoßes gegen § 319 für den Wahlbeschluss und den Jahresabschluss danach zu unterscheiden, ob es sich

---

[115]   Merkt/Probst/Fink/Bruckner/Homfeldt S. 1484 Rn. 92; Graumann Prüfungswesen S. 95. Zu Einzelheiten: Tebben StuB 2016, 93; Kelm/Schneiß/Schmitz-Herkendell WPg 2016, 60; Lenz WP Praxis 2015, 1 und 213; Lücke/Stöbener/Giesler BB 2015, 1578.

[116]   Hense/Ulrich/Uhlmann WPO § 131k Rn. 3.

[117]   Zu dem Fall des vorübergehenden Fehlens eines nach § 131 S. 1 WPO zugelassenen verantwortlichen Prüfers Hense/Ulrich/Uhlmann WPO § 39 Rn. 23.

um einen Verstoß gegen die Qualifikationsanforderungen (Abs. 1) oder um das Vorliegen eines Ausschlussgrundes (Abs. 2–4, § 319b Abs. 1; → Rn. 29 ff.) handelt.

a) Wahlbeschluss. Bezüglich der Rechtsfolgen eines Verstoßes gegen die Bestimmun- 27 gen von Abs. 1 für den Wahlbeschluss ist zu differenzieren zwischen Verstößen gegen Abs. 1 S. 1 bzw. 2 einerseits und gegen Abs. 1 S. 3 andererseits.

aa) Fehlende berufliche Qualifikation (Abs. 1 S. 1, 2). Wird eine Person zum 28 gesetzlichen Abschlussprüfer gewählt, die im Zeitpunkt der Wahl die nach Abs. 1 S. 1 bzw. 2 erforderliche berufliche Qualifikation (WP oder vBP) nicht aufweist, ist der **Wahlbeschluss** von Anfang an (*ex tunc*) **nichtig.**[118] Das folgt für die AG, KGaA und SE (analog für die GmbH und die GmbH & Co. KG)[119] aus § 241 Nr. 3 AktG. Der Wahlbeschluss bleibt nach dem Normzweck des Abs. 1 S. 1 und 2 nichtig, wenn die Wahl in der (berechtigten oder unberechtigten) Annahme oder sogar unter der (aufschiebenden) Bedingung erfolgt, die gewählte Person werde bis zum Beginn der Prüfung über die notwendige Qualifikation verfügen.[120] Erwirbt die als Abschlussprüfer vorgesehene Person die erforderliche berufliche Qualifikation bis zum Beginn der Prüfung, bedarf es einer erneuten Wahl sowie der erneuten Erteilung des Prüfungsauftrages.[121] **Fällt** umgekehrt die nach Abs. 1 S. bzw. 2 erforderliche **Qualifikation** nach dem Wahlbeschluss der Hauptversammlung **weg,** so liegt ein wichtiger **Grund** für eine Kündigung nach § 318 Abs. 6 S. 1 bzw. für einen Widerruf nach § 318 Abs. 1 S. 5 iVm einem gerichtlichen **Verfahren nach § 318 Abs. 4 S. 2** vor.[122] Die Nichtigkeit des Wahlbeschlusses kann allerdings nicht mehr geltend gemacht werden, wenn der Beschluss in das Handelsregister eingetragen worden ist und seitdem drei Jahre verstrichen sind (§ 242 Abs. 2 S. 1 AktG).[123] Sind mehr als eine Person zum Abschlussprüfer (**Gemeinschaftsprüfung,** Joint Audit) gewählt worden und weisen die gewählten Personen die nach Abs. 1 S. 1 bzw. 2 erforderlichen Voraussetzungen nicht auf, ist der Wahlbeschluss insgesamt nichtig. Liegen die Voraussetzungen nach Abs. 1 S. 1, 2 bei der einen gewählten Person vor, bei der oder den anderen dagegen nicht, ist regelmäßig davon auszugehen, dass nur die Wahl des bzw. der Betroffenen nichtig ist (**Teilnichtigkeit,** § 139 BGB) mit der Folge, dass für diesen bzw. diese Betroffenen ein Ersatzprüfer bestellt werden muss, wenn nicht in dem Wahlbeschluss bestimmt ist, dass bei Wegfall eines Prüfers die Prüfung durch den oder die übrigen Prüfer ausreicht.[124] Entsprechendes wie für den Einzelprüfer gilt für die **Wahl des Konzernabschlussprüfers,** unabhängig davon, ob er nach § 318 Abs. 1 gewählt wird oder nach § 318 Abs. 2 als Konzernabschlussprüfer gilt.[125] Entsprechendes gilt ferner für den **gerichtlichen Bestellungsakt** nach § 318 Abs. 3 und 4.[126]

bb) Fehlen des Auszugs aus dem Berufsregister (Abs. 1 S. 2 und 3). Fraglich 29 sind die Rechtsfolgen, wenn die als Abschlussprüfer gewählte Person im Zeitpunkt des Wahlbeschlusses nicht über einen Auszug aus dem Berufsregister verfügt, aus dem sich ergibt, dass die Eintragung nach § 38 Nr. 1 lit. h oder Nr. 2 lit. f WPO vorgenommen worden ist (Abs. 1 S. 2). Zu differenzieren ist zwischen Abs. 1 S. 2 und Abs. 1 S. 3.

(1) Abs. 1 S. 2: Registereintragung. Wie → Rn. 21 ausgeführt wurde, ist für die 30 Berechtigung, eine gesetzlich vorgeschriebene Abschlussprüfung nach § 316 durchzuführen, entgegen dem Wortlaut des Abs. 1 S. 2 nicht der Auszug aus dem Berufsregister,

---

[118]   HKMS/Mylich/Müller Rn. 116 mwN; Hopt/Merkt Rn. 30.

[119]   HKMS/Mylich/Müller Rn. 116; Noack/Servatius/Haas/Noack GmbHG Anh. § 47 Rn. 51.

[120]   IdS auch HKMS/Mylich/Müller Rn. 116; Hopt/Merkt Rn. 30.

[121]   Ebenso Hopt/Merkt Rn. 30 („keine rückwirkende Heilung").

[122]   IdS auch HKMS/Mylich/Müller Rn. 116; Staub/Habersack/Schürnbrand Rn. 79.

[123]   HKMS/Mylich/Müller Rn. 116.

[124]   Vgl. IDW PS 208: Zur Durchführung von Gemeinschaftsprüfungen (Joint Audit) (Stand: 13.8.2021), IDW Life 2021, 1075 (Tz. 11); dort auch zu dem Fall der gemeinsamen Berufsausübung nach Abs. 3.

[125]   HKMS/Mylich/Müller Rn. 118.

[126]   HKMS/Mylich/Müller Rn. 117.

sondern die Registereintragung selbst maßgeblich.[127] Das folgt nicht nur aus der Regierungsbegründung zum AReG,[128] sondern auch daraus, dass Abs. 1 S. 4 auf die **Löschung der Eintragung** und nicht etwa auf den Wegfall oder gar das Abhandenkommen des Registerauszugs abstellt.[129] Die **Anzeige** der Tätigkeit als gesetzlicher Abschlussprüfer (§ 57a Abs. 1 S. 2 WPO) und die (von der WPK unverzüglich von Amts wegen vorzunehmende, § 40 Abs. 1 WPO) **Eintragung** in das Berufsregister (§ 38 Nr. 1 lit. h und Nr. 2 lit. f WPO) bezwecken die Sicherung der Einhaltung der Vorschriften über die Qualitätskontrolle (§ 57a ff. WPO), denen sich Wirtschaftsprüfer in eigener Praxis und Wirtschaftsprüfungsgesellschaften zu unterziehen haben (§ 57a Abs. 1 S. 1 WPO). Die Qualitätskontrolle dient der Überwachung, ob die Regelungen zur **Qualitätssicherung** nach Maßgabe der gesetzlichen Vorschriften und der BS WP/vBP insgesamt und bei der Durchführung einzelner Aufträge eingehalten werden (vgl. § 57a Abs. 2 S. 1 WPO).[130] Wegen der hohen Bedeutung der Qualitätskontrolle für die Aufgaben und Ziele gesetzlicher Abschlussprüfungen[131] ist das Erfordernis der Eintragung in das Berufsregister eine (durch das Berufsrecht in das Handelsrecht erhobene) Vorschrift im **„öffentlichen Interesse"** iSv **§ 241 Nr. 3 AktG.**[132] Das öffentliche Interesse an der Einhaltung der Vorschriften über die Qualitätskontrolle gebietet es, dass **grundsätzlich** nur solche Personen zum Abschlussprüfer gewählt werden, die **im Zeitpunkt der Wahl** Wirtschaftsprüfer bzw. vereidigte Buchprüfer sind (Abs. 1 S. 1, 2) *und* über die erforderliche Eintragung in das Berufsregister als gesetzliche Abschlussprüfer verfügen (Abs. 1 S. 3; zu Ausnahmen → Rn. 31). Die berufsrechtliche Vorschrift des § 57a Abs. 1 S. 2 WPO, wonach der Prüfer die Durchführung einer gesetzlichen Abschlussprüfung bei der WPK „spätestens zwei Wochen nach Annahme eines Prüfungsauftrags anzuzeigen" hat, kann die zwingende handelsrechtliche Vorschrift des Abs. 1 S. 2 nicht „korrigieren" bzw. „abmildern". § 57a Abs. 1 S. 2 WPO bezweckt in erster Linie, dass die Kommission für Qualitätskontrolle (§ 57e WPO) frühzeitig über die Bestellung zum gesetzlichen Abschlussprüfer nach § 316 informiert wird, damit sie innerhalb der von Abs. 1 S. 3 vorgesehenen Sechs-Wochen-Frist bei erstmaliger Bestellung den für die Bestellung zum Abschlussprüfer erforderlichen Registerauszug übersenden kann.[133]

31   **Wortlaut** und **Systematik** der Bestimmungen des **Abs. 1 S. 1–3** sprechen ebenfalls nicht für eine Differenzierung auf der Rechtsfolgenseite zwischen dem Fehlen der beruflichen Qualifikation nach Abs. 1 S. 1 einerseits und der fehlenden Eintragung in das Berufsregister (§ 38 Nr. 1 lit. h und Nr. 2 lit. f WPO) nach Abs. 1 S. 2 andererseits. Deshalb ist der **Wahlbeschluss** bei Fehlen der Eintragung in das Berufsregister im Zeitpunkt der Wahl bei AG, KGaA und SE (analog bei der GmbH) nach § 241 Nr. 3 AktG von Anfang an (*ex tunc*) **nichtig.**[134] Wird die Eintragung in das Berufsregister bis zum Beginn der Prüfung

---

[127] Ausf. Schüppen Rn. 13; BeBiKo/Justenhoven/Nagel Rn. 15.
[128] RegBegr. AReG, BT-Drs. 18/6282, 81: „Ohne diese Anzeige und Eintragung dürfen keine gesetzlichen Abschlussprüfungen durchgeführt werden".
[129] Schüppen Rn. 13; BeBiKo/Justenhoven/Nagel Rn. 15.
[130] Bei Abschlussprüfungen nach § 316 ist in Abhängigkeit von dem Risiko des Prüfungsmandats (Art, Branche, Komplexität) zu entscheiden, ob und welche Maßnahmen zur auftragsbezogenen Qualitätssicherung zu ergreifen sind (§ 48 Abs. 1 S. 1 BS WP/vBP). Geeignete Maßnahmen zur auftragsbezogenen Qualitätssicherung sind die Konsultation (§ 39 Abs. 3 WPO), die Berichtskritik (§ 48 Abs. 2 WPO) und die auftragsbegleitende Qualitätssicherung (§ 48 Abs. 3 WPO). Für die auftragsbegleitende Qualitätssicherung bei Abschlussprüfungen von Unternehmen von öffentlichem Interesse gilt Art. 8 Abschlussprüfungs-VO. Darüber hinaus sind Abschlussprüfer verpflichtet, eine Nachschau mit dem Ziel durchzuführen, die Angemessenheit und Wirksamkeit der Regelungen des Qualitätssicherungssystems zur Abwicklung von Abschlussprüfungen zu beurteilen (§ 49 WPO).
[131] S. dazu statt vieler Kragler, Wirtschaftsprüfung und externe Qualitätskontrolle, 2003, 225 ff.; Deussen WP Praxis 2017, 253; Bruckner/Schmidt WPg 2017, 58; Schmidt/Schneiß/v. d. Eynden IDW Life 2016, 596.
[132] Zum alten Recht HKMS/Mylich/Müller Rn. 119.
[133] Hense/Ulrich/Clauß WPO § 57a Rn. 13; Schüppen Rn. 12.
[134] IdS auch HKMS/Müller Rn. 119; Merkt/Probst/Fink/Bruckner/Homfeldt S. 1484 Rn. 92; offenlassend BeBiKo/Justenhoven/Nagel Rn. 92.

vorgenommen (§ 40 Abs. 1 WPO), bedarf es einer erneuten Wahl sowie einer erneuten Erteilung des Prüfungsauftrags. Wird umgekehrt die Eintragung in das Berufsregister als gesetzlicher Abschlussprüfer nach § 38 Nr. 1 lit. h bzw. Nr. 2 lit. f WPO während der Durchführung der gesetzlichen Abschussprüfung nach § 39 Abs. 2 S. 1 WPO aufgrund einer Entscheidung der Kommission für Qualitätskontrolle (§ 57a Abs. 6a S. 2 WPO) oder wegen Verzichts des eingetragenen Berufsangehörigen (§ 39 Abs. 2 S. 1 WPO) **gelöscht,**[135] liegt ein wichtiger Grund für eine **Kündigung** nach § 318 Abs. 6 S. 1 bzw. für einen **Widerruf** nach § 318 Abs. 1 S. 5 iVm einem gerichtlichen Verfahren nach § 318 Abs. 4 S. 2 vor.[136] Ist eine **Nachtragsprüfung** nach § 316 Abs. 3 durchzuführen, ist sicherzustellen, dass der Prüfer auch für die Dauer der Nachtragsprüfung als Abschlussprüfer im Berufsregister eingetragen ist.[137]

(2) Abs. 1 S. 3: Erstmalige Abschlussprüfung. Anders ist zu entscheiden, wenn **32** es sich um eine erstmalige Abschlussprüfung nach § 316 handelt. Der Gesetzgeber bestimmt in Abs. 1 S. 3, dass der Prüfer, der erstmalig eine gesetzliche Abschlussprüfung durchführt, über den Registerauszug **spätestens sechs Wochen** nach Annahme eines Prüfungsauftrags verfügen muss. Der Annahme des Prüfungsauftrags gehen die Erteilung des Prüfungsauftrags nebst Angebot zum Abschluss des schuldrechtlichen Prüfungsvertrags und die Wahl durch das zuständige Gremium voraus (→ § 318 Rn. 1). Im Zeitpunkt der Wahl muss danach jedenfalls bei erstmaliger Durchführung einer gesetzlichen Abschlussprüfung gemäß § 316 die Eintragung im Berufsregister noch nicht erfolgt sein. Berufsrechtlich kann die **Anzeige** der Tätigkeit als gesetzlicher Abschlussprüfer **bis zu zwei Wochen** nach Annahme des Prüfungsauftrags nachgeholt werden (§ 57a Abs. 1 S. 2 WPO). Auf der Grundlage dieser Anzeige hat die WPK die **Eintragung** in das Berufsregister unverzüglich von Amts wegen vorzunehmen (§ 40 Abs. 1 WPO), um dem Prüfer den Registerauszug innerhalb der von Abs. 1 S. 3 vorgesehenen Sechs-Wochen-Frist bei erstmaliger Durchführung einer gesetzlichen Abschlussprüfung übersenden zu können.[138] In dem Fall der erstmaligen Durchführung einer gesetzlichen Abschlussprüfung ist daher die **Nichtigkeit** des Wahlbeschlusses aufgrund der speziellen Regelungen zur Registrierung (Abs. 1 S. 3 Hs. 2) **zu verneinen,** wenn im Zeitpunkt der Wahl die Eintragung in das Berufsregister noch nicht erfolgt ist.[139] Vielmehr muss bei erstmaliger Durchführung einer gesetzlichen Abschlussprüfung ausnahmsweise eine Wahl zum Abschlussprüfer unter der aufschiebenden Bedingung (§ 158 Abs. 1 BGB) der Eintragung in das Berufsregister spätestens bis sechs Wochen nach Annahme des Prüfungsauftrags zulässig sein.[140] Wird die Bedingung nicht erfüllt, ist der gewählte Prüfer weggefallen; mit der Folge, dass der Prüfer dann gerichtlich zu bestellen ist (§ 318 Abs. 4 S. 2), sofern von dem zuständigen Wahlgremium (§ 318 Abs. 1 S. 1, 2) für den Fall des Wegfalls des gewählten Prüfers nicht ausnahmsweise ein Ersatzprüfer gewählt wurde. Ob der Fall des Abs. 1 S. 3 in der Praxis häufig auftreten wird, ist allerdings fraglich. Denn es ist möglich, in das Berufsregister eingetragen zu werden, auch wenn noch keine Bestellung als gesetzlicher Abschlussprüfer erfolgt ist, aber die **konkrete Absicht** besteht, als gesetzlicher Abschlussprüfer nach § 316 bestellt zu werden.[141] Der so eingetragene Wirtschaftsprüfer ist dann berufsrechtlich ver-

---

135   Abschlussprüfer sind während einer laufenden Abschlussprüfung handelsrechtlich (Abs. 1 S. 4) und berufsrechtlich (§ 39 Abs. 3 WPO) verpflichtet, eine Löschung der Eintragung unverzüglich zu gegenüber der Gesellschaft anzuzeigen.

136   So auch HKMS/Mylich/Müller Rn. 23; aA BeBiKo/Justenhoven/Nagel Rn. 15 („Nichtigkeit des Wahlbeschlusses").

137   Hense/Ulrich/Clauß WPO § 57a Rn. 3.

138   Hense/Ulrich/Clauß WPO § 57a Rn. 13; Schüppen Rn. 12.

139   BeBiKo/Justenhoven/Nagel Rn. 15.

140   Weiter BeBiKo/Justenhoven/Nagel Rn. 15, wonach sicherzustellen ist, dass die Eintragung als Abschlussprüfer „spätestens zur Erteilung des Bestätigungsvermerks vorliegt"; idS auch Hense/Ulrich/Clauß WPO § 57a Rn. 2 („spätestens bei Erteilung des Bestätigungsvermerks"); enger HKMS/Mylich/Müller Rn. 22 („spätestens bis zur Auftragsannahme").

141   Hense/Ulrich/Clauß WPO § 57a Rn. 14.

pflichtet, der WPK die Annahme eines Auftrags zur Durchführung einer gesetzlich vorgeschriebenen Abschlussprüfung nach § 316 unverzüglich anzuzeigen (§ 57a Abs. 1 S. 2
WPO).

33   **b) Prüfungsvertrag.** Ein Verstoß gegen Abs. 1 S. 1, 2 oder 3 Hs. 1 (im Falle von
Abs. 1 S. 3 Hs. 2 erst bei Nichteintritt der aufschiebenden Bedingung; → Rn. 32) führt
gemäß § 134 BGB zur **Nichtigkeit** des schuldrechtlichen Prüfungsvertrages, mit der Folge,
dass ein Vergütungsanspruch nicht besteht,[142] wegen § 817 S. 2 BGB auch nicht aus Bereicherungsrecht[143] und auch nicht aus Geschäftsführung ohne Auftrag.[144] Das gilt auch im
Falle der Wahl mehrerer Personen als Gemeinschaftsprüfer.[145] Der Honoraranspruch für
bereits geleistete Arbeit bleibt uU bestehen, wenn der Ausschlussgrund erst im Laufe der
Abschlussprüfung eintritt (vgl. § 628 BGB).[146] Unberührt bleiben **Schadensersatzansprüche** der Gesellschaft gegen den Abschlussprüfer, wenn dieser die fehlende Qualifikation
oder die fehlende Eintragung bzw. Löschung in das Berufsregister kannte und nicht offengelegt hat.[147] Unberührt bleiben ebenfalls **berufsrechtliche** (§§ 67 ff. WPO)[148] und allfällige
ordnungswidrigkeitsrechtliche (§ 334 Abs. 2)[149] **Sanktionen.**

34   **c) Jahresabschluss; Bestätigungsvermerk.** Ist der Jahresabschluss im Falle einer
gesetzlichen Prüfungspflicht von einer Person geprüft worden, die nach Abs. 1 nicht
Abschlussprüfer sein kann, ist der **festgestellte Jahresabschluss** einer AG, KGaA und SE
(analog für die GmbH)[150] nach § 256 Abs. 1 Nr. 3 AktG **nichtig.**[151] Das gilt sowohl bei
Fehlen der beruflichen Qualifikation iSv Abs. 1 S. 1 bzw. 2[152] als auch bei Fehlen des
Auszugs aus dem Berufsregister (dh Fehlen der Eintragung in das Berufsregister) nach Abs. 1
S. 3,[153] denn § 256 Abs. 1 Nr. 3 AktG differenziert nach seinem Wortlaut („nach § 319
Abs. 1") nicht zwischen dem Fehlen der Qualifikation nach Abs. 1 S. 1 bzw. 2 und dem
Fehlen des Auszugs aus dem Berufsregister nach Abs. 1 S. 3. Ein ggf. erteilter **Bestätigungsvermerk** ist ebenfalls **nichtig** (§ 134 BGB). Allerdings kann die Nichtigkeit des festgestellten Jahresabschlusses nach § 256 Abs. 1 Nr. 3 AktG nicht mehr geltend gemacht werden,
wenn seit der Bekanntmachung nach § 325 Abs. 2 sechs Monate verstrichen sind, ohne
dass eine Klage auf Feststellung der Nichtigkeit des Jahresabschlusses anhängig gemacht
wurde (§ 256 Abs. 6 S. 1 AktG).[154] Ist bei Ablauf der **Frist** eine Klage auf Feststellung

---

142   HKMS/Mylich/Müller Rn. 122; Hopt/Merkt Rn. 32; BeBiKo/Justenhoven/Nagel Rn. 92.
143   BeBiKo/Justenhoven/Nagel Rn. 93; HKMS/Mylich/Müller Rn. 122. Vgl. BGHZ 118, 142 (150)
      mAnm Claussen AG 1992, 440; BGH WPK-Mitt. 2000, 206 (betr. Steuerberater). Die Rspr. des BGH
      zur Schwarzarbeit (BGHZ 111, 308 [312, 313]) ist nach Ansicht des BGH auf die hier interessierenden
      Fälle nicht anwendbar; gleicher Ansicht OLG Brandenburg GmbHR 2001, 865.
144   OLG Brandenburg GmbHR 2001, 865; ebenso HKMS/Mylich/Müller Rn. 122; Staub/Habersack/
      Schürnbrand Rn. 69; Hopt/Merkt Rn. 32.
145   IDW PS 208: Zur Durchführung von Gemeinschaftsprüfungen (Joint Audit) (Stand: 13.8.2021), IDW
      Life 2021, 1075.
146   Vgl. BGH NJW 2022, 2185 Rn. 37 mwN; ebenso Hopt/Merkt Rn. 32; BeBiKo/Justenhoven/Nagel
      Rn. 93.
147   HKMS/Mylich/Müller Rn. 123 (dort auch zu der Frage, ob Personen, die die Voraussetzungen nach
      Abs. 1 nicht erfüllen, sich auf das Haftungsprivileg des § 323 Abs. 2 berufen können); BeBiKo/Justenho-
      ven/Nagel Rn. 95 (dort auch zum Umfang des Schadensersatzanspruchs); Hopt/Merkt Rn. 32.
148   BeBiKo/Justenhoven/Nagel Rn. 95–96; Hopt/Merkt Rn. 32.
149   § 334 Abs. 2 ahndet allerdings als Ordnungswidrigkeit nur einen Verstoß gegen § 319 Abs. 2, 3, 4 und
      5, aber nicht gegen Abs. 1.
150   Noack/Servatius/Haas/Kersting GmbHG § 42a Rn. 27; BeBiKo/Justenhoven/Nagel Rn. 15; Hopt/
      Merkt Rn. 30.
151   Schüppen Rn. 15; Hopt/Merkt Rn. 30; Wiedmann/Böcking/Gros/Böcking/Gros/Rabenhorst Rn. 31;
      Merkt/Probst/Fink/Bruckner/Homfeldt S, 1484 Rn. 92; Noack/Servatius/Haas/Kersting GmbHG
      § 42a Rn. 27. Zu Fällen von Pflichtprüfungen (§ 316), in denen – wie etwa bei dem Konzernabschluss
      oder dem Einzelabschluss iSd § 325 Abs. 2a – keine Feststellung, sondern eine „Billigung" des Abschlusses
      erfolgt, s. Gelhausen/Heinz WPg 2005, 693 (702).
152   HKMS/Mylich/Müller Rn. 116; Hopt/Merkt Rn. 30; Schüppen Rn. 15.
153   BeBiKo/Justenhoven/Nagel Rn. 15; Hopt/Merkt Rn. 3; Schüppen Rn. 15; Merkt/Probst/Fink/Bruck-
      ner/Homfeldt S. 1484 Rn. 92.
154   HKMS/Mylich/Müller Rn. 116; Hopt/Merkt Rn. 30; Schüppen Rn. 15.

der Nichtigkeit rechtshängig, so verlängert sich die Frist, bis über die Klage rechtskräftig entschieden ist oder sie sich auf andere Weise endgültig erledigt hat (§ 256 Abs. 6 S. 2 AktG). Nur im Fall der **Nicht-Prüfung,** also wenn der Jahresabschluss bei einer gesetzlichen Prüfungspflicht nach § 316 Abs. 1 und 3 überhaupt nicht geprüft worden ist oder von einer Person geprüft wurde, die offensichtlich nicht zur Durchführung gesetzlicher Abschlussprüfungen berechtigt ist, ist der festgestellte Jahresabschluss nach § 256 Abs. 1 Nr. 2 AktG **unheilbar nichtig.**[155]

III. Allgemeine Ausschlussgründe (Abs. 2)

1. Einführung. Zur Sicherung der Unabhängigkeit und Unbefangenheit des **35** Abschlussprüfers (→ Rn. 3) bestimmt Abs. 2, dass ein Wirtschaftsprüfer oder vereidigter Buchprüfer (Abs. 1 S. 1 und 2) als Abschlussprüfer ausgeschlossen ist, wenn während des Geschäftsjahres, für dessen Schluss der zu prüfende Jahresabschluss aufgestellt wird, oder während der Abschlussprüfung Gründe, insbesondere Beziehungen geschäftlicher, finanzieller oder persönlicher Art, vorliegen, nach denen die Besorgnis der Befangenheit besteht. Die Worte „**während des Geschäftsjahres,** für dessen Schluss der zu prüfende Jahresabschluss aufgestellt wird, **oder während der Abschlussprüfung**" wurden durch das AReG (BGBl. 2016 I 1142) in Abs. 2 eingefügt. Die Ergänzung legt den letztmöglichen Zeitpunkt fest, zu dem Besorgnis der Befangenheit zum Ausschluss des Prüfers führen kann: die Erteilung des Bestätigungsvermerks.[156] Sie ist im Einklang mit § 318 Abs. 3 S. 3 und 7, wonach auch ein nach der Wahl des Abschlussprüfers bekannt gewordener oder eingetretener Befangenheitsgrund zu einer Ersetzung des Prüfers führen, ein Antrag auf Ersetzung aber nach Erteilung des Bestätigungsvermerks nicht mehr gestellt werden kann.[157] Abweichend von dem früheren Recht[158] ist ein Wirtschaftsprüfer handelsrechtlich jetzt nicht mehr nur dann von der Übernahme der Abschlussprüfung ausgeschlossen, wenn ein besonderer **Ausschlussgrund** iSv Abs. 3 iVm 4 und 5 (bzw. § 319b Abs. 1) vorliegt, sondern auch dann, wenn aus bestimmten Gründen, insbesondere wegen Beziehungen geschäftlicher, finanzieller oder persönlicher Art, Besorgnis der Befangenheit besteht (allgemeine Ausschlussgründe).[159] Im Falle des Abs. 2 muss im Einzelfall[160] unter Würdigung aller Umstände geprüft werden, ob die Gründe **aus Sicht eines „vernünftig und objektiv denkenden Dritten"** Anlass geben, an der Unbefangenheit des Prüfers zu zweifeln. Sind die Gründe insgesamt nicht nur von untergeordneter Bedeutung, ist der Prüfer nach Abs. 2 als Abschlussprüfer ausgeschlossen.

2. Verhältnis von Abs. 2 zu Abs. 3, 4, 5, § 319b und § 318 Abs. 3. Im Rahmen **36** der Prüfung möglicher Ausschlussgründe (→ Rn. 7) sind zunächst die unwiderlegbaren („besonderen") Ausschlussgründe nach Abs. 3 iVm 4 und 5 zu prüfen. Falls keiner der dort genannten besonderen Ausschlussgründe eingreift, ist auf die **Generalklausel**[161] des Abs. 2 („Besorgnis der Befangenheit") zurückzugreifen. Der Rückgriff auf die widerlegbaren („allgemeinen") Ausschlussgründe nach Abs. 2 ist durch die Vorschriften über die besonderen Ausschlussgründe also **nicht gesperrt.**[162] Bei Meinungsverschiedenheiten darüber, ob die Voraussetzungen eines besonderen Ausschlussgrundes (Abs. 3 iVm 4 oder 5, § 319b) oder eines allgemeinen Ausschlussgrundes wegen Besorgnis der Befangenheit (Abs. 2) vorliegen, steht **ausschließlich** das **gerichtliche Ersetzungsverfahren** nach

---

[155] Schüppen Rn. 15.
[156] BeBiKo/Justenhoven/Nagel Rn. 15.
[157] BeBiKo/Justenhoven/Nagel Rn. 15; Merkt/Probst/Fink/Bruckner/Homfeldt S. 1486 Rn. 97.
[158] Dazu statt aller Gelhausen/Heinz WPg 2005, 693 (694–696).
[159] Zur Terminologie und den Unterschieden zwischen allgemeinen und besonderen Ausschlussgründen → Rn. 1, 4 und 5.
[160] HKMS/Mylich/Müller Rn. 27 („Analyse jedes Einzelfalls"); Hopt/Merkt Rn. 7.
[161] Hopt/Merkt Rn. 6; BeBiKo/Justenhoven/Nagel Rn. 2.
[162] So auch Schüppen Rn. 25 (die Generalklausel bleibe „selbstverständlich" neben den Katalogtatbeständen der Abs. 3, 4, § 319b anwendbar); Hopt/Merkt Rn. 6; HKMS/Mylich/Müller Rn. 26; Staub/Habersack/Schürnbrand Rn. 1.

§ 318 Abs. 3 S. 1 zur Verfügung (zu Einzelheiten → § 318 Rn. 6 und 69–75), das wegen seiner relativ kurzen Fristen rasche Klarheit über die Prüferbestellung gewährleistet.[163] Die Vorschriften über die Ausschlussgründe sind zwar im öffentlichen Interesse gegeben (vgl. § 241 Nr. 3 AktG) bzw. aus dem Berufsrecht in das öffentliche Interesse erhoben.[164] Eine Anfechtungsklage kann hierauf seit dem BilReG aber mehr nicht gestützt werden (§ 243 Abs. 3 Nr. 3 AktG).[165] Eine dennoch erhobene **Anfechtungsklage** ist als unzulässig abzuweisen.[166] Entsprechendes muss seit dem UMAG (BGBl. 2005 I 2802) für die **Nichtigkeitsklage** nach § 249 AktG gelten, auch wenn dort – wohl aufgrund eines redaktionellen Versehens (→ § 318 Rn. 69) – nicht auf § 243 Abs. 3 Nr. 3 AktG verwiesen wird (→ § 318 Rn. 79, 80).[167] Bis zur einer gerichtlichen **Ersetzungsentscheidung** ist der Beschluss der Hauptversammlung zur Wahl des Abschlussprüfers wirksam.[168] Eine Ersetzung des Abschlussprüfers nach § 318 Abs. 3 S. 1 ist freilich nicht nur dann zulässig, wenn ein Ausschlussgrund nach § 319 Abs. 2- 5, § 319b besteht, sondern auch dann, wenn dies aus einem anderen „in der Person des gewählten Prüfers liegenden Grund" geboten erscheint; das folgt aus dem Wort „insbesondere" in § 318 Abs. 3 S. 1.[169] Der **Vorrang des Ersetzungsverfahrens** nach § 318 Abs. 3 ist zwar nur im Aktienrecht geregelt, findet aber auf andere nach § 316 prüfungspflichtigen Rechtsformen entsprechende Anwendung.[170] Eine Ersetzung nach § 318 Abs. 3 S. 1 Nr. 1 ist nicht nur bei Vorliegen eines Ausschlussgrundes nach Abs. 2 oder 3 (iVm Abs. 4 oder 5) oder nach § 319b möglich, sondern auch aus einem anderen **in der Person des gewählten Abschlussprüfers liegenden Grund,** wie sich aus dem Wort „insbesondere" in § 318 Abs. 3 S. 1 Nr. 1 ergibt (→ § 318 Rn. 103).[171]

37   **3. Gründe für eine Besorgnis der Befangenheit (Abs. 2).** Der Ausschlusstatbestand des Abs. 2 ist gekennzeichnet durch eine Reihe unbestimmter Rechtsbegriffe („Beziehungen", „Besorgnis" und „Befangenheit"), die mit Hilfe der anerkannten Grundsätze und Methoden der Auslegung von Gesetzen zu konkretisieren sind. Zur Konkretisierung kann auf die (allerdings vergleichsweise spärliche) einschlägige Rechtsprechung zu vergleichbaren älteren Vorschriften sowie ergänzend auf die reichhaltige (Kommentar-)Literatur, auf die einschlägigen Prinzipien der (europarechtlich unverbindlichen, nach der Rechtsprechung des EuGH von den nationalen Gerichten dennoch zu berücksichtigenden; → § 324 Rn. 20) **Empfehlung 2002/590/EG** der EU-Kommission zur Unabhängigkeit des Abschlussprüfers in der EU vom 16.5.2002,[172] auf die Abschlussprüfer-RL[173] (idF der Änderungen durch RL 2014/56/EU) sowie die **Abschlussprüfungs-VO,** insbesondere Art. 4 und 5 Abschlussprüfungs-VO, zurückgegriffen werden.[174] Hilfestellung bei der Auslegung und Anwendung der Ausschlussgründe iSv Abs. 2 kann außerdem das Berufsrecht der Wirtschaftsprüfer (vgl. § 49 WPO) leisten, insbesondere die §§ 29–36 BS WP/vBP (näher → Rn. 45), auch wenn die Regeln der Berufssatzung der WPK für die Gerichte

---

163   HKMS/Mylich/Müller Rn. 125; Hopt/Merkt Rn. 6; LG Düsseldorf BeckRS 2015, 120171.
164   HKMS/Mylich/Müller Rn. 125; Gelhausen/Heinz WPg 2005, 693 (697).
165   HKMS/Mylich/Müller Rn. 125n. Eine Anfechtung aus anderen als den genannten Gründen (zB Einberufungsmängel, falsche Zählung der Stimmen etc.) bleibt allerdings möglich: Schüppen § 318 Rn. 15. Zum Ganzen ausf. Ebke/Jurisch AG 2000, 208.
166   Gelhausen/Heinz WPg 2005, 693 (697); Frings WPg 2006, 821 (829).
167   Ebenso BeBiKo/Justenhoven/Nagel Rn. 93; idS auch OLG Karlsruhe BB 2015, 3022; zu Einzelheiten dieses Beschlusses Hennrichs WPg 2017, 482.
168   Hopt/Merkt Rn. 32.
169   Hopt/Merkt Rn. 6.
170   HKMS/Mylich/Müller Rn. 125.
171   Hopt/Merkt Rn. 6.
172   ABl. EU 2002 L 181, 22. Zu Einzelheiten Niehues WPK-Mitt. 2002, 182; rechtsvergleichend mit den SEC-Regeln Ebke in Ferrarini/Hopt/Winter/Wymeersch, Reforming Company and Takeover Law in Europe, 2004, 510 ff.; S. Schmidt BB 2003, 779.
173   Zur Transformation der Abschlussprüfer-RL in das deutsche Recht Naumann/Feld WPg 2006, 873; Lanfermann/Maul DB 2006, 1505.
174   In dieselbe Richtung weisend Schüppen Rn. 17.

zB im Ersetzungsverfahren (§ 318 Abs. 3) bei der Auslegung und Anwendung von Abs. 2 nicht verbindlich sind.[175]

a) Auslegungsmaßstäbe. Die Auslegung des Abs. 2 hat zu berücksichtigen, dass die **38** regelmäßige Prüfung des Jahres-/Konzernabschlusses und des Lage-/Konzernlageberichts durch gesellschaftsexterne, unabhängige Sachverständige mit gesetzlich umrissenen Kontroll-, Informations- und Beglaubigungsaufgaben (→ § 316 Rn. 39) ein **hohes Gut** ist.[176] Die gesetzlich vorgeschriebene Abschlussprüfung kann ihren Zweck nur erfüllen, wenn die Abschlussprüfer unabhängig und unbefangen sind. Unabhängigkeit und Unbefangenheit sind Grundvoraussetzungen für das **Vertrauen** der gegenwärtigen und zukünftigen Anleger und Gläubiger, für das Funktionieren der internen und externen Corporate Governance, für die Effizienz der Finanz- und Kapitalmärkte und nicht zuletzt für die Volkswirtschaft insgesamt (→ Rn. 2).[177] Wegen des **komplexen Rechtsgüterzusammenhangs** und des konstruktiven Verhältnisses des Abs. 2 zu § 319 Abs. 3 (iVm Abs. 4 und 5) und § 318 Abs. 3 S. 1 kann Abs. 2 nicht in einem einheitlichen Sinne „eng" oder „weit" ausgelegt werden. Vielmehr sind im Rahmen der Auslegung und Anwendung der Generalklausel des Abs. 2 die Auswirkungen auf alle Beteiligten (insbesondere die prüfungspflichtige Gesellschaft, den Wirtschaftsprüfer und die Rechnungslegungsadressaten) in die Würdigung mit einzubeziehen. In der Konsequenz wird bei der Auslegung des Begriffs der Besorgnis der Befangenheit jedenfalls **keine „unbegrenzte" Auslegung** überwiegen, da bei der Prognose der Gefährdung des Zieles einer unparteiischen und gewissenhaften Prüfung (§ 323 Abs. 1 S. 1), dessen Verwirklichung unter anderem der allgemeine Ausschlussgrund des Abs. 2 zu dienen bestimmt ist, eine hinreichende **Schwere und Wahrscheinlichkeit** für das Vorliegen einer Befangenheit, also den **Verlust der Objektivität** („Urteilsfreiheit")[178] des Prüfers gegeben sein muss. Die Gründe, „insbesondere die Beziehungen geschäftlicher, finanzieller oder persönlicher Art" müssen eine Intensität erreichen, die ernsthafte Zweifel an der Objektivität des Prüfers aufkommen lassen. Dazu reicht nicht schon jeder bloße Verdacht oder der „böse Schein".[179] Vielmehr muss in dem in Rede stehenden konkreten Einzelfall[180] nach allgemeinen Erfahrungssätzen die Möglichkeit gegeben sein, dass sich der Prüfer bei der Planung und Durchführung der Prüfung bzw. bei seiner Berichterstattung oder Testierung wahrscheinlich von sachfremden Erwägungen oder Motiven leiten lassen wird, womit zwar nicht ein Kausalzusammenhang zwischen dem Grund und dem Eintritt des Nachteils, der durch Abs. 2 verhindert werden soll, umschrieben ist, wohl aber die **Erheblichkeit** (im Sinne quantitativer bzw. qualitativer Wesentlichkeit) des Grundes.[181]

Sind die für die Besorgnis der Befangenheit vorgebrachten Gründe für die Urteilsbil- **39** dung und Entscheidung in qualitativer bzw. quantitativer Hinsicht offensichtlich unwesentlich oder zusammen mit geeigneten **Schutzmaßnahmen** (*safeguards*)[182] insgesamt unbedeutend, scheidet ein Ausschluss des Prüfers als Abschlussprüfer nach Abs. 2 aus.[183] Das ergibt sich zwar nicht aus dem Gesetz selbst, sondern lediglich aus der Gesetzesbegrün-

---

[175]   Vgl. Gehlhausen/Heinz WPg 2005, 693 (696).
[176]   BayObLGZ 2002, 364 (365) (unter Hinweis auf → MüKoHGB/Ebke [1. Aufl.] Rn. 55).
[177]   Ebke in Ferrarini/Hopt/Winter/Wymeersch, Reforming Company and Takeover Law in Europe, 2004, S. 518; Ebke FS Immenga, 2004, 522 (523); vgl. EuGH Urt. v. 24.3.2021 – C-950/19, ECLI:EU:C:2021:230 Rn. 39 ff. – Patentti- ja rekisterihallituksen tilintarkastuslautakunta.
[178]   Leffson Wirtschaftsprüfung, 4. Aufl. 1995, S. 334.
[179]   Ebke FS Immenga, 2004, 526 (zu § 318 Abs. 3 S. 1 aF).
[180]   HKMS/Mylich/Müller Rn. 27 („Analyse jedes Einzelfalls"); Hopt/Merkt Rn. 7 und 11.
[181]   Ebenso HKMS/Mylich/Müller Rn. 31.
[182]   Nach § 30 Abs. 1 S. 1 BS WP/vBP sind Schutzmaßnahmen „solche Maßnahmen oder Verfahren, die geeignet sind, eine Gefährdung der Unbefangenheit der WP/vBP so weit abzuschwächen, dass aus Sicht eines verständigen Dritten die Gefährdung insgesamt als unwesentlich zu beurteilen ist." Vgl. BeBiKo/Justenhoven/Nagel Vor § 319 Rn. 5 und 7; Schüppen FS Ebke, 2021, 881 (886).
[183]   Art. 5 Abs. 5 Abschlussprüfungs-VO kennt das Instrument der Schutzmaßnahmen ebenfalls, lässt es aber nur zum Zuge kommen, wenn Netzwerkmitglieder des Prüfers Nichtprüfungsleistungen für Tochtergesellschaften (beherrschte Gesellschaften) mit Sitz in Drittstaaten erbringen: HKMS/Mylich/Müller Rn. 33.

dung,[184] ist in der Literatur aber inzwischen allgemein anerkannt[185] und national,[186] europäisch[187] sowie international[188] verankert. Art. 22 Abs. 2 S. 2 Abschlussprüfer-RL v. 17.5.2006 stellt hierzu klar: „Ist die Unabhängigkeit von Abschlussprüfern oder Prüfungsgesellschaften gefährdet, beispielsweise durch Selbstprüfung, Eigeninteresse, Interessenvertretung, Vertrautheit oder Vertrauensbeziehung oder Einschüchterung, *müssen* sie diese Risiken durch Schutzmaßnahmen mindern" (Hervorhebung vom Verf.). Nach Erwägungsgrund 11 Abschlussprüfer-RL **umfassen** Schutzmaßnahmen zur Eindämmung oder Beseitigung von Risiken für die Unabhängigkeit „Verbote, Einschränkungen, sonstige Maßnahmen und Verfahren sowie Offenlegungspflichten", die geeignet sind, die Gefährdung der Unbefangenheit des Prüfers so weit „abzuschwächen", dass aus Sicht eines „objektiven, verständigen und informierten Dritten" (Art. 22 Abs. 2 Abschlussprüfer-RL) die Gefährdung insgesamt als „unwesentlich" zu beurteilen ist (vgl. § 30 Abs. 1 S. 1 BS WP/vBP). **Hierzu** können, je nach den vorliegenden Umständen, aus denen sich die Gefährdung ergibt, insbesondere **gehören:** (1) Erörterungen in Aufsichtsgremien des Auftraggebers, (2) Erörterungen mit Aufsichtsstellen außerhalb des Unternehmens, (3) Transparenzregelungen, (4) Einschaltung von Personen in den Prüfungsauftrag, die nicht schon anderweitig damit befasst sind, (5) Beratung mit Kollegen, die in Fragen der Unbefangenheit erfahren sind sowie (6) personelle und organisatorische Maßnahmen, durch die sichergestellt wird, dass Informationen aus der zusätzlichen Tätigkeit, die zu einer Befangenheit als Abschlussprüfer führen können, den für die Abschlussprüfung Verantwortlichen nicht zur Kenntnis gelangen (*firewalls;*[189] vgl. § 30 Abs. 1 S. 2 BS WP/vBP).[190] Derartige Schutzmaßnahmen können eine tatsächlich vorhandene **Befangenheit** des Prüfers allerdings **nicht ausräumen,** sondern nur die Gefährdung der Unbefangenheit des Prüfers aufgrund der Umstände soweit abschwächen oder herabsetzen, dass die Gefährdung bei objektiver, verständiger und informierter Würdigung im konkreten Einzelfall insgesamt als unbedeutend oder unwesentlich anzusehen ist.[191]

40   Über das Vorliegen des Ausschlussgrundes nach Abs. 2 entscheidet nicht ein subjektiver Maßstab; entscheidend ist vielmehr ein **objektiver Beurteilungsmaßstab.**[192] Für Abs. 2 reicht also nicht schon eine bloße „Ahnung", der nicht plausible „Verdacht" oder das unsubstantiierte „Gefühl" eines Beteiligten (zB eines Gesellschafters oder Geschäftsführers) aus, der Prüfer werde sein Urteil nicht unbeeinflusst von unsachgemäßen Erwägungen bilden.[193] Die eigene **subjektive Ansicht des Prüfers** ist insoweit ebenfalls **unerheb-**

---

[184] BT-Drs. 15/3419, 38 v. 24.6.2004.
[185] Ring WPg 2005, 197 (199); Gelhausen/Heinz WPg 2005, 693 (697); Hopt/Merkt Rn. 7 („Berücksichtigung der zur Reduzierung erkannter Risiken getroffenen Maßnahmen") und 11; HKMS/Mylich/Müller Rn. 33; Hense/Ulrich/Bärenz/Goltz WPO § 49 Rn. 46 und 184 ff.; Staub/Habersack/Schürnbrand Rn. 24; Merkt/Probst/Fink/Bruckner/Homfeldt S. 1486 Rn. 98.
[186] Vgl. § 29 Abs. 2 S. 3 BS WP/vBP (Keine Beeinträchtigung der Unbefangenheit, wenn Umstände wie Eigeninteresse, Selbstprüfung, Interessenvertretung, persönliche Vertrautheit oder Einschüchterung „für die Urteilsbildung unwesentlich sind oder zusammen mit Schutzmaßnahmen unbedeutend sind").
[187] S. nur die Empfehlung 2002/590/EG der EU-Kommission zur Unabhängigkeit des Abschlussprüfers in der EU; dazu Hense/Ulrich/Bärenz/Goltz WPO § 49 Rn. 197 ff.
[188] S. nur Allen/Siegel Wash. U. L. Rev. 80 (2002), 519 (529); Blann Gov't Fin. Rev. 2012, 37 (38, 39).
[189] Bei den *firewalls* kommt es auf das Gesamtbild der Umstände (zB Art des Risikos, Grad der Abschottung, Größe der Praxis) an; vgl. BVerfG BB 2003, 2199 (2201).
[190] Hense/Ulrich/Bärenz/Goltz WPO § 49 Rn. 184 ff.; HKMS/Mylich/Müller Rn. 33; Merkt/Probst/Fink/Bruckner/Homfeldt S. 1486 Rn. 98. Blann Gov't Fin. Rev. 2012, 37 (38–39) nennt aus US-amerikanischer Sicht beispielhaft folgende vergleichbare *safeguards*: (i) Consulting with an independent third party, (ii) involving another audit organization to perform (or re-perform) a portion of the audit, (iii) having another staff member who was not part of the audit team review the work performed, (iv) having an appropriate member of management review and approve any non-audit services performed by the auditor.
[191] HKMS/Mylich/Müller Rn. 33.
[192] OLG Frankfurt WPK-Mitt. 2002, 265 (266) („objektivierte Betrachtungsweise"); BGHZ 153, 32 (43) = BB 2003, 462 (465); ebenso Ring WPg 2005, 197 (199); Gelhausen/Heinz WPg 2005, 693 (697); Schüppen Rn. 16; Ebke FS Immenga, 2004, 528, 529 (zu § 318 Abs. 3 S. 1 aF); Staub/Habersack/Schürnbrand Rn. 20; Hense/Ulrich/Bärenz/Goltz WPO § 49 Rn. 35–36; Wiedmann/Böcking/Gros/Böcking/Gros/Rabenhorst Rn. 9.
[193] Ebenso HKMS/Mylich/Müller Rn. 30; Merkt/Probst/Fink/Bruckner/Homfeldt S. 1485 Rn. 94.

lich.[194] Entscheidend ist, ob konkrete, objektiv nachvollziehbare, aus den Beziehungen
geschäftlicher, finanzieller, persönlicher oder sonstiger Art ableitbare Gründe vorhanden
sind, die Anlass zu der Besorgnis der Befangenheit iSv Abs. 2 geben können. Für die
Notwendigkeit eines objektiven Maßstabes sprechen schon die für alle Beteiligten, insbesondere aber für die prüfungspflichtige Gesellschaft und ihren Abschlussprüfer strengen Rechtsfolgen im Falle der Besorgnis der Befangenheit (→ Rn. 37 ff.). Rein subjektive oder gar
unvernünftige Vorstellungen einzelner gemäß § 318 Abs. 3 S. 1 Abberufungsberechtigter
sind nicht zuletzt deshalb unerheblich, weil der von der Befangenheitsvorschrift des Abs. 2
(zumindest auch) bezweckte Schutz der berechtigten **Interessen des Abschlussprüfers**[195]
sowie der **Schutz der Institution** der Abschlussprüfung[196] andernfalls ausgehebelt würden.[197] Dass es für die Beurteilung des Vorliegens der Besorgnis der Befangenheit nicht
auf die subjektiven Vorstellungen oder Behauptungen einzelner Abberufungsberechtigter
ankommt, sondern ein objektiver Maßstab zugrunde zu legen ist, wird bestätigt durch die
Forderung des II. Zivilsenats des BGH in der Rechtssache „HypoVereinsbank", die Frage
einer etwaigen Befangenheit des gewählten Abschlussprüfers gemäß § 318 Abs. 3 S. 1 aF
aus Sicht eines **„vernünftig und objektiv denkenden Dritten"** zu beurteilen.[198] Eine
solche Würdigung ist jene, die ein vernünftig denkender Mensch, ein unbeteiligter Dritter,
eine erfahrene, besonnene, abwägende Person anstellen würde, wenn sie der Beteiligte in
dem konkreten Einzelfall wäre.[199] Diese Sichtweise steht im Einklang mit Art. 22 Abs. 2
S. 2 Abschlussprüfer-RL („objektiver, verständiger und informierter Dritter").

   b) Fallgruppen. Der Gesetzgeber nennt in Abs. 2 als Gründe, die die Besorgnis der   **41**
Befangenheit hervorrufen können, beispielhaft („insbesondere") **„Beziehungen geschäftlicher, finanzieller oder persönlicher Art"**, doch können auch andere Beziehungen
oder Umstände (→ § 318 Rn. 86 ff.) Anlass zu Zweifeln an der Unvoreingenommenheit
des Prüfers begründen, wie sich aus dem Wort „insbesondere" ergibt.[200] Unionsrechtlich,[201]
national[202] und international[203] besteht heute weitgehend Einigkeit darüber, dass mögliche
Ursachen für die Gefährdung der Unbefangenheit Eigeninteressen, Selbstprüfung, Interessenvertretung, persönliche Vertrautheit sowie Einschüchterung sind (→ Rn. 45).[204] Die
Besorgnis der Befangenheit kann auch dadurch begründet werden, dass (a) Personen, mit
denen der Prüfer seinen Beruf gemeinsam ausübt, (b) Personen, mit denen der Prüfer
in einem **Netzwerk** verbunden ist, (c) Ehegatten (→ § 319 Rn. 90, → § 319 Rn. 92),

---

194   Hopt/Merkt Rn. 7; Hense/Ulrich/Bärenz/Goltz WPO § 49 Rn. 36.
195   Zu der Absicht des § 318 Abs. 3 S. 1 aF, die Position des Abschlussprüfers zu stärken: OLG Frankfurt
       a.M. BB 2004, 599 (601).
196   Vgl. BGHZ 153, 22 (43) = NZG 2003, 216 (220) – HypoVereinsbank („Schutz der ‚Institution
       Abschlussprüfung'") (zu § 318 Abs. 3 S. 1 aF).
197   S. auch Ebke in Ferrarini/Hopt/Winter/Wymeersch, Reforming Company and Takeover Law in
       Europe, 2004, 518 („Principles and rules on statutory auditor independence should allow a reasonable
       and informed third party to evaluate the procedures and actions taken by the statutory auditor to avoid
       or resolve facts and circumstances that pose a threat or risks to his objectivity").
198   BGHZ 153, 32 (43) = BB 2003, 462 (465). Zust. Schüppen Rn. 16; HKMS/Mylich/Müller Rn. 30;
       BeBiKo/Justenhoven/Nagel Vor § 319 Rn. 2 und § 319 Rn. 29; Merkt/Probst/Fink/Bruckner/Hom-
       feldt S. 1485 Rn. 94.
199   Ebke FS Immenga, 2004, 529; vgl. HKMS/Mylich/Müller Rn. 27 („Analyse jedes Einzelfalls").
200   Baumbach/Hueck/Schulze-Osterloh, 18. Aufl. 2006, GmbHG § 41 Rn. 118.
201   Art. 22 Abs. 2 S. 2 Abschlussprüfer-RL, Erwägungsgrund Nr. 11 Abschlussprüfer-RL; s. ferner Abschnitt
       B.1–B.10 der Empfehlung 2002/590/EG der EU Kommission v. 16.5.2002 „Unabhängigkeit des
       Abschlussprüfers in der EU – Grundprinzipien", ABl. EG 2002 L 191, 22.
202   Wiedmann/Böcking/Gros/Böcking/Gros/Rabenhorst Rn. 9 (unter Hinweis auf den RegE zum Bil-
       ReG); s. ferner § 29 Abs. 2 S. 2 BS WP/vBP.
203   In den USA sieht man Gefahren für die Unbefangenheit des Prüfers insbesondere in folgenden sechs
       Situationen: self-interest, self-review, advocacy (bias), familiarity (or trust), undue influence (intimida-
       tion), management participation: Allen/Siegel Wash. U. L. Rev. 80 (2002), 519 (529); Blann Gov't Fin.
       Rev. 2012, 37 (38).
204   Hopt/Merkt Rn. 8; BeBiKo/Justenhoven/Nagel Vor § 319 Rn. 4; HKMS/Mylich/Müller Rn. 34–49;
       Merkt/Probst/Fink/Bruckner/Homfeldt S. 1486 Rn. 95.

Lebenspartner (→ § 319 Rn. 91) oder Verwandte in gerader Linie (§ 1589 S. 1 BGB) des Prüfers, sonstige Familienmitglieder, die seit mindestens einem Jahr mit dem Prüfer in einem Haushalt leben, oder für eine dieser Personen handelnde Vertreter, (d) Unternehmen, auf die der Prüfer **maßgeblichen Einfluss** hat oder (e) Personen, mit denen der Prüfer in einem Büro zusammenarbeitet, soweit Leistungen für dieselben Mandanten erbracht werden, Sachverhalte verwirklichen, die die Unbefangenheit beeinträchtigen können.[205]

42   Die genannten Faktoren liegen indes nicht nur dem widerlegbaren allgemeinen Ausschlussgrund nach Abs. 2 (Besorgnis der Befangenheit), sondern auch den unwiderlegbaren Ausschlusstatbeständen des Abs. 3 und 4 (iVm Abs. 5) und der § 319b Abs. 1 zugrunde.[206] Entsprechend der in § 318 Abs. 3 S. 1 angelegten Differenzierung zwischen kapitalmarktorientierten Unternehmen („Unternehmen von öffentlichem Interesse", § 316a S. 2) und anderen Unternehmen wird man deshalb die quantitativen bzw. qualitativen **Grenzen,** die eine Besorgnis der Befangenheit auslösen, bei nichtkapitalmarktorientierten Gesellschaften ggf. höher anzusetzen haben als bei Unternehmen, die einen organisierten Markt iSd § 2 Abs. 5 WpHG in Anspruch nehmen.[207] Umgekehrt gilt: Ist ein Katalogtatbestand des Abs. 3 (iVm 4 oder 5), § 319b nicht erfüllt (weil beispielsweise die Schwellenwerte des Anteilsbesitzes nach Abs. 3 Nr. 1, 2 oder 5 oder der Gesamthonorareinnahmen nach Abs. 3 Nr. 5 nur knapp nicht erreicht werden), so entfaltet die abschließende Wertung dieses Katalogtatbestands eine **Sperrwirkung** in dem Sinne, dass aus der Nichterfüllung dieses Katalogtatbestands in dem konkreten Einzelfall nicht automatisch auf die Besorgnis der Befangenheit nach Abs. 2 geschlossen werden kann. Ein widerlegbarer Ausschlussgrund nach Abs. 2 kann in einem solchen Fall aber dann vorliegen, wenn **zusätzliche Umstände hinzutreten,** die eine Besorgnis der Befangenheit begründen können (vgl. § 31 Abs. 3 BS WP/vBP).[208]

43   **c) Folgerungen.** Es ist nicht zu bestreiten, dass die Auslegung und Anwendung des Abs. 2 für die betroffenen Unternehmen, Abschlussprüfer und Gerichte eine große Herausforderung darstellen, zumal Verstöße gegen die Bestimmung des Abs. 2 zivil-, handels-, berufs- und aufsichtsrechtlich bewehrt sind. Wie auch in anderen Bereichen des Rechts der Rechnungslegung und Abschlussprüfung (→ § 323 Rn. 30) stand der Gesetzgeber vor der Notwendigkeit, die „unendliche" Zahl regelungsbedürftiger Sachverhalte einer (potenziellen) Gefährdung der Unabhängigkeit und der Unbefangenheit mit einer möglichst kleinen Zahl von Rechtssätzen zu regeln. Der Gesetzgeber hat sich in Abs. 2 für die Verwendung unbestimmter Rechtsbegriffe entschieden. Durch die **kalkulierte Unbestimmtheit** und Offenheit **der Begriffe** „Beziehungen", „Besorgnis" und „Befangenheit" und die beispielhafte („insbesondere") Anführung der „Beziehungen geschäftlicher, finanzieller oder persönlicher Art" (ebenfalls auslegungsbedürftige Rechtsbegriffe) hat der Gesetzgeber eine gewisse Elastizität geschaffen. Das hat **Vorteile:** Die Bestimmung des Abs. 2 kann aufgrund der kalkulierten Unbestimmtheit und Offenheit der darin enthaltenen Rechtsbegriffe auf neue Sachverhalte angewendet werden (zB Fälle von Einschüchterung)[209] und zugleich Gedanken aus der europäischen sowie der internationalen Rechtsentwicklung aufnehmen.[210] Weitere Wertungsmaßstäbe für die Auslegung und Anwendung des Abs. 2 ergeben sich aus dem Spannungsverhältnis von widerlegbaren Ausschlussgründen nach Abs. 2 zu

---

[205] Vgl. § 29 Abs. 4 S. 1 BS WP/vBP. Ebenso VG Berlin BeckRS 2010, 55361 (betr. die Tätigkeit des Sozius des Abschlussprüfers im Beirat der geprüften Gesellschaft).

[206] BeBiKo/Justenhoven/Nagel Rn. 22.

[207] So zutr. Baumbach/Hueck/Schulze-Osterloh, 18. Aufl. 2006, GmbHG § 41 Rn. 118; s. ferner Klein/Klaas WPg 2006, 885 (889, 890) zu den Differenzierungen in der Abschlussprüfer-RL.

[208] Schüppen Rn. 25; BeBiKo/Justenhoven/Nagel Rn. 2 und 29 (unter Hinweis auf Gelhausen in Freidank, Reform der Rechnungslegung und Corporate Governance in Deutschland und Europa, 2004, 170); Gelhausen/Buchenau WPK Magazin 2010, 42 (44, 45); Hopt/Merkt Rn. 14.

[209] Der Fall der Einschüchterung ist in Art. 22 Abs. 1 Abschlussprüfer-RL sowie in der jüngsten Fassung des § 36 BS WP/vBP ausdrücklich geregelt. Zum früheren Recht → 3. Aufl. 2013, § 319 Rn. 24 Fn. 95.

[210] Zur Berücksichtigung von Gedanken aus der internationalen Rechtsentwicklung, soweit sie auf das deutsche Umfeld übertragbar sind, ausdrücklich Gelhausen/Heinz WPg 2005, 693 (696).

unwiderlegbaren Ausschlussgründen nach Abs. 3 iVm Abs. 4 und 5 und § 318 Abs. 3 S. 1, dem Verbot der Selbstprüfung sowie letztlich aus den Zielen der Abschlussprüfung. Die Betroffen und die Rechtsanwender können bei der Auslegung und Anwendung des Abs. 2 auf eine **entwickelte Kasuistik** zurückgreifen, die sich auf der Grundlage und am Maßstab der unionsrechtlichen Empfehlungen und Vorgaben und mit Hilfe der Konkretisierungen in den §§ 28–37 BS WP/vBP in Theorie und Praxis weiter fortentwickeln wird.[211] Bei der Auslegung und Anwendung der Tatbestandsmerkmale des Abs. 2 sollte wir uns darüber hinaus noch intensiver als bisher der Rechtsvergleichung bedienen. Aus der Rechtsvergleichung können wir – ebenso wie aus der Rechtsgeschichte und der interdisziplinären Forschung – Erkenntnisse schöpfen, die unseren **Erfahrungshorizont** über zeitliche, nationale und fachliche Grenzen hinweg erweitern und uns vor engen, allein nationalen Sichtweisen bewahren, die der Suche nach juristisch tragfähigen und ökonomisch sinnvollen Lösungen bei der Konkretisierung der Generalklausel der Besorgnis der Befangenheit in Abs. 2 nur abträglich sein können (sog. Magisches Dreieck").[212]

    d) Hilfestellung. Die als mögliche Ursachen für die Gefährdung der Unbefangenheit **44** national, unionsrechtlich und international (→ Rn. 41) anerkannten Fallgruppen „Eigeninteressen", „Selbstprüfung", „Interessenvertretung", „persönliche Vertrautheit" sowie „Einschüchterung" werden in §§ 32–36 BS WP/vBP inhaltlich aufgefächert. Die **Berufssatzung der Wirtschaftsprüfer** und vereidigten Buchprüfer idF vom 3.6.2022 berücksichtigt geltendes europäisches Recht, insbesondere die Abschlussprüfungs-VO über spezifische Anforderungen an die Abschlussprüfung bei Unternehmen von öffentlichem Interesse und die Abschlussprüfer-RL. Darüber hinaus wurden – soweit höherrangiges Recht nicht entgegensteht – die von den unabhängigen Standardsetzern der International Federation of Accountants **(IFAC)** entwickelten internationalen Grundsätze in der Berufssatzung unter Anpassung an das nationale Regelungsumfeld in Form abstrakter, nicht auf den Einzelfall bezogener Regelungen berücksichtigt. Dies betrifft insbesondere die Grundsätze (a) des Code of Ethics (Handbook of the Code of Ethics for Professional Accountants), (b) des International Ethics Standards Board for Accountants **(IESBA)** sowie (c) des **ISQC 1** (International Standard on Quality Control 1) des International Auditing and Assurance Standards Board (IAASB). Die berufsrechtlichen Regelungen der §§ 29 ff. BS WP/vBP enthalten nicht nur hilfreiche Begriffsdefinitionen, sondern auch eine **klare Regelungssystematik** und **sinnvolle Ordnung** der Fälle einer möglichen Gefährdung der Unbefangenheit insbesondere aufgrund von Beziehungen geschäftlicher, finanzieller oder persönlicher Art.[213] Damit tragen die §§ 32–36 BS WP/vBP (zusammen mit den Erläuterungen der WPK zu den einzelnen Bestimmungen der BS WP/vBP) zu einem besseren Verständnis möglicher Gefährdungen der Unbefangenheit des Abschlussprüfers (nicht nur aus Sicht des Berufsstands) bei, auch wenn die Bestimmungen der Berufsatzung der WPK für die Gerichte im Ersetzungsverfahren nach § 318 Abs. 3 oder der Auslegung und Anwendung von Abs. 2 nicht verbindlich sind.[214] Hinzukommen (allerdings nur spärlich vorhandene) gerichtliche Entscheidungen (meist zu älteren Fassungen der §§ 318, 319, 319b)[215] sowie eine reichhaltige (Kommentar-)Literatur. Zu den **Schutzmaßnahmen** (*safeguards*) iSv § 29 Abs. 3 S. 2 BS WP/vBP → Rn. 39.

    e) Konkretisierung durch das Berufsrecht. Wirtschaftsprüfer und vereidigte Buch- **45** prüfer sind nach § 49 WPO berufsrechtlich verpflichtet, ihre Tätigkeit zu versagen, wenn bei der Durchführung des Auftrags Besorgnis der Befangenheit besteht. Diese Regel soll

---

211   S. auch Gelhausen/Heinz WPg 2005, 693 (696).
212   Zur Bedeutung des „magischen Dreiecks" des Rechts: Ebke FS Müller-Graff, 2015, 1451 (1455, 1456).
213   Hense/Ulrich/Bärenz/Goltz WPO § 49 Rn. 34.
214   Gehlhausen/Heinz WPg 2005, 693 (696).
215   S. nur BGH ZIP 1997, 1162; BGH ZIP 2003, 290 (293 ff.); LG Köln AG 1997, 431; LG Köln DB 1992, 265 (266).

den Prüfer vor Konflikten beruflicher, wirtschaftlicher und moralischer Art bewahren.[216] Nach § 29 Abs. 1 BS WP/vBP vom 3.6.2022 haben Wirtschaftsprüfer ihre Tätigkeit zu versagen, wenn sie bei der Durchführung von Prüfungen „nicht unbefangen sind oder wenn die Besorgnis der Befangenheit besteht". Unbefangen ist danach, „wer sich sein Urteil unbeeinflusst von unsachgemäßen Erwägungen bildet" (§ 29 Abs. 2 S. 1 BS WP/vBP).[217] Die Unbefangenheit kann insbesondere durch **Eigeninteressen** (§ 32 BS WP/vBP), **Selbstprüfung** (§ 33 BS WP/vBP), **Interessenvertretung** (§ 34 BS WP/vBP), **persönliche Vertrautheit** (§ 35 BS WP/vBP) sowie **Einschüchterung** (§ 36 BS WP/vBP) beeinträchtigt werden (→ Rn. 47 ff.).[218] Das Vorliegen solcher Umstände soll jedoch nicht zu einer Beeinträchtigung der Unbefangenheit führen, wenn die Umstände selbst für die Urteilsbildung offensichtlich unwesentlich sind oder zusammen mit Schutzmaßnahmen (sog. *safeguards* – § 30 BS WP/vBP)[219] insgesamt unbedeutend sind (§ 29 Abs. 2 S. 3 BS WP/vBP).[220]

46   Die §§ 32–36 BS WP/vBP fächern die in § 29 Abs. 2 S. 2 BS WP/vBP aufgeführten **Umstände,** die eine Besorgnis der Befangenheit des Abschlussprüfers begründen können, weiter auf und tragen – zusammen mit den Erläuterungen der WPK zu den einzelnen Bestimmungen der BS WP/vBP – zu einem besseren Verständnis aus Sicht des Berufsstands bei, auch wenn die Bestimmungen der Berufssatzung der WPK für die Gerichte im Ersetzungsverfahren nicht verbindlich sind.[221] Umstände nach § 29 Abs. 2 S. 2 BS WP/vBP können sich insbesondere aus Beziehungen geschäftlicher, finanzieller oder persönlicher Art ergeben (§ 29 Abs. 2 S. 4 BS WP/vBP). **Besorgnis der Befangenheit** liegt vor, wenn Umstände iSv § 29 Abs. 2 S. 2 BS WP/vBP gegeben sind, die aus Sicht eines verständigen Dritten geeignet sind, die Urteilsbildung unsachgemäß zu beeinflussen (§ 29 Abs. 3 S. 1 BS WP/vBP).[222] Der Abschlussprüfer hat vor Annahme eines Auftrags sowie während der gesamten Dauer der Auftragsdurchführung zu prüfen, ob die Unbefangenheit gefährdende Umstände vorliegen (§ 29 Abs. 5 S. 1 BS WP/vBP). Die BS WP/vBP enthält ebenfalls **keine abschließende Regelung** der Befangenheitsgründe; vielmehr sind die in den §§ 32–36 BS WP/vBP genannten Tatbestände lediglich Beispiele für mögliche Befangenheitsgründe, die ihrerseits unbestimmte Rechtsbegriffe enthalten.

---

[216] Hense/Ulrich/Bärenz/Goltz WPO § 49 Rn. 1; Praem WPg 2002, 1355; BeBiKo/Justenhoven/Nagel Rn. 85.
[217] Hense/Ulrich/Bärenz/Goltz WPO § 49 Rn. 35; BeBiKo/Justenhoven/Nagel Rn. 2.
[218] S. dazu die Übersicht von BeBiKo/Justenhoven/Nagel Rn. 23 ff.
[219] BeBiKo/Justenhoven/Nagel Rn. 28 und Vor § 319 Rn. 7; Hense/Ulrich/Bärenz/Goltz WPO § 49 Rn. 36. Gemäß § 30 BS WP/vBP sind Schutzmaßnahmen solche Maßnahmen oder Verfahren, die geeignet sind, eine Gefährdung der Unbefangenheit der Prüfer so weit abzuschwächen, dass aus Sicht eines verständigen Dritten die Gefährdung insgesamt als unwesentlich zu beurteilen ist. Hierzu können nach § 30 Abs. 1 S. 2 WP/vBP, je nach den vorliegenden Umständen, aus denen sich die Gefährdung ergibt, insbesondere gehören: Erörterung mit Aufsichtsgremien des Auftraggebers (Nr. 1), Erörterungen mit Aufsichtsstellen außerhalb des Unternehmens (Nr. 2), Transparenzregelungen (Nr. 3), Einschaltung von Personen in den Prüfungsauftrag, die nicht schon anderweitig damit befasst sind (Nr. 4), Beratung mit Kollegen, die in Fragen der Unbefangenheit erfahren sind (Nr. 5) und personelle und organisatorische Maßnahmen, durch die sichergestellt wird, dass Informationen aus der zusätzlichen Tätigkeit, die zu einer Befangenheit als Abschlussprüfer führen können, den für die Abschlussprüfung Verantwortlichen nicht zur Kenntnis gelangen (Firewalls) (Nr. 6). Bei der Dokumentation der Gefährdungen und ihrer Prüfung (§ 29 Abs. 5 S. 2 WP/vBP) sind im Einzelfall ergriffene Schutzmaßnahmen ebenfalls zu dokumentieren (§ 30 Abs. 2 BS WP/vBP).
[220] Die grundsätzliche Möglichkeit, durch geeignete Schutzmaßnahmen eine Gefährdung der Unbefangenheit so weit abzuschwächen, dass sie insgesamt nicht mehr als wesentlich zu beurteilen ist, erkennt der europäische Gesetzgeber in Art. 22 Abschlussprüfer-RL ausdrücklich an. Die Abschlussprüfer-RL enthält allerdings keinen Katalog möglicher Schutzmaßnahmen; daher orientieren sich die in § 30 Abs. 1 S. 2 BS WP/vBP genannten Schutzmaßnahmen unverändert an der EU-Empfehlung 2002/590/EG der EU Kommission zur Unabhängigkeit des Abschlussprüfers aus dem Jahr 2002 (ABl. EU 2002 L 181, 22). Zu Einzelheiten der Empfehlung Niehues WPK-Mitt. 2002, 182.
[221] Gehlhausen/Heinz WPg 2005, 693 (696).
[222] Hense/Ulrich/Bärenz/Goltz WPO § 49 Rn. 37; BeBiKo/Justenhoven/Nagel Rn. 29 und Vor § 319 Rn. 2. S. auch BGHZ 153, 32 (43) = BB 2003, 462 (465) – HypoVereinsbank (maßgebend ist die Sicht eines „vernünftigen und objektiv denkenden Dritten").

aa) Eigeninteresse finanzieller Art. Eigeninteressen finanzieller Art können nach **47** § 32 Abs. 1 BS WP/vBP insbesondere vorliegen bei:[223] (Nr. 1) kapitalmäßigen oder sonstigen finanziellen Bindungen gegenüber dem zu prüfenden Unternehmen; (Nr. 2) kapitalmäßigen oder sonstigen finanziellen Bindungen gegenüber einem Unternehmen, an dem auch das zu prüfende Unternehmen, einer seiner gesetzlichen Vertreter, ein Gesellschafter mit beherrschendem Einfluss oder ein Mitglied des Aufsichtsrats ein nicht nur unwesentliches finanzielles Interesse hat; (Nr. 3) einer übermäßigen Umsatzabhängigkeit gegenüber einem derartigen Unternehmen;[224] (Nr. 4) über normalen Geschäfts- und Lieferverkehr mit Dritten hinausgehenden Leistungsbeziehungen;[225] (Nr. 5) Forderungen gegen den Mandanten oder das zu begutachtende Unternehmen aus einem Kredit- oder Bürgschaftsverhältnis;[226] (Nr. 6) Honorarforderungen, wenn sie über einen längeren Zeitraum offenstehen und einen nicht unerheblichen Betrag erreichen.[227]

bb) Eigeninteressen sonstiger Art. Eigeninteressen sonstiger Art können vorliegen **48** im Zusammenhang mit Pflichtverletzungen aus vorangegangenen Prüfungen (§ 32 Abs. 2 BS WP/vBP).[228]

(a) Verdeckungsrisiko. Nach § 32 Abs. 2 Nr. 1 BS WP/vBP kann die Besorgnis der **49** Befangenheit bestehen, wenn dem Wirtschaftsprüfer seine eigene Pflichtverletzung bei einer vorangegangenen Prüfung bekannt geworden ist, er sie aber zur Vermeidung von Nachteilen nicht pflichtgemäß offenbart (Verdeckungsrisiko).[229] Der II. Zivilsenat des BGH hat in der Rechtssache „HypoVereinsbank" die Besorgnis der Befangenheit mit der (angeblichen) „natürlichen Selbstrechtfertigungstendenz" sowie dem „verständlichen Bemühen [des Prüfers] um Ansehenswahrung" und die sich daraus möglicherweise ergebende „Versuchung", frühere Fehler „eher als nicht gravierend und ungefährlich darzustellen und damit die [ihm] als Abschlussprüfer zugewiesene Aufgabe einer problemorientierten Prüfung zu verfehlen", begründet.[230] Es gibt allerdings keinen allgemeinen Erfahrungssatz, dass derjenige, der einen (noch nicht entdeckten) Fehler begangen hat, unbedingt versuchen wird, diesen zu „vertuschen".[231] Eine **„Vertuschungsgefahr"** (Verdunkelungsgefahr), die die Annahme der Besorgnis der Befangenheit rechtfertigen könnte, liegt jedenfalls dann *nicht* vor, wenn der Prüfer den Fehler (zB durch eine Nachtragsprüfung) selbst aufgedeckt und dem geprüften Unternehmen vollständig offenbart hat.[232] Ist ein Fehler von dem Prüfer in einer vorangegangenen Prüfung nicht entdeckt, zwischenzeitlich dem Prüfer und der geprüften Gesellschaft aber bekannt geworden und im Folgeabschluss beseitigt bzw. vermieden worden, wird im Allgemeinen **kein Abberufungsgrund** gegeben sein, weil nach Berichtigung des

---

[223] BeBiKo/Justenhoven/Nagel Rn. 23; Hense/Ulrich/Bärenz/Goltz WPO § 49 Rn. 54 ff.; Schüppen FS Ebke, 2021, 881 (884-885).

[224] Bei der Beurteilung, ob eine übermäßige Umsatzabhängigkeit iSd § 32 Abs. 1 Nr. 3 BS WP/vBP vorliegt, kann auf den in § 319 Abs. 3 Nr. 5 genannten Schwellenwert abgestellt werden: Hense/Ulrich/ Bärenz/Goltz WPO § 49 Rn. 60 mit weiteren Einzelheiten in den Rn. 61 ff.

[225] Sofern der Wirtschaftsprüfer von dem geprüften Unternehmen Güter und Dienstleistungen bezieht, ist dies unschädlich, wenn diese Geschäfte wie zwischen fremden Dritten geschlossen werden, nicht dagegen bei ungewöhnlichen, nur den Wirtschaftsprüfer begünstigenden Konditionen. Rabatte sind unschädlich, wenn sie auch Dritten in gleicher Höhe gewährt werden.

[226] Zu Einzelheiten s. die Erläuterungen der WPK zu § 32 Nr. 5 BS WP/vBP.

[227] Ausstehende Honorarforderungen sind im Regelfall unschädlich. Erst dann, wenn über einen längeren Zeitraum hinweg ein für die Vermögensverhältnisse des Wirtschaftsprüfers bedeutender Betrag aufgelaufen ist, entspricht dies einer Kreditgewährung iSd § 32 Nr. 4 BS WP/vBP. Dabei kommt es nicht darauf an, ob eine ausdrückliche Stundungsvereinbarung getroffen wird.

[228] Hense/Ulrich/Bärenz/Goltz WPO § 49 Rn. 75.

[229] AG Frankfurt a.M. Beschl. v. 29.1.2009 – HRB 30000 – Kirch/Deutsche Bank; zust. HKMS/Mylich/ Müller Rn. 143; Hopt/Merkt Rn. 9; enger wohl Hense/Ulrich/Bärenz/Goltz WPO § 49 Rn. 76 („nur in Fällen von erheblichem materiellem Gewicht").

[230] BGHZ 153, 32 = BB 2003, 462 (465); krit. Ebke FS Immenga, 2004, 533.

[231] LG Köln WM 1977, 920 (921) – KHD (rkr.). Zust. Ebke FS Immenga, 2004, 534; Frings WPg 2006, 821 (826); aA wohl Jacobs DB 1975, 2237 (2238); Steiner WPg 1991, 470 (479).

[232] IdS auch Frings WPg 2006, 821 (826); gleicher Ansicht HKMS/Mylich/Müller § 318 Rn. 143.

bekannten Fehlers in dem Abschluss ein Verdecken des eigenen Fehlverhaltens nicht mehr möglich sein wird.[233] Etwas anderes kann im Einzelfall gelten, wenn der Prüfer auch nach Beseitigung des früher erkennbaren und zwischenzeitlich bekannten Fehlers ein Interesse daran haben könnte, einen aus der eigenen Fehlleistung erwachsenden Reputationsverlust oder mögliche Schadensersatzansprüche der geprüften Gesellschaft ihm gegenüber zu begrenzen (zB durch Verharmlosung der Versäumnisse in der Vergangenheit im Prüfungsbericht nach § 321).[234]

50   **(b) Offenen Rechtsstreitigkeiten über Regress- oder Gewährleistungsfragen.** Eigeninteressen sonstiger Art können vorliegen bei offenen Rechtsstreitigkeiten über Regress- oder Gewährleistungsfragen aus früheren Aufträgen (§ 32 Abs. 2 Nr. 2 BS WP/vBP). Bereits anhängige bzw. ernsthaft drohende Rechtsstreitigkeiten zwischen Abschlussprüfer und Mandanten (bzw. Insolvenzverwalter)[235] über Haftungsfragen (vgl. § 32 Abs. 2 Nr. 2 BS WP/vBP: „Regress- oder Gewährleistungsfragen") aus früheren (Prüfungs-)Aufträgen können die Besorgnis der Befangenheit begründen, wenn aus dem bereits anhängigen bzw. ernsthaft drohenden Rechtsstreit eine nicht unerhebliche **„Drucksituation"** für den Prüfer entstanden ist.[236] Das ist etwa der Fall, wenn die prüfungspflichtige Gesellschaft mit der gerichtlichen Durchsetzung behaupteter konkreter Schadensersatzansprüche gegen den Abschlussprüfer droht, falls er sich in ggf. kritischen Punkten im Rahmen der Prüfung nicht der Ansicht der geprüften Gesellschaft anschließen sollte.[237] Besorgnis der Befangenheit wird man auch annehmen können, wenn zwischen dem Prüfer und der geprüften Gesellschaft ein Streit darüber entsteht, ob die behaupteten konkreten **Schadensersatzansprüche** in dem Jahresabschluss des Mandanten aktiviert werden müssen[238] und der Prüfer den Aktivposten (Schadensersatzforderung gegen sich selbst) zu prüfen hat.[239] Unsubstantiierte Behauptungen „ins Blaue hinein" oder ein haltloser Vorwurf gegenüber dem Prüfer können dagegen eine Inhabilität des Prüfers nach Abs. 2 oder eine Ersetzung nach § 318 Abs. 3 S. 1 nicht begründen.[240] Sind derartige Rechtsstreitigkeiten bis zum Ende der Prüfung gerichtlich oder außergerichtlich beigelegt, besteht die Besorgnis der Befangenheit regelmäßig nicht mehr.[241]

51   **cc) Meinungsverschiedenheiten.** Eigeninteressen sonstiger Art können auch bei Meinungsverschiedenheiten zwischen dem Abschlussprüfer und der geprüften Gesellschaft über fachliche Fragen vorliegen. Meinungsverschiedenheiten zwischen dem Prüfer und dem geprüften Unternehmen über die Prüfung oder die Prüfungsgegenstände betreffende Fragen stellen für sich allein aber keinen Grund für eine Inhabilität nach Abs. 2 bzw. eine Ersetzung nach § 318 Abs. 3 S. 1 dar.[242] Das Ersetzungsverfahren nach § 318 Abs. 3 S. 1 dient insbesondere nicht der **Klärung von Bilanzierungsfragen**.[243] Nach Streichung des § 324 aF durch das BilMoG[244] vom 25.5.2009 (BGBl. 2009 I 1102) sind Meinungsverschie-

---

[233] Frings WPg 2006, 821 (826); Hense/Ulrich/Bärenz/Goltz WPO § 49 Rn. 78.
[234] Vgl. Frings WPg 2006, 821 (826, 827); Knorr FS Röhricht, 2005, 948; Gelhausen/Kuss NZG 2003, 424 (426). Zur Gefahr des Reputationsverlusts OLG Düsseldorf Urt. v. 18.6.2021 – 22 U 31/20, BeckRS 2021, 41602 Rn. 48.
[235] Dazu Jundt WPK Magazin 1/2007, 41 (44, 45); Ebke FS Hopt, 2010, 559 (579).
[236] AG Frankfurt a.M. Beschl. v. 29.1.2009 – HRB 30000 – Kirch/Deutsche Bank; vgl. Frings WPg 2006, 821 (827); HKMS/Mylich/Müller § 318 Rn. 144; Hopt/Merkt Rn. 9; Hense/Ulrich/Bärenz/Goltz WPO § 49 Rn. 79.
[237] Frings WPg 2006, 821 (827); Hense/Ulrich/Bärenz/Goltz WPO § 49 Rn. 79.
[238] Vgl. Hellwig ZIP 1999, 2117 (2120).
[239] Lanfermann/Lanfermann DStR 2003, 900 (906); Knorr FS Röhricht, 2005, 947; Frings WPg 2006, 821 (827).
[240] Knorr FS Röhricht, 2005, 947; Frings WPg 2006, 821 (827); Jundt WPK Magazin 1/2007, 41 (45).
[241] Hense/Ulrich/Bärenz/Goltz WPO § 49 Rn. 79; Frings WPg 2006, 821 (827).
[242] Ebke FS Immenga, 2004, 534; ebenso Frings WPg 2006, 821 (826); HKMS/MMylich/Müller § 318 Rn. 144; Hopt/Merkt Rn. 10; Staub/Habersack/Schürnbrand Rn. 59.
[243] Vgl. AG Frankfurt a.M. Beschl. v. 29.1.2009 – HRB 30000, openJur 2014, 18232 = ZIP 2009, 471 Ls. – Kirch/Deutsche Bank.
[244] Zu den Gründen für die Streichung s. → 3. Aufl. 2013, § 324 Rn. 2.

denheiten zwischen der prüfungspflichtigen Gesellschaft und dem Prüfer über fachliche Fragen in einem Klageverfahren nach der ZPO zu klären.[245] Ob die „Drucksituation" und damit die Besorgnis der Befangenheit als beendet angesehen werden können, wenn die Rechtsstreitigkeit vor Beendigung der Prüfung eine gerichtliche oder außergerichtliche Erledigung gefunden hat, ist umstritten.[246]

dd) Befangenheit oder Fehler bei früheren Prüfungen. Es gibt in der deutschen 52 Rechtsordnung *keinen* gesetzlichen, berufsrechtlichen oder sonstigen Grundsatz, dass bei einem Abschlussprüfer, bei dem in einem früheren Geschäftsjahr Besorgnis der Befangenheit bestand, im Folgejahr oder in einem späteren Geschäftsjahr automatisch Besorgnis der Befangenheit gegeben ist **(„Einmal befangen, immer befangen")**.[247] Bei Fehlern, die ein Abschlussprüfer im Rahmen der Prüfung des Abschlusses eines *anderen* Unternehmens unstrittig begangen hat, liegt ebenfalls nicht ohne weiteres eine Besorgnis der Befangenheit vor, denn es besteht keine Vermutung, dass der Prüfer diese Fehler wiederholen wird.[248]

ee) Selbstprüfung. Aus Sicht des Berufsstands kann sich eine Besorgnis der Befangen- 53 heit auch im Falle einer Selbstprüfung ergeben (§ 33 BS WP/vBP).[249] Bei aufeinander folgenden Abschlussprüfungen ist der Prüfer allerdings nicht allein deshalb befangen, weil er den **Abschluss des vorhergehenden Geschäftsjahres** geprüft hat. Nach (dem auf die Satzungsermächtigung in § 57 Abs. 4 Nr. 2 lit. a WPO gestützten) § 33 Abs. 1 BS WP/vBP liegt eine Selbstprüfung liegt, wenn der Wirtschaftsprüfer einen Sachverhalt zu beurteilen hat, an dessen Entstehung er selbst unmittelbar beteiligt und diese Beteiligung nicht von nur untergeordneter Bedeutung war. § 33 Abs. 2 BS WP/vBP stellt klar, dass eine Selbstprüfung iSv § 33 Abs. 1 BS WP/vBP nicht gegeben ist, wenn der Wirtschaftsprüfer zwar bereits früher mit dem Sachverhalt befasst war, dabei aber, ohne an der Entstehung iSv § 33 Abs. 1 BS WP/vBP mitzuwirken, denselben Gegenstand zu prüfen oder sonst zu beurteilen hatte. Die Mitwirkung an der **Führung der Bücher** oder an der **Aufstellung des zu prüfenden Jahresabschlusses** begründet unwiderleglich die Besorgnis der Befangenheit, sofern die Tätigkeit nicht von untergeordneter Bedeutung ist (§ 33 Abs. 3 S. 1 BS WP/vBP).[250] Dies gilt nach Ansicht des Berufsstands nur für die unmittelbare Mitwirkung, grundsätzlich aber nicht für Beratungs- oder sonstige Leistungen, die sich nur mittelbar auf den Abschluss auswirken (§ 33 Abs. 3 S. 2 BS WP/vBP). Nach der Rechtsprechung des BGH ist die Grenze zur unzulässigen Mitwirkung dann überschritten, wenn der Prüfer dem Unternehmen im Rahmen seiner Beratung nicht nur Handlungsalternativen iSv Entscheidungshilfen aufzeigt, sondern anstelle des Mandanten – ganz oder teilweise – unternehmerische Entscheidungen in Bezug auf den nunmehr von dem Prüfer zu prüfenden Jahresabschluss getroffen hat.[251] Eine Mitwirkung im Rahmen der prüferischen Aufgaben etwa durch **Vorabbeurteilung** von Sachverhalten begründet dagegen im Regelfall keine Befangenheit (§ 33 Abs. 3 S. 3 BS WP/vBP). Ob weitergehend auch Mitwirkungshandlungen von nur untergeordneter Bedeutung schädlich sind, ist im Einzelfall nach dem allgemeinen Befangenheitstatbestand (§ 29 Abs. 3 BS WP/vBP) unter Abwägung aller Umstände unter

---

[245] OLG Düsseldorf DB 2010, 1454 (1458); vgl. Oser/Roß/Wader/Drögemüller WPg 2008, 105 (111).
[246] S. dazu einerseits Frings WPg 2006, 821 (827) (bejahend, unter Hinweis auf die Erläuterungen zu § 32 Abs. 2 Nr. 2 BS WP/vBP), andererseits Knorr FS Röhricht, 2005, 948 (zweifelnd).
[247] LG Köln WM 1997, 920 (921) – KHD (rkr.). Ausf. Ebke FS Immenga, 2004, 532.
[248] Hopt/Merkt Rn. 9, 10; Graumann Prüfungswesen S. 52; aA Baumbach/Hueck/Schulze-Osterloh, 18. Aufl. 2006, GmbHG § 41 Rn. 90 (Besorgnis der Befangenheit aufgrund gravierender Qualitätsmängel).
[249] BeBiKo/Justenhoven/Nagel Rn. 24; Hense/Ulrich/Bärenz/Goltz WPO § 49 Rn. 81.
[250] § 33 Abs. 3 entspricht § 319 Abs. 3 Nr. 3 lit. a. Vgl. Hense/Ulrich/Bärenz/Goltz WPO § 49 Rn. 81, 82, dort in Rn. 96 zu der Frage, wie mit der Mitwirkung des Abschlussprüfers an der Aufstellung des Vorjahresabschlusses umzugehen ist.
[251] BGHZ 135, 260 – Allweiler; zu Einzelheiten der Entscheidung: Ebke WPK-Mitt. 1998, 76; Heni DStR 1997, 1210; Hommelhoff ZGR 1997, 550; Lanfermann FS Sieben, 1998, 425; Löcke GmbHR 1997, 1052; Neumann ZIP 1998, 1338; Röhricht WPg 1998, 153; Thiele DB 1997, 1396.

Einschluss von Schutzmaßnahmen zu beurteilen (§ 33 Abs. 3 S. 4 BS WP/vBP).[252] Die Mitwirkung des Wirtschaftsprüfers bei der **Durchführung der internen Revision** begründet die Besorgnis der Befangenheit, wenn der WP/vBP eine verantwortliche Position (Entscheidungsfunktion) übernimmt (§ 33 Abs. 4 S. 1 BS WP/vBP).[253] Zulässig ist dagegen die Mitwirkung an einzelnen Bereichen oder Aufgaben sowie insbesondere die Übernahme von Prüfungstätigkeiten (§ 33 Abs. 4 S. 1 BS WP/vBP).

54   Besorgnis der Befangenheit besteht immer dann (und zwar unwiderleglich!), wenn der Wirtschaftsprüfer **Funktionen der Unternehmensleitung** übernommen hat, und zwar unabhängig davon, ob sich diese auch auf den Bereich der Rechnungslegung erstrecken (§ 33 Abs. 5 S. 1 BS WP/vBP).[254] Gleiches gilt bei der Erbringung von **Finanzdienstleistungen,** die die Anlage von Vermögenswerten des zu prüfenden Unternehmens betreffen oder in der Übernahme oder Vermittlung von Anteilen oder sonstigen Finanzinstrumenten des zu prüfenden Unternehmens bestehen (§ 33 Abs. 5 S. 2 BS WP/vBP).[255] **Versicherungsmathematische Leistungen** (insbesondere die Berechnung von Pensionsrückstellungen,[256] bei Versicherungsunternehmen auch die Berechnung von Deckungsrückstellungen) und **Bewertungsleistungen** (insbesondere die Bewertung von Beteiligungen, die in dem zu prüfenden Abschluss ausgewiesen werden),[257] die sich auf den Inhalt des zu prüfenden Jahresabschlusses (in quantitativer oder qualitativer Hinsicht) wesentlich auswirken, können die Besorgnis der Befangenheit begründen, wenn es sich um eigenständige Leistungen handelt und die Tätigkeit nicht von untergeordneter Bedeutung ist (§ 33 Abs. 6 S. 1 BS WP/vBP).[258] Nicht eigenständig sind solche Leistungen, bei denen sich die Mitwirkung des Wirtschaftsprüfers auf technisch-mechanische Hilfeleistungen beschränkt und die wesentlichen Vorgaben für die zu treffenden Annahmen sowie für die Methodik von dem Mandanten stammen (§ 33 Abs. 6 S. 2 BS WP/vBP). Die Beantragung von **Corona-Überbrückungshilfen** für den Prüfungsmandanten (Antragsteller) führt nicht zu einem Ausschluss als Abschlussprüfer, wenn der Wirtschaftsprüfer die Angaben des Antragstellers auf Grundlage der ihm von diesem zur Verfügung gestellten Informationen (Umsatzsteuervoranmeldung, Umsatzsteuerjahreserklärung etc.) auf ihre Nachvollziehbarkeit würdigt („prü-

---

[252]   Vgl. Hense/Ulrich/Bärenz/Goltz WPO § 49 Rn. 83.

[253]   Hense/Ulrich/Bärenz/Goltz WPO § 49 Rn. 98.

[254]   Hense/Ulrich/Bärenz/Goltz WPO § 49 Rn. 103. Nach den allgemeinen Zurechnungsvorschriften (vgl. § 29 Abs. 4 BS WP/vBP) ist der Wirtschaftsprüfer auch dann ausgeschlossen, wenn Personen, mit denen er seinen Beruf gemeinsam ausübt oder die bei der Prüfung beschäftigt sind, bei dem zu prüfenden Unternehmen eine Leitungsfunktion ausüben oder ausgeübt haben. Bei einem Wechsel des Abschlussprüfers in Funktionen der Unternehmensleitung des geprüften Unternehmens ist bei Abschlussprüfungen nach §§ 316 ff. das Tätigkeitsverbot nach § 43 Abs. 3 WPO bis zum Ablauf der dort geregelten Cooling-off-Fristen zu beachten.

[255]   Hense/Ulrich/Bärenz/Goltz WPO § 49 Rn. 111.

[256]   Hense/Ulrich/Bärenz/Goltz WPO § 49 Rn. 117. Unschädlich sind hingegen technisch-mechanische Hilfeleistungen, wenn etwa der Vorstand des geprüften Unternehmens bei der Ermittlung des Teilwerts von Pensionsverpflichtungen (§ 6a EStG; § 8 KStG) die Pensionsordnung und die hierzu erforderlichen Ausgangsdaten ohne Mitwirkung des Prüfers erstellt, handelsrechtlich zulässige Wahlrechte ausübt, die Bewertungsmethode sowie die maßgeblichen Sterbetafeln autonom auswählt und den Kapitalisierungszinsfuß selbst bestimmt und der Prüfer der prüfungspflichtigen Gesellschaft lediglich seine Rechnerkapazität und sein Fachpersonal zur Berechnung der Pensionsrückstellungen anhand anerkannter Regeln der Versicherungsmathematik zur Verfügung stellt (→ 3. Aufl. 2013, § 319 Rn. 67; zust. Hense/Ulrich/Bärenz/Goltz WPO § 49 Rn. 118).

[257]   Bewertungsleistungen, die für Zwecke der Prüfung erforderlich sind, begründen keine Besorgnis der Befangenheit (Hense/Ulrich/Bärenz/Goltz WPO § 49 Rn. 119). Eine solche Bewertung durch den Abschlussprüfer ist insbesondere dann erforderlich, wenn die Werthaltigkeit von im Abschluss ausgewiesenen Vermögensgegenständen beurteilt werden muss (Impairment-Test) und der Mandant keine eigene Bewertung vorlegt, die von dem Prüfer nachvollzogen werden kann. Die Prüfung der Werthaltigkeit von Sacheinlagen (vgl. §§ 33 f. AktG [Gründungsprüfung], § 183 Abs. 3 AktG [Kapitalerhöhung mit Sacheinlagen]) führt grundsätzlich nicht zur Besorgnis der Befangenheit, weil es sich um eine Prüfungstätigkeit handelt (Hense/Ulrich/Bärenz/Goltz WPO § 49 Rn. 127). Wie bei aufeinander folgenden Abschlussprüfungen ist der Prüfer nicht schon deshalb befangen, weil er denselben Gegenstand bereits bei einer vorhergehenden Gelegenheit beurteilt hat.

[258]   Zu Einzelheiten Hense/Ulrich/Bärenz/Goltz WPO § 49 Rn. 132.

fender Dritter") und nicht selbst ermittelt. In diesem Fall liegt keine verbotene Selbstprüfung vor, da eine nochmalige Überprüfung der Angaben im Rahmen der Abschlussprüfung grundsätzlich zulässig ist (vgl. Erläuterungstexte zu § 33 Abs. 2 BS WP/vBP).[259]

ff) Interessenvertretung. Besorgnis der Befangenheit kann sich nach (dem auf die **55** Ermächtigung in § 57 Abs. 4 Nr. 2 WPO gestützten) § 34 Abs. 1 BS WP/vBP auch dann ergeben, wenn der Wirtschaftsprüfer in anderer Angelegenheit beauftragt war, Interessen für oder gegen das zu prüfende, das zu begutachtende oder das Auftrag erteilende Unternehmen zu vertreten.[260] Eine Interessenvertretung *für* **ein Unternehmen** liegt insbesondere vor, wenn der Wirtschaftsprüfer einseitig und nachhaltig für dieses Unternehmen eintritt, für das Unternehmen Werbung betreibt oder dessen Produkte vertreibt, nicht hingegen bei rechtlicher oder steuerlicher Vertretung (§ 34 Abs. 2 BS WP/vBP).[261] Eine Interessenvertretung *gegen* **ein Unternehmen** liegt insbesondere vor bei einseitiger und nachhaltiger Wahrnehmung von gegen das Unternehmen gerichteten Interessen Dritter[262] oder von **Treuhandfunktionen** im Auftrag von einzelnen Gesellschaftern oder Gesellschaftergruppen in einem solchen Unternehmen[263] (§ 34 Abs. 2 BS WP/vBP). Unschädlich ist es hingegen, wenn lediglich **ergänzende Kontrolltätigkeiten** im Auftrag von (auch einzelnen) Gesellschaftern wahrgenommen werden oder werden sind und alle anderen Gesellschafter zugestimmt haben. Bei der ergänzenden Kontrolltätigkeit handelt es sich insbesondere um die Bucheinsicht gemäß § 166 Abs. 1 und § 51a Abs. 1 GmbHG oder die Prüfung der Verwendung eingezahlter Gelder.[264] Die Beantragung von **Corona-Überbrückungshilfen,** insb. die Weiterleitung der seitens des Prüfungsmandanten unterzeichneten Antragsunterlagen an die zuständige Behörde, stellt keine unzulässige Interessenvertretung dar, weil der Wirtschaftsprüfer aus objektiver Sicht die Angaben des Antragstellers aufgrund der ihm vom BMWi zugewiesenen Aufgabe und insoweit im öffentlichen Interesse überprüft. Im **PIE-**Bereich sind die strengeren Regelungen der Abschlussprüfungs-VO zu beachten, insb. die sog. Blacklist des Art. 5 Abs. 1 UAbs. 2 Abschlussprüfungs-VO.[265]

Aus einer **gutachterlichen Tätigkeit,** die der Prüfer vor Annahme des Prüfungsauf- **56** trags für die zu prüfende Gesellschaft ausgeübt hat, kann eine Besorgnis der Befangenheit jedenfalls dann abgeleitet werden, wenn der Prüfer in seiner früheren Funktion als Gutachter einseitig und nachhaltig zB die Interessen der Mehrheitsgesellschafter zulasten der Minderheitsgesellschafter wahrgenommen hat *und* das Gutachten Auswirkungen auf den zu prüfenden Jahresabschluss hatte.[266] Dagegen besteht im Regelfall keine Besorgnis der Befangenheit, wenn der Prüfer den Jahresabschluss einer Gesellschaft oder eines Konzerns prüft, an dem sein **Berufshaftpflichtversicherer** oder ein mit dem Versicherer verbundenes Unternehmen beteiligt ist. Dass der Prüfer als Versicherungsnehmer auf die Belange sowie die versicherungsvertraglichen und gesetzlichen Rechte des Berufshaftpflichtversicherers Rücksicht zu nehmen hat, macht ihn regelmäßig nicht in einer Art abhängig, dass seine Urteilsbildung im Rahmen der Abschlussprüfung sachfremd beeinträchtigt wäre. Die **Vergaberechtswidrigkeit** der Bestellung ist ebenfalls kein in der Person des Abschlussprüfers liegender Grund.[267]

gg) Persönliche Vertrautheit. Persönliche Vertrautheit liegt vor, wenn ein Wirt- **57** schaftsprüfer enge persönliche Beziehungen zu dem zu prüfenden Unternehmen, den Mit-

---

259   Fachlicher Hinweis des IDW „Zweifelsfragen zu den Auswirkungen der Ausbreitung des Coronavirus auf die Rechnungslegung und deren Prüfung" (Teil 3, 5. Update, April 2021), S. 71.

260   Hense/Ulrich/Bärenz/Goltz WPO § 49 Rn. 142 ff.; Schüppen FS Ebke, 2021, 881 (885); BeBiKo/Justenhoven/Nagel Rn. 25.

261   Hense/Ulrich/Bärenz/Goltz WPO § 49 Rn. 142.

262   Beispiele bei Hense/Ulrich/Bärenz/Goltz WPO § 49 Rn. 143.

263   Hense/Ulrich/Bärenz/Goltz WPO § 49 Rn. 146.

264   Hense/Ulrich/Bärenz/Goltz WPO § 49 Rn. 146.

265   Fachlicher Hinweis des IDW „Zweifelsfragen zu den Auswirkungen der Ausbreitung des Coronavirus auf die Rechnungslegung und deren Prüfung (Teil 3, 5. Update, April 2021), S. 71.

266   OLG Hamburg BB 1992, 1533; BGHZ 153, 32 – HypoVereinsbank (Verschmelzungsgutachten). Zust. Hopt/Merkt Rn. 9.

267   Aschoff WPg 2008, 146 (152).

gliedern der Unternehmensleitung oder Personen, die auf den Prüfungsgegenstand Einfluss haben, unterhält (§ 35 BS WP/vBP).[268] Wie bei der Interessenvertretung (§ 34 BS WP/vBP) werden auch hier nicht alle Fälle persönlicher Vertrautheit erfasst, sondern nur solche **von einigem Gewicht.**[269] Nach den Erläuterungen der WPK zu § 35 BS WP/vBP können enge persönliche Beziehungen iSd § 35 BS WP/vBP dann zur Besorgnis der Befangenheit führen, wenn sie nach dem Gesamtbild der Verhältnisse zu der Annahme führen können, dass durch diese Beziehungen ein übermäßiges Vertrauen des Wirtschaftsprüfers zu den genannten Personen besteht, welches die Urteilsbildung beeinflussen kann.[270] Neben der Art der Beziehung (zB nahe Verwandtschaft oder bloße Freundschaft, etwa vermittelt durch gemeinsame Vereins- oder Clubmitgliedschaft), ihrer Dauer und ihrer Intensität kommt es auch auf die Funktion des anderen Teils in dem Unternehmen oder in Bezug auf den Prüfungsgegenstand an.[271] Nach § 29 Abs. 4 Nr. 4 BS WP/vBP können auch solche Beziehungen relevant sein, die ein naher Angehöriger des Wirtschaftsprüfers unterhält.[272]

58   **hh) Einschüchterung.** Die Unbefangenheit kann wegen Einschüchterung gefährdet sein, wenn der Wirtschaftsprüfer vermeintlichem oder tatsächlichem Druck einschließlich Versuchen einer unangemessenen Einflussnahme ausgesetzt ist, der geeignet ist, ihn von einer sachgerechten Urteilsbildung abzuhalten (§ 36 S. 1 BS WP/vBP).[273] Der Gefährdungstatbestand der Einschüchterung ist aufgrund seiner ausdrücklichen Nennung in Art. 22 Abs. 2 S. 2 Abschlussprüfer-RL bei der Konkretisierung des allgemeinen Befangenheitstatbestands (§ 49 Var. 2 WPO) zu beachten. Für die Annahme, dass durch einschüchterndes Verhalten die Besorgnis der Befangenheit entsteht, ist es erforderlich, dass **Drohungen** des Mandanten oder einer anderen Person aus Sicht eines „vernünftigen und objektiv denkenden Dritten"[274] Anhaltspunkte dafür begründen, dass der Prüfer von einer sachgerechten Entscheidung abgehalten werden könnte.[275] Bei der Beurteilung im Einzelfall ist zu beachten, dass der Gesetzgeber auf unterschiedlichen Wegen sicherzustellen versucht, dass eine **Drucksituation** iSv § 36 S. 1 BS WP/vBP **nicht entstehen** kann. So kann der Prüfungsauftrag von dem Mandanten nur widerrufen werden, wenn nach Abs. 3 ein anderer Prüfer aufgrund gerichtlicher Entscheidung bestellt wurde (Abs. 1 S. 5). Ferner kann ein von dem Abschlussprüfer angenommener Prüfungsauftrag nur aus wichtigem Grund gekündigt werden (Abs. 6 S. 1), wobei als wichtiger Grund nicht anzusehen ist, wenn Meinungsverschiedenheiten über den Inhalt des Bestätigungsvermerks, seine Einschränkung oder Versagung bestehen (Abs. 6 S. 2).[276] Vor dem Hintergrund dieser Bestimmungen können Einschüchterungen in der Regel erst dann zur Besorgnis der Befangenheit führen, wenn sie die **Schwelle strafrechtlicher Relevanz** überschritten haben. In einem solchen Fall könnte der Prüfer den Prüfungsauftrag aus wichtigem Grund wegen Unzumutbarkeit der „weiteren" Durchführung des Prüfungsauftrags kündigen (Abs. 6 S. 1).

59   **4. Rechtsfolgen bei Vorliegen von Ausschlussgründen nach Abs. 2.** Zu den Rechtsfolgen eines Verstoßes gegen Abs. 2 → Rn. 97 ff.

IV. Besondere Ausschlussgründe (Abs. 3)

60   **1. Einführung.** Abs. 3 regelt Fallgestaltungen, bei denen Wirtschaftsprüfer (Abs. 1 S. 1) bzw. vereidigte Buchprüfer (Abs. 1 S. 2) als Abschlussprüfer absolut ausgeschlossen

---

[268] Zu Einzelheiten BeBiKo/Justenhoven/Nagel Rn. 26; Hense/Ulrich/Bärenz/Goltz WPO § 49 Rn. 148 ff.

[269] Hense/Ulrich/Bärenz/Goltz WPO § 49 Rn. 148.

[270] Vgl. Hense/Ulrich/Bärenz/Goltz WPO § 49 Rn. 149.

[271] Hense/Ulrich/Bärenz/Goltz WPO § 49 Rn. 149.

[272] Zur Besorgnis der Befangenheit bei einem (möglichen) Wechsel eines Mitarbeiters des Prüfers zu dem Mandanten s. die ausführlichen Erl. der WPK zu § 35 BS WP/vBP sowie Hense/Ulrich/Bärenz/Goltz WPO § 49 Rn. 154 ff.

[273] Hense/Ulrich/Bärenz/Goltz WPO § 49 Rn. 157; Schüppen FS Ebke, 2021, 881 (885); BeBiKo/Justenhoven/Nagel Rn. 28.

[274] Vgl. BGHZ 153, 32 = BB 2003, 462, 465- HypoVereinsbank.

[275] Hense/Ulrich/Bärenz/Goltz WPO § 49 Rn. 158.

[276] Hense/Ulrich/Bärenz/Goltz § WPO 49 Rn. 157 und 158.

sind. Bei Verwirklichung eines der besonderen Ausschlusstatbestände des Abs. 3 wird die Inhabilität des Prüfers **unwiderlegbar vermutet** (→ Rn. 4).[277] Verwirklicht ein Wirtschaftsprüfer einen der Katalogtatbestände des Abs. 3, wird die Besorgnis der Befangenheit auch berufsrechtlich unwiderleglich vermutet (§ 31 Abs. 2 S. 2 BS WP/vBP). **Schutzmaßnahmen** (→ Rn. 4) können weder handelsrechtlich[278] noch berufsrechtlich[279] berücksichtigt werden. Das gilt für die gesamte Dauer der Abschlussprüfung von der Wahl bis zum Ende der Prüfung (Unterzeichnung des Bestätigungsvermerks).[280] Abs. 3 geht über die „absoluten" Ausschlussgründe des Abs. 2 und 3 aF hinaus; im Rahmen des BilReG wurden die damals kodifizierten „absoluten" Ausschlussgründe sprachlich vereinfacht und um weitere Tatbestände ergänzt. § 319b Abs. 1 erstreckt einige Regelungen des § 319 Abs. 2–4 auf Mitglieder von sog. **Netzwerken.** Auf den Abschlussprüfer des Konzernabschlusses ist § 319b Abs. 1 entsprechend anzuwenden (§ 319b Abs. 2). Für Wirtschaftsprüfungsgesellschaften und Buchprüfungsgesellschaften gelten die Ausschlussgründe nach Abs. 2, 3 aufgrund von Verweisungsvorschriften (§ 319 Abs. 4). Abs. 2–4 sind darüber hinaus auf den Abschlussprüfer des Konzernabschlusses entsprechend anzuwenden (Abs. 5). Die Vorschriften des Abs. 3 (und des Abs. 4) schränken die freie Berufsausübung des Abschlussprüfers in typisierender Weise unwiderlegbar ein. Sie sind deshalb **eng auszulegen** und grundsätzlich **nicht analogiefähig.**[281] Dazu besteht auch kein Bedürfnis, denn für Fälle des Ausschlusses wegen Besorgnis der Befangenheit, insbesondere aufgrund von Beziehungen wegen geschäftlicher, finanzieller oder persönlicher Art steht die **Generalklausel des Abs. 2** zur Verfügung (der Rückgriff auf die widerlegbaren „allgemeinen" Ausschlussgründe nach Abs. 2 ist durch die Vorschriften über die besonderen Ausschlussgründe nach Abs. 3 **nicht gesperrt;** → Rn. 7, → Rn. 36).[282] Allerdings kann aus der Nichterfüllung eines der Katalogtatbestände des Abs. 3 nicht automatisch auf die Besorgnis der Befangenheit nach Abs. 2 geschlossen werden (näher → Rn. 42). Ein widerlegbarer allgemeiner Ausschlussgrund nach Abs. 2 kann in einem solchen Fall aber dann vorliegen, wenn **zusätzliche Umstände** hinzutreten, die eine Besorgnis der Befangenheit begründen können (vgl. § 31 Abs. 3 BS WP/vBP).[283]

2. Fallkonstellationen (Abs. 3 S. 1). Abs. 3 S. 1 nennt als unwiderlegbare Ausschluss-   **61** gründe **fünf Fallkonstellationen:** die direkte oder indirekte Beteiligung (Nr. 1), die personelle Verflechtung (Nr. 2), die selbständige Beratungstätigkeit (Nr. 3), die Beschäftigung einer unter Nr. 1–3 fallenden Person bei der Prüfung (Nr. 4) und wesentliche Honorarbezüge von der zu prüfenden Kapitalgesellschaft und von Unternehmen, an denen diese wesentlich beteiligt ist (Nr. 5).[284] Für alle in Nr. 3 aufgeführten Sachverhalte gilt die **Einschränkung,** dass die in Nr. 3 lit. a–d aufgeführten Konstellationen nicht nur von untergeordneter Bedeutung sind.[285] Der Gesetzgeber wollte hiermit sicherstellen, dass nicht völlig unwesentliche Sachverhalte automatisch zu einem Ausschluss des Abschlussprüfers füh-

---

[277]   HKMS/Mylich/Müller Rn. 50; Merkt/Probst/Fink/Bruckner/Homfeldt S. 1487 Rn. 99; Graumann Prüfungswesen S. 51 und 142.

[278]   Gelhausen/Heinz WPg 2005, 693 (697); Hopt/Merkt Rn. 11 und 14; Merkt/Probst/Fink/Bruckner/Homfeldt S. 1487 Rn. 99; Graumann Prüfungswesen S. 51 und 142.

[279]   § 31 Abs. 2 S. 2 BS WP/vBP.

[280]   HKMS/Mylich/Müller Rn. 51.

[281]   HKMS/Mylich/Müller Rn. 51; Hellwig ZIP 1999, 2117 (2119); Marx ZGR 2002, 292 (302); aA Staub/Habersack/Schürnbrand Rn. 27; vgl. Gelhausen/Buchenau WPK Magazin 2010, 42 (43) (zu LG Berlin Beschl. v. 25.2.2010 – Wil 19/09, WPK Magazin 2010, 54).

[282]   So auch Schüppen Rn. 25 (die Generalklausel bleibe „selbstverständlich" neben den Katalogtatbeständen der Abs. 3, 4, §§ 319a, 319b anwendbar); Hopt/Merkt Rn. 6 und 15; HKMS/Mylich/Müller Rn. 26; Staub/Habersack/Schürnbrand Rn. 1.

[283]   Schüppen Rn. 25; BeBiKo/Justenhoven/Nagel Rn. 29 (unter Hinweis auf Gelhausen in Freidank, Reform der Rechnungslegung und Corporate Governance in Deutschland und Europa, 2004, 170); Hopt/Merkt Rn. 7.

[284]   Hopt/Merkt Rn. 14; Merkt/Probst/Fink/Bruckner/Homfeldt S. 1487 Rn. 100.

[285]   BeBiKo/Justenhoven/Nagel Rn. 32.

ren.[286] **Abs. 3 S. 2** dehnt die Regelungen des Abs. 3 S. 1 Nr. 1 (Anteilsbesitz oder andere
finanzielle Interessen), Nr. 2 (Organ- oder Arbeitnehmerstellung) und Nr. 3 (Mitwirkung
bei der Aufstellung des Jahresabschlusses) auf Ehegatten (→ Rn. 90, → Rn. 92) und
Lebenspartner (→ § 319 Rn. 91) aus.

62   **3. Sozietätsklausel (Abs. 3 S. 1).** In allen Fällen des Abs. 3 S. 1 ist ein Wirtschaftsprüfer bzw. vereidigter Buchprüfer auch dann als Abschlussprüfer ausgeschlossen, wenn nicht
er selbst, sondern eine Person, mit der er seinen Beruf **gemeinsam ausübt** (§ 43a Abs. 1
Nr. 1 WPO),[287] die Voraussetzungen des Abs. 3 S. 1 erfüllt (Sozietätsklausel). Die Sozietätsklausel betrifft, da sie im einleitenden Teil des Abs. 3 S. 1 vor Nr. 1 steht, alle fünf Ausschlussgründe des Abs. 3 S. 1 Nr. 1–5.[288]

63   **a) Gemeinsame Berufsausübung.** Die Sozietätsklausel soll verhindern, dass die Ausschlusstatbestände des Abs. 3 durch entsprechende institutionelle Gestaltungen umgangen
werden.[289] Mit welchen Personen aus dem In- und Ausland und in welchen Rechtsformen
ein Wirtschaftsprüfer bzw. ein vereidigter Buchprüfer aus Sicht des Berufsrechts seinen
Beruf gemeinsam ausüben darf, ergibt sich aus § 44b Abs. 1, 2 WPO.[290] Die gemeinsame
Berufsausübung in **Sozietäten** mit einer Person, die selbst nicht als Wirtschaftsprüfer oder
vereidigter Buchprüfer bestellt ist oder als Wirtschaftsprüfungsgesellschaft bzw. als Buchprüfungsgesellschaft anerkannt ist, ist in § 44b Abs. 4 WPO geregelt.[291] Eine gemeinsame
Berufsausübung iSv Abs. 3 S. 1 kann auch bei grenzüberschreitender Berufsausübung sowie
in einem (inter-)nationalen Netzwerk/Verbund vorliegen.[292] Die gemeinsame Berufsaus-
übung ist die engste Form eines Netzwerkes. Der Begriff des Netzwerkes in § 319b Abs. 1
S. 3 ist allerdings erheblich weiter als der Begriff der gemeinsamen Berufsausübung in Abs. 3
S. 1.[293] Eine **Abgrenzung** der Sozietätsklausel zu der **Netzwerkklausel** in § 319b Abs. 1
S. 3 enthält das Gesetz nicht. Da das Eingreifen des Abs. 3 S. 1 an besondere Voraussetzungen
geknüpft ist, wird Abs. 3 S. 1 zutreffend als *lex specialis* im Verhältnis zu § 319b angesehen.[294]
Keine gemeinsame Berufsausübung stellt das **Anstellungsverhältnis** dar; hierfür ist Abs. 3
S. 1 Nr. 4 zu beachten.[295] Die bloße **Bürogemeinschaft**[296] ist ebenfalls keine gemeinsame
Berufsausübung[297] iSv Abs. 3 S. 1, soweit keine gemeinsame Prüfungs- oder Beratungstätig-
keiten ausgeübt werden.[298] Allerdings kann ein Ausschluss nach Abs. 2 begründet sein, wenn
bei Personen, mit denen der Abschlussprüfer in einem Büro zusammenarbeitet, Gründe,
insbesondere Beziehungen geschäftlicher, finanzieller oder persönlicher Art, vorliegen, nach
denen Besorgnis der Befangenheit besteht, soweit Leistungen für denselben Mandanten
erbracht werden (§ 29 Abs. 4 S. 1 Nr. 6 BS WP/vBP).[299]

[286]   BeBiKo/Justenhoven/Nagel Rn. 32 (unter Hinweis auf RegE BilReG, S. 84); Merkt/Probst/Fink/
        Bruckner/Homfeldt S. 1487 Rn. 100.
[287]   Seit der 8. WPO-Novelle 2016 können Wirtschaftsprüfer ihren Beruf gemeinsam ausüben, ohne not-
        wendig eine eigene Praxis zu unterhalten: Hense/Ulrich/Uhlmann WPO § 43a Rn. 27. Die Tätigkeit
        in gemeinsamer Berufsausübung ist der WPK anzuzeigen (§ 40 Abs. 2 WPO) und wird im Berufsregister
        unter Angabe der Praxis der gemeinsamen Berufsausübung eingetragen (§ 38 Nr. 1 lit. d und e WPO).
[288]   Hopt/Merkt Rn. 16; HKMS/Mylich/Müller Rn. 52.
[289]   BeBiKo/Justenhoven/Nagel Rn. 33; Graumann Prüfungswesen S. 142.
[290]   Typische Rechtsformen gemeinsamer Berufsausübung sind die GbR oder eine PartG mbH: Hense/
        Ulrich/Uhlmam § WPO § 43a Rn. 28; Schüppen Rn. 35.
[291]   Zu Scheinsozietäten Schüppen Rn. 36; Staub/Habersack/Schürnbrand Rn. 32; Gelhausen/Buchenau
        WPK Magazin 2010, 42 (43) (Anmerkung zu LG Berlin Beschl. v. 25.2.2010 – WiL 19/09, WPK
        Magazin 2010, 54). Allgemein zu Scheinsozietäten BGHSt 46, 154 = NJW 2001, 165; Hense/Ulrich/
        Geithner WPO § 44b Rn. 59 ff.
[292]   HKMS/Mylich/Müller Rn. 54.
[293]   Schüppen Rn. 36.
[294]   HKMS/Mylich/Müller § 319b Rn. 4; BeBiKo/Justenhoven/Nagel § 319b Rn. 4.
[295]   Schüppen Rn. 37.
[296]   Zur Begriffsbestimmung Hense/Ulrich/Uhlmann WPO § 44b Rn. 97.
[297]   Ebenso aus berufsrechtlicher Sicht Hense/Ulrich/Uhlmann WPO § 43a Rn. 31; Hense/Ulrich/Bärenz/
        Goltz WPO § 49 Rn. 164.
[298]   BeBiKo/Justenhoven/Nagel Rn. 34; Schüppen Rn. 37.
[299]   IdS auch BeBiKo/Justenhoven/Nagel Rn. 34.

b) Netzwerk. Die netzwerkweite Geltung des Abs. 3 S. 1 ist durch § 319b angeordnet 　64
(→ § 319 Rn. 7 ff.).

4. Direkte oder indirekte Beteiligung (Abs. 3 S. 1 Nr. 1). S. 1 Nr. 1 nennt drei 　65
Ausschlussgründe: Ein Wirtschaftsprüfer oder vereidigter Buchprüfer ist nach Abs. 3 S. 1
Nr. 1 von der Abschlussprüfung ausgeschlossen, wenn er oder eine Person, mit der er
den Beruf gemeinsam ausübt (→ Rn. 63), oder der Ehegatte (→ Rn. 90, → Rn. 92)
oder der Lebenspartner (→ Rn. 91; Abs. 3 S. 2), **Anteile** (Var. 1) oder andere „**nicht
nur unwesentliche finanzielle Interessen**" an der zu prüfenden Kapitalgesellschaft
(Var. 2)[300] oder eine **Beteiligung** an einem Unternehmen „besitzt", das mit der zu prüfenden Kapitalgesellschaft verbunden ist oder von dieser mehr als 20 % der **Anteile** (Var. 3)
besitzt.[301]

a) Anteile oder andere nicht nur unwesentliche finanzielle Interessen. Anteile 　66
an der zu prüfenden Kapitalgesellschaft[302] bzw. Kapitalgesellschaft & Co. sind deren (auch
treuhänderisch gehaltene)[303] Gesellschaftsanteile,[304] ohne Rücksicht auf ihre Anzahl.[305]
Erfasst ist also jede, auch kleinste direkte Beteiligung (da sich „unwesentlich" nur auf die
anderen „finanziellen Interessen" bezieht).[306] Eine **unwesentliche Beteiligung,** die über
einen **Investmentfonds** vermittelt wird, soll – wie schon nach bisher hM – keinen
Ausschlussgrund darstellen, weil Inhaber solcher Beteiligungen – jedenfalls soweit es sich
um Publikumsgesellschaften handelt – keine Möglichkeiten der Einflussnahme auf die
Anlageentscheidungen des Fonds haben.[307] Eine **stille Beteiligung** begründet zwar keinen Anteil an der zu prüfenden Gesellschaft, sie kann bei erheblichem Umfang aber
„**wesentliche finanzielle Interessen**" iSv Abs. 3 S. 1 Nr. 1 Var. 2 verkörpern.[308] Optionen auf den Erwerb von Gesellschaftsanteilen, Schuldscheine, Schuldverschreibungen,
Wandelschuldverschreibungen sowie sonstige Wertpapiere und Finanzinstrumente können
bei Überschreiten der maßgebenden quantitativen Grenzen ebenso Ausdruck „wesentlicher finanzieller Interessen" iSv Abs. 3 S. 1 Var. 2 sein[309] wie (insbesondere erhebliche,
ungenügend besicherte und einem Drittvergleich nicht entsprechende) **Darlehen** sowie
entsprechende partiarische Darlehen.[310] Gleiches gilt für Genussrechte und Besserungsscheine.[311] Unbeachtlich sollen dagegen finanzielle Interessen sein, die sich in einem
laufenden Vergütungsanspruch – oder bei einer **Bankeinlage** – in einem Verzinsungsan-
spruch erschöpfen.[312] Hängt die Höhe der Forderung dagegen von den wirtschaftlichen
Verhältnissen des Unternehmens ab, dürfte Abs. 3 S. 1 Nr. 1 Var. 2 jedenfalls bei Forderungen in erheblichem Umfang erfüllt sein.[313]

---

[300]　Der unbestimmte Rechtsbegriff „nicht nur unwesentliche finanzielle Interessen" wird von einigen Auto-
　　　ren in Anbetracht der Rechtsfolgen eines Ausschlusses zu Recht als „zu weitgehend und unpräzise"
　　　kritisiert: HKMS/Mylich/Müller Rn. 66, 67; Pfitzer/Orth/Gettich DStR 2004, 328 (332).
[301]　Abs. 3 S. 1 Nr. 1 stellt – im Gegensatz zu Abs. 3 S. 1 Hs. 2 und Abs. 4 S. 1 und 2 – nicht auf die den
　　　Gesellschaftern zustehenden Stimmrechte, sondern auf die Anteile ab.
[302]　Zu Gesellschaften und Sondervermögen nach dem KAGB (Organismen für gemeinsame Anlagen nach
　　　§ 1 KAGB): HKMS/Mylich/Müller Rn. 63.
[303]　BeBiKo/Justenhoven/Nagel Rn. 38; HKMS/Mylich/Müller Rn. 61; Merkt/Probst/Fink/Bruckner/
　　　Homfeldt S. 1487 Rn. 102.
[304]　Ausf. zu den erfassten Anteilen HKMS/Mylich/Müller Rn. 62–63; Hopt/Merkt Rn. 17.
[305]　BeBiKo/Justenhoven/Nagel Rn. 38; Merkt/Probst/Fink/Bruckner/Homfeldt S. 1487 Rn. 102.
[306]　Hopt/Merkt Rn. 17.
[307]　BeBiKo/Justenhoven/Nagel Rn. 38; Wiedmann/Böcking/Gros/Böcking/Gros/Rabenhorst Rn. 14; s.
　　　aber Hopt/Merkt Rn. 17 (möglich, aber „nicht nur unwesentliches finanzielles Interesse").
[308]　HKMS/Müller Rn. 63; BeBiKo/Justenhoven/Nagel Rn. 38.
[309]　BeBiKo/Justenhoven/Nagel Rn. 38, 39; Hopt/Merkt Rn. 17; Wiedmann/Böcking/Gros/Böcking/
　　　Gros/Rabenhorst Rn. 15.
[310]　HKMS/Mylich/Müller Rn. 63; BeBiKo/Justenhoven/Nagel Rn. 39; Wiedmann/Böcking/Gros/
　　　Böcking/Gros/Rabenhorst Rn. 15; ohne Einschränkung Schüppen Rn. 26.
[311]　HKMS/Mylich/Müller Rn. 63; Merkt/Probst/Fink/Bruckner/Homfeldt S. 1488 Rn. 102; Schüppen
　　　Rn. 26.
[312]　Hopt/Merkt Rn. 17.
[313]　So auch BeBiKo/Justenhoven/Nagel Rn. 39.

67   **b) Indirekter Anteilsbesitz.** Ausschlussgrund ist ferner indirekter Anteilsbesitz, also die Beteiligung an einem Unternehmen (gleich welcher Rechtsform), das mit der zu prüfenden Kapitalgesellschaft verbunden ist oder von dieser mehr als 20 % der Anteile besitzt (Abs. 3 S. 1 Nr. 1 Var. 3). **Zu prüfen ist** demnach in einem ersten Schritt, ob der Prüfer (oder eine Person, mit der er seinen Beruf gemeinsam ausübt) an dem Unternehmen beteiligt ist, das mit der zu prüfende Gesellschaft verbunden ist oder mehr 20 % der Anteile „besitzt". In einem zweiten Schritt ist dann zu prüfen, ob die zu prüfende Gesellschaft mit dem Beteiligungsunternehmen verbunden ist oder ob ihm mehr als 20 % der Anteile gehören. Umstritten ist, ob für Zwecke des Abs. 3 S. 1 Nr. 1 Var. 3 bei der Auslegung und Anwendung des Tatbestandsmerkmals **„verbunden"** auf § 271 Abs. 2 HGB oder auf § 15 AktG zurückzugreifen ist. Der X. Zivilsenat des BGH hat in der Rechtssache *K. of America* für Abs. 2 S. 1 Nr. 3 aF entschieden, dass insoweit der handelsrechtliche Begriff des verbundenen Unternehmens nach **§ 271 Abs. 2** und nicht § 15 AktG maßgebend ist.[314] Der Rechtsausschuss des Deutschen Bundestages[315] und die hL[316] teilen diese Auffassung. Der Rückgriff auf § 271 Abs. 2 kann in bestimmten Fällen zu Regelungslücken führen.[317] Rechtspolitisch wäre daher ein Rückgriff auf § 15 AktG durchaus sinnvoll.[318] Aufgrund der unmissverständlichen Entscheidung des X. Zivilsenats des BGH dürfte jetzt jedenfalls für die Praxis aber feststehen, dass insoweit § 271 Abs. 2 HGB maßgebend ist.

68   **5. Personelle Verflechtung (Abs. 3 S. 1 Nr. 2).** Abs. 3 S. 1 Nr. 2 fasst die Tatbestände des § 319 Abs. 2 S. 1 Nr. 2 und 3 aF unter Vereinfachungen zusammen. Nach Abs. 3 S. 1 Nr. 2 ist ein Wirtschaftsprüfer bzw. vereidigter Buchprüfer als Abschlussprüfer ausgeschlossen, wenn er – oder eine Person, mit der er seinen Beruf gemeinsam ausübt (→ Rn. 63), oder der Ehegatte (→ Rn. 90, → Rn. 92) oder der Lebenspartner (→ § 319 Rn. 90, → § 319 Rn. 92) (Abs. 3 S. 2) – **gesetzlicher Vertreter,** Mitglied des **Aufsichtsrats** oder **Arbeitnehmer** der zu prüfenden Kapitalgesellschaft oder eines Unternehmens ist, das mit der zu prüfenden Kapitalgesellschaft verbunden ist (§ 271 Abs. 2; → Rn. 67) oder von dieser mehr als 20 % der Anteile besitzt. Wer **gesetzlicher Vertreter** der zu prüfenden Kapitalgesellschaft ist, beurteilt sich nach dem Gesellschaftsstatut der betreffenden Gesellschaft (zu dessen Ermittlung → § 323 Rn. 227).[319] Abs. 3 S. 1 Nr. 2 selbst spricht nur von der „zu prüfenden Kapitalgesellschaft"; die Vorschrift ist aber auch auf **Personengesellschaften** iSv § 264a Abs. 1 anzuwenden, wie sich aus dem ausdrücklichen Gesetzesbefehl des § 264a Abs. 1 ergibt.[320] Für Kapitalgesellschaften & Co. KG gelten als gesetzliche Vertreter die Mitglieder des vertretungsberechtigten Organs der vertretungsberechtigten Gesellschaft (§ 264a Abs. 2).[321] Dem **Aufsichtsrat** (vgl. § 95 AktG, § 3 MontanMitbestG, § 6 MitbestG, § 4 Abs. 1 iVm § 1 Abs. 1 DrittelbG bzw. Aufsichtsorgan nach Art. 40 SE-VO) sind – wie schon nach bisher hM – funktional vergleichbare Gremien **mit Überwachungsaufgaben** (zB fakultative Aufsichtsräte einer GmbH nach § 52 GmbHG, **Beiräte,** Verwaltungsräte) gleichgestellt.[322] Umgekehrt gilt: Bei fehlender Überwachungsfunktion

---

[314] BGHZ 159, 234 (236 ff.) mit Bespr.-Aufsatz Ebke/Paal ZGR 2005, 895 = BB 2004, 2009 mit krit. Kommentar Ekkenga.

[315] BT-Drs. 15/4054, 38.

[316] S. etwa Polt/Winter WPg 2004, 1127 (1131); BeBiKo/Justenhoven/Nagel Rn. 38; Ulmer FS Goerdeler, 1987, 638; krit. W. Müller NZG 2004, 1037 (1038, 1039); aA (§ 15 AktG) Baumbach/Hueck/Schulze-Osterloh, 18. Aufl. 2006, GmbHG § 41 Rn. 101; wohl auch Hopt/Merkt Rn. 17, 27.

[317] Ebke/Paal ZGR 2005, 895 (905); HKMS/Mylich/Müller Rn. 65.

[318] S. auch Kropff FS Ulmer, 2003, 861; HKMS/Mylich/Müller Rn. 65.

[319] HKMS/Mylich/Müller Rn. 68: Gesetzliche Vertreter sind Vorstände der AG, persönlich haftende Gesellschafter der KGaA, Geschäftsführer der GmbH, Vorstand der Genossenschaft und das Leitungsorgan oder das Verwaltungsorgan der SE. Ist der Abschlussprüfer Liquidator oder Insolvenzverwalter, gilt Abs. 3 S. 1 Nr. 2 entsprechend, weil er in dieser Funktion gesetzlicher Vertreter ist: BeBiKo/Justenhoven/Nagel Rn. 41.

[320] Gelhausen/Buchenau WPK Magazin 2010, 42 (43); Schüppen Rn. 28; offengelassen in LG Berlin Beschl. v. 25.2.2010 – Wil 19/09, WPK Magazin 2010, 54.

[321] BeBiKo/Justenhoven/Nagel Rn. 41.

[322] VG Berlin BeckRS 2010, 55361; ebenso HKMS/Mylich/Müller Rn. 69; BeBiKo/Justenhoven/Nagel Rn. 42; Gelhausen/Buchenau WPK Magazin 2010, 42 (43); Schüppen Rn. 27.

des Gremiums (zB Beiräte mit ausschließlich beratender Funktion) greift Abs. 3 S. 1 Nr. 2 nicht (auch nicht analog) ein.[323]

Arbeitnehmer iSv Abs. 3 S. 1 Nr. 2 ist derjenige, der aufgrund eines Arbeitsvertrages **69** im Dienst eines anderen zur Leistung weisungsgebundener, fremdbestimmter Arbeit in persönlicher Abhängigkeit verpflichtet ist (§ 611a Abs. 1 S. 1 BGB).[324] Weisungsgebunden ist, wer seine Tätigkeit nicht im Wesentlichen frei gestalten und seine Arbeitszeit bestimmen kann (§ 611a Abs. 1 S. 3 BGB). Der Grad der persönlichen Abhängigkeit hängt dabei auch von der Art der jeweiligen Tätigkeit ab (§ 611a Abs. 1 S. 3 BGB). Für die Feststellung, ob ein Arbeitsvertrag vorliegt, ist eine Gesamtbetrachtung aller Umstände vorzunehmen (§ 611a Abs. 1 S. 4 BGB). Gleichgültig ist, ob der Arbeitnehmer Angestellter oder Arbeiter ist. Zu den Angestellten gehören auch die leitenden Angestellten, denn sie erbringen ihre Arbeitsleistung ebenfalls aufgrund eines Arbeitsvertrages. Dagegen gehören *kurzfristig* beschäftigte Praktikanten, Volontäre, Hospitanten und freie Mitarbeiter nicht zu den Arbeitnehmern iSv Abs. 3 S. 1 Nr. 2.[325] Werden die in § 319 Abs. 3 S. 1 Nr. 2 genannten Tätigkeiten im Zeitpunkt der Bestellung des Abschlussprüfers nicht mehr ausgeübt, ist zu prüfen, ob sich aus der **früheren Tätigkeit** uU eine Besorgnis der Befangenheit des Prüfers nach Abs. 2 (zB wegen persönlicher Vertrautheit, Eigeninteressen oder Gefahr der Selbstprüfung) ergibt.[326]

6. Mitwirkungsverbot (Abs. 3 S. 1 Nr. 3). Abs. 3 S. 1 Nr. 3 enthält verschiedene **70** Mitwirkungsverbote, die Ausfluss des **Verbots der Selbstprüfung** sind.[327] Eine Selbstprüfung liegt vor, wenn der Abschlussprüfer einen Sachverhalt zu beurteilen hat, an dessen Entstehung er selbst unmittelbar beteiligt und diese Beteiligung nicht von nur untergeordneter Bedeutung war (§ 33 Abs. 1 WP/vBP). Grund für das Selbstprüfungsverbot ist die Befürchtung, dass der Abschlussprüfer in Fällen, in denen er selbst an der Führung der Bücher und der Aufstellung des zu prüfenden Jahresabschlusses mitgewirkt hat, bei der Prüfung Fehler entweder nicht erkennt (fachliche Voreingenommenheit) oder sie zwar erkennt, diese im Rahmen der Prüfung zwecks Vermeidung von Nachteilen aber nicht pflichtgemäß offenlegt.[328] Die Vorschrift erfasst **vier Fallgruppen** *über die Prüfungstätigkeit hinaus* bei der zu prüfenden oder für die zu prüfende Kapitalgesellschaft:[329] Die Mitwirkung bei der Führung von Büchern oder bei der Aufstellung des zu prüfenden Jahresabschlusses (lit. a), die Mitwirkung bei der Durchführung der internen Revision in verantwortlicher Position (lit. b), die Erbringung von Unternehmensleitungs- oder Finanzdienstleistungen (lit. c) und eigenständige versicherungsmathematische Leistungen bzw. Bewertungsleistungen, die sich auf den zu prüfenden Jahresabschluss nicht nur unwesentlich auswirken

---

323   Gelhausen/Buchenau WPK Magazin 2010, 42 (43, 44); HKMS/Mylich/Müller Rn. 69; BeBiKo/Justenhoven/Nagel Rn. 42.

324   HKMS/Mylich/Müller Rn. 71; Hense/Ulrich/Uhlmann WPO § 43a Rn. 40. Für den Prüfer selbst kommt dem Ausschlussgrund unter diesem Gesichtspunkt geringe Bedeutung zu, weil Wirtschaftsprüfern aus § 43a Abs. 3 Nr. 2 WPO die Tätigkeit aufgrund eines Anstellungsvertrags in der gewerblichen Wirtschaft versagt ist. Als zeichnungsberechtigter Vertreter oder als zeichnungsberechtigter Angestellter einer Wirtschaftsprüfungsgesellschaft kann der Wirtschaftsprüfer zwar Arbeitnehmer sein, in dieser Funktion muss aber sichergestellt sein, dass er Prüfungsberichte weisungsfrei unterzeichnen kann (§ 44 Abs. 1 S. 1 WPO). Bedeutsamer ist, dass der Ausschlussgrund nach Abs. 3 S. 1 Nr. 2 auch zum Tragen kommt, wenn er auf den Ehegatten (→ § 319 Rn. 90, 92) oder Lebenspartner (→ § 319 Rn. 91) zutrifft: HKMS/Mylich/Müller Rn. 71.

325   BeBiKo/Justenhoven/Nagel Rn. 43; HKMS/Mylich/Müller Rn. 73; aA für „nachhaltig" beschäftigte „freie Mitarbeiter" Staub/Habersack/Schürnbrand Rn. 47. Zu der im Einzelfall schwierigen Abgrenzung zwischen einer Tätigkeit als Arbeitnehmer und freier Mitarbeit: HKMS/Mylich/Müller Rn. 71.

326   IdS auch BeBiKo/Justenhoven/Nagel Rn. 44; Hopt/Merkt Rn. 18.

327   Peemöller/Oehler BB 2004, 1158 (1160); Pfitzer/Oser/Orth DB 2004, 2593 (2599); HKMS/Mylich/Müller Rn. 74; BeBiKo/Justenhoven/Nagel Rn. 46; Hopt/Merkt Rn. 19; Schüppen Rn. 29; Merkt/Probst/Fink/Bruckner/Homfeldt S. 1488 Rn. 105; Hense/Ulrich/Bärenz/Goltz WPO § 49 Rn. 81 ff.

328   Hense/Ulrich/Bärenz/Goltz WPO § 49 Rn. 82.

329   Abs. 3 S. 1 Nr. 3 spricht nur von der „zu prüfenden Kapitalgesellschaft"; die Vorschrift ist aber auch auf Personengesellschaften iSv § 264a Abs. 1 anzuwenden, wie sich aus dem ausdrücklichen Gesetzesbefehl des § 264a Abs. 1 ergibt: Gelhausen/Buchenau WPK Magazin 2010, 42 (43).

(lit. d).[330] Allgemeine **Voraussetzung** für das Eingreifen aller vier Fallgruppen ist, dass die beschriebenen Tätigkeiten nicht von untergeordneter Bedeutung (also wesentlich) sind (Abs. 3 S. 1 Nr. 3 letzter Teilsatz: „sofern diese Tätigkeiten nicht von untergeordneter Bedeutung sind").[331] Auf der Grundlage und am Maßstab des Verbots der Selbstprüfung sind dabei alle Umstände des Einzelfalles zu berücksichtigen; der Gesichtspunkt, ob die prüfungspflichtige Abschlussposition, auf die sich die Mitwirkungstätigkeit bezieht, wesentlich („*material*") ist, ist also **nicht allein ausschlaggebend.**[332]

71   Abs. 3 S. 1 Nr. 3 enthält außerdem für alle genannten Tätigkeiten eine **zeitliche Begrenzung** auf solche Mitwirkungshandlungen, die **in dem zu prüfenden Geschäftsjahr** oder in dem Zeitraum **bis zur Erteilung des Bestätigungsvermerks** (bzw. bis zur Erteilung des Vermerks über die Versagung oder des Nichterteilungsvermerks, § 322 Abs. 2) erbracht wurden.[333] Erweitert wird der Ausschlustatbestand durch Abs. 3 S. 1 Nr. 3 Hs. 2 auf die Fälle, in denen die betreffende Tätigkeit von einem Unternehmen für die zu prüfende Kapitalgesellschaft ausgeübt wird, bei dem der Wirtschaftsprüfer oder vereidigte Buchprüfer gesetzlicher Vertreter, Arbeitnehmer, Mitglied des Aufsichtsrats oder Gesellschafter mit mehr als 20 % der den Gesellschaftern zustehenden *Stimmrechten* besitzt.[334] Durch diese Regelung soll eine Umgehung der Vorschriften verhindert werden.[335] Darüber hinaus gilt: Der Prüfer muss die Ausschlussgründe nicht selbst erfüllen; es reicht aus, dass eine Person, mit der der Prüfer seinen Beruf gemeinsam ausübt, einen der Tatbestände des Abs. 3 S. 1 Nr. 3 lit. a–d verwirklicht (→ Rn. 72 ff.). Ein Ausschlussgrund nach Abs. 3 Nr. 3 lit. a–d ist gemäß Abs. 3 S. 2 außerdem gegeben, wenn der **Ehegatte** oder **Lebenspartner** des Wirtschaftsprüfers (→ Rn. 90 ff.) einen der Ausschlussgründe nach Abs. 3 S. 1 Nr. 3 lit. a–d erfüllt.

72   **a) Führung der Bücher; Aufstellung des Jahresabschlusses (lit. a).** Nach Abs. 3 S. 1 Nr. 3 lit. a ist – entsprechend Abs. 2 S. 1 Nr. 5 aF[336] – ein Wirtschaftsprüfer bzw. vereidigter Buchprüfer als Abschlussprüfer ausgeschlossen, wenn er, sein Ehegatte (→ Rn. 90, → Rn. 92) bzw. Lebenspartner (→ Rn. 91) oder eine Person, mit der er seinen Beruf gemeinsam ausübt (→ Rn. 63), **über die Prüfungstätigkeit hinaus** bei der zu prüfenden oder für die zu prüfende Kapitalgesellschaft in dem zu prüfenden Geschäftsjahr oder bis zur Erteilung des Bestätigungsvermerks bei der Führung der Bücher oder der Aufstellung des zu prüfenden Jahresabschlusses mitgewirkt hat. Dieser Ausschlussgrund folgt aus dem Verbot der Selbstprüfung, wonach der Prüfer keinen Sachverhalt beurteilen darf, an dessen Zustandekommen er selbst maßgeblich mitgewirkt hat (§ 33 Abs. 1 WP/vBP).[337]

73   **aa) Unschädliche Tätigkeiten.** Eine Mitwirkung bei der Aufstellung des zu prüfenden Jahresabschlusses iSv Abs. 3 S. 1 Nr. 3 lit. a liegt nicht bereits in dem Hinweis des Prüfers an die Geschäftsführung im Rahmen der Prüfungstätigkeit auf Fehler oder dem Vorschlag, Umbuchungen vorzunehmen, damit ein Bestätigungsvermerk (vgl. § 322 Abs. 2)

---

[330]   Dazu Mekat, Der Grundsatz der Wesentlichkeit in der Rechnungslegung und Abschlussprüfung, 2009, 226, 227. S. ferner EuGH Urt. v. 24.3.2021 – C-950/19, ECLI:EU:C:2021:230 Rn. 39 ff. – Patentti-ja rekisterihallituksen tilintarkastuslautakunta.

[331]   Die Gesetzesbegründung schweigt zu den Gründen für die Einführung des Wesentlichkeitskriteriums. Eine mögliche Erklärung aus Sicht des Berufsstandes gibt Ring WPg 2005, 197 (199); s. ferner Mekat, Der Grundsatz der Wesentlichkeit in Rechnungslegung und Abschlussprüfung, 2009, S. 227, 228.

[332]   Vgl. HKMS/Mylich/Müller Rn. 76; Staub/Habersack/Schürnbrand Rn. 50.

[333]   HKMS/Müller Rn. 75; Staub/Habersack/Schürnbrand Rn. 50.

[334]   Im Gegensatz zu § 319 Abs. 3 S. 1 Nr. 1, wo es auf 20 % der Anteile ankommt, stellt § 319 Abs. 3 S. 1 Nr. 3 (ebenso wie § 319 Abs. 4 S. 1) auf 20 % der den Gesellschaftern zustehenden Stimmrechte ab. Zu den Gründen Peemöller/Oehler BB 2004, 1158 (1160).

[335]   BeBiKo/Justenhoven/Nagel Rn. 46.

[336]   Nach Ansicht der Bundesregierung soll sich die Rechtslage inhaltlich nicht verändert haben: BT-Drs. 15/3419, 27 v. 24.6.2004.

[337]   Peemöller/Oehler BB 2004, 1158 (1160); Pfitzer/Oser/Orth DB 2004, 2593 (2599); HKMS/Mylich/Müller Rn. 74; BeBiKo/Justenhoven/Nagel Rn. 46; Hopt/Merkt Rn. 19; Schüppen Rn. 29; Merkt/Probst/Fink/Bruckner/Homfeldt S. 1488 Rn. 105.

erteilt werden kann.[338] Dies ist solange unbedenklich, wie nach dem Gesamtbild der Verhältnisse die Verarbeitung des Buchungsstoffes bei dem Mandanten verbleibt.[339] Unter dieser Voraussetzung ist auch eine größere Anzahl von Korrekturhinweisen nicht zu beanstanden.[340] Unschädlich ist es auch, wenn der Prüfer während des laufenden Geschäftsjahres Prüfungshandlungen vornimmt und bei dieser Gelegenheit der Bitte der Gesellschaft um **Entscheidungshilfe bei Zweifelsfragen** der Rechnungslegung nachkommt,[341] *falls* die Hilfestellung des Abschlussprüfers insgesamt nur von untergeordneter Bedeutung ist (Abs. 3 S. 1 Nr. 3 letzter Teilsatz). „Theoretische" Hinweise zum Aufbau der Arbeits- und Ablauforganisation sowie „nur konditional" auf die Buchung bestimmter Geschäftsvorfälle gerichtete Organisationshilfen (zB die Zurverfügungstellung einer Beraternummer bei der DATEV) dürften ebenfalls unschädlich sein.[342] Die Erstellung eines **Verschmelzungsgutachtens** und die Ermittlung der Verschmelzungswertrelation sind ebenfalls keine Mitwirkung iSv Abs. 3 S. 1 Nr. 3 lit. a, hindern also nicht die nachfolgende Abschlussprüfung bei der aus der Verschmelzung hervorgegangenen Gesellschaft.[343] Allerdings kann in einem solchen Fall aus anderen Gründen (zB Schadensersatzforderungen des Mandanten gegen den Prüfer oder „Vertuschungsgefahr" – → Rn. 49) die Besorgnis der Befangenheit nach Abs. 2 bestehen.[344]

bb) Beratungsleistungen. Besondere Schwierigkeiten bei der Auslegung und **74** Anwendung des Abs. 3 S. 1 Nr. 3 lit. a können sich – wie schon nach altem Recht – im Hinblick auf die Zulässigkeit von prüfungsvorbereitenden oder prüfungsbegleitenden Leistungen ergeben, die keine Prüfungsleistungen im eigentlichen Sinne sind, insbesondere Beratungsleistungen, die Auswirkungen auf die Darstellung der Vermögens-, Finanz- und Ertragslage des Unternehmens haben können (*non-audit services,* „Nichtprüfungsleistungen"[345] bzw. „prüfungsfremde Leistungen"[346]). Nach der Rechtsprechung zu Abs. 2 S. 1 Nr. 5 aF – insbesondere den wegweisenden Entscheidungen des BGH in den Rechtssachen **Allweiler**[347] und **HypoVereinsbank**[348] – konnten Beratungsleistungen (zB Rechts- oder Steuerberatungsleistungen) je nach Art und Umfang im Einzelfall eine unzulässige Mitwirkung bei der Aufstellung des Jahresabschlusses darstellen, insbesondere dann, wenn die Leistungen über die Darstellung von (Gestaltungs-)Alternativen im Sinne einer Entscheidungshilfe hinausgingen und die **funktionale Entscheidungskompetenz** nicht mehr bei

---

[338] HKMS/Mylich/Müller Rn. 77 („Korrekturfunktion der Abschlussprüfung") und Rn. 81; Hense/Ulrich/Bärenz/Goltz WPO § 49 Rn. 85 („Korrekturfunktion des Prüfers"); Hopt/Merkt Rn. 20; Schüppen Rn. 32; BeBiKo/Justenhoven/Nagel Rn. 49; HKMS/Müller Rn. 81.

[339] Hense/Ulrich/Bärenz/Goltz WPO § 49 Rn. 85.

[340] Hense/Ulrich/Bärenz/Goltz WPO § 49 Rn. 85; BeBiKo/Justenhoven/Nagel Rn. 49.

[341] Baumbach/Hueck/Schulze-Osterloh, 18. Aufl. 2006, GmbHG § 41 Rn. 104.

[342] BeBiKo/Justenhoven/Nagel Rn. 49.

[343] BGHZ 153, 32 – HypoVereinsbank (zu § 319 Abs. 2 S. 1 Nr. 5 aF) mAnm Bayer/Fischer EWiR § 124 AktG 1/03, 199. Zust. Hopt/Merkt Rn. 20; Hense/Ulrich/Bärenz/Goltz WPO § 49 Rn. 130. Zu Einzelheiten der BGH-Entscheidung: Ebke FS Röhricht, 2005, 835; Ebke FS Immenga, 2004, 521; Ebke in Ferrarini/Hopt/Winter/Wymeersch, Reforming Company and Takeover Law in Europe, 2004, S. 526, 527; Gelhausen/Kuss NZG 2003, 424; Habersack NZG 2003, 659; Hellberg GmbHR 2003, 408; Kiethe NZG 2003, 937; Lanfermann/Lanfermann DStR 2003, 905; Lutter JZ 2003, 563; Marx DB 2003, 431; W. Müller WPg 2003, 741; Schüppen WPg 2003, 750. Zum Hintergrund des HypoVereinsbank-Falles Hoffmann DB 2000, 485.

[344] Zu der Frage, ob die vorangegangene oder gleichzeitige Tätigkeit als Prüfer für Qualitätskontrolle (§ 57a Abs. 3 WPO) und Abschlussprüfer zulässig ist: Hense/Ulrich/Bärenz/Goltz WPO § 49 Rn. 87 („unschädlich").

[345] Vgl. Abschn. 8 der Empfehlung 2002/590/EG der EU Kommission über die Unabhängigkeit des Abschlussprüfers.

[346] Vgl. Erwägungsgrund 11 Abschlussprüfer-RL. Krit. zu dem Begriff der „prüfungsfremden Leistungen" Niehus WPg 2002, 616 (616 Fn. 2) („negativ-abgrenzende Konnotation").

[347] BGHZ 135, 260 – Allweiler. Zu Einzelheiten der Entscheidung: Dörner FS Stehle, 1997, 81; Ebke WPK-Mitt. 1998, 76; Heni DStR 1997, 1210; Hommelhoff ZGR 1997, 550; Lanfermann FS Sieben, 1998, 425; Löcke GmbHR 1997, 1052; Neumann ZIP 1998, 1338; Röhricht WPg 1998, 153; Thiele DB 1997, 1396.

[348] BGHZ 153, 32 – HypoVereinsbank mAnm Bayer/Fischer EWiR § 124 AktG 1/03, 199.

dem Beratenen verblieb.[349] Danach ist für die Grenzziehung zwischen zulässigen Entscheidungsvorschlägen des Prüfers zu Buchführung oder Abschluss und unzulässiger Mitwirkung bei der Aufstellung des Jahresabschlusses darauf abzustellen, ob das beratene Unternehmen letztlich die unternehmerischen Entscheidungen bei der Aufstellung des Jahresabschlusses in eigener Verantwortung getroffen hat.[350] Die Abgrenzung zwischen Vorschlag und Entscheidung ist in der Literatur **als vordergründig und realitätsfern kritisiert** worden.[351] Sie läuft im Übrigen leer, wenn im Einzelfall zwar formell mehrere Vorschläge unterbreitet werden, aber in der Sache nur eine Entscheidung möglich oder sinnvoll erscheint.[352] Auf der Grundlage der Rechtsprechung hat die „Verlautbarung des Vorstandes der Wirtschaftsprüferkammer zur Abgrenzung von Prüfung und Erstellung (Abs. 2 Nr. 5 HGB)" weiteres Licht in das Dunkel des § 319 Abs. 2 S. 1 Nr. 5 aF zu bringen versucht.[353]

75   Der Gesetzgeber hatte die Grundsätze der BGH-Rechtsprechung im BilReG für die **Rechts- und Steuerberatung** im Rahmen des (inzwischen aufgehobenen) § 319a Abs. 1 S. 1 Nr. 2 aF aufgegriffen („Aufzeigen von Gestaltungsalternativen"), allerdings nur für Unternehmen von öffentlichem Interesse und mit teilweise anderen Abgrenzungen. Merkt hat aber mit Recht darauf hingewiesen, dass der **Grundsatz der funktionalen Entscheidungszuständigkeit** damit für die Konkretisierung des Mitwirkungsverbots nach Abs. 3 S. 1 Nr. 3 lit. a auf der Grundlage und am Maßstab des Verbots der Selbstprüfung für nicht kapitalmarktorientierte Unternehmen nicht ausgeschlossen sein sollte, sondern auch im Geltungsbereich des neuen Abs. 3 S. 1 Nr. 3 lit. a weiterhin zum Tragen kommen kann.[354] Die unter Geltung des Abs. 2 S. 1 Nr. 5 aF besonders umstrittenen versicherungsmathematischen Leistungen im Zusammenhang mit der Ermittlung des Teilwerts von Pensionsrückstellungen (§ 6a EStG; § 8 Abs. 1 KStG)[355] bei getrennten Bilanzen und Einheitsbilanzen sind heute in Abs. 3 S. 1 Nr. 3 lit. d ausdrücklich geregelt. Die Berechnung von Steuerrückstellungen stellt in der Regel eine unzulässige Mitwirkung iSv Abs. 3 S. 1 lit. a dar;[356] die Beurteilung der handels- und steuerrechtlichen Zulässigkeit von Steuerrückstellungen gehört dagegen zu den Prüfungsaufgaben und ist deshalb zulässig.[357]

76   **cc) Ausschluss begründende Tätigkeiten.** Der Abschlussprüfer wirkt nach Abs. 3 S. 1 Nr. 3 lit. a hingegen bei der Aufstellung des Abschlusses in unzulässiger Weise mit, wenn ihm ein **nicht prüffähiger Jahresabschluss** vorgelegt wird, er ihn vervollständigt und dann prüft.[358] Das OLG Köln hat daher mit Recht einen Verstoß gegen Abs. 2 S. 1

---

[349]   Zur Verantwortlichkeit der gesetzlichen Vertreter für den Jahresabschluss: § 322 Abs. 2 S. 2 („unter Berücksichtigung des Umstandes …, dass die gesetzlichen Vertreter den Abschluss zu verantworten haben"). Unmissverständlich auch aus australischer Sicht Nguyen/Rajapakse Common Law World Rev. 37 (2008), 9 (15) („Therefore, it is the directors' and management's responsibility to maintain proper financial records and internal controls").

[350]   BGHZ 135, 260 (264, 265) – Allweiler; Schüppen Rn. 30; BeBiKo/Justenhoven/Nagel Rn. 49; Hense/Ulrich/Bärenz/Goltz WPO § 49 Rn. 91. Die Entscheidungszuständigkeit wird – im Hinblick auf spätere (gerichtliche) Streitigkeiten – zum Darlegungs- und Beweisproblem (weshalb sich eine sorgfältige Dokumentation durch den Prüfer empfiehlt).

[351]   Vgl. Baumbach/Hueck/Schulze-Osterloh, 18. Aufl. 2006, GmbHG § 41 Rn. 104 unter Hinweis ua auf Fleischer DStR 1996, 758 (763) und Hommelhoff GS Knobbe-Keuk, 1997, 478, 479; Hommelhoff ZGR 1997, 550 (554, 555). Krit. auch HKMS/Mylich/Müller Rn. 79.

[352]   Baumbach/Hueck/Schulze-Osterloh, 18. Aufl. 2006, GmbHG § 41 Rn. 104; HKMS/Mylich/Müller Rn. 79.

[353]   WPK-Mitt. 1996, 196 = DB 1996, 1434. Zur rechtlichen Bedeutung der Verlautbarung Ebke WPK-Mitt. 1998, 77 (78).

[354]   Hopt/Merkt Rn. 21 und § 319a Rn. 4.

[355]   S. → 1. Aufl. 2001, Rn. 32.

[356]   BeBiKo/Justenhoven/Nagel Rn. 52, 53; HKMS/Mylich/Müller Rn. 79.

[357]   HKMS/Mylich/Müller Rn. 79 und 81.

[358]   OLG Brandenburg BeckRS 2001, 30192183 (betr. Vorlage von „Bilanzfragmenten"; das Gericht führt dazu aus: „[D]as Zahlenwerk muß inhaltlich und formal den gesetzlichen Vorschriften entsprechen [objektives Kriterium] und das zuständige Organ guten Glaubens sein, einen solchen Jahresabschluß aufgestellt zu haben und ihn als den Jahresabschluß seines Unternehmens anerkennen [subjektives Kriterium]"); OLG Düsseldorf BeckRS 2005, 156558 Rn. 32–33. S. auch HKMS/Mylich/Müller Rn. 79; Hense/Ulrich/Bärenz/Goltz WPO § 49 Rn. 92.

Nr. 5 aF in einem Fall bejaht, in dem eine Bilanz und eine Gewinn- und Verlustrechnung, die dem Prüfer als Grundlage für seine Prüfungstätigkeit hätte dienen können, unstreitig nicht existierte.[359] Das OLG Düsseldorf hat ebenfalls zu Recht „eine die Grenze des Zulässigen überschreitende Vermischung von Prüfungstätigkeit und Erstellung der zu prüfenden Unterlagen" in einem Fall angenommen, in dem die prüfungspflichtige Gesellschaft dem Prüfer lediglich vorläufige Unterlagen vorgelegt und ihn gebeten hatte, „mit allen Prüfungshandlungen zu beginnen".[360] Führt „der Prüfer einen lückenhaften, unvollständigen oder unbrauchbaren Entwurf erst durch seine Beratungsleistungen einem testierbaren Abschluss zu", schreibt das OLG Hamm, „verliert das Geschehen den Charakter der Prüfung und der Prüfer berät unzulässig".[361] Die Eingabe in die Buchhaltungs-EDV, die Aufarbeitung von Buchungsrückständen und der Abschluss der Konten werden daher gemäß Abs. 3 S. 1 Nr. 3 lit. a zu Recht als unzulässige Tätigkeiten des Prüfers angesehen.[362] Nach Ansicht des LG Berlin ist davon auszugehen, dass der Prüfer **eigene, neue Bilanzen erstellt** hat, wenn die Wertansätze von denen der früheren Bilanzen derart stark abweichen, dass die Abweichungen nicht mehr mit bloßen Bewertungstoleranzen erklärlich sind.[363] Das OLG Hamburg verlangt für eine unzulässige Mitwirkung an der Aufstellung des Jahresabschlusses iSv § 319 Abs. 2 S. 1 Nr. 5 aF (heute: Abs. 3 S. 1 Nr. 3 lit. a) eine Mitwirkung „im technischen Sinne", hält bei einer „zu großen Nähe" des Prüfers zu dem Mehrheitsgesellschafter aber die Besorgnis der Befangenheit nach § 318 Abs. 3 S. 1 aF (heute: Abs. 2) für gegeben.[364]

Eine **unzulässige Mitwirkung** iSv Abs. 3 S. 1 Nr. 3 lit. a bei der Führung der Bücher **77** bzw. der Aufstellung des Jahresabschlusses der zu prüfenden Gesellschaft liegt auch dann vor, wenn der Prüfer die Grund-, Haupt- oder Nebenbücher führt,[365] (Bestands- oder Ergebnis-)Konten führt, Konten abschließt, die Konten in die Bilanz oder die Gewinn- und Verlustrechnung überführt,[366] Anlageverzeichnisse führt,[367] den Anhang[368] oder den Lagebericht erstellt[369] oder die **Inventur** selbst vornimmt (statt sie lediglich zu überwachen).[370] Kritisch zu sehen ist auch die Übernahme von Teilbereichen der Buchführung, etwa der **gesamten Lohn- und Gehaltsbuchführung**, über technische Hilfestellungen hinaus.[371] Entsprechendes gilt, wenn der Abschlussprüfer oder eine Person, mit der er seinen Beruf gemeinsam ausübt, die **Gehaltsbuchführung** für einen Teil der Mitarbeiter (zB Führungskräfte, Vorstände) übernimmt, sofern der betreffende Personalaufwand nicht unwesentlich ist.[372] Die Grenzen zur unzulässigen Mitwirkung bei der Aufstellung des zu prüfenden Jahresabschlusses sind nach Abs. 3 S. 1 Nr. 3 lit. a außerdem überschritten, wenn der Prüfer eine sog. **Einheitsbilanz**, die also zugleich Handels- und Steuerbilanz ist, erstellt und prüft.[373] Unzulässig ist

---

[359] OLG Köln BB 1992, 2108.
[360] OLG Düsseldorf BeckRS 2005, 156558 Rn. 32.
[361] OLG Hamm NZG 2009, 1078 = DStR 2009, 1978; vgl. OLG Brandenburg GmbHR 2001, 865.
[362] Löcke GmbHR 1997, 1052 (1056) (zum alten Recht).
[363] LG Berlin Stbg 1996, 413 = GI 1997, 2.
[364] OLG Hamburg BB 1992, 2108.
[365] Hense/Ulrich/Bärenz/Goltz WPO § 49 Rn. 93; Staub/Habersack/Schürnbrand Rn. 56; BeBiKo/Justenhoven/Nagel Rn. 50.
[366] Vgl. OLG Köln BB 1992, 2108; LG Berlin Stbg 1996, 413 = GI 1997, 2; Graumann Prüfungswesen S. 144.
[367] BeBiKo/Justenhoven/Nagel Rn. 50.
[368] HKMS/Mylich/Müller Rn. 79 (unter Hinweis auf BGH ZIP 2010, 433).
[369] Vgl. BeBiKo/Justenhoven/Nagel Rn. 50; Hopt/Merkt Rn. 20; aA Schüppen Rn. 29 („Mitwirkung bei der Aufstellung des Lageberichts nicht erfasst, aber Fall des Abs. 2").
[370] Vgl. LG Frankfurt a. M. BB 1997, 1682 (1684) („Die Aufnahme der Inventur selbst ist Sache des zu prüfenden Unternehmens. Die Mitwirkung der Abschlußprüfer hierbei ist gesetzlich untersagt"); BeBiKo/Justenhoven/Nagel Rn. 50 (unzulässig ist Durchführung, nicht aber Überwachung, der Vorratsinventur"); HKMS/Mylich/Müller Rn. 79.
[371] BeBiKo/Justenhoven/Nagel Rn. 47; HKMS/Mylich/Müller Rn. 80; Peemöller/Oehler BB 2004, 538 (541); Hense/Ulrich/Bärenz/Goltz WPO § 49 Rn. 94 (zB „Vorgänge wie die Durchführung der Datenverarbeitung sowie DATEV-Eingaben").
[372] BeBiKo/Justenhoven/Nagel Rn. 47; HKMS/Mylich/Müller Rn. 80.
[373] Hopt/Merkt Rn. 21. Zum alten Recht ebenso Hommelhoff ZGR 1997, 550 (560, 561); Thiele DB 1997, 1396 (1397); diff. Dörner FS Stehle, 1997, 100.

ferner die Berechnung der Abschreibungen auf das Anlagevermögen und Umlaufvermögen,[374] die Erstellung von Kapitalflussrechnung und Eigenkapitalspiegel in den Fällen des § 264 Abs. 1 S. 2.[375] Die Mitwirkung des Abschlussprüfers bei der Aufstellung des Vorjahresabschlusses ist von Abs. 3 S. 1 Nr. 3 lit. a nicht unmittelbar erfasst. Da die Prüfung des Jahresabschlusses aber auch die Vergleichszahlen des Vorjahres einschließt, muss im Einzelfall geprüft werden, ob eine Besorgnis der Befangenheit nach Abs. 2 begründet ist.[376]

78   **b) Durchführung der internen Revision (lit. b).** Abs. 3 S. 1 Nr. 3 lit. b stellt den – naheliegenden – Grundsatz auf, dass ein Wirtschaftsprüfer bzw. vereidigter Buchprüfer als Abschlussprüfer ausgeschlossen ist, wenn er, sein Ehegatte oder Lebenspartner (Abs. 3 S. 2) oder eine Person, mit der er seinen Beruf gemeinsam ausübt, in dem zu prüfenden Geschäftsjahr oder bis zur Erteilung des Bestätigungsvermerks (bzw. bis zur Erteilung des Vermerks über die Versagung oder des Nichterteilungsvermerks) „bei der Durchführung der internen Revision in verantwortlicher Position mitgewirkt hat".[377] Der Gesetzgeber folgt mit diesem Ausschlussgrund Abschn. 7.2.4 Empfehlung 2002/590/EG der EU Kommission zur Unabhängigkeit des Abschlussprüfers vom 16.5.2002. Die interne Revision ist ein wesentlicher Bestandteil des Internen Kontrollsystems („*Internal Control System*") eines Unternehmens. Die Funktion der internen Revision beinhaltet die Überprüfung der Eignung und die **Überwachung** der Einhaltung der Regelungen und Anordnungen der gesetzlichen Vertreter und der Ordnungsmäßigkeit von Aufbau und Funktion des internen Kontrollsystems sowie die Beratung der gesetzlichen Vertreter in den hiermit zusammenhängenden Fragen.[378] In der Mitwirkung bei der Durchführung der internen Revision sieht der Gesetzgeber einen Anwendungsfall des Verbots der Selbstprüfung, weil der Abschlussprüfer jedenfalls den Teil der internen Revision, der sich auf die Rechnungslegung bezieht, beurteilen muss.[379] Unklar ist, was unter dem Tatbestandsmerkmal „in verantwortlicher Position" zu verstehen ist. Nach Sinn und Zweck des **Verbots der Selbstprüfung** soll damit nicht jede Art der Mitwirkung an der Durchführung der internen Revision ausgeschlossen sein.[380] Zulässig ist beispielsweise die Überprüfung der internen Revision auf Schwachstellen mit Vorschlägen zu ihrer Beseitigung.[381] Unzulässig ist dagegen die vollständige Übernahme („*outsourcing*"), die Leitung (Management) bzw. die Beherrschung (Kontrolle) der internen Revision durch den Abschlussprüfer.[382] Im Rahmen der Abschlussprüfung ist der Prüfer allerdings verpflichtet, seine **Prüfungstätigkeiten** so weit wie möglich und sinnvoll mit der internen Revision zu **koordinieren** und die Arbeitsergebnisse der internen Revision zu verwerten.[383] Die unterschiedlichen Aufgaben und Ziele von Abschlussprüfung und interner Revision dürfen dabei aber keinesfalls vermischt werden.

---

[374]   BeBiKo/Justenhoven/Nagel Rn. 50; Graumann Prüfungswesen S. 144.
[375]   BeBiKo/Justenhoven/Nagel Rn. 50.
[376]   BeBiKo/Justenhoven/Nagel Rn. 54; HKMS/Mylich/Müller Rn. 75; Hense/Ulrich/Bärenz/Goltz WPO § 49 Rn. 96; Graumann Prüfungswesen S. 144.
[377]   Unter der internen Revision wird eine „unternehmensinterne prozessunabhängige, prüfende, beurteilende und beratende Tätigkeit verstanden, die innerhalb eines Unternehmens oder Konzerns durchgeführt wird". Sie bewertet mit einem systematischen und zielgerichteten Ansatz die Wirksamkeit des Risikomanagementsystems, des Steuerungs- und Überwachungssystems einschließlich der Kontrollen und hilft, diese zu verbessern. S. IDW PS 321: Interne Revision und Abschlussprüfung (Stand: 9.9.2010), WPg Supp. 1/2010, 1 (Tz. 1).
[378]   IDW PS 321.8.
[379]   Begr. RegE BilReG, BT-Drs. 15/3419, 39 v. 24.6.2004.
[380]   Peemöller/Oehler BB 2004, 1158 (1160); Staub/Habersack/Schürnbrand Rn. 59.
[381]   So Baumbach/Hueck/Schulze-Osterloh, 18. Aufl. 2006, GmbHG § 41 Rn. 105 und Hopt/Merkt Rn. 19 (beide unter Hinweis auf Ring WPg 2005, 197 [199]).
[382]   HKMS/Mylich/Müller Rn. 83; BeBiKo/Justenhoven/Nagel Rn. 55; Wiedmann/Böcking/Gros/Böcking/Gros/Rabenhorst Rn. 23; Hense/Ulrich/Hennig/Precht WPO § 49 Rn. 94 und 98; Ebke in Ferrarini/Hopt/Winter/Wymeersch, Reforming Company and Takeover Law in Europe, 2004, 521; Graumann Prüfungswesen S. 145.
[383]   Aus berufsständischer Sicht: ISA [DE] 610: Nutzung der Tätigkeit interner Revisoren (Stand: 26.3.2020), IDW Life 2019, 709, IDW Life 2020, 509. Aus der Lit.: BeBiKo/Justenhoven/Nagel Rn. 55; Hense/Ulrich/Bärenz/Goltz WPO § 49 Rn. 98; Graumann Prüfungswesen S. 145.

c) Unternehmensleitungs- oder Finanzdienstleistungen (lit. c). Hat der Wirt- 79
schaftsprüfer oder vereidigte Buchprüfer, sein Ehegatte (→ § 319 Rn. 90, 92) bzw. Lebenspartner (→ § 319 Rn. 90, 92) (§ 319 Abs. 3 S. 2) oder eine Person, mit der er seinen
Beruf gemeinsam ausübt, in dem zu prüfenden Geschäftsjahr oder bis zur Erteilung des
Bestätigungsvermerks (bzw. bis zur Erteilung des Vermerks über die Versagung oder des
Nichterteilungsvermerks) „Unternehmensleitungs- oder Finanzdienstleistungen" von nicht
untergeordneter Bedeutung erbracht, ist er nach Abs. 3 S. 1 Nr. 3 lit. c als Abschlussprüfer
unwiderlegbar ausgeschlossen. Dieser – an Section 201 Sarbanes-Oxley Act von 2002 angelehnte[384] – Ausschlussgrund wird mit der engen beruflichen Verflechtung und dem Auftreten zur **Interessenwahrung des Mandanten** begründet.[385] Inhalt und Umfang dieses
Ausschlussgrundes sind noch nicht abschließend geklärt.[386] Die Vorschrift kann m.E. nicht
in einem einheitlichen Sinne „eng" oder „weit" ausgelegt werden; wegen des komplexen
Rechtsgüterzusammenhangs und des konstruktiven Verhältnisses des Abs. 3 S. 1 Nr. 3 lit. c
zu den anderen Ausschlussgründen des Abs. 3 S. 1 Nr. 3 lit. a, b und d sowie zu Abs. 2 ist
für die Konkretisierung und inhaltliche Auffüllung der Begriffe „Unternehmensleitungsleistungen" und „Finanzdienstleistungen" eine sorgfältige Analyse aller Umstände des Einzelfalls aus der Sicht eines objektiv, verständig denkenden und informierten Dritten auf der
Grundlage und am Maßstab des **Verbots der Selbstprüfung** entscheidend, als dessen
Ausfluss alle Ausschlussgründe des Abs. 3 S. 1 Nr. 3 anzusehen sind.[387] Dabei ist – wie bei
allen Ausschlussgründen nach Abs. 3 S. 1 Nr. 3 – auch Abs. 3 S. 1 letzter Teilsatz („sofern
diese Tätigkeiten nicht von untergeordneter Bedeutung sind") zu berücksichtigen. Aus dem
Vergleich mit Abs. 3 S. 1 Nr. 3 lit. d ergibt sich außerdem, dass es bei den beruflichen
Leistungen nach lit. c *nicht* darauf ankommt, ob sich die Leistungen auf den zu prüfenden
Jahresabschluss auswirken.[388]

aa) Unternehmensleitungsleistungen. Die Securities and Exchange Commission 80
(SEC) hat die Vorschriften der Section 201 des Sarbanes-Oxley Act in ihrer (für die Ausle-
gung von Abs. 3 S. 1 Nr. 3 lit. c nicht maßgeblichen, aber rechtsvergleichend aufschlussrei-
chen)[389] Final Rules „Strengthening the Commission's Requirements Regarding Auditor
Independence" konkretisiert.[390] Nach Ziff. 6 der Rules gehören zu den unzulässigen
Unternehmensleitungsleistungen (*management functions*) die befristete oder dauernde
Tätigkeit als Director, Officer oder Arbeitnehmer der zu prüfenden Gesellschaft sowie die
Wahrnehmung von Entscheidungs- oder Überwachungsfunktionen in dem zu prüfende
Unternehmen (zB als Leiter der internen Revision). Die **Empfehlung 2002/590/EG** der
EU Kommission über die Unabhängigkeit des Abschlussprüfers enthält in B.3 und B.4
ebenfalls einen Katalog von unzulässigen unternehmensleitenden Tätigkeiten. Nach deut-
schem Recht sind einige der genannten Tätigkeiten bereits nach Abs. 3 S. 1 Nr. 2 (gesetzlicher Vertreter, Mitglied des Aufsichtsrats oder Arbeitnehmer) verboten.[391] Mit „Unterneh-

---

[384] Sec. 201(g)(6) des Sarbanes-Oxley Act (Publ.L 107-204, 116 Stat. 745) erfasst „management functions
or human resources" und Sec. 201(g)(7) „broker or dealer, investment adviser, or investment banking
services". Vgl. Ebke in Ferrarini/Hopt/Winter/Wymeersch, Reforming Company and Takeover Law
in Europe, 2004, S. 521.

[385] BT-Drs. 15/3419, 39 v. 24.6.2004. Vgl. Baumbach/Hueck/Schulze-Osterloh, 18. Aufl. 2006, GmbHG
§ 41 Rn. 106; Graumann Prüfungswesen S. 145.

[386] S. auch Henssler ZHR 171 (2007), 10; Staub/Habersack/Schürnbrand Rn. 60, 61.

[387] Vgl. Ebke in Ferrarini/Hopt/Winter/Wymeersch, Reforming Company and Takeover Law in Europe,
2004, S. 521.

[388] HKMS/Mylich/Müller Rn. 87 unter Hinweis auf § 33 Abs. 5 S. 1 BS WP/vBP.

[389] Vgl. HKMS/Mylich/Müller Rn. 86 („einer selbständigen deutschen Auslegung zugänglich und bedürf-
tig, die nicht unbedingt mit der US-amerikanischen deckungsgleich sein muss"); aA WGB/Böcking/
Gros/Rabenhorst Rn. 25 („… ist auf die SEC-Regelungen zurückzugreifen").

[390] 17 CFR Parts 210, 240, 249 und 274.

[391] Vgl. BeBiKo/Justenhoven/Nagel Rn. 58. S. auch EuGH Urt. v. 24.3.2021 – C-950/19
ECLI:EU:C:2021:230 Rn. 54 – Patentti- ja rekisterihallituksen tilintarkastuslautakunta (betr. Anstellung
des verantwortlichen Prüfungspartners für eine zentrale Führungsfunktion in der geprüften Gesellschaft
vor Beendigung seiner Funktion als verantwortlicher Prüfungspartner).

mensleistungen" iSv Abs. 3 S. 1 Nr. 3 lit. c dürften daher in erster Linie (freiberufliche, weisungsfreie, aber weisungsbefugte) Tätigkeiten als Generalbevollmächtigter,[392] **Compliance-Verantwortlicher,**[393] Interim-Manager,[394] Restrukturierungs- oder Sanierungsbeauftragter[395] oder (externer) betrieblicher Datenschutzbeauftragter[396] erfasst sein. Die unentgeltliche Überlassung eines Mitarbeiters des Abschlussprüfers an die zu prüfende Gesellschaft zwecks Übernahme von Unternehmensleitungsfunktionen bei dem zu prüfenden Unternehmen dürfte nach Abs. 3 S. 1 Nr. 3 lit. c schädlich sein und zum Ausschluss des Prüfers führen.

81   **bb) Finanzdienstleistungen.** Der Begriff der Finanzdienstleistungen (Abs. 3 S. 1 Nr. 3 lit. c) ist in den Vorschriften über die handelsrechtliche Jahresabschlussprüfung nicht definiert. Eine Bestimmung des Begriffs der Finanzdienstleistungen findet sich in § 1 Abs. 1a S. 2 KWG. Auch wenn die Begriffe der „Finanzdienstleistungen" in Abs. 3 S. 1 Nr. 3 lit. c und § 1 Abs. 1a S. 2 KWG wegen des allgemeinen Grundsatzes der **Relativität der Rechtsbegriffe** und der grundsätzlichen Freiheit des Gesetzgebers, für jedes Gesetz Gesetzesbegriffe zu verwenden, die von gleich oder ähnlich lautenden Gesetzesbegriffen abweichen,[397] nicht deckungsgleich sein müssen, spricht normtheoretisch vieles dafür, aus der komparativen Zusammenschau der in Rede stehenden Normen über die Ermittlung ihres spezifischen Normzwecks die Bedeutung des gleichlautenden Begriffs der Finanzdienstleistungen in den beiden genannten Vorschriften festzustellen.[398] Dabei ist zu berücksichtigen, dass die Erbringung der in § 1 Abs. 1a S. 2 KWG aufgeführten Finanzdienstleistungen Wirtschaftsprüfern als Angehörigen eines freien Berufes (§ 1 Abs. 2 S. 1 WPO) schon berufsrechtlich untersagt ist, soweit sie eine **gewerbliche Tätigkeit** darstellen (§ 43a Abs. 3 Nr. 1 WPO), und zum Ausschluss des Prüfers führen.[399] § 33 Abs. 5 S. 2 BS WP/vBP sieht in der Erbringung von Finanzdienstleistungen, die die Anlage von Vermögenswerten des zu prüfenden Unternehmens betreffen oder in der Übernahme oder Vermittlung von Anteilen oder sonstigen Finanzinstrumenten des zu prüfenden Unternehmens bestehen, **„immer"** einen **Ausschlussgrund.** Dem ist zuzustimmen.[400] Doch muss der Begriff der Finanzdienstleistungen in Abs. 3 S. 1 Nr. 3 lit. c, der ja auf die Vermeidung der Besorgnis der Befangenheit zielt, weiter gefasst werden.[401]

82   Bei einem **weiten Verständnis der Norm** sind beispielsweise die Übernahme von Anteilen oder sonstigen Finanzinstrumenten der zu prüfenden Gesellschaft für Vertriebszwecke *(underwriting),* die Vermittlung von Anteilen oder sonstigen Finanzinstrumenten der zu prüfenden Gesellschaft sowie die Anlage von Vermögenswerten des zu prüfenden Unternehmens nach Abs. 3 S. 1 Nr. 3 lit. c schädlich, weil der Prüfer in solchen Fällen ein unmittelbar eigenes finanzielles Interessen an der zu prüfenden Gesellschaft hat und etwaige

[392] BeBiKo/Justenhoven/Nagel Rn. 58.
[393] BeBiKo/Justenhoven/Nagel Rn. 58.
[394] HKMS/Mylich/Müller Rn. 87.
[395] Dazu Hense/Ulrich/Bärenz/Goltz WPO § 49 Rn. 113.
[396] Hense/Ulrich/Bärenz/Goltz WPO § 49 Rn. 108.
[397] Vgl. BVerfGE 25, 309 (betr. die Auslegung steuerlicher Verlustabzugsregelungen ungeachtet des bürgerlich-rechtlichen Gehalts).
[398] Der Grundsatz der Einheit der Rechtsordnung steht dem nicht entgegen, denn er bedeutet nicht, dass Gesetzesbegriffe in jedem Gesetz in gleichem Sinn verwendet werden müssen. Zu Einzelheiten dieses Grundsatzes s. statt vieler Hellwege/Soniewicka, Die Einheit der Rechtsordnung, 2020; Felix, Einheit der Rechtsordnung, 1998. Zu den verfassungsrechtlichen Anforderungen wie „Systemgerechtigkeit" und „Widerspruchsfreiheit" der Rechtsetzung als Maßstab verfassungsrechtlicher Kontrolle Hanebeck Der Staat 41 (2002), 429.
[399] HKMS/Mylich/Müller Rn. 88.
[400] HKMS/Mylich/Müller Rn. 88.
[401] HKMS/Mylich/Müller Rn. 88. Die Final Rules der SEC entscheiden sich ebenfalls für eine weite Auslegung. Nach Ziff. 7 zählen zu den den Ausschluss des Wirtschaftsprüfers als Abschlussprüfer begründenden Finanzdienstleistungen (financial and investment services): die Tätigkeit des Abschlussprüfers als Broker-Dealer oder Investment Adviser (unabhängig davon, ob der Prüfer als solcher zugelassen ist oder nicht), Treuhandtätigkeit, Werbung für den Vertrieb oder Vertrieb der Anteile an der zu prüfenden Gesellschaft oder Underwriting. Vgl. BeBiKo/Justenhoven/Nagel Rn. 57.

negative Feststellungen im Rahmen der Abschlussprüfung für ihn Vermögensnachteile oder Reputationsverluste nach sich ziehen können.[402] Bei **Treuhandtätigkeiten** kommt es entscheidend auf die Art der Treuhand und die Ausgestaltung des Treuhandvertrages an.[403] Andere Tätigkeiten wie die Erarbeitung von Finanzierungskonzepten (insbesondere steuerlichen), Entwicklung von Finanzprodukten, **Shareholder-Value-Analysen,** bei denen es sich nicht um Bewertungsleistungen mit unmittelbaren Auswirkungen auf die Rechnungslegung handelt (vgl. Abs. 3 S. 1 Nr. 3 lit. d), und Wirtschaftlichkeitsanalysen im Bereich der Vermögensanlagen erfüllen die Voraussetzungen des Abs. 3 S. 1 Nr. 3 lit. c – jedenfalls bei einem weiten Verständnis des Begriffs der Finanzdienstleistungen – in der Regel ebenfalls.[404] Bei den vorgenannten Tätigkeiten besteht der Ausschlussgrund ohne Rücksicht darauf, ob durch sie die Rechnungslegung berührt wird oder nicht.[405]

d) Versicherungsmathematische oder Bewertungsleistungen (lit. d). Nach 83 Abs. 3 S. 1 Nr. 3 lit. d ist ein Wirtschaftsprüfer bzw. vereidigter Buchprüfer auch dann als Abschlussprüfer ausgeschlossen, wenn er, eine Person, mit der er seinen Beruf gemeinsam ausübt, oder sein Ehegatte (→ Rn. 90, → Rn. 92) bzw. Lebenspartner (→ Rn. 91) in dem zu prüfenden Geschäftsjahr oder bis zur Erteilung des Bestätigungsvermerks (bzw. bis zur Erteilung des Vermerks über die Versagung oder des Nichterteilungsvermerks) „eigenständige versicherungsmathematische oder Bewertungsleistungen" erbracht hat, die sich auf den zu prüfenden Jahresabschluss **nicht nur unwesentlich**[406] auswirken.[407] Weitere Einschränkungen ergeben sich aus Abs. 3 S. 1 Nr. 3 letzter Teilsatz („sofern diese Tätigkeiten nicht von untergeordneter Bedeutung sind"). **Eigenständig** sind versicherungsmathematische Leistungen oder Bewertungsleistungen, wenn die für die Leistung erforderliche „Entwicklung und Umsetzung der Berechnungsmethodik umfassend in den Händen des mit der Berechnung" Beauftragten liegen und dieser „damit zumindest faktisch die für die Bewertung maßgeblichen Einschätzungen" und Annahmen trifft.[408] Daraus folgt umgekehrt: Wenn der Vorstand bzw. die Geschäftsführung der zu prüfenden Gesellschaft etwa bei der Ermittlung des Teilwerts der Pensionsverpflichtungen (§ 6a EStG; § 8 Abs. 1 KStG) die Pensionsordnung und die hierzu erforderlichen Ausgangsdaten ohne Mitwirkung des Prüfers erstellt, handelsrechtlich zulässige Wahlrechte selbständig ausübt, die Bewertungsmethode sowie die maßgeblichen Sterbetafeln autonom auswählt und den Kapitalisierungszinsfuß selbst bestimmt, leistet der Prüfer der zu prüfenden Gesellschaft, wenn er ihr seine Rechnerkapazität und sein Fachpersonal zur Berechnung der **Pensionsrückstellungen** anhand anerkannter Regeln der Versicherungsmathematik zur Verfügung stellt, letztlich nur techni-

---

[402] BeBiKo/Justenhoven/Nagel Rn. 57.

[403] Hense/Ulrich/Bärenz/Goltz WPO § 49 Rn. 114; BeBiKo/Justenhoven/Nagel Rn. 57. Denkbar ist zB der Fall, dass der Abschlussprüfer oder eine Person, mit der der Prüfer seinen Beruf gemeinsam ausübt, oder sein Ehegatte (→ § 319 Rn. 90, 92) oder Lebenspartner (→ § 319 Rn. 91) Darlehensforderungen der geprüften Gesellschaft gegenüber Führungskräften treuhänderisch abwickelt. In Deutschland entsteht die (gesetzlich nicht geregelte) Treuhand dadurch, dass ein Treugeber einem Treuhänder ein Treugut (Sache oder Recht) zu treuen Händen überträgt, damit dieser es einem bestimmten Zweck zuführe (BGH NJW 1999, 1393; RGZ 153, 366). Kernelement eines treuhänderischen Geschäfts ist die Vollrechtsübertragung mit innerer schuldrechtlicher Zweckbindung. Die deutsche Rspr. setzt bei der Treuhand (im Rechtssinne) voraus, dass der Vermögensgegenstand unmittelbar von dem Vermögen des Treugebers in die Hände des Treuhänders gelangt.

[404] So zutr. HKMS/Mylich/Müller Rn. 88; aA BeBiKo/Justenhoven/Nagel Rn. 61; Staub/Habersack/Schürnbrand Rn. 61; Graumann Prüfungswesen S. 145.

[405] HKMS/Mylich/Müller Rn. 88.

[406] Zu den Gründen Baumbach/Hueck/Schulze-Osterloh, 18. Aufl. 2006, GmbHG § 41 Rn. 107. Der Begriff der Wesentlichkeit ist im HGB nicht definiert. Für Zwecke des Abs. 3 S. 1 Nr. 3 lit. d kann aber auf die bei der Abschlussprüfung allgemein verwendeten Wesentlichkeitsgrenzen (→ § 317 Rn. 106-108) abgestellt werden: BeBiKo/Justenhoven/Nagel Rn. 66.

[407] Ob und wie sich die eigenständigen versicherungsmathematischen oder Bewertungsleistungen auf den zu prüfenden Jahresabschluss „nicht nur unwesentlich" auswirken, ist im Einzelfall zu entscheiden. Zu den Kriterien für die Beurteilung: BeBiKo/Justenhoven/Nagel Rn. 66; HKMS/Mylich/Müller Rn. 89.

[408] Hense/Ulrich/Bärenz/Goltz WPO § 49 Rn. 117; Hopt/Merkt Rn. 19 (unter Hinweis auf den RegE BilReG); Staub/Habersack/Schürnbrand Rn. 62.

sche Hilfestellung, ohne den Jahresabschluss zu gestalten.[409] In einem solchen Fall begegnet dem Prüfer bei seiner Abschlussprüfung in Gestalt des Jahresabschlusses nicht „sein eigenes Werk",[410] sondern das Produkt aller maßgebenden Vorgaben des zu prüfenden Unternehmens selbst. Gleiches gilt für **andere versicherungsmathematische Leistungen** wie die Berechnung von Jubiläumsrückstellungen, Rückstellungen für Altersteilzeit, Rückstellungen für Vorruhestandsbezüge oder – bei Versicherungsunternehmen – der Deckungsrückstellungen.[411] Entsprechendes gilt für sonstige **Bewertungsleistungen**[412] (zB Verschmelzungsgutachten und Ermittlung der Verschmelzungswertrelation), sofern die Ergebnisse im Jahresabschluss keinen Niederschlag finden.[413] Die Möglichkeit einer Besorgnis der Befangenheit aus anderen Gründen bleibt – ebenso wie in der Rechtssache „HypoVereinsbank"[414] – unberührt.

84   **7. Beschäftigte Personen (Abs. 3 S. 1 Nr. 4).** Zur weiteren Absicherung der Unabhängigkeit des Abschlussprüfers bestimmt Abs. 3 S. 1 Nr. 4, dass ein Wirtschaftsprüfer bzw. vereidigter Buchprüfers auch dann als Abschlussprüfer ausgeschlossen ist, wenn er während des Geschäftsjahres, für dessen Schluss der zu prüfende Jahresabschluss aufgestellt wird, oder während der Abschlussprüfung (Abs. 2) bei der Prüfung eine Person beschäftigt, die nach Abs. 3 S. 1 Nr. 1–3 nicht Abschlussprüfer sein darf. Die Regelung soll sicherstellen, dass jede bei der Prüfung beschäftigte Person (Prüfungsteam) denselben Anforderungen an die Unabhängigkeit und Unbefangenheit unterliegt wie der Abschlussprüfer selbst.[415] Sie trägt der Tatsache Rechnung, dass mit der Prüfung inhaltlich oder fachlich befasste Personen (trotz der verantwortlichen Leitung der Abschlussprüfung durch Wirtschaftsprüfer bzw. vereidigte Buchprüfer und ihrer angemessenen Beaufsichtigung und Überwachung) einen nicht unerheblichen Einfluss auf das Ergebnis der Abschlussprüfung haben können.[416] **„Beschäftigt"** bedeutet in diesem Zusammenhang nach Sinn und Zweck der Bestimmung „bei der Prüfung eingesetzt".[417] Es muss sich also um eine Person handeln, „deren Tätigkeit der Prüfung eindeutig zugeordnet werden kann und die Einfluss auf Umfang, Ablauf oder Ergebnis der Prüfung hat (Prüfungsplanung, Bearbeitung einzelner Prüffelder, Berichterstattung).[418] Es ist unerheblich, ob die betreffende Person fest angestellter Arbeitnehmer oder freier Mitarbeiter ist.[419] Nach ihrem Sinn und Zweck betrifft die Vorschrift nur Personen, die bei der Prüfung einschließlich der Planung und Berichterstattung fachlich eingesetzt sind (einschließlich im Rahmen des Prüfungsauftrags vom Prüfer hinzugezogener Spezialisten wie Juristen, Steuerberater, Bewerter, IT-Fachleute),[420] nicht hingegen Personen, die lediglich technische Hilfstätigkeiten erbringen (zB Schreibkräfte oder Sekretariatsmitarbeite-

---

[409] BeBiKo/Justenhoven/Nagel Rn. 62; HKMS/Mylich/Müller Rn. 89. IdS schon Dörner FS Stehle, 1997, 96 und 101; Ebke WPK-Mitt. 1998, 77 (80); Löcke GmbHR 1997, 1052 (1056); offenlassend W. Müller LM (Nr. 2) HGB § 319 II Nr. 5 (sub 2 aE) (alle zu § 319 Abs. 2 S. 1 Nr. 5 aF); aA Wiedmann/Böcking/ Gros/Böcking/Gros/Rabenhorst Rn. 26, die der Ansicht sind, versicherungs- oder finanzmathematische Berechnungen würden „in der Regel unverändert in den zu prüfenden Abschluss übernommen"); ohne Begründung auch Graumann Prüfungswesen S. 145.

[410] So die griffige Formulierung von Hommelhoff ZGR 1997, 550 (561) (allerdings für den Fall der sog. Einheitsbilanz).

[411] BeBiKo/Justenhoven/Nagel Rn. 62.

[412] Dazu ausf. HKMS/Mylich/Müller Rn. 90–92; BeBiKo/Justenhoven/Nagel Rn. 63–65; Hense/Ulrich/ Bärenz/Goltz WPO § 49 Rn. 119 ff.

[413] So auch BGHZ 153, 32 – HypoVereinsbank (zu § 319 Abs. 2 S. 1 Nr. 5 aF).

[414] BGHZ 153, 32 – HypoVereinsbank.

[415] HKMS/Mylich/Müller Rn. 93; BeBiKo/Justenhoven/Nagel Rn. 68.

[416] BeBiKo/Justenhoven/Nagel Rn. 68.

[417] Vgl. Strieder BB 2003, 2227 (2229) (zu § 319 Abs. 3 Nr. 6 aF); vgl. Schüppen Rn. 37; Hopt/Merkt Rn. 24.

[418] Hense/Ulrich/Bärenz/Goltz WPO § 49 Rn. 172.

[419] Hense/Ulrich/Bärenz/Goltz WPO § 49 Rn. 172; HKMS/Mylich/Müller Rn. 94; BeBiKo/Justenhoven/Nagel Rn. 68; Wiedmann/Böcking/Gros/Böcking/Gros/Rabenhorst Rn. 27; Merkt/Probst/Fink/ Bruckner/Homfeldt S. 1489 Rn. 107; aA Hopt/Merkt Rn. 23 (nur Arbeitnehmer).

[420] HKMS/Mylich/Müller Rn. 94; BeBiKo/Justenhoven/Nagel Rn. 68; Hense/Ulrich/Bärenz/Goltz WPO § 49 Rn. 172 („in erster Linie Fachkräfte").

rinnen, Bibliotheksmitarbeiter, Boten).[421] Der Ausschlussgrund des Abs. 3 S. 1 Nr. 4 ist nach § 319b Abs. 1 S. 1 außerdem gegeben, wenn ein **Mitglied des Netzwerkes** (§ 319b Abs. 1 S. 3) des Prüfers einen Ausschlussgrund nach Abs. 3 S. 1 Nr. 4 erfüllt, es sei denn, dass das Netzwerkmitglied auf das Ergebnis der Prüfung keinen Einfluss nehmen kann. Nicht erfasst werden hingegen **Ehegatten** (→ § 319 Rn. 90, → § 319 Rn. 92) und Lebenspartner (→ § 319 Rn. 91) der Beschäftigten, denn Abs. 3 Satz 2 erstreckt sich nach seinem Wortlaut nicht auf den Ausschlussgrund nach Abs. 3 S. 1 Nr. 4.[422]

8. Einnahmeabhängigkeit (Abs. 3 S. 1 Nr. 5). Abs. 3 S. 1 Nr. 5 regelt den Aus-   85 schlussgrund der Einnahmeabhängigkeit.

a) Gesamteinnahmen (Nr. 5 Hs. 1). Ein Wirtschaftsprüfer bzw. vereidigter Buch-   86 prüfer ist als Abschlussprüfer ausgeschlossen, wenn er oder eine Person, mit der er seinen Beruf gemeinsam ausübt, in den letzten fünf Jahren jeweils mehr als 30 % der Gesamteinnahmen aus seiner beruflichen Tätigkeit von der zu prüfenden Kapitalgesellschaft[423] und von Unternehmen, an denen die zu prüfende Kapitalgesellschaft mehr als 20 % der Anteile besitzt, „bezogen" hat (vgl. § 285 Nr. 17 a–d).[424] und dies auch im laufenden Geschäftsjahr zu erwarten ist (Abs. 3 S. 1 Nr. 5 Hs. 1).[425] Dieser Ausschlussgrund beruht auf der Überlegung, dass ein potenzieller Verlust eines solchen Mandanten für den Prüfer außerordentlich schwerwiegt und er zur Vermeidung des Verlusts eher zu Zugeständnissen bereit sein könnte.[426] Als **Gesamteinnahmen** gelten alle Einnahmen iSv Vergütung (ohne Auslagenersatz und Umsatzsteuer),[427] die der Abschlussprüfer allgemein aus seiner beruflichen Tätigkeit (§ 2 WPO bzw. § 129 WPO – also nicht nur aus seiner Prüfungstätigkeit) für seinen Auftraggeber erzielt.[428] Mandate von verbundenen (§ 271 Abs. 2) Unternehmen (mehr als 20 % Anteilsbesitz) stehen dem gleich.[429] Besitzt der Prüfer eine Zusatzqualifikation (zB als Rechtsanwalt oder Steuerberater), sind auch seine Einnahmen aufgrund dieser Qualifikation Teil der Gesamteinnahmen.[430] Bei **gemeinsamer Berufsausübung** von Berufsträgern sind aufgrund der Sozietätsklausel die Einnahmen aller Personen, mit denen der Abschlussprüfer seinen Beruf gemeinsam ausübt, zu addieren.[431] Gleiches gilt, wenn eine Wirtschaftsprüfungsgesellschaft als Abschlussprüfer bestellt wurde (Gesamteinnahmen aller Partner).[432] Der Ausschlussgrund des Abs. 3 S. 1 Nr. 5 greift dagegen nicht ein, wenn der **Ehegatte**

---

[421] Staub/Habersack/Schürnbrand Rn. 63, 64; HKMS/Mylich/Müller Rn. 95; BeBiKo/Justenhoven/ Nagel Rn. 68; Wiedmann/Böcking/Gros/Böcking/Gros/Rabenhorst Rn. 27; Merkt/Probst/Fink/ Bruckner/Homfeldt S. 1489 Rn. 107 („ausschließlich fachlich tätige Mitarbeiter").

[422] HKMS/Mylich/Müller Rn. 94.

[423] Abs. 3 S. 1 Nr. 5 spricht nur von der „zu prüfenden Kapitalgesellschaft"; die Vorschrift ist aber auch auf Personengesellschaften iSv § 264a Abs. 1 anzuwenden, wie sich aus dem ausdrücklichen Gesetzesbefehl des § 264a Abs. 1 ergibt: Gelhausen/Buchenau WPK Magazin 2010, 42 (43); inzident auch Merkt/ Probst/Fink/Bruckner/Homfeldt S. 1489 Rn. 108.

[424] Maßgeblich ist grundsätzlich (vorbehaltlich etwaiger Umgehungsversuche) der Zufluss, nicht die Rechnungstellung: HKMS/Mylich/Müller Rn. 101; Hense/Ulrich/Bärenz/Goltz Rn. 61; aA Hopt/Merkt Rn. 25 („nicht Rechnungstellung oder Zahlungseingang, sondern Umsatzerlöse").

[425] Zu den Besonderheiten der Einnahmeabhängigkeit für Unternehmen von öffentlichem Interesse: Art. 4 Abs. 3 Abschlussprüfungs-VO: HKMS/Mylich/Müller Rn. 97; Hense/Ulrich/Bärenz/Goltz WPO § 49 Rn. 66.

[426] Merkt/Probst/Fink/Bruckner/Homfeldt S. 1489 Rn. 108; BeBiKo/Justenhoven/Nagel Rn. 70; Hopt/ Merkt Rn. 25. Schüppen Rn. 27 hat darauf hingewiesen, dass die Norm faktisch nur allein praktizierende Wirtschaftsprüfer und kleine Wirtschaftsprüfungsgesellschaften/Sozietäten trifft.

[427] BeBiKo/Justenhoven/Nagel Rn. 70; HKMS/Mylich/Müller Rn. 101; Merkt/Probst/Fink/Bruckner/ Homfeldt S. 1489 Rn. 109.

[428] HKMS/Mylich/Müller Rn. 98; BeBiKo/Justenhoven/Nagel Rn. 70; Hopt/Merkt Rn. 25; Merkt/ Probst/Fink/Bruckner/Homfeldt S. 1489 Rn. 109; Hense/Ulrich/Bärenz/Goltz WPO § 49 Rn. 63.

[429] Hopt/Merkt Rn. 25.

[430] BeBiKo/Justenhoven/Nagel Rn. 70; Hense/Ulrich/Bärenz/Goltz WPO § 49 Rn. 63; Graumann Prüfungswesen S. 145.

[431] BeBiKo/Justenhoven/Nagel Rn. 70 (mit weiteren Einzelheiten zur Berechnung); Merkt/Probst/Fink/ Bruckner/Homfeldt S. 1489 Rn. 108; Staub/Habersack/Schürnbrand Rn. 69; Hense/Ulrich/Bärenz/ Goltz WPO § 49 Rn. 63.

[432] HKMS/Mylich/Müller Rn. 98; Hense/Ulrich/Bärenz/Goltz WPO § 49 Rn. 64.

(→ Rn. 90, → § 319 Rn. 92) bzw. Lebenspartner (→ Rn. 91) des Abschlussprüfers Einkünfte gemäß Abs. 3 S. 1 Nr. 5 bezogen hat (vgl. Abs. 3 S. 2); in derartigen Fällen ist aber zu prüfen, ob ein Fall des Abs. 2 (Besorgnis der Befangenheit) vorliegt.[433]

87   **b) Zeitlicher Rahmen (Nr. 5 Hs. 1).** Der Ausschlussgrund nach Abs. 3 S. 1 Nr. 5 greift erst im sechsten Jahr ein, nachdem die Umsatzabhängigkeit **fünf Jahre** nach einander bestanden hat.[434] Für das laufende Jahr ist der zu erwartende Betrag zu schätzen.[435] Maßgebend für den Fristbeginn ist der Zeitpunkt der Wahl zum Abschlussprüfer, nicht hingegen der Zeitpunkt der Auftragsannahme.[436] Wird die Umsatzgrenze von 30 % zB im sechsten Jahr nicht überschritten, kann der Ausschlusstatbestand des Abs. 3 S. 1 Nr. 5 nach seinem Wortlaut in den folgenden fünf Jahren nicht eintreten. Wird in einem Jahr der Schwellenwert der Gesamteinnahmen nicht erreicht, beginnt die Frist im nächsten Jahr grundsätzlich von neuem.[437] Schmidt/Nagel machen indes mit Recht darauf aufmerksam, dass das nicht gilt, wenn „durch gezielte Verschiebungen von Honorarzahlungen" das Überschreiten der Schwelle in einem Jahr oder in mehreren Jahren bewusst verhindert wird;[438] das folgt aus den die gesamte Rechtsordnung durchziehenden Verboten des Gestaltungsmissbrauchs und der Gesetzesumgehung sowie des Willkürverbots.

88   **c) Härtefälle (Nr. 5 Hs. 2).** Wie nach bisherigem Recht (Abs. 2 S. 1 Nr. 8 aF) kann die Wirtschaftsprüferkammer zur Vermeidung von Härtefällen befristete Ausnahmegenehmigungen erteilen (Abs. 3 S. 1 Nr. 5 Hs. 2). Härtefälle können sich insbesondere am Beginn und Ende der Berufstätigkeit oder bei Gründung oder Auflösung einer Berufsgesellschaft ergeben, aber auch aufgrund des Wegfalls eines großen Mandanten (und damit Überschreitung der 30%-Grenze).[439]

89   **9. Ehegatten und Lebenspartner (Abs. 3 S. 2).** Abs. 3 S. 2 erweitert die Ausschlussgründe: Ein Wirtschaftsprüfer bzw. vereidigter Buchprüfer ist nach Abs. 3 S. 2 als Abschlussprüfer auch ausgeschlossen, wenn zwar nicht er selbst, sondern sein Ehegatte oder Lebenspartner einen Ausschlussgrund nach Abs. 3 S. 1 Nr. 1, 2 oder 3 (aber **nicht 4 oder 5!**) erfüllt.[440]

90   **a) Ehegatten.** Maßgeblich ist, soweit deutsches Recht kollisionsrechtlich maßgebend ist,[441] das Bestehen einer bürgerlich-rechtlichen **Ehe**[442] nach § 1310 BGB, ggf. bis zur

---

[433] Hopt/Merkt Rn. 25.
[434] BeBiKo/Justenhoven/Nagel Rn. 71; Staub/Habersack/Schürnbrand Rn. 66.
[435] HKMS/Mylich/Müller Rn. 100 („Hochrechnung erforderlich").
[436] BeBiKo/Justenhoven/Nagel Rn. 71; Staub/Habersack/Schürnbrand Rn. 66; Hense/Ulrich/Bärenz/Goltz WPO § 49 Rn. 61.
[437] Hense/Ulrich/Bärenz/Goltz WPO § 49 Rn. 61.
[438] BeBiKo/Justenhoven/Nagel Rn. 72; ebenso HKMS/Mylich/Müller Rn. 101; Hense/Ulrich/Bärenz/Goltz WPO § 49 Rn. 62 („Verschiebungen des Umsatzflusses … sind zu bereinigen").
[439] HKMS/Mylich/Müller Rn. 102; BeBiKo/Justenhoven/Nagel Rn. 72; Hense/Ulrich/Bärenz/Goltz WPO § 49 Rn. 67.
[440] S. dazu die Überlegungen zur Auslegung des § 319 Abs. 3 S. 2 von Schüppen FS Heidel, 2021, 395.
[441] Bei Ehepaaren mit einer Verbindung zu einem ausländischen Staat ist das für die Begründung und Auflösung einer Ehe maßgebende Recht mit Hilfe von Art. 13, 14 und 17 EGBGB sowie der Rom III-VO zu ermitteln.
[442] § 1353 Abs. 1 S. 1 BGB bestimmt, dass die Ehe von zwei Personen verschiedenen oder gleichen Geschlechts auf Lebenszeit geschlossen wird. Darunter fallen bei verfassungskonformer Auslegung auch Personen, die sich dauerhaft weder dem weiblichen noch dem männlichen Geschlecht zuordnen (divers, intersexuell, transsexuell). Das wird von einigen bestritten, weil das deutsche Recht kein „drittes" Geschlecht kenne, sondern nur Menschen männlichen oder weiblichen Geschlechts. Allerdings hat das BVerfG am 10.10.2017 entschieden, dass das allgemeine Persönlichkeitsrecht (Art. 2 S. 1 GG iVm Art. 1 Abs. 1 GG) die geschlechtliche Identität schützt und Art. 3 Abs. 3 S. 1 GG auch Menschen, die sich dauerhaft weder dem männlichen noch dem weiblichen Geschlecht zuordnen, vor Diskriminierungen wegen ihres Geschlechts schützen (BVerfGE 147, 1). Das BVerfG hat demgemäß entschieden, dass Personen, die sich dauerhaft weder dem männlichen noch dem weiblichen Geschlecht zuordnen, in beiden Grundrechten verletzt werden, wenn das Personenstandsrecht dazu zwingt, das Geschlecht zu registrieren, aber keinen anderen positiven Geschlechtseintrag als weiblich

Rechtskraft eines Scheidungsurteils (§ 1564 BGB).[443] Es ist unerheblich, wann die Ehe eingegangen wurde; entscheidend ist, dass sie während des Geschäftsjahres, für dessen Schluss der zu prüfende Jahresabschluss aufgestellt wird, und während der Prüfung bestand (vgl. Abs. 2).[444] Ist die Ehe vor Abschluss der Prüfung (Unterzeichnung des Bestätigungsvermerks bzw. des Vermerks über seine Versagung) rechtskräftig geschieden worden, entfällt der Ausschlussgrund nach Abs. 3 S. 2.[445] Eine **teleologische Reduktion** (bzw. „restriktive Auslegung") des Abs. 3 S. 2 bei einer in Scheidung befindlichen Ehe in dem Sinne, dass Abs. 3 S. 2 jedenfalls dann nicht mehr gilt, wenn „das Scheitern der Ehe nach einem Jahr Getrenntleben und Scheidungsantrag nach § 1566 BGB unwiderlegbar vermutet wird",[446] kommt nach dem eindeutigen Wortlaut der Norm mE nicht in Betracht.[447] **Ehemalige Ehegatten** sind dagegen von Abs. 3 S. 2 eindeutig nicht erfasst;[448] maßgeblich ist insoweit die Rechtskraft des Scheidungsurteils (§ 1564 BGB). Andere Personen – zB Verlobte, Verwandte in gerader Linie (§ 1589 S. 1 BGB), Verschwägerte oder Freunde des Abschlussprüfers – sind angesichts des klaren Wortlauts des Abs. 3 S. 2 ebenfalls nicht erfasst und auch mittels Analogie nicht erfassbar.[449] Die weitergehenden Empfehlungen in Abschn. 6 („sollte") der Empfehlung 2002/590/EG der EU Kommission über die Unabhängigkeit des Abschlussprüfers vom 16.5.2002 sind für die Auslegung und Anwendung des Abs. 3 S. 2 rechtlich nicht verbindlich, können aber bei der Konkretisierung des Tatbestandsmerkmals „Beziehungen persönlicher Art" in Abs. 2 hilfreich sein. Entsprechendes gilt für die weitergehenden Ausschlussgründe des Berufsrechts nach § 29 Abs. 4 Nr. 4 BS WP/vBP („Verwandte in gerader Linie des WP/vBP, sonstige Familienmitglieder, die seit mindestens einem Jahr mit dem WP/vBP in einem Haushalt leben, oder für eine dieser Personen handelnde Vertreter"),[450] die darüber hinaus berufsrechtlich von Bedeutung sind.[451]

b) Lebenspartner. Für die **Lebenspartnerschaft** (zwischen Personen gleichen **91** Geschlechts) ist eine eingetragene Lebenspartnerschaft nach § 1 S. 2 LPartG maßgebend, also eine vor dem 1.10.2017 in der Bundesrepublik Deutschland begründete Lebenspartnerschaft oder eine im Ausland begründete Lebenspartnerschaft, soweit auf sie deutsches Recht anwendbar ist.[452] Die Aufhebung einer Lebenspartnerschaft nach § 1 S. 2 LPartG richtet sich nach § 15 LPartG. Es ist unerheblich, wann die Lebenspartnerschaft begründet wurde; entscheidend ist, dass sie während des Geschäftsjahres, für dessen Schluss der zu prüfende Jahresabschluss aufgestellt wird, und während der Prüfung bestand (vgl. Abs. 2).[453] Ist die

oder männlich zulässt (BVerfGE 147, 1). § 22 Abs. 3 PStG wurde inzwischen an die Rechtslage angepasst. Darüber hinaus hat der Gesetzgeber in Art. 17b Abs. 4 EGBGB neben den Ehegatten, die demselben Geschlecht angehören, zusätzlich die Ehegatten eingefügt hat, die „weder dem weiblichen noch dem männlichen Geschlecht angehören". Daran wird deutlich, dass auch inter- bzw. transgeschlechtliche Menschen die Ehe eingehen können und diese im Inland Rechtswirkungen entfaltet.

443   An der Verfassungskonformität (vgl. Art. 6 Abs. 1 GG) der Norm zweifelnd, weil Abs. 3 S. 2 „an die Ehe einen konkreten Nachteil anknüpft": Schüppen § 319 Rn. 40 (dort auch zur Richtlinienkonformität von Abs. 3 S. 2).

444   BeBiKo/Justenhoven/Nagel Rn. 73; Hense/Ulrich/Bärenz/Goltz WPO § 49 Rn. 175.

445   BeBiKo/Justenhoven/Nagel Rn. 73; Hense/Ulrich/Bärenz/Goltz WPO § 49 Rn. 175.

446   So HKMS/Mylich/Müller Rn. 57.

447   Ebenso Hopt/Merkt Rn. 26; Schüppen § 319 Rn. 39.

448   Ebenso Hopt/Merkt Rn. 26; HKMS/Mylich/Müller Rn. 57.

449   Vgl. Hopt/Merkt Rn. 26; HKMS/Mylich/Müller Rn. 57.

450   Zu Einzelheiten Hense/Ulrich/Bärenz/Goltz WPO § 49 Rn. 176–177.

451   Vgl. Hopt/Merkt Rn. 26 („nur standesrechtliche Folgen").

452   Die Begründung und Auflösung einer eingetragenen Lebenspartnerschaft mit Verbindung zu einem ausländischen Staat unterliegen nach der zwingenden Kollisionsregel des Art. 17b Abs. 1 S. 1 EGBGB den Sachvorschriften des Register führenden Staates. Zur Unanwendbarkeit der (Rom III-) VO Nr. 1259/2010 vgl. Kaiser FamRZ 2017, 1985 (1994). Bestehen zwischen den Lebenspartnern eingetragene Lebenspartnerschaften in verschiedenen Staaten, ist die zuletzt begründete Lebenspartnerschaft vom Zeitpunkt ihrer Begründung an für die in Art. 17b Abs. 1 EGBGB umschriebenen Wirkungen und Folgen maßgebend (Art. 17b Abs. 3 EGBGB).

453   BeBiKo/Justenhoven/Nagel Rn. 73; Hense/Ulrich/Bärenz/Goltz WPO § 49 Rn. 175.

Lebenspartnerschaft vor Abschluss der Prüfung (Unterzeichnung des Bestätigungsvermerks oder des Vermerks über seine Versagung) durch richterliche Entscheidung rechtskräftig aufgehoben worden, entfällt der Ausschlussgrund nach Abs. 3 S. 2.[454] Eine in Deutschland registrierte Lebenspartnerschaft kann nach § 15 Abs. 1 LPartG unabhängig von der Nationalität der Partner nur durch gerichtliche Entscheidung aufgehoben werden; eine rechtsgeschäftliche Auflösung, selbst bei der Ortsform entsprechender behördlicher Beteiligung, genügt dafür nicht.[455] **Ehemalige Lebenspartner** sind von Abs. 3 S. 2 nicht erfasst.[456] Nicht erfasst sind nach dem eindeutigen Wortlaut ferner Personen, die ohne eingetragene Lebenspartner zu sein, in „einer nicht formalisierten Form" dauerhaft zusammenleben.[457] Nach dem 30.9.2017 können Lebenspartnerschaften zwischen zwei Personen gleichen Geschlechts allerdings nicht mehr begründet werden (§ 1 S. 1 LPartG).

92   **c) Gleichgeschlechtliche Ehen.** Seit dem 1.10.2017 ermöglicht das Gesetz zur Einführung des Rechts auf Eheschließung (Eheeröffnungsgesetz) vom 20.7.2017 (BGBl. 2017 I 2787) nämlich Personen gleichen Geschlechts, eine zivilrechtliche Ehe einzugehen (sog. **gleichgeschlechtliche Ehe;** vgl. § 1353 Abs. 1 S. 1 BGB; → Rn. 90).[458] Gemäß § 20a Abs. 1 S. 1 LPartG kann eine bestehende Lebenspartnerschaft durch Erklärung vor dem Standesbeamten in eine Ehe umgewandelt werden.[459] Eine im Ausland wirksam geschlossene gleichgeschlechtliche Ehe ist mit Inkrafttreten des Eheeröffnungsgesetzes am 1.10.2017 auch in Deutschland rückwirkend[460] vom Zeitpunkt ihrer Eintragung an als vollgültige Ehe anzusehen, und gemäß § 34 PStG nach zu beurkunden (vgl. Art. 229 EGBGB idF des Eheöffnungsumsetzungsgesetzes vom 18.12.2018, BGBl. 2018 I 2639).[461] Bei **binationalen** gleichgeschlechtlichen Ehen oder Ehen, bei denen ein Ehegatte weder dem weiblichen noch dem männlichen Geschlecht angehört (divers, intergeschlechtlich, transgeschlechtlich), richten sich die Begründung der Ehe nach dem Recht des registerführenden Staates, die Ehescheidung bzw. die Trennung ohne Auflösung des Ehebandes dagegen nach der Rom III-VO (Art. 17b Abs. 4 S. 1 EGBGB). Auf gleichgeschlechtliche – aufgrund einer verfassungskonformen Auslegung des Begriffs der „Ehe" – auch **inter- bzw. transgeschlechtliche Ehegatten** ist Abs. 3 S. 2 ebenfalls anzuwenden.[462]

93   **d) Umstrittene Fälle. Umstritten** ist, ob Abs. 3 S. 2 nur den Ehegatten bzw. Lebenspartner des Abschlussprüfers meint oder ob die Vorschrift auch den Ehepartner bzw. Lebenspartner der Person, mit der der Abschlussprüfer seinen Beruf gemeinsam ausübt, einbezieht. Der Wortlaut des Abs. 3 S. 2 ist nicht eindeutig. Angesichts des Zwecks und der Systematik des Abs. 3 – hier die **Sozietätsklausel** vorab in dem einleitenden Teil von S. 1 mit Erfassung aller Ausschlussgründe nach Abs. 3 S. 1 Nr. 1–5, dort die separate Regelung enger **familiärer Beziehung** mit Bezug nur zu bestimmten Ausschlussgründen (§ 319 Abs. 3 S. 1 Nr. 1, 2 und 3) – sprechen gute Gründe für die Annahme, dass § 319 Abs. 3 S. 2 nur den Ehegatten bzw. Lebenspartner des Abschlussprüfers betrifft.[463] Umstritten ist ferner die Frage, ob Abs. 3 S. 2 auch für die bei der Prüfung beschäftigten Personen **(Mitarbeiter)** gilt.[464] Übt

454 BeBiKo/Justenhoven/Nagel Rn. 73; Hense/Ulrich/Bärenz/Goltz WPO § 49 Rn. 175.
455 OLG Köln MDR 2019, 1198.
456 Hopt/Merkt Rn. 26 („nur wenn eingetragen").
457 Schüppen Rn. 39; Hopt/Merkt Rn. 26.
458 Zu Einzelheiten der Eheschließung von Personen gleichen Geschlechts Meyer FamRZ 2017, 1281; Schwab FamRZ 2017, 1284.
459 Eine eingetragene Lebenspartnerschaft kann in eine deutschem Recht unterliegende gleichgeschlechtliche Ehe auch dann umgewandelt werden, wenn die Partner bereits vor dem Eheöffnungsgesetz eine danach in Deutschland vollwirksam gewordene Ehe im Ausland (zB Frankreich) geschlossen haben: OLG Köln MDR 2019, 1198.
460 BT-Drs. 19/4670, 28.
461 OLG Köln MDR 2019, 1198; Kaiser FamRZ 2017, 1985 (1994); Mansel IPRax 2022, 561; Kaiser FamRZ 2019, 845 (852).
462 Zu weiteren Reformvorschlägen Mansel IPRax 2022, 659.
463 So auch Hopt/Merkt Rn. 26; WGB/Böcking/Gros/Rabenhorst Rn. 12; aA HKMS/Mylich/Müller Rn. 58; Staub/Habersack/Schürnbrand Rn. 37; Schüppen § 319 Rn. 41.
464 Konsequent bejahend HKMS/Mylich/Müller Rn. 59.

der Abschlussprüfer seinen Beruf mit seinem Ehegatten bzw. Lebenspartner aus, greift die Sozietätsklausel ein. Ist der Ehegatte bzw. Lebenspartner **Mitglied des Netzwerkes** (§ 319b Abs. 1 S. 3) des Abschlussprüfers, ist § 319b Abs. 1 S. 1 zu beachten.

10. Rechtsfolgen bei Vorliegen von Ausschlussgründen nach Abs. 3. Zu den 94 Rechtsfolgen eines Verstoßes gegen Abs. 3 → Rn. 97 ff.

V. Ausschlussgründe für Prüfungsgesellschaften (Abs. 4)

Abs. 4, der auch auf Mitglieder des Netzwerkes (§ 319 Abs. 1 S. 3) des Abschlussprüfers 95 (§ 319b Abs. 1 S. 1) anzuwenden ist, regelt die Ausschlussgründe für Wirtschaftsprüfungsgesellschaften und Buchprüfungsgesellschaften, die als solche zum Abschlussprüfer bestellt werden (Abs. 1 S. 1, 2).[465] Abs. 4 enthält (im Gegensatz zu der alten Rechtslage) **keine eigenständigen Ausschlussgründe** für Prüfungsgesellschaften, sondern erstreckt die Ausschlussgründe nach Abs. 2 und 3 mittels Verweisung auf Prüfungsgesellschaften (Abs. 4 S. 1), enthält also ausschließlich Zurechnungsvorschriften.[466] Für die einzelnen Ausschlussgründe und deren Auslegung gelten die Ausführungen zu Abs. 2 und 3. Aufgrund der Verweisung in Abs. 4 S. 1 auf die Ausschlussgründe des Abs. 3 ist auch die **Sozietätsklausel** anzuwenden.[467] Eine Prüfungsgesellschaft ist als Abschlussprüfer auch ausgeschlossen, wenn einer ihrer gesetzlichen Vertreter, ein Gesellschafter, der mehr als 20 % der den Gesellschaftern zustehenden **Stimmrechte** besitzt,[468] ein verbundenes Unternehmen,[469] ein **bei der Prüfung** (nicht in der Prüfungsgesellschaft) in verantwortlicher Position beschäftigter Gesellschafter[470] oder eine andere von ihr beschäftigte Person, die das Ergebnis der Prüfung beeinflussen kann (gleicher Personenkreis, der in Abs. 3 S. 1 Nr. 4 als „bei der Prüfung beschäftigt" bezeichnet wird),[471] nach Abs. 2 oder Abs. 3 ausgeschlossen ist (Abs. 4 S. 1). Eine Prüfungsgesellschaft ist als Abschlussprüfer außerdem ausgeschlossen, wenn ein **Mitglied des Aufsichtsrats** nach Abs. 3 S. 1 Nr. 2 ausgeschlossen ist (Abs. 4 S. 2)[472] oder wenn mehrere Gesellschafter, die zusammen mehr als 20 % der den Gesellschaftern zustehenden **Stimmrechte** besitzen, jeweils einzeln oder zusammen nach Abs. 2 oder Abs. 3 ausgeschlossen sind.[473]

VI. Konzernabschlussprüfer (Abs. 5)

Abs. 5 bestimmt, dass auch der Konzernabschlussprüfer entsprechend Abs. 1 S. 3 über 96 einen Auszug aus dem Berufsregister verfügen muss, um Abschlussprüfer sein zu können.[474]

---

[465] Zu den einzelnen Zurechnungstatbeständen Staub/Habersack/Schürnbrand Rn. 71–74.

[466] BeBiKo/Justenhoven/Nagel Rn. 75.

[467] HKMS/Mylich/Müller Rn. 103; BeBiKo/Justenhoven/Nagel Rn. 75.

[468] Abs. 4 S. 1, 2 stellt ebenso wie Abs. 3 S. 1 Hs. 2, aber im Gegensatz zu Abs. 3 S. 1 Nr. 1 (20 % der Anteile) auf die Stimmrechte ab. Zur Berechnung der Stimmrechtsanteile BeBiKo/Justenhoven/Nagel Rn. 75; HKMS/Mylich/Müller Rn. 107.

[469] Der Begriff des verbundenen Unternehmens bestimmt sich nach überwiegender Meinung in der Rspr. und Lit. hier (wie in Abs. 3 S. 1 Nr. 1 und 2) nach § 271 Abs. 2: BGHZ 159, 234 (236); LG Hamburg Urt. v. 8.7.2022 – 325 O 374/18 (rk., unveröffentlicht), dazu ausf. Kraus WPK Magazin 1/2023, 53; s. ferner Hopt/Merkt Rn. 27; BeBiKo/Justenhoven/Nagel Rn. 76; Schüppen Rn. 47; krit. dazu → Rn. 67 mwN; krit. auch HKMS/Mylich/Müller Rn. 109, der zutr. auf § 15 AktG abstellen will.

[470] Zu Einzelheiten dieses Tatbestandsmerkmals: BeBiKo/Justenhoven/Nagel Rn. 77; HKMS/Mylich/Müller Rn. 108.

[471] BeBiKo/Justenhoven/Nagel Rn. 78; HKMS/Mylich/Müller Rn. 108.

[472] Hopt/Merkt Rn. 28; BeBiKo/Justenhoven/Nagel Rn. 79; HKMS/Mylich/Müller Rn. 111.

[473] Näher dazu HKMS/Mylich/Müller Rn. 111; Staub/Habersack/Schürnbrand Rn. 74.

[474] Abs. 5 verweist nicht auf Abs. 1 S. 4, wonach Abschlussprüfer während einer laufenden Abschlussprüfung verpflichtet sind, eine Löschung der Eintragung unverzüglich anzuzeigen. Das Fehlen eines Verweises entbindet Abschlussprüfer aber nicht von der Anzeigepflicht, weil diese bereits aus dem Gebot der gewissenhaften Abschlussprüfung (§ 323 Abs. 1 S. 1) folgt, zumal an der Registereintragung die Berechtigung des Prüfers zur Durchführung einer gesetzlichen Abschlussprüfung nach § 316 hängt (zu Einzelheiten → Rn. 20). Im Übrigen sind Abschlussprüfer auch berufsrechtlich verpflichtet, ihre Auftraggeber während einer laufenden Prüfung über die Löschung der Eintragung unverzüglich zu informieren (§ 39 Abs. 3 WPO). Zu Einzelheiten Meister, Der Ausschluss des Abschlussprüfers im Konzern, Diss. HU Berlin, 2019.

Der allgemeine Ausschlussgrund der Besorgnis der Befangenheit nach Abs. 2 gilt für Konzernabschlussprüfer nach Abs. 5 ebenfalls entsprechend. Die Tatbestände des Abs. 3 Nr. 1–5 und S. 2 sowie die Zurechnungsvorschriften über den Ausschluss von Wirtschaftsprüfungsgesellschaften bzw. Buchprüfungsgesellschaften nach Abs. 4 gelten für Konzernabschlussprüfungen durch Wirtschaftsprüfungsgesellschaften bzw. Buchprüfungsgesellschaften ebenfalls entsprechend. Nach § 319b Abs. 2 finden die **netzwerkweiten** Ausschlussgründe des Abs. 2, 3 S. 1 Nr. 1, 2 oder 4, Abs. 3 S. 2 oder Abs. 4 auf den Abschlussprüfer des Konzernabschlusses entsprechende Anwendung.

VII. Rechtsfolgen bei Vorliegen von Ausschlussgründen (Abs. 2–5)

97   Die Rechtsfolgen bei Vorliegen eines Ausschlussgrundes nach Abs. 2–5 ergeben sich nunmehr weitgehend aus dem Gesetz.[475]

98   **1. Wahlbeschluss der Hauptversammlung.** Der Gesetzgeber hat die Auswirkungen der Besorgnis der Befangenheit iSv Abs. 2 auf den Wahlbeschluss der Hauptversammlung im BilReG neu geregelt. Das (nach früherem Recht heftig umstrittene) Verhältnis zwischen dem gesellschaftsrechtlichen Anfechtungsverfahren (§ 243 AktG aF) bzw. der Klage auf Feststellung der Nichtigkeit des Wahlbeschlusses (§ 249 AktG aF) einerseits und dem handelsrechtlichen Ersetzungsverfahren gemäß § 318 Abs. 3 S. 1 aF andererseits ist im BilReG iSd ausschließlichen **Vorrangs des Ersetzungsverfahrens** gelöst worden (zu Einzelheiten → § 318 Rn. 70): Nach § 243 Abs. 3 Nr. 3 AktG kann die Anfechtung des Wahlbeschlusses nicht auf Gründe gestützt werden, die ein Ersetzungsverfahren nach § 318 Abs. 3 S. 1 rechtfertigen. Nach § 318 Abs. 3 S. 1 hat das Gericht einen anderen Abschlussprüfer zu bestellen, wenn dies aus einem in der Person des gewählten Prüfers liegenden Grund geboten erscheint, insbesondere wenn ein Ausschlussgrund nach Abs. 2–5 besteht.[476] Eine dennoch erhobene **Anfechtungsklage** ist als unzulässig abzuweisen.[477] Entsprechendes muss seit dem UMAG (BGBl. 2005 I 2802) für die **Nichtigkeitsklage** nach § 249 AktG gelten, auch wenn dort – wohl aufgrund eines redaktionellen Versehens (→ § 318 Rn. 69) – nicht auf § 243 Abs. 3 Nr. 3 AktG verwiesen wird.[478] Aufgrund des Vorrangs des Ersetzungsverfahrens sind also sowohl die gesellschaftsrechtliche Anfechtung des Wahlbeschlusses der Hauptversammlung als auch die Feststellung der Nichtigkeit des Wahlbeschlusses wegen Vorliegens eines allgemeinen Ausschlussgrundes nach Abs. 2 (Besorgnis der Befangenheit) bzw. bei Vorliegen eines besonderen Ausschlussgrundes nach Abs. 3 (iVm Abs. 4 oder 5) ausgeschlossen.[479] Bis zur einer gerichtlichen **Ersetzungsentscheidung** ist der Beschluss der Hauptversammlung zur Wahl des Abschlussprüfers wirksam.[480] Ist der Bestätigungsvermerk (bzw. Vermerk über seine Versagung) erteilt, kann der Antrag auf Ersetzung des Abschlussprüfers wegen Verstoßes gegen Abs. 2 oder 3 (iVm Abs. 4 bzw. 5) nicht mehr gestellt werden.[481] Angesichts dieser Rechtslage ist, wie Schüppen zutreffend hervorhebt, davon auszugehen, dass nach Beendigung der Abschlussprüfung die Wirksamkeit der Prüfungsdurchführung nicht mehr mit dem Hinweis auf das Vorliegen von allgemeinen oder

---

[475]   Zu den Rechtsfolgen eines Verstoßes gegen die Vorschriften des Abs. 1 BeBiKo/Justenhoven/Nagel Rn. 90.

[476]   OLG Frankfurt a. M. BeckRS 2008, 7124; LG Düsseldorf BeckRS 2015, 120171. Gleiches gilt, wenn ein Verstoß gegen Art. 5 Abs. 4 UAbs. 1 oder Abs. 5 UAbs. 2 Abschlussprüfungs-VO vorliegt.

[477]   Gelhausen/Heinz WPg 2005, 693 (697); Frings WPg 2006, 821 (829); BeBiKo/Justenhoven/Heinz § 318 Rn. 77.

[478]   HKMS/Mylich/Müller Rn. 125; BeBiKo/Justenhoven/Heinz § 318 Rn. 77. IdS auch OLG Karlsruhe BB 2015, 3022; dazu Hennrichs WPg 2017, 482.

[479]   HKMS/Mylich/Müller Rn. 125; Schüppen § 318 Rn. 39; Hopt/Merkt Rn. 31. Eine Anfechtung des Wahlbeschlusses aus anderen Gründen (zB Einberufungsmangel, Fehler bei der Bekanntmachung des Tagesordnungspunktes „Wahl des Abschlussprüfers", falsche Zählung der Stimmen usw.) bleibt möglich: Schüppen § 318 Rn. 15; BeBiKo/Justenhoven/Heinz § 318 Rn. 77; Hopt/Merkt Rn. 31; s. auch Marsch-Barner FS Hommelhoff, 2012, 695 ff.

[480]   Hopt/Merkt Rn. 31.

[481]   Schüppen Rn. 50.

besonderen Ausschlussgründen nach Abs. 2 oder 3 (iVm Abs. 4 bzw. 5) in Frage gestellt werden kann.[482] Der Vorrang des Ersetzungsverfahrens nach § 318 Abs. 3 ist zwar nur im Aktienrecht geregelt, findet aber auf **andere** nach § 316 prüfungspflichtige **Rechtsformen** entsprechende Anwendung.[483]

2. Jahresabschluss. Ein festgestellter Jahresabschluss, der von einer nach Abs. 2 oder   **99** 3 (iVm Abs. 4) ausgeschlossenen Person geprüft wurde, ist **wirksam** (§ 256 Abs. 1 Nr. 3 AktG idF des AReG).[484] Das AReG hat in § 256 Abs. 1 Nr. 3 AktG für die AG, KGaA und SE (analog für die GmbH)[485] Abs. 2, 3 und 4 aus dem Katalog der Nichtigkeitsgründe gestrichen. Eine Klage gegen die Gesellschaft (§ 256 Abs. 7 AktG) auf Feststellung der Nichtigkeit wäre nach dem sinngemäß geltenden § 249 AktG zwar zulässig, aber nicht begründet.[486] Die aktienrechtliche Regelung ist auf andere nach § 316 prüfungspflichtige Rechtsformen entsprechend anzuwenden.[487] Die Wirksamkeit des festgestellten Jahresabschlusses betrifft allerdings nur Fälle, in denen der von dem ausgeschlossenen Prüfer geprüfte und mit dem Bestätigungsvermerk (bzw. Versagungsvermerk) versehene Jahresabschluss festgestellt worden ist, also Fälle, in denen bis zum Schluss der Abschlussprüfung allen Beteiligten das Vorliegen des allgemeinen Ausschlussgrundes des Abs. 2 oder eines besonderen Ausschlussgrundes nach Abs. 3 (iVm Abs. 4 oder 5) seitens des Prüfers verborgen geblieben oder willentlich verdeckt worden ist.[488] Bei vorherigem Bekanntwerden ist der Prüfer verpflichtet, den Prüfungsauftrag zu kündigen (§ 318 Abs. 6 S. 1).[489] Eine ggf. gebotene Kündigung des Prüfungsvertrags durch den Abschlussprüfers nach § 318 Abs. 6 S. 1 geht nach Schluss der Abschlussprüfung freilich ins Leere, weil das Prüfungsverhältnis mit Erteilung des Bestätigungsvermerks und Auslieferung des Prüfungsberichts beendet ist.[490] Die Gesellschaftsorgane sind gehalten, einen anderen Prüfer bestellen zu lassen (§ 318 Abs. 4).[491] Ein Ersetzungsantrag kann allerdings nicht mehr gestellt werden, wenn der Abschlussprüfer seine Prüfung beendet und den Bestätigungsvermerk bzw. Versagungsvermerk erteilt hat.[492]

3. Prüfungsvertrag; Honoraranspruch. Fraglich ist, welche Auswirkungen ein Ver-   **100** stoß gegen Abs. 2–5 auf den schuldrechtlichen Prüfungsvertrag und den Honoraranspruch des Abschlussprüfers hat. Der Referentenentwurf eines BilReG vom Dezember 2003 hatte zu dieser (unter Geltung des bis dahin geltenden Rechts umstrittenen) Frage in § 319 Abs. 5 HGB-E eine Regelung vorgesehen, die lautete: „Ist dem Abschlussprüfer im Sinne des Absatzes 1 bekannt oder grob fahrlässig nicht bekannt, dass er nach Abs. 1 S. 3, Abs. 2–4 nicht Abschlussprüfer sein darf, so gebührt ihm für die von ihm erbrachten Leistungen kein Entgelt".[493] Nach der Begründung handelte es sich bei der vorgeschlagenen Regelung um eine „Klarstellung, die im Ergebnis der bisherigen Auffassung in der Rechtslehre" entspreche.[494] Mit der wegleitenden Entscheidung des X. Zivilsenats des BGH vom 3.6.2004 in der Rechtssache *K. of America* konnte sich der Referentenentwurf noch nicht auseinandersetzen.[495] Darin hat der Senat entschieden, dass der schuldrechtliche Prüfungs-

---

482 Schüppen Rn. 50; ebenso WGB/Böcking/Gros/Rabenhorst Rn. 31 („grundsätzlich rechtsbeständig").
483 HKMS/Mylich/Müller Rn. 125; Schüppen § 318 Rn. 15.
484 HKMS/Mylich/Müller Rn. 126; BeBiKo/Justenhoven/Heinz Rn. 93; WGB/Böcking/Gros/Rabenhorst Rn. 31.
485 Noack/Servatius/Haas/Kersting GmbHG § 42a Rn. 27; Wiedmann/Böcking/Gros/Böcking/Gros/Rabenhorst Rn. 31.
486 Gelhausen/Heinz WPg 2005, 693 (697); HKMS/Mylich/Müller Rn. 126.
487 HKMS/Mylich/Müller Rn. 126.
488 HKMS/Mylich/Müller Rn. 126.
489 HKMS/Mylich/Müller Rn. 126.
490 BeBiKo/Justenhoven/Heinz Rn. 93.
491 HKMS/Mylich/Müller Rn. 126.
492 BeBiKo/Justenhoven/Heinz Rn. 93.
493 BegrRefE BilReG, S. 49. Krit. dazu Peemöller/Oehler BB 2004, 1158 (1160); IDW WPg 2004, 143 (148, 149).
494 BegrRefE BilReG, S. 49. Zum Stand der Meinungen Ebke FS Röhricht, 2005, 855–858 mwN.
495 BGH WPg 2004, 1136 = BB 2004, 2009 mAnm Ekkenga = ZGR 2005, 894 mit Bespr.-Aufsatz Ebke/Paal.

vertrag nur bei Vorliegen eines „absoluten" Ausschlussgrundes (§ 319 Abs. 2–4 aF) nach § 134 BGB nichtig sei, bei Vorliegen eines „relativen" Befangenheitsgrundes iSd § 318 Abs. 3 S. 1 aF und § 49 2 Var. WPO dagegen nicht.[496] Nach Ansicht des X. Zivilsenats des BGH ist § 318 Abs. 3 S. 1 aF kein Verbotsgesetz iSd § 134 BGB.[497] § 318 Abs. 1 S. 5, wonach der Prüfungsauftrag eines zum Abschlussprüfer gewählten Wirtschaftsprüfers nur widerrufen werden kann, wenn ein anderer Prüfer bestellt worden ist, weil dies aus einem in der Person des gewählten Prüfers liegenden Grund, insbesondere wegen Besorgnis der Befangenheit geboten ist, sei „nicht recht verständlich", wenn der „angenommene Prüfungsauftrag an einen befangenen Wirtschaftsprüfer ohnehin keine Rechte und Pflichten begründen könnte".[498] § 318 Abs. 3 S. 1 liege vielmehr zugrunde, dass „der Prüfungsauftrag im Falle der Besorgnis der Befangenheit des Wirtschaftsprüfers erst nach einem entsprechenden **Gestaltungsakt** der Beteiligten keine zivilrechtlichen Wirkungen mehr zeitigt, sei es, daß er durch den Auftraggeber unter Beachtung von Abs. 3 widerrufen oder durch den die Besorgnis der Befangenheit erkennenden Wirtschaftsprüfer gemäß Abs. 6 S. 1 gekündigt wird".[499] § 49 2 Var. WPO, wonach ein Wirtschaftsprüfer seine „Tätigkeit zu versagen" hat, wenn „die Besorgnis der Befangenheit bei der Durchführung eines Auftrages besteht", enthalte ebenfalls kein gesetzliches Verbot iSd § 134 BGB, „so daß trotz einer § 49 2 Var. WPO mißachtenden Übernahme einer Prüfung durch einen Wirtschaftsprüfer dessen Vertrag mit dem zu prüfenden Unternehmen wirksam ist, wenn nicht andere Nichtigkeitsgründe eingreifen".[500] Der Auslegung liegt die hL zugrunde, wonach § 49 WPO „reine Ordnungsnorm ohne Verbotscharakter"[501] ist, die einseitig den Prüfer bindet.[502]

101   **a) Anfängliche Nichtigkeit.** Im Gegensatz zu der alten Rechtslage kann nach Änderung des § 318 Abs. 3 S. 1 aF und des § 319 aF aufgrund des BilReG nicht mehr ernstlich bezweifelt werden, dass § 319 Abs. 2–5 nF nach seinem Wortlaut („als Abschlussprüfer ausgeschlossen") und nach seinem Sinn und Zweck als **Verbotsgesetz** iSd § 134 BGB anzusehen ist.[503] Das hat zur Folge, dass die anfängliche Befangenheit nach § 319 Abs. 2 nF („Besorgnis der Befangenheit") zur Nichtigkeit des schuldrechtlichen Prüfungsvertrages und damit zum Verlust des Honoraranspruchs des Prüfers führt.[504] Ein Anspruch aus ungerechtfertigter Bereicherung (§§ 812 ff. BGB) wird in der Regel durch § 817 S. 2 BGB ausgeschlossen sein;[505] ein Anspruch aus Geschäftsführung ohne Auftrag scheidet iE ebenfalls aus.[506]

102   Diese Rechtslage dürfte aus Sicht des Prüfers weithin unproblematisch sein. Wenn der Prüfer dem Aufsichtsrat bzw. dem Prüfungsausschuss schon vor Unterbreitung des Wahlvorschlages eine entsprechende **Unabhängigkeitserklärung** übermittelt (→ Rn. 19 – zur Berichtspflicht im Prüfungsbericht s. § 321 Abs. 4a), haben die Beteiligten Gelegenheit, sich schon *vor* der Erteilung des Prüfungsauftrages (§ 318 Abs. 1 S. 4)

[496]   Zur Terminologie („absolute" versus „relative" Ausschlussgründe) nach altem Recht: BayObLGZ 1987, 297 (311).
[497]   Krit. Gehlhausen/Heinz WPg 2005, 693 (700 Fn. 40) („offenbleibt, ob es ein solches Verbot inzident voraussetzt").
[498]   BGH WM 2004, 1491 (1495).
[499]   BGH WM 2004, 1491 (1495); krit. zu der Argumentation des BGH Gelhausen/Heinz WPg 2005, 693 (700).
[500]   BGH WM 2004, 1491 (1495).
[501]   Lutter FS Semler, 1993, 835 (839); s. ferner Gehringer, Abschlussprüfung, Gewissenhaftigkeit und Prüfungsstandards, 2002, S. 123 und 125 mwN; Ebke FS Röhricht, 2005, 851 (852).
[502]   Insoweit zust. Gelhausen/Heinz WPg 2005, 693 (700).
[503]   OLG Düsseldorf BeckRS 2005, 156558 Rn. 28; vgl. BGHZ 118, 142 = WM 1992, 2021. S. ferner Munoz StudZR 2008, 19 (28); BeBiKo/Justenhoven/Nagel Rn. 92; HKMS/Mylich/Müller Rn. 128 und 131; Hopt/Merkt Rn. 32.
[504]   IdS auch Gelhausen/Heinz WPg 2005, 693 (700) unter Hinweis auf W. Müller NZG 2004, 1037 (1039) und Polt/Winter WPg 2004, 1127 (1135); Paal DStR 2007, 1210 (1213); BeBiKo/Justenhoven/Nagel Rn. 92; Staub/Habersack/Schürnbrand Rn. 80; Hopt/Merkt Rn. 32.
[505]   Vgl. OLG Düsseldorf BeckRS 2005, 156558 Rn. 36; BeBiKo/Justenhoven/Nagel Rn. 94.
[506]   HKMS/Mylich/Müller Rn. 131; Hopt/Merkt Rn. 32.

mit der Unabhängigkeitsfrage zu beschäftigen.[507] Bei Bestehen einer Besorgnis der Befangenheit iSv Abs. 2 oder bei Vorliegen eines besonderen Ausschlussgrundes nach Abs. 3 (iVm Abs. 4 bzw. 5) wird es dann in der Regel gar nicht zu einem Prüfungsauftrag kommen.[508] Aber auch nach Erteilung des Prüfungsauftrages sind Fälle anfänglicher Besorgnis der Befangenheit des Prüfers jedenfalls dann unproblematisch, wenn die prüfungspflichtige Gesellschaft bei Bekanntwerden von Gründen, die die Annahme des Vorliegens von allgemeinen oder besonderen Ausschlussgründen rechtfertigen, unverzüglich das Ersetzungsverfahren nach § 318 Abs. 3 S. 1 in Gang setzt und der Prüfer den Beginn der Abschlussprüfung bis zu einer Entscheidung des Gerichts in dem zumeist zügig durchgeführten FamFG-Verfahren verschiebt. Beginnt der Prüfer gleichwohl mit seiner Prüfungstätigkeit, läuft er Gefahr, dafür **keine Vergütung** zu erhalten.[509] Ergibt das Ersetzungsverfahren, dass ein Ausschlussgrund nicht besteht, wird die geprüfte Gesellschaft (bzw. der Insolvenzverwalter) in der Regel faktisch gehindert sein, später mit denselben Gründen zu behaupten, es habe Besorgnis der Befangenheit bestanden und ein Vergütungsanspruch des Abschlussprüfers bestehe daher nicht.[510]

b) Nachträgliche Nichtigkeit. § 318 Abs. 3 S. 3 stellt klar, dass das Ersetzungsverfah- **103** ren nach § 318 Abs. 3 S. 1 auch dann zum Zuge kommt, wenn ein Grund zur Bestellung eines anderen Abschussprüfers als des gewählten Prüfers erst nach dessen Wahl bekannt wird oder ein solcher Grund erst nach dessen Wahl eintritt. In derartigen Fällen ist der Antrag binnen zwei Wochen nach dem Tag zu stellen, an dem der Antragsberechtigte Kenntnis von den antragsbegründenden Umständen erlangt hat oder ohne grobe Fahrlässigkeit hätte erlangen müssen (§ 318 Abs. 3 S. 3).[511] Der Kreis der Antragsberechtigten ist mit dem bei anfänglicher Besorgnis der Befangenheit identisch (§ 318 Abs. 3 S. 1). Danach sind auch Gesellschafter antragsberechtigt. Das Erfordernis, gegen die Wahl des Abschlussprüfers bei der Beschlussfassung **Widerspruch** erklärt zu haben (§ 318 Abs. 3 S. 2 Hs. 2), ist in solchen Fällen gegenstandslos.[512] Fraglich ist, welche **Folgen** sich im Falle einer erst nachträglichen Besorgnis der Befangenheit für den Prüfungsvertrag und damit für den Vergütungsanspruch des Abschlussprüfers ergeben.

aa) Rechtsprechung. Die Rechtsprechung nimmt an, dass ein Prüfungsvertrag, der **104** zunächst wirksam zustande gekommen war, nicht dadurch *ex tunc* nichtig wird, dass ein Ausschlussgrund nachträglich verwirklicht wird.[513] Zur Begründung wird angeführt, dass § 134 BGB darauf zugeschnitten sei, dass das gesetzliche Verbot schon bei Abschluss des Rechtsgeschäfts bestand und deshalb die Vornahme des Rechtsgeschäfts als solche oder das Rechtsgeschäft wegen seines verbotenen Inhalts gegen das gesetzliche Verbot verstieß.[514] Dementsprechend wird die rückwirkende Nichtigkeit des Rechtsgeschäfts für den Fall abgelehnt, dass ein Verbotsgesetz erst nach Vornahme des Rechtsgeschäfts erlassen wird.[515] Nach Ansicht des BGH können auch **Vertrauensgesichtspunkte** dafür sprechen, in dem Fall, dass der Tatbestand eines Verbotsgesetzes erst nach Abschluss des Rechtsgeschäfts verwirklicht wird, einen zuvor „verbotsfrei" geschlossenen Vertrag *nicht* als von Anfang an nichtig anzusehen.[516] Hiernach bliebe bei einer erst nach seinem Abschluss eingetretenen Befangenheit der schuld-

---

[507] Vgl. HKMS/Mylich/Müller Rn. 131; Dörner FS Röhricht, 2005, 821.
[508] Zu Schadensersatzansprüchen der Gesellschaft gegen den Abschlussprüfer, wenn dieser einen Ausschlussgrund nicht offenlegt: Hopt/Merkt Rn. 32.
[509] Gelhausen/Heinz WPg 2005, 693 (701).
[510] Gelhausen/Heinz WPg 2005, 693 (701).
[511] Zu § 318 Abs. 3 aF OLG Frankfurt BB 2004, 599 (600).
[512] Gelhausen/Heinz WPg 2005, 693 (702, 703) mwN; vgl. OLG Frankfurt BB 2004, 599 (600) (zu § 318 Abs. 3 S. 1 aF).
[513] BGH ZIP 2010, 433 (434); OLG Düsseldorf GmbHR 1991, 159 (160); zust. Polt/Winter WPg 2004, 1127 (1129 Fn. 20).
[514] Vgl. allgemein BGHZ 45, 322 (326).
[515] BGH ZIP 2010, 433 (434); OLG Düsseldorf GmbHGR 1991, 159 (160, 161); zust. Staub/Habersack/Schürnbrand Rn. 81; offengelassen in BGHZ 45, 322 (326).
[516] BGHZ 114, 127 (136, 137).

rechtliche Prüfungsvertrag zunächst wirksam; der Vergütungsanspruch bliebe bis zum Eintritt des Befangenheitsgrundes bestehen. Der Abschlussprüfer könne, so betont der BGH in seiner Entscheidung vom 21.1.2010, die vereinbarte **Vergütung** nur nicht für diejenige Prüfungstätigkeit beanspruchen, die er *in casu* unter Verstoß gegen das Selbstprüfungsverbot (§ 319 Abs. 2 S. 1 Nr. 5 HGB aF) entfaltet hat.[517] Insoweit liege ein Fall der rechtlichen Unmöglichkeit vor. Das führt nach § 275 Abs. 1 BGB, § 326 Abs. 1 BGB zum Wegfall des Anspruchs auf die Gegenleistung.[518] Da die Prüfung nicht mehr fortgesetzt und abgeschlossen werden darf, wenn bei dem bestellten Prüfer nachträglich die Besorgnis der Befangenheit (Abs. 2) eingetreten ist oder ein besonderer Ausschlussgrund (Abs. 3 iVm 4 oder 5) erfüllt ist, muss nach dieser Ansicht entweder das **Ersetzungsverfahren** nach § 318 Abs. 3 S. 1 eingeleitet werden[519] oder der Prüfungsauftrag nach § 318 Abs. 6 S. 1 von dem Prüfer **gekündigt** werden.[520]

105   Vertrauensgesichtspunkte sprechen indes nicht unbedingt gegen die Nichtigkeit des Prüfungsvertrages *ex tunc*. Selbst wenn man bei nachträglicher Besorgnis der Befangenheit iSd Abs. 2 oder bei Vorliegen eines besonderen Ausschlussgrundes nach Abs. 3 (iVm Abs. 4 oder 5) von einer **Nichtigkeit** des Prüfungsvertrages *ex tunc* ausgehen sollte, müsste dem Abschlussprüfer zumindest für Leistungen, die er bis zu dem die Besorgnis der Befangenheit auslösenden Ereignis erbracht hat, Anspruch auf die übliche bzw. angemessene Vergütung haben.[521] § 817 S. 2 BGB steht einem Anspruch des Abschlussprüfers nicht entgegen, da der Prüfer seine Leistungen bis zum Eintritt des die Befangenheit begründenden Umstandes nicht unter Verstoß gegen Abs. 2 oder Abs. 3 (iVm Abs. 4 oder 5) erbracht hat.[522] Das ist auch angemessen: Denn die Leistungen des Prüfers sind bei nachträglicher Besorgnis der Befangenheit für das geprüfte Unternehmen nicht völlig wertlos, denn der nachfolgende unbefangene Prüfer darf die Arbeit des inhabil gewordenen Prüfers nach seinem pflichtgemäßen Ermessen bei seiner Prüfung verwerten.[523]

106   **bb) Alternativer Lösungsansatz.** Der Ansatz des Xa. Zivilsenats des BGH ist letztlich **nicht überzeugend**.[524] Dogmatisch ist es − entgegen der Ansicht des Xa. Zivilsenats (→ Rn. 104) − auch denkbar, dass im Falle eines nachträglichen Ausschlusses des Prüfers aufgrund von Abs. 2−5 der Eintritt des den Ausschluss auslösenden Ereignisses zur **Nichtigkeit** des Prüfungsvertrages *ex nunc* führt.[525] Der Xa. Zivilsenat des BGH hat in seiner Entscheidung vom 21.1.2010 ausdrücklich anerkannt, dass „sich ein gesetzliches Verbot, das erst nach Abschluss des Rechtsgeschäfts wirksam wird, auch gegen bestehende Verträge richten und deren Unwirksamkeit ab Inkrafttreten des gesetzlichen Verbots begründen" kann.[526] Diese Folge müsse sich jedoch „aus der Zielrichtung des gesetzlichen Verbots" ergeben, „auch den Fortbestand zuvor abgeschlossener Verträge zu unterbinden".[527] Im Sinne dieser Grundsätze hat der BGH entschieden, dass ein vor der Übernahme eines Aufsichtsratsmandats geschlossener Beratungsvertrag mit der Begründung der Organstellung

---

[517]   BGH ZIP 2010, 433 (434).
[518]   BGH ZIP 2010, 433 (434). Die Gesellschaft hat allerdings nach § 326 Abs. 5 BGB, § 323 BGB das Recht, von dem ganzen Vertrag zurückzutreten und wird das in Fällen einer gesetzlichen Abschlussprüfung auch tun müssen: HKMS/Mylich/Müller Rn. 132.
[519]   BeBiKo/Justenhoven/Heinz Rn. 93.
[520]   Gelhausen/Heinz WPg 2005, 693 (703) („Prüfer ist zur Kündigung verpflichtet"); zust. BeBiKo/Justenhoven/Heinz Rn. 93 („ultima ratio"); Staub/Habersack/Schürnbrand Rn. 81. Die WPK ist von der Kündigung „unverzüglich und schriftlich begründet" zu unterrichten (§ 318 Abs. 8).
[521]   Vgl. Ebke FS Röhricht, 2005, 856−858 (zu § 318 Abs. 3 S. 1 aF); idS auch Gelhausen/Heinz WPg 2005, 693 (703).
[522]   Gelhausen/Heinz WPg 2005, 693 (703). Etwas anderes gilt, wenn der Abschlussprüfer schon anfänglich vorsätzlich gegen Abs. 2−5 verstoßen hat: BeBiKo/Justenhoven/Heinz Rn. 94 (allerdings diff. zwischen den Fällen des Abs. 2 und des Abs. 3).
[523]   Vgl. Ebke FS Röhricht, 2005, 857, 858.
[524]   Zust. HKMS/Mylich/Müller Rn. 133 („der alternative Lösungsansatz von Ebke ist vorzuziehen"); aA Bormann DStR 2010, 1386 (1388) (wie der BGH).
[525]   So → 2. Aufl. 2008, § 318 Rn. 43; zust. HKMS/Mylich/Müller Rn. 133; krit. Gelhausen/Heinz WPg 2005, 693 (703); offenlassend Hopt/Merkt Rn. 32.
[526]   BGH ZIP 2010, 433 (434).
[527]   BGH ZIP 2010, 433 (434).

unwirksam wird (vgl. § 114 AktG).[528] Aus „dieser Wirkungslosigkeit des durch die aktienrechtliche Regelung überlagerten vertraglichen Rechtsverhältnis" lasse sich, so betont der Xa. Zivilsenats des BGH in seiner Entscheidung vom 21.1.2010 ohne Begründung, aber nicht die „Verbotswidrigkeit eines Vertrags" zwischen der prüfungspflichtigen Gesellschaft und dem Abschlussprüfer folgern.[529] In einer anderen Entscheidung hat der BGH § 134 BGB als „Auslegungsregel" begriffen und Sinn und Zweck der Verbotsnorm über die Unwirksamkeit (Nichtigkeit) entscheiden lassen.[530]

Nach **Sinn und Zweck** der allgemeinen wie der besonderen Ausschlussgründe **der** **107** **Abs. 2 und 3** (iVm Abs. 4 bzw. 5) für die Sicherung einer Abschlussprüfung durch einen unabhängigen und unbefangenen Abschlussprüfer kann sich die nach Abschluss des Prüfungsvertrages eingetretene Besorgnis der Befangenheit nur gegen die **fortdauernden Wirkungen** des Prüfungsvertrages richten; ab Eintritt des nachträglich eingetretenen Ausschlussgrundes soll jedenfalls die Fortsetzung und Beendigung des Prüfungsauftrages wegen der Besorgnis der Befangenheit bzw. des Vorliegens eines der unwiderlegbaren Ausschlussgründe vertraglich nicht mehr verlangt werden können. Das sieht der BGH der Sache nach – jedenfalls im Ergebnis – ebenso.[531] Damit scheidet sowohl nach Ansicht des BGH als auch nach der Alternativlösung eine **Nichtigkeit** *ex tunc* jedenfalls aus.[532] Die Frage ist nur, ob man die Folgen des nachträglich eingetretenen Ausschlussgrundes mit der Rechtsfolge „Nichtigkeit *ex nunc*" oder mit den Regeln der rechtlichen Unmöglichkeit bewältigen soll. Durch die kraft Gesetzes eintretende **Nichtigkeit** des Prüfungsvertrages *ex nunc* erübrigt sich die (nach der Lösung des BGH notwendige) Kündigung des Prüfungsvertrages durch den Prüfer nach § 318 Abs. 6 S. 1 (→ Rn. 104). Mit dem Eintritt der Besorgnis der Befangenheit oder des Vorliegens eines besonderen Ausschlussgrundes muss der Prüfer seine Tätigkeit versagen (§ 49 2 Var. WPO).[533] An der Verpflichtung der gesetzlichen Vertreter bzw. des Aufsichtsrats, wegen der nachträglich eingetretenen Besorgnis der Befangenheit unverzüglich das Ersetzungsverfahren nach § 318 Abs. 3 S. 1 einzuleiten, sofern das zuständige Organ nicht bereits für diesen Fall einen Ersatzprüfer gewählt hat oder zügig einen neuen Prüfer wählt, ändert sich bei dem alternativen Lösungsansatz nichts. Vertragsrechtliche Gründe sprechen mE ebenfalls nicht gegen den dargestellten Lösungsansatz.[534] Der Prüfungsvertrag (zu dessen Rechtsnatur → § 318 Rn. 28) ist zwar ein einheitlicher Vertrag, der durch kontinuierliche Leistungserbringung gekennzeichnet ist; dessen Gegenstand (von der Prüfungsplanung über die Prüfungsdurchführung bis zu der Berichterstattung und Bestätigung) ist aber – wie der IX. Zivilsenat des BGH im Zusammenhang mit der Erbringung von Abschlussprüfungsleistungen vor und nach Eröffnung des Insolvenzverfahrens über das Vermögen der prüfungspflichtigen Gesellschaft zutreffend entschieden hat – in dem Sinne **zeit- und leistungsbezogen,** dass sich die vor und nach Eintritt eines wesentlichen Ereignisses (*in casu* Eintritt der Inhabilität) erbrachten **Tätigkeiten** im Fall der Abschlussprüfung **voneinander abgrenzen und bewerten** lassen. Deshalb sprechen auch aus schuldrechtlicher Sicht die besseren Gründe dafür, dass die Nichtigkeitsfolge durchaus ab Eintritt der Inhabilität im Hinblick auf die noch ausstehenden Leistungen des Prüfers eintreten kann.[535]

---

[528]   BGHZ 114, 127 (133, 134).
[529]   BGH ZIP 2010, 433 (434).
[530]   BGHZ 45, 322 (326).
[531]   BGH ZIP 2010, 433 (434).
[532]   Zust. HKMS/Mylich/Müller Rn. 133.
[533]   So auch BeBiKo/Justenhoven/Heinz Rn. 93 („Der Abschlussprüfer muss seine Tätigkeit einstellen").
[534]   AA BGH ZIP 2010, 433.
[535]   BGH NJW 2022, 2185 Rn. 37 mwN („… bei dem Abschlussprüfervertrag steht die kontinuierliche Leistungserbringung, die Schöpfung des Werks, durch den Einsatz von Personal und Sachmitteln im Rahmen der Prüfung im Vordergrund der Tätigkeit. Mit dem gemäß § 322 Abs. 1 S. 1 HGB am Ende zu erteilenden Testat wird die Leistung des Abschlussprüfers nur formal abgeschlossen, wenn auch der gemäß § 325 Abs. 1 S. 1 Nr. 1 HGB offenzulegende Bestätigungs- oder Versagungsvermerk als Gesamturteil über den Jahresabschluss des Unternehmens für sich betrachtet von erheblicher rechtlicher und wirtschaftlicher Bedeutung, insbesondere für das geprüfte Unternehmen, die Anteilseigner und die Öffentlichkeit, ist. Für die Würdigung im vorliegenden Zusammenhang kommt es jedoch allein darauf

108   **cc) Vergütungsanspruch.** Unabhängig von der dogmatisch-konstruktiven Begründung bleibt der Vergütungsanspruch des Prüfers in Fällen nachträglich eingetretener Besorgnis der Befangenheit (Abs. 2) oder nachträglichen Eingreifens eines besonderen Ausschlussgrundes (Abs. 3 iVm Abs. 4 bzw. 5) – wie im Falle eines Widerrufs des Prüfungsvertrages im Gefolge einer gerichtlichen Ersetzung des Prüfers nach § 318 Abs. 1 S. 5 oder der Kündigung durch den Prüfer gemäß § 318 Abs. 6 S. 1 HGB[536] – für den Zeitraum jedenfalls erhalten **(anteiliger Vergütungsanspruch).**[537] Der IX. Zivilsenat des BGH hat sich unlängst in einem den Vergütungsanspruch des Abschlussprüfers für die von ihm vor bzw. nach Eröffnung des Insolvenzverfahrens der geprüften Gesellschaft in diesem Sinne zu Recht für die Teilbarkeit höchstpersönlicher Leistungen wie die Erbringung von Abschlussprüfungsarbeiten sowie für die Abgrenzung und Bewertung des auf die jeweilige Leistung entfallenden Vergütungsanteils (entsprechend §§ 628 Abs. 1 S. 1, 645 Abs. 1 S. 1 BGB) ausgesprochen.[538] Unberührt bleiben allfällige zivilrechtliche Rechtsbehelfe, insbesondere ein **Schadensersatzanspruch** der Gesellschaft gegen den Abschlussprüfer, wenn dieser einen Ausschlussgrund nicht oder nicht rechtzeitig offengelegt hat.[539] Ist die Prüfung durchgeführt und ein Bestätigungsvermerk erteilt (bzw. versagt) worden, ohne dass die Nichtigkeit des Prüfungsvertrags wegen Vorliegens eines (allgemeinen oder besonderen) Ausschussgrunds nach Abs. 2 oder 3 (iVm Abs. 4 bzw. 5) geltend gemacht wurde, bleiben die Parteien an den Prüfungsvertrag gebunden; der Honoraranspruch des Abschlussprüfers bleibt bestehen.[540]

109   **4. Sonstige Sanktionen.** Unberührt bleiben berufsrechtliche (§§ 67 ff. WPO)[541] und allfällige ordnungswidrigkeitsrechtliche (§ 334 Abs. 2)[542] Sanktionen.[543]

VIII. Rechtsfolgen eines Verstoßes gegen Art. 4, 5 und 17 Abschlussprüfungs-VO

110   Besonderheiten gelten für die Rechtsfolgen eines Verstoßes gegen die Unabhängigkeitsvorschriften für Abschlussprüfungen von EU-Unternehmen von öffentlichem Interesse.[544]

§ 319a [aufgehoben]

1   § 319a (Besondere Ausschlussgründe bei Unternehmen von öffentlichem Interesse) wurde aufgehoben durch Art. 11 Nr. 6 Gesetz zur Stärkung der Finanzmarktintegrität (Finanzmarktintegritätsstärkungsgesetz – FISG) vom 3.6.2021 (BGBl. 2021 I 1534).

---

       an, dass sich die vor und nach Insolvenzeröffnung erbrachten Tätigkeiten auch im Fall der Abschlussprüfung voneinander abgrenzen und bewerten lassen").

536   Dazu BGH NJW 2022, 2185 Rn. 37 mwN.

537   BGH ZIP 2010, 433 (434); ebenso schon Ebke FS Röhricht, 2005, 857; Gelhausen/Heinz WPg 2005, 693 (703); Paal DStR 2007, 1210 (1214); zust. HKMS/Mylich/Müller Rn. 133; Hopt/Merkt Rn. 32; BeBiKo/Justenhoven/Heinz Rn. 93.

538   BGH NJW 2022, 2185 Rn. 37; ebenso BGH BeckRS 2022, 18743 Rn. 30 („Vor diesem Hintergrund waren die vertraglich vereinbarten Leistungen der Beklagten nicht ohne Wert für die Schuldnerin und ihre weiteren Gläubiger").

539   BeBiKo/Justenhoven/Heinz Rn. 94; Hopt/Merkt Rn. 32; F. Schmidt, Die Wahrnehmung der Unabhängigkeit des Abschlussprüfers, 2018, S. 45 ff.

540   Schüppen Rn. 51, vgl. BeBiKo/Justenhoven/Heinz Rn. 94.

541   HKMS/Mylich/Müller Rn. 136; BeBiKo/Justenhoven/Heinz Rn. 97; Hopt/Merkt Rn. 32; F. Schmidt, Die Wahrnehmung der Unabhängigkeit des Abschlussprüfers, 2018, 50 ff.

542   § 334 Abs. 2 ahndet als Ordnungswidrigkeit einen Verstoß gegen § 319 Abs. 2, 3, 4 und 5; dazu HKMS/Mylich/Müller Rn. 134–135; BeBiKo/Justenhoven/Heinz Rn. 96; F. Schmidt, Die Wahrnehmung der Unabhängigkeit des Abschlussprüfers, 2018, S. 54 ff.

543   Zu möglichen Marktreaktionen F. Schmidt, Die Wahrnehmung der Unabhängigkeit des Abschlussprüfers, 2018, S. 57 ff.

544   S. → 4. Aufl. 2020, § 319a Rn. 61–66; BeBiKo/Justenhoven/Heinz Rn. 300 ff.; Schüppen Anh. § 319 Rn. 36 ff.

Der durch das BilReG vom 4.12.2004 (BGBl. 2004 I 3166) in das HGB eingefügte **2** und durch das BilMoG vom 25.5.2009 (BGBl. 2009 I 1102) an mehreren Stellen geänderte § 319a aF erweiterte – zusammen mit den durch das BilReG ebenfalls neu gefassten Vorschriften des § 319 – die Regeln über die **Unabhängigkeit des Abschlussprüfers.** Ausweislich der Begründung des RegE des BilReG wurde mit den Vorschriften des § 319a aF „ein neuer Grundgedanke in die Unabhängigkeitsregelungen eingeführt".[1] Die bis dahin geltenden Bestimmungen über die Unabhängigkeit des Abschlussprüfers (§ 319 idF des KonTraG) galten für alle gesetzlich vorgeschriebenen Abschlussprüfungen. Da die Besorgnis der Befangenheit nach der Rechtsprechung des BGH aus der Sicht eines „vernünftig und objektiv denkenden Dritten"[2] zu beurteilen ist, erschien es der Bundesregierung „nahe liegend", in ihrem RegE eines BilReG „zu berücksichtigen, dass diese Sichtweise bei Vorliegen bestimmter Umstände bzw. bei der Prüfung eines bestimmten Unternehmenskreises kritischer ausfallen wird – mit der Folge, dass strengere Maßstäbe anzulegen sind".[3] Bei der Prüfung des Abschlusses eines Unternehmens, das einen organisierten Markt iSd § 2 Abs. 5 WpHG (aF) in Anspruch nimmt, sei der „Kreis der an einem Abschluss interessierten Personen größer".[4] Bei Kapitalmarktunternehmen seien nicht nur die Anteilseigner, sondern auch potenzielle Investoren und auch Finanzanalysten an der Abschlussprüfung besonders interessiert. Das BilMoG erstreckte den Anwendungsbereich auf kapitalmarktorientierte Unternehmen iSd neuen § 264d und damit auf Unternehmen, die einen organisierten Markt iSd § 2 Abs. 5 WpHG (aF) durch von ihr ausgegebene Wertpapiere iSd § 2 Abs. 1 S. 1 WpHG in Anspruch nehmen oder die Zulassung solcher Wertpapiere zum Handel an einem organisierten Markt beantragt haben. ermöglichen.

Im Zuge der EU-Abschlussprüfungsreform wurde § 319a in der bis zum Inkrafttreten **3** des Abschlussprüferreformgesetzes (AReG) vom 10.5.2016 (BGBl. 2016 I 1142) geltenden Fassung weitgehend neu gefasst. Dadurch veränderte sich der Charakter der Norm: § 319a idF des AReG wurde von einer Verbotsnorm zu einer Erlaubnisnorm vor dem Hintergrund der (unmittelbar geltenden) Art. 4 und 5 Abschlussprüfungs-VO.[5] Mit der Neufassung des § 319a idF des AReG übte der Gesetzgeber nämlich zwei in der Abschlussprüfungs-VO vorgesehene mitgliedstaatliche Wahlrechte aus. Zum einen regelte er, dass die Erbringung von bestimmten **Steuerberatungsleistungen** und von Bewertungsleistungen, die jeweils zu den nach der Abschlussprüfungs-VO verbotenen Nichtprüfungsleistungen gehören, nur bei Nichtvorliegen der Voraussetzungen des Art. 5 Abs. 3 Abschlussprüfungs-VO oder – im Falle der Steuerberatungsleistungen – bei fehlender Zustimmung des Prüfungsausschusses zu einem Ausschluss des Abschlussprüfers von der Abschlussprüfung führen. Zum anderen hat der Gesetzgeber das Mitgliedstaatenwahlrecht des Art. 4 Abs. 2 UAbs. 3 Abschlussprüfungs-VO teilweise ausgeübt, um in Ausnahmesituationen in gewissem Umfang und für eine gewisse Zeit eine **Überschreitung der Honorargrenze** („fee cap") zu ermöglichen. Nach der alten Rechtslage konnte die Abschlussprüferaufsichtsstelle (APAS) eine Ausnahmegenehmigung zur Überschreitung der Honorargrenze von 70 % auf bis zu 140 % des Durchschnitts der in Art. 4 Abs. 2 UAbs. 1 Abschlussprüfungs-VO genannten Honorare erteilen. Von der Möglichkeit der Erweiterung des fee cap wurde bis dahin insbesondere Gebrauch gemacht, wenn Unternehmen durch Reorganisationen oder Kapitalmarkttransaktionen ergänzende Prüfungsleistungen ihres Abschlussprüfers benötigten. Zu diesen Leistungen gehören insbesondere die Prüfung sog. Combined Financial Statements bzw. Carve-out Financial Statements sowie Prüfungen von Unternehmensquartals- und Halbjahresfinanzberichten sowie die Erteilung von Comfort Letters im Rahmen von Kapitalmarkttransaktionen.

---

[1]   Begr. RegE BilReG, BT-Drs. 15/3419, 40 v. 24.6.2004.
[2]   BGH BB 2003, 462 (465); s. auch LG Düsseldorf BeckRS 2015, 120171.
[3]   Begr. RegE BilReG, BT-Drs. 15/3419, 40 f. v. 24.6.2004.
[4]   Begr. RegE BilReG, BT-Drs. 15/3419, 41 v. 24.6.2004. S. auch die Begründung in Erwägungsgrund 23 Abschlussprüfer-RL.
[5]   S. → 4. Aufl. 2020, Rn. 5.

4   Mit der Aufhebung des § 319a idF des AReG durch Art. 11 Nr. 6 FISG infolge des Wirecard-Falls (→ Vor § 316 Rn. 10) wird die Ausübung der Mitgliedstaatenwahlrechte nach Art. 4 und 5 Abschlussprüfungs-VO rückgängig gemacht; die nationalen Sonderregelungen entfallen. Bei der Prüfung der Abschlüsse von Unternehmen von öffentlichem Interesse ist fortan der in Art. 5 Abs. 1 UAbs. 2 Abschlussprüfungs-VO enthaltene **Katalog der verbotenen Nichtprüfungsleistungen** (sog. *black list*) in Deutschland uneingeschränkt anwendbar. Danach ist es dem Abschlussprüfer untersagt, für die von ihm geprüfte Gesellschaft jegliche Steuerberatungsleistungen und sonstige Bewertungsleistungen – auch solche, die sich nicht unmittelbar oder nicht wesentlich auf den zu prüfenden Abschluss auswirken – zu erbringen. Außerdem ist nunmehr keine ausnahmsweise Überschreitung des *fee cap* mehr zulässig.

5   Die in § 319a Abs. 1 S. 4 und Abs. 2 S. 2 in der bis zum Inkrafttreten des FISG geltenden Fassung enthaltene Definition des Begriffs des „**verantwortlichen Prüfungspartners**" (§ 319a Abs. 1 S. 4 und Abs. 2 S. 2 aF) findet sich nun in § 43 Abs. 3 S. 3 WPO. Verantwortlicher Prüfungspartner ist danach, wer den Bestätigungsvermerk nach § 322 unterzeichnet oder als Wirtschaftsprüfer von einer Wirtschaftsprüfungsgesellschaft als für die Durchführung einer Abschlussprüfung „vorrangig" verantwortlich bestimmt worden ist (§ 43 Abs. 3 S. 3 WPO). Als verantwortlicher Prüfungspartner gilt auf Konzernebene auch, wer als Wirtschaftsprüfer auf der Ebene bedeutender Tochterunternehmen als für die Durchführung von deren Abschlussprüfung vorrangig verantwortlich bestimmt worden ist (§ 43 Abs. 3 S. 4 WPO).[6]

§ 319b Netzwerk

(1) **¹Ein Abschlussprüfer ist von der Abschlussprüfung ausgeschlossen, wenn ein Mitglied seines Netzwerks einen Ausschlussgrund nach § 319 Abs. 2, 3 Satz 1 Nr. 1, 2 oder Nr. 4, Abs. 3 Satz 2 oder Abs. 4 erfüllt, es sei denn, dass das Netzwerkmitglied auf das Ergebnis der Abschlussprüfung keinen Einfluss nehmen kann. ²Er ist ausgeschlossen, wenn ein Mitglied seines Netzwerks einen Ausschlussgrund nach § 319 Abs. 3 Satz 1 Nr. 3 erfüllt. ³Ein Netzwerk liegt vor, wenn Personen bei ihrer Berufsausübung zur Verfolgung gemeinsamer wirtschaftlicher Interessen für eine gewisse Dauer zusammenwirken.**

(2) **Absatz 1 ist auf den Abschlussprüfer des Konzernabschlusses entsprechend anzuwenden.**

Schrifttum: s. auch bei § 319; Ebke, Internationaler Dienstleistungshandel, Unternehmenskooperation und das Problem des „Holding-out", FS Mestmäcker, 1996, S. 863 = (mit Änderungen) WPK-Mitt. 37 (1998), 90; Ebke, Prüfungs- und Beratungsnetzwerke und die Unabhängigkeit des Abschlussprüfers: Versuch einer europarechtskonformen Konturierung § 319b Abs. 1 Satz 3 HGB, ZVglRWiss 121 (2022), 1; Ebke, Risikoeinschätzung und Haftung des Wirtschaftsprüfers und vereidigten Buchprüfers – international, WPK-Mitt. Sonderheft 1996, 17; Eble, Abschlussprüfer, Unabhängigkeit und Netzwerke, 2015; Ege/Kim/Wang, Do Global Audit Firm Networks Apply Consistent Audit Methodologies Across Jurisdictions? Evidence from Financial Reporting Comparability, Acct'ing Rev. 95 (2020), 151; Ernst/Seidler, Der Regierungsentwurf eines Gesetzes zur Modernisierung des Bilanzrechts, ZGR 2008, 631; Ernst/Seidler, Kernpunkte des Referentenentwurfs eines Bilanzrechtsmodernisierungsgesetzes, BB 2007, 2557; Fédération des Experts Comptables Européens, Survey on the Network Firm Definitions Across Europe, Oktober 2008; Fölsing, Unabhängigkeit in Prüfungs- und Beratungsnetzwerken, ZCG 2009, 76; F. Immenga, Kooperation und Haftung von internationalen Dienstleistungsunternehmen, 1998; Keppel, Netzwerkorganisation von Wirtschaftsprüfungsgesellschaften, 1997; Klein/Klaas, Die Entwicklung der neuen Abschlussprüferrichtlinie in den Beratungen von Kommission, Ministerrat und Europäischem Parlament, WPg 2006, 885; Lenz/Schmidt, Das strategische Netzwerk als Organisationsform internationaler Prüfungs- und Beratungsunternehmen – die Entwicklung zur „Global Professional Services Firm", in Engelhard/Sinz, Kooperation im Wettbewerb, 1999, S. 114; Naumann/Feld, Die Transformation der neuen Abschlussprüferrichtlinie – Erwartungen des Berufsstands der Wirtschaftsprüfer an den deutschen Gesetzgeber, WPg 2006, 873; Petersen/Zwirner/Boecker, Ausweitung der Ausschluss-

---

[6]   Zu Einzelheiten Schüppen Anh. § 318 Rn. 45.

gründe für Wirtschaftsprüfer bei Vorliegen eines Netzwerks – Anmerkungen zu § 319b HGB, WPg 2010, 464; Reiter, Ausgewählte Fragen zum Netzwerk bei der Abschlussprüfung, RWZ 2011, 212; Saito/Takeda, Global Audit Firm Networks and Reputation Risk: Evidence from Japan and the U.S., J. Acct'ing, Auditing & Fin. 29 (2014), 203; Schnepel, Änderungen durch das Bilanzrechtsmodernisierungsgesetz – Neue berufliche Rahmendingungen für gesetzliche Abschlussprüfer, NWB 2009, 1088; Steinböck, Die Bestimmungen des Unternehmensgesetzbuchs zur Unabhängigkeit des Abschlussprüfers in der Fassung des GesRÄG 2005 und 2008 unter Berücksichtigung der neuen europarechtlichen Vorgaben durch die Abschlussprüfungs-Richtlinie 2006/43/EG in der Fassung RL 2014/56/EU und durch die Abschlussprüfungs-Verordnung VO (EU) 537/2014, Diss. Wien 2015; WPK, Berufsrechtliche Konsequenzen einer Netzwerkmitgliedschaft im Sinne des § 319b, WPK Magazin 3/2014, 29; WPK, Erfassen von Netzwerken im Berufsregister, WPK Magazin 4/2009, 23; WPK, Erfassung eines Netzwerks aufgrund Verwendung einer gemeinsamen Marke – Möglichkeiten der Widerlegung, WPK Magazin, 4/2010, 44; WPK, Informationen für die Berufspraxis, Netzwerkkriterien, WPK Magazin 1/2013, 22; WPK, Netzkriterien, WPK Magazin 1/2013, 22; Zwirner/Boecker, Netzwerkregelung nach BilMoG als neues Risiko, BB 4/2010, S. VII.

Übersicht

I. Überblick

1. Hintergrund. § 319b wurde durch das BilMoG[1] vom 25.5.2009 (BGBl. 2009 I **1** 1102) in das HGB eingefügt. Die Vorschrift, die – ebenso wie § 319 – nur auf gesetzlich angeordnete Abschlussprüfungen anwendbar ist (→ Rn. 29),[2] sichert die Wirkung einiger der Ausschlussgründe der § 319 innerhalb eines sog. Netzwerks (*network, réseau, rete, red*) ab.[3] Die Umsetzung erfolgt in der Weise, dass bestimmte Ausschlussgründe des § 319, die von einem **Netzwerkpartner** erfüllt werden, dem Abschlussprüfer als Ausschlussgründe zugerechnet werden. Dabei unterscheidet Abs. 1 zwischen widerlegbaren (§ 319 Abs. 2,

---

[1] Zur Entstehung Ernst/Seidler ZGR 2008, 631 (661); Ernst/Seidler BB 2007, 2557; Schnepel NWB 2009, 1088.

[2] HKMS/Mylich/Müller Rn. 31; Merkt/Probst/Fink/Bruckner/Homfeldt S. 1501 Rn. 141.

[3] Fölsing ZCG 2009, 76; monographisch Eble, Abschlussprüfer, Unabhängigkeit und Netzwerke, 2015; Steinböck, Die Bestimmungen des Unternehmensgesetzbuchs zur Unabhängigkeit des Abschlussprüfers, 2015. Die von der WPK regelmäßig zum Jahresende veröffentlichte Marktstrukturanalyse zeigt seit Jahren eine stetig steigende Zahl von Netzwerkgesellschaften (www.wpk.de/marktstrukturanalyse). Die Tendenz zur Vernetzung von Wirtschaftsprüfern hielt auch 2020 an; Ende 2020 waren 864 Wirtschaftsprüferpraxen (2019: 845; 2018: 822) in 458 Netzwerken (2019: 446; 2018: 424) registriert: WPK Magazin 2021, 18. Zu den Zahlen für 2021: WPK, Marktstrukturanalyse 2021: Anbieterstruktur, Mandatsverteilungen, Abschlussprüferhonorare und Umsatzerlöse im Wirtschaftsprüfungsmarkt 2021, WPK Magazin Beilage zu Heft 4/2022, 1.

Abs. 3 S. 1 Nr. 1, 2 oder Nr. 4, Abs. 3 S. 2, Abs. 4) und nicht widerlegbaren (§ 319 Abs. 3 S. 1 Nr. 3) Ausschlussgründen (zur Unterscheidung zwischen widerlegbaren [„allgemeinen"] und unwiderlegbaren [„besonderen"] Ausschlussgründen → § 319 Rn. 4 f.).[4] Nach **Abs. 1 S. 1** ist ein Abschlussprüfer von der Abschlussprüfung ausgeschlossen, wenn ein Mitglied seines Netzwerkes iSv Abs. 1 S. 3 einen Ausschlussgrund nach § 319 Abs. 2, Abs. 3 S. 1 Nr. 1, 2 oder 4, Abs. 3 S. 2 oder Abs. 4 erfüllt, es sei denn, dass das Netzwerkmitglied auf das Ergebnis der Prüfung keinen Einfluss nehmen kann. Ein Abschlussprüfer ist nach **Abs. 1 S. 2** von der Abschlussprüfung ferner ausgeschlossen, wenn ein Mitglied seines Netzwerks einen Ausschlussgrund nach § 319 Abs. 3 S. 1 Nr. 3 erfüllt, ohne dass in diesen Fällen eine Entlastungsmöglichkeit des Abschlussprüfers besteht. Abs. 1 ist auf den Abschlussprüfer des Konzernabschlusses entsprechend anzuwenden (Abs. 2).

2   § 319b dient der Umsetzung von Art. 22 Abs. 2 **Abschlussprüfer-RL.**[5] Danach haben die Mitgliedstaaten sicherzustellen, dass „Abschlussprüfer oder Prüfungsgesellschaften von der Durchführung einer Abschlussprüfung absehen, wenn zwischen ihnen oder ihrem Netzwerk und dem geprüften Unternehmen unmittelbar oder mittelbar eine finanzielle oder geschäftliche Beziehung, ein Beschäftigungsverhältnis oder eine sonstige Verbindung – wozu auch die Erbringung zusätzlicher Leistungen, die keine Prüfungsleistungen sind, zählt – besteht, aus der ein objektiver, verständiger und informierter Dritter den Schluss ziehen würde, dass ihre Unabhängigkeit gefährdet ist". Die Vorschrift trägt der Tatsache Rechnung, dass sich Wirtschaftsprüfer und Wirtschaftsprüfungsgesellschaften seit Anfang der 80er Jahre des vergangenen Jahrhunderts national, vor allem aber international, auf vielfältige Weise und in unterschiedlichen Formen zusammengeschlossen haben, um Prüfungs- und Beratungsmandate nach (weltweit) einheitlichen Standards[6] in zeitlicher und räumlicher Nähe zu dem Mandanten mit fachlich hoch qualifiziertem Personal und zu annehmbaren Kosten betreuen zu können (*economies of scale*, regionale bzw. globale Präsenz).[7] § 319b gilt sowohl für **nationale** als auch für **internationale Netzwerke.**[8] Die Vorschrift bezieht sich sowohl auf die Prüfung von Jahresabschlüssen als auch auf die Konzernabschlussprüfung (Abs. 2).

3   **2. Abgrenzung zu der Sozietätsklausel und zu verbundenen Unternehmen.**
Eine ausdrückliche Abgrenzung zu der Sozietätsklausel in § 319 Abs. 3 S. 1 (→ § 319 Rn. 48 f.), enthält weder § 319 noch § 319b. Der Sache nach geht es dem Gesetzgeber darum, mit § 319b Formen des Zusammenwirkens von Wirtschaftsprüfern und Wirtschaftsprüfungsgesellschaften bei ihrer Berufsausübung zu erfassen, die nicht bereits von den Sozietätsklauseln der § 319 Abs. 3 S. 1, erfasst werden.[9] In der Literatur wird, da § 319 Abs. 3 S. 1 das Eingreifen der Sozietätsklausel von besonderen Voraussetzungen vor allem hinsichtlich der gemeinsamen Berufsausübung mit ausländischen Partnern abhängig machen, zutreffend davon ausgegangen, dass § 319 Abs. 3 S. 1 *lex specialis* im Verhältnis zu § 319b ist.[10] Das bedeutet, dass bei Vorliegen einer gemeinsamen Berufsausübung iSv § 319 Abs. 3 S. 1 die Netzwerkregelungen des § 319b nicht mehr zu prüfen sind.[11] Umgekehrt ist zu prüfen, ob ein Mitglied des Netzwerks des Abschlussprüfers seinerseits die Sozietätsklausel erfüllt, ob also eine Person, mit der der Abschlussprüfer seinen Beruf gemeinsam ausübt, einen der

---

4   HKMS/Mylich/Müller Rn. 2 und 15; BeBiKo/Justenhoven/Nagel Rn. 1.
5   HKMS/Mylich/Müller Rn. 1; Steinböck, Die Bestimmungen des Unternehmensgesetzbuchs zur Unabhängigkeit des Abschlussprüfers, 2015, S. 155.
6   Ege/Kim/Wang Acct'ing Rev. 95 (2020), 151; s. ferner Saito/Takeda J. Acct'ing, Auditing & Fin. 29 (2014), 203; Ebke WPK-Mitt. Sonderheft 35 (1996), 17.
7   Ebke FS Mestmäcker, 1996, 863 = (mit Änderungen) WPK-Mitt. 37 (1998), 90; Lenz/Schmidt in Engelhard/Sinz, Kooperation im Wettbewerb, 1999, S. 114; Eble, Abschlussprüfer, Unabhängigkeit und Netzwerke, 2015, S. 8 ff. F. Immenga, Kooperation und Haftung von internationalen Dienstleistungsunternehmen, 1998; Keppel, Netzwerkorganisation von Wirtschaftsprüfungsgesellschaften, 1997.
8   HKMS/Mylich/Müller Rn. 3.
9   Staub/Habersack/Schürnbrand Rn. 6; Steinböck, Die Bestimmungen des Unternehmensgesetzbuchs zur Unabhängigkeit des Abschlussprüfers, 2015, S. 160; Eble, Abschlussprüfer, Unabhängigkeit und Netzwerke, 2015, S. 231 ff.
10   HKMS/Mylich/Müller Rn. 4; BeBiKo/Justenhoven/Nagel Rn. 4.
11   BeBiKo/Justenhoven/Nagel Rn. 4.

Ausschlussgründe erfüllt, auf die Abs. 1 S. 1 oder 2 verweist.[12] Vorrangig zu prüfen bleiben auch andere **speziellere Zurechnungstatbestände,** sofern sie einschlägig sind (zB § 319 Abs. 4 S. 1 – „verbundene Unternehmen"; vgl. Art. 2 Nr. 8 Abschlussprüfer-RL).[13]

3. Abschlussprüfungs-VO. Die Abschlussprüfungs-VO enthält weitere die Unabhän- **4** gigkeit des Abschlussprüfers sichernde Vorschriften, die im Netzwerk zu beachten sind (s. Erwägungsgründe 8 und 34 Abschlussprüfungs-VO). Während der Anwendungsbereich von § 319b sich grundsätzlich auf die Erbringung von Nichtprüfungsleistungen der Netzwerkmitglieder bei dem zu prüfenden Unternehmen beschränkt und Anteilsbesitz oder Organstellung bei verbundenen Unternehmen nur in den Fällen des § 319 Abs. 3 S. 1 Nr. 1 und 2 einbezieht, ist der **Anwendungsbereich** des **Art. 5 Abschlussprüfungs-VO** wesentlich weiter.

a) EU-ansässige Unternehmen. So bestimmt Art. 5 Abs. 1 Abschlussprüfungs-VO, **5** dass bei der Prüfung eines in der EU ansässigen Unternehmens von öffentlichem Interesse (PIE) durch ein Mitglied des Netzwerks neben dem Abschlussprüfer des PIE auch die übrigen Netzwerkmitglieder das Verbot der Erbringung bestimmter Nichtprüfungsleistungen (Art. 5 Abs. 1 UAbs. 2 lit. a–k Abschlussprüfungs-VO) bei Unternehmen einhalten müssen, die **in der EU ansässig** sind und zu dem geprüften PIE in einem Kontrollverhältnis stehen.[14] Diese Erweiterung ist gerade für Netzwerkmitglieder von besonderer Bedeutung, zB bei der konzernweiten Abschlussprüfung durch ein Abschlussprüfernetzwerk; damit werden zumindest innerhalb der EU insoweit dieselben Unabhängigkeitsstandards sichergestellt.[15]

b) Unternehmen mit Sitz in einem Drittstaat. Bei Mitgliedern des Netzwerks, **6** die Nichtprüfungsleistungen für ein von dem geprüften PIE beherrschtes Unternehmen erbringen, das seinen Sitz in einem Drittland (also in einem Nicht-EU/EWR-Staat) hat, bestimmt Art. 5 Abs. 5 UAbs. 3 lit. a Abschlussprüfungs-VO, dass die **unwiderlegbare Vermutung** der Besorgnis der Befangenheit besteht, wenn der Abschlussprüfer Nichtprüfungsleistungen erbringt, mit denen eine Teilnahme an der Führung oder an **Entscheidungen** des geprüften Unternehmens verbunden ist (Art. 5 Abs. 1 UAbs. 2 lit. b Abschlussprüfungs-VO), wenn er die **Buchhaltung** des geprüften Unternehmens übernimmt oder Unterlagen der Rechnungslegung und Jahresabschlüsse des geprüften Unternehmens erstellt (Art. 5 Abs. 1 UAbs. 2 lit. c Abschlussprüfungs-VO) oder er interne Kontroll- oder **Risikomanagementverfahren** gestaltet *und* umsetzt, die bei der Erstellung und/oder Kontrolle von Finanzinformationen oder Finanzinformationstechnologiesystemen zum Einsatz kommen (Art. 5 Abs. 1 UAbs. 2 lit. e Abschlussprüfungs-VO).[16] Die Erbringung einer der vorgenannten Nichtprüfungsleistungen an Unternehmen in Drittstaaten stellt auch für Netzwerkmitglieder einen besonderen Ausschlussgrund dar.[17] Bei Erbringung einer der in Art. 5 Abs. 1 UAbs. 2 Abschlussprüfungs-VO darüber hinaus genannten verbotenen Nichtprüfungsleistungen mit Drittlandsbezug – namentlich **Steuerberatungsleistungen** (lit. a), Lohn- und Gehaltsabrechnungen (lit. d), Bewertungsleistungen (lit. f), **juristische Leistungen** (lit. g), **interne Revision** (lit. h), Leistungen betreffend Finanzierung, Kapitalstruktur und Kapitalausstattung sowie Anlagestrategie (lit. i), Werbung für, Handel mit oder Zeichnung von Aktien (lit. j) oder **Personaldienstleistungen** (lit. k) – hat der Abschlussprüfer der PIE zu prüfen, inwieweit er durch diese Leistungen in seiner Unabhängigkeit beeinträchtigt wird und ob ggf. mit Hilfe von Schutzmaßnahmen (*safe guards*) Gefährdungen seiner Unabhängigkeit ausgeschlossen oder auf ein angemessenes Maß vermindert werden können (Art. 5 Abs. 5 UAbs. 3 lit. b Abschlussprüfungs-VO).[18]

---

12   HLMS/MyLich/Müller Rn. 4.
13   Gelhausen/Precht WPK Magazin 1/2010, S. 29 (31).
14   BeBiKo/Justenhoven/Nagel Rn. 5; HKMS/Mylich/Müller Rn. 17.
15   HKMS/Mylich/Müller Rn. 17.
16   BeBiKo/Justenhoven/Nagel Rn. 5; Steinböck, Die Bestimmungen des Unternehmensgesetzbuchs zur Unabhängigkeit des Abschlussprüfers, 2015, S. 151, 152.
17   HKMS/Mylich/Müller Rn. 18; BeBiKo/Justenhoven/Nagel Rn. 5.
18   HKMS/Mylich/Müller Rn. 18; BeBiKo/Justenhoven/Nagel Rn. 5; Steinböck, Die Bestimmungen des Unternehmensgesetzbuchs zur Unabhängigkeit des Abschlussprüfers, 2015, S. 37.

II. Begriff des Netzwerks (Abs. 1 S. 3)

7   **1. Abschlussprüfer-RL.** Art. 2 Nr. 7 Abschlussprüfer-RL enthält eine sehr weite Definition des Begriffs des Netzwerks.[19] Danach ist Netzwerk eine „breitere Struktur, die auf Kooperation ausgerichtet ist und der ein Abschlussprüfer oder eine Prüfungsgesellschaft angehört und die eindeutig auf Gewinn- oder Kostenteilung abzielt oder durch gemeinsames Eigentum, gemeinsame Kontrolle oder gemeinsame Geschäftsführung, gemeinsame Qualitätssicherungsmaßnahmen oder -verfahren, eine gemeinsame Geschäftsstrategie, die Verwendung einer gemeinsamen Marke oder durch einen wesentlichen Teil gemeinsamer fachlicher Ressourcen miteinander verbunden ist".[20] Der deutsche Gesetzgeber hat in Abs. 1 S. 3 einen allgemeinen Begriff des Netzwerkes zugrunde gelegt.[21] Danach liegt ein Netzwerk vor, „wenn Personen bei ihrer Berufsausübung zur Verfolgung gemeinsamer wirtschaftlicher Interessen für eine gewisse Dauer zusammenwirken". Die Definition des Begriffs „Netzwerk" in § 319b Abs. 1 S. 3 ist offensichtlich **keine wörtliche Umsetzung des Richtlinientextes;** sie „komprimiert" die Definition der Abschlussprüferrichtline.[22] Gleichwohl ist die Bundesregierung der Ansicht, dass der Gesetzestext von den Richtlinienvorgaben inhaltlich nicht abweicht. In der Gesetzesbegründung zu § 319b HGB heißt es: „die einzelnen Kriterien [des Art. 2 Nr. 7 Abschlussprüfer-RL werden] nicht wörtlich in das deutsche Recht übernommen, sondern eine allgemeine Formulierung gewählt, die die Kriterien zusammenfasst, ohne deren Gehalt abzuändern".[23]

8   **2. Umsetzung.** Die konkrete Umsetzung der Netzwerkdefinition des Art. 2 Nr. 7 Abschlussprüfer-RL in Abs. 1 S. 3 ist problematisch.[24] Klar ist: Die Abschlussprüfer-RL ist für jeden Mitgliedstaat, an den sie gerichtet ist (also auch Deutschland), hinsichtlich des zu erreichenden Ziels verbindlich; sie überlässt den innerstaatlichen Stellen lediglich die Wahl der Form und der Mittel (vgl. Art. 288 Abs. 3 AEUV). Bei der Auslegung und Anwendung von Abs. 1 S. 3 ist deshalb die Definition in Art. 2 Nr. 7 Abschlussprüfer-RL maßgebend zu berücksichtigen, um eine **richtlinienkonforme Auslegung** und Anwendung der Netzwerkdefinition nach Abs. 1 S. 3 zu erreichen.[25] In etwaigen Zweifelsfällen bezüglich der Auslegung des Art. 2 Nr. 7 Abschlussprüfer-RL kann uU ein Vergleich der verschiedenen Sprachfassungen von Art. 2 Nr. 7 Abschlussprüfer-RL erhel-

---

[19]   Naumann/Feld WPg 2006, 873 (881) („diverse unbestimmte Rechtsbegriffe, die sich im Rahmen der Implementierung in nationales Recht als auslegungsbedürftig erweisen werden"). Zur Entwicklung des Netzwerkbegriffs: Klein/Klaas WPg 2006, 885 (886). Zu Einzelheiten des Netzwerkbegriffs monographisch Eble, Abschlussprüfer, Unabhängigkeit und Netzwerke, 2015, S. 58 ff.

[20]   Der Code of Ethics for Professional Accountants des International Ethics Standards Board for Accountants (IESBA) enthält eine nahezu gleichlautende Definition. Er definiert Unternehmen als Netzwerkunternehmen (network firms) „if the firms belong to a larger structure that is aimed at cooperation and is clearly aimed at profit or cost sharing, or shares common ownership, control or management, common quality control policies and procedures, common business strategy, the use of a common brand-name or a significant part of professional resources". Vgl. Eble ZVglRWiss 121 (2022), 1 (13 Fn. 56).

[21]   Graumann Prüfungswesen S. 159 („weitaus allgemeiner"). Der österreichische Gesetzgeber hat den Begriff des Netzwerks in § 319b Abs. 1 S. 3 übernommen: § 271b Abs. 1 UGB; dazu Steinböck, Die Bestimmungen des Unternehmensgesetzbuchs zur Unabhängigkeit des Abschlussprüfers, 2015, S. 56; Eble, Abschlussprüfer, Unabhängigkeit und Netzwerke, 2015, S. 229 ff.

[22]   Ernst/Seidler ZGR 2008, 631 (661).

[23]   BT-Drs. 16/10067, 90. Im gleichen Sinne äußerte sich der österreichische Gesetzgeber: vgl. ErläutRV 467 BlgNR 23. GP 25.

[24]   So auch Hopt/Merkt Rn. 5; Steinböck, Die Bestimmungen des Unternehmensgesetzbuchs zur Unabhängigkeit des Abschlussprüfers, 2015, S. 156 („große Herausforderung für die Beurteilung von konkreten Konstellationen").

[25]   Hopt/Merkt Rn. 5 („Praktisch kommt der Rechtsanwender also ohne den Wortlaut von Abs. 2 Nr. 7 nicht aus, sodass eine wörtliche Übernahme in den deutschen Gesetzestext zwar weniger elegant, aber bei weitem sicherer gewesen wäre"); zust. Eble, Abschlussprüfer, Unabhängigkeit und Netzwerke, 2015, S. 228 („stetiges Hin und Her"); s. ferner Schüppen Rn. 3; aA Graumann Prüfungswesen S. 159, der Ansicht ist, die Definition der Abschlussprüfer-RL „könne" [sic] „unzweifelhaft als konkretisierende Auslegung [sic] herausgezogen werden".

lend sein.[26] Denn eine einzelne Sprachfassung kann „nicht als alleinige Grundlage für die Auslegung dieser Bestimmung herangezogen werden oder insoweit Vorrang vor den anderen sprachlichen Fassungen beanspruchen."[27] Die Bestimmungen des Unionsrechts „müssen nämlich – im Licht der Fassungen in allen Sprachen der Europäischen Union – einheitlich ausgelegt und angewandt werden".[28] Weichen die verschiedenen Sprachfassungen eines Textes des Unionsrechts voneinander ab, muss die fragliche Vorschrift nach der Rechtsprechung des EuGH „nach der allgemeinen Systematik und dem Zweck der Regelung ausgelegt werden, zu der sie gehört.[29] Das Normenverständnis der übrigen Mitgliedstaaten der EU kann ebenfalls ein „Hilfsmittel der Auslegung" und damit Erkenntnisquelle sein,[30] auch wenn die deutschen Gerichte an die Auslegung der Gerichte anderer Mitgliedstaaten nicht gebunden sind.[31]

3. Auslegung. Der Wortlaut von Abs. 1 S. 3 macht das Vorliegen eines Netzwerks **9** von der Art des Zusammenwirkens der Netzwerkmitglieder abhängig.[32] Das Abstellen auf ein **Zusammenwirken** auf Dauer („Kooperation") entspricht Art. 2 Nr. 7 Abschlussprüfer-RL, der in seinem Spiegelstrich 1 von einer „breiteren Struktur" (*„larger structure"*, *„la structure plus vaste"*, *„la struttura più ampia"*, *„la structura más amplia"*) spricht, „die auf Kooperation ausgerichtet ist und der ein Abschlussprüfer oder eine Prüfungsgesellschaft angehört".[33] **Kumulativ** („und", *„and"*, *„et"*, *„e"*, *„y"*) zu berücksichtigen ist allerdings der Katalog der Netzwerkkriterien des Spiegelstrichs 2. Fraglich ist, ob die in Spiegelstrich 2 aufgeführten Kriterien („… die eindeutig auf Gewinn- oder Kostenteilung abzielt oder durch gemeinsames Eigentum, gemeinsame Kontrolle oder gemeinsame Geschäftsführung, gemeinsame Qualitätssicherungsmaßnahmen oder -verfahren, eine gemeinsame Geschäftsstrategie, die Verwendung einer gemeinsamen Marke oder durch einen wesentlichen Teil gemeinsamer fachlicher Ressourcen miteinander verbunden ist") **alternativ** gelten, ob der Netzwerkbegriff also bei Vorliegen eines einzigen Kriteriums erfüllt ist oder ob – wie es in Erwägungsgrund 11 Abschlussprüfer-RL heißt – die „Kriterien, die belegen, ob es sich um ein Netzwerk handelt, …. auf der Grundlage aller zur Verfügung stehenden tatsächlichen Umstände beurteilt und bewertet werden" sollten.[34]

---

26 Ebenso Eble, Abschlussprüfer, Unabhängigkeit und Netzwerke, 2015, S. 59–61.

27 EuGH Urt. v. 27.3.1990 – Rs. C-372/88, ECLI:EU:C:1990:140 Rn. 18 – Cricket St. Thomas Estate; stRspr: zB EuGH Urt. v. 19.9.2013 – Rs. C-140/12, ECLI:EU:C:2013:565 Rn. 74 – Peter Brey; EuGH Urt. v. 22.9.2016 – Rs. C-113/15, ECLI:EU:C:2016:718 Rn. 58 – Breitsamer und Ulrich GmbH & Co. KG.

28 EuGH Urt. v. 24.3.2021 – Rs. C-950/19, ECLI:EU:C:2021:230 Rn. 37 – Patentti- ja rekisterihallituksen tilintarkastuslautakunta (betr. Art. 22a Abs. 1 lit. a Abschlussprüfer-RL); EuGH Urt. v. 8.10.2020 – Rs. C-476/19, ECLI:EU:C:2020:802 Rn. 31 – Combinova; EuGH Urt. v. 29.4.2015 – Rs. C-528/13, ECLI:EU:C:2015:288 Rn. 35 – Geoffrey Léger.

29 EuGH Urt. v. 25.3.2010 – Rs. C-451/08, ECLI:EU:C:2010:168 Rn. 38 – Helmut Müller; Urt. v. 24.3.2021 – Rs. C-950/19, ECLI:EU:C:2021:230 Rn. 38 – Patentti- ja rekisterihallituksen tilintarkastuslautakunta (betr. Art. 22a Abs. 1 lit. a Abschlussprüfer-RL); Urt. v. 29.4.2015 – Rs. C-528/13, ECLI:EU:C:2015:288 Rn. 35 – Geoffrey Léger.

30 Dazu ausf. Eble, Abschlussprüfer, Unabhängigkeit und Netzwerke, 2015, S. 101 ff. (untersucht wird die Umsetzung in den Niederlanden, Frankreich, Belgien, Luxemburg, Großbritannien, Irland, Spanien, Portugal und Italien).

31 In der Praxis der deutschen Gerichte ist § 319b Abs. 1 S. 3 bislang nur selten zum Tragen gekommen. S. die Nachweise bei Ebke ZVglRWiss 121 (2022), 1 (31 Fn. 163). Daraus lässt sich schließen, dass die Vorschrift in der Praxis seltener Probleme aufwirft, als es der Wortlaut des § 319b Abs. 1 S. 3 vermuten lässt, und dass Wirtschaftsprüfer bzw. Wirtschaftsprüfungsgesellschaften im Einklang mit dem Ziel der Norm und im Lichte der unionsrechtlichen Vorgaben, die Unabhängigkeit des gesetzlichen Abschlussprüfers auch und gerade im Rahmen von Prüfungs- und Beratungsnetzwerken zu sichern, die Unabhängigkeit gefährdende Sachverhalte zu vermeiden versuchen.

32 Petersen/Zwirner/Boecker WPg 2010, 464 (465); zur Begründung Ernst/Seidler ZGR 2008, 631 (661).

33 BT-Drs. 16/10067, 90; Ernst/Seidler ZGR 2008, 631 (661). Die WPK weist zutreffend darauf hin, dass auf „Kooperation ausgerichtet … die Zusammenarbeit nicht erst [ist], wenn einzelne der nachfolgenden Netzwerkmerkmale erreicht sind, sondern bereits, wenn die Absicht besteht, sie zu erreichen": WPK-Praxishinweis „Mitgliedschaft in einem Netzwerk" (Stand: 30.3.2021) (abrufbar unter https://www.wpk.de/praxishinweis/netzwerk/).

34 Vgl. HKMS/Mylich/Müller Rn. 8.

10   **a) Amtliche Begründung.** In der Begr. RegE BilMoG liest man: „Gemeinsame wirtschaftliche Interessen" iSv Abs. 1 S. 3 seien „zu bejahen, wenn die Netzwerkmitglieder mit ihrem Zusammenwirken *eines* der in Artikel 2 Nr. 7 der Abschlussprüfer-RL genannten Kriterien verfolgen".[35] Bei Gewinn- und Kostenteilung sei „regelmäßig" von der Verfolgung gemeinsamer wirtschaftlicher Interessen ausgehen.[36] Das Gleiche gelte bei gemeinsamem Eigentum, gemeinsamer Kontrolle oder gemeinsamer Geschäftsführung oder einer gemeinsamen Geschäftsstrategie sowie bei gemeinsamen Qualitätssicherungsmaßnahmen und -verfahren oder bei gemeinsamer Nutzung fachlicher Ressourcen.[37] Das Verfolgen gemeinsamer wirtschaftlicher Interessen sei bei Verwendung einer gemeinsamen Marke ebenfalls anzunehmen.[38] Ob im Einzelfall **weitere Umstände** zu berücksichtigen sind oder sein können, lässt sich aus der amtlichen Begründung nicht entnehmen.

11   **b) Berufssatzung WP/vBP.** Die Ausführungen in der amtlichen Begründung prägen die Berufssatzung für Wirtschaftsprüfer und vereidigte Buchprüfer idF v. 3.6.2022.[39] In der „Begründung zu den einzelnen Vorschriften" der BS WP/vBP finden sich in den **Erläuterungen** insbesondere zu § 29 Abs. 4 S. 1 Nr. 2 BS WP/vBP Ausführungen zu dem Verständnis des Begriffs „Netzwerk". Dort heißt es: „Auf die rechtliche Ausgestaltung des Netzwerks und die nationale Zugehörigkeit der Netzwerkmitglieder kommt es nicht an. Insbesondere ist eine (gesellschaftsrechtliche) Beteiligung nicht erforderlich. Erfüllen solche Beteiligungen jedoch die Netzwerkkriterien, etwa durch gemeinsame Qualitätssicherungsmaßnahmen und -verfahren, sind sie (auch) als Netzwerk zu qualifizieren".[40] Die Worte „etwa durch gemeinsame Qualitätssicherungsmaßnahmen und -verfahren" könnte darauf hindeuten, dass beispielsweise das Merkmal **„gemeinsame Qualitätssicherungsmaßnahmen und -verfahren"** in Art. 2 Nr. 7 Abschlussprüfer-RL für sich allein ausreicht, um das Bestehen eines Netzwerks im Sinne einer auf eine gewisse Dauer angelegten Zusammenwirkens zur Verfolgung gemeinsamer wirtschaftlicher Interessen (Abs. 1 S. 3) zu bejahen. An anderer Stelle der Erläuterungen heißt es dann aber: „Nach der Regierungsbegründung zu § 319b HGB ist von einer Verfolgung gemeinsamer wirtschaftlicher Interessen regelmäßig dann auszugehen, wenn die Netzwerkmitglieder bei ihrer Zusammenarbeit *die Netzwerkkriterien* erfüllen, die in Art. 2 Nr. 7 8. EU-RL genannt sind" (Hervorhebung des *Verf.*). Die Formulierung „bei ihrer Zusammenarbeit *die Netzwerkkriterien* erfüllen" statt „bei Ihrer Zusammenarbeit *eines der* Netzwerkkriterien erfüllen" könnte darauf hindeuten, dass nach Ansicht der Verfasser der Erläuterungen zu § 29 Abs. 4 S. 1 Nr. 2 BS WP/vBP entgegen den Ausführungen der WPK zu dem „Erfassen von Netzwerken im Berufsregister"[41] die „Feststellung nur eines der genannten Merkmale" nicht genügt, „um das Bestehen eines Netzwerkes zu bejahen".

12   **Zweifel** an der Richtigkeit dieser Annahme ergeben sich jedoch aus den anschließenden Erläuterungen zu § 29 Abs. 4 S. 1 Nr. 2 BS WP/vBP, wo es heißt: „Strukturen, in denen bestimmte Aufträge durch eine gemeinsame Berufsgesellschaft übernommen werden, diese dann aber von den die Anteile haltenden WP/vBP oder Berufsgesellschaften selbst bearbeitet werden, führen zwar nicht zu einer Gewinn- oder Kostenteilung; gehen sie

---

[35]   BT-Drs. 16/10067, 90 (Hervorhebung des Verf.).
[36]   BT-Drs. 16/10067, 90.
[37]   BT-Drs. 16/10067, 90.
[38]   BT-Drs. 16/10067, 90.
[39]   Die WPK ist gemäß § 38 Nr. 2c WPO verpflichtet, die Mitgliedschaft von Wirtschaftsprüfungsgesellschaften und Buchprüfungsgesellschaften in Netzwerken im Berufsregister einzutragen. Zu Einzelheiten Hense/Ulrich/Uhlmann WPO § 38 Rn. 15 ff. Die WPK hat einen Fragebogen entwickelt, anhand dessen Berufsgesellschaften eine Einschätzung vornehmen können, ob sie einem gemäß § 38 Nr. 2c WPO eintragungspflichtigen Netzwerk angehören: WPK WPK Magazin 1/2013, 22–23. Die Beantwortung einer der Fragen mit „Ja" führt nach Ansicht der WPK in der Regel zur Feststellung eines Netzwerkes. S. dazu Eble, Abschlussprüfer, Unabhängigkeit und Netzwerke, 2015, S. 23, 24.
[40]   Zust. HKMS/Müller Rn. 8.
[41]   Ohne Verf. WPK Magazin 4/2009, 23 (2. Sp.) („Es genügt die Feststellung nur eines der genannten Merkmale, um das Bestehen eines Netzwerks zu bejahen"); ebenso WPK WPK Magazin 1/2013, 22; und wohl auch Graumann Prüfungswesen S. 160 (unter Hinweis auf den WPK-Fragenbogen).

mit gemeinsamen Qualitätssicherungsmaßnahmen und -verfahren oder der Nutzung einer gemeinsamen Marke einher, werden sie den Netzwerkbegriff aber regelmäßig erfüllen". Der Hinweis, dass **entweder** gemeinsame Qualitätssicherungsmaßnahmen und -verfahren **oder** die Nutzung einer gemeinsamen Marke ausreichen soll, um den Netzwerkbegriff zu erfüllen, deutet darauf hin, dass es nach Ansicht der Verfasser genügt, dass die Netzwerkkriterien des 2. Spiegelstrichs von Art. 2 Nr. 7 Abschlussprüfer-RL alternativ vorliegen. Die Verwendung des Wortes „regelmäßig" relativiert die Aussage jedoch. Bestärkt wird die Annahme, dass Alternativität regelmäßig genüge, durch die Ausführungen von *Gelhausen* und *Precht*: „Bei einer ‚Dach-WPG', die die Aufträge übernimmt, die Auftragsbearbeitung selbst aber durch die Anteile haltenden Berufsangehörigen oder Berufsgesellschaften erfolgt, *kann* trotz fehlender Gewinn- oder Kostenteilung ein Netzwerk vorliegen, wenn beispielsweise gemeinsame Qualitätssicherungsmaßnahmen bestehen *oder* die Nutzung einer gemeinsamen Marke gegeben" ist (Hervorhebung des Verf.).[42] Im weiteren Verlauf der Erläuterungen der WPK zu § 29 Abs. 4 S. 1 Nr. 2 BS WP/vBP findet sich dann aber der Hinweis, dass das Auftreten am Markt unter Verwendung einer gemeinsamen Bezeichnung jedenfalls dann *kein* „Netzwerk" darstellt, wenn „klar herausgestellt wird, dass sich die Kooperation nicht auf ein Zusammenwirken in Bezug auf *die übrigen* [nicht: *eines der übrigen*] Netzwerkkriterien bezieht". „Entscheidend" sei „immer der **Gesamteindruck im geschäftlichen Verkehr**".

c) Literatur. In der Literatur ist eine klare Linie nach wie vor nicht erkennbar.[43] **13** *Petersen/Zwirner/Boecker* scheinen der Ansicht in Erwägungsgrund 11 Abschlussprüfer-RL zuzuneigen, wenn sie in ihrer Analyse des § 319b Abs. 1 S. 3 zusammenfassend die „wichtigsten Netzwerkmerkmale" identifizieren, „bei deren Vorliegen in der Regel von einem Netzwerk iSd § 319b HGB auszugehen ist".[44] Klarer formuliert *Schüppen*: Ob ein Netzwerk vorliegt, lasse sich letztlich nur „im Rahmen einer **Gesamtwürdigung** anhand sämtlicher Umstände im Einzelfall beurteilen"; die „Erfüllung eines einzelnen der in Art. 2 Nr. 7 Abschlussprüfer-RL genannten Merkmale" reiche nicht aus.[45] *Mylich* und *Müller* halten ebenfalls eine „Gesamtwürdigung des Verhaltens der betreffenden Gruppierung" für erforderlich;[46] „Vereinigungen", welche „ausschließlich zur Qualitätsverbesserung oder -überwachung" bestehen, seien von der Netzwerkdefinition nicht erfasst.[47] Dagegen gehen *Gelhausen* und *Precht* in ihrem Aufsatz über die Siebte Änderung der Berufssatzung vom 6.11.2009,[48] in deren Folge der **Zurechnungstatbestand** des § 319b in die Berufssatzung eingeflossen ist, davon aus, dass die Erfüllung eines einzigen Merkmals im Grundsatz genügt, um das Bestehen eines Netzwerks zu bejahen.[49] *Klein* und *Klaas* stimmen dieser Ansicht vor dem Hintergrund der historischen Entwicklung des Art. 2 Abschlussprüfer-RL zu, betonen aber: „Sachgerecht und unter dem Gesichtspunkt der **Einengung des Netzwerkbegriffs** praktikabel wäre eine klare Regelung in der Richtlinie selbst gewesen, die .... eine **kumulative Erfüllung** der o.g. Kriterien vorsieht".[50] *Michel* schließt sich der Ansicht von *Klein* und *Klaas* an.[51] *Merkt* vertritt die Auffassung, dass die Verfolgung gemeinsamer wirtschaftlicher Interessen vorliegt, wenn „die Netzwerkmitglieder mit ihrem Zusammenwirken **eines** der in Art 2 Nr. 7 Abschlussprüfer-RL genannten Kriterien ... verfolgen".[52]

---

[42]   Gelhausen/Precht WPK Magazin 1/2010, 29 (31). Zu Einzelheiten solcher „Dach-WPG" (world firms): Ebke FS Mestmäcker, 1996, 863 (865) = (mit Änderungen) WPK-Mitt. 1998, 90 (92–94) mwN.

[43]   S. dazu näher Eble, Abschlussprüfer, Unabhängigkeit und Netzwerke, 2015, S. 49 ff. (auch zur Sicht der österreichischen Literatur: 56–58).

[44]   Petersen/Zwirner/Boecker WPg 2010, 465 (466).

[45]   Schüppen Rn. 6.

[46]   HKMS/Mylich/Müller Rn. 8 und 13 („Gesamtbetrachtung").

[47]   HKMS/Mylich/Müller Rn. 13.

[48]   BAnz S. 4021; in Kraft getreten am 12.2.2010, BAnz S. 453.

[49]   Gelhausen/Precht WPK Magazin 1/2010, 29 (31) („... liegt zumindest [auch] ein Netzwerk vor, wenn zumindest ein Netzwerkkriterium erfüllt ist").

[50]   Klein/Klaas WPg 2006, 885 (886).

[51]   Michel, Die Unabhängigkeit des Abschlussprüfers, 2014, S. 103.

[52]   Hopt/Merkt Rn. 7.

Nach Ansicht von Meister ist „ein Netzwerk – **unabhängig von dem Vorliegen weiterer Tatbestandsmerkmale** – anzunehmen, wenn im Geschäftsverkehr werbend die Begriffe „Netzwerk" oder „network" verwendet werden, da ein objektiver, verständiger und informierter Dritter in diesem Fall von dem Vorliegen eines Netzwerks iSv § 319b Abs. 1 S. 3 ausgehen müsse".[53] Eble kommt in seiner rechtsvergleichenden Untersuchung zu dem Schluss, dem „Wortlaut des Art. 2 Nr. 7 Abschlussprüfer-RL und den teleologischen Erwägungen" werde man „am besten gerecht, wenn von einem alternativen Verständnis der Aufzählung im zweiten Spiegelstrich ausgehend eine restriktive Interpretation der Kriterien erfolge.[54] Eine Lösung der schwierigen Auslegungsfrage ist mit Hilfe der anerkannten **Auslegungsregeln** zu entwickeln.

14   **d) Wortlaut.** Dass Spiegelstrich 1 und Spiegelstrich 2 des Art. 2 Nr. 7 Abschlussprüfer-RL nicht in einem Verhältnis der Alternativität zueinander stehen, sondern dass zusätzlich **(kumulativ)** zu Spiegelstrich 1 der Kriterienkatalog des Spiegelstrich 2 zu berücksichtigen ist, ergibt sich eindeutig aus dem Wort „und" („*and*", „*et*", „*e*", „*y*") am Ende des ersten Spiegelstrichs.[55] Der Wortlaut des Spiegelstrichs 2 („oder", „*or*", „*ou*", „*o*") scheint darauf hinzudeuten, dass die Kriterien „die eindeutig auf Gewinn- oder Kostenteilung abzielt", „durch gemeinsames Eigentum", „gemeinsame Kontrolle" oder „gemeinsame Geschäftsführung", „gemeinsame Qualitätssicherungsmaßnahmen oder -verfahren", „eine gemeinsame Geschäftsstrategie", „die Verwendung einer gemeinsamen Marke" oder „durch einen wesentlichen Teil gemeinsamer fachlicher Ressourcen miteinander verbunden ist" in einem **Verhältnis der Alternativität** zueinander stehen.[56] Da hinter dem Wort „abzielt" in Spiegelstrich 2 in der deutschen, englischen, französischen, italienischen und spanischen Fassung kein Komma steht, lässt der Wortlaut allerdings auch die Auslegung zu, dass das „eindeutige Abzielen" entweder auf Gewinnteilung *oder* auf Kostenteilung" (Kriteriengruppe 1)[57] jeweils für sich allein ausreicht, um eine auf Kooperation abzielende „breitere Struktur" iSv Spiegelstrich 1 (in der Sprache von Abs. 1 S. 3: „ein auf Dauer angelegtes Zusammenwirken von Personen bei ihrer Berufsausübung zur Verfolgung wirtschaftlicher Interessen") als „Netzwerk" zu qualifizieren, alternativ („oder") aber auch *eines* der nachfolgenden Kriterien (Kriteriengruppe 2) in Spiegelstrich 2 genügt, um das Vorliegen eines Netzwerks zu bejahen.[58] Jedenfalls kann das Abstellen auf einzelne Netzwerkkriterien in Spiegelstrich 2 in Einzelfällen zu **merkwürdigen Ergebnissen** führen. So könnte beispielsweise bei Vorliegen einer „breiteren Struktur, die auf Kooperation ausgerichtet ist und der ein Abschlussprüfer oder eine Prüfungsgesellschaft angehört" (Spiegelstrich 1) die bloße Verwendung einer gemeinsamen Marke oder eines gemeinsamen Logos zur Bejahung eines Netzwerkes führen, selbst wenn das Auftreten der Personen am Prüfungsmarkt (Außendarstellung) dadurch nicht bestimmt wird.[59] Ebenso könnte das Zusammenwirken hinsichtlich der Entwicklung

---

[53]   Meister, Der Ausschluss des Abschlussprüfers im Konzern, Diss. HU Berlin, 2019, S. 201 (Hervorhebung des Verf.).

[54]   Eble, Abschlussprüfer, Unabhängigkeit und Netzwerke, 2015, S. 129.

[55]   HKMS/Mylich/Müller Rn. 8.

[56]   Vgl. HKMS/Mylich/Müller Rn. 8.

[57]   Eine Gewinnteilung ohne gleichzeitige Kostenteilung dürfte in der Praxis freilich eine seltene Ausnahme sein. Praktisch näher liegend ist der Fall, dass das Netzwerk selbst keine Einnahmen erzielt und deshalb auch keinen Gewinn macht (etwa weil die Prüfungs- oder Beratungsmandate nicht von dem „Netzwerk" selbst, sondern von den Mitgliedern des Netzwerks bearbeitet werden, das Netzwerk an den Gebühren des mandatsbetreuenden Mitglieds nicht partizipiert und für die Vermittlung von Aufträgen auch keine Vergütung [*referral fees*] erhält), die Kosten des Netzwerks aber im Umlageverfahren verteilt werden: Ebke FS Mestmäcker, 1996, 867 (868) mwN.

[58]   IdS möglicherweise Ernst/Seidler ZGR 2008, 631 (661) („wenn das Zusammenwirken der Netzwerkmitglieder auf Gewinn- und Kostenteilung zielt oder die Netzwerkmitglieder durch gemeinsames Eigentum, gemeinsame Kontrolle oder gemeinsame Geschäftsführung, gemeinsame Qualitätssicherungsmaßnahmen und -verfahren, eine gemeinsame Geschäftsstrategie, die Verwendung einer gemeinsamen Marke oder durch einen wesentlichen Teil gemeinsamer fachlicher Ressourcen miteinander verbunden sind").

[59]   Mit Recht abl. daher Gelhausen/Precht WPK Magazin 1/2010, 29 (31) sowie die Erläuterungen zu § 29 Abs. 4 BS WP/vBP; aA HKMS/Mylich/Müller Rn. 10; Meister, Der Ausschluss des Abschlussprüfers im Konzern Diss. HU Berlin, 2019, S. 201.

von Qualitätssicherungsmaßnahmen oder -verfahren zur Bejahung des Bestehens eines Netzwerkes führen,[60] selbst wenn die Entwicklungspartner im Rahmen ihrer Kooperation diese Qualitätssicherungsmaßnahmen oder -verfahren nur gelegentlich gemeinsam zur Anwendung bringen oder diese für die Durchführung gemeinsamer Mandate insgesamt nur von unwesentlicher Bedeutung sind.

e) Systematische Auslegung. Die systematische Auslegung, die darauf abzielt, Normen in ihrer systematischen Stellung zu anderen Normen und der Gesamtheit der Regelungen unter Berücksichtigung ihrer Stellung und Funktion im Gesamtgefüge des Rechtsaktes zu interpretieren,[61] erfordert einen Blick auf Art. 2 Nr. 8 Abschlussprüfer-RL, der den Begriff **„Verbundenes Unternehmen einer Prüfungsgesellschaft"** definiert. Danach ist „verbundenes Unternehmen einer Prüfungsgesellschaft" „ein Unternehmen gleich welcher Rechtsform, das mit einer Prüfungsgesellschaft durch gemeinsames Eigentum, gemeinsame Kontrolle oder gemeinsame Geschäftsführung verbunden ist". „Gemeinsames Eigentum", „gemeinsame Kontrolle" bzw. „gemeinsame Geschäftsführung" sind auch Merkmale der Definition des Begriffs „Netzwerk" gemäß Art. 2 Nr. 7 Spiegelstrich 2 Abschlussprüfer-RL. Wenn die Feststellung nur eines der genannten Kriterien genügen würde, um das Bestehen eines Netzwerkes zu bejahen, bildete jedes Netzwerk zugleich ein „verbundenes Unternehmen" einer Prüfungsgesellschaft iSd Art. 2 Nr. 8 Abschlussprüfer-RL (falls die „Struktur" eine „breitere" ist, sie auf „Kooperation ausgerichtet ist" und ihr „ein Abschlussprüfer oder eine Prüfungsgesellschaft angehört"), für die es spezielle Zurechnungstatbestände gibt (vgl. § 319 Abs. 4), die vorrangig zu prüfen sind.[62]

f) Historische Auslegung. Die historische Auslegung trägt zur Lösung des Auslegungsproblems vergleichsweise wenig bei.[63]

g) Teleologische Auslegung. Große Bedeutung kommt deshalb der an Sinn und Zweck des Art. 2 Nr. 7 Abschlussprüfer-RL ausgerichteten Auslegung (teleologische Interpretation) zu.[64] Dabei können die (rechtlich unverbindlichen)[65] Erwägungsgründe der Abschlussprüfer-RL (auch wenn sie keinen normativen Gehalt haben und auch keine politische Willensbekundung enthalten)[66] als **Entscheidungshilfen** in die Betrachtung mit einbezogen werden. Sie können freilich „weder herangezogen werden, um von den Bestimmungen des betreffenden Rechtsakts abzuweichen, noch, um diese Bestimmungen in einem Sinne auszulegen, der ihrem Wortlaut offensichtlich widerspricht".[67] Erwägungsgrund 11 Abschlussprüfer-RL lässt keinen Zweifel daran, dass der Begriff „Netzwerk" in engem Zusammenhang mit der erforderlichen Unabhängigkeit des Abschlussprüfers steht. Erwä-

---

[60] Skeptisch insoweit HKMS/Mylich/Müller Rn. 13 („Vereinigung ausschließlich zur Qualitätsverbesserung oder -überwachung [ist] ausgenommen").

[61] Nach stRspr. des EuGH ist bei der Auslegung einer Unionsrechtsvorschrift nicht nur ihr Wortlaut, sondern auch der Kontext, in dem diese steht, zu berücksichtigen: EuGH Urt. v. 24.3.2021 – Rs. C-950/19, ECLI:EU:C:2021:230 Rn. 34 – Patentti- ja rekisterihallituksen tilintarkastuslautakunta (betr. Art. 22a Abs. 1 lit. a Abschlussprüfer-RL).

[62] In diese Richtung weisend auch Gelhausen/Precht WPK Magazin 1/2010, S. 29 (31).

[63] Zu der Entwicklung der Netzwerkdefinition Klein/Klaas WPg 2006, 885 (886); ausf. Eble, Abschlussprüfer, Unabhängigkeit und Netzwerke, 2015, S. 49 ff.

[64] Eble, Abschlussprüfer, Unabhängigkeit und Netzwerke, 2015, S. 119 ff., dort (S. 126–127) auch zur Notwendigkeit der Berücksichtigung des *effet utile* des Unionsrechts, also der „(größtmöglichen) praktischen Wirksamkeit" des europäischen Rechts.

[65] EuGH Urt. v. 19.6.2014 – Rs. C-345/13, ECLI:EU:C:2014:2013 Rn. 31 – Karen Millen Fashions; s. ferner EuGH Urt. v. 13.9.2018 – Rs. C-287/17, ECLI:EU:C:2018:707 Rn. 33 – Ceska pojistovna a.s./ WCZ, spol. S r. o; EuGH Urt. v. 24.11.2005 – Rs. C-136/04, ECLI:EU:C:2005:716 Rn. 32 – Deutsches Milch-Kontor; EuGH Urt. v. 13.3.2019 – Rs. C-647/17, ECLI:EU:C:2019:195 Rn. 32 – Skatteverket/ Srf konsulterna.

[66] S. Ziff. 10 Gemeinsamer Leitfaden des Europäischen Parlaments, des Rates und der Kommission für Personen, die in den Gemeinschaftsorganen an der Abfassung von Rechtstexten mitwirken, 2. Aufl. 2015, 31–36.

[67] EuGH Urt. v. 13.3.2019 – Rs. C-647/17, ECLI:EU:C:2019:195 Rn. 32 – Skatteverket/Srf konsulterna; EuGH Urt. v. 13.9.2018 – Rs. C-287/17, ECLI:EU:C:2018:707 Rn. 33 – Česká pojišťovna.

gungsgrund 11 Abschlussprüfer-RL lässt erkennen, dass Gewinn- oder Kostenteilung als solche genügen *kann* (aber nicht muss), um eine Kooperation von Abschlussprüfern (Spiegelstrich 1) als Netzwerk iSd Art. 2 Nr. 7 Abschlussprüfer-RL zu qualifizieren.[68] **Erwägungsgrund 11** Abschlussprüfer-RL stellt aber ebenso klar, dass bei der Beurteilung, ob ein Netzwerk vorliegt oder nicht, „verschiedene Umstände in Betracht zu ziehen" sind und die Entscheidung letztlich „auf der Grundlage aller zur Verfügung stehenden tatsächlichen Umstände" zu erfolgen hat.[69] Diese Erwägungen sprechen dafür, dass – außer in den Fällen der Gewinn- oder Kostenteilung (bei deren Vorliegen für sich genommen das Bestehen eines Netzwerks iSd Art. 2 Nr. 7 Abschlussprüfer-RL nach Erwägungsgrund 11 Abschlussprüfer-RL bejaht werden *kann,* wenn auch nicht muss)[70] – den übrigen Kriterien des 2. Spiegelstrichs (Kriteriengruppe 2) **Indizwirkung** zukommt, die je nach Quantität und Qualität des jeweiligen Umstands bezogen auf die Kooperation der Personen **mal allein, mal** im Zusammenwirken **mit anderen Kriterien** nach Spiegelstrich 2 die Annahme eines Netzwerkes rechtfertigen kann.[71]

18   Bei der Auslegung und Anwendung des Begriffs „Netzwerk" ist in jedem Einzelfall zu berücksichtigen, dass die **Unabhängigkeit** des Abschlussprüfers **ein hohes Gut** ist.[72] Die gesetzlich vorgeschriebene Abschlussprüfung kann ihren Zweck nur erfüllen, wenn die Abschlussprüfer unabhängig sind und daher gewisse Ausschlussgründe auch netzwerkweit gelten. Wegen des komplexen Rechtsgüterzusammenhangs und des konstruktiven Verhältnisses von § 319 und § 319b können der Zurechnungstatbestand des § 319b im Allgemeinen und die Netzwerkdefinition in Abs. 1 S. 3 im Besonderen im Lichte des Art. 2 Nr. 7 Abschlussprüfer-RL nicht in einem einheitlichen Sinne „eng" oder „weit" ausgelegt werden.[73] Vielmehr sind im Rahmen der Auslegung und Anwendung des Abs. 1 S. 3 im Lichte des Art. 2 Nr. 7 Abschlussprüfer-RL und vor dem Hintergrund der **Dienstleistungsfreiheit** (Art. 56 AEUV, früher Art. 49 EGV) und der **unternehmerischen Freiheit** (Art. 16, 52 Abs. 1 GRCh) die Auswirkungen auf die Beteiligten (insbesondere die prüfungspflichtige Gesellschaft, die Abschlussprüfer, die Mitglieder seines Netzwerks und die Rechnungslegungsadressaten) in die Abwägung mit einzubeziehen.[74] Deshalb kommt es letztlich darauf an, nicht anhand eines einzelnen Kriteriums iSd zweiten Spiegelstrichs, sondern – wie Erwägungsgrund 11 betont – **verschiedene Umstände in Betracht zu ziehen** und auf der Grundlage aller zur Verfügung stehenden tatsächlichen Umstände im Lichte der Kriterien nach Spiegelstrich 2 zu entscheiden.[75] Die Beurteilung der Frage, ob es sich bei einer Kooperationsstruktur um ein Netzwerk handelt, kann im Einzelfall mit erheblichen **Unwägbarkeiten** behaftet sein.[76] Klärung wird letztlich nur die Rechtsprechung bringen

---

[68] Dort heißt es: „Hierbei sind verschiedene Umstände in Betracht zu ziehen: beispielsweise kann eine Struktur als Netzwerk bezeichnet werden, *wenn sie auf Gewinn- oder Kostenteilung ausgerichtet ist*" (Hervorhebung vom Verf.).

[69] Klein/Klaas WPg 2006, 885 (886), werten diese Klarstellung in Erwägungsgrund 11 als „Fortschritt gegenüber der Ministerratsfassung" v. 1.12.2004.

[70] AA Hopt/Merkt Rn. 7 („ohne weiteres der Fall").

[71] Vgl. BeBiKo/Justenhoven/Nagel Rn. 9 („Indikatoren"); weiter HKMS/Mylich/Müller Rn. 13 (die kasuistische Aufzählung in Art. 2 Nr. 7 Abschlussprüfer-RL sei „keinesfalls erschöpfend").

[72] Vgl. BayObLGZ 2002, 364 (365) (unter Hinweis auf → MüKoHGB/Ebke [1. Aufl. 2001] § 319 Rn. 55).

[73] AA Schüppen Rn. 4 (für „enge" Auslegung, da § 319b iVm § 319 nach seiner Ansicht einen Eingriff in die Berufsausübungsfreiheit darstellt).

[74] Ähnlich Eble, Abschlussprüfer, Unabhängigkeit und Netzwerke, 2015, S. 125, der sich vor dem Hintergrund des Art. 56 AEUV und der Art. 16, 52 Abs. 1 GRCh für „einen verhältnismäßigen Ausgleich zwischen dem Schutz der Unabhängigkeit des Abschlussprüfers und seiner freien Berufsausübung" ausspricht. Zur Bedeutung der unionsrechtlichen Dienstleistungsfreiheit für die Umsetzung der Art. 2 Nr. 7, 22 Abs. 2 Abschlussprüfer-RL s. auch das von der EU Kommission angestrengte Vertragsverletzungsverfahren gegen Frankreich wegen Verstoßes des Art. 22 Code de déontologie gegen Art. 56 AEUV (ex-Art. 49 EGV) (Mitteilung v. 17.10.2007, IP/07/1520). Dazu Fölsing ZCG 2009, 76 (79); Eble, Abschlussprüfer, Unabhängigkeit und Netzwerke, 2015, S. 123 Fn. 418.

[75] So iE auch Schüppen Rn. 6; weiter HKMS/Mylich/Müller Rn. 8.

[76] IdS auch Gelhausen/Precht WPK Magazin 1/2010, 29 (32); Petersen/Zwirner/Boecker WPg 2010, 464 (465).

können – am Ende also der EuGH, der zur Überprüfung der Vereinbarkeit jeder selbständigen Auslegung des Netzwerkbegriffs gemäß Abs. 1 S. 3 mit Art. 2 Nr. 7 Abschlussprüfer-RL berufen ist.[77]

4. Anwendung. Die vorstehenden Ausführungen sind bei der Auslegung und Anwendung von Abs. 1 S. 3 zu beachten, um eine **europarechtskonforme Konkretisierung** der Tatbestandsmerkmale „Personen", „bei ihrer Berufsausübung", „Verfolgung gemeinsamer wirtschaftlicher Interessen", „gewisse Dauer" und „zusammenwirken" zu erreichen. **19**

a) Zusammenwirken. Mit der Verwendung des zentralen Begriffs „zusammenwirken" wird nach der Begr. RegE BilMoG zum Ausdruck gebracht, „dass es auf die rechtliche Ausgestaltung des Netzwerks – schon zur Vermeidung von Umgehungen – nicht ankommt, sondern jedes Zusammenwirken zur Begründung eines Netzwerks ausreichen kann".[78] Diese Ansicht deckt sich mit Art. 2 Nr. 7 Abschlussprüfer-RL, der nicht auf eine bestimmte rechtliche Ausgestaltung der Kooperation abstellt. Dem entsprechend betonen auch die Erläuterungen zu § 29 Abs. 4 S. 1 Nr. 2 BS WP/vBP: „Auf die rechtliche Ausgestaltung des Netzwerks und die nationale Zugehörigkeit der Netzwerkmitglieder kommt es nicht an. Insbesondere ist eine (gesellschaftsrechtliche) Beteiligung nicht erforderlich". Zusammenwirken erfordert eine **Verhaltenskoordination** der Personen[79] und damit eine bewusste und gewollte Begründung des Netzwerktatbestandes.[80] Das Zusammenwirken in Netzwerken **(Innenverhältnis)** wird meistens auf gesellschaftsrechtlichen oder schuldrechtlichen Grundlagen beruhen.[81] **20**

Es gibt aber auch Beispiele für (grenzüberschreitende) Kooperationen von Wirtschaftsprüfungsgesellschaften ohne vertragliche oder gesellschaftsrechtliche Bindung,[82] die unter anderem daher rühren, dass die an der Kooperationsstruktur Beteiligten den Abschluss eines (Gesellschafts-)Vertrages bewusst unterlassen haben (etwa weil die Berufsrechtsordnungen einiger Kooperationspartner eine grenzüberschreitende gesellschaftsrechtliche oder vertragliche Kooperation mit ausländischen Wirtschaftsprüfern nicht zuließen)[83] oder die Personen aus anderen Gründen unter Verwendung einer gemeinsamen Marke oder auch nur informell als „*network*", „*one firm world-wide*", „*world firm*", „*international firm*" oder „*one of the twenty largest accounting and consulting firms in the world with over 220 offices in 60 countries*" (werbend) am Markt auftreten wollten, die Bearbeitung von Mandaten aber weiterhin ausschließlich durch die an der „Dachorganisation" beteiligten Wirtschaftsprüfer bzw. Wirtschaftsprüfungsgesellschaften erfolgte, auf der Ebene der Dachorganisation keine Gewinn- oder Kostenteilung vereinbart war und die Einhaltung von Qualitätssicherungsmaßnahmen oder -verfahren ausschließlich durch die Mitglieder der Dachorganisation selbst kontrolliert wurde.[84] Solche **„faktischen" Netzwerke** sind von der Definition des Abs. 1 S. 3 ebenfalls erfasst.[85] Voraussetzung ist, dass das Zusammenwirken der einbezogenen Per- **21**

---

77 Hopt/Merkt Rn. 5.

78 BT-Drs. 16/10067, 90; vgl. Ernst/Seidler ZGR 2008, 631 (661).

79 Staub/Habersack/Schürnbrand Rn. 8.

80 BT-Drs. 16/10067, 90.

81 HKMS/Mylich/Müller Rn. 9; Staub/Habersack/Schürnbrand Rn. 8; Graumann Prüfungswesen S. 159 f.; zu den Kooperationsformen F. Immenga, Kooperation und Haftung von internationalen Dienstleistungsunternehmen, 1998, S. 36, 37, 44, 45 und 62–86 mwN. sowie Eble, Abschlussprüfer, Unabhängigkeit und Netzwerke, 2015, S. 36 ff.

82 Ebke FS Mestmäcker, 1996, 867, 868 und 878 Fn. 78; s. auch Graumann Prüfungswesen S. 160 („Ausreichend wäre auch ein faktisches Verhalten, wenn dieses auf eine gewisse Dauer angelegt und nach außen erkennbar ist"); F. Immenga, Kooperation und Haftung von internationalen Dienstleistungsunternehmen, 1998, S. 77, 78.

83 Wiedmann/Böcking/Gros/Böcking/Gros/Rabenhorst Rn. 2.

84 Ebke FS Mestmäcker, 1996, 867 mwN, dort (S. 870–878) auch zu den Haftungsfragen in solchen Fällen (sog. „holding-out liability"); zu den Haftungsfragen s. ferner F. Immenga, Kooperation und Haftung von internationalen Dienstleistungsunternehmen, 1998, S. 255–316.

85 BT-Drs. 16/10067, 91; Gelhausen/Precht WPK Magazin 1/2010, 29 (31); enger HKMS/Mylich/Müller Rn. 9.

sonen bei ihrer Berufsausübung „bewusst und gewollt" ist,[86] selbst wenn der Wille zur Eingehung eines gesellschafts- oder schuldrechtlichen Vertragsverhältnisses nicht vorhanden ist. Denkbar sind „faktische" Netzwerke darüber hinaus, wenn sich der Abschluss des intendierten (Gesellschafts-)Vertrages verzögert, die Kooperationspartner im Außenverhältnis aber bereits vor Vertragsschluss nach außen in Erscheinung treten, wenn der (Gesellschafts-)Vertrag unwirksam ist oder wenn er beendigt ist, die Beendigung aber nach außen noch nicht kommuniziert wurde.[87] Hiervon zu unterscheiden sind Fälle, in denen der Rechtsschein des Bestehens eines Netzwerks **(Scheinnetzwerk)** bzw. einer Netzwerkzugehörigkeit **(Scheinmitgliedschaft)** erzeugt wird.[88] Auf die unrichtige Bezeichnung als „Netzwerk" oder Darstellung als „Netzwerkmitglied" und auf die Behauptung von in Wirklichkeit nicht gegebenen Umständen, die ein Kriterium des Art. 2 Nr. 7 Abschlussprüfer-RL erfüllen würden, ist § 319b weder unmittelbar noch analog anwendbar; sie können aber die Besorgnis der Befangenheit nach **§ 319 Abs. 2** begründen.

22   Damit Abs. 1 S. 1 und 2 sowie Abs. 2 eingreifen können, muss der Abschlussprüfer darüber hinaus **Vollmitglied** des betreffenden Netzwerks sein; das folgt aus Abs. 1 S. 1, wonach ein Abschlussprüfer von der Abschlussprüfung ausgeschlossen ist, wenn ein Mitglied „seines" Netzwerks einen der dort genannten Ausschlussgründe erfüllt. Bloße Hilfs- oder Unterstützungsleistungen des Wirtschaftsprüfers oder der Wirtschaftsprüfungsgesellschaft an ein Netzwerkmitglied oder das Netzwerk fallen – selbst bei wiederholten Leistungen – nicht unter die Vorschrift.[89]

23   **b) Personen bei ihrer Berufsausübung.** Das Zusammenwirken betrifft nach Abs. 1 S. 3 „Personen bei ihrer Berufsausübung". Personen iSd Abs. 1 S. 3 sind natürliche und juristische Personen, aber auch (teilrechtsfähige) Personenvereinigungen (zB GbR)[90] und entsprechende Rechtsformen ausländischen Rechts.[91] Dem Tatbestandsmerkmal „bei ihrer Berufsausübung" soll nach der amtlichen Begründung „einschränkende Bedeutung" zukommen.[92] **Nicht erfasst** werden sollen danach „Mitgliedschaften in Berufsverbänden oder Ähnlichem, die zwar dauerhaft eingegangen werden, aber die Berufsausübung lediglich flankieren".[93] Das gilt auch für die Mitgliedschaft genossenschaftlicher Prüfungsverbände in einem Spitzenverband.[94] Nicht erfasst werden ferner Verbindungen von Wirtschaftsprüfern oder Wirtschaftsprüfungsgesellschaften, die keine gemeinsamen wirtschaftlichen Interessen verfolgen und schon deshalb „aus der Netzwerkdefinition herausfallen".[95] Umgekehrt bleibt die gemeinsame Verfolgung wirtschaftlicher Interessen ohne Bezug zur beruflichen Tätigkeit als Wirtschaftsprüfer für Zwecke des § 319b Abs. 1, 2 folgenlos.[96] **Erfasst** ist dagegen die Ausübung der den Wirtschaftsprüfern übertragenen beruflichen Tätigkeiten iSd § 2 WPO (also Durchführung und Bestätigungen betriebswirtschaftlicher Prüfungen,

---

[86]   Zu diesem Aspekt: BT-Drs. 16/10067, 90.

[87]   HKMS/Mylich/Müller Rn. 9.

[88]   Dazu Eble, Abschlussprüfer, Unabhängigkeit und Netzwerke, 2015, S. 247 ff.

[89]   HKMS/Mylich/Müller Rn. 6; diff. Eble, Abschlussprüfer, Unabhängigkeit und Netzwerke, 2015, S. 247 ff.

[90]   BT-Drs. 16/10067, 91; zust. Hopt/Merkt Rn. 8; Merkt/Probst/Fink/Bruckner/Homfeldt S. 1501 Rn. 144.

[91]   HKMS/Mylich/Müller Rn. 6; BeBiKo/Justenhoven/Nagel Rn. 7.

[92]   BT-Drs. 16/10067, 91.

[93]   BT-Drs. 16/10067, 91; zust. HKMS/Mylich/Müller Rn. 11 („Berufs-, Fach- oder ähnliche Verbände"); Hopt/Merkt Rn. 8; Steinböck, Die Bestimmungen des Unternehmensgesetzbuchs zur Unabhängigkeit des Abschlussprüfers, 2015, S. 157. Der WPK-Praxishinweis „Mitgliedschaft in einem Netzwerk" (Stand: 30.3.2021) (abrufbar unter https://www.wpk.de/praxishinweis/netzwerk/) und die Erläuterungen zu § 29 Abs. 4 S. 1 Nr. 2 BS WP/vBP liefern eine nachvollziehbare Begründung: „Die Mitgliedschaft in Berufsverbänden führt … nicht zur Annahme eines Netzwerks, weil sich das Zusammenwirken nicht auf die konkrete Beruftätigkeit, sondern nur auf allgemeine berufspolitische oder fachliche Aspekte bezieht und weil es nicht unmittelbar um die Verfolgung gemeinsamer wirtschaftlicher Interessen geht".

[94]   BT-Drs. 16/10067, 91; zust. Staub/Habersack/Schürnbrand Rn. 10; Hopt/Merkt Rn. 8.

[95]   BT-Drs. 16/10067, 91.

[96]   Steinböck, Die Bestimmungen des Unternehmensgesetzbuchs zur Unabhängigkeit des Abschlussprüfers, 2015, S. 157.

Beratung in steuerlichen und wirtschaftlichen Angelegenheiten, Sachverständigentätigkeiten, Wahrung fremder Interessen, treuhänderische Verwaltung sowie, mit Einschränkung, Rechtsberatung),[97] ohne dass sich die Ausübung dieser beruflichen Tätigkeiten auf die Formen der gemeinsamen Berufsausübung iSd §§ 43a, 44b WPO beschränken würde oder eine gemeinsame Berufsausübung vorausgesetzt wäre;[98] denn der Begriff des Zusammenwirkens „bei ihrer Berufsausübung" iSd Abs. 1 S. 3 ist weiter als der der gemeinsamen Berufsausübung iSv § 319 Abs. 3 S. 1.[99]

c) Europarechtskonforme Konkretisierung. Für die weitere europarechtskonforme **24** Konkretisierung der Tatbestandsmerkmale „Zusammenwirken von Personen bei ihrer Berufsausübung" iSv Abs. 1 S. 3 kann auf die Kriterien von Art. 2 Nr. 7 Abschlussprüfer-RL zurückgegriffen werden.[100] Die Vorschrift verlangt eine „breitere Struktur" („*larger structure*", „*structure plus vaste*", „*struttura più ampia*", „*estructura más amplia*"); sie gibt damit zu verstehen, dass die „breitere Struktur", die als Netzwerk bezeichnet werden kann, eine gewisse Breitenwirkung haben muss, also ein **multilaterales System der Kooperation** bei der Berufsausübung voraussetzt, nicht nur ein bilaterales oder auf einige wenige Personen beschränktes Kooperationssystem.[101] Nicht erforderlich scheint dagegen zu sein, dass die „Struktur" die gesamte Breite der Wirtschaftsprüfern übertragenen Aufgaben (vgl. § 2 WPO) umfasst.[102] Nicht zuletzt im Hinblick auf die „*escape*"-Klausel des Abs. 1 S. 1 („es sei denn") erscheint es aber notwendig, dass die „Struktur" jedenfalls die Abschlussprüfung, die Beratung in steuerlichen und wirtschaftlichen Angelegenheiten bzw. die Sachverständigentätigkeit erfasst, weil andernfalls eine rechtliche oder faktische Einflussnahme auf das Ergebnis der Abschlussprüfung eher unwahrscheinlich ist.

d) *Verfolgung gemeinsamer wirtschaftlicher Interessen.* Eine „Gesamtbetrach- **25** tung" der in Art. 2 Nr. 7 Abschlussprüfer-RL aufgezählten Kriterien lässt nach der amtlichen Begründung „nur den Schluss zu, dass das auf eine gewisse Dauer angelegte Zusammenwirken der Netzwerkmitglieder auf die Verfolgung gemeinsamer wirtschaftlicher Interessen ausgerichtet sein muss".[103] Der Begriff der wirtschaftlichen Interessen ist weit.[104] Art. 2 Nr. 7 Spiegelstrich 2 Abschlussprüfer-RL hebt dazu als ein entscheidendes Beurteilungskriterium das „eindeutige Abzielen" entweder auf **Gewinnteilung** *oder*[105] auf **Kostenteilung** (Kriteriengruppe 1) hervor und stellt es sprachlich („oder") auf eine Stufe mit den Kriterien der Kriteriengruppe 2, die auf eine Verbindung unter den Strukturbeteiligten aufgrund anderer Gegebenheiten abstellen. Aus Wortlaut und systematischer Stellung des Kriteriums „eindeutiges Abzielen" auf Gewinn- oder Kostenteilung wird in der amtlichen Begründung geschlossen, dass bei Vorliegen dieses Kriteriums von der Verfolgung gemeinsamer wirtschaftlicher Interessen „regelmäßig" auszugehen sei.[106] In der **Literatur** geht man teilweise sogar davon aus, dass die Verfolgung gemeinsamer wirtschaftlicher Interessen „ohne weiteres" gegeben sei, wenn ein eindeutiges „Abzielen auf Gewinn- und [sic] Kostentei-

[97] BeBiKo/Justenhoven/Nagel Rn. 8.

[98] BeBiKo/Justenhoven/Nagel Rn. 8.

[99] IdS auch HKMS/Mylich/Müller Rn. 4 („Die gemeinsame Berufsausübung ist das engste denkbare Netzwerk. Der Netzwerkbegriff des § 319b ist wesentlich weiter").

[100] Schüppen Rn. 3; HKMS/Mylich/Müller Rn. 13.

[101] Zu den Auswirkungen auf mittelständische Wirtschaftsprüfer und den Konzentrationsprozess auf dem Abschlussprüfungsmarkt: BT-Drs. 16/10067, 90.

[102] Weiter HKMS/Mylich/Müller Rn. 12 („umfasst ... jegliche für den Prüfer zugelassene Berufstätigkeit").

[103] BT-Drs. 16/10067, 90.

[104] HKMS/Mylich/Müller Rn. 13 („schlussendlich ... monetärer Mehrwert"); Schüppen Rn. 4 („unmittelbarer wirtschaftlicher Vorteil"); weiter wohl Steinböck, Die Bestimmungen des Unternehmensgesetzbuchs zur Unabhängigkeit des Abschlussprüfers, 2015, S. 157, der auch „nur mittelbare oder nicht quantifizierbare wirtschaftliche Vorteile" in diesem Zusammenhang als potenziell „relevant" ansieht und „daher ins Kalkül" ziehen will.

[105] Nicht „Gewinn- *und* Kostenteilung", wie es in der Begr.RegE BilMoG, BT-Drs. 16/10067, 90 und bei Hopt/Merkt Rn. 7 heißt. Gewinnteilung wird typischerweise mit Kostenteilung einhergehen, muss es aber nicht. Daher zutr. Graumann Prüfungswesen S. 160.

[106] BT-Drs. 16/10067, 90.

lung" vorliege.[107] Die Verfasser der Abschlussprüfer-RL sind laut Erwägungsgrund 11 Abschlussprüfer-RL hingegen der Auffassung, dass in einem solchen Fall das Bestehen eines Netzwerkes bejaht werden *kann,* aber nicht ohne weiteres bejaht werden *muss.* Für andere Autoren geht eine „Gewinn- oder Kostenteilung" in der Regel dagegen „schon mehr in Richtung **gemeinsame Berufsausübung**" iSd der Sozietätsklausel des § 319 Abs. 3 S. 1,[108] die allerdings an besondere Voraussetzungen vor allem hinsichtlich der gemeinsamen Berufsausübung mit ausländischen Kooperationspartnern geknüpft ist und deshalb insoweit *lex specialis* ist.[109]

26 Wenn die Gewinn- oder Kostenteilung im Rahmen einer nach Außen auftretenden Gesellschaft erfolgt, dürfte regelmäßig ein Fall gemeinsamer Berufsausübung iSd Sozietätsklausel (§ 319 Abs. 3 S. 1) vorliegen.[110] Das bestätigt die hier vertretene Ansicht (→ Rn. 17): Danach kommt es letztlich darauf an, den Begriff des Netzwerks iSd Abs. 1 S. 3 im Lichte von Art. 2 Nr. 7 Spiegelstrich 2 Abschlussprüfer-RL nicht anhand eines einzelnen Kriteriums iSd zweiten Spiegelstrichs auszulegen, sondern – wie Erwägungsgrund 11 betont – **„verschiedene Umstände in Betracht zu ziehen"** und „auf der Grundlage aller zur Verfügung stehenden tatsächlichen Umstände" auszulegen[111] und dabei vorrangig zu prüfende Zurechnungstatbestände („Sozietätsklausel", „verbundenes Unternehmen") zu beachten, bei deren Erfüllung eine ergänzende Anwendung der Netzwerkklausel des § 319b nicht in Betracht kommt.[112] Die bewusste und gewollte Gewinn- oder Kostenteilung kann, je nach den Umständen des Einzelfalles, daher für sich genommen ein starkes **Indiz** für das Bestehen eines Netzwerks sein, sie rechtfertigt aber – zB bei Vorliegen einer nach außen auftretenden Gesellschaft – nicht zwingend die Annahme eines Netzwerkes.[113] Ein Zusammenwirken mit dem ausschließlichen Ziel der Kostensenkung bzw. Kosteneinsparung (zB durch Gründung einer Bürogemeinschaft) ohne weitere wechselseitige Verpflichtungen stellt für sich allein noch kein ausreichendes gemeinsames wirtschaftliches Interesse dar.[114]

27 Den übrigen Kriterien des Art. 2 Nr. 7 Spiegelstrich 2 Abschlussprüfer-RL (Kriteriengruppe 2; → Rn. 10) kommt ebenfalls **Indizwirkung** zu, die je nach Quantität bzw. Qualität des jeweiligen Umstands bezogen auf die Kooperation der Personen mal allein, mal im Zusammenwirken mit anderen Kriterien in Spiegelstrich 2 die Annahme eines Netzwerkes rechtfertigen kann.[115] So kann ein Netzwerk vorliegen, wenn die betreffenden Personen „durch gemeinsames Eigentum, gemeinsame Kontrolle oder gemeinsame Geschäftsführung" verbunden sind. Wenn diese Kriterien allerdings im Rahmen einer nach außen auftretenden Gesellschaft erfüllt sind, wird häufig bereits der Tatbestand der Sozietätsklausel (§ 319 Abs. 3 S. 1) erfüllt sein.[116] Gleiches gilt bei Vorliegen gemeinsamer Qualitätssicherungsmaßnahmen und -verfahren, einer gemeinsamen **Geschäftsstrategie** bzw. Bün-

---

[107] Hopt/Merkt Rn. 7 („ohne weiteres der Fall").
[108] S. auch HKMS/Mylich/Müller Rn. 13.
[109] HKMS/Mylich/Müller Rn. 4; BeBiKo/Justenhoven/Nagel Rn. 4.
[110] Staub/Habersack/Schürnbrand Rn. 8.
[111] So iE auch Schüppen Rn. 6 („… im Rahmen einer Gesamtwürdigung anhand sämtlicher Umstände im Einzelfall"). In dieselbe Richtung weisend Steinböck, Die Bestimmungen des Unternehmensgesetzbuchs zur Unabhängigkeit des Abschlussprüfers, 2015, S. 158 („Gesamtbetrachtung in richtlinienkonformer Weise aus Sicht eines objektiven, sachverständigen und informierten Dritten").
[112] BeBiKo/Justenhoven/Nagel Rn. 4; HKMS/Mylich/Müller Rn. 4; Gelhausen/Precht WPK Magazin 1/2010, 29 (31).
[113] AA Hopt/Merkt Rn. 7 („ohne weiteres der Fall").
[114] Gl. Ansicht HKMS/Mylich/Müller Rn. 12; Hense/Ulrich/Uhlmann WPO § 44b Rn. 76 S. 715; Merkt/Probst/Fink/Bruckner/Homfeldt S. 1501 Rn. 144; Graumann Prüfungswesen S. 160; Steinböck, Die Bestimmungen des Unternehmensgesetzbuchs zur Unabhängigkeit des Abschlussprüfers, 2015, S. 159; Begründung zu § 29 Abs. 4 S. 1 Nr. 2 BS WP/vBP („Bloße Kostenbeteiligungen und Umlagen für sächliche Hilfsmittel sind – wie im Falle der Bürogemeinschaft – unschädlich"). Zu Einzelheiten der Erscheinungsformen der Bürogemeinschaft Hense/Ulrich/Uhlmann WPO § 44b Rn. 96 ff.
[115] Vgl. BeBiKo/Justenhoven/Nagel Rn. 9 („Indikatoren"); HKMS/Mylich/Müller Rn. 13 (die kasuistische Aufzählung in Art. 2 Nr. 7 Abschlussprüfer-RL sei „keinesfalls erschöpfend").
[116] Vgl. Staub/Habersack/Schürnbrand Rn. 10.

delung eines wesentlichen Teils gemeinsamer fachlicher Ressourcen.[117] Die Verwendung einer gemeinsamen Marke dürfte nur dann ein Indiz für das Bestehen eines Netzwerks sein, wenn die Kooperationspartner nicht nur unter Verwendung der gemeinsamen **Marke** am Markt auftreten (zB wenn die Marke als Firmen- oder Namensbestandteil auf Schriftstücken, im Internet oder in anderen Medien benutzt wird), sondern darüber hinaus eines oder mehrere der übrigen Netzwerkkriterien des Art. 2 Nr. 7 Spiegelstrich 2 Abschlussprüfer-RL erfüllen.[118]

e) Dauer. Nach Abs. 1 S. 3 setzt ein Netzwerk ein Zusammenwirken „für eine gewisse **28** Dauer" voraus. Dass das Zusammenwirken auf Dauer angelegt sein muss, folgt nach der Regierungsbegründung aus dem Begriff „Kooperation" in Art. 2 Nr. 7 Abschlussprüfer-RL.[119] Ein „einmaliges oder nur gelegentliches" Zusammenwirken führt ebenso wenig zur Annahme eines Netzwerks[120] wie eine Zusammenarbeit, die nicht eine der Wirtschaftsprüfern übertragenen beruflichen Tätigkeiten (§ 2 WPO) betrifft.[121] Selbst eine Zusammenarbeit von zwei oder mehr Prüfern bzw. Prüfungsgesellschaften im Rahmen der Abschlussprüfung eines bestimmten Unternehmens (zB eines global tätigen Konzerns) dürfte den Tatbestand des Netzwerks nicht erfüllen.[122] Deshalb begründet die Durchführung einer **Gemeinschaftsprüfung** (*joint audit*)[123] bei einem prüfungspflichtigen Unternehmen selbst über mehrere Jahre **für sich allein** ebenfalls **kein Netzwerk,** zumal es in derartigen Fällen in der Regel an der Verfolgung **gemeinsamer wirtschaftlicher Interessen** fehlt.[124] Um das zeitliche Element („für eine gewisse Dauer") zu erfüllen, muss das Zusammenwirken der Personen bei ihrer Berufsausübung – nach außen erkennbar – auf unbegrenzte Zeit oder aber auf eine begrenzte Zeit von mindestens zwei oder mehr Jahren angelegt sein.[125] Wird ein Netzwerk des Abschlussprüfers erst im Laufe eines der Pflichtprüfung unterliegenden Geschäftsjahres begründet, greifen die Zurechnungstatbestände des § 319b mit Beginn des Zusammenwirkens des Prüfers mit seinem Netzwerk ein. Wird das Netzwerk während eines prüfungspflichtigen Geschäftsjahres beendet, sind die Zurechnungstatbestände des § 319b für das betreffende Geschäftsjahr noch anzuwenden.

III. Ausschlussgründe (Abs. 1 S. 1 und 2)

1. Bedeutung. Nach Abs. 1 S. 1 und 2 werden dem Abschlussprüfer bestimmte Aus- **29** schlussgründe zugerechnet, die nicht er, sondern ein Mitglied seines Netzwerks erfüllt. Auf den Abschlussprüfer des Konzernabschlusses ist Abs. 1 entsprechend anzuwenden (Abs. 2). Abs. 1 unterscheidet zwischen **widerlegbaren** (S. 1: „es sei denn, dass das Netzwerkmitglied auf das Ergebnis der Abschlussprüfung keinen Einfluss nehmen kann")[126] und **nicht**

---

[117] Staub/Habersack/Schürnbrand Rn. 10. Die bloße Bürogemeinschaft, die sachliche und ggfs. personelle, nicht aber fachliche Ressourcen betrifft, ist nicht erfasst: Gelhausen/Precht WPK Magazin 1/2010, S. 29 (31); HKMS/Mylich/Müller Rn. 13; Graumann Prüfungswesen S. 160.

[118] So zutr. die Erl. zu § 29 Abs. 4 S. 1 Nr. 2 BS WP/vBP; vgl. Gelhausen/Precht WPK Magazin 2/2010, 29 (31, 32); Staub/Habersack/Schürnbrand Rn. 10; Graumann Prüfungswesen S. 160; Steinböck, Die Bestimmungen des Unternehmensgesetzbuchs zur Unabhängigkeit des Abschlussprüfers, 2015, S. 158.

[119] BT-Drs. 16/10067, 90: „dem Begriff ‚Kooperation' immanent".

[120] BT-Drs. 16/10067, 90; zust. Staub/Habersack/Schürnbrand Rn. 9; Steinböck, Die Bestimmungen des Unternehmensgesetzbuchs zur Unabhängigkeit des Abschlussprüfers, 2015, S. 159.

[121] S. die Erl. zu § 29 Abs. 4 S. 1 Nr. 2 BS WP/vBP.

[122] HKMS/Mylich/Müller Rn. 14.

[123] Dazu IDW PS 208: Zur Durchführung von Gemeinschaftsprüfungen (Joint Audit) (Stand: 13.8.2021), IDW Life 2021, 1075.

[124] Im gleichen Sinne Steinböck, Die Bestimmungen des Unternehmensgesetzbuchs zur Unabhängigkeit des Abschlussprüfers, 2015, S. 159; grundsätzlich zust. (aber ohne besondere Anforderungen in zeitlicher oder sonstiger Hinsicht) Merkt/Probst/Fink/Bruckner/Homfeldt S. 1502 Rn. 144; BeBiKo/Justenhoven/Nagel Rn. 11; unklar Graumann Prüfungswesen S. 160 („einmaliges oder nur gelegentliches Zusammenwirken … zB die Durchführung von Gemeinschaftsprüfungen" – Hervorhebung im Original); enger HKMS/Mylich/Müller Rn. 14 („einmalige Zusammenarbeit [zB Gemeinschaftsprüfung]"). Vgl. BT-Drs. 16/10067, 90.

[125] HKMS/Mylich/Müller Rn. 14.

[126] Tabellarische Übersicht in BeBiKo/Justenhoven/Nagel Rn. 17.

widerlegbaren Ausschlussgründen (S. 2).[127] Wenn Wirtschaftsprüfer einen Tatbestand des Abs. 1 S. 2 verwirklichen, haben sie bei allen gesetzlich vorgeschriebenen Abschlussprüfungen ihre Tätigkeit zu versagen (§ 49 2. Var. iVm § 31 Abs. 1 S. 2 BS WP/vBP). Gleiches gilt, wenn ein Ausschlussgrund nach Abs. 1 S. 1 nicht widerlegt werden kann und deshalb der Tatbestand des Abs. 1 S. 1 erfüllt ist. Dann wird auch berufsrechtlich die Besorgnis der Befangenheit unwiderleglich vermutet (§ 31 Abs. 2 S. 1 BS WP/vBP), mit der Folge, dass der Abschlussprüfer seine Tätigkeit ebenfalls zu versagen hat (§ 49 2. Var. WPO). Die Zurechnungstatbestände des § 319b gelten unmittelbar nur für gesetzliche Abschlussprüfer.[128] Bei nicht **gesetzlich vorgeschriebenen** (sog. „freiwilligen") **Abschlussprüfungen,** bei denen ein Bestätigungsvermerk erteilt wird, der dem gesetzlichen Bestätigungsvermerk nach § 322 nachgebildet wird, gilt Abs. 1 S. 2 **nach Berufsrecht** sinngemäß (§ 31 Abs. 1 S. 2 BS WP/vBP).

30   **2. Ausschlussgründe nach Abs. 1 S. 1.** Abs. 1 S. 1 verweist auf den **allgemeinen** Ausschlussgrund (Generalklausel) der Besorgnis der Befangenheit (§ 319 Abs. 2) sowie bestimmte **besondere Ausschlussgründe,** namentlich § 319 Abs. 3 S. 1 Nr. 1 (Ausschluss wegen Anteilsbesitzes oder anderer nicht nur unwesentlicher finanzieller Interessen), Nr. 2 (Ausschluss wegen Organmitgliedschaft oder Arbeitnehmerstellung) oder Nr. 4 (Ausschluss wegen Beschäftigung befangener Personen).[129] Infolge der Verweisung in Abs. 1 S. 1 auf **§ 319 Abs. 3 S. 2** (Ehepartner- bzw. Lebenspartnerklausel) ist der Abschlussprüfer von der Abschlussprüfung ferner ausgeschlossen, wenn ein Ehegatte oder Lebenspartner iSd § 1 LPartG (→ § 319 Rn. 75 ff.) des Netzwerkmitglieds einen Ausschlussgrund erfüllt.[130] Sind Wirtschaftsprüfungsgesellschaften oder Buchprüfungsgesellschaften (oder vergleichbare ausländische Berufsgesellschaften) Mitglieder des Netzwerks des Abschlussprüfers, so erfolgt aufgrund der Verweisung auf **§ 319 Abs. 4** eine Zurechnung auf den Prüfer, wenn diese Gesellschaften selbst, einer ihrer gesetzlichen Vertreter, ein Gesellschafter (der mehr als 20 % der den Gesellschaftern zustehenden Stimmrechte besitzt), ein verbundenes Unternehmen (§ 271 Abs. 2; → § 319 Rn. 72), ein bei der Prüfung in verantwortlicher Position beschäftigter Gesellschafter oder eine andere von ihr beschäftigte Person, die das Ergebnis der Prüfung beeinflussen kann, einen der genannten Ausschlussgründe erfüllt.[131] Bei den Befangenheitstatbeständen nach § 319 Abs. 4 sind wegen des Verweises in Abs. 1 S. 1 auf § 319 Abs. 3 S. 1 und S. 2 sowohl die Zurechnungsvorschrift für **Ehegatten** (→ § 319 Rn. 90, → § 319 Rn. 92) bzw. **Lebenspartner** (→ § 319 Rn. 91) als auch die für Sozien zu beachten.[132]

31   Nicht erfasst ist nach Abs. 1 S. 1 der in § 319 Abs. 3 S. 1 Nr. 5 geregelte Fall der **finanziellen Abhängigkeit.** Begründet wird dieser Umstand mit „Praktikabilitätserwägungen" und „der Einschätzung, dass eine Berücksichtigung innerhalb des Netzwerkes nicht zu angemessenen Ergebnissen führt".[133] Die Nichterfassung der finanziellen Abhängigkeit im Rahmen von Netzwerken wird teils begrüßt,[134] teils als „rechtspolitisch nicht

---

[127]   Tabellarische Übersicht in BeBiKo/Justenhoven/Nagel Rn. 21.

[128]   HKMS/Mylich/Müller Rn. 31.

[129]   Wiedmann/Böcking/Gros/Böcking/Gros/Rabenhorst Rn. 5. Krit. zu der Einbeziehung von § 319 Abs. 3 S. 1 Nr. 4 Schüppen Rn. 9 („... der praktisch nicht einschlägig sein kann, weil zu der Frage, ob eine ihrerseits inhabile Person bei der Prüfung beschäftigt war, auf der Basis einer bloß hypothetischen Annahme einer Prüferbestellung keine Feststellungen getroffen werden können").

[130]   HKMS/Mylich/Müller Rn. 19; BeBiKo/Justenhoven/Nagel Rn. 16.

[131]   HKMS/Mylich/Müller Rn. 19; Merkt/Probst/Fink/Bruckner/Homfeldt S. 1502 Rn. 145; BeBiKo/Justenhoven/Nagel Rn. 16.

[132]   BeBiKo/Justenhoven/Nagel Rn. 16; Staub/Habersack/Schürnbrand Rn. 12 („Die Sozietätsklausel des § 319 Abs. 3 S. 1 und die Ehegattenklausel des § 319 Abs. 3 S. 2 werden durch den Ausnahmetatbestand des Abs. 1 S. 1 nicht berührt").

[133]   Begr. RegE BilMoG, BT-Drs. 16/10067, 90. Mit gleicher Begründung der österreichische Gesetzgeber: Steinböck, Die Bestimmungen des Unternehmensgesetzbuchs zur Unabhängigkeit des Abschlussprüfers, 2015, S. 163.

[134]   Staub/Habersack/Schürnbrand Rn. 13 („Schwierigkeiten bei der Bemessung des relevanten Umsatzanteils").

nachvollziehbar" kritisiert.[135] Nicht erfasst von Abs. 1 S. 1 sind ferner die Fälle des **Mitwirkungsverbots** (§ 319 Abs. 3 S. 1 Nr. 3). Zur Begründung wird angeführt, dass ein „objektiver, verständiger und informierter Dritter"[136] „immer" den Schluss ziehen würde, dass der Abschlussprüfer bei der Beurteilung der „Beratungs- oder Bewertungsdienstleistungen" eines Netzwerkangehörigen befangen sei, wenn „deren Ergebnis sich letztlich unabhängig von einem weiteren Zutun des Netzwerkmitglieds unmittelbar im handelsrechtlichen Jahres- oder Konzernabschluss niederschlägt".[137] Deshalb wurde das Mitwirkungsverbot nach § 319 Abs. 3 S. 1 Nr. 3 in den Katalog der widerleglichen Ausschlussgründe des Abs. 1 S. 1 nicht mit aufgenommen.

3. Widerlegung der Befangenheitsvermutung nach Abs. 1 S. 1. Das Vorliegen 32 einer der in Abs. 1 S. 1 genannten Ausschlussgründe in der Person des Netzwerkmitglieds schließt den Abschlussprüfer von der Abschlussprüfung dann nicht aus, wenn das Netzwerkmitglied „auf das Ergebnis der Abschlussprüfung keinen Einfluss hat" (Abs. 1 S. 1 Hs. 2). Unter Einfluss auf das Ergebnis der Abschlussprüfung ist sowohl **rechtliche** als auch **faktische Einflussnahmemöglichkeit** zu verstehen.[138] Will sich der Prüfer auf die Entlastungsmöglichkeit berufen, obliegt es ihm, das Vorliegen der Voraussetzungen des Ausnahmetatbestandes darzulegen und ggfs. zu beweisen.[139] Die Entlastungsmöglichkeit ist in Erwägungsgrund 11 Abschlussprüfer-RL ausdrücklich erwähnt. Den Netzwerken und ihren Mitgliedern ist es demnach möglich, durch geeignete **Schutzmaßnahmen** (*safeguards*)[140] die netzwerkweite Geltung der in Abs. 1 S. 1 genannten Ausschlusstatbestände zu vermeiden.[141] Schutzmaßnahmen zur Vermeidung von Ausschlusstatbeständen umfassen Verbote, Einschränkungen, sonstige Maßnahmen und Verfahren sowie Offenlegungspflichten.[142]

4. Ausschlussgründe nach Abs. 1 S. 2. Abs. 1 S. 2 bestimmt, dass ein Abschlussprü- 33 fer von der Abschlussprüfung auch ausgeschlossen ist, wenn ein Mitglied seines Netzwerks einen Ausschlussgrund nach **§ 319 Abs. 3 S. 1 Nr. 3** (Mitwirkungsverbot) erfüllt. In solchen Fällen werde ein objektiver, verständiger und informierter Dritter „immer" den Schluss ziehen, „dass der Abschlussprüfer bei der Beurteilung der Leistung seines Netzwerkangehörigen befangen sei."[143] Liegen die Voraussetzungen der vier Ausschlusstatbestände in der Person eines Netzwerkmitglieds vor, wird die **Befangenheit** des Abschlussprüfers **unwiderleglich vermutet.**[144] Die Möglichkeit der Entlastung besteht – anders als in den Fällen des Abs. 1 S. 1 – in diesen Fällen nicht. Nach verbreiteter Ansicht sollen ungeachtet des Wortlauts von Abs. 1 S. 2 die **Ehegatten**- und Lebenspartnerklausel (§ 319 Abs. 3 S. 2)[145]

---

135 Schüppen Rn. 11.
136 Dazu BGHZ 153, 32 = BB 2003, 462, 465 – HypoVereinsbank („vernünftig und objektiv denkender Dritter").
137 Begr. RegE BilMoG, BT-Drs. 16/10067, 90.
138 Schüppen Rn. 10; ausf. HKMS/Mylich/Müller Rn. 21; BeBiKo/Justenhoven/Nagel Rn. 1–3; Wiedmann/Böcking/Gros/Böcking/Gros/Rabenhorst Rn. 6 (gemeint ist eine „Form der Einflussnahme", die „sich in ihrer Intensität unterhalb der berufsrechtlich [§ 43 Abs. 1 WPO: Eigenverantwortlichkeit] zulässigen Einflussnahme bewegt"); Steinböck, Die Bestimmungen des Unternehmensgesetzbuchs zur Unabhängigkeit des Abschlussprüfers, 2015, S. 164 f.
139 Begr. RegE BilMoG, BT-Drs. 16/10067, 90; ebenso Hopt/Merkt Rn. 3; Merkt/Probst/Fink/Bruckner/Homfeldt S. 1502 Rn. 146; Staub/Habersack/Schürnbrand Rn. 12; Graumann Prüfungswesen S. 160; zur Führung des Nachweises ausf. Petersen/Zwirner/Boecker WPg 2010, 464 (467 ff.).
140 Nach § 30 Abs. 1 S. 1 BS WP/vBP sind Schutzmaßnahmen „solche Maßnahmen oder Verfahren, die geeignet sind, eine Gefährdung der Unbefangenheit der WP/vBP so weit abzuschwächen, dass aus Sicht eines verständigen Dritten die Gefährdung insgesamt als unwesentlich zu beurteilen ist." Beispiele für solche Schutzmaßnahmen finden sich in § 30 Abs. 1 S. 2 BS WP/vBP. Aus Sicht des österreichischen Rechts Steinböck, Die Bestimmungen des Unternehmensgesetzbuchs zur Unabhängigkeit des Abschlussprüfers, 2015, S. 37, 38.
141 Staub/Habersack/Schürnbrand Rn. 12.
142 S. Erwägungsgrund 11 Abschlussprüfer-RL; WPK WPK Magazin 3/2014, 29 (31).
143 BT-Drs. 16/10067, 90.
144 HKMS/Mylich/Müller Rn. 24; Hopt/Merkt Rn. 4; Schüppen Rn. 12; Merkt/Probst/Fink/Bruckner/Homfeldt S. 1502 Rn. 147.
145 Staub/Habersack/Schürnbrand Rn. 14; BeBiKo/Justenhoven/Nagel Rn. 21.

sowie die Zurechnungsvorschriften des § 319 Abs. 4[146] – wie nach Abs. 1 S. 1 – zur Anwendung kommen.

IV. Konzernabschlüsse (Abs. 2)

34   Abs. 2 bestimmt, dass Abs. 1 auf den Abschlussprüfer des Konzernabschlusses entsprechend anzuwenden ist. Daher sind bei der Konzernabschlussprüfung die in Abs. 1 aufgeführten Tatbestände auch hinsichtlich der in den Konzernabschluss einbezogenen Unternehmen für das gesamte Netzwerk des Konzernabschlussprüfers zu beachten.[147] Die Vorschrift wird ihr Hauptanwendungsgebiet für international ausgerichtete Netzwerke finden und nicht unerhebliche Organisations- und Dokumentationsanforderungen stellen.[148]

V. Rechtsfolgen

35   Die Rechtsfolgen eines Verstoßes gegen § 319b entsprechen denen eines Verstoßes gegen § 319 Abs. 2 oder 3 (iVm Abs. 4 und 5). Zu beachten ist außerdem die Bußgeldvorschrift des § 334: Wer zu einem Jahresabschluss, zu einem Einzelabschluss nach § 325 Abs. 2a oder zu einem Konzernabschluss, der aufgrund gesetzlicher Vorschriften zu prüfen ist, einen Vermerk nach § 322 Abs. 1 erteilt, obwohl nach § 319b Abs. 1 S. 1 oder 2 (jeweils auch iVm § 319b Abs. 2) er oder nach § 319b Abs. 1 S. 1 oder 2 (jeweils auch iVm § 319b Abs. 2) die Wirtschaftsprüfungsgesellschaft oder die Buchprüfungsgesellschaft, für die er tätig ist, nicht Abschlussprüfer sein darf, handelt **ordnungswidrig** (§ 334 Abs. 2). Die Ordnungswidrigkeit kann mit einer Geldbuße bis zu 50.000 Euro geahndet werden (§ 334 Abs. 3 S. 1). Die Bußgeldvorschrift des § 334 gilt auch für offene Handelsgesellschaften und Kommanditgesellschaften iSd § 264a Abs. 1 (§ 335b S. 1). Die Vorschriften des § 334 gelten nicht für Kreditinstitute iSd § 340 Abs. 1 S. 1 und Versicherungsunternehmen iSd § 341 Abs. 1 (§ 334 Abs. 5). Für sie gelten § 340n Abs. 2, § 341k Abs. 2 oder 3 bzw. § 341n Abs. 2.

§ 320[1] Vorlagepflicht. Auskunftsrecht

(1) **[1]Die gesetzlichen Vertreter der Kapitalgesellschaft haben dem Abschlußprüfer den Jahresabschluß, den Lagebericht und den gesonderten nichtfinanziellen Bericht unverzüglich nach der Aufstellung vorzulegen. [2]Sie haben ihm zu gestatten, die Bücher und Schriften der Kapitalgesellschaft sowie die Vermögensgegenstände und Schulden, namentlich die Kasse und die Bestände an Wertpapieren und Waren, zu prüfen. [3]Die gesetzlichen Vertreter einer Kapitalgesellschaft, die als Inlandsemittent (§ 2 Absatz 14 des Wertpapierhandelsgesetzes) Wertpapiere (§ 2 Absatz 1 des Wertpapierhandelsgesetzes) begibt und keine Kapitalgesellschaft im Sinne des § 327a ist, haben dem Abschlussprüfer auch die für Zwecke der Offenlegung nach den Vorgaben des § 328 Absatz 1 erstellte Wiedergabe des Jahresabschlusses und nach diesen Vorgaben erstellte Wiedergabe des Lageberichts vorzulegen.**

(2) **[1]Der Abschlußprüfer kann von den gesetzlichen Vertretern alle Aufklärungen und Nachweise verlangen, die für eine sorgfältige Prüfung notwendig sind. [2]Soweit es die Vorbereitung der Abschlußprüfung erfordert, hat der Abschlußprüfer die Rechte nach Absatz 1 Satz 2 und nach Satz 1 auch schon vor Aufstellung des Jah-**

---

[146]   BeBiKo/Justenhoven/Nagel Rn. 20 („Redaktionsversehen im Gesetzgebungsverfahren"); offenlassend HKMS/Mylich/Müller Rn. 24.

[147]   Steinböck, Die Bestimmungen des Unternehmensgesetzbuchs zur Unabhängigkeit des Abschlussprüfers, 2015, S. 168.

[148]   HKMS/Mylich/Müller Rn. 29; BeBiKo/Justenhoven/Nagel Rn. 4; Merkt/Probst/Fink/Bruckner/Homfeldt S. 1503 Rn. 148.

[1]   Zur Regelung des einheitlichen elektronischen Formats für Jahresfinanzberichte durch das Gesetz zur weiteren Umsetzung der Transparenzrichtlinie-Änderungsrichtlinie (ESEF-UG) → 4. Aufl. 2020. Anh. Bd. 4 Rn. 1 ff.

resabschlusses. [3]Soweit es für eine sorgfältige Prüfung notwendig ist, hat der Abschlußprüfer die Rechte nach den Sätzen 1 und 2 auch gegenüber Mutter- und Tochterunternehmen.

(3) [1]Die gesetzlichen Vertreter einer Kapitalgesellschaft, die einen Konzernabschluß aufzustellen hat, haben dem Abschlußprüfer des Konzernabschlusses den Konzernabschluß, den Konzernlagebericht, den gesonderten nichtfinanziellen Konzernbericht, die Jahresabschlüsse, Lageberichte, die gesonderten nichtfinanziellen Berichte und, wenn eine Prüfung stattgefunden hat, die Prüfungsberichte des Mutterunternehmens und der Tochterunternehmen vorzulegen. [2]Der Abschlußprüfer hat die Rechte nach Absatz 1 Satz 2 und nach Absatz 2 bei dem Mutterunternehmen und den Tochterunternehmen, die Rechte nach Absatz 2 auch gegenüber den Abschlußprüfern des Mutterunternehmens und der Tochterunternehmen. [3]Die gesetzlichen Vertreter einer Kapitalgesellschaft, die als Inlandsemittent (§ 2 Absatz 14 des Wertpapierhandelsgesetzes) Wertpapiere (§ 2 Absatz 1 des Wertpapierhandelsgesetzes) begibt und keine Kapitalgesellschaft im Sinne des § 327a ist, haben dem Abschlussprüfer auch die für Zwecke der Offenlegung nach den Vorgaben des § 328 Absatz 1 erstellte Wiedergabe des Konzernabschlusses und nach diesen Vorgaben erstellte Wiedergabe des Konzernlageberichts vorzulegen.

(4) Der bisherige Abschlussprüfer hat dem neuen Abschlussprüfer auf schriftliche Anfrage über das Ergebnis der bisherigen Prüfung zu berichten; § 321 ist entsprechend anzuwenden.

(5) [1]Ist die Kapitalgesellschaft als Tochterunternehmen in den Konzernabschluss eines Mutterunternehmens einbezogen, das seinen Sitz nicht in einem Mitgliedstaat der Europäischen Union oder einem anderen Vertragsstaat des Abkommens über den Europäischen Wirtschaftsraum hat, kann der Prüfer nach Absatz 2 zur Verfügung gestellte Unterlagen an den Abschlussprüfer des Konzernabschlusses weitergeben, soweit diese für die Prüfung des Konzernabschlusses des Mutterunternehmens erforderlich sind. [2]Die Übermittlung personenbezogener Daten muss im Einklang mit den Vorgaben der Verordnung (EU) 2016/679 und den allgemeinen datenschutzrechtlichen Vorschriften stehen.

Schrifttum: Althoff/Wirth, Nichtfinanzielle Berichterstattung und Prüfung im DAX 30 – Eine Analyse der Erstanwendung des CSR-Richtlinie-Umsetzungsgesetzes, WPg 2018, 1138; Bacu, Datenschutz-Grundverordnung und Neuregelung zum Outsourcing durch Berufsgeheimnisträger – Konsequenzen aus Sicht des Steuerberaters, DStR 2017, 2699; Blöink/Halbleib, Umsetzung der sog. CSR-Richtlinie 2014/95/EU: Aktueller Überblick über die verabschiedeten Regelungen des CSR-Richtlinie-Umsetzungsgesetzes, Der Konzern 2017, 182; Böse/Rockenbach, Cloud Computing: Vertragliche und datenschutzrechtliche Besonderheiten in der Praxis, MDR 2018, 70; Cornelius, Das Non-Legal-Outsourcing für Berufsgeheimnisträger, NJW 2017, 3751; Ebke, Die Arbeitspapiere des Wirtschaftsprüfers und Steuerberaters im Zivilprozess, 2003; Ebke, Die Offenlegung des Prüfungsberichts des gesetzlichen Abschlussprüfers in der Insolvenz des geprüften Unternehmens, FS Wellensiek, 2011, 429; Ebke, Informationsrechte bei Wechsel des Abschlussprüfers nach § 320 Abs. 4 HGB und Art. 18 EU-APrVO, FS Vieweg, 2021, 57; Gundel, Prüfung der CSR-Berichterstattung durch den Aufsichtsrat – Wie intensiv muss der Aufsichtsrat die Rechtmäßigkeit prüfen?, WPg 2018, 108; Hermesmeier, Das neue Geheimnisschutzrecht: Berufsrechtliche Neuregelung der Mitwirkung Dritter an der Berufsausübung schweigepflichtiger Personen (§§ 50, 50a WPO), WPg 2018, 179; Hermesmeier, Das neue Geheimnisschutzrecht: Strafrechtliche und strafprozessuale Neuregelung der Mitwirkung Dritter an der Berufsausübung schweigepflichtiger Personen (§§ 203 Abs. 3, 4 StGB, 53a StPO), WPg 2018, 114; Herrmann, Der ungedeckte Fehlbetrag nach § 268 Abs. 3 HGB und die Folgepflichten für Abschlußprüfer und Gesellschaftsorgane in AG und GmbH, ZGR 1989, 273; Huter, Auslegungsfragen zur Risikoberichterstattung in der nichtfinanziellen Erklärung, WPg 2019, 603; IDW, EU-Regulierung der Abschlussprüfung – IDW Positionspapier zu Inhalten und Zweifelsfragen der EU-Verordnung und der Abschlussprüferrichtlinie, 3. Aufl., Stand: 10.4.2017; Kropff, Rechtsfragen in der Abschlußprüfung, FS Havermann, 1995, 321; Mock, Berichterstattung über Corporate Social Responsibility nach dem CSR-Richtlinie-Umsetzungsgesetz, ZIP 2017, 1195; Paal/Pauly, Datenschutz-Grundverordnung – Bundesdatenschutzgesetz, 2. Aufl. 2018; Petersen/Zwirner, Abschlussprüfung nach dem Regierungsentwurf zum BilMoG, WPg 2008, 967; Rabenhorst, Externe Bestätigungen bei der Jahresabschlussprüfung, WPg 2002, 16; Richter/Johne/König, Umsetzung der

CSR-Richtlinie in nationales Recht, WPg 2017, 566; Rimmelspacher/Schäfer/Schönberger, Das CSR-Richtlinie-Umsetzungsgesetz: Neue Anforderungen an die nichtfinanzielle Berichterstattung und darüber hinaus, KoR 2017, 225; Schäfer/Schröder, CSR-Richtlinie-Umsetzungsgesetz: Implikationen für den Mittelstand, WPg 2017, 1324; Schneiders, Funktion und Stellung des Abschlussprüfers nach deutschem und englischem Recht, 2018; Schüppen. Die europäische Abschlussprüfungsreform und ihre Implementierung in Deutschland: Vom Löwen zum Bettvorleger?, NZG 2016, 247; Siegmann, Einholen und Prüfen von Saldenbestätigungen, ST 1996, 1051; Zwirner/Boecker, Das AReG wurde verabschiedet, DStR 2016, 984.

Übersicht

I. Überblick

1   **1. Rechte und Pflichten.** Damit die Ziele der gesetzlichen Jahresabschlussprüfung erreicht werden können, begründet der – auf §§ 148, 165 Abs. 1–4, 336 Abs. 3 AktG 1965 zurückgehende, durch das BilMoG vom 25.5.2009 (BGBl. 2009 I 1102) um den Abs. 4 und durch das AReG vom 10.5.2016 (BGBl. 2016 I 1142) um den Abs. 5 erweiterte, durch das CSR-Richtlinie-Umsetzungsgesetz vom 11.4.2017 (BGBl. 2017 I 802) in Abs. 1 S. 1 und Abs. 3 S. 1 an die nichtfinanziellen Berichtspflichten der CSR-RL angepasste und durch das ESEF-UG vom 12.8.2020 (BGBl. 2020 I 1874) um Abs. 1 S. 3 und Abs. 2 S. 3 ergänzte – § 320 eine **Vorlagepflicht** der gesetzlichen Vertreter der prüfungspflichtigen Gesellschaft (Abs. 1 S. 1 und 3) und eine Pflicht der gesetzlichen Vertreter, dem Abschlussprüfer **Einsichtnahme** und **Prüfung** (Abs. 1 S. 2) zu gestatten. Mit den Pflichten der gesetzlichen Vertreter korrespondiert auf Seiten des bestellten Abschlussprüfers ein Recht auf Vorlage, Einsichtnahme und Prüfung. Darüber hinaus stattet das Gesetz den Prüfer mit weitreichenden **Auskunftsrechten** aus (Abs. 2). Abs. 3 erstreckt die Rechte und Pflichten der Beteiligten auf die Konzernabschlussprüfung. Abs. 4 S. 1, der auf Art. 23 Abs. 3 Abschlussprüfer-RL zurückgeht, räumt dem Abschlussprüfer ein unmittelbares **Recht auf**

Information gegenüber dem bisherigen Abschlussprüfer ein und verpflichtet den bisherigen Abschlussprüfer, dem neuen Abschlussprüfer auf schriftliche Anfrage über das Ergebnis der bisherigen Prüfung zu berichten. Nach Abs. 5 S. 1 kann der Prüfer nach Abs. 2 zur Verfügung gestellte **Unterlagen** an den Abschlussprüfer des Konzernabschlusses **weitergeben**, soweit diese für die Prüfung des Konzernabschlusses des Mutterunternehmens erforderlich sind, wenn die prüfungspflichtige Kapitalgesellschaft als Tochterunternehmen in den Konzernabschluss eines Mutterunternehmens einbezogen ist, das seinen Sitz nicht in einem Mitgliedstaat der EU oder einem anderen Vertragsstaat des EWR (Fürstentum Liechtenstein, Island, Norwegen) hat. Die **Übermittlung personenbezogener Daten** muss allerdings im Einklang mit den Vorgaben der DS-GVO und den allgemeinen datenschutzrechtlichen Vorschriften stehen.

2. Anwendungsbereich. § 320 gilt unmittelbar für die Prüfung des Einzelabschlusses **2** und des Konzernabschlusses von Kapitalgesellschaften iSv § 316 Abs. 1 S. 1 sowie für die Nachtragsprüfung gemäß § 316 Abs. 3, ferner für Personengesellschaften iSd § 264a Abs. 1 sowie aufgrund Verweises für Abschlussprüfungen nach § 6 Abs. 1 PublG, §§ 14, 17 PublG und Abschlussprüfungen von Kreditinstituten (§ 340k Abs. 1 S. 1) und Versicherungsunternehmen (§ 341k Abs. 1 S. 1).[2] Für die Prüfung des **Abhängigkeitsberichts** gelten Abs. 1 S. 2 und Abs. 2 S. 1 und 2 sinngemäß (§ 313 Abs. 1 S. 3 AktG).[3] Bei der **Kapitalerhöhungsprüfung** gelten Abs. 1 und 2 entsprechend (§ 209 Abs. 4 S. 2 AktG; § 57f Abs. 3 S. 2 GmbHG). Für den Vertragsprüfer gelten Abs. 1 S. 2 und Abs. 2 S. 1 und 2 entsprechend (§ 293d Abs. 1 S. 1 AktG); das Auskunftsrecht besteht gegenüber einem Konzernunternehmen sowie einem abhängigen und einem herrschenden Unternehmen (§ 293d Abs. 1 S. 2 AktG). Auch wenn § 162 Abs. 3 AktG keinen ausdrücklichen Verweis auf § 320 enthält, ist davon auszugehen, dass § 320 für die Prüfung des Vergütungsberichts entsprechend gilt.[4] Bei der **Verschmelzungsprüfung** nach § 9 UmwG gilt § 320 Abs. 1 S. 2 und Abs. 2 S. 1 und 2 entsprechend (§ 11 Abs. 1 S. 1 UmwG).[5] Auf die umwandlungsrechtliche Gründungsprüfung ist Abs. 1 S. 2 und Abs. 2 S. 1 ebenfalls entsprechend anwendbar (§ 159 Abs. 3 S. 3 UmwG). Auf die Bescheinigung nach § 64 **EEG 2017** (§ 64 Abs. 3 S. 1 lit. c. Hs. 2 EEG 2017) sowie die Prüfung nach § 75 S. 1 und 2 EEG 2017 (§ 75 S. 4 EEG 2017) und die Prüfung nach § 30 Abs. 1 und 2 KWKG (§ 30 Abs. 3 KWKG) ist Abs. 2 ebenfalls entsprechend anwendbar. § 320 ist ferner auf **Halbjahresfinanzberichte** entsprechend anwendbar nach § 115 Abs. 5 S. 7 WpHG. Auf gesetzlich nicht vorgeschriebene („freiwillige") Abschlussprüfungen ist § 320 grundsätzlich nicht anwendbar; eine sinngemäße Anwendung des § 320 sollte in dem Prüfungsvertrag daher ausdrücklich vereinbart werden.[6] Das gilt auch für die Prüfung gesetzlich nicht vorgeschriebener Konzernabschlüsse.[7]

3. Zwingende Natur. Die Verpflichtungen der gesetzlichen Vertreter der prüfungs- **3** pflichtigen Gesellschaft gegenüber dem Abschlussprüfer (Abs. 1 S. 2, 3, Abs. 2 S. 2, 3) und die damit korrespondierenden Rechte des Abschlussprüfers sowie die Auskunftsrechte des Abschlussprüfers gegenüber den gesetzlichen Vertretern nach Abs. 2 können weder im Prüfungsauftrag noch durch sonstige Vereinbarungen zwischen Prüfer und Gesellschaft aufgehoben oder eingeschränkt werden (§ 134 BGB); sie können auch im Gesellschaftsvertrag oder in der Satzung zulasten des Prüfers nicht verändert werden.[8]

---

2   HKMS/Burg Rn. 4; BeBiKo/Justenhoven/Heinz Rn. 5; Staub/Habersack/Schürnbrand Rn. 3; Merkt/
    Probst/Fink/Bruckner/Homfeldt S. 1505 Rn. 154.
3   LG Köln DB 1999, 685.
4   BeBiKo/Justenhoven/Heinz Rn. 5; zu Einzelheiten der Prüfung Pföhler/Boxberg WPg 2022, 244; IDW
    EPS 870: Die Prüfung des Vergütungsberichts nach § 162 Abs. 3 AktG (Stand: 17.2.2023), IDW Life
    2023, 298.
5   LG Hagen BeckRS 2006, 12177.
6   HKMS/Burg Rn. 4; BeBiKo/Justenhoven/Heinz Rn. 6; Staub/Habersack/Schürnbrand Rn. 3; Merkt/
    Probst/Fink/Bruckner/Homfeldt S. 1505 Rn. 154; Wiedmann/Böcking/Gros/Böcking/Gros/Raben-
    horst Rn. 3; Graumann Prüfungswesen S. 170.
7   BeBiKo/Justenhoven/Heinz Rn. 20.
8   Schüppen Rn. 3; BeBiKo/Justenhoven/Heinz Rn. 1; HKMS/Burg Rn. 19; Merkt/Probst/Fink/Bruck-
    ner/Homfeldt S. 1505 Rn. 155; Wiedmann/Böcking/Gros/Böcking/Gros/Rabenhorst Rn. 1.

II. Vorlagepflicht (Abs. 1 S. 1)

4   Abs. 1 S. 1 stellt klar, dass die gesetzlichen Vertreter der Kapitalgesellschaft dem Abschlussprüfer den Jahresabschluss und den Lagebericht, die gemäß § 317 Abs. 1, 2 Gegenstand der Prüfung sind, sowie den gesonderten nichtfinanziellen Bericht, der nach § 317 Abs. 2 S. 4 und 5 auf seine Vorlage hin zu prüfen ist (→ § 317 Rn. 86 f.), unverzüglich, also ohne schuldhaftes Zögern (§ 121 Abs. 1 S. 1 BGB), **nach** der **Aufstellung** vorzulegen haben. Der Jahresabschluss (also die Bilanz, die Gewinn- und Verlustrechnung und der Anhang, § 242 Abs. 3, § 264 Abs. 1 S. 1) und der Lagebericht (§ 264 Abs. 1 S. 1) prüfungspflichtiger Gesellschaften (§ 316 Abs. 1 S. 1) sind von den gesetzlichen Vertretern in den ersten drei Monaten des Geschäftsjahrs für das vergangene Geschäftsjahr aufzustellen (§ 264 Abs. 1 S. 3).[9] Daher muss der vollständig aufgestellte Jahresabschluss nebst Lagebericht **spätestens** mit Ablauf der Frist von drei Monaten vorliegen.[10] Sind Jahresabschluss und Lagebericht schon vor Ablauf der gesetzlichen Aufstellungspflicht aufgestellt worden,[11] sind sie nach dem Wortlaut des Abs. 1 S. 1 dem Prüfer auch **schon vor Ablauf** der Frist von drei Monaten vorzulegen (allgM). Das hat den Vorzug, dass der ohnehin knapp bemessene Zeitraum für die Abschlussprüfung (→ § 316 Rn. 23) voll ausgenutzt werden kann. Der gesonderte nichtfinanzielle Bericht (§ 289b Abs. 3, §§ 289c–289e), der an die Stelle einer nichtfinanziellen Erklärung im Lagebericht tritt, ist zusammen mit dem Lagebericht zu erstellen und zusammen mit dem Lagebericht nach § 325 im BAnz offenzulegen (oder auf der Internetseite der Kapitalgesellschaft zu veröffentlichen).[12]

5   Nach zutreffender Ansicht können dem Abschlussprüfer auch einzelne bereits fertiggestellte und prüfungsfähige Teile des Jahresabschlusses wie die Bilanz oder die Gewinn- und Verlustrechnung übergeben werden.[13] Die Gesellschaft soll also nicht zuwarten müssen, bis der Jahresabschluss (Bilanz, die Gewinn- und Verlustrechnung und der Anhang) und der Lagebericht vollständig aufgestellt („fertig")[14] vorliegt, auch wenn Bilanz, Gewinn- und Verlustrechnung sowie Anhang eine Einheit bilden (§ 264 Abs. 1 S. 1) und das Zusammenwirken aller Teile des Jahresabschlusses und sämtlicher Prüfungsgegenstände (§§ 316, 317) in die Prüfung mit einbezogen werden muss (zu den sog. **Vor- und Zwischenprüfungen** → Rn. 18). Mit der so verstandenen Vorlage von Teilen des Jahresabschlusses korrespondiert das Recht des Prüfers auf Einsichtnahme, Prüfung und Auskunft auch schon vor Vorlage des Jahresabschlusses, soweit es die Vorbereitung und Durchführung der Abschlussprüfung

---

9   HKMS/Burg Rn. 6. Kleine Kapitalgesellschaften (§ 267 Abs. 1) dürfen den Jahresabschluss auch später aufstellen, wenn dies einem ordnungsgemäßen Geschäftsgang entspricht, jedoch innerhalb der ersten sechs Monate des Geschäftsjahres (§ 264 Abs. 1 S. 4 Hs. 2). Kreditinstitute haben unabhängig von ihrer Größe und Rechtsform ebenfalls die Dreimonatsfrist zu beachten (§ 340a Abs. 1 S. 1). Für Versicherungsunternehmen gilt abweichend eine Aufstellungsfrist von vier Monaten (§ 341a Abs. 1 S. 1).

10   BeBiKo/Justhoven/Heinz Rn. 10 („spätestens mit Ablauf der Frist"); ebenso HKMS/Burg Rn. 6 („spätestens am nachfolgenden Tag"); ungenau Wiedmann/Böcking/Gros/Böcking/Gros/Rabenhorst Rn. 5 („spätestens nach dieser Frist").

11   Umstritten ist, wann der Jahresabschluss als „aufgestellt" angesehen werden kann. Zum Stand der Meinungen: HKMS/Burg Rn. 5 („… allein auf den entsprechenden Willensbildungsakt der gesetzlichen Vertreter der Gesellschaft abzustellen"); vgl. BeBiKo/Justenhoven/Heinz Rn. 10; Schüppen Rn. 4–7.

12   Hopt/Merkt § 289b Rn. 4. Zu Einzelheiten: Althoff/Wirth WPg 2018, 1138; Blöink/Halbleib Der Konzern 2017, 182; Boecker/Zwirner BB 2017, 2155; Huter WPg 2019, 603; Mock ZIP 2017, 1195; Schaefer/Schröder WPg 2017, 1324.

13   Vgl. BeBiKo/Justenhoven/Heinz Rn. 5; Merkt/Probst/Fink/Bruckner/Homfeldt S. 1506 Rn. 157; Wiedmann/Böcking/Gros/Böcking/Gros/Rabenhorst Rn. 5; aA Schüppen Rn. 5 („feststellungsreifer Abschluss") unter Hinweis auf OLG Köln BB 1992, 2108.

14   BeBiKo/Justenhoven/Heinz Rn. 11 („Die Vorstellung, dass dem Abschlussprüfer ein lückenloser, ‚fertig' aufgestellter Jahresabschluss zur Prüfung übergeben wird, ist nicht mehr zeitgemäß"); Merkt/Probst/Fink/Bruckner/Homfeldt S. 1506 Rn. 157, die betonen, dass § 320 auf der Vorstellung basiert, „dass das zu prüfende Unternehmen den Jahresabschluss und den Lagebericht zunächst aufstellt und die Abschlussprüfung erst im Anschluss an die Aufstellung beginnt." In der Praxis sei diese Sichtweise wegen der Komplexität der Rechnungslegung und des zunehmenden Termindrucks „im Regelfall nicht mehr anzutreffen"); Graumann Prüfungswesen S. 172 (wegen der zunehmenden Komplexität der Rechnungslegung und des ständig wachsenden Termindrucks „nicht mehr zeitgemäß"); aA OLG Brandenburg BB 2001, 1949.

erfordern (Abs. 2 S. 2). Noch weiter gehend werden in Rechtsprechung[15] und der Literatur[16] sog. **Parallelprüfungen** für zulässig erachtet, bei denen das prüfungspflichtige Unternehmen im Laufe der Konkretisierung der Jahresabschlusspositionen dem Prüfer bereits einige prüfbereite Prüfungsfelder (zB das Anlage- oder Vorratsvermögen) zur Prüfung vorlegt.[17] Dass solche Prüfungshandlungen nicht nur durchaus „sinnvoll"[18] und „ökonomisch"[19] sein können, sondern grundsätzlich auch zulässig sind, folgt aus Abs. 2 S. 2.[20] Bei solchen Parallelprüfungen ist aber peinlich darauf zu achten, dass die **Grenzen** zu **der (unzulässigen) Mitwirkung an der Aufstellung** des Jahresabschlusses (§ 319 Abs. 3 S. 1 Nr. 3; § 319b Abs. 1 S. 3; Art. 5 Abs. 1 UAbs. 2 lit. c Abschlussprüfungs-VO) nicht überschritten werden.[21] Hiervon zu unterscheiden ist die Vorlage eines nicht prüfungsfähigen „Jahresabschlusses" in der Annahme, der Abschlussprüfer werde ihn im Rahmen seiner Prüfungshandlungen ergänzen, ändern oder vervollständigen (→ § 319 Rn. 60). Sofern sich der Prüfer in einem solchen Fall nicht auf seine Kontrollfunktion beschränkt, verstößt er gegen das **Verbot der Mitwirkung** an der Aufstellung des Jahresabschlusses (§ 319 Abs. 3 S. 1 Nr. 3; § 319b Abs. 1 S. 3; Art. 5 Abs. 1 UAbs. 2 lit. c Abschlussprüfungs-VO) – mit allen rechtlichen Folgen, die ein solcher Verstoß nach sich zieht (→ § 319 Rn. 83 ff.). Mit der Vorlage eines solchen Abschlusses verletzen die gesetzlichen Vertreter der prüfungspflichtigen Gesellschaft, die den Abschluss zu verantworten haben (vgl. § 322 Abs. 1 S. 2), im Übrigen ihre Pflicht zur Aufstellung eines prüfungsfähigen Jahresabschlusses.[22]

III. Recht auf Einsicht und Prüfung (Abs. 1 S. 2 und S. 3)

Abs. 1 S. 2 regelt Einzelheiten der Durchführung der Jahresabschlussprüfung. 6

1. Bücher und Schriften (S. 2). Nach Abs. 1 S. 2 haben die gesetzlichen Vertreter 7 der Kapitalgesellschaft dem Prüfer zu gestatten, die Bücher und Schriften der Kapitalgesellschaft zu „prüfen", also nicht nur – wie in der einschlägigen Literatur häufig zu lesen ist – „Einsicht zu nehmen".[23] „Prüfung" setzt Einsichtnahme voraus, geht über das bloße Einsehen von Unterlagen aber hinaus.[24] Das Recht auf Prüfung schließt beispielsweise das Recht des Abschlussprüfers ein, Exzerpte und **Kopien** anzufertigen und sie zu seinen Arbeitspapieren zu nehmen.[25] Die Begriffe „Bücher" und „Schriften" sind nach Sinn und Zweck der gesetzlichen Abschlussprüfung weit zu verstehen (allgM).[26]

---

[15] BGH AG 2006, 887 („sinnvolles Vorgehen, das eine frühzeitige Fehlerkorrektur durch den Prüfer ermöglicht und dessen Unabhängigkeit nicht in Frage stellt"); OLG Frankfurt a.M. BeckRS 2009, 24483 Rn. 127 („Es ist danach gemäß § 320 Abs. 2 S. 2 HGB zulässig, wenn der Prüfer Prüfungshandlungen bereits vor Abschluss der Arbeiten am Prüfungsgegenstand vornimmt"); LG Hagen BeckRS 2006, 12177 (Rn. 38: „Denn die Richtigkeit der Prüfung hängt nicht von deren Zeitpunkt ab, sondern von der Kompetenz und Unabhängigkeit des Prüfers); iE ebenso OLG Frankfurt a.M. AG 2008, 167; OLG Düsseldorf AG 2006, 202; OLG Düsseldorf AG 2005, 293; OLG Stuttgart AG 2004, 109; OLG Köln ZIP 2005, 1179; OLG Hamburg AG 2005, 253.

[16] Schüppen Rn. 7 (wegen des vor allem bei kapitalmarktorientierten Unternehmen extremen Termindrucks „unvermeidlich"); Merkt/Probst/Fink/Bruckner/Homfeldt S. 1506 Rn. 157 (die von „aufstellungsbegleitender Prüfung" sprechen); HKMS/Burg Rn. 6; Staub/Habersack/Schürnbrand Rn. 4; BeBiKo/Justenhoven/Heinz Rn. 11.

[17] BeBiKo/Justenhoven/Heinz Rn. 20.

[18] BGH AG 2006, 887.

[19] LG Hagen BeckRS 2006, 12177 Rn. 38.

[20] LG Hagen BeckRS 2006, 12177 Rn. 38. Ebenso BeBiKo/Justenhoven/Heinz Rn. 11; Staub/Habersack/Schürnbrand Rn. 4.

[21] OLG Frankfurt a.M. BeckRS 2009, 24483 Rn. 127; BeBiKo/Justenhoven/Heinz Rn. 11 („selbstverständlich"); idS auch Schüppen Rn. 7; ähnlich Staub/Habersack/Schürnbrand Rn. 4; Graumann Prüfungswesen S. 171.

[22] Schüppen Rn. 6.

[23] S. zB HKMS/Burg Rn. 7, 8; zutr. Hopt/Merkt Rn. 1 („Prüfungsrecht"); Schüppen Rn. 8.

[24] Staub/Habersack/Schürnbrand Rn. 7; vgl. HKMS/Burg Rn. 12.

[25] HKMS/Burg Rn. 12; BeBiKo/Justenhoven/Heinz Rn. 22; Schüppen Rn. 8; Staub/Habersack/Schürnbrand Rn. 7; Graumann Prüfungswesen S. 172.

[26] HKMS/Burg Rn. 8 („extensiv auszulegen"); BeBiKo/Justenhoven/Heinz Rn. 18.

8   **a) Bücher.** Gesetzliche Vorgaben, welche Bücher zu führen sind, bestehen nicht (vgl. aber §§ 238–240). Zu den Büchern der Gesellschaft gehören üblicherweise[27] die **Grundbücher** (zB Kassenbuch, Wareneingangsbuch, Warenausgangsbuch und Tagebuch), das **Hauptbuch** (das die Aufzeichnungen der Grundbücher übernimmt und sie in sachlicher und systematischer Hinsicht entsprechend dem Kontenplan des Unternehmens ordnet) und die **Nebenbücher** („Hilfsbücher" wie Wechselbücher, Geschäftsfreundebücher [auch Kundenbuch, Lieferantenbuch, Personenbuch, Kontokorrentbuch],[28] Lohn- und Gehaltsbücher, Anlagenverzeichnisse und Lagerbücher, die neben der eigentlichen Buchführung für spezielle Einzelsachverhalte geführt werden).[29] Der Begriff „Bücher" ist unabhängig von der äußeren Form zu verstehen (heute allgM). Daher fallen auch EDV-Datenträger unter den Begriff.[30]

9   **b) Schriften.** Zu den Schriften zählen[31] **Buchungsbelege** (§ 257 Abs. 1 Nr. 4), also alle Schriftstücke, die als Nachweis für Geschäftsvorfälle dienen (zB Rechnungen, Kontoauszüge, Kassenstreifen und Quittungen), interne Belege (zB Belege für Privatentnahmen, Lohnlisten, Umbuchungslisten, Materialentnahmescheine, Forderungsausbuchungen, Wareneingang, Lagerverwaltung), Unterlagen über die **Bestandsaufnahme** (Inventur), Abschreibungspläne, Prüfungsberichte der internen Revision, Verträge (zB Anstellungs-, Miet-, Pacht-, Leasing-, Lieferungs-, Abnahmeverträge),[32] schriftliche Pensionszusagen (vgl. § 6a Abs. 1 Nr. 3 EStG), Handelsbriefe (§ 257 Abs. 1 Nr. 2, 3), Frachtbriefe (§ 408) und Hypothekenbriefe (§ 1116 Abs. 1 BGB), **Handelsregister- und Grundbuchauszüge** uÄ, Unterlagen über Prozesse und Haftungsverhältnisse,[33] ferner Abrechnungen, Kalkulationen, Statistiken, Pläne, Projektunterlagen, Produktions-, Investitions- und Finanzplanungen sowie Unterlagen über Derivate, Futures, Optionsgeschäfte, sonstige Financial Instruments, Termingeschäfte, Zinsbegrenzungsverträge und Nettingvereinbarungen. Zu den Schriften zählen außerdem die **Prüfungsberichte** iSv § 321, der Bericht über das Ergebnis der bisherigen Prüfung nach § 318 Abs. 6 S. 4; das **Ersetzungsurteil** iSv § 318 Abs. 3, die schriftliche **Kündigungsbegründung** (§ 318 Abs. 6 S. 3), der Widerrufsbeschluss (§ 318 Abs. 1 S. 5) sowie die Mitteilung(en) an die Wirtschaftsprüferkammer nach § 318 Abs. 8.

10   Bei **EDV-Buchführung** zählen zu den Schriften iSv § 320 Abs. 1 S. 2 ua Anweisungen über die Datenerfassung/Dateneingabe, Unterlagen bezüglich der Verarbeitung, Arbeitsabläufe und Auswertung der Daten sowie Nachweise über den Zugriffsschutz. Bei börsennotierten Aktiengesellschaften zählt zu den „Schriften" auch die Dokumentation der Maßnahmen nach § 91 Abs. 2 AktG bezüglich des **internen Überwachungssystems** („Risikofrüherkennungssystem", vgl. § 317 Abs. 4, § 321 Abs. 4).[34] Entsprechendes gilt für die Prüfung der § 53 HGrG unterliegenden Unternehmen.[35] Vom Prüfungsrecht sind außerdem Unterlagen über die rechtlichen Verhältnisse des Unternehmens, namentlich der Gesellschaftsvertrag und die Satzung der Gesellschaft (§ 317 Abs. 1 S. 3, § 321 Abs. 1 S. 3, Abs. 2 S. 1) sowie Beherrschungs-, Gewinnabführungs- oder Organschaftsverträge erfasst. Das Prüfungsrecht schließt nach herrschender und zutreffender Meinung auch **vertrauliche Unterlagen** (zB Protokolle von Vorstands-, Aufsichtsrats- und Beiratssitzungen,[36] Gesell-

---

27   HKMS/Burg Rn. 9; Wiedmann/Böcking/Gros/Böcking/Gros/Rabenhorst Rn. 6.
28   Zu dem Konflikt zwischen betriebswirtschaftlicher Notwendigkeit und Vermeidung von Steuerausweichungen J. Schmidt, Unentgeltliche Zuwendungen an Geschäftsfreunde und Mitarbeiter, 2012.
29   BeBiKo/Justenhoven/Heinz Rn. 18; Wiedmann/Böcking/Gros/Böcking/Gros/Wirth § 238 Rn. 13; Graumann Prüfungswesen S. 172.
30   HKMS/Burg Rn. 9; BeBiKo/Justenhoven/Heinz Rn. 18.
31   HKMS/Burg Rn. 10; Wiedmann/Böcking/Gros/Böcking/Gros/Rabenhorst Rn. 6.
32   Zur Pflicht des Abschlussprüfers zur Prüfung rechtlicher Vorfragen in der Abschlussprüfung Kropff FS Havermann, 1995, 321. S. auch ISA [DE] 250: Berücksichtigung von Gesetzen und anderen Rechtsvorschriften bei einer Abschlussprüfung (Stand: 26.3.2020), IDW Life 2019, 664 ff.; IDW Life 2020, 509.
33   Staub/Habersack/Schürnbrand Rn. 9.
34   Staub/Habersack/Schürnbrand Rn. 9.
35   Vgl. IDW PS 720: Berichterstattung über die Erweiterung der Abschlussprüfung nach § 53 HGrG (Stand 9.9.2010), WPg Supp. 22/2006, 1452, WPg Supp. 1/2011, 1.
36   Staub/Habersack/Schürnbrand Rn. 9; HKMS/Burg Rn. 23; Merkt/Probst/Fink/Bruckner/Homfeldt S. 1507 Rn. 160.

schafterversammlungen, Berichterstattungen an den Aufsichtsrat oder die Gesellschafter sowie Personalunterlagen) ein.[37]

2. Vermögensgegenstände und Schulden (S. 2). Die gesetzlichen Vertreter der **11** Kapitalgesellschaft haben dem Prüfer außerdem zu gestatten, die Vermögensgegenstände und Schulden (Bilanz, § 242 Abs. 1 S. 1) zu prüfen.[38] Das Gesetz nennt in diesem Zusammenhang beispielhaft („namentlich") die **Kasse** (vgl. § 266 Abs. 2 Gliederungspunkt B.IV.), die Bestände an **Wertpapieren** (zB Anteile an verbundenen Unternehmen, eigene Anteile sowie „sonstige" Wertpapiere des Anlage- und Umlaufvermögens – vgl. § 266 Abs. 2 Gliederungspunkte A.III.5 und B.III) und Waren (vgl. § 266 Abs. 2 Gliederungspunkt B. IV.). Die beispielhafte Auflistung schließt selbstverständlich nicht das Recht des Abschlussprüfers aus, sämtliche Aktiva und sämtliche Passiva zu prüfen.

a) Aktiva. Dem Prüfer ist daher zu gestatten, **sämtliche Gegenstände** des Anlagever- **12** mögens (also immaterielle Vermögensgegenstände, Sachanlagen und Finanzanlagen)[39] und des Umlaufvermögens (also Vorräte,[40] Forderungen[41] und sonstige Vermögensgegenstände,[42] Wertpapiere sowie Schecks und Bankguthaben), die aktiven Rechnungsabgrenzungsposten (§ 250 Abs. 1, 3)[43] sowie etwaige ausstehende Einlagen auf das gezeichnete Kapital (§ 272 Abs. 1 S. 1, 3) zu prüfen. Der Abschlussprüfer ist berechtigt, Betriebsbesichtigungen durchzuführen, um die Existenz und den Zustand des Anlage- und Umlaufvermögens zu überprüfen.[44]

b) Passiva. Dem Prüfer ist ferner zu gestatten, **sämtliche** Passiva zu prüfen, also nicht **13** nur die in § 320 Abs. 1 S. 2 ausdrücklich genannten „Schulden", dh die Verbindlichkeiten iSv § 266 Abs. 3 Gliederungspunkt C.), das Eigenkapital (dh gezeichnetes Kapital, Kapitalrücklage, Gewinnrücklage, Gewinnvortrag/Verlustvortrag und Jahresüberschuss/Jahresfehlbetrag),[45] die Rückstellungen (also Rückstellungen für Pensionen und ähnliche Verpflichtungen, Steuerrückstellungen und sonstige Rückstellungen, § 249)[46] und die passiven **Rechnungsabgrenzungsposten** (§ 250 Abs. 2),[47] sondern auch die eigenkapitalähnlichen Posten (zB Einlagen zur Kapitalerhöhung) die „unter der Bilanz" zu vermerkenden Haftungsverhältnisse (zB Verbindlichkeiten aus der Begebung und Übertragung von Wechseln, aus Bürgschaften, Wechsel- und Scheckbürgschaften und aus Gewährleistungsverträgen sowie Haftungsverhältnisse aus der Bestellung von Sicherheiten für fremde Verbindlichkeiten: § 251 S. 1).

3. Elektronische Wiedergaben (S. 3). Abs. 1 S. 3 idF des ESEF-UG vom 12.8.2020 **14** (BGBl. 2020 I 1874) erweitert die Vorlagepflicht der gesetzlichen Vertreter der betroffenen Kapitalmarktunternehmen (und zugleich die damit korrespondierenden Rechte des Abschlussprüfers) künftig um die für die Zwecke der Offenlegung erstellte Wiedergabe des Jahresabschlusses und des Lageberichts. Die Erweiterung stellt sicher, dass die Prüfung der elektronischen Wiedergaben im Rahmen der Abschlussprüfung erfolgen kann.

---

[37] HKMS/Burg Rn. 10; BeBiKo/Justenhoven/Heinz Rn. 21; Scheffler FS Havermann, 1995, 676.
[38] Wiedmann/Böcking/Gros/Böcking/Gros/Rabenhorst Rn. 7.
[39] Zu Einzelheiten Graumann Prüfungswesen S. 436–505.
[40] Zu Einzelheiten Graumann Prüfungswesen S. 506–533. Zur Prüfung der Vorratsinventur IDW PS 301: Prüfung der Vorratsinventur (Stand: 24.11.2010), WPg Supp. 1/2011, 1; IDW PS KMU 5: Reaktionen auf relevante Risiken (Stand: 28.9.2022) (Tz. 68–72).
[41] Zu den Grundsätzen ordnungsmäßiger Abschlussprüfung für Forderungen Graumann Prüfungswesen S. 533–562.
[42] Zu Einzelheiten Graumann Prüfungswesen S. 563–575.
[43] Zu Einzelheiten Graumann Prüfungswesen S. 659–664.
[44] OLG Stuttgart NZG 2022, 953 Rn. 50; BeBiKo/Justenhoven/Heinz Rn. 20.
[45] Zu Einzelheiten Graumann Prüfungswesen S. 576–600.
[46] Zu Einzelheiten Graumann Prüfungswesen S. 601–638. S. ferner Prinz WPg 2017, 1316.
[47] Zu Einzelheiten Graumann Prüfungswesen S. 659–664.

IV. Auskunftsrecht (Abs. 2)

15   Abs. 2 regelt die Auskunftsrechte des Abschlussprüfers gegenüber der zu prüfenden Gesellschaft (S. 1 und 2) sowie seine Rechte gegenüber Mutter- und Tochterunternehmen (S. 3).

16   **1. Aufklärungen und Nachweise (S. 1).** Nach Abs. 2 S. 1 kann der Abschlussprüfer von den gesetzlichen Vertretern alle Aufklärungen und Nachweise verlangen, die für eine sorgfältige Prüfung notwendig sind. Aufklärungen sind Auskünfte, Erklärungen und Begründungen, die in der Regel mündlich erteilt werden können[48] und von dem Abschlussprüfer schriftlich festgehalten werden sollten.[49] Nachweise sind dagegen schriftliche Unterlagen, die zur Untermauerung der Aufklärungen erforderlich sind.[50] Wenn die Höhe der Forderungen oder Verbindlichkeiten des zu prüfenden Unternehmens absolut oder relativ von Bedeutung ist, sind zur Prüfung ihres Nachweises **Saldenbestätigungen** heranzuziehen (soweit nicht ausnahmsweise die notwendigen Nachweise auf andere Weise einfacher und zuverlässiger erbracht werden können).[51]

17   Aus Sicherheitsgründen ist der Prüfer aufgrund der Pflicht zur gewissenhaften Prüfung (§ 323 Abs. 1 S. 1) gehalten, **Vollständigkeitserklärungen** (mit denen die gesetzlichen Vertreter des prüfungspflichtigen Unternehmens versichern, dass die Bücher und Schriften sowie die erteilten Auskünfte und Nachweise zum Jahresabschluss und zum Lagebericht vollständig sind),[52] Bestätigungen für von Dritten verwahrtes Vermögen (zB in Konsignationslagern)[53] sowie sonstige Bestätigungen (zB **Bank-, Rechtsanwalts-** und **Steuerberaterbestätigungen**) einzuholen.[54] Solche Erklärungen ersetzen zwar nicht die eigene Prüfungshandlung des Prüfers (und mindern auch nicht die zivilrechtliche Verantwortlichkeit des Prüfers); sie sind aber – wie das OLG Düsseldorf betont – „die Versicherung, daß alle verlangten Auskünfte und Nachweise erbracht wurden und [sind] somit Teil des Nachweises der Prüfungshandlungen".[55] Es ist umstritten, ob die Gesellschaft eine Rechtspflicht trifft, eine Vollständigkeitserklärung abzugeben.[56] Eine Verpflichtung zur Erteilung einer Vollständigkeitserklärung lässt sich nach zutreffender Ansicht aus § 320 nicht herleiten.[57] Wird die **Vollständigkeitserklärung** nicht, nicht rechtzeitig oder nur unvollständig erteilt, sind die Unterlassung bzw. Verzögerung und ihre Auswirkungen auf die Art und den Umfang der

---

[48]   HKMS/Burg Rn. 16; Staub/Habersack/Schürnbrand Rn. 11; Merkt/Probst/Fink/Bruckner/Homfeldt S. 1506 Rn. 161; Wiedmann/Böcking/Gros/Böcking/Gros/Rabenhorst Rn. 8; Graumann Prüfungswesen S. 172.

[49]   HKMS/Burg Rn. 16; BeBiKo/Justenhoven/Heinz Rn. 21; Staub/Habersack/Schürnbrand Rn. 11; Merkt/Probst/Fink/Bruckner/Homfeldt S. 1506 Rn. 162; Graumann Prüfungswesen S. 172.

[50]   HKMS/Burg Rn. 16; BeBiKo/Justenhoven/Heinz Rn. 21; Wiedmann/Böcking/Gros/Böcking/Gros/Rabenhorst Rn. 8.

[51]   OLG Frankfurt a.M. BeckRS 2014, 1190919 = ECLI:DE:OLGHE:2013:0814.6U114.08 (Nichtzulassungsbeschwerde zurückgewiesen: BGH 8.9.2016 – VII ZR 242/14); BeBiKo/Justenhoven/Heinz Rn. 21; Schüppen Rn. 8; Hopt/Merkt Rn. 2; Durchlaub WPg 1978, 142. Vgl. LG Hamburg WM 1999, 139 (142) (r. Sp.). Die Vorgehensweise und die Kriterien, nach denen Saldenbestätigungen eingeholt wurden, sind im Prüfungsbericht darzustellen (IDW PS 450: Grundsätze ordnungsmäßiger Erstellung von Prüfungsberichten [Stand: 28.10.2021], IDW Life 2022, 78 (Tz. 59). Zu Bestätigungen Dritter s. auch IDW PS 302: Bestätigungen Dritter (Stand: 10.7.2014), WPg Supp. 3/2014, 1; ISA [DE] 505: Externe Bestätigungen (Stand: 26.9.2019), IDW Life 2019, 683.

[52]   Vgl. OLG Düsseldorf BB 1996, 2614 (2614 r. Sp.); OLG Köln MDR 2002, 294; HKMS/Burg Rn. 16–17; Merkt/Probst/Fink/Bruckner/Homfeldt S. 1507 Rn. 164; Wiedmann/Böcking/Gros/Böcking/Gros/Rabenhorst Rn. 8; BeBiKo/Justenhoven/Heinz Rn. 28; Graumann Prüfungswesen S. 172–173. S. dazu auch IDW PS 303, Erklärungen der gesetzlichen Vertreter gegenüber dem Abschlussprüfer (Stand: 9.9.2010), WPg Supp. 4/2009, 19 (Tz. 24).

[53]   IDW PS 302.19.

[54]   IDW PS 302.19–302.25.

[55]   OLG Düsseldorf BB 1996, 2614 (2614 r. Sp.).

[56]   Zum Stand der Meinungen: HKMS/Burg Rn. 17; Hopt/Merkt Rn. 2.

[57]   IdS auch HKMS/Burg Rn. 17; BeBiKo/Justenhoven/Heinz Rn. 29; Schüppen Rn. 9; Hopt/Merkt Rn. 2; aA Staub/Habersack/Schürnbrand Rn. 12.

Prüfung und auf das Prüfungsergebnis im Prüfungsbericht (§ 321 Abs. 2 S. 6) zu erläutern[58] und ggf. den Bestätigungsvermerk einzuschränken oder zu versagen (§ 322 Abs. 2 S. 1 Nr. 2–4, Abs. 4).[59] § 322 Abs. 5 S. 1 stellt ausdrücklich klar, dass der Bestätigungsvermerk nicht einzuschränken, sondern zu versagen ist, wenn der Abschlussprüfer nach Ausschöpfung aller angemessenen Möglichkeiten zur Klärung des Sachverhalts nicht in der Lage ist, ein Prüfungsurteil abzugeben. In der **Praxis** hat der Streit so gut wie keine Bedeutung, weil nach Abschnitt 3 Abs. 2 der Allgemeinen Auftragsbedingungen für Wirtschaftsprüfer und Wirtschaftsprüfungsgesellschaften (AAB) vom 1.1.2017, die Prüfungsverträgen regelmäßig zugrunde gelegt werden (→ § 318 Rn. 29), die zu prüfende Gesellschaft „auf Verlangen" des Prüfers eine Vollständigkeitserklärung abzugeben hat.[60]

2. Vor- oder Zwischenprüfungen (S. 2). Dem Abschlussprüfer stehen die Einsichts-, Prüfungs- und Auskunftsrechte nach Abs. 1 S. 2 und Abs. 2 S. 1 auch schon vor Aufstellung des Jahresabschlusses zu, **soweit es die Vorbereitung der Abschlussprüfung erfordert** (Abs. 2 S. 2). Dadurch eröffnet das Gesetz die Möglichkeit, **Vor- und Zwischenprüfungen** durchzuführen,[61] die der zeitlichen Entlastung der Hauptprüfung dienen und „ökonomisch durchaus sinnvoll"[62] sind und von denen daher in der Praxis häufig Gebrauch gemacht wird.[63] Daraus ergibt sich auch die Befugnis des Prüfers, die **Warenbestandsaufnahme** zu beobachten.[64] Gegenstand einer Vorprüfung sind häufig Systemprüfungen (zB Risikomanagement nach § 91 Abs. 2 AktG, internes Kontrollsystem), Teile der Buchführung, die Einholung von Saldenbestätigungen sowie Sachverhalte und Vorgänge, die in dem zu prüfenden Geschäftsjahr bereits abgeschlossen sind.[65] Ein weiterer praktisch bedeutender Anwendungsbereich für Vor- und Zwischenprüfungen sind internationale Konzerne.[66] Ob eine Vor- oder Zwischenprüfung erforderlich ist, liegt im **Ermessen des Prüfers.**[67] Die Ermessensausübung findet ihre Grenze in dem Verbot der rechtsmissbräuchlichen Ausübung (→ Rn. 20). **18**

3. Rechte gegenüber Mutter- und Tochterunternehmen (S. 3). Abs. 2 S. 3 **19** erweitert die Einsichts-, Prüfungs- und Auskunftsrechte des Abschlussprüfers um das Recht,

---

[58] Vgl. IDW PS 450: Grundsätze ordnungsmäßiger Erstellung von Prüfungsberichten (Stand: 28.10.2021), IDW Life 2022, 78 (Tz. 59).

[59] Graumann Prüfungswesen S. 172 (unter Hinweis auf IDW PS 303.19); HKMS/Burg Rn. 55; Merkt/Probst/Fink/Bruckner/Homfeldt S. 1508 Rn. 164.

[60] Merkt/Probst/Fink/Bruckner/Homfeldt S. 1507 Rn. 164.

[61] BGH AG 2006, 887 („ein sinnvolles Vorgehen, das eine frühzeitige Fehlerkorrektur durch den Prüfer ermöglicht"); OLG Frankfurt a.M. BeckRS 2009, 24483 („Es ist danach gemäß § 320 Abs. 2 S. 2 HGB zulässig, wenn der Prüfer Prüfungshandlungen bereits vor Abschluss der Arbeiten am Prüfungsgegenstand vornimmt."); OLG Brandenburg BeckRS 2001, 30192183 (§ 320 Abs. 2 S. 2 eröffnet „dem Abschlußprüfer Tätigkeiten auf der Grundlage eines zunächst noch unvollständig aufgestellten Jahresabschlusses. Allerdings zeigt schon die systematische Stellung dieser Regelung ihren Ausnahmecharakter gegenüber dem in Abs. 1 aufgestellten Grundsatz der sofortigen Vorlage einer vollständig aufgestellten Bilanz zum Zwecke der Prüfung"); LG Hagen BeckRS 2006, 12177 (das Gesetz sehe durch Verweisung in § 11 Abs. 1 UmwG auf § 320 Abs. 2 „die Möglichkeit vor, dass der gerichtlich bestellte Prüfer bereits vor Abschluss der Arbeiten an dem Prüfungsgegenstand das Recht hat, Prüfungshandlungen vorzunehmen") unter Hinweis auf OLG Frankfurt AG 2008, 167; OLG Hamm AG 2005, 361; HansOLG ZIP 2004, 2288; OLG Köln ZIP 2005, 1179; OLG Düsseldorf ZIP 2005, 441 (442). Zust. HKMS/Burg Rn. 25; BeBiKo/Justenhoven/Heinz Rn. 32; Leuering NZG 2004, 606 (608); Wiedmann/Böcking/Gros/Böcking/Gros/Rabenhorst Rn. 9; Graumann Prüfungswesen S. 171.

[62] LG Hagen BeckRS 2006, 12177. Zum Grundsatz der Wirtschaftlichkeit (Effizienz) der Abschlussprüfung s. BeBiKo/Justhoven/Küster/Koch § 317 Rn. 143; HKMS/Burg § 317 Rn. 50 mwN; → § 317 Rn. 83 mwN.

[63] BeBiKo/Justenhoven/Heinz Rn. 32; HKMS/Burg Rn. 25; Merkt/Probst/Fink/Bruckner/Homfeldt S. 1506 Rn. 157.

[64] Baumbach/Hueck/Schulze-Osterloh, 18. Aufl. 2006, GmbHG § 41 Rn. 123.

[65] HKMS/Burg Rn. 27.

[66] OLG Brandenburg BeckRS 2001, 30192183 (das Gericht weist darauf hin, dass von § 320 Abs. 2 S. 2 „insbesondere dann Gebrauch gemacht wird, wenn der Jahresabschluß einer deutschen Kapitalgesellschaft frühzeitig zum Zwecke der Konsolidierung beim ausländischen Mutterunternehmen vorliegen soll"); HKMS/Burg Rn. 26.

[67] HKMS/Burg Rn. 28.

sie auch gegenüber Mutter- und Tochterunternehmen (§ 290) – auch mit **Sitz im Ausland**[68] – geltend zu machen.[69]

20   **a) Grenzen.** Exzessiven Einsichts-, Prüfungs- und Auskunftsbegehren des Prüfers hat der Gesetzgeber dadurch einen Riegel vorgeschoben, dass er die Einsichts-, Prüfungs- und Auskunftsrechte des Prüfers gegenüber Mutter- und Tochterunternehmen ausdrücklich **insgesamt** (also nicht nur für Einsichts-, Prüfungs- und Auskunftsbegehren **vor Aufstellung** des Jahresabschlusses, Abs. 2 S. 2) unter den Vorbehalt gestellt hat, dass sie „für eine sorgfältige Prüfung notwendig" sind (Abs. 2 S. 3). Zwar gilt die Einschränkung – nach dem Zweck der Abschlussprüfung und als Ausfluss des Gebots von **Treu und Glauben** unter Berücksichtigung der Verkehrssitte (§ 242 BGB), der Pflicht zur **Rücksichtnahme** auf die Rechte, Rechtsgüter und Interessen der betreffenden Gesellschaften (entsprechend § 241 Abs. 2 BGB), des Gebots der **Willkürfreiheit** sowie des **Schikaneverbots** (§ 226 BGB) – auch für die Einsichts-, Prüfungs- und Auskunftsrechte des Prüfers gegenüber der zu prüfenden Gesellschaft; durch die ausdrückliche Erwähnung der Grenzen der Rechte des Prüfers in Abs. 2 S. 3 wird aber unterstrichen, dass für Einsichts-, Prüfungs- und Auskunftsbegehren gegenüber Mutter- und Tochterunternehmen nur insoweit Raum ist, als die Wahrnehmung dieser Rechte für eine sorgfältige Prüfung notwendig ist.[70] Ebenso unbeachtlich ist ein Auskunfts- bzw. Vorlageverlangen, das zur **Unzeit** gestellt wird.[71] Außerdem ist angesichts des **Gebots der Wirtschaftlichkeit** der Abschlussprüfung[72] kaum zu besorgen, dass Abschlussprüfer von ihrem gesetzlichen Einsichts- und Prüfungsrecht gegenüber Mutter- und Tochterunternehmen **über Gebühr, unverhältnismäßig oder maßlos Gebrauch machen** werden. Im Interesse einer effizienten Abschlussprüfung wird der Prüfer zumeist versuchen, offene Fragen zunächst bei der zu prüfenden Gesellschaft zu klären, bevor er sich an Mutter- oder Tochterunternehmen wendet.

21   **b) Interessen der Gesellschaft.** Die betroffenen Gesellschaften werden im Allgemeinen ein Interesse daran haben, die von dem Abschlussprüfer aufgeworfenen Fragen möglichst zügig, wahrheitsgemäß und vollständig zu klären.[73] Dafür sorgt nicht zuletzt das im Gesetz angelegte Sanktionspotenzial (→ Rn. 25).

22   **c) Verschwiegenheit.** Die berechtigten Interessen der Mutter- und Tochterunternehmen sind durch die → Rn. 20 dargestellten Grenzen der Rechte des Prüfers nach § 320 Abs. 2 S. 3 hinreichend geschützt. Darüber hinaus schützt der Gesetzgeber Mutter- und Tochterunternehmen dadurch, dass er den Abschlussprüfer und seine Gehilfen zur Verschwiegenheit verpflichtet (§ 323 Abs. 1 S. 1; § 43 Abs. 1 S. 1 WPO, §§ 50, 50a WPO)[74] und sie einem **Verwertungsverbot** unterwirft (§ 323 Abs. 1 S. 2; § 57 Abs. 4 Nr. 1k WPO

---

[68]   Merkt/Probst/Fink/Bruckner/Homfeldt S. 1508 Rn. 165; BeBiKo/Justenhoven/Heinz Rn. 35; Hopt/Merkt Rn. 2; Staub/Habersack/Schürnbrand Rn. 15.

[69]   BeBiKo/Justenhoven/Heinz Rn. 35 weisen mit Recht auf die Schwierigkeiten der Durchsetzung der Rechte gegenüber Gesellschaften mit Sitz im Ausland hin. Ebenso Staub/Habersack/Schürnbrand Rn. 15.

[70]   BeBiKo/Justenhoven/Heinz Rn. 35; HKMS/Burg Rn. 21; Wiedmann/Böcking/Gros/Böcking/Gros/Rabenhorst Rn. 17.

[71]   HKMS/Burg Rn. 24 („Einzelfallbetrachtung unter Berücksichtigung der gegenseitigen Rücksichtnahmepflichten zwischen gesetzlichem Vertreter und Abschlussprüfer").

[72]   Dazu allgemein Jasper/Meinor WPg 2005, 1077.

[73]   Zu der Möglichkeit des Aufsichtsrats bei der AG oder der Gesellschafterversammlung bei der GmbH, zur Durchsetzung des Auskunftsbegehrens des Prüfers von ihren Aufsichts- bzw. Weisungsrechten gegenüber dem Vorstand bzw. den Geschäftsführern Gebrauch zu machen, s. Staub/Habersack/Schürnbrand Rn. 29.

[74]   §§ 43, 50, 50a WPO gelten sinngemäß für Wirtschaftsprüfungsgesellschaften sowie Vorstandsmitglieder, Geschäftsführer und persönlich haftende Gesellschafter einer Wirtschaftsprüfungsgesellschaft, die nicht Wirtschaftsprüfer sind (§ 56 Abs. 1 WPO). Zu Einzelheiten der Verschwiegenheitspflicht beschäftigter Personen (§ 50 WPO) und zum Geheimnisschutz bei Inanspruchnahme von Dienstleistungen (§ 50a WPO): Hermesmeier WPg 2018, 179; Hermesmeier WPg 2018, 114; Böse/Rockenbach MDR 2018, 70; Cornelius NJW 2017, 3751; Backu DStR 2017, 2699.

iVm § 11 BS WP/vBP). Verstöße dagegen sind zivilrechtlich (§ 323 Abs. 1 S. 3), strafrechtlich (§ 333 Abs. 1 und 2; § 119 WpHG) und berufsrechtlich (§§ 67 ff. WPO)[75] sanktioniert.

4. Geheimhaltungsinteresse der zu prüfenden Gesellschaft. Vor dem Hinter 23 grund der weitreichenden Sanktionierung von Verstößen gegen die Pflicht zur Verschwiegenheit bzw. das Verwertungsverbot ist der hM zuzustimmen, dass die gesetzlichen Vertreter die Vorlage von Büchern und Schriften (Abs. 1 S. 2) oder erbetene Aufklärungen und Nachweise (Abs. 2 S. 1) nicht unter Berufung auf Vertraulichkeit oder auf Geheimhaltung von **Betriebs- oder Geschäftsgeheimnissen**[76] und auch nicht unter Berufung auf die **Schutzklauseln** des § 286[77] oder unter Hinweis auf das Bankgeheimnis[78] verweigern dürfen. § 2 Abs. 1 GeschGehG enthält ebenfalls eine Definition des Begriffs des „Geschäftsgeheimnisses". Denn: *Vor dem Abschlussprüfer gibt es im Rahmen der Prüfungszwecke keine Geheimnisse bezüglich der Gegenstände der Prüfung!*

5. Abschließendes Auskunftsersuchen. Die – in der Praxis verbreitete[79] – Überlas 24 sung des Entwurfs des Prüfungsberichts („Vorweg- oder Leseexemplar") oder von Teilen desselben an die Adressaten zur Vorbereitung der Schlussbesprechung wurde in der Praxis häufig als abschließendes Auskunftsersuchen nach Abs. 2 S. 1 verstanden,[80] in der Rechtswissenschaft aber zum Teil heftig kritisiert. Zu der Frage, ob die Praxis, den gesetzlichen Vertretern zwecks Aufdeckung letzter Zweifelsfragen vorab einen vollständigen Entwurf der endgültigen Fassung des Prüfungsberichts zuzuleiten, mit § 321 Abs. 5 S. 3 nF vereinbar ist, → § 321 Rn. 93 f.

6. Sanktionen. Das Gesetz hält ein differenziertes System von Sanktionen für den Fall 25 vor, dass die gesetzlichen Vertreter ihren Verpflichtungen aus § 320 nicht nachkommen.[81] Zwar kann der Prüfer seine Rechte aus § 320 auf Auskunftserteilung bzw. Vorlage der Bücher und Schriften oder Erteilung von Nachweisen nach herrschender und zutreffender Meinung mangels Rechtsschutzbedürfnisses **nicht** im Wege der **Klage** oder **mittels einstweiligen Rechtsschutzes** durchsetzen.[82] Die Verweigerung der von der Gesellschaft nach Abs. 2 zu erbringenden Aufklärungen und Nachweise stellt im Allgemeinen – ohne Hinzutreten weiterer schwerwiegender Gründe (zB schwerwiegende persönliche Differenzen, massive Behinderungen von Prüfungshandlungen, Nötigungen, Täuschungshandlungen, kriminelle Machenschaften) – auch keinen wichtigen Grund für eine Kündigung des Prüfungsauftrags (§ 318 Abs. 6 S. 1) dar (str.; → § 318 Rn. 141).[83] Ferner besteht die nach

---

75 Zum Risiko der berufsrechtlichen Ahndung deutscher Wirtschaftsprüfer Quick BuW 1997, 241; Quick BuW 1997, 321; Tempelhoff WPK-Mitt. 1997, 275; Heni DB 1993, 1629.

76 BeBiKo/Justenhoven/Heinz Rn. 21 (gegenüber dem Abschlussprüfer gibt es kein Geschäfts- und Berufsgeheimnis, auch soweit ein solches die Gesellschaft selbst von Gesetzes wegen trifft); HKMS/Burg Rn. 21 („Dem Grundsatz nach sind dem Auskunftsrecht des Prüfers so gut wie keine Grenzen gesetzt. Ein Auskunftsverlangen muss sich jedoch am Prüfungszweck orientieren"). Zur Bedeutung des Begriffs Betriebs- oder Geschäftsgeheimnis: BVerfGE 115, 205 (230) = WM 2006, 880 Rn. 87; BVerwG NVwZ 2021, 1866 Rn. 50; 2016, 1014 Rn. 35; 2015, 675 Rn. 28; VG Köln BeckRS 2023, 270 = ECLI:DE:VGK:2023:0119.13K2382.21.00 Rn. 172.

77 HKMS/Burg Rn. 19.

78 HKMS/Burg Rn. 20.

79 S. OLG Naumburg OLGR 2005, 275 („unverbindliches Vorwegexemplar"); s. ferner Dörner DB 1998, 1 (5); Dörner DB 2000, 101 (104).

80 BeBiKo/Justenhoven/Heinz Rn. 30.

81 HKMS/Burg Rn. 50–57.

82 BeBiKo/Justenhoven/Heinz Rn. 55; HKMS/Burg Rn. 17 und 50; Hopt/Merkt Rn. 2; Wiedmann/ Böcking/Gros/Böcking/Gros/Rabenhorst Rn. 18; Koch Konzern 2005, 723 (729); aA Schüppen § 320 Rn. 20 („Theoretisch können diese [Informationsrechte der Abs. 1–4] wie Informationsansprüche sonst im Klagewege durchgesetzt werden"); Staub/Habersack/Schürnbrand Rn. 32.

83 IdS auch Schüppen Rn. 20 („… wird man wegen der sonst einfachen Kündigungsprovokation verneinen müssen"); BeBiKo/Justenhoven/Heinz Rn. 58; Dißars BB 2005, 2231 (2232); s. ferner Staub/Habersack/Schürnbrand Rn. 31. Für ein Kündigungsrecht des Abschlussprüfers aus wichtigem Grund „in Extremfällen, in denen das Unternehmen überhaupt keine Prüfungsbereitschaft zeigt und eine Zusammenarbeit mit dem Prüfer verweigert", aber HKMS/Burg Rn. 56; ähnlich Graumann Prüfungswesen S. 170 („im Extremfall Kündigung").

§ 335 Abs. 1 Nr. 5 aF. gegebene Möglichkeit der Festsetzung eines Zwangsgelds durch das Registergericht aufgrund der Streichung der Norm durch das EHUG (BGBl. 2009 I 2512) nicht mehr.[84] Wenn die gesetzlichen Vertreter ihren Pflichten nach § 320 gegenüber dem Abschlussprüfer nicht nachkommen, laufen sie aber Gefahr, dass der Abschlussprüfer bei Vorliegen der Voraussetzungen den **Bestätigungsvermerk einschränkt oder versagt** (§ 322 Abs. 2 S. 1 Nr. 2–3) bzw. einen Nichterteilungsvermerk gemäß § 322 Abs. 2 S. 1 Nr. 4 erteilt,[85] mit allen nachteiligen Folgen für die prüfungspflichtige Gesellschaft sowie uU für Mutter- und Tochterunternehmen.[86] Hinzu kommt, dass sich die gesetzlichen Vertreter bei Verstoß gegen ihre Pflichten nach § 320 uU **schadensersatzpflichtig** machen, wenn sich dadurch die Prüfung verzögert oder abgebrochen wird oder ein der Gesellschaft günstigeres Testat entgeht.[87] Hervorzuheben ist außerdem, dass der Abschlussprüfer in dem (im Insolvenzfall auch bestimmten Dritten gegenüber offenzulegenden – § 321a)[88] **Prüfungsbericht** darzustellen hat, ob die gesetzlichen Vertreter die verlangten Aufklärungen und Nachweise erbracht haben (§ 321 Abs. 2 S. 6). Dadurch wird das Verhalten der betreffenden gesetzlichen Vertreter im Hinblick auf § 320 unternehmensintern offenbart und dokumentiert; im Insolvenzfall erleichtert die Berichterstattung des Abschlussprüfers im Prüfungsbericht es prüfungsvertragsfremden Dritten (zB Gesellschaftern, Anlegern, Waren- oder Geldkreditgebern), etwaige Schadensersatzansprüche geltend zu machen. Unrichtige oder unvollständige Aufklärungen bzw. Nachweise sind darüber hinaus **strafbar** (§ 331 Nr. 4; → Rn. 28).

V. Konzernabschlussprüfungen (Abs. 3)

26   **1. Vorlagepflicht.** Die gesetzlichen Vertreter einer Kapitalgesellschaft, die einen Konzernabschluss aufzustellen hat, sind verpflichtet, dem Abschlussprüfer des Konzernabschlusses (vgl. § 317 Abs. 2; § 318 Abs. 2 S. 1) den Konzernabschluss, den Konzernlagebericht, den gesonderten nichtfinanziellen Konzernbericht, die Jahresabschlüsse, Lageberichte, die gesonderten nichtfinanziellen Berichte und, wenn eine Prüfung stattgefunden hat, die Prüfungsberichte des Mutterunternehmens und der Tochterunternehmen vorzulegen (Abs. 3 S. 1). Zusätzlich zu den im Gesetz genannten Unterlagen umfasst die Vorlagepflicht etwaige **Zwischenabschlüsse** nach § 294 Abs. 3. S. 1 sowie die **Konsolidierungsunterlagen.**[89] Im Gegensatz zu Abs. 1 S. 1 („unverzüglich") enthält Abs. 3 S. 1 keine Frist für die Vorlage der Unterlagen an den Abschlussprüfer des Konzernabschlusses. Nach herrschender und zutreffender Ansicht ist aber davon auszugehen, dass die gesetzlichen Vertreter des Mutterunternehmens die Unterlagen wie bei der Prüfung des Jahresabschlusses unverzüglich, also ohne schuldhaftes Zögern (§ 121 Abs. 1 S. 1 BGB) nach der Aufstellung des Konzernabschlusses (also nach § 290 Abs. 1 in den ersten fünf Monaten des Konzerngeschäftsjahrs) vorzulegen haben.[90] Begründen lässt sich diese Ansicht am ehesten mit einer analogen Anwendung des Abs. 1 S. 1.

27   **2. Einsichts-, Prüfungs- und Auskunftsrechte.** Der Prüfer des Konzernabschlusses hat die Einsichts-, Prüfungs- und Auskunftsrechte nach Abs. 1 S. 2, Abs. 2 bei dem Mutterunternehmen und den Tochterunternehmen (Abs. 3 S. 2). Darüber hinaus hat er die Rechte nach Abs. 2 (Auskunfts-, Einsichts- und Prüfungsrechte vor und nach Aufstellung des Jahresabschlusses) auch gegenüber den Abschlussprüfern des Mutterunternehmens und der Toch-

---

84   Staub/Habersack/Schürnbrand Rn. 29; HKMS/Burg Rn. 52.
85   Zu Einzelheiten der möglichen Vorgehensweisen des Prüfers in dieser Lage HKMS/Burg Rn. 53; BeBiKo/Justenhoven/Heinz Rn. 29, 58; Elkart/Naumann WPg 1995, 357 (360); Kaminski/Marks FS Havermann, 1995, 247; Koch Konzern 2005, 723 (729).
86   HKMS/Burg Rn. 55 („nicht unerhebliches Sanktionspotenzial").
87   HKMS/Burg Rn. 54.
88   Dazu eingehend Ebke FS Wellensiek, 2011, 429.
89   BeBiKo/Justenhoven/Heinz Rn. 41.
90   BeBiKo/Justenhoven/Heinz Rn. 41; Merkt/Probst/Fink/Bruckner/Homfeldt S. 1509 Rn. 169; Wiedmann/Böcking/Gros/Böcking/Gros/Rabenhorst Rn. 11.

terunternehmen (Abs. 3 S. 2).[91] Die gesetzlichen Vertreter des Mutterunternehmens und der **Tochterunternehmen** haben daher dem Abschlussprüfer zu gestatten, die Bücher und Schriften der Unternehmen sowie die Vermögensgegenstände und Schulden zu prüfen, soweit das für eine sorgfältige und gewissenhafte Prüfung notwendig ist. Der Prüfer darf außerdem alle Aufklärungen und Nachweise verlangen, die für eine sorgfältige und gewissenhafte Prüfung notwendig sind.[92]

3. Elektronische Wiedergaben. Abs. 3 S. 3 idF des ESEF-UG vom 12.8.2020 (BGBl. **28** 2020 I 1874) erweitert die Vorlagepflicht der gesetzlichen Vertreter der betroffenen Kapitalmarktunternehmen (und zugleich die damit korrespondierenden Rechte des Abschussprüfers) um die für die Zwecke der Offenlegung erstellte Wiedergabe des Konzernabschlusses und des Konzernlageberichts. Die Erweiterung stellt sicher, dass die Prüfung der elektronischen Wiedergaben im Rahmen der Abschlussprüfung erfolgen kann.

4. Sanktionen. Wer als Mitglied des vertretungsberechtigten Organs einer prüfungs- **29** pflichtigen Gesellschaft oder als Mitglied des vertretungsberechtigten Organs oder als vertretungsberechtigter Gesellschafter eines ihrer Tochterunternehmen (§ 290 Abs. 1, 2) in Aufklärungen oder Nachweisen, die nach § 320 einem Abschlussprüfer der Kapitalgesellschaft, eines verbundenen Unternehmens oder des Konzerns zu geben sind, **unrichtige Angaben** macht oder die Verhältnisse der Kapitalgesellschaft, eines Tochterunternehmens oder Konzerns unrichtig wiedergibt oder verschleiert, macht sich nach § 331 Nr. 4 strafbar.[93]

VI. Berichtspflicht bei Wechsel des Abschlussprüfers (Abs. 4)

1. Hintergrund. Abs. 4 wurde durch das BilMoG vom 25.5.2009 (BGBl. 2009 I 1102) **30** neu in das HGB eingefügt. Die Vorschrift bestimmt, dass bei einem Prüferwechsel der bisherige Abschlussprüfer dem neuen Abschlussprüfer auf schriftliche Anfrage über das Ergebnis der bisherigen Prüfung zu berichten hat (Abs. 4 Hs. 1).[94] Der Gesetzgeber schafft damit für den Abschlussprüfer bei einem Wechsel des Abschlussprüfers eine zusätzliche **Quelle für Informationen,** die für eine sorgfältige Prüfung notwendig ist.[95] Der Informationsfluss von dem bisherigen Abschlussprüfer zu seinem Nachfolger erfolgt nach Inhalt und Aufbau in der Form eines Prüfungsberichts iSv § 321 (Abs. 4 Hs. 2). Die Vorschrift dient der Umsetzung von Art. 23 Abs. 3 **Abschlussprüfer-RL.** Art. 23 Abs. 3 Abschlussprüfer-RL bestimmt: „Wird ein Abschlussprüfer oder eine Prüfungsgesellschaft durch einen anderen Abschlussprüfer oder eine andere Prüfungsgesellschaft ersetzt, gewährt dieser Abschlussprüfer bzw. diese Prüfungsgesellschaft dem neuen Abschlussprüfer bzw. der neuen Prüfungsgesellschaft Zugang zu allen relevanten Informationen über das geprüfte Unternehmen". Abs. 4 S. 1 differenziert – ebenso wie Art. 23 Abs. 3 Abschlussprüfer-RL – nicht danach, aus welchem Grund der Abschlussprüfer nicht mehr als Abschlussprüfer für die prüfungspflichtige Gesellschaft tätig ist.[96] Deshalb ist in der Literatur **umstritten,** ob Abs. 4 Hs. 1 nur den **vorzeitigen Prüferwechsel** während einer laufenden Abschlussprüfung erfasst (zB aufgrund der Abberufung durch ein Gericht nach § 318 Abs. 3 oder aufgrund der Kündigung nach § 318 Abs. 6) oder auch den **regulären Prüferwechsel,** wenn der Prüfer also erst für das nächste Geschäftsjahr ausgewechselt wird. Erörtert wird darüber hinaus, ob innerhalb der Fallgruppe des vorzeitigen Prüferwechsels weiter danach zu differenzieren ist, ob – wie bei der Kündigung aus wichtigem Grund (§ 318 Abs. 6 S. 1) – eine gesetzliche Berichtpflicht des bisherigen Prüfers gegenüber der Gesellschaft besteht (§ 318 Abs. 6 S. 4) oder ob eine solche Berichtpflicht des bisherigen Abschlussprüfers – wie in

---

91 Ohne Verf. WPK Magazin 3/2005, 30.
92 Zur diesbezüglichen Berichtpflicht des Prüfers (§ 321) IDW PS 450: Grundsätze ordnungsmäßiger Erstellung von Prüfungsberichten (Stand: 28.10.2021), IDW Life 2022, 78 (Tz. 124).
93 BeBiKo/Justenhoven/Heinz Rn. 56; HKMS/Burg Rn. 57.
94 Zu der Kostentragungspflicht in den Fällen des Abs. 4: Schüppen Rn. 17.
95 BeBiKo/Justenhoven/Heinz Rn. 61.
96 Staub/Habersack/Schürnbrand Rn. 24.

den Fällen der gerichtlichen Ersetzung des Abschlussprüfers nach § 318 Abs. 3[97] – nicht besteht.[98]

31   Nach herrschender und überzeugender Ansicht löst **sowohl der reguläre als auch der vorzeitige Prüferwechsel** die Rechte des neuen Abschlussprüfers nach Abs. 4 Hs. 1 aus.[99] Diese Ansicht kann sich auf die Begründung des Regierungsentwurfs des BilMoG stützen[100] und trägt der Tatsache Rechnung, dass der Gesetzgeber ungeachtet der Forderung nach Klarstellung[101] im Gesetzgebungsverfahren an der jetzigen Fassung des Abs. 4 festgehalten hat.[102] Die Auslegung ist auch **europarechtskonform.** Zwar verwendet Art. 23 Abs. 3 Abschlussprüfer-RL den Begriff „ersetzt" („*replaced*", „*remplacé*", „*sostituito*", „*sustituido*", „*vervangen*") dieser – **autonom auszulegende** – Begriff deckt sich aber nicht mit dem gleichlautenden Begriff iSd des „Ersetzungsverfahrens" nach deutschem Recht (§ 318 Abs. 3). Die Abschlussprüfer-RL enthält keine Regelungen über eine Ersetzung des Abschlussprüfers etwa wegen Besorgnis der Befangenheit (vgl. § 318 Abs. 3). Deshalb verwendet Art. 23 Abs. 3 Abschlussprüfer-RL den Begriff auch nicht mit der speziellen („technischen") Bedeutung iSd Verfahrens zur Ersetzung eines gesetzlichen Abschlussprüfers während einer laufenden Abschlussprüfung, sondern allgemein im Sinne eines Prüferwechsels, ohne auf die Gründe für diesen Wechsel abzuheben.[103] Folgt man der hM, erfasst Abs. 4 Hs. 1 die Fälle, in denen der Prüfer die laufende Prüfung abschließt, für das nachfolgende Geschäftsjahr aber nicht wiedergewählt wird; ferner die Fälle, in denen der bestellte Prüfer während einer laufenden Prüfung seinen Prüfungsvertrag aus wichtigem Grund **gekündigt** hat (§ 318 Abs. 6 S. 1) oder der Prüfungsauftrag durch **Widerruf** gemäß § 318 Abs. 1 S. 5 beendet wurde; außerdem die Fälle, in denen ein bestellter Prüfer während einer laufenden Abschlussprüfung **ersetzt** wurde, etwa weil dies aus einem in seiner Person liegenden Grund geboten erschien (zB wegen Bestehens eines Ausschlussgrundes nach § 319 Abs. 2 und 3 (iVm 4 oder 5) oder § 319b oder wegen Verstoßes gegen Art. 5 Abs. 4 UAbs. 1 oder Abs. 5 UAbs. 2 S. 2 Abschlussprüfungs-VO) oder die Vorschriften zur Bestellung des Prüfers nach Art. 16 Abschlussprüfungs-VO oder zur Laufzeit des Prüfungsmandats nach Art. 17 Abschlussprüfungs-VO nicht eingehalten wurden, oder der Prüfer gerichtlich bestellt wurde, weil der gewählte Abschlussprüfer **weggefallen** oder an dem rechtzeitigen Abschluss der Prüfung **verhindert** war (§ 318 Abs. 4 S. 2); und schließlich wohl auch den Fall der gerichtliche Bestellung eines Abschlussprüfers in den Fällen, in denen bis zum Ablauf des Geschäftsjahres kein Abschlussprüfer gewählt wurde (§ 318 Abs. 4 S. 1), wobei sich der Berichtsanspruch des dann gerichtlich bestellten Prüfers gegen den Prüfer des vorausgegangenen Geschäftsjahres richtet. Abs. 4 Hs. 1 gilt auch **unmittelbar,** wenn eine **Prüfungsgesellschaft** Abschlussprüfer ist.[104] Das ergibt sich aus § 319 Abs. 1 S. 1, wonach „Abschlussprüfer" sowohl Wirtschaftsprüfer als auch Wirtschaftsprüfungsgesellschaften sein können.

32   **2. Berufsrecht.** Das Berufsrecht der Wirtschaftsprüfer in Deutschland trägt der Notwendigkeit einer möglichst breit angelegten Berichtspflicht des bisherigen Abschlussprüfers gegenüber seinem Nachfolger Rechnung, indem es bei Wechsel des Abschlussprüfers Vorlagepflichten statuiert (§ 42 Abs. 1–2, 4 BS WP/vBP) und bei Prüferwechsel infolge Kündigung (§ 318 Abs. 6 S. 1) oder Widerrufs (§ 318 Abs. 1 S. 5) des Prüfungsauftrags den Man-

---

[97]   Bei einer gerichtlichen Ersetzung des Abschlussprüfers nach § 318 Abs. 3 besteht nach hM keine Berichtspflicht des bisherigen Abschlussprüfers gegenüber den Organen der prüfungspflichtigen Gesellschaft analog § 318 Abs. 6 S. 4 (BeBiKo/Justenhoven/Heinz Rn. 65; HKMS/Burg Rn. 41).

[98]   HKMS/Burg Rn. 40–41.

[99]   BT-Drs. 16/10067, 91; Staub/Habersack/Schürnbrand Rn. 24; Hopt/Merkt Rn. 4; BeBiKo/Justenhoven/Heinz Rn. 70; HKMS/Burg Rn. 41; Merkt/Probst/Fink/Bruckner/Homfeldt S. 1510 Rn. 172.

[100]   BT-Drs. 16/10067, 91.

[101]   So auf der Grundlage des RefE BilMoG Oser/Roß/Wader WPg 2008, 105 (111).

[102]   Staub/Habersack/Schürnbrand Rn. 24.

[103]   Staub/Habersack/Schürnbrand Rn. 24; HKMS/Burg Rn. 41.

[104]   BT-Drs. 16/10067, 91.

datsvorgänger darüber hinaus verpflichtet, dem Mandatsnachfolger auf dessen schriftliche Anfrage hin die vorzulegenden Unterlagen zu **erläutern** (§ 42 Abs. 3 S. 1 BS WP/vBP).[105]

3. Inhalt der Berichtspflicht (Hs. 1). Mit Abs. 4 Hs. 1 wird dem nachfolgenden **33** Abschlussprüfer gegenüber dem bisherigen Abschlussprüfer **handelsrechtlich** ein unmittelbar gegenüber dem bisherigen Abschlussprüfer wirkendes Recht auf einen Bericht über das Ergebnis der bisherigen Prüfung eingeräumt und umgekehrt der bisherige Abschlussprüfer verpflichtet, dem neuen Abschlussprüfer über das Ergebnis der bisherigen Abschlussprüfung zu berichten. Die Vorschrift betrifft sowohl den regulären als auch den vorzeitigen Prüferwechsel (str.; → Rn. 30). Die Berichtspflicht des Vorgängers setzt – ebenso wie die berufsrechtliche Erläuterungspflicht nach § 42 Abs. 3 S. 1 BS WP/vBP im Falle eines Prüferwechsels bei Kündigung oder Widerruf des Prüfungsauftrags – eine **„schriftliche Anfrage"**[106] des nachfolgenden Abschlussprüfers voraus (Abs. 4 Hs. 1).[107] Der bisherige Abschlussprüfer ist demnach nicht verpflichtet, seinem Nachfolger unaufgefordert über das Ergebnis der bisherigen Prüfung zu berichten. Verlangt der nachfolgende Prüfer (wozu er nach deutschem Berufsrecht verpflichtet ist: § 42 Abs. 2, 4 S. 1 BS WP/vBP)[108] von seinem Vorgänger den Prüfungsbericht (§ 321) bzw. den Bericht über das Ergebnis der vorangegangenen Prüfung (§ 318 Abs. 6 S. 4), muss dieser seiner Berichtspflicht „unverzüglich", also ohne schuldhaftes Zögern (§ 121 Abs. 1 S. 1 BGB) nachkommen.[109] Ob und inwieweit der Abschlussprüfer die nach Abs. 4 Hs. 2 iVm § 321 **geforderten Feststellungen treffen** kann, hängt von den Umständen des Einzelfalles ab. Insbesondere die Berichterstattung nach § 321 Abs. 1 S. 3 und Abs. 2 S. 2 wird nur in Ausnahmefällen vorgenommen werden können, etwa wenn der Prüferwechsel erst gegen Ende der Prüfung erfolgt.[110] Die **Berichtspflicht** des bisherigen Prüfers gegenüber den Organen des geprüften Unternehmens nach §§ 321, 318 Abs. 6 S. 4 bleibt unberührt.[111]

4. Art und Weise der Berichterstattung (S. 2). Auf den Bericht des Vorgängers ist **34** § 321 entsprechend anzuwenden (Abs. 4 Hs. 2).[112] Das bedeutet zum einen, dass der Vorgänger „schriftlich und mit der gebotenen Klarheit" (§ 321 Abs. 1 S. 1 entspr.) sowie bezüglich Inhalt, Form und Aufbau des Berichts entsprechend den Vorgaben des § 321 Abs. 1 S. 2 bis Abs. 5 S. 1 zu berichten und den Bericht zu unterzeichnen hat. Die Regelung des Abs. 4 Hs. 2 bedeutet zum anderen, dass der Bericht nach § 320 Abs. 4 **„kein neues oder weitergehendes Berichtsinstrument"** darstellt.[113] Demnach kommt der bisherige Abschlussprüfer bei einem regulären Prüferwechsel seiner Verpflichtung gegenüber seinem Nachfolger **regelmäßig** dadurch nach, dass er ihm ein Exemplar (zB in Kopie) seines schriftlich erstatteten und von ihm unterzeichneten, den Anforderungen des § 321 genügenden Berichts über das Ergebnis der Prüfung (§ 321), der für die Organe der prüfungspflichtigen Gesellschaft zu erstatten ist, zur Verfügung stellt.[114] Bei einem vorzeitigen Prüferwechsel

---

[105] Erfolgt die Erläuterung nicht, so hat der Mandatsnachfolger das Mandat abzulehnen, es sei denn, er hat sich auf andere Art und Weise davon überzeugt, dass gegen die Annahme des Mandats keine Bedenken bestehen (§ 42 Abs. 3 S. 2 BS WP/vBP).

[106] Das Schriftlichkeitserfordernis ist bei Einhaltung der Formen gemäß §§ 126, 126a BGB gewahrt. Aus Sicht der Praxis erscheinen Anfragen per E-Mail oder Telefax (nicht aber SMS oder WhatsApp) ausreichend, sofern die Identität des anfragenden neuen Abschlussprüfers außer Zweifel steht: BeBiKo/Justenhoven/Heinz Rn. 41.

[107] Zu den Gründen BT-Drs. 16/10067, 91.

[108] S. auch Schüppen Rn. 16, der darauf hinweist, dass der neue Abschlussprüfer eine Pflichtverletzung begeht, wenn er die „Informationseinholung" nach Abs. 4 S. 1 unterlässt; ebenso Hopt/Merkt Rn. 4.

[109] BT-Drs. 16/10067, 91; vgl. Hopt/Merkt Rn. 4 („Das steht zwar nicht in [Abs. 4], ergibt sich aber aus allgemeinen Grundsätzen").

[110] Vgl. IDW PS 450: Grundsätze ordnungsmäßiger Erstellung von Prüfungsberichten (Stand: 28.10.2021), IDW Life 2022, 78 (Tz. 152).

[111] BT-Drs. 16/10067, 91; BeBiKo/Justenhoven/Heinz Rn. 62.

[112] Zu der Frage, ob diese Regelung eine richtlinienkonforme Umsetzung von Art. 23 Abs. 3 Abschlussprüfer-RL darstellt: Schüppen Rn. 18 („fraglich"); HKMS/Burg Rn. 41.

[113] BT-Drs. 16/10067, 91.

[114] IdS auch Hopt/Merkt Rn. 4; BeBiKo/Justenhoven/Heinz Rn. 62.

(zB bei Kündigung des Prüfungsvertrags aus wichtigem Grund, § 318 Abs. 6 S. 1, oder bei Widerruf des Prüfungsauftrags, § 318 Abs. 1 S. 5 iVm Abs. 3) hat der bisherige Abschlussprüfer dem neuen Abschlussprüfer zu berichten, und zwar nach Art und Inhalt entsprechend § 321 (Abs. 4 Hs. 2). Bei **unterjähriger Kündigung** des Prüfungsauftrags **aus wichtigem Grund** genügt es **regelmäßig,** wenn der Vorgänger seinem Nachfolger seinen Bericht (zB in Kopie) an die Organe der prüfungspflichtigen Gesellschaft über das Ergebnis der bisherigen Prüfung zur Verfügung stellt, da dieser Bericht ebenfalls den formalen und inhaltlichen Anforderungen des § 321 genügen muss (§ 318 Abs. 6 S. 4).[115] Davon geht auch § 42 Abs. 2 BS WP/vBP aus.

35   Bei **Widerruf** des Prüfungsauftrags in den Fällen des § 318 Abs. 1 S. 5 iVm Abs. 3 nach gerichtlicher Ersetzung besteht nach hM keine gesetzliche Pflicht des Prüfers (auch nicht in analoger Anwendung des § 318 Abs. 6 S. 4), wenn er mit der Prüfung bereits begonnen hat, den Organen der geprüften Gesellschaft über das Ergebnis der bisherigen Prüfung zu berichten.[116] Berichtet er den Organen freiwillig,[117] genügt die Vorlage dieses Berichts an den nachfolgenden Abschlussprüfer nach Abs. 4 Hs. 2 nur, wenn der Bericht den Anforderungen des § 321 entspricht. Entsprechendes gilt in den **Sonderfällen des Widerrufs** des Prüfungsauftrags nach gerichtlicher Bestellung bei **Wegfall**[118] oder **Verhinderung** des bestellten Prüfers an dem rechtzeitigen Abschluss der Prüfung (§ 318 Abs. 4 S. 2), denn in diesen Fällen besteht ebenfalls keine gesetzliche Pflicht (auch nicht in analoger Anwendung des § 318 Abs. 6 S. 4) des bisherigen Prüfers gegenüber den Organen der geprüften Gesellschaft zur Berichterstattung über das Ergebnis der bisherigen Prüfung.[119] Die Berichtspflicht des ersetzten Prüfers gegenüber dem nachfolgenden Prüfer richtet sich in diesen Fällen nach Abs. 4 S. 1, 2. In vielen Fällen **gerichtlicher Ersetzung** wird der Abschlussprüfer die nach § 321 erforderlichen Feststellungen (zB § 321 Abs. 1 S. 3 und Abs. 2 S. 2) nur treffen können, wenn die Ersetzung erst gegen Ende der Prüfung erfolgt (→ Rn. 32). Das spricht aber nicht generell gegen eine **Anwendung** des Abs. 4 auch auf den Fall der gerichtlichen Ersetzung des Abschlussprüfers,[120] denn es gibt durchaus Fälle, in denen im Zeitpunkt der gerichtlichen Ersetzung schon berichtsfähige Prüfungsergebnisse vorliegen.[121] Insofern unterscheidet sich der Fall gerichtlicher Ersetzung für Zwecke des § 320 nicht wesentlich von den Fällen der Kündigung des Prüfungsauftrags aus wichtigem Grund. Im Übrigen hat der bisherige Abschlussprüfer bei einem Prüferwechsel darauf hinzuweisen, wenn bestimmte Vorgänge bis zum Ende der Prüfungshandlungen noch **nicht abschließend beurteilt** werden konnten, diese sich nach Einschätzung des Prüfers aber auf die Ordnungsmäßigkeit der Rechnungslegung auswirken können.[122]

36   Gleiches gilt in den Fällen der Nichtigkeit des Prüfungsauftrags (zB bei Inhabilität des Abschlussprüfers). Sind der Prüfungsauftrag und der schuldrechtliche Prüfungsvertrag wegen **anfänglicher Besorgnis der Befangenheit** nichtig (→ § 319 Rn. 87 f.), besteht, wenn der Prüfer bereits Prüfungshandlungen vorgenommen hat, keine gesetzliche Berichtspflicht des inhabilen Prüfers gegenüber den Organen der prüfungspflichtigen Gesellschaft. Die

---

[115] Hopt/Merkt Rn. 4; BeBiKo/Justenhoven/Heinz Rn. 64. Zu dem Fall, dass der bisherige Abschlussprüfer zB aufgrund von Meinungsverschiedenheiten mit den gesetzlichen Vertretern der geprüften Gesellschaft seinen Bericht über das Ergebnis der (bisherigen) Prüfung zurückhält: Schüppen Rn. 16.

[116] HKMS/Burg Rn. 41.

[117] Das ist sicherlich zulässig: HKMS/Müller § 318 Rn. 55.

[118] Bei Wegfall des verantwortlichen Prüfungspartners (vgl. § 43 Abs. 3 S. 3 WPO) infolge Todes oder wegen Geschäftsunfähigkeit (§ 104 Nr. 2 BGB) richtet sich der Berichtsanspruch des neuen Abschlussprüfers nach Abs. 4 S. 1 gegen den Wirtschaftsprüfer, der neben dem verantwortlichen Prüfungspartner als für die Durchführung der Abschlussprüfung verantwortlich bestimmt ist.

[119] Vgl. IDW PS 450: Grundsätze ordnungsmäßiger Erstellung von Prüfungsberichten (Stand: 28.10.2021), IDW Life 2022, 78 (Tz. 150).

[120] AA BeBiKo/Justenhoven/Heinz Rn. 65 (der Bericht wäre „inhaltsleer").

[121] IDW PS 450: Grundsätze ordnungsmäßiger Erstellung von Prüfungsberichten (Stand: 28.10.2021), IDW Life 2022, 78 (Tz. 150) geht jedenfalls in den Fällen des § 318 Abs. 1 S. 5 iVm Abs. 3 nach gerichtlicher Ersetzung von der Anwendbarkeit von Abs. 4 S. 1, 2 aus.

[122] Vgl. IDW PS 450.152.

Berichtsansprüche des nachfolgenden Prüfers gegenüber dem Mandatsvorgänger richten sich nach Abs. 4.[123] Ob und inwieweit der Prüfer in einem solchen Fall die danach geforderten Feststellungen treffen kann, beurteilt sich nach den Verhältnissen des Einzelfalls[124] und wird maßgeblich davon abhängen, in welchem Stadium der Prüfung die anfängliche Besorgnis der Befangenheit „entdeckt" wird. Bei **nachträglicher Besorgnis der Befangenheit** (→ § 319 Rn. 89 ff.) muss nach Ansicht der Rechtsprechung[125] entweder das Ersetzungsverfahren nach § 318 Abs. 3 S. 1 eingeleitet werden oder der Prüfungsauftrag nach § 318 Abs. 6 S. 1 von dem Prüfer gekündigt werden.[126] Für die Berichtspflicht des nachträglich inhabil gewordenen Prüfers gegenüber dem nachfolgenden Prüfer nach Abs. 4 gilt das oben für den Widerruf nach gerichtlicher Ersetzung bzw. für die Kündigung des Prüfungsauftrags Gesagte.

5. Grenzen der Berichtspflicht. Fraglich ist, wo die Grenzen der Berichtspflicht des **37** bisherigen Abschlussprüfers nach Abs. 4 liegen. Die Berichtspflicht des bisherigen Abschlussprüfers nach Abs. 4 dient – wie die Vorlage- und Auskunftspflichten der gesetzlichen Vertreter – dem **Ziel** einer sachgerechten Durchführung der Abschlussprüfung und Berichterstattung über das Ergebnis der Prüfung. Die Berichtspflicht reicht mithin nur so weit, wie die Informationen für eine sorgfältige Prüfung notwendig sind (vgl. Abs. 2 S. 1). Andererseits erschöpft sich die Berichtspflicht des bisherigen Prüfers nicht ohne weiteres in den Angaben in seinem Prüfungsbericht (§ 321) bzw. seinem Bericht über das Ergebnis der bisherigen Prüfung (§ 318 Abs. 6 S. 4 Hs. 1). Anders als etwa § 42 Abs. 2, Abs. 4 S. 1 BS WP/vBP stellt Abs. 4 Hs. 2 nicht die Verpflichtung des bisherigen Abschlussprüfers zur Vorlage des Prüfungsberichts (§ 321) bzw. des Berichts über das Ergebnis der bisherigen Prüfung (§ 318 Abs. 6 S. 4) auf. Abs. 4 Hs. 2 besagt vielmehr lediglich, dass für die Berichterstattung § 321 entsprechend anzuwenden ist. Die Entscheidung, welche Aufklärungen und Nachweise für eine sorgfältige Abschlussprüfung notwendig sind, obliegt allein dem pflichtgemäßen Ermessen des nachfolgenden Abschlussprüfers.[127] Das Berichtsverlangen findet freilich seine Grenzen in dem die gesamte Zivilrechtsordnung durchziehenden Gebot von **Treu und Glauben** (§ 242 BGB), der Pflicht zur **Rücksichtnahme** auf die Rechte, Rechtsgüter und die berechtigten Interessen des bisherigen Prüfers (entsprechend § 241 Abs. 2 BGB), dem Gebot der **Willkürfreiheit** sowie dem **Schikaneverbot** (§ 226 BGB).[128] Entsprechend dem Sinn und Zweck des Abs. 4 Hs. 2 wird man jeden adäquat-kausalen Bezug des Auskunftsverlangens des neuen Prüfers zu den Gegenständen der Abschlussprüfung genügen lassen müssen.[129] Weigert sich der bisherige Abschlussprüfer, einem Berichtsverlangen des neuen Abschlussprüfers nachzukommen (etwa weil die begehrte Auskunft aus seiner Sicht unter keinem denkbaren Gesichtspunkt für eine sorgfältige Prüfung erforderlich sein könne), obliegt ihm dafür die Darlegungs- und Beweislast.[130] Das allgemeine Recht auf **Auskunftsverweigerung** bei Gefahr der Selbstbelastung soll nach der Regierungsbegründung unberührt bleiben.[131]

6. Arbeitspapiere. Die amtliche Begründung betont außerdem, dass mit der **38** Berichtspflicht des bisherigen Abschlussprüfers nach Abs. 4 kein Recht des Nachfolgers auf „Einsichtnahme in die Arbeitspapiere des bisherigen Abschlussprüfers durch den neuen Abschlussprüfer oder gar deren Überlassung an den neuen Abschlussprüfer" ein-

---

[123] Ob und inwieweit der nachfolgende Prüfer die Feststellungen des Prüfers in einem solchen Fall verwertet, entscheidet der Prüfer in eigener Verantwortung (§ 44 Abs. 1 WPO, § 11 Abs. 1 BS WP/vBP). S. dazu auch HKMS/Burg Rn. 41 („bleibt dem neuen Prüfer überlassen").

[124] Vgl. IDW PS 450.152.

[125] BGH ZIP 2010, 433 (434); OLG Düsseldorf GmbHR 1991, 159 (160).

[126] Gelhausen/Heinz WPg 2005, 693 (703) („Prüfer ist zur Kündigung verpflichtet"); zust. Staub/Habersack/Schürnbrand Rn. 81.

[127] Staub/Habersack/Schürnbrand Rn. 26.

[128] Staub/Habersack/Schürnbrand Rn. 26; BeBiKo/Justenhoven/Heinz Rn. 51.

[129] Vgl. Staub/Habersack/Schürnbrand Rn. 26 („ein mittelbarer Zusammenhang genügt").

[130] Zu den damit einher gehenden Schwierigkeiten s. Staub/Habersack/Schürnbrand Rn. 26.

[131] BT-Drs. 16/10067, 91.

hergeht.[132] Diese Feststellung überzeugt; ihre Richtigkeit folgt aus der Tatsache, dass die **Arbeitspapiere** (*work papers*; → § 317 Rn. 110 ff.) nur für interne Zwecke des Abschlussprüfers angefertigt werden (§ 51b Abs. 4 S. 1 WPO). Arbeitspapiere müssen daher – ebenso wie bei Offenlegung des Prüfungsberichts in der Insolvenz des geprüften Unternehmens (§ 321a)[133] oder allgemein im Zivilprozess[134] – auch im Rahmen der Berichterstattung nach Abs. 4 weder herausgegeben noch vorgelegt werden.[135] Eine **freiwillige Einsichtsgewährung** ist nicht ausgeschlossen,[136] in der Praxis wegen allfälliger Haftungsrisiken aber nur auf der Grundlage einer besonderen vertraglichen Vereinbarung zu empfehlen.[137]

VII. Art. 18 Abschlussprüfungs-VO („Übergabeakte")

39   Art. 18 Abschlussprüfungs-VO enthält eine dem Abs. 4 inhaltlich weitgehend vergleichbare Regelung für Unternehmen von öffentlichem Interesse (*Public Interest Entities* – PIE). Welche Unternehmen „Unternehmen von öffentlichem Interesse" sind, ist in § 316a S. 2 definiert.

40   **1. Prüferwechsel.** Art. 18 Abschlussprüfungs-VO geht als unmittelbar geltende Norm des europäischen Rechts bei der Prüfung eines Unternehmens von öffentlichem Interesse dem Abs. 4 vor.[138] Nach § 316a S. 1, der das Verhältnis der §§ 316 ff. zu der Abschlussprüfungs-VO regelt, bleiben die Bestimmungen der §§ 316 ff. (und damit auch der für alle gesetzlichen Abschlussprüfungen geltende Abs. 4) auf Unternehmen von öffentlichem Interesse im Grundsatz (kumulativ) anwendbar. Es ist daher Aufgabe des Rechtsanwenders, im Einzelfall festzustellen, inwieweit Art. 18 Abschlussprüfungs-VO eine Regelung enthält, die als abschließend anzusehen ist oder für ergänzende Regelungen des nationalen Recht offen ist.[139] Art. 18 Abs. 1 Abschlussprüfungs-VO verlangt die Erfüllung der Anforderungen des Art. 23 Abs. 3 Abschlussprüfer-RL, wenn ein Abschlussprüfer durch einen anderen Abschlussprüfer **„ersetzt"** („*replaced*", „*remplacé*", „*sostituito*", „*sustituido*", „*vervangen*") wird (→ Rn. 31).[140] Der Begriff „ersetzt" ist autonom auszulegen und ist nicht gleichzusetzen mit der Ersetzung des Abschlussprüfers iSv § 318 Abs. 3. Vielmehr gilt Art. 18 Abschlussprüfer-RL für **alle Erscheinungsformen des Prüferwechsels,** also den regulären Prüferwechsel zum neuen Geschäftsjahr (sei es aufgrund einer durch Art. 17 Abschlussprüfungs-VO vorgegebenen Rotation oder eines „freiwilligen" Prüferwechsels) oder eine unterjährige Ersetzung des Abschlussprüfers.[141] Nach Art. 18 UAbs. 1 Abschlussprüfungs-VO iVm Art. 23 Abs. 3 Abschlussprüfer-RL ist der frühere Abschlussprüfer (Mandatsvorgänger) verpflichtet, dem neuen Abschlussprüfer (Mandatsnachfolger) Zugang zu **„allen relevanten Informationen über das geprüfte Unternehmen"** zu gewähren. Darüber hinaus hat

---

132   BT-Drs. 16/10067, 91; zust. Staub/Habersack/Schürnbrand Rn. 25; Hopt/Merkt Rn. 4; BeBiKo/Justenhoven/Heinz Rn. 67.
133   Ebke FS Wellensiek, 2011, 429 (438).
134   Ebke, Die Arbeitspapiere des Wirtschaftsprüfers und Steuerberaters im Zivilprozess, 2003, S. 7 ff.
135   HKMS/Burg Rn. 41; Merkt/Probst/Fink/Bruckner/Homfeldt S. 1510 Rn. 174. Besonderheiten gelten in Aufsichts- und Beschwerdesachen vor der WPK (§ 62 S. 2 WPO – VG Berlin BeckRS 2011, 56864; VG Berlin BeckRS 2018, 46743; BGHSt 51, 377 = DB 2007, 1865 [zu §§ 80 Abs. 1 S. 2, 89 Abs. 1 StBerG]) sowie in Enforcement-Verfahren vor der BaFin (§ 107 Abs. 5 S. 1 WpHG).
136   BeBiKo/Justenhoven/Heinz Rn. 67. S. das Verfahren des OLG Frankfurt a.M. BeckRS 2014, 1190919 = ECLI:DE:OLGHE:2013:0814.6U114.08   (Nichtzulassungsbeschwerde   zurückgewiesen: BGH 8.9.2016 – VII ZR 242/14), in dem die Arbeitspapiere des beklagten Prüfers einem Sachverständigen zur Auswertung vorgelegt wurden.
137   BeBiKo/Justenhoven/Heinz Rn. 67; Merkt/Probst/Fink/Bruckner/Homfeldt S. 1510 Rn. 174.
138   Schüppen Anh. zu § 320: Art. 18 Abschlussprüfungs-VO Rn. 1; BeBiKo/Justenhoven/Heinz Rn. 80; HKMS/Burg Rn. 44–45.
139   Zu Einzelheiten Schüppen § 316a Rn. 2–5.
140   Der Verweis auf Art. 23 Abs. 3 Abschlussprüfer-RL in Art. 18 UAbs. 1 Abschlussprüfungs-VO erhebt Art. 23 Abs. 3 für Abschlussprüfungen von PIE zu unmittelbar geltendem Unionsrecht.
141   HKMS/Burg Rn. 45; Schüppen Anh. § 320 Rn. 1; BeBiKo/Justenhoven/Heinz Rn. 80; Wiedmann/Böcking/Gros/Böcking/Gros/Rabenhorst Rn. 15.

der frühere Abschlussprüfer dem neuen Abschlussprüfer Zugang zu gewähren zu den in Art. 11 Abschlussprüfungs-VO genannten zusätzlichen **Berichten an den Prüfungsausschuss** hinsichtlich **früherer Jahre** (Art. 18 UAbs. 2 Abschlussprüfungs-VO) sowie zu **„jeglichen Informationen",** die den zuständigen Behörden gemäß Art. 12 und 13 Abschlussprüfungs-VO (dh den Bericht an die für die Beaufsichtigung von Unternehmen von öffentlichem Interesse zuständigen Behörden sowie den Transparenzbericht) übermittelt wurden (Art. 18 UAbs. 2 Abschlussprüfungs-VO).[142] Die Bereitstellung von Informationen hat **auf Anforderung** des neuen Abschlussprüfers zu erfolgen; eine Pflicht zum aktiven Tätigwerden des früheren Abschlussprüfers besteht also nicht.[143] Es ist davon auszugehen, dass die Informationen **schriftlich bereitgestellt** werden müssen.[144] Der Abschlussprüfer des früheren Jahres- oder Konzernabschlusses muss in der Lage sein, der zuständigen Behörde gegenüber darzulegen, dass die zu übermittelnden Informationen dem neuen Abschlussprüfer zur Verfügung gestellt wurden (Art. 18 UAbs. 3 Abschlussprüfungs-VO).[145] Die Ermöglichung des **Nachweises der Pflichterfüllung** setzt seitens des Abschlussprüfers eines Unternehmens von öffentlichem Interesse (§ 316a S. 2) eine entsprechende Organisation und Dokumentation voraus.[146]

2. Relevante Informationen. Was unter „relevanten Informationen über das **41** geprüfte Unternehmen" und über die zuletzt durchgeführte(n) Abschlussprüfung(en) zu verstehen ist, ist Auslegungsfrage. Die Abschlussprüfungs-VO enthält für die **autonome Auslegung** des Tatbestandsmerkmals „relevanten Informationen über das geprüfte Unternehmen" (Art. 18 UAbs. 1 Abschlussprüfungs-VO iVm Art. 23 Abs. 3 Abschlussprüfer-RL) keine konkreten Vorgaben oder Auslegungshilfen. Nach Sinn und Zweck des Übergabepakets und unter Berücksichtigung der berechtigten Interessen des früheren und des neuen Abschlussprüfers sowie des geprüften Unternehmens sind relevante Informationen iSd Art. 18 UAbs. 1 Abschlussprüfungs-VO iVm Art. 23 Abs. 3 Abschlussprüfer-RL im Wesentlichen solche Informationen, die – wie im Falle des Abs. 4 – Aufschluss über das Ergebnis der zuletzt durchgeführte(n) Abschlussprüfung(en) geben. Es gibt **keine Anhaltspunkte** dafür, dass die Pflicht des früheren Abschlussprüfers nach Art. 18 UAbs. 1 Abschlussprüfungs-VO iVm Art. 23 Abs. 3 Abschlussprüfer-RL zur Gewährung des Zugangs zu den **relevanten Informationen** weiter reichen soll als seine Berichtspflicht nach Abs. 4 für alle gesetzlich vorgeschriebenen Abschlussprüfungen[147] oder seine Berichtspflichten als aktiver Abschlussprüfer gegenüber dem geprüften Unternehmen und seinen Gremien im Rahmen der gesetzlichen Abschlussprüfung.[148] **Über Abs. 4 hinaus,** der eine Berichtspflicht des bisherigen Abschlussprüfers lediglich über das Ergebnis „der bisherigen Prüfung" verlangt, muss der frühere Abschlussprüfer bei Unternehmen von öffentlichem Interesse dem neuen Abschlussprüfer nach Art. 18 UAbs. 2 Abschlussprüfungs-VO allerdings auch die **Prüfungsberichte** hinsichtlich

---

[142]   HKMS/Burg Rn. 45. Mit Recht krit. zu der Einbeziehung des Transparenzberichts Schüppen Anh. zu § 320: Art. 18 Abschlussprüfungs-VO Rn. 3; BeBiKo/Justenhoven/Heinz Rn. 81 („macht wenig Sinn").

[143]   Schüppen Anh. § 320: Art. 18 Abschlussprüfungs-VO Rn. 2; Wiedmann/Böcking/Gros/Böcking/ Gros/Rabenhorst Rn. 16.

[144]   BeBiKo/Justenhoven/Heinz Rn. 82.

[145]   Schüppen Anh. zu § 320: Art. 18 Abschlussprüfungs-VO Rn. 3; HKMS/Burg Rn. 45.

[146]   Schüppen Anh. zu § 320: Art. 18 Abschlussprüfungs-VO Rn. 4; BeBiKo/Justenhoven/Heinz Rn. 83.

[147]   Zutr. HKMS/Burg Rn. 45; vgl. BeBiKo/Justenhoven/Heinz Rn. 80 („stimmt in weiten Teilen mit § 320 Abs. 4 überein"); aA Schüppen Anh. zu § 320: Art. 18 Abschlussprüfungs-VO Rn. 2; Wiedmann/ Böcking/Gros/Böcking/Gros/Rabenhorst Rn. 15 („Über die Unterrichtung des Folgeprüfers auf der Grundlage von Abs. 4 bei allen gesetzlichen Abschlussprüfung hinaus …").

[148]   Gleicher Ansicht IDW, EU-Regulierung der Abschlussprüfung: Positionspapier, 3. Aufl. 2017, 62: „Eine extensivere Auslegung in Bezug auf den Umfang von „relevanten Informationen" ist sicher vorstellbar und mit der grundsätzlichen gesetzgeberischen Zielsetzung vereinbar, stößt jedoch an schutzwürdige Interessen des bisherigen Abschlussprüfers, insbesondere in Bezug auf Geheimhaltung und Haftung. Es ist jedenfalls nicht erkennbar, dass der bisherige Abschlussprüfer gegenüber dem neuen Abschlussprüfer eine weitergehende Informationspflicht hat, als er sie gegenüber dem zu prüfenden Unternehmen und seinen Gremien im Rahmen der Berichterstattung als aktiver Abschlussprüfer hätte."

„**früherer Jahre**" zugänglich machen; ferner solche Informationen, die der frühere Abschlussprüfer auf der Grundlage von Art. 12, 13 Abschlussprüfungs-VO übermittelt hat.[149]

42   Zu den **relevanten Informationen** iSv Art. 18 UAbs. 1 Abschlussprüfungs-VO iVm Art. 23 Abs. 3 Abschlussprüfer-RL gehören mindestens die Prüfungsberichte (vorbehaltlich der Aufbewahrungsfristen nach Art. 15 Abschlussprüfungs-VO)[150] des früheren Abschlussprüfers zu den Jahres- und Konzernabschlüssen, nicht dagegen Berichte über eine etwaige Prüfung oder prüferische Durchsicht von unterjährig erstatteten Finanzberichten nach den §§ 114ff. WpHG.[151] In der Regel sollte es ausreichen, dem neuen Abschlussprüfer die Prüfungsberichte zu den Jahres- und Konzernabschlüssen **der letzten drei Jahre** bereitzustellen und ihm Prüfungsberichte zu Abschlüssen früherer Jahre lediglich auf ausdrückliche Anforderung zugänglich zu machen.[152] Des Weiteren sollte die **Vollständigkeitserklärung**[153] der gesetzlichen Vertreter des geprüften Unternehmens für die letzte durch den früheren Abschlussprüfer bei dem betreffenden Unternehmen durchgeführte Abschlussprüfung zur Verfügung gestellt werden;[154] ferner eine (disaggregierte) **Auflistung** nicht korrigierter **Prüfungsdifferenzen** iSd IDW PS 303.28[155] und IDW PS 250.24 sowie eine (disaggregierte) Zusammenstellung falscher Angaben iSd IDW PS 250.19.[156] Darüber hinaus sollte die Kommunikation des früheren Abschlussprüfers an den Prüfungsausschuss bzw. das Aufsichtsorgan, insbesondere im Rahmen der sog. Bilanzsitzung (§ 171 Abs. 1 S. 2 AktG, ggf. analog) eingesetzte Präsentationen oder verteilte Schriftstücke bzw. Unterlagen für die letzte durch den früheren Abschlussprüfer bei dem betreffenden Unternehmen durchgeführte Abschlussprüfung.[157] Zu den in der Übergabeakte bereitzustellenden Informationen gehören schließlich ein etwaiger **Management Letter**[158] für die letzte durch den bisherigen Abschlussprüfer bei dem betreffenden Unternehmen durchgeführte Abschlussprüfung.[159] Zu den bereitzustellenden Informationen gehören dagegen *nicht* die nur für interne Zwecke (§ 51b Abs. 4 WPO) des bisherigen Abschlussprüfers angefertigten **Arbeitspapiere** (*work papers;* → Rn. 38).[160] Endgültige Klärung bezüglich des Inhalts und

---

[149]   Wiedmann/Böcking/Gros/Böcking/Gros/Rabenhorst Rn. 16; HKMS/Burg Rn. 45.

[150]   BeBiKo/Justenhoven/Heinz Rn. 81.

[151]   IDW, EU-Regulierung der Abschlussprüfung: Positionspapier, 3. Aufl. 2017, 61; Wiedmann/Böcking/Gros/Böcking/Gros/Rabenhorst Rn. 16.

[152]   IDW, EU-Regulierung der Abschlussprüfung: Positionspapier, 3. Aufl. 2017, 61; vgl. BeBiKo/Justenhoven/Heinz Rn. 82 („auch für zurückliegende Geschäftsjahre").

[153]   Vollständigkeitserklärungen sind „die Versicherung, daß alle verlangten Auskünfte und Nachweise erbracht wurden, und somit Teil des Nachweises der Prüfungshandlungen": OLG Düsseldorf BB 1996, 2614 (2614) (r. Sp.); vgl. IDW PS 303: Erklärungen der gesetzlichen Vertreter gegenüber dem Abschlussprüfer (Stand: 9.9.2009), WPg Supp. 4/2009, 19 (Tz. 24).

[154]   Wiedmann/Böcking/Gros/Böcking/Gros/Rabenhorst Rn. 16; BeBiKo/Justenhoven/Heinz Rn. 82.

[155]   BeBiKo/Justenhoven/Heinz Rn. 82; Wiedmann/Böcking/Gros/Böcking/Gros/Rabenhorst Rn. 16. Vgl. IDW PS 303: Erklärungen der gesetzlichen Vertreter gegenüber dem Abschlussprüfer (Stand: 9.9.2009), WPg Supp. 4/2009, 19 (Tz. 28).

[156]   Wiedmann/Böcking/Gros/Böcking/Gros/Rabenhorst Rn. 16. Vgl. IDW PS 250: Wesentlichkeit im Rahmen der Abschlussprüfung (Stand: 12.12.2012), WPg Supp. 1/2013, 1 (Tz. 19 und 24); ISA [DE] 240: Wesentlichkeit bei der Planung und Durchführung einer Abschlussprüfung (Stand: 26.3.2020), IDW Life 2019, 672 f.; IDW Life 2020, 509.

[157]   IDW, EU-Regulierung der Abschlussprüfung: Positionspapier, 3. Aufl. 2017, 61; BeBiKo/Justenhoven/Heinz Rn. 82.

[158]   Management Letters enthalten ergänzende Informationen, mit denen der Abschlussprüfer getrennt von dem Prüfungsbericht (§ 321) organisatorische oder sonstige Hinweise anlässlich der Prüfung gibt: IDW PS 450: Grundsätze ordnungsmäßiger Erstellung von Prüfungsberichten (Stand: 28.10.2021), IDW Life 2022, 78 (Tz. 17). Sofern ein Management Letter an die gesetzlichen Vertreter (Unternehmensleitungsorgan) erstattet wurde, ist er in die Angaben nach Art. 11 Abs. 2 lit. d Abschlussprüfungs-VO (zusätzlicher Bericht an den Prüfungsausschuss) einzubeziehen (IDW PS 450.P60/3).

[159]   IDW, EU-Regulierung der Abschlussprüfung: Positionspapier, 3. Aufl. 2017, 61; BeBiKo/Justenhoven/Heinz Rn. 82; Wiedmann/Böcking/Gros/Böcking/Gros/Rabenhorst Rn. 16.

[160]   IDW, EU-Regulierung der Abschlussprüfung: Positionspapier, 3. Aufl. 2017, 62; HKMS/Burg Rn. 47; BeBiKo/Justenhoven/Heinz Rn. 82; Wiedmann/Böcking/Gros/Böcking/Gros/Rabenhorst Rn. 16; aA Schüppen Anh. § 320 Rn. 2.

des Umfangs des Übergabepakets kann nur die Rechtsprechung, am Ende also der EuGH bringen.

VIII. Weitergabe von Unterlagen (Abs. 5)

Der neu eingefügte Abs. 5 geht auf Art. 23 Abs. 5 UAbs. 1 und 3 Abschlussprüfer- **43** RL zurück. **Abs. 5 S. 1** statuiert das Recht des Abschlussprüfers, nach Abs. 2 zur Verfügung gestellte Unterlagen an den Abschlussprüfer des Konzernabschlusses weiterzugeben, wenn die geprüfte Kapitalgesellschaft als Tochterunternehmen in den Konzernabschluss eines Mutterunternehmens einbezogen ist, das seinen Sitz nicht in einem Mitgliedstaat der EU oder einem anderen Vertragsstaat des Abkommens über den EWR, sondern einem **Drittstaat** hat. Eine Pflicht zur Weitergabe der Unterlagen begründet Abs. 5 S. 1 nicht; vielmehr besteht ein Entscheidungsermessen ("kann"), dem insbesondere bei geheimhaltungspflichtigen Informationen eine große Bedeutung zukommen wird.[161] Dabei ist zu berücksichtigen, dass die Befugnis zur Weitergabe von Unterlagen Begrenzungen unterliegt: Die nach Abs. 2 zur Verfügung gestellten Unterlagen dürfen nur weitergegeben werden, "soweit diese für die Prüfung des Konzernabschlusses des Mutterunternehmens erforderlich sind" (Abs. 1 S. 1 aE). Der Abschlussprüfer wird in diesem Zusammenhang darüber hinaus zu prüfen und auch zu dokumentieren haben, ob geheimhaltungspflichtige Informationen bei dem Empfänger einer hinreichenden Geheimhaltung unterliegen.[162]

Für die Übermittlung personenbezogener Daten ordnet **Abs. 5 S. 2** die Beachtung der **44** VO (EU) 2016/679 und der allgemeinen datenschutzrechtlichen Vorschriften an.[163] Nach der Regierungsbegründung zum AReG soll der Prüfer außerdem in entsprechender Anwendung von § 66c Abs. 6 iVm § 57 Abs. 9 S. 2 WPO berücksichtigen, ob die Informationen bei den den Abschlussprüfer des Mutterunternehmens beaufsichtigenden Behörden des Drittlandes einer hinreichenden Geheimhaltung unterliegen.[164] Unbedenklich ist die Übermittlung personenbezogener Daten in den Fällen, in denen die EU Kommission dem betreffenden Drittland ein angemessenes Datenschutzniveau bescheinigt hat (Art. 45 Abs. 1 und 3 DS-GVO).[165] Die EU Kommission veröffentlicht hierzu eine Liste aller Drittländer (sog. *Whitelist*), für die sie durch Beschluss festgestellt hat, dass ein angemessenes Schutzniveau besteht (Art. 45 Abs. 8 DS-GVO). In den übrigen Fällen ist eine Übermittlung personenbezogener Daten nur zulässig, wenn geeignete Garantien einschließlich verbindlicher interner Datenschutzvorschriften bestehen (Art. 46, 47 DS-GVO) oder eine der Ausnahmefälle des Art. 49 DS-GVO einschlägig ist.[166]

Die Berechtigung des Prüfers zur Weitergabe von Informationen an den Abschluss- **45** prüfer des Konzernabschlusses bezieht sich inhaltlich auf die dem Abschlussprüfer des Tochterunternehmens nach Abs. 2 zur Verfügung gestellten Unterlagen (Abs. 5 S. 1).[167] Die Arbeitspapiere des Abschlussprüfers des Tochterunternehmens sind hiervon nicht erfasst.[168] Eine freiwillige Einsichtsgewährung in die Arbeitspapiere ist nur zulässig, wenn das Tochterunternehmen den Prüfer von der Verschwiegenheitspflicht des Prüfers entbunden hat.[169]

---

[161] BeBiKo/Justenhoven/Heinz Rn. 70; HKMS/Burg Rn. 46; Hopt/Merkt Rn. 5. Zu Einzelheiten des Geheimnisschutzrechts Hermesmeier WPg 2018, 179; Hermesmeier WPg 2018, 114.

[162] HKMS/Burg Rn. 49; BeBiKo/Justenhoven/Heinz Rn. 70.

[163] BeBiKo/Justenhoven/Heinz Rn. 71. Zu den sich daraus ergebenden Pflichten des übermittelnden Abschlussprüfers HKMS/Burg Rn. 49. Zu Einzelheiten der genannten Vorschriften s. allg. statt aller Paal/Pauly, DS-GVO – BDSG, 3. Aufl. 2021.

[164] Schüppen Rn. 19; Hopt/Merkt Rn. 5.

[165] BeBiKo/Justenhoven/Heinz Rn. 71.

[166] BeBiKo/Justenhoven/Heinz Rn. 71.

[167] BeBiKo/Justenhoven/Heinz Rn. 72.

[168] HKMS/Burg Rn. 47; BeBiKo/Justenhoven/Heinz Rn. 72.

[169] HKMS/Burg Rn. 47; BeBiKo/Justenhoven/Heinz Rn. 72. Zur Entbindung eines Wirtschaftsprüfers von der beruflichen Verschwiegenheitspflicht Wegner WPg 2021, 475.

§ 321 Prüfungsbericht

(1) [1]Der Abschlußprüfer hat über Art und Umfang sowie über das Ergebnis der Prüfung zu berichten; auf den Bericht sind die Sätze 2 und 3 sowie die Absätze 2 bis 4a anzuwenden. [2]Der Bericht ist schriftlich und mit der gebotenen Klarheit abzufassen; in ihm ist vorweg zu der Beurteilung der Lage der Kapitalgesellschaft oder Konzerns durch die gesetzlichen Vertreter Stellung zu nehmen, wobei insbesondere auf die Beurteilung des Fortbestandes und der künftigen Entwicklung des Unternehmens unter Berücksichtigung des Lageberichts und bei der Prüfung des Konzernabschlusses von Mutterunternehmen auch des Konzerns unter Berücksichtigung des Konzernlageberichts einzugehen ist, soweit die geprüften Unterlagen und der Lagebericht oder der Konzernlagebericht eine solche Beurteilung erlauben. [3]Außerdem hat der Abschlussprüfer über bei Durchführung der Prüfung festgestellte Unrichtigkeiten oder Verstöße gegen gesetzliche Vorschriften sowie Tatsachen zu berichten, die den Bestand der geprüften Kapitalgesellschaft oder des Konzerns gefährden oder seine Entwicklung wesentlich beeinträchtigen können oder die schwerwiegende Verstöße der gesetzlichen Vertreter oder von Arbeitnehmern gegen Gesetz, Gesellschaftsvertrag oder die Satzung erkennen lassen.

(2) [1]Im Hauptteil des Prüfungsberichts ist festzustellen, ob die Buchführung und die weiteren geprüften Unterlagen, der Jahresabschluss, der Lagebericht, der Konzernabschluss und der Konzernlagebericht den gesetzlichen Vorschriften und den ergänzenden Bestimmungen des Gesellschaftsvertrags oder der Satzung entsprechen. [2]In diesem Rahmen ist auch über Beanstandungen zu berichten, die nicht zur Einschränkung oder Versagung des Bestätigungsvermerks geführt haben, soweit dies für die Überwachung der Geschäftsführung und der geprüften Kapitalgesellschaft von Bedeutung ist. [3]Es ist auch darauf einzugehen, ob der Abschluss insgesamt unter Beachtung der Grundsätze ordnungsmäßiger Buchführung oder sonstiger maßgeblicher Rechnungslegungsgrundsätze ein den tatsächlichen Verhältnissen entsprechendes Bild der Vermögens-, Finanz- und Ertragslage der Kapitalgesellschaft oder des Konzerns vermittelt. [4]Dazu ist auch auf wesentliche Bewertungsgrundlagen sowie darauf einzugehen, welchen Einfluss Änderungen in den Bewertungsgrundlagen einschließlich der Ausübung von Bilanzierungs- und Bewertungswahlrechten und der Ausnutzung von Ermessensspielräumen sowie sachverhaltsgestaltende Maßnahmen insgesamt auf die Darstellung der Vermögens-, Finanz- und Ertragslage haben. [5]Hierzu sind die Posten des Jahres- und des Konzernabschlusses aufzugliedern und ausreichend zu erläutern, soweit diese Angaben nicht im Anhang enthalten sind. [6]Es ist darzustellen, ob die gesetzlichen Vertreter die verlangten Aufklärungen und Nachweise erbracht haben.

(3) [1]In einem besonderen Abschnitt des Prüfungsberichts sind Gegenstand, Art und Umfang der Prüfung zu erläutern. [2]Dabei ist auch auf die angewandten Rechnungslegungs- und Prüfungsgrundsätze einzugehen.

(4) [1]Ist im Rahmen der Prüfung eine Beurteilung nach § 317 Abs. 4 abgegeben worden, so ist deren Ergebnis in einem besonderen Teil des Prüfungsberichts darzustellen. [2]Es ist darauf einzugehen, ob Maßnahmen erforderlich sind, um das interne Überwachungssystem zu verbessern.

(4a) Der Abschlussprüfer hat im Prüfungsbericht seine Unabhängigkeit zu bestätigen.

(5) [1]Der Abschlußprüfer hat den Bericht unter Angabe des Datums zu unterzeichnen und den gesetzlichen Vertretern vorzulegen; § 322 Absatz 7 Satz 3 und 4 gilt entsprechend. [2]Hat der Aufsichtsrat den Auftrag erteilt, so ist der Bericht ihm und gleichzeitig einem eingerichteten Prüfungsausschuss vorzulegen. [2]Im Fall des

Satzes 2 ist der Bericht unverzüglich nach Vorlage dem Geschäftsführungsorgan mit Gelegenheit zur Stellungnahme zuzuleiten.

Schrifttum: Bormann/Gucht, Übermittlung des Prüfungsberichts an den Aufsichtsrat – ein Beitrag zu § 170 Abs. 3 S. 2 AktG, BB 2003, 1887; Buchner/Wolz, Zur Redepflicht des Abschlußprüfers gemäß § 321 HGB mit Hilfe der Fuzzy-Diskriminanzanalyse, FS Baetge, 1997, 909; Clemm, Abschlußprüfer und Aufsichtsrat, ZGR 1980, 455; Clemm, Der Abschlußprüfer als Krisenwarner, WPK-Mitt. 1995, 65; Dörner, Zusammenarbeit von Aufsichtsrat und Wirtschaftsprüfer im Lichte des KonTraG, DB 2000, 101; Dörner/Bischof, Zweifelsfragen zur Berichterstattung über die Risiken der künftigen Entwicklung im Lagebericht, WPg 1999, 445; Dörner/Menold/Pfitzer/Oser, Reform des Aktienrechts, der Rechnungslegung und der Prüfung, 2. Aufl. 2003; Dörner/Oser, Erfüllen Aufsichtsrat und Wirtschaftsprüfer ihre Aufgaben? – Zugleich ein Plädoyer für eine bessere Zusammenarbeit von Aufsichtsrat und Wirtschaftsprüfern, DB 1995, 1085; W. Doralt, Haftung der Abschlussprüfer, 2005; Ebke, Die Internationalisierung der Rechnungslegung, Prüfung und Publizität und die Schweiz, ZSR 119 (2000), 39; Ebke, Der Deutsche Standardisierungsrat und das Deutsche Rechnungslegungs Standards Committee: Aussichten für eine professionelle Entwicklung von Rechnungslegungsgrundsätzen, ZIP 1999, 1193; Ebke, Lehren aus der internationalen Finanzmarktkrise: Synthese und Ausblick, in Ebke/Seagon/Blatz, Internationale Finanzmarktkrise: Erfahrungen, Lehren, Handlungsbedarf, 2012, S. 127; Ebke, Rechnungslegung und Abschlußprüfung im Umbruch, WPK-Mitt. Sonderheft Juni 1997, 12; Ebke, „Überschuldung: Quo vadis?" Zusammenfassung und Ausblick, in Ebke/Seagon/Piekenbrock, Überschuldung: Quo vadis?, 2020, 97; Ehrenberg, Die Verschwiegenheit der Angehörigen rechtsberatender, steuerberatender und wirtschaftsprüfender Berufe, 2012; Farr, Der neue Prüfungsbericht 2018/2019 – Auswirkungen von IDW PS 450 n.F. und des neuen umfangreichen Bestätigungsvermerks, WPg 2018, 1130; Farr, Neuerungen beim Prüfungsbericht – Aufgrund von BilRUG, EU-Abschlussprüfer-Verordnung, AReG und IDW EPS 450 n.F., WPg 2017, 865; Gelhausen/Hermesmeier, Das Siegelrecht der Wirtschaftsprüfer und vereidigten Buchprüfer – Praxisfragen zur obligatorischen und fakultativen Siegelverwendung, WPg 2013, 513; Groß, Zur Beurteilung der „handelsrechtlichen Fortführungsprognose" durch den Abschlussprüfer, WPg 2010, 119; Groß/Amen, Die Erstellung der Fortbestehensprognose, WPg 2002, 433; Groß/Amen, Die Fortbestehensprognose – Rechtliche Anforderungen und ihre betriebswirtschaftlichen Grundlagen, WPg 2002, 225; Gross/Möller, Auf dem Weg zu einem problemorientierten Prüfungsbericht, WPg 2004, 317; A. Großfeld, Zweckgesellschaften, in Ebke/Möhlenkamp/Welling, Internationale Finanzmarktkrise, Bankabschlüsse und Mittelstand, 2011, S. 45; Hachmeister, Die gewandelte Rolle des Wirtschaftsprüfers als Partner des Aufsichtsrats nach den Vorschriften des KonTraG, DStR 1999, 1453; Hense, Der Prüfungsbericht hat zu viele Empfänger – auch ein Beitrag zur besseren Zusammenarbeit von Aufsichtsrat und Abschlußprüfer, FS Budde, 1995, 287; Hölscher/Helms/Nelde, Risikoberichterstattung gemäß DRS 20 – Eine empirische Untersuchung der im DAX, WPg 2018, 951; Hoffmann/Knierim, Falsche Berichterstattung durch den Abschlussprüfer, BB 2002, 2275; Hommelhoff, Der Zusatzbericht des Abschlussprüfers und dessen Rollen im EU-Reformprozess zur Corporate Governance (Teil 2), DB 2012, 445; Inwinkl, Praxisfragen zu Berichtspflichten des Abschlussprüfers bei kapitalmarktorientierter GmbH – Zusammenwirken von Artikel 11, 7 und 12 der EU-Abschlussprüfer-Verordnung 537/2014, WPg 2019, 315; Kämpfer, Management Letter, in Ballwieser/Coenenberg/v. Wysocki, Handwörterbuch der Rechnungslegung und Prüfung, 3. Aufl. 2002, Sp. 1515–1520; Kajüter, Berichterstattung über Chancen und Risiken im Lagebericht – Auswirkungen des Referentenentwurfs für das Bilanzrechtsreformgesetz, BB 2004, 427; Kajüter/Winkler, Praxis der Risikoberichterstattung deutscher Konzerne, WPg 2004, 249; Kronner/Seidler, Fortbestandsgefährdung und Entwicklungsbeeinträchtigung – Informationspflichten des Abschlussprüfers nach den § 322 Abs. 2 S. 3 HGB, § 321 Abs. 1 S. 3 HGB unter Berücksichtigung des IDW PS 270 nF, FS Böcking, 2021, 319; Kropff, Der Abschlußprüfer in der Bilanzsitzung des Aufsichtsrats, FS Welf Müller, 2001, 481; Kucher, Probleme der Währungsumrechnung nach § 308a HGB – Darstellung am Beispiel eines langfristigen Euro-Darlehns, WPg 2019, 919; Lange, Anforderungen an die Berichterstattung zu Risiken im Lagebericht und Konzernlagebericht, in Lange/Wall, Risikomanagement nach dem KonTraG, 2001, 131; Langenbucher, Zur Architektur der Kontrolle von Aktiengesellschaften von öffentlichem Interesse – eine Überlegung zu Wirecard, FS Ebke, 2021, 573; Ludewig, Gedanken zur Berichterstattung des Abschlußprüfers zur Neufassung des § 321 HGB, WPg 1998, 595; Martens, Die Vorlage des Jahresabschlusses und des Prüfungsberichts gegenüber dem Wirtschaftsausschuß, DB 1988, 1229; Mekat, Der Grundsatz der Wesentlichkeit in Rechnungslegung und Abschlussprüfung, 2009; M. Merkt, Abschlussprüfung nach Wirecard: Wieviel watchdog, wieviel Sparringpartner?, FS Ebke, 2021, 663; Müller, Der Prüfungsbericht des Abschlussprüfers als Instrument der Corporate Governance, 2013; Niehaus, Bedeutung und Inhalt des Berichts über die handelsrechtliche Jahresabschlußprüfung, DB 1988, 817; Peemöller/Finsterer/Mahler, Verbesserung der Unternehmensüberwachung durch den „Management Letter", DB 1999, 1565; Petersen, Prüfungsvermerke und -berichte zukünftig elektronisch möglich (Teil 2), WPK Magazin 3/2017, 26; Pfitzer/Orth, Die Berichterstattung des Abschlussprüfers nach neuem Recht, in Dörner/Menold/Pfitzer/Oser, Reform des Aktienrechts, der Rechnungslegung und der Abschlussprüfung, 2. Aufl. 2003, S. 873; Plendl, Die Berichterstattung des Abschlußprüfers über nachteilige Lageveränderungen und wesentliche Verluste nach § 321 Abs. 1 Satz 4 HGB, 1990; Poll, NOCLAR und die veränderte Rolle des Wirtschaftsprüfers im Umgang mit Gesetzesverstößen, WPg 2017, 986; Rabenhorst, Neue Anforderungen an die Berichterstattung des Abschlussprüfers durch das TransPuG, DStR 2003, 436; Ratzinger-Sakel, Welche Veränderungen erfährt die Berichterstattung des Abschlussprüfers?, WPg 2016, 1217; Schmid/Deicke, Berichterstattung des Abschlussprüfers und Kommunikation mit den für die Überwachung Verantwortlichen – Praxishinweise zur Anwendung von IDW PS 450 n.F. und IDW PS 470 n.F., WPg 2018, 1266; Schruff/Spang, Künftige Meldepflichten des Abschlussprüfers bei Gesetzesverstößen des Mandanten, WPK Magazin 2016, 61; Schüppen, Die europäische Abschlussprüfungsreform und ihre Implementierung in Deutschland – vom Löwen zum Bettvorleger?, NZG 2016, 247; Schüppen, To comply or not to comply – that's the question! – „Existenzfragen" des Transparenz- und Publizitätsgesetzes im magischen Dreieck kapitalmarktorientierter Unternehmensführung, ZIP 2002, 1269; Siebert, Zur Anwendung der IDW Prüfungsstandards auf die Abschlussprüfung kleiner und mittlerer Unternehmen, WPg 2004, 973; Sommerschuh, Berufshaftung und Berufsaufsicht: Wirtschaftsprüfer, Rechtsanwälte und Notare im Vergleich, 2003; Stark, Fortführungsprinzip und (Vor-)Insolvenz, 2022; Stark, Fortführungsprinzip und vorinsolvenzliche Sanierung nach dem StaRUG, ZVglRWiss 121 (2022), 298; Steiner, Der Prüfungsbericht des Abschlußprüfers, 1991; Strieder, Zur Frist der Prüfungs- und Berichtspflicht des Aufsichtsrats hinsichtlich des Jahresabschlusses einer AG oder KGaA, AG 2006, 363; Graf v. Treuberg/Angermayer, Die Ausgestaltung des Prüfungsberichts des Abschlußprüfers von Versicherungsunternehmen nach der neuen Prüfungsberichteverordnung, WPg 1998, 839; Velte, Die externe Abschlussprüfung als Gegenstand der Corporate Governance-Berichterstattung des Aufsichtsrats – Eine empirische Untersuchung im DAX, TecDAX, MDAX und SDAX, DB 2011, 1173; Wegner, Sanktionsrisiken für den Abschlussprüfer bei verspäteter Einreichung eines Prüfungsberichts, WPg 2021, 50; Wegner, Zur Entbindung eines Wirtschaftsprüfers von der beruflichen Verschwiegenheit, WPg 2021, 475; Wermelt/Oehlmann, Prüfung von Risikofrüherkennungssystemen – IDW EPS 340 n.F.: Die Prüfung der Maßnahmen nach § 91 Abs. 2 AktG im Rahmen der Jahresabschlussprüfung gemäß § 317 Abs. 4 HGB, WPg 2019, 1026; Wilhelmi, Der Aufsichtsratsvorsitzende als Repräsentant des Aufsichtsrats, FS Ebke, 2021, 1089; Winkler, Prüfungsbericht von Kredit- und Finanzdienstleistungsinstituten: Eine betriebswirtschaftliche Analyse deutscher und internationaler Prüfungskonventionen, 2004; WPK, Praxishinweis zum neuen Berufsrecht: Prüfungsvermerke und -berichte zukünftig elektronisch möglich (Teil 1 und 2), WPK Magazin 1/2017, 17 und 3/2017, 26.

Übersicht

I. Überblick

Der Abschlussprüfer hat über Art und Umfang sowie über das Ergebnis der Prüfung **1** einen **Prüfungsbericht** zu erstatten (Abs. 1 S. 1).[1]

1. Unternehmensinterne Berichterstattung. Seit Einführung der Pflichtprüfung **2** im Jahre 1931 unterscheidet das deutsche Recht zwischen dem Prüfungsbericht als Instrument der unternehmens*internen* Berichterstattung (§ 321) und dem Bestätigungsvermerk als Instrument der unternehmens*externen* Berichterstattung (§ 322).[2] Diese Unterscheidung wurde in den wichtigen rechnungslegungsrechtlichen Reformgesetzen der letzten Jahre wie dem Gesetz zur Kontrolle und Transparenz im Unternehmensbereich (KonTraG) vom 27.4.1998 (BGBl. 1998 I 786), dem Gesetz zur weiteren Reform des Aktien- und Bilanzrechts, zu Transparenz und Publizität (TransPuG) vom 19.7.2002 (BGBl. 2002 I 2681), dem Bilanzrechtsreformgesetz (BilReG) vom 4.12.2004 (BGBl. 2004 I 3166) und dem Gesetz zur Modernisierung des Bilanzrechts (BilMoG) vom 25.5.2009 (BGBl. 2009 I 1102) beibehalten, obwohl sie bis dahin international weitgehend unbekannt war. In der EU verlangten lediglich Deutschland (§ 321) und **Österreich** (§ 273 Abs. 1 UGB) einen schriftlichen Prüfungsbericht.[3] In den USA ist ein eigenständiger schriftlicher Prüfungsbericht des Abschlussprüfers (*auditor*) gesetzlich nicht vorgeschrieben.[4] Demgegenüber verpflichtet das **Schweizer Recht** die Revisionsstelle, dem Verwaltungsrat einer Aktiengesellschaft einen umfassenden Bericht (Revisionsbericht) mit Feststellungen über die Rechnungslegung, das interne Kontrollsystem sowie die Durchführung und das Ergebnis der Revision zu erstatten (Art. 728b Abs. 1 OR).[5] Darüber hinaus hat die Revisionsstelle der Generalversammlung schriftlich einen zusammenfassenden Bericht über das Ergebnis der Revision zu erstatten (Art. 728b Abs. 2 S. 1 OR). Dieser Bericht enthält eine Stellungnahme zum Ergebnis der

---

[1] Zu den Auswirkungen der Corona-Pandemie auf den Prüfungsbericht s. Nachweise → Vor § 316 Rn. 13; HKMS/Burg Rn. 6a.

[2] OLG München WM 2022, 1111 Rn. 130; OLG München WM 2022, 470 Rn. 11 und 45. S. dazu den historischen Abriss von Pfitzer/Orth in Dörner/Menold/Pfitzer/Oser, Reform des Aktienrechts, der Rechnungslegung und der Prüfung, 2. Aufl. 2003, S. 876–878.

[3] Buijink/Maijoor/Meuwissen/van Witteloostuijn, The Role, Position and Liability of the Statutory Auditor within the European Union, 1996, S. 103; W. Doralt, Haftung der Abschlussprüfer, 2005, S. 62.

[4] Ebke FS Wellensiek, 2011, 430.

[5] Zu den Einzelheiten Pfiffner, Revisionsstelle und Corporate Governance, 2008, S. 1095–1103.

Prüfung, Angaben zur Unabhängigkeit, Angaben zu der Person, welche die Revision geleitet hat, und zu deren fachlicher Befähigung sowie eine Empfehlung, ob die Jahresrechnung und die Konzernrechnung mit oder ohne Einschränkung zu genehmigen oder zurückzuweisen ist (Art. 728b Abs. 2 S. 2 OR).

3   Die **Europäische Kommission** hat die Bedeutung des Prüfungsberichts für die Kommunikation zwischen dem gesetzlichen Abschlussprüfer und den Leitungs- und Überwachungsorganen einer prüfungspflichtigen Gesellschaft und damit für die **Corporate Governance**[6] schließlich für die EU „entdeckt".[7] In ihrem Grünbuch „Weiteres Vorgehen im Bereich der Abschlussprüfung: Lehren aus der Krise" vom 13.10.2010[8] nennt die Europäische Kommission den Prüfungsbericht deutschen Rechts ein „gutes Beispiel" für eine „bessere Kommunikation nach innen".[9] Art. 11 Abs. 1 S. 1 Abschlussprüfungs-VO verpflichtet Abschlussprüfer, die bei Unternehmen von öffentlichem Interesse (vgl. § 316a S. 2) eine Abschlussprüfung durchführen, einen **zusätzlichen Bericht an den Prüfungsausschuss** des geprüften Unternehmens vorzulegen. Die Mitgliedstaaten können darüber hinaus verlangen, dass dieser zusätzliche Bericht dem Verwaltungs- oder Aufsichtsorgan des geprüften Unternehmens vorgelegt wird. Verfügt das geprüfte Unternehmen nicht über einen Prüfungsausschuss, ist der zusätzliche Bericht dem Gremium vorzulegen, das bei dem geprüften Unternehmen vergleichbare Funktionen hat (Art. 11 Abs. 1 S. 3 Abschlussprüfungs-VO). In Erwägungsgrund 14 Abschlussprüfungs-VO heißt es dazu: „Für das geprüfte Unternehmen würde die Abschlussprüfung erheblich an Wert gewinnen, wenn die Kommunikation zwischen dem Abschlussprüfer oder der Prüfungsgesellschaft auf der einen und dem Prüfungsausschuss auf der anderen Seite verstärkt würde. Neben dem regelmäßigen Dialog bei der Durchführung der Abschlussprüfung ist es wichtig, dass der Abschlussprüfer oder die Prüfungsgesellschaft dem Prüfungsausschuss einen zusätzlichen detaillierten Bericht über die Ergebnisse der Abschlussprüfung vorlegt. Dieser zusätzliche Bericht sollte dem Prüfungsausschuss nicht später als der Bestätigungsvermerk vorgelegt werden."

4   **2. Zweck der Berichterstattung.** Zweck der Berichterstattung des Abschlussprüfers mittels des Prüfungsberichts gemäß § 321 ist in erster Linie eine von dem Vorstand unabhängige und sachverständige Unterrichtung des Aufsichtsrats[10] (bei der GmbH ohne Aufsichtsrat: der Gesellschafter, vgl. § 42a Abs. 1 S. 2 GmbHG) **(Informationsfunktion):**[11] Im Prüfungsbericht fasst der Abschlussprüfer Gegenstand, Art und Umfang, Feststellungen sowie das Ergebnis der Prüfung insbesondere für jene Gesellschaftsorgane zusammen, denen die Aufsicht über die Unternehmensleiter obliegt.[12] Der Prüfungsbericht hat ferner die Aufgabe, mittels Dokumentation wesentlicher Prüfungsfeststellungen und Prüfungsergebnisse die Überwachung des Unternehmens durch die Aufsichtsorgane zu unterstützen **(Unterstützungsfunktion).**[13] Hinzu kommt die **Nachweisfunktion** für die gesetzlichen

---

[6] Dazu monographisch M. Müller, Der Prüfungsbericht des Abschlussprüfers als Instrument der Corporate Governance, 2013; Steiner, Der Prüfungsbericht des Abschlussprüfers, 1991.

[7] Zu dem damaligen Plan der Einführung eines zusätzlichen Berichts des Abschlussprüfers Hommelhoff DB 2012, 389.

[8] KOM(2010) 561 (endg). Zu Einzelheiten des Grünbuchs: Kämpfer/Kayser/Schmidt DB 2010, 2457; speziell zur Berichterstattung Lanfermann BB 2011, 937.

[9] KOM(2010) 561 (endg), S. 9: „In einem solchen Bericht, der der Öffentlichkeit nicht zugänglich ist, werden", so heißt es auf S. 10 des Grünbuchs weiter, „die Hauptergebnisse, zu denen der Abschlussprüfer in Bezug auf die Annahme der Fortführung der Unternehmenstätigkeit und die damit verbundenen Überwachungssysteme, die künftige Entwicklung und künftigen Risiken für das Unternehmen, wesentliche Angaben, festgestellte Unregelmäßigkeiten, angewandte Bilanzierungsmethoden oder etwaige „Bilanzkosmetik" gekommen ist, detaillierter dargestellt als im Vermerk".

[10] Velte DB 2011, 1173; W. Schruff, Unternehmensüberwachung und Abschlussprüfer, in IDW, Kapitalmarktorientierte Unternehmensüberwachung, 2001, S. 150. Krit. zu der fehlenden Offenlegung des Prüfungsberichts gegenüber den Aktionären Hoffmann/Lüdenbach DB 2003, 781 (782–783). S. aber § 321a zur Offenlegung des Prüfungsberichts in besonderen Fällen.

[11] Graumann Prüfungswesen S. 796; Scheffler WPg 2002, 1289 (1290).

[12] Zu Einzelheiten IDW PS 450: Grundsätze ordnungsmäßiger Erstellung von Prüfungsberichten (Stand: 28.10.2021), IDW Life 2022, 78 (Tz. 1).

[13] Graumann Prüfungswesen S. 796; Wiedmann/Böcking/Gros/Böcking/Gros/Rabenhorst Rn. 1.

Vertreter, aber auch den Abschlussprüfer.[14] Die Nachweisfunktion besteht darin, dass für die gesetzlichen Vertreter des geprüften Unternehmens, die den Jahresabschluss zu verantworten haben (§ 322 Abs. 2 S. 2), einen Nachweis darüber liefert, ihre Buchführungs- und Rechnungslegungspflichten entsprechend den gesetzlichen Vorschriften erfüllt und ggf. ein funktionsfähiges Risikofrüherkennungssystem eingerichtet zu haben.[15] Der Abschlussprüfer kann mittels des Prüfungsberichts erforderlichenfalls den Nachweis erbringen, dass er seine Auftrags- und Berufspflichten ordnungsgemäß erfüllt hat.[16] Als unternehmensinternes Informationsinstrument ist der Prüfungsbericht grundsätzlich nicht für die Öffentlichkeit bestimmt. Der Prüfungsbericht ist daher nicht nach §§ 325 ff. offenzulegen.[17] Eine Offenlegung des Prüfungsberichts kommt nur in besonderen Fällen in Betracht.

a) Offenlegung in der Insolvenz. Eine Offenlegung gilt namentlich in der Insolvenz **5** der prüfungspflichtigen Gesellschaft (§ 321a Abs. 1 S. 1). In der **Insolvenz** der prüfungspflichtigen Gesellschaft verlagert sich die Informationsfunktion des Prüfungsberichts von den Organen der prüfungspflichtigen Gesellschaft auf den Insolvenzverwalter (§ 80 Abs. 1 InsO);[18] zusätzliche Interessenten sind das Insolvenzgericht und der Gläubigerausschuss, die nicht zuletzt mit Hilfe des Prüfungsberichts ihrer Aufsichts- (§ 58 Abs. 1 InsO) bzw. Überwachungspflicht (§ 69 S. 1 InsO) nachkommen.[19] Eine weitere Ausprägung der Änderung der Informationsfunktion des Prüfungsberichts in der Insolvenz der prüfungspflichtigen Gesellschaft ist § 321a, der durch das BilReG vom 4.12.2004 (BGBl. 2004 I 3166) in das Gesetz eingefügt wurde. Die Bestimmung **erweitert den Adressatenkreis** des Prüfungsberichts nach Insolvenzeröffnung oder Abweisung des Antrags auf Insolvenzeröffnung mangels Masse rückwirkend auf bestimmte Gesellschafter und Gläubiger der geprüften Gesellschaft, um „auch außerhalb des Aufsichtsrats nachvollziehbar (zu machen), ob der Abschlussprüfer seiner gesetzlichen Berichtspflicht, insbesondere nach § 321 Abs. 1 S. 3 HGB geforderten Stellungnahme zur Lagebeurteilung durch die gesetzlichen Vertreter des Unternehmens und der Berichterstattung über Entwicklungsbeeinträchtigungen und Bestandsgefährdungen, die er im Verlauf der Prüfung festgestellt hat (§ 321 Abs. 1 S. 3 HGB), nachgekommen ist".[20] Die Verpflichtung zur Offenlegung des Prüfungsberichts der **letzten drei Geschäftsjahre** (§ 321a Abs. 1 S. 1) unterstützt „die klare Darstellung des Abschlussprüfers gerade in kritischen Unternehmenssituationen", fördert präventiv die ordnungsgemäße Berichterstattung des Abschlussprüfers im Prüfungsbericht, unterstützt die Auseinandersetzung des Aufsichtsrats mit dem Prüfungsbericht[21] und erleichtert den zur Einsichtnahme Berechtigten den Nachweis etwaiger Pflichtverletzungen des Abschlussprüfers sowie der Leitungs- und Aufsichtsorgane und die Durchsetzung von daraus folgenden Schadensersatzforderungen.[22]

b) Vorlage an Regulierungs- bzw. Aufsichtsbehörden. Zahlreiche Gesetze verlan- **6** gen die Vorlage des Prüfungsberichtes an zuständige Regulierungs- bzw. Aufsichtsbehörden. So sind Prüfungsberichte von Versicherungsunternehmen der BaFin (§ 37 Abs. 5 S. 1 VAG),[23] Prüfungsberichte von Kreditinstituten der BaFin und der Deutschen Bundesbank

---

14   Graumann Prüfungswesen S. 796.
15   Graumann Prüfungswesen S. 796.
16   Graumann Prüfungswesen S. 796.
17   Ebke FS Wellensiek, 2011, 433. Der Prüfungsbericht ist allerdings der Körperschaftsteuererklärung beizufügen (§ 150 Abs. 4 AO iVm § 60 Abs. 3 S. 1 EStDV).
18   Der Prüfungsbericht gehört zu den „Geschäftsbüchern" der Schuldnerin (§ 36 Abs. 2 Nr. 1 InsO) und ist von dem Insolvenzverwalter in Besitz zu nehmen (§ 148 Abs. 1 InsO); vgl. Ebke FS Hopt, 2010, 559 (583).
19   Ebke FS Hopt, 2010, 559 (583).
20   IDW WPg 2000, 1027 (1031–1032). S. ferner Kronner/Seidler FS Böcking, 2021, 319.
21   IDW WPg 2000, 1027 (1031–1032); Ebke FS Wellensiek, 2011, 434 f.
22   Ebke FS Wellensiek, 2011, 434; Staub/Habersack/Schürnbrand § 321a Rn. 1.
23   Die Aufsichtsbehörde kann den Prüfungsbericht mit dem Abschlussprüfer erörtern und, wenn nötig, Ergänzungen der Prüfung und des Berichts auf Kosten des Versicherungsunternehmens veranlassen (§ 37 Abs. 5 S. 1 VAG).

einzureichen. Nach § 6b Abs. 7 S. 1 EnWG ist der Prüfungsbericht der Regulierungsbehörde vorzulegen. § 32 Abs. 5 Nr. 2 KHG schreibt die Vorlage des Prüfungsberichts an das Bundesministerium für Gesundheit vor.

7   **3. Änderungen aufgrund des KonTraG.** Die Vorschriften über den Prüfungsbericht wurden – ebenso wie die Bestimmungen bezüglich des Bestätigungsvermerks (§ 322) – durch das KonTraG vom 27.4.1998 (BGBl. 1998 I 786) neu gefasst.[24] Inhaltlich wurde § 321 an die durch das KonTraG erweiterten Anforderungen an den Prüfungsbericht (§ 317 idF des KonTraG) angepasst. Im Prüfungsbericht war nicht mehr nur wie bis dahin über „das Ergebnis der Prüfung", sondern auch über „Art und Umfang der Prüfung" zu berichten (§ 321 Abs. 1 S. 1, Abs. 3 idF des KonTraG).[25] Zusätzlich wurden neue Anforderungen an Gliederung und Aufbau des Prüfungsberichts gestellt. Der Prüfungsbericht ist nach hM ein wesentliches Informationsmittel für den Aufsichtsrat;[26] die Neufassung des § 321 idF des KonTraG trug dem Anliegen des KonTraG Rechnung, die Kontrolle des Vorstandes durch den Aufsichtsrat mittels verbesserter, problemorientierter Information des Aufsichtsrats zu stärken.[27]

8   Der vor dem Inkrafttreten des KonTraG zu erstellende Prüfungsbericht hatte sich nach der Begründung des RegE des KonTraG zwar **„grundsätzlich bewährt"**, er wurde nach Auffassung der Regierung aber „vielfach" seiner „Aufgabe, den Aufsichtsrat bei der Überwachung des Vorstandes zu unterstützen, nicht in vollem Umfang gerecht". Nach den Beobachtungen der Bundesregierung beschränkte sich der Prüfungsbericht hinsichtlich der Lagedarstellung „häufig auf eine Aufgliederung und Erläuterung" der Abschlussposten. Er sei zudem „sprachlich häufig so gefaßt, daß er nur von sachkundigen Personen verstanden wird".[28] Im Prüfungsbericht sollte nach den Vorstellungen der Regierung daher künftig eine **„problemorientierte Darstellung"** erfolgen, und zwar so, dass der Prüfungsbericht „auch von nicht sachverständigen Aufsichtsratsmitgliedern verstanden wird."[29]

9   In der Revisionswissenschaft und der Revisionspraxis wurde geltend gemacht, dass die Forderung, dass der Prüfungsbericht auch von nicht sachverständigen Aufsichtsratsmitgliedern verstanden werden müsse, „nicht erfüllbar" sei.[30] Dieser Einwand relativiert sich jedoch, wenn man mit IDW PS 450.15 nF von einem **Grundverständnis** der Aufsichtsratsmitglieder für die wirtschaftlichen und rechtlichen Gegebenheiten des Unternehmens und **für die Grundlagen der Rechnungslegung** ausgeht.[31] Im Übrigen hat der BGH schon in der „Hertie"-Entscheidung aus dem Jahre 1982 darauf hingewiesen, dass jedes Aufsichtsratsmitglied „diejenigen Mindestkenntnisse und -fähigkeiten" besitzen oder sich aneignen müsse, „die es braucht, um alle normalerweise anfallenden Geschäftsvorgänge auch ohne

---

[24]   Zu Einzelheiten Pfitzer/Orth in Dörner/Menold/Pfitzer/Oser, Reform des Aktienrechts, der Rechnungslegung und der Prüfung, 2. Aufl. 2003, S. 878–881.

[25]   Pfitzer/Orth in Dörner/Menold/Pfitzer/Oser, Reform des Aktienrechts, der Rechnungslegung und der Prüfung, 2. Aufl. 2003, S. 880.

[26]   S. nur Ernst WPg 1998, 1025 (1029); Potthoff FS Ludewig, 1996, 831, (841, 842).

[27]   Die Einzelheiten waren umstritten: Forster AG 1999, 193; Funke, Reform der Unternehmenskontrolle durch Aufsichtsrat und Abschlussprüfer, in Baetge, Aktuelle Entwicklungen in Rechnungslegung und Wirtschaftsprüfung, 1997, S. 167; Hachmeister DStR 1999, 1453; Hommelhoff BB 1998, 2567 und 2625; Hommelhoff/Mattheus AG 1998, 249; Mattheus ZGR 1999, 682; Rürup AG 1995, 219; Scheffler FS Havermann, 1995, 651; Strieder/Graf BB 1997, 1943; Theisen WPg 1994, 809.

[28]   Begr. RegE KonTraG, BT-Drs. 13/9712, 28. Vgl. Ernst WPg 1998, 1025 (1028) („manch vage und wolkige Formulierung" in Prüfungsberichten beklagend); Moxter BB 1997, 722 (727), der auf die Gefahr hinweist, dass „dem einen oder anderen Empfängerkreis mißliebe Berichtsinhalte bewußt unklar formuliert werden". S. ferner Müller WPg 2002, 1301 (1304–1305) („…'lieblos' gestaltete ‚Schnippelberichte', deren Charakter oft auf ein starkes Absicherungsstreben zurückzuführen ist"). S. aber auch Scheffler WPg 2002, 1289 (1294), der darauf hinweist, dass es nicht Aufgabe des Abschlussprüfers ist, „durch vage und verschwommene Berichterstattung" etwaige Konflikte mit Dritten (zB Finanzbehörden, Kreditgebern oder der BaFin) zu vermeiden.

[29]   Zu Einzelheiten Gross/Möller WPg 2004, 317.

[30]   Moxter BB 1997, 722 (727) unter Hinweis auf Hense FS Budde, 1995, 287.

[31]   IDW PS 450: Grundsätze ordnungsmäßiger Erstellung von Prüfungsberichten (Stand: 28.10.2021), IDW Life 2022, 78.

fremde Hilfe verstehen und sachgerecht beurteilen zu können".[32] Solche Kenntnisse und Fähigkeiten, zu den auch ein Mindestmaß an *financial literacy* gehört, müssen von jedem Aufsichtsratsmitglied erwartet werden, will es sich nicht dem Vorwurf des Übernahmeverschuldens aussetzen.[33] Für Gesellschaften, die Unternehmen von öffentlichem Interesse iSv § 316a S. 2 sind, ordnet § 100 Abs. 5 S. 1 AktG zudem an, dass mindestens ein Mitglied des Aufsichtsrats über **Sachverstand** auf dem Gebiet **Rechnungslegung** und mindestens ein weiteres Mitglied des Aufsichtsrats über Sachverstand auf dem Gebiet **Abschlussprüfung** verfügen muss. Im Übrigen müssen die Aufsichtsratsmitglieder in ihrer Gesamtheit mit dem Sektor, in dem die Gesellschaft tätig ist, vertraut sein (§ 100 Abs. 5 S. 2 AktG). Bei der notwendigen fachlichen Expertise handelt es sich – entgegen der Überschrift von § 100 AktG – nicht um eine „persönliche" Voraussetzung für die Wahl eines einzelnen Aufsichtsratsmitglieds, sondern um eine objektive Anforderung an die Zusammensetzung des Aufsichtsrats im Ganzen. Darüber hinaus besteht für besonders komplexe betriebswirtschaftliche und rechtliche Sachverhalte Gelegenheit, diese in der Sitzung des Aufsichtsrats[34] oder – wenn ein Prüfungsausschuss eingerichtet ist – in der **Sitzung des Prüfungsausschusses** (an denen der Prüfer nach § 171 Abs. 1 S. 2 AktG,[35] § 52 Abs. 1 GmbHG teilzunehmen hat)[36] oder, sofern kein Aufsichtsrat besteht, in der Gesellschafterversammlung mit dem Abschlussprüfer im Einzelnen zu erörtern.[37] § 171 Abs. 1 S. 2 AktG gilt entsprechend für Prüfungsausschüsse von Unternehmen im öffentlichen Interesse iSd § 316a S. 2, die keinen Aufsichts- oder Verwaltungsrat haben, der die Voraussetzungen des § 100 Abs. 5 AktG erfüllen muss (§ 324 Abs. 1 S. 1, Abs. 2 S. 4).

4. Änderungen aufgrund des TransPuG. Das TransPuG[38] vom 19.7.2002 (BGBl. **10** 2002 I 2681) setzte die im KonTraG eingeschlagene Richtung fort, die im Prüfungsbericht gegebene Darstellung und Bewertung des Prüfungsergebnisses problemorientierter zu gestalten.[39] Um die Aufmerksamkeit der Berichtsadressaten auf wichtige Sachverhalte zu lenken, hatte der Abschlussprüfer gemäß § 321 Abs. 1 S. 2 und (dem neu gefassten) S. 3 fortan grundsätzliche Feststellungen in einer geschlossenen Darstellung unmittelbar an den Beginn des Prüfungsberichts zu stellen (sog. **„Vorwegbericht"**). Die durch das KonTraG eingeführte Negativerklärung, dass der Prüfer bei Durchführung seiner Prüfung gemäß Abs. 1 S. 3 idF des KonTraG keine berichtspflichtige Tatsachen und Unregelmäßigkeiten in der Rechnungslegung festgestellt hat, wurde aufgegeben zugunsten einer positiven Berichtspflicht nur in denjenigen Fällen, in denen der Prüfer entsprechende Unregelmäßigkeiten und Tatsachen tatsächlich festgestellt hat (Abs. 1 S. 3).[40] Abs. 1 S. 3 idF des TransPuG

---

32 BGHZ 85, 293 (295–296).

33 Schüppen § 324 Rn. 17.

34 § 109 Abs. 1 S. 3 AktG idF des FISG: Wird der Abschlussprüfer vom Aufsichtsrat als Sachverständiger zu den Beratungen des Aufsichtsrats oder seiner Ausschüsse zugezogen, nimmt der Vorstand grundsätzlich nicht an der Sitzung teil. Hierdurch sollen die Rolle des Abschlussprüfers als Berater des Aufsichtsrats und die vertrauliche Kommunikation zwischen Aufsichtsrat und Abschlussprüfer gestärkt werden.

35 Zur Änderung des § 171 Abs. 1 S. 2 AktG idF des TransPuG („... oder der Konzernabschluss ..."): Böcking/Müßig Der Konzern 2003, 38 (48).

36 Zu den Rechtsfolgen einer unterbliebenen oder fehlerhaften Teilnahme: Neuling BB 2003, 166 (169, 170). Zu der Frage, ob der Abschlussprüfer an der Bilanzsitzung des Aufsichtsrats oder Prüfungsausschusses auch „virtuell" (zB per Telefon oder Videokonferenz) teilnehmen darf oder eine körperliche Anwesenheit zwingend erforderlich ist: Fachlicher Hinweis des IDW „Zweifelsfragen zu den Auswirkungen der Ausbreitung des Coronavirus auf die Rechnungslegung und deren Prüfung" (Teil 3, 5. Update, April 2021), S. 50.

37 Zu den Grundsätzen der mündlichen Berichterstattung des Abschlussprüfers an den Aufsichtsrat IDW PS 470: Grundsätze für die Kommunikation mit den für die Überwachung Verantwortlichen (Stand: 10.10.2017), IDW Life 2018, 173. S. ferner Forster FS Sieben, 1998, 375; Hommelhoff BB 1998, 2625 (2626, 2627).

38 Zu Einzelheiten Böcking/Müßig Der Konzern 2003, 38 (46, 47).

39 Gross/Möller WPg 2004, 317 (317) li. Sp.; Oser/Wirth/Bischof in Dörner/Menold/Pfitzer/Oser, Reform des Aktienrechts, der Rechnungslegung und der Prüfung, 2. Aufl. 2003, S. 613–616; Pfitzer/Orth in Dörner/Menold/Pfitzer/Oser, Reform des Aktienrechts, der Rechnungslegung und der Prüfung, 2. Aufl. 2003, S. 881; Rabenhorst DStR 2003, 436; Schüppen ZIP 2002, 1269.

40 W. Schruff WPg 2004, 449 (456).

stellte außerdem klar, dass eine Berichtspflicht des Prüfers nicht wie nach Abs. 1 S. 3 aF erst dann eintrat, wenn er Unrichtigkeiten, Verstöße oder Tatsachen feststellt, die **schwerwiegende Verstöße** der gesetzlichen Vertreter oder von Arbeitnehmern gegen Gesetz, Gesellschaftsvertrag oder die Satzung „darstellen", sondern bereits bei Vorliegen entsprechender „substanzieller Verdachtsmomente" („erkennen lassen").[41]

11   Nach dem ebenfalls neu gefassten Abs. 2 hatte der Abschlussprüfer über die Ergebnisse seiner Prüfung im **Hauptteil** des Prüfungsberichts zu berichten. Die bisher geforderte „Darstellung", ob Buchführung und die weiteren geprüften Unterlagen, insbesondere der Jahresabschluss und der Lagebericht, den gesetzlichen Vorschriften entsprechen, wurde durch eine entsprechende „Feststellung" ersetzt (Abs. 2 S. 1).[42] Damit konnte der Abschlussprüfer auf Ausführungen zu unwesentlichen und unproblematischen Teilen des Jahresabschlusses, die nicht geeignet sind, den Aufsichtsrat bei der Wahrnehmung seiner **Überwachungsaufgabe** zu unterstützen, verzichten.[43] Demgegenüber forderte Abs. 2 S. 2 fortan einen Bericht über solche Beanstandungen, die im Ergebnis zwar nicht zu einer Einschränkung oder Versagung des Bestätigungsvermerks geführt haben, aber für die Überwachung der Geschäftsführung und des geprüften Unternehmens von Bedeutung sind. Diese Bestimmung, der die bisherige berufsständische Praxis bereits entsprach,[44] sollte dem Prüfer ebenfalls mehr Raum für eine problemorientierte Berichterstattung geben.[45]

12   Eine **„wesentliche Steigerung der Aussagekraft und Problemorientierung"** des Prüfungsberichtes erhoffte sich der Gesetzgeber auch von dem neu gefassten Abs. 2 S. 4.[46] Statt der bisher geforderten Aufgliederung und Erläuterung der Posten des Jahresabschlusses musste der Prüfer fortan auf die wesentlichen Bewertungsgrundlagen einschließlich der Ausübung von Bilanzierungs- und Bewertungswahlrechten und der Ausnutzung von Ermessensspielräumen sowie **sachverhaltsgestaltenden Maßnahmen** eingehen.[47] Eine derart detaillierte Analyse und Berichterstattung war in der Prüfungsberichtspraxis in Deutschland bis dahin nicht überall üblich gewesen; sie ist aufwändig und führte aus der Sicht der Praxis zu einer Verteuerung der Abschlussprüfung.[48] Aufgliederungen und Erläuterungen der Posten des Jahres- und des Konzernabschlusses waren nach Abs. 2 S. 5 fortan im Zusammenhang mit der nach Abs. 2 S. 3 und 4 geforderten Beurteilung der Gesamtaussage des Abschlusses vorzunehmen.[49]

13   **5. Änderungen aufgrund des BilReG.** Durch das BilReG[50] vom 4.12.2004 (BGBl. 2004 I 3166) wurde § 321 erneut geändert. Abs. 2 S. 3 idF des BilReG nahm nicht nur auf die Grundsätze ordnungsmäßiger Buchführung (GoB) Bezug, sondern alternativ auf „sonstige maßgebliche Rechnungslegungsgrundsätze". Damit trug der Gesetzgeber der Tatsache Rechnung, dass auch Jahresabschlüsse nach IFRS Gegenstand gesetzlicher Abschluss-

---

41   Gross/Möller WPg 2004, 317 (318).
42   Schüppen ZIP 2002, 1269 (1274); Theile GmbHR 2002, 231 (235); Pfitzer/Orth in Dörner/Menold/ Pfitzer/Oser, Reform des Aktienrechts, der Rechnungslegung und der Prüfung, 2. Aufl. 2003, S. 882.
43   RegE TransPuG v. 6.2.2002, S. 72. Vgl. Theile GmbHR 2002, 231 (235) (die Neuregelung in § 321 Abs. 2 S. 1 wirke „straffend"); aA Oser/Wirth/Bischof in Dörner/Menold/Pfitzer/Oser, Reform des Aktienrechts, der Rechnungslegung und der Prüfung, 2. Aufl. 2003, S. 613 (keine Änderung des Umfangs der Berichtspflicht).
44   Vgl. IDW PS 450: Grundsätze ordnungsmäßiger Erstellung von Prüfungsberichten (Stand: 28.10.2021), IDW Life 2022, 78 (Tz. 62).
45   RegE TransPuG v. 6.2.2002, BR-Drs. 109/02, 72 v. 8.2.2002.
46   BMJ, RegE TransPuG v. 6.2.2002, BR-Drs. 109/02, 72 v. 8.2.2002.
47   Krit. dazu Pfitzer/Oser/Orth DB 2002, 157 (164) („… Neuregelung [ist] … nicht nur überflüssig, sondern auch durch unsachgerechte Gewichtsverlagerung fehlgeleitet").
48   Vgl. Schüppen ZIP 2002, 1269 (1275).
49   IDW PS 450: Grundsätze ordnungsmäßiger Erstellung von Prüfungsberichten (Stand: 28.10.2021), IDW Life 2022, 78 (Tz. 97).
50   Zum Hintergrund: Ernst/Gabriel Der Konzern 2004, 102; Förster/Gelhausen/Möller WPg 2007, 191; Großfeld NZG 2004, 393; Heuser/Theile GmbHR 2005, 201; Hoffmann/Lüdenbach GmbHR 2004, 145; Hülsmann DStR 2005, 166; Meyer DStR 2005, 41; Orth/Oser/Pfitzer DB 2004, 2593; Peemöller/ Oehler BB 2004, 1158; Stahlschmidt StuB 2004, 993; Wolf DStR 2005, 438.

prüfungen sind.[51] Neu war außerdem Abs. 3 S. 2. Danach war bei den Erläuterungen zu Gegenstand, Art und Umfang der Prüfung im Prüfungsbericht (vgl. Abs. 3 S. 1) auf die angewandten Rechnungslegungs- und Prüfungsgrundsätze einzugehen. Dadurch sollte ein Gleichlauf mit dem Bestätigungsvermerk hergestellt werden.[52]

6. Änderungen aufgrund des BilMoG. Das BilMoG[53] vom 25.5.2009 (BGBl. 2009   **14** I 1102) fügte der Vorschrift den Abs. 4a hinzu. Danach hat der Abschlussprüfer im Prüfungsbericht seine Unabhängigkeit zu bestätigen.[54]

7. Änderungen aufgrund des AReG. Das am 17.6.2016 in Kraft getretene AReG   **15** vom 10.5.2016 (BGBl. 2016 I 1142),[55] das die prüfungsbezogenen Bestimmungen der RL 2014/56/EU (ABl. EU 2014 L 158, 196) zur Änderung der Abschlussprüfer-RL in nationales Recht umsetzt und die Vorgaben der Abschlussprüfungs-VO im nationalen Recht ausführt, ergänzt Abs. 1 S. 1 sowie Abs. 5.[56]

8. Änderungen aufgrund des FISG. Das FISG vom 3.6.2021 (BGBl. 2021 I 1534)   **16** nahm an drei Stellen des § 321 redaktionelle Anpassungen vor:[57] In Abs. 1 S. 2 wurden jeweils die Wörter „des Unternehmens" durch die Wörter „der Kapitalgesellschaft" ersetzt. In Abs. 1 S. 3 und Abs. 2 S. 2 wurden die Wörter „des geprüften Unternehmens" durch die Wörter „der geprüften Kapitalgesellschaft" ersetzt.

9. Anwendungsbereich. § 321 gilt für Abschlussprüfer aller prüfungspflichtigen (gro-   **17** ßen und mittelgroßen) Kapitalgesellschaften (§ 316 Abs. 1 S. 1) sowie Personengesellschaften iSd § 264a, an denen weder unmittelbar noch mittelbar eine natürliche Person als persönlich haftender Gesellschafter beteiligt ist.[58] Kleine Kapitalgesellschaften (§ 267 Abs. 1) und Unternehmen anderer Rechtsform werden von § 321 nur erfasst, soweit sie aufgrund anderer Vorschriften (zB § 264a Abs. 1, § 340k Abs. 1 S. 1, § 341k Abs. 1 S. 1; §§ 6, 14 PublG; §§ 53, 58 Abs. 1 S. 2 GenG[59] oder bei Kapitalerhöhung aus Gesellschaftsmitteln, § 209 Abs. 3 AktG, § 57f Abs. 3 GmbHG) prüfungspflichtig sind.[60] § 321 ist entsprechend anwendbar auf den Bericht über das Ergebnis der bisherigen Prüfung bei Kündigung des Prüfungsauftrags aus wichtigem Grund durch den Prüfer (§ 318 Abs. 6 S. 4 Hs. 2),[61] nicht jedoch bei Widerruf des Prüfungsauftrags in den Fällen des § 318 Abs. 1 S. 5 iVm Abs. 3 nach gerichtlicher Ersetzung (da in solchen Fällen keine Berichtspflicht des ersetzten Abschlussprüfers **gegenüber den Organen der geprüften Gesellschaft** besteht).[62] § 321 gilt entsprechend in den Fällen des § 320 Abs. 4 (Berichterstattung des bisherigen Prüfers an den nachfolgenden Prüfer bei Prüferwechsel) sowie im Falle der Nachtragsprüfung (vgl. § 316 Abs. 3 S. 2 Hs. 1: „Nachtragsprüfungsbericht").[63] Sofern gesetzlich nicht vorgeschriebene (sog. „freiwillige") Abschlussprüfungen nach Art und Umfang einer Pflichtprüfung gemäß §§ 316 ff. entsprechen und ein Bestätigungsvermerk entsprechend § 322 erteilt wird, ist auch ein Prüfungsbericht nach den in § 321 enthaltenen Grundsätzen aufzustellen.[64]

§ 321 gilt ferner für Abschlussprüfer der von Art. 11 Abs. 1 Abschlussprüfungs-VO   **18** erfassten **Unternehmen von öffentlichem Interesse.** Maßstab für die Abgrenzung von

---

[51]   HKMS/Burg Rn. 3.

[52]   HKMS/Burg Rn. 3.

[53]   Zu Einzelheiten Meyer DStR 2009, 762; Petersen/Zwirner WPg 2008, 967.

[54]   Für Unternehmen von öffentlichem Interesse (§ 316a S. 2): Art. 11 Abs. 2 lit. a Abschlussprüfungs-VO.

[55]   Zu Einzelheiten Blöink/Walter BB 2016, 109; Schüppen NZG 2016, 247.

[56]   HKMS/Burg Rn. 4; zu Einzelheiten Ratzinger-Sakel WPg 2016, 1217; Poll WPg 2017, 986; Schruff/ Spang WPK Magazin 2016, 61.

[57]   RefE FISG S. 101.

[58]   HKMS/Burg Rn. 7.

[59]   Zuletzt Paschke WPg 2019, 446.

[60]   BeBiKo/Justenhoven/Deicke Rn. 17; HKMS/Burg Rn. 7; WBGBöcking/Gros/Rabenhorst Rn. 4.

[61]   HKMS/Burg Rn. 7; Hopt/Merkt Rn. 1; Merkt/Probst/Fink/Quick S. 1513 Rn. 184.

[62]   Zust. HKMS/Burg Rn. 8.

[63]   Staub/Habersack/Schürnbrand Rn. 7; HKMS/Burg Rn. 8; Merkt/Probst/Fink/Quick Rn. 184.

[64]   Staub/Habersack/Schürnbrand Rn. 7; Merkt/Probst/Fink/Quick S. 1513 Rn. 184; zu Einzelheiten BeBiKo/Justenhoven/Deicke Rn. 230–239.

§ 321 zu Art. 11 Abschlussprüfungs-VO bildet § 316a S. 1 (vgl. § 340k Abs. 1 S. 4 und § 341k Abs. 1 S. 4).[65] Danach sind auf die Abschlussprüfung von Kapitalgesellschaften, die Unternehmen von öffentlichem Interesse sind, die Vorschriften der §§ 316–324a nur insoweit anzuwenden, als nicht die (unmittelbar geltende) Abschlussprüfungs-VO anzuwenden ist (§ 316a S. 1). Soweit die Abschlussprüfungs-VO reicht, hat sie mithin Vorrang vor § 321.[66] Hinsichtlich des Inhalts des **„zusätzlichen Berichts an den Prüfungsausschuss"** („additional report")[67] ist zu differenzieren. Art. 11 Abs. 2 Abschlussprüfungs-VO enthält umfangreiche detaillierte Vorgaben für den Inhalt des zusätzlichen Berichts an den Prüfungsausschuss, räumt den Mitgliedstaaten aber das Recht ein, darüber hinaus zusätzliche Anforderungen hinsichtlich des Inhalts des „zusätzlichen Berichts an den Prüfungsausschuss" von PIE festzulegen. Demnach gelten für die zusätzlichen Berichte an den Prüfungsausschuss von PIE (unmittelbar) insoweit die detaillierten Vorgaben des Art. 11 Abs. 2 Abschlussprüfungs-VO[68] *und* die ggf. darüber hinaus gehenden Anforderungen des Abs. 1 S. 2 und 3 sowie Abs. 2–4a.[69] Bei allen übrigen prüfungspflichtigen Gesellschaften sind dagegen lediglich die Vorgaben des Abs. 1 S. 2 und 3 sowie Abs. 2–4a zu berücksichtigen (IDW PS 450.3). Bezüglich des Prüfungsberichts besteht folglich **kein vollständiger Gleichlauf** der Regelungen für die Abschlussprüfung von Unternehmen von öffentlichem Interesse und für sonstige gesetzliche Abschlussprüfungen (IDW PS 450.3).[70]

19   **10. Sanktionen.** Die Verletzung der Berichtspflicht nach § 321 kann für den Abschlussprüfer zivilrechtlich eine Schadensersatzpflicht (§ 323 Abs. 1 S. 3)[71] sowie berufsrechtliche (§§ 67 ff. WPO) und strafrechtliche (§ 332;[72] § 332 geht der inhaltlich gleichen Bestimmung des § 403 AktG vor[73]) Sanktionen nach sich ziehen.[74]

II. Grundsätze ordnungsmäßiger Erstellung von Prüfungsberichten

20   **1. IDW PS 450 nF.** Das IDW hat im Prüfungsstandard IDW PS 450 nF: *Grundsätze ordnungsmäßiger Erstellung von Prüfungsberichten*[75] die Berufsauffassung dargelegt, nach der Wirtschaftsprüfer als Abschlussprüfer **unbeschadet ihrer berufsrechtlichen Pflicht zur Eigenverantwortlichkeit** (§ 43 Abs. 1 S. 1 WPO, § 44 WPO; § 12 BS WP/vBP) Berichte über die von ihnen durchgeführten Abschlussprüfungen erstatten.[76] IDW PS 450 nF enthält die aus Sicht des Berufsstands zu beachtenden Grundsätze zu Form und Inhalt des Prüfungsberichts und verdeutlicht gegenüber der Öffentlichkeit und insbesondere den Adressaten des Prüfungsberichts die Anforderungen an den Inhalt dieses Berichts (IDW PS 450.2). Wirtschaftszweigspezifische (zB bei der Prüfung von Kreditinstituten oder Versicherungsun-

---

65   Schüppen Rn. 6; Wiedmann/Böcking/Gros/Böcking/Gros/Rabenhorst Rn. 4a.

66   Schüppen Rn. 6.

67   Die naheliegende Übersetzung des Begriffs „Prüfungsbericht" als „audit report" bot sich nicht an, da der Begriff „audit report" namentlich im anglo-amerikanischen Bereich bereits belegt ist für den Bestätigungsvermerk/Bestätigungsbericht. Der europäische Gesetzgeber hat daher mangels besserer Alternative den „wenig griffigen" Begriff des „additional report" gewählt. Schüppen Anh. § 321 Rn. 1 hat mit Recht darauf hingewiesen, dass die Begriffswahl nicht „in die Irre" führen sollte.

68   Die Vorschriften des Art. 11 Abschlussprüfungs-VO sind kommentiert bei Schüppen Anh. § 321.

69   Schüppen Rn. 6; Wiedmann/Böcking/Gros/Böcking/Gros/Rabenhorst Rn. 41a; BeBiKo/Justenhoven/Deicke Rn. 3–4; Graumann Prüfungswesen S. 795. Zu den sich insoweit ergebenden Besonderheiten für den Inhalt des Prüfungsberichts für Unternehmen von öffentlichem Interesse: HKMS/Burg Rn. 108; BeBiKo/Justenhoven/Deicke Rn. 3; Wiedmann/Böcking/Gros/Böcking/Gros/Rabenhorst Rn. 35, 36.

70   Petersen/Zwirner/Boecker DStR 2016, 984 (987); Velte WPg 2015, 482 (489).

71   HKMS/Burg Rn. 21–25; BeBiKo/Grottel/Hoffmann Rn. 270.

72   Zu den Voraussetzungen BGH BeckRS 2020, 8216.

73   Hopt/Merkt § 332 Rn. 1; BeBiKo/Justenhoven/Deicke Rn. 275.

74   BeBiKo/Justenhoven/Deicke Rn. 275. § 332 Abs. 1 HGB setzt eine Pflichtprüfung voraus: BGH BeckRS 2020, 8216 Rn. 13 und 16.

75   IDW PS 450: Grundsätze ordnungsmäßiger Erstellung von Prüfungsberichten (Stand: 28.10.2021), IDW Life 2022, 78.

76   Ausf. dazu Farr: WPg 2018, 1130; Schmidt/Deicke WPg 2018, 1266. Zu IDW EPS 450: Farr WPg 2017, 865.

ternehmen) und sonstige Besonderheiten, die im Einzelfall zusätzlich zu berücksichtigen sind, bleiben in IDW PS 450 außer Betracht (IDW PS 450.4). IDW PS 450 wurde den geänderten europarechtlichen und gesetzlichen Anforderungen immer wieder angepasst. Die jüngsten Änderungen erfolgten aufgrund der Abschlussprüfungs-VO.[77] Die besonderen Anforderungen des Art. 11 Abs. 2 Abschlussprüfungs-VO an den „zusätzlichen Bericht an den Prüfungsausschuss" sind im IDW PS 450 nF durch mit „P" gekennzeichnete Textziffern kenntlich gemacht (IDW PS 450.2a). Bezüglich der Auswirkungen des Deutschen Corporate Governance Kodex' auf die Berichterstattung im Prüfungsbericht verweist IDW PS 450.5 auf IDW PS 345: *Auswirkungen des Deutschen Corporate Governance Kodex auf die Abschlussprüfung*.[78] Zur rechtlichen Bedeutung der IDW Prüfungsstandards → § 323 Rn. 31.

2. Zentrale Grundsätze. Der Abschlussprüfer hat seinen Prüfungsbericht gewissen- **21** haft und unparteiisch zu erstatten (IDW PS 450.8). Die Pflicht, Prüfungsberichte gewissenhaft und unparteiisch zu erstatten, ergibt sich aus § 323 Abs. 1 S. 1. Sie ist auch im Berufsrecht der Wirtschaftsprüfer fest verankert (s. § 43 Abs. 1 WPO, § 4 und § 28 BS WP/vBP)[79] und außerdem Bestandteil des Berufseides der Wirtschaftsprüfer (§ 17 Abs. 1 S. 2 WPO).[80]

a) Gewissenhafte Berichterstattung. Eine gewissenhafte Berichterstattung muss **22** wahrheitsgetreu sein (IDW PS 450.9).

aa) Wahrheitsgetreue Berichterstattung. Die Pilatus-Frage: „Was ist Wahrheit?" **23** (Joh. 18, 38) beantwortet IDW PS 450.9 mit der knappen Feststellung: „Der Inhalt des Prüfungsberichts hat nach der Überzeugung des Abschlussprüfers den tatsächlichen Gegebenheiten zu entsprechen".[81] Der Prüfungsbericht darf nicht den Eindruck erwecken, dass ein Sachverhalt geprüft wurde, obwohl eine Prüfung oder eine abschließende Beurteilung (noch) nicht möglich war;[82] nicht geprüfte Gegenstände müssen im Prüfungsbericht als solche eindeutig und unverschleiert dargestellt werden. **Verbleibende Zweifel** seitens des Abschlussprüfers sind im Prüfungsbericht offenzulegen.[83] Prüfungsergebnisse, die allein auf Auskünfte, Stellungnahmen oder Gutachten Dritter beruhen, sind besonders zu kennzeichnen.[84] Bei Gemeinschaftsprüfungen (*joint audits*) sind abweichende Prüfungsfeststellungen, die im Vorfeld der Berichterstattung nicht ausgeräumt werden konnten, im Prüfungsbericht „in geeigneter Weise" zum Ausdruck zu bringen.[85] Für Unternehmen von öffentlichem Interesse (PIE) ist insoweit Art. 11 Abs. 3 Abschlussprüfungs-VO zu beachten.[86]

bb) Vollständige Berichterstattung. Eine gewissenhafte Berichterstattung erfordert **24** außerdem, dass der Prüfungsbericht vollständig ist. Nach IDW PS 450.10 sind „alle in den jeweiligen gesetzlichen Vorschriften oder vertraglichen Vereinbarungen geforderten Feststellungen zu treffen, und es ist darüber zu berichten, welche wesentlichen Feststellungen

---

[77] BeBiKo/Justenhoven/Deicke Rn. 4–5.
[78] IDW PS 345: Auswirkungen des Deutschen Corporate Governance Kodex auf die Abschlussprüfung (Stand: 6.5.2021), IDW Life 2021, 984.
[79] § 43 WPO gilt sinngemäß für Wirtschaftsprüfungsgesellschaften sowie Vorstandsmitglieder, Geschäftsführer und persönlich haftende Gesellschafter einer Wirtschaftsprüfungsgesellschaft, die nicht Wirtschaftsprüfer sind (§ 56 Abs. 1 WPO).
[80] Art. 10 Abs. 2 lit. e Abschlussprüfungs-VO enthält darüber hinaus für Unternehmen von öffentlichem Interesse das ausdrückliche Gebot der Widerspruchsfreiheit, also die Aussagen und Beurteilungen im Prüfungsbericht und im Bestätigungsvermerk dürfen nicht zueinander in Widerspruch stehen (vgl. IDW PS 450.8).
[81] Graumann Prüfungswesen S. 799.
[82] BeBiKo/Justenhoven/Deicke Rn. 22; Wiedmann/Böcking/Gros/Böcking/Gros/Rabenhorst Rn. 9.
[83] Graumann Prüfungswesen S. 799; BeBiKo/Justenhoven/Deicke Rn. 22.
[84] BeBiKo/Justenhoven/Deicke Rn. 22 unter Hinweis auf IDW PS 450: Grundsätze ordnungsmäßiger Erstellung von Prüfungsberichten (Stand: 28.10.2021), IDW Life 2022, 78 (Tz. 16).
[85] Vgl. IDW PS 208.25: Zur Durchführung von Gemeinschaftsprüfungen (Joint Audit) (Stand: 13.8.2021), IDW Life 2021, 1075; ebenso Wiedmann/Böcking/Gros/Böcking/Gros/Rabenhorst Rn. 9; HKMS/Burg Rn. 30.
[86] HKMS/Burg Rn. 108.

und Ergebnisse die Prüfung erbracht hat". In den Prüfungsbericht sind danach „alle Feststellungen und Tatsachen [aufzunehmen], die für eine ausreichende Information der Adressaten des Prüfungsberichts und für die **Vermittlung eines klaren Bildes** über das Prüfungsergebnis von Bedeutung sind" (IDW PS 450.10). Gemeint sind damit wesentliche Feststellungen bzw. Tatsachen, also solche Feststellungen bzw. Tatsachen, die in quantitativer und/oder qualitativer Hinsicht für eine erforderliche Information der Berichtsadressaten von Bedeutung sind.[87] Die Anforderungen bezüglich der Vollständigkeit richten sich nach den gesetzlichen Vorschriften und die vertraglichen Vereinbarungen.[88] Die Vollständigkeit der Berichterstattung gewinnt im Hinblick auf § 332 Abs. 1 besondere Bedeutung. Danach macht sich strafbar, wer als Abschlussprüfer oder als Gehilfe eines Abschlussprüfers im Prüfungsbericht nach § 321 „erhebliche Umstände verschweigt". Ein Schweigerecht oder gar eine Schweigepflicht bezüglich der Berichtsgegenstände besteht für den Abschlussprüfer im Hinblick auf den (grundsätzlich nur der unternehmens*internen* Information dienenden – → Rn. 5 f.) Prüfungsbericht nicht.[89] Eine Schutzklausel, wie sie § 286 für den Anhang und § 131 Abs. 3 S. 1 AktG für die Auskunftserteilung des Vorstands an die Aktionäre vorsehen, gibt es im Rahmen der Berichterstattung des Abschlussprüfers nach § 321 nicht.[90] Für den Fall der Offenlegung des Prüfungsberichts in besonderen Fällen (zB in der Insolvenz des geprüften Unternehmens) enthält § 321a Abs. 3 S. 1 eine Schutzklausel zur Wahrung von Geheimnissen, namentlich **„Betriebs- oder Geschäftsgeheimnissen",**[91] die sowohl für die Einsichtnahme durch die Einsichtsberechtigten als auch für die Erläuterung durch den Abschlussprüfer gilt.[92] Die Berichterstattung im Prüfungsbericht nach § 321 darf eine nach IDW PS 470: *Grundsätze für die Kommunikation mit den für die Überwachung Verantwortlichen*[93] gebotene, über die Anforderungen des IDW PS 450 hinausgehende schriftliche oder mündliche Kommunikation des Abschlussprüfers mit den für die Überwachung Verantwortlichen nicht ersetzen (IDW PS 450.10a). Die Berichterstattung im Prüfungsbericht und der Berichterstattung nach IDW 470 dürfen nicht in Widerspruch zueinander stehen (IDW PS 450.10a, IDW PS 470.30 und 470.A58).

25   **b) Unparteiische Berichterstattung.** Unparteiisch ist der Prüfungsbericht nach IDW PS 450.11, wenn „die Sachverhalte unter Berücksichtigung aller verfügbaren Informationen sachgerecht gewertet werden und auf abweichende Auffassungen der gesetzlichen Vertreter hingewiesen ist" (vgl. § 43 Abs. 1 S. 2 WPO). Bei der Erstattung von Prüfungsberichten darf der Abschlussprüfer keinen der Beteiligten benachteiligen oder bevorzugen (vgl. § 28 Abs. 1 S. 1 BS WP/vBP).[94] Eine Berichterstattung ist unparteiisch, wenn die Sachverhalte unter Berücksichtigung aller verfügbaren Informationen sachlich und ausgewogen gewertet werden und auf abweichende Auffassungen der gesetzlichen Vertreter des Unternehmens hingewiesen ist (IDW PS 450.11).[95] Beurteilungen negativer oder positiver Art sind zwar zulässig, allerdings hat sich der Abschlussprüfer persönlicher oder einseitiger Kritik zu enthalten.[96]

---

[87]   Graumann Prüfungswesen S. 799; ähnlich BeBiKo/Justenhoven/Deicke Rn. 23 („… ausreichende Information …"); HKMS/Burg Rn. 32 („… ausreichende Information …").
[88]   HKMS/Burg Rn. 32.
[89]   Zust. HKMS/Burg Rn. 32; BeBiKo/Justenhoven/Deicke Rn. 24, dort auch zu Überlegungen, über „brisante Sachverhalte (zB evtl. Steuerrisiken) nicht eingehend, sondern eher vorsichtig und zurückhaltend" zu berichten.
[90]   BeBiKo/Justenhoven/Deicke Rn. 24; HKMS/Burg Rn. 32.
[91]   Zur Bedeutung des Begriffs Betriebs- oder Geschäftsgeheimnis: BVerfGE 115, 205 (230) = WM 2006, 880 Rn. 87; BVerwG NVwZ 2021, 1866 Rn. 50; BVerwG NVwZ 2016, 1014 Rn. 35; BVerwG NVwZ 2015, 675 Rn. 28; VG Köln BeckRS 2023, 270 = ECLI:DE:VGK:2023:0119.13K2382.21.00 Rn. 172. Zum Begriff des „Geschäftsgeheimnisses" s. auch § 2 Abs. 1 GeschGehG.
[92]   Ebke FS Wellensiek, 2011, 440.
[93]   Stand: 29.10.2021, IDW Life 2021, 1411; IDW Life 2022, 447.
[94]   HKMS/Burg Rn. 28 („denklogisch").
[95]   Graumann Prüfungswesen S. 799; HKMS/Burg Rn. 28; BeBiKo/Justenhoven/Deicke Rn. 26; Wiedmann/Böcking/Gros/Böcking/Gros/Rabenhorst Rn. 7.
[96]   Graumann Prüfungswesen S. 799.

c) Klare Berichterstattung. § 321 Abs. 1 S. 2 Hs. 1 verlangt, dass der Abschlussprüfer **26** schriftlich und „mit der gebotenen Klarheit" berichtet. Die Pflicht zur klaren Berichterstattung bezieht sich auf den formalen Aufbau und den materiellen Inhalt des Prüfungsberichts[97] sowie auf die Sprache.[98] Durch die Neufassung des § 321 durch das TransPuG wurden die Anforderungen vor allem an den Aufbau des Prüfungsberichts konkretisiert; das AReG hat daran insoweit nichts geändert. Es ist nach wie vor „schriftlich" zu berichten (ein mündlicher Bericht reicht also nicht),[99] nun aber „mit der gebotenen Klarheit" (Abs. 1 S. 2 Hs. 1),[100] also in „eindeutiger und verständlicher",[101] schnörkelloser sowie „unverschlüsselter"[102] Sprache,[103] und zwar grundsätzlich in deutscher Sprache. Daher liegt ein Verstoß gegen den Grundsatz der Klarheit vor, wenn Aussagen „nur verschlüsselt, versteckt oder beschönigend" getroffen werden.[104] Mehrdeutige oder missverständliche Formulierungen sind zu vermeiden.[105]

aa) Klarheit im formellen Sinne. Nach IDW PS 450.12 schließt eine klare Bericht- **27** erstattung eine „verständliche, eindeutige und problemorientierte" Darlegung der berichtspflichtigen Sachverhalte und Feststellungen sowie eine übersichtliche Gliederung des Prüfungsberichts ein.[106] Eine klare, problemorientierte Berichterstattung verlangt die Beschränkung der Berichterstattung auf das Wesentliche, dh auf solche Feststellungen und Sachverhalte, die geeignet sind, die Adressaten des Prüfungsberichts bei der Überwachung des Unternehmens zu unterstützen (vgl. IDW PS 450.13).[107] Zur Verbesserung der Lesbarkeit und Übersichtlichkeit des Prüfungsberichts empfiehlt es sich nach IDW PS 450.13, über die gesetzlichen Pflichtbestandteile des Prüfungsberichts hinausgehende Darstellungen in die Anlagen zum Prüfungsbericht aufzunehmen (vgl. IDW PS 450.110 ff.).[108] Falls solche Darstellungen gleichwohl in den Prüfungsbericht aufgenommen werden, dürfen sie die gesetzlich verlangten wesentlichen Feststellungen und Sachverhalte nicht „überlagern" (vgl. IDW PS 450.13).[109] Zutreffend ist die Vorgabe in IDW PS 450.14, die Gliederung und die Form der Berichterstattung im Prüfungsbericht und dessen Anlagen im Zeitablauf beizubehalten, sofern nicht sachliche Gründe ein Abweichen gebieten, und wesentliche Abweichungen unter der Angabe der Vorjahresbezugsstelle kenntlich zu machen (vgl. § 265 Abs. 1) (Grundsatz der zeitlichen Berichtsstetigkeit).[110]

bb) Klarheit im materiellen Sinne. Nach IDW PS 450.15 folgt aus dem Gebot der **28** Klarheit der Berichterstattung im materiellen Sinne, dass der Prüfungsbericht „von den jeweiligen Adressaten ... verstanden werden kann". Dabei kann nach IDW PS 450.15 „von einem Grundverständnis für die wirtschaftlichen Gegebenheiten des Unternehmens und für die Grundlagen der Rechnungslegung ausgegangen werden" (vgl. → Rn. 9, dort auch zu § 100 Abs. 5 AktG).[111] Zu viel Rücksicht auf ggfs. nicht sachverständige Aufsichtsrats-

---

97　Neumann BuW 2000, 853 (856–857); HKMS/Burg Rn. 33.
98　BeBiKo/Justenhoven/Deicke Rn. 20; HKMS/Burg Rn. 33.
99　Staub/Habersack/Schürnbrand Rn. 7.
100　Zu den Gründen Ernst WPg 1998, 1025 (1028, 1029).
101　BeBiKo/Justenhoven/Deicke Rn. 20; Graumann Prüfungswesen S. 799.
102　Seibert WM 1997, 1 (6); vgl. BeBiKo/Justenhoven/Deicke Rn. 20.
103　Zust. HKMS/Burg Rn. 33. Instruktiv zu den sprachlichen Anforderungen Scheffler WPg 2002, 1289 (1295) (r.Sp.).
104　BeBiKo/Justenhoven/Deicke Rn. 20.
105　Graumann Prüfungswesen S. 799.
106　Vgl. Graumann Prüfungswesen S. 799; HKMS/Burg Rn. 34; Gros/Möller WPg 2004, 317. IDW PS 450: Grundsätze ordnungsmäßiger Erstellung von Prüfungsberichten (Stand: 28.10.2021), IDW Life 2022, 78 (Tz. 12) enthält einen Mindestgliederungsvorschlag.
107　Vgl. Scheffler WPg 2002, 1289 (1295) („Mut zur Lücke in Bezug auf unwesentliche Einzelheiten") und 1296 („Keine umfangreichen Zahlenfriedhöfe und nebensächliche Details"); Gross/Möller WPg 2004, 317 (322); BeBiKo/Justenhoven/Deicke Rn. 20 („Beschränkung auf das Wesentliche").
108　Zu Einzelheiten der Anlagen zum Prüfungsbericht IDW PS 450.110–450.113.
109　Zust. HKMS/Burg Rn. 35.
110　Graumann Prüfungswesen S. 799.
111　Zust. BeBiKo/Justenhoven/Deicke Rn. 21; Hopt/Merkt Rn. 1.

mitglieder muss der Abschlussprüfer daher nicht nehmen,[112] zumal für besonders komplexe betriebswirtschaftliche und rechtliche Sachverhalte Gelegenheit besteht, diese in der Bilanzsitzung des Aufsichtsrats oder, sofern ein solcher nicht besteht, ggf. in dem Prüfungsausschuss (§ 324) oder der Gesellschafterversammlung, weiter zu erörtern (vgl. IDW PS 450.15).[113] Nach § 171 Abs. 1 S. 2 AktG (für die GmbH: § 52 Abs. 1 GmbHG) hat der Abschlussprüfer entweder an der Sitzung des Prüfungsausschusses oder der **Bilanzsitzung** des Aufsichtsrats teilzunehmen und über die wesentlichen Ergebnisse seiner Prüfung, insbesondere wesentliche Schwächen des internen Kontroll- und des Risikomanagementsystems bezogen auf den Rechnungslegungsprozess zu berichten (vgl. § 314 Abs. 4 AktG).[114] Die Ausführungen im Prüfungsbericht müssen nach IDW PS 450.16 deutlich machen, welche Angaben auf geprüften und welche auf ungeprüften Grundlagen beruhen. Der Prüfungsbericht muss außerdem verdeutlichen, ob und inwieweit sich die Beurteilungen des Abschlussprüfers auf nicht selbst durchgeführte Prüfungshandlungen (zB Innenrevision, Prüfung von Tochterunternehmen durch andere Abschlussprüfer)[115] oder auf Gutachten von Sachverständigen (zB Versicherungsmathematikern)[116] stützen (vgl. IDW PS 450.57).

29   Mit Recht wird in IDW PS 450.17 hervorgehoben, dass der Prüfungsbericht als ein einheitliches Ganzes anzusehen ist und ohne Heranziehung anderer Dokumente für sich lesbar und verständlich sein muss („Grundsatz der Einheitlichkeit").[117] **Teilberichte** sollen nach IDW PS 450.17 zulässig sein, wenn ihre Erstattung „zeitlich oder sachlich geboten" ist. Teilberichte sind allerdings als solche zu kennzeichnen und müssen einen Hinweis auf den Prüfungsbericht enthalten (vgl. IDW PS 450.17).[118] Bei Teilberichten in Form von **Vorabberichten** ist auf den noch zu erstellenden Prüfungsbericht hinzuweisen (vgl. IDW PS 450.17).[119] Im Prüfungsbericht ist stets auf erstattete Teilberichte hinzuweisen; Gegenstand und wesentliche Ergebnisse des Teilberichts sind im Prüfungsbericht darzustellen (vgl. IDW PS 450.17). Im Rahmen des Abs. 1 S. 3 kann es im Einzelfall notwendig sein, aus Gründen der Eilbedürftigkeit erforderlicher Gegenmaßnahmen vorab einen gesonderten Teilbericht zu erstatten.[120] Aufgrund der Bedeutung der Kenntnis über **Bestandsgefährdungen** oder Entwicklungsbeeinträchtigungen für die Beurteilung der Lage des Unternehmens durch die Adressaten des Berichts ist der Teilbericht – entgegen IDW PS 450.17 – in den Prüfungsbericht vollständig aufzunehmen (vgl. IDW PS 450.41).[121]

30   **d) Management Letters.** Angaben in Management Letters (die ergänzende Informationen an das Unternehmensleitungsorgan enthalten, mit denen der Abschlussprüfer getrennt vom Prüfungsbericht organisatorische oder sonstige Hinweise anlässlich der Prü-

---

[112] AA Staub/Habersack/Schürnbrand Rn. 9.
[113] Vgl. Forster FS Sieben, 1998, 375; HKMS/Burg Rn. 35.
[114] Dörner FS Röhricht, 2005, 822–823. Zu Einzelheiten Kropff FS W. Müller, 2001, 481. Zu der Frage, ob der Abschlussprüfer an der Bilanzsitzung des Aufsichtsrats oder Prüfungsausschusses auch „virtuell" teilnehmen darf oder seine körperliche Anwesenheit zwingend erforderlich ist, s. Fachlicher Hinweis des IDW „Zweifelsfragen zu den Auswirkungen der Ausbreitung des Coronavirus auf die Rechnungslegung und deren Prüfung" (Teil 3, 5. Update, April 2021), S. 50.
[115] Dazu ISA[DE] 600: Besondere Überlegungen zu Konzernabschlussprüfungen (einschließlich der Tätigkeit von Teilbereichsprüfern) (Stand: 26.3.2020), IDW Life 2019, 702, IDW Life 2020, 509, und ISA[DE] 610: Nutzung der Tätigkeit interner Revisoren (Stand: 26.3.2020), IDW Life 2019, 709, IDW Life 2020, 509. S. ferner IDW PS 302: Bestätigungen Dritter (Stand: 10.7.2014), WPg Supp. 3/2014, 1 sowie IDW PS 320 nF: Besondere Grundsätze für die Durchführung von Konzernabschlussprüfungen (einschließlich der Tätigkeit von Teilbereichsprüfern) (Stand: 10.7.2014), WPg Supp. 3/2014, 11. Zu Einzelfragen Pagels/Lüder WPg 2017, 230.
[116] Dazu ISA [DE]: Nutzung der Tätigkeit eines Sachverständigen des Abschlussprüfers (Stand: 26.3.2020), IDW Life 2019, 712, IDW Life 2020, 509.
[117] Vgl. Graumann Prüfungswesen S. 799; Scheffler WPg 2002, 1289 (1294); BeBiKo/Justenhoven/Deicke Rn. 25; HKMS/Burg Rn. 36.
[118] IdS auch Scheffler WPg 2002, 1289 (1294); HKMS/Burg Rn. 36.
[119] HKMS/Burg Rn. 36.
[120] Zust. HKMS/Burg Rn. 36.
[121] Ebenso BeBiKo/Justenhoven/Deicke Rn. 25.

fung gibt)[122] sind zulässig, können aber keine notwendigen Angaben im Prüfungsbericht ersetzen, die zum Verständnis des Prüfungsergebnisses notwendig sind (vgl. IDW PS 450.17).[123] Da der Management Letter **kein Teilbericht** iSd IDW PS 450.17 ist,[124] besteht nach Ansicht des Berufsstandes für einen Management Letter keine Hinweispflicht im Prüfungsbericht (vgl. IDW PS 450.17 aE).[125] In der Praxis werden Management Letters nicht immer auch dem Aufsichtsrat zugänglich gemacht.[126] Allerdings trägt die Berichtspflicht nach Abs. 2 S. 2 über nicht Testat erhebliche Beanstandungen der Notwendigkeit Rechnung, dass jedenfalls solche Feststellungen des Abschlussprüfers, die für die Überwachung der Geschäftsführung und des geprüften Unternehmens von Bedeutung sind, den für die Überwachung Verantwortlichen im Prüfungsbericht zur Kenntnis gelangen.[127] Pfitzer/Oser stufen Management Letters „unter dem Aspekt einer guten Corporate Governance" daher grundsätzlich als „überflüssig" ein.[128]

e) Mitteilungspflicht. Die nach Abs. 2 aF bestehende, auf das BGH-Urteil vom **31** 15.12.1954[129] zurückgehende Rede- und Warnpflicht des Abschlussprüfers[130] sollte durch die Berichtspflicht über bestandsgefährdende oder entwicklungsbeeinträchtigende Tatsachen unberührt bleiben.[131] In dringenden Fällen kann es daher erforderlich sein, dass der Abschlussprüfer den Aufsichtsrat bzw. die Gesellschafter bereits vorab über seine Feststellungen unterrichtet.[132] Hat eine Feststellung des Abschlussprüfers erhebliche Bedeutung für die Unternehmensüberwachung, muss der Abschlussprüfer prüfen, ob und welchen Berichtsadressaten darüber **vorab** zu **berichten** ist (vgl. IDW PS 450.18). In diesem Zusammenhang hat der Abschlussprüfer auch ISA [DE] 240: *Verantwortlichkeiten des Abschlussprüfers bei dolosen Handlungen,*[133] IDW PS 470: *Grundsätze für die Kommunikation mit den für die Überwachung Verantwortlichen*[134] sowie IDW PS 210: *Zur Aufdeckung von Unregelmäßigkeiten im Rahmen der Abschlussprüfung*[135] zu beachten. Danach sind die Mitteilungspflichten „unver-

---

[122] IDW PS 450.17 nF. S. ferner Kaiser DB 2005, 2309 (2313); Peemöller/Finsterer/Mahler DB 1999, 1565. Aus Sicht des schweizerischen Rechts Pfiffner, Revisionsstelle und Corporate Governance, 2008, S. 240–242.

[123] Ebenso Pfitzer/Orth in Dörner/Menold/Pfitzer/Oser, Reform des Aktienrechts, der Rechnungslegung und der Prüfung, 2. Aufl. 2003, S. 889; Hommelhoff BB 1998, 2625 (2629, 2630); Hopt/Merkt Rn. 1 aE; HKMS/Burg Rn. 37; Pfiffner, Revisionsstelle und Corporate Governance, 2008, S. 241 (aus Sicht des schweizerischen Rechts).

[124] Hopt/Merkt Rn. 1. Aus Sicht des österreichischen Rechts W. Doralt, Haftung der Abschlussprüfer, 2005, S. 62–64.

[125] Zust. HKMS/Burg Rn. 37.

[126] Vgl. Rabenhorst DStR 2003, 436 (437). S. auch Scheffler WPg 2002, 1289 (1295), der mit Recht empfiehlt, Management Letter „zeitgleich an den Aufsichtsratsvorsitzenden oder den Vorsitzenden des Prüfungsausschusses und an den Vorstand" zu schicken.

[127] Vgl. Rabenhorst DStR 2003, 436 (437); Müller WPg 2002, 1301 (1303).

[128] Pfitzer/Orth in Dörner/Menold/Pfitzer/Oser, Reform des Aktienrechts, der Rechnungslegung und der Prüfung, 2. Aufl. 2003, S. 889.

[129] BGHZ 16, 17 (25). S. dazu Pfitzer/Orth in Dörner/Menold/Pfitzer/Oser, Reform des Aktienrechts, der Rechnungslegung und der Prüfung, 2. Aufl. 2003, S. 877.

[130] Zu Einzelheiten: Hopt/Merkt Rn. 2 und 7; Baetge FS Havermann, 1995, 1; Buchner/Wolz FS Baetge, 1997, 909; Burkel ZIP 1982, 28; Clemm WPK-Mitt. 1995, 65; Clemm FS Havermann, 1995, 83; Lück BB 2001, 404; Lück/Hunecke DB 1996, 1; Spieth/Förschle FS Ludewig, 1996, 1069 (1070).

[131] Vgl. die Stellungnahme der WPK zum RefE KonTraG v. 22.11.1996, abgedruckt in WPK-Mitt. 1997, 100 (103). Zu Einzelheiten Buchner/Wolz FS Baetge, 1997, 909. Zu den Anforderungen an die Redepflicht: Lück BB 2001, 404; Grewe/Plendl EdBWL Sp. 2006,–2013; Baetge FS Havermann, 1995, 1; Buchner/Wolz FS Baetge, 1997, 909.

[132] Schüppen Rn. 29; HKMS/Burg Rn. 39; vgl. Semler/v. Schenck/Kropff S. 436 („Gegenüber dem Aufsichtsrat ist er [d.h. der Abschlussprüfer] zu voller Offenheit verpflichtet [keine Verschwiegenheitspflicht]").

[133] Stand: 26.3.2020, IDW Life 2019, 660; IDW Life 2020, 509; IDW Life 2020, 998. Zu Einzelheiten der Aufdeckung von Unregelmäßigkeiten im Rahmen der Abschlussprüfung Marten RWZ 31 (2021), 244; W. Schruff WPg 2005, 207; W. Schruff WPg 2003, 901; Mertin/Schmidt WPg 2001, 1303; monographisch Hauser, Jahresabschlussprüfung und Aufdeckung von Wirtschaftskriminalität, 2000.

[134] Stand: 29.10.2021, IDW Life 2021, 1411, IDW Life 2022, 447.

[135] Stand: 12.12.2012, WPg 2006, 1422, WPg Supp. 2010, 1, WPg Supp. 2013, 7.

züglich" (also ohne schuldhaftes Zögern, § 121 Abs. 1 S. 1 BGB) zu erfüllen, falls nach Einschätzung des Abschlussprüfers Wesentlichkeit und damit Eilbedürftigkeit vorliegt (IDW PS 210.66).[136] In dieselbe Richtung weisen ISA [DE] 240.42 und IDW PS 470.28, die den Abschlussprüfer verpflichten, relevante Sachverhalte den für die Überwachung des geprüften Unternehmens Verantwortlichen „zeitgerecht" zu kommunizieren. Die „angemessenen Zeitpunkte" für die Kommunikation hängen aus berufsständischer Sicht „von den Umständen des jeweiligen Prüfungsauftrags" (IDW PS 470.A54) und der „praktischen Durchführbarkeit" (ISA [DE] 240.A62: „sobald dies praktisch durchführbar ist") ab. Die Kommunikation zwischen dem Abschlussprüfer und den für die Überwachung Verantwortlichen kann **in mündlicher oder schriftlicher Form** erfolgen (vgl. ISA [DE] 240.A63). In Ausnahmefällen sind auch die zuständigen Behörden zu informieren, um das Ergreifen erforderlicher Maßnahmen zu ermöglichen (IDW PS 210.66).[137] Zu berücksichtigen ist freilich, dass die Pflicht des Abschlussprüfers zur Verschwiegenheit (§ 323 Abs. 1 S. 1; § 43 Abs. 1 S. 1 WPO, § 10 BS WP/vBP) den Abschlussprüfer hindert, Erkenntnisse über Unrichtigkeiten und Verstöße, die sich nicht auf die Rechnungslegung auswirken, *Dritten* (zB einzelnen Gesellschaftern, Gläubigern, Staatsanwaltschaft) mitzuteilen.[138] Ausnahmen sind aufgrund besonderer gesetzlicher Bestimmungen vorgesehen (zB § 341k Abs. 3, § 36 VAG, § 29 KWG, § 22 Abs. 1 PUAG). Von ihrer Verschwiegenheitspflicht können Abschlussprüfer jedoch durch eine (schriftliche) Erklärung des geprüften Unternehmens entbunden werden.[139]

III. Form und Inhalt des Prüfungsberichts

32   Vor Inkrafttreten des KonTraG vom 27.4.1998 (BGBl. 1998 I 786) enthielt § 321 keine Vorgaben bezüglich der Gliederung bzw. des Inhalts des Prüfungsberichts. In der Praxis hatte sich jedoch eine Dreiteilung in Haupt-, Erläuterungs- und Anlagenteil herausgebildet.[140] § 321 idF des KonTraG enthielt erstmals konkrete Vorschriften über die **Gliederung** des Prüfungsberichts. Das TransPuG vom 19.7.2002 (BGBl. 2002 I 2681) setzte die im KonTraG eingeschlagene Richtung fort und führte ua. den „Vorwegbericht" und die Positivverklärung ein (Abs. 1 S. 3 aF) und änderte außerdem Anforderungen an den Inhalt des Hauptteils (Abs. 2 aF). Nach der (zuletzt durch das AReG redaktionell angepassten) aktuellen Fassung des § 321 muss der Prüfungsbericht eine **„Vorweg-Stellungnahme"** (Abs. 1 S. 2 Hs. 2), einen **„Hauptteil"** (Abs. 2 S. 1), einen **„Besonderen Abschnitt"** (Abs. 3) und ggf. einen **„Besonderen Teil"** (Abs. 4 S. 1) enthalten.[141] Hinzukommen muss die Unabhängigkeitserklärung (Abs. 4a). IDW PS 450.12 empfiehlt, den Prüfungsbericht „beispielsweise" in folgende Abschnitte und Bezeichnungen zu gliedern: (1) Prüfungsauftrag, (2) Grundsätzliche Feststellungen, (3) Gegenstand, Art und Umfang der Prüfung, (4) Feststellungen und Erläuterungen zur Rechnungslegung, (5) ggf. Feststellungen zum Risikofrüherkennungssystem, (6) Feststellungen aus Erweiterungen des Prüfungsauftrags und (7) Wiedergabe des Bestätigungsvermerks.

33   Für **Unternehmen von öffentlichem Interesse** (PIE) enthält Art. 11 Abs. 2 Abschlussprüfungs-VO umfangreiche detaillierte Vorgaben für den Inhalt des „zusätzlichen Berichts an den Prüfungsausschuss".[142] Eine bestimmte Reihenfolge oder Systematisierung der Berichterstattung ist nicht vorgegeben.[143] Der zusätzliche Bericht an den Prüfungsaus-

---

[136]   S. dazu auch St. Schmidt WPg 2005, 873 (885).
[137]   Zust. HKMS/Burg Rn. 40.
[138]   Allgemein zur Verschwiegenheitspflicht der Wirtschaftsprüfer Ehrenberg, Die Verschwiegenheit der Angehörigen rechtsberatender, steuerberatender und wirtschaftsprüfender Berufe, 2012. Lichtner, Die Verschwiegenheit des Wirtschaftsprüfers im Vergleich mit den sonstigen rechts- und steuerberatenden Berufen, 1999.
[139]   Zust. HKMS/Burg Rn. 40; eingehend Wegner WPg 2021, 475.
[140]   BeBiKo/Budde/Kunz, 5. Aufl. 2002, Rn. 76.
[141]   HKMS/Burg Rn. 44.
[142]   Die Vorschriften sind ausf. kommentiert in Schüppen Anh. § 321: Art. 11 Abschlussprüfungs-VO Rn. 6–12.
[143]   BeBiKo/Justenhoven/Deicke Rn. 3–4.

schuss ist in schriftlicher Form zu verfassen (Art. 11 Abs. 2 Abschlussprüfungs-VO); er bedarf der Unterzeichnung und Datierung (Art. 11 Abs. 4 Abschlussprüfungs-VO). Die über Art. 11 Abs. 2–4 Abschlussprüfungs-VO hinausgehenden Anforderungen des Abs. 1 S. 2 und 3 sowie Abs. 2–4a an Form und Inhalt des Prüfungsberichts gelten auch für den zusätzlichen Bericht an den Prüfungsausschuss von PIE (→ Rn. 17).[144]

1. Prüfungsauftrag. Im Prüfungsbericht sind einleitend Angaben zum Prüfungsauf- **34** trag zu machen (zu Einzelheiten s. IDW PS 450.21–450.25). Hierzu zählen insbesondere die Firma des geprüften Unternehmens, der Abschlussstichtag, bei Rumpfgeschäftsjahren das geprüfte Geschäftsjahr und der Hinweis darauf, dass es sich um eine (gesetzlich vorgeschriebene) Abschlussprüfung (zB nach § 316 Abs. 1 S. 1; § 264a Abs. 1) handelt (IDW PS 450.22).[145] Bei Gemeinschaftsprüfungen (*joint audits*) sind in die Ausführungen zum Prüfungsauftrag Angaben zur gemeinsamen Bestellung mehrerer Personen zum Abschlussprüfer aufzunehmen.[146] Die Angaben zum Prüfungsauftrag werden alternativ regelmäßig in ein dem Prüfungsbericht vorangestelltes Deckblatt aufgenommen und müssen dann in dem einleitenden Abschnitt über den Prüfungsauftrag nicht mehr aufgenommen werden (vgl. IDW PS 450.12 und 450.25). Darüber hinaus sind Angaben zur Bestellung des Abschlussprüfers zu machen, dh. zur Wahl durch die Gesellschafter oder das sonst zuständige Gremium (§ 318 Abs. 1 S. 1, 2) oder zur gerichtlichen Bestellung (§ 318 Abs. 3, 4), zur Auftragserteilung durch die gesetzlichen Vertreter (§ 318 Abs. 1 S. 4) bzw. den Aufsichtsrat (§ 318 Abs. 1 S. 4 iVm § 111 Abs. 2 S. 3 AktG) und die Auftragsannahme (vgl. IDW PS 450.23). Bei Prüfungen eines IFRS-Einzelabschlusses (§ 325 Abs. 2a) muss der Prüfungsbericht auch Angaben zur Fiktion der Prüferbestellung nach § 324a Abs. 2 S. 1 enthalten.[147] Nach § 321 Abs. 4a hat der Abschlussprüfer im Prüfungsbericht schriftlich seine **Unabhängigkeit** zu **bestätigen**.[148] Diese Vorschrift soll sicherstellen, dass der Abschlussprüfer während der gesamten Dauer der Abschlussprüfung seine Unabhängigkeit gewährleistet und dies auch überwacht.[149] IDW PS 450.24 empfiehlt außerdem, auf die Allgemeinen Auftragsbedingungen für Wirtschaftsprüfer und Wirtschaftsprüfungsgesellschaften **(AAB)** hinzuweisen, sie dem Prüfungsbericht als Anlage beizulegen und anzugeben, dass ihre Geltung auch im Verhältnis zu Dritten vereinbart worden ist.[150] Letzteres ist wichtig, weil die AAB nach neuerer Rechtsprechung Auswirkungen auf die Haftung des Abschlussprüfers gegenüber Dritten haben können (→ § 323 Rn. 127 ff.).

2. Vorwegstellungnahme (Abs. 1 S. 2 Hs. 2 und 3). Nach Abs. 1 S. 2 Hs. 2 idF **35** des AReG muss der Prüfer in dem Prüfungsbericht „vorweg" in einem zusammenfassenden Ergebnis zu der Beurteilung der **Lage des Unternehmens** (oder Konzerns) durch die gesetzlichen Vertreter Stellung nehmen.[151] Dabei ist insbesondere auf die Beurteilung des

---

144 Schüppen Rn. 6; Wiedmann/Böcking/Gros/Böcking/Gros/Rabenhorst Rn. 41a; BeBiKo/Justenhoven/Deicke Rn. 4.
145 Graumann Prüfungswesen S. 800.
146 IDW PS 208: Zur Durchführung von Gemeinschaftsprüfungen (Joint Audit) (Stand: 13.8.2021), IDW Life 2021, 1075 (Tz. 22).
147 Zu weiteren Besonderheiten bei der Berichterstattung über die Prüfung eines IFRS-Einzelabschlusses (§ 325 Abs. 2a), für die gem. § 324a Abs. 1 § 321 entsprechend gilt: BeBiKo/Justenhoven/Deicke Rn. 185.
148 Für diese Bestätigung wird folgende Formulierung empfohlen: „Wir bestätigen gemäß § 321 Abs. 4a HGB, dass wir bei unserer Abschlussprüfung die anwendbaren Vorschriften zur Unabhängigkeit beachtet haben" (IDW PS 450.23a). Für Unternehmen von öffentlichem Interesse s. Art. 11 Abs. 2 lit. a Abschlussprüfungs-VO. Für diese Erklärung, die zusätzlich zu der Bestätigung der Unabhängigkeit nach IDW PS 450.23a abzugeben ist, wird folgende Formulierung empfohlen: „Des Weiteren erklären wir gemäß Artikel 6 Abs. 2 lit. a der Verordnung (EU) Nr. 537/2014, dass die Prüfungsgesellschaft, Prüfungspartner und Mitglieder der höheren Führungsebene und das Leitungspersonal, die die Abschlussprüfung durchführen, unabhängig vom geprüften Unternehmen sind." (IDW PS 450.23a).
149 Graumann Prüfungswesen S. 801.
150 Zust. Graumann Prüfungswesen S. 802.
151 Zu Einzelheiten BeBiKo/Justenhoven/Deicke Rn. 27 ff.; HKMS/Burg Rn. 45–48.

Fortbestande[152] und der künftigen Entwicklung des Unternehmens unter Berücksichtigung des Lageberichts und bei der Prüfung des Konzernabschlusses von Mutterunternehmen auch des Konzerns unter Berücksichtigung des Konzernlageberichts einzugehen, soweit die geprüften Unterlagen und der Lagebericht oder der Konzernlagebericht eine solche Beurteilung erlauben (Abs. 1 S. 2 Hs. 2). Seit der Neufassung des Abs. 1 S. 3 durch das TransPuG hat der Abschlussprüfer nunmehr im Prüfungsbericht außerdem über bei Durchführung der Prüfung festgestellte **Unrichtigkeiten**[153] oder **Verstöße**[154] gegen gesetzliche Vorschriften sowie Tatsachen zu berichten, die den Bestand des geprüften Unternehmens oder des Konzerns gefährden oder seine Entwicklung wesentlich beeinträchtigen können oder die schwerwiegende Verstöße der gesetzlichen Vertreter oder von Arbeitnehmern gegen Gesetz, Gesellschaftsvertrag oder die Satzung erkennen lassen (Abs. 1 S. 3).[155]

36   **a) Ziel der Vorwegstellungnahme.** Ziel der Vorwegstellungnahme nach Abs. 1 S. 2 Hs. 2 und S. 3 ist es, durch eine in sich geschlossene Darstellung am Beginn des Prüfungsberichts die „Aufmerksamkeit der Berichtsadressaten auf wichtige Sachverhalte zu lenken" (vgl. IDW PS 450.26).[156] Im Interesse der nach Abs. 1 S. 2 Hs. 1 gebotenen Klarheit der Vorwegberichterstattung hat der Gesetzgeber die in diesen Abschnitt aufzunehmenden Feststellungen und Tatsachen begrenzt (vgl. IDW PS 450.26).

37   **b) Stellung im Prüfungsbericht.** In der Literatur wurde nach Inkrafttreten des KonTraG darüber nachgedacht, ob aus dem Tatbestandsmerkmal „vorweg" in Abs. 1 S. 2 abzuleiten sei, dass nach dem Willen des Gesetzgebers der Prüfungsbericht in Zukunft mit der Vorwegstellungnahme anstatt mit dem Abschnitt über den Prüfungsauftrag zu beginnen hat.[157] Diese Diskussion ist indes weitgehend theoretischer Natur. Wenn die einleitenden Angaben über den Prüfungsauftrag – wie in der Praxis üblich – auf dem Deckblatt aufgeführt sind, können die Angaben bezüglich der Wahl und der Bestellung des Abschlussprüfers sowie die Angaben über die Grundsätze, die Form und Inhalt des Prüfungsberichts zugrunde liegen, auch in den „besonderen Abschnitt" über Gegenstand, Art und Umfang der Prüfung (vgl. Abs. 3 S. 1) aufgenommen werden (vgl. IDW PS 450.25). Damit steht der Vorwegbericht regelmäßig am Anfang des Prüfungsberichts (vgl. IDW PS 450.27).

38   **c) Fortbestand und künftige Entwicklung (Abs. 1 S. 2 Hs. 2).** In der Vorwegstellungnahme ist zu der Beurteilung der Lage des Unternehmens im Jahresabschluss und im Lagebericht durch die gesetzlichen Vertreter Stellung zu nehmen. Dabei ist „insbesondere" auf die Beurteilung des Fortbestandes und der künftigen Entwicklung des Unternehmens unter Berücksichtigung des Lageberichts (und bei der Prüfung des Konzernabschlusses von

---

[152]   Dazu aus berufsständischer Sicht: IDW PS 270: Die Beurteilung der Fortführung der Unternehmenstätigkeit im Rahmen der Abschlussprüfung [Stand: 29.10.2021], IDW Life 2021, 1264; IDW S 11: Beurteilung des Vorliegens von Insolvenzeröffnungsgründen (Stand: 22.8.2016), IDW Life 2017, 332. Zu Einzelfragen Steffan/Poppe/Oberg WPg 2022, 880; Pagels/Lüder WPg 2017, 230; Mader/Seitz DStR 2018, 1; Mader/Seitz DStR 2018, 1933, Hennrichs/Schulze-Osterloh DStR 2018, 1731; Stark ZVglRWiss 121 (2022), 298; monographisch Stark, Fortführungsprinzip und (Vor-)Insolvenz, 2022; Eickes, Zum Grundsatz der Unternehmensfortführung in der Insolvenz, 2014; Hater, Insolvenzrechtliche Fortbestehensprognose und handelsrechtliche Fortführungsprognose, 2013.

[153]   „Unrichtigkeiten" sind unbeabsichtigt falsche Darstellungen im Jahresabschluss oder im Lagebericht (zB Schreib- oder Rechenfehler in der Buchführung oder in deren Grundlagen, nicht bewusst falsche Auslegung oder Anwendung von Rechnungslegungsgrundsätzen, ein Übersehen oder eine unzutreffende Einschätzung von Sachverhalten) (IDW PS 450.46; vgl. IDW PS 210.7); HKMS/Burg Rn. 53.

[154]   „Verstöße" sind falsche Darstellungen im Jahresabschluss oder Lagebericht, die auf einem beabsichtigten Verstoß gegen gesetzliche Vorschriften, gesellschaftsvertragliche Bestimmungen oder Rechnungslegungsgrundsätze beruhen (IDW PS 450.46; vgl. IDW PS 210.7); HKMS/Burg Rn. 53.

[155]   Graumann Prüfungswesen S. 805. Zu verschiedenen Ansätzen zur Aufdeckung von Gesetzesverstößen der Gesellschaftsorgane im Rahmen der Abschlussprüfung W. Schruff WPg 2005, 207; Knabe/Mika/Müller/Rätsch/W. Schruff WPg 2004, 1057.

[156]   Graumann Prüfungswesen S. 802 („Hervorhebung", „Highlighten"); vgl. Neumann BuW 2000, 853 (858).

[157]   Bejahend Schindler/Rabenhorst BB 1998, 1939 (1939); aA Ludewig WPg 1998, 595 (597); Forster FS Baetge, 1997, 940.

Mutterunternehmen auch des Konzerns unter Berücksichtigung des Konzernlageberichts) einzugehen, *soweit die geprüften Unterlagen und der Lagebericht bzw. der Konzernlagebericht eine solche Beurteilung erlauben* (Abs. 1 S. 2 Hs. 2).[158]

aa) Sinn und Zweck. Dass der Prüfungsbericht „vorweg" eine Stellungnahme des **39** Prüfers zu der Beurteilung der Lage des Unternehmens bzw. Konzerns durch die gesetzlichen Vertreter enthalten muss, wird in den Gesetzgebungsmaterialien des KonTraG damit begründet, dass für den Aufsichtsrat „eine selbständige Beurteilung durch den Abschlußprüfer von besonderer Bedeutung" sei.[159] Dass die Verpflichtung nur besteht, „soweit die geprüften Unterlagen und der Lagebericht oder der Konzernlagebericht eine solche Beurteilung erlauben" (Abs. 1 S. 2 Hs. 2), beruht nach der Begründung des RegE KonTraG vom 6.11.1997 darauf, dass „der Prüfer nur die Beurteilung des Vorstandes überprüfen kann und soll".[160] Seine eigene Prognoseentscheidung solle der Prüfer dagegen nicht an die Stelle derjenigen des Vorstandes setzen.[161] Der Prüfer habe die Beurteilung des Vorstandes „aber zu bewerten und Fragezeichen zu setzen, wenn hierzu Veranlassung besteht".[162]

Im RefE KonTraG vom 22.11.1996[163] hatte es noch geheißen, in den Prüfungsbericht **40** sei „vorweg eine Beurteilung der Lage aus Sicht des Prüfers" aufzunehmen. Dagegen hatte sich namentlich der Gemeinsame Arbeitsausschuss der Spitzenverbände der Deutschen Wirtschaft für Fragen des Unternehmensrechts[164] und die WPK[165] gewandt. Die WPK hatte stattdessen die folgende Formulierung vorgeschlagen: „Im Bericht hat er vorweg **wertend** Stellung zu nehmen zur Beurteilung der Lage des Unternehmens oder Konzerns durch die gesetzlichen Vertreter".[166] Der Vorschlag der WPK wurde leicht modifiziert in den RegE KonTraG vom 6.11.1997 aufgenommen; der Entwurf übernahm lediglich das Wort „wertend" nicht.[167]

bb) Eigene Beurteilung. Der Abschlussprüfer hat nach Abs. 1 S. 2 Hs. 2 die Lagebe- **41** urteilung durch die gesetzlichen Vertreter zu beurteilen, um zu ihr Stellung nehmen zu können. Die Stellungnahme ist aufgrund einer eigenen Beurteilung der wirtschaftlichen Lage des Unternehmens abzugeben, die im Rahmen der Prüfung des Jahresabschlusses und des Lageberichts gewonnen wurde (vgl. IDW PS 450.29).[168] Die Stellungnahme des Prüfers muss so abgefasst sein, dass sie den Adressaten des Prüfungsberichts als Grundlage ihrer eigenen Einschätzung der Beurteilung der Lage des Unternehmens dienen kann (vgl. IDW PS 450.29). Die Stellungnahme des Abschlussprüfers setzt eine **kritische Würdigung** der von den gesetzlichen Vertretern der geprüften Gesellschaft zugrunde gelegten Annahmen voraus. Denkbar sind auch vertiefende Erläuterungen und die Angabe von Ursachen für die Entwicklungen des Unternehmens. Der Prüfer ist aber **nicht verpflichtet,** eigene

---

158 HKMS/Burg Rn. 46–47. Zur Beurteilung der handelsrechtlichen Fortführungsprognose durch den Abschlussprüfer Groß WPg 2010, 119. S. ferner Mader/Seitz DStR 2018, 1; Erwiderung dazu von Hennrichs/Schulze-Osterloh DStR 2018, 1731, und dazu wiederum Mader/Seitz DStR 2018, 1933.
159 BT-Drs. 13/9712, 28.
160 BT-Drs. 13/9712, 28; dazu Dörner WPg 1998, 302 (305).
161 BT-Drs. 13/9712, 28. Zust. Scheffler WPg 2002, 1289 (1296); Dörner DB 1998, 1 (3); HKMS/Burg Rn. 47; Merkt/Probst/Fink/Quick S. 1515 Rn. 189.
162 BT-Drs. 13/9712, 28; zust. HKMS/Burg Rn. 47.
163 Der RefE ist nebst Begründung abgedruckt in ZIP 1996, 2129 und 2193.
164 Ohne Verf. WM 1997, 490 (498) („nicht praktikabel").
165 S. die Stellungnahme der WPK zum RefE KonTraG, abgedruckt in WPK-Mitt. 1997, 100 (103).
166 WPK-Mitt. 1997, 100 (103).
167 Vgl. dazu die Stellungnahme der WPK in WPK-Mitt. 1998, 35 (36).
168 Scheffler WPg 2002, 1289 (1296); BeBiKo/Justenhoven/Deicke Rn. 30 („eigene betriebswirtschaftliche Analyse der Lage"). Böcking/Müßig (Der Konzern 2003, 38 (47)) haben unter Hinweis auf IDW PS 230 (Stand: 8.12.2005, WPg 2000, 842, WPg 2006, 218) mit Recht noch einmal darauf hingewiesen, dass der Abschlussprüfer für die Beurteilung umfassende Kenntnisse über die Geschäftstätigkeit sowie das wirtschaftliche Umfeld des geprüften Unternehmens haben muss. S. ferner ISA [DE] 315 (Revised): Identifizierung und Beurteilung der Risiken wesentlich falscher Darstellungen aus dem Verständnis von der Einheit und ihrem Umfeld (Stand: 26.3.2020), IDW Life 2019, 669, IDW Life 2020, 509.

Prognoserechnungen vorzunehmen (vgl. IDW PS 450.29).[169] Dem Abschlussprüfer kommt daher nicht die Rolle des „besseren Kaufmanns"[170] zu.

42   **cc) Wesentliche Angaben.** Wesentliche Angaben der gesetzlichen Vertreter über den Fortbestand und die künftige Entwicklung des Unternehmens sind in der Vorwegstellungnahme unabhängig davon hervorzuheben, ob sie positiv oder negativ sind.[171] Die Berichtspflicht nach Abs. 1 S. 2 Hs. 2 besteht freilich nur, „soweit die geprüften Unterlagen und der Lagebericht eine solche Beurteilung erlauben". Die geprüften Unterlagen iSv Abs. 1 S. 2 Hs. 2 sind alle Unterlagen, die der Abschlussprüfer im Rahmen der Prüfung herangezogen hat (namentlich die „Bücher" und „Schriften" gemäß § 320 Abs. 1 S. 2 und die „Aufklärungen" und „Nachweise" iSv § 320 Abs. 2 S. 1).[172] Sofern Beurteilungsspielräume vorhanden sind und die Beurteilung der gesetzlichen Vertreter grundsätzlich als vertretbar anzusehen ist, ist erforderlichenfalls auf erhebliche Risiken oder Chancen, die abhängig von den Verhältnissen des Einzelfalls mit dieser Beurteilung verbunden sind, hinzuweisen.[173] Andererseits ist es nicht Aufgabe des Abschlussprüfers, anstelle der gesetzlichen Vertreter die einzelnen erforderlichen Angaben zur Lage des Unternehmens zu machen.[174]

43   **d) Unrichtigkeiten, Verstöße gegen gesetzliche Vorschriften und sonstige berichtspflichtige Tatsachen (Abs. 1 S. 3).** Nach (dem durch das TransPuG vom 19.7.2002 neu gefassten) Abs. 1 S. 3 hat der Abschlussprüfer in der Vorwegstellungnahme außerdem über „bei Durchführung der Prüfung" festgestellte „Unrichtigkeiten" (→ Rn. 35) oder „Verstöße gegen gesetzliche Vorschriften" (→ Rn. 35) sowie „Tatsachen" zu berichten, die den „Bestand des geprüften Unternehmens oder des Konzerns gefährden" oder seine „Entwicklung wesentlich beeinträchtigen" können (sog. „Redepflicht" der Abschlussprüfers).[175] Zu den „gesetzlichen Vorschriften" iSv Abs. 1 S. 3 gehören auch die für die Aufstellung des Jahresabschlusses oder Lageberichts geltenden Rechnungslegungsgrundsätze einschließlich der Grundsätze ordnungsmäßiger Buchführung (GoB) und der Deutschen Rechnungslegungs Standards (DRS) sowie ggf. die die Rechnungslegung betreffenden Bestimmungen der Satzung oder des Gesellschaftsvertrages (vgl. § 317 Abs. 1 S. 2),[176] so dass sie keiner besonderen Erwähnung bedurften.[177] Der Abschlussprüfer hat ferner über Tatsachen zu berichten, die schwerwiegende Verstöße der gesetzlichen Vertreter oder von Arbeitnehmern gegen Gesetz, Gesellschaftsvertrag oder Satzung (zB Bestimmungen über die Rechte und Pflichten der Organe der Gesellschaft) erkennen lassen (Abs. 1 S. 3).[178] Verstöße der gesetzlichen Vertreter oder von Arbeitnehmern gegen „Gesetze" iSv Abs. 1 S. 3 umfassen Verstöße gegen solche gesetzlichen Vorschriften, die sich nicht unmittelbar auf die Rechnungslegung beziehen (zB HGB, AktG, GmbHG,[179] Steuergesetze, Sozialversicherungsrecht, Strafgesetze, BetrVG, MitbestG, GWB oder UWG, Geldwäschegesetz, Insolvenzordnung, KWG, VAG).[180] Persönliche Verfehlungen von Organmitgliedern oder

---

[169]   Vgl. BT-Drs. 13/9712, 28; zust. HKMS/Burg Rn. 47.
[170]   Graumann Prüfungswesen S. 803.
[171]   IDW PS 450.31; zust. HKMS/Burg Rn. 48.
[172]   Vgl. IDW PS 450.32 (zB Kostenrechnung zur Ermittlung der Herstellungskosten, Planungsrechnungen, Verträge, Aufsichtsratsprotokolle und Berichterstattungen an die Aufsichtsgremien).
[173]   Graumann Prüfungswesen S. 803; zurückhaltender IDW PS 450.33 („kann hinzuweisen sein").
[174]   So zutr. IDW PS 450.45; gleicher Ansicht HKMS/Burg Rn. 47.
[175]   Dazu IDW PS 210: Zur Aufdeckung von Unregelmäßigkeiten im Rahmen der Abschlussprüfung, WPg 2006, 1422. Zu Einzelheiten W. Schruff WPg 2005, 207; W. Schruff WPg 2003, 901; Mertin/Schmidt WPg 2001, 1303; Orth/Finking/Wolz WPg 2012, 529; Schindler/Haußer WPg 2012, 233.
[176]   OLG Stuttgart DB 2009, 1521 (1525); s. auch IDW PS 450.45; ebenso Hopt/Merkt Rn. 3; Merkt/Probst/Fink/Quick S. 1516 Rn. 192; HKMS/Burg Rn. 62.
[177]   BT-Drs. 13/971, 28; IDW PS 450.45.
[178]   HKMS/Burg Rn. 59–60. Dem Vorschlag der Regierungskommission Corporate Governance, die Berichterstattung über nicht rechnungslegungsbezogene Gesetzes- oder Satzungsverstöße künftig in eine von dem Prüfungsbericht gesonderte Erklärung aufzunehmen, ist der Gesetzgeber bewusst nicht gefolgt: RegE TransPuG v. 6.2.2002, S. 73.
[179]   Dazu etwa Keller/Rödl BB Beil. 20/2005 (Kapitalerhaltung in der GmbH).
[180]   IDW PS 450.48; Hopt/Merkt Rn. 5; BeBiKo/Justenhoven/Deicke Rn. 61; vgl. HKMS/Burg Rn. 59; Merkt/Probst/Fink/Quick S. 1517 Rn. 194.

Arbeitnehmern fallen nicht hierunter, solange sie nicht in irgendeinem Bezug zur Unternehmenstätigkeit stehen).[181] Bei Versicherungsunternehmen hat der Abschlussprüfer in den Fällen des Abs. 1 S. 3 die Aufsichtsbehörde unverzüglich zu unterrichten (§ 341k Abs. 3).

aa) Unrichtigkeiten, Verstöße. „Unrichtigkeiten" iSv Abs. 1 S. 3 resultieren aus **44** **unbewussten Fehlern** (zB Schreib- oder Rechenfehler in der Buchführung oder in deren Grundlagen, nicht bewusst falsche Auslegung oder Anwendung von Rechnungslegungsgrundsätzen, ein Übersehen oder eine unzutreffende Einschätzung von Sachverhalten);[182] „Verstöße" sind dagegen **bewusste Abweichungen** von gesetzlichen Vorschriften oder den Bestimmungen des Gesellschaftsvertrages oder der Satzung.[183] Kriterien für die Beurteilung der Frage, ob ein Verstoß iSv Abs. 1 S. 3 schwerwiegend ist, sind insbesondere das mit dem Gesetzesverstoß für die Gesellschaft verbundene Risiko, die Bedeutung der verletzten Rechtsnorm sowie die Frage, ob der in dem Gesetzesverstoß zum Ausdruck kommende Vertrauensbruch Bedenken gegen die Eignung des gesetzlichen Vertreters bzw. des Arbeitnehmers begründen könnte.[184] Unter die Verstöße der gesetzlichen Vertreter fallen auch Verletzungen von Aufstellungs- oder Publizitätspflichten im Zusammenhang mit Vorjahresabschlüssen oder Konzernabschlüssen.[185]

bb) Bestandsgefährdung oder Entwicklungsbeeinträchtigungen. Eine Gefähr- **45** dung des Bestands des geprüften Unternehmens oder des Konzerns iSv Abs. 1 S. 3 liegt vor,[186] wenn ernsthaft zu befürchten ist, dass das Unternehmen seinen Geschäftsbetrieb nicht mehr fortführen kann und damit die Gefahr einer Insolvenz oder einer Liquidation besteht.[187] Eine Berichtspflicht besteht also nicht erst dann, wenn die Entwicklung des geprüften Unternehmens bereits wesentlich beeinträchtigt ist oder sein Bestand konkret gefährdet ist.[188] Die Abgrenzung zu berichtspflichtigen Tatsachen, die die Entwicklung des Unternehmens wesentlich beeinträchtigen können (Abs. 1 S. 3), ist fließend.[189] Es kommen grundsätzlich die gleichen Tatbestände wie für die Bestandsgefährdung in Betracht; allerdings genügen hier schon weniger folgenreiche Auswirkungen, die aber zu mehr als einer

---

[181] HKMS/Burg Rn. 59; Wiedmann/Böcking/Gros/Böcking/Gros/Rabenhorst Rn. 21.

[182] IDW PS 450.46; vgl. IDW PS 210.7; zust. HKMS/Burg Rn. 53; BeBiKo/Justenhoven/Deicke Rn. 47; Wiedmann/Böcking/Gros/Böcking/Gros/Rabenhorst Rn. 19; Merkt/Probst/Fink/Quick S. 1516 Rn. 192.

[183] IDW PS 450.42 und 450.46; vgl. IDW PS 210.7; zust. BeBiKo/Justenhoven/Deicke Rn. 47; HKMS/Burg Rn. 53; Wiedmann/Böcking/Gros/Böcking/Gros/Rabenhorst Rn. 19; Merkt/Probst/Fink/Quick S. 1516 Rn. 192.

[184] So IDW PS 450.49. Vgl. BeBiKo/Justenhoven/Deicke Rn. 63; Merkt/Probst/Fink/Quick S. 1517–1518 Rn. 194; HKMS/Burg Rn. 60. S. auch Binz DB 2004, 1273 (1274–1275) (zu BGH DB 2004, 371). Zu Einzelheiten der Abberufung und außerordentlichen Kündigung eines Vorstands wegen seines Privatverhaltens Nees, Abberufung und außerordentliche Kündigung eines Vorstandsmitglieds einer Aktiengesellschaft wegen seines Privatverhaltens, 2005.

[185] IDW PS 450.50. S. ferner Art. 11 Abs. 2 lit. k Abschlussprüfungs-VO.

[186] Für Unternehmen von öffentlichem Interesse: Art. 11 Abs. 2 lit. i Abschlussprüfungs-VO (dazu IDW PS 450: Grundsätze ordnungsmäßiger Erstellung von Prüfungsberichten [Stand: 28.10.2021], IDW Life 2022, 78 [Tz. 35]).

[187] BeBiKo/Justenhoven/Deicke Rn. 53; HKMS/Burg Rn. 56; Hopt/Merkt Rn. 4; Wiedmann/Böcking/Gros/Böcking/Gros/Rabenhorst Rn. 20; Merkt/Probst/Fink/Quick S. 1516 Rn. 193; Graumann Prüfungswesen S. 803; Scheffler WPg 2002, 1289 (1296). Zur Beurteilung des Vorliegens von Insolvenzeröffnungsgründen: IDW S 11: Beurteilung des Vorliegens von Insolvenzeröffnungsgründen (Stand: 22.8.2016), IDW Life 2017, 332 (ersetzt IDW PS 800: Beurteilung eingetretener oder drohender Zahlungsunfähigkeit bei Unternehmen, WPg Supp 2/2009, 42); dazu Steffan/Poppe/Oberg WPg 2022, 880. Vgl. OLG Celle WPK-Mitt. 2000, 258 (259 und 261).

[188] AllgM: IDW PS 450: Grundsätze ordnungsmäßiger Erstellung von Prüfungsberichten (Stand: 28.10.2021), IDW Life 2022, 78 (Tz. 36); BeBiKo/Justenhoven/Deicke Rn. 53; HKMS/Burg Rn. 56; Hopt/Merkt Rn. 4; Wiedmann/Böcking/Gros/Böcking/Gros/Rabenhorst Rn. 20; Merkt/Probst/Fink/Quick S. 1517 Rn. 193; Graumann Prüfungswesen S. 803; Splinter WPg 2022, 1078.

[189] Nach BeBiKo/Justenhoven/Deicke Rn. 53 unterscheiden sich viele der die Entwicklung beeinträchtigenden Tatsachen nur graduell von den bestandsgefährdenden Umständen; da es an einer „objektivierbaren" Abgrenzung fehle, seien erstere häufig eine „zeitliche Vorstufe" der Bestandsgefährdung.

nur angespannten Lage des Unternehmens führen.[190] Der Wortlaut des Abs. 1 S. 3 („können") stellt – parallel zur Bestandsgefährdung – klar, dass bereits ein **bloßes Beeinträchtigungspotenzial** die Berichtspflicht auslöst, um so ein rechtzeitiges und vor allem insolvenzvorbeugendes bzw. insolvenzverhinderndes Gegensteuern der Vertretungs- und Aufsichtsorgane zu ermöglichen.[191] Anzeichen für eine Bestandsgefährdung können beispielsweise sein: Erhebliche laufende Verluste, keine kostendeckende Fertigung, wiederholte Liquiditätsengpässe, Kündigung von Krediten (ohne Aussicht auf Ersatzkredite), Preisverfall oder Wegfall von Absatzmärkten, gravierende Preisänderungen auf den Beschaffungsmärkten, gravierende Fehlinvestitionen, die Unterlassung notwendiger Investitionen sowie wesentliche Gefährdung von Schutzrechten oder Lizenzen.[192] Anzeichen für eine wesentliche Beeinträchtigung der Entwicklung des Unternehmens sind außer den vorgenannten **Kriterien** unter anderem voraussichtlich länger andauernde Dividendenlosigkeit, Stilllegung von Betrieben oder Betriebsteilen, Verkauf von Wertpapieren zwecks Sicherung der Liquidität und erhebliche Verluste bei Beteiligungsgesellschaften.[193] Bei der Beurteilung der Tatsachen ist zu berücksichtigen, dass in vielen Fällen erst das Zusammenwirken mehrerer Tatsachen eine Bestandsgefährdung bzw. Entwicklungsbeeinträchtigung auslöst.[194] Im Zweifel hat der Prüfer im Interesse des geprüften Unternehmens zu berichten.[195]

46   Nach dem Willen der europäischen Rechtsetzer sollen ab dem Zeitpunkt der „wahrscheinlichen Insolvenz" (englisch: *„where there is a likelihood of insolvency"*) die spezifischen **präventiven Restrukturierungsinstrumente** der RL (EU) 2019/1023[196] zur Abwendung einer Insolvenz und Sicherstellung der Bestandsfähigkeit des Unternehmens zum Zuge kommen. Das deutsche Recht hat den von Art. 4 Abs. 1 Restrukturierungs-RL als Zugangsvoraussetzung vorgesehenen Begriff der „wahrscheinlichen Insolvenz" mit drohender Zahlungsunfähigkeit iSd § 18 Abs. 2 InsO umgesetzt (§ 29 Abs. 1 StaRUG).[197] Da es sich bei der drohenden Zahlungsunfähigkeit um einen fakultativen Insolvenzgrund handelt, ist das durch Art. 4 Abs. 1 Restrukturierungs-RL angelegte „Abstandsgebot" zur Insolvenz nach wohl hM noch gewahrt.[198] Drohend zahlungsunfähige Schuldner können daher nunmehr zwischen einem vorinsolvenzlichen Sanierungsverfahren nach dem StaRUG und einer Sanierung im Insolvenzverfahren wählen.[199] Im Hinblick auf das Fortführungsprinzip (§ 252 Abs. 1 Nr. 2) wird sich der Abschlussprüfer im Prüfungsbericht zukünftig nicht mehr nur mit Feststellungen und Tatsachen betreffend die „klassische" Insolvenz bzw. eine Sanierung in der Insolvenz zu befassen haben, sondern zunehmend auch über Feststellungen und Tatsachen zu berichten haben, die einen Zugriff auf die neuen Sanierungsinstrumente des

---

[190] Graumann Prüfungswesen S. 803–804; BeBiKo/Justenhoven/Deicke Rn. 53; HKMS/Burg Rn. 57.
[191] HKMS/Burg Rn. 57; Hopt/Merkt Rn. 4.
[192] Vgl. BeBiKo/Justenhoven/Deicke Rn. 51; Hopt/Merkt Rn. 4; Merkt/Probst/Fink/Quick S. 1516 Rn. 193; Graumann Prüfungswesen S. 804. Zu Einzelheiten s. etwa Groß/Amen WPg 2002, 225 sowie Groß/Amen WPg 2002, 433 nebst Entgegnung von Drukarczyk/Schüler WPg 2003, 56.
[193] Vgl. Scheffler WPg 2002, 1289 (1296).
[194] Merkt/Probst/Fink/Quick S. 1517 Rn. 193 unter Hinweis auf M. Müller, Der Prüfungsbericht des Abschlussprüfers als Instrument der Corporate Governance, 2013, S. 255. S. ferner Kronner/Seidler FS Böcking, 2021, 319.
[195] Merkt/Probst/Fink/Quick S. 1517 Rn. 193.
[196] Richtlinie (EU) 2019/1023 des Europäischen Parlaments und des Rates v. 20. Juni 2019 über präventive Restrukturierungsrahmen, über Entschuldung und über Tätigkeitsverbote sowie über Maßnahmen zur Steigerung der Effizienz von Restrukturierungs-, Insolvenz- und Entschuldungsverfahren und zur Änderung der Richtlinie (EU) 2017/1132 (Richtlinie über Restrukturierung und Insolvenz), ABl. EU 2019 L 172, 18. Zu Hintergrund und Zielen der Richtlinie Ebke/Seagon/Piekenbrock, Überschuldung: Quo vadis?, 2020; Freitag ZVglRWiss 121 (2022), 227 (229 ff.).
[197] Krit. zur Umsetzung der EU-Richtlinie über präventive Restrukturierungsrahmen zB Müller ZIP 2020, 2253 (2254 f.); Piekenbrock ZVglRWiss 121 (2022), 245 (249-251). Zur Umsetzung in anderen EU-Mitgliedstaaten: Stark ZVglRWiss 121 (2022), 298 (307) (Frankreich, Niederlande); Krautgasser/Schnur ZVglRWiss 121 (2022), 311 (Österreich); Cecchella ZVglRWiss 121 (2022), 325 (Italien); Melero Bosch ZVglRWiss 121 (2022), 353 (Spanien); Podgorelec/Prelič ZVglRWiss 121(2022), 363 (Slowenien).
[198] Stark ZVglRWiss 121 (2022), 298 (306) mwN.
[199] Stark ZVglRWiss 121 (2022), 298 (306 f.) unter Hinweis auf BT-Drs. 19/24181, 91 (109).

StaRUG eröffnen, welche grundsätzlich, aber nicht automatisch für eine positive Fortführungsprognose sprechen.

e) Inhalt und Umfang der Berichtspflicht (Abs. 1 S. 3). Die Berichtspflicht des 47 Abschlussprüfers besteht nach Abs. 1 S. 3 nur, wenn der Abschlussprüfer „bei Durchführung der Prüfung" berichtspflichtige Sachverhalte festgestellt hat (vgl. IDW PS 450.39). Hat der Abschlussprüfer keine nach Abs. 1 S. 3 berichtspflichtigen Sachverhalte festgestellt, besteht keine Berichtspflicht (vgl. IDW PS 450.39).[200]

aa) Positiverklärung. Die „Negativerklärung" („... haben wir im Rahmen unserer 48 Prüfung nicht festgestellt"), die durch das KonTraG eingeführt worden war, wurde durch das TransPuG – entsprechend einer Empfehlung der Regierungskommission Corporate Governance[201] – in Abs. 1 S. 3 idF des TransPuG wieder abgeschafft.[202] Der Abschlussprüfer muss nunmehr nur noch dann über derartige Sachverhalte berichten, wenn er im Rahmen seiner Prüfung entsprechende Feststellungen gemacht hat („Positiverklärung").[203] Fehlt es an derartigen Prüfungsergebnissen, entfällt die Berichterstattung; die bisher notwendige „Negativerklärung" ist nicht mehr nur nicht erforderlich,[204] sondern auch nicht mehr zulässig.[205] Insoweit stellt Abs. 1 idF des TransPuG den vor dem KonTraG bestehenden Rechtszustand wieder her.[206] Die Änderung des Abs. 1 S. 3 trägt einem bereits gegenüber der Regierungskommission „Corporate Governance" geäußerten Anliegen des IDW Rechnung.[207]

bb) „Erkennen lassen". Allerdings greift die Berichtspflicht nach der Neufassung des 49 § 321 Abs. 1 S. 3 bereits dann ein, wenn im Rahmen der Abschlussprüfung festgestellte Tatsachen schwerwiegende Verstöße der gesetzlichen Vertreter oder von Arbeitnehmern gegen Gesetz, Gesellschaftsvertrag oder Satzung „erkennen lassen".[208] Die bisher geltende Bestimmung ging hingegen davon aus, dass zu berichten sei, wenn derartige Tatsachen schwerwiegende Verstöße „darstellen". Nach der Regierungsbegründung soll nach der neuen gesetzlichen Formulierung eine rechtliche Subsumtion nicht mehr in demselben Maße erforderlich sein wie unter Geltung der Vorgängerbestimmung (Abs. 1 S. 3 idF des KonTraG) („rechtliche Plausibilitätskontrolle").[209] Der objektive Maßstab, der mit dem Tatbestandsmerkmal „darstellen" verbunden war, hätte die Berichterstattung durch den

---

[200] IDW PS 450: Grundsätze ordnungsmäßiger Erstellung von Prüfungsberichten (Stand: 28.10.2021), IDW Life 2022, 78 (Tz. 39) betont, dass der Abschlussprüfer im Rahmen der Abschlussprüfung nicht positiv bestätigen kann, dass keine berichtspflichtigen Tatsachen vorliegen".

[201] Baums, Bericht der Regierungskommission Corporate Governance, 2001, 300.

[202] Zu den Gründen für die Abschaffung der Negativerklärung und ihren Auswirkungen auf die Auslegung und Anwendung des Tatbestandsmerkmals „erkennen lassen": Rabenhorst DStR 2003, 436 (437); Oser/Wirth/Bischof in Dörner/Menold/Pfitzer/Oser, Reform des Aktienrechts, der Rechnungslegung und der Prüfung, 2. Aufl. 2003, S. 613.

[203] Pfitzer/Orth in Dörner/Menold/Pfitzer/Oser, Reform des Aktienrechts, der Rechnungslegung und der Prüfung, 2. Aufl. 2003, S. 882 und 884.

[204] Graumann Prüfungswesen S. 804; Rabenhorst DStR 2003, 436 (436); Pfitzer/Orth in Dörner/Menold/Pfitzer/Oser, Reform des Aktienrechts, der Rechnungslegung und der Prüfung, 2. Aufl. 2003, S. 884; Merkt/Probst/Fink/Quick S. 1518 Rn. 196; BeBiKo/Justenhoven/Deicke Rn. 69; IDW PS 450.39.

[205] So zutr. HKMS/Burg Rn. 52 („Eine ‚Negativerklärung' ... hat nicht zu erfolgen").

[206] Pfitzer/Oser/Orth DB 2002, 157 (163); Oser/Wirth/Bischof in Dörner/Menold/Pfitzer/Oser, Reform des Aktienrechts, der Rechnungslegung und der Prüfung, 2. Aufl. 2003, S. 613; Pfitzer/Orth in Dörner/Menold/Pfitzer/Oser, Reform des Aktienrechts, der Rechnungslegung und der Prüfung, 2. Aufl. 2003, S. 884.

[207] Vgl. W. Schruff WPg 2004, 449 (456).

[208] Für Unternehmen von öffentlichem Interesse spricht Art. 11 Abs. 2 lit. k Abschlussprüfungs-VO von der „tatsächlichen oder vermuteten Nichteinhaltung von Rechtsvorschriften oder des Gesellschaftsvertrags bzw. der Satzung der Gesellschaft". Die Formulierung in der Abschlussprüfungs-VO und die Wörter „erkennen lassen" in § 321 sind nach Ansicht des Berufsstands „inhaltlich als äquivalent anzusehen" (IDW PS 450.50).

[209] Begr. RegE TransPuG v. 6.2.2002, S. 72; ebenso IDW PS 450.42; Pfitzer/Oser/Orth DB 2002, 157 (164); Gross/Möller WPg 2004, 317 (318).

Abschlussprüfer nach Ansicht des Gesetzgebers bisweilen zu stark einschränken können.[210] Aus Sicht der Praxis wird jedoch mit Recht darauf hingewiesen, dass in vielen Fällen die Abwägung, ab welchem Grad der Zuverlässigkeit der festgestellten Tatsachen der Abschlussprüfer eine Berichtspflicht anzunehmen hat, schwierig bleiben wird.[211]

50 **cc) Anforderungen.** Die Regierungsbegründung zum Entwurf des TransPuG macht deutlich, dass die Neuregelung des Abs. 1 S. 3 ausschließlich die Berichterstattung, nicht jedoch den Prüfungsumfang berührt.[212] Das ist selbstverständlich, weil § 317 Abs. 1 S. 3 nicht geändert wurde. Danach ist die Prüfung so anzulegen, dass Unrichtigkeiten und Verstöße gegen die in § 317 Abs. 1 S. 2 aufgeführten Bestimmungen, die sich auf die Darstellung des sich nach § 264 Abs. 2 ergebenden Bildes der Vermögens-, Finanz- und Ertragslage des Unternehmens wesentlich auswirken, bei gewissenhafter Berufsausübung erkannt werden.[213] Der Abschlussprüfer hat seine Prüfung problemorientiert und mit der stets gebotenen **„kritischen Grundhaltung"**[214] (vgl. § 43 Abs. 4 S. 1 WPO; § 37 S. 1 BS WP/vBP; zu Einzelheiten und Nachweisen → Vor § 316 Rn. 2) durchzuführen, aber keine gezielte betriebliche Unterschlagungsprüfung oder sonstige forensische Prüfung vorzunehmen.[215] Der Abschlussprüfung darf auch nicht „auf eigene Faust eine Sonderprüfung veranstalten".[216] Erfährt der Abschlussprüfer aber bei Durchführung der Prüfung von in Abs. 1 S. 3 genannten „Unrichtigkeiten" oder „Verstößen" bzw. „Tatsachen", die den „Bestand des geprüften Unternehmens oder des Konzerns gefährden" oder seine „Entwicklung wesentlich beeinträchtigen" können, so hat er ihnen (auch solchen, die erst *nach* dem Abschlussstichtag eingetreten sind!)[217] durch geänderte oder erweiterte Prüfungshandlungen nachzugehen und darüber zu berichten, sofern gesetzliche Verpflichtungen dem nicht entgegenstehen.[218] Dabei genügt er im Allgemeinen seiner Berichtspflicht, wenn er die betreffenden Sachverhalte mit der gebotenen Klarheit (vgl. Abs. 1 S. 1), unparteiisch, wahrheitsgetreu und vollständig schildert und die sich daraus möglicherweise ergebenden wesentlichen Konsequenzen aufzeigt (vgl. IDW PS 450.40).

51 Sofern die Beurteilung **zukünftige Sachverhalte** oder Entwicklungen betrifft, ist auf etwaige Beurteilungsrisiken einzugehen (so auch IDW PS 450.40), denn die Zukunft liegt im Dunkeln. Unrichtigkeiten oder Verstöße, die im Laufe der Prüfung **behoben** wurden, sind grundsätzlich nicht berichtspflichtig; sie können aber ausnahmsweise berichtspflichtig sein, wenn sie für die Wahrnehmung der Überwachungsaufgabe der Adressaten des Prüfungsberichts wesentlich sind, insbesondere wenn die Unrichtigkeiten oder Verstöße auf Schwächen in rechnungslegungsbezogenen internen Kontrollsystemen hindeuten (vgl. IDW PS 450.47).[219] Umstritten ist, ob und inwieweit der Abschlussprüfer auch Unrichtigkeiten, Verstöße oder Tatsachen iSd Abs. 1 S. 3 in den Prüfungsbericht einzubeziehen hat, die ihm **auf andere Weise** als bei Durchführung der Prüfung (zB in privatem Rahmen oder im Zusammenhang mit seiner Tätigkeit für Dritte) bekannt werden.[220] Grundsätzlich gilt, dass

---

210 Vgl. Rabenhorst DStR 2003, 436 (r.Sp.).
211 Rabenhorst DStR 2003, 436 (r.Sp.); s. auch Oser/Wirth/Bischof in Dörner/Menold/Pfitzer/Oser, Reform des Aktienrechts, der Rechnungslegung und der Prüfung, 2. Aufl. 2003, S. 614.
212 Begr. RegE TransPuG v. 6.2.2002, S. 72. Zust. HKMS/Burg Rn. 50; Merkt/Probst/Fink/Quick S. 1518 Rn. 196; BeBiKo/Schmidt/Deicke Rn. 39.
213 Vgl. Rabenhorst DStR 2003, 436 (437).
214 OLG Stuttgart NZG 2022, 953 Rn. 53.
215 Hopt/Merkt Rn. 6; Merkt/Probst/Fink/Quick S. 1518 Rn. 196; HKMS/Burg Rn. 50; s. aber auch Langenbucher FS Ebke, 2021, 573 (577) und Merkt FS Ebke, 2021, 663 (671), die der Ansicht sind, dass es nicht ausgeschlossen ist, bereits *de lege lata* im Einzelfall forensische Prüfungshandlungen und eine „positive Suchverantwortung des Prüfers" zu verlangen.
216 Hopt/Merkt Rn. 6.
217 BeBiKo/Justenhoven/Deicke Rn. 43; zust. Wiedmann/Böcking/Gros/Böcking/Gros/Rabenhorst Rn. 18.
218 BeBiKo/Justenhoven/Deicke Rn. 43–44; HKMS/Burg Rn. 50.
219 Zu möglichen Gliederungen des Prüfungsberichts im Bereich des § 321 Abs. 1 S. 3 Rabenhorst DStR 2003, 436 (437).
220 Zum Streitstand etwa BeBiKo/Justenhoven/Deicke Rn. 42; HKMS/Burg Rn. 51; Hopt/Merkt Rn. 6; Merkt/Probst/Fink/Quick S. 1518 Rn. 196.

der Abschlussprüfer auch in solchen Fällen einer Berichtspflicht unterliegt, sofern nicht gesetzliche Bestimmungen, insbesondere die Verschwiegenheitspflicht (§ 323 Abs. 1 S. 1; § 43 Abs. 1 S. 1 WPO; § 10 BS WP/vBP) entgegenstehen.[221]

3. Hauptteil (Abs. 2). Die Anforderungen an den Inhalt des Hauptteils des Prüfungs- **52** berichts wurden durch das TransPuG vom 19.7.2002 (BGBl. 2002 I 2681) neugefasst. Zu den Anforderungen an den Prüfungsbericht von Unternehmen von öffentlichem Interesse Art. 11 Abs. 2 UAbs. 1 und Abs. 3 Abschlussprüfungs-VO.

a) Feststellung (Abs. 2 S. 1). Am Beginn des Hauptteils des Prüfungsberichts stehen **53** grundsätzliche Feststellungen, die geeignet sind, den Aufsichtsrat bei seiner Aufgabe, den Vorstand zu überwachen, zu unterstützen.[222] Der Abschlussprüfer hat im Hauptteil des Prüfungsberichts lediglich „festzustellen" (statt wie bisher „darzustellen"),[223] ob die Buchführung und die weiteren geprüften Unterlagen, der Jahresabschluss, der Lagebericht, der Konzernabschluss und der Konzernlagebericht den gesetzlichen Vorschriften und den ergänzenden Bestimmungen des Gesellschaftsvertrags oder der Satzung entsprechen (Abs. 2 S. 1). Nach der Begründung des Regierungsentwurfs des TransPuG vom 6.2.2002 wird damit „auf die Darstellung von unwesentlichen und unproblematischen Teilen des Jahresabschlusses verzichtet werden können".[224] Die Praxis begrüßt die Beschränkung der Ausführungen im Prüfungsbericht auf die für den Aufsichtsrat als Überwachungsorgan wesentlichen und problematischen Sachverhalte als „sinnvoll".[225] Die damit verbundene Beschränkung auf solche Ausführungen, die geeignet sind, den Aufsichtsrat bei seiner Überwachungsaufgabe zu unterstützen, solle eine problemorientierte Ausrichtung der Berichterstattung im Prüfungsbericht fördern.[226] Andere Autoren weisen darauf hin, dass aufgrund der Gesetzesänderung „nur bedingt Konsequenzen zu erwarten" seien, weil die Praxis diese Berichterstattung bislang ebenfalls auf wesentliche Sachverhalte beschränkt habe.[227]

b) Beanstandungen (Abs. 2 S. 2). Der Verbesserung der Informationslage der für **54** die Überwachung der Geschäftsführung und des geprüften Unternehmens Verantwortlichen dient außerdem Abs. 2 S. 2. Danach muss der Abschlussprüfer im Rahmen seiner Berichterstattung nach Abs. 2 S. 1 auch über Beanstandungen berichten, die zwar nicht zur Einschränkung oder Versagung des Bestätigungsvermerks geführt haben, die aber für die **Überwachung der Geschäftsführung** und des geprüften Unternehmens von Bedeutung sind (Abs. 2 S. 2). Die Berichtpflicht beschränkt sich demnach („soweit") auf solche Feststellungen, die geeignet sind, den Aufsichtsrat bei seiner Überwachungsaufgabe zu unterstützen (vgl. IDW PS 450.62).[228] Damit soll, so heißt es in der Begründung des Regierungsentwurfs, ebenfalls „mehr Raum zu einer **problemorientierten Darstellung** gegeben wer-

---

[221] Vgl. IDW PS 450.37; Hopt/Merkt Rn. 6.

[222] Vgl. IDW PS 450.61 („Dabei sollte sich der Abschlussprüfer auf solche Feststellungen beschränken, die zur Überwachung der Geschäftsführung geeignet sind."); Graumann Prüfungswesen S. 809.

[223] Die „Feststellung" (statt „Darstellung") soll eine problemorientierte Ausrichtung der Berichterstattung im Prüfungsbericht fördern: Böcking/Müßig Der Konzern 2003, 38 (47); RegE TransPuG v. 6.2.2002, S. 72.

[224] RegE TransPuG 6.2.2002, S. 72. Zust. HKMS/Burg Rn. 61 (Grundsatz der Wesentlichkeit bzw. „materiality principle"); BeBiKo/Justenhoven/Deicke Rn. 76.

[225] S. zB Rabenhorst DStR 2003, 436 (437).

[226] W. Schruff WPg 2004, 449 (456).

[227] Oser/Wirth/Bischof in Dörner/Menold/Pfitzer/Oser, Reform des Aktienrechts, der Rechnungslegung und der Prüfung, 2. Aufl. 2003, S. 614; Gross/Möller WPg 2004, 317 (319); s. auch Pfitzer/Orth in Dörner/Menold/Pfitzer/Oser, Reform des Aktienrechts, der Rechnungslegung und der Prüfung, 2. Aufl. 2003, S. 885 (die keine wesentlichen Änderungen in der Berichterstattungspraxis erwarten).

[228] Böcking/Müßig Der Konzern 2003, 38 (47); Gross/Möller WPg 2004, 317 (319); Pfitzer/Oser/Orth DB 2002, 157 (164); Rabenhorst DStR 2003, 436 (437). Pfitzer/Orth in Dörner/Menold/Pfitzer/Oser, Reform des Aktienrechts, der Rechnungslegung und der Prüfung, 2. Aufl. 2003, S. 886, haben darauf hingewiesen, dass es sich bei den Beanstandungen iSv Abs. 2 S. 2 nicht um solche handeln kann, die im Rahmen der Redepflicht nach Abs. 1 S. 3 darzulegen sind, zumal eine Wiederholung der Berichterstattung dem vom Gesetzgeber erstrebten Ziel einer pointierten Berichterstattung zuwider laufen würde.

den".[229] Aus der Praxis ist hierzu angemerkt worden, dass „bereits bisher die Ausrichtung des Prüfungsberichts an den Informationsinteressen der Adressaten durch die geltenden Standards des IDW sichergestellt" war.[230]

55   **c) Generalnorm; Bewertungsgrundlagen (Abs. 2 S. 3, 4 und 5).** Im Hauptteil des Prüfungsberichts ist auch darauf einzugehen, ob der Abschluss *insgesamt* unter Beachtung der Grundsätze ordnungsmäßiger Buchführung oder sonstiger maßgeblicher Rechnungslegungsgrundsätze[231] ein den tatsächlichen Verhältnissen entsprechendes Bild von der Vermögens-, Finanz- und Ertragslage der Kapitalgesellschaft oder des Konzerns (§ 264 Abs. 2 S. 1) vermittelt (Abs. 2 S. 3).[232] Dabei ist auf das Bild abzustellen, wie es sich aus einer Gesamtschau der einzelnen Bestandteile (Bilanz, Gewinn- und Verlustrechnung sowie Anhang) ergibt (Gesamtaussage des Jahresabschlusses) (vgl. IDW PS 450.72). Dazu muss der Prüfer *auch* auf wesentliche Bewertungsgrundlagen sowie darauf eingehen, welchen Einfluss Änderungen in den Bewertungsgrundlagen einschließlich der Ausübung von Bilanzierungs- und Bewertungswahlrechten und der Ausnutzung von Ermessensspielräumen sowie sachverhaltsgestaltende Maßnahmen insgesamt auf die Darstellung der Vermögens-, Finanz- und Ertragslage haben (Abs. 2 S. 4).[233] Hierzu sind die Posten des Jahres- und des Konzernabschlusses aufzugliedern und ausreichend zu erläutern, soweit diese Angaben nicht im Anhang enthalten sind (Abs. 2 S. 5). Damit, so heißt es in der Begründung des Regierungsentwurfs des TransPuG, werde „der Abschlussprüfer insbesondere bei schlechter wirtschaftlicher Entwicklung vorgenommene Abschreibungen oder auch das Unterlassen von Abschreibungen zu erläutern haben".[234]

56   **aa) Zusätzliche Berichterstattung.** Durch die zusätzliche Berichterstattung über die wesentlichen Bewertungsgrundlagen und deren Änderungen einschließlich der Ausübung von Bilanzierungs- und Bewertungswahlrechten und der Ausnutzung von Ermessensspielräumen sowie sachverhaltsgestaltende Maßnahmen (Abs. 2 S. 4) soll für die Adressaten des Prüfungsberichts eine höhere **Transparenz** hinsichtlich der Bilanzpolitik und der Bilanzierungs- und Bewertungspraktiken der gesetzlichen Vertreter geschaffen werden.[235] Die neue Berichtspflicht nach Abs. 2 S. 4 („dazu") steht in engem Zusammenhang mit der Pflicht des Abschlussprüfers nach Abs. 2 S. 3 („Es ist auch darauf einzugehen, ..."), im Hauptteil seines Prüfungsberichts eine Aussage darüber zu treffen, ob und inwieweit der Jahresabschluss insgesamt aufgrund der gewählten Bewertungsannahmen und Bewertungsmethoden sowie der sachverhaltsgestaltenden Maßnahmen dem Erfordernis des *„true and fair view"* gemäß § 264 Abs. 2 S. 1 entspricht.[236] Das betrifft Fälle, in denen ein Abschluss zwar insgesamt noch dem Gebot des *„true and fair view"* unter Beachtung der Grundsätze ordnungsmäßiger Buchführung oder sonstiger maßgeblicher Rechnungslegungsgrundsätze entspricht, das Gesamtbild aber durch

---

[229]   RegE TransPuG v. 6.2.2002, S. 72. Zust. HKMS/Burg Rn. 76; Merkt/Probst/Fink/Quick S. 1520 Rn. 202. Zu möglichen Haftungsrisiken des Abschlussprüfers in diesem Zusammenhang Rabenhorst DStR 2003, 436 (438).

[230]   Oser/Wirth/Bischof in Dörner/Menold/Pfitzer/Oser, Reform des Aktienrechts, der Rechnungslegung und der Prüfung, 2. Aufl. 2003, S. 614 (unter Hinweis auf IDW PS 450.62); Pfitzer/Orth in Dörner/ Menold/Pfitzer/Oser, Reform des Aktienrechts, der Rechnungslegung und der Prüfung, 2. Aufl. 2003, S. 885–886.

[231]   Der Hinweis auf „sonstige maßgebliche Rechnungslegungsgrundsätze" in Abs. 2 S. 3 trägt dem Umstand Rechnung, dass im Anwendungsbereich der IAS-VO und der § 315a, § 325 Abs. 2a IAS-Abschlüsse Gegenstand der gesetzlichen Abschlussprüfung werden: Begr. RegE BilReG, BT-Drs. 15/3419, 43 v. 24.6.2004.

[232]   HKMS/Burg Rn. 81; Graumann Prüfungswesen S. 810. Zur Rolle des § 264 Abs. 2 im deutschen Rechnungslegungsrecht Lambert, Die Rolle des § 264 Abs. 2 HGB – true and fair view – im deutschen Bilanzrecht, 2005.

[233]   IDW PS 450. 74 (mit Schaubild zur Systematik der Erläuterungen gemäß § 321 Abs. 2 S. 4. Dazu näher BeBiKo/Justenhoven/Deicke Rn. 105–107; Hopt/Merkt Rn. 8; Graumann Prüfungswesen S. 811–812.

[234]   RegE TransPuG v. 6.2.2002, S. 72.

[235]   Vgl. Rabenhorst DStR 2003, 436 (438); HKMS/Burg Rn. 84. Krit. zu dem gewählten Regelungsansatz Hoffmann/Lüdenbach DB 2003, 781 (783).

[236]   Vgl. Rabenhorst DStR 2003, 436 (438); HKMS/Burg Rn. 84.

bestimmte bilanzpolitische Maßnahmen wesentlich beeinflusst ist.[237] Dabei ist auf das Bild abzustellen, wie es sich aus einer Gesamtschau der einzelnen Bestandteile (Bilanz, Gewinn- und Verlustrechnung sowie Anhang) ergibt (**Gesamtaussage des Jahresabschlusses** – vgl. IDW PS 450.72).[238] Über das Ergebnis der Beurteilung, ob und inwieweit die durch den Jahresabschluss vermittelte Gesamtaussage den Anforderungen des § 264 Abs. 2 S. 1 entspricht, ist im Prüfungsbericht gesondert zu berichten, auch wenn sich keine Besonderheiten ergeben haben.[239] In derartigen Fällen dürfte allerdings die Feststellung ausreichen, dass der Jahresabschluss insgesamt unter Beachtung der Grundsätze ordnungsmäßiger Buchführung oder sonstiger maßgeblicher Rechnungslegungsgrundsätze ein den tatsächlichen Verhältnissen entsprechendes Bild der Vermögens-, Finanz- und Ertragslage der geprüften Gesellschaft vermittelt (vgl. IDW PS 450.73).[240]

bb) Wesentliche Bewertungsgrundlagen. Der – im deutschen Recht der Rech- **57** nungslegung unübliche[241] – Begriff der „Bewertungsgrundlagen" (Abs. 2 S. 4) ist im HGB nicht definiert. Der Begriff ist weiter als der Begriff der „Bewertungsmethoden" (vgl. § 252 Abs. 1 Nr. 6, § 284 Abs. 2 Nr. 1).[242] Nach dem Wortlaut des Abs. 2 S. 4 ist der Begriff der „Bewertungsgrundlagen" ein umfassender Oberbegriff, der Bilanzierungs- und Bewertungswahlrechte, Ermessensspielräume sowie sachverhaltsgestaltende Maßnahmen umfasst.[243] Diese bilanzpolitischen Instrumente ermöglichen es den gesetzlichen Vertretern bei Aufstellung des Jahresabschlusses, die Gesamtaussage des Abschlusses uU wesentlich zu beeinflussen.[244] Deshalb ist die Analyse und Darstellung des gesamten bilanzpolitischen Instrumentariums für die Adressaten des Prüfungsberichts von „eminenter Bedeutung".[245]

(1) Bilanzierungs- und Bewertungswahlrechte. Beispiele für wesentliche Bilanzie- **58** rungs- und Bewertungswahlrechte (Abs. 2 S. 4)[246] ergeben sich im Zusammenhang mit folgenden Bilanzposten bzw. Sachverhalten: Festwert bei Sachanlagen bzw. bestimmten Vorräten, Gruppenbewertung, Annahmen von Verbrauchsfolgeverfahren, Aktivierung von Entwicklungskosten, Aktivierung von selbst geschaffenen immateriellen Vermögensgegenständen,[247] Vollkosten oder Teilkosten bei Vorräten oder bei selbst geschaffenen immateriellen Vermögensgegenständen des Anlagevermögens, gemildertes Niederstwertprinzip beim Anlagevermögen, Behandlung von Disagien, aktive latente Steuern und Rückstellungen für sog. Altzusagen der Altersversorgung (IDW PS 450.79).[248]

---

[237] Vgl. Rabenhorst DStR 2003, 436 (438); HKMS/Burg Rn. 85.

[238] Hoffmann/Lüdenbach DB 2003, 781 (782); Gross/Möller WPg 2004, 317 (319); W. Schruff WPg 2004, 449 (456); HKMS/Burg Rn. 85 („Gesamtschau der einzelnen Bestandteile"); Graumann Prüfungswesen S. 810 („Gesamtbild").

[239] IDW PS 450.72. Vgl. Hoffmann/Lüdenbach DB 2003, 781 (782), die unter Hinweis auf die Begründung des RegE des TransPuG hervorheben, dass bei Unternehmen, die ihre verschlechterten Aussichten bilanzpolitisch zu verschleiern suchen, indem sie (außerplanmäßige) Abschreibungen unterlassen, Rückstellungen im größeren Umfang auflösen oder Buchgewinne durch sale-and-lease-back-Geschäfte generieren, der Berichtspflicht eine Warnfunktion zukommt, wohingegen bei positiver Entwicklung eines Unternehmens die Berichtspflicht weniger bedeutsam sei und deshalb kürzer und weniger detailliert gefasst werden könne.

[240] IdS auch Rabenhorst DStR 2003, 436 (438).

[241] Krit. zu der Begriffswahl Rabenhorst DStR 2003, 436 (439) („nicht völlig geglückt").

[242] Vgl. IDW PS 450.78: „Die Bewertungsgrundlagen iSd § 321 Abs. 2 S. 4 erster Satzteil umfassen die Bilanzierungs- und Bewertungsmethoden sowie die für die Bewertung von Vermögensgegenständen und Schulden maßgeblichen Faktoren (Parameter, Annahmen und Ausübung von Ermessensspielräumen)."

[243] Vgl. Gross/Möller WPg 2004, 317 (320, 321); HKMS/Burg Rn. 84; Merkt/Probst/Fink/Quick S. 1520–1521 Rn. 204; Wiedmann/Böcking/Gros/Böcking/Gros/Rabenhorst Rn. 23; Hopt/Merkt Rn. 8; Graumann Prüfungswesen S. 811; vgl. IDW PS 450.78.

[244] Graumann Prüfungswesen S. 811.

[245] So treffend Schüppen Rn. 16.

[246] Zur Systematik der Erläuterungen nach § 321 Abs. 2 S. 4: IDW PS 450.74.

[247] Dazu ausf. Kreide, Selbst geschaffene immaterielle Vermögensgegenstände im Recht der Rechnungslegung junger Technologieunternehmen, 2015.

[248] Dazu BeBiKo/Justenhoven/Deicke Rn. 106; Merkt/Probst/Fink/Quick S. 1521 Rn. 205; HKMS/Burg Rn. 88–90; Graumann Prüfungswesen S. 812.

59   **(2) Ermessensspielräume.** Ermessensspielräume (Abs. 2 S. 4) beruhen auf unsicheren Erwartungen bei der Bestimmung von Schätzgrößen und den diesen zugrunde gelegten Annahmen; daraus resultiert bei vielen Posten eine Bandbreite zulässiger Wertansätze (vgl. IDW PS 450.81).[249] Unter den Begriff der Ermessensspielräume fallen beispielsweise die Schätzung von Wahrscheinlichkeiten bei Rückstellungen, Gewinnschätzungen oder Gewinnprognosen,[250] Ertragsaussichten bei Finanzanlagen, Fertigstellungsgrade bei Vorräten, Nutzungsdauern bei Anlagevermögen, Restwerte und Abbruchkosten, Ausgang von Gewährleistungs- oder Schadensersatzprozessen und die Wahl des Zinssatzes für Zwecke der Abzinsung langfristiger Forderungen, ferner die künftige Auslastung des Unternehmens, Nutzungsdauern, Restwerte und Abbruchkosten, künftige Zahlungseingänge bzw. Zahlungsausgänge, Gehaltsentwicklung, erwartete Inflationsrate, Wechselkurse, Börsenkurse, und die Wahrscheinlichkeit künftiger Inanspruchnahme (vgl. IDW PS 450.82–450.83).[251]

60   **(3) Beurteilung.** Die Beurteilung der wirtschaftlichen Zweckmäßigkeit der Bilanzierungs- und Bewertungsentscheidungen der gesetzlichen Vertreter obliegt nicht dem Abschlussprüfer. Die Entscheidungen sind als geschäftspolitische Entscheidungen der gesetzlichen Vertreter der geprüften Gesellschaft von den Adressaten des Prüfungsberichts zu beurteilen.[252] Der Prüfer hat lediglich die Einhaltung der Generalklausel des § 264 Abs. 2 S. 1 zu beurteilen.[253]

61   **(4) Sachverhaltsgestaltende Maßnahmen.** Unter sachverhaltsgestaltenden Maßnahmen iSv Abs. 2 S. 4 versteht man in erster Linie „auf die Erzeugung eines gewünschten Bilanzbilds gerichtete, nicht der üblichen Praxis entsprechende Handlungen, die sich auf Ansatz bzw. Bewertung von Vermögensgegenständen und Schuldnen auswirken und die nach Einschätzung des Abschlussprüfers von den Abschlussadressaten voraussichtlich nicht vermutet werden“.[254] Ähnlich formuliert IDW PS 450.94: Danach sind sachverhaltsgestaltende Maßnahmen „Maßnahmen, die sich auf Ansatz und/oder Bewertung von Vermögensgegenständen und Schulden auswirken, sofern sie von der üblichen Gestaltung abweichen, die nach Einschätzung des Abschlussprüfers den Erwartungen der Abschlussadressaten entspricht, und sich die Abweichung von der üblichen Gestaltung auf die Gesamtaussage des Jahresabschlusses wesentlich auswirkt“. Hierzu zählen **beispielsweise** „sale-and-lease-back“-Transaktionen,[255] „sale-and-buy-back“-Geschäfte,[256] Einsatz von „special purpose entities“ (zB Leasingobjektgesellschaften),[257] Verkauf von Forderungen im Rahmen von „asset-backed-

---

[249]   Graumann Prüfungswesen S. 811. IDW PS 450.82–450.83 differenziert zwischen wertbestimmenden Parametern (Wechselkurse, Börsenkurse, Steuersätze, Zinssätze, biometrische Rechnungsgrundlagen, Vertragslaufzeiten) und Wert bestimmenden Annahmen der gesetzlichen Vertreter, aus denen sich Ermessensspielräume ergeben können (künftige Auslastung des Unternehmens, Nutzungsdauern, Restwerte und Abbruchkosten, künftige Zahlungsein- oder -ausgänge, Fluktuationsraten, Gehaltsentwicklung, erwartete Inflationsrate, Wahrscheinlichkeit künftiger Inanspruchnahme). Dazu Graumann Prüfungswesen S. 812.

[250]   Vgl. IDW RH HFA 2.003: Erstellung von Gewinnprognosen und -schätzungen nach den besonderen Anforderungen der Prospektverordnung (Stand: 2.12.2019), IDW Life 2020, 147.

[251]   Vgl. Oser/Wirth/Bischof in Dörner/Menold/Pfitzer/Oser, Reform des Aktienrechts, der Rechnungslegung und der Prüfung, 2. Aufl. 2003, S. 615–616; Rabenhorst DStR 2003, 436 (438); HKMS/Burg Rn. 89; Merkt/Probst/Fink/Quick S. 1521 Rn. 205; Graumann Prüfungswesen S. 812. Zur Prüfung von geschätzten Werten in der Rechnungslegung einschließlich von Zeitwerten: IDW PS 314 (Stand: 9.9.2009), WPg Supp 4/2009, 23.

[252]   IDW PS 450.88; zust. HKMS/Burg Rn. 92.

[253]   Vgl. BeBiKo/Justenhoven/Deicke Rn. 105–106; unklar insoweit Scheffler WPg 2002, 1289 (1292).

[254]   Graumann Prüfungswesen S. 812; zust. HKMS/Burg Rn. 92; ähnlich BeBiKo/Justenhoven/Deicke Rn. 107.

[255]   HKMS/Burg Rn. 92; Hopt/Merkt Rn. 8; IDW PS 450.95. Zu Einzelheiten solcher Transaktionen von der Goltz/Bartelheimer ZInsO 2017, 2208; IDW ERS HFA 13 nF: Einzelfragen zum Übergang von wirtschaftlichem Eigentum und zur Gewinnrealisierung nach HGB, WPg Supp. 1/2007, 69. Zur Bilanzierung von Sale-and-Lease-Back-Transaktionen nach IFRS 16 Knobloch/Funk WPg 2022, 263.

[256]   Graumann Prüfungswesen S. 813.

[257]   Hopt/Merkt Rn. 8; IDW PS 450.95. Dazu Schultz FS W. Müller, 2001, 705; A. Großfeld in Ebke/Möhlenkamp/Welling, Internationale Finanzmarktkrise, Bankabschlüsse und Mittelstand, 2011, S. 45 ff.

securities"-Transaktionen,[258] Gestaltungen mit dem Ziel der Aktivierung von Forschungs- und Entwicklungskosten oder anderen selbst erstellten immateriellen Vermögensgegenständen,[259] Tauschumsätze (*barter*-Transaktionen),[260] Factoring,[261] Ausgestaltung von Aktienoptionsplänen[262] sowie konzerninterne Transaktionen bzw. Geschäfte mit nahe stehenden Personen[263] (vgl. IDW PS 450.95).[264] *Gross/Möller* haben mit Recht darauf hingewiesen, dass die Wahrnehmung der Berichtspflicht über die sachverhaltsgestaltenden Maßnahmen keine „Kritik des Abschlussprüfers an den vorgenommenen Maßnahmen" bedeutet.[265]

(5) Änderungen in den Bewertungsgrundlagen. Änderungen in den Bewertungs- **62** grundlagen iSv Abs. 2 S. 4 können sowohl Änderungen der Bilanzierungs- und Bewertungsmethoden als auch Änderungen der wertbestimmenden Annahmen bzw. Parameter (vgl. IDW PS 450.82 und 450.83) betreffen, insbesondere Änderungen bei der Ausnutzung von Ermessensspielräumen (vgl. IDW PS 450.90). Grundsätzlich sind nach § 252 Abs. 1 Nr. 6 die gewählten Bewertungsmethoden beizubehalten. Für die gesamte Rechnungslegung einschließlich der Ausübung von Ansatzwahlrechten und der Ausnutzung von Ermessensspielräumen gilt das **Willkürverbot.**[266] Nach § 284 Abs. 2 Nr. 2 sind Durchbrechungen der Ansatz- und Bewertungsstetigkeit im Anhang anzugeben, zu begründen und die Auswirkungen auf die Vermögens-, Finanz- und Ertragslage gesondert darzustellen. Auf Änderungen in den Bewertungsgrundlagen ist im Prüfungsbericht einzugehen, wenn diese einzeln oder insgesamt (evtl. zusammmen mit sachverhaltsgestaltenden Maßnahmen) einen wesentlichen Einfluss auf die Darstellung der Vermögens-, Finanz- und Ertragslage im Jahresabschluss der geprüften Gesellschaft haben (§ 321 Abs. 2 S. 4; vgl. IDW PS 450.91).[267] Das ist beispielsweise der Fall, wenn durch bilanzpolitische Maßnahmen tatsächliche Entwicklungen oder Trends in der Vermögens-, Finanz- und Ertragslage der geprüften Gesellschaft verdeckt oder überzeichnet werden oder üblicherweise betrachtete Bilanzrelationen oder bilanzanalytische Kennzahlen wesentlich beeinflusst werden (vgl. IDW PS 450.91). Alternative Rechnungen werden in der Praxis allerdings selten zur Verfügung stehen und sind – mit Ausnahme der gesetzlich geregelten Fälle (s. zB die Angabe nach § 284 Abs. 2 Nr. 3) – von dem geprüften Unternehmen auch nicht zu verlangen.[268] Insoweit ergeben sich Schwierigkeiten und Grenzen für die quantitative Berichterstattung des Abschlussprüfers gemäß Abs. 2 S. 4.[269] IDW PS 450.93 betont daher mit Recht, dass eine „Wertung" der von den gesetzlichen Vertretern vorgenommenen zulässigen Bilanzierungs- oder Bewertungsentscheidung – vorbehaltlich eines Verstoßes gegen § 264 Abs. 2 S. 1 – nicht erforderlich ist.[270] Bilanzpolitische Maßnahmen, durch die wesentliche Entwicklungen der wirtschaftlichen Lage verdeckt werden, können jedoch eine Angabe im Anhang nach § 264 Abs. 2 S. 2 erforderlich machen und sind dann im Prüfungsbericht im Rahmen der Aussagen zur Ordnungsmäßigkeit des Jahresabschlusses zu beurteilen (IDW PS 450.93).

(6) Verhältnis zum Anhang. Unklar ist, ob die Berichtspflicht des Abschlussprüfers **63** zu den wesentlichen Bewertungsgrundlagen auch dann besteht, wenn entsprechende Anga-

---

[258] HKMS/Burg Rn. 92; Graumann Prüfungswesen S. 812.
[259] Graumann Prüfungswesen S. 812.
[260] IDW PS 450.95; Graumann Prüfungswesen S. 813.
[261] IDW PS 450.95; Graumann Prüfungswesen S. 813.
[262] IDW PS 450.95; Graumann Prüfungswesen S. 813.
[263] Rabenhorst DStR 2003, 436 (438); Hopt/Merkt Rn. 8; IDW PS 450.95; Graumann Prüfungswesen S. 813.
[264] Vgl. Oser/Wirth/Bischof in Dörner/Menold/Pfitzer/Oser, Reform des Aktienrechts, der Rechnungslegung und der Prüfung, 2. Aufl. 2003, S. 615; Rabenhorst DStR 2003, 436 (438); Scheffler WPg 2005, 477 (481); BeBiKo/Justenhoven/Deicke Rn. 107; Hopt/Merkt Rn. 8.
[265] Gross/Möller WPg 2004, 317 (322); zust. HKMS/Burg Rn. 92.
[266] IDW PS 450.89; HKMS/Burg Rn. 91 S. 1937 Fn. 1.
[267] Graumann Prüfungswesen S. 812 empfiehlt, „kritisch ... zu würdigen, wenn Unternehmen plötzlich zu einer gewinnerhöhenden ‚progressiven' Jahresabschlusspolitik übergehen."
[268] Vgl. Rabenhorst DStR 2003, 436 (439).
[269] Merkt/Probst/Fink/Quick S. 1522 Rn. 206.
[270] Zust. HKMS/Burg Rn. 91.

ben in der gebotenen Klarheit und Ausführlichkeit im Anhang enthalten sind, wie dies zumindest bei Bilanzierungs- und Bewertungsmethoden der Fall sein sollte (§ 284 Abs. 2 Nr. 2).[271] Ob ein bloßer Verweis im Prüfungsbericht auf die Erläuterungen im Anhang ausreicht, wie dies zuweilen in der Praxis erwogen wird,[272] wird allerdings mit Recht bezweifelt.[273] IDW PS 450.87 empfiehlt unter Hinweis auf die gebotene Klarheit der Berichterstattung im Prüfungsbericht (Abs. 1 S. 1), im Einzelfall zu entscheiden, ob eine Wiederholung oder Zusammenfassung der im Anhang enthaltenen Angaben zweckmäßig ist – eine rechtlich zulässige und praktisch sinnvolle, wenngleich sicher nicht immer einfache Entscheidung.

64   **d) Aufgliederungen und Erläuterungen (Abs. 2 S. 5).** In engem Zusammenhang mit der Beurteilung nach Abs. 2 S. 5 („hierzu sind … aufzugliedern und … zu erläutern") steht die Pflicht des Abschlussprüfers nach Abs. 2 S. 5, die Posten des Jahres- und Konzernabschlusses aufzugliedern und ausreichend zu erläutern, soweit diese Angaben nicht im Anhang enthalten sind. In der Vorgängervorschrift (Abs. 2 S. 3 idF des KonTraG) bestand die Pflicht zur Aufgliederung[274] und Erläuterung[275] der Posten des Jahres- bzw. des Konzernabschlusses nur, „soweit dadurch die Darstellung der Vermögens-, Finanz- und Ertragslage wesentlich verbessert wird und diese Angaben im Anhang nicht enthalten sind". Die Beschränkung durch die Notwendigkeit einer wesentlichen **Verbesserung der Darstellung** der Vermögens-, Finanz- und Ertragslage führte in der Praxis zumeist dazu, dass eine gesonderte Erläuterung unterblieb, da die Darstellung durch die Aufgliederung und Erläuterung der Posten in der Regel kaum zu verbessern ist.[276] Die Bedingung einer wesentlich verbesserten Darstellung der Vermögens-, Finanz- und Ertragslage als Voraussetzung für die Notwendigkeit einer Aufgliederung und Erläuterung der Posten des Jahres- bzw. Konzernabschlusses wurde durch das TransPuG daher folgerichtig beseitigt.[277]

65   Nach der Regierungsbegründung zum Entwurf des TransPuG soll eine wesentliche **Steigerung der Aussagekraft und Problemorientierung** des Prüfungsberichts dadurch erreicht werden, dass die Aufgliederungen und Erläuterungen zu den Bewertungsgrundlagen und deren Änderungen an die Stelle eines ggf. erforderlichen Erläuterungsteils treten.[278] Während die Regierungsbegründung dafür zu sprechen scheint, dass der besondere Erläuterungsteil wegfallen soll, legt es der Gesetzeswortlaut des Abs. 2 S. 5 infolge der sprachlichen Verknüpfung der Vorschrift mit Abs. 2 S. 5 („Hierzu sind die Posten … aufzugliedern und ausreichend zu erläutern, soweit diese Angaben nicht im Anhang enthalten sind") die Annahme nahe, dass Aufgliederungen und Erläuterungen der Posten im Prüfungsbericht nur insoweit erforderlich sind, als sie dem Eingehen auf die wesentlichen Bewertungsgrundlagen dienen (Abs. 2 S. 4) und vergleichbare Angaben im Anhang nicht bereits enthalten sind (Abs. 2 S. 5).[279] Soweit gesetzliche Pflichten bezüglich der Angaben zu den Bewertungs-

---

[271] Pfitzer/Orth in Dörner/Menold/Pfitzer/Oser, Reform des Aktienrechts, der Rechnungslegung und der Prüfung, 2. Aufl. 2003, S. 886 („soweit … nicht bereits aus den Angaben im Anhang ersichtlich ist").

[272] Vgl. Rabenhorst DStR 2003, 436 (439).

[273] Krit. dazu etwa Theile GmbHR 2002, 231 (235); aA Rabenhorst DStR 2003, 436 (438), der allerdings in Fn. 29 mit Recht kritisiert, dass der Gesetzgeber dem Abschlussprüfer eine weitergehende Berichtpflicht auferlegt, als sie für das geprüfte Unternehmen besteht. S. auch die Kritik von Pfitzer/Orth in Dörner/Menold/Pfitzer/Oser, Reform des Aktienrechts, der Rechnungslegung und der Prüfung, 2. Aufl. 2003, S. 886–887; zust. BeBiKo/Justenhoven/Deicke Rn. 107 aE („… bei sachgerechter Abgrenzung der Verantwortlichkeiten die Berichtpflichten des Abs. 2 S. 4 den gesetzlichen Vertretern wegen ihrer originären Verantwortung und nicht dem [Abschlussprüfer] hätten auferlegt werden müssen").

[274] Aufgliederung bedeutet die Darstellung des konkreten Inhalts einzelner Posten des Jahresabschlusses: Gross/Möller WPg 2004, 317 (322) Fn. 39; HKMS/Burg Rn. 95; Merkt/Probst/Fink/Quick S. 1522 Rn. 208.

[275] Erläuterung bedeutet die Darstellung der Besonderheiten bei dem Ausweis eines Postens: Gross/Möller WPg 2004, 317 (322) Fn. 40; HKMS/Burg Rn. 95; Merkt/Probst/Fink/Quick S. 1522 Rn. 208.

[276] Rabenhorst DStR 2003, 436 (439).

[277] HKMS/Burg Rn. 94.

[278] RegE TransPuG v. 6.2.2002, S. 72.

[279] Vgl. Rabenhorst DStR 2003, 436 (439, 440); HKMS/Burg Rn. 96; BeBiKo/Justenhoven/Deicke Rn. 113.

grundlagen und deren Änderungen im Anhang nicht bestehen, würde damit dem Abschlussprüfer eine Berichterstattungspflicht auferlegt, die an sich den gesetzlichen Vertretern der geprüften Gesellschaft obliegt (vgl. § 322 Abs. 2 S. 2).[280] Werden entsprechende Informationen von den für die Aufstellung des Jahresabschlusses verantwortlichen gesetzlichen Vertreter zulässigerweise weggelassen, hat der Abschlussprüfer die Entscheidung zu respektieren und von einer Aufgliederung und Erläuterung der betroffenen Posten abzusehen.[281] Bei unzulässigem Weglassen ist eine Einschränkung oder Versagung des Bestätigungsvermerks in Betracht zu ziehen.[282]

Bei den Aufgliederungen und Erläuterungen handelt es sich meist um **Bilanzstruktur- 66 übersichten** zur Vermögens-, Finanz- und Ertragslage oder **Erfolgsquellenanalysen** – beispielsweise: Aufgliederung der Umsatzerlöse und sonstigen Posten, *pro forma*-Rechnungen zur Eliminierung von Sondermaßnahmen, Kennzahlenwerke zur vertikalen oder horizontalen Kapitalstruktur oder zu Liquiditätsgraden, Kapitalflussrechnungen, *cash flow*-Analysen sowie Gegenüberstellungen zusammengefasster betriebswirtschaftlich aussagefähiger Zahlen des Geschäftsjahres mit Zahlen aus den Vorjahren.[283] Diese Ausführungen stellen bei Unternehmen mit gering ausgeprägtem internen Berichtswesen ein wichtiges Informations- und Kontrollinstrument dar.[284] Aufgrund der intensiveren Berichterstattung durch die gesetzlichen Vertreter im Lagebericht hat die Bedeutung der Informationen durch den Abschlussprüfer im Prüfungsbericht eingebüßt.[285] Auf weitergehende Darstellungen im Prüfungsbericht kann daher heute in den meisten Fällen verzichtet werden, da der Jahresabschluss an sich ein hinreichend umfassendes Gesamtbild der wirtschaftlichen Lage des Unternehmens vermitteln muss und es nicht Aufgabe des Abschlussprüfers ist, ein etwaiges **Defizit** diesbezüglich zu **heilen.**[286] Weitergehende Aufgliederungen und Erläuterungen sind nur geboten, wenn entsprechende Angaben im Anhang fehlen und ein besonderer Informationsbedarf der Adressaten des Prüfungsberichts anzunehmen ist.[287]

Abs. 2 S. 5 verpflichtet den Abschlussprüfer, die Aufgliederung der Posten des Jahres- 67 und des Konzernabschlusses **ausreichend** zu **erläutern.** Das bedeutet, dass die Aufgliederungen problem- und zielorientiert sowie mit der gebotenen Klarheit (Abs. 1 S. 2 Hs. 1) beschrieben und erklärt werden müssen (s. dazu IDW PS 450.97-450.103). Auf die für die Darstellung der Vermögens-, Finanz- und Ertragslage nicht erforderliche „Zahlenfriedhöfe" ist im Interesse einer aussagefähigen Erläuterung im Prüfungsbericht zu verzichten.[288]

e) Aufklärungen und Nachweise (Abs. 2 S. 6). Im Hauptteil des Prüfungsberichts 68 ist außerdem darzustellen, ob die gesetzlichen Vertreter die verlangten Aufklärungen und Nachweise erbracht haben (Abs. 2 S. 6), die der Abschlussprüfer nach seinem pflichtgemäßen Ermessen zur ordnungsmäßigen Durchführung der Prüfung benötigt.[289] Diese Berichtspflicht bestand auch schon nach früherem Recht (vgl. Abs. 2 S. 1 aE idF des KonTraG).[290] Nach § 320 Abs. 2 S. 6 kann der Abschlussprüfer von den gesetzlichen Vertretern alle Aufklärungen und Nachweise verlangen, die für eine sorgfältige Prüfung notwendig sind. Kommen die gesetzlichen Vertreter ihren diesbezüglichen Pflichten nach, genügt im Prüfungsbericht die knappe Feststellung, dass alle erbetenen Aufklärungen und Nachweise erbracht wurden.[291]

---

[280]   Dezidiert krit. dazu Rabenhorst DStR 2003, 436 (440); HKMS/Burg Rn. 97; Merkt/Probst/Fink/ Quick S. 1522 Rn. 208.
[281]   HKMS/Burg Rn. 97.
[282]   HKMS/Burg Rn. 97.
[283]   Graumann Prüfungswesen S. 813; IDW PS 450.97–103.
[284]   IDW PS 450.99.
[285]   Graumann Prüfungswesen S. 813.
[286]   So treffend Graumann Prüfungswesen S. 813.
[287]   Dazu näher Graumann Prüfungswesen S. 813.
[288]   BeBiKo/Justenhoven/Deicke Rn. 110; ähnlich Graumann Prüfungswesen S. 813.
[289]   Vgl. IDW PS 450.59; zu Einzelheiten aus Sicht des Berufsstands IDW PS 303: Erklärungen der gesetzlichen Vertreter gegenüber dem Abschlussprüfer (Stand: 9.9.2009), WPg Supp. 4/2009, 19.
[290]   Pfitzer/Orth in Dörner/Menold/Pfitzer/Oser, Reform des Aktienrechts, der Rechnungslegung und der Prüfung, 2. Aufl. 2003, S. 888; HKMS/Burg Rn. 99.
[291]   IDW PS 450.59.

Auf die Einholung einer **Vollständigkeitserklärung** sollte im Prüfungsbericht hingewiesen werden.[292] Wurden Aufklärungen nicht, nicht vollständig oder nicht rechtzeitig erteilt oder erbetene Nachweise nicht, nicht vollständig oder nicht rechtzeitig vorgelegt, ist über die Auswirkungen der Unterlassungen bzw. Verzögerungen auf das Prüfungsergebnis zu berichten (IDW PS 450.59).[293] Verbleiben ernsthafte Zweifel des Abschlussprüfers an der Richtigkeit oder Vollständigkeit der Aufklärungen oder Nachweise, so muss der Prüfer hierauf in seinem Prüfungsbericht hinweisen (IDW PS 450.59).[294] Der Angabe der Personen, welche die Aufklärungen bzw. Nachweise erbracht haben, bedarf es nicht.[295]

69   **4. Besonderer Abschnitt (Abs. 3).** Zusätzlich zu den grundsätzlichen Feststellungen gemäß Abs. 2 sind in einem „besonderen Abschnitt" des Prüfungsberichts nach Abs. 3 S. 1 Gegenstand, Art und Umfang der Prüfung zu erläutern. Dabei, so schreibt (der durch das BilReG in das Gesetz neu eingefügte) Abs. 3 S. 2 vor, ist auch auf die angewandten Rechnungslegungs- und Prüfungsgrundsätze einzugehen.[296] Abs. 3 soll die Adressaten des Prüfungsberichts in die Lage versetzen, die Prüfungstätigkeit des Abschlussprüfers besser beurteilen zu können (IDW PS 450.51).[297] Die Ausführungen zu Gegenstand, Art und Umfang der Prüfung sowie zu den angewandten Rechnungslegungs- und Prüfungsgrundsätzen dienen nicht als Nachweis der durchgeführten Prüfungshandlungen; dieser Nachweis wird grundsätzlich in den Arbeitspapieren[298] erbracht (IDW PS 450.51).[299] IDW PS 450.53 empfiehlt Abschlussprüfern, im Prüfungsbericht darauf hinzuweisen, dass die gesetzlichen Vertreter für den Jahresabschluss, den Lagebericht und die dem Abschlussprüfer gemachten Angaben die Verantwortung tragen (vgl. § 322 Abs. 2 S. 2) und dass es Aufgabe des Abschlussprüfers ist, diese Unterlagen und Angaben im Rahmen einer pflichtgemäßen Prüfung zu beurteilen.

70   **a) Gegenstand (S. 1).** Gegenstand der Abschlussprüfung ist der Jahresabschluss, bestehend aus Bilanz, Gewinn- und Verlustrechnung und Anhang (§ 242 Abs. 3, § 264 Abs. 1 S. 1) sowie der Lagebericht (§ 316 Abs. 1 S. 1), die Buchführung (§ 317 Abs. 1 S. 1) und ggf. das nach § 91 Abs. 2 AktG einzurichtende Risikofrüherkennungssystem (vgl. § 317 Abs. 4; § 321 Abs. 4).[300] Ist der Gegenstand der Prüfung aufgrund größenabhängiger, rechtsform- oder wirtschaftszweigspezifischer Gesetzesbestimmungen gegenüber § 317 erweitert worden, so ist hierauf im Prüfungsbericht einzugehen (IDW PS 450.54).[301] Dies gilt unabhängig davon, ob über das Ergebnis des erweiterten Prüfungsgegenstandes im Bestätigungsvermerk (§ 322) zu berichten ist (IDW PS 450.54). Umgekehrt kommt eine Berichtspflicht in Betracht, wenn das Unternehmen größenabhängige Erleichterungen (zB § 264 Abs. 1 S. 4) in Anspruch genommen hat (IDW PS 450.54).[302] Hinzuweisen ist ggf.

---

[292] BeBiKo/Justenhoven/Deicke Rn. 118; Hopt/Merkt Rn. 8; HKMS/Burg Rn. 99; Merkt/Probst/Fink/ Quick S. 1523 Rn. 209. Die Verweigerung einer Vollständigkeitserklärung durch die gesetzlichen Vertreter stellt nach Ansicht von Schüppen Rn. 18, zwar nicht das Verweigern einer Aufklärung oder eines Nachweises dar, sei aber in diesem Abschnitt des Prüfungsberichts ebenfalls zu vermerken.

[293] BeBiKo/Justenhoven/Deicke 119; HKMS/Burg Rn. 99.

[294] BeBiKo/Justenhoven/Deicke Rn. 119.

[295] HKMS/Burg Rn. 99; Merkt/Probst/Fink/Quick S. 1523 Rn. 209.

[296] Zum Hintergrund der Anfügung von S. 2: Begr. RegE BilReG, BT-Drs. 15/3419, 43 v. 24.6.2004. S. ferner Wiedmann/Böcking/Gros/Böcking/Gros/Rabenhorst Rn. 27 („bereits bisher gängige Praxis").

[297] BeBiKo/Justenhoven/Deicke Rn. 121; Merkt/Probst/Fink/Quick S. 1523 Rn. 210.

[298] ISA [DE] 230: Prüfungsdokumentation (Stand: 26.3.2020), IDW Life 2019, 658; IDW Life 2020, 509; IDW Life 2020, 996.

[299] Merkt/Probst/Fink/Quick S. 1523 Rn. 210; Wiedmann/Böcking/Gros/Böcking/Gros/Rabenhorst Rn. 25; Forster WPg 1998, 41 (52).

[300] BeBiKo/Justenhoven/Deicke Rn. 124; HKMS/Burg Rn. 102; Merkt/Probst/Fink/Quick S. 1523 Rn. 211; Graumann Prüfungswesen S. 815. Zur Ausgestaltung und Prüfung von Risikofrüherkennungssystemen Schmidt/Gleißner WPg 2020, 1149. Zur Prüfung des Risikofrüherkennungssystems aus Sicht des Berufsstands IDW PS 340 nF: Die Prüfung des Risikofrüherkennungssystems (Stand: 10.1.2022), IDW Life 2022, 217. Dazu Verhoeven/Riesch/Diederichs WPg 2021, 215; Diederichs/Giesing/Meyer/ Riesch WPg 2022, 815. Zu IDW EPS 340 Wermelt/Oehlmann WPg 2019, 1026.

[301] HKMS/Burg Rn. 102.

[302] HKMS/Burg Rn. 102 Fn. 13; Merkt/Probst/Fink/Quick S. 1523 Rn. 210.

auch auf die Prüfung eines IFRS-Einzelabschlusses, eines Konzernabschlusses oder eines Abhängigkeitsberichts.[303] Bei Gesellschaften, die nach § 289f in einem gesonderten Abschnitt des Lageberichts eine **Erklärung zur Unternehmensführung** bzw. die Angabe der Internetseite aufzunehmen haben, auf der die Erklärung dauerhaft öffentlich zugänglich gemacht wird, ist darauf hinzuweisen, dass die Prüfung der Angaben nach § 289f Abs. 2 und 5 gemäß § 317 Abs. 2 S. 6 darauf zu beschränken ist, ob diese Angaben gemacht wurden (IDW PS 450.52a). In diesen Fällen ist ISA [DE] 720 (Revised) anzuwenden.[304] Im Hinblick auf die Vorgaben der §§ 289b bis 289e zur nichtfinanziellen Berichterstattung ist darauf hinzuweisen, dass der Abschlussprüfer gemäß § 317 Abs. 2 S. 4 nur zu prüfen hat, ob die nichtfinanzielle Erklärung oder der gesonderte nichtfinanzielle Bericht vorgelegt wurde (IDW PS 450.52b). Auch in diesen Fällen ist ISA [DE] 720 (Revised) anzuwenden. Dem Prüfer wird mit Recht empfohlen, im Zusammenhang mit der Darlegung des Prüfungsgegenstandes zwecks **Abgrenzung der Verantwortlichkeit** darauf hinzuweisen, dass die gesetzlichen Vertreter für die Aufstellung von Jahresabschluss und Lagebericht „zuständig" sind[305] (besser: „den Abschluss und den Lagebericht zu ‚verantworten' haben", vgl. § 322 Abs. 2 S. 2).[306]

b) Art und Umfang (S. 1 und 2). Zur Erläuterung von Art und Umfang der Prüfung **71** hat der Abschlussprüfer im Prüfungsbericht auch auf die angewandten Rechnungslegungsgrundsätze und Prüfungsgrundsätze einzugehen (S. 2).[307]

aa) Rechnungslegungsgrundsätze (S. 2). Die bei der Abschlussprüfung zu berück- **72** sichtigenden Rechnungslegungsgrundsätze können sich auf deutsche Grundsätze, die vom International Accounting Standards Board (IASB)[308] verabschiedeten International Financial Accounting Standards **(IFRS)** oder auf nationale Grundsätze anderer Staaten beziehen (IDW PS 201.4; IDW PS 450.52).[309] Zu den deutschen Rechnungslegungsstandards gehören alle für die Rechnungslegung geltenden Vorschriften einschließlich der Grundsätze ordnungsmäßiger Buchführung **(GoB)** und ggf. einschlägige Bestimmungen des Gesellschaftsvertrags oder der Satzung (IDW PS 201.5).[310] Die gesetzlichen Vorschriften, deren Einhaltung im Rahmen der Abschlussprüfung festzustellen ist, umfassen insbesondere die Vorschriften des HGB über die Buchführung und das Inventar (§§ 238–241a), über den Ansatz, die Bewertung und die Gliederung der Posten des Jahresabschlusses (§§ 242–278) sowie über die Angaben im Anhang und Lagebericht (§§ 284–289). Zur **Konzernrechnungslegung** bestehen ergänzende gesetzliche Vorschriften (§§ 290–315). Ferner können wirtschaftszweigspezifische Vorschriften (zB §§ 340 ff. und §§ 341 ff.) sowie rechtsformbezogene Vorschriften (zB §§ 150–161 AktG) und gesellschaftsbezogene Vorschriften (zB § 41 Abs. 3 GmbHG) zu beachten sein (IDW PS 201.6). Die gesetzlich normierten Grundsätze ordnungsmäßiger Buchführung werden ergänzt durch **nicht gesetzlich festgeschriebene GoB,** die durch die Verweisung in § 238 für die Buchführung, in § 243 Abs. 1 und § 264 Abs. 2 für den Jahresabschluss sowie in § 297 Abs. 2 für den Konzernabschluss (hierzu gehören auch die gemäß § 342 Abs. 2 im BAnz bekanntgemachten Standards des DRSC) den Rang rechtsverbindlicher Regeln haben (IDW PS 201.7).[311] Die Abschlussprüfung

---

[303] Merkt/Probst/Fink/Quick S. 1523 Rn. 210; HKMS/Burg Rn. 102; BeBiKo/Justenhoven/Deicke Rn. 124.

[304] ISA [DE] 720: Verantwortlichkeiten des Abschlussprüfers im Zusammenhang mit sonstigen Informationen (Stand: 7.5.2020), IDW Life 2020, 509.

[305] HKMS/Burg Rn. 103.

[306] Merkt/Probst/Fink/Quick S. 1523 Rn. 211.

[307] Vgl. IDW PS 201: Rechnungslegungs- und Prüfungsgrundsätze für die Abschlussprüfung (Stand: 23.4.2021), IDW Life 2021, 500; dazu Moser/Weiser WPg 2022, 116.

[308] Zu den Projekten des IASB bis zum Jahre 2026: Berger/Schreiber WPg 2023, 69 und WPg 2021, 1065.

[309] BeBiKo/Justenhoven/Deicke Rn. 122; Merkt/Probst/Fink/Quick S. 1524 Rn. 213.

[310] BeBiKo/Justenhoven/Deicke Rn. 122; Merkt/Probst/Fink/Quick S. 1524 Rn. 213.

[311] Merkt/Probst/Fink/Quick S. 1524 Rn. 213. Zur (umstrittenen) Rechtsnatur und Ermittlung der GoB s. statt aller BeBiKo/Justenhoven/Usinger § 243 Rn. 11 ff.; HKMS/Malke/Schulz § 243 Rn. 10–17; Wiedmann/Böcking/Gros/Böcking/Gros § 243 Rn. 6–8.

erstreckt sich deshalb auch auf die Einhaltung der nicht gesetzlich normierten GoB (IDW PS 450.7).[312] Die gesetzlich nicht festgeschriebenen GoB sind nicht starr, sondern entwickeln sich aufgrund sich ändernder Gegebenheiten fort. Bei der Auslegung und Anwendung der GoB ist die Rechtsprechung der Gerichte in der Bundesrepublik Deutschland (einschließlich der finanzgerichtlichen Rechtsprechung, soweit sie Fragen der handelsrechtlichen Rechnungslegung betrifft, zB aufgrund des Grundsatzes der Maßgeblichkeit)[313] und des EuGH zu berücksichtigen.[314]

73 **bb) Prüfungsgrundsätze (S. 2).** Die Pflicht, auf die angewandten Prüfungsgrundsätze einzugehen, ergibt sich heute ausdrücklich aus Abs. 3 S. 2, der durch das BilReG vom 4.12.2004 (BGBl. 2004 I 3166) in das HGB eingefügt wurde. Hier wird der Prüfer bis auf weiteres auf die für die Abschlussprüfung geltenden gesetzlichen Vorschriften (zB §§ 316–319b und § 323; zu den beruflichen Grundsätzen s. §§ 43, 44 WPO und § 49 WPO und die Berufssatzung der Wirtschaftsprüferkammer [BS WP/vBP], bei Unternehmen von öffentlichem Interesse Art. 11 Abschlussprüfungs-VO)[315] sowie als sonstige Prüfungsgrundsätze auf die vom IDW festgestellten Grundsätze ordnungsmäßiger Abschlussprüfung **(IDW PS),** die vom IDW verabschiedeten Prüfungshinweise **(IDW PH)** sowie die um deutsche Besonderheiten modifizierten **ISA [DE]** (→ § 317 Rn. 22 ff.) oder andere, nach dem eigenverantwortlichen Urteil des Abschlussprüfers mit den in § 317 Abs. 1–4 genannten Prüfungszielen vereinbare Grundsätze hinweisen (IDW PS 450.55).[316] Zu den sonstigen Prüfungsgrundsätzen zählt auch die **IDW QS 1**[317] sowie **QMS 1**[318] und **QMS 2** (→ § 317 Rn. 74 f.),[319] die berufliche und fachliche Pflichten des Abschlussprüfers festlegen, die der Abschlussprüfer im Rahmen seiner Eigenverantwortlichkeit zu beachten hat.[320] Sobald die internationalen Abschlussprüfungsstandards (International Standards on Auditing – **ISA**) im Komitologieverfahren angenommen worden sind (§ 317 Abs. 5; → § 317 Rn. 39), wird der Prüfer auf die **ISA** und ggfs. die Vorschriften der Rechtsverordnung über die weiteren Abschlussprüfungsanordnungen (§ 317 Abs. 6) hinweisen (vgl. IDW PS 450.55).[321] Weicht der Prüfer in sachlich begründeten Einzelfällen von den vom IDW festgelegten deutschen Grundsätzen ordnungsmäßiger Abschlussprüfung oder – nach deren Annahme (§ 317 Abs. 5) – den ISA bzw. den Grundsätzen nach § 317 Abs. 6 ab, hat er die Gründe dafür in dem Prüfungsbericht darzulegen (vgl. IDW PS 450.55).[322] Die Beschreibung des Umfangs der Prüfung muss so ausführlich sein, dass es dem Aufsichtsrat oder den sonstigen Adressaten des Prüfungsberichts möglich ist, Konsequenzen für die eigene Überwachungsaufgabe zu ziehen (IDW PS 450.56).[323] Daher hat der Prüfer die **Grundzüge** seines jeweiligen Prüfungsvorgehens darzustellen (IDW PS 450.56); Ausführungen zu einzelnen Prüfungshandlungen werden in der Praxis dagegen nicht für „sinnvoll" gehalten.[324]

74 **cc) Berichtspflichtige Prüfungsinhalte.** Zu den berichtspflichtigen Prüfungsinhalten gehören neben der Prüfungsplanung (insbesondere der sachlichen Planung im Hinblick

---

312 BeBiKo/Justenhoven/Deicke Rn. 122; Merkt/Probst/Fink/Quick S. 1524 Rn. 213.
313 Zur Zukunft des Maßgeblichkeitsgrundsatzes Kahle FS Böcking, 2021, 571; Müller-Gatermann Ubg 2019, 19.
314 IDW PS 201.8.
315 Wiedmann/Böcking/Gros/Böcking/Gros/Rabenhorst Rn. 35–36.
316 BeBiKo/Justenhoven/Deicke Rn. 123; HKMS/Burg Rn. 104; Merkt/Probst/Fink/Quick S. 1524 Rn. 213.
317 IDW QS 1: Anforderungen an die Qualitätssicherung in der Wirtschaftsprüferpraxis (Stand: 9.6.2017), IDW Life 2017, 887. Dazu Marten WPg 2017, 428; Marten WPg 2017, 610; Haasmann WP Praxis 2017, 260.
318 IDW QMS 1: Anforderungen an das Qualitätsmanagement in der Wirtschaftsprüferpraxis (Stand: 28.9.2022), IDW Life 2022, 982.
319 QMS 2: Auftragsbegleitende Qualitätssicherung (Stand: 28.9.2022), IDW Life 2022, 1040.
320 BeBiKo/Justenhoven/Deicke Rn. 123.
321 HKMS/Burg Rn. 105; Merkt/Probst/Fink/Quick S. 1524 Rn. 213; vgl. BeBiKo/Justenhoven/Deicke Rn. 123.
322 Zust. HKMS/Burg Rn. 104; Merkt/Probst/Fink/Quick S. 1524 Rn. 213.
323 HKMS/Burg Rn. 107.
324 Koller/Roth/Morck, HGB, 7. Aufl. 2011, Rn. 6 („erscheint nicht angebracht").

auf wesentliche Prüfungsziele sowie Art, Umfang und den zeitlichen Ablauf der vorgenommenen Prüfungshandlungen auf der Grundlage der Prüfungsstrategie)[325] die für die Abschlussprüfung festgelegten (oder mit dem Aufsichtsrat vereinbarten zusätzlichen)[326] **Prüfungsschwerpunkte** und die **Prüfungsintensität** (einschließlich der Wesentlichkeitsgrenzen),[327] die Prüfung des rechnungslegungsbezogenen internen Kontrollsystems[328] und deren Auswirkung auf den Umfang der aussagebezogenen Prüfungshandlungen,[329] die Zielsetzung und die Art der angewandten stichprobengestützten Prüfungsverfahren (zB bewusste Auswahl oder mathematisch-statistische Verfahren) und Angaben zu den Stichprobenelementen,[330] die Prüfung der zukunftsbezogenen Angaben im Lagebericht,[331] die Auswirkungen aus dem Vorjahresabschluss auf die Prüfungsdurchführung (zB wenn der Vorjahresabschluss nicht geprüft oder festgestellt oder der Bestätigungsvermerk zum Vorjahresabschluss versagt wurde),[332] die eingeholten Prüfungsnachweise,[333] die Vorgehensweise und die Kriterien, nach denen **Bestätigungen Dritter** (zB Saldenbestätigungen, Bestätigungen für von Dritten verwahrtes Vermögen, Bank-,[334] Rechtsanwalts- und Steuerberaterbestätigungen) eingeholt wurden,[335] die Verwendung und Einschätzung von Untersuchungen oder Prüfungsergebnissen Dritter (zB Ergebnisse der internen Revision, Prüfungsberichte des Abschlussprüfers eines Tochterunternehmens oder Gutachten eines Versicherungsmathematikers),[336] Besonderheiten der Prüfung des Bestandes (zB bei fehlender eigener Beobachtung der **Inventur** durch den Abschlussprüfer, wenn der Prüfungsauftrag erst nach Durchführung der Inventur erteilt wurde),[337] Gegenstand und Umfang der analytischen Prüfungshandlungen,[338] Ersatzprüfungshandlungen bei Prüfungserschwernissen bzw. bei Prüfungshemmnis-

[325] IDW PS 450.57; IDW PS 240: Grundsätze der Planung von Abschlussprüfungen (Stand: 9.9.2010), WPg 2000, 846; WPg 2006, 218, WPg Supp. 1/2011, 1; ISA [DE] 300: Planung einer Abschlussprüfung (Stand: 26.3.2020), IDW Life 2019, 667, IDW Life 2020, 509.

[326] Schindler/Rabenhorst BB 1998, 1939 (1940).

[327] HKMS/Burg Rn. 106. Vgl. ISA [DE] 240: Wesentlichkeit bei der Planung und Durchführung einer Abschlussprüfung (Stand: 26.3.2020), IDW Life 2019, 672 f.; IDW Life 2020, 509; IDW PS 250: Wesentlichkeit im Rahmen der Abschlussprüfung (Stand: 12.12.2012), WPg Supp. 1/2013, 1. Zum Grundsatz der Wesentlichkeit in der Abschlussprüfung ausf. Mekat, Der Grundsatz der Wesentlichkeit in Rechnungslegung und Abschlussprüfung, 2009, S. 123 ff.; Wolz, Wesentlichkeit im Rahmen der Jahresabschlussprüfung, 2003; Würtele, Die Operationalisierung des Grundsatzes der Materiality bei Abschlussprüfungen, 1989; empirisch und rechtsvergleichend Widmann/Nickels/Wolz WPg 2021, 991.

[328] Vgl. IDW PS 261: Feststellung und Beurteilung von Fehlerrisiken und Reaktionen des Abschlussprüfers auf die beurteilten Fehlerrisiken (Stand: 15.9.2017), IDW Life 2018, 172.

[329] Hier ist zB darauf hinzuweisen, wenn der Abschlussprüfer ein hinreichend sicheres Prüfungsurteil nur durch verstärkte Einzelfallprüfungen gewährleisten konnte (vgl. IDW 450.57).

[330] HKMS/Burg Rn. 106.

[331] Vgl. IDW PS 350: Prüfung des Lageberichts im Rahmen der Abschlussprüfung (Stand: 29.10.2021), IDW Life 2022, 45. Zu Einzelheiten Singer/Wullenkord WPg 2020, 119. Zur Prüfung der Prognoseberichterstattung bei KMU gemäß IDW PS 350 n. F. vor dem Hintergrund der COVID 19-Pandemie: Schorn/Babicheva WPg 2021, 208.

[332] Zur Prüfung von Eröffnungsbilanzwerten im Rahmen von Erstprüfungen ISA [DE] 510: Eröffnungsbilanzwerte bei Erstprüfungsaufträgen (Stand: 26.3.2020), IDW Life 2019, 686; IDW Life 2020, 509.

[333] BeBiKo/Justenhoven/Deicke Rn. 130; vgl. ISA [DE] 500: Prüfungsnachweise (Stand: 26.3.2020), IDW Life 2019, 680; IDW Life 2020, 509; IDW Life 2020, 999; ISA [DE] 501: Prüfungsnachweise – Besondere Überlegungen zu ausgewählten Sachverhalten (Stand: 26.3.2020), IDW Life 2019, 682, IDW Life 2020, 509; IDW PS 300: Prüfungsnachweise im Rahmen der Abschlussprüfung (Stand: 14.6.2016), IDW Life 2016, 624.

[334] Zur Haftung für die Erteilung des Bestätigungsvermerks, wenn zuvor angeforderte Bankbestätigungen noch nicht vorlagen: BGHZ 183, 323 = NJW 2010, 1808.

[335] Vgl. IDW PS 302: Bestätigungen Dritter (Stand: 10.7.2014), WPg Supp. 3/2014, 1.

[336] IDW PS 320: Besondere Grundsätze für die Durchführung von Konzernabschlussprüfungen (einschließlich der Verwertung der Tätigkeit von Teilbereichsprüfern) (Stand: 10.7.2014), WPg Supp. 3/2014, 11. Zur Vorgängerfassung Noodt WPg 2006, 894. S. ferner IDW PS 322: Verwertung der Arbeit eines für den Abschlussprüfer tätigen Sachverständigen (Stand: 15.9.2017), IDW Life 2018, 173.

[337] Zu Einzelheiten der Vorratsinventur IDW PS 301: Prüfung der Vorratsinventur (Stand: 24.11.2010), WPg 2003, 715, WPg Supp 1/2011, 1.

[338] Vgl. ISA [DE] 520: Analytische Prüfungshandlungen (Stand: 26.3.2020), IDW Life 201, 690; IDW Life 2020, 509; zuvor IDW PS 312: Analytische Prüfungshandlungen (Stand: 13.3.2013), WPg Supp. 3/2013, 16.

sen und Auswirkungen eines erweiterten Prüfungsauftrages (vgl. IDW PS 450.57).[339] Eine
Begründung des Prüfungsvorgehens im Einzelnen ist nicht erforderlich (IDW PS 450.57
aE).

75   **5. Feststellungen zum Risikofrüherkennungssystem (Abs. 4).** Bei Jahresabschlussprüfungen börsennotierter Aktiengesellschaften (§ 3 Abs. 2 AktG)[340] ist das Ergebnis
der Prüfung gemäß § 317 Abs. 4 darzustellen (S. 1).[341] Der Prüfer muss darauf eingehen,
ob der Vorstand die ihm nach § 91 Abs. 2 AktG obliegenden Maßnahmen getroffen, insbesondere ein Risikofrüherkennungssystem eingerichtet hat und das Überwachungssystem
seine Aufgaben erfüllen *kann* (§ 317 Abs. 4).[342] Das Ergebnis dieser Prüfung ist in einem
gesonderten Abschnitt des Prüfungsberichts oder in einem zum Prüfungsbericht erstellten
Teilbericht (vgl. IDW PS 450.104) darzustellen. Ein bloßer Überblick genügt nicht.[343]

76   Gelangt der Abschlussprüfer zu der abschließenden Beurteilung, dass ein funktionsfähiges Risikofrüherkennungssystem eingerichtet ist, muss der Abschlussprüfer das entsprechend
erklären **(Positivaussage).**[344] Ist das vom Vorstand eingerichtete Risikofrüherkennungssystem nicht geeignet, die Fortführung der Unternehmenstätigkeit gefährdende Entwicklungen frühzeitig zu erkennen, und sind Maßnahmen zu dessen Verbesserung erforderlich, hat
der Abschlussprüfer dies festzustellen und die Bereiche zu nennen, in denen Verbesserungs-
bedarf besteht (S. 2).[345] Damit werden, so heißt es in der Begründung des RegE KonTraG,
dem Aufsichtsrat „ganz wesentliche Informationen und Erkenntnisse über mögliche **Fehlerquellen oder Schwachstellen** in der Unternehmensorganisation gegeben".[346] Konkrete
Verbesserungsvorschläge sind allerdings nicht Gegenstand der Berichtspflicht nach Abs. 4
und müssen daher nicht in den Prüfungsbericht aufgenommen werden.[347]

77   Hat der Vorstand entgegen § 91 Abs. 2 AktG überhaupt kein internes Risikofrüherkennungssystem eingerichtet oder ist das bestehende System „offenkundig völlig unzureichend",[348] muss der Prüfer in seinem Prüfungsbericht darauf hinweisen.[349] Darüber hinaus
hat der Prüfer im Rahmen seiner **Rede- und Warnpflicht** nach Abs. 1 S. 3 in seinem
Bericht die Nichteinrichtung eines Risikofrüherkennungssystems als wesentlichen Verstoß
gegen die Vorschrift des § 91 Abs. 2 AktG aufzunehmen.[350] Weitergehend verlangt Hom-

---

[339] Zu weiteren Einzelheiten BeBiKo/Justenhoven/Deicke Rn. 125–131.
[340] Das TransPuG v. 19.7.2002 (BGBl. 2002 I 2681) hat das Prüfungs- und Berichtserfordernis hinsichtlich
       eines vom Vorstand nach § 91 Abs. 2 AktG einzurichtenden Risikoüberwachungssystems auf alle Aktien-
       gesellschaften ausgedehnt. Der Gesetzgeber folgte damit einer Empfehlung der Regierungskommission
       Corporate Governance: RegE TransPuG v. 6.2.2002, S. 71. Zu den Hintergründen Ernst WPg 1998,
       1025 (1027). Zu der Frage, ob die Pflicht zur Prüfung und Berichterstattung zum Risikomanagementsys-
       tem auch in anderen Gesellschaftsformen als börsennotierten Aktiengesellschaften gilt: HKMS/Burg
       Rn. 110 mwN; BeBiKo/Justenhoven/Deicke Rn. 135; Hopt/Merkt Rn. 10.
[341] Zum Dritthaftungspotenzial Pollanz DB 2001, 1317 (1325) („beträchtlich").
[342] Vgl. Ernst WPg 1998, 1025 (1027); HKMS/Burg Rn. 112; Merkt/Probst/Fink/Quick S. 1524 Rn. 214;
       Graumann Prüfungswesen S. 814.
[343] Hopt/Merkt Rn. 9.
[344] HKMS/Burg Rn. 113; Merkt/Probst/Fink/Quick S. 1524 Rn. 214. Formulierungsvorschlag in IDW
       PS 450.105.
[345] HKMS/Burg Rn. 114; Merkt/Probst/Fink/Quick S. 1524 Rn. 214.
[346] BT-Drs. 13/9712, 29.
[347] Vgl. Scheffler WPg 2002, 1289 (1297); Dörner WPg 1998, 302 (305); HKMS/Burg Rn. 114; Merkt/
       Probst/Fink/Quick S. 1524 Rn. 214; Wiedmann/Böcking/Gros/Böcking/Gros/Rabenhorst Rn. 28;
       Hopt/Merkt Rn. 10; ebenso IDW PS 450.106. Die Spitzenverbände der Deutschen Wirtschaft hatten
       sich in ihrer Stellungnahme zum RefE KonTraG v. 22.11.1996 für eine Streichung des § 321 Abs. 4
       ausgesprochen: ohne Verf. WM 1997, 490 (499); krit. auch Schüppen Rn. 20 („… überfordert in aller
       Regel den Prüfer"). Dagegen hält Janke (BuW 1997, 841, 845) § 321 Abs. 4 idF des KonTraG für
       „ausgesprochen sinnvoll".
[348] BeBiKo/Justenhoven/Deicke Rn. 139.
[349] IDW PS 450.106; Merkt/Probst/Fink/Quick S. 1525 Rn. 214; HKMS/Burg Rn. 115; Graumann Prü-
       fungswesen S. 814.
[350] HKMS/Burg Rn. 115; BeBiKo/Justenhoven/Deicke Rn. 139; Merkt/Probst/Fink/Quick S. 1525
       Rn. 214; Graumann Prüfungswesen S. 814.

melhoff für diesen Fall einen Sofortbericht an den Aufsichtsrat und einen obligatorischen „Nachbericht".[351]

Einzelheiten zur Prüfung des Risikofrüherkennungssystems enthält **IDWPS 340:** *Die* **78** *Prüfung des Risikofrüherkennungssystems* (Stand: 27.5.2020),[352] Eine Darstellung des Risikofrüherkennungssystems im Prüfungsbericht ist nicht erforderlich.[353] Die Berichterstattung nach Abs. 4 im Prüfungsbericht kann nicht den Charakter eines detaillierten Organisationsgutachtens haben.[354] Weitergehende Ausführungen können ggf. in einem **Management Letter** (IDW PS 450.17) gemacht werden.[355]

6. Feststellungen aus Erweiterungen des Prüfungsauftrags. Wenn der Prüfungs- **79** auftrag des Abschlussprüfers aufgrund einer vertraglichen Vereinbarung mit der zu prüfenden Gesellschaft über den gesetzlichen Prüfungsumfang (§ 317) hinaus erweitert worden ist und sich der erweiterte Prüfungsauftrag auf den Jahresabschluss oder den Lagebericht bezieht (zB Prüfung der Geschäftsführung oder Prüfung des Risikofrüherkennungssystems bei nicht börsennotierten Aktiengesellschaften),[356] ist über das Ergebnis der erweiterten Prüfung nach IDW PS 450.108 in einem **„gesonderten Abschnitt"** des Prüfungsberichts zu berichten.[357] Über die Ergebnisse der Prüfung aus einer Ergänzung des Prüfungsauftrags (zB projektbegleitende Prüfung EDV-gestützter Systeme, Unterschlagungsprüfung etc.) ist dagegen nicht im Prüfungsbericht, sondern in einem gesonderten Bericht zu berichten.

7. Bestätigung der Unabhängigkeit (Abs. 4a). Der durch das BilMoG vom **80** 25.5.2009 (BGBl. 2009 I 1102) in das HGB eingefügte Abs. 4a verpflichtet den Abschlussprüfer, im Prüfungsbericht seine Unabhängigkeit zu bestätigen.[358]

a) Erfasster Personenkreis. Erfasst sind alle Abschlussprüfer, die einen Prüfungsbe- **81** richt nach § 321 zu erstatten haben.[359] Abs. 4a ist nicht auf die Abschlussprüfung kapitalmarktorientierter Unternehmen (§ 264d) beschränkt.[360] Da sich das Gebot der Unabhängigkeit sowohl auf den Abschlussprüfer als auch auf dessen Gehilfen sowie die bei der Prüfung mitwirkenden gesetzlichen Vertreter einer Prüfungsgesellschaft bezieht (vgl. § 323 Abs. 1 S. 1), erstreckt sich die **Unabhängigkeitsbestätigung** ungeachtet des Wortlauts von Abs. 4a auch auf den vorgenannten Personenkreis.[361] Eine individuelle Benennung der erfassten Personen (Abschlussprüfer, Wirtschaftsprüfungsgesellschaft, gesetzlicher Vertreter, verantwortlicher Prüfungspartner [§ 43 Abs. 3 BS WP/vBP], Prüfungsassistenten, Gehilfen etc.) ist in der Bestätigung nicht erforderlich.[362] Die Unabhängigkeitsbestätigung bezieht sich auf die Unabhängigkeit des Abschlussprüfers nach den handels- wie den berufsrechtlichen Bestimmungen (§§ 319–319b, § 43, § 49 WPO, § 2 BS WP/vBP).[363] Zusätzliche

---

351 Hommelhoff BB 1998, 2625 (2629); zurückhaltend HKMS/Burg Rn. 115 S. 1943 Fn. 1; Merkt/Probst/Fink/Quick S. 1525 Rn. 214; Hopt/Merkt Rn. 10.
352 IDW PS 340: Die Prüfung des Risikofrüherkennungssystems (Stand: 27.5.2020), IDWLife 2020, 631.
353 Zust. BeBiKo/Justenhoven/Deicke Rn. 137.
354 HKMS/Burg Rn. 112; BeBiKo/Justenhoven/Deicke Rn. 137.
355 BeBiKo/Justenhoven/Deicke Rn. 137; s. auch Peemöller/Finsterer/Mahler DB 1999, 1565.
356 Dazu Böcking/Müßig Der Konzern 2003, 38 (44) (r.Sp.) und 45 (r.Sp.).
357 Graumann Prüfungswesen S. 815.
358 Flankiert wird Abs. 4a durch § 51b Abs. 5 S. 2 Nr. 1 WPO. Danach haben Abschlussprüfer in Fällen einer gesetzlichen Abschlussprüfung iSd §§ 316 ff. in ihrer Handakte nach § 51b Abs. 1 WPO (Prüfungsakte) zu dokumentieren, ob sie die Anforderungen an ihre Unabhängigkeit iSd § 319 Abs. 2–5 und des § 319a erfüllen, ob ihre Unabhängigkeit gefährdende Umstände vorliegen und welche Schutzmaßnahmen sie ggf. zur Verminderung dieser Gefahren ergriffen haben.
359 Ebke FS Wellensiek, 2011, 432; BeBiKo/Justenhoven/Deicke Rn. 145; Staub/Habersack/Schürnbrand Rn. 54; Hopt/Merkt Rn. 11; HKMS/Burg Rn. 116; Erchinger/Melcher DB 2009 Beil. 5 zu Heft 23, S. 91 (94); Petersen/Zwirner WPg 2008, 967 (972).
360 BeBiKo/Justenhoven/Deicke Rn. 145; HKMS/Burg Rn. 117; Graumann Prüfungswesen S. 801; Petersen/Zwirner WPg 2008, 967 (972).
361 Merkt/Probst/Fink/Quick S. 1525 Rn. 215; BeBiKo/Justenhoven/Deicke Rn. 146; enger wohl HKMS/Burg Rn. 116 (nur Abschlussprüfer und Prüfungsgesellschaften).
362 BeBiKo/Justenhoven/Deicke Rn. 146; Merkt/Probst/Fink/Quick S. 1525 Rn. 215.
363 BeBiKo/Justenhoven/Deicke Rn. 146; Merkt/Probst/Fink/Quick S. 1525 Rn. 215.

Anforderungen an die Unabhängigkeit können sich ergeben, wenn die Abschlussprüfung ein Unternehmen betrifft, das an einer ausländischen Börse notiert ist oder den Unabhängigkeitsregeln der Securities and Exchange Commission (SEC) in den USA unterliegt.[364] Die Unabhängigkeit muss vom Beginn der Prüfung bis zu deren Beendigung bestanden haben,[365] genauer: von der Wahl zum Abschlussprüfer[366] bis zur Unterzeichnung und Vorlage des Prüfungsberichts,[367] in der der unterzeichnete Bestätigungsvermerk bzw. der Vermerk über seine Versagung aufzunehmen ist (§ 322 Abs. 7 S. 2). Das folgt aus § 319 Abs. 2 S. 2 idF des AReG, der nunmehr klarstellt, dass die Ausschlussgründe des § 319 (für Netzwerke s. § 319b S. 1) „während des Geschäftsjahres, für dessen Schluss der zu prüfende Jahresabschluss aufgestellt wird, oder während der Abschlussprüfung" nicht erfüllt sein dürfen. Deshalb kann ein nach der Wahl des Abschlussprüfers eingetretener Ausschlussgrund die Ersetzung des Abschlussprüfers zur Folge haben.[368] Die Bestätigung muss sich sowohl auf die Einhaltung der einschlägigen Bestimmungen über die Unabhängigkeit des Abschlussprüfers als auch auf den Zeitraum beziehen, während dessen die Unabhängigkeit bestanden haben muss.

82   **b) Inhalt der Unabhängigkeitsbestätigung.** Zum Inhalt der Unabhängigkeitsbestätigung sagt das Gesetz nichts.[369] Die Aussage, dass der Abschlussprüfer während der Dauer der Abschlussprüfung entsprechend den gesetzlichen und berufsrechtlichen Bestimmungen unabhängig war, erscheint ausreichend.[370] IDW PS 450.23a empfiehlt folgende **Formulierung**: „Wir bestätigen gemäß § 321 Abs. 4a HGB, dass wir bei unserer Abschlussprüfung die anwendbaren Vorschriften zur Unabhängigkeit beachtet haben". Ebenfalls nicht geregelt ist, an welcher Stelle des Prüfungsberichts die Unabhängigkeitsbestätigung einzufügen ist. Die Erklärung kann, muss aber nicht in einem besonderen Abschnitt des Prüfungsberichts erfolgen; Abs. 4a verlangt lediglich, dass der Abschlussprüfer seine Unabhängigkeit „im Prüfungsbericht" bestätigt. Wegen des sachlichen Zusammenhangs mit dem Prüfungsauftrag empfehlen einige Autoren mit guten Gründen, die Bestätigung in den Abschnitt über den Prüfungsauftrag aufzunehmen.[371] Die Unabhängigkeitsbestätigung muss nicht gesondert datiert oder unterschrieben werden.[372]

83   **c) Echo.** Das Erfordernis einer Unabhängigkeitsbestätigung nach Abs. 4a hat in der Literatur ein geteiltes Echo hervorgerufen. Positiv wird hervorgehoben, dass die Bestätigung der Unabhängigkeit der „Selbstvergewisserung" diene und sie gewährleisten solle, dass der Abschlussprüfer seine Unabhängigkeit und die des an der Prüfung mitwirkenden Personenkreises während der gesamten Dauer der Abschlussprüfung sicherstellt und überwacht.[373] So gesehen wird sie für „nicht überzogen" und für „sinnvoll" erachtet, auch wenn es sich um eine *ex post*-Bestätigung handelt.[374] Andere Autoren bezeichnen die Einhaltung der Bestimmungen über die Unabhängigkeit des Abschlussprüfers dagegen als „Selbstverständlichkeit", den Bestätigungsbericht als „Formalie und in der Sache überflüssig" und die Vorschrift des Abs. 4a als Beispiel für eine „typische angloamerikanische (Un-)Kultur, ausdrückliche Erklärungen über die Einhaltung von Gesetzen zu verlangen".[375] Kritik findet

---

[364]   BeBiKo/Justenhoven/Deicke Rn. 146; Wiedmann/Böcking/Gros/Böcking/Gros/Rabenhorst Rn. 29.
[365]   Schüppen Rn. 21; Merkt/Probst/Fink/Quick S. 1525 Rn. 215.
[366]   BeBiKo/Justenhoven/Deicke Rn. 148.
[367]   BeBiKo/Justenhoven/Deicke Rn. 148.
[368]   HKMS/Burg Rn. 116 unter Hinweis auf BT-Drs. 18/7219, 41 und Petersen/Zwirner/Boecker DStR 2016, 984 (985).
[369]   Dazu Kuhn/Stibi WPg 2009, 1157 (1159).
[370]   BeBiKo/Justenhoven/Deicke Rn. 146; Wiedmann/Böcking/Gros/Böcking/Gros/Rabenhorst Rn. 29; Merkt/Probst/Fink/Quick S. 1525 Rn. 215; Graumann Prüfungswesen S. 801.
[371]   BeBiKo/Justenhoven/Deicke Rn. 148; Merkt/Probst/Fink/Quick S. 1525 Rn. 215.
[372]   BeBiKo/Justenhoven/Deicke Rn. 148.
[373]   BeBiKo/Justenhoven/Deicke Rn. 146.
[374]   Hopt/Merkt Rn. 11.
[375]   Schüppen Rn. 21.

sich ferner im Hinblick auf den Zeitpunkt der Berichterstattung („*ex post*-Bestätigung").[376] Ein *ex post*-Bestätigungsbericht erscheint der Sache nach in der Tat nicht unbedingt erforderlich zu sein, zumal grundsätzlich von der Rechtstreue des Abschlussprüfers ausgegangen werden kann[377] und ein Verstoß gegen die Vorschriften bezüglich der Unabhängigkeit sowohl für den Abschlussprüfer als auch für die geprüfte Gesellschaft sanktionsbewehrt ist (→ § 319 Rn. 100 ff.). Bedeutsamer als die zusätzliche Informationspflicht nach § 321 Abs. 4a ist die Klarstellung des Gesetzgebers in § 319 Abs. 2 (→ Rn. 81) bezüglich des Zeitraums, in dem das Unabhängigkeitserfordernis besteht („während des Geschäftsjahres, für dessen Schluss der zu prüfende Jahresabschluss aufgestellt wird, oder während der Abschlussprüfung").

8. Unterzeichnung (Abs. 5). Der Abschlussprüfer hat den Prüfungsbericht unter **84** Angabe von Datum (Abs. 5 S. 1) und Ort (der Niederlassung, § 322 Abs. 7 S. 1 analog)[378] und unter Verwendung der Berufsbezeichnung „Wirtschaftsprüfer"/„Wirtschaftsprüferin" (§ 18 Abs. 1 S. 1 und 2 WPO) bzw. „vereidigter Buchprüfer"/„vereidigte Buchprüferin" (§ 128 Abs. 2 S. 1 und 2 WPO) zu unterzeichnen (Abs. 5 S. 1)[379] und zu siegeln (§ 48 Abs. 1 S. 1 WPO).[380] Die Angaben zu Ort und Zeit müssen mit denen unter dem Bestätigungsvermerk übereinstimmen.[381] Die Unterzeichnung kann entweder in Papierform oder in elektronischer Form erfolgen.[382] Das Erfordernis der Schriftform ergibt sich aus Abs. 1 S. 2 Hs. 1 Die schriftliche Form kann durch die elektronische Form ersetzt werden, wenn sich nicht aus einem Gesetz etwas anderes ergibt (§ 126a Abs. 1 BGB).[383] Soll die in Abs. 1 S. 2 Hs. 1 gesetzlich vorgeschriebene schriftliche Form durch die elektronische Form ersetzt werden, muss der Abschlussprüfer dieser seinen Namen hinzufügen und das elektronische Dokument mit einer **qualifizierten elektronischen Signatur** versehen (§ 126a Abs. 1 BGB). Dabei ist das Siegel elektronisch iSv § 20 Abs. 2 S. 2 BS WP/vBP zu führen. Wurden mehrere Prüfer beauftragt (*Joint Audit*), so ist der Prüfungsbericht von allen Gemeinschaftsprüfern zu unterzeichnen.[384] Ist der Abschlussprüfer eine Wirtschaftsprüfungsgesellschaft, so hat die Unterzeichnung zumindest durch den Wirtschaftsprüfer zu erfolgen, welcher die Abschlussprüfung für die Prüfungsgesellschaft durchgeführt hat (Abs. 5 S. 2 iVm § 322 Abs. 7 S. 3),[385] dh zumindest durch den „verantwortlichen Wirtschaftsprüfer" iSd IDW QS 1 Tz. 12 lit. o).[386] Gleiches gilt, wenn die Prüfung durch eine Buchprüfungsgesellschaft durchgeführt wurde (Abs. 5 S. 2 iVm § 322 Abs. 7 S. 4). Fällt der beauftragte Wirtschaftsprüfer vor Beendigung des Auftrags aus oder kann er aus sonstigen Gründen seine Arbeitsergebnisse nicht persönlich unterzeichnen, bedarf es daher der Bestellung eines neuen Abschlussprüfers.[387] Mindestens eines der ausgehändigten Exemplare des Prüfungsberichts

---

[376] Oser/Roß/Wader/Drögemüller WPg 2008, 105 (111); Erchinger/Melcher DB 2009 Beil. 5 zu Heft 23, S. 91 (94–95).
[377] Wiedmann/Böcking/Gros/Böcking/Gros/Rabenhorst Rn. 29 weisen mit Recht darauf hin, dass auch „vor Aufnahme dieser zusätzlichen Informationspflicht in § 321 … der Abschlussprüfer zu gewährleisten [hatte], dass die Unabhängigkeitsanforderungen eingehalten wurden."
[378] IDW PS 450.116; zust. Staub/Habersack/Schürnbrand Rn. 55; HKMS/Burg Rn. 118.
[379] BGH NJW 2022, 2185 Rn. 39; BeBiKo/Justenhoven/Deicke Rn. 245; Graumann Prüfungswesen S. 819. Art. 11 Abs. 4 S. 1 und 2 Abschlussprüfungs-VO enthält für Unternehmen von öffentlichem Interesse eine vergleichbare Regelung; dazu BeBiKo/Justenhoven/Deicke Rn. 246; Wiedmann/ Böcking/Gros/Rabenhorst Rn. 35–36.
[380] IDW PS 450.114. Zu Praxisfragen zur obligatorischen und fakultativen Siegelverwendung Gelhausen/ Hermesmeier WPg 2013, 513; Hense/Ulrich/Geithner WPO § 48 Rn. 1 ff.
[381] Merkt/Probst/Fink/Quick S. 1526 Rn. 216.
[382] Hense/Ulrich/Geithner WPO § 48 Rn. 24; Petersen WPK Magazin 3/2017, 26.
[383] BeBiKo/Justenhoven/Deicke Rn. 245. Zu Einzelheiten Petersen WPK Magazin 1/2017, 17 und 3/ 2017, 26.
[384] BGH NJW 2022, 2185 Rn. 39.
[385] BGH NJW 2022, 2185 Rn. 39; Schüppen Rn. 22. In der Praxis wird die Unterzeichnung – den üblichen Vertretungsregeln folgend – in diesen Fällen häufig durch zwei Wirtschaftsprüfer erfolgen; berufsrechtlich ist das nicht erforderlich: Wiedmann/Böcking/Gros/Böcking/Gros/Rabenhorst Rn. 32.
[386] IDW PS 450.114.
[387] BGH NJW 2022, 2185 Rn. 39.

muss **eigenhändig unterzeichnet** sein, wohingegen auf weiteren Exemplaren des Prüfungsberichts vervielfältigte Unterschriften zulässig sind.[388] Nach Ziff. 10.3 AAB der Wirtschaftsprüfer und Wirtschaftsprüfungsgesellschaften (Stand: 1.1.2017) hat der Auftraggeber Anspruch auf fünf Exemplare, sofern keine anderweitige Vereinbarung getroffen wurde. Weitere Ausfertigungen werden besonders in Rechnung gestellt.

85   **Ohne** die vorgeschriebene **Unterschrift** liegt ein Prüfungsbericht im Rechtssinne nicht vor.[389] Solange der Prüfungsbericht nicht unterzeichnet ist, ist die Abschlussprüfung mithin nicht beendet.[390] Das fehlende Siegel steht dagegen einer wirksamen Erteilung des Testats nicht entgegen.[391] Bei Prüfung durch mehrere Abschlussprüfer ist der Prüfungsbericht von den Prüfern gemeinsam zu unterzeichnen.[392] Wird eine Wirtschaftsprüfungsgesellschaft beauftragt (vgl. § 319 Abs. 1 S. 1), kann im Fall der gesetzlichen Jahresabschlussprüfung die Unterschrift nur durch vertretungsberechtigte Personen erfolgen, die zugleich Wirtschaftsprüfer oder – bei der Prüfung von mittelgroßen Gesellschaften mit beschränkter Haftung (§ 267 Abs. 2) und von mittelgroßen Personengesellschaften iSv § 264a Abs. 1 – vereidigte Buchprüfer sind (§ 319 Abs. 1 S. 2).[393] In der Regel wird der Prüfungsbericht von denselben Personen unterzeichnet, die auch den Bestätigungsvermerk unterzeichnet haben.[394] Zumindest eines der ausgehändigten Berichtsexemplare muss handschriftlich unterzeichnet sein. Der **Bestätigungsvermerk** oder der **Vermerk über die Versagung** ist in den Prüfungsbericht aufzunehmen (§ 322 Abs. 7 S. 2; s. auch IDW PH 9.450.2: *Zur Wiedergabe des Vermerks über die Abschlussprüfung im Prüfungsbericht*[395]). Der im Prüfungsbericht wiedergegebene Bestätigungsvermerk ist nicht gesondert zu unterzeichnen (IDW PS 450.109).[396]

86   **9. Anlagen.** Der geprüfte Jahresabschluss und der Lagebericht sind dem Prüfungsbericht als Anlagen beizufügen (IDW PS 450.110). Üblicherweise werden dem Prüfungsbericht auch die dem Prüfungsauftrag zugrunde gelegten Auftragsbedingungen (Allgemeinen Auftragsbedingungen für Wirtschaftsprüfer und Wirtschaftsprüfungsgesellschaften) als Anlage beigefügt.[397] Aufgrund eines entsprechend ergänzten Auftrags an den Abschlussprüfer oder aufgrund bisheriger Übung können in den Prüfungsbericht weitere Anlagen aufgenommen werden (IDW PS 450.111). In Betracht kommt etwa eine Darstellung der rechtlichen Verhältnisse bzw. deren Veränderungen (IW PS 450.112). Zu den rechtlichen Verhältnissen gehören im Allgemeinen die Veränderungen in der Zusammensetzung der Organe des Unternehmens, wesentliche Satzungsänderungen sowie rechtserhebliche Tatsachen von wesentlicher Bedeutung (zB der Abschluss langfristiger Verträge, bestehende Treuhandverhältnisse, schwebende Prozesse, bestehende Altersversorgungen oder die Testamentsvollstreckung in Gesellschaftsbeteiligungen).[398] Erläuterungen über steuerliche Grundlagen (zB bestehende Organschaften, steuerliche Außenprüfungen) können zweckmäßig sein.[399] In Betracht kommen ferner Aufgliederungen und Erläuterungen der Posten

---

[388]   HKMS/Burg Rn. 118; BeBiKo/Justenhoven/Deicke Rn. 248; Merkt/Probst/Fink/Quick S. 1526 Rn. 216; Graumann Prüfungswesen S. 819.
[389]   OLG Stuttgart DB 2009, 1521 (1525) (betr. den Fall, dass der als Entwurf behandelte Prüfungsbericht vor der Aufsichtsratssitzung von dem Prüfer unterzeichnet wurde, verbunden mit der vorherigen Erklärung des Prüfers gegenüber dem Aufsichtsrat, den Entwurf als endgültigen Prüfungsbericht zu behandeln); zust. HKMS/Burg Rn. 118; Staub/Habersack/Schürnbrand Rn. 55; Schüppen Rn. 22; Merkt/Probst/Fink/Quick S. 1526 Rn. 216; krit. Bormann DStR 2011, 368 (368).
[390]   HKMS/Burg Rn. 118.
[391]   OLG Stuttgart DB 2009, 1521 (1525) („Die berufsrechtlich vorgeschriebene Siegelung gehört nicht zu den zur Vermeidung der Nichtigkeit nach § 256 Abs. 1 Nr. 2 AktG gebotenen Mindestanforderungen"); zust. Bormann DStR 2011, 368 (368, sub 2.1).
[392]   Merkt/Probst/Fink/Quick S. 1526 Rn. 216.
[393]   Ebenso Staub/Habersack/Schürnbrand Rn. 55.
[394]   IDW PS 450.114; BeBiKo/Justenhoven/Deicke Rn. 249; Merkt/Probst/Fink/Quick S. 1526 Rn. 216.
[395]   Stand: 10.1.2022, IDW Life 2022, 172.
[396]   Merkt/Probst/Fink/Quick S. 1526 Rn. 216.
[397]   Vgl. die Empfehlung in IDW PS 450.110.
[398]   IDW PS 450.113.
[399]   IDW PS 450.113.

des Jahresabschlusses auf der Grundlage ergänzender Beauftragung oder Erwartungen der Auftraggeberin[400] oder eine weitergehende Analyse der wirtschaftlichen Lage durch den Abschlussprüfer auf der Grundlage der bei der Prüfung gewonnenen Erkenntnisse, soweit diese Darstellung unter Beachtung des Grundsatzes der Klarheit (Abs. 1 S. 1) nicht schon in den Prüfungsbericht aufgenommen wurden.[401]

10. Berichterstattung bei Nachtragsprüfungen. Im Falle der Nachtragsprüfung **87** (§ 316 Abs. 3 S. 1) ist gemäß § 316 Abs. 3 S. 2 Hs. 1 über das Ergebnis der Prüfung zu berichten. Die Berichterstattung hat schriftlich zu erfolgen; ein bloßer mündlicher Bericht reicht mithin nicht aus (§ 321 Abs. 1 S. 1 analog).[402] Der Bericht über die Nachtragsprüfung erfolgt grundsätzlich in **Form eines eigenständigen Nachtragsprüfungsberichts.**[403] Der Nachtragsprüfungsbericht muss einen Hinweis enthalten, dass der ursprünglich erstattete Prüfungsbericht und der Nachtragsprüfungsbericht nur gemeinsam verwendet werden dürfen.[404] Nach IDW PS 450.145 soll „ausnahmsweise" eine Berichterstattung mittels „Ergänzung des ursprünglichen Prüfungsberichts" zulässig sein, wenn sichergestellt ist, dass dem Abschlussprüfer sämtliche Exemplare des ursprünglich erstatteten Prüfungsberichts ausgehändigt werden.[405] Eine solche Ausnahme ist deshalb problematisch, weil der Prüfer zwar sicherstellen können mag, dass ihm sämtliche Exemplare des ursprünglich erstatteten Prüfungsberichts wieder ausgehändigt werden; er kann aber nicht sicherstellen, dass ihm auch etwaig gezogene zusätzliche Kopien des Prüfungsberichts zurückgegeben werden, die unter anderem Dritten gegenüber verwandt worden sein könnten oder zukünftig verwendet werden könnten. In Zeiten der zunehmenden Bedeutung der Vertrauenshaftungsgrundsätze (→ § 323 Rn. 117 und 170) ist von einer Ergänzung des bereits ausgelieferten Prüfungsberichts iSd IDW PS 450.145 abzuraten.[406] Der Nachtragsprüfungsbericht bezieht sich ausschließlich auf vorgenommene Änderungen; die allgemeinen Anforderungen des § 321 an Inhalt und Aufbau des Prüfungsberichts werden daher regelmäßig nicht zur Anwendung kommen (IDWPS 450.145).[407]

In dem Nachtragsprüfungsbericht sind **einleitend Angaben zum Auftrag** an den **88** Abschlussprüfer zur Prüfung der Änderungen im Jahresabschluss oder Lagebericht zu machen. Hinweise zur Wahl des Nachtragsprüfers können dabei entfallen. da die Nachtragsprüfung zwingend durch den Abschlussprüfer durchzuführen ist (vgl. IDW PS 450.146; → § 316 Rn. 17). Die vorgenommenen Änderungen sind darzulegen; Gegenstand, Art und Umfang der Nachtragsprüfung sind zu erläutern. Nach IDW PS 450.147 empfiehlt es sich, im Nachtragsprüfungsbericht darauf hinzuweisen, dass die **gesetzlichen Vertreter** für die Änderungen die **Verantwortung** tragen (vgl. § 322 Abs. 2 S. 2) und es Aufgabe des Abschlussprüfers ist, diese Änderungen im Rahmen einer gewissenhaften und unparteiischen (§ 323 Abs. 1 S. 1) Prüfung zu beurteilen. Im Nachtragsprüfungsbericht ist festzustellen, ob die vorgenommenen Änderungen den gesetzlichen Vorschriften und den ergänzenden Bestimmungen des Gesellschaftsvertrages oder der Satzung entsprechen und ob der Abschluss nach Vornahme der Änderungen *insgesamt* unter Beachtung der Grundsätze ordnungsmäßiger Buchführung oder sonstiger maßgeblicher Rechnungslegungsgrundsätze ein

---

400 Derartige Ausführungen stellen bei Unternehmen mit gering ausgeprägtem internen Berichtswesen ein wichtiges Informations- und Kontrollinstrument dar (IDW PS 450.99).
401 IDW PS 450.112.
402 IDW PS 450.145; zust. HKMS/Burg Rn. 120; Graumann Prüfungswesen S. 819.
403 IDW PS 450.145; zust. HKMS/Burg Rn. 120; BeBiKo/Justenhoven/Deicke Rn. 268; Graumann Prüfungswesen S. 819. Zur Praxis der Nachtragsberichterstattung Schwartze/Dobler WPg 2022, 678.
404 IDW PS 450.145; zust. HKMS/Burg Rn. 120; BeBiKo/Justenhoven/Deicke Rn. 268.
405 Gl. Ansicht Graumann Prüfungswesen S. 819. Denkbar ist eine Ergänzung des Prüfungsberichts in den wohl eher seltenen Fällen, in denen vor Ablieferung des Prüfungsberichts eine Nachtragsprüfung erforderlich geworden ist, weil nach Beendigung der Prüfungshandlungen, aber vor Ablieferung des Prüfungsberichts (Endes des Zeitraums der Wertaufhellung) wesentliche Änderungen eingetreten sind, die eine Nachtragsprüfung erforderlich machen (s. Erl. zu → § 316 Rn. 17).
406 AA HKMS/Burg Rn. 120; BeBiKo/Justenhoven/Deicke Rn. 268; Graumann Prüfungswesen S. 819.
407 HKMS/Burg Rn. 121.

den tatsächlichen Verhältnissen entsprechendes Bild von der Vermögens-, Finanz- und Ertragslage vermittelt (Abs. 2 S. 3).[408] Der Wortlaut des ergänzten bzw. geänderten Bestätigungsvermerks ist im Bericht über die Nachtragsprüfung wiederzugeben (§ 322 Abs. 7 S. 2 analog; vgl. IDW PS 450.149).

89   **11. Berichterstattung bei Kündigung des Prüfungsauftrags.** Kündigt der Abschlussprüfer den Prüfungsauftrag aus wichtigem Grund (vgl. § 318 Abs. 6 S. 1 und 2), hat er über das Ergebnis seiner bisherigen Prüfung zu berichten (§ 318 Abs. 6 S. 4 Hs. 1). Auf diesen Prüfungsbericht ist § 321 entsprechend anwendbar (§ 318 Abs. 6 S. 4 Hs. 2).[409] Die Berichtspflicht gilt nur für Kündigungen nach § 318 Abs. 6, nicht jedoch für Fälle des „Widerrufs"[410] des Prüfungsauftrags durch die zu prüfende Gesellschaft in den Fällen des § 318 Abs. 1 S. 5 iVm Abs. 3 nach gerichtlicher Ersetzung oder in den Sonderfällen der Kündigung bei nichtiger Prüferwahl oder des Wegfalls des Prüfers.[411] Die Angaben zum Prüfungsauftrag müssen mit der gebotenen **Klarheit** (entsprechend Abs. 1 S. 2 Hs. 1) erkennen lassen, dass es sich um den Bericht anlässlich der Kündigung des Prüfungsauftrags handelt. Der Bericht ist schriftlich zu erstatten (entsprechend Abs. 1 S. 2 Hs. 1).[412] Die – gemäß § 318 Abs. 6 S. 3 schriftliche – Begründung der Kündigung des Prüfungsauftrags sollte in den Abschnitt des Prüfungsberichts über den Prüfungsauftrag aufgenommen werden.[413] Der Umfang der Berichterstattung richtet sich nach den Umständen des Einzelfalls, insbesondere dem Zeitpunkt der Kündigung. Die Berichterstattung nach Abs. 1 S. 3 und Abs. 2 S. 2 und 3 wird der Prüfer nur dann vornehmen können, wenn die Kündigung erst gegen Ende der Prüfung erfolgt.[414] Der bisherige Abschlussprüfer hat dem neuen Abschlussprüfer auf schriftliche Anfrage über das Ergebnis der bisherigen Prüfung zu berichten (§ 320 Abs. 4 S. 1). § 321 gilt für diesen Bericht entsprechend (§ 320 Abs. 4 S. 2).[415] Auf nicht abschließend beurteilbare Sachverhalte mit möglicher Auswirkung auf die Ordnungsmäßigkeit der Rechnungslegung ist in klarer Sprache hinzuweisen.[416] Deutlich hinzuweisen ist ferner auf Sachverhalte, deren Prüfung überhaupt noch nicht begonnen wurde.[417]

90   **12. Berichterstattung bei ergänzender Prüfung.** Erstellt die Gesellschaft einen gesonderten nichtfinanziellen (Konzern-)Bericht und macht diesen durch Veröffentlichung auf der Internetseite öffentlich zugänglich (§ 289b Abs. 3 S. 1 Nr. 2 lit. b), hat der Abschlussprüfer nach § 317 Abs. 2 S. 5 Hs. 1 vier Monate nach dem Abschlussstichtag eine ergänzende Prüfung durchzuführen, ob der gesonderte nichtfinanzielle (Konzern-)Bericht vorgelegt wurde. Über das Ergebnis der ergänzenden Prüfung ist zu berichten (§ 317 Abs. 2 S. 5 Hs. 2 iVm § 316 Abs. 3 S. 2).[418]

91   **13. Besonderheiten bei nach internationalen Rechnungslegungsstandards aufgestellten Einzel- bzw. Konzernabschlüssen.** Stellt das zu prüfende Unternehmen den Konzernabschluss nicht nach handelsrechtlichen Grundsätzen, sondern gemäß § 315e Abs. 1 nach den dort genannten internationalen Rechnungslegungsstandards auf, ist ein Prüfungs-

---

[408]   IDW PS 450.148.
[409]   HKMS/Burg Rn. 124; Graumann Prüfungswesen S. 820. Die berufsständischen Regeln des IDW PS 450 sind auf diese Berichterstattung ebenfalls entsprechend anwendbar (vgl. IDW PS 450.150).
[410]   Der Verweis in § 318 Abs. 1 S. 5 auf das Ersetzungsverfahren nach § 318 Abs. 3, das eine wirksame Bestellung des Prüfers und damit einen wirksamen Prüfungsauftrag voraussetzt, zeigt, dass es sich bei dem Widerruf gemäß § 318 Abs. 1 S. 5 nicht um einen Widerruf iSv § 130 Abs. 1 S. 2 BGB handelt, sondern um einen Sonderfall der Kündigung aus wichtigem Grund. IE ebenso OLG Düsseldorf ZIP 1996, 1040 (1041). Näher dazu Erl. zu → § 318 Rn. 48.
[411]   IDW PS 450. 150.
[412]   Graumann Prüfungswesen S. 820.
[413]   IDW PS 450.151; so auch HKMS/Burg Rn. 124; unbestimmt Graumann Prüfungswesen S. 820 („in den Bericht aufzunehmen").
[414]   IDW PS 450.152.
[415]   IDW PS 450.150. Vgl. HKMS/Burg Rn. 126.
[416]   BeBiKo/Justenhoven/Deicke Rn. 272.
[417]   Graumann Prüfungswesen S. 820.
[418]   IDW PS 450.149a.

bericht nach § 321 zu erstellen (IDW PS 450.139).[419] Dies gilt gemäß § 324a Abs. 1 S. 1 auch für den unter Bezugnahme auf § 325 Abs. 2a nach den in § 315a Abs. 1 genannten Rechnungslegungsstandards aufgestellten Einzelabschluss (IDW PS 450.139).[420] Der Prüfungsbericht zum Einzelabschluss nach § 325 Abs. 2a kann mit dem Prüfungsbericht zum HGB-Jahresabschluss zusammengefasst werden (§ 324a Abs. 2 S. 2). Wird der Konzernabschluss zusammen mit dem Jahresabschluss des Mutterunternehmens oder mit einem von diesem aufgestellten Einzelabschluss nach § 325 Abs. 2a bekannt gemacht, können die jeweiligen Prüfungsberichte zusammengefasst werden (§ 325 Abs. 3a).[421] Für die Berichterstattung gelten einige Besonderheiten (vgl. IDW PS 450.140–450.143).[422]

IV. Zuleitung an die Adressaten (Abs. 5)

1. Vorlage. Der Abschlussprüfer hat den Prüfungsbericht unter Angabe von Datum **92** (Abs. 5 S. 1) und Ort (§ 322 Abs. 7 S. 1 analog)[423] und unter Verwendung der Berufsbezeichnung „Wirtschaftsprüfer"/„Wirtschaftsprüferin" (§ 18 Abs. 1 WPO) bzw. „vereidigter Buchprüfer"/„vereidigte Buchprüferin" (§ 128 Abs. 2 WPO) eigenhändig zu unterzeichnen (Abs. 5 S. 1)[424] und zu siegeln (§ 48 Abs. 1 S. 1 WPO) und ihn den gesetzlichen Vertretern vorzulegen (Abs. 5 S. 1; vgl. § 42a Abs. 1 S. 2 GmbHG);[425] in der Insolvenz der geprüften Gesellschaft ist der Prüfungsbericht dem Insolvenzverwalter vorzulegen.[426] Die Angaben des Orts (der Niederlassung), des Datums und der Namen der Unterzeichnenden müssen grundsätzlich mit denen unter den Bestätigungsvermerk nach § 322 übereinstimmen.[427] Dies gilt auch, wenn ausnahmsweise zwischen diesem Datum und der Auslieferung des Prüfungsberichts ein längerer Zeitraum liegt.[428] Die gesetzlichen Vertreter haben den unterzeichneten und gesiegelten Prüfungsbericht des Abschlussprüfers unverzüglich nach Eingang des Berichts an den Aufsichtsrat (§ 170 Abs. 1 AktG) bzw. an die Gesellschafter (§ 42a Abs. 1 S. 2 GmbH) weiterzuleiten.[429] Hat der **Aufsichtsrat** den Auftrag erteilt (§ 111 Abs. 2 S. 3 AktG), so ist der Prüfungsbericht ihm und (neu aufgrund des AReG!) **gleichzeitig** einem eingerichteten **Prüfungsausschuss** vorzulegen (Abs. 5 S. 2).[430] Der Abschlussprüfer genügt seiner Vorlagepflicht nach Abs. 5 S. 2 mit der Zuleitung an den Vorsitzenden des Aufsichtsrats („geborener Empfangsvertreter")[431] bzw. den Vorsitzenden des Prüfungsausschusses),[432] die den Bericht an jedes der übrigen Mitglieder des Aufsichtsrats bzw. Prüfungsausschusses weiterzuleiten haben (vgl. § 170 Abs. 3 S. 2, § 314 Abs. 1 S. 2 AktG). Die Pflicht gemäß Abs. 5 S. 1 zur Vorlage des Prüfungsberichts auch an den Prüfungsaus-

---

[419] HKMS/Burg Rn. 140.

[420] HKMS/Burg Rn. 140.

[421] Vgl. Begr. RegE BilReG, BT-Drs. 15/3419, 45 v. 24.6.2004.

[422] BeBiKo/Justenhoven/Deicke Rn. 185.

[423] IDW PS 450.116.

[424] BGH NJW 2022, 2185 Rn. 39.

[425] Vor der Zuleitung des Prüfungsberichts an den Auftraggeber ist der Entwurf des Prüfungsberichts der Berichtskritik zu unterziehen, dh der auftragsbezogenen Qualitätssicherung (§ 48 Abs. 1 S. 2 BS WP/vBP). Hierbei lesen Mitarbeiter/innen des Abschlussprüfers bzw. der Prüfungsgesellschaft mit hinreichender Berufserfahrung, die an der Prüfung nicht teilgenommen haben, den Prüfungsbericht kritisch durch; s. Graumann Prüfungswesen S. 818 und allgemein S. 81 ff.; Hense/Ulrich/Bärenz/Goltz WPO § 43 Rn. 147.

[426] Ebke FS Hopt, 2010, 559 (583); so auch schon Müller/Gelhausen FS Clausen, 1997, 697.

[427] IDW PS 450.116; Wiedmann/Böcking/Gros/Böcking/Gros/Rabenhorst Rn. 32.

[428] IDW PS 450.116.

[429] Hopt/Merkt Rn. 12. Der Abschlussprüfer hat den Prüfungsbericht nicht später als den Bestätigungsvermerk vorzulegen (IDW PS 450.117; Graumann Prüfungswesen S. 819).

[430] IDW PS 450.117; Graumann Prüfungswesen S. 819.

[431] IDW PS 450.117. So auch Wiedmann/Böcking/Gros/Böcking/Gros/Rabenhorst Rn. 32; Schüppen Rn. 25; Merkt/Probst/Fink/Quick S. 1526 Rn. 217; IDW PS 450.117. Ebenso zum bisherigen Recht Dörner/Schwegler DB 1997, 285 (289); Gelhausen AG Sonderheft 1997, 73 (78); Schindler/Rabenhorst BB 1998, 1886 (1888); Neumann BuW 2000, 853 (861). Grdl. zum Aufsichtsratsvorsitzenden als Repräsentant des Aufsichtsrats Wilhelmi FS Ebke, 2021, 1089.

[432] Wiedmann/Böcking/Gros/Böcking/Gros/Rabenhorst Rn. 32.

schuss wurde durch das AReG in das Gesetz eingefügt, um ein Informationsgefälle zulasten des Aufsichtsrats zu vermeiden.[433]

93   **2. Gelegenheit zur Stellungnahme.** Das AReG hat die in Abs. 5 S. 2 Hs. 2 aF enthaltene Pflicht abgeschafft, dem Vorstand *vor* Zuleitung des Prüfungsberichts Gelegenheit zur Stellungnahme zu dem endgültigen Bericht zu geben. Stattdessen bestimmt Abs. 5 S. 3 idF des AReG nunmehr, dass bei Vorlage des Prüfungsberichts gemäß Abs. 5 S. 2 an Aufsichtsrat und Prüfungsausschuss der endgültige Prüfungsbericht „unverzüglich" (dh ohne schuldhaftes Zögern, vgl. § 121 Abs. 1 S. 1 BGB, also nicht zwingend „gleichzeitig" wie in Abs. 5 S. 2) **nach Vorlage** an den Aufsichtsrat und den Prüfungsausschuss dem Geschäftsführungsorgan (Vorstand) mit Gelegenheit zur Stellungnahme zuzuleiten ist (Abs. 5 S. 3).[434]

94   **a) Alte Fassung.** Nach altem Recht war umstritten, ob dem Vorstand zum Zwecke der Stellungnahme die **endgültige Fassung** des Prüfungsberichts zuzuleiten war oder ob ihm ein unverbindliches Vorabexemplar zugeleitet werden durfte. Nach wohl hM durfte dem Vorstand nach Abs. 5 S. 2 Hs. 2 aF ein **Berichtsentwurf (sog. Vorweg- oder Leseexemplar)** zur Durchsicht zugeleitet werden.[435] Vor Inkrafttreten des KonTraG entsprach die Zuleitung eines Entwurfsexemplars gängiger Praxis.[436] Die Überlassung des Entwurfs des Prüfungsberichts wurde als ein **„letztes Auskunftsersuchen"** an den Vorstand gewertet, der ergänzende Auskünfte – auch zu aufgetretenen Zweifelsfragen – erteilen konnte.[437] Seit der Reform der Vorschriften über die Abschlussprüfung und der Berichtspflichten durch das KonTraG vertraten allerdings immer mehr Autoren die Ansicht, dass der Prüfer dem Vorstand fortan die **endgültige Fassung** des Prüfungsberichts zuzuleiten habe.[438] Diese Autoren befürchteten eine mögliche Einflussnahme des Vorstands auf den Prüfungsbericht, der nach der Neufassung der Prüfungs- und Berichtsvorschriften durch das KonTraG, das TransPuG und das BilReG gerade verhindert werden solle.[439] Seitens der Revisionspraxis wurden solche Befürchtungen als „zu undifferenziert und nicht sachgerecht" zurückgewiesen.[440] IDW PS 450.117 aF ging davon aus, dass dem Vorstand nicht notwendig ein Exemplar des endgültigen Prüfungsberichts zuzuleiten sei („*nachdem* dem Vorstand Gelegenheit zur Stellungnahme gegeben wurde"), empfahl dem Prüfer aber, nach Vorlage des Prüfungsberichts an den Aufsichtsrat gemäß Abs. 5 S. 2 Hs. 1 aF in Abstimmung mit dem Aufsichtsratsvorsitzenden auch dem Vorstand ein „endgültiges Exemplar des Prüfungsberichts zuzuleiten" (was überflüssig wäre, wenn der Prüfer dem Vorstand nur die endgültige und unterschriebene Fassung des Prüfungsberichts zur Stellungnahme zuleiten dürfte).

95   **b) Neufassung.** Der Gesetzgeber wollte die (angebliche) Unsicherheit, ob sich das Recht der gesetzlichen Vertreter zur Stellungnahme auf die endgültige Fassung oder eine Entwurfsfassung des Prüfungsberichts bezieht, beseitigen.[441] Abs. 5 S. 3 nF stellt klar, dass der Prüfungsbericht dem Geschäftsführungsorgan (Vorstand) „unverzüglich nach Vorlage" an den Aufsichtsrat und den Prüfungsausschuss „mit Gelegenheit zur Stellungnahme" zuzuleiten ist. Nach dem Wortlaut des Abs. 5 S. 3 nF bezieht sich das Recht des Vorstands, zu dem Prüfungsbericht Stellung zu nehmen, auf den endgültigen Prüfungsbericht.

---

[433] Hopt/Merkt Rn. 12 unter Hinweis auf Begr. RegE.
[434] Vgl. IDW PS 450.117.
[435] Böcking/Orth WPg 1998, 351 (360) Fn. 89; Dörner DB 1998, 1 (5); Forster WPg 1998, 41 (53); Gelhausen AG Sonderheft 1997, 73 (78); Peemöller/Keller DStR 1997, 1986 (1988); Schindler/Rabenhorst BB 1998, 1886 (1888).
[436] Vgl. Dörner DB 1998, 1 (5); Dörner DB 2000, 101 (104); Graumann Prüfungswesen S. 819. S. auch OLG Naumburg OLGR Naumburg 2005, 275 („unverbindliches Vorwegexemplar").
[437] S. → 4. Aufl. 2022, § 321 Rn. 93.
[438] S. → 4. Aufl. 2022, § 321 Rn. 93.
[439] Zu gängigen Änderungswünschen des Vorstandes Scheffler WPg 2002, 1289 (1296).
[440] Dörner DB 1998, 1 (5); s. auch Schmidt BFuP 1996, 52 (63) („praxisfernes Missverständnis über die Durchführung der Abschlussprüfung"); wNw. bei Lenz/Ostrowski BB 1997, 1523 (1525).
[441] Schüppen Rn. 25.

Zukünftig ist Gegenstand der Stellungnahme also die unter Angabe des Datums und des Ortes unterzeichnete, endgültige Fassung des Prüfungsberichts.[442] Abs. 5 S. 3 nF schließt es nach seinem Wortlaut allerdings nicht aus, dass dem Geschäftsführungsorgan (selbst bei Erteilung des Prüfungsauftrags durch den Aufsichtsrat) ein Berichtsentwurf zur Stellungnahme zugeleitet wird, solange die Prüfung noch nicht abgeschlossen ist.[443] Schüppen bemerkt unter Hinweis auf die Begründung des RefE, dass eine Änderung der Praxis, den gesetzlichen Vertretern vorab einen vollständigen Entwurf des Prüfungsberichts zuzuleiten, mit der Neuregelung nicht beabsichtigt sei.[444] Die Zusendung des vollständigen Berichtsentwurfs stellt nach der Regierungsbegründung ein gleichsam „letztes Auskunftsersuchen" des Abschlussprüfers an die gesetzlichen Vertreter dar und sei weiterhin zulässig.[445] Abs. 5 S. 2 schreibe, so betont Graumann, die „berufsübliche Vorgehensweise" fest.[446]

Die gesetzliche Neuregelung wird mit Recht als kaum überzeugend **kritisiert.** Die **96** gesetzlichen Vertreter benötigten ein Recht zur Stellungnahme zur (abschließenden, nicht nur vorläufigen) Entwurfsfassung, eine Stellungnahme zur endgültigen Version des Prüfungsberichts komme zu spät.[447] Es müsse vermieden werden, dass die Geschäftsführungsorgane von einem negativen Berichtsinhalt überrascht zu werden, und es solle ihnen die Möglichkeit gegeben werden, dem Aufsichtsrat ihre Position vorzutragen.[448] Hinzu kommt: Begründete Anmerkungen des Geschäftsführungsorgans würde eine Änderung des bereits dem Aufsichtsrat bzw. dem Prüfungsausschuss vorliegenden unterzeichneten endgültigen Prüfungsberichts nach sich ziehen.[449] Im Hinblick auf die Ziele der Berichterstattung mittels Prüfungsberichts und die notwendige fortlaufende Kommunikation mit den gesetzlichen Vertretern (§ 320) sprechen gute Gründe dafür, *während* der Prüfung möglichst alle **Unklarheiten zu beseitigen** und alle **offenen Fragen** mit Hilfe des dafür vorgesehenen Auskunftsersuchens nach § 320 Abs. 2 zu klären. Denn der Prüfungsbericht kann seinen Zweck nur erfüllen, wenn er möglichst fehlerfrei und frei von Missverständnissen ist. Eventuell verbliebene Unrichtigkeiten oder Missverständnisse können vor Finalisierung und Unterzeichnung des Prüfungsberichts am ehesten von den gesetzlichen Vertretern, die den Jahresabschluss ja zu verantworten haben (§ 322 Abs. 1 S. 2), nach Vorlage des **vollständigen Entwurfs** der endgültigen Fassung des Prüfungsberichts geklärt werden.[450] Die Praxis, den gesetzlichen Vertretern vorab einen vollständigen Entwurf der endgültigen Fassung des Prüfungsberichts zuzuleiten, ist zur Aufdeckung letzter Zweifelsfragen daher auch mit Abs. 5 S. 3 nF vereinbar **(„letztes Auskunftsersuchen").**[451] Im Übrigen ist zu bedenken, dass der endgültige Prüfungsbericht Auskunft darüber geben muss, ob die gesetzlichen Vertreter die verlangten letzten Aufklärungen und Nachweise erbracht haben (Abs. 2 S. 6). Das ist nur möglich, wenn diejenigen, die den Jahresabschluss zu verantworten haben, die Möglichkeit erhalten, letzte Zweifelsfragen des Abschlussprüfers zu klären sowie letzte Unrichtigkeiten bzw. Missverständnisse aufzudecken. Genau das bezweckt das sog. Vorweg- oder Leseexemplar des Prüfungsberichts.

---

[442] Merkt/Probst/Fink/Quick S. 1526 Rn. 217.

[443] Graumann Prüfungswesen S. 819 („Dieses sog. Vorweg- oder Leseexemplar kann auch als Grundlage für die Schlussbesprechung bzw. die Bilanzsitzung des Bilanz- oder Prüfungsausschusses dienen"). IDW PS 450.117 äußert sich zu dieser Frage nicht eindeutig.

[444] Schüppen Rn. 25 (unter Hinweis auf RegBegr AReG BT-Drs 18/7219, S. 45); ebenso Hopt/Merkt Rn. 12; Merkt/Probst/Fink/Quick S. 1526–1527 Rn. 217 („wohl nicht beabsichtigt").

[445] RegBegr AReG BT-Drs. 18/7219, 45.

[446] Graumann Prüfungswesen S. 819; gleicher Ansicht BeBiKo/Justenhoven/Deicke Rn. 266 („entspricht der Berufsübung").

[447] Schüppen Rn. 25.

[448] Merkt/Probst/Fink/Quick S. 1526 Rn. 217; Habersack/Schürnbrand Rn. 56.

[449] Wiedmann/Böcking/Gros/Böcking/Gros/Rabenhorst Rn. 33.

[450] Zu den Sanktionen bei einem „zu weiten Entgegenkommen" des Prüfers bei versuchter Einflussnahme des Vorstands auf den Prüfungsbericht s. → 4. Aufl. 2022, Rn. 95.

[451] So iE auch Wiedmann/Böcking/Gros/Böcking/Gros/Rabenhorst Rn. 33–34; ebenso Schüppen Rn. 25; Merkt/Probst/Fink/Quick S. 1527 Rn. 217; Graumann Prüfungswesen S. 819.

97   **3. Adressat der Stellungnahme des Vorstands.** Unklar ist nach wie vor, an wen
der Vorstand seine Stellungnahme nach Abs. 5 S. 3 richten soll: an den Abschlussprüfer,
den Aufsichtsrat oder den Prüfungsausschuss oder alle.[452] Zutreffend dürfte – wie schon
nach altem Recht – die Ansicht sein, dass die Stellungnahme des Vorstandes an den
Abschlussprüfer zu richten ist.[453] Dafür spricht, dass die Zuleitung des Vorweg- oder Leseex-
emplars der Klärung letzter Zweifelsfragen und zur Aufdeckung letzter Unrichtigkeiten
und Missverständnisse dient. Die Klärung der Zweifelsfragen und die entsprechende Aufdeckung kann nur gegenüber dem Abschlussprüfer erfolgen (§ 320). Die Vertreter der Gegenansicht neigten demgegenüber dazu, eine Zuleitung an den Aufsichtsrat zu befürworten.[454]
Jedenfalls ist über die Stellungnahme des Vorstands auf der sog. **Bilanzsitzung** des Gesamtaufsichtsrats oder des Prüfungsausschusses, an der der Prüfer nach § 171 Abs. 1 S. 2 AktG
(§ 52 Abs. 1 GmbHG) teilzunehmen hat,[455] mündlich zu berichten (vgl. § 314 Abs. 4
AktG).[456]

V. Zusätzliche mündliche Berichterstattung

98   **1. Aktienrecht.** Der Gesetzgeber verpflichtet den Abschlussprüfer über § 321 hinaus,
an den Beratungen des Aufsichtsrats über den vorgelegten Jahresabschluss teilzunehmen und
über die „wesentlichen Ergebnisse seiner Prüfung, insbesondere wesentliche Schwächen des
internen Kontroll- und Risikomanagementsystems bezogen auf den Rechnungslegungsprozess, zu berichten" (§ 171 Abs. 1 S. 2 AktG; für die GmbH s. § 52 Abs. 1 GmbHG). Mit
der mündlichen Berichterstattung soll der Abschlussprüfer als gesellschaftsexterne, unabhängige und sachverständige Auskunftsperson (vgl. Erl. zu → § 316 Rn. 32 und 39) dem
Aufsichtsrat bei dessen Prüfung des Jahres- und Konzernabschlusses sowie des (Kon-
zern-)Lageberichts gemäß § 171 Abs. 1 S. 1 AktG zur Verfügung stehen (§ 171 Abs. 1 S. 2
AktG) und ihn insoweit bei der Überwachung der Geschäftsführung gemäß § 111 Abs. 1
AktG unterstützen.[457] Darüber hinaus hat er über Umstände zu informieren, die seine
Befangenheit besorgen lassen, und über Leistungen, die er zusätzlich zu den Abschlussprü-
fungsleistungen erbracht hat (vgl. § 171 Abs. 1 S. 3 AktG; § 52 Abs. 1 GmbHG).[458] Ist der
Abschlussprüfer – wie bei Aktiengesellschaften üblich – eine Wirtschaftsprüfungsgesellschaft
(§ 319 Abs. 1 S. 1), ist die Teilnahme des **verantwortlichen Prüfungspartners** (§ 43
Abs. 3 S. 3 WPO) ausreichend. Der Bericht des Abschlussprüfers nach § 171 Abs. 1 S. 2, 3
erfolgt in der Regel mündlich, was (nachfolgende) schriftliche Ergänzungen oder Stellung-

---

452   Dazu nach altem Recht Hommelhoff BB 1998, 2625 (2628).
453   Merkt/Probst/Fink/Quick S. 1527 Rn. 217.
454   OLG Stuttgart DB 2009, 1521 (1525); Hommelhoff BB 1998, 2625 (2628).
455   Zu Einzelheiten der mündlichen Berichterstattung im Rahmen der „Bilanzsitzung" Pfitzer/Orth in
      Dörner/Menold/Pfitzer/Oser, Reform des Aktienrechts, der Rechnungslegung und der Prüfung,
      2. Aufl. 2003, S. 890–893; Kropff FS Welf Müller, 2001, 483–494. Vor Inkrafttreten des KonTraG war
      die Teilnahme des Prüfers an der Bilanzsitzung des Aufsichtsrats eher die Ausnahme: Neumann BuW
      2000, 853 (861). Wird der Abschlussprüfer als unabhängiger Sachverständiger zu den
      Beratungen des Aufsichtsrats oder seiner Ausschüsse zugezogen, nimmt der Vorstand grundsätzlich an
      der Sitzung nicht teil (§ 109 Abs. 1 S. 3 AktG). Hierdurch sollen die Rolle des Abschlussprüfers als
      Berater des Aufsichtsrats und die vertrauliche Kommunikation zwischen Aufsichtsrat und Abschlussprüfer
      gestärkt werden.
456   Graumann Prüfungswesen S. 819.
457   Schüppen Rn. 28. Zu Einzelheiten Kaiser DB 2005, 2309 (2313–2314); Scheffler WPg 2002, 1289
      (1289–1291).
458   In der Praxis wird die Beratung des Gesamtaufsichtsrats häufig durch die Beratung eines Aufsichtsratsaus-
      schusses (Bilanz- oder Prüfungsausschusses; Audit Committee) vorbereitet. Das Gesetz sieht in § 171
      Abs. 1 S. 2 AktG die Teilnahme des Abschlussprüfers entweder an der Bilanzsitzung des Gesamtaufsichts-
      rats oder des Bilanz- bzw. Prüfungsausschusses (Audit Committee) vor. Nimmt der Prüfer an der Sitzung
      des Bilanz- bzw. Prüfungsausschusses teil, muss er an der Sitzung des Gesamtaufsichtsrats nicht mehr
      teilnehmen, es sei denn der Aufsichtsrat wünscht seine Teilnahme. Wird der Abschlussprüfer vom Auf-
      sichtsrat als unabhängiger Sachverständiger zu den Beratungen zugezogen, nimmt der Vorstand grund-
      sätzlich nicht an der Sitzung teil (§ 109 Abs. 1 S. 3 AktG). Hierdurch sollen die Rolle des Abschlussprüfers
      als Berater des Aufsichtsrats und die vertrauliche Kommunikation zwischen Aufsichtsrat und Abschluss-
      prüfer gestärkt werden.

nahmen nicht ausschließt. Die mündliche Berichterstattung im Aufsichtsrat kann die schriftliche Berichterstattung nach § 321 in keinem Fall ersetzen.[459]

Die Qualität der mündlichen Berichterstattung durch den Abschlussprüfer im Auf- **99** sichtsrat hat sich in den letzten Jahren positiv entwickelt.[460] Das IDW hat in IDW PS 470: *Grundsätze für die Kommunikation mit den für die Überwachung Verantwortlichen* (Stand: 29.10.2021)[461] die Berufsauffassung dargelegt, nach der Wirtschaftsprüfer als Abschlussprüfer unbeschadet ihrer Eigenverantwortung (§ 43 Abs. 1 S. 1 WPO; § 12 BS WP/vBP) den Aufsichtsräten in der Bilanzsitzung bzw. der Sitzung des Gesamtaufsichtsrats über die Abschlussprüfung berichten.[462] Der Gesetzgeber hat mit § 109 Abs. 1 S. 3 AktG idF des FISG die Rolle des Abschlussprüfers als unabhängiger, sachverständiger Berater des Aufsichtsrats sowie die vertrauliche Kommunikation zwischen Abschlussprüfer und Aufsichtsrat und dessen Ausschüsse gestärkt. Wird der Abschlussprüfer vom Aufsichtsrat als Sachverständiger zu den Beratungen des Aufsichtsrats oder seiner Ausschüsse zugezogen, nimmt der Vorstand grundsätzlich nicht an der Sitzung teil.

2. Nachtragsprüfungen. Für die mündliche Berichterstattung über Nachtragsprüfun- **100** gen (§ 316 Abs. 3 S. 2 Hs. 1) gilt das in → Rn. 98 f. Gesagte entsprechend.

VI. Prüfungsbericht zur Konzernabschlussprüfung

Über die Konzernabschlussprüfung ist grundsätzlich unabhängig von der Berichterstat- **101** tung über die Prüfung des Jahresabschlusses des Mutterunternehmens in einem selbständigen Prüfungsbericht (schriftlich, Abs. 1 S. 1) zu berichten.[463] Hierfür gelten grundsätzlich die oben dargestellten allgemeinen Berichtsgrundsätze, wie sich aus der Zusammenfassung der Vorschriften über den Prüfungsbericht in § 321 für Einzel- und Konzernabschluss ergibt.[464] Besonderheiten können sich aus **konzernspezifischen Regeln** über den Prüfungsauftrag, Gegenstand, Art und Umfang der Prüfung sowie die Konzernrechnungslegungsgrundsätze ergeben.[465] Stellt das zu prüfende Unternehmen den Konzernabschluss nicht nach handelsrechtlichen Grundsätzen, sondern gemäß § 315a HGB nach den von der EU aufgrund der IFRS-VO übernommenen **internationalen Rechnungslegungsstandards** auf, ist ein Prüfungsbericht nach § 321 zu erstellen.[466] Dies gilt gemäß § 324a Abs. 1 S. 1 auch für den Einzelabschluss, der unter Bezugnahme auf § 325 Abs. 2a nach den in § 315a Abs. 1 bezeichneten Rechnungslegungsstandards aufgestellt wurde (s. auch § 325 Abs. 3a). Bei der Berichterstattung über die Prüfung von Konzernabschlüssen, die nach internationalen Rechnungslegungsstandards iSd § 315a aufgestellt worden sind, gelten Besonderheiten.[467] Besonderheiten gelten nach der Abschlussprüfungs-VO außerdem für die Konzernberichterstattung von **Unternehmen von öffentlichem Interesse.**[468]

1. Prüfungsauftrag. Die Ausführungen zur Bestellung und zur Auftragserteilung **102** müssen auch Angaben zur Fiktion der Bestellung in den Fällen des § 318 Abs. 2 enthalten, wenn kein Konzernprüfer gewählt wurde (IDW PS 450.119).[469]

---

[459] Pfitzer/Orth in Dörner/Menold/Pfitzer/Oser, Reform des Aktienrechts, der Rechnungslegung und der Prüfung, 2. Aufl. 2003, S. 893.

[460] Vgl. Müller WPg 2002, 1301 (1305); s. auch Pfitzer/Orth in Dörner/Menold/Pfitzer/Oser, Reform des Aktienrechts, der Rechnungslegung und der Prüfung, 2. Aufl. 2003, S. 893.

[461] IDW Life 2021, 1411. S. auch ISA 260 (Revised): Communication with Those Charged with Governance. Dazu Merkt/Probst/Fink/Quick S. 1527 Rn. 218.

[462] Dazu auch Scheffler WPg 2002, 1289 (1295 und 1300).

[463] IDW PS 450.118.

[464] HKMS/Burg Rn. 127; BeBiKo/Justenhoven/Deicke Rn. 188; Wiedmann/Böcking/Gros/Böcking/Gros/Rabenhorst Rn. 30; Zu Gliederung und Inhalt des Konzernprüfungsberichts: BeBiKo/Justenhoven/Deicke Rn. 210 ff.; HKMS/Burg Rn. 128–137.

[465] IDW PS 450.119–143; HKMS/Burg Rn. 138–140.

[466] BeBiKo/Justenhoven/Deicke Rn. 185, 225; HKMS/Burg Rn. 140.

[467] BeBiKo/Justenhoven/Deicke Rn. 185.

[468] Art. 11 Abs. 2 lit. m und n Abschlussprüfungs-VO; dazu IDW PS 450.123 und 450.125. Dazu Wiedmann/Böcking/Gros/Böcking/Gros/Rabenhorst Rn. 35–36.

[469] BeBiKo/Justenhoven/Deicke Rn. 212.

103   **2. Grundsätzliche Feststellungen.** Die geprüften Unterlagen iSv Abs. 1 S. 2 umfassen im Falle der Prüfung des Konzernabschlusses auch die nach § 317 Abs. 3 zu prüfenden, im Konzernabschluss zusammengefassten Jahresabschlüsse, insbesondere die konsolidierungsbedingten Anpassungen, die in entsprechender Anwendung des § 317 Abs. 1 zu prüfen sind (§ 317 Abs. 3 S. 1).[470] Die Pflicht zur Berichterstattung nach Abs. 1 S. 3 bezieht sich auch auf Tatsachen, die anlässlich der Konzernabschlussprüfung bei dem Mutterunternehmen oder bei einbezogenen Tochterunternehmen festgestellt werden.[471] Der Verzicht auf die Berichterstattung nach Abs. 1 S. 3 unter Aufnahme eines Hinweises auf eine bereits im Einzelabschluss des Mutterunternehmens erfüllte Berichtpflicht ist im Konzernprüfungsbericht nur zulässig, wenn der Konzernabschlussprüfer zugleich Abschlussprüfer des Mutterunternehmens ist.[472]

104   **3. Gegenstand, Art und Umfang.** In dem Abschnitt über Gegenstand, Art und Umfang der Prüfung (vgl. Abs. 3) ist zu berichten, nach welchen Rechnungslegungsgrundsätzen die geprüfte Konzernrechnungslegung aufgestellt wurde.[473] Es ist auch anzugeben, dass sich die Konzernabschlussprüfung auf die Prüfung des Konsolidierungskreises, der Ordnungsmäßigkeit der in den Konzernabschluss einbezogenen Jahresabschlüsse sowie die getroffenen Konsolidierungsmaßnahmen erstreckt.[474] Ferner ist darauf einzugehen, dass die Beachtung der gesetzlichen Vorschriften und der sie ergänzenden Bestimmungen des Gesellschaftsvertrags oder der Satzung des Mutterunternehmens geprüft wurde (§ 317 Abs. 3 S. 1 iVm Abs. 1 S. 2), wenn im Konzernabschluss zusammengefasste Jahresabschlüsse bisher ungeprüft sind. Entsprechendes gilt für konsolidierungsbedingte Anpassungen gemäß § 317 Abs. 3 S. 1.[475] Darüber hinaus ist darzustellen, dass der Abschlussprüfer in den Fällen des § 264 Abs. 3, § 264b auch die Überleitung des Jahresabschlusses auf die für Kapitalgesellschaften geltenden Vorschriften (sog. HB II, bzw. „Reporting Packages", § 300 Abs. 2, § 308) geprüft hat.[476] Bei Mutterunternehmen, die nach § 315d in einem gesonderten Abschnitt des Konzernlageberichts eine **Konzernerklärung zur Unternehmensführung** bzw. die Angabe der Internetseite aufzunehmen haben, auf der die Erklärung dauerhaft öffentlich zugänglich gemacht wird, ist darauf hinzuweisen, dass die Prüfung der Angaben nach § 315d iVm. § 289f HGB gemäß § 317 Abs. 2 S. 6 darauf zu beschränken ist, ob diese Angaben gemacht wurden.[477] Im Hinblick auf die Vorgaben nach den §§ 315b–315c zur **nichtfinanziellen Berichterstattung** ist darauf hinzuweisen, dass der Abschlussprüfer gemäß § 317 Abs. 2 S. 4 nur zu prüfen hat, ob die nichtfinanzielle Konzernerklärung oder der gesonderte nichtfinanzielle Konzernbericht vorgelegt wurde.[478] Die Darstellung, ob die verlangten Aufklärungen und Nachweise erbracht wurden (Abs. 2 S. 6), hat sich auf die in § 320 Abs. 3 geregelten Vorlage-, Duldungs- und Auskunftspflichten der gesetzlichen Vertreter des Mutterunternehmens und der Tochterunternehmen sowie der Abschlussprüfer dieser Unternehmen zu beziehen.[479]

---

[470]   IDW PS 450.120; HKMS/Burg Rn. 128.
[471]   IDW PS 450.121; HKMS/Burg Rn. 129.
[472]   IDW PS 450.121; HKMS/Burg Rn. 129.
[473]   IDW PS 450.122; HKMS/Burg Rn. 137.
[474]   IDW PS 450.123; HKMS/Burg Rn. 137.
[475]   IDW PS 450.123.
[476]   IDW PS 450.123 und 130. Art. 11 Abs. 2 lit. n Abschlussprüfungs-VO bestimmt für Unternehmen von öffentlichem Interesse, dass der Prüfungsbericht ggf. die Angabe enthält, „welche Prüfungsarbeiten von Prüfern aus einem Drittland, von Abschlussprüfern, Prüfungsunternehmen aus einem Drittland oder von Prüfungsgesellschaft(en), bei denen es sich nicht um Mitglieder desselben Netzwerkes wie das des Prüfers des konsolidierten Abschlusses handelt, im Zusammenhang mit der Abschlussprüfung eines konsolidierten Abschlusses ausgeführt wurden …".
[477]   IDW PS 450.123a. In diesem Fall ist ISA [DE] 720 (Revised): Verantwortlichkeiten des Abschlussprüfers im Zusammenhang mit sonstigen Informationen (Stand: 7.5.2020), IDW Life 2020, 509, zu beachten.
[478]   IDW PS 450.123b. Auch in diesen Fällen ist ISA [DE] 720 (Revised) (vorherige Fn.) zu beachten.
[479]   IDW PS 450.124. Art. 11 Abs. 2 lit. o Abschlussprüfungs-VO verpflichtet bei PIE-Prüfungen zu der Angabe, „ob das geprüfte Unternehmen alle verlangten Erläuterungen und Unterlagen geliefert hat." Die Darstellungspflicht nach Abs. 2 S. 6 deckt die vorstehende Regelung der Abschlussprüfungs-VO mit ab.

4. Feststellungen und Erläuterungen zur Konzernrechnungslegung. Im Rah- **105** men der Feststellungen und Erläuterungen zur Konzernrechnungslegung hat der Prüfer u. a. darzulegen, ob die Vorschriften über die einzubeziehenden Unternehmen (§ 294), über den Verzicht auf die Einbeziehung (§ 296), zur Quotenkonsolidierung (§ 310) und zur Equity-Bilanzierung (§§ 311, 312) beachtet wurden.[480] Ferner ist auf die Stetigkeit der Abgrenzung des Konsolidierungskreises und ggf. auf Veränderungen im Konsolidierungs-kreis gegenüber dem Vorjahr einzugehen (§ 297 Abs. 3 S. 2).[481] Etwaige Stichtagsfragen (§ 299) sind zu erläutern.[482] Im Konzernprüfungsbericht ist auch auf die Ergebnisse der Prüfung nach § 317 Abs. 3 einzugehen und festzustellen, ob die in den Konzernabschluss einbezogenen Jahresabschlüsse ordnungsgemäß sind.[483]

Soweit die einbezogenen Jahresabschlüsse von einem anderen externen Abschlussprüfer **106** geprüft wurden, ist im Konzernprüfungsbericht besonders auf die Verwertung der Tätigkeit von anderen an der Konzernabschlussprüfung beteiligten Abschlussprüfern (sog. „Teilbe-reichsprüfer") einzugehen.[484] Sind Abschlüsse ausländischer Gesellschaften in den Konzern-abschluss einbezogen, ist auch über die sich daraus ergebenden Besonderheiten bei der Beurteilung und deren Prüfung sowie über Anpassungen an die konzerneinheitliche Bilan-zierung und Bewertung zu berichten.[485]

5. Konzernabschluss. Der Konzernabschlussprüfer hat im Konzernprüfungsbericht **107** darzustellen, ob der Konzernabschluss (bestehend aus der Konzernbilanz, der Konzern-Gewinn-und-Verlustrechnung, dem Konzernanhang, der Kapitalflussrechnung und dem Eigenkapitalspiegel – § 297 Abs. 1 S. 1) den gesetzlichen Vorschriften und den ergänzenden Bestimmungen des Gesellschaftsvertrags oder der Satzung des Mutterunternehmens ent-spricht (Abs. 2 S. 1).[486] Es ist insbesondere darzustellen, ob der Konzernabschluss ordnungs-mäßig aus den einbezogenen Abschlüssen abgeleitet wurde, dh ob die angewandten Konsoli-dierungsmethoden den gesetzlichen Vorschriften entsprechen.[487] Hierzu gehört auch die Darstellung, ob die Konsolidierungsbuchungen zutreffend fortgeführt wurden.[488] Sofern im Konzernabschluss ein gesetzliches Wahlrecht abweichend von einer durch das BMJ bekannt gemachten Empfehlung des DRSC zur Anwendung der Grundsätze der Konzern-rechnungslegung ausgeübt wird, begründet dies keine Einwendung des Konzernabschluss-prüfers gegen die Ordnungsmäßigkeit der Konzernrechnungslegung.[489] Der Konzernab-schlussprüfer hat jedoch im Prüfungsbericht auf eine solche Abweichung in der gebotenen Klarheit (Abs. 1 S. 2 Hs. 1) hinzuweisen.[490]

Der Konzernabschlussprüfer hat auch auf die im Bestätigungsvermerk abzugebende **108** Erklärung einzugehen, ob der Konzernabschluss nach der Beurteilung des Konzernab-schlussprüfers *insgesamt* unter Beachtung der Grundsätze ordnungsmäßiger Buchführung oder sonstiger maßgeblicher Rechnungslegungsgrundsätze ein den tatsächlichen Verhältnis-sen entsprechendes Bild von der Vermögens-, Finanz- und Ertragslage des Konzerns vermit-telt (Abs. 2 S. 3).[491] Entscheidend abzustellen ist auf die **Gesamtaussage des Konzernab-schlusses,** wie sie sich aus dem Zusammenwirken von Konzernbilanz, Konzern-Gewinn-und -Verlustrechnung und Konzernanhang sowie ggf. Kapitalflussrechnung, Eigenkapital-spiegel und Segmentberichterstattung (vgl. § 297 Abs. 1) ergibt.[492] Wegen § 321 Abs. 2 S. 4

---

[480] IDW PS 450.125, 126; HKMS/Burg Rn. 139.
[481] IDW PS 450.126; HKMS/Burg Rn. 139.
[482] IDW PS 450.127.
[483] IDW PS 450.128.
[484] ISA [DE] 600: Besondere Überlegungen zu Konzernabschlussprüfungen (einschließlich der Tätigkeit von Teilbereichsprüfern) (Stand: 26.3.2020), IDW Life 2019, 702; IDW Life 2020, 509.
[485] IDW PS 450.131; HKMS/Burg Rn. 140.
[486] IDW PS 450.132; HKMS/Burg Rn. 130.
[487] IDW PS 450.133; BeBiKo/Justenhoven/Deicke Rn. 192.
[488] IDW PS 450.133; HKMS/Burg Rn. 130.
[489] IDW PS 450.134; HKMS/Burg Rn. 130.
[490] IDW PS 450.134.
[491] HKMS/Burg Rn. 133.
[492] IDW PS 450.136; BeBiKo/Justenhoven/Deicke Rn. 198; HKMS/Burg Rn. 133.

ist bei der Beurteilung der Gesamtaussage auch darauf einzugehen, wie sich im Rahmen der Konsolidierung ausgeübte Wahlrechte, ausgenutzte Ermessensspielräume und sachverhaltsgestaltende Maßnahmen auf die Darstellung der Vermögens-, Finanz- und Ertragslage des Konzerns auswirken.[493] IDW PS 450.137 führt dafür folgende **Beispiele** an: Abgrenzung des Konsolidierungskreises, Behandlung von Differenzen aus der Zwischenergebniseliminierung (auch bei assoziierten Unternehmen) und der Schuldenkonsolidierung sowie die Behandlung aktiver latenter Steuern in der HB II.

109   **6. Konzernanhang.** Bezüglich des Konzernanhangs ist darauf einzugehen, ob die gesetzlich geforderten Angaben vollständig und zutreffend sind.[494] Nach Abs. 2 S. 5 sind die Posten des Konzernabschlusses aufzugliedern und ausreichend zu erläutern, soweit diese Angaben nicht im Anhang enthalten sind. Aufgliederungen und Erläuterungen kommen insbesondere zu Posten in Betracht, die aus der Fremdwährungsumrechnung,[495] der Kapital- und der Schuldenkonsolidierung, der Zwischenergebniseliminierung und der Steuerabgrenzung entstehen. Enthält der Konzernabschluss weitere Bestandteile (zB eine freiwillige Segmentberichterstattung, § 297 Abs. 1 S. 2; vgl. → § 317 Rn. 9), so hat der Abschlussprüfer auch zu deren Ordnungsmäßigkeit eine Feststellung zu treffen.[496] Wenn der Konzernanhang und der Konzernlagebericht mit dem Anhang und dem Lagebericht des Mutterunternehmens zusammengefasst worden sind (vgl. § 298 Abs. 3, § 315 Abs. 3), darf auch der Prüfungsbericht zusammengefasst werden; der zusammengefasste Prüfungsbericht muss allerdings allen Anforderungen genügen, die für die getrennte Berichterstattung gelten.[497] Das bedeutet insbesondere, dass die Feststellungen zB nach Abs. 1 S. 2, 3 und Abs. 2 sowohl für den Jahresabschluss des Mutterunternehmens als auch für den Konzernabschluss zu treffen sind.[498]

VII. Besonderheiten der Berichterstattung über die Prüfung von Unternehmen von öffentlichem Interesse

110   **1. Einführung.** Art. 11 Abschlussprüfungs-VO schreibt für die Prüfung von Unternehmen von öffentlichem Interesse (§ 316a S. 2) einen „Zusätzlichen Bericht an den Prüfungsausschuss" vor (Art. 11 Abs. 1 S. 1 Abschlussprüfungs-VO). Dieser **zusätzliche Bericht** („*additional report*")[499] ist der an den deutschen Prüfungsbericht gemäß § 321 angelehnte schriftliche Bericht des Abschlussprüfers an den Prüfungsausschuss des geprüften Unternehmens.[500] Der zusätzliche Bericht ist dem Prüfungsausschuss nicht später als der Bestätigungsvermerk nach Art. 10 Abschlussprüfungs-VO vorzulegen (Art. 11 Abs. 1 S. 2 Abschlussprüfungs-VO). Die Inhalte des zusätzlichen Berichts überschneiden sich mit denen des Prüfungsberichts nach § 321, sind aber nicht deckungsgleich.[501] Daher stellt im Fall der Prüfung von Unternehmen von öffentlichem Interesse der unionsrechtlich vorgegebene zusätzliche Bericht an den Prüfungsausschuss den Prüfungsbericht dar, der um Angaben nach § 321 erweitert wird.[502] Die Anforderungen an den Prüfungsbericht bei der Prüfung von Unternehmen von öffentlichem Interesse gehen über die bei anderen gesetzlich vorgeschriebenen Abschlussprüfungen nach §§ 316 ff. teilweise hinaus. In dem IDW PS 450: *Grundsätze ordnungsmäßiger Erstellung von Prüfungsberichten* (Stand: 28.10.2021)[503] werden an

---

[493]   HKMS/Burg Rn. 134; BeBiKo/Justenhoven/Deicke Rn. 198.
[494]   IDW PS 450.135.
[495]   Zur Fremdwährungsumrechnung im Konzernabschluss (§ 308a; DRS 25): Kucher WPg 2019, 919; Kliem/Deubert WPg 2018, 1418; Lachnit/Amman WPg 1998, 751.
[496]   IDW PS 450.135.
[497]   IDW PS 450.138; BeBiKo/Justenhoven/Deicke Rn. 226; HKMS/Burg Rn. 141.
[498]   IDW PS 450.138.
[499]   Krit. zu dem Begriff des „zusätzlichen Berichts" („additional report") Schüppen Anh § 321 Art. 11 Abschlussprüfungs-VO Rn. 1.
[500]   Schüppen Anh. § 321 Art. 11 Abschlussprüfungs-VO Rn. 1.
[501]   Die einschlägigen Vorschriften der Abschlussprüfungs-VO sind kommentiert in Schüppen Anh § 321 Art. 11, 7, 12 Abschlussprüfungs-VO.
[502]   Wiedmann/Böcking/Gros/Böcking/Gros/Rabenhorst Rn. 35.
[503]   IDW Life 2022, 78.

den relevanten Stellen die maßgeblichen Anforderungen des Art. 11 Abs. 2 S. 2 lit. a–p Abschlussprüfungs-VO wiedergegeben und erläutert.

2. Inhaltliche Anforderungen. Der in schriftlicher Form abzufassende zusätzliche **111** Bericht an den Prüfungsausschuss enthält eine Erläuterung der Ergebnisse der durchgeführten Abschlussprüfung und darüber hinaus zumindest folgende Angaben (Art. 11 Abs. 2 S. 2 Abschlussprüfungs-VO):
– Erklärung über die Unabhängigkeit,
– Angabe der an der Prüfung beteiligten verantwortlichen Prüfungspartner,
– Hinweis auf die Durchführung bestimmter Tätigkeiten durch andere Prüfungsgesellschaften bzw. nicht demselben Netzwerk angehörige Prüfungsgesellschaften oder auf Arbeiten externer Sachverständiger,
– eine Beschreibung der Art, der Häufigkeit und des Umfangs der Kommunikation mit dem Prüfungsausschuss, dem Unternehmensleitungsorgan und dem Verwaltungs- oder Aufsichtsorgan des geprüften Unternehmens,
– Beschreibung des Umfangs und des Zeitplans der Prüfung,
– Beschreibung der Aufgabenverteilung bei Joint Audits,
– Beschreibung der verwendeten Methode (aussagebezogene Prüfungshandlungen und System- und Zuverlässigkeitsprüfungen) bei der Prüfung der Bilanzposten,
– Darlegung der quantitativen Wesentlichkeitsgrenzen,
– Angabe und Erläuterung von Einschätzungen zu bestimmten Ereignissen oder Gegebenheiten, die erhebliche Zweifel an der Fähigkeit des Unternehmens zur Fortführung der Unternehmenstätigkeit aufwerfen können; ferner eine Zusammenfassung aller Garantien, Prüfbescheinigungen (Comfort Letters) und unterstützenden Maßnahmen, die bei der Beurteilung der Fähigkeit zur Unternehmensfortführung berücksichtigt wurden,
– Angaben über bedeutsame Mängel im internen Finanzkontroll- oder Rechnungslegungssystem
– Angaben zu tatsächlichen oder vermuteten Verstößen gegen Rechtsvorschriften, den Gesellschaftsvertrag bzw. die Satzung,
– Angaben und Beurteilung der angewandten Bewertungsmethoden und etwaiger Auswirkungen von Methodenänderungen,
– Erläuterung des Konsolidierungskreises,
– Angabe von Prüfungsarbeiten von Prüfern aus einem Drittland oder Prüfern, die nicht demselben Netzwerk angehören wie der Konzernprüfer,
– Angabe, ob das geprüfte Unternehmen alle verlangten Erläuterungen und Unterlagen geliefert hat,
– Angaben über etwaige bedeutsame Schwierigkeiten bei der Abschlussprüfung, sich aus der Abschlussprüfung ergebende Sachverhalte, über die mit dem Management kommuniziert wurde, und sonstige sich aus der Prüfung ergebende Sachverhalte, die für die Aufsicht über den Rechnungslegungsprozess bedeutsam sind.

§ 321a Offenlegung des Prüfungsberichts in besonderen Fällen

(1) ¹Wird über das Vermögen der Gesellschaft ein Insolvenzverfahren eröffnet oder wird der Antrag auf Eröffnung des Insolvenzverfahrens mangels Masse abgewiesen, so hat ein Gläubiger oder Gesellschafter die Wahl, selbst oder durch einen von ihm zu bestimmenden Wirtschaftsprüfer oder im Fall des § 319 Abs. 1 Satz 2 durch einen vereidigten Buchprüfer Einsicht in die Prüfungsberichte des Abschlussprüfers über die aufgrund gesetzlicher Vorschriften durchzuführende Prüfung des Jahresabschlusses der letzten drei Geschäftsjahre zu nehmen, soweit sich diese auf die nach § 321 geforderte Berichterstattung beziehen. ²Der Anspruch richtet sich gegen denjenigen, der die Prüfungsberichte in seinem Besitz hat.

(2) ¹Bei einer Aktiengesellschaft oder einer Kommanditgesellschaft auf Aktien stehen den Gesellschaftern die Rechte nach Absatz 1 Satz 1 nur zu, wenn ihre Anteile

bei Geltendmachung des Anspruchs zusammen den einhundertsten Teil des Grundkapitals oder einen Börsenwert von 100 000 Euro erreichen. [2]Dem Abschlussprüfer ist die Erläuterung des Prüfungsberichts gegenüber den in Absatz 1 Satz 1 aufgeführten Personen gestattet.

(3) [1]Der Insolvenzverwalter oder ein gesetzlicher Vertreter des Schuldners kann einer Offenlegung von Geheimnissen, namentlich Betriebs- oder Geschäftsgeheimnissen, widersprechen, wenn die Offenlegung geeignet ist, der Gesellschaft einen erheblichen Nachteil zuzufügen. [2]§ 323 Abs. 1 und 3 bleibt im Übrigen unberührt. [3]Unbeschadet des Satzes 1 sind die Berechtigten nach Absatz 1 Satz 1 zur Verschwiegenheit über den Inhalt der von ihnen eingesehenen Unterlagen nach Absatz 1 Satz 1 verpflichtet.

(4) Die Absätze 1 bis 3 gelten entsprechend, wenn der Schuldner zur Aufstellung eines Konzernabschlusses und Konzernlageberichts verpflichtet ist.

Schrifttum: Ebke, Die Offenlegung des Prüfungsberichts des gesetzlichen Abschlussprüfers in der Insolvenz des geprüften Unternehmens, FS Wellensiek, 2011, 429; Ebke, Unternehmensinsolvenz und Abschlussprüfung, FS Hopt, 2010, 559; Forster/Gelhausen/Möller, Das Einsichtsrecht nach § 321a HGB in Prüfungsberichte des gesetzlichen Abschlussprüfers, WPg 2007, 191; Gross/Möller, Auf dem Weg zu einem problemorientierten Prüfungsbericht, WPg 2004, 317; Kämpfer/Kayser/Schmidt, Das Grünbuch der EU-Kommission zur Abschlussprüfung, DB 2010, 2457; H.-P. Müller/Gelhausen, Zur handelsrechtlichen Rechnungslegungs- und Prüfungspflicht nach § 155 InsO bei Kapitalgesellschaften, FS Claussen, 1977, 687; Pfitzer/Orth, Die Berichterstattung des Abschlussprüfers nach neuem Recht, in Dörner/Menold/Pfitzer/Oser, Reform des Aktienrechts, der Rechnungslegung und der Abschlussprüfung, 2. Aufl. 2003, S. 873; Pfitzer/Oser/Orth, Offene Fragen und Systemwidrigkeiten des Bilanzrechtsreformgesetzes (BilReG), DB 2004, 2593.

Übersicht

I. Einführung

1   **1. Transparenz in der Insolvenz.** In der Insolvenz der prüfungspflichtigen Gesellschaft (§ 26 Abs. 1 S. 1, § 27 Abs. 1 S. 1 InsO)[1] erlangt der Prüfungsbericht (§ 321), der in Deutschland grundsätzlich nur ein unternehmens*internes* Kommunikationsinstrument ist, das nicht für die Öffentlichkeit bestimmt ist und daher auch nicht nach §§ 325 ff. offen zu legen ist (→ § 321 Rn. 1),[2] auch im Verhältnis zu Dritten Bedeutung, namentlich für

---

[1]   Zu den Auswirkungen der Insolvenz der prüfungspflichtigen Gesellschaft auf die Abschlussprüfung und den Abschlussprüfer: BGH BeckRS 2022, 18743 Rn. 30; BGH NJW 2022, 2185 Rn. 14; BGH BeckRS 2022, 11050 Rn. 13; Ebke FS Hopt, 2010, 559.

[2]   BeBiKo/Justenhoven/Deicke Rn. 2 weisen mit Recht darauf hin, dass das Recht auf Einsichtnahme keine Offenlegung iSd § 325 darstellt, sondern lediglich einen Rechtsanspruch auf Einsichtnahme gewährt.

Gesellschafter und Gläubiger des geprüften Unternehmens (§ 321a).[3] Diese Personen haben vor der Insolvenz lediglich Kenntnis von dem Inhalt des kurzen und formalisierten Bestätigungsvermerks (§ 322) und können deshalb kaum nachvollziehen, ob der Abschlussprüfer seinen gesetzlichen Pflichten im Allgemeinen (§ 323 Abs. 1 S. 1) und den Berichtserfordernissen des § 321 im Besonderen nachgekommen ist.[4] § 321a eröffnet in der Insolvenz der prüfungspflichtigen Gesellschaft die Möglichkeit des Einblicks in den Prüfungsbericht des Abschlussprüfers. Dadurch wird insbesondere erkennbar, ob und wie der Abschlussprüfer die Leitungs- und Aufsichtsgremien der geprüften Gesellschaft auf Entwicklungsbeeinträchtigungen bzw. Bestandsgefährdungen des Unternehmens hingewiesen hat (§ 321 Abs. 1 S. 1 Hs. 2 und S. 3). Die **verbesserte Transparenz** erleichtert den Einsichtsberechtigten den Nachweis etwaiger Pflichtverletzungen des Abschlussprüfers sowie der Leitungs- und Aufsichtsorgane und die Durchsetzung von daraus folgenden Schadensersatzforderungen.[5]

Zugleich entfaltet die notwendige Offenlegung des Prüfungsberichts im Falle der Insol- **2** venz oder Liquidation der Gesellschaft **präventive Wirkungen:** Der Prüfer wird angehalten, bei seiner Prüfung die Stellungnahme zur Lagebeurteilung durch die gesetzlichen Vertreter des Unternehmens gewissenhaft und unparteiisch zu prüfen und auf Anzeichen für eine Bestandsgefährdung oder Entwicklungsbeeinträchtigungen zu achten und im Falle ihres Vorliegens in dem Prüfungsbericht auf sie klar und deutlich hinzuweisen (§ 321 Abs. 1 S. 1 Hs. 2 und S. 3). Im Gegenzug erhält der Abschlussprüfer unter Befreiung von seiner **Pflicht zur Verschwiegenheit** (→ § 323 Rn. 51 ff.) nach Abs. 2 S. 2 das Recht, gegenüber den Einsichtsberechtigten den Prüfungsbericht zu erläutern und auf diese Weise die gegen ihn erhobenen Vorwürfe zu entkräften.[6] Ihre Grenze finden Einsichtnahme und Erläuterung dann, wenn die Offenlegung Geheimnisse, namentlich Betriebs- oder Geschäftsgeheimnisse,[7] betrifft, deren Offenlegung geeignet ist, der Gesellschaft einen *erheblichen* Nachteil zuzufügen (Abs. 3 S. 1). § 2 Abs. 1 GeschGehG enthält ebenfalls eine Definition des Begriffs des „Geschäftsgeheimnisses". Der Gesetzgeber hat versucht, die teilweise widerstreitenden Interessen der erwähnten Personenkreise in den noch jungen gesetzlichen Regelungen des § 321a miteinander in Einklang zu bringen. **Unionsrechtliche Vorgaben** bestanden für § 321a nicht.[8]

2. Hintergrund. Das IDW hatte in seiner Stellungnahme zum Fragenkatalog der **3** Regierungskommission „Corporate Governance: Unternehmensführung – Unternehmenskontrolle – Modernisierung des Aktienrechts" im Jahre 2000 angeregt, im Fall der Eröffnung eines Insolvenzverfahrens über ein prüfungspflichtiges Unternehmen (§ 27 InsO) den Insolvenzverwalter zu verpflichten, den Verfahrensbeteiligten auf Antrag Einblick in die Prüfungsberichte der letzten drei Geschäftsjahre vor Eröffnung des Insolvenzverfahrens zu gewähren.[9] Die Verpflichtung zur Offenlegung der Prüfungsberichte sollte nach Ansicht des IDW jedoch auf diejenigen Berichtsteile beschränkt werden, die nach § 321 vorgeschrieben sind.[10] Durch die Offenlegung der Prüfungsberichte im Insolvenzfall wird es nach **Auffassung des IDW** „auch außerhalb des Aufsichtsrats nachvollziehbar, ob der Abschlussprüfer

---

3   Ebke FS Wellensiek, 2011, 429 (430).
4   IDW PS 450: Grundsätze ordnungsmäßiger Erstellung von Prüfungsberichten (Stand: 28.10.2021), IDW Life, 2022, 78 (Tz. 152a).
5   Staub/Habersack/Schürnbrand § 321a Rn. 1; HKMS/Burg Rn. 2; Merkt/Probst/Fink/Merkt S. 1591 Rn. 105; Schüppen Rn. 1.
6   Staub/Habersack/Schürnbrand § 321a Rn. 1; ähnlich HKMS/Burg Rn. 2 („Schutz des Abschlussprüfers"); Hopt/Merkt Rn. 1 („Der einzelne Abschlussprüfer ist mitgeschützt [arg. E II 2]"). IdS auch IDW PS 450.152a („Gleichzeitig kann der Abschlussprüfer von einem uU im Zusammenhang mit einer unerwarteten Unternehmensschieflage in der Öffentlichkeit geäußerten Vorwurf einer unzureichenden Prüfung oder Berichterstattung entlastet werden").
7   Zur Bedeutung des Begriffs Betriebs- oder Geschäftsgeheimnis: BVerfGE 115, 205 (230) = WM 2006, 880 Rn. 87; BVerwG NVwZ 2021, 1866 Rn. 50; BVerwG NVwZ 2016, 1014 Rn. 35; BVerwG NVwZ 2015, 675 Rn. 28; VG Köln BeckRS 2023, 270 = ECLI:DE:VGK:2023:0119.13K2382.21.00 Rn. 172.
8   HKMS/Burg Rn. 4.
9   IDW WPg 2000, 1027 (1031, 1032).
10   IDW WPg 2000, 1027 (1032).

seiner gesetzlichen Berichtspflicht, insbesondere der nach § 321 Abs. 1 S. 2 [aF] geforderten Stellungnahme zur Lagebeurteilung durch die gesetzlichen Vertreter des Unternehmens und der Berichterstattung über Entwicklungsbeeinträchtigungen und Bestandsgefährdungen, die er im Verlauf der Prüfung festgestellt hat (§ 321 Abs. 1 S. 3), nachgekommen ist."[11] Die Verpflichtung zur Offenlegung der Prüfungsberichte im Insolvenzfall unterstütze „auch die klare Darstellung des Abschlussprüfers im Prüfungsbericht, gerade in kritischen Unternehmenssituationen."[12] In seiner Stellungnahme zum RefE des BilReG bekräftigt das IDW, dass die „mit der Offenlegung der Prüfungsberichte im Insolvenzfall verbundene (drohende) **Transparenz** … erheblich zur Versachlichung der Diskussion über die Leistung des Abschlussprüfers beitragen und zudem prophylaktisch die ordnungsgemäße Berichterstattung des Abschlussprüfers im Prüfungsbericht sowie die Beschäftigung des Aufsichtsrats mit dem Prüfungsbericht unterstützen" könne.[13]

4   Die **WPK** unterstützte die Offenlegung des Prüfungsberichts im Insolvenzfall ebenfalls. Nach ihrer Ansicht dient § 321a „dem Schutz und der Verteidigung des Abschlussprüfers in Fällen einer öffentlichen Diskussion um eine Unternehmensschieflage und der Vermutung einer mangelhaften Prüfung."[14] Fraglich sei aber, „ob der Regelungsvorschlag nicht negative haftungsrechtliche Konsequenzen mit sich zieht, indem durch die Offenlegung von Gesetzes wegen Dritte in den Adressatenkreis des Prüfungsberichtes einbezogen würden."[15]

5   Der **Arbeitskreis Bilanzrecht** der Hochschullehrer Rechtswissenschaft hielt den Vorschlag des RefE BilReG, „die Prüfungsberichte der letzten drei Jahre im Insolvenzverfahren offen zu legen", ebenfalls für „begrüßenswert", bemängelte aber die „Einschränkung auf die Berichtselemente des § 321".[16] In einer Stellungnahme des Handelsrechtsausschusses begrüßte auch der **Deutsche Anwaltsverein** die Offenlegung des Prüfungsberichts im Insolvenzfall; der Ausschuss setzte sich zugleich dafür ein, den Prüfungsbericht auch dann offenzulegen, wenn die Eröffnung des Insolvenzverfahrens mangels Masse abgelehnt wird (vgl. Abs. 1 S. 1).[17] In der **Literatur** wurde die Anregung des IDW (→ Rn. 3) als „sehr bedenkenswert" unterstützt; Einigkeit bestand aber darin, dass die Umsetzung des Vorschlags des IDW einer gesetzlichen Regelung bedurfte.[18]

II. Inhalt der gesetzlichen Regelung

6   Der Gesetzgeber hat den Vorschlag des IDW im BilReG[19] vom 4.12.2004 (BGBl. 2004 I 3166) aufgegriffen und die Offenlegung des Prüfungsberichts im Falle der Insolvenz des geprüften Unternehmens unter bestimmten Voraussetzungen festgeschrieben. Durch die Gewährung der Einsicht in den Prüfungsbericht, in dem Aussagen zu Gegenstand, Art und Umfang sowie grundlegende Prüfungsfeststellungen enthalten sind, soweit sie sich auf die nach § 321 geforderte Berichterstattung beziehen, soll es auch außerhalb des Aufsichtsrats nachvollziehbar werden, ob der Abschlussprüfer seiner gesetzlichen Berichtspflicht, insbesondere der nach § 321 Abs. 1 S. 2 geforderten Stellungnahme des Prüfers zur Beurteilung der Lage des Unternehmens durch die gesetzlichen Vertreter und der Berichterstattung über **Bestandsgefährdungen und Entwicklungsbeeinträchtigungen,** die er im Verlauf

---

11   IDW WPg 2000, 1027 (1031, 1032).
12   IDW WPg 2000, 1027 (1032).
13   IDW WPg 2004, 143 (150).
14   S. die Stellungnahme der WPK v. 3.9.2004 zu dem Regierungsentwurf eines Gesetzes zur Einführung internationaler Rechnungslegungsstandards und zur Sicherung der Qualität der Abschlußprüfung (Bilanzrechtsreformgesetz – BilReG), WPK-Magazin 4/2004, 31.
15   Stellungnahme der WPK WPK-Magazin 4/2004, 31.
16   Arbeitskreis Bilanzrecht der Hochschullehrer Rechtswissenschaft BB 2004, 546 (548).
17   Stellungnahme Nr. 7/04 (Februar 2004) des Deutschen Anwaltsvereins durch den Handelsrechtsausschuss.
18   W. Schruff, Unternehmensüberwachung und Abschlußprüfer, in IDW, Kapitalmarktorientierte Unternehmensüberwachung, 2001, 168, 169 („disziplinierende Wirkung").
19   Dazu allgemein Forster/Gelhausen/Möller WPg 2007, 191; Großfeld NZG 2004, 393; Hülsmann DStR 2005, 166; Meyer DStR 2005, 41; Pfitzer/Oser/Orth DB 2004, 2593; Wolf DStR 2005, 438.

seiner Prüfung festgestellt hat (§ 321 Abs. 1 S. 1 Hs. 2 und S. 3), nachgekommen ist.[20] Andererseits kann der Abschlussprüfer im Rahmen des Verfahrens nach § 321a von dem Vorwurf einer unzureichenden Prüfung oder Berichterstattung entlastet werden, da er selbst der Verschwiegenheit unterliegt und auf eigene Initiative keine diesbezüglichen Äußerungen tätigen darf.[21] Ein Recht auf Einsichtnahme in den Prüfungsbericht kommt nur bei Gesellschaften in Betracht, die der Pflichtprüfung unterliegen (also insbesondere Kapitalgesellschaften, sofern es sich nicht um kleine Kapitalgesellschaften iSd § 267 Abs. 1 handelt, und ihnen gleichgestellte Kapitalgesellschaften & Co. iSd § 264a; → § 316 Rn. 2 ff.)[22] und bei denen ein Verfahren nach der InsO stattfinden kann (§ 11 InsO).[23] Die Abs. 1 bis 3 gelten entsprechend, wenn der Schuldner zur Aufstellung eines **Konzernabschlusses** und Konzernlageberichts verpflichtet ist (Abs. 4).[24]

1. Grundregel (Abs. 1 S. 1). Ist über das Vermögen der geprüften Gesellschaft ein **7** Insolvenzverfahren eröffnet (§ 27 Abs. 1 S. 1 InsO) oder wird der Antrag auf Eröffnung des Insolvenzverfahrens mangels Masse abgewiesen (§ 26 Abs. 1 S. 1 InsO),[25] so hat ein Gläubiger[26] oder Gesellschafter[27] die Wahl, selbst oder[28] durch einen von ihm zu bestimmenden **Wirtschaftsprüfer** oder im Falle des § 319 Abs. 1 S. 2 (dh im Falle einer mittelgroßen GmbH gemäß § 267 Abs. 2 oder einer mittelgroßen Personenhandelsgesellschaft iSd § 264a Abs. 1) durch einen vereidigten Buchprüfer[29] Einsicht in die Prüfungsberichte des Abschlussprüfers über die aufgrund gesetzlicher Vorschriften durchzuführende Prüfung des Jahresabschlusses der **letzten drei Geschäftsjahre** zu nehmen, soweit sich diese auf die nach § 321 geforderte Berichterstattung beziehen (Abs. 1 S. 1). Die Einschränkung („soweit") soll sicherstellen, dass sich der Anspruch auf Einsichtnahme nur auf die Teile des Prüfungsberichts bezieht, die nach § 321 vorgeschrieben sind, nicht jedoch auf Berichtsteile, die aufgrund anderer (zB wirtschaftszweig- oder rechtsformspezifischer) Bestimmungen (zB § 29 Abs. 4 KWG) vorgeschrieben sind.[30] Gleiches gilt für ergänzende Berichte über das Prü-

---

[20]   Vgl. Begr. RegE BilReG, BT-Drs. 15/3419, 43 v. 24.6.2006; Hopt/Merkt Rn. 1; HKMS/Burg Rn. 1.
[21]   Graumann Prüfungswesen S. 821.
[22]   HKMS/Burg Rn. 5–6; Merkt/Probst/Fink/Merkt S. 1591 Rn. 108. Genossenschaften sind nicht erfasst; zwar unterliegen sie dem Insolvenzverfahren (§ 98 GenG), die speziellen Vorschriften über die Prüfung der Genossenschaften der §§ 53 ff. GenG enthalten aber keine dem § 321a vergleichbare Regelung und enthalten auch keine Verweisung auf die entsprechenden Vorschriften des HGB, weshalb auch eine entsprechende Anwendung des § 321a ausscheidet. So zutr. Forster/Gelhausen/Möller WPg 2007, 191 (192); HKMS/Burg Rn. 6.
[23]   Zu weiteren Einzelheiten: Begr. RegE BilReG, BT-Drs. 15/3419, 43 v. 24.6.2006; Hopt/Merkt Rn. 1; HKMS/Burg Rn. 1.
[24]   IDW PS 450.152a ff.
[25]   Merkt/Probst/Fink/Merkt S. 1592 Rn. 110. Der Anspruch besteht nach dem eindeutigen Wortlaut von Abs. 1 S. 1 also nicht, wenn noch kein Insolvenzantrag gestellt wurde oder ein Insolvenzantrag zwar gestellt ist, dieser aber als unzulässig oder unbegründet zurückgewiesen wurde oder noch nicht beschieden ist. Das Recht auf Einsichtnahme besteht auch noch nicht im Eröffnungsverfahren nach Bestellung eines vorläufigen Insolvenzverwalters (§ 22 InsO): Schüppen Rn. 3 (dort auch zu dem Verfahren der Vorlage eines Insolvenzplans nach § 217 ff. InsO und zur Eigenverwaltung nach §§ 270 ff. InsO). Eine „wahrscheinliche Insolvenz" iSd Restrukturierungs-RL (→ § 321 Rn. 46), genügt für den Anspruch auf Einsichtnahme nach § 321a ebenfalls nicht.
[26]   Zu dem Kreis der Gläubiger: Forster/Gelhausen/Möller WPg 2007, 191 (193); HKMS/Burg Rn. 18.
[27]   Zur Konkretisierung des Kreises der einsichtsberechtigten Gesellschafter: Forster/Gelhausen/Möller WPg 2007, 191 (193); HKMS/Burg Rn. 13–17.
[28]   HKMS/Burg Rn. 17 („an ihrer Stelle – nicht kumulativ").
[29]   Andere sachverständige Personen (zB Steuerberater, Rechtsanwälte oder Hochschullehrer können nicht mit der Einsichtnahme beauftragt werden, selbst wenn sie über die erforderlichen Kenntnisse verfügen und berufsrechtlich zur Verschwiegenheit verpflichtet sind: HKMS/Burg Rn. 17. Zur Ausübung des Einsichtsrechts durch den Einsichtsberechtigten oder durch Beauftragte näher Forster/Gelhausen/Möller WPg 2007, 191 (197, 198).
[30]   Begr. RegE BilReG, BT-Drs. 15/3419, 44 v. 24.6.2004 (unter Hinweis auf § 29 Abs. 4 KWG iVm § 59 PrüfbVO – Ausführungen zu den wirtschaftlichen Verhältnissen einzelner Kreditnehmer, deren eigentlicher Adressat die BAFin ist). Vgl. Ebke FS Hopt, 2010, 559 (584); BeBiKo/Justenhoven/Deicke Rn. 7; Hopt/Merkt Rn. 1; HKMS/Burg Rn. 17; IDW PS 450.152c.

fungsergebnis etwa in einem Management Letter (IDW PS 450.17),[31] Berichte bei **freiwilligen Auftragserweiterungen**[32] sowie für die Arbeitspapiere des Abschlussprüfers.[33] Dagegen erfasst Abs. 1 S. 1 bei **Unternehmen des öffentlichen Interesses** (§ 316a S. 2) auch den (zusätzlichen) Bericht an den Prüfungsausschuss bzw. die Berichtsteile nach Art. 11 Abschlussprüfungs-VO, so dass diese unabhängig davon, ob sie in dem Prüfungsbericht integriert oder in einem Sonderband enthalten sind, vorlagepflichtig sind.[34]

8   **2. Adressat des Anspruchs (Abs. 1 S. 2).** Der Anspruch richtet sich gegen denjenigen, der die Prüfungsberichte in seinem Besitz hat (Abs. 1 S. 2).[35] Dies wird im Falle der Eröffnung des Insolvenzverfahrens regelmäßig der **Insolvenzverwalter** sein (§ 36 Abs. 2 Nr. 1 InsO).[36] In sonstigen Fällen wird es vom Ausgang des Insolvenzverfahrens abhängig sein, wer die Unterlagen im Besitz hat.[37] Auf die Rechtmäßigkeit des Besitzes oder die Berechtigung zur Weitergabe kommt es nicht an.[38] Das gilt allerdings nur, soweit der gesetzliche Anspruch nach Abs. 1 S. 1 reicht.[39] Der Besitzer ist daher berechtigt zu prüfen, ob und ggf. inwieweit das Recht auf Einsichtnahme in den Prüfungsbericht sich in den Grenzen des Abs. 1 S. 1 hält. Das endgültige Entscheidungsrecht steht aber nur dem Insolvenzverwalter oder den gesetzlichen Vertretern des Schuldners zu, nicht sonstigen Besitzern.[40] Prüfungsberichte über gesetzlich nicht vorgeschriebene (**„freiwillige"**) **Abschlussprüfungen** unterliegen nach Sinn und Zweck des § 321a nicht der Einsichtnahme.[41]

9   **3. Besonderheiten bei AG und KGaA (Abs. 2 S. 1).** Mit Rücksicht auf die uU erhebliche Zahl von Gesellschaftern mit nur geringfügigen Anteilen an der börsennotierten Aktiengesellschaft oder der Kommanditgesellschaft auf Aktien und um das Verfahren der Einsichtnahme noch praktikabel zu halten, stehen die Rechte der Gesellschafter nach Abs. 1 S. 1 bei einer Aktiengesellschaft oder einer Kommanditgesellschaft auf Aktien nur solchen Gesellschaftern zu, deren Anteile bei Geltendmachung des Anspruchs zusammen den einhundertsten Teil (**1 %**) **des Grundkapitals** oder einen **Börsenwert von 100 000 Euro** erreichen (§ 321a Abs. 2 S. 1).[42] Diese Werte betragen ein Fünftel der in § 318 Abs. 3 S. 1 für das Ersetzungsverfahren vorgesehenen Schwellenwerte. Der Bundesregierung erschien der Unterschied „gerechtfertigt", weil die in § 318 Abs. 3 S. 1 „vorgesehenen Maßnahmen (Bestellung eines anderen Prüfers) als weit schwerwiegenderer Eingriff von erheblicherem Gewicht anzusehen ist, als die Einsichtnahme in den Prüfungsbericht".[43] Die Begründung des Regierungsentwurfs des BilReG weist außerdem darauf hin, dass die Schwellenwerte in Abs. 2 S. 1 den für die Bestellung des Sonderprüfers geltenden Grenzwerten entsprechen (§ 142 Abs. 4 S. 1 AktG, § 148 Abs. 1 AktG) und das Gesetz nicht ausschließt, dass sich

---

31   BeBiKo/Justenhoven/Deicke Rn. 6.

32   BeBiKo/Justenhoven/Deicke Rn. 7. Für die gesetzlichen Prüfungserweiterungen nach § 53 HGrG gilt: Die Berichtsbestandteile bezüglich der Prüfung der Ordnungsmäßigkeit der Geschäftsführung und der wirtschaftlichen Verhältnisse sind von dem Einsichtsrecht nicht ausgenommen. IdS auch BeBiKo/Justenhoven/Deicke Rn. 8; Schüppen Rn. 9; aA Staub/Habersack/Schürnbrand Rn. 8; Forster/Gelhausen/Möller WPg 2007, 191 (196). Zur Berichterstattung über die Erweiterung der Abschlussprüfung nach § 53 HGrG: IDW PS 720 (Stand: 9.9.2010), WPg Supp. 22/2006, 1452, WPg Supp. 1/2011, 1.

33   Schüppen Rn. 8; Hopt/Merkt Rn. 1; BeBiKo/Justenhoven/Deicke Rn. 6.

34   BeBiKo/Justenhoven/Deicke Rn. 9; Schüppen Rn. 9.

35   Der Anspruch richtet sich nicht gegen den Abschlussprüfer. Dazu ausf. HKMS/Burg Rn. 20; ferner Hopt/Merkt Rn. 1; Graumann Prüfungswesen S. 821.

36   Ebke FS Hopt, 2010, 559 (583); Ebke FS Wellensiek, 2011, 436; BeBiKo/Justenhoven/Deicke Rn. 12; HKMS/Burg Rn. 19; Wiedmann/Böcking/Gros/Böcking/Gros/Rabenhorst Rn. 3; Graumann Prüfungswesen S. 821.

37   Dazu näher Staub/Habersack/Schürnbrand § 321a Rn. 6; BeBiKo/Justenhoven/Deicke Rn. 12.

38   Schüppen Rn. 11, dort Rn. 12 auch zu Fragen des mehrstufigen Besitzes.

39   Schüppen Rn. 11.

40   Schüppen Rn. 11.

41   So auch BeBiKo/Justenhoven/Deicke Rn. 9; Hopt/Merkt Rn. 1; Merkt/Probst/Fink/Merkt S. 1592 Rn. 110; Staub/Habersack/Schürnbrand Rn. 2; Schüppen Rn. 9.

42   Krit. dazu Staub/Habersack/Schürnbrand § 321a Rn. 4; aA Schüppen Rn. 7.

43   Begr. RegE BilReG, BT-Drs. 15/3419, 43 v. 24.6.2004.

mehrere Gesellschafter zusammenschließen, um die Schwellenwerte zu erreichen („wenn ihre Anteile … zusammen").[44] Der erforderliche Schwellenwert muss bei Geltendmachung des Anspruchs erreicht sein (Abs. 2 S. 1).[45] Zu- und Verkäufe bis zu diesem Zeitraum sind mithin zu berücksichtigen.[46] Maßgeblich ist allein der Wert der Anteile im Zeitpunkt der Geltendmachung des Anspruchs, nicht etwa der letzte Kurs vor Eröffnung des Insolvenzverfahrens bzw. der Abweisung des Antrags auf Insolvenzeröffnung mangels Masse.[47]

4. Gegenstand und Umfang des Einsichtsrechts (Abs. 1 S. 1). Gegenstand des **10** Einsichtsrechts nach Abs. 1 S. 1 sind die Prüfungsberichte (nebst Anlagen) des Abschlussprüfers über die aufgrund gesetzlicher Vorschriften durchzuführende Prüfung des Jahresabschlusses der **letzten drei Geschäftsjahre.**[48] Die Prüfungsberichte zu einem Einzelabschluss iSd § 325 Abs. 2a werden durch die Verweisung in § 324a Abs. 1 S. 1 erfasst. Bei Gesellschaften, die zur Aufstellung eines Konzernabschlusses und Konzernlageberichts verpflichtet sind, gilt das Einsichtsrecht für den Prüfungsbericht zum Konzernabschluss entsprechend (Abs. 4).[49] Bei **Unternehmen des öffentlichen Interesses** erfasst Abs. 1 S. 1 den Bericht an den Prüfungsausschuss bzw. die Berichtsteile nach Art. 11 Abschlussprüfungs-VO, so dass diese unabhängig davon, ob sie in dem Prüfungsbericht integriert oder in einem Sonderband enthalten sind, vorlagepflichtig sind (→ Rn. 7).[50] Fehlte es in einem der drei Geschäftsjahre an der gesetzlichen Pflicht zur Abschlussprüfung, besteht kein Anspruch auf Einsichtnahme in die Prüfungsberichte, die aufgrund freiwilliger oder satzungsmäßiger Abschlussprüfung erstellt wurden; das folgt aus dem Schutzzweck des § 321a, der mittels Offenlegung des Prüfungsberichts in besonderen Fällen die Kontrolle des *gesetzlichen* Abschlussprüfers bezweckt.[51] Der Gesellschaft steht es jedoch frei, in die betreffenden Prüfungsberichte **freiwillig Einblick** zu gewähren.[52] Gleiches gilt für Prüfungsberichte, die mehr als drei Geschäftsjahre zurückliegen. Liegt für die letzten drei Geschäftsjahre kein Prüfungsbericht vor (zB weil kein Abschlussprüfer gewählt oder bestellt wurde oder die Abschlussprüfung noch nicht abgeschlossen ist), besteht kein Recht auf Einsichtnahme in uU vorliegende Prüfungsberichte aus früheren Geschäftsjahren.[53]

Das Einsichtsrecht bezieht sich auf den Bericht des Abschlussprüfers über die Prüfung **11** des Jahresabschlusses. Erfasst ist damit der gesamte **Prüfungsbericht** iSd § 321 **nebst Anlagen.**[54] Zu den Anlagen gehören in der Regel der geprüfte Jahresabschluss sowie der Lagebericht, so dass diese Unterlagen auch dann zugänglich werden, wenn sie nicht offengelegt worden sind.[55] Ein weiter gehendes Recht auf Vorlage von oder Einsicht in Rechnungslegungsunterlagen kann dem § 321a nicht entnommen werden.[56] Die Berichte des Abschlussprüfers über die Durchführung einer **Nachtragsprüfung** (→ § 316 Rn. 16 ff.) unterliegen dem Einsichtsrecht unter denselben Voraussetzungen wie die Prüfungsberichte zu dem

---

44 Begr. RegE BilReG, BT-Drs. 15/3419, 44 v. 24.6.2004. Zust. Staub/Habersack/Schürnbrand § 321a Rn. 5; HKMS/Burg Rn. 24; Merkt/Probst/Fink/Merkt S. 1592 Rn. 111; W/B/G/Böcking/Gros/Rabenhorst Rn. 5; Graumann Prüfungswesen S. 821.
45 HKMS/Burg Rn. 22; Graumann Prüfungswesen S. 821. Zu weiteren Einzelheiten Forster/Gelhausen/Möller WPg 2007, 191 (194).
46 Merkt/Probst/Fink/Merkt S. 1592 Rn. 111 („Die Schwelle kann … auch gezielt erreicht werden"); Staub/Habersack/Schürnbrand § 321a Rn. 5 (dort auch zu der Frage, ob es rechtsmissbräuchlich sein kann, Anteile allein zum Zwecke der Erlangung des Einsichtsrechts zu erwerben).
47 Forster/Gelhausen/Möller WPg 2007, 191 (194); BeBiKo/Justenhoven/Deicke Rn. 13.
48 Gemeint sind die letzten drei Geschäftsjahre vor Eröffnung des Insolvenzverfahrens oder der Ablehnung der Eröffnung mangels Masse; idS auch Forster/Gelhausen/Möller WPg 2007, 191 (195); HKMS/Burg Rn. 9.
49 HKMS/Burg Rn. 9.
50 BeBiKo/Justenhoven/Deicke Rn. 9; Schüppen Rn. 9.
51 Ebenso Forster/Gelhausen/Möller WPg 2007, 191 (195) mwN; HKMS/Burg Rn. 9, 10.
52 Ebke FS Wellensiek, 2011, 438.
53 So auch Forster/Gelhausen/Möller WPg 2007, 191 (195).
54 Hopt/Merkt Rn. 1.
55 Forster/Gelhausen/Möller WPg 2007, 191 (195); zust. BeBiKo/Justenhoven/Deicke Rn. 5.
56 IdS auch Forster/Gelhausen/Möller WPg 2007, 191 (195).

entsprechenden Stichtag.[57] Von dem Einsichtsrecht **nicht erfasst** sind die sog. **Vorweg-oder Leseexemplare** des Prüfungsberichts (→ § 321 Rn. 93),[58] die Hand- oder Belegex-emplare des Prüfungsberichts,[59] etwaige **Management Letters** (→ § 321 Rn. 23)[60] und erst recht nicht die **Arbeitspapiere des Abschlussprüfers** (→ § 317 Rn. 88 ff.).[61] Kein Anspruch auf Einsicht besteht ferner bezüglich solcher Teile des Prüfungsberichts, die sich nicht auf die nach § 321 geforderte Berichterstattung beziehen (Abs. 1 S. 1 aE).[62] Gleiches gilt für besondere Prüfungsfeststellungen, die etwa vom Aufsichtsrat verlangt wurden. Berichtsteile, die von der Einsicht ausgeschlossen sind, können durch geeignete Maßnahmen (zB Schwärzung, Herausnahme, Anfertigung von Teilkopien) der Einsicht entzogen wer-den;[63] im Übrigen ist der Prüfungsbericht zur Einsichtnahme freizugeben.[64]

12   **5. Erläuterung des Prüfungsberichts (Abs. 2 S. 2).** Dem Abschlussprüfer ist die Erläuterung des Prüfungsberichts gegenüber den in Abs. 1 S. 1 aufgeführten Personen **gestat-tet** (Abs. 2 S. 2). Eine Pflicht des Abschlussprüfers zur Erläuterung des Prüfungsberichts besteht demnach nicht.[65] Trotz der „unglücklichen Positionierung" der Bestimmung in Abs. 2 S. 2 im Anschluss an die besonderen Voraussetzungen des Rechts auf Einsichtnahme bei AG und KGaA (Abs. 2 S. 1) gilt das Erläuterungsrecht nach Abs. 2 S. 2 für Rechtsträger aller Rechtsformen, die von der Einsichtnahme betroffen sind.[66] **Erläuterungen** des Abschlussprüfers sind – wegen der fortgeltenden Pflicht zur Verschwiegenheit (vgl. Abs. 3 S. 2: „im Übrigen") – auf solche Teile oder Passagen des Prüfungsberichts zu beschränken, die aus sich heraus nicht ohne Weiteres verständlich sind oder die zum Verständnis der für die Krise des Unternehmens maßgeblichen Prüfungs- und Prüfungsberichtspunkte sachdienlich sind.[67] *Insoweit* ist die Befreiung des Abschlussprüfers von der fortgeltenden (strafrechtlich sanktionierten) Pflicht zur Verschwiegenheit (§ 323 Abs. 1 S. 1 und Abs. 3) durch die Wahr-nehmung berechtigter eigener Interessen gerechtfertigt (s. auch → § 323 Rn. 57).[68] Im Übrigen bleibt die Pflicht zur Verschwiegenheit des Abschlussprüfers unberührt (Abs. 3 S. 2).[69] Die Erläuterungsmöglichkeit geht nur so weit, wie ein korrespondierendes Recht auf Einsichtnahme nach Abs. 1 S. 1 besteht.[70] Aus dem Widerspruchsrecht des Insolvenzver-walters oder eines gesetzlichen Vertreters des Schuldners nach Abs. 3 S. 1 ergibt sich eine weitere Schranke für die Erläuterung des Prüfungsberichts durch den Abschlussprüfer.[71] Die Erläuterungen des Abschlussprüfers können **mündlich oder schriftlich** gegenüber dem

---

[57]   Forster/Gelhausen/Möller WPg 2007, 191 (195, 196).
[58]   Ebke FS Wellensiek, 2011, 438.
[59]   Ebke FS Wellensiek, 2011, 438; Hopt/Merkt Rn. 1; HKMS/Burg Rn. 20.
[60]   Ebke FS Wellensiek, 2011, 438; BeBiKo/Justenhoven/Deicke Rn. 6; Hopt/Merkt Rn. 1.
[61]   Ebke FS Wellensiek, 2011, 438; idS auch Forster/Gelhausen/Möller WPg 2007, 191 (196); BeBiKo/Justenhoven/Deicke Rn. 6; Hopt/Merkt Rn. 1.
[62]   Hopt/Merkt Rn. 1. Zu weiteren Einzelheiten Forster/Gelhausen/Möller WPg 2007, 191 (196); Staub/Habersack/Schürnbrand Rn. 8.
[63]   Vgl. Forster/Gelhausen/Möller WPg 2007, 191 (196); zust. BeBiKo/Justenhoven/Deicke Rn. 6.
[64]   Zu den Modalitäten der Einsichtnahme Staub/Habersack/Schürnbrand Rn. 10–12 mwN.
[65]   Ebenso Forster/Gelhausen/Möller WPg 2007, 191 (199); HKMS/Burg Rn. 29 („in sein Ermessen gestellt; eine Pflicht zur Erläuterung besteht nicht"); Staub/Habersack/Schürnbrand Rn. 18 („im Ermes-sen des Abschlussprüfers"); BeBiKo/Justenhoven/Deicke Rn. 11 („keine Pflicht, den Prüfungsbericht überhaupt oder insgesamt zu kommentieren").
[66]   HKMS/Burg Rn. 25.
[67]   Vgl. Forster/Gelhausen/Möller WPg 2007, 191 (199). BeBiKo/Justenhoven/Deicke Rn. 11 erwähnen in diesem Zusammenhang den Einfluss einzelner besonders bedeutsamer Geschäftsvorfälle sowie wesent-licher Bewertungsgrundlagen und ihrer Änderungen einschließlich der Ausübung von Bilanzierungs-und Bewertungswahlrechten und der Ausnutzung von Ermessensspielräumen sowie von sachverhaltsge-staltenden Maßnahmen auf die Darstellung der Vermögens-, Finanz- und Ertragslage. Die Erläuterungen könnten sich „ggf." an IDW PS 470: Grundsätze für die Kommunikation mit den für die Überwachung Verantwortlichen (Stand: 10.10.2017), IDW Life 2018, 173, orientieren.
[68]   Ebke FS Wellensiek, 2011, 439; Schüppen Rn. 17.
[69]   HKMS/Burg Rn. 34.
[70]   So treffend HKMS/Burg Rn. 27.
[71]   Vgl. Forster/Gelhausen/Möller WPg 2007, 191 (199). Graumann Prüfungswesen S. 821, empfiehlt „eine präzise Absprache zwischen dem Abschlussprüfer und dem Insolvenzverwalter darüber …, welche Sachverhalte Gegenstand der Erläuterung sein dürfen."

Einsichtsberechtigten abgegeben werden.[72] Der Anwesenheit oder Unterrichtung des Insolvenzverwalters oder eines gesetzlichen Vertreters der geprüften Gesellschaft bedarf es nicht.

6. Haftungsrechtliche Folgen. Ungeklärt ist die Frage, welche haftungsrechtlichen **13** Folgen sich aus den Erläuterungen für den Abschlussprüfer ergeben können. In der Literatur wird mit Recht betont, dass durch die Wahrnehmung des Erläuterungsrechts (Abs. 2 S. 2) zwischen dem Abschlussprüfer und dem Einsichtsberechtigten kein vertragliches (zB § 675 Abs. 2 BGB; → § 323 Rn. 124) oder sonstiges Schuldverhältnis (§ 311 Abs. 3 S. 1 oder 2 BGB, § 241 Abs. 2 BGB; → § 323 Rn. 129, → § 323 Rn. 169 ff.) zustande kommt und die Erläuterungen des Abschlussprüfers ein solches Schuldverhältnis auch nicht voraussetzen.[73] Die Frage ist in der Rechtsprechung aber noch nicht geklärt. Erläuterungswillige Abschlussprüfer sollten daher gegenüber dem Empfänger der Erläuterungen unmissverständlich klarstellen, dass sie mit ihnen ein vertragliches oder sonstiges Schuldverhältnis nicht eingehen wollen und sie auch einer Einbeziehung der Einsichtsberechtigten in den Schutzbereich des Prüfungsvertrages nicht zustimmen (→ § 323 Rn. 312 ff.).[74] In Betracht kommt eine Haftung nach § 826 BGB wegen leichtfertigen und gewissenlosen Verhaltens (→ § 323 Rn. 104 ff.).[75] Die Haftungsvoraussetzungen des § 826 BGB sind freilich schwer darzulegen und zu beweisen und werden in der Praxis selten vorliegen.[76]

7. Wahrung von Geheimnissen (Abs. 3 S. 1). Abs. 3 S. 1 enthält eine Schutzklausel **14** zur Wahrung von Geheimnissen. Der Insolvenzverwalter oder ein gesetzlicher Vertreter des Schuldners[77] kann einer Offenlegung von Geheimnissen, namentlich Betriebs- oder Geschäftsgeheimnissen, widersprechen, wenn die Offenlegung geeignet ist, *der Gesellschaft* einen **erheblichen(!) Nachteil** zuzufügen (Abs. 3 S. 1).[78] Nachteil ist nicht nur ein Schaden iSd §§ 249 ff. BGB, sondern „jede einigermaßen gewichtige Beeinträchtigung des Geschäftsinteresses".[79] Wann ein Nachteil für die Gesellschaft als **erheblich** anzusehen ist, ist unter Berücksichtigung der Umstände des Einzelfalls zu beurteilen.[80] Maßstab ist eine vernünftige kaufmännische Beurteilung.[81] Zur Konkretisierung kann uU auf die im Rahmen des § 286 Abs. 3 S. 1 Nr. 2 HGB und des § 131 Abs. 3 Nr. 1 AktG entwickelten Kriterien zurückgegriffen werden.[82] Außerdem sollte bei der Auslegung und Anwendung des Begriffs des „Nachteils" in Abs. 3 S. 1 der Insolvenzsituation Rechnung getragen werden.[83] Damit die **Widerspruchsmöglichkeit** nicht nur für die Einsichtnahme in den Prüfungsbericht, sondern auch für die Erläuterung des Abschlussprüfers gilt, bedarf es zwischen dem Abschlussprüfer und dem Insolvenzverwalter einer Abstimmung darüber, welche Sachverhalte nicht Gegenstand der Erläuterung sein sollen.[84] Deshalb sollte die Aufforderung an den Abschlussprüfer, den Prüfungsbericht zu erläutern, dem Insolvenzverwalter obliegen.[85] Gläubiger bzw. Gesellschaf-

---

72   Ebenso Forster/Gelhausen/Möller WPg 2007, 191 (199); HKMS/Burg Rn. 30; BeBiKo/Justenhoven/Deicke Rn. 11 („auch schriftlich").

73   So Forster/Gelhausen/Möller WPg 2007, 191 (199); Ebke FS Wellensiek, 2011, 439; iE ebenso Staub/Habersack/Schürnbrand Rn. 19; HKMS/Burg Rn. 38; BeBiKo/Justenhoven/Deicke Rn. 11; Schüppen Rn. 24.

74   Ebke FS Wellensiek, 2011, 440; zust. BeBiKo/Justenhoven/Deicke Rn. 11.

75   Staub/Habersack/Schürnbrand Rn. 19; HKMS/Burg Rn. 38.

76   Ebke FS Wellensiek, 2011, 440.

77   Maßgeblich sind Stand und Verlauf des Insolvenzverfahrens: HKMS/Burg Rn. 31.

78   HKMS/Burg Rn. 31. Die Darlegungs- und Beweislast tragen der Insolvenzverwalter bzw. der gesetzliche Vertreter des Schuldners, der der Offenlegung widerspricht: Schüppen Rn. 22.

79   Staub/Habersack/Schürnbrand Rn. 14 mwN; Ebke FS Wellensiek, 2011, 440. Für eine enge Auslegung des Begriffs des Nachteils Forster/Gelhausen/Möller WPg 2007, 191 (196); BeBiKo/Justenhoven/Deicke Rn. 15.

80   Ebenso HKMS/Burg Rn. 32.

81   BeBiKo/Justenhoven/Deicke Rn. 16.

82   Staub/Habersack/Schürnbrand Rn. 14; Hopt/Merkt Rn. 3.

83   Schüppen Rn. 22.

84   Ebke FS Wellensiek, 2011, 440 mwN; zust. HKMS/Burg Rn. 34 Fn. 7; BeBiKo/Justenhoven/Deicke Rn. 17.

85   IDW PS 450.152g.

ter oder die von ihnen beauftragten Dritten sollten sich mit ihrem Begehren daher zunächst an den Insolvenzverwalter wenden.[86]

15   **8. Verschwiegenheitspflicht des Wirtschaftsprüfers (Abs. 3 S. 2).** Abs. 3 S. 2 stellt klar, dass § 323 Abs. 1 und 3 „im Übrigen" unberührt bleibt. Demnach bleibt der Wirtschaftsprüfer, seine Gehilfen und die bei der Prüfung mitwirkenden gesetzlichen Vertreter einer Prüfungsgesellschaft auch nach der Offenlegung des Prüfungsberichts in den besonderen Fällen des Abs. 1 S. 1 und auch nach Beendigung des Auftragsverhältnisses (vgl. § 10 Abs. 3 BS WP/vBP) zur Verschwiegenheit verpflichtet (§ 323 Abs. 1 S. 1 und 3; § 43 Abs. 1 S. 1 WPO; § 10 Abs. 1 BS WP/vBP).[87] Der Abschlussprüfer, seine Gehilfen und die bei der Prüfung mitwirkenden gesetzlichen Vertreter einer Prüfungsgesellschaft dürfen außerdem weder während noch nach Beendigung eines Auftragsverhältnisses (vgl. § 11 S. 2 BS WP/vBPund 3 iVm § 10 Abs. 3 BS WP/vBP) Berufsgeheimnisse weder für sich noch für Dritte unbefugt verwerten, die sie bei ihrer Berufsausübung erfahren haben (§ 323 Abs. 1 S. 2; § 11 S. 1 BS WP/vBP). Eine vorsätzliche oder fahrlässige **Verletzung der Pflicht** zur Verschwiegenheit bzw. ein vorsätzlicher oder fahrlässiger Verstoß gegen das Verwertungsverbot machen den Prüfer, seine Gehilfen bzw. die bei der Prüfung mitwirkenden gesetzlichen Vertreter einer Prüfungsgesellschaft **schadensersatzpflichtig** (§ 323 Abs. 1 S. 3).

16   **9. Verschwiegenheitspflicht der Einsichtsberechtigten (Abs. 3 S. 3).** Unbeschadet des Widerspruchsrechts des Insolvenzverwalters oder eines gesetzlichen Vertreters des Schuldners nach Abs. 3 S. 1 sind auch die nach Abs. 1 S. 1 zur Einsichtnahme in die Prüfungsberichte Berechtigten zur Verschwiegenheit über den Inhalt der von ihnen eingesehenen Unterlagen verpflichtet (Abs. 3 S. 3).[88] Die Verpflichtung erstreckt sich nicht nur auf Geheimnisse, namentlich Betriebs- oder Geschäftsgeheimnisse (vgl. § 2 Abs. 1 GeschGehG), sondern auf alle Erkenntnisse aus dem Prüfungsbericht.[89] Das schließt Informationen über fehlende oder pflichtwidrige Berichterstattung oder Hinweise des Abschlussprüfers ein.[90] Die Verschwiegenheitspflicht besteht auch gegenüber solchen Personen, die nach Abs. 1 S. 1 ein eigenes Einsichtsrecht hätten, es aber nicht ausgeübt haben.[91]

17   **10. Konzernabschlussprüfungen (Abs. 4).** Abs. 1 bis 3 gelten entsprechend, wenn der Schuldner zur Aufstellung eines Konzernabschlusses und Konzernlageberichts verpflichtet ist (Abs. 4). Damit ist aber keine Einsichtnahmemöglichkeit in die Prüfungsberichte der einbezogenen Tochterunternehmen verbunden – und zwar auch dann nicht, wenn diese von dem Abschlussprüfer des Mutterunternehmens, der zugleich Konzernabschlussprüfer ist, geprüft wurden.[92]

18   **11. Kosten.** Wer die auf Seiten der Einsichtsberechtigten, der geprüften Gesellschaft bzw. des Abschlussprüfers entstehenden Kosten zu tragen hat, ist gesetzlich nicht ausdrücklich geregelt. In der Literatur gibt es zur Lösung der Frage der Kostentragung überzeugende und praktikable Lösungsvorschläge.[93]

19   **12. Sanktionen bei Verstoß.** Sanktionen bei allfälligen Verstößen gegen die Pflichten der Beteiligten im Rahmen des § 321a, insbesondere gegen Verschwiegenheitspflichten, sind denkbar,[94] haben in der Praxis aber – soweit ersichtlich – bisher keine besondere Bedeutung erlangt.

---

[86]   IDW PS 450.152g; zust. BeBiKo/Justenhoven/Deicke Rn. 17.
[87]   Vgl. Begr. RegE BilReG, BT-Drs. 15/3419, 44 v. 24.6.2004.
[88]   Graumann Prüfungswesen S. 821. Zur Sanktionierung von Verstößen der Einsichtsberechtigten Schüppen Rn. 20; Staub/Habersack/Schürnbrand Rn. 15.
[89]   HKMS/Burg Rn. 34; BeBiKo/Justenhoven/Deicke Rn. 19.
[90]   Forster/Gelhausen/Möller WPg 2007, 191 (200); BeBiKo/Justenhoven/Deicke Rn. 19.
[91]   Forster/Gelhausen/Möller WPg 2007, 191 (200) (dort auch zu der gesetzlich nicht ausdrücklich geregelten Frage des Verwertungsverbots der Einsichtsberechtigten).
[92]   Vgl. IDW PS 450.152i; Forster/Gelhausen/Möller WPg 2007, 191 (200); Pfitzer/Oser/Orth DB 2004, 2593 (2601); HKMS/Burg Rn. 36.
[93]   Vgl. Forster/Gelhausen/Möller WPg 2007, 191 (198).
[94]   Ausf. HKMS/Burg Rn. 37–40.

§ 322[1] Bestätigungsvermerk

(1) [1]Der Abschlußprüfer hat das Ergebnis der Prüfung schriftlich in einem Bestätigungsvermerk zum Jahresabschluss oder zum Konzernabschluss zusammenzufassen. [2]Der Bestätigungsvermerk hat Gegenstand, Art und Umfang der Prüfung zu beschreiben und dabei die angewandten Rechnungslegungs- und Prüfungsgrundsätze anzugeben; er hat ferner eine Beurteilung des Prüfungsergebnisses zu enthalten. [3]In einem einleitenden Abschnitt haben zumindest die Beschreibung des Gegenstands der Prüfung und die Angabe zu den angewandten Rechnungslegungsgrundsätzen zu erfolgen. [4]Über das Ergebnis der Prüfungen nach § 317 Absatz 3a und 3b ist jeweils in einem besonderen Abschnitt zu berichten.

(1a) Bei der Erstellung des Bestätigungsvermerks hat der Abschlussprüfer die internationalen Prüfungsstandards anzuwenden, die von der Europäischen Kommission in dem Verfahren nach Artikel 26 Absatz 3 der Richtlinie 2006/43/EG angenommen worden sind.

(2) [1]Die Beurteilung des Prüfungsergebnisses muss zweifelsfrei ergeben, ob
1. ein uneingeschränkter Bestätigungsvermerk erteilt,
2. ein eingeschränkter Bestätigungsvermerk erteilt,
3. der Bestätigungsvermerk aufgrund von Einwendungen versagt oder
4. der Bestätigungsvermerk deshalb versagt wird, weil der Abschlussprüfer nicht in der Lage ist, ein Prüfungsurteil abzugeben.

[2]Die Beurteilung des Prüfungsergebnisses soll allgemein verständlich und problemorientiert unter Berücksichtigung des Umstandes erfolgen, dass die gesetzlichen Vertreter den Abschluss zu verantworten haben. [3]Auf Risiken, die den Fortbestand der Kapitalgesellschaft oder eines Konzernunternehmens gefährden, ist gesondert einzugehen. [4]Auf Risiken, die den Fortbestand eines Tochterunternehmens gefährden, braucht im Bestätigungsvermerk zum Konzernabschluss des Mutterunternehmens nicht eingegangen zu werden, wenn das Tochterunternehmen für die Vermittlung eines den tatsächlichen Verhältnissen entsprechenden Bildes der Vermögens-, Finanz- und Ertragslage des Konzerns nur von untergeordneter Bedeutung ist.

(3) [1]In einem uneingeschränkten Bestätigungsvermerk (Absatz 2 Satz 1 Nr. 1) hat der Abschlussprüfer zu erklären, dass die von ihm nach § 317 durchgeführte Prüfung zu keinen Einwendungen geführt hat und dass der von den gesetzlichen Vertretern der Gesellschaft aufgestellte Jahres- oder Konzernabschluss aufgrund der bei der Prüfung gewonnenen Erkenntnisse des Abschlussprüfers nach seiner Beurteilung den gesetzlichen Vorschriften entspricht und unter Beachtung der Grundsätze ordnungsmäßiger Buchführung oder sonstiger maßgeblicher Rechnungslegungsgrundsätze ein den tatsächlichen Verhältnissen entsprechendes Bild der Vermögens-, Finanz- und Ertragslage der geprüften Kapitalgesellschaft oder des Konzerns vermittelt. [2]Der Abschlussprüfer kann zusätzlich einen Hinweis auf Umstände aufnehmen, auf die er in besonderer Weise aufmerksam macht, ohne den Bestätigungsvermerk einzuschränken.

(4) [1]Sind Einwendungen zu erheben, so hat der Abschlussprüfer seine Erklärung nach Absatz 3 Satz 1 einzuschränken (Absatz 2 Satz 1 Nr. 2) oder zu versagen (Absatz 2 Satz 1 Nr. 3). [2]Die Versagung ist in den Vermerk, der nicht mehr als Bestätigungsvermerk zu bezeichnen ist, aufzunehmen. [3]Die Einschränkung oder Versagung ist zu begründen; Absatz 3 Satz 2 findet Anwendung. [4]Ein eingeschränkter Bestätigungsvermerk darf nur erteilt werden, wenn der geprüfte Abschluss unter

---

[1]   Zur Regelung des einheitlichen elektronischen Formats für Jahresfinanzberichte durch das Gesetz zur
       weiteren Umsetzung der Transparenzrichtlinie-Änderungsrichtlinie – ESEF-UG → 4. Aufl. 2020, Anh.
       Rn. 1 ff.

Beachtung der vom Abschlussprüfer vorgenommenen, in ihrer Tragweite erkennbaren Einschränkung ein den tatsächlichen Verhältnissen im Wesentlichen entsprechendes Bild der Vermögens-, Finanz- und Ertragslage vermittelt.

(5) [1]Der Bestätigungsvermerk ist auch dann zu versagen, wenn der Abschlussprüfer nach Ausschöpfung aller angemessenen Möglichkeiten zur Klärung des Sachverhalts nicht in der Lage ist, ein Prüfungsurteil abzugeben (Absatz 2 Satz 1 Nr. 4). [2]Absatz 4 Satz 2 und 3 gilt entsprechend.

(6) [1]Die Beurteilung des Prüfungsergebnisses hat sich auch darauf zu erstrecken, ob der Lagebericht oder der Konzernlagebericht nach dem Urteil des Abschlussprüfers mit dem Jahresabschluss und gegebenenfalls mit dem Einzelabschluss nach § 325 Abs. 2a oder mit dem Konzernabschluss in Einklang steht, die gesetzlichen Vorschriften zur Aufstellung des Lage- oder Konzernlageberichts beachtet worden sind und der Lage- oder Konzernlagebericht insgesamt ein zutreffendes Bild von der Lage der Kapitalgesellschaft oder des Konzerns vermittelt. [2]Dabei ist auch darauf einzugehen, ob die Chancen und Risiken der zukünftigen Entwicklung zutreffend dargestellt sind.

(6a) [1]Wurden mehrere Prüfer oder Prüfungsgesellschaften gemeinsam zum Abschlussprüfer bestellt, soll die Beurteilung des Prüfungsergebnisses einheitlich erfolgen. [2]Ist eine einheitliche Beurteilung ausnahmsweise nicht möglich, sind die Gründe hierfür darzulegen; die Beurteilung ist jeweils in einem gesonderten Absatz vorzunehmen. [3]Die Sätze 1 und 2 gelten im Fall der gemeinsamen Bestellung von
1. Wirtschaftsprüfern oder Wirtschaftsprüfungsgesellschaften,
2. vereidigten Buchprüfern und Buchprüfungsgesellschaften sowie
3. Prüfern oder Prüfungsgesellschaften nach den Nummern 1 und 2.

(7) [1]Der Abschlussprüfer hat den Bestätigungsvermerk oder den Vermerk über seine Versagung unter Angabe des Ortes der Niederlassung des Abschlussprüfers und des Tages der Unterzeichnung zu unterzeichnen; im Fall des Absatzes 6a hat die Unterzeichnung durch alle bestellten Personen zu erfolgen. [2]Der Bestätigungsvermerk oder der Vermerk über seine Versagung ist auch in den Prüfungsbericht aufzunehmen. [3]Ist der Abschlussprüfer eine Wirtschaftsprüfungsgesellschaft, so hat die Unterzeichnung zumindest durch den Wirtschaftsprüfer zu erfolgen, welcher die Abschlussprüfung für die Prüfungsgesellschaft durchgeführt hat. [4]Satz 3 ist auf Buchprüfungsgesellschaften entsprechend anzuwenden.

Schrifttum: Arbeitskreis Externe Unternehmensrechnung (AKEU) der Schmalenbach-Gesellschaft für Betriebswirtschaft e.V., Fortentwicklung des Abschlussprüfer-Bestätigungsvermerks, BB 2017, 107; Becker, Verwaltungskontrolle durch Gesellschafterrechte, 1997; Blöink/Kumm, AReG-RefE: neue Pflichten zur Verbesserung der Qualität und Steigerung der Aussagekraft der Abschlussprüfung, BB 2015, 1067; Bravidor/Rupertus, Key Audit Matters im „neuen" Bestätigungsvermerk, WPg 2018, 272; Chekushina/Loth, Die kritische Grundhaltung des Abschlussprüfers, NZG 2014, 8; Deckers/Hermann, Die kritische Grundhaltung des Abschlussprüfers (professional scepticism), DB 2013, 2315; Dörner/Menold/Pfitzer/Oser, Reform des Aktienrechts, der Rechnungslegung und Prüfung, 2. Aufl. 2003; Dolensky, Der neue Bestätigungsvermerk nach ISA 700 (revised) und ISA 701, IRZ 2016, 137; Ebke, Abschlussprüfer, Bestätigungsvermerk und Drittschutz, JZ 1998, 991; Ebke, In Search of Alternatives: Comparative Reflections on Corporate Governance and the Independent Auditor's Responsibilities, Nw. U. L. Rev. 79 (1984) 663; Erle, Der Bestätigungsvermerk des Abschlußprüfers, 1990; Farr, Der verantwortliche Prüfungspartner – das unbekannte Wesen, WPg 2017, 115; Farr, Die kritische Grundhaltung als Berufspflicht, WPg 2018, 397; Farr, „Vier-Augen-Prinzip" bei gesetzlichen Abschlussprüfungen?, WPg 2016, 762; Feld, Der neue Bestätigungsvermerk, IDW Life 2017, 281; Foerster, Der Bestätigungsvermerk des Abschlussprüfers als öffentliche Kapitalmarktinformation im Sinne des KapMuG, ZIP 2022, 1683; Freichel/Brösel, Grundsätze ordnungsmäßiger Berichterstattung im Bestätigungsvermerk, DStR 2019, 1222; Gelhausen, Organisation der Abschlussprüfung, Unterzeichnung von Bestätigungsvermerken und berufsrechtliche Verantwortung, WPK Magazin 4/2007, 58; Gewehr/Moser, Zur künftigen Anwendung der ISA in Deutschland, WPg 2018, 193; Giese/Seidler, Leistungen des Abschlussprüfers – Aufnahme in den Anhang oder in den Bestätigungsvermerk?, BB 2017, 2795; Grunewald, Die Haftung des Abschlußprüfers gegenüber Dritten, ZGR 1999, 583; Heeb/Schlums, Die neue Zweiteilung des Bestätigungsvermerks, WP Praxis 2016, 113; Hennrichs,

Angaben über erbrachte verbotene Nichtprüfungsleistungen im Bestätigungsvermerk?, WPg 2018, 1127; Henselmann/Seebeck, Was deutsche Abschlussadressaten vom neuen Bestätigungsvermerk erwarten können – Eine empirische Analyse von Key Audit Matters in Großbritannien, WPg 2017, 237; Hirsch, Voraussetzungen für den Widerruf eines Bestätigungsvermerks – Anmerkungen zu KG Beschluss v. 19.9.2000 – 2 W 5362/00, WPg 2001, 606; Hoffmann/Knierim, Falsche Berichterstattung des Abschlussprüfers, BB 2002, 2275; Keenan, The Auditor's Dilemma: To Disclaim or not Disclaim, Univ. of Auckland Bus. Rev. 10 (2008), 52; Knappstein, Berichterstattung über Key audit matters, DB 2017, 1792; Köhler, Künftige Anforderungen an den Bestätigungsvermerk des Abschlussprüfers aus europäischer und internationaler Sicht, WPg 2015, 109; Ljubicic, Key Audit Matters im Bestätigungsvermerk – Analyse der Berichtspraxis im Zeitverlauf bei im DAX, MDAX und SDAX gelisteten Unternehmen, KoR 2020, 76; Ljubicic/Wader, Key Audit Matters – Eine empirisch-ökonometrische Untersuchung der Berichterstattung – Zwei-Jahres-Vergleich der Bestätigungsvermerke zu den IFRS-Konzernabschlüssen der Unternehmen des DAX 30, MDAX und SDAX, WPg 2021, 130; W. Müller, Der Bestätigungsvermerk des Abschlussprüfers, FS Hommelhoff, 2012, 777; Muraz, Neuer Bestätigungsvermerk – Erste empirische Evidenz, BB 2017, 2542; Nieland, Der Bestätigungsvermerk eines Wirtschaftsprüfers – Wesen, Bedeutung und Verantwortung, NWB 2001, 981; Penkwitt, Einheitliche Berichterstattung im Bestätigungsvermerk bei PIEs und Non-PIEs? – Diskussionsergebnisse, WPg Sonderheft 2/2015, 49; Pföhler/Kunellis/Knappe, Die Berichterstattung über Key Audit Matters im Bestätigungsvermerk des Abschlussprüfers, WP Praxis 2016, 57; Philipps, Neuerungen beim Bestätigungsvermerk zum Jahresabschluss und Lagebericht bei Non-PIE, WP Praxis 2017, 84; Quick, Berichterstattung über besonders wichtige Prüfungssachverhalte in den Bestätigungsvermerken der HDAX-Unternehmen, WPg 2019, 321; Quick/Pappert/Friedrich/Carlé, Ähnlichkeiten und „Boilerplates" in der Berichterstattung über Key Audit Matters in den Bestätigungsvermerken der DAX-30-Unternehmen, BFuP 2021, 461; Ratzinger-Sakel, Welche Veränderungen erfährt die Berichterstattung des Abschlussprüfers? – Eine Analyse der aktuellen europäischen und internationalen Reformen, WPg 2016, 217; Reisch, Umfang und Tiefe der Berichterstattung über Key Audit Matters („KAM") im Bestätigungsvermerk bei der Prüfung von Unternehmen von öffentlichem Interesse („PIEs") – Diskussionsergebnisse, WPg Sonderheft 2/2015, 45; Rohatschek/Aschauer, Reformierter Bestätigungsvermerk – Besonders wichtige Prüfungssachverhalte als unternehmensindividuelle Informationen oder lediglich „Copy & Paste" durch Abschlussprüfer?, WPg 2018, 1275; Scharr/Bernhardt/Koch, Analyse der Bestätigungsvermerke für Unternehmen im DAX-30 und im MDAX – Erkenntnisse und Herausforderungen in der Prüfungssaison 2017/2018, ZCG 2018, 271; Scharr/Bernhardt/Koch, Der neue Bestätigungsvermerk bei Abschlussprüfungen – Erste Praxiserfahrungen bei der Anwendung der neuen Regelungen, ZCG 2017, 169; Skirk/Kuhn, Neuerungen der Berichterstattung im Bestätigungsvermerk (IDW PS 400er-Reihe) – Der uneingeschränkte Bestätigungsvermerk bei Nicht-PIE, WPg 2018, 63; Schlüter/Ratzinger-Sakel, Standardisierung von Key Audit Matters? – Eine Bestandsaufnahme zu drei Jahren verpflichtender Key-Audit-Matter-Berichterstattung, WPg 2021, 1270; Schmid, Neue IDW-Standardentwürfe zum Bestätigungsvermerk – sind alle Einzelregelungen zielführend?, BB 2017, 811; Schmid, Neue Beispiele des IDW zum Bestätigungsvermerk – Adressateninteresse vor ISA-Treue, BB 2017, 2539; Schmidt, Der neue Bestätigungsvermerk – Hintergründe und Herausforderungen, WPg Sonderheft 2/2015, 38; Schmidt/Eibelshäuser/Bernhardt, Prüfungsurteil zum Lagebericht: Auswirkungen auf die Prüfung und den Bestätigungsvermerk durch das BilRUG, DB Beil 5/2015, 62; Schüppen, Die europäische Abschlussprüfungsreform und ihre Implementierung in Deutschland – Vom Löwen zum Bettvorleger?, NZG 2016, 247; Schüppen/Walz, „Mitbestimmungslücke" und mangelhafte Berichterstattung über die „Frauenquote", WPg 2015, 1155; Skirk, Der neu gefasste Bestätigungsvermerk, WPg 2017, 57; Skirk/Kuhn, Neuerungen der Berichterstattung im Bestätigungsvermerk (IDW PS 400er-Reihe) – Besonderheiten bei der Prüfung von PIE, Modifizierung von Prüfungsurteilen, Hinweise im Bestätigungsvermerk, WPg 2018, 329; Skirk/Kuhn, Neuerungen der Berichterstattung im Bestätigungsvermerk (IDW PS 400er-Reihe) – Der uneingeschränkte Bestätigungsvermerk bei Nicht-PIE, WPg 2018, 63; Sträter, Gesamturteil des Abschlussprüfers (Wirtschaftsprüfers) nach der Prüfung eines Jahres- oder Konzernabschlusses, Diss. TU Dortmund 2020; Weiß, Die Pflicht zur Unterzeichnung des Jahresabschlusses der AG bei seiner Aufstellung und die Folgen ihrer Verletzung, WM 2010, 1010; WPK, Praxishinweis aus neuem Berufsrecht: Prüfungsvermerke und -berichte zukünftig elektronisch möglich (Teil 1 und 2), WPK Magazin 1/2017, 17 und 3/2017, 26; Ziegler, Die Erteilung eines nachgebildeten Bestätigungsvermerks, IDW Life 2016, 742; Zwirner/Vodermeier/Zimny, Bilanzierung und Berichterstattung im handelsrechtlichen Abschluss und Lagebericht vor dem Hintergrund gestiegener Inflationsraten, WPg 2023, 117.

Übersicht

I. Überblick

1   Der Abschlussprüfer hat das Ergebnis der Prüfung in einem **Bestätigungsvermerk** zum Jahresabschluss bzw. zum Konzernabschluss schriftlich zusammenzufassen (Abs. 1 S. 1). Die Vorschriften über den Bestätigungsvermerk bzw. den Vermerk über seine Versagung wurden zuletzt durch das Abschlussprüfungsreformgesetz (AReG) vom 10.5.2016 (BGBl. 2016 I 1142), das Gesetz zur weiteren Umsetzung der Transparenzrichtlinie-Änderungsrichtlinie im Hinblick auf ein einheitliches elektronisches Format für Jahresfinanzberichte (sog. ESEF-UG) vom 12.8.2020 (BGBl. 2020 I 1874) sowie – redaktionell – das Gesetz zur Stärkung der Finanzmarktintegrität (FISG) vom 3.6.2021 (BGBl. 2021 I 1534) neu gefasst (→ Rn. 12). Die neuen Regelungen für den Bestätigungsvermerk für Unternehmen von öffentlichem Interesse in **Art. 10 Abschlussprüfungs-VO**[2] führen zu einer Spaltung der rechtlichen Vorgaben für den Bestätigungsvermerk.[3]

---

[2]   S. dazu die Kommentierung von Schüppen Anh. § 322: Art. 10 Abschlussprüfungs-VO; BeBiKo/Justenhoven/Küster/Bernhardt Rn. 150 ff.; HKMS/Hachmeister Rn. 101–121; Wiedmann/Böcking/Gros/Böcking/Gros/Rabenhorst Rn. 53–59.

[3]   Sträter, Gesamturteil des Abschlussprüfers (Wirtschaftsprüfers) nach der Prüfung eines Jahres- oder Konzernabschlusses, Diss. TU Dortmund 2020, S. 57 ff. Krit. dazu Hopt/Merkt Rn. 1. Zur Diskussion über eine einheitliche Berichterstattung im Bestätigungsvermerk bei PIE und Non-PIE Penkwitt WPg Sonderheft 2/2015, 49; Merkt/Probst/Fink/Quick S. 1531 Rn. 228; Heeb/Schlums WP Praxis 2016, 113; Hense/Ulrich/Förster WPO § 43 Rn. 495.

1. Bedeutung des Bestätigungsvermerks. Der Bestätigungsvermerk enthält das 2 Gesamturteil des Prüfers über die auf der Grundlage der gesetzlichen Bestimmungen durchgeführte Abschlussprüfung.[4] Er ist ein uneingeschränktes (Abs. 2 S. 1 Nr. 1) oder eingeschränktes (Abs. 2 S. 1 Nr. 2) positives Gesamturteil oder ein negatives Gesamturteil (Abs. 2 S. 1 Nr. 3) bzw. ein Nichterteilungsvermerk (*disclaimer*) (Abs. 2 S. 1 Nr. 4).[5] Beurteilung des Prüfungsergebnisses erfolgt unter Berücksichtigung des Umstands, dass die gesetzlichen Vertreter den Abschluss zu verantworten haben (Abs. 2 S. 2). Dadurch werden die Aufgabe des Abschlussprüfers nach den einschlägigen gesetzlichen Bestimmungen und die Verantwortlichkeit der gesetzlichen Vertreter für die Buchführung, den Jahresabschluss und den Lagebericht voneinander abgegrenzt, was zu einer Verringerung nicht berechtigter Erwartungen seitens der Adressaten des Bestätigungsvermerks führen kann (Stichwort: *expectation gap*) ($\rightarrow$ § 317 Rn. 15).[6] Der Bestätigungsvermerk ist ein **unternehmensexternes Informationsinstrument.**[7] Er richtet sich – anders als der Prüfungsbericht (§ 321) – nicht nur an den Auftraggeber und dessen Organe, sondern auch an die Gesellschafter, Anlageinteressenten, Waren- und Geldkreditgeber, Unternehmenserwerber, Arbeitnehmer, Kapitalmarktteilnehmer[8] und die interessierte Öffentlichkeit.[9] Mit dem gemäß § 322 Abs. 1 S. 1 am Ende der Prüfung zu erteilenden Bestätigungsvermerk wird die Leistung des Abschlussprüfers nicht nur formal abgeschlossen, vielmehr ist der gemäß § 325 Abs. 1 S. 1 Nr. 1 offenzulegende Bestätigungs- oder Versagungsvermerk als Gesamturteil über den Jahresabschluss des Unternehmens „von erheblicher rechtlicher und wirtschaftlicher Bedeutung, insbesondere für das geprüfte Unternehmen, die Anteilseigner und die Öffentlichkeit.“[10] Deshalb soll der Bestätigungsvermerk „allgemein verständlich und problemorientiert“ formuliert sein (Abs. 2 S. 2). Und deshalb unterliegt er – anders als der Prüfungsbericht (§ 321) – auch der Offenlegungspflicht (§ 325 Abs. 1 S. 1). An den Bestätigungsvermerk knüpft sich – wie das OLG Düsseldorf betont– das Vertrauen des Rechtsverkehrs.[11] Ein Bestätigungsvermerk begründet „zumindest das Ver-

---

4   Hopt/Merkt Rn. 1; HKMS/Hachmeister Rn. 2; Graumann Prüfungswesen S. 822; Sträter, Gesamturteil des Abschlussprüfers (Wirtschaftsprüfers) nach der Prüfung eines Jahres- oder Konzernabschlusses, Diss. TU Dortmund 2020, S. 22; Günther, Die Unabhängigkeit des Abschlussprüfers bei privaten Unternehmen in Deutschland, 2019, S. 104.

5   HKMS/Hachmeister Rn. 2; Hense/Ulrich/Stenger WPO § 43 Rn. 491.

6   Graumann Prüfungswesen S. 823; Schüppen Rn. 10; HKMS/Hachmeister Rn. 3; Hense/Ulrich/Stenger WPO § 43 Rn. 494; BeBiKo/Justenhoven/Küster/Bernhardt Rn. 12 weisen mit Recht darauf hin, dass die Erwartungslücke „gruppenbezogen“ ist (ua Investoren, Kunden, Lieferanten, Arbeitnehmer, Journalisten, Hochschullehrer) und dementsprechend zu differenzieren ist.

7   OLG München WM 2022, 470 Rn. 11 und 45; KG AG 2001, 187 (188); dazu Hirsch WPg 2001, 606. S. ferner Ebke FS Wellensiek, 2011, 429 (430); Ebke FS Hopt, 2010, 582 (583); Sträter, Gesamturteil des Abschlussprüfers (Wirtschaftsprüfers) nach der Prüfung eines Jahres- oder Konzernabschlusses, Diss. TU Dortmund 2020, S. 65; Schüppen Rn. 1; Merkt/Probst/Fink/Quick S. 1529 Rn. 222. Vgl. BGH DB 2006, 1105 (1106) („So kommt den Bestätigungsvermerken von Abschlussprüfern schon aufgrund verschiedener Publizitätsvorschriften, wie zB § 325 Abs. 1 HGB …, die Bedeutung zu, Dritten einen Einblick in die wirtschaftliche Situation der publizitätspflichtigen Unternehmens zu gewähren und ihnen, sei es als künftigen Kunden, sei es als an einer Beteiligung Interessierten, für ihr beabsichtigtes Engagement eine Beurteilungsgrundlage zu geben“); Hense/Ulrich/Stenger WPO § 43 Rn. 496 („wesentliche Ordnungsfunktion“).

8   Zur Bedeutung des Bestätigungsvermerks als öffentliche Kapitalmarktinformation iSd KapMuG Foerster ZIP 2022, 1683.

9   Vgl. BGH NJW 2022, 2185 Rn. 36 unter Hinweis auf BGH BeckRS 2020, 8216 Rn. 28 („… der gemäß § 325 Abs. 1 S. 1 Nr. 1 HGB offenzulegende Bestätigungs- oder Versagungsvermerk als Gesamturteil über den Jahresabschluss des Unternehmens [ist] für sich betrachtet von erheblicher rechtlicher und wirtschaftlicher Bedeutung, insbesondere für das geprüfte Unternehmen, die Anteilseigner und die Öffentlichkeit“); OLG Brandenburg BeckRS 2001, 30192183 („die Interessen der Öffentlichkeit an einer vertrauenswürdigen Information über die Vermögens-, Finanz- und Ertragslage eines Unternehmens“); vgl. KG AG 2001, 187 (188); OLG Hamm NZG 2009, 1078; BayObLG WM 1987, 1361 (1363); LG Hagen GmbHR 1994, 714 (715) („Bestätigungsvermerk iSd § 322 ist im Interesse der Gläubiger, aber auch im Interesse der Öffentlichkeit allgemein vorgeschrieben“); s. auch LG Leipzig ZIP 2008, 1733 (1735). S. ferner HKMS/Hachmeister Rn. 2; Schüppen Rn. 1; BeBiKo/Justenhoven/Küster/Bernhardt Rn. 8; Wiedmann/Böcking/Gros/Böcking/Gros/Rabenhorst Rn. 5.

10   BGH NJW 2022, 2185 Rn. 38 unter Hinweis auf BGH BeckRS 2020, 8216 Rn. 28.

11   OLG Düsseldorf WM 1996, 1777 (1779).

trauen, dass zu dem maßgeblichen Zeitpunkt keine Mängel vorhanden waren, die zur Einschränkung des Testats hätten führen müssen."[12] An der Wahrheit und Vollständigkeit seines Bestätigungsvermerks wird der Prüfer gemessen.[13] Daraus folgt nach hM allerdings nicht zwingend ein Schadensersatzanspruch prüfungsvertragsfremder Personen („Dritte") gegen den Abschlussprüfer, wenn sich der Inhalt des Bestätigungsvermerks infolge **Fahrlässigkeit** des Prüfers als fehlerhaft oder unvollständig erweist und diese Personen im Vertrauen auf die Richtigkeit des Bestätigungsvermerks **aufgrund der Fahrlässigkeit** des Prüfers einen Vermögensschaden erlitten haben (→ § 323 Rn. 9, 88 ff.).

3   Die **rechtliche Bedeutung des Bestätigungsvermerks**[14] liegt vor allem darin, dass der Jahresabschluss einer prüfungspflichtigen Gesellschaft ohne Prüfungsbericht (§ 321) und Bestätigungsvermerk (Abs. 2 S. 1 Nr. 1 und 2) bzw. Vermerk über die Versagung (Abs. 2 S. 1 Nr. 3 und 4) nicht festgestellt (vgl. § 316 Abs. 1 S. 2 – **„Feststellungssperre"**) und der Konzernabschluss von Kapitalgesellschaften ohne Prüfung nicht gebilligt (§ 316 Abs. 2 S. 2 – „Billigungssperre") werden kann.[15] Ein ohne Vorliegen eines Bestätigungsvermerks festgestellter Jahresabschluss einer prüfungspflichtigen Aktiengesellschaft ist nichtig (§ 256 Abs. 1 Nr. 2 AktG).[16] Für die Feststellung und damit den Gewinnverwendungsbeschluss ist es allerdings unerheblich, ob der Bestätigungsvermerk uneingeschränkt, eingeschränkt oder versagt wird.[17] In anderen Fällen verlangt das Gesetz dagegen das Vorliegen eines **uneingeschränkten Bestätigungsvermerks.** So ist ein uneingeschränkter Bestätigungsvermerk Voraussetzung für eine **Kapitalerhöhung aus Gesellschaftsmitteln** (§ 209 Abs. 3 S. 2 AktG; § 57e Abs. 1 GmbHG)[18] oder die Änderung des Jahresabschlusses durch die Hauptversammlung (§ 173 Abs. 3 S. 1 AktG).[19] Für die Ausgabe von **Aktien an Arbeitnehmer** der Gesellschaft unter Verwendung eines Teils des Jahresüberschusses zur Deckung der Einlageverpflichtung muss ebenfalls ein uneingeschränkter Bestätigungsvermerk vorliegen (§ 204 Abs. 3 S. 1 AktG).[20] Eine Einschränkung oder Versagung des Bestätigungsvermerks kann sich sowohl innerhalb der Gesellschaft (zB bei der **Entlastung der Gesellschaftsorgane**)[21] als auch im Außenverhältnis (zB am Markt für Eigen- bzw. Fremdkapital) nachteilig auswirken.[22] Eine Einschrän-

---

12   BGH BeckRS 2013, 4612 Rn. 21.
13   Ernst WPg 1998, 1025 (1029).
14   Zur Rechtsnatur des Bestätigungsvermerks HKMS/Hachmeister Rn. 12 mwN.
15   Graumann Prüfungswesen S. 825; HKMS/Hachmeister Rn. 5; Wiedmann/Böcking/Gros/Böcking/ Gros/Rabenhorst Rn. 7; Hense/Ulrich/Stenger WPO § 43 Rn. 497; Günther, Die Unabhängigkeit des Abschlussprüfers bei privaten Unternehmen in Deutschland, 2019, S. 109.
16   Brete/Thomsen GmbHR 2008, 176 (178); HKMS/Hachmeister Rn. 5; Merkt/Probst/Fink/Quick S. 1530 Rn. 227. Zu den Voraussetzungen der Nichtigkeit eines Jahresabschlusses mangels Erfüllung der Mindestanforderungen an den Prüfungsbericht des Wirtschaftsprüfers OLG Stuttgart ZIP 2010, 1295.
17   HKMS/Hachmeister Rn. 5; Staub/Habersack/Schürnbrand Rn. 3; Merkt/Probst/Fink/Quick S. 1530 Rn. 227; Hense/Ulrich/Stenger WPO § 43 Rn. 498; Günther, Die Unabhängigkeit des Abschlussprüfers bei privaten Unternehmen in Deutschland, 2019, S. 109.
18   HKMS/Hachmeister Rn. 5; BeBiKo/Justenhoven/Küster/Bernhardt Rn. 15; Merkt/Probst/Fink/ Quick S. 1530 Rn. 227; Schüppen Rn. 26; Graumann Prüfungswesen S. 825; Koch Konzern 2005, 723.(730). Zu den Anforderungen an die Bestätigung einer Bilanz bei Kapitalerhöhung aus Gesellschaftsmitteln OLG Hamm ZIP 2010, 2347. Zu Einzelheiten der Prüfung: IDW PH 9.400.6: Prüfung von Jahres- und Zwischenbilanzen bei Kapitalerhöhungen aus Gesellschaftsmitteln (Stand: 9.9.2010), WPg Supp. 1/2011, 1.
19   HKMS/Hachmeister Rn. 6; Merkt/Probst/Fink/Quick S. 1530 Rn. 227; Graumann Prüfungswesen S. 825.
20   Merkt/Probst/Fink/Quick S. 1530 Rn. 227; Graumann Prüfungswesen S. 825.
21   BeBiKo/Justenhoven/Küster/Bernhardt Rn. 16; HKMS/Hachmeister Rn. 6; Staub/Habersack/ Schürnbrand Rn. 3; Wiedmann/Böcking/Gros/Böcking/Gros/Rabenhorst Rn. 6; Graumann Prüfungswesen S. 825. Umgekehrt wirkt ein uneingeschränkter Bestätigungsvermerk nicht ohne weiteres entlastend für Fehler in der Rechnungslegung, die die gesetzlichen Vertreter zu verantworten haben (vgl. Abs. 2 S. 2): HKMS/Hachmeister Rn. 7. Zur Wirkung des Entlastungsbeschlusses nach Schweizer Recht: Art. 758 OR.
22   Staub/Habersack/Schürnbrand Rn. 3 („dramatische wirtschaftliche Konsequenzen"); HKMS/Müller Rn. 6 („kursrelevant"); Ebke Wirtschaftsprüfer S. 338; BeBiKo/Justenhoven/Küster/Bernhardt Rn. 11; Hense/Ulrich/Stenger § 43 Rn. 496 („um das Ansehen der Gesellschaft nicht zu schädigen"); Mekat, Der Grundsatz der Wesentlichkeit in Rechnungslegung und Abschlussprüfung, 2009, S. 190.

kung oder Versagung des Betätigungsvermerks oder ein Nichterteilungsvermerk (Abs. 2 S. 1 Nr. 4 – *disclaimer of opinion*) können überdies Anhaltspunkt für Organisationsmängel oder **Pflichtverletzungen** der gesetzlichen Vertreter sein, die den Abschluss ja zu verantworten haben (Abs. 2 S. 2).[23]

Ein **Bestätigungsvermerk** darf erst erteilt werden, nachdem die für die Beurteilung 4 des Prüfungsergebnisses erforderliche Prüfung materiell abgeschlossen ist.[24] Eine vorherige Mitteilung über die Absicht, einen Bestätigungsvermerk zu erteilen, stellt *keine* Erteilung eines Bestätigungsvermerks dar (IDW PS 400.A79).[25] Vor Abschluss der materiellen Prüfungshandlungen darf der Prüfer einen Bestätigungsvermerk nur unter Vorbehalt ankündigen (IDW PS 400.A79).[26] Die geprüfte Gesellschaft hat nach hM einen **Rechtsanspruch** auf die Erteilung des Bestätigungsvermerks, wenn die rechtlichen Voraussetzungen dafür erfüllt sind,[27] bzw. auf die Erteilung des Vermerks über die Versagung des Bestätigungsvermerks, weil sonst die Beendigung der Abschlussprüfung als Voraussetzung für die Feststellung des Jahresabschlusses bzw. Billigung des Konzernabschlusses nicht dokumentiert werden kann.[28] Der Anspruch kann erforderlichenfalls im Wege einer Leistungsklage durchgesetzt werden.[29] Die Erteilung eines inhaltlich unrichtigen Bestätigungsvermerks ist **strafbar** (§ 332).[30] Zur zivilrechtlichen Verantwortlichkeit des gesetzlichen Abschlussprüfers gegenüber der geprüften Gesellschaft sowie prüfungsvertragsfremden Dritten wegen Erteilung eines fehlerhaften oder unvollständigen Bestätigungsvermerks → § 323 Rn. 24 ff. und → § 323 Rn. 127 ff. Der Bestätigungsvermerk oder Vermerk über seine Versagung ist in den **Prüfungsbericht** aufzunehmen (Abs. 7 S. 2).[31] Der Bestätigungsvermerk ist auch dann wirksam erteilt, wenn er nur in den Prüfungsbericht (§ 321) aufgenommen und nicht in auf einem besonderen Dokument erteilt wurde.[32] In solchen Fällen genügt die **Unterzeichnung** des Prüfungsberichts ohne gesonderte Unterzeichnung des Bestätigungsvermerks.[33]

2. Hintergrund. § 322 war vor Inkrafttreten des BilReG vom 4.12.2004 (BGBl. 2004 5 I 3166) durch das KonTraG vom 27.4.1998 (BGBl. 1998 I 786) neu gefasst worden. Durch das BilRUG vom 17.7.2015 (BGBl. 2015 I 1245) und das AReG vom 10.5.2016 (BGBl. 2016 I 1142) wurde § 322 im Lichte unionsrechtlicher Vorgaben in einigen Punkten verändert.

a) Abkehr vom „Formeltestat" durch das KonTraG. Die bedeutendste Änderung 6 aufgrund des KonTraG war die Abkehr von dem sog. „Formeltestat" in seiner bis dahin geltenden Fassung.[34] Vor Inkrafttreten des KonTraG war der Wortlaut des Bestätigungsvermerks im Gesetz vorgeschrieben. Der 1985 eingeführte § 322 Abs. 1 HGB lautete: „Die Buchführung und der Jahresabschluß entsprechen ... nach meiner ... pflichtgemäßen Prü-

---

[23]   HKMS/Hachmeister Rn. 6; BeBiKo/Justenhoven/Küster/Bernhardt Rn. 11; Schüppen Rn. 24.

[24]   HKMS/Hachmeister Rn. 12.

[25]   HKMS/Hachmeister Rn. 14. Dazu die Fallgestaltung in BGH JZ 1998, 1013 mit krit. Anm. Ebke JZ 1998, 991.

[26]   HKMS/Hachmeister Rn. 14.

[27]   KG WPg 2001, 617 (618); zust. Erle, Der Bestätigungsvermerk des Abschlußprüfers, 1990, S. 55 ff.; Mai, Rechtsverhältnis zwischen Abschlussprüfer und prüfungspflichtiger Kapitalgesellschaft, 1993, S. 134, 135; BeBiKo/Justenhoven/Küster/Bernhardt Rn. 17; Hopt/Merkt Rn. 1 und 7; HKMS/Hachmeister Rn. 7; Merkt/Probst/Fink/Quick S. 1530–1531 Rn. 227; Schüppen Rn. 27; Hense/Ulrich/Stenger WPO § 43 Rn. 499.

[28]   Elkart/Naumann WPg 1995, 357 (359); Hense/Ulrich/Stenger WPO § 43 Rn. 492.

[29]   Merkt/Probst/Fink/Quick S. 1530 Rn. 227; Schüppen Rn. 27; Hense/Ulrich/Stenger WPO § 43 Rn. 499.

[30]   § 332 StGB setzt eine Pflichtprüfung voraus: BGH BeckRS 2020, 8216. S. ferner Schüppen Rn. 29; BeBiKo/Grottel/Hoffmann § 332 Rn. 25–28; Wiedmann/Böcking/Gros/Böcking/Gros/Rabenhorst § 332 Rn. 10; Wöstmann WPg 2020, 1386.

[31]   Schüppen Rn. 22; HKMS/Hachmeister Rn. 15. Dazu näher IDW PH 9.450.2: Zur Wiedergabe des Vermerks über die Abschlussprüfung im Prüfungsbericht (Stand: 10.1.2022), IDW Life 2022, 172.

[32]   HKMS/Hachmeister Rn. 15; Schüppen Rn. 22.

[33]   OLG Stuttgart DB 2009, 1521 (1526).

[34]   Naumann DStR-Beiheft 2016, 26 (27); vgl. Sträter, Gesamturteil des Abschlussprüfers (Wirtschaftsprüfers) nach der Prüfung eines Jahres- oder Konzernabschlusses, Diss. TU Dortmund 2020, S. 36.

fung den gesetzlichen Vorschriften. Der Jahresabschluß ... vermittelt unter Beachtung der Grundsätze ordnungsmäßiger Buchführung ein den tatsächlichen Verhältnissen entsprechendes Bild von der Vermögens-, Finanz- und Ertragslage der Kapitalgesellschaft ... Der Lagebericht ... steht im Einklang mit dem Jahresabschluß ...". Anlass zu **Missverständnissen** und **übersteigerten Erwartungen** gab insbesondere die geforderte Bestätigung, dass der Jahresabschluss den gesetzlichen Vorschriften entspricht.[35] Die bis zum Inkrafttreten des KonTraG gesetzlich vorgeschriebene Fassung des Bestätigungsvermerks ließ außerdem so gut wie keinen Spielraum für ergänzende Bemerkungen des Prüfers.[36] In Abs. 2 HGB 1985 war zwar vorgesehen, dass der Bestätigungsvermerk zu **ergänzen** sei, „wenn zusätzliche Bemerkungen erforderlich erscheinen, um einen falschen Eindruck über den Inhalt der Prüfung und die Tragweite des Bestätigungsvermerks zu vermeiden".[37] In der Praxis lief Abs. 2 HGB 1985 aber weitgehend leer: Viele Unternehmen empfanden nämlich eine Ergänzung oder Abweichung vom Formeltestat als inhaltliche Einschränkung des Bestätigungsvermerks und versuchten daher, den Prüfer davon zu überzeugen, den gesetzlich vorgegebenen Wortlaut zu verwenden.[38] Nach der Begründung des RegE des KonTraG vom 6.11.1997 hatte sich der **Bestätigungsvermerk alter Fassung** auch deshalb „**nicht bewährt"**, weil in dem Formeltestat „die sich aus der Natur von Jahres- bzw. Konzernabschluß ergebende Begrenztheit der Aussagekraft nicht hinreichend zum Ausdruck" gekommen sei.[39] Bemängelt wurde darüber hinaus das Fehlen einer Beschreibung über die Durchführung der Prüfung.[40] Kritisch angemerkt wurde außerdem, dass für den Leser „zu wenig deutlich" geworden sei, dass „der von den gesetzlichen Vertretern aufgestellte Jahres- bzw. Konzernabschluß von diesen zu verantworten ist".[41] Die Neufassung des § 322 durch das KonTraG versuchte, diesen Gesichtspunkten Rechnung zu tragen.[42]

7   **b) Der Bestätigungsvermerk nach dem KonTraG.** Der Gesetzgeber entschied sich in dem KonTraG gegen eine völlige Freigabe des Wortlauts des Bestätigungsvermerks und schlug stattdessen einen Mittelweg ein.[43] Danach waren die Kernformulierungen in ihrem Grundgehalt, nicht aber in ihrem Wortlaut weiterhin vorgegeben.[44] Der Bestätigungsvermerk hatte neben einer Beschreibung von Gegenstand sowie Art und Umfang der Prüfung eine Beurteilung des Prüfungsergebnisses zu enthalten (§ 322 Abs. 1 S. 2 idF des KonTraG). Die von § 322 Abs. 1 S. 2 idF des KonTraG verlangte Beurteilung des Prüfungsergebnisses wurde in Abs. 2 der Vorschrift näher umschrieben. Danach sollte die Beurteilung „allgemeinverständlich" und „problemorientiert" sein. Dabei war zu verdeutlichen, dass die gesetzlichen Vertreter den Abschluss zu verantworten haben (§ 322 Abs. 2 S. 1 HGB 1998). Auf Risiken, die den Fortbestand des Unternehmens gefährden, war gesondert einzugehen (§ 322 Abs. 2 S. 2 idF des KonTraG). Mit diesen Änderungen sollte – laut Begründung des RegE KonTraG – „dem Abschlußprüfer ermöglicht werden, durch eine vorbildliche Formulierung die Erwartungslücke zu schließen."[45]

8   Wenn **keine Einwendungen** zu erheben waren, hatte der Prüfer nach § 322 Abs. 1 S. 3 HGB 1998 zu erklären, dass die von ihm nach § 317 durchgeführte Prüfung zu keinen Einwendungen geführt hatte und dass der von den gesetzlichen Vertretern der Gesellschaft

---

[35]   Ernst WPg 1998, 1025 (1029); Dörner DB 1998, 1 (4); Forster WPK-Mitt. 1996, 151 (153).
[36]   Krit. dazu schon Ebke Wirtschaftsprüfer S. 338, 339. S. ferner Reiche DStR 1987, 684.
[37]   LG Frankfurt a. M. BB 1997, 1682 (1684). Zu Einzelheiten Schruff WPg 1986, 181; Reiche DStR 1987, 684.
[38]   Ernst WPg 1998, 1025 (1029).
[39]   BT-Drs. 13/9712, 29.
[40]   BT-Drs. 13/9712, 29.
[41]   BT-Drs. 13/9712, 29.
[42]   Die WPK hat sich in ihrer Stellungnahme zum RefE KonTraG v. 22.11.1996 zu der Aufgabe des Formeltestats zust. geäußert: WPK-Mitt. 1997, 100 (104).
[43]   Ernst WPg 1998, 1025 (1029); Sträter, Gesamturteil des Abschlussprüfers (Wirtschaftsprüfers) nach der Prüfung eines Jahres- oder Konzernabschlusses, Diss. TU Dortmund 2020, S. 36.
[44]   Zu der Frage eines Verstoßes gegen die Pflicht zur gewissenhaften Berufsausübung durch Erteilung eines Bestätigungsvermerks alter Fassung: LG Berlin WPK-Mitt. 2003, 208.
[45]   BT-Drs. 13/9712, 29.

aufgestellte Jahresabschluss aufgrund der bei der Prüfung gewonnenen Erkenntnisse des Abschlussprüfers nach seiner Beurteilung unter Beachtung der Grundsätze ordnungsmäßiger Buchführung ein den tatsächlichen Verhältnissen entsprechendes Bild von der Vermögens-, Finanz- und Ertragslage des Unternehmens vermittelte. Zusätzlich zu diesem „Bestätigungskern"[46] war dem Prüfer aufgegeben, auf **Risiken,** die den **Fortbestand** des Unternehmens gefährden, gesondert einzugehen (§ 322 Abs. 2 S. 2 idF des KonTraG).[47] Im Bestätigungsvermerk war außerdem darauf einzugehen, ob der Lagebericht insgesamt nach der Beurteilung des Prüfers eine zutreffende Vorstellung von der Lage des Unternehmens vermittelte (§ 322 Abs. 3 S. 1 idF des KonTraG).[48] Dabei war auch darauf einzugehen, ob die Risiken der künftigen Entwicklung zutreffend dargestellt waren (§ 322 Abs. 3 S. 2 idF des KonTraG). Der Bestätigungsvermerk nach § 322 HGB idF des KonTraG war der Sache nach ein **Bestätigungsbericht** (*auditor's report*).[49] Von einer zunächst erwogenen Umbenennung in „Bestätigungsbericht"[50] wurde gleichwohl Abstand genommen.[51] Das in der Vorgängervorschrift (§ 322 Abs. 2 HGB 1985) neben der Kernfassung nach Abs. 1 vorgesehene Institut der Ergänzung des Bestätigungsvermerks[52] war in § 322 idF des KonTraG nicht mehr ausdrücklich erwähnt; etwaiger Ergänzungsbedarf konnte aber in verschiedenen Absätzen des Bestätigungsvermerks neuer Prägung berücksichtigt werden.

3. Der Bestätigungsvermerk nach dem BilReG. Das BilReG vom 4.12.2004 **9** (BGBl. 2004 I 3166) hat die Vorschriften über den Bestätigungsvermerk des Abschlussprüfers teilweise neugefasst, um sie an die dauerhafte Verankerung internationaler Rechnungslegungsstandards im europäischen und deutschen Rechnungslegungsrecht aufgrund der IAS-VO[53] sowie die §§ 315a, 325 Abs. 2a anzupassen und die detaillierten Vorgaben in der – durch die RL 2003/51/EG vom 18.6.2003 (ABl. EG 2003 L 178, 16) ergänzten – Bilanz-RL 1978[54] und Konzernbilanz-RL[55] umzusetzen.[56] Abs. 1 S. 2 benennt – ähnlich wie § 322 Abs. 1 S. 2 idF des KonTraG – die Kernelemente des Bestätigungsvermerks.[57] Der Sache nach handelt es sich bei dem Bestätigungsvermerk nach § 322 nF – wie schon nach § 322 idF des KonTraG – um einen Bestätigungsbericht (*auditor's report*).[58] Abs. 2 enthält allgemeine Regelungen darüber, in welcher Weise die Beurteilung der Prüfungsergebnisse im Bestätigungsvermerk des Prüfers wiederzugeben ist. Abs. 3 regelt Näheres über die Formulierung eines uneingeschränkten Bestätigungsvermerks. Abs. 4 trifft nähere Bestimmungen über die Einschränkung des Bestätigungsvermerks sowie dessen Versagung in Fällen, in denen der Prüfer zu einem negativen Prüfungsurteil gelangt. Abs. 5 ist neu und hat den sog. Nichterteilungsvermerk (*disclaimer of opinion*)[59] zum Gegenstand, mit dem der Prüfer sich außerstande erklärt, ein Prüfungsurteil abzugeben. Abs. 6 befasst sich mit den Ausführungen zum Lagebericht bzw. Konzernlagebericht. Abs. 7 stimmt mit Abs. 5 idF des KonTraG überein.

4. BilMoG; Abschlussprüfer-RL. Das BilMoG vom 25.5.2009 (BGBl. 2009 I 1102) **10** hat § 322 unverändert gelassen.[60] Die Vorgaben der Abschlussprüfer-RL erforderten keine

---

[46] Ernst WPg 1998, 1025 (1029).

[47] § 322 Abs. 2 S. 2 idF des KonTraG geht auf einen Vorschlag der WPK zurück: WPK-Mitt. 1998, 35 (36).

[48] § 322 Abs. 3 S. 1 idF des KonTraG beruht auf einem Vorschlag der WPK: WPK-Mitt. 1998, 35 (36).

[49] Dörner DB 1998, 1 (4); Schindler/Rabenhorst BB 1998, 1939 (1941); Schülen WPK-Mitt. 1997, 15.

[50] S. schon Forster WPg 1994, 790.

[51] Zu den Gründen Seibert WM 1997, 1 (6).

[52] Vgl. LG Frankfurt a. M. BB 1997, 1682 (1684).

[53] VO (EG) 1606/2002 vom 19.7.2002, ABl. EG 2002 L 243, 1.

[54] RL 78/660/EWG vom 25.7.1978, ABl. EG 1978 L 222, 11.

[55] RL 83/349/EWG vom 13.6.1983, ABl. EG 1983 L 193, 1.

[56] Sträter, Gesamturteil des Abschlussprüfers (Wirtschaftsprüfers) nach der Prüfung eines Jahres- oder Konzernabschlusses, 2020, S. 37.

[57] Begr. RegE BilReG, BT-Drs. 15/3419, 44 v. 24.6.2004.

[58] Baumbach/Hueck/Schulze-Osterloh, 18. Aufl. 2006, GmbHG § 41 Rn. 148.

[59] Zur Terminologie Pfitzer/Oser/Orth DB 2004, 2593 (2601).

[60] W. Müller FS Hommelhoff, 2012, 777; HKMS/Hachmeister Rn. 11; Sträter, Gesamturteil des Abschlussprüfers (Wirtschaftsprüfers) nach der Prüfung eines Jahres- oder Konzernabschlusses, 2020, S. 38.

Anpassung der deutschen Vorschriften bezüglich des Bestätigungsvermerks. Art. 28 Abs. 1 S. 1 Abschlussprüfer-RL bestimmt, dass der Bestätigungsvermerk „zumindest von dem oder den Abschlussprüfern, welche die Abschlussprüfung durchgeführt haben", unterzeichnet wird. Unter „besonderen Umständen" *können* die Mitgliedstaaten vorsehen, dass diese Unterschrift nicht öffentlich bekannt gegeben werden muss, weil eine solche Offenlegung zu einer „absehbaren und ernst zu nehmenden und beträchtlichen Gefahr für die persönliche Sicherheit einer Person führen würde" (Art. 28 Abs. 1 S. 2 Abschlussprüfer-RL). Natürlich müssen die „jeweiligen zuständigen Stellen" die Namen der „beteiligten Personen" kennen (Art. 28 Abs. 1 S. 3 Abschlussprüfer-RL). Art. 28 Abs. 2 Abschlussprüfer-RL ermächtigt die Europäische Kommission, nach dem in Art. 48 Abs. 2 Abschlussprüfer-RL genannten Verfahren einen „einheitlichen Standard für Bestätigungsvermerke für Jahres- und konsolidierte Abschlüsse, die nach anerkannten internationalen Rechnungslegungsstandards erstellt wurden", festzulegen, „um das Vertrauen der Öffentlichkeit in Abschlussprüfungen zu stärken", falls die Kommission nicht schon einen einheitlichen Standard für Bestätigungsvermerke gemäß Art. 26 Abs. 1 Abschlussprüfer-RL (Annahme internationaler Prüfungsstandards) festgelegt hat.

11   **5. BilRUG.** Das Bilanzrichtlinie-Umsetzungsgesetz vom 17.7.2015 (BGBl. 2015 I 1245)[61] änderte § 322 in mehreren Punkten. Nach Abs. 1 S. 2 ist in einem einleitenden Abschnitt zum Bestätigungsvermerk künftig der Gegenstand der Prüfung zu beschreiben; ferner sind die von der Gesellschaft angewandten Rechnungslegungsgrundsätze anzugeben. Außerdem wird in Abs. 6 S. 1 (korrespondierend zu § 317 Abs. 2 S. 3) klarstellend ergänzt, dass die Beurteilung des Prüfungsergebnisses im Bestätigungsvermerk sich auch darauf zu erstrecken hat, ob mit Blick auf den Lagebericht und Konzernlagebericht „die gesetzlichen Vorschriften beachtet worden sind". Die Ergänzung des Abs. 7 um die neuen Sätze 3 und 4 hat ebenfalls klarstellenden Charakter. Die Regelungen führen aus, dass im Fall einer als Abschlussprüfer bestellten Wirtschaftsprüfungsgesellschaft die Unterzeichnung des Bestätigungsvermerks durch den Wirtschaftsprüfer (dh die Person) zu erfolgen hat, der die Abschlussprüfung für die Wirtschaftsprüfungsgesellschaft durchgeführt hat. Gleiches gilt für Buchprüfungsgesellschaften.

12   **6. AReG; RL 2014/56/EU zu Änderung der Abschlussprüfer-RL und Abschlussprüfungs-VO.** Das Abschlussprüfungsreformgesetz (AReG)[62] vom 10.5.2016 (BGBl. 2016 I 1142) setzte die Vorgaben der RL 2014/56/EU vom 26.4.2014 (ABl. EU 2014 L 158, 196) zur Änderung der Abschlussprüfer-RL im deutschen Recht um und änderte das deutsche Recht in Ausübung nationaler Wahlrechte im Einklang mit der Abschlussprüfungs-VO.[63] Die Änderungen des § 322 betreffen insbesondere die Pflicht zur Anwendung der internationalen Prüfungsstandards bei der Erstellung des Bestätigungsvermerks (Abs. 1a) und Folgen der Einführung von Gemeinschaftsprüfungen (*Joint Audits*) im Zusammenhang mit der Verlängerung der Höchstdauer des Prüfungsmandats auf die Beurteilung des Prüfungsergebnisses im Bestätigungsvermerk (Abs. 6a) und dessen Unterzeichnung bei einem *Joint Audit* (Abs. 7 S. 1).[64] Der Bestätigungsvermerk entspricht aktuell weitgehend dem nach inter-

---

61   Dazu Oser/Orth/Wirtz DB 2015, 197; Blöink/Knoll-Biermann Konzern 2015, 65; Zwirner DStR 2014, 1784; Zwirner DStR 2014, 1842; Lorson DB 2015, 695.

62   Dazu Blöink/Walter BB 2016, 109; Schüppen NZG 2016, 247; Petersen/Zwirner/Boecker DStR 2016, 984; Ratzinger-Sakel WPg 2016, 217; Sträter, Gesamturteil des Abschlussprüfers (Wirtschaftsprüfers) nach der Prüfung eines Jahres- oder Konzernabschlusses, 2020, S. 52.

63   Sträter, Gesamturteil des Abschlussprüfers (Wirtschaftsprüfers) nach der Prüfung eines Jahres- oder Konzernabschlusses, 2020, S. 48 ff.

64   Zu den Neuerungen aufgrund des AReG ausf. Dolensky IRZ 2016, 137; Farr WPg 2017, 115; Farr WPg 2016, 762; Feld IDW Life 2017, 281; Giese/Seidler BB 2017, 2795; Heeb/Schlums WP Praxis 2016, 113; Hennrichs WPg 2018, 1127; Henselmann/Seebeck WPg 2017, 237; Köhler WPg 2015, 109; Muraz BB 2017, 2542; Pföhler/Kunellis/Knappe WP Praxis 2016, 57; Ratzinger-Sakel WPg 2016, 217; Rohatschek/Aschauer WPg 2018, 1275; Scharr/Bernhadt/Koch ZCG 2017, 169; Schmid BB 2017, 811; Schmid BB 2017, 2539; Schmidt WPg Sonderheft 2/2015, 538; Schüppen NZG 2016, 247; Schüppen/Walz WPg 2015, 1155; Skirk WPg 2017, 57; Skirk/Kuhn WPg 2018, 329 (für PIE); Skirk/Kuhn WPg 2018, 63 (für Nicht-PIE); Ziegler IDW Life 2016, 742.

nationalen Prüfungsgrundsätzen (ISA 700 [Revised]: Forming An Opinion and Reporting on Financial Statements) aufgesetzten Auditor's Report, der bestimmte Standardformulierungen enthält.[65] Die ISA haben Niederschlag gefunden in den IDW PS, IDW PH sowie den ISA [DE], die die Praxis der Abschlussprüfung weitgehend prägen, ohne allerdings für die Gerichte rechtlich verbindlich zu sein (→ § 323 Rn. 37 ff.).[66] Inzwischen gibt es erste Erfahrungen aus der Praxis mit der Anwendung der neuen Regelungen.[67] Aufgrund der Erfahrungen könnte – wie im AReG-RefE angedeutet – zur Wahrung der Einheitlichkeit des Bestätigungsvermerks eine mögliche Erstreckung der neuen für Unternehmen von öffentlichem Interesse geltenden Regelungen des Art. 10 Abschlussprüfungs-VO auf Abschlussprüfungen aller Unternehmen unabhängig von ihrer Größe geprüft werden.[68]

7. ESEF-UG. Abs. 1 S. 4 idF des ESEF-UG vom 12.8.2020 (BGBl. 2020 I 1874) erwei- **13** tert den Bestätigungsvermerk um einen besonderen Abschnitt, der die Ergebnisse der Prüfung über die ordnungsgemäße Umsetzung des ESEF-Formats (§ 317 Abs. 3b) enthält. Die Regelung stimmt entsprechend der Begründung im RegE ESEF-UG mit den Empfehlungen des CEAOB überein.[69] Orth/Obst weisen entgegen der Auffassung des RegE ESEF-UG, die Offenlegungslösung lasse die Aufstellung einschließlich Feststellung und Billigung unberührt,[70] darauf hin, dass aufgrund der Aufnahme des Ergebnisses der Formatprüfung in den Bestätigungsvermerk auch die Erstellung und Prüfung der ESEF-konformen Rechnungslegungsunterlagen zeitlich vor Feststellung bzw. Billigung erfolgen müssen. Hierdurch bleibe der Aufstellungsprozess nicht unberührt.[71] Die empfohlene Umsetzung der Berichterstattung über die Ergebnisse der Formatprüfung in einer den Bestätigungsvermerk ergänzenden und gesondert geregelten sowie elektronischen Form[72] ließ der Gesetzgeber allerdings unberücksichtigt.

8. FISG. Das Gesetz zur Stärkung der Finanzmarktintegrität (FISG) vom 3.6.2021 hat **14** in Abs. 2 S. 3, Abs. 3 S. 1 und Abs. 6 S. 1 die Wörter „des Unternehmens" durch die Wörter „der Kapitalgesellschaft" ersetzt. Nach der Begründung des RegE des FISG handelt es sich hierbei um eine redaktionelle Anpassung.[73] In Abs. 1 S. 4 wurde die Angabe „§ 317 Absatz 3b" durch die Angabe „§ 317 Absatz 3a" ersetzt.[74]

9. Gesetz zur Umsetzung der RL 2021/2101. Das Gesetz zur Umsetzung der **14a** Richtlinie (EU) 2021/2101 im Hinblick auf die Offenlegung von Ertragsteuerinformationen durch bestimmte Unternehmen und Zweigniederlassungen sowie zur Änderung des Verbraucherstreitbeilegungsgesetzes und des Pflichtversicherungsgesetzes vom 19.6.2023 (BGBl. 2023 I Nr. 154 vom 21.6.2023) hat Abs. 1 S. 4 neu gefasst. Danach ist über das Ergebnis der Prüfungen nach § 317 Abs. 3a und § 317 Abs. 3b jeweils in einem besonderen Abschnitt zu berichten. Da es sich bei § 317 Abs. 3a und § 317 Abs. 3b um zwei Prüfungen mit u.a. unterschiedlichem Prüfungsziel und Prüfungsgegenstand handelt, verwendet der Gesetzgeber – der Anregung des IDW in seiner Stellungnahme vom 28.10.2022 zu § 322 Abs. 1 S. 4 HBG-E idFd RefE vom 30.9.2022 folgend[75] – den Begriff „Prüfung" im Plural.

---

[65] Dolensky IRZ 2016, 137; Schmid BB 2017, 2539; Gewehr/Moser WPg 2018, 193; Feld IDW Life 2017, 281; BeBiKo/Justenhoven/Küster/Bernhardt Rn. 4.

[66] Skirk/Kuhn WPg 2018, 63 (Nicht-PIE); Skirk/Kuhn WPg 2018, 329 (PIE).

[67] Muraz BB 2017, 2542; Scharr/Bernhardt/Koch ZCG 2017, 169.

[68] Merkt/Probst/Fink/Quick S. 1531 Rn. 228 aE; Blöink/Kumm BB 2015, 1067 (1070); Hense/Ulrich/Stenger WPO § 43 Rn. 495.

[69] Vgl. RegE ESEF-UG, S. 21; CEAOB guidelines on the auditors' involvement on financial statements in European Single Electronic Format, S. 6, abrufbar unter: https://ec.europa.eu.

[70] Vgl. RegE ESEF-UG, S. 16.

[71] Vgl. Orth/Obst WPg 2020, 422 (425); Rabenhorst BB 2020, 491 (491 f.); Schmidt DB 2020, 513 (515 f.).

[72] Vgl. Orth/Obst WPg 2020, 422 (429).

[73] BT-Drs. 19/26966, S. 102.

[74] IDW PS 410: Prüfung der für Zwecke der Offenlegung erstellten elektronischen Wiedergaben von Abschlüssen und Lageberichten nach § 317 Abs. 3a HGB (Stand: 14.10.2021), IDW Life 2021, 1132.

[75] IDW Stellungnahme vom 28.10.2022 zu dem RefE eines Gesetzes zur Umsetzung der RL 2021/2101 vom 30.9.2022, S. 4.

Nach Abs. 1 S. 4 hat der Prüfer in einem besonderen Abschnitt zu berichten, ob die für Zwecke der Offenlegung erstellten Wiedergaben des Jahresabschlusses (Konzernabschlusses) und des Lageberichts (Konzernlageberichts) ESEF-konform sind (§ 317 Abs. 3a). Der Prüfer hat ferner in einem besonderen Abschnitt zu berichten, ob die Kapitalgesellschaft für das Geschäftsjahr, das demjenigen Geschäftsjahr vorausging, für dessen Schluss der zu prüfende Jahresabschluss aufgestellt wird, zur Offenlegung eines Ertragsteuerinformationsberichts gemäß § 342m Abs. 1 oder 2 verpflichtet war (§ 317 Abs. 3b Nr. 1) und, sofern eine entsprechende Pflicht bestand, ihre dort genannte Verpflichtung zur Offenlegung erfüllt hat (§ 317 Abs. 3b Nr. 2). Die Berichtspflicht umfasst nicht eine Aussage darüber, ob der Ertragsteuerinformationsbericht inhaltlich den gesetzlichen Vorgaben entspricht, da § 317 Abs. 3b eine solche Pflicht nicht begründet (→ § 317 Rn. 34b). Falls die prüfungspflichtige Gesellschaft eine entsprechende Erweiterung der Abschlussprüfung freiwillig in Auftrag gegeben hat, hat der Prüfer entsprechend zu berichten.

15   **10. Anwendungsbereich.** § 322 gilt unmittelbar für die Pflichtprüfung des Jahresabschlusses von Kapitalgesellschaften sowie die Prüfung von Konzernabschlüssen (§ 316 Abs. 1, 2), darüber hinaus für die Prüfung von Personenhandelsgesellschaften iSv § 264a Abs. 1 sowie entsprechend für die Prüfung von Kreditinstituten (§ 340k Abs. 1 S. 1) und Versicherungsunternehmen (§ 341k Abs. 1 S. 1).[76] Bei der Prüfung von Genossenschaften ist § 322 nur anzuwenden, wenn die Genossenschaft die Größenmerkmale von § 267 Abs. 3 erfüllt (§ 58 Abs. 2 GenG).[77] Für Unternehmen, die nach dem PublG prüfungspflichtig sind, gilt § 322 nach § 6 Abs. 1 S. 2 PublG, § 14 Abs. 1 S. 2 PublG sinngemäß;[78] die Kernfassung des Bestätigungsvermerks ist aber ggf. anzupassen, sofern ergänzende Vorschriften des HGB zum Jahresabschluss auf die betroffenen Unternehmen nicht anwendbar sind. § 322 ist auf die Berichterstattung über die Prüfung eines Einzelabschlusses gemäß § 325 Abs. 2a (IFRS-Einzelabschluss) entsprechend anzuwenden (§ 324a Abs. 1 S. 1).[79] § 322 gilt außerdem für Bestätigungsvermerke über die Prüfung von (IFRS-)Konzernabschlüssen auf der Grundlage der zur Anwendung in der EU übernommenen Rechnungslegungsgrundsätze unter Beachtung der ergänzenden Regelungen des § 315a Abs. 1.[80]

16   Bei **Erstprüfungen,** bei denen der Jahresabschluss des Vorjahres ungeprüft ist (weil beispielsweise eine kleine Kapitalgesellschaft die Größenmerkmale einer mittelgroßen Kapitalgesellschaft bzw. Kapitalgesellschaft & Co. erreicht hat, § 267) oder durch einen anderen Abschlussprüfer geprüft worden ist, oder bei Prüfungen von Unternehmen, die erstmals einen Jahres- oder Konzernabschluss aufstellen (zB bei Unternehmensgründung, Wechsel von der Einnahmeüberschussrechnung gemäß § 241a zum Jahresabschluss nach § 242 oder bei Begründung eines Konzernverhältnisses), ist ein Bestätigungsvermerk nach § 322 zu erteilen. Die Prüfung der Eröffnungsbilanzwerte[81] ist im Bestätigungsvermerk nicht gesondert zu bestätigen.[82] Allerdings können sich nach den Grundsätzen von IDW PS 400 nF: *Bildung eines Prüfungsurteils und Erteilung eines Bestätigungsvermerks*[83] in zahlreichen Fällen Besonderheiten ergeben, die Auswirkungen auf die Erteilung des Bestätigungsvermerks haben (→ Rn. 18).[84]

17   Bei gesetzlich nicht vorgeschriebenen **(„freiwilligen") Abschlussprüfungen** darf ein dem § 322 nachgebildeter Bestätigungsvermerk nur erteilt werden, wenn die Prüfung des Jahresabschlusses nach Gegenstand, Art und Umfang einer gesetzlich angeordneten Prüfung

[76]   BeBiKo/Justenhoven/Küster/Bernhardt Rn. 6; Wiedmann/Böcking/Gros/Böcking/Gros/Rabenhorst Rn. 3.
[77]   Wiedmann/Böcking/Gros/Böcking/Gros/Rabenhorst Rn. 3.
[78]   Wiedmann/Böcking/Gros/Böcking/Gros/Rabenhorst Rn. 3. Zu Einzelheiten BeBiKo/Justenhoven/Küster/Bernhardt Rn. 220–224.
[79]   Dazu näher BeBiKo/Justenhoven/Küster/Bernhardt Rn. 6.
[80]   BeBiKo/Justenhoven/Küster/Bernhardt Rn. 4.
[81]   ISA [DE] 510: Eröffnungsbilanzwerte bei Erstprüfungsaufträgen (Stand: 26.3.2020), IDW Life 2019, 686; IDW Life 2020, 509.
[82]   IDW PS 205.17.
[83]   Stand: 29.10.2021, IDW Life 2021, 1291.
[84]   Zu den Einzelheiten IDW PS 205.17.

(vgl. § 316 Abs. 1, 2) entspricht und die Regelungen des internen Qualitätssicherungssystems für Abschlussprüfungen nach §§ 316 ff. (§ 55b WPO) entsprechend angewandt worden sind (§ 8 Abs. 2 S. 1 BS WP/vBP);[85] andernfalls darf der Prüfer nur eine sog. **Bescheinigung** erteilen.[86] Wird ein Prüfungsauftrag aus wichtigem Grunde gekündigt (§ 318 Abs. 6 S. 1), darf weder ein Bestätigungsvermerk noch eine Bescheinigung erteilt werden;[87] es ist vielmehr nach Maßgabe des § 318 Abs. 6 S. 4 Hs. 1 ein Bericht über das Ergebnis der bisherigen Prüfung zu erstatten,[88] wobei § 321 entsprechend anzuwenden ist (§ 318 Abs. 6 S. 4 Hs. 2).

11. IDW PS 400. Der HFA des IDW verabschiedete am 30.11.2017 die neue Fassung **18** von IDW PS 400: *Bildung eines Prüfungsurteils und Erteilung eines Bestätigungsvermerks.*[89] IDW PS 400 gilt für die Prüfung eines (vollständigen) nach Rechnungslegungsgrundsätzen für allgemeine Zwecke aufzustellenden Abschlusses (gesetzliche Abschlussprüfungen nach den §§ 316 ff. sowie andere gesetzliche und gesetzlich nicht vorgeschriebene Abschlussprüfungen, die diesen Prüfungen nach Art und Umfang entsprechen).[90] Die **aktuelle Fassung des IDW PS 400 vom 29.10.2021** berücksichtigt die Änderungen der Bestimmungen des § 322 idF des AReG vom 10.5.2016 und enthält eine Reihe weiterer redaktioneller Änderungen und Ergänzungen (zB aufgrund des FISG → Rn. 14).[91] IDW PS 400 (Stand: 29.10.2021) setzt außerdem die Regelungen der Abschlussprüfungs-VO für Unternehmen von öffentlichem Interesse (§ 316a S. 2) sowie ISA 700 (Revised) *Forming an Opinion and Reporting on Financial Statements* um (IDW PS 400.6-400.7). Für den Bestätigungsvermerk bei Abschlussprüfungen von kleinen und mittleren Unternehmen (KMU) gilt IDW PS 400 entsprechend.[92] Erfolgt die Abschlussprüfung *auftragsgemäß* unter ergänzender Anwendung (s. § 317 Abs. 5) der International Standards on Auditing (ISA), sind bei der Erteilung des Betätigungsvermerks ISA 700 (Revised): *Forming an Opinion and Reporting on Financial Statements,* ISA 705 (Revised): *Modifications to the Opinion in the Independent Auditor's Report* und ISA 706 (Revised): *Emphasis of Matter Paragraphs and Other Matter Paragraphs in the Independent Auditor's Report* zu beachten.[93] **Wirtschaftszweigspezifische Besonderheiten,** die bei der Erteilung von Bestätigungsvermerken zu berücksichtigen sind (zB bei Krankenhäusern,[94] Sondervermögen gemäß § 102 KAGB,[95] beim Auflösungsbericht eines Sondervermögens gemäß § 105 Abs. 3 KAGB,[96] Investmentaktiengesellschaften gemäß

---

[85]   Ziegler IDW Life 2016, 742; Hense/Ulrich/Stenger WPO § 43 Rn. 5.

[86]   Vgl. OLG Düsseldorf WM 1995, 1840 (1841); OLG München BB 1996, 1824 = DB 1996, 1666 = EWiR 1996, 891 mAnm Mankowski; BeBiKo/Justenhoven/Küster/Bernhardt Rn. 241–244; HKMS/Müller Rn. 90, 91; Hopt/Merkt Rn. 1. Die berufsständischen Grundsätze zur Erteilung von Bescheinigungen aufgrund einer prüferischen Durchsicht von Abschlüssen regelt IDW PS 900: Grundsätze für die prüferische Durchsicht von Abschlüssen (Stand: 1.10.2002), WPg 2001, 1078.

[87]   IDW PS 400.85.

[88]   IDW PS 400.A84; BeBiKo/Justenhoven/Küster/Bernhardt Rn. 251.

[89]   IDW Life 2018, 29. Zu Einzelheiten der Neuerungen der Berichterstattung im Bestätigungsvermerk (IDW PS 400er Reihe): Skirk/Kuhn WPg 2018, 329 (für PIE); Skirk/Kuhn WPg 2018, 63 (für Nicht-PIE). S. ferner Freichel/Brösel DStR 2019, 1222.

[90]   Sträter, Gesamturteil des Abschlussprüfers (Wirtschaftsprüfers) nach der Prüfung eines Jahres- oder Konzernabschlusses, Diss. TU Dortmund 2020, S. 55–56.

[91]   IDW PS 400 nF: Bildung eines Prüfungsurteils und Erteilung eines Bestätigungsvermerks (Stand: 29.10.2021), IDW Life 2021, 1291.

[92]   Niemann DStR 2005, 663 (672). Zu den Besonderheiten der Abschlussprüfung von KMU: IDW PH 9.100.1: Besonderheiten der Abschlussprüfung kleiner und mittelgroßer Unternehmen (Stand: 29.11.2006), WPg Supp. 1/2007, 53. S. ferner die IDW PS KMU 1-9 (Erl. → § 317 Rn. 65-66); dazu Böhm/Moser/Thomsen WPg 2023, 3.

[93]   Zu Einzelheiten Gewehr/Moser WPg 2018, 193; Dolensky IRZ 2016, 137; Köhler WPg 2015, 109; Böcking WPg 2000, 216; Böcking/Orth/Brinkmann WPg 2000, 216.

[94]   IDW PH 9.400.1: Zur Erteilung des Bestätigungsvermerks bei Krankenhäusern (Stand: 28.3.2022), IDW Life 2022, 450.

[95]   IDW PH 9.400.2: Vermerk des Abschlussprüfers zum Jahresbericht eines Sondervermögens gemäß § 102 Kapitalanlagegesetzbuch (KAGB) (Stand: 13.9.2018), IDW Life 2018, 1045; IDW PH 9.400.12: Vermerk des Abschlussprüfers zum Zwischenbericht eines Sondervermögens gemäß § 104 Abs. 2 Kapitalanlagegesetzbuch (KAGB) (Stand: 13.9.2018), IDW Life 2018, 1049.

[96]   IDW PH 9.400.7: Vermerk des Abschlussprüfers zum Auflösungsbericht eines Sondervermögens gemäß § 105 Abs. 3 Kapitalanlagegesetz (KAGB) (Stand: 13.9.2018), IDW Life 2018, 1047.

§ 121 Abs. 2 KAGB bzw. § 148 Abs. 1 iVm § 121 Abs. 2 KAGB,[97] Finanzdienstleistungs-instituten,[98] kommunalen Wirtschaftsbetrieben[99] oder registrierungspflichtigen Kapital-verwaltungsgesellschaften gemäß § 45a Abs. 1 KAGB[100]), bleiben in IDW PS 400 grund-sätzlich ebenso außer Betracht wie die Bestätigungsvermerke über Prüfungen von Liquidationseröffnungsbilanzen[101] und vorläufigen **IFRS-Konzerneröffnungsbilan-zen.**[102]

19   IDW PS 400 (Stand: 29.10.2021) bildet das **Rahmenkonzept** und regelt die Grundla-gen für den Inhalt eines Bestätigungsvermerks mit nicht modifizierten Prüfungsurteilen (IDW PS 400.2).[103] Die Anforderungen des IDW PS 400 zielen darauf ab, ein angemessenes Gleichgewicht zwischen dem Bedürfnis nach Einheitlichkeit und Vergleichbarkeit von Bestätigungsvermerken einerseits und einer Steigerung des Informationswerts des Bestäti-gungsvermerks andererseits herzustellen (IDW PS 400.5 → Rn. 22 f.). Ob und in welcher Form die Prüfungsurteile ggf. zu modifizieren (dh. einzuschränken, zu versagen oder deren Nichterteilung zu erklären) sind, bestimmt sich aus Sicht des Berufsstands nach **IDW PS 405.**[104] Das gilt insbesondere für den Fall, dass die Anwendung des Rechnungslegungs-grundsatzes der Fortführung der Unternehmenstätigkeit (*going concern*) durch die gesetzli-chen Vertreter nach Auffassung des Abschlussprüfers unangemessen ist.[105] Ist dessen Anwen-dung zwar angemessen, besteht aber eine wesentliche Unsicherheit im Zusammenhang mit der Fortführung der Unternehmenstätigkeit, ist nach **IDW PS 270**[106] ein besonderer Abschnitt zur Erläuterung der wesentlichen Unsicherheit in den Bestätigungsvermerk aufzu-nehmen. Bei der Berichterstattung über besonders wichtige Prüfungssachverhalte nach **IDW PS 401**[107] geht die Modifizierung des Prüfungsurteils vor: Ist das Prüfungsurteil infolge eines Sachverhalts beispielsweise einzuschränken oder zu versagen, darf dieser Sach-verhalt nicht als besonders wichtiger Prüfungssachverhalt aufgeführt werden.[108] Ferner dür-fen Hinweise in Übereinstimmung mit **IDW PS 406**[109] in den Bestätigungsvermerk nur dann aufgenommen werden, wenn der zugrunde liegende Sachverhalt nicht zu einer Modi-fizierung des Prüfungsurteils nach IDW PS 405, zu einer Berichterstattung über wesentliche

---

[97]   IDW PH 9.400.13: Bestätigungsvermerk des Abschlussprüfers zum Jahresabschluss und Lagebericht einer Investmentaktiengesellschaft gemäß § 121 Abs. 2 Kapitalanlagegesetzbuch (KAGB) bzw. § 148 Abs. 1 iVm § 121 Abs. 2 KAGB (Stand: 10.9.2019), IDW Life 2019, 808.

[98]   IDW PH 9.520.1: Jahresabschlussprüfung bei Finanzdienstleistungsinstituten unter besonderer Berück-sichtigung der aufsichtsrechtlichen Anforderungen (Stand: 8.11.2011), WPg Supp. 1/2012, 56.

[99]   IDW PH 9.400.3: Zur Erteilung des Bestätigungsvermerks bei kommunalen Wirtschaftsbetrieben (Stand: 16.9.2020), IDW Life 2020, 1014.

[100]   IDW PH 9.400.17: Bestätigungsvermerk des Abschlussprüfers zum Jahresabschluss und Lagebericht einer registrierungspflichtigen Kapitalverwaltungsgesellschaft gemäß § 45a Abs. 1 KAGB (Stand: 13.4.2022), IDW Life 2022, 457.

[101]   IDW PH 9.400.5: Bestätigungsvermerk bei Prüfungen bei Liquidationseröffnungsbilanzen (Stand: 1.3.2006), WPg 2001, 913.

[102]   IDW PH 9.400.8: Prüfung einer vorläufigen IFRS-Konzerneröffnungsbilanz (Stand: 1.3.2006), WPg 2005, 433, WPg Supp. 8/2005, 433, WPg 2005, 679.

[103]   IDW PS 400 gilt erstmals für die Prüfung von Abschlüssen für Zeiträume, die am oder nach dem 15.12.2021 beginnen, mit Ausnahme von Rumpfgeschäftsjahren, die vor dem 31.12.2021 enden (IDW PS 400.8).

[104]   IDW PS 405: Modifizierungen des Prüfungsurteils im Bestätigungsvermerk (Stand: 29.10.2021), IDW LIFE 2021, 1367.

[105]   S. dazu den Diskurs zwischen Mader/Seitz DStR 2018, 1; Mader/Seitz DStR 2018, 1933 und Henn-richs/Schulze-Osterloh DStR 2018, 1731.

[106]   IDW PS 270: Die Beurteilung der Fortführung der Unternehmenstätigkeit im Rahmen der Abschluss-prüfung [Stand: 29.10.2021], IDW Life 2021, 1264. Zu Einzelheiten Kronner/Seidler FS Böcking, 2021, 319.

[107]   IDW PS 401: Mitteilung besonders wichtiger Prüfungssachverhalte im Bestätigungsvermerk (Stand: 29.10.2021), IDW Life 2021, 1353. Zu Einzelheiten Rohatschek/Aschauer WPg 2018, 1275; Quick WPg 2019, 321.

[108]   IDW PS 401: Mitteilung besonders wichtiger Prüfungssachverhalte im Bestätigungsvermerk (Stand: 29.10.2021), IDW Life 2021, 1353. Zu Einzelheiten Rohatschek/Aschauer WPg 2018, 1275; Quick WPg 2019, 321.

[109]   IDW PS 406: Hinweise im Bestätigungsvermerk (Stand: 29.10.2021), IDW Life 2021, 1395.

Unsicherheiten nach **IDW PS 270** oder zu einer Mitteilung eines besonders wichtigen Prüfungssachverhalts nach IDW PS 401 hätte führen müssen (IDW PS 400.2).[110]

II. Form, Aufbau und Bestandteile des Bestätigungsvermerks

Der Gesetzgeber schreibt in Abs. 1 S. 1 vor, dass der Abschlussprüfer das Ergebnis der **20** Prüfung schriftlich in einem Bestätigungsvermerk zum Jahresabschluss oder zum Konzernabschluss zusammenzufassen hat. § 322 enthält eine Reihe von Vorgaben für Form, Aufbau und Bestandteile des Bestätigungsvermerks.[111]

1. Schriftform (Abs. 1 S. 1). Insbesondere verlangt der Gesetzgeber, dass der Bestäti- **21** gungsvermerk *schriftlich* erteilen ist (Abs. 1 S. 1).[112] Das Erfordernis der Schriftform stellt klar, dass der Bestätigungsvermerk nicht mündlich erteilt werden darf. Die schriftliche Form kann durch die elektronische Form ersetzt werden, wenn sich nicht aus einem Gesetz etwas anderes ergibt (§ 126a Abs. 1 BGB).[113] Soll die in Abs. 1 S. 1 gesetzlich vorgeschriebene schriftliche Form durch die **elektronische Form** ersetzt werden, muss der Abschlussprüfer dieser seinen Namen hinzufügen und das elektronische Dokument mit einer qualifizierten elektronischen Signatur versehen (§ 126a Abs. 1 BGB).[114] Dabei ist das Siegel elektronisch iSv § 20 Abs. 2 S. 2 BS WP/vBP zu führen.[115]

2. Standardisierung (Abs. 2 S. 2). Die Beurteilung des Prüfungsergebnisses *soll* nach **22** dem Willen des Gesetzgebers **„allgemein verständlich und problemorientiert"** sein (Abs. 2 S. 2). Vage, unklare, mehrdeutige, ungeschminkte, verschleiernde oder gekünstelte Formulierungen sind dabei ebenso zu vermeiden wie unvollständige Urteile.[116] Das Prüfungsurteil hat die Auffassung des Abschlussprüfers mit anderen Worten klar zum Ausdruck zu bringen. Das Gesetz sagt allerdings nicht, ob der Bestätigungsvermerk – unter Berücksichtigung der Grundbestandteile – frei zu formulieren ist[117] oder ob standardisierte Bestätigungsvermerke verwendet werden dürfen.[118] Eine Ausnahme findet sich in Abs. 3 S. 1, der für den uneingeschränkten Bestätigungsvermerk einen **Kernsatz** vorschreibt. Im Übrigen fehlen konkrete Vorgaben für die Formulierung des Bestätigungsvermerks. Die Aussage in der Begründung des RegE KonTraG, mit den Änderungen des § 322 solle es „dem Abschlußprüfer ermöglicht werden, durch eine vorbildliche Formulierung die Erwartungslücke zu schließen",[119] wird in der Literatur überwiegend als Argument für eine weitgehende Standardisierung des Bestätigungsvermerks verstanden.[120]

In der Tat ist nicht auszuschließen, dass ein frei formulierter (uneingeschränkter) Bestäti- **23** gungsvermerk im Einzelfall die hinlänglich bekannte und allseits beklagte **Erwartungslücke** sogar noch vergrößern könnte, weil unterschiedliche Formulierungen auf Seiten der Adressaten des Bestätigungsvermerks zu Unklarheiten und unterschiedlichen Erwartungen führen

---

[110] Sträter, Gesamturteil des Abschlussprüfers (Wirtschaftsprüfers) nach der Prüfung eines Jahres- oder Konzernabschlusses, Diss. TU Dortmund 2020, S. 56.

[111] Zu den Grundsätzen ordnungsmäßiger Berichterstattung im Bestätigungsvermerk s. Freichel/Brösel DStR 2019, 1222; Sträter, Gesamturteil des Abschlussprüfers (Wirtschaftsprüfers) nach der Prüfung eines Jahres- oder Konzernabschlusses, Diss. TU Dortmund 2020, S. 77 ff.

[112] Das Wort „schriftlich" wurde durch das AReg v. 10.5.2016 (BGBl. 2016 I 1142) in Abs. 1 S. 1 eingefügt.

[113] Hense/Ulrich/Stenger WPO § 43 Rn. 507. Zu Einzelheiten: Praxishinweis der WPK WPK Magazin 1/2017, 17 und 3/2017, 26.

[114] BeBiKo/Justenhoven/Küster/Bernhardt Rn. 105; Hense/Ulrich/Stenger WPO § 43 Rn. 507.

[115] Hense/Ulrich/Stenger WPO § 43 Rn. 508.

[116] Vgl. Staub/Habersack/Schürnbrand Rn. 9 (keine „fachspezifischen Formulierungen").

[117] Vgl. HKMS/Hachmeister Rn. 23 („Für die Formulierung des Bestätigungsvermerks macht § 322 keine Vorgaben. … Allerdings haben sich dazu dich gewisse Vorformulierungen aus den IDW Prüfungsstandards … und den ihnen zugrunde liegenden International Standards on Auditing … als berufsüblich etabliert").

[118] BeBiKo/Justenhoven/Küster/Bernhardt Rn. 25 (für weitgehende Standardisierung).

[119] BT-Drs. 13/9712, 29.

[120] BeBiKo/Justenhoven/Küster/Bernhardt Rn. 25 mwN; Merkt/Probst/Fink/Quick S. 1531–1532 Rn. 229; wohl auch Staub/Habersack/Schürnbrand Rn. 9.

können.[121] Die Standardisierung des Wortlauts des (uneingeschränkten) Bestätigungsvermerks fördert die **Vergleichbarkeit** der Darstellungen von Prüfungsergebnissen im Bestätigungsvermerk[122] und erhöht damit – jedenfalls nach Ansicht einiger Autoren – die „Verkehrsfähigkeit" des Bestätigungsvermerks.[123] Freie Formulierungen sind darüber hinaus regelmäßig fehlerträchtiger als standardisierte,[124] was wiederum die Haftungsrisiken des Abschlussprüfers erhöhen könnte.[125] Hinzu kommt die Befürchtung, dass bei freier Formulierung eine **Einflussnahme** der den Jahresabschluss verantwortenden (Abs. 2 S. 2) gesetzlichen Vertreter der geprüften Gesellschaft nicht auszuschließen ist.[126] Außerdem wird eingewandt, dass jedenfalls bei „völlig" frei formulierten Bestätigungsvermerken deren Qualität von der „Formulierungskunst" des Abschlussprüfers abhängen würde.[127] In der Praxis haben sich daher die im Anhang zu IDW PS 400 niedergelegten formelartigen Wendungen und **Formulierungsbeispiele** durchgesetzt.[128] Insbesondere bei Einschränkung oder Versagung des Betätigungsvermerks (Abs. 4 S. 1, Abs. 5 S. 1) erfordert die Begründungspflicht (Abs. 4 S. 3 Hs. 1, Abs. 5 S. 2) aber, dass die Gründe für die Einschränkung bzw. Versagung des Bestätigungsvermerks „zweifelsfrei" (Abs. 2 S. 1) und „allgemein verständlich und problemorientiert" (Abs. 2 S. 2), also klar, eindeutig, konkret, unverschleiert, ungeschminkt, ungekünstelt und vollständig dargestellt werden; das macht es notwendig, insoweit über formelhafte Wendungen und Standardformulierungen hinauszugehen.

24   Für **Unternehmen von öffentlichem Interesse** schreibt Art. 10 Abschlussprüfungs-VO ebenfalls keinen standardisierten Wortlaut vor. Art. 10 Abschlussprüfungs-VO[129] verweist auf Art. 28 Abschlussprüfer-RL, der aber insoweit bereits in § 322 umgesetzt ist.[130] Art. 10 Abschlussprüfungs-VO verlangt indes zusätzliche Einzelangaben.[131]

25   **3. Internationale Prüfungsstandards (Abs. 1a).** Abs. 1a, der durch das AReG vom 10.5.2016 (BGBl. 2016 I 1142) in das HGB eingefügt worden ist, bestimmt, dass der Abschlussprüfer bei der Erstellung des Bestätigungsvermerks die internationalen Prüfungsstandards (International Standards on Auditing – ISA) anzuwenden hat, die von der Europäischen Kommission in dem Verfahren nach Art. 26 Abs. 3 Abschlussprüfer-RL angenommen worden sind.[132] Das International Auditing and Assurance Standards Board (IAASB) des Internationalen Wirtschaftsprüferverbands (International Federation of Accountants – IFAC) hat 2010 nach seinem Clarity Project die International Standards on Auditing (IAS) veröffentlicht und seitdem weiterentwickelt. Das IDW hat die ISA in die deutschen Prüfungsstandards (IDW

---

121   Dörner DB 1998, 1 (5); BeBiKo/Justenhoven/Küster/Bernhardt Rn. 25 mwN; Merkt/Probst/Fink/ Quick S. 1531–1532 Rn. 229; Staub/Habersack/Schürnbrand Rn. 9.

122   Pfiffner, Revisionsstelle und Corporate Governance, 2008, S. 224.

123   BeBiKo/Justenhoven/Küster/Bernhardt Rn. 25 (unter Hinweis auf Forster WPg 1998, 53); Merkt/ Probst/Fink/Quick S. 1531 f. Rn. 229.

124   Staub/Habersack/Schürnbrand Rn. 9; Merkt/Probst/Fink/Quick S. 1531 f. Rn. 229.

125   Vgl. Schüppen Rn. 4.

126   Böcking/Orth WPg 1998, 351 (352 und 356); Schindler/Rabenhorst BB 1998, 1939 (1941); Staub/ Habersack/Schürnbrand Rn. 9 („Wahrscheinlichkeit von Einflussnahmeversuchen der Unternehmensleitung" könne zunehmen"); BeBiKo/Justenhoven/Küster/Bernhardt Rn. 25 („… bei freier Formulierung ist anzunehmen, dass der Adressat eine auf seine individuellen Bedürfnisse zugeschnittene Information erwartet"); Merkt/Probst/Fink/Quick S. 1531 f. Rn. 229.

127   Merkt/Probst/Fink/Quick S. 1531 f. Rn. 229 unter Hinweis auf Schindler/Rabenhorst BB 1998, 1939 (1941).

128   Vgl. Wiedmann/Böcking/Gros/Böcking/Gros/Rabenhorst Rn. 10; krit. Schüppen Rn. 4; HKMS/ Müller Rn. 21 („Die Nutzung der gegebenen Freiheiten … könnte manchem Testat gut tun!").

129   S. dazu die Kommentierung von Schüppen Anh. § 322: Art. 10 Abschlussprüfungs-VO; BeBiKo/Justenhoven/Küster/Bernhardt Rn. 150–163.

130   HKMS/Hachmeister Rn. 23.

131   Zum Vergleich Skirk WPg 2017, 57; Skirk/Kuhn WPg 2018, 329 (PIE); Skirk/Kuhn WPg 2018, 63 (Non-PIE); HKMS/Burg Rn. 27–28. Zur Diskussion über eine einheitliche Berichterstattung im Bestätigungsvermerk bei PIEs und Non-PIEs Penkwitt WPg Sonderheft 2/2015, 49; Heeb/Schlums WP Praxis 2016, 113; Hense/Ulrich/Stenger § 43 Rn. 495; Merkt/Probst/Fink/Quick S. 1531 Rn. 228 aE.

132   Zu Einzelheiten des Ausschussverfahrens und den nach wie vor nicht geklärten Fragen der Vereinbarkeit dieses Verfahrens mit dem Demokratieprinzip: Staub/Habersack/Schürnbrand Rn. 37 mwN.

PS) transformiert (IDW PS 400.6–400.7).[133] Diese erfüllen damit grundsätzlich die inhaltlichen IAS-Anforderungen und entsprechen ihnen in Umfang und Detaillierungsgrad.[134] Hinzu kommen die (um deutsche Besonderheiten ergänzte) **ISA [DE],** die ebenfalls Anforderungen enthalten, die bei der Erteilung eines Bestätigungsvermerks zu beachten sind (IDW PS 400.2). Abs. 1a schreibt die Anwendung der IAS bei der Erstellung des Bestätigungsvermerks verbindlich vor.[135] Allerdings hängt diese Verpflichtung von der noch ausstehenden **förmlichen Annahme (*adoption*) der ISA** durch die EU-Kommission in dem vorgeschriebenen Verfahren ab. Bis zu einer solchen Annahme dürfen die ISA, müssen aber nicht angewendet werden. Gemäß Art. 26 Abs. 1 S. 2 RL 2014/56/EU können die Mitgliedstaaten nationale Prüfungsstandards, Prüfverfahren oder Prüfungsanforderungen solange anwenden, wie die Kommission keine internationalen Prüfungsstandards, die für denselben Bereich gelten, angenommen hat.[136] Bislang hat die EU-Kommission noch keine ISA angenommen (→ § 317 Rn. 42). In Deutschland gelten daher weiterhin die IDW Prüfungsstandards und IDW-Prüfungshinweise.[137] Es gibt derzeit keinen konkreten Zeitplan für den Annahmeprozess.[138] Abs. 1a läuft deshalb (noch) leer. Infolge der Übernahme der ISA durch das IDW in den IDW PS und IDW PH finden die ISA, ggf. unter Berücksichtigung deutscher Besonderheiten (s. die IDW [DE]), allerdings mittelbar Beachtung.[139]

4. Aufbau und Grundbestandteile. Nach IDW PS 400.30–400.65 enthält der Bestä- **26** tigungsvermerk folgende Grundbestandteile: (a) Überschrift, (b) Empfänger, (c) Vermerk über die Prüfung des Abschlusses und ggf. des Lageberichts (Prüfungsurteile, Grundlage für die Prüfungsurteile, Wesentliche Unsicherheit im Zusammenhang mit der Fortführung der Unternehmenstätigkeit, besonders wichtige Prüfungssachverhalte in der Prüfung des Abschlusses, sonstige Informationen, Verantwortung für den Abschluss und ggf. für den Lagebericht, Verantwortung des Abschlussprüfers für die Prüfung des Abschlusses und ggf. des Lageberichts und Ort der Beschreibung der Verantwortung des Abschlussprüfers für die Prüfung und ggf. des Lageberichts), (d) sonstige gesetzliche und andere Vorgaben, (e) Name des verantwortlichen Wirtschaftsprüfers, (f) der Niederlassung des Abschlussprüfers und (g) Datum, Unterschrift und Erteilung des Bestätigungsvermerks.[140]

5. Überschrift. Vermerke über das Ergebnis der Prüfung sind mit einer zutreffenden **27** Überschrift zu versehen.[141] Nach IDW PS 400.31 muss der Bestätigungsvermerk die Über-

---

133 Zu Einzelheiten: Noodt/Kunellis WPg 2011, 557; Brinkmann/Spieß KoR 2006, 395.

134 IDW PS 400.6.

135 Ausf. Dolensky IRZ 2016, 137; Schmid BB 2017, 2539; Gewehr/Moser WPg 2018, 193; Feld IDW Life 2017, 281; BeBiKo/Justenhoven/Küster/Bernhardt Rn. 3.

136 Vgl. Naumann/Feld WPg 2006, 873 (883).

137 Das IDW setzt sich weiterhin für die Annahme der ISA durch die EU-Kommission ein.

138 Da die ISA in nahezu allen EU-Mitgliedstaaten auch ohne Annahme dieser Standards durch die EU Eingang in die nationalen Prüfungsstandards gefunden haben, ist fraglich, ob es noch zu einer förmlichen Annahme durch die EU kommen wird: Wiedmann/Böcking/Gros/Böcking/Gros/Rabenhorst § 317 Rn. 40.

139 So auch Wiedmann/Böcking/Gros/Böcking/Gros/Rabenhorst Rn. 2.

140 Vgl. BeBiKo/Justenhoven/Küster/Bernhardt Rn. 35; Hense/Ulrich/Stenger WPO § 43 Rn. 514; Hopt/Merkt Rn. 7; Graumann Prüfungswesen S. 829; Sträter, Gesamturteil des Abschlussprüfers (Wirtschaftsprüfers) nach der Prüfung eines Jahres- und Konzernabschlusses, Diss. TU Dortmund 2020, S. 77 ff. Zu Einzelheiten des „neuen" Bestätigungsvermerks aufgrund des AReG ausf. Dolensky IRZ 2016, 137; Farr WPg 2017, 115; Farr WPg 2016, 762; Feld IDW Life 2017, 281; Freichel/Brösel DStR 2019, 1222; Giese/Seidler BB 2017, 2795; Heeb/Schlums WP Praxis 2016, 113; Hennrichs WPg 2018, 1127; Henselmann/Seebeck WPg 2017, 237; Köhler WPg 2015, 109; Muraz BB 2017, 2542; Pföhler/Kunellis/Knappe WP Praxis 2016, 57; Ratzinger-Sakel WPg 2016, 217; Rohatschek/Aschauer WPg 2018, 1275; Scharr/Bernhadt/Koch ZCG 2017, 169; Schmid BB 2017, 811; Schmid BB 2017, 2539; Schmidt WPg Sonderheft 2/2015, 538; Schüppen NZG 2016, 247; Schüppen/Walz WPg 2015, 1155; Skirk WPg 2017, 57; Skirk/Kuhn WPg 2018, 329 (für PIE); Skirk/Kuhn WPg 2018, 63 (für Nicht-PIE); Ziegler IDW Life 2016, 742.

141 Merkt/Probst/Fink/Quick S. 1532 Rn. 231; BeBiKo/Justenhoven/Küster/Bernhardt Rn. 37; HKMS/Hachmeister Rn. 32; Hopt/Merkt Rn. 7; Graumann Prüfungswesen S. 824; Sträter, Gesamturteil des Abschlussprüfers (Wirtschaftsprüfers) nach der Prüfung eines Jahres- oder Konzernabschlusses, Diss. TU Dortmund 2020, S. 83.

schrift „Bestätigungsvermerk des unabhängigen Abschlussprüfers" tragen. Durch den Zusatz „des unabhängigen Abschlussprüfers" wird verdeutlicht, dass es sich um den Bestätigungsvermerk eines unabhängigen, dem Berufseid verpflichteten Wirtschaftsprüfers handelt, und um Verwechselungen mit anderen Vermerken oder Bescheinigungen auszuschließen (IDW PS 400.A31).[142] Abs. 2 S. 1 Nr. 1, Abs. 3 S. 1 bezeichnet den Vermerk bei einer uneingeschränkt positiven Beurteilung des Prüfungsergebnisses („keine Einwendungen") als „uneingeschränkten Bestätigungsvermerk". Eine nach Abs. 4 S. 1 wegen Einwendungen einzuschränkende Erklärung des Prüfers nach Abs. 3 S. 1 nennt das Gesetz „eingeschränkter Bestätigungsvermerk" (Abs. 2 S. 1 Nr. 2). Der Vermerk über die Versagung der Erklärung nach Abs. 3 S. 1 aufgrund von Einwendungen (Abs. 2 S. 1 Nr. 3, Abs. 4 S. 1) darf *nicht* als Bestätigungsvermerk bezeichnet werden (Abs. 4 S. 2), sondern wird gemäß Abs. 7 S. 2 mit „Versagungsvermerk des unabhängigen Abschlussprüfers" (alternativ: Vermerk des unabhängigen Abschlussprüfers über die Versagung des Bestätigungsvermerks) überschrieben.[143] Die Überschrift „Versagungsvermerk des unabhängigen Abschlussprüfers" ist außerdem bei der Erklärung der Nichtabgabe eines Prüfungsurteils (*disclaimer of opinion*) zu verwenden (Abs. 2 S. 1 Nr. 4, Abs. 5 S. 1 iVm Abs. 4 S. 2).

28   **6. Empfänger.** Der Bestätigungsvermerk/Vermerk über die Versagung des Bestätigungsvermerks ist zu adressieren (IDW PS 400.32).[144] Sofern Gesetze, andere Rechtsvorschriften oder Auftragsbedingungen nichts anderes festlegen, ist der Bestätigungsvermerk im Regelfall an das geprüfte Unternehmen als Auftraggeberin gerichtet (IDW PS 400.A32). Während in der Vergangenheit eine Adressierung des Bestätigungsvermerks bei gesetzlichen Abschlussprüfungen unterblieb, da sich die Adressaten aus der gesetzlichen Regelung ergab, ist nunmehr im Einklang mit internationalen Prüfungsstandards eine Adressierung ausnahmslos vorgesehen.[145]

29   **7. Vermerk über die Prüfung des Abschlusses und ggf. des Lageberichts.** Der Darstellung des Prüfungsurteils geht ein einleitender Abschnitt voraus (Abs. 1 S. 3).[146]

30   **a) Einleitender Abschnitt (Abs. 1 S. 3).** In dem einleitenden Abschnitt haben „zumindest" die Beschreibung des Gegenstandes der Prüfung und die Angabe zu den angewandten Rechnungslegungsgrundsätzen zu erfolgen (Abs. 1 S. 3).[147] Der einleitende Abschnitt des Bestätigungsvermerks entspricht dem „Introductory Paragraph" nach ISA 700. **Gegenstand der Prüfung** ist der Jahresabschluss, bestehend aus Bilanz, Gewinn- und Verlustrechnung und Anhang (§§ 242 Abs. 3, 264 Abs. 1 S. 1) sowie der Lagebericht (§ 316 Abs. 1 S. 1), die Buchführung (§ 317 Abs. 1 S. 1)[148] und ggf. das nach § 91 Abs. 2 AktG einzurichtende **Risikofrüherkennungssystem** (§ 317 Abs. 4).[149] Außerdem sind das geprüfte Unternehmen, der Abschlussstichtag und das dem Jahresabschluss zugrunde liegende Geschäftsjahr zu bezeichnen.[150] Sofern einschlägig, ist in dem einleitenden Abschnitt auch darauf hinzuweisen, dass bestimmte in den Lagebericht aufgenommenen Angaben wie

---

[142]   Wiedmann/Böcking/Gros/Böcking/Gros/Rabenhorst Rn. 11; HKMS/Müller Rn. 32; Merkt/Probst/Fink/Quick S. 1532 Rn. 231.

[143]   Merkt/Probst/Fink/Quick S. 1532 Rn. 231; HKMS/Hachmeister Rn. 32.

[144]   BeBiKo/Justenhoven/Küster/Bernhardt Rn. 40; Graumann Prüfungswesen S. 829; Sträter, Gesamturteil des Abschlussprüfers (Wirtschaftsprüfers) nach der Prüfung eines Jahres- oder Konzernabschlusses, Diss. TU Dortmund 2020, S. 83.

[145]   Wiedmann/Böcking/Gros/Böcking/Gros/Rabenhorst Rn. 12.

[146]   Wiedmann/Böcking/Gros/Böcking/Gros/Rabenhorst Rn. 13; Merkt/Probst/Fink/Quick S. 1532 Rn. 231.

[147]   Merkt/Probst/Fink/Quick S. 1533 Rn. 231; HKMS/Hachmeister Rn. 34; Sträter, Gesamturteil des Abschlussprüfers (Wirtschaftsprüfers) nach der Prüfung eines Jahres- oder Konzernabschlusses, Diss. TU Dortmund 2020, 79.

[148]   HKMS/Hachmeister Rn. 34.

[149]   Dazu IDW PS 340 nF: Die Prüfung des Risikofrüherkennungssystems (Stand: 27.5.2022), IDW Life 2022, 631. Zu Einzelheiten Verhoeven/Riesch/Diederichs WPg 2021, 215; Diederichs/Giesing/Meyer/Riesch WPg 2022, 815. Zu IDW EPS 340 Wermelt/Oehlmann WPg 2019, 1026.

[150]   Wiedmann/Böcking/Gros/Böcking/Gros/Rabenhorst Rn. 13.

die Erklärung zur Unternehmensführung (§ 289f Abs. 2 und 5 sowie § 315d)[151] und die nichtfinanzielle Erklärung (§§ 289b–289e und § 315c)[152] nicht Gegenstand einer inhaltlichen Prüfung waren. Die in dem einleitenden Abschnitt erforderliche Angabe der angewandten **Rechnungslegungsgrundsätze** (Abs. 1 S. 3) ist im Hinblick die Möglichkeit der Aufstellung befreiender Konzernabschlüsse gemäß § 315e notwendig, um Zweifel darüber zu vermeiden, nach welchen Rechnungslegungsgrundsätzen der geprüfte Jahresabschluss aufgestellt wurde.[153] Hinzuweisen ist auch auf wirtschaftszweigpezifische Rechnungslegungsgrundsätze (→ Rn. 18).[154] Gleiches gilt ggf. für einschlägige ergänzende Bestimmungen des Gesellschaftsvertrags und der Satzung.[155] In der Vergangenheit war es üblich, in dem einleitenden Abschnitt Ausführungen zu der **Abgrenzung der Verantwortlichkeit** des Abschlussprüfers von derjenigen der gesetzlichen Vertreter (vgl. Abs. 2 S. 2) zu machen.[156] Diese Angaben bleiben heute einem gesonderten Abschnitt vorbehalten.[157] Formulierungsbeispiele für den nunmehr recht knappen „einleitenden Abschnitt" finden sich in Anlage 1.1 zu IDW PS 400.

b) Prüfungsurteil (Abs. 1 S. 1, Abs. 2 S. 1). Der erste Abschnitt des Bestätigungs- **31** vermerks muss das Prüfungsurteil enthalten und mit der Überschrift „Prüfungsurteil" versehen sein (IDW PS 400.35).[158] Während bisher das Prüfungsurteil am Ende des Bestätigungsvermerks zu finden war, hat sich die neue Strukturierung des Bestätigungsvermerks in den ISA auch auf die vom IDW an die ISA angepassten IDW PS ausgewirkt. Um den Adressaten des Bestätigungsvermerks, der im Vergleich zu früheren Fassungen umfangreicher geworden ist, die Orientierung zu erleichtern, ist das in den Prüfungsurteilen zusammengefasste Ergebnis der Abschlussprüfung (Abs. 1 S. 1) nunmehr unmittelbar im Anschluss an den einleitenden Abschnitt zu finden. In seinen Prüfungsurteilen beurteilt der Prüfer aufgrund seiner pflichtgemäßen Prüfung die Beachtung der maßgeblichen gesetzlichen Vorschriften und sie ergänzende Bestimmungen des Gesellschaftsvertrags oder der Satzung (§ 317 Abs. 1 S. 2). Die Prüfungsurteile zum Jahresabschluss und zum Lagebericht[159] werden in einem gemeinsamen Abschnitt abgegeben (vgl. Abs. 6). Dennoch handelt es sich um zwei **eigenständige Prüfungsurteile.** So kann beispielsweise das Prüfungsurteil des Abschlussprüfers zum Jahresabschluss uneingeschränkt sein, das Prüfungsurteil zum Lagebericht hingegen eingeschränkt (vgl. IDW PS 405.24–405.26[160]).[161] Das Prüfungsurteil ist je nach Sachverhalt in einer der vier in Abs. 2 S. 1 genannten Varianten abzugeben (**„numerus clausus"** der Möglichkeiten der Tenorierung des Prüfungsurteils).[162] Die Beurteilung des Prüfungsurteils muss danach „zweifelsfrei" (Abs. 2 S. 1) ergeben, ob ein uneingeschränktes Prüfungsurteil (Nr. 1) oder ein eingeschränktes Prüfungsurteil (Nr. 2) erteilt wird oder das Prüfungsurteil aufgrund von Einwendungen versagt wird (Nr. 3) oder eine Erklärung der Nichtabgabe eines Prüfungsurteils abgegeben wird (Nr. 4).[163] Ein eingeschränktes Prüfungsurteil, ein

---

[151] Merkt/Probst/Fink/Quick S. 1532 Rn. 231.

[152] Wiedmann/Böcking/Gros/Böcking/Gros/Rabenhorst Rn. 13.

[153] Merkt/Probst/Fink/Quick S. 1533 Rn. 234; HKMS/Hachmeister Rn. 34.

[154] Merkt/Probst/Fink/Quick S. 1533 Rn. 234; BeBiKo/Justenhoven/Küster/Bernhardt Rn. 44.

[155] Merkt/Probst/Fink/Quick S. 1533 Rn. 234.

[156] Vgl. Merkt/Probst/Fink/Quick S. 1533 Rn. 233.

[157] Wiedmann/Böcking/Gros/Böcking/Gros/Rabenhorst Rn. 13.

[158] Graumann Prüfungswesen S. 825.

[159] Zur Prüfung des Lageberichts im Rahmen der Abschlussprüfung: IDW PS 350: Prüfung des Lageberichts im Rahmen der Abschlussprüfung (Stand: 29.10.2021), IDW Life 2022, 45. Zu Einzelheiten Singer/Wullenkord WPg 2020, 119. Zur Prüfung der Prognoseberichterstattung bei KMU gemäß IDW PS 350 nF vor dem Hintergrund der COVID 19-Pandemie: Schorn/Babicheva WPg 2021, 208.

[160] IDW PS 405: Modifizierungen des Prüfungsurteils im Bestätigungsvermerk (Stand: 29.102.2021), IDW Life 2021, 1367.

[161] Wiedmann/Böcking/Gros/Böcking/Gros/Rabenhorst Rn. 16.

[162] Sträter, Gesamturteil des Abschlussprüfers (Wirtschaftsprüfers) nach der Prüfung eines Jahres- oder Konzernabschlusses, Diss. TU Dortmund 2020, S. 91.

[163] Merkt/Probst/Fink/Quick S. 1534 Rn. 238; Wiedmann/Böcking/Gros/Böcking/Gros/Rabenhorst Rn. 16; Hopt/Merkt Rn. 4; Graumann Prüfungswesen S. 825.

versagtes Prüfungsurteil und eine Erklärung der Nichtabgabe eines Bestätigungsvermerks (*disclaimer*) werden in der Praxis auch als modifiziertes Prüfungsurteil bezeichnet (IDW PS 405.10–405.14).[164]

32   Die Entscheidung des Abschlussprüfers, welche **Art von Prüfungsurteil** angemessen ist, ist abhängig von der Art des Sachverhalts, der zur Modifizierung (dh Einschränkung, Versagung oder Nichtabgabe eines Prüfungsurteils) führt (IDW PS 405.4).[165] **Entscheidend** ist, ob (1) der Abschluss wesentlich falsche Darstellungen[166] enthält oder – bei fehlender Möglichkeit, ausreichende geeignete Prüfungsnachweise zu erlangen – wesentliche falsche Darstellungen enthalten kann bzw. (2) der Lagebericht insgesamt nicht oder nur mit Ausnahmen in allen wesentlichen Belangen den maßgebenden Rechnungslegungsgrundsätzen entspricht (zB insgesamt kein zutreffendes bzw. nur mit Ausnahmen ein zutreffendes Bild von der Lage der Gesellschaft vermittelt sowie insgesamt nicht oder nur mit Ausnahmen in allen wesentlichen Belangen in Einklang mit dem Abschluss steht, den deutschen gesetzlichen Vorschriften entspricht und die Chancen und Risiken der zukünftigen Entwicklung zutreffend darstellt) oder – bei fehlender Möglichkeit, ausreichende geeignete Prüfungsnachweise zu erlangen – möglicherweise insgesamt nicht bzw. nur mit Ausnahmen in allen wesentlichen Belangen den maßgebenden Rechnungslegungsgrundsätzen entspricht) oder (3) ein sonstiger Prüfungsgegenstand, über den im Bestätigungsvermerk ein gesondertes Prüfungsurteil abzugeben ist, insgesamt nicht bzw. nur mit Ausnahmen in allen wesentlichen Belangen den maßgebenden gesetzlichen Vorschriften entspricht oder – bei fehlender Möglichkeit, ausreichende geeignete Prüfungsnachweise zu erlangen – möglicherweise insgesamt nicht bzw. nur mit Ausnahmen in allen wesentlichen Belangen entspricht (IDW PS 405.4).

33   Bis auf den Kernsatz in Abs. 3 S. 1 für uneingeschränkte Bestätigungsvermerke schreibt das Gesetz für die **Formulierung des Prüfungsurteils** keinen bestimmten Wortlaut vor.[167] In der Praxis haben sich aus den in → Rn. 22 f. genannten Gründen Standardformulierungen für die verschiedenen Bestandteile des Bestätigungsvermerks Formulierungen herausgebildet, die in den IDW PS 400,[168] IDW PS 405[169] und IDW PS 406[170] abgebildet sind.

34   **c) Uneingeschränktes Prüfungsurteil (Abs. 2 S. 1 Nr. 1, Abs. 3 S. 1).** Ein uneingeschränktes Prüfungsurteil (Abs. 2 S. 1 Nr. 1) ist abzugeben, wenn die von dem Abschlussprüfer nach § 317 durchgeführte Prüfung zu keinen Einwendungen geführt hat und der von den gesetzlichen Vertretern aufgestellte Jahres- oder Konzernabschluss aufgrund der bei der Prüfung gewonnenen Erkenntnisse des Abschlussprüfers nach seiner Beurteilung den gesetzlichen Vorschriften entspricht und unter Beachtung der Grundsätze ordnungsmäßiger Buchführung und sonstiger maßgeblicher Rechnungslegungsgrundsätze ein den tatsächlichen Verhältnissen entsprechendes Bild der Vermögens-, Finanz- und Ertragslage des Unter-

---

164   BeBiKo/Justenhoven/Küster/Bernhardt Rn. 21; Hense/Ulrich/Stenger § 43 Rn. 491.
165   S. dazu die sorgfältige Analyse von Günther, Die Unabhängigkeit des Abschlussprüfers bei privaten Unternehmen in Deutschland, 2019, S. 110 ff.
166   Unter falscher Darstellung versteht IDW PS 405.7 „[e]ine Abweichung zwischen dem/der im Abschluss abgebildeten Betrag, Ausweis, Darstellung und dem/der für den/die Abschlussposten/-angabe zur Übereinstimmung mit den maßgebenden Rechnungslegungsgrundsätzen erforderlichen Betrag, Ausweis, Darstellung oder Angabe." Falsche Darstellungen können aus „Irrtümern oder aus dolosen Handlungen resultieren" (ID PS 405.7 und 405.A2; ISA [DE] 450: Beurteilung der während der Abschlussprüfung identifizierten falschen Darstellungen (Stand: 26.3.2020), IDW Life 2019, 678; IDW Life 2020, 509 [Tz- A1]).
167   HKMS/Hachmeister Rn. 21.
168   IDW Life 2021, 1291 (Anlage: Beispiele für Bestätigungsvermerke). Die Anwendung von IDW PS 405 setzt voraus die Berücksichtigung des IDW PS 270: Die Beurteilung der Fortführung der Unternehmenstätigkeit im Rahmen der Abschlussprüfung [Stand: 29.10.2021], IDW Life 2021, 1264 und von ISA [DE]: Verantwortlichkeiten des Abschlussprüfers im Zusammenhang mit sonstigen Informationen (Stand: 7.5.2020), IDW Life 2020, 509.
169   IDW Life 2021, 1367 (Anlage: Beispiele für eingeschränkte Bestätigungsvermerke und Versagungsvermerke).
170   IDW Life 2021, 1395 (Anlagen 3: Beispiele für Bestätigungsvermerke).

nehmens oder des Konzerns vermittelt (Abs. 3 S. 1).[171] „Keine Einwendungen" bedeutet, dass die Prüfung zu keinen Beanstandungen geführt hat.[172] Mit den Worten „keine Einwendungen" (Abs. 3 S. 1) meint das Gesetz im Übrigen nach zutreffender Ansicht **„keine oder nur unwesentliche Einwendungen".**[173] Unwesentliche Einwendungen schließen daher die Erteilung eines uneingeschränkten Bestätigungsvermerkes nicht aus.[174] Die Erteilung eines uneingeschränkten Bestätigungsvermerks ist zulässig, auch wenn der Vorjahresabschluss nicht geprüft wurde (zB bei einer erstmaligen Pflichtprüfung) oder die Erteilung eines Bestätigungsvermerks für den Vorjahresabschluss versagt wurde, sofern für den geprüften Abschluss die Voraussetzungen für die Erteilung eines uneingeschränkten Bestätigungsvermerkes vorliegen.

Nach IDW PS 400.37 muss das **Prüfungsurteil** bei einem uneingeschränkten Bestätigungsvermerks wie folgt lauten: „*Nach unserer Beurteilung aufgrund der bei der Prüfung gewonnenen Erkenntnisse entspricht der beigefügte … [Jahres-/Konzernabschluss] in allen wesentlichen Belangen den … (maßgebenden Rechnungslegungsgrundsätzen) und vermittelt unter Beachtung der … [maßgebenden Vorschriften] ein den tatsächlichen Verhältnissen entsprechendes Bild von der Vermögens- und Finanzlage … [der Gesellschaft/des Konzerns] zum … [Datum] sowie … [Datum] sowie [ihrer/seiner] Ertragslage für das Geschäftsjahr vom … [Datum] bis zum … [Datum].*" Bei einer Pflichtprüfung nach § 317 hat der Abschnitt „Prüfungsurteil" folgende weitere Erklärung zu enthalten (IDW PS 400.40): „*Gemäß § 322 Abs. 3 S. 1 HGB erklären wir, dass unsere Prüfung zu keinen Einwendungen gegen die Ordnungsmäßigkeit des … [Jahres-/Konzernabschlusses] geführt hat.*" **35**

Das Prüfungsurteil hat sich auch darauf zu erstrecken, ob der **Lagebericht** oder der **Konzernlagebericht** nach dem Urteil des Prüfers mit dem Jahresabschluss und ggf. dem Einzelabschluss nach § 325 Abs. 2a oder mit dem Konzernabschluss in Einklang steht, die gesetzlichen Vorschriften zur Aufstellung des Lage- und Konzernberichts beachtet worden sind und der Lage- bzw. Konzernlagebericht insgesamt ein zutreffendes Bild von der Lage des Unternehmens oder des Konzerns vermittelt (Abs. 6 S. 1).[175] Dabei ist auch darauf einzugehen, ob die **Chancen und Risiken** der zukünftigen Entwicklung zutreffend dargestellt sind (Abs. 6 S. 2). Unter den vom Gesetzgeber in § 289 Abs. 1 S. 4 und § 315 Abs. 1 S. 5 angesprochenen Risiken der zukünftigen Entwicklung sind über die bilanzierungspflichtigen und von § 289 Abs. 2 Nr. 1b und § 315 Abs. 2 Nr. 1b erfassten Risiken hinaus diejenigen Risiken zu verstehen, die den Fortbestand des Unternehmens gefährden (sog. bestandsgefährdende Risiken iSv Abs. 2 S. 3) oder die wesentlichen Einfluss auf die Vermögens-, Finanz- und Ertragslage des Unternehmens haben können (sog. entwicklungsbeeinträchtigende Risiken).[176] Ein gesondertes Eingehen wie auf bestandsgefährdende Risiken (Abs. 2 S. 3 und 4) ist nach Abs. 6 S. 2 aber nicht notwendig.[177] **36**

Wenn der Abschlussprüfer ein **uneingeschränktes Prüfungsurteil** zum Lage- bzw. Konzernlagebericht abgibt, müssen diese Prüfungsurteile nach IDW PS 400.43 wie folgt **37**

---

171   Sträter, Gesamturteil des Abschlussprüfers (Wirtschaftsprüfers) nach der Prüfung eines Jahres- oder Konzernabschlusses, Diss. TU Dortmund 2020, S. 91; Günther, Die Unabhängigkeit des Abschlussprüfers bei privaten Unternehmen in Deutschland, 2019, S. 111 ff.

172   HKMS/Hachmeister Rn. 44.

173   Staub/Habersack/Schürnbrand Rn. 13 („keine oder lediglich unwesentliche Einwendungen"); Hopt/Merkt Rn. 10 („… nicht nur geringfügige, unwesentliche Einwendungen"); Wiedmann/Böcking/Gros/Böcking/Gros/Rabenhorst Rn. 17 („keine wesentlichen Einwendungen"); Mekat, Der Grundsatz der Wesentlichkeit in Rechnungslegung und Abschlussprüfung, 2009, S. 190 („Bei kleineren, unwesentlichen Mängeln ist die Einschränkung des Bestätigungsvermerks … oft eine überscharfe Reaktion"); Hense/Ulrich/Stenger WPO § 43 Rn. 528 („wesentliche Beanstandungen"); Merkt/Probst/Fink/Quick S. 1535 Rn. 240. Offengelassen in Schüppen Rn. 13.

174   Mekat, Der Grundsatz der Wesentlichkeit in Rechnungslegung und Abschlussprüfung, 2009, S. 191 (unter Hinweis auf Lehwald DStR 2000, 259 [261]); Staub/Habersack/Schürnbrand Rn. 13; Hopt/Merkt Rn. 7; vgl. zur Wesentlichkeit Hense/Ulrich/Stenger WPO § 43 Rn. 533.

175   Ausf. HKMS/Hachmeister Rn. 46; BeBiKo/Justenhoven/Küster/Bernhardt Rn. 91; Merkt/Probst/Fink/Quick S. 1536 Rn. 243; Graumann Prüfungswesen S. 830–832.

176   BeBiKo/Justenhoven/Küster/Bernhardt Rn. 91; vgl. Merkt/Probst/Fink/Quick S. 1536 Rn. 243.

177   Hopt/Merkt Rn. 17.

lauten: „*Nach unserer Beurteilung aufgrund der bei der Prüfung gewonnenen Erkenntnisse vermittelt der beigefügte … [Lagebericht/Konzernlagebericht] insgesamt ein zutreffendes Bild von der Lage … [der Gesellschaft/des Konzerns]. In allen wesentlichen Belangen steht dieser … [Lage-/Konzernbericht] in Einklang mit den … [Jahres-/Konzernabschluss], entspricht den deutschen gesetzlichen Vorschriften und stellt die Chancen und Risiken der zukünftigen Entwicklung zutreffend dar.*" Darüber hinaus hat der Prüfer in dem Prüfungsurteil folgende **weitere Erklärung** abzugeben: „*Gemäß § 322 Abs. 3 S. 1 HGB erklären wir, dass unsere Prüfung zu keinen Einwendungen gegen die Ordnungsmäßigkeit des … [Jahres-/Konzernabschlusses] und des … [Lage-/Konzernlageberichts] geführt hat*" (IDW PS 400.44). Sofern einschlägig hat der Abschlussprüfer im Abschnitt „Prüfungsurteil" die Anforderungen des IDW PS 350: Prüfung des Lageberichts im Rahmen der Abschlussprüfung (Stand: 29.10.2021)[178] Tz. 119–123 sowie A116-A117, A119-120 und A122 zur Berichterstattung über lageberichtsfremde Angaben, lageberichtstypische Angaben, für die keine gesetzliche Pflicht zur inhaltlichen Prüfung besteht, sowie über **Querverweise** und nicht prüfbare Angaben zu berichten. Wurde entgegen den gesetzlichen Vorschriften ein Lagebericht nicht aufgestellt oder ist er in wesentlichen Teilen unvollständig, hat dies die Einschränkung des Bestätigungsvermerks zur Folge.[179] Wurde ein Lagebericht zulässigerweise nicht erstellt (zB bei einer kleinen Kapitalgesellschaft iSd § 264 Abs. 1 S. 3), entfällt die entsprechende Beurteilung im Bestätigungsvermerk.[180] Wenn die gesetzlichen Vertreter ohne gesetzliche Verpflichtung einen Lagebericht **freiwillig** aufgestellt haben und der Abschlussprüfer beauftragt wird, diesen zu prüfen, hat sich der Bestätigungsvermerk auch darauf zu erstrecken.[181] Liegt keine entsprechende Beauftragung vor und wird der Lagebericht zusammen mit dem Abschluss dargestellt, ohne dass der Lagebricht als ungeprüft gekennzeichnet wird, ist in der Beschreibung des Prüfungsgegenstandes im Abschnitt „Prüfungsurteil" zu erklären, dass der Lagebericht nicht Gegenstand der Abschlussprüfung ist und daher hierzu kein Prüfungsurteil abgegeben wird.[182]

38   Hat sich der Abschlussprüfer für die Erteilung eines uneingeschränkten Bestätigungsvermerks entschieden, so bedarf es in der Regel keiner weiteren Ausführungen.[183] Der Abschlussprüfer kann aber **zusätzlich** einen **Hinweis** auf Umstände aufnehmen, auf die er in besonderer Weise aufmerksam macht, ohne den Bestätigungsvermerk einzuschränken (Abs. 3 S. 2).[184] Ergänzende Hinweise können zur Hervorhebung bestimmter „Umstände" oder zur detaillierten Erläuterung eines bestimmten Prüfungsergebnisses erfolgen.[185] Diese Möglichkeit versteht sich vor dem Hintergrund der vom Gesetzgeber gewünschten Abkehr vom Formeltestat.[186] Unproblematisch sind zusätzliche Hinweise indes nicht: Es besteht die Gefahr, dass entsprechende Hinweise den Adressaten des Bestätigungsvermerks ungewohnt sind und deshalb möglicherweise falsch verstanden werden oder unnötige Nachfragen auslösen.[187] Das uneingeschränkte Prüfungsurteil darf durch zusätzliche Hinweise in seiner **Kernaussage nicht berührt** werden (Abs. 3 S. 2: „ohne den Bestätigungsvermerk einzuschränken").[188] Schranken für zusätzliche Hinweise iSd Abs. 3 S. 2 ergeben sich insbesondere aus der Forderung des Gesetzgebers, dass die Beurteilung des Prüfungsergebnisses „allgemein verständlich und problemorientiert" sein soll (Abs. 2 S. 2).[189] Der Abschlussprüfer hat sich

---

[178]   IDW Life 2022, 45.
[179]   Merkt/Probst/Fink/Quick S. 1535–1536 Rn. 243.
[180]   Merkt/Probst/Fink/Quick S. 1536 Rn. 243; HKMS/Hachmeister Rn. 47.
[181]   IDW PS 400.20.
[182]   IDW PS 400.20.
[183]   HKMS/Hachmeister Rn. 46; Merkt/Probst/Fink/Quick S. 1536 Rn. 244. Für Unternehmen von öffentlichem Interesse stellt sich die Rechtslage wegen der in Art. 10 Abs. 2 S. 1 lit. c Abschlussprüfungs-VO geforderten „Untermauerung des Prüfungsurteils" anders dar: HKMS/Müller Rn. 40 und Rn. 98–101; Graumann Prüfungswesen S. 838–839; Hense/Ulrich/Stenger WPO § 43 Rn. 520 ff.
[184]   HKMS/Hachmeister Rn. 45; Hopt/Merkt Rn. 8; ausf. Günther, Die Unabhängigkeit des Abschlussprüfers bei privaten Unternehmen in Deutschland, 2019, S. 111 ff.
[185]   Merkt/Probst/Fink/Quick S. 1536 Rn. 244; HKMS/Hachmeister Rn. 46.
[186]   Merkt/Probst/Fink/Quick S. 1536 Rn. 244.
[187]   So zutr. Merkt/Probst/Fink/Quick S. 1536 Rn. 244.
[188]   HKMS/Hachmeister Rn. 46.
[189]   HKMS/Hachmeister Rn. 44.

demnach auf Hinweise zu beschränken, die für den Adressaten erforderlich sind, um das Prüfungsurteil nachvollziehen zu können. Eine Vielzahl oder ein Übermaß an Informationen gefährden die Vergleichbarkeit des Bestätigungsvermerks[190] und erhöhen uU das Haftungsrisiko des Abschlussprüfers insbesondere gegenüber Dritten.

d) Eingeschränktes Prüfungsurteil (Abs. 2 S. 1 Nr. 2, Abs. 4 S. 1). Ein einge- **39** schränktes Prüfungsurteil (Abs. 2 S. 1 Nr. 2) ist abzugeben, wenn Einwendungen zu erheben sind (Abs. 4 S. 1), die keine Versagung des Bestätigungsvermerks erfordern.[191] Mit anderen Worten: Der Abschlussprüfer hat ein eingeschränktes Prüfungsurteil abzugeben, wenn er (i) nach Erlangung ausreichender geeigneter Prüfungsnachweise zu dem Schluss gelangt, dass **Einwendungen**[192] gegen den Abschluss, den Lagebericht bzw. einen sonstigen Prüfungsgegenstand wesentlich, aber nicht umfassend sind, oder ii) er im Fall von **Prüfungshemmnissen**[193] zu dem Schluss kommt, dass deren mögliche Auswirkungen auf den Abschluss, den Lagebericht bzw. einen sonstigen Prüfungsgegenstand wesentlich, aber nicht umfassend sind (IDW PS 405.10).[194] Die Einwendungen bzw. Prüfungshemmnisse müssen **wesentlich** sein.[195] Wesentlich sind die Einwendungen bzw. Prüfungshemmnisse, wenn sie einzeln oder in ihrer Gesamtheit in quantitativer und/oder qualitativer Hinsicht zu einer anderen Beurteilung der Aussagen der Rechnungslegung oder des Lageberichts führen können.[196] Die Einschränkung ist zu begründen (Abs. 4 S. 3 Hs. 1)[197] und so darzustellen, dass ihre Tragweite erkennbar wird (Abs. 4 S. 4). Ein eingeschränkter Bestätigungsvermerk darf nur erteilt werden, wenn der geprüfte Abschluss unter Beachtung der vom Abschlussprüfer vorgenommenen, in ihrer Tragweite erkennbaren Einschränkung ein den tatsächli-

---

[190] Merkt/Probst/Fink/Quick S. 1536 Rn. 244; Hopt/Merkt Rn. 8 („ausnahmsweise sinnvoll oder sogar notwendig").

[191] Sträter, Gesamturteil des Abschlussprüfers (Wirtschaftsprüfers) nach der Prüfung eines Jahres- oder Konzernabschlusses, Diss. TU Dortmund 2020, S. 92; ausf. Günther, Die Unabhängigkeit des Abschlussprüfers bei privaten Unternehmen in Deutschland, 2019, S. 116 ff.

[192] Der Begriff der Einwendungen iSd Abs. 4 S. 1 ist im HGB nicht definiert. Unter Einwendungen werden Schlussfolgerungen des Abschlussprüfers verstanden auf der Grundlage der erlangten Prüfungsnachweise, dass (1) der Abschluss als Ganzes falsche Darstellungen enthält, die einzeln oder kumuliert wesentlich sind, bzw. (2) der Lagebericht insgesamt nicht bzw. nur mit Ausnahmen in allen wesentlichen Belangen den maßgebenden Rechnungslegungsgrundsätzen entspricht, bzw. (3) ein sonstiger Prüfungsgegenstand nicht bzw. nur mit Ausnahmen in allen wesentlichen Belangen den maßgebenden gesetzlichen Vorschriften entspricht (IDW PS 405.7); vgl. Graumann Prüfungswesen S. 843–844.

[193] Unter Prüfungshemmnis versteht man die „Schlussfolgerung des Abschlussprüfers, dass er nach Ausschöpfung aller angemessenen Möglichkeiten zur Klärung des Sachverhalts nicht in der Lage ist, ausreichende geeignete Prüfungsnachweise zu erlangen, um festzustellen, ob eine Einwendung zu erheben ist." (IDW PS 405.7). Vgl. Hense/Ulrich/Stenger WPO § 43 Rn. 531.

[194] HKMS/Hachmeister Rn. 49; Merkt/Probst/Fink/Quick Rn. 1538 Rn. 248. Beispiele für Gründe für die Einschränkung bei BeBiKo/Justenhoven/Küster/Bernhardt Rn. 182–183; Graumann Prüfungswesen S. 847 ff.

[195] HKMS/Hachmeister Rn. 49; Hopt/Merkt Rn. 10 („nicht nur geringfügige, unwesentliche Einwendungen" und Rn. 32 („wesentliche Beanstandungen"); Graumann Prüfungswesen S. 843); Merkt/Probst/Fink/Quick S. 1537 Rn. 246 („wesentliche, nicht jedoch geringfügige Beanstandungen können zu Einwendungen führen"); Hense/Ulrich/Stenger WPO § 43 Rn. 531 („Sind etwaige Beanstandungen oder Prüfungshemmnisse lediglich als unwesentlich anzusehen, kann der Bestätigungsvermerk dennoch uneingeschränkt erteilt werden"); Hopt/Merkt Rn. 13 („bei wesentlichen Beanstandungen"); ohne Verf., Der praktische Fall, WPK Magazin 1/2023, 14 (15). Zur Abgrenzung von wesentlichen und unwesentlichen Einwendungen s. BeBiKo/Schmidt/Küster Rn. 171–173; WPK Magazin 1/2023, 14 (15); ferner IDW PS 250: Wesentlichkeit im Rahmen der Abschlussprüfung (Stand: 12.12.2012), WPg Supp. 1/2013, 1; ISA [DE] 240: Wesentlichkeit bei der Planung und Durchführung einer Abschlussprüfung (Stand: 26.3.2020), IDW Life 2019, 672 f.; IDW Life 2020, 509.

[196] HKMS/Hachmeister Rn. 49; ebenso Wiedmann/Böcking/Gros/Böcking/Gros/Rabenhorst Rn. 21 („Mehrere, isoliert betrachtet unwesentliche Beanstandungen können in ihrer Gesamtheit wesentlich sein"); vgl. Merkt/Probst/Fink/Quick S. 1537 Rn. 246.

[197] Schüppen Rn. 17 („Die Einschränkung … darf sich … nicht auf die Wiederholung der abstrakten, im Gesetz beschriebenen Einschränkungsvoraussetzungen beschränken. Vielmehr ist konkret zu beschreiben, welche Einwendungen zur Einschränkung geführt haben"); ähnlich Merkt/Probst/Fink/Quick S. 1538 Rn. 248 („Grund der Einschränkung ist ausdrücklich zu benennen … Außerdem muss die Begründung erkennen lassen, weshalb die erhobenen Einwendungen wesentlich sind").

chen Verhältnissen im Wesentlichen entsprechendes Bild der Vermögens-, Finanz- und Ertragslage vermittelt (Abs. 4 S. 4). Entsprechend Abs. 3 S. 2 kann der Abschlussprüfer **zusätzlich** einen **Hinweis** auf Umstände aufnehmen, auf die er in besonderer Weise aufmerksam macht, ohne den Bestätigungsvermerk zu versagen (Abs. 4 S. 3 Hs. 2 iVm Abs. 3 S. 2).[198] Hinweise dieser Art stellen aber keinen Teil des Prüfungsurteils, sondern eine hiervon unabhängige ergänzende Information dar, die auch im Jahresabschluss oder Lagebericht enthalten sein muss. Daraus folgt, dass der Abschlussprüfer stets zwingend zu prüfen hat, ob er aufgrund des Sachverhalts, über den im Hinweis berichtet werden soll, dazu verpflichtet ist, das Prüfungsurteil zum Abschluss, zum Lagebericht oder zu einem sonstigen Prüfungsgegenstand zu modifizieren (IDW PS 406, Tz. 10).[199]

40   IDW PS 405.27–32 enthalten **konkrete Empfehlungen** für die Formulierung eines eingeschränkten Bestätigungsvermerks. Derartige Musterformulierungen haben den Vorteil, dass sie die „Erwartungslücke" der Adressaten des Bestätigungsvermerks verringern und Haftpflichtrisiken des Abschlussprüfers eindämmen können; sie reduzieren aber auch die Spielräume des Abschlussprüfers.[200] Wenn der Abschlussprüfer aufgrund einer Einwendung ein **eingeschränktes Prüfungsurteil** zu einem Abschluss abgibt, der in Übereinstimmung mit Rechnungslegungsgrundsätzen zur sachgerechten Gesamtdarstellung aufzustellen ist, und der für die Einschränkung ursächliche Sachverhalt lediglich die **Ordnungsmäßigkeit des Abschlusses** berührt, muss das Prüfungsurteil nach IDW PS 405.27 lauten: „*Nach unserer Beurteilung aufgrund der bei der Prüfung gewonnenen Erkenntnisse entspricht der beigefügte … [Jahres-/Konzernabschluss] mit Ausnahme der Auswirkungen des im Abschnitt „Grundlage für … 2" [Formulierung in Übereinstimmung mit IDW PS 405.40a] beschriebenen Sachverhalts in allen wesentlichen Belangen den … [maßgebende Rechnungslegungsgrundsätze]. Der … [Jahres-/Konzernabschluss] vermittelt unter Beachtung der … [maßgebende Vorschriften] ein den tatsächlichen Verhältnissen entsprechendes Bild der Vermögens- und Finanzlage … [der Gesellschaft/des Konzerns] zum … [Datum] … sowie [ihrer/seiner] Ertragslage für das Geschäftsjahr vom … [Datum] bis zum … [Datum].*"

41   Wenn der Abschlussprüfung aufgrund einer Einwendung ein eingeschränktes Prüfungsurteil zu einem Abschluss abgibt, der in Übereinstimmung mit Rechnungslegungsgrundsätzen zur sachgerechten Gesamtdarstellung aufzustellen ist, und der für die Einschränkung ursächliche Sachverhalt neben der Ordnungsmäßigkeit auch das durch den Abschluss vermittelte **Bild der Vermögens-, Finanz- und Ertragslage** berührt, muss das Prüfungsurteil nach IDW PS 405.28 zum Abschluss lauten: „*Nach unserer Beurteilung aufgrund der bei der Prüfung gewonnenen Erkenntnisse entspricht der beigefügte … [Jahres-/Konzernabschluss] mit Ausnahme der Auswirkungen des im Abschnitt „Grundlage für …" [Formulierung in Übereinstimmung mit IDW PS 405.40a] beschriebenen Sachverhalts in allen wesentlichen Belangen den … [maßgebende Rechnungslegungsgrundsätze] und vermittelt mit Ausnahme dieser Auswirkungen unter Beachtung der … [maßgebende Vorschriften] ein den tatsächlichen Verhältnissen entsprechendes Bild der Vermögens- und Finanzlage … [der Gesellschaft/des Konzerns] zum … [Datum] … sowie [ihrer/seiner] Ertragslage für das Geschäftsjahr vom … [Datum] bis zum … [Datum].*"

42   Wenn der Abschlussprüfer aufgrund einer Einwendung ein eingeschränktes Prüfungsurteil zu einem **Abschluss** abgibt, der in Übereinstimmung mit Rechnungslegungsgrundsätzen zur Ordnungsmäßigkeit[201] aufzustellen ist, muss das Prüfungsurteil nach IDW PS 405.29 lauten: „*Nach unserer Beurteilung aufgrund der bei der Prüfung gewonnenen Erkenntnisse entspricht der beigefügte … [Jahres-/Konzernabschluss] mit Ausnahme der Auswirkungen des in Abschnitt „Grundlage für …" [Formulierung in Übereinstimmung mit IDW PS 405.40a] beschriebenen Sachverhalts in allen wesentlichen Belangen den … [maßgebende Rechnungslegungsgrundsätze].*"

43   Wenn der Abschlussprüfer aufgrund einer Einwendung ein eingeschränktes Prüfungsurteil zum **Lagebericht** abgibt, muss das Prüfungsurteil gemäß IDW PS 405.30 zum Lagebe-

---

198   Ohne Verf., Der praktische Fall, WPK Magazin 1/2023, 14 (15).
199   Ohne Verf., Der praktische Fall, WPK Magazin 1/2023, 14 (15).
200   Merkt/Probst/Fink/Quick S. 1539 Rn. 249 (unter Hinweis auf Ernst WPg 1988, 1025 [1030]); Hense/Ulrich/Stenger WPO § 43 Rn. 517; Graumann Prüfungswesen S. 818.
201   Zum Begriff „Rechnungslegungsgrundsätze zur Ordnungsmäßigkeit": IDW PS 400.10 c).

richt lauten: „*Nach unserer Beurteilung aufgrund der bei der Prüfung gewonnenen Erkenntnisse vermittelt der beigefügte … [Lage-/Konzernlagebericht] mit Ausnahme der Auswirkungen des im Abschnitt „Grundlage für …“ [Formulierung in Übereinstimmung mit IDW PS 405.40a] beschriebenen Sachverhalts insgesamt ein zutreffendes Bild von der Lage der … [Gesellschaft/des Konzerns]. In allen wesentlichen Belangen, mit Ausnahme der Auswirkungen dieses Sachverhalts, steht … [der/dieser Lagebericht/Konzernlagebericht] in Einklang mit … [dem/diesem den gesetzlichen Vorschriften entsprechenden] … [Jahres-/Konzernabschluss], entspricht den deutschen gesetzlichen Vorschriften und stellt die Chancen und Risiken der zukünftigen Entwicklung zutreffend dar.*“ Wenn die Einschränkung aus einem Prüfungshemmnis resultiert, muss der Abschlussprüfer für das eingeschränkte Prüfungsurteil zum Abschluss oder zum Lagebericht anstatt der Formulierung „mit Ausnahme der Auswirkungen“ die Formulierung „mit Ausnahme der möglichen Auswirkungen des im Abschnitt „Grundlage für …“ beschriebenen Sachverhalts“ bzw. „mit Ausnahme dieser möglichen Auswirkungen“ verwenden (IDW PS 405.31).

Erstreckt sich der Abschluss nicht auf einen Lagebericht und wird das Prüfungsurteil **44** eingeschränkt, so muss das Prüfungsurteil folgende **weitere Erklärung** enthalten: „*Gemäß § 322 Abs. 3 S. 1 HGB erklären wir, dass unsere Prüfung mit Ausnahme der genannten Einschränkung(en) des Prüfungsurteils zum … [Jahres-/Konzernabschluss] zu keinen Einwendungen gegen die Ordnungsmäßigkeit des … [Jahres-/Konzernabschlusses] geführt hat*“ (IDW PS 405.32). Wird das Prüfungsurteil zum Abschluss eingeschränkt, aber das Prüfungsurteil zum Lagebericht nicht modifiziert, bedarf es folgender weiterer Erklärung: „*Gemäß § 322 Abs. 3 S. 1 HGB erklären wir, dass unsere Prüfung mit Ausnahme der genannten Einschränkung(en) des Prüfungsurteils zum … [Jahres-/Konzernabschluss] zu keinen Einwendungen gegen die Ordnungsmäßigkeit des … [Lageberichts/Konzernlageberichts] geführt hat*“ (IDW PS 405.32). Wird das Prüfungsurteil zum **Lagebericht eingeschränkt,** aber das Prüfungsurteil zum **Abschluss nicht modifiziert,** lautet die weitere Erklärung wie folgt: „*Gemäß § 322 Abs. 3 S. 1 HGB erklären wir, dass unsere Prüfung mit Ausnahme der genannten Einschränkung(en) des Prüfungsurteils zum … [Lagebericht/Konzernlagebericht] zu keinen Einwendungen gegen die Ordnungsmäßigkeit des … [Jahres-/Konzernabschlusses] und des … [Lageberichts/Konzernlageberichts] geführt hat*“ (IDW PS 405.32).

Werden sowohl das **Prüfungsurteil zum Abschluss als auch zum Lagebericht 45 eingeschränkt,** lautet die weitere Erklärung: „*Gemäß § 322 Abs. 3 S. 1 HGB erklären wir, dass unsere Prüfung mit Ausnahme der genannten Einschränkung(en) des Prüfungsurteils zum … [Jahres-/Konzernabschluss] und zum … [Lagebericht/Konzernlagebericht] zu keinen Einwendungen gegen die Ordnungsmäßigkeit des … [Jahres-/Konzernabschlusses] und des … [Lageberichts/Konzernlageberichts] geführt hat*“ (IDW PS 405.32).

e) Versagtes Prüfungsurteil (Abs. 2 S. 1 Nr. 3, Abs. 4). Der Abschlussprüfer hat **46** ein versagtes Prüfungsurteil abzugeben (Abs. 4 S. 1), wenn er nach Erlangung ausreichender geeigneter Prüfungsnachweise zu dem Schluss gelangt, dass **Einwendungen** gegen den Abschluss, den Lagebericht bzw. einen sonstigen Prüfungsgegenstand **„nicht nur wesentlich, sondern auch umfassend“** sind (IDW PS 405.12).[202] Der Begriff „umfassend“ (*pervasive*), der der Abgrenzung zwischen einer Einschränkung und einer Versagung dient, ist aus den ISA bekannt, war den IDW PS dagegen bislang fremd.[203] Nach IDW PS 405.7 sind umfassende Auswirkungen auf den Abschuss, den Lagebericht bzw. die sonstigen Prüfungsgegenstände solche, „die nach der Beurteilung des Abschlussprüfers (1) nicht auf bestimmte Bestandteile, Konten oder Posten der Finanzaufstellungen bzw. nicht auf bestimmte Informationskategorien, ggf. Angabegruppen oder ggf. Angaben des Lageberichts bzw. Teilbereiche der sonstigen Prüfungsgegenstände abgrenzbar sind, (2) auch wenn sie abgrenzbar sind, einen erheblichen Teil des Abschlusses, des Lageberichts bzw. der sonstigen Prüfungsgegenstände betreffen oder betreffen könnten, oder (3) in Bezug auf Angaben

---

[202] Graumann Prüfungswesen S. 843; Sträter, Gesamturteil des Abschlussprüfers (Wirtschaftsprüfers) nach der Prüfung eines Jahres- oder Konzernabschlusses, Diss. TU Dortmund 2020, S. 93; ausf. Günther, Die Unabhängigkeit des Abschlussprüfers bei privaten Unternehmen in Deutschland, 2019, S. 117 ff.

[203] BeBiKo/Justenhoven/Küster/Bernhardt Rn. 171; Graumann Prüfungswesen S. 843 („nicht wie bislang nur wesentlich, sondern auch umfassend“).

grundlegend für das Verständnis des Abschlusses, des Lageberichts bzw. der sonstigen Prüfungsgegenstände durch die Nutzer sind, sodass eine Einschränkung des jeweiligen Prüfungsurteils nicht ausreichend ist. Sofern nach der Beurteilung des Abschlussprüfers Auswirkungen von falschen Angaben auf den Jahresabschluss, den Lagebericht bzw. die sonstigen Prüfungsgegenstände umfassend sind, ist eine Einschränkung nicht mehr ausreichend und somit ein positives Prüfungsurteil nicht mehr möglich.[204] Das ist dann der Fall, wenn der **Generalnorm** (§ 264 Abs. 2, § 297 Abs. 2) auch unter Berücksichtigung von Einschränkungen nicht mehr genügt werden kann.[205] Wird ein versagtes Prüfungsurteil abgegeben, ist der Bestätigungsvermerk gemäß Abs. 4 S. 2 nicht mehr als „Bestätigungsvermerk des unabhängigen Abschlussprüfers" zu überschreiben. In der Praxis ist die Überschrift **„Versagungsvermerk des unabhängigen Abschlussprüfers"** gebräuchlich (IDW 405.21),[206] auch wenn diese Formulierung im Gesetz nicht verwendet wird.[207] Die Versagung ist zu begründen (Abs. 4 S. 3 Hs. 1). Es sind alle entscheidungserheblichen Gründe allgemeinverständlich und problemorientiert (Abs. 2 S. 2) im Prüfungsurteil zu beschreiben und zu erläutern.[208] Der Abschlussprüfer kann – wie bei einem uneingeschränkten Bestätigungsvermerk (Abs. 3 S. 2) – auch bei einem Versagungsvermerk **zusätzlich** einen **Hinweis** auf Umstände aufnehmen, auf die er in besonderer Weise aufmerksam macht (Abs. 4 S. 3 Hs. 2 iVm Abs. 3 S. 2).[209]

47   Wenn der Abschlussprüfer ein **versagtes Prüfungsurteil zu einem Abschluss** abgibt, der in Übereinstimmung mit Rechnungslegungsgrundsätzen zur sachgerechten Gesamtdarstellung aufzustellen ist, muss des Prüfungsurteil zum Abschluss lauten: *„Nach unserer Beurteilung aufgrund der bei der Prüfung gewonnenen Erkenntnisse entspricht der beigefügte … [Jahres-/Konzernabschluss] wegen der Bedeutung des im Abschnitt „Grundlage für …" [Formulierung in Übereinstimmung mit IDW PS 405.40a] beschriebenen Sachverhalts nicht den … [maßgebende Rechnungslegungsgrundsätze] und vermittelt kein unter Beachtung der [maßgebenden Vorschriften] den tatsächlichen Verhältnissen entsprechendes Bild der Vermögens- und Finanzlage der … [Gesellschaft/des Konzerns] zum … [Datum] sowie … [ihrer/seiner] Ertragslage für das Geschäftsjahr von … [Datum] bis zum … [Datum]."* (IDW PS 405.33). Wenn der Abschlussprüfer ein versagtes Prüfungsurteil zu einem Abschluss abgibt, der in Übereinstimmung mit Rechnungslegungsgrundsätzen zur Ordnungsmäßigkeit aufzustellen ist, muss das Prüfungsurteil zum Abschluss lauten: *„Nach unserer Beurteilung aufgrund der bei der Prüfung gewonnenen Erkenntnisse entspricht der beigefügte … [Jahres-/Konzernabschluss] wegen der Bedeutung des im Abschnitt „Grundlage für …" [Formulierung in Übereinstimmung mit IDW PS 405.40a] beschriebenen Sachverhalts nicht den … [maßgebende Rechnungslegungsgrundsätze]"* (IDW PS 405.34).

48   Wenn der Abschlussprüfer ein **versagtes Prüfungsurteil zum Lagebericht** abgibt, muss das Prüfungsurteil zum Lagebericht lauten: *„Nach unserer Beurteilung aufgrund der bei der Prüfung gewonnenen Erkenntnisse vermittelt der beigefügte … [Lagebericht/Konzernlagebericht] wegen der Bedeutung des im Abschnitt „Grundlage für …" [Formulierung in Übereinstimmung mit IDW PS 405.40a] beschriebenen Sachverhalts insgesamt kein zutreffendes Bild von der Lage … [der Gesellschaft/des Konzerns], steht nicht im Einklang mit einem den gesetzlichen Vorschriften entsprechenden [Jahres-/Konzernabschluss], entspricht nicht den gesetzlichen Vorschriften und stellt die Chancen und Risiken der zukünftigen Entwicklung nicht zutreffend dar"* (IDW PS 405.35). Der Abschnitt zu dem Prüfungsurteil bzw. den Prüfungsurteilen hat im Falle einer Pflichtprüfung nach § 317 außerdem folgende Erklärung zu enthalten, wenn das Prüfungsurteil zum Abschluss versagt wird und sich die Abschlussprüfung nicht auf einen Lagebericht erstreckt: *„Gemäß § 322 Abs. 3 S. 1 HGB erklären wir, dass unsere Prüfung zu den genannten*

---

[204]   OLG München WM 2022, 1111 Rn. 97 (Revision anhängig: BGH VII ZR 97/22); BeBiKo/Justenhoven/Küster/Bernhardt Rn. 171; HKMS/Hachmeister Rn. 56.

[205]   HKMS/Hachmeister Rn. 56; Merkt/Probst/Fink/Quick S. 1539 Rn. 250; Wiedmann/Böcking/Gros/Böcking/Gros/Rabenhorst Rn. 22.

[206]   Graumann Prüfungswesen S. 844; Hense/Ulrich/Stenger WPO § 43 Rn. 546.

[207]   Schüppen Rn. 18.

[208]   HKMS/Hachmeister Rn. 57; Wiedmann/Böcking/Gros/Böcking/Gros/Rabenhorst Rn. 24.

[209]   HKMS/Hachmeister Rn. 57.

Einwendungen gegen die Ordnungsmäßigkeit des ... [Jahres-/Konzernabschlusses] geführt hat, und versagen daher den Bestätigungsvermerk" (IDW PS 405.36).

Werden sowohl das Prüfungsurteil zum **Abschluss** als auch zum **Lagebericht** versagt, **49** lautet die weitere Aussage: „Gemäß *§ 322 Abs. 3 S. 1 HGB erklären wir, dass unsere Prüfung zu den genannten Einwendungen gegen die Ordnungsmäßigkeit des ... [Jahres-/Konzernabschlusses] und des ... [Lageberichts/Konzernlageberichts] geführt hat, und versagen daher den Bestätigungsvermerk"* (IDW PS 405.36). Wird das Prüfungsurteil zum Abschluss nicht modifiziert und wird das Prüfungsurteil zum Lagebericht versagt, lautet die weitere Aussage: „Gemäß *§ 322 Abs. 3 S. 1 HGB erklären wir, dass unsere Prüfung zu keinen Einwendungen gegen die Ordnungsmäßigkeit des ... [Jahres-/Konzernabschlusses] und des ... [Lageberichts/Konzernlageberichts] geführt hat. Ferner erklären wir, dass unsere Prüfung zu den genannten Einwendungen gegen die Ordnungsmäßigkeit des ... [Lageberichts/Konzernlageberichts] geführt hat"* (IDW PS 405.36).

Wird das Prüfungsurteil zum **Abschluss eingeschränkt** und wird das Prüfungsurteil **50** zum **Lagebericht versagt,** lautet die weitere Erklärung: „Gemäß *§ 322 Abs. 3 S. 1 HGB erklären wir, dass unsere Prüfung mit Ausnahme der genannten Einschränkung(en) des Prüfungsurteils zum ... [Jahres-/Konzernabschluss] zu keinen Einwendungen gegen die Ordnungsmäßigkeit des ... [Jahres-/Konzernabschlusses] geführt hat. Ferner erklären wir, dass unsere Prüfung zu den genannten Einwendungen gegen die Ordnungsmäßigkeit des ... [Lageberichts/Konzernlageberichts] geführt hat"* (IDW PS 405.36).

f) Erklärung der Nichtabgabe eines Prüfungsurteils (Abs. 2 S. 1 Nr. 4, Abs. 5). **51**
Wenn der Abschlussprüfer nach Ausschöpfung aller angemessenen Möglichkeiten zur Klärung des Sachverhalts nicht in der Lage ist, ein Prüfungsurteil abzugeben (Abs. 2 S. 1 Nr. 4, Abs. 5), ist eine Erklärung der Nichtabgabe eines Prüfungsurteils (*disclaimer of opinion*) erforderlich. Der Nichterteilungsvermerk, der durch das BilReG eingeführt wurde, setzt voraus, dass der Abschlussprüfer alle angemessenen, also **rechtlich zulässigen** und **wirtschaftlich vertretbaren** Möglichkeiten zur Klärung der Sachverhalte ausgeschöpft hat.[210] Die Prüfungshemmnisse[211] müssen derart schwerwiegend sein, dass – wie bei der Versagung des Bestätigungsvermerks nach Abs. 2 S. 1 Nr. 3 iVm Abs. 4 – eine Einschränkung des Prüfungsurteils nicht ausreicht, um dem Mangel der Beurteilungsgrundlage Rechnung zu tragen.[212] Ebenso wie bei der Versagung nach Abs. 2 S. 1 Nr. 3 iVm Abs. 4 darf der Vermerk nicht mehr als Bestätigungsvermerk bezeichnet werden (Abs. 4 S. 2), sondern wird regelmäßig als **Versagungsvermerk** überschrieben.[213] Die Abgrenzung zur Versagung nach Abs. 2 S. 1 Nr. 3 iVm Abs. 4 ist zwar theoretisch klar (kein Prüfungsurteil), praktisch aber schwierig.[214] Keenan spricht in diesem Zusammenhang von „the auditor's dilemma: to disclaim or not disclaim".[215] IdR werden Versagungsfälle nach Abs. 2 S. 1 Nr. 3 iVm Abs. 4 vorliegen, weil nämlich materielle Fehler oder Prüfungshemmnisse vorliegen, die zwar sachlich abgrenzbar sind, aber ein Gesamturteil „unheilbar infizieren".[216] Für Abs. 2 S. 1 Nr. 4 iVm

---

210 Vgl. Begr. RegE BilReG, BT-Drs. 15/3419, 45 v. 24.6.2004; HKMS/Hachmeister Rn. 59; Schüppen Rn. 19 („trotz angemessener Bemühungen"); Merkt/Probst/Fink/Quick S. 1540 Rn. 252; Graumann Prüfungswesen S. 854.
211 Zum Begriff des Prüfungshemmnisses s. IDW PS 405.7: Unter einem Prüfungshemmnis versteht man die „Schlussfolgerung des Abschlussprüfers, dass er nach Ausschöpfung aller angemessenen Möglichkeiten zur Klärung des Sachverhalts nicht in der Lage ist, ausreichende geeignete Prüfungsnachweise zu erlangen, um festzustellen, ob eine Einwendung zu erheben ist.". Prüfungshemmnisse können sich ergeben aus (i) Umständen, die außerhalb der Kontrolle des Unternehmens liegen, (ii) Umständen im Zusammenhang mit der Art oder der zeitlichen Einteilung der Tätigkeit des Abschlussprüfers oder (iii) von den gesetzlichen Vertretern dem Abschlussprüfer auferlegten Beschränkungen" (IDW PS 405.A13). Vgl. Graumann Prüfungswesen S. 853–854; BeBiKo/Justenhoven/Küster/Bernhardt Rn. 172.
212 HKMS/Hachmeister Rn. 59; BeBiKo/Justenhoven/Küster/Bernhardt Rn. 199 („nicht nur wesentlich, sondern auch umfassend"); Merkt/Probst/Fink/Quick S. 1540 Rn. 252; Graumann Prüfungswesen S. 847.
213 HKMS/Hachmeister Rn. 32; Schüppen Rn. 18; BeBiKo/Justenhoven/Küster/Bernhardt Rn. 202.
214 HKMS/Hachmeister Rn. 49.
215 Keenan Univ. of Auckland Bus. Rev. 10 (2008), 52.
216 HKMS/Hachmeister Rn. 59; vgl. Hense/Ulrich/Stenger WPO § 43 Rn. 547.

Abs. 5 verbleiben nur Fälle **schwerwiegender Prüfungshemmnisse,** wie etwa das Fehlen eines prüfungsfähigen Abschlusses und/oder Lageberichts, das vollständige Fehlen einer Konsolidierung.[217] Zu schwerwiegenden Prüfungshemmnissen iSd Abs. 5 S. 1 können ferner die folgenden Sachverhalte führen, wenn der Abschlussprüfer sich nicht auf andere Weise ein sicheres Urteil bilden kann: (1) vom Unternehmen verweigerte direkte Kontaktaufnahme mit dem Anwalt des zu prüfenden Unternehmens, (2) Beschränkungen beim Einholen von Saldenbestätigungen, (3) mangelnde Nachprüfung von Geschäftsvorfällen mit nahestehenden Personen oder Unternehmen, (4) fehlende Verwertbarkeit der Ergebnisse anderer Prüfer sowie (5) mangelnde Prüfungssicherheit aufgrund eines hohen Entdeckungsrisikos.[218] Die Nichtabgabe eines Prüfungsurteils nach Abs. 5 ermöglicht – anders als der Abbruch der Prüfung – eine formal ordnungsgemäße Beendigung der Prüfung und erlaubt damit die Feststellung des Jahresabschlusses.[219]

52   Die Nichtabgabe eines Prüfungsurteils ist in den Vermerk aufzunehmen (Abs. 5 S. 2 iVm Abs. 4 S. 2) und zu **begründen** (Abs. 5 S. 2 iVm Abs. 4 S. 3 Hs. 1). Es sind alle entscheidungserheblichen Gründe allgemeinverständlich und problemorientiert (Abs. 2 S. 2) im Vermerk zu beschreiben und zu erläutern. Der Abschlussprüfer kann zusätzlich einen **Hinweis** auf Umstände aufnehmen, auf die er in besonderer Weise aufmerksam macht (Abs. 5 S. 2 iVm Abs. 4 S. 3 Hs. 2, Abs. 3 S. 2).

53   Liegen die in → Rn. 51 genannten Voraussetzungen für einen **Nichterteilungsvermerk** vor, hat der Abschlussprüfer zu erklären, dass er (i) kein Prüfungsurteil zu dem (*sofern vorhanden*: beigefügten) **Abschluss** abgeben kann, (ii) aufgrund der Bedeutung des in Abschnitt „Grundlage für … (Formulierung in Übereinstimmung mit IDW PS 405.40a) beschriebenen Sachverhalts nicht in der Lage gewesen ist, ausreichende geeignete Prüfungsnachweise als Grundlage für ein Prüfungsurteil zum Abschluss zu erlangen, und die in IDW PS 400.36b geforderte Erklärung anzupassen, und zu erklären, dass er (iii) mit der Prüfung des Abschlusses beauftragt war (IDW 405.37).

54   Wenn der Abschlussprüfer aufgrund eines Prüfungshemmnisses die Nichtabgabe eines Prüfungsurteils zum **Lagebericht** erklärt, hat er zu erklären, dass er (i) kein Prüfungsurteil zu dem (*sofern vorhanden*: beigefügten) Lagebericht abgibt, (ii) aufgrund der Bedeutung des im Abschnitt „Grundlage für …" (Formulierung in Übereinstimmung mit IDW PS 405.40a) beschriebenen Sachverhalts nicht in der Lage gewesen ist, ausreichende geeignete Prüfungsnachweise als Grundlage für ein Prüfungsurteil zum Lagebericht zu erlangen, und er hat (iii) die in IDW PS 400.42b geforderte Erklärung anzupassen und zu erklären, dass der Abschlussprüfer mit der Prüfung des Lageberichts beauftragt war (IDW PS 405.38).

55   In Fällen, in denen die Erklärung der Nichtabgabe eines Prüfungsurteils zum Abschluss oder zum Lagebericht mit einem eingeschränkten oder versagten bzw. nicht modifizierten Prüfungsurteil zum Abschluss oder zum Lagebericht kombiniert wird, richtet sich die Formulierung des eingeschränkten oder versagten bzw. uneingeschränkten Prüfungsurteils nach den Anforderungen des IDW PS 405. bzw. IDW PS 400 (IDW PS 405.39).

56   **g) Grundlage für das Prüfungsurteil.** Wenn der Abschlussprüfer das Prüfungsurteil zum Abschluss oder ggf. zum Lagebericht modifiziert (dh eingeschränkt, versagt oder nicht erteilt), hat er zusätzlich zu den in IDW PS 400 geforderten Bestandteilen in dem Abschnitt „Grundlage für das Prüfungsurteil"/„Grundlage für die Prüfungsurteile" eine Beschreibung des Sachverhalts aufzunehmen, der Anlass zu der Modifizierung gegeben hat (IDW PS 405.40). Wenn der Abschluss wesentlich falsche quantitative Darstellungen enthält, die die sachgerechte Gesamtdarstellung betreffen, hat der Abschlussprüfer eine Beschreibung der falschen Darstellung im Abschluss sowie eine **Quantifizierung** der Auswirkungen der falschen Darstellung auf den Abschluss aufzunehmen, sofern dies erforderlich ist, um die Tragweite der Modifizierung im Bestätigungsvermerk zu verdeutlichen, und dies praktisch durchführbar ist (IDW PS 405.41). Wenn eine Quantifizierung der Auswirkungen praktisch

---

[217] HKMS/*Hachmeister* Rn. 59; Hopt/Merkt Rn. 10; Graumann Prüfungswesen S. 853 ff.
[218] Vgl. Staub/Habersack/Schürnbrand Rn. 28.
[219] *Schüppen* Rn. 19.

nicht durchführbar ist, aber nach dem Vorstehenden erforderlich ist, hat der Abschlussprüfer dies in einem Abschnitt darzulegen (IDW PS 405.41). Wenn die falschen quantitativen Darstellungen die sachgerechte Gesamtdarstellung nicht betreffen, hat der Abschluss in dem Abschnitt mit der Beschreibung der Grundlage für das Prüfungsurteil lediglich eine Beschreibung der falschen Darstellung aufzunehmen (IDW PS 405.41). Wenn der Abschluss wesentlich falsche qualitative Darstellungen enthält, hat der Abschlussprüfer im Abschnitt mit der Beschreibung der Grundlage für das Prüfungsurteil deren Fehlerhaftigkeit zu erläutern (IDW PS 405.43). Entsprechendes gilt für Modifizierungen des Prüfungsurteils zum Lagebericht aufgrund von Einwendungen (IDW PS 405.44).

Wenn der Abschluss **wesentliche erforderliche Angaben** nicht enthält, hat der **57** Abschlussprüfer die Unterlassung mit den für die Überwachung Verantwortlichen zu erörtern, im Abschnitt mit der Beschreibung der Grundlage für das Prüfungsurteil des Bestätigungsvermerks die Art der unterlassenen Informationen zu beschreiben und die unterlassenen Angaben in den Abschnitt für das Prüfungsurteil aufzunehmen, sofern diese die sachgerechte Gesamtdarstellung betreffen und ihre Angabe erforderlich ist, um die Tragweite der Modifizierung im Bestätigungsvermerk zu verdeutlichen, dies praktisch durchführbar ist und der Abschlussprüfer ausreichende geeignete Prüfungsnachweise zu den unterlassenen Informationen erlangt hat (IDW PS 405.45). Entsprechendes gilt, wenn der Lagebericht wesentliche erforderliche Angaben nicht enthält (IDW PS 405.47). Wenn die Modifizierung aus einem Prüfungshemmnis resultiert, hat der Abschlussprüfer die Gründe dafür in dem Abschnitt über die Grundlage für das Prüfungsurteil aufzunehmen (IDW PS 405.48). Wenn dem Abschlussprüfer von den gesetzlichen Vertretern pflichtwidrig kein Abschluss oder Lagebericht zur Prüfung vorgelegt wird, hat der Abschlussprüfer zu erklären, dass er aus diesem Grunde kein Prüfungsurteil abgibt (IDW PS 405.52).

h) Risiken für den Fortbestand des (Konzern-)Unternehmens (Abs. 2 S. 3 und **58** **4).** Nach Abs. 2 S. 3 ist im Bestätigungsvermerk auf Risiken, die den wirtschaftlichen Fortbestand des Unternehmens oder eines Konzernunternehmens (*going concern*) gefährden, „gesondert" einzugehen.[220] Der Abschlussprüfer genügt dieser Pflicht, wenn er in einem gesonderten Abschnitt des Bestätigungsvermerks im Anschluss an das Prüfungsurteil auf die Art der bestehenden Risiken und deren Darstellung im Lagebericht hinweist. Damit erfolgt eine Hervorhebung der **Bestandsgefährdung,** die den Bestätigungsvermerk nicht einschränkt.[221] Die Darstellung ersetzt andererseits nicht die Einschränkung oder Versagung, falls eine solche aufgrund einer unzutreffenden Risikodarstellung im Jahresabschluss oder Lagebericht geboten ist.[222] Wird die Gefährdung des Fortbestands der Gesellschaft im Lagebericht nicht zutreffend dargestellt, so sind die bestehenden **Risiken** und ihre möglichen **Auswirkungen** anzugeben, der Bestätigungsvermerk ist einzuschränken oder erforderlichenfalls zu versagen.[223]

In der Literatur zu § 322 idF des KonTraG wurde die Pflicht zur gesonderten **Darstel-** **59** **lung bestandsgefährdender Risiken** eher kritisch beurteilt.[224] Gelhausen bezweifelt, ob es Sache des Abschlussprüfers sein sollte, im Bestätigungsvermerk auf im Rahmen der Prüfung festgestellte Risiken hinzuweisen, wenngleich ein solches „highlighten" im angelsächsischen Raum durchaus üblich sei.[225] Der Gesetzgeber habe, schreibt Forster, bei Erlass

---

[220]   Dabei ist aus Sicht des Berufsstands IDW PS 270: Die Beurteilung der Fortführung der Unternehmenstätigkeit im Rahmen der Abschlussprüfung [Stand: 29.10.2021] (Tz. 29–35), IDW Life 2021, 1264, zu beachten. Zu Einzelheiten Kronner/Seidler FS Böcking, 2021, 319.

[221]   So auch HKMS/Hachmeister Rn. 62; Merkt/Probst/Fink/Quick S. 1541 Rn. 256; Sträter, Gesamturteil des Abschlussprüfers (Wirtschaftsprüfers) nach der Prüfung eines Jahres- oder Konzernabschlusses, Diss. TU Dortmund 2020, S. 94.

[222]   Staub/Habersack/Schürnbrand Rn. 29.

[223]   Zu den Schwierigkeiten bezüglich der Frage, ob existenzgefährdende Risiken bestehen: HKMS/Hachmeister Rn. 63.

[224]   S. die Stellungnahme der WPK zum RefE KonTraG v. 22.11.1996: WPK-Mitt. 1997, 100 (104, 105). Zum alten Recht s. auch OLG Celle WPK-Mitt. 2000, 258 (259).

[225]   Gelhausen AG Sonderheft 1997, 73 (82).

des § 322 Abs. 3 S. 2 idF des KonTraG anscheinend keine Gefahr gesehen, dass die „Alarm-glocke des Abschlußprüfers schnell zur Totenglocke des Unternehmens werden" kann.[226] Dörner sieht in der wiederholten Erwähnung bestandsgefährdender Risiken im Lagebericht der Gesellschaft (§ 289 Abs. 1, § 315 Abs. 1 jew. idF des KonTraG) und im Bestätigungsver-merk (§ 322 Abs. 2 S. 2, Abs. 3 S. 2 idF des KonTraG) ebenfalls die Gefahr einer selbsterfül-lenden Prophezeiung (**„self-fulfilling prophecy")** (→ § 317 Rn. 24).[227] Kropff legt Abschlussprüfern nahe, sich um eine Darstellung zu bemühen, die einerseits „die Risiken nicht verschweigt"; andererseits solle die Darstellung „möglichst vermeiden, dass durch Offenlegung des Risikos die Gefahr seines Eintritts erhöht wird, dass also zB die Darstellung eines Liquiditätsrisikos den Kredit der Gesellschaft gefährdet (*self-fulling prophecy*)".[228] Hom-melhoff hat ergänzend auf die mit der gesonderten Darstellung bestandsgefährdender Risi-ken einhergehenden **Haftungsrisiken** für den Abschlussprüfer (§ 323 Abs. 1 S. 3) hinge-wiesen: „Denn die Publizitätsadressaten werden künftig bei jedem in die Krise oder gar in die Insolvenz gestürzten Unternehmen, das der gesetzlichen Prüfungspflicht unterlag, mit Nachdruck die Frage stellen, ob die Krise- oder Insolvenz-generierenden Risiken in den Vorstands-Lageberichten (§§ 289, 315) und in den Bestätigungsvermerken des Abschluß-prüfers (§ 322 Abs. 1) klar, allgemeinverständlich und problemorientiert (Abs. 2 S. 1) genug unter gesonderter Darlegung der Existenzrisiken (Abs. 2 S. 2) angesprochen worden waren".[229] Die damit angesprochenen Haftungsrisiken sind für den Abschlussprüfer nur beherrschbar (und versicherbar!), wenn die deutschen Gerichte an ihrer bisherigen restrikti-ven Rechtsprechung zur Dritthaftung des gesetzlichen Abschlussprüfers bei Fahrlässigkeit (→ § 323 Rn. 127 ff.) festhalten (s. aber auch → § 323 Rn. 89 ff.).

60   Da Abs. 2 S. 3 auch auf die Risiken abstellt, die den wirtschaftlichen **Fortbestand eines Konzernunternehmens** gefährden, stellt Abs. 2 S. 4 klar, dass der Bestätigungsver-merk zum Konzernabschluss Risiken, die den Fortbestand eines Tochterunternehmens betreffen, dann außer Acht lassen kann, wenn das Tochterunternehmen für die Vermittlung eines den tatsächlichen Verhältnissen entsprechenden Bildes der Vermögens-, Finanz- und Ertragslage des Konzerns nur von untergeordneter Bedeutung ist.[230] Diese Regelung ent-spricht dem Maßstab des § 296 Abs. 2 S. 1. Auf Risiken, die den Fortbestand mehrerer Tochterunternehmen betreffen, braucht der Prüfer im Bestätigungsvermerk zum Konzern-abschluss nicht einzugehen, wenn die Tochterunternehmen insgesamt für den Gesamtkon-zern ebenfalls nur von untergeordneter Bedeutung sind (arg. e § 296 Abs. 2 S. 2).

61   **i) Sonstige Informationen.** Sofern einschlägig, hat der Abschlussprüfer im Bestäti-gungsvermerk über sonstige Informationen in Übereinstimmung mit ISA [DE] 720 (Revised): *Verantwortlichkeiten des Abschlussprüfers im Zusammenhang mit sonstigen Informationen* zu berichten[231] (IDW PS 400.52).

62   **j) Verantwortung der gesetzlichen Vertreter für den Abschluss und ggf. für den Lagebericht (Abs. 2 S. 2).** Abs. 2 S. 2 bestimmt, dass die Beurteilung des Prüfungser-gebnisses unter Berücksichtigung des Umstandes erfolgen soll, dass die gesetzlichen Vertreter den Abschluss zu verantworten haben.[232] Sinn und Zweck dieser Regelung ist es, unrealisti-

---

226 Forster WPg 1994, 789 (791).
227 Dörner DB 1998, 1 (4); Forster WPg 1994, 789 (791); aA Merkt/Probst/Fink/Quick S. 1542 Rn. 258. Vgl. dazu die Auswahl an Erkenntnissen über den „self-fulfilling prophecy effect" in Günther, Die Unabhängigkeit des Abschlussprüfers bei privaten Unternehmen in Deutschland, 2019, S. 141 ff. (der darauf hinweist, dass gegen die „self-fulfilling prophecy" die „self-defeating prophecy" wirken kann, also eine Vorhersage, die selber verhindert, dass sie eintritt"). S. ferner Frey, Die self-fulfilling prophecy in der Abschlussprüfung – eine empirische Analyse, 2014.
228 Semler/v. Schenck/Kropff Arbeitshandbuch für Aufsichtsratsmitglieder, 2. Aufl. 2004, S. 447; ähnlich Staub/Habersack/Schürnbrand Rn. 29.
229 Hommelhoff BB 1998, 2625 (2630); zust. Hopt/Merkt Rn. 6.
230 HMKS/Hachmeister Rn. 63.
231 Stand: 7.5.2020, IDW Life 2020, 509.
232 Wiedmann/Böcking/Gros/Böcking/Gros/Rabenhorst Rn. 30; BeckBilKBeBiKo/Justenhoven/Küster/Bernhardt Rn. 85 ff.; Sträter, Gesamturteil des Abschlussprüfers (Wirtschaftsprüfers) nach der Prüfung eines Jahres- oder Konzernabschlusses, Diss. TU Dortmund 2020, S. 85.

schen und überzogenen Erwartungen der Adressaten an den Bestätigungsvermerk, etwa im Sinne eines von der Rechnungslegung losgelöstes **„Gesundheitstestats"**[233] oder „Gütesiegels"[234] entgegenzuwirken (Stichwort: **„Erwartungslücke"** oder *expectation gap* – → § 317 Rn. 40). Dieser Abschnitt im Bestätigungsvermerk beschreibt die Verantwortung der gesetzlichen Vertreter für die Aufstellung des Abschlusses bzw. des Lageberichts, der den maßgebenden Rechnungslegungsgrundsätzen in allen wesentlichen Belangen entspricht, und für solche internen Kontrollen, die die gesetzlichen Vertreter in Übereinstimmung mit den deutschen Grundsätzen ordnungsmäßiger Buchführung als notwendig bestimmt haben, um die Aufstellung eines Abschlusses zu ermöglichen, der frei von wesentlichen – beabsichtigten oder unbeabsichtigten – falschen Darstellungen ist. Der Abschnitt beschreibt ferner die Beurteilung der Fähigkeit des Unternehmens zur Fortführung der Unternehmenstätigkeit und die Angemessenheit der Anwendung des Rechnungslegungsgrundsatzes der Fortführung der Unternehmenstätigkeit und enthält – sofern einschlägig – die Angabe von Sachverhalten in Zusammenhang mit der Fortführung der Unternehmenstätigkeit (Abs. 2 S. 3).[235] Die Erläuterung der Verantwortung der gesetzlichen Vertreter für diese Beurteilung muss eine Beschreibung enthalten, unter welchen Voraussetzungen die Anwendung des Rechnungslegungsgrundsatzes der Fortführung der Unternehmenstätigkeit angemessen ist (IDW PS 400.54). In diesem Abschnitt des Bestätigungsvermerks müssen neben den für die Aufstellung Verantwortlichen auch die für die **Überwachung des Rechnungslegungsprozesses** zur Aufstellung des Abschlusses Verantwortlichen iSd IDW PS 470: *Grundsätze für die Kommunikation mit den für die Überwachung Verantwortlichen*[236] genannt werden, sofern es sich bei den für die Überwachung Verantwortlichen um ein gesetzliches Aufsichtsgremium oder um ein diesem nachgebildeten Aufsichtsgremium handelt (IDW PS 400.55). In diesen Fällen muss sich die Überschrift auch auf die für die Überwachung Verantwortlichen beziehen (IDW PS 400.55).[237]

Wenn sich die Abschlussprüfung auf einen Abschluss und einen **Lagebericht** erstreckt, **63** gelten die vorstehenden Ausführungen entsprechend mit der Maßgabe, dass in diesem Abschnitt ergänzend zu beschreiben ist, dass die gesetzlichen Vertreter für die Aufstellung eines Lageberichts, der insgesamt ein **zutreffendes Bild** von der Lage der Kapitalgesellschaft vermittelt (Abs. 6 S. 1) sowie in allen wesentlichen Belangen mit dem Abschluss in Einklang steht, den deutschen gesetzlichen Vorschriften entspricht und die **Chance und Risiken** der zukünftigen Entwicklung zutreffend dargestellt sind (Abs. 6 S. 2).[238] Darüber hinaus muss in dem Abschnitt beschrieben werden, dass die gesetzlichen Vertreter verantwortlich sind für die Vorkehrungen und Maßnahmen (Systeme), die sie als notwendig erachtet haben, um die Aufstellung eines Lageberichts in Übereinstimmung mit den anzuwendenden deutschen gesetzlichen Vorschriften zu ermöglichen, und um ausreichende geeignete Nachweise für die Aussagen im Lagebericht erbringen zu können (IDW PS 400.57).

---

[233] Vgl. BeBiKo/Justenhoven/Küster/Bernhardt Rn. 11 („kein Gesundheitstestat"); Wiedmann/Böcking/Gros/Böcking/Gros/Rabenhorst Rn. 5 („kein Gesundheitstestat"); Scheffler FS Havermann, 1995, 666 („… ein uneingeschränkter Bestätigungsvermerk besagt allerdings nicht, dass die wirtschaftlichen Verhältnisse gesund und unverwundbar sind …").

[234] Vgl. Spieth/Förschle FS Ludewig, 1996, 1058 („… als ‚Gütesiegel' der wirtschaftlichen Lage fehlinterpretiert"); Erle FS Röhricht, 2005, 870 („kein ‚absolutes Gütesiegel'") und 876 („Öffentlichkeit sieht das Testat noch immer ‚– fälschlicherweise – als ‚Gütesiegel zur wirtschaftlichen Lage' an"); Hopt/Merkt Rn. 1 („kein Gütesiegel"); Merkt/Probst/Fink/Quick S. 1533 Rn. 233 („kein Gütesiegel"); BeBiKo/Küster/Bernhardt Rn. 11 („kein Gütesiegel"); vgl. HKMS/Hachmeister Rn. 2 (der unter Hinweis auf § 317 Abs. 4a betont, dass der Abschlussprüfer eine „Zertifizierungsverantwortung" iS eines „Gesundheitstestats" nicht tragen könne, obgleich es „aus dem Selbstverständnis und dem Standing des Prüfers eigentlich … so gewollt" sei; insoweit sei der Bestätigungsvermerk ein „hybrides Instrument zwischen Anspruch und Verantwortung").

[235] Zum Fortführungsprinzip gemäß § 252 Abs. 1 Nr. 2 HGB im Lichte des Unionsrechts s. nur den Diskurs von Mader/Seitz DStR 2018, 1; Mader/Seitz DStR 2018, 1933 und Hennrichs/Schulze-Osterloh DStR 2018, 1731; s. ferner Thole FS Ebke, 2021, 997; Stark ZVglRWiss 121 (2022), 298.

[236] Stand: 29.10.2021, IDW Life 2021, 1411.

[237] Wiedmann/Böcking/Gros/Böcking/Gros/Rabenhorst Rn. 30; BeBiKo/Justenhoven/Küster/Bernhardt Rn. 88–90.

[238] Vgl. Schüppen Rn. 13.

64   **k) Verantwortung des Abschlussprüfers für die Prüfung des Abschlusses und ggf. des Lageberichts (Abs. 2 S. 2).** IDW PS 400.58–400.63 empfehlen, in den Bestätigungsvermerk detaillierte Ausführungen zu der Verantwortung des Abschlussprüfers für die Prüfung des Abschlusses und ggf. des Lageberichts aufzunehmen. Diese Ausführungen dienen der Abgrenzung der Verantwortung des Abschlussprüfers von derjenigen der gesetzlichen Vertreter.[239] Die Empfehlung geht über die Forderung von Abs. 2 S. 2 hinaus; nach dieser Vorschrift soll die Beurteilung des Prüfungsergebnisses im Bestätigungsvermerk „unter Berücksichtigung des Umstandes erfolgen, dass die gesetzlichen Vertreter den Abschluss zu verantworten haben". In der Tat ist es wichtig, die unterschiedlichen **Verantwortlichkeiten der gesetzlichen Vertreter** und des Abschlussprüfers auseinanderzuhalten. Es ist Aufgabe des Abschlussprüfers, den Jahresabschluss (unter Einbeziehung der Buchführung, § 317 Abs. 1 S. 1) darauf zu prüfen, ob die gesetzlichen Vorschriften und sie ergänzende Bestimmungen des Gesellschaftsvertrags oder der Satzung beachtet worden sind (§ 317 Abs. 1 S. 2). Die Prüfung ist so anzulegen, dass Unrichtigkeiten und Verstöße gegen die vorgenannten Bestimmungen, die sich auf die Darstellung des sich nach § 264 Abs. 2 ergebenden Bildes der Vermögens- Finanz- und Ertragslage des Unternehmens wesentlich auswirken, bei gewissenhafter Berufsausübung erkannt werden (§ 317 Abs. 1 S. 3).[240] Die Prüfung hat sich, soweit nichts anderes bestimmt ist, *nicht* darauf zu erstrecken, ob der Fortbestand des geprüften Unternehmens oder die Wirksamkeit und Wirtschaftlichkeit der Geschäftsführung zugesichert werden kann (→ § 317 Rn. 41).[241] Mit dem Bestätigungsvermerk über die Rechnungslegung des geprüften Unternehmens ist eine Beurteilung abzugeben, die das zusammengefasste Ergebnis der durchgeführten Prüfung darstellt (Abs. 1 S. 1). Die Verantwortung für die Buchführung sowie die Aufstellung des Jahresabschlusses und des Lageberichts liegt dagegen bei den gesetzlichen Vertretern (§ 238 Abs. 1, § 242 Abs. 1 S. 1, § 264 Abs. 1 S. 1 und 2; vgl. § 322 Abs. 2 S. 2, Abs. 3 S. 1). Der Jahresabschluss und der Lagebericht geben eine Darstellung aus deren Sicht. Die Darstellung ist gekennzeichnet durch die Einschätzungen und Beurteilungen der gesetzlichen Vertreter sowie deren Auffassung über die Anwendung der von ihnen im Rahmen der gesetzlichen Vorschriften als angemessen angesehenen Bilanzierungsgrundsätze zu Ansatz, Ausweis und Bewertung der Posten des Jahresabschlusses.[242]

65   Die Empfehlung in IDW PS 400.58–400.63 ist angesichts möglicher Missverständnisse sowie wegen der zum Teil unrealistischen und überzogenen Erwartungen vieler Personen hinsichtlich Inhalt und Umfang der Abschlussprüfung sowie der Bedeutung des Bestätigungsvermerks ein wichtiger und sinnvoller Hinweis,[243] denn der Bestätigungsvermerk ist – entgegen einer verbreiteten Ansicht – **kein** von der Rechnungslegung losgelöstes „Gesundheitstestat" oder „Gütesiegel" (→ Rn. 62) und schon gar **keine Garantieübernahmeerklärung**[244] über die Rechnungslegung und Buchführung hinaus; vielmehr unterliegt das im Bestätigungsvermerk enthaltene Gesamturteil des Abschlussprüfers über das Ergebnis der Prüfung denselben Beschränkungen wie das Substrat der Prüfung: nämlich Buchführung, Jahresabschluss und Lagebericht.[245] Der Gesetzgeber sieht das ebenso: Auf-

---

[239] Merkt/Probst/Fink/Quick S. 1533 Rn. 233; Baumbach/Hueck/Schulze-Osterloh, 18. Aufl. 2006, GmbHG § 41 Rn. 150; Sträter, Gesamturteil des Abschlussprüfers (Wirtschaftsprüfers) nach der Prüfung eines Jahres- oder Konzernabschlusses, Diss. TU Dortmund 2020, S. 86.

[240] Für börsennotierte Aktiengesellschaften ist zusätzlich § 317 Abs. 4 zu beachten.

[241] Vgl. BGH NJW 2022, 2262 Rn. 50.

[242] Zust. Spieth/Förschle FS Ludewig, 1996, 1057.

[243] Zust. Staub/Habersack/Schürnbrand Rn. 10 („in der Tat sinnvoll").

[244] So aber Grunewald ZGR 1999, 583 (598); ähnlich Lutter ZSR 124 (2005-II), 415, 448 („Garant gegenüber Markt und Öffentlichkeit"); Thomale ZGR 2023, 131 (146) („Beschützergarant"), unklar Frings WPg 2006, 821 (822) („... Garant [allerdings nicht im Sinne einer absoluten Gewährleistung] ..."); aA Becker, Verwaltungskontrolle durch Gesellschafterrechte, 1997, 783 („kein Garant für eine gesetzes- und statutengetreue Geschäftsführung über die Rechnungslegung und Buchführung hinaus"); Hense/Ulrich/Stenger WPO § 43 Rn. 493 („keine Garantiefunktion ggü. der Öffentlichkeit").

[245] Ebke Nw. U. L. Rev. 79 (1984), 663 (683) („accounting is an art, not a science"). Aufschlussreich OLG Düsseldorf BeckRS 2020, 16214 Rn. 197 (die Anwendung der für alle Kaufleute verbindlichen

grund der gesetzlich vorgegebenen Prüfungsziele (§ 317 Abs. 1 S. 3), die sich in dem Bestätigungsvermerk spiegeln (Abs. 3 S. 1: „… dass der von den gesetzlichen Vertretern der Gesellschaft aufgestellte Jahres- oder Konzernabschluss aufgrund der bei der Prüfung gewonnenen Erkenntnisse des Abschlussprüfers nach seiner Beurteilung den gesetzlichen Vorschriften entspricht und unter Beachtung der Grundsätze ordnungsmäßiger Buchführung oder sonstiger maßgeblicher Rechnungslegungsgrundsätze ein den tatsächlichen Verhältnissen entsprechendes Bild der Vermögens-, Finanz- und Ertragslage des Unternehmens oder des Konzerns vermittelt"), ist der Bestätigungsvermerk **kein Urteil über die wirtschaftliche Lage oder die Geschäftsführung** des geprüften Unternehmens,[246] sofern sich die Prüfung nicht aufgrund besonderer gesetzlicher Vorgaben (zB § 53 HGrG)[247] oder einer freiwillig vereinbarten Ergänzung des Prüfungsauftrags etwas anderes ergibt (→ § 323 Rn. 21).

In dem Abschnitt über die Verantwortung des Abschlussprüfers für die Prüfung des **66** Abschlusses und ggf. des Lageberichts muss dieser erklären, dass die Zielsetzung des Abschlussprüfers ist, **hinreichende Sicherheit** darüber zu erlangen, ob der Abschluss als Ganzes frei von wesentlichen – beabsichtigten oder unbeabsichtigten – falschen Darstellungen ist, und einen Bestätigungsvermerk zu erteilen, der das Prüfungsurteil zum Abschluss beinhaltet. Der Abschlussprüfer muss außerdem erklären, dass hinreichende Sicherheit ein hohes Maß an Sicherheit ist, aber keine Garantie (→ Rn. 65) dafür, dass eine in Übereinstimmung mit § 317 unter Beachtung der vom IDW festgestellten Prüfungsstandards sowie der ISA[DE] durchgeführte Prüfung eine wesentliche falsche Darstellung stets aufdeckt (IDW PS 400.59). Der Abschlussprüfer muss in diesem Abschnitt ferner erklären, dass falsche Darstellungen aus Verstößen (in der Sprache der ISA [DE]: **„dolosen Handlungen"**)[248] oder Unrichtigkeiten (in der Sprache der ISA [DE]: **Irrtümer**) resultieren können, und beschreiben, dass sie als wesentlich angesehen werden, wenn vernünftigerweise erwartet werden konnte, dass sie einzeln oder insgesamt die auf der Grundlage dieses Abschlusses getroffenen wirtschaftlichen Entscheidungen von Adressaten beeinflussen (IDW PS 400.59). Alternativ kann der Abschlussprüfer eine Definition oder Beschreibung der Wesentlichkeit gemäß den maßgebenden Rechnungslegungsgrundsätzen geben (IDW PS 400.59).

Der Abschlussprüfer muss darüber hinaus in diesem Abschnitt erklären, dass er während **67** der Prüfung **pflichtgemäßes Ermessen** ausgeübt hat und eine **kritische Grundhaltung** (vgl. § 43 Abs. 4 S. 1 WPO; § 37 S. 1 BS WP/vBP; zu Einzelheiten und Nachweisen → Vor § 316 Rn. 2) bewahrt hat (IDW PS 400.60).[249] In diesem Abschnitt muss der Abschlussprüfer auch eine Abschlussprüfung beschreiben, indem erklärt wird, dass die Verantwortung des Abschlussprüfer ist, die Risiken wesentlicher – beabsichtigter oder unbeabsichtigter – falscher Darstellung im Abschluss zu identifizieren und zu beurteilen, Prüfungshandlungen als Reaktion auf diese Risiken zu planen und durchzuführen sowie **Prüfungsnachweise** zu erlangen, die ausreichend und geeignet sind, um als Grundlage für das Prüfungsurteil zu dienen (IDW PS 400.60). Darüber hinaus ist anzugeben, dass das Risiko, dass wesentliche falsche Darstellungen nicht aufgedeckt werden, bei Verstößen höher ist als bei Unrichtigkeiten, da Verstöße betrügerisches Zusammenwirken, Fälschungen,

---

Bilanzierungs- [§§ 242 ff. HGB] und Bewertungsvorschriften [§§ 252 ff. HGB] könne „nie zu einer absolut richtigen Bilanz führen …, da vor allem bei Bilanzposten mit Bewertungsanteil eine Objektivierung immer nur beschränkt möglich sein wird." Bei der Frage, ob eine Bilanz unrichtig bzw. unvollständig ist, sei vielmehr „darauf abzustellen, ob sich aus ihr für den bilanzkundigen Leser ein von den tatsächlichen wirtschaftlichen Verhältnissen in wesentlichen Punkten eindeutig, dh. nicht nur unerheblich abweichendes Bild ergibt.").

[246] BGH NJW 2022, 2262; Schüppen Rn. 18 (unter Hinweis auf OLG Celle NZG 2000, 613 (614) und OLG Karlsruhe WM 1985, 940 [942]); Hopt/Merkt Rn. 1; Sträter, Gesamturteil des Abschlussprüfers (Wirtschaftsprüfers) nach der Prüfung eines Jahres- oder Konzernabschlusses, Diss. TU Dortmund 2020, S. 75.

[247] IDW PS 720: Berichterstattung über die Erweiterung der Abschlussprüfung nach § 53 HGrG (Stand: 9.9.2010), WPg Supp. 2006, 1452, WPg Supp. 2011, 1.

[248] ISA [DE] 240: Verantwortlichkeiten des Abschlussprüfers bei dolosen Handlungen (Stand: 26.3.2020), IDW Life 2019, 660, IDW Life 2020, 509, IDW Life 2020, 998. Dazu Marten RWZ 31 (2021), 244.

[249] OLG Stuttgart NZG 2022, 953 Rn. 53.

beabsichtigte Unvollständigkeiten, irreführende Darstellungen bzw. das Außerkraftsetzen interner Kontrollen beinhalten können (IDW PS 400.60). Der Abschlussprüfer muss außerdem erklären, dass die Verantwortung des Abschlussprüfers ist, ein Verständnis von dem für die Prüfung des Abschlusses relevanten internen Kontrollsystem zu gewinnen, um Prüfungshandlungen zu planen, die unter den gegebenen Umständen angemessen sind, jedoch nicht mit dem Ziel, ein Prüfungsurteil zur Wirksamkeit dieses Systems abzugeben (IDW PS 400.60).

68   Der Abschlussprüfer wird auch erklären, dass es seine Verantwortung ist, die Angemessenheit der von den gesetzlichen Vertretern angewandten **Rechnungslegungsmethoden** sowie die Vertretbarkeit der von ihnen dargestellten geschätzten Werte[250] und damit zusammenhängenden Angaben zu beurteilen (IDW PS 400.60). Der Prüfer wird ferner erläutern, dass es in seiner Verantwortung liegt, Schlussfolgerungen zu ziehen über die Angemessenheit des von den gesetzlichen Vertretern angewandten Rechnungslegungsgrundsatzes der Fortführung der Unternehmenstätigkeit sowie, auf der Grundlage der erlangten Prüfungsnachweise, ob eine wesentliche Unsicherheit im Zusammenhang mit Ereignissen oder Gegebenheiten besteht, die **bedeutsame Zweifel** an der Fähigkeit des Unternehmens zur Fortführung der Unternehmenstätigkeit aufwerfen können (IDW PS 400.60). Darüber hinaus ist anzugeben, dass, falls der Abschlussprüfer zu dem Schluss kommt, dass eine wesentliche Unsicherheit besteht, er verpflichtet ist, im Bestätigungsvermerk auf die dazugehörigen Angaben im Abschluss aufmerksam zu machen, oder, falls diese Angaben unangemessen sind, das Prüfungsurteil zu modifizieren (IWD PS 400.60). Des Weiteren ist anzugeben, dass der Abschlussprüfer seine Schlussfolgerung auf der Grundlage der bis zum Datum des Bestätigungsvermerks erlangten **Prüfungsnachweise** zieht (IDW PS 400.60). Ferner ist anzugeben, dass zukünftige Ereignisse oder Gegebenheiten dazu führen können, dass ein Unternehmen seine Unternehmenstätigkeit nicht mehr fortführen kann (IDW PS 400.60).

69   **l) Ort der Beschreibung der Verantwortung des Abschlussprüfers.** Zum Ort der Beschreibung der Verantwortung des Abschlussprüfers für die Prüfung des Abschlusses und ggf. des Lageberichts s. IDW PS 400.64–400.65.

70   **m) Sonstige rechtliche und gesetzliche Anforderungen. aa) Allgemeine Grundsätze.** Der Abschlussprüfer darf den Bestätigungsvermerk über die in den IDW Prüfungsstandards zum Bestätigungsvermerk geregelten Grundsätze hinaus um zusätzliche Aussagen nur dann erweitern, wenn gesetzliche Vorschriften eine solche Erweiterung ausdrücklich verlangen (IDW PS 400.66 und 400.A70-A71). Wenn der Abschlussprüfer im Bestätigungsvermerk ergänzenden Angabepflichten (zB aufgrund spezialgesetzlicher Vorgaben) nachkommt, müssen die sonstigen Pflichtangaben in einem **gesonderten Abschnitt** im Bestätigungsvermerk unter der Überschrift „Sonstige gesetzliche und anderen Anforderungen" oder einer anderen, dem Inhalt des Abschnitts entsprechenden Überschrift aufgeführt werden (IDW PS 400.66). Falls die ergänzenden Pflichtangaben nicht in einem gesonderten Abschnitt aufgenommen werden, müssen diese von den übrigen für den Bestätigungsvermerk geforderten Angaben deutlich abgegrenzt werden (IDW PS 400.67, 400.A72).

71   **bb) Gesetzlich vorgeschriebene Erweiterungen des Bestätigungsvermerks.** Beispiele für gesetzlich vorgeschriebene Erweiterungen des Bestätigungsvermerks um zusätzliche Aussagen sind die in § 6b Abs. 5 EnWG,[251] § 8 Abs. 3 UBGG, § 30 Abs. 2 KHGG NRW, § 20 SKHG.[252] Sehen gesetzliche Vorschriften eine Erweiterung des Auftrags, nicht aber eine Aussage darüber im Bestätigungsvermerk vor, nimmt der Abschlussprüfer die Prüfungsaussagen in den Prüfungsbericht auf. Das gilt beispielsweise für die

---

250   Vgl. ISA [DE] 540: Prüfung geschätzter Werte in der Rechnungslegung und damit zusammenhängender Abschlussangaben (Stand: 14.10.2020), IDW Life 2020, 862.

251   IDW PS 610: Prüfung nach § 6b Energiewirtschaftsgesetz (Stand: 2.7.2021), IDW Life 2021, 822; dazu Hünger WPg 2021, 1304.

252   Merkt/Probst/Fink/Quick S. 1540 Rn. 253.

Prüfung gemäß § 317 Abs. 4 über die Maßnahmen zur Risikofrüherkennung nach § 91 Abs. 2 AktG.[253] Entsprechend lässt sich aus § 53 iVm § 58 GenG eine Berichterstattung über die wirtschaftlichen Verhältnisse und die Ordnungsmäßigkeit der Geschäftsführung im Prüfungsbericht herleiten (IDW PS 400.A63).[254] Gleiches gilt für bestimmte branchenspezifische Prüfungspflichten (zB § 29 KWG für Kreditinstitute), für die die Berichterstattung zusätzlich in Prüfungsberichtsverordnungen geregelt ist (IDW PS 400.A.63). Nach § 317 Abs. 1 S. 2 hat sich die gesetzliche Abschlussprüfung auch darauf zu erstrecken, ob die rechnungslegungsbezogenen Bestimmungen des Gesellschaftsvertrags bzw. der Satzung, die die gesetzlichen Vorschriften ergänzen, beachtet worden sind. Gesellschaftsvertragliche Bestimmungen betreffen in der Praxis entweder Vorgaben für die Gewinnverwendung oder für die Rechnungslegung. Handelt es sich bei den gesellschaftsvertraglichen Bestimmungen ausschließlich um Gewinnverwendungsvorgaben, scheidet eine Aufnahme einer diesbezüglichen Aussage im Bestätigungsvermerk aus, weil sich die gesellschaftsvertraglichen Bestimmungen nicht unmittelbar auf die Rechnungslegung beziehen. Werden hingegen Vorgaben für ergänzende Rechnungslegungsgrundsätze gemacht (zB Abweichungen von den disponiblen gesetzlichen Vorgaben zur Rücklagendotierung und -verwendung von § 58 Abs. 1 und 2 AktG sowie § 150 Abs. 3 und 4 AktG, Regelungen zur aufwandswirksamen Vorweggewinnzuweisung oder Regelungen zur Ausübung gesetzlicher Wahlrechte), entspricht die Rechnungslegung nur dann den maßgebenden Rechnungslegungsgrundsätzen, wenn auch die gesellschaftsvertraglichen bzw. satzungsmäßigen Bestimmungen erfüllt sind. Werden die gesellschaftsvertraglichen bzw. satzungsmäßigen Bestimmungen mit Rechnungslegungsbezug eingehalten, ist eine ausdrückliche Feststellung im Prüfungsurteil zu ihrer Einhaltung nicht erforderlich, weil diese Aussage bereits durch die Bestätigung der Einhaltung der maßgebenden Rechnungslegungsgrundsätze abgedeckt ist.

cc) Übrige Angaben gemäß Art. 10 Abschlussprüfungs-VO. Für Unternehmen **72** von öffentlichem Interesse (§ 316a S. 2) gelten nach (dem unmittelbar geltenden) Art. 10 Abschlussprüfungs-VO zusätzliche Anforderungen an den Bestätigungsvermerk. Soweit nach Art. 10 Abs. 2 Abschlussprüfungs-VO erforderliche Angaben nicht bereits in anderen Abschnitten des Bestätigungsvermerks enthalten sind, werden diese im Bestätigungsvermerk innerhalb des Abschnitts „Sonstige rechtliche und gesetzliche Anforderungen" in einem gesonderten Abschnitt unter der Überschrift „Übrige Angaben nach Art. 10 Abschlussprüfungs-VO" gemacht.[255] Ergänzend fordert Art. 10 Abschlussprüfungs-VO vom Abschlussprüfer von Unternehmen von öffentlichem Interesse folgende **Angaben und Erklärungen:**[256] **(i)** Angabe, von welchem Organ der Abschlussprüfer bestellt wurde (Abs. 2 S. 1 lit. a),[257] **(ii)** Angabe des Datums der Bestellung des Abschlussprüfers und der gesamten ununterbrochenen Mandatsdauer, einschließlich bereits erfolgter Verlängerungen und erneuter Bestellungen (Abs. 2 S. 1 lit. b),[258] **(iii)** Darlegung zur Untermauerung des Prüfungsurteils (Abs. 2 S. 1 lit. c), welche Folgendes beinhaltet (falls relevant, ist auf die entsprechenden Angaben im Jahresabschluss hinzuweisen): (i) Beschreibung der bedeutsamsten beurteilten Risiken wesentlicher falscher Darstellungen, einschließlich der beurteilten Risiken wesentlicher falscher Darstellungen aufgrund von Betrug, (ii) Zusammenfassung der

---

253 Zu Einzelheiten der Prüfung der Maßnahmen zur Beurteilung des Überwachungssystems nach § 91 Abs. 2 AktG: IDW PS 340 nF: Die Prüfung des Risikofrüherkennungssystems (Stand: 27.5.2022), IDW Life 2022, 631. Zu Einzelheiten des IDW PS 340 nF Verhoeven/Riesch/Diederichs WPg 2021, 215; Diederichs/Giesing/Meyer/Riesch WPg 2022, 815. Zu IDW EPS 340 Wermelt/Oehlmann WPg 2019, 1026.
254 Zu Einzelheiten Paschke WPg 2019, 446.
255 Wiedmann/Böcking/Gros/Böcking/Gros/Rabenhorst Rn. 58.
256 Graumann Prüfungswesen S. 838–839. Zu den einzelnen Bestimmungen näher Schüppen Anh § 322 Rn. 5–17; HKMS/Hachmeister Rn. 102–120; BeBiKo/Justenhoven/Küster/Bernhardt Rn. 150 ff.; Wiedmann/Böcking/Gros/Böcking/Gros/Rabenhorst Rn. 53 ff.; Hense/Ulrich/Stenger WPO § 43 Rn. 520 ff.
257 Dazu näher HKMS/Hachmeister Rn. 102; BeBiKo/Justenhoven/Küster/Bernhardt Rn. 151.
258 Dazu näher HKMS/Hachmeister Rn. 103; BeBiKo/Justenhoven/Küster/Bernhardt Rn. 151.

Reaktion des Prüfers auf diese Risiken und (iii) ggf. wichtige Feststellungen, die sich in Bezug auf diese Risiken ergeben,[259] **(iv)** Darlegung, in welchem Maße die Abschlussprüfung als dazu geeignet angesehen wurde, Unregelmäßigkeiten, einschließlich Betrug, aufzudecken (Abs. 2 S. 1 lit. d),[260] **(v)** Bestätigung, dass das Prüfungsurteil mit dem in Art. 11 Abschlussprüfungs-VO genannten zusätzlichen Bericht an den Prüfungsausschuss im Einklang steht (Abs. 2 lit. e),[261] **(vi)** Erklärung, dass keine verbotenen Nichtprüfungsleistungen nach Art. 5 Abs. 1 Abschlussprüfungs-VO erbracht wurden und der Abschlussprüfer bei der Durchführung der Abschlussprüfung seine Unabhängigkeit von dem geprüften Unternehmen gewahrt hat (Abs. 2 S. 1 lit. f)[262] und **(vii)** Angabe der Leistungen, die vom Abschlussprüfer für das geprüfte Unternehmen oder die von diesem beherrschten Unternehmen zusätzlich zur Abschlussprüfung erbracht wurden und nicht im Lagebericht oder im Abschluss angegeben wurden (Abs. 2 S. 1 lit. g).[263]

73   Der Bestätigungsvermerk für Unternehmen von öffentlichem Interesse darf außer dem in Art. 10 Abs. 2 S. 1 lit. e vorgeschriebenen Verweis **keinerlei Querverweise** auf den in Art. 11 Abschlussprüfungs-VO genannten zusätzlichen Bericht an den Prüfungsausschuss enthalten (Art. 10 Abs. 3 Abschlussprüfungs-VO).[264] Darüber hinaus darf der Abschlussprüfer den Namen einer zuständigen Behörde nicht in einer Weise verwenden, die darauf hindeuten oder nahelegen würde, dass diese Behörde den Bestätigungsvermerk übernimmt oder billigt (**„Irreführungsverbot"**) (Abs. 4 Abschlussprüfungs-VO).[265]

74   **n) Name des verantwortlichen Wirtschaftsprüfers.** Der Bestätigungsvermerk muss bei der Prüfung eines Abschlusses von Unternehmen von öffentlichem Interesse einen Abschnitt mit der Überschrift „Verantwortlicher Wirtschaftsprüfer" enthalten (IDW PS 400.70).[266] In diesem Abschnitt muss der Name des Wirtschaftsprüfers genannt werden, welcher als für die Durchführung des Prüfungsauftrag und die Berichterstattung hierüber vorrangig verantwortlich bestimmt worden ist und den Bestätigungsvermerk nach § 322

---

[259]   Ausf. HKMS/Hachmeister Rn. 106–113; Hense/Ulrich/Stenger § 43 Rn. 522; Sträter, Gesamturteil des Abschlussprüfers (Wirtschaftsprüfers) nach der Prüfung eines Jahres- oder Konzernabschlusses, Diss. TU Dortmund 2020, S. 96 ff. Zu den Unterschieden zwischen dem Begriff der „bedeutsamsten beurteilten Risiken wesentlicher falscher Darstellungen" iSv Art. 10 Abs. 2 S. 1 lit. c und dem Begriff der besonders wichtigen Prüfungssachverhalte („key audit matters") iSv ISA 701: Communicating Key Audit Matters in the Independent Auditor's Report s. Bravidor/Rupertus WPg 2018, 272; Dolensky IRZ 2016, 137; Schlüter/Ratzinger-Sakel WPg 2021, 1270; Pföhler/Kunellis/Knappe WP Praxis 2016, 57. Zur Berichtspraxis: Quick/Pappert/Friedrich/Carlé BFuP 2021, 461; Ljubicic KoR 2020, 76 (betr. im DAX, MDAX und SDAX gelistete Unternehmen); Ljubicic/Wader WPg 2021, 130 (empirisch-ökonometrische Untersuchung); Rohatschek/Aschauer WPg 2018, 1275; Quick WPg 2019, 321.
[260]   Ausf. HKMS/Hachmeister Rn. 114–115.
[261]   Dazu näher HKMS/Hachmeister Rn. 116; BeBiKo/Justenhoven/Küster/Bernhardt Rn. 157.
[262]   Ausf. HKMS/Hachmeister Rn. 117–118.
[263]   Dazu näher BeBiKo/Justenhoven/Küster/Bernhardt Rn. 159; HKMS/Hachmeister Rn. 119.
[264]   Schüppen Anh § 322 Rn. 17; HKMS/Hachmeister Rn. 120.
[265]   Schüppen Anh § 322 Rn. 17 („eine jedenfalls für Deutschland wenig praxisnahe Sorge").
[266]   Der Begriff des „verantwortlichen Wirtschaftsprüfers" hat seinen Ursprung in Art. 2 Nr. 16 Abschlussprüfer-RL („engagement partner"). Der deutsche Gesetzgeber hatte den Begriff des „verantwortlichen Prüfungspartners" in den (inzwischen aufgehobenen) § 319a Abs. 1 S. 4 und Abs. 2 S. 2 übernommen (→ 4. Aufl. 2020, § 319a Rn. 32). Nach § 319a Abs. 1 S. 4 aF war „verantwortlicher Wirtschaftsprüfer", „wer den Bestätigungsvermerk nach § 322 unterzeichnet oder als Wirtschaftsprüfer von einer Wirtschaftsprüfungsgesellschaft als für die Durchführung einer Abschlussprüfung vorrangig verantwortlich bestimmt worden ist". Eine Partnerstellung in der Wirtschaftsprüfungsgesellschaft iSd deutschen Sprachgebrauchs und Rechtsverständnis ist nicht erforderlich (Hense/Ulrich/Geithner WPO § 43 Rn. 802). Nach § 43 Abs. 6 WPO haben Wirtschaftsprüfungsgesellschaften bei der Durchführung der Abschlussprüfung den verantwortlichen Prüfungspartner insbesondere anhand der Kriterien der Prüfungsqualität, Unabhängigkeit und Kompetenz auszuwählen und diesen aktiv an der Durchführung der Abschlussprüfung zu beteiligen. Wirtschaftsprüfungsgesellschaften haben den verantwortlichen Prüfungspartner in den Handakten zu benennen und zu dokumentieren, dass dieser nach der WPO zugelassen ist (§ 51b Abs. 5 S. 3 WPO; vgl. § 46 BS WP/vBP), und den verantwortlichen Prüfungspartner in der Auftragsdatei anzugeben (§ 51c Nr. 2 WPO). Zu Einzelheiten: Downar/Ernstberger/Koch WPg 2019, 594; Farr WPg 2017, 115; Petersen/Geithner WPK Magazin Sonderausgabe Okt. 2016, 6; Hense/Ulrich/Geithner WPO § 43 Rn. 801 ff.

unterzeichnet („verantwortlicher Wirtschaftsprüfer" – § 43 Abs. 3 S. 3 WPO)[267] (IDW PS 400.70). Als verantwortlicher Prüfungspartner gilt auf Konzernebene auch, wer als Wirtschaftsprüfer auf der Ebene bedeutender Tochterunternehmen als für die Durchführung von deren Abschlussprüfung vorrangig verantwortlich bestimmt worden ist (§ 43 Abs. 3 S. 4 WPO).

o) Ort der Niederlassung des Abschlussprüfers. Gemäß Abs. 7 S. 1 Hs. 1 ist im **75** Rahmen der Unterzeichnung des Bestätigungsvermerks der Ort der Niederlassung des Abschlussprüfers bzw. der Prüfungsgesellschaft anzugeben, bei Prüfungsgesellschaften deren Sitz oder die Niederlassung, die die Prüfungsauftrag ausgeführt hat (IDW PS 400.71).[268]

p) Datum, Unterschrift und Erteilung des Bestätigungsvermerks. Der **76** Abschlussprüfer hat den Bestätigungsvermerk bzw. den Vermerk über seine Versagung unter Angabe des Tages der Unterzeichnung (Abs. 7 S. 1 Hs. 1) und unter Verwendung der Berufsbezeichnung „Wirtschaftsprüfer"/„Wirtschaftsprüferin" (§ 18 Abs. 1 WPO) bzw. „vereidigter Buchprüfer"/„vereidigte Buchprüferin" (§ 128 Abs. 2 WPO) eigenhändig zu unterzeichnen (Abs. 7 S. 1 Hs. 1)[269] und zu siegeln (§ 48 Abs. 1 S. 1 WPO, § 130 Abs. 2 WPO).[270] Im Fall der **Gemeinschaftsprüfung** (Abs. 6a) hat die Unterzeichnung durch alle bestellten Personen zu erfolgen (Abs. 7 S. 1 Hs. 2).[271] Ist der Abschlussprüfer eine Wirtschaftsprüfungsgesellschaft, so hat die Unterzeichnung „zumindest" durch den Wirtschaftsprüfer zu erfolgen, welcher die Abschlussprüfung für die Prüfungsgesellschaft durchgeführt hat (Abs. 7 S. 3).[272] Die Angaben des Orts (der Niederlassung), des Datums und der Namen der Unterzeichnenden müssen grundsätzlich mit denen unter dem Prüfungsbericht nach § 321 übereinstimmen.[273] Dies gilt auch, wenn ausnahmsweise zwischen diesem Datum und der Auslieferung des Prüfungsberichts ein längerer Zeitraum liegt.[274] Die Unterschrift unter den Bestätigungsvermerk ist auf dem Exemplar des Abschlusses und ggf. des Lageberichts vorzunehmen, auf das er sich bezieht **(Testatsexemplar)**.[275] Der Bestätigungsvermerk darf nicht isoliert abgegeben werden oder nur im Prüfungsbericht wiedergegeben werden (vgl. Abs. 7 S. 2); er ist vielmehr unabhängig vom Prüfungsbericht zu erteilen und im Prüfungsbericht wiederzugeben.[276] In der Regel – aber nicht zwingend – ist das Exemplar das Exemplar, das auch die gesetzlichen Vertreter mit ihrer Unterschrift versehen (§ 245).[277] Fällt der beauftragte Wirtschaftsprüfer vor Beendigung des Auftrags aus

---

[267] Vgl. IDW QS 1: Anforderungen an die Qualitätssicherung in der Wirtschaftsprüferpraxis (Stand: 9.6.2017) Tz. 12o. Dazu Marten WPg 2017, 428; Marten WPg 2017, 610; Haasmann WP Praxis 2017, 260.

[268] HKMS/Hachmeister Rn. 82; Graumann Prüfungswesen S. 839.

[269] BGH NJW 2022, 2185 Rn. 39. Sofern der Bestätigungsvermerk elektronisch erteilt werden soll (§ 126a Abs. 1 BGB), tritt anstelle der eigenhändigen Unterschrift die qualifizierte elektronische Signatur: BeBiKo/Justenhoven/Küster/Bernhardt Rn. 105–106; Hense/Ulrich/Stenger WPO § 43 Rn. 507; WPK WPK Magazin 1/2017, 17 und 3/2017, 26.

[270] Die Pflicht zur Benutzung des Siegels ist eine berufsrechtliche Pflicht, dessen Fehlen die Wirksamkeit des Testats nicht berührt: OLG Stuttgart DB 2009, 1521 (1525) („Die berufsrechtlich vorgeschriebene Siegelung gehört nicht zu den zur Vermeidung der Nichtigkeit nach § 256 Abs. 1 Nr. 2 AktG gebotenen Mindestanforderungen"); zust. Bormann DStR 2011, 368 (368, sub 2.1); Hopt/Merkt Rn. 19; HKMS/Hachmeister Rn. 80.

[271] BGH NJW 2022, 2185 Rn. 39. Zu Einzelheiten Merkt/Probst/Fink/Quick S. 1542–1543 Rn. 261; Graumann Prüfungswesen S. 839.

[272] BGH NJW 2022, 2185 Rn. 39. Abs. 7 S. 3 ist auf Buchprüfungsgesellschaften entsprechend anzuwenden (Abs. 7 S. 4).

[273] IDW PS 450.116; Wiedmann/Böcking/Gros/Böcking/Gros/Rabenhorst Rn. 32.

[274] IDW PS 450.116. Liegt zwischen dem Datum der Unterzeichnung des Bestätigungsvermerks und der Auslieferung des Prüfungsberichts (mit dem darin wiedergegebenen Bestätigungsvermerk) eine längere Zeit (zB mehr als vier Wochen), so hat der Abschlussprüfer zu prüfen, ob zwischenzeitliche Ereignisse bzw. Entwicklungen das Prüfungsurteil berühren: Merkt/Probst/Fink/Quick S. 1542 Rn. 260; HKMS/Hachmeister Rn. 83 („Wertaufhellungszeitraum").

[275] Wiedmann/Böcking/Gros/Böcking/Gros/Rabenhorst Rn. 45; HKMS/Hachmeister Rn. 81.

[276] HKMS/Hachmeister Rn. 81.

[277] HKMS/Hachmeister Rn. 81; aA Weiß WM 2010, 1010.

oder kann er aus sonstigen Gründen seine Arbeitsergebnisse nicht persönlich unterzeichnen, bedarf es der Bestellung eines neuen Abschlussprüfers.[278]

77   Der Abschlussprüfer hat den Prüfungsbericht nicht später als den Bestätigungsvermerk vorzulegen.[279] Das **Datum des Bestätigungsvermerks,** und damit dessen Erteilung, darf nicht vor dem Datum liegen, zu dem Abschlussprüfer ausreichende geeignete Prüfungsnachweise als Grundlage für das Prüfungsurteil zum Abschluss und – sofern einschlägig – zum Lagebericht sowie zu sonstigen Prüfungsgegenständen erlangt hat,[280] einschließlich einer umfassenden Versicherung der gesetzlichen Vertreter über die Vollständigkeit der erteilten Aufklärungen und Nachweise (Vollständigkeitserklärung)[281] und einer Erklärung der gesetzlichen Vertreter, dass sie die Verantwortung für diesen Abschluss und – sofern einschlägig – für den Lagebericht sowie für die sonstigen Prüfungsgegenstände übernommen haben[282] (IDW PS 400.74).[283] Der Bestätigungsvermerk oder der Vermerk über seine Versagung ist auch in den **Prüfungsbericht** aufzunehmen (Abs. 7 S. 2). Der Bestätigungsvermerk ist mit dem Abschluss, ggf. mit dem Lagebericht sowie ggf. mit sonstigen Prüfungsgegenständen fest zu verbinden (IDW PS 400.72).[284]

78   Der Tag der Unterzeichnung markiert zugleich die formelle **Beendigung der Prüfung des Abschlusses** und ggf. des Lageberichts.[285] Wurde kein Bestätigungsvermerk bzw. ein Vermerk über seine Versagung erteilt (und konnte deshalb auch nicht in den Prüfungsbericht aufgenommen werden), so ist die Prüfung trotz Unterzeichnung des Prüfungsberichts im Rechtssinne nicht abgeschlossen.[286]

III. Einzelfragen zum Bestätigungsvermerk

79   **1. Gemeinschaftsprüfungen (Abs. 6a).** Abs. 6a wurde durch das AReG vom 10.5.2014 in § 322 eingefügt. Er betrifft Abschlussprüfungen, bei denen mehrere Prüfer oder Prüfungsgesellschaften gemeinsam zum Abschlussprüfer bestellt wurden (Joint Audit).[287] Solche Gemeinschaftsprüfungen sind in Deutschland bislang eher selten gewesen.[288] Wurden mehrere Prüfer oder Prüfungsgesellschaften gemeinsam zum Abschlussprüfer bestellt, *soll* nach Abs. 6a S. 1 die Beurteilung des Prüfungsergebnisses einheitlich erfolgen.[289] Ist eine **einheitliche Beurteilung** ausnahmsweise nicht möglich, weil die Prüfer oder Prüfungsgesellschaften etwa unterschiedlicher Beurteilung des Prüfungsergebnisses sind, sind die Gründe hierfür darzulegen (Abs. 6a S. 2 Hs. 1). Die unterschiedlichen Prüfungsurteile sind dann jeweils in einem gesonderten Absatz des Bestätigungsvermerks vorzunehmen (Abs. 6a S. 2 Hs. 2).[290] Abs. 6a S. 3 stellt erklärend fest, dass Abs. 6a S. 1 und 2 im Fall der gemeinsamen Bestellung von Wirtschaftsprüfern oder Wirtschaftsprüfungsgesellschaften (Nr. 1), vereidigten Buchprüfern oder Buchprüfungsgesellschaften (Nr. 2) sowie Prüfern oder Prüfungsgesellschaften nach den Nr. 1 und 2 gelten. Damit sind alle denkbaren

---

[278]   BGH NJW 2022, 2185 Rn. 39.

[279]   IDW PS 450: Grundsätze ordnungsmäßiger Erstellung von Prüfungsberichten (Stand: 28.10.2021), IDW Life 2022, 78 (Tz. 117).

[280]   Die Verantwortung des Abschlussprüfers im Zusammenhang mit Ereignissen und Geschäftsvorfällen nach dem Datum des Bestätigungsvermerks wird behandelt in ISA [DE] 560: Nachträgliche Ereignisse (Stand: 26.3.2020), IDW Life 2019, 697, IDW Life 2020, 509 (Tz. 10–17).

[281]   ISA [DE] 580: Schriftliche Erklärungen (Stand: 29.10.2021), IDW Life 2019, 699; IDW Life 2020, 509; IDW Life 2020, 1004; IDW Life 2022, 77 (Tz. 11 und 15).

[282]   ISA [DE] 580.10, 580.D.101 und 580.15.

[283]   Graumann Prüfungswesen S. 839; Hopt/Merkt Rn. 19.

[284]   Hopt/Merkt Rn. 19; Merkt/Probst/Fink/Quick S. 1542 Rn. 259.

[285]   BeBiKo/Justenhoven/Küster/Bernhardt Rn. 107; Schüppen Rn. 22.

[286]   Schüppen Rn. 22.

[287]   Dazu HKMS/Hachmeister Rn. 75; Hopt/Merkt Rn. 18; Hense/Ulrich/Stenger WPO § 43 Rn. 554.

[288]   Ohne Verf. WPK Magazin 1/2016, 16, 19.

[289]   Zum nachträglichen Wegfall eines Abschlussprüfers bei gemeinsamer Abschlussprüfung: WPK WPK Magazin 3/2004, 26.

[290]   Ebenso IDW PS 400.101; HKMS/Hachmeister Rn. 76; Wiedmann/Böcking/Gros/Böcking/Gros/Rabenhorst Rn. 43; Hopt/Merkt Rn. 18; BeBiKo/Justenhoven/Küster/Bernhardt Rn. 280.

Kombinationen erfasst.[291] Der Bestätigungsvermerk ist von den Gemeinschaftsprüfern gemeinsam („durch alle bestellten Personen") zu unterzeichnen (Abs. 7 S. 1 Hs. 2).[292]

2. Zusammengefasster Bestätigungsvermerk. Wird von der Möglichkeit des § 325 **80** Abs. 3a S. 2 Gebrauch gemacht, den Konzernabschluss und den Einzelabschluss des Mutterunternehmens zusammen bekannt zu machen, können die Vermerke des Abschlussprüfers nach § 322 zu beiden Abschlüssen zusammengefasst werden (IDW PS 400.99, 400.A103). Das gilt auch, wenn beide Abschlüsse nach verschiedenen Rechnungslegungssystemen aufgestellt wurden (IFRS im Konzernabschluss und HGB im Einzelabschluss).[293] Bei Einschränkung oder Versagung ist die Zusammenfassung zulässig. Bezieht sich die Einschränkung oder Versagung aber nur auf einen der beiden Abschlüsse, muss zweifelsfrei erkennbar sein, auf welchen Abschluss sich die Einschränkung bzw. Versagung bezieht (vgl. Abs. 2 S. 1). In einem solchen Fall empfiehlt sich allerdings eine getrennte Erteilung.[294] Werden der Lagebericht des Mutterunternehmens und der Konzernlagebericht nach § 315 Abs. 5 zusammengefasst, haben sich die Vermerke auf den zusammengefassten Lagebericht zu beziehen (IDW PS 400.100).

3. Bedingte Erteilung von Bestätigungsvermerken. Wie schon das FG 3/1988: **81** *Grundsätze für die Erteilung von Bestätigungsvermerken bei Abschlußprüfungen*[295] sieht auch IDW PS 400 für den Fall, dass in dem geprüften Jahresabschluss Sachverhalte berücksichtigt sind, die erst nach Abschluss der Prüfung wirksam werden, die Möglichkeit der Erteilung des Bestätigungsvermerks unter einer **aufschiebenden Bedingung** (vgl. § 158 Abs. 1 BGB) vor (IDW PS 400.96). Die Erteilung eines bedingten Bestätigungsvermerks ist im Gesetz nicht vorgesehen; es ist in Theorie[296] und Praxis[297] aber unbestritten, dass der Bestätigungsvermerk unter Bedingungen erteilt werden kann. Dafür werden erwartungsgemäß strenge Voraussetzungen aufgestellt.[298] Als **Voraussetzungen** für die aufschiebend bedingte Erteilung eines Bestätigungsvermerks werden aufgeführt: (a) der noch nicht wirksame Sachverhalt wirkt nach Eintritt der Voraussetzung für seine Wirksamkeit auf den geprüften Abschluss zurück, (b) die zum Abschluss der Prüfung noch nicht erfüllte Bedingung ist in einem formgebundenen Verfahren inhaltlich bereits festgelegt und bedarf zur rechtlichen Verwirklichung ausschließlich noch formeller Akte und (c) die anstehende Erfüllung der Voraussetzung kann mit an Sicherheit grenzender Wahrscheinlichkeit erwartet werden (IDW PS 400.96).[299] Die die rechtswirksame Erteilung des Bestätigungsvermerks aufschiebende Bedingung ist dem Bestätigungsvermerk unmittelbar voranzustellen (IDW PS 400.98).[300]

Ein Bestätigungsvermerk unter aufschiebender Bedingung ist noch nicht erteilt, der **82** entsprechende Jahresabschluss gilt also **rechtlich noch nicht** als **geprüft** (IDW PS

---

[291]   Hopt/Merkt Rn. 18; Merkt/Probst/Fink/Quick S. 1542 Rn. 259; Graumann Prüfungswesen S. 839.

[292]   Hense/Ulrich/Stenger WPO § 43 Rn. 513.

[293]   HKMS/Hachmeister Rn. 79.

[294]   HKMS/Hachmeister Rn. 79.

[295]   WPg 1989, 27.

[296]   Schüppen Rn. 20–21; BeBiKo/Justenhoven/Küster/Bernhardt Rn. 265–270; Wiedmann/Böcking/ Gros/Böcking/Gros/Rabenhorst Rn. 42; Merkt/Probst/Fink/Quick S. 1536–1537 Rn. 245; Graumann Prüfungswesen S. 861–862; Günther, Die Unabhängigkeit des Abschlussprüfers bei privaten Unternehmen in Deutschland, 2019, S. 108–109.

[297]   IDW PS 400.96–98; Hense/Ulrich/Stenger WPO § 43 Rn. 553.

[298]   Dazu näher BeBiKo/Justenhoven/Küster/Bernhardt Rn. 265–270; Neumann BuW 2000, 853 (861); Graumann Prüfungswesen S. 861–862. Aus Sicht des schweizerischen Rechts Pfiffner, Revisionsstelle und Corporate Governance, 2008, S. 231, 232.

[299]   Typische Fälle sind die Bedingung der Feststellung des Vorjahresabschlusses, ferner Kapitalerhöhungen oder -herabsetzungen, die nur noch eines formellen Beschlusses der zuständigen Organe oder der Eintragung in das Handelsregister bedürfen: BeBiKo/Justenhoven/Küster/Bernhardt Rn. 266; Schüppen Rn. 20; Merkt/Probst/Fink/Quick S. 1536 Rn. 245; Graumann Prüfungswesen S. 862.

[300]   Für einen aufschiebende bedingt erteilten Bestätigungsvermerk wird eine folgende Formulierung empfohlen: „Unter der Bedingung, dass … [zB die beschlossene, im Jahresabschluss berücksichtigte vereinfachte Kapitalherabsetzung mit anschließender Kapitalerhöhung im Handelsregister eingetragen wird], erteile ich/erteilen wir den nachstehenden Bestätigungsvermerk: …" (IDW PS 400.A102).

400.A97).[301] Erst mit Eintritt der Bedingung wird der Bestätigungsvermerk wirksam (vgl. § 158 Abs. 1 BGB). Der Nachweis des Eintritts der Bedingung ist durch das geprüfte Unternehmen zu führen (IDW PS 400.A97). Der Abschlussprüfer ist nicht verpflichtet, den **Eintritt der Bedingung** zu prüfen und zu bestätigen, die Verwendung des Bestätigungsvermerks vor Eintritt der Bedingung sollte aber mit dem Abschlussprüfer abgestimmt sein (IDW PS 400.A97). Wenn der Vorjahresabschluss in der im geprüften Abschluss berücksichtigten Fassung noch nicht festgestellt wurde, ist eine aufschiebende Bedingung für die Erteilung des Bestätigungsvermerks nicht erforderlich, wenn mit hinreichender Sicherheit davon ausgegangen werden kann, dass der noch nicht festgestellte Vorjahresabschluss ohne Feststellung beibehalten werden soll (IDW PS 400.A100).[302]

83   **4. Befristung.** In der Praxis unüblich, aber möglich ist es nach Ansicht von *Schüppen,* den bedingten Bestätigungsvermerk zugleich mit einer **Befristung** zu versehen und einen Versagungsvermerk für den Fall des Ablaufens der Frist ohne Bedingungseintritt zu erteilen.[303] Die Koppelung der Bedingung an eine Befristung kommt freilich nur in Betracht, wenn die anstehende Erfüllung der Voraussetzung in der vorgesehenen Zeit mit großer Wahrscheinlichkeit erwartet werden kann. Im Übrigen sollten für die befristet-bedingte Erteilung eines Bestätigungsvermerks ähnlich strenge Anforderungen gelten wie für die bedingte Erteilung eines Bestätigungsvermerks (→ Rn. 81 f.). Zu bedenken ist ferner, dass der befristet-bedingt erteilte Bestätigungsvermerk noch nicht „erteilt", der betreffende Jahresabschluss also noch nicht als geprüft anzusehen ist (vgl. IDW PS 400.A97). Der Bestätigungsvermerk wird erst mit dem Eintritt der Bedingung innerhalb des Befristungszeitraums wirksam.

84   **5. Nachtragsprüfung.** Wird der Jahresabschluss oder der Lagebericht nach Vorlage des Prüfungsberichts geändert, hat der Abschlussprüfer diese Unterlagen gemäß § 316 Abs. 3 S. 1 erneut zu prüfen, „soweit es die Änderung erfordert" (IDW PS 400.87). Der ursprünglich erteilte Bestätigungsvermerk bleibt grundsätzlich wirksam; er ist aber erforderlichenfalls zu ergänzen (§ 316 Abs. 3 S. 2 Hs. 2).[304] Führt die Nachtragsprüfung zu dem Ergebnis, dass der ursprünglich erteilte Bestätigungsvermerk unverändert aufrechterhalten werden kann, ist grundsätzlich die Ergänzung des Prüfungsurteils um einen **gesonderten Absatz** erforderlich, um deutlich zu machen, dass sich der Bestätigungsvermerk auf einen geänderten Jahresabschluss, Konzernabschluss, Lagebericht oder Konzernlagebericht bezieht.[305] In dem gesonderten Absatz ist auch der Gegenstand der Änderung zu bezeichnen (möglichst unter Hinweis auf die Berichterstattung des Unternehmens) und ggf. zum Ausdruck zu bringen, dass sich aus der Prüfung der Änderungen keine Einwendungen ergeben haben. Wenn durch die Änderung ursprünglich **wesentliche Nichtübereinstimmungen** des Abschlusses oder des Lageberichts mit den maßgebenden Rechnungslegungsgrundsätzen beseitigt oder neue wesentliche Nichtübereinstimmungen begründet werden, hat der Abschlussprüfer den **Bestätigungsvermerk neu** zu **formulieren** (IDW PS 400.88).[306] In den Bestätigungsvermerk zur Nachtragsprüfung ist ein Hinweis nach den Grundsätzen des IDW PS 406: *Hinweise im Bestätigungsvermerk*[307] aufzunehmen (IDW PS 400.89).[308] Dieser

---

[301]   Wiedmann/Böcking/Gros/Böcking/Gros/Rabenhorst Rn. 42; Graumann Prüfungswesen S. 862; Günther, Die Unabhängigkeit des Abschlussprüfers bei privaten Unternehmen in Deutschland, 2019, S. 109.

[302]   BeBiKo/Justenhoven/Küster/Bernhardt Rn. 267.

[303]   Schüppen Rn. 21; aus Sicht des schweizerischen Rechts Pfiffner, Revisionsstelle und Corporate Governance, 2008, S. 232.

[304]   IDW PS 400.88; ebenso Staub/Habersack/Schürnbrand Rn. 40; Graumann Prüfungswesen S. 862.

[305]   HKMS/Hachmeister Rn. 84 unter Hinweis auf OLG Celle BB 1983, 2229.

[306]   Graumann Prüfungswesen S. 862.

[307]   Stand: 29.10.2021, IDW Life 2021, 1395.

[308]   Vgl. Hense/Ulrich/Stenger WPO § 43 Rn. 552. IDW PS 406.14 besagt, dass der Hinweis zur Nachtragsprüfung nach IDW PS 400.89, der inhaltlich und formal ein „Hinweis zur Hervorhebung eines Sachverhalts" und ein „Hinweis auf einen sonstigen Sachverhalt" ist, als gesonderter Abschnitt mit der Überschrift „Hinweis zur Nachtragsprüfung" unmittelbar vor der Angabe von Ort und Datum der Unterzeichnung bzw. – sofern einschlägig – unmittelbar vor der Angabe des verantwortlichen Wirtschaftsprüfers nach IDW PS 400.70 in den Bestätigungsvermerk aufzunehmen ist. S. auch BeBiKo/Justenhoven/Küster/Bernhardt Rn. 254; Graumann Prüfungswesen S. 863.

Hinweis hat zu enthalten (a) eine Erklärung, dass der Bestätigungsvermerk auf Grundlage der ursprünglichen, abgeschlossenen Abschlussprüfung sowie der Nachtragsprüfung erteilt wird, (b) eine Erklärung, dass der Bestätigungsvermerk sich auf einen geänderten Abschluss oder Lagebericht bezieht und (c) eine Bezeichnung des Gegenstands der Änderung in dem geänderten Abschluss oder Lagebericht (IDW PS 400.89).[309] Ferner ist auf die Angabe im Abschluss oder im Lagebericht zu verweisen, die die Änderung erläutert, falls eine solche Angabe nach den maßgebenden Rechnungslegungsgrundsätzen erforderlich ist (IDW PS 406.14).

Änderungen von (Konzern-)Abschluss oder (Konzern-)Lagebericht nach Erteilung des **85** Bestätigungsvermerks haben immer dann Auswirkungen auf den bereits erteilten Bestätigungsvermerk (vgl. § 316 Abs. 3 S. 2), wenn durch die Änderung ursprüngliche Mängel beseitigt oder neue Mängel des Abschlusses begründet werden (vgl. IDW PS 400.88). In diesen Fällen ist es erforderlich, das **Prüfungsurteil neu** zu **formulieren** und einen gesonderten Absatz mit einem Hinweis auf die Änderung zu ergänzen. Ist aufgrund der Nachtragsprüfung eine Einschränkung des Bestätigungsvermerks geboten oder ist der Bestätigungsvermerk zu versagen, ist die Einschränkung oder Versagung zu begründen und als solche zu bezeichnen.[310]

Die Nachtragsprüfung ist **von dem (ursprünglich) bestellten Abschlussprüfer** **86** durchzuführen (§ 316 Abs. 3 S. 1: „so hat der Abschlussprüfer … erneut zu prüfen"), der den Bestätigungsvermerk auch zu unterzeichnen hat (IDW PS 400.A92).[311]

Der Bestätigungsvermerk ist mit dem Datum der Unterzeichnung des ursprünglichen **87** Bestätigungsvermerks und unter Angabe des Tages der Unterzeichnung des geänderten oder ergänzten Bestätigungsvermerks, dh mit **Doppeldatum,** zu unterzeichnen (IDW PS 400.90). Bei der zweiten Datumsangabe muss auf den Hinweis auf die Nachtragsprüfung verwiesen werden.[312]

6. Ergänzung des Bestätigungsvermerks (§ 317 Abs. 2 S. 5 Hs. 2). Erstellt die **88** Gesellschaft einen gesonderten nichtfinanziellen (Konzern-)Bericht und macht diesen durch Veröffentlichung auf der Internetseite öffentlich zugänglich (§ 289b Abs. 3 S. 1 Nr. 2 lit. b), hat der Abschlussprüfer nach § 317 Abs. 2 S. 5 Hs. 1 vier Monate nach dem Abschlussstichtag eine ergänzende Prüfung durchzuführen, ob der gesonderte nichtfinanzielle (Konzern-)Abschluss vorgelegt wurde. Gemäß § 317 Abs. 2 S. 5 Hs. 2 gilt § 316 Abs. 3 S. 2 entsprechend mit der Maßgabe, dass der Bestätigungsvermerk nur dann zu ergänzen ist, wenn der gesonderte nichtfinanzielle (Konzern-)Bericht nicht innerhalb von vier Monaten nach dem Abschlussstichtag vorgelegt worden ist.[313] Die Pflichten des Abschlussprüfers nach ISA [DE] 720 (Revised): *Verantwortlichkeiten des Abschlussprüfers im Zusammenhang mit sonstigen Informationen*[314] bleiben unberührt (IDW PS 400.91).

7. Kündigung des Prüfungsauftrags (§ 318 Abs. 6 S. 1). Wird ein Prüfungsauftrag **89** vorzeitig beendet, so darf weder ein Bestätigungsvermerk noch ein Prüfungsvermerk erteilt werden (IDW PS 400.87; ISA [DE] 560.D.11.2 und D.15.1). Wenn ein von dem Abschlussprüfer angenommener Prüfungsauftrag von ihm aus wichtigem Grund gekündigt wird (nach § 318 Abs. 6 S. 1), hat der Prüfer gemäß § 318 Abs. 6 S. 4 Hs. 1 vielmehr einen Bericht über das Ergebnis seiner bisherigen Prüfung zu erstatten. Für diesen Bericht ist § 321 entsprechend anzuwenden (§ 318 Abs. 6 S. 4 Hs. 2). Die gesetzlichen Vertreter haben den

---

309   Vgl. BeBiKo/Justenhoven/Küster/Bernhardt Rn. 255.
310   BeBiKo/Justenhoven/Küster/Bernhardt Rn. 255.
311   Ebenso Gelhausen/Hönsch AG 2005, 511 (522); Graumann Prüfungswesen S. 862; HKMS/Hachmeister Rn. 85; Neumann BuW 2000, 853 (861). Zu der Frage, wie bei einem Wegfall des ursprünglichen Abschlussprüfers bei einer Nachtragsprüfung zu verfahren ist, s. WPK WPK Magazin 4/2006, 42.
312   Hense/Ulrich/Stenger WPO § 43 Rn. 519; Graumann Prüfungswesen S. 863; HKMS/Hachmeister Rn. 84; BeBiKo/Justenhoven/Küster/Bernhardt Rn. 255.
313   Wiedmann/Böcking/Gros/Böcking/Gros/Rabenhorst § 317 Rn. 29; Hopt/Merkt § 317 Rn. 7; HKMS/Burg § 317 Rn. 91.
314   Stand: 7.5.2020, IDW Life 2020, 509.

Bericht des bisherigen Abschlussprüfers unverzüglich dem Aufsichtsrat vorzulegen (§ 318 Abs. 7 S. 2). Jedes Aufsichtsratsmitglied hat das Recht, von dem Bericht Kenntnis zu nehmen (§ 318 Abs. 7 S. 3).

90   **8. Widerruf des Bestätigungsvermerks.** Nach Zuleitung des um den Bestätigungs- vermerk bzw. Versagungsvermerk ergänzten Prüfungsberichts an die gesetzlichen Vertreter (§ 321 Abs. 5 S. 1) bzw. nach Vorlage an den Aufsichtsrat, den Prüfungsausschuss und den Vorstand (§ 321 Abs. 5 S. 2 und 3) ist der Abschlussprüfer nicht verpflichtet, den geprüften Jahresabschluss einschließlich der Buchführung sowie den Lagebericht „weiterzuverfol- gen".[315] Mit Erteilung des Bestätigungs- bzw. Versagungsvermerks und der Auslieferung des Prüfungsberichts ist der Prüfungsvertrag erfüllt und der für den Abschlussprüfer maßgebliche Wertaufhellungszeitraum beendet.[316] Wenn dem Prüfer aber nach Ablieferung des Prü- fungsberichts nebst Bestätigungsvermerk/Versagungsvermerk Tatsachen bekannt werden, welche bereits *vor* diesem Zeitpunkt bestanden und die zur Erteilung eines eingeschränkten Bestätigungsvermerks oder gar zur Versagung des Bestätigungsvermerks geführt hätten, hat der Abschlussprüfer das Unternehmen zu veranlassen, den Abschluss zu ändern (IDW PS 400.92).[317] Folgt das Unternehmen der Empfehlung des Prüfers oder ändert es den Abschluss aus eigener besserer Erkenntnis heraus, erfordert die Änderung des Abschlusses eine **Nachtragsprüfung** (→ Rn. 84).[318] Ist das Unternehmen dagegen nicht bereit, not- wendige Änderungen vorzunehmen, und besteht Gefahr, dass Dritte von dem bestätigten Abschluss Kenntnis erlangt haben oder erlangen werden, kommt nach heute ganz hM zum Schutze des Vertrauens der Adressaten des Bestätigungsvermerks und der Öffentlichkeit in die Gesetzeskonformität des Bestätigungsvermerks ein **Widerruf** des Bestätigungsvermerks in Betracht (IDW PS 400.A93),[319] auch wenn der Widerruf im Gesetz nicht geregelt ist. Zusätzliche Prüfungshandlungen über die Feststellung und Beurteilung des Mangels hinaus sind in einem solchen Fall nicht zu treffen; es handelt sich daher nicht um einen Fall der Nachtragsprüfung (IDW PS 400.A93).

91   **a) Voraussetzungen.** Wegen der gesellschaftsübergreifenden Bedeutung des Bestäti- gungsvermerks ist ein **Widerruf erforderlich,** wenn die Voraussetzungen für die Erteilung eines Bestätigungsvermerks nicht vorgelegen haben und die Gesellschaft nicht willens oder in der Lage ist, die notwendigen Änderungen des geprüften und bestätigten Abschlusses vorzunehmen (IDW PS 400.A93).[320] Gründe für einen Widerruf können zum Beispiel bestehen in (a) der Gewinnung neuer Erkenntnisse seitens des Abschlussprüfers, (b) der Täuschung des Abschlussprüfers, (c) dem Übersehen von Tatsachen, die der Prüfer bei gewissenhafter Prüfung nicht hätte übersehen dürfen und (d) der falschen Würdigung wesentlicher Sachverhalte.[321] Nach IDW PS 400.92 soll dagegen ein **Widerruf nicht erfor- derlich** sein, wenn (a) die Vermeidung eines falschen Eindrucks über den Jahresabschluss

---

[315]   Graumann Prüfungswesen S. 863.
[316]   HKMS/Hachmeister Rn. 86.
[317]   Ebenso Hopt/Merkt Rn. 14; Graumann Prüfungswesen S. 863; weitergehend KG WPg 2001, 617 (619); dazu Bärenz BB 2003, 1781 (1784); Hirsch WPg 2001, 606 (610).
[318]   Merkt/Probst/Fink/Quick S. 1544 Rn. 264; Schüppen Rn. 31.
[319]   KG Berlin AG 2001, 187 (189) = WPg 2001, 617 mit Bespr.-Aufsatz Hirsch WPg 2001, 606. S. ferner Graumann Prüfungswesen S. 863; BeBiKo/Justenhoven/Küster/Bernhardt Rn. 256; Hopt/Merkt Rn. 14; Merkt/Probst/Fink/Quick S. 1543 Rn. 263; Wiedmann/Böcking/Gros/Böcking/Gros/ Rabenhorst Rn. 38; Schüppen Rn. 31; Günther, Die Unabhängigkeit des Abschlussprüfers bei privaten Unternehmen in Deutschland, 2019, S. 109.
[320]   Für eine grundsätzliche Rechtspflicht KG Berlin AG 2001, 187 (189) = WPg 2001, 617 mit Bespr.- Aufsatz Hirsch WPg 2001, 606; ebenso Hopt/Merkt Rn. 14 („Nicht nur Recht, sondern grundsätzlich Pflicht zum Widerruf"); HKMS/Hachmeister Rn. 87 („nachvertragliche Pflicht"); Hense/Ulrich/Sten- ger WPO § 43 Rn. 539 („grundsätzlich zum Widerruf verpflichtet"); Graumann Prüfungswesen S. 863 („Verpflichtung zum Widerruf"); aA Sarx FS Clemm, 1996, 337 (346); BeBiKo/Justenhoven/Küster/ Bernhardt Rn. 258 („pflichtgemäßes Ermessen").
[321]   Graumann Prüfungswesen S. 863; Schüppen Rn. 30; HKMS/Hachmeister Rn. 91; BeBiKo/Justenho- ven/Küster/Bernhardt Rn. 257; Merkt/Probst/Fink/Quick S. 1544 Rn. 265.

bereits auf andere Weise sichergestellt ist (mE wenig überzeugend),[322] (b) ein geänderter Jahresabschluss oder Lagebericht die Adressaten „nicht wesentlich" später als ein möglicher Widerruf erreicht (wohl eher theoretisch)[323] oder (c) der Mangel für die Adressaten nicht mehr von Bedeutung ist, etwa weil sich der Fehler auf den gegenwärtigen oder auf künftige Abschlüsse nicht mehr auswirkt.[324] IDW PS 400.A94 fügt als weiteres Beispiel für die Entbehrlichkeit eines Widerrufs den Fall an, dass „in einem Folgeabschluss" Mängel unter Berücksichtigung gebotener Ausweis- und Erläuterungspflichten offen korrigiert sind. Die in IDW PS 400.92 und IDW PS 400.A94 erwähnten **Ausnahmen** von der Widerrufspflicht sind angesichts der über die geprüfte Gesellschaft hinaus gehenden Bedeutung der Jahresabschlussprüfung mE **zweifelhaft**. Im Zweifel sollte zur Vermeidung eines falschen Eindrucks von der Lage des geprüften Unternehmens ein Widerruf erfolgen. Wird der Abschluss oder der Lagebericht nach erfolgtem Widerruf des Bestätigungsvermerks geändert, sind die Änderungen im Rahmen einer Nachtragsprüfung iSd § 316 Abs. 3 zu prüfen und ein **anderer Bestätigungsvermerk** zu erteilen, in dem das Prüfungsurteil in der Regel zu modifizieren ist.[325]

b) Begründung. Der Widerruf des Bestätigungsvermerks ist entsprechend § 322 **92** Abs. 4 S. 3 zu begründen und **schriftlich** an den Auftraggeber (§ 318 Abs. 1 S. 4) sowie an das geprüfte Unternehmen zu richten (IDW PS 400.93).[326] Die Anforderungen an die Begründung des Widerrufs dürfen nach der Rechtsprechung nicht zu hoch angesetzt werden.[327] Wegen der besonderen Wirkungen, die von dem Widerruf eines Bestätigungsvermerks bzw. seiner Unterlassung für die Beteiligten ausgehen können, besteht ein Haftungsrisiko für den Abschlussprüfer. IDW PS 400.A96 betont daher, das Einholen rechtlichen Rats könne „sich mit Rücksicht auf die erheblichen Auswirkungen eines Widerrufs oder seiner Unterlassung empfehlen".[328]

c) Rechtsfolgen. Die rechtlichen Wirkungen des Widerrufs bestehen darin, dass der **93** bisherige Bestätigungsvermerk nicht mehr verwendet werden darf.[329] Die Feststellung des Jahresabschlusses bzw. Billigung des Konzernabschlusses *vor* einem Widerruf wird durch den Widerruf nicht unwirksam.[330] Erfolgt der Widerruf vor der Feststellung des Jahresabschlusses bzw. der Billigung des Konzernabschlusses bzw. dem Gewinnverwendungsbeschluss, kann die Prüfung im Einvernehmen mit dem Unternehmen erneut aufgenommen werden und ein neuer Bestätigungsvermerk erteilt werden: entweder (un-)eingeschränkt oder versagt oder die Nichtabgabe eines Prüfungsurteils (*disclaimer of opinion*) erklärt werden.[331] Wird der Jahresabschluss nach Feststellung aufgrund des Widerrufs geändert, so ist eine **Nach-**

---

[322] Gl. Ansicht Hense/Ulrich/Stenger § 43 Rn. 539; Graumann Prüfungswesen S. 863; Merkt/Probst/Fink/ Quick S. 1543 Rn. 264; Wiedmann/Böcking/Gros/Böcking/Gros/Rabenhorst Rn. 38; HKMS/Hachmeister Rn. 90; BeBiKo/Justenhoven/Küster/Bernhardt Rn. 259. AA und mit Recht krit. zu dieser Ausnahme auch Baumbach/Hueck/Schulze-Osterloh, 18. Aufl. 2006, GmbHG § 41 Rn. 164; Staub/ Habersack/Schürnbrand Rn. 35.

[323] Hense/Ulrich/Stenger WPO § 43 Rn. 539; Graumann Prüfungswesen S. 863; Merkt/Probst/Fink/ Quick S. 1543 Rn. 264; Wiedmann/Böcking/Gros/Böcking/Gros/Rabenhorst Rn. 38; BeBiKo/Justenhoven/Küster/Bernhardt Rn. 259.

[324] Graumann Prüfungswesen S. 863; BeBiKo/Justenhoven/Küster/Bernhardt Rn. 259; Hense/Ulrich/ Stenger WPO § 43 Rn. 539; vgl. Schüppen Rn. 30–31.

[325] Merkt/Probst/Fink/Quick S. 1544 Rn. 266 aE; Graumann Prüfungswesen S. 863.

[326] Graumann Prüfungswesen S. 863; BeBiKo/Justenhoven/Küster/Bernhardt Rn. 263; Merkt/Probst/ Fink/Quick S. 1544 Rn. 265; Wiedmann/Böcking/Gros/Böcking/Gros/Rabenhorst Rn. 39; Neumann BuW 2000, 853 (861).

[327] KG KG Berlin AG 2001, 187 (189) = WPg 2001, 617; zust. Hirsch WPg 2001, 606 (609).

[328] IdS auch BeBiKo/Justenhoven/Küster/Bernhardt Rn. 258.

[329] BeBiKo/Justenhoven/Küster/Bernhardt Rn. 261; Wiedmann/Böcking/Gros/Böcking/Gros/Rabenhorst Rn. 39; Merkt/Probst/Fink/Quick S. 1544 Rn. 265. Um Missbrauch zu verhindern, sollte der Abschlussprüfer alle ausgehändigten Exemplare zurückfordern: Lehwald DStR 2000, 259 (263).

[330] BeBiKo/Justenhoven/Küster/Bernhardt Rn. 261; Wiedmann/Böcking/Gros/Böcking/Gros/Rabenhorst Rn. 40.

[331] BeBiKo/Justenhoven/Küster/Bernhardt Rn. 262; HKMS/Hachmeister Rn. 93.

tragsprüfung nach § 316 Abs. 3 erforderlich.[332] Steht nur die Offenlegung nach §§ 325 ff. noch aus, sollte der Widerruf mit der **Neuerteilung** eines Bestätigungsvermerks oder eines Versagungsvermerks verbunden werden, damit die Offenlegung vollzogen werden kann.[333] Ist die Offenlegung schon erfolgt, muss auch der Widerruf durch die Gesellschaft entsprechend den gesetzlichen Bestimmungen offengelegt werden.[334] Darüber hinaus hat der Abschlussprüfer **geeignete Maßnahmen** zu ergreifen, dass alle, die von dem ursprünglichen Bestätigungsvermerk Kenntnis erlangt haben (zB Kreditinstitute, Warenlieferanten), auch von dem Widerruf Kenntnis erlangen können (IDW PS 400.93).[335]

94   **d) Konzernabschluss.** Für den Widerruf des Konzernabschlusses gelten die Ausführungen zu dem Widerruf des Bestätigungsvermerks über den Jahresabschluss entsprechend.[336] In Konzernkonstellationen kann sich eine Besonderheit daraus ergeben, dass sich der Widerruf nicht auf den Einzelabschluss des Mutterunternehmens oder den Konzernabschluss bezieht, sondern der Bestätigungsvermerk einer konzernzugehörigen Gesellschaft widerrufen wird. Ob ein solcher Widerruf den Widerruf des Bestätigungsvermerks zum Konzernabschluss zur Folge haben kann, ist im Einzelfall nach dem wirtschaftlichen oder sonstigen Einfluss der nachträglichen Einwendungen auf den Aussagewert des Konzernabschlusses zu beurteilen. Bei Konzernen mit Tochtergesellschaften in verschiedenen EU-Mitgliedstaaten können sich Besonderheiten aufgrund der unterschiedlichen nationalen Regeln über den Widerruf eines Bestätigungsvermerks ergeben, da jeweils die Widerrufsregeln desjenigen EU-Mitgliedstaates zur Anwendung kommen, in dem die betreffende Tochter gegründet worden ist bzw. ihren Sitz hat. Zur Vermeidung eines falschen Eindrucks sollte dann, wenn aus Sicht der beurteilenden Konzernabschlussprüfers die Voraussetzungen für die Erteilung eines Bestätigungsvermerks zum Jahresabschluss der Tochtergesellschaft nicht vorgelegen haben und die Tochtergesellschaft nicht willens oder in der Lage ist, die notwendigen Änderungen des geprüften und bestätigten Abschlusses vorzunehmen, der Konzernabschlussprüfer im Einzelfall entscheiden, ob ein Widerruf des Konzernabschlusses im Hinblick auf die wirtschaftlichen oder sonstigen Folgen der nachträglich bekannt gewordenen Einwendungen auf den Aussagewert des Konzernabschlusses angezeigt ist.

95   **9. Bestätigungsvermerk des gerichtlich bestellten Abschlussprüfers.** Hat ein gemäß § 318 Abs. 4 gerichtlich bestellter Abschlussprüfer den Abschluss einer prüfungspflichtigen Gesellschaft (§ 316 Abs. 1, 2) geprüft und testiert, so bleibt eine spätere Aufhebung oder Abänderung des Bestellungsbeschlusses ohne Einfluss auf die Wirksamkeit der Abschlussprüfung und des Bestätigungsvermerks.[337]

§ 323 Verantwortlichkeit des Abschlußprüfers

(1) [1]**Der Abschlußprüfer, seine Gehilfen und die bei der Prüfung mitwirkenden gesetzlichen Vertreter einer Prüfungsgesellschaft sind zur gewissenhaften und unparteiischen Prüfung und zur Verschwiegenheit verpflichtet; gesetzliche Mitteilungspflichten bleiben unberührt.** [2]**Sie dürfen nicht unbefugt Geschäfts- und Betriebsgeheimnisse verwerten, die sie bei ihrer Tätigkeit erfahren haben.** [3]**Wer vorsätzlich oder fahrlässig seine Pflichten verletzt, ist der Kapitalgesellschaft und, wenn ein verbundenes Unternehmen geschädigt worden ist, auch diesem zum Ersatz des daraus entstehenden Schadens verpflichtet.** [4]**Mehrere Personen haften als Gesamtschuldner.**

---

[332]   HKMS/Hachmeister Rn. 94; Graumann Prüfungswesen S. 863.
[333]   BeBiKo/Justenhoven/Küster/Bernhardt Rn. 262.
[334]   Wiedmann/Böcking/Gros/Böcking/Gros/Rabenhorst Rn. 39; Merkt/Probst/Fink/Quick S. 1544 Rn. 265 („Offenlegung des Widerrufs im Bundesanzeiger").
[335]   BeBiKo/Justenhoven/Küster/Bernhardt Rn. 262; Merkt/Probst/Fink/Quick S. 1544 Rn. 265.
[336]   BeBiKo/Justenhoven/Küster/Bernhardt Rn. 264.
[337]   Vgl. OLG Düsseldorf DB 1996, 1178 = WM 1996, 1777 (zu § 318 aF).

(2) [1]Die Ersatzpflicht der in Absatz 1 Satz 1 genannten Personen für eine Prüfung ist vorbehaltlich der Sätze 2 bis 4 wie folgt beschränkt:

1. bei Kapitalgesellschaften, die ein Unternehmen von öffentlichem Interesse nach § 316a Satz 2 Nummer 1 sind: auf sechzehn Millionen Euro;

2. bei Kapitalgesellschaften, die ein Unternehmen von öffentlichem Interesse nach § 316a Satz 2 Nummer 2 oder 3, aber nicht nach § 316a Satz 2 Nummer 1 sind: auf vier Millionen Euro;

3. bei Kapitalgesellschaften, die nicht in den Nummern 1 und 2 genannt sind: auf eine Million fünfhunderttausend Euro.

[2]Dies gilt nicht für Personen, die vorsätzlich gehandelt haben, und für den Abschlussprüfer einer Kapitalgesellschaft nach Satz 1 Nummer 1, der grob fahrlässig gehandelt hat. [3]Die Ersatzpflicht des Abschlussprüfers einer Kapitalgesellschaft nach Satz 1 Nummer 2, der grob fahrlässig gehandelt hat, ist abweichend von Satz 1 Nummer 2 auf zweiunddreißig Millionen Euro für eine Prüfung beschränkt. [4]Die Ersatzpflicht des Abschlussprüfers einer Kapitalgesellschaft nach Satz 1 Nummer 3, der grob fahrlässig gehandelt hat, ist abweichend von Satz 1 Nummer 3 auf zwölf Millionen Euro für eine Prüfung beschränkt. [5]Die Haftungshöchstgrenzen nach den Sätzen 1, 3 und 4 gelten auch, wenn an der Prüfung mehrere Personen beteiligt gewesen oder mehrere zum Ersatz verpflichtende Handlungen begangen worden sind, und ohne Rücksicht darauf, ob andere Beteiligte vorsätzlich oder grob fahrlässig gehandelt haben.

(3) Die Verpflichtung zur Verschwiegenheit besteht, wenn eine Prüfungsgesellschaft Abschlußprüfer ist, auch gegenüber dem Aufsichtsrat und den Mitgliedern des Aufsichtsrats der Prüfungsgesellschaft.

(4) Die Ersatzpflicht nach diesen Vorschriften kann durch Vertrag weder ausgeschlossen noch beschränkt werden.

(5) Die Mitteilung nach Artikel 7 Unterabsatz 2 der Verordnung (EU) Nr. 537/2014 ist an die Bundesanstalt für Finanzdienstleistungsaufsicht zu richten, bei dem Verdacht einer Straftat oder Ordnungswidrigkeit auch an die für die Verfolgung jeweils zuständige Behörde.

Schrifttum: zur zivilrechtlichen Haftung des Abschlussprüfers → Rn. 1 ff.; *Adler*, Zur Frage der Haftung des Wirtschaftsprüfers bei Pflichtrevisionen, DBW 1932, 265; *Artland*, Anmerkung zu OGH vom 27.11.2001, ÖZW 2002/3, 88; *Bärenz*, Haftung des Abschlussprüfers bei Bestätigung fehlerhafter Jahresabschlüsse gemäß § 323 Abs. 1 S. 3 HGB, BB 2003, 1781; *Baums*, Haftung wegen Falschinformation des Sekundärmarktes, ZHR 167 (2003), 139; *Baus*, Die Dritthaftung der Wirtschaftsprüfer zwischen Vertrag und Delikt – Eine rechtsvergleichende Untersuchung des deutschen und englischen Rechts, ZVglRWiss 103 (2004), 219; *Bigus*, Die Sorgfaltsanreize des Wirtschaftsprüfers bei beschränkter Haftung, ZfbF 59 (2007), 61; *Bigus*, Reputation und Wirtschaftsprüferhaftung, BFuP 58 (2006), 22; *Binder*, Der Wirtschaftsprüfer in der Bankenaufsicht und das Haftungsrecht, FS Ebke, 2021, 403; *Brors*, Vertrauen oder Vertrag – gibt es eine Haftung für Wertgutachten nach § 311 Abs. 3 BGB?, ZGS 2005, 142; *Buchert/Weber*, Abschlussprüfung unter neuem Haftungsregime? – Lehren aus den USA, WPg 2021, 621; *Canaris*, Schutzwirkungen zugunsten Dritter bei „Gegenläufigkeit" der Interessen, JZ 1995, 441; *Dammann*, Die Einbeziehung Dritter in die Schutzwirkung eines Vertrages, 1990; *Dauner-Lieb*, Zur Wirksamkeit der Haftungsbegrenzung in den Allgemeinen Geschäftsbedingungen für Wirtschaftsprüfer und Wirtschaftsprüfungsgesellschaften, ZIP 2019, 1041; *W. Doralt*, Abschlussprüfung neu: Unabhängigkeit geschwächt und Haftung reduziert!, ÖBA 2006, 173; *W. Doralt*, Die Haftung des gesetzlichen Abschlussprüfers – Mitverschulden, Ansprüche Dritter und Wege der Haftungsbegrenzung, ZGR 2015, 266; *W. Doralt*, Haftung der Abschlussprüfer, 2005; *Ebke*, Abschlußprüfer, Bestätigungsvermerk und Drittschutz, JZ 1998, 991; *Ebke*, Abschlußprüferhaftung im internationalen Vergleich, FS Trinkner, 1995, 493; *Ebke*, Accounting, Auditing and Global Capital Markets, FS Buxbaum, 2000, 113; *Ebke*, Anmerkung zum Urteil des BGH vom 2.4.1998, WPK-Mitt. 1998, 258; *Ebke*, Anmerkung zum Urteil des LG Hamburg vom 22.6.1998, WPK-Mitt. 1999, 114; *Ebke*, Auditors' Liability to Third Parties: Adventures in Comparative Law, Obiter 1989–1990, 9; *Ebke*, Der Ruf unserer Zeit nach einer Ordnung der Dritthaftung des gesetzlichen Abschlussprüfers, BFuP 2000, 549; *Ebke*, Die Arbeitspapiere des Wirtschaftsprüfers und Steuerberaters im Zivilprozess, 2003; *Ebke*, Die zivilrechtliche Verantwortlichkeit der wirtschaftsprüfenden, steuer- und rechtsberatenden Berufe im internationalen Vergleich, 1996; *Ebke*, Haftung des Pflichtprüfers aufgrund der Rechtsfigur des Prüfungsvertrages mit Schutzwirkung für Dritte weiterhin höchstrichterlich unentschieden, WPK-Mitt. 1997, 196; Ebke, Kapitalmarktinformationen, Abschlussprüfung und Haftung, FS Yamauchi, 2006, 105; Ebke, Keine Dritthaftung des Pflichtprüfers für Fahrlässigkeit nach den Grundsätzen des Vertrages mit Schutzwirkung für Dritte, BB 1997, 1731; Ebke, Rechnungslegung und Abschlußprüfung im Umbruch, WPK-Mitt. Sonderheft Juni 1997, 12; 7; Ebke, Wirtschaftsprüfer und Dritthaftung, 1983; Ebke, Zivilrechtliche Haftung des gesetzlichen Abschlußprüfers, WPK-Mitt. 1997, 22; Ebke, Zum Ausschluß der Dritthaftung im Rahmen des Entwurfs eines Gesetzes zur Kontrolle und Transparenz im Unternehmensbereich (KonTraG), WPK-Mitt. 1997, 108; Ebke/Fechtrup, Anmerkung zum Urteil des BGH vom 19.3.1986, JZ 1986, 1111; Ebke/Paal, Anmerkung zum Urteil des OLG Düsseldorf vom 15.12.1998, WPK-Mitt. 1999, 262; Ebke/Paal, Die Unabhängigkeit des gesetzlichen Abschlussprüfers: Absolute Ausschlussgründe und ihre Auswirkungen auf den Prüfungsvertrag, ZGR 2005, 895; Ebke/Scheel, Die Haftung des Wirtschaftsprüfers für fahrlässig verursachte Vermögensschäden Dritter, WM 1991, 389; Ebke/Siegel, Comfort Letters, Börsengänge und Haftung: Überlegungen aus Sicht des deutschen und US-amerikanischen Rechts, WM 2001 Sonderbeilage 2; Eschenfelder, Wirtschaftsprüferhaftung, 2. Aufl. 2023; Feddersen, Die Dritthaftung des Wirtschaftsprüfers nach § 323 HGB, WM 1999, 105; Gehringer, Abschlussprüfung, Gewissenhaftigkeit und Prüfungsstandards, 2002; Gelter, Zur ökonomischen Analyse der begrenzten Haftung des Abschlussprüfers, WPg 2005, 486; Gessner, Die Haftung des Wirtschaftsprüfers bei unterlassenem Hinweis auf Insolvenzreife, ZIP 2020, 544; Geuer, Das Management des Haftungsrisikos der Wirtschaftsprüfer, 1994; Gräfe, Die Serienschadenklausel in der Vermögensschaden-Haftpflichtversicherung, NJW 2003, 3673; Gräfe/Brügge, Vermögensschaden-Haftpflichtversicherung, 3. Aufl. 2021; Gruber/Kießling, Die Vorlagepflichten der §§ 142 ff. ZPO nach der Reform 2002, ZZP 2003, 305; Grunewald, Die Haftung des Abschlußprüfers gegenüber Dritten, ZGR 1999, 583; V. Haas, Mögliches strafbares Fehlverhalten der beteiligten Wirtschaftsprüfer im Wirecard-Skandal, FS Ebke, 2021, 291; Habersack, Vertragsfreiheit und Drittinteressen – eine Untersuchung zu den Schranken der Privatautonomie unter besonderer Berücksichtigung der Fälle typischerweise gestörter Vertragsparität, 1992; Halbleib, Die Haftung des Wirtschaftsprüfers gegenüber Anlegern am Kapitalmarkt, 2010; Hauser, Jahresabschlussprüfung und Aufdeckung von Wirtschaftskriminalität, 2000; Hennrichs, Finanzmarktintegritätsstärkungsgesetz (FISG) – die „richtigen Antworten auf Wirecard"?, DB 2021, 268; Hennrichs, Treuhandkonten im Rahmen der Abschlussprüfung. Bankbestätigungen und Einwendung des Mitverschuldens bei Top Management Fraud, FS Heidel, 2021, 785; Hennrichs, Wann sind Bilanzen „fehlerhaft"? Zum Fehlerbegriff bei Rechnungslegung, Enforcement und Abschlussprüfung, FS Böcking, 2021, 281; Henssler, Risiko als Vertragsgegenstand, 1994; Henssler/Gehrlein/Holzinger (Hrsg.), Handbuch der Beraterhaftung, 2. Aufl. 2023; Heppe, Nach dem Vertrauensverlust – Ist es an der Zeit, die Dritthaftung deutscher Abschlussprüfer zu verschärfen? (Teil I und II), WM 2003, 714 und 753; Heukamp, Abschlußprüfer und Haftung, 2000; Heukamp, Brauchen wir eine kapitalmarktrechtliche Dritthaftung von Wirtschaftsprüfern?, ZHR 169 (2005), 471; Homborg/Landahl, FISG – Ist die Verschärfung der Abschlussprüferhaftung die richtige Antwort auf den Wirecard Skandal?, NZG 2021, 859; Hommelhoff, Die Haftung des Wirtschaftsprüfers, FS Hellwig, 2010, 457; Hommelhoff, Prüferunabhängigkeit und Bilanzmanipulation nach Wirecard, FS Ebke, 2021, 403; K. Huber, Verkehrspflichten zum Schutze fremden Vermögens, FS von Caemmerer, 1978, 359; F. Immenga, Internationale Kooperation und Haftung von Dienstleistungsunternehmen, 1998; Johnson, Business Judgment v. Audit Judgment: Why the Legal Distinction?, Accounting, Organizations and Society 17 (1992), 205; Jost, Vertragslose Auskunfts- und Beratungshaftung, 1991; Kang/Piercey, Would an Audit Judgment Rule Improve Audit Committee Oversight and Audit Quality?, Current Issues in Auditing 14 (2020), 16; Kang/Piercey/Trotman, Does Implementing an Auditor Judgment Rule Increase Auditors' Likelihood of Conducting More Innovative Procedures?, Contemporary Accounting Research 37 (2019), 297; Karl, Die Haftung des Wirtschaftsprüfers – Eine ökonomische Betrachtung des Verschuldenskonzeptes, 2019; Kersting, Die Dritthaftung für Informationen im Bürgerlichen Recht, 2007; Kilian/Rimbus, Die Verwendung Allgemeiner Auftragsbedingungen für Wirtschaftsprüfer und Wirtschaftsprüfungsgesellschaften – Klauselrechtliche Probleme in der Praxis, ZIP 2016, 608; Kindler/Otto, BB-Kommentar, BB 2006, 1443; Klausing, Reform des Aktienrechts unter besonderer Berücksichtigung der Teilreform des Jahres 1931, 1933; Kleekämper/König, Die Haftung des Abschlussprüfers, in Dörner/Menold/Pfitzer/Oser, Reform des Aktienrechts, der Rechnungslegung und der Prüfung, 2. Aufl. 2003, S. 957; Köhler/Gundlach/Weinem, Der Markt für Abschlussprüferleistungen – Entwicklung der Honorarrelation der letzten 15 Jahre, WPg 2021, 481; Köhler/Gundlach/Weinem, Der Markt für Abschlussprüferleistungen – Konzentration und Honorarentwicklung der letzten 15 Jahre, WPg 2021, 345; Lammel, Zur Auskunftshaftung, AcP 179 (1979), 337; Land, Wirtschaftsprüferhaftung gegenüber Dritten in Deutschland, England und Frankreich, 1996; A. Lang, Zur Dritthaftung der Wirtschaftsprüfer, WPg 1989, 57; Lenz, Die leichtfertige Erteilung eines inhaltlich unrichtigen Bestätigungsvermerks nach § 332 HGB n.F., in Karami, Skandalfall Wirecard – Eine wissenschaftlich-fundierte interdisziplinäre Analyse, 2022, S. 217; Lenz, Haftung und Strafbarkeit des Abschlussprüfers im FISG-RegE, BB 2021, 683; Lettl, Einbeziehung Dritter in den Schutzbereich des Vertrages über eine Pflichtprüfung nach §§ 316 ff. HGB, NJW 2006, 2817; London Economics, The Economics of Audit Liability, 1998; Lüpke/Müller, „Pre-Trial Discovery of Documents" und § 142 ZPO – ein trojanisches Pferd im neuen Zivilprozessrecht?, NZI 2002, 588; Magnus, Abschlussprüferhaftung in Deutschland, in Koziol/Doralt, Abschlussprüfer – Haftung und Versicherung, 2004, S. 19; Mai, Rechtsverhältnis zwischen Abschlußprüfer und prüfungspflichtiger Kapitalgesellschaft, 1993; Merkt/Osbahr, Summenmäßige Begrenzung der Prüferhaftung – Ein allgemeiner Grundsatz bei Pflichtprüfungen, WPg 2019, 246; Merkt/Osbahr, Summenmäßige Begrenzung der Prüferhaftung – Stand der Diskussion, WPg 2019, 187; Mirtschink, Die Haftung des Wirtschaftsprüfers gegenüber Dritten, 2006; Möllers, Zu den Voraussetzungen einer Dritthaftung des Wirtschaftsprüfers für fahrlässige Unkenntnis der Testatsverwendung, JZ 2001, 909; Muth, Kurzkommentar (zu LG Passau, Urt. v. 28.5.1998 – 1 O 1132/97), EWiR § 323 HGB 1/99, 365; Nietsch, Abschlussprüferhaftung nach Wirecard, WM 2021, 158; Noack, Captives kommen, Versicherungsmagazin 2001, 44; Nonnenmacher, Stärkung der Abschlussprüfung durch strengere Unabhängigkeitsregeln und erweiterte Haftung?, Der Konzern 2003, 476; Otto/Mittag, Die Haftung des Jahresabschlußprüfers gegenüber den Kreditinstituten (Teil I und II), WM 1996, 325 und WM 1996, 377; Paal, Die persönliche Haftung – ein wirksames Mittel zur Verbesserung der Kontrolltätigkeit des Aufsichtsrats bei kapitalmarktorientierten Unternehmen? (Teil I und II), DStR 2005, 382 und DStR 2005, 426; Poelzig, Abschlussprüferhaftung am Kapitalmarkt, FS Ebke, 2021, 813; Poelzig, Die Haftung der Abschlussprüfer börsennotierter Gesellschaften für Anlegerschäden vor und nach dem FISG, ZBB 2021, 73; Poelzig, Normdurchsetzung durch Privatrecht, 2012; Reinhart/Schütze, Die Haftsummenbeschränkung in Ziff. 9.2 AAB der Wirtschaftsprüfer ist wirksam – wider den Mythos des „Redaktionsversehens", ZIP 2015, 1006; Ritzer-Angerer, Allgemeine Auftragsbedingungen (AAB) für Wirtschaftsprüfer – Entwicklung zu Haftungsfragen in Fachliteratur und Rechtsprechung, WPg 2017, 1431; J. Richter, Die Dritthaftung des Abschlussprüfer – Eine rechtsvergleichende Untersuchung den englischen, US-amerikanischen, kanadischen und deutschen Rechts, 2007; Rosenboom, Abschlussprüfung und Haftung nach portugiesischem Recht, 2004; Ruhnke, Internationale Normen der Abschlußprüfung, WPK-Mitt. 1997, 78; Schaible, Haftung von Wirtschaftsprüfern – Möglichkeiten der Haftungsbegrenzung und Mitverschuldenseinwand, 2021; Schindler/Gärnter, Verantwortung des Abschlussprüfers zur Berücksichtigung von Verstößen (fraud) im Rahmen der Abschlussprüfung – eine Einführung in ISA 240 (rev.), WPg 2004, 1233; Schlechtriem, Summenmäßige Haftungsbeschränkungen in Allgemeinen Geschäftsbedingungen – Eine Untersuchung der in den Allgemeinen Auftragsbedingungen für Wirtschaftsprüfer und Wirtschaftsprüfungsgesellschaften v. 1.10.1983 vorgesehenen Haftungsbeschränkungen, BB 1984, 1177; D. Schmidt, Prospekthaftung im Spannungsfeld von Gesetz und richterlicher Gestaltung, 2019; Schmitz/Lorey/Harder, Berufsrecht und Haftung der Wirtschaftsprüfer, 3. Aufl. 2022; Schramm/Kreienkamp, Deckungsrechtliche Auswirkungen der geplanten Haftungsverschärfung für Abschlussprüfer, r+s 2020, 682; Schröder/Pritzen, FISG: Haftungsverschärfung für Abschlussprüfer aus der Versichererperspektive, WPg 2021, 1115; Schulze-Osterloh, Mitwirkendes Verschulden bei der Ersatzpflicht des Abschlußprüfers nach § 323 HGB, FS Canaris, 2007, 379; Schülke, IDW-Standards und Unternehmensrecht – Zur Geltung und Wirkung privat gesetzter Regeln, 2014; Schwope, Finanzmarktintegritätsstärkungsgesetz (FISG) und Berufshaftpflichtversicherung, Stbg 2021, 215; Siebert, Anmerkung zum Urteil des OLG Stuttgart vom 25.7.1995, WPK-Mitt. 1996, 235; Simons/Biskup, Besteht ein Bedarf nach Dritthaftung des gesetzlichen Jahresabschlussprüfers?, ZfB 2006, 771; Sommerschuh, Berufshaftung und Berufsaufsicht: Wirtschaftsprüfer, Rechtsanwälte und Notare im Vergleich, 2003; Stahl, Zur Dritthaftung von Rechtsanwälten, Steuerberatern, Wirtschaftsprüfern und öffentlich bestellten und vereidigten Sachverständigen, 1989; Stoffels, Zur Wirksamkeit der Ausschlussfristenregelungen in den AGB für Wirtschaftsprüfer und Wirtschaftsprüfungsgesellschaften, DB 2016, 2648; Stoffels, Zur Wirksamkeit der Haftungsbegrenzung in den Allgemeinen Auftragsbedingungen für Wirtschaftsprüfer und Wirtschaftsprüfungsgesellschaften ZIP 2016, 2389; Straßer, Die Haftung der Wirtschaftsprüfer gegenüber Kapitalanlegern für fehlerhafte Testate, 2003; Thomale, Der Mitverschuldenseinwand des Abschlussprüfers – Eine historische, rechtsvergleichende und ökonomische Analyse, ZGR 2023, 131; Uhlenbruck, Gerichtliche Anordnung der Vorlage von Urkunden gegenüber dem Insolvenzverwalter, NZI 2002, 589; Veith/Uhlmann, Geplante Haftungsverschärfungen für Abschlussprüfer nach FISG-RefE – ein Konzentrationstreiber im Prüfermarkt, BB 2020, 2608; G. Wagner, Die mangelhafte Haftungsverfassung der Finanzmärkte: Verantwortlichkeit von Wirtschaftsprüfern gegenüber dem Anlegerpublikum, in Calliess, Transnationales Recht: Stand und Perspektiven, 2014, 307; G. Wagner, Prävention und Verhaltenssteuerung durch Privatrecht – Anmaßung oder legitime Aufgabe?, AcP 206 (2006), 352; Wenusch, Die Haftung der Abschlussprüfer, AnwBl. 2003, 10; F. von Westphalen, Wirtschaftsprüfung – Serienschaden – Haftungsbegrenzung, DB 2000, 861; WPK, Anpassungen der Modalitäten bei der Berufshaftpflichtversicherung infolge des FISG, WPK Magazin 3/2021, 13; WPK, Geltung der durch das FISG erhöhten Haftsummen für Prüfungen mit Verweis auf § 323 Abs. 2 HGB, WPK Magazin 3/2021, 12; WPK, Versicherungsschutz für Tätigkeiten von WP/vBP nach dem StaRUG, WPK Magazin 3/2021, 35; Wölber, Die Abschlussprüferhaftung im Europäischen Binnenmarkt, 2005; Zekoll/Bolt, Die Pflicht zur Vorlage von Urkunden im Zivilprozess – Amerikanische Verhältnisse in Deutschland?, NJW 2002, 3129; Zimmer/Vosberg, Anmerkung zum Urteil des BGH vom 2.4.1998, JR 1999, 70; Zimmermann, Implikationen des FISG auf den Versicherungsschutz – Handlungsbedarf durch neue Haftungshöchstgrenzen, WPK Magazin 3/2021, 59.

Schrifttum: zum Internationalen Privat- und Prozessrecht → Rn. 224 ff.; Bücken, Intertemporaler Anwendungsbereich der Rom II-VO, IPRax 2009, 125; Ebke, Anmerkung, JZ 2005, 299; Ebke, Centros – Some Realities and Some Mysteries, Am. J.Comp. L. 48 (2000), 623; Ebke, Conflicts of Corporate Laws and the Treaty of Friendship, Commerce and Navigation between the United States of America and the Federal Republic of Germany, FS Hay, 2005, 119; Ebke, Corporate Governance and Auditor Independence: The Battle of the Private versus the Public Interest, in Ferrarini/Hopt/Winter/Wymeersch, Reforming Company Law and Takeover Law in Europe, 2004, 507; Ebke, Das Internationale Privatrecht der Haftung des gesetzlichen Abschlussprüfers nach der Rom I-VO und der Rom II-VO, ZvglRWiss 109 (2010), 397; Ebke, Der Einfluss des US-amerikanischen Rechts auf das Internationale Gesellschaftsrecht in Deutschland und Europa, ZVglRWiss 110 (2011), 2 = (mit Änderungen) in Ebke/Elsing/Großfeld/Kühne, Das deutsche Wirtschaftsrecht unter dem Einfluss des US-amerikanischen Rechts, 2011, 175; Ebke, Die Haftung des gesetzlichen Abschlussprüfers im Internationalen Privatrecht, FS Sandrock, 2000, 243; Ebke, Die zivilrechtliche Verantwortlichkeit der wirtschaftsprüfenden, steuer- und rechtsberatenden Berufe im internationalen Vergleich, 1996; Ebke, Gesellschaften aus nicht privilegierten Drittstaaten im Internationalen Privatrecht: „Utopia Limited" oder die „Blüten des Fortschritts", FS Hellwig, 2010, 117; Ebke, Haftung bei Rechnungslegung und Prüfung international, in Ballwieser/Coenenberg/von Wysocki, Handwörterbuch der Rechnungslegung und Prüfung, 3. Aufl. 2002, Sp. 1085; Ebke, Internationaler Dienstleistungshandel, Unternehmenskooperation und das Problem des „Holding-out", FS Mestmäcker, 1996, 863 = (mit Änderungen) WPK-Mitt. 1998, 90; Ebke, Rechnungslegung und Abschlußprüfung im Umbruch, WPK-Mitt. Sonderheft Juni 1997, 12; Ebke, Risikoeinschätzung und Haftung des Wirtschaftsprüfers und vereidigten Buchprüfers – international, WPK-Mitt. Sonderheft April 1996, 17; Ferrari/Leible, Ein neues Internationales Vertragsrecht für Europa, 2007; Förschle, Wirtschaftsprüfung in globalen Märkten, FS Strobel, 2001, 269; Freitag, Die kollisionsrechtliche Behandlung ausländischer Eingriffsnormen nach Art. 9 Abs. 3 Rom I-VO, IPRax 2009, 1909; Freitag/Leible, Das Bestimmungsrecht des Art. 40 Abs. 1 EGBGB im Gefüge der Parteiautonomie im internationalen Deliktsrecht, ZvglRWiss 99 (2000), 101; F. Immenga, Internationale Kooperation und Haftung von Dienstleistungsunternehmen, 1998; Junker, Culpa in contrahendo im Internationalen Privatrecht, FS Stürner, 2013, 1043; Junker, Internationales Privatrecht, 5. Aufl. 2022; Kadner Graziano, Das auf außervertragliche Schuldverhältnisse anzuwendende Recht nach Inkrafttreten der Rom II-Verordnung, RabelsZ 73 (2009), 1; Kirscht, Die Haftung des gesetzlichen Abschlussprüfers im Internationalen Privatrecht, 2018; Knöfel, Grundfragen der internationalen Berufsausübung von Rechtsanwälten, 2005; Leible, Rechtswahl im IPR der außervertraglichen Schuldverhältnisse nach der Rom II-Verordnung, RIW 2008, 257; Leible/Lehmann, Die neue EG-Verordnung über das auf außervertragliche Schuldverhältnisse anzuwendende Recht („Rom II"), RIW 2007, 721; Leible/Lehmann, Die Verordnung über das auf vertragliche Schuldverhältnisse anzuwendende Recht („Rom I"), RIW 2008, 528; Leicht, Die Qualifikation der Haftung von Angehörigen rechts- und wirtschaftsberatender Berufe im grenzüberschreitenden Dienstleistungsverkehr, 2002; Mansel, Internationales Privatrecht, 2023; Martiny, Europäisches Internationales Vertrasrecht in Erwartung der Rom I-Verordnung, ZEuP 16 (2008), 79; Martiny, Neues deutsches internationales Vertragsrecht, RIW 2009, 737; Paal, Deutsch-amerikanischer Freundschaftsvertrag und genuine link: Ein ungeschriebenes Tatbestandsmerkmal auf dem Prüfstand, RIW 2005, 735; Pfeiffer, Neues Internationales Vertragsrecht – Zur Rom I-Verordnung, EuZW 2008, 622; Rauscher, Internationales Privatrecht, 5. Aufl. 2017; Rauscher, Europäisches Zivilprozess- und Kollisionsrecht, Bde. I-V, 5. Aufl. 2020; Reithmann/Martiny, Internationales Vertragsrecht, 9. Aufl. 2021; W.-H. Roth, Öffentliche Interessen im internationalen Privatrechtsverkehr, AcP 220 (2020), 458; D. Schmidt, Prospekthaftung im Spannungsfeld von Gesetz und richterlicher Gestaltung, 2018; Spelsberg-Korspeter, Anspruchskonkurrenz im Internationalen Privatrecht, 2009; Sprenger, Internationale Expertenhaftung – Die Dritthaftung von Experten im internationalen Privat- und Zivilverfahrensrecht, 2008; Wagner, Die neue Rom II-Verordnung, IPRax 2008, 1.

Schrifttum: zur Rechtsvergleichung und zur Rechtsangleichung in der EU → Rn. 220; Artmann, Die Haftung des Abschlussprüfers für Schäden Dritter, JBl 2000, 623; Artmann, Offene Fragen zur Haftung des Abschlussprüfers gegenüber Dritten, ÖZW 2002, 90; Backer, The Duty to Monitor: Emerging Obligations of Outside Lawyers and Auditors to Detect and Report Corporate Wrongdoings Beyond the Federal Securities Laws, St. John's L. Rev. 77 (2003), 919; Bähler, Die Verantwortlichkeit der Kontrollstelle nach der Rechtsprechung des Bundesgerichts, recht 1989, 22; Baker/Prentice, The Evolution of Auditor Liability Under Common Law, J. Forensic Acct'ing 8 (2007), 183; Baker/Quick, A Comparison of Auditors' Legal Liability in the USA and Selected European Countries, Eur. Bus. Rev. 96 (1996), 36; Bailly-Masson, Le réviseur des comptes suisse et le Commissaire aux Comptes français, ST 2000, 1323; Baums/Fischer, Haftung des Prospekt- und Abschlussprüfers gegenüber Anlegern, FS Drukarczyk, 2003, 37; Baus, Die Dritthaftung der Wirtschaftsprüfer zwischen Vertrag und Delikt – Eine rechtsvergleichende Untersuchung des deutschen und englischen Rechts, ZVglRWiss 103 (2004), 219; Bertl/Fraberger, Dritthaftung des Abschlussprüfers, RWZ 2002, 60; Bertschinger, Verantwortlichkeit der Abschlussprüfer im Schweizer Recht – Aktuelle Fragen nach der Neuordnung des Revisionsrechts und vor der nächsten Aktienrechtsrevision, in Gruber/Harrer, Aktuelle Probleme der Abschlussprüfung, 2006, 69; Bertschinger, Risikoorientierte Prüfung: Ein Haftungsrisiko für den Wirtschaftsprüfer, ST 2000, 1247; Beul, Unabhängigkeit des Abschlußprüfers (Sindaco Effettivo) einer italienischen Tochtergesellschaft, WPg 1996, 186; Beul, Wirtschaftsprüfung in Italien, WPg 1997, 429; Bilek, Accountants' Liability to the Third Party and Public Policy: A Calabresi Approach, Sw.L.J. 39 (1985), 689; Blackier/Paskell-Mede, Auditor Liability in Canada: The Past, Present and Future, U. N. B.L. J. 48 (1999), 65; Böckli, Neuerungen im Verantwortlichkeitsrecht für die Revisionsstelle, 1994; Boncarosky, Accounting Firm or Guarantor? The Third Circuit's Answer to Rule 10 b-5's Scienter Requirement in Accountant Liability Cases, Villanova L. Rev. 48 (2003), 1329; Bossard, Die Abschlussprüfung in der Entwicklung des Aktienrechts, FS Bürgi, 1971, 23; Brandon/Mueller, The Influence of Client Importance on Juror Evaluations of Auditor Liability, Behav. Res. Acct'ing 18 (2006), 1; Brogyányi, Wettlauf um die Haftungssumme, WT 2002, 7; Büttner, Umfang und Grenzen der Dritthaftung von Experten – Eine rechtsvergleichende Untersuchung, 2006; Buijink/Maijoor/Meuwissen/van Witteloostuijn, The Role, Position and Liability of the Statutory

Auditor within the European Union, 1996 (MARC-Studie); Buol, Beschränkung der Vertragshaftung durch Vereinbarung, 1996; Burger, Regulating Large International Accounting Firms: Should the Scope of Liability for Outside Accountants Be Expanded To Strengthen Corporate Governance and Lessen the Risk of Securities Law Violations? Hamline L. Rev. 28 (2005), 1; P. Bydlinski, Gedanken zur Haftung der Abschlussprüfer, FS Ostheim, 1990, 349; Byrne, Is Caparo on the Way Out?, Comm.Law. J. 2004, 49; Calabresi, Some Thoughts on Risk Distribution and the Law of Torts, Yale L.J. 70 (1961), 499; Calabresi, Transaction Costs, Resource Allocation, Liability Rules – A Comment, J. L. & Econ. 11 (1968), 67; Calabresi/Klevorick, Four Tests for Liability in Torts, J. Leg. Stud. 14 (1985), 585; Campana, Indépendence et responsabilité des commissaires aux comptes en Europe, R. F. C. Sept. 1998, 49; Chan, An Analysis of the Economic Consequences of the Proportionate Liability Rule, Contemp. Acc. Research 1998, 457; Chan/Wong, Scope of Auditors' Liability, Audit Quality, and Capital Investment, Rev. Acct'ing Stud. 7 (2002), 97; Chapman, Limited Auditors' Liability: Economic Analysis and the Theory of Tort Law, Can. Bus. L.J. 20 (1992), 180; Chaudet, Les devoirs de diligence de l'administrateur et du réviseur dans la société anonyme, ancien et nouveau droit, RVJ 1992, 295; Chaudet/Koch, Responsabilité pour les dommages réputés purement économiques, FS Rusconi, 2000, 59; Cherubini, Civil Liability of Corporate Auditors, Int'l Bus. Law. 27 (1999), 425; Choclán Montalvo, Responsabilidad de auditores de cuentas y asesores fiscales : tratamiento penal de la información societaria inveraz, 2003; Chung/Farrar/Puri/Thorne, Auditor Liability after Sarbanes-Oxley: An International Comparison of Regulatory and Legal Reforms, J. Int. Acct'ing, Auditing & Taxation 19 (2010), 66; Chvosta, Beschränkung der Abschlussprüferhaftung verfassungswidrig?, GeS 2002, 72; Coffee, Gatekeeper Failure and Reform: The Challenge of Fashioning Relevant Reforms, in Ferrarini/Hopt/Winter/Wymeersch, Reforming Company and Takeover Law in Europe, 2004, 45; Comment, Auditors' Liability: An Ill-Considered Extension of the Law, Wash. L.Rev. 46 (1970/71), 675; Commission Européenne, Actes de la conférence sur le rôle, le statut et la responsabilité du contrôleur légal des comptes dans l'Union européenne, 1997; Corbett, The Rationale for the Recovery of Economic Loss in Negligence and the Problem of Auditors' Liability, Melbourne U. L. Rev. 19 (1994), 814; Cousins/Mitchell/Sikka, Auditor Liability: The Other Side of the Debate, Crit. Persp. Acct'ing 10 (1999), 283; Craswell/Calfee, Deterrence and Uncertain Legal Standards, J. Law, Econ. & Org. 2 (1986), 279; Cunningham, Choosing Gatekeepers: The Financial Statement Insurance Alternative to Auditor Liability, UCLA L. Rev. 52 (2005), 413; Cunningham, Securitizing Audit Failures: An Alternative to Caps on Damages, Wm. & Mary L. Rev. 49 (2007), 711; Cunningham, Too Big To Fail: Moral Hazard in Auditing and the Need to Restructure the Industry Before it Unravels, Colum. L. Rev. 106 (2006), 1698; Cuthbert, After Caparo: Can Banks Rely on Audited Financial Statements?, IFLR 9 (1990), 17; Daeniker/Waller, Kapitalmarktbezogene Informationspflichten und Haftung, in Weber, Verantwortlichkeit im Unternehmensrecht, 2003, 55; Dammann, Die Haftung der Rechnungsprüfer in Frankreich, FS Sonnenberger, 2004, 23; Davies, Auditor's Liability: Dangerously Exposed or Immune from Suit?, JIBFL 1993, 311; Davies, The Liability of Auditors to Third Parties in Negligence, Univ. S. N. W. L. J. 14 (1991), 171; Decku, Zwischen Vertrag und Delikt – Grenzfälle vertraglicher und deliktischer Haftung, dargestellt am Beispiel der Berufs- und Expertenhaftung zum Schutze des Vermögens Dritter im deutschen und englischen Recht, 1997; Dehn, Die Haftung des Abschlussprüfers nach § 275 (nF), ÖBA 2002, 377; Dehn, Dritthaftung des Abschlussprüfers nach OGH 5 Ob 262/01, JAP 2002/2003, 56; Deturbide, Liability of Auditors – Hercules Management Ltd. et al. v. Ernst & Young et al. [1997] 2 S. C. R. 165, Can. Bar Rev. 77 (1998), 260; W. Doralt, Dritthaftung des Abschlussprüfers, HAVE 2002, 285; W. Doralt, Haftung der Abschlussprüfer, 2005; W. Doralt, Haftungsbegrenzung für die Revisionsstelle – Notwendigkeit oder Privileg?, SZW/RSDA 2006,168; W. Doralt, Urteilsanmerkung, ÖBA 2002, 826; W. Doralt, Zur fünfjährigen Verjährungsfrist von Schadensersatzansprüchen nach § 275 HGB, ÖBA 2005, 260; Doralt/Hellgardt/Hopt/Leyens/Roth/Zimmermann, Auditor Liability and Its Impact on European Financial Markets, Cambridge L.J. 67 (2008), 62; W. Doralt/Koziol, Abschlussprüferhaftung in Österreich, in Koziol/Doralt, Abschlussprüfer – Haftung und Versicherung, 2004, S. 91; W. Doralt/Stöger, Zur Verfassungsmäßigkeit des § 275 Abs. 2 HGB aF, ÖBA 2003, 265; Dreier, Kompensation und Prävention, 2002; Druey, Das Recht der Abschlussprüfung, in Gauch/Schmidt, Die Rechtsentwicklungen an der Schwelle zum 21. Jahrhundert, 2001, 493; Druey, Der Revisor als Batzenzähler, in Hertig, Le fonctionnement des sociétés et le respect des règles, Colloque Alain Hirsch, 1996, 139; Druey, Die Haftung der Abschlussprüfer – wo liegt das Problem?, in Mélanges en l'honneur de Roland Ruedin, 2006, 205; Druey, Organ und Organisation – Zur Verantwortlichkeit aus aktienrechtlicher Organschaft, SAG 1981, 77; Druey, Rechtsstellung und Aufgaben des Abschlussprüfers im In- und Ausland, in Schweizerische Treuhand- und Revisionskammer, Rechtsgrundlagen und Verantwortlichkeit des Abschlussprüfers, 1980, 9; Dye, Auditing Standards, Legal Liability, and Auditor Wealth, 101 J. Pol. Econ'y 887 (1993); Ebert, Pönale Elemente im deutschen Privatrecht, 2004; Ebke, Abschlussprüferhaftung im internationalen Vergleich, FS Trinkner, 1995, 493; Ebke, Accountants' Liability to Third Parties at Common Law and Under Federal Securities Laws in the United States: Evolution, Developments, Perspectives (Part I, II und III), SALJ 1984, 121, SALJ 1984, 229 und SALJ 1985, 33; Ebke, Accounting, Auditing and Global Capital Markets, FS Buxbaum, 2000, 113; Ebke, Auditors' Liability to Third Parties: Adventures in Comparative Law, Obiter 1989–1990, 9; Ebke, Corporate Governance and Auditor Independence: The Battle of the Private Versus the Public Interest, in Ferrarini/Hopt/Winter/Wymeersch, Reforming Company and Takeover Law in Europe, 2004, 507; Ebke, Das Schicksal der Sitztheorie nach dem Centros-Urteil des EuGH, JZ 1999, 656; Ebke, Die Europäische Union und die Haftung des gesetzlichen Abschlussprüfers: Eine unendliche Geschichte, FS Harm-Peter

Westermann, 2008, 873; Ebke, Die Haftung des gesetzlichen Abschlussprüfers in der Europäischen Union, ZVglRWiss 100 (2001), 62; Ebke, Die Internationalisierung der Rechnungslegung, Revision und Publizität und die Schweiz, ZSR 119 (2000), 39; Ebke, Die Revision aus schweizerischer und europäischer Sicht: Der normative Rahmen der Rechnungslegung und Revision, ST 1992, 772; Ebke, Die Revision aus schweizerischer und europäischer Sicht: Offene Fragen zur Revisionshaftung, ST 1993, 199; Ebke, Die Revision aus schweizerischer und europäischer Sicht: Umfang der Prüfungspflichten der Revisionsstelle, ST 1993, 27; Ebke, Die zivilrechtliche Verantwortlichkeit der wirtschaftsprüfenden, steuer- und rechtsberatenden Berufe im internationalen Vergleich, 1996; Ebke, Die Zukunft der Rechtsetzung in multijurisdiktionalen Rechtsordnungen. Wettbewerb der Rechtsordnungen oder zentrale Regelvorgabe – am Beispiel des Gesellschafts- und Unternehmensrechts, ZSR Beiheft 28, 1999, 106; Ebke, Gesellschaften aus nicht privilegierten Drittstaaten im Internationalen Privatrecht: „Utopia Limited; oder: Die Blüten des Fortschritts", FS Hellwig, 2010, 117; Ebke, In Search of Alternatives: Comparative Reflections on Corporate Governance and the Independent Auditor's Responsibilities, Nw. U. L. Rev. 79 (1984), 663; Ebke, „Ithaca" – Or: The Long Road to a Common Understanding of the Statutory Auditor's Third Party Liability in Europe, FS Stürner, 2013, 1001; Ebke, La responsabilité professionelle du contrôleur légal des comptes, in Commission Européenne, Actes de la conférence sur le rôle, le statut et la responsabilité du contrôleur légal des comptes dans l'Union européenne, 1997, 205; Ebke, Publizität – (k)ein Thema?, in Ebke/Möhlenkamp, Rechnungslegung, Publizität und Wettbewerb, 2010, 29; Ebke, Rechnungslegung und Abschlußprüfung im Umbruch, WPK-Mitt. 1997 Sonderheft Juni 1997, 12; Ebke, Risikoeinschätzung und Haftung des Wirtschaftsprüfers und vereidigten Buchprüfers – international, WPK-Mitt. Sonderheft April 1996, 17; Ebke, "The German Law of Obligations": The German Civil Code's Ambassador to the English-speaking Legal Communities, Oxford J. Leg. Stud. 19 (1999), 547; Ebke, The Impact of Transparency Regulation on Company Law, in Hopt/Wymeersch, Capital Markets and Company Law, 2003, 173; Ebke, The Statutory Auditor's Professional Liability: in European Commission, Act of the Conference on the Role, the Position and the Liability of the Statutory Auditor within the European Union, 1997, 197; Ebke, Unternehmensrechtsangleichung in der Europäischen Union: Brauchen wir ein European Law Institute?, FS Großfeld, 1999, 189; Ebke, Zivilrechtliche Haftung des gesetzlichen Abschlußprüfers, WPK-Mitt. 1997, 22; Ebke/Antonio de la Garza, Por un sistema uniforme de responsabilidad del auditor en la administración de justicia europea, Revista de Investigacions Juridicas 1994, 349; Ebke/Bert, Vereinheitlichung der Abschlußprüferhaftung in Europa durch Rechtsprechung, EWS 1993, 229; Ebke/Struckmeier, The Civil Liability of Corporate Auditors: An International Perspective, 1994, ebenfalls abgedruckt in Capital Markets Forum Yearbook, Bd. 2, 1994, 122; Eckert/Gröhs/Kalss/Stöger, Die Haftung des Prüfers und Beraters im Licht der aktuellen Judikatur, Wirtschaftsprüfer Jahrbuch 2003, 2003, 69; Eggmann, Die aktienrechtliche Verantwortlichkeit der Revisionsstelle bei der Abschlussprüfung, 1997; Ehrle, Die Dritthaftung des „accountant" im englischen Recht, 1993; Eitzen, Der Wirtschaftsprüfer im internationalen Umfeld, 1996; Enright, Professional Indemnity Insurance Law, 1996; Eppenberger, Die Solidarhaftung der Revisionsstelle, ST 1991, 542; European Commission, Act of the Conference on the Role, the Position and the Liability of the Statutory Auditor within the European Union, 1997; European Commission, A Study on Systems of Civil Liability of Statutory Auditors in the Context of a Single Market for Auditing Services in the European Union, 15.1.2001 (abrufbar unter www.europa.eu.int); European Confederation of Institutes of Internal Auditing, Position Paper on Internal Auditing in Europe, 1996; Ewert, Auditor Liabilty and the Precision of Auditing Standards, J. Inst. & Theor. Econ. 155 (1999), 181; Ewert/Feess/Nell, Auditor Liability Rules Under Imperfect Information and Costly Litigation: The Welfare-Increasing Affect of Liability Insurance, Eur. Acct'ing Rev. 9 (2000), 371; Fédération des Experts Comptables Européens, The Role, Position and Liability of the Statutory Auditor in the European Union/Rôle, statut et responsabilité du contrôleur légal des comptes dans l'Union européenne, 1996; Fehlmann, Vertrauenshaftung – Vertrauen als alleinige Haftungsgrundlage, 2002; Feinman, Economic Negligence Actions: A Remedy for Third Parties, Trial 32 (June 1996), 50; Feinman, Liability of Accountants for Negligent Auditing: Doctrine, Policy, and Ideology, Fla. St. U. L. Rev. 31 (2003), 17; Ferran, Three Recent Developments in Auditors' Liability, FS Hopt, 2010, 645; Ferrarini/Guidici, Financial Scandals and the Role of Private Enforecement: The Parmalat Case, in Armour/McCahery, After Enron, 2006, 159; Ferrarini/Hopt/Winter/Wymeersch, Reforming Company and Takeover Law in Europe, 2004; Fischer, Dritthaftung für falsche freiwillige Auskünfte, ZVglRWiss 83 (1984), 1; Fleming, The Negligent Auditor und Shareholders, L. Q.Rev. 106 (1990), 349; Flint, The Role of the Auditor in Modern Society: An Explanatory Essay, Acct'ing & Bus. Res. 1 (1971), 287; Flühmann, Haftung aus Prüfung und Berichterstattung gegenüber Dritten, 2004; Forstmoser, Den Letzten beissen die Hunde – Zur Haftung der Revisionsstelle aus aktienrechtlicher Verantwortlichkeit, FS N. Schmidt, 2001, 483; Francis, Die Haftung von Wirtschaftsprüfern nach englischem Recht, EWS 1991, 102; Freckmann, Die Abschlußprüferhaftung des englischen Auditors, 1993; Garreta Such, La responsabilidad de los auditores por no detección de fraudes y errores, 2002; Gelter, BHI-Pleite: Haftung des Abschlussprüfers, RdW 2001, 69; Gelter, Die künftige EU-Abschlussprüfer-Richtlinie: Rechtspolitische Perspektiven und Umsetzung in Österreich, in Gruber/Harrer, Aktuelle Probleme der Abschlussprüfung, 2006, 15; Giles, Court Limits Scope of Auditors' Duties, IFLR Jan. 2002, 18; Glanzmann, Die Haftung der Revisionsstelle gegenüber Dritten, AJP/PJA 1998, 1235; Gottwald, Haftung für Auskunft und Gutachten gegenüber Dritten: England, Deutschland, Schweiz, 1994; Greinke, Auditors' Liability to Third Parties: The View of the High Court, Comp. & Sec. L. J. 15 (1997), 309; Groner/Vogt, Zur Haftung der Revisionsstelle gegenüber Investoren, recht 1998, 257; Gruber,

Dritthaftung des Abschlussprüfers – die Rechtsprechung in Deutschland und Österreich, ÖJZ 2002, 879; Gwilliam, The Auditor's Liability to Third Parties, in Sherer/Turley, Current Issues in Auditing, 2. Aufl. 1991, 60; Hamdani, Gatekeeper Liability, S. Cal. L.Rev. 77 (2003), 53; Harrer, Die Dritthaftung des Abschlussprüfers de lege ferenda, in Gruber/Harrer, Aktuelle Probleme der Abschlussprüfung, 2006, 135; Haselberger, Zur Haftung des Abschlussprüfers der übertragenden Gesellschaft im internationalen Kontext, GesRZ 2004, 310; Hasnas, The Significant Meaninglessness of Arthur Andersen LLP v. United States, 2005 Sup. Ct. Rev. 187; Heckendorn, Die Haftung freier Berufe zwischen Vertrag und Delikt – Eine europäische Studie aus schweizerischer Perspektive, 2006; Heidinger, Auditor Liability in Recent Austrian Case Law, JIBL 2002, 303; Herskovitz, Contemporary Currents in the Third Party Negligence Liability of Auditors: One State as Microcosm, J. Leg.Stud. in Bus. 6 (Fall 1999), 51; Hill/Metzger/Wermert, The Spectre of Disproportionate Auditor Liability in the Savings and Loan Crisis, Crit. Persp. Acct'ing 5 (1994), 133; Holoubek/Karollus/ Rummel, Die Haftung des Abschlußprüfers ein Lichte des Gleichheitsgrundsatzes, ÖBA 2002, 953; Iudica/ Scarso, Abschussprüferhaftung in Italien, in Koziol/Doralt, Abschlussprüfer – Haftung und Versicherung, 2004, S. 65; Jacoby, Der Beruf des Contador Público in Argentinien, WPK-Mitt. 2001, 111; Jaenicke, The Effect of Litigation on Independent Auditors: A Research Study, 1977; Jose, Section 11 of the Securities Act of 1933: The Disproportionate Liability Imputed to Accountants, Del. J.Corp. L. 27 (2002), 565; Kalss, Die Haftung des Abschlussprüfers gegenüber Gläubigern, Gesellschaftern und Anlegern, ÖBA 2002, 187; Karollus/Artmann, Dritthaftung des Abschlussprüfers bald auch in Österreich, WT 1998, 38; Khoury, The Liability of Auditors Beyond Their Clients: A Comparative Study, McGill L. J. 46 (2001), 413; King/Schwartz, An Experimental Investigation of Auditors' Liability: Implications for Social Welfare and Exploration of Deviations from Theoretical Predictions, Acc. Rev. 75 (2000), 429; Klaas, Der Vorschlag einer EU-Dienstleistungsrichtlinie und seine Auswirkungen auf den Berufsstand der deutschen Wirtschaftsprüfer, WPg 2004, 389; Klaas, Unabhängige Studie zur Abschlussprüferhaftung in den Mitgliedstaaten der EU, WPg 2006, 1489; Klein/ Klaas, Die Entwicklung der neuen Abschlussprüferrichtlinie in den Beratungen von Kommission, Ministerrat und Europäischem Parlament, WPg 2006, 885; Knöfel, Grundfragen der internationalen Berufsausübung von Rechtsanwälten, 2005; Knorr/Hülsmann, Zur Stärkung der Rolle des Abschlussprüfers, NZG 2003, 567; Koch, Die öffentlich-rechtliche Stellung des Wirtschaftsprüfers im internationalen Kontext (insbesondere EU), Der Konzern 2005, 723; Koziol/W. Doralt, Abschlussprüfer – Haftung und Versicherung, 2004; Koziol/ W. Doralt, Der Mitverschuldenseinwand des Abschlussprüfers gegen Ersatzansprüche der Gesellschaft, FS P. Doralt, 2004, 337; Kraakman, Gatekeepers: The Anatomy of a Third Party Enforcement Strategy, J. L. Econ. & Org. 2 (1986), 53; Krejci, Amtshaftung für Bankprüfer, ÖBA 1998, 16; Kripke, The Myth of the Informed Layman, Bus.Law. 28 (1973), 631; Kunz, Pflicht der aktienrechtlichen Revisionsstelle zur Überschuldungsanzeige, ST 1998, 506; Land, Wirtschaftsprüferhaftung gegenüber Dritten in Deutschland, England und Frankreich, 1996; Laux/Newman, Auditor Liability and Client Acceptance Decisions, Acc. Rev. 85 (2010), 261; Liggio, Information in Global Financial Markets: Maybe We Do Need Liability, WPK-Mitt. Sonderheft Juni 1997, 139; L. Mayer, Bilanzfälschung und Abschlussprüfung, VR 2002, 163; Meyle, Reine Vermögensschäden im Europäischen Internationalen Deliktsrecht, 2021; Moizer/Hansford-Smith, UK Auditor Liability: An Insurable Risk?, Int. J. Auditing 2 (1998), 197; Monéger/Granier, Le commissaire aux comptes, 1995; Morris, Contractual Limitations on the Auditor's Liability: An Uneasy Combination of Law and Accounting, Mod. L.Rev. 72 (2009), 607; Navayanan, An Analysis of Auditor Liability Rules, 32 J. Acct'ing Res. 39 (1994); Napier, Intersections of Law and Accountancy: Unlimited Auditor Liability in the United Kingdom, Acct'ing, Org. & Soc. 23 (1988), 105; Nguyen/Rajapakse, An Analysis of the Auditor's Liability to Third Parties in Australia, Common Law World Rev. 37 (2008), 9; Norton, Auditors' Liability Since Caparo: Legal Formalism versus Economic Realism, Com.Liab. L.Rev. 2000, 92; Note, Efficient Third Party Liability of Auditors in Tort Law and in Contract Law, S. Ct. Econ. Rev. 12 (2004), 181; Nowotny, Dritthaftung des Wirtschaftsprüfers, RdW 1998, 387; Oliphant, Auditors' Liability in England, in Koziol/ Doralt, Abschlussprüfer – Haftung und Versicherung, 2004, S. 41; O'Leary, Auditors' Liability to Third Parties: The Door Remains Open, Managerial Auditing J. 13 (1998), 521; Otto, Der gesetzliche Abschlussprüfer im italienischen Recht: Eine rechtsvergleichende Untersuchung unter besonderer Berücksichtigung der zivilrechtlichen Haftung, 2005; Pacini, Auditor Liability to Third Parties: An International Focus, Managerial Auditing J. 15 (2000), 394; Pacini/Greinke/Gunz, Accountant Liability to Nonclients for Negligence in the United Kingdom, Canada, Austalia, and New Zealand, Suffolk Transnat'l L. Rev. 25 (2001), 17; Pacini/ Hillison/Alagiah/Gunz, Commonwealth Convergence Toward a Narrower Scope of Auditor Liability to Third Parties for Negligent Misstatements, ABACUS 38 (2002), 425; Pacini/Martin/Hamilton, At the Interface of Law and Accounting: An Examination of a Trend Toward a Reduction in the Scope of Auditor Liability to Third Parties in the Common Law Countries, Am.Bus. L. J. 37 (2000), 171; Pfiffner, Revisionsstelle und Corporate Governance – Stellung, Aufgaben, Haftung und Qualitätsmerkmale des Abschlussprüfers in der Schweiz, in Deutschland, in der Europäischen Union und in den Vereinigten Staaten, 2008; Phegan, Reining in Foreseeability: Liability of Auditors to Third Parties for Negligent Misstatement, Torts L. J. 5 (1997), 123; Platzer, Rechtsvergleichende Darstellung des Kontrollstellenvermerks in Österreich, der Bundesrepublik Deutschland, der Schweiz und im Fürstentum Liechtenstein, (Liecht.), JZ 1987, 53; du Pontavice, Le commissaire aux comptes et la certification, Rev. Sociétés 1976, 257; Poorter, Auditor's Liability Towards Third Parties Within the EU: A Comparative Study between the United Kingdom, the Netherlands, Germany and Belgium, J. Int. Com. L. & Techn. 3 (2008), 68; Prentice, The Case of the Irrational Auditor: A Behavioral

Insight into Securities Fraud Litigation, 95 Nw. U. L. Rev. 133 (2000); Puri/Ben-Ishai, Proportionate Liability under the CBCA in the Context of Recent Corporate Governance Reform: Canadian Auditors in the Wrong Place at the Wrong Time?, Can.Bus. L. J. 39 (2003), 36; Reymond, La responsabilité des réviseurs ou la mythe de la perfection, sem. jur. 1995, 373; Roberto, Wie weiter mit der Revisionshaftung? Kritische Würdigung des Art. 759 Abs. 1bis E-OR, FS Peter Nobel, 2015, 253; Ronen, Post-Enron Reform: Financial Statement Insurance and GAAP Revisited, 8 Stan. J. L., Bus. & Fin. (2002), 39; Rosenboom, Abschlussprüfung und Haftung nach portugiesischem Recht, 2004; Ruoss, Sorgfalt und Haftung der Revisionsstelle – ausgewählte Aspekte der Revisionsstellenhaftung, in Weber, Verantwortlichkeit im Unternehmensrecht, 2003, 19; Scarso, Die Haftung des Abschlussprüfers für reine Vermögensschäden nach italienischem Recht, in Gruber/Harrer, Aktuelle Probleme der Abschlussprüfung, 2006, 105; Scarso, Parmalat: Corporate Governance und die Rolle des Abschlussprüfers nach italienischem Recht, GesRZ 2004, 291; Schattka, Die Europäisierung der Abschlussprüferhaftung. Eine juristisch-ökonomische Analyse, 2012; Schauer, Haftung des Abschlußprüfers, RdW 1999, 290; Scherl, Evolution of Auditor Liability to Noncontractual Third Parties: Balancing the Equities and Weighing the Consequences, Am. U. L.Rev. 44 (1994/95), 255; Schlie, Die Berufshaftpflichtversicherung für die Angehörigen der wirtschaftsberatenden und steuerberatenden Berufe, 1995; Schönenberger, Haftung für Rat und Auskunft gegenüber Dritten, 1999; Scholtissek, Abschlußprüfung und Abschlußprüfer in der Republik Irland, RIW 1993, 738; Schwartz, Auditors' Liability, Vague Due Care, and Auditing Standards, Rev. Quant. Fin. & Acct'ing 11 (1998), 183; Semple, Accountant Liability After Enron, Fed'n Def. & Corp. Couns. Q. 53 (2002), 85; Shore, Watching the Watchdog: An Argument for Auditor Liability to Third Parties, SMU L. Rev. 53 (2000), 387; Siliciano, Trends in Independent Auditor Liability: The Emergence of A Sane Consensus?, J. Acct'ing & Pub. Pol'y 16 (1997), 339; Tiedje, Die neue EU-Richtlinie zur Abschlußprüfung, WPg 2006, 593; Torggler, Unbeschränkte Dritthaftung des Abschlussprüfers? Besprechung der E OLG Wien v 28.6.2001, 15 R 185/00 m, wbl 2001, 545; Trakman/Trainor, The Rights and Responsibilities of Auditors to Third Parties: A Call for a Principled Approach, Queen's L. J. 31 (2005), 148; Unsworth, Fanning the Flames on the Debate About Auditors' Responsibilities?, New L. J. 152 (2002), 676; Van Der Plaats, Regulating Auditor Independence, Eur. Acct'ing Rev. 9 (2000), 625; Vavrovsky, Zur Haftung des Bankprüfers, ÖBA 2001, 577; Vick, Bily v. Arthu Young & Co.: Is Limiting Auditor Liability to Third Parties Favoritism or Fair Play?, Loy. L. A. L. Rev. 26 (1992–93), 1335; Vogel, Die Berufshaftung der Wirtschaftsprüfer und Rechtsanwälte in Norwegen, 2000; von der Crone, Haftung und Haftungsbeschränkung in der aktienrechtlichen Verantwortlichkeit, SZW/RSDA 2006, 2; S. Walter, Die Haftung des Wirtschaftsprüfers, RWZ 1997, 315; Watson, Liability of Auditors to Third Party Negligence in New Zealand, Clarification at Last, J. Bus. L. 2000 (Januar), 52; Watson, The Application of "Common Sense" Liability of Auditors in New Zealand, J. Bus.L. 1999 (Mai), 286; Willekens/Steele/Miltz, Audit Standards and Auditor Liability: A Theoretical Model, Acct'ing & Bus. Res. 26 (1996), 249; Witting, Justifying Liability to Third Parties for Negligent Misstatements, Oxford J. Leg. Stud. 20 (2000), 615; Wölber, Die Abschlussprüferhaftung im Europäischen Binnenmarkt, 2005; Wöstmann, Haftung des Wirtschaftsprüfers – Neue Entwicklung in der Rechtsprechung des Bundesgerichtshofs (Urteil vom 12.3.2020 – VII ZR 236/19), WPg 2020, 1386; Zisa, Guarding the Guardians: Expanding Auditor Negligence to Third Party Users of Financial Information, Campbell L. Rev. 11 (1989), 123; Zoll, Die Haftungsfrage des Abschlussprüfers gegenüber den Gläubigern eines insolventen Unternehmens im polnischen Recht, FS P. Doralt, 2004, 74.

Übersicht

A. Überblick

I. Bedeutung

1   Die **zivilrechtliche Verantwortlichkeit** der Wirtschaftsprüfer hat seit Mitte der 80er Jahre des vergangenen Jahrhunderts in der deutschen Rechtspraxis immer mehr an Bedeutung gewonnen. Die Haftungsfälle betreffen sämtliche Tätigkeiten, die Wirtschaftsprüfern nach § 2 WPO übertragen sind.[1] Besonders rasant gestiegen ist die Zahl der zivilrechtlichen Schadensersatzklagen gegen Wirtschaftsprüfer in der Funktion des gesetzlichen Jahresabschlussprüfers. Damit einher geht ein starker **Anstieg** des Schadensaufwandes.[2] Zusätzliche Haftungsrisiken drohen aus der zunehmenden Internationalisierung der Abschlussprüfung (→ Rn. 225 ff.). Dass die Zahl der Haftungsfälle bezüglich gesetzlicher Abschlussprüfer in Deutschland noch eher gering ist im Vergleich zu anderen **EU/EWR-Mitgliedstaaten,**[3] namentlich Belgien,[4]

---

[1]   S. die statistischen Angaben bei Ebke, Die zivilrechtliche Verantwortlichkeit der wirtschaftsprüfenden, steuer- und rechtsberatenden Berufe im internationalen Vergleich, 1996, S. 40 f.; Pohl WPg 2004, 460 (462, 463); Sommerschuh, Berufshaftung und Berufsaufsicht: Wirtschaftsprüfer, Rechtsanwälte und Notare im Vergleich, 2003, S. 165–167. S. ferner Wahl WPK-Mitt. 2000, 41 (46, 47).

[2]   Pohl WPg 2004, 460 (462, 463); Ebke, Die zivilrechtliche Verantwortlichkeit der wirtschaftsprüfenden, steuer- und rechtsberatenden Berufe im internationalen Vergleich, 1996, S. 41. Zur Lage in den 70er Jahren: Havermann WPg 1981, 564 (572).

[3]   Rechtsvergleichend Buijink/Maijoor/Meuwissen/van Witteloostuijn, The Role, Position Position and Liability of the Statutory Auditor within the European Union, 1996, S. 92–102; Ebke ZVglRWiss 100 (2001), 62.

[4]   De Poorter J. Int'l Comm. L. & Techn. 3 (2008), 68 (73, 74).

England,[5] Frankreich,[6] Niederlande,[7] Österreich,[8] Italien,[9] Portugal[10] und Liechtenstein,[11] aber auch außerhalb von EU/EWR wie etwa in der **Schweiz**[12] und vor allem in den **USA** (→ Rn. 220), Kanada (→ Rn. 220), Australien (→ Rn. 220) und Neuseeland (→ Rn. 220), hat zahlreiche Ursachen; ausschlaggebend sind insbesondere tiefgreifende Unterschiede bezüglich der Ausgestaltung des materiellen und prozessualen Haftungsrechts.[13]

Beim derzeitigen Stand (Februar 2023) des Europäischen Gesellschafts-, Unternehmens- und Kapitalmarktrechts ist es Sache der EU-Mitgliedstaaten, die Haftung des gesetzlichen Abschlussprüfers gegenüber der geprüften Kapitalgesellschaft bzw. Dritten zu regeln, wohingegen die Rechnungslegung, der Kreis der prüfungspflichtigen Gesellschaften und die Anforderungen an die Abschlussprüfer der Regelung durch die Mitgliedstaaten aufgrund der einschlägigen EU-Richtlinien und EU-Verordnungen weitgehend entzogen sind.[14] Versuche der EU-Kommission, die Regeln der EU-Mitgliedstaaten bezüglich der Haftung des gesetzlichen Abschlussprüfers mittels Richtlinie oder Verordnung einander anzugleichen, waren bisher nicht von Erfolg gekrönt.[15] Hinzuweisen ist auf die **Empfehlung der Europäischen Kommission** zur Beschränkung der zivilrechtlichen Haftung von Abschlussprüfern und Prüfungsgesellschaften vom 5.6.2008 (zur rechtlichen Bedeutung von Empfehlungen der EU Kommission → § 324 Rn. 21).[16]

2

5   Ebke/Bert EWS 1993, 229; Ehrle, Die Dritthaftung des „accountant" im englischen Recht, 1993; Freckmann, Die Abschlußprüferhaftung des englischen Auditors, 1993; Baus ZVglRWiss 103 (2004), 219–234; Oliphant in Koziol/Doralt, Abschlussprüfer – Haftung und Versicherung, 2004, S. 40–63; Wölber, Die Abschlussprüferhaftung im Europäischen Binnenmarkt, 2005, S. 95–124.

6   Wölber, Die Abschlussprüferhaftung im Europäischen Binnenmarkt, 2005, S. 125–140; Leicht, Die Qualifikation der Haftung von Angehörigen rechts- und wirtschaftsberatender Berufe im grenzüberschreitenden Dienstleistungsverkehr, 2002, S. 111–118 und 138–141; Ebke/Struckmeier, The Civil Liability of Corporate Auditors: An International Perspective, 1994, S. 29–31; Quick/Leimgruber WPK-Mitt. 1995, 18; Quick/Renault RIW 1993, 305.

7   De Poorter J. Int'l Comm. L. & Techn. 3 (2008), 68 (71, 72).

8   Statt aller: W. Doralt, Haftung der Abschlussprüfer, 2005; Haberl, Die Haftung des Wirtschaftsprüfers als gesetzlicher Abschlussprüfer, 2000; Artmann JBl. 2000, 623; Bertl/Fraberger RWZ 2002, 60; Dehn ÖBA 2002, 377; W. Doralt/Koziol in Koziol/Doralt, Abschlussprüfer – Haftung und Versicherung, 2004, S. 91–122; Gruber ÖJZ 2002, 879; Harrer in Gruber/Harrer, Aktuelle Probleme der Abschlussprüfung, 2006, S. 135; Kalss ÖBA 2002, 187; Karollus/Artmann WT 1998, 38; Thomale ZGR 2023, 131 (135-137).

9   Otto, Der gesetzliche Abschlussprüfer im italienischen Recht: Eine rechtsvergleichende Untersuchung unter besonderer Berücksichtigung der zivilrechtlichen Haftung, 2005; Scarso in Gruber/Harrer, Aktuelle Probleme der Abschlussprüfung, 2006, S. 105; Iudica/Scarso in Koziol/Doralt, Abschlussprüfer – Haftung und Versicherung, 2004, S. 65–90; Cherubini Int'l Bus.Law. 27 (1999), 425; Pfeifer Jb. Ital. Recht 8 (1995), 203.

10   Rosenboom, Abschlussprüfung und Haftung nach portugiesischem Recht, 2004; Rosenboom, Estudos de direito do consumidor 2004, S. 203.

11   Fürstlicher OGH Urt. v. 1.12.2005 – 04 CG-2001.00484–90; Fürstliches OG 1. Senat Urt. v. 10.6.2010 – 04 CG.2008.401.

12   Statt aller: Bertschinger ZSR 2005 II 569; Böckli, Neuerungen im Verantwortlichkeitsrecht für die Revisionsstelle, 1994; Camponovo ST 2004, 71; Doralt SZW/RSDA 2006, 168; Eggmann, Die aktienrechtliche Verantwortlichkeit der Revisionsstelle bei der Abschlussprüfung, 1997; Flühmann, Haftung aus Prüfung und Berichterstattung gegenüber Dritten, 2004; Forstmoser, Die Verantwortlichkeit des Revisors, 1997; Forstmoser/Hirsch, Une nouvelle conception de la responsabilité du réviseur, 1999; Ebke ST 1993, 199; Ebke RIW 1992, 823; Ebke ZSR 119 (2000), 39 (89, 90); Gasser/Eggenberger ST 1998, 1089; Glanzmann AJP 1998, 1235; A. Hirsch SZW 1999, 48; Honold ST 1998, 1069; Kälin AJP/PJA 2016, 135; Pfiffner, Revisionsstelle und Corporate Governance, 2008, S. 459–511; Roberto FS Nobel, 2015, 253; Ruoss ST 1996, 559; Vogt/Fischer in Weber, Verantwortlichkeit im Unternehmensrecht, 2006, S. 111.

13   Ebke, Die zivilrechtliche Verantwortlichkeit der wirtschaftsprüfenden, steuer- und rechtsberatenden Berufe im internationalen Vergleich, 1996; Ebke ZVglRWiss 100 (2001), 62.

14   Ebke FS Trinkner, 1995, 518; Ebke/Bert EWS 1993, 229 (231); Wölber, Die Abschlussprüferhaftung im Europäischen Binnenmarkt, 2005, S. 49.

15   S. den historischen Rückblick von Ebke FS H.-P. Westermann, 2008, 873. Zur Harmonisierung des Rechts der Abschlussprüfung auf EU-Ebene Schneiders, Funktion und Stellung des Abschlussprüfers nach deutschem und englischem Recht, 2018, 229–313.

16   K(2008) 2274. Zu der Frage, ob eine summenmäßige Begrenzung der Prüferhaftung ein allgemeiner Grundsatz bei Pflichtprüfungen ist: Merkt/Osbahr WPg 2019, 246; Merkt/Osbahr WPg 2019, 187.

II. Vorläufer

3   In Deutschland ist die zivilrechtliche Verantwortlichkeit des gesetzlichen Jahresabschlussprüfers seit Einführung der Pflichtprüfung für Aktiengesellschaften im Jahre 1931 sonderprivatrechtlich geregelt.

4   **1. § 262g HGB 1931.** Eine erste Bestimmung über die Haftung des Abschlussprüfers („Bilanzprüfers") findet sich in § 124 des Entwurfs eines Aktiengesetzes von 1930, in dem erstmals in der deutschen Geschichte eine Pflichtprüfung für Aktiengesellschaften vorgesehen war (→ § 316 Rn. 32).[17] § 124 des Entwurfs fand im Jahre 1931 mit verändertem Inhalt als § 262g Eingang in das HGB 1931.[18] § 262g HGB 1931 beschränkte die Haftpflicht des Prüfers bei Fahrlässigkeit auf 100 000 RM für eine Prüfung. Für die Einführung dieser Haftungssummenbegrenzung war laut amtlicher Begründung die Überlegung maßgebend, dass „erfahrungsgemäß bei Bilanzprüfungen geringfügige Versehen zu ungewöhnlich großen Schäden führen können und daß ein Prüfer zum Nutzen seiner Arbeit von der drückenden Besorgnis, unbeschränkt zum Ersatz verpflichtet zu sein, befreit werden müsse".[19] Es war nämlich bekannt geworden, dass die Versicherungsgesellschaften es wohl ablehnen würden, das Haftpflichtrisiko zu versichern, wenn der Abschlussprüfer auch bei Fahrlässigkeit einem der Höhe nach unbegrenzten Schadensersatzanspruch ausgesetzt werde.[20]

5   **2. Aktienrechtsreformen 1937 und 1965.** Im Rahmen der Aktienrechtsreform von 1937 wurde die Vorschrift über die Verantwortlichkeit des Abschlussprüfers redaktionell verändert. An den Grundlinien der Entscheidungen des Gesetzgebers von 1931 änderte sich trotz der Neufassung des § 262g HGB 1931 (nunmehr § 141 AktG 1937) aber nichts.[21] Nach der Aktienrechtsreform von 1965 war die Haftung des gesetzlichen Abschlussprüfers in § 168 AktG geregelt. Der Gesetzgeber hat den Kreis der nach § 168 AktG 1965 Ersatzberechtigten gegenüber der Regelung in § 141 AktG 1937 vorsichtig erweitert: Abschlussprüfer waren fortan auch solchen Unternehmen ersatzpflichtig, welche mit der geprüften Gesellschaft verbunden sind, sie beherrschen oder von ihr abhängig sind, soweit die von dem Prüfer verletzte Pflicht auch ihnen gegenüber bestand und sie einen Vermögensschaden erlitten haben.[22]

6   **3. BilRiLiG.** Das Bilanzrichtliniengesetz vom 19.12.1985 (BGBl. 1985 I 2355), durch das die Vierte, Siebente und Achte Richtlinie des Rates der EG zur Koordinierung des Gesellschaftsrechts in innerstaatliches Recht umgesetzt wurden,[23] führte die Bestimmung über die Haftung des gesetzlichen Abschlussprüfers als § 323 wieder in das HGB zurück. Damit einher ging die Anhebung der Haftungshöchstsumme von 100.000 DM auf 500.000 DM für eine Prüfung. Zugleich wurde die Pflichtprüfung für alle Kapitalgesell-

---

17   Ebke Wirtschaftsprüfer S. 40.
18   Ebke Wirtschaftsprüfer S. 41.
19   Vgl. Schmölder JW 1930, 3687; Pinner, Aktiennovelle und Bankenaufsicht, 1931, 54–55. Ähnliche Überlegungen gegen eine zu weit reichende Haftung des Abschlussprüfers finden sich zu der damaligen Zeit in den USA; in der wegleitenden Entscheidung in der Rechtssache Ultramares Corporation v. Touche & Co., 174 N.E. 441, 444 (N.Y. 1931) schreibt der berühmte Richter Cardozo: „If liability for negligence exists, a thoughtless slip or blunder, the failure to detect a theft or forgery beneath the cover of deceptive entries, may expose accountants to a liability in an indeterminate amount for an indeterminate time to an indeterminate class". Zu Einzelheiten der Ultramares-Entscheidung Ebke Wirtschaftsprüfer S. 156–162. In England finden wir eine ähnliche Sicht: Brown, A History of Accounting and Accountants, 1905, 821 („No audit, however painstaking, is an absolute preventive against fraud, neither is any auditor more than human, and as we all know, it is human to err. If the auditor has shown all reasonable skill and diligence in the discharge of his duties, it is only fair that he should enjoy the same immunity as a director who has innocently erred or been wilfully deceived").
20   Ebke Wirtschaftsprüfer S. 41.
21   Ebke Wirtschaftsprüfer S. 42.
22   Ebke Wirtschaftsprüfer S. 36. Zu der Frage, wann ein Unternehmen eines „verbundenes Unternehmen" iSd Bestimmung ist: LG Hamburg BeckRS 2018, 42429; Schröder/Kraus WPg 2020, 250; LG Hamburg Urt. v. 8.7.2022 – 325 O 374/18 (rk., unveröffentlicht), dazu ausf. Kraus WPK Magazin 1/2023, 53.
23   Gelhausen AG 1986, 67.

schaften (mit Ausnahme „kleiner" Kapitalgesellschaften iSv § 267 Abs. 1) eingeführt. Die Jahresabschlüsse und Lageberichte mittelgroßer GmbH (§ 267 Abs. 2) konnten von vereidigten Buchprüfern und Buchprüfungsgesellschaften geprüft werden (§ 319 Abs. 1 S. 2).

4. KonTraG. Im KonTraG vom 27.4.1998 (BGBl. 1998 I 786) wurde die – allgemein **7** als zu niedrig empfundene[24] – Haftungsbegrenzung von 500.000 DM für eine Prüfung wiederum spürbar angehoben: Nach § 323 Abs. 2 S. 1 idF des KonTraG beschränkte sich die Ersatzpflicht von Personen, die fahrlässig gehandelt haben, auf zwei Millionen DM für eine Prüfung;[25] bei Prüfung einer Aktiengesellschaft, deren Aktien zum Handel im amtlichen Markt zugelassen sind, beschränkte sich die Ersatzpflicht von Personen, die fahrlässig gehandelt haben, auf acht Millionen DM (§ 323 Abs. 2 S. 2 idF des KonTraG).[26] Der Regierungsentwurf eines KonTraG enthielt ursprünglich weitergehende Vorstellungen: Bei Prüfung nicht börsennotierter Kapitalgesellschaften sollte die Ersatzpflicht von 500.000 DM auf vier Millionen DM angehoben werden. Eine solche Anhebung hätte wegen § 54a Abs. 1 Nr. 2 WPO (Faktor „4") außerhalb der Pflichtprüfungsfälle bei einer Haftungsbegrenzung mittels vorformulierter Vertragsbedingungen zu einer Mindesthaftung von 16 Millionen DM geführt. Gegen ein derart **hohes Haftpflichtrisiko** hätten sich nach Ansicht der WPK und der in der Versicherungsstelle für das wirtschaftliche Prüfungswesen (Wiesbaden) zusammengefassten sieben großen deutschen Berufshaftpflichtversicherer – unter dem Aspekt der unbeschränkten Jahreshöchstleistung – nicht alle Berufsangehörigen versichern können.[27] Man sah in der geplanten Anhebung der Haftungsbeschränkung auf vier Millionen DM daher eine Existenzgefährdung für Wirtschaftsprüfer, vereidigte Buchprüfer sowie kleine und mittelgroße Prüfungsgesellschaften.[28] Statt den Faktor „4" in § 54a Abs. 1 Nr. 2 WPO auf „2" abzusenken,[29] entschloss sich der Gesetzgeber, die Haftungssumme in § 323 Abs. 2 S. 1 (und damit die Mindestversicherungssumme; → Rn. 12) auf zwei Millionen DM festzusetzen. Im Gefolge der Einführung des Euro wurden die Haftungshöchstsummen auf eine Million Euro (Abs. 2 S. 1) bzw. vier Millionen Euro (Abs. 2 S. 2) festgesetzt.

5. Weitere Entwicklungen. Die Begrenzung der Haftungssumme ist international **8** nicht sehr verbreitet. Die deutsche Bundesregierung hatte in ihrem **Zehn-Punkte-Programm** „Unternehmensintegrität und Anlegerschutz" vom 25.2.2003[30] die Frage der Erweiterung der Haftung des Abschlussprüfers unter Ziff. 5 ausdrücklich erwähnt und angekündigt, sich die durch das KonTraG 1998 geänderten Haftungshöchstgrenzen anzuschauen und zu prüfen, ob es Änderungsbedarf gibt.[31] Ziff. 5 des Programms stellte als „Alternativen" eine „wesentlich angehobene feste Haftungsbegrenzungssumme" oder ein „Bezug

---

[24]   S. nur Dörner DB 1998, 1 (7); Quick BB 1992, 1675 (1678); Pohl WPK-Mitt. Sonderheft April 1996, 2 (3). Der Berufsstand teilte diese Ansicht: WPK-Mitt. 1997, 100 (105). S. auch BT-Drs. 13/9712, 29.

[25]   Kleekämper/König in Dörner/Menold/Pfitzer/Oser, Reform des Aktienrechts, der Rechnungslegung und der Prüfung, 2. Aufl. 2003, S. 963; W. Schruff, Unternehmensüberwachung und Abschlussprüfer, in IDW, Kapitalmarktorientierte Unternehmensüberwachung, 2001, 155, 156. Zu den Folgen der Erhöhung der Haftungssumme in § 323 Abs. 2 S. 1 und damit der Mindestversicherungssumme (§ 54 Abs. 1 S. 2 WPO) auf eine Million Euro für die Versicherungsprämien s. die Stellungnahmen der WPK zum KonTraG, in WPK-Mitt. 1997, 100 (105) und WPK-Mitt. 1998, 35 (36, 37) sowie Hense WPK-Mitt. Beilage 3/1999, 3 (7).

[26]   Vgl. Kleekämper/König in Dörner/Menold/Pfitzer/Oser, Reform des Aktienrechts, der Rechnungslegung und der Prüfung, 2. Aufl. 2003, S. 965. Zur Versicherbarkeit dieses Haftpflichtrisikos Hense WPK-Mitt. 1997, 37 (38).

[27]   S. die Stellungnahme der WPK zum KonTraG in WPK-Mitt. 1997, 100 (106). S. auch Hense WPK-Mitt. 1997, 37 (38).

[28]   S. die Stellungnahme der WPK zum KonTraG in WPK-Mitt. 1998, 35 (37) sowie Hense WPK-Mitt. Beilage 3/1999, 3, 7; teilweise zust. Meßmer VW 1998, 1133 (1134). Zur Stellung kleiner Wirtschaftsprüfungsgesellschaften auf dem Markt für Prüfungsleistungen: Henze, Kleine Wirtschaftsprüfungsunternehmen im Wettbewerb, 1999; Lenz WPg 1996, 269 und 313; Strickmann, Wirtschaftsprüfung im Umbruch, 2000.

[29]   So der Alternativvorschlag der WPK WPK-Mitt. 1997, 100 (106).

[30]   Abgedruckt in WPK-Mitt. 2003, 44; dazu Seibert BB 2003, 693; Knorr/Hülsmann NZG 2003, 567.

[31]   Vgl. Ernst WPg 2003, 18 (24); Knorr/Hülsmann NZG 2003, 567 (572, 573).

zum Vielfachen des vereinbarten Honorars" vor. Die Haftungshöchstgrenzen des Abs. 2 S. 1 und 2 blieben im Zusammenhang mit den zum Teil grundlegenden Änderungen der Vorschriften über die Jahresabschlussprüfung (§§ 316 ff.) durch das **BilReG** vom 4.12.2004 (BGBl. 2004 I 3166) und das **BilKoG** vom 15.12.2004 (BGBl. 2004 I 3408) jedoch **unverändert** bestehen. Das **BilMoG** vom 25.5.2009 (BGBl. 2009 I 1102)[32] hat § 323 ebenfalls nicht verändert.

9 Vor dem Hintergrund des Wirecard-Falls (→ Vor § 316 Rn. 10) wurden die Haftungshöchstsummen durch das **FISG** vom 3.6.2021 (BGBl. 2021 I 1534) spürbar angehoben (Abs. 2 → Rn. 84 ff.).[33] Besonders deutlich ist die Anhebung der Haftungshöchstgrenzen bei der Prüfung von Unternehmen von öffentlichem Interesse (§ 316a S. 2), namentlich für kapitalmarktorientierte Unternehmen (§ 316a S. 1 Nr. 1, § 264d) auf 16 Mio. Euro (Abs. 2 S. 1 Nr. 1) sowie für CRR-Kreditinstitute iSv § 316a S. 2 Nr. 2 und Versicherungsunternehmen iSv § 316a S. 2 Nr. 3 auf 4 Mio. Euro (Abs. 2 S. 1 Nr. 2); bei der Prüfung der weiteren gesetzlich prüfungspflichtigen Kapitalgesellschaften wird die Haftungshöchstgrenze auf 1,5 Mio. Euro angehoben (Abs. 2 S. 1 Nr. 3). Die Haftungsbegrenzungen gelten – wie bisher – nicht für Personen, die vorsätzlich gehandelt haben (Abs. 2 S. 2 Hs. 1). Die Haftungshöchstgrenzen gelten auch nicht – und das ist neu – für den Abschlussprüfer einer kapitalmarktorientierten Kapitalgesellschaft iSv §§ 316a S. 2 Nr. 1, 264d, der grob fahrlässig gehandelt hat (Abs. 2 S. 2 Hs. 2); dieser haftet bei grober Fahrlässigkeit der Höhe nach fortan also unbegrenzt.[34] Die **Haftung für grobe Fahrlässigkeit** des Abschlussprüfers wird auch für andere Abschlussprüfungen verschärft: So ist die Ersatzpflicht des Abschlussprüfers eines CRR-Kreditinstituts (§ 316a S. 2 Nr. 2) und eines Versicherungsunternehmens iSv § 316a S. 2 Nr. 3, der grob fahrlässig gehandelt hat, auf 32 Mio. Euro für eine Prüfung beschränkt (Abs. 2 S. 3). Die Haftung des Abschlussprüfers aller anderen gesetzlich prüfungspflichtigen Kapitalgesellschaften, der grob fahrlässig handelt, wird auf 12 Mio. Euro für eine Prüfung beschränkt (Abs. 2 S, 4). Die Anhebung der Haftungshöchstgrenzen erfolgt, so heißt es in dem RefE FISG, „vor dem Hintergrund, dass die bisherigen Grenzen seit 1998 unverändert bestehen und im internationalen Vergleich niedrig sind. In den anderen EU-Mitgliedstaaten gibt es teilweise überhaupt keine Haftungshöchstgrenzen.[35] Darüber hinaus tritt eine zu niedrigere Haftungshöchstgrenze in Konflikt mit der Ausgleichsfunktion des Haftungsrechts, da schwerwiegende Prüffehler – insbesondere im Zusammenhang mit mutmaßlichen Bilanzmanipulationen – hohe Schäden bei den geprüften Unternehmen und in der Konsequenz auch bei dessen Gläubigern und Anteilseignern verursachen können. Gleichzeitig ist an Haftungshöchstgrenzen grundsätzlich festzuhalten, um die Versicherbarkeit des Haftungsrisikos zu gewährleisten" (→ Rn. 93 ff.).[36]

III. Berufshaftpflichtversicherung

10 **1. Versicherungspflicht.** Alle selbständig tätigen Wirtschaftsprüfer und alle Wirtschaftsprüfungsgesellschaften sind verpflichtet, eine Berufshaftpflichtversicherung zur Deckung der sich aus ihrer Berufstätigkeit ergebenden Haftpflichtgefahren für Vermögensschäden abzuschließen und die Versicherung während der Dauer ihrer Bestellung oder Anerkennung aufrecht zu erhalten (§ 54 Abs. 1 S. 1 WPO).[37] Dieselbe Verpflichtung trifft

---

[32] Dazu die Stellungnahme der WPK „Bilanzrechtsmodernisierung – Auswirkungen auf die beruflichen Rahmenbedingungen des Abschlussprüfers", WPK Magazin 2/2009, 4. Zu Einzelheiten: Burwitz NZG 2008, 694; Erchinger/Melcher DB Beil 1 zu Heft 7, S. 56; Ernst/Seidler ZGR 2008, 631; Kort ZGR 2010, 440; Schnepel NWB 2009, 1088.

[33] Poelzig FS Ebke, 2021, 813 (813); Hommelhoff FS Ebke, 2021, 403 (409).

[34] Zu Einzelheiten Poelzig ZBB 2021, 73.

[35] S. dazu → 4. Aufl. 2020, § 323 Rn. 8.

[36] RefE FISG S. 102.

[37] Zur verfassungsrechtlichen Rechtfertigung der Versicherungspflicht Hense/Ulrich/Uhlmann WPO § 54 Rn. 5 ff. Zur Geschichte der Berufshaftpflichtversicherung Schlie, Die Berufshaftpflichtversicherung für die Angehörigen der wirtschaftsprüfenden und steuerberatenden Berufe, 1995, S. 12 (13). Zu der Rechtslage in anderen EU-Mitgliedstaaten Ebke ZVglRWiss 100 (2001), 62 (74, 75).

Wirtschaftsprüfer bei gemeinschaftlicher Berufsausübung in einer Partnerschaft mit beschränkter Haftung nach § 8 Abs. 4 PartGG, die nicht selbst als Wirtschaftsprüfungsgesellschaft zugelassen ist (§ 54 Abs. 1 S. 2 WPO).[38] Übt der Wirtschaftsprüfer seine berufliche Tätigkeit in einer gemischten Sozietät (also mit Personen, die nicht als Wirtschaftsprüfer bestellt oder als Wirtschaftsprüfungsgesellschaft anerkannt sind) in einer Personengesellschaft aus, ist der Wirtschaftsprüferkammer bei Aufnahme einer solchen Tätigkeit nachzuweisen, dass ihm auch bei gesamtschuldnerischer Inanspruchnahme der nach § 54 WPO vorgeschriebene **Versicherungsschutz für jeden Versicherungsfall** uneingeschränkt zur Verfügung steht (§ 44b Abs. 4 WPO). Die Berufshaftpflichtversicherung, die gem. § 54 WPO zur Deckung der sich aus der Berufstätigkeit (§§ 2, 129 WPO) ergebenden Haftpflichtgefahren zu unterhalten ist, muss bei einem im Inland zum Geschäftsbetrieb befugten Versicherungsunternehmen zu den nach Maßgabe des VAG eingereichten allgemeinen Versicherungsbedingungen genommen werden (§ 23 Abs. 1 BS WP/vBP).[39] Wenn ein Wirtschaftsprüfer die vorgeschriebene Berufshaftpflichtversicherung nicht unterhält, ist seine Bestellung (*ex nunc*) zu widerrufen (§ 20 Abs. 2 Ziff. 4 iVm § 130 Abs. 1 WPO).[40] Das Fehlen einer Berufshaftpflichtversicherung wird außerdem als Berufspflichtverletzung geahndet.[41]

Durch die Verordnung über die Berufshaftpflichtversicherung der Wirtschaftsprüfer und **11** der vereidigten Buchführer **(Wirtschaftsprüfer-Berufshaftpflichtversicherungsverordnung)** vom 1.12.2003 (BGBl. 2003 I 2446) hat der Bundesminister für Wirtschaft und Arbeit unter anderem den Abschluss, den Inhalt des Versicherungsvertrages, die Ausschlüsse und die Aufrechterhaltung näher geregelt.[42] Wirtschaftsprüfer haben der Wirtschaftsprüferkammer die Beendigung oder Kündigung des Versicherungsvertrages, jede Änderung des Versicherungsvertrages, die den nach der WPBHV vorgeschriebenen Versicherungsschutz beeinträchtigt, den Wechsel des Versicherers, den Beginn und die Beendigung der Versicherungspflicht infolge einer Änderung der Form einer beruflichen Tätigkeit und den Widerruf einer vorläufigen **Deckungszusage** anzuzeigen (§ 23 BS WP/vBP).[43] Die AVB und die besonderen Bedingungen und Risikobeschreibungen für die Vermögensschaden-Haftpflichtversicherung von Wirtschaftsprüfern orientieren sich an den berufsrechtlichen Vorgaben.[44]

---

[38]   Hense/Ulrich/Uhlmann WPO § 54 Rn. 28.

[39]   Zum Versicherungsnachweisverfahren nach Bestellung zum Wirtschaftsprüfer: § 26 BS WP/vBP.

[40]   OVG Berlin-Brandenburg BeckRS 2012, 49152; vgl. FG Niedersachsen Urt. v. 3.9.1996 – VI 515/93, ECLI:DE:FGNI:1996:0903.VI515.93.0A (zu §§ 67 S. 1, 158 Nr. 6 StBerG).

[41]   Hense/Ulrich/Uhlmann WPO § 54 Rn. 173. S. auch LG Berlin Urt. v. 31.10.2007, WPK Magazin 1/2008, 47.

[42]   Zu Einzelheiten der Berufshaftpflichtversicherung: Hense/Ulrich/Uhlmann WPO § 54 Rn. 17 ff.; Pohl WPg 2004, 460; Pohl WPK-Mitt. 1991, 141; Pohl WPK-Mitt. Sonderheft April 1996, 2 (14–16); Maxl/Struckmeier WPK-Mitt. 1999, 78; Rütter WPK Magazin 1/2008, 39; Meßmer VW 1998, 1133; Fliess, Die Haftung des Wirtschaftsprüfers unter Berücksichtigung internationaler Entwicklungen, in Baetge, Rechnungslegung und Prüfung, 1994, 192–197; Sommerschuh, Berufshaftung und Berufsaufsicht: Wirtschaftsprüfer, Rechtsanwälte und Notare im Vergleich, 2003, S. 230–234; Geuer, Das Management des Haftungsrisikos der Wirtschaftsprüfer, 1994, S. 282–314; Havermann FS Ludewig, 1996, 401 (402). Zu der Frage der unmittelbaren Schadensersatzpflicht des Haftpflichtversicherers gegenüber Dritten: Baumann VersR 2004, 944; vgl. HKMS/Staake/Müller Rn. 15; Mansel, Direktansprüche gegen den Haftpflichtversicherer: Anwendbares Recht und internationale Zuständigkeit, 1986.

[43]   Zu dem Problem der Versicherungslücke KG BeckRS 2003, 156360, WPK Magazin 2/2004 (redaktionell überarbeitete Fassung; Original abrufbar auch unter https://www.wpk.de/berufsaufsicht/berufsrechtliche Entscheidungen/) („Die Pflicht, für den gesetzlichen vorgegebenen Haftpflicht-Versicherungsschutz – und zwar lückenlos – zu sorgen, gehört zu den Kernpflichten eine Wirtschaftsprüfers"); OVG Berlin-Brandenburg BeckRS 2012, 49152; LG Berlin Urt. v. 31.10.2007 – WiL 5/07, WPK 1/2008 (redaktionell überarbeitete Fassung; Original abrufbar auch unter https://www.wpk.de/berufsaufsicht/berufsrechtliche Entscheidungen/); LG Berlin Urt. v. 22.12.2006 – WiO 10/06, WPK Magazin 1/2008 (redaktionell überarbeitete Fassung; Original abrufbar auch unter https://www.wpk.de/berufsaufsicht/berufsrechtliche Entscheidungen/); LG Berlin Urt. v. 22.7.2003 – WiL 17/02, WPK Magazin 2/2004 (redaktionell überarbeitete Fassung; Original abrufbar auch unter https://www.wpk.de/berufsaufsicht/berufsrechtlicheEnt scheidungen/); OVG Berlin-Brandenburg BeckRS 2012, 49152; LG Berlin WPK-Mitt. 2003, 140.

[44]   Zu Einzelheiten der Vermögensschaden-Haftpflichtversicherung für Wirtschaftsprüfer: Gräfe/Brügge, Vermögensschaden-Haftpflichtversicherung, 3. Aufl. 2021.

12   **2. Mindestversicherungssumme und Höherversicherung.** Die Mindestversicherungssumme war zunächst in der WPBHV geregelt. Mit der 3. WPO-Novelle 1994 hat der Gesetzgeber die Mindestversicherungssummen in die WPO übernommen. Die Mindestversicherungssummen sind für Wirtschaftsprüfer und Wirtschaftsprüfungsgesellschaften einheitlich. Die Mindestversicherungssumme orientiert sich seit je her an § 323 Abs. 2 S. 1 HGB. Danach beschränkte sich die Ersatzpflicht von Personen, die fahrlässig gehandelt haben, bis zum Inkrafttreten des FISG auf 1 Mio. Euro für eine gesetzliche Abschlussprüfung (vgl. § 54 Abs. 4 S. 1 WPO). Die Ausdifferenzierung und die drastische **Erhöhung der Haftungshöchstsummen** für gesetzliche Abschlussprüfungen in § 323 Abs. 2 durch das FISG (→ Rn. 83 ff.) hat die Abkoppelung der Mindestversicherungssumme von den jeweils einschlägigen Haftsummen erforderlich gemacht.[45] Andernfalls hätten Wirtschaftsprüfer und vereidigte Buchprüfer, die nicht als Abschlussprüfer im Berufsregister eingetragen sind und deshalb dem erhöhten Haftungsrisiko nicht ausgesetzt sind, der WPK die deutlich höhere Mindestversicherungssumme nachweisen müssen.[46] Die **Mindestversicherungssumme** beträgt unverändert **1 Mio. Euro** für den einzelnen Versicherungsfall (§ 54 Abs. 4 S. 1 WPO). Liegt das Haftungsrisiko eines Wirtschaftsprüfers bzw. einer Wirtschaftsprüfungsgesellschaft im Einzelfall über der Mindestversicherungssumme von 1 Mio. Euro, ist der Prüfer bzw. die Prüfungsgesellschaft nach § 27 BS WP/vBP verpflichtet, für den Einzelfall eine am jeweiligen Risiko orientierte über die Mindestversicherungssumme hinausgehende **Höherversicherung** zu unterhalten.[47]

13   Die Mindestversicherungssumme muss für „jede einzelne … begangene Pflichtverletzung" (§ 54 Abs. 2 S. 1 WPO) bzw. „für jeden Versicherungsfall uneingeschränkt zur Verfügung" (§ 44b Abs. 4 WPO), also für eine im Voraus unbeschränkte Anzahl von Schadensfällen, sprich: ohne Begrenzung der Jahreshöchstleistung **(unmaximiert)** zur Verfügung stehen.[48] Dasselbe gilt auch für vereidigte Buchprüfer (§ 130 Abs. 1 WPO). Einschränkungen ergeben sich aus der Möglichkeit für Versicherer, die Mindestversicherungssumme gemäß § 54 Abs. 4 S. 2 und 3 WPO auf eine bestimmte Anzahl von Versicherungsfällen im Jahr zu begrenzen **(sog. Maximierung des Versicherungsschutzes)**. Bei Berufsgesellschaften wird zur Ermittlung der zulässigen Begrenzung des Versicherungsschutzes (Jahreshöchstleistung) die Mindestversicherungssumme mit der Anzahl der Gesellschafter, Partner und Geschäftsführer, die nicht Gesellschafter sind, multipliziert. Allerdings muss die Jahreshöchstleistung auch hier mindestens 4 Mio. Euro betragen (§ 54 Abs. 4 S. 3 WPO). Für gesetzliche Abschlussprüfungen hat der Gesetzgeber die Möglichkeit der Maximierung des Versicherungsschutzes erst für nach dem 31.12.2021 beginnende Geschäftsjahre eröffnet (§ 135 S. 1 WPO). Die sog. **Serienschadenklausel** nach § 3 Abs. 2 WPBHV, die in Ziff. 9 Abs. 5 der AAB 2017 aufgenommen ist,[49] erlaubt bei Vorliegen bestimmter Sachverhaltskonstellationen die Beschränkung der Leistung des Versicherers auf einen einmaligen Höchstbetrag (§ 54 Abs. 2 S. 2 Nr. 3 WPO).[50] Der Versicherungsschutz muss sich auch auf solche Vermögensschäden erstrecken, für die der Wirtschaftsprüfer nach § 278 BGB oder § 831 BGB einzustehen hat (vgl. § 54 Abs. 1 S. 3 WPO). Ob Ziff. 9 Abs. 5 AAB (AGB-rechtlich) wirksam ist, ist umstritten.[51] Ein Selbstbehalt bis zu 1 vom Hundert der Mindestversicherungssumme ist berufsrechtlich zulässig (§ 54 Abs. 4 S. 4 WPO; § 2 Abs. 2 WPBHV).[52]

---

[45]   Zu Einzelheiten: Schröder/Pritzen WPg 2021, 1115; Schwope Stbg 2021, 215; Zimmermann WPK Magazin 3/2021, 59; Schramm/Kreienkamp r+2 2020, 682; WPK WPK Magazin 3/2021, 12 und 13.

[46]   Hense/Ulrich/Uhlmann WPO § 54 Rn. 86 ff.

[47]   Hense/Ulrich/Uhlmann WPO § 54 Rn. 87.

[48]   Hense/Ulrich/Uhlmann WPO § 54 Rn. 89.

[49]   Dazu Schaible, Haftung von Wirtschaftsprüfern, 2021, S. 161–168.

[50]   Zu Einzelheiten der Serienschadenklausel Hense/Ulrich/Uhlmann WPO § 54 Rn. 80. S. ferner Fausten VersR 2018, 457; Gräfe VersR 2003, 3673; von Westphalen DB 2000, 861; Herdter Versicherungspraxis 2019, 30 (zu OLG Düsseldorf Beschl. v. 12.7.2017 – I-4 U 61/17, VersR 2018, 217).

[51]   Schaible, Haftung von Wirtschaftsprüfern, 2021, S. 146, 148 und 220, ist der Ansicht, dass nur Ziff. 9 Abs. 5 S. 1 und 2 sich im Regelungsrahmen von § 54a Abs. 1 WPO halten, S. 3 und 4 diesen hingegen überschreiten.

[52]   Zu Einzelheiten Gräfe/Brügge, Vermögensschaden-Haftpflichtversicherung, 3. Aufl. 2021, S. 261–267. Zur Bedeutung des Selbstbehaltes als Instrument zur Steigerung der Qualität der Abschlussprüfung aus spieltheoretischer Sicht Nguyen WPg 2005, 11 (19).

3. Allgemeine Auftragsbedingungen. Ein **erhöhtes Haftungsrisiko** kann auch **14** außerhalb des Pflichtprüfungsbereichs bestehen. Da außerhalb der gesetzlichen Pflichtprüfung die gesetzlichen Haftungssummenbegrenzungen nach Abs. 2 S. 1 und 2 nicht gelten und auch sonst keine gesetzlichen Haftungsbeschränkungen bestehen, beschränken viele Wirtschaftsprüfer/Wirtschaftsprüfungsgesellschaften ihre Haftung für (grob) fahrlässige Pflichtverletzungen etwa bei gesetzlich nicht vorgeschriebenen („freiwilligen") Abschlussprüfungen, Bewertungen, Gutachtenerstattungen und Beratungen (§ 2 WPO) unter Verwendung der Allgemeinen Auftragsbedingungen (AAB) für Wirtschaftsprüfer und Wirtschaftsprüfungsgesellschaften. **Ziff. 9 Abs. 2 der AAB** idF vom 1.1.2017 enthält eine Haftungssummenbegrenzung für einen „fahrlässig" verursachten Schadensfall, in dem weder eine gesetzliche Haftungsbeschränkung Anwendung findet noch eine einzelvertragliche Haftungsbeschränkung besteht.[53] Die Zulässigkeit einer Haftungsbegrenzung für Wirtschaftsprüfer und Wirtschaftsprüfungsgesellschaften durch vorformulierte Vertragsbedingungen richtet sich nach § 54a Abs. 1 Nr. 2 WPO, der durch die 3. WPO-Novelle 1995 Eingang in die WPO gefunden hat.[54] Nach § 54a Abs. 1 Nr. 2 WPO ist eine Beschränkung des Anspruchs des Auftraggebers aus dem zwischen ihm und dem Wirtschaftsprüfer bestehenden Vertragsverhältnis auf Ersatz eines „fahrlässig" verursachten Schadens durch **vorformulierte Vertragsbedingungen** nur dann zulässig, wenn die Beschränkung auf (mindestens) vier Millionen Euro lautet und in entsprechender Höhe Versicherungsschutz besteht.[55] § 54a Abs. 1 WPO stellt ebenfalls auf „fahrlässig" verursachte Schäden ab. Zu der Frage, ob hiervon alle Grade fahrlässigen Verhaltens umfasst sind oder die Haftungsbegrenzung lediglich für Fälle einfacher Fahrlässigkeit (§ 276 Abs. 2 BGB) gelten kann, gibt es unterschiedliche Auffassungen.[56] Gleiches gilt für die Frage, ob die Haftungsbegrenzung in Ziff. 9 Abs. 2 AAB auch Fälle grober Fahrlässigkeit oder nur Fälle einfacher Fahrlässigkeit umfasst. Der BGH hatte bislang ersichtlich keine Gelegenheit, die Fragen zu entscheiden.

Einigkeit besteht heute überwiegend darüber, dass die Regelung in Ziff. 9 Abs. 2 AAB **15** nicht deshalb einer Inhaltskontrolle nach §§ 307 ff. BGB entzogen ist, weil sie auf der Ermächtigungsnorm des § 54a Abs. 1 Nr. 2 WPO beruht.[57] Denn zum Schutz der Vertragspartner ist eine **Inhaltskontrolle nach §§ 307 ff. BGB** auch dann erforderlich, wenn es eine Ermächtigungsnorm gibt, zumal dann, wenn sich auch in der Ermächtigungsnorm die unklare Regelung bezüglich „fahrlässig" verursachter Schäden befindet.[58] Nach einer von

---

[53] Ziff. 9 Abs. 2 AAB 2017 lautet: „Sofern weder eine gesetzliche Haftungsbeschränkung Anwendung findet noch eine einzelvertragliche Haftungsbeschränkung besteht, ist die Haftung des Wirtschaftsprüfers für Schadensersatzansprüche jeder Art, mit Ausnahme von Schäden aus der Verletzung von Leben, Körper und Gesundheit, sowie von Schäden, die eine Ersatzpflicht des Herstellers nach § 1 ProdHaftG begründen, bei einem fahrlässig verursachten einzelnen Schadensfall gemäß § 54a Abs. 1 Nr. 2 WPO auf 4 Mio. Euro beschränkt."

[54] Dazu Hense/Ulrich/Uhlmann WPO § 54a Rn. 28 ff.

[55] Vgl. BeBiKo/Justenhoven/Feldmüller § 323 Rn. 132. § 54a Abs. 1 WPO regelt ausschließlich eine vertragliche Begrenzung von Ersatzansprüchen; deshalb müssen sich Geschädigte die Regelung allenfalls im Rahmen von Ansprüchen aus einem Vertrag (zugunsten Dritter), nicht hingegen im Rahmen der Prospekthaftung im engeren Sinne entgegenhalten lassen: OLG Düsseldorf BeckRS 2011, 2162 = ECLI:DE:OLGD:2006:0427.I6U162.03.00 Rn. 78. Ob § 54a Abs. 1 WPO auch für Verträge mit Schutzwirkung für Dritte gilt, hängt davon ab, ob man das Rechtsinstitut des Vertrags mit Schutzwirkung für Dritte als vertragliches oder außervertragliches bzw. (quasi) gesetzliches Schuldverhältnis qualifiziert (→ Rn. 212).

[56] LG Hamburg BeckRS 2013, 10766 Rn. 257 ff. Aus dem Schrifttum Dauner-Lieb ZIP 2019, 1041; Merkt/Osbahr WPg 2019, 187 und 246; Ritzer-Angerer WPg 2017, 1431; Stoffels ZIP 2016, 2389; Stoffels DB 2016, 2648; Kilian/Rimkus ZIP 2016, 608; Reinhart/Schütze ZIP 2015, 1006.

[57] LG Hamburg BeckRS 2013, 10766 Rn. 259 (der Rechtsstreit wurde in der nächsten Instanz durch Vergleich beigelegt: Dauner-Lieb ZIP 2019, 1041 [1042]); Schaible, Haftung von Wirtschaftsprüfern, 2021, S. 139 mwN.

[58] LG Hamburg BeckRS 2013, 10766 Rn. 259 (der Rechtsstreit wurde in der nächsten Instanz durch Vergleich beigelegt: Dauner-Lieb ZIP 2019, 1041 [1042]) unter Hinweis auf Fuhrmanns NJW 2007, 1400 (1403) (allerdings zu der Parallelnorm für Steuerberater) und Hartmann/Schwope WPK Magazin 4/2008, 46 (48); aA Schaible, Haftung von Wirtschaftsprüfern, 2021, S. 148 („Es ist festzuhalten, dass der Begriff ‚fahrlässig' in § 54a Abs. 1 WPO alle Grade der Fahrlässigkeit und damit auch grobe Fahrlässigkeit umfasst."); Hense/Ulrich/Uhlmann WPO § 54a Rn. 10 mwN.

wesentlichen Stimmen in der Literatur vertretenen Auffassung verstößt eine AGB-gestützte Haftungsbeschränkung auch in Fällen grober Fahrlässigkeit gegen §§ 310 Abs. 1, 307 BGB und wäre daher insgesamt – auch für Fälle einfacher Fahrlässigkeit – unwirksam.[59] Denn eine derartige Haftungsbegrenzungsregelung sei mit dem Transparenzgebot gem. § 307 Abs. 1 S. 2 BGB nicht vereinbar.[60] Danach liegt eine unangemessene Benachteiligung des Vertragspartners vor, wenn die AGB unklar und für den Vertragspartner undurchschaubar sind. Dass der Wortlaut der Regelung in Ziff. 9 Abs. 2 AAB für den Vertragspartner nicht eindeutig ist, ergibt sich bereits daraus, dass zwischen Juristen umstritten ist, ob die Regelung die Fälle grober Fahrlässigkeit umfassen soll oder nicht.[61] Eine unangemessene Benachteiligung soll auch dann bejaht werden können, wenn ein krasses Missverhältnis zwischen dem maximalen Schadensrisiko und der vorgesehenen Haftungshöchstsumme besteht.[62] Darüber hinaus liege, so wird argumentiert, ein Verstoß gegen den in § 309 Nr. 7 lit. b BGB nieder-gelegten und auch zwischen Unternehmern geltenden Grundgedanken vor, wonach eine Haftung für grob fahrlässige oder vorsätzliche Pflichtverletzungen nicht durch Allgemeine Geschäftsbedingungen ausgeschlossen oder begrenzt werden kann.[63] Eine weitere **unangemessene Benachteiligung** des Vertragspartners könne sich aus einem krassen Missverhält-nis zwischen dem maximalen Risiko und der in den AAB vorgesehenen Haftungsbeschrän-kung ergeben.[64] Für eine Einschränkung der Haftungsregelung auf die Fälle einfacher Fahrlässigkeit spricht nach verbreiteter Ansicht außerdem, dass der § 54a Abs. 1 WPO an sich dem § 51a Abs. 1 Nr. 2 BRAO aF[65] (§ 52 Abs. 1 S. 1 Nr. 2 BRAO nF) nachgebildet worden ist, der eine vertragliche Begrenzung von Ersatzansprüchen durch vorformulierte Vertragsbedingungen jedoch ausdrücklich nur für Fälle „einfacher Fahrlässigkeit" zulässt. Es seien keine Anhaltspunkte ersichtlich, dass für Wirtschaftsprüfer und Rechtsanwälte ein unterschiedlicher Haftungsmaßstab eingeführt werden sollte, so dass letztlich bei § 54a Abs. 1 WPO von einem **Redaktionsversehen** auszugehen sei.[66] Im Falle eines offensichtli-chen Redaktionsversehens des Gesetzgebers sind die Rechtsanwender nicht an den Wortlaut der Gesetzesbestimmung gebunden, sondern vielmehr dem erkannten Normzweck ver-pflichtet.[67] Der vermeintlich „eindeutige" Wortlaut der Norm muss zurücktreten, wenn und soweit er das klare Regelungsziel der Norm nicht verwirklicht.[68]

16   Es könnte allerdings fraglich sein, ob ein solches „Redaktionsversehen" vorliegt. Die haftungsrechtliche Privilegierung des gesetzlichen Abschlussprüfers seit Einführung der gesetzlichen Abschlussprüfung (→ Rn. 4) lässt **Zweifel** an der These aufkommen, dass die

---

[59]   Vgl. LG Hamburg BeckRS 2013, 10766 Rn. 260 mwN (Grundlage der Entscheidung waren die AAB 2002, die jedoch ebenso wie die aktuelle Fassung den Begriff „fahrlässig" enthalten). Krit. zu der Entscheidung zB Dauner-Lieb ZIP 2019, 1041 (1042f.); Stoffels ZIP 2016, 2389 (2390f.); Merkt FS K. Schmidt, 2019, 35 (37); Reinhart/Schütze ZIP 2015, 1006 (1010f.); Schaible, Haftung von Wirtschaftsprüfern, 2021, S. 142ff.; Hense/Ulrich/Uhlmann WPO § 54a Rn. 10.

[60]   LG Hamburg BeckRS 2013, 10766 Rn. 260 (der Rechtsstreit wurde in der nächsten Instanz durch Vergleich beigelegt: Dauner-Lieb ZIP 2019, 1041 [1042]).

[61]   LG Hamburg BeckRS 2013, 10766 Rn. 260.

[62]   LG Hamburg BeckRS 2013, 10766 Rn. 261.

[63]   Vgl. LG Hamburg BeckRS 2013, 10766 Rn. 260 unter Hinweis auf BGH NJW 2007, 3774.

[64]   Vgl. LG Hamburg BeckRS 2013, 10766 Rn. 261 (in casu war sich die beklagte Wirtschaftsprüfungsge-sellschaft des im Hinblick auf den geplanten Börsengang der Vertragspartnerin erhöhten Haftungsrisikos bewusst, denn sie hatte ihre Haftung für ihre drei Comfort Letters auf 100 Mio. Euro erhöht); s. auch BGH NJW 1993, 335 mwN (risikoangemessene summenmäßige Haftungsbeschränkung durch vorformulierte Vertragsbedingungen).

[65]   Dazu Stobbe AnwBl. 1997, 16.

[66]   So obiter LG Hamburg BeckRS 2013, 10766 Rn. 262; s. auch Alvermann/Wollweber DStR 2008, 1707 (1708) („Redaktionsversehen jedenfalls nicht ausgeschlossen"); aA Dauner-Lieb ZIP 2019, 1041 (1042); Merkt FS K. Schmidt, 2019, 35 (37); Reinhart/Schütze ZIP 2015, 1006 („… wider den Mythos des ‚Redaktionsversehens'"); Hense/Ulrich/Uhlmann WPO § 54a Rn. 10 („kein Redaktionsversehen"). Zu weiteren Einzelheiten s. die Nachweise in Fn. 52.

[67]   Vgl. Rüthers/Fischer/Birk, Rechtstheorie, 12. Aufl. 2022, S. 574 („Aufgabe der Rechtsanwendung ist es, den wirklichen Willen der Gesetzgebung zu vollziehen; es geht um den denkenden Gehorsam, nicht um Buchstabengehorsam.").

[68]   Vgl. RüthersFischer/Birk, Rechtstheorie, 12. Aufl. 2022, 573.

Haftungsmaßstäbe für Wirtschaftsprüfer und Rechtsanwälte stets gleich sein müssen (s. auch → Rn. 149 f.).[69] Schließlich gibt es gute juristische, ökonomische, individual-psychologische und zahlreiche sonstige Gründe, die besondere Haftungsmaßstäbe – jedenfalls für bestimmte Tätigkeiten des Wirtschaftsprüfers (§ 2 WPO) oder bezüglich bestimmter Verschuldensgrade – rechtfertigen können, ohne dass damit gegen **elementare Gerechtigkeitsvorstellungen** des Haftungsrechts verstoßen würde (→ Rn. 149 ff.).[70] Nicht ohne Grund hat der Gesetzgeber im Rahmen der jüngsten Änderung des § 67a StBerG (durch Gesetz vom 10.8.2021 [BGBl. 2021 I 3436], in Kraft getreten am 1.8.2022)[71] den Abs. 1 dieser Vorschrift unverändert gelassen, obgleich ihm der Streit um die Bedeutung des Begriffs „Fahrlässigkeit" bezüglich der Vorgängervorschrift bekannt war.[72] § 67a Abs. 1 S. 1 Nr. 2 StBerG besagt, dass der Anspruch des Auftraggebers aus dem zwischen ihm und dem Steuerberater oder Steuerbevollmächtigten bestehenden Vertragsverhältnis auf Ersatz eines „fahrlässig" verursachten Schadens durch vorformulierte Vertragsbedingungen auf den vierfachen Betrag der Mindestversicherungssumme beschränkt werden kann, wenn insoweit Versicherungsschutz besteht. Nach hM gilt **§ 67a Abs. 1 S. 1 Nr. 2 StBerG** für Fälle einfacher und grober Fahrlässigkeit.[73] Die gesetzlichen Haftungsmaßstäbe für Wirtschaftsprüfer, Steuerberater und Rechtsanwälte sind also nach dem Wortlaut der einschlägigen gesetzlichen Bestimmungen durchaus unterschiedlich.[74] In Anbetracht der offenkundigen Unsicherheiten bezüglich der Auslegung und Anwendung von § 54a Abs. 1 Nr. 2 WPO und Ziff. 9 Abs. 2 AAB wäre es **ratsam** gewesen, wenn sich der Gesetzgeber im Zuge der Ausdifferenzierung und der drastischen Erhöhung der Haftungshöchstsummen auch und gerade für grobe Fahrlässigkeit des gesetzlichen Abschlussprüfers in Abs. 2 durch das FISG (→ Rn. 8) auch der Frage angenommen hätte, ob und in welchem Umfang Wirtschaftsprüfer außerhalb des Bereichs der gesetzlichen Abschlussprüfung (§§ 316 ff.) Ansprüche ihrer Auftraggeber aus dem zwischen ihnen bestehenden Vertragsverhältnis auf Ersatz eines (einfach bzw. grob) fahrlässig verursachten Schadens durch vorformulierte Vertragsbedingungen beschränken können. Falls die Regelung in § 54a Abs. 1 S. 1 WPO ein „Redaktionsversehen" darstellen sollte, hätte der Gesetzgeber dieses bereinigen können. Wenn der Gesetzgeber außerhalb des Pflichtprüfungsbereichs eine Haftungsbegrenzung des Wirtschaftsprüfers durch vorformulierte Vertragsbedingungen für grob fahrlässiges Verhalten nicht für zulässig erachtet, hätte er das § 54a Abs. 1 Nr. 2 WPO (und ggfs. auch § 67a Abs. 1 S. 1 Nr. 2 StBerG) entsprechend klarstellen können.[75] Bis zu einer allfälligen Klärung durch den Gesetzgeber bleibt nur, Ziff. 9 Abs. 2 AAB im Lichte des § 54a Abs. 1 Nr. 2 WPO an den AGB-rechtlichen Vorschriften zu messen oder (falls man das nicht für zulässig erachtet) die Möglichkeit einer Haftungsbeschränkung mittels vorformulierter Vertragsbedingungen auf der Grundlage und am Maßstab der **§§ 138, 242, 241 Abs. 2 BGB** zu beurteilen.

Fraglich und ebenfalls heftig umstritten ist darüber hinaus die weitere Frage, ob und **17** inwieweit (1) § 54a Abs. 1 WPO nur für vertragliche oder auch für **außervertragliche, insbesondere deliktsrechtliche Ansprüche** und Anspruchsgrundlagen gilt und (2) Ziff. 9 Abs. 2 AAB den in der Erlaubnisnorm des § 54a Abs. 1 WPO vorgegebenen rechtlichen Regelungsrahmen einhält und einer ggf. eröffneten AGB-rechtlichen Inhaltskontrolle stand-

---

[69] Zur Genese der Haftungssummenbeschränkungen bei den Berufsständen der Steuerberater, Rechtsanwälte und Wirtschaftsprüfer: IDW, Stellungnahme zum Referentenentwurf eines Gesetzes zur Stärkung der Finanzmarktintegrität v. 6.11.2020, S. 15 f. Zu den Gemeinsamkeiten und Unterschieden Köhler, Die Haftungsfreizeichnung durch Angehörige der freien Berufe und ihre Grenzen, 2018.

[70] Krit. Grunewald ZHR 1999, 583 (587, 588) (unter Hinweis auf Otto/Mittag WM 1996, 325 [331] und Sieger/Gätsch BB 1998, 1407), die der Ansicht ist, dass sich ein „Sonderrecht" gerade für Abschlussprüfer „kaum rechtfertigen" lasse.

[71] Dazu Schwope Stbg 2021, 411.

[72] S. nur Hense/Ulrich/Uhlmann WPO § 54a Rn. 10 („eine bewusste Entscheidung des Gesetzgebers").

[73] Stoffels ZIP 2016, 2389 (2390-2391); Reinhart/Schütze ZIP 2015, 1006 (1007).

[74] Hense/Ulrich/Uhlmann WPO § 54a Rn. 10; monographisch Köhler, Die Haftungsfreizeichnung durch Angehörige der freien Berufe und ihre Grenzen, 2018.

[75] AA Schaible, Haftung von Wirtschaftsprüfern, 2021, S. 152 („Die Haftungsbegrenzung in Nr. 9.2 AAB gilt für sämtliche Formen der Fahrlässigkeit und begegnet insoweit keinen Wirksamkeitsbedenken.").

hält.[76] Schaible kommt in ihrer umfassenden Untersuchung zu dem Ergebnis, dass „§ 54a Abs. 1 WPO nur für vertragliche, nicht auch für außervertragliche bzw. deliktische Ansprüche und Anspruchsgrundlagen" gilt.[77] Ziff. 9 Abs. 2 AAB hält nach ihrer Ansicht der Inhaltskontrolle nach § 307 Abs. 2 Nr. 1 BGB, § 307 BGB iVm § 309 Nr. 7 lit. b BGB nicht Stand. Die Erstreckung der Haftungsbegrenzung auf außervertragliche Ansprüche stelle eine unangemessene Benachteiligung des Vertragspartners dar.[78] Eine **geltungserhaltende Reduktion** durch Modifizierung der für unangemessen erachteten Klausel mit dem Ziel, sie rechtskonform zu gestalten und damit aufrechterhalten zu können, sei nicht zulässig.[79] Das Unwirksamkeitsrisiko müsse bei dem Verwender der vorformulierten Vertragsbedingungen liegen, um die generalpräventive Wirkung der Inhaltskontrolle zu wahren. Ziff. 9 Abs. 2 AAB sei nicht teilbar. Daraus folgt: Nach § 306 Abs. 2 BGB treten an die Stelle der unwirksamen Klausel die gesetzlichen Vorschriften. Wirtschaftsprüfer haften (außerhalb des Pflichtprüfungsbereichs) danach aufgrund der Unwirksamkeit von Ziff. 9 Abs. 2 AAB unbeschränkt sowohl für vorsätzlich als auch fahrlässig begangene Pflichtverletzungen. Insoweit besteht nach Ansicht von Schaible dringender Nachbesserungsbedarf seitens des IDW als Ersteller der AAB.

IV. Sonderprivatrechtliche Haftungsnorm

18   § 323 geht, soweit er reicht, den allgemeinen schuldrechtlichen Regeln über Schadensersatz wegen Pflichtverstöße bei der Erfüllung des Prüfungsvertrages vor.[80] Abs. 1 S. 3 greift über die unmittelbaren Vertragspartner (also den Abschlussprüfer und die prüfungspflichtige Gesellschaft, § 318 Abs. 1 S. 4) in doppelter Hinsicht hinaus: Die Ersatzpflicht nach Abs. 1 S. 3 trifft nicht nur den Abschlussprüfer, sondern auch seine Gehilfen und (wenn eine Prüfungsgesellschaft Abschlussprüfer ist, § 319 Abs. 1 S. 1) die bei der Prüfung mitwirkenden gesetzlichen Vertreter der Prüfungsgesellschaft **persönlich,** obwohl weder zwischen der prüfungspflichtigen Gesellschaft und den Gehilfen[81] des Prüfers noch zwischen der prüfungspflichtigen Gesellschaft und den gesetzlichen Vertretern der beauftragten Prüfungsgesellschaft ein Vertragsverhältnis besteht. Darüber hinaus sind Gesellschaften, welche mit der prüfungspflichtigen Gesellschaft verbunden sind, anspruchsberechtigt, wenn sie geschädigt worden sind (Abs. 1 S. 3), obwohl zwischen ihnen und dem Abschlussprüfer, seinen Gehilfen oder den an der Prüfung mitwirkenden gesetzlichen Vertretern der Prüfungsgesellschaft kein Vertragsverhältnis besteht.

V. Anwendungsbereich

19   **1. Pflichtprüfungen nach §§ 316 ff.** § 323 gilt unmittelbar nur für gesetzlich vorgeschriebene Jahresabschlussprüfungen (sog. Pflichtprüfungen), insbesondere solche gemäß § 316 ff., § 264a.[82] Auf gesetzlich nicht vorgeschriebene („freiwillige") Abschlussprüfungen und die sonstigen beruflichen Tätigkeiten eines Wirtschaftsprüfers (§ 2 WPO) ist § 323 Abs. 1 S. 3 nicht (auch nicht analog!) anwendbar. Eine analoge Anwendung des § 323 kommt selbst dann nicht in Betracht, wenn die gesetzlich nicht vorgeschriebene Prüfung eines Jahres- oder Konzernabschlusses nach Art, Gegenstand und Umfang einer gesetzlichen Abschlussprüfung nach §§ 316, 317 entspricht und ein § 322 Abs. 1 nachgebildeter Bestäti-

---

76   Dazu zuletzt Schaible, Haftung von Wirtschaftsprüfern, 2021, S. 153 ff.
77   Schaible, Haftung von Wirtschaftsprüfern, 2021, S. 155.
78   Schaible, Haftung von Wirtschaftsprüfern, 2021, S. 159 unter Hinweis auf Merkt FS K. Schmidt, 2019, S. 35 (46); Stoffels ZIP 2016, 2389 (2396–2397.
79   Schaible, Haftung von Wirtschaftsprüfern, 2021, S. 159 mwN.
80   Rosenboom, Abschlussprüfung und Haftung nach portugiesischem Recht, 2004, S. 49. Zu der Frage, ob bei nachträglichem Wegfall der gesetzlichen Prüfungspflicht infolge der Anhebung der Schwellenwerte (§ 267 iVm § 316 Abs. 1 S. 1) die Haftungsbeschränkung nach Abs. 2 entfällt: ohne Verf., BilMoG – Nachträglicher Wegfall der Prüfungspflicht durch Anhebung der Schwellenwerte, WPK Magazin 2/2009, S. 8.
81   Zum Kreis der Gehilfen HKMS/Staake/Müller Rn. 19.
82   Ebenso HKMS/Staake/Müller Rn. 6; Staub/Habersack/Schürnbrand Rn. 8; Günther, Die Unabhängigkeit des Abschlussprüfers bei privaten Unternehmen in Deutschland, 2019, S. 77.

gungsvermerk erteilt wurde (str.).[83] Allerdings besteht in Rechtsprechung[84] und Literatur[85] iE weitgehend Einigkeit darüber, dass Dritte bei einer gesetzlich nicht vorgeschriebenen („freiwilligen") Abschlussprüfung, die nach den Maßstäben der §§ 316, 317 vorgenommen worden ist, billigerweise keinen weitergehenden Schutz als bei einer Pflichtprüfung erwarten dürfen. Für die Haftung des Wirtschaftsprüfers in der Funktion des gerichtlichen Sachverständigen gilt § 323 ebenfalls nicht, sondern § 839a BGB.[86]

2. Andere gesetzlich vorgeschriebene Abschlussprüfungen. Für die Verantwort- **20** lichkeit des Gründungs- (§ 49 AktG),[87] Nachgründungsprüfers (§§ 49, 53 AktG),[88] Sonderprüfers (§§ 144, 258 Abs. 5 S. 1 AktG),[89] Kapitalerhöhungssonderbilanz- (§ 209 Abs. 4 S. 2 AktG, § 57f Abs. 3 S. 2 GmbHG), Unternehmensvertrags- (§ 293d Abs. 2 S. 1 AktG), Eingliederungs- (§ 320 Abs. 3 S. 2 AktG),[90] Verschmelzungs- (§ 11 Abs. 2 UmwG; → Rn. 154),[91] Kreditinstituts- (§ 340k Abs. 1)[92] und Versicherungsbilanzprüfers (§ 341k Abs. 1)[93] sowie des Prüfers für Qualitätskontrolle (§ 57b Abs. 4 WPO)[94] und des Prüfers des Vergütungsberichts (§ 162 Abs. 3 S. 5 AktG)[95] ist § 323 (vorbehaltlich § 57b Abs. 3 WPO) **entsprechend anwendbar** (bei freiwilliger Durchführung einer Qualitätskontrolle gilt § 57g WPO; zur Qualitätskontrolle bei Prüfungsstellen der Sparkassen- und Giroverbände s. § 57h Abs. 1 S. 1 WPO). § 323 gilt sinngemäß auch für Pflichtprüfungen von Jahresabschlüssen nach dem PublG (§ 6 Abs. 1 S. 2 PublG, § 14 Abs. 1 S. 2 PublG; s. auch § 2 Abs. 3 S. 4 PublG).[96] Für genossenschaftliche Prüfungsverbände gilt § 62 GenG.[97] Nach der Neuregelung der kapitalmarktrechtlichen Finanzberichterstattung gilt § 323 auch für die Prüfung bzw. prüferische Durchsicht von Finanzinformationen nach § 115 Abs. 5 WpHG.[98]

---

[83]   Gl. Ansicht: LG Düsseldorf BeckRS 2011, 10511 Rn. 22; BeBiKo/Justenhoven/Feldmüller Rn. 5; Schüppen Rn. 30; HKMS/Staake/Müller Rn. 9; Hommelhoff FS Hellwig, 2010, 470. AA LG München Endurt. v. 21.6.2021 – 35 O 16420/20, BeckRS 2021, 51023 Rn. 29 (das Gericht ist der Ansicht, dass § 323 Abs. 1 S. 3 auf „eine obligatorische oder freiwillige Jahresabschlussprüfung nach den Maßstäben der §§ 316, 317 HGB" anwendbar ist [Hervorhebung d. Verf.]; insoweit bestätigt durch OLG München BeckRS 2022 Rn. 62 (Revision anhängig: BGH VII ZR 97/22).

[84]   BGH WM 2006, 423 (425); vgl. BGH NJW 2009, 512 (513). Das OLG Saarbrücken, OLGR Saarbrücken 2007, 709 = GI aktuell 2007, 187, hat die Ansicht vertreten, dass die in § 323 Abs. 1 S. 3 sowie in den Gesetzesmaterialien zum KonTraG zum Ausdruck gekommene „Intention des Gesetzgebers nach einer Beschränkung der wirtschaftlichen Haftung" des gesetzlichen Abschlussprüfers bei gesetzlich nicht vorgeschriebenen Abschlussprüfungen ebenfalls „zu beachten" ist. Vgl. OLG Frankfurt a.M. v. 22.9.2004 – 17 U 47/04, WPK Magazin 1/2005, 52 (53) (Bericht), die Beschwerde gegen die Nichtzulassung der Revision wurde zurückgewiesen, da die angefochtene Entscheidung des OLG Frankfurt a.M. nach Ansicht des III. Zivilsenats des BGH in Einklang ist mit den Senatsurteilen v. 15.12.2005 – III ZR 424/04, WM 2006, 423, und v. 6.4.2006 – III ZR 256/04, ZIP 2006, 954, in denen die von der Beschwerde als zulassungswürdig bezeichneten Fragen beantwortet sind.

[85]   Hopt/Merkt Rn. 8 (unter Berufung auf OLG Köln BeckRS 2016, 6014) („Bestätigt Prüfer, dass eine freiwillige Prüfung nach § 317 erfolgt, rechtfertigt dies Annahme, dass Dritter billigerweise keinen weitergehenden Schutz als bei Pflichtprüfung erwarten darf").

[86]   BeBiKo/Justenhoven/Feldmüller Rn. 161.

[87]   BGHZ 64, 52 = NJW 1975, 974; OLG Hamm GI 1999, 225; OLG Jena BeckRS 2011, 18092; LG Berlin ZInsO 2009, 1822; Kirsch in Veit Sonderprüfungen, 2005, 26–27.

[88]   Kirsch in Veit, Sonderprüfers, 2005, 64.

[89]   HKMS/Staake/Müller Rn. 6.

[90]   HKMS/Staake/Müller Rn. 6.

[91]   Haußer in Veit, Sonderprüfungen, 2005, S. 122–125; BeBiKo/Justenhoven/Feldmüller Rn. 3; HKMS/Staake/Müller Rn. 6.

[92]   HKMS/Staake/Müller Rn. 6.

[93]   HKMS/Staake/Müller Rn. 6.

[94]   Dazu Kragler, Wirtschaftsprüfung und externe Qualitätskontrolle – Ein Vergleich des deutschen und amerikanischen „Peer Review"-Systems, 2003, S. 314–351. S. ferner allgemein Marten DB 1999, 1073.

[95]   Pföhler/Boxberg WPg 2022, 244; Rimmelspacher/Roland WPg 2020, 201; HKMS/Staake/Müller Rn. 6 aE.

[96]   HKMS/Staake/Müller Rn. 6.

[97]   Dazu Graumann ZfgG 1998, 7; Leitner ZfgG 1998, 23; Großfeld/Blümcke DB 2000, 309 (312) („§ 62 Abs. 1 Satz 3 GenG schließt die §§ 823 ff. BGB aus"). Zum österreichischen Recht Koziol JBl 1995, 681.

[98]   BeBiKo/Justenhoven/Feldmüller Rn. 3. Zum Hintergrund Rodewald/Unger BB 2006, 1917 (1919).

21   **3. Ergänzungen des Prüfungsauftrages.** § 323 **gilt nicht** für Ergänzungen des Prüfungsauftrages durch zusätzliche Prüfungsinhalte, die über den Rahmen des gesetzlichen Prüfungsauftrages hinausgehen,[99] und zwar unabhängig davon, ob die Ergänzung des Prüfungsauftrages aufgrund eines gesonderten Auftragserteilungs- bzw. Auftragsannahmeschreibens[100] oder in dem Pflichtprüfungsauftrag (vgl. § 318 Abs. 1 S. 4) selbst erfolgt ist,[101] und auch unabhängig davon, ob eine gesonderte Berichterstattung oder Honorarabrechnung vereinbart wurde. Zu derartigen Ergänzungen des Prüfungsauftrages zählen etwa die Prüfung der Ordnungsmäßigkeit der Geschäftsführung und der wirtschaftlichen Verhältnisse (außer in den Fällen des **§ 53 HGrG,** in denen die Prüfung der Ordnungsmäßigkeit der Geschäftsführung sowie die wirtschaftlichen Verhältnisse gesetzlich vorgegebener Prüfungsgegenstand ist[102]), die gezielte Aufdeckung und Aufklärung strafrechtlicher Tatbestände (zB **Untreuehandlungen** oder **Unterschlagungen** oder die Feststellung außerhalb der Rechnungslegung begangener Ordnungswidrigkeiten),[103] die Prüfung des Risikofrüherkennungssystems nicht börsennotierter Gesellschaften,[104] die Projekt begleitende Prüfung EDV-gestützter Systeme,[105] die Feststellung von Möglichkeiten der Verbesserung und Rationalisierung des Rechnungswesens aufgrund der bei der Abschlussprüfung gewonnenen Erkenntnisse,[106] die Feststellung von Möglichkeiten zur Verbesserung der betriebswirtschaftlichen Organisation aufgrund der bei der Abschlussprüfung gewonnenen Erkenntnisse sowie die Untersuchung der Unternehmens- und Rechnungslegungspolitik der Auftraggeberin im Hinblick auf das Shareholder/Stakeholder Value-Prinzip.[107]

22   Vereinbarungen über Ergänzungen des Prüfungsauftrags, die über den Rahmen des gesetzlichen Prüfungsauftrages hinausgehen, stellen einen **selbständigen,** von dem Prüfungsvertrag unabhängigen **schuldrechtlichen Vertrag** dar. Für Pflichtverstöße im Zusammenhang mit Ergänzungen des Prüfungsauftrages haftet der Prüfer – wie bei gesetzlich nicht vorgeschriebenen Prüfungen und sonstigen beruflichen Tätigkeiten (§ 2 WPO) – der Auftraggeberin und ggf. prüfungsvertragsfremden Dritten nach den allgemeinen Regeln des vertraglichen und außervertraglichen Haftungsrechts. Ersatzansprüche der Auftraggeberin können gemäß § 54a WPO durch vorformulierte Vertragsbedingungen begrenzt werden;[108] zur Wirksamkeit solcher vorformulierten Vertragsbedingungen → Rn. 14 ff, zur Wirkung solcher Bedingungen gegenüber Dritten → Rn. 185. Ergänzungen des Prüfungsauftrages können auch während einer laufenden Abschlussprüfung erteilt oder aufgehoben werden, wohingegen eine vorzeitige Beendigung des von dem Abschlussprüfer angenommenen Pflichtprüfungsauftrages nur unter den engen Voraussetzungen des § 318 Abs. 1 S. 5, Abs. 6 zulässig ist.[109]

23   **4. Erweiterungen des Prüfungsauftrages.** Von den Ergänzungen in dem vorgenannten Sinne sind Erweiterungen des Prüfungsauftrages zu unterscheiden.[110] Hierzu gehö-

---

99   HKMS/Staake/Müller Rn. 10, ebenso BeBiKo/Justenhoven/Feldmüller Rn. 5.

100   Vgl. IDW PS 220.14, WPg 2001, 895.

101   Zum Zustandekommen des Prüfungsvertrages IDW PS 220.7, WPg 2001, 895 (896) und Erl. zu → § 318 Rn. 28 ff.

102   Dazu IDW PS 720: Berichterstattung über die Erweiterung der Abschlussprüfung nach § 53 HGrG (Stand: 9.9.2010), WPg Supp. 22/2006, 1452, WPg Supp.1/2011, 1. S. dazu auch Schüppen Rn. 31; aA Kersting ZIP 2014, 2420 und ZIP 2015, 817, dagegen Schüppen ZIPR 2015, 814.

103   HKMS/Staake/Müller Rn. 10.

104   IDW PS 340 nF: Die Prüfung des Risikofrüherkennungssystems (Stand: 10.1.2022), IDW Life 2022, 217. Zu Einzelheiten des IDW PS 340 nF Verhoeven/Riesch/Diederichs WPg 2021, 215; Diederichs/Giesing/Meyer/Riesch WPg 2022, 815. Zu IDW EPS 340 Wermelt/Oehlmann WPg 2019, 1026.

105   IDW PS 850: Projektbegleitende Prüfung bei Einsatz von Informationstechnologie (Stand: 2.9.2008), WPg Supp 4/2008, 12.

106   HKMS/Staake/Müller Rn. 10.

107   Dazu Ebke ZVglRWiss 111 (2012), 1.

108   Ebenso HKMS/Staake/Müller Rn. 9.

109   Vgl. IDW PS 220: Beauftragung des Abschlussprüfers (Stand: 9.9.2009), WPg 2001, 895, WPg Supp. 2009, 1 (Tz. 29).

110   Vgl. IDW PS 220.20; Hense/Ulrich/Goltz/Bärenz WPO § 43 Rn. 107. Krit. zu der Unterscheidung zwischen „Ergänzungen" und „Erweiterungen" Schüppen Rn. 31, der „dem formalen Rahmen von Auftrag und Kommunikation des Prüfungsergebnisses größere Bedeutung" zuerkennen will.

ren insbesondere Festlegungen von Einzelheiten über die *Art und Weise* (**„Prüfungsanforderungen"**)[111] der tatsächlichen, rechtlichen und sonstigen Ermittlungen, die der Prüfer im Rahmen des gesetzlichen Prüfungsauftrages anzustellen hat (→ § 317 Rn. 80 ff.), *soweit die im Prüfungsauftrag festgelegten Anforderungen an die Prüfung über die gesetzlichen Mindestanforderungen hinausgehen,*[112] also etwa Festlegungen zu Prüfungsschwerpunkten, die insbesondere vom Aufsichtsrat getroffen worden sind,[113] zur Intensität der Prüfung (→ § 317 Rn. 85), zur Unmittelbarkeit der Prüfung (→ § 317 Rn. 87) oder zu Stichproben (→ § 317 Rn. 82 ff.). Absprachen zwischen dem Prüfer und der prüfungspflichtigen Gesellschaft über die Prüfungsplanung (vgl. § 56 BS WP/vBP)[114] gehören nicht zu den Erweiterungen des Prüfungsauftrages.[115] Erweiterungen des Prüfungsauftrages sind aus Sicht des Berufsstandes schriftlich zu vereinbaren.[116] Auf Erweiterungen des Prüfungsauftrages ist § 323 anwendbar, sofern es sich um Prüfungsgegenstände und Inhalte im Rahmen des § 317 handelt.[117]

B. Haftung des Abschlussprüfers gegenüber der Gesellschaft

Abs. 1 S. 3 regelt die zivilrechtliche Verantwortlichkeit für Pflichtverletzungen im Rah-   **24** men der Abschlussprüfung: Wer vorsätzlich oder fahrlässig seine Pflichten verletzt, ist der Kapitalgesellschaft und, wenn ein verbundenes Unternehmen (§ 271 Abs. 2, § 290)[118] geschädigt worden ist, auch diesem zum Ersatz des daraus entstandenen Schadens verpflichtet.[119] Die Schadensersatzpflicht trifft nicht nur den Abschlussprüfer, sondern auch alle übrigen Personen, die mit der Prüfung befasst sind, ohne selbst Prüfer zu sein.[120] Das Gesetz bezeichnet diese Personen als **„Gehilfen"** (Abs. 1 S. 1 Hs. 1). Hierzu gehören Prüfungsleiter, Prüfer und Prüfungsassistenten,[121] Mitarbeiter aus der Berichtskritik (§ 48 Abs. 1 S. 2 BS WP/vBP)[122] und der Berichtsfertigung, aber auch Sachverständige, die der Abschlussprüfer im Rahmen der Abschlussprüfung heranzieht (zB Versicherungsmathematiker für die Prüfung von Pensionsrückstellungen,[123] Juristen für die Klärung von Rechtsfragen bei der Abschlussprüfung,[124] Maschinen- oder Bausachverständige für die Beurteilung der betriebsgewöhnlichen Nutzungsdauer[125] oder EDV-Spezialisten für computergestützte Prüfungshandlungen).[126] Ein festes Anstellungsverhältnis ist für das Bestehen einer „Gehilfen"-Eigenschaft iSv Abs. 1 S. 1

---

[111] Vgl. IDW PS 220.28.
[112] Das OLG Stuttgart NZG 2022, 953 Rn. 37 weist mit Recht darauf hin, dass bei gesetzlich vorgeschriebenen Abschlussprüfungen die Prüfungsanforderungen vertraglich nicht unter die gesetzlichen Mindestanforderungen herabgesetzt werden dürfen.
[113] Vgl. IDW PS 220.20; zust. HKMS/Staake/Müller Rn. 8.
[114] Dazu IDW PS 240: Grundsätze der Planung von Abschlussprüfungen (Stand: 9.9.2010), WPg Supp. 1/ 2011, 1. S. ferner ISA [DE] 300: Planung einer Abschlussprüfung (Stand: 26.3.2020), IDW Life 2019, 667, IDW Life 2020, 509.
[115] Vgl. IDW PS 220.21.
[116] Vgl. IDW PS 220.20.
[117] Ebenso Schüppen Rn. 31; HKMS/Staake/Müller Rn. 8; Staub/Habersack/Schürnbrand Rn. 8.
[118] Vgl. BGH BB 2004, 2009 mAnm Ekkenga = NZG 2004, 770; Krit zur Inbezugnahme der §§ 271 Abs. 2, 290: Ebke/Paal ZGR 2005, 895 (899–906); W. Müller NZG 2004, 1037; Merkt/Probst/Fink/ Mylich S. 1651 Rn. 29. S. ferner LG Hamburg Urt. v. 8.7.2022 – 325 O 374/18 (rk., unveröffentlicht) (ebenfalls auf § 271 Abs. 2, § 290 abstellend), dazu ausf. Kraus WPK Magazin 1/2023, 53; LG Hamburg BeckRS 2018, 42429.
[119] Zur Haftung des Abschlussprüfers gegenüber Dritten → Rn. 127 ff.
[120] Sommerschuh, Berufshaftung und Berufsaufsicht: Wirtschaftsprüfer, Rechtsanwälte und Notare im Vergleich, 2003, S. 168 („Eigenhaftung des Prüfungsgehilfen"); Staub/Habersack/Schürnbrand Rn. 10.
[121] BeBiKo/Justenhoven/Feldmüller Rn. 62.
[122] HKMS/Staake/Müller Rn. 19; Farr WPg 2020, 355.
[123] Ebke WPK-Mitt. 1998, 76 (79).
[124] Kropff FS Havermann, 1995, 321; s. auch ISA [DE] 250: Berücksichtigung von Gesetzen und anderen Rechtsvorschriften bei einer Abschlussprüfung (Stand: 26.3.2020), IDW Life 2019, 664; IDW Life 2020, 509.
[125] Ebke Wirtschaftsprüfer S. 78 Fn. 234.
[126] HKMS/Staake/Müller Rn. 19.

Hs. 1 nicht erforderlich; ein Rechtsverhältnis als freier Mitarbeiter genügt.[127] Sofern eine Prüfungsgesellschaft Abschlussprüfer ist, trifft die Verpflichtung auch die bei der Prüfung mitwirkenden gesetzlichen Vertreter der Prüfungsgesellschaft (Abs. 1 S. 1 Hs. 1).[128]

I. Pflichten des Abschlussprüfers

25   Voraussetzung einer Haftung nach Abs. 1 S. 3 ist eine schuldhafte (dh vorsätzliche oder fahrlässige) Pflichtverletzung eines der in Abs. 1 S. 1 Hs. 1 genannten Ersatzpflichtigen, durch die seitens eines der in Abs. 1 S. 3 genannten Ersatzberechtigten ein Schaden entsteht.[129] Das haftungsbegründende Verhalten liegt in der Erteilung eines Bestätigungsvermerks für einen nicht gesetzeskonformen bzw. satzungskonformen Jahresabschluss infolge der (sorgfaltswidrigen) Nichtaufdeckung von unwahren oder unvollständigen Angaben.[130]

26   **1. Begriff der „Pflichten".** Was unter dem Begriff „Pflichten" in Abs. 1 S. 3 zu verstehen ist, ist umstritten.

27   **a) Enge Ansicht.** Ein Teil der Lehre vertritt unter Hinweis auf den Aufbau des Abs. 1 und den Regelungszusammenhang die Ansicht, dass der Begriff der „Pflichten" in Abs. 1 S. 3 nur die in Abs. 1 S. 1 und 2 genannten Pflichten umfasse (dh die Verschwiegenheitspflicht, das Verwertungsverbot und die Pflicht zur gewissenhaften und unparteiischen Prüfung).[131] Dabei sind die in S. 1 und 2 erwähnten Pflichten nach Ansicht mancher nur auf die eigentlichen Prüfungshandlungen im Rahmen der Prüfung (§ 317) beschränkt, nicht aber auf andere Tätigkeiten im Rahmen der Abschlussprüfung (etwa die Ankündigung eines sich später als unrichtig herausstellenden Jahresabschlusses als Entscheidungsgrundlage für Dritte vor Erteilung bzw. Versagung des Bestätigungsvermerkes).[132]

28   **b) Herrschende Lehre.** Der größere Teil der Lehre steht dagegen auf dem Standpunkt, dass der Abschlussprüfer nach Abs. 1 S. 3 für die Verletzung aller Pflichten haftet, denen er bei der Abschlussprüfung zu entsprechen hat.[133] Für diese Auffassung spricht, dass Abs. 1 S. 3 auf Abs. 1 S. 1 und 2 nicht ausdrücklich Bezug nimmt. Außerdem ergibt sich aus der systematischen Stellung des § 323 im Unterabschnitt über die Prüfung (§§ 316–324a), dass alle Tätigkeiten des Prüfers im Rahmen der Abschlussprüfung erfasst sein sollen.[134] Demnach haften die in Abs. 1 S. 1 Hs. 1 genannten Personen außer für die Verletzung ihrer Pflichten aufgrund von Abs. 1 S. 1 und 2 (also Verschwiegenheitspflicht, Verwertungsverbot und Pflicht zur gewissenhaften und unparteiischen Prüfung) auch für Verstöße gegen andere Vorschriften über die Abschlussprüfung (zB § 316 Abs. 3 S. 1 und 2) sowie für Schäden, die beispielsweise im Zusammenhang mit der Entgegennahme von Unterlagen und der Einholung von Auskünften (§ 320), durch fehlerhafte Berichterstattung (§§ 321, 316 Abs. 3 S. 3) oder Verletzung der Redepflicht (§ 321 Abs. 1 S. 3), aus einer unberechtigten Verzögerung des Prüfungsberichts (§ 321),[135] durch die unbegründete Einschränkung

---

[127] BeBiKo/Justenhoven/Feldmüller Rn. 62; Wölber, Die Abschlussprüferhaftung im Europäischen Binnenmarkt, 2005, S. 52.
[128] Wölber, Die Abschlussprüferhaftung im Europäischen Binnenmarkt, 2005, S. 52; BeBiKo/Justenhoven/Feldmüller Rn. 63; Staub/Habersack/Schürnbrand Rn. 11.
[129] OLG Stuttgart NZG 2022, 953 Rn. 57; OLG Düsseldorf BeckRS 2021, 41602 Rn. 26.
[130] OLG Düsseldorf BeckRS 2021, 41602 Rn. 26.
[131] Vgl. BeBiKo/Justenhoven/Feldmüller Rn. 10.
[132] Vgl. BGH JZ 1998, 1013 (1014). Krit. dazu Ebke JZ 1999, 991 (994, 995).
[133] Hopt/Merkt Rn. 1; HKMS/Staake/Müller Rn. 22; Wiedmann/Böcking/Gros/Böcking/Gros/Rabenhorst Rn. 4; Merkt/Probst/Fink/Mylich S. 1648 Rn. 20; Ebke JZ 1998, 991 (994, 995); Hopt WPg 1986, 461 (465); Quick BB 1992, 1675 (1676); Quick DBW 2000, 60 (62); Schulze-Osterloh FS Canaris, 2007, 381; Rosenboom, Abschlussprüfung und Haftung nach portugiesischem Recht, 2004, S. 50; Sommerschuh, Berufshaftung und Berufsaufsicht: Wirtschaftsprüfer, Rechtsanwälte und Notare im Vergleich, 2003, S. 170, 171; Baus ZVglRWiss 103 (2004), 219 (235).
[134] Ebke JZ 1998, 991 (994); Poll DZWiR 1995, 95 (95). Zust. Wiedmann/Böcking/Gros/Böcking/Gros/Rabenhorst Rn. 4.
[135] Schulze-Osterloh FS Canaris, 2007, 381.

oder Versagung des Bestätigungsvermerks (§ 322)[136] oder falsche Auskünfte entstehen.[137] Bei Unternehmen von öffentlichem Interesse (§ 316a S. 2) kommen die gesetzlichen Pflichten gleichstehenden Pflichten nach der Abschlussprüfungs-VO, insbesondere deren Art. 4–9, 17 Abschlussprüfungs-VO und Art. 18 Abschlussprüfungs-VO hinzu.[138] Nicht erfasst sind dagegen Pflichten, die aufgrund einer Ergänzung des Prüfungsauftrages über den gesetzlichen Prüfungsauftrag hinausgehen (→ Rn. 21 f.).[139]

c) Zentrale Verhaltenspflicht. Zu dem gleichen Ergebnis gelangt man, wenn man – **29** wie Gehringer[140] – die Pflicht zur „gewissenhaften Prüfung" (Abs. 1 S. 1 Hs. 1) als „zentrale Verhaltenspflicht" begreift, die sämtliche Tätigkeiten im Rahmen der Abschlussprüfung erfasst, also nicht nur die eigentlichen Prüfungshandlungen,[141] sondern auch die Entgegennahme von Unterlagen und die Einholung von Auskünften (§ 320), die Berichterstattung über die Prüfung nach § 321 einschließlich der Redepflicht (§ 321 Abs. 1 S. 3) sowie die Erteilung des Bestätigungsvermerks bzw. seine Einschränkung und Versagung.

2. Flucht in unbestimmte Rechtsbegriffe. Der Jahresabschluss ist kein mathema- **30** tisch-exaktes Werk von Zahlen und Sprache, sondern etwas Relatives; er ist eine Funktion der ihm zugrunde liegenden Ansatz- und Bewertungsregeln, die der bilanzierungspflichtigen Gesellschaft oftmals Spielräume zugestehen. Auf die Pilatus-Frage: **„Was ist Wahrheit?"** (Joh. 18, 38), gibt es im Recht der Rechnungslegung häufig mehrere vertretbare Antworten.[142] Die Abschlussprüfung selbst beruht ebenfalls nicht auf einer (naturwissenschaftlich) exakten Wissenschaft, sondern ist „Kunsthandwerk auf höchstem Niveau" (*„auditing is an art, not a science"*).[143] Dementsprechend hat der deutsche Gesetzgeber – wie die Gesetzgeber nahezu aller Industrieländer – seit Einführung der Pflichtprüfung im Jahre 1931 bewusst davon abgesehen, die Anforderungen an die eigentlichen Prüfungshandlungen und das sonstige Verhalten des Prüfers und seiner Gehilfen im Rahmen der Abschlussprüfung gesetzlich zu konkretisieren. Der Gesetzgeber hat vielmehr in unbestimmten Rechtsbegriffen („gewissenhafte", „sorgfältige" und „unparteiische" Prüfung – Abs. 1 S. 1; § 317 Abs. 1 S. 3; § 320 Abs. 2 S. 1 und 3) Zuflucht gesucht. Durch die kalkulierte Unbestimmtheit und Offenheit der Begriffe „gewissenhaft", „sorgfältig" und „unparteiisch" hat der Gesetzgeber eine gewisse Elastizität geschaffen. Der deutsche Gesetzgeber war sich darüber im Klaren, dass es unmöglich ist, alle mit der Durchführung der Abschlussprüfung zusammenhängenden Fragen gesetzlich zu regeln (s. zum Recht der Unabhängigkeit des Abschlussprüfers schon → § 319 Rn. 43). Im Übrigen erschien es zweckmäßig, die Fortentwicklung bestehender und die Entwicklung neuer Prüfungsgrundsätze durch starre gesetzliche Regeln nicht zu hemmen.[144]

---

[136] Zum Verstoß gegen die Pflicht zur gewissenhaften Berufsausübung durch Erteilung eines Bestätigungsvermerks aF: LG Berlin WPK-Mitt. 2003, 208.

[137] Ebke JZ 1998, 991 (995) mwN.

[138] HKMS/Staake/Müller Rn. 22.

[139] Zu der Frage, ob auch sich aus der WPO, der Berufssatzung der WPK oder Verlautbarungen internationaler oder sonstiger Berufsorganisationen ergebenden Pflichten bei Verletzung eine Haftung nach § 323 begründen können, → § 323 Rn. 35 f.; Sommerschuh, Berufshaftung und Berufsaufsicht: Wirtschaftsprüfer, Rechtsanwälte und Notare im Vergleich, 2003, S. 170, 171.

[140] Gehringer, Abschlussprüfung, Gewissenhaftigkeit und Prüfungsstandards, 2002, S. 43 f.; zust. Schaible, Haftung von Wirtschaftsprüfern, 2021, 47; idS wohl auch Günther, Die Unabhängigkeit des Abschlussprüfers bei privaten Unternehmen in Deutschland, 2019, S. 77.

[141] HKMS/Staake/Müller Rn. 22. Zur stichprobenweisen Prüfung: OLG Stuttgart NZG 2022, 953 Rn. 47; LG München ZIP 2008, 1123.

[142] Großfeld/Luttermann Bilanzrecht S. 26 ff. Instruktiv OLG Düsseldorf BeckRS 2020, 16214 Rn. 197 (die Anwendung der für alle Kaufleute verbindlichen Bilanzierungs- [§§ 242 ff. HGB] und Bewertungsvorschriften [§§ 252 ff. HGB] könne „nie zu einer absolut richtigen Bilanz führen …, da vor allem bei Bilanzposten mit Bewertungsanteil eine Objektivierung immer nur beschränkt möglich sein wird." Bei der Frage, ob eine Bilanz unrichtig bzw. unvollständig ist, sei vielmehr „darauf abzustellen, ob sich aus ihr für den bilanzkundigen Leser ein von den tatsächlichen wirtschaftlichen Verhältnissen in wesentlichen Punkten eindeutig, dh. nicht nur unerheblich abweichendes Bild ergibt.").

[143] Ebke Nw. U. L. Rev. 79 (1984), 663 (683).

[144] Pougin, Die Berücksichtigung des internen Kontrollsystems als Grundlage ordnungsmäßiger Abschlußprüfung, 1958, S. 24 und 29.

31   **3. Berufsgrundsätze.** Nationale und internationale Berufsorganisationen der Wirtschaftsprüfer haben die Anforderungen an eine ordnungsmäßige Abschlussprüfung in vielfältiger Weise zu konkretisieren versucht.

32   **a) IDW.** Das gilt namentlich für das Institut der Wirtschaftsprüfer in Deutschland e. V. (IDW).[145]

33   **aa) IDW Prüfungsstandards.** Grundlegend und wegweisend waren die **Fachgutachten des IDW**[146] – wie das FG 1/1988: *Grundsätze ordnungsmäßiger Durchführung von Abschlußprüfungen*[147] (heute: IDW PS 200: *Ziele und allgemeine Grundsätze der Durchführung von Abschlußprüfungen*[148] und IDW PS 201: *Rechnungslegungs- und Prüfungsgrundsätze für die Abschlussprüfung*[149]), das FG 2/1988: *Grundsätze ordnungsmäßiger Berichterstattung bei Abschlußprüfungen*[150] (heute: IDW PS 450: *Grundsätze ordnungsmäßiger Erstellung von Prüfungsberichten*[151]) und das FG 3/1988: *Grundsätze für die Erteilung von Bestätigungsvermerken bei Abschlußprüfungen*[152] (heute: IDW PS 400: *Bildung eines Prüfungsurteils und Erteilung eines Bestätigungsvermerks*[153]) – sowie die Stellungnahmen des Hauptfachausschusses (HFA),[154] die Stellungnahmen von Fachausschüssen[155] und sonstige Verlautbarungen des IDW sowie gemeinsame Stellungnahmen des IDW und der WPK.[156]

34   Mitte 1998 beschloss das IDW, die drei Fachgutachten nach Inhalt, Form und Struktur den Internationalen Prüfungsstandards („International Standards on Auditing" [ISA]) anzugleichen, um für den internationalen Bereich nachvollziehbar zu machen, dass die deutschen Berufsgrundsätze den strengen internationalen Maßstäben nicht nachstehen.[157] Zugleich wurde beschlossen, die Bezeichnung „Fachgutachten" aufzugeben und durch **IDW Prüfungsstandards (IDW PS)** zu ersetzen (→ § 317 Rn. 25 ff.).[158] Diese werden in Fachausschüssen und Arbeitskreisen des IDW erarbeitet und werden in einem geregelten Verfahren angenommen. Die IDW PS gliedern sich in IDW PS 100: Zusammenfassender Standard, IDW PS 120-199: Qualitätssicherung, IDW PS 200-249: Prüfungsgegenstand und Prüfungsauftrag, IDW PS 250-299: Prüfungsansatz, IDW PS 300-399: Prüfungsdurchführung, IDW PS 400-499: Bestätigungsvermerk, Prüfungsbericht und Bescheinigungen, IDW PS 500-799: Abschlussprüfung von Unternehmen bestimmter Branchen und IDW PS 800-999: andere Reporting-Aufträge (vollständige Auflistung in → § 317 Rn. 52 ff.). Darüber hinaus veröffentlicht das **IDW Prüfungshinweise (IDW PH);** in ihnen wird die Auffassung der IDW-Fachgremien zu einzelnen Prüfungsfragen – meist ergänzend zu den IDW PS – erläutert. IDW PH geben aus Sicht des Berufsstands eine „Orientierung für die Berufsangehörigen", haben aber nicht den gleichen Grad der Verbindlichkeit wie IDW PS; ihre

---

[145]   Zur Geschichte des IDW s. IDW, 75 Jahre Wirtschaftsprüfer im IDW, 2017, S. 7 ff.

[146]   Dazu näher Hirsch, Die Bedeutung der vom Institut der Wirtschaftsprüfer herausgegebenen Fachgutachten, Stellungnahmen und Verlautbarungen, 1990; Richter DBW 38 (1978), 21 (30 Fn. 55). Vgl. zum FG 1/1988: OLG Frankfurt BeckRS 2014, 1190919 betr. § 323 Abs. 2 HGB aF (Nichtzulassungsbeschwerde zurückgewiesen: BGH 8.9.2016 – VII ZR 242/14.

[147]   WPg 1989, 9.

[148]   Stand: 3.6.2015, WPg 2000, 706, WPg Supp. 3/2015, 1.

[149]   Stand: 23.4.2021, IDW Life 2021, 500. Dazu Moser/Weiser WPg 2022, 116.

[150]   WPg 1989, 20.

[151]   Stand: 28.10.2021, IDW Life 2022, 78.

[152]   WPg 1989, 27.

[153]   Stand: 29.10.2021, IDW Life 2021, 1291.

[154]   S. vor allem die Stellungnahme HFA 7/1997: Zur Aufdeckung von Unregelmäßigkeiten im Rahmen der Abschlußprüfung, WPg 1998, 29. Zur Rolle des Hauptfachausschusses des IDW: W. Schruff WPg 2006, 1.

[155]   S. etwa FAMA 1/1987: Grundsätze ordnungsmäßiger Buchführung bei computergestützten Verfahren der Prüfung.

[156]   S. nur die Gemeinsame Stellungnahme von IDW und WPK „Anforderungen an die Qualitätssicherung in der Wirtschaftsprüferpraxis" (VO 1/2006), WPg 2006, 629.

[157]   Zitzelsberger WPg 1998, 129 (131); ohne Verf. WPg 1998, 652.

[158]   Hense/Ulrich/Haarmann WPO § 43 Rn. 64. Die IDW Prüfungsstandards sind abgedruckt in IDW, IDW Prüfungsstandards/IDW Stellungnahmen zur Rechnungslegung (lfd. erg. Losebl.-Slg.).

Anwendung wird gleichwohl empfohlen.[159] Empfehlungen bezwecken, dem Adressaten ein bestimmtes Verhalten nahe zu legen, ohne sie rechtlich binden zu können (vgl. Art. 288 AEUV, § 675 Abs. 2 BGB). Dennoch werden sich die Mitglieder des IDW[160] im Rahmen ihrer Eigenverantwortlichkeit (§ 43 Abs. 1 S. 1 WPO) den Empfehlungen nicht verschließen (vgl. § 4 Abs. 9 S. 1 und 2 IDW-Satzung). Hinzu kommen **weitere IDW-Verlautbarungen** (zB IDW Stellungnahmen zur Rechnungslegung [IDW RS] und IDW Standards [IDW S]), welche die Berufsauffassung der Wirtschaftsprüfer zu fachlichen Fragen insbesondere der Rechnungslegung und Prüfung (zB IDW QS 1; → Rn. 74) darlegen.[161]

bb) Rechtliche Bedeutung. Über die rechtliche Bedeutung der in den IDW PS zum   **35** Ausdruck kommenden Berufsauffassung *im Rahmen des zivilen Haftungsrechts* herrscht Streit. Bezüglich der ehemaligen Fachgutachten wurde die Ansicht vertreten, dass die darin enthaltenen Berufsgrundsätze und Berufsauffassungen für Zwecke des zivilen Haftungsrechts den „Pflichtenkreis [des Abschlussprüfers und seiner Gehilfen] bestimmen und ausfüllen".[162] Andere sahen in ihnen dagegen nur einen „induktiven Beitrag sachkundiger Wirtschaftsprüfer zur Formulierung der in § 317 HGB nicht ausformulierten GoA",[163] die bei der deduktiv-teleologischen Gewinnung von Maßstäben für das Prüfverhalten aus den Zielvorgaben der Abschlussprüfung (→ § 317 Rn. 20 ff.) und der Konkretisierung des gesetzlichen Gebots der Gewissenhaftigkeit und Unparteilichkeit (§ 323 Abs. 1 S. 1 Hs. 1, § 317 Abs. 1 S. 3) sowie der sorgfältigen Prüfung (§ 320 Abs. 2 S. 1 und 3) wichtige Entscheidungshilfen sind.[164] Das IDW selbst hebt in IDW PS 201.29 die **„besondere Bedeutung"** der IDW PS hervor. Aufgrund ihrer Erarbeitung in Fachausschüssen und Arbeitskreisen des IDW, „die durch ihre Zusammensetzung und Arbeitsweise den Berufsstand der Wirtschaftsprüfer vertreten, sowie aufgrund des Verfahrens ihrer Verabschiedung" komme den IDW PS „besondere Bedeutung" zu. Eine Abweichung von den IDW PS könne „im Rahmen der Eigenverantwortlichkeit des Wirtschaftsprüfers in Ausnahmefällen erfolgen, die im Prüfungsbericht hervorzuheben und angemessen zu begründen seien (IDW PS 201.29). Falls die IDW PS vom Abschlussprüfer nicht beachtet werden, ohne dass dafür gewichtige Gründe vorliegen, sei „damit zu rechnen, dass eine solche Abweichung von der Berufsauffassung ggf. in Regressfällen, in einem Verfahren der Berufsaufsicht oder in einem Strafverfahren zum Nachteil des Abschlussprüfers ausgelegt werden kann" (IDW PS 201.29).

Der langjährige Leiter des HFA des IDW (2001–2013) Wienand Schruff hat unter   **36** Berufung auf das OLG Braunschweig[165] die Auffassung vertreten, dass den IDW PS „als fachtechnischen Prüfungsnormen" eine **„faktische Bindungswirkung"** zukommt.[166] Wohl auf der Grundlage eines ähnlichen Verständnisses hat das OLG Frankfurt a.M. in einem Pflichtprüfungsfall (§§ 316 ff.) angenommen, dass die IDW Verlautbarungen die Pflichten des Abschlussprüfers „konkretisieren", und hat daher die Pflichten der beklagten

---

[159]   IDW PS 201: Rechnungslegungs- und Prüfungsgrundsätze für die Abschlussprüfung (Stand: 23.4.2021), IDW Life 2021, 500 (Tz. 29a).

[160]   Die Mitgliedschaft in dem 1932 gegründeten IDW ist freiwillig; eine Pflichtmitgliedschaft wie bei der WPK (§§ 58 Abs. 1 S. 1, 128 Abs. 3 WPO) gibt es nicht. Am 31.12.2021 hatte das IDW 12.966 ordentliche Mitglieder, davon 1.109 Wirtschaftsprüfungsgesellschaften sowie 11.857 Wirtschaftsprüfer und Wirtschaftsprüferinnen. Das entspricht ca. 80 % aller WP/WPG in Deutschland.

[161]   Hense/Ulrich/Haarmann WPO § 43 Rn. 64.

[162]   LG Frankfurt a. M. BB 1997, 1682 (1684); aA Richter 38 DBW 38 (1978), 21 (30 Fn. 55) („nicht verbindlich"); krit. auch Ebke BB 1997, 1731 (1733).

[163]   Ruhnke/Seidel BB 2002, 138 (139).

[164]   Ebke Wirtschaftsprüfer S. 19–21; Fliess WPK-Mitt. Sonderheft Juni 1977, 126 (129, 130); Leicht, Die Qualifikation der Haftung von Angehörigen rechts- und wirtschaftsberatender Berufe im grenzüberschreitenden Dienstleistungsverkehr, 2002, 50 („… keinen verbindlichen Charakter … Orientierungshilfe … und … in gewissem Maße … Beurteilungshilfe bei gerichtlichen Entscheidungen …"); Hopt/Merkt Rn. 1. S. auch LG Berlin WPK-Mitt. 2003, 67 (68) („… sorgfältig und unter Beachtung der Grundsätze ordnungsmäßiger Abschlussprüfung …").

[165]   OLG Braunschweig WPK-Mitt. 1995, 209 (210). Krit. dazu Sommerschuh, Berufshaftung und Berufsaufsicht: Wirtschaftsprüfer, Rechtsanwälte und Notare im Vergleich, 2003, S. 172.

[166]   W. Schruff WPg 2006, 1 (6); vgl. Hense/Ulrich/Haarmann WPO § 43 Rn. 66.

Wirtschaftsprüfer zur „ordnungsgemäßen" Abschlussprüfung „an diesen Vorgaben" „gemessen".[167] Aus dem damals „gültigen" „Bestimmungen" des FG 1/1988 (→ Rn. 33) ergebe sich, dass, wenn „nach einer gewissen Zeit" eine Saldenbestätigung nicht eingegangen sei, sich der Prüfer in anderer Weise, nämlich durch Prüfung der zugrunde liegenden Unterlagen sowie vereinnahmter Zahlungen ein Urteil über diesen Posten zu bilden habe.[168] Die Prüfungstätigkeit hinsichtlich des internen Kontrollsystems habe den vom IDW aufgestellten Prüfungsstandards ebenfalls „nicht genügt".[169] Ähnliches Gewicht räumt das OLG Dresden den IDW PS ein. Nach Ansicht des Gerichts gilt die fehlende Dokumentation einer aus fachlicher Sicht nach IDW PS 460: *Arbeitspapiere des Abschlussprüfers*[170] zu dokumentierenden Maßnahme „zumindest als erhebliches Indiz, dass diese unterblieben ist".[171] Mehrere Autoren vertreten die Auffassung, dass die IDW PS und sonstigen Verlautbarungen des IDW zwar „nicht unmittelbar verbindlich wirken", aber „praktisch als **Mindestanforderungen**" an das berufliche Verhalten des Abschlussprüfers anzusehen sind.[172] Dagegen hat das OLG Düsseldorf unlängst entschieden, dass es zu weit gehen würde, die Verlautbarungen des IDW, „die konkretisierende Angaben zur Abschlussprüfung machen," als „Mindestanforderungen an die Abschlussprüfung anzusehen und zu fordern, dass sie im Einzelfall eingehalten werden müssen".[173] Die Verlautbarungen des IDW hätten „primär den Zweck, dem Abschlussprüfer einen Bestand an anerkannten Regeln aufzuzeigen;" sie enthielten aber „keine Weisungen an den Abschlussprüfer".[174] Allein deshalb, weil der Abschlussprüfer von einer Verlautbarung des IDW abgewichen sei, könne „nicht angenommen werden, dass die Abschlussprüfung nicht gewissenhaft durchgeführt" wurde.[175] Das AG Duisburg war unter Geltung der Fachgutachten des IDW (→ Rn. 33) ebenfalls der Ansicht, dass „eine Stellungnahme des Hauptfachausschusses des IDW nicht kraft besonderer Autorität die gerichtliche Auslegung einer gesetzlichen Vorschrift [betreffend die Pflicht des Abschlussprüfers zur „gewissenhaften" und „unparteiischen", § 317 Abs. 1 S. 3, § 323 Abs. 1 S. 1 Hs. 1, sowie „sorgfältigen", § 320 Abs. 2 S. 1 und 3, § 276 Abs. 2 BGB, Prüfung] verdrängen kann".[176] In dieselbe Richtung weist ein Urteil des LG Stuttgart.[177]

37   **cc) Stellungnahme.** Aus *juristischer* Sicht sind nur die zuletzt genannten Auffassungen des OLG Düsseldorf, des AG Duisburg und des LG Stuttgart haltbar.[178] **IDW PS, IDW PS KMU** und die sonstigen Verlautbarungen des IDW (zu den ISA [DE] → Rn. 39) sind nach heute herrschender und zutreffender Meinung[179] **keine Rechts-**

---

[167] OLG Frankfurt a.M. BeckRS 2014, 1190919 = ECLI:DE:OLGHE:2013:0814.6U114.08 (Nichtzulassungsbeschwerde zurückgewiesen: BGH 8.9.2016 VII ZR 242/14).

[168] OLG Frankfurt a.M. BeckRS 2014, 1190919 (Nichtzulassungsbeschwerde zurückgewiesen: BGH 8.9.2016 – VII ZR 242/14).

[169] OLG Frankfurt a.M. BeckRS 2014, 1190919 (Nichtzulassungsbeschwerde zurückgewiesen: BGH 8.9.2016 – VII ZR 242/14).

[170] Stand: 9.9.2009, WPg Supp. 2008, 27, WPg Supp. 2009, 1.

[171] OLG Dresden BeckRS 2012, 10869 Tz. 58.

[172] Schüppen Rn. 4; Hopt/Merkt Rn. 1 („nicht unmittelbar [haftungs]rechtlich verbindlich [nur persuasive], aber wirken praktisch vor allem im Rechtsstreit, oft [nicht automatisch] als Mindestanforderungen …"); Merkt ZGR 2015, 215 (222); Hopt WPg 1986, 498 (503); Schülke, IDW-Standards und Unternehmensrecht, 2014, S. 334.

[173] OLG Düsseldorf BeckRS 2021, 41602 Rn. 23; gleicher Ansicht BeBiKo/Justenhoven/Feldmüller Rn. 12 („zu weit gehend").

[174] OLG Düsseldorf BeckRS 2021, 41602 Rn. 23; ebenso BeBiKo/Justenhoven/Feldmüller Rn. 12 („keine Weisungen, denen der Abschlussprüfer ohne weiteres zu folgen verpflichtet wäre").

[175] OLG Düsseldorf BeckRS 2021, 41602 Rn. 23; idS auch BeBiKo/Justenhoven/Feldmüller Rn. 12.

[176] AG Duisburg DB 1994, 466 (467).

[177] LG Stuttgart Urt. v. 8.12.1975 – 14 O 504/73 (unveröffentlicht); zu diesem Urteil Hirsch, Die Bedeutung der vom Institut der Wirtschaftsprüfer herausgegebenen Fachgutachten, Stellungnahmen und Verlautbarungen, 1990, S. 36–38.

[178] BeBiKo/Justenhoven/Feldmüller Rn. 12 („nicht unmittelbar rechtlich verbindlich"); Ebke Wirtschaftsprüfer S. 20 mwN; Sommerschuh, Berufshaftung und Berufsaufsicht: Wirtschaftsprüfer, Rechtsanwälte und Notare im Vergleich, 2003, S. 172; Gehringer WPg 2003, 849 (852).

[179] Hense/Ulrich/Haarmann WPO § 43 Rn. 66 („keine Rechtsnormen"); Ebke, Die Arbeitspapiere des Wirtschaftsprüfers und Steuerberaters im Zivilprozess, 2003, S. 4; Fliess WPK-Mitt. Sonderheft Juni

normen.[180] Als Privatrechtssubjekt steht dem IDW keine originäre Rechtsetzungsbefugnis zu.[181] Eine abgeleitete Rechtsetzungskompetenz des IDW liegt mangels staatlicher Anerkennung nicht vor. Insbesondere ist das IDW – anders als beispielsweise das Deutsche Rechnungslegungs Standards Committee (DRSC)[182] – keine vom BMJV vertraglich anerkannte, privatrechtlich organisierte Einrichtung, deren Prüfungsstandards die Vermutung in sich tragen, den gesetzlichen Anforderungen an eine sorgfältige und gewissenhafte Abschlussprüfung zu entsprechen (vgl. § 342 Abs. 1 und 2).[183] Bei den IDW PS sowie den sonstigen Verlautbarungen des IDW handelt es sich auch nicht um Gewohnheitsrecht.[184] Vielmehr binden die IDW PS und IDW PS KMU allein die Mitglieder des IDW (§ 4 Abs. 9 S. 1 IDW-Satzung).[185] Sie sind mit anderen Worten verbandsinterne Regeln ohne rechtliche Verbindlichkeit im Außenverhältnis.[186] **Für die Gerichte** sind die IDW PS, IDW PS KMU sowie die sonstigen Verlautbarungen des IDW deshalb bei der Auslegung und Anwendung der §§ 317 Abs. 1 S. 3, 323 Abs. 1 S. 1 Hs. 1 sowie § 320 Abs. 2 S. 1 und 3; § 276 Abs. 2 BGB **rechtlich nicht verbindlich,**[187] sondern allenfalls wichtige Erkenntnisquelle und Entscheidungshilfe, „die kraft sachlicher Überzeugung wirken"[188] (*„persuasive, but not conclusive evidence"*).[189] Die einschlägigen Berufsstandards

---

[   ] 1977, 126 (129, 130); Leicht, Die Qualifikation der Haftung von Angehörigen rechts- und wirtschaftsberatender Berufe im grenzüberschreitenden Dienstleistungsverkehr, 2002, S. 50; Hopt/Merkt Rn. 1; HKMS/Burg/Müller § 321 Rn. 27; Gehringer WPg 2003, 849 (852); Hauser, Jahresabschlussprüfung und Aufdeckung von Wirtschaftskriminalität, 2000, S. 64f.; Hommelhoff/Mattheus FS Röhricht, 2005, 911; Mertin/Schmidt WPg 2001, 317 (324); Niemann DStR 2003, 1454 (1455); Rosenboom, Abschlussprüfung und Haftung nach portugiesischem Recht, 2004, S. 29; J. Richter, Die Dritthaftung der Abschlussprüfer – Eine rechtsvergleichende Untersuchung des englischen, US-amerikanischen, kanadischen und deutschen Rechts, 2007, S. 64; Sommerschuh, Berufshaftung und Berufsaufsicht: Wirtschaftsprüfer, Rechtsanwälte und Notare im Vergleich, 2003, S. 172; Staub/Habersack/Schürnbrand Rn. 13; wN bei Schaible, Haftung von Wirtschaftsprüfern, 2021, S. 44 Fn. 196; aA Scherrer DB 1977, 1326 (1327); Löw AG 1987, 158 (159); Taupitz DB 1990, 2367 (2368).

[180] Unter „Rechtsnorm" verstehen Juristen entweder eine gesetzliche Regelung oder eine auf gesetzlicher Grundlage ergangene oder eine im Gewohnheitsrecht enthaltene Vorschrift generell-abstrakter Natur (vgl. Art. 2 EGBGB). Zu Einzelheiten der Arten der Rechtsnormen Rüthers/Fischer/Birk, Rechtstheorie und Juristische Methodenlehre, 12. Aufl. 2022, S. 61–71.

[181] OLG Stuttgart NZG 2022, 953 Rn. 38; ebenso Schaible, Haftung von Wirtschaftsprüfern, 2021, S. 43 unter Hinweis auf Gehringer, Abschlussprüfung, Gewissenhaftigkeit und Prüfungsstandards, 2002, S. 112 und Ruhnke/M. Schmidt/Seidel BB 2002, 138 (139).

[182] Dazu näher Ebke ZIP 1999, 1193 und → § 342 Rn. 23 ff.

[183] Vgl. Hense/Ulrich/Richter WPO Einl. Rn. 59.

[184] H.-J. Hirsch, Die Bedeutung der vom Institut der Wirtschaftsprüfer herausgegebenen Fachgutachten, Stellungnahmen und Verlautbarungen, 1990, S. 117–119; Ebke, Die Arbeitspapiere des Wirtschaftsprüfers und Steuerberaters im Zivilprozess, 2003, 4; Staub/Habersack/Schürnbrand Rn. 13. Zum Zustandekommen und zur Bedeutung von Gewohnheitsrecht s. nur Rüthers/Fischer/Birk, Rechtstheorie und Juristische Methodenlehre, 12. Aufl. 2022, S. 152–154.

[185] Hense/Ulrich/Richter WPO Einl. Rn. 59 („keine normative Wirkung", sondern nur „Selbstbindung der Mitglieder") und 60 („tunlichst zu beachtende Standards"); Hense/Ulrich/Haarmann WPO § 43 Rn. 66; Schaible, Haftung von Wirtschaftsprüfern, 2021, S. 43f. Die WPK schreibt ihren Mitgliedern die „Beachtung" der „für ihre Berufsausübung geltenden Bestimmungen … und fachliche[n] Regeln" in § 4 Abs. 1 BS WP/vBP ausdrücklich vor.

[186] Vgl. Ruhnke/Seidel BB 2002, 138 (139); Hommelhoff/Mattheus FS Röhricht, 2005, 911; Hense/Ulrich/Haarmann WPO § 43 Rn. 66.

[187] OLG Stuttgart NZG 2022, 953 Rn. 38; Hense/Ulrich/Haarmann WPO § 43 Rn. 66 („sie können Gerichte z.B. in zivilrechtlichen Haftungsprozessen nicht unmittelbar binden"). Ebenso das australische Recht: Pacific Acceptance Corporation v. Forsyth [1970] 92 WN (NSW) 29 (per Moffitt, J.) („it was not a question for the court requiring higher standards …"); gleicher Ansicht Nguyen/Rajapakse Common Law World Rev. 37 (2008), 9 (17) („… although professional standards are considered, the courts have formulated their own common law and statutory tests in determining whether auditors are liable to companies and third parties").

[188] Vgl. OLG Stuttgart NZG 2022, 953 Rn. 38.

[189] Ähnlich Hense/Ulrich/Haarmann WPO § 43 Rn. 66 („Entscheidungshilfe", „Erkenntnisquelle") unter Hinweis auf BGH ZIP 2012, 1128 = NZG 2012, 711 Rn. 22 („bei dem für den hier interessierenden Zeitraum einschlägigen Wirtschaftsprüfer-Handbuch 1996 handelt es sich nicht um eine völlig unverbindliche ‚private Meinung'"); Gehringer WPg 2003, 849 (853); Niemann DStR 2003, 1454 (1455); Wölber, Die Abschlussprüferhaftung im Europäischen Binnenmarkt, 2005, S. 54; Schaible, Haftung von Wirtschafts-

stellen, so betont das OLG Stuttgart, „sachkundige Vorschläge für die Konkretisierung des Gesetzes dar und geben die fachliche Meinung der einschlägigen Verkehrskreise wieder".[190] Habe ein Abschlussprüfer die berufsständischen Standards eingehalten, sei dies „zumindest ein starkes Indiz" für eine gewissenhafte und unparteiische Prüfung iSd Abs. 1 S. 1 Hs. 1.[191] Gleiches gilt für die **IDW QS 1:** Anforderungen an die Qualitätssicherung in der Wirtschaftsprüferpraxis (Stand: 9.6.2017)[192] sowie **IDW QMS 1:** Qualitätsmanagement in der Wirtschaftsprüferpraxis (Stand: 28.9.2022)[193] und **IDW QMS 2:** Auftragsbegleitende Qualitätssicherung (Stand: 28.9.2022) (→ § 317 Rn. 74 f.).[194]

38   **b) Verlautbarungen internationaler Berufsorganisationen.** In den letzten Jahren haben internationale Berufsorganisationen (IFAC, FEE, IASC) vermehrt fachliche Verlautbarungen zur Abschlussprüfung veröffentlicht.[195]

39   **aa) ISA [DE].** Besondere Bedeutung kommt insoweit den von dem International Auditing and Assurance Standards Board (IAASB) der International Federation of Accountants (IFAC) herausgegebenen **International Standards on Auditing** (ISA) zu, die sich in erster Linie an die nationalen Mitglieder der IFAC (für Deutschland IDW und WPK) richten, die sich verpflichtet haben, die Berufsangehörigen über die Verlautbarungen zu informieren und diese im Rahmen des rechtlich Zulässigen in die nationalen Prüfungsstandards zu transformieren (vgl. IDW PS 201.23).[196] In Deutschland werden die ISA für Wirtschaftsprüfer allerdings erst mit ihrer Annahme (*adoption*) durch die Europäische Kommission nach Art. 26 Abs. 1 Abschlussprüfer-RL rechtlich verbindlich (§ 317 Abs. 5). Die **Europäische Kommission** hat bisher (Stand: Mai 2023) noch **keine ISA angenommen** (→ § 317 Rn. 99).[197] Der HFA des IDW hat jedoch inzwischen eine Reihe von ISA [DE] verabschiedet (→ § 317 Rn. 42).[198] Bei den IDW ISA [DE] handelt es sich um die übersetzten Fassungen der vom IAASB verabschiedeten ISA, bei denen die zu beachtenden nationalen Besonderheiten entweder als sog. „D.-Textziffer" oder in eckigen Klammern ergänzt sind.[199] Infolge der Übernahme der ISA durch das IDW in den ISA [DE] (unter Berücksichtigung der zwingenden nationalen Besonderheiten) können die ISA mittelbar schon erhebliche Bedeutung erlangen.

40   **bb) Rechtliche Bedeutung.** Ebenso wie die IDW PS sind die **ISA [DE]** zwar **keine verbindlichen Rechtsnormen**[200] und binden insbesondere nicht die deutschen Gerichte bei der Auslegung und Konkretisierung der Pflicht des Abschlussprüfers zur „gewissenhaften" und „unparteiischen" (§ 317 Abs. 1 S. 3, § 323 Abs. 1 S. 1 Hs. 1) sowie „sorgfältigen" (§ 320 Abs. 2 S. 1 und 3; § 276 Abs. 2 BGB) Prüfung. Als Standards, die in einem geordneten Verfahren von einem international besetzten Gremium (IAASB) entwickelt, vom IDW über-

---

prüfen, 2021, S. 43 f. („wertvolle Orientierungshilfe"); Sommerschuh, Berufshaftung und Berufsaufsicht: Wirtschaftsprüfer, Rechtsanwälte und Notare im Vergleich, 2003, S. 171, 172; HKMS/Staake/Müller Rn. 24; ähnlich Hommelhoff/Mattheus FS Röhricht, 2005, 911.

[190]   OLG Stuttgart NZG 2022, 953 Rn. 39.; ähnlich OLG Frankfurt BeckRS 2014, 1190919 = ECLI:DE:OLGHE:2013:0814.6U114.08 (betr. § 323 Abs. 2 HGB aF) (Nichtzulassungsbeschwerde zurückgewiesen: BGH 8.9.2016 – VII ZR 242/14) („Die Pflichten des Abschlussprüfers werden insoweit konkretisiert durch die vom Institut für Wirtschaftsprüfer [IDW] normierten Prüfungsstandards, Prüfungshinweise und Stellungnahmen").

[191]   OLG Stuttgart NZG 2022, 953 Rn. 39.

[192]   IDW Life 2017, 887. Dazu Marten WPg 2017, 428; Marten WPg 2017, 610.

[193]   IDW Life 2022, 982.

[194]   IDW Life 2022, 1040.

[195]   Hense/Ulrich/Haarmann WPO § 43 Rn. 69 ff.; BeBiKo/Justenhoven/Feldmüller Rn. 13; Fliess WPK-Mitt. Sonderheft Juni 1997, 126; Kuhner WPK-Mitt. 1999, 7; Ruhnke DB 1995, 940; Ruhnke WPK-Mitt. 1997, 78. Zur Fortentwicklung der ISA Förschle/Schmidt FS Lück, 2003, 224; Mertin WPg 2003, 1.

[196]   BeBiKo/Justenhoven/Feldmüller Rn. 13; Hense/Ulrich/Haarmann WPO § 43 Rn. 69 ff.

[197]   OLG Düsseldorf BeckRS 2021, 41602 Rn. 23; Schaible, Haftung von Wirtschaftsprüfern, 2021, S. 64–65; Hense/Ulrich/Spang WPO § 43 Rn. 909.

[198]   Zum Übergang von IDW PS auf ISA [E-DE] 501 und ISA [E-DE] 505 Farr WPg 2019, 753.

[199]   Gewehr/Moser WPg 2018, 193 (194, 195); Schüppen Rn. 44.

[200]   Ebenso Schaible, Haftung von Wirtschaftsprüfern, 2021, S. 46.

setzt und an zwingende nationale Anforderungen angepasst und dann in einem feststehenden Verfahren verabschiedet worden sind, sind die ISA [DE] aber im Begriff, in der Praxis in Deutschland zu einer **wichtigen Erkenntnisquelle und Entscheidungshilfe für Wirtschaftsprüfer** zu werden, „die kraft sachlicher Überzeugung wirken"[201] (*„persuasive, but not conclusive evidence"*). Dadurch kommt den ISA [DE] aber noch keine „faktische Bindungswirkung" zu.[202] Denn die Entscheidung über die Berücksichtigung der ISA [DE] im Einzelfall liegt letztlich allein in den Händen der **Gerichte,** für die die ISA [DE] – ebenso wie die IDW PS – rechtlich nicht verbindlich sind.[203] Ungeachtet dessen ist es in der Tat rechtsstaatlich bedenklich, wenn die ISA über die ISA [DE] (mittelbar) Eingang in die Jahresabschlussprüfung deutscher Unternehmen finden, obgleich der europäische Gesetzgeber die Wirksamkeit der ISA ausdrücklich von einer förmlichen Annahme (*adoption*) abhängig macht.[204] Eine Rechtsverordnung nach § 317 Abs. 6 gibt es derzeit noch nicht.

c) Berufssatzung der WPK. Die Berufssatzung der WPK für Wirtschaftsprüfer/vereidigte Buchprüfer (BS WP/vBP) vom 3.6.2022 enthält detaillierte Aussagen zur Gewissenhaftigkeit (§ 4), zur Verschwiegenheit (§ 10), zur Unparteilichkeit (§ 28) und zum Verbot der Verwertung von Berufsgeheimnissen (§ 11). **41**

aa) Gewissenhaftigkeit. § 4 konkretisiert die in § 43 Abs. 1 S. 1 WPO[205] geregelte **42** Berufspflicht der Gewissenhaftigkeit.[206] § 4 Abs. 1 BS WP/vBP bestimmt, dass Wirtschaftsprüfer bei der Erfüllung ihrer Aufgaben an das Gesetz gebunden sind, sich über die für ihre Berufsausübung geltenden Bestimmungen zu unterrichten haben und diese sowie fachliche Regeln beachten müssen. Wirtschaftsprüfer dürfen Leistungen nur anbieten und Aufträge nur übernehmen, wenn sie über die dafür erforderliche Sachkunde und die zur Bearbeitung nötige Zeit verfügen (§ 4 Abs. 2 BS WP/vBP). Die Notwendigkeit fachlicher Fortbildung (§ 43 Abs. 2 S. 4 WPO)[207] zur Erhaltung und Sicherstellung der fachlichen Kompetenz wird in § 5 Abs. 1 S. 1 BS WP/vBP besonders betont. § 4 Abs. 3 BS WP/vBP verpflichtet Wirtschaftsprüfer darüber hinaus, durch eine **sachgerechte Gesamtplanung** aller Aufträge die Voraussetzungen dafür zu schaffen, dass die übernommenen Aufträge unter Beachtung der Berufsgrundsätze ordnungsgemäß durchgeführt und zeitgerecht abgeschlossen werden können. Treten nach Auftragsannahme Umstände auf, die zur **Ablehnung des Auftrages** hätten führen müssen, ist das Auftragsverhältnis zu beenden (§ 4 Abs. 4 BS WP/vBP). Zur Sicherung einer gewissenhaften Berufsausübung haben Wirtschaftsprüfer die Einhaltung der Berufspflichten in ihrer Praxis in angemessenen Zeitabständen zu überprüfen und Mängel abzustellen (§ 8 Abs. 1 S. 2 BS WP/vBP). Zu einer gewissenhaften Berufsausübung gehört auch, bei der Auswahl der Mitglieder des Prüfungsteams darauf zu achten, dass ausreichende praktische Erfahrungen, Verständnis der fachlichen Regeln, die notwendigen Branchenkenntnisse (§ 6 Abs. 1 BS WP/vBP)[208] sowie Verständnis für das in der Praxis eingerichtete

---

201 OLG Stuttgart NZG 2022, 953 Rn. 38.

202 So aber Schüppen Rn. 45; Gewehr/Moser WPg 2018, 193 (194); s. auch Schaible, Haftung von Wirtschaftsprüfern, 2021, S. 46 („… wirken aber vor allem im Rechtsstreit oft als Mindestanforderung."); aA BeBiKo/Justenhoven/Feldmüller Rn. 13 („unmittelbare Bindungswirkung für deutsche Berufsangehörige bislang nur dann, wenn sie bei der Abschlussprüfung ausdrücklich [ergänzend] angewendet werden").

203 So zutr. OLG Stuttgart NZG 2022, 953 Rn. 38.

204 Schüppen § 317 Rn. 46; vgl. Gewehr/Moser WPg 2018, 193 (193).

205 § 43 WPO gilt sinngemäß für Wirtschaftsprüfungsgesellschaften sowie für Vorstandsmitglieder, Geschäftsführer und persönlich haftende Gesellschafter einer Wirtschaftsprüfungsgesellschaft, die nicht Wirtschaftsprüfer sind (§ 56 Abs. 1 WPO).

206 HKMS/Staake/Müller Rn. 26–31; BeBiKo/Justenhoven/Feldmüller Rn. 11–14; Schüppen Rn. 4; Hense/Ulrich/Haarmann WPO § 43 Rn. 51 ff.

207 ABl. EG 2006 L 157, 87. S. auch Ruhnke/Füssel WPg 2010, 193.

208 Vgl. für die Prüfer IDW PS 230: Kenntnisse über die Geschäftstätigkeit sowie das wirtschaftliche und rechtliche Umfeld des zu prüfenden Unternehmens im Rahmen der Abschlussprüfung (Stand: 8.12.2005), WPg 2000, 842, WPg 2006, 218; s. ferner ISA [DE] 315 (Revised): Identifizierung und Beurteilung der Risiken wesentlich falscher Darstellungen aus dem Verständnis von der Einheit und ihrem Umfeld (Stand: 26.3.2020), IDW Life 2019, 669, IDW Life 2020, 509.

Qualitätssicherungssystem[209] vorhanden sind (§ 6 Abs. 2 BS WP/vBP). Zu einer gewissenhaften Prüfung gehört ferner, die Einhaltung der Prüfungsanweisungen zu überwachen. Wirtschaftsprüfer sind außerdem verpflichtet, bei Zweifelsfragen, die für das Prüfungsergebnis bedeutsam sind, internen oder externen fachlichen Rat einzuholen, soweit dies bei pflichtgemäßer Beurteilung des Prüfers nach den Umständen des Einzelfalls erforderlich ist. Eine planvolle Dokumentation der Abschlussprüfung ist ebenfalls Ausfluss des Gebots der Gewissenhaftigkeit des Abschlussprüfers (→ § 317 Rn. 102 ff.).[210] Zu den Pflichten des Wirtschaftsprüfers zur **Qualitätssicherung in der Wirtschaftsprüferpraxis** gehört nicht zuletzt die Pflicht zu einer Nachschau der Abwicklung von Aufträgen (§ 55b Abs. 3 WPO; § 49 BS WP/vbP). Eine solche (in angemessenen Abständen bzw. aus gegebenem Anlass stattfindende) Nachschau ist ein Vergleich der Anforderungen an eine gewissenhafte Abwicklung von Aufträgen mit deren tatsächlicher Abwicklung (§ 49 Abs. 2 S. 1 BS WP/vBP).[211] Art und Umfang der Nachschau müssen in einem angemessenen Verhältnis zu den abgewickelten Abschlussprüfungen stehen, wobei die Ergebnisse einer Qualitätskontrolle nach §§ 57a ff. WPO berücksichtigt werden können (§ 49 Abs. 2 S. 2 BS WP/vBP).

43   **bb) Unparteilichkeit.** § 28 Abs. 1 S. 1 BS WP/vBP konkretisiert die in § 43 Abs. 1 S. 2 WPO geregelte Berufspflicht der Unparteilichkeit.[212] § 28 Abs. 1 S. 1 BS WP/vBP bestimmt, dass Wirtschaftsprüfer sich „insbesondere bei der Erstattung von Prüfungsberichten und Gutachten unparteiisch zu verhalten [haben] (§ 43 Abs. 1 S. 2 WPO), dh keinen der Beteiligten zu benachteiligen oder bevorzugen". Dazu, so heißt es in § 28 Abs. 1 S. 2 BS WP/vBP weiter, ist es erforderlich, „den Sachverhalt vollständig zu erfassen, unter Abwägung der wesentlichen Gesichtspunkte fachlich zu beurteilen und bei der Berichterstattung alle wesentlichen Gesichtspunkte vollständig wiederzugeben". Kritische Aspekte dürfen dabei nicht „unterschlagen" werden. § 21 Abs. 1 BS WP/vBP bestimmt, dass Wirtschaftsprüfer ihre **Tätigkeit** zu **versagen** haben, wenn bei der Durchführung von Prüfungen die Besorgnis der Befangenheit besteht (§ 49 Hs. 2 WPO; vgl. § 318 Abs. 3 S. 1, § 319 Abs. 2).[213]

44   **cc) Verschwiegenheit.** § 10 BS WP/vBP konkretisiert die in § 43 Abs. 1 S. 1 WPO normierte Berufspflicht der Verschwiegenheit.[214] Danach dürfen Wirtschaftsprüfer „Tatsachen und Umstände, die ihnen bei ihrer Berufstätigkeit anvertraut oder bekannt werden, nicht unbefugt offenbaren" (§ 10 Abs. 1 BS WP/vBP). Sie haben darüber hinaus dafür Sorge zu tragen, dass solche Tatsachen und Umstände Unbefugten nicht bekannt werden (§ 10 Abs. 2 S. 1 BS WP/vBP) und entsprechende Vorkehrungen zu treffen (§ 9 Abs. 2 S. 2 BS WP/vBP). § 10 Abs. 3 BS WP/vBP stellt klar, dass die Pflichten nach § 10 Abs. 1 und 2 BS WP/vBP nach Beendigung eines Auftragsverhältnisses fortbestehen.[215] Innerhalb der Wirtschaftsprüfersozietät ist die Verschwiegenheit auch gegenüber nicht mit dem betreffenden Mandaten befassten Personen zu beachten.

---

[209]   Vgl. IDW PS 140: Durchführung von Qualitätskontrollen in der Wirtschaftsprüferpraxis (Stand: 9.6.2017), IDW Life 2017, 946. Zum Hintergrund Bruckner/Schmidt WPg 2017, 58; Marten WPg 2017, 308; Plendl/Schneiß WPg 2005, 545.

[210]   S. auch Lehwald Stbg 2005, 507.

[211]   IDW QS 1 Tz. 12 („Nachschau ist ein Prozess der Überwachung der Angemessenheit und Wirksamkeit des Qualitätssicherungssystems der WP-Praxis, einschließlich der Beurteilung der Einhaltung der Regelungen der WP-Praxis zur Abwicklung einzelner Aufträge"). Zu Einzelheiten der Nachschau nach § 55b WPO Farr WPg 2017, 299; Farr WPg 2017, 1368; Hense/Ulrich/Haarmann WPO § 43 Rn. 82; IDW QS 1 Tz. 205–226.

[212]   Zu Einzelheiten etwa BeBiKo/Justenhoven/Feldmüller Rn. 20–22; HKMS/Staake/Müller Rn. 32–35; Schüppen Rn. 4; Hense/Ulrich/Bärenz/Goltz WPO § 43 Rn. 426 ff.

[213]   Merkt FS Ebke, 2021, 663 (664–665).

[214]   Zu Einzelheiten etwa BeBiKo/Justenhoven/Feldmüller Rn. 25–34; HKMS/Staake/Müller Rn. 36–46; Schüppen Rn. 5–10; Wiedmann/Böcking/Gros/Böcking/Gros/Rabenhorst Rn. 8–11; Hense/Ulrich/Reuss WPO § 43 Rn. 226 ff.

[215]   Für den Prüfer für Qualitätskontrolle ist die Pflicht zur Verschwiegenheit eingeschränkt: § 57b Abs. 3 WPO: HKMS/Staake/Müller Rn. 47.

dd) Rechtliche Bedeutung. Die in § 57 Abs. 3 S. 1 WPO enthaltene Ermächtigung **45** der WPK zum Erlass einer Berufssatzung beschränkt die Rechtsetzungskompetenz auf die Schaffung „allgemeiner" und „besonderer" Berufspflichten (§ 57 Abs. 4 WPO) für die Kammermitglieder bei der Durchführung von Prüfungen. Daraus ergibt sich, dass die WPK nur ermächtigt ist, Regelungen für ihre Mitglieder und nur mit Wirkung im Innenverhältnis der Kammer zu setzen.[216] Als Satzung kann die BS WP/vBP verbindliche Rechtsfolgen naturgemäß nur für ihre Mitglieder setzen und damit nur im **Innenverhältnis** zwischen der WPK und den Wirtschaftsprüfern und Wirtschaftsprüfungsgesellschaften rechtliche Wirkung entfalten.[217] Im Verhältnis zu dem Auftraggeber des Wirtschaftsprüfers oder Dritten entfalten die Regeln der Berufssatzung der WPK keine unmittelbaren Rechtswirkungen.[218] Die BS WP/vBP als Standesrecht und die Haftung gem. Abs. 1 S. 3 im Außenverhältnis zum Auftraggeber bilden demnach zwei **„grundsätzlich unverbundene nebeneinanderstehende Rechtskreise".**[219] Für die Gerichte sind die Regeln der Berufssatzung bei der Auslegung und Anwendung der § 317 Abs. 1 S. 3, § 323 Abs. 1 S. 1 Hs. 1 sowie § 320 Abs. 2 S. 1 und 3; § 276 Abs. 2 BGB rechtlich nicht verbindlich.[220] Daher bleibt die Konkretisierung der Pflichten des Abschlussprüfers und seiner Gehilfen im Rahmen gesetzlicher Abschlussprüfungen letztlich unter der Kontrolle durch die Gerichte. Diese müssen die Maßstäbe für die eigentlichen Prüfungshandlungen im Rahmen der Prüfung (§ 317), die Entgegennahme von Unterlagen und die Einholung von Auskünften nach § 320, die Berichterstattung über die Prüfung nach § 321 (einschließlich der Redepflicht nach § 321 Abs. 1 S. 3) und die Erteilung des Bestätigungsvermerks bzw. seine Einschränkung oder Versagung nach § 322 aus den Zielen der Abschlussprüfung (§ 317) ableiten; dabei können die (die Gerichte nicht bindenden) Berufspflichten nach §§ 43 ff. WPO und ihre Konkretisierung in der BS WP/vBP eine wichtige Auslegungshilfe und Erkenntnisquelle sein.[221]

II. Gewissenhafte Prüfung (Abs. 1 S. 1)

Abs. 1 S. 1 verpflichtet den Prüfer, seine Gehilfen und die bei der Prüfung mitwirken- **46** den gesetzlichen Vertreter einer Prüfungsgesellschaft zur „gewissenhaften" Prüfung[222] (s. auch § 317 Abs. 1 S. 3; § 320 Abs. 2 S. 1 und 3 spricht dagegen von „sorgfältiger" Prüfung).[223]

1. Historischer Hintergrund. Eine gesetzliche Pflicht zur gewissenhaften Prüfung **47** besteht seit Einführung der Pflichtprüfung im Jahre 1931 (→ Rn. 4).[224] Die Gründe, die den Gesetzgeber veranlasst haben, in § 262g HGB 1931 den unbestimmten Rechtsbegriff „gewissenhaft" zu verwenden, liegen im Dunkeln. Das Adjektiv „gewissenhaft" zur Umschreibung der Pflichten aus einem schuldrechtlichen Vertrag (vgl. → § 318 Rn. 22) ist im deutschen Zivilrecht ungewöhnlich. Das Zivilrecht geht im Allgemeinen von der im Verkehr erforderlichen Sorgfalt aus (§ 276 Abs. 2 BGB). Den Begriff der **Gewissenhaftigkeit** verwendet der Gesetzgeber im Allgemeinen dann, wenn es um die Beschreibung von

---

[216] Vgl. BVerfG 45, 346 (352); BGHZ 72, 132 (138); AG Ludwigsburg NJW 1974, 1431.

[217] So zutr. Schaible, Haftung von Wirtschaftsprüfern, 2021, S. 42.

[218] HKMS/Staake/Müller Rn. 23; BeBiKo/Justenhoven/Feldmüller Rn. 14; Rosenboom, Abschlussprüfung und Haftung nach portugiesischem Recht, 2004, S. 30. Ebenso für die (zum 15.9.1996 aufgehobenen) Richtlinien der WPK über die Allgemeine Auffassung bezüglich Fragen der Ausübung des Berufs; s. auch OLG Düsseldorf BB 1996, 2614 (2616) (l. Sp.).

[219] Schaible, Haftung von Wirtschaftsprüfern, 2021, S. 42 unter Hinweis auf Staub/Habersack/Schürnbrand Rn. 12.

[220] IdS auch Wölber, Die Abschlussprüferhaftung im Europäischen Binnenmarkt, 2005, S. 55; Hommelhoff/Mattheus FS Röhricht, 2005, 905; aA möglicherweise Biener FS Baetge, 1997, 643.

[221] IdS auch HKMS/Staake/Müller Rn. 23; Schaible, Haftung von Wirtschaftsprüfern, 2021, S. 43 mwN.

[222] OLG Stuttgart NZG 2022, 953 Rn. 37; OLG Düsseldorf BeckRS 2021, 41602 Rn. 17.

[223] Die Pflicht zur Gewissenhaftigkeit findet sich auch in § 43 Abs. 1 S. 1 WPO und wird konkretisiert in § 4 BS WP/vBP.

[224] Zur Verfassungsmäßigkeit des unbestimmten Rechtsbegriffs der „Gewissenhaftigkeit" HKMS/Staake/Müller Rn. 26 (unter Hinweis auf BVerfG NJW 1982, 2487 und BGH NJW 2012, 3251) („hält sich im Rahmen der verfassungsrechtlichen Zulässigkeit").

Pflichten geht, die sich aus einem besonderen Treueverhältnis ergeben.[225] Es liegt daher die Vermutung nahe, dass der Gesetzgeber mit der Verwendung des Begriffs der Gewissenhaftigkeit über das Gebot der im Verkehr erforderlichen Sorgfalt hinausgehen will oder zumindest ein besonders hohes Maß an Sorgfalt verlangt.[226]

48   **a) Treuepflichten.** In der Literatur wird die Forderung nach gewissenhaftem Verhalten im Rahmen der Abschlussprüfung von einigen Autoren als Ausdruck besonderer Treuepflichten gewertet. Nach dieser Ansicht bringt der Begriff „gewissenhaft" zum Ausdruck, „daß zwischen Prüfer und geprüfter Gesellschaft ein **Treueverhältnis besonderer Art** besteht".[227] Diese Ansicht ist heute allerdings nicht mehr haltbar, soweit sie mit der (früher vorherrschenden – → § 316 Rn. 32) Sicht von der Organstellung des Abschlussprüfers begründet wird.[228] Die Lehre von der Organstellung des Abschlussprüfers ist nämlich mit der vom Gesetz geforderten Objektivität des Abschlussprüfers (§ 323 Abs. 1 S. 1; § 318 Abs. 3 S. 1 iVm § 319 Abs. 2–5, § 43 Abs. 1 S. 1 WPO) unvereinbar. Der BGH, der aus der Organstellung des Prüfers noch Treuepflichten abgeleitet hatte, um daraus eine Rede- und Warnpflicht des Prüfers zu begründen,[229] scheint an seiner Auffassung nicht mehr festzuhalten.[230]

49   **b) Gewissen als Maßstab.** Andere Autoren versuchen das Adjektiv „gewissenhaft" mit dem Substantiv „Gewissen" in Verbindung zu bringen und daraus Rückschlüsse auf seine Bedeutung zu ziehen.[231] Gewissen sei, so betonen die Vertreter dieser Ansicht, das subjektive Bewusstsein des Einzelnen vom objektiven Wert oder Unwert seines eigenen Verhaltens. Gewissensentscheidungen seien subjektive Wertungen und würden von der persönlichen Auffassung getragen.[232] Um der Gefahr heilloser Subjektivität zu begegnen, bedarf es nach Ansicht einiger Vertreter dieser Auslegung einer Objektivierung des Maßstabes.[233] Die notwendige Objektivierung soll mit Hilfe des Gebots der Sorgfalt erreicht werden, wobei Sorgfalt als Summe der objektiv gebotenen Handlungen verstanden wird. Sorgfalt wird als Mindeststandard begriffen, während der Pflicht zur Gewissenhaftigkeit eine stärkere und tiefer greifende Verpflichtung als dem Gebot der im Verkehr erforderlichen Sorgfalt zukommen soll.[234] Kern dieser Überlegungen ist, dass das Gebot der Gewissenhaftigkeit über das Gebot der Sorgfalt hinausgeht.

50   **c) Gleichsetzung von Gewissenhaftigkeit und Sorgfalt.** Die Gegner dieser Ansicht richten sich vor allem gegen die Annahme, Gewissenhaftigkeit sei subjektiv, Sorgfalt

---

[225] S. zB § 64 Abs. 1 BBG, § 11 Abs. 1 iVm § 1 Abs. 1 S. 2 SoldatenG, § 93 Abs. 1 S. 1, § 116 AktG.

[226] Vgl. Ebke Wirtschaftsprüfer S. 20; Baumbach/Hueck/Schulze-Osterloh, 18. Aufl. 2006, GmbHG § 41 Rn. 167. S. auch LG Berlin WPK Magazin 3/2006, 39 (40) („berufsrechtliche Vorschriften streng zu beachten"); aA BeBiKo/Justenhoven/Feldmüller Rn. 11 („keine zusätzlichen oder erhöhten Anforderungen").

[227] Schlegelberger/Quassowki/Schmölder § 262g Rn. 2. S. ferner Klausing, Reform des Aktienrechts unter besonderer Berücksichtigung der Teilreform des Jahres 1931, 1933, S. 231; Gloeckner, Die zivilrechtliche Haftung des Wirtschaftsprüfers, 1967, S. 30 sowie aus neuerer Zeit Kuhner WPK-Mitt. 1999, 7 (10).

[228] IdS auch Gehringer, Abschlussprüfung, Gewissenhaftigkeit und Prüfungsstandards, 2002, S. 62, 63; Wölber, Die Abschlussprüferhaftung im Europäischen Binnenmarkt, 2005, S. 53 Fn. 126.

[229] BGHZ 16, 17 (25).

[230] Zweifelnd schon BGHZ 76, 338 (342) („wie ein Gesellschaftsorgan"); noch weiter gehend BGH DB 2010, 159 („außenstehender Dritter"); eindeutig BayObLGZ 1987, 297 (308); s. auch OLG Brandenburg GmbHR 2001, 865 (866).

[231] Schulze zur Wiesch, Grundsätze ordnungsmäßiger aktienrechtlicher Jahresabschlussprüfung, 1963, S. 110; Kircherer, Grundsätze ordnungsmäßiger Abschlussprüfung, 1970, S. 43; Völschau, Die Verantwortlichkeit des aktienrechtlichen Abschlußprüfers, 1966, S. 46. Weitere Nachweise bei Wölber, Die Abschlussprüferhaftung im Europäischen Binnenmarkt, 2005, S. 53 Fn. 127. Vgl. Niemann DStR 2004, 52 (53) („schon vom Wortsinn subjektiv orientiert").

[232] Vgl. Niemann DStR 2004, 52 (53) („Maßgeblichkeit seiner persönlichen Erfahrungen und Eindrücke").

[233] HKMS/Staake/Müller Rn. 28; Staub/Habersack/Schürnbrand Rn. 16.

[234] Schulze zur Wiesch, Grundsätze ordnungsmäßiger aktienrechtlicher Jahresabschlussprüfung, 1963, S. 111. Zum Ganzen Schade, Zur Konkretisierung des Gebots sorgfältiger Abschlussprüfung, 1982, S. 38; Kircherer, Grundsätze ordnungsmäßiger Abschlussprüfung, 1970, S. 44 und 140; Völschau, Die Verantwortlichkeit des aktienrechtlichen Abschlußprüfers, 1966, S. 46; Staub/Habersack/Schürnbrand Rn. 16.

hingegen objektiv zu bestimmen.[235] Sowohl Gewissenhaftigkeit als auch Sorgfalt hätten eine subjektive *und* eine objektive Komponente. Der Unterschied zwischen beiden bestehe darin, dass Gewissenhaftigkeit sich stärker auf einen inneren, psychischen Vorgang, Sorgfalt hingegen stärker auf ein äußeres Verhalten beziehe. Die Annahme, die Pflicht zur Gewissenhaftigkeit stelle höhere Anforderungen an das Verhalten des Abschlussprüfers als das Gebot der Sorgfalt, sei nicht zwingend. Richtig sei vielmehr, „gewissenhaft" und „sorgfältig" gleichzusetzen.[236] Der Maßstab der im Verkehr erforderlichen Sorgfalt sei ohnehin gruppenbezogen. Angehörige eines spezifischen Verkehrskreises müssten daher nach den Vorgaben des § 276 Abs. 2 BGB die in diesen Kreisen geltenden besonderen Fähigkeiten und Kenntnisse einsetzen und anwenden.[237] Für eine Gleichsetzung von Gewissenhaftigkeit und Sorgfalt könnte auch sprechen, dass der Gesetzgeber in den Vorschriften über die gesetzliche Abschlussprüfung (§§ 316–324a) mal von „gewissenhafter" Berufsausübung (§ 317 Abs. 1 S. 2, § 323 Abs. 1 S. 1), mal von „sorgfältiger" Prüfung (§ 320 Abs. 2 S. 1 und 3) spricht, ohne daran ersichtlich unterschiedliche Rechtsfolgen zu knüpfen.[238]

2. Normativer Charakter. Ungeachtet der unterschiedlichen Ausgangspositionen **51** besteht in der Literatur heute weitgehend Einigkeit darüber, dass es sich bei dem Begriff „gewissenhaft" in § 323 Abs. 1 S. 1 um einen unbestimmten Rechtsbegriff handelt, der normativ und nicht empirisch auszulegen und anzuwenden ist.[239] Der Richter hat sich bei der Konkretisierung der Pflicht zur gewissenhaften Prüfung also an Sinn und Zweck (Zielen) der gesetzlichen Regelungen über die Abschlussprüfung und ihr Substrat zu orientieren. Für den Inhalt der Pflicht zur gewissenhaften Prüfung kommt es danach nicht entscheidend darauf an, was nach den Anschauungen und Gepflogenheiten auch noch so „ehrbarer und ordentlicher Abschlussprüfer" **üblich** ist; maßgebend ist vielmehr allein, was nach Sinn und Zweck der gesetzlichen Regelungen über die Jahresabschlussprüfung und ihr Substrat **erforderlich** ist.[240] Bei der Ermittlung des danach Erforderlichen können die Verlautbarungen der nationalen und internationalen Berufsorganisationen der Wirtschaftsprüfer, insbesondere die IDW Prüfungsstandards, die IDW Prüfungshinweise und ISA [DE] (→ Rn. 30 ff.) sowie die Berufssatzung der WPK (→ Rn. 34 ff.) eine wichtige Erkenntnisquelle und Entscheidungshilfe sein; sie sind für die Gerichte aber *rechtlich nicht verbindlich* (→ Rn. 37, → Rn. 40).[241] Bei der Konkretisierung der Pflichten zur gewissenhaften bzw. sorgfältigen Abschlussprüfung ist der Grundsatz der Wesentlichkeit (*principle of audit materiality*) bei der Abschlussprüfung zu beachten (vgl. → § 317 Rn. 103 ff.).[242]

---

[235] HKMS/Staake/Müller Rn. 28–29; BeBiKo/Justenhoven/Feldmüller Rn. 11.

[236] Völschau, Die Verantwortlichkeit des aktienrechtlichen Abschlußprüfers, 1966, 47; eingehend und weiterführend Gehringer, Abschlussprüfung, Gewissenhaftigkeit und Prüfungsstandards, 2002, S. 66; Wölber, Die Abschlussprüferhaftung im Europäischen Binnenmarkt, 2005, S. 53.

[237] Vgl. BeBiKo/Justenhoven/Feldmüller Rn. 11.

[238] Gehringer, Abschlussprüfung, Gewissenhaftigkeit und Prüfungsstandards, 2002, S. 65; Gehringer WPg 2003, 849 (851) (zur Prüfung befreiender Konzernabschlüsse); Wölber, Die Abschlussprüferhaftung im Europäischen Binnenmarkt, 2005, S. 53 f.

[239] HKMS/Staake/Müller Rn. 28. Zu dem Problem der Konkretisierung der nicht kodifizierten Grundsätze ordnungsmäßiger Abschlussprüfung → § 317 Rn. 15 ff.

[240] OLG Düsseldorf BeckRS 2021, 41602 Rn. 23 (Der Abschlussprüfer ist „verpflichtet, die Prüfung mit der im Verkehr erforderlichen Sorgfalt durchzuführen"). Ebke Wirtschaftsprüfer S. 20; zust. Schaible, Haftung von Wirtschaftsprüfern, 2021, S. 47–48; BeBiKo/Justenhoven/Feldmüller Rn. 11; vgl. Baumbach/Hueck/Schulze-Osterloh, 18. Aufl. 2006, GmbHG § 41 Rn. 167 („besonders hoher Sorgfaltsmaßstab; geschuldet ist der Einsatz aller objektiv erdenklichen Sorgfalt"). Für das Schweizer Recht: Ebke RIW 1992, 829 (831); Pfiffner, Revisionsstelle und Corporate Governance, 2008, S. 473–475.

[241] OLG Düsseldorf BeckRS 2021, 41602 Rn. 23. Zum Ganzen Gehringer, Abschlussprüfung, Gewissenhaftigkeit und Prüfungsstandards, 2002, S. 154.

[242] ISA [DE] 240: Wesentlichkeit bei der Planung und Durchführung einer Abschlussprüfung (Stand: 26.3.2020), IDW Life 2019, 672 f.; IDW Life 2020, 509; IDW PS 250: Wesentlichkeit im Rahmen der Abschlussprüfung (Stand: 12.12.2012), WPg Supp. 1/2013, 1. Zu Einzelheiten Mekat, Der Grundsatz der Wesentlichkeit in Rechnungslegung und Abschlussprüfung, 2009, S. 158 ff.; Petrika, Der Wesentlichkeitsgrundsatz in der Abschlussprüfung, 2016. Zu möglichen Bezugsgrößen und Multiplikatoren zur Ermittlung quantitativer Wesentlichkeitsgrenzen BeBiKo/Justenhoven/Küster/Koch 317 Rn. 87–89.

III. Unparteiische Prüfung (Abs. 1 S. 1)

52 Die gesetzlich angeordnete Prüfung des Jahresabschlusses ist nicht allein gesellschaftsinterne Selbstkontrolle; sie ist darüber hinaus überindividuellen Interessen zu dienen bestimmt (→ § 316 Rn. 30 f.). Diesem Ziel entsprechend verlangt Abs. 1 S. 1, dass die Prüfung unparteiisch durchzuführen ist.[243]

53 **1. Bedeutung.** Daraus folgt, dass der Abschlussprüfer bei seinen Tätigkeiten und Entscheidungen die Interessen einzelner Gruppen auszublenden hat.[244] Er darf sich insbesondere von den Organen der geprüften Gesellschaft nicht darin beeinflussen lassen, welche Gegenstände er zu prüfen hat, wie und wann er die Prüfung vorzunehmen hat, wie und wann er über das Ergebnis der Prüfung zu berichten hat und wie und wann er den Bestätigungsvermerk abzufassen hat.[245] Die Pflicht zur Unparteilichkeit schließt – worauf Justenhoven/Feldmüller zu Recht hinweisen[246] – indes die Aushändigung eines Entwurfs des Prüfungsberichts an den Vorstand/die Geschäftsführung der geprüften Gesellschaft und die Berücksichtigung sachlich begründeter Hinweise des Vorstands bzw. der Geschäftsführung in dem endgültigen Prüfungsbericht nicht aus, solange der Prüfer die Hinweise, Ergänzungen bzw. Änderungen nach seiner eigenen fachlichen, unabhängigen, unparteiischen und unbefangenen Beurteilung mittragen kann (str.).[247] In derartigen Fällen liegt der Sache nach ein **letztes Auskunftsersuchen** des Prüfers nach § 320 vor Ablieferung des endgültigen Prüfungsberichts vor (→ § 321 Rn. 94 f.).

54 **2. Berufspflichten.** Inhaltlich deckt sich die Pflicht zur Unparteilichkeit nach Abs. 1 S. 1 weitgehend mit der in § 43 Abs. 1 S. 2 WPO normierten und in § 28 BS WP/vBP (→ Rn. 42) ebenfalls statuierten Berufspflicht der Unparteilichkeit (zur Bedeutung der Berufssatzung für die Auslegung und Anwendung der Abs. 1 und 3 → Rn. 44).[248] § 43 Abs. 1 S. 2 WPO und § 28 Abs. 1 BS WP/vBP stellen unmissverständlich klar, dass Wirtschaftsprüfer sich insbesondere bei der Erstattung von Prüfungsberichten unparteiisch zu verhalten haben, „d.h. keinen der Beteiligten zu benachteiligen oder zu bevorzugen" (§ 28 Abs. 1 S. 1 BS WP/vBP). Dazu ist es erforderlich, „den Sachverhalt vollständig zu erfassen, unter Abwägung der wesentlichen Gesichtspunkte fachlich zu beurteilen und bei der Berichterstattung alle wesentlichen Gesichtspunkte vollständig wiederzugeben" (§ 28 Abs. 1 S. 2 BS WP/vBP).

55 **a) Unbefangenheit.** In engem Zusammenhang mit dem Grundsatz der Unparteilichkeit steht die Pflicht zur unabhängigen Prüfung (§ 43 Abs. 1 S. 1 WPO). Unbefangen ist nach Auffassung des Berufsstandes, „wer sich sein Urteil **unbeeinflusst von unsachgemäßen Erwägungen** bildet" (§ 29 Abs. 2 S. 1 BS WP/vBP). Die Berufssatzung der WPK für Wirtschaftsprüfer/vereidigte Buchprüfer (BS WP/vBP) idF vom 3.6.2022 enthält in § 29 Abs. 2 S. 2 einen (nicht abschließenden) Katalog von Umständen, in denen die Unbefangenheit des Prüfers aus berufsständischer Sicht beeinträchtigt werden kann:[249] Eigeninteresse (§ 32 BS WP/vBP),[250] Selbstprüfung (§ 33 BS WP/vBP),[251] Interessenvertretung (§ 34 BS

---

[243] Allgemein zu dem Grundsatz der Unparteilichkeit BeBiKo/Justenhoven/Feldmüller Rn. 20–22; HKMS/Staake/Müller Rn. 32–35.

[244] BeBiKo/Justenhoven/Feldmüller Rn. 20; Schaible, Haftung von Wirtschaftsprüfern, 2021, S. 49 („nicht einseitig an Partikularinteressen ausrichten"); vgl. Leicht, Die Qualifikation der Haftung von Angehörigen rechts- und wirtschaftsberatender Berufe im grenzüberschreitenden Dienstleistungsverkehr, 2002, S. 51 („… nur sachliche Gesichtspunkte gelten lassen …").

[245] Ähnlich Wölber, Die Abschlussprüferhaftung im Europäischen Binnenmarkt, 2005, S. 56, 57.

[246] BeBiKo/Justenhoven/Feldmüller Rn. 21 („letztes Auskunftsersuchen des AP gem. § 320 vor Auslieferung des Prüfungsberichts"); ebenso BeBiKo/Justhoven/Deicke § 321 Rn. 251 („nach Stellungnahme durch den Vorstand [zum Berichtsentwurf]").

[247] Ebenso HKMS/Staake/Müller Rn. 33 mwN.

[248] HKMS/Staake/Müller Rn. 34; BeBiKo/Justhoven/Deicke Rn. 27.

[249] Dazu näher Hense/Ulrich/Bärenz/Goltz WPO § 49 Rn. 37.

[250] Dazu näher Hense/Ulrich/Bärenz/Goltz WPO § 49 Rn. 54 ff.

[251] Dazu näher Hense/Ulrich/Bärenz/Goltz WPO § 49 Rn. 81 ff.

WP/vBP),[252] persönliche Vertrautheit (§ 35 BS WP/vBP)[253] sowie Einschüchterung (§ 36 BS WP/vBP).[254] Umstände der vorgenannten Art können sich insbesondere aus Beziehungen geschäftlicher, finanzieller oder persönlicher Art ergeben (§ 319 Abs. 2; § 29 Abs. 2 S. 4 BS WP/vBP). § 29 Abs. 2 S. 3 BS WP/vBP betont aber, dass das Vorliegen solcher Umstände nicht zu einer Beeinträchtigung der Unbefangenheit führt, wenn die Umstände selbst für die Unbefangenheit „offensichtlich unwesentlich" sind oder zusammen mit Schutzmaßnahmen (*safeguards*) gemäß § 30 BS WP/vBP insgesamt unbedeutend sind (zu Einzelheiten solcher Schutzmaßnahmen → § 319 Rn. 39).[255]

b) Besorgnis der Befangenheit. Besorgnis der Befangenheit liegt aus Sicht des **56** Berufsstandes vor, wenn Umstände iSv § 29 Abs. 2 S. 2 BS WP/vBP gegeben sind, die aus Sicht eines „verständigen Dritten"[256] geeignet sind, die Urteilsbildung unsachgemäß zu beeinflussen (s. auch → § 319 Rn. 37 ff.). § 29 Abs. 3 S. 2 BS WP/vBP betont wiederum, dass Besorgnis der Befangenheit aus berufsständischer Sicht nicht vorliegt, sofern die Gefährdung der Unbefangenheit nach § 29 Abs. 2 S. 3 BS WP/vBP „unbedeutend" ist. Besorgnis der Befangenheit kann auch dadurch begründet werden, dass (1) Personen, mit denen der Abschlussprüfer seinen Beruf gemeinsam ausübt, (2) Personen, mit den der Abschlussprüfer in einem Netzwerk verbunden ist, (3) Personen, soweit diese bei der Auftragsdurchführung beschäftigt sind, (4) **Ehegatten** (→ § 319 Rn. 90, 92), Lebenspartner (→ § 319 Rn. 91) oder **Verwandte** in gerader Linie (§ 1589 S. 1 BGB) des Abschlussprüfers, sonstige Familienmitglieder, die seit mindestens einem Jahr mit dem Abschlussprüfer in einem Haushalt leben, oder für eine dieser Personen handelnde Vertreter, (5) Unternehmen, auf die der Abschlussprüfer maßgeblichen Einfluss hat, insbesondere juristische Personen, treuhänderisch tätige Einrichtungen oder Personengesellschaften, die direkt oder indirekt von dem Abschlussprüfer kontrolliert werden, die zu seinen Gunsten gegründet wurden oder deren wirtschaftliche Interessen weitgehend denen des WP/vBP entsprechen, oder (6) Personen, mit denen der Abschlussprüfer in einem Büro zusammenarbeitet, soweit Leistungen für dieselben Mandanten erbracht werden, Sachverhalte nach § 29 Abs. 2 verwirklichen (vgl. 29 Abs. 4 S. 1 BS WP/vBP).

§ 29 Abs. 4 S. 2 BS WP/vBP stellt ergänzend klar, dass bei **Wirtschaftsprüfungsge- 57 sellschaften** die Besorgnis der Befangenheit begründet werden kann, wenn sie selbst, einer ihrer gesetzlichen Vertreter, ein Gesellschafter, der maßgeblichen Einfluss ausüben kann oder bei der Prüfung in verantwortlicher Position beschäftigt ist, oder andere beschäftigte Personen, die das Ergebnis der Prüfung beeinflussen können, oder Unternehmen, auf die die Wirtschaftsprüfungsgesellschaft maßgeblichen Einfluss hat, oder Personen, mit denen die Wirtschaftsprüfungsgesellschaft in einem Netzwerk verbunden ist, Sachverhalte nach Abs. 2 verwirklichen.

Der Prüfer hat **vor Annahme eines Auftrages** sowie während der gesamten Dauer **58** des Auftragsverhältnisses zu prüfen, ob die Unbefangenheit gefährdende Umstände vorliegen (§ 29 Abs. 5 S. 1 BS WP/vBP). Die zur Überprüfung getroffenen Maßnahmen und dabei festgestellte „kritische" Sachverhalte sind in den Arbeitspapieren schriftlich **zu dokumentieren** (§ 29 Abs. 5 S. 2 BS WP/vBP).

c) Bedeutung der Ausschlussgründe gemäß § 319 Abs. 2–4 und § 319b. Wenn **59** ein Tatbestand iSd § 319 Abs. 2–4, § 319b verwirklicht ist, wird die Besorgnis der Befangenheit unwiderleglich vermutet (→ § 319 Rn. 3, → § 319 Rn. 31 ff. und → § 319 Rn. 46; § 31 Abs. 2 S. 1 BS WP/vBP). In diesen Fällen können Schutzmaßnahmen iSd § 30 BS WP/vBP nicht berücksichtigt werden (§ 31 Abs. 2 S. 2 BS WP/vBP).

---

[252]   Dazu näher Hense/Ulrich/Bärenz/Goltz WPO § 49 Rn. 140 ff.
[253]   Dazu näher Hense/Ulrich/Bärenz/Goltz WPO § 49 Rn. 148 ff.
[254]   Dazu näher Hense/Ulrich/Bärenz/Goltz WPO § 49 Rn. 157 ff.
[255]   Dazu näher Hense/Ulrich/Bärenz/Goltz WPO § 49 Rn. 178 ff. Zu den (international üblichen) Schutzmaßnahmen (*safeguards*) s. nur Allen/Siegel Wash. U. L. Q. 80 (2002), 519.
[256]   Vgl. BGHZ 153, 32 = BB 2003, 462 (465) – HypoVereinsbank.

IV. Verschwiegenheitpflicht (Abs. 1 S. 1 und Abs. 3)

60   Abs. 1 S. 1 Hs. 1 verpflichtet den Prüfer, seine Gehilfen und (wenn der Abschlussprüfer eine Prüfungsgesellschaft ist) die bei der Prüfung mitwirkenden gesetzlichen Vertreter der Prüfungsgesellschaft zur Verschwiegenheit.[257] Die Verschwiegenheitpflicht ist eine der **„elementaren Berufspflichten".**[258] Der EuGH hat in seiner Entscheidung in der Rs. „Orde van Vlaamse Balies et al. ./. Vlaamse Regering" unlängst die herausragende Rolle der Verschwiegenheit von Berufsgeheimnisträgern (*in casu*: Rechtsanwälten) im Lichte der Europäischen Grundrechte Charta nachdrücklich unterstrichen und das Berufsgeheimnis gestärkt.[259] Die allgemeine berufsrechtliche Pflicht zur Verschwiegenheit gemäß § 43 Abs. 1 S. 1 WPO schützt regelmäßig den Auftraggeber.[260] § 43 Abs. 1 S. 1 WPO begründet eine gleichlautende Berufspflicht, die in § 10 BS WP/vBP konkretisiert wird.[261] Der Prüfer, seine Gehilfen[262] und die bei der Prüfung mitwirkenden gesetzlichen Vertreter der Prüfungsgesellschaft dürfen Tatsachen und Umstände, die ihnen bei ihrer Prüfungstätigkeit anvertraut oder bekannt werden, nicht unbefugt offenbaren (vgl. § 10 Abs. 1 BS WP/vBP).[263] Sie haben dafür Sorge zu tragen, dass solche Tatsachen und Umstände Unbefugten nicht bekannt werden, und müssen dazu entsprechende Vorkehrungen treffen (vgl. § 10 Abs. 2 BS WP/vBP). Die Verschwiegenheitpflicht beginnt nicht erst mit Abschluss des zivilrechtlichen Prüfungsvertrags, sondern umfasst auch die entsprechende **Anbahnung** eines Prüfungsauftrags,[264] und besteht nach **Beendigung** des Prüfungsauftrages fort (vgl. § 10 Abs. 3 BS WP/vBP).[265] Geschützt sind Betriebs- oder Geheimnisse sowie vertrauliche Informationen, die nach dem Willen der Gesellschaft nicht unbefugt weitergegeben werden sollen.[266] Das am 26.4.2019 in Kraft getretene Gesetz zum Schutz von Geschäftsgeheimnissen (GeschGehG), das der Umsetzung der RL (EU) 2016/943 über den Schutz vertraulichen Know-hows und vertraulicher Geschäftsinformationen (Geschäftsgeheimnisse) vor rechtwidrigem Erwerb sowie rechtwidriger Nutzung und Offenlegung dient (ABl. EU 2016 L 157, 1), definiert in § 2 Nr. 1 GeschGehG den Begriff **Geschäftsgeheimnis** als eine Information, (a) die weder insgesamt noch in der genauen Anordnung und Zusammensetzung ihrer Bestandteile den Personen in den Kreisen, die üblicherweise mit dieser Art von Information umgehen, allgemein bekannt oder ohne Weiteres zugänglich ist und daher von wirtschaftlichem Wert ist und (b) die Gegenstand von den Umständen nach angemessenen Geheimhaltungsmaßnahmen durch ihren rechtmäßigen Inhaber (iSv § 2 Nr. 2 GeschGehG) ist und (c) bei der ein berechtigtes Interesse an der Geheimhaltung besteht. Die sachliche und örtliche Zuständigkeit für gerichtliche Verfahren nach dem GeschGehG ergeben sich aus § 15 GeschGehG. Die höchstrichterliche Rechtsprechung versteht die Begriffe **Betriebs- und Geschäftsgeheimnisse** ähnlich. So stellt das BVerfG fest: „Als Betriebs-

---

[257] Staub/Habersack/Schürnbrand Rn. 19; Leicht, Die Qualifikation der Haftung von Angehörigen rechts- und wirtschaftsberatender Berufe im grenzüberschreitenden Dienstleistungsverkehr, 2002, S. 46, 47; Wölber, Die Abschlussprüferhaftung im Europäischen Binnenmarkt, 2005, S. 57; Mock DB 2003, 1996; Stoll BB 1998, 785; Meincke WM 1998, 749. Zur Bedeutung der Verschwiegenheit des aktienrechtlichen Sonderprüfers und seiner Gehilfen im Verfahren der einstweiligen Anordnung BVerfG NZG 2018, 103 (106).

[258] Hense/Ulrich/Reuss WPO § 43 Rn. 226. S. auch Marten DB 2020, 1857; Schumm WP Praxis 2016, 33.

[259] EuGH Urt. v. 8.12.2022 – C-694/20, Orde van Vlaamse Balies, ECLI:EU:C:2022:963; dazu Sendke ISR 1/2023, 11; WPK Magazin 1/2023, 48 (Bericht).

[260] BGH BeckRS 2021, 2076 Rn. 21, 24 mwN.

[261] HKMS/Staake/Müller Rn. 36. Zur Schweigepflicht bei gemeinsamer Berufsausübung Hense/Ulrich/Reuss WPO § 43 Rn. 251.

[262] Mitarbeiter und Mitarbeiterinnen sind vor Dienstantritt auf die Einhaltung der Vorschriften zur Verschwiegenheit und zum Datenschutz zu verpflichten; die Verpflichtung ist zu dokumentieren (§ 50 WPO; § 6 Abs. 3 BS WP/vBP).

[263] Vgl. grdl. BGH DB 1983, 1921. Schon das Mandatsverhältnis als solches ist erfasst: BFH BB 2002, 1634; bestätigt durch BFH BB 2017, 2976 (2977).

[264] Vgl. BGH BeckRS 2016, 6847 Rn. 9 zu § 160a Abs. 1 iVm § 53 StPO.

[265] HKMS/Staake/Müller Rn. 39; Schaible, Haftung von Wirtschaftsprüfern, 2021, S. 50.

[266] Hopt/Merkt Rn. 2.

und Geschäftsgeheimnisse werden alle auf ein Unternehmen bezogene Tatsachen, Umstände und Vorgänge verstanden, die nicht offenkundig, sondern nur einem begrenzten Personenkreis zugänglich sind und an deren Nichtverbreitung der Rechtsträger ein berechtigtes Interesse hat. Betriebsgeheimnisse umfassen im Wesentlichen technisches Wissen im weitesten Sinne. Geschäftsgeheimnisse betreffen vornehmlich kaufmännisches Wissen. Zu derartigen Geheimnissen werden etwa Umsätze, Ertragslagen, Geschäftsbücher, Kundenlisten, Bezugsquellen, Konditionen, Marktstrategien, Unterlagen zur Kreditwürdigkeit, Kalkulationsunterlagen, Patentanmeldungen und sonstige Entwicklungs- und Forschungsprojekte gezählt, durch welche die wirtschaftlichen Verhältnisse eines Betriebs maßgeblich bestimmt werden können."[267]

1. Objektives Geheimhaltungsinteresse. Die Paradebeispiele legitimer Geheimhal- **61** tung sind: Pläne, Projekte, Geschäftsverbindungen, Kalkulationsgrundlagen, Produktionsmodelle und sonstige Betriebs- oder Geschäftsgeheimnisse der geprüften Gesellschaft, eines Tochterunternehmens oder eines Gemeinschaftsunternehmens, die dem Prüfer oder seinen Gehilfen im Rahmen der Prüfung anvertraut oder bekannt werden.[268] Hier sind die Nachteile, die der geprüften Gesellschaft aus der Verbreitung der betreffenden Tatsachen drohen, objektiv greifbar und ein objektives Geheimhaltungsinteresse der prüfungspflichtigen Gesellschaft ist offenkundig.

2. Subjektive Umstände. Subjektive Umstände der prüfungspflichtigen Gesellschaft, **62** ihrer gesetzlichen Vertreter und Mitarbeiter (wie Erwartungen, Einschätzungen, Wertungen und Meinungen) sind von dem Prüfer, seinen Gehilfen und (wenn eine Prüfungsgesellschaft Abschlussprüfer ist) den an der Prüfung mitwirkenden gesetzlichen Vertretern der Prüfungsgesellschaft ebenfalls grundsätzlich geheim zu halten, selbst wenn die betreffenden Umstände für die Gesellschaft und/oder ihre Organe bzw. Mitarbeiter objektiv unwesentlich sind.[269] Die Inanspruchnahme des Kapitalmarktes und seiner Funktionen durch das prüfungspflichtige Unternehmen ändert daran nichts.[270] Nur bei einer weit verstandenen Pflicht zur Verschwiegenheit lässt sich das umfassende Einblicks- und Auskunftsrecht des Prüfers gemäß § 320 vertreten.[271]

3. Prüfungsgesellschaften. Wenn eine Prüfungsgesellschaft Abschlussprüfer ist **63** (§ 319 Abs. 1 S. 1), besteht die Verschwiegenheitspflicht der an der Prüfung mitwirkenden gesetzlichen Vertreter der Prüfungsgesellschaft auch gegenüber dem Aufsichtsrat und den Mitgliedern des Aufsichtsrats der Prüfungsgesellschaft (Abs. 3). Abs. 3 gilt entsprechend gegenüber einem fakultativen Aufsichtsrat oder Beirat einer Prüfungsgesellschaft (vgl. § 27 WPO) und den Mitgliedern eines solchen Aufsichtsrats oder Beirats.[272] Die Pflicht zur Verschwiegenheit gilt erst recht gegenüber den Gesellschaftern der Prüfungsgesellschaft.[273] Das Tatbestandsmerkmal „die bei der Prüfung mitwirkenden gesetzlichen Vertreter einer Prüfungsgesellschaft" (Abs. 1 S. 1) darf nicht zu eng verstanden werden: Im Zweifel sind alle Mitglieder des gesetzlichen Vertretungsorgans der Prüfungsgesellschaft gemeint, da sie – unabhängig von der internen Verteilung von Aufgabengebieten – eine allumfassende Zuständigkeit und Verantwortlichkeit für die Prüfungsgesellschaft haben und deswegen befugt sind, sich über die Prüfungstätigkeiten ihrer Gesellschaft zu infor-

---

[267]   BVerfGE 115, 205 (230) = WM 2006, 880 Rn. 87; s. ferner BVerwG BeckRS 2021, 32520 Rn. 50; BVerwG NVwZ 2016, 1014 Rn. 35; BVerwG NVwZ 2015, 675 Rn. 28; s. ferner VG Köln BeckRS 2023, 270 Rn. 172.

[268]   HKMS/Staake/Müller Rn. 37; Poll DZWiR 1995, 95 (96); Leicht, Die Qualifikation der Haftung von Angehörigen rechts- und wirtschaftsberatender Berufe im grenzüberschreitenden Dienstleistungsverkehr, 2002, S. 47; Wölber, Die Abschlussprüferhaftung im Europäischen Binnenmarkt, 2005, S. 57.

[269]   Zust. HKMS/Staake/Müller Rn. 37.

[270]   Stoll BB 1998, 785 (786).

[271]   Ebenso BeBiKo/Justenhoven/Feldmüller Rn. 26.

[272]   BeBiKo/Justenhoven/Feldmüller Rn. 32.

[273]   Zust. BeBiKo/Justenhoven/Feldmüller Rn. 32.

mieren.[274] Über dabei gewonnene Erkenntnisse haben sie zu schweigen; sie dürfen sie auch nicht verwerten (→ Rn. 74 ff.).

64   **4. Insolvenz der geprüften Gesellschaft.** Die Pflicht des Abschlussprüfers, seiner Gehilfen und der bei der Prüfung mitwirkenden gesetzlichen Vertreter einer Prüfungsgesellschaft zur Verschwiegenheit gilt auch dann, wenn über das Vermögen der geprüften Gesellschaft ein Insolvenzverfahren eröffnet wird oder der Antrag auf Eröffnung des Insolvenzverfahrens mangels Masse abgewiesen wird und die Prüfungsberichte des Abschlussprüfers auf Antrag eines Schuldners oder Gesellschafters gemäß § 321a Abs. 1 oder 2 offen gelegt worden sind (vgl. § 321a Abs. 3 S. 2).[275] Die zur **Einsichtnahme in die Prüfungsberichte** Berechtigten sind ihrerseits zur Verschwiegenheit über den Inhalt der von ihnen eingesehenen Unterlagen verpflichtet (§ 321a Abs. 3 S. 3).[276] Die Verschwiegenheitspflicht besteht auch gegenüber solchen Personen, die nach § 321a Abs. 1 S. 1 ein eigenes Einsichtsrecht haben, es aber nicht ausgeübt haben.[277] Für die „bestimmten Wirtschaftsprüfer" iSd § 321a Abs. 1 S. 1 ergibt sich die Pflicht zur Verschwiegenheit (auch nach Beendigung des Auftragsverhältnisses) außerdem aus § 43 Abs. 1 S. 1 WPO und § 10 Abs. 3 BS WP/vBP. Ob im Falle der Insolvenz der prüfungspflichtigen Kapitalgesellschaft das Recht zur **Entbindung** von der Pflicht des Wirtschaftsprüfers zur Verschwiegenheit allein dem Insolvenzverwalter zusteht[278] oder auch durch die Organe der prüfungspflichtigen Gesellschaft ausgeübt werden muss,[279] war in der Rechtsprechung lange umstritten.[280]

65   In seinem Beschluss vom 27.1.2021 hat der **BGH** nunmehr entschieden, dass, wenn über das Vermögen der prüfungspflichtigen juristischen Person das Insolvenzverfahren eröffnet und ein Insolvenzverwalter ernannt worden ist, der Insolvenzverwalter berechtigt ist, den Wirtschaftsprüfer von der Verschwiegenheitspflicht zu entbinden, „soweit sich das Vertrauensverhältnis auf Angelegenheiten der Insolvenzmasse bezieht".[281] Die Dispositionsbefugnis des Geheimnisherrn gehe insoweit gemäß § 80 Abs. 1 InsO auf den Verwalter über.[282] Einer zusätzlichen Entbindungserklärung durch frühere oder gegenwärtige Organe der juristischen Person bedürfe es „im Normalfall" nicht.[283] Eine Ausnahme kann nach der Rechtsprechung jedoch dann vorliegen, wenn neben der insolventen Gesellschaft ein (ehemaliges) Organmitglied ein selbständiges schutzwürdiges Interesse an der Verschwiegenheit des Wirtschaftsprüfers hat. Das ist etwa dann anzunehmen, wenn zwischen dem Wirtschaftsprüfer und dem Dritten ein rechtlich selbständiges Rechtsverhältnis (zB Beratungsmandat) bestand (sog. **Doppel- oder Mehrfachmandat**) oder angenommen werden kann.[284] Solche Doppel- bzw. Mehrfachmandatierungen sind im Fall der (gesetzlichen) Abschlussprüfung allerdings nicht denkbar, weil hierdurch die Unabhängigkeit des Abschlussprüfers in Frage gestellt wäre.[285]

66   **5. Grenzen der Verschwiegenheit.** Die Pflicht zur Verschwiegenheit ist nicht verletzt, wenn der Abschlussprüfer aufgrund gesetzlicher Bestimmungen – wie zB handels-

---

[274] BeBiKo/Justenhoven/Feldmüller Rn. 30.

[275] Ebke FS Wellensiek, 2011, 440 (441).

[276] Ebke FS Wellensiek, 2011, 440 (441).

[277] Forster/Gelhausen/Möller WPg 2007, 191 (200); Ebke FS Hopt, 2010, 559 (584).

[278] IdS etwa OLG Oldenburg NJW 2004, 2176 = WPK Magazin 3/2004, 48 mit krit. Anm. Kunz; OLG Nürnberg NJW 2010, 690; zust. Hopt/Merkt Rn. 8.

[279] Vgl. etwa OLG Düsseldorf StV 1993, 346; OLG Koblenz NStZ 1985, 426; OLG Schleswig NJW 1981, 294; LG Saarbrücken wistra 1995, 239.

[280] Allgemein zur Entbindung eines Wirtschaftsprüfers von der beruflichen Verschwiegenheitspflicht Wegner WPg 2021, 475.

[281] BGH BeckRS 2021, 2075 Rn. 29; BGH NJW 2021, 1022 Rn. 29; BGH BeckRS 2021, 2076 Rn. 28.

[282] BGH BeckRS 2021, 2075 Rn. 29; BGH NJW 2021, 1022 Rn. 29; BGH BeckRS 2021, 2076 Rn. 28.

[283] BGH BeckRS 2021, 2075 Rn. 29; BGH NJW 2021, 1022 Rn. 29; BGH BeckRS 2021, 2076 Rn. 29. Zur Zuständigkeit des Präsidenten des BT zur Erteilung von Aussagegenehmigungen nach Auflösung eines Untersuchungsausschusses (in casu: Wirecard-Ausschuss): BGH BeckRS 2021, 40434.

[284] Vgl. BGH BeckRS 2021, 2075 Rn. 30; BGH NJW 2021, 1022 Rn. 30; BGH BeckRS 2021, 2076 Rn. 30.

[285] Schüppen Rn. 11.

oder kreditwirtschaftlicher ZGR-Vorschriften[286] oder § 11 Abs. 3 GwG[287] – verpflichtet ist, ein Geheimnis seines Mandanten zu offenbaren.[288] Eine Verletzung der Verschwiegenheitspflicht besteht auch dann nicht, wenn der Mandant (bzw. der Insolvenzverwalter – → Rn. 65) den Abschlussprüfer (ausdrücklich oder konkludent) von der Schweigepflicht **wirksam entbunden** hat.[289] Im Falle vertraglicher Beziehungen steht die Befugnis, den Wirtschaftsprüfer von der Verschwiegenheitspflicht zu befreien, regelmäßig dem Vertragspartner zu.[290] Handelt es sich hierbei um eine juristische Person, hat diese zu entscheiden.[291] Eine juristische Person wird bei der Erklärung über eine Entbindung von der Verschwiegenheitspflicht durch die zu diesem Zeitpunkt entscheidungsbefugten Organe vertreten.[292] Ist über das Vermögen der juristischen Person das Insolvenzverfahren eröffnet und ein Insolvenzverwalter ernannt worden, ist dieser berechtigt, den Berufsgeheimnisträger von der Verschwiegenheitspflicht zu entbinden, soweit sich das Vertrauensverhältnis auf Angelegenheiten der Insolvenzmasse bezieht. Die Dispositionsbefugnis des Geheimnisherrn geht insoweit gemäß § 80 Abs. 1 InsO auf den Verwalter über.[293] Eine Pflicht zur Verschwiegenheit besteht außerdem nicht hinsichtlich solcher Tatsachen oder Umstände, die keinen Geheimnischarakter besitzen, weil sie bereits einem unüberschaubaren Kreis von Personen oder Unternehmen bekannt gemacht worden sind (zB im BAnz. oder in Presseberichten, die von der Gesellschaft veranlasst oder bestätigt worden sind) oder weil an ihrer Geheimhaltung ganz offensichtlich kein sachlich begründetes Interesse besteht.[294] Im Zweifel hat die **Pflicht zur Verschwiegenheit** allerdings **Vorrang.** Aus § 138 StGB kann der Abschlussprüfer allerdings zur Anzeige geplanter Straftaten verpflichtet sein.[295]

Nicht allgemein bekannt, aber **jedermann ohne weiteres zugänglich** sind Eintragungen im Handelsregister (§ 8) sowie elektronischen Unternehmensregister (§ 8b) und die zum Handelsregister eingereichten Schriftstücke, da sie von jedermann eingesehen werden können (§ 9 Abs. 1 S. 1).[296] Das gilt nicht für Eintragungen im Grundbuch, Urkunden, auf die im Grundbuch zur Ergänzung einer Eintragung Bezug genommen ist, und die noch nicht erledigten Eintragungsanträge; für die Einsicht in das Grundbuch und die dorthin eingereichten Urkunden und Anträge ist ein berechtigtes Interesse erforderlich (§ 12 Abs. 1 GBO).[297] Gegenüber Dritten (zB Rechtsanwälten und anderen Sachverständigen), welche der Abschlussprüfer wegen ihrer Sachkunde zur Erörterung von Zweifelsfragen im Rahmen

67

---

[286] Quick BB 2004, 1490 (1494).

[287] Vgl. VG Berlin BeckRS 2021, 2505. S. auch die IDW Stellungnahme „Verschwiegenheitspflicht nach § 323 HGB und § 11 Abs. 3 Geldwäschegesetz", WPg 2003, 1072. S. ferner IDW PH 2/2012: Empfehlungen für die Ausgestaltung des Risikomanagements zur Geldwäscheprävention in der Wirtschaftsprüferpraxis (Stand 8.6.2018). Zu Einzelheiten der Anforderungen an den externen Abschlussprüfer nach dem Geldwäschegesetz: Engel WPK Magazin 1/2023, 38; Hense/Ulrich/Bernt WPO § 43 Rn. 826 ff.; Auerbach/Vitzthum WPg 2009, 1119; Kütting WPg 2009, 1134.

[288] OLG München WM 2022, 1111 Rn. 149 (Revision anhängig: BGH VII ZR 97/22).

[289] BGH NJW 2021, 1022 Rn. 16; dazu Anzinger ZGR 2021, 846; Wohlers JR 2021, 245; Bosch JURA (JK) 2021, 729 (§ 53 StPO); s. ferner BeBiKo/Justenhoven/Feldmüller Rn. 43–45 (die Autoren empfehlen Prüfern, auf einer schriftlichen Erklärung zu bestehen); Hense/Ulrich/Reuss WPO § 43 Rn. 261–266. Allgemein zur Entbindung eines Wirtschaftsprüfers von der Berufspflicht der Verschwiegenheit Wegner WPg 2021, 475. Zur konkludenten Entbindung von der Schweigepflicht durch die geprüfte Gesellschaft: Hilber/Hartung BB 2003, 1054 (1056, 1057); Mock DB 2003, 1996 (1998, 1999); HKMS/Staake/Müller Rn. 45; Staub/Habersack/Schürnbrand Rn. 21.

[290] BGH BeckRS 2021, 2075 Rn. 22, 25; BGH NJW 2021, 1022 Rn. 22, 25; BGH BeckRS 2021, 2076 Rn. 21, 24; BGH WM 2016, 508 Rn. 25; für das Anbahnungsverhältnis BGH NJW 2014, 1314 Rn. 8.

[291] BGH NJW 2021, 1022 Rn. 21 unter Hinweis auf OLG Hamm ZinsO 2018, 1152 (1155); OLG Köln StV 2016, 8 (9-10); OLG Nürnberg NJW 2010, 690 (690). Dazu Wohlers JR 2021, 245.

[292] BGH NJW 2021, 1022 Rn. 24 unter Hinweis auf OLG Hamm ZInsO 2018, 1152 (1155); OLG Köln StV 2016, 8 (9-10); OLG Nürnberg NJW 2010, 690 (691).

[293] BGH NJW 2021, 1022 Rn. 25 mwN.

[294] OLG München WM 2022, 1111 Rn. 149 (Revision anhängig: BGH VII ZR 97/22). Vgl. Hilber/Hartung BB 2003, 1054 (1057); Stoll BB 1998, 785 (786).

[295] OLG München WM 2022, 1111 Rn. 149 mwN (Revision anhängig: BGH VII ZR 97/22).

[296] BeBiKo/Justenhoven/Feldmüller Rn. 27; Staub/Habersack/Schürnbrand Rn. 20.

[297] Staub/Habersack/Schürnbrand Rn. 20; BeBiKo/Justenhoven/Feldmüller Rn. 27.

der Prüfung herangezogen hat, gilt die Verschwiegenheitspflicht ebenfalls nicht, soweit die **Offenlegung von Geheimnissen** oder anvertrauten Angaben zur Durchführung der Beratung erforderlich ist.[298] Weitere Grenzen der Verschwiegenheitspflicht ergeben sich im Verhältnis zu den gesetzlichen Vertretern der geprüften Gesellschaft und ihren sonstigen Organen.[299] Im Verhältnis des Prüfers zu den von ihm zu der Prüfung hinzugezogenen Gehilfen sowie im Verhältnis der Gehilfen zueinander kann es grundsätzlich keine Pflicht zur Verschwiegenheit geben.[300] Allerdings sollte der Prüfer besonders „sensible", dh. persönliche oder vertrauliche Angelegenheiten (wie die **Bezüge der gesetzlichen Vertreter** der geprüften Gesellschaft,[301] geplante Beteiligungs-, Umwandlungs- oder Übernahmevorhaben) im Zweifel selbst bearbeiten, auch wenn die Gehilfen nach § 323 Abs. 1 S. 1 selbst der Verschwiegenheitspflicht unterliegen.[302]

68   **6. Wahrnehmung berechtigter Interessen.** Die Verschwiegenheitspflicht ist das Korrelat des Vertrauens, dessen gesetzliche Abschlussprüfer zur Erfüllung ihrer gesetzlichen Prüfungspflichten bedürfen.[303] Deshalb darf die Verschwiegenheitspflicht nicht ohne Weiteres beiseitegeschoben werden, wenn Interessen des Prüfers betroffen sind. Die Offenbarung von Tatsachen und Umständen, die einem Abschlussprüfer bei einer gesetzlichen Abschlussprüfung anvertraut oder bekannt geworden sind, ist als *ultima ratio* erst dann gerechtfertigt, wenn die dem Prüfer drohenden Nachteile schwerwiegend sind, alle anderen Mittel und Wege, den Ruf, das Ansehen, das Vermögen oder sonstige berechtigte Interessen des Prüfers zu wahren, keinen Erfolg gehabt haben und das Interesse der Auftraggeberin an der Geheimhaltung nach sorgfältiger Abwägung aller Tatsachen und Umstände hinter den berechtigten Interessen des Prüfers zurücktreten müssen.[304] Das Handelsgesetzbuch enthält (ebenso wie die Wirtschaftsprüferordnung und die Berufssatzung der WPK) **keine speziellen Normen,** anhand derer sich die Grenzen der Verschwiegenheitspflicht konkretisieren lassen, soweit es um die Wahrung der Belange des Abschlussprüfers geht. Die Rechtsprechung hat ersichtlich noch keine Gelegenheit gehabt, zu der Frage Stellung zu nehmen, wann die Durchbrechung der handelsrechtlichen Verschwiegenheitspflicht nach Abs. 1 S. 1 (oder der allgemeinen Berufspflicht zur Verschwiegenheit nach § 43 Abs. 1 S. 1 WPO, § 10 BS WP/vBP) gerechtfertigt ist. Daher ist auf **allgemeine Rechtsgrundsätze** und einschlägige Rechtsprechung zur Verschwiegenheitspflicht vergleichbarer Professionen (zB Rechtsanwälte oder Ärzte) zurückzugreifen. Danach kann sich aus dem Grundsatz der Wahrnehmung berechtigter Interessen (vgl. § 193 StGB),[305] aus dem Prinzip der Notwehr (vgl. § 227 BGB; § 32 StGB)[306] bzw. des rechtfertigenden Notstandes (vgl. § 228 BGB; § 34 StGB),[307] aus dem die Rechtsordnung allgemein beherrschenden Prinzip der Rechtsgüter- und Pflichtenabwä-

---

[298]   Vgl. BeBiKo/Justenhoven/Feldmüller Rn. 33 (bei Vorliegen eines sachlichen Grundes für die Einschaltung).

[299]   Zu Einzelheiten BeBiKo/Justenhoven/Feldmüller Rn. 30–31; HKMS/Staake/Müller Rn. 45.

[300]   Baumbach/Hueck/Schulze-Osterloh, 18. Aufl. 2006, GmbHG § 41 Rn. 170; BeBiKo/Justenhoven/Feldmüller Rn. 32.

[301]   Zur Offenlegung der Vorstandsvergütungen s. jetzt aber § 285 Nr. 9; dazu Baums ZHR 169 (2005), 299. Zu den Zwecken und der Verfassungsmäßigkeit des § 285 Nr. 9 VG Hamburg Urt. v. 16.1.2020 – 17 K 3920/19, NZG 2020, 668 Rn. 49 ff. (zu § 3 Abs. 1 Nr. 15 HmbTG) (das OVG Hamburg hat die Zulassung der Berufung gegen das Urteil abgelehnt); s. ferner OLG Frankfurt a.M., NZG 2012, 996 Rn. 44–45 (betr. vollständige unterbliebene Angabe der Gesamtbezüge eines nur aus einer Person bestehenden Vorstands).

[302]   BeBiKo/Justenhoven/Feldmüller Rn. 32.

[303]   Die nachfolgenden Ausführungen gelten für Gehilfen des Prüfers sinngemäß.

[304]   Zust. Mock DB 2003, 1996 (1997); Hilber/Hartung BB 2003, 1054 (1057, 1058); HKMS/Staake/Müller Rn. 49.

[305]   BeBiKo/Justenhoven/Feldmüller Rn. ^45; Hopt/Merkt Rn. 2. Vgl. BGHZ 115, 123 (129) = NJW 1991, 2955; BGH NJW 1993, 2371 (2372); BGH NJW 1993, 1638 (1640) (alle Ärzte betreffend).

[306]   Wie hier Hopt/Merkt Rn. 2; aA Baumbach/Hueck/Schulze-Osterloh, 18. Aufl. 2006, GmbHG § 41 Rn. 170.

[307]   Hense/Ulrich/Reuss WPO § 43 Rn. 271; BeBiKo/Justenhoven/Feldmüller Rn. 47; Hopt/Merkt Rn. 2.

gung[308] oder aus dem Gesichtspunkt der konkludenten Einwilligung der Mandantin[309] ein Recht des gesetzlichen Abschlussprüfers zur Offenbarung von Tatsachen und Umständen ergeben, die ihm bei der Prüfung anvertraut oder bekannt geworden sind,[310] wobei die Grenzen der Verhältnismäßigkeit nicht überschritten werden dürfen.[311]

a) Gerichtliche Verfahren. Dem schweigepflichtigen Prüfer ist es demnach gestattet, **69** seine fälligen Honoraransprüche gerichtlich geltend zu machen und sich hierzu anwaltlicher Hilfe zu bedienen.[312] Soweit dazu Einzelheiten des Mandantengeheimnisses an die Öffentlichkeit gelangen, ist dies hinzunehmen, weil der Prüfer sonst rechtlos stünde.[313] Bei der Preisgabe von Tatsachen und Umständen, die dem Prüfer bei der Prüfung anvertraut oder bekannt geworden sind und grundsätzlich der Geheimhaltung unterliegen, muss sich der Prüfer aber auf das zur **Rechtsverfolgung** unbedingt Notwendige beschränken.[314] Wird der Prüfer von der Auftraggeberin oder einem mit dieser verbundenen Unternehmen (§ 271 Abs. 2)[315] auf Schadensersatz gerichtlich in Anspruch genommen (§ 323 Abs. 1 S. 3), darf der Prüfer das ihm im Rahmen der Prüfung Anvertraute oder bekannt Gewordene offenbaren, soweit es zur Wahrung seiner Rechte notwendig ist.[316] Dazu zählt auch die Erlangung des Versicherungsschutzes; daher darf der Prüfer auch seinen Berufshaftpflichtversicherer unterrichten und diesem gegenüber notwendige Tatsachen offenlegen. Im Strafprozess ist dem angeklagten Prüfer zuzubilligen, ihm bei der Prüfung anvertraute oder bekannt gewordene Geheimnisse zu offenbaren, soweit dies für seine Verteidigung erforderlich ist.[317] Entsprechendes gilt für berufsrechtliche Verfahren (§§ 67–127 WPO).[318]

b) Öffentliche Angriffe und Vorwürfe. Bei öffentlichen Angriffen oder Vorwürfen **70** (zB in Medien) gegen einen gesetzlichen Abschlussprüfer im Hinblick auf ein (behauptetes) berufliches Fehlverhalten ist danach zu differenzieren, von wem die Äußerungen ausgehen *und* ob die Äußerungen bewusst unwahr bzw. unvollständig sind oder der Äußernde gutgläubig gehandelt hat. Werden von der Mandantin selbst bewusst unwahre oder unvollständige Behauptungen über den Prüfer, die Abschlussprüfung, Warnungen oder sonstige Äußerungen des Prüfers gegenüber den Organen der zu prüfenden Gesellschaft, den Prüfungsbericht oder den Bestätigungsvermerk öffentlich aufgestellt oder sind derartige Behauptungen von der Mandantin in Gang gesetzt oder mittelbar (zB mit Hilfe der Finanzpresse oder anderer Medien) verbreitet worden, darf der Prüfer Tatsachen und Umstände, die ihm bei der Abschlussprüfung anvertraut oder bekannt gegeben wurden, offenbaren, soweit dies zur Richtigstellung der Vorwürfe notwendig ist (vgl. § 30 Abs. 4 Nr. 5c AO).[319] War die Man-

---

[308]   Vgl. KG NJW 1994, 462 (463) (betr. Rechtsanwalt). Vgl. Hense/Ulrich/Reuss WPO § 43 Rn. 271 („Güter- und Interessenabwägung").

[309]   So wohl auch BeBiKo/Justenhoven/Feldmüller Rn. 43; vgl. Hense/Ulrich/Reuss WPO § 43 Rn. 265, der aber mit Recht betont, dass an „eine konkludente Entbindung von der Schweigepflicht … hohe Anforderungen zu stellen" sind.

[310]   Grdl. BGH MDR 1956, 625 (626); BGH NJW 1952, 151.

[311]   Vgl. BGH NJW 1996, 775 (776); BGH NJW 1993, 2371 (2372) (beide Ärzte betreffend).

[312]   Zust. Hense/Ulrich/Reuss WPO § 43 Rn. 272; HKMS/Staake/Müller Rn. 50; BeBiKo/Justenhoven/Feldmüller Rn. 47; Staub/Habersack/Schürnbrand Rn. 26; Hopt/Merkt Rn. 2.

[313]   So BGH NJW 1996, 775 (766); BGH NJW 1993, 2371 (2372) (Ärzte betreffend).

[314]   Vgl. BGH NJW 1996, 775 (776).

[315]   BGH BB 2004, 2009 mAnm Ekkenga = DB 2004, 1605 = NZG 2004, 770. Dazu Ebke/Paal ZGR 2005, 895 (899–906); W. Müller NZG 2004, 1037.

[316]   IdS auch HKMS/Staake/Müller Rn. 50; BeBiKo/Justenhoven/Feldmüller Rn. 47; Hopt/Merkt Rn. 2; Hense/Ulrich/Reuss WPO § 43 Rn. 272.

[317]   Vgl. BGHSt 1, 366 (368); BGH MDR 1956, 625 (626); KG NJW 1994, 462 (463); Henssler NJW 1994, 1817 (1823); Quick BB 2004, 1490 (1494); HKMS/Müller Rn. 50; Hense/Ulrich/Reuss WPO § 43 Rn. 272.

[318]   Hense/Ulrich/Reuss WPO § 43 Rn. 272.

[319]   Hense/Ulrich/Reuss WPO § 43 Rn. 272 („Dem WP muss auch die Möglichkeit gegeben werden, sich bei einer Beeinträchtigung seines beruflichen Ansehens in der Öffentlichkeit durch unwahre Behauptungen des Auftraggebers oder Dritter rechtfertigen zu können"); HKMS/Staake/Müller Rn. 51; Staub/Habersack/Schürnbrand Rn. 26; zurückhaltend Hopt/Merkt Rn. 2 („in aller Regel nicht schon bei Pressekampagne").

dantin dagegen gutgläubig, ist eine Offenbarung erst gerechtfertigt, wenn eine Abmahnung erfolglos geblieben ist oder die Mandantin gegen die erhobenen Vorwürfe nichts unternehmen kann oder will. Dasselbe gilt bei unwahren oder unvollständigen Behauptungen Dritter, die nicht von der Mandantin veranlasst worden sind.

71   **7. Gesetzliche Mitteilungspflichten (Abs. 1 S. 1 Hs. 2).** Abs. 1 S. 1 Hs. 2 setzt der Pflicht zur Wahrung der beruflichen Verschwiegenheit weitere Grenzen. Abs. 1 S. 1 Hs. 2 aF wurde durch Art. 11 FISG vom 3.6.2021 (BGBl. 2021 I 1534) geändert. Die Änderung des Gesetzes dient der **Klarstellung,** dass gesetzliche Mitteilungspflichten die Verschwiegenheitspflicht des Abschlussprüfers nach Abs. 1 S. 1 Hs. 1 einschränken; an der bisherigen Rechtslage ändert die Klarstellung nichts.[320] Abs. 1 S. 1 Hs. 2 aF nahm lediglich § 57b WPO in Bezug. **§ 57b WPO** betrifft die Verschwiegenheitspflicht des Prüfers für Qualitätskontrolle (Peer Review) und seiner Gehilfen (auch nach Beendigung Ihrer Tätigkeit); soweit dies zur Durchführung der Qualitätskontrolle **erforderlich** ist, ist die Pflicht zur Verschwiegenheit nach Abs. 1 S. 1 Hs. 1 eingeschränkt (§ 57b Abs. 3 WPO).[321] Gleiches gilt aufgrund von Abs. 1 S. 1 Hs. 2 idF des FISG auch für andere gesetzliche Mitteilungspflichten (**„Redepflichten"**; → 4. Aufl. 2020, Rn. 61), insbesondere solche nach § 107 Abs. 5 S. 1 WpHG, nach § 341k Abs. 2 und § 35 Abs. 4 VAG, nach § 29 Abs. 3 KWG, nach § 258 Abs. 5 S. 2 iVm § 145 Abs. 2 AktG sowie nach Art. 7 UAbs. 2 und Art. 12 Abs. 1 UAbs. 1 und 2 Abschlussprüfungs-VO. Weitere Grenzen ergeben sich aus dem Berufsaufsichtsrecht (zB § 62 Abs. 3 S. 1 WPO).[322]

72   **8. Zeugnisverweigerungsrecht.** Mit der Verschwiegenheitspflicht geht prozessual das Zeugnisverweigerungsrecht einher (zB § 383 Abs. 1 Nr. 6 ZPO; § 53 Abs. 1 Nr. 3 StPO; § 102 Abs. 1 Nr. 3b AO iVm § 84 FGO; § 22 Abs. 1 PUAG).[323] Wird der Abschlussprüfer von der Verschwiegenheitspflicht (ausdrücklich oder stillschweigend) **wirksam entbunden** (→ Rn. 61 f.), darf er sein Zeugnis nicht mit der Begründung verweigern, bestimmte Sachverhalte seien ihm als für die geprüfte Gesellschaft tätiger Wirtschaftsprüfer bekannt geworden oder anvertraut worden.[324] In diesen Fällen entfällt das Zeugnisverweigerungsrecht und es entsteht eine Verpflichtung zur Aussage (§ 385 Abs. 2 ZPO; § 53 Abs. 2 StPO; § 102 Abs. 3 AO; § 22 Abs. 1 PUAG);[325] nicht ausgeschlossen ist jedoch, die Beantwortung solcher Fragen abzulehnen, die etwaige Beratungsverhältnisse des Wirtschaftsprüfers mit anderen Personen (Dritten) betreffen.[326] Eine **Gefahr der Strafverfolgung** (→ Rn. 73) mit Blick auf die Verletzung eines ihm als Wirtschaftsprüfer oder als mitwirkende Person anvertrauten Geheimnisses ist im Falle einer Aussage nicht gegeben. Angesichts der bestehenden Aussagepflicht sind davon erfasste Angaben nicht „unbefugt" iSd § 203 Abs. 1, Abs. 4 S. 1 StGB.[327] Der verfügungs-

---

[320]   Schüppen Rn. 9.

[321]   HKMS/Staake/Müller Rn. 47; BeBiKo/Justenhoven/Feldmüller Rn. 40; Wiedmann/Böcking/Gros/ Böcking/Gros/Rabenhorst Rn. 10; Schüppen Rn. 9.

[322]   HKMS/Staake/Müller Rn. 48; Hense/Ulrich/Krauß WPO § 62 Rn. 54 ff. Zur Vorlagepflicht der Arbeitspapiere des Wirtschaftsprüfers nach § 62 Abs. 1 S. 2 WPO: VG Berlin BeckRS 2011, 56864 (Die uneingeschränkte Pflicht zur Vorlage von Unterlagen nach § 62 Abs. 1 S. 2 WPO im Berufsaufsichtsverfahren betrifft nach Ansicht des Gerichts nicht den Kernbereich der grundgesetzlichen Selbstbelastungsfreiheit [nemo tenetur se ipsum accusare], sondern stellt ein geeignetes, erforderliches und angemessenes und daher mit dem Nemo-Tenetur-Grundsatz zu vereinbarendes Mittel zur Gewährleistung einer wirksamen Kontrolle der Berufspflichten nach § 43 WPO dar; für ein etwaiges parallel geführtes Strafverfahren gelte jedoch ein Verwertungsverbot); VG Berlin BeckRS 2018, 46743; vgl. BGHSt 51, 377 = DB 2007, 1865 (zu §§ 80 Abs. 1 S. 2, 89 Abs. 1 StBerG) und BGH AnwBl 2015, 179 (zu § 43 BRAO iVm §§ 675, 667 BGB).

[323]   Hense/Ulrich/Reuss WPO § 43 Rn. 245 ff.; BeBiKo/Justenhoven/Feldmüller Rn. 41–42; HKMS/ Staake/Müller Rn. 54.

[324]   Zu § 22 Abs. 1 PUAG: BGH BeckRS 2021, 2075 Rn. 30; NJW 2021, 1022 Rn. 30; BeckRS 2021, 2076 Rn. 30, 32.

[325]   HKMS/Staake/Müller Rn. 54; Schaible, Haftung von Wirtschaftsprüfern, 2021, S. 51.

[326]   BGH BeckRS 2021, 2076 Rn. 32.

[327]   BGH BeckRS 2021, 2076 Rn. 31; NJW 2021, 1022 Rn. 31; BeckRS 2021, 2075 Rn. 31.

berechtigte Inhaber des Geheimnisses (Geheimnisherr) kann sein ausdrücklich oder still-schweigend erklärtes Einverständnis widerrufen.[328]

9. Strafbarkeit. Die Verletzung der Geheimhaltungspflicht ist strafbar (§ 333 Abs. 1). **73** Danach ist nur die „unbefugte" Offenbarung eines Betriebs- oder Geschäftsgeheimnisses (→ Rn. 61) verboten. Unbefugt in diesem Sinne handelt der Abschlussprüfer, sein Gehilfe oder ein bei der Prüfung mitwirkender gesetzlicher Vertreter einer Prüfungsgesellschaft, wenn er zur Weitergabe des Geheimnisses weder berechtigt noch verpflichtet ist.[329] Die Offenbarung ist **nicht unbefugt,** wenn der Abschlussprüfer, sein Gehilfe oder ein bei der Prüfung mitwirkender gesetzlicher Vertreter einer Prüfungsgesellschaft seine eigenen Belange sachgemäß nicht anders wahren kann als durch Offenbarung eines ihm bei der Abschlussprüfung anvertrauten oder bekannt gewordenen Geschäftsgeheimnisses der Auf-traggeberin des Prüfers.[330] Strafverschärfend wirkt, wenn der Abschlussprüfer gegen Entgelt oder in der Absicht handelt, sich oder einen anderen zu bereichern oder einen anderen zu schädigen. Der Straftatbestand setzt Vorsatz voraus.[331] Die Tat wird nur auf Antrag der Kapitalgesellschaft verfolgt (§ 333 Abs. 3). Weitere strafrechtliche Bewehrungen ergeben sich uU zB aus §§ 119, 120 WpHG.

V. Verwertungsverbot (Abs. 1 S. 2)

Mit der Pflicht zur Verschwiegenheit (→ Rn. 60 ff.) steht das Verwertungsverbot **74** gemäß Abs. 1 S. 2 in engem Zusammenhang.[332]

1. Geschäfts- und Betriebsgeheimnisse. Nach der gesetzlichen Formulierung **75** scheint das Verwertungsverbot enger zu sein als die Pflicht zur Verschwiegenheit, weil sich das Verwertungsverbot nur auf Geschäfts- und Betriebsgeheimnisse bezieht, wohinge-gen sich die Verschwiegenheit auf alle Tatsachen und Umstände bezieht, die dem Prüfer, seinen Gehilfen oder einem bei der Prüfung mitwirkenden gesetzlichen Vertreter einer Prüfungsgesellschaft im Rahmen der Abschlussprüfung anvertraut oder bekannt wer-den.[333] In der Literatur besteht allerdings zu Recht Einigkeit darüber, dass der Begriff des Geschäfts- oder Betriebsgeheimnisses in Abs. 1 S. 2 weit zu verstehen ist.[334] Erfasst sind danach **alle Geheimnisse,** die das Geschäft oder den Betrieb der geprüften Gesell-schaft oder Dritte betreffen, insbesondere geschäftliche Entschlüsse oder Transaktionen (vgl. § 11 S. 1 BS WP/vBP).[335] Danach nicht erfasste Fälle (zB Geheimnisse aus dem persönlichen Bereich eines Gesellschafters oder eines Mitglieds des Vorstands bzw. Auf-sichtsrats der geprüften Gesellschaft)[336] dürften für eine Verwertung allerdings selten geeignet sein. Im Übrigen werden derartige Fälle zumeist unter die Verschwiegenheits-pflicht (→ Rn. 60 ff.) fallen.

2. Verwertung. Verwertung ist jede Ausnutzung eines Geschäfts- oder Betriebsge- **76** heimnisses (→ Rn. 61), die nach der Vorstellung des Handelnden unmittelbar darauf gerichtet ist, **für sich oder einen anderen** (vgl. § 11 S. 1 BS WP/vBP) einen Vermögens-

---

[328] Zu den Folgen Stoll BB 1998, 785 (787).
[329] BGH BeckRS 2021, 2076 Rn. 31.
[330] BGH MDR 1956, 625 (626); NJW 1952, 151.
[331] HKMS/Altenhain § 333 Rn. 41.
[332] Hense/Ulrich/Reuss WPO § 43 Rn. 228. Neben dem Verwertungsverbot aus Abs. 1 S. 2 und § 11 BS WP/vBP ist das Verwertungsverbot aus Art. 14 und 15 Marktmissbrauchs-VO auf Wirtschaftsprüfer anwendbar: Schaible, Haftung von Wirtschaftsprüfern, 2021, S. 51.
[333] BeBiKo/Justenhoven/Feldmüller Rn. 50; HKMS/Staake/Müller Rn. 55.
[334] Rosenboom, Abschlussprüfung und Haftung nach portugiesischem Recht, 2004, S. 47; BeBiKo/Justen-hoven/Feldmüller Rn. 50–51; HKMS/Staake/Müller Rn. 55; Hopt/Merkt Rn. 5; Wölber, Die Abschlussprüferhaftung im Europäischen Binnenmarkt, 2005, S. 58.
[335] Hopt/Merkt Rn. 5; Staub/Habersack/Schürnbrand Rn. 28.
[336] Rosenboom, Abschlussprüfung und Haftung nach portugiesischem Recht, 2004, S. 47 (48); BeBiKo/Justenhoven/Feldmüller Rn. 51; HKMS/Staake/Müller Rn. 55.

oder sonstigen Vorteil herbeizuführen.[337] Das Verwertungsverbot nach Abs. 1 S. 2 ist damit zugleich ein klares gesetzliches Verbot der Ausnutzung von Insiderinformationen, das unabhängig von dem kapitalmarktrechtlichen Verbot von Insiderhandelsgeschäften nach §§ 14, 15 MMVO gilt.[338] Abs. 1 S. 2 verbietet nur das **„unbefugte" Verwerten** von Geschäfts- oder Betriebsgeheimnissen (→ Rn. 61). Welche Auswirkungen es hat, wenn der Inhaber des Geschäfts- oder Betriebsgeheimnisses, also in der Regel die geprüfte Gesellschaft, die Verwertung gestattet, ist allerdings umstritten.[339] Das Verbot der Verwertung von Geschäfts- und Berufsgeheimnissen besteht nach Beendigung des Auftragsverhältnisses fort (vgl. § 11 S. 2 iVm § 10 Abs. 3 BS WP/vBP). Die „unbefugte" Verwertung eines **Betriebs- oder Geschäftsgeheimnisses,**[340] das ihm unter den Voraussetzungen des § 333 Abs. 1 bekannt geworden ist, ist strafbar (§ 333 Abs. 2 S. 2). § 2 Abs. 1 GeschGehG enthält ebenfalls eine Definition des Begriffs des „Geschäftsgeheimnisses". Die Tat setzt Vorsatz voraus und wird nur auf Antrag der Kapitalgesellschaft verfolgt (§ 333 Abs. 3). Zu beachten sind ferner §§ 203, 204 StGB.

77   **3. Insolvenz.** Das Verwertungsverbot gilt auch dann, wenn über das Vermögen der geprüften Gesellschaft ein Insolvenzverfahren eröffnet wird oder der Antrag auf Eröffnung des Insolvenzverfahrens mangels Masse abgewiesen wird und die Prüfungsberichte des Abschlussprüfers nach § 321a Abs. 1 oder 2 auf Antrag eines Gläubigers oder Gesellschafters offengelegt worden sind (§ 321a Abs. 3 S. 2).[341]

78   **4. Berufsgrundsätze.** Die WPO enthält kein ausdrückliches Verbot der Verwertung von Geschäfts- oder Betriebsgeheimnissen.[342] Die WPO sieht ein solches Verbot aber wohl als von der berufsrechtlichen Pflicht des Prüfers (§ 43 Abs. 1 WPO)[343] und seiner Gehilfen (§ 50 WPO) zur Verschwiegenheit sowie von der Pflicht zum berufswürdigen Verhalten (§ 43 Abs. 2 WPO) mit umfasst an.[344] Im Übrigen ermächtigt § 57 Abs. 4 Nr. 1 lit. k WPO die WPK ausdrücklich, das Verbot der Verwertung von Berufsgeheimnissen in einer Berufssatzung zu regeln. Dementsprechend enthält § 11 der Berufssatzung der WPK idF vom 3.6.2022 ausdrückliche berufsrechtliche Regelungen des Verbots der Verwertung von Berufsgeheimnissen. Nach § 11 S. 1 BS WP/vBP dürfen Prüfer die bei ihrer Berufsausübung erhaltene Kenntnis von Tatsachen und Umständen, insbesondere geschäftlichen Entschlüssen oder Transaktionen, die ihre Auftraggeber oder Dritte betref-

---

[337] BeBiKo/Justenhoven/Feldmüller Rn. 52; Schaible, Haftung von Wirtschaftsprüfern, 2021, S. 51; wohl etwas weiter Baumbach/Hueck/Schulze-Osterloh, 18. Aufl. 2006, GmbHG § 41 Rn. 171 („zu wirtschaftlichen Zwecken").

[338] BeBiKo/Justenhoven/Feldmüller Rn. 54; HKMS/Staake/Müller Rn. 60–61; Hopt/Merkt Rn. 5; vgl. Schüppen Rn. 6; Schaible, Haftung von Wirtschaftsprüfern, 2021, S. 51.

[339] Zum Stand der Meinungen: HKMS/Staake/Müller Rn. 60 (die Vorschriften der MMVO dienen „dem Interesse des Kapitalmarkts" und unterliegen „nicht der Dispositionsbefugnis der geprüften Gesellschaft"); BeBiKo/Justenhoven/Feldmüller Rn. 54; Staub/Habersack/Schürnbrand Rn. 29. Vgl. § 321a Abs. 3 S. 1, wonach der Insolvenzverwalter als gesetzlicher Vertreter des Schuldners einer Offenlegung von Geheimnissen, namentlich Betriebs- und Geschäftsgeheimnissen, widersprechen kann, wenn die Offenlegung geeignet ist, der Gesellschaft einen erheblichen Schaden zuzufügen. S. ferner § 11 S. 3 BS WP/vBP, der davon ausgeht, dass die von dem Verwertungsverbot geschützte Person der Verwertung zustimmen kann; das bezieht sich aber ersichtlich nicht auf das kapitalmarktrechtliche Insiderhandelsverbot.

[340] Zur Bedeutung des Begriffs Betriebs- oder Geschäftsgeheimnis: BVerfGE 115, 205 (230) = WM 2006, 880 Rn. 87; BVerwG NVwZ 2021, 1866 Rn. 50; 2016, 1014 Rn. 35; 2015, 675 Rn. 28; VG Köln BeckRS 2023, 270 Rn. 172.

[341] Ebke FS Wellensiek, 2011, 441; Forster/Gelhausen/Möller WPg 2007, 191 (200).

[342] Das durch die 7. WPO-Novelle 2007 eingeführte Verwertungsverbot (§ 62 Abs. 5 WPO aF) wurde wieder aufgehoben. Zu den Gründen Hense/Ulrich/Krauß WPO § 62 Rn. 2 und 82.

[343] Vgl. Hense/Ulrich/Reuss WPO § 43 Rn. 228. § 43 WPO gilt sinngemäß für WP-Gesellschaften sowie für Vorstandsmitglieder, Geschäftsführer, Partner und persönlich haftende Gesellschafter einer WP-Gesellschaft, die nicht Wirtschaftsprüfer sind (§ 56 Abs. 1 WPO).

[344] S. die Erläuterungen zu § 11 BS WP/vBP, wo es heißt: „Die Vorschrift ... konkretisiert die in § 43 Abs. 1 S. 1 WPO normierten Berufspflichten der Verschwiegenheit, Gewissenhaftigkeit und des berufswürdigen Verhaltens"; ebenso BeBiKo/Justenhoven/Feldmüller Rn. 54; HKMS/Staake/Müller Rn. 56.

fen, weder für sich noch für Dritte unbefugt verwerten. Das Verwertungsverbot besteht nach Beendigung eines Auftragsverhältnisses fort (§ 11 S. 2 iVm § 10 Abs. 3 BS WP/vBP). Kann für einen verständigen Dritten der Eindruck entstehen, dass eine Verwertung zu besorgen ist, dürfen die diese Besorgnis begründenden Umstände nur dann herbeigeführt oder aufrecht erhalten werden, wenn die vom Verwertungsverbot geschützte Person zustimmt (§ 11 S. 3 BS WP/vBP).

VI. Kausalität

Voraussetzung einer Haftung des Prüfers oder seiner Gehilfen ist, dass sein Verhalten **79** für die Pflicht- oder Rechtsgutverletzung ursächlich geworden ist (**haftungsbegründende Kausalität**)[345] und die Pflicht- oder Rechtsgutverletzung ihrerseits zu dem geltend gemachten Schaden der geprüften Gesellschaft bzw. eines mit dieser verbundenen Unternehmens geführt hat (**haftungsausfüllende Kausalität**).[346] Allein die Verletzung einer Prüfungspflicht oder Unterlassen einer an sich gebotenen Prüfungshandlung durch den Abschlussprüfer führt daher nicht zu einer Haftung. Es bedarf vielmehr zusätzlich der Feststellung, dass die fehlerhaften oder unterlassenen Prüfungshandlungen kausal dafür geworden sind, dass der Bestätigungsvermerk erteilt worden ist, ohne dass unwahre oder unvollständige Angaben aufgedeckt worden sind."[347] Gleiches gilt für die Verletzung der Berichtspflichten bzw. sonstigen Pflichten des Abschlussprüfers. Im Rahmen der haftungsbegründenden wie im Rahmen der haftungsausfüllenden Kausalität ist ein äquivalenter und adäquater Ursächlichkeitszusammenhang erforderlich; gänzlich unwahrscheinliche Kausalitätsverläufe begründen keine Haftung.[348] Die Adäquanztheorie wird durch eine wertende Beurteilung ergänzt, dem **Schutzzweck der Norm**.[349] Ein eingetretener und dem Abschlussprüfer verursachter Schaden ist diesem bei wertender Betrachtung nur zuzurechnen, wenn er innerhalb des Schutzbereichs der verletzten Norm liegt.[350] An die Annahme eines Anscheinsbeweises sind strenge Anforderungen zu stellen.[351] Der Einwand **rechtmäßigen Alternativverhaltens** ist möglich und führt in der Regel zum Ausschluss der Ersatzpflicht.[352] Im Rahmen der gesetzlichen Abschlussprüfung liegt das haftungsbegründende Verhalten des Prüfers regelmäßig in der Nichtaufdeckung von unwahren oder unvollständigen Angaben im Jahresabschluss und der Erteilung eines Bestätigungsvermerks für einen nicht gesetzes- bzw. satzungskonformen Jahresabschluss.

---

[345] Vgl. OLG München BeckRS 2022, 19215 Rn. 45; OLG Stuttgart NZG 2022, 953 Rn. 37; OLG Düsseldorf BeckRS 2021, 41602 Rn. 20.

[346] OLG Stuttgart NZG 2022, 953 Rn. 57: „Die Haftung des Abschlussprüfers setzt weiter voraus, dass die Pflichtverletzung für eine Rechtsgutverletzung – im Sinne einer Primärverletzung – ursächlich geworden ist." S. ferner Sommerschuh, Berufshaftung und Berufsaufsicht: Wirtschaftsprüfer, Rechtsanwälte und Notare im Vergleich, 2003, S. 181 f.; HKMS/Staake/Müller Rn. 76.

[347] OLG Stuttgart NZG 2022, 953 Rn. 57; ebenso OLG Düsseldorf BeckRS 2021, 41602 Rn. 26.

[348] OLG Stuttgart NZG 2022, 953 Rn. 72; OLG Stuttgart WM 2009, 2382 (2385). S. ferner Wölber, Die Abschlussprüferhaftung im Europäischen Binnenmarkt, 2005, S. 60; Magnus in Koziol/Doralt, Abschlussprüfer – Haftung und Versicherung, 2004, S. 23 (unter Hinweis auf BGH NJW 2002, 3625 (3626) (betr. Haftung für fehlerhaftes Gutachten); BeBiKo/Justenhoven/Feldmüller Rn. 82. Aus Sicht des österreichischen Rechts eingehend W. Doralt, Haftung der Abschlussprüfer, 2005, S. 80–84; aus Sicht des Schweizer Rechts Flühmann, Haftung aus Prüfung und Berichterstattung gegenüber Dritten, 2004, S. 39–44.

[349] OLG Stuttgart NZG 2022, 953 Rn. 72; OLG Stuttgart WM 2009, 2382 (2385). Zust. Staub/Habersack/Schürnbrand Rn. 34.

[350] OLG Stuttgart NZG 2022, 953 Rn. 72 (auch abrufbar unter https://www.gesellschaftsrechtskanzlei.com/haftung-wirtschaftsprüfer/).

[351] OLG Düsseldorf BeckRS 2021, 41602 Rn. 29 und 155; OLG Stuttgart WM 2009, 2382 (2385); OLG Düsseldorf DB 2009, 2369.

[352] Vgl. OLG Stuttgart NZG 2022, 953 Rn. 60 („als Einwand des rechtmäßigen Alternativverhaltens gewertet"); LG München I Urt. v. 8.6.2022 – 8 HK O 17761/20, WPK Magazin 3/2022, 66 (67) (Bericht). S. ferner BeBiKo/Justenhoven/Feldmüller Rn. 82, HKMS/Staake/Müller Rn. 80; Staub/Habersack/Schürnbrand Rn. 34. S. auch Fürstliches OG (Liechtenstein) Urt. v. 10.6.2010 – 04 OG.2008.401 ON 53, S. 22 („Nach ständiger Rechtsprechung darf sich der Schädiger grundsätzlich auf rechtmässiges Alternativverhalten berufen, dh darauf, dass bei rechtmässigem Verhalten der Schaden im selben Ausmass eingetreten wäre").

VII. Verschulden

80   Eine Ersatzpflicht nach Abs. 1 S. 3 setzt voraus, dass der Abschlussprüfer die Pflichtverletzung schuldhaft, dh vorsätzlich oder fahrlässig begangen hat (zum Problem des Mitverschuldens → Rn. 114 ff.). Die Unterscheidung zwischen Vorsatz und Fahrlässigkeit ist entscheidend für die Haftungssummenbegrenzung des Abs. 2 S. 2, 3 und 4. Im Falle von Vorsatz greift die Haftungsbegrenzung nach Abs. 2 S. 1 nicht ein (Abs. 2 S. 2 Hs. 1). **Vorsatz** liegt vor, wenn der Wirtschaftsprüfer mit Wissen und Wollen gegen seine Pflichten verstößt oder wenn er seine Pflichtverletzung nur als möglich erkannt, den Eintritt der Möglichkeit aber billigend in Kauf genommen hat.[353] Vorsatz ist in der Praxis schwer darzutun und zu beweisen[354] und wird in der Regel auch nicht vorliegen. In der Mehrzahl der Haftungsfälle kommt lediglich **Fahrlässigkeit** in Betracht. Fahrlässig handelt, wer die im Verkehr erforderliche Sorgfalt außer Acht lässt (§ 276 Abs. 2 BGB). Nach hM gilt ein objektiver Sorgfaltsmaßstab.[355] Die im konkreten Fall erforderliche Sorgfalt richtet sich nicht nach den persönlichen Fähigkeiten und Kenntnissen des Wirtschaftsprüfers, sondern nach den Fähigkeiten und Kenntnissen eines durchschnittlich fachlich qualifizierten, unparteiischen und sich gewissenhaft verhaltenden Berufsangehörigen.[356] Das **FISG** vom 3.6.2021 (BGBl. 2021 I 1534) hat im Gefolge des Wirecard-Falls (→ Vor § 316 Rn. 10) die Haftung des Abschlussprüfers, seiner Gehilfen und der bei der Prüfung mitwirkenden gesetzlichen Vertreter einer Prüfungsgesellschaft für **einfache und grobe Fahrlässigkeit ausdifferenziert** und die Haftungshöchstsummen in Abs. 2 deutlich heraufgesetzt (→ Rn. 82 ff.). Zudem droht jetzt bereits bei der leichtfertigen und nicht erst bei der vorsätzlichen Erteilung eines inhaltlich unrichtigen Bestätigungsvermerks zu dem Jahresabschluss eines Unternehmens von öffentlichem Interesse (§ 316a S. 2) eine Haftung nach § 823 Abs. 2 BGB iVm § 332 Abs. 3 HGB gegenüber den Anlegern der geprüften Gesellschaft. Die bisher streitige Frage, wen die **Darlegungs- und Beweislast** für das Verschulden trifft, erscheint mit dem FISG geklärt.[357]

VIII. Schaden

81   Abs. 1 S. 3 setzt außerdem voraus, dass dem geprüften Unternehmen infolge der Pflichtverletzung des Wirtschaftsprüfers ein Schaden entstanden ist.[358] In Betracht kommt nur ein Vermögensschaden; eine Vermögensgefährdung allein genügt nicht.[359] Die denkbaren Schäden sind vielfältiger Natur.[360] Nach der vorherrschenden **Differenzhypothese** ist ein Schaden die Differenz zwischen dem Vermögensstand einer Person ohne das schädigende Ereignis (hypothetischer Zustand) und dem tatsächlich gegebenen Vermögensstand (realer

---

[353]   OLG Düsseldorf BeckRS 2021, 41602 Rn. 32 (unter Hinweis auf BGH NJW-RR 2012, 404): „Der Abschlussprüfer kann schon dann bedingt vorsätzlich handeln, wenn er es billigend in Kauf nimmt, dass der Abschlussvermerk [sic] infolge unterlassener oder fehlerhaft durchgeführter Prüfungen keine hinreichende Gewähr für die Richtigkeit des Jahresabschlusses bietet und er den Bestätigungsvermerk daher zu Unrecht erteilt."

[354]   Zur Darlegungs- und Beweislast OLG Düsseldorf BeckRS 2021, 41602 Rn. 31 mwN; s. ferner Sommerschuh, Berufshaftung und Berufsaufsicht: Wirtschaftsprüfer, Rechtsanwälte und Notare im Vergleich, 2003, S. 176; Wölber, Die Abschlussprüferhaftung im Europäischen Binnenmarkt, 2005, S. 61; Bärenz BB 2003, 1781 (1782–1784); BeBiKo/Justenhoven/Feldmüller Rn. 77.

[355]   OLG Stuttgart NZG 2022, 953 Rn. 78; Gehringer, Abschlussprüfung, Gewissenhaftigkeit und Prüfungsstandards, 2002, S. 69; Sommerschuh, Berufshaftung und Berufsaufsicht: Wirtschaftsprüfer, Rechtsanwälte und Notare im Vergleich, 2003, S. 177; Wölber, Die Abschlussprüferhaftung im Europäischen Binnenmarkt, 2005, S. 60; HKMS/Staake/Müller Rn. 66; Staub/Habersack/Schürnbrand Rn. 32.

[356]   OLG Stuttgart NZG 2022, 953 Rn. 78) („Für den Prüfer wird die im Verkehr erforderliche Sorgfalt durch die Sorgfalt eines gewissenhaften und unparteiischen Abschlussprüfers konkretisiert").

[357]   BeBiKo/Justenhoven/Feldmüller Rn. 78.

[358]   Zu typischen Schadensposten Merkt/Probst/Fink/Mylich S. 1649 Rn. 23–25. Zur Darlegungs- und Beweislast BeBiKo/Justenhoven/Feldmüller Rn. 83; HKMS/Staake/Müller Rn. 70–74.

[359]   Magnus in Koziol/Doralt, Abschlussprüfer – Haftung und Versicherung, 2004, S. 23; Flühmann, Haftung aus Prüfung und Berichterstattung gegenüber Dritten, 2004, 23 (24).

[360]   Zahlreiche Fallbeispiele in Sommerschuh, Berufshaftung und Berufsaufsicht: Wirtschaftsprüfer, Rechtsanwälte und Notare im Vergleich, 2003, S. 178–180; W. Doralt, Haftung der Abschlussprüfer, 2005, S. 77–80 und 151–162.

Zustand).[361] Die **Darlegungs- und Beweislast** dafür, dass (weitere) – aus Sicht des Klägers gebotene Prüfungshandlungen – zu einer Einschränkung oder Versagung des Bestätigungsvermerks geführt hätten, trifft den Anspruchsteller.[362]

IX. Umfang der Schadensersatzpflicht

1. Haftungshöchstsummen (Abs. 2). a) Altes Recht. Nach Abs. 2 aF (→ 4. Aufl. **82** 2020, Rn. 72) war die vertragliche Haftung des Abschlussprüfers, seiner Gehilfen und der bei der Prüfung mitwirkenden gesetzlichen Vertreter der Prüfungsgesellschaft gegenüber der geprüften Gesellschaft für alle Fälle der Fahrlässigkeit auf 1 Mio. Euro für eine einzelne Prüfung begrenzt. Bei Aktiengesellschaften, deren Aktien zum Handeln im regulierten Markt zugelassen sind, betrug die Haftungshöchstsumme bei einfacher und grober Fahrlässigkeit einheitlich 4 Mio. Euro. Eine unbeschränkte Haftung drohte nur bei einem vorsätzlichen Prüfungs- oder Berichtsfehler.

b) Rechtslage nach dem FISG 2021. Durch das **FISG** vom 3.6.2021 (BGBl. 2021 **83** I 1534) hat der Gesetzgeber Abs. 2 grundlegend geändert (→ Rn. 76), die Haftung für einfache und grobe Fahrlässigkeit ausdifferenziert und die **Haftungshöchstsummen spürbar angehoben,** wobei die Erhöhungen bei einfacher und grober Fahrlässigkeit unter der Berücksichtigung der wirtschaftlichen Bedeutung des geprüften Unternehmens unterschiedlich hoch ausfallen (Abs. 2 S. 1, 3 und 4).[363] Darüber hinaus ist die (bisher schon) unbeschränkte Haftung bei Vorsatz auf Fälle grober Fahrlässigkeit bei der Abschlussprüfung von kapitalmarktorientierten Unternehmen im öffentlichen Interesse (§ 316a S. 2 Nr. 1) erweitert worden (Abs. 2 S. 2 Hs. 2). Die Haftungsverschärfungen bei grober Fahrlässigkeit gelten nach dem Wortlaut von Abs. 2 S. 2, 3 und 4 nur für den Abschlussprüfer selbst, nicht für dessen **Gehilfen** und die bei der Prüfung mitwirkenden gesetzlichen **Vertreter einer Prüfungsgesellschaft** (vgl. die Differenzierung in Abs. 2 S. 1 bis 4 zwischen „Personen" und dem „Abschlussprüfer"). Für diese gilt bei einfacher bzw. grober Fahrlässigkeit einheitlich die Haftungsobergrenzen für einfache Fahrlässigkeit nach Abs. 2 S. 1 Nr. 1 bis 3.

Im Einzelnen gilt nach Abs. 2 idF des FISG folgendes: **84**

aa) Einfache Fahrlässigkeit (Abs. 2 S. 1). Bei einfacher Fahrlässigkeit des Abschluss- **85** prüfers, seiner Gehilfen bzw. der bei der Prüfung mitwirkenden gesetzlichen Vertreter einer Prüfungsgesellschaft (Abs. 1 S. 1) ergeben sich nach dem FISG folgende erhöhte Haftungsobergrenzen:

16 Mio. Euro	bei der Prüfung von kapitalmarktorientierten (§ 264d) Unternehmen iSv § 316a S. 2 Nr. 1 (Abs. 2 S. 1 Nr. 1)
4 Mio. Euro	bei der Prüfung von sonstigen Unternehmen von öffentlichem Interesse iSv § 316a S. 2 Nr. 2 und 3, also CRR-Kreditinstitute und Versicherungen, die nicht kapitalmarktorientiert sind (Abs. 2 S. 1 Nr. 2)
1,5 Mio. Euro	bei der Prüfung aller sonstigen Kapitalgesellschaften und diesen gleichgestellten Personenhandelsgesellschaften iSv § 264a Abs. 1 (Abs. 2 S. 1 Nr. 3)

---

361 OLG Düsseldorf BeckRS 2021, 41602 Rn. 30; OLG München WM 2022, 470 Rn. 20 ff.; OLG München Hinweisbeschl. v. 13.12.2021 – 3 U 6014/21, WM 2022, 470; OLG München WM 2022, 1111 Rn. 137 (Revision anhängig: BGH VII ZR 97/22). Zu der in Lit. und Rspr. umstrittenen Frage, ob der Insolvenzverwalter einen Insolvenzvertiefungsschaden gegenüber dem pflichtwidrig handelnden Wirtschaftsprüfer geltend machen kann, s. OLG Stuttgart NZG 2022, 953 Rn. 65–70 (in casu offenlassend).

362 OLG Stuttgart NZG 2022, 953 Rn. 57; OLG Düsseldorf BeckRS 2021, 41602 Rn. 28; BeBiKo/Justenhoven/Feldmüller Rn. 83.

363 Schüppen Rn. 20.

86   **bb) Grobe Fahrlässigkeit des Abschlussprüfers (Abs. 2 S. 2, 3 und 4).** Bei grober Fahrlässigkeit des Abschlussprüfers gelten folgende Haftungshöchstsummen:

Der Höhe nach unbeschränkt (wie bei Vorsatz)	bei der Prüfung eines kapitalmarktorientierten (§ 264d) Unternehmens iSv § 316a S. 2 Nr. 1 (Abs. 2 S. 2 Hs. 2); der Prüfer kann sich also auf keine Haftungshöchstsumme berufen
32 Mio. Euro	bei der Prüfung von sonstigen Unternehmen von öffentlichem Interesse, die CRR-Kreditinstitute oder Versicherungsunternehmen iSv § 316a S. 2 Nr. 2 oder 3 sind (Abs. 2 S. 3)
12 Mio. Euro	bei der Prüfung von allen sonstigen Kapitalgesellschaften und diesen gleichgestellten Personenhandelsgesellschaften iSv § 264a Abs. 1 (Abs. 2 S. 4)

87   **cc) Vorsatz (Abs. 2 S. 2 Hs. 1).** Bei Vorsatz können sich weder der Abschlussprüfer noch seine Gehilfen bzw. die bei der Prüfung mitwirkenden gesetzlichen Vertreter einer Prüfungsgesellschaft auf eine Haftungsobergrenze berufen; sie haften vielmehr nach Abs. 2 S. 2 Hs. 1 der Höhe nach unbeschränkt.[364] Für ein vorsätzliches Verhalten ist nicht erforderlich, dass der Abschlussprüfer die Schadensentstehung (mindestens) billigend in Kauf nimmt, denn aus dem Wortlaut von Abs. 1 S. 3 („seine Pflichten verletzt") ergibt sich, dass sich sein **Verschulden nur** auf die **Pflichtverletzung** erstrecken muss.

88   **dd) Feststellung des Verschuldensgrades.** Da die Haftungshöchstsummen nach der Neufassung des Abs. 2 durch das FISG bei fahrlässigen Pflichtverletzungen des Abschlussprüfers ua von dem Grad der Fahrlässigkeit abhängen, ist es notwendig, zwischen einfacher oder grober Fahrlässigkeit sorgfältig zu unterscheiden. Nach der Legaldefinition des § 276 Abs. 2 BGB, die für das gesamte Zivilrecht Geltung beansprucht, liegt **einfache Fahrlässigkeit** vor, wenn der Abschlussprüfer die im Verkehr erforderliche Sorgfalt außer Acht lässt.[365] Für den Bereich der gesetzlichen Abschlussprüferhaftung stellt Abs. 1 S. 1 klar, dass die Sorgfalt eines „gewissenhaften und unparteiischen" Abschlussprüfers gemeint ist.[366] Daraus folgt, dass im Bereich der Abschlussprüfung kein individueller, sondern ein auf die Verkehrsbedürfnisse ausgerichteter objektiv-abstrakter Sorgfaltsmaßstab gilt.[367] Der Richter hat sich bei der Konkretisierung der Pflicht zur gewissenhaften und unparteiischen Prüfung also an Sinn und Zweck (dh den Zielen) der gesetzlichen Regelungen über die Abschlussprüfung und ihr Substrat, die Rechnungslegung, zu orientieren. Für den Inhalt der Pflicht zur gewissenhaften und unparteiischen Prüfung kommt es danach nicht entscheidend darauf an, was nach den Anschauungen und Gepflogenheiten auch noch so „ehrbarer und ordentlicher Abschlussprüfer" **üblich** ist; maßgebend ist vielmehr allein, was nach Sinn und Zweck der gesetzlichen Regelungen über die Jahresabschlussprüfung und ihr Substrat, die Rechnungslegung, **erforderlich** ist (→ Rn. 51).[368] Geschuldet ist mit anderen Worten „der Einsatz aller objektiv erdenklichen Sorgfalt."[369]

89   Ein **grob fahrlässiges Verhalten** des Abschlussprüfers soll nach der Gesetzesbegründung zum FISG gegeben sein, wenn der Abschlussprüfer die verkehrsübliche Sorgfalt in besonders schwerem Maße außer Acht lässt und nicht das beachtet, was sich im gegebenen Fall jedem

---

[364]   Vgl. § 276 Abs. 3 BGB: „Die Haftung wegen Vorsatzes kann dem Schuldner nicht im Voraus erlassen werden."

[365]   OLG Stuttgart NZG 2022, 953 Rn. 37; OLG Düsseldorf BeckRS 2021, 41602 Rn. 17.

[366]   OLG Stuttgart NZG 2022, 953 Rn. 78. S. auch § 317 Abs. 1 S. 3 („bei gewissenhafter Berufsausübung"). § 320 Abs. 2 S. 1 und 3 verlangt ergänzend eine „sorgfältige" Prüfung.

[367]   OLG Stuttgart NZG 2022, 953 Rn. 78.

[368]   Ebke Wirtschaftsprüfer S. 20; zust. Schaible, Haftung von Wirtschaftsprüfern, 2021, S. 47–48; Schüppen Rn. 21 („… ein auf die allgemeinen Verkehrsbedürfnisse ausgerichteter objektiv-abstrakter Sorgfaltsmaßstab"); HKMS/Staake/Müller Rn. 66.

[369]   Baumbach/Hueck/Schulze-Osterloh, 18. Aufl. 2006, GmbHG § 41 Rn. 167.

Abschlussprüfer in vergleichbarer Lage hätte aufdrängen müssen.[370] Der Abschlussprüfer muss also einfachste, ganz naheliegende Überlegungen nicht angestellt haben.[371] Den Handelnden muss – im Gegensatz zur leichten Fahrlässigkeit – auch subjektiv ein schweres Verschulden treffen.[372] Ein Fall von grober Fahrlässigkeit liegt danach **beispielsweise** vor, wenn der Abschlussprüfer im Rahmen der Abschlussprüfung pflichtwidrig auf die Einholung von Bankbestätigungen[373] verzichtet und sich auf Angaben des Geschäftsführers der geprüften Gesellschaft verlässt und in seinem Bestätigungsvermerk nicht darauf hinweist, dass eine zuverlässige Vollständigkeitsprüfung nicht möglich war, weil die Geschäftsleitung sich trotz mehrfacher Aufforderung geweigert hat, eine Bankbestätigung vorzulegen.[374] Grobe Fahrlässigkeit ist auch anzunehmen, wenn der Abschlussprüfer im Prüfgebiet „Forderungen aus Lieferungen und Leistungen" in Bezug auf die wichtigen Kunden mit einem Umsatz von über 1 Mio. Euro entgegen dem Wesentlichkeitsgrundsatz (näher → § 317 Rn. 106 ff.) weder eine fachgerechte Saldenbestätigungsaktion (→ § 317 Rn. 89 f.) durchführt noch sich in anderer Weise ein verlässliches Bild von der Werthaltigkeit des Forderungsbestandes verschafft hat und deshalb nicht merkt, dass in erheblichem Umfang Scheinrechnungen für fingierte Absatzgeschäfte in Höhe von über 10 % der Umsatzerlöse verbucht worden sind.[375] Dasselbe gilt, wenn der Abschlussprüfer die Hintergründe einer ungewöhnlich hohen und in zeitlicher Hinsicht auffälligen Forderung nicht mittels Einholung einer Saldenbestätigung oder auf andere Weise aufklärt und deshalb Fälschungen der Buchführung nicht aufdeckt.[376] Grobe Fahrlässigkeit ist auch bejaht worden in einem Fall, in dem die Mitarbeiter des Prüfers im Rahmen der Prüfung der Konzerngesellschaft und deren Tochtergesellschaften nicht bemerkt hatten, dass im erheblichen Umfang „offensichtliche" Scheinforderungen verbucht worden waren, um den Forderungsbestand und das Umsatzvolumen zu erhöhen, was – so bemerkt das Gericht – die Mitarbeiter des ermittelnden Landeskriminalamtes später anhand der vorhandenen Unterlagen hatten „problemlos feststellen" können.[377] Dagegen soll ein **grob fahrlässiges Verhalten ausscheiden,** wenn der Abschlussprüfer es zwar über mehrere Jahre pflichtwidrig unterlassen hat, Bankbestätigungen einzuholen, er aber ersatzweise versucht hat, sich Grundlagen für die Prüfung der Bankkonten zu verschaffen, indem er sich eine Vollständigkeitserklärung des Geschäftsführers, die Buchhaltung des Unternehmens und die Kontoauszüge der Banken

---

[370]   BT-Drs. 19/26966, 104, 405; vgl. BGH NJW 1992, 3235 (3236); BeBiKo/Justenhoven/Feldmüller Rn. 101.

[371]   OLG Stuttgart NZG 2022, 953 Rn. 78; Schüppen Rn. 21 mzN der Rspr.

[372]   OLG Stuttgart NZG 2022, 953 Rn. 78 mwN der BGH-Rspr.

[373]   Der BGH hat in seinem Urt. v. 10.12.2009 – VII ZR 42/08, BGHZ 183, 323 = NJW 2010, 1808 (zu § 323 Abs. 1 S. 3 aF), entschieden, dass eine nicht ordnungsgemäße Einholung von Bankbestätigungen einen Verstoß gegen Abschlussprüfer-Pflichten darstellen und zu einem Schadensersatzanspruch gegen ihn führen kann. Das IDW hatte daraufhin eine grundsätzliche Pflicht zur Einholung von Bankbestätigungen angenommen (IDW PS 302 nF: Bestätigungen Dritter [Stand: 10.7.2014], WPg Supp. 3/2014, 1). So heißt es im IDW PS 302.20 nF: „Bankbestätigungen sind für alle Arten der geschäftlichen Beziehungen des Unternehmens mit Kreditinstituten (bzw. deren jeweiliger Niederlassung) einzuholen". Von der Einholung einer Bankbestätigung konnte nur unter den engen Voraussetzungen von IDW PS 302.23 abgesehen werden. Vgl. IDW PS 302.A20-24, A25-26 nF: Die International Standards on Auditing (ISA) äußern sich zu Bankbestätigungen dagegen nicht. Der deutsche Prüfungsstandard geht daher über das hinaus, was internationale Übung ist. In dem neuen ISA [DE] 505: Externe Bestätigungen (Stand: 26.3.2020), IDW Life 2019, 683, IDW Life 2020, 509, wird nunmehr dem allgemeinen Ansatz der ISA gefolgt, auch die Einholung von Bankbestätigungen – entsprechend einer Risikobeurteilung – in das pflichtgemäße Ermessen des Abschlussprüfers zu stellen. Zu beachten ist jedoch, dass der Abschlussprüfer nach ISA [DE] 505.10 Antworten auf Bestätigungsanfragen auf ihre Verlässlichkeit hin zu würdigen hat. Im Falle der Nichtbeantwortung hat der Abschlussprüfer alternative Prüfungshandlungen durchzuführen, um relevante und verlässliche Prüfungsnachweise zu erlangen (ISA [DE] 505.12). Zum Übergang von IDW PS 302 auf ISA [DE] 505: Farr WPg 2019, 753. Ausf. zum Thema Bankbestätigungen Hennrichs FS Heidel, 2021, 785.

[374]   BGHZ 183, 323 = NJW 2010, 1808 Rn. 49 und 50.

[375]   OLG Frankfurt BeckRS 2014, 1190919 = ECLI:DE:OLGHE:2013:0814.6U114.08 (Nichtzulassungsbeschwerde zurückgewiesen: BGH 8.9.2016 – VII ZR 242/14); s. auch OLG Stuttgart NZG 2022, 953 Rn. 40 ff.

[376]   OLG Köln BeckRS 2014, 17936 Rn. 34.

[377]   LG Hamburg BeckRS 2013, 10766 Rn. 263 (der Rechtsstreit wurde in der nächsten Instanz durch Vergleich beigelegt: Dauner-Lieb ZIP 2019, 1041 [1042]).

hat vorlegen lassen.[378] Grobe Fahrlässigkeit soll auch dann nicht vorliegen, „wenn sich der Abschlussprüfer mit dem betroffenen Prüfungsfeld auseinandergesetzt und dabei einzelne eigentlich gebotene Prüfungshandlungen nicht oder fehlerhaft durchgeführt hat.“[379] Wie **unsicher** Gerichte **im Einzelfall** bei der Bestimmung des Verschuldensmaßstabs sind, zeigt das Urteil des LG Stuttgart vom 19.5.2021[380] als Vorinstanz des OLG Stuttgart.[381] Das Landgericht entschied im Zusammenhang mit der Prüfung des Mitverschuldenseinwands, der Grad der Pflichtverletzung des Abschlussprüfers „bewege sich zumindest nahe an der Grenze zur groben Fahrlässigkeit“.[382] Der Entscheidung zugrunde lag der Fall eines Abschlussprüfers, der keine Saldenbestätigungen bezüglich wesentlicher Forderungen aus Leistungen eingeholt hatte und dessen alternativen Prüfungshandlungen nach den Feststellungen des Landgerichts „ungeeignet waren, etwaige Verstöße der Schuldnerin [dh des geprüften Unternehmens] aufzudecken.“[383]

90   Die wenigen Beispiele zeigen, dass sich bei der Unterscheidung von einfacher und grober Fahrlässigkeit im Einzelfall **erhebliche Abgrenzungsschwierigkeiten** ergeben können. Der vor dem Hintergrund der gesetzlichen Pflicht zur gewissenhaften (Abs. 1 S. 1; § 317 Abs. 1 S. 3) und unparteiischen (Abs. 1 S. 1) Prüfung geforderte „Einsatz aller objektiv erdenklichen Sorgfalt“ (→ Rn. 88) und im Lichte der Berufspflicht, während der gesamten Prüfung eine kritische Grundhaltung[384] zu wahren (vgl. § 43 Abs. 4 S. 1 WPO; § 37 S. 1 BS WP/vBP; zu Einzelheiten und Nachweisen → Vor § 316 Rn. 2), sowie im Hinblick auf den risikoorientierten Prüfungsansatz (zu Einzelheiten und Nachweisen → § 317 Rn. 31) besteht die Gefahr, dass ein Verhalten des Abschlussprüfers im Einzelfall **vorschnell als „grob“ fahrlässig qualifiziert** wird.[385] Die Gefahr ist deshalb real, weil in den betreffenden Fällen das Problem des *hindsight bias* besteht,[386] also eines **Rückschaufehlers,** aus einer eingetretenen Prüfungs- oder Berichtspflichtverletzung auf ein grob fahrlässiges Fehlverhalten des Prüfers zu schließen, weil die Kenntnis des Fehlers die Deutung und Wertung aller damit zusammenhängenden Aspekte des Sachverhalts verändert und damit das gesamte „Koordinatensystem“ in Richtung auf sein Eintreten verschiebt („nachträgliche Besserwisserei“).[387] Die vom Gesetzgeber im FISG vorgegebene Unterscheidung zwischen einfacher und grober Fahrlässigkeit darf aber nicht verwischt werden. Die sorgfältige Abgrenzung ist nicht zuletzt auch deshalb geboten, weil die Grenze zwischen der leichten Fahrlässigkeit und der groben Fahrlässigkeit ebenso fließend ist wie die **Grenze der groben Fahrlässigkeit zur Leichtfertigkeit.** Die Fälle, in denen der Prüfer die verkehrsübliche Sorgfalt in besonders schwerem Maße außer Acht gelassen und nicht das beachtet hat, was sich im gegebenen Fall jedem Abschlussprüfer in vergleichbarer Lage hätte aufdrängen müssen (→ Rn. 89), werden in vielen Fällen vergleichbar sein mit Fällen, in denen der Abschlussprüfer bei der Erteilung des Bestätigungsvermerks in einem Maße Leichtfertigkeit an den Tag gelegt hat, dass sie „bei der gebotenen Gesamtschau“ als Gewissenlosigkeit zu werten ist (näher → Rn. 95).[388] In derartigen Fällen hat die Rechtspre-

---

[378]   BGHZ 183, 323 = NJW 2010, 1808 Rn. 52.

[379]   BeBiKo/Justenhoven/Feldmüller Rn. 101.

[380]   LG Stuttgart Urt. v. 19.5.2021 – 27 O 250/19 (unveröffentlicht).

[381]   OLG Stuttgart NZG 2022, 953.

[382]   OLG Stuttgart NZG 2022, 953 Rn. 6.

[383]   OLG Stuttgart NZG 2022, 953 Rn. 42.

[384]   OLG Stuttgart NZG 2022, 953 Rn. 53 („Der Grundsatz der kritischen Grundhaltung wird als grundsätzliche Bereitschaft des Abschlussprüfers definiert, Dinge kritisch zu hinterfragen und auf Umstände zu achten, die auf mögliche Fehlerdarstellungen in der Rechnungslegung durch Fehler oder Betrug hinweisen können, sowie die Prüfungsnachweise kritisch zu beurteilen“).

[385]   Schüppen Rn. 22.

[386]   So auch Hopt/Merkt Rn. 7b sowie die Stellungnahme des AKBR Arbeitskreis Bilanzrecht Hochschullehrer Rechtswissenschaft zu dem RefE FISG S. 8.

[387]   Zu der Möglichkeit einer Audit Judgment Rule (AJR) → Rn. 98.

[388]   Vgl. BGH WM 2020, 987 Rn. 42; BGH WM 2006, 423 (427); BGH MittBl. WPK Nr. 127, 16 = NJW 1987, 1758; OLG Celle WPK-Mitt. 2000, 258 (259) = NZG 2000, 613 (615) mAnm Großfeld; OLG Düsseldorf GI 1999, 218 (222) = WPK-Mitt. 1999, 258 (260) mAnm Ebke/Paal; OLG Düsseldorf WPK-Mitt. 1996, 342 (346) = BB 1996, 2614 (2616); OLG Karlsruhe OLGReport Karlsruhe 2003, 389 (betr. Steuerberater); OLG Karlsruhe WPK-Mitt. 1999, 231 (233) (Bericht); OLG Köln BeckRS 2016, 06014; LG Hamburg WM 1999, 139 (142) (in casu verneinend).

chung bislang die **Sittenwidrigkeit iSv § 826 BGB** bejaht und den Prüfer – bei Vorliegen der sonstigen Haftungsvoraussetzungen – der Höhe nach gemäß § 826 BGB unbegrenzt haften lassen, falls ihm mindestens bedingter Vorsatz (*dolus eventualis*) zur Last fiel.[389] Seit Inkrafttreten des FISG droht dem Prüfer schon bei der leichtfertigen und nicht erst bei der vorsätzlichen Erteilung eines inhaltlich unrichtigen Bestätigungsvermerks zu dem Jahresabschluss eines Unternehmens von öffentlichem Interesse (§ 316a S. 2) eine Haftung nach **§ 823 Abs. 2 BGB iVm § 332 Abs. 3** gegenüber den Anlegern der geprüften Gesellschaft und anderen Dritten (→ Rn. 151 ff.).[390] In der Praxis, so wird vermutet, dürfte in vielen Fällen ein grob fahrlässiges Verhalten mit einem leichtfertigen Verhalten gleichgesetzt werden.[391]

Im **Haftpflichtprozess** werden die Abgrenzungsfragen in aller Regel zur Folge haben, **91** dass die Gerichte mangels eigener Sachkunde nicht nur hinsichtlich der Frage, in welchen Punkten der geprüfte Jahresabschluss und die Abschlussprüfung möglicherweise fehlerhaft waren,[392] sondern auch hinsichtlich der Feststellung des Verschuldensgrades ein Gutachten eines gerichtlich bestellten Sachverständigen einholen.[393] **Sachverständige** stellen – nicht nur in Abschlussprüferhaftungsfällen, sondern auch vielen anderen Zivilprozessen (zB Arzthaftungs-, Bau-, Umweltschutz- und Auslandsrechtsverfahren) – ihr Fachwissen und ihre Kompetenzen den Gerichten im Prozess zur Verfügung.[394] Das wirft komplexe Rechtsfragen nach dem GG, der GRCh und der EMRK auf.[395] So setzt eine Art. 2 Abs. 1 GG iVm dem **Rechtsstaatsprinzip** genügende Urteilsgrundlage voraus, dass das Gericht einem Sachverständigengutachten, dessen Befundtatsachen bestritten sind, nicht ohne nähere Prüfung dieser Tatsachen folgt und sich nicht ohne Weiteres darauf verlässt, dass die vom Sachverständigen zugrunde gelegten tatsächlichen Feststellungen und Schlussfolgerungen zutreffend sind.[396] Das wiederum setzt die Bereitschaft und die Fähigkeit der Gerichte voraus, sich mit den

---

[389] Aus diesem Grunde krit. zur Einführung einer Haftung bei grober Fahrlässigkeit bereits Schüppen DB 2020, 2641 (2642-2643). Zu den Schwierigkeiten der Abgrenzung grober Fahrlässigkeit von bedingtem Vorsatz BeBiKo/Justenhoven/Feldmüller Rn. 101.

[390] Dazu krit. V. Haas FS Ebke, 2021, 291 (297); Hennrichs DB 2021, 268 (273); Schüppen DB 2020, 2641 (2644); s. ferner Lenz BB 2021, 683; Lenz in Karami, Skandalfall Wirecard – Eine wissenschaftlich-fundierte interdisziplinäre Analyse, 2022, S. 217. Für eine Ausweitung der Strafbarkeit auf leichtfertiges Verhalten des Wirtschaftsprüfers Bauer, Die Neuregelung der Strafbarkeit des Jahresabschlußprüfers, 2017.

[391] Vgl. Nietsch WM 2021, 158 (161). Krit. zu der Haftungsverschärfung mittels § 332 Abs. 3 auch das IDW in seiner Stellungnahme zum FISG v. 26.1.2021: „Dieses vom Gesetzgeber etablierte Haftungssystem könnte durch die vorgesehene Änderung in § 332 HGB aus dem Gleichgewicht gebracht werden, soweit ein Gericht eine unbegrenzte Haftung des Abschlussprüfers bei leichtfertiger Pflichtverletzung gegenüber einem Dritten (über einen deliktsrechtlichen Anspruch in Verbindung mit dem möglichen Schutzgesetz § 332 HGB) begründen könnte. Von einer derartigen Verschärfung der Strafvorschriften, die einen vollständigen Systemwandel der Abschlussprüferhaftung bedeuten könnte, ist unbedingt abzuraten."

[392] Vgl. BGH WM 2022, 372 Rn. 30 („nicht ohne Einholung eines Sachverständigengutachtens"); OLG München BeckRS 2022, 8261 Rn. 86 („in der Regel Einholung eines Sachverständigengutachtens") (Revision anhängig: BGH VII ZR 97/22); OLG München Hinweisschreiben v. 9.12.2021 – 8 U 6063/21, AG 2022, 368 Rn. 16 (Einholung eines Sachverständigengutachtens bereits durch das Landgericht) (betr. Wirecard); OLG Karlsruhe NJW-RR 2022, 901 Rn. 62 (die Frage der Pflichtverletzung müsse „vorrangig durch Einholung eines Sachverständigengutachtens" geprüft werden). Zum Fehlerbegriff bei der Abschlussprüfung Hennrichs FS Böcking, 2021, 281; zum Fehlerbegriff in der Rechnungslegung und im Enforcement-Verfahren OLG Frankfurt a.M. ZIP 2019, 970; Hopt/Merkt Einl. v. § 238 Rn. 46a f.

[393] Es ist zu beachten, dass die Beurteilung der Frage, ob ein Prüfungsfehler als grob oder nicht grob fahrlässig bzw. als leichtfertig einzustufen ist, eine juristische Wertung ist, die dem Tatrichter und nicht dem Sachverständigen obliegt: BGH NJW 2012, 227 Rn. 13 betr. Arzthaftungsfall.

[394] Natürlich kann das Gericht zB die Pflichtverletzung auch ohne Einholung eines Sachverständigengutachtens beurteilen, wenn es über die notwendige Sachkunde verfügt: OLG Stuttgart NZG 2022, 953 Rn. 55. Zur Kostenerstattung eines vorprozessual eingeholten Sachverständigengutachtens BGH NJW 2007, 1752 (betr. Verkehrsunfallhaftpflichtprozess).

[395] Zu den Gewährleistungen des GG, der GRCh und der EMRK bezüglich des Sachverständigenbeweises: Nissen, Das Recht auf Beweis im Zivilprozess, 2019, S. 694–713.

[396] BVerfG NJW 1997, 1909 Rn. 11 („Zu den für einen fairen Prozeß unerläßlichen Verfahrensregeln gehört, daß das Gericht die Aussagen eines Gutachtens nicht ungeprüft übernimmt"). Zum Recht auf Offenlegung der Befundtatsachen s. auch BVerfGE 91, 176 (181).

tatsächlichen Feststellungen und Schlussfolgerungen inhaltlich auseinanderzusetzen, soweit sie für ihre eigene Beweiswürdigung und Entscheidung von Bedeutung sind.[397]

92   Hinzu kommt: Aus ihrer Funktion, bindende gerichtliche Entscheidungen zu erlassen, ergibt sich für die Justiz bei der Bewältigung von Haftpflichtprozessen im Bereich der Jahresabschlussprüfung ein grundlegendes Dilemma, das man als **Justiz-Paradoxon** bezeichnen kann. Dieses besteht darin, dass die Justiz als eine der drei staatlichen Gewalten die alleinige Zuständigkeit für verbindliche Entscheidungen hat, zugleich aber keine Generalverantwortung für die Entscheidungen der beiden anderen Gewalten übernehmen kann.[398] Die Flucht des Gesetzgebers in unbestimmte Rechtsbegriffe (→ Rn. 30) bezüglich der Pflichten und Verantwortlichkeiten des gesetzlichen Abschlussprüfers und die Ausfüllung sich daraus ergebender offener Regelungsbereiche etwa durch nationale und internationale Berufsorganisationen (zB IDW PS oder ISA [DE]), deren Verlautbarungen keine Rechtsnormen sind und die Gerichte mithin nicht binden (→ Rn. 35 ff.), erhöht das Gewicht und die Verantwortung der rechtsprechenden Gewalt zulasten der übrigen Gewalten in einem Bereich, der nicht nur für die Prozessbeteiligten (also die geprüften Unternehmen und deren Abschlussprüfer) selbst, sondern auch gesellschaftsübergreifend für zahlreiche Dritte (zB Gesellschafter und Personen, die im Vertrauen auf die Richtigkeit des veröffentlichten Bestätigungsvermerks in rechtlicher Beziehung zu der geprüften Gesellschaft stehen oder mit ihr in Beziehung treten wollen) sowie den Staat und die Volkswirtschaft insgesamt von überragender Bedeutung ist (→ § 316 Rn. 31 f.).[399]

93   **ee) Rechtspolitischer Exkurs.** Rechtspolitisch ist die deutliche Erhöhung der Haftungshöchstbeträge bei einfacher und grober Fahrlässigkeit nach Abs. 2 S. 1, 3 und 4, die Erweiterung der unbeschränkten Haftung auf Fälle grober Fahrlässigkeit bei der Prüfung von kapitalmarktorientierten Unternehmen von öffentlichem Interesse nach Abs. 2 S. 2 Hs. 2 und nicht zuletzt die Ausweitung der gesetzlichen Dritthaftung des Abschlussprüfers eines Unternehmens von öffentlichem Interesse (§ 316a S. 2) nach § 823 Abs. 2 BGB iVm § 332 Abs. 3 gegenüber den Anlegern der geprüften Gesellschaft durch das FISG in der **Wissenschaft,**[400] dem **Berufsstand,**[401] der **Versicherungswirtschaft**[402] und den **Gewerkschaften**[403] auf

---

[397]   Vgl. OLG Stuttgart NZG 2022, 953 Rn. 33 (unter Hinweis auf BGH Urt. v. 26.8.2021 – III ZR 189/19 Rn. 11) (betr. die Berücksichtigung eines rechtskräftigen Strafurteils in einem Abschlussprüferhaftpflichtprozess).

[398]   Unter den drei Gewalten hat sich eine politische Staatsleitung „zur gesamten Hand" entwickelt: Ebke/Fehrenbacher FS Geiss, 2000, 571 (592). Der Gesetzgeber selbst ist auch und gerade auf dem Gebiet der Haftung des gesetzlichen Abschlussprüfers gut beraten, das sensible Gleichgewicht der Gewalten nicht dadurch zu stören, dass er sich aus seiner verfassungsrechtlichen Regelungsverantwortung stiehlt und den Gerichten die Last aufbürdet, das komplexe, gesetzlich ausdifferenzierte Haftungssystem für Fälle unterhalb des Vorsatzes mit den Mitteln schwieriger Abgrenzungen inhaltlich zu gestalten.

[399]   Dazu ausf. Ebke FS Yamauchi, 2006, 105 (113–115).

[400]   Dauner-Lieb ZIP 2021, 391; Hennrichs DB 2021, 268; Nietsch WM 2021, 158; Homborg/Landahl NZG 2021, 859; Poelzig ZBB 2021, 73 (83); Schüppen DStR 2021, 246 („hart, bissig, unausgegoren"); Schüppen DB 2020, 2641; s. aber auch (allerdings ohne konkrete Vorschläge) Langenbucher/Leuz/Krahnen/Pelizzon, What Are the Wider Supervisory Implications of the Wirecard Case?, 2020, S. 24 („… auditor liability should be raised considerably"); ferner Lenz, Die leichtfertige Erteilung eines inhaltlich unrichtigen Bestätigungsvermerks nach § 332 HGB nF, 2022; Lenz BB 2021, 683.

[401]   S. die Stellungnahme der WPK zum Referentenentwurf des BMV und des BMF eines Gesetzes zur Stärkung der Finanzmarktintegrität, 9.11.2020, S. 7 ff., sowie die Stellungnahme des IDW zum Referentenentwurf eines Gesetzes zur Stärkung der Finanzmarktintegrität, 6.11.2020, S. 4 ff. S. ferner die Stellungnahme des Verbands für die mittelständische Wirtschaftsprüfung v. 9.11.2020 zu dem RefE FISG, S. 2 (der Entwurf einer Reform des § 323 Abs. 2 aF sei „weder im Hinblick auf PIE-Prüfungen noch auf Nicht-PIE-Prüfungen mit dem Grundsatz der Verhältnismäßigkeit vereinbar").

[402]   Schröder/Pritzen WPg 2021, 1115; Schramm/Kreienkamp r+s 2020, 682; Zimmermann WPK Magazin 3/2021, 59; Schwope Stbg 2021, 215.

[403]   S. die Stellungnahme des DGB v. 9.11.2020 zu dem RefE FISG S. 9 („Die Erhöhung der Haftungshöchstgrenze für die Abschlussprüfung ist ein kritischer Punkt. Sie wird kaum zu einer verbesserten Prüfungsqualität beitragen, dagegen die Problematik verschärfen, dass Wirtschaftsprüfer zunehmend Schwierigkeiten sehen, eine Berufshaftpflichtversicherung abzuschließen, was vor allem kleinere, mittelständisch strukturierte WP-Gesellschaften und Einzel-WP betrifft").

zum Teil **heftige Kritik** gestoßen.[404] Die seit Einführung der gesetzlichen Abschlussprüfung im Jahre 1931 bestehende Haftungshöchstgrenze wurde zuletzt im Jahre 1998 durch das Gesetz zur Kontrolle und Transparenz im Unternehmensbereich (KonTraG) angehoben (→ Rn. 9).[405] Insofern ist es nachvollziehbar, dass der Gesetzgeber die Haftungsobergrenzen im FISG angehoben hat,[406] wenngleich nicht nur „spürbar",[407] sondern (wenn man das Kaufkraftäquivalent von 100.000 RM 1931 in Euro 2021 zugrunde legt)[408] drastisch.[409] Problematisch ist aber die Ausdifferenzierung der Fahrlässigkeitshaftung und die weitere Differenzierung nach Unternehmenskategorien. Das schafft nicht nur Abgrenzungsschwierigkeiten in der Praxis (→ Rn. 90), sondern erhöht auch das Risiko des Abschlussprüfers, wegen grober Fahrlässigkeit mit höheren Haftungssummen verurteilt zu werden. Denn erfahrungsgemäß ist das Mitleid mit den finanziell Geschädigten größer als das Verständnis für die Position und die gesetzlichen Aufgaben des in Anspruch genommenen Abschlussprüfers, insbesondere dann, wenn der Abschlussprüfer über eine gesetzlich vorgeschriebene Berufshaftpflichtversicherung in entsprechender Höhe verfügt, so dass die nachteiligen finanziellen Auswirkungen eines solchen Urteils auf den Abschlussprüfer, namentlich eine möglicherweise drohende Existenzgefährdung, bei der Abgrenzung der Fahrlässigkeitsgrade nicht mitberücksichtigt werden müssen („*deep pocket theory*").[410] Dadurch steigt die Gefahr, dass leichte Fahrlässigkeit im Einzelfall vorschnell mit grober Fahrlässigkeit gleichgesetzt wird,[411] und es so zu einer **ergebnisorientierten Verlagerung von Risiken** auf den Abschlussprüfer kommt. Die Verschiebung des Verschuldensmaßstabes im Zusammenwirken mit der massiven Erhöhung der Haftsumme für einfache wie grobe Fahrlässigkeit und der Differenzierung nach Unternehmenskategorien wird nach Einschätzung der WPK nicht nur zu einer **Erhöhung der Versicherungsprämien** zwischen 40 und 60 % führen, sondern auch eine Konzentration des Prüfermarktes „gleichsam im Zeitraffer" auslösen.[412]

---

[404] Rechtsvergleichern wird bei der Analyse der Änderungen der Haftungshöchstgrenzen und der Haftungsverschärfung durch das FISG infolge des Wirecard-Falls der berühmte Satz von Justice Oliver Wendell Holmes, Jr. in seiner dissenting opinion in dem Antitrust-Fall Northern Securities Co. v. United States, 193 U.S. 197, 400-401 (1904) in den Sinn kommen: „Great cases like hard cases make bad law," dass also ein extremer Einzelfall, der in ungewöhnlichem Maß das öffentliche Interesse auf sich zieht, keine gute Grundlage für die Formulierung oder Überarbeitung einer Rechtsregel ist. Zur Begründung führte Holmes aus: „For great cases are called great, not by reason of their real importance in shaping the law of the future, but because of some accident of immediate overwhelming interest which appeals to the feelings and distorts the judgment. These immediate interests exercise a kind of hydraulic pressure which makes what previously was clear seem doubtful, and before which even well settled principles of law will bend."

[405] RefE FISG S. 102 („Die Anhebung der Haftungshöchstgrenzen erfolgt vor dem Hintergrund, dass die bisherigen Grenzen seit 1998 unverändert bestehen und im internationalen Vergleich niedrig sind). krit. zur Höhe der Haftungshöchstbeträge nach Abs. 2 idF des KonTraG zB Hopt ZHR 175 (2011), 444 (513) („extrem niedrige Obergrenze"); Ulrich WPK Magazin 3/2006, 6 (10). S. auch die Stellungnahme des AKBR (Arbeitskreis Bilanzrecht Hochschullehrer Rechtswissenschaft) zu dem RefE FISG S. 7 („Eine spürbare Anhebung der Haftungshöchstgrenze ist überfällig"); weitergehend MüKoBGB/Emmerich, 9. Aufl. 2022, BGB § 311 Rn. 218 (für eine Haftungsprivilegierung bestehe „kein ersichtlicher Grund") und Rn. 218 Fn. 745 (es handele sich um einen „klassischen Fall der Prämierung unkontrollierbarer [sic] wirtschaftlicher Macht").

[406] Vgl. Stellungnahme der WPK zum Referentenentwurf des BMV und des BMF eines Gesetzes zur Stärkung der Finanzmarktintegrität, 9.11.2020, S. 19 (nachvollziehbar für alle PIE-Mandate, im Non-PIE-Bereich dagegen nur für inflationsbedingte Anpassung).

[407] Vgl. die Stellungnahme des AKBR (Arbeitskreis Bilanzrecht Hochschullehrer Rechtswissenschaft) „Denkbare weitere Schritte zur Reform von Abschlussprüfung, Bilanzkontrolle und Corporate Governance", S. 14 („könnte aber erwogen werden, die Haftung der Abschlussprüfer spürbar zu verschärfen").

[408] Deutsche Bundesbank, Kaufkraftäquivalente historischer Beträge in deutschen Währungen (Stand: Januar 2022), https://www.bundesbank.de/resource; vgl. den historischen Währungsrechner https://www.eurologisch.at/docroot/waehrungsrechner/#/.

[409] Ausf. Schüppen Rn. 23–26.

[410] Nguyen/Rajapakse Common Law World Rev. 37 (2008), 9 (15).

[411] Vgl. Schüppen Rn. 22 („… Gefahr, Pflichtverletzungen eines Wirtschaftsprüfers … sehr schnell als ‚grob' zu beurteilen.").

[412] Stellungnahme der WPK zum Referentenentwurf des BMV und des BMF eines Gesetzes zur Stärkung der Finanzmarktintegrität, 9.11.2020, S. 14. Zur Haftungsverschärfung nach dem FISG als „Konzentrationstreiber" im Prüfungsmarkt auch Veidt/Uhlmann BB 2020, 2608. Zur Marktstruktur s. WPK, Markt-

94   Aus denselben Gründen ist auch die Erweiterung der **unbeschränkten Haftung** des Abschlussprüfers auf Fälle **grober Fahrlässigkeit** bei der Prüfung von kapitalmarktorientierten Unternehmen von öffentlichem Interesse nach Abs. 2 S. 2 Hs. 2 fragwürdig.[413] Ungeachtet der bereits angesprochenen Schwierigkeiten, „grobe" Fahrlässigkeit von „einfacher" Fahrlässigkeit trennscharf abzugrenzen, verabschiedet sich der Gesetzgeber ohne Not von dem seit über 90 Jahren geltenden, bewährten Grundsatz, dass eine Berufung auf eine Haftungsobergrenze nur bei Vorsatz des Prüfers ausgeschlossen sein soll (Abs. 2 S. 2 Hs. 1). Es darf füglich bezweifelt werden, ob es zutrifft, dass das Interesse der Abschlussprüfer einer Kapitalgesellschaft nach Abs. 2 S. 1 Nr. 1 an einer summenmäßigen Begrenzung ihrer Haftung „nicht schutzwürdig [ist], wenn diese ihre Pflichten grob fahrlässig verletzen".[414] Jedenfalls widerspricht Abs. 2 S. 2 Hs. 2 der – rechtlich zwar nicht verbindlichen (zur Bedeutung von Kommissionsempfehlungen → § 324 Rn. 21), aber juristisch-ökonomisch fundierten, rechtsvergleichend abgesicherten und sinnvollen – **Empfehlung der EU-Kommission** vom 5.6.2008 zur Beschränkung der zivilrechtlichen Haftung von Abschlussprüfern und Prüfungsgesellschaften (2008/473/EG).[415] Darin empfiehlt die EU-Kommission im Anschluss an eine juristisch-ökonomischen Studie von London Economics,[416] die zivilrechtliche Haftung von Abschlussprüfern und Prüfungsgesellschaften, außer bei vorsätzlich pflichtwidrigem Handeln, mithin für jede Form der Fahrlässigkeit zu beschränken.[417] Die Europäische Kommission begründet ihre Empfehlung im Wesentlichen damit, dass eine unbeschränkte Haftung wegen der hohen Haftungsrisiken auf dem Kapitalmarkt und des eingeschränkten Zugangs zu Versicherungsschutz „eine nachhaltige Prüfungskapazität und einen Wettbewerbsmarkt für Prüfungsleistungen" und damit das Funktionieren des Kapitalmarkts gefährdet.[418]

95   Kritisch zu beurteilen ist außerdem die Begründung einer zivilrechtlichen **Dritthaftung des Prüfers für Leichtfertigkeit** nach § 823 Abs. 2 BGB iVm § 332 Abs. 3 für die Erteilung eines inhaltlich unrichtigen Bestätigungsvermerks zu dem Jahresabschluss, dem Einzelabschluss nach § 325 Abs. 2a oder dem Konzernabschluss einer Kapitalgesellschaft, die ein Unternehmen von öffentlichem Interesse nach § 316a S. 2 ist (→ Rn. 90).[419] Mit der Erstreckung des Qualifizierungstatbestands des § 332 Abs. 4 S. 1 (Verletzung der Berichtspflicht, wenn der Täter gegen Entgelt oder in der Absicht, sich oder einen anderen zu bereichern oder einen anderen zu schädigen, gehandelt hat)[420] auf die Erteilung eines inhaltlich unrichtigen Bestäti-

---

strukturanalyse 2021: Anbieterstruktur, Mandatsverteilungen, Abschlussprüferhonorare und Umsatzerlöse im Wirtschaftsprüfungsmarkt 2021, WPK Magazin Beilage zu Heft 4/2022, 1; Wittmann, Anbieterkonzentration auf dem Wirtschaftsprüfungsmarkt in Deutschland, 2018.

[413] Poelzig ZBB 2021, 73 (83) („Die Aufhebung der Haftungsbegrenzung bei grober Fahrlässigkeit und eine damit einhergehende unbeschränkte Haftung gehen … zu weit") und 84 (… Aufhebung der Haftungshöchstgrenze für grob fahrlässiges Verhalten zu überdenken"). S. auch die Stellungnahme des AKBR Arbeitskreis Bilanzrecht Hochschullehrer Rechtswissenschaft zu dem RefE FISG S. 8 (die in § 323 Abs. 2 HGB-E vorgesehene Ausdehnung der unbegrenzten Haftung des Abschlussprüfers schon für grobe Fahrlässigkeit solle „nochmals überdacht werden").

[414] S. den RefE FISG S. 102.

[415] ABl. EU 2008 L 162, 39. Die Kommission führt aus, dass die „civil liability of statutory auditors and of audit firms arising from a breach of their professional duties should be limited except in cases of intentional breach of duties by the statutory auditor or the audit firm". Zu Einzelheiten der Empfehlung Schattka GRP 2008, 193; Ebke FS H.-P. Westermann, 2008, 873; Ebke FS Stürner, 2013, 1001 (1022 f.); Ferran FS Hopt, Bd. 1, 2010, 645; monographisch Schattka, Die Europäisierung der Abschlussprüfung, 2012; zum Hintergrund Wölber, Die Abschlussprüferhaftung im Europäischen Binnenmarkt, 2005.

[416] London Economics, Study on the Economic Impact of Auditors' Liability Regimes, 2005; dazu ausf. Ebke FS H.-P. Westermann, 2008, 873 (884–895); Ebke in Krieger/Schneider, Handbuch Managerhaftung, 3. Aufl. 2017, S. 313 (341); Schattka GPR 2007, 138; Klaas WPg 2006, 1489 (1491).

[417] Poelzig BB 2021, 73 (84); Stellungnahme der WPK zum Referentenentwurf des BMV und des BMF eines Gesetzes zur Stärkung der Finanzmarktintegrität, 9.11.2020, S. 15.

[418] Poelzig ZBB 2021, 73 (84).

[419] Poelzig ZBB 2021, 73 (84); Nietsch WM 2021, 158 (161). Zu der Frage, ob sich Leichtfertigkeit als Straftatbestand sinnvoll handhaben lässt, Steinberg ZStW 2019, 888.

[420] Zu Einzelheiten des § 332 aF: Dierlamm NStZ 2000, 130; Geilen GS Schlüchter, 2002, 283; Graf BB 2001, 562; Hoffmann/Knierim BB 2002, 2275; monographisch Winkeler, Strafbarkeit inhaltlich unrichtiger Bestätigungsvermerke, 2000; Bauer, Die Neuregelung der Strafbarkeit des Jahresabschlussprüfers, 2017;

---

gungsvermerks zu dem Jahresabschluss, dem Einzelabschluss nach § 325 Abs. 2a oder dem Konzernabschluss einer Kapitalgesellschaft, die ein Unternehmen von öffentlichem Interesse nach § 316a S. 2 ist (§ 332 Abs. 2 S. 2 idF des FISG) und durch die gleichzeitige Ausweitung der strafrechtlichen Verantwortlichkeit des Prüfers auf leichtfertiges Verhalten (§ 332 Abs. 3 idF des FISG)[421] in Verbindung mit der Transponierung der verschärften strafrechtlichen Verantwortlichkeit des Prüfers in das zivile Haftungsrecht mit Hilfe des § 823 Abs. 2 BGB[422] wird, so betont das IDW zu Recht, das vom Gesetzgeber bewusst geschaffene, sorgfältig austarierte System der Haftung des Abschlussprüfers nach § 323 Abs. 1 S. 3, Abs. 2 und dem Deliktsrecht „aus den Angeln gehoben".[423] Die (mögliche) Anerkennung des § 332 Abs. 3 iVm Abs. 2 S. 2 als Schutzgesetz iSd § 823 Abs. 2 BGB erhöht das Risiko einer nicht mehr überschaubaren, der Höhe nach unbegrenzten zivilrechtlichen Dritthaftung des Abschlussprüfers, zumal die Gefahr besteht, dass „Leichtfertigkeit" in der Praxis in vielen Fällen mit „grober Fahrlässigkeit" gleichgesetzt werden wird[424] und dadurch die Grenzen zur Fahrlässigkeitshaftung verwischt werden. Die **Kumulation** von verstärkter strafrechtlicher Verantwortlichkeit und möglicherweise existenzgefährdender zivilrechtlicher Haftung bereits bei leichtfertigem Handeln wird nach der Beurteilung der WPK nicht nur zu einer weiteren **Marktkonzentration** im Bereich der Abschlussprüfung bei Unternehmen von öffentlichem Interesse führen, sondern nährt auch Befürchtungen, dass es zu einer „systemrelevanten Verkleinerung des Prüferpools in diesem Segment" kommt und damit die Gefahr besteht, dass einzelne PIE-Unternehmen keinen Abschlussprüfer mehr finden.[425]

Kritisch zu hinterfragen ist nicht zuletzt die **Grundannahme des Gesetzgebers:** **96** Durch die Änderung des Abs. 2 werde, so heißt es auf S. 102 des RefE FISG, „die zivilrechtliche Haftung der Abschlussprüfer, seiner Gehilfen und der bei der Prüfung mitwirkenden gesetzlichen Vertreter einer Prüfungsgesellschaft in verschiedener Hinsicht verschärft, *um die Qualität der Abschlussprüfung zu stärken und die erforderlichen Anreize für eine sorgfältige und gewissenhafte Prüfung zu setzen.*" (Hervorhebung d. Verf.).[426] Die Strafschärfung gem. § 332

Niewerth, Die strafrechtliche Verantwortlichkeit des Wirtschaftsprüfers, 2017; Prinz, Grundfragen der Strafbarkeit der Abschlussprüfer bei der Jahresabschlussprüfung einer Kapitalgesellschaft, 2013; Lutz, Die Strafbarkeit des Abschlussprüfers nach Section 507 Companies Act 2006 und § 332 HGB, 2017.

[421] Krit. dazu Haas FS Ebke, 2021, 291 (297); ausf. zu Forderungen, die Strafbarkeit des Prüfers auf Leichtfertigkeit auszuweiten: Bauer, Die Neuregelung der Strafbarkeit des Jahresabschlussprüfers, 2017.

[422] Gegen die Annahme, dass § 332 Abs. 3 ein Schutzgesetz iSd § 823 Abs. 2 BGB ist, Wöstmann WPg 2020, 1386 (1390-1391).

[423] S. die Stellungnahme des IDW zum Referentenentwurf eines Gesetzes zur Stärkung der Finanzmarktintegrität, 6.11.2020, S. 5.

[424] Vgl. Nietsch WM 2021, 158 (161); s. auch die Mitteilung der Versicherergemeinschaft für Steuerberater und Wirtschaftsprüfer (VSW) v. 14.7.2021 „FISG: Haftungsverschärfung für Abschlussprüfer durch das Finanzmarktintegritätsstärkungsgesetz" (abrufbar unter https://v-s-w.de/fisg-haftungsverschaerfung-fuer-abschlusspruefer-durch-das-finanzmarktintegritaetsstaerkungsgesetz/) („Haftungsrechtlich wird der Begriff der Leichtfertigkeit mit der groben Fahrlässigkeit gleich zu setzen sein, womit bereits eine entsprechend grob fahrlässige Pflichtverletzung strafbewehrt ist"). S. außerdem Bauer, Die Neuregelung der Strafbarkeit des Jahresabschlussprüfers, 2017, S. 87 ff.; Steinberg ZStW 2019, 888.

[425] Stellungnahme der WPK zum Referentenentwurf des BMV und des BMF eines Gesetzes zur Stärkung der Finanzmarktintegrität, 9.11.2020, S. 21; krit. dagegen Lenz/Leidner in ihrer Stellungnahme vom 9.11.2020 zum RefE FISG S. 6 („Bedenken, dass eine Verschärfung der Haftung bei Vorliegen einer Berufspflichtverletzung durch den Abschlussprüfer zu einer Erhöhung der Marktkonzentration für Abschlussprüfungen von Unternehmen von öffentlichem Interesse führt, können unseres Erachtens aufgrund eines Mangels an empirischen Studien nicht gestützt werden"). Zur Konzentration des Prüfungsmarkts für PIE s. Loy/Witte/Tietze WPg 2022, 252 (betr. den Zeitraum von 2016 bis 2019); zur Marktstruktur s. WPK, Marktstrukturanalyse 2021: Anbieterstruktur, Mandatsverteilungen, Abschlussprüferhonorare und Umsatzerlöse im Wirtschaftsprüfungsmarkt 2021, WPK Magazin Beilage zu Heft 4/2022, 1; Wittmann, Anbieterkonzentration auf dem Wirtschaftsprüfungsmarkt in Deutschland, 2018.

[426] Krit. zu derartigen Überlegungen schon Ebke, Die zivilrechtliche Verantwortlichkeit der wirtschaftsprüfenden, steuer- und rechtsberatenden Berufe im internationalen Vergleich, 1996, S. 31 mwN; Ebke Nw.U.L.Rev. 79 (1984), 663 (683); s. auch Klein, Auditor's Liability: European Forum on Auditor's Liability, 2005, 6 (https://www.accountancyeurope.eu/) („Unlimited liability is not a driver of audit quality"); aA der AKBR (Arbeitskreis Bilanzrecht Hochschullehrer Rechtswissenschaft) in seiner Stellungnahme „Denkbare weitere Schritte zur Reform von Abschlussprüfung, Bilanzkontrolle und Corpo-

Abs. 3 iVm Abs. 2 S. 2 dient laut RefE FISG (S. 105–106) „auch dazu, dem potenziellen Täterkreis des § 332 HGB die besondere Schwere der Erteilung eines inhaltlich unrichtigen Bestätigungsvermerks, der sich auf ein Unternehmen von öffentlichem Interesse bezieht, deutlich vor Augen zu führen, um auf diese Weise zu redlichem Verhalten anzuleiten und so *die Qualität der Abschlussprüfung zu verbessern.*" Dahinter steht die Überzeugung, dass eine Haftungsverschärfung die **Abschreckung und Prävention** und damit letztlich die Qualität der Abschlussprüfung erhöht. Es ist aber rechts-ökonomisch und empirisch *nicht* erwiesen, dass eine Verschärfung der Haftung des Abschlussprüfers die Prävention und Abschreckung und damit letztlich die Qualität der Abschlussprüfung tatsächlich erhöht.[427] Angesichts der Natur der Abschlussprüfung („*auditing is an art, not a science*")[428] und des Prüfungsgegen- stands[429] wird die Präventions- und Abschreckungswirkung einer Verschärfung der Haftung des Abschlussprüfers und uU seiner Gehilfen sowie der an der Prüfung mitwirkenden Vertreter der Prüfungsgesellschaft eher zurückhaltend beurteilt,[430] zumal die Wirkungskräfte einer Haftungsverschärfung infolge der gesetzlich vorgeschriebenen Berufshaftpflichtversi- cherung weiter eingeschränkt sein dürften, selbst wenn – wie nach deutschem Recht grund- sätzlich zulässig (§ 54 Abs. 4 S. 4 WPO, § 2 Abs. 2 WPBHV) – ein Selbstbehalt[431] vereinbart wird (→ Rn. 13).[432] Die rechtsvergleichenden Lehren aus den Erfahrungen in den USA[433] und anderen Rechtsordnungen mit *common law*-Tradition (namentlich Australien, England, Kanada und Neuseeland)[434] bekräftigen diese Ansicht:[435] „Vor dem Hintergrund der Erfah- rungen in den **USA,** wo selbst durch **eine unbegrenzte Haftung** des Abschlussprüfers berufliches Fehlverhalten nicht vermieden werden konnte," sei es, so bemerken Peemöller und Oehler mit Recht, fraglich, „inwieweit eine verschärfte zivilrechtliche Haftung gegen-

rate Governance", S. 14 („Eine schärfere Haftung der Abschlussprüfer könnte … dazu beitragen, weitere Anreize zu einer noch gründlicheren Prüfung bei Verdacht auf Bilanzmanipulationen zu setzen"). Grdl. zur Normdurchsetzung mittels Privatrechts Poelzig, Normdurchsetzung durch Privatrecht, 2012.

427   Allgemein zu dem komplexen Thema Prävention und Verhaltenssteuerung durch Zivil- und Strafrecht: Latzel, Verhaltenssteuerung, Recht und Privatautonomie, 2020; Ott/Schäfer, Die Präventionswirkung zivil- und strafrechtlicher Sanktionen, 1999; Dreier, Kompensation und Prävention, 2002; Janssen, Prä- ventive Gewinnabschöpfung, 2017, 103 ff.; P. Bydlinski, Prävention und Strafsanktion im Privatrecht, 2016; Wagner AcP 206 (2006), 352; Brugger JR 2021, 239; J. Schmidt KritV 1986, 83; aA Ehrlich, Economics of Criminal Law, in Parisi, Oxford Handbook of Law and Economics, Bd. 3, 2017, S. 295, der der Ansicht ist, dass die Abschreckungswirkung von Strafen grundsätzlich empirisch belegt sei.

428   Ebke Nw.U.L.Rev. 79 (1984), 663 (683).

429   Ebke, Die zivilrechtliche Verantwortlichkeit der wirtschaftsprüfenden, steuer- und rechtsberatenden Berufe im internationalen Vergleich, 1996, S. 33 („… der Jahresabschluß [ist] kein mathematisch exaktes Werk von Zahlen und Sprache …, sondern etwas Relatives; er ist die Funktion der ihm zugrundeliegen- den Ansatz- und Bewertungsregeln, die dem bilanzerstellenden Unternehmen oftmals Spielräume gewäh- ren. Auf die Pilatusfrage: ‚Was ist Wahrheit' Joh. 18, 38], gibt es im Recht der Rechnungslegung oft mehrere vertretbare Antworten"). Instruktiv OLG Düsseldorf BeckRS 2020, 16214 Rn. 197 (die Anwendung der für alle Kaufleute verbindlichen Bilanzierungs- [§§ 242 ff. HGB] und Bewertungsvor- schriften [§§ 252 ff. HGB] könne „nie zu einer absolut richtigen Bilanz führen …, da vor allem bei Bilanzposten mit Bewertungsanteil eine Objektivierung immer nur beschränkt möglich sein wird." Bei der Frage, ob eine Bilanz unrichtig bzw. unvollständig ist, sei vielmehr „darauf abzustellen, ob sich aus ihr für den bilanzkundigen Leser ein von den tatsächlichen wirtschaftlichen Verhältnissen in wesentlichen Punkten eindeutig, dh. nicht nur unerheblich abweichendes Bild ergibt.").

430   Ebke, Wirtschaftsprüfer 279–281 mwN; Liggio WPK-Mitt. Sonderheft Juni 1997, 139.

431   Zur Bedeutung des Selbstbehaltes als Instrument zur Steigerung der Qualität der Abschlussprüfung aus spieltheoretischer Sicht Nguyen WPg 2005, 11 (19).

432   Zum Zielkonflikt zwischen Versicherung und Verhaltenssteuerung aus ökonomischer Sicht J Scheel, Versicherbarkeit und Prävention. Ökonomische Analyse eines Zielkonflikts, 1999.

433   Zu den Lehren aus der Rechtslage in den USA s. jüngst Buchert/Weber WPg 2021, 621. Zu Einzelheiten der Rechtsentwicklung in den USA: Ebke FS Stürner, 2013, 1001; Ebke FS Trinkner, 1995, 493; Ebke Nw.U.L.Rev. 79 (1984), 663; Ebke Wirtschaftsprüfer 91-215.

434   Dazu Khoury McGill L. J. 46 (2001), 413; Pacini Managerial Auditing J. 15 (2000), 394; Pacini/Greinke/ Gunz Suffolk Transnat'l L. Rev. 25 (2001), 17; Pacini/Hillison/Alagiah/Gunz ABACUS 38 (2002), 425; Pacini/Martin/Hamilton Am. Bus. L. J. 37 (2000), 171; Trakman/Trainor Queen's L.J. 31 (2005), 148; Ebke, Die zivilrechtliche Verantwortlichkeit der wirtschaftsprüfenden, steuer- und rechtsberatenden Berufe im internationalen Vergleich, 1996, S. 20 f.; Ebke FS Yamauchi, 2006, S. 115 (121-122).

435   Ebke FS Stürner, 2013, 1001 (1012-1017).

über den Aktionären dazu beitragen kann, die Qualität der Abschlussprüfung zu verbessern".[436] Die vorgeschlagene deutsche Verschärfung der Haftung des Wirtschaftsprüfers durch das FISG werde die Qualität der Abschlussprüfung nicht erhöhen, betont auch das IDW.[437] Der DGB sieht das genauso.[438]

Bei der Ausdifferenzierung der Fahrlässigkeitshaftung verbunden mit der massiven **97** Anhebung der Haftungshöchstsummen (Abs. 2 S. 1, 3 und 4), der Erweiterung der unbeschränkten Haftung des Abschlussprüfers auf Fälle grober Fahrlässigkeit bei der Prüfung von kapitalmarktorientierten Unternehmen von öffentlichem Interesse (Abs. 2 S. 2 Hs. 2) sowie die Einführung der deliktsrechtlichen Dritthaftung für Leichtfertigkeit (§ 823 Abs. 2 BGB iVm § 332 Abs. 3) geht es der Sache nach nicht in erster Linie um Schaden*ersatz* (im Sinne eines Ausgleichs für erlittene Vermögensschäden),[439] sondern um eine Schaden*sverlagerung,* um die **Sozialisierung individueller finanzieller Risiken.**[440] Das vom FISG-Gesetzgeber favorisierte Modell einer schärferen (Dritt-)Haftung gesetzlicher Abschlussprüfer begreift die eingetretenen Vermögensschäden als reine „Sozialkosten" („*social costs*"), die es „optimal" zu verteilen gilt.[441] In diesem Modell wird der Abschlussprüfer zum bloßen Instrument der Schaden*sstreuung,* zum angeblich „*cheapest cost avoider.*"[442] Das Modell der Schadensstreuung mittels gesetzlich angeordneter Berufshaftpflichtversicherung (mit oder ohne Selbstbehalt) unterschätzt jedoch die mit der Schadensstreuung verbundenen Transaktionskosten (zB Kosten für die Abwehr von geltend gemachten Schadensersatzansprüchen bei im Vergleich zu Abs. 2 aF markant höheren Gegenstandswerten), die Frage der Versicherbarkeit von Berufshaftpflichtrisiken,[443] das

---

[436] Peemöller/Oehler BB 2004, 539 (545); zust. Nonnenmacher Der Konzern 2003, 476 (478) („Selbst eine unbegrenzte Haftung kann Fälle beruflichen Fehlverhaltens nicht verhindern, wie Erfahrungen in den USA belegen"); Klein, Auditor's Liability: European Forum on Auditor's Liability, 2005, 6 (https://www.accountancyeurope.eu/) („There is no evidence that those countries with unlimited auditor liability achieve higher quality audits as a result of this environment or that those countries which allow liability limitation for auditors suffer from lower quality audits or higher numbers of business failiures."). Zweifelnd, ob die behaupteten positiven Wirkungen einer Haftungsverschärfung für Fahrlässigkeit überhaupt eintreten können, auch der Supreme Court von Kalifornien in Bily v. Arthur Young & Co., 11 Cal.Rprt.2d 51 (67) (Cal. 1992); dazu Fehrenbacher/Paal/Poelzig FS Ebke, 2021, 1 (18-20). S. aber auch Heppe WM 2003, 714 (719), der der Ansicht ist, dass „der Einfluss einer (schärferen) zivilrechtlichen Haftung auf das Verhalten des Abschussprüfers nicht grundsätzlich wegargumentiert werden" könne.

[437] Vgl. Stellungnahme des IDW zum Referentenentwurf eines Gesetzes zur Stärkung der Finanzmarktintegrität, 6.11.2020, S. 4.

[438] S. die Stellungnahme des DGB v. 9.11.2020 zu dem RefE FISG S. 9 (Die Erhöhung der Haftungshöchstgrenze für die Abschlussprüfung werde „kaum zu einer verbesserten Prüfungsqualität beitragen").

[439] Dicken, 150 Jahre Krisen, Bilanzskandale und Reformbedarf, 2021, S. 50 („Angesichts des tatsächlichen Schadens kann kaum von einer den Schaden abdeckenden Haftung die Rede sein, und die Erhöhung der Haftung hat eher einen Bestrafungscharakter"); Haucap/Kehder/Prüfer, Funktionsdefizite auf dem Wirtschaftsprüfungsmarkt, 2022, S. 30 („Die Haftungssummen weisen bestenfalls einen bestrafenden Charakter auf"); aA der AKBR (Arbeitskreis Bilanzrecht Hochschullehrer Rechtswissenschaft) in seiner Stellungnahme „Denkbare weitere Schritte zur Reform von Abschlussprüfung, Bilanzkontrolle und Corporate Governance", S. 14 („Eine höhere Haftung der Abschlussprüfer könnte … helfen, eingetretene Schäden zu kompensieren"). Jüngste Zusammenbrüche großer Unternehmen zeigen aber, dass selbst die drastisch angehobenen Haftungssummen nach Abs. 2 regelmäßig nicht ausreichen, um die eingetretenen Vermögensschäden (im Falle Wirecard knapp 2 Mrd. Euro) auszugleichen. Zu der sich daraus ergebenden quotenmäßigen Verteilung der gesetzlich festgesetzten Haftungshöchstsumme („Insolvenzmodell") und das sog. „Windhundproblem" → Rn. 213.

[440] S. zu diesem Argument näher Ebke Nw.U.L.Rev. 79 (1984), 663 (682) („The imposition upon auditors of liability to third parties for negligence thus turns out to be no more than a global loss-spreading technique, a vehicle for socializiung individual economic risk"); Ebke, Die zivilrechtliche Verantwortlichkeit der wirtschaftsprüfenden, steuer- und rechtsberatenden Berufe im internationalen Vergleich, 1996, S. 32.

[441] Ebke FS Stürner, 2013, 1001 (1016); Ebke, Die zivilrechtliche Verantwortlichkeit der wirtschaftsprüfenden, steuer- und rechtsberatenden Berufe im internationalen Vergleich, 1996, S. 35 f. mwN.

[442] Ebke FS Stürner, 2013, 1001 (1016-1017); Binder FS Ebke, 2021, 89 (97).

[443] S. dazu instruktiv die Stellungnahme der WPK zum Referentenentwurf des BMV und des BMF eines Gesetzes zur Stärkung der Finanzmarktintegrität, 9.11.2020, S. 9 (mit Angaben zu der Zahl der Versicherer, den Auswirkungen der Haftungsverschärfung auf die Berufsangehörigen und den Berufsstand, die Mindestversicherungssumme und die Versicherungsprämien). S. ferner Schröder/Pritzen WPg 2021, 1115; Schramm/Kreienkamp r+s 2020, 682.

Problem der überbordenden Vorsorgeprüfungen („*defensive auditing*"),[444] die Verschärfung der Konzentration auf dem Markt für Abschlussprüferleistungen[445] sowie die beruflichen und persönlichen Auswirkungen eines oft langwierigen Haftpflichtprozesses auf den Abschlussprüfer, namentlich seine Stigmatisierung.[446] Hinzu tritt, dass die von diesem Modell erstrebte Sozialisierung individueller Risiken weder wirtschaftlich noch sozial „optimal" ist.[447] In einer sozial-marktwirtschaftlich verfassten Wirtschaftsordnung ist es letztlich nicht hinnehmbar, wenn **Chancen und Risiken „entkoppelt"** werden, obgleich sie zwei Seiten ein der derselben Medaille sind – wenn also finanzielle Chancen (zB von Anlegern oder Kreditgebern) individualisiert, finanzielle Risiken aber mittels Haftungsrechts und Versicherung vergesellschaftet werden.[448]

98   Umgekehrt begegnet die Ablehnung jeder Form von Abschlussprüferhaftung unterhalb der Vorsatzschwelle in der Literatur erwartungsgemäß Bedenken. Wir haben zwar über den Zusammenhang von zivilrechtlicher Haftung des Abschlussprüfers einerseits und Prävention, Abschreckung und Qualitätssteigerung andererseits keine empirisch gesicherten Erkenntnisse; es wäre aber falsch anzunehmen, dass die drohende Haftung für (einfache bzw. grobe) Fahrlässigkeit bzw. Leichtfertigkeit oder Vorsatz überhaupt keine verhaltenssteuernden Wirkungen seitens des Abschlussprüfers entfaltet.[449] Man denke nur an die bereits erwähnte persönliche **Stigmatisierung des Abschlussprüfers,** der den unrichtigen Bestätigungsvermerk erteilt hat,[450] und seinen Reputationsverlust.[451] Hinzu kommen bei Prüfern von PIE die Auswirkungen etwaiger monetärer Sanktionen der APAS für Berufspflichtverletzungen, drohende Tätigkeitsverbote sowie der Verlust der Berufszulassung.[452] Zu berücksichtigen ist außerdem der rechtliche Gesichtspunkt des Dispositionsschutzes der auf testierte Jahresabschlüsse Vertrauenden, ohne den die weltweit zu beobachtende Lücke zwischen den Erwartungen des Marktes und dem gesetzlichen Auftrag des Abschlussprüfers („*expectation gap*"; → § 317 Rn. 40 und § 322 Rn. 62)[453] noch größer werden würde.[454] Darüber hinaus würde die Abschlussprüfung als Instrument der Unternehmens(leiter)kontrolle („*market for corporate control*") ohne eine sinnvolle, versi-

---

[444]   Klein, Auditor's Liability: European Forum on Auditor's Liability, 2005, S. 6 (https://www.accountancyeurope.eu/) („Unlimited liability encourages defensive auditing"). S. ferner Danter, Audit Defense. A Management Audit Readiness Guide, 2022.

[445]   Zu Entwicklung und Stand der Konzentration auf dem Markt für Abschlussprüfungsleistungen s. zuletzt WPK, Marktstrukturanalyse 2021: Anbieterstruktur, Mandatsverteilungen, Abschlussprüferhonorare und Umsatzerlöse im Wirtschaftsprüfungsmarkt 2021, WPK Magazin Beilage zu Heft 4/2022, 1; s. ferner Loy/Witte/Tietze WPg 2022, 252; Köhler/Gundlach/Weinem WPg 2021, 345; aA Lenz/Leidner in ihrer Stellungnahme v. 9.11.2020 zu dem RefE FISG S. 6.

[446]   Ebke, Die zivilrechtliche Verantwortlichkeit der wirtschaftsprüfenden, steuer- und rechtsberatenden Berufe im internationalen Vergleich, 1996, S. 36; zu den Folgen der Stigmatisierung s. Ebke Nw.U.L.Rev. 79 (1984), 663 (685).

[447]   Ebke, Die zivilrechtliche Verantwortlichkeit der wirtschaftsprüfenden, steuer- und rechtsberatenden Berufe im internationalen Vergleich, 1996, S. 36.

[448]   Vgl. Ebke in Ebke/Seagon/Blatz, Internationale Finanzmarktkrise – Erfahrungen, Lehren, Handlungsbedarf, 2012, 127 (133). Zu diesem Argument schon Ebke Nw.U.L.Rev. 79 (1984), 663 (682). S. auch Chief Justice Malcolm M. Lucas in der Rs. Bily v. Arthur Young & Co., 834 P.2d 745, 11 Cal.Rptr.2d 51, 67, 3 Cal.4th 370, 406 (Cal. 1992): Falls Dritten gestattet wäre, „to recover from the auditor for mistakes in the client's financial statements, the auditor becomes, in effect, an insurer of not only the financial statements, but of bad loans and investments in general".

[449]   Ebke Nw.U.L.Rev. 79 (1984), 663 (683); Kötz FS Steindorff, 1990, 643; Bigus ZfbF 59 (2007), 61.

[450]   Ebke Nw.U.L.Rev. 79 (1984), 663 (683).

[451]   OLG Düsseldorf openJur 2022, 252 Rn. 48; Bigus BFuP 58 (2006), 22; Doralt, Haftung der Abschlussprüfer, 2005, S. 72 ff.

[452]   Pressemitteilung der APAS v. 3.4.2023 zu der Entscheidung der Beschlusskammer „Berufsaufsicht" v. 31.3.2023 in Sachen Wirecard, abrufbar unter https://www.apasbafa.bund.de.

[453]   S. dazu jüngst die Analyse der einschlägigen wissenschaftlichen Literatur von Quick Maandblad voor Accountancy en Bedrijfseconomie [MAB], 94 (2020), 5. S. ferner Quick/D. Sánchez Toledano/J. Sánchez Toledano WPg 2020, 867; Liggio J. Contemp. Bus. 3 (1974), 27; aus dem älteren deutschen Schrifttum Biener FS Havermann, 1995, 37; Böcking/Orth WPg 1988, 351; Clemm WPK-Mitt. 1995, 65; Forster WPg 1994, 789; Wolz WPK-Mitt. 1998, 122.

[454]   § 317 Abs. 4a („Anti-Erwartungslücke"-Klausel) wird daran nichts ändern.

cherbare Haftungsregelung entwertet.[455] Ohne zivilrechtliche Sanktionsdrohung entstünde außerdem die keineswegs nur theoretische Gefahr, dass der Kapitalmarkt durch fahrlässige Fehlinformationen zum Nachteil der Anleger und sonstigen Marktteilnehmer fehlgesteuert wird.[456] Eine ausgewogene, versicherbare Haftungsregel, die den notwendigen Dispositionsschutz Dritter gewährleistet, ohne die Institution der Pflichtprüfung zu gefährden und die Existenz der Prüfer zu bedrohen, erscheint daher sinnvoll und notwendig. Wie so oft liegt die **Wahrheit in der Mitte** (μηδὲν ἄγαν). Ob die Verschärfung der Haftung des Abschlussprüfers nach Abs. 2 diesen Vorgaben genügt, wird sich zeigen. Es bleibt abzuwarten, wie die Gerichte den neuen Abs. 2 auslegen und anwenden werden und welche Rolle § 823 Abs. 2 BGB iVm § 332 Abs. 3 im System der Dritthaftung des Abschlussprüfers zukünftig spielen werden.

In Anbetracht der jüngsten massiven Verschärfungen der Haftung des gesetzlichen **99** Abschlussprüfers sollte der Gesetzgeber überlegen, ob nicht eine **Audit Judgment Rule** geschaffen werden müsste, die – in die Haftungskonzeption des § 323, des Deliktsrechts und der sonstigen quasi-vertraglichen Haftungsgrundlagen eingepasst – dem Abschlussprüfer ähnlich wie die Business Judgment Rule[457] oder vergleichbare Vorschriften[458] unter bestimmten Voraussetzungen haftungsrechtlich Schutz gewährt.[459] Aufgrund der Natur der Abschlussprüfung und der Prüfungsgegenstände liegen seitens des *ex post* urteilenden Gerichts Rückschaufehler (*hindsight bias* oder „nachträgliche Besserwisserei") durchaus nicht fern (→ Rn. 90). Hinzu kommt, dass die Pflichten des gesetzlichen Abschlussprüfers nicht nur, aber auch an unbestimmte Rechtsbegriffe geknüpft sind (→ Rn. 30), deren Auslegung und Anwendung im Einzelfall komplexe Fragen aufwerfen. Die Business Judgment Rule hilft Abschlussprüfern nicht weiter. Denn bei den Beurteilungen und Entscheidungen des Abschlussprüfers im Rahmen der Abschlussprüfung geht es – anders als etwa im Falle des § 93 Abs. 1 S. 2 AktG – nicht um unternehmerisches Ermessen oder unternehmerische Entscheidungsspielräume geht, sondern um die Wahrnehmung von Pflichtaufgaben, die nicht allein dem Interesse der geprüften Gesellschaft dienen, sondern auch gesetzlich vorgegebenen, gesellschaftsübergreifenden Zielvorgaben verhaftet sind, innerhalb derer der Abschlussprüfer im Einzelfall auf der Grundlage und am Maßstab der Generalnorm des § 264 Abs. 2 S. 1 sowie dem Gebot einer gewissenhaften und unparteiischen Prüfung (Abs. 1 S. 1) urteilen und entscheiden muss (vgl. § 317 Abs. 1 S. 3; → § 317 Rn. 97).[460] Bloße Unsicherheiten beispielsweise in Gestalt von Subsumtionsschwierigkeiten fallen ebenfalls nicht in den Anwendungsbereich der Business Judgment Rule, sondern gehören zur **Legal Judgment Rule,**[461]

---

[455] Ebke in Sandrock/Jäger, Internationale Unternehmenskontrolle und Unternehmenskultur, 1994, S. 7 (24-25); Ebke in Krieger/Schneider, Handbuch Managerhaftung, 3. Aufl. 2017, S. 313 (317-325).

[456] Zur vermeintlich mangelhaften Haftungsverfassung der Finanzmärkte im Hinblick auf die Verantwortlichkeit von Wirtschaftsprüfern gegenüber dem Anlegerpublikum s. G. Wagner in Calliess, Transnationales Recht: Stand und Perspektiven, 2014, S. 307. S. ferner Schwarzer, Die Durchsetzung kapitalmarktrechtlicher Vorschriften mittels Privatrechts, 2020.

[457] S. nur Bosch/Lange JZ 2009, 225 (229 ff.); Fleischer ZIP 2004, 685; Jena, Die Business Judgment Rule im Prozess. Eine prozessrechtliche Betrachtung der Business Judgment Rule und Beweislastverteilung im Organhaftungsrecht, 2020; Kershaw, The Foundation of Anglo-American Corporate Fiduciary Law, 2018, 68 ff.; rechtsvergleichend Gurrea-Martínez J. Corp. L. Stud. 18 (2018), 417.

[458] So soll § 93 Abs. 1 S. 2 AktG den oftmals komplexen Entscheidungssituationen des Vorstands Rechnung tragen, die von nicht unternehmerisch tätigen Richtern in der Rückschau kaum rekonstruiert werden können (Rückschaufehler oder *hindsight bias* → Rn. 90). Zu Einzelheiten s. etwa Fleischer FS Wiedemann, 2002, 827 (829 ff.); Koch ZGR 2006, 769 (782-783); Ott/Klein AG 2017, 209.

[459] Hopt/Merkt Rn. 7b; Ebke ZGR 2024, 1 (erscheint demnächst). Zu den Unterschieden zwischen der Business Judgment Rule und einer Audit Judgment Rule s. Johnson Acct'ing, Org. & Society 17 (1992), 205.

[460] Zu Einzelfragen einer solchen Audit Judgment Rule: Kang/Piercey Current Issues in Auditing 14 (2020), 16; Kang/Piercey/Trotman?, Contemp. Acct'ing Res. 37 (2019), 297; Vera-Muñoz Acct'ing, Org. & Society 46 (2015), 77; Koonce/Anderson/Marchant J- Acct'ing Res. 33 (1995), 369; DeZoort/Harrison/Taylor Acct'ing, Org. & Soc. 31 (2006), 373; Peecher/Solomon/Trotman Acct'ing, Org. & Soc. 38 (2013), 596.

[461] Zur Notwendigkeit einer Legal Judgment Rule für Vorstände vor dem Hintergrund der Verschärfung der Geschäftsleiterhaftung aufgrund des FISG, des LkSG und des StaRUG Späth/Werner CCZ 2022, 107.

die nach zutreffender, aber bestrittener Ansicht die Frage des Verschuldens betrifft.[462] In Anbetracht existenzgefährdender Haftungsrisiken für gesetzliche Abschlussprüfer durch das FISG und der damit einher gehenden Verschärfung der Lage der Berufshaftpflichtversicherung sowie angesichts des weltweit zunehmenden regulatorischen Drucks auf Abschlussprüfer und die Institution der Abschlussprüfung bedarf es der gesetzlichen Verankerung einer an dem juristisch-ökonomischen Rahmen gesetzlicher Abschlussprüfungen ausgerichteten und den Bedürfnissen der Betroffenen (prüfungspflichtige Gesellschaften, Prüfer und Dritte) orientierten Audit Judgment Rule.[463]

100   **ff) Anzahl der zum Ersatz verpflichtenden Handlungen/Unterlassungen.** Die Haftungshöchstsummen nach Abs. 2 S. 1, 3 und 4 gelten für *eine* Abschlussprüfung, unabhängig von der Anzahl der zum Ersatz verpflichtenden Handlungen bzw. Unterlassungen.[464] Die Prüfungen des Jahresabschlusses einer Muttergesellschaft und ihres Konzernabschlusses sind zwei getrennte Prüfungen (§ 316 Abs. 1 und 2).[465] Die Prüfungen des Abschlusses der geprüften Gesellschaft für das vorausgegangene bzw. nachfolgende Geschäftsjahr sind ebenfalls getrennte Prüfungen mit der Folge, dass für jedes Jahr eine Haftung bis zur Höhe der Haftungshöchstsumme nach Abs. 2 S. 1, 3 bzw. 4 in Betracht kommt, sofern die sonstigen Voraussetzungen für eine Haftung nach Abs. 1 S. 3 jeweils erfüllt sind.[466] Das kann schwerwiegende Auswirkungen haben.[467] Liegt etwa der Zeitpunkt der Insolvenzreife wegen Überschuldung iSv § 19 Abs. 2 S. 1 InsO nach Ansicht des Insolvenzverwalters mehrere Jahre zurück, kann dies zur Folge haben, dass der Insolvenzverwalter den Abschlussprüfer wegen mehrerer mangelhafter Abschlussprüfungen auf Ersatz des durch die verspätete Insolvenzanmeldung entstandenen Schadens in Anspruch nehmen wird. Sind beispielsweise drei Abschlussprüfungen einer sonstigen Kapitalgesellschaft betroffen und behauptet der Insolvenzverwalter hinsichtlich jeder Prüfung einen grob fahrlässigen Prüfungsfehler, kann es nach Abs. 2 S. 4 idF des FISG bei einem entsprechend hohen Insolvenzverschleppungsschaden[468] schnell um eine Schadenersatzforderung iHv 36 Mio. Euro (3 x 12 Mio. Euro) gehen. Nach Abs. 2 aF hätte bei einer solchen Fallkonstellation das Haftungsrisiko des Abschlussprüfers für alle betroffenen Abschlussprüfungen selbst bei grober Fahrlässigkeit bei höchstens 3 Mio. Euro (3 x 1 Mio. Euro) gelegen. Bei mehreren Pflichtverstößen des Abschlussprüfers im Rahmen einer Abschlussprüfung steht die jeweils geltende Haftungshöchstsumme nach dem Wortlaut von Abs. 2 S. 1 nur einmal zur Verfügung. Eine **Kumulierung** der Haftsummen findet nicht statt.[469]

---

[462] S. dazu mit Blick auf § 93 Abs. 1 S. 2 AktG Koch AG 2009, 93 (97 ff.); Koch FS Bergmann, 2018, 413 (416 ff.); Langenbucher FS Lwowski, 2014, 333 (340 ff.); Buck-Heeb BB 2013, 2247; Ebbinghaus/Hasselbach AG 2014, 873; monographisch Köhler, Legal Judgment Rule: Konzeption zur Reformierung der Vorstandshaftung nach dem Aktiengesetz, 2018; zur GmbH Taube, Die Anwendung der Business Judgment Rule auf den GmbH-Geschäftsführer, 2018.

[463] Von der Audit Judgment Rule ist die seit einigen Jahren diskutierte Accounting Judgment Rule zu unterscheiden, die gelten soll, soweit der Gesetzgeber den für den Abschluss Verantwortlichen (§ 322 Abs. 2 S. 2) Entscheidungsermessen eröffnet (zB Ansatz- oder Bewertungswahlrechte, Schätzungen in Bezug auf Zeitwertangaben, Wertminderungen von Vermögensgegenständen, Rückstellungen). Vgl. Merkt Konzern 2017, 353; Hopt/Merkt Einl. v. § 238 Rn. 46d; Kuhner Konzern 2017, 360; Pöschke ZGR 2018, 647 (654 ff.).

[464] Wölber, Die Abschlussprüferhaftung im Europäischen Binnenmarkt, 2005, S. 62 mwN; Sommerschuh, Berufshaftung und Berufsaufsicht: Wirtschaftsprüfer, Rechtsanwälte und Notare im Vergleich, 2003, S. 186; BeBiKo/Justenhoven/Feldmüller Rn. 103.

[465] Ebenso BeBiKo/Justenhoven/Feldmüller Rn. 103; Wölber, Die Abschlussprüferhaftung im Europäischen Binnenmarkt, 2005, S. 62.

[466] W. Doralt, Haftung der Abschlussprüfer, 2005, S. 98 Fn. 422.

[467] Zur Haftung des Wirtschaftsprüfers bei unterlassenem Hinweis auf Insolvenzreife s. Gessner ZIP 2020, 544; HKMS/Staake/Müller Rn. 63a.

[468] Zu der Frage, ob der Anschlussprüfer einen Insolvenzverschleppungsschaden zu ersetzen hat: OLG Stuttgart NZG 2022, 953 Rn. 70 (in casu offenlassend), unter Hinweis auf BGH NJW 2013, 2345 Rn. 31 ff. (bejahend in einen Steuerberaterhaftungsfall); krit. zu der Rspr. des IX. Zivilsenats des BGH: Brügge VersR 2018, 705 und Meixner DStR 2018, 966 und 1025.

[469] OLG Frankfurt a.M. BeckRS 2014, 1190919 = ECLI:DE:OLGHE:2013:0814.6U114.08, Rn. 138 (betr. § 323 Abs. 2 HGB aF) (Nichtzulassungsbeschwerde zurückgewiesen: BGH 8.9.2016 – VII ZR 242/14).

gg) Mehrere Beteiligte (Abs. 2 S. 4 und 5). Die Haftungshöchstsumme gilt auch, **101** wenn an der Prüfung mehrere Personen (zB Wirtschaftsprüfer, Gehilfen oder Dritte) beteiligt waren. Sind mehrere an der Abschlussprüfung beteiligte Personen ersatzpflichtig, dann haften diese nach Abs. 1 S. 4 als **Gesamtschuldner** (→ Rn. 117). Abs. 2 S. 5 stellt allerdings klar, dass der Abschlussprüfer, der nur mit einfacher Fahrlässigkeit eine Pflichtverletzung begangen hat, sich auch dann auf die für ihn geltende Haftungsobergrenze für einfache Fahrlässigkeit (→ Rn. 85) berufen darf, wenn andere an der Abschlussprüfung beteiligte Personen sich wegen einer vorsätzlichen oder grob fahrlässigen Pflichtverletzung nicht auf die Haftungshöchstsumme für einfache Fahrlässigkeit (→ Rn. 85) berufen können. Die Regelung berücksichtigt ebenso wie schon Abs. 2 S. 3 aF, dass bei großen Abschlussprüfungen der gewählte Abschlussprüfer oftmals andere Wirtschaftsprüfer oder Steuerberater als Experten hinzuzieht, die als Angehörige freier Berufe selbst zur eigenverantwortlichen Berufsausübung verpflichtet sind und daher nicht unselbstständige Gehilfen sind, wie sie das Gesetz bei § 278 BGB vor Augen hat.

hh) Zahl der Geschädigten. Die Haftungsbeschränkung gilt nach zutreffender **102** Ansicht unabhängig davon, wie viele Geschädigte Ansprüche geltend machen, also auch dann, wenn neben der geprüften Gesellschaft ein verbundenes Unternehmen (§ 271 Abs. 2, § 290)[470] Schadensersatzansprüche geltend macht.[471] Zur Frage der Verteilung der Haftsumme zwischen der geprüften Gesellschaft und mehreren Dritten → Rn. 213.

ii) Außervertragliche Ansprüche. Die Haftungshöchstsummen nach Abs. 2 S. 1, 3 **103** und 4 gelten nicht für deliktsrechtliche Ansprüche Geschädigter (→ Rn. 135 ff.). Ob die Haftungshöchstgrenzen im Rahmen einer (quasi-)vertraglichen Dritthaftung (zB auf der Grundlage eines Vertrags mit Schutzwirkung für Dritte) zum Tragen kommen, ist umstritten (→ Rn. 169 ff.).

jj) Darlegungs- und Beweislast. Die Darlegungs- und Beweislast dafür, dass der **104** Abschlussprüfer grob fahrlässig oder vorsätzlich gehandelt hat und sich deshalb nicht auf die Haftungsobergrenze für einfache Fahrlässigkeit nach Abs. 2 S. 1 berufen kann, liegt – wie nach dem alten Recht[472] – nach der allgemeinen Darlegungs- und Beweislastregelung bei der geprüften Gesellschaft als Anspruchstellerin.[473] Von der im RefE FISG vorgesehenen Umkehr der Beweislast hat der Gesetzgeber mit Recht Abstand genommen.[474] Zugunsten des Geschädigten kann aber von der Schwere der Pflichtverletzung ein Schluss auf den Grad des Verschuldens zulässig sein. Außerdem kann den Abschlussprüfer im subjektiven Bereich der Vorwerfbarkeit eine sekundäre Darlegungslast zu den Umständen seines Handelns bzw. Unterlassens treffen. Wenn Vorbringen nicht im Rahmen der Kausalität, sondern als Einwand des rechtmäßigen Alternativverhaltens zu bewerten ist, ist der Beklagte beweispflichtig.[475]

kk) Andere gesetzlich vorgeschriebene Prüfungen. Die Erhöhung der Haftsum- **105** men in Abs. 2 S. 1, 3 und 4 und die Erweiterung der unbeschränkten Haftung auf Fälle der groben Fahrlässigkeit bei der Prüfung von kapitalmarktorientierten Unternehmen von öffentlichem Interesse (Abs. 2 S. 1) wirken sich auch für Prüfungstätigkeiten außerhalb der

---

[470] Vgl. BGH NZG 2004, 770 = BB 2004, 2009 mAnm Ekkenga und krit. Bespr.-Aufsatz Ebke/Paal ZGR 2005, 895; LG Hamburg Urt. v. 8.7.2022 – 325 O 374/18 (rk., unveröffentlicht) (ebenfalls auf §§ 271 Abs. 2, 290 abstellend), dazu Kraus WPK Magazin 1/2023, 53.

[471] Zum alten Recht: Sommerschuh, Berufshaftung und Berufsaufsicht: Wirtschaftsprüfer, Rechtsanwälte und Notare im Vergleich, 2003, S. 186 mwN. Zum österreichischen Recht W. Doralt, Haftung der Abschlussprüfer, 2005, S. 197; Koziol in Koziol/Doralt, Abschlussprüfer – Haftung und Versicherung, 2004, S. 158.

[472] OLG Stuttgart NZG 2022, 953 Rn. 57; OLG Düsseldorf BeckRS 2021, 41602 Rn. 22.

[473] Schüppen Rn. 22.

[474] Schüppen Rn. 22 Fn. 46.

[475] Vgl. OLG Stuttgart NZG 2022, 953 Rn. 60 (unter Hinweis auf OLG Frankfurt a.M. BeckRS 2014, 1190919 = ECLI:DE:OLGHE:2013:0814.6U114.08 (Nichtzulassungsbeschwerde zurückgewiesen BGH 8.9.2016 – VII ZR 242/14).

Jahresabschlussprüfung nach §§ 316 ff. aus, wenn im Rahmen der für diese Prüfungen geltenden Regelungen hinsichtlich der Haftung **auf § 323 verwiesen** wird (zB §§ 49, 53 S. 1 AktG für Gründungs- und Nachgründungsprüfer, §§ 144, 258 Abs. 5 S. 1 AktG für Sonderprüfer, § 293d Abs. 2 S. 1 AktG für den Unternehmensvertragsprüfer, § 162 Abs. 3 S. 5 AktG für den Vergütungsberichtsprüfer, §§ 9, 11 Abs. 2 S. 1 UmwG für Verschmelzungsprüfer, §§ 64 Abs. 5 S. 4, 75 S. 4 EEG 2021 für EEG-Prüfer, § 55 Abs. 3 EnFG für Endabrechnungsprüfer, § 29 Abs. 2 S. 3 FKAG für Konglomeratsprüfer, § 33 Abs. 6 S. 4 DMBilG für Eröffnungsbilanzprüfer, § 2 Abs. 3 S. 4 PublG für Prüfungen nach dem Publizitätsgesetz sowie nach § 102 S. 3 KAGB, § 121 Abs. 2 S. 5 KAGB, § 185 Abs. 2 S. 3 KAGB für Abschlussprüfer nach dem KAGB; ferner § 32 Abs. 3 S. 5 WpHG, § 115 Abs. 4 S. 7 WpHG für Prüfungen und prüferische Durchsichten nach dem WpHG sowie § 57b Abs. 4 WPO für den Prüfer für externe Qualitätskontrolle).[476] Das IDW hat in seiner Stellungnahme zum FISG darauf hingewiesen, dass der Verweis in § 64 Abs. 3 Nr. 1 lit. c EEG 2017, § 75 S. 3 EEG 2017 und § 30 Abs. 3 KWKG auf § 323 Abs. 2 deutschlandweit ca. 2.500 Prüfungen betrifft, die vornehmlich von kleineren Prüfungsgesellschaften durchgeführt werden.[477]

106   **ll) Gesetzlich nicht vorgeschriebene Prüfungen.** Für gesetzlich nicht vorgeschriebene („freiwillige") Abschlussprüfungen gelten die Haftungshöchstsummen nach Abs. 2 S. 1, 3 und 4 nicht.[478] Bei gesetzlich nicht vorgeschriebenen Prüfungen kann der Abschlussprüfer – wie bisher – seine Haftung nach § 54a Abs. 1 WPO durch **Vereinbarung im Einzelfall** oder mittels **vorformulierter Auftragsbedingungen** für alle Fälle der Fahrlässigkeit beschränken (→ Rn. 14).[479] Bei einer Haftungsbeschränkung mittels schriftlicher Vereinbarung im Einzelfall kann der Anspruch des Auftraggebers aus dem zwischen ihm und dem Wirtschaftsprüfer bestehenden Vertragsverhältnis auf Ersatz eines fahrlässig verursachten Schadens bis zur Mindesthöhe der Deckungssumme nach § 54 Abs. 4 S. 1 WPO (danach beträgt die Mindestversicherungssumme für den einzelnen Fall 1 Mio. Euro) beschränkt werden (§ 54a Abs. 1 Nr. 1 WPO). Bei einer Haftungsbeschränkung mittels vorformulierter Auftragsbedingungen muss die Haftsumme mindestens 4 Mio. Euro betragen und insoweit Versicherungsschutz bestehen (§ 54a Abs. 1 Nr. 2 WPO). Die Vereinbarung einer höheren Haftungsobergrenze ist möglich, wenn die Deckungssumme in der Berufshaftpflichtversicherung entsprechend angepasst wird. Um eine „Vereinbarung im Einzelfall" (Individualvereinbarung), und nicht um „vorformulierte Vertragsbedingungen" handelt es sich nur, wenn die Haftungsbeschränkung zwischen den Vertragsparteien „im Einzelnen ausgehandelt" worden ist (§ 305 Abs. 1 S. 3 BGB).

107   Ein **Aushandeln** liegt nach ständiger Rechtsprechung des BGH nur vor, wenn der Verwender die jeweilige Klausel ernsthaft zur Disposition stellt und dem Verhandlungspartner Gestaltungsfreiheit zur Wahrung seiner eigenen Interessen einräumt mit der realen Möglichkeit, die inhaltliche Ausgestaltung der Vertragsbedingungen beeinflussen zu können.[480] Darüber hinaus setzt Aushandeln voraus, dass der Wirtschaftsprüfer seinen Mandanten über den Inhalt der Tragweite der Haftungsbeschränkung im Einzelnen informiert.[481] Ein Aushandeln setzt ferner eine ernsthafte Änderungsbereitschaft seitens des Wirtschaftsprüfers vor.[482] Ungeachtet der Zulässigkeit einer Individualvereinbarung ist in der Praxis **Vorsicht geboten,** da die Haftungsbeschränkung regelmäßig vom Wirtschaftsprüfer vorgeschlagen und formuliert wird und damit stets im Verdacht steht, vorformulierte Vertragsbe-

---

[476] WPK WPK Magazin 3/2021, 12.
[477] IDW, Stellungnahme zum Referentenentwurf eines Gesetzes zur Stärkung der Finanzmarktintegrität v. 6.11.2020, S. 25.
[478] Ebenso Schüppen Rn. 30; Schaible, Haftung von Wirtschaftsprüfern, 2021, S. 49; BeBiKo/Justenhoven/Feldmüller Rn. 5; HKMS/Staake/Müller Rn. 9.
[479] Für Wirtschaftsprüfungsgesellschaften (§ 56 Abs. 1 WPO), vereidigte Buchprüfer (§ 130 Abs. 1 S, 1 WPO) und Buchprüfungsgesellschaften (§ 130 Abs. 2 S. 1 WPO) gilt § 54a Abs. 1 WPO entsprechend.
[480] Hense/Ulrich/Uhlmann WPO § 54a Rn. 19 ff.
[481] Hense/Ulrich/Uhlmann WPO § 54a Rn. 20.
[482] Hense/Ulrich/Uhlmann WPO § 54a Rn. 22.

dingung iSd § 54a Abs. 1 Nr. 2 WPO und damit bei fehlendem angepassten Versicherungs-schutz von 4 Mio. unwirksam zu sein.[483]

mm) Ergänzungen bzw. Erweiterungen des Prüfungsauftrags. Die Haftungs- **108** höchstsummen nach Abs. 2 S. 1, 3 und 4 und die nicht abdingbare der Höhe nach unbe-schränkte Haftung nach Abs. 2 S. 2 gelten auch nicht für **Ergänzungen des Prüfungsauf-trags** durch zusätzliche Prüfungsinhalte, die über den Rahmen des gesetzlichen Prüfungsauftrages nach §§ 316 ff. hinausgehen (zu Einzelheiten → Rn. 21 f.), und zwar unabhängig davon, ob die Ergänzung des Prüfungsauftrages aufgrund eines gesonderten Auftragserteilungs- bzw. Auftragsannahmeschreibens oder in dem Pflichtprüfungsauftrag (vgl. § 318 Abs. 1 S. 4) selbst erfolgt ist, und auch unabhängig davon, ob eine gesonderte Berichterstattung oder Honorarabrechnung vereinbart wurde.[484] Vereinbarungen über Ergänzungen des Prüfungsauftrags, die über den Rahmen des gesetzlichen Prüfungsauftrages hinausgehen, stellen einen **selbständigen,** von dem Prüfungsvertrag unabhängigen schuld-rechtlichen **Vertrag** dar. Für Pflichtverstöße im Zusammenhang mit Ergänzungen des Prü-fungsauftrages haftet der Prüfer – wie bei gesetzlich nicht vorgeschriebenen Prüfungen (→ Rn. 106 f.) und sonstigen beruflichen Tätigkeiten (§ 2 WPO) – der Auftraggeberin und ggf. prüfungsvertragsfremden Dritten nach den allgemeinen Regeln des vertraglichen und außervertraglichen Haftungsrechts.[485] Ersatzansprüche der Auftraggeberin aus dem zwischen ihr und dem Wirtschaftsprüfer bestehenden Vertragsverhältnis auf Ersatz eines fahrlässig verursachten Schadens können gemäß § 54a Abs. 1 Nr. 1, 2 WPO entweder durch schriftliche Vereinbarung im Einzelfall bis zur Mindesthöhe der Deckungssumme nach § 54 Abs. 4 S. 1 WPO (also 1 Mio. Euro) oder durch vorformulierte Vertragsbedingungen auf 4 Mio. Euro begrenzt werden, wenn insoweit Versicherungsschutz besteht (→ Rn. 107).

Von den Ergänzungen in dem vorgenannten Sinne sind **Erweiterungen des Prü- 109 fungsauftrages** zu unterscheiden (→ Rn. 23).[486] Hierzu gehören insbesondere Festlegun-gen von Einzelheiten über die **Art und Weise** („Prüfungsanforderungen")[487] der tatsächli-chen, rechtlichen und sonstigen Ermittlungen, die der Prüfer im Rahmen des gesetzlichen Prüfungsauftrages anzustellen hat (→ § 317 Rn. 48 ff.), *soweit die im Prüfungsauftrag festgeleg-ten Anforderungen an die Prüfung über die gesetzlichen Mindestanforderungen hinausgehen,*[488] also etwa Festlegungen zu Prüfungsschwerpunkten, die insbesondere vom Aufsichtsrat getroffen worden sind,[489] zur Intensität der Prüfung (→ § 317 Rn. 85), zur Unmittelbarkeit der Prüfung (→ § 317 Rn. 87) oder zu Stichproben (→ § 317 Rn. 82 ff.). Absprachen zwi-schen dem Prüfer und der prüfungspflichtigen Gesellschaft über die Prüfungsplanung (vgl. § 56 BS WP/vBP)[490] gehören nicht zu den Erweiterungen des Prüfungsauftrages.[491] Erwei-terungen des Prüfungsauftrages sind aus Sicht des Berufsstandes schriftlich zu vereinbaren.[492] Für Erweiterungen des Prüfungsauftrags gelten die Haftungshöchstsummen nach Abs. 2 S. 1, 3 und 4 und die nicht abdingbare der Höhe nach unbeschränkte Haftung nach Abs. 2

---

483 Hense/Ulrich/Uhlmann WPO § 54a Rn. 17.
484 BGH NZG 2012, 711 Rn. 19.
485 BGH NZG 2012, 711 Rn. 19.
486 Vgl. IDW PS 220: Beauftragung des Abschlussprüfers (Stand: 9.9.2009), WPg 2001, 895, WPg Supp.2009, 1 (Tz. 20). Krit. zu der Unterscheidung zwischen „Ergänzungen" und „Erweiterungen" Schüppen Rn. 31 Fn. 64, der „dem formalen Rahmen von Auftrag und Kommunikation des Prüfungser-gebnisses größere Bedeutung" zuerkennen will.
487 Vgl. IDW PS 220.28.
488 Das OLG Stuttgart NZG 2022, 953 Rn. 37 weist mit Recht darauf hin, dass bei gesetzlich vorgeschrie-benen Abschlussprüfungen die Prüfungsanforderungen vertraglich nicht unter die gesetzlichen Mindestan-forderungen herabgesetzt werden dürfen. Ebenso IDW PS 220.28.
489 Vgl. IDW PS 220.20; zust. HKMS/Staake/Müller Rn. 8.
490 S. dazu IDW PS 240: Grundsätze der Planung von Abschlussprüfungen (Stand: 9.9.2010), WPg Supp. 1/2011, 1. S. ferner ISA [DE] 300: Planung einer Abschlussprüfung (Stand: 26.3.2020), IDW Life 2019, 667, IDW Life 2020, 509.
491 Vgl. IDW PS 220.21.
492 Vgl. IDW PS 220.20.

S. 2, sofern die Erweiterung Prüfungsgegenstände und Inhalte im Rahmen des § 317 betrifft.[493]

110   **2. Ausschluss bzw. Beschränkung der Ersatzpflicht; Erweiterung der Haftungssumme (Abs. 4).** Abs. 4 bestimmt, dass von Abs. 1 S. 3, Abs. 2 S. 1, 2, 3 und 4 abweichende Vereinbarungen, also etwa die Vereinbarung einer Haftungshöchstsumme im Falle der groben Fahrlässigkeit bei der Prüfung eines kapitalmarktorientieren Unternehmen von öffentlichem Interesse (Abs. 2 S. 2 Hs. 2) oder eine niedrigere Haftungshöchstsumme für Fälle der groben Fahrlässigkeit bei der Prüfung einer sonstigen Kapitalgesellschaft (Abs. 2 S. 4) verboten sind.[494] Ein entsprechendes Verbot ist auch in § 18 BS WP/vBP niedergelegt. Abs. 4 lässt keinen Raum für vertragliche Freizeichnungen und Haftungsbeschränkungen und verdrängt in seinem Anwendungsbereich § 54a Abs. 1 WPO.[495] Gleichwohl geschlossene Vereinbarungen sind **nichtig** (§ 134 BGB).[496] An die Stelle der unwirksamen Haftungsvereinbarung tritt die summenmäßige Haftungsbeschränkung des Abs. 2. Eine Vereinbarung, nach der die prüfungspflichtige Gesellschaft auf noch nicht entstandene Schadensersatzansprüche gegen den Abschlussprüfer verzichtet, ist ebenfalls unwirksam.[497] Die prüfungspflichtige Gesellschaft darf jedoch auf bereits entstandene Ansprüche verzichten oder einen Vergleich mit der ersatzpflichtigen Person vereinbaren.[498]

111   Eine **Erweiterung der Haftungshöchstsumme** ist nach dem Wortlaut des Abs. 4 („beschränkt") nicht verboten, verstößt aber nach ganz hM gegen berufsrechtliche Grundsätze:[499] Die Begründung zu § 18 BS WP/vBP betont, es widerspreche der Berufsauffassung der Wirtschaftsprüfer und vereidigten Buchprüfer „bei gesetzlicher Haftungsbegrenzung eine höhere Haftung zu vereinbaren". Das berufsrechtliche Verbot des § 18 BS WP/vBP solle davor schützen, dass „einzelne Kollegen sich über Haftungserweiterungen einen Wettbewerbsvorteil verschaffen". Wettbewerbsvorteile allein über das Angebot höherer Haftungssummen würden „letztlich zu erheblichen Verwerfungen innerhalb des Berufsstandes führen, weil nur noch große Einheiten mit entsprechend hohen Haftungssummen größere Mandate übernehmen könnten".[500] Aus diesem Blickwinkel erscheint eine Erweiterung der Haftungssumme über Abs. 2 S. 1, 3 und 4 hinaus in der Tat als wenig sinnvoll.[501] Im Übrigen sprechen auch versicherungsrechtliche Gründe gegen eine Erhöhung der gesetzlich begrenzten Haftungssummen.[502]

112   **3. Erstmalige Anwendung von Abs. 2.** Die erhöhten Haftungshöchstsummen nach Abs. 2 S. 1, 3 und 4 und die Erweiterung der unbeschränkten Haftung bei grober Fahrlässigkeit bei der Prüfung von kapitalmarktorientierten Unternehmen von öffentlichem Interesse (Abs. 2 S. 2 Hs. 2) gelten erstmals für gesetzliche Abschlussprüfungen für **nach dem 31.12.2021 beginnende Geschäftsjahre** (Art. 86 Abs. 1 S. 1 EGHGB). Für gesetzliche Abschlussprüfungen, für die hinsichtlich der Haftung auf § 323 verwiesen wird

---

493   Zu § 53 HGrG s. Schüppen Rn. 31; aA Kersting ZIP 2014, 2420 und ZIP 2015, 817, dagegen Schüppen ZIP 2015, 814.

494   BeBiKo/Justenhoven/Feldmüller Rn. 106.

495   Hense/Ulrich/Uhlmann WPO § 54a Rn. 44, der in Rn. 45 zu Recht darauf hinweist, dass Gleiches für Prüfungen gilt, die für die Verantwortlichkeit des Prüfers auf § 323 verweisen.

496   Ebenso BeBiKo/Justenhoven/Feldmüller Rn. 106.

497   Ebenso BeBiKo/Justenhoven/Feldmüller Rn. 106.

498   BeBiKo/Justenhoven/Feldmüller Rn. 106; Merkt/Probst/Fink/Mylich S. 1653 Rn. 35; Wölber, Die Abschlussprüferhaftung im Europäischen Binnenmarkt, 2005, S. 62 mwN.

499   Schüppen Rn. 28 („berufsrechtlich problematisch"); BeBiKo/Justenhoven/Feldmüller Rn. 106 („verstößt gegen die in § 18 BS WP/vBP normierte Berufsauffassung"); Günther, Die Unabhängigkeit des Abschlussprüfers bei privaten Unternehmen in Deutschland, 2019, S. 77.

500   Krit. dazu W. Doralt, Haftung der Abschlussprüfer, 2005, S. 101 (Doralt geht allerdings von der uneingeschränkten Versicherbarkeit und der vollständigen Überwälzbarkeit der höheren Versicherungsprämien auf die geprüfte Gesellschaft aus, was jedenfalls in Deutschland zweifelhaft ist).

501   BeBiKo/Justenhoven/Feldmüller Rn. 107. Zu der Frage, ob sich § 16 BS WP/vBP aF (§ 18 BS WP/vBP nF) an dem europäischen Kartellrecht messen lassen kann: Staub/Habersack/Schürnbrand Rn. 51 (iE bejahend).

502   Aus Versicherersicht Schröder/Pritzen WPg 2021, 1115.

(→ Rn. 105), gibt es nach dem Wortlaut von Art. 86 Abs. 1 S. 1 EGHGB keine Übergangsfristen. Die erhöhten Haftungshöchstsummen gelten für diese Prüfungen daher bereits seit dem 1.7.2021.

Während der Gesetzgeber für gesetzliche Abschlussprüfungen eine geschäftsjahresbezo- **113** gene Übergangsregelung geschaffen hat (Art. 86 Abs. 1 EGHGB), fehlt eine entsprechende Regelung für Prüfungen, bei denen die Haftung des Prüfers durch Verweis auf Abs. 2 geregelt ist (→ Rn. 105). Es liegt in der Tat nahe, diese Lücke durch eine **analoge Anwendung** der Übergangsregelung für gesetzliche Abschlussprüfungen auf Prüfungen mit Verweis auf Abs. 2 zu schließen.[503] Mit dem Verweis auf Abs. 2 lässt der Gesetzgeber erkennen, dass die für eine Analogie notwendige rechtliche und tatsächliche Vergleichbarkeit zwischen gesetzlichen Abschlussprüfungen nach §§ 316 ff. und anderen gesetzlich vorgeschriebenen Prüfungen gegeben ist. Das Fehlen einer Art. 86 EGHGB entsprechenden Übergangsregelung für Prüfungen mit Verweis auf Abs. 2 scheint mit Blick auf die Komplexität der Materie planwidrig. Es gibt keine Gründe, gesetzliche Abschlussprüfer nach §§ 316 ff. und Prüfer gesetzlich angeordneter Prüfungen mit Verweis auf Abs. 2 in dem Übergangszeitraum unterschiedlich zu behandeln. Bis zur Bestätigung der Analogie durch die obergerichtliche und höchstrichterliche Rechtsprechung besteht aber die Gefahr, dass der Prüfer für laufende Prüfungen mit Verweis auf Abs. 2 ab sofort für Pflichtverletzungen nach dem Inkrafttreten des FISG, also seit dem 1.7.2021, gestützt auf den verschärften Abs. 2 mit den deutlich erhöhten Haftsummen in Anspruch genommen wird.[504]

4. Mitverschulden. Die Haftung des gesetzlichen Abschlussprüfers, seiner Gehilfen **114** und (wenn eine Prüfungsgesellschaft Abschlussprüfer ist) der an der Prüfung mitwirkenden gesetzlichen Vertreter der Prüfungsgesellschaft gegenüber der geprüften Gesellschaft kann nach bisher hM[505] teilweise oder vollständig entfallen, wenn und soweit die Gesellschaft für den Schaden mitverantwortlich ist (§ 254 BGB).[506] Dabei ist nach bislang hM der Umstand zu berücksichtigen, dass die gesetzlichen Vertreter der prüfungspflichtigen Gesellschaft den Abschluss zu verantworten haben (§ 322 Abs. 2 S. 2). Die bisher hM unterscheidet danach **vier Fallgruppen:**[507] (1) Ein Mitverschulden der prüfungspflichtigen Gesellschaft kommt insbesondere dann in Betracht, wenn ein gesetzlicher Vertreter oder Mitarbeiter der prüfungspflichtigen Gesellschaft den Jahresabschluss vorsätzlich verfälscht, dem Prüfer vorsätzlich falsche oder unvollständige Auskünfte erteilt oder ihm vorsätzlich gefälschte oder unvollständige

---

[503] WPK WPK Magazin 3/2021, 12.

[504] WPK WPK Magazin 3/2021, 12.

[505] Vgl. OLG Jena BeckRS 2011, 18092; BeBiKo/Schmidt/Feldmüller Rn. 121. Der österreichische OGH hat in seinem Urt. v. 23.10.2000, ÖBA 2001, 560 – BHI, eine Berücksichtigung des Mitverschuldenseinwands abgelehnt. S. dazu näher W. Doralt, Haftung der Abschlussprüfer, 2005, S. 92–98; W. Doralt ZGR 2015, 266 (273, 274); Bärenz BB 2003, 1781 (1784). Zur Sicht amerikanischer Gerichte s. Janssen Pa. Bar Assoc. Q. 65 (Juli 1994), 109; s. auch Young Fordham L. Rev. 64 (1996), 2155 (betr. Schadensersatzanspruch des Prüfers gegen die Manager der geprüften Gesellschaft). Zum englischen, französischen, belgischen, italienischen und Schweizer Recht Doralt ZGR 2015, 266 (274–280).

[506] OLG Düsseldorf BeckRS 2021, 41602 Rn. 35; OLG Stuttgart NZG 2022, 953 Rn. 80). AA Sommerschuh, Berufshaftung und Berufsaufsicht: Wirtschaftsprüfer, Rechtsanwälte und Notare im Vergleich, 2003, S. 183 (Berufung des Prüfers auf ein Mitverschulden der geprüften Gesellschaft ausgeschlossen) und (unter ausdrücklicher Aufgabe seiner bisherigen Ansicht) Schulze-Osterloh FS Canaris, 2007, 385; eine Haftungsminderung sei nur in Betracht zu ziehen, wenn die Organe ihrer Auskunftspflicht gegenüber dem Prüfer nach § 320 Abs. 2 nicht „in dem gebotenen Maße" nachkommen, wenn sie vorsätzlich oder fahrlässig falsche Angaben machen oder notwendige Informationen unterdrücken (aaO S. 386); HKMS/Staake/Müller Rn. 82 (die hM verirre sich „in komplizierten und letztlich willkürlichen Schadensaufteilungen"); Hopt/Merkt Rn. 7 (die Kontrollaufgabe auch zugunsten Dritter und der rechtsvergleichende Befund sprächen „eher dafür, den Mitverschuldenseinwand [des Abschlussprüfers] ... zurückzudrängen, ja sogar grundsätzlich auszuschließen"); Thomale ZGR 2023, 131 (145 ff.); s. ferner Staub/Habersack/Schürnbrand Rn. 38. Grundsätzliche Bedenken auch bei Doralt ZGR 2015, 266 (271–273) mwN in Fn. 21; Schattka, Die Europäisierung der Abschlussprüferhaftung. Eine juristisch-ökonomische Analyse, 2012, S. 307, 308.

[507] Vgl. BeBiKo/Justenhoven/Feldmüller Rn. 95–98; Wiedmann/Böcking/Gros/Böcking/Gros/Rabenhorst Rn. 20; berichtend HKMS/Staake/Müller Rn. 81.

Unterlagen vorlegt (vgl. § 320) und der Prüfer dies (einfach) fahrlässig nicht bemerkt hat.[508] In derartigen Fällen kommt nach den allgemeinen Regeln eine Verringerung des Schadenersatzes bis hin zum vollständigen Verlust des Ersatzanspruchs der Gesellschaft gegen den Prüfer in Betracht.[509] (2) Handeln umgekehrt die gesetzlichen Vertreter oder ein Mitarbeiter der geprüften Gesellschaft **fahrlässig** und erkennt der Prüfer den Fehler, ohne daraus die notwendigen Konsequenzen zu ziehen, wird sich der Prüfer auf ein Mitverschulden der Gesellschaft nicht berufen können.[510] (3) Handeln sowohl die gesetzlichen Vertreter der geprüften Gesellschaft (bzw. ihre Mitarbeiter) als auch der Prüfer vorsätzlich, wird sich die Gesellschaft ein Mitverschulden bis hin zur Schadensteilung zurechnen lassen müssen.[511] (4) Handeln sowohl die gesetzlichen Vertreter (bzw. Mitarbeiter) der prüfungspflichtigen Gesellschaft als auch der Prüfer fahrlässig, wird eine Berufung des Prüfers auf ein Mitverschulden der Auftraggeberin teils für zulässig, teils für unzulässig erachtet.[512]

115   **Ausgangspunkt** für die Entscheidung sollte die Überlegung sein, dass die gesetzlich angeordnete Prüfung des Jahresabschlusses und des Lageberichts durch einen externen unabhängigen Sachverständigen (vgl. → § 316 Rn. 33) die gesetzlichen Vertreter der prüfungspflichtigen Gesellschaft von ihrer Verpflichtung zur Aufstellung eines gesetzmäßigen und satzungsgemäßen Jahresabschlusses nebst Lagebericht (vgl. § 322 Abs. 2 S. 2: „dass die gesetzlichen Vertreter den Abschluss zu verantworten haben") **nicht befreit.**[513] Andererseits ist bei der Beurteilung im Einzelfall zu berücksichtigen, dass Abschlussprüfer verpflichtet sind, während der gesamten Prüfung eine **kritische Grundhaltung**[514] zu wahren (vgl. § 43 Abs. 4 S. 1 WPO; § 37 S. 1 BS WP/vBP – zu Einzelheiten und Nachweisen → Vor § 316 Rn. 2) und im Rahmen des **risikoorientierten Prüfungsansatzes** (zu Einzelheiten und Nachweisen → § 317 Rn. 31) eine Einschätzung des Risikos von (beabsichtigten) Verstößen (*fraud*)[515] etwa in Form vorsätzlicher Falschdarstellungen oder

---

508   OLG Stuttgart NZG 2022, 953 Rn. 87 mwN) (es erscheine „treuwidrig, wenn die Schuldnerin Ersatz für einen Schaden verlangen könnte, den sie selbst verursacht hat"); OLG Düsseldorf BeckRS 2021, 41602 Rn. 158 (der Senat teilt die Ansicht des Landgerichts, „dass auch dann, wenn den Beklagten leichte Fahrlässigkeiten [sic] im Rahmen der Prüfung unterlaufen sein sollten, ihre Haftung angesichts des außerordentlich großen Mitverschuldens der Schuldnerin zurücktreten würde"); OLG Jena BeckRS 2011, 18092. IdS auch BeBiKo/Justenhoven/Feldmüller Rn. 96; Wiedmann/Böcking/Gros/Böcking/Gros/Rabenhorst Rn. 20; Sommerschuh, Berufshaftung und Berufsaufsicht: Wirtschaftsprüfer, Rechtsanwälte und Notare im Vergleich, 2003, S. 183; diff. Bärenz BB 2003, 1781 (1784). S. auch Staub/Habersack/Schürnbrand Rn. 38, die im Grundsatz ein Mitverschulden nicht gelten lassen wollen, in einem solchen Fall wegen der „nicht selten einhergehenden Vertuschungsgefahr" aber prüfen wollen, „ob überhaupt ein schuldhafter Pflichtverstoß des Abschlussprüfers zu bejahen ist").

509   Vgl. BGHZ 183, 323 = NJW 2010, 1808; BGH NJWE-VHR 1998, 39 (40); OLG Düsseldorf BeckRS 2021, 41602 Rn. 36 (das Gericht weist überzeugend darauf hin, dass es „im Ausgangspunkt als treuwidrig erscheint", wenn „die Schuldnerin Ersatz für einen Schaden verlangt, den sie selbst verursacht hat"); OLG Karlsruhe DStR 2015, 1334 (1335) (Die „vorsätzlichen Manipulationen" der geprüften Gesellschaft wiegen nach Ansicht des Gerichts im Vergleich zu dem allenfalls fahrlässigen Verschulden des Abschlussprüfers „ungleich schwerer und reduzieren seine Haftung auf 0 %); OLG Karlsruhe WPK-Mitt. 1999, 231 (233) (Bericht) unter Hinweis auf OLG Köln NJW-RR 1992, 1184; LG Wuppertal GI 1998, 253; ebenso BeBiKo/Justenhoven/Feldmüller Rn. 96; Wölber, Die Abschlussprüferhaftung im Europäischen Binnenmarkt, 2005, S. 63.

510   Vgl. OLG Jena Urt. v. 16.1.2008 – 7 U 85/07, BeckRS 2011, 18092. S. ferner Wölber, Die Abschlussprüferhaftung im Europäischen Binnenmarkt, 2005, S. 63; BeBiKo/Justenhoven/Feldmüller Rn. 96 („keine Minderung der Schadensersatzpflicht").

511   Vgl. etwa BeBiKo/Justenhoven/Feldmüller Rn. 96 („im Zweifel Schadensteilung"); Wiedmann/Böcking/Gros/Böcking/Gros/Rabenhorst Rn. 20; Merkt/Probst/Fink/Mylich S. 1652 Rn. 33; Wölber, Die Abschlussprüferhaftung im Europäischen Binnenmarkt, 2005, S. 63; Quick BB 1992, 1676.

512   Zum Stand der Meinungen etwa Sommerschuh, Berufshaftung und Berufsaufsicht: Wirtschaftsprüfer, Rechtsanwälte und Notare im Vergleich, 2003, S. 182–184.

513   BeBiKo/Justenhoven/Feldmüller Rn. 97.

514   OLG Stuttgart NZG 2022, 953 Rn. 53 („Der Grundsatz der kritischen Grundhaltung wird als grundsätzliche Bereitschaft des Abschlussprüfers definiert, Dinge kritisch zu hinterfragen und auf Umstände zu achten, die auf mögliche Fehlerdarstellungen in der Rechnungslegung durch Fehler oder Betrug hinweisen können, sowie die Prüfungsnachweise kritisch zu beurteilen").

515   Boecker, Accounting Fraud aufdecken und vorbeugen, 2010. Zu den aktuellen Aktivitäten des IAASB bezüglich der Aufdeckung von fraud in der Abschlussprüfung Marten RWZ 31 (2021), 244.

vorsätzlich unvollständiger Informationen bzw. Unterlagen vorzunehmen, auch wenn dem gesetzlichen Abschlussprüfer nicht die Aufgabe eines Forensikers oder Unterschlagungsprüfers zukommt. Zu der notwendigen kritischen Grundhaltung und dem risikoorientierten Prüfungsansatz gehört es, Glaubwürdigkeit, Angemessenheit und Verlässlichkeit der erlangten Prüfungsnachweise während der gesamten Prüfung kritisch zu hinterfragen (§ 43 Abs. 4 S. 2 Nr. 1 WPO; § 37 S. 2 BS WP/vBP).[516] Dazu gehört es ferner, auf Gegebenheiten zu achten, die auf eine falsche Darstellung hindeuten könnten, und die Prüfungsnachweise kritisch zu beurteilen (§ 43 Abs. 4 S. 2 Nr. 3 und 4 WPO; § 37 S. 2 BS WP/vBP). Abschlussprüfer müssen ungeachtet ihrer bisherigen Erfahrungen mit der Aufrichtigkeit und der Integrität des Management des geprüften Unternehmens davon ausgehen, dass Umstände wie Fehler, Täuschungen, Vermögensschädigungen oder sonstige Gesetzesverstöße existieren können, aufgrund derer der Prüfungsgegenstand wesentliche falsche Aussagen enthält (§ 43 Abs. 4 S. 2 Nr. 2 WPO; § 37 S. 3 BS WP/vBP).[517] Deshalb lässt auch eine **vorsätzliche Irreführung** des Abschlussprüfers durch Geschäftsführer oder Mitarbeiter der prüfungspflichtigen Gesellschaft (Zurechnung analog § 31 BGB) die Ersatzpflicht des Prüfers nicht – wie sonst – ohne Weiteres gänzlich entfallen.[518] Gleichwohl bleibt die Geltendmachung des Einwands des Mitverschuldens der geprüften Gesellschaft und ihres Management im Einzelfall nach **Abwägung aller Umstände** möglich und zulässig.[519] Der besonderen Verantwortung des Abschlussprüfers entsprechend ist, so betont das OLG Stuttgart, dabei „ein strenger Maßstab" anzulegen.[520] Der Schutz Dritter könne dabei, so hebt das OLG Stuttgart überzeugend hervor, jedoch „insoweit keine Rolle spielen", denn Gesellschafter, Gläubiger und sonstige Dritte seien nach Abs. 1 S. 3 nicht anspruchsberechtigt; es erscheine daher „als systematisch eher fernliegend, schützende Erwägungen zugunsten nicht anspruchsberechtigter Personen in die Anwendung

---

[516] Zu Einzelheiten der Prüfungsnachweise s. ISA [DE] 500: Prüfungsnachweise (Stand: 26.3.2020), IDW Life 2019, 680; IDW Life 2020, 509; IDW Life 2020, 999.

[517] Ihre kritische Grundhaltung haben Prüfer insbesondere beizubehalten bei der Beurteilung der Schätzungen des Unternehmens in Bezug auf Zeitwertangaben, Wertminderungen von Vermögensgegenständen, Rückstellungen und künftige Cashflows, die für die Beurteilung der Fähigkeit des Unternehmens zur Fortführung der Unternehmenstätigkeit von Bedeutung sind (§ 43 Abs. 4 S. 3 WPO).

[518] OLG Stuttgart NZG 2022, 953 Rn. 82; OLG Frankfurt a.M. BeckRS 2014, 1190919 mwN (Nichtzulassungsbeschwerde zurückgewiesen: BGH 8.9.2016 – VII ZR 242/14); OLG Braunschweig GI aktuell 6/2018, 184 = IBR 2016, 185 Rn. 22 (Nichtzulassungsbeschwerde zurückgewiesen: BGH Beschl. v. 8.10.2015 – VII ZR 146/13, IBR 2016, 185); LG Hamburg BeckRS 2013, 10766 Rn. 287 (unter Hinweis auf BGH ZIP 2010, 284) (der Rechtsstreit wurde in der nächsten Instanz durch Vergleich beigelegt: Dauner-Lieb ZIP 2019, 1041 [1042]).

[519] IdS BGH NJW 2010, 1808 (1812) (die besondere Kontrollfunktion des Abschlussprüfers könne eine „Zurückhaltung bei der Anwendung des § 254 BGB" gebieten; in der vom BGH entschiedenen Konstellation wurde ein angenommener Mithaftungsanteil der geprüften Gesellschaft iHv 2/3 für angemessen erachtet); OLG Stuttgart NZG 2022, 953 Rn. 82 mwN; OLG Düsseldorf BeckRS 2021, 41602 Rn. 36; OLG Braunschweig BeckRS 2013, 197541 = GI aktuell 6/2018, 184 Rn. 22 (Nichtzulassungsbeschwerde zurückgewiesen: BGH Beschl. v. 8.10.2015 – VII ZR 146/13, IBR 2016, 185); OLG Köln BeckRS 2012, 9817 Rn. 73 (der Tatrichter könne im Einzelfall durchaus über § 254 BGB zu einem vollständigen Haftungsausschluss gelangen); LG Hamburg BeckRS 2013, 10766 Rn. 287, das in casu aufgrund des vorsätzlichen Verhaltens der Vorstände der geprüften Gesellschaft unter Berücksichtigung des grob fahrlässigen Verhaltens des Prüfers einen Mitverschuldensanteil von ¾ angenommen hat (der Rechtsstreit wurde in der nächsten Instanz durch Vergleich beigelegt: Dauner-Lieb ZIP 2019, 1041 [1042]). Zust. BeBiKo/Justenhoven/Feldmüller Rn. 97 (für eine Abwägung nach dem Grad des zu berücksichtigenden Mitverschuldens der Gesellschaft anhand des Vergleichs der von den Vertretern und Mitarbeitern der Gesellschaft anzuwendenden Sorgfalt einerseits und der Sorgfaltspflicht des Abschlussprüfers andererseits); Rosenboom, Abschlussprüfung und Haftung nach portugiesischem Recht, 2004, S. 54; Merkt/Probst/Fink/Mylich S. 1652 Rn. 32; Wölber, Die Abschlussprüferhaftung im Europäischen Binnenmarkt, 2005, S. 64; zurückhaltender Hopt/Merkt Rn. 7; aA Wiedmann/Böcking/Gros/ Böcking/Gros/Rabenhorst Rn. 20 (es bleibe bei der ausschließlichen Haftung des Abschlussprüfers); Sommerschuh, Berufshaftung und Berufsaufsicht: Wirtschaftsprüfer, Rechtsanwälte und Notare im Vergleich, 2003, S. 183; HKMS/Staake/Müller Rn. 82; Schulze-Osterloh FS Canaris, 2007, 385 ff.; Doralt ZGR 2015, 266 (271, 272).

[520] OLG Stuttgart NZG 2022, 953 Rn. 82.

des § 323 Abs. 1 S. 3 HGB einfließen zu lassen."[521] Denn der gesetzliche Abschlussprüfer ist eben nicht „Garant der Rechnungslegung"[522] und schon gar nicht „Garant gegenüber Markt und Öffentlichkeit".[523]

116   Dem Schadensersatzanspruch der geprüften Gesellschaft (deren Vorstandsvorsitzender zumindest mit bedingtem Vorsatz Bilanzfälschungen iSd § 331 und § 400 AktG begangen hat)[524] gegen den grob fahrlässig handelnden Prüfer steht der **Rechtseinwand einer unzulässigen Rechtsausübung** iSv § 242 BGB nicht entgegen. § 254 BGB verdrängt als *lex specialis* die Generalklausel des § 242 BGB.[525] Die Pflicht des Mandanten zur **Schadensminderung** (§ 254 Abs. 2 BGB) besteht.[526]

X. Gesamtschuldnerische Haftung (Abs. 1 S. 4)

117   Nach Abs. 1 S. 4 haften mehrere Ersatzpflichtige als Gesamtschuldner.

118   **1. §§ 421, 426 BGB.** Danach kann die geprüfte Gesellschaft bzw. das geschädigte verbundene Unternehmen (Abs. 1 S. 3) jeden einzelnen Ersatzpflichtigen auf den geschuldeten Betrag ganz oder teilweise in Anspruch nehmen (§ 421 BGB); allerdings erhalten sie den geschuldeten Betrag insgesamt nur einmal. Sobald der geschuldete Betrag – gleich von welchem Ersatzpflichtigen – an die Gesellschaft bzw. das geschädigte verbundene Unternehmen (Abs. 1 S. 3) geleistet worden ist, werden auch die übrigen Schuldner gegenüber den Anspruchsberechtigten frei; ist ein geringerer Betrag als der geschuldete gezahlt worden, so tritt die Befreiung zu einem entsprechenden Teil ein. Der Gesetzgeber stellt der anspruchsberechtigten Gesellschaft (bzw. dem anspruchsberechtigten verbundenen Unternehmen) mit der gesetzlichen Anordnung einer Gesamtschuldnerschaft **die sicherste Form der Verpflichtung** zur Verfügung: Solange auch nur eine der ersatzverpflichteten Personen leistungsfähig ist, wird die prüfungspflichtige Gesellschaft bzw. die mit ihr verbundene Gesellschaft befriedigt, weil ihr das Vermögen jedes einzelnen Ersatzverpflichteten auf den vollen Betrag der Forderung haftet. Über die endgültige Verteilung der finanziellen Lasten unter den Gesamtschuldnern entscheidet das Innenverhältnis. Für den Verteilungsmaßstab bestimmt § 426 Abs. 1 S. 1 BGB Gleichheit der Anteile („Kopfteilregress"), „soweit nicht ein anderes bestimmt ist". In Betracht kommt vor allem die entsprechende Anwendung von § 254 BGB: Die Verteilung zwischen den Ersatzverpflichteten richtet sich nach deren Ursachen- und Schuldanteilen an dem eingetretenen Schaden.[527] Danach kann also unter Umständen auch einer der Ersatzpflichtigen (zB der Prüfer) den Schaden allein zu tragen haben.[528]

119   **2. Einschränkung der Arbeitnehmerhaftung.** Eine abweichende Regelung iSv § 426 Abs. 1 S. 1 BGB kann sich gegenüber angestellten Gehilfen auch aus den Grundsätzen über die Einschränkung der Arbeitnehmerhaftung ergeben.[529] Eine Haftungsbeschränkung

---

[521]   OLG Stuttgart NZG 2022, 953 Rn. 82; OLG Braunschweig BeckRS 2013, 197541 = GI aktuell 6/2018, 184 Rn. 22 (Nichtzulassungsbeschwerde zurückgewiesen: BGH Beschl. v. 8.10.2015 – VII ZR 146/13, IBR 2016, 185).

[522]   So aber HKMS/Mylich/Müller § 316 Rn. 4; Grunewald ZGR 1999, 583 (598); unklar Frings WPg 2006, 821 (822) („... Garant [allerdings nicht im Sinne einer absoluten Gewährleistung] ...").

[523]   So Lutter ZSR 124 (2005-II), 415 (448); Thomale ZGR 2023, 131 (146) („Beschützergarant für Drittbetroffene, insbesondere Kreditgeber"); aA Becker, Verwaltungskontrolle durch Gesellschafterrechte, 1997, 783 („kein Garant für eine gesetzes- und statutengetreue Geschäftsführung über die Rechnungslegung und Buchführung hinaus").

[524]   Vgl. V. Haas FS Ebke, 2021, 291 (292–297).

[525]   LG Hamburg BeckRS 2013, 10766 Rn. 235 und 271 mwN (der Rechtsstreit wurde in der nächsten Instanz durch Vergleich beigelegt: Dauner-Lieb ZIP 2019, 1041 [1042]).

[526]   Merkt/Probst/Fink/Mylich S. 1652 Rn. 32.

[527]   HKMS/Staake/Müller Rn. 89; BeBiKo/Justenhoven/Feldmüller Rn. 88.

[528]   Für die Ausgleichspflicht bleibt es bei Pflichtprüfungen bei der Haftungsbeschränkung nach Abs. 2: HKMS/Staake/Müller Rn. 89 mwN.

[529]   Zust. Staub/Habersack/Schürnbrand Rn. 43; HKMS/Staake/Müller Rn. 90; Schaible, Haftung von Wirtschaftsprüfern, 2021, S. 48.

griff nach früherer Rechtsprechung nur bei einer gefahr- (oder auch schadens-)geneigten Arbeit ein. Eine Tätigkeit galt dann als gefahr- bzw. schadensgeneigt, wenn die Eigenart der vom Arbeitnehmer zu leistenden Dienste es mit großer Wahrscheinlichkeit mit sich bringt, dass auch dem sorgfältigen Arbeitnehmer gelegentlich Fehler unterlaufen, die – für sich allein betrachtet – zwar jedes Mal vermeidbar waren, mit denen aber angesichts der **menschlichen Unzulänglichkeit** als mit einem typischen Abirren der Dienstleistung erfahrungsgemäß zu rechnen ist.[530] Ob die Tätigkeit eines Gehilfen des Abschlussprüfers danach gefahr- oder schadensgeneigt ist, kann heute dahin stehen. Die neuere Rechtsprechung setzt nämlich die Gefahr- oder Schadensgeneigtheit der Arbeit nicht mehr voraus.[531] Ausreichend soll sein, dass der Arbeitnehmer den Schaden durch eine **betriebliche Tätigkeit** verursacht hat. Die Rechtsprechung hat bezüglich des Umfangs der Haftungseinschränkung der Arbeitnehmer geschwankt.[532] Inzwischen ist das BAG wieder zu der ursprünglichen Rechtsprechung zurückgekehrt.[533] Danach haftet der Arbeitnehmer bei grober Fahrlässigkeit in der Regel voll. Bei mittlerer Fahrlässigkeit erfolgt eine Aufteilung des Schadens zwischen Arbeitgeber und Arbeitnehmer nach den Umständen des Einzelfalles. Bei leichter Fahrlässigkeit besteht keine Schadensersatzpflicht des Arbeitnehmers. Das Problem der Einordnung des Verschuldens stellt sich in der Praxis in der Regel allerdings nicht, weil die angestellten Prüfungsgehilfen von der Berufshaftpflichtversicherung des Abschlussprüfers miterfasst sein müssen (vgl. § 1 Abs. 1 S. 2 WPBHV).[534]

3. Anspruch auf anteilige Schuldbefreiung. § 426 Abs. 1 S. 1 BGB gibt nicht nur **120** den Verteilungsmaßstab an, sondern stellt auch eine eigene Anspruchsgrundlage dar. Mit ihr kann derjenige Ersatzpflichtige, der freiwillig oder gezwungenermaßen mehr als seinen Anteil an die geprüfte Gesellschaft bzw. ein mit ihr verbundenes Unternehmen geleistet hat, den Überschuss von seinen Mitschuldnern ersetzt verlangen.[535] Nach hM kann jeder Schuldner darüber hinaus schon vor Inanspruchnahme durch die geprüfte Gesellschaft oder ein verbundenes Unternehmen auch die verhältnismäßige Mitwirkung seiner Mitschuldner an der Befriedigung des Gläubigers/der Gläubiger verlangen (Anspruch auf anteilige Schuldbefreiung). Fällig wird dieser Anspruch aber erst, sobald der Gläubiger Leistung fordern kann.[536]

XI. Verjährung

Schadensersatzansprüche aufgrund von Abs. 1 S. 3 verjähren (nach Wegfall des § 323 **121** Abs. 5 aF) **in drei Jahren** (vgl. § 195 BGB).[537] Die Verjährung beginnt nach den allgemeinen Regeln mit dem Schluss des Jahres, in dem der Anspruch entstanden ist und der Gläubiger von den den Anspruch begründenden Umständen und der Person des Schuldners Kenntnis erlangt oder ohne grobe Fahrlässigkeit erlangen musste (§ 199 Abs. 1 BGB).[538] Dem Interesse des Abschlussprüfers, nicht auf unabsehbare Zeit einem Ersatzanspruch ausgesetzt zu sein, trägt § 199 Abs. 3 S. 1 BGB Rechnung: Danach verjähren Ansprüche auf Ersatz von Vermögensschäden ohne Rücksicht auf die Kenntnis oder grob fahrlässige Unkenntnis **in zehn Jahren** von ihrer Entstehung an und ohne Rücksicht auf ihre Entste-

---

[530] So BAG 5, 1 (7).
[531] Vgl. BAG GS NZA 1993, 547; BGH NZA 1994, 270; BAG GS SAE 1996, 1.
[532] Vgl. BAG 7, 290 (297) und BAG DB 1983, 1207 – „drei Fahrlässigkeitsgrade" mit BAG AP BGB § 611 Nr. 82 – Haftung des Arbeitnehmers mAnm Brox (Haftung des Arbeitnehmers nur für Vorsatz und grobe Fahrlässigkeit).
[533] BAG SAE 1996, 1 mAnm Koller.
[534] Haußer in Veit, Sonderprüfungen, 2005, 122 Fn. 423; Rosenboom, Abschlussprüfung und Haftung nach portugiesischem Recht, 2004, S. 55; Wölber, Die Abschlussprüferhaftung im Europäischen Binnenmarkt, 2005, S. 64.
[535] BeBiKo/Justenhoven/Feldmüller Rn. 88.
[536] BGH NJW 1986, 978.
[537] BeBiKo/Justenhoven/Feldmüller Rn. 110; HKMS/Staake/Müller Rn. 97; Merkt/Probst/Fink/Mylich S. 1652 Rn. 34. Zur Neuordnung des Verjährungsrechts im Rahmen der Schuldrechtsmodernisierung s. Zimmermann WPK Magazin 2/2006, 33 (für Wirtschaftsprüfer).
[538] Ebenso HKMS/Staake/Müller Rn. 98; Merkt/Probst/Fink/Mylich S. 1652 Rn. 34.

hung und die Kenntnis oder grob fahrlässige Unkenntnis **in dreißig Jahren** von der Begehung der Handlung, der Pflichtverletzung oder dem sonstigen, den Schaden auslösenden Ereignis an; maßgeblich ist die früher endende Frist (§ 199 Abs. 3 S. 2 BGB).[539] Der Anspruch ist entstanden, sobald alle Tatbestandsmerkmale erfüllt sind. Dafür müssen sämtliche Voraussetzungen des Schadensersatzanspruchs nach Abs. 1 S. 3 erfüllt sein. Nicht erforderlich ist, dass der Anspruch bereits beziffert werden kann. Geht der Anspruch auf ein Unterlassen, so tritt an die Stelle der Entstehung die Zuwiderhandlung (§ 199 Abs. 5 BGB). Insoweit herrscht in Rechtsprechung und Schrifttum Einigkeit.[540] Für die Beurteilung der Verjährung ist von dem Grundsatz auszugehen, dass Schadensersatzansprüche wegen verschiedener Mängel verschiedene Streitgegenstände sind und danach die Hemmung der Verjährung durch den Mahnbescheid und das anschließende gerichtliche Verfahren für jeden behaupteten Prüfungsfehler gesondert betrachtet werden muss.[541]

122   Unterschiedlich wird dagegen die Frage beurteilt, wann der **Schaden entstanden** ist. Einige Autoren meinen, der Schaden sei bereits mit Ablieferung des Prüfungsberichts entstanden.[542] Andere vertreten demgegenüber die Ansicht, bei Ablieferung des Prüfungsberichts könne noch offen sein, ob ein pflichtwidriges Verhalten zu einem Schaden führt.[543] Wann ein Schaden eintritt, wird von den Vertretern dieser Ansicht allerdings selten näher erläutert. Der Zeitpunkt der **Ablieferung des Prüfungsberichts** deckt sich in der Tat nicht zwingend mit dem Zeitpunkt des Eintritts des Schadens.[544] Hat beispielsweise ein gesetzlicher Abschlussprüfer zu verantworten, dass in der Bilanz einer AG ein in Wahrheit nicht bestehender Gewinn ausgewiesen wird, beginnt die Verjährung des gegen den Prüfer gerichteten Schadensersatzanspruchs erst mit dem Gewinnverwendungsbeschluss.[545] Bei unentdeckten kriminellen Handlungen von Mitarbeitern des geprüften Unternehmens sowie bei Verstößen gegen die Verschwiegenheitspflicht oder das Verwertungsverbot wird der Eintritt des Schadens ebenfalls nur in seltenen Fällen mit der Abgabe des Prüfungsberichts zusammenfallen.[546] Maßgeblich sind daher die **Umstände des Einzelfalls.** Weitgehend ungeklärt ist die Frage, ob mehrere Fehler eines Abschlussprüfers zur unterschiedlichen Anspruchsentstehung führen können.[547]

123   Nach altem Recht war umstritten, ob eine (nach § 225 S. 2 BGB aF an sich zulässige) Verkürzung der 5-Jahresfrist des § 323 Abs. 5 aF durch Vertrag zulässig war.[548] Die Frage war allerdings eher theoretischer Natur, weil Wirtschaftsprüfer schon wegen § 51a WPO aF (aufgehoben durch das WPRefG vom 1.12.2003, BGBl. 2003 I 2446)[549] von der Verjährungsregel in § 323 Abs. 5 aF nicht abweichen durften. Die Frage hat sich infolge der Aufhebung von § 225 BGB, § 323 Abs. 5 und § 51a WPO erledigt. Die regelmäßige Verjährungsfrist von drei Jahren (§ 195 BGB) kann grundsätzlich durch Vertrag **verkürzt oder**

[539]   BeBiKo/Justenhoven/Feldmüller Rn. 110.
[540]   Zum alten Recht: BGHZ 124, 27 (29) = ZIP 1993, 1886 (1889).
[541]   OLG Düsseldorf BeckRS 2021, 41602 Rn. 165.
[542]   Gloeckner, Die zivilrechtliche Haftung des Wirtschaftsprüfers, 1967, 59; Lüke EWiR 1993, 797 (798); Sommerschuh, Berufshaftung und Berufsaufsicht: Wirtschaftsprüfer, Rechtsanwälte und Notare im Vergleich, 2003, S. 187; s. auch Poll DZWiR 1995, 95 (101).
[543]   Staub/Habersack/Schürnbrand Rn. 40.
[544]   BeBiKo/Justenhoven/Feldmüller Rn. 80 und 111; Hopt/Merkt Rn. 12; Merkt/Probst/Fink/Mylich S. 1652 Rn. 34. Zu möglichen Schäden s. Sommerschuh, Berufshaftung und Berufsaufsicht: Wirtschaftsprüfer, Rechtsanwälte und Notare im Vergleich, 2003, S. 179 f.; HKMS/Staake/Müller Rn. 98.
[545]   S. BGHZ 124, 27 (30–34) = NJW 1994, 323 = ZIP 1993, 1886 = JR 1995, 108 (111) mAnm Poll = WM 1994, 33 (36) mAnm Braun EWiR 1994, 173 und Körner BBK Fach 17, 476 (7/1994); ebenso Wölber, Die Abschlussprüferhaftung im Europäischen Binnenmarkt, 2005, S. 65; HKMS/Staake/Müller Rn. 98; BeBiKo/Justenhoven/Feldmüller Rn. 111; Hopt/Merkt Rn. 12; Staub/Habersack/Schürnbrand Rn. 40.
[546]   So zutr. Sommerschuh, Berufshaftung und Berufsaufsicht: Wirtschaftsprüfer, Rechtsanwälte und Notare im Vergleich, 2003, S. 187.
[547]   Merkt/Probst/Fink/Mylich § 323 Rn. 34 (für den Verjährungsbeginn komme es auf die Kenntnis des einzelnen gerügten Fehlers an).
[548]   → 1. Aufl. 2001, Rn. 69.
[549]   Zur Übergangsregelung für den bis zum 31.12.2003 geltenden § 51a WPO aF s. § 139b WPO.

verlängert werden.[550] Zu beachten ist allerdings § 202 BGB: Danach kann die Verjährung bei Haftung wegen Vorsatzes nicht im Voraus durch Rechtsgeschäft erleichtert werden (§ 202 Abs. 1 BGB); die Verjährung kann durch Rechtsgeschäft auch nicht über eine Verjährungsfrist von dreißig Jahren ab dem gesetzlichen Verjährungsbeginn hinaus erschwert werden (§ 202 Abs. 2 BGB). Die **Beweislast** für den Verjährungsbeginn, eine etwaige Hemmung, Ablaufhemmung bzw. einen Neubeginn der Verjährung sowie die Rechtsfolgen der Verjährung beurteilen sich nach den allgemeinen Regeln (§§ 203–218 BGB).[551]

XII. Ausschlussfrist

Von der Verjährungsfrist ist die sog. **Ausschlussfrist** zu unterscheiden. Ziff. 9 Abs. 6 **124** AAB WP sieht für die Geltendmachung einer Klage eine Ausschlussfrist vor, die das Recht, die Einrede der Verjährung geltend zu machen, allerdings unberührt lässt. Unter einer Ausschlussfrist versteht man eine Frist, innerhalb derer ein Anspruch oder ein sonstiges Recht geltend gemacht werden muss, damit es nicht erlischt. Die AGB-rechtliche Wirksamkeit der Ausschlussfrist gem. Ziff. 9 Abs. 6 AAB WP ist allerdings fraglich.[552] Nach Ansicht von Schaible verstößt die Klausel gegen Abs. 4 und ist daher unwirksam (§ 134 BGB) mit der Folge, dass Schadensersatzansprüche – abgesehen von einer **Verwirkung** (§ 242 BGB)[553] – erhalten bleiben (§ 306 Abs. 2 BGB) und im Rahmen des Verjährungsrechts ohne weitere formale Einschränkungen geltend gemacht werden können.[554]

XIII. Sonstige Anspruchsgrundlagen

Sonstige Grundlagen für Schadensersatzansprüche der geprüften Gesellschaft gegen **125** den gesetzlichen Abschlussprüfer sind denkbar,[555] haben in der Praxis bislang aber keine Bedeutung erlangt.

XIV. Zuständige Behörde bei der Meldung von Unregelmäßigkeiten iSd Art. 7 Abschlussprüfungs-VO (Abs. 5)

In dem durch das FISG in § 323 eingefügten Abs. 5 hat der Gesetzgeber die zuständigen **126** Behörden für die Meldung von Unregelmäßigkeiten bei Abschlussprüfungen von Unternehmen von öffentlichem Interesse nach Art. 7 UAbs. 2 Abschlussprüfungs-VO benannt.[556] Adressat der Meldung ist danach in allen Fällen die **BaFin,** bei dem Verdacht einer Straftat oder Ordnungswidrigkeit darüber hinaus die für die Verfolgung jeweils zuständige Behörde (Staatsanwaltschaft oder Ordnungsbehörde). Der RefE FISG weist auf S. 103 ausdrücklich darauf hin, dass die Meldung von Unregelmäßigkeiten gemäß Art. 7 UAbs. 2 Abschlussprüfungs-VO „den Abschlussprüfer oder die Prüfungsgesellschaft gleichwohl nicht von seiner respektive ihrer Pflicht zur gewissenhaften Prüfung nach § 323 Abs. 1 S. 1" entbindet. Das ist allerdings selbstverständlich.[557]

C. Haftung des Abschlussprüfers gegenüber Dritten

Neben der Haftung des gesetzlichen Abschlussprüfers gegenüber der geprüften Gesell- **127** schaft (→ Rn. 24 ff.) kommt eine Haftung gegenüber solchen Personen in Betracht, die –

---

[550] Ebenso Schaible, Haftung von Wirtschaftsprüfern, 2021, S. 172.
[551] HKMS/Staake/Müller Rn. 101–102.
[552] Dazu Schaible, Haftung von Wirtschaftsprüfern, 2021, S. 168–175.
[553] Zu Einzelheiten Piekenbrock, Befristung, Verjährung, Verschweigung und Verwirkung, 1979, S. 148 ff.
[554] Schaible, Haftung von Wirtschaftsprüfern, 2021, S. 174–175; so iE auch Merkt FS K. Schmidt, 2021, 35 (46); Kilian/Rimbus ZIP 2016, 608 (612).
[555] S. nur Sommerschuh, Berufshaftung und Berufsaufsicht: Wirtschaftsprüfer, Rechtsanwälte und Notare im Vergleich, 2003, S. 188 f.
[556] Zum Hintergrund Schüppen Rn. 32.
[557] Schüppen Rn. 33.

ohne Partei des Prüfungsvertrages zwischen der prüfungspflichtigen Kapitalgesellschaft und dem Pflichtprüfer zu sein („Dritte") – im Vertrauen auf einen (uneingeschränkt) bestätigten, aber fehlerhaften Jahresabschluss für sie nachteilige vermögenswirksame Entschlüsse getroffen und entsprechende Maßnahmen ergriffen haben.[558] Zu diesem Personenkreis zählen beispielsweise gegenwärtige und frühere Gesellschafter, Anleger, Unternehmenserwerber, Kreditgeber, Lieferanten, Konkursgläubiger, Arbeitnehmer und der Fiskus.[559] Die Einzelheiten der Haftung des gesetzlichen Abschlussprüfers gegenüber vertragsfremden Dritten, für die sich im Anschluss an Ebke[560] in Deutschland[561] sowie im deutschsprachigen Ausland (Österreich[562] und Schweiz[563]) der Begriff „Dritthaftung" (englisch: *third party liability*") durchgesetzt hat, sind heftig umstritten.[564]

I. Hintergrund

128   **1. Traditioneller Standpunkt.** Einigkeit besteht darüber, dass die Verantwortlichkeit des Abschlussprüfers für eine Pflichtprüfung wegen einer vorsätzlichen oder fahrlässigen Verletzung von Pflichten nach Abs. 1 S. 3 auf Ansprüche der geprüften Gesellschaft und, wenn ein verbundenes Unternehmen geschädigt worden ist, auf Ansprüche dieses Unternehmens beschränkt ist,[565] und dass eine Erweiterung der Haftung des gesetzlichen Abschlussprüfers nach Abs. 1 S. 3 auf andere als die dort genannten Anspruchsberechtigten – auch im Wege der Analogie – unzulässig ist.[566] Bis in die 90er Jahre hinein war die deutsche Rechtsprechung darüber hinaus ausnahmslos der Meinung, dass eine Haftung des gesetzlichen Jahresabschlussprüfers gegenüber Dritten – außer in den Fällen des Abs. 1 S. 3 Hs. 2 („verbundene Unternehmen")[567] – nur unter den Voraussetzungen der **§§ 823, 826, 831 BGB** in Betracht kommt.[568] Danach haftete der gesetzliche Abschlussprüfer Dritten der Sache nach nur für Vorsatz.[569] Vorsatz ist aber schwer darzutun und zu beweisen und wird in der Praxis selten vorliegen.[570]

---

[558] Zur Haftung bei fehlendem Bestätigungsvermerk OLG Hamm BB 1994, 1467 = GI 1995, 51 (dazu Ebke, Die zivilrechtliche Verantwortlichkeit der wirtschaftsprüfenden, steuer- und rechtsberatenden Berufe im internationalen Vergleich, 1996, S. 46).

[559] Ebke BB 1997, 1731; aA Sommerschuh, Berufshaftung und Berufsaufsicht: Wirtschaftsprüfer, Rechtsanwälte und Notare im Vergleich, 2003, S. 191 f., die die Anteilseigner nur teilweise als „Dritte" behandelt wissen möchte.

[560] Ebke, Wirtschaftsprüfer und Dritthaftung, 1983, S. 11 et passim.

[561] Vgl. nur die Überschriften der Aufsätze von Canaris JZ 1998, 603; Ewert BFuP 1999, 94; Feddersen WM 1999, 105; Lang WM 1988, 1001; H.-P. Müller FS Forster, 1992, 453; Quick/Niemann RIW 1992, 836; Schindhelm/Grothe DStR 1989, 445; Zugehör NJW 2000, 1601.

[562] S. nur Nowotny RdW 1998, 387; Bertl/Fraberger RWZ 2002, 60; Dehn JAP 2002/2003, 56; W. Doralt HAVE 2002, 285; Gruber ÖJZ 2002, 879; Karollus/Artmann WT 1998, 38.

[563] S. nur Flühmann, Haftung aus Prüfung und Berichterstattung gegenüber Dritten, 2004, S. 22; Honold ST 1998, 1069; Pfiffner, Revisionsstelle und Corporate Governance, 2008, S. 498.

[564] Zur Dritthaftung von Wirtschaftsprüfern nach dem KAGB Schultheiß BKR 2015, 133.

[565] Vgl. BGH BeckRS 2018, 39375 Rn. 24 (das gilt für „eine obligatorische oder freiwillige Jahresabschlussprüfung"); BGH NJW 2009, 512 Rn. 10; BGH DB 2006, 1105 (1106); OLG Celle NZG 2000, 613 (615); OLG Karlsruhe DStR 2015, 1334 (1335); Staub/Habersack/Schürnbrand Rn. 44; Schaible, Haftung von Wirtschaftsprüfern, 2021, S. 50.

[566] S. statt aller BGHZ 138, 257 (260); OLG Düsseldorf NZG 1999, 901 (903) mAnm Salje; OLG Karlsruhe DStR 2015, 1334 (1335); Schaub Jura 2001, 8 (16); BeBiKo/Justenhoven/Feldmüller Rn. 141; Schaible, Haftung von Wirtschaftsprüfern, 2021, S. 50; Kirsch, Die Haftung des gesetzlichen Abschlussprüfers im Internationalen Privatrecht, 2018, 39.

[567] Schaible, Haftung von Wirtschaftsprüfern, 2021, S. 50 („diese wären grundsätzlich auch Dritte"); aA HKMS/Staake/Müller Rn. 84 („In den Schutzbereich der Vorschrift sind allerdings die mit der geprüften Kapitalgesellschaft verbundenen Unternehmen, nicht aber Dritte einbezogen") und Rn. 78.

[568] BGH NJW 2009, 512 Rn. 17; OLG Celle WPK-Mitt. 2000, 258 (259) = NZG 2000, 613 (614) mAnm Großfeld.

[569] Seit Inkrafttreten des FISG droht dem allerdings schon bei der leichtfertigen und nicht erst bei der vorsätzlichen Erteilung eines inhaltlich unrichtigen Bestätigungsvermerks zu dem Jahresabschluss eines Unternehmens von öffentlichem Interesse (§ 316a S. 2) eine Haftung nach § 823 Abs. 2 BGB iVm § 332 Abs. 3 iVm Abs. 2 S. 2 gegenüber den Anlegern der geprüften Gesellschaft und anderen Dritten (oben Rn. 95 und unten Rn. 139).

[570] Aus Sicht des Strafrechts Haas FS Ebke, 2021, 291 (297) unter Hinweis ua auf OLG Celle NZG 2000, 613 (615) und Basak BB 2007, 897 (899).

Eine Dritthaftung des gesetzlichen Abschlussprüfers für Fahrlässigkeit nach vorvertraglichen, vertraglichen oder vertragsähnlichen Grundsätzen lehnten die Gerichte – im Einklang mit der hL – *grundsätzlich* ab, weil es in Pflichtprüfungsfällen mangels eines unmittelbaren Kontaktes zwischen dem Prüfer und prüfungsvertragsfremden Dritten an getrennten, von dem Prüfungsvertrag zwischen der prüfungspflichtigen Gesellschaft und dem Prüfer unterscheidbaren vertraglichen Beziehungen in aller Regel fehlt (→ Rn. 173 ff.).

Eine Ausnahme bildete die Haftung aus **Auskunftsvertrag,** bei der die Gerichte den **129** nach § 675 Abs. 2 BGB notwendigen rechtsgeschäftlichen Bindungswillen des Prüfers und des Dritten erforderlichenfalls schlicht unterstellten (→ Rn. 175). Die Berufshaftung aufgrund eines Auskunftsvertrages kraft unterstellten rechtsgeschäftlichen Verpflichtungswillens der Parteien stieß in Wissenschaft und Praxis allerdings zunehmend auf Widerstand. An die Stelle der Auskunfts„vertrags"haftung trat später die Haftung aufgrund der Rechtsfigur des **Vertrages mit Schutzwirkung für Dritte** (→ Rn. 181 ff.) Mit dieser Rechtsfigur wurden anfänglich aber keine Pflichtprüfungen, sondern andere der den Wirtschaftsprüfern nach § 2 WPO übertragenen Tätigkeiten (zB gesetzlich nicht vorgeschriebene Abschlussprüfungen,[571] Beratungen, Bescheinigungen, Gutachten) erfasst: In derartigen Fällen haften Wirtschaftsprüfer (bestimmten) Dritten auch für Fahrlässigkeit.[572] Ob die für derartige Fälle entwickelten Grundsätze auf Pflichtprüfungsfälle übertragen werden können, ist zweifelhaft, denn der Kreis der potenziell Geschädigten ist in derartigen Fällen regelmäßig **deutlich kleiner** als in Pflichtprüfungsfällen (Problem der **Massenschäden!** → Rn. 223).

2. Neuere Entwicklungen in der Rechtsprechung. In jüngster Zeit haben das **130** OLG Stuttgart (→ Rn. 188) und das OLG Hamm (→ Rn. 188 und 190) den überkommenen Standpunkt der deutschen Rechtsprechung zur Dritthaftung des Pflichtprüfers in Frage gestellt und im Ergebnis eine Dritthaftung des gesetzlichen Abschlussprüfers für Fahrlässigkeit nach den Grundsätzen des Vertrages mit Schutzwirkung für Dritte im Grundsatz bejaht. Im Fall des OLG Stuttgart hat der III. Zivilsenat des BGH die Annahme der Revision abgelehnt. Im Fall des OLG Hamm hat der III. Zivilsenat des BGH die Möglichkeit einer Dritthaftung des Pflichtprüfers nach den Grundsätzen des Vertrages mit Schutzwirkung für Dritte im Grundsatz bejaht (und zwar für den atypischen Fall von Äußerungen des Prüfers gegenüber einer bestimmten Kreditgeberin über den Jahresabschluss der geprüften Gesellschaft **im Vorfeld der Testatserteilung,** nicht hingegen für den Fall der Erteilung eines Bestätigungsvermerks für einen gesetz- oder satzungswidrigen Jahresabschluss; → Rn. 188 und 190). Der Senat wies das OLG Hamm aber an, im Rahmen seiner erneuten Würdigung des Falles nochmals darauf einzugehen, ob sich ein Anspruch des Klägers auf Auskunftsvertrag oder Delikt stützen lasse.[573] In einem Obiter Dictum hat der III. Zivilsenat des BGH darüber hinaus eine Dritthaftung des gesetzlichen Abschlussprüfers für möglich gehalten, „die wesentlich darauf beruht, daß es Sache der Vertragsparteien ist, zu bestimmen, gegenüber welchen Personen eine Schutzpflicht begründet werden soll" (→ Rn. 141).

3. Entwicklungen im Rahmen des KonTraG 1998. Die Rechtslage wird dadurch **131** kompliziert, dass der deutsche Gesetzgeber Forderungen der WPK[574] und des Schrifttums,[575] den Ausschluss der Dritthaftung des gesetzlichen Abschlussprüfers für Fahrlässigkeit im Rahmen des (am 1.5.1998 in Kraft getretenen) KonTraG vom 27.4.1998 (BGBl. 1998 I 786) gesetzlich festzuschreiben, bei der Neufassung des § 323 durch das KonTraG nicht umgesetzt

---

[571] S. dazu BGH WM 2006, 423 (425) (nach Ansicht des Senats kann ein Zeichnungsinteressent billigerweise keinen weitergehenden Drittschutz als bei einer Pflichtprüfung erwarten); vgl. BGH NJW 2009, 512 (513); OLG Saarbrücken, OLGR Saarbrücken 2007, 709 = GI aktuell 2007, 187; wN → oben Rn. 19.

[572] Ebke, Die zivilrechtliche Verantwortlichkeit der wirtschaftsprüfenden, steuer- und rechtsberatenden Berufe im internationalen Vergleich, 1996, S. 40–52; Pohl WPK-Mitt. Sonderheft April 1996, 2.

[573] Das OLG Düsseldorf DStRE 2015, 1407 (1408) hat entschieden, dass die Vorabinformation der Hausbank der Mandantin über das Ergebnis der Prüfung die Annahme einer Haftung nach den Grundsätzen des Auskunftsvertrag nicht rechtfertige. Der Prüfer hatte einem Boten seiner Mandantin den Prüfungsbericht ausgehändigt; diese hatte ihn dann an ihre Hausbank weitergeleitet.

[574] S. WPK-Mitt. 1997, 100 (106) und WPK-Mitt. 1998, 35 (37).

[575] Ebke WPK-Mitt. 1997, 108; Böcking/Orth WPg 1998, 351 (357).

hat. Der BT-Rechtsausschuss hat in seiner Beschlussempfehlung vom 4.3.1998 aber ausdrücklich bekräftigt, dass dadurch an der bisherigen Rechtslage nichts geändert werden sollte (→ Rn. 206). Unter Hinweis auf die Beschlussempfehlung des BT-Rechtsausschusses und das Urteil des III. Zivilsenats des BGH vom 2.4.1998 hat das LG Hamburg die Dritthaftung eines gesetzlichen Abschlussprüfers für Fahrlässigkeit nach der Rechtsfigur des Vertrages mit Schutzwirkung für Dritte ausdrücklich abgelehnt (→ Rn. 191). Das OLG Düsseldorf gelangte zu demselben Ergebnis; die in diesem Fall eingelegte Revision wurde zurückgenommen (→ Rn. 195). Die Frage der Dritthaftung des gesetzlichen Abschlussprüfers für Fahrlässigkeit nach der Rechtsfigur des Vertrages mit Schutzwirkung für Dritte ist daher höchstrichterlich weiterhin unentschieden (→ Rn. 190 ff.).[576]

132   **4. Zehn-Punkte-Programm 2003; TransPuG 2002; BilReG 2004.** Die Diskussion über die Dritthaftung des gesetzlichen Abschlussprüfers erhielt neuen Auftrieb durch das Zehn-Punkte-Programm „Unternehmensintegrität und Anlegerschutz" der Bundesregierung vom 25.2.2003.[577] Dort findet sich unter Ziff. 5 „Stärkung der Rolle des Abschlussprüfers" ein Punkt „Erweiterung der Haftung des Abschlussprüfers ... dem Kreis der Anspruchsberechtigten nach (*Erweiterung auf Dritthaftung*)".[578] Die Bundesregierung war der Ansicht, dass man „jedenfalls die Möglichkeit eigener Ansprüche der Anteilseigner auch gegen den Abschlussprüfer in Erwägung zu ziehen habe".[579] Trotz zahlreicher Änderungen der Vorschriften des HGB über die Abschlussprüfung (§§ 316–324a) im Zuge des TransPuG vom 19.7.2002 (BGBl. 2002 I 2681), des BilReG vom 4.12.2004 (BGBl. 2004 I 3166), des BilKoG vom 15.12.2004 (BGBl. 2004 I 3408), des BilMoG vom 25.5.2009 (BGBl. 2009 I 1102) und des Abschlussprüfungsreformgesetz (AReG) vom 10.5.2016 (BGBl. 2016 I 1142) blieb § 323 insoweit aber unverändert bestehen.

133   **5. Schuldrechtsmodernisierung 2001.** Unklar ist, welche Bedeutung § 311 Abs. 3 BGB (der aufgrund des Gesetzes zur Modernisierung des Schuldrechts vom 26.11.2001, BGBl. 2001 I 3138, in das BGB eingefügt wurde) für die Berufshaftung des gesetzlichen Abschlussprüfers gegenüber Dritten hat (→ Rn. 164).

134   **6. Entwicklungen im Rahmen des FISG 2021.** Das Finanzmarktintegritätsstärkungsgesetz (FISG) vom 3.6.2021 (BGBl. 2021 I 1534) hat die **deliktsrechtliche Dritthaftung** des Abschlussprüfers **erheblich ausgeweitet.** Der Gesetzgeber hat den Qualifizierungstatbestand des § 332 Abs. 2 S. 1 (Verletzung der Berichtspflicht, wenn der Täter gegen Entgelt oder in der Absicht, sich oder einen anderen zu bereichern oder einen anderen zu schädigen, gehandelt hat)[580] auf die Erteilung eines inhaltlich unrichtigen Bestätigungsvermerks zu dem Jahresabschluss, dem Einzelabschluss nach § 325 Abs. 2a oder dem Konzernabschluss einer Kapitalgesellschaft, die ein Unternehmen von öffentlichem Interesse nach § 316a S. 2 ist, erstreckt (§ 332 Abs. 2 S. 2) und gleichzeitig die strafrechtliche Verantwortlichkeit des Prüfers auf leichtfertiges Verhalten ausgeweitet (§ 332 Abs. 3 idF des FISG).[581] Sofern man § 332 Abs. 3 iVm Abs. 2 S. 2 als Schutzgesetz iSd § 823 Abs. 2 BGB qualifiziert,[582] wird die doppelt verschärfte strafrechtliche Verantwortlichkeit des Prüfers eines Unternehmens von öffentlichem Interesse in das zivile Haftungsrecht transponiert. Dadurch

---

[576]   Vgl. dazu auch BGH DB 2006, 1105 (1106).

[577]   Abgedruckt in WPK-Mitt. 2003, 44. Dazu Seibert BB 2003, 693; Knorr/Hülsmann NZG 2003, 567.

[578]   Die Verwendung des Begriffs „auf" deutet darauf hin, dass die Bundesregierung davon ausging, dass es nach (damals) geltendem Recht keine Dritthaftung gab. Eine Haftung des gesetzlichen Abschlussprüfers nach Deliktsrecht ist durch § 323 Abs. 1 S. 3 allerdings nicht ausgeschlossen. Die Diskussion geht um die Erweiterung der Dritthaftung des gesetzlichen Abschlussprüfers für fahrlässig verursachte Vermögensschäden.

[579]   Vgl. Ernst WPg 2003, 18 (24).

[580]   Dazu Dierlamm NStZ 2000, 130; Geilen, GS Schlüchter, 2002, 283; Graf BB 2001, 562; Hoffmann/Knierim BB 2002, 2275.

[581]   Krit. dazu Haas FS Ebke, 2021, 291 (297); ausf. zu Forderungen, die Strafbarkeit des Prüfers auf Leichtfertigkeit auszuweiten, Bauer, Die Neuregelung der Strafbarkeit des Jahresabschlussprüfers, 2017.

[582]   Gegen die Annahme, dass § 332 Abs. 3 ein Schutzgesetz iSd § 823 Abs. 2 BGB ist, Wöstmann WPg 2020, 1386 (1390–1391). Zu dem Schutzzweck des § 332 Abs. 3 V. Haas FS Ebke, 2021, 291 (297).

wird das vom Gesetzgeber bewusst geschaffene, austarierte System der Haftung des Abschlussprüfers nach § 323 Abs. 1 S. 3, Abs. 2 und der Dritthaftung nach Deliktsrecht „aus den Angeln gehoben.[583] Denn eine Haftung des Prüfers nach § 823 Abs. 2 BGB iVm § 332 Abs. 3 iVm Abs. 2 S. 2 für die leichtfertige Erteilung eines unrichtigen Bestätigungsvermerks durchbricht den über 90 Jahre alten, bewährten Grundsatz, dass eine deliktsrechtliche Dritthaftung des Abschlussprüfers subjektiv Vorsatz voraussetzt.

II. Deliktsrecht

1. Anwendbarkeit. Das Deliktsrecht ist nach allgemeiner Ansicht im Schrifttum neben **135** § 323 anwendbar.[584] Die Rechtsprechung teilt die Ansicht der Lehre.[585] Der gesetzliche Abschlussprüfer kann sich im Falle einer deliktsrechtlichen Haftung allerdings nicht auf die Geltung der Haftungssummenbegrenzung nach Abs. 2 berufen (allgM).[586] Die deliktsrechtliche Dritthaftung des Abschlussprüfers steht im Spannungsfeld zwischen § 823 Abs. 1 und 2 BGB und § 826 BGB: § 823 Abs. 1 schützt das Vermögen als solches nicht, erfasst aber jedes Verschulden; § 826 BGB schützt hingegen das Vermögen schlechthin, erfasst aber ausschließlich vorsätzliches sittenwidriges Verhalten. Zwischen beiden Bestimmungen steht § 823 Abs. 2 BGB als zentrale Einbruchstelle für eine Reihe von Gesetzen, welche das Vermögen als solches schützen und deren objektive und subjektive Voraussetzungen über § 823 Abs. 2 BGB in das zivile Haftungsrecht transponiert werden. Die deliktsrechtliche Haftung des gesetzlichen Abschlussprüfers für seine Prüfungsgehilfen (§ 831 BGB) ist vergleichsweise eng, weil sich der Prüfer im Regelfall exkulpieren kann (→ Rn. 159). Wirtschaftsprüfungsgesellschaften müssen sich berufliche Fehler ihrer bei der Prüfung mitwirkenden gesetzlichen Vertreter nach § 31 BGB zurechnen lassen.[587]

2. § 823 Abs. 1 BGB. Aus § 823 Abs. 1 BGB haftet der Abschlussprüfer nicht für **136** reine Vermögensschäden Dritter (allgM).[588] Mit Hilfe des § 823 Abs. 1 BGB lassen sich allein solche Vermögensschäden ausgleichen, welche infolge der Verletzung eines der in dieser Vorschrift genannten absoluten Rechte oder Rechtsgüter eingetreten sind. Das Vermögen gehört dazu nicht; es ist insbesondere kein „sonstiges Recht" iSd § 823 Abs. 1 BGB. Eine Haftung wegen Eingriffs in den eingerichteten und ausgeübten Gewerbebetrieb („Recht am Unternehmen") scheidet in der Regel aus.[589]

3. § 823 Abs. 2 BGB. Nach § 823 Abs. 2 BGB haftet der gesetzliche Abschlussprüfer **137** auch gegenüber prüfungsvertragsfremden Personen („Dritten"), wenn er gegen ein den

---

[583] S. die Stellungnahme des IDW zum Referentenentwurf eines Gesetzes zur Stärkung der Finanzmarktintegrität, 6.11.2020, S. 5.

[584] S. statt aller Ebke Wirtschaftsprüfer S. 43 (mit ausführlicher Begründung); Ebke, Die zivilrechtliche Verantwortlichkeit der wirtschaftsprüfenden, steuer- und rechtsberatenden Berufe im internationalen Vergleich, 1996, S. 19 Fn. 67; Schaible, Haftung von Wirtschaftsprüfern – Möglichkeiten der Haftungsbegrenzung und Mitverschuldenseinwand, 2021, S. 51; Wölber, Die Abschlussprüferhaftung im Europäischen Binnenmarkt, 2005, S. 67 (68); Sommerschuh, Berufshaftung und Berufsaufsicht: Wirtschaftsprüfer, Rechtsanwälte und Notare im Vergleich, 2003, S. 193; BeBiKo/Justenhoven/Feldmüller Rn. 143; HKMS/Staake/Müller Rn. 109; Staub/Habersack/Schürnbrand Rn. 67; Thomale ZGR 2023, 131 (136).

[585] S. nur BGH BB 1961, 652; BGH JZ 1998, 1013 (1014, 1015) (der III. Zivilsenat wies das OLG Hamm, an das die Sache zurückverwiesen wurde, an, im Rahmen seiner erneuten Würdigung des Falles nochmals darauf einzugehen, „ob sich ein Anspruch des Klägers auf ... Delikt stützen läßt").

[586] Statt aller Ebke Wirtschaftsprüfer S. 43; Merkt/Probst/Fink/Mylich S. 1656 Rn. 44; BeBiKo/Justenhoven/Feldmüller Rn. 143; Wölber, Die Abschlussprüferhaftung im Europäischen Binnenmarkt, 2005, S. 68.

[587] Merkt/Probst/Fink/Mylich § 323 Rn. 27.

[588] LG Mönchengladbach NJW-RR 1991, 415 (417); LG Hamburg WM 1999, 139 (143); Ebke Wirtschaftsprüfer S. 44; Feddersen WM 1999, 105 (111).

[589] Ebke Wirtschaftsprüfer S. 44; Schaible, Haftung von Wirtschaftsprüfern – Möglichkeiten der Haftungsbegrenzung und Mitverschuldenseinwand, 2021, S. 51; Wölber, Die Abschlussprüferhaftung im Europäischen Binnenmarkt, 2005, S. 68; Sommerschuh, Berufshaftung und Berufsaufsicht: Wirtschaftsprüfer, Rechtsanwälte und Notare im Vergleich, 2003, S. 212; HKMS/Staake/Müller Rn. 109; Staub/Habersack/Schürnbrand Rn. 69.

Schutz des betreffenden Dritten bezweckendes Gesetz verstoßen hat. § 823 Abs. 2 S. 1 BGB verlangt nach herkömmlichem Verständnis eine Rechtsnorm im Sinne der Rechtsquellenlehre. Diese maßgeblich am historischen Willen des Gesetzgebers orientierte Ansicht ermittelt den Schutzzweck einer Norm aus der Struktur der fraglichen **Gebots- oder Verbotsbestimmung:** Ob eine Norm den Schutz eines anderen bezweckt, bestimmt sich danach, ob sie nach ihrem Inhalt – neben möglichen anderen Zwecken – zumindest auch dem Schutz des Einzelnen dienen soll. Dabei reicht es nicht aus, dass die Rechtsnorm die Wirkung hat, dem Einzelnen zu nutzen; ihr müssen nach dem im Gesetz zum Ausdruck gekommenen Willen des Gesetzgebers vielmehr auch die Bestimmung und der Zweck zukommen, gerade dem Einzelnen Rechtsschutz zu gewähren.[590] Entscheidend ist nach Ansicht des BGH außerdem, „ob der Gesetzgeber bei Erlass des Gesetzes gerade einen Rechtsschutz, wie er wegen der behaupteten Verletzung in Anspruch genommen wird, zugunsten von Einzelpersonen oder bestimmten Personenkreisen gewollt oder doch mitgewollt hat."[591] Deshalb reicht es nach Auffassung des BGH nicht aus, „dass der Individualschutz durch Befolgung der Norm als Reflex objektiv erreicht werden kann, er muss vielmehr im Aufgabenbereich der Norm liegen."[592]

138   **a) Strafrecht.** Als Schutzgesetze kommen in erster Linie die vermögensschützenden Strafvorschriften des HGB, des PublG, des VAG und des GenG sowie des StGB in Betracht.[593] Zu den einschlägigen strafrechtlichen Bestimmungen zählen namentlich §§ 203, 204 StGB (Offenbarung oder Verwertung von Betriebs- oder Geschäftsgeheimnissen),[594] § 263 StGB (Betrug),[595] § 264 StGB (Subventionsbetrug),[596] § 264a StGB (Kapitalanlagebetrug),[597] § 265b StGB (Kreditbetrug),[598] § 266 StGB (Untreue),[599] § 267 StGB (Urkundenfälschung),[600] die Insolvenzstraftatbestände der §§ 283–283d StGB,[601] § 332 Abs. 1 (Verletzung der Berichtspflicht)[602] und § 333 (Verletzung der Geheimhaltungspflicht).[603] Die genannten Normen setzen allerdings **Vorsatz** voraus, der schwer zu beweisen ist und in der Praxis selten

---

[590] S. etwa BGH NJW 1976, 1740; BGH WM 1966, 1148 (1150); OLG Saarbrücken BB 1978, 1434 (1436) (rechtskräftig nach Rücknahme der Revision [VII ZR 251/78] am 10.10.1980).

[591] BGH NJW 2012, 1800 (1802).

[592] BGH NJW 2012, 1800 (1802).

[593] BeBiKo/Justenhoven/Feldmüller Rn. 145; HKMS/Staake/Müller Rn. 110; Ebke, Wirtschaftsprüfer S. 46.

[594] BeBiKo/Justenhoven/Feldmüller Rn. 145.

[595] LG Mönchengladbach NJW-RR 1991, 415 (417); BeBiKo/Justenhoven/Feldmüller Rn. 145; HKMS/Staake/Müller Rn. 110; Staub/Habersack/Schürnbrand Rn. 68.

[596] BeBiKo/Justenhoven/Feldmüller Rn. 145; HKMS/Staake/Müller Rn. 110.

[597] BGH NJW 2022, 2262 Rn. 42 mwN; LG Hamburg BeckRS 2013, 10766 Rn. 223 und 235; Baus ZVglRWiss 103 (2004), 219 (235); HKMS/Staake/Müller Rn. 110; BeBiKo/Justenhoven/Feldmüller Rn. 145.

[598] HKMS/Staake/Müller Rn. 110; s. auch LG Mönchengladbach NJW-RR 1991, 415 (417, 418).

[599] BGH NJW 1953, 458; BGH ZIP 1987, 845; BeBiKo/Justenhoven/Feldmüller Rn. 145; Staub/Habersack/Schürnbrand Rn. 68; HKMS/Staake/Müller Rn. 110.

[600] BeBiKo/Justenhoven/Feldmüller Rn. 145; Staub/Habersack/Schürnbrand Rn. 68.

[601] HKMS/Staake/Müller Rn. 110; BeBiKo/Justenhoven/Feldmüller Rn. 145.

[602] BGH WM 2020, 987 Rn. 19 (§ 332 Abs. 1 stellt ein den Schutz eines anderen bezweckendes Gesetz iSd § 823 Abs. 2 BGB dar); für Schutzgesetzqualität auch OLG München BeckRS 2022, 11529 Rn. 94; OLG München WM 2022 1120 Rn. 114; OLG München WM 2022, 1111 Rn. 83 (Revision anhängig: BGH VII ZR 97/22); OLG Celle NZG 2000, 613 (614) mAnm Großfeld; OLG Karlsruhe WM 1985, 940 (944) (zu § 168 AktG 1965). Zust. Salje NZG 1999, 905 (905, 906) (zu OLG Düsseldorf NZG 1999, 901 = WPK-Mitt. 1999, 258 mAnm Ebke/Paal). § 332 ist im Verhältnis zu § 403 AktG lex specialis: Graf BB 2001, 562 (r.Sp.); Hopt/Merkt § 332 Rn. 1; Merkt/Probst/Fink/Mylich S. 1657 Rn. 46. § 332 Abs. 1 setzt eine gesetzlich vorgeschriebene Pflichtprüfung voraus. Eine solche liegt zB nicht vor, wenn die Prüfung der Jahresabschlüsse und der Lageberichte lediglich auf der Grundlage wertpapierrechtlicher Vorschriften über den notwendigen Inhalt eines Prospekts für die Emission einer Orderschuldverschreibung erforderlich ist: BGH WM 2020, 987 Rn. 21, 23. Eine analoge Anwendung der Strafnorm des § 332 Abs. 1 zu Lasten des Abschlussprüfers ist ausgeschlossen (Art. 103 Abs. 2 GG): BGH WM 2020, 987 Rn. 28.

[603] BeBiKo/Justenhoven/Feldmüller Rn. 145; Merkt/Probst/Fink/Mylich S. 1657 Rn. 46.

vorliegen wird.[604] Als Schutzgesetze kommen ferner in Betracht: §§ 403, 404 AktG (die aber hinter §§ 332, 333 zurücktreten),[605] § 18 PublG, § 137 VAG, § 150 GenG, § 400 AktG,[606] § 404 AktG, § 19 PublG, § 138 VAG, § 151 GenG.[607]

Neu ist die Vorschrift des **§ 332 Abs. 2 S. 2 idF des FISG** 2021,[608] der einen **139** zusätzlichen Qualifikationstatbestand mit einem Strafrahmen bis zu fünf Jahren Freiheitsstrafe einführt.[609] Während bislang nach § 332 Abs. 2 S. 1 ein erhöhter Strafrahmen von bis zu fünf Jahren Freiheitsstrafe nur bei einem Handeln gegen Entgelt oder bei Bereicherungs- und Schädigungsabsicht vorgesehen war, gilt die Strafschärfung nach § 332 Abs. 2 S. 2 auch in den Fällen, in denen der Abschlussprüfer **vorsätzlich** einen inhaltlich unrichtigen Bestätigungsvermerk zu einem Jahresabschluss, zu dem Einzelabschluss nach § 325 Abs. 2a oder zu dem Konzernabschluss einer Kapitalgesellschaft erteilt, die ein Unternehmen von öffentlichem Interesse nach § 316a S. 2 ist (zu den Gründen → Erl. zu § 332 Rn. 28e). Der ebenfalls neue **§ 332 Abs. 3** idF des FISG erstreckt die Strafbarkeit nach § 332 Abs. 2 S. 2 auf Fälle, in denen der Abschlussprüfer **leichtfertig** gehandelt hat.[610] Der RefE FISG führt auf S. 105 zu der Absenkung des Verschuldensgrads von Vorsatz auf Leichtfertigkeit bei der strafbewehrten Erteilung eines inhaltlich unrichtigen Bestätigungsvermerks bei der Prüfung eines Unternehmens von öffentlichem Interesse nach § 332 Abs. 3 HGB aus, dass die Strafschärfung erforderlich sei, „weil das Vertrauen in die Richtigkeit des – im Gegensatz zum internen Prüfungsbericht – offengelegten und damit für jedermann einsehbaren Bestätigungsvermerks bei der Prüfung von Unternehmen von öffentlichem Interesse mit großem Adressatenkreis in hohem Maße schützenswert und eine Unredlichkeit des Prüfers in diesen Fällen besonders verwerflich" sei. Die Verschärfung diene „auch dazu, dem potenziellen Täterkreis des § 332 HGB die besondere Schwere der Erteilung eines inhaltlich unrichtigen Bestätigungsvermerks, der sich auf ein Unternehmen von öffentlichem Interesse bezieht, deutlich vor Augen zu führen, um auf diese Weise zu redlichem Verhalten anzuleiten und so die Qualität der Abschlussprüfung zu verbessern". Zu der Frage, ob diese Annahme überzeugend ist, → Rn. 96. In den Schutzbereich der Strafverschärfung nach § 332 Abs. 3 fallen nach der Gesetzesbegründung also nicht nur die geprüfte Gesellschaft und deren Gesellschafter, sondern auch die Gesellschaftsgläubiger und vor allem Dritte, die im Vertrauen auf die Richtigkeit des veröffentlichten Bestätigungsvermerks in rechtlicher Beziehung zu der Gesellschaft getreten sind oder treten wollen (zB Geld- und Warenkreditgeber, Anleger). Hiervon ausgehend liegt es nahe anzunehmen, dass § 332 Abs. 3 iVm Abs. 2 S. 2 – ebenso wie nach herkömmlichem Verständnis § 332 Abs. 1 – ein **Schutzgesetz** iSv § 823 Abs. 2 BGB ist, bei dessen Verletzung sich der Abschlussprüfer eines Unternehmens von öffentlichem Interesse schadenersatzpflichtig machen kann.[611]

---

[604] Zu Einzelheiten der strafrechtlichen Verantwortlichkeit des Wirtschaftsprüfers s. Bauer, Die Neuregelung der Strafbarkeit des Jahresabschlussprüfers, 2017; Niewerth, Die strafrechtliche Verantwortlichkeit des Wirtschaftsprüfers, 2004.

[605] Merkt/Probst/Fink/Mylich S. 1657 Rn. 45; HKMS/Staake/Müller Rn. 110.

[606] Vgl. OLG München BeckRS 2022, 19215 Rn. 43 und 45; LG Hamburg BeckRS 2013, 10766 Rn. 223 und 235.

[607] Vgl. Sommerschuh, Berufshaftung und Berufsaufsicht: Wirtschaftsprüfer, Rechtsanwälte und Notare im Vergleich, 2003, S. 212; Hopt/Merkt Rn. 8; HKMS/Staake/Müller Rn. 110.

[608] Zu § 332 nF Lenz, Die leichtfertige Erteilung eines inhaltlich unrichtigen Bestätigungsvermerks nach § 332 HGB nF, 2022; zum FISG-RegE Lenz BB 2021, 683.

[609] Die Voraussetzungen des § 332 sind nur dann erfüllt, wenn Gegenstand der Prüfung eine gesetzlich vorgeschriebene Pflichtprüfung ist: BGH BeckRS 2020, 8216 Rn. 21. Zu Einzelheiten des § 332 aF: Dierlamm NStZ 2000, 130; Geilen, GS Schlüchter, 2002, 283; Graf BB 2001, 562; Hoffmann/Knierim BB 2002, 2275; monographisch Winkeler, Strafbarkeit inhaltlich unrichtiger Bestätigungsvermerke, 2000; Bauer, Die Neuregelung der Strafbarkeit des Jahresabschlussprüfers, 2017; Niewerth, Die strafrechtliche Verantwortlichkeit des Wirtschaftsprüfers, 2017; Prinz, Grundfragen der Strafbarkeit der Abschlussprüfer bei der Jahresabschlussprüfung einer Kapitalgesellschaft, 2013; Lutz, Die Strafbarkeit des Abschlussprüfers nach Section 507 Companies Act 2006 und § 332 HGB, 2017.

[610] Zum Schutzzweck des § 332 Abs. 3 iVm Abs. 2 S. 2 Haas FS Ebke, 2021, 291 (297).

[611] Vgl. Schüppen Rn. 19. Krit. Schüppen DB 2020, 2641 (2644); Wöstmann WPg 2020, 1386 (1390-1391).

140   Der **Verschuldensgrad** der Leichtfertigkeit wird in der Gesetzesbegründung zum
FISG nicht näher erläutert. Im Strafrecht versteht man unter Leichtfertigkeit im Allgemeinen, dass eine Person die gebotene Sorgfalt in einem besonders hohen Maße verletzt hat.[612]
Es handelt sich um „einen erhöhten Grad von Fahrlässigkeit, die nahe an den Vorsatz
grenzt" und „nicht nur bei bewusster,[613] sondern auch bei unbewusster Fahrlässigkeit[614]
vorliegen" kann.[615] Leichtfertig handelt, wer die Sorgfalt außer Acht lässt, zu der er nach
den besonderen Umständen des Falles und seinen persönlichen Fähigkeiten und Kenntnissen
verpflichtet und imstande ist, obwohl sich ihm hätte aufdrängen müssen, dass dadurch ein
Schaden eintreten wird.[616] Der strafrechtliche Verschuldensgrad der Leichtfertigkeit wird
mittels § 823 Abs. 2 BGB in das zivile Haftungsrecht transponiert. In der Literatur[617] und
der Versicherungswirtschaft[618] wird vermutet, dass in der zivilrechtlichen Praxis in Abgrenzung zu einem vorsätzlich Handeln ein leichtfertiges Handeln oft mit einem grob fahrlässigen Handeln gleichgesetzt werden könnte. Dadurch würde aber die Grenzziehung zwischen
Leichtfertigkeit und grober Fahrlässigkeit verwischt und der Prüfer einem unüberschaubaren
Dritthaftungsrisiko ausgesetzt wird (Stichwort: Massenschäden; → Rn. 223). Bei der Auslegung und Anwendung des Tatbestandsmerkmals der Leichtfertigkeit ist außerdem zu
berücksichtigen, dass die Kontur des **§ 826 BGB als Vorsatzdelikt** nicht verwischt wird.[619]
Nach der bisherigen Rechtslage haftete der Abschlussprüfer eines Unternehmens von
öffentlichem Interesse gegenüber den Anlegern der geprüften Gesellschaft und sonstigen
Dritten im Falle der leichtfertigen Erteilung eines unrichtigen Bestätigungsvermerks nur,
wenn die Voraussetzungen für eine sittenwidrige vorsätzliche Schädigung nach § 826 BGB
vorlagen. Für eine sittenwidriges Handeln ist erforderlich, dass der Abschlussprüfer bei der
Erteilung des unrichtigen Bestätigungsvermerks nicht nur leichtfertig, sondern in Bezug
auf die arglos handelnden Anleger oder sonstigen Dritten auch gewissenlos handelt
(→ Rn. 151 ff.). Darüber hinaus verlangt § 826 BGB, dass sein unrichtiger Bestätigungsvermerk für den Erwerb und damit für den Schadeneintritt eines Anlegers (entsprechend für
andere Dritte) ursächlich ist. Zudem muss der Abschlussprüfer hinsichtlich der Schädigung
der Anleger oder sonstiger Dritten mit Vorsatz (*dolus*) gehandelt haben (→ Rn. 151 ff.).
Für eine Haftung nach §§ 823 Abs. 2 BGB iVm § 332 Abs. 3 iVm Abs. 2 S. 2 reicht dagegen
aus, dass der Abschlussprüfer den Straftatbestand des § 332 Abs. 3 iVm Abs. 2 S. 2 verwirklicht und sein unrichtiger Bestätigungsvermerk für den Aktienerwerb bzw. den Aktienverkauf eines Anlegers oder die geschäftliche Entscheidung eines sonstigen Dritten und damit
für einen Schadenseintritt ursächlich ist. Im Unterschied zu einer Haftung wegen einer
sittenwidrigen vorsätzlichen Schädigung nach § 826 BGB ist für eine Haftung nach §§ 823
Abs. 2 BGB iVm § 332 Abs. 3 iVm Abs. 2 S. 2 nicht erforderlich, dass der Abschlussprüfer
hinsichtlich der Schädigung der Anleger bzw. sonstigen Dritten mit Vorsatz handelt. So

---

[612]   Zu der Frage, ob sich Leichtfertigkeit als Straftatbestand sinnvoll handhaben lässt, s. Steinberg ZStW
        2019, 888.
[613]   Bei der bewussten Fahrlässigkeit (sog. luxuria) rechnet der Handelnde mit dem möglichen Eintritt,
        vertraut aber pflichtwidrig und vorwerfbar darauf, dass der Schaden nicht eintreten wird. Vgl. BeBiKo/
        Justenhoven/Feldmüller Rn. 101.
[614]   Die unbewusste Fahrlässigkeit (sog. negligencia) ist dadurch gekennzeichnet, dass der Handelnde den
        Erfolg nicht voraussieht, ihn aber doch bei der im Verkehr erforderlichen und ihm zumutbaren Sorgfalt
        hätte voraussehen und verhindern können. Krit zur unbewussten Fahrlässigkeit Himmelreich, Notwehr
        und unbewußte Fahrlässigkeit, 1971, S. 36–40.
[615]   OLG München NStZ 2011, 247 Rn. 27 (betr. § 378 AO) unter Hinweis auf BGH NStZ 1988, 276.
[616]   BGH Urt. v. 16.12.2009 – 1 StR 491/09, Rn. 40 (zitiert nach juris).
[617]   Schüppen Rn. 22 („… Gefahr, Pflichtverletzungen eines Wirtschaftsprüfers … sehr schnell als ‚grob' zu
        beurteilen."); Nietsch WM 2021, 158 (167).
[618]   S. nur die Mitteilung der Versicherergemeinschaft für Steuerberater und Wirtschaftsprüfer (VSW) v.
        14.7.2021 „FISG: Haftungsverschärfung für Abschlussprüfer durch das Finanzmarktintegritätsstärkungs-
        gesetz" (abrufbar unter https://v-s-w.de/fisg-haftungsverschaerfung-fuer-abschlusspruefer-durch-das-
        finanzmarktintegritaetsstaerkungsgesetz/) („Haftungsrechtlich wird der Begriff der Leichtfertigkeit mit
        der groben Fahrlässigkeit gleich zu setzen sein, womit bereits eine entsprechend grob fahrlässige Pflicht-
        verletzung strafbewehrt ist").
[619]   Schüppen Rn. 19.

gesehen ist damit zu rechnen, dass nicht nur in **Insolvenzverschleppungsfällen** (→ Rn. 100) zahlreiche Anleger oder andere Dritte versuchen werden, den Abschlussprüfer eines Unternehmens von öffentlichem Interesse nach § 823 Abs. 2 BGB iVm § 332 Abs. 3 iVm Abs. 2 S. 2 auf Schadensersatz in Anspruch zu nehmen, um die hohen Haftungshürden der vorsätzlich sittenwidrigen Schädigung nach § 826 BGB zu umgehen.

Fraglich ist, was unter einem **inhaltlich unrichtigen Bestätigungsvermerk** iSd § 332 **141** Abs. 1, Abs. 2 S. 2 zu verstehen ist. Ein inhaltlich unrichtiger Bestätigungsvermerk liegt nur dann vor, wenn der Bestätigungsvermerk von den getroffenen Prüfungsfeststellungen des Abschlussprüfers abweicht. Entscheidend ist also das Abweichen des Bestätigungsvermerks von den bei der Abschlussprüfung getroffenen Feststellungen. § 332 Abs. 1 will, bemerken Grottel und Hoffmann zutreffend, „(nur) gewährleisten, dass der Abschlussprüfer ‚ehrlich‘ das berichtet, was er festgestellt hat.“[620] Ob das Prüfergebnis objektiv falsch oder richtig ist, ist nach der Rechtsprechung zumindest für die Strafbarkeit nach § 332 Abs. 1 HGB ohne Bedeutung.[621] § 332 Abs. 1 beruht auf der subjektiv definierten Unrichtigkeit des Prüfungsberichts bzw. des Bestätigungsvermerks.[622] Damit ist § 332 Abs. 2 S. 2 nicht vereinbar, weil dieser eine objektiv definierte inhaltliche Unrichtigkeit des Bestätigungsvermerks zu implizieren scheint. Dadurch ändert sich der Schutzzweck dieses Tatbestands.[623] Nach dem Schutzzweck des § 332 Abs. 1 ist die subjektiv unrichtige, leichtfertige Erteilung des Bestätigungsvermerks erfasst, während die leichtfertige Prüfungsdurchführung mit anschließend subjektiv richtiger, aber objektiv falscher Testierung straffrei bleiben muss.[624] Der Anwendungsbereich des § 332 Abs. 3 dürfte in der Praxis daher eher gering sein.[625]

b) § 323 Abs. 1 S. 1; §§ 321, 322. Abs. 1 S. 1, der den Abschlussprüfer u. a. zur gewis- **142** senhaften und unparteiischen Prüfung verpflichtet, ist kein Schutzgesetz iSd § 823 Abs. 2 BGB (allgM).[626] Dem entsprechend haben auch §§ 321, 322 keinen drittschützenden Charakter.[627]

c) § 43 Abs. 1 S. 1 WPO. § 43 Abs. 1 S. 1 WPO,[628] wonach der Wirtschaftsprüfer **143** seinen Beruf „unabhängig, gewissenhaft, verschwiegen und eigenverantwortlich“ auszuüben hat, ist nach Ansicht der Gerichte ebenfalls kein Schutzgesetz iSd § 823 Abs. 2 BGB.[629]

---

620 BeckBilKom/Grottel/Hoffmann Rn. 11.
621 Vgl. BGH BeckRS 2020, 8216 Rn. 12, 19; gleicher Ansicht BeckBilKom/Grottel/Hoffmann Rn. 11.
622 Haas FS Ebke, 2021, 291 (297).
623 Haas FS Ebke, 2021, 291 (297). Krit. zu § 332 Abs. 3: Schüppen DB 2020, 2641 (2644); Hennrichs DB 2021, 268 (273).
624 BeckBilKom/Grottel/Hoffmann Rn. 43 unter Hinweis auf Lenz BB 2021, 683 (686).
625 BeckBilKom/Grottel/Hoffmann Rn. 43.
626 BGHZ 138, 257 (260); BGH BB 1961, 652; OLG Celle WPK-Mitt. 2000, 258 (259) = NZG 2000, 613 mAnm Großfeld; OLG Karlsruhe ZIP 1985, 409 (412) = WM 1985, 940 (944); LG Hamburg WPK-Mitt. 1999, 110 (113) mAnm Ebke = WM 1999, 139 (143) mit Aufs. Feddersen WM 1999, 105; Czech BB 1978, 723 (725); Ebke Wirtschaftsprüfer S. 47; Ebke/Scheel WM 1991, 389 (395); Hirte, Berufshaftung, 1996, 64; Hopt FS Pleyer, 1986, 341 (352); Nann, Wirtschaftsprüferhaftung – Geltendes Recht und Reformüberlegungen, 1985, 137; Schaible, Haftung von Wirtschaftsprüfern – Möglichkeiten der Haftungsbegrenzung und Mitverschuldenseinwand, 2021, 52; Weber NZG 1999, 1 (5); Baus ZVglRWiss 103 (2004), 219 (235, 236); Zacher/Stöcker DStR 2004, 1537 (1540); Wölber, Die Abschlussprüferhaftung im Europäischen Binnenmarkt, 2005, S. 69; Sommerschuh, Berufshaftung und Berufsaufsicht: Wirtschaftsprüfer, Rechtsanwälte und Notare im Vergleich, 2003, S. 212; Schüppen Rn. 16; BeBiKo/Justenhoven/Feldmüller Rn. 146; Seibt/Wollenschläger DB 2011, 1378 (1381). AA Doralt ZGR 2015, 266 (287), der „der Abschlussprüfung [sic] Schutzgesetzcharakter zuerkennen“ will.
627 BeBiKo/Justenhoven/Feldmüller Rn. 146.
628 § 43 WPO gilt sinngemäß für Wirtschaftsprüfungsgesellschaften sowie für Vorstände, Geschäftsführer, Partner und persönlich haftende Gesellschafter einer Wirtschaftsprüfungsgesellschaft, die nicht Wirtschaftsprüfer sind (§ 56 Abs. 1 WPO).
629 BGH NJW 1973, 321 (sub II.1); OLG Saarbrücken BB 1978, 1434 (1436); LG Frankfurt a. M. BB 1997, 1682 (1683, 1684) mit Aufsatz Ebke BB 1997, 1731; LG Hamburg WPK-Mitt. 1999, 110 (113) mAnm Ebke = WM 1999, 139 (143) mit Aufsatz Feddersen WM 1999, 105; LG Mönchengladbach NJW-RR 1991, 415 (417) = EWiR § 328 BGB 1/90, 961 (Nouvertué). Das OLG Düsseldorf GI 1999, 218 = WPK-Mitt. 1999, 258 mAnm Ebke/Paal, hat § 43 Abs. 1 S. 1 WPO als Schutzgesetz bezeichnenderweise nicht einmal in Betracht gezogen.

Die Literatur teilt diese Auffassung.[630] § 43 Abs. 1 S. 1 WPO ist eine berufsrechtliche Vorschrift, die den Inhalt der Tätigkeiten des Wirtschaftsprüfers lediglich allgemein umschreibt. § 43 Abs. 1 S. 1 WPO begründet als berufsrechtliche Vorschrift Standespflichten, deren Verletzung berufsaufsichtsrechtlich geahndet wird (§§ 67 ff. WPO); § 43 Abs. 1 S. 1 WPO hat damit **ordnungspolitische Funktionen** für den Berufsstand und seine Angehörigen. Sinn und Zweck des § 43 Abs. 1 S. 1 WPO ist es nicht, einem nicht dem Berufsstand Angehörigen Rechtschutzmöglichkeiten zu eröffnen und Schadensersatzansprüche zu gewähren.[631]

144   Es ist davon auszugehen, dass der **BGH** die Auffassung vom Fehlen des Schutzgesetzcharakters des § 43 Abs. 1 S. 1 WPO teilt und daher § 43 Abs. 1 S. 1 WPO ebenfalls als rein berufsrechtliche Vorschrift qualifizieren würde, die vor allem Berufspflichten erzeugt und den Inhalt der Tätigkeit des Wirtschaftsprüfers lediglich allgemein umschreibt und daher keinen individuellen Rechtsschutz erzeugt. Andernfalls hätte zB der III. Zivilsenat des BGH in seiner Entscheidung vom 2.4.1998[632] seine umfangreichen Erörterungen zum Vertrag mit Schutzwirkungen für Dritte sowie seine Hinweise auf die Grundsätze der Auskunftshaftung und das Deliktsrecht unterlassen und stattdessen auf § 823 Abs. 2 BGB iVm mit § 43 Abs. 1 S. 1 WPO zurückgegriffen, um eine Haftung des beklagten Prüfers für Fahrlässigkeit zu begründen.[633]

145   **d) Berufssatzung.** § 4 und § 28 der Berufssatzung der WPK idF vom 3.6.2022, die die in § 43 Abs. 1 S. 1 WPO normierten Berufspflichten der Gewissenhaftigkeit und Unparteilichkeit für die Berufsangehörigen konkretisieren,[634] sind ebenfalls lediglich **berufsrechtliche Ordnungsvorschriften** und daher keine Schutzgesetze iSd § 823 Abs. 2 BGB.[635] Die in § 57 Abs. 3 WPO enthaltene Ermächtigung der WPK zum Erlass einer Berufssatzung beschränkt die Rechtsetzungskompetenz auf die Schaffung „allgemeiner und besonderer Berufspflichten" (§ 57 Abs. 4 WPO) für die Kammermitglieder. Daraus ergibt sich, dass die WPK nur ermächtigt ist, Regelungen für ihre Mitglieder und nur mit Wirkung im Innenverhältnis der Kammer zu setzen.[636]

146   **e) IDW QS 1; IDW QMS 1 und 2.** IDW QS 1: Anforderungen an die Qualitätssicherung in der Wirtschaftsprüferpraxis vom 9.6.2017[637] ist ebenfalls kein Schutzgesetz iSd § 823 Abs. 2 BGB. IDW QS 1 enthält eine geschlossene Darstellung der unionsrechtlichen, gesetzlichen und berufsständischen Anforderungen an die Qualitätssicherung in der Wirtschaftsprüfungspraxis und berücksichtigt darüber hinaus die Anforderungen der Internationalen Standards ISQC 1 und ISA 220.[638] Damit legt der IDW die beruflichen und fachlichen

---

[630] Ebke Wirtschaftsprüfer S. 50–51; Ebke FS Trinkner, 1995, 514; Ebke/Fechtrup JZ 1986, 1112 (1113); Feddersen WM 1999, 105 (111); Grunewald ZGR 1999, 583 (589, 590); Hopt FS Pleyer, 1986, 341 (363); Kiss WM 1999, 117 (122); Schaible, Haftung von Wirtschaftsprüfern – Möglichkeiten der Haftungsbegrenzung und Mitverschuldenseinwand, 2021, 52; Leicht, Die Qualifikation der Haftung von Angehörigen rechts- und wirtschaftsberatender Berufe im grenzüberschreitenden Dienstleistungsverkehr, 2002, S. 64; Otto/Mittag WM 1996, 325 (332); Quick BB 1992, 1675 (1679); Sommerschuh, Berufshaftung und Berufsaufsicht: Wirtschaftsprüfer, Rechtsanwälte und Notare im Vergleich, 2003, S. 212 (213); Weber NZG 1999, 1 (5); Wölber, Die Abschlussprüferhaftung im Europäischen Binnenmarkt, 2005, S. 69; HKMS/Staake/Müller Rn. 110.
[631] OLG Saarbrücken BB 1978, 1436; LG Hamburg WPK-Mitt. 1999, 110 (113) mAnm Ebke = WM 1999, 139 (143) mit Aufsatz Feddersen WM 1999, 105; zust. BeBiKo/Justenhoven/Feldmüller Rn. 148.
[632] BGH NJW 1998, 1948 = NZG 1998, 437 = JZ 1998, 1013. S. dazu Canaris ZHR 163 (1999), 206; Ebke JZ 1999, 991; Emmerich JuS 1998, 843; Grunewald ZGR 1999, 583; Schneider ZHR 163 (1999), 246; Sieger/Gätsch BB 1998, 1408; Zimmer/Vosberg JR 1999, 70.
[633] Ebenso Gräfe/Lenzen/Schmeer, Steuerberaterhaftung, 6. Aufl. 2017, Rn. 502. Zum Verbotsgesetzcharakter (§ 134 BGB) des § 49 WPO: BGH NZG 2004, 770 (K. of America) mit Bespr.-Aufsatz Ebke/Paal ZGR 2005, 895.
[634] Zu Einzelheiten Reißner WPg 1997, 560 (zur BS WP/vBP 1996).
[635] Zust. BeBiKo/Justenhoven/Feldmüller Rn. 148; HKMS/Staake/Müller Rn. 110.
[636] Vgl. BVerfG 45, 346 (352); BGHZ 72, 132 (138); AG Ludwigsburg NJW 1974, 1431.
[637] Stand: 9.6.2017, IDW Life 2017, 887.
[638] Zu Einzelheiten des IDW QS 1: Marten WPg 2017, 428; Marten WPg 2017, 610; Haasmann WP Praxis 2017, 260.

Anforderungen an die Qualitätssicherung in der Wirtschaftsprüferpraxis fest, die diese im Rahmen ihrer Eigenverantwortlichkeit (§ 43 Abs. 1 S. 1 WPO) zu beachten haben. Die Anforderungen der Rechtsprechung an ein Schutzgesetz iSd § 823 Abs. 2 BGB erfüllt IDW QS 1 nicht. Gleiches gilt für **IDW QMS 1:** Qualitätsmanagement in der Wirtschaftsprüferpraxis (Stand: 28.9.2022)[639] sowie **IDW QMS 2:** Auftragsbegleitende Qualitätssicherung (Stand: 28.9.2022) (→ § 317 Rn. 74 f.).[640]

f) § 18 KWG. § 18 Abs. 1 S. 1 KWG[641] kommt nach Ansicht der Rechtsprechung **147** nicht die Qualität eines Schutzgesetzes zu.[642] § 18 Abs. 1 S. 1 KWG hat nach – zutreffender[643] – Auffassung der Gerichte lediglich eine „ordnungspolitische" Funktion.[644]

g) Rechnungslegungsvorschriften. Die handelsrechtlichen Vorschriften über die **148** Rechnungslegung werden – zu Recht – ebenfalls nicht als Schutzgesetze begriffen.[645] Gleiches gilt für die Internationalen Rechnungslegungsstandards.[646]

h) Verkehrspflichten zum Schutze fremden Vermögens. „Verkehrspflichten zum **149** Schutze fremden Vermögens", deren Verletzung nach Ansicht einiger Autoren – gestützt auf § 823 Abs. 2 BGB[647] oder gar einen „ungeschriebenen § 823 Abs. 3 BGB"[648] – eine Haftung für „reine" Vermögensschäden begründen soll („deliktsrechtliche Berufshaftung"), wo es an den Voraussetzungen des § 823 Abs. 1 BGB fehlt, hat die Rechtsprechung bis heute nicht anerkannt.[649]

4. § 826 BGB. Eine Haftung des Abschlussprüfers gemäß § 826 BGB setzt voraus, dass **150** er mit dem Vorsatz, Dritte zu schädigen, sittenwidrig seine Prüfungs- oder Bestätigungspflichten verletzt hat. § 826 BGB hat in Pflichtprüfungsfällen eine **nicht zu unterschät-**

[639] IDW Life 2022, 982.

[640] IDW Life 2022, 1040.

[641] Zu den Anforderungen des § 18 KWG an die Wirtschaftsprüfer: Meeh WPK-Mitt. 1999, 221; ohne Verf. WPK Magazin 3/2006, 23 (Plausibilitätsbeurteilung bei Führung der Bücher durch den WP/vBP). Zu den Anforderungen des § 18 KWG an die Prüfungspflichten der Kreditinstitute: OLG Köln BeckRS 2016, 117223 Rn. 130 („Das Verfahren nach § 18 S. 1 KWG vollzieht sich … in drei Schritten: Vorlage der erforderlichen Unterlagen, Auswertung, Dokumentation [BGHSt 47, 148]"); LG Frankfurt a.M. ZIP 1998, 1028 (1031) („Vielmehr hat das Kreditinstitut bei der Kreditwürdigkeitsprüfung ganz besonders den Wahrheitsgehalt eines jeden Jahresabschlusses zu überprüfen, da der Kreditnehmer zwecks Erlangung des Kredits jede Möglichkeit zur günstigen Ausgestaltung seiner Bilanzen nutzen wird. Dabei ist der Jahresabschluss ohnehin nur eine Möglichkeit des Einblicks, der durch weitere Beobachtung der Geschäftsentwicklung des Kreditnehmers ergänzt werden muss"). S. ferner Himmelsbach/Achsnick NZI 2003, 355 (zum Problem der faktischen Geschäftsführung durch Banken).

[642] BGH NJW 1973, 321 (321) (sub II.1); ebenso schon BGH WM 1970, 633 (636); erneut bekräftigt in BGH WM 1984, 131. S. auch OLG Hamm WM 1988, 191; LG Hamburg WM 1999, 139 (143); LG München StB 1977, 30 (31).

[643] Ebke Wirtschaftsprüfer S. 47 Fn. 52; Leicht, Die Qualifikation der Haftung von Angehörigen rechts- und wirtschaftsberatender Berufe im grenzüberschreitenden Dienstleistungsverkehr, 2002, S. 64–65; Sommerschuh, Berufshaftung und Berufsaufsicht: Wirtschaftsprüfer, Rechtsanwälte und Notare im Vergleich, 2003, S. 213; BeBiKo/Justenhoven/Feldmüller Rn. 147; Feddersen WM 1999, 105 (111); Baus ZVglRWiss 103 (2004), 216 (235).

[644] OLG Köln ZIP 2012, 1084 Rn. 38; OLG München WM 1984, 128 (131).

[645] BGH BB 1964, 1273 (l. Sp.); RGZ 73, 30 (31); zust. HKMS/Staake/Müller Rn. 110; Seibt/Wollenschläger DB 2011, 1378 (1381). Zur Rechtsnatur des Bilanzrechts: Icking, Die Rechtsnatur des Handelsbilanzrechts, 2000; Beisse BB 1999, 2180; Kruse, Grundsätze ordnungsmäßiger Buchführung. Rechtsnatur und Bestimmung, 1970.

[646] HKMS/Staake/Müller Rn. 110.

[647] C. v. Bar, Verkehrspflichten, 1980, 204 ff.; Huber FS von Caemmerer, 1978, 359.

[648] Mertens AcP 178 (1978), 227 (232).

[649] Ebke, Die zivilrechtliche Verantwortlichkeit der wirtschaftsprüfenden, steuer- und rechtsberatenden Berufe im internationalen Vergleich, 1996, S. 47. Zur Kritik zB MünchKommBGB/Gottwald, 9. Aufl. 2022, § 328 Rn. 169; Baus ZVglRWiss 103 (2004), 219 (247); Canaris ZHR 163 (1999), 206 (214); Ebke Wirtschaftsprüfer S. 51–54; Henssler, Risiko als Vertragsgegenstand, 1994, 193, 194; Sommerschuh, Berufshaftung und Berufsaufsicht: Wirtschaftsprüfer, Rechtsanwälte und Notare im Vergleich, 2003, S. 213; Wölber, Die Abschlussprüferhaftung im Europäischen Binnenmarkt, 2005, S. 69.

zende Bedeutung erlangt.[650] Die Rechtsprechung hat nämlich die Anforderungen an eine Haftung des gesetzlichen Abschlussprüfers nach § 826 BGB bisweilen stark herabgesetzt.[651]

151   **a) Leichtfertigkeit und Gewissenlosigkeit.** Sittenwidrig ist ein Verhalten, „das nach seinem Gesamtcharakter, der durch umfassende Würdigung von Inhalt, Beweggrund und Zweck zu ermitteln ist, gegen das Anstandsgefühl aller billig und gerecht Denkenden verstößt. Dafür genügt es im Allgemeinen nicht, dass der Handelnde eine Pflicht verletzt und einen Vermögenschaden hervorruft. Vielmehr muss eine besondere Verwerflichkeit seines Verhaltens hinzutreten, die sich aus dem verfolgten Ziel, den eingesetzten Mitteln, der zutage getretenen Gesinnung oder den eingetretenen Folgen ergeben kann.[652] Der Sittenverstoß setzt ein **leichtfertiges und gewissenloses Verhalten** des Abschlussprüfers voraus.[653] Die Vorlage eines unrichtigen Bestätigungsvermerks allein reicht dabei nicht aus.[654] Erforderlich ist vielmehr, dass „der Wirtschaftsprüfer seine Aufgabe nachlässig erledigt, zum Beispiel durch unzureichende Ermittlungen oder durch Angaben ins Blaue hinein und dabei eine Rücksichtslosigkeit an den Tag legt, die angesichts der Bedeutung des Bestätigungsvermerks für die Entscheidung Dritter als gewissenlos erscheint.[655] Ob dies der Fall ist, kann nur dann sachgerecht beantwortet werden, wenn vorher geklärt wird, ob und in welchen Punkten der Jahresabschluss objektive Fehler enthält.[656] Für das Vorliegen der Sittenwidrigkeit lässt die Rechtsprechung im Zusammenhang mit der Erteilung von Bestätigungsvermerken durch Wirtschaftsprüfer ausreichen, dass der Handelnde, der mit Rücksicht auf seine berufliche Sachkunde oder seine berufliche Stellung eine Vertrauensstellung einnimmt, bei der Erteilung des Bestätigungsvermerks in einem Maße Leichtfertigkeit an den Tag gelegt hat, dass sie „bei der gebotenen Gesamtschau" als Gewissenlosigkeit zu werten ist.[657] Der Prüfer muss, formuliert der III. Zivilsenat des BGH, „aufgrund des Expertenstatus ein besonderes Vertrauen für sich in Anspruch" nehmen, „selbst aber nicht im Mindesten den an einen Experten zu richtenden Maßstäben" genügen.[658]

152   Das ist insbesondere dann der Fall, wenn der Abschlussprüfer einen (unrichtigen) Bestätigungsvermerk erteilt, ohne eine Prüfung durchgeführt zu haben.[659] Gleiches gilt, wenn der Wirtschaftsprüfer sich bei seiner Prüfung leichtfertig und gewissenlos **über erkennbare**

---

[650]   Baus ZVglRWiss 103 (2004), 219 (236, 237); Ebke Wirtschaftsprüfer S. 55, 56; Ebke/Scheel WM 1991, 389 (390); Feddersen WM 1999, 105 (111, 112); Grunewald ZGR 1999, 583 (590, 591); Otto/Mittag WM 1996, 325 (332); Quick BB 1992, 1675 (1680); Sommerschuh, Berufshaftung und Berufsaufsicht: Wirtschaftsprüfer, Rechtsanwälte und Notare im Vergleich, 2003, S. 214, 215.

[651]   BeBiKo/Justenhoven/Feldmüller Rn. 154 („starke Annäherung der Haftung aus § 826 BGB an die für grobe Fahrlässigkeit"); ausf. Leicht, Die Qualifikation der Haftung von Angehörigen rechts- und wirtschaftsberatender Berufe im grenzüberschreitenden Dienstleistungsverkehr, 2002, S. 65–67; Wölber, Die Abschlussprüferhaftung im Europäischen Binnenmarkt, 2005, S. 70, 71; Ebke/Scheel WM 1991, 389 (390).

[652]   BGH BeckRS 2020, 8216 Rn. 30 mwN; OLG Karlsruhe NJW-RR 2022, 901 Rn. 56 („Es müssen besondere Umstände hinzutreten, die das schädigende Verhalten wegen seines Zwecks oder wegen des angewandten Mittels oder mit Rücksicht auf die dabei gezeigte Gesinnung nach den Maßstäben der allgemeinen Geschäftsmoral und des als ‚anständig' Geltenden verwerflich machen").

[653]   BGH WM 2022, 372 Rn. 18; BGH WM 2020, 987 Rn. 41.

[654]   BGH WM 2022, 372 Rn. 18; OLG München BeckRS 2022, 8261 Rn. 86 (Revision anhängig: BGH VII ZR 97/22); BGHZ 145, 187 = ZIP 2000, 2114 Rn. 62 („Die Vorlage eines fehlerhaften Testates allein reicht dazu nicht aus").

[655]   BGH WM 2020, 987 Rn. 41 mwN; vgl. BGH WM 2022, 372 Rn. 18 („qualifiziert nachlässig").

[656]   OLG München BeckRS 2022, 8261 Rn. 86 (Revision anhängig: BGH VII ZR 97/22); BGH WM 1987, 257 (258) (unter Hinweis auf RGZ 90, 106 [109]).

[657]   Vgl. BGH WM 2020, 987 Rn. 42; BGH WM 2006, 423 (427); BGH MittBl. WPK Nr. 127, 16 = NJW 1987, 1758; OLG Celle WPK-Mitt. 2000, 258 (259) = NZG 2000, 613 (615) mAnm Großfeld; OLG Düsseldorf GI 1999, 218 (222) = WPK-Mitt. 1999, 258 (260) mAnm Ebke/Paal; OLG Düsseldorf WPK-Mitt. 1996, 342 (346) = BB 1996, 2614 (2616); OLG Karlsruhe OLGReport Karlsruhe 2003, 389 (betr. Steuerberater); OLG Karlsruhe WPK-Mitt. 1999, 231 (233) (Bericht); OLG Köln BeckRS 2016, 06014; LG Hamburg WM 1999, 139 (142) (in casu verneinend).

[658]   BGH WM 2022, 372 Rn. 18.

[659]   BeBiKo/Justenhoven/Feldmüller Rn. 154.

Bedenken hinweggesetzt hat.[660] Der bewusste Verzicht auf eine unerlässliche eigene Prüfung kann das Tatbestandsmerkmal der Sittenwidrigkeit erfüllen.[661] Entscheidend ist insoweit, so das OLG Köln, „dass der Prüfer – etwa durch nachlässige Ermittlungen oder gar ‚ins Blaue hinein' gemachte Angaben – eine Rücksichtslosigkeit gegenüber dem Adressaten des Gutachtens oder den in seinem Informationsbereich stehenden Dritten an den Tag gelegt hat, die angesichts der Bedeutung, die das Gutachten für deren Entschließung hatte, und der in Anspruch genommenen Kompetenz als gewissenlos bezeichnet werden muss".[662] Mit ähnlichen Worten hat das Kammergericht das Merkmal der Leichtfertigkeit umschrieben.[663] Der III. Zivilsenat des BGH[664] und das OLG München[665] gehen nur scheinbar weiter, wenn sie fordern, dass der Wirtschaftsprüfer seine Aufgabe **„qualifiziert nachlässig"** erledigt haben muss, zB „durch unzureichende Ermittlungen oder durch Angaben ins Blaue hinein, und dabei eine Rücksichtslosigkeit an den Tag legt, die angesichts der Bedeutung des Bestätigungsvermerks für die Entscheidung Dritter als gewissenlos erscheint".[666] In seinem Hinweisbeschluss vom 13.12.2021 im **Wirecard–Fall** (→ Vor § 316 Rn. 10) legt das OLG München denselben Beurteilungsmaßstab zugrunde.[667] Deshalb wäre nach Ansicht des Senats Sittenwidrigkeit zu bejahen, wenn der Prüfer es billigend in Kauf genommen hätte, dass seine Bestätigungsvermerke unrichtig waren, weil er sich Originalkontoauszüge und Banksaldenbestätigungen zu den Treuhandkonten von Wirecard (→ Vor § 316 Rn. 10) nicht hat zeigen lassen und/oder die Zahlungseingänge auf den Treuhandkonten nicht geprüft hat.[668] Der VII. Zivilsenat des BGH hat das Verhalten eines Prüfers als **„gewissenlos und verwerflich"** bewertet, der arglose potenzielle Anleger „in trügerischer Sicherheit gewogen" habe, indem er einen Jahresabschluss „beanstandungslos" testiert hatte, obgleich er sich der Zweifelhaftigkeit der Risikodarstellung in den Lageberichten der geprüften Gesellschaften bewusst war.[669]

Leichtfertigkeit ist nach Ansicht des IVa. Zivilsenat des BGH auch **zu bejahen,** wenn **153** der Prüfer ein Testat (*in casu* für einen Zwischenabschluss) erteilt, obwohl ihm bekannt war, dass das Rechnungswesen schwere Mängel aufwies, welche die Aufstellung eines zuverlässigen Abschlusses nicht gestatteten.[670] Leichtfertiges Handeln kann außerdem darin bestehen, dass der Prüfer Prüfungsergebnisse eines anderen Abschlussprüfers ungeprüft übernimmt und das Testat ohne eigene Überprüfung erteilt.[671] Entsprechendes gilt für den Fall der

---

[660] BGH WM 1987, 257 (258); OLG Köln ZIP 2012, 1084 Rn. 57 (unter Hinweis auf BGHZ 159, 1 [11–12] und BGHZ 145, 187 [197]); OLG Dresden BB 2014, 626 mAnm Eschenfelder; OLG Düsseldorf WPK-Mitt. 1996, 342 (346) = BB 1996, 2614 (2616); OLG Karlsruhe WPK-Mitt. 1999, 231 (233) (Bericht); OLG Karlsruhe WM 1985, 940 (941); OLG Köln BeckRS 2016, 06014; LG Hamburg WM 1999, 139 (142).

[661] OLG Köln BeckRS 2016, 06014; OLG Köln AG 1992, 89 (90); OLG Düsseldorf BB 1996, 2614 (2616); OLG Dresden BB 2014, 626; Staub/Habersack/Schürnbrand Rn. 69; Matz/Henkel VersR 2010, 1406 (1410).

[662] OLG Köln BeckRS 2016, 06014; ebenso BGH ZIP 2020, 1024; OLG München WM 2022, 470 Rn. 30.

[663] KG BeckRS 2017, 155078.

[664] BGH WM 2022, 372 Rn. 18.

[665] OLG München BKR 2022, 646 Rn. 86 (Revision anhängig: BGH VII ZR 97/22); Beschl. v. 23.9.2022 – 13 U 3614/21 (BayObLG – 101 Kap 1/22 [anhängig]); WM 2022, 2067 Rn. 109; 2022, 1120 Rn. 107.

[666] Vgl. OLG Karlsruhe NJW-RR 2022, 901 Rn. 57 („seine Aufgabe nachlässig erledigt hat").

[667] OLG München WM 2022, 470 (unter Verweis auf BGH BeckRS 2020, 8216 und BGH NJW 2014, 383).

[668] OLG München WM 2022, 2067 Rn. 110; OLG München BeckRS 2022, 11529 Rn. 89; OLG München BeckRS 2022, 11750 Rn. 91; OLG München WM 2022, 1120 Rn. 108. Zur Prüfung von Treuhandkonten im Rahmen der Abschlussprüfung ausf. Marten DB 2020, 1465; Hennrichs FS Heidel, 2021, 785: Lenz BB 2021, 683.

[669] BGH BeckRS 2020, 8216 Rn. 42 mwN.

[670] BGH WM 1987, 257 (258).

[671] OLG Karlsruhe WM 1985, 940 (942); OLG Düsseldorf BB 1996, 2614 (2616). Zur Verantwortung des Abschlussprüfers bei Verwendung der Urteile Dritter: BeBiKo/Justenhoven/Feldmüller Rn. 154; Neitemeier, Die Übernahme fremder Urteile bei Prüfungen, 1979; Philipps WPK-Mitt. 1998, 279. S. ferner IDW PS 320: Besondere Grundsätze für die Durchführung von Konzernabschlussprüfungen (einschließlich der Verwertung der Tätigkeit von Teilbereichsprüfern) (Stand: 10.7.2014), WPg Supp. 3/2014, 11. Dazu auch Noodt WPg 2006, 894.

ungeprüften oder kritiklosen Verwertung der Arbeit eines für den Abschlussprüfer tätigen Sachverständigen.[672] Entsprechendes gilt ferner, wenn keine Prüfungsplanung (vgl. § 38 BS WP/vBP) existiert.[673] Das OLG München weist in seinem Hinweisbeschluss in dem Wirecard-Fall (→ Vor § 316 Rn. 10) jedoch mit Recht darauf hin, dass die Frage, ob der Prüfer bei der Erteilung des Testats leichtfertig gehandelt und Dritte vorsätzlich geschädigt hat, nach der Rechtsprechung des BGH nur dann sachgerecht beantwortet werden kann, wenn vorher geklärt wird, „ob und unter welchen Punkten der Abschluss **objektive Fehler** enthält".[674] Das OLG Karlsruhe betont ebenfalls, dass eine Haftung eines Wirtschaftsprüfers aus § 826 BGB wegen vorsätzlich sittenwidriger Schädigung von Kapitalanlegern nur in Betracht kommt, wenn der Bestätigungsvermerk unrichtig ist.[675]

154   Bei der Beurteilung des Verhaltens des Abschlussprüfers im Einzelfall ist zu berücksichtigen, dass Abschlussprüfungen aufgrund unionsrechtlicher Vorgaben mit einer **kritischen Grundhaltung** (Englisch: *professional scepticism;* zu Einzelheiten und Nachweisen → Vor § 316 Rn. 2) zu planen und durchzuführen sind (§ 43 Abs. 4 S. 1 WPO; § 37 S. 1 BS WP/vBP[676] und im Rahmen des **risikoorientierten Prüfungsansatzes** (zu Einzelheiten und Nachweisen → § 317 Rn. 31) eine Einschätzung des Risikos von (beabsichtigten) Verstößen (*fraud*)[677] etwa in Form vorsätzlicher Falschdarstellungen oder vorsätzlich unvollständiger Informationen bzw. Unterlagen vorzunehmen, auch wenn dem gesetzlichen Abschlussprüfer nicht die Aufgabe eines Forensikers oder Unterschlagungsprüfers zukommt. Zu der notwendigen kritischen Grundhaltung und dem risikoorientierten Prüfungsansatz gehört es, Glaubwürdigkeit, Angemessenheit und Verlässlichkeit der erlangten Prüfungsnachweise während der gesamten Prüfung kritisch zu hinterfragen (§ 43 Abs. 4 S. 2 Nr. 1 WPO; § 37 S. 2 BS WP/vBP).[678] Dazu gehört es ferner, auf Gegebenheiten zu achten, die auf eine falsche Darstellung hindeuten könnten, und die Prüfungsnachweise kritisch zu beurteilen (§ 43 Abs. 4 S. 2 Nr. 3 und 4 WPO; § 37 S. 2 BS WP/vBP). Abschlussprüfer müssen ungeachtet ihrer bisherigen Erfahrungen mit der Aufrichtigkeit und der Integrität des Management des geprüften Unternehmens davon ausgehen, dass Umstände wie Fehler, Täuschungen, Vermögensschädigungen oder sonstige Gesetzesverstöße existieren können, aufgrund derer der Prüfungsgegenstand wesentlich falsche Aussagen enthält ($ 43 Abs. 4 S. 2 Nr. 2 WPO; § 37 S. 3 BS WP/vBP).[679] Fehlt es im Zusammenhang mit der Planung oder Durchführung der Abschlussprüfung oder bei der Berichterstattung über die Ergebnisse der Abschlussprüfung an der erforderlichen kritischen Grundhaltung oder des risikoorientierten Prüfungsansatzes, wird die Annahme von Leichtfertigkeit naheliegen.

155   **b) Kein Fall von Sittenwidrigkeit.** Andererseits scheidet nach der Rechtsprechung ein gewissenloses Verhalten dann aus, wenn der Prüfer auf die Richtigkeit der Zahlen berechtigterweise vertraut hat und insbesondere dem für die Buchführung Verantwortli-

---

[672]   Zu den Anforderungen aus berufsständischer Sicht IDW PS 322: Verwertung der Arbeit eines für den Abschlussprüfer tätigen Sachverständigen (Stand: 15.9.2017), IDW Life 2018, 173.

[673]   Vgl. OLG Karlsruhe WPK-Mitt. 1999, 231 (234) (Bericht). Zu den Anforderungen an eine ordnungsmäßige Prüfungsplanung aus berufsständischer Sicht IDW PS 240: Grundsätze der Planung von Abschlussprüfungen (Stand: 9.9.2010), WPg Supp. 1/2011, 1; ISA [DE] 300: Planung einer Abschlussprüfung (Stand: 26.3.2020), IDW Life 2019, 667, IDW Life 2020, 509.

[674]   OLG München WM 2022, 470.

[675]   Vgl. OLG Karlsruhe NJW-RR 2022, 901 Rn. 57 („seine Aufgabe nachlässig erledigt hat").

[676]   OLG Stuttgart NZG 2022, 953 Rn. 53 („Der Grundsatz der kritischen Grundhaltung wird als grundsätzliche Bereitschaft des Abschlussprüfers definiert, Dinge kritisch zu hinterfragen und auf Umstände zu achten, die auf mögliche Fehldarstellungen in der Rechnungslegung durch Fehler oder Betrug hinweisen können, sowie die Prüfungsnachweise kritisch zu beurteilen").

[677]   Boecker, Accounting Fraud aufdecken und vorbeugen, 2010. Zu den aktuellen Aktivitäten des IAASB bezüglich der Aufdeckung von fraud in der Abschlussprüfung Marten RWZ 31 (2021), 244.

[678]   Zu Einzelheiten der Prüfungsnachweise: ISA [DE] 500: Prüfungsnachweise (Stand: 26.3.2020), IDW Life 2019, 680; IDW Life 2020, 509; IDW Life 2020, 999.

[679]   Ihre kritische Grundhaltung haben Prüfer insbesondere beizubehalten bei der Beurteilung der Schätzungen des Unternehmens in Bezug auf Zeitwertangaben, Wertminderungen von Vermögensgegenständen, Rückstellungen und künftige Cashflows, die für die Beurteilung der Fähigkeit des Unternehmens zur Fortführung der Unternehmenstätigkeit von Bedeutung sind (§ 43 Abs. 4 S. 3 WPO).

chen der geprüften Gesellschaft eine Fälschung des vorgelegten Zahlenwerkes nicht zutrauen musste.[680] Entsprechendes gilt, wenn der Prüfer die Einbuchung von Scheinforderungen nicht aufdecken konnte.[681] Die bloße Fehlerhaftigkeit des Prüfungsurteils[682] reicht für die Feststellung der Sittenwidrigkeit ebenfalls nicht aus.[683] Allein aus dem festgestellten Umstand, dass eine Ermessensentscheidung des Abschlussprüfers fehlerhaft getroffen worden ist, kann ebenfalls nicht ohne Weiteres eine bewusste Pflichtverletzung abgeleitet werden, sofern keine Anhaltspunkte dafür erkennbar sind, dass sich der Prüfer leichtfertig über erkannte Bedenken hinweggesetzt hat. So kann beispielsweise bei Fehlen der Einholung einer an sich erforderlichen **Saldenbestätigung** die Entfaltung einer umfangreichen, alternativen und tauglichen Prüfung gegen eine Leichtfertigkeit des Prüfers sprechen.[684] Nach der Rechtsprechung trifft den Abschlussprüfer im Rahmen von Pflichtprüfungen auch keine Pflicht, die Prüfung **gezielt** im Hinblick auf strafbares Verhalten durchzuführen, soweit keine besonderen Anhaltspunkte vorlagen, die dies angezeigt erscheinen ließen.[685] Zu berücksichtigen ist ferner § 317 Abs. 4a, wonach – soweit nichts anderes bestimmt ist (wie zB in § 53 HGrG) – die Prüfung sich nicht darauf zu erstrecken hat, ob der Fortbestand des geprüften Unternehmens oder die Wirksamkeit und Wirtschaftlichkeit der Geschäftsführung zugesichert werden kann (→ § 317 Rn. 40 ff. zu § 317 Abs. 4a).

c) Vorsatz. § 826 BGB setzt seitens des Abschlussprüfers subjektiv (mindestens **156** bedingter) Vorsatz voraus. An die Annahme des Vorliegens sind strenge Anforderungen zu stellen. So reicht die Kenntnis des Prüfers von der gesetzlichen Verpflichtung der Kreditinstitute, sich die wirtschaftlichen Verhältnisse der Kreditnehmer, insbesondere durch Vorlage testierter Jahresabschlüsse, offenlegen zu lassen (§ 18 S. 1 KWG), für einen Schädigungsvorsatz nicht aus.[686] Zum Vorsatz gehört auch, dass der Wirtschaftsprüfer die „Art und Richtung der Schadensfolgen" vorausgesehen und jedenfalls billigend in Kauf genommen hat. Nach der Rechtsprechung genügt bedingter Vorsatz *(dolus eventualis)*;[687] Fahrlässigkeit, selbst grobe Fahrlässigkeit, reicht für § 826 BGB dagegen nicht aus.[688] **Bedingter Vorsatz** *(dolus eventualis)* liegt nach Ansicht des III. Zivilsenats des BGH vor, wenn aus dem Vorgehen des Abschlussprüfers geschlossen werden kann, dass er es für möglich gehalten und billigend in Kauf genommen hat, die Abschlussprüfung pflichtwidrig durchgeführt zu haben.[689] In dem vom BGH entschiedenen Fall hatte der Abschlussprüfer kritische Prüfungsfelder „umschifft" und grundlegende Berufspflichten

---

[680]   Zust. OLG München BeckRS 2009, 86159; OLG Karlsruhe WPK-Mitt. 1999, 231 (233) (Bericht); OLG Köln AG 1992, 89 (90); vgl. LG Hamburg WM 1999, 139 (142); LG München BeckRS 2021, 51023 (n.rk.).

[681]   OLG Düsseldorf GI 1999, 218 (223) = WPK-Mitt. 1999, 258 (261) mAnm Ebke/Paal = NZG 1999, 901 mAnm Salje.

[682]   Zum Fehlerbegriff bei der Abschlussprüfung Hennrichs FS Böcking, 2021, 281; zum Fehlerbegriff in der Rechnungslegung und im Enforcement-Verfahren: OLG Frankfurt a.M. ZIP 2019, 970.

[683]   Vgl. BGH WM 2022, 372 Rn. 18; BGH WM 2020, 987 Rn. 41 mwN; BGH NJW 1991, 3282 (3283); KG BeckRS 2017, 155078; OLG Karlsruhe WPK-Mitt. 1999, 231 (233) (Bericht); OLG Köln BeckRS 2016, 06014; OLG Köln ZIP 2012, 1084 Rn. 57; LG Hamburg WM 1999, 139 (142). Zust. BeBiKo/ Justenhoven/Feldmüller Rn. 154.

[684]   OLG Köln DStRE 2015, 1407 („in der Gesamtschau überschreiten die Fehler bei der Prüfungstätigkeit der Beklagten nicht die [hohe] Schwelle, die Voraussetzung einer Haftung gemäß § 826 BGB ist"); vgl. aber OLG Köln BeckRS 2012, 9817 Rn. 61; OLG Frankfurt a.M. BeckRS 2014, 1190919 = ECLI:DE:OLGHE:2013:0814.6U114.08 (Nichtzulassungsbeschwerde zurückgewiesen: BGH 8.9.2016 – VII ZR 242/14).

[685]   OLG Düsseldorf WPK-Mitt. 1996, 340 (342); LG Hamburg WM 1999, 139 (142).

[686]   OLG München BeckRS 2009, 86159.

[687]   BGH NJW 1986, 181; OLG Düsseldorf WPK-Mitt. 2003, 266 (267); OLG Karlsruhe WPK-Mitt. 1999, 231 (233) (Bericht); LG Hamburg WM 1999, 139 (142); LG Frankfurt a. M. BB 1997, 1682 (1684).

[688]   LG Hamburg WM 1999, 139 (142); vgl. OLG Köln WPK-Mitt. 2003, 215 (217) (betr. Vermögensstatus-Gutachten). Zust. Canaris ZHR 163 (1999), 206 (214). S. aber Schüppen Rn. 19.

[689]   BGH MDR 2012, 765 (Tz. 30); Quick BB 1992, 1675 (1676).

verletzt.[690] Allerdings gibt es in den veröffentlichten Urteilen zur Haftung des Abschlussprüfers nach § 826 BGB auch Beispiele für ein besonders „leichtfüßiges" Überspringen
der Vorsatzhürde des § 826 BGB.[691]

157   **d) Risiken.** Hinter der „Verwässerung" der Haftungsvoraussetzungen verbirgt sich der
Wunsch der Gerichte, die (hinlänglich bekannte und vielfach beklagte) **Enge des deliktsrechtlichen Vermögensschutzes** in der deutschen Rechtsordnung zu überwinden und
in geeigneten Fällen zu einem billigen Ergebnis zu gelangen, ohne auf fragwürdige vertragsrechtliche Konstruktionen (→ Rn. 163 ff.) ausweichen zu müssen. Dabei wird aber häufig
übersehen, dass der enge deliktsrechtliche Vermögensschutz in der deutschen Rechtsordnung auch eine haftungsbegrenzende Funktion hat.[692] Außerdem muss man berücksichtigen, dass eine Verurteilung nach § 826 BGB für den gesetzlichen Abschlussprüfer erhebliche
Risiken birgt: Nach § 103 VVG entfällt nämlich die Deckungspflicht des Versicherers kraft
Gesetzes, wenn der pflichtversicherte (→ Rn. 10) Wirtschaftsprüfer das Haftpflichtereignis
vorsätzlich und widerrechtlich herbeigeführt hat (vgl. § 54 Abs. 3 Nr. 1 WPO; § 4 Abs. 1
Nr. 1 WPBHV).[693] Ob die von einigen Autoren für „folgerichtig und wünschenswert"[694]
erachtete „restriktive" Auslegung des § 103 VVG infolge der extensiven Auslegung von
§ 826 BGB erfolgen wird, bleibt abzuwarten. Die Absenkung des Verschuldensgrads von
Vorsatz auf Leichtfertigkeit bei der strafbewehrten Erteilung eines inhaltlich unrichtigen
Bestätigungsvermerks bei der Prüfung eines Unternehmens von öffentlichem Interesse nach
§ 332 Abs. 3 erweitert das Dritthaftungsrisiko des Abschlussprüfers gegenüber den Anlegern
der geprüften Gesellschaft, denn anders als bei einer Haftung wegen einer sittenwidrigen
vorsätzlichen Schädigung nach § 826 BGB reicht für eine Haftung nach § 823 Abs. 2 BGB
iVm § 332 Abs. 3 ein leichtfertiges Handeln aus (→ Rn. 140). Vorsatz hinsichtlich der
Schädigung der Anleger ist hingegen nicht erforderlich.

158   **5. § 824 Abs. 1 BGB.** § 824 Abs. 1 BGB ist als Grundlage für Schadensersatzansprüche
gegen den gesetzlichen Abschlussprüfer denkbar,[695] hat in der Praxis aber keine Bedeutung
erlangt.[696]

159   **6. § 831 BGB.** Für seine Gehilfen (→ Rn. 24) haftet der gesetzliche Abschlussprüfer
deliktsrechtlich auf der Grundlage und am Maßstab des § 831 BGB.[697] Eine deliktsrechtliche
Haftung des Prüfers für seine Verrichtungsgehilfen setzt eine unerlaubte Handlung (Verhalten) des Gehilfen voraus.[698] Eine Haftung des Prüfers für seine Verrichtungsgehilfen scheidet
jedoch aus, wenn ihn kein Auswahl- bzw. Überwachungsverschulden trifft.[699]

---

[690]   OLG Frankfurt a.M. BeckRS 2014, 1190919 (Nichtzulassungsbeschwerde zurückgewiesen: BGH
        8.9.20216 – VII ZR 242/14).
[691]   S. nur OLG Frankfurt a. M. GI 1990, 95. Zurückhaltender dagegen BGH NJW 1991, 32 (33) (betr.
        Rechtsanwalt); OLG Düsseldorf WPK-Mitt. 1996, 342 (346).
[692]   Ebke, Die zivilrechtliche Verantwortlichkeit der wirtschaftsprüfenden, steuer- und rechtsberatenden
        Berufe im internationalen Vergleich, 1996, S. 46.
[693]   Zu Einzelheiten Hense/Ulrich/Uhlmann WPO § 54 Rn. 128 ff. Vgl. Ebke/Scheel WM 1991, 389
        (390); Ebke/Mößle JZ 1997, 1179 (1180); Schindhelm/Grothe DStR 1989, 445 (447); Gräfe EWiR
        1990, 465 (466); Sommerschuh, Berufshaftung und Berufsaufsicht: Wirtschaftsprüfer, Rechtsanwälte
        und Notare im Vergleich, 2003, S. 215 und 231 (232); Baus ZVglRWiss 103 (2004), 219 (236).
[694]   Grunewald ZGR 1999, 583 (592) (zu § 152 VVG aF); ähnlich Hirte, Berufshaftung, 1996, S. 426;
        H. Honsell FS Medicus, 1999, 217; vgl. Canaris ZHR 163 (1999), 206 (214); Sommerschuh, Berufshaf-
        tung und Berufsaufsicht: Wirtschaftsprüfer, Rechtsanwälte und Notare im Vergleich, 2003, S. 232.
[695]   BeBiKo/Justenhoven/Feldmüller Rn. 150–151; HKMS/Staake/Müller Rn. 111; Ebke Wirtschaftsprüfer
        S. 44; Sommerschuh, Berufshaftung und Berufsaufsicht: Wirtschaftsprüfer, Rechtsanwälte und Notare
        im Vergleich, 2003, S. 213 (214); Wölber, Die Abschlussprüferhaftung im Europäischen Binnenmarkt,
        2005, S. 70; Magnus in Koziol/Doralt, Abschlussprüfer – Haftung und Versicherung, 2004, S. 34; Quick
        BB 1992, 1675 (1680).
[696]   Schaible, Haftung von Wirtschaftsprüfern, 2021, S. 53.
[697]   Sommerschuh, Berufshaftung und Berufsaufsicht: Wirtschaftsprüfer, Rechtsanwälte und Notare im Ver-
        gleich, 2003, S. 218; BeBiKo/Justenhoven/Feldmüller Rn. 160.
[698]   LG Frankfurt a. M. BB 1997, 1682 (1684) mit Aufsatz Ebke BB 1997, 1731.
[699]   Vgl. LG Mönchengladbach NJW-RR 1991, 415 (418).

7. Pflichtverletzung, Verschulden, Schaden. Voraussetzungen für den Schadenser- **160** satzanspruch eines Dritten aufgrund deliktsrechtlicher Vorschriften sind eine Pflichtverletzung des Prüfers (→ Rn. 25 ff.),[700] ein Verschulden des Prüfers (→ Rn. 80)[701] sowie ein unmittelbarer Vermögensschaden des Anspruch stellenden Dritten (→ Rn. 81).[702] Ein eigenes Mitverschulden wird man dem Dritten im Allgemeinen nicht entgegenhalten können (schließlich sollen Prüfung und Bestätigungsvermerk die Transaktionskosten senken, indem Dritte in die Lage versetzt werden, Entscheidungen zu treffen, ohne eigene Prüfungen durchführen zu müssen),[703] es sei denn, der Dritte verfügt über besondere Fachkenntnisse, besondere Kenntnisse über das geprüfte Unternehmen und über den Jahresabschluss hinausgehende Informationen, die ihn zu Nachfragen hätten veranlassen müssen.[704] Bei Vorliegen eines Mitverschuldens der geprüften Gesellschaft (→ Rn. 114 ff.) ist zu differenzieren.[705] Die Haftungssummenbegrenzungen nach Abs. 2 S. 1 und 2 gelten für deliktsrechtliche Ansprüche Dritter nicht (→ Rn. 135).[706]

8. Kausalität. In der einschlägigen Rechtsprechung zur Haftung des Wirtschaftsprüfers **161** gegenüber Dritten finden sich zu der Frage des Ursachenzusammenhangs (Kausalität) nur vergleichsweise wenige Hinweise.[707] Das OLG Stuttgart,[708] das OLG Hamm[709] und das LG Frankfurt a. M.[710] haben Klagen Dritter mangels **Kausalität** der behaupteten Pflichtenverstöße zum geltend gemachten Schaden verneint und die Klagen dementsprechend abgewiesen. Es gelten die allgemeinen Kausalitätsregeln (→ Rn. 79).[711] Für die Annahme der Kausalität reicht es jedoch nicht aus, dass der fehlerhafte Bestätigungsvermerk nicht hinweggedacht werden kann, ohne dass der konkrete Erfolg (zB die Kreditvergabe oder ein Aktienkauf) entfiele (Äquivalenztheorie); die Haftung setzt vielmehr den „Nachweis der konkreten Kausalität für den Willensentschluss des Anlegers voraus".[712] Ein **Anscheinsbeweis** wird in Pflichtprüfungsfällen selten in Betracht kommen.[713] Unklar war bisher, welche Bedeutung dem Zeitraum zwischen der Erteilung des Bestätigungsvermerks und der nachteiligen vermögenswirksamen Entscheidung bzw. Maßnahme des Dritten bei der Prüfung der Kausalität zukommt. Das OLG Düsseldorf hat in einer (nach Rücknahme der Revision rechtskräftigen) Entscheidung die Kausalität mangels unmittelbaren zeitlichen Zusammenhangs zwischen der Prüfung des Abschlusses der Gesellschaft und dem Beginn der Kreditverhandlungen der Gesellschaft mit der Kreditgeberin – zutreffend – verneint.[714] Bei der Prüfung

---

[700]   Zu Einzelheiten Sommerschuh, Berufshaftung und Berufsaufsicht: Wirtschaftsprüfer, Rechtsanwälte und Notare im Vergleich, 2003, S. 215–218.

[701]   Vgl. Sommerschuh, Berufshaftung und Berufsaufsicht: Wirtschaftsprüfer, Rechtsanwälte und Notare im Vergleich, 2003, S. 218.

[702]   Zu Einzelheiten Sommerschuh, Berufshaftung und Berufsaufsicht: Wirtschaftsprüfer, Rechtsanwälte und Notare im Vergleich, 2003, S. 218–220; W. Doralt, Haftung der Abschlussprüfer, 2005, S. 151–162.

[703]   Ebke in Krieger/Schneider, Managerhaftung-HdB, 3. Aufl. 2017, S. 320; Ekkenga WM Sonderbeilage 3/1996, 11.

[704]   Ebke Wirtschaftsprüfer S. 76. Die Einzelheiten sind umstritten. S. ferner Sommerschuh, Berufshaftung und Berufsaufsicht: Wirtschaftsprüfer, Rechtsanwälte und Notare im Vergleich, 2003, S. 222 f. mwN; Seibt/Wollenschläger DB 2011, 1378 (1385).

[705]   Sommerschuh, Berufshaftung und Berufsaufsicht: Wirtschaftsprüfer, Rechtsanwälte und Notare im Vergleich, 2003, S. 223 f.

[706]   AllgM; s. statt aller Seibt/Wollenschläger DB 2011, 1378 (1385); s. aber auch HKMS/Staake/Müller Rn. 115 unter Hinweis auf BGH NJW 1992, 2474 (2475).

[707]   Ausf. Sommerschuh, Berufshaftung und Berufsaufsicht: Wirtschaftsprüfer, Rechtsanwälte und Notare im Vergleich, 2003, S. 220–222 sowie aus Sicht des österreichischen Rechts W. Doralt, Haftung der Abschlussprüfer, 2005, S. 165–179.

[708]   OLG Stuttgart WM 2009, 2382 (2385–2386).

[709]   OLG Hamm NJWE-VHR 1996, 218 = BB 1996, 2295.

[710]   LG Frankfurt a. M. BB 1997, 1682 (1684); dazu Ebke BB 1997, 1731.

[711]   Implizit auch LG München ZIP 2008, 1123.

[712]   OLG Stuttgart WM 2009, 2382 (2385) (mit ausführlicher Begründung und unter Hinweis auf BGH NJW-RR 2008, 1004 = WM 2008, 790; BGH NZG 2007, 708 = WM 2007, 1557).

[713]   OLG Stuttgart WM 2009, 2382 (2385); s. aber OLG Düsseldorf DB 2009, 2369.

[714]   OLG Düsseldorf GI 1999, 218 (221) = WPK-Mitt. 1999, 258 (260) mAnm Ebke/Paal = NZG 1999, 901 mAnm Salje.

der Kausalität sind die Fälle der Vermögensschäden von Anteilseignern, Anleihezeichnern und sonstigen Dritten (zB Kreditgebern bzw. Lieferanten) sorgfältig auseinanderzuhalten.[715]

162   **9. Verjährung.** Ansprüche aus unerlaubter Handlung verjähren in drei Jahren (§ 195 BGB).[716] Die Verjährungsfrist beginnt nicht bereits mit der Entstehung des Anspruchs, sondern gemäß § 199 Abs. 1 BGB erst mit dem Schluss des Jahres, in dem der Anspruch entstanden ist (Nr. 1) und in dem der Gläubiger von den den Anspruch begründenden Umständen Kenntnis erlangt oder ohne grobe Fahrlässigkeit hätte erlangen können (Nr. 2). Vor Inkrafttreten des Gesetzes zur Modernisierung des Schuldrechts vom 26.11.2001 (BGBl. 2001 I 3138) begann die Verjährung gemäß § 852 BGB aF mit dem Zeitpunkt, in welchem der Verletzte von dem Schaden und der Person des Ersatzpflichtigen Kenntnis erlangt hatte, ohne Rücksicht auf diese Kenntnis in dreißig Jahren von der Begehung der Handlung an. Nach neuem Recht kann die Verjährung von Ansprüchen aus unerlaubter Handlung also zu einem früheren Zeitpunkt beginnen (→ Rn. 121 ff.).

III. Sachwalterhaftung

163   Die vorvertragliche Eigenhaftung des gesetzlichen Abschlussprüfers nach den von der Rechtsprechung entwickelten Grundsätzen der Sachwalterhaftung[717] hat im Bereich der gesetzlichen Abschlussprüfung – im Gegensatz etwa zur Steuerberatung[718] und zur Prospekthaftung[719] – **keine große praktische Bedeutung** erlangt (zu der gesetzlich geregelten Sachwalterhaftung → Rn. 165). Eine Sachwalterhaftung kommt nach den hergebrachten Grundsätzen der Rechtsprechung in Betracht, wenn der Abschlussprüfer ein besonderes persönliches Vertrauen in Anspruch genommen hat oder wenn er wirtschaftlich an dem Abschluss des Geschäfts interessiert ist und aus dem Geschäft eigenen Nutzen erstrebt.[720] Diese Voraussetzungen dürften in Pflichtprüfungsfällen kaum erfüllt sein.[721] Zur Anwendbarkeit der Grundsätze der Sachwalterhaftung neben § 323 → Rn. 168 ff.

IV. § 311 Abs. 3 BGB

164   **1. Bedeutung.** Im Zuge der Schuldrechtsreform im Jahre 2001 wurde das von der Rechtsprechung entwickelte Rechtsinstitut der vorvertraglichen Haftung (*culpa in contrahendo*) in § 311 Abs. 2 BGB auf eine gesetzliche Grundlage gestellt.[722] § 311 Abs. 3 BGB enthält eine Regelung über die rechtliche Stellung Dritter. Nach § 311 Abs. 3 S. 1 BGB kann ein Schuldverhältnis mit Pflichten nach § 241 Abs. 2 BGB auch zu Personen entstehen, die nicht selbst Vertragspartei werden sollen.[723] Ein solches Schuldverhältnis soll gemäß

---

[715]   Zu Einzelheiten: W. Doralt, Haftung der Abschlussprüfer, 2005, S. 165–179; Sommerschuh, Berufshaftung und Berufsaufsicht: Wirtschaftsprüfer, Rechtsanwälte und Notare im Vergleich, 2003, S. 220–222.

[716]   Zimmermann WPK Magazin 2/2006, 33.

[717]   Dazu Henke, Sachwalterhaftung, 1997; Wiegand, Die Sachwalterhaftung als richterliche Rechtsfortbildung, 1991; Canaris ZHR 163 (1999), 206 (222–229); Canaris FS 50 Jahre BGH, 2000, 129 (185–187).

[718]   Dazu Gräfe/Lenzen/Schmeer, Steuerberaterhaftung, 6. Aufl. 2017, Rn. 15–23; Späth DStR 1996, 400.

[719]   S. nur BGH DB 2007, 1631 (1634) = BB 2007, 1724 (1726); BGH DB 2007, 1635 = BB 2007, 1726 mAnm Kindler; BGH NJW-RR 2006, 611. Zu Einzelheiten: D. Schmidt, Prospekthaftung im Spannungsfeld von Gesetz und richterlicher Gestaltung, 2018; Denninger, Grenzüberschreitende Prospekthaftung und Internationales Privatrecht, 2015, S. 32 ff.; Staub/Habersack/Schürnbrand Rn. 62–67; BeBiKo/Justenhoven/Feldmüller Rn. 210–215; HKMS/Staake/Müller Rn. 108; Janert/Schuster BB 2005, 987 (990–991); Meyer WM 2003, 1301.

[720]   OLG Frankfurt a. M. IPRax 1986, 373 (378). Vgl. HKMS/Staake/Müller Rn. 107.

[721]   Ebenso OLG Düsseldorf DB 2009, 2369. Zust. Merkt/Probst/Fink/Mylich S. 1654–1655 Rn. 40; HKMS/Staake/Müller Rn. 108.

[722]   Begr. RegE des SchuldRModG, BT-Drs. 14/6040, 161 f. Zur Bedeutung des § 311 Abs. 2 Nr. 3 BGB („ähnliche geschäftliche Kontakte") als Ausgangspunkt für eine Ausdehnung der Haftung des Wirtschaftsprüfers: Henssler/Dedek WPK-Mitt. 2002, 278 (281) („wenig wahrscheinlich, aber keineswegs ausgeschlossen"); iE ebenso Karampatzos, Vom Vertrag mit Schutzwirkung für Dritte zur deliktischen berufsbezogenen Vertrauenshaftung, 2005, 253 (254).

[723]   MünchKommBGB/Emmerich, 9. Aufl. 2022, § 311 Rn. 206; BeBiKo/Justenhoven/Feldmüller Rn. 201.

§ 311 Abs. 3 S. 2 BGB insbesondere dann entstehen, wenn der Dritte „in besonderem Maße" Vertrauen für sich in Anspruch nimmt und dadurch die Vertragsverhandlungen oder den Vertragsschluss erheblich beeinflusst. Inhalt, Reichweite und Bedeutung der Bestimmungen des § 311 Abs. 3 S. 1 und 2 BGB sind in Literatur und Rechtsprechung noch immer nicht hinreichend geklärt. Es wird erörtert, ob in § 311 Abs. 3 S. 1 BGB das bislang gesetzlich nicht geregelte Rechtsinstitut des Vertrages mit Schutzwirkung für Dritte (→ Rn. 181 ff.) verankert ist[724] und die Vorschrift deshalb nicht nur Fälle wie die Sachwalterhaftung (vgl. § 311 Abs. 3 S. 2 BGB – → Rn. 165) erfasst, bei denen ein Dritter selbst verpflichtet wird,[725] sondern auch Fälle regelt, in denen ein Dritter berechtigt wird.[726] Umstritten ist darüber hinaus, welche Bedeutung der – als nicht abschließend gedachte („insbesondere") – § 311 Abs. 3 S. 2 BGB für die von der Rechtsprechung auf der Grundlage der *culpa in contrahendo* entwickelten Grundsätze der vertraglichen Dritthaftung von Experten (zB Rechtsanwälten, Steuerberatern, Wirtschaftsprüfern, Sachverständigen) für fehlerhafte Gutachten oder Auskünfte hat. Einige Autoren vertreten die Ansicht, dass § 311 Abs. 3 S. 2 BGB über kurz oder lang eine dogmatische Wende der Rechtsprechung zu einer Dritthaftung von Experten aus einer originären Sonderrechtsbeziehung zwischen dem Experten und dem Dritten zur Folge haben wird.[727] Ob eine solche Wende auch die Dritthaftung des gesetzlichen Abschlussprüfers erfassen könnte, ist eine weitere offene Frage (→ Rn. 168). Nach Ansicht einer dritten Gruppe von Autoren trägt § 311 Abs. 3 BGB zu der Lösung des Grundlagenstreits der dogmatischen Einordnung der Berufshaftung gegenüber Dritten wenig bei; danach ist die Dritthaftung von Experten weiterhin ein gesetzlich ungeregeltes Rechtsproblem.[728]

a) Sachwalterhaftung; Vertrag mit Schutzwirkung für Dritte. Das Regelbeispiel **165** in § 311 Abs. 3 S. 2 BGB spricht dafür, dass § 311 Abs. 3 S. 1 BGB jedenfalls die Eigenhaftung des Verhandlungshilfen bzw. Sachwalterhaftung erfasst.[729] Dass § 311 Abs. 3 S. 1 BGB auch das Rechtsinstitut des Vertrages mit Schutzwirkung für Dritte kodifizieren oder auch nur „dem Grunde nach absegnen"[730] sollte, ist nach der Gesetzgebungsgeschichte, nach der systematischen Stellung der Norm sowie nach ihrem Sinn und Zweck eher unwahrscheinlich.[731] In den Gesetzesmaterialien ist das Rechtsinstitut im Zusammenhang mit § 311

---

724 S. nur Lieb in Dauner-Lieb/Heidel/Lepa/Ring, Das Neue Schuldrecht, 2002, S. 142 („vom Wortlaut her unproblematisch"); Leibner/Langenhagen DB 2004, 2087 (2090); Schwab JuS 2002, 872 (878); Eckebrecht MDR 2002, 425 (427) (allerdings unter ausdrücklicher Beibehaltung der Voraussetzungen des Vertrages mit Schutzwirkung für Dritte); Ehmann/Sutschet, Modernisiertes Schuldrecht, 2002, § 6 III. AA van Eickels, Die Drittschutzwirkung von Verträgen, 2005, S. 152 („keine substanzielle Regelung des Vertrages mit Schutzwirkung für Dritte"); Karampatzos, Vom Vertrag mit Schutzwirkung für Dritte zur deliktischen berufsbezogenen Vertrauenshaftung, 2005, S. 255–257; Schumacher/Lada ZGS 2002, 450 (455, 456).

725 MüKoBGB/Emmerich, 9. Aufl. 2022, BGB § 311 Rn. 212, 213; Canaris JZ 2001, 499 (520) verwendet für diese Fallgruppe den Begriff der „Passivlegitimation".

726 Canaris JZ 2001, 499 (520) spricht in diesen Fällen von „Aktivlegitimation".

727 S. etwa van Eickels, Die Drittschutzwirkung von Verträgen, 2005, S. 156; Koch AcP 204 (2004), 59 (70) (betr. Auskunftshaftung gegenüber Dritten); Schwab JuS 2002, 872 (877); Schumacher/Lada ZGS 2002, 450 (455); Berger ZBB 2001, 238 (246).

728 S. nur Eckebrecht MDR 2002, 425 (428); Heppe WM 2003, 753 (761); Krebber VersR 2004, 150 (157); vgl. Merkt/Probst/Fink/Mylich S. 165 Rn. 40.

729 Vgl. nur Canaris JZ 2001, 499 (520); MüKoBGB/Gottwald, 9. Aufl. 2022, BGB § 328 Rn. 172; Baumann VersR 2004, 944 (945); van Eickels, Die Drittschutzwirkung von Verträgen, 2005, S. 152; Karampatzos, Vom Vertrag mit Schutzwirkung für Dritte zur deliktischen berufsbezogenen Vertrauenshaftung, 2005, S. 258; Koch AcP 204 (2004), 59 (63 und 70); Rosenboom, Abschlussprüfung und Haftung nach portugiesischem Recht, 2004, S. 64.

730 Lieb in Dauner-Lieb/Heidel/Lepa/Ring, Das Neue Schuldrecht, 2002, § 3 Rn. 45; krit. dazu Karampatzos, Vom Vertrag mit Schutzwirkung für Dritte zur deliktischen berufsbezogenen Vertrauenshaftung, 2005, S. 257.

731 MüKoBGB/Gottwald, 9. Aufl. 2022, BGB § 328 Rn. 172 mwN; zu weiteren Einzelheiten van Eickels, Die Drittschutzwirkung von Verträgen, 2005, S. 150–152; Karampatzos, Vom Vertrag mit Schutzwirkung für Dritte zur deliktischen berufsbezogenen Vertrauenshaftung, 2005, S. 255–257; Wölber, Die Abschlussprüferhaftung im Europäischen Binnenmarkt, 2005, S. 84–86.

Abs. 3 BGB nicht erwähnt.[732] Ausweislich der Amtlichen Begründung des Regierungsentwurfs ging es dem Gesetzgeber vielmehr nur um die Kodifizierung der **Eigenhaftung des Vertreters** oder des Verhandlungsgehilfen bzw. der Sachwalterhaftung.[733] Systematisch hätte eine Regelung über den Vertrag mit Schutzwirkung für Dritte ohnehin in den Zusammenhang der §§ 328 ff. BGB gehört und nicht in den § 311 Abs. 3 BGB, der unmittelbar auf § 311 Abs. 2 BGB aufbaut, der die *culpa in contrahendo* regelt.[734] Bei dem Rechtsinstitut des Vertrages mit Schutzwirkung für Dritte handelt es sich — jedenfalls historisch — um ein vertragliches Haftungsinstitut, auf das die Vorschriften über den Vertrag zugunsten Dritter entsprechend angewendet werden (zu § 334 BGB → Rn. 213).[735] Wenn der Gesetzgeber den Vertrag mit Schutzwirkung für Dritte in § 311 Abs. 3 S. 1 BGB hätte regeln wollen, hätte es nahe gelegen, in den Gesetzesmaterialien darauf hinzuweisen oder — besser noch — den § 311 Abs. 3 S. 2 BGB um ein entsprechendes Beispiel zu ergänzen.[736] Die besseren Gründe sprechen deshalb für die Annahme, dass der Vertrag mit Schutzwirkung für Dritte von § 311 Abs. 3 S. 1 BGB **nicht erfasst** ist.[737] Soweit § 311 Abs. 3 S. 2 BGB die Sachwalterhaftung gesetzlich festschreibt, ergeben sich im Lichte der einschlägigen Gesetzesmaterialien für die Haftung des gesetzlichen Abschlussprüfers keine grundlegenden Änderungen im Vergleich zu der bisherigen Rechtslage.

166   **b) „Expertenhaftung".** Schwieriger zu beurteilen ist die Bedeutung des § 311 Abs. 3 S. 2 BGB für die Zukunft der sog. „Expertenhaftung".[738] Der Anwendungsbereich dieser Rechtsfigur ist nach wie vor im Fluss.[739] In der Literatur haben sich dazu im Wesentlichen **drei Ansichten** herausgebildet. **(1)** Vereinzelt wird angenommen, nach dem in dieser Vorschrift zum Ausdruck kommenden Willen des Gesetzgebers müsse die Haftung von Experten für fehlerhafte Gutachten oder Auskünfte mit Hilfe der Grundsätze über die *culpa in contrahendo* fortan über § 311 Abs. 3 S. 2 BGB gelöst werden.[740] Die bislang von der Rechtsprechung favorisierten rechtsgeschäftlichen Konstruktionen seien im Hinblick auf § 311 Abs. 3 S. 2 BGB aufzugeben.[741] Einschränkend wird aber bisweilen hinzugefügt, dass diese Ansicht nach dem Willen des Gesetzgebers

---

[732]   Erwähnt ist der Vertrag mit Schutzwirkung für Dritte lediglich im Zusammenhang mit § 311 Abs. 2 Nr. 3 BGB: Baumann VersR 2004, 944 (945); van Eickels, Die Drittschutzwirkung von Verträgen, 2005, S. 150, 151 („Die Tatsache, dass der Gesetzgeber den Vertrag mit Schutzwirkung zu Gunsten Dritter an anderer Stelle der Gesetzesbegründung ausdrücklich erwähnt, lässt Zweifel an einer Regelung [des Vertrags mit Schutzwirkung für Dritte] in § 311 III 1 BGB nF aufkommen").

[733]   Begr. RegE v. 14.5.2001 zu § 311 Abs. 3, BT-Drs. 14/6040, 163.

[734]   Vgl. Canaris JZ 2001, 499 (520) („In § 311 Abs. 3 KF ist die Einbeziehung Dritter in den Tatbestand der culpa in contrahendo geregelt").

[735]   S. nur Karampatzos, Vom Vertrag mit Schutzwirkung für Dritte zur deliktischen berufsbezogenen Vertrauenshaftung, 2005, S. 256. In neuerer Zeit stellt die Rspr. allerdings auf die Regeln der ergänzenden Vertragsauslegung (§§ 133, 157 BGB) ab: BGHZ 216, 37 Rn. 46; BGHZ 56, 269 (273); BGH NJW 2004, 3035 (3036); wN bei MüKoBGB/Gottwald, 9. Aufl. 2022, BGB § 328 Rn. 171 Fn. 631.

[736]   Wölber, Die Abschlussprüferhaftung im Europäischen Binnenmarkt, 2005, S. 85.

[737]   IdS klar und deutlich MüKoBGB/Gottwald, 9. Aufl. 2022, BGB § 328 Rn. 172 („§ 311 Abs. 3 S. 1 bildet daher keine Rechtsgrundlage für den Vertrag mit Schutzwirkung für Dritte").

[738]   Dazu etwa Karampatzos, Vom Vertrag mit Schutzwirkung für Dritte zur deliktischen berufsbezogenen Vertrauenshaftung, 2005, S. 257–262; van Eickels, Die Drittschutzwirkung von Verträgen, 2005, S. 153–157; Haferkamp in Dauner-Lieb/Konzen/Schmidt, Das neue Schuldrecht in der Praxis, 2002, S. 179 (180); Henssler/Dedek WPK-Mitt. 2002, 278 (281–282). Vgl. die Beschlussempfehlung des Rechtsausschusses des Deutschen Bundestages, in der insbesondere die Haftung des Rechtsanwalts für sog. „Third Party Legal Opinions" als Fall der „Expertenhaftung" aus *culpa in contrahendo* gegenüber Dritten erörtert wird (BT-Drs. 14/7052, 190).

[739]   MüKoBGB/Gottwald, 9. Aufl. 2022, BGB § 328 Rn. 175.

[740]   Staub/Habersack/Schürnbrand Rn. 57. Vgl. Gräfe/Brügge, Vermögensschaden-Haftpflichtversicherung, 3. Aufl. 2020, S. 155 („… statuiert lediglich die bereits vom BGH entwickelte Vertrauenshaftung").

[741]   S. zB Staub/Habersack/Schürnbrand Rn. 57; Schmidt-Räntsch AuUmwR 2003, 265 (267); Koch AcP 204 (2004), 59 (80); Schwab JuS 2002, 872 (876); Koch WM 2005, 1208 (1211); vorsichtiger Haferkamp in Dauner-Lieb/Konzen/Schmidt, Das neue Schuldrecht in der Praxis, 2002, S. 180, 181 („Annäherung der Fälle der Expertenhaftung an die Sachwalterhaftung aus c.i.c.").

„nicht zwingend" sei.[742] **(2)** Andere Autoren gehen davon aus, dass der Gesetzgeber der Rechtsprechung mit § 311 Abs. 3 S. 2 BGB lediglich einen alternativen Lösungsweg aufzeigen wollte, ohne die Gerichte darauf festzulegen. Die Rechtsprechung könne daher zwischen den verschiedenen Lösungswegen frei wählen.[743] Für diese Auffassung spricht die Amtliche Begründung des Regierungsentwurfs zu § 311 Abs. 3 S. 2 BGB. Dort heißt es, die Vorschrift solle „der Rechtsprechung aufzeigen, dass diese Fälle auch auf diesem Wege zu lösen sind."[744] Das Wort „aufzeigen" deutet an, dass der Gesetzgeber mit § 311 Abs. 3 S. 2 BGB keinen bestimmten Lösungsweg vorgeben wollte. Ferner heißt es in der Amtlichen Begründung, dass im Gesetz zwar die Möglichkeit einer Haftung von Dritten aus *culpa in contrahendo* angesprochen, aber in einer Weise geregelt werden sollte, die „eine Weiterentwicklung dieses Rechtsinstituts durch Praxis und Wissenschaft erlaube".[745] § 311 Abs. 3 S. 1 und 2 BGB sind danach „offen" formuliert;[746] der Gesetzgeber wollte demnach einerseits der vertraglichen Dritthaftung von Experten keine Absage erteilen, andererseits die Möglichkeit einer Weiterentwicklung der Grundsätze über die Berufshaftung von Experten für fehlerhafte Auskünfte oder Gutachten auf der Grundlage der *culpa in contrahendo* eröffnen. **(3)** Nach Ansicht einer dritten Gruppe von Autoren hat § 311 Abs. 3 S. 2 BGB keine Bedeutung für die Dritthaftung von Experten für fehlerhafte Gutachten oder Auskünfte.[747]

2. Auswirkungen auf die Haftung des gesetzlichen Abschlussprüfers. Zusätzlich **167** zu der (höchstrichterlich noch ungeklärten) Frage, ob und inwieweit die vorvertragliche Dritthaftung, die der Gesetzgeber in § 311 Abs. 3 S. 2 BGB aufgenommen hat, zur Grundlage einer Dritthaftung von Experten für reine Vermögensschäden (eigenständige Vertrauenshaftung) ausgebaut werden kann bzw. von den Gerichten ausgebaut werden wird, und zusätzlich zu der weiteren Frage, ob ein allfälliger Rückgriff der Rechtsprechung auf § 311 Abs. 3 BGB zu einer materiellen Verschärfung der Dritthaftung von Experten führen wird oder nicht,[748] stellt sich die Frage, welche Auswirkungen eine solche Rechtsprechung auf die Dritthaftung des gesetzlichen Abschlussprüfers haben könnte.[749] Es gibt bis heute keine einzige gerichtliche Entscheidung in Deutschland, in der die Dritthaftung des **gesetzlichen Abschlussprüfers** auf die – aus der *culpa in contrahendo* entwickelten Grundsätze der – sog. Expertenhaftung gestützt wurde.[750] Die Gerichte haben bezüglich einer über das Deliktsrecht hinaus gehenden Dritthaftung des gesetzlichen Abschlussprüfers – soweit sie neben § 323 überhaupt in Betracht kommt (→ Rn. 169) – ausschließlich auf den Auskunftsvertrag bzw. das Rechtsinstitut des Vertrages mit Schutzwirkung für Dritte verwiesen, das nach der hier vertretenen Auffassung (→ Rn. 165) in § 311 Abs. 3 S. 1 BGB nicht geregelt ist. § 311 Abs. 3 S. 1 BGB ist daher mE **nicht anwendbar** in denjenigen Fällen, in denen nach bisheriger Rechtsprechung die Grundsätze des Vertrages mit Schutzwirkung für Dritte

---

742 Wölber, Die Abschlussprüferhaftung im Europäischen Binnenmarkt, 2005, S. 87.
743 Sommerschuh, Berufshaftung und Berufsaufsicht: Wirtschaftsprüfer, Rechtsanwälte und Notare im Vergleich, 2003, S. 201.
744 Begr. RegE v. 14.5.2001 zu § 311 Abs. 3 S. 2, BT-Drs. 14/6040, 163. Mit Recht krit. dazu Haferkamp in Dauner-Lieb/Konzen/Schmidt, Das neue Schuldrecht in der Praxis, 2002, S. 180 („eine für einen Gesetzgeber nun wirklich eigenartige Wendung"). S. auch Lieb in Dauner-Lieb/Heidel/Lepa/Ring, Das Neue Schuldrecht, 2002, S. 142.
745 Begr. RegE v. 14.5.2001 zu § 311 Abs. 3 S. 1, BT-Drs. 14/6040, 163.
746 Vgl. Canaris JZ 2001, 499 (520) (l.Sp.).
747 Karampatzos, Vom Vertrag mit Schutzwirkung für Dritte zur deliktischen berufsbezogenen Vertrauenshaftung, 2005, S. 260–262; Henssler/Dedek WPK-Mitt. 2002, 278 (282) mwN in Fn. 37; Kersting, Die Dritthaftung für Informationen im Bürgerlichen Recht, 2007, S. 548 („reine [sic] Pflichtprüfungen führen nicht zu der Entstehung einer Sonderverbindung gemäß § 311 Abs. 3 S. 2 BGB"); referierend, aber tendenziell zurückhaltend BeBiKo/Justenhoven/Feldmüller Rn. 206–207. Nicht erwähnt wird § 311 Abs. 3 BGB zB von Baus ZVglRWiss 103 (2004), 219 (234–256), Lutter ZSR 124 (2005-II), 415 (446–448), Hopt/Merkt Rn. 8.
748 Verneinend Henssler/Dedek WPK-Mitt. 2002, 278 (281–282).
749 Rosenboom, Abschlussprüfung und Haftung nach portugiesischem Recht, 2004, S. 64 (der insoweit eine Sperrwirkung des § 323 Abs. 1 S. 3 annimmt).
750 LG Dresden BeckRS 2018, 40872 Rn. 42.

eingreifen.[751] In den Gesetzesmaterialien der Schuldrechtsreform findet sich kein Hinweis darauf, dass der Gesetzgeber beabsichtigt haben könnte, mit Hilfe des § 311 Abs. 3 BGB eine Dritthaftung für **gesetzliche Abschlussprüfer** einzuführen, um die Haftung des gesetzlichen Abschlussprüfers über die einschlägige sonderprivatrechtliche Norm des § 323 Abs. 1 S. 3 hinaus zu erweitern.

168   Diese Tatsache ist umso bedeutsamer als die Bundesregierung in Ziff. 5 ihres Zehn-Punkte-Programms „Unternehmensintegrität und Anlegerschutz" vom 25.2.2003[752] eine Erweiterung der Haftung des gesetzlichen Abschlussprüfers „dem Kreis der Anspruchsberechtigten nach (*Erweiterung auf Dritthaftung*)" in Betracht gezogen und – unter dem Eindruck der nach dem Verschulden des Prüfers differenzierenden Neuregelung der Haftungshöchstsumme durch den österreichischen Gesetzgeber (→ 4. Aufl. 2020, § 323 Rn. 8) – eine Erhöhung der Haftungshöchstsummen gemäß § 323 Abs. 2 erwogen hatte.[753] Eine **Reform der Haftung** des Abschlussprüfers wurde dann allerdings **zurück-gestellt** bis zu einer Neuregelung der persönlichen Haftung von Vorstand und Aufsichtsrat, da es „wenig Sinn" mache, „hier allein den Abschlussprüfer zunächst einer strengeren Haftung zu unterwerfen".[754] Die in Ziff. 5 des 10-Punkte-Programms angedachte „Erweiterung auf Dritthaftung" in § 323 Abs. 1 S. 3 ist bisher gesetzlich nicht umgesetzt worden (→ Rn. 169 ff.). Im Zusammenhang mit dem Erlass des **FISG** vom 3.6.2021 (BGBl. 2021 I 1534) wurde die gesetzliche Begründung einer Dritthaftung des Abschlussprüfers für Fahrlässigkeit intensiv diskutiert (→ Rn. 209). Der Gesetzgeber hat im FISG die deliktsrechtliche Dritthaftung des Abschlussprüfers nach § 823 Abs. 2 BGB durch Absenkung des Verschuldensgrads von Vorsatz (§ 332 Abs. 2) auf Leichtfertigkeit (§ 332 Abs. 3) bei der strafbewehrten Erteilung eines inhaltlich unrichtigen Bestätigungsvermerks bei der Prüfung eines Unternehmens von öffentlichem Interesse (§ 316a S. 2) erweitert, eine darüber hinausgehende (deliktsrechtliche oder quasi-vertragliche) Dritthaftung für Fahrlässigkeit aber bewusst nicht eingeführt.[755]

V. Vertragliche Haftungsgründe

169   Umstritten ist, ob neben Abs. 1 S. 3 außer den deliktsrechtlichen Haftungsgrundlagen (§§ 823, 826, 831 BGB; → Rn. 135 ff.) noch andere – beispielsweise vorvertragliche (→ Rn. 164 ff.), vertragliche bzw. vertragsähnliche (→ Rn. 169 ff.) oder sonstige (→ Rn. 221 ff.) – Haftungsgründe überhaupt anwendbar sind oder ob dem Abs. 1 S. 3 insoweit eine **Sperrwirkung** zukommt.[756] Hinter diesem Streit verbergen sich nicht nur Fragen der Dogmatik des zivilrechtlichen Vermögensschutzes in Fällen fahrlässiger Schädigung, sondern auch das verfassungsrechtliche Problem, welche Rolle der Rechtsprechung bei der Fortentwicklung des Rechts der Haftung des Abschlussprüfers über Abs. 1 S. 3 und §§ 823, 826, 831 BGB hinaus zukommt. Hinzu tritt die Frage, ob und inwieweit eine Dritthaftung des gesetzlichen Abschlussprüfers für seine berufliche Fahrlässigkeit ökonomisch und rechtspolitisch sinnvoll ist.

170   **1. Bedeutung.** Die Anerkennung einer Haftung des gesetzlichen Abschlussprüfers nach vorvertraglichen, vertraglichen, vertragsähnlichen bzw. sonstigen Haftungsgründen hat

---

[751] IdS auch BeBiKo/Justenhoven/Feldmüller Rn. 207; aA Staub/Habersack/Schürnbrand Rn. 57, die die „Berufshaftung des Wirtschaftsprüfers" [sic] in § 311 Abs. 3 S. 2 BGB ansiedeln wollen („Modell einer eigenständigen Vertrauenshaftung"), obwohl die betreffende Vorschrift ausdrücklich nur die Eigenhaftung des Vertreters oder Verhandlungsgehilfen bzw. Sachwalterhaftung regelt (MüKoBGB/Emmerich, 9. Aufl. 2022, BGB § 311 Rn. 212; MüKoBGB/Gottwald, 9. Aufl. 2022, BGB § 328 Rn. 172), die gerade keinen Fall der Dritthaftung darstellt!

[752] Abgedruckt in WPK-Mitt. 2003, 44. Dazu allgemein Knorr/Hülsmann NZG 2003, 567.

[753] Dazu Seibert BB 2003, 693 (697); Ernst WPg 2003, 18 (24).

[754] So der Parlamentarische Staatssekretär Hartenbach in seiner Ansprache anlässlich des Parlamentarischen Abends der Wirtschaftsprüferkammer am 21.10.2003 zum Thema „Sicherheit und Kontrolle auf den Kapitalmärkten" (abrufbar unter www.bmj.bund.de). S. auch Ring WPg 2005, 197 (197) (l.Sp.).

[755] Nietsch WM 2021, 158 (167) mwN; krit. MüKoBGB/Emmerich, 9. Aufl. 2022, BGB § 311 Rn. 218.

[756] Merkt/Probst/Fink/Mylich S. 1654 Rn. 38 („Kardinalproblem bei vertraglichen Ansprüchen").

aus Sicht des Geschädigten gegenüber dem Deliktsrecht eine Reihe von Vorteilen. Der wichtigste Vorteil aus Sicht der Geschädigten besteht – wie gesagt – darin, dass der Prüfer nach den genannten Haftungsinstituten (jedenfalls gewissen) Dritten auch für einfache Fahrlässigkeit haften würde, und zwar ohne Entlastungsmöglichkeit für seine Prüfungsgehilfen (§ 278 BGB) und – möglicherweise – auch ohne die Haftungssummenbegrenzungen nach Abs. 2. Außerdem würde die dem Geschädigten günstigere Regelung des § 280 Abs. 1 S. 2 BGB (Umkehr der Beweislast für Verschulden) eingreifen. Vor der Schuldrechtsreform im Jahre 2001 (BGBl. 2001 I 3138) waren zudem die Verjährungsfristen für vertragliche Schadensersatzansprüche aus Sicht des Geschädigten günstiger als für deliktsrechtliche Ansprüche.[757]

Aus **Sicht des Abschlussprüfers** würde die Anwendung der genannten Haftungsinsti- **171** tute auf Pflichtprüfungsfälle eine massive Änderung der Risikoverteilung zwischen der geprüften Gesellschaft, dem Abschlussprüfer und Dritten bedeuten. Eine solche Änderung stellt eine Grundentscheidung von großer Tragweite für die Institution der privaten Jahresabschlussprüfung, die Abschlussprüfer, die geprüften Unternehmen, die Berufshaftpflichtversicherer und die Volkswirtschaft insgesamt dar.[758] Ob eine solche Grundentscheidung von der Rechtsprechung vorgenommen werden darf oder ob sie dem Gesetzgeber vorbehalten ist, wird unterschiedlich beurteilt (→ Rn. 206).

2. Notwendige Differenzierungen. Im Rahmen der Auseinandersetzungen um die **172** Dritthaftung des gesetzlichen Abschlussprüfers nach vorvertraglichen, vertraglichen, vertragsähnlichen oder sonstigen Haftungsgrundsätzen ist zu **differenzieren** zwischen (1) der Frage nach der grundsätzlichen Anwendbarkeit der betreffenden Haftungsgrundsätze neben Abs. 1 S. 3 und §§ 823, 826, 831 BGB und (2) der Frage nach dem Vorliegen der Voraussetzungen der jeweiligen Haftungsgrundsätze.

3. Auskunftsvertrag. Eine vertragliche Haftung des gesetzlichen Abschlussprüfers **173** gegenüber Dritten aus einem selbständigen von dem Prüfungsvertrag mit der prüfungspflichtigen Gesellschaft unterscheidbaren, ausdrücklich geschlossenen Auskunftsvertrag (vgl. § 675 Abs. 2 BGB) **kommt** nach hM neben § 323 Abs. 1 S. 3 und §§ 823, 826, 831 BGB grundsätzlich **in Betracht** (§ 311 Abs. 1 BGB).[759] Allerdings werden die Voraussetzungen eines Anspruchs wegen Verletzung einer Pflicht (§ 311 Abs. 1, § 280 Abs. 1, § 241 Abs. 2 BGB) aus einem eigenen Auskunftsvertrag in Pflichtprüfungsfällen mangels Zustandekommens eines solchen Vertrages so gut wie nie vorliegen.

a) Ausdrückliche Einigung. Eine ausdrückliche Einigung zwischen dem Dritten und **174** dem gesetzlichen Abschlussprüfer liegt im Regelfall schon deshalb nicht vor, weil zwischen dem Pflichtprüfer und dem Dritten im Allgemeinen kein unmittelbarer Kontakt besteht und entsprechende Willenserklärungen nicht abgegeben werden.[760]

---

[757] Zum neuen Recht: Wölber, Die Abschlussprüferhaftung im Europäischen Binnenmarkt, 2005, S. 82; Zimmermann WPK Magazin 2/2006, 33.

[758] Ebke BB 1997, 1731 (1732).

[759] BGH BeckRS 2008, 24194 Rn. 12; BGH JZ 1998, 1013 (1015); OLG Düsseldorf DStRE 2015, 1407 (1408) mAnm Meixner/Schröder DStR 2015, 1774; OLG Düsseldorf GI 1999, 218 (220) = WPK-Mitt. 1999, 258 (259); OLG Karlsruhe DStR 2015, 1334; LG Frankfurt a. M. BB 1997, 1682 (1683); LG Hamburg WM 1999, 139 (140); LG Mönchengladbach NJW-RR 1991, 415 (415) (r.Sp.). Aus dem Schrifttum s. etwa Baus ZVglRWiss 103 (2004), 219 (237–239); Ebke BFuP 2000, 5494 (553); Otto/Mittag WM 1996, 325 (328); Quick BB 1992, 1675 (1680–1681); Wölber, Die Abschlussprüferhaftung im Europäischen Binnenmarkt, 2005, S. 73; Staub/Habersack/Schürnbrand Rn. 55; HKMS/Staake/Müller Rn. 106.

[760] BGH BeckRS 2008, 24194 Rn. 12, 13; OLG Düsseldorf GI 1999, 218 (220) = WPK-Mitt. 1999, 258 (259); LG Hamburg WM 1999, 139 (140); LG Frankfurt a. M. BB 1997, 1682 (1682) (r. Sp.); LG Mönchengladbach NJW-RR 1991, 415 (415) (l. Sp.). Zust. Rosenboom, Abschlussprüfung und Haftung nach portugiesischem Recht, 2004, S. 58; Sommerschuh, Berufshaftung und Berufsaufsicht: Wirtschaftsprüfer, Rechtsanwälte und Notare im Vergleich, 2003, S. 203; Merkt/Probst/Fink/Mylich S. 1654 Rn. 39.

175   **b) Stillschweigende Einigung.** Nach älterer Rechtsprechung konnte ein Auskunftsvertrag auch stillschweigend geschlossen werden. Ein stillschweigend abgeschlossener Auskunftsvertrag wurde schon dann angenommen, wenn Auskünfte erteilt wurden, die für den Empfänger erkennbar von erheblicher Bedeutung waren und die dieser zur Grundlage wesentlicher Entschlüsse oder Maßnahmen machen wollte, und der Auskunftsgeber für die der Auskunft besonders sachkundig war oder wenn bei ihm ein eigenes wirtschaftliches Interesse an der Auskunftserteilung bestand.[761] Diese Rechtsprechung ist in der Literatur allerdings zu Recht auf **heftige Kritik** gestoßen, weil sie nicht auf dem freien rechtsgeschäftlichen Willen der Parteien und auch nicht auf einem (geschriebenen) Rechtssatz, sondern letztlich auf dem Gedanken der Risikobeherrschung und Zurechnung beruht und sehr schnell in die Nähe der Fiktion gerät,[762] zu einer unübersehbaren Ausweitung vertraglicher Verpflichtungen des Auskunftgebers führt[763] und die Grenzen zulässiger Rechtsfortbildung überschreitet (→ Rn. 206).

176   **c) Erfordernis der „direkten Kontaktaufnahme".** Die Kritik verhallte nicht ungehört: Der BGH hat in seiner Entscheidung vom 17.9.1985 klargestellt, dass die Bedeutung der Auskunft für den Empfänger einerseits und die Sachkunde des Auskunftsgebers andererseits für sich alleine *nicht* ausreichen, um das Zustandekommen eines stillschweigend geschlossenen Auskunftsvertrages zu bejahen. Vielmehr seien die genannten Kriterien lediglich als Indizien für den stillschweigenden Abschluss eines Auskunftsvertrages zu werten.[764] Der BGH stellt in seinem Urteil entscheidend darauf ab, ob die Gesamtumstände unter Berücksichtigung der Verkehrsauffassung und der Verkehrsbedürfnisse den Rückschluss zulassen, dass beide Teile die Auskunft zum Gegenstand vertraglicher Rechte und Pflichten machen wollten.[765] In seinem Beschluss vom 11.11.2008 hat der III. Zivilsenat des BGH nochmals ausdrücklich **Bedenken gegen eine stillschweigende Ausdehnung** der Haftung auf Dritte geäußert und es hierfür grundsätzlich für erforderlich gehalten, dass dem Abschlussprüfer deutlich wird, dass von ihm im Drittinteresse eine besondere Leistung erwartet wird, die über die Erbringung der gesetzlich vorgeschriebenen Pflichtprüfung hinausgeht.[766] Danach beschränkt sich die Annahme eines vertraglichen Auskunftsverhältnisses auf Fälle, in denen der Abschlussprüfer – wie beispielsweise in dem vom III. Zivilsenat des BGH entschiedenen Fall[767] – mit dem Dritten unmittelbar in Kontakt tritt und dann unter Bezugnahme auf seine konkrete Abschlussprüfungstätigkeit diesem gegenüber Erklärungen oder Zusicherungen abgibt, für deren Wahrheit und Vollständigkeit er einstehen

---

[761] Vgl. BGH WM 1972, 466; BGH WM 1979, 530; BGH WM 1985, 450 (451); OLG Karlsruhe DStR 2015, 1334 (1335). Vgl. Leibner/Holzkämper DB 2004, 2087 (2091) (betr. Rechtsanwälte und Steuerberater); Janert/Schuster BB 2005, 987 (988) (betr. Prospektgutachter); HKMS/Staake/Müller Rn. 106.

[762] S. nur Ebke Wirtschaftsprüfer S. 45–46; aus neuerer Zeit Ebke, Die zivilrechtliche Verantwortlichkeit der wirtschaftsprüfenden, steuer- und rechtsberatenden Berufe im internationalen Vergleich, 1996, S. 66–69; Frassek JuS 2004, 285 (287); Quick BB 1992, 1675 (1683, 1684); Canaris ZHR 163 (1999), 206 (213); Feddersen WM 1999, 105 (106); Grunewald AcP 187 (1987), 285 (294, 295); Hirte, Berufshaftung, 1996, S. 387; Honsell JuS 1976, 621 (625); Hopt AcP 183 (1983), 608 (617, 618); Koch AcP 204 (2004), 59 (71) („fiktive Vertragskonstruktion"); Schneider ZHR 163 (1999), 246 (252); Muth EWiR § 323 HGB 1/99, 365, 366 (sub 4).

[763] OLG Düsseldorf DStRE 2015, 1407 (1408); BGH BeckRS 2008, 24194 Rn. 15; BGH Ebke Wirtschaftsprüfer S. 66–69; Feddersen WM 1999, 105 (106).

[764] BGH NJW 1986, 180 (181).

[765] BGH NJW 1986, 180 (181) unter Hinweis auf RGZ 162, 129 (154–155).

[766] BGH BeckRS 2008, 24194 Rn. 10, 15; ebenso BGH BeckRS 2008, 23561 Rn. 17. Der Senat betont, es „wäre ein Verstoß gegen die gesetzliche Wertung des § 323 Abs. 1 Satz 3 HGB, wenn man unter den hier gegebenen Umständen annehmen wollte, der Pflichtprüfer übernehme ohne besonderen Anlass und ohne Gegenleistung – gewissermaßen in doppelter Hinsicht konkludent – sowohl die Begründung als auch die mögliche Vervielfältigung seiner Haftung."

[767] BGHZ 138, 257 = JZ 1998, 1013 = WM 1998, 1032, bestätigt in BGH WM 2006, 423 (425); BGH DB 2006, 1105 (1106). S. aber auch die Fallkonstellationen in OLG Düsseldorf DB 2009, 2369 und OLG Düsseldorf DStRE 2015, 1407 (betr. Vorabinformationen des Prüfers über das Ergebnis der Prüfung) mAnm Meixner/Schröder DStR 2015, 1774.

will.[768] Eine solche Sachverhaltsgestaltung ist in Pflichtprüfungsfällen allerdings die seltene Ausnahme, zumal die Pflicht des Abschlussprüfers zur Verschwiegenheit (§ 323 Abs. 1 S. 1; § 43 Abs. 1 S. 1 WPO;[769] → Rn. 60 ff.) einen unmittelbaren Kontakt des Abschlussprüfers mit Dritten hinsichtlich der Prüfung und des Ergebnisses der Prüfung **grundsätzlich ausschließt.**[770] Das bloße Wissen des Prüfers, dass sein Bestätigungsvermerk, sein Prüfungsbericht oder die bestätigten Jahresabschlüsse bei Kreditverhandlungen mit Banken benutzt werden (vgl. § 18 S. 1 KWG), stellt keinen „unmittelbaren Kontakt" im Sinne der Rechtsprechung dar.[771] Die Übersendung von Mehrexemplaren des Prüfungsberichts des Abschlussprüfers (§ 321) an die geprüfte Gesellschaft ist *nicht* als (konkludente) Einwilligung in eine Weitergabe des Prüfungsberichts an Dritte zu werten, weil der Prüfungsbericht in Deutschland grundsätzlich (vgl. aber § 321a) ein Instrument der unternehmens*internen* Berichterstattung darstellt (→ § 321 Rn. 2) und solche Mehrexemplare regelmäßig ausschließlich internen Zwecken des geprüften Unternehmens zu dienen bestimmt sind.[772] Gleiches gilt, wenn der Abschlussprüfer einem Dritten Einblick in seine (für interne Zwecke angefertigten) **Arbeitspapiere** gewährt, da auch in einem solchen Fall nicht angenommen werden kann, dass der Prüfer durch Gewährung der Einsichtnahme eine ansonsten nicht bestehende vertragliche Verantwortung für deren inhaltliche Richtigkeit und Vollständigkeit begründen will.[773]

Fehlt es an einer unmittelbaren Kontaktaufnahme (**„unmittelbaren Fühlung- 177 nahme"**)[774] zwischen dem Abschlussprüfer und dem Dritten und lässt sich auch aus den übrigen Umständen nicht **mit hinreichender Sicherheit** der Wille des Prüfers ableiten, zu dem Dritten in eine vom Vertragsverhältnis zur prüfungspflichtigen Gesellschaft unterscheidbare, selbständige rechtsgeschäftliche Beziehung zu treten (vgl. § 311 Abs. 1 BGB), kommt ein eigenständiges vertragliches Rechtsverhältnis mit entsprechender vertraglicher Haftung nicht in Betracht.[775] Eine anderweitige Bewertung würde – wie das LG Mönchengladbach mit Recht hervorgehoben hat – „die Vertragshaftung unangemessen ausweiten"[776] und die vom Gesetzgeber in § 323 Abs. 1 S. 3 und §§ 823, 826, 831 BGB angelegte Risikoverteilung zwischen der geprüften Gesellschaft, dem gesetzlichen Abschlussprüfer und dem Dritten unterlaufen und ist daher abzulehnen, zumal sich nach hM die Haftungssummenbegrenzungen

---

768 BGH BeckRS 2008, 23561 Rn. 15 (betr. telefonischen Kontakt eines Anlagevermittlers mit dem Abschlussprüfer); der Senat betont in Rn. 15, „im Rahmen eines Auskunftsvertrags" könne „von einem Pflichtprüfer, der wenig mehr bestätigt, als dass er eine Prüfung vorgenommen und dass diese – bezogen auf einen bestimmten Zeitpunkt – keine Beanstandungen ergeben hat, billigerweise erwartet werden ... , er wolle gegenüber einer Vielzahl ihm nicht bekannter Kunden einer Vermittlerin für die Seriosität des geprüften Unternehmens eintreten. Vgl. BGH NJW 1995, 392 = WM 1995, 204; BGH NJW 1992, 2080 (2082) = WM 1992, 1031; BGH NJW 1973, 321 (323); OLG Düsseldorf GI 1999, 218 (220) = WPK-Mitt. 1999, 258 (259); OLG München WM 1997, 613 (615); LG Frankfurt a. M. BB 1999, 1682 (1683); LG Hamburg WM 1999, 139 (140); LG Mönchengladbach NJW-RR 1991, 415 (r. Sp.).

769 § 43 WPO gilt sinngemäß für Wirtschaftsprüfungsgesellschaften sowie für Vorstandsmitglieder, Geschäftsführer und persönlich haftende Gesellschafter einer Wirtschaftsprüfungsgesellschaft, die nicht Wirtschaftsprüfer sind (§ 56 Abs. 1 WPO).

770 Zu dem Fall der Vorlage eines Testats an die kreditgebende Bank im Zusammenhang mit § 18 KWG: BGH NJW 1973, 321 (323), dazu BeBiKo/Justenhoven/Feldmüller Rn. 197. Zum Problem der Versendung des Prüfungsberichts an Dritte in anderen als Pflichtprüfungsfällen Wölber, Die Abschlussprüferhaftung im Europäischen Binnenmarkt, 2005, S. 75.

771 OLG Düsseldorf DStRE 2015, 1407 (1408) mAnm Meixner/Schröder DStR 2015, 1774; OLG Düsseldorf GI 1999, 218 (220) = WPK-Mitt. 1999, 258 (259) mAnm Ebke/Paal = NZG 1999, 901 mAnm Salje.

772 Zust. Merkt/Probst/Fink/Mylich § 323 Rn. 39.

773 So treffend BeBiKo/Justenhoven/Feldmüller Rn. 196.

774 LG Mönchengladbach NJW-RR 1991, 415 (r. Sp.).

775 LG Mönchengladbach NJW-RR 1991, 415 (415) (r. Sp.); LG Frankfurt a. M. BB 1997, 1682 (1683) unter Hinweis auf Otto/Mittag WM 1996, 325 (329); Quick BB 1992, 1675 (1683); Ebke/Scheel WM 1991, 389 (390). S. auch Wölber, Die Abschlussprüferhaftung im Europäischen Binnenmarkt, 2005, S. 74, 75; Seibt/Wollenschläger DB 2011, 1378 (1380); Staub/Habersack/Schürnbrand Rn. 55.

776 LG Mönchengladbach NJW-RR 1991, 415 (416).

nach § 323 Abs. 2 auf Ansprüche aus einem „stillschweigend" abgeschlossenen Auskunftsvertrag nicht erstrecken.[777] Der III. Zivilsenat des BGH hat diese Wertung in seinem Urteil vom 11.11.2008 ausdrücklich bestätigt: Der Senat betont, es „wäre ein Verstoß gegen die gesetzliche Wertung des § 323 Abs. 1 S. 3 HGB, wenn man unter den hier gegebenen Umständen annehmen wollte, der Pflichtprüfer übernehme ohne besonderen Anlass und ohne Gegenleistung – gewissermaßen in doppelter Hinsicht konkludent – sowohl die Begründung als auch die mögliche Vervielfältigung seiner Haftung".[778]

178   **4. Auskunftsvertrag für „den, den es angeht".** Aus den gleichen Erwägungen scheidet eine Dritthaftung des gesetzlichen Abschlussprüfers aus dem Gesichtspunkt der Verletzung eines Auskunftsvertrages „für den, den es angeht" aus.[779] Eine solche Haftung wäre schon mit Sinn und Zweck des § 675 Abs. 2 BGB unvereinbar, weil sie für den Prüfer die Gefahr von unübersehbaren Haftungsrisiken mit sich bringt, die mit den Wertungen des § 675 Abs. 2 BGB nicht in Einklang zu bringen sind.[780] Die Annahme eines Auskunftsvertrages „für den, den es angeht" würde darüber hinaus die in § 323 Abs. 1 S. 3 und §§ 823, 826, 831 BGB angelegte Risikoverteilung zwischen der geprüften Gesellschaft, dem gesetzlichen Abschlussprüfer und dem Dritten unterlaufen und ist daher abzulehnen.

179   **5. Haftungseinstand, Haftungsübernahme, Garantie.** Ein Anspruch Dritter gegen den gesetzlichen Abschlussprüfer wegen Verletzung eines Haftungseinstands-, Haftungsübernahme- oder Garantievertrages scheidet regelmäßig ebenfalls aus, weil es an der dafür notwendigen rechtsgeschäftlichen Erklärung des Abschlussprüfers gegenüber Dritten im Regelfall fehlt.[781]

180   **6. Vertrag zugunsten Dritter.** Eine Haftung des Abschlussprüfers gegenüber einem Dritten aus positiver Verletzung eines (echten) Prüfungsvertrages zugunsten Dritter (§ 328 BGB) scheidet ohne Vorliegen besonderer Umstände im Regelfall aus.[782] Der Prüfungsvertrag zwischen einer *prüfungspflichtigen* Gesellschaft und ihrem Abschlussprüfer enthält im Allgemeinen keine Bestimmung, dass ein bestimmter Dritter ein eigenes Forderungsrecht gegenüber dem Abschlussprüfer erhalten soll. Aus Sinn und Zweck des Prüfungsvertrages ist ebenfalls nicht zu entnehmen, dass zwischen den Parteien des Prüfungsvertrages ein derartiger Rechtserwerb Dritter gewollt ist.[783] Die meisten Gerichte, die über Schadensersatzklagen Dritter gegen gesetzliche Abschlussprüfer zu entscheiden hatten, haben daher die Möglichkeit einer Haftung des Prüfers aufgrund eines Prüfungsvertrages zugunsten Dritter zutreffend erst gar nicht in Erwägung gezogen.

VI. Vertrag mit Schutzwirkung für Dritte

181   An die Stelle des „stillschweigend" abgeschlossenen Auskunftsvertrages als Grundlage für Schadensersatzansprüche Dritter gegen „Experten" ist in der neueren Rechtsprechung die Rechtsfigur des Vertrages mit Schutzwirkung für Dritte getreten (zur Frage, ob die Rechtsfigur des Vertrages mit Schutzwirkung für Dritte in § 311 Abs. 3 S. 1 BGB kodifiziert wurde, → Rn. 165).[784]

---

[777] Zu letzterem Aspekt Grunewald ZGR 1999, 583 (585) (unter Hinweis auf BGH NJW 1998, 1948 = JZ 1998, 1013).

[778] BGH BeckRS 2008, 24194.

[779] LG Mönchengladbach NJW-RR 1991, 415 (416). Zust. Feddersen WM 1999, 105 (107); berichtend Baus ZVglRWiss 103 (2004), 219 (238); Seibt/Wollenschläger DB 2011, 1378 (1380).

[780] LG Mönchengladbach NJW-RR 1991, 415 (416) unter Hinweis auf BGH DB 1973, 716 (717).

[781] Vgl. LG Mönchengladbach NJW-RR 1991, 415 (416). Zust. Feddersen WM 1999, 105 (107). Ebenfalls abl. OLG Saarbrücken BB 1978, 1434 (1435) (selbst für den Fall, dass der Wirtschaftsprüfer Bilanzen uä unmittelbar an den Kreditgeber weiterreicht).

[782] OLG Köln BeckRS 2016, 06014 Rn. 23, 24; OLG Düsseldorf DB 2009, 2369; LG Mönchengladbach NJW-RR 1991, 415 (416); LG Hamburg BeckRS 2018, 42429; LG Hamburg WM 1999, 139 (141); zust. Feddersen WM 1999, 105 (107); HKMS/Staake/Müller Rn. 105.

[783] LG Mönchengladbach NJW-RR 1991, 415 (416); LG Hamburg WM 1999, 139 (141).

[784] Ebke, Die zivilrechtliche Verantwortlichkeit der wirtschaftsprüfenden, steuer- und rechtsberatenden Berufe im internationalen Vergleich, 1996, S. 41–45; Grunewald ZGR 1999, 583 (585).

1. Allgemeine Voraussetzungen. Einigkeit besteht darüber, dass der vertragliche 182
Drittschutz nicht jedem gewährt werden kann, der durch die mangelhafte Erfüllung eines
Vertrages irgendwie beeinträchtigt wird. Der vertragliche Drittschutz nach der Rechtsfigur
des Vertrages mit Schutzwirkung für Dritte ist an vier Voraussetzungen geknüpft.[785] Der
Dritte muss zunächst den Gefahren einer Leistungsstörung etwa ebenso intensiv ausgesetzt
sein wie der Gläubiger selbst; der Dritte muss sich also in **Leistungsnähe** (dh im „Gefahrenbe-
reich" des Vertrages) befinden.[786] Der Gläubiger muss darüber hinaus ein besonderes Interesse
an dem **Schutz des Dritten** haben.[787] Das soll in Berufshaftungsfällen selbst dann der Fall
sein, wenn die Interessen des Dritten denen des Gläubigers gegenläufig sind, so dass dem
Gläubiger an dem Schutz des Dritten an sich nicht gelegen ist.[788] Nach einer verbreiteten
Ansicht müssen die beiden zuvor genannten Erfordernisse dem Schuldner bei Abschluss des
Vertrages **erkennbar** gewesen sein, weil dem Schuldner das ihm aufgebürdete höhere Haftpflichtrisiko andernfalls nicht zugemutet werden könne.[789] Die Erkennbarkeit ist jedenfalls
dann erforderlich, wenn man die Schutzwirkung für Dritte durch (ergänzende) Auslegung
(§§ 133, 157 BGB) aus demjenigen Vertrag herleitet, der die Leistungspflicht des Schuldners
begründet.[790] Allerdings verstehen manche Autoren den Drittschutz als Gewohnheitsrecht,
Ausfluss eines allgemeinen, auf das Vertrauensprinzip oder schlicht auf § 242 BGB gegründeten Schuldverhältnisses[791] und verzichten daher auf das Erfordernis der Erkennbarkeit.

Hinzukommen muss nach der Rechtsprechung als vierte Voraussetzung die **Schutzbe-** 183
dürftigkeit des Dritten.[792] In anderen als Pflichtprüfungsfällen hat der BGH die Schutzbedürftigkeit des Dritten verneint, wenn dem Dritten für den erlittenen Schaden ein eigener
Ersatzanspruch gegen den Schädiger zustand, der zumindest einen gleichwertigen Inhalt
hatte wie derjenige, der ihm aus dem Vertrag mit Schutzwirkung für Dritte zugekommen
wäre.[793] Dementsprechend hat das OLG Karlsruhe die Schutzbedürftigkeit der klagenden
Kreditgeberin verneint, weil dieser gegen die geprüfte Gesellschaft vertragliche Ansprüche
nach § 280 Abs. 1 S. 1, § 311 Abs. 1, § 241 Abs. 2, § 249 BGB zustanden.[794] Das OLG
Stuttgart hat das Problem der Schutzbedürftigkeit der klagenden Dritten in einem Pflichtprüfungsfall übersehen.[795] Der III. Zivilsenat des **BGH** hat in seinem Beschluss über die
Nichtannahme der Revision in der Sache des OLG Stuttgart zum Problem der Schutzbe-

---

[785] S. die Auflistung der Voraussetzungen in OLG Düsseldorf DB 2009, 2369 (2370); LG Dresden BeckRS
2018, 40872.

[786] S. statt aller Wölber, Die Abschlussprüferhaftung im Europäischen Binnenmarkt, 2005, S. 75; BeBiKo/
Justenhoven/Feldmüller Rn. 175; Baus ZVglRWiss 103 (2004), 219 (239).

[787] OLG Karlsruhe DStR 2015, 1334 (1335); Baus ZVglRWiss 103 (2004), 219 (239); BeBiKo/Justenhoven/
Feldmüller Rn. 175.

[788] BGH JZ 1998, 624 (625) mit Aufsatz Canaris JZ 1998, 603 (betr. Bausachverständigen); OLG München
GI 1997, 191 (195) = WM 1997, 613 (betr. Steuerberater) (rechtskräftig nach Nichtannahme der
Revision durch Beschluss des BGH v. 30.4.1996 – VIII ZR 369/95); OLG Düsseldorf GI 1997, 39
(42) (betr. Wirtschaftsprüfer/Steuerberater). Krit. zu der Aufgabe des Merkmals der „Gegenläufigkeit":
Ebke, Die zivilrechtliche Verantwortlichkeit der wirtschaftsprüfenden, steuer- und rechtsberatenden
Berufe im internationalen Vergleich, 1996, S. 43; Canaris ZHR 163 (1999), 206 (215).

[789] Vgl. Merkt/Probst/Fink/Mylich S. 1655–1656 Rn. 42; Wölber, Die Abschlussprüferhaftung im Europäischen Binnenmarkt, 2005, S. 75; Baus ZVglRWiss 103 (2004), 219 (241); BeBiKo/Justenhoven/Feld-
müller Rn. 175, 177 und 179. Vgl. BGHZ 49, 350 (354); BGHZ 75, 321 (323).

[790] Vgl. HKMS/Staake/Müller Rn. 85–86.

[791] Zum Meinungsstand Ebke JZ 1998, 991 (993).

[792] OLG Karlsruhe DStR 2015, 1334 (1335); OLG Düsseldorf DB 2009, 2369 (2370); LG Dresden BeckRS
2018, 40872 Rn. 35–36. Vgl. Ebke BFuP 2000, 549 (555); Feddersen WM 1999, 105 (109); Wölber,
Die Abschlussprüferhaftung im Europäischen Binnenmarkt, 2005, S. 76; Baus ZVglRWiss 103 (2004),
219 (242); HKMS/Staake/Müller Rn. 86; Staub/Habersack/Schürnbrand Rn. 56; BeBiKo/Justenho-
ven/Feldmüller Rn. 175.

[793] BGHZ 70, 327 (329, 330); BGHZ 133, 168 (176). Zust. LG Mönchengladbach NJW-RR 1991, 415
(417); Ebke JZ 1998, 991 (993) Fn. 30 mwN; diff. Martiny JZ 1996, 19 (25).

[794] OLG Karlsruhe DStR 2015, 1334 (1335).

[795] OLG Stuttgart WPK-Mitt. 1995, 222. Krit. dazu Ebke, Die zivilrechtliche Verantwortlichkeit der wirtschaftsprüfenden, steuer- und rechtsberatenden Berufe im internationalen Vergleich, 1996, S. 27 f.; Siebert WPK-Mitt. 1996, 235 (238).

dürftigkeit des Dritten keine Stellung genommen, sondern auf das „Prozessergebnis" abgestellt (→ Rn. 189).[796] In einem anderen Fall hat der III. Zivilsenat des BGH am Ende seiner Entscheidung das OLG Hamm, an das die Sache zurückverwiesen wurde, angewiesen, im Rahmen seiner erneuten Würdigung des Falles nochmals darauf einzugehen, „ob sich ein Anspruch des Klägers auf Auskunftsvertrag oder Delikt stützen läßt".[797] Der Hinweis des Senats auf die Grundsätze der Auskunftsvertragshaftung bzw. der deliktsrechtlichen Haftpflicht ist in doppelter Hinsicht konsequent und wichtig. Zum einen unterstreicht der Hinweis die **Vorrangigkeit** des **Deliktsrechts** und der Grundsätze der Haftung aus einem ausdrücklich geschlossenen Auskunftsvertrag vor der Rechtsfigur des Vertrages mit Schutzwirkung für Dritte; zum anderen kann nur bei Bestehen eines Anspruchs (zB aufgrund Auskunftsvertrages oder Deliktsrechts) die nach der Rechtsprechung des BGH erforderliche Schutzbedürftigkeit des Dritten geprüft werden. An der Schutzbedürftigkeit würde es auch fehlen, wenn die Rechtsprechung bestätigen sollte, dass – wie in der Literatur teilweise vertreten wird – die vom BGH auf der Grundlage der *culpa in contrahendo* entwickelten Grundsätze über die vertragliche Dritthaftung von Experten für fehlerhafte Gutachten und Auskünfte in § 311 Abs. 3 S. 2 BGB gesetzlichen Niederschlag gefunden haben und dass diese Grundsätze auch auf Pflichtprüfer anwendbar sind (→ Rn. 164 ff.).

184   **2. Anwendbarkeit.** Ob geschädigte Dritte ihren Schaden von einem *gesetzlichen* Abschlussprüfer mit Hilfe der Rechtsfigur des Vertrages mit Schutzwirkung für Dritte ersetzt verlangen können, ist umstritten.

185   **a) Herrschende Lehre.** Die ganz hL geht davon aus, dass die Gerichte die in § 323 Abs. 1 S. 3 (→ Rn. 24 ff.) und §§ 823, 826, 831 BGB (→ Rn. 135 ff.) vom Gesetzgeber vorgenommene Risikoverteilung zwischen der geprüften Gesellschaft, dem gesetzlichen Abschlussprüfer und dem vertragsfremden Dritten mit Hilfe vorvertraglicher, vertraglicher, vertragsähnlicher oder sonstiger Haftungsgründe nicht unterlaufen dürfen, wenn Sinn und Zweck des § 323 Abs. 1 S. 3 und des Deliktsrechts, den gesetzlichen Abschlussprüfer gegenüber Dritten für fahrlässig verursachte Vermögensschäden nicht haften zu lassen, nicht leerlaufen soll.[798] Die hL sieht in § 323 Abs. 1 S. 3 und §§ 823, 826, 831 BGB eine abschließende Regelung für die Dritthaftung des gesetzlichen Abschlussprüfers (nicht hingegen für die Dritthaftung im Rahmen gesetzlich nicht vorgeschriebener [„freiwilliger"] Abschlussprüfungen oder anderer Tätigkeiten, die Wirtschaftsprüfern nach § 2 WPO übertragen sind) und sieht den **Rückgriff** auf (quasi-)vertragliche Anspruchsgrundlagen daher als **gesperrt** an (zur Gegenansicht in der Lit. → Rn. 197 ff.). Danach verbietet sich insbesondere der Rückgriff auf die – im Wege richterlicher Rechtsfortbildung entwickelte – Rechtsfigur des Vertrages

---

[796]   BGH BB 1997, 1685. Krit. dazu Ebke BB 1997, 1731.
[797]   BGH JZ 1998, 1013 (1015). In casu sprach nach den mitgeteilten Tatsachen vieles für die Annahme eines Auskunftsvertrages zwischen dem Prüfer und dem Kläger: Ebke JZ 1998, 991 (995) Fn. 56.
[798]   So schon Ebke Wirtschaftsprüfer S. 38–43 und 56–60. S. ferner Ebke, Die zivilrechtliche Verantwortlichkeit der wirtschaftsprüfenden, steuer- und rechtsberatenden Berufe im internationalen Vergleich, 1996, S. 20 (22 und 35–40); Ebke BFuP 2000, 549 (555); Ebke JZ 1998, 991 (992–994); Ebke BB 1997, 1731 (1732); Ebke FS Trinkner, 1995, 514; Chr. v. Bar AcP 192 (1992), 441 (444) Fn. 10; Chr. v. Bar Liability S. 99, 100; Merkt/Probst/Fink/Mylich S. 1656 Rn. 43; Hopt/Merkt Rn. 8 (für Vertrauens- oder Berufshaftung); Ebke/Fechtrup JZ 1986, 1112 (1112); Ebke/Scheel WM 1991, 389 (395); Feddersen WM 1999, 105 (113); Geuer, Das Management des Haftungsrisikos der Wirtschaftsprüfer, 1994, S. 68; Gottwald, Haftung für Auskunft und Gutachten gegenüber Dritten: England, Deutschland, Schweiz, 1994, S. 34, 35; Hauser, Jahresabschlussprüfung und Aufdeckung von Wirtschaftskriminalität, 2000, S. 161; Hopt FS Pleyer, 1986, 353; Lang Dritthaftung S. 5; Lang WPg 1989, 57 (58); Mai, Rechtsverhältnis zwischen Abschlußprüfer und prüfungspflichtiger Kapitalgesellschaft, 1993, S. 148; H. P. Müller FS Forster, 1992, 459; Muth EWiR § 323 HGB 1/99, 365, 366 (sub 4); Nann, Wirtschaftsprüferhaftung – Geltendes Recht und Reformüberlegungen, 1985, S. 149; Poll WPK-Mitt. 2000, 142 (145); Quick BB 1992, 1675 (1681); Baumbach/Hueck/Schulze-Osterloh, 18. Aufl. 2006, GmbHG § 41 Rn. 176; Rosenboom, Abschlussprüfung und Haftung nach portugiesischem Recht, 2004, S. 63; Schmitz DB 1989, 1909 (1914); Sommerschuh, Berufshaftung und Berufsaufsicht: Wirtschaftsprüfer, Rechtsanwälte und Notare im Vergleich, 2003, S. 201 und 239; Streck Stg 1991, 98 (101); Zimmer/Vosberg JR 1999, 70 (70); offenlassend Hirte, Berufshaftung, 1996, S. 62, 63.

mit Schutzwirkung für Dritte, sofern die Parteien des Prüfungsvertrages den gesetzlich beschränkten Schutzbereich des Prüfungsvertrages nicht ausnahmsweise **ausdrücklich** auf einen oder mehrere Dritte erstreckt haben,[799] was in Pflichtprüfungsfällen freilich so gut wie nie vorkommt: Der gesetzliche Abschlussprüfer und die prüfungspflichtige Gesellschaft wollen dem Prüfungsvertrag ausdrücklich **keine Schutzwirkungen für prüfungsvertragsfremde Dritte** beilegen, um das Haftungsrisiko des Prüfers nicht zu erhöhen.[800] Das ergibt sich – wie das OLG Düsseldorf[801] und das OLG Hamm[802] bestätigt haben – nicht zuletzt aus Ziff. 1 Abs. 2, Ziff. 7 Abs. 2 und Ziff. 9 der Allgemeinen Auftragsbedingungen für Wirtschaftsprüfer und Wirtschaftsprüfungsgesellschaften (AAB),[803] die nach IDW PS 450.24 dem Prüfungsbericht (§ 321) als Anlage beizulegen sind.[804]

b) Ansichten der Instanzgerichte. Die meisten Instanzgerichte teilen die Auffassung **186** der hL, dass Abs. 1 S. 3 einen Rückgriff auf die Rechtsfigur des Vertrages mit Schutzwirkung für Dritte sperrt.

aa) Unzulässige Rechtsfortbildung. Die Anwendung der Rechtsfigur des Vertrages **187** mit Schutzwirkung für Dritte neben Abs. 1 S. 3 würde – so betont die 18. Zivilkammer des LG Frankfurt a. M. – „unter Mißachtung des Vorranges der Wertungen des Gesetzgebers die Grenzen zulässiger Rechtsfortbildung" überschreiten.[805] Das LG Frankfurt a. M.[806] hat es daher ebenso wie das OLG Düsseldorf,[807] das OLG Karlsruhe[808] und das LG Hamburg[809] abgelehnt, dem Prüfungsvertrag (§ 318 Abs. 1 S. 4) Schutzwirkungen für Dritte beizulegen, um zu einer Dritthaftung des Pflichtprüfers für berufliche Fahrlässigkeit zu gelangen. Auf derselben Linie liegen Entscheidungen des OLG Saarbrücken[810] sowie des LG Mönchengladbach.[811] Das LG Mönchengladbach betont, dass „der Rechtsfortbildung … dort eine Grenze gesetzt [ist], wo gesetzgeberisch erkennbare Grundentscheidungen, wie sie in § 323 HGB zum Ausdruck gelangt sind, entgegenstehen".[812] Das OLG Celle teilt die Beurteilung im Ergebnis ebenfalls.[813]

bb) Gegenläufige Entwicklungen. Dagegen hat der 12. Zivilsenat des OLG Stutt- **188** gart eine Haftung des gesetzlichen Abschlussprüfers aufgrund der Rechtsfigur des Vertrages

---

[799] OLG München WM 2022, 1111 Rn. 65 unter Hinweis auf BGH BGHZ 138, 257 (in casu verneinend); Ebke WPK-Mitt. 1997, 108 (109) Fn. 1; Sommerschuh, Berufshaftung und Berufsaufsicht: Wirtschaftsprüfer, Rechtsanwälte und Notare im Vergleich, 2003, S. 198; Wölber, Die Abschlussprüferhaftung im Europäischen Binnenmarkt, 2005, S. 80; Merkt/Probst/Fink/Mylich S. 1656 Rn. 42; Seibt/Wollenschläger DB 2011, 1378 (1382).

[800] IdS OLG Frankfurt Urt. v. 22.9.2004 – 17 U 47/04, WPK Magazin 1/2005, 52 (53) (Bericht). S. ferner Ebke WPK-Mitt. 1998, 258 (260); Schüppen DB 1998, 1317 (1319).

[801] OLG Düsseldorf NZG 1999, 901 (903) mAnm Salje = WPK-Mitt. 1999, 258 (260) mAnm Ebke/Paal. AA H. Honsell FS Medicus, 1999, 211 (232) (weil man im Lichte der neueren Rechtsprechung annehmen könne, die Parteien des Prüfungsvertrages hätten stillschweigend vereinbart, die AGB-Klausel solle nur gegenüber dem Vertragspartner des Wirtschaftsprüfers, nicht aber gegenüber Dritten gelten).

[802] OLG Hamm BeckRS 2005, 10313 = WPK Magazin 1/2004, 50, 51 (Bericht).

[803] So schon Ebke/Fechtrup JZ 1986, 1111 (1114); ebenso Ebke/Paal WPK-Mitt. 1999, 262 (263). AA Brandner ZIP 1984, 1186 (1193); Ekkenga WM Sonderbeilage 3/1996, 1 (14).

[804] IDW PS 450: Grundsätze ordnungsmäßiger Erstellung von Prüfungsberichten (Stand: 15.9.2017), IDW Life 2018, 145.

[805] LG Frankfurt a. M. BB 1997, 1682 (1683) = WPK-Mitt. 1997, 236 (238). Das Verfahren wurde in der Berufungsinstanz durch Vergleich beendet.

[806] LG Frankfurt a. M. BB 1997, 1682 mit Bespr.-Aufsatz Ebke BB 1997, 1731 = WPK-Mitt. 1997, 236 (238).

[807] OLG Düsseldorf GI 1999, 218 (220, 221) = WPK-Mitt. 1999, 258 (259) mAnm Ebke/Paal. Ebenso schon OLG Düsseldorf BB 1996, 2614 (2616) = WPK-Mitt. 1996, 342 (346).

[808] OLG Karlsruhe WPK-Mitt. 1999, 231 (233) (Bericht).

[809] LG Hamburg WM 1999, 139 (141) mit Bespr.-Aufsatz Feddersen WM 1999, 105 = WPK-Mitt. 1999, 110 mAnm Ebke.

[810] OLG Saarbrücken BB 1978, 1434 (1435).

[811] LG Mönchengladbach NJW-RR 1991, 415 (416) = EWiR § 328 BGB 1/90, 961 (Nouvertué).

[812] LG Mönchengladbach NJW-RR 1991, 415 (416).

[813] OLG Celle WPK-Mitt. 2000, 258 (261) = NZG 2000, 613 (615) mAnm Großfeld.

mit Schutzwirkung für Dritte bejaht.[814] *In casu* sei, so meinte das Gericht, von einer „vertraglichen Erweiterung der Schutzpflichten" des Prüfungsauftrages auf die klagenden Gesellschafter der geprüften Gesellschaft auszugehen, „da zeitlich parallel mit dem [sic] von den Klägern in ihrer Funktion als Geschäftsführer der [geprüften GmbH] veranlaßten Prüfarbeiten die Beklagte aufgrund des von den Klägern im eigenen Namen erteilten Auftrags diese bei der beabsichtigten Veräußerung ihrer Geschäftsanteile an die [Erwerberin] zu beraten hatte".[815] Unter Hinweis auf die Entscheidung des OLG Stuttgart hat auch der 25. Zivilsenat des OLG Hamm die Ansicht vertreten, dass § 323 die Erweiterung der Schutzpflichten aus dem Prüfungsvertrag auf Dritte nicht ausschließt.[816] Im konkreten Fall lehnte das Gericht eine Haftung des gesetzlichen Abschlussprüfers jedoch ab, weil die Klägerin die Ursächlichkeit der Pflichtverletzung des Prüfers für den eingetretenen Vermögensschaden nicht beweisen konnte. Das LG Passau hat ebenfalls eine Haftung des Pflichtprüfers „aus positiver Vertragsverletzung in Verbindung mit den Grundsätzen der Schutzwirkung des Vertrags zugunsten Dritter" bejaht.[817]

189   **c) Die Sicht des BGH.** Der III. Zivilsenat des BGH hat die Annahme der Revision gegen das Urteil des 12. Zivilsenats des OLG Stuttgart (→ Rn. 188) abgelehnt.[818] Der Senat gelangte zu der Auffassung, dass das „Prozessergebnis" nicht zu beanstanden sei. Der Senat ließ es ausdrücklich dahinstehen, ob die beklagte Wirtschaftsprüfungsgesellschaft den Gesellschaftern zum Ersatz des Schadens verpflichtet ist, weil die Kläger „… – jedenfalls im vorliegenden Einzelfall – in den Schutzbereich des von der Beklagten mit der Gesellschaft abgeschlossenen Prüfungsvertrages einbezogen" sind (wie das OLG Stuttgart angenommen hatte) oder die Wirtschaftsprüfungsgesellschaft den Gesellschaftern aufgrund des zwischen ihnen und der Prüfungsgesellschaft bestehenden separaten Beratungsvertrages auf Schadensersatz haftet (wie die Vertreter der Gegenansicht meinen).[819] Die zentrale Frage, **ob** die **Grundsätze** des Vertrages mit Schutzwirkung für Dritte in Pflichtprüfungsfällen neben Abs. 1 S. 3 und §§ 823, 826, 831 BGB überhaupt **anwendbar** sind und ob die in diesen Gesetzesbestimmungen angelegte Risikoverteilung zwischen der geprüften Gesellschaft, dem Abschlussprüfer und dem Dritten mittels der Rechtsfigur des Vertrages mit Schutzwirkung für Dritte unterlaufen werden darf, ist damit höchstrichterlich weiterhin unentschieden.[820]

190   In der Rechtssache des OLG Hamm (→ Rn. 188) hat sich der III. Zivilsenat des **BGH** in seiner Entscheidung vom 2.4.1998 „im Grundsatz" der Ansicht angeschlossen, dass sich eine Ausdehnung der Schadensersatzpflicht des gesetzlichen Abschlussprüfers über die in Abs. 1 S. 3 genannten Anspruchsberechtigten hinaus „im Wege der Auslegung oder Analogie" verbietet und eine Ausdehnung der Haftung des gesetzlichen Abschlussprüfers „auch gegenüber Aktionären/Gesellschaftern oder Gläubigern der Kapitalgesellschaft dem Ziel zuwiderläuft, das Haftungsrisiko des Abschlussprüfers – in Fällen fahrlässiger Pflichtverletzung – zu begrenzen (Abs. 2 HGB)".[821] Der Senat hält aber auch **im Anwendungsbereich**

---

[814] OLG Stuttgart WPK-Mitt. 1995, 222 mAnm Siebert WPK-Mitt. 1996, 235 und Ebke, Die zivilrechtliche Verantwortlichkeit der wirtschaftsprüfenden, steuer- und rechtsberatenden Berufe im internationalen Vergleich, 1996, S. 23–28.

[815] Krit. zu der Begründung des Gerichts Ebke, Die zivilrechtliche Verantwortlichkeit der wirtschaftsprüfenden, steuer- und rechtsberatenden Berufe im internationalen Vergleich, 1996, S. 25–28.

[816] OLG Hamm NJWE-VHR 1996, 218 = BB 1996, 2295.

[817] LG Passau BB 1998, 2052 (2053) mit krit. Anm. Muth EWiR § 323 HGB 1/99, 365.

[818] BGH BB 1997, 1685. Dazu Ebke BB 1997, 1731; Hauser, Jahresabschlussprüfung und Aufdeckung von Wirtschaftskriminalität, 2000, S. 160 Fn. 693 („unverständlich").

[819] Ebke, Die zivilrechtliche Verantwortlichkeit der wirtschaftsprüfenden, steuer- und rechtsberatenden Berufe im internationalen Vergleich, 1996, S. 25–28; Ebke JZ 1998, 991 (993).

[820] Ebke WPK-Mitt. 1997, 196; Ebke BB 1997, 1731.

[821] BGH BGHZ 138, 257 (260) = BB 1998, 1152 (r. Sp.) = NJW 1998, 1948 = JZ 1998, 1013. Zu Einzelheiten dieser Entscheidung: Bosch ZHR 163 (1999), 274; Canaris ZHR 163 (1999), 206; Ebke JZ 1998, 991; Grunewald ZGR 1999, 583; Schüppen DB 1998, 1317; Schneider ZHR 163 (1999), 246; Sieger/Gätsch BB 1998, 1408; Veil EWiR § 323 HGB 1/98, 985; Weber NZG 1999, 1; Zimmer/Vosberg JR 1999, 70.

des § 323 eine **Dritthaftung** des gesetzlichen Abschlussprüfers für **möglich,** „die wesentlich darauf beruht, daß es Sache der Vertragsparteien ist, zu bestimmen, gegenüber welchen Personen eine Schutzpflicht begründet werden soll".[822] Der III. Zivilsenat des BGH ließ dann allerdings offen, ob Abs. 1 S. 3 fehlerhafte Auskünfte des Pflichtprüfers gegenüber einem Dritten *vor* Erteilung des Bestätigungsvermerks erfasst;[823] der Senat teilte gleichwohl die Ansicht des OLG Hamm, dass die Grundsätze der Dritthaftung von Personen, die über eine besondere, vom Staat anerkannte Sachkunde verfügen (zB öffentlich bestellte Sachverständige, Wirtschaftsprüfer und Steuerberater), für anwendbar gehalten hatte.[824] Der III. Zivilsenat des BGH konnte in der Sache selbst nicht entscheiden, da zu den einzelnen Fragen weitere tatrichterliche Feststellungen erforderlich waren. Der Senat wies das OLG Hamm, an das die Sache **zurückverwiesen** wurde, allerdings an, im Rahmen seiner erneuten Würdigung des Falles nochmals darauf einzugehen, „ob sich ein Anspruch des Klägers auf Auskunftsvertrag oder Delikt stützen läßt".[825] In dem dem III. Zivilsenat vorliegenden Fall des OLG Hamm sprach vieles für das Bestehen eines Auskunftsvertrages zwischen dem Prüfer und der Kreditgeberin.[826] Dann aber würde es nach den von der Rechtsprechung zum Vertrag mit Schutzwirkung für Dritte aufgestellten Grundsätzen an der Schutzbedürftigkeit des Klägers fehlen; ein Ersatzanspruch des Klägers ließe sich *in casu* auf die Rechtsfigur des Vertrages mit Schutzwirkung für Dritte mithin nicht stützen (→ Rn. 182). Der Fall hat sich inzwischen durch Vergleich erledigt.[827] Die Frage nach der **Anwendbarkeit** der Rechtsfigur des Vertrages mit Schutzwirkung für Dritte neben Abs. 1 S. 3 bleibt daher **letztlich offen.**

d) Jüngste Klarstellungen durch den BGH. In seinen Entscheidungen vom **191** 15.12.2005[828] und vom 6.4.2006[829] hat der III. Zivilsenat des BGH seine grundsätzliche Position zwar bestätigt, in einigen zentralen Punkten aber wichtige Klarstellungen vorgenommen. Der Fall, der dem Urteil vom 15.12.2005 zugrunde lag, betraf die Frage, ob in den Schutzbereich des Vertrages zwischen einer GmbH, die verbriefte Genussrechte an der eigenen Gesellschaft vertreibt, mit einem Wirtschaftsprüfer über die (hier: gesetzlich nicht vorgeschriebene!) Prüfung des Jahresabschlusses die zukünftigen Genussrechtserwerber einbezogen sind. Der Senat betont, dass das Bestehen und die Reichweite eines etwaigen Drittschutzes durch Auslegung des jeweiligen Prüfungsvertrages zu ermitteln sind.[830] Es könne allerdings regelmäßig nicht angenommen werden, „dass der Abschlussprüfer ein so weites Haftungsrisiko zu übernehmen bereit ist, wie es sich aus der Einbeziehung einer unbekannten Vielzahl von Gläubigern, Gesellschaftern oder Anteilserwerbern in den Schutzbereich ergäbe".[831] Der Senat hebt ausdrücklich hervor, „dass die in § 323 HGB zum Ausdruck kommende gesetzgeberische Intention, das **Haftungsrisiko** des Wirtschaftsprüfers **angemessen zu begrenzen,** auch im Rahmen der vertraglichen Dritthaftung des

---

[822]   BGH BGHZ 138, 257 (261) = JZ 1998, 1013 (1014); zust. OLG Celle WPK-Mitt. 2000, 258 (261) = NZG 2000, 613 (615) mAnm Großfeld (in casu aber verneinend). Vgl. Sommerschuh, Berufshaftung und Berufsaufsicht: Wirtschaftsprüfer, Rechtsanwälte und Notare im Vergleich, 2003, S. 198. Gl. Ansicht iE auch öOGH v. 27.11.2001, ÖBA 2002, 820 (822) – Rieger Bank – im Anschluss an Artmann JBl. 2000, 623. Zu Einzelheiten der OGH-Entscheidung: W. Doralt, Haftung der Abschlussprüfer, 2005, S. 148, 149 und 184–188 mwN; Flühmann, Haftung aus Prüfung und Berichterstattung gegenüber Dritten, 2004, 194 (195).

[823]   Krit. dazu Ebke JZ 1998, 991 (994, 995).

[824]   BGH BGHZ 138, 257 = JZ 1998, 1013 (1013, 1014).

[825]   BGH JZ 1998, 1013 (1014, 1015).

[826]   Ebke JZ 1998, 991 (995) Fn. 56.

[827]   Ebke WPK-Mitt. 1999, 114 Fn. 5.

[828]   BGH WM 2006, 423.

[829]   BGH DB 2006, 1105 = BB 2006, 1441 mit BB-Kommentar Kindler/Otto = WuB IV A § 328 BGB 1.06 (Sessler/Gloeckner).

[830]   BGH WM 2006, 423 (425).

[831]   BGH WM 2006, 423 (425). Vgl. allerdings in Abgrenzung dazu das Urt. des X. Zivilsenats des BGH (BGHZ 159, 1 (9)) für den Fall eines Gutachtenauftrags zur Wertermittlung eines als Kapitalanlage einer Vielzahl von Anlegern gedachten Grundstücks.

Abschlussprüfers zu beachten ist".[832] Das gelte sowohl für gesetzliche Abschlussprüfungen als auch für Abschlussprüfungen, die nach den für die Pflichtprüfung maßgeblichen §§ 316, 317 freiwillig vorgenommen werden.[833] In seinem Urteil vom 6.4.2006, dem ein Pflichtprüfungsfall zugrunde lag, hebt der III. Zivilsenat des BGH noch einmal hervor, dass „die gesetzgeberische Intention, das Haftungsrisiko des Abschlussprüfers angemessen zu begrenzen, **auch im Rahmen der vertraglichen Dritthaftung** zu beachten sei und die Einbeziehung einer unbekannten Vielzahl von Gläubigern, Gesellschaftern oder Anteilserwerbern in den Schutzbereich des Prüfauftrags dieser Tendenz zuwiderliefe".[834] An die Einbeziehung Dritter in den Schutzbereich eines Prüfungsauftrages seien „strenge Anforderungen" zu stellen.[835] Die von dem Senat als „restriktiv verstandene Anwendung von Grundsätzen der vertraglichen Dritthaftung im Bereich der Pflichtprüfung" sei auch im Hinblick auf das Gesetzgebungsverfahren zu dem am 1.5.1998 in Kraft getretenen Gesetz zur Kontrolle und Transparenz im Unternehmensbereich vom 27.4.1998 (BGBl. 1998 I 786; → Rn. 206 ff.) „geboten".[836]

192   In seinem **Beschluss vom 11.11.2008** (betr. einen Pflichtprüfungsfall) hat der **III. Zivilsenat** des BGH seine Position bekräftigt, dass § 323 zwar nicht „von Rechts wegen aus[schließt], dass für den Abschlussprüfer auf vertraglicher Grundlage auch eine Schutzpflicht gegenüber dritten Personen begründet werden kann"; an die „Annahme einer vertraglichen Einbeziehung eines Dritten in den Schutzbereich" des Prüfungsvertrages seien aber „**strenge Anforderungen** zu stellen".[837] Für die Annahme einer Schutzwirkung genüge es nicht, „dass ein Dritter die von Sachkunde geprägte Stellungnahme des Prüfers für diesen erkennbar zur Grundlage einer Entscheidung mit wirtschaftlichen Folgen machen möchte".[838] Der Senat betont, es „wäre ein **Verstoß gegen die gesetzliche Wertung** des § 323 Abs. 1 S. 3 HGB, wenn man unter den hier gegebenen Umständen annehmen wollte, der Pflichtprüfer übernehme ohne besonderen Anlass und ohne Gegenleistung – gewissermaßen in doppelter Hinsicht konkludent – sowohl die Begründung als auch die mögliche Vervielfältigung seiner Haftung".[839] Wenige Tage zuvor hatte der **III. Zivilsenat** des BGH in einem Beschluss über die Zurückweisung der Beschwerde eines geschädigten Dritten gegen die Nichtzulassung der Revision in einem Pflichtprüfungsfall ebenfalls schon hervorgehoben: „Da Bestätigungsvermerken nach § 325 Abs. 1 HGB ohnehin die Bedeutung zukommt, Dritten Einblick in die wirtschaftliche Situation des publizitätspflichtigen Unternehmens zu gewähren und ihnen für ihr beabsichtigtes Engagement eine Beurteilungsgrundlage zu geben, dies den Gesetzgeber aber nicht veranlasst hat, die Verantwortlichkeit des Abschlussprüfers ebenso weit zu ziehen, genügt es für die Annahme einer Schutzwirkung in dem hier betroffenen Bereich allein nicht, dass ein Dritter die von Sachkunde geprägte Stellungnahme des Prüfers für diesen erkennbar zur Grundlage einer Entscheidung mit wirtschaftlichen Folgen machen möchte."[840] Der Senat hatte daher „namentlich **Bedenken gegen eine stillschweigende Ausdehnung** der Haftung auf Dritte geäußert und es hierfür grundsätzlich für erforderlich gehalten, dass dem Abschlussprüfer deutlich wird, dass von ihm im Drittinteresse eine besondere Leistung erwartet wird, die über die Erbringung der gesetzlich vorgeschriebenen Pflichtprüfung hinausgeht."[841] Gemessen an diesen Grundsät-

832   BGH WM 2006, 423 (425). Die von der Revision in diesem Zusammenhang herangezogene Entscheidung des X. Zivilsenats des BGH NJW 2004, 3420 = WM 2004, 1869 (betr. Beteiligung an einem Abwasserentsorgungssystem einer Gemeinde) wird zu Recht als „nicht vergleichbare Fallkonstellation" bezeichnet.
833   IdS auch OLG Frankfurt Urt. v. 22.9.2004 – 17 U 47/04, WPK Magazin 1/2005, 52 (53) (Bericht); OLG Saarbrücken BeckRS 2007, 10398; OLG Hamm BeckRS 2005, 10313 = WPK-Magazin 1/2004, 50 (51) (Bericht).
834   BGHZ 167, 155 = DB 2006, 1105 (1106) = NJW 2006, 1975 (1977).
835   BGH DB 2006, 1105 (1106).
836   BGH DB 2006, 1105 (1106).
837   BGH BeckRS 2008, 24194 Rn. 10; ebenso BGH DB 2008, 2756 = NJW 2009, 37.
838   BGH BeckRS 2008, 24194 Rn. 10.
839   BGH BeckRS 2008, 24194 Rn. 15; ebenso BGH BeckRS 2008, 23561 Rn. 17.
840   BGH NJW 2009, 512.
841   BGH NJW 2009, 512 (unter Hinweis auf BGHZ 167, 155 Rn. 15).

zen sei es nicht zu beanstanden, dass das Berufungsgericht eine vertragliche Haftung des beklagten Prüfers verneint habe.[842] In seinem Urteil vom 7.5.2009 hat hat der III. Zivilsenat des BGH die Bedeutung der **konkret-individuellen Ermittlung des Drittschutzes** im Zusammenhang mit einer Sonderprüfung noch einmal bekräftigt.[843]

In die gleiche Richtung weist das **Urteil des IX. Zivilsenats vom 14.6.2012.**[844] **193** Allein die Tatsache, dass § 323 Abs. 1 S. 3 die Haftung des Abschlussprüfers auf der geprüften Kapitalgesellschaft oder dieser verbundene Unternehmen entstandene Schäden beschränke, bedeute nicht, dass damit eine vertragliche Haftung des Abschlussprüfers gegenüber Dritten nach Maßgabe der von der Rechtsprechung entwickelten Grundsätze zur Dritthaftung Sachkundiger von vornherein ausgeschlossen wäre. Vielmehr könne in den Schutzbereich des zwischen der Kapitalgesellschaft und einem Abschlussprüfer abgeschlossenen Vertrags auch ein Dritter einbezogen werden. Allerdings müsse für den Abschlussprüfer erkennbar sein, dass von ihm im Drittinteresse eine besondere Leistung erwartet wird, die über die Erbringung der gesetzlich vorgeschriebenen Pflichtprüfung hinausgeht.[845] Da dem Abschlussvermerk aufgrund verschiedener Publizitätsvorschriften (wie zB § 325 Abs. 1) *per se* die Bedeutung zukomme, Dritten einen Einblick in die wirtschaftliche Situation des publizitätspflichtigen Unternehmens zu gewähren und ihnen so als Grundlage für wirtschaftlich folgenreiche Entscheidungen zu dienen, reiche allein die Tatsache, dass ein Dritter auf die Richtigkeit der Stellungnahme des Abschlussprüfers vertraut, nicht aus, eine Vertragshaftung gegenüber diesem Dritten zu begründen. Die vorerst letzte Entscheidung eines BGH-Senats zur Bedeutung der Rechtsfigur des Vertrags mit Schutzwirkung für Dritte im Rahmen einer (gesetzlichen) Jahresabschlussprüfung ist der **Beschluss des VII. Zivilsenats des BGH vom 21.11.2018.**[846] Der Senat betont in dem Fall, der die Prüfung einer Kapitalflussrechnung als Teil eines Jahresabschlusses betrifft, dass Abs. 1 S. 3 auch für die Prüfung einer Kapitalflussrechnung gilt, weil sie mit der Bilanz sowie der Gewinn- und Verlustrechnung eine Einheit bilde. Es komme insoweit nicht auf die Anzahl der Prüfungsaufträge an, sondern allein auf den Gegenstand des jeweiligen Prüfungsvertrags. Wenn Gegenstand des Vertrags die Jahresabschlussprüfung sei, gelte auch das „Haftungsprivileg" des Abs. 1 S. 3. Es sei deshalb unbeachtlich, ob die Klägerin den Beklagten – was vom Berufungsgericht nicht festgestellt worden sei – mit mehreren gesonderten Verträgen beauftragt habe. Eine Einbeziehung der Klägerin in den Schutzbereich des Prüfungsvertrags zwischen der geprüften Gesellschaft und dem beklagten Prüfer komme jedoch nicht in Betracht.[847]

e) Neuere OLG- und LG-Rechtsprechung. Mehrere Oberlandesgerichte haben sich **194** dieser **Ansicht** des BGH inzwischen **angeschlossen.**[848] Danach ist also in Pflichtprüfungsfällen eine vertragliche Haftung des Abschlussprüfers gegenüber Dritten neben § 323 – zum Beispiel nach den Grundsätzen des Vertrages mit Schutzwirkung für Dritte – grundsätzlich zwar nicht ausgeschlossen; an die Annahme einer vertraglichen Einbeziehung in den Schutzbereich des Prüfungsvertrages zwischen der prüfungspflichtigen Gesellschaft und dem Abschlussprüfer seien aber **„strenge Anforderungen"** zu stellen.[849] Dem Abschlussprüfer

---

[842] BGH NJW 2009, 512 Rn. 11.
[843] BGH ZIP 2009, 1166 (1168).
[844] BGHZ 193, 297 = DStR 2012, 1825 mAnm Juretzek.
[845] BGHZ 193, 297.
[846] BGH BeckRS 2018, 39375.
[847] BGH BeckRS 2019, 2916.
[848] OLG München WM 2022, 1111 Rn. 63; OLG Köln BeckRS 2016, 06014 Rn. 24; OLG Stuttgart WM 2009, 2382 (2384); OLG München BeckRS 2009, 86159; OLG Düsseldorf DB 2009, 2369; OLG Bremen OLGR 2006, 856 = GI 2007, 92); OLG Karlsruhe DStR 2015, 1334 (1335); OLG Dresden DStRE 2016, 636 (637–638). Zu neueren Entscheidungen des LG Köln Matz/Henkel VersR 2010, 1406 (1409).
[849] OLG München WM 2022, 1111 Rn. 64 (in casu Einbeziehung in den Schutzbereich des Prüfungsvertrags verneinend); OLG München BeckRS 2009, 86159 (verneinend); OLG Düsseldorf, DB 2009, 2369 (verneinend); OLG Köln BeckRS 2016, 06014 (betr. eine gesetzlich nicht vorgeschriebene Abschlussprüfung, das Gericht verweist aber ausdrücklich auf die Grundsätze der Pflichtprüfung; ein Dritter könne billigerweise bei einer freiwilligen Prüfung, die entsprechend § 317 vorgenommen worden sei, keinen

müsse erkennbar sein, dass „von ihm im Drittinteresse eine besondere Leistung erwartet wird, die über die Erbringung der gesetzlich vorgeschriebenen Pflichtprüfung hinausgeht".[850] Da Bestätigungsvermerken nach § 325 Abs. 1 HGB ohnehin die Bedeutung zukomme, „Dritten Einblick in die wirtschaftliche Situation des publizitätspflichtigen Unternehmens zu gewähren und ihnen für ihr beabsichtigtes Engagement eine Beurteilungsgrundlage zu geben, dies den Gesetzgeber aber nicht veranlasst hat, die Verantwortlichkeit des Abschlussprüfers ebenso weit zu ziehen", genügt es nach Ansicht des OLG Karlsruhe für die Annahme einer Schutzwirkung allein nicht, „dass ein Dritter die von Sachkunde geprägte Stellungnahme des Prüfers für diesen erkennbar zur Grundlage einer Entscheidung mit wirtschaftlichen Folgen machen möchte". Vielmehr müssten „die Erklärungen des Gläubigers für den Abschlussprüfer mit Deutlichkeit ergeben, dass von ihm im Drittinteresse eine besondere Leistung erwartet wird, die über die Erbringung der gesetzlich vorgeschriebenen Pflichtprüfung hinausgeht."[851] Wenn man jeden Dritten (*in casu*: Beteiligungsinteressenten) „in den Schutzbereich der Prüfungsverträge einbeziehen würde", schreibt das OLG Stuttgart unter Hinweis auf das Urteil des III. Zivilsenats des BGH vom 6.4.2006,[852] „wäre dies ein **offener Widerspruch** gegen die in [§ 323 Abs. 1 S. 3] zum Ausdruck kommende gesetzgeberische Wertung".[853] Im Übrigen sei, so hebt das OLG München in seinem Urteil vom 21.4.2022 hervor, „regelmäßig nicht davon auszugehen, dass der Abschlussprüfer ein so weites Haftungsrisiko zu übernehmen bereit ist, wie es sich aus der Einbeziehung einer unbekannten Vielzahl von Gläubigern, Gesellschaftern oder Anteilserwerbern in den Schutzbereich ergäbe."[854]

195   Der Umstand, dass die Aktien des geprüften Unternehmens an der Börse gehandelt werden und der Jahresabschluss für **mögliche Anleger** von Bedeutung sein kann, könne die Annahme eines Vertrages mit Schutzwirkung für Dritte nicht begründen.[855] Ebenso reicht die Kenntnis des Prüfers von der gesetzlichen Verpflichtung der **Kreditinstitute,** sich die wirtschaftlichen Verhältnisse der Kreditnehmer, insbesondere durch Vorlage testierter Jahresabschlüsse, offenlegen zu lassen (§ 18 S. 1 KWG), für die Annahme der Einbeziehung des Kreditgebers in den Schutzbereich des Prüfungsvertrages nicht aus.[856] Nach (der zutreffenden) Ansicht des OLG Düsseldorf spricht die Tatsache, dass die Vorlage des testierten Jahresabschlusses an den Dritten entgegen Ziff. 7 S. 1 AAB **ohne Zustimmung des Abschlussprüfers** erfolgte, *gegen* eine Einbeziehung des Dritten in den Schutzbereich des Prüfungsvertrages.[857] Die Rechtsprechung zu der Einbeziehung Dritter in den Schutzbereich des Prüfungsvertrages in Fällen gesetzlich nicht vorgeschriebener („freiwilliger") Abschlussprüfungen[858] gelte nach der Rechtsprechung des BGH „nicht mehr für Pflichtprüfungen".[859]

196   Das **LG Dresden** hat unlängst entschieden, dass anders als im Falle eines persönlichen Kontaktes zwischen Anleger und Wirtschaftsprüfer[860] der Bestätigungsvermerk eines

---

weitergehenden Schutz erwarten als dieser bei einer Pflichtprüfung gegeben gewesen wäre. Bei Anlegung der „strengen Anforderungen" der Rechtsprechung des BGH ergäben sich keine tragfähigen Anhaltspunkte für eine drittschützende Wirkung); OLG Köln ZIP 2021, 1084; LG Dresden BeckRS 2018, 40872.

[850]   OLG Düsseldorf DStRE 2015, 1407; OLG Dresden DStRE 2016, 636 (637–638).
[851]   OLG Karlsruhe DStR 2015, 1334.
[852]   BGHZ 167, 155 = DB 2006, 1105 = NJW 2006, 1975.
[853]   OLG Stuttgart WM 2009, 2382 (2384).
[854]   OLG München BeckRS 2022, 8261 Rn. 64 (Revision anhängig: BGH VII ZR 97/22).
[855]   OLG Stuttgart WM 2009, 2382 (2384).
[856]   OLG Düsseldorf DStRE 2015, 1407 (1408).
[857]   OLG Düsseldorf DB 2009, 2369; zust. Matz/Henkel VersR 2010, 1406 (1409); gleicher Ansicht wie das OLG Düsseldorf bezüglich Ziff. 7 Abs. 1 AAB (den das Gericht für wirksam ansah): LG Hamburg Urt. v. 8.7.2022 – 325 O 374/18, nv; dazu ausf. Kraus WPK Magazin 1/2023, 53.
[858]   Dazu BeBiKo/Justenhoven/Feldmüller Rn. 182–190.
[859]   OLG München BeckRS 2009, 86159 unter Hinweis auf OLG Düsseldorf DB 2009, 2369; zust. Matz/Henkel VersR 2010, 1406 (1409). Umgekehrt hat das OLG Köln BeckRS 2016, 06014, entschieden, dass bei einer gesetzlich nicht vorgeschriebenen Abschlussprüfung ein Dritter billigerweise keinen weitergehenden Schutz erwarten durfte, als dieser bei einer Pflichtprüfung gegeben gewesen wäre.
[860]   Vgl. dazu BGHZ 138, 257.

Abschlussprüfers, der bestätigt, dass der Jahresabschluss einer Gesellschaft den gesetzlichen Vorschriften entspricht und unter Beachtung der Grundsätze ordnungsmäßiger Buchführung einen den tatsächlichen Verhältnissen entsprechendes Bild der Vermögens-, Finanz- und Ertragslage des Unternehmens vermittelt, keinen Drittschutz zugunsten eines Anlegers begründet. Denn § 323 Abs. 1 S. 3 enthalte eine **Haftungsbeschränkung, die unterlaufen** würde, wenn der Abschlussprüfer einer vertraglichen Dritthaftung ausgesetzt würde.[861] Dem Abschlussprüfer könne nicht zugemutet werden, ohne zusätzliche Vergütung das Risiko einer erweiterten Haftung zu tragen.[862] Das **LG Hamburg** hat vor dem Hintergrund der klarstellenden Rechtsprechung des BGH ebenfalls entschieden, dass den Insolvenzschuldnerin nicht als schutzwürdige Dritte in das Prüfungsvertragsverhältnis zwischen der beklagten Abschlussprüfer und der geprüften KG mit einbezogen sei. An die Einbeziehung Dritter in den Schutzbereich des Prüfungsvertrags seien **strenge Anforderungen** zu stellen.[863] Nach der gefestigten Rechtsprechung des BGH reiche es für die Annahme einer Schutzwirkung nicht aus, dass ein Dritter die von Sachkunde geprägte Stellungnahme des Prüfers für diesen erkennbar zur Grundlage einer Entscheidung mit wirtschaftlichen Folgen machen möchte. Dem Abschlussprüfer müsse vielmehr deutlich werden, dass von ihm eine besondere Leistung erwartet werde, die im Drittinteresse liege. Aus der Tatsache, dass dem Prüfer im Zeitpunkt der Abschlussprüfung bekannt war, dass die Insolvenzschuldnerin mit der geprüften KG einen Darlehensvertrag abgeschlossen hatte und die KG auf die Kredite der Insolvenzschuldnerin zugreifen musste, könne nicht hergeleitet werden, dass die Beklagte den Jahresabschluss der KG auch im Interesse der Insolvenzschuldnerin (als Kreditgeberin der KG) habe prüfen wollen. Denn der Kläger habe nicht konkret dargelegt, dass die Insolvenzschuldnerin den Jahresabschluss der KG zur Grundlage ihrer Entscheidung über die künftige Kreditvergabe machen wollte und dies für die Beklagte auch erkennbar gewesen sei.

f) Gegenansicht. Die Befürworter einer Dritthaftung des gesetzlichen Abschlussprü- **197** fers für Fahrlässigkeit sind der Ansicht, dass gegen „die Anwendung der allgemeinen Haftungsgrundlagen im Bereich der Haftung gegenüber Dritten neben § 323 HGB ... keine überzeugenden juristischen Argumente" sprechen.[864] Der Gesetzgeber habe „Wissenschaft [!] und Rechtsprechung [keinesfalls] den Weg versperren [wollen], ... Dritten nach allgemeinen Grundsätzen Schadensersatzansprüche gegen Abschlußprüfer zuzubilligen".[865] Die ausdrückliche Einbeziehung verbundener Unternehmen in den Kreis der Ersatzberechtigten im Rahmen der Aktienrechtsreform 1965 stehe dieser Ansicht nicht entgegen; die Einbeziehung verbundener Unternehmen in den Kreis der nach § 323 Abs. 1 S. 3 Anspruchsberechtigten solle nur den **„wirtschaftlichen Besonderheiten"** innerhalb eines Konzerns Rechnung tragen.[866] Die Sicht des BT-Rechtsausschusses (→ Rn. 131 und 206) im Zusammenhang mit den Beratungen des KonTraG sei „nicht bindend".[867] Eine Differenzierung zwischen Pflichtprüfungen iSd §§ 316 ff. und den sonstigen Tätigkeiten des Wirt-

---

[861] LG Dresden BeckRS 2018, 40872 Rn. 34.
[862] LG Dresden BeckRS 2018, 40872 Rn. 33.
[863] LG Hamburg Urt. v. 8.7.2022 – 325 O 374/18, (rk., unveröffentlicht), dazu ausf. Kraus WPK Magazin 1/2023, 53 (Bericht).
[864] Land, Wirtschaftsprüferhaftung gegenüber Dritten in Deutschland, England und Frankreich, 1996, S. 81 (der sich allerdings dafür ausspricht, die Haftungssummenbegrenzungen des § 323 Abs. 2 „entsprechend § 334 BGB auch gegenüber Dritten" zum Tragen kommen zu lassen); dazu Ebke JZ 1997, 295. ISv Land schon Westrick, Abschlußprüfung und Abschlußprüfer nach geltendem und zukünftigem Aktienrecht, 1963, S. 91–100; dazu Ebke Wirtschaftsprüfer S. 58. Zur Sicht der österreichischen Rechtslehre W. Doralt, Haftung der Abschlußprüfer, 2005, S. 150, 151.
[865] Stahl, Zur Dritthaftung von Rechtsanwälten, Steuerberatern, Wirtschaftsprüfern und öffentlich bestellten und vereidigten Sachverständigen, 1989, S. 199.
[866] Otto/Mittag WM 1996, 325 (331, 332); ihnen folgend Wölber, Die Abschlussprüferhaftung im Europäischen Binnenmarkt, 2005, S. 79. AA LG Frankfurt a. M. BB 1997, 1682 (1683); Feddersen WM 1999, 105 (113). Zum österreichischen Recht W. Doralt, Haftung der Abschlussprüfer, 2005, S. 127–139; Thomale ZGR 2023, 131 (137).
[867] Grunewald ZGR 1999, 583 (595).

schaftsprüfers (§ 2 WPO) sei abzulehnen.[868] Die Gründe gegen die Einführung einer zivil-rechtlichen Haftung des Abschlussprüfers für (fahrlässig verursachte) Vermögensschäden Dritter könnten angesichts der jüngsten Bilanzskandale keine „Fortbestandsberechtigung" mehr haben.[869] Es entspreche einer „elementaren **Gerechtigkeitsvorstellung** des Scha-densersatz- und Haftungsrechts", das „Opfer zu entschädigen".[870] Eine Fahrlässigkeitshaf-tung des Wirtschaftsprüfers gegenüber Dritter aufgrund vertraglicher oder vertragsähnlicher Rechtsinstitute sei auch „interessengerecht", weil sich ein „**Sonderrecht** gerade für diese Berufsgruppe ... kaum rechtfertigen" lasse.[871] Welche Kriterien für die Interessenabwägung herangezogen werden (sollten), wird allerdings ebenso wenig offen gelegt wie die Begrün-dung für die Notwendigkeit einer Gleichbehandlung von Pflichtprüfungen und anderen Tätigkeiten der Wirtschaftsprüfer iSd § 2 WPO (zum Problem der **Massenschäden** in Pflichtprüfungsfällen → Rn. 223).

198   Während die Gegner einer Haftung des Wirtschaftsprüfers aufgrund der Rechtsfigur des Vertrages mit Schutzwirkungen für Dritter der Rechtsprechung „Verrenkungen" vorwer-fen,[872] begreifen ihre Befürworter die Rechtsfigur – um mit Lord Goff of Chieveley zu sprechen[873] – als Mittel zur Erreichung **„praktischer Gerechtigkeit".**[874] Eine „durchgrei-fende prüferische Dritthaftung" [sic] stärke die Unabhängigkeit des Abschlussprüfers von dem Management der geprüften Gesellschaft, sorge für vertrauenswürdigere Finanzdaten und fördere den Opferschutz.[875] Lutter neigt zu einer „kontrollierten Ausweitung" der Haftung des Abschlussprüfers „gegenüber Dritten und vor allem gegenüber dem Anleger am Kapitalmarkt", denn „in einem modernen Verständnis" sei der Abschlussprüfer „auch Garant gegenüber Markt und Öffentlichkeit" (s. aber → § 322 Rn. 65 und § 323 Rn. 115).[876] Unter **„kontrollierter Ausweitung"** sei allerdings „auch" die Versicherbar-keit der Haftung zu verstehen. Unter welchen rechtlichen Voraussetzungen und gegenüber wem eine solche „kontrolliert ausgeweitete" zivilrechtliche Dritthaftung des Abschlussprü-fers bestehen soll, wird allerdings nicht ausgeführt. In eine ähnliche Richtung wie die Überlegungen Lutters gehen die Vorschläge des Arbeitskreises „Abschlussprüfung und Cor-porate Governance".[877] Das **Deutsche Aktieninstitut** (DAI) hält in seiner „Stellungnahme vom 23.1.2004 zum Entwurf des Gesetzes zur Einführung internationaler Rechnungsle-gungsstandards und zur Sicherung der Qualität der Abschlussprüfung (Bilanzrechtsreformge-setz)" sowohl auf der Ebene der Primär- als auch auf der Ebene der Sekundärmarktpublizität „die Einführung bzw. Überarbeitung von Haftungstatbeständen bei Vorsatz und grober Fahrlässigkeit – eventuell unter Berücksichtigung von entsprechenden Haftungsobergrenzen

---

[868] Stahl, Zur Dritthaftung von Rechtsanwälten, Steuerberatern, Wirtschaftsprüfern und öffentlich bestellten und vereidigten Sachverständigen, 1989, 199; vgl. Grunewald ZGR 1999, 583 (596). Krit. Sommer-schuh, Berufshaftung und Berufsaufsicht: Wirtschaftsprüfer, Rechtsanwälte und Notare im Vergleich, 2003, S. 198 („... differenzieren ... nicht ausreichend zwischen den Besonderheiten der Pflichtprüfung und den Gegebenheiten anderer Prüfungen bzw. Sachverständigenäußerungen").

[869] Heppe WM 2003, 714 (719).

[870] Heukamp ZHR 169 (2005), 471 (493).

[871] Grunewald ZGR 1999, 583 (587, 588) unter Hinweis auf Otto/Mittag WM 1996, 325 (331); Sieger/Gätsch BB 1998, 1407; weitgehend MüKoBGB/Emmerich, 9. Aufl. 2022, BGB § 311 Rn. 218 und Fn. 745.

[872] Kiss WM 1999, 117 (118).

[873] White v. Jones, [1995] 1 All E. R. 691, 706–707. Zu Einzelheiten dieses Urteils des englischen House of Lords: Ebke, Die zivilrechtliche Verantwortlichkeit der wirtschaftsprüfenden, steuer- und rechtsbera-tenden Berufe im internationalen Vergleich, 1996, S. 12–16; Haydon C. L. J. 54 (1995), 238; W. Lorenz JZ 1995, 317.

[874] S. zB Trakman/Trainor Queen's L.J. 31 (2005), 148 (202) ("... shielding auditors from third parties flies in the face of practical legal reason").

[875] Heukamp ZHR 169 (2005), 471 (494). Dass die weit reichende zivilrechtliche (Dritt-)Haftung des Abschlussprüfers nach US-amerikanischem Bundesrecht und dem Recht vieler US-Bundesstaaten (dazu nur Ebke FS Stürner, 2013, 1001) Bilanzskandale wie Enron, WorldCom unter anderem nicht verhindern konnte, wird allerdings nicht erwähnt. Dazu auch Nonnenmacher Der Konzern 2003, 476 (478); Pee-möller/Oehler BB 2004, 539 (545).

[876] Lutter ZSR 124 (2005-II), 415 (448); vgl. HKMS/Mylich/Müller § 316 Rn. 4 („Garant der Rechnungs-legung").

[877] Baetge/Lutter Abschlussprüfung S. 23 ff.

zumindest bei grob fahrlässigem Verhalten – für dringend geboten". Das DAI schließt sich „den in Eckpunkten gefassten Forderungen des Arbeitskreises ‚Abschlussprüfung und Corporate Governance' zur Haftung"[878] ausdrücklich an.

Seitens der Befürworter einer Dritthaftung des gesetzlichen Abschlussprüfers besteht **199** keine Einigkeit darüber, ob die **Haftungssummenbegrenzungen** nach Abs. 2 S. 1 und 2 auch im Verhältnis zu den geschützten Dritten gelten sollen (→ Rn. 212) und – wenn ja – für welche Fallgestaltungen. Unterschiedlich beantwortet wird ferner die Frage, ob und inwieweit sich in den Schutzbereich des Prüfungsvertrages einbezogene Dritte ein **Mitverschulden** der geprüften Gesellschaft zurechnen lassen müssen (→ Rn. 216). Vor der Modernisierung des Schuldrechts (BGBl. 2001 I 3138) bestand außerdem Unklarheit darüber, welcher Verjährungsfrist Ansprüche aus einem Vertrag mit Schutzwirkung für Dritte unterlagen. Eine Anwendung der regelmäßigen Verjährungsfrist von 30 Jahren (§ 195 BGB aF)[879] war aus Sicht des Abschlussprüfers schlicht unerträglich (selbst wenn man sie im Einzelfall durch Rückgriff auf Verwirkungsgesichtspunkte hätte mildern können)[880] und widersprach den gesetzlichen Wertungen des (inzwischen aufgehobenen) Abs. 5 und des (inzwischen ebenfalls aufgehobenen) § 51a WPO,[881] die von einer vergleichbar kurzen Verjährungsfrist ausgingen. Eine analoge Erstreckung des Abs. 5 aF auf Ersatzansprüche Dritter nach der Rechtsfigur des Vertrages mit Schutzwirkung für Dritte wäre in Fällen denkbar gewesen, in denen die Parteien des Prüfungsvertrages den Schutzbereich des Prüfungsvertrages **ausdrücklich** auf einen bestimmten Dritten erweitert hatten (was in Pflichtprüfungsfällen allerdings so gut wie nie vorkommt; → Rn. 184). Den verjährungsrechtlichen Wertungen des Abs. 5 aF und des § 51a WPO aF entsprechen weitgehend die Regelungen bezüglich der Ausschlussfristen gemäß Abschn. 9 Abs. 3 der **Allgemeinen Auftragsbedingungen** für Wirtschaftsprüfer und Wirtschaftsprüfungsgesellschaften, deren Geltung im Verhältnis zu prüfungsvertraglich geschützten Dritten aber unterschiedlich beurteilt wird.[882] Eine (der Sache nach denkbare) analoge Anwendung des § 852 BGB aF konnten allenfalls diejenigen Autoren vertreten, die den Vertrag mit Schutzwirkung für Dritte als ein „gesetzliches" oder „quasi-gesetzliches" Schuldverhältnis begriffen.[883]

g) Stellungnahme. Auf Abs. 1 S. 3 lassen sich Schadensersatzansprüche Dritter (mit **200** Ausnahme „verbundener Unternehmen" iSd § 323 Abs. 1 S. 3) gegen den Pflichtprüfer nicht stützen.[884] Abs. 1 S. 3 schließt außerdem eine Dritthaftung des **gesetzlichen Abschlussprüfers** aufgrund der Rechtsfigur des Vertrages mit Schutzwirkung für Dritte aus, sofern die Parteien des Prüfungsvertrages den (gesetzlich beschränkten) Schutzbereich des Vertrages nicht ausnahmsweise privatautonom (vgl. § 311 Abs. 1 BGB) **ausdrücklich** auf den geschädigten Dritten erweitert haben (was in *Pflicht*prüfungsfällen allerdings so gut wie nie der Fall ist! → Rn. 184).[885] Nach den in Abs. 1 S. 3 und §§ 823, 826, 831 BGB zum Ausdruck kommenden Grundentscheidungen des Gesetzgebers verbietet sich insbesondere eine Erweiterung des Schutzbereichs des Prüfungsvertrages auf Dritte mittels einer sog. **„ergänzenden Vertragsauslegung",** die nicht von dem wahren rechtsgeschäftlichen Willen der Parteien des Prüfungsvertrages getragen ist, sondern auf eine vermeintlich „objektive Interessenlage",[886] eine angebliche „Verkehrsauffassung" oder ein behauptetes

---

[878]   Die Eckpunkte sind dargestellt bei Baetge/Lutter Abschlussprüfung S. 28.

[879]   Vgl. BGHZ 33, 247 (248); BGHZ 66, 51 (54, 59).

[880]   Vgl. v. Caemmerer FS Wieacker, 1978, 311 (316) mwN.

[881]   Dazu Zimmermann WPK Magazin 2/2006, 33.

[882]   Zu Einzelheiten: Ritzer-Angerer WPg 2017, 1431; Stoffels ZIP 2016, 2389; Stoffels DB 2016, 2648; Kilian/Rimkus ZIP 2016, 608; Reinhart/Schütze ZIP 2015, 1006.

[883]   Krit. zu dieser Sicht Ebke JZ 1998, 991 (993) mwN.

[884]   BGH DB 2006, 1105 (1106); OLG Köln BeckRS 2016, 06014 Rn. 24; OLG Celle NZG 2000, 613 (615) mAnm Großfeld; ebenso Baus ZVglRWiss 103 (2004), 219 (242); HKMS/Staake/Müller Rn. 85.

[885]   Dieser (schon in den vier Vorauflagen dieser Kommentierung vertretenen) Ansicht ausdrücklich zust. Seibt/Wollenschläger DB 2011, 1378 (1383); ähnlich BeBiKo/Justenhoven/Feldmüller Rn. 177; vgl. Schüppen Rn. 17 („auf der Basis anderer Rechtsverhältnisse").

[886]   OLG Karlsruhe GI 1992, 3 (5) (betr. Sachverständige). S. ferner BGHZ 127, 378 (386) (betr. Sachverständigen) = JZ 1995, 306 mAnm Medicus und Aufsatz Canaris JZ 1995, 442.

„Verkehrsbedürfnis" zurückgeführt wird.[887] Entsprechendes gilt für Versuche in der Literatur, die Grundentscheidungen des Gesetzgebers dadurch zu umgehen, dass man die Ausdehnung des Schutzbereiches des Prüfungsvertrages auf Dritte als eine „auf § 242 BGB gestützte **Erweiterung des Schuldverhältnisses**" begreift, „die den Sozialwirkungen des Schuldverhältnisses Rechnung trägt",[888] oder man die Existenz eines „gesetzlichen Schuldverhältnisses mit Schutzwirkung für Dritte"[889] annimmt.[890] Bei derartigen Begründungen steht nicht die privatautonom gestaltete, eigenverantwortliche und berechenbare Übernahme von Verhaltens- und Schutzpflichten im Vordergrund, sondern die **ergebnisorientierte Verlagerung von Risiken** ohne rechtsgeschäftlichen Begründungsakt. Letztlich haftet, wen das erkennende Gericht ungeachtet der gesetzgeberischen Grundentscheidungen in § 323 Abs. 1 S. 3 und §§ 823, 826, 831 BGB im Einzelfall für „haftungswürdig" erachtet.[891] Die Änderung der in diesen Bestimmungen angelegten Grundentscheidungen ist eine Entscheidung von großer Tragweite für die Institution der Jahresabschlussprüfung durch Private, die Abschlussprüfer, die prüfungspflichtigen Unternehmen und Dritte sowie die Versicherungswirtschaft und die Volkswirtschaft insgesamt; sie kann daher nur vom Gesetzgeber vorgenommen werden.[892]

201   **aa) Wortlaut.** Der Wortlaut des Abs. 1 S. 3 spricht – wie die Kammer 2 für Handelssachen des LG Hamburg zu Recht hervorgehoben hat – dafür, dass nach Abs. 1 S. 3 Dritte, die in der Vorschrift nicht als Anspruchsberechtigte genannt sind, nach dieser Vorschrift keinen Anspruch haben sollen. Die Begründung der Kammer ist ebenso prägnant wie überzeugend: „Erst durch die ausdrückliche Erwähnung des verbundenen Unternehmens als Anspruchsberechtigtem wird diesem als vertragsfremdem Dritten ein Schadensersatzanspruch gegen den Abschlußprüfer gewährt. Wenn der Gesetzgeber hiermit ausdrücklich einem bestimmten vertragsfremden Dritten diesen Anspruch zuerkennt, gleichzeitig aber davon absieht, weiteren vertragsfremden Dritten einen vergleichbaren Anspruch zu gewähren, so spricht dies *e contrario* bereits für einen Ausschluß von Ansprüchen für weitere vertragsfremde Dritte, die in der Vorschrift nicht genannt werden".[893]

202   **bb) Vergleich mit § 11 Abs. 2 UmwG.** Ein Vergleich mit § 11 Abs. 2 UmwG verstärkt das Argument der Kammer noch.[894] S. 1 dieser Vorschrift erklärt auf die Haftung des Verschmelzungsprüfers § 323 für entsprechend anwendbar; S. 2 erweitert die Haftung des Verschmelzungsprüfers ausdrücklich auf die Anteilsinhaber der an der Verschmelzung beteiligten Rechtsträger. Ohne die ausdrückliche Erweiterung des Kreises der Anspruchsberechtigten durch § 11 Abs. 2 S. 2 UmwG hätten die Anteilsinhaber der an der Verschmelzung

---

[887]   Näher dazu Ebke JZ 1998, 991 (993).

[888]   Grunewald, Bürgerliches Recht, 6. Aufl. 2003, S. 110.

[889]   Stahl, Zur Dritthaftung von Rechtsanwälten, Steuerberatern, Wirtschaftsprüfern und öffentlich bestellten und vereidigten Sachverständigen, 1989, S. 73–173 sowie Sutschet, Der Schutzanspruch zugunsten Dritter, 1999.

[890]   Zum Vorwurf der „sozialen Kälte" der hier vertretenen Ansicht Ebke, Die zivilrechtliche Verantwortlichkeit der wirtschaftsprüfenden, steuer- und rechtsberatenden Berufe im internationalen Vergleich, 1996, S. 51.

[891]   Vgl. Lang WPg 1989, 57 (57); s. auch Frassek JuS 2004, 285 (287); Wölber, Die Abschlussprüferhaftung im Europäischen Binnenmarkt, 2005, S. 74.

[892]   Dazu Ebke BB 1997, 1731 (1732); iE wohl zust. BeBiKo/Justenhoven/Feldmüller Rn. 181). Zu der Frage, ob auch ohne gesetzliche Regelungen etwa aufgrund der Internationalisierung der Abschlussprüfung oder von Handlungsentscheidungen der Marktteilnehmer ein Bedarf an Dritthaftung entsteht, s. aus ökonomischer Sicht Simon/Biskup J. Bus. Econ. 76 (2006), 771.

[893]   LG Hamburg WM 1999, 139 (141); vgl. OLG Celle WPK-Mitt. 2000, 258 (259) = NZG 2000, 613 (165). IdS schon Ebke Wirtschaftsprüfer S. 36, 37; zust. Baus ZVglRWiss 103 (2004), 219 (242); Schüppen DB 1998, 1317 (1318). S. aber Sommerschuh, Berufshaftung und Berufsaufsicht: Wirtschaftsprüfer, Rechtsanwälte und Notare im Vergleich, 2003, S. 194, die darauf hinweist, dass man „ohne Berücksichtigung der historischen Entwicklung sowie der gesetzgeberischen Begründungen" aus der ausdrücklichen Erwähnung der verbundenen Unternehmen „gegenteilige Schlüsse" ziehen kann.

[894]   Dazu Haußer in Veit, Sonderprüfungen, 2005, S. 81, 122–125; Rosenboom, Abschlussprüfung und Haftung nach portugiesischem Recht, 2004, S. 62 (63); Thomale ZGR 2023, 131 (136-137). Zu dem Vorläufer des § 11 Abs. 2 UmwG (§ 340b Abs. 5 S. 2 AktG aF) Ebke/Scheel WM 1991, 389 (395).

beteiligten Rechtsträger bei fahrlässiger Pflichtverletzung des Verschmelzungsprüfers nach Ansicht des Gesetzgebers nach Abs. 1 S. 3 **keinen Schadensersatzanspruch** gegen den Prüfer gehabt,[895] obgleich die Verschmelzungsprüfung als ergänzende Maßnahme auch dem Schutz der außenstehenden Aktionäre dient.[896] Vor diesem Hintergrund verbietet sich – wie der III. Zivilsenat des BGH unmissverständlich klargestellt hat – eine Ausdehnung des Anwendungsbereichs des Abs. 1 S. 3 „im Wege der Auslegung oder Analogie" auf Aktionäre oder gar sonstige Dritte.[897]

203   Die ausdrückliche Erweiterung des Kreises der Anspruchsberechtigten in § 11 Abs. 2 S. 2 UmwG besagt indes noch mehr: Der Gesetzgeber geht ersichtlich davon aus, dass Anteilseigner gegen den Prüfer außerhalb der sonderprivatrechtlichen Haftungsnorm des § 323 **keine Ersatzansprüche** für Vermögensschäden infolge einer fahrlässigen Pflichtverletzung des Prüfers haben. Denn die Erweiterung des Kreises der Anspruchsberechtigten um die Anteilseigner in § 11 Abs. 2 S. 2 UmwG wäre überflüssig, wenn den Anteilseignern regelmäßig bereits aufgrund eines privatautonom ausgehandelten Vertrages oder aufgrund vertragsähnlicher Rechtsfiguren (zB der Figur des Vertrages mit Schutzwirkung für Dritte) ein Schadensersatzanspruch bei fahrlässigem Fehlverhalten des Verschmelzungsprüfers zustehen würde.

204   Die ausdrückliche Erweiterung des Kreises der Anspruchsberechtigten in § 11 Abs. 2 S. 2 UmwG hat noch eine weitere Bedeutung: Die Tatsache, dass die gesetzlich vorgeschriebene Prüfung des Jahresabschlusses bzw. des Konzernabschlusses (§ 316) nicht nur eine gesellschaftsinterne Selbstkontrolle ist, sondern auch eine **gesellschaftsübergreifende Funktion hat** (→ § 316 Rn. 31 f.),[898] bedeutet nicht, dass der Gesetzgeber prüfungsvertragsfremden Dritten, welche im Vertrauen auf bestätigte Jahresabschlüsse für sie nachteilige vermögenswirksame Entschlüsse tätigen und entsprechende Maßnahmen ergreifen, über § 323 und das außervertragliche Haftungsrecht (§§ 823, 826, 831 BGB) hinaus bei fahrlässiger Pflichtverletzung durch den Abschlussprüfer einen Schadensersatzanspruch gewähren will.[899] Vielmehr bedarf es insoweit einer besonderen individualschützenden **Entscheidung des Gesetzgebers,** die dieser zwar im Falle der Verschmelzungsprüfung (§ 11 Abs. 2 S. 2 UmwG), nicht aber im Falle der gesetzlichen Jahresabschlussprüfung (§ 323 Abs. 1 S. 3) sowie anderer gesetzlicher Prüfungen (die auf § 323 verweisen)[900] getroffen hat. Über diese Grundentscheidung des Gesetzgebers dürfen sich die Gerichte in der Tat nicht hinwegsetzen,[901] mögen die rechtlichen Instrumentarien dafür auch verfügbar sein.[902]

205   **cc) Historische Auslegung.** Die historische Auslegung des § 323 bestätigt – wie die 18. Zivilkammer des LG Frankfurt a. M. unter Hinweis auf die Erweiterung des Kreises der Ersatzpflichtigen im Rahmen des Bilanzrichtliniengesetzes vom 19.12.1985 (BGBl. 1985 I 2355) zutreffend ausgeführt hat – darüber hinaus die Annahme der hM (→ Rn. 187 ff.), dass eine Einstandspflicht des gesetzlichen Abschlussprüfers bei fahrlässigen Pflichtverletzungen „nur gegenüber der geprüften Gesellschaft und mit dieser verbundenen

---

[895]   Vgl. Haußer in Veit, Sonderprüfungen, 2005, S. 81, 123 („Spezialregelung").

[896]   Vgl. BGH DB 1989, 1664.

[897]   BGH WPK-Mitt. 1998, 255 (256); BGH DB 2006, 1105 (1106); OLG Celle NZG 2000, 613 (615) mAnm Großfeld.

[898]   Dazu näher Ebke WPK-Mitt. 1998, 76 (77); Ebke in Ferrarini/Hopt/Winter/Wymeersch, Reforming Company and Takeover Law in Europe, 2004, 514–517.

[899]   AA für das Schweizer Recht BG AJP/PJA 1998, 1235 (1237) mAnm Glanzmann; s. ferner Bertschinger SZW/RSDA 1999, 78; Hirsch SZW/RSDA 1999, 48; Honold ST 1998, 1069.

[900]   Die Dritthaftung zB des Gründungs- (§ 49 AktG), Nachgründungs- (§ 53 AktG), Sonder- (§§ 144, 258 Abs. 5 S. 1 AktG), Kapitalerhöhungssonderbilanz- (§ 209 Abs. 4 S. 2 AktG, § 57f Abs. 3 S. 2 GmbHG), Unternehmensvertrags- (§ 293d Abs. 2 S. 1 AktG), Eingliederungs- (§ 320 Abs. 3 S. 3 AktG), Kreditinstituts- (§ 340k Abs. 1) und Versicherungsbilanzprüfers (§ 341k Abs. 1) ist nicht erweitert.

[901]   LG Frankfurt a. M. BB 1997, 1682 (1683); LG Mönchengladbach NJW-RR 1991, 415 (416); LG Hamburg WM 1999, 139 (141).

[902]   Vgl. den berühmten Satz von Richter Benjamin Nathan Cardozo in der Rechtssache Ultramares Corp. v. Touche & Co., 174 N. E. 441, 447 (1931): „A change so revolutionary, if expedient, must be wrought by legislation.".

Unternehmen iSv §§ 271, 290 HGB" besteht, „für andere Dritte eine vertragliche Haftung des [gesetzlichen] Abschlußprüfers [hingegen] nicht gewollt ist".[903] Ein Blick auf die geschichtliche Entwicklung der Vorläufer des heutigen § 323 untermauert die Ansicht des LG Frankfurt a. M. weiter.[904]

206   **(1) KonTraG.** Die Kammer 2 für Handelssachen des LG Hamburg hat ergänzend auf die Beratungen des Gesetzes zur Kontrolle und Transparenz im Unternehmensbereich (KonTraG) hingewiesen.[905] In seiner Stellungnahme zum KonTraG-Entwurf der Bundesregierung hatte der federführende Rechtsausschuss des Bundesrates empfohlen, § 323 Abs. 1 folgenden Satz anzufügen: „Anderen als den in Satz 3 genannten Personen haften der Abschlußprüfer, seine Gehilfen und die bei der Prüfung mitwirkenden gesetzlichen Vertreter einer Prüfungsgesellschaft für eine fahrlässige Verletzung ihrer Pflichten nicht".[906] Zur Begründung hatte der Bundesratsausschuss angeführt: „Wenn der Abschlußprüfer, seine Gehilfen und die bei der Prüfung mitwirkenden gesetzlichen Vertreter einer Prüfungsgesellschaft fahrlässig ihre Pflichten verletzen, sollten sie zum Ersatz des dadurch entstandenen Schadens ausschließlich gegenüber der Kapitalgesellschaft und, wenn ein verbundenes Unternehmen geschädigt worden ist, auch diesem verpflichtet sein. Ein darüber hinaus gehender Schadensersatz an Dritte sollte gesetzlich ausgeschlossen werden".[907] Nach Ansicht des Ausschusses sollte die **Ausdehnung der Dritthaftung** des gesetzlichen Abschlussprüfers für Fahrlässigkeit **nicht den Gerichten überlassen** werden: „Wenn die Frage eines Schadensersatzes allein der Rechtsprechung überlassen wird, bedeutet dies für einen Abschlußprüfer iSv § 323 Abs. 1 S. 1 HGB das Vorliegen von unkalkulierbar hohen wirtschaftlichen Risiken. Um diese bei fahrlässigem Handeln von vornherein auszuschließen, ist eine gesetzliche Festlegung notwendig".[908] Der Bundesrat schloss sich der Empfehlung des Rechtsausschusses in seiner Sitzung vom 19.12.1997 an.[909]

207   **(2) BT-Rechtsausschuss.** Die Bundesregierung hat in ihrer Gegenäußerung zur Stellungnahme des Bundesrates gegen die vorgeschlagene Klarstellung keine Bedenken geäußert.[910] Der Rechtsausschuss des Deutschen Bundestages hielt dagegen einen ausdrücklichen gesetzlichen Ausschluss der Dritthaftung des Pflichtprüfers für Fahrlässigkeit, wie sie der Bundesrat in seiner Stellungnahme vorgeschlagen hatte, für „derzeit nicht erforderlich"; schon der bisherige Gesetzeswortlaut gewähre „nur der geprüften Kapitalgesellschaft oder einem verbundenen Unternehmen einen Schadensersatzanspruch" und schließe „den Anspruch eines Dritten schon vom Wortlaut her aus".[911] Dieses Verständnis – so betont der Rechtsausschuss des Deutschen Bundestages – werde „auch durch die Rechtsprechung (vgl. zuletzt LG Frankfurt WPK-Mitt. 1997, 236) bestätigt".[912] Auch wenn die Aussage des Rechtsausschusses

---

[903]   LG Frankfurt a. M. BB 1997, 1682 (1683); zust. LG Hamburg WM 1999, 139 (141, 142). Ebenso Baus ZVglRWiss 103 (2004), 219 (242); Ebke WPK-Mitt. 1997, 108 (110); Lang WPg 1986, 57 (58); Sommerschuh, Berufshaftung und Berufsaufsicht: Wirtschaftsprüfer, Rechtsanwälte und Notare im Vergleich, 2003, S. 194 (195); aA Land, Wirtschaftsprüferhaftung gegenüber Dritten in Deutschland, England und Frankreich, 1996, S. 81; Otto/Mittag WM 1996, 325.

[904]   Zu Einzelheiten: Ebke Wirtschaftsprüfer S. 35–43 und 56–60; Ebke WPK-Mitt. 1997, 108 (109–112); Feddersen WM 1999, 105 (114–116); WP-Hdb. Bd. I A Rn. 585.

[905]   LG Hamburg WM 1999, 139 (142). Zu Einzelheiten der Beratungen des KonTraG: Ebke JZ 1998, 991 (992); Feddersen WM 1999, 105 (114, 115).

[906]   BR-Drs. 872/1/97, 1, 8 v. 5.12.1997. Die Empfehlung deckt sich mit dem Vorschlag von Ebke WPK-Mitt. 1997, 108 (112), den sich die WPK in ihrer Stellungnahme zum RefE-KonTraG des BMJ v. 22.11.1996 (abgedruckt in ZIP 1996, 2129 und 2193) zu Eigen gemacht hat: WPK-Mitt. 1997, 100 (106).

[907]   BR-Drs. 872/97, 1, 8, 9.

[908]   BR-Drs. 872/97, 1, 9.

[909]   BR-Drs. 872/97 (Beschluss) v. 19.12.1997, 1, 7, 8 (es wurden lediglich die Worte „genannten Personen" durch das Wort „Genannten" ersetzt).

[910]   BT-Drs. 13/9712, 36, 37 v. 28.1.1998.

[911]   BT-Drs. 13/10038, 22, 25 v. 4.3.1998.

[912]   BT-Drs. 13/10038, 25. Vgl. BGH DB 2006, 1105 (1106). Für eine gesetzliche Klarstellung hingegen Kleekämper/König in Dörner/Menold/Pfitzer/Oser, Reform des Aktienrechts, der Rechnungslegung und Prüfung, 2. Aufl. 2003, 968 und 970.

des Deutschen Bundestages die Gerichte rechtlich natürlich nicht bindet,[913] ist sie – wie der III. Zivilsenat des BGH unlängst zutreffend betont hat – ein wichtiger Hinweis, der bei der Auslegung und Anwendung des § 323 durch die Gerichte nicht außer Acht bleiben darf,[914] zumal das darin zum Ausdruck kommende „geltungszeitliche" Verständnis des § 323 Abs. 1 S. 3 die „entstehungszeitliche" Interpretation der Norm (und ihrer Vorläufer) durch die weitaus überwiegende Zahl der Gerichte und die ganz hL bestätigt.[915]

(3) TransPuG; BilReG. Die Frage der Erweiterung der Haftung des gesetzlichen **208** Abschlussprüfers durch Erweiterung des Kreises der Anspruchsberechtigten („Erweiterung auf Dritthaftung") wurde auch im Zehn-Punkte-Programm „Unternehmensintegrität und Anlegerschutz" der Bundesregierung vom 25.2.2003 ausdrücklich angesprochen.[916] Gemäß Ziff. 5 des Programms hat die Bundesregierung eine Erweiterung der Haftung des gesetzlichen Abschlussprüfers „dem Kreis der Anspruchsberechtigten nach (*Erweiterung auf Dritthaftung*)" (!) in Betracht gezogen.[917] Die Bundesregierung erwog insbesondere „die Möglichkeit eigener Ansprüche der Anteilseigner auch gegen den Abschlussprüfer".[918] Eine Änderung der einschlägigen Haftungsbestimmungen des § 323 ist gleichwohl weder im BilReG vom 4.12.2004 (BGBl. 2004 I 3166) noch im BilKoG vom 15.12.2004 (BGBl. 2004 I 3408) (und auch nicht im BilMoG vom 25.5.2009, BGBl. 2009 I 1102) erfolgt. Eine Reform der Haftung des Abschlussprüfers sollte bis zu einer Neuregelung der persönlichen Haftung von Vorstand und Aufsichtsrat zurückgestellt werden, da es „wenig Sinn" mache, „hier allein den Abschlussprüfer zunächst einer strengeren Haftung zu unterwerfen".[919]

(4) FISG. Im Zusammenhang mit dem Erlass des FISG v. 3.6.2021 (BGBl. 2021 I **209** 1534) wurde die Frage einer Dritthaftung des Abschlussprüfers intensiv und **kontrovers diskutiert.**[920] Der Gesetzgeber hat die deliktsrechtliche Dritthaftung des Abschlussprüfers durch Absenkung des Verschuldensgrads von Vorsatz (§ 332 Abs. 2) auf Leichtfertigkeit (§ 332 Abs. 3) bei der strafbewehrten Erteilung eines inhaltlich unrichtigen Bestätigungsvermerks bei der Prüfung eines Unternehmens von öffentlichem Interesse (§ 316a S. 2) erweitert, eine darüber hinausgehende (deliktsrechtliche oder quasi-vertragliche) Dritthaftung für Fahrlässigkeit aber bewusst nicht eingeführt.[921]

(5) Fazit. Es ist daher festzuhalten: Der deutsche Gesetzgeber anerkennt seit knapp **210** 90 Jahren ohne Unterbrechung die Notwendigkeit, gesetzliche Abschlussprüfer gegenüber anderen als der geprüften Gesellschaft (und seit 1965: verbundenen Unternehmen) für

---

[913]   Insoweit zutr. Grunewald ZGR 1999, 583 (595).

[914]   IdS auch BGH DB 2006, 1105 (1106) („geboten").

[915]   Daher zutr. LG Hamburg WM 1999, 139 (142) („Nach alledem bleibt es dabei, daß eine vertragliche Haftung des Beklagten nach den Grundsätzen des Vertrages mit Schutzwirkung für Dritte ausscheidet"); ebenso OLG Karlsruhe WPK-Mitt. 1999, 231 (233) (Bericht). Zust. Hense WPK-Mitt. Beilage 3/1999, 3 (8); vgl. Kleekämper/König in Dörner/Menold/Pfitzer/Oser, Reform des Aktienrechts, der Rechnungslegung und Prüfung, 2. Aufl. 2003, S. 966.

[916]   Abgedruckt in WPK-Mitt. 2003, 44. Dazu Seibert BB 2003, 693; Knorr/Hülsmann NZG 2003, 567 (572–573).

[917]   Dazu Ernst WPg 2003, 18 (24).

[918]   Vgl. Ernst WPg 2003, 18 (24). Krit. zu dem Ansatz der Bundesregierung Knorr/Hülsmann NZG 2003, 567 (572, 573) („Der Ansatz der Bundesregierung, durch eine Verschärfung der zivilrechtlichen Haftung die Stellung des Abschlussprüfers stärken und die Qualität seiner Prüfung verbessern zu wollen, ist … fragwürdig").

[919]   So der Parlamentarische Staatssekretär Hartenbach in seiner Ansprache anlässlich des Parlamentarischen Abends der Wirtschaftsprüferkammer am 21.10.2003 zum Thema „Sicherheit und Kontrolle auf den Kapitalmärkten" (abrufbar unter www.bmj.bund.de). S. auch Ring WPg 2005, 197 (197) (l.Sp.).

[920]   Dauner-Lieb ZIP 2021, 391; Hennrichs DB 2021, 268; Nietsch WM 2021, 158; Homborg/Landahl NZG 2021, 859; Poelzig ZBB 2021, 73; Schüppen DB 2020, 2641. Schüppen Rn. 12 spricht gar von dem „Schlachtfeld" der zuletzt im Gesetzgebungsverfahren zum FISG geführten Diskussion, ob es einer spezialgesetzlichen Regelung einer Dritthaftung bedarf.

[921]   Nietsch WM 2021, 158 (167) mwN; Hennrichs BB 2021, 263 (274 f.); enttäuscht MüKoBGB/Emmerich, 9. Aufl. 2022, BGB § 311 Rn. 218 (der Gesetzgeber habe im FISG „jedoch [bewusst] auf eine Regelung des Fragenkreises der Dritthaftung der Wirtschaftsprüfer wieder verzichtet").

fahrlässige Pflichtverletzungen bei der Wahrnehmung der gesetzlichen Prüfungsaufgaben nicht haften zu lassen (es sei denn, der Prüfer und der Dritte hätten privatautonom **ausdrücklich** einen Auskunftsvertrag geschlossen oder die geprüfte Gesellschaft und ihr Abschlussprüfer hätten den Schutzbereich des Prüfungsvertrages **ausdrücklich** auf bestimmte Dritte erstreckt; beide Fallgestaltungen liegen in Pflichtprüfungsfällen allerdings so gut wie nie vor; → Rn. 184). Eine **Rechtsfortbildung** „dahingehend, daß ein Wirtschaftsprüfer wegen eines fehlerhaften Testats ... gegenüber Dritten haftet, ohne dies ausdrücklich vereinbart zu haben, wäre ... nach den ablehnenden Äußerungen im Zusammenhang mit der Einführung des KonTraG nur gegen den ausdrücklichen Willen des Gesetzgebers möglich".[922] An diesem Ergebnis ändert auch die Schuldrechtsreform nichts: § 311 Abs. 3 BGB stellt zwar bei entsprechend weiter Auslegung und Anwendung eine denkbare Anspruchsgrundlage für Dritte dar (→ Rn. 164 ff.); der Gesetzgeber hat aber zu keiner Zeit beabsichtigt oder auch nur erwogen, mit Hilfe des § 311 Abs. 3 BGB die Haftung des gesetzlichen Abschlussprüfers zu reformieren.[923] Das FISG aus dem Jahre 2021 hat – ungeachtet zahlreicher Befürworter einer solchen Dritthaftung im Schrifttum – ebenfalls bewusst keine spezialgesetzliche, deliktsrechtliche oder (quasi-)vertragliche Dritthaftung für Fahrlässigkeit eingeführt (→ Rn. 209).

211   **dd) Sinn und Zweck.** Sinn und Zweck der in Abs. 1 S. 3 und §§ 823, 826, 831 BGB enthaltenen Grundentscheidungen des Gesetzgebers sprechen ebenfalls dafür, dass die in diesen Bestimmungen angelegte Risikoverteilung zwischen der prüfungspflichtigen Gesellschaft, dem Abschlussprüfer und Dritten von den Gerichten nicht mit Hilfe der Rechtsfigur des Vertrages mit Schutzwirkung für Dritte untergraben werden darf. Sinn und Zweck der vergleichsweise engen Dritthaftung des gesetzlichen Abschlussprüfers ist es, die Dritthaftung des Prüfers in **berechenbaren und versicherbaren Grenzen** zu halten.[924] Diese Zielvorgabe ist Folge der durch rechtsvergleichende Untersuchungen untermauerten (→ Rn. 220),[925] in einigen wirtschaftswissenschaftlichen Studien[926] erhärteten und in der Begründung des RegE des KonTraG vom 6.11.1997 ausdrücklich bestätigten Erkenntnis, dass eine unbegrenzte zivilrechtliche Verantwortlichkeit des gesetzlichen Abschlussprüfers gegenüber Dritten für Fahrlässigkeit „nicht sachgerecht ist, weil die Risiken einer gesetzlich vorgeschriebenen Prüfung viel zu groß sind, um sie privatrechtlich tätig werdenden Personen zumuten zu können".[927] Eine unbegrenzte Haftung könnte, so heißt es in der Begründung weiter, „den Berufsstand in seiner Existenz gefährden. Die Versicherbarkeit wäre nicht gewährleistet".[928] Für Dritthaftungsfälle gilt das in besonderem Maße – denn:

---

[922] Sommerschuh, Berufshaftung und Berufsaufsicht: Wirtschaftsprüfer, Rechtsanwälte und Notare im Vergleich, 2003, S. 201; idS auch Baus ZVglRWiss 103 (2004), 219 (243) mit Fn. 141. Vgl. BGH DB 2006, 1105 (1106) („... offener Widerspruch gegen die in § 323 Abs. 1 S. 3 HGB zum Ausdruck kommende gesetzgeberische Wertung, die die Gerichte zu beachten haben").

[923] Sommerschuh, Berufshaftung und Berufsaufsicht: Wirtschaftsprüfer, Rechtsanwälte und Notare im Vergleich, 2003, S. 201.

[924] Bei der Auslegung und Anwendung des § 323 sind nicht nur der Wortlaut, sondern auch der historische Hintergrund sowie der Sinn und Zweck der Vorschrift zu berücksichtigen. Das übersieht MüKoBGB/Emmerich, 9. Aufl. 2022, BGB § 311 Rn. 218, wenn er schreibt, § 323 werde „zum Teil als abschließende Regelung verstanden", „indem in den Gesetzestext ein dort gar nicht enthaltenes ,nur' hineininterpretiert wird").

[925] Dazu Harrer in Gruber/Harrer, Aktuelle Probleme der Abschlussprüfung, 2006, S. 135 (137–142); Ebke/Struckmeier, The Civil Liability of Corporate Auditors: An International Perspective, 1994. Zur Entwicklung der Anspruchspraxis in den USA in den 80er Jahren Ebke Wirtschaftsprüfer S. 283–289. Zu dem Trend, der Entwicklung Einhalt zu gebieten: Ebke FS Stürner, 2013, 1001 mwN.; Buchert/Weber WPg 2021, 621.

[926] Zur ökonomischen Analyse der Haftung des Wirtschaftsprüfers: Gelter WPg 2005, 486; Sunderdiek, Effiziente Regulierung der Wirtschaftsprüfung, 2006; Dopuch/King J. Acc. Res. 32 (1994), 103; Dopuch/King Acc. Rev. 67 (1992), 97; Dye J. Pol. Econ. 101 (1993), 887; Ewert BFuP 1999, 94; London Economics, The Economics of Audit Liability, 1998; Narayanan J. Acct'g Res. 32 (1994), 39; Schwartz, Rev. Quant. Fin. & Acct'ing 11 (1998), 183. S. auch Lenz/Ostrowski BB 1997, 1523 (1528, 1529).

[927] BT-Drs. 13/9712, 29. Mit denselben Worten zust. Neumann BuW 2000, 853 (862).

[928] BT-Drs. 13/9712, 29.

(1) Haftungssummenbegrenzung? Bei einer Fahrlässigkeitshaftung des Abschluss- **212** prüfers gegenüber Dritten nach der Rechtsfigur des Vertrages mit Schutzwirkung für Dritte ist die Geltung der Haftungshöchstsummen des Abs. 2 in Pflichtprüfungsfällen nicht gesichert.[929] Zwar hat der III. Zivilsenat des BGH in seiner Entscheidung vom 2.4.1998 die Ansicht vertreten, dass die Haftungssummenbegrenzungen gemäß Abs. 2 auch im Rahmen des Vertrages mit Schutzwirkung für Dritte **„zu berücksichtigen"** seien;[930] die Begründung des Senats ist aber fragwürdig.[931] In seiner Entscheidung vom 19.4.2012 zur Haftung eines Wirtschaftsprüfers wegen Beratungsfehlern im Zusammenhang mit der Verschmelzung zweier Gesellschaften hat der III. Zivilsenat des BGH erfreulicherweise, wenn auch nur *obiter* klargestellt, dass die damalige Haftungsbegrenzung auf 500.000 DM für fahrlässige Pflichtverletzungen im Rahmen der Abschlussprüfung nach § 323 aF „nach der Rechtsprechung des erkennenden Senats ... auch für etwaige Ansprüche im Rahmen eines Vertrags mit Schutzwirkung zu Gunsten Dritter Geltung beansprucht".[932] Instanzgerichte haben die Geltung des Abs. 2 im Rahmen der Rechtsfigur des Vertrages mit Schutzwirkung für Dritte in Prüfungsfällen dagegen verneint[933] bzw. offengelassen;[934] einige Gerichte gehen davon aus, dass die Wirkung von Haftungsbegrenzungen im Grundvertrag gegenüber Dritten sogar „stillschweigend" abbedungen werden kann.[935]

Selbst wenn die Geltung der Haftungshöchstsummen gemäß Abs. 2 im Rahmen der **213** Rechtsfigur des Vertrages mit Schutzwirkung für Dritte gesichert wäre (zB mittels entsprechender Anwendung von § 334 BGB,[936] aufgrund der Allgemeinen Auftragsbedingungen der Wirtschaftsprüfer und Wirtschaftsprüfungsgesellschaften[937] oder mittels analoger Anwendung des Abs. 2),[938] wäre den Interessen der Dritten in Pflichtprüfungsfällen kaum angemessen Rechnung getragen. Gerade in Fällen mit zahlreichen Geschädigten (wie etwa bei großen Publikumsgesellschaften oder Unternehmen von öffentlichem Interesse!)[939]

---

[929] Zu Einzelheiten: Ebke JZ 1998, 991 (996); Canaris ZHR 163 (1999), 206 (234); Grunewald ZGR 1999, 583 (589). Zu Haftungsbeschränkungen gegenüber Dritten im Rahmen der vertrauensrechtlichen Auskunftshaftung Koch WM 2005, 1208 (1211–1216).

[930] BGH JZ 1998, 1013 (1015) = BB 1998, 1152 (1154); offen gelassen in BGH BB 2006, 1441; dazu Kindler/Otto BB 2006, 1443 (1444) (gegen analoge Anwendung des § 323 Abs. 2 HGB). Der österreichische OGH hat entschieden, dass die gesetzliche Haftungssummenbegrenzung des § 275 Abs. 2 S. 3 öHGB auf Ansprüche Dritter aufgrund der Rechtsfigur des Vertrages mit Schutzwirkung für Dritte analog anzuwenden sind: öOGH ÖBA 2002, 820 – Riegerbank, mAnm W. Doralt = ÖZW 2002/3, 88 mAnm Artmann. Dazu näher W. Doralt, Haftung der Abschlussprüfer, 2005, S. 195–197.

[931] BGHZ 138, 257 (266) = JZ 1998, 1013 (1015) = BB 1998, 1152 (1154); zust. Schüppen DB 1998, 1317 (1319); krit. zu der Begründung des BGH: Ebke JZ 1998, 991 (996); Canaris ZHR 163 (1999), 206 (234); Schaub Jura 2001, 8 (16).

[932] BGH ZIP 2012, 1128 = NZG 2012, 711.

[933] LG Passau BB 1998, 2052 (2053) mit abl. Anm. Muth EWiR § 323 HGB 1/99, 365 (366).

[934] LG Frankfurt a. M. BB 1997, 1682 (1683).

[935] OLG München GI 1997, 191 (196) = WM 1997, 613 (betr. Steuerberater). Vgl. BGHZ 127, 378 (385); BGH NJW 1998, 1059; NJW 1995, 392 (393). Dazu Wölber, Die Abschlussprüferhaftung im Europäischen Binnenmarkt, 2005, S. 81 (82); Plötner, Die Rechtsfigur des Vertrags mit Schutzwirkung für Dritte und die sogenannte Expertenhaftung, 2003, S. 288 („wenig überzeugender Kunstgriff"); HKMS/Staake/Müller Rn. 86 („§ 334 BGB ist abdingbar"; die Autoren empfehlen dem Prüfer daher, in „ein gesondertes Vertragsverhältnis mit dem Dritte zu treten", „um Zweifel auszuschließen [insbesondere bezüglich der Haftungsbeschränkung]").

[936] Land, Wirtschaftsprüferhaftung gegenüber Dritten in Deutschland, England und Frankreich, 1996, S. 202; vgl. Ebke JZ 1998, 991 (996); Wölber, Die Abschlussprüferhaftung im Europäischen Binnenmarkt, 2005, S. 81.

[937] Vgl. OLG Düsseldorf GI 1999, 218 (221) = WPK-Mitt. 1999, 258 (260) mAnm Ebke/Paal; Ebke JZ 1999, 991 (996); Ebke/Fechtrup JZ 1986, 1111 (1113); aA Grunewald ZGR 1999, 583 (589).

[938] So BGH JZ 1998, 1013 (1014, 1015); krit. Ebke JZ 1998, 991 (996); Canaris ZHR 163 (1999), 206 (234).

[939] Haucap/Kehder/Prüfer, Funktionsdefizite auf dem Wirtschaftsprüfungsmarkt, 2022, S. 29 (abrufbar unter www.dice-consult.de/content/download/studie_funktionsdefizite_auf_dem_wirtschaftspruefungs markt.pdf) („Ruft man sich die Verluste der jüngsten Bilanzskandale in Erinnerung – im Fall Wirecard knapp zwei Milliarden Euro – wird jedoch schnell deutlich, dass diese Haftungssummen nicht ausreichen, um den verursachten Schaden abzudecken").

würden die in Abs. 2 vorgesehenen Haftungshöchstsummen regelmäßig nicht zur vollständigen Befriedigung der Ersatzsuchenden führen.[940] In Betracht kommt dann allenfalls eine quotenmäßige Verteilung nach dem Verhältnis der geltend gemachten Ansprüche zur gesetzlich festgesetzten Haftungssumme (**„Insolvenzmodell"**).[941] Die danach zur Verteilung stehenden Beträge werden in der Mehrzahl der Fälle für die Betroffenen keinen echten Schaden*ersatz* (Ausgleich) darstellen,[942] zumal dann nicht, wenn sie ihre Ansprüche noch mit Ansprüchen der geprüften Gesellschaft gegen den Abschlussprüfer teilen müssen.[943] Hinzu kommt das sog. **„Windhundproblem":** Wer zuerst klagt, bekommt Ersatz; wer zu spät kommt, geht leer aus!?[944] Eine Hinterlegung der gesetzlich festgelegten Haftungssumme ist nicht geeignet, die Probleme einer der Höhe nach beschränkten Dritthaftung des Abschlussprüfers für Fahrlässigkeit aufgrund der Rechtsfigur des Vertrages mit Schutzwirkung für Dritte zu lösen. Entsprechendes gilt für Versuche, die Haftung des Abschlussprüfers an die Höhe seines Prüfungshonorars im konkreten Fall zu koppeln.[945]

214   **(2) Kreis der Ersatzberechtigten.** Eine weitere Erhöhung des Dritthaftungsrisikos ergibt sich für den Abschlussprüfer daraus, dass der Kreis der nach der Rechtsfigur des Vertrages mit Schutzwirkung für Dritte Anspruchsberechtigten nicht klar abgegrenzt bzw. abgrenzbar ist.[946] Unter den Befürwortern einer Dritthaftung des gesetzlichen Abschlussprüfers über Abs. 1 S. 3 HGB, §§ 823, 826, 831 BGB, die Grundsätze der Haftung aus Auskunftsvertrag aufgrund unmittelbaren Kontakts bzw. die ausdrückliche Erweiterung des Schutzbereichs des Prüfungsvertrages auf Dritte hinaus festigt sich die Einsicht, dass der Kreis der Ersatzberechtigten nicht ausufern darf.[947] Um die „in § 323 HGB zum Ausdruck kommende gesetzgeberische Intention, das Haftungsrisiko des Abschlußprüfers angemessen zu begrenzen, auch im Rahmen der vertraglichen Dritthaftung des Abschlußprüfers" zum Tragen kommen zu lassen, ist der Kreis der Anspruchsberechtigten auch nach Ansicht des III. Zivilsenats des BGH eng zu umgrenzen.[948] Die **Einbeziehung einer unbekannten Vielzahl** von Gesellschaftern, Anteilserwerbern oder Gläubigern in den Schutzbereich des Prüfungsvertrages läuft nach Ansicht des Senats der gesetzgeberischen Intention des § 323 zuwider.[949] Der III. Zivilsenat des BGH selbst hat allerdings

[940]   Krit. dazu im Hinblick auf die Verwirklichung des Ausgleichsgedankens des Schadensersatzrechts W. Doralt, Haftung der Abschlussprüfer, 2005, S. 105; Koziol in Koziol/Doralt, Abschlussprüfer – Haftung und Versicherung, 2004, S. 159.

[941]   IdS jetzt auch Heukamp ZHR 169 (2005), 471 (478).

[942]   Dicken, 150 Jahre Krisen, Bilanzskandale und Reformbedarf, 2021, S. 50 („Angesichts des tatsächlichen Schadens kann kaum von einer den Schaden abdeckenden Haftung die Rede sein, und die Erhöhung der Haftung hat eher einen Bestrafungscharakter"); Haucap/Kehder/Prüfer, Funktionsdefizite auf dem Wirtschaftsprüfungsmarkt, 2022, S. 30 („Die Haftungssummen weisen bestenfalls einen bestrafenden Charakter auf"); aA der AKBR (Arbeitskreis Bilanzrecht Hochschullehrer Rechtswissenschaft) in seiner Stellungnahme „Denkbare weitere Schritte zur Reform von Abschlussprüfung, Bilanzkontrolle und Corporate Governance", S. 14 („Eine höhere Haftung der Abschlussprüfer könnte … helfen, eingetretene Schäden zu kompensieren"). Jüngste Zusammenbrüche großer Unternehmen zeigen, dass selbst die drastisch angehobenen Haftungssummen nach Abs. 2 regelmäßig nicht ausreichen, um die eingetretenen Vermögensschäden (im Falle Wirecard knapp 2 Mrd. Euro) auszugleichen.

[943]   Krit. zur Haftungsbegrenzung des § 323 aus dem Gesichtspunkt des „äquivalenten Schadensausgleichs" Pohl WPg 2004, 460 (463). W. Doralt, Haftung der Abschlussprüfer, 2005, S. 197–200, hat vorgeschlagen, für die geprüfte Gesellschaft und die Dritten getrennte Haftungsfonds einzurichten.

[944]   Ebke WPK-Mitt. 1997, 108 (112); Kleekämper/König in Dörner/Menold/Pfitzer/Oser, Reform des Aktienrechts, der Rechnungslegung und der Prüfung, 2. Aufl. 2003, S. 967; Nonnenmacher Der Konzern 2003, 476 (478) („es darf kein Windhundrennen geben"); vgl. Binder FS Ebke, 2021, 89 (97).

[945]   S. etwa den SPD-Entwurf eines Transparenz- und Wettbewerbsgesetzes, BT-Drs. 13/367, 1, 4 v. 30.1.1995; damit sympathisierend Baums AG Sonderheft 1997, 26 (31); krit. zu derartigen Koppelungen schon Ebke Wirtschaftsprüfer S. 290, 291.

[946]   Ebke JZ 1998, 991 (995, 996); Schüppen DB 1998, 1317 (1319).

[947]   Zuletzt Canaris ZHR 163 (1999), 206 (234); Grunewald ZGR 1999, 583 (597). S. auch OLG Bamberg NZG 2005, 186 (187).

[948]   BGH JZ 1998, 1013 (1014) = BB 1998, 1152 (1153); s. auch BGH DB 2006, 105 (106).

[949]   BGH JZ 1998, 1013 (1014) = BB 1998, 1152 (1153); BGH DB 2006, 1105 (1106); iE zust. BeBiKo/Justenhoven/Feldmüller Rn. 181.

im Jahre 1994 in einem Urteil gegen einen Bausachverständigen die Auffassung vertreten, dass die Bejahung einer Schutzpflicht nicht voraussetzt, „daß der Schutzpflichtige die Zahl oder den Namen der zu schützenden Personen kennt"; es genüge vielmehr, „daß dem Beklagten bekannt war, daß sein Wertgutachten für einen (potentiellen) Käufer bestimmt war".[950]

Der X. Zivilsenat des BGH hat betont, dass die Schutzpflicht „auf eine überschaubare, **215** **klar abgegrenzte Personengruppe**" beschränkt ist.[951] Sofern mehrere Darlehensgeber in Betracht kommen, besteht nach Ansicht des Senats allerdings „kein rechtliches Hindernis, sie alle in den Schutzbereich einzubeziehen", auch wenn die Darlehensgeber selbst von der Einbeziehung in den Schutzbereich des Vertrages keine Kenntnis haben.[952] Bezogen auf Pflichtprüfungsfälle könnten die Formulierungen des III. und des X. Zivilsenats des BGH bedeuten, dass den Parteien des Prüfungsvertrages bei Vertragsschluss bzw. zu dem späteren Zeitpunkt die zu schützenden Dritten weder zahlenmäßig noch namentlich bekannt sein müssen, sondern es ausreicht, dass der schutzbedürftige Dritte zu dem Kreis derjenigen zählt, die typischerweise auf Bestätigungsvermerke von Wirtschaftsprüfern vertrauen und sie zur Grundlage vermögenswirksamer Entscheidungen machen und entsprechende Maßnahmen ergreifen.[953] Eine Fahrlässigkeitshaftung des gesetzlichen Abschlussprüfers gegenüber einem derart weiten Kreis von Personen wäre mit der Forderung des III. Zivilsenats des **BGH** nach einem „eng umgrenzten" Kreis von Ersatzberechtigten (→ Rn. 191 ff.) nicht vereinbar und außerdem für viele Wirtschaftsprüfer und Wirtschaftsprüfungsgesellschaften auch **nicht versicherbar** (→ Rn. 211), wenn die Haftungshöchstsummen des Abs. 2 im Rahmen der Rechtsfigur des Vertrages mit Schutzwirkung für Dritte nicht zum Tragen kommen (→ Rn. 212). Eine Verschärfung der Dritthaftung des gesetzlichen Abschlussprüfers könnte so zu einer weiteren **Konzentration** auf dem Markt für Prüfungsleistungen führen, was nicht gewünscht sein kann.[954]

(3) Mitverschulden. Risikoerhöhend kann sich außerdem die Nichtberücksichti- **216** gung eines Mitverschuldens der geprüften Gesellschaft auf den Ersatzanspruch des in den Schutzbereich des Prüfungsvertrages einbezogenen Dritten auswirken. Während der in den Schutzbereich des Prüfungsvertrages einbezogene Dritte sich ein eigenes Mitverschulden zurechnen lassen muss (§ 254 BGB) (allgM),[955] ist die Berücksichtigung eines Mitverschuldens der geprüften Gesellschaft weniger klar. Soweit man mit einem Teil der Rechtsprechung annimmt, dass dem geschützten Dritten grundsätzlich keine weitergehenden Rechte zustehen als dem Vertragspartner des Prüfers, weil der Geschädigte seine Rechte gegen den Prüfer aus den Vertragsbeziehungen des Prüfers und der geprüften Gesellschaft ableitet,[956] muss sich der Dritte auch ein Mitverschulden der geprüften Gesellschaft **zurechnen** lassen (§ 334 BGB analog).[957] Die Einbeziehung des Dritten in den Schutzbereich des Prüfungsvertrages bringt es bei dieser Sichtweise mit sich, dass der Dritte mit der Erweiterung des Rechtsschutzes auch die damit verbundenen Rechtsnachteile in Kauf

---

[950] BGH WM 1995, 204 (205). Vgl. BGH GI 1997, 81 (82) (der IX. Zivilsenat des BGH lässt es genügen, dass der Steuerberater wusste, als er seine Bescheinigung auf den Jahresabschluss setzte, dass dieser „einem" [!] Kreditinstitut vorgelegt werden sollte).
[951] Vgl. BGH JZ 1998, 624 (627).
[952] BGH JZ 1998, 624 (626).
[953] Zu verfassungsrechtlichen Fragen der Abgrenzung Ebke WPK-Mitt. 1997, 108 (112).
[954] Vgl. Nonnenmacher Der Konzern 2003, 476 (478). Zur Marktstruktur s. WPK, Marktstrukturanalyse 2021: Anbieterstruktur, Mandatsverteilungen, Abschlussprüferhonorare und Umsatzerlöse im Wirtschaftsprüfungsmarkt 2021, WPK Magazin Beilage zu Heft 4/2022, 1; Wittmann, Anbieterkonzentration auf dem Wirtschaftsprüfungsmarkt in Deutschland, 2018.
[955] Statt aller Grunewald, Bürgerliches Recht, 6. Aufl. 2003, S. 112; BeBiKo/Justenhoven/Feldmüller Rn. 190 (für nicht gesetzlich angeordnete Prüfungen).
[956] OLG Düsseldorf GI 1999, 218 (221) = WPK-Mitt. 1999, 258 (260) mAnm Ebke/Paal = NZG 1999, 901 mAnm Salje.
[957] Vgl. BGH GI 1997, 291 (293) (betr. Anwaltshaftung); OLG München GI 1997, 191 (196) = WM 1997, 613 (betr. Steuerberater).

nehmen muss.[958] Eine anders lautende – auch stillschweigende (!)[959] – vertragliche Vereinbarung soll aber möglich sein und wird von einigen Gerichten angenommen, wenn zwischen den Vertragspartnern und dem Dritten ein Interessengegensatz besteht.[960]

217   **(4) Verschuldensmaßstab.** Die notwendigen Begrenzungen gegen eine ausufernde, völlig gesetzesferne Dritthaftung des gesetzlichen Abschlussprüfers kann nach alledem nur mit Hilfe des Verschuldensmaßstabs erreicht werden.[961] Der deutsche Gesetzgeber teilt diese Einsicht seit knapp 90 Jahren (→ Rn. 205). Die deutsche Rechtsprechung hat mit ihrer Rechtsprechung zur Dritthaftung des Abschlussprüfers nach § 826 BGB ein differenziertes Instrumentarium zur Bewältigung einschlägiger Fälle entwickelt (→ Rn. 150 ff.), das zusätzlich zur Sittenwidrigkeit des Verhaltens aber subjektiv einen (mindestens bedingten) Vorsatz des Prüfers voraussetzt. Durchbrochen wird dieses stabile Gebäude durch die Einführung der Haftung des Abschlussprüfers von Unternehmen von öffentlichem Interessen (§ 316a S. 2) durch das FISG vom 3.6.2021 (BGBl. 2021 I 1534) für die leichtfertige Erteilung eines unrichtigen Bestätigungsvermerks (§ 332 Abs. 3 iVm § 823 Abs. 2 BGB → Rn. 139 ff.). Auch wenn die Konturen des Verschuldensmaßstabs der Leichtfertigkeit in § 332 Abs. 3 mangels Rechtsprechung im Einzelnen noch nicht ausgelotet sind, **verhindert** der Verschuldensgrad der Leichtfertigkeit – zutreffend ausgelegt und angewandt – durch die Transponierung über § 823 Abs. 2 BGB in das zivile Haftungsrecht jedenfalls, dass bloße Fahrlässigkeit des Abschlussprüfers eine der Höhe nach **unbegrenzte zivilrechtliche Dritthaftung** gegenüber einer letztlich nicht begrenzbaren großen Zahl von Personen auslöst. Davon zu unterscheiden sind die (im Rahmen gesetzlich angeordneter Pflichtprüfungen aber so gut wie nie vorkommenden) Fälle, in denen ausnahmsweise eine *ausdrücklich* begründete selbständige, von dem Prüfungsvertrag (§ 318 Abs. 1 S. 4) unterscheidbare vertragliche Beziehung (Auskunftsvertrag) zwischen dem Abschlussprüfer und dem Dritten (→ Rn. 173 ff.) besteht oder in denen die Parteien des Prüfungsvertrages den Schutzbereich des Prüfungsvertrages ausnahmsweise *ausdrücklich* auf bestimmte Dritte erweitert haben (→ Rn. 181 ff.).

218   **(5) Prävention und Abschreckung.** Gegen das im gegenwärtigen geschriebenen deutschen Recht angelegte Haftungsmodell wird von den Befürwortern einer weitergehenden Dritthaftung für Fahrlässigkeit eingewandt, die drohende Haftung für Fahrlässigkeit erhöhe die Abschreckung und Prävention und damit letztlich die Qualität der Abschlussprüfung.[962] Über die individual-psychologischen Wirkungen einer Verschärfung der Dritthaftung durch Einbeziehung einer Verantwortlichkeit für bloße Fahrlässigkeit liegen bisher nur

---

[958]   BGH GI 1997, 291 (293).

[959]   Dazu mit Recht krit. Canaris JZ 1998, 603 (604); Canaris JZ 1995, 442 (444); Schlechtriem FS Medicus, 1999, 540.

[960]   BGH JZ 1998, 624 (626) (betr. Bausachverständigen); BGHZ 127, 378 (384, 385); OLG München GI 1997, 191 (196) = WM 1997, 613 (betr. Steuerberater); vgl. Hauser, Jahresabschlussprüfung und Aufdeckung von Wirtschaftskriminalität, 2000, S. 161 Fn. 697. Zu der (eher theoretischen) Frage der Rückgriffsmöglichkeit des Abschlussprüfers gegen die geprüfte Gesellschaft nach Inanspruchnahme durch einen geschützten Dritten Sieger/Gätsch BB 1998, 1408 (1409).

[961]   Ebke WPK-Mitt. 1997, 108 (111); vgl. Kiss WM 1999, 117 (122) („nur über das Deliktsrecht"). S. auch die Studie von Forstmoser/Hirsch, Une nouvelle conception de la responsabilité des réviseurs, 1999, Rn. 11 und 12, zur Revision des Schweizer Rechts der Dritthaftung des Abschlussprüfers („Beschränkung der Dritthaftung nach Art. 41 OR auf grobe Fahrlässigkeit und Vorsatz"). Dazu Flühmann, Haftung aus Prüfung und Berichterstattung gegenüber Dritten, 2004, S. 223–226. Für eine Begrenzung der Dritthaftung des Abschlussprüfers mittels Begrenzung der Haftung für Vorsatz und grobe Fahrlässigkeit auch Bertschinger ST 1999, 911 (920); Seibt/Wollenschläger DB 2011, 1378 (1384). Schwankend Koziol in Koziol/Doralt, Abschlussprüfer – Haftung und Versicherung, 2004, S. 155 („Entscheidung liegt auf Messers Schneide") und S. 171 („, … letztlich doch grundsätzlich eine Haftung auch für leichte Fahrlässigkeit …, wobei allerdings auf eine sachgerechte Begrenzung des Haftungsrisikos zu achten ist").

[962]   Vgl. Buijink/Maijoor/Meuwissen/van Witteloostuijn, The Role, Position Position and Liability of the Statutory Auditor within the European Union, 1996, S. 146; Böcking/Orth WPg 1998, 351 (357); Eibelshäuser/Kraus-Grünewald WPg Sonderheft 2004, 107 (117); wN bei Ebke Wirtschaftsprüfer S. 279 Fn. 161. Krit. Harrer in Gruber/Harrer, Aktuelle Probleme der Abschlussprüfung, 2006, S. 135 (138, 139).

vergleichsweise wenige Erkenntnisse vor.[963] Angesichts der Natur der Abschlussprüfung („*auditing is an art, not a science*") und des Prüfungsgegenstandes[964] wird die Präventionswirkung einer Verschärfung der Dritthaftung des gesetzlichen Abschlussprüfers eher zurückhaltend beurteilt,[965] zumal die Wirkungskräfte infolge der zwangsweisen Berufshaftpflichtversicherung der Wirtschaftsprüfer (→ Rn. 10 ff.) weiter eingeschränkt sein dürften,[966] selbst wenn – wie nach deutschem Recht grundsätzlich zulässig (→ Rn. 11) – Selbstbehalte vereinbart werden.[967] Eine bei Bekanntwerden beruflichen Fehlverhaltens drohende **persönliche Stigmatisierung** und der damit einher gehende **Reputationsverlust** des Abschlussprüfers[968] können u.U. disziplinierender wirken als die Ausweitung der Haftung des Abschlussprüfers gegenüber Dritten für Fahrlässigkeit.[969]

(6) Privatautonome Eigenvorsorge Dritter. In der Diskussion um eine Ausweitung **219** der Dritthaftung des Abschlussprüfers auf Fahrlässigkeit wird nicht zuletzt häufig übersehen, dass Dritte dem Abschlussprüfer und seinem Bestätigungsvermerk nicht schutzlos ausgesetzt sind. So hat der Oberste Gerichtshof des US-Bundesstaates Kalifornien in seiner wegweisenden Entscheidung zur Haftung des Abschlussprüfers (*auditor*) gegenüber prüfungsvertragsfremden Dritten im Falle **Bily v. Arthur Young & Co.,** mit der er seine bis dahin weit reichende Rechtsprechung zur Dritthaftung des Prüfers bei reiner Fahrlässigkeit nachhaltig einschränkte, darauf hingewiesen, dass es Kreditgebern, Anlageinteressenten, Unternehmenserwerbern und sonstigen Dritten möglich sei, selbst privatautonom Vorsorge zu treffen (*private ordering*)[970] – sei es mittels eigener Prüfungen oder mit Hilfe sog. *privity letters,* in denen sich der Dritte von dem Abschlussprüfer bestätigen lässt, dass ihm bekannt ist, dass sich der Dritte für eine bestimmte vermögenswirksame Entscheidung oder Maßnahme

---

[963] Vgl. Ebke Nw. U. L. Rev. 79 (1984), 663 (682, 683); Harrer in Gruber/Harrer, Aktuelle Probleme der Abschlussprüfung, 2006, S. 135 (139) („Vernachlässigung der Empirie"). Allgemein zur Präventionswirkung zivilrechtlicher Sanktionen Ott/Schäfer, Die Präventionswirkung zivil- und strafrechtlicher Sanktionen, 1999; G. Wagner AcP 206 (2006), 352; Schäfer AcP 202 (2002), 397. Zu dem Verhältnis von gesteigerter Prävention mittels Haftungsverschärfung und den Kosten der Abschlussprüfung s. einerseits Nonnenmacher Der Konzern 2003, 476 (479) und Eibelshäuser/Kraus-Grünewald WPg Sonderheft 2004, 107 (117), andererseits Heukamp ZHR 169 (2005), 471 (489, 490).

[964] Dazu Ebke, Die zivilrechtliche Verantwortlichkeit der wirtschaftsprüfenden, steuer- und rechtsberatenden Berufe im internationalen Vergleich, 1996, S. 33.

[965] Ebke Wirtschaftsprüfer S. 279–281; Liggio WPK-Mitt. Sonderheft Juni 1997, 139; Nonnenmacher Der Konzern 2003, 476 (478) („Selbst eine unbegrenzte Haftung kann Fälle beruflichen Fehlverhaltens nicht verhindern, wie Erfahrungen in den USA belegen"); Peemöller/Oehler BB 2004, 539 (545) („Vor dem Hintergrund der Erfahrungen in den USA, wo selbst durch eine unbegrenzte Haftung des Abschlussprüfers berufliches Fehlverhalten nicht vermieden werden konnte, ist jedoch fraglich, inwieweit eine verschärfte zivilrechtliche Haftung gegenüber den Aktionären dazu beitragen kann, die Qualität der Abschlussprüfung zu verbessern"). S. aber auch Heppe WM 2003, 714 (719), der betont, dass „der Einfluss einer (schärferen) zivilrechtlichen Haftung auf das Verhalten des Abschlussprüfers nicht grundsätzlich wegargumentiert werden" könne.

[966] Ebke Wirtschaftsprüfer S. 279–280; Ebke Nw. U. L. Rev. 79 (1984), 663 (683–685); zust. Pfiffner, Revisionsstelle und Corporate Governance, 2008, S. 1214. Zu dem Zielkonflikt zwischen Versicherbarkeit und Prävention aus ökonomischer Sicht J. Scheel, Versicherbarkeit und Prävention. Ökonomische Analyse eines Zielkonflikts, 1999; s. ferner Eibelshäuser/Kraus-Grünewald WPg Sonderheft 2004, 107 (117) („moral hazard"). Zum Problem der Abwälzung von Haftungsrisiken und zur Kostenstreuung mittels Haftpflichtversicherung: Ebke WPK-Mitt. Sonderheft April 1996, 17 (25); Ebke/Mößle JZ 1997, 1179 (1181).

[967] Vgl. Nguyen WPg 2005, 11 (29); vgl. Kirscht/Pott, Internationale Finanzmarktkrise und Bankabschlüsse, in Ebke/Möhlenkamp/Welling, Internationale Finanzmarktkrise, Bankabschlüsse und Mittelstand, 2011, S. 124.

[968] Dazu OLG Düsseldorf BeckRS 2021, 41602 Rn. 48; Bigus BFuP 58 (2006), 22.

[969] Vgl. Ebke Nw. U. L. Rev. 79 (1984), 663 (685); ebenso Nonnenmacher Der Konzern 2003, 476 (478); vgl. Harrer in Gruber/Harrer, Aktuelle Probleme der Abschlussprüfung, 2006, S. 135 (138–139); aA Heukamp ZHR 169 (2005), 471 (492, 493).

[970] Bily v. Arthur Young & Co., 11 Cal. Rptr. 2d 51, 67 (Cal. 1992). Zu Einzelheiten dieses Urteils s. Ebke ST 1993, 667 = (mit Änderungen) WPK-Mitt. 1995, 11; Ebke WPK-Mitt. Sonderheft April 1996, 17 (26, 27); Poelzig/Paal/Fehrenbacher FS Ebke, 2021, 1 (18-20); Honold ST 1998, 1069 (1076); Schönenberger, Haftung für Rat und Auskunft gegenüber Dritten, 1999, 139–142. Zum Einfluss der deutschen Wissenschaft auf das Bily-Urteil s. Großfeld FS Havermann, 1995, 195; Großfeld NZG 2000, 615 (616).

auf dessen Testat, Zwischenbilanz, Bescheinigung, Vermögensaufstellung, Gutachten oder Ähnliches verlassen wird.[971]

220   **3. Ein Blick über die Grenzen.** Die *Bily*-Entscheidung (→ Rn. 219) spiegelt die Entwicklung einer neuen Rechtsprechung in vielen Bundesstaaten der USA[972] sowie in anderen führenden Rechtsordnungen mit Common Law-Tradition,[973] namentlich Australien,[974] England,[975] Kanada,[976] und Neuseeland,[977] die die berühmte Warnung des Richters Benjamin Nathan Cardozo aus dem Jahre 1931 ernst nehmen, bei Anerkennung einer Haftung für rein fahrlässig verursachte Vermögensschäden Dritter drohe dem Abschlussprüfer „eine Haftung in unbestimmter Höhe, für eine unbestimmte Zeit gegenüber einer unbestimmten Gruppe [von Personen]".[978] Gestützt auf diese Entscheidung und das Urteil des englischen House of Lords im Falle **Caparo**[979] hat auch der Oberste Gerichtshof Kanadas entschieden, dass man Abschlussprüfer bei reiner Fahrlässigkeit keinem unbegrenzbaren (und unversicherbaren!) Haftungsrisiko gegenüber Dritten (*in casu* gegenüber Anlegern) aussetzen dürfe, weil dies „sozial unerwünschte Folgen" („socially undesirable consequences") habe.[980] Das House of Lords selbst hatte in der *Caparo*-Entscheidung[981] einem Unternehmenserwerber einen Schadensersatzanspruch gegen den gesetzlichen Abschlussprüfer der übernommenen Gesellschaft versagt.[982] Die *Caparo*-Rechtsprechung hat sich in

---

[971]   Zu dem Inhalt solcher „privity letters" bereits Ebke/Bert EWS 1993, 229 (235, 236). S. ferner den vom Auditing & Assurance Board der Australian Accounting Research Foundation herausgegebenen (rechtlich unverbindlichen) Auditing Guidance Statement AGS 1014 „Privity Letter Request" (July 2002).

[972]   Zu Einzelheiten der Rechtsentwicklung in den USA: Buchert/Weber WPg 2021, 621; Ebke Wirtschaftsprüfer S. 91–215; Ebke FS Stürner, 2013, 1001; Ebke FS Trinkner, 1995, 493 (497–511); Ebke Nw. U. L. Rev. 79 (1984), 663; Burger Hamline L. Rev. 28 (2005), 1; Boncarosky Villanova L. Rev. 48 (2003), 1329; Feinman Fla. St. U. L. Rev. 31 (2003), 17; Semple Fed'n Def. & Corp. Couns. Q. 53 (2002), 85.

[973]   Rechtsvergleichend Khoury McGill L. J. 46 (2001), 413; Pacini Managerial Auditing J. 15 (2000), 394; Pacini/Greinke/Gunz Suffolk Transnat'l L. Rev. 25 (2001), 17; Pacini/Hillison/Alagiah/Gunz ABACUS 38 (2002), 425; Pacini/Martin/Hamilton Am. Bus. L. J. 37 (2000), 171; Trakman/Trainor Queen's L.J. 31 (2005), 148.

[974]   Escanda Finance Corp. Ltd. v. Peat Marwick Hungerford [1997] 142 ALR 750. Zu Einzelheiten Nguyen/Rajapakse Common Law World Rev. 37 (2008), 9 (19-20); Greinke Company & Securities L. J. 15 (1997), 309; Rajacic U. Tasmania L. Rev. 19 (2000), 203.

[975]   Caparo Industries plc v. Dickman [1990] 1 All E. R. 568 (H. L.). S. ferner Witting Oxford J. Leg. Stud. 20 (2000), 615; Pacini/Greinke/Gunz Suffolk Transnat'l L. Rev. 25 (2001), 17; Nguyen/Rajapakse Common Law World Rev. 37 (2008), 9 (23).

[976]   Hercules Management Ltd. v. Ernst & Young [1997] 2 S. C. R. 165. Dazu Deturbide Can. Bar Rev. 77 (1998), 260; Greinke Company & Sec. L. J. 15 (1997), 309; Phegan Torts L. J 5 (1997), 123; Honold ST 1998, 1069 (1077). S. auch Kripps v. Touche Ross [1997] 6 W.W.R. 421; dazu Blackier/Paskell-Mede U.N.B.L.J. 48 (1999), 65. S. ferner Pacini/Greinke/Gunz Suffolk Transnat'l L. Rev. 25 (2001), 17; Puri/Ben-Ishai Can. Bus. L. J. (2003), 36; Peirson Company & Sec. L. J. 23 (2005), 321; Khoury McGill L.J. 46 (2001), 413; Blackier/Paskell-Mede U.N.B.L.J. 48 (1999), 65; Chapman Can. Bus. L. J. 20 (1992) 180; Feldhusen Can. Bus. L.Rev. 17 (1991), 356; Ivankovich Ottawa L. Rev. 23 (1991), 505; Honold ST 1998, 1069 (1077).

[977]   Nguyen/Rajapakse Common Law World Rev. 37 (2008), 9 (27-29) (zu der unveröffentlichten Entscheidung des High Court of Christchurch in Purdue v. Boyd Knight); Keenan Bus. Rev. 10 (2008), 52; Pacini/Greinke/Gunz Suffolk Transnat'l L. Rev. 25 (2001), 17; Watson J. Bus. L. 2000, 52; Watson J. Bus. L. 1999, 286.

[978]   Ultramares Corporation v. Touche & Co., 174 N. E. 441, 444 (1931). Zu Einzelheiten dieses Urteils Ebke, Wirtschaftsprüfer S. 156–001. Aus englischer Sicht Brown, A History of Accounting and Accountants, 1905, 821 ("No audit, however painstaking, is an absolute preventive against fraud, neither is any auditor more than human, and as we all know, it is human to err. If the auditor has shown all reasonable skill and diligence in the discharge of his duties, it is only fair that he should enjoy the same immunity as a director who has innocently erred or been wilfully deceived").

[979]   Caparo Industries plc v. Dickman [1990] 1 All E. R. 568 (H. L.).

[980]   Hercules Management Ltd. v. Ernst & Young [1997] 2 S. C. R. 165 (Tz. 33).

[981]   Zu Einzelheiten der Entscheidung zB Ebke/Bert EWS 1993, 229; Honold ST 1998, 1069 (1075–1076); Land, Wirtschaftsprüferhaftung gegenüber Dritten in Deutschland, England und Frankreich, 1996, S. 124–129; Baus ZVglRWiss 103 (2004), 219 (226–232); Cuthbert Int. Fin. L. Rev. 9 (1990), 17.

[982]   Zu den nach englischem Recht nunmehr zulässigen „liability limitation agreements" Bertschinger in Gruber/Harrer, Aktuelle Probleme der Abschlussprüfung, 2006, S. 79 (101, 102). Zum Inhalt von „privity letters" bereits Ebke/Bert EWS 1993, 229 (235, 236).

England schnell verfestigt.[983] Australiens High Court folgte der *Caparo*-Rechtsprechung 1997 in seiner Entscheidung im Falle *Escanda Finance Corp. Ltd.* v. *Peat Marwick Hungerford*.[984]

VII. Sonstige Haftungsgründe

In der Literatur haben einige Autoren und Autorinnen den Versuch unternommen, **221** eine Haftung der Angehörigen herausgehobener Professionen („Experten") gegenüber vertragsfremden Dritten für berufliche Fahrlässigkeit mit Hilfe neuer haftungsrechtlicher Konstruktionen zu begründen.

1. Neue Ansätze. Hingewiesen sei etwa auf die von Canaris entwickelte Expertenhaf- **222** tung aufgrund der Rechtsinstitute der Vertrauenshaftung und der *culpa in contrahendo* (die seit der Modernisierung des Schuldrechts in § 311 Abs. 3 S. 1 bzw. 2 BGB ein gesetzliches Fundament finden könnte; → Rn. 164 ff.),[985] die von Grunewald in die Diskussion gebrachte Haftung aus Garantieübernahme,[986] den von Hirte vorgetragenen Gedanken einer „genuin vertraglichen" „unternehmerischen Außenhaftung",[987] die von Hopt vorgestellten Grundsätze der Berufshaftung,[988] die „vertragslose Auskunfts- und Beratungshaftung" nach Jost,[989] die von Köndgen vertretene Lehre von der Selbstbindung ohne Vertrag,[990] die von Picker entwickelten Grundsätze von der faktischen Leistungsbeziehung,[991] die „privatrechtliche Haftung kraft Amtes" zwischen Delikt und Vertrag (Lammel)[992] und den von Plötner vorgestellten „allgemeinen Satz einer Haftung von neutralen Leistungserbringern für primäre Vermögensschäden."[993]

2. Kritik. Die meisten der genannten Autoren und Autorinnen haben zwar nicht in ers- **223** ter Linie gesetzliche Abschlussprüfer und Pflichtprüfungsfälle im Auge, sondern vor allem die Haftung von „Experten" für unrichtige Auskünfte, fragwürdige Gutachten, fehlerhaften Rat oder falsche Empfehlung (deren Lage sich von der des gesetzlichen Abschlussprüfers freilich schon deshalb grundlegend unterscheidet, weil in Pflichtprüfungsfällen die Zahl der potentiell Geschädigten **um ein Vielfaches größer** ist – man denke nur an Publikumsgesellschaften mit Hunderttausenden oder gar Millionen von Anteilseignern **[Problem der Massenschäden!]** vgl. → Rn. 129 und 140). Von der so genannten „Expertenhaftung" ist es aber nur ein kleiner Schritt bis zu einer Erstreckung der genannten Haftungsgründe auf Pflichtprüfungsfälle, auch wenn Rechtsprechung und hL nach wie vor – mE zu Recht (→ Rn. 210 ff.) – auf dem Standpunkt stehen, dass die im Sonderprivatrecht (§ 323 Abs. 1 S. 3) sowie im allgemeinen Deliktsrecht (§§ 823, 826, 831 BGB) vom Gesetzgeber bewusst angelegten Grenzen der Haftung des

---

983 Al Saudi Banque v. Clarke Pixley [1990] Ch. 313 (betr. Anspruch eines Kreditinstituts); James McNaughton Papers v. Hicks Anderson Court [1991] 1 All ER 134. S. auch Doralt ZGR 2015, 266 (285–86).

984 [1997] 142 ALR 750.

985 Canaris ZHR 163 (1999), 206 (220–242); Canaris FS 50 Jahre BGH, 2000, 129; Canaris JZ 1998, 603. Kritis dazu Picker FS Medicus, 1999, 397 (413 ff.); Kiss WM 1999, 117 (119–122). S. auch Büttner, Umfang und Grenzen der Dritthaftung von Experten: Eine rechtsvergleichende Untersuchung, 2006.

986 Grunewald ZGR 1999, 585 (598–600); ähnlich Grunewald AcP 187 (1987), 285 (299 ff.).

987 Hirte, Berufshaftung, 1996, S. 417, 418 und 424–426; krit. dazu Canaris ZHR 163 (1999), 206 (219).

988 Hopt AcP 183 (1983), 608; krit. Flühmann, Haftung aus Prüfung und Berichterstattung gegenüber Dritten, 2004, S. 171 („Berufshaftung … keine eigentliche Anspruchsgrundlage … [sondern] ein theoretisches [Meta-]Konzept …"). S. auch Staub/Habersack/Schürnbrand § 323 Rn. 57.

989 Jost, Vertragslose Auskunfts- und Beratungshaftung, 1991; krit. dazu Canaris ZHR 163 (1999), 206 (219).

990 Köndgen, Selbstbindung ohne Vertrag, 1981; abl. zB Philippsen, Zur Dritthaftung des privat beauftragten Gutachters für fahrlässig verursachte Vermögensschäden, 1998, S. 237; Stahl, Zur Dritthaftung von Rechtsanwälten, Steuerberatern, Wirtschaftsprüfern und öffentlich bestellten und vereidigten Sachverständigen, 1989, S. 64. In der Schweiz finden sich keine rechtsvergleichend und rechtssoziologisch begründeten Ansätze wie die der Lehre von der „Selbstbindung ohne Vertrag": Flühmann, Haftung aus Prüfung und Berichterstattung gegenüber Dritten, 2004, S. 173.

991 Picker AcP 183 (1983), 369; dazu Leicht, Die Qualifikation der Haftung von Angehörigen rechts- und wirtschaftsberatender Berufe im grenzüberschreitenden Dienstleistungsverkehr, 2002, S. 145–146; W. Doralt, Haftung der Abschlussprüfer, 2005, S. 189.

992 Lammel AcP 179 (1979), 337 (365); krit. dazu Canaris ZHR 163 (1999), 206 (219).

993 Plötner, Die Rechtsfigur des Vertrags mit Schutzwirkung für Dritte und die sogenannte Expertenhaftung, 2003.

Pflichtprüfers für berufliche Fahrlässigkeit durch haftungsrechtliche Konstruktionen nicht überschritten werden dürfen.[994] Auf Pflichtprüfungsfälle angewandt würden die genannten Rechtsfiguren und haftungsrechtlichen Konstruktionen die im geschriebenen deutschen Sonderprivat- und Deliktsrecht angelegte Risikoallokation zwischen dem Abschlussprüfer, der geprüften Gesellschaft, den Geschädigten und dem Berufshaftpflichtversicherer tiefgreifend verändern.[995] Die Grenzen zwischen sonderprivatrechtlicher, außervertraglicher, vertraglicher und vertragsähnlicher Haftung werden vollends verwischt, wenn die Rechtsprechung die Haftung des gesetzlichen Abschlussprüfers auf ein sog. „gesetzliches Schuldverhältnis mit Schutzwirkung für Dritte" stützen würde.[996]

D. Haftung des Abschlussprüfers im Internationalen Privatrecht

224   Die Zahl der Haftungsfälle gegen gesetzliche Abschlussprüfer mit Bezug zu einem ausländischen Staat ist in Deutschland noch vergleichsweise gering.[997] Sie wird wegen der Internationalisierung der Wirtschaftsprüfung, insbesondere infolge der europarechtlich gewährleisteten Dienstleistungsfreiheit,[998] der Europäisierung der Abschlussprüfung,[999] der zunehmenden regionalen und internationalen **Kooperation** von Wirtschaftsprüfungsgesellschaften,[1000] der Gründung internationaler „**Netzwerke**" (*networks*)[1001] und „Weltfirmen" (*world firms*) sowie der Bildung multinational besetzter und tätiger Prüfungsteams in Zukunft aber steigen. Hinzu kommt das Problem der „**holding-out**"-Fälle ($\rightarrow$ 3. Aufl. 2013, Rn. 227).[1002] Die bisher veröffentlichten Entscheidungen deutscher[1003] und ausländischer[1004] Gerichte geben nur wenige

---

[994]   Ebke FS Trinkner, 1995, 520 (521).

[995]   Ausdrücklich zust. Seibt/Wollenschläger DB 2011, 1378 (1380).

[996]   Stahl, Zur Dritthaftung von Rechtsanwälten, Steuerberatern, Wirtschaftsprüfern und öffentlich bestellten und vereidigten Sachverständigen, 1989, S. 73–173 sowie Sutschet, Der Schutzanspruch zugunsten Dritter, 1999; vgl. MüKoBGB/Gottwald, 9. Aufl. 2022, BGB § 328 Rn. 170 („vertragsähnliches, gesetzliches Schuldverhältnis").

[997]   Zur Kollisionsrechtslage in den USA: Ebke Dritthaftung S. 240–244; Ebke FS Sandrock, 2000, 261–266; Heppe WM 2003, 714 (720–721).

[998]   Ebke ZvglRWiss 100 (2001), 62 (83, 84. Zur Bedeutung der Dienstleistungsfreiheit nach Art. 56 AEUV für die grenzüberschreitende Erbringung von Dienstleistungen: EuGH Urt. v. 17.12.2015 – C-342/14 (X-Steuerberatungsgesellschaft ./. Finanzamt Hannover-Nord), ECLI:EU:C:2015:827 (betr. geschäftsmäßige Steuerberatungsleistungen).

[999]   Nach § 131 S. 1 WPO darf eine EU- oder EWR-Abschlussprüfungsgesellschaft unter der Berufsbezeichnung ihres Herkunftsstaats Abschlussprüfungen nach § 316 durchführen, wenn der für die jeweilige Prüfung verantwortliche Prüfungspartner iSd § 43 Abs. 3 S. 3 und 4 WPO gemäß den Vorgaben der §§ 12–14a WPO (reguläres Wirtschaftsprüferexamen) oder der §§ 131g–131m WPO (Eignungsprüfung) zugelassen ist. Vgl. HKMS/Staake/Müller Rn. 116.

[1000] Lenz WPg 1999, 540 (541–543); Lanfermann FS Havermann, 1995, 373; Ebke FS Mestmäcker, 1996, 863 (867–870); F. Immenga, Internationale Kooperation und Haftung von Dienstleistungsunternehmen, 1998, 49–86; Mandler ZfB 64 (1994), 167; Schüllermann, Die internationale Zusammenarbeit von Revisionsgesellschaften, 1991; Beyer DSWR 1999, 277.

[1001] Zur Definition des Netzwerks Art. 2 Nr. 7 Abschlussprüfer-RL. Zu Einzelheiten Eble, Abschlussprüfer, Unabhängigkeit und Netzwerke, 2015; Steinböck, Die Bestimmungen des Unternehmensgesetzbuchs zur Unabhängigkeit des Abschlussprüfers, 2015, S. 155 ff. und $\rightarrow$ § 319b Rn. 7 ff.

[1002] Zu Einzelheiten Ebke FS Mestmäcker, 1996, 863 (870 ff.); Ebke WPK Mitt. Sonderheft April 1996, 17 (35–39); F. Immenga, Internationale Kooperation und Haftung von Dienstleistungsunternehmen, 1998, 201 ff.

[1003] Vgl. OLG Frankfurt a. M. IPRax 1986, 373 (378); OLG Düsseldorf BB 1995, 2234 = RIW 1995, 1025 (rk. infolge der Nichtannahme der Revision: BGH BB 1995, 2235 = RIW 1995, 1026). S. aber auch BGB BB 2006, 1441 (wo die kollisionsrechtlichen Aspekte des Falles ausgeblendet wurden); krit. dazu Kindler/Otto BB 2006, 1443 (1444). Die internationalprivatrechtlichen Fragen wurden auch übersehen vom LG Hamburg BeckRS 2013, 10766, Kurzfassung in WPK Magazin 4/2015, 67 (die Klägerin zu 2 war eine Stiftung niederländischen Rechts [„Stichting"], das Gericht geht gleichwohl ohne nähere Prüfung der Geltung deutschen Rechts aus) (der Rechtsstreit wurde in der nächsten Instanz durch Vergleich beigelegt: Dauner-Lieb ZIP 2019, 1041 [1042]).

[1004] Zu der Kollisionsrechtslage in den USA: Ebke Wirtschaftsprüfer S. 240–244; Ebke FS Sandrock, 2000, 261–266; Heppe WM 2003, 714 (720–721).

Anhaltspunkte zur Lösung der damit angesprochenen Fragen des Internationalen Privat- und Prozessrechts. In der EU sind im Jahre 2009 durch die **Rom I-VO**[1005] und die **Rom II-VO**[1006] wichtige Grundsätze des Internationalen Vertrags- und Deliktsrechts europäisiert („vergemeinschaftet") worden.[1007] Die beiden Verordnungen genießen als unmittelbar anwendbare Rechtsakte der EU (Art. 288 Abs. 2 AEUV) Anwendungsvorrang vor dem nationalen Kollisionsrecht (Art. 3 Nr. 1 EGBGB). Deshalb sind die Stellungnahmen in der deutschen Literatur zu dem bisherigen deutschen Kollisionsrecht der Haftung des gesetzlichen Abschlussprüfers[1008] und der sog. Expertenhaftung[1009] weitgehend überholt.[1010]

I. Auslandsbezug

Die Haftung des gesetzlichen Abschlussprüfers und seiner Gehilfen beurteilt sich bei **225** Sachverhalten „mit einer Verbindung zu einem ausländischen Staat" (Art. 3 EGBGB; Art. 1 Abs. 1 S. 1 Rom I-VO; vgl. Art. 1 Abs. 1 S. 1 Rom II-VO: „Verbindung zum Recht verschiedener Staaten") nach dem kollisionsrechtlich maßgebenden Recht. Das maßgebende Recht ist mit Hilfe des Internationalen Privatrechts am Sitz des angerufenen Gerichts zu ermitteln. Kommt bei der Bearbeitung eines Sachverhaltes die Anwendung ausländischen Rechts in Betracht, ist das Internationale Privatrecht **von Amts wegen** anzuwenden.[1011] Kollisionsrechtlich ist zwischen Ansprüchen der geprüften Gesellschaft gegen den Abschlussprüfer und Ansprüchen prüfungsvertragsfremder Dritter gegen den Prüfer zu unterscheiden.

II. Ansprüche des Vertragspartners

Aus Sicht des deutschen Kollisionsrechts ergibt sich bezüglich der Ansprüche der **226** geprüften Gesellschaft folgendes Bild:

1. Gesellschaftsstatut. Nach einer im Schrifttum verbreiteten Ansicht ist die Haf- **227** tung des Pflichtprüfers gegenüber der geprüften Gesellschaft gesellschaftsrechtlich zu qualifizieren und daher in erster Linie nach dem Personalstatut (Gesellschaftsstatut)[1012] der

---

[1005] Dazu Magnus/Mankowski, Rome I Regulation – Commentary, 2017.

[1006] Dazu Magnus/Mankowski, Rome II Regulation – Commentary, 2019.

[1007] Statt aller Kadner Graziano, Gemeineuropäisches Internationales Privatrecht: Harmonisierung des IPR durch Wissenschaft und Lehre, 2002; Kadner Graziano, La responsabilité délictuelle en droit international privé européen, 2004; Hoffmann, Die Koordination des Vertrags- und Deliktsrechts in Europa, 2006; Schwemmer, Anknüpfungsprinzipien im Europäischen Kollisionsrecht, 2018; Mansel, Vergemeinschaftung des europäischen Kollisionsrechts, 2001.

[1008] Ebke, Die zivilrechtliche Verantwortlichkeit der wirtschaftsprüfenden, steuer- und rechtsberatenden Berufe im internationalen Vergleich, 1996, S. 52–70; Ebke WPK-Mitt. Sonderheft April 1996, 17 (32–40); Ebke FS Sandrock, 2000, 243; s. ferner F. Immenga, Internationale Kooperation und Haftung von Dienstleistungsunternehmen, 1998, S. 325–345; Leicht, Die Qualifikation der Haftung von Angehörigen rechts- und wirtschaftsberatender Berufe im grenzüberschreitenden Dienstleistungsverkehr, 2002.

[1009] Dazu etwa Sonnentag ZVglRWiss 105 (2006), 256; Vicente RabelsZ 67 (2003), 699; Schinkels JZ 2008, 272; Fischer JZ 1991, 168; Sprenger, Internationale Expertenhaftung – Die Dritthaftung von Experten im internationalen Privat- und Zivilverfahrensrecht, 2008.

[1010] Zu dem neuen Kollisionsrecht der Haftung des Abschlussprüfers im Geltungsbereich der Rom I-VO und der Rom II-VO ausf. Ebke ZVglRWiss 109 (2010), 397; monographisch Kirsch, Die Haftung des gesetzlichen Abschlussprüfers im Internationalen Privatrecht, 2018.

[1011] BGH NJW 1993, 2305 (2306); BGH NJW 1996, 54 (54, 55); BGH NJW 1998, 1321 (r. Sp.); BGH NJW 2009, 842; BGH NZG 2016, 1187 (1188). Die richtige Anwendung des deutschen IPR ist in der Revisionsinstanz von Amts wegen zu prüfen: BGHZ 136, 380 (386).

[1012] Die deutschen Gerichte ermittelten das Gesellschaftsstatut traditionell mit Hilfe der „Sitztheorie": Ebke FS BGH, Bd. II, 2000, 806 (807). Danach ist auf eine Gesellschaft das Recht des Staates anzuwenden, das am Sitz der Gesellschaft gilt. Unter Sitz ist dabei der tatsächliche Verwaltungssitz zu verstehen. Dieser befindet sich an dem Ort, an dem die grundlegenden Entscheidungen der Unternehmensleitung effektiv in laufende Geschäftsführungsakte umgesetzt werden (sog. Sandrock'sche-Formel: BGHZ 97, 269 (272). Die Entscheidungen des EuGH in den Rs. Centros (Urt. v. 9.3.1999 – Rs. C-212/97, ECLI:EU:C:1999:126), Überseering (Urt. v. 5.11.2002 – Rs. C-208/00, ECLI:EU:C:2002:632), Inspire Art (Urt. v. 30.9.2003 – Rs. C-167/01, ECLI:EU:C:2003:512 und Cartesio Oktató és Szolgátató bt (Urt. v. 16.12.2008 – Rs. C-210/06, ECLI:EU:2008:294) haben der Sitztheorie gegenüber (zuziehenden) Gesellschaften aus EU-Mitgliedstaaten aber europarechtlich einen Riegel vorgeschoben. Im

prüfungspflichtigen Gesellschaft zu beurteilen.[1013] Dieser Ansicht liegt die Annahme zugrunde, dass die Regeln über die Abschlussprüfung und die Haftung des Abschlussprüfers Schutzvorschriften zugunsten der geprüften Gesellschaft sind, die eine ordnungsmäßige Abschlussprüfung sicherstellen sollen und mit der Organisation der Gesellschaft in engem Zusammenhang stehen,[1014] auch wenn der gesetzliche Abschlussprüfer nach heutigem Verständnis nicht Organ der prüfungspflichtigen Gesellschaft ist, sondern ein von dem zuständigen Organ gewählter, aufgrund eines schuldrechtlichen Prüfungsvertrags tätig werdender, gesellschaftsexterner, unabhängiger und sachverständiger Vertragspartner der prüfungspflichtigen Gesellschaft mit gesetzlich umrissenen Kontroll-, Informations- und Beglaubigungsaufgaben ist (→ § 316 Rn. 33 ff.). Die Durchsetzung des bei dem geprüften Unternehmen verorteten **Schutzzweckes** soll durch die Anwendbarkeit eines von dem Personalstatut der geprüften Gesellschaft verschiedenen Rechts nach Möglichkeit nicht behindert oder gar unterlaufen werden.[1015] Die Ansicht, dass die Haftung des Abschlussprüfers gegenüber der geprüften Gesellschaft im Gesellschaftsstatut zu verorten ist, liegt auch Art. 1 Abs. 2 lit. d Rom II-VO zugrunde. Die Vorschrift klammert „die persönliche Haftung der Rechnungsprüfer gegenüber einer Gesellschaft oder ihren Gesellschaftern bei der Pflichtprüfung der Rechnungslegungsunterlagen" aus dem Anwen-

---

Anschluss an die Rspr. des EuGH wendet auch der BGH gegenüber EU-Auslandsgesellschaften die Gründungstheorie an. Zu Einzelheiten statt aller Ebke ZVglRWiss 110 (2011), 2 (16–21) sowie die Dissertationen von Jestädt, Niederlassungsfreiheit und Gesellschaftskollisionsrecht, 2005, Jüttner, Gesellschaftsrecht und Niederlassungsfreiheit, 2005. Die vom EuGH entwickelten niederlassungsrechtlichen Grundsätze gelten aus deutscher Sicht auch für Gesellschaften aus Island, dem Fürstentum Liechtenstein und dem Königreich Norwegen (EWR-Mitgliedstaaten): BGH RIW 2005, 945. Zur Rechtslage im Verhältnis zu Schweizer Gesellschaften BGH BB 2009, 14; dazu Ebke FS Hellwig, 2010, 131 (132) sowie aus Schweizer Sicht Schnyder GPR 2009, 227; Girsberger/Rodriguez SZIER 2004, 559 (572–576); Vischer FS Kramer, 2004, 992. Im Verhältnis zu Gesellschaften aus staatsvertraglich privilegierten Drittstaaten (zB den US-Bundesstaaten oder Japan) gilt nach der Rechtsprechung des BGH die Gründungstheorie: BGH JZ 2005, 298 mAnm Ebke JZ 2005, 299 und Rehm JZ 2005, 303; BGH RIW 2004, 787 mit Bespr.-Aufsatz Ebke RIW 2004, 740; BGH WM 2003, 699; OLG Stuttgart WM 2022, 1326. Zu Einzelheiten Seelinger, Gesellschaftskollisionsrecht und Transatlantischer Binnenmarkt, 2009; Ebke FS Hay, 2005, 119. Gegenüber Gesellschaften, die nicht in einem EU/EWR-Mitgliedstaat bzw. einem staatsvertraglich privilegierten Staat gegründet wurden, gilt die Sitztheorie fort: VG Berlin BeckRS 2021, 1722 Rn. 18; Ebke FS Hellwig, 2010, 117 (133–140) mwN; umfassend L. Hübner, Kollisionsrechtliche Behandlung von Gesellschaften aus „nicht-privilegierten" Drittstaaten, 2011. Zur Rechtslage bezüglich UK-Gesellschaften nach dem Brexit (ABl. EU 2020 L 29, 7): BGH NZG 2021, 702 Rn. 13 („Auf die in Art. 49, 54 AEUV geregelte Niederlassungsfreiheit kann sich die Beteiligte nach dem Austritt des Vereinigten Königreichs aus der Europäischen Union grundsätzlich nicht mehr berufen. Im Austrittsabkommen haben das Vereinigte Königreich und die Europäische Union vereinbart, dass das Vereinigte Königreich bis zum 31.12.2020 wie ein Mitgliedstaat behandelt wird. Eine über diesen Zeitpunkt hinausgehende Geltung von Primär- oder Sekundärrecht für im Vereinigten Königreich gegründete Gesellschaften wurde nicht vereinbart"); ebenso OLG München Urt. v. 5.8.2021 – 29 U 2411/21 Kart, EWS 2021, 955 (mangels einer staatsvertraglichen Kollisionsnorm ist das UK als Drittstaat zu behandeln, für den die Sitztheorie gilt); krit. zu den von dem Senat gewählten Rechtsfolgen (dh Unzulässigkeit des Verfügungsantrags mangels Existenz der Antragstellerin) Behme ZIP 2021, 2557; Heckschen GWR 2022, 1. AA insoweit VG Berlin BeckRS 2021, 1722, das die Beteiligungsfähigkeit der englischen limited offenließ, da diese nach der sog. milden Sitztheorie jedenfalls als oHG qualifiziere und als solche beteiligungsfähig sei. Zu weiteren Einzelheiten J. Schmidt GmbHR 2021, 229.

[1013] HKMS/Staake/Müller Rn. 117; Wölber, Die Abschlussprüferhaftung im Europäischen Binnenmarkt, 2005, S. 179; MüKoBGB/Kindler IntGesR Rn. 279; wohl auch Spahlinger/Wegen IntGesR in der Praxis, 2005, 152 Rn. 564. Vgl. Ebke, Die zivilrechtliche Verantwortlichkeit der wirtschaftsprüfenden, steuer- und rechtsberatenden Berufe im internationalen Vergleich, 1996, S. 54 f.; Gehringer WPg 2003, 849 (850); Rehberg in Eidenmüller, Ausl. Kapitalgesellschaften im deutschen Recht, 2004, S. 165; Land, Wirtschaftsprüferhaftung gegenüber Dritten in Deutschland, England und Frankreich, 1996, S. 204; Magnus in Koziol/Doralt, Abschlussprüfer – Haftung und Versicherung, 2004, S. 29; Land, Wirtschaftsprüferhaftung gegenüber Dritten in Deutschland, England und Frankreich, 1996, S. 204; aA Knöfel, Grundfragen der internationalen Berufsausübung von Rechtsanwälten, 2005, S. 247 (248).

[1014] Ebke WPK-Mitt. Sonderheft April 1996, 17 (32).

[1015] Vgl. Knöfel, Grundfragen der internationalen Berufsausübung von Rechtsanwälten, 2005, S. 247; zust. HKMS/Staake/Müller Rn. 117.

dungsbereich der Rom II-VO mit der Begründung aus, die Frage lasse sich „nicht von dem für die Unternehmensformen geltenden Recht trennen, bei deren Betrieb der Haftungsfall eingetreten ist".[1016]

Bei gesellschaftsrechtlicher Qualifikation richten sich allfällige Ansprüche einer **228** nach deutschem Recht gegründeten prüfungspflichtigen Gesellschaft (§§ 316 ff.) gegen ihren Abschlussprüfer grundsätzlich nach § 323, selbst wenn einige oder alle Gesellschafter, der Abschlussprüfer oder einige bzw. alle Prüfungsgehilfen Ausländer sind oder ihren gewöhnlichen Aufenthalt außerhalb Deutschlands haben oder die Gesellschaft ihren tatsächlichen Verwaltungssitz (*siège réel*, *real seat*) im Ausland hat. **Ersatzansprüche von Gesellschaften,** welche mit der geprüften deutschen Gesellschaft verbunden sind, würden sich nach dieser Ansicht ebenfalls nach deutschem Recht beurteilen (Abs. 1 S. 3), sofern man sie nicht als einen Fall der Dritthaftung qualifiziert, sondern als einen Tatbestand begreift, der den „wirtschaftlichen Besonderheiten" innerhalb eines Konzerns Rechnung tragen soll".[1017] Nach deutschem Recht richtete sich nach dieser Ansicht außerdem, ob und inwieweit § 323 die zivilrechtliche Verantwortlichkeit des Abschlussprüfers gegenüber der geprüften Gesellschaft und mit ihr verbundenen Unternehmen abschließend regelt (→ Rn. 85 ff., → Rn. 162 ff.), ob die Haftungssummenbegrenzungen nach Abs. 2 ggf. auf andere Anspruchsgrundlagen durchschlagen (→ Rn. 164) und wie sich ein etwaiges Mitverschulden der Auftraggeberin auswirkt (→ Rn. 168).[1018]

2. Vertragsstatut. Die zivilrechtliche Verantwortlichkeit des Abschlussprüfers gegen- **229** über der geprüften Gesellschaft lässt sich aber nicht nur gesellschaftsrechtlich qualifizieren; vielmehr kann neben dem Gesellschaftsstatut für vertragliche Ansprüche der prüfungspflichtigen Gesellschaft gegen den Abschlussprüfer – vorbehaltlich etwaiger international zwingender Vorschriften des Forums bzw. eines ausländischen Staates (vgl. Art. 9 Rom I-VO) – auch das Vertragsstatut zum Tragen kommen.[1019] Der gesetzliche Abschlussprüfer wird nämlich – jedenfalls aus Sicht des deutschen Rechts – gegenüber der zu prüfenden Gesellschaft nicht nur aufgrund eines korporationsrechtlichen Bestellungsaktes (d.h. die Wahl durch das zuständige Organ der prüfungspflichtigen Gesellschaft, § 318 Abs. 1 S. 1), sondern auch aufgrund eines schuldrechtlichen Prüfungsauftrags (Vertrag über die Abschlussprüfung) tätig (→ § 318 Rn. 1).[1020] Die Ermittlung des auf vertragliche Schuldverhältnisse anzuwendenden Rechts richtet sich in Deutschland heute in erster Linie nach der Rom I-VO. Die Verordnung gilt ab dem 17.12.2009 (Art. 29 Abs. 2 Rom I-VO) und ist auf alle Verträge anzuwenden, die „ab" diesem Datum geschlossen (*concluded*) wurden (Art. 28 Rom I-VO)[1021] oder nach diesem Zeitpunkt im gegenseitigen Einvernehmen der Vertragsparteien in einem solchen Umfang geändert wurden, dass davon auszugehen ist, dass ab diesem Zeitpunkt ein neuer Vertrag geschlossen wurde.[1022] Für Verträge, die *vor* dem 17.12.2009 geschlossen wurden, gelten das EVÜ bzw. die darauf aufbauenden Art. 27–37 EGBGB aF

[1016] Ebke ZVglRWiss 109 (2010), 397 (424). Zur Reichweite des Gesellschaftsstatuts in Abgrenzung zu den Kollisionsregeln der Rom I- und II-VO Rödter, Das Gesellschaftskollisionsrecht im Spannungsverhältnis zur Rom I- und II-VO, 2014.

[1017] So aus materiellrechtlicher Sicht Otto/Mittag WM 1996, 325 (331–332); ihnen folgend Wölber, Die Abschlussprüferhaftung im Europäischen Binnenmarkt, 2005, S. 79; aA LG Frankfurt a.M. BB 1997, 1682 (1683); zust. Feddersen WM 1999, 105 (113).

[1018] IdS jetzt auch Magnus in Koziol/Doralt, Abschlussprüfer und Versicherung, 2004, S. 29. Zu der Frage der Maßgeblichkeit des Gesellschaftsstatuts, wenn das ausländische Gründungsrecht einer Gesellschaft (wie zB im Falle der USA – Ebke WPK-Mitt. 1995, 11 [12]; Leicht, Die Qualifikation der Haftung von Angehörigen rechts- und wirtschaftsberatender Berufe im grenzüberschreitenden Dienstleistungsverkehr, 2002, S. 111) die Haftung des gesetzlichen Abschlussprüfers nicht gesellschaftsrechtlich qualifiziert: Ebke FS Sandrock, 2000, 243.

[1019] Zust. HKMS/Staake/Müller Rn. 117.

[1020] Vgl. BGH NJW 2022, 2185 Rn. 17.

[1021] Zu Einzelheiten der intertemporalen Geltung der Rom I-VO Magnus IPRax 2010, 27 (31, 32). Zu der Frage, nach welchem Recht zu entscheiden ist, wann der Vertrag geschlossen wurde, s. Leible/Lehmann RIW 2008, 528 (531).

[1022] Vgl. BAGE 159, 69 = BB 2017, 1908 Rn. 3.

weiter (→ 3. Aufl. 2013, § 323 Rn. 176 ff.). Die Rom I-VO beschränkt sich gemäß Art. 2 Rom I-VO nicht auf die Schaffung von Kollisionsnormen für binnenmarktbezogene Sachverhalte, sondern beansprucht universelle Geltung (*loi uniforme*).[1023] Die Gerichte der EU-Mitgliedstaaten (mit Ausnahme Dänemarks)[1024] wenden die Vorschriften der Rom I-VO daher nicht nur im Verhältnis zu allen anderen EU-Mitgliedstaaten (einschließlich Dänemarks), sondern auch gegenüber Drittstaaten an.[1025] Die Rom I-VO gilt nach Art. 22 Abs. 2 Rom I-VO jedoch nicht innerhalb territorial gespaltener Mehrrechtsstaaten (wie Spanien). Aus deutscher Sicht wird der Anwendungsbereich der Rom I-VO dadurch nicht eingeschränkt.[1026]

230   **a) Rechtswahl.** Bei der Ermittlung des Vertragsstatuts auf der Grundlage und am Maßstab der Rom I-VO ist zunächst zu prüfen, ob die Parteien des Prüfungsauftrages eine **Rechtswahl** getroffen haben (Art. 3 Abs. 1 S. 1 Rom I-VO).[1027] Die Rechtswahl muss ausdrücklich erfolgen oder sich eindeutig aus den Bestimmungen des Vertrages oder aus den Umständen des Falles ergeben (Art. 3 Abs. 1 S. 2 Rom I-VO). Die Parteien können die Rechtswahl für ihren ganzen Vertrag oder nur für einen Teil desselben (*dépeçage*) treffen (Art. 3 Abs. 1 S. 3 Rom I-VO).[1028] Zustandekommen und Wirksamkeit der Einigung der Parteien über das anzuwendende Recht beurteilen sich nach dem für den Schuldvertrag gewählten Recht (Art. 3 Abs. 5 Rom I-VO iVm Art. 10 Abs. 1 Rom I-VO).[1029] Die Form der Rechtswahlvereinbarung ist gesondert anzuknüpfen (Art. 3 Abs. 5 Rom I-VO iVm Art. 11 Rom I-VO). An dem Verkehrsschutz wird nicht gerüttelt (Art. 3 Abs. 5 Rom I-VO iVm Art. 13 Rom I-VO). Die **Allgemeinen Auftragsbedingungen** (AAB) für Wirtschaftsprüfer und Wirtschaftsprüfungsgesellschaften sehen in Abschnitt 15 eine ausdrückliche Rechtswahl zugunsten des deutschen Rechts vor[1030] (etwaige *vor*vertragliche Ansprüche der Auftraggeberin gegen den Prüfer sind von dieser Rechtswahlklausel freilich *nicht* erfasst,[1031] *nach*vertragliche hingegen wohl).[1032] Zustandekommen und Wirksamkeit einer Rechtwahl in Allgemeinen Geschäftsbedingungen (AGB) beurteilen sich nach dem

---

[1023] Vgl. Ebke ZVglRWiss 109 (2010), 397 (408) mwN.

[1024] Für Dänemark ist die Rom I-VO „nicht bindend oder anwendbar" (s. Erwägungsgrund 46 der Rom I-VO); dänische Gerichte wenden weiterhin das EVÜ 1980 an (Leible/Lehmann RIW 2008, 528 [531]). Das von der Rom I-VO bezeichnete Recht ist aber auch dann anzuwenden, wenn es nicht das Recht eines Mitgliedstaats ist, auf den die Rom I-VO anwendbar ist (Art 2 Rom I-VO). Zu den Gründen für die Haltung Dänemarks Nielsen IPRax 2019, 449.

[1025] Das Vereinigte Königreich (VK), das zum 1.2.2020 aus der EU ausgetreten ist, ist seit dem BREXIT Drittstaat. Nach Art. 126 BrexitAbk – Abkommen über den Austritt des Vereinigten Königreichs Großbritannien und Nordirland aus der Europäischen Union und der Europäischen Atomgemeinschaft (ABl. EU 2020 L 29, 7) endete aber nach diesem Abkommen vorgesehene Übergangszeitraum, während dessen das Unionsrecht im Vereinigten Königreich und für das Vereinigte Königreich noch galt, sofern in diesem Abkommen nichts anderes bestimmt ist, am 31.12.2020. Für Verträge, die vor dem Ende der Übergangszeit abgeschlossen wurden, wird das anwendbare Recht aber weiter nach der Rom I-VO bestimmt (Art. 66 BrexitAbk, das aber nicht abschließend ist). Für Verträge, die nach dem 31.12.2020 geschlossen worden sind, ist die Bestimmung des anwendbaren Rechts aus englischer Sicht unklar (s. Tretthahn-Wolski/Förstel ÖJZ 2019, 485 [487–488]; Merrett/Sommerfeld ERPL 28 [2020], 627; MacQueen ERPL 30 [2022], 3; Ostendorf JPIL 17 [2021], 421). Klar ist nur, dass EU-Gerichte auf Sachverhalte mit Berührung zum UK weiterhin die Rom I-VO anwenden werden, da die Rom I-VO universelles Recht ist. Zu den Auswirkungen des BREXIT auf grenzüberschreitende Zivilverfahren in allgemeinen Zivil- und Handelssachen Hau MDR 2021, 521.

[1026] Dazu, dass die Rom I-VO keine vollständige Vereinheitlichung des Kollisionsrechts der vertraglichen Schuldverhältnisse erreicht: Ebke ZVglRWiss 109 (2010), 397 (409) mwN.

[1027] HKMS/Staake/Müller Rn. 117 („Rechtswahl des Vertragsstatuts ... in jedem Fall empfehlenswert").

[1028] Eine solche Spaltung des Vertragsstatuts darf allerdings nicht willkürlich vorgenommen werden: Ebke ZVglRWiss 109 (2010), 397 (409) Fn. 61 mwN.

[1029] Vgl. BGHZ 123, 380 = NJW 1994, 262 (unter II. 2. a) aa).

[1030] Zu möglichen Ausschlüssen des Berufshaftpflichtversicherungsschutzes in Fällen mit Auslandsberührung: § 4 Abs. 2 WPBHV. S. auch Rütter WPK Magazin 1/2008, S. 39.

[1031] Schuldverhältnisse aus Verhandlungen vor Abschluss eines Vertrages unterstehen nicht der Rom I-VO (vgl. Art. 1 Abs. 2 lit. i Rom I-VO), sondern der Rom II-VO (vgl. Art. 12 Rom II-VO).

[1032] Abschnitt 16 lautet: „Für den Auftrag, seine Durchführung und die sich hieraus ergebenden Ansprüche gilt nur deutsches Recht".

gewählten Recht.[1033] Die hL in Deutschland geht davon aus, dass gegenüber der Festlegung des maßgebenden Rechts in vorformulierten Vertragsbedingungen dieselbe **Zurückhaltung geboten** ist wie gegenüber einseitigen materiellrechtlichen Klauseln Allgemeiner Geschäftsbedingungen. Daher sind deutsche Gerichte gehalten, die wirksame Aufnahme derartiger Rechtswahlklauseln in den Vertragswillen beider Parteien und ihre inhaltliche Zulässigkeit genau zu prüfen.[1034] Inhaltlich bestehen gegen die Zulässigkeit der Wahl des deutschen Rechts in Abschnitt 15 allerdings keine Bedenken, da bei objektiver Bestimmung des Vertragsstatuts mittels Art. 4 Rom I-VO in der Mehrzahl der Fälle ebenfalls deutsches Recht zur Anwendung kommt (→ Rn. 232). Dass die besagte Rechtswahlklausel in den AAB der Wirtschaftsprüfer von ausländischen Gerichten ausnahmslos anerkannt werden wird, ist allerdings nicht gesichert.[1035]

Wenn die prüfungspflichtige Gesellschaft und der Wirtschaftsprüfer bzw. die Wirt- **231** schaftsprüfungsgesellschaft keine ausdrückliche Rechtswahl getroffen haben, ist zu prüfen, ob sich eine Rechtswahl „eindeutig aus den Bestimmungen des Vertrages oder aus den Umständen des Falles" ergibt (Art. 3 Abs. 1 S. 2 Rom I-VO).[1036] Bei einem professionell und *lege artis* gestalteten Vertrag über die Durchführung einer (Pflicht-)Prüfung werden die Vertragsbestimmungen im Allgemeinen so stark auf die deutsche Rechtsordnung hinweisen, dass ein Gericht leicht auf eine stillschweigende Rechtswahl zugunsten des deutschen Rechts schließen können wird.[1037]

b) Objektive Anknüpfung. Wenn der Wirtschaftsprüfer bzw. die Wirtschaftsprü- **232** fungsgesellschaft und die Auftraggeberin keine ausdrückliche Rechtswahl getroffen haben (Art. 3 Abs. 1 S. 1 Rom I-VO) und sich die Rechtswahl auch nicht „eindeutig aus den Bestimmungen des Vertrages oder aus den Umständen des Falles" ergibt (Art. 3 Abs. 1 S. 1 Rom I-VO), unterliegt der Prüfungsvertrag – gleichgültig, ob er als Dienst-, Werk- oder Geschäftsbesorgungsvertrag eingeordnet wird[1038] – dem Recht desjenigen Staates, in dem der Abschlussprüfer seinen gewöhnlichen Aufenthalt hat (Art. 4 Abs. 1 lit. b Rom I-VO).[1039] Für Zwecke der Rom I-VO ist der Ort des gewöhnlichen Aufenthalts von Gesellschaften, Vereinen und juristischen Personen der Ort ihrer Hauptverwaltung (Art. 19 Abs. 1 Rom I-VO). Wenn der Vertrag jedoch im Rahmen des Betriebs einer Zweigniederlassung, Agentur oder sonstigen Niederlassung geschlossen wird oder für die Erfüllung gemäß dem Vertrag eine solche Zweigniederlassung, Agentur oder sonstige Niederlassung verantwortlich ist, so steht der Ort des gewöhnlichen Aufenthalts dem Ort gleich, an dem sich die Zweigniederlassung, Agentur oder sonstige Niederlassung befindet (Art. 19 Abs. 2 Rom I-VO). Der gewöhnliche Aufenthalt einer natürlichen Person, die im Rahmen der Ausübung ihrer beruflichen Tätigkeit handelt, ist der Ort ihrer Hauptniederlassung (Art. 19 Abs. 1 S. 2 Rom I-VO). Dadurch wird sichergestellt, dass der Vertrag mit dem Abschlussprüfer dem Recht seines sozio-ökonomischen und rechtlichen Umfelds unterliegt.[1040]

c) Nachträgliche Änderung. Die Parteien des Prüfungsvertrages können das **233** (gewählte oder objektiv ermittelte) Recht auch nachträglich ändern – und zwar sowohl *ex nunc* als auch *ex tunc* (Art. 3 Abs. 2 S. 1 Rom I-VO). Die Formgültigkeit des Vertrages nach Art. 11 Rom I-VO und Rechte Dritter werden durch eine nach Vertragsschluss erfolgende

---

[1033] Ebke ZVglRWiss 109 (2010), 397 (410) mwN.

[1034] Wölber, Die Abschlussprüferhaftung im Europäischen Binnenmarkt, 2005, S. 170 f.

[1035] Zu der Frage, unter welchen Voraussetzungen die AAB der Wirtschaftsprüfer Bestandteil des Prüfungsauftrages werden, s. Ebke ZVglRWiss 109 (2010), 397 (410–412).

[1036] Zu den Kriterien Ebke ZVglRWiss 109 (2010), 397 (412–413).

[1037] Näher dazu Ebke ZVglRWiss 109 (2010), 397 (413–414).

[1038] Vgl. Magnus in Koziol/Doralt, Abschlussprüfer – Haftung und Versicherung, 2004, S. 29. Zu der Rechtsnatur des Prüfungsvertrages → § 318 Rn. 30 mwN.

[1039] Zu der Auslegung des Begriffs „Dienstleistungsvertrag" iSd Art. 4 Abs. 1 lit. b Rom I-VO s. nur Leible/Lehmann RIW 2008, 528 (534, 535); Magnus IPRax 2010, 27 (35, 36).

[1040] Zur Bedeutung der „charakteristischen Leistung" für die Bestimmung des Vertragsstatuts im Rahmen der Rom I-VO Ebke ZVglRWiss 109 (2010), 397 (415).

Änderung der Bestimmung des anzuwendenden Rechts nicht berührt (Art. 3 Abs. 2 S. 2 Rom I-VO).

234   **d) Sachnormverweisung.** Art. 20 Rom I-VO stellt klar, dass alle Verweisungen nach der Rom I-VO Sachnormverweisungen sind, „soweit in dieser Verordnung nichts anderes bestimmt ist". Danach ist eine Rückverweisung auf die *lex fori* grundsätzlich ebenso ausgeschlossen wie eine Weiterverweisung auf das Recht eines Drittstaates.[1041]

235   **e) Reichweite des Vertragsstatuts.** Die Reichweite des Vertragsstatuts ist in Art. 12 Rom I-VO geregelt. Die Vorschrift bezeichnet die Gegenstände, für die – sofern nicht eine Spaltung (*dépeçage*) erfolgt ist (Art. 3 Abs. 1 S. 3 Rom I-VO) – das nach der Rom I-VO anzuwendende Recht „insbesondere" maßgeblich ist (Art. 12 Abs. 1 Rom I-VO): von der Auslegung des Vertrages über die Erfüllung der durch ihn begründeten Verpflichtungen und die Folgen der vollständigen oder teilweisen Nichterfüllung dieser Verpflichtungen (einschließlich der Schadensbemessung) bis hin zu den verschiedenen Arten des Erlöschens der Verpflichtungen sowie die Verjährung und die Rechtsverluste, die sich aus dem Ablauf einer Frist ergeben und den Folgen der Nichtigkeit des Vertrages. Besondere Kollisionsnormen gibt es für die Anknüpfung der Rechts-, Geschäfts- und Handlungsunfähigkeit (Art. 13 Rom I-VO),[1042] die Übertragung der Forderung (Art. 14 Rom I-VO),[1043] den gesetzlichen Forderungsübergang (Art. 15 Rom I-VO),[1044] den im Hinblick auf § 323 Abs. 1 S. 4 wichtigen Gesamtschuldnerausgleich (Art. 16 Rom I-VO)[1045] sowie die Aufrechnung (Art. 17 Rom I-VO).[1046]

236   **f) Eingriffsnormen.** Angesichts der weit gehenden Rechtswahlfreiheit im Internationalen Vertragsrecht ist die Frage nach der Geltung von Eingriffsnormen (*overriding mandatory rules*) der *lex fori* sowie von ausländischen Eingriffsnormen von zentraler Bedeutung. Art. 9 Rom I-VO schreibt Art. 7 EVÜ fort, enthält aber auch einige Neuerungen.[1047] Eine der zu begrüßenden Neuerungen ist die klarstellende Definition des schillernden Begriffs der „Eingriffsnorm". Art. 9 Abs. 1 Rom I-VO definiert „Eingriffsnorm" als „eine zwingende Vorschrift, deren Einhaltung von einem Staat als so entscheidend für die Wahrung seines öffentlichen Interesses, insbesondere seiner politischen, sozialen und wirtschaftlichen Organisation angesehen wird, dass sie ungeachtet des nach Maßgabe dieser Verordnung auf den Vertrag anzuwendenden Rechts auf alle Sachverhalte anzuwenden ist, die in ihren Anwendungsbereich fallen".[1048] Eine ähnliche Formulierung findet sich bereits in dem Urteil des EuGH in den verb. Rs. „Arblade/Leloupe".[1049] Danach sind Eingriffsnormen diejenigen nationalen Regelungen, „deren Einhaltung als so entscheidend für die Wahrung der politischen, sozialen oder wirtschaftlichen Organisation des betreffenden Mitgliedstaats angesehen wird, daß ihre Beachtung für alle Personen, die sich im nationalen Hoheitsgebiet dieses Mitgliedstaats befinden, und für jedes dort lokalisierte Rechtsverhältnis vorgeschrieben ist".[1050] Während der EuGH entscheidend auf die „Wahrung der politischen, sozialen

---

[1041] Vgl. Leible/Lehmann RIW 2008, 528 (543) („… bei internationalen Texten zur Vereinheitlichung des Kollisionsrechts üblich und sinnvoll …").

[1042] Clausnitzer/Woopen BB 2008, 1798 (1805–1806).

[1043] Zu Einzelheiten Einsele RabelsZ 74 (2010), 91 (96–115); Clausnitzer/Woopen BB 2008, 1798 (1806); Magnus IPRax 2010, 27 (42); Martiny RIW 2009, 737 (746–747).

[1044] Magnus IPRax 2010, 27 (42).

[1045] Magnus IPRax 2010, 27 (43).

[1046] Zu Einzelheiten: Pfeiffer EuZW 2008, 622 (628–629); Clausnitzer/Woopen BB 2008, 1798 (1805–1806); Magnus IPRax 2010, 27 (43).

[1047] Ausf. dazu Ebke ZVglRWiss 109 (2010), 397 (416–421); Ebke FS Wolfrum, 2012, 17 (40–43); Staudinger/Ebke, 2020, Anh. zu Rom I-VO Art. 9 Rn. 152 ff.

[1048] Vgl. EuGH Urt. v. 17.10.2013, C-184/12 – Unamar, ECLI:EU:C:2013:663 Rn. 48.

[1049] EuGH Urt. v. 23.11.1999, verb. Rs. C-369/96 und C-376/96, ECLI:EU:C:1999:575 – Arblade/Leloupe.

[1050] EuGH Urt. v. 23.11.1999, verb. Rs. C-369/96 und C-376/96, ECLI:EU:C:1999:575 – Arblade/Leloupe. Rn. 30. S. auch EuGH Urt. v. 18.10.2016, C-135/15, ECLI:EU:C:2016:774 Rn. 41 – Nikiforidis.

oder wirtschaftlichen Organisation" des betreffenden Mitgliedstaats abstellt, betont Art 9 Abs. 1 Rom I-VO, dass es entscheidend auf die „Wahrung der öffentlichen Ordnung" des Mitgliedstaats ankomme, wofür die beispielhaft („insbesondere") angeführten Merkmale „politische, soziale und wirtschaftliche Organisation" nur einen, wenn auch wesentlichen Anwendungsfall bilden.[1051] Dabei muss es sich, wie Pfeiffer zutreffend hervorhebt, um „hinreichend gewichtige Regelungen" handeln.[1052]

aa) Eingriffsnormen der *lex fori*. Für so verstandene Eingriffsnormen der *lex fori* **237** gilt: Die Rom I-VO berührt – wie schon Art. 7 Abs. 2 EVÜ und Art. 34 EGBGB aF – nicht die Anwendung der Eingriffsnormen des Rechts des angerufenen Gerichts (Art. 9 Abs. 2 Rom I-VO).[1053] Art. 9 Abs. 2 Rom I-VO eröffnet dennoch keinesfalls ohne weiteres – also sozusagen automatisch – die Durchsetzung aller Eingriffsnormen der *lex fori* gegen ein ausländisches Vertragsstatut.[1054] Vielmehr kann eine Eingriffsnorm des Forum nur dann gegen das ausländische Vertragsstatut durchgesetzt werden, wenn ihre Nichtdurchsetzung einen wesentlichen Eingriff in **berechtigte Interessen des Forum** („Wahrung der öffentlichen Ordnung"), insbesondere politische, soziale und wirtschaftliche Belange zur Folge haben würde. Das setzt auch und gerade einen hinreichend engen Inlandsbezug (*„genuine link"*) des Sachverhalts voraus.[1055] Eingriffsnormen müssen sich im Europäischen Binnenmarkt außerdem an den Unionsgrundrechten sowie den Grundfreiheiten und den die Grundfreiheiten effektivierenden Richtlinien messen lassen.[1056]

Ob die **Haftungshöchstsummen** nach Abs. 2 „Eingriffsnormen" iSd Art. 9 Abs. 1 **238** Rom I-VO sind, die nach Art. 9 Abs. 2 Rom I-VO gegen ein ausländisches Vertragsstatut durchgesetzt werden können, ist höchstrichterlich nicht geklärt. Es sprechen aber gute Gründe dafür, die Haftungshöchstsummen nach Abs. 2 als „Eingriffsnorm" iSd Art. 9 Abs. 1 S. 1 Rom I-VO zu behandeln, die nicht nur national, sondern auch international zur Geltung kommen soll.[1057] Als inländische Eingriffsnorm iSd Art. 9 Abs. 2 Rom I-VO könnte außerdem das **Verbot des Erfolgshonorars** (vgl. Art. 25 lit. b Abschlussprüfer-RL; § 55a Abs. 1 WPO; vgl. → § 318 Rn. 32) anzusehen sein.[1058]

bb) Ausländische Eingriffsnormen. Eingriffsnormen anderer Staaten kann („*may*") **239** nach Art. 9 Abs. 3 S. 1 Rom I-VO – ebenso wie nach Art. 7 Abs. 1 EVÜ, aber ohne die dort bestehende Möglichkeit eines mitgliedstaatlichen Vorbehaltes – „Wirkung verliehen" werden.[1059] Anders als nach Art. 7 Abs. 1 EVÜ[1060] gilt dies jedoch nicht für die Eingriffs-

---

[1051] Ebke ZVglRW 109 (2010), 397 (417); W.-H. Roth AcP 220 (2020), 458 (512); Günther, Die Anwendbarkeit ausländischer Eingriffsnormen, 2011, S. 130 ff.; Hauser, Eingriffsnomen in der Rom I-Verordnung, 2012, S. 7 ff.

[1052] Pfeiffer EuZW 2008, 622 (627); W.-H. Roth AcP 220 (2020), 458 (512) unter Hinweis auf EuGH Urt. v. 31.1.2019, C-149/18, ECLI:EU:C:2019:84 Rn. 34 – da Silva Martins.

[1053] EuGH Urt. v. 18.10.2016, C-135/15, ECLI:EU:C:2016:774 Rn. 41 – Nikiforidis; Martiny ZEuP 16 (2008), 79 (103).

[1054] Ebke GS U. Hübner, 2012, 653 (669); W.-H. Roth AcP 220 (2020), 458 (511); missverständlich Leible/Lehmann RIW 2008, 528 (542) („Die Anwendung von Eingriffsnormen der lex fori ist gem. Art. 9 Abs. 2 Rom I-VO *immer* möglich" – Hervorhebung des Verf.).

[1055] Vgl. Staudinger/Ebke, 2020, Anh. zu Rom I-VO Art. 9 IntDevR Rn. 155 mwN.

[1056] EuGH Urt. v. 17.10.2013, C-184/12, ECLI:EU:C:2013:663 Rn. 46 – Unamar; ebenso schon Martiny ZEuP 16 (2008), 79 (104); s. auch W.-H. Roth AcP 220 (2020), 458 (515) mwN der EuGH-Rspr.; Ebke ZVglRWiss 109 (2010), 397 (417).

[1057] Ebke ZVglRWiss 109 (2010), 397 (418–420); ausdrücklich zust. HKMS/Staake/Müller Rn. 117. Zu Beispielen für Normen, die von den EU Mitgliedstaaten als Eingriffsnormen behandelt werden, s. W.-H. Roth AcP 220 (2020), 458 (512-515).

[1058] BGH NJW 2019, 3065 Rn. 37 f. (zu § 49b Abs. 2 S. 1 BRAO: „Marktverhaltensregelung"); LAG Köln BeckRS 2020, 3837 Rn. 29 = ECLI:DE:LAGK:2020:0306.9TA3.20.00 Rn. 29 („Mandantenschutz als besondere Ausprägung des Verbraucherschutzes und deshalb Marktverhaltensregelung"); OLG Frankfurt a.M. IPRax 2002, 399 (400) (sub III.3) (zu § 49b Abs. 2 S. 1 BRAO).

[1059] Zu Einzelheiten Ebke GS U. Hübner, 2012, 653 (670); Mankowski IPRax 2016, 485 (487-488); Martiny IPRax 2018, 553 (564); Freitag IPRax 2009, 109; Pfeiffer EuZW 2008, 622 (628); Maultzsch FS Kronke, 2020, 363; Günther, Die Anwendbarkeit ausländischer Eingriffsnormen, 2011, S. 164 ff.; Ganzer, Internationale Versicherungsprogramme, 2012, S. 267 ff.

[1060] Dazu W.-H. Roth AcP 220 (2020), 458 (524).

normen jedes beliebigen Staates, sondern nur desjenigen Staates, „in dem die durch den grenzüberschreitenden Vertrag begründeten Verpflichtungen erfüllt werden sollen oder erfüllt worden sind".[1061] Abzustellen ist in diesem Zusammenhang nicht auf den rechtlichen, sondern den **tatsächlichen Erfüllungsort,** da der Staat, in dem Leistungshandlungen durchzuführen sind, ggfs. auch der Staat ist, der in der Lage ist, diese zu unterbinden.[1062] Außerdem kann nach Art. 9 Abs. 3 S. 1 Rom IVO nicht allen Eingriffsnormen dieses Staates Wirkung verliehen werden, sondern nur solchen, die „die Erfüllung des Vertrags unrechtmäßig werden lassen".[1063] Der Sache nach stellt Art. 9 Abs. 3 S. 1 Rom I-VO einen Kompromiss mit denjenigen Staaten dar, die – wie Deutschland – einen Vorbehalt zu Art. 7 Abs. 1 EVÜ erklärt hatten.[1064] Nach Art. 9 Abs. 3 S. 1 Rom I-VO werden drittstaatliche Eingriffsnormen sonderangeknüpft, soweit sie der Rechtsordnung des Erfüllungsstaates angehören.[1065]

240   Bei der Entscheidung, ob den in Betracht kommenden Eingriffsnormen Wirkung zu verleihen ist, sind **Art und Zweck der Normen** sowie die **Folgen** zu **berücksichtigen,** die sich aus ihrer Anwendung bzw. Nichtanwendung ergeben würden (Art. 9 Abs. 3 S. 2 Rom I-VO).[1066] Bei der dazu notwendigen Abwägung zwischen staatlichen Ordnungsinteressen und parteiautonomer Gestaltungsfreiheit sind die Anwendungswilligkeit der betreffenden ausländischen Norm, das Vorhandensein einer Werte- und Interessenübereinstimmung (*shared values*)[1067] mit der *lex fori*[1068] sowie das Bestehen einer hinreichend engen Verbindung (*genuine link*) zwischen dem Erlassstaat und dem Sachverhalt[1069] zu prüfen. Die darüber hinaus notwendige Berücksichtigung der Folgen einer Anwendung oder Nichtanwendung zielt außer auf die „faktische Durchsetzungsmacht des Erfüllungsstaates"[1070] wohl auch auf die Auswirkungen der Anwendung oder Nichtanwendung auf die Vertragsparteien.

241   Problematisch für die Auslegung und Anwendung des Art. 9 Abs. 3 S. 1 Rom I-VO ist, dass der Erfüllungsort nicht einfach zu bestimmen ist,[1071] wie die Praxis zu Art. 5 Nr. 1 EuGVÜ bzw. Art. 7 Nr. 1 Brüssel Ia-VO zeigt.[1072] Bei einer **Mehrzahl vertraglicher**

[1061] Vgl. EuGH Urt. v. 18.10.2016, C-135/15, ECLI:EU:C:2016:774 Rn. 41 – Nikiforidis. Zu Einzelheiten des Erfüllungsortes Okoli, Place of Performance – A Comparative Analysis, 2020, 133-159 & 170-180; Ebke GS U. Hübner, 2012, 653 (670); Martiny RIW 2009, 737 (746); Leible/Lehmann RIW 2008, 528 (542); Mankowski IPRax 2016, 485 (487-488); Freitag IPRax 2009, 109 (111).

[1062] Staudinger/Ebke, 2020, Anh. zu Art. 9 (Rom I-VO), IntDevR Rn. 156 (unter Hinweis auf Scheffold); vgl. dazu Hauser, Eingriffsnormen in der Rom I-Verordnung, 2012, S. 93.

[1063] Dazu Günther, Die Anwendbarkeit ausländischer Eingriffsnormen, 2011, S. 161 ff.).

[1064] Ebke GS U. Hübner, 2012, 653 (670) mwN; Mankowski IPRax 2016, 485 (487).

[1065] Vgl. Martiny RIW 2009, 737 (746); Leible/Lehmann RIW 2008, 528 (542); Pfeiffer EuZW 2008, 622 (628).

[1066] Vgl. EuGH Urt. v. 18.10.2016, C-135/15, ECLI:EU:C:2016:774 Rn. 41 – Nikiforidis.

[1067] Dazu allgemein Großfeld/Rogers Int. & Comp. L. Q. 32 (1983), 931. Die Forderung nach Werte- und Interessenübereinstimmung ist nicht mit einer Rückkehr in die Zeit des Bilateralismus zu verwechseln: Ebke ZVglRWiss 109 (2010), 397 (421) Fn. 130; s. ferner Ebke, Global Economy – Global Law?, in Attanasio/Norton, Multilateralism v. Unilateralism. Policy Choices in a Global Society, 2005, 83-97.

[1068] Pfeiffer EuZW 2008, 622 (628); Ebke ZVglRWiss 109 (2010), 397 (421).

[1069] Ebke FS Wolfrum, 2012, 17 (41-42) mwN.

[1070] Pfeiffer EuZW 2008, 622 (628).

[1071] Zur Bestimmung des Erfüllungsorts nach deutschem Recht: BayObLG BeckRS 2019, 20913 Rn. 20 mwN („Bei Wirtschaftsprüferverträgen ist Erfüllungsort [§ 269 BGB] für die vom Wirtschaftsprüfer zu erbringenden Leistungen [im Falle fehlender vertraglicher Bestimmung] einheitlich der Sitz der zu prüfenden Gesellschaft, weil die Abschlussprüfung [§§ 316 ff. HGB] die Feststellung des Jahresabschlusses durch die Gesellschaft vorbereitet und somit sämtliche im Rahmen der Prüfung anfallende Tätigkeiten unabhängig davon, wo sie im Einzelfall auftreten oder ausgeführt werden, engsten Bezug zum Sitz der zu prüfenden Gesellschaft haben"); ebenso LG Bonn BeckRS 2005, 14070 Rn. 3 = BB 2005, 994 mAnm Ditges („Mit der Abschlussprüfung nach §§ 316 ff. HGB schafft der Wirtschaftsprüfer die Voraussetzungen für die nach §§ 172, 173 AktG erforderliche Feststellung der Jahresabschlusses. Hieran knüpfen sich für die Gesellschaft wesentliche Folgen. Aufgrund des Prüfungsauftrages liegt das Schwergewicht der Tätigkeiten des Wirtschaftsprüfers am Sitz der Gesellschaft, mögen auch zahlreiche der einzelnen Aufgaben vom Sitz der Wirtschaftsprüfungskanzlei aus erledigt werden"); zust. Hopt/Merkt § 316 Rn. 1; zurückhaltender HKMS/Staake/Müller Rn. 119 („im Zweifel Sitz des geprüften Unternehmens").

[1072] Leible/Lehmann RIW 2008, 528 (543); Magnus IPRax 2010, 27 (41); Ebke ZVglRWiss 109 (2010), 397 (421); Günther, Die Anwendbarkeit ausländischer Eingriffsnormen, 2011, S. 147 ff.

Erfüllungsorte ist es denkbar, dass die Eingriffsnormen mehrerer Staaten zu berücksichtigen sind,[1073] sofern diese die weiteren Eingriffsanforderungen des Art. 9 Abs. 3 Rom I-VO erfüllen.[1074] Gleiches gilt bei Auseinanderfallen des Orts der Leistungshandlung und des Ortes des Leistungserfolgs. In derartigen Fällen können die Gerichte den Eingriffsnormen aller Staaten, die die Vertragserfüllung tatsächlich unterbinden oder jedenfalls behindern können, Wirkung verleihen.[1075]

cc) Eingriffsnormen außerhalb von Art. 9 Rom I-VO. Noch nicht abschließend **242** geklärt ist die Frage, ob außer den Eingriffsnormen des Staates des angerufenen Gerichts (→ Rn. 237 f.) oder des Staates, in dem die durch den Vertrag begründeten Verpflichtungen erfüllt werden sollen oder erfüllt worden sind (→ Rn. 239 ff.), auch **anderen Eingriffsnormen** (zB solchen des ausländischen Schuldstatuts) Geltung verliehen werden kann.[1076] Nach Ansicht des EuGH ist die Aufzählung der Eingriffsnormen, denen das angerufene Gericht nach Art. 9 Abs. 3 S. 1 Rom I-VO Wirkung verleihen kann, in Art. 9 Rom I-VO abschließend.[1077] Daraus folgt, dass das angerufene Gericht andere Eingriffsnormen als die des Staates des angerufenen Gerichts oder des Staates, in dem die durch den Vertrag begründeten Verpflichtungen erfüllt werden sollen oder erfüllt worden sind, **nicht als Rechtsvorschriften anwenden** darf.[1078] Art. 9 Rom I-VO verbietet es nach Ansicht des EuGH aber nicht, Eingriffsnormen eines anderen Staates als den des Forumstaats oder des Erfüllungsstaats als „tatsächliche Umstände" („**data**") zu berücksichtigen, soweit eine materielle Vorschrift des nach den Bestimmungen der Rom I-VO auf den Vertrag anwendbaren Rechts dies vorsieht.[1079] Diese Auslegung wird nach Ansicht des EuGH durch den in Art. 4 Abs. 3 EUV niedergelegten **Grundsatz der loyalen Zusammenarbeit** nicht in Frage gestellt.[1080] Außerhalb des Anwendungsbereichs von Art. 9 Abs. 3 Rom I-VO ist daher eine tatsächliche Berücksichtigung ausländischer Eingriffsnormen durch das angerufene Gericht weiterhin möglich,[1081] zB eine materiellrechtliche Berücksichtigung rein faktischer Folgen von Eingriffsnormen, soweit ihre tatsächliche Durchsetzung die Vertragserfüllung wirtschaftlich unmöglich oder unzumutbar machen (§ 275 Abs. 2, 3 BGB), oder mit Hilfe materiellrechtlicher Vorschriften wie § 138 BGB, § 241 Abs. 2 BGB,[1082] § 242 BGB, §§ 313 f. BGB oder § 826 BGB.[1083]

g) Ordre public. Art. 21 Rom I-VO stellt klar, dass die Anwendung einer Vorschrift **243** des nach dieser Verordnung bezeichneten Rechts nur versagt werden kann, wenn ihre Anwendung mit der öffentlichen Ordnung (*ordre public*) des Staates des angerufenen Gerichts „offensichtlich unvereinbar" ist. Der − von Amts wegen zu berücksichtigende[1084] − *ordre*

[1073]　Günther, Die Anwendbarkeit ausländischer Eingriffsnormen, 2011, S. 155 ff.

[1074]　Vgl. OLG Frankfurt a.M. NJW 2018, 3591 Rn. 48.

[1075]　Freitag IPRax 2009, 109 (114).

[1076]　Ebke ZVglRWiss 109 (2010), 397 (421) mwN; Leible/Lehmann RIW 2008, 528 (543) unter Hinweis auf Mankowski IPRax 2006, 101 (110); Freitag IPRax 2009, 109 (111); Maultzsch RabelsZ 75 (2011), 60 (94 ff.); Günther, Die Anwendbarkeit ausländischer Eingriffsnormen, 2011, S. 173 ff.

[1077]　EuGH Urt. v. 18.10.2016, C-135/15, ECLI:EU:C:2016:774 Rn. 49 − Nikiforidis; dazu Pfeiffer LMK 2016, 382315; Mankowski RIW 2016, 815; Mankowski FS Ebke, 2021, 631 (637-638).

[1078]　EuGH Urt. v. 18.10.2016, C-135/15, ECLI:EU:C:2016:774 Rn. 50 − Nikiforidis.

[1079]　EuGH Urt. v. 18.10.2016, C-135/15, ECLI:EU:C:2016:774 Rn. 51 − Nikiforidis; iE ebenso Einsele WM 2009, 289 (296); W.-H. Roth EWS 2011, 314 (326); OLG München NJW-RR 2020, 1061 Rn. 46.

[1080]　EuGH Urt. v. 18.10.2016, C-135/15, ECLI:EU:C:2016:774 Rn. 54 f. − Nikiforidis. Zu Einzelheiten des Grundsatzes der loyalen Zusammenarbeit: Benrath, Die Konkretisierung von Loyalitätspflichten, 2019, S. 19 ff.; Kohler FS Kronke, 2020, 253; Günther, Die Anwendbarkeit ausländischer Eingriffsnormen, 2011, S. 111 f.

[1081]　Zur Datum-Theorie grdl. Jayme GS Ehrenzweig, 1976, 35; aus neuerer Zeit Harms, Neuauflage der Datumtheorie im IPR, 2019. Aus Schweizer Sicht Schwander SZIER 10 (2010), 405.

[1082]　Vgl. dazu BAGE 159, 69 = BB 2017, 1908 Rn. 34 unter Hinweis auf EuGH Urt. v. 18.10.2016, C-135/15, ECLI:EU:C:2016:774 Rn. 50 − Nikiforidis.

[1083]　W.-H. Roth AcP 220 (2020), 458 (520 ff.).

[1084]　Leible RIW 2008, 257 (263).

public-Vorbehalt gilt auch im Verhältnis zu dem Recht eines EU-Mitgliedstaates.[1085] Tief greifende Veränderungen im Vergleich zu der bisherigen Rechtslage werden von Art. 21 Rom I-VO weder von Seiten der Praxis[1086] noch seitens der Wissenschaft[1087] erwartet. Doch gilt nach wie vor: Der Vorbehalt des *ordre public* ist wie ein **„unbändiges Pferd"** (*unruly horse*)[1088] – lässt man ihn an der langen Leine, bewegt er wenig; gibt man ihm hingegen die Sporen, schießt er schnell über das Ziel hinaus. Gefordert ist daher von den Gerichten – wie bisher – Zurückhaltung und Augenmaß sowie die Bereitschaft, Sinn und Zweck der ausländischen Vorschrift sorgfältig zu hinterfragen.[1089]

244   Das gilt insbesondere im Hinblick auf ausländische Schadenersatzbestimmungen, die über die Kompensation erlittener (Vermögens-)Schäden hinausgehen und Strafcharakter haben (wie *exemplary, punitive oder multiple damages*).[1090] Bestimmungen über Strafschadensersatz kommen allerdings in rein vertraglichen Schuldverhältnissen sehr viel seltener zum Tragen als im Deliktsrecht (*law of torts*). Mit Hilfe von Art. 21 Rom I-VO lassen sich freilich auch andere ausländische Normen abwehren, wie beispielsweise eine Vorschrift, wonach dem Abschlussprüfer die Haftung wegen Vorsatzes im Voraus erlassen werden darf (vgl. aber § 276 Abs. 3 BGB), oder eine Bestimmung, die entgegen Art. 25 lit. b Abschluss-prüfer-RL Abschlussprüfern die Vereinbarung eines **„Erfolgshonorars"** gestattet, ohne dass es – wie etwa bei Rechtsanwälten – auf die Höhe der vereinbarten Beteiligungsquote des Prüfers ankommt.[1091]

III. Ansprüche Dritter

245   Ansprüche Dritter (→ Rn. 127 ff.) gegen Wirtschaftsprüfer oder Wirtschaftsprüfungs-gesellschaften können sich aus Sicht des deutschen Rechts aus gesetzlichen, vertraglichen oder vertragsähnlichen Schuldverhältnissen ergeben (→ Rn. 135 ff.).

246   **1. Rom II-VO.** Das für deliktsrechtliche Ansprüche Dritter gegen den Pflichtprüfer maßgebende Recht ist mit Hilfe des Internationalen Deliktsrechts zu ermitteln. Das auf außervertragliche Schuldverhältnisse anzuwendende Recht beurteilt sich in Deutschland nach der Rom II-VO.[1092] Die Rom II-VO wird auf schadensbegründende Ereignisse ange-

---

[1085] Rauscher, IPR, 5. Aufl. 2017, S. 147 ff. Rn. 581 ff.; W.-H. Roth AcP 220 (2020), 458 (509).

[1086] Brödermann NJW 2010, 807 (811).

[1087] Magnus IPRax 2010, 27 (42).

[1088] Richardson v. Mellish (1824) 2 Bing 229 (252), 130 Eng. Rep.294 (303) (per Burrough, J.).

[1089] Shand Cambridge L.J. 30 (1972), 144 („Unblinkering the Unruly Horse: Public Policy in the Law of Contract"). S. auch Enderby Town Football Club Ltd v. The Football Association Ltd [1971] 1 All ER 215 (219) (per Lord Denning) („With a good man in the saddle, the unruly horse can be kept in control. It can jump over obstacles. It can leap the fences put up by fictions and come down on the side of justice").

[1090] Zu Einzelheiten Brockmeier, Punitive damages, multiple damages und deutscher ordre public, 1999; Rosengarten, Punitive damages und ihre Anerkennung und Vollstreckung in der Bundesrepublik Deutschland, 1994. Zum materiellen Recht Riedel, Punitive Damages – Ein Vergleich des englischen, US-amerikanischen und deutschen Rechts, ZERP Arbeitspapier 3/2016; Soh Kee Bun Singapore J. Leg. Stud. 1998, 63; Lüke, Punitive Damages in der Schiedsgerichtsbarkeit, 2003.

[1091] In der EU war Abschlussprüfern die Vereinbarung eines Erfolgshonorars auch schon vor Inkrafttreten der Abschlussprüfer-RL (2006) durchweg verboten: Niehues WPK-Mitt. 2002, 182 (191). Wenn in einem ausländischen Staat (wie beispielsweise in der Schweiz) die Vereinbarung eines Erfolgshonorars mit einem Abschlussprüfer unzulässig ist, der Prüfer (wie im Falle der inzwischen insolventen Swissair, dazu Ebke in Ferrarini/Hopt/Winter/Wymeersch, Reforming Company and Takeover Law in Europe, 2004, S. 532 Fn. 110 und den dort zitierten Bericht von Ernst & Young) mit der Mandantin dennoch ein Erfolgshonorar vereinbart, ist die Vereinbarung nach dem maßgeblichen Vertragsstatut wegen Verstoßes gegen ein gesetzliches Verbot im Allgemeinen nichtig. In einem solchen Fall bedarf es nicht mehr des Rückgriffs des inländischen Gerichts auf den ordre public (Art. 21 Rom I-VO).

[1092] Zur Vergemeinschaftung des Kollisionsrechts für außervertragliche Schuldverhältnisse Kadner Graziano, Gemeineuropäisches Internationales Privatrecht: Harmonisierung des IPR durch Wissenschaft und Lehre, 2002; Meyle, Reine Vermögensschäden im Europäischen Internationalen Deliktsrecht, 2021; Heiss/Loacker JBl 2007, 613.

wandt, die ab dem 11. Januar 2009 eingetreten sind (Art. 31, 32 Rom II-VO).[1093] Sie umfasst alle Fälle, in denen ein außervertragliches Schuldverhältnis eine Verbindung zu dem Recht verschiedener „Staaten" aufweist (Art. 1 Abs. 1 S. 1 Rom II-VO); es kommt folglich nicht darauf an, ob es sich dabei um „Mitgliedstaaten" handelt.[1094] Das nach der Rom II-VO bezeichnete Recht ist auch dann anzuwenden, wenn es nicht das Recht eines EU-Mitgliedstaates, sondern das eines Drittstaates ist (Art. 3 Rom II-VO). Die Rom II-VO beschränkt sich also nicht auf die Schaffung von Kollisionsnormen für binnenmarktbezogene Sachverhalte, sondern beansprucht universelle Geltung (*loi uniforme*).[1095] Die Einschränkung, wonach territorial gespaltene Mehrrechtsordnungen die Rom II-VO auf interlokale Beziehungen nicht anwenden müssen (Art. 25 Abs. 2 Rom II-VO), bedeutet aus deutscher Sicht keine Begrenzung des Anwendungsbereichs der Rom II-VO.[1096] Allerdings klammert Art. 1 Abs. 2 lit. d Rom II-VO „die persönliche Haftung der Rechnungsprüfer gegenüber **einer Gesellschaft oder ihren Gesellschaftern** bei der Pflichtprüfung der Rechnungslegungsunterlagen" aus dem Anwendungsbereich der Rom II-VO ausdrücklich aus (Art. 1 Abs. 2 lit. d Rom II-VO).

Aus Sicht der Rom II-VO unterstehen Ansprüche der prüfungspflichtigen Gesellschaft **247** und ihrer Gesellschafter gegen den Abschlussprüfer also in erster Linie dem **Gesellschaftsstatut** (→ Rn. 227 f.). Daneben kommt für Ansprüche der geprüften Gesellschaft gegen den gesetzlichen Abschlussprüfer auch das Vertragsstatut in Betracht, da der Abschlussprüfer nicht nur aufgrund eines korporationsrechtlichen Bestellungsaktes (dh die Wahl durch das zuständige Organ der Gesellschaft, vgl. § 318 Abs. 1 S. 1 Hs. 1 HGB), sondern auch aufgrund eines schuldrechtlichen Prüfungsauftrags (Vertrag über die Prüfung) tätig wird (→ § 318 Rn. 1). Das **Vertragsstatut** kann im Einzelfall auch für Ansprüche der Gesellschafter der prüfungspflichtigen Gesellschaft gegen den Abschlussprüfer zum Tragen kommen, wenn beispielsweise zwischen einem bzw. mehreren Gesellschaftern der geprüften Gesellschaft und dem Abschlussprüfer ausnahmsweise ein Auskunftsvertrag besteht bzw. von dem angerufenen Gericht fingiert wird (vgl. § 675 Abs. 2 BGB; → Rn. 124). Sind die Ansprüche verbundener Unternehmen gegen den gesetzlichen Abschlussprüfer aus europarechtlicher Sicht gesellschaftsrechtlich zu qualifizieren, kann auch das Gesellschaftsstatut zum Zuge kommen (vgl. Art. 1 Abs. 2 lit. d Rom II-VO; → Rn. 227 f., → Rn. 246).

2. Deliktsstatut. Auf außervertragliche Ansprüche anderer Personen („Dritte" wie zB **248** Anlageinteressenten, Unternehmenserwerber, Kreditgeber, Lieferanten, Insolvenzgläubiger, Arbeitnehmer und Fiskus) sind die kollisionsrechtlichen Bestimmungen der Rom II-VO anwendbar, da dieser Personenkreis von der „Bereichsausnahme" des Art. 1 Abs. 2 lit. d Rom II-VO nicht erfasst wird. Für derartige Ansprüche gilt die Rom II-VO.

a) Parteiautonome Rechtswahl. Die Rom II-VO räumt den Parteien – modernen **249** Tendenzen im Internationalen Deliktsrecht in Europa folgend[1097] – weitgehende Rechtswahlfreiheit ein. Bei Geltung der Rom II-VO ist daher vorrangig zu klären, ob die Parteien sich auf das anzuwendende Recht geeinigt haben.

aa) Rechtswahl *ex post*. Nach Art. 14 Abs. 1 lit. a Rom II-VO können die Parteien **250** durch eine Vereinbarung *nach* Eintritt des schadensbegründenden Ereignisses, also *ex post,* das Recht wählen, dem das außervertragliche Schuldverhältnis unterliegen soll. In der Praxis der Haftung des gesetzlichen Abschlussprüfers gegenüber prüfungsvertragsfremden Dritten stellt sich die Frage einer Rechtswahl *ex post* insbesondere dann, wenn der Sachverhalt bei objektiver Anknüpfung nach den Regeln der Rom II-VO nach einem ausländischen Recht

---

[1093] Zu Einzelheiten des intertemporalen Anwendungsbereichs von Hein ZEuP 2009, 6 (10–12); Bücken IPRax 2009, 125.

[1094] Zu der Anwendbarkeit der Rom II-VO in Schiedsverfahren Wagner IPRax 2008, 1 (3) (bejahend); monographisch Gößling, Europäisches Kollisionsrecht und internationale Schiedsgerichtsbarkeit, 2019.

[1095] Zu der universellen Geltung der Rom II-VO Brière Clunet 135 (2008), 31 (36–37); Brödermann NJW 2010, 807 (809); Sujecki EWS 2009, 310 (312–313).

[1096] Ebke ZVglRWiss 109 (2010), 397 (423–424) mwN.

[1097] Kadner Graziano RabelsZ 73 (2009), 1 (5).

zu beurteilen wäre. Einigen sich die Parteien stattdessen auf die Geltung deutschen Rechts als *lex fori*, kann das für die Beteiligten Vorteile haben:[1098] Die *lex fori* ist für das angerufene Gericht in der Regel leichter, schneller und zuverlässiger zu ermitteln als ausländisches Recht; daher ist die Qualität der Entscheidung oft höher. Außerdem werden kostspielige Gutachten zum ausländischen Recht entbehrlich. Hinzu kommt, dass ausländisches Recht gemäß § 545 Abs. 1 ZPO nicht revisibel ist (die Rom II-VO hat daran nichts geändert);[1099] insoweit ist der BGH an die Feststellungen der Tatsacheninstanz gebunden (§ 560 ZPO). Die Rom II-VO stellt den Parteien allerdings nicht nur die *lex fori* zur Wahl, sondern auch andere Rechte, wie etwa das Recht des Herkunftslands des Geschädigten oder das **„neutrale" Recht** eines Drittstaates,[1100] nicht hingegen ein nichtstaatliches Regelwerk (zB Draft Common Frame of Reference).[1101] Die Rechtswahl bei außervertraglichen Schuldverhältnissen muss „ausdrücklich erfolgen" oder sich „mit hinreichender Sicherheit" (also nicht wie bei vertraglichen Schuldverhältnissen gemäß Art. 3 Abs. 1 S. 2 Rom I-VO „eindeutig") „aus den Umständen des Falles ergeben" (Art. 14 Abs. 1 S. 2 Rom II-VO). Eine **„stillschweigende" Rechtswahl,** die in einigen europäischen Staaten zum Beispiel aus Prozessverhalten abgeleitet wurde, soll nach Art. 14 Abs. 1 S. 2 Rom II-VO ausgeschlossen sein.[1102]

251   **bb) Rechtswahl *ex ante*.** *Vor* Eintritt des schadensbegründenden Ereignisses kann das auf das außervertragliche Schuldverhältnis anzuwendende Recht durch eine „frei ausgehandelte Vereinbarung" bestimmt werden, wenn alle Parteien einer „kommerziellen Tätigkeit" nachgehen (Art. 14 Abs. 1 lit. b Rom II-VO).[1103] Dadurch wird es den Parteien ermöglicht, ihre Rechtsbeziehungen von vornherein einem bestimmten Recht zu unterstellen und auf diese Weise frühzeitig einen Gleichlauf zwischen vertraglicher und außervertraglicher Haftung herzustellen.[1104] Eine solche Sachverhaltsgestaltung wird in Pflichtprüfungsfällen allerdings **so gut wie nie vorliegen.** Art. 14 Abs. 1 lit. b Rom II-VO verlangt nämlich, dass die Rechtswahl in einer „frei ausgehandelten Vereinbarung getroffen" wird. Die Pflicht des Abschlussprüfers zur Verschwiegenheit (§ 323 Abs. 1 S. 1 HGB, § 43 Abs. 1 S. 1 WPO; § 10 BS WP/vBP) schließt einen unmittelbaren Kontakt des Abschlussprüfers mit Dritten hinsichtlich der Prüfung und der Berichterstattung über das Ergebnis der Pflichtprüfung sowohl *vor* als auch *nach* der Prüfung grundsätzlich aus. Die einseitige Verwendung einer Rechtswahlklausel in den **Allgemeinen Auftragsbedingungen (AAB)** der Wirtschaftsprüfer und Wirtschaftsprüfungsgesellschaften ohne eine gesonderte, individuelle Bestätigung dieser Wahl durch den Dritten reicht für Art. 14 Abs. 1 lit. b Rom II-VO nicht aus,[1105] selbst wenn der Dritte Unternehmer (§ 14 BGB), eine juristische Person des öffentlichen Rechts oder ein öffentlich-rechtliches Sondervermögen ist (vgl. § 310 Abs. 1 S. 1 BGB). Hinzu kommt, dass die Rechtswahl *ex ante* (wie die Rechtswahl *ex post*) „ausdrücklich erfolgen oder sich mit hinreichender Sicherheit aus den Umständen des Falles ergeben" muss (Art. 14 Abs. 1 S. 2 Rom II-VO). Der Abschlussprüfer und der (prüfungsvertragsfremde) Dritte stehen nicht in einem Rechtsverhältnis, aus dem sich eine entsprechende Rechtswahl ableiten lassen könnte. Eine **akzessorische Anknüpfung** deliktsrechtlicher Ansprüche (Art. 4 Abs. 3 S. 2 Rom II-VO) scheidet mangels Vertrages ebenfalls aus.

[1098] Kadner Graziano RabelsZ 73 (2009), 1 (5).

[1099] Kadner Graziano RabelsZ 73 (2009), 1 (6).

[1100] Kadner Graziano RabelsZ 73 (2009), 1 (6); von Hein ZEuP 2009, 6 (21).

[1101] von Hein ZEuP 2009, 6 (22); Leible RIW 2008, 257 (261); Sujecki EWS 2009, 310 (313 f.); Das folgt aus dem Wortlaut des Art. 14 Abs. 2 Rom II-VO („Staat …, dessen Recht gewählt wurde") und Art. 24 („… anzuwendende Recht eines Staates …"). AA Kadner Graziano RabelsZ 73 (2009), 1 (9–11).

[1102] Kadner Graziano RabelsZ 73 (2009), 1 (7); vgl. Leible RIW 2008, 257 (261).

[1103] „Kommerzielle Tätigkeit" bedeutet „berufliche oder gewerbliche Tätigkeit": von Hein ZEuP 2009, 6 (20); Wagner IPRax 2008, 1 (13). S. auch Leible/Lehmann RIW 2007, 721 (726, 727).

[1104] Kadner Graziano RabelsZ 73 (2009), 1 (7). Zu der Frage, ob und inwieweit eine Rechtswahl *ex ante* im Internationalen Deliktsrecht durch AGB erfolgen kann: Landbrecht RIW 2010, 783 (783–785).

[1105] Wie hier Kadner Graziano RabelsZ 73 (2009), 1 (8); von Hein ZEuP 2009, 6 (20); Leible RIW 2008, 257 (260); Sujecki EWS 2009, 310 (313); aA Wagner IPRax 2008, 1 (13–14), da Art. 14 Abs. 1 lit. b Rom II-VO sonst „seiner praktischen Bedeutung weitgehend beraubt würde".

cc) Rechte Dritter. Nach Art. 14 Abs. 1 S. 2 aE Rom II-VO lässt die parteiautonome **252** Rechtswahl *ex post* wie *ex ante* Rechte Dritter unberührt. Als Dritte kommen andere Geschädigte, aber auch der Berufshaftpflichtversicherer des Abschlussprüfers in Betracht. Soweit die Geltung eines ausländischen Rechts vereinbart wird, kann sich danach im Einzelfall je nach Deckungszusage des Berufshaftpflichtversicherers für den ersatzverpflichteten Abschlussprüfer eine Deckungslücke ergeben.[1106]

dd) Zwingende Bestimmungen. Eine Beschränkung der parteiautonomen Rechts- **253** wahlfreiheit enthält Art. 14 Abs. 2 Rom II-VO. Danach setzen sich zwingende Bestimmungen einer anderen Rechtsordnung gegen ein parteiautonom gewähltes Recht durch, wenn „alle Elemente des Sachverhalts zum Zeitpunkt des Eintritts des schadensbegründenden Ereignisses in einem anderen als demjenigen Staat belegen [sind], dessen Recht gewählt wurde" (Art. 14 Abs. 2 Rom II-VO).[1107] Art. 14 Abs. 3 Rom II-VO erweitert die Rechtswahlschranke auf rein innergemeinschaftliche Fälle. Sind alle Elemente eines Sachverhalts zum Zeitpunkt des Eintritts des schadensbegründenden Ereignisses in einem oder mehreren EU-Mitgliedstaaten belegen, so berührt die Wahl des Rechts eines Drittstaates durch die Parteien nicht die Anwendung – ggf. in der von dem Mitgliedstaat des angerufenen Gerichts umgesetzten Form – der Bestimmungen des Europäischen Gemeinschaftsrechts, von denen nicht durch Vereinbarung abgewichen werden kann (Art. 14 Abs. 3 Rom II-VO).[1108]

b) Objektive Anknüpfung. Haben sich die Parteien nicht auf die Geltung eines **254** bestimmten Rechts geeinigt, unterliegen Ansprüche aus unerlaubter Handlung – so weit in der Rom II-VO „nichts anderes vorgesehen ist" – dem Recht des Staates, in dem der Schaden eintritt (Art. 4 Abs. 1 S. 1 Rom II-VO).

aa) Grundregel. Maßgebend ist nur der Ort des unmittelbaren Schadenseintritts, nicht **255** dagegen weitere Orte, an denen indirekte Schadensfolgen eintreten (Art. 4 Abs. 1 letzter Hs. Rom II-VO). Eine Anknüpfung an den Handlungsort des Schädigers (zB Ort der Erteilung des Testats oder der Durchführung von Prüfungshandlungen) oder den Ort, an dem weitere Prüfungshandlungen hätten vorgenommen werden müssen, ist (vorbehaltlich der Ausweichklausel des Art. 4 Abs. 3 Rom II-VO) ausgeschlossen (Art. 4 Abs. 1 letzter Hs. Rom II-VO).[1109] Anders als nach Art. 40 Abs. 1 S. 2 EGBGB aF (Günstigkeitsprinzip) hat der Geschädigte **kein Wahlrecht** zwischen dem Recht des Erfolgsorts und dem Recht des Handlungsorts.[1110] Nach Erwägungsgrund 16 schafft die „Anknüpfung an den Staat, in dem der Schaden selbst eingetreten ist (*lex loci damni*), ... einen gerechten Ausgleich zwischen den Interessen der Person, deren Haftung geltend gemacht wird, und der Person, die geschädigt wurde ...".[1111] Erwägungsgrund 17 fügt ergänzend hinzu: „Das anzuwendende Recht sollte das Recht des Staates sein, in dem der Schaden eintritt, und zwar unabhängig von dem Staat oder den Staaten, in dem bzw. denen die indirekten Folgen auftreten könnten. Daher sollte auch bei Personen oder Sachschäden als Staat, in dem der Schaden eintritt, der Staat gelten, in dem der Personen- oder Sachschaden tatsächlich eingetreten ist". Anzuwenden ist mithin das Recht des Ortes, an dem die Verletzung des

---

[1106] Dazu näher Kadner Graziano RabelsZ 73 (2009), 1 (11–13). Zu dem Problem der Versicherungslücke → Erl. § 323 Rn. 11 Fn. 43.

[1107] Obwohl Art. 14 Abs. 2 Rom II-VO im Gegensatz zu Art. 3 Abs. 3 EVÜ nicht klarstellt, dass diese Rechtsfolge auch eintritt, wenn die Rechtswahlvereinbarung durch eine Gerichtsstandsklausel flankiert wird, dürfte damit keine inhaltliche Änderung beabsichtigt sein. IdS von Hein ZEuP 2009, 6 (21) (unter Hinweis auf Leible RIW 2008, 257 [262]).

[1108] Zu dem Verhältnis von Art. 4 Abs. 2 Rom II-VO und Art. 4 Abs. 3 Rom II-VO: von Hein ZEuP 2009, 6 (22).

[1109] Zur Anknüpfung bei mehreren Schädigern Schulte, Schädigermehrheit im europäischen internationalen Deliktsrecht, 2020.

[1110] Junker NJW 2007, 3675 (3678); Sujecki EWS 2009, 310 (314); Wagner IPRax 2008, 1 (5).

[1111] Zust. Wagner IPRax 2008, 1 (5) („Sowohl die Kompensations- als auch die Steuerungsfunktion des Deliktsrechts sprechen dafür, das Opfer in seinen Verhaltens- und Kompensationserwartungen zu schützen und dem Schädiger zuzumuten, seinen Sorgfaltsaufwand an den Standards einer Nachbarrechtsordnung anzupassen, wenn sein Verhalten in deren Geltungsbereich hineinwirkt").

geschützten Rechtsguts bzw. Interesses eingetreten ist **(Erfolgsort).**[1112] Die Härten der Anknüpfung an den Erfolgsort auch und gerade in Fällen der Prüfung des Jahresabschlusses einer global tätigen, kapitalmarktorientierten Gesellschaft, bei der ein einziger Fehler des Abschlussprüfers zu unvorhersehbar hohen Vermögensschäden bei einer unvorhersehbar großen Zahl von Personen in einer unvorhersehbar großen Zahl von Staaten führen kann,[1113] werden durch Art. 17 Rom II-VO gemildert.[1114]

256   Tritt der unmittelbare **Vermögensschaden** bei einem Geschädigten gleichzeitig **in mehreren Ländern** ein, so ist nach heute hM das Recht an dem Ort des jeweiligen Schadenseintritts maßgeblich.[1115] Danach kann in Fällen von Abschlussprüferhaftung – anders als nach bisheriger Lehre auf der Grundlage des EVÜ (→ 3. Aufl. 2013, § 323 Rn. 186) – nicht auf den Haupterfolgsort abgestellt werden, weil dadurch der Schädiger begünstigt würde. Die interessengerechte Lösung wird in einer Aufspaltung des ersatzfähigen Schadens gesehen: Nach dem Recht des jeweiligen Erfolgsorts ist nur der Schaden ersatzfähig, der in dem jeweiligen Staat entstanden ist („Mosaikbetrachtung").[1116] Die „**Mosaikbetrachtung**" beruht auf der Annahme, dass der EuGH seine zu Art. 5 Nr. 3 Brüssel I-VO aF – heute Art. 7 Nr. 2 Brüssel Ia-VO[1117] – entwickelte „Mosaiktheorie"[1118] auf die Rom II-VO übertragen wird.[1119] Durch die Mosaikbetrachtung wird sichergestellt, dass gerichtliche Zuständigkeit und anwendbares Recht parallel laufen. Konsequenz der mosaikartigen Rechtsanwendung ist allerdings die Aufsplitterung der anzuwendenden Sachrechte, was die Rechtsdurchsetzung für den Geschädigten in vielen Fällen erheblich erschweren wird. Denn um seinen Gesamtschaden zu liquidieren, muss er bezüglich der einzelnen „Teilschäden" in die Ermittlung des jeweiligen Sachrechts investieren.[1120]

257   Machen **mehrere geschädigte Dritte** Ansprüche gegen den Abschlussprüfer geltend, so sind deren Rechtsverhältnisse nach der Rom II-VO jeweils selbständig anzuknüpfen (vgl. Art. 4 Abs. 2 Rom II-VO). Die Rom II-VO räumt damit der Anknüpfungsgerechtigkeit in den jeweiligen Rechtsbeziehungen grundsätzlich Vorrang ein vor der Behandlung des Haftungsfalles nach einem einzigen Recht.[1121]

258   **bb) Auflockerung.** „Aufgelockert" wird das Regeldeliktsstatut allerdings durch Art. 4 Abs. 2 Rom II-VO: Haben der Abschlussprüfer und der Geschädigte zum Zeitpunkt des Schadenseintritts ihren gewöhnlichen Aufenthalt in demselben Staat, so unterliegt die unerlaubte Handlung dem Recht dieses Staates, ohne dass es eines zusätzlich verstärkenden Kriteriums bedürfte.[1122] Die Anknüpfung an den gemeinsamen gewöhnlichen Aufenthalt

---

[1112] Kadner Graziano RabelsZ 73 (2009), 1 (36); Wagner IPRax 2008, 1 (4); von Hein ZEuP 2009, 6 (16); Stadler FS Geimer, 2017, 715.

[1113] Vgl. den berühmten Satz von Justice Benjamin Nathan Cardozo in Ultramares Corporation v. Touche & Co., 174 N.E. 441, 444 (1931): „… a thoughtless slip or blunder, the failure to detect a theft or forgery beneath the cover of deceptive entries, may expose accountants to a liability in an indeterminate amount, for an indeterminate time to an indeterminate class".

[1114] Wagner IPRax 2008, 1 (5).

[1115] Kadner Graziano RabelsZ 73 (2009), 1 (37); Wagner IPRax 2008, 1 (4); von Hein ZEuP 2009, 6 (16); Sujecki EWS 2009, 310 (314).

[1116] Vgl. dazu allgemein G. Schmidt, Ehrverletzungen in der elektronischen Presse, 2020, S. 94 ff.

[1117] Zur Einschränkung des Gerichtsstands der unerlaubten Handlung nach Art. 7 Nr. 2 Brüssel Is-VO durch die Mosaikbetrachtung Zeidler, Klimahaftungsklagen – Die Internationale Haftung für die Folgen des Klimawandels, 2022, S. 208–211; Meyle, Reine Vermögensschäden im Europäischen Internationalen Deliktsrecht, 2021, S. 35 ff. Zum Rückbau der Mosaikbetrachtung bei Verletzung des Persönlichkeitsrechts von Unternehmen im Internet Kohler IPRax 2021, 428.

[1118] EuGH Urt. v. 7.3.1995, Rs. C-68/93, ECLI:EU:C:1995:61 – Fiona Shevill et al. ./. Presse Alliance SA; dazu Huber ZEuP 1996, 295 (303).

[1119] S. nur Wagner IPRax 2006, 372 (384 ff.); Sujecki EWS 2009, 310 (314); Bader, Koordinationsmethoden im Internationalen Privat- und Verfahrensrecht, 2019, S. 159, 212 und 235; Stadler JZ 2018, 94.

[1120] Vgl. Mankowski RIW 2008, 177 (188).

[1121] Kadner Graziano RabelsZ 73 (2009), 1 (19).

[1122] Für die Zwecke der Rom II-VO ist der Ort des gewöhnlichen Aufenthaltes von Gesellschaften und juristischen Personen der Ort ihrer Hauptverwaltung (Art. 23 Abs. 1 S. 1 Rom II-VO). Wenn jedoch das schadensbegründende Ereignis oder der Schaden aus dem Betrieb einer Zweigniederlassung

führt dazu, dass dem Geschädigten derjenige haftungsrechtliche Ausgleich gewährt wird, den beide Parteien aus ihrem gemeinsamen Lebensumfeld gewohnt sind, auf das sie sich einstellen können und in dem die Folgen eines schädigenden Ereignisses zu tragen haben. Eine wertende Betrachtung bleibt in Einzelfällen aber weiterhin möglich: Ergibt sich aus der Gesamtheit der Umstände, dass die unerlaubte Handlung eine „**offensichtlich engere Verbindung**" mit einem anderen als dem in Art. 4 Abs. 1 oder 2 Rom II-VO bezeichneten Staat aufweist, so wird das Aufenthaltsrecht nach der „Ausweichklausel" (englisch: *escape clauses,* französisch: *clause échappatoire*) des Art. 4 Abs. 3 S. 1 Rom II-VO (Erwägungsgrund 18) durch die enger verbundene Rechtsordnung ersetzt. Art. 4 Abs. 3 S. 2 Rom II-VO nennt als Beispiel („insbesondere") für eine „offensichtlich engere Verbindung" ein bereits bestehendes Rechtsverhältnis zwischen den Parteien (beispielsweise einen Vertrag), das in Pflichtprüfungsfällen aber nur sehr selten bestehen wird.

Dass nach der Rom II-VO eine Ausnahme von der Grundregel auch ohne ein bereits **259** bestehendes Rechtsverhältnis zwischen den Parteien in Betracht kommen kann, zeigt Art. 5 Abs. 1 S. 2 Rom II-VO. Danach ist in **Produkthaftungsfällen** das Recht desjenigen Staates anzuwenden, in dem die Person, deren Haftung geltend gemacht wird, ihren gewöhnlichen Aufenthalt hat, wenn sie das in Verkehr Bringen des Produkts oder eines gleichartigen Produkts in dem Staat, dessen Recht nach den vorrangig zu prüfenden Anknüpfungsregeln nach Art. 5 Abs. 1 S. 1 lit. a bis c Rom II-VO anzuwenden ist, „vernünftigerweise nicht voraussehen konnte". Art. 5 Abs. 1 S. 2 Rom II-VO schützt den Hersteller mithin vor **„Überraschungen".** Dieser Rechtsgedanke könnte in grenzüberschreitenden Fällen der Dritthaftung von Abschlussprüfern auch im Rahmen der Ausweichklausel des Art. 4 Abs. 3 S. 1 Rom II-VO fruchtbar gemacht werden. Danach könnte das angerufene Gericht aufgrund einer wertenden Betrachtung gemäß Art. 4 Abs. 3 S. 1 Rom II-VO entsprechend Art. 5 Abs. 1 S. 2 Rom II-VO bei einem Abschlussprüfer das Recht des Ortes seiner Hauptniederlassung (vgl. Art. 23 Abs. 2 Rom II-VO) bzw. bei einer Wirtschaftsprüfungsgesellschaft das Recht des Ortes ihrer Hauptverwaltung (Art. 23 Abs. 1 S. 1 Rom II-VO) zur Anwendung bringen, wenn der Abschlussprüfer vernünftigerweise nicht vorhersehen konnte, dass ein prüfungsvertragsfremder Dritter in der nach Art. 4 Abs. 1 bzw. 2 Rom II-VO an sich maßgebenden Rechtsordnung im Vertrauen auf den von ihm testierten Jahresabschluss einen Vermögensschaden erleiden würde.

Art. 6 Abs. 3 lit. b Rom II-VO setzt für außervertragliche Schuldverhältnisse aus unlau- **260** terem Wettbewerbsverhalten dagegen auf ein **Wahlrecht des Klägers:**[1123] Die Vorschrift räumt dem vor einem Gericht am Wohnsitz des Beklagten klagenden Wettbewerber ein Wahlrecht zugunsten der *lex fori* ein, sofern der Markt dieses EU-Mitgliedstaates zu den Märkten gehört, die „unmittelbar und wesentlich" durch das den Wettbewerb einschränkende Verhalten des Beklagten beeinträchtigt sind. Klagt der Kläger vor diesem Gericht gegen mehr als einen Beklagten, so kann er seinen Anspruch nur dann auf das Recht dieses Gerichtes stützen, wenn das den Wettbewerb einschränkende Verhalten, auf das er den Anspruch gegen jeden dieser Beklagten stützt, auch den Markt in dem Mitgliedstaat dieses Gerichts „unmittelbar und wesentlich beeinträchtigt" (Art. 6 Abs. 3 lit. b Hs. 2 Rom II-VO). Klagt der Wettbewerber hingegen in einem (anderen) Erfolgs- oder Handlungsortsstaat, gilt die Mosaikbetrachtung.[1124]

Es spricht vieles dafür, die **mosaikartige Rechtsanwendung** auch **in Fällen der 261 Dritthaftung des Abschlussprüfers** mit Hilfe der Ausweichklausel des Art. 4 Abs. 3 S. 1

---

oder einer sonstigen Niederlassung herrührt, steht dem Ort des gewöhnlichen Aufenthalts der Ort gleich, an dem sich diese Zweigniederlassung oder sonstige Niederlassung befindet (Art. 23 Abs. 1 S. 1 Rom II-VO). Der gewöhnliche Aufenthalt einer natürlichen Person, die im Rahmen der Ausübung ihrer beruflichen Tätigkeit handelt, ist der Ort ihrer Hauptniederlassung (Art. 23 Abs. 2 Rom II-VO).

[1123] Zu Einzelheiten des Art. 6 Abs. 3 Rom II-VO: Mankowski RIW 2008, 177 (188–192); Kadner Graziano RabelsZ 73 (2009), 1 (56); Leible/Lehmann RIW 2007, 721 (730); W. Lindacher GRURInt 2008, 453 (455); W.-H. Roth FS Kropholler, 2008, 623 (646 ff.); Wagner IPRax 2008, 1 (8).

[1124] Die vorstehend genannten Regeln sind zwingend und rechtswahlfest: Art. 6 Abs. 4 Rom II-VO schließt für alle in den Art. 6 Abs. 1–3 Rom II-VO geregelten Gegenstände eine Rechtswahl aus; Art. 14 Rom II-VO wird ausdrücklich für unanwendbar erklärt.

Rom II-VO im Interesse einer Behandlung des Haftungsfalles nach einer einzigen Rechtsordnung jedenfalls dann einzuschränken und entsprechend Art. 6 Abs. 3 lit. b Rom II-VO
das Recht am Wohnsitz des Abschlussprüfers zur Anwendung zu bringen, wenn dieses
Recht das Recht eines EU-Mitgliedstaates ist, der beklagte Wirtschaftsprüfer seinen Wohnsitz in diesem Staat hat, die Klage in diesem Staat erhoben wurde und der Kapitalmarkt in
diesem Mitgliedstaat zu den Kapitalmärkten gehört, die durch das Verhalten des Beklagten
„unmittelbar und wesentlich" beeinträchtigt sind. Dadurch würde auch im Abschlussprü-
fungsrecht die Anknüpfung in Fällen von **„Streuschäden"** erleichtert, Schadensersatzklagen geschädigter Dritter würden durch die Konzentration auf ein maßgebliches Recht
effizienter und kostengünstiger und nicht zuletzt würde die privatrechtliche Durchsetzung
des Abschlussprüfungsrechts gestärkt. Eine Auslegung und Anwendung der Ausweichklausel
des Art. 4 Abs. 3 S. 1 Rom II-VO in dem dargestellten Sinne sollte entsprechend Art. 6
Abs. 3 lit. b Rom II-VO allerdings nicht gegen den Willen des Geschädigten erfolgen. Eine
gemeinsame parteiautonome Rechtswahl *ex post* ist den Parteien im Übrigen unbenommen
(Art. 14 Abs. 1 lit. a Rom II-VO). Die Einschränkung nach Art. 6 Abs. 3 lit. b Rom II-
VO für den Fall, dass der Kläger vor dem besagten Gericht mehr als einen Beklagten auf
Schadensersatz in Anspruch nimmt, könnte in Fällen der Haftung aus fehlerhafter Abschluss-
prüfung ebenfalls zum Tragen kommen.[1125] Und wie im Falle des Art. 6 Abs. 3 lit. b Rom
II-VO würde es bei der Mosaikbetrachtung bleiben, wenn der geschädigte Dritte in einem
(anderen) Erfolgs- oder Handlungsortsstaat auf Schadensersatz klagt.

262   Fraglich ist, ob die Ausweichklausel des Art. 4 Abs. 3 S. 1 Rom II-VO darüber hinaus
zum Zuge kommen könnte, wenn infolge eines (uneingeschränkt) testierten fehlerhaften
Jahresabschlusses mehrere **Personen in verschiedenen Ländern** Vermögensschäden erlitten haben (was insbesondere bei börsennotierten bzw. multinational tätigen Unternehmen
häufig der Fall sein wird) und sie gemeinsam vor ein und demselben Gericht in Deutschland
Klage gegen den Abschlussprüfer erheben (vgl. §§ 59 ff., § 147 ZPO). Da die deutschen
Gerichte das Deliktsstatut für jeden Geschädigten gesondert ermitteln (vgl. Art. 4 Abs. 2
Rom II-VO), können sich Inhalt und Umfang der deliktsrechtlichen Haftung des Prüfers in
derartigen Fällen nach einer Vielzahl von Rechtsordnungen beurteilen. Das Interesse,
dass Ansprüche aus einem Schadensereignis mit einer großen Zahl von Geschädigten in
einem bestimmten Gerichtsverfahren vor einem bestimmten Gericht insgesamt ein und
demselben Sachrecht unterstehen, sollte sich bei Haftungsklagen verschiedener Dritter
gegen Abschlussprüfer mittels der Ausweichklausel des Art. 4 Abs. 3 S. 1 Rom II-VO von
Fall zu Fall verwirklichen lassen, zumal die Rom II-VO – wie gesehen – die Mosaikbetrachtung nicht einheitlich umsetzt.

263   **3. Berufshaftung „zwischen" Vertrags- und Deliktsrecht.** Bezüglich des Internationalen Privatrechts der Dritthaftung des Abschlussprüfers „zwischen" Vertrags- und
Deliktsrecht sind auch nach Inkrafttreten der Rom II-VO noch viele Fragen offen. Aufgrund der (hinlänglich bekannten und vielfach kritisierten) Zurückhaltung des deutschen
Deliktsrechts gegenüber dem Schutz fremden Vermögens vor fahrlässiger Beschädigung sind
deutsche Gerichte sachrechtlich dazu übergegangen, Geschädigten aufgrund eines stillschweigenden (häufig nur fingierten) Auskunftsvertrages (→ Rn. 124) oder nach den
Regeln des Vertrages mit Schutzwirkung für Dritte (→ Rn. 132 ff.) Schadensersatz zuzusprechen. In der Literatur plädieren einige Autoren dagegen für die Heranziehung des
Rechtsinstituts der *culpa in contrahendo* (§ 311 Abs. 2 BGB),[1126] die Sachwalterhaftung (dh

---

[1125] Zur Anknüpfung bei mehreren Schädigern allgemein Schulte, Schädigermehrheit im europäischen inter-
        nationalen Deliktsrecht, 2020.
[1126] Henk, Die Haftung für culpa in contrahendo im IPR und IZVR, 2007; Kurt, Culpa in contrahendo
        im europäischen Kollisionsrecht der vertraglichen und außervertraglichen Schuldverhältnisse: Eine
        Untersuchung zu Anwendungsbereich und Auslegung von Art. 12 Rom II Verordnung, 2009; Hoff-
        mann, Die Koordination des Vertrags- und Deliktsrechts in Europa, 2006, S. 244–260; von Hein GPR
        2007, 54; Junker FS Stürner, 2013, 1043.

eine Eigenhaftung des Sachwalters, vgl. § 311 Abs. 3 S. 2 BGB),[1127] die Anerkennung eines „gesetzlichen Schuldverhältnisses mit Schutzwirkung für Dritte", die Rechtsfigur der „Expertenhaftung", die „Vertrauenshaftung" und andere juristische Konstruktionen (→ Rn. 173). Die kollisionsrechtliche Anknüpfung dieser Rechtsinstitute ist nach wie vor weitgehend ungeklärt. Im Wettbewerb stehen – wie bisher (→ 4. Aufl. 2020, § 323 Rn. 208 ff.) – vor allem das Vertragsstatut und das Deliktsstatut. Letztlich handelt es sich um eine **Frage der Qualifikation.** Zur Reichweite des Deliktsstatuts s. Art. 15 Rom II-VO. Zur Problematik der Eingriffsnormen der s. Art. 16 Rom II-VO (zu Einzelheiten → 3. Aufl. 2013, § 323 Rn. 221–223). Zu Fragen des *ordre public* → 3. Aufl. 2013, § 323 Rn. 224 f.

§ 324 Prüfungsausschuss

(1) [1]**Kapitalgesellschaften, die Unternehmen von öffentlichem Interesse (§ 316a Satz 2) sind und keinen Aufsichts- oder Verwaltungsrat haben, der die Voraussetzungen des § 100 Absatz 5 des Aktiengesetzes erfüllen muss, sind verpflichtet, einen Prüfungsausschuss nach Absatz 2 einzurichten, der sich insbesondere mit den in § 107 Absatz 3 Satz 2 und 3 des Aktiengesetzes beschriebenen Aufgaben befasst.** [2]**Dies gilt nicht für Kapitalgesellschaften im Sinne des Satzes 1,**
1. **deren ausschließlicher Zweck in der Ausgabe von Wertpapieren im Sinne des § 2 Absatz 1 des Wertpapierhandelsgesetzes besteht, die durch Vermögensgegenstände besichert sind;**
2. **die Kreditinstitute im Sinne des § 340 Absatz 1 sind und einen organisierten Markt im Sinne des § 2 Absatz 11 des Wertpapierhandelsgesetzes nur durch die Ausgabe von Schuldtiteln im Sinne des § 2 Absatz 1 Nummer 3 Buchstabe a des Wertpapierhandelsgesetzes in Anspruch nehmen, wenn deren Nominalwert 100 Millionen Euro nicht übersteigt und keine Verpflichtung zur Veröffentlichung eines Prospekts nach der Verordnung (EU) 2017/1129 des Europäischen Parlaments und des Rates vom 14. Juni 2017 über den Prospekt, der beim öffentlichen Angebot von Wertpapieren oder bei deren Zulassung zum Handel an einem geregelten Markt zu veröffentlichen ist und zur Aufhebung der Richtlinie 2003/71/EG (ABl. L 168 vom 30.6.2017, S. 12), die zuletzt durch die Verordnung (EU) 2019/2146 (ABl. L 325 vom 16.12.2019, S. 43) geändert worden ist, besteht;**
3. **die Investmentvermögen im Sinne des § 1 Absatz 1 des Kapitalanlagegesetzbuchs sind.**
[3]**Im Fall des Satzes 2 Nummer 1 ist im Anhang darzulegen, weshalb ein Prüfungsausschuss nicht eingerichtet wird.**

(2) [1]**Die Mitglieder des Prüfungsausschusses sind von den Gesellschaftern zu wählen.** [2]**Die Mehrheit der Mitglieder, darunter der Vorsitzende, muss unabhängig sein; im Übrigen ist § 100 Absatz 5 des Aktiengesetzes entsprechend anzuwenden.** [3]**Der Vorsitzende des Prüfungsausschusses darf nicht mit der Geschäftsführung betraut sein.** [4]**§ 107 Absatz 3 Satz 8, § 124 Abs. 3 Satz 2 und § 171 Abs. 1 Satz 2 und 3 des Aktiengesetzes sind entsprechend anzuwenden.** [5]**Der Prüfungsausschuss hat den Gesellschaftern einen Vorschlag für die Wahl des Abschlussprüfers zu machen, wenn die Kapitalgesellschaft keinen Aufsichts- oder Verwaltungsrat hat oder wenn der Aufsichts- oder Verwaltungsrat für den Vorschlag nicht zuständig ist.**

[1127] Das OLG Frankfurt a. M. IPRax 1986, 373 (378) hat vor Inkrafttreten der Rom II-VO auf die Sachwalterhaftung das Deliktsstatut zur Anwendung gebracht. In der Lit. wird die deliktsrechtliche Qualifikation der Sachwalterhaftung auch unter Geltung der Rom II-VO befürwortet: vgl. Ebke ZVglRWiss 109 (2010), 397 (435) mwN.

(3) [1]Die Abschlussprüferaufsichtsstelle beim Bundesamt für Wirtschaft und Ausfuhrkontrolle kann zur Erfüllung ihrer Aufgaben gemäß Artikel 27 Absatz 1 Buchstabe c der Verordnung (EU) Nr. 537/2014 von einer Kapitalgesellschaft, die ein Unternehmen von öffentlichem Interesse (§ 316a Satz 2) ist, eine Darstellung und Erläuterung des Ergebnisses sowie der Durchführung der Tätigkeit seines Prüfungsausschusses verlangen. [2]Die Abschlussprüferaufsichtsstelle soll zunächst auf Informationen aus öffentlich zugänglichen Quellen zurückgreifen.

Schrifttum: Altmeppen, Der Prüfungsausschuss – Arbeitsteilung im Aufsichtsrat, ZGR 2004, 390; Arbeitskreis Externe und Interne Überwachung der Unternehmung der Schmalenbach-Gesellschaft für Betriebswirtschaft e.V., Der Prüfungsausschuss nach der 8. EU-Richtlinie: Thesen zur Umsetzung in deutsches Recht, DB 2007, 2129; Arbeitskreis Externe Unternehmensrechnung (AKEU)/Arbeitskreis Externe und Interne Überwachung der Unternehmung (AKEIÜ) der Schmalenbach-Gesellschaft für Betriebswirtschaft e.V., Anforderungen an die Überwachungsaufgaben von Aufsichtsrat und Prüfungsausschuss nach § 107 Abs. 3 Satz 2 AktG i.d.F des Bilanzrechtsmodernisierungsgesetzes, DB 2009, 1279; Bak, Audit Committee, Instrument der Unternehmensüberwachung des Verwaltungsrates, Diss. Zürich, 2005; Baumann, Die wachsende Bedeutung des Prüfungsausschusses in Cromme, Corporate Governance Report 2004, 43; Binz/Sorg, Verschärfte Überwachungsaufgaben des Aufsichtsrats – eine Bestandsaufnahme, BB 2019, 387; Brandt/Althoff, Der epochale Wandel der Corporate Governance – Herausforderungen des Prüfungsausschusses, FS Böcking, 2021, 25; Buhleier/Niehues/Splinter, Praktische Herausforderungen bei der Umsetzung der neuen Anforderungen an den Prüfungsausschuss des Aufsichtsrats, DB 2016, 1885; Dreher/Hoffmann, Die Wirksamkeitsprüfung durch den Prüfungsausschuss nach § 107 Abs. 2 AktG, ZGR 2016, 445; Ebke, Accounting, Auditing and Global Capital Markets, FS Buxbaum, 2000, 113; Ebke, Börsennotierte Aktiengesellschaften und Corporate Governance zwischen Staat, Gesellschaftern, Stakeholders und Markt, ZVglRWiss 111 (2012), 1; Ebke, Corporate Governance and Auditor Independence: The Battle of the Private versus the Public Interest, in Ferrarini/Hopt/Winter/Wymeersch, Reforming Company and Takeover Law in Europe, 2004, 507; Ebke, Kapitalmarktinformationen, Abschlussprüfung und Haftung, FS Yamauchi, 2006, 105; Ebke, Märkte machen Recht – auch Gesellschafts- und Unternehmensrecht!, FS Lutter, 2000, 17; Eibelshäuser/Stein, Modifikation der Zusammenarbeit des Prüfungsausschusses mit dem Abschlussprüfer durch den Gesetzentwurf des BilMoG, Der Konzern 2008, 486; Erchinger/Melcher, Zum Referentenentwurf des Bilanzrechtsmodernisierungsgesetzes (BilMoG): Neuerungen im Hinblick auf die Abschlussprüfung und die Einrichtung eines Prüfungsausschusses, DB 2008, Beil. 1 zu Heft 7, 56; Ernstberger/Pellens/Schmidt/Sellhorn, Wie stehen deutsche Prüfungsausschussvorsitzende zum Thema Prüfungsqualität?, WPg 2019, 806; Fischbach, Der Bilanzprüfungsausschuss des Aufsichtsrats und seine Zusammenarbeit mit dem Abschlussprüfer, 2003; Gernoth, Aufsichtsrat und Prüfungsausschuss: Praktische Auswirkungen des Bilanzrechtsmodernisierungsgesetzes auf die Corporate Governance der GmbH, NZG 2010, 292; Gesell, Prüfungsausschuss und Aufsicht nach dem BilMoG, ZGR 2011, 361; Habersack, Aufsichtsrat und Prüfungsausschuss nach dem BilMoG, AG 2008, 98; Harnacke, FISG: Änderungen der Corporate Governance für Aktiengesellschaften aus der Sicht des Prüfungsausschusses, WPg 2021, 1093; Henning, Der Vorsitzende des Prüfungsausschusses, FS Böcking, 2021, 91; Hennrichs, Corporate Governance und Abschlussprüfung, FS Hommelhoff, 2012, 383; Hönsch, Die Auswirkungen des BilMoG auf den Prüfungsausschuss, Der Konzern 2009, 553; Hopt/Roth, Der Prüfungsausschuss deutscher börsennotierter Aktiengesellschaften, FS Nobel, 2005, 147; Lanfermann, Qualitätsindikatoren als Hilfsmittel für Prüfungsausschüsse zur Überwachung der Abschlussprüfung, WPg 2019, 9; Lanfermann/Maul, EU-Prüferrichtlinie: Neue Pflichtanforderungen für Audit Committee, DB 2006, 1505; Lanfermann/Röhricht, Pflichten des Prüfungsausschusses nach dem BilMoG, BB 2009, 887; Langenbucher/Blaum, Audit Committees – Ein Weg zur Überwindung der Überwachungskrise, DB 1994, 2197; Maushake, Audit Committees – Prüfungsausschüsse im US-amerikanischen und deutschen Recht, 2009; Meder, Die persönliche Unabhängigkeit der Aufsichtsratsmitglieder und Directors in börsennotierten Aktiengesellschaften, 2010; B. Mößle, Abschlussprüfung und Corporate Governance, 2003; Nodoushani, Das neue Anforderungsprofil für Aufsichtsräte von Unternehmen von öffentlichem Interesse, AG 2016, 381; Nonnenmacher, Neue gemeinschaftsrechtliche Vorgaben für den Prüfungsausschuss, FS Haarmann, 2015, 143; Nonnenmacher/Pohle/von Werder, Aktuelle Anforderungen an Prüfungsausschüsse, DB 2009, 1447; Paal, Die persönliche Haftung – ein wirksames Mittel zur Verbesserung der Kontrolltätigkeit des Aufsichtsrats bei kapitalmarktorientierten Unternehmen (Teil I), DStR 2005, 382, (Teil II) DStR 2005, 426; Peemöller/Warncke, Prüfungsausschüsse deutscher Aktiengesellschaften, DB 2005, 401; Pohle/von Werder, Leitfaden „Best Practice von Bilanzprüfungsausschüssen (Audit Committees), DB 2005, 237; Ranzinger/Blies, Audit Commitees im internationalen Kontext, AG 2001, 455; Rössler, Das Audit Committee als Überwachungsinstrument des Aufsichtsrats, 2001; Schäfer, Der Prüfungsausschuss – Arbeitsteilung im Aufsichtsrat, ZGR 2004, 416; Scheffler, Aufgaben und Zusammensetzung von Prüfungsausschüssen (Audit Committees), ZGR 2003, 236; Schoch, Der Prüfungsausschuss und das Audit Committee als Überwachungsinstanz in der börsennotierten Publikumsaktiengesellschaft, 2012; Schüppen, Wirtschaftsprüfer und Aufsichtsrat – alte Fragen und aktuelle Entwicklungen, ZIP 2012, 1317; Steller, Berichterstattung über den Prüfungsausschuss des Aufsichtsrats – Eine inhaltliche Analyse anhand der DAX-30-

Unternehmen, WPg 2021, 595; Troidl, Aufsichtsrat, Prüfungsausschuss – oder beides?, NZG 2023, 3; Vetter, Das neue Auskunftsrecht des Prüfungsausschusses nach § 107 Abs. 4 AktG, AG 2021, 584.

Übersicht

I. Hintergrund

1. BilMoG. § 324 wurde durch das BilMoG vom 25.5.2009 (BGBl. 2009 I 1102) **1** neugefasst. § 324 nF setzt Art. 41 Abs. 1 Abschlussprüfer-RL um, der detaillierte Vorgaben über die Einrichtung von Prüfungsausschüssen und deren Aufgaben bei Unternehmen von öffentlichem Interesse enthält. § 324 idF des BilMoG verpflichtet kapitalmarktorientierte Unternehmen iSd § 264d, die keinen Aufsichts- oder Verwaltungsrat haben, der die Voraussetzungen nach § 100 Abs. 5 AktG erfüllen muss, zur Einrichtung eines Prüfungsausschusses. Die neue Fassung des § 324 ersetzte § 324 aF, der für die **Beilegung von Meinungsverschiedenheiten** zwischen der prüfungspflichtigen Gesellschaft und ihrem Abschlussprüfer über die Auslegung und Anwendung der gesetzlichen Vorschriften sowie von Bestimmungen des Gesellschaftsvertrages oder der Satzung über den Jahresabschluss, Lagebericht, Konzernabschluss oder Konzernlagebericht ein besonderes gerichtliches Verfahren (FGG-Verfahren) vorsah, in der Praxis in den 50 Jahren seiner Geltung aber keine große Bedeutung erlangt hatte (→ 3. Aufl. 2013, § 324 Rn. 2–4).[1] Im Rahmen des BilRUG[2] vom 17.7.2015 (BGBl. 2015 I 1245) erfuhr § 324 in Abs. 1 einige wenige Änderungen, die allein der Bereinigung früherer Redaktionsversehen dienten.[3]

2. AReG. Das AReG vom 10.5.2016 (BGBl. 2016 I 1142), das die prüfungsbezogenen **2** Regelungen der RL 2014/56/EU (zur Überarbeitung der Abschlussprüfer-RL) sowie die Vorgaben der Abschlussprüfungs-VO in nationales Recht umsetzt, setzt die Vorgaben des Art. 1 Nr. 32 RL 2014/56/EU sowie Art. 39 Abs. 1 UAbs. 1 S. 1 Abschlussprüfer-RL idF

---

[1] OLG Düsseldorf WM 2010, 1568 Rn. 62 („In diesem Zeitraum sind bundesweit nur zwei Verfahren bekannt geworden, weil Meinungsverschiedenheiten zwischen der zu prüfenden Gesellschaft und dem Abschlussprüfer in der Regel durch die berufsständischen Gremien entschieden werden [s. BT-Drs. 16/10067 v. 30.7.2008, S. 91]).

[2] Dazu Oser/Orth/Wirtz DB 2015, 197; Blöink/Knoll-Biermann Konzern 2015, 65.

[3] Begr. RefE BT-Drs. 18/4050, 77.

der RL 2014/56/EU iVm Art. 2 Nr. 13 RL 2014/56/EU in § 324 um.[4] Durch die Neufassung von Abs. 1 S. 1 wird klargestellt, dass die Pflicht zur Einrichtung eines Prüfungsausschusses nunmehr für alle kapitalmarktorientierten Unternehmen iSd § 264d und nicht mehr nur für Kapitalgesellschaften gilt. Für Kreditinstitute und Versicherungen gilt diese Erweiterung durch entsprechende Änderungen der § 340k Abs. 5 S. 1 und § 341k Abs. 4 S. 1. Neu hinzugekommen ist der **Befreiungstatbestand** des Abs. 1 S. 2 Nr. 3. Danach besteht für Investmentvermögen iSd § 1 Abs. 1 KAGB keine Pflicht zur Errichtung eines Prüfungsausschusses. Der durch das AReG vollständig neugefasste Abs. 2 S. 2 enthält eine Aufzählung der zu beachtenden Anforderungen hinsichtlich der Sektorexpertise, der Unabhängigkeit und des Sachverstands, die die Mitglieder bzw. der Vorsitzende des Prüfungsausschusses in Zukunft (dh im Rahmen der ersten Neubestellung) zu erfüllen haben.[5] Besonders hervorzuheben ist, dass anders als nach der alten Rechtslage („mindestens ein Mitglied" – Abs. 1 S. 2 Hs. 1 aF) zukünftig die Mehrheit der Mitglieder, darunter der Vorsitzende, unabhängig sein muss. Abs. 2 S. 4 wird ergänzt um die Bestimmung einer entsprechenden Anwendung des § 107 Abs. 3 S. 5 AktG. Hierdurch wird ein Unterrichtungsrecht über die Arbeit des Prüfungsausschusses für Aufsichts- und Verwaltungsräte, die nicht schon die Voraussetzungen des § 100 Abs. 5 AktG erfüllen müssen, geschaffen.[6] Neu ist schließlich Abs. 3. Danach wird die **Abschlussprüferaufsichtsstelle** (APAS) beim Bundesamt für Wirtschaft und Ausfuhrkontrolle ermächtigt, zur Erfüllung ihrer Aufgaben gemäß Art. 27 Abs. 1 lit. c Abschlussprüfungs-VO von den erfassten Unternehmen künftig eine Darstellung und Erläuterung des Ergebnisses sowie der Durchführung der Tätigkeit ihres Prüfungsausschusses zu verlangen (Abs. 3 S. 1).[7]

3   **3. FISG.** Das Gesetz zur Stärkung der Finanzmarktintegrität (FISG) vom 3.6.2021 (BGBl. 2021 I 1534) hat § 324 in einigen zentralen Punkten geändert.[8] Das Gesetz präzisiert in Abs. 1 den Anwendungsbereich der Vorschrift. Der Anwendungsbereich der Vorschrift wird insbesondere insoweit erweitert, als sie nunmehr alle Kapitalgesellschaften (und diesen gleichgestellten Personenhandelsgesellschaften iSd § 264a Abs. 1) umfasst, die Unternehmen von öffentlichem Interesse nach § 316a S. 2 sind und keinen Aufsichts- oder Verwaltungsrat haben, der die Voraussetzungen des § 100 Abs. 5 AktG erfüllen muss.[9] Diese Gesellschaften sind verpflichtet, einen Prüfungsausschuss nach Abs. 2 einzurichten, der sich insbesondere mit den in § 107 Abs. 3 S. 2 und 3 AktG idF des FISG beschriebenen Aufgaben befasst (Abs. 1 S. 1). Ausnahmen sind in Abs. 1 S. 2 geregelt. Abs. 1 S. 1 stellt – zusammen mit den weiteren Regelungen in § 53 Abs. 3 GenG, § 340k Abs. 5, § 341k Abs. 3 sowie § 6 Abs. 1 S. 2 PublG – sicher, dass alle Unternehmen von öffentlichem Interesse im Anwendungsbereich der Abschlussprüfer-RL einen Prüfungsausschuss einzurichten haben. Abs. 2 idF des FISG regelt wichtige organisatorische Fragen neu.

4   **4. Systematik.** Abs. 1 und 2 stellen im Unterabschnitt über die Abschlussprüfung (§§ 316–324a) an sich einen **Fremdkörper** dar, da sie nicht die Abschlussprüfung, sondern gesellschaftsrechtliche Organisationsfragen betreffen.[10] Das in Abs. 3 aufgenommene Informationsrecht der APAS (→ Rn. 2) ist systematisch ebenfalls ein Fremdkörper, denn die Norm erfasst nicht nur die nach Abs. 1 S. 1 zur Einrichtung eines Prüfungsausschusses verpflichteten Unternehmen, sondern auch die Unternehmen von öffentlichem Interesse,

---

4   Dazu Blöink/Walter BB 2016, 109; Schüppen NZG 2016, 247.
5   Blöink/Woodtli Konzern 2016, 75 (87); HKMS/Burg Rn. 2.
6   HKMS/Burg Rn. 2.
7   Krit. zu der Ermächtigung der APAS in dieser Norm Schüppen Rn. 1 („im bisherigen Kontext nicht zu erwartende Verwaltungsermächtigung").
8   Zu den Änderungen der Corporate Governance für Aktiengesellschaften durch das FISG aus der Sicht des Prüfungsausschusses Harnacke WPg 2021, 1093; Brandt/Althoff, FS Böcking, 2021, 25.
9   Vgl. Hopt/Merkt Rn. 3.
10   Schüppen Rn. 4; Hopt/Merkt Rn. 1 („Standort der Regelung ist problematisch"). Zur Begründung der Wahl des Standorts Ernst/Seidler ZGR 2008, 631 (668).

die ihren Prüfungsausschuss nicht nach Abs. 1, sondern aufgrund anderweitiger gesetzlicher Anordnung, namentlich § 107 Abs. 4 AktG idF des FISG bilden müssen.[11]

II. Anwendungsbereich (Abs. 1)

1. Pflicht zur Einrichtung eines Prüfungsausschusses (S. 1). Nach Abs. 1 S. 1 **5** sind nunmehr alle Kapitalgesellschaften (und diesen gleichgestellten Personenhandelsgesellschaften iSd § 264a Abs. 1), die Unternehmen von öffentlichem Interesse nach § 316a S. 2 sind und keinen Aufsichts- oder Verwaltungsrat haben, der die Voraussetzungen des § 100 Abs. 5 AktG erfüllen muss, verpflichtet, einen Prüfungsausschuss (*audit committee*) einzurichten, der sich insbesondere mit den in § 107 Abs. 3 S. 2 und 3 AktG beschriebenen Aufgaben zu befassen hat. Nach der Legaldefinition des Begriffs „**Unternehmen von öffentlichem Interesse**" (englisch: Public Interest Entities – PIE) in § 316a S. 2, der die Definition des Art. 2 Nr. 13 Abschlussprüfer-RL mit geringfügigen Änderungen übernimmt, sind Unternehmen von öffentlichem Interesse kapitalmarktorientierte Unternehmen (Nr. 1). CRR-Kreditinstitute (Nr. 2) und Versicherungsunternehmen (Nr. 3) (zu Einzelheiten → § 316a Rn. 4 ff.). Unternehmen von öffentlichem Interesse, die nicht in der Rechtsform einer Kapitalgesellschaft oder einer Personengesellschaft iSd § 264a Abs. 1 betrieben werden und keinen Aufsichtsrat oder Verwaltungsrat haben, der die Voraussetzungen des § 100 Abs. 5 AktG erfüllen muss, sind nicht unmittelbar aufgrund von § 324 Abs. 1 zur Einrichtung eines Prüfungsausschusses verpflichtet, sondern mittelbar kraft Verweisung auf § 324: so zB Kreditinstitute (§ 340k Abs. 5), Versicherungsgesellschaften (§ 341k Abs. 3), publizitätspflichtige Unternehmen und Konzerne (§ 6 Abs. 1 S. 2 PublG) sowie Genossenschaften (§ 53 Abs. 3 GenG).

Nicht in den Anwendungsbereich des Abs. 1 S. 1 fallen solche Gesellschaften, die **6** aufgrund der für sie geltenden gesetzlichen Vorschriften einen Aufsichtsrat oder Verwaltungsrat zu bilden haben, der die Voraussetzungen des § 100 Abs. 5 AktG erfüllen muss. § 100 Abs. 5 AktG verlangt, dass bei Aktiengesellschaften, die Unternehmen von öffentlichem Interesse iSd § 316a S. 2 sind, mindestens ein Aufsichtsratsmitglied über Sachverstand auf dem Gebiet Rechnungslegung und mindestens ein weiteres Mitglied des Aufsichtsrats über Sachverstand auf dem Gebiet Abschlussprüfung verfügt und die Mitglieder des Aufsichtsrats in ihrer Gesamtheit mit dem Sektor, in dem die Gesellschaft tätig ist, vertraut sind. Hierdurch soll sichergestellt werden, dass im Aufsichtsrat die notwendige Kompetenz zur Ausübung der Überwachungsfunktion vorhanden ist.[12] Die aktienrechtlichen Vorschriften über den Aufsichtsrat finden unmittelbar Anwendung auf die **AG** und kraft Verweisung auf die **KGaA** (§ 278 Abs. 3 AktG) sowie die dualistisch verfasste Societas Europaea **(SE)**. Diese Gesellschaften fallen mithin nicht in den Anwendungsbereich des § 324.[13] Hinzu kommen **mitbestimmte GmbH**, welche kraft Mitbestimmungsrechts (§ 1 Abs. 1 Nr. 1, § 6 Abs. 2 S. 1, § 25 Abs. 1 S. 1 Nr. 2 MitbestG, § 1 Abs. 1 Nr. 3 DrittelbG, § 3 Abs. 2 Montan-MitbestG) einen Aufsichtsrat zu bilden haben und aufgrund gesetzlicher Verweisung die Voraussetzungen des § 100 Abs. 5 AktG zwingend (kein Wahlrecht!) erfüllen müssen; sie fallen daher ebenfalls nicht in den Anwendungsbereich des § 324.[14] Bei **fakultativer Einrichtung** eines Aufsichtsrats ordnet § 52 GmbHG – allerdings dispositiv – die Geltung verschiedener aktienrechtlicher Bestimmungen an, darunter § 100 Abs. 5 AktG, so dass die Bildung eines Aufsichtsrats kraft Satzung zur Freistellung von § 324 führt, sofern § 52 GmbHG uneingeschränkt bleibt.[15] Der Anwendungsbereich des Abs. 1 S. 1 ist mithin vergleichsweise gering.

---

[11] Schüppen Rn. 4.
[12] BeBiKo/Grottel Rn. 10.
[13] Schüppen Rn. 8; Hopt/Merkt Rn. 3; Wiedmann/Böcking/Gros/Böcking/Gros/Rabenhorst Rn. 3; HKMS/Burg Rn. 4.
[14] HKMS/Burg Rn. 4; BeBiKo/Grottel Rn. 10–11; Hopt/Merkt Rn. 3; Schüppen Rn. 8; Wiedmann/Böcking/Gros/Böcking/Gros/Rabenhorst Rn. 3.
[15] Schüppen Rn. 8.

7   **2. Ausnahmen (S. 2).** S. 2 sieht Ausnahmen von der Verpflichtung zur Einrichtung eines Prüfungsausschusses vor:

8   **a) Emittenten von *asset-backed securities* (Nr. 1).** Kapitalgesellschaften iSv S. 1, deren ausschließlicher Zweck in der Ausgabe von Wertpapieren iSd § 2 Abs. 1 S. 1 WpHG besteht, die durch Vermögensgegenstände besichert sind, also Emittenten von *asset-backed securities* (S. 2 Nr. 1).[16] Dieser Ausnahmeregelung dürfte die Annahme zugrunde liegen, dass bei Besicherung der Wertpapiere durch Vermögensgegenstände, die in der Praxis regelmäßig als Vehikel zur Liquiditätsbeschaffung dienen,[17] geringe Gefahren für die Anleger drohen und daher nur ein geringes öffentliches Interesse an der Überprüfung durch einen Prüfungsausschuss besteht. Diese **Ausnahme** wird mit Recht als **„rechtspolitisch außerordentlich zweifelhaft"** bezeichnet, weil die Prüfung der Werthaltigkeit der Besicherung in diesen Fällen, auch wenn der Gesellschaftszweck eng sein mag, jedenfalls ab einer gewissen Größenordnung durchaus im öffentlichen Interesse liegt, wie die Finanzmarktkrise 2007/2008 gezeigt hat.[18] Art. 41 Abs. 6 lit. c S. 2 Abschlussprüfer-RL setzt dagegen insoweit auf Transparenz: Die Bestimmung fordert, dass die Mitgliedstaaten von einem solchen Unternehmen verlangen, „öffentlich die Gründe darzulegen, weshalb das Unternehmen es nicht für angebracht hält, entweder einen Prüfungsausschuss zu haben oder ein Verwaltungs- oder Aufsichtsorgan mit den Aufgaben eines Prüfungsausschusses zu betrauen". Bei Gesellschaften deutschen Rechts sind die Gründe **im Anhang darzulegen** (Abs. 1 S. 3).[19]

9   **b) Kreditinstitute (Nr. 2).** Ausgenommen von der Pflicht zur Einrichtung eines Prüfungsausschusses sind nach Abs. 1 S. 2 Nr. 2 ferner Kreditinstitute iSv § 340 Abs. 1, die einen organisierten Markt iSd § 2 Abs. 11 WpHG nur durch Ausgabe von Schuldtiteln iSv § 2 Abs. 1 Nr. 3 lit. a WpHG (also insbesondere Genussscheine, Inhaberschuldverschreibungen, Orderschuldverschreibungen sowie Zertifikate, die Schuldtitel vertreten) in Anspruch nehmen, wenn deren Nominalwert 100 Millionen Euro nicht übersteigt und keine Verpflichtung zur Veröffentlichung eines Prospektes nach dem WpPG besteht (Abs. 1 S. 2 Nr. 2).[20] Durch diese **„Bagatellklausel"**[21] werden – anknüpfend an Art. 41 Abs. 6 lit. d Abschlussprüfer-RL – solche Kreditinstitute aus dem Kreis der prüfungsausschusspflichtigen Gesellschaften ausgenommen, deren über die Ausgabe von Schuldtiteln vermittelte Kapitalmarktorientierung als unwesentlich angesehen wird, sofern der in Abs. 1 S. 2 Nr. 2 genannte Schwellenwert nicht überschritten wird.[22] Nach der Regierungsbegründung soll maßgeblich sein, ob am Abschlussstichtag Schuldtitel mit einem Gesamtnominalwert von mehr als 100 Millionen Euro im Umlauf sind.[23] Erfasst werden von der Ausnahmeregelung *„private placements"* an institutionelle Investoren von überschaubarem Umfang.[24] In der Praxis dürfte diese Ausnahmeregelung keine große Rolle spielen, da die meisten Kreditinstitute über einen Aufsichts- oder Verwaltungsrat verfügen, der § 100 Abs. 5 AktG erfüllen muss.[25]

10   **c) Investmentvermögen (Nr. 3).** Durch das AReG wurden Investmentvermögen iSd § 1 Abs. 1 KAGB von der Pflicht zur Errichtung eines Prüfungsausschusses befreit (Abs. 1 S. 2 Nr. 3). Nach Ansicht des Gesetzgebers fehlte es vor dem Inkrafttreten des AReG insoweit an einem Regelungsbedarf im deutschen Recht, da die von dieser Regelung erfassten Investmentfonds als Sondervermögen keine Kapitalgesellschaft iSd Abs. 1 S. 1 aF

---

16   Staub/Habersack/Schürnbrand Rn. 10; Hopt/Merkt Rn. 4; ausf. zu dem Begriff der asset-backed securities HKMS/Burg Rn. 15–18; BeBiKo/Grottel Rn. 15; Paul, Bankenintermediation und Verbriefung, 1994; Paul/Frank DVFA Kompendium 2:2 (2015), 1.
17   Ernst/Seidel BB 2007, 2557 (2564).
18   Schüppen Rn. 10.
19   BeBiKo/Grottel Rn. 15; Inwinkl/Kortebusch/Schneider Der Konzern 2008, 215 (223).
20   Näher HKMS/Burg Rn. 20.
21   Schüppen Rn. 9.
22   Staub/Habersack/Schürnbrand Rn. 11; Schüppen Rn. 9.
23   BT-Drs. 16/10067, 93.
24   Schüppen Rn. 9.
25   BeBiKo/Grottel Rn. 16.

darstellten und daher schon nicht in den Anwendungsbereich der Vorschrift fallen konnten.[26] Durch die Erweiterung des Abs. 1 auf kapitalmarktorientierte Unternehmen aller Rechtsformen sei die ausdrückliche Befreiung erforderlich geworden, da ansonsten „künftig" auch Investmentvermögen von der Vorschrift erfasst worden wären.[27] Investmentvermögen iSd § 1 Abs. 1 KAGB sind nur in bestimmten Rechtsformen zulässig und andernfalls nicht erlaubnisfähig gemäß § 20 KAGB. Welche Rechtsform zulässig ist, richtet sich danach, ob es sich um ein offenes oder geschlossenes Investmentvermögen handelt.[28] Ist das Investmentvermögen als AG, KGaA oder SE organisiert, ist nicht § 324, sondern § 107 Abs. 3 AktG maßgebend.[29]

d) Tochterunternehmen. Von der Möglichkeit, Unternehmen von öffentlichem **11** Interesse (PIE), die Tochterunternehmen in einem Konzern mit Prüfungsausschuss an der Konzernspitze sind, von der Pflicht zur Einrichtung eines Prüfungsausschusses zu befreien, hat der deutsche Gesetzgeber durch Nicht-Ausübung des nationalen Wahlrechts nach Art. 39 Abs. 3 lit. a Abschlussprüfer-RL idF der Änderungen durch die RL 2014/56/EU (ABl. EU 2014 L 158, 196) im AReG keinen Gebrauch gemacht.[30] Das FISG hat daran nichts geändert.[31]

III. Prüfungsausschuss (Abs. 2)

1. Stellung. Der Prüfungsausschuss iSd Abs. 1 S. 1 ist nicht eine Untergliederung eines **12** bereits bestehenden Organs (zB dem Aufsichtsrat oder der Gesellschafterversammlung), sondern ein eigenständiges Organ eines Unternehmens von öffentlichem Interesse iSd § 316a S. 2.[32] Dem entspricht, dass die Mitglieder des Prüfungsausschusses von den Gesellschaftern zu wählen sind (Abs. 2 S. 1).[33] Es ist nicht erforderlich, dass das Organ als Prüfungsausschuss bezeichnet wird[34] oder es ausschließlich mit der Wahrnehmung der in § 107 Abs. 3 S. 2 und 3 AktG bezeichneten Aufgaben betraut wird.[35] Entscheidend ist vielmehr die gesellschaftsvertragliche Verankerung des Prüfungsausschusses und der von ihm wahrzunehmenden Aufgaben.[36] Möglich und zulässig ist daher auch, einem bereits bestehenden oder einzurichtenden Beirat die Aufgabe des Prüfungsausschusses zu übertragen.[37] Dagegen kann die Gesellschafterversammlung die Aufgaben eines Prüfungsausschusses nicht übernehmen.[38]

2. Organisation. Art. 39 Abschlussprüfer-RL idF der Änderungen durch die RL **13** 2014/56/EU[39] und § 324 enthalten nur wenige Vorgaben bezüglich der Organisation des Prüfungsausschusses.

a) Wahl (S. 1). Die Mitglieder des Prüfungsausschusses sind unmittelbar von den **14** Gesellschaftern (im Regelfall mit einfacher Mehrheit)[40] zu wählen (Abs. 2 S. 1). Die Wahl

---

26   Begr. RegE BT-Drs. 16/10067, 94.
27   BeBiKo/Grottel Rn. 17; ebenso Hopt/Merkt Rn. 4; ausf. HKMS/Burg Rn. 21; skeptisch Schüppen Rn. 11 („… fraglich, ob es sich nur um eine Aufrechterhaltung des status quo oder um eine deutliche und nicht gerechtfertigte Ausweitung des Ausnahmebereichs handelt").
28   Poelzig KapMarktR S. 56 Rn. 113.
29   Schüppen Rn. 11.
30   Zur Begründung Begr. RegE AReG, BT-Drs. 18/7219, 47, 48.
31   BeBiKo/Grottel Rn. 26.
32   Ebenso HKMS/Burg Rn. 47; BeBiKo/Grottel Rn. 30.
33   Staub/Habersack/Schürnbrand Rn. 13.
34   Krit. zu dem Begriff des Prüfungsausschusses Schüppen Rn. 12 unter Hinweis auf Staub/Habersack/ Schürnbrand Rn. 2 und 13.
35   Staub/Habersack/Schürnbrand Rn. 13.
36   Staub/Habersack/Schürnbrand Rn. 13.
37   Staub/Habersack/Schürnbrand Rn. 13; Schüppen Rn. 12.
38   BeBiKo/Grottel Rn. 30 (unter Hinweis auf Begr. RegE BilMoG, BT-Drs. 16/10067, 94); Staub/Habersack/Schürnbrand Rn. 13; Lanfermann/Maul DB 2006, 1505 (1508).
39   ABl. EU 2014 L 158, 196; allg. zu dieser RL Lanfermann BB 2014, 1771; Lanfermann BB 2014, 2348.
40   Gesellschaftsvertrag oder Satzung können höhere Anforderungen stellen: Schüppen Rn. 15; HKMS/ Burg Rn. 48.

durch ein anderes Organ ist – anders als bei der Wahl des Abschlussprüfers (§ 318 Abs. 1 S. 2) – nicht zulässig, selbst wenn der Gesellschaftsvertrag eine entsprechende Klausel enthält.[41] Während das **aktive Wahlrecht den Gesellschaftern vorbehalten** ist (Abs. 2 S. 1), beschränkt sich das passive Wahlrecht nicht auf die Gesellschafter (der Prüfungsausschuss ist kein Gesellschafterausschuss!).[42] Das folgt schon aus einem Umkehrschluss aus Abs. 2 S. 3, wonach ein Mitglied der Geschäftsführung zwar nicht Vorsitzender des Prüfungsausschusses sein darf, wohl aber einfaches Mitglied.[43] Aus der Regelung des Abs. 2 S. 3, wonach ein Mitglied der Geschäftsführung nicht Vorsitzender des Prüfungsausschusses sein darf, darf allerdings umgekehrt nicht geschlossen werden, dass die übrigen Prüfungsausschussmitglieder außer dem Vorsitzenden Mitglied der Geschäftsleitung sein dürfen. Im Gegenteil: Zur Entfaltung der Wirksamkeit des Prüfungsausschusses sind bei der Besetzung des Prüfungsausschusses **Inkompatibilitäten** auszuschließen.[44] Solche Inkompatibilitäten können sich im Zusammenhang mit der Überwachung der Rechnungslegung durch ein Prüfungsausschussmitglied, das der Geschäftsführung angehört, schon daraus ergeben, dass die Geschäftsführung den Abschluss zu verantworten hat (vgl. § 322 Abs. 1 S. 2); überdies ist die Geschäftsführung für die Wirksamkeit des internen Kontrollsystems, des Risikomanagementsystems sowie des internen Revisionssystems (vgl. § 107 Abs. 3 S. 2 AktG) verantwortlich, die sie dann im Rahmen des Prüfungsausschusses nicht selber überprüfen darf, weil sie andernfalls „Richter in eigener Sache" wäre. Das spricht dafür, dass ein Mitglied der Geschäftsführung – entgegen Abs. 2 S. 3 – grundsätzlich nicht nur nicht Vorsitzender des Prüfungsausschusses sein darf, sondern auch nicht dessen Mitglied; es sei denn, die Mehrheit der Mitglieder des Prüfungsausschusses ist unabhängig (vgl. Abs. 2 S. 2 Hs. 1).[45] Im Übrigen gilt bezüglich der **passiv Wahlberechtigten:** Einen Aufsichts- bzw. Verwaltungsrat, aus dessen Mitte die Mitglieder des Prüfungsausschusses gewählt werden könnten (vgl. § 107 Abs. 3 S. 1 AktG), gibt es bei den von Abs. 1 S. 1 erfassten Gesellschaften nicht.[46] Da das Gesetz insoweit keine Beschränkungen enthält, können außer den Gesellschaftern (s. oben) auch Nichtgesellschafter Mitglied des Prüfungsausschusses sein.[47] Ein Teilhabeanspruch der Arbeitnehmer(vertreter) auf Mitgliedschaft im Prüfungsausschuss besteht nach zutreffender Ansicht nicht.[48] Abs. 2 S. 2 Hs. 2 fordert mittels Verweises auf § 100 Abs. 5 AktG ergänzend, dass mindestens ein Mitglied (nicht notwendig der Vorsitzende) des Prüfungsausschusses über Sachverstand auf dem Gebiet der Rechnungslegung und mindestens ein weiteres Mitglied über Sachverstand auf dem Gebiet Abschlussprüfung verfügt.

15   **b) Zahl der Mitglieder.** Über die Zahl der Mitglieder des Prüfungsausschusses sagen die Abschlussprüfer-RL, die RL 2014/56/EU zur Änderung der Abschlussprüfer-RL und § 324 nichts aus. Aus der Formulierung „Die Mitglieder [Plural!] des Prüfungsausschusses" (Abs. 2 S. 1) und der weiteren Vorschrift, dass „die Mehrheit der Mitglieder, darunter der Vorsitzende" unabhängig sein muss (Abs. 2 S. 2 Hs. 1), folgt, dass der Prüfungsausschuss jedenfalls aus mehr als einer Person bestehen kann. Ob der Prüfungsausschuss nur aus einer einzelnen Person bestehen kann (die dann die dem Vorsitzenden gesetzlich zugewiesenen Aufgaben wahrnimmt),[49] war nach altem Recht streitig.[50] Unionsrecht und Gesetz schreiben weder eine Mindest- noch eine Höchstzahl von Mitgliedern des Prüfungsausschusses vor. Ob man – wie die Begr RegE nahelegt[51] – bestehende Regelungslücken durch Heran-

---

[41]   Staub/Habersack/Schürnbrand Rn. 16; Wiedmann/Böcking/Gros/Böcking/Gros/Rabenhorst Rn. 3.
[42]   Schüppen Rn. 12; Staub/Habersack/Schürnbrand Rn. 16.
[43]   Schüppen Rn. 12; Staub/Habersack/Schürnbrand Rn. 21.
[44]   In diese Richtung weisend auch Hopt/Merkt Rn. 9 mwN; Staub/Habersack/Schürnbrand Rn. 21.
[45]   Schüppen Rn. 12.
[46]   Hopt/Merkt Rn. 6.
[47]   Staub/Habersack/Schürnbrand Rn. 17; Hopt/Merkt Rn. 9.
[48]   Schoch, Der Prüfungsausschuss und das Audit Committee als Überwachungsinstanz in der börsennotierten Publikumsaktiengesellschaft, 2012, S. 71.
[49]   Zur Stellung und Funktion des Vorsitzenden des Prüfungsausschusses Henning, FS Böcking, 2021, 91.
[50]   Schüppen Rn. 13 (bejahend).
[51]   Begr. RegE, BT-Drs. 16/10067, 94.

ziehung der aktienrechtlichen Vorschriften zum Aufsichtsrat schließt und danach etwa in analoger Anwendung des **§ 95 S. 1 AktG**,[52] unter Bezugnahme auf den Rechtsgedanken des **§ 108 Abs. 2 S. 3 AktG**[53] oder unter Rückgriff auf die Grundsätze über **erledigende Ausschüsse**[54] von (mindestens) drei Mitgliedern auszugehen hat, ist umstritten. Für eine analoge Anwendung von § 95 S. 1 AktG spricht, dass es sich bei dem Prüfungsausschuss iSd Abs. 1 S. 1 wie bei dem Aufsichtsrat der Aktiengesellschaft um ein zwingend vorgeschriebenes Gesellschaftsorgan mit gesetzlich vorgeschriebenen konkreten Überwachungsaufgaben handelt, so dass die normativen Ausgangslagen beider Bestimmungen *insoweit* vergleichbar sind, auch wenn zuzugestehen ist, dass die Aufgaben des Prüfungsausschusses begrenzter (damit zeitlich aber keineswegs weniger aufwändig) sind als die des Aufsichtsrats.[55] Dagegen scheint die Heranziehung des Rechtsgedankens des § 108 Abs. 2 S. 3 AktG weniger fruchtbar zu sein, da diese Vorschrift nicht die Zahl der Aufsichtsratsmitglieder, sondern die Beschlussfähigkeit des Aufsichtsrats betrifft und auf Ausschüsse entsprechend angewandt wird. Ungeachtet dessen kommen die Vertreter dieser Ansicht[56] ebenso wie die Vertreter, die auf die Grundsätze über erledigende Ausschüsse zurückgreifen wollen,[57] zu dem Ergebnis, dass der Prüfungsausschuss mit (mindestens) drei Personen besetzt sein sollte.

Da Abs. 2 S. 2 Hs. 2 auf § 100 Abs. 5 AktG idF des FISG verweist, wonach mindestens **16** ein Mitglied des Prüfungsausschusses über Sachverstand auf dem Gebiet der Rechnungslegung und mindestens ein weiteres Mitglied über Sachverstand auf dem Gebiet Abschlussprüfung verfügen muss, muss der Prüfungsausschuss nach dem FISG mit **mindestens zwei Mitgliedern** besetzt sein, von denen wegen Abs. 2 S. 2 Hs. 1 dann keines der Geschäftsführung angehören darf.[58] Praktisch sinnvoll dürften allerdings mehr als zwei, also mindestens drei Mitglieder sein, schon um der wachsenden Komplexität von Rechnungslegung und Abschlussprüfung Rechnung zu tragen sowie dem Sinn und Zweck der Einrichtung eines Prüfungsausschusses gerecht zu werden. Je nach Größe des Unternehmens erscheint eine Besetzung des Prüfungsausschusses mit **drei bis sechs Personen sinnvoll und praktikabel** zu sein.[59] Dass bei einer höheren Anzahl von Mitgliedern die Zahl der Mitglieder des Prüfungsausschusses – wie im Falle des § 95 Abs. 1 S. 3 AktG – auch durch drei teilbar sein muss, ist indes sachlich nicht geboten; das Erfordernis der Teilbarkeit durch drei gilt nach § 95 Abs. 1 S. 3 AktG nur, wenn dies zur Erfüllung mitbestimmungsrechtlicher Vorgaben erforderlich ist.

c) Privatautonome Regelung. Es empfiehlt sich, die Wahl,[60] Zahl der Mitglieder **17** des Prüfungsausschusses, Beschlussfähigkeit,[61] Einberufung,[62] die Dauer der Wahlperiode,[63] die Rechte, Pflichten und Aufgaben, die Informations-, Vorlage- und sonstigen Rechte der Mitglieder,[64] die Abberufung und Abberufungsgründe (einschließlich der Abberufung aus wichtigem Grund),[65] die Wiederwahl und die *cooling off*-Periode für den Wechsel von der Geschäftsführung in den Prüfungsausschuss im Gesellschaftsvertrag festzulegen. Gleiches gilt

---

[52] Vgl. HKMS/Burg Rn. 30. S. auch BeBiKo/Grottel Rn. 32 („… da sich eine entsprechende Anwendung von § 95 S. 1 AktG [mindestens drei Mitglieder im AR] anbietet").

[53] BeBiKo/Grottel Rn. 32; vgl. Nonnenmacher/Pohle/von Werder DB 2009, 1447 (1449).

[54] Staub/Habersack/Schürnbrand Rn. 16 (unter Hinweis auf BGH AG 1991, 398 (399); BGH AG 1989, 129 (130)).

[55] Abl. Schüppen Rn. 13 („Für eine analoge Anwendung des § 95 S. 1 AktG [mindestens drei Mitglieder] besteht keine Veranlassung"); aA HKMS/Burg Rn. 30.

[56] BeBiKo/Grottel Rn. 32.

[57] Staub/Habersack/Schürnbrand Rn. 16 („mindestens drei").

[58] So zutr. Schüppen Rn. 13.

[59] So auch iE Schüppen Rn. 13.

[60] HKMS/Burg Rn. 34.

[61] HKMS/Burg Rn. 33.

[62] HKMS/Burg Rn. 33.

[63] BeBiKo/Grottel Rn. 34 empfiehlt, eine Ausrichtung der Amtszeit der Prüfungsausschussmitglieder an § 102 Abs. 1 AktG; aA Schüppen Rn. 23.

[64] HKMS/Burg Rn. 34; Schüppen Rn. 23.

[65] BeBiKo/Grottel Rn. 36–38; Schüppen Rn. 23.

für die Vergütung[66] sowie die Haftung, eine allfällige Haftungsbegrenzung bzw. Haftpflicht-versicherung.[67] Darüber hinaus sollte entweder durch die Gesellschafterversammlung oder den Prüfungsausschuss selbst eine Geschäftsordnung für den Prüfungsausschuss aufgestellt werden,[68] in der ua die Arbeitsweise des Prüfungsausschusses niedergelegt wird.[69] Es empfiehlt sich außerdem, in dem Gesellschaftsvertrag die Einzelheiten der fachlichen Anforderungen der Ausschussmitglieder hinsichtlich Sektor-Vertrautheit (Abs. 2 S. 2 Hs. 2 iVm § 100 Abs. 5), Unabhängigkeit (Abs. 2 S. 2 Hs. 1) sowie Sachverstand auf den Gebieten der Rechnungslegung und/oder Abschlussprüfung (Abs. 2 S. 2 Hs. 2 iVm § 100 Abs. 5) zu regeln,[70] wobei die Regelungen sich an Sinn und Zweck des Prüfungsausschusses iSd Art. 39 Abschlussprüfer-RL sowie Art. 39 Abschlussprüfer-Änderungs-RL und den ihn umsetzenden Abs. 1 S. 1 und 2 messen lassen müssen.[71]

18   Prüfungsausschüsse sollen nach Erwägungsgrund Nr. 24 S. 1 Abschlussprüfer-RL zusammen mit einem wirksamen internen Kontrollsystem dazu beitragen, „finanzielle und betriebliche Risiken sowie das Risiko von Vorschriftsverstößen auf ein Mindestmaß zu begrenzen und die Qualität der Rechnungslegung zu verbessern". Erwägungsgrund Nr. 24 S. 1 RL 2014/56/EU ergänzt, dass Prüfungsausschüsse „entscheidend zu einer Abschlussprüfung von hoher Qualität" beitragen. Auch wenn Erwägungsgründen nach der Rechtsprechung des EuGH keine rechtliche Bindungswirkung zukommt,[72] lässt sich aus der Rechtsprechung des EuGH schließen, dass bei der richtlinienkonformen Umsetzung die Erwägungsgründe jedenfalls nicht dazu herangezogen werden dürfen, um von den Bestimmungen des Richtlinientextes abzuweichen. Maßgeblich für die Umsetzung einer Richtlinie der vorhandenen Regelungslücken ist daher zuvörderst der normative Teil des Rechtsaktes. Diese Vorgaben prägen auch die **richtlinienkonforme privatautonome Ausgestaltung** der Anforderungen an die Ausschussmitglieder hinsichtlich die Sektor-Kenntnisse, die Unabhängigkeit und den Sachverstand im Bereich der Rechnungslegung und/oder Abschlussprüfung.

19   **3. Anforderungen an die Qualifikation der Ausschussmitglieder (S. 2).** Das AReG hatte die Anforderungen an die Mitglieder eines Prüfungsausschusses in dem vollständig neu gefassten Abs. 2 S. 2 verschärft. Besonders hervorzuheben ist, dass anders als nach der alten Rechtslage („mindestens ein Mitglied" – Abs. 1 S. 2 Hs. 1 aF) fortan die Mehrheit der Mitglieder, darunter der Vorsitzende, **unabhängig** sein musste (S. 2 Hs. 2 aF).[73] Abs. 2 S. 2 Hs. 1 idF des FISG hält an dieser richtigen Regelung fest. Durch den Verweis in Abs. 2 S. 2 Hs. 2 idF des FISG auf § 100 Abs. 5 AktG idF des FISG wird außerdem klargestellt, dass die Mitglieder des Prüfungsausschusses **in ihrer Gesamtheit** mit dem **Sektor,** in dem das Unternehmen tätig ist, vertraut sein müssen (S. 2 Hs. 2 iVm § 100 Abs. 5 Hs. 2 AktG).

---

66   Schüppen Rn. 22 weist zutreffend darauf hin, dass ohne ausdrückliche Regelung kein Anspruch auf eine angemessene Vergütung (§ 662 BGB), sondern lediglich auf Aufwendungsersatz (§ 670 BGB) besteht.
67   Schüppen Rn. 24; ausf. zur Haftung der Mitglieder des Prüfungsausschusses HKMS/Burg Rn. 99–104.
68   HKMS/Burg Rn. 32.
69   S. dazu Anh. I Ziff. 4.3.1 bis 4.3.9 der Empfehlung der EU Kommission v. 15.2.2005 zu den Aufgaben von nicht geschäftsführenden Direktoren oder Aufsichtsratsmitgliedern börsennotierter Gesellschaften sowie zu den Ausschüssen des Verwaltungs- oder Aufsichtsrats (ABl. EU 2005 L 52, 51), auf die Erwägungsgrund 24 Abschlussprüfer-RL sowie Erwägungsgrund 24 RL 2014/56/EU hinweisen.
70   Zutr. Staub/Habersack/Schürnbrand Rn. 17; Lanfermann/Röhricht BB 2009, 887 (888).
71   Vgl. Kropff FS K. Schmidt, 2009, 1027.
72   Zur rechtlichen Qualität von Erwägungsgründen von Gemeinschaftsrechtsakten hat sich der EuGH insbesondere im Urt. v. 19.6.2014 – Rs. C-345/13, ECLI:EU:C:2014:2013 Rn. 31 – Karen Millen Fashions, geäußert; s. ferner EuGH Urt. v. 13.9.2018 –, Rs. C-287/17, ECLI:EU:2018:707 Rn. 33– Ceska pojistovna a.s./WCZ, spol. S. r. o.; s. auch EuGH Urt. v. 24.11.2005 – Rs. C-136/04, ECLI:EU:C:2005:716 Rn. 32 – Deutsches Milchkontor. Danach kommt den Erwägungsgründen keine rechtliche Bindungswirkung zu. Wörtlich führte der EuGH in der Rs. C-345/13 Rn. 31 zur rechtlichen Bedeutung der Erwägungsgründe aus: „[…] so ist darauf hinzuweisen, dass die Begründungserwägungen eines Gemeinschaftsrechtsakts rechtlich nicht verbindlich sind und weder herangezogen werden können, um von den Bestimmungen des betreffenden Rechtsakts abzuweichen, noch, um diese Bestimmungen in einem Sinne auszulegen, der ihrem Wortlaut offensichtlich widerspricht […]".
73   BeBiKo/Grottel Rn. 41; HKMS/Burg Rn. 35.

Durch den Verweis in Abs. 2 S. 2 idF des FISG auf § 100 Abs. 5 Hs. 1 AktG idF des FISG wird darüber hinaus klargestellt, dass mindestens ein Mitglied des Prüfungsausschusses über **Sachverstand** auf dem Gebiet der Rechnungslegung und mindestens ein weiteres Mitglied des Prüfungsausschusses über Sachverstand auf dem Gebiet Abschlussprüfung verfügen muss. Die nach S. 2 zu beachtenden Anforderungen hinsichtlich Unabhängigkeit, Sektor-Vertrautheit und Sachverstand, die die Mitglieder des Prüfungsausschusses in Zukunft (dh im Rahmen der ersten Neubestellung) zu erfüllen haben.[74] Die Beurteilung der fachlichen Qualifikation obliegt der Gesellschafterversammlung, die die Mitglieder des Prüfungsausschusses wählt (Abs. 2 S. 1).[75] Ob und inwieweit sich die Gesellschafter im Rahmen der Auswahl schadensersatzpflichtig machen können, ist bislang nicht geklärt.[76] Die Frage sollte aber entsprechend einem möglichen Auswahlverschulden des Aufsichtsrats bei gleicher Tätigkeit bejaht werden.[77] Für die gewählten Ausschussmitglieder kann sich eine **Schadensersatzpflicht** unter dem Gesichtspunkt des Übernahmeverschuldens aufgrund mangelnder Qualifikation ergeben.[78]

a) Unabhängigkeit (S. 2 Hs. 1). S. 2 Hs. 1 schreibt vor, dass die Mehrheit der Mit- **20** glieder des Prüfungsausschusses, darunter der Vorsitzende, unabhängig sein muss.[79] Die Abschlussprüfer-RL, die RL 2014/56/EU zur Änderung der Abschlussprüfer-RL und Abs. 2 S. 2 Hs. 1 definieren nicht, was unter „Unabhängigkeit" zu verstehen ist.[80] Die Frage ist daher nach Sinn und Zweck der Vorschriften über die Einrichtung eines Prüfungsausschusses zu beurteilen. Unabhängig ist ein Mitglied des Prüfungsausschusses, wenn keine Besorgnis der Befangenheit besteht.[81] Danach ist eine Person als Mitglied des Prüfungsausschusses insbesondere dann ausgeschlossen, wenn zwischen dem Mitglied des Prüfungsausschusses und dem Unternehmen iSd Abs. 1 S. 1, deren Organen, einem beherrschenden Gesellschafter oder einem mit diesem Unternehmen verbundenen Unternehmen eine **Beziehung geschäftlicher, finanzieller oder persönlicher Art** vorliegt, die einen wesentlichen und nicht nur vorübergehenden Interessenkonflikt begründen kann, der das Urteilsvermögen beeinflussen könnte, woraus eine Besorgnis der Befangenheit resultiert.[82] Darunter ist nicht jede denkbare Möglichkeit einer Befangenheit zu verstehen; vielmehr muss nach allgemeinen Erfahrungssätzen die Möglichkeit gegeben sein, dass sich das Prüfungsausschussmitglied bei der Wahrnehmung seiner Aufgaben von sachfremden Erwägungen oder Motiven leiten lassen wird, womit zwar nicht ein Kausalzusammenhang zwischen dem in der Person des Prüfungsausschussmitgliedes liegenden Grund und dem Eintritt des Nachteils, den S. 2 Hs. 1 verhindern will, umschrieben ist, wohl aber Bedeutung und Gewicht des Grundes.[83] Die externen Einflüsse, Bindungen, Rücksichten, Eigeninteressen oder Einstellungen des Prüfungsausschussmitglieds müssen eine Intensität erreichen, welche ernsthafte Zweifel an seiner Unvoreingenommenheit und Objektivität bei der Wahrnehmung seiner Aufgaben als Prüfungsausschussmitglied aufkommen lassen.[84] Beurteilungsmaßstab ist dabei nicht ein rein subjektiver des jeweiligen Betrachters, sondern die Sicht eines „vernünftig und objektiv denkenden Dritten".[85]

aa) Empfehlung der EU Kommission. In der Begründung des Regierungsentwurfs **21** zum BilMoG findet sich im Einklang mit Erwägungsgrund 24 Abschlussprüfer-RL (ebenso

---

[74] Blöink/Woodtli Der Konzern 2016, 75 (87).
[75] HKMS/Burg Rn. 36.
[76] HKMS/Burg Rn. 36 mwN.
[77] HKMS/Burg Rn. 36 mwN.
[78] HKMS/Burg Rn. 36 mwN.
[79] Zur Unabhängigkeit des Aufsichtsratsmitglieds Nowak, Die Unabhängigkeit des Aufsichtsratsmitglieds nach § 100 Abs. 5 AktG, 2010.
[80] Krit. dazu Habersack AG 2008, 98 (105); Gruber NZG 2008, 12.
[81] So auch BeBiKo/Grottel Rn. 41; aA Schüppen Rn. 19.
[82] Schüppen Rn. 18; BeBiKo/Grottel Rn. 41; Eibelshäuser/Stein Der Konzern 2008, 486 (489); Ernst/Seidler ZGR 2008, 631 (666).
[83] Vgl. Ebke FS Immenga, 2004, 517 (526).
[84] Vgl. Ebke FS Immenga, 2004, 517 (525).
[85] So BGH BB 2003, 462 (465) für § 318 Abs. 3 S. 1 aF; vgl. VGH München NJW 2004, 90 (91).

wie in Erwägungsgrund 24 RL 2014/56/EU – Abschlussprüferänderungs-RL) ein Hinweis auf die Empfehlung der EU Kommission vom 15.2.2005 zu den Aufgaben von nicht geschäftsführenden Direktoren oder Aufsichtsratsmitgliedern börsennotierter Gesellschaften sowie zu den Ausschüssen des Verwaltungs- oder Aufsichtsrats. Erwägungsgrund 24 Abschlussprüfer-RL betont, dass sich die Mitgliedstaaten auf diese Empfehlung „berufen" können. Die Begründung des RegE zum BilMoG verbindet den Verweis auf die Empfehlung der EU Kommission mit dem Hinweis, dass es sich bei der Empfehlung der Kommission weder um abschließende noch um zwingende Vorgaben handele, sondern lediglich um „Hinweise auf Beziehungen und Umstände, die für die Beurteilung der Unabhängigkeit relevant sein können".[86] Ob diese „Distanzierung von der Kommissionsempfehlung hilft", wird zu Recht bezweifelt.[87] Empfehlungen der EU Kommission sind zwar **rechtlich nicht verbindlich** (Art. 288 Abs. 4 AEUV)[88] und lösen daher auch keine „strikte gemeinschaftsrechtliche Vorwirkung unter dem Aspekt des ‚*effet utile*' aus".[89] Empfehlungen sind nach der Rechtsprechung des EuGH aber nicht völlig wirkungslos, sondern von den mitgliedstaatlichen Gerichten bei ihren Entscheidung insbesondere dann zu berücksichtigen, „wenn sie Aufschluß über die Auslegung von zu ihrer Durchführung erlassenen innerstaatlichen Rechtsvorschriften geben oder wenn sie verbindliche gemeinschaftliche Vorschriften ergänzen sollen".[90] Die Empfehlungen können daher für die innerstaatlichen Gerichte zumindest **Auslegungshilfen** sein, die bei der Konkretisierung des Begriffs der Unabhängigkeit iSd der Abschlussprüfer-RL (bzw. der RL 2014/56/EU zur Änderung der Abschlussprüfer-RL) Hilfestellung leisten können (*persuasive but not conclusive evidence*).[91] Die letzte Entscheidung über die zutreffende Auslegung und Anwendung des nationalen Rechts im Lichte der Abschlussprüferrichtlinie (bzw. der Abschlussprüferänderungsrichtlinie) durch die nationalen Gerichte liegt ohnehin in den Händen des EuGH.

22   **bb) Bedeutung aus Sicht des deutschen Rechts.** Anh. II Ziff. 1 S. 1 der Empfehlung der EU Kommission betont allerdings mit Recht, dass eine „umfassende Auflistung aller Aspekte, die ein Risiko für die Unabhängigkeit … darstellen können", nicht möglich ist. Deshalb ist der Katalog der Empfehlungen in der Tat nicht abschließend.[92] Die Kommission weist außerdem darauf hin, dass die Ansichten über die für die Charakterisierung der Unabhängigkeit maßgeblichen Kriterien unter den Mitgliedstaaten durchaus variieren können und sich die Ansichten im Laufe der Zeit auch ändern können (Anh. II Ziff. 1 S. 2). Schon deshalb kommt bei Heranziehung der Empfehlungen der EU Kommission als Auslegungshilfe eine ungeprüfte Übernahme einzelner Kriterien nicht in Betracht; vielmehr ist in jedem Einzelfall zu prüfen, ob und inwieweit die einschlägigen Kriterien durch die Ziele der Abschlussprüfer-RL und des ihrer Umsetzung in Deutschland dienenden innerstaatlichen Rechts (unter Berücksichtigung der Ausübung allfälliger nationaler Wahlrechte) geboten sind, mit dem hier im Übrigen geltenden Recht vereinbar sind und den hier historisch gewachsenen Grundsätzen der Corporate Governance (sog. *path dependency*) im Einklang stehen. Unabhängig davon vermutet Kropff, dass „mit höheren Anforderungen jedenfalls im Verhältnis zur gegenwärtigen deutschen Praxis zu rechnen" sei.[93]

---

[86] BT-Drs. 16/10067, 102.

[87] Kropff FS K. Schmidt, 2009, 1026.

[88] Vgl. Ernst/Seidler ZGR 2008, 631 (666) („keine zwingenden abstrakten Vorgaben").

[89] Vgl. VG Berlin BeckRS 2010, 56855 Rn. 78.

[90] EuGH Urt. v. 13.12.1989, Rs. C-322/88 ECLI:EU:C:1989:646 Rn. 18 – Grimaldi ./. Fonds des maladies professionelles.

[91] IdS auch Staub/Habersack/Schürnbrand Rn. 17 („gewisse normative Wirkung"); Habersack AG 2008, 98 (105); schwächer HKMS/Burg Rn. 41 („Allerdings schließt die Regierungsbegründung es richtigerweise aus, das Unabhängigkeitskonzept der Empfehlung ohne Weiteres zu übernehmen"); Ernst/Seidler ZGR 2008, 631 (666) („Hinweise"); Hopt/Merkt Rn. 7 („Kriterienkatalog in Anh II ist nicht letztentscheidend"); Gruber NZG 2008, 12 (13) („lediglich eine gewisse Vermutung" „sollte … bei seinen Erwägungen berücksichten"); abl. Schüppen Rn. 20 („… stößt als bloße Auslegungshilfe auf die Sperrwirkung des eindeutigen Willens des deutschen Gesetzgebers"); offenlassend Buhleier/Krowas DB 2010, 1165 (1166); Erchinger/Melcher DB Beil. 1 zu Heft 7/2008, S. 56, 59.

[92] Gl. Ansicht Ernst/Seidler ZGR 2008, 631 (666).

[93] Kropff FS K. Schmidt, 2009, 1025 (1026).

cc) Anfängliches Fehlen der Unabhängigkeit. Wahlbeschlüsse, die den gesetzli-   23
chen Anforderungen an die Qualifikation der Mitglieder des Prüfungsausschusses nicht
genügen, können nach Maßgabe des jeweils maßgeblichen Beschlussmängelrechts entweder
per se unwirksam oder zumindest anfechtbar sein.[94] Hierbei wird zu unterscheiden sein, ob
die Ausschussmitglieder in einer Gesamtwahl in einem einheitlichen Akt gewählt wurden
oder ob nur die Wahl eines einzelnen Mitglieds auf der Tagesordnung stand.[95] Die Einzelheiten bestimmen sich nach den Regeln der Rechtsform, in der das Unternehmen iSd Abs. 1
S. 1 betrieben wird.

dd) Nachträglicher Wegfall der Unabhängigkeit. Fraglich ist, wie der Fall zu ent-   24
scheiden ist, in dem das Erfordernis der Unabhängigkeit in der Person eines Mitglieds des
Prüfungsausschusses nachträglich wegfällt. Hier ist zu **differenzieren.** Bei nachträglichem
Wegfall der Unabhängigkeit des Vorsitzenden des Prüfungsausschusses ist der Vorsitzende
in entsprechender Anwendung des § 103 Abs. 1 AktG vor Ablauf seiner Amtszeit durch
Beschluss der Gesellschafterversammlung aus dem Prüfungsausschuss abzuberufen, denn der
Vorsitzende des Prüfungsausschusses *muss* unabhängig sein (S. 2. Hs. 1).[96] Bezüglich der
übrigen Mitglieder des Prüfungsausschusses kommt es darauf an, ob bei nachträglichem
Wegfall der Unabhängigkeit in der Person eines Mitglieds oder mehrerer Mitglieder „die
Mehrheit der Mitglieder, darunter der Vorsitzende" unabhängig ist (S. 2 Hs. 1). Solange
diese Voraussetzung erfüllt ist, bedarf es keiner **Abberufung** des betreffenden Mitglieds. Ist
aufgrund des nachträglichen Wegfalls die Mehrheit der Mitglieder, darunter der Vorsitzende,
nicht mehr unabhängig, empfiehlt sich die Abberufung des in Rede stehenden Mitglieds,
bei dem die Unabhängigkeit nachträglich entfallen ist (sofern nur die Wahl des betreffenden
Mitglieds auf der Tagesordnung des zuständigen Wahlgremiums stand), und die Nachwahl
einer unabhängigen Person, die auch die übrigen Anforderungen an die Qualifikation der
Mitglieder des Prüfungsausschusses erfüllen muss. Wurden die Ausschussmitglieder dagegen
in einer Gesamtwahl in einem einheitlichen Akt gewählt, bedarf es einer Neuwahl. Bei
nachträglichem Wegfall der Unabhängigkeit in der Person der Ausschussmitglieder, die über
Sachverstand auf den Gebiet Rechnungslegung bzw. auf dem Gebiet Abschlussprüfung
verfügen, gilt das für die übrigen Mitglieder des Prüfungsausschusses Gesagte; denn S. 2
Hs. 2 iVm § 100 Abs. 5 Hs. 1 AktG idF des FISG verlangt (entgegen der früheren Rechtslage) nicht, dass die sachverständigen Prüfungsausschussmitglieder nicht nur sachverständig,
sondern zugleich auch unabhängig sein müssen.[97] Solange die Mehrheit der Mitglieder,
darunter der Vorsitzende, unabhängig ist, müssen sachverständige Mitglieder iSd § 100
Abs. 5 Hs. 1 AktG idF des FISG bei nachträglichem Wegfall der Unabhängigkeit also nicht
abberufen werden. Ist die Mehrheit der Mitglieder, darunter der Vorsitzende, dagegen nicht
mehr unabhängig, ist das betreffende sachverständige Ausschussmitglied abzuberufen und
ein neues Mitglied mit Sachverstand auf dem Gebiet Rechnungslegung bzw. dem Gebiet
Abschlussprüfung zu wählen (bei Gesamtwahl aller Ausschussmitglieder in einem einheitlichen Akt → Rn. 23). Zu beachten ist jedoch, dass es nach § 100 Abs. 5 Hs. 1 AktG idF
des FISG der Sachverstand auf dem Gebiet Rechnungslegung und auf dem Gebiet
Abschlussprüfung durch (mindestens) *zwei* Mitglieder sicherzustellen ist, die jeweils auf dem
einen oder dem anderen Gebiet über den notwendigen Sachverstand verfügen („Finanzexperten"). Der Sachverstand kann also nicht durch ein einziges Prüfungsausschussmitglied,
welches beide Fachgebiete kumulativ beherrscht, sichergestellt werden.

b) Sektor-Vertrautheit (S. 2 Hs. 2 iVm § 100 Abs. 5 AktG). S. 2 Hs. 2 iVm § 100   25
Abs. 5 Hs. 2 AktG idF des FISG bestimmt, dass die Mitglieder des Prüfungsausschusses in
ihrer Gesamtheit, dh jedes[98] einzelne Mitglied des Prüfungsausschusses, mit dem Sektor, in

---

[94]   Dazu ausf. und diff. HKMS/Burg Rn. 49–54.
[95]   HKMS/Burg Rn. 55–58.
[96]   HKMS/Burg Rn. 59.
[97]   Schüppen Rn. 18.
[98]   Velte WPg 2015, 482 (488); Gesell ZGR 2011, 361 (368); HKMS/Burg Rn. 39 mwN.

dem die Gesellschaft tätig ist, vertraut sein muss. Damit setzt das Gesetz § 39 Abs. 1 Abschluss-prüfer-RL um.[99] Was unter dem Begriff des Sektors zu verstehen ist, wird in der Abschluss-prüfer-RL ebenso wenig definiert wie in § 100 Abs. 5 Hs. 2 AktG idF des FISG. In der Volkswirtschaftslehre wurde von den britischen Wirtschaftswissenschaftlern Allan G.B. Fisher[100] und Colin G. Clark[101] die **Drei-Sektoren-Hypothese (***Petty's Law***)** entwickelt, welche die Volkswirtschaft in einen primären (Rohstoffgewinnung: Land- und Forstwirtschaft, Fischerei sowie Bergbau), einen sekundären (Rohstoffbe- und -verarbeitung: Industrie, Handwerk und Gewerbe) und einen tertiären (Dienstleistungen) Wirtschaftssektor aufteilt.[102] Hinzu kommt infolge der Heterogenität des Dienstleistungssektors heute der (im klassischen Modell nicht vorgesehene) quartäre Sektor, der alle Tätigkeiten umfasst, die sich primär mit Informationen im weiteren Sinne, deren Sammlung und Verarbeitung, befassen.[103] Legt man diese (vergleichsweise großflächigen) ökonomischen Unterscheidungen bei der Auslegung und Anwendung des Begriffs Sektor (§ 100 Abs. 5 Hs. 2 AktG idF des FISG) zugrunde, wird das Erfordernis der Sektor-Expertise schnell **aufgeweicht.** Andererseits führt eine kleinteiligere Definition dazu, dass die Zahl der für eine Ausschussmitgliedschaft in Betracht kommenden Personen geringer wird. Die Wahrheit liegt – wie so oft – unterhalb der **Grenze des Übermaßes:** μηδὲν ἄγαν. Bei der Auslegung und Anwendung des Merkmals „Sektor" ist daher Augenmaß angezeigt.

26   Die Gefahr der Aufweichung besteht auch bei der Auslegung und Anwendung des Merkmals der **Vertrautheit** (§ 100 Abs. 5 Hs. 2 AktG idF des FISG). Vertraut bedeutet „wohlbekannt", „gewohnt", „nah", „nicht fremd". Nach der Begründung des Regierungsentwurfs soll es für die Vertrautheit mit dem Sektor genügen, dass die Mitglieder – *nach der Wahl* – durch intensive Weiterbildung Sektor-Kenntnisse erworben oder langjährige Angehörige der beratenden Berufe einen tiefgreifenden Einblick in den entsprechenden Sektor gewonnen haben.[104] Nicht erforderlich soll sein, dass jedes Mitglied bereits vor seiner Wahl praktische Erfahrung oder Kenntnisse in dem Sektor, in dem das geprüfte Unternehmen tätig ist, gesammelt hat.[105] Ob und inwieweit eine **Weiterbildung** nur durch professionelle Schulungen der betroffenen Mitglieder in dem jeweiligen Sektor zu erlangen ist, bleibt abzuwarten. Zwingend erscheint eine solche Art von Fortbildung nicht.[106] Nicht eindeutig geregelt ist, wie der Fall zu behandeln ist, in dem sich ein Mitglied des Prüfungsausschusses nach seiner Bestellung nicht die notwendigen Kenntnisse des Sektors aneignet. In der Literatur wird für diesen Fall aus gutem Grund vorgeschlagen, in entsprechender Anwendung des § 103 Abs. 1 AktG das in Rede stehende Mitglied vor Ablauf der Amtszeit durch Beschluss der Gesellschafterversammlung aus dem Prüfungsausschuss abzuberufen.[107]

27   **c) Sachverstand (S. 2 Hs. 2 iVm § 100 Abs. 5 AktG).** Nach S. 2 Hs. 2 iVm § 100 Abs. 5 Hs. 1 AktG, § 107 Abs. 4 S. 3 AktG idF des FISG muss mindestens ein Mitglied des

---

[99]   BeBiKo/Grottel Rn. 48.
[100] Fisher, The Clash of Progress and Security, 1935.
[101] Clark, The Conditions of Economic Progress, 1940.
[102] In Deutschland wurde die Theorie breiter bekannt durch die Übersetzung einer Arbeit des französischen Wirtschaftswissenschaftlers Jean Fourstié, Le Grand Espoir du XXe siècle. Progrès technique, progrès économique, progrès social, 1949; deutsch: Die große Hoffnung des 20. Jahrhunderts, 1954.
[103] Gottmann, Megalopolis: The Urbanization of the Northeastern Seaboard of the United States, 1961, definierte die in diesen Sektor fallenden Tätigkeiten als Tätigkeiten aus dem Bereich des tertiären Sektors, die besonders hohe intellektuelle Ansprüche stellen und ausgeprägte Verantwortungsbereitschaft erfordern. Hierzu zählen heute beispielsweise die beratenden Tätigkeiten von Rechtsanwälten, Wirtschaftsprüfern, Steuerberatern und Ingenieuren sowie die Tätigkeiten der Angehörigen der Heil- und Erziehungsberufe, ferner IT Dienstleistungen, Hochtechnologie (High Tech) wie Nanotechnologie und Biotechnologie sowie Kommunikationstechnik. Darüber hinaus gibt es noch den quintären Sektor, der die Bereiche Entsorgungswirtschaft, Tourismus, Freizeitgestaltung, Wellness und Gesundheitswesen beinhaltet.
[104] BT-Drs. 18/7219, 59; zust. Petersen/Zwirner/Boecker DStR 2016, 984 (989); Blöink/Woodtil Der Konzern 2016, 75 (84).
[105] Vgl. HKMS/Burg Rn. 40 unter Hinweis auf BT-Drs. 18/7219, 59; BeBiKo/Grottel Rn. 48; krit. Schüppen Rn. 17.
[106] IdS HKMS/Burg Rn. 40; aA Nodoushani AG 2016, 381 (386-387).
[107] HKMS/Burg Rn. 59.

Prüfungsausschusses über Sachverstand auf dem Gebiet Rechnungslegung *und* mindestens ein weiteres Mitglied über Sachverstand auf dem Gebiet Abschlussprüfung verfügen. Die bisherige Fassung des § 100 Abs. 5 AktG setzte Sachverstand alternativ in Rechnungslegung „oder" Abschlussprüfung voraus. Die Ersetzung des Wortes „oder" durch das Wort „und" soll sicherstellen, dass im Prüfungsausschuss Sachverstand sowohl bezüglich der Rechnungslegung als auch der Abschlussprüfung vorhanden ist. Durch das Wort „weiteres" wird zudem klargestellt, dass der Sachverstand auf zwei Mitglieder verteilt sein muss, die jeweils auf einem der beiden Gebiete über Sachverstand verfügen, so dass dieser nicht durch ein Ausschussmitglied, das beide Fachgebiete beherrscht, sichergestellt werden kann. Mit der entsprechenden Neufassung der § 100 Abs. 5 Hs. 1 AktG idF des FISG trägt der Gesetzgeber der (ua in der → 4. Aufl. 2020, Rn. 25 geübten) rechtspolitischen Kritik an der Vorgängerregelung Rechnung.[108] Weder Art. 39 Abschlussprüfer-RL noch § 100 Abs. 5 Hs. 1 AktG idF des FISG sagen, welche **Anforderungen** an den „Sachverstand" auf dem Gebiet der Rechnungslegung bzw. auf dem Gebiet Abschlussprüfung zu stellen sind.[109] Im Hinblick auf Sinn und Zweck der Norm liegt es in der Tat auf der Hand, „dass hiermit ein spezifischer, über allgemeine Kenntnisse hinausgehender Sachverstand auf diesen Gebieten gemeint ist, der insbesondere bei Führungskräften aus dem Finanz- und Rechnungswesen und bei Wirtschaftsprüfern und Steuerberatern sowie einschlägig ausgewiesenen Wissenschaftlern zu erwarten ist".[110] Dieser sinnvolle Maßstab ist in der Regierungsbegründung aber erheblich aufgeweicht worden. Der erforderliche Sachverstand setzt – ausweislich der BT-Drs. 16/10067, auf die die Regierungsbegründung ausdrücklich Bezug nimmt – nicht zwingend voraus, dass das Mitglied des Aufsichtsrats bzw. Ausschusses einem steuerberatenden oder wirtschaftsprüfenden Beruf angehört, sondern kann beispielsweise auch angenommen werden für Finanzvorstände, fachkundige Angestellte aus den Bereichen Rechnungswesen und Controlling, Analysten sowie langjährige Mitglieder in Prüfungsausschüssen oder Betriebsräte, die sich diese Fähigkeit im Zuge ihrer Tätigkeit durch Weiterbildung angeeignet haben.[111] Vor diesem Hintergrund hat das **OLG München** entschieden, dass ein Aufsichtsratsmitglied nach § 100 Abs. 5 AktG aF zwar fachlich in der Lage sein müsse, die von dem Vorstand gegebenen Informationen kritisch zu hinterfragen; hierzu sei es aber nicht erforderlich, dass er seine Kenntnisse in Rechnungslegung oder Abschlussprüfung durch eine schwerpunktmäßige Tätigkeit in einem dieser Bereiche erlangt hat.[112] Damit, so bemerkt Schüppen zutreffend, ist das sachverständige Ausschussmitglied („Finanzexperte") auf ein „Normalmaß zurückgestutzt, das man von jedem Aufsichtsrats- oder Prüfungsausschussmitglied erwarten muss, will es sich nicht eines Übernahmeverschuldens zeihen lassen".[113] Ob sich die Rechtsprechung damit begnügen wird, dass der unabhängige Sachverständige iSd S. 2 Hs. 2 iVm § 100 Abs. 5 Hs. 2 AktG idF des FISG über wenig mehr als *„financial literacy"* verfügen muss, bleibt abzuwarten.

d) **Übergangsregelungen.** Hinsichtlich der zuvor dargestellten Anforderungen der **28** § 100 Abs. 5 Hs. 1 AktG idF des FISG an den Sachverstand der Aufsichtsrats- und Prüfungsausschussmitglieder ist die Übergangsregelung in § 12 Abs. 6 EG-AktG zu beachten: Danach müssen die neuen Anforderungen so lange nicht erfüllt werden, wie alle Mitglieder des Aufsichtsrats und des Prüfungsausschusses vor dem 1. Juli 2021 bestellt worden sind. Die neuen Vorgaben des neuen §§ 100 Abs. 5 Hs. 1 AktG sind daher zwingend erst bei der nächsten Nachbestellung und damit in der Regel beim nächsten turnusmäßigen Wechsel eines der Mitglieder des Aufsichtsrats bzw. Prüfungsausschusses anzuwenden. Scheidet ein

---

[108] Vgl. Schüppen Rn. 16 Fn. 23.
[109] Krit. dazu Inwinkl/Kortebusch/Schneider Der Konzern 2008, 215 (223).
[110] Schüppen Rn. 16. S. zu § 100 Abs. 5 AktG aF aus rechtsdogmatischer, rechtsvergleichender und interdisziplinärer Perspektive Bahreini, Der unabhängige Finanzexperte i.S.v. § 100 Abs. 5 AktG, 2012, s. ferner Nowak, Die Unabhängigkeit des Aufsichtsratsmitglieds nach § 100 Abs. 5 AktG, 2010.
[111] BT-Drs. 16/10067, 101 (102); zust. BeBiKo/Grottel Rn. 48, 50; Hopt/Merkt Rn. 8; HKMS/Burg Rn. 37; Braun/Louven GmbHR 2009, 965 (969); Ernst/Seidler ZGR 2008, 631 (666).
[112] OLG München BB 2010, 1783.
[113] Schüppen Abschlussprüfung Rn. 17.

Aufsichtsrats- bzw. Prüfungsausschussmitglied vor Ablauf seiner Amtszeit aus (etwa wegen des Erreichens einer Altersgrenze) und wird infolgedessen ein bereits bestelltes Ersatzmitglied Mitglied des Aufsichtsrats bzw. Prüfungsausschusses, löst auch dies – ausweislich der Gesetzesbegründung – keine Pflicht zur Anwendung der neuen Vorgaben aus.

29   **4. Inkompatibilitäten (S. 3).** Das Gesetz sieht weitere Regelungen für die Unvereinbarkeit einer Funktion mit der Mitgliedschaft im Prüfungsausschuss vor. S. 3 stellt unmissverständlich klar, dass der Vorsitzende des Prüfungsausschusses nicht mit der Geschäftsführung betraut sein darf – an sich eine Selbstverständlichkeit angesichts der Aufgaben, die der Prüfungsausschuss zu erfüllen hat. Nach dem Wortlaut der Bestimmung ist allein die Personenidentität zwischen dem Geschäftsführungsorgan und dem Vorsitzenden des Prüfungsausschusses verboten. Personen mit „geschäftsführungsnahen"[114] Funktionen sind hingegen nicht zwingend erfasst. S. 2 Hs. 1 stellt nunmehr klar, dass „die Mehrheit der Mitglieder, darunter der Vorsitzende, … unabhängig" sein muss. Demnach darf der Vorsitzende des Prüfungsausschusses nicht zugleich Geschäftsführungsorgan oder Inhaber einer funktional vergleichbaren Stellung (zB faktische Geschäftsführer, Prokuristen, Handlungsbevollmächtigten) sein.[115] Der Vorsitzende soll auch kein ehemaliges Mitglied der Geschäftsführung des Unternehmens sein, dessen Bestellung vor weniger als zwei Jahren endete.[116] Darüber hinaus soll keine Personenidentität zwischen dem Vorsitzenden des Prüfungsausschusses und dem Vorsitzenden des Aufsichts- oder Verwaltungsrat bestehen.[117]

30   Gemäß § 43 Abs. 3 S. 1 WPO-E idF des Entwurfs eines Gesetzes zur Stärkung der Aufsicht bei Rechtsdienstleistungen und zur Änderung weiterer Vorschriften des Rechts der rechtsberatenden Berufe vom 27.7.2022[118] soll ein Wirtschaftsprüfer, der Abschlussprüfer eines Unternehmens von öffentlichem Interesse nach § 316a S. 2 war oder als verantwortlicher Prüfungspartner iSd § 43 Abs. 3 S. 3 oder 4 WPO bei der Abschlussprüfung eines solchen Unternehmens tätig war, dort innerhalb **von zwei Jahren** nach der Beendigung der Prüfungstätigkeit keine wichtige Führungstätigkeit ausüben, nicht als Mitglied des Aufsichtsrats, des Prüfungsausschusses des Aufsichtsrats oder des Verwaltungsrats tätig sein und sich nicht zur Übernahme einer der vorgenannten Tätigkeiten verpflichten.[119] Nach der Regierungsbegründung soll durch die Änderung des § 43 Abs. 3 S. 1 WPO der Tatbestand der Norm „leicht erweitert und dadurch eine unionsrechtskonforme Auslegung und Anwendung sichergestellt werden".[120] Die Änderung soll der vom **EuGH** in seinem Urteil C-950/19 vom 24.3.2021[121] vorgenommenen Auslegung von Art. 22a Abs. 1 lit. a Abschlussprüfer-RL Rechnung tragen. Nach dem Urteil soll bereits das Bestehen eines schuldrechtlichen Vertragsverhältnisses zwischen einem Abschlussprüfer und einem geprüften Unternehmen über die Übernahme einer Führungsposition in dem geprüften Unternehmen geeignet sein können, den **Anschein eines Interessenskonflikts** zu erwecken.[122] In Anbetracht des bisherigen Wortlauts von § 43 Abs. 3 S. 1 WPO („keine wichtige Führungstätigkeit ausüben") erscheine es zweifelhaft, „ob sich die Bestimmung unionsrechtskonform dahingehend auslegen lässt, dass schon die Übernahme einer schuldrechtlichen Verpflichtung vom Wortlaut umfasst ist".[123] Das ausdrückliche Verbot bereits der Eingehung der Verpflichtung während der sog. Abkühlungsphase (*cooling-off period*) soll sicherstellen, dass sowohl das Unternehmen selbst als auch unternehmensfremde Dritte auf die Richtigkeit und Unabhängigkeit der Abschlussprüfung vertrauen können.[124]

---

[114]   HKMS/Burg Rn. 45.
[115]   HKMS/Burg Rn. 45.
[116]   BeBiKo/Grottel Rn. 55.
[117]   BeBiKo/Grottel Rn. 55.
[118]   BT-Drs. 20/3449.
[119]   BT-Drs. 20/3449, 21.
[120]   BT-Drs. 20/3449, 71.
[121]   EuGH Urt. v. 24.3.2021 – C-950/19, ECLI:EU:C:2021:230 Rn. 39 – Patentti- ja rekisterihallituksen tilintarkastuslautakunta.
[122]   BT-Drs. 20/3449, 71.
[123]   BT-Drs. 20/3449, 72.
[124]   BT-Drs. 20/3449, 72.

5. Aufgaben (Abs. 1 S. 1, Abs. 2 S. 4 und 5). Der Prüfungsausschuss hat sich nach **31**
Abs. 1 S. 1 „insbesondere" mit den in § 107 Abs. 3 S. 2 und 3 AktG beschriebenen Aufgaben
zu befassen.

a) Abs. 1 S. 1. Nach § 107 Abs. 3 S. 2 AktG hat sich der Prüfungsausschuss mit der **32**
Überwachung des Rechnungslegungsprozesses,[125] der Wirksamkeit des internen Kontrollsystems,[126] des Risikomanagementsystems[127] und des internen Revisionssystems,[128] des
Compliance-Systems[129] sowie der Abschlussprüfung,[130] hier insbesondere der Unabhängigkeit des Abschlussprüfers,[131] der von ihm zusätzlich erbrachten Leistungen[132] sowie der
Honorare des Abschlussprüfers[133] zu befassen. Durch die Verwendung des Wortes „insbesondere" in Abs. 1 S. 1 sieht der Gesetzgeber **Raum für weitere Aufgaben** aus den Gebieten der Rechnungslegung oder der Abschlussprüfung, die dem Prüfungsausschuss übertragen werden können.[134] Keineswegs unüblich ist es beispielsweise, den Prüfungsausschuss
das Recht und die Pflicht zur Erteilung des Prüfungsauftrags zu übertragen (§ 111 Abs. 2
S. 3 AktG; § 318 Abs. 1 S. 4),[135] einschließlich etwaiger Nachtrags- oder Sonderprüfungen.[136] In der Praxis verbreitet ist es ferner, dem Prüfungsausschuss die Aufgabe zu übertragen, die Prüfungsschwerpunkte festzulegen.[137] Durch eine Änderung des § 107 Abs. 3 S. 2
AktG im Rahmen des FISG ist zudem klargestellt, dass es Aufgabe des Prüfungsausschusses
ist, sich mit der „Qualität der Abschlussprüfung" zu befassen – also von der Auswahl des
Prüfers bis zur Beendigung der Prüfung. Das war bei richtlinienkonformer Auslegung
allerdings schon vor der Änderung anzunehmen[138] und entspricht im Übrigen der bisherigen Empfehlung des Deutschen Corporate Governance Kodex. Der Prüfungsausschuss kann
außerdem Empfehlungen oder Vorschläge zur Gewährleistung der Integrität des Rechnungslegungsprozesse unterbreiten (vgl. § 107 Abs. 3 S. 3 AktG idF des AReG).[139]

b) Abs. 2 S. 4 und 5. Abs. 2 S. 4 bestimmt, dass § 107 Abs. 3 S. 8 AktG, § 124 Abs. 3 **33**
S. 2 AktG und § 171 Abs. 1 S. 2 und 3 AktG entsprechend anwendbar sind und damit auch
für die Kapitalgesellschaften iSd Abs. 1 S. 1 entsprechend gelten. Nach § 107 Abs. 3 S. 8
AktG ist es Aufgabe des Prüfungsausschusses einer Kapitalgesellschaft iSd Abs. 1 S. 1, dem
Aufsichtsrat regelmäßig über die Arbeit des Ausschusses zu **berichten.**[140] Nach Abs. 2
S. 5, der durch das FISG in das Gesetz eingefügt wurde, ist es außerdem Aufgabe des
Prüfungsausschusses einer Kapitalgesellschaft iSd Abs. 1 S. 1, den Gesellschaftern einen Vor-
schlag für die Wahl des Abschlussprüfers zu machen, wenn die Kapitalgesellschaft keinen
Aufsichts- oder Verwaltungsrat hat oder wenn der Aufsichts- oder Verwaltungsrat für den
Vorschlag nicht zuständig ist.[141] Der ebenfalls entsprechend anwendbare § 171 Abs. 1 S. 2

---

125 Zu Einzelheiten HKMS/Burg Rn. 65–69; BeBiKo/Grottel Rn. 61, 63; Hopt/Merkt Rn. 5.
126 Zu Einzelheiten HKMS/Burg Rn. 83–86; BeBiKo/Grottel Rn. 61, 64; Hopt/Merkt Rn. 5; Laue in
    Audit Committee Institute e.V., Der Navigator für den Aufsichtsrat, 2018, 258.
127 Zu Einzelheiten HKMS/Burg Rn. 87–89; BeBiKo/Grottel Rn. 61, 65; Hopt/Merkt Rn. 5.
128 Zu Einzelheiten HKMS/Burg Rn. 90; BeBiKo/Grottel Rn. 61, 66; Hopt/Merkt Rn. 5.
129 Zu Einzelheiten HKMS/Burg Rn. 91–94; BeBiKo/Grottel Rn. 67.
130 Zu Einzelheiten HKMS/Burg Rn. 72–81; BeBiKo/Grottel Rn. 68–80. Zu den Qualitätsindikatoren als
    Hilfsmittel für Prüfungsausschüsse zur Überwachung der Abschlussprüfung Lanfermann WPg 2019, 9;
    s. außerdem Ernstberger/Pellens/Schmidt/Sellhorn WPg 2019, 806.
131 Zu Einzelheiten HKMS/Burg Rn. 79–81; BeBiKo/Grottel Rn. 61, 68, 77-78, 94.
132 Zu Einzelheiten HKMS/Burg Rn. 95.
133 BeBiKo/Grottel Rn. 79.
134 Schüppen Rn. 26; HKMS/Burg Rn. 61; Hopt/Merkt Rn. 5; Staub/Habersack/Schürnbrand Rn. 22.
135 Staub/Habersack/Schürnbrand Rn. 22; HKMS/Burg Rn. 76; Nonnenmacher/Pohle/von Werder DB
    2009, 1447 (1450).
136 HKMS/Burg Rn. 72.
137 BeBiKo/Grottel Rn. 75; HKMS/Burg Rn. 76–73.
138 Schüppen Rn. 26.
139 HKMS/Burg Rn. 63; Schüppen Rn. 26.
140 Zu einer inhaltlichen Analyse der Berichterstattung über den Prüfungsausschuss anhand der DAX-30-
    Unternehmen Steller WPg 2021, 595.
141 Vgl. BeBiKo/Grottel Rn. 68, 72 (zum alten Recht).

AktG begründet eine **Teilnahme- und Auskunftspflicht** des Abschlussprüfers gegenüber dem Prüfungsausschuss.[142] Danach hat der Abschlussprüfer an den Verhandlungen des Prüfungsausschusses über den Jahresabschluss bzw. den Konzernabschluss teilzunehmen.[143] Der Prüfungsausschuss (dh alle Mitglieder) hat mit dem Abschlussprüfer über den geprüften und testierten (Konzern-)Abschluss zu sprechen und sich von ihm über die wesentlichen Ergebnisse seiner Prüfung, insbesondere wesentliche Schwächen des internen Kontroll- und des Risikomanagementsystems bezogen auf den Rechnungslegungsprozess berichten zu lassen, sofern die Verhandlungen über die Vorlagen des Abschlussprüfers nicht von dem Gesamtaufsichtsrat geführt werden (Abs. 2 S. 4 iVm § 171 Abs. 1 S. 2: „des Aufsichtsrats *oder* des Prüfungsausschusses").[144] § 171 Abs. 1 S. 3 AktG ergänzt, dass der Abschlussprüfer den Prüfungsausschuss über Umstände zu **informieren** hat, die seine Befangenheit besorgen lassen.[145] Der Informationspflicht des Abschlussprüfers zur Unabhängigkeit, der der Abschlussprüfer in einer Erklärung im Rahmen des Prüfungsberichts schriftlich nachzukommen hat (§ 321 Abs. 4a),[146] entspricht das Recht des Prüfungsausschusses auf entsprechende Information durch den Abschlussprüfer. Der Prüfungsausschuss hat sich darüber hinaus von dem Prüfer über Leistungen informieren zu lassen, die der Prüfer zusätzlich zu den Abschlussprüferleistungen erbracht hat (Abs. 2 S. 4 iVm § 171 Abs. 1 S. 3), sofern der Prüfer nicht dem Gesamtaufsichtsrat zu berichten hat.[147] Die Pflicht zur Offenlegung von Nichtprüfungsleistungen trägt der Tatsache Rechnung, dass der Prüfungsausschuss die Erbringung zulässiger Nichtprüfungsleistungen durch den Abschlussprüfer nach gebührender Beurteilung der Gefährdung der Unabhängigkeit für den Prüfer billigen muss.[148]

IV. Abschlussprüferaufsichtsstelle (Abs. 3)

34   **1. Hintergrund.** Nach dem Abschlussprüferaufsichtsgesetz[149] vom 27.12.2004 (BGBl. 2004 I 3946) übte eine nicht aus Abschlussprüfern bestehende ehrenamtliche Abschlussprüferaufsichtskommission (APAK) seit 2006 unabhängig und frei von Weisungen die Fachaufsicht über die Wirtschaftsprüferkammer (WPK; vgl. § 4 WPO) und die darin organisierten Wirtschaftsprüfer aus.[150] Der Sache nach handelte es sich dabei um eine Maßnahme des **Public Oversight,** die dem US-amerikanischen Public Company Accounting Oversight Board (PCAOB) nachempfunden worden war. Aufgrund des APAReG vom 31.3.2016 (BGBl. 2016 I 518), das am 5.4.2016 im Bundesgesetzblatt verkündet wurde (BGBl. 2016 I 518), endete die Amtszeit der APAK am 16.6.2016.[151] Ihre Aufgaben werden seither von der berufsstandunabhängigen und selbständigen Abschlussprüferaufsichtsstelle (**APAS** – englisch: Auditor Oversight Commission [AOC]) beim Bundesamt für Wirtschaft und Aus-

---

[142]   BeBiKo/Grottel Rn. 76; Wiedmann/Böcking/Gros/Böcking/Gros/Rabenhorst Rn. 7; Hopt/Merkt Rn. 10. Zu der Frage, ob der Abschlussprüfer an der Bilanzsitzung des Prüfungsausschusses auch „virtuell" teilnehmen darf oder seine körperliche Anwesenheit zwingend erforderlich ist, s. Fachlicher Hinweis des IDW „Zweifelsfragen zu den Auswirkungen der Ausbreitung des Coronavirus auf die Rechnungslegung und deren Prüfung" (Teil 3, 5. Update, April 2021), S. 50.

[143]   Wird der Abschlussprüfer vom Aufsichtsrat als Sachverständiger zu den Beratungen zugezogen, nimmt der Vorstand grundsätzlich nicht an der Sitzung teil (§ 109 Abs. 1 S. 3 AktG). Hierdurch sollen die Rolle des Abschlussprüfers als unabhängiger, sachverständiger Berater des Aufsichtsrats und seiner Ausschüsse sowie die vertrauliche Kommunikation zwischen Aufsichtsrat und Abschlussprüfer gestärkt werden.

[144]   BeBiKo/Grottel Rn. 71.

[145]   Zur Besorgnis der Befangenheit s. auch §§ 2, 29 BS WP/vBP.

[146]   Abschlussprüfer haben die von ihnen zur Überprüfung der Unbefangenheit getroffenen Schutzmaßnahmen schriftlich zu dokumentieren: § 29 Abs. 5 S. 2, 30 BS WP/vBP.

[147]   Wiedmann/Böcking/Gros/Böcking/Gros/Rabenhorst Rn. 7.vgl. Nonnenmacher/Pohle/von Werder DB 2009, 1447 (1450).

[148]   HKMS/Burg Rn. 95.

[149]   Dazu näher Bertram/Heininger DB 2004, 1734.

[150]   Zu Einzelheiten Röhricht WPg Sonderheft 2008, S28; Schneiß/Groove WPg Sonderheft 2008, S44; Heininger WPg 2008, 535.

[151]   Hense/Ulrich/Richter WPO § 66a Rn. 6–8.

fuhrkontrolle (BAFA) übernommen.[152] Die APAS ist zuständige Behörde iSd Art. 13 Abs. 1 UAbs. 3 Abschlussprüfungs-VO, Art. 14 Abschlussprüfungs-VO und Art. 17 Abs. 8 UAbs. 3 Abschlussprüfungs-VO sowie des Art. 20 Abs. 1 Abschlussprüfungs-VO (§ 66a Abs. 2 WPO). Neben der Fachaufsicht über die WPK (§ 66a Abs. 3–5 WPO) ist es insbesondere Aufgabe der APAS, bei Berufsangehörigen, Wirtschaftsprüfungsgesellschaften und genossenschaftlichen Prüfungsverbänden, die gesetzlich vorgeschriebene Abschlussprüfungen bei Unternehmen von öffentlichem Interesse (§ 316a S. 2) durchführen, ohne besonderen Anlass zu ermitteln **(Inspektionen)** (§ 66a Abs. 6 S. 1 Nr. 1 WPO. Darüber hinaus gibt es anlassbezogene Ermittlungen, soweit sich beispielsweise bei Inspektionen konkrete Anhaltspunkte für Verstöße gegen Berufspflichten ergeben (§ 66a Abs. 6 S. 1 Nr. 2). Nicht zuletzt leistet die APAS einen Beitrag zur Verbesserung der Prüfungsqualität durch ihre Mitarbeit in den europäischen und internationalen Gremien der Prüferaufsicht.

2. Überwachungstätigkeit. Abs. 3 schafft auf nationaler Ebene die erforderliche **35** Ermächtigungsgrundlage für die Überwachungstätigkeit der APAS.[153] Zur Erfüllung ihrer unionsrechtlich vorgegebenen Aufgaben gemäß Art. 27 Abs. 1 lit. c Abschlussprüfungs-VO kann die APAS von einer Kapitalgesellschaft, die ein Unternehmen von öffentlichem Interesse ist, eine Darstellung und Erläuterung des Ergebnisses sowie der Durchführung der Tätigkeit seines Prüfungsausschusses verlangen (Abs. 3 S. 1). Vorgesehen ist ein **zweistufiges Verfahren** zur Anwendung: Nach Abs. 3 S. 2 soll die APAS „zunächst" auf Informationen aus öffentlich zugänglichen Quellen zurückgreifen (zB Veröffentlichungen des Unternehmens im Internet).[154] Auf der zweiten Stufe kann die APAS dann unmittelbar Auskunft von der betreffenden Kapitalgesellschaft verlangen. Adressat der Informationsverpflichtung ist nach Abs. 3 S. 1 die „Kapitalgesellschaft" (und dieser gleichgestellte Personenhandelsgesellschaft iSd § 264a Abs. 1). Über die Zuständigkeit innerhalb der Gesellschaft entscheidet das maßgebliche (Gesellschafts-)Recht.[155]

V. Rechtsfolgen unterbliebener Einrichtung

Für einen Verstoß gegen die Verpflichtung der Gesellschaft nach § 324, einen Prüfungs- **36** ausschuss einzurichten, sieht das Gesetz keine unmittelbaren Sanktionen vor.[156] Die unterbliebene Einrichtung eines obligatorischen Prüfungsausschusses führt allerdings zur Einschränkung des Bestätigungsvermerks.[157] Hinzu kommen mögliche Schadensersatzpflichten zugunsten verschiedener Personengruppen[158] sowie allfällige Auswirkungen auf den Jahresabschluss.[159]

§ 324a Anwendung auf den Einzelabschluss nach § 325 Abs. 2a

(1) [1]**Die Bestimmungen dieses Unterabschnitts, die sich auf den Jahresabschluss beziehen, sind auf einen Einzelabschluss nach § 325 Abs. 2a entsprechend anzuwenden.** [2]**An Stelle des § 316 Abs. 1 Satz 2 gilt § 316 Abs. 2 Satz 2 entsprechend.**

(2) [1]**Als Abschlussprüfer des Einzelabschlusses nach § 325 Abs. 2a gilt der für die Prüfung des Jahresabschlusses bestellte Prüfer als bestellt.** [2]**Der Prüfungsbericht zum Einzelabschluss nach § 325 Abs. 2a kann mit dem Prüfungsbericht zum Jahresabschluss zusammengefasst werden.**

---

152 Zu Einzelheiten Gelhausen/Krauß WPK Mitt. Sonderausgabe 2016, 39; Kelm/Schneiß/Schmitz-Herkendell WPg 2016, 60; Lenz WP Praxis 2015, 213; ausf. Hense/Ulrich/Richter WPO § 66a Rn. 9 ff.
153 BeBiKo/Grottel Rn. 85.
154 Begr. RegE AReG BT-Drs. 18/7219, 50.
155 Zu Einzelheiten Schüppen Rn. 30.
156 Schüppen Rn. 27 mwN; HKMS/Burg Rn. 105.
157 Schüppen Rn. 27 mwN; HKMS/Burg Rn. 106.
158 HKMS/Burg Rn. 117–122.
159 HKMS/Burg Rn. 113–116.

Schrifttum: Ebke, Publizität – (k)ein Thema?, in Ebke/Möhlenkamp, Rechnungslegung, Publizität und Wettbewerb, 2010, 29; Ebke, Rechnungslegung und Publizität in europarechtlicher und rechtsvergleichender Sicht, in Ebke/Luttermann/Siegel, Internationale Rechnungslegungsstandards für börsenunabhängige Unternehmen?, 2007, S. 67; Ernst/Gabriel, Die Entwürfe des Bilanzkontrollgesetzes und des Bilanzrechtsreformgesetzes – Stärkung von Unternehmensintegrität und Anlegerschutz, Der Konzern 2004, 102; Fey/Deubert, Befreiender IFRS-Einzelabschluss nach § 325 Abs. 2a HGB für Zwecke der Offenlegung, KoR 2006, 92; Großfeld, Globale Rechnungslegung, in Ebke/Elsing/Großfeld/Kühne, Das deutsche Wirtschaftsrecht unter dem Einfluss des US-amerikanischen Rechts, 2011, 217; Heuser/Theile, Auswirkungen des Bilanzrechtsreformgesetzes auf den Jahresabschluss und Lagebericht der GmbH, GmbHR 2005, 201; Hoffmann/Lüdenbach, Bilanzrechtsreformgesetz – Seine Bedeutung für den Einzel- und Konzernabschluss der GmbH, GmbHR 2004, 145; Hommelhoff, Gesellschaftsrechtliche Implikationen des BilMoG, FS Schindhelm, 2009, 365; Kußmaul/Tcherveniachki, Entwicklung der Rechnungslegung mittelständischer Unternehmen im Kontext der Internationalisierung der Bilanzierungspraxis, DStR 2005, 616 (618); Möhlenkamp, Internationales Rechnungslegungsrecht für den Mittelstand, in Ebke/Elsing/Großfeld/Kühne, Das deutsche Wirtschaftsrecht unter dem Einfluss des US-amerikanischen Rechts, 2011, 239; Noack, Unternehmenspublizität – Bedeutung und Medien der Offenlegung von Daten des Unternehmens, 2002; Pfitzer/Oser/Orth, Offene Fragen und Systemwidrigkeiten des Bilanzrechtsreformgesetzes (BilReG), DB 2004, 2593; Roth, Publizität aus Sicht eines Unternehmens, in Ebke/Möhlenkamp, Rechnungslegung, Publizität und Wettbewerb, 2010, 133; Schreiber, Publizität in Deutschland – Das EHUG in der Praxis, in Ebke/Möhlenkamp, Rechnungslegung, Publizität und Wettbewerb, 2010, 109; Stahlschmidt, Überblick über das Bilanzrechtsreformgesetz, StuB 2004, 993; Starck, Bilanzpublizität und Datenschutz, DStR 2008, 2035; Starck, Gesellschaftsrechtliche Publizität und Schutz personenbezogener Daten, 2007; Starck, Publizität über alles?, in Ebke/Möhlenkamp, Rechnungslegung, Publizität und Wettbewerb, 2010, 217; Wendtland/Knorr, Das Bilanzrechtsreformgesetz, KoR 2005, 53; Witt, Die Konzernbesteuerung, 2006.

I. Allgemeines

1   Die Vorschriften des § 324a sind durch das BilReG vom 4.12.2004 (BGBl. 2004 I 31) in das HGB eingefügt worden.

II. IFRS-Abschlüsse

2   **1. Abs. 1 S. 1.** Abs. 1 S. 1 erstreckt die Geltung der Bestimmungen über die Prüfung des Jahresabschlusses (§§ 316–324) auf Einzelabschlüsse, die nach den in § 315e Abs. 1 bezeichneten internationalen Rechnungslegungsstandards aufgestellt worden sind (sog. IFRS-Abschlüsse).[1] § 325 Abs. 2a S. 1 gestattet ua allen Kapitalgesellschaften (AG, GmbH – auch im Stadium der Unternehmergesellschaft (haftungsbeschränkt) gemäß § 5a GmbHG[2] –, KGaA, SE, REIT AG[3])[4] sowie Kapitalgesellschaften & Co. bzw. OHG iSd § 264a[5] ihre Verpflichtung zur Offenlegung des Jahresabschlusses im elektronischen Bundesanzeiger dadurch befreiend zu erfüllen, dass an Stelle des Jahresabschlusses ein Einzelabschluss nach den in § 315e Abs. 1 bezeichneten internationalen Rechnungslegungsstandards im elektronischen Bundesanzeiger veröffentlicht wird. Ein Unternehmen, das von diesem **Wahlrecht** Gebrauch macht, hat die IFRS vollständig zu befolgen (§ 325 Abs. 2a S. 2). Der für Veröffentlichungszwecke aufgestellte IFRS-Einzelabschluss ist entsprechend §§ 316–324 zu prüfen (Abs. 1 S. 1). Der für den IFRS-Einzelabschluss erteilte Bestätigungsvermerk bzw. Vermerk über dessen Versagung (§ 322) ist ebenfalls im elektronischen Bundesanzeiger offenzulegen (§ 325 Abs. 2b Nr. 1). Die Erstreckung der Abschlussprüfungspflicht auf den IFRS-Einzelabschluss soll das Vertrauen der Adressaten in die Aussagekraft des IFRS-Einzelabschlusses in gleicher Weise wie bei HGB-Jahresabschlüssen schützen.[6]

---

1   BeBiKo/Grottel Rn. 1; Hopt/Merkt Rn. 1.
2   OLG Köln GmbHR 2015, 1219.
3   Dazu IDW PH 9.950.2: Besonderheiten bei der Prüfung einer REIT-Aktiengesellschaft nach § 1 Abs. 4 REIT-Gesetz, einer Vor-REIT-Aktiengesellschaft nach § 2 S. 3 REIT-Gesetz und der Prüfung nach § 21 Abs. 3 S. 3 REIT-Gesetz (Stand: 25.10.2010), WPg Supp. 1/2011, 61. Zu Einzelheiten des IDW PH 9.950.2: Gorgs/Conrad/Rohde WPg 2009, 1167.
4   HKMS/Zetzsche § 325 Rn. 16–17.
5   HKMS/Zetzsche § 325 Rn. 18; HKMS/Burg Rn. 4.
6   Schüppen Rn. 1; HKMS/Burg Rn. 1; BeBiKo/Grottel Rn. 1; Wiedmann/Böcking/Gros/Böcking/Gros/Rabenhorst Rn. 2.

Der IFRS-Einzelabschluss kann den **HGB-Jahresabschluss** allerdings **nicht ersetzen.** 3
Vielmehr muss als „Befreiungsvoraussetzung" nach § 325 Abs. 2b Nr. 3 zusätzlich ein HGB-
Jahresabschluss erstellt, geprüft und festgestellt werden und nebst Bestätigungsvermerk bzw.
Vermerk über dessen Versagung bei dem Betreiber des elektronischen Bundesanzeigers
elektronisch eingereicht werden.[7] Der Betreiber des elektronischen Bundesanzeigers leitet
den HGB-Jahresabschluss dann als „Unterlage der Rechnungslegung nach § 325" (§ 8b
Abs. 2 Nr. 4) an das Unternehmensregister weiter, wo diese Informationen für jeden Interes-
sierten einsehbar sind.[8] Der HGB-Jahresabschluss bleibt mithin als Grundlage für die
Gewinnausschüttung und die steuerliche Gewinnausschüttung erhalten.[9] Die befreiende
Inanspruchnahme des Wahlrechts nach § 325 Abs. 2a S. 1 zwingt allerdings zu einer doppelten Ermittlung des Gewinns sowie des Vermögens und der Verbindlichkeiten nach IFRS und
HGB sowie zu einer doppelten Abschlussprüfung (wobei die Prüfungsberichte allerdings
zusammengefasst werden dürfen).

2. Abs. 1 S. 2. Abs. 1 S. 2 berücksichtigt, dass ein nach internationalen Rechnungsle- 4
gungsstandards aufgestellter Einzelabschluss – ebenso wie ein Konzernabschluss[10] – Informationszwecken dient,[11] für die gesellschaftsrechtliche Kapitalerhaltung und Ausschüttungsbemessung dagegen keine Bedeutung hat[12] und deshalb aktienrechtlich nicht der Feststellung,
sondern nur der **Billigung** durch die zuständigen Organe unterliegt,[13] bei der Aktiengesellschaft also durch den Aufsichtsrat (§ 171 Abs. 4 S. 1 AktG), ebenso bei der GmbH (§ 52
Abs. 1 GmbHG, soweit sich aus Gesetz oder Gesellschaftsvertrag nicht etwas anderes ergibt)
und bei Kapitalgesellschaften & Co. bzw. OHG iSd § 264a durch die Gesellschafterversammlung, soweit gesellschaftsvertraglich nicht etwas anderes geregelt ist.[14]

III. Prüfung

1. Abs. 2 S. 1. Nach Abs. 1 S. 1 sind auf die Prüfung des IFRS-Einzelabschlusses die 5
§§ 316–324 anzuwenden, also insbesondere § 317 bezüglich des Gegenstandes und des
Umfangs der Prüfung, §§ 318, 319, 319b bezüglich der Auswahl und der Bestellung des
Abschlussprüfers sowie die §§ 321, 322 bezüglich des Prüfungsberichts und des Bestätigungsvermerks. Allerdings gelten gewisse Besonderheiten. So bestimmt Abs. 2 S. 1, dass als
Abschlussprüfer des IFRS-Einzelabschlusses der für die Prüfung des Jahresabschlusses
bestellte Abschlussprüfer als bestellt gilt **(gesetzliche Fiktion).** Eine einheitliche Prüfung
schien dem Gesetzgeber schon im Hinblick auf den einheitlichen Lagebericht zu beiden
Abschlüssen (vgl. § 325 Abs. 2a S. 4) sachgerecht zu sein.[15] Aufgrund der gesetzlichen Fiktion bedarf es also keiner gesonderten Wahl des Prüfers für den IFRS-Einzelabschluss,[16]

---

7   HKMS/Zetzsche § 325 Rn. 99.
8   Ebke in Ebke/Luttermann/Siegel, Internationale Rechnungslegungsstandards für börsenunabhängige
    Unternehmen?, 2007, S. 67 (79 mwN); Schüppen Rn. 2.
9   Ebke in Ebke/Luttermann/Siegel, Internationale Rechnungslegungsstandards für börsenunabhängige
    Unternehmen?, 2007, S. 67 (79 mwN).
10 Für eine zusammengefasste Besteuerung im Kapitalgesellschaftskonzern *de lege ferenda* Witt, Die Konzern-
    besteuerung, 2006.
11 Schildbach in Ebke/Luttermann/Siegel, Internationale Rechnungslegungsstandards für börsenunabhän-
    gige Unternehmen?, 2007, S. 121 („Internationale Rechnungslegungsstandards sind anders als das HGB
    konsequent und kompromisslos auf die Informationsfunktion ausgerichtet").
12 Hopt/Merkt Rn. 1. Zu weiteren Einzelheiten Ebke in Ebke/Luttermann/Siegel, Internationale Rech-
    nungslegungsstandards für börsenunabhängige Unternehmen?, 2007, S. 67 (82–85 mwN); Schildbach
    in Ebke/Luttermann/Siegel, Internationale Rechnungslegungsstandards für börsenunabhängige Unter-
    nehmen?, 2007, S. 133–137.
13 Vgl. Begr. RegE BilReG, BT-Drs. 15/3419, 45 v. 24.6.2004; HKMS/Burg Rn. 7; BeBiKo/Grottel
    Rn. 10; Hopt/Merkt Rn. 1.
14 HKMS/Burg Rn. 8; BeBiKo/Grottel Rn. 10.
15 Hopt/Merkt Rn. 2; BeBiKo/Grottel Rn. 15; Wiedmann/Böcking/Gros/Böcking/Gros/Rabenhorst
    Rn. 3.
16 BeBiKo/Grottel Rn. 15; Schüppen Rn. 5.

wohl aber des Abschlusses eines gesonderten schuldrechtlichen Prüfungsvertrages.[17] Die – schon in Anbetracht der damit verbundenen höheren Kosten wohl eher theoretische – Frage nach der Möglichkeit einer abweichenden Prüferbestellung wird – wegen der zwingenden Natur der unwiderlegbaren Vermutung in Abs. 2 S. 1 – zutreffend verneint.[18]

6   **2. Abs. 2 S. 2.** Besonderheiten gelten auch im Hinblick auf den Prüfungsbericht. Der **Prüfungsbericht** zum IFRS-Einzelabschluss kann mit dem Prüfungsbericht zum HGB-Jahresabschluss zusammengefasst werden (Abs. 2 S. 2; s. auch § 325 Abs. 3a).[19] Für die Berichterstattung gelten einige Besonderheiten (IDW PS 450.139–450.143[20]).[21] Eine Zusammenfassung der Bestätigungsvermerke ist nach dem Wortlaut von Abs. 2 S. 2 nicht zulässig; das hat seinen Grund in der Tatsache, dass § 325 Abs. 2a Nr. 1 und Nr. 3 eine Pflicht zur getrennten Offenlegung des Bestätigungsvermerks zu dem IFRS-Einzelabschluss und des Bestätigungsvermerks zu dem HGB-Abschluss statuiert, soll die befreiende Wirkung der Offenlegung des Einzelabschlusses nach Abs. 2a eintreten.[22]

IV. Rechtsfolgen

7   Wird ein anderer Prüfer als derjenige des HGB-Jahresabschlusses für die Prüfung des IFRS-Einzelabschlusses bestellt, gilt die Prüfung als nicht erfolgt.[23] Hat keine Prüfung stattgefunden, so kann der IFRS-Einzelabschluss nicht gebilligt werden (Abs. 1 S. 2 iVm § 316 Abs. 2 S. 2).[24] Ein nicht gebilligter IFRS-Einzelabschluss darf vom Vorstand einer Aktiengesellschaft nicht offengelegt werden. Fehlt es an einer Prüfung und/oder Billigung des IFRS-Einzelabschlusses, tritt die befreiende Wirkung iSd § 325 Abs. 2a nicht ein (§ 325 Abs. 2a Nr. 1). Die daraus folgende fehlende Offenlegung nach § 325 Abs. 1 kann zu einem Ordnungsgeldverfahren nach § 335 Abs. 1 Nr. 1 führen.[25]

Vierter Unterabschnitt. Offenlegung. Prüfung durch die das Unternehmensregister führende Stelle

§ 325 Offenlegung

(1) [1]**Die Mitglieder des vertretungsberechtigten Organs einer Kapitalgesellschaft haben für die Gesellschaft folgende Unterlagen, sofern sie aufzustellen oder zu erstellen sind, in deutscher Sprache offenzulegen:**

1. **den festgestellten Jahresabschluss, den Lagebericht, den Bestätigungsvermerk oder den Vermerk über dessen Versagung und die Erklärungen nach § 264 Absatz 2 Satz 3 und § 289 Absatz 1 Satz 5 sowie**

2. **den Bericht des Aufsichtsrats und die nach § 161 des Aktiengesetzes vorgeschriebene Erklärung.**
[2]**Die Unterlagen sind der das Unternehmensregister führenden Stelle elektronisch zur Einstellung in das Unternehmensregister zu übermitteln.**

---

17   Zust. BeBiKo/Grottel Rn. 15; Schüppen Rn. 5.
18   HKMS/Burg Rn. 11 („zwingend"); Schüppen Rn. 5 („Abs. 2 Satz 1 stellt ... eine unwiderlegbare Vermutung auf").
19   Vgl. Begr. RegE BilReG, BT-Drs. 15/3419, 45 v. 24.6.2004; BeBiKo/Grottel Rn. 20; HKMS/Burg Rn. 13–17; Hopt/Merkt Rn. 2.
20   IDW PS 450: Grundsätze ordnungsmäßiger Erstellung von Prüfungsberichten (Stand: 28.10.2021), IDW Life 2022, 78.
21   BeBiKo/Grottel Rn. 21.
22   IdS auch BeBiKo/Grottel Rn. 21.
23   HKMS/Burg Rn. 19.
24   HKMS/Burg Rn. 19.
25   Schreiber in Ebke/Möhlenkamp, Rechnungslegung, Publizität und Wettbewerb, 2010, S. 112–120 und 122–131 (mit Beispielen aus der Rspr.); vgl. BeBiKo/Grottel Rn. 26; HKMS/Burg Rn. 20.

(1a) ¹Die Unterlagen nach Absatz 1 Satz 1 sind spätestens ein Jahr nach dem Abschlussstichtag des Geschäftsjahrs zu übermitteln, auf das sie sich beziehen. ²Liegen die Unterlagen nach Absatz 1 Satz 1 Nummer 2 nicht innerhalb der Frist vor, sind sie unverzüglich nach ihrem Vorliegen nach Absatz 1 offenzulegen.

(1b) ¹Wird der Jahresabschluss oder der Lagebericht geändert, so ist auch die Änderung nach Absatz 1 Satz 1 offenzulegen. ²Ist im Jahresabschluss nur der Vorschlag für die Ergebnisverwendung enthalten, ist der Beschluss über die Ergebnisverwendung nach seinem Vorliegen nach Absatz 1 Satz 1 offenzulegen.

(2) [aufgehoben]

(2a) ¹Bei der Offenlegung nach Absatz 1 in Verbindung mit § 8b Absatz 2 Nummer 4 kann bei großen Kapitalgesellschaften (§ 267 Absatz 3) an die Stelle des Jahresabschlusses ein Einzelabschluss treten, der nach den in § 315e Absatz 1 bezeichneten internationalen Rechnungslegungsstandards aufgestellt worden ist. ²Ein Unternehmen, das von diesem Wahlrecht Gebrauch macht, hat die dort genannten Standards vollständig zu befolgen. ³Auf einen solchen Abschluss sind § 243 Abs. 2, die §§ 244, 245, 257, § 264 Absatz 1a, 2 Satz 3, § 285 Nr. 7, 8 Buchstabe b, Nr. 9 bis 11a, 14 bis 17, § 286 Absatz 1 und 3 anzuwenden. ⁴Die Verpflichtung, einen Lagebericht offenzulegen, bleibt unberührt; der Lagebericht nach § 289 muss in dem erforderlichen Umfang auch auf den Einzelabschluss nach Satz 1 Bezug nehmen. ⁵Die übrigen Vorschriften des Zweiten Unterabschnitts des Ersten Abschnitts und des Ersten Unterabschnitts des Zweiten Abschnitts gelten insoweit nicht. ⁶Kann wegen der Anwendung des § 286 Abs. 1 auf den Anhang die in Satz 2 genannte Voraussetzung nicht eingehalten werden, entfällt das Wahlrecht nach Satz 1.

(2b) Die befreiende Wirkung der Offenlegung des Einzelabschlusses nach Absatz 2a tritt ein, wenn
1. statt des vom Abschlussprüfer zum Jahresabschluss erteilten Bestätigungsvermerks oder des Vermerks über dessen Versagung der entsprechende Vermerk zum Abschluss nach Absatz 2a in die Offenlegung nach Absatz 1 einbezogen wird,
2. der Vorschlag für die Verwendung des Ergebnisses und gegebenenfalls der Beschluss über seine Verwendung unter Angabe des Jahresüberschusses oder Jahresfehlbetrags in die Offenlegung nach Absatz 1 einbezogen werden und
3. der Jahresabschluss mit dem Bestätigungsvermerk oder dem Vermerk über dessen Versagung in deutscher Sprache nach Maßgabe des Absatzes 1a Satz 1 und des Absatzes 4 der das Unternehmensregister führenden Stelle elektronisch zur Einstellung in das Unternehmensregister durch dauerhafte Hinterlegung übermittelt wird.

(3) Die Absätze 1 bis 1b Satz 1 und Absatz 4 Satz 1 gelten entsprechend für die Mitglieder des vertretungsberechtigten Organs einer Kapitalgesellschaft, die einen Konzernabschluss und einen Konzernlagebericht aufzustellen haben.

(3a) Wird der Konzernabschluss zusammen mit dem Jahresabschluss des Mutterunternehmens oder mit einem von diesem aufgestellten Einzelabschluss nach Absatz 2a offengelegt, können die Vermerke des Abschlussprüfers nach § 322 zu beiden Abschlüssen zusammengefasst werden; in diesem Fall können auch die jeweiligen Prüfungsberichte zusammengefasst werden.

(4) ¹Bei einer Kapitalgesellschaft im Sinn des § 264d beträgt die Frist nach Absatz 1a Satz 1 längstens vier Monate. ²Für die Wahrung der Fristen nach Satz 1 und Absatz 1a Satz 1 ist der Zeitpunkt der Übermittlung der Unterlagen maßgebend.

(5) Auf Gesetz, Gesellschaftsvertrag oder Satzung beruhende Pflichten der Gesellschaft, den Jahresabschluss, den Einzelabschluss nach Absatz 2a, den Lagebericht, den Konzernabschluss oder den Konzernlagebericht in anderer Weise bekannt zu machen, einzureichen oder Personen zugänglich zu machen, bleiben unberührt.

(6) Die §§ 11 und 12 Abs. 2 gelten entsprechend für die Unterlagen, die an die das Unternehmensregister führende Stelle zur Einstellung in das Unternehmensregister zu übermitteln sind; § 325a Absatz 1 Satz 5 und § 340l Absatz 2 Satz 6 bleiben unberührt.

Schrifttum: Alvarez/Wotschofsky, Zwischenberichterstattung, 2. Aufl. 2003; Arbeitskreis Bilanzrecht der Hochschullehrer Rechtswissenschaft, Stellungnahme zum Referentenentwurf eines Bilanzrechtsreformgesetzes, BB 2004, 546; Arbeitskreis Bilanzrecht der Hochschullehrer Rechtswissenschaft, Stellungnahme zu dem Entwurf eines BilMoG: Grundkonzept und Aktivierungsfragen, BB 2008, 152; Arbeitskreis Bilanzrecht der Hochschullehrer Rechtswissenschaft, Stellungnahme zu dem Entwurf eines BilMoG: Einzelfragen zum materiellen Bilanzrecht, BB 2008, 209; Arbeitskreis Externe Unternehmensrechnung der Schmalenbach-Gesellschaft für Betriebswirtschaft e.V., Stellungnahme zu dem Referentenentwurf eines Bilanzrechtsmodernisierungsgesetzes, BB 2008, 994; Baetge/Apelt, Publizität kleiner und mittelständischer Kapitalgesellschaften und Harmonisierung der Rechnungslegung, BFuP 1992, 393; Ballwieser, Bilanzierungspraxis und Publizitätsverhalten mittelgroßer Kapitalgesellschaften, WPK-Mitt. 1991, 49; Barth, Publizitätspflicht für mittelständische Unternehmen und GmbH & Co. KG, BB 1988, 2343; Behrens, Krisensymptome in der Gesellschaftsrechtsangleichung, EuZW 1996, 193; Beiersdorf/Rahe, Verabschiedung des Gesetzes zur Umsetzung der EU-Transparenzrichtlinie (TUG), BB 2007, 99; Biener, Die Publizität der Rechnungslegung im Wandel, BFuP 1989, 213; Biener, Die Transformation der Mittelstands- und der GmbH & Co.-Richtlinie, WPg 1993, 707; Biener, Neue Entwicklungen im Gesellschaftsrecht – Handlungsbedarf für die Mittelständischen Unternehmen?, Steuerberaterkongreß-Report 1994, 35; Bihr, Der Entwurf des Kapitalgesellschaften- und Co.-Richtlinie-Gesetzes, BB 1999, 1862; Bitter/Grashoff, Anwendungsprobleme des Kapitalgesellschaften- und Co.-Richtlinien-Gesetzes, DB 2000, 833; Böcking/Orth, Neue Vorschriften zur Rechnungslegung und Prüfung durch das KonTraG und das KapAEG, DB 1998, 1241; Bohl, Offenlegung von Jahresabschlüssen, EuZW 1998, 762; Bräuer, Die Pflicht zur Offenlegung der Rechnungslegung – Plädoyer für die Beibehaltung auch für Klein(st)unternehmen, NZG 2011, 53; Brete, Streitschrift gegen die Offenlegungspflicht von Jahresabschlüssen, GmbHR 2009, 617; Breucha-Schmidberger, Vermeidung von Nachteilen bei Verletzung der Publizitätspflicht, DStZ 1989, 223; Bülow/Artz, Handelsrecht, 7. Aufl. 2015; Christ/Müller-Helle, Veröffentlichungspflichten nach dem neuen EHUG, 2007; Clausnitzer/Blatt, Das neue elektronische Handels- und Unternehmensregister: Ein Überblick über die wichtigsten Änderungen aus Sicht der Wirtschaft, GmbHR 2006, 1303; Cox, Accounting Standards from an Economist's Perspective, 7 Journal of Comparative Business and Capital Market Law, 1985, 349; Crezelius, Jahresabschlußpublizität bei deutscher Kapitalgesellschaft, ZGR 1999, 252; Dieckmann, Publizitätspflicht und Sanktionen nach dem Kapitalgesellschaften- und Co.-Richtlinie-Gesetz, GmbHR 2000, 353; Dierksmeier/Scharbert, GmbH und englische Ltd. Im Wettlauf der Reformen, BB 2006, 1517; Dörner/Wirth, Die Befreiung von Tochter-Kapitalgesellschaften nach § 264 Abs. 3 HGB idF des KapAEG hinsichtlich Inhalt, Prüfung und Offenlegung des Jahresabschlusses, DB 1998, 1525; Dorozala/Söffig, Zur Vermeidung handelsrechtlicher Offenlegungspflichten durch alternative Rechtsformen, DStR 2000, 1567; Ebke/Möhlenkamp, Rechnungslegung, Publizität und Wettbewerb, 2010; Ehlig, Der Sanktionsmechanismus bei Nichtoffenlegung der Jahresabschlüsse von Kapitalgesellschaften aus Sicht der handelsrechtlichen Rechnungslegungszwecke und seine verfassungsrechtlichen Grenzen, WPg 1997, 513; Ernst, Die Grundzüge des Referentenentwurfs zur Kapitalgesellschaften & Co.-Richtlinie – Neuer Schub für die Konzernrechnungslegung, DStR 1999, 903; Farr, Der Jahresabschluß der mittelgroßen und der kleinen AG, AG 1996, 145; Farr, Der Jahresabschluß der kleinen GmbH, GmbHR 1996, 92 und 185; Farr, Checkliste für den Anhang im Jahresabschluß der kleinen GmbH unter Berücksichtigung der Neuerungen des KonTraG, KapAEG und EuroEG sowie Ausblick auf das KapCoRiLiG, GmbHR 1999, 1080; Fehrenbacher, Steuern und Finanzplanung im Konzern, 2000; Fehrenbacher, Registerpublizität und Haftung im Zivilrecht, 2004; Fey/Deubert, Befreiender IFRS-Einzelabschluss nach § 325 Abs. 2a HGB für Zwecke der Offenlegung, KoR 2006, 92; Fox, Retaining Mandatory Disclosure: Why Issuer Choice is not Investor Empowerment?, 85 Virginia Law Review (1999), 1337; Fox, The Issuer Choice Debate, 2 Theoretical Inquiries in Law (2001), 563; Frey, Zur Bilanz-Publizität nach neuem Bilanzrecht, BB 1988, 1784; Friauf, Die Publizitätspflicht für Gesellschaften mit beschränkter Haftung aus verfassungsrechtlicher Sicht, GmbHR 1985, 245; Friauf, Registerpublizität für GmbH und Verfassungsrecht, GmbHR 1991, 397; Gehringer, Vertragsverletzung: Fehlen von geeigneten Sanktionen für den Fall der Nichtoffenlegung des Jahresabschlusses, EWS 1999, 65; Glade, Rechnungslegung und Prüfung nach dem Bilanzrichtlinien-Gesetz, 1986; Göhner, Zur Anwendung der neuen Größenklassenkriterien nach dem Gesetzentwurf der Bundesregierung zum KapCoRiLiG, BB 1999, 1914; Grönwoldt, Das Bilanzrichtlinien-Gesetz und die Pflichten des Registergerichts bei überschuldeter Jahresbilanz, BB 1988, 1494; Grundmann, Deutsches Anlegerschutzrecht in internationalen Sachverhalten – Vom internationalen Schuld- und Gesellschaftsrecht zum internationalen Marktrecht, RabelsZ 54 (1990),

283; Gustavus, Die Sanktionen bei unterlassener Offenlegung des Jahresabschlusses, ZIP 1988, 1429; Gustavus/
Weiler, Die Offenlegung von Jahresabschlüssen – Das Registergericht als Informationsquelle – Die Aufgaben
des Steuerberaters, Steuerberaterkongreß-Report 1988, 369; Habersack/Verse, Europäisches Gesellschaftsrecht, 5. Aufl. 2019; Häuselmann, Offenlegungspflichten ausländischer Kreditinstitute in Deutschland nach
dem Bankbilanzrichtlinie-Gesetz, WM 1995, 1049; Hagenau/Hauser, Die Publizität des Jahresabschlusses –
Eine nicht zwingende Vorschrift?, BB 1989, 180; Hager, Schutz einer Handelsgesellschaft gegen die Analyse
ihrer Jahresabschlüsse im Lichte der Grundrechte, ZHR 158 (1994), 675; Hartmann, Das neue Bilanzrecht
und der Gesellschaftsvertrag der GmbH, 1986; Heni, Transformation der GmbH & Co-Richtlinie – Neuer
Schub für die Konzernrechnungslegung, DStR 1999, 912; Herzig/Schäperclaus, Einheitstaxonomie für E-
Bilanz und Offenlegung, DB 2013, 1; Hirte, Daihatsu: Durchbruch für die Publizität, NJW 1999, 36; Höfner,
Die Offenlegungspflicht bei der GmbH & Co. KG erneut auf dem Prüfstand, NJW 2004, 475; Hoffmann/
Lüdenbach, Bilanzrechtsreformgesetz – Seine Bedeutung für den Einzel- und Konzernabschluß der GmbH,
GmbHR 2004, 145; Hofmann, Handelsrecht, 11. Aufl. 2002; Hommelhoff, Die neue Zwangspublizität:
„gläserne Taschen für den Mittelstand?", FS Müller, 2001, 449; Hopt, Der Kapitalanlegerschutz im Recht
der Banken – Gesellschafts-, bank- und börsenrechtliche Anforderungen an das Beratungs- und Verwaltungs-
verhalten der Kreditinstitute, 1975; Hopt, Gutachten zu dem Thema: Inwieweit empfiehlt sich eine allgemeine
gesetzliche Regelung des Anlegerschutzes? abgedruckt in den Verhandlungen des 51. deutschen Juristentages,
Bd. I, 1976, G 1; Hüttemann, Internationalisierung des deutschen Handelsbilanzrechts im Entwurf des Bilanzrechtsreformgesetzes, BB 2004, 203; Jansen, Publizitätsverweigerung und Haftung in der GmbH, 1999; Jessen/
Weller, Fortentwicklung des deutschen Bilanzrechts – Die Möglichkeiten eines Bilanzrechtsmodernisierungsgesetzes für den Einzelabschluss, DStR 2005, 489, 532; Jorde/Schröder/Tenhaak, Befreiung von Offenlegungspflichten von Konzerntöchtern im Lichte des Publizitätsgesetzes, BB 2013, 2219; Jung, Handelsrecht, 11. Aufl.
2016; Karsten, Das EHUG – ein weiterer Schnitt auf dem Weg zu einem modernen Unternehmensrecht in
Deutschland, GewArch 2007, 55; Kiesel/Grimm, Die Offenlegungsverpflichtung bei Kapitalgesellschaft &
Co. Nach dem Beschluss des EuGH vom 23.4.2004, DStR 2004, 2210; Klatte, Möglichkeiten des Verzichts
auf Angabe von Organbezügen und Ergebnisverwendung, BB 1995, 35; Knapp/Lepperdinger, Die Entwick-
lung des Rechts des Aufsichtsrats im Jahr 2014, DStR 2015, 1252; Kort, Paradigmenwechsel im deutschen
Registerrecht: Das elektronische Handels- und Unternehmensregister – eine Zwischenbilanz, AG 2007, 801;
Krawitz/Hartmann, Aktueller handelsrechtlicher Lage- und Konzernlagebericht im Rahmen eines IAS/IFRS-
Abschlusses, WPg 2006, 1262; Krumnow, Rechnungslegung der Kreditinstitute, 1994; Küting/Eichenlaub,
Verabschiedung des MicroBilG – Der „vereinfachte" Jahresabschluss für Kleinstkapitalgesellschaften, DStR
2012, 2615; Kuhsel, Schuldhafte Verletzung der Offenlegungspflicht von Jahresabschlüssen im elektronischen
Bundesanzeiger, DStR 2013, 1958; Kuntze-Kaufhold, Verschärfung der Jahresabschlusspublizität und Publizi-
tätswegfall bei Einbeziehung in den Konzernabschluss eines gebietsfremden Mutterunternehmens, BB 2006,
428; Kuntze-Kaufhold, Publizitätspflicht: Noch kein Licht im Sanktionstunnel, GmbHR 2017, 623; Leible,
Bilanzpublizität und Effektivität des Gemeinschaftsrechts, ZHR 162 (1998), 594; Leuering/Bäser, Die Offenlegung von Rechnungslegungsunterlagen nach dem DiRUG, NJW-Spezial 2022, 335; Leuering/Nießen, Die
Pflicht zur Offenlegung von Unternehmensdaten bekommt Krallen, NJW-Spezial 2006, 411; Liebscher/
Scharff, Das Gesetz über elektronische Handelsregister und Genossenschaftsregister sowie das Unternehmensregister, NJW 2006, 3745; Löcke, Der Materiality-Grundsatz bei Jahres- und Konzernabschlüssen nach International Accounting Standards, BB 1999, 307; Lück, Offenlegungspflichten für die „kleinen" GmbH nach
dem Bilanzrichtlinien-Gesetz, GmbHR 1987, 42; Luttermann, Das Kapitalgesellschaften- und Co.-Richt-
linien-Gesetz, ZIP 2000, 517; Marten, Die Pflicht der Unternehmen zur Offenlegung im Bundesanzeiger –
unter Berücksichtigung der Rechtslage ab dem 1.1.1995, BuW 1994, 625; Merkt, Unternehmenspublizität,
2001; Merkt, Beiträge zur Börsen- und Unternehmensgeschichte, 2001; Merkt/Osbahr, Die „Null-Bilanz":
Zur Frage der wirksamen Offenlegung gem. § 325 HGB, DB 2018, 1477; Meyding/Bödeker, Gesetzentwurf
über elektronische Handelsregister und Genossenschaftsregister sowie das Unternehmensregister (EHUG-E) –
Willkommen im Online-Zeitalter, BB 2006, 1009; Meyer, Der Rechenschaftsbericht des GmbH-Geschäftsführers, DB 1999, 1913; Meyer, Reform des handelsrechtlichen Ordnungsgeldverfahrens, DStR 2013, 930;
Muzzu/Prystav/Stein, Rechtliche Anforderungen an die Publizität von Finanzinformationen, DStR 2013,
1300; Mylich, Die vollständige Vermeidung von Bilanzpublizität bei Kapitalgesellschaften im Konzernverbund
ohne Haftungsrisiken für die Muttergesellschaft, ZIP 2020, 2102; Naujok, Gemeinschaftsrechtswidrigkeit der
Offenlegungspflichten der GmbH & Co. KG, GmbHR 2003, 263; Niehus, Heterogenität eines Konzernunternehmens als Grund für die Nicht-Einbeziehung von Tochterunternehmen in den Konzernabschluß, DB
1988, 869; Noack, Elektronische Publizität im Aktien- und Kapitalmarktrecht in Deutschland und Europa,
AG 2003, 537; Noack, Pflichtbekanntmachung bei der GmbH: Neue Regeln durch das Justizkommunikati-
onsgesetz, DB 2005, 599; Noack, Das neue Gesetz über elektronische Handels- und Unternehmensregister –
EHUG, 2006; Noack, Neue Publizitätspflichten und Publizitätsmedien für Unternehmen – eine Bestandsaufnahme nach EHUG und TUG, WM 2007, 377; Nothhelfer, Die Auswirkungen der GmbH & Co.-Richtlinie
auf die Praxis, BB 1996, 1655; Ostrowski, Die Offenlegung der Jahresabschlüsse von im Freiverkehr an der
Börse gehandelten Aktiengesellschaften, ZBB 1999, 19; Pfitzer/Wirth, Die Änderungen des Handelsgesetz-
buchs, DB 1994, 1937; Priester, Jahresabschlussfeststellung bei Personengesellschaften, DStR 2007, 28; Reuter,
Die Publizität der Kapitalgesellschaft nach neuem Bilanzrecht, FS Goerdeler, 1987, 427; Riepolt, Davon-
Vermerke in der Bilanz von Kleinstunternehmen nach dem MicroBilG, DStR 2014, 113; Riepolt, Größenklas-

senprüfung bei erstmaliger Anwendung des MicroBilG, DStR 2014, 817; Romano, Empowering Investors: A Market Approach to Securities Regulation, 107 Yale Law Journal (1998), 2365; Romano, The Need for Competition in International Securities Relation, 2 Theoretical Inquiries in Law (2001), 387; Scheffler, Neue Vorschriften zur Rechnungslegung, Prüfung und Offenlegung nach dem Kapitalgesellschaften und Co.-Richtlinien-Gesetz, DStR 2000, 529; Schildbach/Beermann/Feldhoff, Lagebericht und Publizitätspraxis der GmbH, BB 1990, 2297; Schlotter, Das EHUG ist in Kraft getreten: Das Recht der Unternehmenspublizität hat eine neue Grundlage, BB 2007, 1; K. Schmidt, Die sanierende Kapitalerhöhung im Recht der Aktiengesellschaft, GmbH und Personengesellschaft, ZGR 1982, 519; K. Schmidt, Zur Ablösung des Löschungsgesetzes, GmbHR 1994, 829; Schneider, Die Fortentwicklung des Handelsregisters zum Konzernregister, WM 1986, 181; Schneider, Die „Nullbilanz": ein rechtliches Nullum, notfalls strafrechtlich sanktioniert, DB 2018, 2949; Schneider/Vierkötter, Wettbewerbsverstoß: Verletzung handelsrechtlicher Offenlegungspflichten, ZAP 2017, 734; Schön, Anmerkung zu EuGH Urt. v. 4.12.1997 – Rs. C-97/96 Daihatsu, JZ 1998, 194; Schön, Corporate Disclosure in a Competitive Environment – The Quest for a European Framework on Mandatory Disclosure, Journal of Corporate Law Studies 2006, 259; Schön, Rechnungslegung und Wettbewerbsschutz im deutschen und europäischen Recht, 2009; Schülke, Bilanzpublizität: Das neue Ordnungsgeldverfahren, NZG 2013, 1375; Schulze-Osterloh, Jahresabschluß, Abschlußprüfung und Publizität der Kapitalgesellschaften nach dem Bilanzrichtlinien-Gesetz, ZHR 150 (1986), 532; Schumann, Handelsrechtliche Offenlegungspflichten von Kapitalgesellschaften, BTR 2005, 189; Seibert, Das Transparenz- und Publizitätsgesetz (TransPuG) – Materialiensammlung, 2002; Seidler, Nicht inhaltlich zu prüfende lagebereichstypische Angaben (IDW PS 350 n.F.) – ausgewählte Fragen aus Sicht der Abschlussprüfung, BB 2018, 1067; Sikora/Schwab, Das EHUG in der notariellen Praxis, MittBayNot 2007, 1; Spiegelberger, Die Familien-GmbH & Co. KG, ZEV 2003, 391; Streim/Klaus, Zur Rechnungslegung, Prüfung und Publizität der GmbH & Co. KG, BB 1994, 1109; Strobel, Anpassung des HGB-Bilanzrechts ab EU-Vorgaben, BB 1999, 1054; Stützel, Bemerkungen zur Bilanztheorie, ZfB 37 (1967), 314; Theile, Ausweisfragen beim Jahresabschluß der GmbH & Co. KG nach neuem Recht, BB 2000, 555; Theile, Publizität des Einzel- oder Konzernabschlusses bei der GmbH & Co. KG nach neuem Recht, GmbHR 2000, 215; Theile, Praxis der Jahresabschlusspublizität bei der GmbH, WPg 2006, 1141; Theile/Nitsche, Praxis der Jahresabschlusspublizität bei der GmbH, WPg 2006, 1141; Tillmann, Umwandlung auf doppelstöckige GmbH & Co. KG, DB 1986, 1319; Tillmann, Umsetzung der GmbH & Co. KG-Richtlinie – Bilanzen/Prüfung/Veröffentlichung, GmbHR 1999, 1026; Tillmann, Handbuch der GmbH & Co., 21. Aufl. 2016; Verspay, Befreiende Offenlegung nach § 325 Abs. 2a jetzt auch für kleine und mittelgroße Kapitalgesellschaften, NZG 2008, 134; Wachter, Errichtung, Publizität, Haftung und Insolvenz von Zweigniederlassungen ausländischer Kapitalgesellschaften nach „Inspire Art", GmbHR 2003, 1254; Walter, Publizität der Rechnungslegung im internationalen Vergleich, 2012; de Weerth, Europarechtliche Sanktionierung der unterlassenen Offenlegung des Jahresabschlusses?, BB 1998, 366; Weilbach, Kann es einen Jahresabschluß ohne Gewinn- und Verlustrechnung geben?, BB 1990, 1095; Weilbach, Zur Offenlegungspflicht mittelständischer Kapitalgesellschaften, BB 1995, 451; Weimar/Kohl, Die gesellschaftsrechtliche Praxis unter dem Einfluß der neuen handelsrechtlichen Publizitätspflichten, MDR 1989, 396; Weimar/Reeh, Rechts- und Gestaltungsformen zur Vermeidung der Register- bzw. Hauspublizität, DB 1988, 1637; Weinbörner, Kein Ordnungsgeld wegen fehlender Einreichung eines Berichts zum Bundesanzeiger, wenn der Aufsichtsrat pflichtwidrig nicht gebildet wurde, WPg 2014, 1101; Weirich/Zimmermann, Aufstellung und Offenlegung des Jahresabschlusses kleiner Aktiengesellschaften, AG 1986, 265; Wiechmann, Der Jahres- und Konzernabschluß der GmbH & Co. KG, WPg 1999, 916; Zimmer, Internationales Gesellschaftsrecht, 1996; Zimmer/Eckhold, Das Kapitalgesellschaften & Co.-Richtlinie-Gesetz, NJW 2000, 1361; Zwirner, Reform des HGB durch das BilRUG – Ein Überblick über die wesentlichen Detailänderungen im Einzelabschluss, DStR 2014, 1784; Zwirner, Reform durch das BilRUG – Sonstige Änderungen, DStR 2014, 1889; Zwirner, Reform des HGB durch das BilRUG – mehr als nur eine Rechnungslegungsreform, DStR 2015, 375; Zwirner/Vodermeier, Offenlegungsvorschriften für den Jahresabschluss – Vermeidung von Sanktionen, BC 2018, 114.

Übersicht

I. Normzweck und Anwendungsbereich

1. Einführung. Der Vierte Unterabschnitt (§§ 325–329) beschäftigt sich mit der **1** Offenlegung von Bestandteilen der Rechnungslegung und diese ergänzenden Informationsträgern, deren Veröffentlichung und Vervielfältigung sowie der Prüfungs- und Unterrichtungspflicht der das Unternehmensregister führenden Stelle. Die Vorschriften in diesem Unterabschnitt gelten unmittelbar nur für Kapitalgesellschaften (GmbH, AG, KGaA). Die Verweisung in § 264a[1] erstreckt den Regelungsbereich der Norm aber auch auf solche Personenhandelsgesellschaften, deren Haftungsstrukturen – mangels einer vollhaftenden natürlichen Person – denen von Kapitalgesellschaften vergleichbar sind (zu Einzelheiten s. § 264a). Die Vorschrift wurde durch das KapCoRiLiG vom 24.2.2000 (BGBl. 2000 I 154) in das HGB eingefügt. Der Gesetzgeber reagierte mit der Einführung des § 264a auf ein Urteil des EuGH (C-227/97);[2] in diesem Verfahren wurde Deutschland verurteilt, weil es die RL 90/605/EWG nicht rechtzeitig in nationales Recht umgesetzt hat.[3] Von der Regelung sind die Personenhandelsgesellschaften in der Rechtsform der OHG und KG betroffen, wenn nicht wenigstens ein persönlich haftender Gesellschafter eine natürliche Person oder eine Personengesellschaft mit einer natürlichen Person als persönlich haftendem Gesellschafter ist oder sich die Verbindung von Gesellschaften in dieser Art fortsetzt (§ 264a Abs. 1).[4] Offenlegungsvorschriften für andere Unternehmensformen finden sich im PublG (abschließende Aufzählung in § 3 Abs. 1 PublG) und in § 339 (eG); in diesen Vorschriften wird in unterschiedlichem Umfang auf §§ 325 ff. verwiesen. Sondervorschriften für Kredit- sowie Finanzdienstleistungsinstitute und Versicherungsunternehmen sowie Pensionsfonds erwei-

---

[1] S. Theile BB 2000, 555.

[2] EuGH EuZW 1999, 446.

[3] Eine Haftung der Bundesrepublik Deutschland gegenüber Gläubigern, die sich um eine Einsicht nicht bemüht haben, kommt nicht in Betracht, BGH ZIP 2006, 23.

[4] Die Fälle des § 176 begründen nicht das Vorhandensein eines persönlich haftenden Gesellschafters iSv § 264a Abs. 1, LG Bonn DStR 2013, 1847.

tern die Offenlegungspflichten dieses Abschnitts (dazu § 340l und § 341l). Seit der Einführung durch das BilRUG vom 17.7.2015 (BGBl. 2015 I 1245) gibt es solche Sondervorschriften auch für bestimmte Unternehmen des Rohstoffsektors (§§ 341q ff.).

2   § 325 umschreibt die grundsätzlichen Anforderungen an die Offenlegung von Rechnungslegungsunterlagen. Die inhaltliche Bestimmung, was der Normgeber unter Offenlegung versteht, ergibt sich nach der Gesetzesänderung durch das EHUG vom 10.11.2006 (BGBl. 2006 I 2553) nur noch aus dem Regelungszusammenhang des § 325. Vor der Gesetzesänderung war die Umschreibung der Offenlegung in einem Klammerzusatz in der Überschrift des Vierten Unterabschnitts enthalten. Die Offenlegung setzte sich danach aus der Einreichung der vorgeschriebenen Unterlagen zum Handelsregister und der Bekanntmachung im Bundesanzeiger zusammen. Mit der Umstellung auf die elektronischen Medien wurde die Plattform geändert. Die beiden Bestandteile der Offenlegung sind aber zunächst erhalten geblieben. In Abs. 1 und Abs. 2 waren die beiden Elemente weiterhin erkennbar – Einreichung beim Betreiber des Bundesanzeigers und Bekanntmachung im Bundesanzeiger. Nach Art. 16 Abs. 3 S. 3 GesR-RL sind die Unterlagen der Rechnungslegung in einem Register – dies ist in der Bundesrepublik Deutschland das Unternehmensregister – öffentlich zugänglich zu machen. Eine Veröffentlichung im Amtsblatt – dem Bundesanzeiger – können die Mitgliedstaaten fakultativ vorsehen. Nach der Neukonzeption der Offenlegung in Zusammenhang mit der Umsetzung der Richtlinie sind die Unterlagen der Rechnungslegung direkt der das Unternehmensregister führenden Stelle zur Einstellung in das Unternehmensregister zu übermitteln. Sie sind ausschließlich im Unternehmensregister abrufbar. Dies vermeidet die nach dem bisherigen System bestehende Doppelpublizität und stärkt die Funktion des Unternehmensregisters als „One-Stop-Shop" für Unternehmensinformationen.[5] Als **Offenlegung** wird dabei nach dem neuen Konzept der Vorgang der Informationsvermittlung an einen unbestimmten Personenkreis unter Heranziehung des Unternehmensregisters bezeichnet: Die Übermittlung der Unterlagen an die das Unternehmensregister führende Stelle und die Einstellung in das Unternehmensregister erfordern von den verpflichteten Unternehmen nur noch eine Handlung, die Übermittlung. Der Gesetzgeber hatte schon Ende 2011 mit dem Gesetz zur Änderung von Vorschriften über Verkündung und Bekanntmachungen vom 22.12.2011 (BGBl. 2011 I 3044 (3048)) entschieden, die gedruckte Form des Bundesanzeigers einzustellen und den elektronischen Bundesanzeiger als ausschließliches elektronisches Verkündigungs- und Bekanntmachungsorgan unter der Bezeichnung „Bundesanzeiger" weiterzuführen. Daher konnte zunächst im Gesetzestext die Bezeichnung elektronischer Bundesanzeiger in Bundesanzeiger geändert werden. Die Daten des Bundesanzeigers, aber auch des Handels- oder Genossenschaftsregisters sowie weitere veröffentlichungspflichtige Daten könnten aber anschließend über das Unternehmensregister (www.unternehmensregister.de) als zentrale Plattform eingesehen werden. Der Gesetzgeber bezeichnete früher auch eines der beiden Elemente (Einreichung und Bekanntmachung) als Offenlegung. Abs. 2a spricht von einer Offenlegung nach Abs. 2 aF, also der Bekanntmachung im Bundesanzeiger. Entscheidendes Element der Offenlegung ist nun die Übermittlung an die das Unternehmensregister führende Stelle, welche die Einstellung in das Unternehmensregister zur Folge hat. Abzugrenzen ist die Offenlegung von der Veröffentlichung und Vervielfältigung, die im Regelungszusammenhang des Vierten Unterabschnitts eine andere Bedeutung haben (→ § 328 Rn. 9 f.). Kleine, kleinste und mittelgroße Kapitalgesellschaften können bei der Offenlegung von den Erleichterungen in den §§ 326, 327 Gebrauch machen; danach werden an Umfang und Form der Unterlagen geringere Anforderungen gestellt. Für bestimmte kapitalmarktorientierte Kapitalgesellschaften sind Erleichterungen in § 327a enthalten. Eine besondere Regelung hat die Zweigniederlassung von Kapitalgesellschaften mit Sitz im Ausland erfahren (§ 325a); die Regelung gilt auch für ausländische Kapitalgesellschaften, die ihren Verwaltungssitz nach Deutschland verlegen. Solche Gesellschaften fallen nicht unter § 325, da die Publizität der Rechnungslegung dem

---

[5]   BT-Drs. 19/28177, 101.

Gesellschaftsstatut zuzuordnen ist.[6] Gleichwohl ist der Inlandsbezug wesentlich stärker als bei einer bloßen inländischen Zweigniederlassung.[7] § 328 enthält die Vorgaben an die Form, das Format und den Inhalt der zu übermittelnden Unterlagen für die Fälle der Offenlegung, Veröffentlichung und/oder Vervielfältigung. § 329 legt der das Unternehmensregister führenden Stelle, der Bundesanzeiger Verlagsgesellschaft mbH mit Sitz in Köln (www.bundesanzeiger-verlag.de), eine beschränkte Prüfungspflicht auf.

Erhebliche Veränderungen gegenüber der bisherigen Rechtslage hatte zunächst das **3** zum 1.1.2007 in Kraft getretene EHUG für die Offenlegung gebracht.[8] Danach hatten Kapitalgesellschaften und gleichgestellte Personenhandelsgesellschaften die Unterlagen der Rechnungslegung in elektronischer Form beim Betreiber des Bundesanzeigers einzureichen. Die Unterlagen in deutscher Sprache wurden elektronisch gespeichert und standen für einen Abruf zur Verfügung. Die Plattform für den Abruf der Daten bildete das damals neu geschaffene elektronische Unternehmensregister (§ 8b) – www.unternehmensregister.de. Die Einreichung der Unterlagen bei den Handelsregistern entfiel. Die Pflicht zur Bekanntmachung im Bundesanzeiger traf alle offenlegungspflichtigen Gesellschaften und war nicht (mehr) auf große Kapitalgesellschaften beschränkt.[9] Für kapitalmarktorientierte Unternehmen verkürzte sich die Regelfrist zur Offenlegung der Unterlagen von zwölf auf vier Monate. Am damals neuen Offenlegungsverfahren waren die Handelsregister nicht mehr beteiligt und konnten damit auch keine Kontrollaufgaben (Prüfung – § 329) mehr wahrnehmen. Das nun überarbeitete Modell sieht vor, dass die Unterlagen der Rechnungslegung direkt der das Unternehmensregister führenden Stelle zur Einstellung in das Unternehmensregister zu übermitteln sind. Sie sind ausschließlich im Unternehmensregister abrufbar. Die formale Prüfung wurde vom Betreiber des Bundesanzeigers vorgenommen und wird nun der das Unternehmensregister führenden Stelle zugewiesen. Tatsächlich bleibt es bei der gleichen Prüfinstanz. Die Bundesanzeiger Verlag GmbH nimmt die Aufgabe als Beliehene wahr (§ 1 Verordnung über die Übertragung der Führung des Unternehmensregisters). Der Beliehene erlangt die Stellung einer Justizbehörde des Bundes. In Erweiterung zur ursprünglichen Prüfung wird auch die fristgemäße Übermittlung der Unterlagen kontrolliert. Bei einem Verstoß gegen die Vorgaben wird ein Ordnungsgeldverfahren eingeleitet (§ 335).[10] Die Verfolgung wird durch eine Anzeigepflicht der das Unternehmensregister führenden Stelle sichergestellt.

2. Geschichte. Die Vorschriften des Vierten Unterabschnitts setzen Teile der RL 78/ **4** 660/EWG (4. EG-Richtlinie),[11] und RL 83/349/EWG (7. EG-Richtlinie)[12] in nationales Recht um (heute Bilanz-RL). Hierbei handelt es sich um die Art. 45 Abs. 1 RL 78/660/EWG, Art. 47 und 50 RL 78/660/EWG und die Art. 35 Abs. 1 RL 83/349/EWG und Art. 38 Abs. 1 RL 83/349/EWG.[13] Angeknüpft wird an den früheren Art. 3 RL 68/151/EWG (Publizitäts-RL 1968; heute Art. 16 GesR-RL), hier werden verschiedene Publizitätsmittel vorgegeben.[14] Dabei lassen sich das Register und die Bekanntmachung als primäre Publizitätsmittel sowie weitere Möglichkeiten zur Informationsverschaffung (Art. 3 Abs. 3 RL Publizitäts-RL und Art. 4 Publizitäts-RL) als sekundäre Publizitätsmittel einordnen. Die

---

[6]   Staudinger/Großfeld IntGesR Rn. 362 f.; Staub/Kersting Rn. 106.
[7]   Liebscher/Scharff NJW 2006, 3745 (3751); Ebert/Levedag GmbHR 2003, 1337 (1339); Kindler NJW 2003, 1073 (1078).
[8]   Vgl. zur Neuregelung umfassend Noack, Das neue Gesetz über elektronische Handels- und Unternehmensregister – EHUG, 2006.
[9]   Die Bekanntmachung im Bundesanzeiger in Papierform nach der alten Rechtslage war auf große Kapitalgesellschaften beschränkt; vgl. → 1. Aufl. 2001, § 325 Rn. 1 ff.
[10]   Zur Entwicklung vgl. Meyding BB 2006, 1009; zur endgültigen Regelung s. Liebscher/Scharff NJW 2006, 3745; Seibert/Decker DB 2006, 2446; Grashoff DB 2006, 2641; Schlotter BB 2007, 1.
[11]   Vierte RL 78/660/EWG des Rates vom 25.7.1978 aufgrund von Art. 54 Abs. 3g des Vertrages über den Jahresabschluß von Gesellschaften bestimmter Rechtsformen, ABl. EG 1978 L 222, 11.
[12]   Siebente RL 83/349/EWG des Rates vom 13.6.1983 aufgrund von Art. 54 Abs. 3g des Vertrages über den konsolidierten Abschluß, ABl. EG 1983 L 193, 1.
[13]   ADS Rn. 12–15.
[14]   Habersack/Verse EuGesR § 5 Rn. 11.

durch das Bilanzrichtliniengesetz[15] vom 19.12.1985 in das HGB eingeführten Vorschriften **vereinheitlichen die Publizitätspflichten** aller Kapitalgesellschaften.[16] Für die AG und KGaA enthalten die Vorschriften keine grundlegenden Änderungen gegenüber der vorherigen Rechtslage nach §§ 177, 178, 335 AktG 1965;[17] dagegen hat die Gleichstellung der GmbH gegenüber den unzureichenden Bestimmungen der §§ 41, 42a GmbHG aF und §§ 38 ff. aF für diese Rechtsform erhebliche Auswirkungen mit sich gebracht.[18] Nach der RL 90/605/EWG vom 8.11.1990 (ABl. EG 1990 L 317, 60) gelten die Offenlegungspflichten für Kapitalgesellschaften auch für Personenhandelsgesellschaften, deren sämtliche Komplementäre die Rechtsform einer deutschen Kapitalgesellschaft oder vergleichbaren ausländischen Rechtsform aufweisen.[19] § 264a geht über den Anwendungsbereich des Art. 1 RL 90/605/EWG hinaus und ist erstmals auf Jahresabschlüsse und Lageberichte sowie Konzernabschlüsse und Konzernlageberichte für das nach dem 31.12.1999 beginnende Geschäftsjahr anzuwenden (Art. 48 Abs. 1 EGHGB wurde eingefügt durch das KapCoRiLiG, → Rn. 1). Die gesetzliche Regelung erfasst alle Personenhandelsgesellschaften, bei denen keine natürliche Person unbeschränkt haftet.[20] Die Ausdehnung des Anwendungsbereichs trägt der Intention des Gesetzgebers Rechnung, den Zweiten Abschnitt des Dritten Buches und die dort vorgesehene Publizität als notwendigen Ausgleich für die Teilnahme am Rechtsverkehr mit beschränkter Haftung zu begreifen.[21]

5   Darüber hinaus hat auch die **Anpassung des europäischen und deutschen Bilanzrechts an internationale Standards (IAS/IFRS)** Auswirkungen für die Offenlegung mit sich gebracht. Während der Konzernabschluss börsennotierter Muttergesellschaften für nach dem 1.1.2005 beginnende Geschäftsjahre zwingend nach internationalen Standards (IAS/IFRS) aufzustellen und offenzulegen ist (§ 315e, § 325 Abs. 3), hat der deutsche Gesetzgeber die Wahlrechte der IAS-VO für andere Konzern- und die Jahresabschlüsse nur teilweise weitergegeben (→ Rn. 84 ff.). Für Konzernabschlüsse ist die Offenlegung des IAS/IFRS-Abschlusses ausreichend, bei Einzelabschlüssen nach IAS/IFRS ist eine befreiende Offenlegung unter den Voraussetzungen des Abs. 2a und Abs. 2b möglich. Ein weiterer Meilenstein in der Unternehmenspublizität wurde durch die Umsetzung der RL 2003/58/EG zur Änderung der Publizitäts-RL (heute GesR-RL) und der Transparenz-RL in das nationale Recht im EHUG gesetzt.[22] Für alle Geschäftsjahre, die nach dem 31.12.2005 beginnen (Art. 61 Abs. 5 EGHGB), sind die offenlegungspflichtigen Unterlagen zum **Bundesanzeiger** einzureichen und im Bundesanzeiger bekannt zu machen. Ab 2012 gibt es nur noch den elektronischen Bundesanzeiger als Bundesanzeiger. Eine Unterscheidung zwischen kleinsten, kleinen, mittleren und großen Gesellschaften gibt es insoweit nicht mehr. Die Erleichterungen für kleinste, kleine und mittlere Gesellschaften in Bezug auf den Umfang der Unterlagen bleiben allerdings erhalten. Anknüpfungspunkt für eine Differenzierung unter den verpflichteten Unternehmen ist nach der neuen Struktur die Nutzung des Kapitalmarkts (§ 325 Abs. 4, § 327a). Der Bundesanzeiger ist ein Amtsblatt iSd Art. 3 Abs. 4 der EU-Publizitätsrichtlinie.[23] Zum Abruf der Daten steht das Unternehmensregister zur Verfü-

---

[15] Zur Geschichte des BiRiLiG näher Hopt/Merkt Einl. vor § 238 Rn. 1. Zur Umsetzung Habersack/Verse EuGesR Rn. 11 ff.; Fehrenbacher, Registerpublizität und Haftung im Zivilrecht, 2004, S. 302–317.

[16] Friauf sieht in der Ausgestaltung der Publizitätsvorschriften einen Verstoß gegen Art. 3 Abs. 1 GG und Art. 12 GG; Friauf GmbHR 1985, 245. Die Ansicht wird in Rspr. und Schrifttum ganz überwiegend abgelehnt, vgl. OLG Köln EWiR § 335 1/91, 803 = ZIP 1991, 1214; BayObLG WM 1995, 755; Lutter/Hommelhoff/Kleindiek GmbHG Anh. § 42a Rn. 1; Heymann/Herrmann § 327 Rn. 2.

[17] Schulze-Osterloh ZHR 150 (1986), 532.

[18] Zur Rechtslage vor 1986, vgl. Kölner Komm RechnungslegungsR/Claussen Rn. 1.

[19] Streim/Klaus BB 1994, 1109. Zur Vermeidung der Offenlegungspflichten durch die Wahl einer GmbH & Co. KG vor der EG-Richtlinie Tillmann DB 1986, 1319; Weimar/Reeh DB 1998, 1637.

[20] Somit sind auch Personenhandelsgesellschaften erfasst, bei denen Stiftungen oder Genossenschaften als Komplementäre auftreten. Vgl. BT-Drs. 14/1806, 18.

[21] BT-Drs. 14/1806, 18. Ausf. zu der These Fehrenbacher, Registerpublizität und Haftung im Zivilrecht, 2004, S. 403–460.

[22] Übertrieben wählen Seibert/Decker DB 2006, 2446 die Bezeichnung „Big Bang".

[23] Vgl. BR-Drs. 942/05, 119.

gung. Die Sanktionen bei Nichtbefolgen der Verpflichtung wurden verschärft. Ein von Amts wegen durchzuführendes Ordnungsgeldverfahren (§ 335) soll die Offenlegung gewährleisten. Das BilMoG 2009 (BGBl. I 1102) hat für die Offenlegung lediglich Anpassungen an Änderungen der Bilanzierungsregeln und die Berichtigung von Redaktionsversehen gebracht.[24] Die Entwicklung ging aber gleichwohl weiter. Die EU-Kommission hatte einen Vorschlag zur Änderung der Bilanz-RL 1978 vorgelegt, der Kleinstunternehmen von den Offenlegungspflichten befreien sollte.[25] Der Vorschlag hatte zum Ziel, die Rechnungslegungsanforderungen für Kleinstunternehmen zu vereinfachen und damit die Wettbewerbsfähigkeit zu steigern bzw. das Wachstumspotential zu nutzen. Ob das tatsächlich der Fall ist und eine solche Entwicklung eingeleitet werden sollte, durfte immer schon bezweifelt werden. Eine unzumutbare Belastung durch die geltenden Regeln scheint nicht vorzuliegen und das erreichte Schutzniveau, insbesondere für Gläubiger, sollte nicht leichtfertig aufgegeben werden.[26] Den Unternehmen wurde dann aber vom Gesetzgeber insbesondere erlaubt, bei der Aufstellung des Jahresabschlusses auf einen Anhang zu verzichten. Gestattet wurde ferner durch das MicroBilG vom 20.12.2012 (BGBl. 2012 I 2751), die Veröffentlichung des Jahresabschlusses zu unterlassen, wenn das Unternehmen die Bilanz beim Betreiber des Bundesanzeigers einreicht und auf diese Weise Dritten über einen Hinterlegungsauftrag die Bilanz zur Verfügung gestellt wird (§ 326 Abs. 2).

Die Änderungen durch das BilRUG im Jahr 2015 halten sich in der Folge in Grenzen. **6** Seither ist es nicht mehr zulässig, dass Unternehmen zur Wahrung der Offenlegungsfrist zunächst ungeprüfte Jahresabschlüsse und Lageberichte einreichen und den Bestätigungsvermerk später nachreichen. Erforderlich wurde vielmehr, dass neben dem festgestellten oder gebilligten Jahresabschluss auch der Lagebericht und der Bestätigungsvermerk innerhalb der Jahresfrist durch Einreichung offenzulegen sind. Damit entfiel auch ein Bedürfnis dafür, eine gestaffelte Einreichung von Jahresabschluss, Lagebericht und Bestätigungsvermerk zuzulassen. Für sonstige offenzulegende Unterlagen bleibt eine spätere Offenlegung zulässig. Darüber hinaus führt die Pflicht mittelgroßer und großer Kapitalgesellschaften, im Anhang bzw. im Konzernanhang den Vorschlag über die Verwendung des Ergebnisses oder ggf. den Beschluss über die Verwendung des Ergebnisses auszuweisen, dazu, dass die bisher vorgeschriebene gesonderte Offenlegung dieses Vorschlags oder Beschlusses nicht mehr notwendig ist. Das CSR-Richtlinie-Umsetzungsgesetz vom 11.4.2017 (BGBl. 2017 I 802) hat dagegen nur zu redaktionellen und klarstellenden Änderungen geführt. Das Gesetz zur weiteren Umsetzung der Transparenzrichtlinie-Änderungsrichtlinie vom 12.8.2020 (BGBl. 2020 I 1874) im Hinblick auf ein einheitliches elektronisches Format für Jahresfinanzberichte bringt eine Neuerung und eine Klarstellung. Die Anpassung des Textes in § 325 Abs. 1 Nr. 1 der Regelung dient zunächst der Klarstellung, dass die Erklärungen nach § 264 Abs. 2 S. 3 („Bilanzeid") und § 289 Abs. 1 S. 5 („Lageberichtseid") zu den offenlegungspflichten Rechnungslegungsunterlagen gehören. Ferner enthält die Regelung eigenständige Offenlegungsanforderungen für Kapitalgesellschaften, die als WpHG-Inlandsemittenten Wertpapiere begeben und keine Kapitalgesellschaften iSd § 327a sind. Die für Zwecke der Offenlegung erstellten elektronischen Wiedergaben der Rechnungslegungsunterlagen dieser Emittenten müssen künftig den Formatvorgaben der ESEF-VO genügen. Die Regelung dient zusammen mit § 114 Abs. 1 S. 1, Abs. 2 WpHG und § 117 Nr. 1 WpHG der Umsetzung von Art. 4 Abs. 7 Transparenz-RL iVm Art. 3 ESEF-VO. Danach müssen Jahresfinanzberichte mit Wirkung zum 1.1.2020 in einem einheitlichen europäischen elektronischen Format (European Single Electronic Format, kurz „ESEF") erstellt werden.

Das Gesetz zur Umsetzung der Digitalisierungsrichtlinie (DiRUG) vom 5.7.2021 **7** (BGBl. 2021 I 3338) setzt die Vorgaben aus Art. 16 Abs. 3 S. 2 GesR-RL in nationales Recht um. Das insoweit vorgesehene System dreht damit das bisher geltende nationale System um, wonach die Unterlagen der Rechnungslegung zunächst beim Betreiber des

---

[24] BT-Drs. 16/12407, 91.
[25] KOM (2009) 83 endg. – COD 2009/0035.
[26] Vgl. Bräuer NZG 2011, 53.

Bundesanzeigers einzureichen und im Bundesanzeiger bekannt zu machen sind und vom Betreiber des Bundesanzeigers erst danach an das Unternehmensregister übermittelt werden. Das neue System sieht vor, dass auf die Möglichkeit zur fakultativen Übermittlung der in das Unternehmensregister eingestellten Unterlagen an den Betreiber des Bundesanzeigers verzichtet wird. Vielmehr sollen die Unterlagen der Rechnungslegung künftig direkt der das Unternehmensregister führenden Stelle zur Einstellung in das Unternehmensregister übermittelt werden. Sie sind ausschließlich im Unternehmensregister abrufbar.

8   **3. Normzweck.** Der Offenlegung von Rechnungslegungsunterlagen und der damit verbundenen Informationsmöglichkeit der Öffentlichkeit kommt in Bezug auf die **Kontrolle eines Unternehmens** eine tragende Funktion zu. Neben der Prüfung der Unternehmensleiter durch die Gesellschafter und deren Organe auf der Grundlage der Rechnungslegung sowie der Prüfung durch den Abschlussprüfer ist die Offenlegung insoweit eine dritte Säule der Kontrolle. Die Offenlegung der Unterlagen steht dabei aber nicht eigenständig, sondern ist notwendige Ergänzung zur Verpflichtung zur Rechnungslegung und Abschlussprüfung für Unternehmen, die aufgrund ihrer Rechtsform mit beschränkter Haftung am Rechtsverkehr teilnehmen (dürfen). Es war von Anfang an ein Anliegen der EU-Kommission, den Grundsatz der Publizität für solche Unternehmen gemeinschaftsweit durchzusetzen.[27] Die Offenlegung wird auch national als notwendiges Korrelat zur beschränkten Haftung begriffen.[28] Aus einer solchen Wechselbeziehung lässt sich ableiten, dass die externe Publizität grundsätzlich von allen Kapitalgesellschaften und strukturgleichen Personenhandelsgesellschaften verlangt werden kann. In den verbundenen Rechtssachen C-425/02 und C-103/03[29] hat der EuGH bestätigt, dass die Offenlegung der Unterlagen von gleichgestellten Personenhandelsgesellschaften mit den Gemeinschaftsrechtsgrundrechten und dem allgemeinen Gleichbehandlungsgrundsatz vereinbar ist. Beschränkungen in Bezug auf die zur Einsichtnahme berechtigten Personen sind insoweit nicht erforderlich. Gleichzeitig hat der EuGH festgestellt, dass die erlassene Richtlinienregelung von Art. 50 Abs. 2 lit. g AEUV gedeckt ist. Gewisse Bedenken ergeben sich aber gleichwohl unter Berücksichtigung des Normzwecks gegen die Erstreckung der Verpflichtung zur Offenlegung auf die kleine und mittelgroße KGaA mit einer natürlichen Person als Komplementär. Der Gesetzeswortlaut ist allerdings eindeutig. In der Rechtsprechung wird unter Berufung auf den Normzweck vertreten,[30] dass die Offenlegungsverpflichtung mit Rückwirkung entfällt, wenn die Haftung einer natürlichen Person, etwa durch Eintritt als Komplementär in eine KG, auch für abgelaufene Geschäftsjahre besteht (§ 161 Abs. 2, § 130 Abs. 1, ab 1.1.2024: § 127). Gleiches kann sich ausnahmsweise bei Wegfall des einzigen Komplementärs ergeben. Folge des Ausscheidens des einzigen Komplementärs aus einer mehrgliedrigen KG ist nach der herrschenden Meinung, dass die KG aufgelöst und abzuwickeln ist, weil sie die Anforderungen des § 161 Abs. 1 nicht mehr erfüllt. Die Liquidatoren sind in diesem Fall ausschließlich die Kommanditisten. Kraft Rechtsformzwang wandelt sich die KG aber im Fall des Wegfalls des einzigen Komplementärs in eine OHG mit der Folge der zwingenden und unbeschränkbaren Haftung nach §§ 128, 130 (ab 1.1.2024: §§ 126, 127) für alle entstandenen und neu entstehenden Gesellschaftsverbindlichkeiten um, wenn dies gesellschaftsvertraglich geregelt ist, die Gesellschafter keinen neuen Komplementär aufnehmen oder die Liquidation nicht nachhaltig betreiben. In der Folge entfällt auch die Offenlegungsverpflichtung, da die Voraussetzungen des § 264a Abs. 1 nicht vorliegen.[31] Auf der anderen Seite lässt sich daraus

---

[27]   Vgl. Habersack/Verse EuGesR § 5 Rn. 8; Merkt, Beiträge zur Börsen- und Unternehmensgeschichte, 2001, S. 124; Fehrenbacher, Registerpublizität und Haftung im Zivilrecht, 2004, S. 302 (303).

[28]   Baetge/Apelt BFuP 1992, 393 (394); BT-Drs. 14/2353, 26 „Publizität als Preis für die Haftungsbeschränkung"; Hommelhoff FS Müller, 2001, 449 (450). Aus rechtsvergleichender Sicht vgl. Walter, Publizität der Rechnungslegung im internationalen Vergleich, 2012.

[29]   EuGH WM 2005, 33; Springer, Vorlagen der LG Essen und Hagen zur KapCoRiLi; dazu auch Kiesel/Grimm DStR 2004, 2210; s. auch EuG DStRE 2007, 8 zur Frage der Verhältnismäßigkeit und einer Schadensersatzklage wegen fehlerhaften Verhaltens des Rats.

[30]   LG Osnabrück BB 2005, 2461 m. zust. Anm. Giedinghagen NZG 2007, 933.

[31]   LG Bonn NZG 2019, 275.

ableiten, dass jede unternehmerische Teilnahme am Rechtsverkehr mit beschränkter Haftung die Offenlegung der Rechnungslegung zur Folge hat und Einschränkungen nur ganz ausnahmsweise zulässig sein können.

Die Offenlegung und Veröffentlichung der in Abs. 1 S. 1 Nr. 1 und Nr. 2 beschriebenen **9** Unterlagen machen die Informationen aus der Rechnungslegung der verpflichteten Gesellschaften für die Allgemeinheit zugänglich. Ziel dieser externen Publizität ist es, den (aktuellen und potentiellen) Gläubigern, den Arbeitnehmern, deren Repräsentanten und der Allgemeinheit eine allgemein zugängliche Informationsquelle zu verschaffen.[32] Damit steht den Interessierten eine Möglichkeit zur Verfügung, sich ein Bild über die Lage und Entwicklung der jeweiligen Gesellschaft zu machen. Auf diesem Wege werden ferner einheitliche Grundlagen für eine kritische Betrachtung der Unternehmen in Fachkreisen zur Verfügung gestellt.[33] Diese Mechanismen können zur Selbstkontrolle der Gesellschaften beitragen und eine seriöse Unternehmensführung fördern. Für börsennotierte Kapitalgesellschaften ergibt sich eine weitere Kontrolle durch die Reaktion des Kapitalmarkts auf die vorgelegten Informationen. Das KapCoRiLiG (→ Rn. 1) hat insoweit zu einer Erweiterung geführt: Nicht an der Börse notierte Kapitalgesellschaften werden gleichwohl als große Kapitalgesellschaften behandelt und sind von der Offenlegung ohne Erleichterungen erfasst, wenn die Gesellschaft einen organisierten Markt iSd § 2 Abs. 11 WpHG[34] durch von ihr ausgegebene Wertpapiere iSd § 2 Abs. 1 WpHG in Anspruch nimmt oder die Zulassung solcher Wertpapiere zum Handel an einem organisierten Markt beantragt (§ 267 Abs. 3 S. 2, § 264d). Das EHUG hat die Unterscheidung aufgenommen und in Bezug auf die Frist bzw. den Zeitpunkt der Einreichung der Unterlagen beim Betreiber des Bundesanzeigers (heute: Übermittlung an die das Unternehmensregister führende Stelle) zwischen den Gesellschaften nach der Inanspruchnahme eines organisierten Markts durch von ihr ausgegebene Wertpapiere differenziert.

Obwohl als Zweck der Regelung der Schutz der Gläubiger und der übrigen Teilnehmer **10** am Wirtschaftsleben anzunehmen ist, handelt es sich nicht um eine Marktverhaltensregelung iSv § 3a UWG und der damit einhergehenden Möglichkeit eines parallelen Vorgehens seitens Mitbewerbern und Verbänden nach dem UWG. Eine andere Sicht würde insbesondere das spezielle Verfahren nach § 335 aushebeln.[35]

4. Überblick. Die Mitglieder des vertretungsberechtigten Organs von Kapitalgesell- **11** schaften und gleichgestellten Personenhandelsgesellschaften (§ 264a) haben für die Gesellschaft den Jahresabschluss und die in Abs. 1 S. 1 Nr. 1 und Nr. 2 aufgezählten Unterlagen der Rechnungslegung in deutscher Sprache innerhalb eines Jahres nach dem Bilanzstichtag, auf das sie sich beziehen, der das Unternehmensregister führenden Stelle elektronisch zur Einstellung in das Unternehmensregister zu übermitteln. Nach der Übermittlung werden die Unterlagen in das Unternehmensregister eingestellt. Grundsätzlich werden auf diese Weise alle Informationen aus den in Abs. 1 näher bezeichneten Unterlagen der Rechnungslegung gegenüber der Öffentlichkeit über das Unternehmensregister bekannt gemacht. Die vor dem 1.1.2007 für kleine und mittelgroße Gesellschaften bestehende Beschränkung der Bekanntmachung auf die Informationen, bei welchem Handelsregister und unter welcher Nummer die Unterlagen eingereicht wurden, ist ebenso weggefallen wie die Verpflichtung für die Mitglieder des vertretungsberechtigten Organs, sich um die Bekanntmachung zu kümmern. Eine Differenzierung, welche etwa an die frühere Unterscheidung zwischen der Registerpublizität für kleine und mittelgroße Gesellschaften und der Bundesanzeiger-Publizität für große Gesellschaften anknüpft, kennt die gesetzliche Neuregelung nicht. Fer-

---

[32] Lutter/Hommelhoff/Kleindiek GmbHG Anh. § 42a Rn. 1.
[33] Zur Problematik der im Bundesanzeiger bekannt gemachten Unterlagen in wissenschaftlichen Arbeiten, wenn von einer Anonymisierung abgesehen wurde BGH ZIP 1994, 648 = NJW 1994, 1281; OLG Frankfurt a. M. BB 1993, 1842 = ZIP 1993, 1232.
[34] Organisierter Markt ist ein Markt, der von staatlich anerkannten Stellen geregelt und überwacht wird, regelmäßig stattfindet und für das Publikum unmittelbar oder mittelbar zugänglich ist.
[35] OLG Köln NZG 2017, 992; anders noch die Vorinstanz LG Bonn BeckRS 2016, 18169.

ner hat der Gesetzgeber durch Streichung des Abs. 2 auf die Möglichkeit zur fakultativen Übermittlung der in das Unternehmensregister eingestellten Unterlagen an den Betreiber des Bundesanzeigers verzichtet. Unabhängig von der Größe der Gesellschaft gibt es nur ein Verfahren: Die Unterlagen der Rechnungslegung sind künftig binnen der Jahresfrist direkt der das Unternehmensregister führenden Stelle zur Einstellung in das Unternehmensregister zu übermitteln. Eine Ausnahme besteht nur für Kleinstgesellschaften im Rahmen der Erleichterungen nach § 326 Abs. 2. Die gesetzlichen Vertreter haben in diesen Fällen nur die Bilanz zu übermitteln und können dabei die Einstellung in das Unternehmensregister durch dauerhafte Hinterlegung verlangen. Für die Mitglieder des vertretungsberechtigten Organs von Gesellschaften, die einen Konzernabschluss aufzustellen haben, gilt dieselbe Verpflichtung in Bezug auf den Konzernabschluss und den Konzernlagebericht. Wegen der größenabhängigen Befreiung von der Aufstellung eines Konzernabschlusses (§ 293) sind Erleichterungen (wie in den Fällen der §§ 326, 327) für die Konzernrechnungslegung nicht erforderlich und daher vom Gesetzgeber nicht vorgesehen.

12   Die Pflicht zur Offenlegung bezieht sich auf folgende Unterlagen: Nach Abs. 1 sind der festgestellte Jahresabschluss (für prüfungspflichtige Gesellschaften mit dem Bestätigungsvermerk oder dem Vermerk über die Versagung), der Lagebericht, der Bericht des Aufsichtsrats und Beschluss über die Verwendung des Ergebnisses, wenn im Anhang gem. § 285 Nr. 34 nur der Vorschlag über die Ergebnisverwendung enthalten ist, sowie bei börsennotierten Gesellschaften die Entsprechenserklärung nach § 161 AktG der das Unternehmensregister führenden Stelle zu übermitteln. Durch die gesetzgeberische Klarstellung wird nun ganz deutlich, dass die Erklärungen nach § 264 Abs. 2 S. 3 („Bilanzeid") und § 289 Abs. 1 S. 5 („Lageberichtseid") zu den offenlegungspflichtigen Rechnungslegungsunterlagen gehören.[36] Die Angaben über die Bezüge von tätigen oder früheren Organmitgliedern (§ 285 Nr. 9 lit. a, Nr. 9 lit. b) dürfen bei nicht börsennotierten Aktiengesellschaften unterbleiben, soweit sich daraus die Bezüge einzelner Organmitglieder erkennen lassen (§ 286 Abs. 4).[37] Umfangreiche **größenabhängige Erleichterungen** sehen die §§ 326, 327 vor. Daneben erlauben es verschiedene Vorschriften, dass kleine und mittelgroße Kapitalgesellschaften die Aufstellung des Jahresabschlusses in vereinfachter Form vornehmen (§ 264 Abs. 1 S. 4, § 266 Abs. 1 S. 3, § 274a, § 276, § 288). Werden die Erleichterungen für die Aufstellung nicht genutzt, steht es den Gesellschaften gleichwohl frei, sich für den Umfang der Offenlegung am gesetzlichen Mindeststandard zu orientieren (→ § 326 Rn. 12 f.).[38] Die vorstehenden Erleichterungen gelten auch für Kleinstgesellschaften, sofern nicht für diese Gesellschaften von den besonderen Erleichterungen gem. § 264 Abs. 1 S. 5, § 266 Abs. 1 S. 4, § 275 Abs. 5 Gebrauch gemacht wird. Bei den gleichgestellten Personenhandelsgesellschaften sind die Besonderheiten bezüglich der Gliederung der Bilanz zu beachten (§ 264c).[39]

13   Die zur **Konzernrechnungslegung** verpflichteten Gesellschaften (§§ 290, 264a) haben nach Abs. 3 den Konzernabschluss mit dem Bestätigungsvermerk oder dem Vermerk über dessen Versagung und den Konzernlagebericht sowie den Bericht des Aufsichtsrats offenzulegen. Ferner hat die gesetzgeberische Klarstellung in Abs. 1 über die Verweisung dazu geführt, dass zugleich klargestellt wurde, dass die Erklärungen nach § 297 Abs. 2 S. 4 („Konzernbilanzeid") und § 315 Abs. 1 S. 5 HGB („Konzernlageberichtseid") ebenfalls zu den offenlegungspflichten Rechnungslegungsunterlagen gehören. Erleichterungen sind in Abs. 3a für den Vermerk des Abschlussprüfers sowie für die Prüfungsberichte vorgesehen, falls Verbindungen zu den entsprechenden Unterlagen des Mutterunternehmens bestehen. Eine Schutzklausel für personenbezogene Daten ist in den Konzernrechnungslegungsvorschriften nicht enthalten (§ 314 Abs. 1 Nr. 6 lit. a, Nr. 6 lit. b).

14   Der erreichte Stand der Globalisierung auf dem Kapitalmarktsektor hat zur Verbesserung der Wettbewerbsfähigkeit deutscher Konzerne an ausländischen Kapitalmärkten auch

---

[36] BT-Drs. 19/17343, 21.
[37] Klatte BB 1995, 35.
[38] Ebenso BeBiKo/Grottel Rn. 2 und Lutter/Hommelhoff/Kleindiek GmbHG Anh. § 42a Rn. 21.
[39] Eingefügt durch das KapCoRiLiG vom 24.2.2000, (BGBl. 2000 I 154).

Änderungen der Publizitätsvorschriften notwendig gemacht. Durch das KapAEG[40] wurde § 264 Abs. 3 als Befreiungsregelung in das HGB eingefügt. Die Vorschriften über die Offenlegung der Rechnungslegungsunterlagen brauchen danach für die Unterlagen der Tochtergesellschaft nicht befolgt werden, wenn die offenlegungspflichtige Kapitalgesellschaft als Tochtergesellschaft eine Muttergesellschaft hat, die einen Konzernabschluss aufstellt. Voraussetzung für die Befreiung ist aber ferner insbesondere, dass sich die Muttergesellschaft bereit erklärt, für die von dem Tochterunternehmen bis zum Abschlussstichtag eingegangenen Verpflichtungen im folgenden Geschäftsjahr einzustehen und alle Gesellschafter der Tochtergesellschaft der Befreiung für das jeweilige Geschäftsjahr zugestimmt haben. Anstelle der eigenen Unterlagen sind die Unterlagen der Konzernrechnungslegung und die Unterlagen zu den einzelnen Voraussetzungen offenzulegen. Die Befreiungsregelung wurde durch das KapCoRiLiG auf Tochterunternehmen eines nach dem PublG konsolidierungspflichtigen Mutterunternehmens (§ 11 PublG) ausgedehnt. Ein von einem inländischen Mutterunternehmen gem. §§ 11 ff. PublG aufgestellter Konzernabschluss hat aber nur dann befreiende Wirkung, wenn neben dem Vorliegen sämtlicher Voraussetzungen nach Abs. 3 in dem befreienden Konzernabschluss das Wahlrecht des § 13 Abs. 3 S. 1 PublG nicht in Anspruch genommen wird (§ 264 Abs. 4). Darüber hinaus kann für Personenhandelsgesellschaften die Verpflichtung zur Offenlegung entfallen, wenn sie in einen befreienden Konzernabschluss einbezogen werden (§ 264b).

In Erweiterung und Fortführung des bis Ende 2004 geltenden § 292a tragen die Regelungen des BilReG[41] vom 4.12.2004 (BGBl. 2004 I 3166) der notwendigen Internationalisierung des deutschen Handelsbilanzrechts Rechnung. Börsennotierte Konzernmuttergesellschaften haben zwingend ihren nach internationalen Rechnungslegungsstandards (IAS/IFRS) aufgestellten Konzernabschluss (§ 315e Abs. 1) offenzulegen; sie sind nicht verpflichtet, zusätzlich einen Konzernabschluss nach HGB-Grundsätzen aufzustellen.[42] Gleiches gilt für Konzernmuttergesellschaften, die für ein Wertpapier die Zulassung zu einem organisierten Markt (§ 2 Abs. 11 WpHG) beantragt haben (§ 315e Abs. 2). Andere Konzernmuttergesellschaften (§ 315e Abs. 3) können ihren nach IAS/IFRS aufgestellten Konzernabschluss offenlegen. Ferner können die zur Offenlegung verpflichteten großen Gesellschaften einen nach IAS/IFRS zu Informationszwecken aufgestellten Einzelabschluss der das Unternehmensregister führenden Stelle elektronisch zur Einstellung in das Unternehmensregister übermitteln (Abs. 2a). Sie sind in solchen Fällen von der Offenlegung ihres (HGB-)Jahresabschlusses befreit, wenn die drei Voraussetzungen des Abs. 2b vorliegen (→ Rn. 89). **15**

Die Offenlegung des jeweiligen Abschlusses (Jahresabschluss bzw. Einzelabschluss oder Konzernabschluss) hat grundsätzlich innerhalb von zwölf Monaten nach dem Bilanzstichtag zu erfolgen. Die Unterlagen sind vor Ablauf der Frist der das Unternehmensregister führenden Stelle elektronisch zur Einstellung in das Unternehmensregister zu übermitteln. Spätester Zeitpunkt für die Übermittlung ist grundsätzlich der Ablauf des **zwölften Monats** des dem Abschlussstichtag folgenden Geschäftsjahres. Diese Regelfrist gilt nicht für Kapitalgesellschaften, die einen organisierten Markt durch von ihnen ausgegebene Wertpapiere in der EU bzw. dem EWR in Anspruch nehmen (Abs. 4). In solchen Fällen ist die Frist auf **vier Monate** verkürzt. Die kurze Frist gilt auch für den Konzernabschluss und die entsprechenden Unterlagen solcher Gesellschaften. Eine Rückausnahme, mit der Folge der Anwendung der Grundregel, gilt für Kapitalgesellschaften, die den organisierten Markt nur für bestimmte Schuldtitel nutzen (§ 327a; Transparenz-RL). Handelt es sich bei der Gesellschaft um einen Emittenten von Vermögensanlagen (§§ 1, 26 VermAnlG), tritt an die Stelle des Ablaufs des zwölften Monats des dem Abschlussstichtag nachfolgenden Geschäftsjahres der Ablauf des sechsten Monats (§ 26 VermAnlG). Die Frist wird gewahrt, wenn **16**

---

[40] Kapitalaufnahmeerleichterungsgesetz vom 20.4.1998 (BGBl. 1998 I 707).
[41] Nach Art. 57 EGHGB galt die bisherige Option für im Ausland an einer Börse notierte Kapitalgesellschaften, den Konzernabschluss nach US-GAAP aufzustellen, bis 2007 fort.
[42] Die Vorschrift des § 292a ist letztmalig auf Geschäftsjahre anzuwenden, die spätestens am 31.12.2004 enden (Art. 5 KapAEG vom 20.4.1998).

zumindest der festgestellte Jahresabschluss (oder Einzelabschluss) mit Lagebericht (mit den Erklärungen nach § 264 Abs. 2 S. 3 und § 289 Abs. 1 S. 5) und dem Bestätigungsvermerk oder dem Vermerk über dessen Versagung bzw. der Konzernabschluss mit Konzernlagebericht bei der das Unternehmensregister führenden Stelle elektronisch zur Einstellung in das Unternehmensregister übermittelt wird. Das gilt aber nur, falls die anderen Unterlagen (Abs. 1 S. 1 Nr. 2) noch nicht vorliegen. Die fehlenden Teile (Bericht des Aufsichtsrats und Entsprechenserklärung sowie eventuell der Beschluss über die Ergebnisverwendung) sind, sofern sie nach der Jahresfrist des Abs. 1a S. 1 entstehen, unverzüglich nach ihrem Vorliegen zu übermitteln. Der Jahresabschluss und der Lagebericht sind nochmals offenzulegen, falls eine nachträgliche Prüfung oder Feststellung zu Änderungen geführt hat. Zur Wahrung der Fristen ist jeweils die Übermittlung der Unterlagen an die das Unternehmensregister führende Stelle ausreichend. Die Erfüllung der **Übermittlungsfrist löst die Einstellung in das Unternehmensregister** aus (Abs. 1).

17   Weitergehende Verpflichtungen der Gesellschaft auf anderer Rechtsgrundlage, die Unterlagen nach Abs. 1, 2a und 3 bekannt zu machen, einzureichen, zu übermitteln oder Personen zugänglich zu machen, bleiben von § 325 unberührt (Abs. 5). Eine Einschränkung der Offenlegungspflichten durch Gesellschaftsvertrag oder Satzung entfaltet für die Verpflichtung aus § 325 keine Wirkung.[43] Eine eigenständige und speziellere Regelung hat die Offenlegung und Veröffentlichung des Ertragsteuerinformationsberichts erhalten. Die Mitglieder des vertretungsberechtigten Organs einer in § 342 näher bestimmten Gesellschaft, die einen solchen Bericht erstellen muss, haben für die Gesellschaft den Ertragsteuerinformationsbericht spätestens ein Jahr nach dem Ende des Berichtszeitraums in deutscher Sprache der das Unternehmensregister führenden Stelle zur Einstellung in das Unternehmensregister zu übermitteln (§ 342m).

18   Falls die Offenlegungspflichten durch die Mitglieder des vertretungsberechtigten Organs der Kapitalgesellschaften nicht eingehalten werden, sieht das Gesetz als **Sanktion** kein Zwangsgeld oder Bußgeld vor.[44] In Anlehnung an den durch das KapCoRiLiG eingeführten und durch das EHUG aufgehobenen § 335a wird bei einem Verstoß gegen die Offenlegungspflicht ein Ordnungsgeldverfahren eingeleitet. Das von Amts wegen betriebene Ordnungsgeldverfahren wird vom Bundesamt für Justiz durchgeführt (§ 335). Das Bundesamt wird von der das Unternehmensregister führenden Stelle nach Prüfung der Offenlegung im Rahmen des § 329 über einen Verstoß gegen die Pflichten unterrichtet (→ § 329 Rn. 17). Die Anzeigepflicht ergibt sich aus § 329 Abs. 4. Das Ordnungsgeld kann gegen die verpflichteten Mitglieder des vertretungsberechtigten Organs, aber auch gegen die Gesellschaft selbst verhängt werden. Das Ordnungsgeld ist zunächst anzudrohen; gleichzeitig können dem Beteiligten die Verfahrenskosten unmittelbar auferlegt werden. Falls sechs Wochen ohne Erfüllung der Verpflichtung oder Einlegung eines Rechtsbehelfs verstrichen sind, ist das Ordnungsgeld festzusetzen. Das Verfahren kann wiederholt werden. Die erneute Androhung ist mit der erstmaligen Festsetzung zu verbinden. Das Ordnungsgeld beträgt im Regelfall mindestens 2.500 EUR, höchstens 25.000 EUR (anders bei kapitalmarktorientierten Kapitalgesellschaften, § 335 Abs. 1a). Erfolgt die Offenlegung nach der Androhung und nach Ablauf der Nachfrist, aber noch vor der Ordnungsgeldfestsetzung, steht dieser Umstand der (Aufrechterhaltung der) Festsetzung nicht entgegen.[45] Dabei ist § 335 Abs. 4 S. 2 allerdings zu beachten. Eine Bußgeldandrohung ist im Falle eines Verstoßes gegen die Verpflichtung zur Offenlegung grundsätzlich nicht vorgesehen. Einen derartigen Ordnungswidrigkeitstatbestand hat der Gesetzgeber nur für die unzureichende Einhaltung der Form, des Formats und des Inhalts der Unterlagen (§ 328) geschaffen (§ 334 Abs. 1 Nr. 5).

---

[43]   OLG Köln NZG 1999, 224; Lutter/Hommelhoff/Kleindiek GmbHG Anh. § 42a Rn. 4.

[44]   Vor dem KapCoRiLiG enthielt das Gesetz eine Regelung, die Zwangsgeldfestsetzungen nach § 335 S. 1 Nr. 6 aF vorsah. Die Festsetzung wurde nicht von Amts wegen vorgenommen, vielmehr war ein Antrag von den in § 335 S. 2 aF benannten Personen erforderlich. Zur Begrenzung des Personenkreises im Hinblick auf die Vereinbarkeit mit Art. 6 RL 68/151/EWG s. EuGH NJW 1998, 129 – Daihatsu; Bspr. von Crezelius ZGR 1999, 252. Zum Vorlagebeschluss OLG Düsseldorf EWiR § 325 1/96, 365.

[45]   LG Bonn DStR 2014, 156.

Die Vorschrift des § 325 ist bei der Offenlegung nach dem PublG sowohl für Unterneh- **19** men als auch für Mutterunternehmen sinngemäß anzuwenden. Dies ergibt sich aus der Verweisung in § 9 Abs. 1 PublG und § 15 Abs. 1 PublG. Die nach diesen Vorschriften publizitätspflichtigen Unternehmen haben dieselben Pflichten zu erfüllen wie die Kapitalgesellschaften. Der Gegenstand der Offenlegung, die Frist und das Verfahren (Übermittlung an die das Unternehmensregister führende Stelle) entsprechen den Vorgaben an Kapitalgesellschaften.[46] Das gilt auch für die Möglichkeit, statt des Jahresabschlusses den Einzelabschluss befreiend offenzulegen.

II. Pflichten zur Offenlegung für Kapitalgesellschaften (Abs. 1)

1. Verpflichtete Personen. Die Pflicht zur Offenlegung trifft nach Abs. 1 S. 1 die **20** Mitglieder des vertretungsberechtigten Organs[47] der Kapitalgesellschaften. Sie umfasst die elektronische Übermittlung der Unterlagen an die das Unternehmensregister führende Stelle zur Einstellung in das Unternehmensregister. Bei der Aktiengesellschaft nehmen die **Vorstandsmitglieder** die Stellung des gesetzlichen Vertreters und damit der Mitglieder des vertretungsberechtigten Organs ein (§ 78 Abs. 1 AktG).[48] Besteht der Vorstand aus mehreren Mitgliedern, sieht das Gesetz die Gesamtvertretung vor (§ 78 Abs. 2 AktG). Eine abweichende Regelung ist in der Satzung möglich; daneben kann der Aufsichtsrat eine abweichende Regelung treffen, wenn er dazu ermächtigt wurde (§ 78 Abs. 3 AktG).[49] Die KGaA wird kraft Gesetzes durch ihren persönlich haftenden Gesellschafter vertreten (§ 278 Abs. 2 AktG mit der Verweisung auf die § 161 Abs. 2, § 125 Abs. 1; ab 1.1.2024: § 124 Abs. 1). Sie hat keinen Vorstand. Bei mehreren Komplementären sieht § 125 Abs. 1 (ab 1.1.2024: § 124 Abs. 1) Einzelvertretung vor. Eine Gesamtvertretungsregelung ist aber zulässig.[50] Die GmbH wird durch die **Geschäftsführer** vertreten (§ 35 Abs. 1 GmbHG). Die gesetzlich vorgesehene Gesamtvertretung mehrerer Geschäftsführer ist dispositiv.[51] Im Liquidationsstadium geht die Vertretungsmacht auf die Abwickler bzw. Liquidatoren über (§ 269 AktG, § 278 Abs. 3 AktG, § 290 AktG und § 70 GmbHG). Die Verpflichtung zur Offenlegung wird durch den Wechsel in das Liquidationsstadium nicht berührt.[52] Gleiches gilt im Grundsatz bei Eröffnung des Insolvenzverfahrens.[53] Spätestens mit Eröffnung des Insolvenzverfahrens wird die Erfüllung der Offenlegung des Jahresabschlusses durch die Mitglieder des vertretungsberechtigten Organs allerdings nicht mehr möglich, so dass eine Ordnungsgeldfestsetzung wegen deren Unterlassung insoweit unzulässig ist.[54] Als gesetzliche Vertreter der gleichgestellten Personenhandelsgesellschaften (§ 264a) gelten die Mitglieder des vertretungsberechtigten Organs der vertretungsberechtigten Gesellschaften (§ 264a Abs. 2).[55] Vertretungsberechtigte Gesellschaften sind bei der gleichgestellten OHG (§ 264a Abs. 1) grundsätzlich alle beteiligten Gesellschaften. Zur Vertretung der OHG sind in der Regel alle Gesellschafter berechtigt, wobei § 125 Abs. 1 (ab 1.1.2024: § 124 Abs. 1) Einzelvertretung vorsieht. Bei der KG beschränkt sich die Vertretungsberechtigung auf die Komplementäre.

Das jeweils zuständige Vertretungsorgan kann die **Aufgabe** einem einzelnen Mitglied **21** des Organs **übertragen.** Die Offenlegung muss also nicht durch sämtliche gesetzlichen Vertreter und damit nicht von allen Mitgliedern des vertretungsberechtigten Organs höchst-

---

[46] ADS PublG § 9 Rn. 2; BeBiKo/Grottel Rn. 400. Vgl. dazu die tabellarische Übersicht bei Schildbach/Feldhoff KonzAbschl. S. 98, 99.

[47] OLG Stuttgart GmbHR 2001, 301.

[48] Koch AktG § 78 Rn. 3.

[49] Koch AktG § 78 Rn. 14.

[50] Koch AktG § 278 Rn. 14.

[51] Noack/Servatius/Haas/Noack GmbHG § 35 Rn. 54; Lutter/Hommelhoff/Kleindiek GmbHG § 35 Rn. 25.

[52] LG Bonn BeckRS 2015, 13019; NZG 2010, 1276; KG Berlin NZG 2003, 1119.

[53] LG Bonn GmbHR 2009, 94.

[54] LG Bonn ZIP 2009, 1387.

[55] Der Gesetzgeber hielt die Regelung in § 264a Abs. 2 für erforderlich, um die Verantwortung klarzustellen, vgl. BT-Drs. 14/1806, 18.

persönlich wahrgenommen werden.[56] Die Übertragung befreit die übrigen Organmitglieder aber nicht vollständig von ihren Pflichten. Sie bleiben verpflichtet, auf eine ordnungsgemäße und fristgerechte Offenlegung hinzuwirken.[57] Bei der Delegation der Verpflichtung auf andere (zB Steuerberater, Mitarbeiter) bleibt eine Prüfungspflicht im Hinblick auf die rechtzeitige Offenlegung ebenfalls bestehen.[58] Das Bundesamt für Justiz kann daher das Mittel der Festsetzung von Ordnungsgeld gegen alle Organmitglieder einsetzen. Ferner kann das Ordnungsgeldverfahren auch gegen die Gesellschaft eingeleitet werden, für welche die Mitglieder des vertretungsberechtigten Organs die Pflichten zu erfüllen haben (§ 335 Abs. 1 S. 2). Die Pflicht zur Offenlegung besteht auch dann, wenn sich das verpflichtete Mitglied des vertretungsberechtigten Organs der Gesellschaft mit der Offenlegung selbst belastet.[59] § 393 Abs. 1 S. 2 AO gilt nur im Besteuerungsverfahren, nicht aber auch für die Offenlegungsverpflichtungen (auch nicht analog). Der Konfliktlage des Geschäftsführers ist dadurch zu entsprechen, dass die nach HGB zu erteilende Auskunft nicht in einem etwaigen Strafverfahren gegen das verpflichtete Organmitglied verwertet werden darf.[60]

22   Sehen die Satzung oder der Gesellschaftsvertrag Bestimmungen vor, nach denen die Mitglieder des vertretungsberechtigten Organs andere Offenlegungspflichten erfüllen müssen, sind die Vorgaben nur zu befolgen, wenn es sich um eine Erweiterung der gesetzlichen Regelung handelt (Abs. 5). Begrenzungen der Offenlegungspflicht nach anderen Bestimmungen haben keine Auswirkungen auf die nach § 325 geforderte Offenlegung.[61] Mit der Wahl einer entsprechenden Rechtsform (→ Rn. 8) unterwirft sich die Gesellschaft den für Kapitalgesellschaften geltenden Publizitätspflichten nach § 325. Mit der Eintragung der Verschmelzung in das Handelsregister erlischt ein Rechtsträger (§ 20 Abs. 1 Nr. 2 UmwG). Aus der gesetzlichen Systematik folgt, dass es sich bei dem übertragenden Rechtsträger und dem übernehmenden Rechtsträger um zwei verschiedene Rechtsträger handelt. Mithin kann eine Fristversäumung und ein anschließendes Ordnungsgeldverfahren nicht gegen den Rechtsnachfolger bzw. die Mitglieder des vertretungsberechtigten Organs des Rechtsnachfolgers fortgesetzt werden. Es handelt sich insoweit auch um unterschiedliche Beteiligte iSv § 335 Abs. 1, 3.[62]

23   **2. Offenlegungspflichtige Unterlagen.** Die Unterlagen, für die eine Verpflichtung zur Offenlegung besteht, ergeben sich aus Abs. 1 S. 1 Nr. 1 und Nr. 2 sowie aus Abs. 1b. Die **Aufzählung ist abschließend formuliert;**[63] mehr ist nicht zur Einstellung in das Unternehmensregister zu übermitteln. Sind einzelne Unterlagen nach den gesellschaftsrechtlichen Vorschriften nicht zu erstellen (wie der Bericht des Aufsichtsrats bei einer Gesellschaft ohne Aufsichtsrat und die Entsprechenserklärung bei nicht börsennotierten Aktiengesellschaften) oder nach handelsrechtlichen Vorschriften nicht erforderlich, beispielsweise der Bestätigungsvermerk eines Abschlussprüfers (§ 316 Abs. 1) bei freiwilliger Prüfung oder der fakultative Lagebericht für kleine Kapitalgesellschaften (§ 264 Abs. 1 S. 4) sowie der Anhang für Kleinstkapitalgesellschaften (§ 264 Abs. 1 S. 5), vermindern sich Inhalt und Umfang der offenlegungspflichtigen Unterlagen; gleiches gilt für die gleichgestellten Personenhandelsgesellschaften (§ 264a). Neben den größenspezifischen Aufstellungserleichterungen sieht das Gesetz Erleichterungen bei der Offenlegung nach §§ 326, 327 vor. Des Weiteren sind in § 264 Abs. 2, Abs. 3 und Abs. 4 Sonderregelungen enthalten. Nach § 264 Abs. 2 S. 3 sind die Mitglieder des vertretungsberechtigten Organs börsennotierter Kapitalgesellschaften (Inlandsemittenten iSd § 2 Abs. 14 WpHG und keine Kapitalgesellschaften iSd § 327a) verpflichtet, die Einhaltung der für den Jahresabschluss geltenden Vorgaben bei Unterzeich-

---

[56]   BeBiKo/Grottel Rn. 25.
[57]   ADS Rn. 17; Staub/Kersting Rn. 39.
[58]   LG Bonn BeckRS 2010, 20251; DStR 2011, 780.
[59]   LG Bonn DStR 2014, 156.
[60]   BVerfGE 56, 37 (41 ff.); 56, 37 (50 f.); BVerfG NJW 2005, 352.
[61]   Zuletzt OLG Köln NZG 1999, 224.
[62]   LG Bonn NZG 2013, 1347.
[63]   BeBiKo/Grottel Rn. 30.

nung des Jahresabschlusses schriftlich zu bestätigen („Bilanzeid"). Entsprechende Erklärungspflichten gelten gem. § 289 Abs. 1 S. 5, § 297 Abs. 2 S. 4 sowie § 315 Abs. 1 S. 5 für Lagebericht, Konzernabschluss und Konzernlagebericht, auch dann, wenn das Unternehmen oder Mutterunternehmen nach internationalen Standards bilanziert. In § 325 ist der Bilanzeid (nun) ausdrücklich erwähnt. Im Ergebnis wird man seine Offenlegung schon vor der Klarstellung durch den Gesetzgeber als Teil des Jahresabschlusses der verpflichteten Kapitalgesellschaften ansehen müssen.[64] Anderenfalls ergibt die Regelung in § 114 Abs. 1 und 2 WpHG keinen Sinn, die schon früher bei einer Offenlegung der Unterlagen nach Abs. 2 (Nr. 3 „Bilanzeid") eine Befreiung vom Jahresfinanzbericht vorsieht. Für Personengesellschaften iSd § 264a Abs. 1 kann die Pflicht bei Einbeziehung in einen befreienden Konzernabschluss entfallen (§ 264b).

Im Regelfall umfasst die Offenlegung (Abs. 1 Nr. 1 und Nr. 2, Abs. 1b):   **24**
- den Jahresabschluss; bestehend aus den Elementen: Bilanz, Gewinn- und Verlustrechnung (§ 242 Abs. 3) und dem Anhang (§ 264 Abs. 1 S. 1), ggf. ergänzt um eine Kapitalflussrechnung und einen Eigenkapitalspiegel, ferner die Erweiterung des Jahresabschlusses um eine fakultative Segmentberichterstattung und ggf. versehen mit dem „Bilanzeid" (§ 264 Abs. 2 S. 3; → Rn. 28);
- den Bestätigungsvermerk oder den Vermerk über die Versagung des Abschlussprüfers (§ 322), sofern die Gesellschaft der gesetzlichen Pflichtprüfung unterliegt (§ 316);
- den Lagebericht (§ 289) zur Wiedergabe der Vermögens-, Finanz- und Ertragslage der Gesellschaft sowie einer Analyse und einer Bewertung der Entwicklung mit dem „Eid" (§ 289 Abs. 1 S. 5; → Rn. 31), ggf. ergänzt durch die Vorgaben in den §§ 289a–289f;
- den Bericht des Aufsichtsrats; dies gilt auch für den Bericht eines fakultativen Aufsichtsrats, soweit die Prüfungspflicht entsprechend §§ 170, 171 AktG besteht;[65]
- den Beschluss über die Verwendung des Ergebnisses, wenn der Jahresabschluss lediglich den Ergebnisverwendungsvorschlag beinhaltet;
- die Entsprechenserklärung zum DCGK nach § 161 AktG für börsennotierte Gesellschaften;
- die Änderungen des Jahresabschlusses oder des Lageberichts;
- die Änderungen des Bestätigungs- oder Versagungsvermerks.

Weitere Übermittlungspflichten für Unterlagen können sich für Kapitalgesellschaften **25** aus den Vorschriften des AktG und GmbHG ergeben. Sie gehören aber nicht zu den Unterlagen iSd Abs. 1 und sind nicht nach den Regelungen in diesem Unterabschnitt zu beurteilen.[66] Weitere Übermittlungspflichten zur Einstellung von Unterlagen in das Unternehmensregister oder in das Handelsregister sind ausschließlich nach den jeweiligen gesetzlichen Regelungen vorzunehmen. Der Vorstand einer Aktiengesellschaft hat nach § 130 Abs. 5 AktG eine öffentlich beglaubigte Abschrift der Niederschrift über die Hauptversammlung und ihre Anlagen zum Handelsregister einzureichen.[67] Die Geschäftsführer einer GmbH haben bei Veränderungen in Bezug auf Gesellschaftsanteile (Inhaber oder Umfang) eine Gesellschafterliste zum Handelsregister einzureichen (§ 40 Abs. 1 GmbHG).[68] Ein Rückgriff auf § 325 ist insoweit nicht möglich.

Die vorgesehenen Unterlagen sind elektronisch und in deutscher Sprache innerhalb **26** der vorgegebenen Fristen (im Regelfall spätestens zwölf Monate nach dem Abschlussstichtag des Geschäftsjahres) an die das Unternehmensregister führende Stelle zu übermitteln (Abs. 1a S. 1). Liegen der Bericht des Aufsichtsrats oder die nach § 161 AktG vorgeschriebene Erklärung nicht innerhalb der Frist vor, sind sie unverzüglich nach ihrem Vorliegen offenzulegen (Abs. 1a S. 2). Nach der Übermittlung zur Einstellung in das Unternehmensregister erfolgt die Einstellung, die nicht mehr im Verantwortungsbereich der Mitglieder des

---

[64] Für ein Redaktionsversehen BeBiKo/Grottel Rn. 30.
[65] BeBiKo/Grottel Rn. 30.
[66] LG München BB 1990, 2232.
[67] Koch AktG § 130 Rn. 27.
[68] Staub/Kersting Rn. 22; Lutter/Hommelhoff/Bayer GmbHG § 40 Rn. 6.

vertretungsberechtigten Organs der Gesellschaft liegt. Die Unterlagen sind dazu bereits in einer Form zu übermitteln, die ihre Einstellung ermöglichen (Abs. 1 S. 2). Werden die Abschlussunterlagen nicht innerhalb von zwölf (bzw. vier Monaten) nach dem Abschlussstichtag offengelegt, liegt ein Verstoß gegen § 325 vor. In dem Verfahren nach § 335 hat es die Gesellschaft in der Hand, durch Offenlegung innerhalb der dort bestimmten Frist (sechs Wochen) eine Festsetzung von Ordnungsgeld zu vermeiden.

27   **a) Der Jahresabschluss.** Jahresabschluss im Sinne dieser Vorschrift ist nur der Abschluss nach § 242 Abs. 3. Andere Abschlüsse werden von den Publizitätsanforderungen dieser Vorschrift nicht unmittelbar erfasst. Nicht unter die Vorschrift fallen daher die Sonderbilanzen. Darunter sind beispielsweise die Eröffnungs- oder Gründungsbilanz nach § 242 Abs. 1, die Umwandlungsbilanzen nach UmwG oder AktG, die Zwischenbilanz bei der Kapitalerhöhung aus Gesellschaftsmitteln (§ 209 AktG) sowie die Verschmelzungs- und Abwicklungs- oder Liquidationsbilanz zu verstehen. Der Regelung unterliegen aber die Jahresbilanzen im Liquidationsstadium und der Abschluss für ein Rumpfgeschäftsjahr.[69] Gleiches gilt für die Abwicklungseröffnungsbilanz (§ 270 Abs. 2 S. 2 AktG) und Jahresabschlüsse, die zugleich Schlussbilanzen einer übertragenden Gesellschaft sind.[70] Kein Jahresabschluss in diesem Sinne ist auch der Einzelabschluss nach § 325 Abs. 2a, der nach internationalen Rechnungslegungsstandards (§ 315e Abs. 1) aufgestellt wird. Der Einzelabschluss kann bei großen Kapitalgesellschaften mit befreiender Wirkung in Bezug auf den Jahresabschluss offengelegt werden (Abs. 2b). Die Offenlegung des Einzelabschlusses, die zur Zugänglichmachung der Unterlage über die Internetseite des Unternehmensregisters führt, kann an die Stelle der Offenlegung des Jahresabschlusses treten; beschränkt allerdings auf große Kapitalgesellschaften.[71] Voraussetzung für die Befreiung im Hinblick auf den Einzelabschluss ist aber auch, dass der Jahresabschluss mit dem Bestätigungsvermerk oder dem Vermerk über dessen Versagung in deutscher Sprache der das Unternehmensregister führenden Stelle elektronisch zur Einstellung in das Unternehmensregister durch dauerhafte Hinterlegung übermittelt wird (Abs. 2b Nr. 3).

28   Der Jahresabschluss ist so zu übermitteln, wie er sich aus den zur Aufstellung maßgebenden Vorschriften ergibt. Dabei ist zu berücksichtigen, dass die Form der elektronischen Übermittlung für die Einstellung in das Unternehmensregister geeignet sein muss (Abs. 1 S. 2). Zur genauen Form und dem Inhalt der Unterlagen vgl. § 328. Die Offenlegung ist nicht (mehr) von der Feststellung des Jahresabschlusses unabhängig.[72] Vielmehr ist die früher mögliche stufenweise Einreichung von zunächst ungeprüften Jahresabschlüssen und Lageberichten bzw. das Nachreichen des Bestätigungsvermerks nicht mehr fristwahrend zulässig. Das ergibt sich aus der klaren Formulierung in Abs. 1 Nr. 1 und der Regelung in Abs. 1a S. 2, die nur auf den Bericht des Aufsichtsrats und die nach § 161 AktG vorgeschriebene Erklärung Bezug nimmt. Mit der Feststellung wird der Jahresabschluss als richtig anerkannt und für das Unternehmen und die Gesellschafter als verbindlich erklärt. Rechtlich handelt es sich um einen rechtsgeschäftlichen Akt, der durch Willenserklärung der an der Feststellung Beteiligten zustande kommt. Der Lagebericht ist nicht Gegenstand der Feststellung. Bei der AG wird der Jahresabschluss grundsätzlich durch einen Beschluss des Gesamtorgans Aufsichtsrat festgestellt, an dem Vorstand (Vorlage) und Aufsichtsrat (Billigung) mitwirken; die Hauptversammlung entscheidet nur in Sonderfällen (§ 172 Abs. 1 AktG). Bei der KGaA ist die Hauptversammlung für die Feststellung des Jahresabschlusses zuständig (§ 286 Abs. 1 AktG); dabei ist die Zustimmung des persönlich haftenden Gesellschafters erforderlich (→ Rn. 56). Der Aufsichtsrat wirkt insoweit nicht mit. In der GmbH beschließen die

---

[69]   Zur DM-Eröffnungsbilanz LG Chemnitz ZIP 1995, 1612; → § 242 Rn. 4 ff.; zur Verpflichtung in der Liquidation vgl. LG Bonn BeckRS 2015, 13019.
[70]   BeBiKo/Grottel Rn. 38.
[71]   Zur Beschränkung durch den Gesetzgeber s. BT-Drs. 19/28177, 101.
[72]   Noack/Servatius/Haas/Haas GmbHG § 41 Rn. 17; BeBiKo/Grottel Rn. 30. Zum Verhältnis von Aufstellung, Feststellung und Ergebnisverwendung etwa Scholz/Crezelius GmbHG § 42a Rn. 30 f.

Gesellschafter über die Feststellung (§ 46 Nr. 1 GmbHG).[73] Bei Personenhandelsgesellschaften handelt es sich bei der Feststellung des Jahresabschlusses in der Regel um ein Geschäft, das die Zustimmung aller Gesellschafter erfordert (ab. 1.1.2024: § 121 BGB, § 105 Abs. 3).[74] Für eine Abweichung von der Regel ist eine allgemeine Mehrheitsklausel im Gesellschaftsvertrag ausreichend. Von einer solchen Mehrheitsklausel wird auch die Feststellung des Jahresabschlusses erfasst.[75] Können sich die Gesellschafter bei der Feststellung nicht einigen, ist der Anspruch auf Feststellung im Wege der Klage durchzusetzen. Der Feststellungsbeschluss selbst ist für die Öffentlichkeit ohne Interesse.[76] Bei Inlandsemittenten (§ 264 Abs. 2 S. 3) ist die Versicherung der Mitglieder des vertretungsberechtigten Organs mit aufzunehmen („Bilanzeid"). Eine ausdrückliche Erwähnung in den offenzulegenden Unterlagen ist vor dem Hintergrund des § 114 WpHG (→ Rn. 23) erforderlich.[77] Die Übermittlung einer sog. Nullbilanz oder eines nichtigen Jahresabschlusses führt zu keinem Verstoß gegen die Offenlegungsvorschriften, da es insoweit nur darauf ankommt, ob die nach § 325 geforderten notwendigen Unterlagen unter Beachtung eines Mindestmaßes an formellen und inhaltlichen Voraussetzungen formal vollständig übermittelt worden sind.[78]

b) Der Bestätigungsvermerk. Die Verpflichtung zur Offenlegung des Bestätigungs- **29** vermerks oder des Vermerks über dessen Versagung betrifft nur Kapitalgesellschaften und gleichgestellte Personenhandelsgesellschaften (§ 264a), deren Jahresabschluss aufgrund einer **gesetzlichen Regelung prüfungspflichtig** ist (§ 316 Abs. 1 und 2). Der Jahresabschluss von kleinen Kapitalgesellschaften (§ 267 Abs. 1) und gleichgestellten Personenhandelsgesellschaften fällt nicht unter die gesetzliche Prüfungspflicht (§ 316 Abs. 1 S. 2). Eine Verpflichtung im Gesellschaftsvertrag oder eine freiwillige Prüfung des Jahresabschlusses durch einen Abschlussprüfer löst keine gesetzliche Offenlegungsverpflichtung aus. Der Bestätigungsvermerk kann aber auf freiwilliger Basis offengelegt werden. Werden Erleichterungen für die Offenlegung des Jahresabschlusses in Anspruch genommen, ist § 328 Abs. 1a S. 2 zu beachten. Es ist in diesen Fällen darauf hinzuweisen, dass sich der Bestätigungsvermerk, als Ergebnis der gesetzlichen Abschlussprüfung, auf den vollständigen Jahresabschluss bezieht.[79] Wird ein pflichtwidrig nicht geprüfter Jahresabschluss offengelegt, ist die Verpflichtung nach § 325 nicht erfüllt.

§ 325 verlangt nur die Offenlegung des Bestätigungsvermerks, der von einem **30** Abschlussprüfer nach dessen Prüfung erteilt werden muss (§ 322). Nicht zu den Unterlagen nach Abs. 1 Nr. 1 zählt der vorausgehende **Prüfungsbericht** (§§ 321, 321a). Nur der Vermerk selbst ist für die Öffentlichkeit bestimmt.[80] Der Abschlussprüfer bringt darin zum Ausdruck, dass die Prüfungspflicht erfüllt wurde, beschreibt den Gegenstand, die Art und den Umfang der Prüfung (§ 322 Abs. 1) und erläutert, zu welchem Ergebnis die Prüfung geführt hat. Der Bestätigungsvermerk kann uneingeschränkt oder mit Einschränkungen erteilt werden. Ist kein Positivbefund zur Rechnungslegung möglich, ist der Vermerk zu versagen.[81] Da der vollständige Wortlaut des Bestätigungsvermerks oder des Vermerks über die Versagung offenzulegen ist (§ 328 Abs. 1a S. 2), kann sich die Öffentlichkeit auch über die Gründe von Einschränkung bzw. Versagung informieren. Für den Abschlussprüfer besteht eine Verpflichtung, die Maßnahmen im Bestätigungsvermerk zu begründen (§ 322 Abs. 4 S. 3).

---

[73]   Lutter/Hommelhoff/Bayer GmbHG § 46 Rn. 3–7.
[74]   BGHZ 132, 263 = NJW 1996, 1678; Hopt/Roth § 114 Rn. 3.
[75]   BGH WM 2007, 501.
[76]   ADS Rn. 81; BeBiKo/Grottel Rn. 30; aA Noack/Servatius/Haas/Haas GmbHG § 41 Rn. 17.
[77]   IErg gleich BeBiKo/Grottel Rn. 30, die aber von einem redaktionellen Versehen ausgehen.
[78]   LG Bonn NZG 2013, 1157; Merkt/Osbahr DB 2018, 1477; aA dagegen Schneider DB 2018, 2946, der hier zwischen einem nichtigen Jahresabschluss und einer Nullbilanz differenzieren will und im letztgenannten Fall ein Ordnungsgeld für sachgerecht ansieht.
[79]   ADS Rn. 38.
[80]   BeBiKo/Schmidt/Küster § 322 Rn. 6.
[81]   Zu Versagungsgründen s. BeBiKo/Schmidt/Küster § 322 Rn. 67, Rn. 41.

31   **c) Der Lagebericht.** Der Lagebericht soll ein zutreffendes Bild über den Geschäftsverlauf und das Geschäftsergebnis sowie die **Vermögens-, Finanz- und Ertragslage** der Kapitalgesellschaft bzw. gleichgestellten Personenhandelsgesellschaft abgeben (Informations- und Rechenschaftsfunktion). Aufzunehmen sind Informationen über die Rahmenbedingungen, über Entwicklungen und Änderungen im Beschaffungs-, Produktions- und Absatzbereich, die Finanzierung und Investitionen (Liquidität und Kapitalausstattung), die Gewinnanalyse und wichtige Ereignisse sowie ökologische und soziale Belange. Daneben ist auf Chancen sowie bestehende und drohende Risiken der künftigen Entwicklung einzugehen (§ 289). Ferner haben börsennotierte Aktiengesellschaften und Aktiengesellschaften, die ausschließlich andere Wertpapiere als Aktien zum Handel an einem organisierten Markt (§ 2 Abs. 11 WpHG) ausgeben, eine Erklärung zur Unternehmensführung in den Lagebericht aufzunehmen (§ 289f). Wird die Erklärung auf der Internetseite der Gesellschaft zugänglich gemacht, ist im Lagebericht darauf zu verweisen. Die Mitglieder des vertretungsberechtigten Organs eines Inlandsemittenten (§ 264 Abs. 2 S. 3) haben im Lagebericht zu versichern, dass sie die Lage des Unternehmens nach den tatsächlichen Verhältnissen dargestellt haben. Die Versicherung hängt unmittelbar mit dem Bericht zusammen und zählt zu den offenzulegenden Unterlagen (Abs. 1 Nr. 1).[82] Der Lagebericht ist in vollständiger Form zu publizieren (§ 328 Abs. 3). Differenzieren lassen sich im Hinblick auf den Lagebericht (ausgehend vom Gesetz) der Wirtschaftsbericht, der Prognose-, Chancen- und Risikobericht, der Bilanzeid für börsennotierte Kapitalgesellschaften, der Bericht über Finanzinstrumente, der Forschungs- und Entwicklungsbericht, der Zweigniederlassungsbericht, Zusatzangaben über nichtfinanzielle Leistungsindikatoren, eine Beschreibung der wesentlichen Merkmale des IKS und RMS im Hinblick auf den Rechnungslegungsprozess (IKS/RMS-Bericht), die übernahmerechtlichen Angaben für börsennotierte Kapitalgesellschaften, der Vergütungsbericht für die Organe börsennotierter Aktiengesellschaften und die nichtfinanzielle Erklärung sowie die Erklärung zur Unternehmensführung. Kleine Kapitalgesellschaften sowie Kleinstkapitalgesellschaften (§ 267 Abs. 1) und gleichgestellte Personenhandelsgesellschaften (§ 264a) sind von der Verpflichtung zur Aufstellung eines Lageberichts nach § 264 Abs. 1 S. 4 befreit. Ein freiwilliger Lagebericht gehört nicht zu den offenlegungspflichtigen Unterlagen. Hier gelten die Ausführungen zur freiwilligen Abschlussprüfung entsprechend (→ Rn. 29).

32   **d) Der Bericht des Aufsichtsrats.** Für die AG und die KGaA enthält § 170 Abs. 1 AktG die Verpflichtung, den Jahresabschluss und den Lagebericht unverzüglich, dh „ohne schuldhaftes Zögern" (§ 121 Abs. 1 S. 1 BGB), nach ihrer Aufstellung dem Aufsichtsrat vorzulegen. Für die Aufstellung des Jahresabschlusses sind die Fristen des § 264 Abs. 1 zu beachten. Erforderlich ist die Vorlage der Unterlagen durch den Vorstand an den Aufsichtsrat, der durch seinen Vorsitzenden repräsentiert wird (§ 107 Abs. 1 AktG; zum Anspruch der Mitglieder § 170 Abs. 3 AktG). Hat die GmbH einen obligatorischen Aufsichtsrat zu bilden (zB § 4 Abs. 1 DrittelbG, § 25 Abs. 1 MitbestG 1976, § 2 MitbestErgG, § 3 Abs. 1 MitbestErgG, § 18 Abs. 2 KAGB), ergibt sich dessen Prüfungspflicht aus der entsprechenden Anwendung des § 171 AktG. Die Geschäftsführer haben die Vorlagepflicht entsprechend § 170 Abs. 1 AktG zu erfüllen. Im Falle eines **fakultativen Aufsichtsrats**[83] kommt es für die Offenlegung auf die Zuweisung der Aufgaben an das Gremium an. Die gesetzliche Regelung in § 52 Abs. 1 GmbHG sieht die entsprechende Anwendung des § 171 AktG vor, falls der Gesellschaftsvertrag keine andere Bestimmung enthält. Der Aufsichtsrat hat den Jahresabschluss, den Lagebericht und den Gewinnverwendungsvorschlag zu prüfen (§ 171 Abs. 1 AktG). Die Pflicht obliegt dem ganzen Aufsichtsrat und jedem einzelnen Mitglied.[84] Jedes Aufsichtsratsmitglied muss sich aufgrund eigener Prüfung selbst ein Urteil bilden. Der Bericht eines eingesetzten Bilanzausschusses ist in die Prüfung einzubeziehen.

---

[82]   IErg gleich schon vor der Klarstellung durch den Gesetzgeber BeBiKo/Grottel Rn. 30, die aber von einem redaktionellen Versehen ausgehen.

[83]   Staub/Kersting Rn. 24. Zur Ausgestaltung Lutter/Hommelhoff/Lutter GmbHG § 52 Rn. 3–20.

[84]   Koch AktG § 171 Rn. 9.

Eine unbesehene Übernahme der Inhalte des Ausschussberichts darf aber nicht erfolgen.[85] Über das Ergebnis der Prüfung hat der Aufsichtsrat einen schriftlichen Bericht zu erstellen (§ 171 Abs. 2 AktG). Wird das Recht zur Prüfung oder Berichterstattung durch den Gesellschaftsvertrag einer GmbH mit fakultativem Aufsichtsrat zulässigerweise ausgeschlossen oder beschränkt, entspricht der gleichwohl erstellte Bericht nicht den durch die gesetzliche Regelung vorgesehenen Funktionen (§ 171 AktG), so dass ein solcher Bericht nicht von den Unterlagen nach § 325 Abs. 1 umfasst wird.[86] Bei Personenhandelsgesellschaften kennt das Gesetz das Organ des Aufsichtsrates nicht (§ 18 Abs. 2 KAGB, § 153 KAGB zum Beirat einer externen Kapitalverwaltungsgesellschaft und einer intern verwalteten geschlossenen Publikumsinvestmentkommanditgesellschaft). Unklar bleibt, ob der Gesetzgeber eine Offenlegungsverpflichtung für den Bericht eines fakultativen Aufsichtsrates mit Prüfungspflichten entsprechend § 171 AktG schaffen wollte.[87] Das ist im Ergebnis abzulehnen.

Eine gesetzliche Regelung zur Prüfung durch den Aufsichtsrat gibt es nur bezüglich **33** des Gegenstands (§ 171 Abs. 1 AktG). Der **Umfang der Prüfung** sowie deren Ziele sind gesetzlich nicht festgelegt. Aus § 111 AktG ergibt sich ein umfassendes Überwachungsrecht. Der Aufsichtsrat hat daher die Rechtmäßigkeit der Prüfungsgegenstände zu kontrollieren, daneben steht ihm aber auch das Recht zur Prüfung der Zweckmäßigkeit zu.[88] Die Aufsichtsräte können sich des Abschlussprüfers als sachverständiger Person bedienen, dieser hat über die wesentlichen Ergebnisse seiner Prüfung zu berichten (§ 171 Abs. 1 S. 2 AktG). Der gesetzliche Abschlussprüfer ist verpflichtet, an den Verhandlungen über einschlägige Vorstandsvorlagen teilzunehmen. Der Aufsichtsrat ist nach § 111 Abs. 2 S. 3 AktG für die Erteilung des Prüfungsauftrags an den Abschlussprüfer nach dessen Bestellung durch die Mitgliederversammlung (§ 318) zuständig. Die Vorlage des Prüfungsberichts des Abschlussprüfers erfolgt direkt an den Aufsichtsrat (§ 321 Abs. 5 S. 2). Für andere Gesellschaftsformen als AG und KGaA ist die Zuständigkeit der Gesellschafter zur Bestellung des Abschlussprüfers dispositiv. Der Bericht des Abschlussprüfers steht dem Aufsichtsrat somit als Grundlage der eigenen Prüfung zur Verfügung. Das Ergebnis der eigenen Prüfung hat der Aufsichtsrat schriftlich niederzulegen und an die Hauptversammlung zu berichten (§ 171 Abs. 2 AktG). Der Bericht muss ferner Angaben enthalten, in welcher Art und welchem Umfang der Aufsichtsrat die Geschäftsführung geprüft hat. Bei börsennotierten Unternehmen geht die Berichtspflicht noch weiter (Art und Zahl der Ausschüsse, Anzahl der Sitzungen von Aufsichtsrat und Ausschüssen).[89] Handelt es sich um eine prüfungspflichtige Kapitalgesellschaft, hat der Aufsichtsrat zum Ergebnis der Prüfung durch den Abschlussprüfer Stellung zu nehmen (§ 171 Abs. 2 S. 3 AktG). Der Bericht endet mit einer Erklärung, ob nach dem abschließenden Ergebnis der Prüfung Einwendungen zu erheben sind und ob der Aufsichtsrat den vom Vorstand aufgestellten Jahresabschluss billigt. Das Gesetz sieht vor, dass der Aufsichtsrat seinen Bericht innerhalb eines Monats, nachdem ihm die Unterlagen zugegangen sind, dem Vorstand zuleiten soll. Werden die vorgesehene Frist und die Nachfrist versäumt, gilt der Jahresabschluss als vom Aufsichtsrat nicht gebilligt (§ 171 Abs. 3 S. 3 AktG).[90] Wird der Aufsichtsratsbericht entgegen § 325 Abs. 1 S. 1 Nr. 2 aufgrund des pflichtwidrigen Nichtbestehens eines Aufsichtsrats nicht der das Unternehmensregister führenden Stelle elektronisch zur Einstellung in das Unternehmensregister übermittelt, liegt kein Verstoß gegen die Offenlegungsverpflichtung vor.[91] Das Bestimmtheitsgebot erfordert es, den Ordnungswidrigkeitentatbestand nur auf Jahresabschlussunterlagen zu erstrecken, die nachträglich noch erstellt werden können, so das BVerfG. War überhaupt kein Aufsichtsrat gebildet worden, so kann der Bericht nicht erstellt werden.

---

[85] BGHZ 84, 209 (216) = NJW 1984, 1038; Koch AktG § 171 Rn. 12 mwN.
[86] Ebenso BeBiKo/Grottel Rn. 41; Scholz/Crezelius GmbHG § 42a Rn. 26.
[87] Die Gesetzesbegründung enthält insoweit keine Anhaltspunkte, BT-Drs. 14/1806, 17.
[88] ADS AktG § 171 Rn. 17; Koch AktG § 171 Rn. 4–7.
[89] Dazu BeBiKo/Grottel/Hoffmann Vor § 325 Rn. 28, 29.
[90] Zur möglichen Schadenersatzpflicht des Aufsichtsrats BeBiKo/Grottel/Hoffmann Vor § 325 Rn. 36.
[91] BVerfG DStR 2014, 541; vgl. ausf. dazu Weinbörner WPg 2014, 1101 ff.

34   **e) Vorschlag über die Verwendung des Ergebnisses.** Durch die Aufnahme der Nr. 34 in § 285 durch das BilRUG vom 17.7.2015 (BGBl. 2015 I 1245) ist der Vorschlag für die Verwendung des Ergebnisses oder der Beschluss über seine Verwendung im Anhang ersichtlich und damit Teil des Jahresabschlusses. Eine gesonderte Erwähnung in § 325 Abs. 1 bedarf es daher nicht mehr. Da die Angaben zur Ergebnisverwendung von der Geschäftsführung oder vom Vorstand zeitlich vor Einleitung der Verfahren zur Prüfung oder Feststellung gemacht werden, dürfte im Anhang idR nur ein Vorschlag für die Ergebnisverwendung darstellbar sein.[92] Inhaltlich soll dabei dargestellt werden, wie das gesamte Ergebnis verwendet werden soll. Im Falle eines positiven Jahresergebnisses ist darzustellen, wieviel bzw. welcher Teil ausgeschüttet, in die Rücklagen eingestellt oder auf neue Rechnung vorgetragen werden soll.[93] Sofern eine Gewinnausschüttung vorgeschlagen wird, sieht die Regierungsbegründung die Angabe, welcher Teil des Gewinns ausgeschüttet werden soll, als ausreichend an. Die Angabe der Bezugsberechtigten der Gewinnausschüttung kann zur Wahrung des Datenschutzes unterbleiben.[94] Der Beschluss über die Ergebnisverwendung ist innerhalb der Jahresfrist des Abs. 1a S. 1 bzw. unverzüglich nach seinem Vorliegen offenzulegen (Abs. 1b).

35   Bei Aktiengesellschaften und KGaA mit einem (obligatorischen) Aufsichtsrat gibt § 170 Abs. 2 AktG dem Vorstand die Verpflichtung auf, einen Vorschlag für die Verwendung des Bilanzgewinns zu erstellen. **Bei einer GmbH** ohne Aufsichtsrat ist die Verpflichtung zur Erstellung eines Vorschlags im Gesetz nicht ausdrücklich vorgesehen. Zum Verständnis der Bilanzpolitik kann ein Gewinnverwendungsvorschlag aber erforderlich sein. Kleindiek sieht in der Bilanzpolitik, der Thesaurierung und der Ausschüttung eine funktionale Einheit. Daher ergibt sich die Pflicht der Geschäftsführer, einen Verwendungsvorschlag zu machen, als Folgepflicht aus ihrer Aufstellungspflicht. Eine Verpflichtung zur Erstellung eines Vorschlags soll nur entfallen, wenn der Gesellschaftsvertrag oder ein Gesellschafterbeschluss eine Befreiung vorsehen.[95] Für die Offenlegung bedeutet dies aber, dass der Gewinnverwendungsvorschlag in solchen Fällen – mangels gesetzlicher Verpflichtung zur Erstellung – über die Verpflichtung nach § 285 Nr. 34 zu den Unterlagen nach Abs. 1 Nr. 1 zählt; Entsprechendes gilt für die gleichgestellten Personenhandelsgesellschaften (§ 264a). Für Gesellschaften iSd § 264a fehlt eine dem § 170 Abs. 2 AktG entsprechende Regelung und für eine analoge Anwendung liegen die Voraussetzungen nicht vor. Die Erstellung eines Vorschlags aufgrund des Gesellschaftsvertrags oder auf freiwilliger Basis führt über § 285 Nr. 34 zu offenlegungspflichtigen Unterlagen.

36   Der Vorschlag zur Gewinnverwendung ist wie folgt zu gliedern:
1. Verteilung an die Aktionäre: Die Verteilung beruht auf § 58 Abs. 4 AktG. Die Aktionäre haben einen Anspruch auf den Gesamtgewinn, soweit nicht eine andere zulässige Verwendung vorgesehen ist (zB Satzung, Beschlüsse, Vorzugsaktien, Ausschüttungssperre). Eigene Anteile der AG bleiben ausgenommen; daraus ergeben sich nach § 71b AktG keine Rechte und damit auch kein Gewinnbezugsrecht.[96] Gleiches kann eintreten, wenn besondere Mitteilungspflichten nicht erfüllt werden (§ 20 Abs. 1 AktG und § 4 AktG iVm § 20 Abs. 7 AktG).
2. Einstellung in Gewinnrücklagen: Dabei handelt es sich um einen Vorschlag des Vorstands für die von der Hauptversammlung zu beschließende weitere Einstellung von Beträgen in Gewinnrücklagen (§ 58 Abs. 3 AktG). Für die GmbH sieht § 29 Abs. 2 GmbHG eine solche Möglichkeit ebenfalls vor.
3. Gewinnvortrag: Die Hauptversammlung kann beschließen, dass der Bilanzgewinn ganz oder teilweise auf das Folgejahr vorgetragen wird. In diesem Fall steht der Betrag nach Verrechnung mit einem möglichen Jahresfehlbetrag wiederum zur Disposition der

92   BT-Drs. 18/4050, 67.
93   Rimmelspacher/Reitmeier WPg 2015, 1010; Fink/Theile DB 2015, 759.
94   BT-Drs. 18/4050, 68.
95   Lutter/Hommelhoff/Kleindiek GmbHG § 42a Rn. 6.
96   Koch AktG § 71b Rn. 4.

Hauptversammlung. Üblicherweise werden nur Spitzenbeträge vorgetragen, die sich nicht ohne weiteres als Dividenden verteilen lassen.[97]

4. Bilanzgewinn: Der Bilanzgewinn ist das rechnerische Ergebnis der Summe aus den vorangegangenen Posten 1–3. Der Betrag entspricht dem Bilanzgewinn nach § 268 Abs. 1 S. 2 und § 158 Abs. 1 Nr. 5 AktG.

Eine abweichende Gliederung ist zulässig, sofern es bedingt durch den Inhalt erforderlich **37** erscheint (zB gemeinnützige Zuwendungen, andere Verwendungen). Zum Schutz natürlicher Personen bei der GmbH und den gleichgestellten Personenhandelsgesellschaften ist die früher in Abs. 1 S. 4 enthaltene Befreiung aus datenschutzrechtlichen Gründen weiterhin zu beachten (→ Rn. 52).

Schon vor der Änderung durch das BilRUG galt, dass die **Steuern** vom Einkommen **38** und Ertrag in der Regel auf der Grundlage des Vorschlags zur Gewinnverwendung zu berechnen waren (§ 278 aF). Der Gewinnverwendungvorschlag könnte daher im Anhang des Jahresabschlusses dargestellt werden. Er musste allerdings klar erkennbar sein; ausreichend dafür war ein gesonderter Abschnitt.[98] Der Anhang ist Teil des Jahresabschlusses (§ 264 Abs. 1) und nach Abs. 1 Nr. 1 offenzulegen. Einer gesonderten Offenlegung des Vorschlags zur Gewinnverwendung bedurfte es dann nicht.

f) Beschluss über die Verwendung des Jahresergebnisses. Die Verpflichtung zur **39** Offenlegung des Beschlusses über die Ergebnisverwendung als Teil des Jahresabschlusses ergibt sich aus Abs. 1 Nr. 1, wenn er im Anhang aufgenommen wurde (§ 285 Nr. 34). Ist der Beschluss im Anhang noch nicht enthalten (Regel) und liegt er innerhalb der Jahresfrist nicht vor (→ Rn. 73), muss der Beschluss über die Ergebnisverwendung unverzüglich nach seinem Vorliegen offengelegt werden (Abs. 1b), damit den Adressaten des Jahresabschlusses auch die endgültige Ergebnisverwendungsentscheidung der Gesellschaft bekannt wird.

In der Aktiengesellschaft und KGaA ist ein Hauptversammlungsbeschluss über die Ver- **40** wendung des Bilanzgewinns herbeizuführen (§ 174 AktG).[99] Dabei besteht eine Bindung an den festgestellten Jahresabschluss. An den Vorschlag des Vorstands zur Gewinnverwendung ist die Hauptversammlung aber nicht gebunden. Beschränkungen ergeben sich durch die Ausschüttungssperren im Gesetz (zB in § 268 Abs. 8) und in der Satzung (etwa Vorzugsrechte) sowie durch Abschlagszahlungen auf den Bilanzgewinn (§ 59 AktG), zu denen der Vorstand in der Satzung ermächtigt werden kann. Die Hauptversammlung fasst den Beschluss grundsätzlich mit einfacher Mehrheit (§ 133 AktG).

Inhaltlich stimmt der Beschluss weitgehend mit den Anforderungen an den Vorschlag **41** überein. Die Reihenfolge der darzulegenden Informationen ist leicht abgewandelt. Zunächst ist der Bilanzgewinn anzugeben, ihm folgt der an die Aktionäre auszuschüttende Betrag (in § 170 AktG mit Verteilung an die Aktionäre umschrieben), die Einstellung in die Gewinnrücklagen und der Gewinnvortrag. Als weitere Angabe wird **die Höhe der zusätzlichen Aufwendungen** aufgrund des Beschlusses verlangt. Hier kommen ausschüttungsabhängige Tantiemen in Betracht, wenn die Hauptversammlung eine andere Verwendung des Gewinns beschließt als dies im Vorschlag des Vorstands vorgesehen war. Ein zusätzlicher Ertrag ist nach dem in § 174 AktG vorgegebenen Schema nicht in den Beschluss aufzunehmen. Ein Hinweis im Gewinnverwendungsbeschluss ist insoweit zulässig.[100] Unzulässig ist die Aufnahme des zusätzlichen Ertrags in den Bilanzgewinn. Grundlage für den Gewinnverwendungsbeschluss bleibt der ausgewiesene Bilanzgewinn. Nur über diesen Gewinn kann die Hauptversammlung verfügen und beschließen (§ 174 Abs. 1 AktG, § 58 Abs. 3 AktG).[101] Eine Änderung des festgestellten Jahresabschlusses führt der Gewinnverwendungsbeschluss nicht herbei. Das gilt unabhängig davon, ob der Beschluss dem Vorschlag

---

[97] Koch AktG § 58 Rn. 24; BeBiKo/Grottel/Hoffmann Vor § 325 Rn. 7.
[98] Nach ADS Rn. 51 soll eine gesonderte Überschrift ausreichen.
[99] Es handelt sich um zwingendes Recht, dazu BeBiKo/Grottel/Hoffmann Vor § 325 Rn. 91.
[100] BeBiKo/Grottel/Hoffmann Vor § 325 Rn. 96.
[101] Umstritten ist die Berücksichtigung des Ertrags als Erhöhung des Jahresüberschusses des Folgejahres (so ADS AktG § 174 Rn. 47 f.) oder des Jahres, für das die Minderung eingetreten ist.

entspricht oder davon abweicht. Die Umsetzung des Beschlusses erfolgt in der Bilanz des Folgejahres.

42   Für die KGaA gilt die Regelung des § 174 AktG gem. § 278 Abs. 3 AktG ebenfalls. **Bei der GmbH** bezieht sich die Gewinnverwendung auf den Jahresüberschuss zuzüglich eines Gewinnvortrags und abzüglich eines Verlustvortrags oder auf den Bilanzgewinn; dies hängt von der Aufstellung der Bilanz ab (§ 29 Abs. 1 GmbHG). Gesetzliche und statutarische Ausschüttungssperren sind zu berücksichtigen. Kommt es bei einer GmbH zu einer vom Vorschlag abweichenden Ergebnisverwendung, erscheint die Angabe des zusätzlichen Aufwands ebenfalls angezeigt.[102] Der Offenlegung unterliegt der Beschluss, der sich auf die Ergebnisverwendung durch die Haupt-/Gesellschafterversammlung bezieht. Andere Unterlagen oder Beschlüsse sind nicht zur Publizität bestimmt und von § 325 nicht erfasst. Bei Personenhandelsgesellschaften wird die Gewinnverwendung häufig im Gesellschaftsvertrag geregelt. Ein gesonderter Gewinnverwendungsbeschluss ist in diesen Fällen nicht erforderlich.

43   Weist die Bilanz einen **Verlust** aus oder bei der GmbH ein negatives Ergebnis, ist ein Beschluss über die Verwendung des Ergebnisses regelmäßig nicht zu fassen.[103] Offenlegungspflichtige Unterlagen gibt es in diesen Fällen insoweit nicht. Einer Fehlanzeige oder Negativerklärung bedarf es bei der Offenlegung nicht.[104] Gleiches gilt für andere Fälle, in denen ein Verwendungsbeschluss nicht gefasst wird, beispielsweise wenn ein Ergebnisabführungsvertrag mit einem beherrschenden Unternehmen besteht (Gewinnabführung/Verlustdeckung) und dadurch ein ausgeglichenes Jahresergebnis ausgewiesen wird.

44   **g) Entsprechenserklärung.** Bei börsennotierten Gesellschaften ist die jährliche Erklärung des Vorstands und Aufsichtsrats zum Corporate Governance Kodex offenzulegen (§ 161 AktG). Beide Organe haben nach den jeweils maßgebenden Regeln entsprechende Beschlüsse zu fassen. Die Erklärungen sind für Jahres-, Einzel- und Konzernabschlüsse erforderlich. Ferner ist die Erklärung den Aktionären dauerhaft zugänglich zu machen; insoweit ist die Veröffentlichung auf der Webseite der Gesellschaft verpflichtend.[105] Haben Aktiengesellschaften eine Erklärung zur Unternehmensführung in den Lagebericht aufzunehmen und macht die Gesellschaft nicht von der Möglichkeit Gebrauch, die Erklärung auf der Internetseite zugänglich zu machen, ist die Entsprechenserklärung auch Gegenstand der Erklärung zur Unternehmensführung im Lagebericht (§ 289f Abs. 2). Aufgrund der ausdrücklichen Aufnahme in die Aufzählung der offenzulegenden Unterlagen (Abs. 1 Nr. 2) ist die Entsprechenserklärung als eigenständige Unterlage der das Unternehmensregister führenden Stelle zu übermitteln. Liegt die Entsprechenserklärung innerhalb der Jahres- bzw. Viermonatsfrist nicht vor, ist sie unverzüglich nach ihrem Vorliegen offenzulegen (Abs. 1a S. 2). Ein Verzicht auf die separate Unterlage wird im Gesetz nicht geregelt.[106]

45   **h) Änderungen des Jahresabschlusses.** Eine Änderung des Jahresabschlusses ist anzunehmen, wenn Form oder Inhalt des Jahresabschlusses nach seiner Feststellung verändert werden. Erst mit Beendigung der Aufstellung liegt ein Jahresabschluss vor, der geändert werden kann. Vorher existiert der Jahresabschluss noch nicht.[107] Eine Änderung des Jahresabschlusses kann sich beispielsweise durch eine Feststellung ergeben, die vom vorgelegten Abschluss abweicht. Auswirkungen auf die Offenlegung hat die Änderung, wenn der Jahresabschluss nach Feststellung der das Unternehmensregister führenden Stelle elektronisch zur Einstellung in das Unternehmensregister übermittelt wurde und nachher eine Änderung erfolgt. Eine Änderung im Stadium **vor der Feststellung** des Jahresabschlusses ist im Gesetz nicht ausdrücklich vorgesehen. Die Vorschriften über die Nachtragsprüfung (§ 316 Abs. 3, § 173 Abs. 3 AktG) setzen die Zulässigkeit der Maßnahme aber voraus. Im Handelsrecht

---

[102]   ADS Rn. 59; BeBiKo/Grottel Rn. 42.
[103]   Kölner Komm RechnungslegungsR/Claussen Rn. 11; BeBiKo/Grottel Rn. 44.
[104]   ADS Rn. 60.
[105]   Begr. RegE, BT-Drs. 14/8769, 14.
[106]   IErg ebenso Staub/Kersting Rn. 21.
[107]   ADS AktG § 172 Rn. 32.

wird dabei nicht strikt zwischen der Änderung eines fehlerfreien und der Berichtigung eines fehlerhaften Jahresabschlusses unterschieden.[108] Da erst der festgestellte und geprüfte Jahresabschluss zur Erfüllung der Verpflichtung nach § 325 Abs. 1 taugt, spielt die Änderung vor Feststellung für die Offenlegung keine Rolle. Regelungen zu den Voraussetzungen einer Änderung des festgestellten Jahresabschlusses fehlen im Gesetz ebenfalls. Die Zulässigkeit wird aber überwiegend bejaht; dabei sind Einschränkungen für willkürliche Änderungen[109] und bei bereits bestehenden Rechten Dritter zu machen. Auszugehen ist von einer sachgerechten Interessenabwägung, so dass die übergeordneten Interessen dokumentiert und umgesetzt werden können.[110] Zwingend ist eine Berichtigung, wenn aufgrund des Fehlers ein den tatsächlichen Verhältnissen nicht entsprechendes Bild vermittelt wird.[111]

Die Änderungen des Jahresabschlusses durch den Vorstand oder Geschäftsführer haben **46** eine **Nachtragsprüfung** zur Folge, wenn es sich um einen prüfungspflichtigen Abschluss handelt und ein Prüfungsbericht bereits vorlag (§ 316 Abs. 3). Findet die notwendige Nachtragsprüfung nicht statt, liegt kein feststellungsfähiger Jahresabschluss vor. Gleiches gilt – allerdings ohne Auswirkungen auf die Offenlegung –, wenn der geprüfte Jahresabschluss schon im Rahmen der Beratungen im Aufsichtsrat geändert wird. Stellt die Hauptversammlung den Jahresabschluss fest und kommt es dabei zu Änderungen, löst § 173 Abs. 3 AktG eine Nachtragsprüfung aus, wenn es die Änderungen erfordern. Bis zum Abschluss der Prüfung mit der Erteilung eines uneingeschränkten Bestätigungsvermerks hinsichtlich der Änderungen sind die gefassten Hauptversammlungsbeschlüsse schwebend unwirksam (§ 173 Abs. 3 AktG). Die Änderungen des Jahresabschlusses aufgrund der nachträglichen Prüfung vor Feststellung des Jahresabschlusses haben allerdings im Hinblick auf die Offenlegung keine weiteren Folgen. Erst nach Feststellung ist der Jahresabschluss für die Offenlegung geeignet. Nachträgliche Änderungen sind erneut vollständig offenzulegen und dafür innerhalb der Jahresfrist des Abs. 1a S. 1 bzw. unverzüglich (Abs. 1b S. 2) der das Unternehmensregister führenden Stelle elektronisch zur Einstellung in das Unternehmensregister zu übermitteln. Die Formulierung in Abs. 1b S. 1 erfasst alle geänderten Unterlagen iSv Abs. 1.[112] Ein geänderter Lagebericht oder ein geänderter Beschluss über die Ergebnisverwendung sind daher ebenfalls zu übermitteln.

Aus den übermittelten Unterlagen muss die vorgenommene Änderung **klar und ein-** **47** **deutig erkennbar** sein. Die geänderte Unterlage ist insgesamt nachzureichen; Auszüge aus dem Jahresabschluss oder dem Lagebericht reichen nicht aus.[113] Die Offenlegung setzt sich auch in diesem Fall aus zwei Teilen zusammen.

i) Änderungen des Bestätigungsvermerks. Offenzulegen ist auch ein nachträglich **48** geänderter Bestätigungsvermerk. Abzugrenzen ist die Fallgruppe von einer nachträglichen Änderung des Bestätigungsvermerks, wenn zum Zeitpunkt der Änderung schon ein Prüfungsbericht vorlag. Maßgebender Zeitpunkt ist insoweit der Zugang des unterschriebenen Prüfungsberichts an den gesetzlichen Berichtsempfänger.[114] Zeitlich früher liegende Änderungen werden noch vom Bestätigungsvermerk oder dessen Versagung erfasst. Für die Offenlegung liegt ein nachträglich geänderter Bestätigungsvermerk nur vor, wenn die Änderung nach der Feststellung des Jahresabschlusses erfolgte, also aufgrund einer Prüfung des nach Feststellung geänderten Jahresabschlusses.

---

[108] Im Steuerrecht fand sich die Unterscheidung in § 4 Abs. 2 EStG. In S. 1 wurden die Voraussetzungen der Bilanzberichtigung angesprochen, in S. 2 die Bilanzänderung. Dazu Schmidt/Heinicke EStG § 4 Rn. 680 ff. Durch das StEntG (BGBl. 1999 I 402) wurde die Vorschrift geändert, das Gesetz spricht in beiden Fallgruppen von einer Bilanzänderung.

[109] BGHZ 23, 150 (152) = NJW 1957, 588.

[110] Zu den einzelnen Differenzierungen – nichtige Feststellung, vor Einberufung der Hauptversammlung und danach – s. Koch AktG § 172 Rn. 9, 10; ADS AktG § 172 Rn. 36–61.

[111] BeBiKo/Grottel/Schubert § 253 Rn. 806.

[112] ADS Rn. 85; Lutter/Hommelhoff/Kleindiek GmbHG Anh. § 42a Rn. 10.

[113] BeBiKo/Grottel Rn. 110; ADS Rn. 85.

[114] Vgl. BeBiKo/Schmidt/Küster § 316 Rn. 27.

49   Eine Änderung des Jahresabschlusses durch die Hauptversammlung bedarf zu ihrer **Wirksamkeit** eines uneingeschränkten Bestätigungsvermerks (§ 173 Abs. 3 AktG). Wird der Vermerk bezüglich der Änderungen versagt oder eingeschränkt, tritt die Nichtigkeit des Änderungsbeschlusses ein. Die Hauptversammlung muss erneut über einen vom Vorstand vorgelegten und geprüften Abschluss beschließen. Die Unterlagen sind nach dem Beschluss durch die Hauptversammlung einschließlich des Bestätigungsvermerks offenzulegen. Kann der Bestätigungsvermerk erteilt werden, ist der ergänzte Bestätigungsvermerk vorzulegen. Im Falle einer Nachtragsprüfung nach § 316 Abs. 3 (Änderungen durch den Vorstand oder Aufsichtsrat) ist die Erteilung oder Versagung des Bestätigungsvermerks mit dem geänderten Jahresabschluss offenzulegen.

50   **3. Erleichterungen für alle Kapitalgesellschaften.** Für die GmbH und für Tochterunternehmen (§ 264 Abs. 3 und 4) sowie für Personenhandelsgesellschaften (§ 264b) gibt es Sonderregelungen, die den Umfang der offenlegungspflichtigen Unterlagen einschränken oder ganz von der Pflicht befreien.

51   **a) Sonderregelung für die GmbH.** Zum Schutz von natürlichen Personen hatte der Gesetzgeber in Abs. 1 S. 4 aF vorgesehen, dass Angaben über die Ergebnisverwendung von Gesellschaften mit beschränkter Haftung nicht erforderlich sind, wenn sich anhand dieser Angaben die **Gewinnanteile von natürlichen Personen** feststellen lassen, die als Gesellschafter an der GmbH beteiligt sind. Die Sonderregelung wurde mit der Einführung des § 285 Nr. 34 und der darin enthaltenen Verpflichtung, den Vorschlag für die Verwendung des Ergebnisses oder den Beschluss über seine Verwendung in den Anhang aufzunehmen, gestrichen. Beschränkungen im Sinne der früher bestehenden Sonderregelung sind allerdings auch weiterhin zu beachten, obwohl eine ausdrückliche gesetzliche Umschreibung in § 325 fehlt.[115] Sofern eine Gewinnausschüttung vorgeschlagen wird, sieht die Regierungsbegründung die Angabe, welcher Teil des Gewinns ausgeschüttet werden soll, als ausreichend an. Die Angabe der Bezugsberechtigten der Gewinnausschüttung kann dabei zur Wahrung des Datenschutzes unterbleiben.[116] Daraus ergibt sich, dass lediglich eine inhaltsgleiche, aber nicht wörtliche Wiedergabe des Gewinnverwendungsvorschlags notwendig ist.[117]

52   Als geschützte Rechtsträger sollten (entsprechend der bisherigen Regelung) alle **natürlichen Personen** im Sinne aller wirtschaftlichen Betätigungsformen, soweit sie nicht zur Entstehung einer anderen Rechtspersönlichkeit (juristische Person) führen, umfasst sein. Damit fallen insbesondere Privatpersonen, Einzelunternehmer (oder Einzelkaufleute), Gesellschafter einer GbR, Stille Gesellschafter, OHG- oder KG-Gesellschafter unter die Regelung, sofern es sich nicht um juristische Personen handelt; gleiches gilt für den persönlich haftenden Gesellschafter einer KGaA. Die Behandlung als natürliche Person bleibt auch erhalten, falls die Personen als Treuhänder auftreten, Unterbeteiligungen eingehen, Gesellschaftsanteile verpfänden oder mit einem Nießbrauch belasten.[118]

53   **b) Befreiung von Tochterunternehmen.** Durch das KapAEG (BGBl. 1998 I 707) wurde § 264 Abs. 3 mit Wirkung vom 24.4.1998 in das HGB aufgenommen. Darin ist für Kapitalgesellschaften, die Tochterunternehmen eines nach § 290 zum Konzernabschluss verpflichteten Mutterunternehmens sind, ua die Befreiung von der Offenlegungspflicht vorgesehen. Die Befreiung erfolgt nicht, wenn es sich bei der Tochtergesellschaft um eine Kapitalgesellschaft handelt, die unter § 264d fällt, also kapitalmarktorientiert ist. Die Befreiung hat **fünf benannte Voraussetzungen,** die kumulativ vorliegen müssen. Zunächst müssen die Gesellschafter des Tochterunternehmens der Befreiung für das jeweilige Geschäftsjahr zustimmen. Dieser Beschluss ist für die Tochtergesellschaft nach den allgemeinen Vorschriften offenzulegen. Er ist somit der das Unternehmensregister führenden Stelle

---

[115]   BeBiKo/Grottel § 285 Rn. 972.
[116]   BT-Drs. 18/4050, 68.
[117]   Rimmelspacher/Reitmeier WPg 2015, 1010.
[118]   BeBiKo/Grottel Rn. 42; Pfitzer/Wirth DB 1994, 1940.

elektronisch zur Einstellung in das Unternehmensregister zu übermitteln. Die Muttergesellschaft muss ferner eine Verpflichtung eingehen, für die von dem Tochterunternehmen bis zum Abschlussstichtag eingegangenen Verpflichtungen im folgenden Geschäftsjahr einzustehen. Ausreichend ist eine freiwillige Verlustübernahme.[119] Die Erklärung ist wiederum nach den allgemeinen Vorschriften des § 325 für die Tochtergesellschaft offenzulegen. Es genügt eine sinngemäße Wiedergabe der maßgeblichen Verpflichtung.[120] Bei Vorliegen eines Unternehmensvertrags ergibt sich die Verpflichtung zur Verlustübernahme aus § 302 AktG. Der Vertrag liegt dem Handelsregister vor (§ 294 AktG).

Das Tochterunternehmen muss in den Konzernabschluss einbezogen werden, wobei **54** der Konzernabschluss und der Konzernlagebericht des Mutterunternehmens nach den Rechtsvorschriften des Staates, in dem das Mutterunternehmen seinen Sitz hat, und im Einklang mit der Bilanz-RL und der Abschlussprüfer-RL (2006/43/EG) aufgestellt sein muss. Eine Aussage zur Befreiung des Tochterunternehmens nach § 264 Abs. 3 ist in den Anhang des vom Mutterunternehmen aufgestellten Konzernabschlusses aufzunehmen. Ein Hinweis auf die namentlich bezeichnete Kapitalgesellschaft genügt. Nach welchen Regeln der Konzernabschluss im Rahmen der rechtlichen Möglichkeiten (§ 264 Abs. 3 Nr. 3) aufgestellt wird, ist nicht entscheidend. Der Konzernabschluss nach § 315e und der Konzernabschluss nach HGB sind gleichwertig.[121] Die nach § 325 Abs. 3 vom Mutterunternehmen offenzulegenden Unterlagen der Konzernrechnungslegung sind für die Tochtergesellschaft der das Unternehmensregister führenden Stelle elektronisch zur Einstellung in das Unternehmensregister zu übermitteln. Das gilt selbst dann, wenn die Muttergesellschaft bereits an ihrem Sitz im Ausland eine Offenlegung vorgenommen hat.[122] Die Muttergesellschaft kann sich insoweit ihrerseits auch nicht auf § 313 Abs. 3 berufen.[123] Dies liefe der gesetzgeberischen Intention der Transparenzregelung entgegen. Hat bereits das Mutterunternehmen einzelne oder alle vorstehend bezeichneten Unterlagen offengelegt, braucht das Tochterunternehmen die betreffenden Unterlagen nicht erneut offenzulegen, wenn sie im Unternehmensregister unter dem Tochterunternehmen auffindbar sind. Damit wird sichergestellt, dass die **Informationsbeschaffung über den Konzern** auf einfache und sichere Art und Weise über das Unternehmensregister unter dem Eintrag der Tochtergesellschaft ermöglicht wird. Die entsprechende Information über die Befreiung der Tochtergesellschaft von den besonderen Regeln zur Aufstellung, Prüfung und Offenlegung des Jahresabschlusses ist aus den Unterlagen der Muttergesellschaft aus dem Unternehmensregister (§ 8b Abs. 2 Nr. 4) ersichtlich. Der Tochtergesellschaft steht es frei, bei Vorliegen der Voraussetzungen nur von einer Befreiung bezüglich der Offenlegungspflichten Gebrauch zu machen und auf die anderen Befreiungsmöglichkeiten zu verzichten. Durch das KapCoRiLiG vom 24.2.2000 (BGBl. 2000 I 154) wurde die Regelung auf Tochtergesellschaften ausgedehnt, deren Mutterunternehmen einen konsolidierten Abschluss nach dem PublG (§ 11 PublG) aufstellen und die Tochtergesellschaft in den Konzernabschluss einbeziehen (§ 264 Abs. 4). Von dem Wahlrecht des § 13 Abs. 3 S. 1 PublG darf allerdings kein Gebrauch gemacht werden. Art. 57 RL 78/660/EWG (heute Art. 37 Bilanz-RL), der Grundlage für § 264 Abs. 3 ist, steht der Erweiterung nicht entgegen. Dabei geht es um die Angaben über Gesamtbezüge usw. für aktive und ehemalige Organmitglieder des Mutterunternehmens und deren Hinterbliebene.

Mit der Aufnahme von § 264b hat der Gesetzgeber von der Möglichkeit des Art. 1 Nr. 4 **55** RL 90/605/EWG (Änderung des Art. 57a Abs. 2 Bilanz-RL 1978) Gebrauch gemacht. **Personenhandelsgesellschaften werden ua von der Offenlegung ihrer Abschlussunterlagen befreit,** wenn sie in den Konzernabschluss eines anderen Unternehmens einbezogen sind. Die Befreiung erfolgt nicht, wenn es sich bei der Tochtergesellschaft um eine Kapitalgesellschaft handelt, die unter § 264d fällt, also kapitalmarktorientiert ist. Die Rege-

---

[119] Zur Verpflichtung bei mehrstufigen Strukturen vgl. LG Bonn DStR 2013, 2352.
[120] BeBiKo/Störk/Deubert § 264 Rn. 194; ebenso ADS § 264 Rn. 61.
[121] Zusammenfassend Schlotter BB 2007, 1 (3).
[122] LG Bonn NJW-RR 2011, 194.
[123] LG Bonn NJW-RR 2010, 1406.

lung entspricht § 264 Abs. 3 in den Rechtsfolgen, stellt aber geringere Anforderungen an die vorgesehene Befreiungsmöglichkeit. Die betreffende Gesellschaft muss in den Konzernabschluss und in den Konzernlagebericht eines persönlich haftenden Gesellschafters der betreffenden Gesellschaft oder eines Mutterunternehmens mit Sitz in einem Mitgliedstaat der EU oder einem anderen Vertragsstaat des EWR-Abkommens, wenn in diesen Konzernabschluss eine größere Gesamtheit von Unternehmen einbezogen ist, einbezogen sein. Der Konzernabschluss und der Konzernlagebericht des Mutterunternehmens müssen nach den Rechtsvorschriften des Staates, in dem das Mutterunternehmen seinen Sitz hat, und im Einklang mit der Bilanz-RL und der Abschlussprüfer-RL aufgestellt sein. Die Befreiung der Personenhandelsgesellschaft ist im Anhang des Konzernabschlusses angegeben und für die Personenhandelsgesellschaft sind der Konzernabschluss, der Konzernlagebericht und der Bestätigungsvermerk nach § 325 Abs. 1–1b offengelegt worden. Auch hier gilt, dass es ausreichend ist, wenn das Mutterunternehmen einzelne oder alle vorstehenden bezeichneten Unterlagen offengelegt hat, wenn die entsprechenden Unterlagen im Unternehmensregister unter dem Tochterunternehmen auffindbar sind.

56   **4. Zeitpunkt der Offenlegung.** Für den Zeitpunkt der Offenlegung ist nur noch eine Frist maßgeblich und einzuhalten. Die Offenlegung kann zwar immer noch in zwei Akte zerlegt werden: die Übermittlung der Unterlagen und die Einstellung der Unterlagen in das Unternehmensregister. Der Gesetzgeber sieht allerdings nur noch eine Fristenregelung für die Übermittlung vor, da die Einstellung in das Unternehmensregister nicht im Verantwortungsbereich der verpflichteten Gesellschaften liegt. Die offenlegungspflichtigen Unterlagen sind **spätestens ein Jahr** nach dem Abschlussstichtag des Geschäftsjahrs zu übermitteln, auf das sie sich beziehen. Nur falls der Bericht des Aufsichtsrats und die Entsprechenserklärung nicht innerhalb der Frist vorliegen, sind sie unverzüglich nach ihrem Vorliegen der das Unternehmensregister führenden Stelle elektronisch zur Einstellung in das Unternehmensregister zu übermitteln. Handelt es sich um die Pflicht nach Abs. 1, also die Übermittlung der Unterlagen an die das Unternehmensregister führende Stelle zur Einstellung in das Unternehmensregister, sind die zwei Fristen des Abs. 1a (Jahresfrist und unverzüglich) zu beachten. Daneben sind die Sonderfälle der Nachreichung von Änderungen und die Offenlegung des Beschlusses über die Ergebnisverwendung sowie bei vereinfachter Kapitalherabsetzung zu berücksichtigen (Abs. 1b und § 236 AktG). Für Kapitalgesellschaften, die einen organisierten Markt iSd § 2 Abs. 11 WpHG durch von ihr ausgegebene Wertpapiere iSd § 2 Abs. 1 WpHG (in der EU oder im EWR) in Anspruch genommen haben (§ 264d), beträgt die Frist **längstens vier Monate.** Die Ausnahme greift jedoch nicht ein und es bleibt bei den allgemeinen Fristen, wenn § 327a erfüllt ist. Die Verkürzung der Frist für die Emittenten einer Vermögensanlage durch § 26 VermAnlG ist zu beachten.

57   **a) Allgemeine Vorschriften.** Die Vorschrift des § 325 enthält in Abs. 1a S. 1 eine Bestimmung zum Zeitpunkt der Übermittlung der Unterlagen an die das Unternehmensregister führende Stelle zur Einstellung in das Unternehmensregister. Die Übermittlung als erster Akt der Offenlegung hat spätestens ein Jahr nach dem Abschlussstichtag des Geschäftsjahrs zu erfolgen, auf das sie sich beziehen. Damit soll verhindert werden, dass der Abschluss seine Aussagekraft durch Zeitablauf (teilweise) verliert.[124] Die Fristwahrung wird grundsätzlich vom Vorliegen der gesamten Unterlagen abhängig gemacht. Dabei sind die Feststellung des Jahresabschlusses mit dem „Bilanzeid", der Lagebericht und der Bestätigungsvermerk oder der Vermerk über dessen Versagung zwingende Voraussetzung für die fristwahrende Übermittlung an die das Unternehmensregister führende Stelle. Lediglich der Bericht des Aufsichtsrats und die Entsprechenserklärung nach § 161 AktG sowie der Beschluss über die Ergebnisverwendung sind zur Nachreichung vorgesehen (Abs. 1a S. 2 und Abs. 1b S. 2).

58   Wird die Kapitalgesellschaft in der **Rechtsform der AG betrieben,** erfolgt die Vorlage des Jahresabschlusses an die Gesellschafter in der Hauptversammlung (§ 176 Abs. 1 AktG,

---

[124]   ADS Rn. 19; Staub/Kersting Rn. 39.

§ 175 Abs. 2 AktG). Der Vorstand hat den Jahresabschluss (oder Einzelabschluss), den Lagebericht, den Bericht des Aufsichtsrats und den Vorschlag für die Verwendung des Bilanzgewinns der Hauptversammlung vorzulegen. Der Termin zur Durchführung der Hauptversammlung muss in den ersten acht Monaten (§ 175 Abs. 1 S. 2 AktG) des Geschäftsjahres
liegen (für bestimmte Versicherungsunternehmen ist die Verlängerung durch § 341a Abs. 5
zu beachten). Grundsätzlich hat der Vorstand die offenlegungspflichtigen Unterlagen nach
Beendigung der Hauptversammlung bis spätestens ein Jahr nach dem Abschlussstichtag des
Geschäftsjahrs an die das Unternehmensregister führende Stelle zu übermitteln. Dies gilt
unabhängig davon, ob der Vorstand und der Aufsichtsrat den Jahresabschluss feststellen
(§ 172 AktG) oder die Hauptversammlung nach § 173 Abs. 1 AktG dazu berufen ist.

Ausnahmen können sich bei Änderungen des geprüften Jahresabschlusses durch die **59**
Hauptversammlung ergeben. Der Beschluss wird nur wirksam, wenn ein uneingeschränkter
Bestätigungsvermerk für die Änderung erteilt wird und nach der Beschlussfassung nicht
mehr als zwei Wochen bis zur Erteilung des Vermerks vergehen. Die Offenlegung ist in
diesen Fällen erst nach wirksamer Feststellung möglich. Läuft in der Zwischenzeit die Frist
von einem Jahr ab, reicht es nicht aus, die letzte Fassung des Jahresabschlusses zu übermitteln,
vielmehr wird dann die Pflicht nach § 325 nicht erfüllt (zu der weiteren Frist im Ordnungsgeldverfahren aber → Rn. 26).

Für **die KGaA** gelten die vorstehenden Ausführungen entsprechend. Die Hauptver- **60**
sammlung beschließt nach § 286 Abs. 1 AktG über die Feststellung des Jahresabschlusses.
Zur Wirksamkeit der Feststellung ist daneben die Zustimmung des persönlich haftenden
Gesellschafters erforderlich.

In den Fällen **der GmbH** ist in § 42a Abs. 1 GmbHG eine Vorlagepflicht an die **61**
Gesellschafter vorgesehen. Eine bestimmte Form der Vorlage hat der Gesetzgeber nicht
festgelegt. Die Einberufung einer Gesellschafterversammlung ist zu diesem Zweck nicht
erforderlich. Die Vorlagepflicht wird gegenüber mehreren Gesellschaftern auch durch die
Benachrichtigung von der Auslage der Unterlagen in den Geschäftsräumen der Gesellschaft
erfüllt.[125] Eine Benachrichtigung ist nicht notwendig, wenn allen Gesellschaftern Abschriften der Unterlagen ausgehändigt werden. Nach einer – allerdings umstrittenen – Ansicht
können die Gesellschafter die Zusendung der Unterlagen nicht verlangen.[126] Nach Feststellung des Jahresabschlusses kann die Übermittlung an die das Unternehmensregister führende
Stelle erfolgen. Die Übermittlung muss bis spätestens ein Jahr nach dem Abschlussstichtag
vorgenommen werden, um die gesetzliche Frist zu wahren.

Für **Personenhandelsgesellschaften** ergibt sich die Vorlagepflicht aus den Regeln **62**
zur Verwaltung der Personengesellschaft. Zur Feststellung des Jahresabschlusses ist ein
Beschluss der Gesellschafter erforderlich. Da es sich um ein Grundlagengeschäft handelt,[127]
müssen grundsätzlich alle Gesellschafter zustimmen.[128] Für eine Abweichung von der Regel
ist eine allgemeine Mehrheitsklausel im Gesellschaftsvertrag ausreichend. Von der Klausel
wird auch die Feststellung des Jahresabschlusses erfasst.[129] Eine förmliche Versammlung ist
im Gesetz nicht vorgesehen. Im Hinblick auf die Fristwahrung durch die Übermittlung an
die das Unternehmensregister führende Stelle gilt auch hier die Jahresfrist. Von der Feststellung abzugrenzen ist die Aufstellung des Jahresabschlusses. Diese Aufgabe obliegt allein den
geschäftsführenden Gesellschaftern.

Die Pflicht des Abs. 1 wird **fristwahrend** erfüllt, wenn die Unterlagen an die das **63**
Unternehmensregister führende Stelle elektronisch übermittelt werden. Das gilt in Bezug
auf beide Fristen, also Abs. 1a S. 1 und S. 2. Ergeben sich Verzögerungen durch das Einschalten von Dienstleistern, etwa zur Aufbereitung der Unterlagen oder auch im Vorfeld (zB

---

[125] Lutter/Hommelhoff/Kleindiek GmbHG § 42a Rn. 8.
[126] Lutter/Hommelhoff/Kleindiek GmbHG § 42a Rn. 8.
[127] BGHZ 76, 338 = NJW 1980, 1689; BGH NJW 1999, 571; Hopt/Roth § 114 Rn. 3; aA wohl → § 120
Rn. 64.
[128] Nach K. Schmidt ZGR 1999, 601 (606); ihm folgend → § 120 Rn. 64 (Priester), ist die Einstimmigkeit
aber nicht erforderlich; vgl. Priester DStR 2007, 28.
[129] BGH WM 2007, 501.

Steuerberater), hat dies keinen Einfluss auf den Fristablauf. Vielmehr ist das Verhalten Dritter entsprechend § 278 BGB zuzurechnen.[130] Die anschließende Einstellung in das Unternehmensregister muss nicht mehr innerhalb der Fristen liegen. Ein großer zeitlicher Abstand zwischen den beiden Akten der Offenlegung wird dadurch vermieden, dass der Gesetzgeber die Übermittlung gerade an die Stelle vorschreibt, die das Unternehmensregister führt (→ Rn. 77).

64   In den Fällen von schwebenden **Anfechtungs- oder Nichtigkeitsklagen** ergeben sich für den Zeitpunkt der Offenlegung keine Besonderheiten, insbesondere ist die Entscheidung des Rechtsstreits nicht abzuwarten. Eine Aufschiebung der Offenlegung erfolgt auch dann nicht, wenn Vorstand bzw. Geschäftsführer die Klage für aussichtsreich halten. Der Jahresabschluss ist nach den allgemeinen Fristvorgaben offenzulegen. Sollten sich später Änderungen ergeben, muss der geänderte Jahresabschluss offengelegt werden. Auf die anhängige Klage ist bei der Offenlegung grundsätzlich nicht hinzuweisen.[131]

65   Werden die Fristen von den zur Offenlegung verpflichteten Gesellschaften nicht eingehalten, obwohl die Unterlagen nach Abs. 1 alle vorliegen, sind die Mittel zur Durchsetzung der fristgerechten Offenlegung begrenzt. Lässt die Gesellschaft die maßgebende Frist ohne Vornahme der pflichtgemäßen Handlung verstreichen, liegt darin zwar ein Verstoß gegen § 325, Rechtsfolge ist aber im Rahmen der Offenlegung allenfalls die Festsetzung eines (teilweise empfindlich hohen) **Ordnungsgeldes** nach § 335. Zu anderen Rechtswirkungen der Rechtsverletzung s. BayVGH BeckRS 2018, 35681 (Widerruf der Erlaubnis nach § 34c GewO). Dabei besteht eine Verpflichtung für das Bundesamt der Justiz, von Amts wegen vorzugehen (→ Rn. 122). Im vorgesehenen Verfahren ist das Ordnungsgeld zunächst anzudrohen. Gleichzeitig erhält die verpflichtete Person eine Frist von sechs Wochen zur Erfüllung der Offenlegungsverpflichtung. Werden die Unterlagen während dieser Frist übermittelt, ist die Festsetzung eines Ordnungsgeldes nicht mehr zulässig. War das Ordnungsgeld mit der Nachfristsetzung durch das Bundesamt angedroht, kann die Zahlung und Vollstreckung durch Übermittlung der Unterlagen nach Ablauf der Nachfrist nicht mehr verhindert werden.[132] Dies ergibt sich aus der Funktion des Ordnungsgeldes, das im Gegensatz zum Zwangsgeld kein Beugemittel darstellt.[133] Anderenfalls ließe sich auch nicht erklären, warum bei geringfügiger Überschreitung der Nachfrist, also trotz Offenlegung, das Bundesamt gem. § 335 Abs. 3 S. 5 gegenüber dem angedrohten ein herabgesetztes Ordnungsgeld verhängen kann. Mit der Androhung des Ordnungsgeldes sind den Beteiligten zugleich die Verfahrenskosten aufzuerlegen (§ 335 Abs. 3 S. 2), die auch bei Erfüllung der Offenlegung innerhalb der Frist nicht mehr zu vermeiden sind.

66   **b) Offenlegung zur Fristwahrung bei fehlenden Unterlagen.** Der Gesetzgeber sieht eine Offenlegung von Teilen der Unterlagen zur Fristwahrung in allgemeiner Form nicht mehr vor. Die stufenweise Offenlegung wurde abgeschafft. Der festgestellte Jahresabschluss mit dem „Bilanzeid", der Lagebericht und der Bestätigungsvermerk oder der Vermerk über dessen Versagung sind innerhalb der Jahresfrist der das Unternehmensregister führenden Stelle zu übermitteln, ansonsten liegt eine nicht fristwahrende Offenlegung vor. Als fehlende Unterlagen sind nach Abs. 1a S. 2 lediglich der Bericht des Aufsichtsrats und die Entsprechenserklärung zur Nachreichung, also Übermittlung nach Ablauf der Jahresfrist, fähig.

67   Die bis zum regulären Fristablauf noch erstellten zunächst **fehlenden Unterlagen** sind nach deren Vorliegen innerhalb der Frist des Abs. 1a S. 1 der das Unternehmensregister führenden Stelle elektronisch zur Einstellung in das Unternehmensregister zu übermitteln. Nach dem regulären Fristablauf vorliegende zunächst fehlende Unterlagen sind unverzüglich der das Unternehmensregister führenden Stelle elektronisch zur Einstellung in das Unter-

---

[130]   LG Bonn DStR 2009, 451.
[131]   S. ADS Rn. 26; BeBiKo/Grottel Rn. 121.
[132]   LG Bonn DStR 2014, 156.
[133]   BVerfG NJW 2009, 2588. Früher (§ 335 Nr. 6 aF) wurde Zwangsgeld zur Erfüllung der Verpflichtung eingesetzt.

nehmensregister zu übermitteln. Unverzüglich bedeutet auch in diesem Zusammenhang ohne schuldhaftes Zögern (§ 121 Abs. 1 S. 1 BGB). Hier stellt sich allenfalls die Frage, ob die Unterlagen insgesamt unverzüglich der das Unternehmensregister führenden Stelle elektronisch zur Einstellung in das Unternehmensregister zu übermitteln sind oder jede einzelne Unterlage, sobald diese bei der Gesellschaft vorliegt. Die Regelung des Gesetzgebers spricht im Wortlaut dafür, dass auf die einzelne Unterlage abzustellen ist und die Offenlegung der fehlenden Unterlagen grundsätzlich unverzüglich vorzunehmen ist. Nur in den Fällen, in denen die zusammengefasste Übermittlung der Unterlagen die zeitlichen Vorgaben des Gesetzgebers („unverzüglich") nicht überstrapazieren, sind gemeinsame Vorlagen möglich.

c) Beschluss über die Ergebnisverwendung. Abs. 1b bestimmt neben der Pflicht **68** zur Offenlegung des Beschlusses über die Ergebnisverwendung auch die Frist dafür. Da im Anhang (§ 285 Nr. 34) regelmäßig nur der Vorschlag für die Verwendung des Ergebnisses aufgenommen wird (→ Rn. 34, → Rn. 39), ergibt sich die Pflicht zur Offenlegung für den Beschluss aus Abs. 1b. Die Pflicht entfällt, wenn im Jahresabschluss nicht der Vorschlag für die Ergebnisverwendung, sondern schon der Beschluss aus dem Anhang ersichtlich ist. Besteht eine Verpflichtung zur Offenlegung, ist der Beschluss nach dessen Vorliegen der das Unternehmensregister führenden Stelle elektronisch zur Einstellung in das Unternehmensregister zu übermitteln (Abs. 1b S. 2). Die Verweisung auf Abs. 1 hat für die Frist zur Folge, dass (entsprechend der allgemeinen Regelung in Abs. 1a) zwei Fälle denkbar sind. Erfolgt die Beschlussfassung innerhalb der Jahresfrist des Abs. 1a S. 1, ist der Beschluss bis spätestens ein Jahr nach dem Abschlussstichtag des Geschäftsjahrs zu übermitteln, auf das er sich bezieht. Liegt der Beschluss bis zum Fristablauf nicht vor, ist er unverzüglich nach seinem Vorliegen zu übermitteln. Die in der Gesetzesbegründung enthaltene Formulierung, dass, falls eine Pflicht zur Offenlegung des Verwendungsbeschlusses besteht, dieser wie bisher unverzüglich nach seinem Vorliegen offenzulegen ist, spiegelt die gesetzliche Regelung nur wider, wenn er bei Ablauf der Jahresfrist noch nicht vorlag.[134] Ein anderes Verständnis würde dazu führen, dass der Beschluss, der innerhalb der Jahresfrist gefasst wird, unverzüglich der das Unternehmensregister führenden Stelle elektronisch zur Einstellung in das Unternehmensregister zu übermitteln ist und der festgestellte Jahresabschluss erst bis spätestens zum Ablauf der Jahresfrist übermittelt werden muss.

Die Bestimmung ist im Ergebnis nur für große und mittelgroße Gesellschaften anzu- **69** wenden. Aufgrund der Erleichterungsvorschriften in § 288 Abs. 1 Nr. 1 für kleine Gesellschaften sind diese nicht verpflichtet, im Anhang Angaben hinsichtlich des Vorschlags bzw. Beschlusses für die Ergebnisverwendung zu machen. Damit entfällt auch die nachträgliche Offenlegung des Ergebnisverwendungsbeschlusses. Ferner sind Kleinstgesellschaften von der Verpflichtung nicht betroffen, da der Anhang insoweit kein Bestandteil der offenlegungspflichtigen Unterlagen ist.

d) Änderungen von übermittelten Unterlagen. Die bestehende Offenlegungsver- **70** pflichtung bei der Änderung bereits offengelegter Unterlagen ist in Abs. 1b S. 1 geregelt. Danach sind die geänderten Unterlagen in gleicher Weise offenzulegen wie bei erstmaliger Publizität (→ Rn. 23). Die Pflicht zur Offenlegung umfasst nicht nur die Änderung als solche, sondern verlangt die Offenlegung **der gesamten mit einer Änderung versehenen Unterlagen.**[135] Abs. 1b S. 1 erwähnt zwar nur den geänderten Jahresabschluss und den geänderten Lagebericht. Auf andere Unterlagen, die nach Abs. 1 offenzulegen sind, ist der Normbefehl aber ebenfalls anzuwenden. Die Verweisung in Abs. 1b S. 1 auf Abs. 1 führt dazu, dass die Fristenregelung in Abs. 1a ebenfalls insgesamt zu beachten ist (→ Rn. 73).[136] Erfolgt die Änderung der Unterlagen innerhalb der Jahresfrist des Abs. 1a S. 1, ist die Änderung bis spätestens ein Jahr nach dem Abschlussstichtag des Geschäftsjahrs der das Unterneh-

---

[134] S. BT-Drs. 18/4050, 78.
[135] ADS Rn. 85; BeBiKo/Grottel Rn. 48.
[136] Anders möglicherweise BeBiKo/Grottel Rn. 110.

mensregister führenden Stelle elektronisch zur Einstellung in das Unternehmensregister zu übermitteln, auf das er sich bezieht. Wird die Änderung nicht bis zum Fristablauf vorgenommen, sind die geänderten Unterlagen unverzüglich nach ihrem Vorliegen zu übermitteln (Abs. 1a S. 2). Eine Offenlegung des geänderten Jahresabschlusses kommt erst in Betracht, wenn dieser festgestellt ist. Sind mehrere Unterlagen von der Änderung betroffen, stellt sich die Frage nach dem Zeitpunkt der Offenlegung. Im Regelfall können die Unterlagen gemeinsam der das Unternehmensregister führenden Stelle elektronisch zur Einstellung in das Unternehmensregister übermittelt werden (→ Rn. 73). Keine ausdrückliche Regelung hat der (gesetzlich nicht geregelte, nach allgemeiner Meinung aber zulässige) Widerruf des Bestätigungsvermerks erfahren (→ § 322 Rn. 63). Erfolgt der Widerruf vor der erstmaligen Offenlegung, ergeben sich keine Besonderheiten. Es ist nur der eingeschränkte Bestätigungsvermerk oder die Versagung des Vermerks offenzulegen; andernfalls ist nach den vorstehenden Grundsätzen zu verfahren.

71   **e) Vereinfachte Kapitalherabsetzung.** Eine Sonderregelung zu § 325 ist für die Fälle der vereinfachten Kapitalherabsetzung (§§ 229 ff. AktG) bei der AG und KGaA in § 236 AktG enthalten. Das AktG sieht die vereinfachte Kapitalherabsetzung zu Sanierungszwecken vor. Es erfolgt eine Beseitigung der Unterbilanz (bloße Buchsanierung).[137] Die Vereinfachung liegt in einem abgeschwächten Gläubigerschutz (die Schutzvorschrift des § 225 AktG ist nach § 229 Abs. 3 AktG nicht anzuwenden).[138] Schon im **Jahresabschluss** für das letzte vor der Beschlussfassung über die Kapitalherabsetzung liegende Geschäftsjahr können das gezeichnete Kapital sowie die Kapital- und Gewinnrücklagen in der Höhe ausgewiesen werden, in der sie nach der Kapitalherabsetzung bestehen sollen. Die Hauptversammlung muss in diesen Fällen den Jahresabschluss feststellen und ist angehalten, die Feststellung mit der Beschlussfassung über die Kapitalerhöhung zu verbinden (§ 234 Abs. 2 AktG). § 235 AktG sieht die Rückwirkung einer gleichzeitig mit der Kapitalherabsetzung beschlossenen Kapitalerhöhung vor. Vor dem Beschluss der Hauptversammlung sind in diesem Fall die Zeichnung der neuen Aktien und die Einzahlung der gesetzlich vorgesehenen Mindesteinlage abzuwarten.

72   Für die Offenlegung bestimmt § 236, dass die Übermittlung des Jahresabschlusses an die das Unternehmensregister führende Stelle zur Einstellung in das Unternehmensregister erst vorgenommen werden darf, nachdem die Eintragung des Beschlusses über die Kapitalherabsetzung und die mögliche Kapitalerhöhung sowie deren Durchführung in das Handelsregister eingetragen sind. Für die Eintragung ins Handelsregister steht eine Frist von drei Monaten zur Verfügung (§ 234 Abs. 3 AktG). Damit wird sichergestellt, dass der Jahresabschluss mit den Veränderungen des Grundkapitals und der Rücklagen erst offengelegt wird, wenn die Änderung formal vollständig abgeschlossen ist. Eine rechtshängige Anfechtungs- oder Nichtigkeitsklage oder die fehlende staatliche Genehmigung hemmen die Frist des § 234 Abs. 3 AktG. Grundsätzlich haben die genannten Klagen aber keinen Einfluss auf die Offenlegung (→ Rn. 61).

73   Nach Grottel soll der vorstehende Grundsatz auch bei § 236 AktG nicht durchbrochen werden und nur ein Hinweis auf den Hinderungsgrund erforderlich sein.[139] Wenn nach § 236 AktG der Jahresabschluss bei bilanzieller Rückwirkung einer Kapitalerhöhung (§ 234) und gleichzeitiger Kapitalherabsetzung (§ 235) erst offengelegt werden darf, wenn die beiden Beschlüsse im Handelsregister eingetragen sind, ist eine Modifikation des § 325 Abs. 1a anzunehmen. Gläubiger und zukünftige Aktionäre sind davor zu schützen, dass ein Jahresabschluss offengelegt wird, dessen endgültige Wirksamkeit im Hinblick auf die noch laufenden Fristen nach § 234 Abs. 3 und § 235 Abs. 2 noch nicht feststeht. Ist die Eintragung im Handelsregister erfolgt, ist die Unsicherheit beseitigt. Auf mögliche rechtshängige Klagen kommt es dann nicht mehr an. Auf den **Zeitpunkt der spätesten Offenlegung** hat die Vorschrift bei diesem Verständnis der Norm keinen Einfluss. Die Offenlegung eines

---

[137]   K. Schmidt ZGR 1982, 519 (520) mwN.
[138]   Koch AktG § 229 Rn. 3.
[139]   BeBiKo/Grottel Rn. 121.

festgestellten Jahresabschlusses ist somit auch in solchen Fällen regelmäßig spätestens ein Jahr nach Ablauf des vorausgehenden Geschäftsjahres durchzuführen, allerdings bei Rückwirkung eines Jahresabschlusses nicht vor der Eintragung der Beschlüsse ins Handelsregister. Erfolgt die Eintragung ins Handelsregister nach Ablauf der Jahresfrist, liegt wegen § 236 AktG insoweit kein Verstoß gegen § 325 vor. Vielmehr sind die Unterlagen unverzüglich nach der Eintragung der Beschlüsse ins Handelsregister der das Unternehmensregister führenden Stelle elektronisch zur Einstellung in das Unternehmensregister zu übermitteln.

5. Art der Offenlegung. Die Offenlegung setzt sich aus zwei Bestandteilen zusam- **74**
men. Die Unterlagen müssen der das Unternehmensregister führenden Stelle elektronisch zur Einstellung in das Unternehmensregister in deutscher Sprache übermittelt werden; es folgt die Einstellung in das Unternehmensregister. Der Gesetzgeber hat Ende 2011 mit dem Gesetz zur Änderung von Vorschriften über Verkündung und Bekanntmachungen vom 22.12.2011 (BGBl. 2011 I 3044 (3048)) entschieden, die gedruckte Form des Bundesanzeigers einzustellen und den elektronischen Bundesanzeiger als ausschließliches elektronisches Verkündigungs- und Bekanntmachungsorgan unter der Bezeichnung „Bundesanzeiger" weiterzuführen. Nach der Neukonzeption der Offenlegung in Zusammenhang mit der Umsetzung der GesR-RL sind die Unterlagen der Rechnungslegung direkt der das Unternehmensregister führenden Stelle zur Einstellung in das Unternehmensregister zu übermitteln. Sie sind ausschließlich im Unternehmensregister abrufbar. Dies vermeidet die nach dem bisherigen System bestehende Doppelpublizität und stärkt die Funktion des Unternehmensregisters als „One-Stop-Shop" für Unternehmensinformationen.[140] Die Art und die Form sind in §§ 325 ff. geregelt. Für große Gesellschaften (§ 267 Abs. 3) gibt es in Bezug auf die Art der Offenlegung keine spezielle Regelung mehr. Die offenlegungspflichtigen Unterlagen sind stets der das Unternehmensregister führenden Stelle elektronisch zur Einstellung in das Unternehmensregister zu übermitteln. Das Unternehmensregister wird von der Bundesanzeiger Verlag GmbH als Beliehene geführt und die Beleihung durch VO vom Bundesministerium für Justiz vorgenommen. Der Beliehene erlangt die Stellung einer Justizbehörde des Bundes. Die Unterlagen sind der Bundesanzeiger Verlag GmbH in Köln zu übermitteln, welche die Aufgaben insoweit für alle offenlegungspflichtigen Gesellschaften wahrnimmt.[141] Probleme im Zusammenhang mit dem Sitz einer Gesellschaft (zB Doppelsitz[142]) sind für die Art der Offenlegung daher ohne Bedeutung. Beim für die Gesellschaft zuständigen Handelsregister werden insoweit keine Informationen zur Offenlegung der Rechnungslegung (mehr) gespeichert. Zweigniederlassungen deutscher Gesellschaften haben für die Erfüllung der Publizitätspflichten keine Bedeutung. Es besteht insbesondere keine Verpflichtung, zusätzlich Unterlagen für die Zweigniederlassung vorzulegen.[143] Die Offenlegung für Zweigniederlassungen ausländischer Kapitalgesellschaften hat in § 325a eine Sonderregelung erfahren.

Die **Unterlagen sind vollständig,** unter Berücksichtigung der Aufstellungs- und **75**
Offenlegungserleichterungen, zu übermitteln. Maßgebend sind die gesetzlichen Vorschriften zur Aufstellung der einzelnen Unterlagen. Gesetzlich vorgesehene Aufstellungserleichterungen können für die Offenlegung unabhängig von der Aufstellung selbstständig ausgenutzt werden (→ § 326 Rn. 13). Die vorgesehenen Berichte und Beschlüsse sind mit dem vollständigen Wortlaut und in deutscher Sprache offenzulegen. Die im Gesetz vorgesehenen Erleichterungen für die Offenlegung sind zu beachten. Dies gilt aber auch für den Gewinnverwendungsbeschluss einer GmbH mit natürlichen Personen als Gesellschafter und die Erleichterungen nach §§ 326, 327 für kleinste, kleine und mittelgroße Kapitalgesellschaften und ihnen gleichgestellte Personenhandelsgesellschaften.

---

[140]   BT-Drs. 19/28177, 101.
[141]   Bundesanzeiger Verlagsgesellschaft mbH, Handelsregister Köln HRB 31248.
[142]   Zur Zuständigkeit des jeweiligen Handelsregisters (ganz hM) ADS Rn. 68; GK-HGB/Marsch-Barner Rn. 10; Kölner Komm RechnungslegungsR/Claussen Rn. 9.
[143]   Zur Vorlage beim Handelsregister nach altem Recht ADS Rn. 69.

76   Von den einzelnen Unterlagen ist jeweils **ein Exemplar** der das Unternehmensregister führenden Stelle elektronisch zur Einstellung in das Unternehmensregister zu übermitteln. Die Rechnungslegungsunterlagen sind in einer Form zu übermitteln, die ihre Einstellung in das Unternehmensregister ermöglicht (Abs. 1 S. 2). Die Form soll gewährleisten, dass eine Einstellung erfolgen kann, ohne unnötigen Zeitaufwand in Kauf nehmen zu müssen. Das wäre immer dann der Fall, wenn eine aufwändige Anpassung vorzunehmen wäre. Von der Verlagsgesellschaft werden verschiedene Formate akzeptiert.[144] Eine gewisse Steuerung wird durch den Preis vorgenommen, der für die Einstellung der Unterlagen zu entrichten ist (→ Rn. 74). An die zu übermittelnden Unterlagen sind grundsätzlich folgende Anforderungen zu stellen, die auch für die elektronische Form gelten, soweit sich das darauf übertragen lässt. Der Jahresabschluss ist von allen gesetzlichen Vertretern der Gesellschaft zu unterzeichnen (§ 245). Gleiches gilt für den Vorschlag und den Beschluss zur Ergebnisverwendung, sofern sich diese nicht schon aus dem Jahresabschluss ergeben (→ Rn. 34). Der Bestätigungsvermerk bzw. der Vermerk über die Versagung muss vom Abschlussprüfer unterzeichnet sein (§ 322 Abs. 7 S. 1) und der Bericht des Aufsichtsrats vom Vorsitzenden bzw. bei Verhinderung von dessen Stellvertreter.[145] Abs. 6 enthält für elektronische Dokumente einen Verweis auf § 12 Abs. 2. Dadurch wird klargestellt, dass zu unterzeichnende Unterlagen als elektronische Aufzeichnungen zu übermitteln sind. Dabei erachtet es der Gesetzgeber als nicht notwendig, dass das Dokument zur Sicherung der Authentizität mit einer qualifizierten elektronischen Signatur versehen wird. Der verpflichteten Gesellschaft bleibt eine solche Signatur aber möglich. Zum einfachen elektronischen Zeugnis vgl. § 39a BeurkG.

77   Die Übermittlung in elektronischer Form öffnet den Weg, jedem Interessenten einen schnellen Zugang zu den elektronisch gespeicherten Dokumenten zu ermöglichen. Die Daten werden von der das Unternehmensregister führenden Stelle in das Unternehmensregister **eingestellt.** Der Bundesanzeiger Verlagsgesellschaft wurde die Führung des Unternehmensregisters übertragen. Sie handelt dabei als Beliehene.[146] Über die Internetseite des Unternehmensregisters sind die Dokumente frei zugänglich. Zu Form, Format und Inhalt bei der Offenlegung, Veröffentlichung und Vervielfältigung im Einzelnen → § 328 Rn. 1 ff. Für den Aufwand zur Führung des Unternehmensregisters haben die betroffenen Gesellschaften eine Jahresgebühr zu entrichten, die einerseits nach der Größe der Gesellschaft gestaffelt ist (Kleinstgesellschaften und kleine Gesellschaften: 3 EUR; andere Gesellschaften: 6 EUR) und andererseits die Nutzung des Kapitalmarkts besonders berücksichtigt (Börsennotierte Unternehmen: 30 EUR, KV 1410 ff. JVKostG). Weitere Gebühren werden für den Aufwand der Einstellung von Rechnungslegungsunterlagen sowie für eine Prüfung nach § 329 erhoben: Kleinstgesellschaften: 18,50 EUR; Kleine Gesellschaften: 25 EUR; Andere Gesellschaften: 55 EUR. Bei der Verwendung bestimmter Formate können die Gebühren auch deutlich höher ausfallen.

78   Mit der Übermittlung der Unterlagen an die Bundesanzeiger Verlagsgesellschaft zur Einstellung in das Unternehmensregister sind die Informationspflichten der Kapitalgesellschaften und gleichgestellten Personenhandelsgesellschaften (§ 264a) in Bezug auf die Unterlagen der Rechnungslegung erfüllt. Aus dem Unternehmensregister kann jeder Interessierte die benötigten Informationen in Erfahrung bringen. Die Daten zur Rechnungslegung stehen im **Unternehmensregister zum kostenlosen Abruf** für die Öffentlichkeit zur Verfügung. Das gilt allerdings nur für Daten, die zur Hinterlegung eingestellt werden. Die Geltendmachung eines Interesses oder die Beschränkung auf einzelne Eintragungen ist nicht

---

144   Für die elektronische Einreichung bietet die Bundesanzeiger Verlagsgesellschaft einen leichten und komfortablen Übermittlungsweg über ein Upload-Verfahren via Internet an, wobei der Einzelne wählen kann zwischen den Datenformaten Word, PDF, RTF, Excel und einem XML-Format auf der Grundlage einer vom Bundesanzeiger vorgegebenen XBRL-basierten Struktur. Für letzteres stellt der Verlag ein Tool zur Erstellung des geforderten XML-Formats zur Verfügung.

145   ADS Rn. 70; BeBiKo/Grottel Rn. 40. Zu den Originalexemplaren bez. des Jahresabschlusses und der sonstigen Unterlagen vgl. ADS § 328 Rn. 132–134.

146   Verordnung über die Übertragung der Führung des Unternehmensregisters und die Einreichung von Dokumenten beim Betreiber des elektronischen Bundesanzeigers (URFüÜbertrVO) vom 15.12.2006 (BGBl. 2006 I 3202).

vorgesehen.[147] Der kostenfreie Abruf der Rechnungslegungsunterlagen über das Internet verstärkt die Publizitätswirkung erheblich. Aufgrund der beibehaltenen Erleichterungen sind aber keine anderen Daten einsehbar als dies auch früher nach dem Gesetz schon der Fall war. Die Unterlagen können zusätzlich in jeder Amtssprache eines Mitgliedstaats der EU eingereicht werden (Abs. 6 iVm § 11 Abs. 1).[148] Auf Übersetzungen ist in geeigneter Form hinzuweisen (etwa durch entsprechende Flaggensymbole).[149] Dabei handelt es sich um eine freiwillige Erweiterung der Unterlagen. Die Übersetzungen sind elektronisch in gleicher Weise zugänglich wie die Pflichtunterlagen.

III. Bekanntmachung im Bundesanzeiger (Abs. 2 aF)

Die Mitglieder des vertretungsberechtigten Organs der offenlegungspflichtigen Gesell- **79** schaften (→ Rn. 20) sind nur noch verpflichtet, die gesamten Unterlagen der das Unternehmensregister führenden Stelle elektronisch zur Einstellung in das Unternehmensregister zu übermitteln. Die bis zum 1.1.2022 geltende Regelung, als die Verpflichtung bestand, die Unterlagen nach der Einreichung beim (elektronischen) Bundesanzeiger im (elektronischen) Bundesanzeiger bekannt machen zu lassen, ist entfallen. Der Gesetzgeber hat Ende 2011 mit dem Gesetz zur Änderung von Vorschriften über Verkündung und Bekanntmachungen vom 22.12.2011 (BGBl. 2011 I 3044 (3048)) entschieden, die gedruckte Form des Bundesanzeigers einzustellen und den elektronischen Bundesanzeiger als ausschließliches elektronisches Verkündigungs- und Bekanntmachungsorgan unter der Bezeichnung „Bundesanzeiger" weiterzuführen. Die **Bekanntmachung hatte unverzüglich,** also ohne schuldhaftes Zögern (§ 121 Abs. 1 BGB), nach der Einreichung zu erfolgen. Die Bestimmung setzt Art. 3 Abs. 4 Publizitäts-RL aF (heute Art. 30 GesR-RL) um. Die Unterlagen der Rechnungslegung sind nach dem 31.12.2021 aber nur noch direkt der das Unternehmensregister führenden Stelle zur Einstellung in das Unternehmensregister zu übermitteln. Sie sind ausschließlich im Unternehmensregister abrufbar. Damit entfällt zugleich die Notwendigkeit einer Regelung zur Bekanntmachung der Rechnungslegungsunterlagen im Bundesanzeiger und damit auch ein Bedürfnis für den bisherigen Abs. 2.

IV. Einzelabschluss (Abs. 2a und Abs. 2b)

Um das Wahlrecht aus Art. 5 IAS-VO mit größtmöglicher Flexibilität für die Unterneh- **80** men in deutsches Recht umzusetzen, wurden die Abs. 2a und Abs. 2b in die Vorschrift eingefügt. Die EU-VO ermächtigt die Mitgliedstaaten, die IFRS – ungeachtet einer Kapitalmarktausrichtung – für den Einzelabschluss zu gestatten oder vorzuschreiben. Da im Hinblick auf die Eignung des Einzelabschlusses als Ausschüttungsbemessungsgrundlage und für die Besteuerung erhebliche Bedenken bestehen, wurde die Anwendung der IFRS für den Einzelabschluss nur auf freiwilliger Basis zugelassen. Grund eines solchen Einzelabschlusses sind in erster Linie Verbesserungen der Informationen. Eine vollständige Ersetzung des Jahresabschlusses nach HGB durch den Einzelabschluss findet nicht statt. In Bezug auf die Publizität können große Kapitalgesellschaften und gleichgestellte Personenhandelsgesellschaften zur Erfüllung ihrer Offenlegungsverpflichtung anstelle des Jahresabschlusses einen sog. Einzelabschluss nach IFRS aufstellen und der das Unternehmensregister führenden Stelle elektronisch zur Einstellung in das Unternehmensregister übermitteln. Im Unterschied zum Jahresabschluss, der nach den Regeln des HGB aufgestellt wird, ist der Einzelabschluss nach internationalen Rechnungslegungsstandards aufzustellen. Die Einstellung des Einzelabschlusses in das Unternehmensregister, der den Informationsbedürfnissen des Publikums in besonderer Weise Rechnung trägt, und des HGB-Jahresabschlusses mit dem Bestätigungsvermerk oder dem Vermerk über dessen Versagung in deutscher Sprache, der zur

---

[147] BGHZ 108, 32 = NJW 1989, 2818; OLG Hamm NJW-RR 1991, 1256; OLG Köln NJW-RR 1991, 1255.

[148] S. Seibet/Decker DB 2006, 2446 (2447).

[149] S. BR-Drs. 942/05, 110.

Einstellung in das Unternehmensregister durch dauerhafte Hinterlegung übermittelt wird, kann von der Verpflichtung zur Einstellung des Jahresabschlusses im Unternehmensregister befreien (Abs. 2b). Eine Befreiung im Hinblick auf den Lagebericht ist nicht möglich. Wird der Jahresabschluss durch den Einzelabschluss ersetzt, muss der Lagebericht in dem erforderlichen Umfang auch auf den Einzelabschluss Bezug nehmen. Die Unternehmen können sich auf diesem Wege mit dem Einzelabschluss nach IFRS einem breiten, auch ausländischen Publikum präsentieren.[150] Die Befreiung wirkt allerdings nur, wenn die weiteren Voraussetzungen des Abs. 2b erfüllt werden und die HGB-Unterlagen zur dauerhaften Hinterlegung übermittelt werden.

81   Kleine und mittelgroße Gesellschaften können durch die Aufstellung eines Einzelabschlusses nach dem klaren Wortlaut der Regelung keine Befreiungen erlangen.[151] Die Aufstellung eines befreienden Einzelabschlusses setzte auch schon vor der Gesetzesänderung zum 1.8.2022 die Verpflichtung zur Aufstellung eines Lageberichts (Abs. 2a S. 4) und die Prüfungspflicht (§ 316 Abs. 1) voraus. Das ergibt sich aus dem Regelungszusammenhang der Abs. 2a und Abs. 2b. Beide Verpflichtungen bestehen für kleine Kapitalgesellschaften nicht. Die gesetzliche Klarstellung hat nun auch mittelgroße Gesellschaften aus dem Anwendungsbereich des befreienden Einzelabschlusses ausgenommen.[152] Eine Verpflichtung zur Aufstellung eines Einzelabschlusses aus der Satzung oder dem Gesellschaftsvertrag bleibt unberührt, hat aber für die Offenlegung von kleinen und mittleren Unternehmen nach § 325 keine Wirkung. Die Aufstellung eines Einzelabschlusses ist aber freiwillig zur besseren Information der Geschäftspartner möglich.

82   **1. Befreiungsvoraussetzungen.** Der Einzelabschluss (nach IFRS) tritt nur an die Stelle des Jahresabschlusses (nach HGB), wenn der Abschluss auf den in § 315e Abs. 1 in Bezug genommenen, durch Rechtsetzungsakt auf EU-Ebene legitimierten Standards beruht. Dabei müssen die ins EU-Recht übernommenen Standards vollständig befolgt werden. Die Übernahme der von privaten Standardsettern (IASB) entwickelten und angepassten internationalen Regeln zur Rechnungslegung erfolgt durch die Europäische Kommission in einem besonderen Komitologieverfahren (Art. 6 IAS-VO). Abschlüsse, die teilweise auf den HGB-Grundsätzen beruhen, genügen den Anforderungen an einen Einzelabschluss nicht. Können die Anforderungen an die vollständige Berücksichtigung der IFRS wegen vorrangiger öffentlicher Interessen (§ 286 Abs. 1) nicht erfüllt werden, kann von dem Wahlrecht kein Gebrauch gemacht werden (Abs. 2a S. 6). Gleichwohl sind aufgrund der ausdrücklichen gesetzlichen Anordnung einzelne Regelungen des HGB zu beachten.

83   **a) Anwendbare HGB-Vorschriften.**[153] Der Einzelabschluss, der nach IAS 1.10 aus einer Darstellung der Vermögenslage zum Ende einer Periode (Bilanz zum Abschlussstichtag), einer Gesamtergebnisrechnung für die Periode (oder einer Gewinn- und Verlustrechnung sowie einer Darstellung des sonstigen Gesamteinkommens), einer Darstellung über die Eigenkapitaländerungen für die Periode, einer Darstellung der Zahlungsströme für die Periode (Kapitalflussrechnung) und einem Anhang, in dem die wesentlichen Bilanzierungs- und Bewertungsmethoden zusammengefasst und sonstige Erläuterungen enthalten sind, besteht, muss den Grundsätzen der Klarheit und Übersichtlichkeit entsprechen (§ 243 Abs. 2) sowie in deutscher Sprache und in Euro aufgestellt werden (§ 244). Er ist von den verantwortlichen Personen zu unterzeichnen (§ 245) und entsprechend § 257 aufzubewahren. Handelt es sich bei der Gesellschaft um einen Inlandsemittenten nach § 264 Abs. 2 S. 3, ist die Versicherung auch im Einzelabschluss aufzunehmen (Bilanzeid). Die Firma, der Sitz, das Registergericht und die Nummer, unter der die Gesellschaft in das Handelsregister eingetragen ist, sind anzugeben (§ 264 Abs. 1a). Der Einzelabschluss muss inhaltlich

---

[150]   BR-Drs. 326/04, 98; Hüttemann BB 2004, 203 (204).
[151]   Anders Verspay NZG 2008, 134; Staub/Kersting Rn. 53.
[152]   BT-Drs. 19/28177, 101.
[153]   Dabei handelt es sich um die Umsetzung der Gemeinsamen Erklärung des Rates und der Kommission zur RL 2003/51/EG; darin wurden bestimmte Regeln der Bilanz-RL auch für den Einzelabschluss verbindlich erklärt.

bestimmte Angaben enthalten, die sich nach HGB-Grundsätzen aus dem Anhang ergeben. Im Einzelnen geht es um die Angaben zur Beschäftigungszahl und zum Personalaufwand (§ 285 Nr. 7 und 8 lit. b), die Angaben zu den Organmitgliedern (namentliche Auflistung) und zu deren Bezügen (§ 285 Nr. 9 und 10), die Angaben zum Anteilsbesitz (§ 285 Nr. 11 und Nr. 11a), die Angaben über eine Konzernzugehörigkeit (§ 285 Nr. 14), die Angaben zu den persönlich haftenden Gesellschaftern bei Unternehmen nach § 264a (§ 285 Nr. 15), die Angaben zur Entsprechenserklärung (§ 285 Nr. 16 iVm § 161 AktG) und die Angaben zur Vergütung des Abschlussprüfers (§ 285 Nr. 17). Angaben zum Anteilsbesitz können bei untergeordnetem Interesse bzw. überwiegendem Interesse der Gesellschaft unterbleiben (§ 286 Abs. 3); für andere Angaben gilt das Gleiche, wenn öffentliche Interessen vorrangig sind (§ 286 Abs. 1). Die Aufzählung ist abschließend.

b) Berichtspflichten und Prüfung. Wird ein Einzelabschluss zur Einstellung in das 84 Unternehmensregister aufgestellt, ist im Lagebericht (§ 289) der Gesellschaft auf den Einzelabschluss Bezug zu nehmen. Der Umfang der Bezugnahme sowie der Erläuterungen bestimmt sich nach der Erforderlichkeit im Einzelfall (Abs. 2a S. 4). Der Lagebericht ist nach den allgemeinen Regeln offenzulegen. Der Abschlussprüfer hat seine Prüfung auf einen aufgestellten Einzelabschluss zu erstrecken (§ 324a); seine Bestellung zum Jahresabschlussprüfer schließt die Bestellung für die Prüfung des Einzelabschlusses ein (§ 324a Abs. 2). Dabei können die Prüfungsergebnisse in einem gemeinsamen Prüfungsbericht (Jahresabschluss und Einzelabschluss) dokumentiert werden. Da der Einzelabschluss nur Informationszwecke verfolgt, ist eine Feststellung nicht erforderlich. Er muss lediglich vom Aufsichtsrat gebilligt werden (§ 171 Abs. 4 AktG). Erst nach Billigung ist die Offenlegung zulässig. Bei der GmbH ohne Aufsichtsrat entscheidet die Gesellschafterversammlung über die Billigung und Offenlegung des von der Geschäftsführung aufgestellten Einzelabschlusses (§ 46 Nr. 1a GmbHG).[154] Für andere (gesellschaftsrechtliche, steuerrechtliche oder aufsichtsrechtliche) Zwecke ist weiterhin ausschließlich der Jahresabschluss maßgebend. Im Bericht des Aufsichtsrates ist eine Bezugnahme auf den Einzelabschluss und die Billigung erforderlich (§ 171 Abs. 4 AktG). Der Bericht ist auch bei der Wahl des Einzelabschlusses als Publizitätsunterlage offenzulegen.

2. Befreiende Wirkung der Offenlegung des Einzelabschlusses (Abs. 2b). Die 85 Befreiung der Gesellschaft von der Offenlegung des Jahresabschlusses im Unternehmensregister durch die Wahl der Offenlegung des Einzelabschlusses durch die Einstellung im Unternehmensregister hängt nach Abs. 2b von weiteren **kumulativ zu erfüllenden formalen Voraussetzungen** ab.[155] Im Hinblick auf den Bestätigungsvermerk des Abschlussprüfers ist der Vermerk in Bezug auf den Einzelabschluss in die zu übermittelnden Unterlagen einzubeziehen und in das Unternehmensregister einzustellen (Nr. 1). Der Bestätigungsvermerk bringt auch zum Ausdruck, ob der Lagebericht mit dem Einzelabschluss in Einklang steht (§ 322 Abs. 6). Ferner kommt der Verwendung des Ergebnisses (im Hinblick auf die zu erwartende Ausschüttung) auf der Grundlage des handelsrechtlichen Jahresergebnisses für die Einschätzung der Situation des Unternehmens erhebliche Bedeutung zu. Daher ist der Vorschlag bzw. der Beschluss über die Verwendung des Ergebnisses unter Angabe des handelsrechtlichen Jahresüberschusses oder Jahresfehlbetrags in die im Unternehmensregister einzustellenden Unterlagen einzubeziehen (Nr. 2). Um der Maßgabe des Jahresabschlusses für das Gesellschafts- (Ausschüttungsbemessung, Kapitalerhaltung) und Steuerrecht (Maßgeblichkeit für die Gewinnermittlung) Rechnung zu tragen[156] und zu gewährleisten, dass die Informationen allgemein zugänglich sind, bezieht sich die Wirkung

---

[154] Hüttemann BB 2004, 203 (205).

[155] Vgl. BR-Drs. 326/04, 101, 102; Hüttemann BB 2004, 203 (205).

[156] Der Einzelabschluss wird insoweit wegen des stark betonten Fair-Value-Gedankens und einer erfolgswirksamen Erfassung nicht realisierter Gewinne als ungeeignet angesehen. Ferner soll das Ergebnis dem Prinzip einer leistungsgerechten Besteuerung nicht entsprechen, dazu Hüttemann BB 2004, 203 (205); differenzierter zur Frage der Eignung Hoffmann/Lüdenbach GmbHR 2004, 145 (146 f.), die lediglich die Abgabe der Kompetenz für die Regeln zur Bilanzierung an ein privates Gremium im Hinblick auf die Steuereinnahmen für nicht praktikabel halten.

der Befreiung nur auf den Einzelabschluss, wenn der Jahresabschluss und der Bestätigungsvermerk oder der Vermerk über dessen Versagung in deutscher Sprache innerhalb der Jahresfrist (Abs. 1a) oder der Frist nach Abs. 4 der das Unternehmensregister führenden Stelle elektronisch zur Einstellung in das Unternehmensregister durch dauerhafte Hinterlegung übermittelt wird (Nr. 3). Werden die Voraussetzungen erfüllt, sind die allgemeinen Unterlagen der Rechnungslegung und der Einzelabschluss über die Internetseite des Unternehmensregisters zugänglich (§ 8b Abs. 2 Nr. 4) und damit allgemein zugänglich. Im Hinblick auf die gläubigerschützenden Vorschriften über die Kapitalerhaltung, die an den Jahresabschluss anknüpfen (§ 58 AktG), ist daher keine Verschlechterung bei der Transparenz der Informationen zu befürchten. Auf diese Weise wird auch Art. 14 lit. f GesR-RL (früher Art. 3 Abs. 4 RL 68/151/EWG) Rechnung getragen; dort wird eine Offenlegung des Jahresabschlusses verlangt. Das Vorliegen der formalen Voraussetzungen wird von der das Unternehmensregister führenden Stelle nicht geprüft (§ 329 Abs. 1). Der Prüfungsgegenstand ist auf die Übermittlung von Unterlagen beschränkt. Hinterlegte Jahresabschlussunterlagen stehen im Unternehmensregister zur Beauskunftung zur Verfügung. Bei einer Hinterlegung ist die Rechnungslegungsunterlage nur auf Antrag an das Unternehmensregister als kostenpflichtige elektronische Kopie erhältlich (§ 9 Abs. 6 S. 3). Die Einsichtnahme und damit die Antragstellung ist jedermann gestattet. Eine Begründung oder Nachweise über ein begründetes Interesse für die Einsichtnahme sind nicht vorzulegen. Allerdings hat vor der Antragstellung eine Registrierung beim Unternehmensregister zu erfolgen, wobei eine Übermittlung der registrierten Daten nicht vorgesehen ist. Damit bleiben die Antragsteller den hinterlegenden Unternehmen gegenüber hinsichtlich Namen und Anzahl anonym.

V. Konzernrechnungslegung und Offenlegung (Abs. 3)

86   Die zur Konzernrechnungslegung verpflichteten Kapitalgesellschaften und gleichgestellten Personenhandelsgesellschaften (§ 264a) haben die Offenlegung der Konzernunterlagen nach Abs. 3 (iVm Abs. 1–1b und Abs. 4 S. 1) vorzunehmen. Das Verfahren ist dem allgemeinen Offenlegungsverfahren nachgebildet und berücksichtigt Besonderheiten, die sich aus der Konzernrechnungslegung ergeben. Entsprechend den Rechnungslegungsunterlagen der Gesellschaften unterliegen die Konzernunterlagen der **vollen (elektronischen) Unternehmensregisterpublizität.** Sie sind innerhalb der Jahresfrist des Abs. 1a S. 1 der das Unternehmensregister führenden Stelle elektronisch zur Einstellung in das Unternehmensregister zu übermitteln (zu den Kosten → Rn. 75). Im Hinblick auf die maßgebliche Frist ist für geänderte sowie nachzureichende Unterlagen die Frist des Abs. 1a S. 2 zu beachten. Im Sonderfall des Abs. 4 beträgt die Frist anstatt zwölf längstens vier Monate. Die maßgebende Frist wird durch Übermittlung der Unterlagen an die das Unternehmensregister führende Stelle gewahrt (Abs. 4 S. 2). Die Veröffentlichung von Teilen der Unterlagen zur Einhaltung der Frist ist zur Fristwahrung nicht mehr geeignet. Abs. 3a enthält Erleichterungen für die Offenlegung im Hinblick auf den Vermerk des Abschlussprüfers und die Prüfungsberichte. Die Streichung des Abs. 2 aus der Verweisungskette im Jahr 2023[157] ist lediglich eine nachzuholende Folgeänderung zur Aufhebung des Absatzes durch das Gesetz zur Umsetzung der Digitalisierungs-RL vom 5.7.2021 (BGBl. 2021 I 3338).

87   **1. Verpflichtete Personen.** Die Verpflichtung zur Offenlegung trifft **die Mitglieder des vertretungsberechtigten Organs** der Kapitalgesellschaften oder Personenhandelsgesellschaften (→ Rn. 20 ff.), die einen Konzernabschluss und einen Konzernlagebericht aufzustellen haben. Die Verpflichtung zur Aufstellung eines Konzernabschlusses ergibt sich aus § 290 Abs. 1 und 2. Größenabhängige Befreiungen sind in § 293 enthalten. Die Veränderung der Schwellenwerte in § 293 durch das BilReG vom 4.12.2004 (BGBl. 2004 I 3166) setzte die Vorgaben der RL 2003/38/EG (ABl. EG 2003 L 120, 22) in deutsches Recht um. Der Gesetzgeber hat in § 291 und § 292 Möglichkeiten vorgesehen, wonach Konzern-

---

[157]   Gesetz zur Umsetzung der RL (EU) 2021/2101 im Hinblick auf die Offenlegung von Ertragsteuerinformationen vom 19.6.2023 (BGBl. 2023 I Nr. 154).

abschlüsse, die nach bestimmten vorgegebenen Regeln aufgestellt werden, befreiende Wirkung für die Verpflichtung aus § 290 haben können. Die Mitglieder des vertretungsberechtigten Organs solcher befreiten Gesellschaften haben sich zu vergewissern, ob die befreienden Unterlagen erstellt und im Inland offengelegt wurden.[158] Bei mehrstufigem Konzernaufbau sind die Mitglieder des vertretungsberechtigten Organs desjenigen befreiten Unternehmens zuständig, das im Inland auf höchster Ebene steht.

Die Offenlegung richtet sich nach § 325 Abs. 3–6 und § 328.[159] Die Mitglieder des **88** vertretungsberechtigten Organs haben daher für die Übermittlung der Unterlagen an die das Unternehmensregister führende Stelle zu sorgen. Die Grundlage und der Maßstab für die Gestaltung der Unterlagen ergeben sich aus den Bestimmungen über die Konzernrechnungslegung. Die Konzernabschlüsse nach IAS/IFRS- und nach HGB-Grundsätzen sind dabei gleichwertig, soweit das Wahlrecht des § 315e reicht.

2. Offenlegungspflichtige Unterlagen. Die offenlegungspflichtigen Unterlagen sind **89** in Abs. 3 S. 1 für die Gesellschaften, die der Konzernrechnungslegung unterliegen, durch Verweisung (Abs. 1) **abschließend aufgezählt.** Mit der Aufhebung des § 295 zum 1.1.2005 (dazu Art. 56 Abs. 3 EGHGB) entfiel die Verpflichtung, einen Abschluss von Tochtergesellschaften offenzulegen, die nicht in den Konzernabschluss einzubeziehen sind. Die Vorschrift umfasst folgende Unterlagen:
– den Konzernabschluss; dieser besteht nach § 297 Abs. 1 aus der Konzernbilanz, der Konzern-Gewinn- und Verlustrechnung, dem Konzernanhang, der Kapitalflussrechnung und dem Eigenkapitalspiegel (§ 297 Abs. 1); eine Segmentberichterstattung kann freiwillig aufgenommen werden (§ 297 Abs. 1 S. 2). Bei Inlandsemittenten nach § 2 Abs. 14 WpHG haben die Mitglieder des vertretungsberechtigten Organs zusätzlich eine Versicherung abzugeben (§ 297 Abs. 2). Ist der Konzernabschluss aufgrund von § 315e Abs. 1 nach IAS/IFRS-Grundsätzen aufzustellen (börsenorientierte Konzernmuttergesellschaften) oder wird er freiwillig nach IAS/IFRS aufgestellt, richtet sich die Zusammensetzung nach den internationalen Rechnungslegungsregeln,[160] dabei sind die Verweise auf die HGB-Regeln zu beachten;
– den Konzernlagebericht, der den Geschäftsverlauf und die Lage des Konzerns sowie die voraussichtliche Entwicklung darstellen soll (§ 315). Der Lagebericht ist ebenfalls mit einer Versicherung der Mitglieder des vertretungsberechtigten Organs zu versehen;
– den Bestätigungsvermerk oder den Vermerk über dessen Versagung des Abschlussprüfers (§ 322);
– den Bericht des Aufsichtsrats, aus dem sich die Billigung des Konzernabschlusses ergeben muss;
– die Änderung des Konzernabschlusses aufgrund einer nachträglichen Prüfung (→ Rn. 99);
– einen Beschluss über die Ergebnisverwendung des Mutterunternehmens, wenn der Konzernanhang lediglich einen Vorschlag für die Ergebnisverwendung des Mutterunternehmens enthält (§ 314 Nr. 26).

a) Konzernabschluss. Für börsennotierte Konzernmuttergesellschaften und solche, **90** die eine Börsennotierung anstreben, ist der Konzernabschluss nach IAS/IFRS aufzustellen (§ 315e Abs. 1 und 2).[161] Die inhaltliche Gestaltung wird von den internationalen Rechnungslegungsregeln bestimmt. Andere Konzernmuttergesellschaften haben ein Wahlrecht (§ 315e Abs. 3). Entscheiden sich die Konzernmuttergesellschaften für die IAS/IFRS, müssen die Regeln vollständig beachtet werden. Der Konzernabschluss besteht in der Regel

---

[158] ADS Rn. 99.
[159] BeBiKo/Kozikowski/Ritter § 291 Rn. 10.
[160] Eine synoptische Darstellung findet sich beispielsweise bei Schmid DStR 2005, 80 (81).
[161] Ausnahmen bis zum Jahr 2007 gibt es für Konzernmuttergesellschaften, die nur mit Schuldtiteln (nicht Aktien) börsennotiert sind, sowie für Gesellschaften, deren Wertpapiere an Börsen im Ausland notiert sind und die bisher nach US-GAAP bilanziert haben (Art. 57 EGHGB); dazu Hüttemann BB 2004, 203 (204); Hoffmann/Lüdenbach GmbHR 2004, 145 (146).

aus folgenden Bestandteilen (zu IAS/IFRS → § 315e Rn. 9 ff.): Nach § 297 Abs. 1 setzt sich der Konzernabschluss aus der Konzernbilanz, der Konzern-Gewinn- und Verlustrechnung, dem Konzernanhang, der Kapitalflussrechnung und dem Eigenkapitalspiegel zusammen. Die Segmentberichterstattung, die besonders sensitive Informationen enthält, ist fakultativer Bestandteil des Konzernabschlusses. Bestandteil des Anhangs sind die Angaben zum Anteilsbesitz. Für den Konzernabschluss gelten die Grundsätze der Klarheit und Übersichtlichkeit (§ 297 Abs. 2 S. 1). Insoweit kann auf die Kriterien zur Aufstellung eines Jahresabschlusses verwiesen werden (§ 243 Abs. 2). Jeder Konzernabschluss, ob nach IAS/IFRS oder nach HGB, eines Inlandsemittenten (§ 2 Abs. 14 WpHG; Ausnahme: § 327a liegt vor) endet mit einer Versicherung der Mitglieder des vertretungsberechtigten Organs (§ 297 Abs. 2 S. 4 iVm § 315e Abs. 1).

91   Die Gliederung des Konzernabschlusses muss den Vorgaben an große Kapitalgesellschaften entsprechen (§ 298). Der Abschluss hat unter Beachtung der GoB ein den tatsächlichen Verhältnissen entsprechendes Bild der **Vermögens-, Finanz- und Ertragslage des Konzerns** zu vermitteln.[162] Aufstellungserleichterungen sind nicht vorgesehen; Vereinfachungen können sich aber durch die Zusammenfassung des Anhangs mit dem Anhang des Jahresabschlusses der Muttergesellschaft ergeben (§ 298 Abs. 2). In diesem Falle müssen der Konzernabschluss und der Jahresabschluss des Mutterunternehmens gemeinsam offengelegt werden. Ferner muss aus dem zusammengefassten Anhang hervorgehen, welche Angaben sich auf den Konzern und welche Angaben sich nur auf das Mutterunternehmen beziehen. Eine Verpflichtung zur Feststellung des Konzernabschlusses durch Organe der Muttergesellschaft ist im Gesetz nicht enthalten.[163] Bei Aktiengesellschaften ist der Konzernabschluss aber durch den Aufsichtsrat (§ 171 Abs. 2 S. 5 AktG) oder die Hauptversammlung zu billigen (§ 173 Abs. 1 S. 2 AktG). Für die GmbH ergibt sich die Kompetenz zur Billigung aus § 46 Nr. 1b GmbHG. Zur Aufstellung eines Konzernabschlusses sind Gesellschaften verpflichtet (Zeitraum: erste fünf Monate des Konzerngeschäftsjahrs für das vorangegangene Geschäftsjahr),[164] die auf ein anderes Unternehmen unmittelbar oder mittelbar einen beherrschenden Einfluss ausüben können (§ 290 Abs. 1). In Fällen der Beherrschung eines anderen Unternehmens aufgrund eines Beherrschungsvertrags, der Stimmrechtsmehrheit oder der Kompetenz, die Organe zu bestellen, ist stets eine Aufstellungsverpflichtung gegeben (§ 290 Abs. 2).[165] Handelt es sich nur um einen Teilkonzernabschluss, ist er als solcher zu bezeichnen. Dies ergibt sich aus dem Grundsatz der Klarheit und Übersichtlichkeit (§ 297 Abs. 2).

92   **b) Bestätigungsvermerk.** Die Ausführungen zum Bestätigungsvermerk beim Einzelabschluss gelten grundsätzlich auch für den Konzernabschluss. § 322 enthält eine gemeinsame Regelung für beide Abschlüsse. Unterschiede können sich aus den Besonderheiten bei der Aufstellung und Prüfung des Konzernabschlusses ergeben. Eine Konzernbuchführung beispielsweise ist im Gesetz nicht vorgesehen, so dass der Vermerk in diesem Punkt keinen Hinweis enthalten kann. In den beschreibenden Abschnitt sind Angaben zum Konsolidierungskreis und den Konsolidierungsgrundsätzen aufzunehmen (§ 322).[166] Der Bestätigungsvermerk zum Konzernabschluss kann mit dem Vermerk zum Jahres- bzw. Einzelabschluss des Mutterunternehmens zusammengefasst werden, wenn eine gemeinsame Einstellung in das Unternehmensregister erfolgt (§ 325 Abs. 3a).

93   **c) Konzernlagebericht.** Neben dem Konzernabschluss hat die verpflichtete Gesellschaft einen Konzernlagebericht aufzustellen (§ 290 Abs. 1). Die Anforderungen (§ 315)

---

[162]   Zum Konzernanhang und der Kapitalflussrechnung sowie der Segmentberichterstattung → § 297 Rn. 25 ff.; BeBiKo/Störk/Rimmelspacher § 297 Rn. 10–176; BeBiKo/Grottel § 313 Rn. 34 ff.

[163]   Dazu Scholz/Crezelius GmbHG § 42a Rn. 56.

[164]   Für Mutterunternehmen nach § 325 Abs. 4 S. 1 sind der Konzernabschluss und der Konzernlagebericht in den ersten vier Monaten des Konzerngeschäftsjahres für das vergangene Konzerngeschäftsjahr aufzustellen, es sei denn, es liegt ein Fall des § 327a vor (§ 290 Abs. 1 S. 2).

[165]   Zu den Konzernunternehmen (§ 18 AktG) als Untergruppe der verbundenen Unternehmen vgl. Küting/Weber, 17–23; Emmerich/Habersack, Konzernrecht, 2020, S. 55–66; dazu und zur Besteuerung der Konzerne Fehrenbacher, Registerpublizität und Haftung im Zivilrecht, 2004, S. 33–36.

[166]   BeBiKo/Schmidt/Küster § 322 Rn. 125.

entsprechen weitgehend denen, die an den Lagebericht einer Kapitalgesellschaft gestellt werden. Auf die besonderen Verhältnisse des Konzerns ist einzugehen,[167] dabei sind auch nichtfinanzielle Leistungsindikatoren Gegenstand der Berichterstattung sowie ggf. die Erklärung zur Unternehmensführung (§§ 315a–315d). Anknüpfungspunkt für die Berichterstattung ist der Konzern als wirtschaftliche Einheit. Die bloße Zusammenstellung der gesammelten Lageberichte der einzelnen Unternehmen wird den Anforderungen des Gesetzes nicht gerecht.[168] Bei Inlandsemittenten (§ 297 Abs. 2 S. 4) muss der Lagebericht die Versicherung der Mitglieder des vertretungsberechtigten Organs enthalten (Bilanzeid, § 315 Abs. 1 S. 5). Nach § 315 Abs. 5 iVm § 298 Abs. 2 kann der Konzernlagebericht und der Lagebericht des Mutterunternehmens zusammengefasst werden. In diesem Falle müssen der Konzernlagebericht und der Lagebericht des Mutterunternehmens gemeinsam offengelegt werden. Aus dem zusammengefassten Lagebericht muss hervorgehen, welche Angaben sich auf den Konzern und welche Angaben sich nur auf das Mutterunternehmen beziehen.

d) Bericht des Aufsichtsrats. Der Aufsichtsrat hat in seinem Bericht zum Konzern- **94** abschluss und zum Ergebnis der Prüfung des Abschlusses Stellung zu nehmen. Aus dem Bericht muss hervorgehen, ob der Aufsichtsrat den Konzernabschluss billigt oder Einwendungen zu erheben sind (§ 171 Abs. 2 S. 5 AktG). Der Bericht über den Konzernabschluss kann mit dem Bericht über den Jahresabschluss verbunden werden. Eine Verbindung bringt im Hinblick auf die Offenlegung allerdings keine Erleichterung.

e) Nachträgliche Änderungen des Konzernabschlusses. Abs. 3 verweist auch auf **95** die Regelung in Abs. 1b S. 1. Dadurch wird sichergestellt, dass alle Änderungen des Konzernabschlusses, des Bestätigungsvermerks und des Konzernlageberichts nach Vorlage des Prüfungsberichts der das Unternehmensregister führenden Stelle übermittelt und im Unternehmensregister eingestellt werden. Ursache der Änderungen des Konzernabschlusses können Änderungen im Jahresabschluss der einzelnen einbezogenen Unternehmen sein. Um die Zahl der Offenlegungsvorgänge in Grenzen zu halten, ist zu empfehlen, die **Konsolidierung aus testierten und festgestellten Jahresabschlüssen** vorzunehmen.[169] Weichen die Stichtage für die Aufstellung des Konzernabschlusses und der Jahresabschlüsse der konsolidierten Unternehmen voneinander ab, so sind Vorgänge von besonderer Bedeutung für die Vermögens-, Finanz- und Ertragslage eines in den Konzernabschluss einbezogenen Unternehmens, die zwischen den Abschlussstichtagen eingetreten sind, im Konzernabschluss zu berücksichtigen oder anzugeben. Liegen die Stichtage mehr als drei Monate auseinander, ist ein Zwischenabschluss für Konzernunternehmen aufzustellen (§ 299 Abs. 2). In anderen Fällen können die Vorgänge von besonderer Bedeutung in der Bilanz und Gewinn- und Verlustrechnung, aber auch nur im Anhang verarbeitet werden (§ 299 Abs. 3).

Änderungen des Konzernabschlusses und/oder des Konzernlageberichts machen eine **96** Nachtragsprüfung erforderlich (§ 316 Abs. 3). Ausgenommen sind **Korrekturen von Schreib-, Druck- und Rechtschreibfehlern** oder redaktionelle Änderungen ohne jede materielle Bedeutung.[170] Der ursprünglich erteilte Bestätigungsvermerk ist zu ergänzen. Die Offenlegung umfasst in diesen Fällen den geänderten Konzernabschluss und/oder Konzernlagebericht mit dem ergänzten Bestätigungsvermerk. Die Ausführungen zur Offenlegung des geänderten Jahresabschlusses gelten hier entsprechend (→ Rn. 46). Wird der Bestätigungsvermerk in ursprünglicher Form den ansonsten geänderten Unterlagen beigefügt, liegt ein Verstoß gegen den Grundsatz der Richtigkeit vor.[171]

3. Erleichterungen. Der Gesetzgeber hat für den Konzernabschluss zwei Formen der **97** Erleichterung vorgesehen. Zur Vereinfachung können Teile des Konzernabschlusses unter

---

[167] ADS § 315 Rn. 13; BeBiKo/Grottel § 315 Rn. 1.
[168] ADS § 315 Rn. 16; BeBiKo/Grottel § 315 Rn. 51.
[169] BeBiKo/Grottel Rn. 290.
[170] ADS § 316 Rn. 65; BeBiKo/Grottel Rn. 290.
[171] Der Bestätigungsvermerk bezieht sich nicht auf den offengelegten geänderten Konzernabschluss. ADS § 328 Rn. 123; BeBiKo/Grottel Rn. 290.

bestimmten Voraussetzungen mit Teilen des Abschlusses der Muttergesellschaft zusammengefasst werden (§ 298). Daneben sind Befreiungen von der Aufstellung eines Konzernabschlusses und der Einbeziehung vorgesehen (§§ 291–293).

98 **a) Befreiungen.** Ein Mutterunternehmen, das zugleich Tochterunternehmen eines
Mutterunternehmens mit Sitz in einem Mitgliedstaat der EU oder in einem anderen Vertragsstaat des Abkommens über den EWR ist, braucht einen Konzernabschluss und Konzernlagebericht unter bestimmten Voraussetzungen nicht aufzustellen (§ 291 Abs. 1).
Anstelle des Konzernabschlusses und Konzernlageberichts des inländischen Mutterunternehmens sind Konzernabschluss und Konzernlagebericht des ausländischen Mutterunternehmens nach den inländischen Vorschriften in deutscher oder englischer Sprache offenzulegen. Zu den Unterlagen zählt auch der Bestätigungsvermerk oder der Vermerk über
dessen Versagung bezüglich des befreienden Konzernabschlusses.[172]

99 Den **Informationspflichten** gegenüber dem interessierten Betrachter wird das befreite
Unternehmen dadurch gerecht, dass es in seinem Anhang auf die Befreiung von der Aufstellung eines Konzernabschlusses hinweist und das Mutterunternehmen mit Name und Sitz
benennt, das den befreienden Abschluss und Lagebericht aufstellt (§ 291 Abs. 2 Nr. 4). Der
befreiende Konzernabschluss und der Konzernlagebericht müssen nach den Vorgaben in
Abs. 3 offengelegt werden. Die Unterlagen sind der das Unternehmensregister führenden
Stelle zur Einstellung in das Unternehmensregister zu übermitteln. Dabei sind die Unterlagen in deutscher oder englischer Sprache offenzulegen. Im Gesetz findet sich kein Hinweis,
in welcher Währung die Zahlenangaben zu erfolgen haben. Die Literatur geht davon aus,
dass eine Umrechnung ausländischer Währungen oder die Angabe von Stichtagskursen nicht
erforderlich ist.[173] Die Unterlagen sind in einer Form zu übermitteln, die ihre Einstellung
in das Unternehmensregister ermöglicht (Abs. 1 S. 2). Inhalt und die weitere Form bzw.
das Format der Unterlagen bestimmen sich nach § 328.

100 Nach § 292 braucht ein Mutterunternehmen, das zugleich Tochterunternehmen eines
Mutterunternehmens mit Sitz in einem Staat, der nicht Mitglied der Europäischen Union,
auch nicht Vertragsstaat des Abkommens über den Europäischen Wirtschaftsraum ist, einen
Konzernabschluss und einen Konzernlagebericht nicht aufzustellen, wenn dieses andere
Mutterunternehmen einen dem § 291 Abs. 2 Nr. 1 entsprechenden Konzernabschluss
(befreiender Konzernabschluss) und Konzernlagebericht (befreiender Konzernlagebericht)
aufstellt sowie außerdem alle weiteren in § 292 Abs. 1 enthaltenen Voraussetzungen kumulativ erfüllt. Dabei müssen der ausländische Konzernabschluss, der Konzernlagebericht und
die vorgeschriebene Abschlussprüfung den EU-Maßstäben gleichwertig sein. Ferner müssen
der befreiende Konzernabschluss und -lagebericht sowie der Bestätigungsvermerk nach
den für den entfallenden Konzernabschluss und -lagebericht maßgeblichen Vorschriften in
deutscher oder englischer Sprache offengelegt werden.

101 Börsenorientierte Unternehmen, die Mutterunternehmen eines Konzerns sind und
einen Konzernabschluss sowie Konzernlagebericht nach **international anerkannten
Rechnungslegungsgrundsätzen** aufstellen (IAS/IFRS) müssen, haben die HGB-Bilan-
zierungsvorschriften nur zu beachten, soweit in § 315e darauf verwiesen ist. Von der Aufstellung eines Konzernabschlusses nach HGB-Grundsätzen sind sie befreit. Gleiches gilt für
solche Mutterunternehmen, die den Konzernabschluss und Konzernlagebericht freiwillig
nach IAS/IFRS aufstellen. Die Offenlegungspflicht bezieht sich auf den nach den jeweiligen
Grundsätzen aufgestellten Konzernabschluss bzw. Konzernlagebericht.

102 Eine grundsätzliche Befreiung von der Aufstellung eines Konzernabschlusses und damit
auch von der Offenlegung sieht § 293 für Mutterunternehmen vor, welche die größenabhängigen Kriterien in § 293 Abs. 1 Nr. 1 und 2 nicht überschreiten. Die Schwellenwerte
wurden durch das BilRUG vom 17.7.2015 (BGBl. 2015 I 1245) an die europäischen Vorgaben angepasst. Die Größenmerkmale in Nr. 2 sind inhaltsgleich mit den Angaben in § 267

---

[172] ADS Rn. 113.
[173] BeBiKo/Grottel Rn. 291.

Abs. 2.[174] Die Befreiung greift nicht ein, wenn ein organisierter Markt iSd § 2 Abs. 11 WpHG für die ausgegebenen Wertpapiere der Gesellschaft genutzt wird oder in den Fällen, in denen die Zulassung zum Handel an einem organisierten Markt beantragt worden ist (§ 293 Abs. 5, § 264d).

b) Vereinfachungen. Eine auch für die Offenlegung bedeutsame Vereinfachung ent- **103** hält § 298 Abs. 2. Danach dürfen der Konzernanhang und der Anhang des Jahresabschlusses des Mutterunternehmens zusammengefasst werden. Voraussetzung dafür ist die gemeinsame Offenlegung von Konzernabschluss und Jahresabschluss des Mutterunternehmens. Aus dem zusammengefassten Anhang muss sich aber ergeben, welche Angaben sich auf den Konzern und welche sich nur auf das Mutterunternehmen beziehen. In solchen Fällen ist ferner eine **Zusammenfassung** der Bestätigungsvermerke für die Übermittlung der Unterlagen an die das Unternehmensregister führende Stelle denkbar (§ 325 Abs. 3a).

§ 315 Abs. 5 verweist auf § 298 Abs. 2 und sieht die Möglichkeit der Zusammenfassung **104** auch für den Konzernlagebericht und den Lagebericht des Mutterunternehmens vor.[175] Die Erleichterungen der §§ 326, 327 können in Anspruch genommen werden, soweit es sich um die Unterlagen des Mutterunternehmens handelt.

Es ist nicht mehr möglich, die Einstellung der Berichterstattung des Aufsichtsrats über **105** den Konzernabschluss und Konzernlagebericht durch einen Hinweis auf die frühere oder gleichzeitige Einstellung des Berichts des Aufsichtsrats über den Jahresabschluss des Mutterunternehmens zu ersetzen. Das gilt auch, wenn der einheitliche Bericht neben dem Jahresabschluss zusätzlich auf den Konzernabschluss eingeht. § 325 Abs. 3a S. 1 aF wurde aufgehoben.

4. Zeitpunkt der Offenlegung. In Abs. 3 wird im Hinblick auf den Zeitpunkt der **106** Offenlegung auf Abs. 1a verwiesen. Die beiden Fristen des Abs. 1a S. 1 und S. 2 sind daher auch für die Offenlegung der Unterlagen aus der Konzernrechnungslegung maßgebend. Der Konzernabschluss ist daher spätestens ein Jahr nach dem Abschlussstichtag des Geschäftsjahrs der das Unternehmensregister führenden Stelle zu übermitteln, auf das sie sich beziehen. Nur in den Fällen der bei Fristablauf fehlenden Unterlagen iSd Abs. 1a S. 2 (Bericht des Aufsichtsrats) oder noch nicht vorliegender Unterlagen nach Abs. 1b (geänderte Unterlagen oder der Beschluss über die Ergebnisverwendung des Mutterunternehmens) sind die entsprechenden Unterlagen unverzüglich nach Vorliegen an die das Unternehmensregister führende Stelle zu übermitteln. Die jeweilige Frist wird nur durch die Übermittlung der Unterlagen bei der das Unternehmensregister führenden Stelle gewahrt. Für kapitalmarktorientierte Unternehmen gilt eine Frist von längstens vier Monaten (§ 325 Abs. 4 S. 1). Die verkürzte Frist greift allerdings nicht ein, wenn die Voraussetzungen des § 327a vorliegen.

Im Hinblick auf den Jahresabschluss und den Konzernabschluss kommt es daher zur **107** zeitgleichen Offenlegung. Nach § 175 Abs. 1 und 2 AktG sind Konzernabschluss und Konzernlagebericht der Hauptversammlung vorzulegen, die den Jahresabschluss der Muttergesellschaft festzustellen hat. Aufgrund des einheitlichen Abschlussstichtags laufen auch die Fristen nach Abs. 1a parallel. Für Kreditinstitute ist die Offenlegung in § 340l abweichend geregelt. Nach § 341l Abs. 3 haben Versicherungsunternehmen einen Konzernabschluss ebenfalls abweichend von Abs. 3 offenzulegen. Dabei sind die besonderen Fristen in § 341l Abs. 1 und 3 zu beachten.

Handelt es sich bei dem **Mutterunternehmen um eine GmbH,** gilt für den Kon- **108** zernabschluss und den Konzernlagebericht die Regelung in § 42a Abs. 4 GmbHG. Danach gelten die Regelungen zum Jahresabschluss entsprechend. Die Unterlagen sind den Gesellschaftern unverzüglich nach Eingang des Prüfungsberichts vorzulegen. Die Fristen des § 42a Abs. 2 zur Billigung des Konzernabschlusses sind zu beachten; Abs. 4 verweist auf die

---

[174] Bilanzsumme von 20.000.000 EUR; Umsatzerlöse von 40.000.000 EUR; durchschnittliche Arbeitnehmerzahl von 250 (Mutterunternehmen und Tochterunternehmen zusammen).

[175] Es wird ein Anhang und/oder Lagebericht erstellt. Die Berichterstattungen sind regelmäßig textlich zusammengefasst. BeBiKo/Grottel Rn. 270.

Abs. 1–3. Die übereinstimmenden Abschlussstichtage führen zur gemeinsamen Vorlage, einhergehend mit dem gleichen Fristlauf für die Offenlegung der Abschluss- und Konzernunterlagen.

109   Die Fristen des Abs. 1a gelten auch für die **Offenlegung von befreienden Unterlagen** in den Fällen des § 291. Die Übermittlung der Unterlagen an die das Unternehmensregister führende Stelle muss vor Ablauf der Jahresfrist des Abs. 1a S. 1 bezogen auf den Abschlussstichtag des zu befreienden Unternehmens erfolgen (§ 291 iVm § 325 Abs. 1a). In den Fällen des Abs. 4 ist die Verkürzung der Frist auf vier Monate zu beachten. Grottel weist auf eine in Kauf zu nehmende Verzögerung hin, wenn es ausländischen Mutterunternehmen nicht möglich ist, in diesem Zeitraum einen entsprechenden Abschluss zu überlassen.[176] Die Fristen gehen nicht auf die RL 83/349/EWG (7. EG-Richtlinie) zurück[177] und weichen international voneinander ab; eine Sanktionierung in dem an das FamFG und das VwVfG anknüpfenden Verfahren wäre somit kaum durchsetzbar.[178] Problematisch an dieser Verfahrensweise ist, dass die Befreiung von der Verpflichtung, einen Konzernabschluss aufzustellen, erst mit der Offenlegung des befreienden Abschlusses entsteht.

110   **5. Art der Offenlegung.** Die Art der Offenlegung entspricht nach Abs. 3 den Vorgaben für Kapitalgesellschaften in Abs. 1–1b. Der Konzernabschluss und Konzernlagebericht sind zusammen mit dem Bestätigungsvermerk oder dem Vermerk über dessen Versagung und dem Bericht des Aufsichtsrats der das Unternehmensregister führenden Stelle zur Einstellung in das Unternehmensregister zu übermitteln.

111   Da die Verpflichtung zur Offenlegung an die Pflicht zur Aufstellung eines Konzernabschlusses und eines Konzernlageberichts anknüpft, kommt es für die Offenlegung auf die **Größe des Mutterunternehmens** nicht an. Der Konzernabschluss ist auch in den Fällen in vollem Umfang in das Unternehmensregister einzustellen, in denen der Jahresabschluss der Kapitalgesellschaft oder gleichgestellten Personenhandelsgesellschaft den Vorschriften für kleine oder mittelgroße Kapitalgesellschaften unterliegt (§§ 326, 327). Beide Offenlegungspflichten sind separat zu erfüllen. In das Unternehmensregister sind alle Rechnungslegungsunterlagen aufzunehmen,[179] die der das Unternehmensregister führenden Stelle zu übermitteln sind. Ferner sollen die Unterlagen über das Unternehmensregister zugänglich sein (→ Rn. 76). Die gesamten Daten zur Konzernrechnungslegung stehen somit kostenfrei zum Abruf über das Internet zur Verfügung.

112   Die Offenlegung von bestimmten Unterlagen (Bericht des Aufsichtsrats), die erst nach Ablauf der Jahresfrist vorliegen, ist nach Abs. 3 iVm Abs. 1a S. 2 ebenfalls möglich. Die fehlenden Unterlagen sind unverzüglich nach ihrem Vorliegen an die das Unternehmensregister führende Stelle zu übermitteln (→ Rn. 71 ff.). Der Konzernabschluss und der Lagebericht sowie der Bericht des Abschlussprüfers sind in jedem Fall innerhalb der Jahresfrist zu übermitteln (Abs. 3 iVm Abs. 1a S. 1).

VI. Fristen bei kapitalmarktorientierten Gesellschaften und maßgebender Zeitpunkt (Abs. 4)

113   Für Gesellschaften, die einen organisierten Markt iSd § 2 Abs. 11 WpHG durch von ihr ausgegebene Wertpapiere iSd § 2 Abs. 1 WpHG in der EU oder im EWR in Anspruch nehmen bzw. die Zulassung solcher Wertpapiere zum Handel an einem organisierten Markt beantragt haben (§ 264d), beträgt die Frist zur Offenlegung längstens vier Monate, berechnet

---

[176]   BeBiKo/Grottel Rn. 300.

[177]   ADS Rn. 15.

[178]   BeBiKo/Grottel Rn. 300. Durch das KapCoRiLiG wurde zwar das Zwangsgeld durch ein Ordnungsgeld ersetzt, an der Antragsbindung des Verfahrens mit allerdings erweitertem Kreis der möglichen Antragsteller hat sich zunächst nichts geändert. Mit dem EHUG ist das Antragserfordernis gefallen, allerdings bleibt es bei den Grundsätzen des FamFG-Verfahrens (s. die Verweisung in § 335 Abs. 2). Allerdings handelt es sich um ein Justizverwaltungsverfahren.

[179]   Zu weiteren Unterlagen, die aus dem Unternehmensregister ersichtlich sind, s. Liebscher/Scharff NJW 2006, 3745 (3748 f.); Schlotter BB 2007, 1 (5).

nach dem Abschlussstichtag des Geschäftsjahrs, auf das sich die Rechnungslegungsunterlagen beziehen. Wird lediglich ein Kapitalmarkt in einem Drittland in Anspruch genommen, bleibt es bei der Regelfrist. Die Frist von vier Monaten gilt ferner nicht, wenn es sich ausschließlich um Wertpapiere nach § 2 Abs. 1 Nr. 3 WpHG handelt (§ 327a). Für solche Gesellschaften verbleibt es bei der allgemeinen Regelung in Abs. 1a S. 1. Die Verkürzung der Frist von zwölf Monaten auf vier Monate dient der Rechtsvereinheitlichung. Nach Art. 4 Abs. 1 Transparenz-RL ist für die Veröffentlichung der Jahresfinanzberichte ebenfalls eine Frist von vier Monaten vorgesehen. Die Pflicht bezieht sich wegen des Anwendungsbereichs der Richtlinie nicht auf die Notierung an Kapitalmärkten in Drittländern.[180] Für die Offenlegung durch die betroffenen Unternehmen ergibt sich aufgrund des Abs. 4 S. 1 ein Gleichlauf mit der Veröffentlichung der Jahresfinanzberichte. Die von zwölf auf vier Monate verkürzte Frist gilt auch für die Unterlagen der Konzernrechnungslegung (Abs. 3 iVm Abs. 4).

Abs. 4 S. 2 stellt ausdrücklich klar, dass zur Fristwahrung stets der Zeitpunkt der Über- **114** mittlung der Unterlagen an die das Unternehmensregister führende Stelle maßgebend ist. Nur bis zu diesem Zeitpunkt hat es die offenlegungspflichtige Person in den Händen, die Erfüllung der Pflichten zu beeinflussen. Die Veröffentlichung selbst hängt von der technischen Umsetzung ab, deren Ablauf oft von Zufälligkeiten geprägt ist. Die Zeit bis zur Einstellung soll nicht zu Lasten der verpflichteten Gesellschaft berücksichtigt werden.[181]

VII. Weitergehende Publizitätsanforderungen (Abs. 5)

Die Vorschrift stellt in Abs. 5 klar, dass andere Publizitätsanforderungen an den Jahresab- **115** schluss, Einzelabschluss, Lagebericht, Konzernabschluss oder Konzernlagebericht, die auf Gesetz, Gesellschaftsvertrag oder Satzung beruhen, durch § 325 nicht berührt werden. Die weitergehende Pflicht kann sich auf die Bekanntmachung, Einreichung, Übermittlung oder den Zugang zu den Unterlagen durch bestimmte Personen beziehen. Die Aufzählung der Unterlagen und die möglichen Grundlagen zur Erweiterung der Pflichten sind nicht abschließend.[182] Daher ist die Anordnung in einem Beschluss der Gesellschafterversammlung zu beachten und wird durch die Offenlegung nach § 325 nicht zwingend erfüllt.

Über § 325 hinausgehende gesetzliche Verpflichtungen ergeben sich beispiels- **116** weise aus:
- § 339 für eingetragene Genossenschaften. Die Sonderregelung trägt den Unterschieden in Bezug auf die vorzulegenden Unterlagen Rechnung.
- § 340l für Kreditinstitute, insbesondere für Zweigstellenniederlassungen.
- § 341l für Versicherungsunternehmen; diese haben die für Kapitalgesellschaften geltenden Offenlegungsvorschriften unmittelbar bzw. entsprechend anzuwenden. Die Fristen sind in der Regel verlängert.
- § 341w, für bestimmte Unternehmen im Rohstoffsektor ist der Zahlungsbericht offenzulegen.
- § 131 AktG, in dem Informationspflichten gegenüber den Gesellschaftern geregelt sind. Nach Abs. 1 S. 3 kann jeder Aktionär in der Hauptversammlung verlangen, dass ihm ein ohne die Inanspruchnahme von Erleichterungen aufgestellter Jahresabschluss vorgelegt wird, wenn die Kapitalgesellschaft bei der Aufstellung von Erleichterungen Gebrauch gemacht hat.
- § 51a GmbHG, darin werden den Gesellschaftern bestimmte nicht abdingbare Informationsrechte gewährleistet. Bei Personenhandelsgesellschaften gewähren die §§ 118 (ab 1.1.2024: § 717 BGB, § 105 Abs. 3), 166 Kontrollrechte für die Gesellschafter.
- Für Aktiengesellschaften und KGaA, deren Anteile an der Börse gehandelt werden, verlangen §§ 114, 115 WpHG eine Veröffentlichung von Jahresfinanz- und Halbjahresfi-

---

[180] Vgl. BR-Drs. 942/05, 119.
[181] ADS Rn. 91; BeBiKo/Grottel Rn. 3203; Kölner Komm RechnungslegungsR/Claussen Rn. 26; HdR/ Hütten Rn. 19.
[182] BeBiKo/Grottel Rn. 330.

nanzberichten.[183] Die Berichte sind über das Unternehmensregister zugänglich. Ein Unternehmen, das als Inlandsemittent Wertpapiere begibt, hat nach § 116 WpHG einen Zahlungsbericht zu erstellen und der Öffentlichkeit zugänglich zu machen.

117 Den möglichen Pflichten in **Gesellschaftsverträgen oder Satzungen** sind nahezu keine Grenzen gesetzt. Zu beachten ist lediglich, dass die gesetzlichen Mindestanforderungen an die Offenlegung nicht eingeschränkt werden können; eine Erweiterung oder Ergänzung ist weithin zulässig. Hier ist vor allem an Zusatzinformationen für die Gesellschafter über die Abschlussunterlagen und den Lagebericht hinaus zu denken.[184] Bei der Offenlegung nach § 325 ist auf die gesetzlich nicht vorgeschriebenen Teile hinzuweisen. Die gesetzlichen Vorgaben werden gewahrt, wenn in den Unterlagen enthaltene andere Informationen optisch von den vorgeschriebenen Teilen getrennt werden.[185] Sieht die Satzung zusätzliche Wege der Publizität vor, gilt die Hinweispflicht nicht für andere Veröffentlichungsmedien. Insoweit kann sich die Öffentlichkeit nicht auf die Einheitlichkeit und Vollständigkeit der Unterlagen verlassen. In die Satzung oder den Gesellschaftsvertrag können ferner Klauseln aufgenommen werden, nach denen die Gesellschaft unabhängig von der Größenklasse alle Unterlagen im Bundesanzeiger publizieren muss.[186] Für kleine und mittelgroße Gesellschaften hat die Klausel bezüglich der gesetzlichen Übermittlungspflicht der Unterlagen an die das Unternehmensregister führende Stelle innerhalb der Jahresfrist des Abs. 1a aber keinen Einfluss.

VIII. Rechtsfolgen bei Pflichtverletzungen

118 Der Gesetzgeber ist bei der Regelung der Rechtsfolgen für Verstöße gegen die Offenlegungsverpflichtung nach wie vor zurückhaltend.[187] In der Literatur besteht Einigkeit darüber, dass die Nichtvorlage oder nicht rechtzeitige Vorlage der vorgeschriebenen Unterlagen weder einen Grund zur Anfechtung des Jahresabschlusses noch einen Nichtigkeitsgrund darstellt.[188] Eine **Prüfung der Offenlegung** durch den gesetzlichen Abschlussprüfer ist nicht vorgesehen.[189] Allerdings geht die Literatur[190] davon aus, dass ein im Rahmen der Abschlussprüfung bekannt gewordener Verstoß gegen die Offenlegungsvorschriften im Prüfungsbericht zu vermerken ist. Veröffentlichungen von veränderten Unterlagen unter Verwendung des Bestätigungsvermerks des Abschlussprüfers können einen zivilrechtlichen Unterlassungsanspruch zur Folge haben. Zur Durchsetzung der Publizitätspflicht steht ein Ordnungsgeldverfahren zur Verfügung (§ 335). Gegenüber den Vorgängerregelungen hat das durch das EHUG eingeführte Ordnungsgeldverfahren die Neuerung, dass es von Amts wegen durchgeführt wird. Zeigt sich im Rahmen der Prüfung durch die zur Führung des Unternehmensregisters beliehene Bundesanzeiger Verlags GmbH, dass die offenzulegenden Unterlagen nicht oder unvollständig eingereicht wurden, wird das Bundesamt für Justiz darüber unterrichtet. Das Bundesamt führt ein Ordnungsgeldverfahren durch. Für die Verfahrenseröffnung ist ausreichend, dass eine „glaubhafte Kenntnis" von einem Verstoß vorliegt (§ 335 Abs. 2, § 388 Abs. 1 FamFG).

119 Im Rahmen des Ordnungsgeldverfahrens nach § 335 können die Publizitätsverstöße mit einem Ordnungsgeld belegt werden.[191] Das Verfahren richtet sich gegen die Mitglieder

---

[183] Zur Einführung der Regelung zur Umsetzung der Transparenz-RL vgl. BGBl. 2007 I 10.

[184] Dabei ist zu beachten, dass zusätzliche Informationen zu vorgeschriebenen Teilen (etwa dem Lagebericht) nicht wieder gekürzt werden können, weil es insoweit keine Offenlegungserleichterungen gibt. S. BeBiKo/Grottel Rn. 331.

[185] BeBiKo/Grottel Rn. 331.

[186] ADS Rn. 130.

[187] In anderen Ländern gibt es weit schärfere Maßnahmen. So ist die englische Limited bei Nichteinhaltung der Verpflichtung von der Zwangsauflösung und dem Vermögensverfall bedroht; s. Schlotter BB 2007, 1 (5).

[188] ADS Rn. 146; BeBiKo/Grottel Rn. 380.

[189] Ebenso BeBiKo/Grottel Rn. 340.

[190] Dazu BeBiKo/Grottel Rn. 340.

[191] Zu weitergehenden Vorschlägen s. de Weerth BB 1998, 366 (368); Ehling WPg 1997, 513 (519); Gustavus ZIP 1988, 1429 (1435) – zB Amtsermittlung und Registersperre.

des vertretungsberechtigten Organs der Gesellschaft (für Personenhandelsgesellschaften § 335b). Das Ordnungsgeldverfahren kann auch gegen die Gesellschaft durchgeführt werden.[192] Zur Verfahrensabwicklung wurde in § 335 Abs. 2 eine Verweisung auf Vorschriften des FamFG und des VwVfG aufgenommen. Das Ordnungsgeldverfahren ist ein Justizverwaltungsverfahren. Rechtsmittel gegen die Festsetzung von Ordnungsgeld und andere Entscheidungen des Bundesamtes ist die sofortige Beschwerde. Zuständig ist ausschließlich das für den Sitz des Bundesamtes zuständige Landgericht, das LG Bonn. Vom Ordnungsgeld soll eine größere Beugekraft ausgehen,[193] da die Übermittlung der Unterlagen nach Festsetzung des Ordnungsgeldes eine Beitreibung nicht verhindert.[194] Die Höhe des Ordnungsgeldes muss mindestens 2.500 EUR betragen und darf 25.000 EUR nicht übersteigen.[195] Für kapitalmarktorientierte Gesellschaften (§ 264d) gibt es eine Sonderregelung. Hier beträgt das Ordnungsgeld höchstens den höheren der folgenden Beträge: 10 Mio. EUR, 5 % des jährlichen Gesamtumsatzes, den die Kapitalgesellschaft in der Behördenentscheidung vorausgegangenen Geschäftsjahr erzielt hat, oder das Zweifache des aus der unterlassenen Offenlegung gezogenen wirtschaftlichen Vorteils; der wirtschaftliche Vorteil umfasst erzielte Gewinne und vermiedene Verluste und kann geschätzt werden. Wird das Ordnungsgeld einem Mitglied des gesetzlichen Vertretungsorgans der entsprechenden Gesellschaft angedroht, beträgt das Ordnungsgeld höchstens den höheren der folgenden Beträge: 2 Mio. EUR oder das Zweifache des aus der unterlassenen Offenlegung gezogenen Vorteils; der wirtschaftliche Vorteil umfasst erzielte Gewinne und vermiedene Verluste und kann geschätzt werden. Zur Erfüllung der Publizitätspflichten ist den Beteiligten (vertretungsberechtigte Personen oder der Gesellschaft) eine Frist von sechs Wochen zu gewähren,[196] um die vorgeschriebenen Handlungen vorzunehmen oder die Unterlassung mittels Einspruchs gegen die Verfügung zu rechtfertigen; danach erfolgt die Festsetzung. Bei nur geringfügiger Überschreitung der Frist sowie in weiteren besonderen Fallgruppen ist eine Herabsetzung des Ordnungsgeldes[197] möglich bzw. vorgesehen[198] (§ 335 Abs. 4).[199] Bei Nichterfüllung der Verpflichtung ist die wiederholte Festsetzung von Ordnungsgeld vorgesehen (§ 335 Abs. 4 S. 1). Die entsprechende Androhung ist mit der erstmaligen Festsetzung zu verbinden. Ohne Einfluss auf das Verfahren bleibt, dass einer Aufstellungs- oder Prüfungsverpflichtung nicht nachgekommen wurde. Zudem hat der Beteiligte die Verfahrenskosten zu tragen (vgl. KV 1210, 1211 JVKostG: 100 EUR). Es bleibt abzuwarten, ob die vorgesehene Maßnahme den Vorgaben der Publizitätsrichtlinie genügt.[200] Europarechtliche Bedenken gegen das antragsgebundene Ordnungsgeldverfahren zur Durchsetzung der Offenlegung verstummen nicht.[201]

Die Berechtigung zur Festsetzung von Ordnungsgeld besteht auch gegenüber den **120** Geschäftsleitern iSd § 1 Abs. 2 S. 1 KWG von Kreditinstituten und Finanzdienstleistungsun-

---

[192]   Zu verfassungsrechtlichen Bedenken gegen das Verfahren s. Grashoff DB 2006, 2641 (2642).

[193]   Zum Erlass bei Kleinstgesellschaften BVerwG ZIP 2020, 2122.

[194]   Zur verfassungsrechtlichen Zulässigkeit BVerfG NJW 2009, 2588; Nichtannahmebeschluss DB 2011, 807; LG Bonn DStR 2011, 780. Anders beim Zwangsgeld als reinem Beugemittel, vgl. BT-Drs. 14/ 2353, 30. S. LG Trier NJW-RR 2004, 976.

[195]   Zur Höhe der Gesamtbelastung für das Unternehmen unter Einbeziehung des Steuerrechts s. Grashoff DB 2006, 2641 (2642 ff.).

[196]   Zur Verpflichtung der Personen (allerdings noch zum Zwangsgeld) OLG Köln GmbHR 2000, 1104; OLG Stuttgart GmbHR 2001, 301.

[197]   Nicht aber der Kosten, vgl. LG Bonn BeckRS 2009, 06504.

[198]   Bei einer Kleinstkapitalgesellschaft ist die Ermäßigung nach § 335 Abs. 4 S. 2 Nr. 1 auch dann anzuwenden, wenn die Gesellschaft nicht von der Möglichkeit gem. § 326 Abs. 2 Gebrauch gemacht hat, LG Bonn DStR 2017, 338.

[199]   Fristüberschreitung von höchstens zwei Wochen LG Bonn BeckRS 2010, 20251. Bei minimaler Fristüberschreitung (zehn Sekunden) sind aber 50 EUR ausreichend. Zur Herabsetzung insbes. bei Kleinstkapitalgesellschaften Schülke NZG 2013, 1379; Utz/Frank BBK 2013, 770.

[200]   Zum Vorhaben, das Zwangsgeld wieder einzuführen, s. den Entwurf des Gesetzes über elektronische Handelsregister und Genossenschaftsregister sowie das Unternehmensregister (EHUG).

[201]   Angedeutet bei Liebscher/Scharff NJW 2006, 3745 (3751); zur alten Rechtslage etwa Zimmer/Eckhold NJW 2000, 1361 (1368).

ternehmen sowie den Geschäftsleitern von Zweigstellen iSd § 53 Abs. 1 KWG (§ 340o). Die Vorschriften gelten nach § 341o ebenfalls für Versicherungsunternehmen gegenüber den Mitgliedern des vertretungsberechtigten Organs oder Hauptbevollmächtigten (§ 68 Abs. 2 VAG).

121   Eine **Strafandrohung** für ein Vergehen bei der Offenlegung enthalten § 331 Nr. 1a und 3. Die Mitglieder des vertretungsberechtigten Organs einer Kapitalgesellschaft oder gleichgestellten Personenhandelsgesellschaft (§ 335b) sind mit Freiheitsstrafe bis zu drei Jahren bedroht, wenn zum Zwecke der Befreiung nach § 325 Abs. 2a ein Einzelabschluss vorsätzlich oder leichtfertig offengelegt wird, in dem die Verhältnisse der Gesellschaft unrichtig wiedergegeben oder verschleiert worden sind oder zum Zwecke der Befreiung nach § 291 Abs. 1 und 2 oder § 292 ein Konzernabschluss oder Konzernlagebericht vorsätzlich oder leichtfertig offengelegt wird, in dem Verhältnisse des Konzerns unrichtig wiedergegeben oder verschleiert worden sind.

122   Umstritten ist, ob § 325 ein Schutzgesetz iSd § 823 Abs. 2 BGB darstellt und den Mitgliedern des vertretungsberechtigten Organs der Kapitalgesellschaft oder gleichgestellten Personenhandelsgesellschaft bei Verletzungen der Offenlegungspflichten deliktische Schadensersatzansprüche drohen.[202] Aufgrund des Schutzzwecks der Publizitätsverpflichtung (Gläubigerschutz zum Ausgleich für das Privileg der Haftungsbeschränkung, → Rn. 8) spricht viel dafür, § 325 als individualschützende Norm anzusehen, die eine Haftung gegenüber Gläubigern bei Verletzungen der Offenlegungspflichten begründet.[203] Für andere Personen (etwa andere Gesellschafter) kommt eine Haftung nach § 830 in Betracht.

IX. Internationale Anwendung der Norm

123   Die Rechnungslegungspublizität ist nach hM dem Gesellschaftsstatut zuzuordnen.[204] Eine Sonderanknüpfung erscheint insoweit nicht sachgerecht. Die Regeln gelten für alle betroffenen Gesellschaften, die deutschem Recht unterliegen. Maßgebend zur Bestimmung ist für den EU- und EWR-Raum nach den grundlegenden Urteilen des EuGH die sog. Gründungstheorie (→ § 325a Rn. 11). Die Anwendung des § 325 hängt also von der Gründung der Gesellschaft nach deutschem Recht ab.[205] Die Regeln sind allerdings auf die EU/ EWR beschränkt, also Gesellschaften, die sich auf Art. 49 AEUV berufen können. Bei Kapitalgesellschaften aus Drittstaaten ist nach der Sitztheorie der Sitz (tatsächlicher Verwaltungssitz) der Gesellschaft für die Anwendung des Rechts maßgebend. Ein Verwaltungssitz in Deutschland allein reicht insoweit aber für die Anwendung des § 325 nicht aus, da die ausländische Kapitalgesellschaft dann als deutsche Personengesellschaft behandelt wird, die wiederum nur unter den weiteren Voraussetzungen des § 264a zur Offenlegung verpflichtet ist.[206] Von der handelsrechtlichen Rechnungslegung ist die kapitalmarktrechtliche Rechnungslegung und Publizität zu unterscheiden. Die kapitalmarktrechtliche Rechnungslegung richtet sich regelmäßig nach dem Kapitalmarktstatut.

X. Hinweise zur Offenlegung nach dem Publizitätsgesetz

124   Für andere Gesellschaftsformen als Kapitalgesellschaften und gleichgestellte Personenhandelsgesellschaften (§ 264a) kann sich eine nahezu gleichartige Verpflichtung zur Offenle-

---

[202]   S. Lutter/Hommelhoff/Kleindiek GmbHG § 42a Rn. 56; BeBiKo/Grottel Rn. 381. Ausf. zur Schutzgesetzeigenschaft und den Folgen Jansen, Publizitätsverweigerung und Haftung in der GmbH, 1999, S. 161 ff.; Merkt, Unternehmenspublizität, 2001, S. 482; Fehrenbacher, Registerpublizität und Haftung im Zivilrecht, 2004, S. 457 f.

[203]   Zu Buchführungspflichten als Schutzgesetze BGH BB 1964, 1273; BGHZ 125, 366 = DNotZ 1994, 638.

[204]   Vgl. Staudinger/Großfeld IntGesR Rn. 362; Staub/Kersting Rn. 106. Für eine öffentlich-rechtliche Qualifikation wohl Riegger ZGR 2004, 510 (515).

[205]   Vgl. zur Scheinauslandsgesellschaft in der EU LG Bonn BeckRS 2013, 05887; korrigierend LG Bonn BeckRS 2013, 17332.

[206]   Vgl. Staub/Kersting Rn. 109, der insoweit zutr. auf die Behandlung solcher Gesellschaften als Personengesellschaften hinweist, die nur unter den Voraussetzungen des § 264a zur Offenlegung der Unterlagen verpflichtet sind.

gung der Unterlagen der Rechnungslegung aus dem PublG ergeben. § 9 Abs. 1 PublG (für bestimmte große Unternehmen) und § 15 Abs. 1 PublG (für Mutterunternehmen, die einen Konzernabschluss aufzustellen haben) erklären § 325 und § 328 für entsprechend anwendbar.

1. Unternehmen. Näher bestimmte Unternehmen iSd § 3 PublG, die nach den §§ 1, **125** 2 PublG zur Rechnungslegung verpflichtet sind, müssen ihren Jahresabschluss und die weiteren in § 325 Abs. 1 aufgeführten Unterlagen unter sinngemäßer Anwendung des § 325 offenlegen. Voraussetzung ist, dass sie zur Aufstellung der einzelnen Unterlagen tatsächlich verpflichtet sind. Die Pflicht zur gesetzlichen Abschlussprüfung ergibt sich aus § 6 Abs. 1 PublG; zum Bericht eines bestehenden Aufsichtsrats s. § 7 PublG. Die Übermittlung des Jahresabschlusses zur Einstellung in das Unternehmensregister kann durch die Übermittlung eines Einzelabschlusses nach IAS/IFRS ersetzt werden; § 325 Abs. 2a und Abs. 2b gilt entsprechend.

Maßgebend sind die **für Kapitalgesellschaften geltenden Grundsätze.** Dies ergibt **126** sich aus dem Verweis auf § 325. Die im PublG eingearbeiteten Größenmerkmale liegen erheblich über den Untergrenzen für große Kapitalgesellschaften (§ 267 Abs. 3). Die Unterlagen sind der das Unternehmensregister führenden Stelle zur Einstellung in das Unternehmensregister zu übermitteln. Auf diesem Wege sind sie im Unternehmensregister abrufbar.[207] Das Verfahren, die Art, die Form und der Zeitpunkt entsprechen den Regelungen in § 325.[208]

Nach dem Publizitätsgesetz sind Unternehmen zur Rechnungslegung und Offenlegung **127** verpflichtet, wenn zwei der drei folgenden **Kriterien** überschritten werden:[209]
– 65 Mio. EUR Bilanzsumme;[210]
– 130 Mio. EUR Umsatzerlöse in zwölf Monaten;
– 5000 Arbeitnehmer im Durchschnitt von zwölf Monaten.
§ 2 Abs. 1 PublG räumt den Unternehmen grundsätzlich eine Übergangszeit von zwei **128** Geschäftsjahren ein, bis sie der Rechnungslegung nach dem PublG unterliegen. Allerdings sind Erklärungen zum Überschreiten der Größenkriterien der das Unternehmensregister führenden Stelle zur Einstellung in das Unternehmensregister zu übermitteln. Zusätzlich muss sich das Unternehmen einer in § 3 Abs. 1 PublG abschließend aufgezählten Rechtsform bedienen.[211] Die Aufzählung umfasst die Personenhandelsgesellschaften (mit Ausnahme derer, die unter § 264a fallen), die Einzelkaufleute, die Vereine, deren Zweck auf die Ausübung eines wirtschaftlichen Geschäftsbetriebs gerichtet ist, rechtsfähige Stiftungen des bürgerlichen Rechts, wenn ein Gewerbe betrieben wird, und Körperschaften, Stiftungen und Anstalten des öffentlichen Rechts, die Kaufmann sind. Befreiungen enthält § 3 Abs. 2 PublG; Genossenschaften, Eigenbetriebe, Zweckverbände und Verwertungsgesellschaften werden hiernach von der Verpflichtung ausgenommen. In Abwicklung befindliche Unternehmen sind nach § 3 Abs. 3 PublG ausgenommen. Ferner brauchen Unternehmen, die in einen Konzernabschluss einbezogen sind (§ 11 PublG oder § 290), keinen Jahresabschluss aufzustellen (§ 5 Abs. 6 PublG).

Die von der Regelung betroffenen Unternehmen haben die in § 325 Abs. 1 genannten **129** Unterlagen (→ Rn. 24) offenzulegen, soweit sie zur Aufstellung verpflichtet sind. Der Umfang der Rechnungslegung ergibt sich aus § 5 PublG. Nach § 5 Abs. 2 PublG haben Personengesellschaften und Einzelkaufleute keinen Anhang und Lagebericht zu erstellen. Für andere Unternehmen ist der Umfang den Vorgaben an große Kapitalgesellschaften angepasst. Werden ein Anhang und/oder Lagebericht von der Personengesellschaft oder dem Einzelkaufmann freiwillig aufgestellt, sind sie dennoch nicht nach § 9 PublG, § 325 offenzulegen. Für **Personengesellschaften und Einzelkaufleute** enthält § 9 Abs. 2 PublG darüber hinaus Erleichterungen bezüglich der Offenlegung von Unterlagen, zu deren Aufstellung eine Ver-

---

207 BR-Drs. 942/05, 99.
208 ADS PublG § 9 Rn. 4–15.
209 ADS PublG § 1 Rn. 5, 6.
210 Zur Ermittlung ADS PublG § 1 Rn. 8–26.
211 Ebenso ADS PublG § 3 Rn. 1.

pflichtung besteht. Anstelle der Gewinn- und Verlustrechnung und des Beschlusses zur Ergebnisverwendung kann eine Anlage zur Bilanz offengelegt werden. Die Angaben der Anlage sind in § 5 Abs. 5 S. 3 PublG enthalten (Umsatzerlöse iSd § 277 Abs. 1; Erträge aus Beteiligungen; Löhne, Gehälter, soziale Abgaben sowie Aufwendungen für Altersversorgung und Unterstützung; Bewertungs- und Abschreibungsmethoden; Zahl der Beschäftigten).[212] § 9 Abs. 3 PublG gestattet für die Offenlegung die Zusammenfassung von Posten mit Eigenkapitalcharakter (Kapitalanteile, ausstehende Einlagen, Rücklagen, Gewinn-/Verlustvortrag, Jahresüberschuss/-fehlbetrag) unter einem Gliederungspunkt „Eigenkapital".[213]

130   Die Verpflichtung zur Offenlegung haben nach § 9 Abs. 1 S. 1 PublG die gesetzlichen Vertreter und damit die Mitglieder des vertretungsberechtigten Organs des Unternehmens zu erfüllen (§ 4 PublG).[214] Im Unternehmen eines Einzelkaufmanns ist der Kaufmann selbst oder dessen gesetzlicher Vertreter, bei Personengesellschaften der oder die vertretungsberechtigten Gesellschafter und bei den juristischen Personen die Mitglieder des vertretungsberechtigten Organs verantwortlich (§§ 20, 21 PublG).

131   **2. Konzerne.** Das PublG enthält auch eine Verpflichtung zur Aufstellung und Offenlegung von Konzernabschlüssen mit Bestätigungsvermerk und Konzernlageberichten. Die Offenlegung ist in sinngemäßer Anwendung von § 325 Abs. 3–6, § 328 vorzunehmen (§ 15 PublG). Das Verfahren, die Art, Form bzw. Format und der Zeitpunkt entsprechen den handelsrechtlichen Vorgaben an Kapitalgesellschaften. Die Verpflichtung trifft inländische Mutterunternehmen, die nach § 11 PublG zur Konzernrechnungslegung herangezogen werden.[215] Die **Größenkriterien** entsprechen den Grenzwerten zur Aufstellung eines Jahresabschlusses nach dem PublG (→ Rn. 131). Die Bilanzsumme und Umsatzerlöse beziehen sich auf die bereits konsolidierte Bilanz.[216] Zur Ermittlung der einzelnen Größen sind Kontrollrechnungen vorzunehmen. Die Übergangsfrist des § 2 Abs. 1 PublG gilt sinngemäß (§ 12 Abs. 1 PublG). Die gesetzliche Prüfungspflicht ergibt sich aus § 14 PublG. Für Unternehmen, die unter der einheitlichen Leitung eines Mutterunternehmens mit Sitz im Ausland stehen, ist von dem inländischen Konzernunternehmen, das der Konzernleitung am nächsten steht, ein Teil-Konzernabschluss und Teil-Konzernlagebericht zu erstellen. Die so aufgestellten Unterlagen sind entsprechend § 325 Abs. 3 offenzulegen (§ 11 Abs. 3 PublG). Nach § 11 Abs. 6 PublG ist die Vorschrift über die Anwendung der IAS/IFRS (§ 315e) zu beachten und bei entsprechender Verpflichtung oder Wahl vorrangig für die Aufstellung und Offenlegung maßgebend.

132   Die Mutterunternehmen haben grundsätzlich die gleichen Unterlagen offenzulegen wie eine Konzernmutter in der Rechtsform der Kapitalgesellschaft (§§ 15, 13 PublG). **Ausnahmen und Erleichterungen** bestehen für Personengesellschaften und Einzelkaufleute. Die Befreiung von Anhang und Lagebericht nach § 5 Abs. 1 und Abs. 2 PublG gilt nicht für die Konzernrechnungslegung. Als Aufstellungserleichterungen sind aber eine vereinfachte Gliederung (§ 13 Abs. 3 S. 2 PublG) und die Aufstellung einer vereinfachten Gewinn- und Verlustrechnung vorgesehen, die in der vereinfachten Form offengelegt werden können.[217] Ferner brauchen in solchen Fällen eine Kapitalflussrechnung und ein Eigenkapitalspiegel nicht erstellt und offengelegt werden.

133   **3. Sanktionen.** Die Sanktionen sind parallel zu § 335 ausgestaltet (§ 21 PublG). Die Verpflichtungen werden mit dem Ordnungsgeldverfahren durchgesetzt. Dazu verweist § 21 PublG auf den § 335. Die Festsetzung von Ordnungsgeld richtet sich gegen die gesetzlichen Vertreter der Unternehmen bzw. gegen die Inhaber oder deren gesetzliche Vertreter bei Einzelunternehmen. Das Verfahren und die Höhe entspricht § 335 (→ Rn. 123).

---

[212]   Vgl. ADS PublG § 5 Rn. 75–77.
[213]   Dies betrifft Personengesellschaften und den Einzelkaufmann, bei dem alle Firmen als ein Unternehmen gelten. Dazu ADS PublG § 9 Rn. 37–40; BeBiKo/Grottel Rn. 410.
[214]   Zu weiteren Einzelheiten ADS PublG § 5 Rn. 5–9.
[215]   ADS PublG § 11 Rn. 3.
[216]   BeBiKo/Kozikowski/Ritter § 293 Rn. 42.
[217]   BeBiKo/Grottel Rn. 450.

§ 325a Zweigniederlassungen von Kapitalgesellschaften mit Sitz im Ausland

(1) ¹Bei inländischen Zweigniederlassungen von Kapitalgesellschaften mit Sitz in einem anderen Staat haben die in § 13e Absatz 2 Satz 5 Nummer 3 genannten angemeldeten Personen oder, wenn solche nicht vorhanden sind, die Mitglieder des vertretungsberechtigten Organs der Gesellschaft für diese die Unterlagen der Rechnungslegung der Hauptniederlassung, die nach dem für die Hauptniederlassung maßgeblichen Recht aufgestellt, geprüft und offengelegt worden sind, nach den §§ 325, 327a und 328 offenzulegen; § 329 ist anzuwenden. ²Bestehen mehrere inländische Zweigniederlassungen derselben Gesellschaft, brauchen die Unterlagen der Rechnungslegung der Hauptniederlassung nur von den nach Satz 1 verpflichteten Personen einer dieser Zweigniederlassungen offengelegt zu werden. ³In diesem Fall beschränkt sich die Offenlegungspflicht der übrigen Zweigniederlassungen auf die Angabe des Namens der Zweigniederlassung, des Registers sowie der Registernummer der Zweigniederlassung, für die die Offenlegung gemäß Satz 2 bewirkt worden ist. ⁴Die Unterlagen sind in deutscher Sprache zu übermitteln. ⁵Soweit dies nicht die Amtssprache am Sitz der Hauptniederlassung ist, können die Unterlagen der Hauptniederlassung auch

1. in englischer Sprache oder
2. in einer von dem Register der Hauptniederlassung beglaubigten Abschrift oder,
3. wenn eine dem Register vergleichbare Einrichtung nicht vorhanden oder diese nicht zur Beglaubigung befugt ist, in einer von einem Wirtschaftsprüfer bescheinigten Abschrift, verbunden mit der Erklärung, dass entweder eine dem Register vergleichbare Einrichtung nicht vorhanden oder diese nicht zur Beglaubigung befugt ist,

übermittelt werden; von der Beglaubigung des Registers ist eine beglaubigte Übersetzung in deutscher Sprache zu übermitteln.

(2) Diese Vorschrift gilt nicht für Zweigniederlassungen, die von Kreditinstituten im Sinne des § 340 oder von Versicherungsunternehmen im Sinne des § 341 errichtet werden.

(3) ¹Bei der Anwendung von Absatz 1 ist für die Einstufung einer Kapitalgesellschaft als Kleinstkapitalgesellschaft (§ 267a) und für die Geltung von Erleichterungen bei der Rechnungslegung das Recht des anderen Staates maßgeblich. ²Darf eine Kleinstkapitalgesellschaft nach dem für sie maßgeblichen Recht die Offenlegungspflicht durch die Hinterlegung der Bilanz erfüllen, darf sie die Offenlegung nach Absatz 1 ebenfalls durch Hinterlegung bewirken. ³§ 326 Absatz 2 gilt entsprechend.

(4) Die das Unternehmensregister führende Stelle fordert die Kapitalgesellschaft zur unverzüglichen Offenlegung der Änderung der Unterlagen der Rechnungslegung gemäß Absatz 1 auf, wenn zum Zeitpunkt eines Dateneingangs nach § 9b Absatz 4 Satz 2 die Änderung noch nicht offengelegt worden ist.

Schrifttum: Christ/Müller-Helle, Veröffentlichungspflichten nach dem neuen EHUG, 2007; Dierksmeier, Die englische Limited in Deutschland – Haftungsrisiko für Berater, BB 2005, 1516; Drouven/Mödl, US-Gesellschaften mit Hauptverwaltungssitz in Deutschland im deutschen Recht, NZG 2007, 7; Eidenmüller, Ausländische Kapitalgesellschaften im deutschen Recht, 2004; Garcia, Rechnungslegungspflichten der Zweigniederlassung von ausländischen Gesellschaften, RIW 2000, 590; Graf/Bisle, Besteuerung und Rechnungslegung der britischen „private company limited by shares" (Limited), IStR 2004, 838 (Teil I) und IStR 2004, 873 (Teil II); Hahnefeld, Neue Regelungen zur Offenlegung bei Zweigniederlassungen, DStR 1993, 1596; Kindler, Neue Offenlegungspflichten für Zweigniederlassungen ausländischer Kapitalgesellschaften, NJW 1993, 3301; Kögel, Gründung einer ausländischen Briefkastenfirma: Wann ist eine Zweigniederlassung in Deutschland eine Zweigniederlassung?, DB 2004, 1763; Korts/Korts, Die steuerliche Behandlung der in Deutschland tätigen englischen Limited, BB 2005, 1474; Plesse, Neuregelung des Rechts der Offenlegung von Zweigniederlassungen – Gesetzentwurf zur Umsetzung der Elften gesellschaftsrechtlichen EG-Richtlinie in deutsches Recht, DStR 1993, 133; Rieger, Centros – Überseering – Inspire Art: Folgen für die Praxis, ZGR 2004, 510; Roth, Qualität und Preis am Markt für Gesellschaftsformen, ZGR 2005, 348; Schön, EU-Auslandsgesellschaften im deutschen Handelsbilanzrecht, FS Heldrich, 2005, 391; Seibert, Die Umsetzung der Zweigniederlassungs-Richtlinie der EG in deutsches Recht, GmbHR 1992, 729; Seibert, Neuordnung des Rechts der Zweigniederlassung im HGB, DB 1993, 1705; Wachter, Errichtung, Publizität, Haftung und Insolvenz von Zweigniederlassungen ausländischer Kapitalgesellschaften nach „Inspire Art", GmbHR 2003, 1254; Wachter, Handelsregisteranmeldung der inländischen Zweigniederlassung einer englischen Private Limited Company, MDR 2004, 611; weiteres Schrifttum s. § 325.

Übersicht

I. Normzweck und Anwendungsbereich

1 **1. Einleitung.** Die Vorschrift ist durch das Gesetz zur Umsetzung der RL 89/666/EWG (Zweigniederlassungs-RL; heute GesR-RL) vom 22.7.1993 (BGBl. 1993 I 1281) in das HGB eingeführt worden. Sie steht in unmittelbarem Zusammenhang mit den Regelungen zur handelsregisterrechtlichen Anmeldung inländischer Zweigniederlassungen von Gesellschaften mit Sitz im Ausland (§§ 13d–13g). Die Offenlegungsverpflichtung im Hinblick auf die Unterlagen aus der Rechnungslegung von inländischen Kapitalgesellschaften wurde durch § 325a zunächst auf **inländische Zweigniederlassungen von Kapitalgesellschaften** ausgedehnt, die ihren Sitz oder die Hauptniederlassung in einem anderen Staat der Europäischen Union oder einem Vertragsstaat des Abkommens über den Europäischen Wirtschaftsraum haben. Eine Erweiterung auf Zweigniederlassungen von Kapitalgesellschaften mit Sitz in anderen Ländern (Drittländern) erfolgt durch das Gesetz zur Offenlegung von Ertragsteuerinformationen durch bestimmte Unternehmen.[1] Mit der Regelung soll der Schutz von Personen verbessert werden, die mit der im Ausland ansässigen Kapitalgesellschaft über ihre inländische Zweigniederlassung in Vertragsbeziehungen treten.[2] Sie erweist sich auch vor dem Hintergrund der Neuregelungen im Bereich der Ertragsteuerinformationsberichterstattung als zweckdienlich. Denn künftig gibt es für bestimmte Drittstaats-Kapitalgesellschaften mit inländischen Zweigniederlassungen eine Verpflichtung zur Offenlegung von Ertragsteuerinformationen (§ 342m Abs. 3). Die nach § 325a offenzulegenden Rechnungslegungsunterlagen der Drittstaats-Kapitalgesellschaft werden der das Unternehmensregister führenden Stelle die Prüfung nach § 342m Abs. 4 S. 1 iVm § 329 Abs. 1 erleichtern, ob (auch) eine Pflicht zur Offenlegung von Ertragsteuerinformationen besteht.[3] Übermittelt eine von mehreren inländischen Zweigniederlassungen die Rechnungslegungsunterlagen derselben ausländischen Hauptniederlassung der das Unternehmensregister führenden Stelle, fehlt es an der Notwendigkeit der erneuten Übermittlung durch die übrigen Zweigniederlassungen, sofern die übrigen Zweigniederlassungen auf die Offenlegung der

---

[1]   Gesetz zur Umsetzung der RL (EU) 2021/2101 im Hinblick auf die Offenlegung von Ertragsteuerinformationen vom 19.6.2023 (BGBl. 2023 I Nr. 154).

[2]   BT-Drs. 12/3908, 1; BeBiKo/Grottel Rn. 40.

[3]   BT-Drs. 20/5653, 42.

anderen Zweigniederlassung unter Bezugnahme auf den Namen der Zweigniederlassung, des Registergerichts sowie der Registernummer der Zweigniederlassung, die die Offenlegung gem. S. 2 vorgenommen hat, verweisen (Abs. 1 S. 2 und 3).[4] Die gesetzliche Regelung dient letztlich nur der Klarstellung und entspricht dem bisherigen Rechtszustand, insbesondere den europarechtlichen Vorgaben (vgl. Art. 33 Abs. 2 GesR-RL). Die Erweiterung des Anwendungsbereichs auf Drittstaaten-Kapitalgesellschaften mit inländischen Niederlassungen steht im Einklang mit Art. 36 Abs. 1 GesR-RL iVm Art. 37 lit. j GesR-RL und Art. 38 Abs. 1 S. 1 GesR-RL.

2. Anwendungsbereich. Die ständigen Vertreter für die Tätigkeit der Zweigniederlas- **2** sung, die befugt sind, die Gesellschaft gerichtlich und außergerichtlich zu vertreten (§ 13e Abs. 2 S. 4 Nr. 3), oder, wenn solche nicht angemeldet sind, die Mitglieder des vertretungsberechtigten Organs und damit die gesetzlichen Vertreter der Gesellschaften haben die Unterlagen der Rechnungslegung der Hauptniederlassung, die nach dem für die Hauptniederlassung maßgebenden Recht erstellt, geprüft und offengelegt worden sind, unter Beachtung der §§ 325, 328, 329 Abs. 1 und Abs. 4 im Inland offenzulegen. Die Verpflichtung bezieht sich nur auf die Unterlagen der Hauptniederlassung. Eine Offenlegung von Unterlagen aus der Rechnungslegung der Zweigniederlassung wird nicht verlangt. § 325a setzt eine Rechnungslegung in Bezug auf die eigene Tätigkeit der Zweigniederlassung nicht voraus.[5] Ab dem 1.1.2007 waren infolge der Änderungen durch das EHUG (BGBl. 2006 I 2553) die Unterlagen beim elektronischen Bundesanzeiger einzureichen und im elektronischen Bundesanzeiger bekannt zu machen. Der Gesetzgeber hat Ende 2011 mit dem Gesetz zur Änderung von Vorschriften über Verkündung und Bekanntmachungen vom 22.12.2011 (BGBl. 2011 I 3044 (3048)) entschieden, die gedruckte Form des Bundesanzeigers einzustellen und den elektronischen Bundesanzeiger als ausschließliches elektronisches Verkündigungs- und Bekanntmachungsorgan unter der Bezeichnung „Bundesanzeiger" weiterzuführen. Seit 2022 sind die Unterlagen der das Unternehmensregister führenden Stelle zur Einstellung in das Unternehmensregister zu übermitteln.

In Abs. 2 enthält die Vorschrift eine **Ausnahme** für die Zweigniederlassungen von **3** Kreditinstituten iSd § 340 und von Versicherungsunternehmen iSd § 341. Solche Zweigniederlassungen unterliegen weiterreichenden Offenlegungsverpflichtungen. § 325a findet auf Zweigniederlassungen von Kreditinstituten und Versicherungsunternehmen daher grundsätzlich keine Anwendung. In Abs. 3 wird klargestellt, dass sich im Falle der Zweigniederlassung eines ausländischen Unternehmens die Entscheidung, ob die Erleichterungen für Kleinstkapitalgesellschaften anwendbar sind, nach dem Recht des Staates (EU, EWR oder Drittstaat) der Hauptniederlassung der Kapitalgesellschaft richtet. Ist eine Kleinstkapitalgesellschaft nach dem für sie maßgeblichen Recht zur Hinterlegung der Bilanz berechtigt, kann sie die nach § 325a Abs. 1 vorgeschriebene Offenlegung der Rechnungslegungsunterlagen der Hauptniederlassung der Kapitalgesellschaft auch für inländische Zweigniederlassungen durch die Einstellung in das Unternehmensregister durch dauerhafte Hinterlegung bewirken (§ 326 Abs. 2). Für eine in Deutschland liegende Zweigniederlassung einer niederländischen besloten vennootschap (BV) kommt es daher auf die Umsetzung der Micro-RL in den Niederlanden an.[6]

In den Anwendungsbereich der Vorschrift fallen nicht mehr nur Zweigniederlassungen **4** von Kapitalgesellschaften mit Sitz in einem Mitgliedsstaat der EU oder einem Vertragsstaat des Abkommens über den Europäischen Wirtschaftsraum. Vielmehr sind seit der Erweiterung im Jahr 2023 auch Zweigniederlassungen von Drittstaaten-Kapitalgesellschaften vom Anwendungsbereich erfasst. Personengesellschaften und andere Unternehmensformen sind von der Verpflichtung nicht betroffen. In das PublG wurde keine Bestimmung aufgenommen, die § 325a entspricht oder auf die Vorschrift verweist. Ferner findet die Vorschrift

---

4   Vgl. BT-Drs. 19/9739.
5   BeBiKo/Grottel Rn. 2; Hopt/Merkt Rn. 1; GK-HGB/Marsch-Barner Rn. 1; Seibert DB 1993, 1705 (1706).
6   BT-Drs. 17/11292, 18.

auf Genossenschaften keine Anwendung; die §§ 336–339 enthalten keine entsprechende Regelung. Eine Erweiterung auf die Zweigniederlassungen von den Kapitalgesellschaften nach § 264a gleichgestellten Personenhandelsgesellschaften hat das KapCoRiLiG vom 24.2.2000 (BGBl. 2000 I 154) nicht mit sich gebracht.[7] Weder § 264a noch die Gesetzesbegründung[8] geben Anhaltspunkte für eine Ausdehnung auf Zweigniederlassungen ausländischer Personenhandelsgesellschaften. Eine Änderung der Umsetzung der früheren Zweigniederlassungs-RL (heute GesR-RL) ist in den Zielen des KapCoRiLiG nicht enthalten und die Verpflichtung nach § 325a knüpft ausschließlich an §§ 13d ff. an.[9] Eine andere Entscheidung mag, an inhaltlichen Erwägungen orientiert, konsequent bzw. erstrebenswert sein. Der Gesetzgeber, dem diese Entscheidung vorbehalten ist, hat sie bisher aber nicht getroffen. Mit dem Europäischen Justizportal (https://e-justice.europa.eu) steht der Öffentlichkeit ein Instrument für den einfachen Zugang zu grenzüberschreitenden Unternehmensinformationen zur Verfügung. Über die Plattform werden insbesondere die Unterlagen der Rechnungslegung ersichtlich (§ 9b Abs. 1 Nr. 4). Die das Unternehmensregister führende Stelle übermittelt nach den Vorgaben der Durchführungs-VO (EU) 2021/1042 eine Änderung der Unterlagen der Rechnungslegung, die eine Kapitalgesellschaft mit Sitz im Inland offengelegt hat, unverzüglich an die zentrale Europäische Plattform, wenn die Kapitalgesellschaft eine Zweigniederlassung errichtet hat, die dem Recht eines anderen Mitgliedstaates der Europäischen Union oder eines anderen Vertragsstaates des EWR unterliegt. Durch den Datenaustausch über das Europäische System der Registervernetzung (§ 9b Abs. 4) empfängt die das Unternehmensregister führende Stelle aber auch Änderungen der Rechnungslegungsunterlagen einer Kapitalgesellschaft iSd Abs. 1. Um die unverzügliche Aktualisierung sicherzustellen, wird die Kapitalgesellschaft nach Abs. 4 durch die das Unternehmensregister führende Stelle aufgefordert, unverzüglich der Offenlegungspflicht nach Abs. 1 S. 1 iVm § 325 Abs. 1b S. 1 nachzukommen, wenn zum Zeitpunkt eines Dateneingangs nach § 9b Abs. 4 S. 2 die Änderung noch nicht offengelegt worden ist.

II. Verpflichtete Personen

5   Die Verpflichtung zur Übermittlung der Unterlagen an die das Unternehmensregister führende Stelle zur Einstellung in das Unternehmensregister (§ 325a Abs. 1 S. 1) obliegt zunächst den Personen iSd § 13e Abs. 2 S. 5 Nr. 3, also ständige Vertreter für die Tätigkeit der Zweigniederlassung mit der Befugnis, die Gesellschaft gerichtlich und außergerichtlich zu vertreten. Die Verweisung in § 325a Abs. 1 war von 2008 bis 2023 nicht mehr korrekt (Redaktionsversehen) und wurde vom Gesetzgeber berichtigt.[10] Betreibt die Kapitalgesellschaft mit Sitz in einem Staat des Anwendungsbereichs der Vorschrift (→ Rn. 4) eine Zweigniederlassung in Deutschland und meldet keinen **ständigen Vertreter** an, sind die Mitglieder des vertretungsberechtigten Organs der Gesellschaft, also regelmäßig die gesetzlichen Vertreter der Kapitalgesellschaft verpflichtet, die Offenlegung durchzuführen.

6   Aus der Formulierung in Abs. 1 S. 1 ergibt sich, dass es für die Kapitalgesellschaft mit Sitz im Ausland grundsätzlich erforderlich ist, der inländischen Zweigniederlassung einen ständigen Vertreter zu bestellen. In der Anmeldung einer inländischen Zweigniederlassung nach § 13e Abs. 2 S. 5 Nr. 3 können allerdings solche Personen angegeben werden, müssen es aber nicht.[11] Obligatorisch ist die Anmeldung des ständigen Vertreters zum Handelsregister nur dann, wenn ein solcher bestellt ist. Meldet das zuständige Vertretungsorgan der Kapitalgesellschaft die Person als ständigen Vertreter an, geht die Verpflichtung zur Offenlegung vorrangig auf den ständigen Vertreter über.[12]

---

7   AA BeBiKo/Grottel Rn. 12; Staub/Kersting Rn. 7; wie hier HdR/Hütten Rn. 6.
8   BT-Drs. 14/1806, 2 und 16.
9   BT-Drs. 14/1806, 1.
10   Gesetz zur Umsetzung der RL (EU) 2021/2101 im Hinblick auf die Offenlegung von Ertragsteuerinformationen vom 19.6.2023 (BGBl. 2023 I Nr. 154).
11   Eine Pflicht ist damit nicht verbunden, OLG München DNotZ 2008, 627.
12   Ebenso ADS Rn. 16; BeBiKo/Grottel Rn. 20; Staub/Kersting Rn. 30.

Nach § 13e Abs. 2 S. 5 Nr. 3 hat die Anmeldung der Zweigniederlassung zum Handels- **7** register auch Informationen darüber zu enthalten, welche Personen befugt sind, als ständige Vertreter für die Tätigkeit der Zweigniederlassung die Gesellschaft gerichtlich und außergerichtlich zu vertreten. Vertreter im Sinne der Vorschrift sind Prokuristen und bevollmächtigte Personen mit einer vergleichbaren rechtsgeschäftlichen Vertretungsmacht. Erfasst werden auch die Handlungsbevollmächtigten; Voraussetzung ist allerdings, dass ihnen neben der allgemeinen Vertretungsbefugnis eine ständige Prozessführungsbefugnis eingeräumt wird (§ 54 Abs. 2).[13] Die Wirksamkeit der Erteilung von Prokura und Handlungsvollmacht für die inländische Zweigniederlassung bestimmt sich nach deutschem Recht (Vollmachtsstatut; → § 13d Rn. 17).[14]

Wird kein ständiger Vertreter für die Zweigniederlassung angemeldet, sind **die Mitglie-** **8** **der des vertretungsberechtigten Organs und damit die gesetzlichen Vertreter** der Kapitalgesellschaft mit Sitz im Ausland zur Offenlegung der Unterlagen verpflichtet. Die Person des gesetzlichen Vertreters bestimmt sich nach dem Gesellschaftsstatut.[15] Der Umfang und die Stellung des Vertreters der Kapitalgesellschaft mit Sitz im Ausland muss dem Vorstand oder der Geschäftsführung nach deutschem Recht vergleichbar sein (beispielsweise executive boards bzw. executive directors).[16] Zur Übertragung der Verpflichtung auf einzelne Mitglieder eines Organs → § 325 Rn. 21.

III. Verpflichtete Gesellschaften

1. Zweigniederlassung. § 325a gilt nicht mehr nur für inländische Zweigniederlas- **9** sungen von Kapitalgesellschaften mit Sitz in einem Mitgliedsstaat der EU oder in einem Vertragsstaat des Abkommens über den Europäischen Wirtschaftsraum. Vielmehr sind seit der Erweiterung im Jahr 2023 auch Zweigniederlassungen von Drittstaaten-Kapitalgesellschaften vom Anwendungsbereich erfasst. Der Begriff der Zweigniederlassung wird im Gesetz nicht definiert. Nach allgemeiner Ansicht ist eine Zweigniederlassung dadurch gekennzeichnet, dass sie von der Hauptniederlassung **räumlich und organisatorisch getrennt, aber rechtlich unselbstständig** ist (→ § 13 Rn. 9).[17] Die Geschäfte der Zweigniederlassung müssen denen der Hauptniederlassung nicht gleichartig sein, ausreichend ist, wenn sie vom Gegenstand des Handelsgewerbes noch gedeckt sind. Der gewisse Grad an Selbstständigkeit erfordert eine nicht nur vorübergehende äußere Einrichtung.[18] Daraus kann sich auch eine eigenständige Buchführung ergeben. Je weiter die Selbstständigkeit reicht (in sachlicher, personeller und organisatorischer Hinsicht), umso mehr bietet sich eine eigenständige Buchführung für die Zweigniederlassung an.[19] Dennoch handelt es sich dabei um Buchungsvorgänge des internen Rechtsverkehrs und der internen betrieblichen Erfolgsrechnung. Für die Offenlegung haben diese Unterlagen keine eigenständige Bedeutung.

2. Kapitalgesellschaft. Die Verpflichtung besteht unmittelbar nur für Kapitalgesell- **10** schaften. Ob eine Kapitalgesellschaft vorliegt, bestimmt sich nicht nach deutschem innerstaatlichen Gesellschaftsrecht. Maßgebend ist, ob die ausländische Gesellschaft eine der deutschen Kapitalgesellschaft vergleichbare Struktur aufweist. Der Vergleich richtet sich zunächst nach den gemeinschaftsrechtlichen Vorgaben, auf denen die Vorschrift beruht. Für Gesellschaften aus den Mitgliedstaaten der EU sind die **vergleichbaren Gesellschaftsformen**

---

[13]   Seibert GmbHR 1992, 738 (740); Hopt/Merkt § 13e Rn. 3; BeBiKo/Grottel Rn. 20; ADS Rn. 15 ff.

[14]   BGHZ 43, 21 = NJW 1965, 487; GK-HGB/Achilles § 13e Rn. 8.

[15]   Staudinger/Großfeld, 1998, IntGesR Rn. 279.

[16]   BeBiKo/Grottel Rn. 21.

[17]   Hopt/Merkt § 13 Rn. 3; GK-HGB/Achilles § 13 Rn. 11; Röhricht/v. Westphalen/Haas/Ries § 13 Rn. 4.

[18]   Hopt/Merkt § 13 Rn. 3; GK-HGB/Achilles § 13 Rn. 10; Röhricht/v. Westphalen/Haas/Ries § 13 Rn. 5.

[19]   Staub/Koch Vor § 13 Rn. 15; Röhricht/v. Westphalen/Haas/Ries § 13 Rn. 5.

richtlinienkonform aus der Einpersonen-Gesellschafts-RL[20] für die GmbH und aus Anh. II GesR-RL für die AG und KGaA sowie GmbH und Anh. I Bilanz-RL zu entnehmen. Ist die Kapitalgesellschaft in einem Nicht-EU-Staat, aber im Anwendungsbereich der Norm (EWR) ansässig, richtet sich die Beurteilung, ob eine mit den deutschen Kapitalgesellschaften verwandte Struktur vorliegt, nach einer rechtsvergleichenden Qualifikation (→ § 13d Rn. 9). Gleiches gilt für Gesellschaften, die in einem Drittstaat ansässig sind. Nicht erforderlich ist die Vergleichbarkeit in allen Punkten. Das Vorliegen der typenbestimmenden Merkmale reicht aus.[21] Ammon[22] geht davon aus, dass die Gesellschaften in anderen Staaten nicht nur anhand der Vergleichbarkeit mit den deutschen Rechtsformen zu beurteilen sind, sondern die Vergleichbarkeit mit den in den Richtlinien gleichgestellten Gesellschaftsformen der EU-Mitgliedstaaten ebenfalls heranzuziehen ist.

11   Für die Beurteilung der Frage des **Sitzes einer Kapitalgesellschaft** in einem Mitgliedstaat der EU oder in einem Vertragsstaat des Abkommens über den Europäischen Wirtschaftsraum war aus deutscher Sicht früher der tatsächliche Verwaltungssitz maßgebend[23] und ist es nach wie vor für das Verhältnis zu Drittstaaten. Im Hinblick auf die Entscheidung über eine Haupt- oder Zweigniederlassung konnte daran nach den Entscheidungen des EuGH in den Rechtssachen Centros,[24] Überseering[25] und Inspire Art[26] für die EU/EWR nicht mehr festgehalten werden. Eine Sitzbestimmung in der Satzung oder im Gesellschaftsvertrag reicht aus, den Sitz einer Gesellschaft in den Anwendungsbereich der Vorschrift zu verlegen. Art. 49, 54 AEUV und die insoweit ausgesprochene Niederlassungsfreiheit gewährleisten die Gründung einer Gesellschaft in einem Mitgliedstaat, um in einem anderen Mitgliedstaat eine Zweigniederlassung zu errichten. Eine Zweigniederlassung im Inland besteht auch dann, wenn die Gesellschaft im Gründungsstaat keine geschäftliche Tätigkeit entfaltet.[27] Die ausschließliche Betätigung im Inland hat weder Auswirkungen auf den Status der Gesellschaft, noch auf das Vorliegen einer Zweigniederlassung. Haupt- und Zweigniederlassung sind daher nach einem funktionalen Verständnis festzulegen.[28] Probleme mit einem Doppelsitz können sich bei diesem Sitzverständnis nicht ergeben.

IV. Offenlegungspflichtige Unterlagen

12   **1. Maßgebendes Recht.** § 325a ordnet die Offenlegung von Unterlagen aus der Rechnungslegung der Hauptniederlassung (→ § 13d Rn. 5 f.) an. Dabei sind die Unterlagen nicht nach deutschem Recht aufzustellen. Für die Erstellung, Prüfung und Offenlegung ist vielmehr das Recht des Sitzes der Hauptniederlassung maßgebend. Die Vorschrift verpflichtet daher nur zur Offenlegung der im Ausland bereits offengelegten Unterlagen im Inland durch die Übermittlung der Unterlagen der Hauptniederlassung an die das Unternehmensregister führende Stelle zur Einstellung in das Unternehmensregister. Die Publizität des ausländischen Unternehmens in dessen Sitzstaat wird über das Unternehmensregister ins Inland hereingeholt.

13   Der Verweis in Abs. 1 S. 1 auf die §§ 325, 327a, 328 und § 329 bezieht sich nicht auf den Inhalt und Umfang der Unterlagen. Insoweit ist allein das für die ausländische Hauptniederlassung geltende Recht heranzuziehen.[29] Die Vorschriften zur Aufstellung,

---

[20]   RL 2009/102/EG des Europäischen Parlaments und des Rates vom 16.9.2009 auf dem Gebiet des Gesellschaftsrechts betreffend Gesellschaften mit beschränkter Haftung mit einem einzigen Gesellschafter, ABl. 2009 L 258, 20; vgl. auch Lutter, Europäisches Unternehmensrecht, 4. Aufl. 1996, S. 274.

[21]   Hopt/Merkt § 13e Rn. 2.

[22]   Röhricht/v. Westphalen/Haas/Ammon § 13e Rn. 3.

[23]   S. ADS Rn. 14; BeBiKo/Grottel Rn. 13.

[24]   EuGH NJW 1999, 2027 – Centros.

[25]   EuGH NJW 2002, 3614 – Überseering.

[26]   EuGH NJW 2003, 3331 – Inspire Art.

[27]   Vgl. zur Scheinauslandsgesellschaft in der EU LG Bonn BeckRS 2013, 05887; korrigierend LG Bonn BeckRS 2013, 17332.

[28]   Ähnlich Staub/Kersting Rn. 12.

[29]   ADS Rn. 21; BeBiKo/Grottel Rn. 31.

Prüfung und Offenlegung sind im Anwendungsbereich des § 325a mit Bezug zur EU aber **weitgehend durch EU-Richtlinien harmonisiert.** Die Bilanz-RL hat die Bilanzierung der Unternehmen harmonisiert. Die Bilanz-RL und die IAS-VO haben zu Vereinheitlichungen bei der Konzernrechnungslegung geführt. Durch die Abschlussprüfer-RL wurden die Qualifikation der Prüfer und die durchzuführenden Prüfungen angeglichen. Für Rechnungslegungsunterlagen von Hauptniederlassungen mit Sitz in den Vertragsstaaten des Abkommens über den Europäischen Wirtschaftsraum ergibt sich die Harmonisierung aus einer entsprechenden Vertragsbestimmung. Danach haben sich die Vertragsstaaten verpflichtet, die vollständige Umsetzung der genannten Regeln durchzuführen.[30] Der Standard der Unterlagen entspricht somit weitgehend dem Niveau in den EU-Staaten.[31] Die materiell-rechtlichen Vorgaben in den Staaten des Anwendungsbereichs der Vorschrift mit Bezug zur EU/EWR sind soweit vereinheitlicht, dass die Aussagekraft der veröffentlichten Informationen gesichert erscheint. Reicht eine von mehreren inländischen Zweigniederlassungen die Rechnungslegungsunterlagen derselben ausländischen Hauptniederlassung bei der das Unternehmensregister führenden Stelle ein, fehlt es an der Notwendigkeit der erneuten Einreichung durch die übrigen Zweigniederlassungen (zur Hinweispflicht → Rn. 1). Für die Unterlagen von Drittstaaten-Kapitalgesellschaften mit inländischen Zweigniederlassungen ist das Recht der Hauptniederlassung im Hinblick auf die Unterlagen maßgebend.

2. Einzelne Unterlagen. Im Einzelnen wird von der Offenlegungsverpflichtung **14** zunächst der Jahresabschluss erfasst, bestehend aus den Elementen Bilanz, Gewinn- und Verlustrechnung und dem Anhang (→ § 325 Rn. 27). Die Aufstellung und der Inhalt des Jahresabschlusses gehen in der EU auf **die Bilanz-RL** zurück. Daraus ergibt sich für Kapitalgesellschaften auch das Erfordernis, im Regelfall einen Lagebericht zu erstellen. Prüfungspflichtige Hauptniederlassungen haben den vom Abschlussprüfer zur Information der Öffentlichkeit erstellten Berichtsteil offenzulegen (in Deutschland der Bestätigungsvermerk oder der Vermerk über die Versagung, → § 325 Rn. 29). Eine Hauptniederlassung in der Rechtsform der Kapitalgesellschaft unterliegt der gesetzlichen Abschlussprüfung, wenn es sich um eine mittelgroße oder große Gesellschaft (§ 267 Abs. 2, 3) handelt. Nur kleine Kapitalgesellschaften wurden von den Mitgliedsstaaten aus der gesetzlichen Verpflichtung zur Prüfung herausgenommen (§ 316 Abs. 1). Die Gleichwertigkeit der Pflichtprüfungen in Bezug auf den Jahresabschluss und Konzernabschluss wurde durch die Vorgaben in der Abschlussprüfer-RL ermöglicht. Die Abschlussprüfer haben bestimmte vereinheitlichte Qualifikationsanforderungen zu erfüllen. Falls die Aufstellung der Unterlagen nach den Maßstäben für große Kapitalgesellschaften vorzunehmen ist, kann ein IAS/IFRS-Einzelabschluss die Offenlegung des aufgestellten Jahresabschlusses im Unternehmensregister ersetzen (§ 325 Abs. 2a). Das ist aber nur für die Fälle beachtlich, in denen im Staat der Hauptniederlassung ein Einzelabschluss nicht schon zu den Pflichtunterlagen zählt.

Von der Verpflichtung umfasst ist ebenfalls der Bericht des Aufsichtsrats oder eines **15** Kontrollgremiums mit entsprechenden Prüfungspflichten sowie der Vorschlag und Beschluss zur Verwendung des Ergebnisses des gesamten Unternehmens einschließlich der Zweigniederlassung. Je nach Größe der Kapitalgesellschaft können sich bei der Aufstellung der Unterlagen Befreiungen oder Erleichterungen ergeben. Die Klassifikation der Kapitalgesellschaften und die Vereinfachungen für kleinste, kleine und mittelgroße Kapitalgesellschaften sind in der Bilanz-RL vorgesehen. Die Unterlagen können dadurch vom Regelinhalt und Umfang abweichen (→ § 325 Rn. 51).[32]

Die Klassifizierung in kleine, mittelgroße und große Kapitalgesellschaft richtet sich **16** grundsätzlich nicht nach den einzelnen Kriterien in Bezug auf die Zweigniederlassung. Maßgebend sind die Eigenschaften der ausländischen Hauptniederlassung unter Einbeziehung der Zweigniederlassung. In der Literatur wurde früher die Ansicht vertreten, dass es auf die deutschen Größenkriterien des § 267 nicht ankommen soll; vielmehr stehe den

---

[30]   BGBl. 1993 II 267 idF des Anpassungs-Protokolls vom 17.3.1993 (BGBl. 1993 II 1294).
[31]   Vgl. BeBiKo/Grottel Rn. 31 mit dem Hinweis auf BT-Drs. 12/5170, 15.
[32]   BeBiKo/Grottel Rn. 28.

Unternehmen ein **Wahlrecht** zu. Danach können die im Ausland bei der Aufstellung der Rechnungslegung zugrunde gelegten Größenmerkmale übernommen oder die ermittelten Werte herangezogen werden, die sich durch Umrechnung der in ausländischer Währung aufgestellten Unterlagen ergeben. In Abs. 3 wird nun klargestellt, dass sich im Falle der Zweigniederlassung eines ausländischen Unternehmens die Entscheidung, ob die Erleichterungen für Kleinstkapitalgesellschaften anwendbar sind, nach dem Recht der Hauptniederlassung der Kapitalgesellschaft in der EU/EWR oder einem Drittstaat richtet. Ist eine Kleinstkapitalgesellschaft nach dem für sie maßgeblichen Recht zur Hinterlegung der Bilanz berechtigt, kann sie die nach § 325a Abs. 1 vorgeschriebene Offenlegung der Rechnungslegungsunterlagen der Hauptniederlassung der Kapitalgesellschaft auch für inländische Zweigniederlassungen durch die Einstellung in das Unternehmensregister durch (dauerhafte) Hinterlegung bewirken (§ 326 Abs. 2).

17   **3. Konzernunterlagen.** Für Hauptniederlassungen, die zur Aufstellung eines Konzernabschlusses verpflichtet sind, bezieht sich die Offenlegungspflicht auf den Konzernabschluss und den Konzernlagebericht sowie die weiteren Unterlagen nach § 325 Abs. 3 (→ § 325 Rn. 93). Die **Vereinheitlichung** der Unterlagen in diesem Bereich stellt innerhalb der EU/EWR die IAS-VO oder die **Bilanz-RL** sicher. § 325a schließt einen von der Hauptniederlassung erstellten befreienden Konzernabschluss in die Verpflichtung mit ein.[33] Die Pflicht zur Abschlussprüfung erstreckt sich auch auf den Konzernabschluss und den Konzernlagebericht (§ 316 Abs. 2). Die Prüfung muss ua darüber Auskunft geben, ob der Konzernlagebericht mit dem konsolidierten Abschluss in Einklang steht. Das erteilte Testat (als Bestätigungsvermerk oder Berichtsteil) ist mit den anderen Unterlagen zur Einstellung in das Unternehmensregister zu übermitteln. Offenzulegen sind zudem die Änderungen von Jahresabschluss und Konzernabschluss mit dem geänderten oder ergänzten Testat des Abschlussprüfers (→ § 325 Rn. 99).

18   **4. Freiwillige Unterlagen.** Die Verpflichtung nach § 325a erfasst **nur die gesetzlich vorgesehenen Unterlagen.** Freiwillige Aufstellungen und zusätzliche Unterlagen sind nach § 325a nicht offenzulegen. Weitergehende Anforderungen in Gesetzen oder Statuten bleiben hiervon unberührt. Macht die Hauptniederlassung nach dem Recht des Sitzstaates nur für die Offenlegung von Erleichterungen Gebrauch, bestimmt sich Inhalt und Umfang der Unterlagen in Bezug auf die Übermittlung an die das Unternehmensregister führende Stelle im Inland nach der Offenlegung im Sitzstaat. Eine Verminderung oder Veränderung der Unterlagen ist für die Offenlegung am Sitz der Zweigniederlassung nicht mehr zulässig, wenn im Ausland freiwillig erweiterte Unterlagen offengelegt wurden.[34] Für vollständig freiwillig aufgestellte Unterlagen besteht hingegen keine Verpflichtung zur Offenlegung.

V. Zeitpunkt der Offenlegung

19   § 325a verweist auf die gesamte Vorschrift des § 325. Die Regelung zum Zeitpunkt der Offenlegung ergibt sich daher aus den einheitlichen Vorgaben des § 325 Abs. 1–1b. Die Unterlagen sind grundsätzlich innerhalb der Jahresfrist des Abs. 1a S. 1 an die das Unternehmensregister führende Stelle zur Einstellung in das Unternehmensregister zu übermitteln. In der Literatur geht man zutreffend davon aus, dass die Offenlegung der Unterlagen durch die ausländische Hauptniederlassung im Ausland abgewartet werden kann.[35] **Zwölf Monate**[36] nach Ablauf des vorausgehenden Geschäftsjahres muss die Offenlegung im Inland zumindest für den Jahresabschluss mit Lagebericht und Bestätigungsvermerk des Abschlussprüfers in jedem Falle erfolgen. Andere Unterlagen können unverzüglich nach Vorliegen nachgereicht werden. Für bestimmte kapitalmarktorientierte Unternehmen (§ 264d, aber

---

[33]   ADS Rn. 24; BeBiKo/Grottel Rn. 28.
[34]   ADS Rn. 25, 26; BeBiKo/Grottel Rn. 28.
[35]   ADS Rn. 35; BeBiKo/Grottel Rn. 35.
[36]   Die Frist von zwölf Monaten gilt für alle nach dem 31.12.1998 beginnenden Geschäftsjahre. Vgl. Art. 48 Abs. 1 EGHGB, eingefügt durch das KapCoRiLiG vom 24.2.2000 (BGBl. 2000 I 15).

nicht § 327a) verkürzt sich die Frist auf vier Monate (§ 325 Abs. 4). Zur Wahrung der Fristen ist auf den Zeitpunkt der Übermittlung an die das Unternehmensregister führende Stelle abzustellen (§ 325 Abs. 4 S. 2).

VI. Art der Offenlegung

Die Art der Offenlegung bestimmt sich aufgrund des Verweises auf den gesamten § 325 **20** nach der dort vorgegebenen Verfahrensweise. Die Unterlagen sind an die das Unternehmensregister führende Stelle in elektronischer Form zu übermitteln, um in das Unternehmensregister eingestellt werden zu können. Gleiches gilt für die Unterlagen der Konzernrechnungslegung (→ § 325 Rn. 78 ff.). Eine Differenzierung in Bezug auf die Art der Offenlegung zwischen den Zweigniederlassungen kleiner, mittelgroßer und großer Kapitalgesellschaften ist schon ab dem 1.1.2007 nicht mehr erforderlich. Für Zweigniederlassungen von Kleinstgesellschaften ist die Einstellung in das Unternehmensregister durch eine dauerhafte Hinterlegung möglich. Nach Abs. 3 S. 2 darf eine Kleinstgesellschaft die Offenlegung der Unterlagen auch im Inland durch dauerhafte Hinterlegung bewirken, wenn sie nach dem für sie maßgeblichen Recht die Offenlegungspflicht durch die Hinterlegung der Bilanz erfüllt. Die Hinterlegung ist daher eine bestimmte Form der Offenlegung und konnte aus dem Wortlaut von Abs. 1 S. 1 gestrichen werden.[37]

Das Unternehmensregister wird von der Bundesanzeiger Verlag GmbH als Beliehene **21** betrieben. Der Beliehene erlangt die Stellung einer Justizbehörde des Bundes. Über das Internet können die Daten aus dem Unternehmensregister kostenfrei abgerufen werden.

Die **Form und der Inhalt** der offenlegungspflichtigen Unterlagen bestimmen sich **22** nach dem jeweils maßgebenden ausländischen Recht der Hauptniederlassung (Abs. 1 S. 1). Die Vorschrift verweist insoweit auf § 328 (→ § 328 Rn. 12). Die richtige und vollständige Wiedergabe der Unterlagen bezieht sich daher auf die nach ausländischem Recht aufgestellten, geprüften und offengelegten Teile der Rechnungslegung. Darüber hinaus ergibt sich aus der Verweisung auf § 328, dass auch die freiwillig vorgeschriebenen Veröffentlichungen und Vervielfältigungen die Anforderungen an die richtige und vollständige Wiedergabe der Unterlagen erfüllen müssen. Eine Umrechnung in Euro ist nicht erforderlich. Auf die Vereinheitlichung durch EU-Richtlinien wurde bereits hingewiesen (→ Rn. 13). Es obliegt den zur Offenlegung verpflichteten Personen, sicherzustellen, dass die richtigen Unterlagen im Inland offengelegt werden. Aufgrund der beschränkten Prüfungspflicht der das Unternehmensregister führenden Stelle tragen die ständigen Vertreter oder die Mitglieder des vertretungsberechtigten Organs die volle Verantwortung.[38]

Die Unterlagen der Hauptniederlassung sind in deutscher Sprache zu übermitteln **23** (Abs. 1 S. 4). Eine **Erleichterung** enthält Abs. 1 S. 5. Danach steht es den verpflichteten Personen frei, die Unterlagen in deutscher Sprache (Regelfall: Abs. 1 S. 4) oder, soweit dies nicht die Amtssprache am Sitz der Hauptniederlassung ist, in englischer Sprache zu übermitteln. Ferner kann im letztgenannten Fall (also die Amtssprache am Sitz der Hauptniederlassung ist nicht Deutsch) auch eine beglaubigte Abschrift der Unterlagen in der Amtssprache (andere Sprachen) des Registers der Hauptniederlassung übermittelt werden; notwendig ist dann allerdings, die beglaubigte Übersetzung der Beglaubigung in die deutsche Sprache mit zu übermitteln. Eine Übersetzung der Unterlagen selbst ist nicht erforderlich.[39] Die Übermittlung kann dadurch in der Landessprache des Sitzstaates der Hauptniederlassung erfolgen. Mit der Beglaubigung der Übersetzung hat der Übersetzer die inhaltliche Richtigkeit und Vollständigkeit der Übersetzung zu dokumentieren.[40] Ist eine dem Register vergleichbare Einrichtung im Sitzstaat der Hauptniederlassung nicht vorhanden oder diese zur Beglaubigung nicht befugt, kann eine vom Wirtschaftsprüfer bescheinigte

---

[37]   Durch das Gesetz zur Umsetzung der RL (EU) 2021/2101 im Hinblick auf die Offenlegung von Ertragsteuerinformationen vom 19.6.2023 (BGBl. 2023 I Nr. 154).

[38]   Vgl. BeBiKo/Grottel Rn. 40.

[39]   Hopt/Merkt Rn. 1. Zum Gesetzgebungsverfahren vgl. Seibert DB 1993, 1705 (1706).

[40]   Seibert DB 1993, 1706; BeBiKo/Grottel Rn. 41.

Abschrift eingereicht werden. Darin muss eine Erklärung enthalten sein, dass die Voraussetzungen für die Einreichung der Abschrift vorliegen. Zur Prüfung durch die das Unternehmensregister führende Stelle reichen diese Informationen aus.[41]

24   Bei der Offenlegung ist § 329 zu beachten. Die das Unternehmensregister führende Stelle **prüft** die eingereichten Unterlagen auf Vollzähligkeit und die Einhaltung der Fristen. Hierbei kann sich die das Unternehmensregister führende Stelle auf eine vom Register der Hauptniederlassung beglaubigte Abschrift der im Ausland offengelegten Unterlagen verlassen. Das entspricht der Gesetzesbegründung, die allerdings voraussetzt, dass im jeweiligen Staat die vollzählige Aufstellung und Einreichung bzw. Übermittlung der Unterlagen geprüft wird.[42] Die Übersetzung der Beglaubigung reicht der das Unternehmensregister führenden Stelle zur Prüfung auch dann aus, wenn es sich nur um einen „Einzeiler" handelt.[43] Bezüglich der Übersetzung müssen wiederum lediglich die formalen Voraussetzungen vorliegen (→ Rn. 23).

VII. Kreditinstitute und Versicherungsunternehmen

25   Abs. 2 der Vorschrift ordnet an, dass die Verpflichtung des Abs. 1 nicht für Zweigniederlassungen von Kreditinstituten iSv § 340 oder Versicherungsunternehmen iSv § 341 gilt. Die Offenlegungspflichten in Bezug auf solche Zweigniederlassungen bestimmen sich nach den gesetzlichen Sonderregelungen in § 340l Abs. 2 bzw. §§ 341l, 341 Abs. 2. Danach haben die Unternehmen mit Zweigniederlassungen im Inland nicht nur die Unterlagen der Hauptniederlassung im Inland offenzulegen, bei denen ohnehin erweiterte Offenlegungsverpflichtungen bestehen. Unter besonderen Voraussetzungen sind die deutschen Zweigniederlassungen von Kreditinstituten und Versicherungsunternehmen mit Hauptniederlassung im Ausland (insbesondere in **nicht EU- und EWR-Staaten**) zur Offenlegung eines auf die Tätigkeit der deutschen Zweigniederlassung bezogenen Abschlusses verpflichtet (§ 340l Abs. 2 und § 340 Abs. 2, § 341l).[44]

VIII. Rechtsfolgen bei Pflichtverletzungen

26   Die Rechtsfolgen bei einem Verstoß gegen die Verpflichtung zur Offenlegung der vorgeschriebenen Unterlagen entsprechen den Folgen eines Verstoßes gegen § 325 (→ § 325 Rn. 122 ff.). § 325a Abs. 1 verweist seit dem BilMoG vom 28.5.2009 (BGBl. 2009 I 1102) zur Klarstellung auch auf § 329 Abs. 4. Das Bundesamt für Justiz kann Publizitätsverstöße mit einem Ordnungsgeld belegen. Zur Verfahrensabwicklung wurde in § 335 Abs. 2 eine Verweisung auf das FamFG und VwVfG aufgenommen. Von Ordnungsgeld soll eine größere Beugekraft als von Zwangsgeld ausgehen, da die Einreichung der Unterlagen nach Festsetzung des Ordnungsgeldes eine Beitreibung nicht verhindert.[45] Die Höhe des Ordnungsgeldes muss mindestens 2.500 EUR betragen und darf 25.000 EUR nicht übersteigen. Zur Erfüllung der Publizitätspflichten ist den ständigen Vertretern der inländischen Zweigniederlassung der ausländischen Kapitalgesellschaft und subsidiär den Mitgliedern des vertretungsberechtigten Organs eine Frist von sechs Wochen zu gewähren, um die vorgeschriebenen Handlungen vorzunehmen; danach erfolgt die Festsetzung. Sind ständige Vertreter für die Tätigkeit der Zweigniederlassung angemeldet, ist das Ordnungsgeld gegen sie zu richten. Bei nur geringfügiger Überschreitung der Frist ist eine Herabsetzung des Ordnungsgeldes möglich (§ 335 Abs. 4 S. 2 Nr. 4). Bei Nichterfüllung der Verpflichtung ist die wiederholte Festsetzung von Ordnungsgeld vorgesehen (§ 335 Abs. 4 S. 1). Das Verfahren ist von Amts wegen durchzuführen. Die das Unternehmensregister führende Stelle hat insoweit eine Mitteilungspflicht.

---

[41]   So Hopt/Merkt Rn. 1 und ihnen folgend BeBiKo/Grottel Rn. 41.

[42]   BT-Drs. 12/5170, 16; darauf weist auch BeBiKo/Grottel Rn. 37 hin.

[43]   Seibert DB 1993, 1706.

[44]   BeBiKo/Grottel Rn. 45; Krumnow § 340l Rn. 91 ff.; Beck Versicherungsbilanz/Seitz § 341l Rn. 35–37; Hopt/Merkt § 340l Rn. 1.

[45]   Anders beim Zwangsgeld als reinem Beugemittel, vgl. BT-Drs. 14/2353, 30.

§ 326 Größenabhängige Erleichterungen für kleine Kapitalgesellschaften und Kleinstkapitalgesellschaften bei der Offenlegung

(1) [1]Auf kleine Kapitalgesellschaften (§ 267 Abs. 1) ist § 325 Abs. 1 mit der Maßgabe anzuwenden, daß Mitglieder des vertretungsberechtigten Organs nur die Bilanz und den Anhang zu übermitteln haben. [2]Der Anhang braucht die die Gewinn- und Verlustrechnung betreffenden Angaben nicht zu enthalten.

(2) [1]Auf Kleinstkapitalgesellschaften (§ 267a) ist § 325 Absatz 1 mit der Maßgabe anzuwenden, dass Mitglieder des vertretungsberechtigten Organs nur die Bilanz zu übermitteln haben und dabei die Einstellung in das Unternehmensregister durch dauerhafte Hinterlegung verlangen können. [2]Kleinstkapitalgesellschaften dürfen von dem in Satz 1 geregelten Recht nur Gebrauch machen, wenn sie gegen- über der das Unternehmensregister führenden Stelle mitteilen, dass sie zwei der drei in § 267a Absatz 1 genannten Merkmale für die nach § 267 Absatz 4 maßgebli- chen Abschlussstichtage nicht überschreiten.

Schrifttum: s. bei § 325.

Übersicht

I. Normzweck und Anwendungsbereich

1. Einleitung. § 326 setzte bei der Einführung die Vorgaben aus Art. 47 Abs. 2 RL **1** 78/660/EWG (4. EG-Richtlinie; heute Art. 31 Abs. 1 Bilanz-RL) in deutsches Recht um.[1] Kleinen Kapitalgesellschaften (§ 267 Abs. 1) und gleichgestellten Personenhandelsgesell- schaften (§ 264a) werden für die Verpflichtung zur Offenlegung ihrer Unterlagen Erleichte- rungen gewährt. Rechtfertigen lässt sich die Vorenthaltung von Daten dadurch, dass die Öffentlichkeit an Informationen aus diesen Unternehmen ein weit geringeres Interesse hat. Der Kapitalmarkt wird von Unternehmen dieser Größe selten genutzt (beachte: § 267 Abs. 3 S. 2). Gleichzeitig besteht für das Unternehmen ein großes Interesse, die Rechnungslegung so weit wie möglich nur intern bekannt zu machen. Die **Offenlegungspflicht für kleine Kapitalgesellschaften** als solche und der in § 326 festgelegte Umfang der Unterlagen verstößt nicht gegen höherrangiges Recht.[2] Das BayObLG[3] hat einen Verstoß gegen das durch Art. 2 Abs. 1 GG iVm Art. 1 Abs. 1 GG gewährleistete Recht auf „informationelle Selbstbestimmung"[4] verneint. An der Verfassungskonformität der Regelung ändert auch die Übermittlung der verkürzten Unterlagen zur Einstellung in das Unternehmensregister nichts. Der Gesetzgeber hat Ende 2011 mit dem Gesetz zur Änderung von Vorschriften über Verkündung und Bekanntmachungen vom 22.12.2011 (BGBl. 2011 I 3044 (3048)) entschieden, die gedruckte Form des Bundesanzeigers einzustellen und den elektronischen Bundesanzeiger als ausschließliches elektronisches Verkündigungs- und Bekanntmachungs-

---

[1]   ADS Rn. 4.
[2]   Vgl. dazu EuGH EuZW 2004, 764.
[3]   BayObLG DB 1995, 316; ebenso OLG Köln ZIP 1991, 1214.
[4]   BVerfGE 65, 1.

organ unter der Bezeichnung „Bundesanzeiger" weiterzuführen. Seit dem 1.8.2022 sind die Unterlagen zur Einstellung in das Unternehmensregister an die das Unternehmensregister führende Stelle zu übermitteln. Die EU-Kommission hatte schon 2009 einen Vorschlag zur Änderung der RL 78/660/EWG (Bilanz-RL 1978) vorgelegt, der Kleinstunternehmen von den Offenlegungspflichten befreien sollte.[5] Der Vorschlag hatte zum Ziel, die Rechnungslegungsanforderungen für Kleinstunternehmen zu vereinfachen und damit die Wettbewerbsfähigkeit zu steigern bzw. das Wachstumspotential zu nutzen. Ob das tatsächlich der Fall ist und eine solche Entwicklung eingeleitet werden sollte, ist eher in Frage zu stellen. Eine unzumutbare Belastung durch die geltenden Regeln für kleine Kapitalgesellschaften scheint nicht vorzuliegen und das erreichte Schutzniveau, insbesondere für Gläubiger, sollte nicht leichtfertig aufgegeben werden.[6]

2   Gleichwohl hat der europäische Richtliniengeber die Vorgaben für Kleinstgesellschaften verändert. In Abs. 2 wird Art. 1a Abs. 2 lit. e Bilanz-RL in der Fassung der RL 2012/6/EU (heute: Art. 36 Bilanz-RL) umgesetzt. Kleinstkapitalgesellschaften können danach wählen, ob sie die Offenlegungspflicht, die nur in der Übermittlung der Bilanz besteht, durch die Einstellung in das Unternehmensregister durch dauerhafte Hinterlegung erfüllen möchten. Zur Sicherung eines einheitlichen Verfahrens wird die elektronische Übermittlung der Unterlagen an die das Unternehmensregister führende Stelle auch für die Einstellung durch dauerhafte Hinterlegung vorgeschrieben. Hinterlegte Unterlagen stehen im Unternehmensregister nur zur Beauskunftung und nicht zum freien Zugang zur Verfügung. Durch Bezugnahme auf § 325 Abs. 1 S. 2, Abs. 1a und Abs. 1b wird gewährleistet, dass die Hinterlegung innerhalb der Offenlegungsfrist zu erfolgen hat und im Falle einer Änderung der Bilanz nach einer Feststellung auch die geänderte Bilanz dauerhaft hinterlegt wird. Zur Vereinheitlichung mit anderen Vorschriften des HGB wird durch die Änderung in 2023[7] auch für die Regelung in § 326 auf die Mitglieder des vertretungsberechtigten Organs einer Gesellschaft statt auf ihre gesetzlichen Vertreter abgestellt. Eine inhaltliche Änderung geht damit nicht einher.

3   Kleine Kapitalgesellschaften und gleichgestellte Personenhandelsgesellschaften (§ 264a) haben ein **Wahlrecht:** Anstatt die Offenlegung nach § 325 durchzuführen, können sie die in § 326 Abs. 1 vorgesehenen Erleichterungen in Anspruch nehmen.[8] Die unter § 267 Abs. 1 fallenden Gesellschaften genügen ihrer Publizitätsverpflichtung, wenn sie nur die Bilanz und den Anhang offenlegen. Dabei kann der Anhang in der Form aufgestellt werden, dass Angaben in Bezug auf die Gewinn- und Verlustrechnung nicht enthalten sind (Abs. 1 S. 2). Von den Unterlagen des § 325 Abs. 1 müssen die Gewinn- und Verlustrechnung als Teil des Jahresabschlusses, der entsprechende Teil des Anhangs, der Prüfungsvermerk des Abschlussprüfers, der Lagebericht, der Bericht des Aufsichtsrats sowie die Angaben zur Ergebnisverwendung nicht offengelegt werden.[9]

4   Die Bilanz und der verkleinerte Anhang sind spätestens vor **Ablauf der Jahresfrist im Hinblick auf den** Bilanzstichtag des Geschäftsjahres an die das Unternehmensregister führende Stelle zu übermitteln (§ 325 Abs. 1). Dies führt zur Einreichung der Unterlagen spätestens zum Ablauf des Dezembers, wenn das Geschäftsjahr dem Kalenderjahr entspricht.[10]

5   § 326 greift nicht in das Verhältnis der Kapitalgesellschaft zu ihrem Hauptorgan (Hauptversammlung/Gesellschafterversammlung) ein. Die Kapitalgesellschaft bleibt zur Aufstellung aller erforderlichen Unterlagen des § 325 Abs. 1 verpflichtet und hat diese dem Hauptorgan der Gesellschaft vorzulegen (§ 176 Abs. 1 AktG, § 42a GmbHG);[11] gleiches gilt für die gleich-

---

5   KOM(2009) 83 endg. – COD 2009/0035.
6   Vgl. Bräuer NZG 2011, 53.
7   Gesetz zur Umsetzung der RL (EU) 2021/2101 im Hinblick auf die Offenlegung von Ertragsteuerinformationen vom 19.6.2023 (BGBl. 2023 I Nr. 154).
8   ADS Rn. 1; BeBiKo/Grottel Rn. 1.
9   BeBiKo/Grottel Rn. 2.
10   Lutter/Hommelhoff/Kleindiek GmbHG Anh. § 42a Rn. 22.
11   ADS Rn. 32.

gestellten Personenhandelsgesellschaften (Gesellschaftsvertrag, § 118 (ab 1.1.2024: § 717 BGB, § 105 Abs. 3), § 166). Insoweit können aber im Gesetz vorgesehene Aufstellungserleichterungen genutzt werden. Während diese Erleichterungen (beispielsweise die Aufstellung einer verkürzten Bilanz, § 266 Abs. 1 S. 3, § 274a; einer verkürzten Gewinn- und Verlustrechnung, § 276; eines verkürzten Anhangs, § 288 Abs. 1) für die Vorlage an die GmbH-Gesellschafter (oder bei Personenhandelsgesellschaften) Bedeutung erlangen, gibt § 131 Abs. 1 S. 3 AktG den **Aktionären einen Anspruch auf Vorlage der Unterlagen** in der Form, die sie ohne Berücksichtigung der Erleichterungen gehabt hätten (ausgenommen ist § 274a, insoweit wurde § 131 Abs. 1 AktG bisher nicht angepasst). Das GmbHG kennt in diesem Zusammenhang das besondere Auskunfts- und Einsichtsrecht der Gesellschafter nach § 51a Abs. 1 GmbHG.[12] Bei Personenhandelsgesellschaften sind insoweit die umfassenden Kontrollrechte (§ 118 (ab 1.1.2024: § 717 BGB, § 105 Abs. 3), § 166) zu beachten. Für die Offenlegung kann von den Aufstellungserleichterungen ebenfalls Gebrauch gemacht werden (→ Rn. 12 f.). Die interne Publizität weicht dadurch von der externen Publizität in ganz erheblichem Umfang ab.[13] Tochterkapitalgesellschaften können nach § 264 Abs. 3 von der Offenlegung vollständig befreit sein (→ § 325 Rn. 55 f.). Für gleichgestellte Personenhandelsgesellschaften ist eine derartige Befreiung in § 264b vorgesehen.

In der Literatur ist die Frage umstritten, ob eine **Pflicht zur Inanspruchnahme von** **6** **Erleichterungen** bestehen kann. Regelungen zur Art und Form der Unterlagen sind im Gesellschaftsvertrag oder der Satzung zulässig.[14] Die entgegen der Bestimmung vorgenommene Offenlegung berührt deren Wirksamkeit aber nicht, soweit sie den gesetzlichen Anforderungen entspricht. Enthält das Statut keine Regelung, vertreten ADS und Grottel die Ansicht, dass die gesetzlichen Vertreter (Mitglieder des vertretungsberechtigten Organs) aufgrund der Interessenlage der Gesellschaft/Gesellschafter zur Orientierung der Offenlegung am Minimalstandard verpflichtet sein können.[15] Die gegenteilige Ansicht wird beispielsweise von Biener/Bernecke[16] vertreten. Die Interessenlage der Gesellschaft wird aber in der Tat eher zur Erleichterung bei der Offenlegung gehen.

Den Mitgliedern des vertretungsberechtigten Organs von Kleinstgesellschaften wird in **7** Abs. 2 die Option eingeräumt, ihre Offenlegungspflicht aus § 325 dadurch zu erfüllen, dass sie nur die Bilanz zur dauerhaften Hinterlegung an die das Unternehmensregister führende Stelle übermitteln. Für die zu übermittelnde und dauerhaft zu hinterlegende Bilanz gelten die für kleine Gesellschaften vorgesehenen gesetzlichen Regelungen ebenfalls, soweit nichts anderes geregelt ist. Damit kann insoweit auch von den Erleichterungen des § 326 Abs. 1 Gebrauch gemacht werden, wenn und soweit dies im Einzelfall relevant wird. Ferner sind die fehlende gesetzliche Verpflichtung für den Anhang (§ 264 Abs. 1 S. 5) bzw. die besonderen Aufstellungserleichterungen für die Bilanz (§ 266 Abs. 1 S. 4) sowie die GuV (§ 275 Abs. 5) zu beachten.

2. Anwendungsbereich. § 326 Abs. 1 gilt für kleine Kapitalgesellschaften iSd § 267 **8** Abs. 1 (zwei der drei folgenden Kriterien dürfen nicht überschritten werden: 6.000.000 EUR Bilanzsumme; 12.000.000 EUR Umsatzerlöse; 50 Arbeitnehmer).[17] Eine Unterscheidung zwischen AG und GmbH gibt es grundsätzlich nicht. Nach § 267 Abs. 4 müssen die Schwellenwerte an zwei aufeinander folgenden Abschlussstichtagen überschritten werden. Für Neugründungen oder Umwandlungen reicht das Überschreiten am ersten Abschlussstichtag aus. Selbst wenn die Größenkriterien erfüllt sind, liegt in den Fällen keine kleine Kapitalgesellschaft vor, in denen das Unternehmen einen organisierten Markt iSd

---

12   ADS Rn. 33.
13   In der Lit. auch als „gespaltene Publizität" bezeichnet; vgl. ADS Rn. 32; GK-HGB/Marsch-Barner Rn. 4; Kölner Komm RechnungslegungsR/Claussen Rn. 6; HdR/Hütten Rn. 2.
14   ADS Rn. 11.
15   ADS Rn. 10; BeBiKo/Grottel Rn. 1.
16   Biener/Bernecke BiRiLiG S. 452; Bonner HdR/Langenmayr Rechnungslegung Rn. 4; vgl. dazu ADS Rn. 10.
17   Letztmals angepasst durch das BilRUG vom 17.7.2015 (BGBl. 2015 I 1245).

§ 2 Abs. 11 WpHG durch von ihr ausgegebene Wertpapiere iSd § 2 Abs. 1 WpHG in Anspruch nimmt oder die Zulassung zum Handel an einem organisierten Markt beantragt hat, also die Voraussetzungen des § 264d erfüllt (§ 267 Abs. 3 S. 2).

9   Auf die Offenlegung von Konzernunterlagen sowie der Unterlagen von Kreditinstituten und Versicherungsunternehmen **findet § 326 keine Anwendung.** Die Erleichterungen des § 326 Abs. 1 dürfen ebenfalls nicht für die Verpflichtung zur Vorlage des Jahresabschlusses an den Betriebsrat/Wirtschaftsrat (§ 108 Abs. 5 BetrVG) in Anspruch genommen werden.[18] Nicht ausgeschlossen werden die Erleichterungen durch § 65 Abs. 1 Nr. 4 BHO oder entsprechende landesrechtliche Vorschriften. Die Bestimmungen sehen zwar regelmäßig vor, dass sich der Bund oder das Land an privatrechtlich organisierten Unternehmen nur beteiligen soll, wenn die Aufstellung und Prüfung des Jahresabschlusses nach den Vorschriften für große Kapitalgesellschaften erfolgt. Die Offenlegung ist aber in den Vorschriften nicht angesprochen, somit kann von den Erleichterungen in § 326 grundsätzlich Gebrauch gemacht werden.[19] Für Unternehmen, die nach dem PublG offenlegen, kommt die Vorschrift nicht in Betracht (→ § 325 Rn. 130). Nach § 26 VermAnlG sind die größenabhängigen Erleichterungen für kleine Kapitalgesellschaften nicht anzuwenden, wenn es sich bei der Gesellschaft um einen Emittenten von Vermögensanlagen nach dem VermAnlG handelt. Durch die Verweisung in § 264a erlangen die Erleichterungen aber für gleichgestellte Personenhandelsgesellschaften Bedeutung.[20] Solche Gesellschaften können die Erleichterungen im gleichen Umfang wie Kapitalgesellschaften in Anspruch nehmen.

II. Offenlegungspflichtige Unterlagen

10   **1. Anwendung des § 325 Abs. 1.** Grundlage für die Offenlegung kleiner Kapitalgesellschaften und gleichgestellter Personenhandelsgesellschaften bleibt die Vorschrift des § 325 Abs. 1. Lediglich nach deren Maßgabe gelten die Erleichterungen des § 326 Abs. 1. Die Erleichterungen beziehen sich nur auf den Umfang der Unterlagen. Die weiteren Anforderungen an die **Erfüllung der Pflicht zur Offenlegung** ergeben sich aus § 325 Abs. 1. In Bezug auf die verpflichteten Personen (→ § 325 Rn. 20 ff.), die Art der Offenlegung (→ § 325 Rn. 78 ff.) und die Möglichkeit zur Fristwahrung (→ § 325 Rn. 71 ff.) enthält § 326 Abs. 1 keine Besonderheiten. Im Grundsatz gelten ferner die Vorgaben an den Inhalt der erforderlichen Unterlagen, sofern aus § 326 Abs. 1 nicht ausdrücklich Sonderregelungen hervorgehen.[21]

11   **2. Unterlagen.** Nach § 326 Abs. 1 S. 1 wird der Umfang der zu übermittelnden Unterlagen auf die **Bilanz und den Anhang** reduziert. Daraus ergibt sich, dass selbst der Jahresabschluss nicht vollständig offenzulegen ist. Nach Abs. 1 S. 2 darf der Anhang an den offenlegungspflichtigen Teil des Jahresabschlusses angepasst werden. Da die Gewinn- und Verlustrechnung nicht von der Verpflichtung umfasst wird, kann auch der Anhang ohne die entsprechenden Angaben offengelegt werden. Den Erleichterungen bei der Offenlegung gehen Vereinfachungen und Erleichterungen bei der Aufstellung der Unterlagen iSd § 325 Abs. 1 voraus. So haben kleine Kapitalgesellschaften und gleichgestellte Personenhandelsgesellschaften keinen Lagebericht zu erstellen (§ 264 Abs. 1 S. 4) und mangels gesetzlicher Prüfungspflicht entfällt auch der Bestätigungsvermerk (§ 316). Die Bilanz ist vollständig offenzulegen. Die möglichen Aufstellungserleichterungen können bei kleinen Gesellschaften aber zu erheblichen Verkürzungen gegenüber dem Gliederungsschema nach § 266 Abs. 2 und 3 führen (→ Rn. 15). Bei der gleichgestellten Personenhandelsgesellschaft ist für die Gliederung auf die Modifikation durch § 264c zu achten. Für den Anhang bestehen neben den Aufstellungserleichterungen (→ Rn. 16) zusätzliche Erleichterungen bei der

---

18   ADS Rn. 8; BeBiKo/Grottel Rn. 7.
19   ADS Rn. 9; BeBiKo/Grottel Rn. 8.
20   Eingefügt durch das KapCoRiLiG vom 24.2.2000 (BGBl. 2000 I 154); zum Entwurf des KapCoRiLiG s. Ernst DStR 1999, 903; Heni DStR 1999, 912; Strobel BB 1999, 1054; Bihr BB 1999, 1862; Göhner BB 1999, 1914; Wiechmann WPg 1999, 916.
21   ADS Rn. 12.

Offenlegung (Abs. 1 S. 2).[22] Die weitergehenden Pflichten zur Einreichung von Unterlagen zum Handelsregister bleiben unberührt. Kleine Kapitalgesellschaften haben daher beispielsweise die Pflichten nach § 130 Abs. 5 AktG (Einreichung einer Abschrift der Niederschrift über die Hauptversammlung) und § 40 GmbHG (Einreichung einer Liste der Gesellschafter) unabhängig von § 326 zu erfüllen.[23]

a) Aufstellungserleichterungen und Offenlegung. Die Bilanz und der Anhang sind **12** grundsätzlich in der Form offenzulegen, in der sie aufzustellen sind. Über die möglichen Aufstellungserleichterungen für kleine Kapitalgesellschaften soll im Folgenden ein kurzer Überblick gegeben werden. In diesem Zusammenhang stellt sich die Frage, ob die Aufstellungserleichterungen für die Offenlegung herangezogen werden können, wenn bei der Aufstellung des Jahresabschlusses darauf verzichtet wurde. Gründe für den Verzicht können sich beispielsweise aus statutarischen Verpflichtungen ergeben. Grottel wirft zusätzlich die Frage auf, ob die Nutzung der Erleichterungen eine Änderung des Jahresabschlusses darstellt und daher einer Feststellung bedarf.[24] Die Offenlegung nach § 326 und die Feststellung des Jahresabschlusses sind zu trennen.[25] Aus dem Beschluss über die Feststellung muss nur hervorgehen, welcher ordnungsgemäß aufgestellte Jahresabschluss festgestellt wird. Auf der zweiten Stufe beantwortet sich die Frage, in welcher Form der aufgestellte und festgestellte Jahresabschluss offengelegt wird.[26] Aus den Publizitätsvorschriften ergibt sich nur ein für die aufgeworfene Frage wenig hilfreicher Hinweis in § 328 Abs. 1 S. 1. Danach sind die Unterlagen entsprechend „den für die Aufstellung maßgeblichen Vorschriften" offenzulegen. Nach dem Wortlaut des Gesetzes lassen sich beide Varianten begründen.[27] Der Systematik des Gesetzes folgend spricht mehr für die Offenlegung des aufgestellten und festgestellten Jahresabschlusses. In Bezug auf die Offenlegung hat der Gesetzgeber separate und eigenständige Erleichterungen vorgesehen.

Zur Klärung der Frage kann die RL 78/660/EWG (4. EG-Richtlinie) herangezogen **13** werden. Mit der Einführung der Publizitätsvorschriften (§§ 325 ff.) wollte der Gesetzgeber die Richtlinie und hier insbesondere Art. 47 RL 78/660/EWG (heute Art. 30 f. Bilanz-RL) in das deutsche Recht umsetzen. Aus Art. 47 Abs. 2 lit. a und b RL 78/660/EWG (heute Art. 31 Abs. 1 Bilanz-RL) ergibt sich, dass die durch § 266 Abs. 1 S. 4 und § 288 Abs. 1 in deutsches Recht umgesetzten Erleichterungen auch für die Offenlegung vorgesehen sind. Ergänzend lässt sich als Begründung Art. 44 RL 78/660/EWG heranziehen, der die gleichen Erleichterungen für die Aufstellung des Jahresabschlusses einräumt. Grottel geht zu Recht davon aus, dass sich ein Junktim zwischen der Aufstellung und der Offenlegung des Jahresabschlusses aus der Richtlinie nicht ableiten lässt.[28] Der Gesetzgeber wollte mit der gewählten Form alle Wahlrechte ausnutzen, die ihm Art. 47 Abs. 2 RL 78/660/EWG (heute Art. 31 Abs. 1 Bilanz-RL) einräumt.[29] Die im HGB vorhandene Regelungslücke ist nach den vorstehenden Ausführungen planwidrig und unter Berücksichtigung der Konzeption der Richtlinie auszufüllen. Die Neukonzeption der Bilanz-RL wurde insoweit zwar verändert. Damit sollte aber im Hinblick auf die Erleichterungen bei der Offenlegung keine andere Konzeption geschaffen werden. Daraus ergibt sich, dass die Erleichterungen, die bei der Aufstellung des Jahresabschlusses zulässig sind, auch **ausschließlich für die Offenlegung** genutzt werden können. Dem steht die Regelung in §§ 326, 327 nicht entgegen.[30]

---

[22] ADS Rn. 27.

[23] ADS Rn. 16; BeBiKo/Grottel Rn. 13.

[24] BeBiKo/Grottel Rn. 15.

[25] Ein unter Berücksichtigung der Erleichterungen nach § 326 aufgestellter Jahresabschluss kann nicht festgestellt werden. Vgl. Kölner Komm RechnungslegungsR/Claussen Rn. 6.

[26] Als zulässig wird es angesehen, wenn zwei Jahresabschlüsse festgestellt werden, einer mit den zur Offenlegung vorgesehenen Erleichterungen und ein vollständiger Jahresabschluss. Vgl. GK-HGB/Marsch-Barner Rn. 3.

[27] ADS Rn. 20, 21; BeBiKo/Grottel Rn. 15.

[28] BeBiKo/Grottel Rn. 15.

[29] Vgl. BT-Drs. 10/4268, 121; ADS Rn. 21; ebenso Kölner Komm RechnungslegungsR/Claussen Rn. 2.

[30] ADS Rn. 21; BeBiKo/Grottel Rn. 15; Staub/Kersting Rn. 8; Lutter/Hommelhoff/Kleindiek GmbHG Anh. § 42a Rn. 20.

14   Im Rahmen der Offenlegung sind daher folgende Fallgruppen zulässig:[31]
– Die Aufstellung der Unterlagen kann ohne die Nutzung von Erleichterungen erfolgen;
 für die Offenlegung reicht eine Version zwischen Mindeststandard und tatsächlicher Aufstellung aus (Verkürzung von Bilanz, Gewinn- und Verlustrechnung und Anhang). Es
 kann beispielsweise das Bilanzschema für kleine oder mittelgroße Kapitalgesellschaften
 herangezogen werden; zugelassen ist auch jede Zwischenform.[32]
– Die Aufstellung der Unterlagen orientiert sich am Mindeststandard (kleines Bilanzschema); für die Offenlegung wird eine erweiterte Form verwendet; diese kann den
 Anforderungen an mittelgroße oder große Kapitalgesellschaften entsprechen (§ 325
 Abs. 5).
– Es wird nur von den Erleichterungen der Offenlegung Gebrauch gemacht; die Aufstellung
 der Unterlagen wird nicht verändert.

15   **b) Mögliche Aufstellungserleichterungen.** Die im HGB vorgesehenen Aufstellungserleichterungen für kleine Kapitalgesellschaften gelten unabhängig von der Rechtsform
der Gesellschaft. Es handelt sich um Wahlrechte, die in Anspruch genommen werden können. Kleinen Kapitalgesellschaften und gleichgestellten Personenhandelsgesellschaften stehen folgende Aufstellungserleichterungen zur Verfügung:[33]
– Die Bilanz kann in verkürzter Form aufgestellt werden (§ 266 Abs. 1 S. 3). Das in § 266
 Abs. 2 und 3 enthaltene Gliederungsschema kann vereinfacht wiedergegeben werden. Es
 sind lediglich die Posten in der Reihenfolge des Gesetzes in die Bilanz zu übernehmen,
 die mit Buchstaben und römischen Zahlen bezeichnet sind. Die Modifikationen bei
 Personenhandelsgesellschaften iSd § 264a sind zu beachten (§ 264c).
– Die Gewinn- und Verlustrechnung kann ebenfalls in verkürzter Form aufgestellt werden.
 Die größenabhängigen Erleichterungen in § 276 S. 1 erlauben die Zusammenfassung der
 einzelnen Erlös- und Ertragspositionen (für das Gesamtkostenverfahren § 275 Abs. 2
 Nr. 1–5 und für das Umsatzkostenverfahren § 275 Abs. 3 Nr. 1–3 und 6) unter der Posi-
 tion „Rohergebnis".

16 Eine ganze Reihe von Aufstellungserleichterungen ist für den **Anhang** vorgesehen:
– Die Bilanz oder der Anhang müssen kein Anlagespiegel/Anlagegitter (§ 284 Abs. 3) –
 Darstellung der einzelnen Posten des Anlagevermögens – enthalten (§ 288 Abs. 1 Nr. 1).
– Auf Erläuterungen bezüglich den Beträgen für Vermögensgegenstände, die erst nach dem
 Abschlussstichtag rechtlich entstehen (§ 268 Abs. 4 S. 2), kann verzichtet werden (§ 274a
 Nr. 1).
– Gleiches gilt für die Erläuterungen in Bezug auf Verbindlichkeiten (§ 268 Abs. 5 S. 3),
 die erst nach dem Abschlussstichtag rechtlich entstehen (§ 274 Nr. 2).
– Der gesonderte Ausweis in der Bilanz oder die Angabe im Anhang bezüglich einer
 Differenz zwischen Ausgabe- und Rückzahlungsbetrag einer Verbindlichkeit iSd § 250
 Abs. 3 (§ 268 Abs. 6) kann unterbleiben (§ 274 Nr. 3).
– Die besondere Regelung für latente Steuern in § 274 muss nicht berücksichtigt werden.
 Das gilt auch für die Bilanzierungshilfe der Steuerbelastung als passive latente Steuern
 (§ 274a Nr. 4).
– Sind mehrere Geschäftszweige vorhanden und bedingt dies die Gliederung des Jahresab-
 schlusses nach verschiedenen Gliederungsvorschriften, so ist der Jahresabschluss nach der
 für einen Geschäftszweig vorgeschriebenen Gliederung aufzustellen und nach der für die
 anderen Geschäftszweige vorgeschriebenen Gliederung zu ergänzen (§ 265 Abs. 4 S. 2).
 Eine Erläuterung im Anhang ist insoweit nicht erforderlich (§ 288 Abs. 1 Nr. 1).
– Die erheblichen Abweichungen vom Börsenkurs oder Marktpreis beim Ansatz bestimmter Vermögensgegenstände nach besonderen Bewertungsmethoden müssen entgegen
 § 284 Abs. 2 Nr. 3 im Anhang nicht erläutert werden (§ 288 Abs. 1 Nr. 1). Gleiches gilt
 für die sonstigen Pflichtangaben nach § 285, von denen nur die Verbindlichkeiten mit

---

[31]   Dazu auch BeBiKo/Grottel Rn. 17.
[32]   Vgl. BeBiKo/Grottel Rn. 18.
[33]   ADS Rn. 19; BeBiKo/Grottel Rn. 14.

einer Restlaufzeit von mehr als fünf Jahren, der Gesamtbetrag der durch Pfandrechte gesicherten Verbindlichkeiten, die durchschnittliche Zahl der während des Geschäftsjahrs beschäftigten Arbeitnehmer, die gewährten Vorschüsse und Kredite an Mitglieder des Geschäftsführungsorgans oder Aufsichtsrats, eine Erläuterung des Zeitraums, über den ein entgeltlich erworbener Geschäfts- oder Firmenwert abgeschrieben wird, sowie die Angaben zum Namen, Sitz des Mutterunternehmens bei Konzernzugehörigkeit und zu Finanzanlagen, die über ihren beizulegenden Zeitwert ausgewiesen werden, sowie jeweils der Betrag und die Art der einzelnen Erträge und Aufwendungen von außergewöhnlicher Größenordnung oder außergewöhnlicher Bedeutung, soweit die Beträge nicht von untergeordneter Bedeutung sind, in den Anhang aufzunehmen sind.
Keine Aufstellungserleichterungen sind Zusammenfassungen beispielsweise nach § 265 Abs. 7; insoweit müssen der aufgestellte Jahresabschluss und die Version der Offenlegung übereinstimmen.[34]

c) Notwendige Ausweise bei der Offenlegung der Bilanz. Die Bilanz ist in vollem **17** Umfang offenzulegen, eine weitere Reduzierung ist in § 326 Abs. 1 nicht vorgesehen. Die Bilanzierungsvorschriften des HGB, AktG und GmbHG enthalten einige Vorgaben, die festlegen, dass bestimmte Ausweise aus der aufgestellten und offengelegten Bilanz in jedem Fall hervorgehen müssen. Sondervorschriften, die einen gesonderten Ausweis von – oder Angaben zu – Bilanzposten verlangen, sind:[35]

Aus dem **HGB:** § 268 Abs. 1 (Vermerk des Gewinn- und Verlustvortrags, sofern im **18** Bilanzgewinn/Bilanzverlust einbezogen), § 268 Abs. 3 (nicht durch Eigenkapital gedeckter Fehlbetrag), § 268 Abs. 4 S. 1 (Restlaufzeit bei Forderungen), § 268 Abs. 5 S. 1 (Verbindlichkeiten mit einer Restlaufzeit bis zu einem Jahr), § 268 Abs. 7 (Haftungsverhältnisse nach Maßgabe des § 251) und § 272 Abs. 1 S. 3 (ausstehende Einlagen auf das gezeichnete Kapital). Zusätzlich von der kleinen AG und KGaA Angaben zum Nennbetrag oder rechnerischen Wert von zur Einziehung erworbenen Aktien oder Aktien, deren spätere Veräußerung von einem Hauptversammlungsbeschluss abhängt.

Aus dem **AktG:**[36] § 272 Abs. 1a S. 1 AktG (Nennbetrag oder rechnerischer Wert von **19** erworbenen eigenen Anteilen), § 152 Abs. 1 AktG (auf jede Aktiengattung entfallender Betrag des Grundkapitals, Nennbetrag des bedingten Kapitals, Gesamtstimmenzahl von Mehrstimmrechtsaktien und die der übrigen Aktien), § 152 Abs. 2 AktG (Einstellung und Entnahme aus der Kapitalrücklage, kann auch im Anhang erfolgen) und § 152 Abs. 3 AktG (Einstellung und Entnahme aus der Gewinnrücklage, kann auch im Anhang erfolgen).

Aus dem **GmbHG:**[37] § 42 Abs. 2 S. 2 und 3 GmbHG (Eingeforderte Nachschüsse **20** und die entsprechende Rücklage), § 42 Abs. 3 GmbHG (Ausleihungen, Forderungen und Verbindlichkeiten gegenüber Gesellschaftern).

Aus § 264c für **kleine gleichgestellte Personenhandelsgesellschaften:** § 264c **21** Abs. 1 (Ausleihungen, Forderungen und Verbindlichkeiten gegenüber Gesellschaftern), § 264c Abs. 2 (Aufgliederung des Eigenkapitals), § 264c Abs. 4 (Anteile an der Komplementärgesellschaft und Ausgleichsposten).

d) Erleichterungen bei der Offenlegung des Anhangs. Neben den Aufstellungser- **22** leichterungen ist für den Anhang eine zusätzliche selbstständige Erleichterung in Bezug auf die Offenlegung vorgesehen (Abs. 1 S. 2). Angaben, welche die Gewinn- und Verlustrechnung betreffen, muss der Anhang nicht enthalten. Schon bei der Aufstellung des Anhangs empfiehlt es sich daher, die Angaben im Hinblick auf die Offenlegung zu trennen.[38] Die Erläuterungen, die nicht zum Handelsregister eingereicht werden müssen, lassen sich auf diese Weise leicht aussortieren. Die Aufstellung des Anhangs erfordert bei kleinen Kapitalge-

---

34   BeBiKo/Grottel Rn. 19; Farr GmbHR 1996, 185 (187) spricht von Befreiungen.
35   ADS Rn. 24; BeBiKo/Grottel Rn. 20.
36   ADS Rn. 25; BeBiKo/Grottel Rn. 21.
37   ADS Rn. 26; BeBiKo/Grottel Rn. 22.
38   ADS Rn. 31; Lutter/Hommelhoff/Kleindiek GmbHG Anh. § 42a Rn. 20; Kölner Komm RechnungslegungsR/Claussen Rn. 4; HdR/Hütten Rn. 2.

sellschaften aber bestimmte Mindestangaben in Bezug auf die Gewinn- und Verlustrechnung. Der Umfang ergibt sich aus den gesetzlichen Aufstellungsvorschriften und den vorgesehenen Erleichterungen (→ Rn. 15). Nach Abs. 1 S. 2 **entfällt die Verpflichtung zur
Offenlegung eines Teils der Mindestangaben.** Dies sind im Anhang:

23   Aus dem **HGB:**[39] § 264 Abs. 2 S. 2 (möglicherweise erforderliche zusätzliche Angaben
über die Vermögens-, Finanz- und Ertragslage), § 265 Abs. 1 S. 2 (Abweichungen in der
Darstellung der Gewinn- und Verlustrechnung), § 265 Abs. 2 S. 2 und 3 (Angaben über
nicht vergleichbare oder angepasste Vorjahreszahlen), § 265 Abs. 4 S. 2 (Gliederungen nach
verschiedenen Gliederungsvorschriften bei mehreren Geschäftszweigen), § 265 Abs. 7 Nr. 2
(zusammengefasste Posten), § 277 Abs. 3 S. 1 (außerplanmäßige Abschreibung, soweit nicht
in der Gewinn- und Verlustrechnung enthalten), § 277 Abs. 4 S. 2 und 3 (Erläuterungen
zu außerordentlichen Erträgen und außerordentlichen Aufwendungen), § 284 Abs. 2 Nr. 1
(Bilanzierungs- und Bewertungsmethoden), § 284 Abs. 2 Nr. 2 (Grundlagen der Währungsumrechnung), § 285 Nr. 8 lit. b (Personalaufwand).

24   Von der Erleichterung erfasst ist auch die Angabe über die Verwendung von Beträgen,
die aus einer vereinfachten Kapitalherabsetzung oder aus der Auflösung von Gewinnrücklagen gewonnen werden (§ 240 S. 3 AktG). Nicht der Pflicht zur Offenlegung unterliegen
ferner **freiwillige Angaben,** die bei der Aufstellung des Anhangs in Bezug auf die Positionen der Gewinn- und Verlustrechnung gemacht wurden.[40]

25   **3. Zeitpunkt der Offenlegung.** Der Zeitpunkt der Offenlegung bestimmt sich
grundsätzlich nach § 325 Abs. 1. Erleichterungen enthält § 326 insoweit nicht. Spätestens
ein Jahr nach dem Abschlussstichtag des Geschäftsjahres, auf das sich die Unterlagen beziehen, sind die Unterlagen der das Unternehmensregister führenden Stelle elektronisch zur
Einstellung in das Unternehmensregister zu übermitteln. Erleichterung gibt es in zeitlicher
Hinsicht nur noch in Bezug auf die Aufstellung des Jahresabschlusses. Der Jahresabschluss
kann von Gesellschaften nach § 267 Abs. 1 innerhalb der ersten sechs Monate des Geschäftsjahres für das abgelaufene Geschäftsjahr aufgestellt werden (§ 264 Abs. 1 S. 4). Die Frist
läuft insoweit drei Monate länger als für mittelgroße und große Kapitalgesellschaften.[41] Zur
Vorlage an die Hauptversammlung ist für kleine Aktiengesellschaften im AktG eine Frist
von acht Monaten (§ 175 Abs. 1 S. 2 AktG) vorgesehen.[42] Für die GmbH sieht § 42a Abs. 2
S. 1 GmbHG eine Verlängerung auf elf Monate vor. Zu möglichen Sanktionen → § 325
Rn. 122 ff.; zum Prüfungsumfang durch die das Unternehmensregister führende Stelle
→ § 329 Rn. 8. Im Hinblick auf die Sanktionierung ist zu beachten, dass als Ausgangsgröße
für die Reduzierung des Ordnungsgelds bei geringfügiger Überschreitung der Nachfrist
(§ 335 Abs. 4 S. 2 Nr. 4) für Klein- und Kleinstgesellschaften vom reduzierten Ordnungsgeldrahmen (§ 335 Abs. 4 S. 2 Nr. 1 und Nr. 2) auszugehen ist.[43] Dabei kommt der Ordnungsgeldrahmen für Kleinstgesellschaften nur in Betracht, wenn die Hinterlegung nach
Abs. 2 gewählt wird. Macht eine Kleinstgesellschaft von dem Wahlrecht der Hinterlegung
kein Gebrauch (etwa weil keine Mitteilung erfolgt, dass zwei der drei Merkmale des § 267a
nicht überschritten werden), kommt nur eine Behandlung als kleine Gesellschaft in Betracht,
was sich auch im maßgebenden Ordnungsgeldrahmen niederschlägt.[44]

26   **4. Kleinstgesellschaften (Abs. 2).** Kleinstgesellschaften wird in Abs. 2 die Wahlmöglichkeit eingeräumt, ihre Offenlegungspflicht aus § 325 dadurch zu erfüllen, dass nur die
Bilanz der das Unternehmensregister führenden Stelle elektronisch zur Einstellung in das
Unternehmensregister in der Form der dauerhaften Hinterlegung übermittelt wird. Die
elektronisch übermittelte und hinterlegte Bilanz einer Kleinstgesellschaft kann dann nicht
von jedermann über die Internetseite des Bundesanzeigers abgerufen werden, vielmehr ist

---

[39]   Vgl. ADS Rn. 29; BeBiKo/Grottel Rn. 26; Farr GmbHR 1996, 185 (187).
[40]   BeBiKo/Grottel Rn. 28.
[41]   ADS Rn. 14; BeBiKo/Grottel Rn. 28; GK-HGB/Marsch-Barner Rn. 2.
[42]   Vgl. Kölner Komm RechnungslegungsR/Claussen Rn. 5.
[43]   LG Bonn DStR 2015, 2457; BeckRS 2015, 11971.
[44]   LG Bonn BeckRS 2015, 16105.

auf Antrag eine Kopie zu übermitteln (§ 9 Abs. 6 S. 3).[45] Eine besondere Begründung oder einen Nachweis über ein berechtigtes Interesse für die Einsichtnahme ist nicht erforderlich.[46] Durch die Bezugnahme auf § 325 Abs. 1a und 1b wird gewährleistet, dass die Hinterlegung innerhalb der Offenlegungsfrist zu erfolgen hat und im Falle einer Änderung der Bilanz nach einer Feststellung oder Prüfung auch die geänderte Bilanz hinterlegt wird. Die Inanspruchnahme der Hinterlegung erfordert, dass die Mitglieder des vertretungsberechtigten Organs gegenüber der das Unternehmensregister führenden Stelle mitteilen, dass sie zwei der drei in § 267a Abs. 1 genannten Merkmale für die nach § 267 Abs. 4 maßgeblichen Abschlussstichtage nicht überschreiten. Auf eine Pflicht zur Übermittlung der konkreten Kennzahlen des Unternehmens hat der Gesetzgeber bewusst verzichtet, um die Belastung der Unternehmen in Grenzen zu halten. In Zweifelsfällen obliegt daher der das Unternehmensregister führenden Stelle die Aufgabe der Prüfung und Nachfrage (§ 329 Abs. 1).[47]

Zur Sicherung eines einheitlichen Verfahrens wird die elektronische Einreichung der **27** Unterlagen bei der das Unternehmensregister führenden Stelle auch für die Hinterlegung vorgeschrieben. Die Umwandlung in das dafür erforderliche Dateiformat kann – ausweislich der Gesetzesbegründung – auch die das Unternehmensregister führende Stelle im Auftrag des übermittelnden Unternehmens bewirken, wenn es die Bilanz in einem für die langfristige sichere Archivierung ungeeigneten Dateiformat übermittelt.[48]

Die Erleichterung durch Hinterlegung der Bilanz erfasst lediglich den Jahresabschluss **28** der Kleinstgesellschaft. Für den Fall, dass eine Kleinstgesellschaft einen Konzernabschluss aufstellen muss, ergeben sich die Offenlegungspflichten ohne Einschränkung aus § 325 Abs. 3. Die Norm wird in Abs. 2 gerade nicht in Bezug genommen.[49]

Nach Abs. 2 ist ausschließlich die Bilanz der das Unternehmensregister führenden Stelle **29** elektronisch zur Einstellung durch dauerhafte Hinterlegung in das Unternehmensregister zu übermitteln. In der Literatur wird darüber gestritten, was insoweit zur Bilanz zählt. Konkret geht es um die Angaben und Vermerke unter der Bilanz. Neben den Angaben gem. § 264 Abs. 1 S. 5 für den Fall, dass auf einen Anhang verzichtet werden soll, fallen unter die Vermerkpflicht unter der Bilanz die Angaben, die für die Darstellung eines den tatsächlichen Verhältnissen entsprechenden Bildes der Vermögenslage notwendig werden können (§ 264 Abs. 2 S. 2 iVm S. 4). Vor dem Hintergrund der gesetzlich für die Offenlegung verpflichtend vorgesehenen Unterlagen der Rechnungslegung ist davon auszugehen, dass die Bilanz iSd Abs. 2 auch die verpflichtend anzugebenden Angaben „unter der Bilanz" als Bestandteil erfasst.[50] Hier liegt gerade keine Aufstellungserleichterung, sondern, entsprechend dem Lagebericht für kleine Kapitalgesellschaften, eine gesetzlich nicht verpflichtend vorgesehene Unterlage vor. Auf diesem Wege spielt es für die zu hinterlegenden Informationen keine Rolle, ob die Kleinstgesellschaft freiwillig einen Anhang aufstellt oder auf die Aufstellung eines Anhangs verzichtet (§ 264 Abs. 1 S. 5) und die gesetzlich vorgesehenen Angaben (etwa zu den Haftungsverhältnissen) für die Hinterlegung nach Abs. 2 in beiden Fällen unter der Bilanz vermerkt. Gem. § 264 Abs. 1 S. 5 braucht eine Kleinstgesellschaft den Jahresabschluss nicht um einen Anhang zu erweitern, wenn sie bestimmte Angaben unter der Bilanz macht (Angaben zu Haftungsverhältnissen nach § 268 Abs. 7 iVm § 251; Angaben zu Vorschüssen und Krediten an Mitglieder des Geschäftsführungsorgans, eines Aufsichtsrats, Beirats oder ähnlichen Einrichtung sowie zusätzliche Informationen hierzu nach § 285 Nr. 9c und im Falle einer KleinstAG die in § 160 Abs. 3 S. 2 AktG genannten Angaben zu eigenen Aktien).

45 Küting/Eichenlaub DStR 2012, 2618; Theile BBK 2013, 109.
46 Müller/Kreipl DB 2013, 76.
47 BT-Drs. 17/11292, 18.
48 BT-Drs. 17/11292, 18.
49 Zwirner DStR 2014, 1889; BeBiKo/Grottel Rn. 41.
50 HFA Berichterstattung über die 232. Sitzung des HFV FN-IDW 2013, 361; Haller/Groß DB 2012, 2110; Hoffmann StuB 2012, 730; Fey/Deubert/Lewe BB 2013, 108; Herzig/Schäperclaus DB 2013, 5; Schütte DB 2013, 2043 ff.; Zwirner/Fraschhammer StuB 2013, 88; Kolb/Roß WPg 2014, 995; aA aber etwa Küting/Eichenlaub DStR 2012, 2619; Kußmaul/Huwer/Palm StuB 2013, 454.

30   Für die zu übermittelnde und dauerhaft zu hinterlegende Bilanz gelten ferner die für kleine Gesellschaften vorgesehenen gesetzlichen Regelungen, soweit nichts anderes geregelt ist. Damit kann insoweit auch von den Erleichterungen des § 326 Abs. 1 Gebrauch gemacht werden, wenn und soweit dies im Einzelfall relevant wird (→ Rn. 11 ff.). Ferner sind die besonderen Aufstellungserleichterungen für die Bilanz (§ 266 Abs. 1 S. 4) sowie die GuV (§ 275 Abs. 5) zu beachten.

§ 327 Größenabhängige Erleichterungen für mittelgroße Kapitalgesellschaften bei der Offenlegung

Auf mittelgroße Kapitalgesellschaften (§ 267 Abs. 2) ist § 325 Abs. 1 mit der Maßgabe anzuwenden, daß die Mitglieder des vertretungsberechtigten Organs
1. **¹die Bilanz nur in der für kleine Kapitalgesellschaften nach § 266 Abs. 1 Satz 3 vorgeschriebenen Form der das Unternehmensregister führenden Stelle übermitteln müssen. ²In der Bilanz oder im Anhang sind jedoch die folgenden Posten des § 266 Abs. 2 und 3 zusätzlich gesondert anzugeben:**

   Auf der Aktivseite

   A I 1   Selbst geschaffene gewerbliche Schutzrechte und ähnliche Rechte und Werte;

   A I 2   Geschäfts- oder Firmenwert;

   A II 1   Grundstücke, grundstücksgleiche Rechte und Bauten einschließlich der Bauten auf fremden Grundstücken;

   A II 2   technische Anlagen und Maschinen;

   A II 3   andere Anlagen, Betriebs- und Geschäftsausstattung;

   A II 4   geleistete Anzahlungen und Anlagen im Bau;

   A III 1 Anteile an verbundenen Unternehmen;

   A III 2 Ausleihungen an verbundene Unternehmen;

   A III 3 Beteiligungen;

   A III 4 Ausleihungen an Unternehmen, mit denen ein Beteiligungsverhältnis besteht;

   B II 2   Forderungen gegen verbundene Unternehmen;

   B II 3   Forderungen gegen Unternehmen, mit denen ein Beteiligungsverhältnis besteht;

   B III 1 Anteile an verbundenen Unternehmen.

   Auf der Passivseite

   C 1   Anleihen,
   davon konvertibel;

   C 2   Verbindlichkeiten gegenüber Kreditinstituten;

   C 6   Verbindlichkeiten gegenüber verbundenen Unternehmen;

   C 7   Verbindlichkeiten gegenüber Unternehmen, mit denen ein Beteiligungsverhältnis besteht;

2. **den Anhang ohne die Angaben nach § 285 Nr. 2 und 8 Buchstabe a, Nr. 12 der das Unternehmensregister führenden Stelle übermitteln dürfen.**

Schrifttum: s. bei § 325.

Übersicht

I. Normzweck und Anwendungsbereich

1. Einleitung. Mit der Einführung der Vorschrift des § 327 hat der Gesetzgeber Art. 47 **1**
Abs. 3 RL 78/660/EWG in nationales Recht umgesetzt (heute Art. 31 Abs. 2 Bilanz-RL).
Mittelgroße Kapitalgesellschaften (§ 267 Abs. 2) und gleichgestellte Personenhandelsgesellschaften (§ 264a) können bei der Offenlegung ihrer Rechnungslegungsunterlagen Erleichterungen in Anspruch nehmen. Im Gegensatz zu kleinen Gesellschaften (→ § 326 Rn. 3)
müssen mittelgroße Gesellschaften alle in § 325 Abs. 1 aufgeführten Unterlagen offenlegen.

Die Erleichterungen des § 327 betreffen **nur die Bilanz und den Anhang.** Nach S. 1 **2**
Nr. 1 kann die zur Offenlegung verpflichtete mittelgroße Gesellschaft die Bilanz in der
Form der das Unternehmensregister führenden Stelle übermitteln, in der sie kleine Kapitalgesellschaften in verkürzter Form aufstellen können (§ 266 Abs. 1 S. 3). Allerdings sind in
die Bilanz oder den Anhang weitere Positionen aufzunehmen, die in S. 3 und 4 im Einzelnen
aufgeführt werden. Der Anhang kann gekürzt um die Angaben nach § 285 Nr. 2, 8 lit. a
und Nr. 12 zum Handelsregister eingereicht werden. Nach der Konzeption des Gesetzes ist
die Inanspruchnahme der Erleichterungen als Wahlrecht ausgestaltet.[1] Der Gesellschaftsvertrag oder die Satzung können Beschränkungen oder Vorgaben für die Ausübung des Wahlrechts enthalten (→ § 326 Rn. 6). Die „internen" Publizitätspflichten gegenüber den
Gesellschaftern oder Aktionären werden durch die Vorschrift nicht berührt (→ § 326
Rn. 5). Für Tochterkapitalgesellschaften ist § 264 Abs. 3 und 4 zu beachten.[2] Für gleichgestellte Personenhandelsgesellschaften ist eine Befreiung in § 264b vorgesehen. Liegen die
entsprechenden Voraussetzungen vor, hat die Gesellschaft keine Verpflichtung zur Offenlegung von Unterlagen (→ § 325 Rn. 57).

2. Anwendungsbereich. Von den Erleichterungen für mittelgroße Kapitalgesellschaf- **3**
ten und gleichgestellte Personenhandelsgesellschaften (zu den Größenkriterien vgl. § 267
Abs. 2) können grundsätzlich **alle entsprechenden Gesellschaften** Gebrauch machen.
Nicht unter die mittelgroßen Gesellschaften fallen die Unternehmen, die einen organisier-
ten Markt iSd § 2 Abs. 11 WpHG durch von ihnen ausgegebene Wertpapiere iSd § 2 Abs. 1
WpHG in Anspruch nehmen oder die Zulassung zum Handel an einem organisierten Markt
beantragt haben (§ 267 Abs. 3 S. 2, § 264d).[3] Diese Gesellschaften werden vom Gesetz
als große Gesellschaften fingiert. Die Erleichterungen können auch von Unternehmen in
Anspruch genommen werden, an denen die Öffentliche Hand beteiligt ist (→ § 326 Rn. 9).
Die Sondervorschriften für Kreditinstitute und Versicherungsgesellschaften (§§ 340 ff.,
341 ff.) gehen § 327 vor; einen Verweis auf die Erleichterungen hat der Gesetzgeber dort
nicht eingefügt.[4] Die Bestimmung findet ebenfalls keine Anwendung auf die Vorlagepflichten gegenüber den Gesellschaftern/Aktionären und dem Aufsichtsrat oder sonstigen Gremien der Gesellschaft (→ § 326 Rn. 5). Die Vorlagepflicht gegenüber dem Aufsichtsrat
bezieht sich auf den aufgestellten Jahresabschluss. Nur Aufstellungserleichterungen für mittelgroße Kapitalgesellschaften haben insoweit Auswirkungen (§ 276 S. 1, § 288 Abs. 2).
Unabhängig davon sind den Gesellschaftern und Mitgliedern der Hauptversammlung der
Jahresabschluss und der Lagebericht vorzulegen. Dabei haben die Aktionäre einen Anspruch
auf Vorlage von Unterlagen ohne die Inanspruchnahme von Erleichterungen (§ 131 Abs. 1
S. 3 AktG).

II. Offenlegungspflichtige Unterlagen

1. Anwendung des § 325 Abs. 1. Grundlage für die Offenlegung der Unterlagen **4**
durch mittelgroße Kapitalgesellschaften und gleichgestellte Personenhandelsgesellschaften
bleibt die Vorschrift des § 325 Abs. 1. Nur nach deren Maßgabe gelten die Erleichterungen

---

[1] ADS Rn. 6; BeBiKo/Grottel Rn. 1; Lutter/Hommelhoff/Kleindiek GmbHG Anh. § 42a Rn. 30.
[2] BeBiKo/Grottel Rn. 1.
[3] Ein organisierter Markt ist ein Markt, der von staatlich anerkannten Stellen geregelt und überwacht
    wird, regelmäßig stattfindet und für das Publikum unmittelbar oder mittelbar zugänglich ist.
[4] ADS Rn. 7; BeBiKo/Grottel Rn. 2. Gleiches gilt für die nach PublG offenlegenden Unternehmen.

des § 327. Die Erleichterungen beziehen sich auf den Umfang der Bilanz und die Angaben im Anhang. Die **weiteren Vorgaben** für die Erfüllung der Verpflichtung zur Offenlegung ergeben sich **aus § 325 Abs. 1.** In Bezug auf die verpflichteten Personen (→ § 325 Rn. 20 ff.), die Art der Offenlegung (→ § 325 Rn. 78 ff.), die Möglichkeiten zur Fristwahrung (→ § 325 Rn. 71 ff.) und die übrigen Unterlagen (→ § 325 Rn. 24) enthält § 327 keine Besonderheiten. Ferner gelten die Fristen (→ § 325 Rn. 59) und die formalen Vorgaben an die erforderlichen Unterlagen; insofern geht aus § 327 nichts Abweichendes hervor.[5]

5   **2. Unterlagen.** Da die mittelgroßen Gesellschaften den großen Gesellschaften bezüglich der Rechnungslegung und Abschlussprüfung nahestehen, sehen die gesetzlichen Bestimmungen keine Ausnahmen vor, einzelne Unterlagen von der Offenlegung auszunehmen. Die Offenlegung umfasst daher den Jahresabschluss (bestehend aus Bilanz, Gewinn- und Verlustrechnung und Anhang) (→ § 325 Rn. 27), den Lagebericht (→ § 325 Rn. 31), den Bestätigungsvermerk oder den Vermerk über die Versagung des Abschlussprüfers,[6] den Bericht des Aufsichtsrats,[7] den Vorschlag und Beschluss für die Verwendung des Ergebnisses[8] und die Änderungen des Jahresabschlusses oder des Bestätigungsvermerks (→ § 325 Rn. 46). Mittelgroßen Gesellschaften stehen aber von den Offenlegungserleichterungen zu unterscheidende Aufstellungserleichterungen bezüglich der Gewinn- und Verlustrechnung (§ 276 S. 1) und dem Anhang (§ 288 Abs. 2) zur Verfügung.

6   Die Frage, ob die **Aufstellungserleichterungen nur für die Offenlegung** genutzt werden können, wird in der Literatur weitgehend einheitlich beantwortet. Grottel und ADS bejahen zutreffend die Wahrnehmung der Aufstellungserleichterungen nur für die Offenlegung.[9] Verzichtet werden kann für die Offenlegung auch auf freiwillige Angaben im festgestellten Jahresabschluss, wenn diese sich auf den Teil der Unterlagen beziehen, die aufgrund der Erleichterungen des § 327 weggelassen werden können.[10]

7   **a) Bilanz.** Die von mittelgroßen Kapitalgesellschaften aufgestellte Bilanz muss dem Bilanzschema des § 266 Abs. 2 und 3 entsprechen. Für Personenhandelsgesellschaften iSd § 264a gilt das Schema in der modifizierten Form des § 264c. Aufstellungserleichterungen sind vom Gesetzgeber nicht vorgesehen. Nach S. 1 Nr. 1 darf die mittelgroße Gesellschaft die Bilanz in der für kleine Gesellschaften geltenden Form der das Unternehmensregister führenden Stelle übermitteln. Somit ist eine Gliederung nach Buchstaben und römischen Zahlen ausreichend (§ 266 Abs. 1 S. 3). Dem gesteigerten Publizitätsinteresse trägt der Gesetzgeber dadurch Rechnung, dass er **zusätzliche, abschließend aufgezählte Angaben** in der offengelegten Bilanz oder im Anhang verlangt.

8   Dabei handelt es sich auf der Aktivseite um folgende Positionen:
- Immaterielle Vermögensgegenstände: Selbst geschaffene gewerbliche Schutzrechte und ähnliche Rechte und Werte;[11] Geschäfts- und Firmenwert;
- Sachanlagen: Grundstücke (grundstücksgleiche Rechte sowie Bauten), technische Anlagen und Maschinen, andere Anlagen (Betriebs- und Geschäftsausstattung), geleistete Anzahlungen und Anlagen im Bau;
- Finanzanlagen: Anteile an verbundenen Unternehmen, Ausleihungen an verbundene Unternehmen, Beteiligungen, Ausleihen an Unternehmen, mit denen ein Beteiligungsverhältnis besteht;

---

5   ADS Rn. 9.
6   → § 325 Rn. 25. Im Gegensatz zu kleinen Kapitalgesellschaften sind die mittelgroßen Kapitalgesellschaften von Gesetzes wegen prüfungspflichtig (§ 316 Abs. 1 S. 1).
7   → § 325 Rn. 28. Bei der GmbH sind die Besonderheiten zu beachten.
8   → § 325 Rn. 30. Auf die Angaben zum Jahresüberschuss oder Jahresfehlbetrag sei nochmals hingewiesen. Ebenfalls auf die Besonderheiten bei der GmbH mit natürlichen Personen als Gesellschafter.
9   BeBiKo/Grottel Rn. 5; ebenso Lutter/Hommelhoff/Kleindiek GmbHG Anh. § 42a Rn. 29; jetzt auch unter Aufgabe der Ansicht in der Vorauflage ADS Rn. 11.
10   BeBiKo/Grottel Rn. 6.
11   Die Erweiterung ist der Verpflichtung zur Aktivierung selbst geschaffener immaterieller Vermögensgegenstände des Anlagevermögens geschuldet (BilMoG, BGBl. 2009 I 1102).

– Forderungen und sonstige Vermögensgegenstände: Forderungen gegen verbundene Unternehmen, Forderungen gegen Unternehmen, mit denen ein Beteiligungsverhältnis besteht;
– Wertpapiere: Anteile an verbundenen Unternehmen.

Auf der Passivseite sind folgende zusätzliche Angaben erforderlich: **9**
– Verbindlichkeiten: Anleihen (davon konvertibel), Verbindlichkeiten gegenüber Kreditinstituten, Verbindlichkeiten gegenüber verbundenen Unternehmen, Verbindlichkeiten gegenüber Unternehmen, mit denen ein Beteiligungsverhältnis besteht.

Werden die Angaben im Anhang gemacht, ist es zweckmäßig, sie in einen besonderen **10**
Teil einzustellen. Der **Ausweis** in der Bilanz ist **auf zwei Arten möglich.**[12] Die Posten können in der Bilanz entsprechend dem Gliederungsschema aufgeführt werden. Die restlichen Posten des Hauptgliederungspunktes können unter dem Vermerk „sonstige ..." oder „übrige ..." ausgewiesen werden. Ausreichend ist es aber auch, wenn die geforderten Posten in einen „Davon-Vermerk" aufgenommen werden. Die zusätzlich aufzuführenden Posten des Anlagevermögens sind nach Grottel in das Anlagengitter/den Anlagespiegel (§ 268 Abs. 2) aufzunehmen; Erleichterungen sind insoweit nicht vorgesehen.[13]

b) Gewinn- und Verlustrechnung. Eine Erleichterung zur Offenlegung der   **11**
Gewinn- und Verlustrechnung ist in § 327 nicht enthalten. Verkürzungen können sich aber durch die Inanspruchnahme von Aufstellungserleichterungen ergeben. Nach wohl hM ist die Verkürzung auch nur für die Offenlegung möglich (→ Rn. 6). § 276 S. 1 erlaubt die Zusammenfassung der Positionen des Abs. 2 Nr. 1–5 (Gesamtkostenverfahren) und Abs. 3 Nr. 1–3 und 6 unter der Bezeichnung „Rohergebnis". Weitere Vereinfachungen sind bei mittelgroßen Gesellschaften in diesem Bereich nicht vorgesehen.

c) Anhang. Bei der Offenlegung des Anhangs sind zunächst die **Erleichterungen im** **12**
Rahmen der Aufstellung zu berücksichtigen. Diese ergeben sich aus § 288 Abs. 2 sowie aus § 286 Abs. 2–4 und können auch für Zwecke der Offenlegung herangezogen werden (→ Rn. 6). Im Anhang kann auf die Aufgliederung der Umsatzerlöse nach Tätigkeitsbereichen sowie nach geographisch bestimmten Märkten (§ 285 Nr. 4) verzichtet werden. Angaben zu den latenten Steuern (§ 285 Nr. 29) bedarf es nicht. Wie bei allen Kapitalgesellschaften, die nicht börsennotiert sind, dürfen Angaben zu den Gesamtbezügen der Organmitglieder sowie der ehemaligen Organmitglieder und deren Hinterbliebenen (§ 285 Nr. 9 Buchst. a und b) unterlassen werden (§ 286 Abs. 4), wenn sich anhand der Angaben die Bezüge eines Mitglieds feststellen lassen. Angaben zum Honorar des Abschlussprüfers (§ 285 Nr. 17) sind im Anhang ebenfalls nicht verpflichtend, aber gegenüber der Wirtschaftsprüferkammer auf Nachfrage mitzuteilen. Soweit es sich nicht um eine AG handelt, sind auch die Angaben zu marktunüblichen Geschäften mit nahestehenden Unternehmen und Personen (Geschäftsführung, Gesellschafter, Mitglieder des Aufsichtsgremiums) nicht zwingend (§ 285 Nr. 21). Letztlich ist eine Erläuterung der einzelnen Erträge und Aufwendungen hinsichtlich ihres Betrags und ihrer Art entbehrlich, die einem anderen Geschäftsjahr zuzurechnen sind (§ 285 Nr. 32).

Daneben enthält S. 2 Nr. 2 weitere **Erleichterungen, die nur für die Offenlegung**   **13**
in Anspruch genommen werden können. Die weitere Verkürzung des Anhangs umfasst nach der Verweisung auf § 285:[14]
– die Aufgliederung des Gesamtbetrags der Verbindlichkeiten mit einer Restlaufzeit von mehr als fünf Jahren auf die einzelnen Posten der Verbindlichkeiten (§ 285 Nr. 2);
– die Angabe des Materialaufwands und seine Aufgliederung bei der Anwendung des Umsatzkostenverfahrens (§ 285 S. 1 Nr. 8 lit. a);

---

[12]   BeBiKo/Grottel Rn. 9.
[13]   BeBiKo/Grottel Rn. 10.
[14]   ADS Rn. 15; BeBiKo/Grottel Rn. 11; Kölner Komm RechnungslegungsR/Claussen Rn. 1; GK-HGB/ Marsch-Barner Rn. 3.

– die Erläuterungen zu den unter der Position „sonstige Rückstellungen" nicht gesondert ausgewiesenen Beträge (§ 285 S. 1 Nr. 12).

14 Für die Vorlage an den Aufsichtsrat und die Prüfung der Unterlagen durch den Abschlussprüfer kann nur von den Aufstellungserleichterungen Gebrauch gemacht werden. Fehlen die Angaben aus § 327 S. 2 Nr. 2 im aufgestellten Jahresabschluss, liegt kein vollständiger Jahresabschluss vor. Die Aktionäre haben nach § 131 Abs. 1 S. 3 AktG einen noch weitergehenden Anspruch. Bei der Erfüllung dieser Verpflichtung dürfen keinerlei Erleichterungen in Anspruch genommen werden.

15 **d) Besonderheiten.** Die **„gespaltene Publizität"**[15] kann für mittelgroße Gesellschaften ebenfalls zu drei Formen des Jahresabschlusses führen (→ Rn. 3; ohne Erleichterungen, mit Aufstellungserleichterungen, mit Aufstellungs- und Offenlegungserleichterungen). Aus dem Feststellungsbeschluss muss sich daher klar und eindeutig ergeben, auf welche Form des Jahresabschlusses er sich bezieht. Der festgestellte Jahresabschluss ist anschließend Gegenstand der Abschlussprüfung (§ 316 Abs. 1). Die Verkürzung zum Zwecke der Offenlegung führt nicht zur erneuten Feststellung und Prüfung des Jahresabschlusses in der nun publizierten Form.[16] Bei der Offenlegung der verkürzten Form (§ 327) des Jahresabschlusses und des Bestätigungsvermerks des Abschlussprüfers ist vielmehr nach § 328 Abs. 1a S. 2 auf die Tatsache hinzuweisen, dass sich der Bestätigungsvermerk auf den festgestellten Jahresabschluss bezieht.[17] Der Hinweis kann nach Grottel vermieden werden, wenn die verkürzte Form freiwillig in den Prüfungsauftrag einbezogen wird.[18] Zu möglichen Sanktionen → § 325 Rn. 122 ff.; zum Prüfungsumfang durch die das Unternehmensregister führende Stelle → § 329 Rn. 8.

§ 327a Erleichterung für bestimmte kapitalmarktorientierte Kapitalgesellschaften

§ 325 Abs. 4 Satz 1 ist auf eine Kapitalgesellschaft nicht anzuwenden, wenn sie ausschließlich zum Handel an einem organisierten Markt zugelassene Schuldtitel im Sinn des § 2 Absatz 1 Nummer 3 des Wertpapierhandelsgesetzes mit einer Mindeststückelung von 100 000 Euro oder dem am Ausgabetag entsprechenden Gegenwert einer anderen Währung begibt.

Schrifttum: s. bei § 325.

I. Normzweck und Anwendungsbereich

1 **1. Einleitung.** § 327a wurde als Erleichterung in das Gesetz eingeführt. Die verkürzte Offenlegungsfrist von vier Monaten nach § 325 Abs. 4 S. 1 greift nicht ein, wenn die Gesellschaft lediglich Schuldtitel emittiert, für die in Art. 8 Abs. 1 lit. b Transparenz-RL eine Ausnahme vorgesehen ist. Der angestrebte zeitliche Gleichlauf zwischen der Rechnungslegungspublizität und den Jahresfinanzberichten bei kapitalmarktorientierten Unternehmen wird für solche Fälle nicht berührt. Zur Förderung der Verständlichkeit der Gesamtregelung wurde die Ausnahme in den Kontext der Erleichterungen aufgenommen.[1] Kapitalmarktorientierte Gesellschaften, die keine Aktien oder mit Aktien vergleichbare Anlagewerte und Zertifikate, die Aktien vertreten, an einem organisierten Markt (§ 2 Abs. 11 WpHG) handeln, haben ihre Rechnungslegungsunterlagen nach den Fristen des

---

[15] ADS Rn. 16; HdR/Hütten Rn. 2.
[16] ADS Rn. 17; BeBiKo/Grottel Rn. 17; Kölner Komm RechnungslegungsR/Claussen Rn. 2; HdR/Hütten Rn. 1; aA Hopt/Merkt Rn. 3; GK-HGB/Marsch-Barner Rn. 4, mit dem Hinweis auf die amtliche Begründung; BT-Drs. 10/4268, 121. Hierbei soll es sich aber um ein „offensichtliches Versehen" handeln; ADS Rn. 17.
[17] ADS Rn. 18; Kölner Komm RechnungslegungsR/Claussen Rn. 2.
[18] BeBiKo/Grottel Rn. 17.
[1] BT-Drs. 16/2781, 81.

§ 325 Abs. 1a der das Unternehmensregister führenden Stelle zu übermitteln. Eine Verkürzung der Jahresfrist kommt insoweit nicht in Betracht.

2. Anwendungsbereich. Die Erleichterung des § 327a ist erstmals auf Jahresab- **2** schlüsse, Konzernabschlüsse sowie Lageberichte und Konzernlageberichte für das nach dem 31.12.2005 beginnende Geschäftsjahr anwendbar (Art. 61 Abs. 5 EGHGB). Von der Erleichterung können alle Gesellschaften profitieren, die ausschließlich mit Schuldtiteln nach § 2 Abs. 1 Nr. 3 WpHG, insbesondere Inhaberschuldverschreibungen und Orderschuldverschreibungen einschließlich Genussscheine, Optionsscheine und Zertifikate, die solche Schuldtitel vertreten, zum Handel an einem organisierten Markt zugelassen sind (§ 2 Abs. 11 WpHG). Die Mindeststückelung der begebenen Schuldtitel muss 100.000 EUR betragen. Gleiches gilt bei einer anderen Währung, falls die Schuldtitel am Ausgabetag für einen entsprechenden Gegenwert begeben werden. Da die Ausnahmeregelung nur im Hinblick auf die Frist des § 325 Abs. 4 S. 1 gilt, hat die Erleichterung nur Bedeutung, falls für die Schuldtitel ein organisierter Markt in einem Mitgliedstaat der EU oder einem Vertragsstaat des EWR in Anspruch genommen wird. Die ausschließliche Inanspruchnahme von Kapitalmärkten in Drittländern führt schon nicht zur Verkürzung der Offenlegungsfrist (→ § 325 Rn. 117). Die Erleichterung spielt daher insoweit keine Rolle.

II. Erleichterung

1. Frist. Für Gesellschaften, die einen organisierten Markt iSd § 2 Abs. 11 WpHG **3** durch von ihnen ausgegebene Wertpapiere iSd § 2 Abs. 1 WpHG in der EU oder im EWR in Anspruch nehmen, beträgt die Frist zur Offenlegung nach § 325 Abs. 4 S. 1 grundsätzlich längstens vier Monate. Organisierter Markt im Sinne des WpHG ist ein im Inland, in einem anderen Mitgliedstaat der Europäischen Union oder einem anderen Vertragsstaat des Abkommens über den Europäischen Wirtschaftsraum betriebenes oder verwaltetes, durch staatliche Stellen genehmigtes, geregeltes und überwachtes multilaterales System, das die Interessen einer Vielzahl von Personen am Kauf und Verkauf von dort zum Handel zugelassenen Finanzinstrumenten innerhalb des Systems und nach festgelegten Bestimmungen in einer Weise zusammenbringt oder das Zusammenbringen fördert, die zu einem Vertrag über den Kauf dieser Finanzinstrumente führt (§ 2 Abs. 11 WpHG). Die Unterlagen sind innerhalb der Frist der das Unternehmensregister führenden Stelle zu übermitteln. Die Erleichterung des § 327a betrifft ausschließlich die Frist in § 325 Abs. 4 S. 1 zur Übermittlung der Unterlagen an die das Unternehmensregister führende Stelle. Die Verkürzung der Jahresfrist auf vier Monate greift danach nicht ein, wenn die Gesellschaft ausschließlich zum Handel an einem organisierten Markt zugelassene Schuldtitel iSd § 2 Abs. 1 Nr. 3 WpHG[2] mit einer Mindeststückelung von 100.000 EUR bzw. einem entsprechenden Gegenwert in anderer Währung begibt. Als Schuldtitel, die eine Erleichterung ermöglichen, kommen insbesondere Inhaberschuldverschreibungen und Orderschuldverschreibungen einschließlich Genussscheine, Optionsscheine und Zertifikate, die solche Schuldtitel vertreten, in Betracht. Voraussetzung ist allerdings, dass ausschließlich solche Schuldtitel der Gesellschaft zum Handel zugelassen sind.

2. Betroffene Unterlagen. Die Erleichterung gilt für alle Unterlagen der Rechnungs- **4** legung, die von den verpflichteten Gesellschaften nach § 325 Abs. 1 offenzulegen sind. Darüber hinaus gilt die Erleichterung auch für die Unterlagen der Konzernrechnungslegung, wenn die Gesellschaft, die einen Konzernabschluss und Konzernlagebericht aufzustellen hat, lediglich mit den Schuldtiteln nach § 2 Abs. 1 Nr. 3 WpHG zum Handel an einem organisierten Markt zugelassen ist.

3. Prüfung. Die das Unternehmensregister führende Stelle hat die fristgemäße Einrei- **5** chung der Unterlagen zu prüfen. Insoweit ist die Berechtigung zur Nutzung der Erleichte-

---

2   Zu Einzelheiten vgl. Fuchs/Fuchs WpHG § 2 Rn. 27 ff.; Assmann/Schneider/Mülbert/Assmann WpHG § 2 Rn. 20 ff.

rung des § 327a Gegenstand der Prüfung (§ 329 Abs. 2). Die das Unternehmensregister führende Stelle ist berechtigt, die entsprechenden Angaben zur Prüfung der Voraussetzungen der Erleichterung von der Gesellschaft zu verlangen (→ § 329 Rn. 14). Zu den möglichen Sanktionen → § 325 Rn. 122 f.

§ 328 Form, Format und Inhalt der Unterlagen bei der Offenlegung, Veröffentlichung und Vervielfältigung

(1) [1]Bei der Offenlegung des Jahresabschlusses, des Einzelabschlusses nach § 325 Absatz 2a, des Konzernabschlusses oder des Lage- oder Konzernlageberichts oder der Erklärungen nach § 264 Absatz 2 Satz 3, § 289 Absatz 1 Satz 5, § 297 Absatz 2 Satz 4 oder § 315 Absatz 1 Satz 5 sind diese Abschlüsse, Lageberichte und Erklärungen so wiederzugeben, dass sie den für ihre Aufstellung maßgeblichen Vorschriften entsprechen, soweit nicht Erleichterungen nach den §§ 326 und 327 in Anspruch genommen werden oder eine Rechtsverordnung des Bundesministeriums der Justiz und für Verbraucherschutz nach Absatz 4 hiervon Abweichungen ermöglicht. [2]Sie haben in diesem Rahmen vollständig und richtig zu sein. [3]Die Sätze 1 und 2 gelten auch für die teilweise Offenlegung sowie für die Veröffentlichung oder Vervielfältigung in anderer Form auf Grund des Gesellschaftsvertrages oder der Satzung. [4]Eine Kapitalgesellschaft, die als Inlandsemittent (§ 2 Absatz 14 des Wertpapierhandelsgesetzes) Wertpapiere (§ 2 Absatz 1 des Wertpapierhandelsgesetzes) begibt und keine Kapitalgesellschaft im Sinne des § 327a ist, hat offenzulegen:

1. die in Absatz 1 Satz 1 bezeichneten Unterlagen in dem einheitlichen elektronischen Berichtsformat nach Maßgabe des Artikels 3 der Delegierten Verordnung (EU) 2019/815 der Kommission vom 17. Dezember 2018 zur Ergänzung der Richtlinie 2004/109/EG des Europäischen Parlaments und des Rates im Hinblick auf technische Regulierungsstandards für die Spezifikation eines einheitlichen elektronischen Berichtsformats (ABl. L 143 vom 29.5.2019, S. 1; L 145 vom 4.6.2019, S. 85) in der jeweils geltenden Fassung;

2. den Konzernabschluss mit Auszeichnungen nach Maßgabe der Artikel 4 und 6 der Delegierten Verordnung (EU) 2019/815.

(1a) [1]Das Datum der Feststellung oder der Billigung der in Absatz 1 Satz 1 bezeichneten Abschlüsse ist anzugeben. [2]Wurde der Abschluss auf Grund gesetzlicher Vorschriften durch einen Abschlussprüfer geprüft, so ist jeweils der vollständige Wortlaut des Bestätigungsvermerks oder des Vermerks über dessen Versagung wiederzugeben; wird der Jahresabschluss wegen der Inanspruchnahme von Erleichterungen nur teilweise offengelegt und bezieht sich der Bestätigungsvermerk auf den vollständigen Jahresabschluss, ist hierauf hinzuweisen. [3]Bei der Offenlegung von Jahresabschluss, Einzelabschluss nach § 325 Absatz 2a oder Konzernabschluss ist gegebenenfalls darauf hinzuweisen, dass die Offenlegung nicht gleichzeitig mit allen anderen nach § 325 offenzulegenden Unterlagen erfolgt.

(2) [1]Werden Abschlüsse in Veröffentlichungen und Vervielfältigungen, die nicht durch Gesetz, Gesellschaftsvertrag oder Satzung vorgeschrieben sind, nicht in der nach Absatz 1 vorgeschriebenen Form oder dem vorgeschriebenen Format wiedergegeben, so ist jeweils in einer Überschrift darauf hinzuweisen, daß es sich nicht um eine der gesetzlichen Form oder dem gesetzlichen Format entsprechende Veröffentlichung handelt. [2]Ein Bestätigungsvermerk darf nicht beigefügt werden, wenn die Abschlüsse nicht in der nach Absatz 1 vorgeschriebenen Form wiedergegeben werden. [3]Ist jedoch auf Grund gesetzlicher Vorschriften eine Prüfung durch einen Abschlußprüfer erfolgt, so ist anzugeben, zu welcher der in § 322 Abs. 2 Satz 1 genannten zusammenfassenden Beurteilungen des Prüfungsergeb-

nisses der Abschlussprüfer in Bezug auf den in gesetzlicher Form erstellten Abschluss gelangt ist und ob der Bestätigungsvermerk einen Hinweis nach § 322 Abs. 3 Satz 2 enthält. [4]Ferner ist anzugeben, ob die Unterlagen der das Unternehmensregister führenden Stelle übermittelt worden sind.

(3) [1]Absatz 1 Satz 1 bis 3 ist auf den Vorschlag für die Verwendung des Ergebnisses und den Beschluss über seine Verwendung entsprechend anzuwenden. [2]Werden die in Satz 1 bezeichneten Unterlagen oder der Lage- oder Konzernlagebericht nicht gleichzeitig mit dem Jahresabschluß oder dem Konzernabschluß offengelegt, so ist bei ihrer nachträglichen Offenlegung jeweils anzugeben, auf welchen Abschluß sie sich beziehen und wo dieser offengelegt worden ist; dies gilt auch für die nachträgliche Offenlegung des Bestätigungsvermerks oder des Vermerks über seine Versagung.

(4) Die Rechtsverordnung nach § 330 Abs. 1 Satz 1, 4 und 5 kann der das Unternehmensregister führenden Stelle Abweichungen von der Kontoform nach § 266 Abs. 1 Satz 1 gestatten.

(5) Für die Hinterlegung der Bilanz einer Kleinstkapitalgesellschaft (§ 326 Absatz 2) gelten Absatz 1 Satz 1 bis 3 und Absatz 1a Satz 1 entsprechend.

Schrifttum: Breucha-Schmidberger, Vermeidung von Nachteilen bei Verletzung der Publizitätspflicht, DStZ 1989, 223; Farr, Der Jahresabschluß der kleinen GmbH, GmbHR 1996, 185; Farr, Checkliste für den Anhang im Jahresabschluß der kleinen GmbH unter Berücksichtigung der Neuerungen des KonTraG, KapAEG und EuroEG sowie Ausblick auf das KapCoRiliG, GmbHR 1999, 1080; Fischbach/Schmal, Die Bürokratisierung am Beispiel des Gesetzes über elektronische Handelsregister und Genossenschaftsregister sowie Unternehmensregister (EHUG) aus Sicht des Wirtschaftsprüfers, DB 2007, 529; Gustavus/Weiler, Die Offenlegung von Jahresabschlüssen – Das Registergericht als Informationsquelle – Die Aufgaben des Steuerberaters, Steuerberaterkongreß-Report 1988, 369; Heni, Transformation der GmbH & Co-Richtlinie – Neuer Schub für die Konzernrechnungslegung, DStR 1999, 912; Küting/Hütten, Der Geschäftsbericht als Publizitätsinstrument, BB 1996, 2671; Löcke, Der Materiality-Grundsatz bei Jahres- und Konzernabschlüssen nach International Accounting Standards, BB 1999, 307; Meisinger/Wenzler, Diskrepanzen bei der Lageberichtspublizität, WPg 1992, 445; Meyer, Euro-Einführungsgesetz – EuroEG, BBK Brennpunkt 1997, 1058; Müller, Die verschärfte Publizität und deren Gefahren, Stbg 2000, 581; Reuter, Die Publizität der Kapitalgesellschaft nach neuem Bilanzrecht, FS Goerdeler, 1987, 427; Richter, Formvorschriften des Aktiengesetzes für die freiwillige Veröffentlichung und Vervielfältigung von gekürzten Jahresabschlüssen und ihre Beachtung in der Praxis, BB 1977, 1329; Wiechmann, Der Jahres- und Konzernabschluß der GmbH & Co. KG, WPg 1999, 916.

Übersicht

I. Normzweck und Anwendungsbereich

1   **1. Einleitung.** Durch § 328 wurden Art. 48, 49 RL 78/660/EWG (4. EG-Richtlinie) und Art. 38 Abs. 5 RL 83/349/EWG (7. EG-Richtlinie; heute Art. 30 Abs. 1 Bilanz-RL und Art. 32 Bilanz-RL) in deutsches Recht umgesetzt.[1] Die Vorschrift regelt die Form, das Format und den Inhalt der Unterlagen des § 325 bei der **Offenlegung** und führt daneben die **Veröffentlichung und Vervielfältigung** in das Gesetz ein. Die Fälle der Veröffentlichung und Vervielfältigung werden der Offenlegung gleichgestellt, wenn es um Publizitätspflichten aufgrund des Gesellschaftsvertrags oder der Satzung geht (Abs. 1). Im Hinblick auf die sonstigen Unterlagen (etwa Ergebnisverwendung) wird Abs. 1 durch Abs. 3 ergänzt. Während Abs. 1 den Jahresabschluss, den Einzelabschluss und den Konzernabschluss sowie die Lageberichte (auch den Konzernlagebericht) einschließlich der „Eid"-Erklärungen betrifft, regelt Abs. 1a, welche Angaben im Zusammenhang mit der Feststellung oder Billigung sowie mit der Jahresabschlussprüfung bei der Offenlegung der Abschlüsse zu machen sind. Die Anforderungen an andere Veröffentlichungen und Vervielfältigungen ergeben sich aus Abs. 2; man spricht hier von freiwilliger Publizität.[2] Eigene Publizitätspflichten sind in der Vorschrift nicht enthalten. Die Anforderungen an Form, Format und Inhalt sind zwingendes Recht und können durch den Gesellschaftsvertrag oder die Satzung nicht abgeändert werden.[3] Eine Ermächtigung für eine Regelung in einer VO zur Gestattung der Abweichung von der Kontenform durch die das Unternehmensregister führende Stelle enthält Abs. 4. In Abs. 5 wird klargestellt, dass die Vorgaben der Norm auch gelten, wenn eine Kleinstgesellschaft die Bilanz zur Einstellung in das Unternehmensregister dauerhaft hinterlegt. Der Gesetzgeber hat Ende 2011 mit dem Gesetz zur Änderung von Vorschriften über Verkündung und Bekanntmachungen vom 22.12.2011 (BGBl. 2011 I 3044 (3048)) entschieden, die gedruckte Form des Bundesanzeigers einzustellen und den elektronischen Bundesanzeiger als ausschließliches elektronisches Verkündigungs- und Bekanntmachungsorgan unter der Bezeichnung „Bundesanzeiger" weiterzuführen. Seit 2022 sind die Unterlagen (nur noch) der das Unternehmensregister führenden Stelle elektronisch zur Einstellung in das Unternehmensregister zu übermitteln. § 328 dient dem Schutz der Allgemeinheit und schafft durch die Vorgaben einen verlässlichen Standard. Allerdings kann das Statut der Gesellschaft in der Weise verfasst werden, dass eine Publizitätsverpflichtung entfällt, sofern sie sich nicht aus dem Gesetz ergibt.

2   Mit dem Gesetz zur weiteren Umsetzung der Transparenzrichtlinie-Änderungsrichtlinie im Hinblick auf ein einheitliches elektronisches Format der Jahresfinanzberichte wurde die Regelung erweitert. Abs. 1 S. 4 enthält eigenständige Offenlegungsanforderungen für Kapitalgesellschaften, die als WpHG-Inlandsemittenten Wertpapiere begeben und keine Kapitalgesellschaften iSd § 327a sind. Die für Zwecke der Offenlegung erstellten elektronischen Wiedergaben der Rechnungslegungsunterlagen dieser Emittenten müssen den Formatvorgaben der ESEF-VO genügen (Einheitliches europäisches elektronisches Format – European Single Electronic Format, kurz „ESEF"). Die Regelung dient zusammen mit § 114 Abs. 1 S. 1, Abs. 2 WpHG und § 117 Nr. 1 WpHG der Umsetzung von Art. 4 Abs. 7 Transparenz-RL iVm Art. 3 ESEF-VO. Die Regelung in Abs. 1 S. 4 Nr. 1 bestimmt, dass die genannten Kapitalmarktakteure diejenigen Rechnungslegungsunterlagen, die den Jahresfinanzbericht ausmachen (siehe Art. 4 Abs. 2 Transparenz-RL), nach Maßgabe des Art. 3

---

[1]   Zum abweichenden Anknüpfungspunkt – in Art. 48 EGHGB: die Grundlage des Abschlussprüfers – in § 328: die nach den maßgeblichen Vorschriften zur Aufstellung entstandene Unterlage s. ADS Rn. 6. Zur Vorgängervorschrift s. Kölner Komm RechnungslegungsR/Claussen Rn. 1.

[2]   ADS Rn. 3; BeBiKo/Grottel Rn. 1.

[3]   ADS Rn. 12; BeBiKo/Grottel Rn. 3.

ESEF-VO[4] im XHTML-Format offenzulegen haben. Ziel ist es, zum Nutzen von Emittenten, Anlegern und zuständigen Behörden die Berichterstattung zu vereinfachen sowie die Zugänglichkeit, Analyse und Vergleichbarkeit von Jahresfinanzberichten zu erleichtern.[5]

2. Anwendungsbereich. Die Vorschrift gilt für alle Kapitalgesellschaften, unabhängig **3** von ihrer Rechtsform und Größe. Nach dem KapCoRiLiG (BGBl. 2000 I 154) erstreckt sich der Geltungsbereich des § 328 auch auf gleichgestellte Personenhandelsgesellschaften (§ 264a).[6] Durch **Verweisung** gilt die Vorschrift ebenfalls für die Offenlegung der Genossenschaften (§ 339 Abs. 3), der Unternehmen, die nach dem PublG offenlegen (§ 9 Abs. 1 S. 1 PublG, § 15 Abs. 2 PublG), der Kreditinstitute (§ 340l Abs. 1 und 2) und der Versicherungsunternehmen (§ 341l Abs. 1) sowie für bestimmte Unternehmen des Rohstoffsektors (§ 341w Abs. 3).[7] Hierbei ist zu beachten, dass § 9 Abs. 1 S. 1 PublG nur für die Offenlegung auf § 328 verweist (anders § 15 Abs. 2 PublG). Publikationen, die ihre Grundlage im Statut der Gesellschaft haben oder freiwillig erfolgen, unterliegen insoweit nicht den Anforderungen des § 328.[8] Für andere Unternehmen findet § 328 keine Anwendung. ADS sehen in § 328 Abs. 2 allgemeine Grundsätze zur Veröffentlichung oder Vervielfältigung von Unterlagen.[9] Die Verwechslungsgefahr des vollständigen Abschlusses mit einer gekürzten Fassung muss ausgeschlossen sein. Der Bestätigungsvermerk ist daher nur mit dem dazugehörigen Abschluss in vollständiger Form wiederzugeben (Abs. 1a S. 2). Veränderungen und Verfälschungen sind nicht zulässig.

Die Vorschrift gilt für alle Abschlüsse. Erfasst sind insbesondere der Jahresabschluss, der **4** Einzelabschluss (§ 325 Abs. 2a) und der Konzernabschluss, unabhängig davon, nach welchen Grundsätzen (IAS/IFRS oder HGB) der letztgenannte Abschluss aufgestellt wurde. Eine Verweisung auf § 328 ist auch in § 291 Abs. 1 S. 1 enthalten. Der befreiende Konzernabschluss mit Lagebericht und Bestätigungsvermerk ist nach den Vorschriften des deutschen Rechts offenzulegen. Für die Aufstellung gilt das Recht, das auf das Mutterunternehmen anzuwenden ist; nur die Formalien der Offenlegung bestimmen sich nach § 328. Die Vorschrift findet auf die **freiwillige Publizität** des Mutterunternehmens keine Anwendung; die Verweisung umfasst nur die Abs. 1 und 3.[10] Zusätzliche Veröffentlichungen aufgrund anderer gesetzlicher Vorschriften werden von der Regelung ebenfalls nicht erfasst. Es handelt sich weder um eine Offenlegung noch um eine Pflichtpublikation nach Satzung oder Gesellschaftsvertrag. Gleichwohl sollten die Grundsätze des § 328 Abs. 1 dabei berücksichtigt werden.[11] Zu nennen sind hier die Vorlagepflichten an Aufsichts- oder Zulassungsbehörden (zB §§ 114, 115, 116 WpHG), mit aber teilweise eigenen Form-, Format- und Inhaltsregeln (§ 114 Abs. 3 WpHG-Ermächtigung für eine entsprechende RVO).[12]

3. Überblick. § 328 trennt die **Pflichtpublizität von der freiwilligen Publizität.** **5** Abs. 1 und Abs. 1a nennen die Anforderungen an die Pflichtpublizität, die sich aus § 325, dem Gesellschaftsvertrag oder der Satzung ergeben kann. Der Jahresabschluss oder der Einzelabschluss und der Konzernabschluss, der Lage- oder Konzernlagebericht oder die Erklärungen nach § 264 Abs. 2 S. 3, § 289 Abs. 1 S. 5, § 297 Abs. 2 S. 4 oder § 315 Abs. 1

---

4   Es handelt sich insoweit um technische Regulierungsstandards zur Spezifizierung dieses elektronischen Berichtsformats; Delegierte VO (EU) 2019/815 der Kommission vom 17.12.2018 (ESEF-VO) zur Ergänzung der RL 2004/109/EG des Europäischen Parlaments und des Rates im Hinblick auf technische Regulierungsstandards für die Spezifikation eines einheitlichen elektronischen Berichtsformats (ABl. EU 2019 L 143, 1; ABl. EU 2019 L 145, 85). Grundlage hierfür bildete ein Entwurf der Europäischen Wertpapier- und Marktaufsichtsbehörde ESMA.

5   BT-Drs. 19/17343, 31.

6   Zum RefE Ernst DStR 1999, 903; Heni DStR 1999, 912; Strobel BB 1999, 1054; Bihr BB 1999, 1862; Göhner BB 1999, 1914; Wiechmann WPg 1999, 916.

7   ADS Rn. 7; BeBiKo/Grottel Rn. 4.

8   ADS Rn. 7; BeBiKo/Grottel Rn. 4; aA Staub/Kersting Rn. 7.

9   ADS Rn. 23 ff.

10 ADS Rn. 9; BeBiKo/Grottel/Kreher § 291 Rn. 10.

11 Vgl. ADS Rn. 8; BeBiKo/Grottel Rn. 2.

12 ADS Rn. 11; BeBiKo/Grottel Rn. 2.

S. 5 sind so wiederzugeben, dass sie den für die Aufstellung maßgebenden Vorschriften entsprechen. Abweichungen im Rahmen der Erleichterungen nach § 326 und § 327 sind natürlich möglich. Das Datum der Feststellung bzw. Billigung ist anzugeben (Abs. 1a S. 1) und der Vermerk des Abschlussprüfers im vollständigen Wortlaut einzubeziehen (Abs. 1a S. 2). Bei der Inanspruchnahme von Erleichterungen (§§ 326, 327) ist auf die Grundlage des Bestätigungsvermerks hinzuweisen. Die sonstigen Unterlagen (Vorschlag und Beschluss zur Verwendung des Ergebnisses) werden durch Abs. 3 in die Form- und Inhaltsbestimmung des Abs. 1 einbezogen. Für die isolierte Offenlegung der sonstigen Unterlagen sowie des Lage- und Konzernlageberichts wurde in Abs. 3 S. 2 eine Hinweispflicht aufgenommen, um eine eindeutige Zuordnung zu einem Abschluss zu ermöglichen. Gleiches gilt für die nachträgliche Offenlegung des Bestätigungsvermerks. Die Besonderheiten des Abs. 3 S. 2 gelten nur für die (nachträgliche) Offenlegung, nicht für die Veröffentlichung oder Vervielfältigung.

6   Abs. 2 regelt die **freiwilligen Veröffentlichungen und Vervielfältigungen.** Die strengen Form-, Formats und Inhaltsanforderungen sind insoweit nicht zwingend zu beachten. Es ist aber in einer Überschrift darauf hinzuweisen, dass die Unterlagen nicht der gesetzlichen Form entsprechen. Der Bestätigungsvermerk darf nicht beigefügt werden, wenn die Abschlüsse nicht nach der Regelung in Abs. 1 wiedergegeben werden. Aus den Angaben muss aber hervorgehen, welches Ergebnis sich durch die gesetzliche Pflichtprüfung des Abschlussprüfers ergeben hat. Ferner ist anzugeben, ob die Unterlagen der das Unternehmensregister führenden Stelle übermittelt worden sind. Damit wird dem Adressaten die Möglichkeit eröffnet, die vollständigen Unterlagen einzusehen. Freiwillige Veröffentlichungen in der Form des Abs. 1 sind jederzeit zulässig.[13]

II. Offenlegung, Veröffentlichung und Vervielfältigung

7   In § 328 kommt deutlich zum Ausdruck, dass der Gesetzgeber die drei Begriffe Offenlegung, Veröffentlichung und Vervielfältigung für unterschiedliche Sachverhalte verwendet. Der Gesetzestext trennt zwischen der vollständigen und teilweisen Offenlegung sowie der Veröffentlichung und Vervielfältigung in anderer Form. Grundlage der einzelnen Maßnahmen sind jeweils der Abschluss, die „Eid"-Erklärungen, die Lageberichte und die sonstigen Unterlagen des § 325 Abs. 1.

8   **1. Offenlegung.** Was der Gesetzgeber unter der Offenlegung versteht, ist aus der Regelung des § 325 zu erschließen. Eine ausdrückliche Umschreibung in der Überschrift des Vierten Unterabschnitts findet sich nicht mehr. Inhaltlich setzt sich der Begriff aus den beiden Komponenten Übermittlung der Unterlagen an die das Unternehmensregister führende Stelle und die Einstellung im Unternehmensregister zusammen. Aus der Regelung in § 325 ergibt sich, dass nur die gesetzlich vorgeschriebene Übermittlung zur Einstellung in das Unternehmensregister gemeint ist.[14] Die Unterscheidung zwischen vollständiger und teilweiser Offenlegung der Unterlagen ergibt sich aus den Erleichterungen in §§ 326, 327. So ist bei kleinen Kapitalgesellschaften die Gewinn- und Verlustrechnung nicht zwingend offenzulegen. Die Offenlegung ist somit nur ein Ausschnitt aus der Menge der Veröffentlichungen.[15]

9   **2. Veröffentlichung.** Die Veröffentlichung ist jede Bekanntgabe von Informationen an die Öffentlichkeit. Der Adressatenkreis ist dabei nicht bestimmt.[16] Der Umfang der veröffentlichten Information kann vom gesetzlichen Standard abweichen (zB umfassender Geschäftsbericht)[17] oder diesem entsprechen. Eine Verpflichtung zur Veröffentlichung kann

---

13   ADS Rn. 3.
14   ADS Rn. 14; BeBiKo/Grottel Rn. 2; HdR/Hütten Rn. 1; Kölner Komm RechnungslegungsR/Claussen Rn. 2.
15   ADS Rn. 14; HdR/Hütten Rn. 1.
16   ADS Rn. 15; BeBiKo/Grottel Rn. 2.
17   Zum Geschäftsbericht als Publizitätsinstrument s. Küting/Hütten BB 1996, 2671.

sich aus dem Gesetz ergeben. Die besondere Verpflichtung nach § 325 hat die Bezeichnung „Offenlegung" erhalten. Selbstständige Bedeutung erlangt die Pflicht zur Veröffentlichung, wenn sie sich aus dem Gesellschaftsvertrag oder der Satzung ergibt bzw. die Veröffentlichung auf freiwilliger Basis vorgenommen wird. Form und Inhalt der veröffentlichten Unterlagen ergeben sich aus den Abs. 1, 1a und 3 oder Abs. 2.

3. Vervielfältigung. Die Vervielfältigung ist das Instrument zur Verbreitung der **10** Unterlagen.[18] Es handelt sich um die Reproduktion der entsprechenden Informationen, die einem ausgewählten Personenkreis zur Verfügung gestellt werden sollen.[19] Vervielfältigungen sind beispielsweise bei der Erteilung von Abschriften an Aktionäre (§ 175 Abs. 2 S. 2 AktG) und der Vorlage in der Hauptversammlung (§ 176 Abs. 1 AktG) vom Gesetz vorgesehen. Die Art und Weise der Vervielfältigung spielt keine Rolle. Neben den Schriftmedien können auch elektronische Medien genutzt werden. Die Vergleichbarkeit tritt ein, wenn eine gewisse Verfügbarkeit der Daten sichergestellt ist.[20]

III. Publizität nach Gesetz, Satzung und Gesellschaftsvertrag

§ 328 stellt **Regeln für die Form, das Format und den Inhalt** der Unterlagen **11** der Rechnungslegung auf, die der Öffentlichkeit oder einem interessierten Adressatenkreis zugänglich gemacht werden. Die Offenlegung nach § 325, die Veröffentlichung oder Vervielfältigung aufgrund der Satzung oder des Gesellschaftsvertrags richten sich nach Abs. 1 und Abs. 1a. Vom Wortlaut der Vorschrift werden die Veröffentlichungen und Vervielfältigungen nicht erfasst, die ihre Grundlage in anderen Gesetzen haben. Nach Einführung der Offenlegung tritt ein solcher Fall bei der Veröffentlichung wohl nur selten ein.[21] Vervielfältigungen aufgrund des Gesetzes sind aber in einigen Fällen vorgesehen (→ Rn. 10). Die anordnenden Vorschriften enthalten regelmäßig keine Form-, Format- oder Inhaltsvorgaben. Es erscheint daher geboten, Abs. 1 und Abs. 1a in diesen Fällen ebenfalls heranzuziehen.[22] Die Vorschrift gelangt auch zur Anwendung, wenn bei der freiwilligen Publizität der Unterlagen von den eingeräumten Veränderungsmöglichkeiten kein Gebrauch gemacht wird.

1. Form und Inhalt (Nr. 1 S. 1). Der Jahresabschluss, der Einzelabschluss und der **12** Konzernabschluss, der Lage- oder Konzernlagebericht oder die Erklärungen nach § 264 Abs. 2 S. 3, § 289 Abs. 1 S. 5, § 297 Abs. 2 S. 4 oder § 315 Abs. 1 S. 5 sind in der Form und mit dem Inhalt wiederzugeben, dass sie den für ihre Aufstellung maßgeblichen Vorschriften entsprechen. Aus den Geboten der Klarheit und Übersichtlichkeit für die Aufstellung des Abschlusses (§ 243 Abs. 2, § 325 Abs. 2a S. 3 und § 297 Abs. 2 S. 1) ergeben sich die Gebote der **Vollständigkeit und Richtigkeit** bei der Publizität. Dadurch wird gewährleistet, dass die Anforderungen an die Aufstellung bei der Publizität erhalten bleiben. Uneingeschränkt gilt dies nur für große Kapitalgesellschaften und gleichgestellte Personenhandelsgesellschaften (§ 264a). Kleinen und mittelgroßen Gesellschaften stehen die Offenlegungserleichterungen der §§ 326, 327 zu. Es kommt zu verkürzten Fassungen der Jahresabschlüsse. Für die verbleibenden Unterlagen bleibt das Gebot der Vollständigkeit und Richtigkeit in entsprechender Form gültig.[23]

In diesem Zusammenhang stellt sich die Frage, ob die **Kongruenz von Vorlage und** **13** **Wiedergabe** in allen Fällen gelten soll. Besondere Bedeutung erlangt die Frage bei Fehlern in den aufgestellten Unterlagen. Die Fehler können sich aus der Nichteinhaltung der formalen Gliederung (keine Gliederung, fehlerhafte Gliederung durch die Zusammenfassung von Posten) oder aus dem materiellen Bilanzrecht ergeben (unrichtiger Ansatz, unzulässige

---

18 HdR/Hütten Rn. 1; Kölner Komm RechnungslegungsR/Claussen Rn. 2.
19 ADS Rn. 15; BeBiKo/Grottel Rn. 2, die einen bestimmten Personenkreis als Empfänger voraussetzen.
20 ADS Rn. 15.
21 Dazu ADS Rn. 24; GK-HGB/Marsch-Barner Rn. 1.
22 Ebenso ADS Rn. 25.
23 ADS Rn. 31; BeBiKo/Grottel Rn. 6; HdR/Hütten Rn. 2.

Bewertung). Nach ganz hM sind die Abschlüsse für die Pflichtpublizität nicht zu berichtigen.[24] Eine Korrektur kommt auch in den Fällen nicht in Betracht, in denen vorgesehene Erleichterungen bei der Offenlegung in Anspruch genommen werden.

14   Nimmt das Unternehmen die Aufstellungserleichterungen (→ § 326 Rn. 15 f., → § 327 Rn. 5) nur für Zwecke der Offenlegung in Anspruch, dürfen Fehler im ungekürzten Teil nicht berichtigt werden. Auf Fehler in den wegfallenden Angaben muss aber nicht hingewiesen werden.[25] Abs. 1 steht der Korrektur einer offenbaren Unrichtigkeit nicht entgegen. Hier ist eine Korrektur sogar geboten. Die Ausnahme ergibt sich aus dem im deutschen Recht allgemein anerkannten Prinzip, die **offenbaren Unrichtigkeiten** nicht mit den Fehlern gleichzusetzen (§ 319 Abs. 1 ZPO, § 173 VwGO iVm § 319 Abs. 1 ZPO, § 42 VwVfG, § 129 AO).[26] Zu berichtigen sind Fehler, die bei der Offenlegung selbst entstehen (fehlerhafte Übertragung aus dem Original); dies ergibt sich aus dem Gebot der Richtigkeit. Die Pflichtveröffentlichung ist insgesamt nachzuholen, wenn die Korrektur aus sich heraus nicht verständlich ist.[27]

15   Die **Erleichterungen** der §§ 326, 327 gelten nur für die Offenlegung. Andere Pflichtveröffentlichungen oder Vervielfältigungen haben sich am aufgestellten und festgestellten (bzw. gebilligten) Jahres-, Einzel- oder Konzernabschluss, am Lage- oder Konzernlagebericht oder an den Erklärungen nach § 264 Abs. 2 S. 3, § 289 Abs. 1 S. 5, § 297 Abs. 2 S. 4 oder § 315 Abs. 1 S. 5 zu orientieren.[28] Daraus ergibt sich, dass die Vorlagen an die Aktionäre/Gesellschafter ohne die Erleichterungen der Offenlegung erfolgen müssen. Die Aufstellungserleichterungen können bei kleinen und mittelgroßen Kapitalgesellschaften hingegen grundsätzlich ausgenutzt werden. Nur der Anspruch der Aktionäre aus § 131 Abs. 1 S. 3 AktG schließt diese Verkürzung ebenfalls aus.[29]

16   Eine Form- und Inhaltsfrage stellt sich auch in den Fällen, in denen das Unternehmen die Firma ändert. Grundlage kann eine einfache **Firmenänderung** oder eine formwechselnde Umwandlung nach dem Abschlussstichtag sein. Der Jahresabschluss oder Einzelabschluss ist unter der neuen Firma aufzustellen, festzustellen bzw. zu billigen und in den Publikationen wiederzugeben.[30] Wird die Firmenänderung erst nach der Aufstellung und Feststellung bzw. Billigung des Abschlusses wirksam, will die Literatur so verfahren, dass bei der Offenlegung die neue Firma verwendet[31] oder auf diese hingewiesen wird.[32] Ein Hinweis auf die bisherige Firma ist in jedem Falle aufzunehmen.

17   **a) Grundsatz der Vollständigkeit.** Der zur Publizität vorgesehene Jahres-, Einzel- oder Konzernabschluss, der Lage- oder Konzernlagebericht oder die Erklärungen nach § 264 Abs. 2 S. 3, § 289 Abs. 1 S. 5, § 297 Abs. 2 S. 4 oder § 315 Abs. 1 S. 5 dürfen gegenüber dem aufgestellten und festgestellten bzw. gebilligten Original keine Kürzungen oder Erweiterungen enthalten (zB weglassen von „Davon-Vermerken", einzelne Angaben im Anhang). Dies gilt unabhängig davon, ob die Veränderung eine Sinnentstellung zur Folge hat oder die Übersichtlichkeit sogar erhöht wird.[33] Unzulässig ist es ebenfalls, die fakultativ in die Bilanz oder Gewinn- und Verlustrechnung aufgenommenen Angaben bei der Veröffentlichung in den Anhang zu übernehmen oder umgekehrt.[34] Eine freiwillig vorgenommene weitere Untergliederung des Jahresabschlusses (§ 265 Abs. 5) darf für die Pflichtpubli-

---

24   ADS Rn. 31; BeBiKo/Grottel Rn. 7; Kölner Komm RechnungslegungsR/Claussen Rn. 5.
25   Ebenso ADS Rn. 31, 42; BeBiKo/Grottel Rn. 7.
26   IErg ebenso ADS Rn. 42, die als Grenze die Vorschrift des § 316 Abs. 3 zur Nachtragsprüfung anführen; Staub/Kersting Rn. 12. Vgl. Anders/Gehle/Hunke ZPO § 319 Rn. 3, 4.
27   HdR/Hütten Rn. 3; ADS Rn. 137.
28   HdR/Hütten Rn. 3; BeBiKo/Grottel Rn. 8.
29   Dazu auch ADS Rn. 25; BeBiKo/Grottel Rn. 8.
30   ADS Rn. 44; BeBiKo/Grottel Rn. 7.
31   ADS Rn. 44.
32   BeBiKo/Grottel Rn. 7.
33   ADS Rn. 34; Küting/Hütten BB 1996, 2671 (2674).
34   BeBiKo/Grottel Rn. 9.

zität nicht rückgängig gemacht werden.[35] Werden bei einem Mutterunternehmen der Anhang des Jahresabschlusses und der Konzernanhang (§ 298 Abs. 2 S. 1) zusammengefasst, darf für die Publizität keine Trennung erfolgen.[36] Die Entscheidung, von der Verbindung Gebrauch zu machen, bedingt die gemeinsame Offenlegung (§ 298 Abs. 2 S. 2). Die Möglichkeit der Zusammenfassung ist in § 315 Abs. 5 iVm § 298 Abs. 2 auch für den Lagebericht und den Konzernlagebericht vorgesehen. Für die Publizität kann dann nur auf diese Fassung zurückgegriffen werden.

b) Grundsatz der Richtigkeit. Der Grundsatz der Richtigkeit bezieht sich auf den **18** Inhalt des jeweiligen Abschlusses. Die Unterlagen müssen inhaltlich so wiedergegeben werden, wie sie aufgestellt und festgestellt bzw. gebilligt wurden. Die Inanspruchnahme von Erleichterungen bei der Offenlegung oder die Nachholung von Aufstellungserleichterungen führen zu keinem Konflikt mit dem Gebot der Richtigkeit. Nur die publizierten Teile müssen inhaltlich unverändert sein. Fehler bei der Aufstellung beeinträchtigen die Richtigkeit im Hinblick auf die Offenlegung nicht. Sie dürfen grundsätzlich nicht korrigiert werden (→ Rn. 13), ansonsten ist das Gebot verletzt. **Maßstab** für die Beurteilung der Richtigkeit ist **allein der aufgestellte und festgestellte bzw. gebilligte Abschluss.** Daraus ergibt sich, dass Fehler im Verfahren der Publizität zu berichtigen sind.[37] Nach ADS soll allerdings noch kein Verstoß gegen das Gebot vorliegen, wenn die Zahlenangaben im publizierten Jahresabschluss gerundet werden.[38] Die Größenordnung der Rundung ist eine Frage des Einzelfalls.

Zu den Unterlagen gehört grundsätzlich neben dem Zahlenwerk und den Erläuterun- **19** gen auch die Unterschrift mit Datumsangabe (§ 245).[39] § 291 Abs. 1 S. 1 enthält eine Regelung, dass die befreienden Unterlagen **in deutscher oder englischer Sprache** zu publizieren sind. In der Literatur herrscht Einigkeit darüber, dass dies für jede Art der Offenlegung sowie gesetzlich vorgeschriebene Veröffentlichung und Vervielfältigung gilt.[40] Möglich bleibt die freiwillige Information von Gesellschaftern, Organen und der Öffentlichkeit durch Übersetzungen des Abschlusses. Bei statutarisch vorgesehener Veröffentlichung können die Sprache und die Übersetzung bestimmt werden. Dies widerspricht nicht den Vorgaben des § 328.[41] Der Bestätigungsvermerk ist bei Übersetzungen des Abschlusses ebenfalls in fremder Sprache in die Publikation oder Vervielfältigung aufzunehmen.[42] Die Sonderbestimmung für die Offenlegung der Unterlagen der Hauptniederlassung ist zu beachten (§ 325a Abs. 1 S. 5). Werden die Unterlagen freiwillig publiziert und dabei verändert oder angepasst, gilt Abs. 2.

2. Formatvorgabe. Abs. 1 S. 4 enthält für Kapitalgesellschaften, die als WpHG- **20** Inlandsemittenten Wertpapiere begeben und keine Kapitalgesellschaften iSd § 327a sind, Formatvorgaben. Die für Zwecke der Offenlegung erstellten elektronischen Wiedergaben der Rechnungslegungsunterlagen dieser Emittenten müssen den Formatvorgaben der ESEF-VO genügen (Einheitliches europäisches elektronisches Format – European Single Electronic Format, kurz „ESEF"). Nach Maßgabe des § 328 Abs. 1 S. 4 Nr. 1 bedeutet dies für betroffene Kapitalgesellschaften, die Offenlegung der in Abs. 1 S. 1 aufgeführten Rechnungslegungsunterlagen im sog. XHTML-Format (Art. 3 ESEF-VO) vorzunehmen. Die Extensible Hypertext Markup Language (XHTML) ist eine maschinenlesbare Auszeichnungssprache, um Texte in elektronischen Dokumenten zu strukturieren und zu beschrei-

---

35 ADS Rn. 34; HdR/Hütten Rn. 3.
36 ADS Rn. 40; BeBiKo/Grottel Rn. 9.
37 HdR/Hütten Rn. 3.
38 ADS Rn. 43; BeBiKo/Grottel Rn. 9; für die Unzulässigkeit von Rundungen Staub/Kersting Rn. 13.
39 Ausnahmen sind möglich, wenn die Unterschrift bei der Offenlegung noch nicht vorliegt, dazu ADS Rn. 45.
40 ADS Rn. 46; BeBiKo/Grottel Rn. 9.
41 Ebenso ADS Rn. 46; BeBiKo/Grottel Rn. 9.
42 ADS Rn. 47. Hinweise zur Übersetzung finden sich im WP-HdB Bd. I Q Rn. 693, 1227 ff. und für den Konzernabschluss WP-HdB Bd. I Q Rn. 1228. Vgl. BeBiKo/Grottel Rn. 9.

ben. Mithilfe eines Webbrowsers werden diese Dokumente für Nutzer in gewohnter textbasierter Form lesbar. Die Änderung in Abs. 1 S. 4 Nr. 2 stellt zudem klar, dass entsprechend Art. 4 und 6 ESEF-VO IFRS-Konzernabschlüsse auszuzeichnen sind. Für die Auszeichnung vorgesehen sind bestimmte Finanzgrößen der primären Abschlussbestandteile – Bilanz, Gesamtergebnisrechnung, Kapitalflussrechnung und Eigenkapitalveränderungsrechnung – sowie blockweise, auf freiwilliger Basis auch detaillierter Basisinformationen im Anhang. Eine umfassendere Auszeichnung der Anhangangaben ist ab dem 1.1.2022 vorgesehen. Ob eine Auslagerung von Anhangangaben in den Lagebericht aufgrund der nicht vorgesehenen Auszeichnung des Konzernlageberichts künftig zu unterbleiben hat, ist noch nicht endgültig geklärt.[43] Für diese Auszeichnung wird auf eine Taxonomie zurückgegriffen, die entsprechend dem hier vorliegenden Auszeichnungsgegenstand die Elemente der IFRS-Rechnungslegung zur Auszeichnung bereitstellt (Basistaxonomie auf Grundlage der IFRS-Taxonomie der IFRS-Foundation, abgedruckt in Anhang VI ESEF-VO). Mit der Delegierten Verordnung (EU) 2019/2100 der Kommission vom 30.9.2019 (ABl. EU 2019 L 326, 1) zur Aktualisierung der IFRS-Taxonomie wird bereits deutlich, dass korrespondierend zur kontinuierlichen Überarbeitung der internationalen Rechnungslegungsstandards auch Anpassungen in der hierauf basierenden IFRS-Taxonomie erforderlich sind und demnach für Unternehmen auch ein kontinuierlicher Aktualisierungsaufwand bei Umsetzung der Formatvorgaben entstehen wird.[44] Unter „Auszeichnung" wird das sog. „Mapping und Tagging" mithilfe der Inline eXtensible Business Reporting Language (iXBRL)-Technologie innerhalb des XHTML-Dokuments verstanden.[45] Das sog. „Mapping", als Zuordnung der Berichtspositionen aus der IFRS-Taxonomie, ist, sofern keine Änderung der IFRS-Taxonomie vorliegt, für bestehende Berichtspositionen lediglich einmal notwendig.[46] Als „Tagging" wird die Annotation bzw. die Kennzeichnung der Berichtspositionen mithilfe von XBRL bezeichnet. Sog. „Tags" sind in sämtlichen EU-Sprachen verfügbar und dienen somit einer besseren Vergleichbarkeit der Unternehmensinformationen innerhalb der EU. Grundsätzlich sind für das Auszeichnen der Berichtspositionen, zB Finanzgrößen, die vorgegebenen Elemente der Basistaxonomie zu verwenden, welche die rechnungslegungsbezogene Bedeutung am besten darstellen (Anh. IV Nr. 3 ESF-VO). Bei scheinbarer Mehrfachzugehörigkeit der Angaben zu unterschiedlichen Elementen der Basistaxonomie hat die Zuordnung nach der engsten Bedeutung zu erfolgen. Lanfermann/Schmidt weisen im Zuge von Mehrfachzugehörigkeiten auf entstehende Ermessensspielräume sowie die Notwendigkeit rechnungslegungsbezogener Kenntnisse für die Ersteller von iXBRL-Berichten hin.[47] Können unternehmensindividuelle Posten bzw. Informationen keinem Element der Basistaxonomie zugeordnet werden, besteht die Möglichkeit einer unternehmensspezifischen Taxonomieerweiterung. An die Erweiterung der Taxonomie werden hohe Anforderungen gestellt, da Taxonomieerweiterungen die angestrebte Vergleichbarkeit vermindern können. Neben der zwischenbetrieblichen Vergleichbarkeit sei hierbei insbesondere auch auf die interperiodische Vergleichbarkeit hingewiesen. Letztgenannte ist durch das Beibehalten unternehmensspezifischer Auszeichnungspraktiken sicherzustellen, sofern keine Anpassungen notwendig erscheinen. Grundsätzlich wird durch die Auszeichnung mithilfe der iXBRL-Technologie eine Maschinenlesbarkeit sowie insbesondere eine automatisierte, strukturierte Auswertung der betroffenen Berichtspositionen ermöglicht. Entsprechend Erwägungsgrund Nr. 4 ESEF-VO ist XBRL die wohl derzeit einzig geeignete Auszeichnungssprache für Unternehmensinformationen.[48]

---

[43]   Faßhauer/Schmidt/Özcan DK 2019, 437 (441).
[44]   Lanfermann/Schmidt BB 2019, 1707 (1708).
[45]   Zu technologischen Grundlagen der Auszeichnungssprachen vgl. Berger/Lieck KoR 2018, 109 (110 f.); Henselmann/Seebeck IRZ 2017, 399 (400 f.); zur beispielhaften Erstellung eines iXBRL-Berichts vgl. Ditter/Giera/Weber BB 2018, 619 (621 ff.).
[46]   Henselmann/Vetter/Mielich WPg 2019, 719 (721).
[47]   Lanfermann/Schmidt BB 2019, 1707 (1709).
[48]   Bindelle/Palinska IRZ 2017, 449 ff.; zur Abwägung der Vor- und Nachteile Haaker/Freiberg PiR 2018, 152 f.; Rudolph IRZ 2020, 331 ff.

3. Datum der Feststellung oder Billigung. Abs. 1a S. 1 verlangt die Angabe des 21 Datums der Feststellung des Jahresabschlusses bzw. des Datums der Billigung des Einzel- oder Konzernabschlusses. Damit soll für die Öffentlichkeit erkennbar werden, ob und wann der publizierte Abschluss von den zur Feststellung bzw. Billigung berufenen Gremien (§§ 171, 172, 173 AktG für die AG, § 286 Abs. 1 AktG für die KGaA, §§ 42a, 46 Nr. 1, 1a, 1b GmbHG für die GmbH, bei der Personenhandelsgesellschaft die Gesellschafter) verabschiedet wurde. Die Angabe dient der **Rechtssicherheit.**[49] Eine besondere Form, die Angabe vorzunehmen, ist nicht vorgesehen.[50] Ausreichend ist jeder klare und eindeutige Hinweis auf das Datum der Feststellung bzw. Billigung. Ist der Abschluss noch nicht festge- stellt bzw. gebilligt, kann die Offenlegung nicht erfolgen (§ 325 Abs. 1).

Bei der Pflichtpublikation des Konzernabschlusses ist die Angabe in Bezug auf die 22 Billigung erforderlich. Eine Feststellung dieser Abschlüsse ist im Gesetz nicht vorgesehen. Es ist im Interesse der Rechtssicherheit nicht erforderlich, das Datum der Feststellung des Jahresabschlusses des Mutterunternehmens anzugeben. Bezugsobjekt der gesetzlich gefor- derten Datumsangabe ist der konkret publizierte Abschluss.

4. Der Bestätigungsvermerk. Der Bestätigungsvermerk oder der Vermerk über des- 23 sen Versagung ist mit dem vollständigen Wortlaut wiederzugeben, wenn ein Jahres-, Einzel- oder Konzernabschluss pflichtgemäß publiziert wird und dieser aufgrund gesetzlicher Vor- schriften durch einen Abschlussprüfer zu prüfen ist (Abs. 1a S. 2). Zulässig ist somit nur die inhaltlich identische Verwendung des Vermerks. Bestandteil des Vermerks sind Ergänzungen und die vorgeschriebene Begründung für die Einschränkung oder Versagung (§ 322 Abs. 4 S. 3), aber auch die Angabe von Ort und Tag der Unterzeichnung sowie die Namensangabe des Abschlussprüfers.[51] Der vollständige Wortlaut ist ebenfalls in den Fällen anzugeben, in denen von der Zusammenfassung des Bestätigungsvermerks für den Jahres- bzw. Einzel- und Konzernabschluss bei Mutterunternehmen (§ 325 Abs. 3a) Gebrauch gemacht wird. Werden geänderte Abschlüsse publiziert, ist nur der aufgrund der Nachtragsprüfung erteilte Bestätigungsvermerk beizufügen.[52]

Die **Anforderung an die vollständige Publizität** des Bestätigungsvermerks bezieht 24 sich nicht nur auf die Fälle des vollständig offengelegten Abschlusses. Die teilweise Offenle- gung des Jahresabschlusses aufgrund von Erleichterungen nach §§ 326, 327 oder nachträglich in Anspruch genommener Aufstellungserleichterungen muss ebenfalls den vollständigen Bestätigungsvermerk wiedergeben. Allerdings ist im Regelfall ein Hinweis aufzunehmen, dass sich der Vermerk auf den vollständigen Jahresabschluss bezieht (Abs. 1a S. 2 Hs. 2). Hiermit wird zum Ausdruck gebracht, dass sich der wiedergegebene Vermerk auf einen anderen Jahresabschluss bezieht und die offengelegte Fassung von der Prüfung nicht umfasst ist.[53]

Der Hinweis kann vermieden werden, wenn die offengelegte Fassung durch den 25 Abschlussprüfer geprüft wird. Der verkürzte Abschluss erhält eine eigene Beurteilung. Aus dem Gesetz ergibt sich keine Verpflichtung zur Prüfung des mit Erleichterungen versehenen Abschlusses. In der Literatur ist aber allgemein anerkannt, dass der Abschlussprüfer aufgrund einer Auftragserweiterung die zur Offenlegung bestimmte verkürzte Fassung des Abschlusses prüfen kann.[54] Es kann aber kein zweiter Bestätigungsvermerk erteilt werden. Ausreichend ist das Ausstellen einer Bescheinigung.[55] Daraus ergibt sich, ob die verkürzte Fassung des Abschlusses ordnungsgemäß aus dem vollständigen Abschluss abgeleitet und nur von den

---

[49] BT-Drs. 10/317, 99; Kölner Komm RechnungslegungsR/Claussen Rn. 6.
[50] Zu den Möglichkeiten ADS Rn. 48.
[51] Vgl. ADS Rn. 51; BeBiKo/Grottel Rn. 11.
[52] ADS Rn. 53; BeBiKo/Grottel Rn. 11.
[53] ADS Rn. 61; BeBiKo/Grottel Rn. 11. Da es sich um eine Angabe des Unternehmens handelt, ist die Unterschrift des Abschlussprüfers nicht erforderlich. Nur der Bestätigungsvermerk selbst ist vom Prüfer zu unterzeichnen. Zu den Problemen mit Registergerichten vgl. ADS Rn. 62.
[54] ADS Rn. 58, 59; BeBiKo/Grottel Rn. 12; Kölner Komm RechnungslegungsR/Claussen Rn. 7. S. auch BT-Drs. 16/2781, 81.
[55] Die Bescheinigung ist vom Abschlussprüfer zu unterzeichnen. S. etwa ADS Rn. 60.

zulässigen Erleichterungen Gebrauch gemacht wurde. Bei der Offenlegung ist die Bescheinigung vor dem vollständigen Bestätigungsvermerk einzufügen; damit wird der Hinweis nach Abs. 1a S. 2 Hs. 2 entbehrlich.[56]

26   Abzugrenzen hiervon sind die Publikationen in einer gesetzlich nicht vorgesehenen Form. Die **nicht vollständige Fassung** des Jahres-, Einzel- oder Konzernabschlusses unterliegt den Vorgaben des Abs. 2. Gleiches gilt für den Bestätigungsvermerk. Dieser darf in solchen Fällen nicht im vollständigen Wortlaut wiedergegeben werden (Abs. 2 S. 2). Aufzunehmen ist aber ein Hinweis auf das Ergebnis der Prüfung, wenn eine gesetzliche Prüfungspflicht des Jahres-, Einzel- oder Konzernabschlusses besteht. Wird der Jahresabschluss hingegen auf freiwilliger Basis geprüft, gewährt die Literatur den Gesellschaften ein Wahlrecht.[57] Sie können bei vollständiger Publikation den vollständigen Bestätigungsvermerk beifügen oder weglassen. In diesen Fällen ist ein Hinweis nach Abs. 2 S. 3 nicht erforderlich, auch falls der Bestätigungsvermerk eingeschränkt wird oder nicht erteilt werden kann.[58] Ein freiwillig geprüfter Jahresabschluss, bei dessen Offenlegung Erleichterungen bezüglich der Aufstellung oder Offenlegung in Anspruch genommen wurden, muss bei Einbeziehung des Bestätigungsvermerks in die Offenlegung die Form nach Abs. 1a S. 2 Hs. 2 beachten.[59] Erfolgt eine sonstige Publizität des Jahresabschlusses in gekürzter Form, ist nach dem Wortlaut von § 328 nur Abs. 2 maßgebend. Die Literatur wendet die Hinweispflicht in Abs. 1a S. 2 bezüglich des Testats über den Wortlaut hinaus auf alle Fälle der pflichtgemäßen Veröffentlichung und Vervielfältigung an.[60] Zur Information ist das sinnvoll. Auf der Grundlage von Abs. 2 lässt sich das so nicht ableiten.

27   **5. Offenlegung von Teilen der Unterlagen.** Werden nicht alle offenlegungspflichtigen Unterlagen nach § 325 Abs. 1 gleichzeitig offengelegt, weil etwa der Bericht des Aufsichtsrats noch fehlt, so ist gem. Abs. 1a S. 3 darauf hinzuweisen, dass die Offenlegung nicht alle Pflichtunterlagen umfasst. Eine stufenweise Offenlegung der Unterlagen kommt allerdings grundsätzlich nur in Betracht, falls sämtliche Unterlagen innerhalb der Jahresfrist vorliegen. Liegen nicht sämtliche Unterlagen vor, stellt eine stufenweise Offenlegung ein Verstoß gegen die Offenlegungsfrist dar, falls sämtliche Unterlagen tatsächlich vorliegen. Nur die Unterlagen nach § 325 Abs. 1 Nr. 2 können unverzüglich nach Vorliegen offengelegt werden. Ein Hinweis auf andere beizufügende Unterlagen bezieht sich nur auf solche, die offenlegungspflichtig sind.

28   Die Hinweispflicht erstreckt sich zunächst nur auf die gesetzliche Offenlegung. Da die teilweise Offenlegung und „sonstige" Veröffentlichungen und Vervielfältigungen aufgrund des Gesellschaftsvertrags oder der Satzung nach Abs. 1 S. 3 der Offenlegung gleichgestellt werden, dürfte es sachgerecht sein, Abs. 1a S. 3 insoweit entsprechend anzuwenden und den Hinweis aufzunehmen.

IV. Freiwillige Publizität (Abs. 2)

29   Die Regelung in Abs. 2 setzt voraus, dass es möglich ist, den Jahres-, Einzel- und Konzernabschluss, den Lage- oder Konzernlagebericht oder die Erklärungen nach § 264 Abs. 2 S. 3, § 289 Abs. 1 S. 5, § 297 Abs. 2 S. 4 oder § 315 Abs. 1 S. 5 in anderer Form zu publizieren als nach den Geboten der Vollständigkeit und Richtigkeit. Die Vorschrift bezieht sich auf Veröffentlichungen und Vervielfältigungen, die weder gesetzlich vorgeschrieben noch statutarisch verankert sind. Zusätzlich dürfen die Abschlüsse nicht in vollem Umfang wiedergegeben werden, ansonsten gilt Abs. 1 und Abs. 1a. Zum Schutz der Adressaten sind die **Mindestvorgaben** des Abs. 2 zu berücksichtigen. Bei vollständiger Wiedergabe der Abschlüsse überwiegt die Rechtssicherheit, so dass sich die freiwillige Publizität ebenfalls

---

[56]   ADS Rn. 60; BeBiKo/Grottel Rn. 12.
[57]   ADS Rn. 56; BeBiKo/Grottel Rn. 13; für die Veröffentlichung nur in verkürzter Form s. Kölner Komm RechnungslegungsR/Claussen Rn. 6.
[58]   Ebenso wohl ADS Rn. 56.
[59]   ADS Rn. 55, 67.
[60]   ADS Rn. 55, 66; Noack/Servatius/Haas/Haas GmbHG § 41 Rn. 159.

an der Richtigkeit und Vollständigkeit orientieren muss. Durch Variationsmöglichkeiten soll aber die freiwillige Publizität gefördert werden.[61] Der Regelungsbereich umfasst nur die Abschlüsse sowie den Bestätigungsvermerk. Für die Unterlagen des Abs. 3 hat der Gesetzgeber kein Verweis auf Abs. 2 eingefügt. Die Aufnahme der in Abs. 3 aufgezählten Unterlagen ist bei freiwilligen Veröffentlichungen und Vervielfältigungen nicht notwendig.[62] Daraus ergibt sich, dass Abs. 1 und Abs. 1a für die Form der Wiedergabe heranzuziehen sind, wenn nur der Abschluss und der Bestätigungsvermerk in vollständiger Fassung publiziert werden.[63] Ein Bestätigungsvermerk darf nicht beigefügt werden, wenn die Abschlüsse nicht in der nach Abs. 1 vorgeschriebenen Form wiedergegeben werden.

1. Jahres-, Einzel- und Konzernabschluss nach Abs. 2. Unter die Veröffentli-   **30** chungen und Vervielfältigungen fallen Kurzfassungen der Abschlüsse in Geschäftsberichten, die zur freiwilligen Information bestimmt sind. Daneben werden Finanzanzeigen in Zeitungen umfasst, die nur Teile des Abschlusses wiedergeben.[64] Nicht in den Anwendungsbereich einbezogen sind Verkaufsprospekte; hier ist der gesamte Jahresabschluss und Lagebericht mit Bestätigungsvermerk wiederzugeben (§ 23 VermAnlG). Nicht erfasst werden ferner die Information durch Dritte und die unternehmensinterne Vervielfältigung.[65] Gleiches gilt für Teile der Unterlagen, die in journalistischen oder wissenschaftlichen Arbeiten enthalten sind.[66] Der Ort der Publikation spielt für die Anwendung des Abs. 2 aber grundsätzlich keine Rolle.

Abs. 2 lässt nach seinem Wortlaut jede Wiedergabe in anderer Form zu. Die Vorschrift   **31** bezieht sich auf **Erweiterungen und Kürzungen.** Dabei sind Erweiterungen jedenfalls dann statthaft, wenn die entsprechenden Unterlagen nicht für die Publizität nach Abs. 1 verwendet werden. Sie dürfen nicht im Widerspruch zu den gesetzlich vorgeschriebenen Informationen stehen.[67] In den obligatorischen Publizitätsfällen sind die Zusatzangaben kenntlich zu machen. Grottel nennt als Mittel eine besondere Papierfarbe oder eine Druckbeilage.[68] Zu beachten ist, dass klar erkennbar wird, auf welche Teile sich der Bestätigungsvermerk bezieht, wenn dieser vollständig offengelegt wird.

Weit größere Bedeutung erlangt Abs. 2 für die Kürzungen bei der Wiedergabe von   **32** Jahres-, Einzel- und Konzernabschlüssen. Kürzungen sind möglich, indem einzelne Posten in der Bilanz oder Gewinn- und Verlustrechnung zusammengefasst werden. Daneben können Teile des Abschlusses ganz weggelassen werden. So ist die Reduzierung von Bilanz, Gewinn- und Verlustrechnung oder Anhang um einzelne Angaben zulässig, ebenso kann aber ein Teil vollständig entfallen (zB der Anhang).[69] Für die Kürzungen gibt es Grenzen. Bei der Wiedergabe muss es sich noch um einen Abschluss handeln. Kann davon nicht mehr gesprochen werden, ist dies bei der Publikation anzugeben. Aus dem Zweck der Publikation und der Schutzbedürftigkeit des Adressaten ergibt sich, dass sinnentstellende, irreführende oder zur Täuschung vorgenommene Veröffentlichungen/Vervielfältigungen nicht von Abs. 2 gedeckt sind.[70] Kann die Publikation nicht mehr als Jahresabschluss oder aussagekräftiger Teil bezeichnet werden, ist es nach Grottel zulässig, die Überschrift des Zahlenmaterials zu ändern.[71]

---

[61] ADS Rn. 74.
[62] BeBiKo/Grottel Rn. 15.
[63] ADS Rn. 76; HdR/Hütten Rn. 4.
[64] ADS Rn. 78; BeBiKo/Grottel Rn. 15; HdR/Hütten Rn. 6; GK-HGB/Marsch-Barner Rn. 7; Kölner Komm RechnungslegungsR/Claussen Rn. 9.
[65] Vgl. ADS Rn. 81.
[66] Zur Unzulässigkeit der Verwendung von veröffentlichten, nicht anonymisierten Bilanzdaten OLG Frankfurt a. M. ZIP 1993, 1232; BGH NJW 1994, 1271; BVerfG NJW 1994, 1784 mAnm Lutter AG 1994, 347; Mertens AG 1994, 370; Großfeld EWiR 1994, 991; Hager ZHR 158 (1994), 675.
[67] HdR/Hütten Rn. 5.
[68] BeBiKo/Grottel Rn. 16; ebenso HdR/Hütten Rn. 5.
[69] ADS Rn. 86; BeBiKo/Grottel Rn. 17.
[70] HdR/Hütten Rn. 6; ADS Rn. 88; BeBiKo/Grottel Rn. 17.
[71] BeBiKo/Grottel Rn. 17. Dort werden Überschriften wie Zahlen aus dem Abschluss, Überblick oder Kennzahlen genannt. Ebenso Kölner Komm RechnungslegungsR/Claussen Rn. 9.

33   **2. Hinweise.** In freiwilligen Publikationen, die Abschlüsse nicht in der nach Abs. 1 vorgeschriebenen Form wiedergeben, ist ein Hinweis in einer Überschrift aufzunehmen, dass es sich nicht um eine der gesetzlichen Form entsprechende Veröffentlichung handelt (Abs. 2 S. 1). Der erforderliche Hinweis muss sich **aus der Überschrift** deutlich ergeben. Damit wird er für den Betrachter leicht erkennbar. Formulierungsvorschläge enthält das Gesetz nicht. In der Literatur wird vorgeschlagen, „Kurzfassung", „Kurzform" oder „zusammengefasster bzw. erweiterter Jahresabschluss" zu verwenden.[72] Werden nur Teile des Abschlusses verkürzt wiedergegeben, wollen ADS ein Hinweis in der Überschrift des verkürzten Teils genügen lassen.[73] Missverständliche Formulierungen sind zu vermeiden.

34   **3. Bestätigungsvermerk.** Der Bestätigungsvermerk des Abschlussprüfers darf bei freiwillig vorgenommener und modifizierter Wiedergabe von Jahres-, Einzel- oder Konzernabschluss nicht beigefügt werden (Abs. 2 S. 2). Die Information über das Ergebnis der gesetzlich vorgesehenen Prüfung erhält der Adressat über die Angabe nach Abs. 2 S. 3.[74] Es ist anzugeben, zu welcher Beurteilung (§ 322 Abs. 2) der Abschlussprüfer in Bezug auf den in gesetzlicher Form erstellten Abschluss gelangt ist und ob der Vermerk besondere Hinweise enthält. Der Wortlaut und der konkrete Ort der Angabe werden nicht vorgegeben.[75]

35   **4. Offenlegungshinweis.** Jeder freiwilligen Publikation, die unter Abs. 2 fällt, ist die Angabe beizufügen, ob die Unterlagen der das Unternehmensregister führenden Stelle übermittelt worden sind (Abs. 2 S. 4). Dadurch wird es jedem Adressaten ermöglicht, den Abschluss in der gesetzlich vorgeschriebenen vollständigen Form im Unternehmensregister einzusehen. Eine genauere Umschreibung des Hinweises findet sich im Gesetz nicht. ADS wollen eine Fußnote zur Überschrift ausreichen lassen.[76]

V. Publizität sonstiger Unterlagen (Abs. 3)

36   Abs. 3 enthält eine Regelung zu Form und Inhalt von den sonstigen in § 325 Abs. 1 erwähnten Unterlagen und den Konzernunterlagen. Nicht ausdrücklich aufgeführt ist in Abs. 3 der Bericht des Aufsichtsrats. Dabei handelt es sich nach allgemeiner Ansicht um ein Redaktionsversehen des Gesetzgebers.[77] Für die Publizität der umfassten Unterlagen ist Abs. 1 entsprechend anzuwenden. Daraus ergibt sich die Beachtung der **Gebote der Vollständigkeit und Richtigkeit.** Eine besondere Regelung in Bezug auf die freiwillige Publizität der Unterlagen ist in Abs. 3 nicht enthalten; es wird nicht auf Abs. 2 verwiesen. Die Regelung zeigt, dass die Formatvorgaben in Abs. 1 S. 4 nicht für die von Abs. 3 S. 1 erfassten Unterlagen gelten. Für die einzelnen Unterlagen ergeben sich daraus folgende Anforderungen:

37   **1. Lagebericht bzw. Konzernlagebericht.** Lage- und Konzernlageberichte werden von Abs. 3 S. 1 nicht (mehr) erfasst. Die Berichte sind in der Form wiederzugeben, in der sie nach § 289 bzw. § 325 Abs. 2a S. 4 sowie § 315 aufzustellen sind. Erleichterungen für die Offenlegung sind bezüglich des Lageberichts nicht vorgesehen. Kleine Kapitalgesellschaften und gleichgestellte Personenhandelsgesellschaften sind allerdings nicht verpflichtet, einen Lagebericht aufzustellen (§ 264 Abs. 1 S. 4). Einer Feststellung des Lageberichts bedarf es nicht; die Datumsangabe des Abs. 1a S. 1 entfällt daher. Wird der Lagebericht und der Konzernlagebericht bei einer Muttergesellschaft nach § 315 Abs. 5 zusammengefasst, ist eine Trennung für die Wiedergabe nicht zulässig.[78] Der Bestätigungsvermerk bezieht sich

---

[72]   ADS Rn. 90; BeBiKo/Grottel Rn. 18.
[73]   ADS Rn. 89.
[74]   Staub/Zimmer, 4. Aufl. 2002, Rn. 31 hält den Hinweis für entbehrlich, wenn der Bestätigungsvermerk ohne Einschränkungen erteilt wurde. Anders aber nun Staub/Kersting Rn. 37.
[75]   Dazu ADS Rn. 95.
[76]   Vgl. ADS Rn. 98 mit einem Formulierungsvorschlag. Zur Formulierung auch BeBiKo/Grottel Rn. 18.
[77]   ADS Rn. 100, 103; BeBiKo/Grottel Rn. 21; Staub/Kersting Rn. 45.
[78]   ADS Rn. 101; BeBiKo/Grottel Rn. 21; Kölner Komm RechnungslegungsR/Claussen Rn. 11.

auch auf den Lagebericht (§ 322 Abs. 6). Eine separate Publikation des Lageberichts erscheint ohne praktische Relevanz.[79]

2. Unterlagen zur Verwendung des Ergebnisses. Der Vorschlag und Beschluss zur **38** Verwendung des Ergebnisses, die in Abs. 3 S. 1 ausdrücklich angesprochen werden, müssen den gesetzlichen Vorschriften entsprechen. Für die AG und KGaA ergibt sich die Gliederung des Vorschlags aus § 170 Abs. 2 AktG (→ § 325 Rn. 36). Für die GmbH gilt die Vorschrift unmittelbar nur durch die Verweisung in § 52 GmbHG, wenn ein entsprechender Aufsichtsrat besteht; → § 325 Rn. 34, dort auch zu den Personenhandelsgesellschaften. Die inhaltlichen Angaben des Beschlusses sind in § 174 Abs. 2 vorgegeben. Tatsächlich wird der Vorschlag zur Verwendung des Ergebnisses im Anhang des Jahresabschlusses dargestellt (§ 285 Nr. 34). Eine bestimmte Form der Wiedergabe ist nicht vorgeschrieben. In der Regel wird zum Zeitpunkt der Aufstellung des Jahresabschlusses der endgültige Beschluss über die Gewinnverwendung noch nicht vorliegen. Für diese Fälle regelt § 325 Abs. 1b S. 2, dass der Beschluss über die Gewinnverwendung unverzüglich nach seinem Vorliegen nach § 325 Abs. 1 S. 1 offenzulegen ist.

3. Bericht des Aufsichtsrats. Für den Bericht des Aufsichtsrats gelten die Anforde- **39** rungen an die Vollständigkeit und Richtigkeit der Angaben.

4. Freiwillige Publizität. Da in Abs. 3 kein Verweis auf Abs. 2 enthalten ist, stellt **40** sich die Frage, was für die Form und den Inhalt von Lagebericht, den Vorschlag oder Beschluss für die Verwendung des Ergebnisses und den Bericht des Aufsichtsrats sowie den Konzernlagebericht gilt, wenn eine freiwillige Publizität erfolgt. In der Literatur finden sich zwei Ansichten. ADS gehen davon aus, dass es sich bei der Verweisung auf Abs. 1 um eine Rechtsgrundverweisung handelt. Dies bedeutet, dass die Anforderungen nur für die Fälle der Pflichtpublizität vorgegeben werden.[80] Aus der fehlenden Verweisung auf Abs. 2 ergibt sich, dass für diese Unterlagen keine andere Form der Publizität möglich ist als die unter Berücksichtigung der Vollständigkeit und Richtigkeit. Grottel geht hingegen davon aus, dass eine Wiedergabe in verkürzter Form möglich ist. Offen bleibt dann, ob die Hinweispflicht des Abs. 2 entsprechend heranzuziehen ist.[81] Nicht geregelt – aber im Ergebnis zu bejahen – ist ferner, ob die sonstigen Unterlagen ohne den Abschluss publiziert werden können.[82]

5. Nachträgliche Offenlegung. Die Anforderungen in Abs. 3 S. 2 für den Fall, dass **41** die sonstigen Unterlagen nicht gleichzeitig mit dem Jahres- oder Konzernabschluss wiedergegeben werden, betreffen nur die Offenlegung. Die Veröffentlichungen oder Vervielfältigungen nach Satzung oder Gesellschaftsvertrag werden nicht erfasst. Das Verfahren der nachträglichen Offenlegung ergibt sich aus § 325 Abs. 1a S. 2, 1b. Kapitalgesellschaften sowie gleichgestellte Personenhandelsgesellschaften (§ 264a) haben die nachzureichenden Unterlagen unverzüglich nach ihrem Vorliegen der das Unternehmensregister führenden Stelle elektronisch zur Einstellung in das Unternehmensregister zu übermitteln. Das gilt auch für die Unterlagen der Konzernrechnungslegung. Zur Zuordnung ist es ausreichend, wenn sich die Firma und der Stichtag aus den nachgereichten Unterlagen ergeben.

Abs. 3 S. 2 Hs. 2 sieht die Angabe, auf welchen Abschluss sich die Unterlage bezieht **42** und wo dieser offengelegt worden ist, für den Bestätigungsvermerk oder den Vermerk über dessen Versagung ebenfalls vor. Obwohl aus der Formulierung hervorgeht, dass es einer erneuten Offenlegung von Jahres- oder Konzernabschluss nicht bedarf, lehnt Kleindiek eine **isolierte Einreichung des Bestätigungsvermerks** ab.[83] Die durch § 322 Abs. 1 geschaffene Einheit kann durch die Regelung in den Publizitätsvorschriften nicht aufgeho-

---

[79]   Zur Wiedergabe des Bestätigungsvermerks in diesen Fällen ADS Rn. 102.
[80]   ADS Rn. 112; ebenso Meisinger/Wenzler WPg 1992, 445.
[81]   Dagegen BeBiKo/Grottel Rn. 15. GK-HGB/Marsch-Barner Rn. 11 vertritt die Auffassung, dass insoweit keine Auflagen gelten.
[82]   Bejahend ADS Rn. 114.
[83]   Lutter/Hommelhoff/Kleindiek GmbHG Anh. § 42a Rn. 21.

ben werden. Zu Recht weisen ADS und Grottel darauf hin, dass der Abschlussprüfer kein Testatsexemplar ohne den dazugehörigen Abschluss ausfertigen wird.[84] Praktische Bedeutung wird die Frage aufgrund des Wegfalls der Bekanntmachung im Bundesanzeiger kaum noch erlangen.[85]

VI. Abweichungen von der Kontoform (Abs. 4)

43   Abs. 4 enthält eine Ermächtigung für den Verordnungsgeber des § 330 Abs. 1 (Bundesministerium der Justiz im Einvernehmen mit dem Bundesministerium der Finanzen und dem Bundesministerium für Wirtschaft und Energie), der das Unternehmensregister führenden Stelle zu ermöglichen, eine von der Kontoform (§ 266 Abs. 1 S. 1) abweichende Darstellung des Jahresabschlusses zu gestatten. Auf diesem Wege soll Sorge getragen werden, dass eine adäquate Darstellung der Bilanz für die Bildschirmwahrnehmung erfolgen kann. Eine bei der Papierdarstellung geeignete Kontenform stößt bei der Bildschirmdarstellung an Grenzen. Abhilfe kann insoweit etwa die Staffelform schaffen.[86] Die Umsetzung erfolgt in den Rechtsverordnungen nach § 330.

VII. Hinterlegung der Bilanz (Abs. 5)

44   Kleinstgesellschaften (§ 267a) haben nach § 326 Abs. 2 S. 1 die Wahl, ob sie ihre Offenlegungspflichten durch eine Offenlegung des Jahresabschlusses nach den allgemeinen Regeln (Übermittlung der Unterlagen an die das Unternehmensregister führende Stelle zur Einstellung in das Unternehmensregister) erfüllen oder dadurch erfüllen, dass sie nur die Bilanz an die das Unternehmensregister führende Stelle übermitteln und die Einstellung in das Unternehmensregister durch eine dauerhafte Hinterlegung erfolgt. Dadurch kann der uneingeschränkte Zugriff auf die Unterlagen über das Portal des Unternehmensregisters im Internet vermieden werden. In Abs. 5 wird klargestellt, dass die Vorgaben der Norm auch gelten, wenn die Bilanz hinterlegt wird.

VIII. Verstöße und Sanktionen

45   Ein Verstoß gegen die Vorschrift des § 328 hat unmittelbar keine Auswirkung auf die Unterlagen. Der Abschluss und die anderen Unterlagen werden dadurch nicht unwirksam. Der Bestätigungsvermerk entfaltet seine Wirkung nach dem Inhalt der Erteilung; die Offenlegung ist insoweit nicht entscheidend.[87]

46   Enthält die publizierte Fassung der Unterlagen **Fehler,** sind diese in den Fällen, in denen das Gebot der Richtigkeit zu beachten ist, **zu korrigieren.** Darunter fallen Druckfehler, Auslassungen und diesen ähnliche Unvollständigkeiten.[88] Dies gilt nicht für Fehler, die ihre Ursache in der Aufstellungs- und Feststellungsphase der Unterlagen haben. Für die Durchführung der Korrektur ergeben sich zwei Möglichkeiten: Die berichtigten Unterlagen können erneut in der vorgesehenen Form publiziert werden. Zulässig ist auch ein richtig stellender Hinweis, der in gleicher Weise wie die fehlerhafte Unterlage publiziert wird, wenn die Korrektur aus sich heraus verständlich wird.[89] Das Verfahren ist für freiwillige Publikationen ebenfalls anzuwenden.

47   Zur Durchsetzung der Form-, Format- und Inhaltsbestimmungen des § 328 sieht der Gesetzgeber keine Maßnahmen vor. Das Ordnungsgeldverfahren nach § 335 findet keine Anwendung.[90] Hintergrund ist die Reichweite der Prüfung durch die das Unternehmensregister führende Stelle, die diese Umstände nicht zu prüfen hat (→ § 329 Rn. 4).[91] Die

---

[84]   ADS Rn. 119; BeBiKo/Grottel Rn. 24.
[85]   Zur früheren Rechtslage ADS Rn. 119.
[86]   BR-Drs. 942/05, 122.
[87]   ADS Rn. 135.
[88]   ADS Rn. 136; BeBiKo/Grottel Rn. 25; HdR/Hütten Rn. 3.
[89]   ADS Rn. 137; BeBiKo/Grottel Rn. 25.
[90]   In das Gesetz eingefügt durch das KapCoRiLiG, BGBl. 2000 I 154.
[91]   ADS Rn. 144; BeBiKo/Grottel Rn. 35.

Nichteinhaltung der gesetzlichen Vorgaben des § 328 erfüllt allerdings den Tatbestand einer **Ordnungswidrigkeit.** Voraussetzung ist, dass die Unterlagen schon publiziert wurden.[92] Nach § 334 Abs. 1 Nr. 5 ist eine Zuwiderhandlung gegen § 328 mit Bußgeld bedroht. § 334 Abs. 3 bestimmt, dass die Geldbuße bis zu 50.000 EUR betragen kann. Für kapitalmarktorientierte Gesellschaften gelten Besonderheiten. Von § 334 Abs. 1 Nr. 5 werden auch Verstöße gegen die Formatvorgaben für die Offenlegung der Rechnungslegungsunterlagen von WpHG-Inlandsemittenten erfasst und sind damit bußgeldbewehrt. Verantwortlich sind alle Mitglieder des vertretungsberechtigten Organs und die zuständige Behörde ist hier die Bundesanstalt für Finanzdienstleistungsaufsicht. Die Vorschrift bezieht sich auf die Offenlegung, die Pflichtpublizität nach Satzung oder Gesellschaftsvertrag und die freiwillige Publizität. Die Bußgeldandrohung richtet sich gegen die Mitglieder des vertretungsberechtigten Organs und die Gesellschaft (§ 30 OWiG). Bei gleichgestellten Personenhandelsgesellschaften richtet sich die Androhung gegen die Mitglieder des vertretungsberechtigten Organs der vertretungsberechtigten Gesellschaften (§ 264a Abs. 2). Fahrlässige Abweichungen werden von der Androhung nicht erfasst (§ 10 OWiG). Eine Strafbarkeit für die Mitglieder des Vorstands oder die Geschäftsführer kann sich aus § 400 Abs. 1 Nr. 1 AktG oder § 82 Abs. 2 Nr. 2 GmbHG ergeben, für Personenhandelsgesellschaften aus § 15a Abs. 4 InsO.[93]

§ 329 Prüfungs- und Unterrichtungspflicht der das Unternehmensregister führenden Stelle

(1) ¹Die das Unternehmensregister führende Stelle prüft, ob die zu übermittelnden Unterlagen fristgemäß und vollzählig übermittelt worden sind. ²Soweit dies für die Erfüllung der Aufgaben nach Satz 1 erforderlich ist, darf die das Unternehmensregister führende Stelle die von den Landesjustizverwaltungen nach § 8b Absatz 3 Satz 2 übermittelten Daten verwenden.

(2) ¹Gibt die Prüfung Anlass zu der Annahme, dass von der Größe der Kapitalgesellschaft abhängige Erleichterungen oder die Erleichterung nach § 327a nicht hätten in Anspruch genommen werden dürfen, kann die das Unternehmensregister führende Stelle von der Kapitalgesellschaft innerhalb einer angemessenen Frist die Mitteilung der Umsatzerlöse (§ 277 Abs. 1) und der durchschnittlichen Zahl der Arbeitnehmer (§ 267 Abs. 5) oder Angaben zur Eigenschaft als Kapitalgesellschaft im Sinn des § 327a verlangen. ²Unterlässt die Kapitalgesellschaft die fristgemäße Mitteilung, gelten die Erleichterungen als zu Unrecht in Anspruch genommen.

(3) In den Fällen des § 325a Absatz 1 Satz 5 und des § 340l Absatz 2 Satz 6 kann im Einzelfall die Vorlage einer Übersetzung in die deutsche Sprache verlangt werden.

(4) Ergibt die Prüfung nach Absatz 1 Satz 1, dass die offen zu legenden Unterlagen nicht oder unvollständig übermittelt wurden, wird die jeweils für die Durchführung von Ordnungsgeldverfahren nach den §§ 335, 340o und 341o zuständige Verwaltungsbehörde unterrichtet.

Schrifttum: Amelung, Registerrechtliche Auswirkungen des Bilanzrichtlinien-Gesetzes, WPK-Mitt. 1989, 53; Ebke, Der Deutsche Standardisierungsrat und das Deutsche Rechnungslegungs Standards Committee: Aussichten für eine professionelle Entwicklung von Rechnungslegungsgrundsätzen, ZIP 1999, 1193; Farr, Der Jahresabschluß der kleinen GmbH, GmbHR 1996, 185; Farr, Checkliste für den Anhang im Jahresabschluß der kleinen GmbH unter Berücksichtigung der Neuerungen des KonTraG, KapAEG und EuroEG sowie Ausblick auf das KapCoRiLiG, GmbHR 1999, 1080; Grönwoldt, Das Bilanzrichtlinien-Gesetz und die Pflichten des Registergerichts bei überschuldeter Jahresbilanz, BB 1988, 1494; Gustavus/Weiler, Die Offenlegung von Jahresabschlüssen – Das Registergericht als Informationsquelle – Die Aufgaben des Steuerberaters, Steuerberaterkongreß-Report 1988, 369; Lück, Offenlegungspflichten für die „kleinen" GmbH nach dem

---

92   Dies kann im Fall der Offenlegung mit Zwangsgeld durchgesetzt werden (§ 335 S. 1 Nr. 6 aF). Vgl. Kölner Komm RechnungslegungsR/Claussen Rn. 13.
93   ADS Rn. 148; GK-HGB/Marsch-Barner Rn. 12.

Bilanzrichtlinien-Gesetz, GmbHR 1987, 42; Nesselrode/Feuerer, Rechtsschutz im Offenlegungsverfahren, DStR 2008, 2435; Rödder, Jahresabschlußprüfung durch das Registergericht, Rpfleger 1986, 166; Ziegler, Offenlegung des Jahresabschlusses von Kapitalgesellschaften – Einreichung zum Handelsregister, Prüfung des Registergerichts, Rpfleger 1988, 231; Ziegler, Nochmals: Offenlegung des Jahresabschlusses von Kapitalgesellschaften, Rpfleger 1989, 92; Zwirner/Vodermeier, Rechnungslegungspublizität: Praxishinweise zur Vermeidung und Festsetzung von Ordnungsgeldern, BC 2018, 171; Zwirner/Vodermeier, Publizitätspflicht für Unternehmen – Aktuelle Statistiken zu Offenlegung, Ordnungsgeld und Bußgeld, BC 2018, 436.

Übersicht

I. Normzweck und Anwendungsbereich

1   **1. Einleitung.** Eine Pflicht zur Prüfung durch das Registergericht (Rechtslage vor 2007) oder durch den Betreiber des (elektronischen) Bundesanzeigers (bis zum Jahr 2022) bzw. nun durch die das Unternehmensregister führende Stelle wurde in die erlassenen EU-Richtlinien nicht aufgenommen. Der Gesetzgeber hat Ende 2011 mit dem Gesetz zur Änderung von Vorschriften über Verkündung und Bekanntmachungen vom 22.12.2011 (BGBl. 2011 I 3044 (3048)) entschieden, die gedruckte Form des Bundesanzeigers einzustellen und den elektronischen Bundesanzeiger als ausschließliches elektronisches Verkündigungs- und Bekanntmachungsorgan unter der Bezeichnung „Bundesanzeiger" weiterzuführen. Heute sind die Unterlagen der das Unternehmensregister führenden Stelle elektronisch zur Einstellung in das Unternehmensregister zu übermitteln. Weder die frühere RL 68/151/EWG (Publizitäts-RL 1968; heute GesR-RL) noch die RL 78/660/EWG (4. EG-Richtlinie) oder die RL 83/349/EWG (7. EG-Richtlinie; heute Bilanz-RL) sehen eine Prüfung durch eine besondere Stelle vor.[1] In § 329 Abs. 1 wird der das Unternehmensregister führenden Stelle eine **beschränkte Prüfungspflicht** auferlegt.[2] Die das Unternehmensregister führende Stelle, die Bundesanzeiger Verlag GmbH in Köln, prüft lediglich die Vollzähligkeit der zur Einstellung in das Unternehmensregister übermittelten Unterlagen und die Einhaltung der jeweils maßgebenden Frist. Zur Prüfung stehen der das Unternehmensregister führenden Stelle die zur Einstellung in das Unternehmensregister übermittelten Daten zur Verfügung. Zur Durchführung der Prüfung sind ferner die Dokumente des Handels-, Genossenschafts- und Partnerschaftsregisters, die von den Landesjustizverwaltungen übermittelt werden, heranzuziehen, soweit dies für die Erfüllung der Prüfungsaufgabe erforderlich ist. Gleiches gilt für die Bekanntmachungen der Insolvenzgerichte (§ 329 Abs. 1 S. 2). Die Verwendung der Daten ist ausdrücklich auf die Prüfung beschränkt. Die eingeschränkte Prüfung der das Unternehmensregister führenden Stelle hat Auswirkungen auf die Durchsetzung der Verpflichtung zur Offenlegung der Unterlagen nach § 325 Abs. 1 und Abs. 3. Zwangsmittel zur Durchsetzung der nicht ordnungsgemäß erfüllten Pflichten stehen der das Unternehmensregister führenden Stelle zwar nicht zur Verfügung. Eine Ordnungswidrigkeit liegt allein wegen der nicht vollständig eingereichten Unterlagen ebenfalls nicht vor. Die das Unternehmensregister führende Stelle ist aber verpflichtet, bei einem Verstoß im Rahmen des Prüfungsauftrags das Bundesamt für Justiz zu unterrichten (§ 329

---

[1]   Habersack/Verse EuGesR Rn. 85, 86; ADS Rn. 6.

[2]   Zur Rechtslage vor der Einführung des § 329 durch das BiRiLiG vom 19.12.1985 (BGBl. 1985 I 2355) s. ADS Rn. 4; Kölner Komm RechnungslegungsR/Claussen Rn. 1; HdR/Hütten Rn. 1. Bis zum Inkrafttreten des EHUG wurde die Prüfung vom Registergericht durchgeführt.

Abs. 4). Im Anschluss daran wird das Bundesamt als zuständige Verwaltungsbehörde ein Ordnungsgeldverfahren durchführen (§ 335).

In Abs. 2 kommt zum Ausdruck, dass die Prüfung durch die das Unternehmensregister **2** führende Stelle die Berechtigung in Bezug auf die Inanspruchnahme der größenabhängigen Erleichterungen einschließt. Besteht Anlass zur Annahme, dass die Erleichterungen nicht hätten in Anspruch genommen werden dürfen, kann die das Unternehmensregister führenden Stelle Ermittlungsmaßnahmen einleiten. Dazu wird der das Unternehmensregister führenden Stelle ein **beschränktes Auskunftsrecht** eingeräumt. Wird die Frist zur Erfüllung des Auskunftsersuchens versäumt, enthält Abs. 2 S. 2 eine Fiktion, nach der die Erleichterungen als zu Unrecht in Anspruch genommen gelten.[3] Das gleiche Recht steht der das Unternehmensregister führenden Stelle bei der Prüfung der Einhaltung der maßgebenden Frist im Hinblick auf die Erleichterung für bestimmte kapitalmarktorientierte Gesellschaften (§ 327a) zu. Abs. 3 enthält in Bezug auf Zweigniederlassungen einen Anspruch der das Unternehmensregister führenden Stelle auf Vorlage einer Übersetzung der Unterlagen der Hauptniederlassung in die deutsche Sprache, allerdings nur im Einzelfall.

2. Anwendungsbereich. § 329 gilt unmittelbar für Kapitalgesellschaften. Nach dem **3** KapCoRiLiG[4] werden bestimmte Personenhandelsgesellschaften den Kapitalgesellschaften gleichgestellt (§ 264a). Durch **Verweise in anderen Normen** wird auf § 329 Bezug genommen. Die Anwendung der Norm ist in § 339 Abs. 3 für die Unterlagen der Genossenschaften vorgesehen. Ferner gilt die Prüfungspflicht für Kreditinstitute (§ 340l Abs. 1) und Versicherungsunternehmen (§ 341l Abs. 1). In diesen Normen wird allerdings nur auf Abs. 1 verwiesen, da größenabhängige Erleichterungen nicht bestehen. Das PublG ordnet die Anwendung des § 329 ebenfalls an. Für die Konzernunterlagen wird auf § 329 Abs. 1, 2 und 4 verwiesen (§ 15 Abs. 2 PublG); gleiches gilt bezüglich der publizitätspflichtigen Unternehmen (→ § 325 Rn. 129 f.), hier findet sich die Verweisung auf § 329 Abs. 1, 2 und 4 in § 9 Abs. 1 S. 2 PublG. Die Unterlagen ausländischer Unternehmen, die eine Zweigniederlassung in Deutschland betreiben, werden von der das Unternehmensregister führenden Stelle aufgrund der Verweisung in § 325a Abs. 1 S. 1 ebenfalls auf Vollzähligkeit und fristgemäße Einreichung geprüft.

II. Prüfungsumfang (Abs. 1)

Der das Unternehmensregister führenden Stelle wird in Abs. 1 eine Prüfungspflicht **4** auferlegt. Zuständig ist insoweit als Beliehene die Bundesanzeiger Verlags GmbH mit Sitz in Köln. Der Sitz oder der Ort der Verwaltung der Gesellschaft spielen für die Zuständigkeit daher keine Rolle. Die Prüfung ist beschränkt auf die **Vollzähligkeit** der zur Einstellung in das Unternehmensregister zu übermittelnden Unterlagen und die **Einhaltung der jeweils maßgebenden Frist.** Voraussetzung für die Prüfung ist, dass es sich bei den eingereichten Unterlagen um entsprechende Werke und Berichte handelt.[5] Der Umfang der Unterlagen ergibt sich aus § 325 Abs. 1 und 3. Zu übermitteln sind danach:

Bei **Kapitalgesellschaften** und gleichgestellten Personenhandelsgesellschaften (aus- **5** führlich → § 325 Rn. 23–50):
– der Jahresabschluss; bestehend aus den Elementen: Bilanz, Gewinn- und Verlustrechnung (§ 242 Abs. 3) und dem Anhang (§ 264 Abs. 1 S. 1); Kleinstgesellschaften müssen keinen Anhang erstellen (§ 264 Abs. 1 S. 5 und die Erklärungen nach § 264 Abs. 2 S. 3 sowie § 289 Abs. 1 S. 5);
– der Bestätigungsvermerk oder der Vermerk über die Versagung des Abschlussprüfers (§ 322), sofern die Gesellschaft der gesetzlichen Pflichtprüfung unterliegt (§ 316);

---

3   OLG Köln BeckRS 2016, 20548.
4   Zum RefE Ernst DStR 1999, 903; Heni DStR 1999, 912; Strobel BB 1999, 1054; Bihr BB 1999, 1862; Göhner BB 1999, 1914; Wiechmann WPg 1999, 916.
5   Staub/Kersting Rn. 2.

– der Lagebericht (§ 289) zur Wiedergabe der Vermögens-, Finanz- und Ertragslage der Kapitalgesellschaft; kleine Kapitalgesellschaften sind zur Aufstellung nicht verpflichtet (§ 264 Abs. 1 S. 4); gleiches gilt für kleine Personenhandelsgesellschaften iSd § 264a;

– der Bericht des Aufsichtsrats; dies gilt auch für den Bericht eines fakultativen Aufsichtsrats, soweit die Prüfungspflicht entsprechend §§ 170, 171 AktG besteht;[6]

– der Vorschlag für die Verwendung des Ergebnisses im Anhang;

– der Beschluss über die Verwendung des Ergebnisses;

– die Entsprechenserklärung zum Corporate Governance Kodex nach § 161 AktG für börsennotierte Gesellschaften;

– die Änderungen des Jahresabschlusses, wenn dieser aufgrund einer nachträglichen Prüfung oder Feststellung geändert wird;

– die Änderungen des Bestätigungs- oder Versagungsvermerks, wenn eine Nachtragsprüfung erforderlich wird.

6   Bei **Konzernen** (ausführlich → § 325 Rn. 93 ff.):

– der Konzernabschluss; dieser besteht nach § 297 Abs. 1 aus der Konzernbilanz, der Gewinn- und Verlustrechnung des Konzerns und dem Konzernanhang, der Kapitalflussrechnung und dem Eigenkapitalspiegel; eine Segmentberichterstattung kann freiwillig aufgenommen werden (§ 297 Abs. 1 S. 2). Ist der Konzernabschluss aufgrund von § 315e Abs. 1 nach IAS/IFRS-Grundsätzen aufzustellen (börsenorientierte Konzernmuttergesellschaften) oder wird er freiwillig nach IAS/IFRS aufgestellt, richtet sich die Zusammensetzung nach den internationalen Rechnungslegungsregeln und die Erklärung nach § 297 Abs. 2 S. 4;[7]

– der Konzernlagebericht, der den Geschäftsverlauf und die Lage des Konzerns darstellen soll (§ 315) und die Erklärung nach § 315 Abs. 1 S. 5;

– der Bestätigungsvermerk oder der Vermerk über dessen Versagung des Abschlussprüfers (§ 322);

– der Bericht des Aufsichtsrats zum Konzernabschluss und zum Ergebnis der Prüfung des Abschlusses;

– die Änderung des Konzernabschlusses aufgrund einer nachträglichen Prüfung.

7   Wird von den Offenlegungserleichterungen Gebrauch gemacht, hat die das Unternehmensregister führende Stelle nur zu überprüfen, ob die verkürzten Unterlagen in ihrem Umfang den gesetzlichen Vorgaben entsprechen (§§ 326, 327). Andere Unterlagen, die nach anderen Vorschriften zu übermitteln oder einzureichen sind (zB § 130 Abs. 5 AktG, § 40 Abs. 1 S. 1 GmbHG), werden von der Prüfung nicht erfasst. Inhaltliche Mängel der Unterlagen schließen die Vollzähligkeit nicht aus. Nur in extremen Fällen, in denen nicht mehr von einem Jahresabschluss oder einem Lagebericht gesprochen werden kann, ist von einem Verstoß auszugehen.[8]

8   Die Prüfung durch die das Unternehmensregister führende Stelle beschränkt sich auf den formalen Aspekt der Vollzähligkeit. Nicht umfasst ist jede Art der Inhaltskontrolle. Weder die Formalien des § 328 noch die Anforderungen an die Aufstellung der Unterlagen sind zu überprüfen.[9] Die das Unternehmensregister führende Stelle ist somit nicht berechtigt, aber auch nicht verpflichtet, die **materielle Rechtmäßigkeit** der Unterlagen zu untersuchen.[10] Eine Beanstandung soll selbst in den Fällen unterbleiben, in denen offensichtlich ist, dass kein wirksam festgestellter Jahresabschluss eingereicht wurde.[11] Fehlt es bei mittelgroßen oder großen Gesellschaften, die der gesetzlichen Abschlussprüfung unterliegen, an einem Bestätigungsvermerk, so sind die Unterlagen nicht vollständig.[12] Die das

---

[6]   BeBiKo/Grottel § 325 Rn. 11.
[7]   Eine synoptische Darstellung findet sich beispielsweise bei Schmid DStR 2005, 80 (81).
[8]   Kölner Komm RechnungslegungsR/Claussen Rn. 2; ADS Rn. 8.
[9]   Hopt/Merkt Rn. 1; BeBiKo/Grottel Rn. 5; Staub/Kersting Rn. 2.
[10] ADS Rn. 4; BeBiKo/Grottel Rn. 5.
[11] ADS Rn. 4; Lutter/Hommelhoff/Kleindiek GmbHG Anh. § 42a Rn. 41.
[12] Kölner Komm RechnungslegungsR/Claussen Rn. 3; ADS Rn. 7; Hopt/Merkt Rn. 1; Lutter/Hommelhoff/Kleindiek GmbHG Anh. § 42a Rn. 41.

Unternehmensregister führende Stelle hat die fehlenden Unterlagen zu rügen, indem eine Unterrichtung des Bundesamtes der Justiz über die Feststellung erfolgt. Nach § 335 wird anschließend ein Ordnungsgeldverfahren durchgeführt (→ § 325 Rn. 123). Die Nachholung von Aufstellungserleichterungen bei kleinen und mittelgroßen Kapitalgesellschaften sowie die gesetzeskonforme Verkürzung der Offenlegungsunterlagen (§§ 326, 327) sind nicht Gegenstand der Prüfung.

Weiterhin wird von der Prüfung die **fristgerechte Einreichung der Unterlagen** 9 umfasst. § 325 kennt zwei Arten von Fristen, die es zu beachten gilt. Einerseits die allgemeine Frist, dass die Unterlagen innerhalb der Jahresfrist des § 325 Abs. 1a S. 1 der das Unternehmensregister führenden Stelle zur Einstellung in das Unternehmensregister zu übermitteln sind. Der Prüfungsauftrag bezieht sich in erster Linie auf diese Höchstfrist. Spätestens vor Ablauf des zwölften Monats des dem Abschlussstichtag nachfolgenden Geschäftsjahres sind die Unterlagen der das Unternehmensregister führenden Stelle zu übermitteln. Falls die Unterlagen nicht vorliegen, ist das Bundesamt für Justiz zu unterrichten (§ 329 Abs. 4). Für kapitalmarktorientierte Gesellschaften verkürzt sich die Frist in der Regel von zwölf Monaten auf vier Monate (§ 325 Abs. 4). Handelt es sich bei der Gesellschaft um einen Emittenten von Vermögensanlagen (§§ 1, 26 VermAnlG), tritt an die Stelle des Ablaufs des zwölften Monats des dem Abschlussstichtag nachfolgenden Geschäftsjahres der Ablauf des sechsten Monats (§ 26 VermAnlG). Liegen die Unterlagen zu dem maßgebenden Zeitpunkt nicht vor, erfolgt die Unterrichtung. Darüber hinaus geht es um die Frist für die Nachreichung von Unterlagen, die noch nicht vorliegen, bzw. Änderungen. Eine Kontrolle ist auch insoweit durchzuführen.

Nicht Gegenstand der Prüfung ist die Einstellung in das Unternehmensregister. Die 10 Einstellung in das Unternehmensregister liegt in den Händen der das Unternehmensregister führenden Stelle. In den Fällen der befreienden Offenlegung eines Einzelabschlusses (§ 325 Abs. 2a) wird von der das Unternehmensregister führenden Stelle nicht geprüft, ob die formalen Voraussetzungen für die befreiende Wirkung vorliegen (§ 325 Abs. 2b).[13] Nicht Gegenstand der Prüfung ist ferner, ob der Einzelabschluss nach den IAS/IFRS zutreffend aufgestellt wurde.

III. Auskunftsanspruch (Abs. 2)

Anhand der eingereichten Unterlagen hat die das Unternehmensregister führende Stelle 11 die Vollständigkeit festzustellen. Nimmt das Unternehmen Erleichterungen bei der Offenlegung in Anspruch, hat die das Unternehmensregister führende Stelle vor diesem Hintergrund zu prüfen, ob die Unterlagen vollständig sind. Vollständigkeit liegt nur vor, wenn das Unternehmen der entsprechenden Größenklasse angehört. Ergeben sich aus den eingereichten Unterlagen Anhaltspunkte dafür, dass die **größenabhängigen Erleichterungen zu Unrecht in Anspruch** genommen wurden, besteht ein Auskunftsrecht der das Unternehmensregister führenden Stelle, um die maßgebenden Größenkriterien zu ermitteln. Die das Unternehmensregister führende Stelle kann von dem Unternehmen die Mitteilung der Umsatzerlöse (§ 277 Abs. 1) und der durchschnittlichen Arbeitnehmer (§ 267 Abs. 5) verlangen. Zu diesem Zweck kann die das Unternehmensregister führende Stelle eine angemessene Frist bestimmen. Lässt die Gesellschaft die Frist ohne Reaktion verstreichen, gilt die Erleichterung als zu Unrecht in Anspruch genommen (Abs. 2 S. 2). Der Auskunftsanspruch bezieht sich auch auf die Angaben, die es der das Unternehmensregister führenden Stelle erlauben, die Beurteilung in Bezug auf die **Erleichterung des § 327a** vorzunehmen. Die Ausnahme von der kürzeren Höchstfrist greift nur ein, wenn ausschließlich Schuldtitel nach § 2 Abs. 1 Nr. 3 WpHG zum Handel an einem organisierten Markt zugelassen sind. Die Art der Auskunft ist nicht vorgegeben, allerdings müssen die Unterlagen geeignet sein, die Beurteilung nach § 327a vornehmen zu können.

---

[13] AA BeBiKo/Grottel Rn. 4, was sich aber aus dem Wortlaut des § 329 Abs. 1 „zu übermittelnden" nicht ergibt. Wie hier Staub/Kersting Rn. 4.

12   **1. Voraussetzungen und Umfang (Abs. 2 S. 1).** Das Unterrichtungsrecht besteht zur Feststellung der Vollzähligkeit der Unterlagen[14] und zur Prüfung der fristgerechten Einreichung in Bezug auf die maßgebenden Höchstfristen für kapitalmarktorientierte Gesellschaften. Nicht Gegenstand der Prüfung und damit auch nicht Anlass des Auskunftsbegehrens ist die materielle Rechtmäßigkeit der Unterlagen. Daraus ergibt sich, dass § 327 keine relevante Erleichterung für die Unterrichtung nach Abs. 2 enthält. Nach § 327 können lediglich inhaltliche Verkürzungen der Bilanz und des Anhangs vorgenommen werden; dies ist aber nicht Gegenstand der Prüfung nach Abs. 1. Bei Konzernen spielt die Unterrichtung ebenfalls keine Rolle. Erleichterungen im Sinne einer Verkürzung sind für Konzernunterlagen nicht vorgesehen.[15] Werden gar keine Unterlagen eingereicht, besteht nur die Möglichkeit, die Offenlegung mit den Mitteln des § 335 herbeizuführen.

13   Somit ergeben sich für die das Unternehmensregister führende Stelle folgende mögliche **Anwendungsfälle** der Unterrichtung:[16]

– Kleinstgesellschaften müssen keinen Anhang erstellen (§ 264 Abs. 1 S. 5) und können die Bilanz zur dauerhaften Hinterlegung beim Unternehmensregister einstellen (§ 326 Abs. 2).

– Kleine Kapitalgesellschaften und gleichgestellte Personenhandelsgesellschaften, die von den Aufstellungs- oder Offenlegungserleichterungen Gebrauch machen, können zur Auskunft verpflichtet sein. Die Gewinn- und Verlustrechnung, der Lagebericht, der Bestätigungsvermerk, der Vorschlag und Beschluss zur Ergebnisverwendung sowie der Bericht des Aufsichtsrats müssen von diesen Unternehmen nicht an die das Unternehmensregister führende Stelle übermittelt werden (→ § 326 Rn. 11, → § 326 Rn. 15 f., → § 326 Rn. 22). Vollzähligkeit liegt nur vor, wenn es sich tatsächlich um eine **kleine Gesellschaft** handelt.[17] Aus den von kleinen Gesellschaften vorgelegten Unterlagen ist von den maßgebenden Größenkriterien des § 267 nur die Bilanzsumme erkennbar. Mit den weiteren Informationen aus Abs. 2 lässt sich die Größe des Unternehmens für die das Unternehmensregister führende Stelle feststellen.

– Die das Unternehmensregister führende Stelle hat die fristgerechte Einreichung der Unterlagen nachzuprüfen. Da kapitalmarktorientierte Unternehmen in den Fällen des § 327a ihre Unterlagen erst spätestens vor Ablauf des zwölften Monats des dem Abschlussstichtag nachfolgenden Geschäftsjahres zu übermitteln haben, sind die Voraussetzungen des § 327a zu prüfen. Der Auskunftsanspruch kann zur Klärung der Schuldtitel, die zum Handel an einem organisierten Markt zugelassen sind, eingesetzt werden.

– Problematisch ist die Erweiterung des Auskunftsanspruchs und der Rechtsfolge auf die Fälle des **Bestätigungsvermerks.** Kleine Gesellschaften sind nicht verpflichtet, eine Abschlussprüfung durchzuführen (§ 316). Die Rechtsfolge des Abs. 2 S. 2 kann insoweit nicht zum Tragen kommen. Die Prüfungspflicht richtet sich allein nach § 316 und somit nach der tatsächlichen Größe des Unternehmens.[18]

14   Voraussetzung für das Recht zur Auskunft ist ein **Anlass zur Annahme,** dass die Reduzierung der Unterlagen zu Unrecht erfolgte oder die entsprechende Frist zu Unrecht in Anspruch genommen wird. Werden keine Erleichterungen in Anspruch genommen, besteht kein Raum für ein Auskunftsbegehren. Dies gilt auch für den Fall, dass nur unklar bleibt, ob es sich um eine Kleinstgesellschaft, eine kleine oder mittelgroße Gesellschaft handelt, die Unterlagen aber den Anforderungen an mittelgroße Gesellschaften genügen. Gleiches gilt, falls die Unterlagen vor Ablauf der Frist von vier Monaten eingereicht werden und die Erleichterung nach § 327a nicht zur Wirkung gelangt. Der Anlass kann sich aus den eingereichten Unterlagen oder aus den Dokumenten ergeben, die zur Prüfung aus dem Unternehmensregister zur Verfügung gestellt werden. Der Anlass muss sich auf die

---

14   ADS Rn. 14; BeBiKo/Grottel Rn. 7.
15   § 293 führt zur vollständigen Befreiung, Unterlagen aufzustellen und zu übermitteln.
16   ADS Rn. 14, 15; BeBiKo/Grottel Rn. 7.
17   ADS Rn. 14; BeBiKo/Grottel Rn. 7.
18   ADS Rn. 16, aber entsprechende Anwendung; BeBiKo/Grottel Rn. 8.

Zuordnung zu einer bestimmten Größenklasse iSd § 267 beziehen[19] oder auf die Schuldtitel, welche zu einem organisierten Markt zugelassen sind. In erster Linie kann die das Unternehmensregister führende Stelle einen Anhaltspunkt für die entsprechende Größenklasse aus der Bilanzsumme erhalten.[20] Andere der das Unternehmensregister führenden Stelle zugängliche Informationen dürfen für die Frage der Zuordnung zu einer bestimmten Größenklasse ebenfalls herangezogen werden (§ 329 Abs. 1 S. 2). Ein Auskunftsbegehren ist nicht zulässig, wenn für die das Unternehmensregister führende Stelle klar ersichtlich ist, beispielsweise aufgrund der Tätigkeit des Unternehmens, dass die anderen Größenkriterien nicht erfüllt sein können.

Das **Auskunftsrecht** bezieht sich auf die Höhe der Umsatzerlöse (Definition in § 277 **15** Abs. 1) und die Anzahl der Arbeitnehmer (durchschnittliche Arbeitnehmerzahl nach § 267 Abs. 5). Die Gesellschaft genügt der Aufforderung zur Informationsverschaffung durch die bloße Angabe der Zahlen. Einer Begründung bedarf es nicht; Nachweise muss das Unternehmen ebenfalls nicht vorlegen.[21] Dies ergibt sich daraus, dass die inhaltliche Richtigkeit der Unterlagen durch die das Unternehmensregister führende Stelle nicht geprüft wird.[22] Für die Beurteilung der maßgebenden Frist in Bezug auf § 327a genügt jede sachgerechte Information durch die Gesellschaft. Die aufgrund des Auskunftsrechts an die das Unternehmensregister führende Stelle gelangten Informationen über das Unternehmen nehmen nicht an der Publizität der Unterlagen teil. Die Verpflichtung zur Einstellung in das Unternehmensregister erstreckt sich nur auf die offengelegten Unterlagen.[23]

2. Folgen der Unterlassung (Abs. 2 S. 2). Kommt die aufgeforderte Gesellschaft **16** dem Begehren nach und äußert sich, hat das Verfahren keine Folgen. Bei fehlerhaften Angaben droht den Verantwortlichen des Unternehmens die Sanktion des § 334 Abs. 1 Nr. 5. Gehen bei der das Unternehmensregister führenden Stelle die geforderten Angaben nicht oder nicht innerhalb der gesetzten Frist zu, greift die **gesetzliche Fiktion** des Abs. 2 S. 2 ein.[24] Die Erleichterungen gelten als zu Unrecht in Anspruch genommen. Die Wirkung der Fiktion bezieht sich nur auf § 329. Die Unterlagen des Unternehmens sind nicht vollzählig bzw. nicht fristgerecht eingereicht. Weitergehende Auswirkungen hat die Rechtsfolge nicht, insbesondere wird die kleine Kapitalgesellschaft oder Personenhandelsgesellschaft (§ 264a) dadurch nicht zu einer mittelgroßen Gesellschaft. Für Aufstellungserleichterungen und die sonstigen gesetzlichen Vorgaben bleibt die tatsächliche Größe des Unternehmens maßgebend.[25]

Die **Wirkung der Fiktion** setzt voraus, dass für die Gesellschaft eine angemessene **17** Frist zur Mitteilung an die das Unternehmensregister führende Stelle bestimmt wurde. ADS zweifeln zu Recht an der Möglichkeit, die Fristversäumnis durch Wiedereinsetzung in den vorigen Stand zu beseitigen.[26] Die Wirkung der Fiktion tritt mit Ablauf der Frist ein (ex nunc). Die Gesellschaft ist verpflichtet, die fehlenden Unterlagen nachzureichen (zu den Unterlagen → Rn. 5 f.) oder die Unterlagen innerhalb der kürzeren Frist (§ 325 Abs. 4 S. 1) zu übermitteln. Eine Ordnungswidrigkeit nach § 334 Abs. 1 Nr. 5 liegt nicht vor, da sich die Fiktion nicht auf die Form, das Format und den Inhalt erstreckt, sondern entsprechend dem Prüfungsumfang auf die Vollzähligkeit und Einhaltung der Frist beschränkt ist.[27]

---

[19] ADS Rn. 18; Kölner Komm RechnungslegungsR/Claussen Rn. 7; BeBiKo/Grottel Rn. 8.
[20] Rödder Rpfleger 1986, 167; Lück GmbHR 1987, 47; Amelung WPK-Mitt. 1989, 54.
[21] ADS Rn. 21.
[22] ADS Rn. 21; Lutter/Hommelhoff/Kleindiek GmbHG Anh. § 42a Rn. 43; Ziegler Rpfleger 1988, 231 (233).
[23] So schon zur bisherigen Rechtslage: ADS Rn. 22; Kölner Komm RechnungslegungsR/Claussen Rn. 9; HdR/Hütten Rn. 2; Lutter/Hommelhoff/Kleindiek GmbHG Anh. § 42a Rn. 43; BeBiKo/Grottel Rn. 7; Amelung WPK-Mitt. 1989, 54.
[24] Die tatsächlich vorliegenden Größenkriterien werden unbedeutend; OLG Köln BeckRS 2016, 20548. Zur Vermutung und Fiktion vgl. Ebke ZIP 1999, 1193 (1202). Ebenso ADS Rn. 24.
[25] ADS Rn. 24; missverständlich GK-HGB/Marsch-Barner Rn. 7.
[26] ADS Rn. 26.
[27] ADS Rn. 29; BeBiKo/Grottel Rn. 10; aA noch Glade, Rechnungslegung und Prüfung nach dem Bilanzrichtlinien-Gesetz, § 329 Rn. 12.

Nach der Unterrichtung durch die das Unternehmensregister führende Stelle wird das Bundesamt der Justiz aber ein Ordnungsgeldverfahren einleiten.

IV. Verlangen einer deutschen Übersetzung (Abs. 3)

18   Die Regelung in Abs. 3 ist nur für Ausnahmefälle gedacht. Wird von bestimmten ausländischen Unternehmen in Deutschland eine Zweigniederlassung unterhalten, besteht die Offenlegungsverpflichtung nach § 325a. Danach steht es den verpflichteten Personen frei, die Unterlagen in deutscher Sprache (Regelfall: Abs. 1 S. 2) oder, soweit dies nicht die Amtssprache am Sitz der Hauptniederlassung ist, in englischer Sprache zu übermitteln. Ferner kann im letztgenannten Fall auch eine beglaubigte Abschrift der Unterlagen in der Amtssprache (andere Sprachen) des Registers der Hauptniederlassung eingereicht werden; notwendig ist dann allerdings, die beglaubigte Übersetzung der Beglaubigung in die deutsche Sprache mit zu übermitteln (§ 325a Abs. 1 S. 5). Eine Übersetzung der Unterlagen selbst ist nicht erforderlich.

19   Um die Kontrolle der erforderlichen Unterlagen zu gewährleisten, kann es im Einzelfall erforderlich sein, die Unterlagen in deutscher Sprache einzusehen. Abs. 3 ermöglicht es der das Unternehmensregister führenden Stelle, die Vorlage einer Abschrift der Unterlagen in deutscher Sprache zu verlangen. Eine Beglaubigung der Abschrift ist nicht vorgesehen. Gerechtfertigt ist das Verlangen nur, wenn die Prüfungsverpflichtung anders nicht erfüllt werden kann. Neben den Fällen des § 325a ist auch auf § 340l Abs. 2 S. 6 verwiesen. Darin geht es um deutsche Zweigniederlassungen von Kreditinstituten mit Sitz in Drittstaaten.

V. Sanktionen (Abs. 4) und Kosten

20   Kommt die das Unternehmensregister führende Stelle bei der Prüfung zu dem Ergebnis, dass die Unterlagen nicht vollständig oder nicht fristgerecht eingereicht wurden, ergeht in der Regel zunächst ein Hinweis an das verpflichtete Unternehmen. Darin wird der festgestellte Mangel benannt. Aus dem Gesetzeswortlaut ergibt sich eine **Hinweisverpflichtung** allerdings nicht. Geht man von einer Hinweispflicht aus Verhältnismäßigkeitserwägungen zumindest im Regelfall aus, wäre dem Unternehmen zunächst Gelegenheit zur Beseitigung zu geben.[28] Zur Durchsetzung der Verpflichtung hat die das Unternehmensregister führende Stelle das Bundesamt für Justiz als zuständige Verwaltungsbehörde für das Ordnungsgeldverfahren zu unterrichten (§ 329 Abs. 4). Das folgende Ordnungsgeldverfahren richtet sich nach § 335 und den dort genannten Vorschriften des FamFG und VwVfG. Das Verfahren ist gebührenpflichtig (100 EUR). Dabei ist zu berücksichtigen, dass in den Fällen der Fiktionswirkung des Abs. 2 S. 2 für Erleichterungen kein Raum mehr besteht. Weitere Möglichkeiten stehen der das Unternehmensregister führenden Stelle nicht zur Verfügung. In dem Verfahren können allerdings nur Unterlagen Gegenstand sein, die nachträglich noch erstellt werden können.[29] Es ist Sache der Gesellschaft, für die Übermittlung der Unterlagen unter korrekter Angabe aller erforderlichen Daten Sorge zu tragen.[30]

21   Aus KV 1410–1412 JVKostG ergibt sich, dass für die Führung des (elektronischen) Unternehmensregisters eine Jahresgebühr nach Größe des Unternehmens in Höhe von 3 oder 6 EUR erhoben wird. Für kapitalmarktorientierte Unternehmen beträgt die Jahresgebühr 30 EUR. Die Gebühr entsteht für die Unterlagen eines Jahres nur einmal, unabhängig davon, ob die Offenlegung in einem Akt erfolgt oder einzelne Teile nachgereicht werden. Gebührenschuldner ist die übermittelnde Gesellschaft. Hinzu kommen die Kosten für den Aufwand für die Einstellung von Rechnungslegungsunterlagen sowie für eine Prüfung. Je nach Größe der Gesellschaft und Umfang der Unterlagen sowie dem gewählten Datenformat liegen die Kosten für Kleinstkapitalgesellschaften bei 18,50 EUR, für kleine Gesellschaften bei 25 EUR, für mittelgroße Gesellschaften bei 55 EUR und für Unterlagen anderer Gesell-

---

[28]   Dazu ADS Rn. 11; Ziegler Rpfleger 1988, 231 (233); Amelung WPK-Mitt. 1989, 54.
[29]   Abgelehnt für Bericht des Aufsichtsrats bei gänzlich fehlendem Aufsichtsrat, BVerfG DStR 2014, 540.
[30]   OLG Köln BeckRS 2019, 47907.

schaften bzw. Unterlagen der Konzernrechnungslegung je nach Format bei bis zu 550 EUR.[31] Mit der Umstellung auf die elektronische Form haben sich die Gesamtkosten der Offenlegung für die Gesellschaften um bis zu 80 % vermindert.[32]

Fünfter Unterabschnitt. Verordnungsermächtigung für Formblätter und andere Vorschriften

§ 330 Verordnungsermächtigung für Formblätter und andere Vorschriften

(1) [1]Das Bundesministerium der Justiz und für Verbraucherschutz wird ermächtigt, im Einvernehmen mit dem Bundesministerium der Finanzen und dem Bundesministerium für Wirtschaft und Energie durch Rechtsverordnung, die nicht der Zustimmung des Bundesrates bedarf, für Kapitalgesellschaften Formblätter vorzuschreiben oder andere Vorschriften für die Gliederung des Jahresabschlusses oder des Konzernabschlusses oder den Inhalt des Anhangs, des Konzernanhangs, des Lageberichts oder des Konzernlageberichts zu erlassen, wenn der Geschäftszweig eine von den §§ 266, 275 abweichende Gliederung des Jahresabschlusses oder des Konzernabschlusses oder von den Vorschriften des Ersten Abschnitts und des Ersten und Zweiten Unterabschnitts des Zweiten Abschnitts abweichende Regelungen erfordert. [2]Die sich aus den abweichenden Vorschriften ergebenden Anforderungen an die in Satz 1 bezeichneten Unterlagen sollen den Anforderungen gleichwertig sein, die sich für große Kapitalgesellschaften (§ 267 Abs. 3) aus den Vorschriften des Ersten Abschnitts und des Ersten und Zweiten Unterabschnitts des Zweiten Abschnitts sowie den für den Geschäftszweig geltenden Vorschriften ergeben. [3]Über das geltende Recht hinausgehende Anforderungen dürfen nur gestellt werden, soweit sie auf Rechtsakten des Rates der Europäischen Union beruhen. [4]Die Rechtsverordnung nach Satz 1 kann auch Abweichungen von der Kontoform nach § 266 Abs. 1 Satz 1 gestatten. [5]Satz 4 gilt auch in den Fällen, in denen ein Geschäftszweig eine von den §§ 266 und 275 abweichende Gliederung nicht erfordert.

(2) [1]Absatz 1 ist auf folgende Institute ungeachtet ihrer Rechtsform nach Maßgabe der Sätze 3 und 4 anzuwenden:
1. auf Kreditinstitute im Sinne des § 1 Absatz 1 des Kreditwesengesetzes, soweit sie nach dessen § 2 Absatz 1, 4 oder 5 von der Anwendung nicht ausgenommen sind,
2. auf Finanzdienstleistungsinstitute im Sinne des § 1 Absatz 1a des Kreditwesengesetzes, soweit sie nach dessen § 2 Absatz 6 oder 10 von der Anwendung nicht ausgenommen sind,
3. auf Wertpapierinstitute im Sinne des § 2 Absatz 1 des Wertpapierinstitutsgesetzes, soweit sie nach dessen § 3 von der Anwendung nicht ausgenommen sind, sowie
4. auf Institute im Sinne des § 1 Absatz 3 des Zahlungsdiensteaufsichtsgesetzes.
[2]Satz 1 ist auch auf Zweigstellen von Unternehmen mit Sitz in einem Staat anzuwenden, der nicht Mitglied der Europäischen Gemeinschaft und auch nicht Vertragsstaat des Abkommens über den Europäischen Wirtschaftsraum ist, sofern die Zweigstelle nach § 53 Abs. 1 des Gesetzes über das Kreditwesen als Kreditinstitut oder als Finanzinstitut gilt. [3]Die Rechtsverordnung bedarf nicht der Zustimmung des Bundesrates; sie ist im Einvernehmen mit dem Bundesministerium der Finanzen und im Benehmen mit der Deutschen Bundesbank zu erlassen. [4]In die Rechtsverordnung nach Satz 1 können auch nähere Bestimmungen über die Aufstellung

---

[31] Vgl. die AGB der das Unternehmensregister führenden Stelle.
[32] Vgl. dazu auch das Informationsblatt der Bundesanzeiger Verlagsgesellschaft, welches über die Homepage des Bundesanzeigers zugänglich ist.

des Jahresabschlusses und des Konzernabschlusses im Rahmen der vorgeschriebenen Formblätter für die Gliederung des Jahresabschlusses und des Konzernabschlusses sowie des Zwischenabschlusses gemäß § 340a Abs. 3 und des Konzernzwischenabschlusses gemäß § 340i Abs. 4 aufgenommen werden, soweit dies zur Erfüllung der Aufgaben der Bundesanstalt für Finanzdienstleistungsaufsicht oder der Deutschen Bundesbank erforderlich ist, insbesondere um einheitliche Unterlagen zur Beurteilung der von den Kreditinstituten und Finanzdienstleistungsinstituten durchgeführten Bankgeschäfte und erbrachten Finanzdienstleistungen sowie der von Wertpapierinstituten erbrachten Wertpapierdienstleistungen zu erhalten.

(3) [1]Absatz 1 ist auf Versicherungsunternehmen nach Maßgabe der Sätze 3 und 4 ungeachtet ihrer Rechtsform anzuwenden. [2]Satz 1 ist auch auf Niederlassungen im Geltungsbereich dieses Gesetzes von Versicherungsunternehmen mit Sitz in einem anderen Staat anzuwenden, wenn sie zum Betrieb des Direktversicherungsgeschäfts der Erlaubnis durch die deutsche Versicherungsaufsichtsbehörde bedürfen. [3]Die Rechtsverordnung bedarf der Zustimmung des Bundesrates und ist im Einvernehmen mit dem Bundesministerium der Finanzen zu erlassen. [4]In die Rechtsverordnung nach Satz 1 können auch nähere Bestimmungen über die Aufstellung des Jahresabschlusses und des Konzernabschlusses im Rahmen der vorgeschriebenen Formblätter für die Gliederung des Jahresabschlusses und des Konzernabschlusses sowie Vorschriften über den Ansatz und die Bewertung von versicherungstechnischen Rückstellungen, insbesondere die Näherungsverfahren, aufgenommen werden. [5]Die Zustimmung des Bundesrates ist nicht erforderlich, soweit die Verordnung ausschließlich dem Zweck dient, Abweichungen nach Absatz 1 Satz 4 und 5 zu gestatten.

(4) [1]In der Rechtsverordnung nach Absatz 1 in Verbindung mit Absatz 3 kann bestimmt werden, daß Versicherungsunternehmen, auf die die Richtlinie 91/674/EWG nach deren Artikel 2 in Verbindung mit den Artikeln 4, 7 und 9 Nummer 1 und 2 sowie Artikel 10 Nummer 1 der Richtlinie 2009/138/EG des Europäischen Parlaments und des Rates vom 25. November 2009 betreffend die Aufnahme und Ausübung der Versicherungs- und der Rückversicherungstätigkeit (Solvabilität II) (ABl. L 335 vom 17.12.2009, S. 1) nicht anzuwenden ist, von den Regelungen des Zweiten Unterabschnitts des Vierten Abschnitts ganz oder teilweise befreit werden, soweit dies erforderlich ist, um eine im Verhältnis zur Größe der Versicherungsunternehmen unangemessene Belastung zu vermeiden; Absatz 1 Satz 2 ist insoweit nicht anzuwenden. [2]In der Rechtsverordnung dürfen diesen Versicherungsunternehmen auch für die Gliederung des Jahresabschlusses und des Konzernabschlusses, für die Erstellung von Anhang und Lagebericht und Konzernanhang und Konzernlagebericht sowie für die Offenlegung ihrer Größe angemessene Vereinfachungen gewährt werden.

(5) Die Absätze 3 und 4 sind auf Pensionsfonds (§ 236 Absatz 1 des Versicherungsaufsichtsgesetzes) entsprechend anzuwenden.

Schrifttum: Biener, Die Rechnungslegung der Kreditinstitute, 1988; Claussen, Das neue Rechnungslegungsrecht der Kreditinstitute, DB 1991, 1129; Gesamtverband Gemeinnütziger Wohnungsunternehmen e. V., Jahresabschluß und Kontenrahmen für Wohnungsunternehmen nach dem Bilanzrichtlinien-Gesetz, 1986; Grünenwald, Die Rechnungs- und Buchführungspflichten der Pflegeeinrichtungen, ZfS 1996, 37; Himmelreich, Auswirkungen des Bilanzrichtlinien-Gesetzes auf die Rechnungslegung der Kreditinstitute, WPg 1988, 365 und 389; Isenmann, Bankbilanzrichtlinien-Gesetz, Ein Handbuch für den Jahresabschluß 1993; Jäger, Zur bilanziellen Behandlung versicherungstechnischer Rückstellungen nach Handels- und Steuerrecht, ZVersWiss 1999, 149; Kenntemich/Seidel, Krankenhaus-Jahresabschluß – Bilanz, Gewinn- und Verlustrechnung, Anhang, in Handbuch Krankenhaus Rechnungswesen, Eichhorn (Hrsg.), 2. Aufl. 1988, 73; KPMG, Rechnungslegung von Versicherungsunternehmen, 1994; Krumnow/Sprißler/Bellavite-Hövermann, Rechnungslegung der Kreditinstitute, 1994; Luttermann, Konzernrechnungslegung der Versicherungsunternehmen, BB 1995, 191; Polster, Rechnungslegung und Prüfung der Kreditinstitute unter veränderten Rahmenbedingungen, FS Heigl, 1995, 433; Schnapauff, Gliederung der Jahresabschlüsse von Verkehrsunternehmen, WPg 1988, 532; Graf v. Treuberg/Angermayer, Der Jahresabschluß von Versicherungsunternehmen, 1995.

Übersicht

I. Normzweck und Anwendungsbereich

1. Einleitung. Die Vorschrift zur Formblatt-Ermächtigung gelangte in Umsetzung der **1** RL 78/660/EWG (4. EG-Richtlinie) und der RL 83/349/EWG (7. EG-Richtlinie) in das HGB (heute Bilanz-RL; Nachweise → § 325 Rn. 4). In Art. 9 Bilanz-RL ist vorgesehen, dass die Mitgliedstaaten berechtigt sein sollen, die mit arabischen Zahlen versehenen Posten der Bilanz und die Gewinn- und Verlustrechnung den Bedürfnissen bestimmter Wirtschaftszweige anzupassen. Für Konzerne findet sich die vergleichbare Vorgabe. Über die Bilanz-RL hinaus sieht § 330 abweichende Inhaltsangaben im Anhang und Lagebericht vor; gleiches gilt für Konzernanhang und Konzernlagebericht.[1] Die Einführung von § 330 führte zur **Vereinheitlichung** der Ermächtigungsgrundlage in Bezug auf Abweichungen von den Rechnungslegungsvorschriften des HGB.

Vor Inkrafttreten der Vorschrift waren verschiedene Ermächtigungen in bereichsbezo- **2** genen Einzelgesetzen enthalten. Die Erweiterung der Vorschrift geht auf die RL 86/635/ EWG (Bankbilanz-RL) vom 8.12.1986 (ABl. EG 1986 L 372, 1), die RL 89/117/EWG vom 13.2.1989 (ABl. EG 1989 L 44, 40) (Abs. 2) und die RL 91/674/EWG (ABl. EG 1991 L 374, 7), die RL 92/49/EWG, die RL 92/96/EWG (Abs. 3 und 4) zurück. **Abs. 2** wurde eingefügt durch das BankBiRiLiG[2] vom 30.11.1990 (BGBl. 1990 I 2570) und danach mehrfach geändert, **Abs. 3 und 4** wurden eingefügt durch das VersRiLiG[3] vom 24.6.1994 (BGBl. 1994 I 1377).

§ 330 schafft die Grundlage zur Berücksichtigung von Besonderheiten bei der **Rech- 3 nungslegung in bestimmten Wirtschaftszweigen.** Die Darstellung in der Rechnungslegung kann soweit angepasst werden, dass ein den tatsächlichen Verhältnissen entsprechendes Bild der Vermögens-, Finanz- und Ertragslage wiedergegeben wird. Die im HGB niedergelegten Gliederungsvorschriften für die Bilanz (§ 266) und Gewinn- und Verlustrechnung (§ 275) sowie die Sondervorschriften für Personenhandelsgesellschaften (§ 264c) orientieren sich an Produktions- und Handelsunternehmen[4] und werden nicht allen Branchen gerecht. Der Anwendungsbereich von § 265 Abs. 4 und 5 wird von § 330 nicht berührt, denn es geht nicht um die Anpassung aufgrund betriebsspezifischer Abweichungen in einzelnen Unternehmen (so § 265 Abs. 4 und 5), sondern um die Aussagekraft der Rechnungslegungsunterlagen eines ganzen Wirtschaftszweigs aus der Sicht des Verordnungsgebers. Mit Hilfe von Vorgaben in Formblättern und anderen Vorschriften kann den Besonderheiten bestimmter Geschäftszweige Rechnung getragen werden. Die Formblätter oder andere Vorschriften können Regelungen zur Gliederung der Bilanz und Gewinn- und Verlustrechnung sowie zum Inhalt von Anhang und Lagebericht enthalten. Dabei ist zu beachten, dass die Anforderungen denen für große Kapitalgesellschaften oder gleichgestellte Personenhandelsgesellschaften (§ 264c) gleichwertig sein müssen (Abs. 1 S. 2). Die Rechtsverordnung kann

---

[1]   ADS Rn. 3.
[2]   Dazu Claussen BB 1991, 1129.
[3]   Dazu Luttermann BB 1995, 191.
[4]   ADS Rn. 1; Kölner Komm RechnungslegungsR/Claussen Rn. 2.

auch Abweichungen von der Kontoform nach § 266 Abs. 1 S. 1 gestatten. Das gilt auch in den Fällen, in denen ein Geschäftszweig eine von den § 266 und § 275 abweichende Gliederung nicht erfordert. Keine Abweichungen gestattet Abs. 1 im Hinblick auf Ansatzvorschriften oder Bewertungsvorschriften, von den Vorschriften über die Prüfung, über die Offenlegung und auch nicht von den Sanktionen.

4   **2. Anwendungsbereich.** Die Vorschrift gilt unmittelbar für Kapitalgesellschaften. Nach dem KapCoRiLiG[5] werden bestimmte Personenhandelsgesellschaften den Kapitalgesellschaften gleichgestellt (§ 264a). Durch Verweise in anderen Normen wird auf § 330 Bezug genommen. Die entsprechende Anwendung von Abs. 1 ist in § 336 Abs. 3 für die Genossenschaften vorgesehen. Ferner ist § 330 für die Jahres- und Konzernabschlüsse nach dem PublG (§ 5 Abs. 3 PublG und § 13 Abs. 4 PublG) entsprechend anzuwenden. Die Ermächtigung schafft eine Grundlage zur Regelung der Gliederung von Bilanz und Gewinn- und Verlustrechnung sowie für den Inhalt des Anhangs und Lageberichts in Bezug auf die **externe Publizität.**[6] Die Belange der Aufsichtsbehörden können aufgrund dieser Ermächtigung grundsätzlich nicht berücksichtigt werden. Dafür enthalten die Spezialgesetze weitere Ermächtigungsgrundlagen.

5   **Adressat der Ermächtigung** ist der Bundesminister der Justiz (und für Verbraucherschutz), der die Formblätter oder andere Vorschriften durch Rechtsverordnung grundsätzlich im Einvernehmen mit den Bundesministerien der Finanzen sowie Wirtschaft und Energie erlässt. In Abs. 2 ist nur das Einvernehmen mit dem Bundesministerium der Finanzen erforderlich; gleichzeitig ist die Rechtsverordnung im Benehmen mit der Deutschen Bundesbank zu erlassen. In Abs. 3 ist ebenfalls nur das Einvernehmen mit dem Bundesministerium der Finanzen notwendig; dies gilt durch Verweisung auf Abs. 3 auch für Abs. 4 und 5. Die Zustimmung des Bundesrates ist nur in Abs. 3 vorgesehen. Sie ist allerdings nicht erforderlich, soweit die Vorordnung lediglich dem Zweck dient, eine Abweichung von der Kontoform zu gestatten. Die Zuständigkeitskonzentration soll die einheitliche Entwicklung sicherstellen und die Anlehnung an die im HGB vorgesehene Rechnungslegung erhalten.[7]

6   Die Ermächtigungsgrundlage in § 330 erfüllt die **verfassungsrechtlichen Voraussetzungen** des Art. 80 Abs. 1 GG. Der Bundesminister der Justiz (und für Verbraucherschutz) ist als Ermächtigungsadressat vorgesehen. Den verfassungsrechtlichen Anforderungen an die Bestimmtheit von Inhalt, Zweck und Ausmaß der erteilten Ermächtigung im Gesetz wurde durch die Umschreibung in Abs. 1 ausreichend Rechnung getragen (→ Rn. 7).[8] Formvorschriften gibt es auch als landesgesetzliche Regelungen (zB Eigenbetriebs-Verordnung aufgrund des EigBG). Die Gesetze und Verordnungen wurden in ihren Anforderungen aber weitgehend an das HGB angepasst.[9]

II. Allgemeine Ermächtigung (Abs. 1)

7   Inhalt einer Verordnung nach Abs. 1 kann die Festlegung von Formblättern sein, nach denen die Kapitalgesellschaften und gleichgestellte Personenhandelsgesellschaften die Gliederung der Bilanz und Gewinn- und Verlustrechnung abweichend von den Vorgaben im HGB zu gestalten haben. Gleichzeitig können in die Rechtsverordnung Vorschriften aufgenommen werden, die den Inhalt des Anhangs, des Konzernanhangs und des Lageberichts sowie des Konzernlageberichts regeln.[10] Der **Erlass einer Rechtsverordnung** setzt voraus, dass der Geschäftszweig eine abweichende Gliederung oder Regelung erfordert. Als Maßstab für die Notwendigkeit einer Regelung sind die Ziele der Jahres- und Konzernabschlüsse

---

[5]   Zum RefE Ernst DStR 1999, 903; Heni DStR 1999, 912; Strobel BB 1999, 1054; Bihr BB 1999, 1862; Göhner BB 1999, 1914; Wiechmann WPg 1999, 916.

[6]   BeBiKo/Störk/Lawall Rn. 3.

[7]   BT-Drs. 10/317, 100; BeBiKo/Störk/Lawall Rn. 2, 101.

[8]   Vgl. HdR/Falk Rn. 3–5; BeBiKo/Störk/Lawall Rn. 16.

[9]   Vgl. die Rechnungslegung für kommunale Betriebe sowie öffentlich-rechtliche Kreditinstitute oder Versicherungsunternehmen.

[10]   ADS Rn. 5; BeBiKo/Störk/Lawall Rn. 2.

heranzuziehen. Nach § 264 Abs. 2 S. 1 und § 297 Abs. 2 S. 2 sollen die Abschlüsse ein den tatsächlichen Verhältnissen entsprechendes Bild der Vermögens-, Finanz- und Ertragslage der Kapitalgesellschaft oder des Konzerns vermitteln und der Klarheit sowie Übersichtlichkeit Rechnung tragen (§ 243 Abs. 2).[11] Daneben können auch die Pflichten der Aufsichtsbehörden einheitliche Anforderungen sinnvoll erscheinen lassen. Der Gesetzgeber selbst hat für Banken und Versicherungsunternehmen in § 340a Abs. 2 und § 341a Abs. 2 eine entsprechende Regelung geschaffen. Die Verordnungsermächtigung schließt die Tätigkeit des Gesetzgebers auf diesem Gebiet nicht aus. Allgemein darf die Rechtsverordnung von Abweichungen nur insoweit Gebrauch machen, wie es die Besonderheiten des Geschäftszweigs tatsächlich erfordern. Alle anderen Gliederungsposten ergeben sich aus den § 266 und § 275. Die allgemeinen Vorschriften bleiben anwendbar, daher ist eine freiwillige Untergliederung der Formblatt-Posten zulässig (§ 265 Abs. 5). Unter erleichterten Voraussetzungen kann die Rechtsverordnung auch Abweichungen von der Kontoform nach § 266 Abs. 1 S. 1 gestatten. Das gilt auch in den Fällen, in denen ein Geschäftszweig eine von den § 266 und § 275 abweichende Gliederung nicht erfordert.

Die Rechtsverordnung kann nur Änderungen der dargestellten Art beinhalten. Rege- **8** lungen bezüglich des Ansatzes und der Bewertung einzelner Vermögensgegenstände dürfen nicht aufgenommen werden. Gleiches gilt für Vorgaben an die Abschlussprüfung und die Offenlegung der Unterlagen sowie die Sanktionen.[12] Im Rahmen der Abweichung von den Gliederungsvorschriften und den Inhaltsbestimmungen ergeben sich weitere Grenzen für den Inhalt der Verordnung. Die sich aus den Formblättern ergebenden Anforderungen sollen denen, die für große Kapitalgesellschaften oder Personenhandelsgesellschaften (§ 264a) gelten, **gleichwertig** sein (Abs. 1 S. 2).[13] Der Informationsgehalt darf nicht reduziert werden. Es soll nur das Defizit ausgeglichen werden, das entstehen würde, wenn die Rechnungslegung den Vorgaben im HGB folgen würde. Die gleiche Qualität soll durch die branchenspezifischen Abweichungen erreicht werden.[14] Zweck der Verordnung ist es nicht, Erleichterungen für bestimmte Geschäftszweige einzuführen. Werden Informationen in einzelnen Posten begrenzt, liegt noch keine Erleichterung vor, wenn andere Posten weitere für den Geschäftszweig spezifische Untergliederungen aufweisen. Abs. 1 S. 3 bestimmt zum Schutz der betroffenen Gesellschaften eine Obergrenze. Die Anforderungen an die Unterlagen der Rechnungslegung dürfen nicht über das geltende Recht[15] hinausgehen, es sei denn, es werden Rechtsakte des Rates der Europäischen Union in deutsches Recht umgesetzt. Störk/Lawall sehen darin eine sog. dynamische Verweisung, weil auch künftige Rechtsakte der EU eingeschlossen sind.[16] Diese Sichtweise wirft die verfassungsrechtlichen Probleme der dynamischen Verweisung auf.[17] Bei genauerer Betrachtung handelt es sich aber lediglich um die Klarstellung des Anwendungsvorrangs von Akten der EU.

Das HGB und das PublG enthalten Regelungen, wie Unternehmen, die eine Form- **9** blatt-Gliederung zu beachten haben, in Abschlüsse von Konzernen einer **anderen Branche einbezogen** werden (§ 300 Abs. 2 S. 3 und § 308 Abs. 2 S. 2, jeweils für Kreditinstitute und Versicherungsunternehmen). Die Bestimmungen für den umgekehrten Fall ergeben sich aus § 340i Abs. 2 S. 1 und § 341j Abs. 1 S. 1. Das Zusammentreffen mehrerer Formblätter bei Unternehmen eines Konzerns ist nach § 265 Abs. 4 durch Kombination der Posten zu lösen.[18] Der Grundsatz gilt ebenso, falls ein Unternehmen verschiedene Geschäftszweige

---

[11] Ebenso ADS Rn. 6.
[12] BeBiKo/Störk/Lawall Rn. 11; Staub/Kersting Rn. 4.
[13] Dazu Kölner Komm RechnungslegungsR/Claussen Rn. 6; BeBiKo/Störk/Lawall Rn. 25.
[14] ADS Rn. 7.
[15] Darunter sind das Bilanzrecht des HGB und allgemein anerkannte Übungen des betroffenen Wirtschaftszweigs (etwa aufsichts- oder steuerrechtliche Sonderregelungen, zB §§ 20, 21, 21a KStG) zu verstehen, s. BeBiKo/Störk/Lawall Rn. 31.
[16] BeBiKo/Störk/Lawall Rn. 32; ohne Entscheidung Staub/Kersting Rn. 7.
[17] Vgl. BVerfG NJW 1978, 1475; Sachs NJW 1981, 1651 mwN.
[18] BeBiKo/Störk/Lawall Rn. 15; Staub/Kersting Rn. 10. Zum Verhältnis der § 265 Abs. 4–7 und der VO vgl. Kölner Komm RechnungslegungsR/Claussen Rn. 4.

betreibt, für die jeweils eigene Formblätter durch Verordnung aufgestellt wurden. In der Praxis steht die gesetzliche Tätigkeitsbeschränkung von Formblatt-Unternehmen den möglichen Konflikten entgegen.[19] Leerposten müssen in Anwendung des § 265 Abs. 8 nicht ausgeführt werden.

III. Geltende Formblatt-Verordnungen

10   Nach Einführung des § 330 sind eine Reihe von Verordnungen ergangen, die Formblätter oder andere Bestimmungen iSd § 330 zum Gegenstand haben. Derzeit sind folgende Verordnungen gültig, die sich auf § 330 als Ermächtigungsgrundlage stützen:[20]

– 24.3.1987 Neufassung der **Krankenhaus-Buchführungs-Verordnung** (BGBl. 1987 I 1045); zuletzt durch Art. 8 Abs. 1 BilRUG und Art. 2 Zweite VO zur Änderung von Rechnungslegungsverordnungen (BGBl. 2015 I 1245 und BGBl. 2016 I 3076). Die VO gilt unabhängig von der Rechtsform für alle Krankenhäuser. Die Krankenhäuser, die als Kapitalgesellschaften geführt werden, brauchen die Gliederungsvorschriften des § 266 und § 275 dem Jahresabschluss nicht zugrunde zu legen. Sie können sich an den vorgegebenen Formblättern orientieren (§ 1 Abs. 3 S. 2 VO). Erleichterungen sind für die Offenlegung vorgesehen.[21]

– 6.3.1987 Geänderte Verordnung über **Formblätter für die Gliederung des Jahresabschlusses für Wohnungsunternehmen** (BGBl. 1987 I 770); zuletzt geändert durch Art. 8 Abs. 12 BilRUG am 17.7.2015 (BGBl. 2015 I 1245) und Gesetz zur Umsetzung der Digitalisierungs-RL vom 5.7.2021 (BGBl. 2021 I 3338). In die Bilanz und Gewinn- und Verlustrechnung sind branchenspezifische Posten aufzunehmen oder gesondert aufzugliedern.[22]

– 13.7.1988 Geänderte Verordnung über **die Gliederung des Jahresabschlusses von Verkehrsunternehmen** (BGBl. 1988 I 1057); zuletzt geändert durch Art. 8 Abs. 11 BilRUG am 17.7.2015 (BGBl. 2015 I 1245) und Gesetz zur Ergänzung und Änderung der Regelungen für die gleichberechtigte Teilhabe von Frauen an Führungspositionen in der Privatwirtschaft und im öffentlichen Dienst vom 7.8.2021 (BGBl. 2021 I 3311). Die Verordnung gilt nicht für Verkehrsunternehmen, die als Gewerbe die Beförderung von Gütern für andere mit Kraftfahrzeugen betreiben. Andere Verkehrsunternehmen haben in der Bilanz leicht abgewandelte Posten zum Ausweis des Sachanlagevermögens zu verwenden.[23]

– 10.2.1992 Verordnung über die **Rechnungslegung der Kreditinstitute und Finanzdienstleistungsinstitute** (RechKredV) (BGBl. 1992 I 203); Neufassung vom 11.12.1998 (BGBl. 1998 I 3658); zuletzt geändert durch Art. 8 Abs. 13 BilRUG am 17.7.2015 (BGBl. 2015 I 1245), die Umsetzung der RL (EU) 2019/2034 über die Beaufsichtigung von Wertpapierinstituten am 12.5.2021 (BGBl. 2021 I 990) und das Gesetz zur Ergänzung und Änderung der Regelungen für die gleichberechtigte Teilhabe von Frauen an Führungspositionen in der Privatwirtschaft und im öffentlichen Dienst vom 7.8.2021 (BGBl. 2021 I 3311). Die Verordnung enthält verschiedene Formblätter, die je nach Rechtsform des Kreditinstituts einzusetzen sind. Der Inhalt der einzelnen Posten wird umschrieben.[24]

– 8.11.1994 Verordnung über die **Rechnungslegung von Versicherungsunternehmen** (RechVersV) (BGBl. 1994 I 3378); geändert am 8.6.1998 (BGBl. 1998 I 1242) und zuletzt durch Art. 8 Abs. 14 BilRUG am 17.7.2015 (BGBl. 2015 I 1245) und Art. 69 MoPeG vom 10.8.2021 (BGBl. 2021 I 3436). Die Verordnung enthält Formblätter. Der Inhalt der einzelnen Posten wird beschrieben. Einzelheiten zum Ansatz, zur Bewertung und zu den

---

19   BeBiKo/Störk/Lawall Rn. 15.
20   ADS Rn. 20–34; BeBiKo/Störk/Lawall Rn. 20; GK-HGB/Marsch-Barner Rn. 3.
21   ADS Rn. 24–25.
22   ADS Rn. 23.
23   ADS Rn. 33, 34.
24   ADS Rn. 27–32; Hopt/Merkt Rn. 3; BeBiKo/Störk/Lawall Rn. 46.

Näherungsverfahren für versicherungstechnische Rückstellungen wurden geregelt (→ Rn. 14). Daneben enthält sie Art und Umfang der Befreiungen und Vereinfachungen für kleine Versicherungsunternehmen (Abs. 4 S. 2; vgl. §§ 61, 62 RechVersV).[25]

– 22.11.1995 Verordnung über die Rechnungs- und Buchführungspflichten der Pflegeeinrichtungen (**Pflege-Buchführungsverordnung** – PBV) (BGBl. 1995 I 2499); zuletzt geändert durch Art. 8 Abs. 22 BilRUG und Art. 1 Zweite VO zur Änderung von Rechnungslegungsverordnungen (BGBl. 2015 I 1245 und BGBl. 2016 I 3076). Die Verordnung enthält für Kapitalgesellschaften ein Wahlrecht: Danach können die inhaltlich in §§ 4 und 5 PBV beschriebenen Formblätter anstatt der Gliederungsvorschriften des HGB zur Grundlage des Jahresabschlusses gemacht werden. Aufstellungserleichterungen entfallen in diesen Fällen weitgehend. Für die Offenlegung dürfen die Erleichterungen nach Maßgabe des § 8 Abs. 2 PBV herangezogen werden.

– 25.2.2003 Verordnung über die Rechnungslegung von Pensionsfonds (RechPensV) (BGBl. 2003 I 246); zuletzt geändert durch Art. 8 Abs. 15 BilRUG am 17.7.2015 (BGBl. 2015 I 1245) und Art. 70 MoPeG vom 10.8.2021 (BGBl. 2021 I 3436). Die VO enthält Formblätter und Regelungen zu einzelnen Posten im Jahresabschluss und Lagebericht sowie der Konzernrechnungslegung.

– 2.11.2009 Verordnung über die Rechnungslegung der Zahlungsinstitute (RechZahlV) (BGBl. 2009 I 3680); zuletzt geändert durch Art. 8 Abs. 8 BilRUG (BGBl. 2015 I 1245). Die VO enthält Formblätter und Regelungen für einzelne Posten im Jahresabschluss sowie die Konzernrechnungslegung.

IV. Banken (Abs. 2)

Abs. 2 S. 1 **erweitert den Anwendungsbereich** der Vorschrift für Kreditinstitute und **11** sonstige Finanzdienstleistungsinstitute sowie Wertpapierinstitute auf andere Rechtsformen als Kapitalgesellschaften und gleichgestellte Personenhandelsgesellschaften (§ 264a). Die besonderen Rechtsformbestimmungen im KWG sind jedoch zu beachten. Die Verordnungsermächtigung schließt Zweigstellen mit ein, die von Unternehmen mit Sitz außerhalb der EU und eines Vertragsstaates des Abkommens über den Europäischen Wirtschaftsraum betrieben werden, gleichwohl aber als Kredit- oder Finanzinstitut nach § 53 Abs. 1 KWG gelten. Zweigstellen von Unternehmen mit Sitz in einem der EU-, EWR-Vertragsstaaten legen in Deutschland den Jahresabschluss des Mutterunternehmens offen. Von der Verordnung nicht erfasst werden die im KWG aufgeführten Sonderinstitute (§ 2 Abs. 1, 4, 5 KWG); dazu zählen beispielsweise die Deutsche Bundesbank und die Kreditanstalt für Wiederaufbau. Für diese Fälle finden sich Sondervorschriften zur Rechnungslegung in den Spezialgesetzen. Aufgrund der Ermächtigung in Abs. 2 ist die RechKredV ergangen (→ Rn. 10).[26]

Die Rechtsverordnung bedarf keiner Zustimmung des Bundesrates (S. 3). Sie ist im **12** Einvernehmen mit dem Bundesministerium der Finanzen zu erstellen. Gleichzeitig ist sie im Benehmen mit der Deutschen Bundesbank zu erlassen; aus der Formulierung ergibt sich ein qualifiziertes Anhörungsrecht der Bundesbank. Eine **inhaltliche Erweiterung** enthält Abs. 2 S. 4. Der Verordnungsgeber kann nähere Bestimmungen über die Aufstellung des Jahres- oder Konzernabschlusses sowie eines Zwischenabschlusses in die Formblätter und andere Vorschriften aufnehmen, soweit dies zur Erfüllung der Aufgaben der Bundesanstalt für Finanzdienstleistungsaufsicht oder der Deutschen Bundesbank sowie der von Wert-

---

[25] ADS Rn. 20–22; BeBiKo/Störk/Lawall Rn. 51.

[26] Zu weiteren Verordnungen auf dem Gebiet der Kreditinstitute, die auf der Grundlage von Ermächtigungen im KWG ergangen sind, vgl. BeBiKo/Störk/Lawall Rn. 45. An dieser Stelle ist nur auf die Verordnung zur Prüfung der Kreditinstitute vom 21.7.1994 (BGBl. 1994 I 1803), die PrüfbV vom 17.12.1998 (BGBl. 1998 I 3690) und die Verordnung über die Prüfung von Wertpapier-Dienstleistungsunternehmen vom 6.1.1999 (BGBl. 1999 I 4) hinzuweisen; heute: Verordnung über die Prüfung der Jahresabschlüsse der Kreditinstitute und Finanzdienstleistungsinstitute sowie über die darüber zu erstellenden Berichte (Prüfungsberichtsverordnung-PrüfbV) vom 11.6.2015 (BGBl. 2015 I 930) und Verordnung über die Prüfung der Wertpapierdienstleistungsunternehmen nach § 89 des Wertpapierhandelsgesetzes (Wertpapierdienstleistungs-Prüfungsverordnung – WpDPV) vom 17.1.2018 (BGBL. 2018 I 140).

papierinstituten erbrachten Wertpapierdienstleistungen erforderlich ist. Mit Hilfe der Zusatzermächtigung soll die Einheitlichkeit der Unterlagen zur Beurteilung der durchgeführten Bankgeschäfte und der erbrachten Finanzdienstleistungen sichergestellt werden.[27]

V. Versicherungen und Pensionsfonds (Abs. 3–5)

13   Abs. 3 S. 1 erweitert den **Anwendungsbereich** des Abs. 1 auf Unternehmen jeder Rechtsform, soweit diese nach dem VAG zugelassen sind. Darüber hinaus ist die Ermächtigungsgrundlage auch für Verordnungen vorgesehen, die sich auf Unternehmen mit Sitz in anderen Staaten beziehen, wenn von der BaFin eine Erlaubnis zum Betrieb des Direktversicherungsgeschäfts erforderlich ist. Aufgrund der Ermächtigung ist die RechVersV ergangen (→ Rn. 10). Für Pensionsfonds (§ 112 Abs. 1 VAG) sind die Regelungen entsprechend anzuwenden (Abs. 5).

14   Die Verordnung bedarf der Zustimmung des Bundesrates (S. 3). Die Zustimmung des Bundesrates ist nicht erforderlich, soweit die Verordnung ausschließlich dem Zweck dient, Abweichungen von der Kontoform zu gestatten. Die Verordnung ist im Einvernehmen mit dem Bundesministerium der Finanzen zu erlassen. Abs. 3 S. 4 ermöglicht die Aufnahme von näheren Bestimmungen zur Aufstellung des Jahres- oder Konzernabschlusses im Rahmen der Formblätter. Ferner können Vorschriften über den Ansatz und die Bewertung von versicherungstechnischen Rückstellungen aufgenommen werden.[28]

15   Abs. 4 erlaubt es, **Befreiungen und Vereinfachungen** für die Versicherungsunternehmen fortzuführen oder aufzunehmen, die vom Anwendungsbereich bestimmter Vorschriften der aufgezählten EU-Richtlinien (Art. 2 RL 91/674/EWG iVm Art. 4, 7 und 9 Nr. 1 und 2 RL 2009/138/EG sowie Art. 10 Nr. 1 RL 2009/138/EG) ausgenommen sind. Begünstigt sind dadurch beispielsweise Pensionskassen oder Versicherungsunternehmen mit räumlich oder sachlich begrenzten Mitgliedschaften.[29] Das Gleichwertigkeitsgebot (→ Rn. 8) des Abs. 1 S. 2 entfällt für die kleineren Unternehmen. Abs. 4 S. 2 gibt die Möglichkeit, diesen Versicherungsunternehmen für die Gliederung des Jahres- oder Konzernabschlusses, für die Erstellung von Anhang oder Konzernanhang und für den Lagebericht oder Konzernlagebericht sowie für die Offenlegung angemessene Vereinfachungen zu gewähren. Diese haben sich an der Größe des Versicherungsunternehmens zu orientieren. Die Umsetzung durch Verordnungsgeber erfolgte in §§ 61, 62 RechVersV.

VI. Rechtsfolgen eines Verordnungsverstoßes

16   Die **Nichtbeachtung von Formblättern** zieht zivilrechtlich die gleichen Folgen nach sich wie ein Verstoß gegen die Gliederungsvorschriften des HGB. Ausdrücklich geregelt sind die Rechtsfolgen in § 256 Abs. 4 AktG und § 33 Abs. 2 GenG. Der Jahresabschluss ist nur nichtig oder anfechtbar, wenn seine Klarheit oder Übersichtlichkeit durch den Verstoß wesentlich beeinträchtigt wird.[30] Auf die GmbH findet die Vorschrift im AktG entsprechende Anwendung, weil die Abschlüsse übereinstimmenden Regeln unterliegen.[31] Bei

---

[27]   Vgl. Kölner Komm RechnungslegungsR/Claussen Rn. 10; BeBiKo/Störk/Lawall Rn. 45.

[28]   Zu weiteren Verordnungen auf dem Gebiet des Versicherungswesens, die auf der Grundlage von Ermächtigungen im VAG ergangen sind, vgl. BeBiKo/Störk/Lawall Rn. 52, 53. An dieser Stelle ist nur auf die PrüfbV vom 3.6.1998 (BGBl. 1998 I 1209) und die Verordnung über die interne Berichterstattung idF vom 10.12.1998 (BGBl. 1998 I 3652) hinzuweisen; heute: Verordnung über den Inhalt der Prüfungsberichte zu den Jahresabschlüssen und den Solvabilitätsübersichten von Versicherungsunternehmen (Prüfungsberichteverordnung-PrüfV) vom 19.7.2017 (BGBl. 2017 I 2846) und Verordnung über die Berichterstattung von Versicherungsunternehmen gegenüber der Bundesanstalt für Finanzdienstleistungsaufsicht (Versicherungsberichterstattungs-Verordnung – BerVersV) vom 19.7.2019 (BGBl. 2019 I 2858).

[29]   BeBiKo/Störk/Lawall Rn. 55, 56.

[30]   Koch AktG § 256 Rn. 23–27a.

[31]   Noack/Servatius/Haas/Haas GmbHG § 42a Rn. 24, 30; Lutter/Hommelhoff/Bayer GmbHG Anh. § 47 Rn. 24; ebenso die Rspr., vgl. BGHZ 83, 347 = NJW 1983, 42; OLG Stuttgart AG 1994, 473.

anderen Gesellschaftsformen richtet sich die Rechtsfolge nach den Vorschriften über die Anfechtbarkeit und Nichtigkeit von Gesellschafterbeschlüssen.[32]

Als Sanktionen eines Verstoßes stehen nur ein **Bußgeld oder Ordnungsgeld**[33] zur **17** Durchsetzung der Verpflichtung zur Verfügung. Das Bußgeld als Sanktion für die Ordnungswidrigkeit setzt voraus, dass die Verordnung auf § 334 Abs. 1 Nr. 6 verweist. Adressaten sind die Mitglieder des vertretungsberechtigten Organs der Gesellschaft oder der Aufsichtsrat. § 264a Abs. 2 enthält für gleichgestellte Personenhandelsgesellschaften eine gesetzliche Bestimmung zur Festlegung der Adressaten. Für Banken und Versicherungsunternehmen finden sich in § 340n und § 341n Sondervorschriften, die auf die speziellen Verordnungen Bezug nehmen. Ein Ordnungsgeld kommt nur nach § 335 in Betracht ($\rightarrow$ § 325 Rn. 122 ff.). Für Banken und Versicherungsunternehmen gelten die § 340o und § 341o als Spezialvorschriften.

Sechster Unterabschnitt. Straf- und Bußgeldvorschriften. Ordnungsgelder

Vorbemerkung (Vor § 331)

Schrifttum: Abendroth, Der Bilanzeid – sinnvolle Neuerung oder systematische Fremdkörper?, WM 2008, 1147; Altenhain, Der strafbare falsche Bilanzeid, WM 2008, 1141; Achenbach/Ransiek/Rönnau, Handbuch Wirtschaftsstrafrecht, 5. Aufl. 2019; Bittmann, Strafrecht und Gesellschaftsrecht, ZGR 2009, 931; Blöink/Kumm, AReG-RefE: neue Pflichten zur Verbesserung der Qualität und Steigerung der Aussagekraft der Abschlussprüfung, BB 2015, 1067; Blöink/Woodtli, Reform der Abschlussprüfung, Der Konzern 2016, 75; Boecker/Zwirner, Regierungsentwurf eines CSR-Richtlinie-Umsetzungsgesetzes: Geplante Auswirkungen auf die (Konzern-) Lageberichterstattung nach HGB, SteuK 2016, 426; Böttger, Wirtschaftsstrafrecht in der Praxis, 3. Aufl. 2022; Bormann/Böttger, Die Abschlussprüfung im Blick des FISG-RegE – Bilanzbetrug adé?, NZG 2021, 330; Boxberger, Enforcement: Erste Erfahrungen, Beratungsempfehlungen und Ad-hoc-Publizitätspflichten bei Prüfungen der „Bilanzpolizei", DStR 2007, 1362; Cobet, Fehlerhafte Rechnungslegung, 1991; Dannecker, Beitrag „Bilanzstrafrecht" in Blumers/Frick/Müller Betriebsprüfungshandbuch, Loseblatt, 12. EL 2009; Eidam, Unternehmen und Strafe, 5. Aufl. 2018; Fleischer, Der deutsche „Bilanzeid" nach § 264 Abs. 2 S. 3 HGB, ZIP 2007, 97; Erbs/Kohlhaas, Strafrechtliche Nebengesetze, Loseblatt, 229. EL 2019; Ernst/Seidler, Gesetz zur Modernisierung des Bilanzrechts nach Verabschiedung durch den Bundestag, BB 2009, 766; Eufinger, Die neue CSR-Richtlinie – Erhöhung der Unternehmenstransparenz in Sozial- und Umweltbelangen, EuZW 2015, 424; Glaser, Corporate Social Responsibility (CSR): Erweiterung der (Lage-) Berichterstattung um nicht-finanzielle Informationen zur Erhöhung der Unternehmenstransparenz in Umwelt- und Sozialbelangen, IRZ 2015, 55; Hamann, Der Bilanzmeineid nach § 331 Nr. 3a HGB – zur Dogmatik eines neuen Wirtschaftsstraftatbestandes, Der Konzern 2008, 145; Hefendehl, Der Bilanzeid: erst empört zurückgewiesen, dann bereitwillig aus den USA importiert, FS Tiedemann, 2008, 1065; Heldt/Ziemann Sarbanes-Oxley in Deutschland?, NZG 2006, 652; Hennrichs, Fehlerbegriff und Fehlerverteilung im Enforcementverfahren, DStR 2009, 1446; Ihrig/Wagner, Das Gesetz zur Einführung der europäischen Gesellschaft (SEEG) auf der Zielgeraden, BB 2004, 1749; Kirsch, Voraussichtliche Auswirkungen des BilRUG auf die GuV-Rechnung und die GuV-Rechnung betreffenden Angaben, DStR 2015, 664; Krekeler/Werner, Unternehmer und Strafrecht, 2006; Küting, Unbestimmte Rechtsbegriffe im HGB und in den IFRS: Konsequenzen für Bilanzpolitik und Bilanzanalyse, BB 2011, 2091; Liebscher/Scharff, Das Gesetz über elektronische Handelsregister und Genossenschaftsregister sowie das Unternehmensregister, NJW 2006, 3745; Lücke/Stöbener/Giesler, APAReG-RefE: Stärkung der Berufsaufsicht über die Wirtschaftsprüfer, BB 2015, 1578; Marker, Bilanzfälschung und Bilanzverschleierung, 1970; Markworth/Bangen, Rechnungslegungsenforcement nach dem Finanzmarktintegritätsgesetz, BKR 2021, 417; Meeh-Bunse/Hermelling/Schomaker, CSR-Richtlinie: Inhalt und potentielle Auswirkungen auf kleine und mittlere Unternehmen, DStR 2016, 2769; Müller-Gugenberger, Wirtschaftsstrafrecht, 7. Aufl. 2020; Musil, Umfang und Grenzen europäischer Rechtssetzungsbefugnisse im Bereich des Strafrechts nach dem Vertrag von Amsterdam, NStZ 2000, 68; Park, Kapitalmarktstrafrecht, 5. Aufl. 2019; Park, Der strafbare Bilanzeid gem. § 331 Nr. 3a HGB, FS Egon Müller, 2008, 531; Petersen/Zwirner/Boecker, Das AReG wurde verabschiedet. Umsetzung der prüfungsbezogenen EU-Vorgaben – ein Überblick über zentrale Neuerungen des HGB, DStR 2016, 984; Roth-Mingram, Corporate Social Responsibility (CSR) durch eine Ausweitung der nichtfinanziellen Informationen von Unternehmen, NZG 2015, 1341; Schmedding, Unrichtige Konzernrechnungslegung, 1991; Schüppen, Systematik und Auslegung des Bilanzstrafrecht, 1993; Schüppen, Die europäische Abschlussprüfungsreform und ihre Implementierung in Deutschland – Vom Löwen zum Bettvorleger?, NZG 2016, 247; Sorgenfrei, Zweifelsfragen zum Bilanzeid (§ 331 Nr. 3a HGB), wistra 2008, 329; Spatscheck/Wulf, Straftatbestände der Bilanzfälschung nach

---

[32] K. Schmidt GesR 446 ff. mwN.
[33] Nach § 335 bei Verstößen gegen die Publizitätspflichten.

dem HGB – ein Überblick, DStR 2003, 173; Spießhofer, Die neue europäische Richtlinie über die Offenlegung nichtfinanzieller Informationen – Paradigmenwechsel oder Papiertiger?, NZG 2014, 1281; Ulmer, HGB-Bilanzrecht, 1. Aufl. 2002 (Reprint 2015); Volk, Münchener Anwaltshandbuch Verteidigung in Wirtschafts- und Steuerstrafsachen (MAH WirtschaftsStrafR), 3. Aufl. 2020; Wabnitz/Janovsky/Schmitt, Handbuch des Wirtschafts- und Steuerstrafrechts, 5. Aufl. 2020; Waclawik, Der Referentenentwurf des Gesetzes zur Einführung der europäischen (Aktien-)Gesellschaft, DB 2004, 1191; Waßmer, Defizite und Neuerungen im Bilanzstrafrecht des HGB, ZIS 2011, 648; Winnefeld, Bilanzfälschungen – eine neue Gefahrenquelle für Organe der Kapitalgesellschaften?, BB 2002, I.; Wulf/Niemöller, Neuerungen im (Konzern-) Lagebericht durch den Referentenentwurf eines CSR-Richtlinie-Umsetzungsgesetzes, IRZ 2016, 245; Zimmer/Eckhold, Das Kapitalgesellschaften & Co.-Richtlinie-Gesetz, NJW 2000, 1361; Zwirner, Reform durch das BilRUG – Sonstige Änderungen, DStR 2014, 1889; Zwirner, BilRUG – wesentliche Änderungen im Konzernabschluss und zur Offenlegung, BC 2015, 444.

Übersicht

I. Entstehungsgeschichte und Rechtsentwicklung

1   **1. Die Einführung einheitlicher Sanktionsvorschriften im HGB. a) BiRiLiG.** Durch das Bilanzrichtliniengesetz (BiRiLiG) vom 19.12.1985 (BGBl. 1985 I 2355) wurden die 4., 7. und 8. EG-RL zur Koordinierung des Gesellschaftsrechts in deutsches Recht umgesetzt, wobei die Bilanz- und Rechnungslegungsvorschriften zusammenfassend in einem neuen Dritten Buch des HGB geregelt wurden (§§ 238 ff.). Im Zuge dieser Reform wurden auch die zentralen Normen des Bilanzstraf- und -ordnungswidrigkeitenrechts gem. §§ 331 ff. sowie die Zwangsgeldvorschrift des § 335 aF eingefügt und den Regelungen des HGB angepasst.[1] Ziel des Gesetzgebers war die **Vereinheitlichung der Straf-, Bußgeld- und Zwangsgeldvorschriften** im Zusammenhang mit der Aufstellung, Prüfung und Offenlegung des Jahresabschlusses und des Lageberichts.[2] Die bisherigen spezialgesetzlichen

---

[1]   Zur Entwicklung und Geschichte des Bilanzstrafrechts vgl. Schüppen, Systematik und Auslegung des Bilanzstrafrechts, 1993, S. 60 ff.; Schmedding, Unrichtige Konzernrechnungslegung, 1991, S. 7 ff.; zur Auslegung des neuen Bilanzrechts Beisse BB 1990, 2007 ff.

[2]   BT-Drs. 10/317, 100; BT-Drs. 10/3440, 46.

Regelungen zur Sanktionierung von Verstößen gegen Rechnungslegungsvorschriften wurden teilweise aufgehoben, teilweise für subsidiär erklärt (s. § 400 Abs. 1 Nr. 1 und 2 AktG).

Nach Art. 23 Abs. 1 und 2 EGHGB, geändert durch Art. 11 Abs. 1 BiRiLiG, waren **2** die Vorschriften des BiRiLiG über den Jahresabschluss, den Lagebericht und über die Pflicht zur Offenlegung erstmals auf das nach dem 31.12.1986 beginnende Geschäftsjahr, die Vorschriften über Konzernabschluss und Konzernlagebericht sowie über die Pflicht zur Offenlegung erstmals auf das nach dem 31.12.1989 beginnende Geschäftsjahr anzuwenden. Die neuen Straf- und Bußgeldvorschriften traten bereits zum 1.1.1986 in Kraft (Art. 13 BiRiLiG).

b) Richtlinienumsetzung und Anweisungskompetenz der EU im Bereich des **3 Straf- und Bußgeldrechts.** Mit der Einführung einheitlicher Straf-, Bußgeld- und Zwangsgeldvorschriften im HGB entsprach der Gesetzgeber den Anweisungen gem. Art. 51 Abs. 3 RL 78/660/EWG (Jahresabschluss-RL = 4. RL), gem. Art. 38 Abs. 6 RL 83/349/EWG (Konzernrechnungslegungs-RL = 7. RL) und gem. Art. 26 RL 84/253/EWG (Prüferbefähigungs-RL = 8. RL), wonach die Mitgliedstaaten **geeignete Sanktionen** bei Verstößen gegen die Rechnungslegungs-, Prüfungs- und Offenlegungsvorschriften der Richtlinien vorzusehen hatten. In diesem Zusammenhang ist zu berücksichtigen, dass in der Zeit vor dem Vertrag von Lissabon nach hM keine originäre bzw. partielle Rechtsetzungskompetenz der EG auf dem Gebiet des Straf- und Bußgeldrechts – im Sinne des Prinzips der begrenzten Einzelermächtigungen – bestand.[3] Erst durch den Lissabon-Vertrag, der am 1.12.2009 in Kraft trat, wurde der EU gem. Art. 83 AEUV eine Harmonisierungskompetenz für strafrechtliche Mindeststandards und gem. Art. 325 AEUV eine originäre Strafrechtsetzungskompetenz zur Bekämpfung von Betrug zum Nachteil der EU eingeräumt. Neben diesen eng gefassten primärrechtlichen Ermächtigungsgrundlagen kann die EU die Mitgliedstaaten lediglich im Wege ihrer Anweisungskompetenz dazu verpflichten, durch die Einführung wirksamer nationaler Sanktionen die gemeinschaftsrechtlichen Vorgaben zu erfüllen, wobei die Wahl der Mittel zur Zielerreichung – unter Wahrung des Subsidiaritätsprinzips gem. Art. 5 Abs. 1 und 3 EUV – den Mitgliedstaaten überlassen bleiben muss.[4]

Im Entwurf des BiRiLiG wurde der Sanktionsanweisung gem. Art. 51 Abs. 3 RL 78/ **4** 660/EWG dadurch Rechnung getragen, dass in den §§ 286, 290 Straf- und Bußgeldvorschriften sowie Vorschriften über Zwangsgelder eingefügt und zusammengefasst wurden. Auf Empfehlung des Rechtsausschusses wurden die Straf- und Bußgeldvorschriften sowie die Zwangsgeldvorschriften um Tatbestände erweitert, die im Zusammenhang mit der Aufstellung, Prüfung und Offenlegung des Konzernabschlusses und des Konzernlageberichts stehen. Damit wurde Art. 38 Abs. 6 RL 83/349/EWG umgesetzt, wonach die Mitgliedstaaten geeignete Sanktionen für den Fall der Verletzung der Offenlegungspflicht vorzusehen haben. Zugleich wurde der Anwendungsbereich der bereits vorhandenen Vorschriften des AktG und PublG erweitert, als nunmehr auch die Rechnungslegung von Konzernen der Gesellschaften mit beschränkter Haftung in die Straf-, Bußgeld- und Zwangsgeldvorschriften einbezogen wurde.[5] Die endgültige Fassung der §§ 331–335 berücksichtigte noch Art. 26 RL 84/253/EWG bei Verstößen gegen Prüfungsvorschriften.

2. Rechtsentwicklung und Modifizierungen. a) KapCoRiLiG. Eine erste Neu- **5** fassung der Ordnungsgeldvorschriften erfolgte durch Art. 1 Nr. 18 und 19 **KapCoRiLiG** vom 24.2.2000 (BGBl. 2000 I 154). Geschaffen wurde ein einheitliches und spezialgesetzliches Ordnungsgeldverfahren bei Verletzung der Offenlegungspflichten mit einem **Antragsrecht für jedermann.**[6] Die bislang geltende Zwangsgeldvorschrift wurde aufgehoben und spezifische **Ordnungsgeldvorschriften gem. §§ 335, 335a** bei Verstößen gegen Offenle-

---

[3]   Streinz/Satzger, EUV/AEUV, 3. Aufl. 2018, AEUV Art. 325 Rn. 19 f.; Musil NStZ 2000, 68.
[4]   Rengeling/Middeke/Gellermann, Handbuch des Rechtsschutzes in der Europäischen Union/Dannecker/Müller, 3. Aufl. 2014, § 39 Rn. 5 ff.; BVerfG NJW 2009, 2267.
[5]   Vgl. BT-Drs. 10/3440, 46.
[6]   Vgl. Zimmer/Eckhold NJW 2000, 1361 (1367).

gungspflichten nebst einer eigenen Verfahrensvorschrift gem. § 140a FGG aF eingeführt. Dies führte zu einer Verschärfung der Sanktionsmöglichkeiten, zumal ein Zwangsgeld bei nachträglicher Erfüllung der versäumten Publizitätspflichten aufzuheben war, während ein Ordnungsgeld auch im Fall der späteren Erfüllung der Pflicht beigetrieben werden kann.[7] Diese Änderung beruhte auf Beanstandungen des EuGH, der das bisherige Zwangsgeldverfahren als ungeeignete Sanktion zur wirksamen Durchsetzung der Offenlegungspflichten angesehen hatte.[8]

6   **b) BilReG.** Das **BilReG** vom 4.12.2004 erweiterte § 331 um die Regelung in **Nr. 1a,** wodurch der **IAS/IFRS-Einzelabschluss** des neu geschaffenen § 325 Abs. 2a (→ § 325 Rn. 84 ff.) in den strafrechtlichen Schutzbereich einbezogen wurde. Dementsprechend wurde der IAS/IFRS-Einzelabschluss auch in § 332 Abs. 1, § 333 Abs. 1 sowie im Rahmen der Ordnungswidrigkeitentatbestände der § 334 Abs. 2, 340n Abs. 2, § 341n Abs. 2 als taugliches Tatobjekt aufgenommen.

7   Während sich die Rechnungslegung und die als Blankettnormen ausgestalteten Sanktionsvorschriften bislang im Wesentlichen nach den Regelungen des HGB richteten (→ Rn. 74 f.), muss sich die Beurteilung, ob die Verhältnisse einer Kapitalgesellschaft in einem Einzelabschluss unrichtig wiedergegeben oder verschleiert worden sind, künftig in den **Fällen des § 315e** nach den dort bezeichneten internationalen Rechnungslegungsstandards richten. Angesichts der hohen Änderungsdynamik, der bilanzpolitischen Spielräume bzw. Wahlrechte und einer Vielzahl unbestimmter Rechtsbegriffe der IAS/IFRS ist jedoch sowohl von einem erschwerten Tatnachweis als auch von einer eingeschränkten Vorhersehbarkeit normgerechten Verhaltens auszugehen.[9]

8   **c) BilKoG.** Um das Vertrauen der Anleger in die Richtigkeit von Unternehmensabschlüssen wiederherzustellen und nachhaltig zu stärken,[10] wurde mit dem **BilKoG** vom 15.12.2004 (BGBl. 2004 I 3408) ein **zweistufiges Enforcementverfahren** eingeführt, um – nach dem Vorbild des Sarbanes-Oxley-Act in den USA – Unregelmäßigkeiten bei der Rechnungslegung kapitalmarktorientierter Unternehmen präventiv entgegenzuwirken, diese aufzudecken und den Kapitalmarkt hierüber zu informieren. In einer „ersten Stufe" sieht § 342b vor, dass die Deutsche Prüfstelle für Rechnungslegung (DPR eV in Berlin) Jahresabschlüsse und Berichte kapitalmarkorientierter Unternehmen auf Verlangen der BaFin sowohl bei Anhaltspunkten für Verstöße als auch stichprobenhaft überprüft. Sollte das geprüfte Unternehmen festgestellte Fehler nicht anerkennen oder beheben, wird in einer „zweiten Stufe" die BaFin eingeschaltet, die die Prüfung und Veröffentlichung von Bilanzfehlern ggf. mit hoheitlichen Mitteln durchsetzt (vgl. § 109 WpHG).[11] Ergänzend wurde durch das BilKoG der Schutzbereich des § 333 Abs. 1 um die Angehörigen von Prüfstellen im Sinne des neu eingeführten § 342b Abs. 1 erweitert. Ein neuer Bußgeldtatbestand wurde in § 342e eingeführt zum Schutz der Auskunftspflichten gegenüber der Prüfstelle nach § 342b.

9   **d) EHUG.** Mit dem **EHUG** vom 10.11.2006 (BGBl. 2006 I 2553) wurde die Durchsetzung der Publizitätspflichten verschärft, indem das Ordnungsgeldverfahren gem. § 335 nicht mehr nur auf Antrag (zur KapCoRiLiG → Rn. 5), sondern **von Amts wegen** durch das BfJ eingeleitet wird. Im Zuge der Neuregelung des Ordnungsgeldverfahrens § 335 zur Erfüllung der Offenlegungspflichten nach §§ 325, 340l, 341l wurde auch das Zwangsgeld abgeschafft und die bisherige Verfahrensvorschrift des § 140a FGG aufgehoben. Da die zu publizierenden Daten nunmehr elektronisch einzureichen sind, handelt es sich bei dem neuen Ordnungsgeldverfahren um ein **automatisiertes Amtsverfahren.** Werden die Pub-

---

[7]   Zur Gesetzeshistorie Waßmer ZIS 2011, 648 (655).
[8]   EuGH EuZW 1998, 758.
[9]   MüKoStGB/Leplow HGB Vor §§ 331 ff. Rn. 21; Küting BB 2011, 2091.
[10]   Vgl. BR-Drs. 325/04, 18.
[11]   BeckOGK/Waßmer, 15.9.2022, § 331 Rn. 29; Boxberger DStR 2007, 1362 f.; zum Prüfungsmaßstab im Enforcementverfahren Hennrichs DStR 2009, 1446.

lizitätspflichten nicht fristgerecht erfüllt, wird ein Ordnungsgeld unter Fristsetzung von 6 Wochen angedroht und nach fruchtlosem Ablauf dieser Frist festgesetzt und die vorangegangene Verfügung unter erneuter Androhung eines Ordnungsgeldes wiederholt.[12]

e) TUG. Das **TUG** vom 5.1.2007 (BGBl. 2007 I 10) führte mit **§ 331 Nr. 3a** eine 10 völlig neue Strafvorschrift bei Verstößen gegen den sog. **„Bilanzeid"** ein. Damit wurden die nach §§ 264 Abs. 2 S. 3, 289 Abs. 1 S. 5, 297 Abs. 2 S. 1 oder § 315 Abs. 1 S. 5 abzugebenden Versicherungen über die Richtigkeit der Darstellung in den genannten Finanzberichten strafbewehrt. Vorbild dieser Neuregelung war der US-amerikanische „Sarbanes-Oxley-Act of 2002".[13]

f) BilMoG. Das BilMoG vom 25.5.2009 (BGBl. 2009 I 1102) ließ die Strafvorschriften 11 des HGB unverändert. Die umfassende Reform wirkte sich aber mittelbar auf die Straftatbestände aus durch die materiell-rechtlichen Änderungen der blankettausfüllenden Rechnungslegungsvorschriften, die grds. für die ab dem 1.1.2010 beginnenden Geschäftsjahre gelten.[14] Die Ordnungswidrigkeitentatbestände wurden den geänderten Rechnungslegungsvorschriften angepasst.

g) Gesetz zur Änderung des HGB. Zu den Änderungen des Ordnungsgeldverfah- 12 rens gem. §§ 335, 335a, welche durch das Gesetz zur Änderung des HGB vom 4.10.2013 (BGBl. 2013 I 3746) eingeführt wurden (→ Vor § 335 Rn. 8).

h) BilRUG. Durch das am 10.7.2015 verabschiedete Bilanzrichtlinie-Umsetzungsge- 13 setz (BGBl. 2015 I 1245) wurde die **Bilanz-RL** in deutsches Recht umgesetzt; die Neuregelungen sind für alle Geschäftsjahre zu beachten, die nach dem 31.12.2015 beginnen. Ziel des Gesetzgebers war insbesondere eine Entlastung kleinerer und mittlerer Unternehmen, eine stärkere Harmonisierung der Rechnungslegung innerhalb der EU und damit eine höhere Vergleichbarkeit der Jahres- und Konzernabschlüsse von Kapitalgesellschaften und bestimmten Personenhandelsgesellschaften.[15] Für die Straf- und Bußgeldvorschriften gem. §§ 331–334 ergaben sich lediglich redaktionelle Anpassungen durch die Änderungen der materiellen Rechnungslegungsvorschriften. Für das Ordnungsgeldverfahren bei Verstößen gegen die Pflicht zur Jahresabschlusspublizität ist nun zu berücksichtigen, dass es nach dem geänderten § 325 Abs. 1 nicht mehr genügt, einen ungeprüften Jahresabschluss offenzulegen und den Bestätigungsvermerk nachträglich zu publizieren. Vielmehr kann es künftig keine fristgerechte Offenlegung ohne abgeschlossene Prüfung mehr geben.[16]

Für große Kapitalgesellschaften und große Personenhandelsgesellschaften iSv § 264a 14 Abs. 1, welche gem. §§ 341q, 341r Nr. 1 und 2 in der mineralgewinnenden Industrie tätig sind oder Holzeinschlag in Primärwäldern betreiben, wurde durch das BilRUG eine besondere Berichtspflicht eingeführt, um die **Transparenz der Zahlungsströme an staatliche Stellen im Rohstoffsektor** zu stärken.[17] Künftig haben die betreffenden Unternehmen jedes Jahr zusätzlich einen **Zahlungsbericht** gem. § 341t zu erstellen und gem. § 341w offenzulegen, in dem die wesentlichen Zahlungen (Geld- oder Sachleistungen) an staatliche Stellen im Zusammenhang mit ihrer Geschäftstätigkeit – aufgegliedert nach Staaten und Projekten – aufgeführt sind (sog. „country-by-country reporting"). Um die wirksame Durchsetzung dieser gesonderten Berichts- und Offenlegungspflicht zu gewährleisten, wurde mit § 341x eine eigene Bußgeldvorschrift bei Verstößen gegen den vorgeschriebenen Inhalt und die Gliederung des Zahlungsberichts eingeführt und gem. § 341y das Ordnungs-

---

12 Vgl. Liebscher/Scharff NJW 2006, 3750.
13 Vgl. dazu Heldt/Ziemann NZG 2006, 652 ff.; Ziemann wistra 2007, 292 ff.; Fleischer ZIP 2007, 97 ff.;
   Abendroth WM 2008, 1147; Altenhain WM 2008, 1141 ff.; Hamann Der Konzern 2008, 145 ff.; Sorgenfrei wistra 2008, 329 ff.; Park FS Egon Müller, 2008, 531 ff.; Hefendehl FS Tiedemann, 2008, 1065 ff.;
   Bittmann ZGR 2009, 931 (967).
14 Vgl. iE MüKoStGB/Leplow HGB Vor §§ 331 ff. Rn. 24; Ernst/Seidler BB 2009, 766.
15 BT-Drs. 18/5256, 1; BR-Drs. 23/15, 47 f.
16 Zu den Änderungen iE Zwirner DStR 2014, 1889; Zwirner BC 2015, 444; Kirsch DStR 2015, 664.
17 BR-Drs. 23/15, 48.

geldverfahren der §§ 335 ff. bei Verstößen gegen die Pflicht zur fristgerechten Offenlegung des Zahlungsberichts für entsprechend anwendbar erklärt.

15   **i) Gesetz zur Umsetzung der Transparenzrichtlinie-Änderungsrichtlinie.** Zu den Änderungen des § 335, welche durch das Gesetz zur Umsetzung der Transparenzrichtlinie-Änderungsrichtlinie vom 20.11.2015 (BGBl. 2015 I 2029) eingeführt wurden, → Vor § 335 Rn. 10 ff.

16   **j) APAReG und AReG. aa) Reform der Abschlussprüfung.** Mit dem **Abschlussprüferaufsichtsreformgesetz (APAReG)** vom 31.3.2016 (BGBl. 2016 I 518) und dem **Abschlussprüfungsreformgesetz (AReG)** vom 10.5.2016 (BGBl. 2016 I 1142) zur Umsetzung

– der **aufsichts- und berufsrechtlichen Regelungen** der RL 2014/56/EU sowie der entsprechenden Vorgaben der Abschlussprüfungs-VO im Hinblick auf die Abschlussprüfung bei Unternehmen von öffentlichem Interesse (APAReG),

– der **prüfungsbezogenen Regelungen** der RL 2014/56/EU sowie der Abschlussprüfungs-VO (AReG),

entsprach der deutsche Gesetzgeber den europarechtlichen Regulierungsvorgaben zur **Reform der Abschlussprüfung.**[18]

17   Die unter dem Eindruck der Finanzmarktkrise entstandene EU-Abschlussprüferreform – zur Stärkung der Qualität, Integrität und Unabhängigkeit der Abschlussprüfung (ABl. EU 2016 L 158, 197) – bezieht sich im Wesentlichen auf die Abschlussprüfung von **Unternehmen von öffentlichem Interesse** (sog. „Public Interest Entities" oder PIE), dh auf kapitalmarktorientierte Unternehmen gem. § 264d, bestimmte Kreditinstitute und Versicherungsunternehmen sowie auf solche Unternehmen, die ein Mitgliedstaat wegen seiner öffentlichen Bedeutung zum PIE bestimmt (vgl. Definition gem. Art. 2 Nr. 13 Abschlussprüfer-RL). Zudem wurde auch eine **berufsstandsunabhängige öffentliche Aufsicht** über die Abschlussprüfer und Wirtschaftsprüfungsgesellschaften europarechtlich vorgeschrieben, weshalb die Berufsaufsicht in der Bundesrepublik Deutschland, insbesondere durch Änderungen der WPO, neu strukturiert wurde.[19] Die Neuregelungen sind grundsätzlich für alle Geschäftsjahre zu beachten, die **nach dem 16.6.2016** beginnen (Art. 79 EGHGB).

18   **bb) Sanktionierung von Verstößen der Mitglieder eines Prüfungsausschusses.** Durch das **AReG** wurden die Straf- und Bußgeldvorschriften der §§ 331 ff. – iSv Art. 30 Abs. 1 RL 2014/56/EU und Art. 30a Abs. 1 lit. f RL 2014/56/EU – ergänzt, um eine wirksame Sanktionierung von **Verstößen der Mitglieder eines nach § 324 Abs. 1 eingerichteten Prüfungsausschusses** gegen prüfungsbezogene Pflichten zu ermöglichen.[20] Betroffen sind von dieser Gesetzesänderung nur Unternehmen von öffentlichem Interesse, die über keinen Aufsichts- oder Verwaltungsrat verfügen, der den Anforderungen des § 100 Abs. 5 AktG genügt.

19   Verstöße des Prüfungsausschusses im Zusammenhang mit der Überwachung, der Auswahl und der Bestellung sowie anlässlich des Vorschlages für die Bestellung des Abschlussprüfers (s. Art. 4 Abs. 3 Abschlussprüfungs-VO, Art. 5 Abs. 4 Abschlussprüfungs-VO, Art. 6 Abs. 2 Abschlussprüfungs-VO und Art. 16 Abschlussprüfungs-VO) werden als **Ordnungswidrigkeiten gem. § 334 Abs. 2a** geahndet (s. auch § 340n Abs. 2a, § 341n Abs. 2a). Durch die neu eingefügte **Strafnorm des § 333a** sind besonders gravierende Verstöße von Mitgliedern eines Prüfungsausschusses, bei denen die Ordnungswidrigkeitentatbestände des § 334 Abs. 2a entweder gegen Gewährung oder Versprechen eines Vermögensvorteils oder

---

18 Vgl. BT-Drs. 18/6282, 1 und BT-Drs. 18/7219, 45; BeBiKo/Justenhoven/Nagel Vor § 316 Rn. 1 ff.; Schüppen NZG 2016, 247 ff.; Petersen/Zwirner/Boecker DStR 2016, 984 ff.; Blöink/Kumm BB 2015, 1067 ff.; Lücke/Stöbener/Giesler BB 2015, 1578 ff.

19 BT-Drs. 18/6282, 55 ff.

20 BT-Drs. 18/7219, 48 ff.; Schüppen NZG 2016, 247 (254).

„beharrlich" begangen werden, nunmehr strafbewehrt (s. auch § 340m Abs. 2, § 341m Abs. 2).

cc) Öffentliche Aufsicht über die Abschlussprüfer. Im Zuge der Reform der **20** Abschlussprüfung wurden auch wesentliche Vorschriften über die Berufsaufsicht der Abschlussprüfer geändert. Insbesondere kam es zu einer **Bündelung der Aufsichts- und Sanktionszuständigkeit,** da bei etwaigen Verstößen gegen die Prüfpflichten regelmäßig eine Parallelität von Straf-/Bußgeldverfahren einerseits und berufsaufsichtlichen Verfahren anderseits besteht (vgl. hierzu § 69a WPO, § 70 StGB).

So setzte das **APAReG** die Vorgaben der Abschlussprüfungs-VO zur Einrichtung einer **21** berufsstandsunabhängigen öffentlichen Aufsicht über die Abschlussprüfer um, indem beim Bundesamt für Wirtschaft und Ausfuhrkontrolle (BAFA) eine **Abschlussprüferaufsichts-stelle (APAS)** eingerichtet wurde (§§ 4, 66a WPO).[21] Gemäß § 66a Abs. 1 WPO führt künftig die APAS die **Fachaufsicht über die Wirtschaftsprüferkammern** (WPK), soweit diese iSv § 4 Abs. 1 WPO gegenüber Abschlussprüfern und Gesellschaften, die zur Durch-führung gesetzlich vorgeschriebener Abschlussprüfungen befugt sind oder solche unbefugt tatsächlich durchführen, die Berufsaufsicht ausüben bzw. berufsrechtliche Sanktionen ver-hängen.

Im Sinne von Art. 23 Abs. 2 und 3 Abschlussprüfungs-VO wurden der APAS zu diesem **22** Zweck **weitgehende Aufsichts-, Einflussnahme- und Weisungsbefugnisse** gegenüber den WPK eingeräumt:
– Prüfungsbefugnis in Bezug auf Geeignetheit, Angemessenheit und Verhältnismäßigkeit berufsaufsichtlicher Maßnahmen der WPK, § 66a Abs. 3 S. 1 WPO;
– Teilnahmebefugnis an Sitzungen der WPK sowie Informations- und Einsichtsrechte, § 66a Abs. 3 S. 2 WPO;
– Teilnahmebefugnis an Qualitätskontrollen der WPK iSv §§ 57a ff. WPO, § 66a Abs. 3 S. 3 WPO;
– Anweisungsbefugnis zur Durchführung berufsaufsichtlicher Ermittlungen, § 66a Abs. 3 S. 4 WPO;
– Teilnahmebefugnis an Ermittlungsmaßnahmen der WPK, § 66a Abs. 3 S. 5 WPO;
– Zurückverweisungsrecht an die WPK zwecks nochmaliger Prüfung (sog. Zweitprüfung), § 66a Abs. 4 S. 1 WPO;
– bei Nichtabhilfe beanstandeter Entscheidungen kann die APAS die Entscheidung der WPK aufheben, der WPK verbindliche Weisungen erteilen oder selbst im Wege der Ersatzvornahme Entscheidungen treffen und die erforderlichen Maßnahmen erlassen (sog. Letztentscheidung), § 66a Abs. 4 S. 2 WPO;
– Berichtspflicht der WPK über aufsichtsrelevante Vorgänge, § 66a Abs. 5 WPO;
– Einstellungsverfügungen durch die WPK sind vorab der ASAP vorzulegen, § 61a S. 2 WPO.

Durch das APAReG wurden auch **originäre und ausschließliche Ermittlungs- und 23 Sanktionszuständigkeiten der APAS** begründet (§ 66a Abs. 6 S. 1 und 3 WPO), die iSv Art. 24 Abs. 1 Abschlussprüfungs-VO nicht auf die WPK delegiert werden dürfen. Diese Zuständigkeiten beziehen sich nur auf Abschlussprüfer und Wirtschaftsprüfungsgesellschaf-ten, die gesetzlich vorgeschriebene Abschlussprüfungen bei **Unternehmen von öffentli-chem Interesse** durchführen. Eine darüber hinausgehende originäre Ermittlungs- und Sanktionskompetenz im Rahmen der Berufsaufsicht, etwa bei Verstößen anlässlich der gesetzlichen Abschlussprüfung von Unternehmen, die nicht von öffentlichem Interesse sind, erschien dem Bundesgesetzgeber als ein zu weitgehender Eingriff in die Selbstverwaltung der Wirtschaftsprüfer.[22]

dd) Zuständigkeit als Bußgeldbehörde. Zusätzlich zu den berufsaufsichtlichen **24** Zuständigkeiten wurde der APAS durch das AReG die **Zuständigkeit als Bußgeldbe-**

---

[21] IE Lücke/Stöbener/Giesler BB 2015, 1578 (1579 ff.).
[22] BT-Drs. 18/6282, 93.

hörde bei Verstößen gem. §§ 334 Abs. 2, 340n Abs. 2, 341n Abs. 2 übertragen, dh in den Fällen, in denen ein Abschlussprüfer oder eine Wirtschaftsprüfungsgesellschaft trotz Vorliegens eines gesetzlichen **Ausschlussgrundes** einen Bestätigungsvermerk gem. § 322 zu einem Jahres-, Einzel- oder Konzernabschluss erteilt. Im Übrigen verbleibt die bußgeldrechtliche Zuständigkeit – so auch bei Ordnungswidrigkeiten von Mitgliedern eines Prüfungsausschusses (§ 334 Abs. 2a) – beim BfJ (§ 334 Abs. 4) bzw. bei der BaFin (§§ 340n, 341n Abs. 4).

25   Da Berufspflichtverletzungen stets auch Ordnungswidrigkeitentatbestände erfüllen können, hat die APAS nach dem ausdrücklichen Willen des Gesetzgebers sowohl bei der Festsetzung einer Geldbuße als auch bei der Verhängung berufsaufsichtlicher Maßnahmen die mögliche Kumulation der Sanktionen in besonderem Maße zu berücksichtigen.[23]

26   Angesichts der weitreichenden Fachaufsicht, insbesondere unter Berücksichtigung des Weisungs- und Letztentscheidungsrechts (→ Rn. 20), wird die Berufsaufsicht der Abschlussprüfer – zumindest bei schweren Berufspflichtverstößen[24] – künftig bei der APAS gebündelt. Diesem Zweck dienen auch die neu eingeführten **Informations- und Mitteilungspflichten** der Prüfstelle für Rechnungslegung gem. § 342b Abs. 8 und der sonstigen Bußgeldbehörden sowie der Staatsanwaltschaft gem. § 335c im Fall von Berufspflichtverletzungen, Bußgeldentscheidungen gem. § 334 Abs. 2a und Straftaten gem. § 333a.

27   **k) CSR-RL und CSR-RL-Umsetzungsgesetz.** Im Zuge der Umsetzung der **CSR-RL** (RL 2014/95/EU = Corporate Social Responsibility-Richtlinie) in deutsches Recht mit dem Gesetz zur Stärkung der nichtfinanziellen Berichterstattung der Unternehmen in ihren Lage- und Konzernlageberichten **(CSR-RL-Umsetzungsgesetz)**[25] vom 11.4.2017 (BGBl. 2017 I 802) wurde für bestimmte große Unternehmen eine **Pflicht zur Nachhaltigkeitsberichterstattung** gem. §§ 289b ff. – mit Wirkung für Geschäftsjahre, die am oder nach dem **1.1.2017** beginnen – eingeführt (sog. **CSR-Reporting**).[26] Um den Sanktionsvorgaben gem. Art. 51 Bilanz-RL zu entsprechen, wurden die Strafvorschriften bei unrichtiger Darstellung der Verhältnisse der Kapitalgesellschaft oder des Konzerns gem. § 331 Nr. 1a und b auch auf die nichtfinanzielle Erklärung im (Konzern-) Lagebericht bzw. auf den gesonderten nichtfinanziellen (Konzern-) Bericht erstreckt.

28   Darüber hinaus wurden auch **neue Ordnungswidrigkeitentatbestände** gem. § 334 Abs. 1 Nr. 3 und 4 eingeführt, um Verstöße gegen die formellen und inhaltlichen Vorgaben bei der Erstellung des (Konzern-) Lageberichts bzw. des gesonderten nichtfinanziellen (Konzern-) Berichts bußgeldrechtlich zu ahnden. Schließlich wurde der Bußgeldrahmen für kapitalmarktorientierte Unternehmen in § 334 Abs. 3 und Abs. 3a erhöht, um die Bußgelder bei Verstößen gegen die inhaltlichen Vorgaben bei der Aufstellung der (Konzern-) Jahresabschlüsse sowie der (Konzern-) Lageberichte den Ordnungsgeldern bei fehlender Bekanntgabe gem. § 335 Abs. 1a und 1b anzupassen.[27] Entsprechende Regelungen erfolgten für Kreditinstitute und Versicherungsunternehmen gem. §§ 340n, 341n.

29   Kritisch ist aus **strafrechtlicher Perspektive** anzumerken, dass durch die CSR-RL und das CSR-RL-Umsetzungsgesetz zwar ein bußgeld- und strafrechtlich bewehrtes CSR-Reporting eingeführt wurde, ohne jedoch die Maßstäbe des sozial erwünschten Verhaltens sowie den Rahmen der erwarteten Berichterstattung konkret und europaweit vergleichbar festzulegen.[28] Dieses Defizit ist problematisch, soweit sich die CSR-Compliance nicht nur auf die Einhaltung gesetzlicher Pflichten oder funktional auf solche nichtfinanzielle Faktoren bezieht, welche die Werthaltigkeit des Unternehmens unmittelbar beeinflussen (§ 289 Abs. 3

---

[23]   So ausdrücklich BT-Drs. 18/7219, 49.
[24]   Lücke/Stöbener/Giesler BB 2015, 1578 (1581).
[25]   BT-Drs. 18/9982; BT-Drs. 18/11450.
[26]   Boecker/Zwirner SteuK 2016, 426; Wulf/Niemöller IRZ 2016, 245; Meeh-Bunse/Hermelling/Schomaker DStR 2016, 2769; Glaser IRZ 2015, 55; Eufinger EuZW 2015, 424; Spießhofer NZG 2014, 1281.
[27]   BT-Drs. 18/9982, 59 f.
[28]   So schon Spießhofer NZG 2014, 1281 (1287) mwN.

aF), sondern auch eine **Verhaltenssteuerung jenseits des gesetzlichen Pflichtenkreises** – iSv überobligatorischen Anstrengungen – bewirken soll.[29] Wenn schon die Primärpflichten, dh die sozial erwünschten Verhaltensanforderungen und Erwartungen gegenüber den Unternehmen, nicht konkret definiert sind und ein Verstoß folglich weder bestimmbar ist noch strafrechtlich sanktioniert werden kann, kann es im Lichte des Verhältnismäßigkeitsgrundsatzes und des **Ultima-Ratio-Prinzips des Strafrechts**[30] nicht überzeugen, dass ein Verstoß gegen die Sekundärpflicht der Berichterstattung mit dem Unrechtsverdikt der Kriminalstrafe versehen wird. Zwar fordert Art. 51 Bilanz-RL, welche durch die CSR-RL geändert wurde, „wirksame, verhältnismäßige und abschreckende Sanktionen" zur Durchsetzung der CSR-Berichtpflichten (Erwägungsgrund Nr. 10 CSR-RL); allerdings muss bezweifelt werden, dass das außer- und vorstrafrechtliche Sanktionsinstrumentarium[31] des Gesetzgebers in Bezug auf die Durchsetzung der Berichtspflichten bereits vollständig ausgeschöpft ist.[32]

l) FISG. Mit dem Gesetz zur Stärkung der Finanzmarktintegrität (FISG) vom 3.6.2021 **30** (BGBl. 2021 I 1534), welches mit seinen wesentlichen Änderungen zum **1.7.2021** in Kraft trat, reagierte der Gesetzgeber auf den Bilanzskandal bei der Wirecard AG, um das Vertrauen in den deutschen Finanzmarkt zu sichern. Im Vordergrund stand dabei eine Reform des bisherigen Systems der Bilanzkontrolle bei kapitalmarktorientierten Unternehmen, eine stärkere Regulierung der Abschlussprüfung sowie eine **Verschärfung der Sanktionen** bei Bilanzstraftaten und –ordnungswidrigkeiten.[33]

Das bislang geltende zweistufige Enforcementverfahren (→ Rn. 8) wurde zum **31** 1.1.2022[34] abgeschafft und durch ein **einstufiges Verfahren der hoheitlichen Bilanzkontrolle** ersetzt sowie die Befugnisse der BaFin entsprechend erweitert. Die ursprünglich im Regierungsentwurf vorgesehene Möglichkeit, der Deutschen Prüfstelle für Rechnungslegung (DPR) oder einer anderen privatrechtlich organisierten Prüfstelle die Zuständigkeit für stichprobenartige Prüfungen zu belassen (vgl. §§ 107a Abs. 4, 108 Abs. 1 WpHG FISG-RegE),[35] konnte sich letztlich nicht durchsetzen. Um die Bilanzkontrolle bei einer staatlichen Institution zu konzentrieren, einen effizienten Informationsfluss zu gewährleisten und Unklarheiten bzgl. der Zuständigkeiten zu vermeiden,[36] ist die BaFin künftig – im Sinne einer **„Bilanzkontrolle aus einer Hand"** – sowohl für **anlassbezogene Prüfungen** bei konkreten Anhaltspunkten für einen Verstoß gegen Rechnungslegungsvorschriften (§ 107 Abs. 1 S. 1 WpHG) als auch für **stichprobenartige Prüfunge**n ohne besonderen Anlass alleine zuständig (§ 107 Abs. 1 S. 3 WpHG).[37] Folglich wurden die Vorschriften über die Einrichtung einer privatrechtlich organisierten Prüfstelle gem. §§ 342b ff. aF mit Wirkung zum 1.1.2022 aufgehoben.

Wird von der BaFin eine Prüfung eingeleitet, steht ihr ein weitgehendes **Auskunfts-, 32 Ladungs- und Vernehmungsrecht** gem. § 107 Abs. 5 WpHG nF gegenüber Organmitgliedern, Beschäftigten, Abschlussprüfern und künftig auch gegenüber jedermann zu (§ 107 Abs. 5 S. 4 WpHG nF), wobei für Dritte zumindest eine wirtschaftliche, rechtliche oder sonstigen Beziehung zum Unternehmen zu fordern ist (§ 107 Abs. 5 S. 4 WpHG nF).[38] Die Auskunftsperson kann jedoch gegenüber der BaFin ein **Auskunftsverweigerungs-**

---

[29] Eufinger EuZW 2015, 424 (425); Spießhofer NZG 2014, 1281 (1282).
[30] BVerfGE 120, 224 = NJW 2008, 1137; Landau NStZ 2015, 665 (668).
[31] Vgl. Roth-Mingram NZG 2015, 1341 (1343 ff.).
[32] Vgl. Kempf AnwBl. 2017, 34 (36) zum Beschluss des BVerfG NJW 2016, 3648 (RiFlEtikettG).
[33] BT-Drs. 19/26966, 55, 56 f.
[34] Die Abschaffung des zweistufigen Enforcementverfahrens und damit die Aufhebung der Vorschriften über die privatrechtlich eingerichtete Prüfstelle gem. §§ 342b ff. aF trat gem. Art. 27 Abs. 2 Nr. 7 FISG erst zum 1.1.2022 in Kraft (BGBl. 2021 I 1567).
[35] BT-Drs. 19/26966, 56; Bormann/Böttger NZG 2021, 330.
[36] BR-Drs. 9/1/21, 3; Schüppen DStR 2021, 246 (252 f.) mit zusätzlicher Kritik an einem zweistufigen Verfahren.
[37] Markworth/Bangen BKR 2021, 417 (419 f.); Krolop NZG 2021, 853.
[38] Bormann/Böttger NZG 2021, 330 (331); Markworth/Bangen BKR 2021, 417 (421).

recht bzgl. solcher Fragen geltend machen, deren Beantwortung sie selbst oder einen Angehörigen der Gefahr strafgerichtlicher Verfolgung oder eines Bußgeldverfahrens aussetzen würde; über dieses Recht muss anlässlich des Auskunftsverlangen belehrt werden (§ 107 Abs. 5 S. 7 iVm § 6 Abs. 15 WpHG nF). Darüber hinaus wurde zugunsten der Bafin in § 107 Abs. 7 WpHG nF ein eigenes **Durchsuchungs- und Beschlagnahmerecht** normiert. Während Bedienstete oder Beauftragten der BaFin bislang gem. § 107 Abs. 6 WpHG nur das Recht hatten, die Geschäftsräume des zu prüfenden Unternehmens während der üblichen Arbeitszeiten zu betreten, sind Bedienstete der BaFin künftig befugt, auch die **Geschäfts- und Wohnräume** von Organmitgliedern, Beschäftigten, Abschlussprüfern und von Dritten (vgl. § 103 Abs. 1 StPO) zu durchsuchen, soweit – unabhängig von einem Tatverdacht gem. §§ 331 ff. – konkrete Anhaltspunkte für einen **erheblichen Verstoß** gegen Rechnungsvorschriften vorliegen. Ein solcher ist nach Auffassung des Gesetzgebers zu bejahen, wenn der Verstoß für die Bewertung des Unternehmens qualitativ oder quantitativ von wesentlicher Bedeutung ist und sich dieser auf die Vermögens-, Finanz- oder Ertragslage sowie auf die hieraus ableitbare Zukunftsprognose des Unternehmens auswirkt, jedenfalls in allen Fällen, in denen konkrete Anhaltspukte für eine Bilanzmanipulation vorliegen (zum bilanzrechtlichen Erheblichkeitsmaßstab → § 331 Rn. 53, → § 334 Rn. 2).[39] Außer bei Gefahr in Verzug unterliegt jede Durchsuchung und Beschlagnahme dem **Richtervorbehalt** (§ 107 Abs. 7 S. 5 WpHG). Leitet die zuständige Staatsanwaltschaft aufgrund eigener Kenntniserlangung gem. § 160 Abs. 1 StPO oder aufgrund einer Anzeige der BaFin gem. § 110 Abs. 1 S. 1 WpHG eigene Ermittlungen ein, können sich die Befugnisse von Staatsanwaltschaft und BaFin überschneiden. Durch die Einleitung eines strafrechtlichen Ermittlungsverfahrens bleiben die Prüfungsbefugnisse der BaFin gem. § 107 Abs. 1 WpHG jedoch grundsätzlich unberührt (§ 110 Abs. 1 S. 3 WpHG nF), soweit dies zur Prüfung der Rechnungslegung erforderlich und keine Gefährdung der Ermittlungen zu befürchten ist. Hierüber ist ein Einvernehmen mit der Staatsanwaltschaft herzustellen, die vorab über eigene Maßnahmen der BaFin zu informieren ist (§ 110 Abs. 1 S. 4 WpHG).

33   Neben anderen berufsrechtlichen Regelungen zur Verschärfung der Haftung und zur Rotationspflicht der Abschlussprüfer wurde die Erbringung von Nichtprüfungsleistungen bei Unternehmen von öffentlichem Interesse mit dem FISG weitgehend – im Sinne des **Trennungsgrundsatzes von Prüfung und Beratung** gem. Art. 5 Abs. 1 Abschlussprüfungs-VO – untersagt. Um ein Prüferversagen aufgrund zu großer Nähe zum geprüften Unternehmen zu verhindern und das Vertrauen in die Abschlussprüfertestate als zuverlässige Entscheidungsgrundlage zu stärken,[40] hat der Gesetzgeber davon abgesehen, von seinem Mitgliedstaatenwahlrecht gem. Art. 5 Abs. 3 Abschlussprüfungs-VO statt wie bisher Gebrauch zu machen. So sind Steuerberatungs- und Bewertungstätigkeiten gem. Art. 5 Abs. 1 UAbs. 2 Abschlussprüfungs-VO durch die ersatzlose Streichung von § 319a künftig nicht mehr von der sog. „black list" verbotener Nichtprüfungsleistungen ausgenommen. Auch wurde die bislang zulässige antragsabhängige Genehmigung von Steuerberatungsleistungen durch den Abschlussprüfer abgeschafft. In diesem Zusammenhang hat der Gesetzgeber mit der neuen Vorschrift des § 316a grundsätzlich klargestellt, dass die Abschlussprüfungs-VO bei Unternehmen von öffentlichem Interesse stets Vorrang vor den prüfungsbezogenen Regelungen des HGB hat.[41] Bei unbefugter Erteilung eines Bestätigungsvermerks in den Fällen, in denen ein Abschlussprüfer verbotene Nichtprüfungsleistungen erbringt oder gegen die Vorschriften der Abschlussprüfungs-VO zur externen Rotation verstößt, wurden durch das FISG **neue Bußgeldtatbestände in § 334 Abs. 2 S. 2 Nr. 1 und Nr. 2** eingeführt (→ § 334 Rn. 58 ff.).

34   Angesichts der Erfahrungen im Zuge der Wirecard-Affäre wollte der Gesetzgeber die **Abgabe eines falschen „Bilanzeides",** dh die unrichtige Versicherung der gesetzlichen Vertreter eines Kapitalmarktunternehmens in den Fällen der § 264 Abs. 2 S. 3, § 289 Abs. 1

---

[39]   BT-Drs. 19/26966, 78 f.
[40]   BT-Drs. 19/26966, 55 f.
[41]   Zwirner/Böcker IRZ 2021, 309 (310); Krolop NZG 2021, 853 (855).

S. 5, § 297 Abs. 2 S. 4, § 315 Abs. 1 S. 5, schärfer sanktionieren. Aus diesem Grund wurde der ursprüngliche Straftatbestand des § 331 Nr. 3a durch das FISG aufgehoben und die Strafbarkeit des unrichtigen „Bilanzeides" in einen eigenständigen Straftatbestand der **Unrichtigen Versicherung gem. § 331a Abs. 1** mit einem **höheren Strafrahmen** von bis zu fünf Jahren Freiheitsstrafe überführt. Um eine ausreichend abschreckende Wirkung zu ermöglichen, ist in diesen Fällen künftig auch **leichtfertiges Verhalten gem. § 331a Abs. 2** strafbar und kann mit einer Freiheitsstrafe von bis zu zwei Jahren geahndet werden. Darüber hinaus wurde durch die Bezugnahme auf § 325 Abs. 2a S. 3 und 4 sowie auf § 315e Abs. 1 klargestellt, dass ein kapitalmarktorientiertes Unternehmen auch dann den Straftatbestand erfüllt, wenn sich die unrichtige Versicherung auf einen nach internationalen Rechnungslegungsvorschriften (IAS/IFRS) aufgestellten Einzelabschluss und Lagebericht bzw. Konzernabschluss und Konzernlagebericht bezieht.[42]

Mit dem FISG wurde der Grundtatbestand der „Verletzung der Berichtspflicht" gem. **35** § 332 Abs. 1 durch einen zusätzlichen Qualifikationstatbestand der **Verletzung der Berichtspflicht bei kapitalmarktorientierten Unternehmen** gem. § 332 Abs. 2 S. 2 ergänzt. Während bislang ein erhöhter Strafrahmen von bis zu fünf Jahren Freiheitsstrafe nur bei einem Handeln gegen Entgelt oder bei Bereicherungs- und Schädigungsabsicht vorgesehen war, gilt die Strafschärfung künftig auch in den Fällen, in denen **vorsätzlich** ein unrichtiger Bestätigungsvermerk zu einem Jahres-, Einzel- oder Konzernabschluss eines Unternehmens von öffentlichem Interesse gem. § 316a S. 2 erteilt wird. Obwohl in diesem Fall die subjektive Verwerflichkeit regelmäßig nicht mit den bisherigen Qualifikationstatbeständen vergleichbar ist, sah der Gesetzgeber dennoch ein Bedürfnis für eine Strafschärfung, da das Vertrauen in die Richtigkeit des offengelegten und für jedermann einsehbaren Prüfberichts „in hohem Maße schützenswert" sei.[43] Auch die **leichtfertige Erteilung** eines solchen Vermerks wird künftig gem. § 332 Abs. 3 aus Gründen der Abschreckung unter Strafe gestellt, allerdings mit einem geringeren Strafrahmen von maximal zwei Jahren Freiheitsstrafe.[44]

Die **Bußgeldtatbestände des § 334 Abs. 2 und Abs. 2a** wurden neu strukturiert **36** und inhaltlich erweitert. Abs. 2 sanktioniert die unbefugte Erteilung eines Bestätigungsvermerks gem. § 322, wenn ein Ausschlussgrund gem. § 319 Abs. 2–5, § 319b vorliegt, verbotene Nichtprüfungsleistungen erbracht werden (→ Rn. 32) oder gegen die Rotationsvorschriften der Abschlussprüfungs-VO verstoßen wird; Abs. 2a sanktioniert Verstöße eines nach § 324 eingerichteten Prüfungsausschusses anlässlich der Überwachung, der Empfehlung oder des Auswahl- und Vorschlagsverfahrens des Abschlussprüfers. In Abs. 2 differenziert der Gesetzgeber zwischen Ordnungswidrigkeiten, die sich auf kapitalmarktorientierte Gesellschaften gem. § 316a S. 2 Nr. 1 (S. 1 Nr. 1) und solche, die sich auf sonstige Kapitalgesellschaften beziehen (S. 1 Nr. 2). Diese Differenzierung ist schon deshalb notwendig, weil im Fall von Ordnungswidrigkeiten anlässlich der Abschlussprüfung, die kapitalmarktorientierte Unternehmen betreffen, ein **höherer Bußgeldrahmen** von bis zu 500.000 Euro gem. § 334 Abs. 3 S. 1 festgelegt wurde, statt 50.000 Euro bei sonstigen Kapitalgesellschaften. Darüber hinaus kann auch die Prüfungsgesellschaft des beauftragten Abschlussprüfers – wie bisher auch – mit einer Verbandsgeldbuße gem. § 30 Abs. 1 OWiG belegt werden, wobei sich die Verbandsgeldbuße bei kapitalmarktorientierten Unternehmen durch den neu aufgenommenen **Verweis auf § 30 Abs. 2 S. 3 OWiG** in § 334 Abs. 3a S. 2 auf 5 Mio. Euro erhöhen kann.

Mit dem FISG wurden auch die Zuständigkeitsvorschrift des § 334 Abs. 4 neu struktu- **37** riert und angepasst. Künftig ist die BaFin bei Ordnungswidrigkeiten des § 334 Abs. 1 stets zuständig, wenn diese sich auf kapitalmarktorientierte Unternehmen beziehen (→ § 334 Rn. 121).

---

[42] BT-Drs. 19/26966, 57, 105.
[43] BT-Drs. 19/26966, 106.
[44] BR-Drs. 9/21, 120.

38   **3. Erweiterung des Anwendungsbereichs.** Der Anwendungsbereich der **§§ 331 ff.** wurde zwischenzeitlich mehrfach erweitert, so auf Banken, Versicherungen, Personengesellschaften gem. § 264a Abs. 1, Pensionsfonds und die Societas Europaea (SE).

39   **a) Banken.** Im Bankbereich haben zunächst das **Bankbilanzrichtlinie-Gesetz** vom 30.11.1990 (BGBl. 1990 I 2570), beruhend auf der Bankbilanz-RL (RL 86/635/EWG), und das **4. Gesetz zur Änderung des Kreditwesengesetzes** vom 21.12.1992 (BGBl. 1992 I 2211, 2227) zu einer Ausdehnung des Schutzbereichs geführt.

40   **aa) Strafvorschriften.** Durch das Bankbilanzrichtlinie-Gesetz wurde der Anwendungsbereich der §§ 331–333 mit Einführung des § 340m auch auf solche Kreditinstitute und Finanzdienstleistungsinstitute erweitert, die nicht in der Rechtsform der Kapitalgesellschaft betrieben werden. Die strafrechtliche Verantwortlichkeit wurde zusätzlich auf Geschäftsleiter iSd § 1 Abs. 2 S. 1 KWG, § 53 Abs. 2 Nr. 1 KWG und Inhaber eines in der Rechtsform des Einzelkaufmanns betriebenen Kredit- oder Finanzdienstleistungsinstituts ausgedehnt. Durch das 4. KWG-ÄndG wurden in § 331 Nr. 1, § 332 der Zwischenabschluss nach § 340a Abs. 3 und in § 331 Nr. 2, § 332 der Konzernzwischenabschluss nach § 340i Abs. 4 als taugliche Tatgegenstände aufgenommen. Damit wurden Kreditinstitute unter Berücksichtigung des bankspezifischen Sonderbilanzrechts – unabhängig von Rechtsform und Unternehmensgröße – einheitlichen Sanktionsregelungen unterworfen.[45]

41   **bb) Bußgeldvorschriften.** Da § 334 Abs. 5 die Anwendbarkeit der Bußgeldvorschriften des § 334 für Kreditinstitute iSd § 340 explizit ausschließt, wurden mit § 340n **spezifische Bußgeldvorschriften** für folgende Normadressaten aus dem Bereich der Kredit- und Finanzdienstleistungsinstitute eingeführt:
– Geschäftsleiter iSd § 1 Abs. 2 S. 1 KWG (Kredit- und Finanzdienstleistungsinstitute unabhängig von ihrer Rechtsform);
– Geschäftsleiter iSd § 53 Abs. 2 Nr. 1 KWG (inländische Zweigstellen ausländischer Kredit- oder Finanzdienstleistungsinstitute);
– Inhaber eines in der Rechtsform des Einzelkaufmanns betriebenen Kredit- oder Finanzdienstleistungsinstituts iSd § 340 Abs. 4 S. 1;
– Mitglieder des Aufsichtsrats.

42   Den besonderen Bilanzierungs- und Offenlegungsvorschriften der §§ 340a ff. für Kredit- und Finanzdienstleistungsinstitute wurde in § 340n Rechnung getragen, wobei Struktur und Inhalt der Bußgeldvorschrift des § 334 entsprechen. Zudem wurden auch hier der Zwischenabschluss nach § 340a Abs. 3 und der Konzernzwischenabschluss nach § 340i als taugliche Tatobjekte aufgenommen.

43   **cc) Ordnungsgeld.** § 340o sieht eine entsprechende Anwendung der §§ 335, 335a auch für Kredit- und Finanzdienstleistungsinstitute vor, dh für
– Geschäftsleiter von Kredit- oder Finanzdienstleistungsinstituten iSd § 340 Abs. 4 S. 1, die nicht Kapitalgesellschaft sind;
– Inhaber der in Form eines Einzelkaufmanns betriebenen Kredit- oder Finanzdienstleistungsinstituts iSd § 340 Abs. 4 S. 1
– und den Geschäftsleiter von Zweigstellen ausländischer Kredit- oder Finanzdienstleistungsinstitute.

44   **b) Versicherungen.** Durch das **Versicherungsbilanzrichtlinie-Gesetz** vom 24.6.1994 (BGBl. 1994 I 1377) wurde in Umsetzung der Versicherungsbilanz-RL (RL 91/674/EWG) der Schutzbereich der §§ 331–335 institutionell und personell auch auf Versicherungsunternehmen ausgedehnt.

45   **aa) Strafvorschriften.** § 341m erweiterte die Anwendbarkeit der §§ 331–333 institutionell auch auf Versicherungsunternehmen, die nicht in der Form einer Kapitalgesellschaft betrieben werden, und § 331 personell auf Hauptbevollmächtigte nach § 106 Abs. 3 VAG.

---

[45]   MüKoStGB/Leplow HGB Vor §§ 331 ff. Rn. 6.

bb) Bußgeldvorschriften. Da Versicherungsunternehmen iSv § 341 Abs. 1 aus dem **46** Anwendungsbereich der Bußgeldvorschriften des § 334 explizit gem. § 334 Abs. 4 ausgenommen sind, wurde mit § 341n eine spezielle Bußgeldvorschrift für den Versicherungsbereich geschaffen, dh für
– Mitglieder der vertretungsberechtigten Organe eines Versicherungsunternehmens;
– das Mitglied des Aufsichtsrats eines Versicherungsunternehmens
– und den Hauptbevollmächtigten iSd § 106 Abs. 3 VAG.

Die spezifischen Bilanzierungsvorschriften der §§ 341a ff. für Versicherungsunterneh- **47** men, insbesondere die besonderen Bewertungs- und Rückstellungsvorschriften (§§ 341b ff. und §§ 341e ff.), werden in § 341n berücksichtigt, der im Übrigen in Struktur und Inhalt dem § 334 entspricht.

cc) Ordnungsgeld. § 341o überträgt den Anwendungsbereich der §§ 335, 335a auch **48** auf die Verantwortlichen von Versicherungsunternehmen, dh auf
– Mitglieder der vertretungsberechtigten Organe eines Versicherungsunternehmens oder eines Pensionsfonds, die nicht Kapitalgesellschaft sind
– und den Hauptbevollmächtigten nach § 106 Abs. 3 VAG.

c) Erweiterung auf bestimmte Personengesellschaften. Eine zusätzliche Erweite- **49** rung des Schutzbereichs der §§ 331 ff. brachte das Kapitalgesellschaften- und Co.-Richtlinien-Gesetz **(KapCoRiLiG)** vom 24.2.2000 (BGBl. 2000 I 154). **§ 335b** erklärte die Strafvorschriften der §§ 331–333, die Bußgeldvorschriften des § 334 und die Ordnungsgeldvorschriften der §§ 335, 335a auch auf offene Handelsgesellschaften und Kommanditgesellschaften iSd § 264a Abs. 1 für anwendbar, bei denen weder unmittelbar noch mittelbar eine natürliche Person als persönlich haftender Gesellschafter beteiligt ist (OHG bzw. KG mit Beteiligung einer Kapitalgesellschaft als Komplementärin, zB GmbH & Co.KG). Damit wurde der Rechtsprechung des EuGH Rechnung getragen, der die Nichtanwendbarkeit der Sanktionsmöglichkeiten auf solche Personengesellschaften beanstandet hatte, bei denen der persönlich haftende Gesellschafter keine natürliche Person ist.[46] Auch wurde die Antragsberechtigung, die im bisherigen Zwangsgeldverfahren auf die Gesellschafter, Gläubiger und den Betriebsrat beschränkt war, ebenfalls nach Beanstandung durch den EuGH als Jedermannsrecht ausgestaltet.[47]

d) Pensionsfonds. Das **AVmG** vom 26.6.2001 (BGBl. 2001 I 1310) erweiterte die **50** Anwendung der Strafvorschriften der §§ 331–333, der Bußgeldtatbestände des § 334 und der Zwangs- und Ordnungsgeldvorschriften in §§ 335, 335a aF auf die Pensionsfonds nach § 112 Abs. 1 VAG.

e) SEAG. Mit dem **Gesetz zur Einführung der Europäischen Gesellschaft** **51** (SEAG) vom 22.12.2004 (BGBl. 2004 II 3675) wurde die **SE-VO** (VO (EG) 2157/2001) in nationales Recht umgesetzt. Nach dem Vorbild des § 335b wurden §§ 331–333 auch in Bezug auf die Europäische Gesellschaft (SE) gem. § 53 Abs. 1 SEAG für anwendbar erklärt.[48]

II. Regelungssystematik und Sanktionen

Die Straf-, Bußgeld- und Ordnungsgeldvorschriften gem. §§ 331 ff. enthalten 3 ver- **52** schiedene Regelungsbereiche, nämlich die Tatbestände des Bilanzstrafrechts, die Ordnungswidrigkeitentatbestände und die Ordnungsgeldvorschriften:

1. Straftatbestände. In **§§ 331–333a** werden die **Tatbestände des Bilanzstrafrechts** **53** normiert.

a) Grundtatbestände. Zentrale Strafnorm des Bilanzstrafrechts bei unrichtiger Wie- **54** dergabe oder Verschleierung der Verhältnisse einer Kapitalgesellschaft oder des Konzerns

---

[46] EuGH BB 1999, 1485 = EuZW 1999, 446.
[47] EuGH NJW 1998, 129 – Daihatsu.
[48] Vgl. dazu Ihrig/Wagner BB 2004, 1749 (1758); Waclawik DB 2004, 1191.

ist der Straftatbestand der **Unrichtigen Darstellung gem. § 331 Abs. 1.** Dieser sieht bei vorsätzlicher Begehungsweise eine Freiheitsstrafe bis zu drei Jahren oder Geldstrafe vor. Ausnahmsweise ist gem. § 331 Abs. 2 auch eine Strafbarkeit wegen leichtfertiger Begehungsweise mit einer Freiheitsstrafe bis zu einem Jahr oder Geldstrafe vorgesehen, wenn ein Einzelabschluss nach internationalen Rechnungslegungsvorschriften gem. § 325 Abs. 2a, § 315e Abs. 1, ein Konzernabschluss oder ein Konzernlagebericht gem. § 291 Abs. 2 zum Zweck der Befreiung offengelegt wird, in dem die Verhältnisse der Kapitalgesellschaft bzw. des Konzerns unrichtig wiedergegeben oder verschleiert worden sind.

55   Verschweigt ein Abschlussprüfer im Prüfbericht (§ 321) erhebliche Umstände oder erteilt er einen unrichtigen Bestätigungsvermerk (§ 322), sieht der Grundtatbestand der **Verletzung der Berichtpflicht gem. § 332 Abs. 1** ebenfalls eine Freiheitsstrafe bis zu drei Jahren oder Geldstrafe vor.

56   Der Straftatbestand der **Verletzung der Geheimhaltungspflicht gem. § 333 Abs. 1** sanktioniert die unbefugte Offenbarung eines Betriebs- oder Geschäftsgeheimnisses durch den Abschlussprüfer, dessen Gehilfen oder von Beschäftigten einer Prüfstelle gem. § 342b Abs. 1 mit Freiheitsstrafe bis zu einem Jahr oder mit Geldstrafe.

57   **b) Qualifikationen. Strafschärfungen** sieht das Gesetz in den Fällen vor, in denen der Täter **besonders verwerflich** handelt, dh gegen Entgelt, mit Bereicherungs- oder Schädigungsabsicht, bei beharrlicher Wiederholung oder unbefugter Geheimnisverwertung. Darüber hinaus wurden mit dem FISG seit dem 1.7.2021 neue Qualifikationstatbestände geschaffen, wenn sich die strafbare Handlung auf **Inlandsemittenten** gem. § 2 Abs. 14 WpHG, **kapitalmarktorientierte Unternehmen** gem. § 264d oder auf **Unternehmen von öffentlichem Interesse** gem. § 316a S. 2 bezieht:

58   Der neue Straftatbestand der **Unrichtigen Versicherung gem. § 331a** bezieht sich auf eine vorsätzlich falsche Entsprechenserklärung, wobei dieser sog. „Bilanzeid" gem. § 264 Abs. 2 S. 3, § 289 Abs. 1 S. 5, § 297 Abs. 2 S. 4, § 315 Abs. 1 S. 5 nur von Inlandsemittenten iSv § 2 Abs. 14 WpHG verlangt wird, die Wertpapiere gem. § 2 Abs. 1 WpHG ausgeben (Ausnahme § 327a). Der bislang in § 331 Abs. 1 Nr. 3a normierte Tatbestand wurde als eigenständiger Qualifikationstatbestand in § 331a Abs. 1 mit einer erhöhten Freiheitsstrafe bis zu fünf Jahren oder Geldstrafe ausgestaltet. Damit trägt der Gesetzgeber dem Umstand Rechnung, dass ein falscher „Bilanzeid" denklogisch einen unrichtigen Jahres-/Konzernabschluss oder Lage-/Konzernlagebericht iSv § 331 Abs. 1 voraussetzt und der Täter durch die falsche öffentliche Versicherung ein gesteigertes Unrecht verwirklicht.[49] Handelt der Täter nur leichtfertig, ist ein reduziertes Strafmaß von bis zu zwei Jahren Freiheitsstrafe oder Geldstrafe vorgesehen.

59   Bei **Verletzung der Berichtpflicht** eines Abschlussprüfers oder dessen Gehilfe **gegen Entgelt, mit Bereicherungs- oder Schädigungsabsicht** sieht **§ 332 Abs. 2 S. 1** eine erhöhte Freiheitsstrafe bis zu fünf Jahren oder Geldstrafe vor. Seit Inkrafttreten des FISG gilt dieser erhöhte Strafrahmen gem. **§ 332 Abs. 2 S. 2** auch bei vorsätzlicher Erteilung eines **inhaltlich unrichtigen Bestätigungsvermerks,** der sich auf den Jahresabschluss, Einzelabschluss oder Konzernabschluss eines **Unternehmens von öffentlichem Interesse** gem. § 316a S. 2 bezieht. Bei leichtfertiger Erteilung eines unrichtigen Bestätigungsvermerks sieht § 332 Abs. 3 eine Freiheitsstrafe bis zu zwei Jahren oder Geldstrafe vor.

60   Auch bei einer **Verletzung der Geheimhaltungsflicht** ist eine Strafschärfung bis zu fünf Jahren Freiheitsstrafe oder Geldstrafe vorgesehen, wenn der Täter gem. § 333 Abs. 2 S. 1 **gegen Entgelt, mit Bereicherungs- oder Schädigungsabsicht handelt** oder das Geheimnis gem. § 333 Abs. 2 S. 2 **unbefugt verwertet.**

61   Verwirklicht ein Mitglied eines nach § 324 Abs. 1 S. 1 eingerichteten Prüfungsausschusses einen Ordnungswidrigkeitentatbestand gem. § 334 Abs. 2a als Grundtatbestand liegt eine strafbare **Verletzung der Pflichten bei Abschlussprüfungen gem. § 333a** als Qualifikation vor, wenn der Täter für seine Handlung einen **Vermögensvorteil** erhält, sich einen

---

[49]   BT-Drs. 19/26966, 105.

solchen versprechen lässt oder Ordnungswidrigkeiten gem. § 334 Abs. 2a **beharrlich wiederholt.**

c) Vergehen. Aufgrund der Strafrahmen mit Mindeststrafen unter einem Jahr Freiheitsstrafe handelt es sich bei allen Straftatbeständen um Vergehen iSd § 12 Abs. 2 StGB. **62**

d) Strafantrag. Nur § 333 Abs. 3 verlangt als Strafverfolgungsvoraussetzung einen Strafantrag der Kapitalgesellschaft, wenn ein Abschlussprüfer oder sein Gehilfe gegen Geheimhaltungspflichten verstoßen hat. Bei allen anderen Delikten handelt es sich um Offizialdelikte, die von Amts wegen verfolgt werden. **63**

e) Vergleich mit §§ 400 ff. AktG. Vorbild für ein allgemeines Bilanzstraf- und Bilanzordnungswidrigkeitenrecht im Rahmen der Richtlinienumsetzung durch das BiRiLiG waren die §§ 400 ff. AktG, wobei die Tatbestände der § 400 Abs. 1 AktG und § 404 Abs. 1 Nr. 2 AktG gegenüber den §§ 331 und 333 als **subsidiär** ausgestaltet wurden und § 405 Abs. 1 Nr. 5 gänzlich aufgehoben wurde. Die wesentlichen materiellen Neuerungen betrafen die zusätzliche Erfassung der Konzernrechnungslegung durch das BiRiLiG.[50] Im Übrigen wurden die neuen Strafvorschriften des HGB den §§ 400, 403, 404 AktG mit zum Teil engeren, zum Teil weiteren Anwendungsbereichen nachgebildet.[51] § 331 Nr. 1 entspricht den früheren § 400 Nr. 1 und 2 AktG, § 331 Abs. 2 ersetzt § 400 Abs. 1 Nr. 2 und 4 AktG. Ohne Vorbild im AktG ist § 331 Nr. 3. § 331 Nr. 4 entspricht § 400 Abs. 1 Nr. 2 AktG aF (= § 400 Abs. 1 Nr. 2 AktG nF). § 332 entspricht § 403 AktG aF (= § 403 AktG nF) und § 333 dem § 404 AktG aF (= § 404 nF).[52] Insoweit kann die zu diesen Normen ergangene Rechtsprechung und Literatur zur Auslegung der §§ 331 ff. herangezogen werden; gleiches gilt für die Rechtsprechung und Literatur zu den entsprechenden Vorschriften der § 82 Abs. 2 Nr. 2 GmbHG, § 85 GmbHG, soweit sie identische Tatbestandsmerkmale beinhalten. In § 335 Abs. 1 Nr. 5 ist der frühere § 405 Abs. 3 Nr. 5 AktG über Form und Inhalt der Bekanntmachung von Jahresabschluss und Geschäftsbericht der AG bzw. des Konzerns enthalten. **64**

2. Ordnungswidrigkeiten. Die **Ordnungswidrigkeitentatbestände** des HGB sind in § 334 Abs. 1–2a normiert, die **Bußgeldrahmen** in § 334 Abs. 3–3b und die **zuständigen Bußgeldbehörden** gem. § 36 OWiG in § 334 Abs. 4. § 334 Abs. 5 beinhaltet eine **Ausschlussvorschrift** für bestimmte Unternehmen. **65**

§ 334 Abs. 1 ahndet bestimmte Verstöße gegen Inhalts-, Form- und Gliederungsvorschriften bei der Aufstellung, Feststellung oder Offenlegung des Jahresabschlusses oder des Konzernabschlusses grundsätzlich mit **Geldbußen** bis zu 50.000 Euro (§ 334 Abs. 3 S. 1 Hs. 2). Bei kapitalmarktorientierten Unternehmen gem. § 264d wurde der Bußgeldrahmen mit dem CSR-RL-Umsetzungsgesetz vom 11.4.2017 (BGBl. 2017 I 802) in den Fällen des § 334 Abs. 1 jedoch deutlich erhöht (s. § 334 Abs. 3 S. 2, 3a und 3b). **66**

Bei prüfungsbezogenen Verstößen des Abschlussprüfers gilt ebenfalls ein Bußgeldrahmen bis 50.000 Euro (§ 334 Abs. 3 S. 1 Hs. 2), wenn sich die Prüfung gem. **§ 334 Abs. 2 S. 1 Nr. 2** nicht auf Unternehmen von öffentlichem Interesse iSv § 316a S. 2 Nr. 1 bezieht. **67**

In den Fällen des **§ 334 Abs. 2 S. 1 Nr. 1 und S. 2,** dh bei Verstößen des Abschlussprüfers gegen ein Tätigkeitsverbot, bei Erbringung verbotener Nichtprüfungsleistungen oder bei Verstößen gegen das Rotationsprinzip, sowie in den Fällen des **§ 334 Abs. 2a,** dh bei Verstößen von Mitgliedern eines Prüfungsausschusses, wurde die Maximalhöhe des Bußgeldes durch das FISG auf 500.000 Euro erhöht (§ 334 Abs. 3 S. 1 Hs. 2), zumal sich diese Verstöße tatbestandsmäßig stets auf Unternehmen von öffentlichem Interesse gem. § 316a S. 2 Nr. 1 beziehen. Darüber hinaus wurde durch das FISG der Bußgeldrahmen einer Verbandsgeldbuße iSv § 30 Abs. 1 OWiG gegen die als Abschlussprüfer bestellte Prüfungsge- **68**

---

50   Gramich wistra 1987, 158; MüKoAktG/Wittig AktG Vor § 399 Rn. 8 ff.
51   MüKoAktG/Wittig AktG Vor § 399 Rn. 8 ff.; BeckOGK/Hefendehl, 1.1.2023, AktG § 400 Rn. 190 f.; Gramich wistra 1987, 157.
52   S. hierzu Gramich wistra 1987, 157 f.

sellschaft durch den Verweis gem. § 334 Abs. 3a S. 2 auf § 30 Abs. 2 S. 3 OWiG auf das Zehnfache, dh auf maximal 5 Mio. Euro, erhöht.

69   Bei den Bußgeldtatbeständen des § 334 handelt es sich um **Ordnungswidrigkeiten** iSd § 1 OWiG. Ordnungswidrigkeiten sind zwar tatbestandsmäßige, rechtswidrige und vorwerfbare Handlungen, die jedoch nach dem Willen des Gesetzgebers kein kriminelles Unrecht beinhalten und daher lediglich mit einem repressiven Pflichtappell durch bloße Geldbußen sanktioniert werden, ohne dass damit – wie bei der (Kriminal-) Strafe – ein sozialethisches Unwerturteil verbunden wäre.[53] Dabei können auch Geldbußen zu gravierenden wirtschaftlichen Sanktionsfolgen führen; übersteigt nämlich der **wirtschaftliche Vorteil** des Täters aus der Tat das gesetzliche Höchstmaß der Geldbuße gem. § 334 Abs. 3 (50.000 Euro oder 500.000 Euro), kann das Bußgeld iSv § 17 Abs. 4 OWiG zwecks Gewinnabschöpfung – sogar über den Tatvorteil hinaus – erhöht werden. Ist die betreffende Kapitalgesellschaft kapitalmarktorientiert gem. § 264d kann die Geldbuße bzw. die Verbandsgeldbuße sogar bis auf das Zweifache des wirtschaftlichen Vorteils erhöht werden (§ 334 Abs. 3 S. 2 Nr. 2, Abs. 3a S. 1 Nr. 3).

70   Für die tatbestandliche Abgrenzung zu den strafbaren Bilanzierungs-, Berichts- und Testatsverstößen ist eine **Wesentlichkeits- und Erheblichkeitsschwelle** zu beachten (zur Abgrenzung → § 334 Rn. 2).[54]

71   **3. Übernahme von Straf- und Bußgeldvorschriften.** Die Übernahme der Straf- und Bußgeldvorschriften in das HGB hielt der Gesetzgeber für sachgerecht und geboten, weil Inhalt und Form von Eröffnungsbilanz, Jahresabschluss und Lagebericht, Prüfungsbericht und Bestätigungsvermerk sowie die Geheimhaltungspflicht nunmehr insgesamt und einheitlich im HGB geregelt werden sollten.[55]

72   **4. Verhängung von Ordnungsgeld.** § 335 **in der Fassung des EHUG** sieht die Verhängung von **Ordnungsgeld** vor, wenn die Pflichten zur **Offenlegung** von Jahresabschluss und Lagebericht, Konzernabschluss und Konzernlagebericht nach § 325 oder der Rechnungslegungsunterlagen der Hauptniederlassung nach § 325a nicht erfüllt werden. Die früher in § 335 aF vorgesehene Zwangsgeldfestsetzung bei Nichterstellung des Jahresabschlusses, des Konzernabschlusses und der dazugehörenden Lageberichte, bei Nichterteilung des Prüfungsauftrags oder bei Nichterfüllung der Informationspflichten gegenüber dem Prüfer wurden durch das EHUG ersatzlos gestrichen.

73   **5. Geltungsbereich.** Die Straf-, Bußgeld- und Ordnungsgeldvorschriften gelten unabhängig vom Geschäftszweck für alle Kapitalgesellschaften und nach § 335b für offene Handelsgesellschaften und Kommanditgesellschaften iSd § 264a, dh insbesondere für die GmbH & Co. KG. Unabhängig von der Gesellschaftsform gelten die §§ 331 ff. in modifizierter Form für alle Kreditinstitute iSd § 340 Abs. 1, alle Finanzdienstleistungsinstitute iSd § 340 Abs. 4 und Versicherungsunternehmen und Pensionsfonds iSd § 341. Maßgeblich ist, dass die Gesellschaften den **deutschen handels- und gesellschaftsrechtlichen Vorschriften** unterliegen, dh ihren Sitz in der Bundesrepublik Deutschland haben, nicht aber für ausländische Gesellschaften, die in Deutschland nur wirtschaftlich tätig werden, soweit das deutsche Recht nicht auch für ausländische Gesellschaften gilt.[56] Schließlich ist zu beachten, dass die Sanktionsvorschriften des HGB nur für Verstöße gegen die Rechnungslegungsvor-

---

53   Vgl. KK-OWiG/Mitsch Einl. Rn. 1 ff.; Göhler/Gürtler/Seitz OWiG Vor § 1 Rn. 9 ff. mwN.
54   MüKoStGB/Leplow HGB Vor §§ 331 ff. Rn. 34; Hennrichs DStR 2009, 1446 (1448 ff.); idS auch OLG Frankfurt a. M. NZG 2009, 1038, wonach nicht jeder Verstoß gegen gesetzliche Rechnungslegungsvorschriften oder die IAS/IFRS zu einer Fehlerfeststellung gem. § 37q WpHG aF (§ 109 WpHG nF) führt.
55   Vgl. BT-Drs. 10/317, 100 f.
56   Achenbach/Ransiek/Rönnau WirtschaftsStrafR-HdB/Ransiek VIII 1 Rn. 23; Wabnitz/Janovsky/ Raum WirtschaftsStrafR-HdB/Raum Kap. 12 Rn. 3; MüKoAktG/Wittig AktG Vor § 399 Rn. 17. Ebenso für ausländische Muttergesellschaften im Konzern Schmedding, Unrichtige Konzernrechnungslegung, 1991, S. 146.

schriften des Handelsrechts gelten, dh für die Handelsbilanz, nicht auch für die Steuerbilanz.[57]

III. Blankettnormen

In den §§ 331–334 wird direkt oder konkludent auf die Vorschriften des Bilanz- und **74** Gesellschaftsrechts verwiesen; es handelt sich hierbei um **Blankettgesetze.** Darunter versteht man, dass durch die Strafnormen des HGB lediglich eine Strafdrohung aufgestellt wird und diese an die Verwirklichung **außerstrafrechtlicher Tatbestände** anknüpft, die wiederum in anderen Vorschriften – den sog. „Ausfüllungsnormen" – näher umschrieben sind.[58] Während bei den unechten Blankettgesetzen – im Sinne einer „Binnenverweisung" – Normebene und Normgeber übereinstimmen, zB ein formelles Bundesgesetz verweist auf ein anderes formelles Bundesgesetz, liegt bei echten Blankettgesetzen eine sog. „Außenverweisung" vor, dh es wird auf „Ausfüllungsnormen" eines anderen Normgebers, zB auf Richtlinien der EU, verwiesen (→ Rn. 73).[59] Ungeachtet dieser Differenzierung hat jedoch die Auslegung der §§ 331–334 ausschließlich nach strafrechtlichen Auslegungsregeln zu erfolgen, insbesondere ist jeder Analogieschluss zum Nachteil des Täters unzulässig.[60] Dabei hat das Strafrecht keine eigenen Maßstäbe zu entwickeln, sondern dem Strafrecht sind die handels- und bilanzrechtlichen Maßstäbe und Bewertungen vorgegeben.[61] Es gilt somit der **Primat des Bilanzrechts:** eine Darstellung iSd § 331 ist nur dann falsch, wenn die Angaben evident unrichtig oder verfälschend sind **(Evidenzgebot)** und wenn diese Unrichtigkeiten oder Verfälschungen erheblich sind **(Erheblichkeitsgebot).**[62]

Soweit im Sinne einer echten Blankettverweisung auch **Richtlinien der EU** oder die **75** **IAS/EU-IFRS** der strafrechtlichen Normausfüllung dienen, muss eine richtlinienkonforme und restriktive Auslegung erfolgen.[63] Insbesondere gebietet eine verfassungskonforme Auslegung, dass die Anwendung einzelner Rechnungslegungsnormen der IAS/IFRS dem Prinzip des „true and fair view", dem öffentlichen Interesse, dem höherrangigen Gemeinschaftsrecht sowie den Kriterien der **Verständlichkeit, Erheblichkeit, Verlässlichkeit und Vergleichbarkeit** – im Sinne einer strafrechtlichen Vorhersehbarkeit – entsprechen muss.[64]

IV. Verfahrensrechtliches

1. Wirtschaftsstraftaten. Die Straftatbestände der §§ 331–333a sind – unter Zugrun- **76** delegung des Katalogs gem. § 74c Abs. 1 Nr. 1 GVG – **Wirtschaftsstraftaten.** Die Ermittlungszuständigkeit liegt damit bei den Schwerpunktstaatsanwaltschaften für Wirtschaftsstrafsachen (vgl. § 143 Abs. 4 GVG). Die erstinstanzliche Gerichtszuständigkeit liegt beim Amtsgericht oder in den Fällen mit besonderer Bedeutung und hoher Straferwartung beim Landgericht (§ 74 Abs. 1 GVG), dort bei einer Wirtschaftsstrafkammer (§ 74c Abs. 1 Nr. 1 GVG).

---

57   Achenbach/Ransiek/Rönnau WirtschaftsStrafR-HdB/Ransiek VIII 1 Rn. 49; Blumers/Frick/Müller/ Dannecker Rn. 613; zum Verhältnis Handelsbilanz/Steuerbilanz vgl. grds. Moxter BB 1997, 195 ff.
58   Vgl. hierzu BVerfGE 37, 201 (208) = NJW 1974, 1860; BVerfGE NJW 2018, 3091 (3092); BGHSt 37, 266 (272); BGH NJW 2017, 966 (967); Schönke/Schröder-Eser/Hecker StGB Vor § 1 Rn. 3 mwN; Fischer StGB § 1 Rn. 9 ff. Rn. 3; MüKoStGB/Leplow HGB § 331 Rn. 9; GroßkommAktG/Otto AktG Vor § 399 Rn. 111 ff. mwN; Tiedemann, Tatbestandsfunktionen im Nebenstrafrecht, 1969, 90; Schüppen, Systematik Auslegung des Bilanzstrafrechts, 1993, S. 130.
59   S. hierzu Bülte JuS 2015, 769 (770 f.); LK-StGB/Dannecker StGB § 1 Rn. 148.
60   Vgl. BVerfGE 48, 60 f. = NJW 1978, 1423; BeckOGK/Waßmer, 15.9.2022, § 331 Rn. 87 ff.
61   Vgl. Achenbach/Ransiek/Rönnau WirtschaftsStrafR-HdB/Ransiek VIII 1 Rn. 10; Schüppen, Systematik Auslegung des Bilanzstrafrechts, 1993, S. 130 f.; MüKoStGB/Leplow HGB Vor §§ 331 ff. Rn. 32 ff.; MAH WirtschaftsStrafR/Knierim § 26 Rn. 90.
62   Vgl. Winnefeld BB 2002, I.
63   BGHSt 37, 164 (175); 333, 336; Tiedemann NJW 1993, 24; Cobet, Fehlerhafte Rechnungslegung, 1991, S. 5.
64   BeckOGK/Waßmer, 15.9.2022, § 331 Rn. 87 ff., 92.

77   **2. Offizialdelikt und Antragsdelikt.** §§ 331, 331a, 332 und § 333a sind Offizialdelikte, § 333 ist ein reines Antragsdelikt. Dies bedeutet bei §§ 331, 331a, 332 und § 333a, dass eine Rücknahme des Strafantrags oder der Strafanzeige, etwa aufgrund einer zivilrechtlichen Einigung, das Ermittlungsverfahren nicht beendet, sondern von der Staatsanwaltschaft weitergeführt werden muss. Dabei wird in der Praxis die Rücknahme eines Strafantrags in der Regel auch eine einvernehmliche Erledigung des Strafverfahrens, etwa durch Einstellung nach § 153a StPO, fördern. Der Strafantrag im Falle des § 333 kann jederzeit zurückgenommen werden und beendet das Verfahren. Die Strafanzeige in den Fällen der §§ 331, 331a, 332 und 333a sichert dem Antragsteller auch das Recht, gegen eine Einstellung des Verfahrens mangels Tatverdachts nach § 170 Abs. 2 StPO sofortige Beschwerde einzulegen (§ 172 Abs. 1 StPO) und ggfs. nach erfolgloser Beschwerde das Klageerzwingungsverfahren nach § 172 Abs. 2 StPO zu betreiben.

78   **3. Ordnungswidrigkeiten.** Zum Ordnungswidrigkeitenverfahren im Einzelnen → § 334 Rn. 117 ff., → § 340n Rn. 36, → § 341n Rn. 24, → § 342e Rn. 7.

79   **4. Praktische Bedeutung.** Die Bedeutung der Bilanzstraftaten und -ordnungswidrigkeiten war in der strafrechtlichen Praxis bislang gering. Dies beruht darauf, dass oft erhebliche Nachweisschwierigkeiten – insbesondere hinsichtlich des subjektiven Tatbestandes – bestehen und bei Bilanzskandalen und Unternehmenszusammenbrüchen regelmäßig andere Straftatbestände mit höheren Strafrahmen im Ermittlungsfokus der Strafverfolgungsbehörden stehen (§§ 263, 266a, 283 ff. StGB und § 370 AO).[65] Aufgrund des Skandals im Zusammenhang mit der Wirecard AG und des dadurch erhöhten öffentlichen und politischen Interesses an der Aufklärung bzw. Sanktionierung von Bilanzstraftaten ist jedoch zu erwarten, dass diesem Deliktsbereich künftig eine höhere Bedeutung zugemessen wird. Auch ist zu erwarten, dass der deutlich erhöhte Bußgeldrahmen gem. § 334 Abs. 3 und 3a und der erhöhte Ordnungsgeldrahmen gem. § 335 Abs. 1a, die durch das CSR-RL-Umsetzungsgesetz, das Gesetz zur Umsetzung der Transparenzrichtlinie-Änderungsrichtlinie und durch das FISG eingeführt wurden, schon aus fiskalischen Gründen zu einer Steigerung der Verfahren führen wird.

80   Jedenfalls ist von praktischer Bedeutung, dass es sich bei sämtlichen Straf- und Bußgeldtatbeständen gem. §§ 331 ff. um sog. **Schutzgesetze iSv § 823 Abs. 2 BGB** handelt[66] und deren Verwirklichung ggf. einen Haftungsdurchgriff auf die verantwortlichen Personen eröffnet. Dies setzt allerdings voraus, dass der Geschädigte im Vertrauen auf die fehlerhafte Rechnungslegung kausale Vermögensverfügungen getroffen hat.[67] Darüber hinaus führt jede Verurteilung wegen einer vorsätzlichen Straftat gem. §§ 331 ff. – seit einer Verschärfung durch das MoMiG vom 23.10.2008 (BGBl. 2008 I 2026) – ausnahmslos zur zeitweiligen **Inhabilität** iSv § 6 Abs. 2 GmbHG und § 76 Abs. 3 AktG, während bei Vermögensdelikten gem. §§ 263–264a StGB, §§ 265b–266a StGB nur dann ein Ausschlussgrund für das Amt eines Geschäftsführers oder Vorstands besteht, wenn auf eine Freiheitsstrafe von mindestens einem Jahr erkannt wird (s. § 6 Abs. 2 Nr. 3e GmbHG und § 76 Abs. 3 Nr. 3e AktG). Diese Differenzierung vermag im Lichte des Verhältnismäßigkeitsgrundsatzes nicht zu überzeugen, zumal es sich bei den §§ 331 ff. lediglich um abstrakte Gefährdungsdelikte handelt und diese – im Vergleich zu den Erfolgsdelikten des Vermögensstrafrechts – regelmäßig keinen höheren Unwertgehalt aufweisen, der zwingend – etwa bei einer geringen Geldstrafe – eine persönliche Ungeeignetheit begründet.[68]

---

[65]   BeckOGK/Waßmer, 15.9.2022, § 331 Rn. 97 ff.; Wabnitz/Janovsky/Schmitt WirtschaftsStrafR-HdB/ Raum Kap. 12 Rn. 2.

[66]   Vgl. BGH NJW 2005, 3721 (3722); 1988, 2794; LG Bonn BeckRS 2010, 15014; Gramich wistra 1987, 157 (158); Noack/Servatius/Haas/Beurskens GmbHG § 82 Rn. 61.

[67]   BGH NJW 1986, 837 zu § 399 Abs. 1 Nr. 4 AktG; OLG München NJW-RR 2000, 1130 zu § 82 Abs. 1 Nr. 1 GmbHG; OLG München BeckRS 2013, 3256.

[68]   Ausf. hierzu Waßmer ZIS 2011, 648 (650), wonach bei verfassungskonformer Auslegung auch für Straftaten gem. §§ 331 ff. eine Inhabilität nur ab einer Freiheitsstrafe von mindestens einem Jahr bestehen soll.

Erster Titel. Straf- und Bußgeldvorschriften

§ 331 Unrichtige Darstellung

(1) Mit Freiheitsstrafe bis zu drei Jahren oder mit Geldstrafe wird bestraft, wer

1. als Mitglied des vertretungsberechtigten Organs oder des Aufsichtsrats einer Kapitalgesellschaft die Verhältnisse der Kapitalgesellschaft in der Eröffnungsbilanz, im Jahresabschluß, im Lagebericht einschließlich der nichtfinanziellen Erklärung, im gesonderten nichtfinanziellen Bericht oder im Zwischenabschluß nach § 340a Abs. 3 unrichtig wiedergibt oder verschleiert,

1a. als Mitglied des vertretungsberechtigten Organs einer Kapitalgesellschaft zum Zwecke der Befreiung nach § 325 Abs. 2a Satz 1, Abs. 2b einen Einzelabschluss nach den in § 315e Absatz 1 genannten internationalen Rechnungslegungsstandards, in dem die Verhältnisse der Kapitalgesellschaft unrichtig wiedergegeben oder verschleiert worden sind, offen legt,

2. als Mitglied des vertretungsberechtigten Organs oder des Aufsichtsrats einer Kapitalgesellschaft die Verhältnisse des Konzerns im Konzernabschluß, im Konzernlagebericht einschließlich der nichtfinanziellen Konzernerklärung, im gesonderten nichtfinanziellen Konzernbericht oder im Konzernzwischenabschluß nach § 340i Abs. 4 unrichtig wiedergibt oder verschleiert,

3. als Mitglied des vertretungsberechtigten Organs einer Kapitalgesellschaft zum Zwecke der Befreiung nach § 291 Abs. 1 und 2 oder nach § 292 einen Konzernabschluß oder Konzernlagebericht, in dem die Verhältnisse des Konzerns unrichtig wiedergegeben oder verschleiert worden sind, offenlegt oder,

4. als Mitglied des vertretungsberechtigten Organs einer Kapitalgesellschaft oder als Mitglied des vertretungsberechtigten Organs oder als vertretungsberechtigter Gesellschafter eines ihrer Tochterunternehmen (§ 290 Abs. 1, 2) in Aufklärungen oder Nachweisen, die nach § 320 einem Abschlußprüfer der Kapitalgesellschaft, eines verbundenen Unternehmens oder des Konzerns zu geben sind, unrichtige Angaben macht oder die Verhältnisse der Kapitalgesellschaft, eines Tochterunternehmens oder des Konzerns unrichtig wiedergibt oder verschleiert.

(2) Handelt der Täter in den Fällen des Absatzes 1 Nummer 1a oder 3 leichtfertig, so ist die Strafe Freiheitsstrafe bis zu einem Jahr oder Geldstrafe.

Schrifttum: s. bei Vor § 331; Achenbach, Aus der 2019/2020 veröffentlichten Rechtsprechung zum Wirtschaftsstrafrecht, NStZ 2020, 720; Arnhold, Auslegungshilfen zur Bestimmung der Geschäftslagetäuschung im Rahmen der §§ 331 Nr. 1 HGB, 400 Abs. 1 Nr. 1 AktG, 82 Abs. 2 Nr. 2 GmbH, 1993; Beiersdorf/ Rahe, Verabschiedung des Gesetzes zur Umsetzung der EU-Tranzparenzrichtlinie, BB 2007, 99; Brand, Ein Überblick über die europäische Aktiengesellschaft (SE) in Deutschland, BB-Special 3 zu Heft 8, 2005, 1; Bücklers, Bilanzfälschung nach § 331 Nr. 1 HGB, 2002; Dierlamm, Der faktische Geschäftsführer im Strafrecht – Ein Phantom?, NStZ 1996, 153; Eisenschmidt/Scheel, 10 Jahre Enforcement in Deutschland: Ein Überblick zur Arbeit der DPR und den wesentlichen Fehlerquellen, IRZ 2015, 405; Fuhrmann, Die Bedeutung des faktischen Organs der Rechtsprechung des Bundesgerichtshofs, FS Tröndle, 1989, 1991; Gahlen/Schäfer, Bekanntmachung von fehlerhaften Rechnungslegungen im Rahmen des Enforcementverfahrens: Ritterschlag oder Pranger?, BB 2006, 1619; Gübel, Die Auswirkungen der faktischen Betrachtungsweise auf die strafrechtliche Haftung faktischer GmbH-Geschäftsführer, 1994; Hahn, Der Bilanzeid – Neue Rechtsfigur im deutschen Kapitalmarktrecht, IRZ 2007, 375; Hildesheim, Die strafrechtliche Verantwortung des faktischen Mitgeschäftsführers in der Rechtsprechung des BGH, wistra 1993, 166; Hoyer, Urteilsanmerkung zu OLG Düsseldorf NStZ 1988, 368, NStZ 1988, 369; Hutter/Kaulamo, Das Transparenzrichtlinie-Umsetzungsgesetz: Änderungen der anlassabhängigen Publizität, NJW 2007, 471; Joerden, Grenzen der Auslegung des § 84 Abs. 1 Nr. 2 GmbH-Gesetz, wistra 1990, 1; Kaligin, Urteilsanmerkung zu BGH BB 1983, 88, BB 1983, 790; Kohlmann, Die strafrechtliche Verantwortlichkeit des GmbH-Geschäftsführers, 1990; Kratzsch, Das faktische Organ im Gesellschaftsrecht – Grund und Grenzen einer strafrechtlichen Garantenstellung, ZGR 1985, 506; Löffeler, Strafrechtliche Konsequenzen faktischer Geschäftsführung, wistra 1989, 121; Marschdorf, Möglichkeiten, Aufgaben und Grenzen des Jahresabschlußprüfers zur Aufdeckung von Wirtschaftsstraftaten im Rahmen der Jahresabschlußprüfung, DStR 1995, 111, 149; Maul,

Geschäfts- und Konzernlagetäuschung als Bilanzdelikte, DB 1989, 185; Otto, Urteilsanmerkung zu BGH StV 1984, 461, StV 1984, 462; Reck, Grundlagen der unrichtigen Darstellung von Sachverhalten im Jahresabschluss, StuB 2000, 234; Richter, Der Konkurs der GmbH aus der Sicht der Strafrechtspraxis, GmbHR 1984, 113; Rotsch, Criminal Compliance, 1. Aufl. 2015; Schäfer, Die Verletzung der Buchführungspflicht in der Rechtsprechung des BGH, wistra 1996, 200; Schüppen, Aktuelle Fragen der Konkursverschleppung durch den GmbH-Geschäftsführer, DB 1994, 197; Siegmann/Vogel, Die Verantwortlichkeit des Strohmanngeschäftsführers einer GmbH, ZIP 1994, 1821; Stein, Das faktische Organ, 1983; Stein, Die Normadressaten der §§ 64, 84 GmbH-Gesetz und die Verantwortlichkeit von Nichtgeschäftsführern wegen Konkursverschleppung, ZHR 148 (1984), 207; Weber, Ist die angelsächsische Rechnungslegung im deutschen Strafrecht angekommen?, wistra 2007, 284; Wimmer, Die zivil- und strafrechtlichen Folgen mangelhafter Jahresabschlüsse bei GmbH und KG, DStR 1997, 1931; Wolf, Bilanzmanipulationen: Wann ist der Überblick erschwert?, StuB 2009, 909; Ziemann, Der strafbare „Bilanzeid" nach § 331 Nr. 3a HGB, wistra 2007, 292; Zülch/Höltken/Ebner, Stand und Zukunft der Pre-Clearance im Rahmen des deutschen Enforcement-Verfahrens, DB 2014, 609.

Übersicht

I. Allgemeines

1. Geschütztes Rechtsgut. Geschütztes Rechtsgut des § 331 ist, ebenso wie in den **1** Vorschriften des § 400 AktG und des § 82 GmbHG, das Vertrauen in die **Richtigkeit** und die **Vollständigkeit** bestimmter Informationen über die Verhältnisse der Kapitalgesellschaft bzw. des Konzerns.[1] Dieser Schutzbereich umfasst nach der Überschrift zum Zweiten Abschnitt des Dritten Buchs die AG, die KGaA, die GmbH sowie gem. § 53 Abs. 1 SEAG die SE; auch sind bestimmte Nichtkapitalgesellschaften über §§ 335b, 340m, 341m in den Schutzbereich einbezogen. Soweit das Vertrauen der Anleger noch spezifischer durch die schriftlich abzugebende Versicherung von Organen kapitalmarktorientierter Unternehmen geschützt wird, dh durch den sog. Bilanzeid (vgl. § 264 Abs. 2 S. 3, § 289 Abs. 1 Nr. 5, § 297 Abs. 2 S. 4, § 315 Abs. 1 S. 5 HGB sowie § 114 Abs. 2 Nr. 3 WpHG, § 115 Abs. 2 Nr. 3 WpHG), wurde durch das FISG mit Wirkung zum 1.7.2021 die bisherige Tatalternative des § 331 Nr. 3a aufgehoben und in einen neuen Straftatbestand der Unrichtigen Versicherung gem. § 331a mit einem höheren Strafrahmen überführt (→ Vor § 331 Rn. 33).

2. Geschützte Rechtssubjekte. Die Norm schützt nach hM einmal die **Kapitalge- 2 sellschaft** bzw. den **Konzern** selbst, darüber hinaus alle Personen, die mit der Gesellschaft oder dem Konzern in irgendeiner **wirtschaftlichen und/oder rechtlichen Beziehung** stehen oder künftig in eine solche Beziehung treten wollen, dh Gesellschafter, Arbeitnehmer, Vertragspartner, insbesondere auch Gläubiger, Investoren oder potentielle Kreditgeber.[2] Zwar wird gegen die Einbeziehung der Gesellschaft in den Schutzbereich eingewendet, dass diese nicht als Informationsempfängerin, sondern als Informationsgeberin aufzufassen sei;[3] allerdings ist gerade eine unrichtige Rechnungslegung – insbesondere bei kapitalmarktorientierten Unternehmen – geeignet, der wirtschaftlichen Betätigung, dem Ruf und der Kreditwürdigkeit einer Gesellschaft einen existentiellen Schaden zuzufügen.[4] Soweit ein geschütztes Rechtssubjekt betroffen ist, handelt es sich bei § 331 um ein **Schutzgesetz iSd § 823 Abs. 2 BGB** (→ Vor § 331 Rn. 77).[5] Wer in keinerlei Beziehung zur Gesellschaft

---

[1] Vgl. Schüppen, Systematik Auslegung des Bilanzstrafrechts, 1993, S. 105; MüKoStGB/Leplow HGB § 331 Rn. 1; Heymann/Otto Rn. 1; BeckOGK/Waßmer, 15.9.2022, Rn. 117; Achenbach/Ransiek/ Rönnau WirtschaftsStrafR-HdB/Ransiek VIII 1 Rn. 28, 44; Ulmer/Dannecker/Kern Rn. 3; Blumers/ Frick/Müller/Dannecker Rn. 637; HK-KapMarktStrafR/Eidam Rn. 3; Wabnitz/Janovsky/Schmitt WirtschaftsStrafR-HdB/Raum Kap. 12 Rn. 2; Bücklers, Bilanzfälschung nach § 331 Nr. 1 HGB, 2002, S. 54 ff.; MHLS/Dannecker GmbHG § 82 Rn. 12 ff.; MüKoGmbHG/Altenhain GmbHG § 82 Rn. 6 f.; Rowedder/Pentz/Klinger GmbHG § 82 Rn. 1; MüKoAktG/Wittig AktG Vor § 399 Rn. 19; Erbs/ Kohlhaas/Schaal AktG § 400 Rn. 2; Müller-Gugenberger WirtschaftsR-HdB/Wagenpfeil § 40 Rn. 1.

[2] BeckOGK/Waßmer, 15.9.2022, Rn. 118; MüKoStGB/Leplow HGB § 331 Rn. 2; Ulmer/Dannecker Rn. 4; Blumers/Frick/Müller/Dannecker Rn. 637; Schüppen, Systematik Auslegung des Bilanzstrafrechts, 1993, S. 105 f.; vgl. BGH wistra 1996, 348; Heymann/Otto Rn. 2; Altmeppen GmbHG § 82 Rn. 3; Noack/Servatius/Haas/Beurskens GmbHG § 82 Rn. 61.

[3] Bücklers, Bilanzfälschung nach § 331 Nr. 1 HGB, 2002, S. 78 ff.; Cobet, Fehlerhafte Rechnungslegung, 1991, S. 21 ff.; MHLS/Dannecker GmbHG § 82 Rn. 16.

[4] BeckOGK/Waßmer, 15.9.2022, Rn. 118 mwN; MüKoStGB/Leplow HGB § 331 Rn. 3 mwN.

[5] Vgl. Heymann/Otto Rn. 2; Achenbach/Ransiek/Rönnau WirtschaftsStrafR-HdB/Ransiek VIII 1 Rn. 29; Ulmer/Dannecker Rn. 9; Blumers/Frick/Müller/Dannecker Rn. 637; einschr. Wimmer DStR 1997, 1933; Rowedder/Pentz/Klinger GmbHG § 82 Rn. 1, die die Gesellschaft vom Schutz des § 823 Abs. 2 BGB ausnehmen.

oder zum Konzern steht, wird von § 331 nicht geschützt.[6] Obwohl durch die Erfassung der IAS/IFRS-Rechnungslegung über die Blankettnormen der § 331 Nr. 1a und 3 auch der Kapitalmarkt und dessen Teilnehmer allgemein als Informationsempfänger in den Vordergrund gerückt sind, ohne dass diese in Beziehung zur Gesellschaft stehen müssen, wird dadurch keine Ausdehnung des unmittelbaren strafrechtlichen und zivilrechtlichen Schutzbereichs auf die Allgemeinheit im Sinne eines Kollektivrechtsgutes begründet. Dies gilt auch für Investoren, die über Derivate lediglich ein abgeleitetes Interesse an den wirtschaftlichen Verhältnissen des Unternehmens haben.[7] Immerhin liegt ein Schutzgesetz iSv § 823 Abs. 2 BGB nur dann vor, wenn die betreffende Norm den Vertrauens- und Vermögensschutz Einzelner oder von Mitgliedern einer Gruppe – über einen bloßen Reflex hinaus – bezweckt, selbst wenn damit auch mittelbar der Schutz der Allgemeinheit verwirklicht wird.[8]

3   **3. Abstraktes Gefährdungsdelikt.** Ein bestimmter Erfolg, wie zB ein Vermögensschaden oder zumindest eine konkrete Vermögensgefährdung, muss aufgrund der unrichtigen Darstellung oder durch die Verschleierung nicht eintreten, zumal die Strafandrohung des § 331 bereits vorbeugend einer Schädigung durch unrichtige Rechnungslegung entgegenwirken soll. Es muss daher auch keine konkrete Täuschungsabsicht vorliegen. Mangels Erfordernisses eines tatbestandlichen Erfolges ist § 331 als abstraktes Gefährdungsdelikt zu qualifizieren.[9]

4   **4. Echtes Sonderdelikt.** § 331 nennt abschließend diejenigen Personen, die als Täter in Betracht kommen. Andere als diese Personen können nicht Täter des § 331 sein; bei ihnen kommt nur eine Teilnahmestrafbarkeit in Betracht (→ Rn. 14). Es handelt sich um ein echtes Sonderdelikt.[10]

5   **5. Verfassungsmäßigkeit.** § 331 Abs. 1 Nr. 1 verstößt in der Variante der unrichtigen Darstellung bzw. Verschleierung von Verhältnissen einer Kapitalgesellschaft nicht gegen Art. 103 Abs. 2 GG. Diese Begriffe sind zwar weit gefasst, aber dennoch hinreichend bestimmt.[11]

II. Normadressat

6   § 331 nennt als mögliche Täter die Mitglieder des vertretungsberechtigten Organs einer Kapitalgesellschaft (Abs. 1 Nr. 1–4), die Mitglieder des Aufsichtsrats einer Kapitalgesellschaft (Abs. 1 Nr. 1–2) und die vertretungsberechtigten Gesellschafter des Tochterunternehmens einer Kapitalgesellschaft (Abs. 1 Nr. 4).

7   **1. Mitglieder vertretungsberechtigter Organe.** Täter einer Straftat kann nur eine natürliche Person sein. Die Tatbestandsverwirklichung des § 331 kann daher nur durch eine natürliche Person erfolgen, die Mitglied des vertretungsberechtigten Organs ist. Wer Mitglied des vertretungsberechtigten Organs ist, bestimmt sich nach der gesetzlichen Regelung für die jeweilige Rechtsform der Kapitalgesellschaft.

---

[6]   AA Heymann/Otto Rn. 2; HuRB/Weber S. 321, die den Schutzbereich aus der allgemeinen Offenlegungspflicht ableiten.

[7]   BeckOGK/Waßmer, 15.9.2022, Rn. 119; Bermuth/Kremer BB 2013, 2186 (2188).

[8]   StRspr, s. etwa BGH NJW 1994, 1801 (1804); 1984, 1226 (1230); MüKoBGB/Wagner BGB § 823 Rn. 405 ff. mwN.

[9]   MüKoStGB/Leplow HGB § 331 Rn. 6; Ulmer/Dannecker Rn. 12; Gramich wistra 1987, 158; Maul DB 1989, 185; Blumers/Frick/Müller/Dannecker Rn. 638; Rowedder/Pentz/Klinger GmbHG § 82 Rn. 2; MHLS/Dannecker GmbHG § 82 Rn. 19; Schüppen, Systematik Auslegung des Bilanzstrafrechts, 1993, S. 174; aA Schmedding, Unrichtige Konzernrechnungslegung, 1991, S. 15 f.

[10]   Vgl. Schmedding, Unrichtige Konzernrechnungslegung, 1991, S. 16; MüKoStGB/Leplow HGB § 331 Rn. 7; Ulmer/Dannecker Rn. 8; Blumers/Frick/Müller/Dannecker Rn. 641; MüKoAktG/Wittig AktG Vor § 399 Rn. 21; aA Biener/Bernecke BiRiLiG 470; Geßler AktG § 400 Rn. 17, wobei deren Auffassung gegen den eindeutigen Wortlaut des § 331 steht.

[11]   BVerfG WM 2006, 1839; BGH wistra 2006, 465; aA Bücklers, Bilanzfälschung nach § 331 Nr. 1 HGB, 2002, S. 119.

a) Aktiengesellschaft. Bei der Aktiengesellschaft sind dies die **Vorstandsmitglieder** 8
(§ 76 Abs. 2, 3 AktG). Hierzu gehören auch stellvertretende Vorstandsmitglieder (§ 94
AktG), soweit sie vertretungsweise die Vorstandsgeschäfte tatsächlich wahrnehmen.[12]

b) Europäische Gesellschaft (SE). Hier ist zu unterscheiden: Bei der nach §§ 15 ff. 9
SEAG dualistisch strukturierten SE sind Normadressaten des § 331 die **Vorstandsmitglieder;** bei der nach §§ 20 ff. SEAG monistisch strukturierten SE sind es die geschäftsführenden
Direktoren des Verwaltungsrats.[13]

c) Kommanditgesellschaft auf Aktien. Bei der Kommanditgesellschaft auf Aktien 10
ist Normadressat der **persönlich haftende Gesellschafter,** §§ 278 Abs. 2, 283 AktG.

d) GmbH. Bei der GmbH betrifft es den oder die **Geschäftsführer** (§ 35 Abs. 1 11
GmbHG). Hierzu gehören ebenfalls stellvertretende Geschäftsführer gem. § 44 GmbHG,
soweit diese vertretungsweise tätig werden.[14]

e) Private Company Limited by Shares (Ltd.). Ob und inwieweit die Directors 12
einer in Deutschland tätigen Ltd. Normadressaten des § 331 sind, ist streitig. Zumindest
bei Bestehen einer inländischen Niederlassung, aber auch wenn ein inländischer Verwaltungssitz oder eine inländische Geschäftsleitung iSv § 10 AO besteht, fallen die Directors
einer Ltd. unter § 331.[15]

f) Kapitalgesellschaft in Liquidation. Bei der Kapitalgesellschaft in Liquidation sind 13
Normadressaten der oder die jeweiligen **Abwickler** bzw. **Liquidatoren** (§ 265 Abs. 1
AktG, § 290 AktG, § 66 GmbHG).[16] Ist eine juristische Person gem. § 265 Abs. 2 S. 3
AktG als Abwickler bestellt, so sind die Mitglieder von deren vertretungsberechtigtem
Organ gem. § 14 Abs. 1 Nr. 1 StGB Normadressaten des § 331.[17]

g) Andere Personen. Andere als die in § 331 ausdrücklich genannten Personen kön- 14
nen nicht Täter sein. Leitende Angestellte, Prokuristen oder Handlungsbevollmächtigte
gehören ebenso wenig zum Kreis tauglicher Täter wie solche, denen die Jahresabschlussarbeiten, Bilanzerstellung etc übertragen wurden. Auch die Möglichkeit einer generellen Delegation von Unternehmenspflichten nach § 14 Abs. 2 Nr. 1 StGB oder einer
speziellen Delegation nach § 14 Abs. 2 Nr. 2 StGB lässt – trotz bestehender Sachnähe oder
eines selbständigen Verantwortungsbereichs der Delegaten – die **höchstpersönliche
Organpflicht** der Bilanzierung nicht auf andere Personen, wie leitende Angestellte oder
Wirtschaftsprüfer, übergehen.[18] In diesen Fällen ist jedoch eine strafbare Teilnahme zu
prüfen, wobei im Fall der Beihilfe eine **doppelte Strafrahmenverschiebung** iSv § 49
Abs. 1 StGB wegen § 27 Abs. 2 StGB und § 28 Abs. 1 StGB in Betracht kommt.

---

[12]　OLG Stuttgart OLG Report 1998, 143 (144); BeckOGK/Waßmer, 15.9.2022, Rn. 125; MüKoStGB/
Leplow HGB § 331 Rn. 12; Ulmer/Dannecker Rn. 27; Schmedding, Unrichtige Konzernrechnungslegung, 1991, S. 75; Erbs/Kohlhaas/Schaal AktG § 400 Rn. 7; GroßkommAktG/Otto AktG § 400 Rn. 8;
GroßkommAktG/Otto AktG § 399 Rn. 28; MüKoAktG/Wittig AktG § 400 Rn. 10; Maul DB 1989,
185 (188); OLG Stuttgart OLGR 1998, 143 (144).
[13]　Hirte DStR 2005, 700 (702); Brand BB-Special 3/2005, 1; Ihrig/Wagner BB 2004, 1749 (1757 f.);
MüKoStGB/Leplow HGB § 331 Rn. 13.
[14]　Vgl. MüKoStGB/Leplow HGB § 331 Rn. 15; Ulmer/Dannecker Rn. 28; Schmedding, Unrichtige
Konzernrechnungslegung, 1991, S. 75; Rowedder/Pentz/Klinger GmbHG § 82 Rn. 15.; Hachenburg/
Kohlmann GmbHG § 82 Rn. 17, § 84 Rn. 13; Maul DB 1989, 185 (188).
[15]　S. dazu BeckOGK/Traut, 1.9.2022, § 238 Rn. 26 f.; MüKoStGB/Leplow HGB § 331 Rn. 16; Hopt/
Merkt § 238 Rn. 10; EBJS/Böcking/Gros § 238 Rn. 10.
[16]　Ulmer/Dannecker Rn. 33; Rowedder/Pentz/Klinger GmbHG § 82 Rn. 15; MüKoStGB/Leplow HGB
§ 331 Rn. 17; GroßkommAktG/Otto AktG § 399 Rn. 185 ff.
[17]　Achenbach/Ransiek/Rönnau WirtschaftsStrafR-HdB/Ransiek VIII 1 Rn. 46; Ulmer/Dannecker
Rn. 33; MüKoAktG/Wittig AktG § 400 Rn. 13; Noack/Servatius/Haas/Beurskens GmbHG § 82
Rn. 47.
[18]　BGH NStZ-RR 2010, 79 zu § 399 AktG; Ulmer/Dannecker Rn. 34; Schmedding, Unrichtige Konzernrechnungslegung, 1991, S. S. 81; MüKoStGB/Leplow HGB § 331 Rn. 18; Blumers/Frick/Müller/
Dannecker Rn. 641; BeckOGK/Hefendehl, 1.1.2023, AktG § 400 Rn. 30; aA Henssler/Strohn/Maul
AktG § 399 Rn. 5; Maul DB 1989, 185 (188).

15   **h) Faktische Betrachtungsweise.** Die Definition des Normadressaten erschöpft sich jedoch nicht in einer formalen Betrachtungsweise, bei der nur das wirksam bestellte und im Handelsregister eingetragene Mitglied des vertretungsberechtigten Organs tauglicher Täter sein könnte. Unbestritten kann die Täterqualifikation des § 331 auch nach tatsächlichen Kriterien – im Sinne einer **faktischen Organstellung** – bestimmt werden.

16   **aa) Nicht wirksam entstandene oder noch nicht bestehende Kapitalgesellschaft.** Selbst bei einer nicht wirksam entstandenen oder noch nicht bestehenden Kapitalgesellschaft existieren Mitglieder des vertretungsberechtigten Organs iSd § 331, wenn ein solches Amt tatsächlich von einer natürlichen Person aufgenommen und ausgeübt wird.[19]

17   **bb) Unwirksame oder mangelhafte Bestellung.** Die zivilrechtlich unwirksame oder mangelhafte Bestellung zum Mitglied des vertretungsberechtigten Organs lässt die strafrechtliche Verantwortung bei tatsächlicher Übernahme und Ausübung des Amtes unberührt.[20]

18   **cc) Verlust der Organfähigkeit.** § 6 Abs. 2 S. 2 GmbHG und gleichlautend § 76 Abs. 3 AktG bestimmen Ausschlusstatbestände bzw. negative Eignungsvoraussetzungen für die Fähigkeit, Geschäftsführer, Vorstand oder Mitglied des vertretungsberechtigten Gesamtorgans der GmbH bzw. der AG zu sein (sog. **Inhabilität**).[21] Demnach sind solche Personen als Leitungsorgane von Kapitalgesellschaften – zum Schutz der Gläubiger und der Allgemeinheit – ausgeschlossen, die gem. Nr. 1 unter Betreuung stehen, gegen die gem. Nr. 2 ein Gewerbe- oder Berufsverbot ausgesprochen wurde, wenn zumindest eine Teilidentität von Verbotsinhalt und Unternehmensgegenstand der Kapitalgesellschaft bestehen, oder die bestimmte Katalogstraftaten gem. Nr. 3 begangen haben: Insolvenzverschleppung nach § 15a Abs. 4 InsO, Insolvenzstraftaten nach §§ 283–283d StGB, Falschangaben nach § 82 GmbHG oder § 399 AktG, unrichtige Darstellung nach § 400 AktG, § 331 HGB, § 313 UmwG oder § 17 PublG oder Verurteilungen nach §§ 263–264a StGB oder §§ 265b–266a StGB. Dies gilt gem. § 6 Abs. 2 S. 3 GmbHG und gem. § 76 Abs. 3 S. 3 AktG sogar bei ausländischen Verurteilungen wegen vergleichbarer Taten. Kritisch ist jedoch zu bewerten, dass für Straftaten nach §§ 263–264a StGB, §§ 265b–266a StGB die Inhabilität erst ab einer Freiheitsstrafe von mindestens einem Jahr eintreten soll, während bei den Bilanzstraftaten eine solche Mindeststrafe nicht erforderlich ist (→ Vor § 331 Rn. 77). Die erhebliche Ausweitung der Straftatbestände, die die Ungeeignetheit als Geschäftsführer oder Vorstand begründen, erfolgte durch Art. 1 MoMiG vom 23.10.2008 (BGBl. 2008 I 2026).

19   Wird der Verurteilte gleichwohl zum vertretungsberechtigten Organ bestellt und eingetragen bzw. bleibt er trotz Verurteilung als vertretungsberechtigtes Organ eingetragen und tätig, so ist er trotz der Sperre nach § 6 Abs. 2 GmbHG bzw. § 76 Abs. 3 AktG tauglicher Normadressat des § 331.[22] Durch die Eintragung werden seine gesetzliche Vertretungsmacht und seine Handlungspflichten gegenüber der Gesellschaft begründet. Sein Handeln wirkt für und gegen die Gesellschaft unbeschadet der Unzulässigkeit seiner Organbestellung bzw. andauernden Organstellung.

---

[19]   RGSt 34, 412; 37, 25 (27); 43, 407 (413 ff.); Ulmer/Dannecker Rn. 34; MüKoStGB/Leplow HGB § 331 Rn. 11; Kohlmann, Die strafrechtliche Verantwortlichkeit des GmbH-Geschäftsführers, 1990, Rn. 8; MHLS/Dannecker GmbHG § 82 Rn. 44 f.; MüKoAktG/Wittig AktG § 399 Rn. 23; HK-KapMarktStrafR/Eidam GmbHG § 82 Rn. 8; Löffeler wistra 1989, 121 (123).

[20]   RGSt 16, 269 ff.; 29, 383; 64, 81 (84); 71, 112; 72, 191; BGHSt 3, 32 (37); 6, 314 (315); BGH GA 1971, 36; MüKoStGB/Leplow HGB § 331 Rn. 21; Ulmer/Dannecker Rn. 27; Rowedder/Pentz/Klinger GmbHG § 82 Rn. 11; MüKoAktG/Wittig AktG § 399 Rn. 23; Kratzsch ZGR 1985, 506 (533); Richter GmbHR 1984, 118; Löffeler wistra 1989, 121 (123); Kohlmann, Die strafrechtliche Verantwortlichkeit des GmbH-Geschäftsführers, 1990, Rn. 12; Cobet, Fehlerhafte Rechnungslegung, 1991, S. 72.

[21]   S. hierzu ausf. MüKoGmbHG/Goette GmbHG § 6 Rn. 24 ff. mwN; Noack/Servatius/Haas/Beurskens GmbHG § 6 Rn. 14 ff.

[22]   MüKoStGB/Leplow HGB § 331 Rn. 24; BeckOGK/Waßmer, 15.9.2022, Rn. 129; Cobet, Fehlerhafte Rechnungslegung, 1991, S. 72.

dd) Fehlende Eintragung in das Handelsregister. Die Eintragung in das Handels- 20
register ist keine Voraussetzung für die Strafbarkeit. Die Aufnahme der Tätigkeit vor der
Eintragung begründet auch hier bereits die Tätereigenschaft.[23]

ee) Fehlender förmlicher Bestellungsakt. Fehlt es (noch) an einem förmlichen 21
Bestellungsakt, erfolgt die Organtätigkeit aber mit Einverständnis oder auch nur mit der
Duldung des für die Bestellung zuständigen Organs (Gesellschafterversammlung, Hauptversammlung, Aufsichtsrat), ist ebenfalls die Tätereigenschaft gegeben.[24] Die bloße Anmaßung
einer Organstellung genügt jedoch nicht.[25]

ff) Rückwirkende Beendigung der Organstellung. Die zivilrechtlich mögliche 22
rückwirkende Beendigung der Organstellung lässt die strafrechtliche Verantwortlichkeit ab
dem zivilrechtlichen Beendigungszeitpunkt bis zur tatsächlichen Amtsaufgabe unberührt.
Auch strafrechtlich relevante Handlungen des ausgeschiedenen Organs sind daher noch
erfasst, wenn die Organstellung im Einverständnis mit der Mehrheit der Gesellschafter weiter
ausgeübt wird.[26]

gg) Strohmann und faktischer Geschäftsführer/Vorstand. Wird ein Geschäfts- 23
führer/Vorstand als Organ in das Handelsregister nur eingetragen, ohne dass er tatsächlich
Organfunktionen übernimmt und wahrnimmt, spricht man von einem Strohmann-
Geschäftsführer (-Vorstand). Dieses Vorschieben eines nur eingetragenen Dritten, dessen
Organfunktionen tatsächlich vollständig von dem Hintermann, dem „tatsächlichen"
Geschäftsführer/Vorstand ausgeübt werden, lässt die Tätereigenschaft des Hintermannes als
faktischem Geschäftsführer/Vorstand unberührt, soweit dieser nach dem Willen des für die
Bestellung zuständigen Organs Geschäftsführungsaufgaben faktisch – statt des eingetragenen
„Strohmanns" – wahrnimmt.[27] Umgekehrt bleibt aber auch die formelle Täterqualifikation
und damit die Strafbarkeit des Strohmanns bestehen.[28]

hh) Der faktische Mitgeschäftsführer/-Vorstand. Ungeklärt ist die Frage, ob die 24
faktische Betrachtungsweise im Bilanzstrafrecht eine Tätereigenschaft begründen kann,
wenn der Handelnde **neben** einem eingetragenen und auch tatsächlich tätigen Organ
Geschäftsführungsaufgaben wahrnimmt.

Der BGH hat zunächst für die Annahme einer **faktischen Mitgeschäftsführung/** 25
Vorstandschaft als entscheidendes Kriterium eine „überragende Stellung" des faktischen
Geschäftsführers gegenüber dem tätigen und eingetragenen Geschäftsführer verlangt.[29] Diese
vom BGH näher definierte „überragende Stellung" wurde dann in einer späteren Entscheidung ohne klare Kriterien zu einem bloßen „Übergewicht" des faktischen Geschäftsführers

---

23 RGSt 34, 412; MüKoStGB/Leplow HGB § 331 Rn. 23; Henssler/Strohn/Servatius GmbHG § 82
   Rn. 15; Kratzsch ZGR 1985, 506; Löffeler wistra 1989, 121 (123); Kohlmann, Die strafrechtliche
   Verantwortlichkeit des GmbH-Geschäftsführers, 1990, Rn. 7.
24 BGHSt 3, 32 (37); 21, 101 (103); 31, 118 ff.; BGH wistra 1984, 178; OLG Düsseldorf NJW 1988,
   3166; Scholz/Tiedemann/Rönnau GmbHG § 82 Rn. 47; Scholz/Tiedemann/Rönnau GmbHG § 84
   Rn. 18, 24; Henssler/Strohn/Servatius GmbHG § 82 Rn. 15; krit. dazu MHLS/Dannecker GmbHG
   § 82 Rn. 46.
25 Hölters/Weber/Müller-Michaels AktG § 399 Rn. 23.
26 MüKoStGB/Leplow HGB § 331 Rn. 25; Ulmer/Dannecker Rn. 30; MüKoGmbHG/Altenhain
   GmbHG § 82 Rn. 21; Scholz/Tiedemann/Rönnau GmbHG § 84 Rn. 18.
27 StRspr: RGSt 16, 269; 43, 407; 64, 81; 71, 112; BGHSt 3, 32 (37 f.); 6, 314; 28, 20; 34, 221; 34, 379;
   BGH GA 1971, 36; BGH bei Holtz MDR 1980, 453; wistra 1984, 178 (461); 1987, 216; wistra 1990,
   60; BGH NStZ 2013, 284 (285); MüKoStGB/Leplow HGB § 331 Rn. 26; Rowedder/Pentz/Klinger
   GmbHG § 82 Rn. 11 f.; Kölner Komm AktG/Altenhain AktG § 399 Rn. 31; Fuhrmann FS Tröndle,
   1999, 139 ff.; Richter GmbHR 1984, 113 ff.; Schäfer GmbHR 1993, 717; Gübel, Die Auswirkungen
   der faktischen Betrachtungsweise auf die strafrechtliche Haftung faktischer GmbH-Geschäftsführer, 1994,
   S. 79 ff.; Cobet, Fehlerhafte Rechnungslegung, 1991, S. 72.
28 Vgl. BGHSt 31, 118 (120, 122); MüKoGmbHG/Altenhain GmbHG § 82 Rn. 22; Scholz/Tiedemann/
   Rönnau GmbHG § 84 Rn. 27; Siegmann/Vogel ZIP 1994, 1821 ff.
29 BGHSt 31, 118; auf diese Entscheidung nehmen ausdrücklich Bezug BGH wistra 1987, 147 (148);
   1990, 97 (98); ebenso OLG Düsseldorf NStZ 1988, 368; s. auch Löffeler wistra 1989, 121 ff.

herabgestuft.[30] Damit verliert der Begriff des faktischen Mitgeschäftsführers/-Vorstands jegliche Bestimmtheit.[31] Gerade das Bestimmtheitsgebot im Strafrecht verlangt jedoch klare Kriterien für die rechtliche Subsumtion und deren Überprüfbarkeit. Diese Kriterien sind sowohl formeller als auch materieller Art. **Formell** bedarf es für die Annahme einer faktischen Mitgeschäftsführung oder Mitvorstandschaft – wie von der Rechtsprechung des BGH auch für den faktischen Alleingeschäftsführer verlangt – eines ausdrücklichen oder zumindest stillschweigenden Bestellungsakts, der auch in einem bloßen Einverständnis der Gesellschafter bestehen kann.[32] **Materiell** ist erforderlich, dass tatsächlich Geschäftsführungsaufgaben in erheblichem Umfang wahrgenommen werden. Diese müssen quantifizierbar sein[33] und lassen sich mit folgendem Prüfungsschema feststellen:[34]

– Bestimmung der Unternehmenspolitik,
– Gestaltung der Unternehmensorganisation,
– Einstellung und Entlassung von Mitarbeitern, Ausstellung von Zeugnissen,
– Gestaltung der Geschäftsbeziehung zu Vertragspartnern der Gesellschaft einschließlich der Vereinbarung von Vertrags- und Zahlungsmodalitäten,
– Entscheidung der Steuerangelegenheiten,
– Verhandlungen mit Kreditgebern,
– Steuerung von Buchhaltung und Bilanzierung,
– eine dem Geschäftsführergehalt entsprechende Vergütung.

26   Um zu der vom BGH geforderten „überragenden Stellung" zu kommen, müssen mindestens sechs dieser acht Kriterien erfüllt sein.[35] Die Tätigkeit des faktischen Mitgeschäftsführers/-Vorstands muss zudem **nach außen erkennbar**[36] und **auf Dauer angelegt** sein.[37] Nur das eindeutige Einverständnis des Bestellungsorgans und eine anhand der genannten Kriterien feststehende Dominanz des Handelnden gegenüber dem eingetragenen Organ nach außen und auf Dauer begründen die faktische Organstellung. Darüber hinaus ist eine faktische (Mit-)Organstellung für das Strafrecht abzulehnen.[38] Die bloße Anmaßung einer Organstellung kann mangels Einverständnisses des Bestellungsorgans keine faktische Organstellung begründen (→ Rn. 21).[39] Das Einverständnis des Bestellungsorgans muss mehrheitlich erfolgen.[40] Die bloße Tätigkeit neben einem förmlich bestellten Organ, das seinerseits seine Organtätigkeit tatsächlich und nicht nur nachrangig ausübt, kann ebenfalls – mangels „überragender Stellung" oder „Übergewicht" – keine faktische Organstellung begründen. In diesem

---

30 BGH StV 1984, 461.
31 S. auch die Kritik bei Otto StV 1984, 462; Hildesheim wistra 1993, 166 ff.; Dierlamm NStZ 1996, 153 ff.
32 BGHSt 3, 32 (38); 6, 314 (315); 21, 101 (103); 31, 118 (122); ebenso Scholz/Tiedemann/Rönnau GmbHG § 84 Rn. 20, 24; Noack/Servatius/Haas/Beurskens GmbHG § 82 Rn. 2.
33 BGHSt 31, 118 (120, 122); Hildesheim wistra 1993, 166 (169).
34 Vgl. dazu grdl. Dierlamm NStZ 1996, 153 (156).
35 Dierlamm NStZ 1996, 153 (156); Böttger/Weinreich, Wirtschaftsstrafrecht in der Praxis, 2. Aufl. 2015, Kap. 7 Bilanzstrafrecht Rn. 18.
36 BGH NJW 1988, 1789 (1790); NZG 2002, 520 (522); 2005, 816 f.; MüKoGmbHG/Fleischer GmbHG § 43 Rn. 231; Kohlmann, Die strafrechtliche Verantwortlichkeit des GmbH-Geschäftsführers, 1990, Rn. 14; Dierlamm NStZ 1996, 153 (156); Scholz/Tiedemann/Rönnau GmbHG § 84 Rn. 26.
37 Dierlamm NStZ 1996, 153 (157).
38 So die zunehmende Auffassung im strafrechtlichen Schrifttum mit unterschiedlichen Ansätzen und Begründungen und unterschiedlichen Grenzziehungen, vgl. Kaligin BB 1983, 790; Stein, Das faktische Organ, 1983, S. 97 ff.; Stein ZHR 148 (1984), 203 ff.; Otto StV 1984, 462 ff.; Kratzsch ZGR 1985, 506 ff.; Hoyer NStZ 1988, 359; Achenbach NStZ 1989, 497; Löffeler wistra 1989, 121 ff.; Kohlmann, Die strafrechtliche Verantwortlichkeit des GmbH-Geschäftsführers, 1990, Rn. 19 ff.; Joerden wistra 1990, 1 ff.; Hildesheim wistra 1993, 166 ff.; Dierlamm NStZ 1996, 153; Schüppen DB 1994, 197 ff.; Achenbach/Ransiek/Rönnau WirtschaftsStrafR-HdB/Ransiek VIII 1 Rn. 33 f.; Ransiek, Unternehmensstrafrecht, 1996, S. 94 ff.; MHLS/Dannecker GmbHG § 82 Rn. 46 f.; Wabnitz/Janovsky/Schmitt WirtschaftsStrafR-HdB/Pelz Kap. 9 Rn. 19 f.; Scholz/Tiedemann/Rönnau GmbHG § 84 Rn. 27.
39 Kohlmann, Die strafrechtliche Verantwortlichkeit des GmbH-Geschäftsführers, 1990, Rn. 16.
40 Rowedder/Pentz/Klinger GmbHG § 82 Rn. 11 f.; Rowedder/Pentz/Klinger GmbHG § 84 Rn. 11 mwN.

Fall besteht kein Anlass, weitere Personen in die Organverantwortlichkeit einzubeziehen.[41] Der aktive Mehrheitsgesellschafter wie auch der aktive Alleingesellschafter sind daher keine faktischen Gesellschaftsorgane, wenn bestellte Gesellschaftsorgane nicht nur nachrangig tätig sind. Auch das Besetzen einzelner Geschäftsfelder, zB Einkauf, Verkauf, Personal usw., unter Verdrängung des bestellten Organs, das seine sonstigen Aufgaben ausübt, begründet keine faktische Organstellung, denn diese geht über die einzelnen Tätigkeitsbereiche hinaus und umfasst zumindest mehrere Bereiche der Geschäftsleitung.

Selbst wenn die oben dargestellten Voraussetzungen der faktischen Mitgeschäftsfüh- **27** rung/-Vorstandschaft zu bejahen sind (Bestellungsakt im weitesten Sinn, Tätigkeitsdominanz, Dauerhaftigkeit, Tätigkeit nach außen), stellt sich – in einem zweiten Schritt – die Frage, ob auch das Tatbestandsmerkmal des „Mitgliedes eines vertretungsberechtigten Organs" gem. § 331 im Wege der Auslegung zu bejahen ist oder ob es sich hierbei um eine im Strafrecht **unzulässige Analogie**[42] handelt. Während in → Rn. 17 ff. solche Fallgestaltungen (Vorgesellschaft, Bestellungsmängel, fehlende Handelsregistereintragung, fehlender förmlicher Bestellungsakt) erfasst sind, bei denen es lediglich zu Mängeln in Bezug auf die gesetzlich vorgesehene, tatsächlich erfolgte und gewillkürte Organbestellung gekommen ist (s. hierzu auch § 14 Abs. 3 StGB), wird das faktische (Mit-) Organ – ohne formelle Bestellung – neben oder sogar „über" dem gesetzlichen Organ tätig. Es ist damit etwas Anderes, ein Aliud, und entspricht daher nicht dem Tatbestandsmerkmal des vertretungsberechtigten Organs. Zwar mag auch derjenige, der die Gesellschaft faktisch leitet, noch vom Wortsinn des Begriffs „Geschäftsführer" oder „Vorstand" gem. § 35 GmbHG bzw. §§ 76, 93 AktG erfasst sein; keinesfalls kann das faktische Organ jedoch unter den Wortsinn des Tatbestandsmerkmals „Mitglied des vertretungsberechtigten Organs" gem. § 331 oder § 15a InsO subsumiert werden, zumal für diese Mitgliedschaft ein **formeller Bestellungsakt** erforderlich ist. In diesem Sinne lässt die bloße Tätigkeit eines faktischen Organs nach hM die „Führungslosigkeit" einer Gesellschaft iSv § 10 Abs. 2 S. 2 InsO nicht entfallen, weshalb die Gesellschafter oder die Aufsichtsratsmitglieder im Fall der Insolvenzreife gem. § 15a Abs. 3 InsO antragspflichtig bleiben.[43] Zudem ist bei der Auslegung des § 331 zu beachten, dass nur die formell bestellten, gesetzlichen Vertreter einer Kapitalgesellschaft gem. §§ 242, 264 verpflichtet bzw. berechtigt sind, den Jahresabschluss aufzustellen, diesen gem. § 245 zu unterzeichnen sowie ggf. einen „Bilanzeid" iSv § 264 Abs. 2 S. 3 zu leisten. Anlässlich dieser Handlungspflichten dürfen sich die formellen Organe nach außen auch nicht vertreten lassen, zumal mit der Unterschrift die höchstpersönliche Verantwortung für die Vollständigkeit und die Richtigkeit des Jahresabschlusses übernommen wird.[44] Die Unterschrift eines faktischen Organs unter einen Jahresabschluss wäre demgegenüber ein „nullum" und würde daher – für sich genommen – **keinen Vertrauensschutz** in Bezug auf die Rechnungslegung begründen; dies gilt auch in Bezug auf die Offenlegung, wobei hier die ebenfalls erforderliche Unterschrift des vertretungsberechtigten Organs gem. § 325 Abs. 6 iVm § 12 Abs. 2 S. 2 als elektronische Aufzeichnung eingereicht werden kann. Daher ist die Mittäterschaft eines Gesellschafters oder eines Dritten, welche neben dem bestellten, eingetragenen und tatsächlich handelnden Organ tätig werden, abzulehnen; es verbleiben aber die Teilnahmeformen der Beihilfe und der Anstiftung als strafrechtliche Sanktionsmöglichkeit bestehen.[45] Die Strafbarkeitslücke, die mit der faktischen Betrachtungsweise im Strafrecht

---

[41] OLG Düsseldorf NStZ 1988, 368 mAnm Hoyer; BayObLG wistra 1991, 195 (197); KG GewA 1993, 198 (199); Hildesheim wistra 1993, 166.

[42] Vgl. zum Analogieverbot Fischer StGB § 1 Rn. 21 ff.; Schönke/Schröder/Hecker StGB § 1 Rn. 25 ff.

[43] von Galen NStZ 2015, 470 (471) mwN; Berger ZinsO 2009, 1977 (1981); Römermann NZI 2010, 241 (242); Hombrecher JA 2012, 535 (540); MüKoStGB/Radtke StGB § 14 Rn. 47.

[44] Hopt/Merkt § 245 Rn. 1; BeBiKo/Justenhoven/Meyer § 245 Rn. 1; → 3. Aufl. 2013, § 245 Rn. 2 (Ballwieser); Heidel/Schall/Kuhn § 245 Rn. 1.

[45] Ebenso Ulmer/Dannecker Rn. 36 ff.; Schüppen, Systematik Auslegung des Bilanzstrafrechts, 1993, S. 146 ff.; Achenbach/Ransiek/Rönnau WirtschaftsStrafR-HdB/Ransiek VIII 1 Rn. 25; MüKoStGB/ Leplow Rn. 28; Spatscheck/Wulf DStR 2003, 173 (174).

geschlossen werden soll,[46] besteht allenfalls marginal im Strafrahmen der Beihilfe, der nach § 27 Abs. 2 S. 2 StGB iVm § 49 Abs. 1 StGB zu mildern ist. Falls gleichwohl eine Lücke in Bezug auf die Strafbarkeit des faktischen Mitgeschäftsführer-/-Vorstandes angenommen werden sollte, könnte diese nur durch den Gesetzgeber geschlossen werden.

28   **i) Mehrgliedrige vertretungsberechtigte Organe.** Besteht das vertretungsberechtigte Organ aus mehreren Personen, so kann jeder Einzelne Täter des § 331 sein. Grundsätzlich spielt eine interne Kompetenzregelung und Ressortaufteilung angesichts der „Allzuständigkeit" der Leitungsorgane keine Rolle.[47] Die Bilanzierungspflichten sind demnach Grundpflichten, für deren Erfüllung jeder Vorstand oder jeder Geschäftsführer persönlich verantwortlich ist und die nicht auf andere Mitglieder bei eigener Freizeichnung übertragen werden können.[48] Bei einer strikten Ressortaufteilung, wie sie in größeren Unternehmen üblich ist, müssen jedoch für die anderen Organmitglieder – im Rahmen ihrer fortbestehenden Überwachungspflichten – Anhaltspunkte in Bezug auf eine unzureichende Erfüllung der bilanzrechtlichen Pflichten durch den zuständigen Geschäftsführer oder Vorstand erkennbar sein oder sich zumindest Verdachtsmomente aufdrängen, wonach die der Gesellschaft obliegenden öffentlich-rechtlichen Pflichten im betreffenden Ressort ganz oder teilweise nicht erfüllt werden.[49]

29   Wird das Mitglied eines mehrköpfigen Vertretungsorgans überstimmt und kommt es aufgrund dieses Beschlusses zu Tathandlungen nach § 331, stellt sich die Frage nach der Strafbarkeit des überstimmten Mitglieds nach Unterlassungsgesichtspunkten. § 331 schützt auch die Gesellschaft selbst, sodass sich insoweit eine **Rechtspflicht zum Handeln** für das überstimmte Mitglied ergibt.[50] Es muss alles in seinen Kräften Stehende tun, um die Tatbestandsverwirklichung zu verhindern, zB Information der Haupt- oder Gesellschafterversammlung, des Aufsichtsrats, des Registergerichts oder, als ultimo ratio, die Niederlegung seines Amtes.[51] Unterzeichnet es aber den fehlerhaften Jahresabschluss nach § 245, wird es zum Mittäter durch positives Tun.

30   **2. Mitglieder des Aufsichtsrats.** Zu unterscheiden ist zwischen einem obligatorischen Aufsichtsrat und einem fakultativen Aufsichtsrat.

31   Ein **obligatorischer Aufsichtsrat** besteht bei der AG gem. §§ 95 ff. AktG, der dualistisch strukturierten SE, der KGaA gem. § 278 Abs. 3 AktG, und in fünf Fällen bei der GmbH: § 77 BetrVG 1952, § 6 Abs. 1 MitbestG, § 4 MontanMitbestG, § 5 MitbestErgG, § 18 Abs. 2 KAGB.[52]

32   Ansonsten kann bei der GmbH ein Aufsichtsrat durch den Gesellschaftsvertrag vorgesehen werden, § 52 GmbH **(fakultativer Aufsichtsrat).**

33   **a) Mitglieder eines obligatorischen Aufsichtsrats.** Die Mitglieder eines obligatorischen Aufsichtsrats sind stets Normadressaten des § 331.

34   **b) Mitglieder des fakultativen Aufsichtsrats einer GmbH.** Die Mitglieder des fakultativen Aufsichtsrats einer GmbH sind dann Normadressanten des § 331, wenn ihnen die Prüfungspflichten der §§ 171, 337 AktG übertragen sind. Dies ist nach § 52 Abs. 1

---

46   Scholz/Tiedemann/Rönnau GmbHG § 84 Rn. 27; Kohlmann, Die strafrechtliche Verantwortlichkeit des GmbH-Geschäftsführers, 1990, Rn. 19; Kratzsch ZHR 1985, 508.
47   Vgl. RGSt 13, 235; BGHSt 31, 264 (277); BGH NJW 1990, 2560 (2564); wistra 1990, 97, 98; Ulmer/Dannecker Rn. 34; Blumers/Frick/Müller/Dannecker Rn. 642; Achenbach/Ransiek/Rönnau WirtschaftsStrafR-HdB/Ransiek VIII 1 Rn. 39; MüKoStGB/Leplow HGB § 331 Rn. 29; Schmedding, Unrichtige Konzernrechnungslegung, 1991, S. 76; Maul DB 1989, 185 (188).
48   MüKoStGB/Leplow HGB § 331 Rn. 29; MAH WirtschaftsStrafR/Knierim § 26 Rn. 72.
49   Vgl. BGH NJW 1997, 130 (132); NZG 2002, 721 (724) zur Erfüllung sozialversicherungsrechtlicher Pflichten.
50   RGSt 38, 195; Achenbach/Ransiek/Rönnau WirtschaftsStrafR-HdB/Ransiek VIII 1 Rn. 42, 66; Scholz/Tiedemann/Rönnau GmbHG § 82 Rn. 36 f.; GroßkommAktG/Otto AktG § 399 Rn. 115.
51   Ausf. hierzu MAH WirtschaftsStrafR/Knauer/Kämpfer § 3 Rn. 15 ff.; Achenbach/Ransiek/Rönnau WirtschaftsStrafR-HdB/Ransiek VIII 1 Rn. 66; MüKoStGB/Leplow HGB § 331 Rn. 29.
52   Dazu Noack/Servatius/Haas/Noack GmbHG § 52 Rn. 2.

GmbH stets dann der Fall, wenn der Gesellschaftsvertrag nichts anderes bestimmt. Hat der Aufsichtsrat nach dem Gesellschaftsvertrag ausdrücklich nicht die Pflichten nach §§ 171, 337 AktG, entfällt auch eine Täterschaft nach § 331.[53]

c) Mitglieder sonstiger fakultativer Aufsichtsgremien. Nicht unter § 331 fallen **35** die Mitglieder sonstiger fakultativer Aufsichtsgremien wie Beirat, Verwaltungsrat und dergleichen. Hier greift das Analogieverbot ein.[54]

d) Ersatzmitglieder. Das Ersatzmitglied eines Aufsichtsrats gem. § 101 Abs. 3 S. 2 **36** AktG oder des Aufsichtsrats der GmbH kann erst dann Täter des § 331 sein, wenn es an die Stelle des ausgeschiedenen Mitglieds getreten ist und die Funktion als Aufsichtsratsmitglied **tatsächlich ausübt.**[55]

e) Stellvertretende Aufsichtsratsmitglieder. Die Bestellung **stellvertretender** **37** **Aufsichtsratsmitglieder** ist bei der AG nach § 101 Abs. 3 AktG ausgeschlossen; dies gilt aber nicht für den fakultativen Aufsichtsrat einer GmbH.[56] Ein solcher stellvertretender Aufsichtsrat kann ebenfalls erst dann Täter des § 331 sein, wenn er bei Bestehen der in → Rn. 36 genannten Voraussetzungen als Stellvertreter tätig geworden ist.[57]

3. Vertretungsberechtigter Gesellschafter. Der Begriff des vertretungsberechtigten **38** Gesellschafters in Nr. 4 betrifft den Fall, dass es sich bei dem Tochterunternehmen nicht um eine Kapitalgesellschaft, sondern um eine Personengesellschaft (OHG, KG, GbR) handelt.

4. Ausländische Muttergesellschaft. Die Mitglieder des vertretungsberechtigten **39** Organs oder des Aufsichtsrats einer ausländischen Muttergesellschaft treffen nicht die Pflichten nach §§ 290 ff. für Konzernabschluss und Konzernlagebericht des Gesamtkonzerns.[58] Sie können daher nicht Täter des § 331 Nr. 2 sein, wohl aber kommt eine Täterschaft bei § 331 Nr. 3 in Betracht, wenn zum Zweck der Befreiung gem. §§ 291, 292 ein unrichtiger Konzernabschluss oder Konzernlagebericht durch die Organe der ausländischen Muttergesellschaft offengelegt wird (→ Rn. 75).

III. Tathandlungen

1. Unrichtige Darstellung, Nr. 1. Dem Tatbestand des § 331 Nr. 1 sind als strafbare **40** Tathandlung zwei Handlungsalternativen zu entnehmen, nämlich entweder die **unrichtige Wiedergabe** oder die **Verschleierung** der Verhältnisse der Kapitalgesellschaft in Eröffnungsbilanz, Jahresabschluss, Lagebericht, in der nichtfinanziellen Erklärung bzw. dem gesonderten nichtfinanziellen Bericht oder im Zwischenabschluss bei Kreditinstituten nach § 340a Abs. 3. Beide Tatalternativen stehen gleichrangig nebeneinander.[59] Die Abgrenzung ist streitig,[60] in der Praxis aber ohne große Bedeutung,[61] zumal die Übergänge fließend sind.[62] Zuzustimmen ist dem Grundsatz, dass die unrichtige Wiedergabe sich auf die objek-

---

53 Ebenso Blumers/Frick/Müller/Dannecker Rn. 643; MüKoStGB/Leplow HGB § 331 Rn. 32; BeckOGK/Waßmer, 15.9.2022, Rn. 139.

54 BeckOGK/Waßmer, 15.9.2022, Rn. 140; MüKoStGB/Leplow HGB § 331 Rn. 34; Ulmer/Dannecker Rn. 30; Achenbach/Ransiek/Rönnau WirtschaftsStrafR-HdB/Ransiek VIII 1 Rn. 48.

55 Vgl. Ulmer/Dannecker Rn. 23; Blumers/Frick/Müller/Dannecker Rn. 643; MüKoStGB/Leplow HGB § 331 Rn. 80; Arnhold, Auslegungshilfen zur Bestimmung der Geschäftslagetäuschung im Rahmen der §§ 331 Nr. 1 HGB, 400 Abs. 1 Nr. 1 AktG, 82 Abs. 2 Nr. 2 GmbH, 1993, S. 13.

56 Vgl. Noack/Servatius/Haas/Noack GmbHG § 52 Rn. 44.

57 Vgl. Blumers/Frick/Müller/Dannecker Rn. 643; MHLS/Dannecker GmbHG § 82 Rn. 57; MüKoStGB/Leplow HGB § 331 Rn. 35.

58 Vgl. Hopt/Merkt § 290 Rn. 1.

59 BeckOGK/Waßmer, 15.9.2022, Rn. 160; MüKoStGB/Leplow HGB § 331 Rn. 42.

60 Vgl. Klussmann, Geschäftslagetäuschung nach § 400 Aktiengesetz, 1975, S. 23 ff.; Marker, Bilanzfälschung und Bilanzverschleierung, 1970, S. 35 ff.; HuRB/Weber S. 324; Schmedding, Unrichtige Konzernrechnungslegung, 1991, S. 116 ff.

61 Vgl. Heymann/Otto Rn. 28; BeckOGK/Waßmer, 15.9.2022, Rn. 160.

62 Vgl. auch MüKoAktG/Wittig AktG § 400 Rn. 41.

tiv unrichtige Darstellung der Verhältnisse bezieht, während das Verschleiern die Klarheit und Übersichtlichkeit, dh die Form der Darstellung betrifft.[63] Die unrichtige Wiedergabe verletzt folglich die **Bilanzwahrheit,** das Verschleiern die **Bilanzklarheit.**

41   **a) Unrichtige Wiedergabe.** Die Verhältnisse einer Kapitalgesellschaft sind unrichtig wiedergegeben, wenn die Darstellung den objektiven Gegebenheiten am Maßstab konkreter Rechnungslegungsnormen und den Grundsätzen ordnungsgemäßer Buchführung nicht entspricht.[64] Es handelt sich dabei insbesondere um die willkürliche Erhöhung oder Herabsetzung einzelner Bilanzpositionen im Sinne falscher Wertansätze.[65] Klassische Beispielsfälle dieser Tatalternative sind:[66]
– die falsche Bewertung von Außenständen und Forderungen,
– die Aufnahme fremder Vermögensgegenstände,
– die Nichtaufnahme von Vermögensgegenständen oder Schulden in die Bilanz, welche der Gesellschaft gehören bzw. die diese betreffen,[67]
– und insbesondere auch Manipulationen des Warenbestands und der Vorräte.

42   Die Darstellung beschränkt sich dabei nicht nur auf **Tatsachen,** sondern erfasst auch Schlussfolgerungen aufgrund von Tatsachen, wie insbesondere **Bewertungen,** aber auch Schätzungen, Prognosen und Beurteilungen.[68] Abzustellen ist auf den **objektiven Empfängerhorizont eines bilanzkundigen Lesers.**[69]

43   Die Unrichtigkeit der Schlussfolgerung kann daher auf falschen Tatsachen beruhen, sie kann aber auch auf Basis zutreffender Tatsachen aus einer falschen Bewertung oder Beurteilung erwachsen. Der Maßstab dafür, ob eine Bewertung oder Beurteilung objektiv falsch ist, ergibt sich aus den **Grundsätzen ordnungsgemäßer Buchführung,**[70] insbesondere aus den Bewertungsvorschriften der §§ 252 ff., §§ 308 ff. Diese Bewertungsvorschriften geben ihrerseits aber auch wieder Spielräume und Gestaltungsmöglichkeiten. Die Bilanzwahrheit ist also nur relativ.[71] Dem strengen Bestimmtheitsgrundsatz des Art. 103 Abs. 2 GG kann das Bilanzrecht nicht unbedingt genügen (zur Verfassungsmäßigkeit → Rn. 5).[72] Ob eine Schlussfolgerung also objektiv falsch ist, ist daher – bei restriktiver Betrachtung – nur zu bejahen, wenn die betreffende Schlussfolgerung im Sinne eines krassen Beurteilungs- oder Bewertungsfehlers nach einheitlicher Meinung der Fachleute **schlechthin unvertretbar** ist (→ Vor § 331 Rn. 72 f.).[73]

---

[63]   So schon RGSt 37, 434; Heymann/Otto Rn. 28; MüKoStGB/Leplow HGB § 331 Rn. 42; Ulmer/Dannecker Rn. 49; Arnhold, Auslegungshilfen zur Bestimmung der Geschäftslagetäuschung im Rahmen der §§ 331 Nr. 1 HGB, 400 Abs. 1 Nr. 1 AktG, 82 Abs. 2 Nr. 2 GmbH, 1993, S. 25; MüKoAktG/Wittig AktG § 400 Rn. 41; Scholz/Tiedemann/Rönnau GmbHG § 82 Rn. 179.

[64]   BGH wistra 2020, 29 Rn. 9; NStZ 2018, 540 (541); BeckOGK/Waßmer, 15.9.2022, Rn. 162, 164; Heymann/Otto Rn. 25; Ulmer/Dannecker Rn. 52; MüKoStGB/Leplow HGB § 331 Rn. 49; HuRB/Weber 321 f.

[65]   So schon RGSt 120, 363 (370).

[66]   Vgl. auch die Beispielsfälle bei BeckOGK/Waßmer, 15.9.2022, Rn. 179 f.; Noack/Servatius/Haas/Beurskens GmbHG § 82 Rn. 30 ff.; Henssler/Strohn/Raum AktG § 400 Rn. 4 ff.

[67]   Vgl. zB RGSt 14, 80 ff.; 21, 172; 36, 436 ff.; 37, 433 ff.; 38, 1 ff.; 41, 293 ff.; 43, 407 ff.; 62, 357 ff.; 66, 425; 67, 349 ff.; BGHSt 13, 382 ff.

[68]   MüKoStGB/Leplow HGB § 331 Rn. 5; Ulmer/Dannecker Rn. 58; Spatscheck/Wulf DStR 2003, 173 (174); MüKoAktG/Wittig AktG § 400 Rn. 36.

[69]   BGH NJW 2005, 445 (449); BeckOGK/Waßmer, 15.9.2022, Rn. 162; Scholz/Tiedemann/Rönnau GmbHG § 82 Rn. 68 f.; Schmedding, Unrichtige Konzernrechnungslegung, 1991, S. 45 f.

[70]   BGH wistra 2020, 29 Rn. 9; BGH NStZ 540 (541); MüKoStGB/Leplow HGB § 331 Rn. 49 ff.; Schüppen, Systematik Auslegung des Bilanzstrafrechts, 1993, S. 153 ff.; Blumers/Frick/Müller/Dannecker Rn. 619 ff.; Klussmann, Geschäftslagetäuschung nach § 400 Aktiengesetz, 1975, 26 ff.

[71]   Vgl. MüKoStGB/Leplow HGB § 331 Rn. 53; MAH WirtschaftsstrafR/Knierim § 26 Rn. 97; Scholz/Tiedemann/Rönnau GmbHG § 82 Rn. 69; ausf. Schmedding, Unrichtige Konzernrechnungslegung, 1991, S. 94 ff.; Schüppen, Systematik Auslegung des Bilanzstrafrechts, 1993, S. 153 ff.; Kölner Komm AktG/Altenhain AktG § 400 Rn. 7.

[72]   Vgl. Winnefeld BB 2002, I.

[73]   BeckOGK/Waßmer, 15.9.2022, Rn. 168 ff.; MüKoStGB/Leplow HGB § 331 Rn. 53; HK-HGB/Ruß Rn. 2; Achenbach/Ransiek/Rönnau WirtschaftsstrafR-HdB/Ransiek VIII 1 Rn. 51; Ulmer/Dann-

Dies bedeutet, dass schon bei Berücksichtigung und Anwendung einer wissenschaftli- **44** chen Mindermeinung keine falsche Schlussfolgerung im Sinne einer unrichtigen Wiedergabe vorliegt. In diesem Fall besteht aber eine **Hinweispflicht** auf das Abweichen von der Mehrheitsmeinung, bei deren Unterlassen ein Verschleiern gegeben ist.[74]

Eine unrichtige Wiedergabe ist auch durch **Unterlassen** möglich, soweit eine Rechts- **45** pflicht zum Handeln iSv § 13 StGB besteht, so zB bei einer Unvollständigkeit der Darstellung, soweit das materielle Bilanzrecht die Vollständigkeit der Darstellung vorschreibt wie in § 246 Abs. 1, § 300 Abs. 2 oder beim Unterlassen der Richtigstellung einer als falsch erkannten Angabe.[75] Maßgeblich ist, dass trotz der pflichtwidrigen Auslassung der Eindruck der Vollständigkeit erweckt wird und die unterlassenen Angaben für die Beurteilung der Gesellschaftsverhältnisse erheblich sind.[76] Demgegenüber ist die offene Verweigerung von Angaben nicht tatbestandsmäßig, da bei erkennbarer Unvollständigkeit oder Informationsverweigerung keine Täuschungsgefahr besteht.[77]

Kein strafbares Unterlassen liegt mangels Rechtspflicht zum Handeln jedoch vor, **46** wenn im Rahmen einer nichtfinanziellen Erklärung, eines gesonderten nichtfinanziellen Berichts, einer nichtfinanziellen Konzernerklärung oder eines gesonderten nichtfinanziellen Konzernberichts **nachteilige Angaben** gem. **§ 289e** weggelassen werden dürfen (§ 315c Abs. 3 für den Konzern). Weggelassen werden dürfen demnach ausnahmsweise Angaben zu künftigen Entwicklungen oder zu Belangen, die sich noch im Verhandlungsstadium befinden, wenn deren Offenlegung – nach vernünftiger kaufmännischer Beurteilung der Mitglieder des vertretungsberechtigten Organs – der Kapitalgesellschaft einen erheblichen Nachteil zufügen könnte und die sonstigen Angaben gleichwohl ein den tatsächlichen Verhältnissen entsprechendes Verständnis des Geschäftsverlaufs, des Geschäftsergebnisses, der Lage der Kapitalgesellschaft und der Auswirkungen ihrer Tätigkeit ermöglichen.[78] Sobald jedoch die Gründe für die Nichtaufnahme entfallen sind, ist deren Veröffentlichung in der darauf folgenden nichtfinanziellen Erklärung gem. § 289e Abs. 2 **nachzuholen.** Erfolgt dies nicht, liegt eine unrichtige Wiedergabe durch Unterlassen vor.

Keine Rolle spielt, ob durch die unrichtige Wiedergabe das Bild zu günstig oder zu **47** ungünstig gezeichnet wird.[79] Das zu günstige Bild kann die Gläubiger der Gesellschaft täuschen (zB weitere Kreditgewährung), das zu ungünstige Bild die Gesellschafter (zB Verzicht auf tatsächliche Gewinnansprüche).

b) Verschleiern. Ein Verschleiern ist dann gegeben, wenn die Verhältnisse zwar richtig **48** dargestellt werden, einzelne Tatsachen und/oder Prognosen aber so undeutlich oder schwer erkennbar sind, dass für den sachverständigen Leser der Bilanz der tatsächliche Sachverhalt nur schwer oder überhaupt nicht erkennbar ist und so die Gefahr einer Falschinterpretation

---

ecker Rn. 59; Blumers/Frick/Müller/Dannecker Rn. 645; Schmedding, Unrichtige Konzernrechnungslegung, 1991, S. 101; Schüppen, Systematik Auslegung des Bilanzstrafrechts, 1993, S. 167; Gramich wistra 1987, 159; MüKoAktG/Wittig AktG § 400 Rn. 36; Kölner Komm AktG/Altenhain AktG § 400 Rn. 27; Scholz/Tiedemann/Rönnau GmbHG § 82 Rn. 69; Spatscheck/Wulf DStR 2003, 173 (175); s. auch BeckOGK/Hefendehl, 1.1.2023, AktG § 400 Rn. 35, der unter Bezugnahme auf die Dogmatik zu den Nichtigkeitsgründen beim Jahresabschluss gem. § 256 Abs. 5 AktG eine „relative/prozentuale" Betrachtungsweise vorschlägt.

[74] Vgl. zur entsprechenden Hinweispflicht im Steuerrecht bei einer von der hM abweichenden Rechtsauffassung: Quedenfeld/Füllsack/Klinger, Verteidigung in Steuerstrafsachen, 2016, S. 183 mwN.

[75] Vgl. MüKoStGB/Kiethe AktG § 400 Rn. 83; MüKoAktG/Wittig AktG § 400 Rn. 39; Schmedding, Unrichtige Konzernrechnungslegung, 1991, S. 81 f.; Scholz/Tiedemann/Rönnau GmbHG § 82 Rn. 72; Erbs/Kohlhaas/Schaal AktG § 400 Rn. 32.

[76] BeckOGK/Hefendehl, 1.1.2023, AktG § 400 Rn. 42 ff.

[77] Kölner Komm AktG/Altenhain AktG § 400 Rn. 27; Erbs/Kohlhaas/Schaal AktG § 400 Rn. 32; Großkomm AktG/Otto AktG § 400 Rn. 16; MHLS/Dannecker GmbHG § 82 Rn. 89.

[78] Boecker/Zwirner SteuK 2016, 426 (429).

[79] Vgl. Ulmer/Dannecker Rn. 76; MüKoStGB/Leplow HGB § 331 Rn. 66; Achenbach/Ransiek/Rönnau WirtschaftsStrafR-HdB/Ransiek VIII 1 Rn. 50 f.; GroßkommAktG/Otto AktG § 400 Rn. 23; Gahlen/Schäfer BB 2006, 1619 (1621).

besteht.[80] Dies ist insbesondere für die Ausführungen im Lagebericht von Bedeutung.[81] Klassische Beispiele sind
– die unzulässige Saldierung von Forderungen und Verbindlichkeiten,[82]
– das Zusammenziehen wesensfremder Posten
– oder das oben genannte Unterlassen eines Hinweises auf die Anwendung einer wissenschaftlichen Mindermeinung.

49   **c) Verhältnisse der Kapitalgesellschaft.** Gegenstand der unrichtigen Wiedergabe oder des Verschleierns sind die **Verhältnisse der Kapitalgesellschaft.** Hierbei handelt es sich nicht nur um solche Faktoren, die die Werthaltigkeit des Unternehmens beeinflussen, sondern – bei bestimmten Unternehmen (§ 289 Abs. 3, § 289b Abs. 1, § 315 Abs. 1 S. 4) – auch um nichtfinanzielle und die Diversität betreffenden Informationen (→ Rn. 51).

50   Der Begriff der „Verhältnisse" umfasst nach herrschender Meinung sämtliche Tatsachen, Umstände, Vorgänge, Daten und selbst Schlussfolgerungen jeder Art, die für die Beurteilung der gegenwärtigen und zukünftigen Situation der Kapitalgesellschaft von Bedeutung sein können.[83] Er ist zunächst nicht beschränkt auf wirtschaftliche Verhältnisse, sondern erfasst darüber hinaus auch zB soziale oder politische Umstände.[84] Gegen diese Weite des Begriffs in einem Straftatbestand bestehen aber wegen des **Bestimmtheitsgebots** in Art. 103 Abs. 2 GG verfassungsrechtliche Bedenken.[85] Ihnen ist dadurch Rechnung zu tragen, dass der Begriff der „Verhältnisse" unter Berücksichtigung der Strafwürdigkeit und Strafbedürftigkeit **restriktiv** interpretiert wird. Wenn der Schutzbereich der Norm außer dem Schutz der Gesellschaft selbst, dh ihrer Existenz, auch dem Schutz derer dient, die in wirtschaftlicher und rechtlicher Beziehung zu der Gesellschaft stehen oder in eine solche treten wollen (→ Rn. 2), dann können Verhältnisse im Sinne dieses Schutzgesetzes nur solche sein, die einen **wirtschaftlichen Bezug** haben und so für die Beurteilung der wirtschaftlichen Situation relevant sind.[86] Die Verhältnisse können die Vergangenheit, Gegenwart oder Zukunft betreffen.[87]

51   Mit dieser restriktiven Auslegung des Begriffs der „Verhältnisse" einer Kapitalgesellschaft ist die mit dem CSR-RL-Umsetzungsgesetz ab dem 1.1.2017 eingeführte weite Offenlegungspflicht in Bezug auf **nichtfinanzielle und die Diversität betreffenden Informationen** gem. §§ 289c, 289f Abs. 2 Nr. 6 nur schwerlich in Einklang zu bringen. Obwohl große und kapitalmarktorientierte Unternehmen den Erwartungen und dem Informationsbedürfnis der Öffentlichkeit regelmäßig bereits vor der Einführung der gesetzlichen CSR-Reportingpflicht Rechnung getragen und über relevante Nachhaltigkeitsfaktoren sowie jährliche Fort-

---

[80]   Vgl. RGSt 18, 332; 37, 393; RG JW 1930, 2709; BeckOGK/Waßmer, 15.9.2022, Rn. 181; Ulmer/Dannecker Rn. 72; MüKoStGB/Leplow HGB § 331 Rn. 63; Achenbach/Ransiek/Rönnau WirtschaftsStrafR-HdB/Ransiek VIII 1 Rn. 54; HK-KapMarktStrafR/Eidam HGB § 331 Rn. 22; Blumers/Frick/Müller/Dannecker Rn. 649; Kölner Komm AktG/Altenhain AktG § 400 Rn. 37; MüKoAktG/Wittig AktG § 400 Rn. 41; s. Beispiele bei Müller-Gugenberger WirtschaftsstrafR-HdB/Wagenpfeil § 40 Rn. 37.

[81]   Vgl. Scholz/Tiedemann/Rönnau GmbHG § 82 Rn. 179 f.

[82]   RGSt 68, 346.

[83]   Vgl. Ulmer/Dannecker Rn. 48; MüKoStGB/Leplow HGB § 331 Rn. 46 f.; BeckOGK/Waßmer, 15.9.2022, Rn. 158 f.; HK-KapMarktStrafR/Eidam HGB § 331 Rn. 18 f.; Müller-Gugenberger Wirtschaftsstrafr-HdB/Wagenpfeil § 40 Rn. 57; Gramich wistra 1987, 157, (158 f.); Kölner Komm AktG/Altenhain AktG § 400 Rn. 20; Erbs/Kohlhaas/Schaal AktG § 400 Rn. 13 f.; GroßkommAktG/Otto AktG § 400 Rn. 28; HuRB/Weber 321; Arnhold, Auslegungshilfen zur Bestimmung der Geschäftslagetäuschung im Rahmen der §§ 331 Nr. 1 HGB, 400 Abs. 1 Nr. 1 AktG, 82 Abs. 2 Nr. 2 GmbH, 1993, S. 19 ff.; Bücklers, Bilanzfälschung nach § 331 Nr. 1 HGB, 2002, S. 100 ff.

[84]   BVerfG NZG 2006, 825 (826); Gramich wistra 1987, 157 (158); MüKoAktG/Wittig AktG § 400 Rn. 16 f.; Erbs/Kohlhaas/Schaal AktG § 400 Rn. 17.

[85]   Vgl. GroßkommAktG/Otto AktG § 400 Rn. 29; grds. dazu Kölner Komm AktG/Altenhain AktG § 400 Rn. 18 f.; aA MüKoAktG/Wittig AktG § 400 Rn. 17; MüKoStGB/Leplow HGB § 331 Rn. 46.

[86]   Vgl. OLG Frankfurt a. M. wistra 2003, 196 ff.; Blumers/Frick/Müller/Dannecker Rn. 644; HK-KapMarktStrafR/Eidam HGB § 331 Rn. 18; aA wohl MüKoStGB/Leplow HGB § 331 Rn. 47.

[87]   Vgl. HuRB/Weber 322; MüKoStGB/Leplow HGB § 331 Rn. 47; HK-KapMarktStrafR/Eidam HGB § 331 Rn. 19.

schritte berichtet haben,[88] bestand bislang eine bußgeld- und strafrechtlich sanktionierte Pflicht zur Berichterstattung über nichtfinanzielle Faktoren nur, „soweit sie für das Verständnis des Geschäftsverlaufs oder der Lage von Bedeutung sind" (s. § 289 Abs. 3, § 315 Abs. 1 S. 4). Zwar regelt nun § 289c Abs. 3, dass in erster Linie nur solche nichtfinanziellen Informationen in den Lagebericht bzw. den gesonderten nichtfinanziellen Bericht aufgenommen werden müssen, die für das **Verständnis des Geschäftsverlaufs, des Geschäftsergebnisses und der Lage der Kapitalgesellschaft** erforderlich sind; allerdings wird gem. § 289c Abs. 3 Nr. 3 und 4 – iSv Art. 19a Abs. 1 lit. d Bilanz-RL idF der CSR-RL – auch verlangt, dass künftig über Risiken im Zusammenhang mit der Geschäftstätigkeit, den Geschäftsbeziehungen und Produkten berichtet wird, die **sehr wahrscheinlich schwerwiegende negative Auswirkungen** auf die Belange des § 289c Abs. 2 (Umwelt, Arbeitnehmer, Soziales, Menschenrechte, Korruption und Bestechung) haben oder haben werden. Abgesehen davon, dass schon die Begriffe „sehr wahrscheinlich" und „schwerwiegend" zu unbestimmt sind, können negative Auswirkungen der Geschäftstätigkeit oftmals nicht oder nur mit großem Aufwand prognostiziert werden. Eingeschränkt wird die weite Berichtspflicht lediglich durch die ebenfalls wertungsabhängigen Kriterien der **Wesentlichkeit** und der **Verhältnismäßigkeit** unter Berücksichtigung der Situation des konkreten Unternehmens (§ 289c Abs. 3 Nr. 4).[89] Es ist somit absehbar, dass die Verpflichtung zur Offenlegung eventueller Risiken und deren Auswirkungen – angesichts einer möglichen Strafbarkeit durch Unterlassen (→ Rn. 45) – zu erheblichen Rechtsunsicherheiten führen wird.

Eine weitere Restriktion erfährt der Strafbarkeitsbereich des § 331 Nr. 1 dadurch, dass **52** auch die Ordnungswidrigkeitentatbestände des § 334 Abs. 1 Nr. 1 lit. a–d bestimmte Verstöße gegen Rechnungslegungsvorschriften sanktionieren, welche ebenfalls zu einer unrichtigen Wiedergabe oder Verschleierung der Verhältnisse der Kapitalgesellschaft führen. Dies erfordert im Einzelfall eine **Abgrenzung** zum Straftatbestand des § 331 Nr. 1 anhand von qualitativen und quantitativen **Erheblichkeitskriterien** (→ § 334 Rn. 2).

Eine **erhebliche Verletzung,** die eine Strafbarkeit nach § 331 Nr. 1 begründet, liegt nur **53** vor, wenn die Verletzung einer Rechnungslegungsvorschrift zur Unwahrheit oder zur Unklarheit der Eröffnungsbilanz, des Jahresabschlusses, des Lageberichts oder des Zwischenabschlusses führt, dh wenn die Aussagekraft **insgesamt** beeinträchtigt ist.[90] Eine strafrechtlich relevante Erheblichkeit ist somit nicht schon dann zu bejahen, wenn ein einzelner Bilanzposten iSv § 266 unrichtig ist, sondern erst, wenn der Verstoß zur Nichtigkeit des Jahresabschlusses führt (s. hierzu als Auslegungshilfe § 256 Abs. 5 AktG).[91] In der zivilrechtlichen Rechtsprechung und Literatur wird einzelfallbezogen versucht, eine Quantifizierung durch Relationen zu Jahresüberschuss und/oder Bilanzsumme herzustellen.[92] Auch die strafrechtliche Praxis vergleicht die unrichtige Bilanzposition mit der Bilanzsumme, dem Jahresergebnis oder dem Eigenkapital, wobei keine einheitlich anerkannten Erheblichkeitsschwelle bestehen (3,5 oder 10 %).[93]

d) Tatmittel. Die unrichtige Darstellung kann nur in einer Eröffnungsbilanz, in einem **54** Jahresabschluss, Lagebericht, gesonderten nichtfinanziellen Bericht oder in einem bestimmten Zwischenabschluss erfolgen. Insoweit ist § 331 enger gefasst als die § 400 AktG, § 82 GmbHG.

Die **Eröffnungsbilanz** ist in § 242 Abs. 1 definiert. **55**

---

[88] Spießvogel NZG 2014, 1281 (1282); vgl. auch www.corporateregister.com.

[89] Boecker/Zwirner SteuK 2016, 426 (428).

[90] Vgl. BGHSt 30, 285 (287); BeckOGK/Waßmer, 15.9.2022, Rn. 185; Ulmer/Dannecker Rn. 61; MüKoStGB/Leplow HGB § 331 Rn. 50 f.; MAH WirtschaftsStrafR/Knierim § 26 Rn. 120 ff.; MüKoAktG/Wittig AktG § 400 Rn. 17; Marschdorf DStR 1994, 111 (114).

[91] Vgl. Wolf StuB 2009, 909 (912); BeckOGK/Hefendehl, 1.1.2023, AktG § 400 Rn. 36.

[92] Vgl. BGH NJW 1983, 42 (45); LG Frankfurt DB 2001, 1483; LG München BB 2007, 2510; OLG München BB 2008, 440; OLG Frankfurt a. M. NZG 2008, 429; MüKoAktG/Koch AktG § 256 Rn. 59; Hölters/Weber/Waclawik AktG § 256 Rn. 30; BeckOGK/Jansen, 1.10.2022, AktG § 256 Rn. 67 ff.; aA NK-AktR/Heidel AktG § 256 Rn. 35a, wonach jede Überbewertung zur Nichtigkeit des Jahresabschlusses führen soll.

[93] Vgl. MAH WirtschaftsStrafR/Knierim § 26 Rn. 122 f. und die dort zit. staatsanwaltschaftlichen Verfügungen.

56   Der **Jahresabschluss** gliedert sich nach § 242 Abs. 3 in die Bilanz und die Gewinn-
und Verlustrechnung.

57   Der **Lagebericht** ist nur für die mittelgroße und große Kapitalgesellschaft zwingend
vorgeschrieben, § 264 Abs. 1. Den Inhalt regeln §§ 289 ff.

58   Mit dem CSR-RL-Umsetzungsgesetz vom 11.4.2017 (BGBl. 2017 I 802) wurde der
Katalog derjenigen Unterlagen auf die sich eine Straftat nach § 331 Nr. 1 beziehen kann,
auch auf die **nichtfinanzielle Erklärung im Lagebericht** gem. § 289b Abs. 1, §§ 289c,
289d bzw. auf den **gesonderten nichtfinanziellen Bericht** gem. § 289b Abs. 3 erweitert.
Dies betrifft jedoch gem. § 289b Abs. 1 nur **große Kapitalgesellschaften** gem. § 267
Abs. 3 S. 1, die **kapitalmarktorientiert** gem. § 264d sind und im Jahresdurchschnitt **mehr
als 500 Arbeitnehmer** beschäftigen (für den Konzern s. § 315b Abs. 1). Wegen §§ 264a,
335b sind auch solche Personenhandelsgesellschaften betroffen, bei denen keine natürliche
Person persönlich haftender Gesellschafter ist, soweit die zusätzlichen Voraussetzungen gem.
§ 289b Abs. 1 erfüllt sind. Dies gilt gem. § 340a Abs. 1a und 1b, § 341a Abs. 1a und 1b
auch für bestimmte Kreditinstitute und Versicherungsunternehmen. Allerdings sind auch
mögliche **Befreiungen** gem. § 289b Abs. 2 zu beachten, wenn die betreffende Kapitalgesellschaft in den Konzernlagebericht eines Mutterunternehmens mit Sitz in der EU bzw. im
EWR einbezogen ist, der Konzernlagebericht im Einklang mit der Bilanz-RL steht und
eine nichtfinanzielle Konzernerklärung enthält.[94] Zur **Prüfpflicht des Aufsichtsrates** in
Bezug auf die nichtfinanzielle Erklärung bzw. den gesonderten nichtfinanziellen Bericht
→ § 334 Rn. 40 f.

59   Der **Zwischenabschluss** nach § 340a Abs. 3 betrifft den Sonderfall der Ermittlung
von Zwischenergebnissen bei Kreditinstituten nach § 10 Abs. 3 KWG.

60   Der **Anhang** zum Jahresabschluss wird in der Legaldefinition des § 242 Abs. 3 zwar
nicht genannt, bildet jedoch nach § 264 Abs. 1 mit der Bilanz und der Gewinn- und
Verlustrechnung eine Einheit. Damit wird auch der Anhang zum tauglichen Tatgegenstand,
zumal er eine erläuternde, ergänzende und ggf. korrigierende Funktion erfüllt. Erfasst sind
die Angaben im Anhang jedoch nur, soweit sie die Richtigkeit, Vollständigkeit und Klarheit
von Bilanz und Gewinn- und Verlustrechnung betreffen.[95]

61   **2. Offenlegung eines unrichtigen befreienden Einzelabschlusses (Nr. 1a).**
Anlässlich der Umsetzung der IAS-VO vom 19.7.2002 (VO (EG) 1606/2002) wurde auch
der IAS/IFRS-Einzelabschluss – zwecks Vereinheitlichung der Rechnungslegung und Informationsverbesserung zugunsten der Kapitalmärkte – durch den deutschen Gesetzgeber gem.
§ 315e als befreiend zugelassen. Dabei begründet § 325 Abs. 2a für mittelgroße und große
Kapitalgesellschaften iSd § 267 Abs. 3 sowie für gleichgestellte Personengesellschaften ein
Wahlrecht, statt des Jahresabschlusses nach § 242 einen sog. Einzelabschluss nach IAS/
IFRS gem. § 315e offenzulegen (vgl. auch Art. 5 IAS-VO). Dass dieses Wahlrecht nicht
auch für kleine Gesellschaften iSv § 267 Abs. 1 gilt, folgt aus der systematischen Überlegung,
dass kleine Gesellschaften weder einer Prüfpflicht gem. § 325 Abs. 2b, § 316 Abs. 1 unterliegen noch einen Lagebericht gem. § 325 Abs. 2a S. 4, § 264 Abs. 1 S. 4 zu erstellen haben.
Während der Jahresabschluss nach den Vorschriften des HGB erfolgt, wird der Einzelabschluss nach den IAS/IFRS erstellt. Dieser Einzelabschluss muss damit vollständig den Normen der IAS/IFRS entsprechen (§ 325 Abs. 2a S. 2).[96] Diese sind der Maßstab für die
richtige bzw. nicht verschleierte Wiedergabe.[97] Der Einzelabschluss nach § 315e dient nur

---

[94]   Boecker/Zwirner SteuK 2016, 426 (427); Glaser IRZ 2015, 55 (57).
[95]   Vgl. Müller-Gugenberger WirtschaftsstrafR-HdB/Wagenpfeil § 40 Rn. 54; Ulmer/Dannecker Rn. 46;
       Blumers/Frick/Müller/Dannecker Rn. 640; MüKoStGB/Leplow HGB § 331 Rn. 44; HK-KapMarkt-
       StrafR/Eidam HGB § 331 Rn. 17; weitergehend und den Anhang ohne Einschränkung in § 331 Nr. 1
       einbeziehend BeckOGK/Waßmer, 15.9.2022, Rn. 150; Scholz/Tiedemann/Rönnau GmbHG Vor § 82
       Rn. 171 f.; Cobet, Fehlerhafte Rechnungslegung, 1991, S. 20, 50 ff.; Arnhold, Auslegungshilfen zur
       Bestimmung der Geschäftslagetäuschung im Rahmen der §§ 331 Nr. 1 HGB, 400 Abs. 1 Nr. 1 AktG,
       82 Abs. 2 Nr. 2 GmbH, 1993, S. 30; Spatscheck/Wulf DStR 2003, 173 (174).
[96]   MüKoStGB/Leplow HGB § 331 Rn. 69; BeckOGK/Waßmer, 15.9.2022, Rn. 196, 198 ff.
[97]   MüKoStGB/Leplow HGB § 331 Rn. 71.

der Publizität der Rechnungslegung iSd § 325, verdrängt also nicht den Jahresabschluss in seiner gesellschaftsrechtlichen, steuerlichen und aufsichtsrechtlichen Bedeutung. § 331 Nr. 1 schützt lediglich die dort genannten Abschlüsse, erfasst also nicht den durch das BilReG neu geschaffenen Einzelabschluss nach § 315e in seiner Bedeutung für die Publizität der Rechnungslegung. Daher bedurfte es des neuen Tatbestands in § 331 Nr. 1a, der dem des Nr. 3 nachgebildet ist.[98]

a) Unrichtige Wiedergabe und Verschleiern. Unrichtige Wiedergabe und Ver- **62** schleiern iSv Nr. 1a entsprechen dem tatbestandsmäßigen Handeln gem. Nr. 1 (→ Rn. 40 ff.). Maßstab für die Unrichtigkeit als Abweichung von den objektiven Gegebenheiten sind aber nicht die Bewertungskriterien und Bewertungsansätze nach HGB, sondern die **Bewertungsregeln der IAS/IFRS.** Gerade aufgrund der weiten Spielräume der IAS/IFRS bei der Rechnungslegung kommt dem **Evidenz- und Wesentlichkeitsgebot** hier eine herausragende Bedeutung zu (→ Vor § 331 Rn. 72 f.).[99] Strafbar ist vorliegend nicht die unrichtige Wiedergabe oder das Verschleiern, sondern erst die Offenlegung des unrichtigen oder verschleiernden Einzelabschlusses, mit dem die Befreiung erwirkt werden soll.

b) Offenlegung. Unter der Offenlegung nach § 325 Abs. 2 versteht man die Einrei- **63** chung des Einzelabschlusses nebst Erteilung des Bekanntmachungsauftrages unter Beifügung der erforderlichen Unterlagen (s. ua § 325 Abs. 2b) sowie die Bekanntmachung im elektronischen Bundesanzeiger.

c) Zum Zweck der Befreiung. Die Offenlegung muss zum Zweck der Befreiung **64** nach § 325 Abs. 2a erfolgen. Fehlt diese Zielrichtung oder wird ein anderer Zweck verfolgt, ist der Tatbestand der Nr. 1a nicht erfüllt.[100]

3. Unrichtige Darstellung im Konzernabschluss etc (Nr. 2).[101] Die Legaldefini- **65** tion des Konzerns enthält § 18 AktG. Die Unterscheidung zwischen Unterordnungskonzern (Abs. 1) und Gleichordnungskonzern (Abs. 2) spielt im Strafrecht keine Rolle.

Die Vermutung des § 18 Abs. 1 S. 3, dass ein abhängiges Unternehmen mit dem herr- **66** schenden Unternehmen einen Konzern bildet, gilt nicht für das Strafrecht; es wäre eine unzulässige Beweisvermutung zu Lasten eines Beschuldigten.[102]

Die Tathandlung der **„Unrichtigen Wiedergabe"** ist identisch mit Nr. 1 **67** (→ Rn. 41 ff.).

„Verschleiern" ist ebenfalls identisch mit Nr. 1 (→ Rn. 48). **68**

Der Tatgegenstand, dh die **„Verhältnisse",**[103] entspricht ebenfalls Nr. 1 **69** (→ Rn. 49 ff.).

Tatmittel sind der Konzernabschluss, der Konzernlagebericht, die nichtfinanzielle Kon- **70** zernerklärung bzw. ein gesonderter nichtfinanzieller Konzernbericht sowie der Konzernzwischenabschluss. Der Konzernabschluss ist in §§ 290 ff. definiert.[104] § 331 Nr. 2 gilt für den Gesamtkonzernabschluss wie für den Teilkonzernabschluss.[105] Den Konzernlagebericht regelt § 315.[106] Die nichtfinanzielle Konzernerklärung sowie der gesonderte nichtfinanzielle Konzernbericht werden in §§ 315b f. geregelt. Der Konzernzwischenabschluss betrifft einen Sonderfall bei Kreditinstituten gem. § 340i Abs. 4, für den die Ausführungen zum Zwischenabschluss unter Nr. 1 iVm § 340a Abs. 3 entsprechend gelten.

---

98 Dazu Müller-Gugenberger WirtschaftsstrafR-HdB/Wagenpfeil § 40 Rn. 62.
99 BeckOGK/Waßmer, 15.9.2022, Rn. 200; Ransiek WM 2010, 869 (872); Hennrichs DStR 2009, 1446 (1447).
100 Vgl. MüKoStGB/Leplow HGB § 331 Rn. 77.
101 Vgl. dazu Schmedding, Unrichtige Konzernrechnungslegung, 1991, S. 16 ff.
102 Vgl. Ulmer/Dannecker Rn. 117; MüKoStGB/Leplow HGB § 331 Rn. 78; Kölner Komm AktG/Altenhain AktG § 400 Rn. 88.
103 Dazu Schmedding, Unrichtige Konzernrechnungslegung, 1991, S. 55 ff.
104 Dazu Schmedding, Unrichtige Konzernrechnungslegung, 1991, S. 37 ff.
105 Ulmer/Dannecker Rn. 119; MüKoStGB/Leplow HGB § 331 Rn. 84; Schmedding, Unrichtige Konzernrechnungslegung, 1991, S. 15 f.
106 Dazu Schmedding, Unrichtige Konzernrechnungslegung, 1991, S. 52 ff.

71   Eine Besonderheit gilt für **Aktiengesellschaften im DAX.** Sie müssen seit dem 1.1.2005 ihre konsolidierten Konzernabschlüsse nach IAS/IFRS erstellen und veröffentlichen (VO (EG) 1606/2002), weshalb nicht Nr. 2, sondern Nr. 1a einschlägig ist. Angesichts dieser Pflicht zur Erstellung der Jahresabschlüsse nach IAS/IFRS sind die Rechnungslegungsvorschriften des Dritten Buchs des HGB folglich nicht anwendbar.[107] Ein Verstoß gegen § 331 liegt daher nur vor, wenn gegen die Bilanzierungsvorschriften nach IAS/IFRS verstoßen wurde. Dabei ist völlig ungeklärt, ob der weite Rahmen der IAS/IFRS-Ermessensvorschriften überhaupt eine hinreichende Bestimmung für die Subsumtion unter § 331 erlaubt (→ Vor § 331 Rn. 72 f.).[108]

72   **4. Offenlegung eines unrichtigen befreienden Konzernabschlusses oder -lageberichts (Nr. 3).** §§ 291, 292 befreien ein **inländisches Mutterunternehmen,** das seinerseits das **Tochterunternehmen** eines **übergeordneten Mutterunternehmens** mit Sitz in einem Mitgliedsstaat der EU, einem Vertragsstaat des Europäischen Wirtschaftsraums oder – allerdings unter erschwerten Voraussetzungen – einem Nicht-EU- oder Nicht-EWR-Staat ist, von der Verpflichtung, einen Konzernabschluss und Konzernlagebericht für den inländischen Konzern aufzustellen. Voraussetzung ist, dass zum Konzernabschluss und Konzernlagebericht des ausländischen Mutterunternehmens ein Bestätigungsvermerks in deutscher Sprache vorgelegt wird (befreiender Konzernabschluss und befreiender Konzernlagebericht). Zu den weiteren Voraussetzungen iE → § 291 Rn. 4 ff. Dadurch soll eine Doppelaufstellung vermieden werden.[109] Entscheidend ist jedoch, dass der befreiende Konzernabschluss des ausländischen Mutterunternehmens entweder im Einklang mit der Bilanz-RL oder mit den IAS/IFRS-Rechnungslegungsvorschriften iSv § 315e Abs. 1 erstellt und nach den Vorschriften der Abschlussprüfer-RL geprüft wurde (s. § 291 Abs. 2 und § 292 Abs. 1). Sind diese Vorschriften am Sitz des übergeordneten Mutterunternehmens anwendbar, ist für deren Auslegung primär die jeweilige Rechtsordnung zu beachten, in welcher der befreiende Konzernabschluss und der Konzernlagebericht erstellt worden sind; es gilt somit das Recht am Sitz des oberen Mutterunternehmens.[110]

73   **a) Unrichtige Wiedergabe oder Verschleierung der Verhältnisse.** Die Tathandlung setzt einen unrichtigen Konzernabschluss oder -lagebericht iSd Nr. 2 voraus, dh einen Konzernabschluss, in dem die Verhältnisse des Konzerns entweder unrichtig wiedergegeben oder verschleiert werden (→ Rn. 62).[111]

74   **b) Offenlegung.** Offenlegung bedeutet nach der Legaldefinition des § 325 Abs. 3 für den Konzernabschluss und den -lagebericht die Bekanntmachung im Bundesanzeiger und die Einreichung der Bekanntmachung mit den Unterlagen zum Handelsregister.

75   Die Offenlegung kann sowohl durch das befreite Tochterunternehmen (Mutterunternehmen niedriger Stufe) als auch durch dessen Mutterunternehmen (Mutterunternehmen höherer Stufe) erfolgen.[112] Täter können daher sowohl die Mitglieder des vertretungsberechtigten Organs des einen als auch des anderen Unternehmens sein; entscheidend ist, wer die Offenlegung vornimmt.[113] Aufsichtsratsmitglieder werden in Nr. 3 nicht genannt, können also nicht Täter sein.

76   **c) Zum Zweck der Befreiung.** Die Offenlegung muss zum Zweck der Befreiung erfolgen, dh der Täter muss zielgerichtet zu diesem Zweck handeln. Eine Offenlegung ohne diese Zielrichtung und zu einem anderen Zweck erfüllt den Tatbestand nicht.[114]

---

[107] Vgl. zu den Einzelheiten Weber wistra 2007, 284 ff. mit einer genauen Darstellung von Entwicklung, Inhalt und Auslegung der IAS/IFRS und ihrer Kollision mit dem deutschen Strafrecht.
[108] Weber wistra 2007, 284 (292).
[109] BeckOGK/Waßmer, 15.9.2022, Rn. 226.
[110] So Dannecker in Rotsch, Criminal Compliance, 2015, § 28 Rn. 71.
[111] MüKoStGB/Leplow HGB § 331 Rn. 103 f.
[112] BeckOGK/Waßmer, 15.9.2022, Rn. 228 f.
[113] BeckOGK/Waßmer, 15.9.2022, Rn. 233; Heymann/Otto Rn. 54; Dannecker in Rotsch, Criminal Compliance, 2015, § 28 Rn. 62.
[114] MüKoStGB/Leplow HGB § 331 Rn. 105.

5. Unrichtige Angaben gegenüber Abschlussprüfern (Nr. 4). a) Aufklärungen 77 und Nachweise. Die Tathandlungen des Nr. 4 beschränken sich nicht nur auf die unrichtige Wiedergabe oder das Verschleiern der Verhältnisse iSd Nr. 1 und 2 gegenüber dem Abschlussprüfer; Gegenstand der Tathandlung können darüber hinaus auch alle **Aufklärungen** und **Nachweise** sein, die der Abschlussprüfer nach § 320 Abs. 2 verlangen kann. Die Rechte des Abschlussprüfers nach § 320 begründen und begrenzen insoweit die Strafbarkeit nach Nr. 4.[115] Erfasst wird nur die **Pflichtprüfung** nach § 316, nicht auch Sonderprüfungen oder freiwillige Prüfungen wie zB nach § 267.[116]

Die Begriffe „Aufklärungen" und „Nachweise" umfassen alles, was der Abschlussprüfer 78 zur Durchführung und Erfüllung seiner Aufgabe benötigt und sich auf das Prüfungsergebnis aus der Sicht des Täters auswirken kann.[117] Sie können mündlich, schriftlich oder elektronisch erteilt werden.[118] „Aufklärung" bedeutet die Klärung und das Ausräumen von Zweifeln, Unklarheiten und Widersprüchen.[119] „Nachweise" sind die für die Abschlussprüfung benötigten Belege jeglicher Art, welche den Prüfbereich betreffen.[120] Nicht erfasst sind jedoch rein private Äußerungen oder Erklärungen, die erst nach der Abschlussprüfung abgegeben werden.[121]

b) Wiedergabe von Tatsachen. Angaben macht der Täter, dh das Mitglied des vertre- 79 tungsberechtigten Organs oder der vertretungsberechtigte Gesellschafter (nicht genannt ist das Aufsichtsratsmitglied), durch die Wiedergabe von Tatsachen, die sich auch auf Bewertungen, Erwartungen, Prognosen etc beziehen können.[122] Unrichtig sind die Angaben dann, wenn sie mit der objektiven Wirklichkeit nicht übereinstimmen.[123] Zum Maßstab bei Wertungen → Rn. 41.

Nicht unter den Tatbestand des § 331 Nr. 4 fällt das **bloße Verweigern** der vom Prüfer 80 nach § 320 verlangten Angaben. Nr. 4 schützt nur die Richtigkeit, Vollständigkeit und Klarheit der Information für den Abschlussprüfer, nicht die Erfüllung der Auskunftspflicht. Allerdings ist zu berücksichtigen, dass auch das pflichtwidrige Verschweigen erheblicher Auskünfte zur Unrichtigkeit der übrigen Angaben oder zumindest zu einer Verschleierung führen kann, soweit keine offene Verweigerung vorliegt.[124] Die Erfüllung der Auskunftspflicht wird indirekt durch das Ordnungsgeldverfahren des § 335 geschützt und erzwungen (→ § 335 Rn. 1).

Zur unrichtigen Wiedergabe von Verhältnissen und Verschleiern von Verhältnissen 81 → Rn. 48 ff.

c) Abschlussprüfer. Als Adressaten der Tathandlung nennt Nr. 4 nur den Abschluss- 82 prüfer. Dies ist der Abschlussprüfer der Kapitalgesellschaft, eines verbundenen Unternehmens oder des Konzerns.[125] Unter Nr. 4 fällt daher nicht der Gründungsprüfer oder ein

---

[115] Vgl. Ulmer/Dannecker Rn. 186; Blumers/Frick/Müller/Dannecker Rn. 67; MüKoStGB/Leplow HGB § 331 Rn. 117; MAH WirtschaftsStrafR/Knierim § 26 Rn. 201.

[116] Achenbach/Ransiek/Rönnau WirtschaftsStrafR-HdB/Ransiek VIII 1 Rn. 105.

[117] BeckOGK/Waßmer, 15.9.2022, Rn. 242; Blumers/Frick/Müller/Dannecker Rn. 676; Achenbach/ Ransiek/Rönnau WirtschaftsStrafR-HdB/Ransiek VIII 1 Rn. 105; MüKoStGB/Leplow HGB § 331 Rn. 117.

[118] BeckOGK/Waßmer, 15.9.2022, Rn. 242; Blumers/Frick/Müller/Dannecker Rn. 676; Achenbach/ Ransiek/Rönnau WirtschaftsStrafR-HdB/Ransiek VIII 1 Rn. 105.

[119] BeckOGK/Waßmer, 15.9.2022, Rn. 242; Blumers/Frick/Müller/Dannecker Rn. 676; MüKoStGB/ Leplow HGB § 331 Rn. 117.

[120] Vgl. MüKoAktG/Wittig AktG § 400 Rn. 64; Blumers/Frick/Müller/Dannecker Rn. 676; Achenbach/ Ransiek/Rönnau WirtschaftsStrafR-HdB/Ransiek VIII 1 Rn. 105; MüKoStGB/Leplow HGB § 331 Rn. 117.

[121] BeckOGK/Waßmer, 15.9.2022, Rn. 243; MüKoStGB/Leplow HGB § 331 Rn. 117.

[122] Vgl. MüKoStGB/Leplow HGB § 331 Rn. 118 f.; Achenbach/Ransiek/Rönnau WirtschaftsStrafR-HdB/Ransiek VIII 1 Rn. 104.

[123] MüKoStGB/Leplow HGB § 331 Rn. 120.

[124] Vgl. Heymann/Otto Rn. 74; MüKoAktG/Wittig AktG § 400 Rn. 70; MüKoStGB/Leplow HGB § 331 Rn. 119; Ulmer/Dannecker Rn. 193.

[125] Vgl. MüKoStGB/Leplow HGB § 331 Rn. 121.

Sonderprüfer.[126] Nicht genannt werden in Nr. 4, im Gegensatz zu §§ 332, 333, die Gehilfen des Abschlussprüfers. Dies bedeutet aber nicht, dass falsche Angaben gegenüber den Gehilfen des Abschlussprüfers nicht unter Nr. 4 fallen. Der Abschlussprüfer kann sich zur Erfüllung seiner Aufgaben Dritte als Hilfspersonen bedienen und sich, zB gerade bei einem Auskunftsverlangen, vertreten lassen. Zu beachten ist jedoch, dass diese Hilfspersonen kein eigenständiges Auskunftsrecht für sich beanspruchen können, sondern lediglich eine derivative Kompetenz; die Auskünfte müssen daher für den Abschlussprüfer bestimmt sein, diesem zugehen und ursprünglich von diesem auch angefordert worden sein. Angaben gegenüber den Hilfspersonen sind daher ebenso gegenüber dem Abschlussprüfer gemacht, wenn die Hilfspersonen erkennbar im Auftrag des Abschlussprüfers handeln.[127]

IV. Rechtswidrigkeit

83   Aus der Tatbestandsmäßigkeit des Handelns folgt grundsätzlich die Rechtswidrigkeit. Der umfassende Schutzzweck des § 331, der über einen Individualschutz hinausgeht (→ Rn. 1 f.), entzieht die Strafbarkeit der Disposition von Gesellschaftern oder Aufsichtsräten. Die Einwilligung oder Weisungen der Gesellschafterversammlung, einzelner Gesellschafter (insbesondere Allein- oder Mehrheitsgesellschafter), des Aufsichtsrates oder fakultativer Aufsichtsgremien sind daher nach einhelliger Meinung kein Rechtfertigungsgrund.[128]

84   Streitig ist dagegen die Frage, ab wann ein **rechtfertigender Notstand** vorliegen kann, zB um durch eine unrichtige Wiedergabe im Jahresabschluss eine Gefährdung des Unternehmens zu vermeiden und dadurch Arbeitsplätze zu erhalten.[129] Wer einen solchen rechtfertigenden Notstand praktisch ausschließt, weil Publizitäts- und Rechenschaftspflichten stets Vorrang genießen sollen,[130] übersieht, dass diese Pflichten keine Werte an sich sind, sondern in Relation zu anderen in der Rechtsordnung anerkannten Werten stehen und eine Güterabwägung folglich einen rechtfertigenden Notstand iSd § 34 StGB begründen kann. Hierfür spricht bereits die gesetzliche Wertung, wonach gem. § 286 Abs. 3 Nr. 2 solche Angaben unterlassen werden dürfen, die nach vernünftiger kaufmännischer Beurteilung geeignet sind, dem Unternehmen einen erheblichen Nachteil zuzufügen. Die Grenzen einer Notstandshandlung lassen sich daher nicht allgemeingültig festlegen; sicher ist nur, dass die Annahme eines rechtfertigenden Notstands auf Ausnahmefälle zu beschränken ist.[131]

V. Subjektiver Tatbestand

85   Bei den in § 331 HGB geregelten Straftatbeständen ist zwischen den Nr. 1, 2 und 4, die nur vorsätzlich begangen werden können, und den Nr. 1a und 3 zu differenzieren, bei denen auch leichtfertiges Ver-halten eine Strafbarkeit begründet:

86   **1. Nr. 1.** Der subjektive Tatbestand bei Nr. 1 verlangt **Vorsatz**. Dies bedeutet, dass der Täter alle objektiven Tatbestandsmerkmale kennen muss, somit auch den Inhalt der blankettausfüllenden Normen. Ausreichend ist bereits bedingter Vorsatz (dolus eventualis), dh der Täter hält die Verwirklichung der Tatumstände für möglich und ist damit einverstanden, auch wenn ihm dies unerwünscht sein mag. Es genügt folglich, dass sich der Täter

---

[126]   Vgl. MüKoStGB/Leplow HGB § 331 Rn. 121.
[127]   Vgl. Blumers/Frick/Müller/Dannecker Rn. 677; MüKoStGB/Leplow HGB § 331 Rn. 121; Kölner Komm AktG/Altenhain AktG § 400 Rn. 104; GroßkommAktG/Otto AktG § 400 Rn. 72; Erbs/Kohlhaas/Schaal AktG § 400 Rn. 45 f.; MüKoAktG/Wittig AktG § 400 Rn. 61; Spatscheck/Wulf DStR 2003, 173 (176).
[128]   MüKoStGB/Leplow HGB § 331 Rn. 129; Ulmer/Dannecker Rn. 86; Scholz/Tiedemann/Rönnau GmbHG § 82 Rn. 190; Erbs/Kohlhaas/Schaal AktG § 400 Rn. 40.
[129]   MüKoStGB/Leplow HGB § 331 Rn. 129.
[130]   Arnhold, Auslegungshilfen zur Bestimmung der Geschäftslagetäuschung im Rahmen der §§ 331 Nr. 1 HGB, 400 Abs. 1 Nr. 1 AktG, 82 Abs. 2 Nr. 2 GmbH, 1993, S. 152 f.; BeckOGK/Hefendehl, 1.1.2023, AktG § 400 Rn. 173 ff., der § 34 StGB nur für vom Gesetzgeber nicht antizipierte Güterkollisionen und unerträgliche Folgen anerkennt.
[131]   Vgl. MüKoStGB/Leplow HGB § 331 Rn. 133; Scholz/Tiedemann/Rönnau GmbHG § 82 Rn. 190; Erbs/Kohlhaas/Schaal AktG § 400 Rn. 40.

der konkreten Gefahr einer falschen Darstellung oder Verschleierung bewusst ist, sich damit abfindet und keine weitere Überprüfung veranlasst.[132] Nicht ausreichend ist jedoch die abstrakte Vermutung, dass die Angaben unvollständig oder falsch sein könnten, ohne dass hierfür konkrete Anhaltspunkte bestehen. Erkennt der Täter dagegen die Unrichtigkeit der Darstellung nicht, obwohl er sie hätte erkennen können, liegt nur eine straflose Fahrlässigkeit vor (vgl. § 15 StGB). Dabei kann sich die Fahrlässigkeit dem bedingten Vorsatz annähern; die Abgrenzung von bedingtem Vorsatz und bewusster Fahrlässigkeit bedeutet bei Nr. 1 zugleich die Grenze zwischen strafbarem und straflosem Handeln.[133]

2. Nr. 1a. Der Tatbestand des Nr. 1a kann nicht nur **vorsätzlich,** sondern gem. Abs. 2 **87** auch **leichtfertig** begangen werden.

a) Vorsatz. Der Vorsatz muss sich auf alle objektiven Tatbestandsmerkmale beziehen, **88** also sowohl auf die Unrichtigkeit des Einzelabschlusses als auch auf die Offenlegung zum Zweck der Befreiung. Zum Vorsatz → Rn. 76.

b) Leichtfertigkeit. Leichtfertigkeit gem. Abs. 2 bedeutet eine **gesteigerte Fahrläs-** **89** **sigkeit** im Sinne eines besonderen Grades von Nachlässigkeit und entspricht damit der groben Fahrlässigkeit im Zivilrecht.[134] Auch die Leichtfertigkeit muss sich auf jedes einzelne objektive Tatbestandsmerkmal beziehen. Die Unterscheidung zwischen Leichtfertigkeit und einfacher Fahrlässigkeit dient der Abgrenzung zwischen strafbarem und straflosem Handeln.

3. Nr. 2. Der subjektive Tatbestand bei Nr. 2 verlangt ebenfalls **Vorsatz.** Auch hier **90** genügt bedingter Vorsatz. Im Einzelnen → Rn. 86.

4. Nr. 3. Der subjektive Tatbestand bei Nr. 3 verlangt **Vorsatz** (→ Rn. 86, **91** → Rn. 88) oder, wie auch bei Nr. 1a, Leichtfertigkeit gem. Abs. 2 (→ Rn. 89).

5. Nr. 4. Der subjektive Tatbestand bei Nr. 4 verlangt wiederum nur **Vorsatz** (im **92** Einzelnen → Rn. 86).

VI. Irrtum

Es gelten die allgemeinen Grundsätze über den Tatbestandsirrtum gem. § 16 StGB und **93** den Verbotsirrtum gem. § 17 StGB. Die Ausgestaltung des § 331 als **Blankettgesetz** hat daher folgende Konsequenzen:

Irrt der Täter über den Inhalt oder das Vorliegen einzelner Tatbestandsvoraussetzungen **94** der blankettausfüllenden Norm, so ist ein vorsatzausschließender Tatbestandsirrtum gegeben; irrt er dagegen über die Existenz oder die Reichweite der blankettausfüllenden Norm als solcher, liegt ein Verbotsirrtum vor, der nur bei Unvermeidbarkeit zur Straflosigkeit führt (vgl. § 17 StGB). Der Tatbestand der Blankettnorm ist folglich so zu lesen, als stünde deren Inhalt im Strafgesetz.[135]

Ist der Täter zB der Auffassung, seine Darstellung der Verhältnisse im Jahresabschluss **95** sei richtig, obwohl er bestimmte Vermögensgegenstände nicht bilanziert hat, von deren Existenz er keine Kenntnis hat, liegt ein Tatbestandsirrtum iSd § 16 StGB vor. Hat der Täter Kenntnis von den zu bilanzierenden Vermögensgegenständen, nimmt er jedoch irrig

---

[132]   Vgl. MHLS/Dannecker GmbHG § 82 Rn. 25; MüKoAktG/Wittig AktG § 399 Rn. 47; MüKoStGB/ Leplow HGB § 331 Rn. 122.

[133]   BeckOGK/Waßmer, 15.9.2022, Rn. 194; Blumers/Frick/Müller/Dannecker Rn. 654; Kölner Komm AktG/Altenhain AktG § 400 Rn. 62; Scholz/Tiedemann/Rönnau GmbHG § 82 Rn. 193; zur Abgrenzung von bedingtem Vorsatz/bewusster Fahrlässigkeit allg. Fischer StGB § 15 Rn. 9c ff. mwN; MüKoStGB/Joecks StGB § 16 Rn. 30 ff. mwN.

[134]   Vgl. BGHSt 14, 240 (255); 33, 66 (67); 43, 158 (168); BeckOGK/Waßmer, 15.9.2022, Rn. 268 f.; Schönke/Schröder/Sternberg-Lieben/Schuster StGB § 15 Rn. 205; Fischer StGB § 15 Rn. 20; Maul DB 1989, 188.

[135]   Vgl. hierzu Schönke/Schröder/Sternberg-Lieben/Schuster StGB § 15 Rn. 100 mwN; Ulmer/Dannecker Rn. 83; Scholz/Tiedemann/Rönnau GmbHG § 82 Rn. 196 ff.; Cobet, Fehlerhafte Rechnungslegung, 1991, S. 76 f.; Schmedding, Unrichtige Konzernrechnungslegung, 1991, S. 141 ff.

an, diese seien nicht bilanzierungsfähig, irrt er sich über die Reichweite der blankettausfüllenden handelsrechtlichen Bilanzierungsnorm und unterliegt folglich einem Verbotsirrtum gem. § 17 StGB. Letzteres gilt auch, wenn der Täter die Bilanzierung unterlässt, weil er irrig glaubt, dies sei – zB zur Bildung stiller Reserven – gerechtfertigt.[136]

96   **Unvermeidbarkeit** iSv § 17 StGB liegt vor, wenn der Täter nach den ihm bekannten Umständen und einer seinem Lebens- und Berufskreis zuzumutenden Anspannung seines Gewissens sowie bei Ausschöpfung der zur Verfügung stehenden Erkenntnismittel nicht in der Lage ist, das Unrecht der Tat einzusehen.[137] Bei sich aufdrängenden Zweifeln muss er sich etwa externen Rat oder behördliche Auskünfte einholen. So besteht seit dem Jahr 2009 auch die Möglichkeit, fallbezogene Voranfragen zu strittigen Bilanzierungssachverhalten an die DPR zu stellen, um diese klären zu lassen (sog. **Pre-Clearance-Verfahren**).[138] Problematisch ist jedoch, dass die Auskünfte der DPR im Pre-Clearance-Verfahren **unverbindlich** sind und nicht einmal die DPR selbst in einem späteren Prüfungsverfahren daran gebunden ist.[139] Im Vergleich zum sozialversicherungsrechtlichen Statusfeststellungsverfahren gem. § 7a Abs. 1 S. 1 SGB IV, das der Erteilung einer verbindlichen Auskunft durch die Deutsche Rentenversicherung dient, kann somit nicht allgemein unterstellt werden, dass bei einer unterbliebenen Pre-Clearance regelmäßig ein vermeidbarer Verbotsirrtum gegeben ist.[140]

VII. Vollendung und Versuch

97   **1. Nr. 1.** Die Tat ist vollendet, wenn die Eröffnungsbilanz, der Jahresabschluss, der Lagebericht einschließlich der nichtfinanziellen Erklärung, der gesonderte nichtfinanzielle Bericht oder der Zwischenlagebericht – nach deren Feststellung (vgl. § 42a GmbHG und § 172 AktG) – einem Dritten zugegangen sind, für den diese Unterlagen zur Kenntnisnahme bestimmt sind oder der ein Recht darauf hat, zB Gesellschafter, Aktionäre, Aufsichtsräte, aber auch nicht gesetzlich zwingend vorgeschriebene Aufsichtsgremien, wie Beiräte, Verwaltungsräte etc oder Außenstehende, wie zB Banken, Gläubiger etc.[141] Eine Kenntnisnahme durch den Empfänger bzw. Adressaten ist aufgrund der Deliktsnatur des § 331 als abstraktes Gefährdungsdelikt für die Tatvollendung nicht notwendig.[142] Die Kenntnisnahme des ersten Adressaten ist jedoch der entscheidende Zeitpunkt für die Beendigung der Tat,[143] die für den Verjährungsbeginn relevant ist.

98   **2. Nr. 1a.** Die Tat ist vollendet, wenn die Offenlegung iSd § 325 Abs. 2 vollständig erfolgt ist. Dies ist der Fall, wenn die Bekanntmachung im Bundesanzeiger erfolgt und die weiteren Unterlagen nach § 325 Abs. 2 beim Handelsregister eingereicht sind. Erst mit dieser Einreichung ist die Offenlegung abgeschlossen.[144] Die bloße Freigabe zur Veröffentlichung iSv IAS 10.17 kann demgegenüber für die Tatvollendung noch nicht genügen, da erst mit der vollständigen Offenlegung eine abstrakte Gefährdungslage eintritt. Für die Beendigung gilt wie bei Nr. 1, dass ein Adressat tatsächlich Kenntnis erlangt hat.

---

[136]   Vgl. hierzu auch BeckOGK/Waßmer, 15.9.2022, Rn. 266 f.; MüKoStGB/Leplow HGB § 331 Rn. 132 f.; Blumers/Frick/Müller/Dannecker Rn. 656.

[137]   Vgl. etwa BGHSt 2, 194 (201); 21, 18 (20); Fischer StGB § 17 Rn. 8 ff.; Schönke/Schröder/Sternberg-Lieben/Schuster StGB § 17 Rn. 16.

[138]   BeckOGK/Waßmer, 15.9.2022, Rn. 264 f.

[139]   Krit. hierzu Zülch/Höltken/Ebner DB 2014, 609 (613); Eisenschmidt/Scheel IRZ 2015, 405 (406).

[140]   Im Unterschied hierzu die Rspr. zur Vermeidbarkeit eines Verbotsirrtums über Vorliegen und Umfang der sozialversicherungsrechtlichen Beitragspflicht: BGH NStZ 2010, 337; MüKoStGB/Radtke StGB § 266a Rn. 91. Beachte hierzu jedoch auch die Abweichungen in der neueren Rspr.: BGH NJW-RR 2018, 180 (181).

[141]   BeckOGK/Waßmer, 15.9.2022, Rn. 271; MüKoStGB/Leplow HGB § 331 Rn. 135 ff.; Achenbach/Ransiek/Rönnau WirtschaftsstrafR-HdB/Ransiek VIII 1 Rn. 56 ff., 63; aA MüKoAktG/Wittig AktG § 400 Rn. 91 f.

[142]   Ulmer/Dannecker Rn. 87; MüKoStGB/Leplow HGB § 331 Rn. 137.

[143]   Vgl. MüKoStGB/Leplow HGB § 331 Rn. 139; HK-KapMarktStrafR/Eidam HGB § 331 Rn. 27.

[144]   BeckOGK/Waßmer, 15.9.2022, Rn. 272; aA MüKoStGB/Leplow HGB § 331 Rn. 140.

3. Nr. 2. Zur Vollendung und Beendigung gelten die Ausführungen zu Nr. 1.[145] **99**

4. Nr. 3. Die Tat ist wie bei Nr. 1a mit der vollständigen Offenlegung vollendet.[146] **100** Das erstrebte Ziel muss nicht erreicht werden. Mit der Offenlegung ist die Tat zugleich beendet.

5. Nr. 4. Die Tat ist vollendet, wenn die Angaben zu den Aufklärungen oder Nachwei- **101** sen gem. § 320 oder die Darstellung zu den Verhältnissen der Gesellschaft dem Abschluss- prüfer oder dessen Gehilfen zugegangen sind.[147] Da es sich auch bei dem Straftatbestand des Nr. 4 um ein abstraktes Gefährdungsdelikt handelt, genügt der bloße Zugang; eine Kenntnisnahme durch den Adressaten ist nicht erforderlich.[148] Allerdings ist die Tat erst mit der Kenntnisnahme wie bei Nr. 1, 2, 3a beendet.

6. Versuch. Der Versuch ist in allen Tatalternativen des § 331 **nicht strafbar** (§ 23 **102** Abs. 1 StGB, § 12 Abs. 2 StGB).

VIII. Täterschaft und Teilnahme

Angesichts des besonderen Deliktscharakters des § 331 als **echtem Sonderdelikt** kön- **103** nen nur die in § 331 genannten Personen taugliche Täter sein (→ Rn. 4). Dabei kommen die Beteiligungsformen der Allein-, Mit-, Neben- oder mittelbaren Täterschaft in Betracht. Dritte, die nicht die Tätereigenschaft des § 331 besitzen, können allenfalls Anstifter gem. § 26 StGB oder Gehilfe gem. § 27 StGB sein.[149] Eine strafbare Teilnahme am Versuch ist wegen der Straflosigkeit des Versuchs ausgeschlossen.

Eine **Täterschaft durch Unterlassen** kommt in Betracht, wenn eine der in § 331 **104** genannten Personen das aktive tatbestandsmäßige Handeln eines Täters nicht verhindert, obwohl ihm dies möglich gewesen wäre.[150]

Dagegen erscheint eine bloße Teilnahme (Anstiftung, Beihilfe) durch Unterlassen nicht **105** denkbar. Das Unterlassen setzt eine Rechtspflicht zum Handeln voraus. Diese ist bei § 331 wiederum nur durch die Sonderstellung des Täters begründet. Wer diese Sonderstellung nicht besitzt, hat auch keine Handlungspflichten; wer die Sonderstellung dagegen besitzt, handelt als Täter.

IX. Konkurrenzen

Es gelten die allgemeinen Grundsätze über Tateinheit gem. § 52 StGB, Tatmehrheit **106** gem. § 53 StGB, natürliche Handlungseinheit,[151] Gesetzeskonkurrenz[152] und straflose Vor- und Nachtat.[153]

1. Mehrere unrichtige Darstellungen in einer Bilanz. Enthält eine Bilanz mehrere **107** falsche Angaben, zB Überbewertung des Vorratsvermögens und unvollständige Darstellung der Verbindlichkeiten, so liegt eine **natürliche Handlungseinheit** und damit nur eine strafbare Handlung vor.[154]

---

[145] Speziell zu Nr. 2 vgl. Schmedding, Unrichtige Konzernrechnungslegung, 1991, S. 129.

[146] BeckOGK/Waßmer, 15.9.2022, Rn. 272.

[147] MüKoStGB/Leplow HGB § 331 Rn. 145.

[148] Vgl. Ulmer/Dannecker Rn. 197; BeckOGK/Waßmer, 15.9.2022, Rn. 273; Kölner Komm AktG/Alten- hain AktG § 400 Rn. 109.

[149] Vgl. BeckOGK/Waßmer, 15.9.2022, Rn. 281 f.; Ulmer/Dannecker Rn. 13.

[150] Vgl. RGSt 45, 215; 49, 241; BeckOGK/Waßmer, 15.9.2022, Rn. 283.

[151] Vgl. hierzu Schönke/Schröder/Sternberg-Lieben/Bosch StGB Vor § 52 Rn. 22 ff.; Fischer StGB Vor § 52 Rn. 2 ff.

[152] Vgl. hierzu Schönke/Schröder/Sternberg-Lieben/Bosch StGB Vor § 52 Rn. 102 ff.; Fischer StGB Vor § 52 Rn. 39 ff.

[153] Vgl. hierzu Schönke/Schröder/Sternberg-Lieben/Bosch StGB Vor § 52 Rn. 124 ff.; Fischer StGB Vor § 52 Rn. 64 ff.

[154] BGH wistra 1996, 348; für die Gründungstäuschung nach § 82 Abs. 1 Nr. 1 GmbHG schon RGSt 18, 115; Ulmer/Dannecker Rn. 199; MüKoStGB/Leplow HGB § 331 Rn. 149.

108   **2. Mehrere unrichtige Darstellungen in mehreren Tatbestandsalternativen.** Hat der Täter die Verhältnisse in einem Jahresabschluss einer Tochtergesellschaft iSv Nr. 1 unrichtig wiedergegeben und geht dieser unrichtige Abschluss in einen Konzernabschluss iSv Nr. 2 ein, für den der Täter ebenfalls verantwortlich ist, liegt zwischen diesen mehrfachen Tatbestandsverwirklichungen regelmäßig **Tateinheit** gem. § 52 StGB vor, zumal der Jahresabschluss der Tochtergesellschaft und der Konzernabschluss rechtlich und tatsächlich miteinander verknüpft sind.[155] Dies gilt insbesondere dann, wenn Unternehmens- und Konzernabschluss gleichzeitig gefertigt werden oder die Anfertigung des Unternehmensabschlusses die notwendige Vorstufe des Konzernabschlusses bildet, da die Arbeiten an dem Unternehmensabschluss praktisch nahtlos in die Arbeiten für den Konzernabschluss übergehen bzw. darin einfließen.[156] **Tatmehrheit** ist ausnahmsweise gegeben, wenn Unternehmens- und Konzernabschluss völlig getrennt voneinander gefertigt werden, so insbesondere bei unterschiedlichen Wirtschaftsjahren. Gleiches gilt, wenn eine unrichtige Bilanz iSd Nr. 2 erstellt wird, um diese später zum Zweck der Befreiung gem. §§ 291, 292 oder § 325 Abs. 2a offenzulegen und die Offenlegung iSv Nr. 3 oder Nr. 1a erfolgt.

109   Dagegen konsumiert die Tatbestandserfüllung von Nr. 4 eine spätere Tatbegehung der Alternativen von Nr. 1–3 **(Spezialität).**[157]

110   Die **Unrichtige Versicherung gem. § 331a** bezieht sich auf Jahresabschlüsse und Lageberichte; sie kann nur objektiv falsch sein, wenn auch die zugrundeliegenden Abschlüsse bzw. Berichte iSv Nr. 1 oder Nr. 2 objektiv falsch sind. Grundsätzlich ist hier zu beachten, dass die gesetzlichen Vertreter der Kapitalgesellschaft den „Bilanzeid" gem. § 264 Abs. 2 S. 3, § 289 Abs. 1 S. 5 „bei der Unterzeichnung" des Jahresabschlusses oder des Konzernabschlusses – somit zeitgleich mit der Unterzeichnung gem. § 245 – zu leisten haben; in diesem Fall ist wegen natürlicher Handlungseinheit von Idealkonkurrenz auszugehen,[158] zumal ein unmittelbarer räumlich-zeitlicher Zusammenhang zwischen Unterzeichnung und schriftlicher Versicherung besteht, beide Handlungen objektiv als einheitliches zusammengehöriges Tun erscheinen und auf einem einheitlichen Willensentschluss beruhen.[159]

111   Fallen jedoch die Erstellung/Vorlage des Jahresabschlusses/Lageberichts und die Abgabe der Versicherung ausnahmsweise zeitlich auseinander, liegen zwei verschiedene, tatmehrheitliche Handlungen vor. Die Tatbestandserfüllung von Nr. 1 oder von Nr. 2 impliziert in diesem Fall nicht zwangsläufig auch die Tatbestandsverwirklichung des § 331a im Sinne eines bloßen Vortatverhaltens; der Täter nach Nr. 1 oder 2 kann später – vor der Leistung des Bilanzeides – immer noch von der Tatbestandsverwirklichung des § 331a Abstand nehmen. Umgekehrt kann der subjektive Tatbestand der Nr. 1 oder 2 mangels Kenntnis von der Unrichtigkeit ausgeschlossen sein, während diese Kenntnis jedoch vor der Abgabe der Unrichtigen Versicherung gem. § 331a nachträglich erlangt werden kann.[160]

112   **3. Verhältnis zu anderen Strafgesetzen. a) Straftatbestände des StGB. Tateinheit** kann bspw. bestehen mit der Verwirklichung der Straftatbestände des Betruges gem. § 263 StGB, des Kapitalanlagebetruges gem. § 264a StGB, des Kreditbetruges gem. § 265b StGB,[161] des Subventionsbetruges gem. § 264 StGB, der Untreue gem. § 266 StGB, wenn die falschen Angaben im Jahresabschluss **zugleich** bzw. **zweckgerichtet** einer rechtswidrigen Bereicherung oder der Erlangung eines Kredits oder Subvention etc dienen.[162] Auch

---

[155]   BGH wistra 2020, 166 Rn. 7; Achenbach NStZ 2020, 720 (7214).
[156]   BGH NStZ-RR 2020, 45.
[157]   MüKoStGB/Leplow HGB § 331 Rn. 150; Ulmer/Dannecker Rn. 126; HK-KapMarktStrafR/Eidam HGB § 331 Rn. 87.
[158]   Ebenso MüKoStGB/Leplow HGB § 331 Rn. 150.
[159]   Vgl. zur Definition der natürlichen Handlungseinheit BGH NStZ-RR 2010, 375.
[160]   Kölner Komm AktG/Altenhain AktG § 400 Rn. 158; BeckOGK/Waßmer, 15.9.2022, Rn. 285 mwN.
[161]   S. BGH NStZ-RR 2020, 45 (46), wenn der unrichtige Jahres- oder Konzernabschluss Tatmittel des Kreditbetruges ist, ein räumlich-zeitlicher Zusammenhang zwischen unrichtiger Darstellung und Täuschungshandlung besteht und beide Taten durch einen einheitlichen Willen final verknüpft sind.
[162]   MüKoStGB/Leplow HGB § 331 Rn. 152; HK-KapMarktStrafR/Eidam HGB § 331 Rn. 88.

der Straftatbestand der Urkundenfälschung gem. § 267 StGB kann tateinheitlich begangen werden, wenn die falsche Urkunde der Falschbilanzierung als Beleg dient.

Tatmehrheit zu diesen Delikten kann dann vorliegen, wenn die falschen Angaben – **113** ohne einheitlichem Willensentschluss – zunächst nur im Hinblick auf den Jahresabschluss gemacht wurden und danach erst, dh nach einer Zäsur und aufgrund eines neuen Tatentschlusses, die Vorlage zur Kredit- oder Subventionserlangung erfolgt.[163]

Gesetzeskonkurrenz besteht zu den Bankrottdelikten der § 283 Abs. 1 Nr. 7 lit. a **114** StGB, § 283b Abs. 1 Nr. 3 lit. a StGB; diese Straftatbestände konsumieren die Regelungen der § 331 Nr. 1 und Nr. 2. Dies beruht darauf, dass die Falschbilanzierung in den Fällen der Zahlungseinstellung, der Eröffnung des Insolvenzverfahrens oder der Abweisung des Insolvenzantrages mangels Masse – als objektive Strafbarkeitsvoraussetzungen (vgl. § 283 Abs. 6 StGB, § 283b Abs. 3 StGB)[164] – wegen der Erschwerung der Vermögensübersicht in der Unternehmenskrise eine selbständige Deliktsqualität mit höherem Unrechtsgehalt aufweist und daher auch mit einem höheren Strafmaß von bis zu fünf Jahren geahndet wird.[165]

b) Straftatbestände aus anderen Gesetzen. Subsidiär gegenüber Nr. 1 sind § 400 **115** Abs. 1 Nr. 1 AktG, § 82 Abs. 1 Nr. 2 GmbHG, § 147 Abs. 2 Nr. 1 GenG (bei Kreditinstituten), § 17 PublG und § 313 Abs. 1 Nr. 1 UmwG, soweit sich die unrichtige Darstellung der Kapitalgesellschaft (bei Kreditinstituten und Versicherungsunternehmen auch andere Rechtsformen, vgl. §§ 340m, 341n) auf **Eröffnungsbilanz, Jahresabschluss, Lagebericht oder Zwischenabschluss** nach § 340a Abs. 3 bezieht.[166] Andere Erklärungen und/oder Gesellschaftsformen werden durch Nr. 1 nicht geschützt; hierfür gelten weiterhin die jeweiligen spezialgesetzlichen Strafnormen, zB:
- § 400 Abs. 1 Nr. 1 AktG für Vorträge und Auskünfte in der Hauptversammlung, für Darstellungen und Übersichten über den Vermögensstand oder für eine Verlustanzeige gem. § 92 Abs. 1 AktG.[167]
- § 82 Abs. 2 Nr. 2 GmbHG für öffentliche Mitteilungen wie Zwischenbilanz oder Bilanz eines Rumpfgeschäftsjahres oder Teile der Unterlagen iSd Nr. 1.[168] § 82 Abs. 2 Nr. 2 erfasst darüber hinaus auch die Mitglieder aufsichtsratsähnlicher Organe (Beirat, Verwaltungsrat etc), die von Nr. 1 nicht erfasst werden.[169]
- § 147 Abs. 2 Nr. 1 GenG für alle Genossenschaften – mit Ausnahme genossenschaftlich organisierter Kreditinstitute – bei unrichtiger Wiedergabe oder Verschleierung der Verhältnisse der Genossenschaft in Darstellungen und Übersichten über den Vermögensstand, die Mitglieder oder die Haftsummen sowie in Vorträgen oder Auskünften in der Generalversammlung. Nur für Kreditinstitute, die in Form der Genossenschaft betrieben werden, verweist § 147 Abs. 2 Nr. 1 GenG explizit auf § 331 Nr. 1. Darstellungen iSd § 147 Abs. 2 Nr. 1 GenG sind insbesondere Jahresabschluss, Anhang und Lagebericht der Genossenschaft.[170]
- § 17 Nr. 1–3 PublG für Unternehmen bestimmter Rechtsformen nach §§ 3 Abs. 1, 11 Abs. 5 PublG, dh insbesondere Personenhandelsgesellschaften ab bestimmten Größenordnungen nach § 1 Abs. 1 PublG, § 11 Abs. 1 PublG.[171]

---

163 MüKoStGB/Leplow HGB § 331 Rn. 153.
164 Schönke/Schröder/Heine/Schuster StGB § 283 Rn. 59 mwN.
165 AA Ulmer/Dannecker Rn. 204; MüKoStGB/Leplow HGB § 331 Rn. 152.
166 Ebenso Ulmer/Dannecker Rn. 201; MüKoStGB/Leplow HGB § 331 Rn. 154; Wabnitz/Janovsky/ Schmitt WirtschaftsStrafR-HdB/Raum Kap. 12 Rn. 72 ff.; HK-KapMarktStrafR/Eidam HGB § 331 Rn. 88.
167 BeckOGK/Waßmer, 15.9.2022, Rn. 287 f.; MüKoStGB/Leplow HGB § 331 Rn. 154.
168 MüKoStGB/Leplow HGB § 331 Rn. 154; BeckOGK/Waßmer, 15.9.2022, Rn. 288; Altmeppen GmbHG § 82 Rn. 37; Noack/Servatius/Haas/Beurskens GmbHG § 82 Rn. 50 ff.
169 Noack/Servatius/Haas/Beurskens GmbHG § 82 Rn. 53; Altmeppen GmbHG § 82 Rn. 37.
170 Achenbach/Ransiek/Rönnau WirtschaftsStrafR-HdB/Ransiek VIII 1 Rn. 95; MüKoStGB/Leplow HGB § 331 Rn. 154; Pöhlmann/Fandrich/Bloehs/Pöhlmann GenG § 147 Rn. 5.
171 MüKoStGB/Leplow HGB § 331 Rn. 154; BeckOGK/Waßmer, 15.9.2022, Rn. 288.

– § 313 Abs. 1 Nr. 1 UmwG für Darstellungen in Verschmelzungs-, Spaltungs-, Übertragungs- und Umwandlungsberichten, sonstige Darstellungen oder Übersichten über den Vermögensstand oder in Verträgen oder Auskünften in der Versammlung der Anteilseigner.[172]

– § 143 VAG schafft eine Sondernorm für den Versicherungsverein auf Gegenseitigkeit und stellt die unrichtige Wiedergabe oder Verschleierung der Verhältnisse über den Vermögensstand des Vereins in Darstellungen oder Übersichten oder in Vorträgen oder Auskünften vor der obersten Vertretung des Vereins unter Strafe.[173] Die übrigen Versicherungsunternehmen fallen unabhängig von ihrer Rechtsform durch die Verweisung in § 341m unter § 331.

116   Eine eigenständige Bedeutung hat § 400 Abs. 1 Nr. 2 AktG bei anderen Prüfungen als Abschlussprüfungen,[174] zB Sonderprüfungen jeglicher Art (→ Rn. 54 ff.).

117   § 17 Nr. 4 PublG gilt weiterhin für die Aufklärung und Nachweise bei den nach dem PublG vorgeschriebenen Prüfungen.[175] § 313 Abs. 1 Nr. 2 UmwG gilt ausschließlich für Erklärungen gegenüber Verschmelzungs-, Spaltungs- oder Übertragungsprüfern.

118   § 147 Abs. 2 Nr. 2 GenG hat eine eigenständige Bedeutung für alle Genossenschaften mit Ausnahme der Kredit- und Finanzdienstleistungsinstitute. Für diese gilt wegen der Verweisung in § 147 Abs. 2 Nr. 2 wiederum § 331 Nr. 4.

119   § 143 Nr. 2 VAG enthält die dem § 331 Nr. 4 entsprechende Vorschrift für den Versicherungsverein auf Gegenseitigkeit.

120   Bei unrichtigen oder irreführenden Mitteilungen über bewertungserhebliche Umstände eines Finanzinstruments kann der Straftatbestand der verbotenen Marktmanipulation gem. § 119 Abs. 1 WpHG, § 120 Abs. 15 Nr. 2 WpHG iVm Art. 15 iVm Art. 12 Abs. 1 Marktmissbrauchs-VO zu § 331 in Idealkonkurrenz stehen, soweit die unrichtige Darstellung nach § 331 auch zu Zwecken der Marktmanipulation erfolgt. Gesetzeskonkurrenz scheidet aus, da die Schutzzwecke der beiden Strafnormen nicht deckungsgleich sind.[176]

X. Strafe

121   Bei allen **Vorsatzdelikten** sieht § 331 Abs. 1 eine Freiheitsstrafe bis zu drei Jahren oder Geldstrafe vor. Das Mindestmaß der Freiheitsstrafe beträgt einen Monat (§ 38 Abs. 2 StGB). Die Geldstrafe beträgt mindestens fünf, höchstens 360 Tagessätze (§ 40 Abs. 1 S. 2 StGB). Die Höhe des Tagessatzes bemisst sich nach den persönlichen und wirtschaftlichen Verhältnissen des Täters; Grundlage ist das Nettoeinkommen des Täters.[177] Die Verhängung von Geldstrafe neben einer verhängten Freiheitsstrafe ist nach § 41 StGB grundsätzlich möglich, dürfte aber im Hinblick auf den Strafrahmen des § 331 selbst und den Charakter der Straftatbestände als abstrakte Gefährdungsdelikte, wo es der Feststellung der Bereicherung nicht bedarf, in der Praxis kaum in Betracht kommen. Gleiches gilt für die Anwendung der Vorschriften über Verfall und Einziehung gem. §§ 73 ff. StGB.

122   Handelt der Täter in den Fällen des Nr. 1a und Nr. 3 **leichtfertig**, wurde mit dem FISG in § 331 Abs. 2 ein geringerer Strafrahmen von maximal einem Jahr Freiheitsstrafe oder Geldstrafe normiert. Mit der Differenzierung bzgl. des Strafrahmens soll auf der Rechtsfolgenseite dem unterschiedlichen Handlungsunwert von vorsätzlichem und fahrlässigem Verhalten Rechnung getragen werden.[178]

123   Anwendbar ist auch die Vorschrift des § 70 StGB über die **Verhängung eines Berufsverbots,** welches jedoch nur bei beharrlichen Wiederholungstätern in Betracht kommt.

---

172 MüKoStGB/Leplow HGB § 331 Rn. 154; BeBiKo/Grottel/Hoffmann Rn. 80.
173 MüKoStGB/Leplow HGB § 331 Rn. 154.
174 MüKoAktG/Wittig AktG § 400 Rn. 105.
175 Achenbach/Ransiek/Rönnau WirtschaftsStrafR-HdB/Ransiek VIII 1 Rn. 112.
176 Vgl. hierzu Assmann/Schütze KapAnlR-HdB/Worms § 10 Rn. 76; Erbs/Kohlhaas/Wehowsky WpHG § 20a Rn. 2.
177 Zu den Einzelheiten vgl. Schönke/Schröder/Stree/Kinzig StGB § 40 Rn. 8 ff.; Fischer StGB § 40 Rn. 6 ff.
178 BT-Drs. 19/26966, 105.

Die **Vermögensabschöpfung,** dh die Einziehung gem. §§ 73 ff. StGB, kommt dort **124** in Betracht, wo der Täter unmittelbar durch die rechtswidrige Tat oder für sie etwas erlangt hat oder wo Gegenstände durch die Tat hervorgebracht oder zu ihrer Begehung gebraucht oder bestimmt gewesen sind.[179] Einen unmittelbaren materiellen Vorteil erlangt der Täter bei der Verletzung der Berichtspflicht gegen Entgelt nach § 332 Abs. 2 oder bei der Verletzung der Geheimhaltungspflicht gegen Entgelt nach § 333 Abs. 2. Bei der Tatbestandserfüllung der §§ 332, 333 oder auch bei Teilnahme an einer Tat nach § 331 durch Berufsträger (insbesondere Wirtschaftsprüfer, vereidigter Buchprüfer, Steuerberater, Rechtsanwälte) kommt zusätzlich zu der strafrechtlichen Ahndung auch eine berufsrechtliche Sanktion in Betracht.[180]

Wurde eine Tat nach § 331 begangen, kann zudem gegen die juristische Person eine **125** **Verbandsgeldbuße** gem. § 30 OWiG verhängt werden, wenn das Unternehmen durch die strafbare Handlung des Organs bereichert worden ist. Die Verbandsgeldbuße kann gem. § 30 Abs. 4 OWiG auch isoliert festgesetzt werden, wenn gegen die Organe kein Strafverfahren eingeleitet oder dieses eingestellt wurde. Zwar sieht § 30 Abs. 2 Nr. 1 OWiG eine maximale Geldbuße in Höhe von bis zu 10 Mio. Euro vor; allerdings kann dieser Höchstwert iSv § 30 Abs. 3 OWiG, § 17 Abs. 4 S. 2 OWiG überschritten werden, wenn der erlangte Vorteil das gesetzliche Höchstmaß der Geldbuße überschreitet.[181] Abzulehnen ist ein darüber hinausgehendes Unternehmensstrafrecht, da die geltenden bußgeldrechtlichen Sanktionsmöglichkeiten im Lichte der kriminalpolitischen Zweckmäßigkeit ausreichend sind und eine Bestrafung zwingend schuldhaftes Verhalten voraussetzt („nulla poena sine culpa").[182]

XI. Verjährung

Aufgrund der Strafandrohung mit Freiheitsstrafe bis zu drei Jahren oder Geldstrafe, **126** handelt es sich um ein **Vergehen** iSd § 12 Abs. 2 StGB.

1. Strafverfolgungsverjährung. Die Strafverfolgungsverjährung beträgt nach § 78 **127** Abs. 2 Nr. 4 StGB fünf Jahre. Sie beginnt gem. § 78a StGB mit der Beendigung der Tat (→ Rn. 97 ff.) und kann durch Handlungen nach § 78c StPO unterbrochen werden. Die absolute Verjährung nach § 78c Abs. 3 S. 2 StGB beträgt zehn Jahre.

2. Strafvollstreckungsverjährung. Die Strafvollstreckungsverjährung hängt von der **128** verhängten Strafe ab. Im Hinblick auf den Strafrahmen des § 331 von fünf Tagessätzen Geldstrafe bis zu drei Jahren Freiheitsstrafe kann die Vollstreckungsverjährung zehn, fünf oder drei Jahre betragen (§ 79 Abs. 3 Nr. 3–5 StGB).

Die Strafvollstreckungsverjährung beginnt mit Rechtskraft der verurteilenden Entschei- **129** dung (§ 79 Abs. 6 StGB).

§ 331a Unrichtige Versicherung

(1) Mit Freiheitsstrafe bis zu fünf Jahren oder mit Geldstrafe wird bestraft, wer entgegen § 264 Absatz 2 Satz 3, auch in Verbindung mit § 325 Absatz 2a Satz 3, entgegen § 289 Absatz 1 Satz 5, auch in Verbindung mit § 325 Absatz 2a Satz 4, oder entgegen § 297 Absatz 2 Satz 4 oder § 315 Absatz 1 Satz 5, jeweils auch in Verbindung mit § 315e Absatz 1, eine unrichtige Versicherung abgibt.

(2) Handelt der Täter leichtfertig, so ist die Strafe Freiheitsstrafe bis zu zwei Jahren oder Geldstrafe.

---

[179] Schönke/Schröder/Eser/Schuster StGB § 73 Rn. 6 ff.; Schönke/Schröder/Eser/Schuster StGB § 73c Rn. 1 ff.
[180] Vgl. MüKoStGB/Leplow HGB § 331 Rn. 163; BeckOGK/Waßmer, 15.9.2022, Rn. 300.
[181] BeckOGK/Waßmer, 15.9.2022, Rn. 301 ff.
[182] S. hierzu BeckOK StGB/Momsen StGB § 14 Rn. 28b; KK-OWiG/Rogall OWiG § 30 Rn. 286 ff. mwN; Leipold ZRP 2013, 34; Trüg wistra 2010, 241; Grützner CCZ 2015, 56.

Schrifttum: s. bei § 331; Liebscher/Rinker, Das Finanzmarktintegritätsstabilisierungsgesetz – Neuerungen für Abschlussprüfer, Vorstände und Aufsichtsräte kapitalmarktorientierter Gesellschaften, BKR 2021, 466; Schüppen, Der Regierungsentwurf des Gesetzes zur Stärkung der Finanzmarktintegrität (FISG) – Hart, bissig, unausgegoren, DStR 2021, 246.

Übersicht

I. Allgemeines

1 **1. Neuer Straftatbestand durch das FISG.** § 331a bestraft die gesetzlichen Vertreter von Inlandsemittenten, die entgegen § 264 Abs. 2 S. 3, § 289 Abs. 1 Nr. 5, § 297 Abs. 2 S. 4, § 315 Abs. 1 S. 5 sowie § 114 Abs. 2 Nr. 3 WpHG, § 115 Abs. 2 Nr. 3 WpHG eine unrichtige schriftliche Versicherung bzw. einen unrichtigen „Bilanzeid" abgeben. Dieser neue Straftatbestand wurde durch das FISG mit Wirkung zum 1.7.2021 geschaffen, um das gesteigerte Handlungsunrecht – im Vergleich zur Unrichtigen Darstellung gem. § 331 Abs. 1 – angemessen zu ahnden, welches durch die wahrheitswidrige Bekräftigung der Richtigkeit von Jahres-/Konzernabschlüssen, Einzelabschlüssen sowie Lage-/Konzernlage-berichten verwirklicht wird. Durch die Erhöhung des Strafrahmens sollte eine **„Appell-, Warn- und Abschreckungsfunktion"** gegenüber dem potenziellen Täterkreis entfaltet werden und diesen zu einer richtigen Entsprechenserklärung anhalten, da bei einer unrichtigen Versicherung typischerweise – aufgrund der Kapitalmarktorientierung der betreffenden Unternehmen – das Vertrauen eines großen Adressatenkreises erschüttert wird.[1]

2 Der Tatbestand des § 331a entspricht dem Regelungsgehalt des § 331 Nr. 3a (→ Vor § 331 Rn. 33). Daher kann für die Kommentierung weitgehend auf die bisherige Literatur und Rechtsprechung zu § 331 Nr. 3a aF Bezug genommen werden.

3 **2. Geschütztes Rechtsgut.** Wie § 331 Abs. 1 Nr. 1–4 (→ § 331 Rn. 1) schützt auch § 331a das Vertrauen in die **Richtigkeit** und die **Vollständigkeit** bestimmter Informationen über die Verhältnisse der Kapitalgesellschaft bzw. des Konzerns,[2] wobei die Vorschriften über den „Bilanzeid" gem. § 264 Abs. 2 S. 3, § 289 Abs. 1 Nr. 5, § 297 Abs. 2 S. 4, § 315 Abs. 1 S. 5 sowie § 114 Abs. 2 Nr. 3 WpHG, § 115 Abs. 2 Nr. 3 WpHG noch spezifischer das **Vertrauen der Anleger in die schriftlich abzugebende Versicherung** von Organen kapitalmarktorientierter Unternehmen schützt, dass Jahresabschluss und Anhang den tat-sächlichen Verhältnissen der Gesellschaft entsprechen.[3] Darüber hinaus wurde durch die Bezugnahme auf § 325 Abs. 2a S. 3 und 4 sowie auf § 315e Abs. 1 klargestellt, dass ein kapitalmarktorientiertes Unternehmen auch dann den Straftatbestand erfüllt, wenn sich die unrichtige Versicherung auf einen nach internationalen Rechnungslegungsvorschriften

---

[1] So BT-Drs. 19/26966, 105.

[2] Abendroth WM 2008, 1147 (1149); Hamann Der Konzern 2008, 145 (146); aA Altenhain WM 2006, 1141 (1147); Sorgenfrei wistra 2008, 329 (331).

[3] MüKoStGB/Leplow HGB § 331 Rn. 1 mwN.

(IAS/IFRS) aufgestellten Einzelabschluss und Lagebericht bzw. Konzernabschluss und Konzernlagebericht bezieht.[4]

3. Geschützte Rechtssubjekte. Geschützt sind sowohl die Kapitalgesellschaft bzw. **4** der Konzern als auch sämtliche Personen, die mit der Gesellschaft oder dem Konzern in irgendeiner wirtschaftlichen und/oder rechtlichen Beziehung stehen (→ § 331 Rn. 2).

4. Abstraktes Gefährdungsdelikt. Wie auch bei den Tatbeständen des § 331 handelt **5** es sich bei § 331a um ein abstraktes Gefährdungsdelikt,[5] bei dem alleine die Tathandlung genügt, um das Vertrauen eines – gerade bei kapitalmarktorientierten Unternehmen – großen Adressatenkreises zu erschüttern. Ein kausaler Vermögensschaden oder eine konkrete Vermögensgefährdung sind daher für die Tatbestandsverwirklichung nicht erforderlich (→ § 331 Rn. 3).

5. Normadressaten. a) Täterkreis. Taugliche Täter des Straftatbestandes des § 331a **6** sind die gesetzlichen Vertreter von Kapitalgesellschaften (→ § 331 Rn. 7 ff.), die **Inlandsemittenten** gem. § 2 Abs. 14 WpHG sind,[6] dh von Unternehmen, die Aktien oder Schuldtitel ausgeben und an einem organisierten Markt in Deutschland teilnehmen, ohne dass sie Emittenten mit Herkunftsland Deutschland sein müssen; keine Inlandsemittenten sind Kapitalgesellschaften iSd § 327a.[7] Nur diese Normadressaten sind gesetzlich verpflichtet, den „Bilanzeid" bzw. die schriftliche Entsprechenserklärung abzugeben (vgl. § 264 Abs. 2 S. 3, § 289 Abs. 1 S. 5, § 297 Abs. 2 S. 4, § 315 Abs. 1 S. 5).

b) Echtes Sonderdelikt. Auch § 331a ist ein echtes Sonderdelikt, das den Täterkreis **7** abschließend bezeichnet. Andere Personen können sich daher nur einer Teilnahme strafbar machen (→ § 331 Rn. 4, → § 331 Rn. 103 ff.).

II. Tathandlung

1. Unrichtige Versicherung. Tatbestandsmäßig handelt, wer als gesetzlicher Vertreter **8** eines Inlandsemittenten eine **unrichtige Versicherung** iSv § 264 Abs. 2 S. 3, § 289 Abs. 1 S. 5, § 297 Abs. 2 S. 4 oder § 315 Abs. 1 S. 5 abgibt (sog. falsche Entsprechenserklärung). Auf diese Vorschriften wird auch bei der Offenlegung eines nach internationalen Rechnungslegungsvorschriften aufgestellten Einzel- oder Konzernabschluss verwiesen (§ 325 Abs. 2a S. 3, § 315e Abs. 1). Taugliche Tatgegenstände, auf die sich diese Entsprechenserklärung im Sinne einer **besonderen Bekräftigung der Richtigkeit** beziehen muss, sind
– der Jahresabschluss der Kapitalgesellschaft gem. § 264 Abs. 2 S. 3,
– der Lagebericht gem. § 289 Abs. 1 S. 5,
– der Konzernabschluss gem. § 297 Abs. 2 S. 4,
– der Konzernlagebericht gem. § 315 Abs. 1 S. 5,
– der nach internationalen Rechnungslegungsstandards (IAS/IFRS) aufgestellte Einzelabschluss gem. § 325 Abs. 2a nebst Lagebericht
– sowie der nach IAS/IFRS aufgestellte Konzernabschluss und Konzernlagebericht gem. § 315e Abs. 1.
Der Jahresabschluss, der Konzernabschluss, Einzelabschluss oder der nach internationa- **9** len Rechnungslegungsvorschriften erstellte Konzernabschluss vermitteln demnach – entgegen der abgegebenen Versicherung – gerade kein den tatsächlichen Umständen entsprechendes Bild und enthalten hierzu keine zusätzlichen Angaben im Anhang. Gleiches gilt für den Lagebericht bzw. den Konzernlagebericht, wenn kein den tatsächlichen Verhältnissen entsprechendes Bild des Geschäftsverlaufs, des Geschäftsergebnisses und der Lage der Kapi-

---

[4] BT-Drs. 19/26966, 57, 105; Schüppen DStR 2021, 246 (247); Liebscher/Rinker BKR 2021, 466 (468).
[5] BeckOK HGB/Schorse, 34. Ed. 15.10.2021, § 331a Rn. 4.
[6] BeckOGK/Fehrenbacher, 1.9.2022, § 264 Rn. 88 ff.; Hutter/Kaulamo NJW 2007, 471 (472 f.); Rodewald/Unger BB 2006, 1917; Hahn IRZ 2007, 375 (376); Sorgenfrei wistra 2008, 329 (332); Park FS Egon Müller, 2008, 531 (537 f.).
[7] Beyersdorf/Rahe BB 2007, 99; Fleischer ZIP 2007, 97 (100).

talgesellschaft bzw. des Konzerns vermittelt und die wesentlichen Chancen und Risiken der voraussichtlichen Geschäftsentwicklung nicht richtig beschrieben werden.[8] Dabei muss sich die falsche Entsprechenserklärung nicht auf den aufgestellten, sondern auf den festgestellten Jahresabschluss beziehen.[9]

10   Die Bestimmung der Unrichtigkeit einer Versicherung ist unter Berücksichtigungen der Wertungen des § 331 Abs. 1 an den Tatbestandsmerkmalen der unrichtigen Wiedergabe bzw. des Verschleierns in Nr. 1 und Nr. 2 auszurichten.[10] Maßstab sind also die **Grundsätze ordnungsgemäßer Buchführung** und die **Bewertungsvorschriften des HGB** (→ § 331 Rn. 43).[11] Weiter ist eine **erhebliche Unrichtigkeit** der Jahresabschlüsse bzw. Lageberichte erforderlich, die der Versicherung zugrunde liegen (→ § 331 Rn. 53).[12]

11   Die bloße **Nichtabgabe** bzw. das **Unterlassen** der Versicherung ist nicht strafbar, sondern nur eine **Ordnungswidrigkeit** nach § 120 Abs. 2 Nr. 15 WpHG iVm § 114 Abs. 2 Nr. 3 WpHG, § 115 Abs. 2 Nr. 3 WpHG.[13] Auch ist zu berücksichtigen, dass die Entsprechenserklärung gem. § 325 Abs. 1 Nr. 1 und Abs. 3 zu den **offenlegungspflichtigen Rechnungsunterlagen** gehört, weshalb sowohl gegen die offenlegungspflichtige Gesellschaft als auch gegen die Mitglieder ihres vertretungsberechtigten Organs gem. § 335 Abs. 1 ein Ordnungsgeldverfahren einzuleiten ist.[14]

12   **2. Form und Inhalt.** Die falsche Versicherung muss **schriftlich** und **höchstpersönlich** erfolgen, § 264 Abs. 2 S. 3, § 289 Abs. 1 S. 5, § 297 Abs. 2 S. 4, § 315 Abs. 1 S. 6. Ein genauer Wortlaut ist (noch) nicht festgelegt.[15]

III. Rechtswidrigkeit

13   Zur Rechtswidrigkeit → § 331 Rn. 83 f.

IV. Subjektiver Tatbestand

14   **1. Vorsatz.** Der **Vorsatz** muss sich auf alle objektiven Tatbestandsmerkmale des § 331a beziehen, dh darauf, dass die abgegebene schriftliche Versicherung unrichtig ist und das jeweilige Dokument der Rechnungslegung kein den tatsächlichen Verhältnissen entsprechendes Bild vermittelt (→ § 331 Rn. 86). Hierbei genügt es, dass der Täter die Unrichtigkeit billigend in Kauf nimmt.[16]

15   **2. Leichtfertigkeit.** Durch das FISG wurde auch die leichtfertige Abgabe einer unrichtigen Versicherung gem. § 331a Abs. 2 unter Strafe gestellt, um eine ausreichend abschreckende Ahndung zu ermöglichen und die „Vertrauensbildungsfunktion" des Bilanzeides für die Öffentlichkeit zu stärken.[17] Leichtfertig handelt, wer im Sinne einer gesteigerten Fahrlässigkeit besonders nachlässig ist (→ § 331 Rn. 89).

16   **3. Wissensvorbehalt.** Anlässlich der Umsetzung der Transparenz-RL (RL 2004/10/EG) durch das TUG (BGBl. 2007 I 10) war hinsichtlich der unrichtigen Versicherung

---

[8] MüKoStGB/Leplow HGB § 331 Rn. 107 ff.; BeckOGK/Waßmer, 15.9.2022, § 331 Rn. 162 ff.; krit. zum „Bilanzeid" Hefendehl FS Tiedemann, 2008, 1065 (1074).

[9] Vgl. OLG Stuttgart NZG 2009, 951; Oser/Eisenhardt DB 2011, 717 (718); Hamann Der Konzern 2008, 145 (147).

[10] Vgl. dazu Ziemann wistra 2007, 293; Sorgenfrei wistra 2008, 329 (333); Park FS Egon Müller, 2008, 531 (542 f.).

[11] S. Fleischer ZIP 2007, 97 (102); Ziemann wistra 2007, 292 (293).

[12] S. Ziemann wistra 2007, 292 (293); Fleischer ZIP 2007, 102; Sorgenfrei wistra 2008, 333; Abendroth WM 2008, 1147 (1149); Park FS Egon Müller, 2008, 531 (546).

[13] Vgl. dazu Ziemann wistra 2007, 292 (293); Abendroth WM 2008, 1147 (1149); Altenhain WM 2008, 1141 (1143); Sorgenfrei wistra 2008, 329 (333); Hefendehl FS Tiedemann, 2008, 1065 (1068).

[14] Liebscher/Rinker BKR 2021, 466 (468), BeckOK HGB/Schorse, 34. Ed. 15.10.2021, § 331a Rn. 3.

[15] Vgl. dazu Ziemann wistra 2007, 292 (293); HK-KapMarktStrafR/Eidam HGB § 331 Rn. 83.

[16] IErg ebenso Ziemann wistra 2007, 292 (293 f.); Fleischer ZIP 2007, 97 (102); Hefendehl FS Tiedemann, 2008, 1065 (1075 f.).

[17] BT-Drs. 19/26966, 106.

zunächst kein Wissensvorbehalt vorgesehen; vielmehr wurde ein solcher im Regierungsentwurf für verzichtbar erachtet, zumal eine Strafbarkeit gem. § 331 Nr. 3a aF – vor der Sanktionierung leichtfertigen Verhaltens durch das FISG gem. § 331a Abs. 2 – ohnehin stets Vorsatz erforderte.[18] Erst im weiteren Gesetzgebungsverfahren wurde von einer rein objektiven Richtigkeitserklärung im Sinne einer Garantieerklärung abgesehen und in die §§ 264, 289, 297 und § 315 mit der Formulierung **„nach bestem Wissen"** ein subjektives Element eingefügt.[19]

Diese Formulierung sollte nach dem Willen des Gesetzgebers die Sorgfaltspflicht der **17** gesetzlichen Vertreter begründen, „ein möglichst vollständiges Wissen hinsichtlich der vorgeschriebenen Rechnungslegungsangaben zu erhalten", statt sich auf vorhandenes Wissen zurückzuziehen.[20] Während vor Inkrafttreten des FISG und der Ausdehnung der Strafbarkeit auf leichtfertiges Verhalten gem. § 331a Abs. 2 die Auffassung vertreten wurde, dass dieser erhöhte Sorgfaltsmaßstab gerade nicht zu einer Strafbarkeit für fahrlässiges Handeln bzw. für bloßes „Wissenmüssen" führen dürfe,[21] können künftig Verstöße gegen die gesetzlichen Sorgfaltsanforderungen anlässlich der Informationsbeschaffung – namentlich gegen die „Business Judgement Rule" gem. § 93 Abs. 1 S. 2 AktG – zumindest den Leichtfertigkeitsvorwurf begründen. Dies gilt insbesondere in den Fällen, in denen der Täter wissentlich seinen Kontrollpflichten entweder überhaupt nicht oder völlig unzureichend nachgekommen ist oder konkrete Anzeichen für die Unrichtigkeit der Rechnungslegung bewusst ignoriert und sich mit einer unrichtigen Rechnungslegung abfindet, da in diesen Fällen kein begründetes Vertrauen auf die Richtigkeit der Versicherung bestehen kann.[22] Die Schwelle zum Eventualvorsatz ist regelmäßig überschritten, wenn der Täter mangels eigener Kontrolle überhaupt nicht beurteilen kann, ob die Versicherung richtig ist und seine Erklärung daher „ins Blaue hinein" abgibt.[23]

V. Irrtum

Zu den Irrtumsvoraussetzungen → § 331 Rn. 93 ff. **18**

VI. Vollendung und Versuch

Die Tat ist vollendet mit dem Zugang der Versicherung an den berechtigten Adressaten- **19** kreis.[24] Zu diesem gehört nach dem Inkrafttreten des EHUG zum 1.1.2007 auch der Betreiber des Bundesanzeigers nach § 325 Abs. 1 S. 1. Eine Kenntnisnahme der Versicherung bedarf es wie bei Nr. 1, 2 und 4 nicht. Mit der Kenntnisnahme bzw. mit Bekanntmachung im Unternehmensregister ist die Tat aber beendet (→ Rn. 103).[25]

Der Versuch des § 331a ist **nicht strafbar** (§ 23 Abs. 1 StGB, § 12 Abs. 2 StGB). **20**

VII. Konkurrenzen

Da eine unrichtige Versicherung gem. § 331a immer auch voraussetzt, dass er zugrunde- **21** liegende Jahres-/Konzernabschluss, Lage-/Konzernlagebericht oder Einzelabschluss objektiv falsch ist, kann zu § 331 Abs. 1 Nr. 1 und 2 – je nach Zeitpunkt der Entsprechenserklärung – entweder Tateinheit oder Tatmehrheit vorliegen (→ § 331 Rn. 110 f.).

Zum Verhältnis zu anderen Straftatbeständen → § 331 Rn. 112 ff. **22**

---

[18]   Vgl. Begr. BT-Drs. 16/2498, 55.
[19]   Schwark/Zimmer/Heidelbach/Doleczik WpHG § 37v Rn. 28; Hopt/Merkt § 264 Rn. 28; Fleischer ZIP 2007, 97 (100); Hahn IRZ 2007, 375 (376).
[20]   Vgl. Beschlussempfehlung und Bericht Finanzausschuss, BT-Drs. 16/3644, 80; Altenhain WM 2008, 1141 (1145); EBJS/Böcking/Gros § 264 Rn. 47.
[21]   IdS wohl Altenhain WM 2008, 1141 (1145); so auch → 4. Aufl. 2020, § 331 Rn. 97 f.
[22]   Ebenso BeckOGK/Waßmer, 15.9.2022, Rn. 23 ff.; MüKoStGB/Leplow HGB § 331 Rn. 128.
[23]   Schüppen DStR 2021, 246 (247) mwN.
[24]   Vgl. dazu iE MüKoStGB/Leplow HGB § 331 Rn. 143.
[25]   S. auch Ziemann wistra 2007, 292 (294); MüKoStGB/Leplow HGB § 331 Rn. 144.

VIII. Strafe

23   Bei **vorsätzlicher Begehung** sieht § 331a Abs. 1 – im Vergleich zu § 331 Abs. 1 – einen erhöhten Strafrahmen mit Freiheitsstrafe bis zu fünf Jahren oder Geldstrafe vor (→ § 331 Rn. 121). Handelt der Täter leichtfertig, wurde mit dem FISG in § 331a Abs. 2 ein geringerer Strafrahmen von maximal zwei Jahren Freiheitsstrafe oder Geldstrafe normiert. Damit soll die in § 331 Abs. 2 eingeführte Differenzierung bzgl. des Strafrahmens aufgrund des geringeren Handlungsunwerts auch für § 331a Abs. 2 gelten (→ § 331 Rn. 122).

24   Die Ausführungen zu § 331 zur Verhängung eines **Berufsverbotes** (→ § 331 Rn. 123), zur **Vermögensabschöpfung** (→ § 331 Rn. 125) und zu einer möglichen **Verbandsgeldbuße** (→ § 331 Rn. 125) gelten entsprechend.

IX. Verjährung

25   Zur Strafverfolgungs- und Strafvollstreckungsverjährung → § 331 Rn. 126 ff.

§ 332 Verletzung der Berichtspflicht

(1) Mit Freiheitsstrafe bis zu drei Jahren oder mit Geldstrafe wird bestraft, wer als Abschlußprüfer oder Gehilfe eines Abschlußprüfers über das Ergebnis der Prüfung eines Jahresabschlusses, eines Einzelabschlusses nach § 325 Abs. 2a, eines Lageberichts, eines Konzernabschlusses, eines Konzernlageberichts einer Kapitalgesellschaft oder eines Zwischenabschlusses nach § 340a Abs. 3 oder eines Konzernzwischenabschlusses gemäß § 340i Abs. 4 unrichtig berichtet, im Prüfungsbericht (§ 321) erhebliche Umstände verschweigt oder einen inhaltlich unrichtigen Bestätigungsvermerk (§ 322) erteilt.

(2) ¹Handelt der Täter gegen Entgelt oder in der Absicht, sich oder einen anderen zu bereichern oder einen anderen zu schädigen, so ist die Strafe Freiheitsstrafe bis zu fünf Jahren oder Geldstrafe. ²Ebenso wird bestraft, wer einen inhaltlich unrichtigen Bestätigungsvermerk erteilt zu dem Jahresabschluss, zu dem Einzelabschluss nach § 325 Absatz 2a oder zu dem Konzernabschluss einer Kapitalgesellschaft, die ein Unternehmen von öffentlichem Interesse nach § 316a Satz 2 ist.

(3) Handelt der Täter in den Fällen des Absatzes 2 Satz 2 leichtfertig, so ist die Strafe Freiheitsstrafe bis zu zwei Jahren oder Geldstrafe.

Schrifttum: s. bei Vor § 331; Dierlamm, Verletzung der Berichtspflicht gem. § 332 HGB – eine Analyse des gesetzlichen Tatbestandes, NStZ 2000, 130; Geilen, Verletzung der Berichtspflicht (§ 332 HGB), GedS Schlüchter, 2002, 283; Graf, Neue Strafbarkeitsrisiken für den Wirtschaftsprüfer durch das KonTraG, BB 2001, 562; Hoffmann/Knierim, Falsche Berichterstattung des Abschlussprüfers, BB 2002, 2275; Krekeler, Strafbarkeit des Abschlussprüfers, StraFo 1999, 217; Lück, Anforderungen an die Redepflicht des Abschlussprüfers, BB 2001, 404; Meyer, Abschlussprüferhaftung gegenüber Kapitalanlegern für unrichtige Bestätigungsvermerke in Prospekten, BKR 2019, 372; Peemöller/Oehler, Referentenentwurf eines Bilanzrechtsreformgesetzes: Neue Regelungen zur Unabhängigkeit des Abschlussprüfers, BB 2004, 539; Poll, Die Verantwortlichkeit des Abschlussprüfers nach § 323 HGB, DZWiR 1995, 95; Prinz, Grundfragen der Strafbarkeit der Abschlussprüfer bei der Jahresabschlussprüfung einer Kapitalgesellschaft, 2013; Schäfer/Sander/van Gemmeren, Praxis der Strafzumessung, 6. Aufl. 2017; Schüppen, Der Regierungsentwurf des Gesetzes zur Stärkung der Finanzmarktintegrität (FISG) – Hart, bissig, unausgegoren, DStR 2021, 246; Winkeler, Strafbarkeit inhaltlich unrichtiger Ergänzungsvermerke, 2000.

Übersicht

I. Allgemeines

1. Geschütztes Rechtsgut. Geschützt wird das **Vertrauen in die Richtigkeit und 1 Vollständigkeit der Prüfung** von Abschlüssen, Lageberichten und Zwischenabschlüssen durch ein unabhängiges Kontrollorgan.[1] Durch das FISG wurde mit Wirkung zum 1.7.2021 der Qualifikationstatbestand des § 332 Abs. 2 auch auf die vorsätzliche Erteilung eines unrichtigen Bestätigungsvermerks erweitert, bei denen sich der geprüfte Jahres-, Einzel- oder Konzernabschluss auf ein Unternehmen von öffentlichem Interesse gem. § 316a S. 2 HGB bezieht. Diese Strafschärfung war nach Auffassung des Gesetzgebers erforderlich, da das Vertrauen in die Richtigkeit des gem. § 328 Abs. 1a S. 2 offengelegten und daher für jedermann einsehbaren Bestätigungsvermerks bei Unternehmen von öffentlichem Interesse aufgrund des großen Adressatenkreis in hohem Maße schützenswert und eine Unredlichkeit des Prüfers in diesen Fällen besonders verwerflich sei. Auch soll die Strafschärfung bei Unternehmen von öffentlichem Interesse die Qualität der Abschlussprüfung verbessern und die Prüfer zu redlichem Verhalten anleiten. Mit dieser Begründung wurde auch die leichtfertige Erteilung eines unrichtigen Bestätigungsvermerks bei Unternehmen von öffentlichem Interesse mit dem FISG unter Strafe gestellt (§ 332 Abs. 3).[2]

2. Schutzgesetz. Ebenso wie § 331 schützt § 332 nicht nur die Kapitalgesellschaft 2 oder den Konzern, sondern alle Personen, die mit der Kapitalgesellschaft oder dem Konzern in wirtschaftlicher und/oder rechtlicher Beziehung stehen oder in eine solche Beziehung eintreten wollen, dh Gesellschafter, Arbeitnehmer, Vertragspartner, insbesondere Gläubiger oder potentielle Kreditgeber.[3] Insoweit ist § 332 Schutzgesetz iSd § 823 Abs. 2 BGB.[4]

---

[1] Vgl. MüKoStGB/Leplow HGB § 332 Rn. 5; Ulmer/Dannecker Rn. 8; Blumers/Frick/Müller/Dannecker Rn. 681; BeckOGK/Waßmer, 15.9.2022, Rn. 2; Winkeler, Strafbarkeit inhaltlich unrichtiger Ergänzungsvermerke, 2000, S. 75; Dierlamm NStZ 2000, 131; MüKoAktG/Wittig AktG § 403 Rn. 2.

[2] BT-Drs. 19/26966, 106.

[3] Vgl. Blumers/Frick/Müller/Dannecker Rn. 681; MüKoStGB/Leplow HGB § 332 Rn. 6; Kölner Komm AktG/Altenhain AktG § 403 Rn. 5; MüKoAktG/Wittig AktG § 403 Rn. 3; Scholz/Tiedemann/Rönnau GmbHG § 82 Rn. 9; für Nichtkapitalgesellschaften s. §§ 335b, 340m, 341m.

[4] Vgl. BGH NJW 2013, 1877 (1878); OLG Dresden BKR 2019, 411; OLG Hamm BeckRS 2015, 257; BayObLG DB 2003, 2543; OLG Düsseldorf DStR 2000, 985; OLG Karlsruhe WM 1985, 940; Ulmer/Dannecker Rn. 11; HK-KapMarktStrafR/Gercke/Stirner HGB § 332 Rn. 6; Blumers/Frick/Müller/Dannecker Rn. 681; MüKoStGB/Leplow HGB § 332 Rn. 6; Achenbach/Ransiek/Rönnau WirtschaftsStrafR-HdB/Ransiek VIII 1 Rn. 113; Poll DZWiR 1995, 95; Meyer BKR 2019, 372.

3   **3. Abstraktes Gefährdungsdelikt.** § 332 verlangt, wie auch § 331, keinen Erfolgseintritt; es handelt sich ebenfalls um ein abstraktes Gefährdungsdelikt.[5]

4   **4. Sonderdelikt.** Als mögliche Täter nennt § 332 nur Abschlussprüfer und deren Gehilfen; es handelt sich daher auch hier um ein echtes Sonderdelikt.[6]

II. Normadressaten

5   **1. Abschlussprüfer. a) Person des Prüfers.** Abschlussprüfer gem. § 319 Abs. 1 können sowohl ein **Wirtschaftsprüfer** iSd § 1 Abs. 1 S. 1 WPO als auch eine **Wirtschaftsprüfungsgesellschaft** sein; bei den Jahresabschlüssen und Lageberichten mittelgroßer GmbH auch ein **vereidigter Buchprüfer** iSd § 128 Abs. 1 S. 2 WPO oder eine **Buchprüfungsgesellschaft** iSd § 128 Abs. 1 S. 2 WPO.

6   Die **Bestellung** des Abschlussprüfers erfolgt grundsätzlich durch die Gesellschafter der Kapitalgesellschaft oder der Muttergesellschaft im Konzern, § 318 Abs. 1. Ist eine Wirtschafts- oder Buchprüfungsgesellschaft als Prüfer bestellt, so ist Normadressat der für die bestellte Gesellschaft persönlich handelnde Prüfer, der seinerseits über die Qualifikation des Wirtschaftsprüfers oder vereidigten Buchprüfers verfügen muss. Ist der Prüfer vertretungsberechtigtes Organ der Prüfungsgesellschaft, ergibt sich seine Haftung aus § 14 Abs. 1 StGB; ist er bloß Angestellter der Prüfungsgesellschaft und mit der Prüfung seitens der Gesellschaft beauftragt, ergibt sich die strafrechtliche Haftung aus § 14 Abs. 2 Nr. 2 StGB.[7]

7   **b) Mängel bei der Bestellung. Mängel** bei der Bestellung des Prüfers sind für die strafrechtliche Tätereigenschaft irrelevant. Liegt ein Bestellungsakt durch das zuständige Organ vor und wurde tatsächlich eine Prüfung iSd § 332 vorgenommen, so ist die Tätereigenschaft iSd § 332 gegeben (sog. faktische Abschlussprüfer).[8] Wird zB ein vereidigter Buchprüfer entgegen § 319 Abs. 1 zum Abschlussprüfer einer AG oder großen GmbH gewählt, ist er ebenfalls tauglicher Täter nach § 332.[9] Auch das Vorliegen der Ausschlussgründe des § 319 Abs. 2–4, § 319b stehen der Tätereigenschaft nicht entgegen.[10]

8   Dies gilt nur dann nicht, wenn eine Person oder Gesellschaft zum Prüfer bestellt wurde, die die Prüfungsqualifikation des § 319 Abs. 1 **erkennbar** nicht besitzt; hier fehlt es an dem Vertrauensschutz, den § 332 gewährleisten soll, zumal gerade kein Vertrauen in die Tätigkeit beliebiger Personen geschützt wird.[11]

9   Ebenso fehlt es an einer Tätereigenschaft, wenn jegliche Bestellungshandlung durch das zuständige Organ nach § 318 Abs. 1 fehlt, die Prüfertätigkeit somit nur „angemaßt" ist.[12]

---

5   MüKoStGB/Leplow HGB § 332 Rn. 7; Ulmer/Dannecker Rn. 12; Achenbach/Ransiek/Rönnau WirtschaftsStrafR-HdB/Ransiek VIII 1 Rn. 113; Dierlamm NStZ 2000, 131; zur zunehmenden Relevanz Prinz, Grundfragen der Strafbarkeit der Abschlussprüfer bei der Jahresabschlussprüfung einer Kapitalgesellschaft, 2013, 47 ff.

6   Vgl. MüKoStGB/Leplow HGB § 332 Rn. 8; Ulmer/Dannecker Rn. 10; Blumers/Frick/Müller/Dannecker Rn. 688; Achenbach/Ransiek/Rönnau WirtschaftsStrafR-HdB/Ransiek VIII 1 Rn. 115.

7   Vgl. Blumers/Frick/Müller/Dannecker Rn. 688; BeckOGK/Waßmer, 15.9.2022, Rn. 12; Achenbach/Ransiek/Rönnau WirtschaftsStrafR-HdB/Ransiek VIII 1 Rn. 115; MüKoStGB/Leplow HGB § 332 Rn. 10 f.

8   Vgl. MüKoStGB/Leplow HGB § 332 Rn. 13 f.; BeckOGK/Hefendehl, 1.1.2023, AktG § 403 Rn. 23; Hölters/Weber/Müller-Michaels AktG § 403 Rn. 6; Blumers/Frick/Müller/Dannecker Rn. 688 BeckOGK/Waßmer, 15.9.2022, Rn. 13; Achenbach/Ransiek/Rönnau WirtschaftsStrafR-HdB/Ransiek VIII 1 Rn. 115; HK-KapMarktStrafR/Gercke/Stirner HGB § 332 Rn. 15; Krekeler StraFo 1999, 217 (219).

9   MüKoStGB/Leplow HGB § 332 Rn. 14; BeckOGK/Waßmer, 15.9.2022, Rn. 13; Krekeler StraFo 1999, 217 (219).

10 Vgl. Spatscheck/Wulf DStR 2003, 173 (177); Peemöller/Oehler BB 2004, 539.

11 So wenn zB ein Steuerberater unter seiner Berufsbezeichnung ein Testat nach § 322 erteilt, vgl. BeckOGK/Waßmer, 15.9.2022, Rn. 14; Streck DStR 1997, 75; Winkeler, Strafbarkeit inhaltlich unrichtiger Ergänzungsvermerke, 2000, 81; aA MüKoStGB/Leplow HGB § 332 Rn. 14.

12 Vgl. MüKoStGB/Leplow HGB § 332 Rn. 13; HK-KapMarktStrafR/Gercke/Stirner HGB § 332 Rn. 16; Krekeler StraFo 1999, 217 (219); ebenso GroßkommAktG/Otto AktG § 403 Rn. 10; Kölner Komm AktG/Altenhain AktG § 403 Rn. 15.

2. Gehilfe eines Abschlussprüfers. Unter den Begriff des Prüfungsgehilfen fallen 10 zunächst alle Personen, die den Abschlussprüfer in irgendeiner Weise als Angestellte oder Freie Mitarbeiter bei seiner Prüfungstätigkeit unterstützen.[13] Dieser weite Begriff des Prüfungsgehilfen ist aber insoweit einzuschränken, als nach dem geschützten Rechtsgut und dem Schutzbereich der Norm das Vertrauen in die Prüfungstätigkeit Gegenstand des strafrechtlichen Schutzes ist. Prüfungsgehilfe iSd § 332 ist daher nur, wer eine **prüfungsspezifische Tätigkeit** ausübt und einen Einfluss auf das Prüfungsergebnis und die Erteilung des Bestätigungsvermerks besitzt. Dies ist für einen Großteil von Prüfungsgehilfen, wie zB Schreibdienst, einfache Büroangestellte, Hilfskräfte etc, nicht der Fall. Die bloße unterstützende, assistierende Tätigkeit reicht nicht aus, vielmehr bedarf es einer qualifizierten Tätigkeit bzw. einer exponierten Stellung des Handelnden.[14]

Dies ergibt sich auch aus der Tathandlung selbst, auf die nur assistierenden Personen- 11 kreise überhaupt keinen Einfluss haben und auch nicht nehmen können.[15]

Da die Prüfung und die damit zusammenhängenden prüfungsspezifischen Tätigkeiten 12 durch außenstehende Dritte erfolgt, dh auch der Gehilfe von außen kommt, können Mitarbeiter des geprüften Unternehmens nicht Prüfungsgehilfen sein.[16]

III. Tatbestand

§ 332 enthält drei Tatbestandsalternativen: 13
– die unrichtige Berichterstattung,
– das Verschweigen erheblicher Umstände im Prüfungsbericht,
– und das Erteilen eines unrichtigen Bestätigungsvermerks.

1. Gegenstand der Tathandlungen. Abs. 1 nennt als Tatgegenstände den **Prüfungs-** 14 **bericht** und den **Bestätigungsvermerk.**

a) Prüfungsbericht. Der Prüfungsbericht wird in § 321 definiert. Gegenstände des 15 Prüfungsberichts sind nach § 332
– Jahresabschluss, Einzelabschluss nach § 325 Abs. 2a, Lagebericht, Konzernabschluss oder Konzernlagebericht einer Kapitalgesellschaft,
– der Zwischenabschluss eines Kreditinstituts nach § 340a Abs. 3,
– der Konzernzwischenabschluss eines Kreditinstituts nach § 340i Abs. 4.

Über das Ergebnis der Prüfung ist schriftlich zu berichten (§ 321 Abs. 1 S. 1). Dieser 16 Prüfungsbericht muss richtig sein und darf keine erheblichen Umstände verschweigen (→ Rn. 18 ff.).

b) Bestätigungsvermerk. Der Bestätigungsvermerk nach § 322 schließt die Prüfung 17 ab und fasst das Ergebnis zum Jahresabschluss oder Konzernabschluss zusammen. Nach § 324a gilt § 322 auch für den Einzelabschluss nach § 325 Abs. 2a. Lagebericht und Konzernlagebericht werden über § 322 Abs. 6 vom Bestätigungsvermerk erfasst. Er wird entweder gem.

---

[13] Vgl. MüKoStGB/Leplow HGB § 332 Rn. 15; BeckOGK/Waßmer, 15.9.2022, Rn. 15; Kölner Komm AktG/Altenhain AktG § 403 Rn. 16 ff.; Winkeler, Strafbarkeit inhaltlich unrichtiger Ergänzungsvermerke, 2000, 89; Poll DZWiR 1995, 95.

[14] Vgl. MüKoStGB/Leplow HGB § 332 Rn. 15; Achenbach/Ransiek/Rönnau WirtschaftsstrafR-HdB/ Ransiek VIII 1 Rn. 115; Ulmer/Dannecker Rn. 22; BeckOGK/Hefendehl, 1.1.2023, AktG § 403 Rn. 24 f.; Hölters/Weber/Müller-Michaels AktG § 403 Rn. 7; Prinz, Grundfragen der Strafbarkeit der Abschlussprüfer bei der Jahresabschlussprüfung einer Kapitalgesellschaft, 2013, S. 514; Winkeler, Strafbarkeit inhaltlich unrichtiger Ergänzungsvermerke, 2000, S. 90 f.; Dierlamm NStZ 2000, 131; Altenhain GS Schlüchter, 2002, 283 (291); Spatscheck/Wulf DStR 2003, 173 (177); aA BeckOGK/Waßmer, 15.9.2022, Rn. 16; HK-KapMarktStrafR/Gercke/Stirner HGB § 332 Rn. 17; Kölner Komm AktG/ Altenhain AktG § 403 Rn. 18; GroßkommAktG/Otto AktG § 403 Rn. 8; Erbs/Kohlhaas/Schaal AktG § 403 Rn. 7.

[15] Vgl. BeckOGK/Hefendehl, 1.1.2023, AktG § 403 Rn. 25.

[16] MüKoStGB/Leplow HGB § 332 Rn. 15; BeckOGK/Waßmer, 15.9.2022, Rn. 17; Spatscheck/Wulf DStR 2003, 173 (177); Altenhain GS Schlüchter, 2002, 283 (291); aA Müller-Gugenberger/WirtschaftsstrafR-HdB/Häcker § 94 Rn. 6.

§ 322 Abs. 2 S. 1 Nr. 1 uneingeschränkt erteilt, wenn die durchgeführte Prüfung zu keinerlei Einwendungen geführt hat (vgl. § 322 Abs. 3), oder nach § 322 Abs. 2 S. 1 Nr. 2 eingeschränkt, wenn Einwendungen bestehen. Der Bestätigungsvermerk kann gem. § 322 Abs. 2 S. 1 Nr. 3 und Nr. 4, Abs. 5 auch versagt werden, wenn erhebliche Einwendungen bestehen oder weil der Prüfer nicht in der Lage ist, ein Prüfungsurteil abzugeben (vgl. § 322 Abs. 5). Die Aufnahme des Bestätigungsvermerks in den Schutzbereich des § 332 erweitert die Strafbarkeit gegenüber § 403 AktG.[17] Damit genießt der an die Öffentlichkeit gerichtete Bestätigungsvermerk denselben Schutz wie der nicht an die Öffentlichkeit gerichtete Prüfungsbericht.[18]

18   **2. Die Tathandlungen. a) Unrichtig berichten.** Der Abschlussprüfer berichtet über das Ergebnis seiner Prüfung eines Jahresabschlusses, eines Einzelabschlusses nach § 325 Abs. 2a, eines Lageberichts, eines Konzernabschlusses, eines Konzernlageberichts, eines Zwischenabschlusses nach § 340 Abs. 3 oder eines Konzernzwischenabschlusses nach § 340i Abs. 4. Allein diese Berichtpflicht untersteht dem Strafrechtsschutz des § 332; eine strafbare Verletzung der Berichtspflicht kann daher nur dort und insoweit gegeben sein, wie die **gesetzliche Berichtspflicht** reicht. Nicht tatbestandsmäßig sind daher solche Erklärungen des Prüfers, die neben oder ergänzend zur schriftlichen Berichterstattung abgegeben werden.[19] Dabei sind auch die Regeln und Usancen des Berufsstandes zu berücksichtigen, der die Prüfung durchführt. Ein Verhalten, das diesen Regeln und Usancen (noch) entspricht, genügt immer den Anforderungen der gesetzlichen Berichtspflicht und erfüllt nicht den Tatbestand.[20]

19   Unrichtig ist der Bericht dann, wenn das mitgeteilte Ergebnis von den **subjektiv-individuellen Prüfungsfeststellungen** des Prüfers abweicht. Allein entscheidend ist also nicht die Abweichung des Berichts von der objektiven Wirklichkeit, sondern das Abweichen des Berichts vom Ergebnis der Prüfung.[21]

20   Der Abschlussprüfer, der aufgrund fehlerhafter Feststellungen oder unsorgfältig einen objektiv unrichtigen Prüfungsbericht erstellt und hierüber zutreffend berichtet, macht sich nicht nach § 332 strafbar. Andererseits macht sich der Abschlussprüfer nach § 332 strafbar, der einen objektiv richtigen Prüfungsbericht erstattet, dieser aber nicht mit seinen Prüfungsfeststellungen übereinstimmt.[22] Die unrichtige Berichterstattung ist nicht auf die tatsächlichen Feststellungen beschränkt, eine unrichtige Berichterstattung kann auch im Hinblick auf Schlussfolgerungen, Wertungen, Prognosen und dergleichen vorliegen.[23]

21   Eine unrichtige Berichterstattung liegt auch dann vor, wenn überhaupt **keine Prüfung** stattgefunden hat, der Prüfer also insgesamt einen Prüfungsvorgang vortäuscht, der in Wirklichkeit überhaupt nicht stattgefunden hat, und er nur ihm vorgegebene Feststellungen mitteilt.[24] Auch hier kommt es nicht darauf an, ob der Prüfungsbericht den tatsächlichen Verhältnissen der Gesellschaft oder des Konzerns entspricht oder nicht.

---

[17]   MüKoStGB/Leplow HGB § 332 Rn. 1; Graf BB 2001, 562 (563).
[18]   Vgl. BeckOGK/Waßmer, 15.9.2022, Rn. 27 ff.; MüKoStGB/Leplow HGB § 332 Rn. 1.
[19]   Vgl. BeckOGK/Waßmer, 15.9.2022, Rn. 34; HK-KapMarktStrafR/Gercke/Stirner HGB § 332 Rn. 19; Achenbach/Ransiek/Rönnau WirtschaftsStrafR-HdB/Ransiek VIII 1 Rn. 118; Blumers/Frick/Müller/Dannecker Rn. 685; Winkeler, Strafbarkeit inhaltlich unrichtiger Ergänzungsvermerke, 2000, S. 108; Graf BB 2201, 562.
[20]   Vgl. dazu Krekeler StraFo 1999, 217 (222).
[21]   Vgl. BeckOGK/Waßmer, 15.9.2022, Rn. 32; MüKoStGB/Leplow HGB § 332 Rn. 32; MAH WirtschaftsStrafR/Knierim § 26 Rn. 307; HK-KapMarktStrafR Gercke/Stirner HGB § 332 Rn. 24; Achenbach/Ransiek/Rönnau WirtschaftsStrafR-HdB/Ransiek VIII 1 Rn. 120; Dierlamm NStZ 2000, 131; Winkeler, Strafbarkeit inhaltlich unrichtiger Ergänzungsvermerke, 2000, S. 108; Graf BB 2001, 563; Hoffmann/Knierim BB 2002, 2275 (2276); Geilen GS Schlüchter, 2002, 283 (288); Spatscheck/Wulf DStR 2003, 173 (178); Kölner Komm AktG/Altenhain AktG § 403 Rn. 24; MüKoAktG/Wittig AktG § 403 Rn. 25 f.
[22]   Vgl. MüKoStGB/Leplow HGB § 332 Rn. 33; BeckOGK/Waßmer, 15.9.2022, Rn. 32; aA Dierlamm NStZ 2000, 132.
[23]   Vgl. MüKoStGB/Leplow HGB § 332 Rn. 33; BeckOGK/Waßmer, 15.9.2022, Rn. 33; Einzelfälle bei Winkeler, Strafbarkeit inhaltlich unrichtiger Ergänzungsvermerke, 2000, S. 120 ff.
[24]   OLG Karlsruhe WM 1985, 940; MüKoStGB/Leplow HGB § 332 Rn. 33; MüKoAktG/Wittig AktG § 403 Rn. 27.

Wird dagegen überhaupt **kein Prüfungsbericht** erstattet, fehlt es am Tatgegenstand **22** und damit an dem zu schützenden Vertrauen; eine Strafbarkeit nach § 332 ist nicht gegeben.[25]

Nach dem Wortlaut des Gesetzes reicht jede unrichtige Berichterstattung zur Tatbe- **23** standserfüllung aus; im Gegensatz zur Tatbestandsalternative des Verschweigens, bei der nur erhebliche Umstände tatbestandsrelevant sind. Aus dem Bezug des unrichtigen Berichtens zu dem Ergebnis der Prüfung ergibt sich aber eine Einschränkung des Tatbestands auf solche Angaben, die das Prüfungsergebnis so beeinträchtigen, dass dieses verfälscht wird; die unrichtigen Angaben müssen also **erheblich** sein.[26] Ein unrichtiger Bericht über Einzelpunkte ist daher dann nicht tatbestandsmäßig, wenn das Prüfungsergebnis insgesamt hiervon nicht berührt wird bzw. wenn ein sachkundiger Leser bei Kenntnis der wahren Umstände zu keiner anderen Beurteilung des Prüfungsergebnisses gelangt wäre.[27]

Dadurch, dass Bezugspunkt des Handelns immer der Prüfungsbericht ist, dh ein vorlie- **24** gendes schriftliches Ergebnis, sind **sonstige Äußerungen** des Prüfers vor und nach dem Ergebnis, also während der Prüfung, gleich in welcher Form und wem gegenüber, nicht tatbestandsmäßig.[28]

Der Abschlussprüfer hat nach § 321 über das Ergebnis der Prüfung **schriftlich** zu **25** berichten. Erst in dieser Form wird der Prüfungsbericht wirksam und begründet den Vertrauensschutz. Nur die falschen Angaben im schriftlichen Bericht sind von § 322 erfasst, weshalb die mündlichen Äußerungen über das Prüfungsergebnis ebenfalls nicht strafbar sind.[29] Daher sind auch unrichtige Angaben eines Prüfungsgehilfen gegenüber dem gutgläubigen Abschlussprüfer, der diese Angaben in seinem Prüfungsbericht verwertet, nicht von § 332 erfasst: es kommt allein auf das Ergebnis der Prüfung aus der Sicht des Abschlussprüfers in der Schriftform des Prüfungsberichts an. Die formale Vorgabe des Bilanzrechts lässt eine abweichende strafrechtliche Interpretation nicht zu.[30]

Die **nachträgliche Berichtigung** eines unrichtigen Prüfberichts kann nur durch eine **26** rechtzeitige schriftliche Korrektur im Bericht selbst erfolgen, nicht jedoch durch mündliche oder sonstige schriftliche Erklärungen des Prüfers. Maßgeblich für die Rechtzeitigkeit der Korrektur ist jedoch der Zugang des Prüfberichts an den Adressaten, da § 332 mit dem Zugang vollendet ist.[31] Eine verspätete Korrektur kann jedoch als positives Nachtatverhalten gem. § 46 Abs. 2 S. 2 StGB bei der Strafzumessung mildernd gewertet werden.

b) Verschweigen erheblicher Umstände. Der Abschlussprüfer hat gegenüber Vor- **27** stand und Aufsichtsrat eine **Redepflicht**.[32] Verschweigen bedeutet die Nichterwähnung von Umständen und Sachverhalten, die dem Prüfer bei der Prüfung bekannt geworden sind und durch deren Nichterwähnung der Prüfungsbericht unvollständig oder lückenhaft

---

[25] Vgl. MüKoStGB/Leplow HGB § 332 Rn. 33; BeckOGK/Hefendehl, 1.1.2023, AktG § 403 Rn. 35; MüKoAktG/Wittig AktG § 403 Rn. 27.

[26] MüKoStGB/Leplow HGB § 332 Rn. 35; Dierlamm NStZ 2000, 131 (132); Krekeler StraFo 1999, 217 (220); Graf BB 2001, 562 (563); HK-KapMarktStrafR/Gercke/Stirner HGB § 332 Rn. 25.

[27] BeckOGK/Waßmer, 15.9.2022, Rn. 35; MüKoStGB/Leplow HGB § 332. 35.

[28] Ebenso BeckOGK/Waßmer, 15.9.2022, Rn. 31; MüKoStGB/Leplow HGB § 332 Rn. 40; HK-KapMarktStrafR/Gercke/Stirner HGB § 332 Rn. 19.

[29] BeckOGK/Waßmer, 15.9.2022, Rn. 31; MüKoStGB/Leplow HGB § 332 Rn. 40; Ulmer/Dannecker Rn. 44; Blumers/Frick/Müller/Dannecker Rn. 687; Achenbach/Ransiek/Rönnau WirtschaftsStrafR-HdB/Ransiek VIII 1 Rn. 118; aA MüKoAktG/Wittig AktG § 403 Rn. 28; Prinz, Grundfragen der Strafbarkeit der Abschlussprüfer bei der Jahresabschlussprüfung einer Kapitalgesellschaft, 2013, S. 188 ff., 256; Altenhain GS Schlüchter, 2002, 283 (286), die die mündliche Erläuterung zum schriftlichen Bericht ausreichen lassen. Zu § 403 AktG wie hier GroßkommAktG/Otto AktG § 403 Rn. 21 mit dem zutreffenden Argument, dass die mündliche Erläuterung über den Gesetzeswortlaut hinausgeht und daher mit Art. 103 Abs. 2 GG nicht mehr vereinbar ist.

[30] MüKoStGB/Leplow HGB § 332 Rn. 16; Spatscheck/Wulf DStR 2003, 173 (179); aA Altenhain GS Schlüchter, 2002, 283 (290 f.); Prinz, Grundfragen der Strafbarkeit der Abschlussprüfer bei der Jahresabschlussprüfung einer Kapitalgesellschaft, 2013, S. 188 ff., 256.

[31] BeckOGK/Waßmer, 15.9.2022, Rn. 36 f.; HK-KapMarktStrafR/Gercke/Stirner HGB § 332 Rn. 31.

[32] Vgl. dazu Lück BB 2001, 404.

wird.[33] Dadurch wird der Bericht unrichtig, dh die Tatbestandsalternativen „unrichtig berichten" und „verschweigen" weisen keinen sachlichen Unterschied auf, sondern beschreiben ein Handeln, bei dem entweder ausdrücklich (berichten) oder konkludent (verschweigen) getäuscht wird.[34] Die Umstände, die verschwiegen werden, müssen **erheblich** sein; dies beruht insbesondere darauf, dass auch § 332 als echte Blankettvorschrift – unter Berücksichtigung des Spielraums und der Vertretbarkeit einer Bilanzierungsmethode – restriktiv auszulegen ist.[35] Die Erheblichkeit ist an der Auswirkung auf das Prüfungsergebnis zu messen.[36] Alle Umstände, die die in §§ 317, 321, 322 normierten Inhalte und Pflichten betreffen, wirken sich auf das Prüfungsergebnis aus und sind somit erheblich, ihr Verschweigen erfüllt daher den Tatbestand des § 332.[37]

28   So wie nur der schriftliche Prüfungsbericht ein unrichtiges Berichten enthalten kann und ein mündlicher Falschbericht nicht unter § 332 fällt, kann die mündliche Korrektur das Verschweigen im schriftlichen Prüfungsbericht nicht heilen; die Aufdeckung des verschwiegenen Umstandes kann ebenfalls nur schriftlich erfolgen und zwar in dem Prüfungsbericht selbst (→ Rn. 26).[38]

29   **c) Erteilen eines unrichtigen Bestätigungsvermerks.** Der Bestätigungsvermerk ist unrichtig, wenn er nicht mit dem Ergebnis der Prüfung übereinstimmt. Dies bedeutet, dass der konkrete Bestätigungsvermerk nach dem Prüfungsergebnis, wie es sich für den Prüfer **subjektiv** darstellt, nicht hätte erteilt werden dürfen.[39] Dies gilt nicht nur für den uneingeschränkten Bestätigungsvermerk nach § 322 Abs. 2 S. 1 Nr. 1, sondern auch für den eingeschränkten Bestätigungsvermerk nach § 322 Abs. 2 S. 1 Nr. 2.[40]

30   Wird der Bestätigungsvermerk zu Unrecht ganz versagt und ein **Versagungsvermerk** erteilt, ist der Tatbestand des § 332 nicht erfüllt. Der Versagungsvermerk nach § 322 Abs. 2 Nr. 3 (Versagung aufgrund von Einwendungen) ist nach § 322 Abs. 4 S. 2 gerade **kein Bestätigungsvermerk;** nur dieser wird nach dem Gesetzeswortlaut von § 332 geschützt.[41] Gleiches gilt für den Versagungsvermerk nach § 322 Abs. 2 Nr. 4 (Versagung mangels Beurteilungsmöglichkeit), der nach § 322 Abs. 5 aufgrund der dortigen Verweisung auf § 322 Abs. 4 S. 2 ebenfalls keinen Bestätigungsvermerk darstellt.[42]

31   Ist der Bestätigungsvermerk inhaltlich richtig in dem Sinne, dass er mit dem Ergebnis der Prüfung übereinstimmt, sind aber Formalien wie Ort und Datum falsch angegeben, so begründet dies keine Strafbarkeit nach § 332.[43] Entscheidend ist ausschließlich die inhaltliche Übereinstimmung von Prüfungsergebnis und Bestätigungsvermerk.

32   Erkennt der Abschlussprüfer nachträglich, dh nach der Veröffentlichung, die Unrichtigkeit des Bestätigungsvermerks und weist er hierauf nicht hin, so macht er sich nicht wegen

---

[33]   Vgl. BeckOGK/Waßmer, 15.9.2022, Rn. 22, 39 ff.; Blumers/Frick/Müller/Dannecker Rn. 690; MüKoStGB/Leplow HGB § 332 Rn. 39.

[34]   So zutr. Ulmer/Dannecker Rn. 57; MüKoStGB/Leplow HGB § 332 Rn. 37.

[35]   S. hierzu KG wistra 2010, 235; Wegner GWR 2010, 149.

[36]   MüKoStGB/Leplow HGB § 332 Rn. 39; Hoffmann/Knierim BB 2002, 2275 (2276).

[37]   Vgl. BeckOGK/Waßmer, 15.9.2022, Rn. 40; Bonner HdR/Gehm Rn. 7; EBJS/Böcking/Gros/Rabenhorst § 332 Rn. 8 f.; Blumers/Frick/Müller/Dannecker Rn. 690.

[38]   Ebenso BeckOGK/Waßmer, 15.9.2022, Rn. 37, 44; MüKoStGB/Leplow HGB § 332 Rn. 40; Ulmer/Dannecker Rn. 56; Dierlamm NStZ 2000, 132.

[39]   MüKoStGB/Leplow HGB § 332 Rn. 41; MAH WirtschaftsStrafR/Knierim § 26 Rn. 308; Prinz, Grundfragen der Strafbarkeit der Abschlussprüfer bei der Jahresabschlussprüfung einer Kapitalgesellschaft, 2013, S. 411 ff.; Krekeler StraFo 1999, 217 (221); Dierlamm NStZ 2000, 131 (132); Graf BB 2001, 562 (563); Hoffmann/Knierim BB 2002, 2275 (2276); Spatscheck/Wulf DStR 2003, 173 (179).

[40]   Vgl. MüKoStGB/Leplow HGB § 332 Rn. 43 f.; BeckOGK/Waßmer, 15.9.2022, Rn. 45.

[41]   BeckOGK/Waßmer, 15.9.2022, Rn. 45; HK-KapMarktStrafR/Gercke/Stirner HGB § 332 Rn. 29; Spatscheck/Wulf DStR 2003, 173 (179); Krekeler StraFo 1999, 221; Dierlamm NStZ 2000, 132; aA Heymann/Otto Rn. 27; MüKoStGB/Leplow HGB § 332 Rn. 47; Ulmer/Dannecker Rn. 65; Altenhain GS Schlüchter, 2002, 284 (286) subsumiert den unberechtigten Versagungsvermerk aber unter „falsches Berichten" iSd Alt. 1.

[42]   Nach Geilen GS Schlüchter, 2002, 283 (286) wäre dieser Versagungsvermerk auch über die Tatbestandsalternative „Berichten" zu erfassen.

[43]   Vgl. BeckOGK/Waßmer, 15.9.2022, Rn. 49.

Unterlassung der Berichtigung strafbar, da das Delikt mit der Veröffentlichung vollendet und eine Berichtigung nur bis zu diesem Zeitpunkt geboten ist (→ Rn. 26).[44]

IV. Rechtswidrigkeit

Rechtfertigungsgründe kommen hier, im Gegensatz zu § 331, praktisch nicht in **33** Betracht. Insbesondere geht die Berichtspflicht der Geheimhaltungspflicht nach § 333 vor.[45]

V. Subjektiver Tatbestand

Alle drei Tatbestandsalternativen des § 332 sind nur bei **vorsätzlichem Handeln** straf- **34** bar. Bedingter Vorsatz ist ausreichend,[46] fahrlässiges Handeln ist straflos.

Beim bedingten Vorsatz muss der Prüfer die Möglichkeit einer unrichtigen Berichter- **35** stattung, des Verschweigens erheblicher Umstände oder des Erteilens eines inhaltlich unrich- tigen Bestätigungsvermerks nach § 332 erkennen, gleichwohl aber – dh trotz dieser Erkennt- nis – den Prüfungsbericht erstatten bzw. den Bestätigungsvermerk erteilen.[47]

So ist bedingter Vorsatz insbesondere auch dann gegeben, wenn der Prüfer **konkrete** **36** **Anhaltspunkte** dafür hat, dass noch erhebliche, dh berichtspflichtige oder in einen Bestäti- gungsvermerk aufzunehmende Vorgänge vorhanden sein können, aber noch nicht entdeckt sind, und gleichwohl weitere Prüfungshandlungen unterlässt und ohne diese seinen Prü- fungsbericht erstattet oder den Bestätigungsvermerk erteilt.[48]

Eine über den Vorsatz der falschen Berichterstattung oder des unrichtigen Bestätigungs- **37** vermerks hinausgehende Täuschungs- oder Schädigungsabsicht ist nicht erforderlich.[49]

VI. Irrtum

Irrt der Täter über den Sachverhalt, der die Unrichtigkeit des Prüfungsberichts oder **38** des Bestätigungsvermerks begründet, handelt er in einem den Vorsatz ausschließenden **Tat- bestandsirrtum** gem. § 16 StGB. Zudem ist zu berücksichtigen, dass ein Prüfer nur dann iSv § 332 unrichtig berichtet, wenn er im Prüfbericht oder Bestätigungsvermerk bewusst von seinen eigenen Prüfungsfeststellungen abweicht (→ Rn. 19 f.). Da es sich bei § 332 um eine echte Blankettnorm handelt, liegt ein Tatbestandsirrtum auch dann vor, wenn der Prüfer über die tatbestandsmäßigen Voraussetzungen der Vorschriften des Prüfberichts oder des Bestätigungsvermerks irrt (vgl. §§ 321 f.). Irrt er jedoch über die Existenz bestimmter Prüfpflichten oder deren Reichweite, ist von einem **Verbotsirrtum** gem. § 17 StGB auszu- gehen (→ Rn. 92 ff.). An die Vermeidbarkeit eines solchen Verbotsirrtums sind strenge Maßstäbe anzulegen, da gerade von einem qualifizierten Abschlussprüfer gem. § 319 Abs. 1 S. 1 erwartet wird, die einschlägige Gesetzeslage zu kennen.[50]

---

[44]   MüKoStGB/Leplow HGB § 332 Rn. 48 f.; Ulmer/Dannecker Rn. 42; Blumers/Frick/Müller/Dann- ecker Rn. 692; Achenbach/Ransiek/Rönnau WirtschaftsStrafR-HdB/Ransiek VIII 1 Rn. 123; Kölner Komm AktG/Altenhain AktG § 403 Rn. 34; Blumers/Frick/Müller/Dannecker Rn. 692.

[45]   Winkeler, Strafbarkeit inhaltlich unrichtiger Ergänzungsvermerke, 2000, 135; Ulmer/Dannecker Rn. 7; MüKoStGB/Leplow HGB § 332 Rn. 55; BeckOGK/Waßmer, 15.9.2022, Rn. 45 f.; Hölters/Weber/ Müller-Michaels AktG § 403 Rn. 18; MüKoAktG/Wittig AktG § 403 Rn. 32.

[46]   Vgl. MüKoStGB/Leplow HGB § 332 Rn. 50; Ulmer/Dannecker Rn. 67; BeckOGK/Waßmer, 15.9.2022, Rn. 64 f.; Blumers/Frick/Müller/Dannecker Rn. 693; Geilen GS Schlüchter, 2002, 283 (291 f.); Winkeler, Strafbarkeit inhaltlich unrichtiger Ergänzungsvermerke, 2000, S. 133 f.; diff. Hoff- mann/Knierim BB 2002, 2275 (2277); Bedenken dagegen bei Dierlamm NStZ 2000, 132; zur Abgren- zung von bedingtem Vorsatz/grober Fahrlässigkeit vgl. Fischer StGB § 15 Rn. 9c ff.

[47]   BeckOGK/Waßmer, 15.9.2022, Rn. 64; MüKoStGB/Leplow HGB § 332 Rn. 51.

[48]   BeckOGK/Waßmer, 15.9.2022, Rn. 65; MüKoStGB/Leplow HGB § 332 Rn. 51; Ulmer/Dannecker Rn. 53; Kölner Komm AktG/Altenhain AktG § 403 Rn. 42; Hölters/Weber/Müller-Michaels AktG § 403 Rn. 16.

[49]   Vgl. MüKoStGB/Leplow HGB § 332 Rn. 52; Ulmer/Dannecker Rn. 54.

[50]   BeckOGK/Waßmer, 15.9.2022, Rn. 69.

39   Die **Erheblichkeit** einzelner Umstände, welche Eingang in den Prüfungsbericht finden, ist ein normatives Tatbestandsmerkmal; ein Irrtum hierüber stellt somit einen vorsatzausschließenden Tatbestandsirrtum gem. § 16 StGB dar.[51]

40   Teilweise wird ein Tatbestandsirrtum auch dann bejaht, wenn der Täter irrig annimmt, der unrichtig dargestellte Umstand unterliege nicht der Prüfungs- und Berichtspflicht.[52] Da sich der Täter in diesen Fällen jedoch regelmäßig über die Existenz oder die Reichweite der Prüf- und Berichtspflichten irrt, liegt vielmehr ein Verbotsirrtum gem. § 17 StGB vor.

VII. Vollendung und Versuch

41   Das Vertrauen in die Richtigkeit und Vollständigkeit der Prüfung wird erst mit dem Vorliegen des Prüfungsberichts beim Auftraggeber geschützt.

42   Die Tat nach § 332, und zwar sowohl die unrichtige Berichterstattung als auch das Erteilen eines unrichtigen Bestätigungsvermerks, ist daher erst mit dem **Zugang** bei den gesetzlich bestimmten Empfängern nach § 321 Abs. 5 vollendet.[53] Dieses sind die gesetzlichen Vertreter oder der Aufsichtsrat, wenn dieser den Auftrag erteilt hat. Im letztgenannten Fall ist dem Vorstand vor der Zuleitung an den Aufsichtsrat Gelegenheit zur Stellungnahme zu geben; hier ist Vollendung bereits mit Zugang beim Vorstand gegeben.[54]

43   Vor dem Zugang an die Adressaten des § 321 Abs. 5 ist nur **Versuch** gegeben. Der Versuch des § 332 ist nicht strafbar (§ 12 Abs. 2 StGB, § 23 Abs. 1 StGB). Eine Kenntnisnahme durch den Empfänger ist dagegen für die Vollendung nicht erforderlich.[55]

44   **Beendet** ist die Tat, wenn alle Empfänger den Bericht erhalten und von ihm Kenntnis genommen haben. Ist der Bestätigungsvermerk an die Öffentlichkeit zu richten, liegt Beendigung erst mit der Offenlegung und Veröffentlichung im Bundesanzeiger vor (§ 325 Abs. 1).[56]

VIII. Täterschaft und Teilnahme

45   Täter des § 332 als echtem Sonderdelikt können nur die im Tatbestand genannten Abschlussprüfer und Gehilfen des Abschlussprüfers sein (→ Rn. 5, → Rn. 10). Personen, die diesem Täterkreis nicht angehören, können nicht Täter, Mittäter oder mittelbarer Täter sein. Sie können nur als Anstifter oder Gehilfen nach §§ 26, 27 StGB an der Tat teilnehmen.

IX. Qualifizierungstatbestände

46   § 332 Abs. 2 erhöht den Strafrahmen von drei Jahren auf fünf Jahre Freiheitsstrafe, wenn der Täter gegen Entgelt oder in der Absicht, sich oder einen anderen zu bereichern oder einen anderen zu schädigen, gehandelt hat.

47   **1. Entgeltlichkeit. Entgelt** ist nach der Legaldefinition des § 11 Abs. 1 Nr. 9 StGB jede in einem Vermögensvorteil bestehende Gegenleistung. Hierunter fällt jede vermögens-

---

[51]   MüKoStGB/Leplow HGB § 332 Rn. 53; BeckOGK/Waßmer, 15.9.2022, Rn. 67; Achenbach/Ransiek/Rönnau WirtschaftsStrafR-HdB/Ransiek VIII 1 Rn. 120; HK-KapMarktStrafR/Gercke/Stirner HGB § 332 Rn. 36; Ulmer/Dannecker Rn. 69; Dierlamm NStZ 2000, 132; Erbs/Kohlhaas/Schaal AktG § 403 Rn. 21.

[52]   Vgl. MüKoStGB/Leplow HGB § 332 Rn. 54.

[53]   BeckOGK/Waßmer, 15.9.2022, Rn. 74 ff.; MüKoStGB/Leplow HGB § 332 Rn. 57; Achenbach/Ransiek/Rönnau WirtschaftsStrafR-HdB/Ransiek VIII 1 Rn. 121; GroßkommAktG/Otto AktG § 403 Rn. 28; Kölner Komm AktG/Altenhain AktG § 403 Rn. 6, 9; MüKoAktG/Wittig AktG § 403 Rn. 42; Winkeler, Strafbarkeit inhaltlich unrichtiger Ergänzungsvermerke, 2000, 132; Hoffmann/Knierim BB 2002, 2275.

[54]   Vgl. MüKoStGB/Leplow HGB § 332 Rn. 57.

[55]   Vgl. Achenbach/Ransiek/Rönnau WirtschaftsStrafR-HdB/Ransiek VIII 1 Rn. 121; MüKoAktG/Wittig AktG § 403 Rn. 42; MüKoStGB/Leplow HGB § 332 Rn. 57.

[56]   Vgl. MüKoStGB/Leplow HGB § 332 Rn. 59; Ulmer/Dannecker Rn. 73; Achenbach/Ransiek/Rönnau WirtschaftsStrafR-HdB/Ransiek VIII 1 Rn. 121.

werte Leistung, nicht aber immaterielle Vorteile oder sonstige Bevorzugungen oder Begünstigungen.[57]

Ob der Täter die Gegenleistung vor oder nach der Tatbegehung erhält, ist für den **48** Qualifikationstatbestand irrelevant, wenn die **Unrechtsvereinbarung vor der Tat** geschlossen wurde.[58] Es reicht daher bereits die Vereinbarung eines Entgelts und ein Handeln des Täters im Hinblick auf diese Vereinbarung aus, ohne dass es tatsächlich zur Zahlung des Entgelts kommt.[59]

Entgelt und strafbare Handlung müssen in einem gegenseitigen Abhängigkeitsverhältnis **49** zueinanderstehen (synallagmatischer Zusammenhang); nicht ausreichend ist, wenn das Entgelt mit der allgemeinen Prüfungstätigkeit zusammenhängt.[60] Der Qualifikationstatbestand ist daher nicht erfüllt, solange der Prüfer nur das **übliche Honorar** für die eigentliche Prüfungsleistung erhält[61] oder wenn es zur Vereinbarung des Entgelts erst nach der Tat kommt.[62]

2. Bereicherungsabsicht. Bereicherungsabsicht ist gegeben, wenn der Täter durch **50** die Tat für sich oder einen anderen einen Vermögensvorteil erstrebt. Dieser Vermögensvorteil muss nicht rechtswidrig sein, denn die Qualifizierung ergibt sich bereits aus der unzulässigen Verknüpfung zwischen der Pflichtverletzung (Vertrauen gerade in diesen Prüfer) und dem Vorteilsstreben.[63]

Dies ist auch bei der bloßen Vereinbarung eines Entgelts, ohne dass es zu einer tatsächlichen Zahlung kommt, gegeben.[64] Entscheidend ist, dass es dem Täter wesentlich auf die **51** Erzielung des Vermögensvorteils als Zwischen- oder Endziel ankommt; andere Beweggründe für das Täterverhalten bleiben daneben unbeachtlich.[65]

3. Schädigungsabsicht. Schädigungsabsicht liegt vor, wenn der Täter mit seinem **52** Handeln einem anderen einen **Nachteil** zufügen will. Ein „anderer" kann jede dritte Person sein; die Schädigungsabsicht muss sich also nicht auf die Kapitalgesellschaft oder den Konzern selbst beziehen.[66] Im Vergleich zur Bereicherungsabsicht muss der Täter keinen eigenen oder fremden Vermögensvorteil als Korrelat der Nachteilszufügung anstreben.

Aufgrund des uneingeschränkten Wortlautes dieses Qualifikationstatbestandes wird teil- **53** weise angenommen, dass nicht nur Vermögensschäden, sondern auch **immaterielle Schä-**

---

[57] Vgl. Schönke/Schröder/Hecker StGB § 11 Rn. 62 ff.; Fischer StGB § 11 Rn. 31; MüKoStGB/Leplow HGB § 332 Rn. 63; Ulmer/Dannecker Rn. 93; Winkeler, Strafbarkeit inhaltlich unrichtiger Ergänzungsvermerke, 2000, S. 137.

[58] Vgl. BeckOGK/Waßmer, 15.9.2022, Rn. 53; MüKoStGB/Leplow HGB § 332 Rn. 63; Winkeler, Strafbarkeit inhaltlich unrichtiger Ergänzungsvermerke, 2000, S. 137.

[59] Vgl. Achenbach/Ransiek/Rönnau WirtschaftsStrafR-HdB/Ransiek VIII 1 Rn. 125; GroßkommAktG/Otto AktG § 403 Rn. 31; MüKoAktG/Wittig AktG § 403 Rn. 36; BeckOGK/Hefendehl, 1.1.2023, AktG § 403 Rn. 43; Dierlamm NStZ 2000, 130 (133).

[60] Vgl. MüKoStGB/Leplow HGB § 332 Rn. 63; Ulmer/Dannecker Rn. 77; Achenbach/Ransiek/Rönnau WirtschaftsStrafR-HdB/Ransiek VIII 1 Rn. 125; Spatscheck/Wulf DStR 2003, 173 (180); Erbs/Kohlhaas/Schaal AktG § 403 Rn. 23; MüKoAktG/Wittig AktG § 403 Rn. 36; Hölters/Weber/Müller-Michaels AktG § 403 Rn. 21.

[61] BeckOGK/Waßmer, 15.9.2022, Rn. 53; MüKoStGB/Leplow HGB § 332 Rn. 63; Ulmer/Dannecker Rn. 77; MAH WirtschaftsStrafR/Knierim § 26 Rn. 309; MüKoAktG/Wittig AktG § 403 Rn. 36.

[62] Vgl. MüKoStGB/Leplow HGB § 332 Rn. 63; Ulmer/Dannecker Rn. 77; Scholz/Tiedemann/Rönnau GmbHG § 85 Rn. 50.

[63] Ebenso BeckOGK/Waßmer, 15.9.2022, Rn. 55; Achenbach/Ransiek/Rönnau WirtschaftsStrafR-HdB/Ransiek VIII 1 Rn. 125; Winkeler, Strafbarkeit inhaltlich unrichtiger Ergänzungsvermerke, 2000, S. 137 f.; Erbs/Kohlhaas/Schaal AktG § 403 Rn. 24 unter Aufgabe der bisherigen Auffassung; vgl. auch BGH NStZ 1993, 538, (539) zu § 205 Abs. 5 StGB; aA MüKoStGB/Leplow HGB § 332 Rn. 64; GroßkommAktG/Otto AktG § 403 Rn. 32; Kölner Komm AktG/Altenhain AktG § 403 Rn. 51; Scholz/Tiedemann/Rönnau GmbHG § 85 Rn. 51.

[64] MüKoStGB/Leplow HGB § 332 Rn. 64; Ulmer/Dannecker Rn. 79; HK-KapMarktStrafR/Gercke/Stirner HGB § 332 Rn. 39; Achenbach/Ransiek/Rönnau WirtschaftsStrafR-HdB/Ransiek VIII 1 Rn. 125; Winkeler, Strafbarkeit inhaltlich unrichtiger Ergänzungsvermerke, 2000, S. 138.

[65] MüKoStGB/Leplow HGB § 332 Rn. 65; Ulmer/Dannecker Rn. 64; HK-KapMarktStrafR Gercke/Stirner HGB § 332 Rn. 39.

[66] Vgl. MüKoStGB/Leplow HGB § 332 Rn. 66; BeckOGK/Waßmer, 15.9.2022, Rn. 58 ff.

den, zB Rufschädigungen, erfasst sein können. Dagegen spricht jedoch eine systematische Betrachtung unter Berücksichtigung der beiden anderen Qualifikationsalternativen des § 322 Abs. 2 (entgeltlich oder mit Bereicherungsabsicht), zumal die Strafnormen der §§ 331 ff. als Wirtschaftsstrafgesetze und Schutzgesetze iSv § 823 Abs. 2 BGB letztlich den Vermögensschutz derjenigen Personen bezwecken, die zu dem betreffenden Unternehmen in einer rechtlichen oder wirtschaftlichen Beziehung stehen oder in eine solche eintreten wollen (ua → Rn. 1 f.).[67] Ist der Vermögensnachteil nur eine mittelbare wirtschaftliche Folge der vom Täter beabsichtigten Rufschädigung oder eine bloße Reflexwirkung, liegt keine Schädigungsabsicht vor (dolus directus ersten Grades). Ausnahmsweise ist diese nur dann gegeben, wenn die Zufügung eines immateriellen Nachteils einen zwingend erforderlichen Zwischenakt darstellt, um das angestrebte Endziel des Täters, nämlich die Verursachung eines wirtschaftlichen Schadens, herbeizuführen (→ Rn. 51).[68]

54　　**4. Unrichtige Testate bei Unternehmen von öffentlichem Interesse.** Mit dem FISG wurde der Qualifikationstatbestand des § 332 Abs. 2 auf die vorsätzliche Erteilung inhaltlich unrichtiger Bestätigungsvermerke bei **Unternehmen von öffentlichem Interesse gem. § 316a S. 2** erweitert (→ Rn. 1; → Vor § 331 Rn. 34). Während der erhöhte Strafrahmen von bis zu fünf Jahren Freiheitsstrafe bislang nur bei einem Handeln gegen Entgelt oder bei Bereicherungs- und Schädigungsabsicht vorgesehen war, gilt die Strafschärfung künftig auch in den Fällen, in denen **vorsätzlich** ein unrichtiger Bestätigungsvermerk zu einem Jahres-, Einzel- oder Konzernabschluss eines Unternehmens von öffentlichem Interesse gem. § 316a S. 2 erteilt wird. Obwohl in diesem Fall die subjektive Verwerflichkeit regelmäßig nicht mit den bisherigen Qualifikationstatbeständen vergleichbar ist, sah der Gesetzgeber dennoch ein Bedürfnis für eine Strafschärfung, da das Vertrauen in die Richtigkeit des offengelegten und für jedermann einsehbaren Prüfberichts bei Unternehmen von öffentlichem Interesse „in hohem Maße schützenswert" sei.[69] Kritisch ist anzumerken, dass das öffentliche Vertrauen in die Richtigkeit eines Bestätigungsvermerks mit dem neuen Qualifikationstatbestand nur mittelbar geschützt wird, da durch § 332 Abs. 2 S. 2 nicht etwa die objektive Unrichtigkeit eines Bestätigungsvermerks oder die Verletzung von Prüfungspflichten sanktioniert werden – wie dies durch die amtliche Überschrift des § 332 suggeriert wird –, sondern lediglich ein **subjektives Fehlverhalten** bzw. die **Unehrlichkeit des Abschlussprüfers** (→ Rn. 19 f., → Rn. 29).[70]

55　　**Tatgegenstand** und **Tathandlung** entsprechen dem des Grundtatbestandes gem. Abs. 1 (→ Rn. 14 ff., → Rn. 18 ff.). Die unrichtige Erteilung eines Bestätigungsvermerks ist somit nur dann tatbestandsmäßig, wenn das berichtete Ergebnis von den subjektiven Prüfungsfeststellungen des Prüfers abweicht. Maßgeblich ist daher nicht die objektive, sondern die **subjektive Wahrheit**.[71]

56　　Als qualifizierendes Tatbestandsmerkmal ist zudem erforderlich, dass der unrichtige Bestätigungsvermerk für den Jahres-, Einzel- oder Konzernabschluss eines **Unternehmens von öffentlichem Interesse** erteilt wird. Nach der Legaldefinition des § 316a S. 2 handelt es sich hierbei um kapitalmarktorientierte Unternehmen gem. § 264d, im Wesentlichen alle CRR-Kreditinstitute gem. § 1 Abs. 3d KWG iVm Art. 4 Abs. 1 Nr. 1 Kapitaladäquanz-

---

[67]　Str.; wie hier Heymann/Otto Rn. 37; GroßkommAktG/Otto AktG § 403 Rn. 35; Kölner Komm AktG/Altenhain AktG § 403 Rn. 36; HK-KapMarktStrafR/Gercke/Stirner HGB § 332 Rn. 40; Dierlamm NStZ 2000, 130 (133); aA Achenbach/Ransiek/Rönnau WirtschaftsStrafR-HdB/Ransiek VIII 1 Rn. 125; Ulmer/Dannecker Rn. 80; BeckOGK/Hefendehl, 1.1.2023, AktG § 403 Rn. 45; MüKo-AktG/Wittig AktG § 403 Rn. 40; Erbs/Kohlhaas/Schaal AktG § 403 Rn. 25; Spatscheck/Wulf DStR 2003, 173 (180); Scholz/Tiedemann/Rönnau GmbHG § 85 Rn. 52; Winkeler, Strafbarkeit inhaltlich unrichtiger Ergänzungsvermerke, 2000, S. 139.

[68]　AA MüKoStGB/Leplow HGB § 332 Rn. 66; BeckOGK/Hefendehl, 1.1.2023, AktG § 403 Rn. 4 ff..

[69]　BT-Drs. 19/26966, 106.

[70]　Schüppen DStR 2021, 246 (251).

[71]　MüKoStGB/Leplow HGB § 332 Rn. 32 ff.; EBJS/Böcking/Gros/Rabenhorst § 332 Rn. 4 ff.; BeckOGK/Waßmer, 15.9.2022, Rn. 32; Schüppen DStR 2021, 246 (251) mwN.

VO oder um Versicherungsunternehmen gem. Art. 2 Abs. 1 RL 91/674/EWG (→ § 316a Rn. 4 ff.).

Um eine ausreichende Abschreckung zu bewirken und aufgrund der **„besonderen** 57 **Schwere"** der Erteilung eines unrichtigen Bestätigungsvermerks zu dem Abschluss eines Unternehmens von öffentlichem Interesse wurde durch das FISG mit **§ 332 Abs. 3** auch eine Strafbarkeit für **leichtfertige**s Verhalten im Fall des § 332 Abs. 2 S. 2 eingeführt. Dem geringeren Handlungsunwert wurde mit einem reduzierten Strafrahmen von höchstens zwei Jahren Freiheitsstrafe oder Geldstrafe Rechnung getragen.[72] Leichtfertigkeit bedeutet, dass sich der Abschlussprüfer anlässlich der Erteilung des Bestätigungsvermerks in besonderer Weise nachlässig verhält (→ § 331 Rn. 89). Die Ausdehnung der Strafbarkeit auf die leichtfertige Erteilung eines unrichtigen Bestätigungsvermerks widerspricht jedoch der Logik des Grundtatbestandes, wonach es nicht auf die objektive Unrichtigkeit des Vermerks, sondern alleine auf die subjektiv-individuelle Wahrnehmung des Prüfers ankommt. Maßgeblich für die Strafbarkeit ist gerade nicht, was der Abschlussprüfer hätte wissen müssen, sondern was er tatsächlich festgestellt hat (→ Rn. 19 f., → Rn. 29).[73]

5. Persönliche Merkmale. Die vorgenannten Qualifikationsmerkmale sind **persönli-** 58 **che Merkmale** iSd § 28 Abs. 2 StGB.[74] Sie wirken sich als strafschärfende subjektive Tatbestandsmerkmale jeweils nur bei dem Täter aus, bei dem diese vorliegen.

X. Konkurrenzen

1. Mehrere Tathandlungen. Mehrere Tathandlungen nach § 332 stellen immer nur 59 eine Verletzung der Berichtspflicht dar. Dies gilt auch für den inhaltlich unrichtigen Bestätigungsvermerk, der sich auf einen unrichtigen oder unvollständigen Prüfungsbericht bezieht.[75]

2. Straftatbestände aus anderen Gesetzen. Gegenüber § 403 AktG ist § 332 **lex** 60 **specialis.** § 403 AktG hat nur noch Bedeutung für die in § 332 nicht genannten besonderen Prüfungen des AktG (zB Gründungsprüfung, Sonderprüfungen).[76] Dies gilt auch für die dem § 403 AktG entsprechenden Vorschriften der § 18 PublG, § 314 UmwG, § 150 GenG und § 137 VAG.[77]

3. Straftatbestände des StGB. Die Tathandlung kann zugleich eine tateinheitliche 61 Beihilfehandlung zu einem Betrug gem. § 263 StGB, Kreditbetrug gem. § 265 StGB, einer Untreue gem. § 266 StGB ua darstellen, wenn der Täter weiß, dass der testierte Jahresabschluss zur Erlangung eines Kredits etc vorgelegt wird und es seitens der Unternehmensorgane zur Haupttat kommt.[78]

XI. Strafrahmen

Der Strafrahmen des Grundtatbestandes in Abs. 1 sieht Freiheitsstrafe bis zu drei Jahren 62 und Geldstrafe vor; er entspricht damit dem des § 331 (→ § 331 Rn. 121). Die Qualifika-

---

[72] BT-Drs. 19/26966, 106.

[73] So zutreffend Schüppen DStR 2021, 246 (251) mwN.

[74] Achenbach/Ransiek/Rönnau WirtschaftsStrafR-HdB/Ransiek VIII 1 Rn. 124; Kölner Komm AktG/ Altenhain AktG § 403 Rn. 53; aA MüKoStGB/Leplow HGB § 332 Rn. 62; diff. HK-KapMarktStrafR/ Gercke/Stirner HGB § 332 Rn. 10.

[75] Vgl. MüKoStGB/Leplow HGB § 332 Rn. 67; BeckOGK/Waßmer, 15.9.2022, Rn. 80; Spatscheck/ Wulf DStR 2003, 173 (179).

[76] Vgl. BeckOGK/Waßmer, 15.9.2022, Rn. 83; Achenbach/Ransiek/Rönnau WirtschaftsStrafR-HdB/ Ransiek VIII 1 Rn. 127; MüKoStGB/Leplow HGB § 332 Rn. 68; GroßkommAktG/Otto AktG § 403 Rn. 43; Erbs/Kohlhaas/Schaal AktG § 403 Rn. 28.

[77] Vgl. BeckOGK/Waßmer, 15.9.2022, Rn. 84; MüKoStGB/Leplow HGB § 332 Rn. 68; HK-KapMarkt-StrafR/Gercke/Stirner HGB § 332 Rn. 49.

[78] MüKoStGB/Leplow HGB § 332 Rn. 69; BeckOGK/Waßmer, 15.9.2022, Rn. 85 f.; Ulmer/Dannecker Rn. 84; HK-KapMarktStrafR/Gercke/Stirner HGB § 332 Rn. 50; MAH WirtschaftsStrafR/Knierim § 26 Rn. 315 ff.; Winkeler, Strafbarkeit inhaltlich unrichtiger Ergänzungsvermerke, 2000, 140.

tion in Abs. 2 erweitert das Höchstmaß der Freiheitsstrafe auf fünf Jahre. Bei leichtfertiger Erteilung eines unrichtigen Bestätigungsvermerks für den Abschluss eines Unternehmens von öffentlichem Interesse sieht § 332 Abs. 3 eine Freiheitsstrafe bis zu zwei Jahren oder Geldstrafe vor.

63   Grundsätzlich kommt gem. § 70 StGB die Verhängung eines **Berufsverbots** in Betracht, da bei einem Abschlussprüfer, der den objektiven und subjektiven Straftatbestand des § 332 verwirklicht, regelmäßig ein **berufstypischer Zusammenhang** zwischen Berufsausübung und Straftat besteht. Allerdings kann nur ein besonders schwerwiegender Verstoß ein Berufsverbot begründen.[79] Angesichts des Eingriffs in das von Art. 12 GG geschützte Recht auf Berufsfreiheit muss zudem – auf der Grundlage einer Gesamtwürdigung von Täter und Tat im Zeitpunkt des Urteils (vgl. § 70 Abs. 1 S. 1 StGB) – eine begründete Wahrscheinlichkeit, nicht nur eine bloße Möglichkeit bestehen, dass der Täter weitere, zumindest ähnliche berufsbezogene Taten verüben wird. An diese Gefährlichkeitsprognose sind im Lichte des Verhältnismäßigkeitsgrundsatzes besonders strenge Anforderungen zu stellen, wenn der Täter sich erstmalig gem. § 332 strafbar gemacht hat, zwischen der Tat und der Verurteilung ein längerer beanstandungsfreier Zeitraum liegt oder davon auszugehen ist, dass der Täter bereits durch die Verurteilung von weiteren berufstypischen Straftaten von einigem Gewicht abgehalten wird.[80]

64   Handelt es sich bei dem Täter um einen Wirtschaftsprüfer kann auch im Zuge eines **berufsgerichtlichen Verfahrens** eine berufsrechtliche Maßnahme nach § 68 WPO verhängt werden (Geldbuße bis zu 500.000 Euro, Tätigkeits- und Berufsverbote, Ausschließung aus dem Beruf).[81] Hierbei ist jedoch gem. § 69a WPO zu berücksichtigen, dass von einer berufsgerichtlichen Ahndung im Regelfall abzusehen ist, wenn wegen desselben Verhaltens bereits eine Strafe, eine Disziplinarmaßnahme, eine anderweitige berufsgerichtliche Maßnahme oder eine Ordnungsmaßnahme durch ein Gericht oder eine Behörde verhängt worden ist. Nur ausnahmsweise kann zusätzlich eine berufsgerichtliche Maßnahme erforderlich sein, um den Wirtschaftsprüfer zur Erfüllung seiner Pflichten anzuhalten und das Ansehen des Berufs zu wahren.

65   Hat der Täter durch die Tat etwa erlangt, kommt die Anordnung der **Einziehung** oder der **Wertersatzeinziehung** gem. §§ 73, 73c StGB zur Abschöpfung des erlangten Vermögensvorteils in Betracht (→ § 331 Rn. 124). In Bezug auf solche Gegenstände, die zur Tatbegehung gebraucht oder durch sie hervorgebracht wurden, ist die Anordnung der Einziehung gem. § 74 StGB ebenfalls möglich.[82]

66   Hat der Täter für eine Wirtschaftsprüfungsgesellschaft oder eine Buchprüfungsgesellschaft gehandelt, kann gegen diese eine **Verbandsgeldbuße** nach § 30 OWiG verhängt werden; zudem kommt gegen den Aufsichtspflichtigen eines strafbaren Prüfgehilfen eine Geldbuße nach § 130 OWiG in Betracht.[83]

XII. Verjährung

67   Sowohl die Tat nach Abs. 1 als auch die qualifizierte Tat verjähren als Vergehen in fünf Jahren, § 78 Abs. 2 Nr. 4 StGB.

68   Zur Vollstreckungsverjährung → § 331 Rn. 128 f.

§ 333 Verletzung der Geheimhaltungspflicht

(1) Mit Freiheitsstrafe bis zu einem Jahr oder mit Geldstrafe wird bestraft, wer ein Geheimnis der Kapitalgesellschaft, eines Tochterunternehmens (§ 290 Abs. 1, 2),

---

79   Vgl. BGH NStZ 1995, 124; MüKoStGB/Leplow HGB § 332 Rn. 71; BeckOGK/Waßmer, 15.9.2022, Rn. 92 f.; Schäfer/Sander/von Gemmeren, Praxis der Strafzumessung, 5. Aufl. 2012, Rn. 525 ff.
80   IE Schäfer/Sander/von Gemmeren, Praxis der Strafzumessung, 5. Aufl. 2012, Rn. 531 ff.
81   BeckOGK/Waßmer, 15.9.2022, Rn. 94 f.
82   Vgl. MüKoStGB/Leplow HGB § 332 Rn. 73; BeckOGK/Waßmer, 15.9.2022, HGB § 332 Rn. 90 f.
83   BeckOGK/Waßmer, 15.9.2022, HGB § 332 Rn. 96 f.; Ulmer/Dannecker Rn. 20; Spatscheck/Wulf DStR 2003, 173 (177); Graf BB 2001, 562; Dierlamm NStZ 2000, 130 (131).

eines gemeinsam geführten Unternehmens (§ 310) oder eines assoziierten Unternehmens (§ 311), namentlich ein Betriebs- oder Geschäftsgeheimnis, das ihm in seiner Eigenschaft als Abschlußprüfer oder Gehilfe eines Abschlußprüfers bei Prüfung des Jahresabschlusses, eines Einzelabschlusses nach § 325 Abs. 2a oder des Konzernabschlusses bekannt geworden ist, unbefugt offenbart.

(2) [1]Handelt der Täter gegen Entgelt oder in der Absicht, sich oder einen anderen zu bereichern oder einen anderen zu schädigen, so ist die Strafe Freiheitsstrafe bis zu zwei Jahren oder Geldstrafe. [2]Ebenso wird bestraft, wer ein Geheimnis der in Absatz 1 bezeichneten Art, namentlich ein Betriebs- oder Geschäftsgeheimnis, das ihm unter den Voraussetzungen des Absatzes 1 bekannt geworden ist, unbefugt verwertet.

(3) Die Tat wird nur auf Antrag der Kapitalgesellschaft verfolgt.

Schrifttum: s. bei Vor § 331; Hilber/Hartung, Auswirkungen des Sarbanes-oxley-act auf deutsche WP-Gesellschaften, BB 2003, 1054; Mock, Die Verschwiegenheitspflicht des Abschlussprüfers und Interessenskonflikte, DB 2003, 1996; Paal, Zur Vorlagepflicht von Arbeitspapieren des Abschlussprüfers im Enforcement-Verfahren, BB 2007, 1775; Poll, Die Verantwortlichkeit des Abschlussprüfers nach § 323 HGB, DZWiR 1995, 95; Quick, Geheimhaltungspflicht des Abschlussprüfers: Strafrechtliche Konsequenzen bei Verletzung, BB 2004, 1490; v. Stebut, Gesetzliche Vorschriften gegen den Missbrauch von Insiderinformationen, DB 1974, 615; Többens, Wirtschaftsspionage und Konkurrenzausspähung in Deutschland, NStZ 2000, 505.

Übersicht

I. Allgemeines

1   **1. Geschütztes Rechtsgut.** Die Vorschrift schützt ebenso wie § 404 AktG und § 85 GmbHG das **Geheimhaltungsinteresse der Kapitalgesellschaft,** der mit ihr verbundenen Unternehmen iSd § 290 Abs. 1, 2 (Mutter-/Tochterunternehmen), § 310 (Gemeinschaftsunternehmen), § 311 (assoziiertes Unternehmen). Mit dieser Vorschrift soll verhindert werden, dass der vom Gesetz bestimmte Täterkreis aus den ihm anvertrauten Geheimnissen für sich selbst Kapital schlägt.[1] Angesichts der weitreichenden Informations- und Auskunftsansprüche des Abschlussprüfers gem. § 320 Abs. 2–4 ist § 333 folglich ein **Sanktionskorrelat** zur Missbrauchsprävention. Nicht geschützt sind dagegen die Interessen der Anteilseigner der Kapitalgesellschaft bzw. der in § 333 genannten verbundenen Unternehmen. Dies folgt aus der Beschränkung des Strafantragsrechts in Abs. 3 auf die Kapitalgesellschaft und daraus, dass ein zivilrechtlicher Schadensersatz bei schuldhafter Verletzung der Geheimhaltungspflicht an die Gesellschaft und nicht an die Gesellschafter zu zahlen ist.[2] Nach einhelliger Meinung sind auch die Interessen mittelbar Betroffener nicht geschützt (zB Gesellschaftsgläubiger oder Arbeitnehmer der Gesellschaft).[3]

2   **2. Schutzgesetz.** Bezogen auf die Kapitalgesellschaft und ihre Gesellschafter ist § 333 ein Schutzgesetz iSd § 823 Abs. 2 BGB.[4]

3   **3. Abstraktes Gefährdungsdelikt.** Einen Schadenseintritt oder auch nur eine konkrete Gefährdung setzt § 333 nicht voraus. Es ist ebenso wie § 404 AktG oder § 85 GmbHG ein abstraktes Gefährdungsdelikt.[5]

4   **4. Sonderdelikt.** § 333 nennt als mögliche Täter den **Abschlussprüfer** und den **Gehilfen eines Abschlussprüfers.** Es handelt sich wie bei §§ 331, 332 oder § 404 AktG oder § 85 GmbHG um ein echtes Sonderdelikt.[6]

5   Soweit bis zum 31.12.2021 zusätzlich noch **Beschäftigte einer Prüfstelle** gem. § 342b Abs. 1 aF als taugliche Täter in § 333 Abs. 1 aF genannt waren, sind diese ab dem 1.1.2022 aus dem tatbestandlichen Täterkreis einer Geheimnisverletzung ausgenommen. Dies beruht darauf, dass das bislang geltende zweistufige Enforcementverfahren mit einer privatrechtlich organisierten Prüfstelle als erster Stufe durch das FISG mit Wirkung zum 1.1.2022 abgeschafft wurde (→ Vor § 331 Rn. 31). Aufgrund der Aufhebung der Vorschriften über die Einrichtung einer solchen Prüfstelle gem. §§ 342b ff. aF gibt es künftige keine Prüfstellenbeschäftigte mehr, die in dieser Eigenschaft Betriebs- oder Geschäftsgeheimnisse erfahren könnten. Hat ein Beschäftigter einer Prüfstelle vor dem 1.1.2022[7] eine tatbestandsmäßige Geheimnisverletzung gem. § 333 Abs. 1 aF begangen, bestimmen sich die Strafe und die

[1]   Vgl. Hölters/Weber/Müller-Michaels AktG § 404 Rn. 1 ff.; Rowedder/Pentz/Klinger § 85 Rn. 1 mwN.

[2]   MüKoStGB/Leplow HGB § 333 Rn. 7; Achenbach/Ransiek/Rönnau WirtschaftsStrafR–HdB/Ransiek VIII 2 Rn. 34; HK-KapMarktStrafR/Gercke/Stirner HGB § 333 Rn. 2; v. Stebut DB 1974, 615; Henssler/Strohn/Servatius GmbHG § 85 Rn. 1; BeckOGK/Hefendehl, 1.1.2023, AktG § 404 Rn. 9; aA BeckOGK/Waßmer, 15.9.2022, Rn. 5; Ulmer/Dannecker Rn. 6 ff.; MHLS/Dannecker GmbHG § 85 Rn. 9; Erbs/Kohlhaas/Schaal AktG § 404 Rn. 2; Scholz/Tiedemann/Rönnau GmbHG § 85 Rn. 3; Rowedder/Pentz/Klinger § 85 Rn. 1.

[3]   Ulmer/Dannecker Rn. 9; MüKoStGB/Leplow HGB § 333 Rn. 7; Erbs/Kohlhaas/Schaal AktG § 404 Rn. 2; GroßkommAktG/Otto AktG § 404 Rn. 2; Scholz/Tiedemann/Rönnau GmbHG § 85 Rn. 4; MHLS/Dannecker GmbHG § 85 Rn. 11.

[4]   MüKoStGB/Leplow HGB § 333 Rn. 8; BeckOGK/Waßmer, 15.9.2022, Rn. 3; Achenbach/Ransiek/Rönnau WirtschaftsStrafR–HdB/Ransiek VIII 2 Rn. 32; HK-KapMarktStrafR/Gercke/Stirner HGB § 333 Rn. 3; aA von ihrem Standpunkt des geschützten Rechtsguts folgerichtig Ulmer/Dannecker Rn. 11.

[5]   Achenbach/Ransiek/Rönnau WirtschaftsStrafR–HdB/Ransiek VIII 2 Rn. 33; MüKoStGB/Leplow HGB § 333 Rn. 9; Ulmer/Dannecker Rn. 10; Erbs/Kohlhaas/Schaal AktG § 404 Rn. 3; Rowedder/Pentz/Klinger GmbHG § 85 Rn. 4; ebenso zu § 203 StGB Rogall NStZ 1983, 1 (5).

[6]   MüKoStGB/Leplow HGB § 333 Rn. 10; HK-KapMarktStrafR/Gercke/Stirner HGB § 333 Rn. 6; Ulmer/Dannecker Rn. 12.

[7]   S. zum Inkrafttreten Art. 27 Abs. 2 Nr. FISG, BGBl. 2021 I 1567.

Nebenfolgen gem. § 2 Abs. 1 StGB – im Sinne des Tatzeitprinzips[8] – nach der früheren Rechtslage gem. § 333 Abs. 1 aF, da die Aufhebung der Strafbarkeit offensichtlich nicht auf das Verletzungsverbot bzw. auf das Geheimhaltungsgebot zurückwirkt.[9]

II. Normadressat

Der Täterkreis entspricht nach dem Gesetzeswortlaut dem des § 332.[10] **6**

1. Abschlussprüfer. Zur Person des Abschlussprüfers → § 332 Rn. 5. **7**

2. Gehilfe eines Abschlussprüfers. Zur Definition des Gehilfen eines Abschlussprüfers, insbesondere zur Beschränkung der Begriffsauslegung, → § 332 Rn. 10. **8**

III. Tatgegenstand und Tathandlung

1. Tatgegenstand. a) Betriebs- oder Geschäftsgeheimnis. Als Gegenstand der **9** Tathandlung wird in § 333 ein Geheimnis des Unternehmens mit besonderer Hervorhebung des **Betriebs- oder Geschäftsgeheimnisses** genannt. Dieser doppelte Geheimnisbegriff hat keine materielle Bedeutung.[11] Die Unterscheidung zwischen Betriebsgeheimnis einerseits und Geschäftsgeheimnis andererseits entspricht der Aufteilung des Unternehmens in den technischen Bereich (= Betriebsgeheimnis) und den kaufmännischen Bereich (= Geschäftsgeheimnis), wobei die Grenzen fließend sind. Einer genauen Unterscheidung bedarf es nicht, da beide Unternehmensgeheimnisse gleichermaßen geschützt sind.[12] Der geschützte Tatgegenstand des § 333 ist identisch mit § 404 AktG und § 85 GmbHG, dh alle drei Gesetze haben denselben Geheimnisbegriff, der dem des **§ 2 Nr. 1 GeschGehG** entspricht.[13]

b) Geheimnis gem. § 2 Nr. 1 GeschGehG. Durch das Gesetz zum Schutz von **10** Geschäftsgeheimnissen (GeschGehG) vom 18.4.2019 (BGBl. 2019 I 466) wurden §§ 17–19 UWG aufgehoben; maßgeblich für die Bestimmung des Begriffs des Geschäftsgeheimnisses[14] ist fortan die neue Legaldefinition des § 2 Nr. 1 GeschGehG im Sinne einer unionsrechtskonformen Auslegung unter Berücksichtigung von Erwägungsgrund Nr. 14 Geheimnisschutz-RL. Unter den Oberbegriff des Geschäftsgeheimnisses fallen alle Tatsachen, die **im Zusammenhang mit dem Betrieb des Unternehmens** stehen, **nur einem eng begrenzten Personenkreis bekannt,** also nicht offenkundig sind, und **nach dem bekundeten oder erkennbaren Willen des maßgeblichen Organs der Gesellschaft geheim gehalten werden sollen.**[15] Solche Geheimnisse werden regelmäßig als vertraulich bezeichnet; eine entsprechende Bezeichnung oder eine Geheimhaltungserklärung sind dagegen nicht erforderlich.[16]

---

8 Schönke/Schröder/Hecker StGB § 2 Rn. 8 ff.
9 Vgl. MüKoStGB/Schmitz StGB § 2 Rn. 42; Schönke/Schröder/Hecker StGB § 2 Rn. 20.
10 MüKoStGB/Leplow HGB § 333 Rn. 12; BeckOGK/Waßmer, 15.9.2022, Rn. 9 ff.; aA Achenbach/Ransiek/Rönnau WirtschaftsStrafR-HdB/Ransiek VIII 2 Rn. 35.
11 MüKoStGB/Leplow HGB § 333 Rn. 27; Ulmer/Dannecker Rn. 33; Többens NStZ 2000, 205 (206); BeckOGK/Waßmer, 15.9.2022, Rn. 31.
12 MüKoStGB/Leplow HGB § 333 Rn. 27; Ulmer/Dannecker Rn. 34; Scholz/Tiedemann/Rönnau GmbHG § 85 Rn. 13; Köhler/Bornkamm/Feddersen/Köhler UWG § 17 Rn. 4a; Harte-Bavendamm/Henning-Bodewig/Harte-Bavendamm UWG § 17 Rn. 1; diff. Noch RGSt 31, 91; 32, 136 (217); 38, 110; 61, 418 für Betriebsgeheimnisse und RGSt 35, 136; 39, 322; 48, 14 für Geschäftsgeheimnisse.
13 MüKoStGB/Leplow HGB § 333 Rn. 18; Ulmer/Dannecker Rn. 25; HK-KapMarktStrafR/Gercke/Stirner HGB § 333 Rn. 10, 12 und 16; Erbs/Kohlhaas/Schaal AktG § 404 Rn. 8; Rowedder/Pentz/Klinger GmbHG § 85 Rn. 9; Köhler/Bornkamm/Feddersen/Alexander GeschGehG § 2 Rn. 8 ff.; Erbs/Kohlhaas/Diemer UWG § 17 Rn. 8 f.
14 Vgl. Altmeppen GmbHG § 85 Rn. 5; Noack/Servatius/Haas/Beurskens GmbHG § 85 Rn. 7; aA Henssler/Strohn/Servatius GmbHG § 85 Rn. 2.
15 BGHSt 41, 140; BGH LM UWG § 17 Nr. 2; RGZ 149, 329 (334); RG JW 1936, 2081; 1938, 3050; OLG Hamm GA 1959, 288.
16 So auch K. Schmidt/Lutter/Oetker AktG § 404 Rn. 4 unter Hinweis auf die eine Geheimhaltungserklärung erfordernde Strafbarkeit nach § 45 Abs. 1 Nr. 1, Abs. 2 Nr. 1 SEBG iVm § 41 Abs. 2 SEBG.

11   Hinzukommen muss gem. § 2 Nr. 1 lit. b GeschGehG, dass die betreffenden Informationen Gegenstand von den Umständen nach **angemessenen Geheimhaltungsmaßnahmen** durch den rechtmäßigen Inhaber sind.[17] Angesichts der weitreichenden Auskunftsansprüche des Abschlussprüfers gem. § 320 Abs. 2–4, wird er sich jedoch regelmäßig nicht darauf berufen können, dass ihm gegenüber keine geeigneten Geheimhaltungsmaßnahmen ergriffen wurden, zumal der Einblick in die Geschäftsgeheimnisse des zu prüfenden Unternehmens gerade zum Wesen der Prüftätigkeit gehört. Maßgeblich ist, ob im Sinne einer unternehmensspezifischen Schutzstrategie organisatorische, personelle, rechtliche, technische und sonstige Geheimhaltungsmaßnahmen[18] getroffen wurden, um die geheimen Informationen vor einem rechtswidrigen Erlangen und der Nutzung durch Dritte zu schützen.

12   **aa) Fehlende Offenkundigkeit. Offenkundig** ist eine Tatsache grundsätzlich erst, wenn sie bereits in einer Weise in die Öffentlichkeit gelangt ist, die sie jedermann zugänglich macht.[19] Allerdings genügt gem. § 2 Nr. 1 lit. a GeschGehG, dass das Geheimnis in Fachkreisen bekannt ist oder im Wege des sog. „reverse-engineering" gem. § 3 Abs. 1 Nr. 2 GeschGehG erlangt werden kann.[20] Eine Tatsache ist dann nicht offenkundig, wenn sie nur einem eng begrenzten Personenkreis bekannt ist und auch nicht auf legalem Weg von einem außenstehenden Dritten in Erfahrung gebracht werden kann. Ob Bekanntsein in einem gewissen Personenkreis das Wesen des Geheimnisses aufhebt, ist eine Tatfrage, die nur von dem Tatrichter anhand des Einzelfalles entschieden werden kann,[21] und die zB bejaht wurde bei einer großen Zahl von Vertragshändlern.[22] Allein der Wille des Unternehmers bzw. des vertretungsberechtigten Organs macht eine Tatsache noch nicht zum Geheimnis.[23]

13   **bb) Geheimhaltungsinteresse.** Das Geheimhaltungsinteresse wird durch Maßstäbe einer sachgemäßen Unternehmensführung bestimmt.[24] Es ist daher immer dann anzunehmen, wenn durch das Bekanntwerden einzelner oder mehrerer Tatsachen dem Unternehmen ein materieller oder immaterieller Schaden droht, insbesondere seine Wettbewerbsfähigkeit bedroht oder eine Ansehensminderung oder ein Vertrauensverlust eingetreten ist.[25]

14   **cc) Geheimhaltungswille.** Zu dem Geheimhaltungsinteresse muss als weitere subjektive Komponente nach herrschender Meinung ein Geheimhaltungswille hinzutreten.[26] Der Geheimhaltungswille fehlt, wenn ein Offenbarungswille ausdrücklich oder konkludent durch die zuständigen Organe erklärt wurde. Streitig ist jedoch, wie der Geheimhaltungswille festzustellen ist. Einer ausdrücklichen, formalen Bekundung des Geheimhaltungswillens im Einzelfall bedarf es nicht; der Geheimhaltungswille ist somit nicht für jedes Geheimnis positiv nachzuweisen, sondern inhaltlich-materiell angesichts des allgemeinen Verhaltens

---

[17]   Dann/Markgraf NJW 2019, 1774; Köhler/Bornkamm/Feddersen/Alexander GeschGehG § 2 Rn. 49 ff.

[18]   Vgl. hierzu Köhler/Bornkamm/Feddersen/Alexander GeschGehG § 2 Rn. 53 ff.

[19]   BGH NJW 1958, 671; RGZ 65, 333 (335); RG JW 1929, 1227; ähnlich Otto wistra 1988, 125 (126).

[20]   Vgl. hierzu Köhler/Bornkamm/Feddersen/Alexander GeschGehG § 23 Rn. 23 ff.

[21]   RGSt 31, 90 (92); 38, 108 (110); 42, 394 (396).

[22]   OLG Karlsruhe NJW-RR 1993, 1516 f.

[23]   MüKoStGB/Leplow HGB § 333 Rn. 22; HK-KapMarktStrafR/Gercke/Stirner HGB § 333 Rn. 13 Rn. 15; Erbs/Kohlhaas/Diemer UWG § 17 Rn. 10; GroßkommAktG/Otto AktG § 404 Rn. 14; Erbs/Kohlhaas/Schaal AktG § 404 Rn. 9; Noack/Servatius/Haas/Beurskens GmbHG § 85 Rn. 7 ff.; Rowedder/Pentz/Klinger GmbHG § 85 Rn. 9.

[24]   Achenbach/Ransiek/Rönnau WirtschaftsStrafR-HdB/Ransiek VIII 2 Rn. 14; MüKoStGB/Leplow HGB § 333 Rn. 23; GroßkommAktG/Otto AktG § 404 Rn. 15; Erbs/Kohlhaas/Schaal AktG § 404 Rn. 9; Noack/Servatius/Haas/Beurskens GmbHG § 85 Rn. 7.

[25]   BGH MDR 1996, 918; BeckOGK/Waßmer, 15.9.2022, Rn. 26 f.; Achenbach/Ransiek/Rönnau WirtschaftsStrafR-HdB/Ransiek VIII 2 Rn. 14; Ulmer/Dannecker Rn. 39; Quick BB 2004, 1490 (1491); GroßkommAktG/Otto AktG § 404 Rn. 15; Noack/Servatius/Haas/Beurskens GmbHG § 85 Rn. 7; Scholz/Tiedemann/Rönnau GmbHG § 85 Rn. 18 f.

[26]   MüKoStGB/Leplow HGB § 333 Rn. 24 mwN; BeckOGK/Waßmer, 15.9.2022, Rn. 28 ff. mwN; MüKoStGB/Kiethe AktG § 400 Rn. 32; Erbs/Kohlhaas/Schaal AktG § 404 Rn. 9; GroßkommAktG/Otto AktG § 404 Rn. 17; Kölner Komm AktG/Altenhain AktG § 404 Rn. 34; MHLS/Dannecker GmbHG § 85 Rn. 32; BeckOGK/Hefendehl, 1.1.2023, AktG § 404 Rn. 33 ff.; MüKoAktG/Wittig AktG § 404 Rn. 25.

der Unternehmensorgane bzw. nach deren Geschäftspolitik zu beurteilen.[27] Grundsätzlich ergibt sich der Geheimhaltungswille aus dem objektiven Geheimhaltungsinteresse als Element einer sachgemäßen Unternehmensführung oder aus der Natur der geheim zuhaltenden Tatsache.[28] Der entgegenstehende Offenbarungswille muss bei dem jeweils zuständigen Organ des Unternehmens vorhanden sein, dh bei dem Vorstand und – in seinem Geschäftsbereich – bei dem Aufsichtsrat einer AG,[29] bei dem oder den Geschäftsführern einer GmbH, nicht dagegen bei der Hauptversammlung oder den Gesellschaftern, die aber ihre Weisungsrechte ausüben und die Offenbarung beschließen können.[30] Ein pflichtwidriger Offenbarungswille beseitigt den Geheimnischarakter nicht.[31] Ist der Wille jedoch in die Tat umgesetzt und dadurch das Geheimnis bekannt geworden, fehlt es am Geheimnischarakter wegen der jetzt vorhandenen Offenkundigkeit.[32]

dd) Sitten- oder Rechtswidrigkeit. Die Sitten- oder Rechtswidrigkeit des Geheim- **15** nisses berührt die Tatbestandsmäßigkeit nicht. Auch dieses Geheimnis unterliegt der Verschwiegenheitsverpflichtung des Prüfers bzw. seines Gehilfen.[33]

c) Beispiele. Als Beispiele für ein mögliches Geschäfts- oder Betriebsgeheimnis seien **16** genannt: der Jahresabschluss selbst, Kundenlisten, Lieferantenlisten, Einkaufspreise, Kalkulationsunterlagen, Mitarbeiterverzeichnisse, Personalakten, Lohn- und Gehaltslisten, Zahlungsbedingungen, Kreditunterlagen, Rabattstaffeln, Computerprogramme, Gesellschafterbeschlüsse, Vorstandsprotokolle, Aufsichtsratsprotokolle, Beteiligungsverhältnisse, Herstellungsverfahren, Rezepte, Bankverbindlichkeiten, Fusionspläne, Beteiligungsverhältnisse und dergleichen mehr.[34]

2. Täterverhalten. a) Prüfungstätigkeit und Kenntniserlangung. Das Täterver- **17** halten kann sich nur auf das beziehen, was dem Täter in seiner Eigenschaft als Abschlussprüfer oder Gehilfe eines Abschlussprüfers bei der Prüftätigkeit, bei der Prüfung des Jahresabschlusses oder des Konzernabschlusses gem. § 316 bekannt geworden ist. Nur hierfür gilt die in § 323 Abs. 1 S. 1 normierte Verschwiegenheitsverpflichtung des Abschlussprüfers bzw. des Gehilfen des Abschlussprüfers. Dies bedeutet, dass zwischen Prüfungstätigkeit und Kenntniserlangung ein **zeitlicher und funktionaler Zusammenhang** bestehen muss. War der Täter zum Zeitpunkt der Kenntniserlangung noch nicht oder nicht mehr Abschlussprüfer oder Gehilfe des Abschlussprüfers, oder erlangt er die Kenntnis außerhalb der Prüfung, liegt keine Kenntniserlangung bei der Prüfung des Jahresabschlusses vor; in diesen Fällen kann nur die allgemeine Strafvorschrift des § 203 StGB einschlägig sein.[35]

[27] MüKoStGB/Leplow HGB § 333 Rn. 24; Hölters/Weber/Müller-Michaels AktG § 404 Rn. 17 ff.
[28] BGH NStZ 1995, 551 (552); MüKoStGB/Leplow HGB § 333 Rn. 24; BeckOGK/Waßmer, 15.9.2022, Rn. 28; Quick BB 2004, 1490 (1491); Henssler/Strohn/Raum AktG § 400 Rn. 3; HK-KapMarkt-StrafR/Gercke/Stirner HGB § 333 Rn. 15; aA Achenbach/Ransiek/Rönnau WirtschaftsStrafR-HdB/Ransiek VIII 2 Rn. 16; Erbs/Kohlhaas/Schaal AktG § 404 Rn. 9; GroßkommAktG/Otto AktG § 404 Rn. 17; Kölner Komm AktG/Altenhain AktG § 404 Rn. 34; MHLS/Dannecker GmbHG § 85 Rn. 32; BeckOGK/Hefendehl, 1.1.2023, AktG § 404 Rn. 33 ff.
[29] MüKoStGB/Leplow HGB § 333 Rn. 25; MüKoAktG/Wittig AktG § 404 Rn. 26 f.
[30] MüKoStGB/Leplow HGB § 333 Rn. 25; Ulmer/Dannecker Rn. 43; GroßkommAktG/Otto AktG § 404 Rn. 19; Noack/Servatius/Haas/Beurskens GmbHG § 85 Rn. 7a; MHLS/Dannecker GmbHG § 85 Rn. 36.
[31] MüKoStGB/Leplow HGB § 333 Rn. 26; GroßkommAktG/Otto AktG § 404 Rn. 20; Scholz/Tiedemann/Rönnau GmbHG § 85 Rn. 21; Noack/Servatius/Haas/Beurskens GmbHG § 85 Rn. 7.
[32] MüKoStGB/Leplow HGB § 333 Rn. 26; Heymann/Otto Rn. 19.
[33] BeckOGK/Waßmer, 15.9.2022, Rn. 27; Müller-Gugenberger WirtschaftsstrafR-HdB/Niemeyer § 33 Rn. 112; Achenbach/Ransiek/Rönnau WirtschaftsStrafR-HdB/Ransiek VIII 2 Rn. 14; aA Kölner Komm AktG/Altenhain AktG § 404 Rn. 41 ff.; GroßkommAktG/Otto AktG § 404 Rn. 16; Scholz/Tiedemann/Rönnau GmbHG § 85 Rn. 19.
[34] S. auch die Beispiele bei Rowedder/Pentz/Klinger GmbHG § 85 Rn. 11, Köhler/Bornkamm/Feddersen/Köhler UWG § 17 Rn. 12 f.; Ulmer/Dannecker Rn. 35; MüKoStGB/Leplow HGB § 333 Rn. 29; MüKoAktG/Wittig AktG § 404 Rn. 28.
[35] BeckOGK/Waßmer, 15.9.2022, Rn. 88 f.; Achenbach/Ransiek/Rönnau WirtschaftsStrafR-HdB/Ransiek VIII 2 Rn. 33; MüKoStGB/Leplow HGB § 333 Rn. 34 ff.; Quick BB 2004, 1490 (1492); Erbs/Kohlhaas/Schaal AktG § 404 Rn. 7; Noack/Servatius/Haas/Beurskens GmbHG § 85 Rn. 9.

18 **b) Offenbaren, Abs. 1.** Offenbaren ist die Weitergabe des Geheimnisses an einen oder mehrere Dritte, denen dieses Geheimnis zumindest in seiner Gesamtheit noch nicht bekannt war.[36] Hierzu genügt es, dass der Täter das Geheimnis so in den **Herrschaftsbereich des Dritten** verbringt, dass jener unter gewöhnlichen Umständen davon Kenntnis erlangen kann. Das bloße Verschaffen der Gelegenheit, von dem Geheimnis Kenntnis zu erlangen, bedeutet dagegen noch kein Offenbaren. In diesem Fall muss der Dritte die geschaffene Möglichkeit nutzen und dadurch das Geheimnis zur Kenntnis nehmen.[37] Offenbaren liegt auch vor, wenn der Täter die geheim zuhaltende Tatsache in der Form eines Gerüchts mitteilt, ebenso in der Bestätigung eines Gerüchts. Gleichgültig ist, ob er die Mitteilung von sich aus macht oder lediglich eine Frage beantwortet.[38] Die Mitteilung kann auch in einem schlüssigen Tun bestehen, etwa wenn der Täter bewusst ein Schriftstück oder einen digitalen Datenträger liegen lässt, in dem ein Geheimnis enthalten ist.[39] Hier ist jedoch eine Abgrenzung vorzunehmen, ob das Schriftstück bzw. die Verkörperung der Information bereits so in den Herrschaftsbereich des Dritten gelangt ist, dass sicher mit einer Kenntnisnahme zu rechnen ist; andernfalls handelt es sich lediglich um die Verschaffung einer Gelegenheit, die an sich noch kein Offenbaren darstellt (s.o.). Ein Offenbaren kann auch durch Unterlassen erfolgen, wenn die Weitergabe des Geheimnisses oder die Möglichkeit der Kenntnisnahme durch einen unbefugten Dritten erkannt, aber gleichwohl nicht verhindert wird. Die Garantenpflicht des § 13 StGB ergibt sich hier aus der Übernahme der Prüfungstätigkeit.[40]

19 Bei **digital gespeicherten Geschäftsgeheimnissen** genügt es, wenn einem unbefugten Dritten die Verfügungsgewalt über die Daten eingeräumt wird, etwa durch Übergabe eines Datenträgers, Mitteilung des Passworts, Versendung einer E-Mail oder Hochladen einer Datei.[41] Werden Geheimnisse des Unternehmens im Wege des **Cloud-Computings** auf Servern von externen Anbietern gespeichert, welche keine ausreichenden Sicherungsmaßnahmen gegen unberechtigte Zugriffe aufweisen (zB durch Verschlüsselung), kann ebenfalls ein tatbestandsmäßiges Offenbaren vorliegen, wenn ein Dritter hierauf zugreift. Dies gilt auch dann, wenn der Cloudanbieter seine Verschwiegenheit vertraulich zugesichert hat oder der Empfänger selbst schweigepflichtig ist.[42]

20 **c) Unbefugt.** Unbefugt ist die Weitergabe dann, wenn der Abschlussprüfer oder der Gehilfe des Abschlussprüfers **keine Erlaubnis** hierzu durch den zuständigen Entscheidungsträger des Unternehmens besitzt oder der Prüfungsauftrag ihn zur Weitergabe an Dritte nicht verpflichtet. Liegt eine Befugnis vor, entfällt bereits der Tatbestand.[43] Das Tatbestandsmerkmal „unbefugt" entfällt auch, wenn für die Prüfer gesetzliche Auskunfts-, Berichts-, Anzeige- oder sonstige **Mitteilungspflichten** – als Rechtfertigungsgründe – bestehen. Diese bestehen in folgenden Fällen:[44]

---

36 BeckOGK/Waßmer, 15.9.2022, Rn. 39 ff.; Ulmer/Dannecker Rn. 47; MüKoStGB/Leplow HGB § 333 Rn. 39 f.; Kölner Komm AktG/Altenhain AktG § 404 Rn. 41; MüKoAktG/Wittig AktG § 404 Rn. 29 ff.; Scholz/Tiedemann/Rönnau GmbHG § 85 Rn. 28; Noack/Servatius/Haas/Beurskens GmbHG § 85 Rn. 12.

37 MüKoStGB/Leplow HGB § 333 Rn. 39; Scholz/Tiedemann/Rönnau GmbHG § 85 Rn. 28; aA Achenbach/Ransiek/Rönnau WirtschaftsStrafR-HdB/Ransiek VIII 2 Rn. 19; Kölner Komm AktG/Altenhain AktG § 404 Rn. 52, die schon im Ermöglichen der Kenntnisnahme ein Offenbaren sehen. Tatsächlich liegt hier aber ein (strafloser) Versuch vor; dazu → Rn. 42.

38 Vgl. Schönke/Schröder/Eisele StGB § 203 Rn. 19.

39 OLG Hamm GA 1959, 288; Többens NStZ 2000, 505 (507); Scholz/Rönnau GmbHG § 85 Rn. 28; MHLS/Dannecker GmbHG § 85 Rn. 46; Noack/Servatius/Haas/Beurskens GmbHG § 85 Rn. 12.

40 MüKoStGB/Leplow HGB § 333 Rn. 39 ff.; Achenbach/Ransiek/Rönnau WirtschaftsStrafR-HdB/Ransiek VIII 2 Rn. 19; HK-KapMarktStrafR/Gercke/Stirner HGB § 333 Rn. 20; Ulmer/Dannecker Rn. 49; MüKoAktG/Wittig AktG § 404 Rn. 31; Erbs/Kohlhaas/Schaal AktG § 404 Rn. 11.

41 MüKoStGB/Cierniak/Niehaus StGB § 203 Rn. 55; Schönke/Schröder/Eisele StGB § 203 Rn. 20.

42 Schelze HRRS 2013, 86 (87); Schönke/Schröder/Eisele StGB § 203 Rn. 20.

43 MüKoStGB/Leplow HGB § 333 Rn. 44 f.; Ulmer/Dannecker Rn. 47 f.; HK-KapMarktStrafR/Gercke/Stirner HGB § 333 Rn. 22; Kölner Komm AktG/Altenhain AktG § 404 Rn. 76; zu den Besonderheiten bei der Verwertung vgl. BeckOGK/Bormann, 15.11.2020, HGB § 323 Rn. 85.

44 Vgl. dazu MüKoStGB/Leplow HGB § 333 Rn. 54 ff.; s. auch BeckOGK/Bormann, 15.11.2020, HGB § 323 Rn. 51 ff.

Nach **§ 321 Abs. 1 S. 3** hat der Abschlussprüfer gegenüber dem vertretungsberechtig- 21 ten Organ der Gesellschaft über die bei Durchführung der Prüfung festgestellten Unrichtig-keiten oder Verstöße gegen gesetzliche Vorschriften sowie über solche Tatsachen zu berich-ten, die den Bestand des geprüften Unternehmens oder des Konzerns gefährden oder seine Entwicklung wesentlich beeinträchtigen können oder die schwerwiegende Verstöße der gesetzlichen Vertreter oder von Arbeitnehmern gegen Gesetz, Gesellschaftsvertrag oder Satzung erkennen lassen.

§ 321a begründet im Fall der Insolvenz ein Recht für Gläubiger oder Gesellschafter 22 zur Einsichtnahme in die Prüfungsberichte der letzten drei Jahre. Befinden sich diese im Besitz des Abschlussprüfers, hat dieser die Einsicht zu gewähren (§ 321a Abs. 1 S. 2); er hat das Recht zur Erläuterung (§ 321a Abs. 2 S. 2). Dies gilt nach § 321a Abs. 4 auch für Konzernabschluss und Konzernlagebericht.

Bei Wechsel des Abschlussprüfers während einer Prüfung begründet **§ 320 Abs. 4** 23 eine Berichtspflicht des bisherigen Abschlussprüfers gegenüber dem neuen Prüfer über das Ergebnis der bisherigen Prüfung.

Die Vorlage- und Auskunftsrechte der Konzernabschlussprüfer nach § 320 Abs. 1 S. 2 24 und Abs. 2 begründen eine korrespondierende Vorlage- und Auskunftspflicht der Abschluss-prüfer der Mutterunternehmen und der Tochterunternehmen (**§ 320 Abs. 3 S. 2**).[45]

Darüber hinaus gibt es nach dem Berufsrecht der Wirtschaftsprüfer Durchbrechungen 25 der Verschwiegenheitsverpflichtung, die das Tatbestandsmerkmal unbefugt entfallen lassen (→ § 323 Rn. 56 ff.):[46]

Bei der beruflichen Qualitätskontrolle ist der Wirtschaftsprüfer von seiner Verschwie- 26 genheitsverpflichtung gem. **§ 57b Abs. 2 WPO** befreit.

Im berufsaufsichtsrechtlichen Verfahren ist der Wirtschaftsprüfer nach **§ 62 Abs. 3** 27 **WPO** gegenüber den dort genannten Organen der Wirtschaftsprüferkammer bzw. einem beauftragten Mitglied des Organs befreit.

Schließlich entfällt die Verschwiegenheitsverpflichtung der Wirtschaftsprüfer gem. 28 **§ 107 Abs. 5 WpHG** gegenüber der BaFin oder Personen, derer sich die BaFin bei der Durchführung ihrer Aufgaben bedient, wenn die BaFin gem. § 107 Abs. 1 WpHG eine Prüfung der Rechnungslegung eines börsennotierten Unternehmens angeordnet hat. Die Prüfung der BaFin bzgl. Inlandsemittenten gem. § 2 Abs. 14 Nr. 1 WpHG kann sich auf die festgestellten oder offengelegten Jahresabschlüsse nebst Lageberichten, offengelegte Ein-zelabschlüsse nebst Lageberichten, gebilligte oder offengelegte Konzernabschlüsse nebst Konzernlageberichten, auf sonstige veröffentlichte Abschlüsse und Zwischenlageberichte sowie auf veröffentlichte Zahlungs- und Konzernzahlungsberichte beziehen (§ 106 WpHG). Hierbei müssen auch grundsätzlich die Arbeitspapiere des Prüfers vorgelegt werden.[47]

Die Befugnis kann nur durch deutsche Gesetzesnormen begründet werden. Ausländi- 29 sche Vorschriften können den Grundsatz der Verschwiegenheit nicht durchbrechen.[48]

d) Qualifizierte Begehungsweise. aa) Entgeltlichkeit und Absichten. Begeht der 30 Täter die Tat des Abs. 1 gegen Entgelt oder in der Absicht, **sich oder einen anderen zu bereichern** oder einen anderen **zu schädigen,** sieht Abs. 2 S. 1 einen erhöhten Strafrah-men vor. Die Qualifikationsmerkmale entsprechen denjenigen des § 332 Abs. 2 (→ § 332 Rn. 46 ff.).

bb) Verwerten. Verwerten bedeutet die wirtschaftliche Nutzung des Geheimnisses 31 durch den Täter selbst zum Zweck der Gewinnerzielung für sich oder Dritte.[49] Einer

---

[45] Hilber/Hartung BB 2003, 1054 (1057).

[46] S. hierzu BeckOGK/Bormann, 15.11.2020, HGB § 323 Rn. 60.

[47] OLG Frankfurt a. M. BB 2007, 1383; Paal BB 2007, 1775 ff.

[48] So ausdrücklich MüKoStGB/Leplow HGB § 333 Rn. 64 für den Sarbanes-Oxley-Act; vgl. hierzu auch Hilber/Hartung BB 2003, 1054 (1060).

[49] MüKoStGB/Leplow HGB § 333 Rn. 43; Achenbach/Ransiek/Rönnau WirtschaftsStrafR-HdB/Ran-siek VIII 2 Rn. 22; Ulmer/Dannecker Rn. 52; MüKoAktG/Wittig AktG § 404 Rn. 47 ff.; Großkomm-AktG/Otto AktG § 404 Rn. 27; Noack/Servatius/Haas/Beurskens GmbHG § 85 Rn. 18; Rowedder/Pentz/Klinger GmbHG § 85 Rn. 17 f. mit Beispielen.

Entreicherung des Unternehmens bedarf es nicht; es muss aber die konkrete Gefahr eines immateriellen oder materiellen Schadens gegeben sein, aus dem der Täter seinen wirtschaftlichen Nutzen ziehen will.[50] Nicht ausreichend wäre ein bloßer politischer oder ideeller Nutzen.[51] Der Begriff deckt sich mit dem des gesetzlichen Verwertungsverbotes in **§ 323 Abs. 1 S. 2** (→ § 323 Rn. 66). Besteht das Verwerten in der Offenbarung des Geheimnisses an Dritte gegen Entgelt, liegt allein der Tatbestand des § 333 Abs. 2 S. 1 vor.[52]

IV. Rechtswidrigkeit

32 **1. Unbefugt. a) Befugnis.** Erfolgt die Offenbarung bzw. die Verwertung mit **Einverständnis des Entscheidungsträgers** (→ Rn. 15 und 20) fehlt es bereits an der Tatbestandsmäßigkeit des § 333; das Merkmal „unbefugt" ist somit **Tatbestandsmerkmal.** Wird dagegen das Geheimnis ohne Zustimmung des Entscheidungsträgers an einen Dritten weitergegeben, handelt der Täter nur dann nicht rechtswidrig, wenn er sich auf einen Rechtfertigungsgrund berufen kann, zB auf eine gesetzliche Mitteilungspflicht (→ Rn. 20 ff.).

33 **b) Zeuge in Gerichtsverfahren.** Gesetzlichen Aussagepflichten als Zeuge in Gerichtsverfahren stehen die **Zeugnisverweigerungsrechte** der §§ 53, 53a StPO, § 383 Abs. 1 Nr. 6 ZPO, § 384 Nr. 3 ZPO, § 102 Abs. 1 Nr. 3 lit. b AO iVm § 84 FGO entgegen.[53] Erst wenn der Abschlussprüfer von seiner Schweigepflicht entbunden wird, handelt er wieder befugt, dh nicht tatbestandsmäßig. Kein Zeugnisverweigerungsrecht hat dagegen der Beschäftigte einer Prüfstelle; er wird in §§ 53, 53a StPO nicht genannt.[54]

34 Die Schweigepflicht und das hieraus resultierende prozessuale Zeugnisverweigerungsrecht gelten auch für die Verfahren vor parlamentarischen Untersuchungsausschüssen.[55]

35 **2. Güter- und Interessenabwägung. a) Übergesetzlicher Notstand gem. § 34 StGB.** In Eil- oder Notfällen, dh regelmäßig dann, wenn eine Entscheidung des zuständigen Entscheidungsträgers nicht rechtzeitig eingeholt werden kann, kann der Rechtfertigungsgrund des übergesetzlichen Notstands gem. § 34 StGB vorliegen.[56]

36 **b) Eigeninteresse des Täters.** Eine Rechtfertigung der unbefugten Offenbarung kann bei schutzwürdigen eigenen Interessen des Abschlussprüfers oder seines Gehilfen vorliegen, wie zB bei der Durchsetzung zivilrechtlicher Ansprüche gegen die Gesellschaft (Honorarforderungen) oder zur Verteidigung in einem Strafverfahren gegen den Abschlussprüfer oder seinen Gehilfen.[57]

37 **c) Strafanzeige.** Die Frage, inwieweit ein Abschlussprüfer oder sein Gehilfe – außer in den praktisch nur schwerlich vorstellbaren Fällen des § 138 StGB – zu einer Strafanzeige wegen bei der Prüfung bekannt gewordener Sachverhalte berechtigt ist, wird in der Literatur

---

[50] Achenbach/Ransiek/Rönnau WirtschaftsStrafR-HdB/Ransiek VIII 2 Rn. 22; Kölner Komm AktG/Altenhain AktG § 404 Rn. 59; GroßkommAktG/Otto AktG § 404 Rn. 27; Noack/Servatius/Haas/Beurskens GmbHG § 85 Rn. 18; Scholz/Tiedemann/Rönnau GmbHG § 85 Rn. 29.

[51] Vgl. Noack/Servatius/Haas/Beurskens GmbHG § 85 Rn. 18; MHLS/Dannecker GmbHG § 85 Rn. 52; Rowedder/Pentz/Klinger GmbHG § 85 Rn. 17.

[52] BeckOGK/Waßmer, 15.9.2022, Rn. 46; Achenbach/Ransiek/Rönnau WirtschaftsStrafR-HdB/Ransiek VIII 2 Rn. 33, 20; Kölner Komm AktG/Altenhain AktG § 404 Rn. 59; Scholz/Tiedemann GmbHG § 85 Rn. 33; Noack/Servatius/Haas/Beurskens GmbHG § 85 Rn. 18.

[53] MüKoStGB/Leplow HGB § 333 Rn. 59; Ulmer/Dannecker Rn. 78.

[54] MüKoStGB/Leplow HGB § 333 Rn. 60.

[55] BVerfGE 76, 363 (387 f.); MüKoStGB/Leplow HGB § 333 Rn. 59.

[56] Heymann/Otto Rn. 37; MüKoStGB/Leplow HGB § 333 Rn. 66; Achenbach/Ransiek/Rönnau WirtschaftsStrafR-HdB/Ransiek VIII 2 Rn. 28; Ulmer/Dannecker Rn. 81; Noack/Servatius/Haas/Beurskens GmbHG § 85 Rn. 20 f.; Scholz/Tiedemann GmbHG § 85 Rn. 41.

[57] Achenbach/Ransiek/Rönnau WirtschaftsStrafR-HdB/Ransiek VIII 2 Rn. 28; MüKoStGB/Leplow HGB § 333 Rn. 68 f.; Ulmer/Dannecker Rn. 79; Mock DB 2003, 196 (197); Quick BB 2004, 1490 (1492); GroßkommAktG/Otto AktG § 404 Rn. 44; Noack/Servatius/Haas/Beurskens GmbHG § 85 Rn. 21; BeckOGK/Bormann, 15.11.2020, HGB § 323 Rn. 75.

nicht eindeutig beantwortet. Teilweise wird unter Berufung auf Rechtsprechung und Literatur zu § 23 GeschGehG (früher § 17 UWG aF) eine grundsätzliche Befugnis zur Strafanzeige angenommen;[58] dabei wird diese Annahme jedoch mit dem einschränkenden Ratschlag versehen, mit Strafanzeigen bei Bagatelldelikten vorsichtig umzugehen, da die angenommene Befugnis noch nicht höchstrichterlich entschieden sei.[59] Teilweise wird eine grundsätzliche Berechtigung zur Strafanzeige abgelehnt und nur ausnahmsweise bei „schwerwiegenden Straftaten" eine Berechtigung zur Anzeige angenommen.[60] Die Frage dürfte indessen anders zu beantworten sein: § 323 Abs. 1 S. 1 normiert für den Abschlussprüfer – als Korrelat seiner weitgehenden Auskunfts- und Einsichtsrechte (vgl. § 320) – eine **allgemeine, umfassende Verschwiegenheitspflicht**.[61] Gerade diese weitreichende Pflicht wird durch § 333 strafrechtlich geschützt, weshalb auch bei der Feststellung strafbarer Sachverhalte anlässlich der Prüfung grundsätzlich keine Strafanzeige gestattet ist. Die Pflicht zur Verschwiegenheit besteht aber nicht gegenüber den Mitgliedern des gesetzlichen Vertretungsorgans der Kapitalgesellschaft oder gegenüber anderen Organen der Kapitalgesellschaft, die zur Wahrnehmung ihrer Aufgaben über sämtliche Verhältnisse des zu prüfenden Unternehmens informiert werden müssen.[62] Ihnen hat der Abschlussprüfer solche Tatsachen, die schwerwiegende Gesetzesverstöße der gesetzlichen Vertreter oder von Arbeitnehmern erkennen lassen, dh auch und gerade strafbare Verhaltensweisen, zu berichten. Die Organe der Gesellschaft wiederum können den Abschlussprüfer von seiner Verschwiegenheitsverpflichtung gegenüber Dritten befreien, dh das Offenbaren (= Strafanzeige) erlauben bzw. befugt machen. Der Abschlussprüfer bedarf daher zur Anzeigenerstattung immer der Genehmigung durch das jeweils zuständige Organ der Kapitalgesellschaft. Entdeckt er Straftaten eines Vorstandsmitgliedes, ist dies den übrigen Vorstandsmitgliedern mitzuteilen. Bei Straftaten des gesamten Vorstandes hat eine Information des Aufsichtsrats zu erfolgen, bei Straftaten des Aufsichtsrats ist Ansprechpartner die Hauptversammlung. Nur das jeweils angesprochene Organ kann über die Strafanzeige entscheiden und so die Befugnis zum Offenbaren schaffen.

V. Subjektiver Tatbestand

Die Tatbestände des § 333 können **nur vorsätzlich** begangen werden, wobei in den **38** Fällen des Abs. 1 und des Abs. 2 S. Alt. 1 (entgeltlich) Eventualvorsatz ausreicht.[63] Sowohl in den Fällen des Abs. 2 S. 1 Alt. 2 (Bereicherungs- und Schädigungsabsicht) als auch im Fall der Verwertung gem. Abs. 2 S. 2 ist Absicht als zielgerichtetes Handeln erforderlich.[64] Der Vorsatz muss den Geheimnisbegriff, dh die Kenntnis der Tatsachen, die den Geheimnischarakter begründen, umfassen und sich auf die Kenntniserlangung anlässlich der Prüfungstätigkeit beziehen. Ferner muss der Täter wissen, dass er unbefugt handelt.[65]

---

58 Scholz/Tiedemann/Rönnau GmbHG § 85 Rn. 42 mwN zu § 17 UWG, § 203 StGB.
59 Scholz/Tiedemann/Rönnau GmbHG § 85 Rn. 42; Kölner Komm AktG/Altenhain AktG § 404 Rn. 83; MüKoStGB/Leplow HGB § 333 Rn. 69 nimmt auch bei Bagatelldelikten Tatbestandsmäßigkeit und Rechtswidrigkeit an.
60 MüKoStGB/Leplow HGB § 333 Rn. 69; Noack/Servatius/Haas/Beurskens GmbHG § 85 Rn. 21; GroßkommAktG/Otto AktG § 404 Rn. 45 mit letztlich auch unbestimmten Beispielsfällen: „weit reichende wirtschaftskriminelle Straftaten", bevorstehende „Verbrechen, deren Wiederholung zu befürchten ist" oder die „die Rechtssicherheit aufgrund ihres Ausmaßes oder Schweregrades wesentlich beeinträchtigt haben"; Quick BB 2004, 1490 (1494): „Nichtanzeige geplanter Kapitalverbrechen".
61 BeckOGK/Bormann, 15.11.2020, HGB § 323 Rn. 46 ff.; Poll DZWiR 1995, 95 (96 f.).
62 BeckOGK/Bormann, 15.11.2020, HGB § 323 Rn. 52 ff.; EBJS/Böcking/Gros/Rabenhorst § 323 Rn. 8.
63 MüKoStGB/Leplow HGB § 333 Rn. 47; BeckOGK/Waßmer, 15.9.2022, Rn. 49 f.
64 MüKoStGB/Leplow HGB § 333 Rn. 48; BeckOGK/Waßmer, 15.9.2022, Rn. 49; Ulmer/Dannecker Rn. 51; Quick BB 2004, 1490 (1493), da dem Verwerten eine Gewinnerzielungsabsicht immanent ist; aA HK-KapMarktStrafR/Gercke/Stirner HGB § 333 Rn. 23.
65 MüKoStGB/Leplow HGB § 333 Rn. 47; HK-KapMarktStrafR/Gercke/Stirner HGB § 333 Rn. 23; Ulmer/Dannecker Rn. 65.

VI. Irrtum

39   Der Irrtum des Täters über den Geheimnischarakter und die Kenntniserlangung anlässlich der Prüfungstätigkeit schließt den Vorsatz aus (§ 16 StGB).[66] Bei dem Irrtum über die Befugnis zum Offenbaren ist zu unterscheiden: irrt der Täter über das Vorliegen oder die Reichweite der Zustimmung des zuständigen Gesellschaftsorgans oder über die Zuständigkeit des Gesellschaftsorgans für die Zustimmung, liegt ebenfalls ein Tatbestandsirrtum vor. Weiß der Täter dagegen, dass sein Offenbaren unbefugt (= tatbestandsmäßig) ist, hält er aber einen nicht vorhandenen Rechtfertigungsgrund für gegeben, der sein Offenbaren rechtmäßig machen würde, liegt ein Verbotsirrtum gem. § 17 StGB vor.[67]

VII. Vollendung und Versuch

40   **1. Tatvollendung. a) Offenbaren.** Das Geheimnis (ebenso die Erkenntnis) ist dann offenbart und die Tat vollendet, wenn das Geheimnis mindestens einem außenstehenden Dritten zugegangen ist, ohne dass dieser aber die Mitteilung verstanden oder den Geheimnischarakter erkannt haben muss.[68] Bei schriftlicher oder elektronischer Weitergabe ist das Geheimnis offenbart, wenn die Mitteilung so in den Herrschaftsbereich des Dritten gelangt ist, dass der Kenntnisnahme durch den Dritten nichts mehr entgegensteht und die Kenntnisnahme daher jederzeit möglich ist.[69] Mit Kenntnisnahme durch einen Unbefugten ist die Tat beendet.[70]

41   **b) Qualifikationsmerkmale gem. Abs. 2.** Die Vollendung der Qualifikationsmerkmale gem. Abs. 2 tritt bereits dann ein, wenn der Täter nach seiner Vorstellung alles getan hat, um die Bereicherung/Schädigung zu verwirklichen oder die wirtschaftliche Nutzung sowie die daraus erwachsende Gewinnerzielung für sich oder Dritte zu erreichen.[71] Die Gewinnerzielung muss aus Sicht des Täters im Fall der Verwertung lediglich unmittelbar bevorstehen; ob diese tatsächlich eintritt, ist für die Vollendung dieses abstrakten Gefährdungstatbestandes ohne Bedeutung.[72]

42   **2. Versuch.** Der Versuch ist nicht strafbar (§ 12 Abs. 2 StGB, § 23 Abs. 1 StGB).

VIII. Täterschaft und Teilnahme

43   Hierzu gelten die Ausführungen zu § 332 (→ Rn. 41).

IX. Konkurrenzen

44   **1. Offenbaren, Verwerten.** Das unbefugte Offenbaren (Abs. 1) und das unbefugte Verwerten (Abs. 2 S. 2) sind selbstständige Delikte. Zwischen ihnen ist Tateinheit und Tat-

---

[66] MüKoStGB/Leplow HGB § 333 Rn. 50; Ulmer/Dannecker Rn. 67; BeckOGK/Waßmer, 15.9.2022, Rn. 51.

[67] BeckOGK/Waßmer, 15.9.2022, Rn. 52; MüKoStGB/Leplow HGB § 333 Rn. 50; Ulmer/Dannecker Rn. 67, 69; Noack/Servatius/Haas/Beurskens GmbHG § 85 Rn. 19; Scholz/Tiedemann/Rönnau GmbHG § 85 Rn. 48; Erbs/Kohlhaas/Schaal AktG § 400 Rn. 16; BeckOGK/Hefendehl, 1.1.2023, AktG § 404 Rn. 83.

[68] MüKoStGB/Leplow HGB § 333 Rn. 71; Ulmer/Dannecker Rn. 57; Achenbach/Ransiek/Rönnau WirtschaftsStrafR-HdB/Ransiek VIII 2 Rn. 24; HK-KapMarktStrafR/Gercke/Stirner HGB § 333 Rn. 44; Quick BB 2004, 1490 (1493); Hölters/Weber/Müller-Michaels AktG § 404 Rn. 10; GroßkommAktG/Otto AktG § 404 Rn. 32; MüKoAktG/Wittig AktG § 404 Rn. 57; Noack/Servatius/Haas/Beurskens GmbHG § 85 Rn. 12.

[69] MüKoStGB/Leplow HGB § 333 Rn. 71; Ulmer/Dannecker Rn. 57; BeckOGK/Waßmer, 15.9.2022, Rn. 54; Quick BB 2004, 1490 (1493); s. auch Schönke/Schröder/Lenckner/Eisele StGB § 203 Rn. 72.

[70] Achenbach/Ransiek/Rönnau WirtschaftsStrafR-HdB/Ransiek VIII 2 Rn. 24; Ulmer/Dannecker Rn. 58; MüKoStGB/Leplow HGB § 333 Rn. 73; MüKoAktG/Wittig AktG § 404 Rn. 58.

[71] BeckOGK/Waßmer, 15.9.2022, Rn. 55; MüKoStGB/Leplow HGB § 333 Rn. 72; Ulmer/Dannecker Rn. 57.

[72] MüKoStGB/Leplow HGB § 333 Rn. 72; Ulmer/Dannecker Rn. 45; Scholz/Tiedemann/Rönnau GmbHG § 85 Rn. 30; Quick BB 2004, 1490 (1493).

mehrheit denkbar.[73] Die Offenbarung gegen Entgelt gem. Abs. 2 S. 1 schließt als spezieller Qualifikationstatbestand ein Verwerten gem. Abs. 2 S. 1 aus (→ Rn. 31).[74] Wird ein Geheimnis gegenüber verschiedenen Personen mehrfach offenbart, liegen mehrere Tathandlungen iSd § 53 StGB vor.

2. Verhältnis zu den Straftatbeständen anderer gesellschaftsrechtlicher 45 Gesetze. § 333 ist lex specialis gegenüber § 404 Abs. 1 Nr. 2 AktG, soweit es sich um Abschlussprüfungen handelt. Die Verschwiegenheitsverpflichtung des Prüfers bei Gründungsprüfung und Sonderprüfung des AktG ist weiterhin durch § 404 Abs. 1 Nr. 2 AktG geschützt.[75] Dies gilt auch für die entsprechenden Vorschriften der § 19 PublG, § 315 UmwG, § 151 Abs. 1 Nr. 2, Abs. 2, 3 GenG, § 138 Abs. 1 Nr. 1 VAG, soweit es um die durch § 333 nicht erfassten sonstigen gesetzlichen Prüfungen bzw. um andere Rechtsformen als Kapitalgesellschaften geht.[76]

3. Verhältnis zu den Straftatbeständen des StGB. Bei freiwilligen Sonderprüfun- 46 gen gelten ausschließlich die §§ 203, 204 StGB für den dort genannten Personenkreis,[77] im Übrigen ist § 333 lex specialis gegenüber §§ 203, 204 StGB.[78] Tateinheit kann bestehen mit §§ 246, 266 StGB bei Vorliegen der Qualifikationsvoraussetzungen des Abs. 2 (Bereicherungs- und Schädigungsabsicht, unbefugte Verwertung).[79] Hat sich der Täter einen Gegenstand, der ein Geheimnis verkörpert, zugeeignet (zB Konstruktionspläne, Kundenlisten, elektronische Datenträger), so ist die anschließende Verwertung straflose Nachtat.[80]

4. Verhältnis zu den Straftatbeständen sonstiger Gesetze. a) § 42 BDSG. Soweit 47 durch die Tatbegehung nach § 333 auch Daten natürlicher Personen offenbart werden (zB Personalunterlagen, Kundenlisten), steht eine Tat nach § 42 BDSG zu § 333 in Idealkonkurrenz.[81]

b) § 119 Abs. 3 WpHG. § 119 Abs. 3 WpHG (Strafbarkeit verbotener Insiderge- 48 schäfte) steht zu § 333 in Idealkonkurrenz, wenn die Verletzung der Geheimhaltungspflicht gleichzeitig einem verbotenen Geschäft iSv Art. 14 Marktmissbrauchs-VO dient.[82]

c) § 23 GeschGehG. Zu § 23 GeschGehG (früher § 17 UWG aF) kann bei Vorliegen 49 der qualifizierenden Tatbestandsmerkmale Entgeltlichkeit, Bereicherungs- oder Schädigungsabsicht oder unbefugte Verwertung Tateinheit bestehen.[83]

X. Strafantrag

Die Tat nach Abs. 1 oder Abs. 2 wird nur auf Antrag verfolgt; antragsberechtigt ist nur 50 die Kapitalgesellschaft (§ 333 Abs. 3). Der Strafantrag ist **Strafverfolgungsvoraussetzung** und kann nicht durch ein besonderes öffentliches Interesse an der Strafverfolgung ersetzt

---

[73] MüKoStGB/Leplow HGB § 333 Rn. 75; Ulmer/Dannecker Rn. 84; MüKoAktG/Wittig AktG § 404 Rn. 63; Rowedder/Pentz/Klinger GmbHG § 85 Rn. 35.

[74] HK-KapMarktStrafR/Gercke/Stirner HGB § 333 Rn. 46; BeckOGK/Waßmer, 15.9.2022, Rn. 87; MüKoStGB/Leplow HGB § 333 Rn. 75.

[75] MüKoStGB/Leplow HGB § 333 Rn. 76; Erbs/Kohlhaas/Schaal AktG § 404 Rn. 29; BeckOGK/Hefendehl, 1.1.2023, AktG § 400 Rn. 89.

[76] Vgl. BeckOGK/Waßmer, 15.9.2022, Rn. 89; MüKoStGB/Leplow HGB § 333 Rn. 76; Ulmer/Dannecker Rn. 83.

[77] Achenbach/Ransiek/Rönnau WirtschaftsStrafR-HdB/Ransiek VIII 2 Rn. 35; MüKoStGB/Leplow HGB § 333 Rn. 77; Quick BB 2004, 1490 (1494).

[78] BeckOGK/Waßmer, 15.9.2022, HGB § 333 Rn. 88; MüKoStGB/Leplow HGB § 333 Rn. 77.

[79] MüKoStGB/Leplow Rn. 77; Ulmer/Dannecker Rn. 86; Scholz/Tiedemann/Rönnau GmbHG § 85 Rn. 55.

[80] BeckOGK/Waßmer, 15.9.2022, Rn. 94; Ulmer/Dannecker Rn. 70; MüKoStGB/Leplow HGB § 333 Rn. 77.

[81] MüKoStGB/Leplow HGB § 333 Rn. 76; ebenso Scholz/Tiedemann/Rönnau GmbHG § 85 Rn. 56.

[82] Ulmer/Dannecker Rn. 86; MüKoStGB/Leplow HGB § 333 Rn. 77.

[83] Erbs/Kohlhaas/Diemer UWG § 17 Rn. 59; MüKoStGB/Leplow HGB § 333 Rn. 77; BeckOGK/Waßmer, 15.9.2022, Rn. 90.

werden.[84] Ohne rechtzeitigen Strafantrag liegt somit ein Verfahrenshindernis vor, das zur Einstellung des Verfahrens führt.

51   **1. Antragsrecht.** Das **Antragsrecht** wird durch den gesetzlichen Vertreter der Kapitalgesellschaft ausgeübt; dies ist bei der AG der Vorstand (§ 78 AktG),[85] bei der GmbH der oder die Geschäftsführer (§ 35 GmbHG),[86] bei der Kommanditgesellschaft auf Aktien der oder die persönlich haftenden Gesellschafter (§ 278 Abs. 2 AktG; § 283 AktG)[87] und bei der Kapitalgesellschaft in Liquidation der oder die Abwickler oder Liquidatoren.[88]

52   **2. Antragsfrist.** Die Antragsfrist beträgt **drei Monate** (§ 77b Abs. 1 StGB) und ist eine **Ausschlussfrist,** so dass eine Wiedereinsetzung in den vorigen Stand – etwa bei unverschuldeter Säumnis – nicht zulässig ist.[89] Sie beginnt gem. § 77b Abs. 2 S. 1 StGB mit Ablauf des Tages, an dem der Antragsberechtigte von der Tat und der Person des Täters Kenntnis erlangt hat. Steht mehreren Personen das Antragsrecht zu, so läuft die Frist für jeden gesondert, je nachdem wann der jeweilige Berechtigte Kenntnis erlangt hat (§ 77b Abs. 3 StGB).[90]

53   Besteht das vertretungsberechtigte Organ eines Unternehmens aus mehreren Personen, ist zu differenzieren, ob in der Satzung oder Geschäftsordnung **Gesamtvertretung oder Einzelvertretung** vorgeschrieben ist: Ist die organschaftliche Vertretung gemeinschaftlich auszuüben, beginnt die Frist erst in dem Zeitpunkt, in dem alle Mitglieder die erforderliche Kenntnis besitzen.[91] Bei Einzelvertretung beginnt für jeden Vertretungsberechtigten die Frist gesondert zu laufen, dh ein Strafantrag kann solange gestellt werden, solange für einen der Vertretungsberechtigten die Antragsfrist noch läuft. Jeder Berechtigte kann den Antrag gem. § 77 Abs. 4 StGB selbstständig und unabhängig von den anderen Antragsberechtigten stellen.[92] Im Ergebnis bedeutet dies, dass in beiden Fällen die Strafantragsfrist erst mit Kenntniserlangung durch das letzte Organmitglied beginnt.[93]

54   Der Strafantrag ist **schriftlich** oder **zu Protokoll** bei einem Gericht oder der Staatsanwaltschaft zu stellen, § 158 Abs. 2 StPO. Die Rücknahme des Strafantrags kann bis zum rechtskräftigen Abschluss des Strafverfahrens erfolgen (§ 77d Abs. 1 S. 2 StGB). Er kann nach erfolgter Rücknahme nicht erneut gestellt werden (§ 77d Abs. 1 S. 3 StGB). Die Rücknahme ist weder widerrufbar noch anfechtbar.[94] Zu beachten ist bei einer Strafantragsrücknahme die Kostenfolge des § 470 Abs. 1 S. 1 StPO (Kostentragungspflicht des Anzeigenden). Ein Strafantragsverzicht ist nur bei Erklärung gegenüber einer nach § 158 Abs. 2 StPO zuständigen Stelle, dh bei der mit der Sache befassten Behörden bzw. bei Gericht, wirksam.[95]

XI. Strafrahmen

55   Die Strafe bei unbefugtem Offenbaren nach Abs. 1 beträgt bis zu einem Jahr Freiheitsstrafe (Mindestmaß: ein Monat, § 38 Abs. 2 StGB) oder Geldstrafe (fünf bis 360 Tagessätze, § 40 Abs. 1 S. 2 StGB). Der Qualifikationstatbestand des Abs. 2 S. 1 und der Tatbestand des

---

[84]   BGHSt 18, 123 (125); Fischer StGB Vor § 77 Rn. 2; MüKoStGB/Leplow HGB § 333 Rn. 78; Ulmer/Dannecker Rn. 87.

[85]   MüKoAktG/Wittig AktG § 404 Rn. 67; MüKoStGB/Leplow HGB § 333 Rn. 78; Ulmer/Dannecker Rn. 81.

[86]   HK-KapMarktStrafR/Gercke/Stirner HGB § 333 Rn. 54; MüKoStGB/Leplow HGB § 333 Rn. 78; Ulmer/Dannecker Rn. 89.

[87]   MüKoAktG/Wittig AktG § 404 Rn. 67; MüKoStGB/Leplow HGB § 333 Rn. 78; Ulmer/Dannecker Rn. 89.

[88]   MüKoStGB/Leplow HGB § 333 Rn. 78; Ulmer/Dannecker Rn. 89; BeckOGK/Hefendehl, 1.1.2023, AktG § 404 Rn. 93.

[89]   Fischer StGB § 77b Rn. 2; Schönke/Schröder/Sternberg-Lieben/Bosch StGB § 77b Rn. 1.

[90]   Schönke/Schröder/Sternberg-Lieben/Bosch StGB § 77b Rn. 5; MüKoStGB/Mitsch § 77b Rn. 32.

[91]   BeckOGK/Waßmer, 15.9.2022, Rn. 100; MüKoStGB/Leplow HGB § 333 Rn. 80; Ulmer/Dannecker Rn. 90; HK-KapMarktStrafR/Gercke/Stirner HGB § 333 Rn. 55.

[92]   MüKoStGB/Mitsch StGB § 77b Rn. 32.

[93]   MüKoStGB/Leplow HGB § 333 Rn. 80.

[94]   MüKoStGB/Mitsch StGB § 77d Rn. 26; Schönke/Schröder/Sternberg-Lieben/Bosch StGB § 77d Rn. 8.

[95]   Lackner/Kühl/Kühl StGB § 77d Rn. 5; Schönke/Schröder/Sternberg-Lieben/Bosch StGB § 77d Rn. 5; MüKoStGB/Mitsch StGB § 77d Rn. 7.

Verwertens nach Abs. 2 S. 2 sehen Freiheitsstrafe bis zu zwei Jahren oder Geldstrafe vor. Bei Bereicherung oder Bereicherungsabsicht kann Geldstrafe neben einer Freiheitsstrafe verhängt werden, § 41 StGB. Bei tatsächlicher Erlangung wirtschaftlicher Vorteile durch eine Tat nach Abs. 2 können auch die Vorschriften über die Einziehung der §§ 73 ff. StGB Anwendung finden (→ § 332 Rn. 65). Denkbar ist auch die Verhängung eines Berufsverbotes gem. § 70 StGB (→ § 332 Rn. 63). Daneben kommen für einen Wirtschaftsprüfer auch berufsrechtliche Sanktionen in Betracht (→ § 332 Rn. 64).

Aufgrund des relativ geringen Strafrahmens von bis zu einem Jahr Freiheitsstrafe (Abs. 1) **56** oder bis zu zwei Jahren (Abs. 2) ist bei Idealkonkurrenz mit anderen Straftaten im Rahmen der Strafzumessung stets zu beachten, dass sich die Strafe gem. § 52 Abs. 2 StGB nach dem Gesetz bestimmt, das die schwerste Strafe androht (vgl. etwa § 23 Abs. 1 und 2 GeschGehG, insbesondere bei gewerbsmäßigem Handeln).

XII. Verjährung

Die Tat nach Abs. 1 verjährt wegen der geringen Strafdrohung bereits in drei Jahren **57** (§ 78 Abs. 3 Nr. 5 StGB). Die Tat nach Abs. 2 verjährt wegen der höheren Strafdrohung in fünf Jahren (§ 78 Abs. 3 Nr. 4 StGB).[96] Die Verjährung beginnt mit der Beendigung der Tat (§ 78a StGB). Die Strafvollstreckungsverjährung[97] beträgt bei Abs. 1 wegen des begrenzten Strafrahmens drei oder fünf Jahre (§ 79 Abs. 3 Nr. 4 und 5 StGB). Bei einer Verurteilung nach Abs. 2 kann die Vollstreckungsverjährung drei, fünf oder zehn Jahre betragen (§ 79 Abs. 3 Nr. 3–5 StGB). Die Vollstreckungsverjährung beginnt mit Rechtskraft der Entscheidung (§ 79 Abs. 6 StGB).

§ 333a Verletzung der Pflichten bei Abschlussprüfungen

Mit Freiheitsstrafe bis zu einem Jahr oder mit Geldstrafe wird bestraft, wer als Mitglied eines nach § 324 Absatz 1 Satz 1 eingerichteten Prüfungsausschusses
1. **eine in § 334 Absatz 2a bezeichnete Handlung begeht und dafür einen Vermögensvorteil erhält oder sich versprechen lässt oder**
2. **eine in § 334 Absatz 2a bezeichnete Handlung beharrlich wiederholt.**

Schrifttum: s. bei Vor § 331, § 334; *Schüppen,* Die europäische Abschlussprüferreform und ihre Implementierung in Deutschland – Vom Löwen zum Bettvorleger?, NZG 2016, 247.

Übersicht

---

[96] Ulmer/Dannecker Rn. 96; MüKoStGB/Leplow HGB § 333 Rn. 88 f.; Fischer StGB § 78 Rn. 5.
[97] MüKoStGB/Leplow HGB § 333 Rn. 89.

I. Allgemeines

1   **1. Regelungszweck.** Die durch das Abschlussprüfungsreformgesetz (AReG) mit Wirkung zum 17.6.2016 eingeführte Strafnorm des § 333a dient – als Qualifikationstatbestand – der strafrechtlichen Sanktionierung besonders gravierender Verstöße der Mitglieder eines Prüfungsausschusses iSv § 324 Abs. 1 gegen bestimmte prüfungsbezogene Pflichten der Abschlussprüfungs-VO.[1] Grundtatbestand ist die Ordnungswidrigkeitenvorschrift des § 334 Abs. 2a (→ § 334 Rn. 67 ff.). Entsprechende Straftatbestände wurden in §§ 340m Abs. 2, 341m Abs. 2 (→ § 340m Rn. 19, → § 341m Rn. 13), § 86 GmbHG, § 404a AktG, § 151a GenG, § 19a PublG und § 331 Abs. 2a VAG eingeführt.

2   Durch die Schaffung eines neuen Straftatbestandes sollten insbesondere auch die Voraussetzungen für die Verhängung eines Berufsverbotes gem. § 70 StGB bei Verstößen gegen prüfungsbezogene Pflichten gesetzlich normiert werden. Nach Art. 30a Abs. 1 lit. e Abschlussprüfer-RL idF der Änderungs-RL 2014/56/EU (ABl. EU 2014 L 158, 196) sind die Mitgliedstaaten dazu verpflichtet, bei Verstößen gegen die Abschlussprüfer-RL und die Abschlussprüfungs-VO – neben weiteren verwaltungsrechtlichen Sanktionen und Maßnahmen – die Verhängung eines vorübergehenden Verbotes der Wahrnehmung von Aufgaben bei Prüfungsgesellschaften oder Unternehmen von öffentlichem Interesse vorzusehen.[2] Obwohl aus der weitgefassten Formulierung des Art. 30a Abs. 1 Abschlussprüfer-RL geschlossen werden könnte, ein Berufsverbot sei bei jedem Verstoß gegen prüfungsbezogene Pflichten zu verhängen, wird in den Erwägungen der Änderungs-RL 2014/56/EU einschränkend ausgeführt, dass die in der EU-Grundrechtecharta festgeschriebenen Grundrechte – so auch das Recht auf Berufsfreiheit gem. Art. 15 GRCh – bei jeder Sanktionierung zu beachten sind (. Erwägungsgrund Nr. 15 RL 2014/56/EU). In diesem Sinne stellte der deutsche Gesetzgeber unter Hinweis auf den tiefgreifenden Eingriff in die Berufsfreiheit des Betroffenen explizit fest, dass ein Berufsverbot nur vornherein nur in besonders schwerwiegenden Fällen in Betracht kommen kann. Da die verfassungsrechtlichen Vorgaben für die Verhängung eines Berufsverbotes durch die qualifizierenden Tatbestandsmerkmale des § 333a sowie die weiteren Voraussetzungen des § 70 StGB[3] einfachgesetzlich konkretisiert wurden, verzichtete der Gesetzgeber auf eine gesonderte Umsetzung des Art. 30a Abs. 1 lit. e Abschlussprüfer-RL.[4] Zur Anweisungskompetenz der EU, die Mitgliedstaaten zur Einführung wirksamer nationaler Sanktionen zu verpflichten, → Vor § 331 Rn. 3.

3   **2. Geschütztes Rechtsgut.** Geschütztes Rechtsgut des § 333a ist das **Vertrauen der Öffentlichkeit in die Jahresabschlüsse** und konsolidierten Abschlüsse von Unternehmen von öffentlichem Interessen gem. § 316a S. 2. Da dieses Vertrauen maßgeblich von der Qualität und Integrität der mit der Durchführung der Abschlussprüfung betrauten Abschlussprüfer und Prüfungsgesellschaften abhängt, kommt der Überwachung der Unabhängigkeit sowie der Einhaltung der Verfahrensvorschriften anlässlich der Empfehlung, des Auswahlverfahrens und des Vorschlages für die Bestellung der Prüfer durch die Mitglieder des Prüfungsausschusses – nach den Vorschriften der unmittelbar geltenden Abschlussprüfungs-VO – große Bedeutung zu. Zur Vermeidung künftiger Finanzmarktkrisen soll dadurch auch das Funktionieren der Märkte und die Finanzstabilität gefördert werden (s. Erwägungsgründe Nr. 1, 4, 7, 9, 10 und 18 Abschlussprüfungs-VO).

4   Daneben bezweckt § 333a – wie auch der Grundtatbestand gem. § 334 Abs. 2a (→ § 334 Rn. 15) – sowohl den Schutz des Unternehmens, dh der Gesellschaft oder des Konzerns, als auch den Schutz der Personen, die mit dem Unternehmen in einer wirtschaftlichen oder rechtlichen Beziehung stehen oder konkret in eine solche treten wollen (→ § 331 Rn. 2). Bei § 333a handelt sich insoweit um ein **Schutzgesetz** iSd § 823 Abs. 2 BGB.[5]

---

[1]   BT-Drs. 18/7219, 48; 18/7902, 65.
[2]   BT-Drs. 18/7219, 48; 18/7902, 65.
[3]   S. hierzu MüKoStGB/Bockemühl StGB § 70 Rn. 13 ff.; Schönke/Schröder/Kinzig StGB § 70 Rn. 13 ff.
[4]   BT-Drs. 18/7219, 48; Schüppen NZG 2016, 247 (254).
[5]   Vgl. zu § 334 BeckOGK/Waßmer, 15.9.2022, Rn. 4; Blumers/Frick/Müller/Dannecker Rn. 696.

3. Abstraktes Gefährdungsdelikt. Ein tatbestandlicher Erfolg, dh eine fehlerhafte 5
Abschlussprüfung oder der Eintritt eines Schadens bzw. einer Vermögensgefährdung, ist
nicht erforderlich; es genügt bereits die Verletzung der prüfungsbezogenen Pflichten gem.
§ 334 Abs. 2a.

4. Sonderdelikt. Als mögliche Täter nennt § 333 nur Mitglieder eines nach § 324 6
Abs. 1 S. 1 eingerichteten Prüfungsausschusses; es handelt sich daher **um ein echtes Sonderdelikt.**

II. Normadressat

Normadressaten des § 333a sind die Mitglieder eines Prüfungsausschusses gem. § 324 7
Abs. 1 S. 1 (→ § 334 Rn. 22 f.).

III. Grundtatbestand (§ 334 Abs. 2a)

Durch die Verweisung auf den **Grundtatbestand des § 334 Abs. 2a,** in dem auf die 8
Vorschriften der Abschlussprüfungs-VO verwiesen wird, ist auch § 333a als **Blankettnorm**
ausgestaltet (→ Vor § 331 Rn. 75 f.). Eine Straftat gem. § 333a kommt – im Sinne einer
Qualifikation des Grundtatbestandes – nur in Betracht, wenn der Täter zumindest einen
der Ordnungswidrigkeitentatbestände gem. § 334 Abs. 2a sowohl objektiv als auch subjektiv
erfüllt hat.

Die Ordnungswidrigkeitentatbestände des § 334 Abs. 2a sanktionieren Verstöße der 9
Mitglieder eines Prüfungsausschusses gegen bestimmte **prüfungsbezogene Pflichten** iSd
Abschlussprüfungs-VO.[6] Bußgeldbewehrt sind danach:
– Pflichtenverstöße in Bezug auf die Überwachung der Unabhängigkeit der Abschlussprüfer
  gem. § 334 Abs. 2a Nr. 1 (→ § 334 Rn. 68 ff.);
– Pflichtenverstöße anlässlich der Bestellung oder der Auswahl des Abschlussprüfers gem.
  § 334 Abs. 2a Nr. 2 (→ § 334 Rn. 81 ff.);
– Pflichtenverstöße anlässlich des Vorschlages für die Bestellung des Abschlussprüfers gem.
  § 334 Abs. 2a Nr. 3 (→ § 334 Rn. 84).

IV. Qualifikationstatbestände (Nr. 1 und Nr. 2)

Besonders gravierende Verstöße gegen prüfungsbezogene Pflichten der Mitglieder eines 10
Prüfungsausschusses, die nach der Auffassung des Gesetzgebers nicht mehr als bloße Ordnungswidrigkeit geahndet werden können,[7] liegen vor, wenn der Täter einen Verstoß gem.
§ 334 Abs. 2a entweder gegen Gewährung **oder Versprechen** eines Vermögensvorteils
begeht (Nr. 1) oder die Verstöße beharrlich wiederholt (Nr. 2).

1. Erhalt oder Versprechenlassen eines Vermögensvorteils (Nr. 1). Gemäß
§ 333a Nr. 1 machen sich Mitglieder eines Prüfungsausschusses strafbar, wenn sie einen
oder mehrere Verstöße gem. § 334 Abs. 2a begehen und dafür einen Vermögensvorteil
erhalten oder sich einen solchen versprechen lassen.

a) Vermögensvorteil. Unter einem Vermögensvorteil ist jede günstigere Gestaltung 11
der Vermögenslage des Täters zu verstehen.[8] Die vermögenswerte Leistung, die der Täter
im Sinne eines Entgelts gem. § 11 Abs. 1 Nr. 9 StGB erhält, muss zwar Geldwert besitzen,
aber nicht in Geld bestehen, wie bspw. Sach- und Dienstleistungen. Immaterielle Vorteile,
sonstige Bevorzugungen oder persönliche Begünstigungen sind nicht tatbestandsmäßig.[9]

---

[6] BT-Drs. 18/7219, 49; vgl. auch Lanfermann/Maul BB 2016, 363 (365) zu den prüfungsbezogenen
     Pflichten des Aufsichtsrates.
[7] BT-Drs. 18/7219, 48.
[8] Vgl. zum Begriff des Vermögensvorteils ua BGH GA 1980, 69 (70); NStZ 1981, 47; Schönke/Schröder/
     Perron StGB § 263 Rn. 167; Schönke/Schröder/Hecker StGB § 291 Rn. 10; NK-StGB/Kindhäuser
     § 291 Rn. 17.
[9] Vgl. Schönke/Schröder/Hecker StGB § 11 Rn. 59 ff.; Fischer StGB § 11 Rn. 31.

Allerdings dürften sozialadäquate Zuwendungen – wie auch bei den Bestechungsdelikten – vom Tatbestand des § 333a Nr. 1 nicht erfasst sein, weil es hierbei an der objektiven Eignung fehlt, die pflichtgemäße Tätigkeit der Mitglieder eines Prüfungsausschusses zu beeinflussen.[10]

12   **b) Vermögensvorteil als Gegenleistung.** Der Vermögensvorteil muss dem Täter – angesichts des Wortlauts des § 333a („dafür") – als Gegenleistung für einen Verstoß gegen prüfungsbezogene Pflichten geleistet oder versprochen worden sein. Entgelt und strafbare Handlung müssen in einem gegenseitigen Abhängigkeitsverhältnis zueinanderstehen **(synallagmatischer Zusammenhang);** nicht tatbestandsmäßig ist folglich die übliche Vergütung für die Tätigkeit als Mitglied eines Prüfungsausschusses (→ § 332 Rn. 49).[11]

13   Ob der Täter die Gegenleistung vor oder nach der Tatbegehung erhält, ist für den Qualifikationstatbestand irrelevant, wenn die **Unrechtsvereinbarung vor der Tat** geschlossen wurde.[12] Es reicht daher bereits die Vereinbarung eines Entgelts und ein Handeln des Täters im Hinblick auf diese Vereinbarung aus, ohne dass es tatsächlich zur Zahlung des Entgelts kommt.[13] Wird dem Täter jedoch erst nach der Tat ein Vermögensvorteil versprochen oder – als nicht angekündigte Belohnung – nachträglich zugewendet, liegt keine tatbestandsmäßige Unrechtsvereinbarung vor.

14   **c) Erhalt und Versprechenlassen.** Der Täter erhält einen Vermögensvorteil, wenn er diesen **willentlich entgegennimmt** oder die Zuwendung mit dessen Kenntnis und Einverständnis an einen Dritten erfolgt. Unter Versprechenlassen versteht man die **konkludente oder ausdrückliche Annahme eines Angebotes** auf einen künftigen Vermögensvorteil.[14] Versprechenlassen und Erhalt des Vermögensvorteils bilden eine einheitliche Tat. Das bloße Fordern eines Vermögensvorteils ist für sich genommen nicht tatbestandsmäßig (anders bei den Bestechungsdelikten gem. §§ 299, 331 ff. StGB).

15   **2. Beharrliches Wiederholen (Nr. 2).** Nach § 333a Nr. 2 machen sich Mitglieder eines Prüfungsausschusses strafbar, wenn sie Ordnungswidrigkeiten gem. § 334 Nr. 2 lit. a **beharrlich wiederholen.** Die Gesetzesmaterialien verweisen hierzu lediglich auf das gleichlautende Tatbestandsmerkmal in § 238 StGB (Nachstellung),[15] obwohl weder die zu regelnden Sachverhalte, die Begehungsweisen noch die jeweils geschützten Rechtsgüter vergleichbar sind. Um dem Tatbestandsmerkmal des beharrlichen Wiederholens gem. § 333a Konturen zu geben, erscheint es daher sachnäher, auf solche Straftatbestände des Wirtschaftsstrafrechts zurückzugreifen, in denen ebenfalls wiederholte Verstöße gegen Unternehmer- und Arbeitgeberpflichten strafrechtlich sanktioniert werden, so zB in § 148 Nr. 1 GewO, § 11 Abs. 1 Nr. 2 SchwarzArbG, § 26 Abs. Nr. 1 ArbSchG und § 23 Abs. 1 Nr. 2 ArbZG. Hierfür spricht insbesondere auch, dass sich der Gesetzgeber in diesen Fällen einer vergleichbaren Regelungstechnik bedient, nämlich den Grundtatbestand als Ordnungswidrigkeit und die Qualifikation als Strafnorm ausgestaltet.

16   **a) Wiederholter Verstoß.** Beharrliches Wiederholen liegt vor, wenn der Täter durch **mindestens einen erneuten Verstoß** seine **rechtsfeindliche Einstellung** gegenüber den in § 334 Abs. 2a genannten Vorschriften der Abschlussprüfungs-VO erkennen lässt, an seiner

---

[10]   IE BGH NStZ 2005, 334; KG NStZ-RR 2008, 373; MüKoStGB/Krick StGB § 299 Rn. 29; Wabnitz/Janovsky/Schmitt WirtschaftsStrafR-HdB/Bannenberg Kap. 13 Rn. 64 ff.

[11]   Vgl. MüKoStGB/Leplow HGB § 332 Rn. 63; Ulmer/Dannecker § 332 Rn. 77; Achenbach/Ransiek/Rönnau WirtschaftsStrafR-HdB/Ransiek VIII 1 Rn. 125; Spatscheck/Wulf DStR 2003, 173 (180); Erbs/Kohlhaas/Schaal AktG § 403 Rn. 23; MüKoAktG/Wittig AktG § 403 Rn. 36; Hölters/Weber/Müller-Michaels AktG § 403 Rn. 21.

[12]   Vgl. BeckOGK/Waßmer, 15.9.2022, § 332 Rn. 53; MüKoStGB/Leplow HGB § 332 Rn. 63.

[13]   Vgl. Achenbach/Ransiek/Rönnau WirtschaftsStrafR-HdB/Ransiek VIII 1 Rn. 125; GroßkommAktG/Otto AktG § 403 Rn. 31; MüKoAktG/Wittig AktG § 403 Rn. 36; BeckOGK/Hefendehl, 1.1.2023, AktG § 403 Rn. 43; Dierlamm NStZ 2000, 130 (133).

[14]   Vgl. MüKoStGB/Krick StGB § 299 Rn. 21 f. mwN; Schönke/Schröder/Heine/Hecker StGB § 291 Rn. 19 mwN.

[15]   BT-Drs. 18/7902, 65.

Einstellung also trotz einer etwaigen Ahndung, Abmahnung oder einer sonst hemmend wirkenden Erfahrung oder Erkenntnis festhält.[16] Dabei muss es sich um einen wiederholten Verstoß gegen **denselben Bußgeldtatbestand** bzw. gegen dieselbe Vorschrift der Abschlussprüfungs-VO und nicht um einen Verstoß gegen einen anderen Tatbestand des § 334 Abs. 2a handeln.[17] Die wiederholte Begehung verschiedener Bußgeldtatbestände des § 334 Abs. 2a kann keine beharrliche Wiederholung rechtfertigen, da die Begehungsweisen der einzelnen Ordnungswidrigkeiten – dh Überwachungsfehler bzgl. der Unabhängigkeit des Abschlussprüfers einerseits und Verfahrensfehler anlässlich der Auswahl und Bestellung andererseits – erheblich voneinander abweichen.

b) Beharrlichkeit. Nicht jede Wiederholung einer Ordnungswidrigkeit gem. § 334 **17** Abs. 2a erfüllt den Straftatbestand des § 333a; Voraussetzung ist vielmehr ein **besonders hartnäckiges, unbelehrbares Verhalten,** dh wenn der Täter aus **Missachtung** oder **Gleichgültigkeit** immer wieder gegen die prüfungsbezogenen Pflichten verstößt.[18] Ob Beharrlichkeit im Sinne eines „Mehr an Widersetzlichkeit"[19] vorliegt, ist anhand aller **Umstände des Einzelfalles** zu prüfen. So ist ein beharrlicher Verstoß regelmäßig zu verneinen, wenn zwischen der früheren Ordnungswidrigkeit und dem neuen Verstoß ein längerer Zeitraum liegt, kein sachlicher Zusammenhang feststellbar ist oder sich der Täter erkennbar rechtstreu verhalten wollte.[20]

Eine beharrliche Wiederholung setzt zudem – wie auch bei § 148 Nr. 1 GewO **18** (→ Rn. 15) – voraus, dass es in der Vergangenheit wegen eines früheren Verstoßes bereits zu einer **Ahndung, Abmahnung oder einer sonst hemmend wirkenden Erfahrung oder Erkenntnis** gekommen ist. Zwar ist nicht erforderlich, dass der frühere Verstoß verfolgt oder ein Bußgeld festgesetzt wurde; erforderlich ist jedenfalls eine **staatliche Reaktion** auf den früheren Gesetzesverstoß gegenüber dem Täter, selbst wenn die Bußgeldbehörde von einer Sanktion aufgrund von Opportunitätserwägungen gem. § 47 Abs. 1 OWiG abgesehen hat.[21]

V. Subjektiver Tatbestand

Sowohl die Ordnungswidrigkeit gem. § 334 Abs. 2a als auch der Qualifikationstatbe- **19** stand des § 333a müssen **vorsätzlich** begangen werden, wobei bedingter Vorsatz genügt. In Bezug auf den Grundtatbestand folgt dies daraus, dass fahrlässiges Verhalten in § 334 Abs. 2a nicht mit Geldbuße bedroht wird (§ 10 OWiG). Handelt somit eines der Mitglieder des Prüfungsausschusses in Bezug auf den Pflichtenverstoß fahrlässig, kann der Verstoß bei diesem Mitglied nicht geahndet werden, § 14 OWiG (→ § 334 Rn. 85). Im Übrigen folgt auch aus dem Tatbestandsmerkmal „beharrlich", dass der Grundtatbestand vorsätzlich begangen sein muss.[22] Der Vorsatz muss sich auf alle Tatumstände beziehen, die sich sowohl aus der Blankettnorm des Grundtatbestandes als auch aus dem Qualifikatitonstatbestand ergeben (zum Irrtum → Rn. 21).

VI. Rechtswidrigkeit

Ist der Straftatbestand des § 333a erfüllt, ist grundsätzlich von einem rechtswidrigen **20** Verhalten auszugehen. Insbesondere folgt aus dem weiten Schutzzweck (→ Rn. 3 f.), dass sich die Strafbarkeit der Disposition der Gesellschafter oder der Aufsichtsräte entzieht. Die Einwilligung oder Weisungen der Gesellschafterversammlung, einzelner Gesellschafter (ins-

---

16 So ausdrücklich BT-Drs. 7/626, 14; Erbs/Kohlhaas/Ambs/Lutz GewO § 148 Rn. 1; Landmann/Rohmer/Kahl GewO § 148 Rn. 4; Kollmer/Klindt/Schucht/Pelz ArbSchG § 26 Rn. 8.
17 Vgl. Erbs/Kohlhaas/Häberle ArbZG § 23 Rn. 5.
18 Vgl. MüKoStGB/Weyand GewO § 148 Rn. 6.
19 So MüKoStGB/Mosbacher SchwarzArbG § 11 Rn. 6.
20 Vgl. Landmann/Rohmer/Kahl GewO § 148 Rn. 4; Erbs/Kohlhaas/Ambs/Lutz GewO § 148 Rn. 1 ff.
21 Vgl. MüKoStGB/Mosbacher SchwarzArbG § 11 Rn. 6; MüKoStGB/Weyand GewO § 148 Rn. 6; Landmann/Rohmer/Kahl GewO § 148 Rn. 4.
22 Vgl. etwa Erbs/Kohlhaas/Ambs/Häberle ArbSchG § 26 Rn. 4.

besondere Allein- oder Mehrheitsgesellschafter), des Aufsichtsrates oder fakultativer Aufsichtsgremien sind daher nach einhelliger Meinung kein Rechtfertigungsgrund, → § 331 Rn. 83.

VII. Irrtum

21   Zum Irrtum bei Blankettgesetzen und tatbestandsausfüllenden Normen[23] → § 331 Rn. 91 ff.

VIII. Vollendung und Versuch

22   Mit der Vollendung des Grundtatbestandes gem. § 334 Abs. 2a ist auch der **Straftatbestand** des § 333a zeitgleich vollendet; **insbesondere kommt es nicht darauf an, wann der Täter den Vermögensvorteil** gem. § 333a Nr. 1 erhält (→ Rn. 13). Da der Versuch nicht mit Strafe bedroht ist, kommt eine Strafbarkeit weder bei reinen Vorbereitungshandlungen noch bei irriger Annahme von Tatbestandsmerkmalen in Betracht (§ 23 Abs. 1 StGB). Dies ist zB dann der Fall, wenn der Täter anlässlich des Verstoßes irrig von einem Vorteilsversprechen ausgeht und dieses vermeintliche Angebot annimmt, da dann schon keine Unrechtsvereinbarung vorliegt.[24]

IX. Täterschaft und Teilnahme

23   Täter des § 333a als echtem Sonderdelikt können nur die im Tatbestand genannten Mitglieder eines Prüfungsausschusses sein (→ Rn. 7). Personen, die diesem Täterkreis nicht angehören, können nicht Täter, Mittäter oder mittelbarer Täter sein. Sie können nur als Anstifter oder Gehilfen nach §§ 26, 27 StGB an der Tat teilnehmen.

X. Strafe und Nebenfolgen

24   § 333a sieht **Freiheitsstrafe von einem Monat bis zu einem Jahr** (§ 38 Abs. 2 StGB) oder **Geldstrafe** (fünf bis 360 Tagessätze, § 40 Abs. 1 S. 2 StGB) vor. Hat der Täter durch die Tat einen **Vermögensvorteil** iSv § 333a Nr. 1 erlangt, kommen auch die **Einziehung** und die **Wertersatzeinziehung** gem. §§ 73 ff. StGB in Betracht (→ § 331 Rn. 124).

25   Wegen Art. 30a Abs. 1 lit. e Abschlussprüfer-RL ist bei besonders gravierenden Verstößen auch die **Verhängung eines Berufsverbotes** für die Dauer von einem bis zu fünf Jahren gem. § 70 StGB in Erwägung zu ziehen (→ Rn. 3). Zu den Voraussetzungen → § 332 Rn. 63.

26   Bei leichten Verstößen kommt auch eine Verwarnung gem. § 56 OWiG durch die Bußgeldbehörde in Betracht.

XI. Verjährung

27   Die Tat verjährt gem. § 78 Abs. 3 Nr. 5 StGB nach drei Jahren; die Verjährung beginnt gem. § 78a StGB mit Beendigung der Tat.

XII. Verfolgungszuständigkeit

28   Die Zuständigkeit für die Verfolgung des Grundtatbestandes als Ordnungswidrigkeit gem. § 334 Abs. 2a liegt beim **BfJ** (§ 334 Abs. 4). Wird dort auch das Vorliegen qualifizierender Tatbestandsmerkmale gem. § 333a – zumindest ein entsprechender Anfangsverdacht – festgestellt, ist die **örtlich zuständige Staatsanwaltschaft** zu informieren und für die Verfolgung der Straftat zuständig.

---

[23]   Wabnitz/Janovsky/Schmitt WirtschaftsStrafR-HdB/Danecker/Bülte Kap. 1 Rn. 39 f.
[24]   Vgl. Fischer StGB § 331 Rn. 19; Schönke/Schröder/Heine StGB § 331 Rn. 28b; MüKoStGB/Krick StGB § 299 Rn. 21.

Sowohl eine abschließende Entscheidung im Strafverfahren als auch eine angefochtene **29** Entscheidung – unter Hinweis auf ein eingelegtes Rechtsmittel – sind von der Staatsanwaltschaft der Abschlußprüferaufsichtsstelle (APAS) beim Bundesamt für Wirtschaft und Ausfuhrkontrolle (BAFA) gem. § 335c Abs. 2 mitzuteilen, da prüfungsbezogene Verstöße von Mitgliedern eines Prüfungsausschusses regelmäßig auch berufsrechtliche Pflichtenverstöße der beauftragten Abschlussprüfer und Prüfungsgesellschaften indizieren (→ Vor § 331 Rn. 18 ff.). Auch dient die Information des APAS der **Veröffentlichung von rechtskräftig verhängten Sanktionen** (→ § 335c Rn. 1 ff.).

§ 334 Bußgeldvorschriften

(1) ¹**Ordnungswidrig handelt, wer als Mitglied des vertretungsberechtigten Organs oder des Aufsichtsrats einer Kapitalgesellschaft**
1. **bei der Aufstellung oder Feststellung des Jahresabschlusses einer Vorschrift**
   a) **des § 243 Abs. 1 oder 2, der §§ 244, 245, 246, 247, 248, 249 Abs. 1 Satz 1 oder Abs. 2, des § 250 Abs. 1 oder 2, des § 251 oder des § 264 Absatz 1a oder Absatz 2 über Form oder Inhalt,**
   b) **des § 253 Absatz 1 Satz 1, 2, 3, 4, 5 oder Satz 6, Abs. 2 Satz 1, auch in Verbindung mit Satz 2, Absatz 3 Satz 1, 2, 3, 4 oder Satz 5, Abs. 4 oder 5, des § 254 oder des § 256a über die Bewertung,**
   c) **des § 265 Abs. 2, 3, 4 oder 6, der §§ 266, 268 Absatz 3, 4, 5, 6 oder Absatz 7, der §§ 272, 274, 275 oder des § 277 über die Gliederung oder**
   d) **des § 284 oder des § 285 über die in der Bilanz, unter der Bilanz oder im Anhang zu machenden Angaben,**
2. **bei der Aufstellung des Konzernabschlusses einer Vorschrift**
   a) **des § 294 Abs. 1 über den Konsolidierungskreis,**
   b) **des § 297 Absatz 1a, 2 oder 3 oder des § 298 Abs. 1 in Verbindung mit den §§ 244, 245, 246, 247, 248, 249 Abs. 1 Satz 1 oder Abs. 2, dem § 250 Abs. 1 oder dem § 251 über Inhalt oder Form,**
   c) **des § 300 über die Konsolidierungsgrundsätze oder das Vollständigkeitsgebot,**
   d) **des § 308 Abs. 1 Satz 1 in Verbindung mit den in Nummer 1 Buchstabe b bezeichneten Vorschriften, des § 308 Abs. 2 oder des § 308a über die Bewertung,**
   e) **des § 311 Abs. 1 Satz 1 in Verbindung mit § 312 über die Behandlung assoziierter Unternehmen oder**
   f) **des § 308 Abs. 1 Satz 3, des § 313 oder des § 314 über die im Konzernanhang zu machenden Angaben,**
3. **bei der Aufstellung des Lageberichts oder der Erstellung eines gesonderten nichtfinanziellen Berichts einer Vorschrift der §§ 289 bis 289b Absatz 1, §§ 289c, 289d, 289e Absatz 2, auch in Verbindung mit § 289b Absatz 2 oder 3, oder des § 289f über den Inhalt des Lageberichts oder des gesonderten nichtfinanziellen Berichts,**
3a. **bei der Erstellung einer Erklärung zur Unternehmensführung einer Vorschrift des § 289f Absatz 4 Satz 3 in Verbindung mit Satz 1 und Absatz 2 Nummer 4 über den Inhalt,**
4. **bei der Aufstellung des Konzernlageberichts oder der Erstellung eines gesonderten nichtfinanziellen Konzernberichts einer Vorschrift der §§ 315 bis 315b Absatz 1, des § 315c, auch in Verbindung mit § 315b Absatz 2 oder 3, oder des § 315d über den Inhalt des Konzernlageberichts oder des gesonderten nichtfinanziellen Konzernberichts,**
5. **oder als in § 13e Absatz 2 Satz 5 Nummer 3 genannte angemeldete Person einer Kapitalgesellschaft bei der Offenlegung, Hinterlegung, Veröffentlichung**

oder Vervielfältigung einer Vorschrift des § 328, auch in Verbindung mit § 325a Absatz 1 Satz 1 erster Halbsatz, über Form, Format oder Inhalt oder

6. einer auf Grund des § 330 Abs. 1 Satz 1 erlassenen Rechtsverordnung, soweit sie für einen bestimmten Tatbestand auf diese Bußgeldvorschrift verweist, zuwiderhandelt. [2]In den Fällen des Satzes 1 Nummer 3 und 3a wird eine Zuwiderhandlung gegen eine Vorschrift des § 289f Absatz 2 Nummer 4, auch in Verbindung mit Absatz 3 oder 4, nicht dadurch ausgeschlossen, dass die Festlegungen oder Begründungen nach § 76 Absatz 4 oder § 111 Absatz 5 des Aktiengesetzes oder nach § 36 oder § 52 Absatz 2 des Gesetzes betreffend die Gesellschaften mit beschränkter Haftung ganz oder zum Teil unterblieben sind. [3]In den Fällen des Satzes 1 Nummer 4 wird eine Zuwiderhandlung gegen eine Vorschrift des § 315d in Verbindung mit § 289f Absatz 2 Nummer 4 nicht dadurch ausgeschlossen, dass die Festlegungen oder Begründungen nach § 76 Absatz 4 oder § 111 Absatz 5 des Aktiengesetzes ganz oder zum Teil unterblieben sind.

(2) [1]Ordnungswidrig handelt, wer einen Bestätigungsvermerk nach § 322 Absatz 1 erteilt zu dem Abschluss

1. einer Kapitalgesellschaft, die ein Unternehmen von öffentlichem Interesse nach § 316a Satz 2 Nummer 1 ist, oder

2. einer Kapitalgesellschaft, die nicht in Nummer 1 genannt ist,

obwohl nach § 319 Absatz 2 oder 3, jeweils auch in Verbindung mit Absatz 5, oder nach § 319b Absatz 1 Satz 1 oder 2, jeweils auch in Verbindung mit Absatz 2, er oder nach § 319 Absatz 4 Satz 1 oder 2, jeweils auch in Verbindung mit Absatz 5, oder nach § 319b Absatz 1 Satz 1 oder 2, jeweils auch in Verbindung mit Absatz 2, die Wirtschaftsprüfungsgesellschaft oder die Buchführungsgesellschaft, für die er tätig wird, nicht Abschlussprüfer sein darf. [2]Ordnungswidrig handelt auch, wer einen Bestätigungsvermerk nach § 322 Absatz 1 erteilt zu dem Abschluss einer Kapitalgesellschaft, die ein Unternehmen von öffentlichem Interesse nach § 316a Satz 2 Nummer 1 ist, obwohl

1. er oder die Prüfungsgesellschaft, für die er tätig wird, oder ein Mitglied des Netzwerks, dem er oder die Prüfungsgesellschaft, für die er tätig wird, angehört, einer Vorschrift des Artikels 5 Absatz 4 Absatz 1 Satz 1 oder Absatz 5 Absatz 2 Satz 2 der Verordnung (EU) Nr. 537/2014 des Europäischen Parlaments und des Rates vom 16. April 2014 über spezifische Anforderungen an die Abschlussprüfung bei Unternehmen von öffentlichem Interesse und zur Aufhebung des Beschlusses 2005/909/EG der Kommission (ABl. L 158 vom 27.5.2014, S. 77; L 170 vom 11.6.2014, S. 66) zuwiderhandelt oder

2. er oder die Prüfungsgesellschaft, für die er tätig wird, nach Artikel 17 Absatz 3 der Verordnung (EU) Nr. 537/2014 die Abschlussprüfung nicht durchführen darf.

[3]Abschluss im Sinne der Sätze 1 und 2 ist ein Jahresabschluss, ein Einzelabschluss nach § 325 Absatz 2a oder ein Konzernabschluss, der aufgrund gesetzlicher Vorschriften zu prüfen ist.

(2a) Ordnungswidrig handelt, wer als Mitglied eines nach § 324 Absatz 1 Satz 1 eingerichteten Prüfungsausschusses einer Kapitalgesellschaft

1. die Unabhängigkeit des Abschlussprüfers oder der Prüfungsgesellschaft nicht nach Maßgabe des Artikels 4 Absatz 3 Absatz 2, des Artikels 5 Absatz 4 Absatz 1 Satz 1 oder des Artikels 6 Absatz 2 der Verordnung (EU) Nr. 537/2014 überwacht,

2. eine Empfehlung für die Bestellung eines Abschlussprüfers oder einer Prüfungsgesellschaft vorlegt, die den Anforderungen nach Artikel 16 Absatz 2 Absatz 2 oder 3 der Verordnung (EU) Nr. 537/2014 nicht entspricht oder der

ein Auswahlverfahren nach Artikel 16 Absatz 3 Absatz 1 der Verordnung (EU) Nr. 537/2014 nicht vorangegangen ist, oder

3. den Gesellschaftern einen Vorschlag für die Bestellung eines Abschlussprüfers oder einer Prüfungsgesellschaft vorlegt, der den Anforderungen nach Artikel 16 Absatz 5 Absatz 1 der Verordnung (EU) Nr. 537/2014 nicht entspricht.

(3) [1]Die Ordnungswidrigkeit kann in den Fällen des Absatzes 2 Satz 1 Nummer 1 und Satz 2 sowie des Absatzes 2a mit einer Geldbuße bis zu fünfhunderttausend Euro, in den Fällen der Absätze 1 und 2 Satz 1 Nummer 2 mit einer Geldbuße bis zu fünfzigtausend Euro geahndet werden. [2]Ist die Kapitalgesellschaft kapitalmarktorientiert im Sinne des § 264d, beträgt die Geldbuße in den Fällen des Absatzes 1 höchstens den höheren der folgenden Beträge:

1. zwei Millionen Euro oder

2. das Zweifache des aus der Ordnungswidrigkeit gezogenen wirtschaftlichen Vorteils, wobei der wirtschaftliche Vorteil erzielte Gewinne und vermiedene Verluste umfasst und geschätzt werden kann.

(3a) [1]Wird gegen eine kapitalmarktorientierte Kapitalgesellschaft im Sinne des § 264d in den Fällen des Absatzes 1 eine Geldbuße nach § 30 des Gesetzes über Ordnungswidrigkeiten verhängt, beträgt diese Geldbuße höchstens den höchsten der folgenden Beträge:

1. zehn Millionen Euro,

2. 5 Prozent des jährlichen Gesamtumsatzes, den die Kapitalgesellschaft in dem der Behördenentscheidung vorausgegangenen Geschäftsjahr erzielt hat oder

3. das Zweifache des aus der Ordnungswidrigkeit gezogenen wirtschaftlichen Vorteils, wobei der wirtschaftliche Vorteil erzielte Gewinne und vermiedene Verluste umfasst und geschätzt werden kann.

[2]In den Fällen des Absatzes 3 Satz 1 in Verbindung mit Absatz 2 Satz 1 Nummer 1 oder Satz 2 ist § 30 Absatz 2 Satz 3 des Gesetzes über Ordnungswidrigkeiten anzuwenden.

(3b) [1]Gesamtumsatz im Sinne des Absatzes 3a Satz 1 Nummer 2 ist

1. im Falle von Kapitalgesellschaften, die ihren Jahresabschluss nach den handelsrechtlichen Vorschriften oder dem Recht eines anderen Mitgliedstaats der Europäischen Union oder eines anderen Vertragsstaats des Abkommens über den Europäischen Wirtschaftsraum im Einklang mit der Richtlinie 2013/34/EU aufstellen, der Betrag der Umsatzerlöse nach § 277 Absatz 1 oder der Betrag der Nettoumsatzerlöse nach Maßgabe des auf die Gesellschaft anwendbaren nationalen Rechts im Einklang mit Artikel 2 Nummer 5 der Richtlinie 2013/34/EU,

2. in allen Fällen, die nicht in Nummer 1 genannt sind, der Betrag der Umsatzerlöse, der sich bei Anwendung der Rechnungslegungsgrundsätze ergibt, die nach dem jeweiligen nationalen Recht für die Aufstellung des Jahresabschlusses der Kapitalgesellschaft gelten.

[2]Handelt es sich bei der Kapitalgesellschaft um ein Mutterunternehmen oder um ein Tochterunternehmen im Sinne des § 290, ist anstelle des Gesamtumsatzes der Kapitalgesellschaft der Gesamtumsatz im Konzernabschluss des Mutterunternehmens maßgeblich, der für den größten Kreis von Unternehmen aufgestellt wird. [3]Ist ein Jahres- oder Konzernabschluss für das maßgebliche Geschäftsjahr nicht verfügbar, ist der Jahres- oder Konzernabschluss für das unmittelbar vorausgehende Geschäftsjahr maßgeblich; ist auch dieser nicht verfügbar, kann der Gesamtumsatz geschätzt werden.

(4) Verwaltungsbehörde im Sinne des § 36 Absatz 1 Nummer 1 des Gesetzes über Ordnungswidrigkeiten ist

1. die Bundesanstalt für Finanzdienstleistungsaufsicht in den Fällen des Absatzes 1 bei Kapitalgesellschaften, die kapitalmarktorientiert im Sinne des § 264d sind,
2. das Bundesamt für Justiz
   a) in den Fällen des Absatzes 1, in denen nicht die Bundesanstalt für Finanz- dienstleistungsaufsicht nach Nummer 1 Verwaltungsbehörde ist, und
   b) in den Fällen des Absatzes 2a,
3. die Abschlussprüferaufsichtsstelle beim Bundesamt für Wirtschaft und Aus- fuhrkontrolle in den Fällen des Absatzes 2.
(5) Die Absätze 1 bis 4 sind nicht anzuwenden auf:
1. Kreditinstitute im Sinne des § 340 Absatz 1 Satz 1,
2. Finanzdienstleistungsinstitute im Sinne des § 340 Absatz 4 Satz 1,
3. Wertpapierinstitute im Sinne des § 340 Absatz 4a Satz 1,
4. Institute im Sinne des § 1 Absatz 3 des Zahlungsdiensteaufsichtsgesetzes,
5. Versicherungsunternehmen im Sinne des § 341 Absatz 1 und
6. Pensionsfonds im Sinne des § 341 Absatz 4 Satz 1.

Schrifttum: s. bei Vor § 331; Bode, Verfahren zur Auswahl des Abschlussprüfers nach Art. 16 EU-VO – ausgewählte Fragen, BB 2016, 1707; Hennrichs/Pöschke, Die Pflicht des Aufsichtsrats zur Prüfung des „CSR- Berichts", NZG 2017, 121; Kelm/Naumann, Neue (?) Anforderungen an den Prüfungsausschuss nach der EU – Abschlussprüfungsreform, WPg 2016, 653; Klussmann, Geschäftslagetäuschung nach § 400 Aktiengesetz, 1975; Lanfermann/Maul, Sanktionierung von Verstößen gegen prüfungsbezogene Aufsichtsratspflichten nach dem AReG-RegE, BB 2016, 363; Lanfermann, Billigungspflicht für Nicht-Prüfungsleistungen bei Unterneh- men von öffentlichem Interesse, BB 2016, 1834; Lanfermann, Prüferauswahl nach der EU-Abschlussprüferre- form, BB 2014, 2348; Lanfermann, Prüfung der CSR-Berichterstattung durch den Aufsichtsrat, BB 2017, 747; Schilha, Neues Anforderungsprofil, mehr Aufgaben und erweiterte Haftung für den Aufsichtsrat nach Inkrafttreten der Abschlussprüfungsreform, ZIP 2016, 1316; de Weerth, Die Bilanzordnungswidrigkeiten nach § 334 HGB unter besonderer Berücksichtigung der europarechtlichen Bezüge, 1994.

Übersicht

I. Allgemeines

1. Abgrenzung zum Strafrecht. Während die in §§ 331 ff. genannten Tathandlungen **1** als kriminelles Unrecht unter Strafe gestellt werden, erfasst § 334 bestimmte Tathandlungen als **Vorstufe** zu diesem kriminellen Unrecht, die zwar sanktioniert, aber nicht mit dem Unwerturteil der Strafe versehen werden (→ Vor § 331 Rn. 64). Die Rechtsgutverletzung weist einen geringeren Unrechtsgehalt auf und liegt unterhalb der Grenze von Strafwürdigkeit und Strafbedürftigkeit.[1] Formal drückt sich dies gem. § 1 Abs. 1 OWiG darin aus, dass als Unrechtsfolge keine Strafe, sondern nur eine (Geld-) Buße angedroht wird,[2] die lediglich als eine „nachdrückliche Pflichtenmahnung" anzusehen ist.[3] Dabei wird bei dem Handelnden nicht differenziert zwischen Täter, Anstifter oder Gehilfe, sondern es gilt im Ordnungswidrigkeitenrecht nach § 14 Abs. 1 OWiG ein **einheitlicher Täterbegriff**.[4] Für § 334 gelten die gesamten materiell-rechtlichen und prozessualen Vorschriften des Ordnungswidrigkeitengesetzes.

Die Abgrenzung zwischen den Ordnungswidrigkeiten des § 334 und den Straftatbestän- **2** den des §§ 331 ff. ist nach Erheblichkeits- und Wesentlichkeitsaspekten vorzunehmen.[5] Diese Abgrenzung ist deshalb relevant, weil § 334 Abs. 1 ebenso wie § 331 das **Vertrauen in die Richtigkeit, Vollständigkeit, Klarheit und Übersichtlichkeit** der Rechnungslegung (→ § 331 Rn. 1) und § 334 Abs. 2 ebenso wie § 332 das **Vertrauen in die subjektive Richtigkeit und Vollständigkeit** von Berichten und Bestätigungsvermerken des Abschlussprüfers und seiner Gehilfen schützen (→ § 332 Rn. 1).[6] Maßgeblich für die Abgrenzung sind qualitative und quantitative Aspekte unter Berücksichtigung des Hand-

---

[1] BeckOGK/Waßmer, 15.9.2022, Rn. 1; Ulmer/Dannecker Rn. 1; zur Abgrenzung Strafrecht/Ordnungswidrigkeitenrecht vgl. KK-OWiG/Rogall OWiG Vor § 1 Rn. 2; Göhler/Gürtler/Seitz OWiG Vor § 1 Rn. 6 ff.

[2] Göhler/Gürtler/Seitz OWiG Vor § 1 Rn. 9.

[3] BVerfGE 27, 18 (33).

[4] KK-OWiG/Rengier OWiG § 14 Rn. 4.

[5] MüKoStGB/Leplow HGB Vor §§ 331 ff. Rn. 48 und MüKoStGB/Leplow HGB § 331 Rn. 49 f. unter Hinweis auf den Wortlaut des § 289 Abs. 1 S. 3, 4; Müller-Gugenberger WirtschaftsstrafR-HdB/Wagenpfeil § 40 Rn. 59.

[6] BeckOGK/Waßmer, 15.9.2022, Rn. 2 zur Kongruenz der Schutzgüter.

lungs- und Erfolgsunrechts.[7] Gerade bei Verstößen gegen die Inhalts-, Form- und Bewertungsvorschriften des HGB iSv § 334 Abs. 1 kommt es darauf an, ob sich einzelne Verstöße in ihrer Gesamtheit zu einem wesentlichen Fehler verdichten, der dazu führt, dass die wirtschaftlichen Verhältnisse des Unternehmens aus Sicht der geschützten Rechtssubjekte (→ § 331 Rn. 2) insgesamt unrichtig wiedergegeben oder verschleiert werden.[8] Jedenfalls ist dann von einem wesentlichen (strafbaren) Verstoß auszugehen, wenn dieser gem. § 256 Abs. 4 und 5 AktG zur Nichtigkeit des Jahresabschlusses führt, weil kein den tatsächlichen Verhältnissen entsprechendes Bild der **Vermögens-, Finanz- und Ertragslage** der Gesellschaft vermittelt wird (true and fair view).[9] Erforderlich ist hier stets eine Einzelfallbetrachtung; allerdings kann als grobe „Faustregel" gelten, dass die Nichtigkeit des Jahresabschlusses und damit die Wesentlichkeit eines Verstoßes grundsätzlich zu bejahen sind, wenn der Fehler zu einer Unter-/Überbewertung von mehr als 5 % der Bilanzsumme führt oder das Jahresergebnis um mehr als 10 % verändert.[10]

3   **2. Geschütztes Rechtsgut.** Ebenso wie in den Strafvorschriften der §§ 331, 332 wird durch § 334 das Vertrauen in die Richtigkeit, Klarheit, Übersichtlichkeit und Vollständigkeit bestimmter Informationen über die Verhältnisse der Kapitalgesellschaft oder des Konzerns (Abs. 1) bzw. in die subjektive Richtigkeit und Vollständigkeit der Prüfung durch ein unabhängiges Kontrollorgan (Abs. 2 und 2a) geschützt.[11]

4   **3. Geschützte Rechtssubjekte.** § 334 bezweckt sowohl den Schutz des Unternehmens, dh der Gesellschaft oder des Konzerns, als auch den Schutz der Personen, die mit dem Unternehmen in einer wirtschaftlichen oder rechtlichen Beziehung stehen oder konkret in eine solche treten wollen (→ § 331 Rn. 2). Auch bei § 334 Abs. 1, 2 und 2a handelt es sich insoweit um ein Schutzgesetz iSd § 823 Abs. 2 BGB.[12]

5   **4. Blankettnorm.** Auch § 334 ist durch die Verweisung auf andere Vorschriften des Bilanzrechts als **Blankettnorm** ausgestaltet,[13] dh die Tathandlung wird durch den Verweis auf die jeweiligen Bilanzierungsvorschriften der §§ 242 ff. definiert (→ Vor § 331 Rn. 74 f.).

6   **5. Anwendungsbereich.** § 334 deckt den gesamten Ordnungswidrigkeitenbereich bezüglich der Rechnungslegung bei **Kapitalgesellschaften** ab. Er gilt nur für Kapitalgesellschaften sowie für offene Handelsgesellschaften und Kommanditgesellschaften iSd § 264a Abs. 1 (§ 335b S. 1), wobei nach Abs. 5 die Anwendbarkeit der Abs. 1–3 auf Kreditinstitute iSd § 340 und Versicherungsunternehmen iSd § 341 Abs. 1 ausgeschlossen ist. Für diese Unternehmen gelten die besonderen Ordnungswidrigkeitentatbestände der § 340n (Kreditinstitute) bzw. § 341n (Versicherungsunternehmen) unabhängig von der Rechtsform, in der diese betrieben werden. §§ 340n, 341n entsprechen ihrem Regelungsinhalt § 334.

7   **6. Tatbestandsaufbau. a) Abs. 1.** § 334 Abs. 1 betrifft, wie § 331, das **Handeln unternehmensinterner Personen.**

8   **aa) Handelnder.** Handelnder ist das **Mitglied des vertretungsberechtigten Organs** oder des **Aufsichtsrats** einer Kapitalgesellschaft. Bei offenen Handelsgesellschaften und

---

7   KK-OWiG/Rogall OWiG Vor § 1 Rn. 2 mwN.
8   MüKoStGB/Leplow HGB § 331 Rn. 51.
9   BeckOGK/Waßmer, 15.9.2022, HGB § 331 Rn. 160, 185 ff.; MüKoStGB/Leplow HGB § 331 Rn. 51; Hölters/Weber/Müller-Michaels AktG § 400 Rn. 9; BeckOGK/Hefendehl, 1.1.2023, AktG § 400 Rn. 35 f.; Wimmer DStR 1997, 1931.
10 Vgl. MüKoAktG/Koch AktG § 256 Rn. 59; BeckOGK/Waßmer, 15.9.2022, § 331 Rn. 188; Müller-Gugenberger WirtschaftsstrafR-HdB/Wagenpfeil § 40 Rn. 59; Henssler/Strohn/Vetter AktG § 256 Rn. 20 ff.
11 Vgl. BeckOGK/Waßmer, 15.9.2022, Rn. 2; de Weerth, Die Bilanzordnungswidrigkeiten nach § 334 HGB unter besonderer Berücksichtigung der europarechtlichen Bezüge, 1994, S. 110, 116; Blumers/Frick/Müller/Dannecker Rn. 697.
12 BeckOGK/Waßmer, 15.9.2022, Rn. 3 f.; Blumers/Frick/Müller/Dannecker Rn. 696.
13 BeckOGK/Waßmer, 15.9.2022, Rn. 5; aA Scholz/Tiedemann GmbHG § 82 Rn. 8; de Weerth, Die Bilanzordnungswidrigkeiten nach § 334 HGB unter besonderer Berücksichtigung der europarechtlichen Bezüge, 1994, S. 107.

Kommanditgesellschaften gem. § 264a Abs. 1, bei denen keine natürliche Person unmittelbar oder mittelbar persönlich haftender Gesellschafter ist, richtet sich die Bußgeldandrohung an die Mitglieder des vertretungsberechtigten **Organs der vertretungsberechtigten Gesellschaften.**[14] Darüber hinaus auch der ständige und angemeldete Vertreter der inländischen Zweigniederlassung einer ausländischen Kapitalgesellschaft gem. § 13e Abs. 2 S. 5 Nr. 3. Insoweit handelt es sich um **echte Sonderdelikte.**[15]

bb) Handlungsobjekt. Handlungsobjekt sind in Abs. 1 der Jahresabschluss (Nr. 1), **9** der Konzernabschluss (Nr. 2), der Lagebericht sowie ggf. der gesonderte nichtfinanzielle Bericht (Nr. 3), der Konzernlagebericht sowie ggf. der gesonderte nichtfinanzielle Konzernbericht (Nr. 4), die Unterlagen zur Offenlegung, Veröffentlichung oder Vervielfältigung (Nr. 5 und 6). Nicht genannt wird im Gegensatz zu § 331 Nr. 1 die Eröffnungsbilanz, die damit nicht durch § 334 geschützt wird. Der Grund ist darin zu sehen, dass bei der Eröffnungsbilanz nur die sich aus dem Eröffnungsinventar ergebenden Aktiva und Passiva gegenübergestellt werden und dass sich gesellschaftsrechtlich beeinflusste Sonderprobleme, wie zB bei der Bewertung von Sacheinlagen, ergeben können.[16]

cc) Tathandlung. Die Tathandlung erfolgt in Nr. 1 bei der Aufstellung oder Feststel- **10** lung des Jahresabschlusses, bei Nr. 2–4 nur bei der Aufstellung des Konzernabschlusses, des Lageberichts, des gesonderten nichtfinanziellen Berichts, des Konzernlageberichts und des gesonderten nichtfinanziellen Konzernberichts, in Nr. 5 bei der Offenlegung, Veröffentlichung und Vervielfältigung, in Nr. 6 im Zusammenhang mit einer nach § 330 Nr. 1 erlassenen Rechtsverordnung.

b) Abs. 2. § 334 Abs. 2 bezieht sich, wie §§ 332, 333, auf den **externen Personen-** **11** **kreis** des Abschlussprüfers bzw. des Prüfers eines Einzelabschlusses. Auch hierbei handelt es sich um ein **Sonderdelikt.**[17]

c) Abs. 2a. § 334 Abs. 2a betrifft, wie auch die Strafnorm des § 333a, die **Mitglieder** **12** **eines Prüfungsausschusses** von **Kapitalgesellschaften,** die **Unternehmen von öffentlichem Interesse** gem. § 316a S. 2 sind (§ 324 Abs 1). Es handelt sich somit ebenfalls um ein Sonderdelikt.

Gemäß § 335b S. 1 findet die Bußgeldvorschrift des Abs. 2a auch Anwendung auf die **13** Prüfungsausschüsse **kapitalmarktorientierter Personengesellschaften,** bei denen nicht wenigstens eine natürliche Person unmittelbar oder mittelbar persönlich haftet (§§ 264a, 264d). Da § 264a ua auf den Dritten Unterabschnitt des Zweiten Abschnitts des HGB und damit auf § 324 Abs. 1 verweist, haben diese Personengesellschaften ebenfalls einen Prüfungsausschuss einzurichten, wenn sie über keinen Aufsichts- oder Verwaltungsrat gem. § 100 Abs. 5 AktG verfügen.[18] Soweit durch das FISG eine redaktionelle Klarstellung vorgenommen wurde, wonach Abs. 2a nur auf die Prüfungsausschüsse von Kapitalgesellschaften anzuwenden ist, ist diese Bußgeldvorschrift wegen § 335b S. 1 auch weiterhin auf die dort genannten Personengesellschaften anzuwenden.[19]

Einschränkend ist zu berücksichtigen, dass es sich bei § 324 – und damit auch bei § 334 **14** Abs. 2a – um einen reinen Auffangtatbestand handelt, zumal für die AG, die KGaA, die mitbestimmte GmbH, die als GmbH verfasste KAG, die SE, die Genossenschaft und die Europäische Genossenschaft zumindest ein Mitglied des Aufsichts- oder Verwaltungsrates unabhängiger Finanzexperte iSv § 100 Abs. 5 AktG sein muss (§ 100 Abs. 5 AktG, § 107 Abs. 4 AktG, § 278 Abs. 3 AktG, § 36 Abs. 4 GenG, § 38 Abs. 1a GenG, § 52 Abs. 1

[14]   EBJS/Böcking/Gros/Rabenhorst § 334 Rn. 1.
[15]   BeckOGK/Waßmer, 15.9.2022, Rn. 5; Ulmer/Dannecker Rn. 25; Blumers/Frick/Müller/Dannecker Rn. 698.
[16]   Vgl. dazu de Weerth, Die Bilanzordnungswidrigkeiten nach § 334 HGB unter besonderer Berücksichtigung der europarechtlichen Bezüge, 1994, S. 110 f. mwN.
[17]   BeckOGK/Waßmer, 15.9.2022, Rn. 5, 78; Blumers/Frick/Müller/Dannecker Rn. 698.
[18]   BT-Drs. 18/7219, 49.
[19]   BT-Drs. 19/26966, 107.

GmbHG, § 27 Abs. 1 S. 3 SEAG, § 34 Abs. 4 S. 5 SEAG).[20] Praktisch beschränkt sich der Täterkreis des Abs. 2a daher im Wesentlichen auf die Mitglieder von Prüfungsausschüssen **mitbestimmungsfreier, kapitalmarkorientierter GmbH,** wenn der Gesellschaftsvertrag die Einrichtung eines Aufsichtsrats gem. § 52 Abs. 1 GmbHG nicht vorsieht oder hiervon abweichende vertragliche Regelungen bestehen. Daneben kommen noch Mitglieder von Prüfungsausschüssen kapitalmarktorientierter Personengesellschaften iSv § 264a, Kreditinstitute in der Rechtsform der Personengesellschaft oder Versicherungsunternehmen in der Form des VVaG sowie bestimmter Genossenschaften iSv § 53 Abs. 3 GenG in Betracht.[21] Zu berücksichtigen sind aber auch die **Befreiungstatbestände** des § 324 Abs. 1 S. 2.

15   **d) Abs. 5.** Die **Nichtanwendungsklausel** in Abs. 5 für Kreditinstitute und Versicherungsunternehmen schränkt den Schutz für diese Unternehmen nicht ein; für sie bestehen in § 340n bzw. § 341n entsprechende Ordnungswidrigkeitentatbestände mit einem erweiterten Täterkreis.

II. Normadressat und Einheitstäterbegriff

16   Als mögliche Täter nennt Abs. 1 die Mitglieder des vertretungsberechtigten Organs oder des Aufsichtsrats einer Kapitalgesellschaft, Abs. 2 den Abschlussprüfer und Abs. 2a das Mitglied eines nach § 324 Abs. 1 S. 1 eingerichteten Prüfungsausschusses. Auch bei den Ordnungswidrigkeitentatbeständen des § 334 handelt es sich somit um **echte Sonderdelikte.** Personen, die diese Qualifikationen nicht besitzen, können jedoch wegen des **Einheitstäterbegriffs** im Ordnungswidrigkeitenrecht gem. § 14 Abs. 1 S. 1 OWiG (→ Rn. 1) – anders als im Strafrecht – gleichwohl Tatbeteiligte sein, wenn mindestens ein Beteiligter die besonderen persönlichen Merkmale der Abs. 1, Abs. 2 oder Abs. 2a aufweist und die anderen Beteiligten diesbezüglich vorsätzlich handeln.[22]

17   **1. Vertretungsberechtigte Organe.** Zu den vertretungsberechtigten Organen gehören auch stellvertretende Mitglieder des Organs (→ § 331 Rn. 8).[23]

18   **2. Aufsichtsrat.** Beim Aufsichtsrat ist, wie bei § 331, zu unterscheiden zwischen dem obligatorischen und dem fakultativen Aufsichtsrat.

19   **a) Obligatorischer Aufsichtsrat.** Der obligatorische Aufsichtsrat hat nur bei der AG die gesetzliche Aufgabe, den Jahresabschluss festzustellen (§ 172 AktG). Bei der KGaA obliegt dies der Hauptversammlung (§ 286 Abs. 1 S. 1 AktG). Ist für eine GmbH ein Aufsichtsrat gesetzlich vorgeschrieben (→ § 331 Rn. 31), wird in den jeweiligen Verweisungsvorschriften zur Anwendung des AktG gerade nicht auf § 172 AktG verwiesen; die Kompetenz zur Feststellung bleibt somit stets bei der Gesellschafterversammlung.[24] Dies bedeutet, dass § 334 bei einem obligatorischen Aufsichtsrat nur auf die **Aufsichtsratsmitglieder einer AG** Anwendung findet, da nur ihnen eine Feststellungskompetenz zukommt.[25] Das Ersatzmitglied eines Aufsichtsrats kann erst dann Täter des § 334 Abs. 1 sein, wenn es an

---

[20]   BeBiKo/Grottel § 324 Rn. 5 ff.
[21]   BeckOGK/Waßmer, 15.9.2022, Rn. 96 f.
[22]   BeckOGK/Waßmer, 15.9.2022, Rn. 16; KK-OWiG/Rengier OWiG § 14 Rn. 5 ff.; de Weerth, Die Bilanzordnungswidrigkeiten nach § 334 HGB unter besonderer Berücksichtigung der europarechtlichen Bezüge, 1994, S. 121 f.; vgl. auch BeckOGK/Hefendehl, 1.1.2023, AktG § 405 Rn. 12; Erbs/Kohlhaas/Schaal AktG § 405 Rn. 5 f.
[23]   Ulmer/Dannecker Rn. 35; de Weerth, Die Bilanzordnungswidrigkeiten nach § 334 HGB unter besonderer Berücksichtigung der europarechtlichen Bezüge, 1994, S. 120; → § 331 Rn. 7, → § 331 Rn. 8.
[24]   Vgl. Noack/Servatius/Haas/Noack GmbHG § 52 Rn. 247.
[25]   BeckOGK/Waßmer, 15.9.2022, Rn. 18 f.; de Weerth, Die Bilanzordnungswidrigkeiten nach § 334 HGB unter besonderer Berücksichtigung der europarechtlichen Bezüge, 1994, S. 125 f.; Blumers/Frick/Müller/Dannecker Rn. 698.

die Stelle des ausgeschiedenen Mitglieds getreten und so zum Vollmitglied des Aufsichtsrats geworden ist.[26]

b) Fakultativer Aufsichtsrat. Beim fakultativen Aufsichtsrat der GmbH gilt zunächst 20 dasselbe: § 52 GmbHG verweist nicht auf § 172 AktG, sodass dem Aufsichtsrat keine Feststellungskompetenz zukommt und seine Mitglieder daher nicht Täter des § 334 sein können.[27] Wird aber die Feststellung des Jahresabschlusses der GmbH durch Gesellschaftsvertrag dem Aufsichtsrat zugewiesen, unterliegt diese **übertragene Feststellungskompetenz** dem Schutz des § 334. In diesem Fall sind die Mitglieder des fakultativen Aufsichtsrats taugliche Täter.[28] Die Mitglieder sonstiger fakultativer Aufsichtsgremien, wie Verwaltungsrat, Beirat uÄ, können mangels Feststellungskompetenz ebenfalls nicht Täter des § 334 Abs. 1 Nr. 1 sein.[29]

3. Begriff des Abschlussprüfers. Der Begriff des Abschlussprüfers entspricht dem 21 des § 332 (→ § 332 Rn. 75).

4. Mitglied eines Prüfungsausschusses. § 334 Abs. 2a richtet sich an die Mitglieder 22 eines Prüfungsausschusses gem. § 324 Abs. 1 S. 1. Deren Bestellung und persönliche Voraussetzungen werden in § 324 Abs. 2 normiert. Demnach sind die Mitglieder des Prüfungsausschusses von den Gesellschaftern zu wählen,[30] wobei die Mitglieder mit der Branche, in der das Unternehmen tätig ist, vertraut sein müssen. Gemäß § 324 Abs. 2 S. 2 iVm § 100 Abs. 5 AktG muss die Mehrheit der Mitglieder, darunter der Vorsitzende, **unabhängig**[31] sein; auch muss im Prüfungsausschuss **Sachverstand auf den Gebieten Rechnungslegung und Abschlussprüfung** vorhanden sein. Der Sachverstand muss dabei auf **mindestens zwei Mitglieder verteilt** sein, die jeweils auf einem der beiden Gebiete sachkundig sind.[32]

Der Prüfungsausschuss ist ein eigenständiges Gesellschaftsorgan, dessen Pflichtumfang 23 sich gem. § 324 Abs. 1 S. 1 „insbesondere", jedoch nicht abschließend, nach dem Aufgabenkatalog des § 107 Abs. 3 S. 2 und 3 AktG richtet. Demnach betreffen die Pflichten des Prüfungsausschusses die **Überwachung des Rechnungslegungsprozesses, der Wirksamkeit des internen Kontrollsystems, des Risikomanagementsystems und des internen Revisionssystems sowie der Abschlussprüfung,** insbesondere die **Auswahl und die Unabhängigkeit des Abschlussprüfers** und die vom **Abschlussprüfer zusätzlich erbrachten Leistungen** (→ § 324 Rn. 24).[33] Der Vorschlag zur Wahl des Abschlussprüfers ist auf die Empfehlung des Prüfungsausschusses zu stützen (§ 324 Abs. 2 S. 4 iVm § 124 Abs. 3 S. 2 AktG).

Durch Abs. 1 Nr. 5 wird auch der **ständige und angemeldete Vertreter der inländi-** 23a **schen Zweigniederlassung** einer ausländischen Kapitalgesellschaft gem. § 13e Abs. 2 S. 5 Nr. 3 in den tatbestandlichen Täterkreis aufgenommen, um Form-, Format- und Inhaltsverstöße gegen § 328 bei der Offenlegung gem. § 325a wirksam ahnden zu können. Sind solche Personen nicht vorhanden, trifft die sanktionsbewehrte Offenlegungspflicht gem.

---

26 Ulmer/Dannecker Rn. 36; de Weerth, Die Bilanzordnungswidrigkeiten nach § 334 HGB unter besonderer Berücksichtigung der europarechtlichen Bezüge, 1994, S. 120.
27 De Weerth, Die Bilanzordnungswidrigkeiten nach § 334 HGB unter besonderer Berücksichtigung der europarechtlichen Bezüge, 1994, S. 126.
28 Ulmer/Dannecker Rn. 38; BeckOGK/Waßmer, 15.9.2022, Rn. 19; aA de Weerth, Die Bilanzordnungswidrigkeiten nach § 334 HGB unter besonderer Berücksichtigung der europarechtlichen Bezüge, 1994, S. 126.
29 BeckOGK/Waßmer, 15.9.2022, Rn. 20; de Weerth, Die Bilanzordnungswidrigkeiten nach § 334 HGB unter besonderer Berücksichtigung der europarechtlichen Bezüge, 1994, S. 126.
30 Zu den Wahlmodalitäten und zur Mindestanzahl → § 324 Rn. 15 f.; BeBiKo/Grottel § 324 Rn. 30.
31 Vgl. BeBiKo/Grottel § 324 Rn. 40 f.; Henssler/Strohn/Henssler AktG § 100 Rn. 14; Koch AktG § 100 Rn. 22 ff.
32 Vgl. BeBiKo/Grottel § 324 Rn. 45 f.; Koch AktG § 100 Rn. 25 ff.; Henssler/Strohn/Henssler AktG § 100, Rn. 15.
33 BeckOGK/Gromann, 15.11.2020, § 324 Rn. 77 ff.; BeBiKo/Grottel § 324 Rn. 60 ff.

§ 325a Abs. 1 S. 1 die Mitglieder des vertretungsberechtigten Organs der ausländischen Kapitalgesellschaft.

III. Die Tathandlungen

24   **1. Verstöße gegen Bilanzierungsvorschriften (Abs. 1).** Die Ordnungswidrigkeiten nach § 334 Abs. 1 beziehen sich auf den Jahresabschluss (Nr. 1, zum Begriff s. § 242 Abs. 3), den Konzernabschluss (Nr. 2, zum Begriff s. §§ 290 ff.), den Lagebericht sowie ggf. den gesonderten nichtfinanziellen Bericht (Nr. 3, zu den Begriffen s. §§ 289, 289b Abs. 3), den Konzernlagebericht sowie ggf. den gesonderten nichtfinanziellen Konzernbericht (Nr. 4, zu den Begriffen s. §§ 315, 315b Abs. 3), die Unterlagen zur Veröffentlichung (Nr. 5, s. dazu § 328) und auf eine nach § 330 Abs. 1 S. 1 erlassene Rechtsverordnung. Nicht erfasst sind die Eröffnungsbilanz (anders bei § 331), sonstige Sonderabschlüsse oder die Buchführung außerhalb der Bilanz.[34]

25   **a) Jahresabschluss (Nr. 1).** Nr. 1 betrifft die Verletzung von Vorschriften bei **Aufstellung** oder **Feststellung** des Jahresabschlusses. Nicht erfasst ist jedoch der „Bilanzeid" iSv § 331 Abs. 3a, da er kein Bestandteil des Jahresabschlusses ist.[35]

26   **aa) Inhalt und Form.** Geschützt werden unter Abs. 1 Nr. 1a Vorschriften über **Inhalt** und **Form,** nämlich
- die Grundsätze ordnungsgemäßer Buchführung gem. § 243 Abs. 1. Tatbestandsmäßig können wegen des strafrechtlichen Bestimmtheitsgrundsatzes nur eindeutig anerkannte, unbestrittene Grundsätze sein, wobei ein Verstoß zweifelsfrei vorliegen muss; hierunter fallen insbesondere die kodifizierten Grundsätze der Bilanzidentität gem. § 252 Abs. 1 Nr. 1, der formalen und materiellen Bilanzkontinuität gem. § 252 Abs. 1 Nr. 2 und 6, das Vorsichtsprinzip gem. § 252 Abs. 1 Nr. 4, aber auch nicht kodifizierte Grundsätze wie die Bilanzwahrheit und das Willkürverbot,[36]
- Klarheit und Übersichtlichkeit gem. § 243 Abs. 2,
- Sprache und Währungseinheit gem. § 244,
- die Unterzeichnung gem. § 245,
- die Vollständigkeit gem. § 246 Abs. 1,
- das Verrechnungsverbot gem. § 246 Abs. 2,
- Inhalt der Bilanz gem. § 247,
- Bilanzierungsverbote gem. § 248,
- Rückstellungen für ungewisse Verbindlichkeiten und drohende Verluste aus schwebenden Geschäften gem. § 249 Abs. 1 S. 1,
- Rückstellungsverbot gem. § 249 Abs. 2 S. 1,
- Auflösungsverbot für Rückstellungen bei fortbestehendem Grund der Rückstellung gem. § 249 Abs. 3 S. 2,
- aktive Rechnungsabgrenzungsposten gem. § 250 Abs. 1,
- passive Rechnungsabgrenzungsposten gem. § 250 Abs. 2,
- Vermerk der Haftungsverhältnisse unter der Bilanz gem. § 251,
- eine den tatsächlichen Verhältnissen entsprechende Wiedergabe der Vermögens-, Finanz- und Ertragslage gem. § 264 Abs. 2 S. 1, wobei für die Abgrenzung zu § 331 quantitativ und qualitativ auf Erheblichkeits- und Wesentlichkeitsgesichtspunkte abzustellen ist (→ Rn. 2),[37]

---

34   BeckOGK/Waßmer, 15.9.2022, Rn. 13, 15.
35   BeckOGK/Waßmer, 15.9.2022, Rn. 28.
36   So BeckOGK/Waßmer, 15.9.2022, Rn. 24; Staub/Dannecker Rn. 44; de Weerth, Die Bilanzordnungs-widrigkeiten nach § 334 HGB unter besonderer Berücksichtigung der europarechtlichen Bezüge, 1994, S. 144 ff.; Blumers/Frick/Müller/Dannecker Rn. 701.
37   BeckOGK/Waßmer, 15.9.2022, Rn. 27; de Weerth, Die Bilanzordnungswidrigkeiten nach § 334 HGB unter besonderer Berücksichtigung der europarechtlichen Bezüge, 1994, S. 151 ff.; Schüppen, Systematik Auslegung des Bilanzstrafrechts, 1993, S. 210.

– das Erfordernis zusätzlicher Angaben im Anhang gem. § 264 Abs. 2 S. 2, wenn besondere Umstände dazu führen, dass der Jahresabschluss ein den tatsächlichen Verhältnissen entsprechendes Bild nicht vermittelt.[38] Allerdings ist zu beachten, dass sich § 264 Abs. 2 S. 2 auf § 264 Abs. 2 S. 1 bezieht und regelmäßig nicht eingreift, wenn kein Verstoß gegen S. 1 vorliegt, zumal nur erhebliche Diskrepanzen zu einer Angabepflicht führen. Auch ist kein Anwendungsfall des § 264 Abs. 2 S. 2 gegeben, wenn die geltenden handelsrechtlichen Regeln und berücksichtigt werden und der Jahresabschluss trotz Pflichtangaben und Einhaltung der Grundsätze ordnungsgemäßer Buchführung unvollständig bleibt oder die tatsächlichen Verhältnisse unzutreffend wiedergibt (zB fehlende Aussagen zu den stillen Reserven).[39]

bb) Bewertungsvorschriften. Unter Abs. 1 Nr. 1b werden Vorschriften über die 27 **Bewertung** geschützt, nämlich
– Wertansätze für Vermögensgegenstände gem. § 253 Abs. 1 S. 1,
– Wertansätze für Verbindlichkeiten, Rückstellungen gem. § 253 Abs. 1 S. 2,
– Wertansätze für Rückstellungen von Altersvorsorgeverpflichtungen, die sich nach dem Zeitwert von Wertpapieren nach § 266 Abs. 2 A. III. 5 bestimmen,
– Wertansätze für Vermögensgegenstände, die nach § 246 Abs. 2 S. 2 zu verrechnen sind,
– Abzinsung bei Rückstellungen mit Laufzeiten von mehr als einem Jahr gem. § 253 Abs. 2 S. 1 und S. 2,
– Minderung der Anschaffungs- und Herstellungskosten für das Anlagevermögen um planmäßige Abschreibungen gem. § 253 Abs. 3 S. 1 und 2,
– außerplanmäßige Abschreibungen gem. § 253 Abs. 3 S. 3,
– Abschreibungen bei Vermögensgegenständen des Umlaufvermögens gem. § 253 Abs. 4,
– Korrektur bei Wertansätzen gem. § 253 Abs. 5,
– Bildung von Bewertungseinheiten gem. § 254,
– Währungsumrechnungen nach § 256a.

Auch hier kann eine Tatbestandsmäßigkeit nur bei unvertretbaren Bewertungen vorliegen 28 (→ § 331 Rn. 43 f.).[40] Die Auswirkung dieser Falschbewertung muss aber, anders als bei und gerade in Abgrenzung zu § 331, nicht erheblich sein. Es reicht also auch eine geringfügige Über- oder Unterbewertung aus.

cc) Gliederungsvorschriften. Abs. 1 Nr. 1c schützt Vorschriften über die **Gliede-** 29 **rung von Bilanz und GuV,** nämlich
– Angabe entsprechender Beträge des vorhergehenden Geschäftsjahrs bei jedem Bilanzposten gem. § 265 Abs. 2,
– Vermerk der Mitzugehörigkeit zu anderen Posten und Ausweis eigener Anteile gem. § 265 Abs. 3,
– Gliederung und Ergänzung bei mehreren Geschäftszweigen gem. § 265 Abs. 4,
– Änderung von Gliederung und Bezeichnung der einzelnen Posten zum Zweck der Klarheit und Übersichtlichkeit bei Besonderheiten der Kapitalgesellschaft gem. § 265 Abs. 6,
– Gliederung der Bilanz gem. § 266,
– Ausweis eines nicht durch Eigenkapital gedeckten Fehlbetrags gem. § 268 Abs. 3,
– Vermerk des Betrags von Forderungen mit bestimmten Restlaufzeiten gem. § 268 Abs. 4,
– Vermerk des Betrags von Verbindlichkeiten mit bestimmten Restlaufzeiten gem. § 268 Abs. 5,
– gesonderter Ausweis eines Disagios im aktiven Rechnungsabgrenzungsposten gem. § 268 Abs. 6,
– gesonderter Ausweis von Haftungsverhältnissen gem. § 251 gegenüber verbundenen Unternehmen gem. § 268 Abs. 7,

---

[38] Vgl. BeckOGK/Waßmer, 15.9.2022, Rn. 27.
[39] Vgl. hierzu Hopt/Merkt § 264 Rn. 17 ff.; BeckOGK/Fehrenbacher, 1.9.2022, § 264 Rn. 71 f.
[40] BeckOGK/Waßmer, 15.9.2022, Rn. 29; Blumers/Frick/Müller/Dannecker Rn. 701; Ulmer/Dannecker Rn. 62.

- Ausweis des Eigenkapitals gem. § 272,
- gesonderter Ausweis von Rückstellungen für voraussichtliche Steuerbelastung gem. § 274 Abs. 1,
- Gliederung der GuV gem. § 275,
- Ausweis bestimmter Posten der GuV gem. § 277.

30 Einer besonderen Schwere des Verstoßes bedarf es, anders als bei der Verschleierung iSd § 331, nicht. Es genügt bereits ein geringfügiger Verstoß (→ Rn. 2, → § 331 Rn. 52 f.).[41]

31   **dd) Sonstige Pflichtangaben.** Unter Abs. 1 Nr. 1d werden Vorschriften über sonstige Angaben in der Bilanz oder im Anhang geschützt, nämlich
- Erläuterung zur Bilanz und zur GuV gem. § 284,
- sonstige Pflichtangaben im Anhang gem. § 285.

32 Zu beachten ist die Berechtigung zum Unterlassen von Angaben nach § 286 Abs. 2 und 3. Diese Berechtigung schließt bereits die Tatbestandsmäßigkeit aus.[42]

33   **b) Konzernabschluss (Nr. 2).** Nr. 2 betrifft ausschließlich die Verletzung von Vorschriften bei der **Aufstellung** des Konzernabschlusses.[43]

34   **aa) Einzubeziehende Unternehmen.** Geschützt werden unter Abs. 1 Nr. 2a die Grundsätze über die Einbeziehung des Mutterunternehmens und der Tochterunternehmen in den Konzernabschluss gem. § 294 Abs. 1.

35   **bb) Inhalt und Form.** Unter Abs. 1 Nr. 2b werden Vorschriften über Inhalt oder Form geschützt, nämlich
- Klarheit und Übersichtlichkeit des Konzernabschlusses und Erfordernis zusätzlicher Angaben im Konzernanhang gem. § 297 Abs. 2,
- Vermögens-, Finanz- und Ertragslage als wirtschaftliche Einheit und Angabe und Begründung von Ausnahmefällen im Konzernanhang gem. § 297 Abs. 3,
- Sprache und Währungseinheit gem. § 298 Abs. 1 iVm § 244,
- die Unterzeichnung gem. § 298 Abs. 1 iVm § 245,
- die Vollständigkeit gem. § 298 Abs. 1 iVm § 246 Abs. 1,
- das Verrechnungsverbot gem. § 298 Abs. 1 iVm § 246 Abs. 2,
- Inhalt der Bilanz gem. § 298 Abs. 1 iVm § 247,
- Bilanzierungsverbote gem. § 298 Abs. 1 iVm § 248,
- Rückstellungen für ungewisse Verbindlichkeiten und drohende Verluste aus schwebenden Geschäften gem. § 298 Abs. 1 iVm § 249 Abs. 1 S. 1,
- Rückstellungsverbot gem. § 298 Abs. 1 iVm § 249 Abs. 2,
- aktive Rechnungsabgrenzungsposten gem. § 298 Abs. 1 iVm § 250 Abs. 1,
- Vermerk der Haftungsverhältnisse unter der Bilanz gem. § 298 Abs. 1 iVm § 251.

36   **cc) Konsolidierungsgrundsätze.** Unter Abs. 1 Nr. 2c werden die Konsolidierungsgrundsätze und das Vollständigkeitsgebot gem. § 300 geschützt (Zusammenfassung der Jahresabschlüsse des Mutterunternehmens und der Tochterunternehmen, vollständige Einbeziehung der Vermögensgegenstände, Schulden, Rechnungsabgrenzungsposten, Bilanzierungshilfen und Sonderposten der Tochterunternehmen).

37   **dd) Bewertungsgrundsätze.** Unter Abs. 1 Nr. 2d werden Vorschriften über die Bewertung geschützt, nämlich
- Bewertung der Vermögensgegenstände und Schulden der Tochterunternehmen nach den Bewertungsmethoden des Jahresabschlusses für das Mutterunternehmen gem. § 308 Abs. 1 S. 1,

---

[41] BeckOGK/Waßmer, 15.9.2022, Rn. 33.
[42] Heymann/Otto Rn. 18; BeckOGK/Waßmer, 15.9.2022, Rn. 40.
[43] Nicht auch bei der Feststellung, da der Konzernabschluss nicht festgestellt wird; BeckOGK/Waßmer, 15.9.2022, Rn. 41.

– Neubewertung nach der Bewertungsmethode des Konzernabschlusses bei abweichenden Bewertungsmethoden im Jahresabschluss des Mutterunternehmens oder der Tochterunternehmen gem. § 308 Abs. 2,
– Umrechnung von Abschlüssen in fremder Währung gem. § 308a.

ee) Assoziierte Unternehmen. Abs. 1 Nr. 2e schützt die Behandlung assoziierter **38** Unternehmen in der Konzernbilanz gem. § 311 Abs. 1 S. 1 iVm § 312.

ff) Angaben im Anhang. Unter Abs. 1 Nr. 2f werden die Vorschriften über die im **39** Anhang zu machenden Angaben geschützt, nämlich
– Abweichungen von den im Jahresabschluss des Mutterunternehmens angewandten Bewertungsmethoden gem. § 308 Abs. 1 S. 3,
– Erläuterungen zur Konzernbilanz und zur Konzern-GuV und Angaben zum Beteiligungsbesitz gem. § 313,
– sonstige Pflichtangaben gem. § 314.

c) Lagebericht, gesonderter nichtfinanzieller Bericht und Erklärung zur 40 Unternehmensführung (Nr. 3). Die Bußgeldvorschrift des § 334 Abs. 1 Nr. 3 betrifft den **Lagebericht** und seit der Umsetzung der CSR-RL durch das CSR-RL-Umsetzungsgesetz vom 9.3.2017 auch den **gesonderten nichtfinanziellen Bericht** (→ Vor § 331 Rn. 49 f.) sowie die **Erklärung zur Unternehmensführung** gem. § 289 f. Entsprechen der Lagebericht, der gesonderte nichtfinanzielle Bericht oder die Erklärung zur Unternehmensführung inhaltlich nicht den Vorschriften gem. §§ 289 ff., ist der Bußgeldtatbestand erfüllt, falls kein Befreiungsgrund vorliegt (§ 289 Abs. 2 und 3), eine Angabe nicht ausnahmsweise weggelassen werden kann (§ 289e) oder die Berichtspflicht nicht durch die Kriterien der Wesentlichkeit und der Verhältnismäßigkeit eingeschränkt wird (§ 289c Abs. 3).

aa) Lagebericht. Der Bußgeldtatbestand des Abs. 1 Nr. 3 schützt in Bezug auf **alle 41 Kapitalgesellschaften** den **Pflichtenkatalog des § 289 Abs. 1.** Demnach sind im Lagebericht der Geschäftsverlauf und die Lage der Kapitalgesellschaft so darzustellen, dass ein **den tatsächlichen Verhältnissen entsprechendes Bild** vermittelt wird. Hierbei ist auch auf die Risiken der künftigen Entwicklung einzugehen.[44] Maßstab ist, wie bei § 331, der objektive Empfängerhorizont des sachkundigen, dh bilanzkundigen Lesers.[45] Erst wenn dieser sich aufgrund der erhaltenen Information kein den tatsächlichen Verhältnissen entsprechendes Bild machen kann, ist eine Tatbestandsmäßigkeit gegeben.[46]

Kapitalmarktorientierte Kapitalgesellschaften iSv § 264d haben in einem geson- **42** derten Abschnitt des Lageberichts gem. § 289 Abs. 4 die wesentlichen Merkmale des **internen Kontroll- und Risikomanagementsystems** im Hinblick auf den Rechnungslegungsprozess zu beschreiben.[47] Aktiengesellschaften und Kommanditgesellschaften auf Aktien, die einen **organisierten Markt** iSd § 2 Abs. 7 WpÜG in Anspruch nehmen, haben darüber hinaus gem. § 289a besondere Erklärungspflichten in Bezug auf **übernahmerechtliche Zusatzangaben** (Zusammensetzung des Zeichnungskapitals, Stimmrechtsbeschränkungen, Beteiligungen über 10 %, Aktieninhaber mit Sonderrechten, Stimmrechtskontrolle, Regelungen zur Ernennung und Abberufung des Vorstandes, Befugnisse des Vorstandes zur Ausgabe und zum Rückkauf von Aktien, Satzungsregelungen bei Übernahme, etc).[48] **Börsennotierte Aktiengesellschaften** oder Aktiengesellschaften, die ausschließlich andere Wertpapiere als Aktien zum Handel an einem organisierten Markt gem. § 2 Abs. 11 WpHG ausgegeben haben und deren ausgegebene Aktien auf eigene Veranlassung über ein multilaterales Handelssystem gem. § 2 Abs. 8 Nr. 8 WpHG gehandelt werden, haben

---

[44] IE Winnefeld Bilanz-HdB Kap. K Rn. 42 ff.
[45] Vgl. MüKoStGB/Leplow HGB § 331 Rn. 53; Klussmann, Geschäftslagetäuschung nach § 400 Aktiengesetz, 1975, S. 51 f.; Ulmer/Dannecker Rn. 74.
[46] Vgl. Ulmer/Dannecker Rn. 74.
[47] EBJS/Böcking/Groß/Koch § 289 Rn. 23; BeBiKo/Grottel § 289 Rn. 120 ff.
[48] BeBiKo/Grottel § 289a Rn. 21 ff.; BeckOGK/Kleindiek, 1.6.2022, Rn. 10 ff.

zusätzlich eine **Erklärung zur Unternehmensführung** gem. § 289f (vgl. § 289a aF) in ihren Lagebericht aufzunehmen.[49] Die Erklärung zur Unternehmensführung kann auch auf der Internetseite der Gesellschaft öffentlich zugänglich gemacht werden. In diesem Fall ist in den Lagebericht eine Bezugnahme aufzunehmen, welche die Angabe der Internetseite enthält. Der Bußgeldtatbestand des § 334 Abs. 1 Nr. 3 ist erfüllt, wenn der Lagebericht diesen formalen und inhaltlichen Anforderungen nicht entspricht.

43   **bb) Nichtfinanzielle Erklärung im Lagebericht.** Den Lagebericht um eine **nichtfinanzielle Erklärung** zu erweitern haben gem. § 289b Abs. 1
– große Kapitalgesellschaften gem. § 267 Abs. 3,
– die gem. § 264d kapitalmarktorientiert sind und
– im Jahresdurchschnitt mehr als 500 Arbeitnehmer beschäftigen.

44   Die nichtfinanzielle Erklärung als gesonderter Abschnitt des Lageberichts richtet sich **inhaltlich** nach §§ 289c, 289d und hat zumindest zu folgenden Aspekten Stellung zu nehmen:[50]
– Umweltbelange,
– Arbeitnehmerbelange,
– Sozialbelange,
– Achtung der Menschenrechte,
– Bekämpfung von Korruption und Bestechung,

45   Gemäß § 289c Abs. 3 sind in der nichtfinanziellen Erklärung jeweils diejenigen Angaben zu machen, die für das Verständnis des Geschäftsverlaufs, des Geschäftsergebnisses, der Lage der Kapitalgesellschaft sowie der Auswirkung ihrer Tätigkeit auf die oben aufgeführten Aspekte erforderlich sind. Eingeschränkt wird diese Berichtspflicht durch die Kriterien der **Wesentlichkeit** und der **Verhältnismäßigkeit** (→ § 331 Rn. 51). Zu berücksichtigen ist auch, dass **nachteilige Angaben** unter den Voraussetzungen des § 289e Abs. 1 weggelassen werden können (→ § 331 Rn. 46); der Bußgeldtatbestand ist jedoch erfüllt, wenn die Gründe für die Nichtaufnahme der Angaben nach der Veröffentlichung der nichtfinanziellen Erklärung entfallen und die Angaben nicht in der folgenden nichtfinanziellen Erklärung nachgeholt werden (334 Abs. 1 Nr. 3 iVm § 289e Abs. 2).

46   Allerdings sind auch die **Befreiungsmöglichkeiten** gem. § 289b Abs. 2 zu beachten, wenn die betreffende Kapitalgesellschaft in den Konzernlagebericht eines Mutterunternehmens mit Sitz in der EU bzw. im EWR einbezogen ist, der Konzernlagebericht im Einklang mit der Bilanz-RL steht und eine nichtfinanzielle Konzernerklärung enthält.[51] Ein erweiterter Lagebericht ist gem. § 289b Abs. 3 auch nicht erforderlich, wenn ein gesonderter nichtfinanzieller Bericht erstellt wird (→ Rn. 48).

47   Besteht ein **Aufsichtsrat,** sind diesem der Lagebericht mit der nichtfinanziellen Erklärung durch den Vorstand oder Geschäftsführer gem. § 170 Abs. 1 vorzulegen; die Aufsichtsratsmitglieder haben auch bezüglich der nichtfinanziellen Erklärung gem. § 171 Abs. 1 S. 4 AktG eine **bußgeldbewerte Prüfpflicht.** Während sich der Aufsichtsrat jedoch bei der Überprüfung der Finanzberichterstattung grundsätzlich auf das Ergebnis der gesetzlichen Abschlussprüfung stützen kann, zumal hier die jeweiligen Prüfpflichten weitestgehend übereinstimmen, gilt dies nicht für die nichtfinanzielle Erklärung oder den gesonderten nichtfinanziellen Bericht. Gemäß § 317 Abs. 2 S. 4 beschränkt sich hier die Prüfpflicht des Abschlussprüfers lediglich darauf, ob die nichtfinanzielle Erklärung oder der gesonderte nichtfinanzielle Bericht vorgelegt wurden. Der Aufsichtsrat hat somit den Inhalt der nichtfinanziellen Erklärung selbst zu prüfen oder eine externe inhaltliche Überprüfung in Auftrag zu geben (§ 111 Abs. 2 S. 2 AktG).[52]

---

[49]   BeckOGK/Kleindiek, 1.6.2022, § 289f Rn. 42 ff.; EBJS/Böcking/Gros/Koch § 289a Rn. 1 ff.; BeBiKo/Grottel § 289f Rn. 10 ff.

[50]   Meeh-Bunse/Schomaker DStR 2016, 2769 (2770); Wulf/Niemöller IRZ 2016, 245; Eufinger EuZw 2015, 424 (426 f.); Glaser IRZ 2015, 55 (56); Spießhofer NZG 2014, 1281 (1284 f.).

[51]   Boecker/Zwirner SteuK 2016, 426 (427); Glaser IRZ 2015, 55 (57).

[52]   Hennrichs/Pöschke NZG 2017, 121 (125 ff.); Lanfermann BB 2017, 747 (749 f.).

cc) Gesonderter nichtfinanzieller Bericht (§ 289b Abs. 3). Der Ordnungswidrig- **48** keitentatbestand des § 334 Abs. 1 Nr. 3 bezieht sich auch auf den gesonderten nichtfinanziellen Bericht, wenn die nichtfinanzielle Erklärung für dasselbe Geschäftsjahr **außerhalb des Lageberichts** erstellt wird. Der Bußgeldtatbestand ist erfüllt, wenn die **inhaltlichen Voraussetzungen** gem. § 289b Abs. 3 Nr. 1 iVm § 289c und/oder die **formalen Voraussetzungen** gem. § 289 Abs. 3 Nr. 2, Abs. 4 nicht erfüllt werden; insbesondere liegt eine Ordnungswidrigkeit vor, wenn der gesonderte nichtfinanzielle Bericht weder zeitgleich mit dem Lagebericht beim Bundesanzeiger offengelegt (§ 289b Abs. 3 Nr. 2a), noch innerhalb einer Frist von 6 Monaten (§ 289b Abs. 3 Nr. 2b) auf der Internetseite der Kapitalgesellschaft veröffentlicht wird.[53] Zur **Prüfpflicht des Aufsichtsrates** → Rn. 40 f.

dd) Erklärung zur Unternehmensführung (§ 289f). Eine Erklärung zur Unterneh- **49** mensführung gem. § 289f Abs. 1 in einem gesonderten Abschnitt des Lageberichts haben börsennotierte Aktiengesellschaften, börsennotierte Kommanditgesellschaften (§ 289f Abs. 3) sowie solche Aktiengesellschaften aufzunehmen, die ausschließlich andere Wertpapiere als Aktien zum Handel an einem organisierten Markt im Sinn des § 2 Abs. 11 WpHG ausgegeben haben und deren ausgegebene Aktien auf eigene Veranlassung über ein multilaterales Handelssystem gem. § 2 Abs. 8 S. 1 Nr. 8 WpHG gehandelt werden.[54] Der **Inhalt** der Erklärung zur Unternehmensführung richtet sich nach **§ 289 Abs. 2**.[55] Andere Kapitalgesellschaften haben nach § 289f Abs. 4 nur dann eine Erklärung zur Unternehmensführung in den Lagebericht aufzunehmen, wenn sie hierzu gem. § 76 Abs. 4 AktG oder § 111 Abs. 5 AktG oder gem. §§ 36, 52 Abs. 2 GmbHG verpflichtet sind. Erfasst werden nicht börsennotierte und nicht kapitalmarktorientierte Aktiengesellschaften, Kommanditgesellschaften auf Aktien, SEs sowie GmbHs, sofern diese der Mitbestimmung unterliegen.[56]

Verstöße gegen die Aufstellungs- und Begründungspflichten des § 289f in Bezug auf **50** eine Erklärung zur Unternehmensführung werden durch den Ordnungswidrigkeitentatbestand des **§ 334 Abs. 1 Nr. 3** erfasst. Bezüglich der Pflicht zur Festlegung der Zielgröße für den Frauenanteil, der Fristen für deren Erreichung sowie zur Begründung einer etwaigen Zielgröße Null gem. § 289f Abs. 2 Nr. 4, auch in Verbindung mit Abs. 3 und 4, hat der Gesetzgeber durch das FüPoG II vom 7.8.2021 (BGBl. 2021 I 3311) klargestellt, dass ein tatbestandsmäßiger Verstoß nicht nur bei einer nicht vollständigen oder unrichtigen Erklärung gegeben ist, sondern auch im Fall des pflichtwidrigen **Unterlassens,** wenn die Erklärung im Lagebericht oder im Konzernlagebericht ganz oder zum Teil unterblieben ist.[57]

d) Erklärungspflicht bei Befreiung von der Erstellung eines Lageberichts 51 (Nr. 3a). Andere Kapitalgesellschaften, die zwar ebenfalls der Mitbestimmung unterliegen (§ 76 Abs. 4 AktG, § 111 Abs. 5 AktG, § 36 GmbHG, § 52 Abs. 2 GmbHG),[58] aber nicht zur Erstellung eines Lageberichts verpflichtet sind, insbesondere befreite Tochterunternehmen gem. § 264 Abs. 3, kleine Kapitalgesellschaften gem. § 264 Abs. 1 S. 4 und bestimmte Personengesellschaften gem. § 264b, haben gem. **§ 289f Abs. 4 S. 3** gleichwohl eine Erklärung zur Unternehmensführung mit den Festlegungen und Begründungen gem. § 289f Abs. 4 S. 1 zu erstellen und auf der Internetseite der Gesellschaft zu veröffentlichen, insbesondere Informationen zu den Zielgrößen für den Frauenanteil, zu den Fristen für deren Erreichung sowie ggf. eine Begründung für die Festlegung der Zielgröße Null. Ein Verstoß gegen diese Veröffentlichungs- und Begründungspflicht wurde mit dem FüPoG II vom 7.8.2021 (BGBl. 2021 I 3311) erstmalig gem. § 334 Abs. 3a sanktioniert.[59] Mit § 334 Abs. 1 S. 2 und 3 hat der Gesetzgeber klargestellt, dass nicht nur die unvollständige oder unrichtige Erklärung tatbestandsmäßig ist, sondern auch das pflichtwidrige Unterlassen (→ Rn. 50).

---

[53] BT-Drs. 18/9982, 59.
[54] Hopt/Merkt § 289f Rn. 2 mwN; s. Checklisten in BeBiKo/Grottel Vor § 289f Rn. 1 f.
[55] BeBiKo/Grottel Vor § 289f Rn. 100 ff.; Hopt/Merkt § 289f Rn. 3 ff.
[56] EBJS/Böcking/Gros/Worret § 289f Rn. 9.
[57] BT-Drs. 19/26689, 81.
[58] BeBiKo/Grottel Vor § 289f Rn. 31 ff.
[59] BT-Drs. 19/26689, 81.

52   **e) Konzernlagebericht und gesonderter nichtfinanzieller Konzernbericht (Nr. 4).** Abs. 1 Nr. 4 betrifft den Konzernlagebericht iSv §§ 315 ff. und den gesonderten nichtfinanziellen Konzernbericht gem. § 315b Abs. 3. Werden die inhaltlichen Vorgaben der jeweiligen Pflichtenkataloge sowie die formalen Vorschriften zur Aufstellung und Veröffentlichung (§ 315b Abs. 3 Nr. 2) nicht erfüllt, ist der objektive Tatbestand des § 334 Abs. 1 Nr. 4 zu bejahen.

53   Geschützt wird neben den **Pflichtenkatalogen gem. §§ 315, 315a** auch die Pflicht zu einer **nichtfinanziellen Konzernerklärung gem. §§ 315b, 315c** (→ Rn. 43 ff.) sowie die **Konzernerklärung zur Unternehmensführung gem. § 315d.** Zu beachten sind insbesondere die Befreiungen gem. § 315b Abs. 2 und Abs. 3 sowie die inhaltlichen Vorgaben gem. § 315c iVm §§ 289c ff. Wird statt der Erweiterung des Lageberichts um eine nichtfinanzielle Konzernerklärung ein gesonderter nichtfinanzieller Konzernbericht erstellt, müssen die Voraussetzungen gem. § 315b Abs. 3 erfüllt sein.

54   **f) Publizität und Abgrenzung zu § 335 (Nr. 5).** Abs. 1 Nr. 5 betrifft Verstöße gegen § 328, der Form, Format und Inhalt der Unterlagen bei **Offenlegung, Veröffentlichung** und **Vervielfältigung** des Jahresabschlusses und des Konzernabschlusses regelt. Dabei bezieht sich die Offenlegung auf die Pflichtpublizität, während Veröffentlichung und Vervielfältigung die freiwillige Publizität betreffen.[60] Unterlässt das vertretungsberechtigte Organ oder der angemeldete Vertreter gem. § 13e Abs. 2 S. 5 Nr. 3 die Offenlegung gänzlich, so kann gegen die Mitglieder nur ein Zwangsgeld nach § 335 Abs. 1 Nr. 1 verhängt werden. Erst Verstöße bei erfolgter Offenlegung können mit einem Bußgeld geahndet werden.[61]

55   Mit dem Gesetz zur weiteren Umsetzung der Transparenz-RL-Änderungs-RL im Hinblick auf ein einheitliches elektronisches Format (ESEF-UG) vom 12.8.2020 (BGBl. 2020 I 1874) wurde § 334 Abs. 1 Nr. 5 durch das Wort **„Format"** ergänzt. Demnach sind Mitglieder des vertretungsberechtigten Organs oder des Aufsichtsrats einer Kapitalgesellschaft, die iSv § 2 Abs. 14 WPHG innerhalb der EU Wertpapiere emittieren, auch bei reinen Formatverstößen zu sanktionieren, wenn diese die Vorgaben des **einheitlichen elektronischen Berichtsformats** gem. § 328 Abs. 1 S. 4 bzw. der ESEF-VO nicht einhalten.[62]

55a   Mit Gesetz zur Umsetzung der RL (EU) 2021/2101 vom 19.6.2023 (BGBl. 2023 I Nr. 154) sollen erstmals für Rechnungslegungsunterlagen für ein nach dem 31.12.2023 beginnendes Geschäftsjahr auch die **angemeldeten Vertreter inländischer Zweigstellen** von ausländischen Kapitalgesellschaften gem. § 13e Abs. 2 S. 5 Nr. 3 bei Form-, Format- und Inhaltsverstößen gem. § 328 iVm § 325a Abs. 1 S. 1 bußgeldrechtlich sanktioniert werden. Insofern dient der explizite Hinweis auf § 325a Abs. 1 S. 1 der Klarstellung, dass die Pflichten des § 328 auch die Rechnungslegungsunterlagen der Hauptniederlassung, die nach dem für diese maßgeblichen Recht aufgestellt, geprüft und offengelegt worden sind, umfassen.[63]

56   **g) Formblattverordnung (Nr. 6).** Abs. 1 Nr. 6 betrifft Verstöße gegen eine **Rechtsverordnung** nach § 330 Abs. 1 S. 1 (Formblattverordnung), sofern in dieser Rechtsverordnung auf § 334 verwiesen wird.[64]

57   **h) Abschließende Regelungen.** Die Regelungen in Abs. 1 wie auch in Abs. 2 (→ Rn. 58) sind abschließend. Soweit einzelne in den §§ 242 ff. enthaltenen Bilanzierungsvorschriften in Abs. 1 nicht explizit genannt werden, stellt ein Verstoß gegen diese Vorschriften keine Ordnungswidrigkeit dar.[65]

---

[60]   BeckOGK/Waßmer, 15.9.2022, Rn. 66 ff.
[61]   S. hierzu LG Bonn NZG 2013, 1157 f.
[62]   Überblick zu den Formatvorgaben bei Zwirner/Lindmayr IRZ 2019, 284 ff.
[63]   BT-Drs. 20/5653, 43.
[64]   Zu den derzeit gültigen Verordnungen gem. § 330 vgl. BeckOGK/Gaber, 1.9.2022, Rn. 21 ff.
[65]   BeckOGK/Waßmer, 15.9.2022, Rn. 13, 76; Staub/Dannecker Rn. 77 ff.; Ulmer/Dannecker Rn. 77.

2. Verstoß gegen Ausschlussgründe (Abs. 2). § 334 Abs. 2 sanktioniert Verstöße **58**
des Abschlussprüfers gegen die **gesetzlichen Ausschlussgründe** der §§ 319, 319b Abs. 1
oder Abs. 2, Art. 5 Abs. 1 UAbs. 2, Abs. 4 Abschlussprüfungs-VO und Art. 17 Abs. 3
Abschlussprüfungs-VO. Durch das FISG wurde § 334 Abs. 2 mit Wirkung zum 1.7.2021
neu strukturiert und inhaltlich erweitert (→ Vor § 331 Rn. 35), wobei sowohl bzgl. der
Tatbestandsverwirklichung als auch der Bußgeldhöhe (Abs. 3) zwischen
– Unternehmen von öffentlichem Interesse gem. § 334 Abs. 2 S. 1 Nr. 1 und S. 2
– und sonstigen Kapitalgesellschaften gem. § 334 Abs. 2 S. 1 Nr. 2
zu differenzieren ist. Mit dem Ordnungswidrigkeitentatbestand soll insbesondere die Unabhängigkeit und Unvoreingenommenheit des Abschlussprüfers geschützt werden.[66]

a) Allgemeine und besondere Ausschlussgründe. Ein Abschlussprüfer ist gem. **59**
§ 319 Abs. 2 und 3 – sowie auch der Abschlussprüfer des Konzernabschlusses gem. Abs. 5 –
von der Abschlussprüfung ausgeschlossen, wenn bei ihm – und teilweise auch bei seinem
Ehegatten/Lebenspartner (§ 319 Abs. 3 S. 2) – die **Besorgnis der Befangenheit** besteht.
Eine solche ist anzunehmen, wenn zwischen dem Prüfer und dem zu prüfenden Unternehmen eine besondere geschäftliche, finanzielle oder persönliche Beziehung besteht, die Zweifel an seiner Unabhängigkeit, Objektivität und Urteilfreiheit aufkommen lassen, wobei die
Anwendung des Auffangtatbestandes des § 319 Abs. 2 – widerlegbar – eine hinreichende
„Schwere und Wahrscheinlichkeit" für das Vorliegen einer Befangenheit sowie eine Einzel-
fallabwägung erfordern. Demgegenüber ist von unwiderlegbaren Ausschlussgründe auszugehen, wenn die im Katalog des § 319 Abs. 3 aufgeführten Fallgruppen des Eigeninteresses,
der Selbstprüfung, der Interessenvertretung, des besonderen Vertrauensverhältnisses oder des
besonderen Einflusses auf die Gesellschaft gegeben sind (→ § 319 Rn. 37, → § 319 Rn. 40
mwN).[67] Für die Beurteilung der Besorgnis der Befangenheit kommt es nicht auf die
tatsächliche Befangenheit des Abschlussprüfers an, sondern alleine darauf, ob objektive
Tatsachen vorliegen, die aus Sicht eines vernünftigen Dritten die Befangenheit begründen;
die eigene subjektive Sicht des Prüfers ist unerheblich (→ § 319 Rn. 39 mwN).[68]

Zu berücksichtigen sind hierbei nicht nur Ausschlussgründe in Bezug auf die Person **60**
des Abschlussprüfers selbst oder die betreffende Prüfungsgesellschaft (§ 319), sondern auch
„indirekte" Ausschlussgründe bzgl. solcher Personen, die mit dem Abschlussprüfer oder der
Prüfungsgesellschaft ein Netzwerk bilden (§ 319b). Ein Netzwerk liegt nach der Legaldefinition des § 319b Abs. 1 S. 3 vor, wenn Personen bei ihrer Berufsausübung zur Verfolgung
gemeinsamer wirtschaftlicher Interessen für eine gewisse Dauer zusammenwirken. Der Bußgeldtatbestand ist jedoch – mangels Ausschlussgrundes – dann nicht verwirklicht, wenn das
betreffende Netzwerkmitglied iSv § 319b Abs. 1 S. 1 auf das Ergebnis der Abschlussprüfung
keinen Einfluss nehmen kann.

Neben den allgemeinen Ausschlussgründen gem. §§ 319, 319b sind die besonderen **61**
Ausschlussgründe gem. **Art. 5 Abs. 1 UAbs. 2, Abs. 4 Abschlussprüfungs-VO und
Art. 17 Abs. 3 Abschlussprüfungs-VO** bei der Prüfung von **Unternehmen von öffent-
lichem Interesse** zu beachten:

Mit dem Bußgeldtatbestand des **§ 334 Abs. 2 S. 2 Nr. 1** wird die **Erbringung verbo-** **62**
tener Nichtprüfungsleistungen iSv Art. 5 Abs. 1 UAbs. 2 Abschlussprüfungs-VO und die
Erbringung anderer als die verbotenen Nichtprüfungsleistungen sanktioniert, wenn **keine
Zustimmung des Prüfungsausschusses** iSv Art. 5 Abs. 4 Abschlussprüfungs-VO vorliegt. Mit der ersatzlosen Streichung des § 319a durch das FISG mit Wirkung zum 1.7.2021
hat sich der Gesetzgeber nachträglich gegen die Ausübung zweier in der Abschlussprüfungs-
VO vorgesehener Mitgliedstaatenwahlrechte (vgl. Art. 5 Abs. 3 Abschlussprüfungs-VO) entschieden, von denen er mit dem AReG noch Gebrauch gemacht hatte. So waren früher
solche Steuerberatungs- und Bewertungstätigkeiten gem. Art. 5 Abs. 1 UAbs. 2 lit. a
Abschlussprüfungs-VO, die über die eigentlich Prüftätigkeit hinaus erbracht wurden, nur

---

[66] BeckOGK/Waßmer, 15.9.2022, Rn. 74; Blumers/Frick/Müller/Dannecker Rn. 706.
[67] S. Tabelle bei BeBiKo/Justenhoven/Nagel § 319 Rn. 22 f.
[68] BeBiKo/Justenhoven/Nagel § 319 Rn. 29; EBJS/Böcking/Gros/Rabenhorst § 319 Rn. 9.

dann untersagt, wenn diese sich auf den zu prüfenden Jahresabschluss „unmittelbar und nicht nur unwesentlich" auswirkten oder wenn diese ohne Zustimmung des Prüfungsausschusses oder des Aufsichtsrates erbracht wurden (§ 319a Abs. 1 Nr. 2 und Abs. 3 aF). Auch war ausnahmsweise eine Überschreitung der Honorargrenze des Art. 4 Abs. 2 UAbs. 1 Abschlussprüfungs-VO („Fee Cap") auf Antrag vorgesehen (§ 319a Abs. 1a aF). Um Interessenkonflikte des Abschlussprüfers bei der Erbringung von Nichtprüfungsleistungen für Unternehmen von öffentlichem Interesse zu verhindern, dessen Unabhängigkeit weiter zu stärken und Auslegungsschwierigkeiten bei der Frage zu vermeiden, ob sich die erbrachte Nichtprüfungsleistung unmittelbar und nicht nur unwesentlich auf den konkreten Jahresabschluss auswirken könnte, wurden die Ausnahmevorschriften des § 319a vollständig aufgehoben.[69]

63   Der Bußgeldtatbestand des **§ 334 Abs. 2 S. 2 Nr. 2** sanktioniert sog. „Rotationsverstöße", dh **Verstöße gegen die Laufzeit des Prüfungsmandats** gem. Art. 17 Abs. 3 Abschlussprüfungs-VO. Nach Art. 17 Abs. 1 Abschlussprüfungs-VO unterliegen Abschlussprüfer bei Unternehmen von öffentlichem Interesse nach zehn Jahren einer externen Rotationspflicht. Hatte der Gesetzgeber bislang iSv Art. 17 Abs. 2 Abschlussprüfungs-VO mit § 318 Abs. 1a noch von seinem Wahlrecht Gebrauch gemacht und eine Verlängerung der Höchstlaufzeit des Prüfmandats auf zwanzig Jahre zugelassen, wurde diese Verlängerungsmöglichkeit durch das FISG zur Stärkung der Unabhängigkeit und Urteilsfähigkeit des Abschlussprüfers abgeschafft.[70]

64   **b) Abschlussprüfer.** Abschlussprüfer sind **Wirtschaftsprüfer** oder **Wirtschaftsprüfungsgesellschaften**, § 319 Abs. 1 S. 1 (→ § 332 Rn. 5 f.). Die Erteilung eines Bestätigungsvermerks durch eine Person, die überhaupt nicht Abschlussprüfer ist, fällt nicht unter Abs. 2, da dadurch keine Sonderpflicht eines Prüfers verletzt wird.[71]

65   Bei mittelgroßen GmbH nach § 267 Abs. 2 kann die Prüfung auch durch einen vereidigten Buchprüfer oder eine Buchprüfungsgesellschaft erfolgen (§ 319 Abs. 1 S. 2).

66   **c) Tathandlung.** Tathandlung ist die Erteilung eines Bestätigungsvermerks nach § 322 trotz Vorliegens einer der genannten Ausschlussgründe für einen Jahresabschluss, einen Einzelabschluss gem. § 325 Abs. 2a oder einen Konzernabschluss, der aufgrund gesetzlicher Vorschriften zu prüfen ist. Da der Katalog des § 334 Abs. 2 S. 3 abschließend ist, wird der Prüfungsbericht gem. § 321 nicht erfasst; die Erstellung dieses Berichts durch einen ausgeschlossenen Prüfer ist daher nicht tatbestandsmäßig.[72]

67   **3. Verstöße der Mitglieder eines Prüfungsausschusses (Abs. 2a).** Die Ordnungswidrigkeitentatbestände des § 334 Abs. 2a sanktionieren Verstöße der Mitglieder eines Prüfungsausschusses gegen bestimmte **prüfungsbezogene Pflichten** iSd Abschlussprüfungs-VO.[73] Bußgeldbewehrt sind namentlich Verstöße in Bezug auf die Überwachung der Unabhängigkeit der Abschlussprüfer (Nr. 1) sowie Verfahrensverstöße anlässlich der Empfehlung, des Auswahlverfahrens (Nr. 2) und des Vorschlages (Nr. 3) für die Bestellung von Abschlussprüfern oder Prüfungsgesellschaften. **Taugliche Täter** sind nur Mitglieder eines Prüfungsausschusses bei Unternehmen von öffentlichem Interesse gem. § 324 Abs. 1 S. 1 (→ Rn. 22); bei Unternehmen, die über einen Aufsichts- oder Verwaltungsrat verfügen, der den Anforderungen des § 100 Abs. 5 AktG entspricht, sind bei entsprechenden Verstößen die Parallelvorschriften in § 20 PublG, § 405 AktG, § 87 GmbHG, § 152 GenG sowie § 332 VAG zu beachten.[74]

---

69   RegE, BT-Drs. 19/26966, 102.
70   Bormann/Böttger NZG 2021, 330 (332 f.).
71   EBJS/Böcking/Gros/Rabenhorst Rn. 12; BeckOGK/Waßmer, 15.9.2022, Rn. 78 f.; Ulmer/Dannecker Rn. 96; de Weerth, Die Bilanzordnungswidrigkeiten nach § 334 HGB unter besonderer Berücksichtigung der europarechtlichen Bezüge, 1994, S. 121; Streck DStR 1992, 75.
72   Krekeler StraFo 1999, 217 (222).
73   BT-Drs. 18/7219, 49; vgl. auch Lanfermann/Maul BB 2016, 363 (365) zu den prüfungsbezogenen Pflichten des Aufsichtsrates.
74   BT-Drs. 18/7219, 49.

a) Überwachungsverstöße bzgl. der Unabhängigkeit des Abschlussprüfers 68
(Nr. 1). aa) Wirtschaftliche Unabhängigkeit des Abschlussprüfers (Var. 1). Nach
§ 334 Abs. 2a Nr. 1 Var. 1 handeln Mitglieder eines Prüfungsausschusses ordnungswidrig,
wenn sie die **wirtschaftliche Unabhängigkeit** der mandatierten Abschlussprüfer oder
Prüfungsgesellschaften nicht nach Maßgabe des Art. 4 Abs. 3 UAbs. 2 Abschlussprüfungs-
VO überwachen. Hierzu wird in den Erwägungen der Abschlussprüfungs-VO ausgeführt,
dass die Unabhängigkeit des Abschlussprüfers oder der Prüfungsgesellschaft durch sehr hohe
Prüfungshonorare gefährdet werden können, wenn der Abschlussprüfer dadurch übermäßig
von seinem Mandanten abhängig wird. In diesen Fällen ist ein spezielles Verfahren zur
Gewährleistung der Prüfungsqualität einzurichten, an dem der Prüfungsausschuss zu beteiligen ist. Liegt – insbesondere aufgrund der Höhe der gezahlten Honorare im Verhältnis zu
den Gesamteinnahmen des Abschlussprüfers – eine übermäßige Abhängigkeit vor, muss laut
Abschlussprüfungs-VO anhand „triftiger Gründe" entschieden werden, ob der betreffende
Abschlussprüfer oder die Prüfungsgesellschaft die Prüfung eines Unternehmens von öffentlichem Interesse weiterhin durchführen können.[75]

Eine **übermäßige Abhängigkeit** – als Tatbestandsvoraussetzung des § 334 Abs. 2a 69
Nr. 1 Alt. 1 – ist unter Berücksichtigung von Art. 4 Abs. 3 UAbs. 1 Abschlussprüfungs-VO
jedenfalls dann anzunehmen, wenn die von einem Unternehmen von öffentlichem Interesse
insgesamt gezahlten Prüfungshonorare in jedem der letzten drei aufeinanderfolgenden
Geschäftsjahre **15 %** des Gesamtgebührenaufkommens des betreffenden Abschlussprüfers
oder der betreffenden Prüfungsgesellschaft überstiegen haben. Zwar bezieht sich der Bußgeldtatbestand des § 334 Abs. 2a Nr. 1 Var. 1 explizit nur auf einen Verstoß gegen Art. 4
Abs. 3 UAbs. 2 Abschlussprüfungs-VO; ein solcher Verstoß setzt jedoch zwingend das Vorliegen einer übermäßigen Abhängigkeit gem. UAbs. 1 voraus („weiterhin"). Tritt dieser
Fall ein, haben der Abschlussprüfer bzw. die Prüfungsgesellschaft den Prüfungsausschuss
nach Art. 4 Abs. 3 UAbs. 1 Abschlussprüfungs-VO darüber in Kenntnis zu setzen und diesen
hinsichtlich möglicher Abhängigkeitsrisiken und geeigneter Schutzmaßnahmen – bspw. die
Beauftragung eines anderen Abschlussprüfers mit einer auftragsbegleitenden Qualitätssicherungsprüfung vor Erteilung des Bestätigungsvermerks – zu beraten (s. auch Art. 6 Abs. 2
lit. b Abschlussprüfungs-VO).

Da der Prüfungsausschuss regelmäßig keine Kenntnisse über das jährliche Gesamthono- 70
rar des Abschlussprüfers oder der Prüfungsgesellschaft besitzt, hat er die jährliche Abgabe
einer **schriftlichen Erklärung** gem. Art. 6 Abs. 2 lit. a Abschlussprüfungs-VO des
Abschlussprüfers oder der Prüfungsgesellschaft zu überwachen und ggf. aktiv einzufordern.
Inhalt dieser Erklärung ist, dass der Abschlussprüfer, die Prüfungsgesellschaft, die Prüfungspartner sowie die Mitglieder der höheren Führungsebene und das Leitungspersonal, die die
Abschlussprüfung durchführen, unabhängig vom geprüften Unternehmen sind (ABl. EU
2014 L 158, 86). Die Unterlassung dieser Überwachungspflicht bzw. der Einholung der
schriftlichen Erklärung ist ebenfalls bußgeldbewehrt (→ Rn. 80).

Ist bei **realistischer Prognose** auch künftig damit zu rechnen, dass das insgesamt 71
bezahlte jährliche Prüfungshonorar – wie in den vergangenen drei Geschäftsjahren – über
15 % des Gesamthonorars des Abschlussprüfers oder der Prüfungsgesellschaft hinausgeht
bzw. ist auch weiterhin von einer übermäßigen Abhängigkeit auszugehen (→ Rn. 69), hat
der Prüfungsausschuss gem. Art. 4 Abs. 3 UAbs. 2 Abschlussprüfungs-VO eine **spezifische
Prüfung der Abhängigkeitsrisiken** vorzunehmen. Liegen keine konkreten Erkenntnisse
über die Entwicklung des Gesamthonorars des Abschlussprüfers vor, ist für die Prognose
alleine der voraussichtliche Prüfungsumfang maßgeblich. Bei fortbestehenden Abhängigkeitsrisiken muss der Prüfungsausschuss anhand **objektiver Gründe** über die Fortsetzung
des Mandats des Abschlussprüfers, der Prüfungsgesellschaft oder des Konzernabschlussprüfers entscheiden, wobei die weitere Mandatierung einen Zeitraum von **maximal zwei
Jahren** nicht überschreiten darf (ABl. EU 2014 L 158, 86). Der objektive Bußgeldtatbestand
ist folglich verwirklicht,

---

[75] ABl. EU 2014 L 158, 79.

– wenn die weitere Mandatierung des Abschlussprüfers oder der Prüfungsgesellschaft einen Zeitraum von **zwei Geschäftsjahren überschreitet,**

– wenn vor der weiteren Mandatierung **keinerlei Prüfung** der Abhängigkeitsrisiken durchgeführt wurde oder

– wenn die weitere Mandatierung nicht auf sachlichen Erwägungen, sondern auf **sachfremden, willkürlichen Gründen** beruht.

72 Angesichts der Bußgeldandrohung ist eine **Dokumentation der Entscheidung** des Prüfungsausschusses und der hierfür maßgeblichen Abwägungskriterien empfehlenswert, wobei zumindest ansatzweise eine Auseinandersetzung mit den Abhängigkeitsrisiken – ggf. unter Einbeziehung geeigneter Schutzmaßnahmen – erkennbar sein sollte.

73   **bb) Verbotene Nichtprüfungsleistungen (Var. 2).** Erbringt ein Abschlussprüfer, eine Prüfungsgesellschaft oder ein Netzwerkmitglied des Abschlussprüfers gem. § 319b für das zu prüfende Unternehmen neben der eigentlichen Prüfungsleistung auch sonstige Leistungen – sog. **Nichtprüfungsleistungen** –, handeln die Mitglieder des Prüfungsausschusses nach § 334 Abs. 2a Nr. 1 Var. 2 ordnungswidrig, wenn sie die Unabhängigkeit des Abschlussprüfers oder der Prüfungsgesellschaft entgegen Art. 5 Abs. 4 UAbs. 1 S. 1 Abschlussprüfungs-VO nicht hinreichend überwachen. Die Vergabe von Nichtprüfungsleistungen bedarf gem. Art. 5 Abs. 4 Abschlussprüfungs-VO der **vorherigen Zustimmung** durch den Prüfungsausschuss; eine nachträgliche Genehmigung ist nicht zulässig.[76] Dabei haben die Mitglieder des Prüfungsausschusses die **Gefährdung der Unabhängigkeit** und die angewendeten **Schutzmaßnahmen** gem. Art. 22 Abs. 2 Abschlussprüfer-RL „gebührend" zu beurteilen und hierauf ihre Zustimmungs- oder Ablehnungsentscheidung zu stützen.[77] Gerade bei Unternehmen von öffentlichem Interesse soll dadurch eine Selbstprüfung oder ein Interessenkonflikt des Abschlussprüfers vermieden werden (s. Erwägungsgründe Nr. 8 ff. Abschlussprüfungs-VO).[78]

74   Handelt es sich bei den sonstigen Leistungen des Abschlussprüfers, der Prüfungsgesellschaft oder des Netzwerkmitgliedes um eine **verbotene Nichtprüfungsleistung** nach dem Katalog des Art. 5 Abs. 1 UAbs. 2 Abschlussprüfungs-VO (sog. **„blacklist"**), kommt eine Billigung durch den Prüfungsausschuss nicht in Betracht. Stimmt der Prüfungsausschuss gleichwohl der Erbringung verbotener Nichtprüfungsleistungen zu, ist der Tatbestand des § 334 Abs. 2a Nr. 1 Alt. 2 erfüllt, da in diesem Fall ein evidenter Verstoß gegen die materielle Prüfpflicht des Art. 5 Abs. 4 UAbs. 1 S. 1 Abschlussprüfungs-VO gegeben ist. Zu den verbotenen Nichtprüfungsleistungen gehören nach der unmittelbar geltenden „blacklist" der Abschlussprüfungs-VO gem. Art. 5 Abs. 1 UAbs. 2 Abschlussprüfungs-VO:[79]

– Steuerberaterleistungen,

– die Teilnahme an Führungsentscheidungen des geprüften Unternehmens,

– die Mitwirkung an der Buchhaltung, der Rechnungslegung, der Lohn- und Gehaltsabrechnung einschließlich der Bewertung,

– die Teilnahme an internen Kontroll- und Risikomanagementverfahren, die für die Erstellung bzw. die Kontrolle von Finanzinformationen zum Einsatz kommen,

– die juristische Beratung und Vertretung des geprüften Unternehmens,

– interne Revisionsleistungen,

– Leistungen im Zusammenhang mit der Finanzierung, der Kapitalstruktur und -ausstattung sowie der Anlagestrategie des geprüften Unternehmens mit Ausnahme von Bestätigungsleistungen und der Ausstellung von Prüfbescheinigungen für Prospekte,

– Werbung für Aktien des geprüften Unternehmens sowie deren Handel und Zeichnung,

– Personaldienstleistungen,

– Aufbau einer Organisationsstruktur,

– Kostenkontrolle.

---

[76]   Vgl. Petersen/Zwirner/Boecker DStR 2016, 984 (987); Blöink/Woodtli Der Konzern 2016, 75 (79).
[77]   Lanfermann/Maul BB 2016, 363 (364 f.).
[78]   S. Schüppen NZG 2016, 247 (252).
[79]   BeBiKo/Justenhoven/Nagel § 319 Rn. 130 ff.

Während der Gesetzgeber mit § 319a aF – in Ausübung des Mitgliedstaatenwahlrechts gem. **75** Art. 5 Abs. 3 Abschlussprüfungs-VO – noch Ausnahmen vom Verbot der Nichtprüfungsleistungen zuließ, wenn kein unmittelbarer oder wesentlicher Einfluss auf die Prüfungstätigkeit bzw. die zu prüfenden Abschlüsse zu befürchten war, wurde diese Ausnahmeregelung mit Inkrafttreten des FISG am 1.7.2021 aufgehoben (→ Rn. 59).

Liegt keine verbotene Nichtprüfungsleistung vor, hat der Prüfungsausschuss zusätzlich **76** eine **Prüfung der angewendeten Schutzmaßnahmen** gem. Art. 22 Abs. 2 Abschlussprüfer-RL vorzunehmen (s. Art. 5 Abs. 4 UAbs. 1 S. 1 Abschlussprüfungs-VO), wenn die Unabhängigkeit und Unparteilichkeit des Abschlussprüfers durch Selbstprüfung, Eigeninteresse, Interessenvertretung, Vertrautheit, Vertrauensbeziehung oder Einschüchterung gefährdet sind (wobei es sich bei dem Verweis auf Art. 22b Abschlussprüfer-RL in Art. 5 Abs. 4 UAbs. 1 S. 1 Abschlussprüfungs-VO um einen offensichtlichen Fehler handelt). Solche Schutzmaßnahmen (sog. „safeguards") sind bspw. die Beauftragung eines anderen Abschlussprüfers mit einer auftragsbegleitenden Qualitätssicherungsprüfung vor Erteilung des Bestätigungsvermerks, die Anteilsveräußerungen, die Ablehnung eines kollidierenden Auftrages, die Abberufung aus einer Organstellung, die Beendigung einer Netzwerkmitgliedschaft etc (vgl. auch IDW PS 345.44). Verbleiben trotz der Schutzmaßnahmen bedeutsame Risiken bzgl. der Unabhängigkeit, darf die Abschlussprüfung von dem betreffenden Abschlussprüfer oder der Prüfungsgesellschaft nicht durchgeführt werden (s. Art. 22 Abs. 2 S. 3 Abschlussprüfer-RL).

Schließlich hat der Prüfungsausschuss – unter Berücksichtigung aller erbrachten und **77** ggf. noch zu billigender Nichtprüfungsleistungen – zu prüfen, ob das Gesamthonorar des betreffenden Abschlussprüfers oder der Prüfungsgesellschaft für zulässige Nichtprüfungsleistungen die **Höchstgrenze des Art. 4 Abs. 2 Abschlussprüfungs-VO** nicht überschreitet (sog. „Cap-Regelung").[80] Danach darf das Gesamthonorar für zulässige Nichtprüfungsleistungen, die der Abschlussprüfer oder die Prüfungsgesellschaft für das geprüfte Unternehmen, dessen Muttergesellschaft oder die von diesem beherrschten Unternehmen in einem Geschäftsjahr erbringt, **maximal 70 % des Durchschnitts** der in den letzten drei aufeinanderfolgenden Geschäftsjahren für die Abschlussprüfungen der betreffenden Unternehmen durchschnittlich bezahlten Honorare nicht überschreiten.[81] Im Rahmen der Bewilligungsprüfung hat der Prüfungsausschuss folglich auch Risiken für die **wirtschaftliche Unabhängigkeit** des Abschlussprüfers oder der Prüfungsgesellschaft zu beachten.

Der Umfang und die Komplexität der gem. Art. 5 Abs. 4 UAbs. 1 S. 1 Abschlussprü- **78** fungs-VO durchzuführenden, bußgeldbewerten Überwachungsleistung des Prüfungsausschusses wird dadurch erhöht, dass sich die Überwachung nicht nur auf den Abschlussprüfer oder die Prüfungsgesellschaft beschränkt, sondern auch Nichtprüfungsleistungen von **Netzwerkmitgliedern** gem. § 319b einzubeziehen hat.[82] Dies erfordert ein permanentes, gruppenweites Monitoring sämtlicher Nichtprüfungsleistungen.[83]

Angesichts der drohenden Sanktionsfolgen des § 334 Abs. 2a Nr. 1 Var. 2 sollten die **79** Zustimmungsentscheidungen und der Billigungsprozess in Bezug auf Nichtprüfungsleistungen gem. Art. 5 Abs. 4 UAbs. 1 S. 1 Abschlussprüfungs-VO umfassend **dokumentiert** werden; dies gilt – mit Blick auf eine behördliche Überprüfung – insbesondere in Bezug auf die Abwägung der Unabhängigkeitsrisiken.[84]

cc) Schriftliche Erklärung zur Unabhängigkeit des Abschlussprüfers (Var. 3). **80** Die Mitglieder des Prüfungsausschusses handeln gem. § 334 Abs. 2a Nr. 1 Var. 3 ordnungswidrig, wenn sie – entgegen Art. 6 Abs. 2 Abschlussprüfungs-VO – die jährliche Vorlage einer **schriftlichen Unabhängigkeitserklärung** durch den Abschlussprüfer oder die Prü-

---

[80] BeBiKo/Justenhoven/Nagel § 319 Rn. 115 ff.
[81] Lanfermann BB 2016, 1834 (1838).
[82] Lanfermann BB 2016, 1834; Kelm/Naumann WPg 2016, 653 (657); Blöink/Woodtli Der Konzern 2016, 75 (79).
[83] Vgl. Schilha ZIP 2016, 1316 (1325 f.) zur entsprechenden Haftungserweiterung des Aufsichtsrates.
[84] Lanfermann BB 2016, 1834 (1838).

fungsgesellschaft nicht überwacht und/oder mit dem Abschlussprüfer keine **Erörterung** in Bezug auf bestehende Gefahren für die Unabhängigkeit und die zur Verminderung dieser Gefahren angewendeten Schutzmaßnahmen erfolgt. Maßstab für die abzugebende Unabhängigkeitserklärung bzw. für die Darlegung eventueller Gefahren und Schutzmaßnahmen sind Art. 22 Abs. 2 Abschlussprüfer-RL sowie Art. 6 Abs. 1 Abschlussprüfungs-VO (s. auch IDW PS 345).[85]

81   **b) Pflichtenverstöße anlässlich der Bestellung oder der Auswahl des Abschlussprüfers (Nr. 2).** Wird das Prüfungsmandat nicht erneuert, legt der Prüfungsausschuss dem Verwaltungs- oder Aufsichtsorgan des geprüften Unternehmens eine **Empfehlung für die Bestellung** eines neuen Abschlussprüfers oder einer neuen Prüfungsgesellschaft nach Art. 16 Abs. 2 UAbs. 1 Abschlussprüfungs-VO vor. Die Mitglieder des Prüfungsausschusses handeln hierbei gem. § 334 Abs. 2a Nr. 2 ordnungswidrig, wenn die Empfehlung den inhaltlichen Voraussetzungen gem. Art. 16 Abs. 2 UAbs. 2 oder 3 Abschlussprüfungs-VO nicht entspricht oder kein Auswahlverfahren gem. Art. 16 Abs. 3 Abschlussprüfungs-VO vorausgegangen ist.

82   **aa) Verstoß gegen inhaltliche Voraussetzungen der Empfehlung (Alt. 1).** Gemäß Art. 16 Abs. 2 UAbs. 2 Abschlussprüfungs-VO muss die Empfehlung – außer im Fall der Erneuerung eines Prüfungsmandats gem. Art. 17 Abs. 1 und 2 Abschlussprüfungs-VO – durch den Prüfungsausschuss **begründet** werden und **mindestens zwei Vorschläge** für die Vergabe des Prüfmandats enthalten, damit eine echte Wahlmöglichkeit besteht (s. Erwägungsgrund 18 Abschlussprüfungs-VO); auch hat der Prüfungsausschuss unter Angaben von Gründen seine **Präferenz** für einen der beiden Vorschläge mitzuteilen. Darüber hinaus hat der Prüfungsausschuss gem. Art. 16 Abs. 2 UAbs. 3 Abschlussprüfungs-VO in seiner Empfehlung zu erklären, dass er **frei von ungebührlicher Einflussnahme** durch Dritte ist und ihm **keine die Auswahlentscheidung einschränkende Klausel** gem. Art. 16 Abs. 6 UAbs. 1 Abschlussprüfungs-VO auferlegt wurde. Verstößt die Empfehlung des Prüfungsausschusses gegen diese inhaltlichen Vorgaben, ist der objektive Bußgeldtatbestand gem. § 334 Abs. 2a Nr. 2 Alt. 1 erfüllt.

83   **bb) Unterlassenes Auswahlverfahren (Alt. 2).** Außer im Fall der Erneuerung eines Prüfungsmandats gem. Art. 17 Abs. 1 und Abs. 2 Abschlussprüfungs-VO hat der Empfehlung des Prüfungsausschusses nach Art. 16 Abs. 2 Abschlussprüfungs-VO zwingend ein Auswahlverfahren gem. Art. 16 Abs. 3 Abschlussprüfungs-VO vorauszugehen, für dessen Durchführung der Prüfungsausschuss zuständig ist. Lediglich kleinere oder mittlere Unternehmen von öffentlichem Interesse mit einer durchschnittlichen Marktkapitalisierung von unter 100 Mio. Euro sind von der Durchführung des Auswahlverfahrens befreit (Art. 16 Abs. 4 Abschlussprüfungs-VO). Die Auswahlkriterien des Art. 16 Abs. 3 Abschlussprüfungs-VO sollen ein transparentes und diskriminierungsfreies Verfahren gewährleisten.[86] Zwar räumt Art. 16 Abs. 3 lit. d Abschlussprüfungs-VO dem Prüfungsausschuss einen weiten Ermessensspielraum bei der Durchführung des Auswahlprozesses ein; gleichwohl besteht die Verpflichtung, die vorgeschriebenen Qualitätsstandards einzuhalten und auf behördliche Aufforderung den Nachweis zu erbringen, dass das Auswahlverfahren auf faire Weise durchgeführt wurde (Art. 16 Abs. 3 lit. f Abschlussprüfungs-VO).[87] Ordnungswidrig handeln die Mitglieder des Prüfungsausschusses gem. § 334 Abs. 2a Nr. 2 Alt. 2 nicht nur dann, wenn das vorgeschriebene Auswahlverfahren gänzlich unterbleibt, sondern auch, wenn in erheblicher Weise gegen die Vorgaben des Art. 16 Abs. 3 Abschlussprüfungs-VO verstoßen wird.

84   **c) Pflichtenverstöße anlässlich des Vorschlages für die Bestellung des Abschlussprüfers (Nr. 3).** Verfügt ein Unternehmen von öffentlichem Interesse über kei-

---

[85]   S. Formulierungsempfehlungen für die Unabhängigkeitserklärung nach Art. 6 Abs. 2 Abschlussprüfungs-VO durch den Arbeitskreis „Corporate Governance und Gesellschaftsrecht" des IDW v. 8.9.2016.

[86]   IE Bode BB 2016, 1707; Lanfermann BB 2014, 2348.

[87]   Vgl. MüKoGmbHG/Spindler GmbHG § 52 Rn. 318; Schüppen NZG 2016, 247(251).

nen Aufsichts- oder Verwaltungsrat, der den Anforderungen des Art. 100 Abs. 5 AktG genügt, ist der **Vorschlag für die Bestellung** des Abschlussprüfers oder der Prüfungsgesellschaft gem. Art. 16 Abs. 5 UAbs. 1 Abschlussprüfungs-VO der Gesellschafterversammlung durch den Prüfungsausschuss vorzulegen (§ 318 Abs. 1). In diesem einstufigen Verfahren, dh ohne Zwischenschaltung eines Aufsichts- oder Verwaltungsrates, entfällt die Begründungspflicht für einen abweichenden Vorschlag gem. Art. 16 Abs. 5 UAbs. 2 Abschlussprüfungs-VO.[88] Entspricht der Vorschlag des Prüfungsausschusses inhaltlich nicht den Anforderungen an eine Empfehlung gem. Art. 16 Abs. 2 Abschlussprüfungs-VO (→ Rn. 82) ist der objektive Bußgeldtatbestand gem. § 334 Abs. 2a Nr. 3 erfüllt.

IV. Subjektiver Tatbestand

In allen Fällen des § 334 ist **vorsätzliches Handeln** erforderlich, da Fahrlässigkeit nicht **85** ausdrücklich mit Geldbuße bedroht ist (§ 10 OWiG). Bedingter Vorsatz reicht aus.[89] Bei Beteiligung an der Ordnungswidrigkeit eines Täters, der die Täterqualifikation des § 334 besitzt, müssen sowohl der Beteiligte als auch der Täter vorsätzlich handeln; handelt der Täter nur fahrlässig, liegt keine Beteiligung iSd § 14 Abs. 1 OWiG vor.[90]

V. Irrtum

Irrt der Täter über den Sachverhalt, an den eine Rechnungslegungs- oder Erklärungs- **86** vorschrift (Abs. 1) oder ein Ausschlussgrund (Abs. 2) anknüpft, liegt ein vorsatzausschließender Tatbestandsirrtum vor, § 11 Abs. 1 OWiG; irrt er über die Existenz oder die Reichweite einer Vorschrift, ist von einem Verbotsirrtum gem. § 11 Abs. 2 OWiG auszugehen.[91]

VI. Vollendung und Versuch

Der Versuch ist mangels einer ausdrücklichen Bestimmung in § 334 nicht zu ahnden **87** (§ 13 Abs. 2 OWiG).

1. Vollendung. a) Tat nach Abs. 1 Nr. 1–4. Die Tat nach Abs. 1 Nr. 1–4 erfolgt **88** während der Aufstellung des Jahresabschlusses, des Konzernabschlusses, des Lageberichts, des Konzernlagebericht oder des gesonderten nichtfinanziellen Berichts bzw. anlässlich der Feststellung des Jahresabschlusses.

aa) Aufstellen in Nr. 1–4. Der Gesetzeswortlaut „bei der Aufstellung" stellt auf den **89** Zeitpunkt ab, zu dem die Ergebnisse der Buchführung in den Jahresabschluss übernommen oder zu dem die nichtfinanziellen Aspekte in eine nichtfinanzielle Erklärung aufgenommen werden; nicht jedoch auf den Zeitpunkt der lediglich vorbereitenden Abschlussbuchungen bzw. der Erfassung der nichtfinanziellen Aspekte.[92] Die in Nr. 1–4 beschriebenen Tathandlungen sind zwar rein abstrakte Tätigkeitsdelikte, die keines Erfolgseintritts bedürfen; die Tätigkeit bezieht sich aber auf die Aufstellung des Jahresabschlusses und nicht auf die bloße Vorbereitung der Aufstellung. Wer zB bei der Buchführung gegen die Grundsätze ordnungsgemäßer Buchführung (§ 243 Abs. 1) verstößt, erfüllt den Tatbestand des § 334 Abs. 1 Nr. 1 lit. a erst mit der Übernahme dieses Buchführungsergebnisses in den Jahresabschluss. Beendet ist die Tat mit dem Ende des Aufstellens, dh mit der Vorlage des Jahresabschlusses,

---

[88] BT-Drs. 18/7219, 49.
[89] Blumers/Frick/Müller/Dannecker Rn. 699; BeckOGK/Waßmer, 15.9.2022, Rn. 117.
[90] BGHSt 31, 309 (311) mwN zum Streitstand; KK-OWiG/Rengier OWiG § 14 Rn. 5 ff.
[91] BeckOGK/Waßmer, 15.9.2022, Rn. 119 ff.
[92] Ulmer/Dannecker Rn. 87; BeckOGK/Waßmer, 15.9.2022, Rn. 123, der in § 334 ein Äußerungsdelikt sieht und daher für die Vollendung Zugang oder Zugänglichmachen fordert; de Weerth, Die Bilanzordnungswidrigkeiten nach § 334 HGB unter besonderer Berücksichtigung der europarechtlichen Bezüge, 1994, S. 127 ff.

Konzernabschlusses, Lageberichts bzw. Konzernlagebericht oder des gesonderten nichtfinanziellen (Konzern-)Berichts.[93]

90   **bb) Feststellen in Nr. 1.** Die Feststellung des Jahresabschlusses ist ein rechtsgeschäftlicher Akt, der durch die Willenserklärung der hierfür zuständigen Personen, dh durch die Gesellschafterversammlung (§ 46 GmbHG), den Aufsichtsrat (§ 172 AktG) oder die Hauptversammlung (§ 286 AktG), zustande kommt und durch den der Inhalt des Jahresabschlusses verbindlich zwischen den Gesellschaftern und gegenüber der Gesellschaft festgelegt wird.[94] Die dem Täter zuzurechnende Handlung ist seine Willenserklärung bei der Abstimmung. Die Tat ist daher mit der Stimmabgabe vollendet und mit dem Zustandekommen des Beschlusses beendet.[95]

91   **b) Offenlegung, Veröffentlichung und Vervielfältigung in Nr. 5.** Die Nichteinhaltung der Vorschriften des § 328 muss bei Offenlegung, Veröffentlichung oder Vervielfältigung vorliegen, dh der Tatbestand ist erst bei Publizierung in einer der drei genannten Arten vollendet und zugleich beendet.

92   **c) Die Tat nach Nr. 6.** Die Vollendung richtet sich nach der jeweiligen Rechtsverordnung. Ein Verstoß gegen eine Formblattverordnung (→ Rn. 56) ist mit Eintragung in das Formblatt vollendet und beendet.

93   **2. Vollendung bei Abs. 2.** Die Tat nach Abs. 2 ist vollendet, wenn der Bestätigungsvermerk erteilt ist.

94   **3. Vollendung bei Abs. 2a.** Die Tat nach Abs. 2a Nr. 1 ist vollendet, wenn der Prüfungsausschuss der Mandatierung eines wirtschaftlich abhängigen Abschlussprüfers zustimmt (Alt 1.), verbotene Nichtprüfungsleistungen billigt oder die vorgeschriebene Unabhängigkeitsprüfung zuvor nicht durchführt (Alt. 2), oder die jährliche Vorlage einer schriftlichen Unabhängigkeitserklärung nicht einfordert oder diese nicht erörtert (Alt. 3). Eine Vollendung nach Abs. 2a Nr. 2 und 3 liegt vor, wenn die Empfehlung oder der Vorschlag gegenüber dem zuständigen Gesellschaftsorgan vorgelegt wird.

VII. Täterschaft und Teilnahme

95   Durch die Regelung des § 14 OWiG bedarf es keiner Differenzierung zwischen Täterschaft und Teilnahme; jeder Beteiligte an einer Ordnungswidrigkeit des § 334 ist Täter, sofern nur ein Beteiligter die Täterqualifikation nach Abs. 1 oder Abs. 2 hat (→ Rn. 1).

VIII. Konkurrenzen

96   **1. Straftat und Ordnungswidrigkeit.** Beim Zusammentreffen von Straftat und Ordnungswidrigkeit in einer Tat, dh bei einem erheblichen Verstoß (→ Rn. 2), wird nur das jeweilige Strafgesetz angewendet, § 21 Abs. 1 S. 1 OWiG (Subsidiaritätsgrundsatz). Wird bei einer Straftat nach §§ 331–333a daher zugleich eine Ordnungswidrigkeit nach § 334 begangen, erfolgt nur eine Bestrafung nach der verletzten Strafnorm und keine gesonderte Ahndung der zugleich begangenen Ordnungswidrigkeit. Liegt zwischen Straftat und Ordnungswidrigkeit Tatmehrheit vor, kann neben der Strafe auch auf Geldbuße erkannt werden oder bezüglich der Ordnungswidrigkeit von der Einstellungsmöglichkeit nach § 47 Abs. 2 OWiG Gebrauch gemacht werden.

---

[93]   Ulmer/Dannecker Rn. 88; de Weerth, Die Bilanzordnungswidrigkeiten nach § 334 HGB unter besonderer Berücksichtigung der europarechtlichen Bezüge, 1994, S. 130; aA BeckOGK/Waßmer, 15.9.2022, Rn. 123: mit Kenntnisnahme durch den Adressaten.

[94]   Vgl. MüKoGmbHG/Liebscher GmbHG § 46 Rn. 19; MHLS/Römermann GmbHG § 46 Rn. 26; BeckOGK/Euler/Klein, 1.1.2023, AktG § 172 Rn. 14; MüKoAktG/Perlitt AktG § 286 Rn. 45.

[95]   Ulmer/Dannecker Rn. 89; de Weerth, Die Bilanzordnungswidrigkeiten nach § 334 HGB unter besonderer Berücksichtigung der europarechtlichen Bezüge, 1994, S. 132; aA BeckOGK/Waßmer, 15.9.2022, Rn. 124: Zugang des festgestellten Jahresabschlusses.

Liegt einer der Ordnungswidrigkeitentatbestände des § 334 Abs. 2a vor, ist zu prüfen, **97** ob auch die **Qualifikationsvoraussetzungen** des Straftatbestandes gem. § 333a gegeben sind. Dies ist der Fall, wenn ein Mitglied eines Prüfungsausschusses für eine Handlung gem. § 334 Abs. 2a einen Vermögensvorteil erhält, sich einen solchen versprechen lässt oder beharrlich handelt (→ § 333a Rn. 1 ff.).

2. Konkurrierende Ordnungswidrigkeiten. Die einzelnen Tatbestände des § 334 **98** können mehrfach durch eine Handlung oder mehrere Handlungen erfüllt werden. Die tateinheitliche Verletzung mehrerer Ordnungswidrigkeitentatbestände wird wie im Strafrecht als eine Tat geahndet (§ 19 OWiG). Bei Tatmehrheit wird für jede Tat eine gesonderte Geldbuße festgesetzt (§ 20 OWiG). Abweichend von der Regelung in § 53 StGB gilt hier aber das Kumulationsprinzip, dh die einzelnen Geldbußen werden der Höhe nach zu einer Gesamtgeldbuße schematisch addiert.[96]

IX. Sanktionen (Abs. 3–3b)

1. Überblick. Die Vorschriften in Abs. 3–3b über die in Betracht kommenden Sankti- **99** onen, dh **Bußgelder gegen natürliche Personen** und **Verbandsgeldbußen gem. § 30 OWiG** gegen die Kapitalgesellschaft oder die Wirtschaftsprüfungsgesellschaft, sind erkennbar nicht „aus einem Guss" gestaltet, zumal diese vom Gesetzgeber nur sukzessive und anlassbezogen modifiziert wurden. So wurde zwecks Umsetzung der Sanktionsvorgaben gem. Art. 28 ff. Transparenz-RL idF der Transparenz-RL-Änderungs-RL (RL 2013/50/EU) der Bußgeldrahmen für kapitalmarktorientierte Unternehmen gem. § 264d erhöht, um die Bußgelder bei Verstößen gegen die inhaltlichen Anforderungen bei der Aufstellung der Jahresabschlüsse und Konzernabschlüsse sowie der Lageberichte und Konzernlageberichte iSv Abs. 1 den Ordnungsgeldern bei Verstößen gegen die Publikationspflichten anzugleichen (vgl. § 335 Abs. 1a und Abs. 1b).[97] Dabei folgte der Gesetzgeber insbesondere den Vorgaben gem. Art. 30 Abs. 2 Abschlussprüfer-RL und dem Erwägungsgrund 16 Abschlussprüfer-RL-Änderungs-RL (RL 2014/56/EU), hinreichend hohe finanzielle Sanktionen gegen die Kapitalgesellschaften und deren Leitungspersonen vorzusehen, um eine Abschreckung zu bewirken. Mit gleicher Begründung wurde durch das FISG ab dem 1.7.2021 die Maximalhöhe der zu verhängenden Bußgelder bei prüfungsbezogenen Verstößen gem. Abs. 2 und 2a in Bezug auf Unternehmen von öffentlichem Interesse auf 500.000 Euro angehoben und in diesen Fällen eine höhere Verbandsgeldbuße gegen die Prüfungsgesellschaft durch den Verweis auf § 30 Abs. 2 S. 3 OWiG vorgesehen (§ 334 Abs. 3a S. 2).[98]

Angesichts der unübersichtlichen Gesetzeslage ist in Bezug auf Geldbußen gegen natür- **100** liche Personen danach zu differenzieren,
– ob sich ein Verstoß gegen Bilanzierungsvorschriften gem. Abs. 1 auf ein kapitalmarktorientiertes Unternehmen gem. § 264d **(Abs. 3 S. 2)** oder eine sonstige Kapitalgesellschaft **(Abs. 3 S. 1 Hs. 2),** oder
– ob sich ein **prüfungs**bezogener **Verstoß gem. Abs. 2 oder Abs. 2a** auf ein Unternehmen von öffentlichem Interesse gem. § 316a **(Abs. 3 S. 1 Hs. 1)** oder eine sonstige Kapitalgesellschaft **(Abs. 3 S. 1 Hs. 2)** bezieht.
Auch zu verhängende Verbandsgeldbußen richten sich in Bezug auf den Bußgeldrahmen **101** nach dieser Differenzierung (s. **Abs. 3a S. 1 und S. 2**).

2. Sanktionen bei Verstößen gegen Bilanzierungsvorschriften (Abs. 1). Bei **102** Verstößen gegen Bilanzierungsvorschriften iSv § 334 Abs. 1 ist zwischen der **Regelgeldbuße** bei sonstigen Kapitalgesellschaften und der **erhöhten Geldbuße bei kapitalmarktorientierten Kapitalgesellschaften** gem. § 264d zu unterscheiden:

a) Nicht kapitalmarktorientierte Kapitalgesellschaften. aa) Regelgeldbuße 103 (Abs. 3 S. 1 Hs. 2). Betrifft ein Verstoß gegen Bilanzierungsvorschriften iSv Abs. 1 eine

---

[96] KK-OWiG/Mitsch OWiG § 20 Rn. 3; BeckOK OWiG/Sackreuther OWiG § 20 Rn. 6 ff.
[97] BT-Drs. 18/9982, 60.
[98] BT-Drs. 19/26966, 107.

Kapitalgesellschaft, die nicht kapitalmarktorientiert gem. § 264d ist, kann die Ordnungswidrigkeit des zuständigen und schuldhaft handelnden Organmitglieds (→ Rn. 17 ff.) mit einer Geldbuße bis zu 50.000 Euro gem. Abs. 3 S. 1 Hs. 2 geahndet werden. Hierbei handelt es sich um den **Regelfall,** da die überwiegende Mehrheit der Kapitalgesellschaften nicht zu den Unternehmen von öffentlichem Interesse gem. § 316a S. 2 bzw. zu den kapitalmarktorientierten Kapitalgesellschaften gem. § 264d gehört. Bei der Zumessung der Geldbuße sind nach § 17 Abs. 3 und 4 OWiG die Bedeutung der Ordnungswidrigkeit, der Vorwurf, die wirtschaftlichen Verhältnisse des Betroffenen sowie der wirtschaftliche Vorteil, den der Betroffene aus der Ordnungswidrigkeit gezogen hat, zu berücksichtigen. Hat der Täter aus der Tat einen wirtschaftlichen Vorteil gezogen, der den gesetzlichen Bußgeldrahmen übersteigt, kann das gesetzliche Höchstmaß von 50.000 Euro überschritten werden, da die Geldbuße den wirtschaftlichen Vorteil des Täters übersteigen soll, den dieser aus der Ordnungswidrigkeit gezogen hat. (§ 17 Abs. 4 OWiG). Demgegenüber ging der Gesetzgeber bei geringfügigen Verstößen davon aus, dass auch eine bloße Verwarnung gem. § 56 OWiG ausgesprochen werden kann.[99]

104   Überschreitet die rechtskräftig verhängte Geldbuße einen Betrag in Höhe von 200 Euro, ist diese gem. § 149 Abs. 2 Nr. 3 GewO in das **Gewerbezentralregister** einzutragen, welches vom Bundesamt für Justiz als Registerbehörde geführt wird. Die Tilgungsfristen dieser Eintragungen richten sich nach § 153 GewO (drei oder fünf Jahre), wobei die Tilgung einer Eintragung erst zulässig ist, wenn bei allen Eintragungen die jeweilige Tilgungsfrist abgelaufen ist (§ 153 Abs. 4 GewO).

105   **bb) Verbandsgeldbuße (§ 30 OWiG).** Neben einer Geldbuße gem. Abs. 3 S. 1 Hs. 2, die nur gegen die Adressaten des Abs. 1 als natürliche Personen ergehen kann, kommt auch eine **Verbandsgeldbuße gegen die Kapitalgesellschaft** gem. § 30 OWiG in Betracht, da durch Ordnungswidrigkeiten gem. Abs. 1 solche Plichten verletzt werden, die die juristische Person treffen, oder durch deren Begehung eine Bereicherung der Kapitalgesellschaft erstrebt sein kann.[100] Der Täterkreis des Abs. 1 erfasst sowohl vertretungsberechtigte Organe gem. § 30 Abs. 1 Nr. 1 OWiG als auch Mitglieder des Aufsichtsrates, die als Personen mit Überwachungs- und Kontrollbefugnissen gem. § 30 Abs. 1 Nr. 5 OWiG anzusehen sind. Ordnungswidrigkeiten dieser Leitungspersonen werden als sog. **Anknüpfungs- oder Bezugstaten** regelmäßig der Kapitalgesellschaft zugerechnet (§ 30 Abs. 1 OWiG).[101] Das Höchstmaß der Verbandsgeldbuße bestimmt sich gem. § 30 Abs. 2 S. 2 OWiG im Regelfall nach dem für die Ordnungswidrigkeit angedrohten Höchstmaß, somit nach der Regelgeldbuße gem. Abs. 3 S. 1 Hs. 2 in Höhe von **50.000 Euro.** Allerdings ist aufgrund des Verweises in § 30 Abs. 3 OWiG auch in Bezug auf die Verbandsgeldbuße § 17 Abs. 4 OWiG zu berücksichtigen, wonach der Bußgeldrahmen von bis zu 50.000 Euro überschritten werden kann, wenn die Kapitalgesellschaft aufgrund der Ordnungswidrigkeit einen höheren wirtschaftlichen Vorteil erlangt hat.

106   **b) Kapitalmarktorientierte   Kapitalgesellschaften. aa) Erhöhte   Geldbuße (Abs. 3 S. 2).** Richtet sich das Bußgeldverfahren wegen eines Verstoßes gegen Bilanzierungsvorschriften gem. Abs. 1 gegen Mitglieder des vertretungsberechtigten Organs oder des Aufsichtsrates einer **kapitalmarktorientierten Kapitalgesellschaft gem. § 264d,** sieht Abs. 3 S. 2 einen im Vergleich zur Regelgeldbuße erhöhten Bußgeldrahmen vor, nämlich höchstens den höheren der folgenden Beträge:
– **zwei Millionen Euro** (Nr. 1) oder
– **das Zweifache des aus der Ordnungswidrigkeit gezogenen wirtschaftlichen Vorteils** (Nr. 2).

107 Trotz des deutlich erhöhten Bußgeldrahmens von bis zu 2 Mio. Euro (Nr. 1) kommt es für die Bestimmung der Bußgeldhöhe im konkreten Einzelfall gleichwohl auf die Zumessungs-

---

[99] BT-Drs. 18/7219, 49.
[100] BeckOGK/Waßmer, 15.9.2022, Rn. 162.
[101] KK-OWiG/Rogall OWiG § 30 Rn. 62 ff., 84, 88; BeckOK OWiG/Meyberg OWiG § 30 Rn. 67 ff.

vorschriften des § 17 Abs. 3 und 4 OWiG an (→ Rn. 103), sodass sich starre behördliche Bußgeldkataloge a priori verbieten.[102] Alternativ kann die Bußgeldbehörde das Bußgeld auch anhand des wirtschaftlichen Vorteils des Täters bestimmen (Nr. 2), wobei das Bußgeld – zwecks Ahndung der Ordnungswidrigkeit und Abschöpfung des Gewinns – bis zur Höhe des doppelten wirtschaftlichen Vorteiles des Täters festgesetzt werden kann. Nach der Legaldefinition des Abs. 3 S. 2 Nr. 2 umfasst der wirtschaftliche Vorteil die durch die Ordnungswidrigkeit kausal erzielten Gewinne oder vermiedenen Verluste, wobei diese Beträge auch geschätzt werden können. Da der Gesetzgeber – in Abweichung zu § 73 Abs. 1 StGB (Bruttoprinzip)[103] – nicht auf das Erlangte, sondern auf die tatsächlich erzielten Gewinne/Verluste abstellt, sind Aufwendungen und Gegenleistungen vom Bruttovermögenszuwachs abzuziehen (Nettoprinzip). Dies entspricht der Vorteilsabschöpfung gem. § 17 Abs. 4 OWiG, da auch hier das Nettoprinzip zur Anwendung gelangt.[104] Angesichts der zu erwartenden Beweisschwierigkeiten, den kausalen wirtschaftlichen Vorteil aufgrund einer ordnungswidrigen Tat zu ermitteln, ist davon auszugehen, dass der zweite Bußgeldrahmen nur in Ausnahmefällen zur Anwendung kommen wird.

bb) Erhöhte Verbandsgeldbuße (§ 30 OWiG iVm Abs. 3a S. 1 und Abs. 3b). 108
Wird bei Verstößen gegen die Bilanzierungsvorschriften gem. Abs. 1 nicht nur gegen die Organe als natürliche Personen, sondern auch gegen die **kapitalmarktorientierte Kapitalgesellschaft** ein Bußgeldverfahren eingeleitet, kann – im Vergleich zu sonstigen Kapitalgesellschaften (→ Rn. 105) – eine deutlich höhere Verbandsgeldbuße gem. § 30 OWiG verhängt werden, um eine empfindliche finanzielle Sanktionsfolge und wirksame Abschreckung herbeizuführen (→ Rn. 99). Gem. § 334 Abs. 3a S. 1 beträgt die Verbandsgeldbuße in diesen Fällen höchstens den höheren der folgenden Beträge:
– **zehn Millionen Euro** (Nr. 1) oder
– **5 % des jährlichen Gesamtumsatzes** (Nr. 2), den die Kapitalgesellschaft in dem der Behördenentscheidung vorausgegangen Geschäftsjahr erzielt hat (→ Rn. 109 ff.) oder
– **das Zweifache des aus der Ordnungswidrigkeit gezogenen wirtschaftlichen Vorteils** (Nr. 3) (→ Rn. 107).
In diesem Zusammenhang dient § 334 Abs. 3b der **Ermittlung des Gesamtumsatzes** 109 und damit der Bestimmung des Bußgeldrahmens des § 334 Abs. 3a S. 1 Nr. 2 (höchstens 5 % des jährlichen Gesamtumsatzes). Mit dem Gesetz zur Umsetzung der RL (EU) 2021/2101 vom 19.6.2023 (BGBl. 2023 I Nr. 154) wurde diese Vorschrift als **einheitlicher Maßstab** für die umsatzabhängige Festsetzung der Höhe von Bußgeldern (vgl. § 340n Abs. 3b, § 341 Abs. 3b) und Ordnungsgelder gegen kapitalmarktorientierte Kapitalgesellschaften iSv § 264d eingeführt (vgl. § 335 Abs. 1b, § 340o Abs. 2, § 341o Abs. 2). Hierbei ist zu differenzieren, ob die betreffende Kapitalgesellschaft ihren Jahresabschluss nach den handelsrechtlichen Vorschriften oder nach den richtlinienkonformen Vorschriften eines anderen EU-Mitgliedstaates oder EWR-Vertragsstaates aufstellt (Abs. 3b S. 1 Nr. 1) oder ob ein hiervon abweichender Fall vorliegt (Abs. 3b S. 1 Nr. 2).

Stellt eine Kapitalgesellschaft den Jahresabschluss nach handelsrechtlichen Vorschriften 109a auf, bestimmt sich der bußgeldrechtliche Gesamtumsatz gem. § 334 Abs. 3b S. 1 Nr. 1 nach der Definition des **Umsatzerlöses gem. § 277 Abs. 1.** Hierbei handelt es sich um die im Rahmen der regelmäßigen Geschäftstätigkeit erzielten Erlöse nach Abzug von Erlösschmälerungen (zB Nachlässe, Retouren etc) und der Umsatzsteuer sowie sonstiger direkt mit dem Umsatz verbundener Steuern (zB Verbrauchsteuern, Monopolabgaben etc).[105] Dem entspricht auch der Begriff des **Nettoumsatzerlöses,** wenn eine Kapitalgesellschaft mit Sitz in einem anderen Mitgliedstaat der EU oder in einem EWR-Vertragsstaates ihren Jahresabschluss nach den Vorschriften der Bilanz-RL oder nach Maßgabe des anwendbaren

---

102 KK-OWiG/Mitsch OWiG § 17 Rn. 34 mwN.
103 Schönke/Schröder/Eser/Schuster StGB § 73 Rn. 9; MüKoStGB/Joecks/Meißner StGB § 73 Rn. 33 f.
104 KK-OWiG/Mitsch OWiG § 17 Rn. 118 ff. mwN.
105 BeBiKo/Justenhoven/Buchholz § 277 Rn. 1; BeckOGK/Baumeister/Freisleben, 1.11.2022, § 277 Rn. 5 ff.

nationalen Rechts im Einklang mit Art. 2 Nr. 5 Bilanz-RL ermittelt, wobei diese Vorschrift dem Wortlaut des § 277 Abs. 1 entspricht.

109b   In allen anderen Fällen ist § 334 Abs. 3b S. 2 Nr. 2 für die Ermittlung des Gesamtumsatzes maßgeblich. Diese Vorschrift betrifft folglich alle Kapitalgesellschaften, die nicht von Nr. 1 erfasst werden, dh. insbesondere **Kapitalgesellschaften mit Sitz in einem Drittstaat,** die den Jahresabschluss nach dem nationalen Recht des Drittstaates aufstellen. Erfasst werden aber auch Kapitalgesellschaften mit Sitz in einem EU-Mitgliedstaat oder EWR-Vertragsstaat, die ihre Jahresabschlüsse auf der Grundlage des nationalen Rechts nach **internationalen Rechnungslegungsstandards** aufstellen (vgl. § 325 Abs. 2a, § 315e). In diesen Fällen ist der maßgebliche Gesamtumsatz nach dem Umsatzerlös zu bestimmen, der sich bei Anwendung der nationalen Rechnungslegungsgrundsätze ergibt.[106]

109c   Handelt es sich bei der betreffenden Kapitalgesellschaft um ein Mutterunternehmen oder ein Tochterunternehmen gem. § 290, ist der **Gesamtumsatz im Konzernabschluss** des obersten Mutterunternehmens für den größten Kreis von Unternehmen maßgeblich (§ 334 Abs. 3b S. 2). Der Bußgeldrahmen bestimmt sich nicht nach dem Gesamtumsatz der betreffenden Kapitalgesellschaft, sondern nach dem Umsatz des Konzerns. Grundsätzlich ist hierbei iSv § 334 Abs. 3b S. 1 Nr. 1 ebenfalls auf die Umsatzerlöse gem. § 277 Abs. 1 oder den Nettoumsatzerlös gem. Art. 2 Nr. 5 Bilanz-RL abzustellen. Wird der Gesamtumsatz des Konzerns jedoch nicht nach Maßgabe dieser Vorschriften ermittelt, bestimmt sich dieser gem. S. 1 Nr. 2 nach den Umsatzerlösen vergleichbarer Posten des Konzernabschlusses.[107]

109d   Ist für das Geschäftsjahr, in dem die Ordnungswidrigkeit begangen wurde, kein Jahres- oder Konzernabschluss verfügbar, um den Gesamtumsatz nach S. 1 Nr. 1 oder Nr. 2 zu ermitteln, ist der **Jahres- oder Konzernabschluss für das unmittelbar vorausgehende Geschäftsjahr** maßgeblich (§ 334 Abs. 3b S. 3 Hs. 1).

109e   Ist auch für das unmittelbar vorausgehende Geschäftsjahr kein Jahres- oder Konzernabschluss vorhanden, ist eine **Schätzung des Gesamtumsatzes zulässig** ist (§ 334 Abs. 3b S. 3 Hs. 2).

110   Angesichts der deutlich erhöhten Bußgeldsätze für kapitalmarktorientierte Unternehmen hat das Bundesamt für Justiz alle maßgeblichen Umstände, insbesondere die Schwere des Verstoßes, zu berücksichtigen.[108] Maßgeblich ist hierbei ua.
– das Verhalten der Kapitalgesellschaft oder seiner Leitungspersonen in der Vergangenheit (erstmaliges oder wiederholtes Fehlverhalten),
– der Vorsatzgrad (Absicht, einfacher Vorsatz oder Eventualvorsatz),
– die Erheblichkeit und Schwere des Verstoßes; unter Berücksichtigung des Schutzzwecks ist hierbei insbesondere darauf abzustellen, ob und in welchem Ausmaß schutzwürdige Dritte (→ Rn. 15) durch den Pflichtenverstoß getäuscht werden können,
– das Ausmaß des Einzelverstoßes im Verhältnis zur sonstigen Erfüllung der Rechnungslegungs- und Erklärungspflichten,
– die Reaktion des Unternehmens auf den Verstoß (Vertuschungsmaßnahmen oder ernsthafte Bemühungen, den Verstoß bzw. dessen Folgen aufzudecken, zu beseitigen und künftig zu vermeiden (zB durch eine geeignete Compliance-Struktur).

111   **3. Sanktionen bei prüfungsbezogenen Verstößen (Abs. 2, Abs. 2a).** Bei prüfungsbezogenen Verstößen durch den Abschlussprüfer gem. Abs. 2 ist ebenfalls zwischen der **Regelgeldbuße** bei sonstigen Kapitalgesellschaften (Abs. 3 S. 1 Hs. 2) und der **erhöhten Geldbuße bei Unternehmen von öffentlichem Interesse** gem. § 316a S. 2 zu differenzieren (Abs. 3 S. 1 Hs. 1). Diese Unterscheidung ist bei Verstößen von Mitgliedern eines Prüfungsausschusses gem. Abs. 2a nicht erforderlich, da sich die Pflicht zur Einrichtung eines Prüfungsausschusses gem. § 324 Abs. 1 ausschließlich an Unternehmen von öffentlichem Interesse richtet.

---

[106]   BT-Drs. 20/5653, 43.
[107]   BT-Drs. 20/5653, 43 f.
[108]   BT-Drs. 18/9982, 60.

a) Sonstige Kapitalgesellschaften. Verstößt ein Abschlussprüfer bei der Prüfung **112** einer Kapitalgesellschaft, die kein Unternehmen von öffentlichem Interesse gem. § 316a S. 2 ist, schuldhaft gegen die in § 334 Abs. 2 S. 1 aufgeführten gesetzlichen Ausschlussgründe (→ Rn. 59), hat es der Gesetzgeber – auch nach der Verschärfung durch das FISG – bei der **Regelgeldbuße** gem. Abs. 3 S. 1 Hs. 2 mit einem Bußgeldrahmen von bis zu **50.000 Euro** belassen (→ Rn. 103).[109] Aus diesem Grund verweist die Vorschrift zur Regelgeldbuße gem. Abs. 3 S. 1 Hs. 2 explizit auf Verstöße bei sonstigen Kapitalgesellschaften gem. Abs. 2 S. 1 Nr. 2. Handelt es sich bei dem betreffenden Abschlussprüfer um einen gesetzlichen Vertreter oder eine Leitungsperson der beauftragten Wirtschaftsprüfungsgesellschaft, kann auch gegen diese eine **Verbandsgeldbuße** gem. § 30 OWiG bis zu **50.000 Euro** verhängt werden (→ Rn. 105). In beiden Fällen kann das gesetzliche Höchstmaß der Geldbuße überschritten werden, wenn der Abschlussprüfer oder die Wirtschaftsprüfungsgesellschaft einen höheren wirtschaftlichen Vorteil erlangt haben (§ 17 Abs. 4 OWiG).

b) Unternehmen von öffentlichem Interesse. Bei Unternehmen von öffentlichem **113** Interesse gem. § 316a S. 2 ist sowohl bei Verstößen des Abschlussprüfers gem. Abs. 2 als auch der Mitglieder eines Prüfungsausschusses gem. Abs. 2a eine erhöhte Geldbuße sowie für Wirtschaftsprüfungsgesellschaften eine erhöhte Verbandsgeldbuße gem. § 30 OWiG vorgesehen.

aa) Erhöhte Geldbuße (Abs. 3 S. 1 Hs. 1). Erteilt ein **Abschlussprüfer** unbefugt **114** einen Bestätigungsvermerk zum Abschluss eines **Unternehmens von öffentlichem Interesse** gem. § 316a S. 2, obwohl ein gesetzlicher Ausschlussgrund vorliegt, wurde der Bußgeldrahmen durch das FISG gem. § 334 Abs. 3 S. 1 Hs. 1 iVm Abs. 2 S. 1 Nr. 1 oder S. 2 mit Wirkung zum 1.7.2021 auf bis zu **500.000 Euro** erhöht. Die unbefugte Erteilung eines Bestätigungsvermerks wiege nach Auffassung des Gesetzgebers „schwerer", wenn sie sich auf ein Unternehmen von öffentlichem Interesse – mit typischerweise breitem Adressatenkreis – beziehen würde.[110] Zur Zumessung der Geldbuße → Rn. 103 f.

Verstößt das **Mitglied eines eingerichteten Prüfungsausschusses** schuldhaft gegen **115** die Vorschriften über die Überwachung der Unabhängigkeit, Bestellung oder Auswahl des Abschlussprüfers gem. Abs. 2a, wurde der Bußgeldrahmen durch das FISG mit Wirkung zum 1.7.2021 ebenfalls auf bis zu **500.000 Euro** erhöht (§ 334 Abs. 3 S. 1 Hs. 1). Dies beruht darauf, dass die Adressaten eines zu verhängenden Bußgeldes ausschließlich Mitglieder des Prüfungsausschusses einer Kapitalgesellschaft sind, die zwingend Unternehmen von öffentlichem Interesse gem. § 316a S. 2 ist (vgl. § 324 Abs. 1). Mit der Erhöhung des Bußgeldes und dem Gleichlauf der Sanktionshöhe bei Abschlussprüfern einerseits (Abs. 2) und Mitgliedern eines Prüfungsausschusses anderseits (Abs. 2a) sollte den Vorgaben der Abschlussprüferrichtlinie entsprochen werden (→ Rn. 99), die bei Verstößen gegen die Abschlussprüfungs-VO hinsichtlich der Sanktionshöhe nicht zwischen Abschlussprüfern und Mitgliedern eines Prüfungsausschusses differenziert.[111]

bb) Erhöhte Verbandsgeldbuße (§ 30 OWiG iVm Abs. 3a S. 2). Bei Verstößen **116** gegen § 334 Abs. 2 S. 1 Nr. 1 oder S. 2 kann neben der Geldbuße gegen den Abschlussprüfer als natürlicher Person auch gegen die **Wirtschaftsprüfungsgesellschaft** eine Verbandsgeldbuße gem. § 30 OWiG verhängt werden (→ Rn. 112), wenn es sich bei dem betreffenden Abschlussprüfer um ein vertretungsberechtigtes Organ oder eine Leitungsperson der Prüfungsgesellschaft handelt (vgl. § 30 Abs. 1 OWiG). Wird unbefugt ein Bestätigungsvermerk zu dem Abschluss eines Unternehmens von öffentlichem Interesse gem. § 316a S. 2 erteilt, wollte es der Gesetzgeber jedoch künftig nicht bei der Zumessungsvorschrift des § 30 Abs. 2 S. 2 OWiG belassen, wonach sich das Höchstmaß der Verbandsgeldbuße nach dem Bußgeldrahmen der Ordnungswidrigkeit richtet (500.000 Euro). Um gerade gegenüber großen und finanzstarken Wirtschaftsprüfungsgesellschaften wirksame und abschreckende

---

[109] BT-Drs. 19/26966, 107.
[110] BT-Drs. 19/26966, 107.
[111] BT-Drs. 19/26966, 107.

Sanktionen verhängen zu können (→ Rn. 99),[112] wurde durch das FISG mit Wirkung zum 1.7.2021 ein **Verweis auf § 30 Abs. 2 S. 3 OWiG** in Abs. 3a S. 2 aufgenommen. Dadurch erhöht sich das Höchstmaß der zu verhängenden Verbandsgeldbuße künftig auf den zehnfachen Höchstbetrag der Geldbuße, somit auf **5 Mio. Euro.** Daneben kommt gem. § 30 Abs. 3 OWiG auch die Anwendung von § 17 Abs. 4 OWiG in Betracht, wenn das Höchstmaß der Verbandsgeldbuße nicht ausreicht, um den durch den unbefugten Bestätigungsvermerk erlangten Gewinn abzuschöpfen.[113] Angesichts der ohnehin schon bestehenden Sanktionsmöglichkeit gem. § 17 Abs. 4 OWiG, wonach der Abschöpfungsanteil lediglich die rechnerische Untergrenze der Geldbuße bildet, welche noch um einen Ahndungsanteil zu erhöhen ist,[114] stellt sich die Frage, ob durch die Änderungen des FISG überhaupt eine zusätzliche Abschreckungs- und Sanktionswirkung erzielt werden kann.

X. Verjährung

117   Die Verfolgungsverjährung richtet sich nach dem Höchstmaß der Geldbuße. Da § 334 Abs. 3 eine Geldbuße von bis zu 50.000 Euro bzw. 500.000 Euro vorsieht und nach Abs. 3a die Verhängung deutlich höherer Bußgelder möglich ist, beträgt die Verfolgungsverjährung nach § 31 Abs. 2 Nr. 1 OWiG **drei Jahre.** Die Verjährung beginnt, sobald die Handlung beendet ist, dh mit dem Erfolgseintritt (§ 31 Abs. 3 OWiG, → Rn. 88 ff.). Die Vollstreckungsverjährung beträgt bei einer rechtskräftig festgestellten Geldbuße von mehr als 1.000 Euro fünf Jahre, bis zu 1.000 Euro drei Jahre (§ 34 Abs. 2 OWiG).

XI. Verfahrensrechtliches

118   **1. Opportunitätsprinzip.** Ob eine Ordnungswidrigkeit von der zuständigen Behörde verfolgt wird, entscheidet diese nach pflichtgemäßem Ermessen (§ 47 Abs. 1 OWiG).[115] Bei geringfügigen Verstößen ist die Bußgeldbehörde gehalten, gegenüber den Betroffenen lediglich eine Verwarnung gem. § 56 OWiG auszusprechen.[116]

119   **2. Bußgeldverfahren.** Die Geldbuße wird von der Verwaltungsbehörde durch den Bußgeldbescheid festgesetzt,[117] gegen den der Betroffene innerhalb von zwei Wochen nach Zustellung Einspruch zum AG einlegen kann, § 67 Abs. 1 S. 1 OWiG. Gegen die Entscheidung des AG ist unter den Voraussetzungen des § 79 Abs. 1 OWiG die Rechtsbeschwerde zum OLG zulässig.

120   **3. Verfolgungszuständigkeit (Abs. 4).** Abs. 4 bestimmt iSv § 36 Abs. 1 Nr. 1 OWiG diejenigen Verwaltungsbehörden, die für die Verfolgung und Ahndung der Ordnungswidrigkeiten des § 334 zuständig sind. Mit dem Gesetz zur weiteren Umsetzung der Transparenzrichtlinie-Änderungsrichtlinie (ESEF-UG) vom 12.8.2020 (BGBl. 2020 I 1874) wurden die Zuständigkeiten, die bislang im Wesentlichen beim Bundesamt für Justiz (BfJ) gebündelt waren, neu geregelt bzw. aufgegliedert, je nachdem ob die Verstöße von Mitgliedern des vertretungsberechtigten Organs oder des Aufsichtsrats kapitalmarktorientierter Kapitalgesellschaften (Abs. 4 Nr. 1), sonstiger Unternehmen (Abs. 4 Nr. 2) oder von Abschlussprüfern (Abs. 4 Nr. 3) begangen wurden. Mit dem Gesetz zur Stärkung der Finanzmarktintegrität (FISG) vom 3.6.2021 (BGBl. 2021 I 1534) wurde die Vorschrift des Abs. 4 mit Wirkung zum 1.7.2021 redaktionell neu strukturiert, um deren Lesbarkeit zu verbessern:[118]

---

[112]   BT-Drs. 19/26966, 107.
[113]   KK-OWiG/Rogall OWiG § 30 Rn. 140 f.
[114]   BGH NJW 1975, 269 (270) zu § 13 OWiG aF; OLG Karlsruhe NJW 1974, 1883; Krumm NJW 2011, 196 (197); BeckOK OWiG/Meyberg OWiG § 30 Rn. 98.
[115]   Vgl. dazu KK-OWiG/Mitsch OWiG § 47 Rn. 1 ff.; Göhler/Seitz OWiG § 47 Rn. 1 ff.
[116]   So ausdrücklich BT-Drs. 18/7219, 49.
[117]   Vgl. dazu Göhler/Seitz OWiG Vor § 65 Rn. 6; Göhler/Seitz OWiG § 65 Rn. 1; KK-OWiG/Kurz OWiG § 65 Rn. 1, 19 ff.
[118]   RegE, BT-Drs. 19/26966, 108.

a) BaFin (Abs. 4 Nr. 1). Bei **Kapitalgesellschaften gem. § 264d,** die einen organi- **121** sierten Markt gem. § 2 Abs. 11 WpHG in Anspruch nehmen, um dort Wertpapiere gem. § 2 Abs. 1 WpHG zu emittieren (sog. Inlandsemittenten), wurde die Zuständigkeit für die Ahndung von **Verstößen nach Abs. 1** auf die BaFin übertragen.

Da die BaFin schon zuvor für Verstöße gegen die Offenlegungspflichten des Jahresfi- **122** nanzberichts gem. § 114 Abs. 1 S. 1 WpHG zuständig war. war es nur folgerichtig, die Sonderzuständigkeit der BaFin auch für die Ahndung von Verstößen gegen die handelsrecht- lichen Rechnungs- und Offenlegungsvorschriften von Inlandsemittenten zu erweitern bzw. zu vereinheitlichen. Durch diese Vereinheitlichung soll es der BaFin ermöglicht werden, auf eventuelle Erkenntnisse im Zuge des Bilanzkontrollverfahrens zurückzugreifen.[119]

b) Bundesamt für Justiz (BfJ; Abs. 4 Nr. 2). Soweit nicht die Zuständigkeit der **123** BaFin gem. Nr. 1 begründet ist (→ Rn. 121), weil sich der Vorwurf gegen die Organvertre- ter oder Aufsichtsräte einer kapitalmarktorientierten Kapitalgesellschaft richtet (Nr. 1), ist bei Bußgeldverfahren wegen **Verstößen nach Abs. 1** gem. Nr. 2 lit. a grundsätzlich das Bundesamt für Justiz (BfJ) zuständig.

Bei **Verstößen nach Abs. 2a,** dh bei Ordnungswidrigkeiten von Mitgliedern eines **124** Prüfungsausschusses gem. § 324 Abs. 1, wird stets die Zuständigkeit der BaFin gem. Nr. 2 lit. b begründet. Eine Differenzierung wie bei den Ordnungswidrigkeiten des Abs. 1 erfolgt hier nicht. Kommt es zu einer rechtskräftigen Bußgeldentscheidung, hat das BfJ gem. § 335c Abs. 1 die Abschlussprüferaufsichtsstelle (APAS) beim Bundesamt für Wirtschaft und Aus- fuhrkontrolle zu informieren.

c) Abschlussprüferaufsichtsstelle (APAS; Abs. 4 Nr. 3). Bei **Verstößen nach** **125** **Abs. 2,** dh bei **Ordnungswidrigkeiten von Abschlussprüfern,** wurde durch das AReG die Zuständigkeit der Abschlussprüferaufsichtsstelle (APAS) beim Bundesamt für Wirtschaft und Ausfuhrkontrolle begründet (→ Vor § 331 Rn. 24).

4. Anwendungsausschluss bei Unternehmen der Banken-, Finanz- und Versi- 126 cherungsbranche (Abs. 5). Nicht anwendbar sind die Bußgeldvorschriften des § 334 Abs. 1–4 auf Kreditinstitute gem. § 340 Abs. 1 S. 1, Finanzdienstleistungsinstitute gem. § 340 Abs. 4 S. 1, Wertpapierinstitute gem. § 340 Abs. 4 lit. a S. 1, Institute gem. § 1 Abs. 3 ZAG, Versicherungsunternehmen gem. § 341 Abs. 1 und Pensionsfonds gem. § 341 Abs. 4 S. 1. Dies beruht darauf, dass für Ordnungswidrigkeiten von Unternehmen der Banken-, Finanz- und Versicherungsbranche spezielle Bußgeldtatbestände in §§ 340n, 341n existieren.

Zweiter Titel. Ordnungsgelder

Vorbemerkung (Vor § 335)

I. Einführung der Publizitätspflichten durch das BiRiLiG

Durch das Bilanzrichtliniengesetz (BiRiLiG) vom 19.12.1985 (BGBl. 1985 I 2355) **1** wurde im Sinne der 4., 7., und 8. RL zur Koordinierung des Gesellschaftsrechts die **Pflicht zur Offenlegung von Jahresabschlüssen** für Kapitalgesellschaften sowie für solche Perso- nengesellschaften, bei denen keine natürliche Person persönlich haftender Gesellschafter ist (§ 264a), in das deutsche Recht übernommen (→ Vor § 331 Rn. 1 f.). Gemäß Art. 6 Publizitäts-RL 1968 (RL 68/151 EWG; heute Art. 28 GesR-RL) war dabei auch die Verpflichtung der Mitgliedstaaten zu beachten, „geeignete Maßregeln" als Sanktionen anzu- drohen, wenn die vorgeschriebene Offenlegung der Bilanz sowie der Gewinn- und Verlust- rechnung unterbleibt. So sah § 335 S. 1 Nr. 6 aF die Verhängung eines **Zwangsgeldes** durch das Registergericht bei Verstößen gegen die Publizitätspflichten gem. §§ 325 ff. vor.[1]

---

[119]   RegE, BT-Drs. 19/20137, 23.
[1]   Vgl. iE zur Gesetzeshistorie Staub/Dannecker/Kern § 335 Rn. 1 ff.; BeckOGK/Waßmer, 15.9.2022, Rn. 9 ff.; Kießling, Das Ordnungsgeldverfahren wegen Verletzung von Jahresabschlusspublizitätspflichten gemäß § 335 HGB, 2013, S. 27 ff.

2   Dieses Zwangsmittel konnte jedoch nur **auf Antrag** eines Gesellschafters, Gläubigers oder des Betriebsrats/Gesamtbetriebsrats – als geschütztem Personenkreis – vom örtlich zuständigen Registergericht verhängt werden.[2] Da das Registergericht bei Publizitätsverstößen folglich nicht von Amts wegen tätig wurde, das Zwangsgeld durch die nachträgliche Einreichung des Jahresabschlusses oder die Rücknahme des Antrages vermieden werden konnte und höchstens 10.000 DM betragen durfte, ohne dass bei der Festsetzung des ersten Zwangsgeldes sogleich das nächste anzudrohen war, blieb diese Sanktion ineffektiv.[3]

II. Kritik des EuGH

3   Mit **Urteil vom 4.12.1997**[4] „Verband deutscher Daihatsu-Händler e.V." rügte der **EuGH,** dass der deutsche Gesetzgeber den Kreis der Antragsberechtigten zu eng gefasst habe, weil nicht alle vom Schutzbereich der Publizitätspflichten erfassten „interessierten Dritten" in der Lage seien, die Offenlegung zu erzwingen. In seinem **Urteil vom 29.9.1998**[5] stellte der EuGH sogar explizit fest, dass die Bundesrepublik Deutschland mit § 335 S. 1 Nr. 6 aF – entgegen Art. 6 Publizitäts-RL 1968 – keine geeigneten Sanktionen vorgesehen habe, um die Offenlegung von Jahresabschlüssen iSv Art. 2 Abs. 1 lit. f Publizitäts-RL 1968 (jetzt Art. Art. 28 GesR-RL) zu erzwingen.[6]

III. KapCoRiLiG und EHUG

4   Nach einer ersten Änderung durch das **KapCoRiLiG** (→ Vor § 331 Rn. 9) erfolgte eine völlige Neuregelung der Zwangs- und Ordnungsgeldvorschriften der §§ 335, 335a durch das **EHUG** vom 10.11.2006 (→ Vor § 331 Rn. 8).[7] Statt des bisherigen Zwangsgeldverfahrens wurde mit § 335 in der Fassung des EHUG – in Anlehnung an die Ordnungsgeldvorschrift des § 335a (KapCoRiLiG) – ein **eigenständiges Ordnungsgeldverfahren** bei Nichterfüllung der Offenlegungspflichten eingeführt. § 335 Abs. 1 normiert bis heute den materiellen Ordnungsgeldtatbestand, während in den nachfolgenden Absätzen das Verfahren der Androhung und der Festsetzung des Ordnungsgeldes durch das zentral zuständige BfJ spezialgesetzlich geregelt ist. Das neue Ordnungsgeldverfahren gem. § 335 war erstmals anwendbar auf Jahres- und Konzernabschlüsse für nach dem 31.12.2005 beginnende Geschäftsjahre (Art. 61 Abs. 5 S. 1 EGHGB idF von Art. 2 EHUG).

5   Die ursprüngliche Absicht, die Verletzung der Offenlegungspflicht als Ordnungswidrigkeit mit einem Bußgeld bis zu 50.000 Euro zu ahnden (so noch der Referentenentwurf vom 6.4.2005 und der Regierungsentwurf vom 15.3.2006 zur Neuregelung des § 334),[8] wurde aufgrund der Stellungnahme des Bundesrats vom 10.2.2006 nicht umgesetzt. Gegen einen Ordnungswidrigkeitentatbestand wurde eingewendet, dass die Verhängung eines Bußgeldes Verschulden voraussetzt und damit die Hürde zur Erzwingung der Offenlegung gegenüber dem geltenden Recht sogar noch angehoben würde. Ein Ordnungsgeld verlange dagegen kein Verschulden.[9] So blieb es in der Beschlussempfehlung des Rechtsausschusses des Bundestags bei der Beibehaltung der Ordnungsgeldregelung für Verletzungen der Offenlegungspflicht.[10] Das **Verschuldenserfordernis** wurde jedoch mit der Einführung der spezifischen Verfahrensregelungen über die Wiedereinsetzung in den vorigen Stand gem. § 335 Abs. 5 durch den Gesetzgeber nachträglich statuiert (→ Rn. 8).

---

[2]   → 1. Aufl. 2001, § 335 Rn. 23.
[3]   Vgl. OLG Düsseldorf BB 1996, 261; Gustavus ZIP 1988, 1429 (1432 ff.); de Weerth BB 1998, 366 (367).
[4]   EuGH ZIP 1997, 2155; krit. hierzu Weilbach BB 1998, 210.
[5]   EuGH ZIP 1998, 1716.
[6]   Vgl. Staub/Dannecker/Kern § 335 Rn. 5; de Weerth BB 1998, 366 (367); Hirte NJW 1999, 36 (37).
[7]   IE Kießling, Das Ordnungsgeldverfahren wegen Verletzung von Jahresabschlusspublizitätspflichten gemäß § 335 HGB, 2013, S. 69 ff.
[8]   Vgl. BT-Drs. 16/960.
[9]   Vgl. BT-Drs. 942/05, 15 ff.
[10]   Vgl. BT-Drs. 16/2781; Liebscher/Scharff NJW 2006, 3745 (3750); Grashoff DB 2006, 513 (515).

Seit der Einführung des **elektronischen Handelsregisters** durch das EHUG ab dem 6
1.1.2007 (§ 8 Abs. 1) ist es möglich, einen automatisierten Abgleich durchzuführen und
grundsätzlich alle Publizitätsverstöße festzustellen und zu ahnden. Bereits der Betreiber des
elektronischen Bundesanzeigers, die Bundesanzeiger Verlagsgesellschaft mbH mit Sitz in
Köln, prüft den fristgerechten und vollständigen Eingang der Unterlagen (§ 329 Abs. 1)
und informiert bei Verstößen das BfJ (§ 329 Abs. 4), welches als zentral zuständige Behörde
das Ordnungsgeldverfahren **von Amts wegen** einleitet und durchführt.[11] Dadurch ist die
praktische Bedeutung des Sanktionsmechanismus zur Durchsetzung der Publizitätspflichten
stark gestiegen.[12]

IV. MicroBilG

Mit dem Kleinstkapitalgesellschaften-Bilanzrechtsänderungsgesetz **(MicroBilG)** vom 7
20.12.2012 (BGBl. 2012 I 2751) wurden zugunsten von Kleinstkapitalgesellschaften iSv
§ 267a Abs. 1 erhebliche Entlastungen von der Publizitätspflicht für Jahresabschlussstichtage
nach dem 30.12.2012 eingeführt. So genügt statt der Veröffentlichung die bloße Hinterlegung der Bilanz beim Betreiber des Bundesanzeigers (§ 326 Abs. 2) und ein vereinfachtes
Gliederungsschema für den Jahresabschluss (§ 266 Abs. 1 S. 3, § 275 Abs. 5); auch kann auf
den Anhang verzichtet werden, wenn bestimmte Pflichtangaben in der Bilanz gemacht
werden (§ 264 Abs. 1 S. 5). In seiner Beschlussempfehlung zum MicroBilG forderte der
Rechtsausschuss die Bundesregierung auf, bis März 2013 Gesetzesvorschläge vorzulegen,
wonach die Höhe des Ordnungsgeldes nach der Größenordnung des Unternehmens gestaffelt, das Ordnungsgeld nur verschuldensabhängig verhängt, eine Regelung zur Wiedereinsetzung in den vorigen Stand eingeführt und eine Vereinheitlichung der Rechtsprechung
im Ordnungsgeldverfahren angestrebt werden sollte.[13]

V. Gesetz zur Änderung des HGB

Durch das **Gesetz zur Änderung des HGB** vom 4.10.2013 (BGBl. 2013 I 3746) 8
wurde neben der größenabhängigen Absenkung des Mindestordnungsgeldes bei verspäteter
Nachholung der Publizitätspflichten (§ 335 Abs. 4 S. 2) insbesondere auch ein spezifisches
Verfahren für die **Wiedereinsetzung in den vorigen Stand** vor dem BfJ eingeführt (§ 335
Abs. 5) und damit das **Verschuldensprinzip** vom Gesetzgeber bestätigt. Darüber hinaus
wurden die bisherigen Regelungen über das Beschwerdeverfahren in die **neue Verfahrensvorschrift des § 335a** überführt bzw. systematisiert sowie die Möglichkeit der **Rechtsbeschwerde** an das OLG Köln vorgesehen, soweit diese im Einzelfall – wegen der grundsätzlichen Bedeutung der Rechtssache oder zur Sicherung einer einheitlichen Rechtsprechung –
vom LG Bonn zugelassen wird.[14]

VI. BilRUG

Zu den Änderungen der Publizitätspflichten durch das Bilanzrichtlinie-Umsetzungsge- 9
setz vom 10.7.2015 **(BilRUG)**, welches am 31.12.2015 in Kraft trat (BGBl. 2015 I 1245),
→ Vor § 331 Rn. 40.

VII. Gesetz zur Umsetzung der Transparenz-RL-Änderungs-RL

Durch das **Gesetz zur Umsetzung der Transparenz-RL-Änderungs-RL** vom 10
20.11.2015 (BGBl. 2015 I 2029) wurde die RL 2013/50/EU vom 22.10.2013 (ABl. EU
2013 L 294, 13), mit der insbesondere die Transparenz-RL geändert worden war, in nationa-

---

[11] BeckOGK/Waßmer, 15.9.2022, Rn. 11; Liebscher/Scharff NJW 2006, 3745 (3750); Schlotter BB 2007,
1 (4).
[12] Stollenberg/Krieg GmbHR 2008, 575 (576).
[13] Vgl. BT-Drs. 17/11702, 5; Meyer DStR 2013, 930 (931).
[14] Meyer DStR 2013, 930; Schülke NZG 2013, 1375; Kuhsel DStR 2013, 1958 (1960); Zwirner/Frosch-
hammer BC 2013, 516; Stützel DB 2013, 2345.

les Recht umgesetzt. Angestrebt war eine „Vollharmonisierung" der Publizitätspflichten.[15] Für kapitalmarktorientierte Unternehmen gem. § 264d wurde ein **erhöhter Ordnungs-geldrahmen** gem. § 335 Abs. 1a und 1b bei Publizitätsverstößen und eine weitergehende **Unterrichtungspflicht** des BfJ gegenüber der BaFin gem. § 335 Abs. 1d eingeführt, um dadurch eine Bekanntmachung sanktionierter Transparenzverstöße gem. § 124 WpHG zu ermöglichen (→ § 335 Rn. 42 ff.).

§ 335 Festsetzung von Ordnungsgeld; Verordnungsermächtigungen

(1) [1]Gegen die Mitglieder des vertretungsberechtigten Organs einer Kapitalgesell-schaft, die
1. § 325 über die Pflicht zur Offenlegung des Jahresabschlusses, des Lageberichts, des Konzernabschlusses, des Konzernlageberichts und anderer Unterlagen der Rechnungslegung oder
2. § 325a über die Pflicht zur Offenlegung der Rechnungslegungsunterlagen der Hauptniederlassung

nicht befolgen, ist wegen des pflichtwidrigen Unterlassens der rechtzeitigen Offen-legung vom Bundesamt für Justiz (Bundesamt) ein Ordnungsgeldverfahren nach den Absätzen 2 bis 6 durchzuführen; im Fall der Nummer 2 treten die in § 13e Absatz 2 Satz 5 Nummer 3 genannten angemeldeten Personen, sobald sie ange-meldet sind, an die Stelle der Mitglieder des vertretungsberechtigten Organs der Kapitalgesellschaft. [2]Das Ordnungsgeldverfahren kann auch gegen die Kapitalge-sellschaft durchgeführt werden, für die die Mitglieder des vertretungsberechtigten Organs die in Satz 1 Nr. 1 und 2 genannten Pflichten zu erfüllen haben. [3]Dem Verfahren steht nicht entgegen, dass eine der Offenlegung vorausgehende Pflicht, insbesondere die Aufstellung des Jahres- oder Konzernabschlusses oder die unver-zügliche Erteilung des Prüfauftrags, noch nicht erfüllt ist. [4]Das Ordnungsgeld beträgt mindestens zweitausendfünfhundert und höchstens fünfundzwanzigtau-send Euro. [5]Eingenommene Ordnungsgelder fließen dem Bundesamt zu.

(1a) [1]Ist die Kapitalgesellschaft kapitalmarktorientiert im Sinne des § 264d, beträgt das Ordnungsgeld höchstens den höheren der folgenden Beträge:
1. zehn Millionen Euro,
2. 5 Prozent des jährlichen Gesamtumsatzes, den die Kapitalgesellschaft im der Behördenentscheidung vorausgegangenen Geschäftsjahr erzielt hat, oder
3. das Zweifache des aus der unterlassenen Offenlegung gezogenen wirtschaftli-chen Vorteils; der wirtschaftliche Vorteil umfasst erzielte Gewinne und vermie-dene Verluste und kann geschätzt werden.

[2]Wird das Ordnungsgeld einem Mitglied des gesetzlichen Vertretungsorgans der Kapitalgesellschaft angedroht, beträgt das Ordnungsgeld abweichend von Satz 1 höchstens den höheren der folgenden Beträge:
1. zwei Millionen Euro oder
2. das Zweifache des aus der unterlassenen Offenlegung gezogenen Vorteils; der wirtschaftliche Vorteil umfasst erzielte Gewinne und vermiedene Verluste und kann geschätzt werden.

(1b) [1]Gesamtumsatz im Sinne des Absatzes 1a Satz 1 Nummer 2 ist
1. im Falle von Kapitalgesellschaften, die ihren Jahresabschluss nach den handels-rechtlichen Vorschriften oder dem Recht eines anderen Mitgliedstaats der Europäischen Union oder eines anderen Vertragsstaats des Abkommens über den Europäischen Wirtschaftsraum im Einklang mit der Richtlinie 2013/34/EU aufstellen, der Betrag der Umsatzerlöse nach § 277 Absatz 1 oder der Betrag der Nettoumsatzerlöse nach Maßgabe des auf die Gesellschaft anwendbaren

---

[15]   S. hierzu Roth GWR 2015, 485; Schilha DB 2015, 1821 (1822).

nationalen Rechts im Einklang mit Artikel 2 Nummer 5 der Richtlinie 2013/34/EU,

2. in allen Fällen, die nicht in Nummer 1 genannt sind, der Betrag der Umsatzerlöse, der sich bei Anwendung der Rechnungslegungsgrundsätze ergibt, die nach dem jeweiligen nationalen Recht für die Aufstellung des Jahresabschlusses der Kapitalgesellschaft gelten.

²Handelt es sich bei der Kapitalgesellschaft um ein Mutterunternehmen oder um ein Tochterunternehmen im Sinne von § 290, ist anstelle des Gesamtumsatzes der Kapitalgesellschaft der Gesamtumsatz im Konzernabschluss des Mutterunternehmens maßgeblich, der für den größten Kreis von Unternehmen aufgestellt wird. ³Ist ein Jahresabschluss oder Konzernabschluss für das maßgebliche Geschäftsjahr nicht verfügbar, ist der Jahres- oder Konzernabschluss für das unmittelbar vorausgehende Geschäftsjahr maßgeblich; ist auch dieser nicht verfügbar, kann der Gesamtumsatz geschätzt werden.

(1c) Soweit dem Bundesamt Ermessen bei der Höhe eines Ordnungsgeldes zusteht, hat es auch frühere Verstöße der betroffenen Person zu berücksichtigen.

(1d) ¹Das Bundesamt unterrichtet die Bundesanstalt für Finanzdienstleistungsaufsicht unverzüglich über jedes Ordnungsgeld, das gemäß Absatz 1 gegen eine Kapitalgesellschaft im Sinne des § 264d oder gegen ein Mitglied ihrer Vertretungsorgane festgesetzt wird. ²Wird gegen eine solche Ordnungsgeldfestsetzung Beschwerde eingelegt, unterrichtet das Bundesamt die Bundesanstalt für Finanzdienstleistungsaufsicht über diesen Umstand sowie über den Ausgang des Beschwerdeverfahrens.

(2) ¹Auf das Verfahren sind die §§ 15 bis 19 Absatz 1 und 3, § 40 Abs. 1, § 388 Abs. 1, § 389 Abs. 3, § 390 Abs. 2 bis 6 des Gesetzes über das Verfahren in Familiensachen und in den Angelegenheiten der freiwilligen Gerichtsbarkeit sowie im Übrigen § 11 Nr. 1 und 2, § 12 Abs. 1 Nr. 1 bis 3, Abs. 2 und 3, §§ 14, 15, 20 Abs. 1 und 3, § 21 Abs. 1, §§ 23 und 26 des Verwaltungsverfahrensgesetzes nach Maßgabe der nachfolgenden Absätze entsprechend anzuwenden. ²Das Ordnungsgeldverfahren ist ein Justizverwaltungsverfahren. ³Zur Vertretung der Beteiligten sind auch Wirtschaftsprüfer und vereidigte Buchprüfer, Steuerberater, Steuerbevollmächtigte, Personen und Vereinigungen im Sinn des § 3 Nr. 4 des Steuerberatungsgesetzes sowie Gesellschaften im Sinn des § 3 Nr. 2 und 3 des Steuerberatungsgesetzes, die durch Personen im Sinn des § 3 Nr. 1 des Steuerberatungsgesetzes handeln, befugt.

(2a) ¹Die Akten einschließlich der Verfahrensakten in der Zwangsvollstreckung werden elektronisch geführt. ²Auf die elektronische Aktenführung und die elektronische Kommunikation ist § 110c des Gesetzes über Ordnungswidrigkeiten entsprechend anzuwenden, jedoch dessen Satz 1

1. nicht in Verbindung mit dessen Satz 2 und § 32b der Strafprozessordnung auf
   a) die Androhung eines Ordnungsgeldes nach Absatz 3 Satz 1,
   b) die Kostenentscheidung nach Absatz 3 Satz 2 und
   c) den Erlass von Zwischenverfügungen;
2. nicht in Verbindung mit den §§ 32d und 32e Absatz 3 Satz 1 und 2 der Strafprozessordnung auf das Verfahren insgesamt sowie
3. einschließlich dessen Sätze 2 und 3 nicht auf die Beitreibung nach dem Justizbeitreibungsgesetz.

³Satz 2 gilt entsprechend auch für Verfügungen im Sinne der Absätze 3 und 4, die automatisiert erlassen werden können.

(3) ¹Den in Absatz 1 Satz 1 und 2 bezeichneten Beteiligten ist unter Androhung eines Ordnungsgeldes in bestimmter Höhe aufzugeben, innerhalb einer Frist von sechs Wochen vom Zugang der Androhung an ihrer gesetzlichen Verpflichtung

nachzukommen oder die Unterlassung mittels Einspruchs gegen die Verfügung zu rechtfertigen. [2]Mit der Androhung des Ordnungsgeldes sind den Beteiligten zugleich die Kosten des Verfahrens aufzuerlegen. [3]Der Einspruch kann auf Einwendungen gegen die Entscheidung über die Kosten beschränkt werden. [4]Der Einspruch gegen die Androhung des Ordnungsgeldes und gegen die Entscheidung über die Kosten hat keine aufschiebende Wirkung. [5]Führt der Einspruch zu einer Einstellung des Verfahrens, ist zugleich auch die Kostenentscheidung nach Satz 2 aufzuheben.

(4) [1]Wenn die Beteiligten nicht spätestens sechs Wochen nach dem Zugang der Androhung der gesetzlichen Pflicht entsprochen oder die Unterlassung mittels Einspruchs gerechtfertigt haben, ist das Ordnungsgeld festzusetzen und zugleich die frühere Verfügung unter Androhung eines erneuten Ordnungsgeldes zu wiederholen. [2]Haben die Beteiligten die gesetzliche Pflicht erst nach Ablauf der Sechswochenfrist erfüllt, hat das Bundesamt das Ordnungsgeld wie folgt herabzusetzen:
1. auf einen Betrag von 500 Euro, wenn die Beteiligten von dem Recht einer Kleinstkapitalgesellschaft nach § 326 Absatz 2 Gebrauch gemacht haben;
2. auf einen Betrag von 1 000 Euro, wenn es sich um eine kleine Kapitalgesellschaft im Sinne des § 267 Absatz 1 handelt;
3. auf einen Betrag von 2 500 Euro, wenn ein höheres Ordnungsgeld angedroht worden ist und die Voraussetzungen der Nummern 1 und 2 nicht vorliegen, oder
4. jeweils auf einen geringeren Betrag, wenn die Beteiligten die Sechswochenfrist nur geringfügig überschritten haben.
[3]Bei der Herabsetzung sind nur Umstände zu berücksichtigen, die vor der Entscheidung des Bundesamtes eingetreten sind.

(5) [1]Waren die Beteiligten unverschuldet gehindert, in der Sechswochenfrist nach Absatz 4 Einspruch einzulegen oder ihrer gesetzlichen Verpflichtung nachzukommen, hat ihnen das Bundesamt auf Antrag Wiedereinsetzung in den vorigen Stand zu gewähren. [2]Das Verschulden eines Vertreters ist der vertretenen Person zuzurechnen. [3]Ein Fehlen des Verschuldens wird vermutet, wenn eine Rechtsbehelfsbelehrung unterblieben ist oder fehlerhaft ist. [4]Der Antrag auf Wiedereinsetzung ist binnen zwei Wochen nach Wegfall des Hindernisses schriftlich beim Bundesamt zu stellen. [5]Die Tatsachen zur Begründung des Antrags sind bei der Antragstellung oder im Verfahren über den Antrag glaubhaft zu machen. [6]Die versäumte Handlung ist spätestens sechs Wochen nach Wegfall des Hindernisses nachzuholen. [7]Ist innerhalb eines Jahres seit dem Ablauf der Sechswochenfrist nach Absatz 4 weder Wiedereinsetzung beantragt noch die versäumte Handlung nachgeholt worden, kann Wiedereinsetzung nicht mehr gewährt werden. [8]Die Wiedereinsetzung ist nicht anfechtbar; § 335a Absatz 3 Satz 4 bleibt unberührt. [9]Haben die Beteiligten Wiedereinsetzung nicht beantragt oder ist die Ablehnung des Wiedereinsetzungsantrags bestandskräftig geworden, können sich die Beteiligten mit der Beschwerde nicht mehr darauf berufen, dass sie unverschuldet gehindert waren, in der Sechswochenfrist Einspruch einzulegen oder ihrer gesetzlichen Verpflichtung nachzukommen.

(6) [1]Liegen dem Bundesamt in einem Verfahren nach den Absätzen 1 bis 5 keine Anhaltspunkte über die Einstufung einer Gesellschaft im Sinne des § 267 Absatz 1 bis 3 oder des § 267a vor, kann es den in Absatz 1 Satz 1 und 2 bezeichneten Beteiligten aufgeben, die Bilanzsumme nach Abzug eines auf der Aktivseite ausgewiesenen Fehlbetrags (§ 268 Absatz 3), die Umsatzerlöse (§ 277 Absatz 1) und die durchschnittliche Zahl der Arbeitnehmer (§ 267 Absatz 5) für das betreffende Geschäftsjahr und für diejenigen Geschäftsjahre, die für die Einstufung erforderlich sind, anzugeben. [2]Unterbleiben die Angaben nach Satz 1, so wird für das weitere

Verfahren vermutet, dass die Erleichterungen der §§ 326 und 327 nicht in Anspruch genommen werden können. [3]Die Sätze 1 und 2 gelten für den Konzernabschluss und den Konzernlagebericht entsprechend mit der Maßgabe, dass an die Stelle der §§ 267, 326 und 327 der § 293 tritt.

(7) [1]Das Bundesministerium der Justiz kann zur näheren Ausgestaltung der elektronischen Aktenführung und elektronischen Kommunikation nach Absatz 2a in der ab dem 1. Januar 2018 geltenden Fassung durch Rechtsverordnung, die nicht der Zustimmung des Bundesrates bedarf,

1. die Weiterführung von Akten in Papierform gestatten, die bereits vor Einführung der elektronischen Aktenführung in Papierform angelegt wurden,

2. die organisatorischen und dem Stand der Technik entsprechenden technischen Rahmenbedingungen für die elektronische Aktenführung einschließlich der einzuhaltenden Anforderungen des Datenschutzes, der Datensicherheit und der Barrierefreiheit festlegen,

3. die Standards für die Übermittlung elektronischer Akten zwischen dem Bundesamt und einer anderen Behörde oder einem Gericht näher bestimmen,

4. die Standards für die Einsicht in elektronische Akten vorgeben,

5. elektronische Formulare einführen und
   a) bestimmen, dass die in den Formularen enthaltenen Angaben ganz oder teilweise in strukturierter maschinenlesbarer Form zu übermitteln sind,
   b) eine Kommunikationsplattform vorgeben, auf der die Formulare im Internet zur Nutzung bereitzustellen sind, und
   c) bestimmen, dass eine Identifikation des Formularverwenders abweichend von Absatz 2a in Verbindung mit § 110c des Gesetzes über Ordnungswidrigkeiten und § 32a Absatz 3 der Strafprozessordnung durch Nutzung des elektronischen Identitätsnachweises nach § 18 des Personalausweisgesetzes, § 12 des eIDKarteGesetzes oder § 78 Absatz 5 des Aufenthaltsgesetzes erfolgen kann,

6. Formanforderungen und weitere Einzelheiten für den automatisierten Erlass von Entscheidungen festlegen,

7. die Einreichung elektronischer Dokumente, abweichend von Absatz 2a in Verbindung mit § 110c des Gesetzes über Ordnungswidrigkeiten und § 32a der Strafprozessordnung, erst zum 1. Januar des Jahres 2019 oder 2020 zulassen und

8. die Weiterführung der Akten in der bisherigen elektronischen Form bis zu einem bestimmten Zeitpunkt vor dem 1. Januar 2026 gestatten.

[2]Das Bundesministerium der Justiz kann die Ermächtigungen des Satzes 1 durch Rechtsverordnung ohne Zustimmung des Bundesrates auf das Bundesamt für Justiz übertragen.

Schrifttum: s. bei Vor § 331; Autenrieth, Zwangsgeld bei Verstoß gegen die Veröffentlichungspflicht nach HGB bei kleineren Kapitalgesellschaften?, DB 1988, 2581; Autenrieth, Replik zu Meißner DB 1989, 593, DB 1989, 594; Baetge/Apelt, Konsequenzen des Verstoßes gegen die Offenlegungsvorschriften des HGB, DB 1988, 1709; Bihr, Der Entwurf des Kapitalgesellschaften- und Co.-Richtlinie-Gesetzes (KapCoRiLiG) vom 13.8.1999, BB 1999, 1862; Christ/Müller-Helle, Veröffentlichungspflichten nach dem neuen EHUG, 2007; Deilmann, EHUG: Neuregelung der Jahresabschlusspublizität und mögliche Befreiung nach § 264 Abs. 3 HGB, BB 2006, 2347; Friauf, Die Publizitätspflicht für Gesellschaften mit beschränkter Haftung aus verfassungsrechtlicher Sicht, GmbHR 1985, 245; Friauf, Registerpublizität und Verfassungsrecht, GmbHR 1991, 397; Gehringer, Urteilsanmerkung zu EuGH vom 29.9.1998 EWS 1998, 419; EWS 1999, 65; Grashoff, Die geplante Offenlegung von Jahres- und Konzernabschlüssen nach Einführung des digitalisierten Unternehmensregisters in 2007, DB 2006, 513; Grashoff, Die handelsrechtliche Rechnungslegung durch den Insolvenzverwalter nach Inkrafttreten des EHUG, NZI 2008, 65; Großfeld, Bilanzrecht für Juristen – Das Bilanzrichtliniengesetz vom 19.12.1985, NJW 1986, 955; Gustavus, Die Sanktionen bei unterlassener Offenlegung des Jahresabschlusses, ZIP 1988, 1429; Hirte, Daihatsu: Durchbruch für die Publizität, NJW 1999, 36; Kaufmann/Kurpat, Offenlegungspflicht von Jahresabschlüssen – Das Ordnungsgeldverfahren nach § 335 HGB aus Sicht der Rechtsprechung, MDR 2014, 1; Kießling, Das Ordnungsgeldverfahren wegen Verletzung von Jahresabschlusspublizitätspflichten gemäß § 335 HGB, 2013; Kuhsel, Schuldhafte Verletzung der Offenlegungspflichten von Jahresabschlüssen im elektronischen Bundesanzeiger – Anmerkung zu drei Beschlüssen des LG Bonn, DStR 2013, 1958; Liebscher/Scharff, Das Gesetz über elektronische Handelsregister und Genossenschaftsregister sowie das Unternehmensregister, NJW 2006, 3745; Meilicke, Gestaltungen zur Verminderung der Publizität, DB 1986, 2445; Meier, Private Enforcement der Rechnungslegung durch das Lauterkeitsrecht, GRUR 2019, 581; Meißner, Zwangsgeld bei Verstoß gegen die Veröffentlichungspflichten des HGB?, DB 1989, 335; Meyer, Reform des handelsrechtlichen Ordnungsgeldverfahrens, DStR 2013, 930; Nartowska/Knierbein, Ausgewählte Aspekte des „Naming and Shaming" nach § 40c WpHG, NZG 2016, 256; Ries, Durchsetzbarkeit von Offenlegungspflichten und Ordnungsgeldbewehrung nach EHUG trotz Insolvenz, ZInsO 2008, 536; Roth, Das Gesetz zur Umsetzung der Transparenzrichtlinie-Änderungsrichtlinie, GWR 2015, 485; Schilha, Umsetzung der EU-Transparenzrichtlinie 2013: Neuregelungen zur Beteiligungspublizität und periodischen Finanzberichterstattung, DB 2015, 1821; Schlauß, Neues Ordnungsgeldverfahren wegen Verletzung von Jahresabschluss-Publizitätspflichten: erste Erfahrungen und Praxistipps aus dem Bundesamt für Justiz, BB 2008, 938; Schlotter, Das EHUG ist in Kraft getreten: Das Recht der Unternehmenspublizität hat eine neue Grundlage, BB 2007, 1; Schülke, Bilanzpublizität: Das neue Ordnungsgeldverfahren, NZG 2013, 1375; Stollenwerk/Kurpat, BB-Rechtsprechungsreport zum Ordnungsgeldverfahren nach dem EHUG, BB 2009, 150; Stollenwerk/Krieg, Das Ordnungsgeldverfahren nach dem EHUG, GmbHR 2008, 575; Strobel, Anpassung des HGB-Bilanzrechts an EU-Vorgaben, BB 1999, 1054; Stützel, Das geänderte Ordnungsgeldverfahren bei Verletzung von Offenlegungspflichten, DB 2013, 2345; de Weerth, Europarechtliche Sanktionierung der unterlassenen Offenlegung des Jahresabschlusses?, BB 1998, 366; de Weerth, Urteilsanmerkung zu EuGH BB 1998, 2200, BB 1998, 2204; de Weerth, Urteilsanmerkung zu EuGH BB 1999, 1485, BB 1999, 1487; de Weerth, Sanktionsbewerte Bilanzpublizität in der Insolvenz?, NZI 2008, 711; Weilbach, Zwangspublizität: EuGH contra deutscher Mittelstand, BB 1998, 210; Wenzel, Ordnungsgeldverfahren nach § 335 HGB wegen unterlassener Offenlegung von Jahresabschlüssen, BB 2008, 769; Zimmer/Eckhold, Das Kapitalgesellschaften & Co.-Richtlinie-Gesetz, NJW 2000, 1361; Zwirner/Froschhammer, Änderungen des handelsrechtlichen Ordnungsgeldverfahrens, Erleichterungen insbesondere für kleine Unternehmen, BC 2013, 516; Zwirner/Vordermeier, Rechnungslegungspublizität: Praxishinweise zur Vermeidung und Festsetzung von Ordnungsgeldern, BC 2018, 171.

Übersicht

I. Allgemeines

Die Vorschrift des § 335 normiert zur Durchsetzung der Jahresabschlusspublizität ein **1** **eigenständiges Ordnungsgeldverfahren** als Justizverwaltungsverfahren vor dem BfJ (§ 335 Abs. 2 S. 2).[1] Ist der materielle Ordnungsgeldtatbestand des § 335 Abs. 1 erfüllt, dh bei pflichtwidriger Unterlassung der rechtzeitigen Offenlegung der in §§ 325 ff. vorgeschriebenen Unterlagen, hat das BfJ ein Ordnungsgeldverfahren einzuleiten, welches sich nach den spezifischen Verfahrensvorschriften der § 335 Abs. 2–6 richtet. Verfassungsrechtliche Bedenken gegen § 335 bestehen nicht,[2] soweit das Bestimmtheitsgebot des Art. 103 Abs. 2 GG strikt eingehalten wird.[3] Erstmalig war das neue Ordnungsgeldverfahren auf Geschäftsjahre anzuwenden, deren Stichtag für die Erstellung des Jahresabschlusses nach dem **30.12.2012** liegt (Art. 70 Abs. 1 EGHGB).

1. Anwendungsbereich. a) Betroffene Unternehmen. Das Ordnungsgeldverfah- **2** ren findet Anwendung auf alle **Kapitalgesellschaften** mit Sitz im Inland (§ 335 Abs. 1 S. 1 Nr. 1), auf alle **inländischen Zweigniederlassungen** von Kapitalgesellschaften mit Sitz in einem anderen Mitgliedstaat der EU oder in einem Vertragsstaat des EWR (§ 335 Abs. 1 S. 1 Nr. 2, § 325a Abs. 1) sowie gem. § 335b auf **bestimmte Personengesellschaften** iSv § 264a, bei denen keine natürliche Person unmittelbar oder mittelbar persönlich haftender Gesellschafter ist.[4] Ferner ist das Ordnungsgeldverfahren aufgrund des Verweises in § 21 S. 2 PublG auch auf solche Einzelkaufleute und Personengesellschaften entsprechend anwendbar, deren Bilanzsumme, Umsatzerlöse oder Zahl der Arbeitnehmer bestimmte Schwellenwerte überschreiten (vgl. §§ 1, 3, 9 PublG).[5]

b) Anwendbare Vorschriften. Die ordnungsgeldbewerten Pflichten ergeben sich **3** **abschließend** aus den **Offenlegungsvorschriften der §§ 325 ff.** mit Erleichterungen für Kleinstkapitalgesellschaften, kleine Kapitalgesellschaften und mittelgroße Kapitalgesellschaften (s. zu den jeweiligen Größenklassen §§ 267 f.). So beschränkt sich die Offenlegungspflicht bei kleinen Kapitalgesellschaften gem. § 326 Abs. 1 auf Bilanz und Anhang, wobei die GuV entfallen kann. Bei Kleinstkapitalgesellschaften kann die Offenlegungspflicht durch die dauerhafte Hinterlegung der Bilanz in elektronischer Form ganz entfallen (§ 326 Abs. 2); auch haben sie den Jahresabschluss nur in verkürzter Form aufzustellen.[6] Mittelgroße Kapitalgesellschaften können gem. § 327 eine verkürzte Bilanz gem. § 266 Abs. 1 S. 3 – ergänzt um weitere, gesondert anzugebende Mindestpositionen in Bilanz und Anhang – veröffentlichen.[7]

c) Befreiung. Kein Ordnungsgeld darf verhängt werden, wenn die betreffende Gesell- **4** schaft von der Offenlegungspflicht **befreit** ist. Dies gilt gem. § 264 Abs. 3 unter bestimmten Voraussetzungen für Tochtergesellschaften eines nach § 290 zur Aufstellung eines Konzernabschlusses verpflichteten Mutterunternehmens; insbesondere dann, wenn alle Gesellschafter der Befreiung für das jeweilige Geschäftsjahr zugestimmt haben, sich das Mutterunternehmen zur Verlustübernahme verpflichtet hat, das Tochterunternehmen in den geprüften Konzernabschluss einbezogen ist und die Befreiung im Konzernlagebericht angegeben wird. Auch Personenhandelsgesellschaften gem. § 264a, bei denen keine natürliche Person persönlich haftender Gesellschafter ist, sind von der Offenlegungspflicht befreit, wenn die betreffende Tochtergesellschaft in den Konzernabschluss und den Konzernlagebericht des persön-

---

[1]   Vgl. BeckOGK/Waßmer, 15.9.2022, Rn. 2; Kießling, Das Ordnungsgeldverfahren wegen Verletzung von Jahresabschlusspublizitätspflichten gemäß § 335 HGB, 2013, S. 193 ff.; Wenzel BB 2008, 769 ff.; Schlauß BB 2008, 938 (939); vgl. zur lauterkeitsrechtlichen Durchsetzung der Offenlegungspflichten Meier GRUR 2019, 581 ff.

[2]   BVerfG NJW 2009, 2588; BB 2011, 1136 (1137); LG Bonn DStR 2011, 780; Staub/Dannecker/Kern Rn. 11 mwN; Stollenwerk/Kurpat BB 2009, 150.

[3]   Vgl. BVerfG NJW 2014, 1431.

[4]   BeckOGK/Waßmer, 15.9.2022, Rn. 29 ff.; Stollenwerk/Krieg GmbHG 2008, 575 (576).

[5]   Zwirner/Froschhammer BC 2013, 516.

[6]   Meyer DStR 2013, 930; Kaufmann/Kurpat MDR 2014, 1 (5).

[7]   Schülke NZG 2013, 1375 f.

lich haftenden Gesellschafters oder Mutterunternehmens einbezogen ist und die Befreiung im Konzernabschluss angegeben wird (§ 264b; vgl. auch § 5 Abs. 6 PublG).[8] Maßgeblich ist in allen Fällen, dass die zu veröffentlichenden Unterlagen auch unter dem Tochterunternehmen **im Bundesanzeiger auffindbar** sind (§ 264 Abs. 3 S. 2, § 264b Nr. 4). Mit der Geltendmachung eines Befreiungsgrundes kann die Publizitätspflicht letztlich jedoch nicht umgangen werden, zumal im Anhang zum Jahresabschluss oder Konzernabschluss des Mutterunternehmens gem. § 285 Nr. 11, § 313 Abs. 2 Nr. 4 Angaben über das Jahresergebnis des Tochterunternehmens gemacht werden müssen.[9]

5   **d) Vermeidung und Wegfall der Offenlegungspflicht.** Eine **Vermeidung** der ordnungsgeldbewehrten Offenlegungspflichten ist bei Personengesellschaften gem. § 264a, bspw. bei einer GmbH & Co.KG, dadurch möglich, dass eine natürliche Person als „Vollhafter" nachträglich aufgenommen wird. Da die natürliche Person nach der Eintragung im Handelsregister gem. § 161 Abs. 2, § 130 Abs. 1 rückwirkend auch für Altverbindlichkeiten haftet, sind die dem Gläubigerschutz dienenden Publizitätspflichten – als Korrelat der bisherigen Haftungsbeschränkung – nicht mehr erforderlich und Verstöße folglich nicht zu sanktionieren. Dies gilt auch für Geschäftsjahre, für die die Offenlegungsfristen bereits abgelaufen sind. Ist jedoch bereits ein Ordnungsgeld angedroht, unterbleibt die Ordnungsgeldfestsetzung nur dann, wenn der „Vollhafter" noch vor Ablauf der Sechswochenfrist gem. § 335 Abs. 3 S. 1 aufgenommen wird.[10]

6   Die Offenlegungspflicht entfällt auch, wenn bei Personengesellschaften gem. § 264a die einzige Komplementärin vor dem Abschlussstichtag ersatzlos wegfällt (zB durch Löschung von Amts wegen gem. § 394 Abs. 1 FamFG) und sich die KG dadurch kraft Rechtsformzwang in eine OHG umwandelt, bei der die bisherigen Kommanditisten künftig als persönlich haftende Gesellschafter der entstandenen OHG anzusehen sind. Dass die Gesellschaft noch als KG im Handelsregister eingetragen ist, ist unerheblich, da die Publizität des Handelsregistereintrages gem. § 15 Abs. 1 und 3 nur im Geschäftsverkehr gilt.[11]

7   **2. Verletzung der Aufstellungs- und Prüfpflichten.** Verstöße gegen die Aufstellungs- und Prüfpflichten (§§ 242, 264, 290, 316) als zeitlich der Offenlegung **vorausgehende Pflichten** stehen der Einleitung des Ordnungsgeldverfahrens nicht entgegen (§ 335 Abs. 1 S. 3). Somit wird durch die Sanktionierung des Publizitätsverstoßes mittelbar auch die unterlassene Aufstellung des Jahresabschlusses oder der Abschlussprüferbestellung richtlinienkonform geahndet, da ohne die Erfüllung dieser Pflichten keine Offenlegung erfolgen kann. Eine gesonderte Sanktionierung von Verstößen gegen die vorausgehenden Pflichten ist damit überflüssig.[12]

II. Normadressaten

8   **1. Mitglieder des vertretungsberechtigten Organs.** Die Normadressaten sind die **Mitglieder des vertretungsberechtigten Organs** der Kapitalgesellschaft (→ § 331 Rn. 6 ff.). An ihre Stelle treten im Fall des § 335 Abs. 1 S. 1 Nr. 2 (Offenlegung von Rechnungslegungsunterlagen der ausländischen Hauptniederlassung) die **angemeldeten Vertreter** der inländischen Zweigniederlassungen gem. § 13e Abs. 2 S. 5 Nr. 3, sobald diese zum Handelsregister angemeldet sind (→ Rn. 21 f.). Bis zu einer Anmeldung verbleibt es bei der Verpflichtung der gesetzlichen Vertreter.[13] Für Personenhandelsgesellschaften iSv § 264a → § 335b Rn. 3.

---

[8]   IE Deilmann BB 2006, 2347 (2349); Schlottter BB 2007, 1 (3).
[9]   Liebscher/Scharff NJW 2006, 3745 (3751).
[10]   Stollenwerk/Krieg GmbHR 2008, 575 (576); Christ/Müller-Helle, Veröffentlichungspflichten nach dem neuen EHUG, 2007, S. 159; Kaufmann/Kurpat MDR 2014, 1 (2).
[11]   LG Bonn NZG 2019, 275.
[12]   BeckOGK/Waßmer, 15.9.2022, Rn. 72; Zwirner/Froschhammer BC 2013, 516 (517).
[13]   BeckOGK/Waßmer, 15.9.2022, Rn. 45; Zwirner/Froschhammer BC 2013, 516 (517).

2. Insolvenzverwalter und Liquidatoren. Offenlegungspflichtig sind auch Gesell- **9** schaften in **Insolvenz**[14] oder in **Liquidation.**[15] Dies beruht im Fall der Insolvenz darauf, dass gem. § 155 Abs. 1 S. 1 InsO die handels- und steuerrechtlichen Pflichten des Schuldners zur Buchführung und Rechnungslegung fortbestehen und somit dem **Insolvenzverwalter** in Bezug auf die Insolvenzmasse eine Buchführungs- und Bilanzierungspflicht sowohl bei Betriebsfortführung als auch bei Schließung des Geschäftsbetriebes obliegt (§ 155 Abs. 1 S. 2 InsO und § 34 Abs. 3 AO), nicht jedoch den Mitgliedern des vertretungsberechtigten Organs.[16] Einschränkend ist jedoch zu beachten, dass es sich bei dem Insolvenzverwalter nicht um ein Mitglied eines vertretungsberechtigten Organs iSv § 335 Abs. 1 handelt, weshalb er – mangels gesetzlicher Grundlage – im Ordnungsgeldverfahren nicht persönlich in Anspruch genommen werden kann; auch kann kein Ordnungsgeld gegen die Insolvenzmasse festgesetzt werden, da diese gegenüber der insolventen Gesellschaft verselbständigt ist.[17] Gegenüber einem untätigen Insolvenzverwalter verbleibt daher im Regelfall nur die Möglichkeit der Zwangsgeldfestsetzung gem. § 58 Abs. 2 InsO durch das Insolvenzgericht. Ist **insolvenzfreies Vermögen** der Gesellschaft vorhanden, verbleibt es insoweit bei den Rechnungslegungs- und Offenlegungspflichten der Mitglieder des vertretungsberechtigten Organs, weshalb gegen diese auch eine Ordnungsgeldfestsetzung erfolgen kann.[18]

3. Unternehmen. Seit der Neuregelung durch das EHUG kann das Ordnungsgeld **10** gem. § 335 Abs. 1 S. 2 – nach dem Vorbild des § 30 OWiG – auch **gegen die Gesellschaft** selbst festgesetzt werden, deren vertretungsberechtigte Organe gegen die Offenlegungspflicht verstoßen haben.[19] Kapitalgesellschaft iSd § 335 Abs. 1 S. 2 Alt. 2 ist dabei die jeweilige Muttergesellschaft.

III. Ordnungsgeldbewehrte Pflichten

1. Offenlegung des Jahresabschlusses etc. § 335 Abs. 1 Nr. 1 erfasst als **Blankett-** **11** **vorschrift** den gesamten **Pflichtenkatalog des § 325.** Damit soll die rechtzeitige und die vollständige Offenlegung der dort genannten Unterlagen beim Betreiber des Bundesanzeigers, dh bei der Bundesanzeiger Verlagsgesellschaft mbH mit Sitz in Köln, bewirkt werden.

Die frühere Offenlegungspflicht in zwei Teilakten, nämlich durch die Einreichung beim **12** Betreiber des Bundesanzeigers und die Bekanntmachung im Bundesanzeiger, ist mittlerweile durch die Pflicht zur elektronischen Übermittlung vereinfacht worden.[20]

a) Offenlegung. Die Publikationspflichten des § 325 Abs. 1 sind erst erfüllt, wenn die **13** dort aufgeführten Unterlagen vollständig an den Betreiber des Bundesanzeigers elektronisch übermittelt wurden:

Nach der abschließenden Aufzählung in § 325 Abs. 1 sind der festgestellte oder gebil- **14** ligte **Jahresabschluss** (§ 242 Abs. 3), der **Lagebericht** (§ 264 Abs. 1), der **Bestätigungsvermerk** des Abschlussprüfers oder der Vermerk über dessen Versagung (§ 322) zu publizieren. Dies gilt gem. § 325 Abs. 3 entsprechend für den **Konzernabschluss** und den **Konzernlagebericht** (§ 290). Zusätzlich sind ggf. der Bericht des Aufsichtsrates (§ 171 Abs. 2 AktG, § 42a Abs. 1 S. 3 GmbHG) sowie bei börsennotierten Aktiengesellschaften auch die Entsprechenserklärung zum Corporate Governance Kodex gem. § 161 AktG offenzulegen (§ 325 Abs. 1 Nr. 2). Zu berücksichtigen sind jedoch die größenabhängigen Erleichterungen für **Kleinstkapitalgesellschaften,** kleine Kapitalgesellschaften und mittelgroße Kapitalgesellschaften gem. §§ 326 ff.

---

[14]   LG Bonn BB 2010, 1338; Schlauß BB 2008, 938; de Weerth NZI 2008, 711 (712).

[15]   Vgl. LG Bonn BeckRS 2015, 13019; Schlauß BB 2008, 938 (940); Stützel DB 2013, 2345.

[16]   BFH DStR 1995, 18 (19); LG Frankfurt/Oder NZI 2007, 294; LG Bonn GmbHR 2008, 593; Stollenwerk/Krieg GmbHR 2008, 575 (577).

[17]   IE BeckOGK/Waßmer, 15.9.2022, Rn. 52 f.; Stollenwerk/Krieg GmbHR 2008, 575 (579); Grashoff NZI 2008, 65; Ries ZInsO 2008, 536 (537); aA de Weerth NZI 2008, 711 (713).

[18]   Vgl. LG Bonn NZI 2008, 503; Stollenwerk/Kurpat BB 2009, 153.

[19]   Wenzel BB 2008, 769 (770); Zwirner/Froschhammer BC 2013, 516 (517).

[20]   BeckOGK/Drinhausen, 15.11.2022, § 325 Rn. 37 f.

15   Andere als die in § 325 Abs. 1 ausdrücklich bezeichneten Unterlagen sind von der sanktionsbewehrten Offenlegungspflicht nicht erfasst. Soweit früher auch der Vorschlag für die Verwendung des Ergebnisses und der Beschluss über die Verwendung des Ergebnisses zu veröffentlichen waren, entfällt die Offenlegungspflicht seit Inkrafttreten des BilRUG; allerdings handelt es sich hierbei seit der Neufassung des § 285 um sonstige Pflichtangaben im Anhang mittelgroßer und großer Kapitalgesellschaften (§ 285 Nr. 34).[21]

16   Auch schützt § 335 nicht die auf Gesetz, Gesellschaftsvertrag oder Satzung beruhenden **sonstigen Publizitätspflichten** (zB § 40 Abs. 1 GmbHG), da diese von den Offenlegungspflichten des § 325 unberührt bleiben (vgl. § 325 Abs. 5).[22]

17   **b) Rechtzeitigkeit.** Die in § 325 Abs. 1 S. 1 genannten Unterlagen sind spätestens **zwölf Monate nach dem Abschlussstichtag** desjenigen Geschäftsjahres elektronisch zu übermitteln, auf das sie sich beziehen (§ 325 Abs. 1a S. 1). Werden der Jahresabschluss oder der Lagebericht nachträglich geändert, so ist auch die Änderung gem. § 325 Abs. 1b unverzüglich offenzulegen. Für kapitalmarktorientierte Gesellschaften iSd § 264d gilt gem. § 114 Abs. 1 S. 1 WpHG eine verkürzte Frist von vier Monaten (s. auch § 325 Abs. 4; s. auch Art. 4 Abs. 1 Transparenz-RL). Maßgebend für die Fristwahrung ist das **Datum der Einreichung** der Unterlagen beim Betreiber des elektronischen Bundesanzeigers und somit weder der Zeitpunkt der Absendung oder des Übermittlungsauftrages[23] noch der Veröffentlichungszeitpunkt.[24] Nach der Einreichung hat gem. § 325 Abs. 3 eine unverzügliche Bekanntgabe im Bundesanzeiger zu erfolgen (vgl. → § 325 Rn. 76 ff.).

18   Während es früher gem. § 325 Abs. 1 S. 5 aF gestattet war, zunächst nur den ungeprüften Jahresabschluss sowie den Lagebericht innerhalb der Jahresfrist einzureichen und alle anderen gem. § 325 Abs. 1 S. 1 zu publizierenden Unterlagen später nachzureichen, dh insbesondere den Bestätigungsvermerk des Abschlussprüfers, ist eine **sukzessive Einreichung der Unterlagen** seit dem Inkrafttreten des BilRUG nicht mehr zulässig. Dadurch entsprach das BilRUG den Vorgaben der Bilanz-RL, wonach die Mitgliedstaaten dafür zu sorgen haben, dass Unternehmen innerhalb einer angemessenen Frist, die zwölf Monate nach dem Bilanzstichtag nicht überschreiten darf, den ordnungsgemäß gebilligten Jahresabschluss und den Lagebericht sowie den Bericht des Abschlussprüfers oder der Prüfungsgesellschaft offenzulegen haben (s. Art. 30 Abs. 1 Bilanz-RL). Eine fristwahrende Offenlegung ist folglich nur noch dann möglich, wenn der Jahresabschluss zuvor gebilligt oder festgestellt worden ist und ein Prüfvermerk vorliegt.[25] Sonstige Unterlagen, die nicht explizit in § 325 Abs. 1 S. 1 genannt werden, können weiterhin sukzessive nachgereicht werden, wenn diese nicht innerhalb der Zwölfmonatsfrist des § 325 Abs. 1a S. 1 vorliegen. Die nachträgliche Einreichung hat jedoch unverzüglich, dh ohne schuldhaftes Zögern (vgl. § 121 Abs. 1 S. 1 BGB), zu erfolgen (§ 325 Abs. 1a S. 2).

19   Bereits mit **Ablauf der Frist** sind die Voraussetzungen für die Verhängung eines Ordnungsgeldes gegeben, auch wenn die vollständigen Unterlagen iSd § 325 Abs. 1 nachträglich eingereicht werden. Die Sanktionsvorschrift des § 335 ist daher so auszulegen, dass die Festsetzung des Ordnungsgeldes **allein an die Versäumung der Frist** des § 325 Abs. 1a sowie der Nachfrist des § 335 Abs. 3 S. 1 anknüpft und somit auch dann gerechtfertigt ist, wenn die Offenlegung zwar verspätet, aber noch vor der Festsetzung erfolgt (vgl. § 335 Abs. 4 S. 2; → Rn. 40).[26]

20   Die **Beweislast** für die Rechtzeitigkeit der Einreichung der zu publizierenden Unterlagen trifft aufgrund des Strafcharakters des Ordnungsgeldes zwar den Staat und nicht das Unternehmen; allerdings trifft das Unternehmen eine hohe sekundäre Darlegungslast. Wird die rechtzeitige Erfüllung der Offenlegungspflichten substanzlos behauptet, ohne die kon-

---

[21]   BR-Drs. 23/15, 81 f.
[22]   BeckOGK/Waßmer, 15.9.2022, Rn. 62.
[23]   LG Bonn NZG 2009, 194.
[24]   BeckOGK/Drinhausen, 15.11.2022, § 325 Rn. 3.
[25]   BR-Drs. 23/15, 94.
[26]   Vgl. BVerfG NJW 2009, 2588 (2589); LG Bonn BeckRS 2015, 11971; 2015, 13019.

kreten Umstände und den genauen Zeitpunkt der Einreichung darzulegen (zB Übertragungsprotokoll, Ausdruck der eingereichten Dateien, Screenshot des Web-Formulars, oÄ) kann die fehlende Erfüllung als erwiesen angesehen werden. Andernfalls ist im Zweifelsfall von der Erfüllung auszugehen.[27]

2. Offenlegung der Rechnungsunterlagen der Hauptniederlassung. § 335 **21** Abs. 1 Nr. 2 erfasst den Pflichtenkatalog des § 325a. Dadurch sollen **inländische Zweigniederlassungen ausländischer Kapitalgesellschaften,** die ihren Hauptsitz im EU- oder EWR-Ausland haben, zur Offenlegung der Rechnungslegungsunterlagen der Hauptniederlassung verpflichtet werden, wenn die Zweigniederlassung zumindest einen inländischen Verwaltungssitz aufweist (→ § 325a Rn. 1 ff.).[28] Durch den Verweis in § 264a gilt diese Vorschrift auch für ausländische Personengesellschaften, bei denen keine natürliche Person persönlich als Gesellschafter haftet. Eine **Zweigniederlassung** nach § 13 ist eine räumlich und organisatorisch selbstständige Einheit eines Kaufmanns oder einer Handelsgesellschaft, die eine personelle und sachliche Mindestorganisation aufweist, im Wesentlichen die gleichen Geschäfte wie die Hauptniederlassung tätigt und sich nicht auf bloße Hilfsaufgaben beschränkt.[29] Zweigniederlassungen von Kreditinstituten iSd § 340 oder Versicherungsunternehmen iSd § 341 werden von § 325a Abs. 1 nicht erfasst (§ 325a Abs. 2).

Die Offenlegungsverpflichtung zu erfüllen haben gem. § 335 Abs. 1 S. 1 die nach § 13e **22** Abs. 2 S. 5 Nr. 3 genannten Personen, dh solche Personen, die befugt sind, als **ständige Vertreter** für die Tätigkeit der Zweigniederlassung die Gesellschaft gerichtlich und außergerichtlich zu vertreten.

a) Offenlegungsadressat. Offenlegungsadressat ist ebenfalls der Betreiber des Bundes- **23** anzeigers.

b) Offenlegungsgegenstände. Offenlegungsgegenstände sind nach dem Recht des **24** für die ausländische Hauptniederlassung geltenden Rechts zu bestimmen (→ § 325a Rn. 12 ff.). Es zählen nur Pflichtunterlagen dazu (Aufzählung → § 325a Rn. 14 f.). Freiwillige Unterlagen sind von § 325 nicht erfasst und fallen damit nicht unter § 335 Nr. 2.

c) Zeitpunkt. Der Zeitpunkt der Offenlegung entspricht dem des § 325.　　　　**25**

IV. Verschulden und Wiedereinsetzung in den vorigen Stand

1. Meinungsstand. Durch das Ordnungsgeld sollen die Normadressaten zur Pflichter- **26** füllung angehalten werden; es stellt daher weder eine Kriminalstrafe noch eine Geldbuße dar.[30] Ob ein Verschulden für die Festsetzung eines Ordnungsgeldes erforderlich ist, wurde früher unterschiedlich beantwortet. Gegen das Erfordernis eines Verschuldens sprach nach einer früher vertretenen Ansicht, dass der durch das KapCoRiLiG geschaffene Ordnungsgeldtatbestand des § 335a nach dem Willen des Gesetzgebers in erster Linie keine repressive strafähnliche Sanktion wegen eines zurückliegenden Verstoßes sei, sondern ein Beugemittel zur Erzwingung der alsbaldigen Offenlegung.[31] Ein bloßes Beugemittel verlange jedoch gerade kein Verschulden (→ Vor § 335 Rn. 5). Darüber hinaus wurde gegen ein Verschuldenserfordernis ua eingewendet, dass bei der Festsetzung eines Ordnungsgeldes der fehlende Jahresabschluss – dh die der Offenlegung vorausgehenden Pflicht – noch nicht einmal aufgestellt sein müsse.[32] Demgegenüber hielt die Rechtsprechung ein Verschulden stets für erforderlich, weil es sich beim Ordnungsgeld um eine **Sanktion im weiteren Sinne** han-

---

27　　LG Bonn NJW-Spezial 2018, 529, einschr. OLG Köln BeckRS 2017, 150970.
28　　Liebscher/Scharff NJW 2006, 3745 (3751).
29　　Hopt/Merkt § 13 Rn. 3 ff. mwN; Henssler/Strohn/Wamser § 13 Rn. 5.
30　　So auch Stollenwerk/Krieg GmbHG 2008, 575 (580).
31　　Vgl. Bericht des BT-RA zum KapCoRiLiG, BT-Drs. 14/2353, 50; de Weerth NZI 2008, 711 ff.; anders aber BVerfG NJW 2009, 2588 (2589).
32　　Vgl. BR-Stellungnahme zum EHUG, BR-Drs. 942/05, 16.

delt und seine Verhängung daher nach dem Rechtstaatsprinzip ein Verschulden voraussetzt.[33]

27   **2. Verschuldensprüfung.** Die Diskussion um das Verschuldenserfordernis kann seit der Einführung der spezifischen Verfahrensregelungen über die **Wiedereinsetzung in den vorigen Stand** gem. § 335 Abs. 5 als überholt angesehen werden, da diese explizit daran anknüpfen, dass die Beteiligten **unverschuldet** daran gehindert waren, innerhalb der Sechswochenfrist des § 335 Abs. 4 S. 1 ihren gesetzlichen Offenlegungspflichten nachzukommen oder den Einspruch einzulegen (→ Vor § 335 Rn. 8).[34] Somit hat das BfJ eine **Verschuldensprüfung** zwar noch nicht anlässlich der Ordnungsgeldandrohung (mangels Sanktionscharakter der Androhung[35]), jedoch im Einspruchsverfahren gem. § 335 Abs. 3 und spätestens anlässlich der Ordnungsgeldfestsetzung von Amts wegen vorzunehmen, wenn Exkulpationsgründe bekannt sind. Insofern trifft das zur Offenlegung verpflichtete Unternehmen trotz Amtsermittlung eine **„sekundäre Darlegungslast".**[36] Im weiteren Ordnungsgeld- und Beschwerdeverfahren ist die Verschuldensprüfung im Interesse einer schnelleren Nachholung der Offenlegung ausschließlich auf den Wiedereinsetzungsantrag und das Wiedereinsetzungsverfahren gem. § 335 Abs. 5 „konzentriert" (→ Rn. 29).[37]

28   **3. Wiedereinsetzung in den vorigen Stand. a) Antrag und Fristen.** Die Wiedereinsetzung kann nur **auf Antrag** gewährt werden, der **binnen 2 Wochen** nach dem Wegfall des Hindernisses schriftlich beim BfJ zu stellen ist (§ 335 Abs. 5 S. 4). Zu den Begründungsvoraussetzungen gehört, dass die Tatsachen zur Begründung des Antrages bei der Antragstellung oder während des Verfahrens **glaubhaft** gemacht werden müssen (vgl. § 294 ZPO); zudem ist die **versäumte Handlung** spätestens **6 Wochen** nach Wegfall des Hindernisses **nachzuholen** (§ 335 Abs. 5 S. 4–6). Ist die Rechtsbehelfsbelehrung unterblieben oder fehlerhaft, wird das Fehlen des Verschuldens vermutet (§ 335 Abs. 5 S. 3). Eine **zeitliche Beschränkung** für den Wiedereinsetzungsantrag folgt aus § 335 Abs. 5 S. 7. Demnach kann eine Wiedereinsetzung nicht mehr gewährt werden, wenn innerhalb eines Jahres nach Ablauf der Sechswochenfrist gem. § 335 Abs. 3 weder Wiedereinsetzung beantragt noch die versäumte Handlung nachgeholt wurde.[38]

28a   Eine durch das BfJ gewährte Wiedereinsetzung ist **nicht anfechtbar;** mit dem Verweis auf § 335a Abs. 3 S. 4 wird lediglich klargestellt, dass eine vom Landgericht gewährte Wiedereinsetzung in die Sechswochenfrist des § 335 Abs. 4 S. 1 durch das BfJ im Wege der Rechtsbeschwerde angefochten werden kann. Die Verwerfung des Antrages auf Wiedereinsetzung durch das BfJ kann mit der **Beschwerde** angefochten werden (§ 335a Abs. 1).[39]

29   **b) Präklusion.** Haben die Beteiligten keine Wiedereinsetzung in den vorigen Stand beantragt oder die Verwerfungsentscheidung nicht angefochten, sind sie im Beschwerdeverfahren gegen die Festsetzung des Ordnungsgeldes mit der Einwendung **präkludiert,**[40] dass sie unverschuldet daran gehindert waren, innerhalb der Sechswochenfrist Einspruch einzulegen oder ihren gesetzlichen Offenlegungspflichten nachzukommen (§ 335 Abs. 5 S. 9). Diese gesetzliche Regelung unterbinde „rigoros und unbedingt" jedweden Einwand fehlenden Verschuldens hinsichtlich der Nichtoffenlegung außerhalb des Wiedereinsetzungsverfahrens, um eine schnelle Nachholung der Offenlegung zu ermöglichen (vgl. § 335 Abs. 5 S. 6) und um das Ordnungsgeldverfahren als typisches Massenverfahren nicht zu

---

[33]   Vgl. BVerfG NJW 2009, 2588; OLG Köln ZIP 2016, 1726; LG Bonn BB 2008, 1728; 2009, 2474; Ulmer/Dannecker/Kern 28 Rn. 16 unter Hinweis auf BVerfGE 20, 323 (331); 58, 154 (161); Kießling, Das Ordnungsgeldverfahren wegen Verletzung von Jahresabschlusspublizitätspflichten gemäß § 335 HGB, 2013, S- 257 ff.
[34]   Vgl. auch Beschlussempfehlung RA, BT-Drs. 17/11702, 5.
[35]   LG Bonn NZG 2010, 193 (194); Stützel DB 2013, 2345 (2346).
[36]   OLG Köln BeckRS 2015, 17059 Rn. 8 mwN; LG Bonn BeckRS 2015, 13019; BB 2011, 1456.
[37]   BT-Drs. 17/13221, 10; OLG Köln DStR 2015, 2296 (2297).
[38]   Vgl. Schülke NZG 2013, 1375 (1378); Stützel DB 2013, 2345 (2346).
[39]   BT-Drs. 20/5653, 44.
[40]   Stützel DB 2013, 2345 (2347).

überladen.[41] Dies muss auch für den Fall des § 335 Abs. 5 S. 7 gelten, wenn die erforderlichen Handlungen nicht innerhalb der Jahresfrist vorgenommen wurden. Hat das BfJ den gestellten Wiedereinsetzungsantrag verworfen und ein Ordnungsgeld festgesetzt, müssen **beide Entscheidungen** fristgerecht im Wege der Beschwerde angefochten werden, um nicht wegen der bestandskräftigen Ablehnung des Wiedereinsetzungsgesuchs mit dem Einwand fehlenden Verschuldens ausgeschlossen zu sein.[42]

Kommt es erst **nach Anhängigkeit des Beschwerdeverfahrens** gegen die Ordnungs-   **30** geldfestsetzung zum Wegfall des Hindernisses, weshalb das Unternehmen unverschuldet an der Einspruchseinlegung oder der fristgerechten Erfüllung der Publizitätspflichten gehindert war, kann nachträglich binnen 2 Wochen Wiedereinsetzung in den vorigen Stand gegenüber dem BfJ beantragt werden, um die Präklusionswirkung zu vermeiden. Auch bei Anhängigkeit des Beschwerdeverfahrens ist somit streng zwischen dem Wiedereinsetzungsverfahren hinsichtlich der Verschuldensfrage und dem Beschwerdeverfahren zu unterscheiden. So kann das BfJ nach Einlegung einer Beschwerde gegen eine Ordnungsgeldfestsetzung – unter Aussetzung bzw. Ruhenlassen des Abhilfeverfahrens gem. § 335a Abs. 1 iVm § 68 Abs. 1 FamFG – zunächst über die Wiedereinsetzung und sodann über die eventuelle Abhilfe entscheiden, um dem Betroffenen im Fall der Nichtabhilfe die Beschwerde gegen beide Entscheidungen zu ermöglichen.[43] Im Regelfall dürfte eine Beschwerde gegen die Ordnungsgeldfestsetzung daher zugleich auch als **konkludenter Antrag** auf Wiedereinsetzung in den vorigen Stand gem. §§ 133, 157 BGB auszulegen sein, wenn es dem Beschwerdeführer erkennbar um die Verschuldensfrage geht und die zweiwöchige Antragsfrist gem. § 335 Abs. 5 S. 4 im Zeitpunkt der Einlegung der Beschwerde noch nicht abgelaufen ist, zumal der Beschwerdeführer im Zweifel einen umfassenden und sachgerechten Rechtsbehelf einlegen will.[44] Zweifelhaft ist jedoch die Auffassung des OLG Köln, wonach das LG Bonn in diesen Fällen als Beschwerdegericht – aus Gründen der Verfahrensökonomie – zur förmlichen Entscheidung über den stillschweigend mit der Beschwerde gestellten und beim BfJ unbeschieden gebliebenen Wiedereinsetzungsantrag berufen sein soll,[45] zumal der Gesetzgeber die originäre Zuständigkeit für die Entscheidung über den Wiedereinsetzungsantrag gem. § 335 Abs. 5 dem BfJ zugewiesen hat; erst diese Entscheidung kann dann gem. § 335a Abs. 1 mit der Beschwerde angegriffen werden. Die Zulassung einer Inzidentprüfung durch das Beschwerdegericht verkürzt somit den gesetzlich vorgesehenen Rechtsweg.

c) Unverschuldete Säumnis. Ob eine **unverschuldete Säumnis** in Bezug auf die   **31** fristgerechte Erfüllung der Offenlegungspflichten oder die Einhaltung der Einspruchsfrist vorliegt, kann im konkreten Einzelfall nur anhand der von der Rechtsprechung entwickelten Kasuistik geprüft werden.[46] Jedenfalls können sich die Beteiligten nicht darauf berufen, dass eine vorausgehende Pflicht, insbesondere die Aufstellung des Jahresabschlusses oder die Erteilung des Prüfauftrages, noch nicht erfüllt worden ist (vgl. § 335 Abs. 1 S. 3). Auch das noch ausstehende Ergebnis einer Betriebsprüfung oder eines steuerrechtlichen Einspruchsverfahrens entbindet nicht von der Publizitätspflicht, da Änderungen gem. § 325 Abs. 1b nachgereicht und offengelegt werden müssen.[47] Nicht berufen können sich die Beteiligten im Regelfall auf organisatorische oder finanzielle Schwierigkeiten, da ihnen weitreichende Organisationspflichten obliegen und sie durch Rückstellungen für die zu erwartenden Aufstellungs- und Publikationskosten Vorsorge treffen müssen.[48] Während sich die Gesellschaft und deren Organmitglieder das Verschulden von bestellten oder satzungsgemäßen Vertretern zurechnen lassen müssen (§ 335 Abs. 5 S. 2), ist die Verschuldenszurechnung von Erfüllungs-

---

[41]   BT-Drs. 17/13221, 6; OLG Köln NZG 2018, 1261 (1262); OLG Köln DStR 2015, 2296.

[42]   OLG Köln DStR 2015, 2296 Rn. 15.

[43]   OLG Köln BeckRS 2016, 5901 Rn. 15; Kaufmann/Kurpat MDR 2014, 1 (5).

[44]   IdS OLG Köln DStR 2015, 2296 Rn. 17.

[45]   OLG Köln BeckRS 2016, 5901 Rn. 16.

[46]   IE zu den relevanten und irrelevanten Einlassungen BeckOGK/Waßmer, 15.9.2022, Rn. 89 ff.; Stollenwerk/Kurpat BB 2009, 152 f.; Kuhsel DStR 2013, 1958.

[47]   LG Bonn BeckRS 2009, 03985.

[48]   LG Bonn BeckRS 2013, 4455; 2013, 18600; BB 2008, 941; Schlauß BB 2008, 938 (940).

gehilfen abzulehnen, die anlässlich der Jahresabschlusserstellung oder der Offenlegung tätig werden (zB Steuerberater, IT-Dienstleister etc.), zumal die Verhängung von Ordnungsgeld aufgrund des repressiven Charakters **eigenes Verschulden** voraussetzt.[49]

32   Die ordnungsgeldbewehrten Publizitätspflichten bleiben auch im Fall einer durch die Offenlegung bedingten **Selbstbelastung** bestehen. Eine analoge Anwendung von § 393 Abs. 1 S. 2 AO scheidet aus, da diese spezialgesetzliche Regelung nur für Zwangsmittel im Besteuerungsverfahren gilt. Werden die Mitglieder des vertretungsberechtigten Organs jedoch durch die Offenlegungspflichten des HGB gezwungen, sich selbst wegen einer Straftat oder Ordnungswidrigkeit zu belasten, ist diese Konfliktlage dadurch zu lösen, dass in einem etwaigen Strafverfahren ein **Verwertungsverbot** besteht.[50]

V. Verfahren

33   **1. Zuständigkeit.** Zuständig für die Durchführung des Ordnungsgeldverfahrens ist das BfJ in Bonn.[51]

34   **2. Verfahrenseinleitung.** Der Betreiber des elektronischen Bundesanzeigers hat nach § 329 Abs. 1 S. 1 zu überprüfen, ob die einzureichenden Unterlagen **fristgemäß** und **vollständig** eingereicht worden sind.[52] Hierzu stellt der Betreiber des Unternehmensregisters die nach § 8b Abs. 3 S. 2 von den Landesjustizverwaltungen übermittelten Unternehmensdaten zur Verfügung. Ergibt die Prüfung, dass die einzureichenden Unterlagen nicht oder nicht vollständig eingereicht wurden, muss dies gem. § 329 Abs. 4 an das BfJ gemeldet werden; das BfJ leitet dann **von Amts wegen** gem. § 335 Abs. 1 S. 1 ein Ordnungsgeldverfahren ein.

35   Die Prüfung der Vollständigkeit durch den Betreiber des Bundesanzeigers erstreckt sich gem. § 329 Abs. 2 auch darauf, ob von den **größenabhängigen Erleichterungsmöglichkeiten** gem. §§ 326 ff. oder der Erleichterungsmöglichkeit für kapitalmarktorientierte Unternehmen gem. § 327a zu Recht Gebrauch gemacht wurde oder nicht.[53] Werden größenabhängige Erleichterungen in Anspruch genommen, kann der Betreiber des Bundesanzeigers die Mitteilung der Grundlagen für die geltend gemachte Erleichterungsmöglichkeit gem. § 329 Abs. 2 S. 1 verlangen. So kann dem betreffenden Unternehmen innerhalb einer angemessenen Frist aufgegeben werden, die Umsatzerlöse und die durchschnittliche Zahl der Arbeitnehmer für die relevanten Geschäftsjahre sowie Angaben zur Eigenschaft als Kapitalgesellschaft iSd § 327a mitzuteilen. Diese **Mitwirkungspflicht** besteht unabhängig davon, ob die Erleichterungsvoraussetzungen tatsächlich vorliegen oder nicht.[54] Unterlässt die Kapitalgesellschaft die fristgerechte Mitteilung, gelten die Erleichterungen im Sinne einer **gesetzlichen Fiktion** als zu Unrecht in Anspruch genommen (§ 329 Abs. 2 S. 2).[55] Liegen dem BfJ keinerlei Anhaltspunkte über die Einstufung einer Gesellschaft nach den Größenklassen der §§ 267, 267a vor, kann es den gesetzlichen Vertretern des Unternehmens gem. § 335 Abs. 6 S. 1 ebenfalls aufgeben, die Bilanzsumme nach Abzug des nicht durch Eigenkapital gedeckten Fehlbetrages (§ 268 Abs. 3), die Umsatzerlöse und die durchschnittliche Anzahl der Arbeitnehmer mitzuteilen. Unterbleibt die erforderliche Mitteilung, wird

---

[49]   LG Bonn DStR 2017, 1444; LG Bonn NJW-RR 2010, 698 (699); BeckOGK/Waßmer, 15.9.2022, Rn. 86; Kießling, Das Ordnungsgeldverfahren wegen Verletzung von Jahresabschlusspublizitätspflichten gemäß § 335 HGB, 2013, S. 260 ff.; Schülke NZG 2013, 1375 (1379); Stützel DB 2013, 2345 (2348); Kaufmann/Kurpat MDR 2014, 1 (6).

[50]   So LG Bonn DStR 2014, 156 (157) mit Verweis auf BVerfG NJW 1981, 1431; 1996, 916; 1999, 779; wistra 2004, 19; NJW 2005, 352; WM 2008, 989; Kießling, Das Ordnungsgeldverfahren wegen Verletzung von Jahresabschlusspublizitätspflichten gemäß § 335 HGB, 2013, S. 275 ff.

[51]   IE zum BfJ Kießling, Das Ordnungsgeldverfahren wegen Verletzung von Jahresabschlusspublizitätspflichten gemäß § 335 HGB, 2013, S. 202 ff.

[52]   Stützel DB 2013, 2345.

[53]   Vgl. Liebscher/Scharff NJW 2006, 3745 (3750).

[54]   Schlotter BB 2007, 1 (4).

[55]   Zur Reichweite der Fiktion LG Bonn BeckRS 2018, 40671.

auch in diesem Fall vermutet, dass keine Publizitätserleichterungen in Anspruch genommen werden dürfen (§ 335 Abs. 6 S. 2).

Voraussetzung für eine größenabhängige Erleichterung ist jedenfalls, dass diese vom **36** Unternehmen **beantragt** wird. Erst mit der Erteilung eines Hinterlegungsauftrages gem. § 326 Abs. 2 wird bspw. erklärt, dass die Gesellschaft nicht nur als kleine Kapitalgesellschaft, sondern als Kleinstkapitalgesellschaft behandelt werden möchte.[56] Eine Überprüfung der Größenordnung gem. §§ 267, 267a findet daher nur statt, wenn eine Erklärung zur Größenordnung vorliegt.[57] Es besteht folglich eine Mitwirkungspflicht des Unternehmens, **spätestens im Rahmen der Einlegung des Einspruchs** gegen die Androhung des Ordnungsgeldes auf eine Privilegierung in Bezug auf den Umfang der Publizitätspflichten hinzuweisen. Wird von der größenabhängigen Erleichterung erst nach Festsetzung des Ordnungsgeldes Gebrauch gemacht, ist diese vom BfJ gem. § 335 Abs. 4 S. 3 nicht mehr zu berücksichtigen (→ Rn. 41).

Für das weitere Verfahren verweist § 335 Abs. 2 auf die Vorschriften des **FamFG** und **37** des **VwVfG**. Zu beachten sind neben den Vorschriften über die Prozess- und Postulationsfähigkeit gem. §§ 11 ff. VwVfG, die Besorgnis der Befangenheit gem. § 21 VwVfG, die Beweiserhebung gem. § 26 VwVfG insbesondere auch die Wiedereinsetzungsvorschriften gem. §§ 17 ff. FamFG sowie die Vorschriften über die Androhung und Festsetzung des Ordnungsgeldes gem. §§ 388 f. FamFG (neben § 335 Abs. 3 und 4). Im Einspruchsverfahren kann das BfJ den angefochtenen Ordnungsgeldbescheid bei Begründetheit des Einspruchs gem. § 390 Abs. 3 FamFG aufheben bzw. dem Einspruch selbst abhelfen. Andernfalls ist der Einspruch gem. § 390 Abs. 4 FamFG durch Beschluss zu verwerfen.

3. Androhung und Festsetzung des Ordnungsgeldes. a) Androhung, Fristset- **38** **zung und Einspruchsverfahren.** Gemäß § 335 Abs. 3 ist den Beteiligten, dh den Mitgliedern des vertretungsberechtigten Organs (§ 335 Abs. 1 S. 1) und/oder dem Unternehmen selbst (§ 335 Abs. 2 S. 2), unter **Androhung eines Ordnungsgeldes** in bestimmter Höhe aufzugeben, der Offenlegungspflicht innerhalb einer **Frist von sechs Wochen** nachzukommen oder die Unterlassung mittels **Einspruchs** gegen die Verfügung zu rechtfertigen (→ Rn. 45). Die Androhung des Ordnungsgeldes muss **hinreichend bestimmt** sein, dh es muss aus ihr deutlich hervorgehen, welche konkreten Offenlegungshandlungen angemahnt werden. Dies gilt insbesondere in den Fällen, in denen vor der Androhungsverfügung bereits Rechnungsunterlagen eingereicht wurden.[58] In der Praxis erfolgt die Ordnungsgeldandrohung regelmäßig zuerst gegen das Unternehmen bevor eine Androhung gegen die Organmitglieder ergeht.[59] Das anzudrohende Ordnungsgeld beträgt – außer bei kapitalmarktorientierten Kapitalgesellschaften gem. § 264d (→ Rn. 42 ff.) – mindestens 2.500 Euro und höchstens 25.000 Euro. Bei der Androhung und Festsetzung der Höhe des Ordnungsgeldes kann das BfJ auch **frühere Verstöße** der jeweiligen Person oder des Unternehmens gem. § 335 Abs. 1c erhöhend berücksichtigen; allerdings gebieten der Beuge- und Sanktionscharakter des Ordnungsgeldes nur bei gleichförmigen früheren Verstößen eine Erhöhung.[60] Die spätere Festsetzung des Ordnungsgeldes setzt stets voraus, dass zuvor die Androhung des Ordnungsgeldes ordnungsgemäß zugegangen ist.[61] Mit der Androhung des Ordnungsgeldes sind den Beteiligten zugleich die Verfahrenskosten aufzuerlegen (§ 335 Abs. 3 S. 2).

b) Festsetzung des Ordnungsgeldes. Wird die Offenlegungspflicht nicht innerhalb **39** von 6 Wochen nach Zugang der Androhung erfüllt oder der Einspruch verworfen, wird das Ordnungsgeld gem. § 335 Abs. 4 **festgesetzt** und zugleich die frühere Verfügung unter

---

[56] LG Bonn BeckRS 2015, 16105.
[57] Schülke NZG 2013, 1375 (1376); Zwirner/Froschhammer BC 2013, 516 (519); Kaufmann/Kurpat MDR 2014, 1 (6).
[58] LG Bonn NZG 2018, 1236.
[59] Stützel DB 2013, 2345 (2346).
[60] Vgl. OLG Köln ZIP 2016, 1726.
[61] LG Bonn Beschl. v. 8.1.2010 – 30 T 986/09, nv; Kuhsel DStR 2013, 1958 f.

Androhung eines erneuten, meist höheren Ordnungsgeldes **wiederholt.**[62] In einem einmal eingeleiteten Ordnungsgeldverfahren kann es folglich mehrfach hintereinander zu einer Androhung, Fristsetzung und Ordnungsgeldfestsetzung kommen, bis die Publizitätspflichten vollständig erfüllt sind. Die Möglichkeit eines „Freikaufs" besteht daher nicht.[63] Allerdings ist es in der Praxis üblich, dass den Beteiligten im Einspruchsverfahren durch das BfJ Nachfristen gesetzt werden, bspw. um noch fehlende Unterlagen zur Begründung des Einspruchs nachzureichen.

40   **c) Festsetzung bei verspäteter Nachholung.** Bei **Fristüberschreitungen,** dh wenn die Beteiligten des Ordnungsgeldverfahrens ihre gesetzlichen Offenlegungspflichten erst nach Ablauf der Sechswochenfrist ab Zugang der Androhung vollständig erfüllt bzw. nachgeholt haben, hat das BfJ das Ordnungsgeld gem. § 335 Abs. 4 S. 2 herabzusetzen, wobei sich das niedrigere Ordnungsgeld (500 Euro, 1.000 Euro und 2.500 Euro) nach der jeweiligen **Größenordnung des Unternehmens** richtet (§ 335 Abs. 4 S. 2 Nr. 1–3).[64] Insbesondere ist hierbei zu berücksichtigen, dass eine Herabstufung gem. § 335 Abs. 4 S. 2 Nr. 1 bei einer Kleinstkapitalgesellschaft nur dann zulässig ist, wenn diese auch als solche auftritt und ihre Bilanz gem. § 326 Abs. 2 hinterlegt; veröffentlicht diese hingegen ihre Bilanz und tritt somit wie eine kleine Kapitalgesellschaft auf, kommt lediglich eine Herabstufung gem. § 335 Abs. 4 S. 2 Nr. 2 in Betracht.[65] Liegt nur eine **geringfügige Überschreitung** der Frist vor, ist gem. § 335 Abs. 4 S. 2 Nr. 4 eine zusätzliche Reduzierung des Ordnungsgeldes vorzunehmen. Als geringfügig wird eine Überschreitung von höchstens 2 Wochen angesehen.[66] Hierbei ist es in der Praxis üblich, das Ordnungsgeld auf 10 % des gesetzlichen Mindestbetrages herabzusetzen.[67] Ausgehend vom Wortlaut des § 335 Abs. 4 S. 2 Nr. 4, wonach das Ordnungsgeld bei geringfügiger Fristüberschreitung „jeweils" auf einen geringeren Betrag herabzusetzen ist, geht die neuere Rechtsprechung davon aus, dass sich der um 90 % zu reduzierende Mindestbetrag nicht nach § 335 Abs. 1 (2.500 Euro), sondern nach den gestaffelten Beträgen des § 335 Abs. 4 S. 2 Nr. 2–3 bemisst.[68] Neben den engen spezialgesetzlichen Voraussetzungen des § 335 Abs. 4 S. 2 ist eine allgemeine, ermessensabhängige Herabsetzung des Ordnungsgeldes aus Billigkeitsgründen durch das BfJ oder das Beschwerdegericht nicht zulässig.[69]

41   Allerdings sind bei der Herabsetzung nur solche Umstände zu berücksichtigen, die **vor der Entscheidung des BfJ,** dh vor der Festsetzung des Ordnungsgeldes, eingetreten sind (§ 335 Abs. 4 S. 3). Werden die Offenlegungspflichten erst nach der Ordnungsgeldfestsetzung erfüllt, kommt eine nachträgliche Herabsetzung iSv § 335 Abs. 4 S. 2 nicht mehr in Betracht.[70]

42   **d) Kapitalmarktorientierte Unternehmen.** Für **kapitalmarktorientierte Unternehmen** gem. § 264d und ihre gesetzlichen Vertreter gelten seit Verkündung des Gesetzes zur Umsetzung der Transparenzrichtlinie-Änderungsrichtlinie vom 20.11.2015 (BGBl. 2015 I 2029) wesentlich höhere Höchstbeträge für das festzusetzende Ordnungsgeld (§ 335 Abs. 1a). Der jeweilige Ordnungsgeldrahmen für die Mitglieder der Leitungsorgane und die Kapitalgesellschaft **entspricht den Bußgeldrahmen gem. § 334 Abs. 3 S. 2 und**

---

[62]   IE BeckOGK/Waßmer, 15.9.2022, Rn. 214 ff.; Wenzel BB 2008, 769 (770); Stollenwerk/Krieg GmbHR 2008, 575 (579).
[63]   So Zwirner/Froschhamer BC 2013, 516 (518).
[64]   Vgl. Schülke NZG 2013, 1375 (1376); Zwirner/Froschhamer BC 2013, 516 (519).
[65]   OLG Köln DStR 2016, 1875; aA LG Bonn DStR 2017, 338, wonach § 335 Abs. 4 S. 2 Nr. 1 bei teleologischer Auslegung auch dann auf eine Kleinstkapitalgesellschaft Anwendung findet, wenn diese nicht von der Hinterlegungsmöglichkeit gem. § 326 Abs. 2 Gebrauch macht.
[66]   LG Bonn NZG 2013, 1220 (1222); GmbHR 2012, 803; BeckRS 2013, 4455; 2011, 20909; 2010, 20251; s. auch BVerfG NJW 2009, 2588 (2589).
[67]   BeckOGK/Waßmer, 15.9.2022, Rn. 229; Stützel DB 2013, 2345 (2347); Kaufmann/Kurpat MDR 2014, 1 (6); abw. LG Bonn DStR 2010, 2590 bei einer Überschreitung von nur wenigen Sekunden.
[68]   LG Bonn DStR 2015, 2457 (2458).
[69]   OLG Köln BeckRS 2015, 11719 Rn. 15.
[70]   OLG Köln NZG 2015, 1403; GmbHR 2015, 1219; aA Stützel DB 2013, 2345 (2347).

Abs. 3a (→ § 334 Rn. 106 ff.). Insbesondere die **Feststellung des Gesamtumsatzes** – als Maßstab für die umsatzabhängige Festsetzung der Höhe des Ordnungsgeldes gem. § 335 Abs. 1a S. 1 Nr. 2 – wurde mit dem Gesetz zur Umsetzung der RL (EU) 2021/2101 vom 19.6.2023 (BGBl. 2023 I Nr. 154) vereinheitlicht und entspricht § 334 Abs. 3b. Auf die dortigen Ausführungen kann daher verwiesen werden (→ § 334 Rn. 109 ff.).

Statt des allgemeinen Höchstbetrages von bisher 25.000 Euro kann für kapitalmarktori- **42a** entierte Unternehmen künftig ein Ordnungsgeld von bis zu 10 Mio. Euro, 5 % des jährlichen Gesamtumsatzes oder bis zum zweifachen Wert des wirtschaftlichen Vorteils festgesetzt werden, der aus der versäumten Offenlegung erlangt wurde (§ 335 Abs. 1a und 1b; → § 334 Rn. 106 ff.). Maßgeblich für den Ordnungsgeldrahmen ist der **jeweilige Höchstbetrag** dieser Werte. Richtet sich das Ordnungsgeldverfahren gegen die vertretungsberechtigten Organe, kann gegen natürliche Personen ein Ordnungsgeld in Höhe von bis zu 2 Mio. Euro oder bis zum zweifachen Wert des wirtschaftlichen Vorteils festgesetzt werden, der aus der unterlassenen Offenlegung erlangt wurde.[71]

Das BfJ hat die BaFin gem. § 335 Abs. 1d S. 1 über jede Ordnungsgeldentscheidung **43** zu **unterrichten,** die gegen eine kapitalmarktorientierte Kapitalgesellschaft oder gegen ein Mitglied ihrer Vertretungsorgane festgesetzt wird. Wird gegen die Festsetzung, die Verwerfung des Einspruchs oder die Verwerfung der Wiedereinsetzung in den vorigen Stand Beschwerde gem. § 335a eingelegt, ist die BaFin gem. § 335 Abs. 1d S. 2 auch über die Beschwerdeeinlegung und den Ausgang des Beschwerdeverfahrens vom BfJ zu unterrichten (→ Vor § 335 Rn. 10).

Die Unterrichtungspflicht des BfJ gegenüber der BaFin gem. § 335 Abs. 1d dient der **44** **Vorbereitung von öffentlichen Bekanntmachungen** gem. § 124 Abs. 1 WpHG über die Sanktionierung von Transparenzverstößen kapitalmarktorientierter Unternehmen (sog. „naming and shaming").[72] Das BfJ hat die BaFin ergänzend über die Einlegung eines Rechtsmittels und den Ausgang des Beschwerdeverfahrens zu unterrichten, damit auch diese Umstände gem. § 124 Abs. 2 WpHG bekannt gemacht werden können (s. hierzu Art. 29 Transparenz-RL).

4. Rechtsmittel. Gegen die **Androhung** des Ordnungsgeldes und die Kostenent- **45** scheidung ist der Rechtsbehelf des **Einspruchs** gegeben (§ 335 Abs. 3 S. 1). Mit dem Einspruch, der innerhalb der **sechswöchigen Frist** gem. § 335 Abs. 3 S. 1 einzulegen ist, ist die Unterlassung der Offenlegungspflicht zu rechtfertigen. Hierbei hat der Betroffene **kein Wahlrecht,**[73] ob er die Einwendungen im Einspruchsverfahren oder erst später im Beschwerdeverfahren geltend macht, zumal das Beschwerdegericht an eine bestandskräftige Androhung gebunden ist (→ § 335a Rn. 21). Der Einspruch kann auf die Einwendungen gegen die Kosten beschränkt werden. Er hat jedoch **keine aufschiebende Wirkung** (§ 335 Abs. 3 S. 4), wobei das BfJ regelmäßig das Ruhen des Verfahrens während des Einspruchsverfahrens anordnet.[74] Der Einspruch kann auch auf Einwendungen gegen die Kostenentscheidung anlässlich der Androhung beschränkt werden (§ 335 Abs. 3 S. 3).

Gegen die **Festsetzung des Ordnungsgeldes,** die **Verwerfung des Einspruchs,** **46** mit dem die Androhung eines Ordnungsgeldes angefochten wurde (→ Rn. 45), oder die **Verwerfung des Antrages auf Wiedereinsetzung in den vorigen Stand** sowie gegen die **Kostenentscheidung** gem. § 335 Abs. 3 S. 5 findet die **sofortige Beschwerde** nach § 335a statt. Eine Vollstreckungsabwehrklage gem. § 767 ZPO ist nicht zulässig.[75]

VI. Erweiterung der Vertretungsbefugnis

Eine Sonderregelung für die Vertretung im Ordnungsgeldverfahren enthält § 335 Abs. 2 **47** S. 3. Zur Vertretung der Mitglieder des vertretungsberechtigten Organs bzw. der Kapitalge-

---

[71] BT-Drs. 18/5010, 57.
[72] Roth GWR 2015, 485; Schilha DB 2015, 182; Nartowska/Knierbein NZG 2016, 256.
[73] Stützel DB 2013, 2345 (2346).
[74] BeckOGK/Waßmer, 15.9.2022, Rn. 207; Stollenwerk/Krieg GmbHR 2008, 575 (579); Liebscher/Scharff NJW 2006, 3745 (3750).
[75] OLG Köln GmbHR 2013, 94.

sellschaft selbst sind neben Rechtsanwälten auch Wirtschaftsprüfer, vereidigte Buchprüfer, Steuerberater, Steuerbevollmächtigte sowie die Personenvereinigungen und Gesellschaften nach § 3 Nr. 2–3 StBerG **befugt** (dies sind Partnerschaftsgesellschaften der rechts- und steuerberatenden Berufe, Steuerberatungsgesellschaften, Rechtsanwaltsgesellschaften, Wirtschaftsprüfungsgesellschaften und Buchprüfungsgesellschaften). Hierunter fallen auch Personen aus einem anderen Mitgliedstaat der EU, einem Vertragsstaat des Abkommens über den EWR oder der Schweiz, soweit sie nach § 3a StBerG dem Personenkreis in § 3 StBerG gleichgestellt sind. Die frühere Nr. 4 in § 3 StBerG wurde gestrichen, ihre weitere Nennung in § 335 Abs. 2 S. 3 ist wohl ein redaktionelles Versehen.

VII. Verjährung

48   Bei langer Bearbeitungsdauer ist grundsätzlich die Verjährungsfrist gem. Art. 9 Abs. 1 EGStGB von **zwei Jahren** zu beachten; allerdings beginnt die Verjährungsfrist erst mit Beendigung der geschuldeten Handlung, dh mit der vollständigen Erfüllung der Publizitätspflichten (Art. 9 Abs. 1 S. 3 EGStGB). Solange daher die Pflichtenstellung fortbesteht und der Betroffene untätig bleibt, beginnt der Lauf der Verjährungsfrist nicht.[76]

VIII. Elektronische Aktenführung und Verordnungsermächtigung

49   Seit dem 1.1.2018 ist das BfJ gem. § 335 Abs. 2a S. 1[77] **verpflichtet,** die Akten im Ordnungsgeldverfahren und in dem sich anschließenden Beitreibungsverfahren in elektronischer Form zu führen. § 335 Abs. 2a S. 2 schreibt hierfür die entsprechende Anwendung des § 110c OWiG vor, wobei für die im Massenverfahren zuzustellende Androhung eines Ordnungsgeldes, den Erlass einer Kostenentscheidung gem. § 335 Abs. 3 S. 2 sowie für Zwischenverfügungen – abweichend von § 110c Abs. 2 OWiG und § 32b StPO – keine qualifizierte elektronische Signatur aller verantwortenden Personen erforderlich ist. Etwas anderes gilt für die Festsetzung des Ordnungsgeldes gem. § 335 Abs. 4 S. 1 und die Verwerfung des Einspruchs, die meist in einer Entscheidung ergehen.[78]

50   Gemäß § 335 Abs. 7 ist das BMJ ermächtigt, die organisatorischen und dem Stand der Technik entsprechenden technischen Rahmenbedingungen für die elektronische Aktenführung einschließlich der einzuhaltenden Anforderungen des Datenschutzes, der Datensicherheit und der Barrierefreiheit festzulegen. Von dieser Verordnungsermächtigung hat das BMJ mit der OGAV vom 21.12.2017 (BGBl. 2017 I 4030) Gebrauch gemacht.

§ 335a Beschwerde gegen die Festsetzung von Ordnungsgeld; Rechtsbeschwerde; Verordnungsermächtigung

(1) Gegen die Entscheidung, durch die das Ordnungsgeld festgesetzt oder der Einspruch oder der Antrag auf Wiedereinsetzung in den vorigen Stand verworfen wird, sowie gegen die Entscheidung nach § 335 Absatz 3 Satz 5 findet die Beschwerde nach den Vorschriften des Gesetzes über das Verfahren in Familiensachen und in den Angelegenheiten der freiwilligen Gerichtsbarkeit statt, soweit sich aus Satz 2 oder den nachstehenden Absätzen nichts anderes ergibt. Die Beschwerde hat aufschiebende Wirkung, wenn sie die Festsetzung eines Ordnungsgeldes zum Gegenstand hat.

(2) ¹Die Beschwerde ist binnen einer Frist von zwei Wochen einzulegen; über sie entscheidet das für den Sitz des Bundesamtes zuständige Landgericht. ²Zur Vermeidung von erheblichen Verfahrensrückständen oder zum Ausgleich einer übermäßigen Geschäftsbelastung wird die Landesregierung des Landes, in dem

---

[76]   LG Bonn DStR 2011, 780 (782).
[77]   Art. 10 Gesetz zur Einführung der elektronischen Akte in der Justiz und zur weiteren Förderung des elektronischen Rechtsverkehrs vom 5.7.2017 (BGBl. 2017 I 2208).
[78]   BT-Drs. 18/9416, 77.

das Bundesamt seinen Sitz unterhält, ermächtigt, durch Rechtsverordnung die Entscheidung über die Rechtsmittel nach Satz 1 einem anderen Landgericht oder weiteren Landgerichten zu übertragen. [3]Die Landesregierung kann diese Ermächtigung auf die Landesjustizverwaltung übertragen. [4]Ist bei dem Landgericht eine Kammer für Handelssachen gebildet, so tritt diese Kammer an die Stelle der Zivilkammer. [5]Entscheidet über die Beschwerde die Zivilkammer, so sind die §§ 348 und 348a der Zivilprozessordnung entsprechend anzuwenden; über eine bei der Kammer für Handelssachen anhängige Beschwerde entscheidet der Vorsitzende. [6]Das Landgericht kann nach billigem Ermessen bestimmen, dass den Beteiligten die außergerichtlichen Kosten, die zur zweckentsprechenden Rechtsverfolgung notwendig waren, ganz oder teilweise aus der Staatskasse zu erstatten sind. [7]Satz 6 gilt entsprechend, wenn das Bundesamt der Beschwerde abhilft. [8]§ 91 Absatz 1 Satz 2 und die §§ 103 bis 107 der Zivilprozessordnung gelten entsprechend. [9]§ 335 Absatz 2 Satz 3 ist anzuwenden.

(3) [1]Gegen die Beschwerdeentscheidung ist die Rechtsbeschwerde statthaft, wenn das Landgericht sie zugelassen hat. [2]Für die Rechtsbeschwerde gelten die Vorschriften des Gesetzes über das Verfahren in Familiensachen und in den Angelegenheiten der freiwilligen Gerichtsbarkeit entsprechend, soweit sich aus diesem Absatz nichts anderes ergibt. [3]Über die Rechtsbeschwerde entscheidet das für den Sitz des Landgerichts zuständige Oberlandesgericht. [4]Die Rechtsbeschwerde steht auch dem Bundesamt zu und kann auch gegen eine vom Landgericht gewährte Wiedereinsetzung in die Sechswochenfrist nach § 335 Absatz 4 Satz 1 zur Erfüllung der gesetzlichen Offenlegungspflicht zugelassen werden. [5]Vor dem Oberlandesgericht müssen sich die Beteiligten durch einen Rechtsanwalt vertreten lassen; dies gilt nicht für das Bundesamt. [6]Absatz 1 Satz 2 und Absatz 2 Satz 6 und 8 gelten entsprechend.

(4) Auf die elektronische Aktenführung des Gerichts und die Kommunikation mit dem Gericht nach den Absätzen 1 bis 3 sind die folgenden Vorschriften entsprechend anzuwenden:

1. § 110a Absatz 1 Satz 1 und § 110c des Gesetzes über Ordnungswidrigkeiten sowie
2. § 110a Absatz 1 Satz 2 und 3, Absatz 2 Satz 1 und § 134 Satz 1 des Gesetzes über Ordnungswidrigkeiten mit der Maßgabe, dass die Landesregierung des Landes, in dem das Bundesamt seinen Sitz hat, die Rechtsverordnung erlässt und die Ermächtigungen durch Rechtsverordnung auf die Landesjustizverwaltung übertragen kann.

Schrifttum: s. bei § 335. Zur Regelung des einheitlichen elektronischen Formats für Jahresfinanzberichte durch das Gesetz zur weiteren Umsetzung der Transparenzrichtlinie-Änderungsrichtlinie – ESEF-UG → Anh. Bd. 4 Rn. 1 ff.

Übersicht

I. Allgemeines

1   Mit der neuen Verfahrensvorschrift des § 335a wurde durch das Gesetz zur Änderung des HGB vom 4.10.2013 (BGBl. 2013 I 3746) das bisherige Beschwerdeverfahren reformiert, um eine **einheitliche Rechtsprechung** im Ordnungsgeldverfahren anzustreben. Angesichts der teilweise divergierenden Rechtsprechung einzelner Kammern des LG Bonn sollte nach dem Willen des Gesetzgebers die Rechtssicherheit im Beschwerdeverfahren für Unternehmen und Behörden dadurch gestärkt werden, dass gegen die Entscheidung des Beschwerdegerichts eine – allerdings zulassungsbedürftige – Möglichkeit zur Rechtsbeschwerde eingeführt wurde.[1] Aus diesem Grund steht auch dem BfJ die Rechtsbeschwerde offen, da es nach Auffassung des Gesetzgebers eine divergierende Entwicklung in der Rechtsprechung fallübergreifend erkennen und auf eine einheitliche Entscheidungspraxis hinwirken kann.[2]

2   Da es sich bei dem Ordnungsgeldverfahren gem. § 335 Abs. 2 S. 2 um ein Justizverwaltungsverfahren handelt, wäre grundsätzlich der Antrag auf gerichtliche Entscheidung gem. § 23 Abs. 1 EGGVG als Rechtsbehelf statthaft. Bereits anlässlich der Einführung eines eigenständigen Ordnungsgeldverfahrens durch das EHUG (→ Vor § 335 Rn. 4) entschied sich der Gesetzgeber jedoch aus Praktikabilitätsgründen für ein **spezialgesetzlich** geregeltes Beschwerdeverfahren.[3]

3   Sowohl das erstinstanzliche Beschwerdeverfahren als auch das Verfahren über die Rechtsbeschwerde richten sich gem. § 335a Abs. 1 S. 1 und Abs. 3 S. 2 nach den **Vorschriften des FamFG,** soweit sich aus § 335a Abs. 2–4 nichts anderes ergibt.

II. Statthaftigkeit der Beschwerde

4   **1. Anfechtungsgegenstände.** Mit der Beschwerde können gem. § 335a Abs. 1 folgende Entscheidungen des BfJ angefochten werden:
– die Ordnungsgeldfestsetzung (§ 335 Abs. 4),
– die Verwerfung des Einspruchs gegen die Androhung des Ordnungsgeldes (§ 335 Abs. 3 iVm § 390 Abs. 4 FamFG),
– die Verwerfung des Antrages auf Wiedereinsetzung in den vorigen Stand (§ 335 Abs. 3 iVm § 19 Abs. 1 FamFG) und
– die Nichtaufhebung der Kostenentscheidung bei Einstellung im Einspruchsverfahren (§ 335 Abs. 3 S. 5).

5 Die Androhung des Ordnungsgeldes (§ 335 Abs. 3 S. 1) und die damit einhergehende Auferlegung der Kosten (§ 335 Abs. 3 S. 3) sind keine tauglichen Beschwerdegegenstände; gegen diese Entscheidungen ist lediglich das Rechtsmittel des Einspruchs statthaft (→ § 335 Rn. 45).

6   **2. Beschwerdefähigkeit.** Seitens des betroffenen Unternehmens ist nur das **vertretungsberechtigte Organ**beschwerdefähig, nicht die Gesellschafter.[4] Die Mitglieder des vertretungsberechtigten Organs können sich im Beschwerdeverfahren vor dem LG Bonn durch einen Rechtsanwalt oder einen Vertretungsberechtigten iSv § 335 Abs. 2 S. 3 vertreten lassen. Anwaltszwang besteht im erstinstanzlichen Verfahren jedoch nicht; dies folgt daraus, dass erst für das Verfahren der Rechtsbeschwerde ein anwaltlicher Verfahrensvertreter gem. § 335a Abs. 3 S. 5 vorgeschrieben ist.

---

[1]   BT-Drs. 17/13221, 6.
[2]   BT-Drs. 17/13221, 10.
[3]   BT-Drs. 16/2781, 83.
[4]   LG Bonn NJW-RR 2009, 1342 f.

Gegen die Entscheidung des Beschwerdegerichts können sowohl das vertretungsberech- **7** tigte Organ des betroffenen Unternehmens als auch das BfJ **Rechtsbeschwerde** einlegen (§ 335a Abs. 3 S. 4). Das beteiligte Unternehmen muss sich hierbei gem. § 335a Abs. 3 S. 5 durch einen Rechtsanwalt vertreten lassen; dies gilt nicht für das BfJ.

Gem. § 335 Abs. 3 S. 4 kann das BfJ Rechtsbeschwerde sowohl gegen die **Beschwerde-** **7a** **entscheidung** also auch gegen eine vom Landgericht gewährte **Wiedereinsetzung in die Sechswochenfrist** des § 335 Abs. 4 S. 1 zur Erfüllung der gesetzlichen Offenlegungspflicht einlegen. Die mit dem Gesetz zur Umsetzung der RL (EU) 2021/2101 vom 19.6.2023 (BGBl. 2023 I Nr. 154) eingeführte **Erweiterung der Rechtsbeschwerdemöglichkeit** bezweckt, dass das BfJ auch in Bezug auf Rechtsfragen im Zusammenhang mit der Wiedereinsetzung in die Sechswochenfrist gem. § 335 Abs. 4 S. 1 bei divergierender Rspr. des LG Bonn auf eine einheitliche obergerichtliche Entscheidung hinwirken kann.[5] Der Gesetzgeber begründet diese erweiterte Rechtsbeschwerdemöglichkeit damit, dass das Wiedereinsetzungsverfahren gem. § 335 Abs. 5 nicht nur verfahrensrechtliche Frage bzgl. der Einspruchsfrist betrifft, sondern insbesondere auch materiell-rechtliche Fragen zur schuldhaften Versäumnis der Offenlegung in der Sechswochenfrist gem. § 335 Abs. 4 S. 1 zum Gegenstand haben kann (→ § 335 Rn. 26 ff.). Gerade weil die Verschuldensprüfung im Interesse einer schnelleren Nachholung der Offenlegung auf das Wiedereinsetzungsverfahren konzentriert bzw. vorverlagert wurde und bei fehlender Antragstellung oder Ablehnung des Wiedereinsetzungsantrags eine Präklusion gem. § 335 Abs. 5 S. 9 eintritt (→ § 335 Rn. 29 f.), wird bereits im Wiedereinsetzungsverfahren „in der Sache" entschieden. Da hierbei oft bedeutsame Rechtsfragen, insbesondere zur schuldhaften Versäumung der Offenlegung als materielle Voraussetzung für die Ordnungsgeldfestsetzung, behandelt werden, soll das BfJ ggf. eine obergerichtliche Klärung herbeiführen können.[6]

Unanfechtbar bleiben weiterhin die Wiedereinsetzung in die Einspruchsfrist gem. **7b** § 335 Abs. 3 S. 1 und in die Beschwerdefrist gem. § 335a Abs. 2 S. 1, sodass eine gewährte Wiedereinsetzung in den vorigen Stand durch das BfJ nicht angefochten werden kann.

Die Beschwerdeberechtigung setzt gem. § 59 Abs. 1 FamFG zudem voraus, dass der **8** Beschwerdeführer durch die Entscheidung des BfJ oder durch eine Entscheidung des Beschwerdegerichts in seinen Rechten beeinträchtigt ist, dh wenn eine **Beschwer** objektiv gegeben ist.

III. Örtliche und sachliche Zuständigkeit

Örtlich und sachlich zuständig für die Entscheidung über die Beschwerde ist das am **9** Sitz des BfJ zuständige LG, dh das **LG Bonn** (§ 335a Abs. 2 S. 1). Soweit Kammern für Handelssachen gebildet sind, treten diese an die Stelle der Zivilkammern (§ 335a Abs. 2 S. 4). Von zehn Kammern für Handelssachen am LG Bonn im Jahr 2023 sind laut Geschäftsverteilungsplan sechs Kammern für Beschwerdeverfahren (§ 335 Abs. 5, § 335a) turnusmäßig zuständig.[7]

Zur Vermeidung von erheblichen Verfahrensrückständen oder zum Ausgleich einer **10** übermäßigen Geschäftsbelastung wurde durch das BilMoG zugunsten der Landesregierung von Nordrhein-Westfalen, dh derjenigen Landesregierung, in der das BfJ seinen Sitz unterhält, eine **Verordnungsermächtigung** geschaffen, die Beschwerdeentscheidung auch einem anderen Landgericht oder weiteren Landgerichten zu übertragen (§ 335a Abs. 2 S. 2). Bislang wurde von dieser Ermächtigung jedoch keinen Gebrauch gemacht.[8]

Im Verfahren über die **Rechtsbeschwerde** entscheidet gem. § 335a Abs. 3 S. 3 das für **11** das LG Bonn zuständige Oberlandesgericht, dh das **OLG Köln.**

---

[5] BT-Drs. 20/5653, 44.
[6] BT-Drs. 20/5653, 45.
[7] Vgl. Geschäftsverteilungsplan des LG Bonn für das Geschäftsjahr 2023, 39 ff.
[8] BeckOGK/Waßmer, 15.9.2022, Rn. 12.

IV. Verfahren

12   **1. Einlegung.** Die Beschwerde ist gem. § 64 Abs. 1 und 2 FamFG **beim BfJ** durch Einreichung einer Beschwerdeschrift oder zur Niederschrift der Geschäftsstelle einzulegen.

13   Die **Beschwerdeschrift** muss den angefochtenen Beschluss bezeichnen, die Erklärung enthalten, dass Beschwerde gegen diesen Beschluss eingelegt wird und vom Beschwerdeführer oder von dessen Bevollmächtigten unterzeichnet sein (§ 64 Abs. 2 S. 3 FamFG). Alternativ kann die Beschwerde auch als **elektronisches Dokument** eingereicht werden, soweit es mit einer qualifizierten elektronischen Signatur versehen und zur Bearbeitung durch das BfJ und das Beschwerdegericht geeignet ist (§ 335a Abs. 4 iVm § 110a OWiG).[9] Die Beschwerde soll gem. § 65 Abs. 1 FamFG begründet werden, wobei dem Beschwerdeführer eine Begründungsfrist durch das Beschwerdegericht eingeräumt werden kann (§ 65 Abs. 2 FamFG).

14   Die Beschwerde hat – im Gegensatz zum Einspruch (vgl. § 335 Abs. 3 S. 4) – **aufschiebende Wirkung.** Mit dem Gesetz zur weiteren Umsetzung der Transparenz-RL-Änderungsrichtlinie im Hinblick auf ein einheitliches elektronisches Format (ESEF-UG) vom 12.8.2020 (BGBl. 2020 I 1874) wurde in Abs. 1 S. 2 und Abs. 3 S. 6 nunmehr explizit geregelt, dass die Beschwerde aufschiebende Wirkung hat, wenn sie die Festsetzung eines Ordnungsgeldes zum Gegenstand hat. Die Vollziehung von Ordnungsgeldern ist somit für die Dauer des Beschwerdeverfahrens auszusetzen. Die Gesetzesänderung führt jedoch in der Praxis zu keinem Anpassungsbedarf, da die aufschiebende Wirkung bislang in analoger Anwendung der gesetzlichen Vorschriften über Zwangsmittel gem. § 35 Abs. 5 FamFG iVm § 570 Abs. 1 ZPO nach hM ohnehin angenommen wurde, zumal es einem allgemeinen Rechtsgedanken entspricht, dass die Einlegung der Beschwerde die Vollziehung eines Zwangsmittels hemmt.[10]

15   **2. Frist.** Die Beschwerde kann gem. § 335a Abs. 2 S. 1 nur innerhalb einer **Frist von zwei Wochen** eingelegt werden und ist daher als **sofortige Beschwerde** ausgestaltet. Die Frist beginnt gem. § 63 Abs. 3 FamFG mit der schriftlichen Bekanntgabe der betreffenden Entscheidung an den Beschwerdeführer. War der Beschwerdeführer unverschuldet daran gehindert, die Beschwerdefrist einzuhalten, ist ihm auf Antrag gem. §§ 17 ff. FamFG Wiedereinsetzung in den vorigen Stand zu gewähren.

16   **3. Abhilfe durch das BfJ.** Hält das BfJ die Beschwerde für begründet, hat es ihr zwingend abzuhelfen; andernfalls ist die Beschwerde unverzüglich dem Beschwerdegericht vorzulegen (§ 68 Abs. 1 S. 1 FamFG). Das BfJ ist somit zu einer Selbstkorrektur seiner Entscheidung verpflichtet, wenn sich diese nach erneuter Prüfung als unrechtmäßig erweist, wobei auch neue Tatsachen zu berücksichtigen sind. Allerdings besteht die Abhilfepflicht nur bei Einlegung einer statthaften Beschwerde.[11] Hilft das BfJ der Beschwerde ab, können die außergerichtlichen Kosten des Beschwerdeführers gem. § 335a Abs. 2 S. 7 nach billigem Ermessen ganz oder teilweise der Staatskasse auferlegt werden (§ 335a Abs. 2 S. 8 iVm § 91 Abs. 1 S. 2 ZPO, §§ 103 ff. ZPO).

17   **4. Gerichtliche Überprüfung. a) Prüfung der Statthaftigkeit und der Zulässigkeit.** Das Beschwerdegericht hat gem. § 68 Abs. 2 FamFG zunächst zu prüfen, ob die Beschwerde an sich statthaft ist und den gesetzlichen **Form- und Fristvorschriften** entspricht (→ Rn. 13, → Rn. 15); andernfalls ist die Beschwerde zu verwerfen.

18   **b) Beweisaufnahme.** Ob eine förmliche **Beweisaufnahme** über entscheidungserhebliche Tatsachen nach den Vorschriften der ZPO durchgeführt wird, entscheidet das Beschwerdegericht gem. § 30 Abs. 1 FamFG nach pflichtgemäßem Ermessen.[12] Eine förm-

---

[9]   BeckOGK/Waßmer, 15.9.2022, Rn. 16 ff., 69 ff.
[10]   BeckOGK/Waßmer, 15.9.2022, Rn. 23; Keidel/Heinemann FamFG § 391 Rn. 7; Bumiller/Harders/ Schwamb FamFG § 391 Rn. 1; Stützel DB 2013, 2345 (2349).
[11]   Johannsen/Henrich/Althammer FamFG § 68 Rn. 3; Bumiller/Harders/Schwamb FamFG § 68 Rn. 2.
[12]   IE MüKoFamFG/Ulrici FamFG § 30 Rn. 3 ff.; Bumiller/Harders/Schwamb FamFG § 30 Rn. 1 ff.

liche Beweisaufnahme soll jedoch gem. § 30 Abs. 2 FamFG stattfinden, wenn das Gericht seine Entscheidung maßgeblich auf die Feststellung dieser Tatsache stützen will und die Richtigkeit von einem Beteiligten ausdrücklich bestritten wird.

c) Prüfungsumfang. Der **Prüfungsumfang** des Beschwerdegerichts hängt maßgeb- **19** lich davon ab, ob der Beschwerdeführer gegen die Anordnung des Ordnungsgeldes Einspruch eingelegt hat und bei unverschuldeter Säumnis Wiedereinsetzung in den vorigen Stand beantragt wurde:[13]

aa) Verhältnis von Einspruchs- und Beschwerdeverfahren. Hat der Beschwerde- **20** führer fristgerecht **Einspruch** gegen die Anordnung des Ordnungsgeldes gem. § 335 Abs. 3 S. 1 eingelegt, wird teilweise – mangels aufschiebender Wirkung des Einspruchs (§ 335 Abs. 3 S. 4) – der Erlass eines Ordnungsgeldbescheides gem. § 335 Abs. 4 durch das BfJ noch vor der Einspruchsentscheidung für möglich gehalten. Da dann die Festsetzung eines Ordnungsgeldes innerhalb der zweiwöchigen Beschwerdefrist des § 335a Abs. 2 anzufechten wäre, wären beide Verfahren parallel anhängig. Um der Einspruchsentscheidung oder einer eventuellen Abhilfe durch das BfJ nicht vorzugreifen, sei dem Beschwerdegericht die Überprüfung der Rechtmäßigkeit der Anordnung verwehrt; geprüft werden könne in diesem Fall allenfalls die formelle Wirksamkeit der Anordnung als Grundlage der späteren Entscheidung.[14] Gegen diese Auffassung und den Erlass eines Ordnungsgeldbescheides vor der Verwerfung des Einspruchs spricht jedoch die Regelung des § 390 Abs. 4 FamFG, wonach das BfJ erst mit der Verwerfungsentscheidung das Ordnungsgeld festzusetzen hat. Eine **Parallelität des Ordnungsgeld- und des gerichtlichen Beschwerdeverfahrens** kann daher nur eintreten, wenn erst nach Anhängigkeit des Beschwerdeverfahrens durch einen Wiedereinsetzungsantrag gem. § 335 Abs. 5 – nach Wegfall des Hindernisses – nachträglich geltend gemacht wird, dass die Versäumung der Publizitätspflichten innerhalb der Sechswochenfrist des § 335 Abs. 3 unverschuldet war (→ § 335 Rn. 30).[15] Unter dem Gesichtspunkt der Verfahrensökonomie ist es in diesen Fällen sinnvoll, im Beschwerdeverfahren das Ruhen des Verfahrens bis zum Abschluss des vorgreiflichen Verfahrens (Einwand des fehlenden Verschuldens) anzuordnen.

bb) Bindungswirkung der Anordnungsentscheidung. Hat der Betroffene gegen **21** die Androhung des Ordnungsgeldes innerhalb der Sechswochenfrist gem. § 335 Abs. 3 **keinen Einspruch** eingelegt und ist daraufhin ein Ordnungsgeld festgesetzt worden, hat das Beschwerdegericht verbindlich davon auszugehen, dass der Beschwerdeführer zur Offenlegung verpflichtet war.[16] Dies beruht darauf, dass eine Androhung nach der Systematik der §§ 335, 335a nur im Wege des Einspruchs angegriffen werden kann und als vorgreifliche Verfügung im späteren Beschwerdeverfahren **Bindungswirkung** entfaltet, wenn diese bereits in Bestandskraft erwachsen ist. Die Prüfung des Beschwerdegerichts beschränkt sich in diesen Fällen darauf, ob die Ordnungsgeldfestsetzung formell ordnungsgemäß erlassen und zugestellt wurde, hinreichend bestimmt und der Höhe nach nicht zu beanstanden ist.[17] Beruft sich ein Beschwerdeführer bspw. erst im Beschwerdeverfahren auf ein abweichendes Geschäftsjahr oder darauf, dass die Offenlegungspflichten bereits vor der Androhung erfüllt waren, ist dies bei bestandskräftiger Androhung unerheblich.[18]

cc) Präklusion (§ 335 Abs. 5 S. 9). Darüber hinaus kann sich der Beschwerdeführer **22** im Beschwerdeverfahren nicht mehr auf eine unverschuldete Säumnis in Bezug auf die Einspruchseinlegung oder die Erfüllung der gesetzlichen Offenlegungspflichten berufen (Präklusion), wenn er gegenüber dem BfJ nach Ablauf der Einspruchsfrist **keine Wieder-**

---

[13] Vgl. Stützel DB 2013, 2345 (2348).
[14] Stollwerk/Krieg GmbHG 2008, 575 (581).
[15] Kaufmann/Kurpat MDR 2014, 1 (6).
[16] LG Bonn NZI 2010, 193 (194) mwN.
[17] Stollwerk/Krieg GmbHG 2008, 575 (580); Wenzel BB 2008, 769 (711).
[18] Stollenwerk/Kurpat BB 2009, 150 f.

einsetzung in den vorigen Stand beantragt oder die **Verwerfung des Wiedereinsetzungsantrages bestandskräftig** ist (§ 335 Abs. 5 S. 9; → § 335 Rn. 29).[19]

23   **dd) Entscheidung des Beschwerdegerichts.** Wurde gegen die Androhung des Ordnungsgeldes Einspruch eingelegt und ist das vorgreifliche Einspruchsverfahren abgeschlossen, hat das Beschwerdegericht alle tatsächlichen und rechtlichen Gesichtspunkte bei seiner Prüfung zugrunde zu legen.[20] Die Entscheidung ergeht durch den Vorsitzenden der Kammer für Handelssachen (§ 335a Abs. 2 S. 5) und ist zu begründen (§ 69 Abs. 2 FamFG).

24   **ee) Kostenerstattung.** Für die **Kostenerstattung** gelten § 91 Abs. 1 S. 2 ZPO, §§ 103–107 ZPO entsprechend (§ 335a Abs. 2 S. 7); in Bezug auf die **außergerichtlichen Kosten** kann das Beschwerdegericht gem. § 335a Abs. 2 S. 6 nach billigem Ermessen bestimmen, dass die zur zweckentsprechenden Rechtsverfolgung notwendigen Kosten ganz oder teilweise von der Staatskasse zu erstatten sind.

V. Rechtsbeschwerde

25   Die Rechtsbeschwerde gem. § 335a Abs. 3 in der Fassung des Gesetzes zur Änderung des HGB vom 4.10.2013 (BGBl. 2013 I 3746) ist erstmals auf Ordnungsgeldverfahren anzuwenden, die nach dem **31.12.2013** eingeleitet worden sind (Art. 70 Abs. 3 S. 2 EGHGB).

26   **1. Zulassung durch das Beschwerdegericht.** Voraussetzung für die Statthaftigkeit der Rechtsbeschwerde ist die **Zulassung durch das Beschwerdegericht** (§ 335a Abs. 3 S. 1). Die Rechtsbeschwerde ist gem. § 70 Abs. 2 FamFG zuzulassen, wenn die Rechtssache grundsätzliche Bedeutung hat oder die Fortbildung des Rechts oder die Sicherung einer einheitlichen Rechtsprechung eine Entscheidung des Rechtsbeschwerdegerichts erfordern.[21] Eine Nichtzulassungsbeschwerde entsprechend § 544 ZPO ist nicht vorgesehen, die Entscheidung über die Zulassung der Rechtsbeschwerde ist daher **nicht anfechtbar.**[22]

27   An die Zulassungsentscheidung des Beschwerdegerichts ist das OLG Köln gebunden (§ 70 Abs. 2 S. 2 FamFG).[23] Allerdings kann das Rechtsbeschwerdegericht die zugelassene Rechtsbeschwerde durch einstimmigen Beschluss ohne mündliche Verhandlung oder Erörterung im Termin zurückweisen, wenn es davon überzeugt ist, dass die Voraussetzungen für die Zulassung der Rechtsbeschwerde gem. § 70 Abs. 2 FamFG nicht vorliegen und die Rechtsbeschwerde keine Aussicht auf Erfolg hat (§ 74a Abs. 1 FamFG). Dadurch soll das Rechtsbeschwerdegericht vor einer unnötigen Belastung bei einer fehlerhaft zugelassenen Rechtsbeschwerde und fehlenden Erfolgsaussichten bewahrt werden.[24]

28   Auch gegen die **Zurückweisung eines Befangenheitsantrages** in Bezug auf einen Richter des Beschwerdegerichts ist nicht die sofortige Beschwerde gem. § 6 Abs. 2 FamFG iVm §§ 567 ff. ZPO, sondern nur die Rechtsbeschwerde gem. § 335a Abs. 3 S. 1 statthaft, wenn diese vom Beschwerdegericht zugelassen wurde. Dies beruht darauf, dass das Landgericht Bonn im Ordnungsgeldverfahren gem. §§ 335, 335a nicht als Gericht des ersten Rechtszuges tätig wird, sondern als **Beschwerdegericht in zweiter Instanz,** zumal sich das Beschwerdeverfahren nach den Vorschriften über Rechtsmittel gem. §§ 58 ff. FamFG richtet und das BfJ somit die Stellung als erste Instanz einnimmt. Daher können Entscheidung des Beschwerdegerichts gem. § 335a Abs. 3 S. 1 nur mit der Rechtsbeschwerde angegriffen werden.[25] Wird die Rechtsbeschwerde in der Zurückweisung des Befangenheitsantrages nicht durch das Beschwerdegericht zugelassen, ist der Rechtsweg unabhängig von den Entscheidungsgründen erschöpft, auch wenn sich das Beschwerdegericht erkennbar

---

[19]   OLG Köln DStR 2015, 2296 (2297).
[20]   BeckOGK/Waßmer, 15.9.2022, Rn. 33.
[21]   IE Keidel/Meyer-Holz FamFG § 70 Rn. 20 ff.; Bumiller/Harders/Schwamb FamFG § 70 Rn. 12 ff.
[22]   OLG Köln BeckRS 2016, 20267; 2015, 17129; Keidel/Meyer-Holz FamFG § 70 Rn. 4; MüKoFamFG/Fischer FamFG § 70 Rn. 25; Kaufmann/Kurpat MDR 2014, 1 (7).
[23]   MüKoFamFG/Fischer FamFG § 70 Rn. 5.
[24]   OLG Köln GmbHR 2015, 1086.
[25]   OLG Köln FGPrax 2021, 191 f. = BeckRS 2020, 48940 mwN.

keine Gedanken über die Zulassung gemacht hat, die grundsätzliche Bedeutung der Sache oder eine Abweichung von einer Entscheidung des BGH verkannt hat.[26] Eine ergänzende oder nachholende Entscheidung gem. § 321 ZPO analog ist nicht zulässig.[27]

2. Einlegung. Die Rechtsbeschwerde ist binnen einer **Notfrist von einem Monat** 29 nach der schriftlichen Bekanntgabe der Beschwerdeentscheidung durch **Einreichung einer Rechtsbeschwerdeschrift beim Rechtsbeschwerdegericht,** dh beim OLG Köln, einzulegen (§ 71 Abs. 1 FamFG). Die Einlegung beim Beschwerdegericht ist nicht fristwahrend.[28] Gemäß § 71 Abs. 1 S. 2 FamFG muss die Rechtsbeschwerdeschrift die angefochtene Entscheidung bezeichnen, die Erklärung beinhalten, dass gegen diese Entscheidung Rechtsbeschwerde eingelegt werden soll, und ist von einem Rechtsanwalt zu unterzeichnen **(Anwaltszwang; → Rn. 7).** Mit der Rechtsbeschwerdeschrift soll zudem eine Ausfertigung oder beglaubigte Abschrift des angefochtenen Beschlusses vorgelegt werden (§ 71 Abs. 1 S. 3 FamFG). Zur elektronischen Einlegung der Rechtsbeschwerde → Rn. 13.

3. Begründungsfrist. Erforderlich ist eine **schriftliche Begründung,** die entweder 30 mit der Rechtsbeschwerdeschrift oder mit gesondertem Schriftsatz innerhalb einer **Frist von einem Monat** einzureichen ist; die Begründungsfrist beginnt ebenfalls mit der schriftlichen Bekanntgabe der angefochtenen Beschwerdeentscheidung (§ 71 Abs. 2 FamFG). Auf Antrag kann der Vorsitzende des Rechtsbeschwerdegerichts die Begründungsfrist verlängern (§ 71 Abs. 2 S. 3 FamFG iVm § 551 Abs. 2 S. 5 ZPO).[29]

4. Begründungsinhalt. Die Rechtsbeschwerde kann nur darauf gestützt werden, dass 31 die angefochtene Entscheidung auf einer **Verletzung des Rechts** beruht. Das Recht ist verletzt, wenn eine Rechtsnorm nicht oder nicht richtig angewendet worden ist (§ 72 Abs. 1 FamFG). Die Begründung der Rechtsbeschwerde hat gem. § 71 Abs. 3 FamFG **revisionsrechtlichen Anforderungen** zu genügen (vgl. § 345 StPO und § 551 Abs. 3 ZPO). Sie muss folglich die Erklärung enthalten, inwieweit die Beschwerdeentscheidung angefochten und dessen Aufhebung beantragt wird **(Rechtsbeschwerdeanträge).** Zudem müssen die **Rechtsbeschwerdegründe** vorgetragen werden, dh im Fall der Sachrüge die bestimmte Bezeichnung derjenigen Umstände, aus denen sich die materielle Rechtsverletzung ergibt, und im Fall der Verfahrensrüge die Bezeichnung der Tatsachen, die einen bestimmten Verfahrensfehler ergeben.[30] Angesichts der hohen Begründungshürden und der Zulassungsvoraussetzung ist zweifelhaft, ob das Rechtsbeschwerdeverfahren für die betroffenen Unternehmen die intendierte Erweiterung des Rechtsschutzes und der Rechtssicherheit bewirkt.[31]

5. Prüfungsumfang und Entscheidung. Das Rechtsbeschwerdegericht prüft 32 zunächst, ob die Rechtsbeschwerde an sich statthaft ist und ob sie in der gesetzlichen Form und Frist eingelegt und begründet ist. Mangelt es an einem dieser Erfordernisse, ist die Rechtsbeschwerde als unzulässig zu verwerfen (§ 74 Abs. 1 FamFG).

Der **Prüfungsumfang** des Rechtsbeschwerdegerichts wird durch die gestellten 33 Rechtsbeschwerdeanträge begrenzt (§ 74 Abs. 3 FamFG).

Ist die Rechtsbeschwerde begründet, hebt das Rechtsbeschwerdegericht die angefoch- 34 tene Beschwerdeentscheidung auf (§ 74 Abs. 5 FamFG); andernfalls ist die Rechtsbeschwerde zurückzuweisen. Dies gilt auch dann, wenn die Begründung der angefochtenen Entscheidung zwar einen Rechtsfehler enthält, die Entscheidung aber aus anderen Gründen richtig ist (§ 74 Abs. 2 FamFG). Liegt noch keine Entscheidungsreife vor, verweist das Rechtsbeschwerdegericht die Sache unter Aufhebung des angefochtenen Beschlusses und des Verfahrens zur anderweitigen Behandlung und Entscheidung an das Beschwerdegericht

---

[26] OLG Köln FGPrax 2021, 191 (192).
[27] BGH NJW 2004, 779.
[28] Keidel/Meyer-Holz FamFG § 71 Rn. 2.
[29] Zu den Verlängerungsvoraussetzungen Keidel/Meyer-Holz FamFG § 71 Rn. 26 ff.
[30] Bumiller/Harders/Schwamb FamFG § 71 Rn. 6; Keidel/Meyer-Holz FamFG § 71 Rn. 32 ff.
[31] Krit. auch Kuhsel DStR 2013, 1958 (1960); Stützel DB 2013, 2345 (2349).

zurück, wobei die Zurückverweisung auch an eine andere Kammer für Handelssachen des LG Bonn erfolgen kann. Das Gericht, an das die Sache zurückverwiesen wird, hat die rechtliche Beurteilung, die der Aufhebung zugrunde liegt, auch seiner Entscheidung zugrunde zu legen (§ 74 Abs. 6 FamFG).[32]

Dritter Titel. Gemeinsame Vorschriften für Straf-, Bußgeld- und Ordnungsgeldverfahren

§ 335b Anwendung der Straf- und Bußgeld- sowie der Ordnungsgeldvorschriften auf bestimmte offene Handelsgesellschaften und Kommanditgesellschaften

[1]Die Strafvorschriften der §§ 331 bis 333a, die Bußgeldvorschrift des § 334 sowie die Ordnungsgeldvorschrift des § 335 gelten auch für offene Handelsgesellschaften und Kommanditgesellschaften im Sinn des § 264a Abs. 1. [2]Das Verfahren nach § 335 ist in diesem Fall gegen die persönlich haftenden Gesellschafter oder gegen die Mitglieder der vertretungsberechtigten Organe der persönlich haftenden Gesellschafter zu richten. [3]Es kann auch gegen die offene Handelsgesellschaft oder gegen die Kommanditgesellschaft gerichtet werden. [4]§ 335a ist entsprechend anzuwenden.

1   § 335b war aufgrund der Rechtsprechung des EuGH[1] durch das KapCoRiLiG vom 24.2.2000 (BGBl. 2000 I 154) eingeführt worden. Zur Entstehungsgeschichte → Vor § 335 Rn. 1 ff.

2   § 335b erweitert den gesamten strafrechtlichen (§§ 331–333a), bußgeldrechtlichen (§ 334) und ordnungsgeldrechtlichen (§ 335) Schutz, der nach dem Wortlaut dieser Vorschriften nur für Kapitalgesellschaften gilt, auf die **offenen Handelsgesellschaften und Kommanditgesellschaften iSd § 264a Abs. 1,** dh auf solche Personenhandelsgesellschaften, bei denen nicht wenigstens ein persönlich haftender Gesellschafter eine natürliche Person, eine offene Handelsgesellschaft, Kommanditgesellschaft oder andere Personengesellschaft mit einer natürlichen Person als persönlich haftendem Gesellschafter ist.

3   Mit dem Gesetz zur Änderung des Handelsgesetzbuchs vom 4.10.2013 (BGBl. 2013 I 3746) wurde klargestellt, dass das Ordnungsgeldverfahren gem. §§ 335, 335a im Fall einer Personenhandelsgesellschaft gem. § 264a Abs. 1 sowohl gegen die **persönlich haftenden Gesellschafter** als Vertreter gem. §§ 125, 161 Abs. 2 oder gegen die **Mitglieder der vertretungsberechtigten Organe** der persönlich haftenden Gesellschafter als auch gegen die **Personenhandelsgesellschaft** selbst gerichtet werden kann.[2] Ein bei der OHG oder KG bestehender Aufsichtsrat fällt als fakultativer Aufsichtsrat nicht in den Schutzbereich des § 331 (→ § 331 Rn. 35).[3]

4   Anwendbar sind die genannten Vorschriften erstmals auf Jahresabschlüsse und Lageberichte bzw. Konzernabschlüsse und Konzernlageberichte von OHG oder KG iSd § 264a für das nach dem 31.12.1999 beginnende Geschäftsjahr (Art. 5 Nr. 2 Abs. 13.1 KapCoRiLiG). Das Gesetz zur Änderung des HGB vom 4.10.2013 gilt für Abschlussstichtage nach dem 30.12.2012.

§ 335c Mitteilungen an die Abschlussprüferaufsichtsstelle

(1) Das Bundesamt für Justiz übermittelt der Abschlussprüferaufsichtsstelle beim Bundesamt für Wirtschaft und Ausfuhrkontrolle alle Bußgeldentscheidungen nach § 334 Absatz 2a.

---

[32]   IE Keidel/Meyer-Holz FamFG § 74 Rn. 14 ff.; MüKoFamFG/Fischer FamFG § 74 Rn. 3 ff.; Bumiller/ Harders/Schwamb FamFG § 74 Rn. 6 ff.
[1]   EuGH BB 1999, 1485 = EuZW 1999, 446.
[2]   BT-Drs. 17/13221, 4, 10 f.
[3]   Ulmer/Dannecker/Kern HGB § 331 Rn. 30; MüKoStGB/Leplow HGB § 331 Rn. 34.

(2) ¹In Strafverfahren, die eine Straftat nach den §§ 332, 333 oder 333a zum Gegenstand haben, übermittelt die Staatsanwaltschaft im Falle der Erhebung der öffentlichen Klage der Abschlussprüferaufsichtsstelle die das Verfahren abschließende Entscheidung. ²Ist gegen die Entscheidung ein Rechtsmittel eingelegt worden, ist die Entscheidung unter Hinweis auf das eingelegte Rechtsmittel zu übermitteln.

Die Einführung des § 335c durch das AReG vom 10.5.2016 (BGBl. 2016 I 1142) diente **1** der Umsetzung der überarbeiteten Art. 30 Abs. 1 Abschlussprüfer-RL, Art. 30a Abs. 1 lit. b Abschlussprüfer-RL, Art. 30c Abschlussprüfer-RL und Art. 30f Abschlussprüfer-RL nF.[1] Nach diesen EU-Vorschriften sind die vom BfJ verhängten Bußgeldentscheidungen gem. § 334 Abs. 2a sowie die aufgrund von Straftaten gem. § 333a ergangenen Verurteilungen gegen Mitglieder eines Prüfungsausschusses (§ 324 Abs. 1) von der Abschlussprüferaufsichtsstelle (APAS) beim Bundesamt für Wirtschaft und Ausfuhrkontrolle (BAFA) auf deren Internetseite zu veröffentlichen; dies gilt entsprechend für die von den Wirtschafsprüferkammern (§§ 68 ff. WPO) und der APAS (§ 66a Abs. 6 S. 3 WPO) getroffenen berufsaufsichtsrechtlichen Maßnahmen gegen Abschlussprüfer und Prüfungsgesellschaften (§ 69 WPO). Gemäß § 335c sind daher alle abschlussprüfungsbezogenen Sanktionen – zwecks **zentraler Informationserfassung** – durch die Bußgeldbehörden und Staatsanwaltschaften an die APAS zu übermitteln. Durch die von der APAS vorgenommenen Bekanntmachungen soll den Marktteilnehmern eine **einheitliche Informationsplattform** zur Verfügung gestellt werden, um alle Sanktionen im Zusammenhang mit der Abschlussprüfung erleichtert einsehen zu können.[2]

Darüber hinaus korrelieren strafbare Verstöße gegen Berichtspflichten gem. § 332, die **2** Verletzung von Geheimhaltungspflichten gem. § 333 sowie strafbare Verstöße von Mitgliedern eines Prüfungsausschusses gegen die Vorgaben der Abschlussprüfungs-VO gem. § 333a iVm § 334a Abs. 2a regelmäßig auch mit berufsrechtlichen Verstößen der jeweils beauftragten Abschlussprüfer oder Prüfungsgesellschaften. Da durch das APAReG vom 31.3.2016 (BGBl. 2016 I 518) eine **zentralisierte, berufsstandsunabhängige Aufsicht** über die Abschlussprüfer und Prüfungsgesellschaften, dh die APAS beim BAFA, eingerichtet wurde, dient die Informationsübermittlung gem. § 335c auch der **Bündelung aller relevanten Informationen** in Bezug auf berufliche Pflichtverstößen (→ Vor § 331 Rn. 18 ff.).

Nach § 335c Abs. 1 hat das BfJ alle **rechtskräftigen Bußgeldentscheidungen** gegen **3** Mitglieder eines Prüfungsausschusses iSv § 334 Abs. 2a an die APAS zu übermitteln. Dass nur unanfechtbare Bußgeldentscheidungen zu übermitteln und zu veröffentlichen sind, folgt aus Art. 30c Abs. 1 UAbs. 1 Abschlussprüfer-RL (s. auch § 69 Abs. 1 WPO).

In diesem Sinne sind gem. § 69 Abs. 1a Nr. 2 WPO auch nur **rechtskräftige Verurtei-** **4** **lungen wegen Straftaten** gem. §§ 333a, 340m Abs. 2 und § 341 Abs. 2a von der APAS zu veröffentlichen. Dass die Staatsanwaltschaften gem. § 335c Abs. 2 nicht nur abschließende Entscheidungen (S. 1), sondern auch angefochtene Entscheidungen – unter Hinweis auf das eingelegte Rechtsmittel – an die APAS zu übermitteln haben (S. 2), dient dem Zweck, dass die APAS den Ausschuss der Aufsichtsstellen gem. Art. 30 Abschlussprüfungs-VO über alle Verurteilungen – in aggregierter Form – zu informieren hat (§ 69 Abs. 4 Nr. 3 WPO).

---

[1]   BT-Drs. 18/7219, 50.
[2]   BT-Drs. 18/7219, 50.

Dritter Abschnitt. Ergänzende Vorschriften für eingetragene Genossenschaften

Vorbemerkung (Vor § 336)

Schrifttum: Baetge/Kirsch/Leuschner/Jerzembek, Die Kapitalabgrenzung nach IFRS – Ein Vorschlag zur Modifizierung des IAS 32, DB 2006, 2133; Bauer, Genossenschafts-Handbuch, 2022; Bergmann, Pflichtprüfung und Grundauftrag aus der Sicht eines Wirtschaftsprüfers, ZfgG 1979, 200; Bergmann, Besonderheiten des genossenschaftlichen Prüfungswesens, ZfgG 2001, 217; Beuthien Genossenschaftsgesetz, 16. Aufl. 2018; Bieg/Waschbusch, Stille und offene Vorsorgereserven gemäß §§ 340f und 340g HGB – Bestandteile der Risikovorsorge eines Kreditinstituts?, ZfgK 2005, 145; Burger/Ulrich/Luce, Rechnungslegung und Konsolidierungspflicht, B.Bl. 2005, 96; DGRV, Jahresabschluss der Waren-, Dienstleistungs- und Agrargenossenschaften, 2022; DGRV, Jahresabschluss der Kreditgenossenschaft, 2022; DGRV, Das neue Bankbilanzrecht der Kreditgenossenschaft im Überblick, 1992; Graumann, Aktuelle Entwicklungen im Prüfungswesen und das Institut der genossenschaftlichen Pflichtprüfung, ZfgG 48 (1998), 7; Gschwandtner/Müller, Genossenschaftsrechtliche Kunstgriffe für einen Eigenkapitalausweis nach IAS 32, ZfgG 2008, 119; Helios/Strieder, Reform des Genossenschaftsrechts – Wiederbelebung einer guten Idee, WPg 2005, 2794; Jessen, Regelungen zur Unabhängigkeit der genossenschaftlichen Prüfungsverbände nach dem Bilanzrechtsreformgesetz, ZfgG 2005, 45; Korte/Schaffland, Genossenschaftsgesetz – Synoptische Gegenüberstellung der alten und neuen Gesetzesfassung sowie Erläuterung der Änderungen (DGRV-Schriftenreihe, Band 40), 2006; Keßler/Kühnberger, Die Reform der genossenschaftlichen Pflichtprüfung bei Kleinunternehmen, ZfgG 2008, 144; Kühnberger/Thomas, Die Rechnungslegung der Genossenschaften, 2002; Kühnberger/Keßler, Stille Reserven und das True-and-fair-view-Gebot: Besonderheiten der Genossenschaftsbilanz und ihre Folgen, WPg 2000, 1007; Küting, Stille Rücklage – ein betriebswirtschaftliches Phänomen, BB-Beil. 15/1995; Lang/Weidmüller Genossenschaftsgesetz, 40. Aufl. 2022; Lüdenbach/Hoffmann, Kein Eigenkapital in der IAS/IFRS-Bilanz von Personengesellschaften und Genossenschaften?, BB 2004, 1042; Mose, Die Einführung der genossenschaftlichen Pflichtprüfung durch das Genossenschaftsgesetz 1889, ZfgG 1989, 114; Ohlmeyer/Bergmann, Das neue genossenschaftliche Bilanzrecht, 1986; Ott/Weller, Geplante Auswirkungen des BilMoG auf die genossenschaftliche Pflichtprüfung, ZfgG 2008, 158; Peemöller/Finsterer/Weller, Vergleich von handelsrechtlichem und genossenschaftlichem Prüfungswesens, WPg 1999, 345; Schildbach, Eigenkapitalveränderungsrechnung, in Löw (Hrsg.), Rechnungslegung für Banken nach IFRS, 174; Spanier, Lagebericht der Kreditgenossenschaft – Neuerungen durch das KonTraG, BI/GF 2000, 53; Spanier, Freie Wahl des Wirtschaftsprüfers für Genossenschaften?, WPg 2001, 767; Spanier, Vereinbarkeit von Prüfung und Beratung durch den genossenschaftlichen Prüfungsverband, ZfgG 2003, 117; Spanier, Zur Qualitätskontrolle bei genossenschaftlichen Prüfungsverbänden – Besonderheiten des genossenschaftlichen Prüfungswesens, WPg 2003, 915; Spanier, Anforderungen an die genossenschaftlichen Prüfungsverbände, ZfgG 2008, 279; Spanier/Schulze, Der Konzernabschluss von Kreditgenossenschaften, BI/GF 2003, 66; Spanier/Weller, Eigenkapitalausweis bei Genossenschaften nach IFRS, ZfgG 2004, 269.

Übersicht

I. Transformation der EG-Bilanzrichtlinien

1   **1. Entstehung der §§ 336–339.** Die ergänzenden Vorschriften dieses Abschnitts sind im Rahmen der Transformation der RL 78/660/EWG (4. EG-Richtlinie) und der RL 83/349/EWG (7. EG-Richtlinie) durch das **Bilanzrichtliniengesetz 1985**[1] (BiRiLiG) vom

---

[1]   Zur Entstehung mit Gesetz, Begr. RegE und weiteren Gesetzesmaterialien s. Biener/Bernecke BiRiLiG S. 483 ff.

19.12.1985 (BGBl. 1985 I 2355) in das HGB aufgenommen worden. Sie enthalten die Vorschriften, die in Ergänzung der ersten beiden Abschnitte für eingetragene Genossenschaften (eG) unter Berücksichtigung ihrer Besonderheiten zur Anpassung an das neu geschaffene Bilanzrecht vorgeschrieben werden mussten. Ihre Aufnahme in das HGB entspricht der Konzeption des BiRiLiG, die Rechnungslegungsvorschriften für alle Rechtsformen im Dritten Buch des HGB soweit wie möglich zusammenzufassen. Rechtsform- und branchenbezogene Sonderregelungen sind nur noch insoweit in Spezialgesetzen belassen worden, als diese Regelungen jeweils nur für eine Rechtsform oder nur für eine Branche von Bedeutung waren. Allerdings ist das Publizitätsgesetz aufrechterhalten worden, was bis heute fort gilt und für Konzernabschlüsse von Genossenschaften von Bedeutung ist, soweit es sich nicht um Kreditinstitute oder bestimmte Finanzdienstleistungsinstitute handelt.

Die seither erfolgte Weiterentwicklung des allgemeinen Bilanzrechts ist auch für Genos- **2** senschaften von Bedeutung. Zu nennen sind in diesem Zusammenhang insbesondere die Änderungen durch folgende Gesetze:

– **Bankbilanzrichtlinie-Gesetz (BiRiLiG)** vom 30.11.1990 (BGBl. 1990 I 2570), mit dem die geschäftszweigspezifischen Rechnungslegungsvorschriften für Kreditinstitute des 4. Abschnitts des Dritten Buchs und der RechKredV in das deutsche Bilanzrecht eingeführt wurden
– **Gesetz zur Kontrolle und Transparenz im Unternehmensbereich (KonTraG)** vom 27.4.1998 (BGBl. 1998 I 786), das die Unternehmensleitungen dazu zwingt, ein unternehmensweites Risikofrüherkennungssystem einzuführen und zu betreiben, sowie Aussagen zu Risiken und zur Risikostruktur des Unternehmens im Lagebericht der Gesellschaft zu veröffentlichen; zudem wurde mit dem KonTraG 1998 die Rechtsgrundlage für den privat gegründeten Deutschen Rechnungslegungs Standards Committee e.V. (DRSC) gelegt
– **Bilanzrechtsreformgesetz (BilReG)** vom 4.12.2004 (BGBl. 2004 I 3166), mit dem die internationalen Rechnungslegungsstandards in das deutsche Bilanzrecht eingeführt und die Anforderungen an die Abschlussprüfung verschärft wurden
– **Bilanzrechtsmodernisierungsgesetz (BilMoG)** vom 25.5.2009 (BGBl. 2009 I 1102), das eine Annäherung des deutschen Bilanzrechts an die internationalen Rechnungslegungsstandards brachte, insbesondere durch die Abschaffung von Bilanzierungs- und Bewertungswahlrechten und die Einführung neuer Berichtspflichten
– **Kleinstkapitalgesellschaften-Bilanzrechtsänderungsgesetz (MicroBilG)** vom 20.12. 2012 (BGBl. 2012 I 2751), mit dem Erleichterungen für Kleinstbetriebe eingeführt worden sind, die noch über die bereits bestehenden Erleichterungen für kleine Gesellschaften hinausgehen
– **Bilanzrichtlinie-Umsetzungsgesetz (BilRUG)** vom 17.7.2015 (BGBl. 2015 I 1245) mit umfangreichen weiteren Änderungen des Bilanzrechts, insbesondere Erleichterungen für kleine und mittelgroße Unternehmen und Konzerne durch Anhebung der Schwellenwerte für die Größenklassen und Streichung von Anhangangaben, die Entlastung von Kleinstgenossenschaften analog den Erleichterungen für Kleinstkapitalgesellschaften sowie die Einführung neuer Berichtspflichten
– **Abschlussprüferaufsichtsreformgesetz (APAReG)** (BGBl. 2016 I 518) und **Abschlussprüfungsreformgesetz (AReG)** (BGBl. 2016 I 1142); beide Gesetze sind in ihren wesentlichen Punkten am 17.6.2016 in Kraft getreten. Sie betreffen sowohl Unternehmen von öffentlichem Interesse (Public Interest Entities – PIE) als auch sonstige Unternehmen (Non-PIE) sowie deren Abschlussprüfer. Darüber hinaus gelten für PIE und deren Abschlussprüfer die Anforderungen der europäischen **Abschlussprüfungs-VO** unmittelbar. Diese prüfungsrechtlichen Regelungen sind zum Teil auch für Genossenschaften und deren Prüfungsverbände von Bedeutung (→ Vor § 339 Rn. 9 ff.).
– **Gesetz zur weiteren Umsetzung der Transparenzrichtlinie-Änderungsrichtlinie (sog. ESEF-Umsetzungsgesetz)** vom 12.8.2020 (BGBl. 2020 I 1874), das eine Erweiterung der Offenlegungspflicht sowie des gesetzlichen Prüfungsauftrags für Genossen-

schaften brachte, die als Inlandsemittenten iSd § 2 Abs. 14 WpHG Wertpapiere iSd § 2
Abs. 1 WpHG, aber nicht ausschließlich die von § 327a erfassten Schuldtitel, begeben.

– **Gesetz zur Stärkung der Finanzmarktintegrität (FISG)** vom 3.6.2021 (BGBl. 2021
I 1534), mit dem die Bilanzkontrolle gestärkt und die Abschlussprüfung weiter reguliert
wurden, um die Richtigkeit der Rechnungslegungsunterlagen von Unternehmen sicherzustellen. Danach müssen Genossenschaften, die Unternehmen von öffentlichem Interesse nach § 316a S. 2 Nr. 1 (kapitalmarktorientiert iSd § 264d) oder 2 (CRR-Kreditinstitute) sind und keinen Aufsichtsrat haben, einen Prüfungsausschuss einrichten. Die
Mitglieder des Prüfungsausschusses sind von der Generalversammlung zu wählen; mindestens ein Mitglied des Prüfungsausschusses muss unabhängig sein und über Sachkunde in
Rechnungslegung und Abschlussprüfung verfügen.[2] Die Aufgaben und Zuständigkeiten
des Prüfungsausschusses richten sich nach § 53 Abs. 2 GenG iVm § 324 Abs. 2; sie betreffen dem entsprechend auch den Abschlussprüfer einer solchen Genossenschaft.

– **Gesetz zur Umsetzung der Digitalisierungsrichtlinie (DiRUG)** vom 5.7.2021
(BGBl. 2021 I 3338), das die Offenlegung von Rechnungslegungsunterlagen durch die
verpflichteten Unternehmen, auch für Genossenschaften, neu regelt. Danach sind die
offen zu legenden Unterlagen künftig nicht mehr im Bundesanzeiger zu veröffentlichen,
sondern direkt der das Unternehmensregister führenden Stelle zur Einstellung in das
Unternehmensregister zu übermitteln. (→ § 339 Rn. 10 f., 19).

3   **2. Anwendungsbereich.** Wie sich aus der Überschrift des Dritten Abschnitts ergibt,
erstreckt sich der persönliche Anwendungsbereich der §§ 336–339 auf **alle Unternehmen
in der Rechtsform der eG.** Für **Kredit-, Wertpapier-** und **Finanzdienstleistungsinstitute** (soweit nicht nach § 2 Abs. 6 oder 10 KWG ausgenommen; § 340 Abs. 4 S. 1) in der
Rechtsform der eG sind die Vorschriften aber nur zum Teil von Bedeutung.[3] Für sie gelten
zusätzlich die geschäftszweigspezifischen Sondervorschriften des Vierten Abschnitts, Erster
Unterabschnitt (§§ 340–340o), und der RechKredV, deren Regelungen, soweit abweichend,
als lex specialis den §§ 336–339 vorgehen (zu Einzelheiten → Rn. 20 ff.). Dies gilt nicht
für **Wohnungsgenossenschaften mit Spareinrichtung,** die zwar auch unter das KWG
fallen, aber nach § 340 Abs. 3 von der Anwendung der §§ 340–340o ausgeschlossen sind;
auf sie finden die §§ 336–339 vollumfänglich Anwendung. Durch §§ 32, 33 SCEAG wird
der persönliche Anwendungsbereich dieser Vorschriften auf Unternehmen in der Rechtsform der **Europäischen Genossenschaft** ausgedehnt.

4   Der sachliche Anwendungsbereich der §§ 336–339 erstreckt sich nach dem Wortlaut
des Gesetzes auf **Jahresabschluss und Lagebericht** der Genossenschaft. Es stellt sich die
Frage, ob die Regelungen auch für die **Konzernrechnungslegung** der Genossenschaften
Geltung erlangen. Dies ist grundsätzlich zu bejahen, soweit es sich um die rechtsformspezifischen Bilanzierungsvorschriften der §§ 336 Abs. 2, 337 und § 338 handelt; hinsichtlich des
Umfangs der Anwendung ist aber zu differenzieren: Bei Genossenschaften, die nach dem
PublG zur Konzernrechnungslegung verpflichtet sind, kommen die Regelungen vollum-
fänglich zur Anwendung (zu Einzelheiten sowie zur Problematik eines befreienden Konzernabschlusses nach § 291 oder § 292 → Rn. 15). Für Kredit- und Finanzdienstleistungsgenossenschaften, die nach § 340i zur Konzernrechnungslegung verpflichtet sind, sind sie
dagegen nur insoweit von Bedeutung, als sie für große Kapitalgesellschaften gelten (zu
Einzelheiten → Rn. 28). Die Offenlegung des Konzernabschlusses richtet sich für beide
Fallgruppen nicht nach § 339, sondern nach § 15 PublG (Genossenschaften, soweit Nichtbanken) oder nach § 340l (Kredit- und Finanzdienstleistungsinstitute).

5   Vor den §§ 336–339 werden die für Genossenschaften geltenden Rechnungslegungsvorschriften zunächst im Überblick dargestellt. Dabei ist zwischen den Fallgruppen „Genossenschaften (Nichtbanken)“ und „Kredit- und Finanzdienstleistungsgenossenschaften“ zu
unterscheiden, da jeweils unterschiedliche Vorschriften zur Anwendung kommen.

---

[2]   Lang/Weidmüller/Holthaus/Lehnhoff GenG § 53 Rn. 32.
[3]   Vgl. DGRV Jahresabschluss Kreditgenossenschaft A. I. Rn. 27 ff.

II. Rechnungslegung nach HGB und PublG

1. Regelungen für Genossenschaften (Nichtbanken). Eingetragene Genossen- **6** schaften gelten nach § 17 Abs. 2 GenG als Kaufleute im Sinne des HGB. Daher sind die für alle Kaufleute im Ersten Abschnitt des Dritten Buchs niedergelegten Rechnungslegungsvorschriften auch von Genossenschaften anzuwenden, namentlich die Vorschriften zu Buchführung und Inventar (§§ 238–241), die allgemeinen Vorschriften zur Bilanzierung und Bewertung (§§ 242–256a) sowie die Vorschriften zu Aufbewahrung und Vorlage von Unterlagen (§§ 257–261).[4] Ergänzend gilt für die Genossenschaften der Dritte Abschnitt des Dritten Buchs (§§ 336–339), der die Aufstellung von Jahresabschluss und Lagebericht sowie deren Offenlegung regelt.

a) Jahresabschluss und Lagebericht. Die **Aufstellung** von Jahresabschluss und **7** Lagebericht sowie die dabei anzuwendenden Vorschriften sind für Genossenschaften der Nichtbankensektoren in § 336 geregelt. Danach sind die Vorschriften der § 264 Abs. 1 S. 4 Hs. 1 und Abs. 1a, 2, §§ 265–289e, mit Ausnahme von § 277 Abs. 3 S. 1 und § 285 Nr. 17, über Jahresabschluss und Lagebericht der Kapitalgesellschaften grundsätzlich entsprechend anzuwenden. Ausnahmen bestehen aufgrund von Besonderheiten der Rechtsform, was insbesondere in den Vorschriften des § 337 zum Ausweis des genossenschaftlichen Eigenkapitals zum Ausdruck kommt. In Bezug auf die Bewertungsvorschriften bestehen seit dem Inkrafttreten des Bilanzrechtsmodernisierungsgesetzes (BilMoG) 2009 keine Unterschiede zu den Kapitalgesellschaften mehr. Jedoch können Genossenschaften aufgrund der Übergangsregelungen zum BilMoG nach Art. 67 Abs. 4 EGHGB niedrigere Wertansätze, die auf der Ausübung von bestimmten Bewertungswahlrechten beruhen, die ihnen vor dem Inkrafttreten des BilMoG 2009 – abweichend von den Vorschriften für Kapitalgesellschaften – eingeräumt waren (→ § 336 Rn. 19 ff.), zeitlich unbegrenzt unter Anwendung der für sie vormals geltenden Vorschriften fortführen. Besondere (rechtsformspezifische) Angabepflichten der Genossenschaft sind in § 338 geregelt, so die Offenlegung der Entwicklung des Mitgliederbestands sowie deren Geschäftsguthaben und Haftsummenverpflichtung.

Die **Prüfung** des Jahresabschlusses einschließlich Buchführung und Lagebericht der **8** Genossenschaften ist nicht im HGB, sondern in § 53 Abs. 2 GenG geregelt. Sie ist Bestandteil der umfassenden genossenschaftlichen Prüfung[5] gem. §§ 53 ff. GenG, wonach zwecks Feststellung der wirtschaftlichen Verhältnisse und der Ordnungsmäßigkeit der Geschäftsführung die Einrichtungen, die Vermögenslage und die Geschäftsführung der Genossenschaft einschließlich der Führung der Mitgliederliste zu prüfen sind. Abschlussprüfer ist kraft Gesetzes grundsätzlich der zuständige genossenschaftliche Prüfungsverband, dem die Genossenschaft als Mitglied angehört; Ausnahmen sind in § 55 Abs. 2, 2a und 3 GenG, § 56 GenG geregelt. Hinsichtlich Art und Umfang der Jahresabschlussprüfung wird in § 53 Abs. 2 GenG die entsprechende Anwendung der handelsrechtlichen Vorschriften (§§ 316 Abs. 3, 317 Abs. 1 S. 2 und 3, Abs. 2, bei großen Genossenschaften zusätzlich § 317 Abs. 5 und 6) vorgeschrieben. Ein Bestätigungsvermerk zum Jahresabschluss gem. § 322 wird – anders als bei den Kapitalgesellschaften – nur für große Genossenschaften iSd § 267 Abs. 3 verlangt (§ 58 Abs. 2 GenG). Einzelheiten zur genossenschaftlichen Prüfung, soweit von den Prüfungsvorschriften des HGB abweichend, sind vor § 339 erläutert.

Die **Feststellung** des Jahresabschlusses sowie die Beschlussfassung über die **Ergebnis-** **9** **verwendung** sind ebenfalls im GenG (§§ 19, 48) geregelt. Zuständig ist in beiden Fällen die Generalversammlung der Genossenschaft (zu Einzelheiten → Vor § 339 Rn. 52 ff.).

Bezüglich der **Offenlegung** des Jahresabschlusses und ggf. des Lageberichts wurde mit **10** dem § 339 eine eigenständige Vorschrift für Genossenschaften geschaffen, nachdem die Genossenschaften traditionell – und vom Gesetzgeber des BiRiLiG 1985 ausdrücklich so

---

[4]   DGRV Jahresabschluss WDA A. I. Rn. 6 ff.; Ohlmeyer/Bergmann, Das neue genossenschaftliche Bilanzrecht, 1986, S. 15.

[5]   Zur Geschichte des genossenschaftlichen Prüfungswesens. Beuthien GenG § 53 Rn. 1 ff.; Graumann ZfgG 1998, 7; Mose ZfgG 1989, 114 ff.

bestätigt – grundsätzlich nur einer Registerpublizität unterlagen und nur große Genossenschaften iSd § 267 Abs. 3 zusätzlich zu einer Veröffentlichung ihres Jahresabschlusses in einem sog. Satzungsblatt verpflichtet waren.[6] Dies änderte sich erst durch das Gesetz über elektronische Handelsregister und Genossenschaftsregister sowie das Unternehmensregister (EHUG) vom 10.11.2006 (BGBl. 2006 I 2553). Danach hatten Genossenschaften – ebenso wie die Kapitalgesellschaften – ab dem Jahr 2007 ihre Jahresabschlüsse im Bundesanzeiger bekannt zu machen; mit Wirksamwerden des Gesetzes zur Umsetzung der Digitalisierungsrichtlinie (DiRUG) zum 1.8.2022 hat die Bekanntmachung im **Unternehmensregister** zu erfolgen. Hinsichtlich der offenzulegenden Unterlagen bestehen aber nach wie vor Unterschiede zu den Kapitalgesellschaften (zu Einzelheiten → § 339 Rn. 1 ff.).

11   **b) Konzernabschluss und Konzernlagebericht.** Die Pflicht zur Aufstellung, Prüfung und Offenlegung eines Konzernabschlusses und eines Konzernlageberichtes ergibt sich für Mutterunternehmen in der Rechtsform der eG, soweit es sich nicht um Kredit- und Finanzdienstleistungsinstitute handelt, aus den **§§ 11 ff. PublG.** Die handelsrechtliche Konzernrechnungslegungspflicht nach § 290 greift hier nicht, da sie nur für Kapitalgesellschaften gilt und es sich bei einer Genossenschaft nicht um eine Kapitalgesellschaft handelt.[7] Nach den §§ 336–339 ist auch keine entsprechende Anwendung des § 290 vorgeschrieben. Demgemäß sind solche Genossenschaften – wie beispielsweise auch Personenhandelsgesellschaften – nur dann zur Konzernrechnungslegung verpflichtet, wenn sie die allgemeinen Größenmerkmale konzernpublizitätspflichtiger Unternehmen an den letzten drei aufeinander folgenden Abschlussstichtagen erfüllt haben.[8]

12   Ein **Mutter/Tochter-Verhältnis iSd § 11 Abs. 1 PublG** liegt – wie nach § 290 Abs. 1 – vor, wenn ein Unternehmen unmittelbar oder mittelbar einen beherrschenden Einfluss auf ein anderes Unternehmen ausüben kann. Es genügt, wenn eines der dem angelsächsischen „Control"-Konzept entsprechenden Kriterien nach § 290 Abs. 2 (Mehrheit der Stimmrechte, Organbestellungsrecht als Gesellschafter, Beherrschung aufgrund Vertrags oder Satzungsbestimmung, Mehrheit der Risiken und Chancen aus Zweckgesellschaften) erfüllt ist (§ 11 Abs. 6 PublG).

13   Die **Größenvoraussetzungen** der Konzernpublizitätspflicht sind gem. § 11 Abs. 1 PublG erfüllt, wenn für drei aufeinander folgende Konzernabschlussstichtage jeweils mindestens zwei der drei folgenden Merkmale zutreffen:
- Die Bilanzsumme einer auf den Konzernabschlussstichtag aufgestellten Konzernbilanz übersteigt 65 Mio. EUR.
- Die Umsatzerlöse einer auf den Konzernabschlussstichtag aufgestellten Konzern-Gewinn- und Verlustrechnung in den zwölf Monaten vor dem Abschlussstichtag übersteigen 130 Mio. EUR.
- Die Konzernunternehmen mit Sitz im Inland haben in den zwölf Monaten vor dem Konzernabschlussstichtag insgesamt durchschnittlich mehr als 5.000 Arbeitnehmer beschäftigt.

14   Die **Aufstellung** von Konzernabschluss und Konzernlagebericht ist in § 13 PublG geregelt. Danach gelten die handelsrechtlichen Vorschriften für Kapitalgesellschaften (§§ 294–315) sinngemäß; die §§ 315a–315d sind hingegen nicht anzuwenden. Mutterunternehmen in der Rechtsform der eG ist es jedoch erlaubt, niedrigere Wertansätze von Vermögensgegenständen, die auf der Ausübung von bestimmten Bewertungswahlrechten beruhen, die den Genossenschaften vor dem Inkrafttreten des BilMoG 2009 – abweichend von den Vorschriften für Kapitalgesellschaften – eingeräumt waren (→ § 336 Rn. 18 ff.), zeitlich unbegrenzt unter Anwendung der für sie vormals geltenden Vorschriften fortzuführen

---

[6]   Vgl. Biener/Bernecke BiRiLiG S. 487 ff.

[7]   Vgl. Beuthien GenG § 1 Rn. 2 ff. (vorwiegend personalistisch ausgestalteter förderwirtschaftlicher Sonderverein); Lang/Weidmüller/Holthaus/Lehnhoff GenG § 1 Rn. 1 ff. (auf ihre Mitglieder und vorwiegend personalistisch ausgerichtete Vereinigung mit besonderem Zweck).

[8]   ADS PublG § 11 Rn. 8; BeBiKo/Justenhoven/Schäfer § 336 Rn. 30; DGRV Jahresabschluss WDA A. VI. Rn. 91.

(Art. 67 Abs. 4 EGHGB). Ferner brauchen sie die nach § 314 Abs. 1 Nr. 6 vorgeschriebenen Angaben über die Gesamtbezüge von Vorstand und Aufsichtsrat und über gewährte Vorschüsse und Kredite sowie eingegangene Haftungsverhältnisse für diese Personengruppen im Anhang des Konzernabschlusses nicht zu machen (§ 13 Abs. 3 S. 1 PublG).

Wenn ein **befreiender Konzernabschluss** nach § 291 oder einer nach § 13 Abs. 4 **15** PublG iVm § 292 erlassenen Rechtsverordnung aufgestellt werden soll, ist hinsichtlich der vorgenannten Wahlrechte § 13 Abs. 3 S. 3 PublG zu beachten. Danach tritt die befreiende Wirkung nur dann ein, wenn das Tochterunternehmen, das gleichzeitig Mutterunternehmen ist, diese Erleichterungen für einen Konzernabschluss oder Teilkonzernabschluss hätte in Anspruch nehmen können. Diese Voraussetzung ist insbesondere bei Tochterunternehmen in der Rechtsform einer Personenhandelsgesellschaft erfüllt, nicht jedoch bei Tochter-Kapitalgesellschaften. Soll beispielsweise ein befreiender Konzernabschluss für eine Tochter-GmbH aufgestellt werden, bedingt dies den Verzicht der Mutter-eG auf die Ausübung der ihr nach Art. 67 Abs. 4 EGHGB und § 13 Abs. 3 S. 1 PublG eingeräumten Wahlrechte.

Die **Prüfung** des Konzernabschlusses ist in § 14 PublG, nicht etwa im HGB oder im **16** GenG geregelt. Hinsichtlich Gegenstand und Umfang der Konzernabschlussprüfung gelten die handelsrechtlichen Vorschriften (§ 316 Abs. 3, § 317) sinngemäß. Konzernabschlussprüfer ist kraft Gesetzes grundsätzlich der zuständige genossenschaftliche Prüfungsverband, dem die Genossenschaft als Mitglied angehört; die Ausnahmeregelungen nach den § 55 Abs. 2 und 3 GenG, § 56 GenG (zu Einzelheiten → Vor § 339 Rn. 9 ff.) greifen auch hier. Der von einem Prüfungsverband geprüfte Konzernabschluss hat **befreiende Wirkung** nach § 291 oder einer nach § 13 Abs. 4 PublG iVm § 292 erlassenen Rechtsverordnung nur, wenn das Tochterunternehmen, das gleichzeitig Mutterunternehmen ist, seinen Konzernabschluss oder Teilkonzernabschluss von dieser Person hätte prüfen lassen können (§ 14 Abs. 2 PublG). Dies trifft für alle Unternehmen iSd Art. 25 Abs. 1 EGHGB (sog. genossenschaftliche Kapitalgesellschaften) zu.

Eine förmliche Feststellung des Konzernabschlusses ist gesetzlich nicht vorgesehen. **17** Jedoch haben die gesetzlichen Vertreter der Genossenschaft nach § 14 Abs. 3 PublG den Konzernabschluss und den Konzernlagebericht sowie den Prüfungsbericht des Konzernabschlussprüfers unverzüglich nach dessen Eingang dem **Aufsichtsrat zur Kenntnisnahme** vorzulegen. Jedes Aufsichtsratsmitglied hat das Recht, die Vorlagen zur Kenntnis zu nehmen und, soweit der Aufsichtsrat nichts anderes beschlossen hat, auf Verlangen auch ausgehändigt zu bekommen.

Die **Offenlegung** des Konzernabschlusses richtet sich nach § 15 PublG, der eine sinn- **18** gemäße Anwendung der handelsrechtlichen Regelungen der § 325 Abs. 3–6, § 328, § 329 Abs. 1 und 4 vorschreibt. Offenzulegen ist der Konzernabschluss mit dem Bestätigungsvermerk des Abschlussprüfers sowie der Konzernlagebericht im Unternehmensregister.

2. Regelungen für Kredit-, Wertpapier und Finanzdienstleistungsinstitute. Alle **19** Kreditinstitute, so auch die Kreditgenossenschaften, unterliegen dem im Vierten Abschnitt, Erster Unterabschnitt des Dritten Buchs (§§ 340–340o) kodifizierten **Bankbilanzrecht,** das aufgrund der EG-Bankbilanzrichtlinie 1986 mit dem Bankbilanzrichtlinie-Gesetz 1990[9] in Deutschland eingeführt wurde. Nach § 340a Abs. 1 haben Kreditinstitute – unabhängig von ihrer Rechtsform und Größe – auf ihren Jahresabschluss und Lagebericht sowie auf ihren Konzernabschluss und Konzernlagebericht ergänzend zu den für alle Kaufleute geltenden Vorschriften des Ersten Abschnitts des Dritten Buchs (§§ 238–263) die für große Kapitalgesellschaften geltenden Vorschriften des Zweiten Abschnitts (§§ 264–335c) anzuwenden, soweit sich aus den geschäftszweigspezifischen Vorschriften der §§ 340a–340o nichts anderes ergibt. **Kredit-, Wertpapier- und Finanzdienstleistungsinstitute in der Rechtsform der eG** haben darüber hinaus einige der ergänzenden Vorschriften für Genossenschaften aus dem Dritten Abschnitt (hier §§ 337, 338) zu beachten.[10] Nach § 340a Abs. 2 S. 2

---

[9] BGBl. 1990 I. 2570 ff.; abgedruckt in DGRV 1992, Anlage 3.
[10] DGRV Jahresabschluss Kreditgenossenschaft B. III. Rn. 1083 ff., 1149, D. VII. Rn. 238 ff.

haben alle Kreditinstitute zudem die durch Verordnung über die Rechnungslegung der Kreditinstitute und Finanzdienstleistungsinstitute (RechKredV) erlassenen Formblätter und anderen Vorschriften anzuwenden. Diese Vorschriften gelten gem. § 340 Abs. 4, 4a grundsätzlich auch für Finanzdienstleistungsinstitute iSd § 1 Abs. 1a KWG und für Wertpapierinstitute iSd § 2 Abs. 1 WpIG in der Rechtsform einer eG.

20   **a) Jahresabschluss und Lagebericht.** Die Pflicht zur **Aufstellung** von Jahresabschluss und Lagebericht ergibt sich für Kreditgenossenschaften aus § 340a Abs. 1 iVm § 264. Wegen der Besonderheiten des Geschäftszwigs der Kreditinstitute sind bei der Aufstellung diverse Vorschriften aus dem Ersten und Zweiten Abschnitt des Dritten Buchs ersatzlos oder aufgrund besonderer Regelungen im Vierten Abschnitt, Erster Unterabschnitt, und in der RechKredV nicht anzuwenden; im Einzelnen → § 340a Rn. 13 ff. Folgende geschäftszweigspezifischen Bilanzierungs- und Bewertungsvorschriften des Vierten Abschnitts, Erster Unterabschnitt, sind hervorzuheben (zu den Kommentierungen s. jeweils dort):
– Bilanzierung von echten und unechten Pensionsgeschäften (§ 340b),
– Verrechnung der Erträge und Aufwendungen aus Geschäften mit Finanzinstrumenten des Handelsbestands und dem Handel mit Edelmetallen (§ 340c Abs. 1),
– Verrechnung der Erträge und Aufwendungen aus Beteiligungen, Anteilen an verbundenen Unternehmen und Wertpapieren des Anlagevermögens (§ 340c Abs. 2),
– Angabe von dem haftenden Eigenkapital zugerechneten Bewertungsreserven im Anhang des Jahresabschlusses (§ 340c Abs. 3),
– Fristengliederung der Forderungen und Verbindlichkeiten nach der Restlaufzeit im Anhang des Jahresabschlusses (§ 340d),
– Grundsätze für die Bewertung von Vermögensgegenständen (§ 340e Abs. 1),
– Nennbetragsbilanzierung von Hypothekendarlehen und sonstigen Forderungen (§ 340e Abs. 2),
– Bewertung von Finanzinstrumenten des Handelsbestands zum beizulegenden Zeitwert abzüglich eines Risikoabschlags (§ 340e Abs. 3),
– Pflicht zur Dotierung des Fonds für allgemeine Bankrisiken nach § 340g in Höhe von 10 % der Nettoerträge des Handelsbestands (§ 340e Abs. 4),
– Stille Vorsorge für allgemeine Bankrisiken bis zu einem Betrag von maximal 4 % des Gesamtbetrags der Forderungen an Kreditinstitute und Kunden sowie der Wertpapiere der Liquiditätsreserve (§ 340f Abs. 1),
– Verrechnung der Erträge und Aufwendungen aus dem Kreditgeschäft und den Geschäften mit Wertpapieren der Liquiditätsreserve – sog. Überkreuzkompensation (§ 340f Abs. 3 und 4),
– Offene Risikovorsorge durch Bildung eines Passivpostens in der Bilanz im Rahmen vernünftiger kaufmännischer Beurteilung – Sonderposten für allgemeine Bankrisiken (§ 340g),
– Berücksichtigung von Erträgen aus der Währungsumrechnung (§ 340h).

21   Die **Prüfung** des Jahresabschlusses einer Kreditgenossenschaft richtet sich vorrangig nach den Vorschriften des § 340k Abs. 1 und 2; subsidiär gelten, soweit nicht widersprechend, die Prüfungsvorschriften der §§ 53 ff. GenG. So finden auf die Abschlussprüfung die handelsrechtlichen Prüfungsvorschriften (§§ 316–324a) mit bestimmten Modifikationen Anwendung. Die Abweichungen sind durch die Rechtsform bedingt und betreffen die Person des Abschlussprüfers sowie einzelne Ausschlussvorschriften aufgrund einer Besorgnis der Befangenheit nach § 319 Abs. 2 und 3 (zu Einzelheiten → Vor § 339 Rn. 4 ff.).

22   Hinsichtlich der **Feststellung** des Jahresabschlusses einer Kreditgenossenschaft sowie der Beschlussfassung über die **Ergebnisverwendung** bestehen keine Besonderheiten gegenüber den allgemeinen Regeln für Genossenschaften in §§ 19, 48 GenG (zu Einzelheiten → Vor § 339 Rn. 52 ff.).

23   Die **Offenlegung des Jahresabschlusses** richtet sich bei Kreditgenossenschaften nach den allgemein für Kreditinstitute geltenden Regelungen des § 340l, die eine Bekanntmachung der in § 325 bezeichneten Unterlagen im Unternehmensregister nach den Vorschriften für große Kapitalgesellschaften (§ 325 Abs. 2–5, § 328, § 329 Abs. 1) vorsehen. Die rechtsformspezifischen Offenlegungsregeln für Genossenschaften in § 339 sind auf Kreditgenossenschaften nicht anzuwenden.[11]

b) Konzernabschluss und Konzernlagebericht. Die Pflicht zur Konzernrech- **24** nungslegung ergibt sich für Kreditgenossenschaften als Mutterunternehmen aus § 340i. Nach dieser Vorschrift haben Kreditinstitute unabhängig von ihrer Größe (§ 293 ist nicht anzuwenden) einen Konzernabschluss und einen Konzernlagebericht nach den Vorschriften der §§ 290–315e aufzustellen, soweit in den geschäftszweigspezifischen Vorschriften des Vierten Abschnitts, Erster Unterabschnitt (§§ 340 ff.) nichts anderes bestimmt ist. Maßgeblich ist damit der Konzernbegriff des § 290 (→ § 340i Rn. 11, → § 340j Rn. 11).[12]

Ein **Mutter/Tochter-Verhältnis iSd § 290** liegt vor, wenn eine Kreditgenossenschaft **25** auf ein anderes Unternehmen (Tochterunternehmen) unmittelbar oder mittelbar einen beherrschenden Einfluss ausüben kann. Ein beherrschender Einfluss wird nach dem Gesetz – unwiderlegbar – unterstellt, wenn die Kreditgenossenschaft im Verhältnis zu dem anderen Unternehmen über eine der folgenden Rechtspositionen verfügt:
– die Mehrheit der Stimmrechte der Gesellschafter,
– das Recht als Gesellschafter, die Mehrheit der Mitglieder des die Finanz- und Geschäftspolitik bestimmenden Verwaltungs-, Leitungs- oder Aufsichtsorgans zu bestellen oder abzuberufen,
– das Recht, die Finanz- und Geschäftspolitik aufgrund eines Beherrschungsvertrages oder einer Satzungsbestimmung zu bestimmen oder
– Tragung der Mehrheit der Risiken und Chancen eines Unternehmens, das zur Erreichung eines eng begrenzten und genau definierten Ziels der Kreditgenossenschaft dient (Zweckgesellschaft).

Durch das BilMoG 2009 neu in das Gesetz aufgenommen wurde der letztgenannte **26** Tatbestand, wonach **Zweckgesellschaften** künftig stets in den Konzernabschluss einzubeziehen sind oder, sofern eine Zweckgesellschaft das einzige Tochterunternehmen ist, erstmals eine Pflicht zur Aufstellung eines Konzernabschlusses gegeben sein kann.[13] Neben Unternehmen können auch sonstige juristische Personen oder unselbstständige Sondervermögen des Privatrechts Zweckgesellschaften sein. Ausgenommen von der Konsolidierungspflicht sind nach § 290 Abs. 2 Nr. 4 lediglich Spezial-AIF iSd § 284 KAGB sowie vergleichbare ausländische Investmentvermögen.

Hinsichtlich des **Konsolidierungskreises** ist in Ergänzung zu den allgemeinen Regeln **27** der §§ 294, 296 die Vorschrift des § 340j zu beachten. Sie regelt den **Spezialfall einer finanziellen Stützungsaktion** zur Sanierung oder Rettung eines Tochter-Kreditinstituts durch einen vorübergehenden Erwerb von Anteilen an dem Institut. Nach § 296 Abs. 1 Nr. 3 braucht die Kreditgenossenschaft dieses Institut nicht in den Konzernabschluss einzubeziehen. Macht sie von diesem Wahlrecht Gebrauch, so hat sie nach § 340j den Jahresabschluss des Tochterinstituts ihrem Konzernabschluss beizufügen und im Anhang des Konzernabschlusses zusätzliche Angaben über die Art und die Bedingungen der finanziellen Stützungsaktion zu machen.[14]

Bei der **Aufstellung** von Konzernabschluss und Konzernlagebericht sind die Vorschrif- **28** ten der §§ 340a–340g für den Jahresabschluss (→ Rn. 20 ff.) entsprechend anzuwenden; die allgemeinen Vorschriften für Konzernabschlüsse nach § 298 Abs. 1, § 314 Abs. 1 Nr. 1, 3, 6 lit. c und Nr. 23 sind von der Anwendung ausgeschlossen. Ferner sind die für die Rechtsform und den Geschäftszweig der in den Konzernabschluss einbezogenen Unternehmen mit Sitz im Geltungsbereich des HGB relevanten Vorschriften entsprechend anzuwenden, soweit sie für große Kapitalgesellschaften gelten. Zu den relevanten rechtsformspezifi-

---

11 DGRV Jahresabschluss Kreditgenossenschaft A. VI. Rn. 377.
12 Vgl. Krumnow ua §§ 340i, 340j Rn. 11 ff.; Spanier/Schulze BI/GF 2003, 66.
13 Burger/Ulrich/Luce B.Bl. 2002, 96 ff.; Spanier/Schulze BI/GF 2003, 66 ff.
14 Vgl. Krumnow ua §§ 340i, 340j Rn. 57 ff.

schen Vorschriften zählen, soweit es die Kreditgenossenschaft als Mutterunternehmen betrifft, die §§ 337, 338. Gehören dem Konzern Tochterunternehmen in der Rechtsform der AG oder der GmbH an, sind darüber hinaus die besonderen Vorschriften des AktG (§§ 150, 152, 158, 160) und des GmbHG (§ 42) zum Jahresabschluss anzuwenden. Sofern dem Konzern ein Versicherungsunternehmen oder ein Pensionsfonds angehört, sind insoweit darüber hinaus die für diesen Geschäftszweig geltenden Vorschriften der §§ 341a–341h anzuwenden. Zu den Rechtsgrundlagen der Konzernrechnungslegung → § 340i Rn. 1 ff. und → § 340j Rn. 1 ff.

29   Zur Aufstellung eines Konzernabschlusses nach den internationalen Rechnungslegungsstandards IAS/IFRS → Rn. 32 ff.

30   Für die **Prüfung** und **Offenlegung** des Konzernabschlusses einer Kreditgenossenschaft gelten die gleichen Regeln wie für deren Jahresabschluss (→ Rn. 21 f.).

31   Eine förmliche **Feststellung** des Konzernabschlusses ist gesetzlich **nicht vorgesehen.** Auch gibt es keine gesetzliche Vorschrift, die für Kreditgenossenschaften eine Kenntnisnahme oder Billigung des Konzernabschlusses durch den Aufsichtsrat oder die General- bzw. Vertreterversammlung vorsieht.

III. Rechnungslegung nach IAS/IFRS

32   Die durch die **IAS-VO** und das **BilReG** eingeführten Regelungen zur Rechnungslegung nach den internationalen Rechnungslegungsstandards – „International Accounting Standards" (IAS)/„International Financial Reporting Standards" (IFRS) – sind auch auf Genossenschaften anzuwenden. Wie bei den anderen Rechtsformen ist zwischen Pflichtanwendern und freiwilligen Anwendern der IAS/IFRS zu unterscheiden. Die Pflichtanwendung ist auf Konzernabschlüsse kapitalmarktorientierter Gesellschaften begrenzt.

33   **1. Konzernabschluss.** Genossenschaften gehören zu den **Pflichtanwendern** der IAS/IFRS, wenn sie (1) als Mutterunternehmen nach dem HGB (Kreditgenossenschaften) oder dem PublG (Genossenschaften der Nichtbankensektoren) zur Konzernrechnungslegung verpflichtet sind und (2) Wertpapiere (Schuldtitel) emittiert haben und diese Wertpapiere am jeweiligen Bilanzstichtag zum Handel in einem geregelten Markt im Sinne der EU-Wertpapierdienstleistungsrichtlinie zugelassen sind (Art. 4 IAS-VO iVm § 315e Abs. 1).[15] Durch § 315e Abs. 2 wird der Kreis der Pflichtanwender noch erweitert um jene Mutterunternehmen, die bis zum jeweiligen Bilanzstichtag erst die Zulassung eines Wertpapiers zum Handel in einem organisierten Markt iSd § 2 Abs. 5 WpHG im Inland beantragt haben.

34   Für die **Aufstellung** des IAS/IFRS-Konzernabschlusses sind gem. Art. 4 IAS-VO die in das europäische Recht übernommenen internationalen Rechnungslegungsstandards maßgeblich; daraus folgt, dass Standards, die (noch) nicht im Rahmen des sog. Komitologieverfahrens anerkannt worden sind, nicht anzuwenden sind. Darüber hinaus bleiben nach § 315e Abs. 1 neben diesen Standards bestimmte nationale Vorschriften auf den Konzernabschluss anwendbar (vgl. → § 315e Rn. 16 ff.);[16] dies betrifft im Wesentlichen
– die Vorschriften des HGB oder des PublG darüber, welche Genossenschaften zur Aufstellung eines Konzernabschlusses verpflichtet sind (die Abgrenzung des Konsolidierungskreises richtet sich demgegenüber nach den IAS/IFRS),
– die Pflicht zur Angabe der Firma, des Sitzes des Registergerichts und der Nummer, unter der das Mutterunternehmen in das Handelsregister eingetragen ist, nach § 297 Abs. 1a
– den sog. Bilanzeid nach § 297 Abs. 2 S. 4,
– die Vorschriften über Angaben im Anhang des Konzernabschlusses nach § 313 Abs. 2 und 3, § 314 Abs. 1 Nr. 4, 6, 8 und 9, Abs. 3,
– die Verpflichtung zur Aufstellung eines Konzernlageberichts nach §§ 315–315d,

---

15   Vgl. Begr. RegE zu § 315e Abs. 1, § 340i Abs. 2 S. 3 und § 11 Abs. 6 Nr. 2 PublG; DGRV Jahresabschluss WDA G. VIII. Rn. 194 ff.
16   Begr. RegE zu § 315e Abs. 1 (ursprünglich § 315a Abs. 1).

– die Prüfung des Konzernabschlusses und Konzernlageberichts nach § 340k (Kreditgenossenschaften) oder nach § 14 PublG (Genossenschaften der Nichtbankensektoren),
– die Offenlegung des Konzernabschlusses, des Konzernlageberichts und ergänzender Unterlagen nach § 340l (Kreditgenossenschaften) oder nach § 15 PublG (Genossenschaften der Nichtbankensektoren).

Genossenschaften, die Mutterunternehmen sind, aber nicht zu den Pflichtanwendern **35** gehören, dürfen ihren Konzernabschluss gem. § 315e Abs. 3 freiwillig nach den internationalen Rechnungslegungsstandards und Vorschriften aufstellen. Als **freiwillige Anwender** sind sie aber verpflichtet, die Standards und Vorschriften vollständig zu befolgen (S. 2). Dies bedeutet zum einen, dass der Konzernabschluss nicht etwa teils nach den in das EU-Recht übernommenen IAS/IFRS, teils nach den Konzernbilanzierungsvorschriften des HGB aufgestellt werden darf; zum anderen haben freiwillige Anwender – wie die Pflichtanwender – die oben genannten Vorschriften des HGB und des PublG anzuwenden.[17] Unter diesen Voraussetzungen befreit der IAS/IFRS-Konzernabschluss die Genossenschaft von der Verpflichtung, einen Konzernabschluss nach dem HGB oder dem PublG aufzustellen, prüfen zu lassen und offenzulegen.

Ein IAS/IFRS-Konzernabschluss nach § 315e ist ein Konzernabschluss im Sinne anderer **36** gesetzlicher Vorschriften.[18] Er unterliegt damit in Bezug auf die **Prüfung** und **Offenlegung** den Vorschriften der §§ 340k, 340l (Kreditgenossenschaften) oder der §§ 14, 15 PublG (Genossenschaften der Nichtbankensektoren). Danach ist der geprüfte IAS/IFRS-Konzernabschluss unverzüglich nach seiner Vorlage an die General- oder Vertreterversammlung, jedoch spätestens binnen Jahresfrist nach dem Abschlussstichtag im Unternehmensregister bekannt zu machen.

2. Einzelabschluss. Eine Pflicht zur Anwendung der IAS/IFRS im Jahresabschluss **37** (Einzelabschluss) schreibt das Gesetz in keinem Falle vor. Auch eine freiwillige Anwendung ist gesetzlich nicht vorgesehen. Für Zwecke der gesellschaftsrechtlichen Kapitalerhaltung und Ausschüttungsbemessung, der Besteuerung des Unternehmensertrags und der staatlichen Beaufsichtigung bestimmter Wirtschaftszweige, insbesondere der Kreditinstitute und Versicherungsunternehmen, wird weiterhin stets ein Jahresabschluss nach den Vorschriften des HGB verlangt.[19] Dies gilt für alle Unternehmen, somit auch für Genossenschaften.

Genossenschaften ist es – ebenso wie Kapitalgesellschaften – gem. § 325 Abs. 2a lediglich **38** gestattet, anstelle ihres Jahresabschlusses einen nur zu Informationszwecken dienenden Einzelabschluss nach den internationalen Rechnungslegungsstandards zu veröffentlichen.[20] Die Rechtsgrundlagen dafür finden sich für Genossenschaften der Nichtbankensektoren in § 339 Abs. 2, für Kreditgenossenschaften in § 340l Abs. 1 S. 1. Auch die Genossenschaften haben damit die Möglichkeit, einen IAS/IFRS-Einzelabschluss aufzustellen und ihn zum Gegenstand ihrer Pflichtveröffentlichung im Bundesanzeiger zu machen, um sich so der breiten Öffentlichkeit als Unternehmen mit internationaler Rechnungslegung zu präsentieren. Die befreiende Wirkung des IAS/IFRS-Einzelabschlusses, dh die Befreiung der Genossenschaft von der Bekanntmachung ihres HGB-Jahresabschlusses im Unternehmensregister, ist aber an die in § 325 Abs. 2a und 2b genannten Voraussetzungen geknüpft (zu Einzelheiten → § 339 Abs. 2 Rn. 23 ff.).

§ 336 Pflicht zur Aufstellung von Jahresabschluß und Lagebericht

(1) ¹Der Vorstand einer Genossenschaft hat den Jahresabschluß (§ 242) um einen Anhang zu erweitern, der mit der Bilanz und der Gewinn- und Verlustrechnung

---

[17] Begr. RegE zu § 315e Abs. 3 (ursprünglich § 315a Abs. 3).
[18] Begr. RegE zu § 315e Abs. 3 (ursprünglich § 315a Abs. 3).
[19] Begr. RegE zu § 325 Abs. 2a.
[20] Begr. RegE zu § 325 Abs. 2a.

eine Einheit bildet, sowie einen Lagebericht aufzustellen. [2]Der Jahresabschluß und der Lagebericht sind in den ersten fünf Monaten des Geschäftsjahrs für das vergangene Geschäftsjahr aufzustellen. Ist die Genossenschaft kapitalmarktorientiert im Sinne des § 264d und begibt sie nicht ausschließlich die von § 327a erfassten Schuldtitel, beträgt die Frist nach Satz 2 vier Monate.

(2) [1]Auf den Jahresabschluss und den Lagebericht sind, soweit in diesem Abschnitt nichts anderes bestimmt ist, die folgenden Vorschriften entsprechend anzuwenden:

1. § 264 Absatz 1 Satz 4 erster Halbsatz und Absatz 1a, 2,
2. die §§ 265 bis 289e, mit Ausnahme von § 277 Absatz 3 Satz 1 und § 285 Nummer 17,
3. § 289f Absatz 4 nach Maßgabe des § 9 Absatz 3 und 4 des Genossenschaftsgesetzes.

[2]Sonstige Vorschriften, die durch den Geschäftszweig bedingt sind, bleiben unberührt. [3]Genossenschaften, die die Merkmale für Kleinstkapitalgesellschaften nach § 267a Absatz 1 erfüllen (Kleinstgenossenschaften), dürfen auch die Erleichterungen für Kleinstkapitalgesellschaften nach näherer Maßgabe des § 337 Absatz 4 und § 338 Absatz 4 anwenden.

(3) § 330 Abs. 1 über den Erlaß von Rechtsverordnungen ist entsprechend anzuwenden.

Schrifttum: s. bei Vor § 336.

Übersicht

I. Vorbemerkung

1   Die Vorschriften des § 336 betreffen in erster Linie **Genossenschaften der Nichtbankensektoren,** wie insbesondere Handels-, Produktions-, Agrar-, Konsum-, Wohnungs- und Dienstleistungsgenossenschaften, und hier den **Jahresabschluss.** Als rechtsformspezifische Normen sind sie aber auch für den **Konzernabschluss** von Genossenschaften von Bedeutung.

2   Für **Kredit- und Finanzdienstleistungsgenossenschaften** gelten vorrangig die geschäftszweigspezifischen Vorschriften des Vierten Abschnitts, Erster Unterabschnitt (§§ 340 ff.) sowohl in Bezug auf den Jahres- als auch in Bezug auf den Konzernabschluss.

II. Aufstellungspflicht

Die Pflicht zur Aufstellung eines Jahresabschlusses ergibt sich für Genossenschaften **3** aufgrund ihrer Kaufmannseigenschaft (§ 17 Abs. 2 GenG) aus § 242.[1] Danach hat der Kaufmann für den Schluss eines jeden Geschäftsjahrs einen das Verhältnis seines Vermögens und seiner Schulden darstellenden Abschluss **(Bilanz)** sowie eine Gegenüberstellung der Aufwendungen und Erträge des Geschäftsjahrs **(Gewinn- und Verlustrechnung)** aufzustellen. Die Bilanz und die Gewinn- und Verlustrechnung bilden zusammen den Jahresabschluss.

Ergänzend ist durch Abs. 1 S. 1 bestimmt, dass Genossenschaften ihren Jahresabschluss **4** um einen **Anhang** zu erweitern haben, der mit der Bilanz und der Gewinn- und Verlustrechnung eine Einheit bildet. Die Vorschrift bestimmt zudem, dass Genossenschaften einen **Lagebericht** aufzustellen haben; kleine Genossenschaften iSd § 267 Abs. 1 sowie Kleinstgenossenschaften iSd § 267a Abs. 1 sind jedoch hiervon ausgenommen (§ 336 Abs. 2 S. 1 Nr. 1 iVm § 264 Abs. 1 S. 4 Hs. 1 und § 267a Abs. 2).

Die **Zuständigkeit** für die Aufstellung von Jahresabschluss und Lagebericht obliegt **5** dem **Vorstand der Genossenschaft** als Organ.[2] Dies bedeutet, dass alle Vorstandsmitglieder gemeinsam, ggf. einschließlich der ehrenamtlichen Vorstandsmitglieder, die Aufstellung vorzunehmen haben. Sie erfolgt durch förmlichen Vorstandsbeschluss. Für die Beschlussfassung gelten die Bestimmungen der Satzung der Genossenschaft. Nach den Mustersatzungen des Deutschen Genossenschafts- und Raiffeisenverbandes e.V. genügt insoweit die einfache Mehrheit der Stimmen.

Für die **Aufstellung** des Jahresabschlusses gelten im Übrigen grundlegend die allgemei- **6** nen Vorschriften der §§ 243–245. Danach hat der Jahresabschluss den Grundsätzen ordnungsmäßiger Buchführung zu entsprechen und muss klar und übersichtlich sein (allgemeine Generalnorm). Er ist in deutscher Sprache und in der Währung „Euro" aufzustellen. Der Kaufmann, bei Genossenschaften vertreten durch den Vorstand bzw. bei europäischen Genossenschaften durch die geschäftsführenden Direktoren, hat den Jahresabschluss eigenhändig unter Angabe des Datums zu unterzeichnen; dies gilt für sämtliche Vorstandsmitglieder, auch für diejenigen, die bei der Beschlussfassung über die Aufstellung des Jahresabschlusses mit satzungsmäßiger Mehrheit überstimmt worden sind.[3]

Die **Frist** für die Aufstellung des Jahresabschlusses wird durch Abs. 1 S. 2 gegenüber **7** der allgemeinen Regelung in § 243 Abs. 3 (innerhalb der einem ordnungsgemäßen Geschäftsgang entsprechenden Zeit) auf die ersten **fünf** Monate des Geschäftsjahrs für das vorangegangene Geschäftsjahr festgelegt; sie gilt auch für die Aufstellung des Lageberichts. Ist die Genossenschaft **kapitalmarktorientiert** im Sinne des § 264d und begibt sie nicht ausschließlich die von § 327a erfassten Schuldtitel, beträgt die Frist nach S. 2 **vier Monate**. Für **Kredit-, Wertpapier und Finanzdienstleistungsinstitute** gilt dagegen gem. § 340a Abs. 1 iVm § 264 Abs. 1 S. 3 die kürzere Aufstellungsfrist von **drei Monaten** nach Schluss des Geschäftsjahrs.

III. Aufstellung von Jahresabschluss und Lagebericht

1. Anzuwendende Vorschriften. Die Vorschriften für den Jahresabschluss und den **8** Lagebericht von Genossenschaften finden sich entsprechend dem Normenaufbau des Dritten Buchs
– im Ersten Abschnitt (Vorschriften für alle Kaufleute, §§ 238–263),
– im Dritten Abschnitt (Ergänzende Vorschriften für Genossenschaften, §§ 336–339) sowie durch Verweis aus § 336 Abs. 2 S. 1 Hs. 1
– im Zweiten Abschnitt, Erster Unterabschnitt (Ergänzende Vorschriften für Kapitalgesellschaften, § 264 Abs. 1 S. 4 Hs. 1, §§ 265–289).

---

[1]   BeBiKo/Justenhoven/Schäfer § 336 Rn. 1.
[2]   Vgl. Lang/Weidmüller/Holthaus/Lehnhoff GenG § 33 Rn. 23.
[3]   Ebenso BeBiKo/Justenhoven/Schäfer § 336 Rn. 10; Lang/Weidmüller/Holthaus/Lehnhoff GenG § 33 Rn. 26.

9   Zusätzlich sind die Vorschriften des § 33 GenG zu beachten (→ Vor § 339 Rn. 1 ff.).

10   **Kredit-, Wertpapier- und Finanzdienstleistungsgenossenschaften** haben bei der Aufstellung von Jahresabschluss und Lagebericht vorrangig die geschäftszweigspezifischen Vorschriften der §§ 340a–340h sowie der RechKredV zu beachten.

11   **a) Geltung der Vorschriften für alle Kaufleute.** Die Vorschriften für alle Kaufleute gelten unmittelbar und uneingeschränkt auch für Genossenschaften. Daher gibt es hierauf in § 336 auch keinen Verweis. Es handelt sich um grundlegende Vorschriften über
– Buchführung und Inventar
  – Buchführungspflicht, Führung der Handelsbücher (§§ 238, 239)
  – Inventar, Inventurvereinfachungsverfahren (§§ 240, 241)
– Eröffnungsbilanz, Jahresabschluss
  – Allgemeine Vorschriften: Pflicht zur Aufstellung, Aufstellungsgrundsatz, Sprache und Währungseinheit, Unterzeichnung (§§ 242–245)
  – Ansatzvorschriften: Vollständigkeit, Verrechnungsverbot, Inhalt der Bilanz, Bilanzierungsverbote und -wahlrechte, Rückstellungen, Rechnungsabgrenzungsposten, Haftungsverhältnisse (§§ 246–251)
  – Bewertungsvorschriften: Allgemeine Bewertungsgrundsätze, Zugangs- und Folgebewertung, Bildung von Bewertungseinheiten, Bewertungsmaßstäbe, Bewertungsvereinfachungsverfahren, Währungsumrechnung (§§ 252–256a)
– Aufbewahrung und Vorlage
  – Aufbewahrung von Unterlagen, Aufbewahrungsfristen (§ 257)
  – Vorlegung im Rechtsstreit und bei Auseinandersetzungen, Vorlegung von Unterlagen auf Bild- und Datenträgern (§§ 258–261)

12   Die durch das Bilanzrechtsmodernisierungsgesetz 2009 neu eingefügten Vorschriften der § 241a, § 242 Abs. 4, die eine Befreiung von der Pflicht zur Buchführung und Erstellung eines Inventars sowie der Aufstellung von Eröffnungsbilanz und Jahresabschluss vorsehen, wenn das Unternehmen an den Abschlussstichtagen von zwei aufeinander folgenden Geschäftsjahren nicht mehr als 500.000 EUR Umsatzerlöse und 50.000 EUR Jahresüberschuss aufweist, gelten kraft ausdrücklicher gesetzlicher Regelung nur für Einzelkaufleute; von der ursprünglich vorgesehenen Erstreckung auf Personenhandelsgesellschaften und Genossenschaften hat der Gesetzgeber vorerst abgesehen.[4]

13   **b) Anwendung der Vorschriften für Kapitalgesellschaften.** In Ergänzung zu den Vorschriften für alle Kaufleute haben Genossenschaften auf ihren Jahresabschluss und Lagebericht die Vorschriften für Kapitalgesellschaften der § 264 Abs. 1 S. 3 Hs. 1, §§ 265–289e entsprechend anzuwenden, soweit in den rechtsformspezifischen Vorschriften der §§ 336–339 nichts anderes bestimmt ist. Gleiches gilt auch für die zugehörigen Übergangsvorschriften des EGHGB, soweit sie noch fortgelten.[5] Zwingend zur Anwendung kommen demnach[6]
– die Generalnorm für den Jahresabschluss (§ 264 Abs. 2 S. 1 und 2),
– die allgemeinen Gliederungsgrundsätze (§ 265),
– die Gliederungs- und Ausweisvorschriften für die Bilanz (§§ 266–274a), soweit nicht durch die Vorschriften des § 337 zum Ausweis des genossenschaftlichen Eigenkapitals abbedungen,
– die Gliederungs- und Ausweisvorschriften für die Gewinn- und Verlustrechnung (§§ 275–277),
– die Vorschriften zum Anhang (§§ 284–288), soweit nicht durch § 336 Abs. 2 S. 1 Hs. 2 und § 338 Abs. 3 eingeschränkt,
– die Vorschriften zum Lagebericht (§§ 289–289e, § 289f Abs. 4).

---

4   Vgl. Begr. RegE zu § 241a.
5   Ebenso BeBiKo/Justenhoven/Schäfer § 336 Rn. 15.
6   Vgl. DGRV Jahresabschluss WDA A. I. Rn. 9.

Die Pflicht zur Angabe der **nicht gebildeten Pensionsrückstellungen** für sog. Altzu- **14** sagen im Anhang des Jahresabschlusses gem. Art. 28 Abs. 2 EGHGB gilt dem Wortlaut der Vorschrift nach nur für Kapitalgesellschaften.[7] Eine entsprechende Anwendung auf Genossenschaften ist im Gesetz zwar nicht ausdrücklich vorgeschrieben, aber im Falle wesentlicher Beträge erforderlich, da der Jahresabschluss ein den tatsächlichen Verhältnissen entsprechendes Bild der Vermögens-, Finanz- und Ertragslage der Genossenschaft zu vermitteln hat[8] (Abs. 2 S. 1 Nr. 1 iVm § 264 Abs. 2).

c) Vorschriften für Genossenschaften. Die Vorschriften des Dritten Abschnitts **15** (§§ 336–339) gelten ausschließlich für Genossenschaften. Mit diesem Abschnitt wird den Besonderheiten der genossenschaftlichen Rechts- und Unternehmensform Rechnung getragen. Er enthält die zu den Vorschriften für alle Kaufleute ergänzenden und die von den Vorschriften für Kapitalgesellschaften abweichenden Vorschriften für Genossenschaften. Im Einzelnen handelt es sich um folgende Bestimmungen:
– Anwendung der Vorschriften für Kapitalgesellschaften, soweit im Dritten Abschnitt nichts anderes bestimmt ist (Abs. 2 S. 1),
– Ausnahmen von den Vorschriften für Kapitalgesellschaften (Abs. 2 S. 1 Nr. 2),
– Vorschriften zum Ausweis des genossenschaftlichen Eigenkapitals (§ 337),
– besondere Angabepflichten für Genossenschaften im Anhang des Jahresabschlusses (§ 338),
– Offenlegung des Jahresabschlusses (§ 339).

Sonstige Vorschriften, die durch den Geschäftszweig der Genossenschaft bedingt sind, **16** bleiben dadurch aber unberührt (Abs. 2 S. 2), dh sie haben Vorrang vor den Vorschriften des Dritten Abschnitts. Dies betrifft **Kredit-, Wertpapier- und Finanzdienstleistungsinstitute** sowie **Wohnungsunternehmen** und **Agrargenossenschaften** (→ Rn. 47 ff.).

2. Generalnorm. Die Generalnorm des § 264 Abs. 2 S. 1 und 2 für den Jahresabschluss **17** von Kapitalgesellschaften, die die allgemeine Generalnorm für den Jahresabschluss (§ 243 Abs. 1 und 2; → § 243 Rn. 6) ergänzt und präzisiert, ist gem. § 336 Abs. 2 S. 1 Hs. 1 auf den Jahresabschluss von Genossenschaften entsprechend anzuwenden. Danach hat der Jahresabschluss unter Beachtung der Grundsätze ordnungsmäßiger Buchführung ein den tatsächlichen Verhältnissen entsprechendes Bild der Vermögens-, Finanz- und Ertragslage der Genossenschaft zu vermitteln. Führen besondere Umstände dazu, dass der Jahresabschluss das geforderte Bild nicht vermittelt, sind im Anhang zusätzliche Angaben zu machen.

Für Genossenschaften stellt sich vor allem die Frage, inwieweit Bewertungsmaßnahmen **18** im Jahresabschluss aufgrund der ihnen eingeräumten Wahlrechte nach Art. 67 Abs. 4 EGHGB mit der Generalnorm vereinbar sind. Danach können niedrigere Wertansätze von Vermögensgegenständen, die auf Abschreibungen nach § 253 Abs. 3 S. 3, Abs. 4 oder nach den §§ 254, 279 Abs. 2 in der bis zum 28.5.2009 geltenden Fassung beruhen, fortgeführt werden. Ohlmeyer/Bergmann[9] gehen davon aus, dass aufgrund der „entsprechenden Anwendung" auch dann nicht gegen die Generalnorm verstoßen wird und somit keine zusätzlichen Angaben im Anhang zu machen sind, wenn die Genossenschaft in angemessenem Umfang Risikovorsorge nach § 253 Abs. 4 aF durch Bildung stiller Reserven (zB versteuerte Wertberichtigungen, versteuerte Globalabschläge auf den Warenbestand) betreibt – eine Risikovorsorge, die den Kapitalgesellschaften durch § 279 Abs. 1 aF verwehrt war. Diese Sichtweise ist in den letzten Jahren, auch bedingt durch das Vordringen der internationalen Rechnungslegungsstandards, zunehmend in die Kritik geraten (grundlegend hierzu Kühnberger/Keßler[10]). Nach Ansicht der Kritiker sind solche stillen Reserven in unbekannter Höhe weder mit dem Gläubigerschutz noch mit dem Vorsichtsprinzip zu

---

[7]   Vgl. BeBiKo/Justenhoven/Schäfer § 338 Rn. 3; Kühnberger/Thomas, Die Rechnungslegung der Genossenschaften, 2002, S. 47.
[8]   Ebenso DGRV Jahresabschluss WDA E.V. Rn. 50, der entsprechende Angaben empfiehlt.
[9]   Vgl. Ohlmeyer/Bergmann, Das neue genossenschaftliche Bilanzrecht, 1986, S. 29; ebenso Kühnberger/Thomas, Die Rechnungslegung der Genossenschaften, 2002, S. 47.
[10]   Vgl. Kühnberger/Keßler WPg 2000, 1007.

rechtfertigen; sie fordern daher ihre Offenlegung. Dem ist auch das Institut der Wirtschaftsprüfer in Deutschland e.V. (IDW) in seinem Prüfungsstandard „Bildung eines Prüfungsurteils und Erteilung eines Bestätigungsvermerks"[11] (IDW PS 400 nF) gefolgt. Nach diesem Standard kann die Vermittlung eines unter Beachtung der deutschen Grundsätze ordnungsmäßiger Buchführung den tatsächlichen Verhältnissen entsprechenden Bildes der Vermögens-, Finanz- und Ertragslage nur bestätigt werden, wenn sie im Grundsatz die für Kapitalgesellschaften vergleichbarer Größe (§ 267 HGB) entsprechenden Anforderungen an die Rechnungslegung erfüllen, da erst durch die Aufnahme der geforderten Angaben in den Anhang ein den tatsächlichen Verhältnissen entsprechendes Bild der Vermögens-, Finanz- und Ertragslage des Unternehmens vermittelt wird (IDW PS 400 nF, Anmerkung A41 f.). Diese Regelung zwingt die testatpflichtigen Genossenschaften (große iSd § 267 Abs. 3) dazu, ihre nach § 253 Abs. 4 aF gebildeten und nach Art. 67 Abs. 4 EGHGB fortgeführten stillen Reserven im Jahresabschluss offenzulegen, wenn sie nicht eine Modifizierung des Bestätigungsvermerks durch den Abschlussprüfer hinnehmen wollen.[12] Kleine und mittelgroße Genossenschaften, die kein Abschlussprüfertestat benötigen (Umkehrschluss aus § 58 Abs. 2 GenG) und die Erteilung eines solchen Testats auch nicht freiwillig in Auftrag gegeben haben, sind von dieser Regelung allerdings nicht betroffen.[13]

19   **3. Bewertungswahlrechte.** Im Bereich der Bewertungsvorschriften bestehen seit dem Inkrafttreten des BilMoG 2009 keine Unterschiede zu den Kapitalgesellschaften mehr. Jedoch können Genossenschaften aufgrund der Übergangsregelungen zum BilMoG nach Art. 67 Abs. 4 EGHGB niedrigere Wertansätze, die auf der Ausübung von bestimmten Bewertungswahlrechten beruhen, die vor dem Inkrafttreten des BilMoG 2009 – abweichend von den Vorschriften für Kapitalgesellschaften – den Personenhandelsgesellschaften und durch Abs. 2 S. 1 Hs. 2 aF auch den Genossenschaften eingeräumt waren,[14] zeitlich unbegrenzt unter Anwendung der für sie vormals geltenden Vorschriften fortführen. Im Einzelnen handelt es sich dabei um die Bewertungswahlrechte nach

– § 253 Abs. 3 S. 3 aF (Abschreibungen wegen vorübergehender Wertminderung von Vermögensgegenständen des Anlagevermögens),
– § 253 Abs. 4 aF (Abschreibungen im Rahmen vernünftiger kaufmännischer Beurteilung) und
– § 254 S. 2 aF (Beibehaltung niedrigerer Wertansätze aufgrund steuerrechtlicher Abschreibungen)

des HGB in der bis zum 28.5.2009 geltenden Fassung (aF). Begründet wurden diese Wahlrechte vor allem mit der personalistischen Struktur der Genossenschaft, der langfristigen Sicherstellung ihres gesellschaftsrechtlichen Förderzwecks (§ 1 GenG) sowie den Erfordernissen der Kapitalerhaltung.[15]

20   Wird von diesem Fortführungswahlrecht kein Gebrauch gemacht, sind die aus der Zuschreibung resultierenden Beträge unmittelbar in die Gewinnrücklagen einzustellen (Art. 67 Abs. 4 S. 1 EGHGB). Dies gilt jedoch nicht für Abschreibungen, die im letzten vor dem 1.1.2010 beginnenden Geschäftsjahr vorgenommen worden sind (Art. 67 Abs. 4 S. 2 EGHGB); insoweit sind die Zuschreibungen erfolgswirksam zu erfassen[16] und im Jahresabschluss unter dem Posten „außerordentliche Erträge" der Gewinn- und Verlustrechnung gesondert anzugeben.

21   Wird von dem Fortführungswahlrecht Gebrauch gemacht, stellt sich die Frage, ob die damit fortgeführten stillen Reserven bei Auflösung zu einem späteren Zeitpunkt noch gem. Art. 67 Abs. 4 EGHGB erfolgsneutral den Gewinnrücklagen zugeführt werden können.

---

[11] Abgedruckt in IDW Life 12/2021, S. 1291 ff., 1315.
[12] Ebenso DGRV Jahresabschluss WDA E. II. Rn. 7 f.
[13] Wohnungsgenossenschaften mit Spareinrichtung sind mit Hinweisen zur Beurteilung der Wesentlichkeit Kreditinstitute iSd KWG und damit unabhängig von ihrer Größe testatspflichtig.
[14] Vgl. Kühnberger/Thomas, Die Rechnungslegung der Genossenschaften, 2002, S. 46.
[15] Krit. hierzu statt vieler Kühnberger/Keßler WPg 2000, 1007 ff.
[16] IDW RS HFA 28 Rn. 10.

Dies ist zu verneinen, da das Fortführungswahlrecht nur einmal, nämlich im Abschluss für das erste nach dem 31.12.2009 beginnende Geschäftsjahr ausgeübt werden konnte.[17] Bei einer späteren Auflösung der stillen Reserven, sei es vollständig oder auch nur teilweise, sind die Erträge aus der erstmaligen Anwendung des BilMoG 2009 nach dem IDW RS 28 erfolgswirksam zu erfassen[18] und im Jahresabschluss unter dem Posten „außerordentliche Erträge" der Gewinn- und Verlustrechnung gesondert anzugeben.

Abweichend hiervon gelten für **Kredit- und Finanzdienstleistungsgenossenschaf- 22 ten** die geschäftszweigspezifischen Bewertungsvorschriften der §§ 340e–340g.

a) Abschreibungen im Rahmen vernünftiger kaufmännischer Beurteilung. 23 Genossenschaften hatten gem. § 253 Abs. 4 aF die Möglichkeit, Abschreibungen auf Vermögensgegenstände im Rahmen vernünftiger kaufmännische Beurteilung vorzunehmen (§ 279 Abs. 1 S. 1 aF galt nicht). Hierbei handelt es sich um – steuerlich nicht abzugsfähige – Abschreibungen oder Wertberichtigungen auf Vermögensgegenstände, die über die nach dem Gesetz erforderlichen planmäßigen und außerplanmäßigen Abschreibungen (§ 253 Abs. 1–3 aF) hinaus vorgenommen wurden, ohne dass eine entsprechende Wertminderung der Vermögensgegenstände eingetreten war. Für eine solche Abschreibung kamen grundsätzlich alle Vermögensgegenstände mit Ausnahme des Kassenbestands und der Bankguthaben in Frage. So konnten insbesondere Abschreibungen auf Immaterielle Vermögensgegenstände und auf Gegenstände des Sachanlagevermögens vorgenommen werden. In der Praxis üblich waren zudem Abschreibungen (Globalabschläge) auf Gegenstände des Vorratsvermögens sowie Abschreibungen (Wertberichtigungen) auf Forderungen des Umlaufvermögens.

Nach dem Gesetz aF waren solche Abschreibungen in das **Ermessen des Kaufmanns, 24** hier des Vorstands der Genossenschaft, gestellt. Es handelte sich somit nicht um Abschreibungen nach einem bestimmten Bewertungsverfahren, die dem Gebot der Bewertungsstetigkeit (§ 252 Abs. 1 Nr. 6) unterlagen. Die Abschreibungen konnten vielmehr sowohl der Höhe als auch dem Zeitpunkt nach so vorgenommen werden, wie es dem Vorstand der Genossenschaft zweckmäßig erschien. Allgemeine gesellschaftsrechtliche Grenzen ließen sich dafür kaum herleiten. Die häufig anzutreffende Meinung, die Grenzen dieser Abschreibung ergäben sich aus den Grundsätzen ordnungsmäßiger Buchführung, insbesondere dem Willkürverbot, war in der Praxis wenig hilfreich. In keinem Fall durften solche Abschreibungen zu einer Schädigung der Mitglieder der Genossenschaft (Verstoß gegen den Förderzweck nach § 1 GenG iVm der Satzung) oder zu einer Benachteiligung einzelner Mitglieder oder Mitgliedergruppen (Verstoß gegen den Gleichbehandlungsgrundsatz) führen. Maßstab für die Zulässigkeit war damit allein die gesellschaftsrechtliche oder betriebswirtschaftliche **Zweckmäßigkeit** der Abschreibungen zur Bildung angemessener stiller Reserven. Es musste – anders als bei den offenen Rücklagen – ein sachlicher Grund für die stille Reservenbildung vorliegen. Vor allem die langfristige Unternehmenssicherung durch Risikovorsorge konnte ein solcher Grund sein. Dabei kamen alle Risiken in Betracht, denen die Genossenschaft ausgesetzt ist, nicht nur die konkreten Wertminderungsrisiken bei den verschiedenen Vermögensgegenständen. Auch eine Vorsorge für das allgemeine Unternehmensrisiko, für politische Länderrisiken oder für künftige Investitions- und Finanzierungsrisiken war zulässig.[19]

Mit dem **BilMoG 2009** ist dieses **Abschreibungswahlrecht abgeschafft** worden. Es 25 konnte letztmalig in dem Geschäftsjahr angewendet werden, das vor dem 1.1.2010 begonnen hat. Zur Möglichkeit der Fortführung niedrigerer Wertansätze von Vermögensgegenständen, die auf der Ausübung dieses Abschreibungswahlrechts in dem letzten und früheren Geschäftsjahren beruhen (→ Rn. 18). Zum Erfordernis der Offenlegung solcher Abschreibungen nach dem IDW PS 400 Rn. 41 f. → Rn. 18.

Kredit-, Wertpapier- und Finanzdienstleistungsinstituten war eine stille Reser- 26 venbildung nach § 253 Abs. 4 aF verwehrt (§ 340a Abs. 1 iVm § 279 Abs. 1 S. 1 aF). Ihnen

---

[17]   IDW RS HFA 28 Rn. 12.
[18]   IDW RS HFA 28 Rn. 12.
[19]   Vgl. mit weiteren Bsp. DGRV Jahresabschluss WDA, 6. Aufl. 2009, B. I. 22; 7. Aufl. 2019, B. I. 52 ff.

ist aber nach wie vor durch § 340f die Möglichkeit eröffnet, in begrenztem Umfang eine stille Vorsorge für allgemeine Bankrisiken zu bilden.[20] Die Grenze beläuft sich auf 4 % des Gesamtbetrags der Forderungen an Kreditinstitute und Kunden und der Wertpapiere der Liquiditätsreserve, der sich bei deren Bewertung nach § 253 Abs. 1 S. 1, Abs. 4 ergibt.

27   **b) Abschreibungen wegen vorübergehender Wertminderung von Vermögens-gegenständen des Anlagevermögens.** Genossenschaften hatten nach § 253 Abs. 2 S. 3 Hs. 1 aF die Freiheit, Vermögensgegenstände des Anlagevermögens auch bei nicht dauerhafter Wertminderung auf den beizulegenden Zeitwert am Bilanzstichtag abzuschreiben; abweichend von den Vorschriften für Kapitalgesellschaften, galt dies bei Genossenschaften auch für Vermögensgegenstände, die keine Finanzanlagen sind (§ 279 Abs. 1 S. 2 aF galt nicht). Abschreibungen wegen einer vorübergehenden Wertminderung konnten Genossenschaften somit auch vornehmen auf
– immaterielle Vermögensgegenstände des Anlagevermögens und
– Sachanlagen.

28   Mit dem **BilMoG 2009** ist dieses **Abschreibungswahlrecht abgeschafft** worden; zu den Übergangsregelungen → Rn. 18. Künftig können Genossenschaften, ebenso wie alle anderen Kaufleute, außerplanmäßige Abschreibungen wegen vorübergehender Wertminderung nur noch bei Finanzanlagen vornehmen (§ 253 Abs. 3 S. 6).

29   **c) Beibehaltung niedrigerer Wertansätze aufgrund steuerrechtlicher Abschreibungen.** Den Genossenschaften war es auch gestattet, von dem Wahlrecht des § 254 S. 2 aF iVm § 253 Abs. 5 aF Gebrauch zu machen (§ 280 aF galt nicht). Danach durfte ein niedrigerer Wertansatz von Vermögensgegenständen des Anlage- und Umlaufvermögens im Jahresabschluss beibehalten werden, auch wenn am Bilanzstichtag die Gründe dafür nicht mehr bestehen.

30   Mit dem **BilMoG 2009** ist dieses **Beibehaltungswahlrecht abgeschafft** worden. Zu den Übergangsregelungen → Rn. 18.

31   **4. Verzicht auf bestimmte Angaben.** Genossenschaften brauchen die nach § 277 Abs. 3 S. 1 und § 285 Nr. 17 geforderten Angaben nicht zu machen (§ 336 Abs. 2 S. 1 Nr. 2). Eine freiwillige Angabe ist ihnen damit unbenommen. Im Einzelnen handelt es sich um folgende Angaben:

32   **a) Gesonderter Ausweis bestimmter außerplanmäßiger Abschreibungen.** Gemäß § 277 Abs. 3 S. 1 sind im Jahresabschluss die folgenden Abschreibungen des Geschäftsjahrs auszuweisen, wobei die Angabe entweder als Unterposten oder Vorspaltenvermerk in der Bilanz bzw. der Gewinn- und Verlustrechnung oder im Anhang des Jahresabschlusses gemacht werden kann:[21]
– Außerplanmäßige Abschreibungen auf Vermögensgegenstände des Anlagevermögens aufgrund voraussichtlich dauernder Wertminderung nach § 253 Abs. 3 S. 5,
– Außerplanmäßige Abschreibungen auf Finanzanlagen aufgrund vorübergehender Wertminderung nach § 253 Abs. 3 S. 6.

33   Durch diese Angaben soll sich der Bilanzleser ein Bild von der Beeinflussung der Ertragslage der Gesellschaft durch diese „besonderen" Bewertungsmaßnahmen machen können. Die Genossenschaften waren schon vor dem Inkrafttreten des BilMoG 2009 von dieser Angabepflicht befreit, nachdem der Gesetzgeber des BiRiLiG 1985 sie bei den Bewertungsvorschriften den Einzelkaufleuten und Personenhandelsgesellschaften gleich gestellt und sie wie diese auch von den mit Bewertungsmaßnahmen in Zusammenhang stehenden Offenlegungserfordernissen befreit hatte.[22] An dieser Befreiung hat der Gesetzgeber des BilMoG 2009 festgehalten.

---

[20] Vgl. Bieg/Waschbusch ZfgK 2005, 145; zu den theoretischen Grundlagen s. Krumnow ua § 340f Rn. 3 ff.; Scharpf/Schaber Bankbilanz-HdB S. 327 ff.
[21] Vgl. BeBiKo/Justenhoven/Kliem/Müller § 277 Rn. 3, der darauf hinweist, dass die Angabe in der Praxis zumeist im Anhang aufgenommen wird.
[22] Vgl. Biener/Berneke BiRiLiG S. 483 f.

b) Abschlussprüferhonorar. Die durch das BilReG 2004 neu in das Gesetz aufge- 34
nommene Vorschrift des § 285 S. 1 Nr. 17 verlangt von Kapitalgesellschaften die Offenlegung des von dem Abschlussprüfer für das Geschäftsjahr berechnete Gesamthonorar, aufgeschlüsselt in das Honorar für
– die Abschlussprüfungsleistungen,
– andere Bestätigungsleistungen,
– Steuerberatungsleistungen und
– sonstige Leistungen.

Diese Angabepflicht steht im Zusammenhang mit den in §§ 319, 319a geregelten 35
Bestimmungen zur Vereinbarkeit bzw. Nichtvereinbarkeit von bestimmten Beratungsleistungen mit der Tätigkeit des Abschlussprüfers. Genossenschaften sind aufgrund gesetzlicher
Einbindung in eine Pflichtprüfung durch den zuständigen genossenschaftlichen Prüfungsverband von der obligatorischen Angabe des Prüferhonorars befreit.[23]

5. Größenabhängige Erleichterungen. Nach Abs. 2 S. 1 sind die den Kapitalgesell- 36
schaften eingeräumten größenabhängigen Erleichterungen bei der Aufstellung von Jahresabschluss und Lagebericht von den **Genossenschaften der Nichtbankensektoren** entsprechend anzuwenden.[24] Sie betreffen hauptsächlich kleine (§ 267 Abs. 1) und
Kleinstgenossenschaften (§ 267a), zum Teil aber auch die mittelgroßen (§ 267 Abs. 2)
Genossenschaften. So brauchen **kleine** und **Kleinstgenossenschaften** keinen **Lagebericht** aufzustellen (§ 264 Abs. 1 S. 4 Hs. 1). Außerdem ist für sie die **Frist zur Aufstellung des Jahresabschlusses** auf die ersten sechs Monate des Geschäftsjahrs für das vergangene Geschäftsjahr erweitert (§ 264 Abs. 1 S. 4 Hs. 2). Für die einzelnen Bestandteile des
Jahresabschlusses gilt im Übrigen Folgendes:

a) Bilanz. Kleine Genossenschaften brauchen gem. § 266 Abs. 1 S. 3 nur eine **ver- 37
kürzte Bilanz** aufzustellen. In diese Bilanz müssen nur die mit Buchstaben und römischen
Zahlen bezeichneten Posten des Bilanzgliederungsschemas (§ 266 Abs. 2 und 3) gesondert
und in der vorgeschriebenen Reihenfolge aufgenommen werden. Darüber hinaus sind
kleine Genossenschaften nach § 274a davon befreit,
– Beträge größeren Umfangs, die unter **Sonstigen Vermögensgegenständen** und **Sonstigen Verbindlichkeiten** ausgewiesen werden, aber erst nach dem Bilanzstichtag rechtlich entstehen, gem. § 268 Abs. 4 S. 2, Abs. 5 S. 3 im Anhang zu erläutern,
– aktivierte **Disagien** aus Verbindlichkeiten (Rechnungsabgrenzungsposten) gem. § 268
Abs. 6 im Anhang anzugeben, sowie
– die **Abgrenzung latenter Steuern** gem. § 274 vorzunehmen.

Kleinstgenossenschaften brauchen darüber hinaus gem. § 266 Abs. 1 S. 4 nur eine 38
verkürzte Bilanz aufzustellen, in die nur die mit Buchstaben bezeichneten Posten des Bilanzgliederungsschemas gesondert und in der vorgeschriebenen Reihenfolge aufgenommen werden.

Für **mittelgroße Genossenschaften** gibt es hier nur bestimmte Erleichterungen bei 39
der Offenlegung nach § 339 (→ § 399 Rn. 1 ff.).

b) Gewinn- und Verlustrechnung. Kleine und mittelgroße Genossenschaften 40
dürfen gem. § 276 S. 1 eine verkürzte Gewinn- und Verlustrechnung aufstellen, in der die
ersten fünf Posten des Gliederungsschemas nach dem Gesamtkostenverfahren (§ 275 Abs. 2)
oder die ersten drei und der sechste Posten des Gliederungsschemas nach dem Umsatzkostenverfahren (§ 275 Abs. 3) zu einem Posten **„Rohergebnis"** zusammengefasst werden.

Kleinstgenossenschaften können die Gewinn- und Verlustrechnung gem. § 275 41
Abs. 5 wie folgt verkürzt darstellen:
1. Umsatzerlöse
2. sonstige Erträge

---

[23] Vgl. Begr. RegE zu § 285 S. 1 Nr. 17.
[24] Kreditgenossenschaften können diese Erleichterungen nicht in Anspruch nehmen, da sie den Angabepflichten für große Kapitalgesellschaften unterliegen (§ 340a Abs. 1).

3. Materialaufwand
4. Personalaufwand
5. Abschreibungen
6. sonstige Aufwendungen
7. Steuern
8. Jahresüberschuss/Jahresfehlbetrag

42   **c) Anhang.** Nach § 288 Abs. 1 sind **kleine Genossenschaften** – über die Ausnahmen nach § 336 Abs. 2 S. 1 Nr. 2 (→ Rn. 40) hinaus – noch von diversen Angabepflichten befreit. Dementsprechend haben sie aus dem Katalog der Anhangangaben nach den §§ 284, 285 nur die in der nachfolgenden Übersicht gekennzeichneten Angaben zu machen.

Nummer	Inhalt der Angabepflicht	von kleinen Genossenschaften anzuwenden
	§ 284 Abs. 2	
1	Angewandte Bilanzierungs- und Bewertungsmethoden	ja
2	Abweichungen von Bilanzierungs- und Bewertungsmethoden und ihr Einfluss auf die Vermögens-, Finanz- und Ertragslage	ja
3	Bewertungsunterschiede zum letzten vor dem Bilanzstichtag bekannten Börsenkurs oder Marktpreis bei Anwendung der Gruppenbewertung oder von Verbrauchsfolgeverfahren im Rahmen der Bewertung von Vermögensgegenständen, sofern die Unterschiedsbeträge erheblich sind	nein
4	Einbeziehung von Fremdkapitalzinsen in die Herstellungskosten	ja
	§ 284 Abs. 3	
	Aufgliederung des Anlagevermögens (Anlagespiegel)	nein
	§ 285	
1	a) Gesamtbetrag der Verbindlichkeiten mit einer Restlaufzeit von mehr als fünf Jahren b) Gesamtbetrag der besicherten Verbindlichkeiten unter Angabe von Art und Form der Sicherheiten	ja
2	Aufgliederung der Angaben nach Nr. 1 nach dem Bilanzgliederungsschema	nein
3	Art, Zweck sowie Risiken, Vorteile und finanzielle Auswirkungen von nicht in der Bilanz enthaltenen Geschäften, soweit wesentlich und für die Beurteilung der Finanzlage erforderlich	nein
3a	Gesamtbetrag der sonstigen finanziellen Verpflichtungen, die nicht in der Bilanz erscheinen und auch nicht nach § 251 anzugeben sind, soweit für die Beurteilung der Finanzlage von Bedeutung	ja
4	Aufgliederung der Umsatzerlöse nach Tätigkeitsbereichen sowie nach geographisch bestimmten Märkten	nein
5	(weggefallen)	entfällt
6	(weggefallen)	entfällt
7	Durchschnittszahl der während des Geschäftsjahrs beschäftigten Arbeitnehmer, getrennt nach Gruppen	ja, aber keine Trennung nach Gruppen
8	bei Anwendung des Umsatzkostenverfahrens a) Aufgliederung des Materialaufwands b) Aufgliederung des Personalaufwands	nein
9	für Vorstand und Aufsichtsrat, jeweils für jede Personengruppe a) Gesamtbezüge der aktiven Mitglieder b) Gesamtbezüge der früheren Mitglieder und ihrer Hinterbliebenen sowie der Betrag der gebildeten und der Betrag der nicht gebildeten Pensionsrückstellungen c) Vorschüsse, Kredite und Haftungsverhältnisse	nur c)
10	Name und Beruf der Mitglieder von Vorstand und Aufsichtsrat, Bezeichnung des Vorsitzenden und seiner Stellvertreter	nein

Nummer	Inhalt der Angabepflicht	von kleinen Genossenschaften anzuwenden
11	Name und Sitz anderer Unternehmen, von denen die Kapitalgesellschaft mindestens 20 % der Anteile besitzt; außerdem den Kapitalanteil sowie das Eigenkapital und das Ergebnis des letzten Geschäftsjahres	nein
11a	Name, Sitz und Rechtsform von Unternehmen, deren unbeschränkt haftender Gesellschafter die Kapitalgesellschaft ist	entfällt
11b	Beteiligungen an großen Kapitalgesellschaften, die 5 % der Stimmrechte überschreiten.	entfällt
12	Erläuterung von nicht unerheblichen Posten der Sonstigen Rückstellungen	nein
13	Erläuterung des Zeitraums, über den ein entgeltlich erworbener Geschäfts- oder Firmenwert abgeschrieben wird	ja
14	Name und Sitz des Mutterunternehmens, das den Konzernabschluss für den größten Kreis von Unternehmen aufstellt; Ort der Veröffentlichung des Konzernabschlusses	entfällt
14a	Name und Sitz des Mutterunternehmens, das den Konzernabschluss für den kleinsten Kreis von Unternehmen aufstellt; Ort der Veröffentlichung des Konzernabschlusses	entfällt
15	bei Personenhandelsgesellschaften iSv § 264a Abs. 1: Name und Sitz der Gesellschaften, die persönlich haftender Gesellschafter sind, sowie deren gezeichnetes Kapital	entfällt
15a	Bestehen von Genussscheinen, Genussrechten, Wandelschuldverschreibungen, Optionsscheinen, Optionen, Besserungsscheinen oder vergleichbaren Wertpapieren oder Rechten	nein
16	Hinweis auf die „Entsprechenserklärung" zum Corporate Governance Kodex	entfällt
17	Abschlussprüferhonorar, aufgegliedert nach Leistungsbereichen	nein
18	für Finanzanlagen, die über dem beizulegenden Zeitwert ausgewiesen werden, da eine außerplanmäßige Abschreibung nach § 253 Abs. 3 S. 6 unterblieben ist a) Buchwert und beizulegender Zeitwert b) Gründe für die Unterlassung einer Abschreibung	nein
19	für jede Kategorie nicht zum beizulegenden Zeitwert bilanzierter derivativer Finanzinstrumente a) Art und Umfang b) beizulegender Zeitwert, Bewertungsmethode c) Buchwert und Bilanzposten d) Gründe, warum der beizulegende Zeitwert nicht bestimmt werden kann	nein
20	für zum beizulegenden Zeitwert bewertete Finanzinstrumente a) die grundlegende Annahmen für die Bewertung b) Umfang und Art jeder Kategorie derivativer Finanzinstrumente einschließlich der wesentlichen Bedingungen	ja
21	wesentliche nicht zu marktüblichen Bedingungen zustande gekommene Geschäfte mit nahe stehenden Unternehmen und Personen	nein
22	bei Aktivierung selbstgeschaffener immaterieller Vermögensgegenstände des Anlagevermögens der Gesamtbetrag der Forschungs- und Entwicklungskosten des Geschäftsjahrs sowie der davon aktivierte Betrag	nein
23	zu Bewertungseinheiten nach § 254, soweit die Angaben nicht im Lagebericht gemacht werden, a) einbezogene Geschäfte, abgesicherte Risiken b) Risikoausgleich c) Erläuterung der einbezogenen erwarteten Transaktionen	ja

Nummer	Inhalt der Angabepflicht	von kleinen Genossenschaften anzuwenden
24	Berechnungsverfahren zu Pensionsrückstellungen sowie die grundlegenden Annahmen der Berechnung	nein
25	Angaben zur Verrechnung von Vermögensgegenständen des Deckungsvermögens und Schulden aus Altersversorgungsverpflichtungen	ja
26	zu Investmentanteilen die Anlageziele, der Marktwert, die Differenz zum Buchwert, die für das Geschäftsjahr erfolgte Ausschüttung sowie Beschränkungen in der täglichen Rückgabe	nein
27	Gründe der Einschätzung des Risikos einer Inanspruchnahme aus Eventualverbindlichkeiten und Haftungsverhältnissen iSv § 251	nein
28	Beträge, die gem. § 268 Abs. 8 einer Ausschüttungssperre unterliegen	nein
29	zu latenten Steuern nach § 274: Angabe der Differenzen oder steuerlichen Verlustvorträge, auf denen sie beruhen, sowie die angewandten Steuersätze	nein
30	zu latenten Steuerschulden gem. § 274 Abs. 1 S. 1: Angabe der latenten Steuersalden am Ende des Geschäftsjahrs und der im Laufe des Geschäftsjahrs erfolgten Änderungen dieser Salden	nein
31	Angabe von Betrag und Art der einzelnen Erträge und Aufwendungen von außergewöhnlicher Größenordnung oder Bedeutung, soweit nicht von untergeordneter Bedeutung	ja
32	Erläuterung der einzelnen Erträge und Aufwendungen, die einem anderen Geschäftsjahr zuzurechnen sind, soweit nicht von untergeordneter Bedeutung	nein
33	Vorgänge von besonderer Bedeutung, die nach dem Schluss des Geschäftsjahrs eingetreten und weder in der GuV noch der Bilanz berücksichtigt sind, unter Angabe ihrer Art und ihrer finanziellen Auswirkungen	nein
34	Vorschlag für die Verwendung des Ergebnisses oder Beschluss über seine Verwendung	nein

43   Die **mittelgroßen Genossenschaften** sind demgegenüber gem. § 288 Abs. 2 lediglich von den Angabepflichten nach
– § 285 Nr. 4 (Aufgliederung der Umsatzerlöse nach Tätigkeitsbereichen sowie nach geographisch bestimmten Märkten),
– Nr. 29 (zu latenten Steuern nach § 274 die Differenzen oder steuerlichen Verlustvorträge sowie die angewandten Steuersätze) und
– Nr. 32 (Erläuterung der einzelnen Erträge und Aufwendungen, die einem anderen Geschäftsjahr zuzurechnen sind, soweit nicht von untergeordneter Bedeutung) befreit.

44   Wenn sie die Angabe nach Nr. 17 (Abschlussprüferhonorar, aufgegliedert nach Leistungsbereichen) nicht machen, sind sie verpflichtet, diese der Wirtschaftsprüferkammer auf deren schriftliche Anforderung hin zu übermitteln.

45   Die Angaben nach Nr. 21 brauchen mittelgroße Genossenschaften nur zu machen, sofern die Geschäfte mit einem Gesellschafter (Genossen), mit Unternehmen, an denen die Genossenschaft selbst eine Beteiligung hält, oder mit Mitgliedern des Geschäftsführungs- oder Aufsichtsorgans abgeschlossen wurden.

46   **6. Sondervorschriften und Formblätter für bestimmte Geschäftszweige.** Die Ermächtigung des § 330 Abs. 1, durch Rechtsverordnung Formblätter für Kapitalgesellschaften vorzuschreiben, wenn der Geschäftszweig eine von den §§ 266, 275 abweichende Gliederung des Jahresabschlusses oder von den Vorschriften der §§ 238–315e abweichende Regelungen erfordert, gilt gem. § 336 Abs. 3 für Genossenschaften entsprechend. Von dieser Ermächtigung hat der Gesetzgeber seit ihrer Einführung in mehreren Fällen Gebrauch gemacht (→ § 330 Rn. 1 ff.). Im Bereich der Genossenschaften gibt es solche Verordnungen bisher für **Kredit-, Wertpapier- und Finanzdienstleistungsinstitute** sowie für **Wohnungsunternehmen.** Besondere Formvorschriften gibt es zudem für **Agrargenossenschaften.**

Die **RechKredV**[25] schreibt den **Kredit-, Wertpapier- und Finanzdienstleistungs-** **47** **instituten** Formblätter für die Bilanz und die Gewinn- und Verlustrechnung vor. Für die Gewinn- und Verlustrechnung können die Institute wählen zwischen der Kontoform und der Staffelform. Im Übrigen enthält die RechKredV dezidierte Regelungen über den Ausweis bestimmter Geschäfte (Gemeinschaftsgeschäfte, Treuhandgeschäfte), über den Inhalt einzelner Posten der Bilanz und der Gewinn- und Verlustrechnung sowie über Angaben im Anhang des Jahresabschlusses. Die RechKredV ergänzt die geschäftszweigspezifischen Regelungen des Vierten Abschnitts, Erster Unterabschnitt (§§ 340–340o). Die Vorschriften gelten für den Jahresabschluss und für den Konzernabschluss von Kredit-, Wertpapier- und Finanzdienstleistungsinstituten gleichermaßen.

Für **Wohnungsunternehmen** gilt rechtsformunabhängig die **JAbschlWUV.**[26] **48** Danach ist die Bilanz nach einem bestimmten Formblatt zu gliedern (§ 1 Abs. 1 S. 1 JAbschlWUV), in das zusätzliche Posten für branchenspezifische Vermögensgegenstände und Verbindlichkeiten aufzunehmen sind (§ 2 Abs. 2 und 3 JAbschlWUV). In der Gewinn- und Verlustrechnung sind die Umsatzerlöse nach vier verschiedenen Erlösarten aufzugliedern (§ 1 Abs. 1 S. 2 Hs. 1 JAbschlWUV, § 2 Abs. 4 JAbschlWUV), bei Anwendung des Gesamtkostenverfahrens sind die Bestandsveränderungen und der Materialaufwand durch bestimmte andere Posten zu ersetzen. Besondere Bestimmungen sind zudem für die Offenlegung der Jahresabschlüsse von mittelgroßen Wohnungsunternehmen getroffen (§ 2a JAbschlWUV).

Aufgrund eines Erlasses des Bundesministeriums für Ernährung und Landwirtschaft **49** haben **Agrargenossenschaften** ihre Bilanz und ihre Gewinn- und Verlustrechnung um bestimmte, durch den Geschäftszweig bedingte Posten zu erweitern (sog. BMEL-Jahresabschluss). Es handelt sich im Wesentlichen um biologische Vermögensposten, wie stehendes Holz, Dauerkulturen und Tiervermögen, sowie damit in Zusammenhang stehende Aufwands- und Ertragsposten.[27]

IV. Anfechtung und Nichtigkeit

Eine umfassende gesetzliche Regelung über die Nichtigkeit des Jahresabschlusses einer **50** Genossenschaft – ähnlich der des § 256 AktG – gibt es nicht, sie wurde auch im Rahmen des Bilanzrichtlinien-Gesetzes 1985 nicht für erforderlich gehalten.[28] Die Entwicklung von Grundsätzen, in welchen Fällen der Jahresabschluss einer Genossenschaft nichtig ist, muss daher der Rechtsprechung überlassen bleiben. Dabei ist wohl tendenziell davon auszugehen, dass die aktienrechtlichen Regelungen analog angewendet werden.

In § 33 Abs. 2 GenG ist lediglich eine **Beschränkung der Anfechtung** des Jahresab- **51** schlusses geregelt. Danach kann im Falle einer Verletzung von Vorschriften über die Gliederung der Bilanz und der Gewinn- und Verlustrechnung sowie im Falle der Nichtbeachtung von Formblättern der Beschluss der General- oder Vertreterversammlung über die Feststellung des Jahresabschlusses (§ 48 Abs. 1 GenG) nur dann angefochten werden, wenn die **Klarheit** des Jahresabschlusses nicht nur unwesentlich beeinträchtigt ist. Eine nicht mehr unwesentliche Beeinträchtigung der Klarheit dürfte nach Holthaus/Lehnhoff[29] dann gege-

---

[25] Verordnung über die Rechnungslegung der Kreditinstitute und Finanzdienstleistungsinstitute idF der Bek. vom 11.12.1998 (BGBl. 1998 I 3658).

[26] Verordnung über Formblätter für die Gliederung des Jahresabschlusses von Wohnungsunternehmen vom 22.9.1970 (BGBl. 1970 I 1334); zur Erl. s. Kühnberger/Thomas, Die Rechnungslegung der Genossenschaften, 2002, S. 146, 204.

[27] Zu Erl. s. DGRV Jahresabschluss WDA A. VIII. Rn. 99, H.I.2 (Vordruck).

[28] Ohlmeyer/Bergmann, Das neue genossenschaftliche Bilanzrecht, 1986, S. 103.

[29] Vgl. Lang/Weidmüller/Holthaus/Lehnhoff GenG § 33 Rn. 43 f.; ähnlich Beuthien GenG § 33 Rn. 39 mit den Bsp. einer nicht hinreichenden Gliederung der Bilanz, eines Ausweises von Vermögensgegenständen, Schulden oder Eigenkapital an falscher Stelle sowie eines Verstoßes gegen das Saldierungsverbot.

ben sein, wenn durch die Verletzung der vorgenannten Bestimmungen für einen kundigen Leser des Jahresabschlusses falsche Vorstellungen über wesentliche Geschäftsverhältnisse der Genossenschaft erweckt werden. Gleiches dürfte gelten, wenn gegen den Grundsatz der **Wahrheit** des Jahresabschlusses bzw. die **Grundsätze ordnungsmäßiger Buchführung** verstoßen wird. In besonders schwerwiegenden Fällen, zB bei erheblicher Überbewertung von Aktivposten oder bei unvollständiger Erfassung der Verbindlichkeiten, kann der Jahresabschluss nicht nur anfechtbar, sondern nichtig sein.[30]

52   Andere Anfechtungs- und Nichtigkeitsgründe (etwa aus § 51 GenG) bleiben davon unberührt. So ist zB die Nichtigkeit eines Generalversammlungsbeschlusses dann gegeben, wenn sein Inhalt oder die Art des Zustandekommens gegen zwingende Vorschriften verstößt oder wenn aufgrund einer Anfechtungsklage der Beschluss durch Urteil für nichtig erklärt wird.[31]

V. Sanktionen

53   Die Straf-, Bußgeld- und Ordnungsgeldvorschriften der §§ 331–335b sind in Ermangelung eines Verweises darauf im Dritten Abschnitt auf Genossenschaften nicht anwendbar. Die ordnungsgemäße Erstellung des Jahresabschlusses einer Genossenschaft ist durch die genossenschaftsrechtlichen Strafvorschriften (§§ 147–151a GenG) und Zwangsgeldbestimmungen (§ 160 GenG) bewährt. Bußgeldandrohungen sieht das GenG nicht vor.

54   **Bestraft** werden kann, wer als Mitglied des Vorstands oder Aufsichtsrats oder als Liquidator die Verhältnisse der Genossenschaft in Darstellungen oder Übersichten über den Vermögensstand, die Mitglieder oder die Haftsummen, wie insbesondere im Jahresabschluss und Lagebericht der Genossenschaft, wissentlich unrichtig wiedergibt oder verschleiert (§ 147 Abs. 2 GenG); das Strafmaß beträgt Freiheitsstrafe bis zu drei Jahren oder Geldstrafe. Ebenso kann bestraft werden, wer als Mitglied des Vorstands oder Aufsichtsrats oder als Liquidator der Genossenschaft bei einem Verlust, der durch die Hälfte des Gesamtbetrages der Geschäftsguthaben und die Rücklagen nicht gedeckt ist, vorsätzlich entgegen § 33 Abs. 3 GenG die General- oder Vertreterversammlung nicht oder nicht rechtzeitig einberuft oder die fällige Anzeige an die General- oder Vertreterversammlung nicht, nicht richtig, nicht vollständig oder nicht rechtzeitig erstattet; bei Fahrlässigkeit ist das Strafmaß Freiheitsstrafe bis zu einem Jahr oder Geldstrafe (§ 148 GenG).

55   **Zwangsgelder** können gem. § 160 Abs. 1 GenG von dem nach § 10 GenG zuständigen Gericht gegen Mitglieder des Vorstands oder die Liquidatoren festgesetzt werden, um sie zur Befolgung der Vorschriften über die rechtzeitige Aufstellung von Jahresabschluss und Lagebericht und Vorlage dieser Unterlagen an den Aufsichtsrat (§ 336 Abs. 1, § 33 Abs. 1 S. 2 GenG) anzuhalten. Für die Antragspflicht und das Verfahren sind die Vorschriften maßgebend, welche zur Erzwingung der im Handelsgesetzbuch angeordneten Anmeldungen zum Handelsregister gelten (§ 160 Abs. 2 GenG). Das einzelne Zwangsgeld darf 5.000 EUR nicht übersteigen (§ 160 Abs. 1 S. 3 GenG).

56   Für **Konzernabschlüsse** von Genossenschaften gelten die Straf-, Bußgeld- und Ordnungswidrigkeitsvorschriften der §§ 17–21 PublG.

57   Abweichend hiervon sind auf Jahres- und Konzernabschlüsse von **Kredit-, Wertpapier- und Finanzdienstleistungsinstituten** in der Rechtsform der eG vorrangig die Sanktionsvorschriften der §§ 340m–340o (zu Einzelheiten s. dort) anzuwenden.

§ 337 Vorschriften zur Bilanz

(1) [1]An Stelle des gezeichneten Kapitals ist der Betrag der Geschäftsguthaben der Mitglieder auszuweisen. [2]Dabei ist der Betrag der Geschäftsguthaben der mit Ablauf des Geschäftsjahrs ausgeschiedenen Mitglieder gesondert anzugeben. [3]Wer-

---

[30] Vgl. Beuthien GenG § 33 Rn. 39; Lang/Weidmüller/Holthaus/Lehnhoff GenG § 33 Rn. 45.
[31] Vgl. Lang/Weidmüller/Holthaus/Lehnhoff GenG § 51 Rn. 7, 11.

den rückständige fällige Einzahlungen auf Geschäftsanteile in der Bilanz als Geschäftsguthaben ausgewiesen, so ist der entsprechende Betrag auf der Aktivseite unter der Bezeichnung „Rückständige fällige Einzahlungen auf Geschäftsanteile" einzustellen. [4]Werden rückständige fällige Einzahlungen nicht als Geschäftsguthaben ausgewiesen, so ist der Betrag bei dem Posten „Geschäftsguthaben" zu vermerken. [5]In beiden Fällen ist der Betrag mit dem Nennwert anzusetzen. [6]Ein in der Satzung bestimmtes Mindestkapital ist gesondert anzugeben.

(2) An Stelle der Gewinnrücklagen sind die Ergebnisrücklagen auszuweisen und wie folgt aufzugliedern:
1. Gesetzliche Rücklage;
2. andere Ergebnisrücklagen; die Ergebnisrücklage nach § 73 Abs. 3 des Genossenschaftsgesetzes und die Beträge, die aus dieser Ergebnisrücklage an ausgeschiedene Mitglieder auszuzahlen sind, müssen vermerkt werden.

(3) Bei den Ergebnisrücklagen sind in der Bilanz oder im Anhang gesondert aufzuführen:
1. Die Beträge, welche die Generalversammlung aus dem Bilanzgewinn des Vorjahrs eingestellt hat;
2. die Beträge, die aus dem Jahresüberschuß des Geschäftsjahrs eingestellt werden;
3. die Beträge, die für das Geschäftsjahr entnommen werden.

(4) Kleinstgenossenschaften, die von der Erleichterung für Kleinstkapitalgesellschaften nach § 266 Absatz 1 Satz 4 Gebrauch machen, haben den Betrag der Geschäftsguthaben der Mitglieder sowie die gesetzliche Rücklage in der Bilanz im Passivposten A Eigenkapital wie folgt auszuweisen:
Davon:
Geschäftsguthaben der Mitglieder
gesetzliche Rücklage.

Schrifttum: s. bei Vor § 336.

Übersicht

I. Grundlagen

1. Genossenschaftliches Eigenkapital. Das Eigenkapital einer Genossenschaft setzt **1** sich zusammen aus den Geschäftsguthaben der Genossen und den Rücklagen. Die Geschäftsguthaben repräsentieren das „gezeichnete Kapital" (Geschäftsanteile) der Genossenschaft. Das Gesetz schreibt den Genossenschaften **kein Mindestkapital** vor, sondern überlässt es der Satzung, die Beteiligung mit Geschäftsanteilen und die zu leistenden Einzahlungen sowie die Bildung von Rücklagen zu bestimmen (§§ 7, 7a GenG). Seit der GenG-Novelle 2006 kann die Genossenschaft aber im Rahmen ihrer Satzungsautonomie ein Mindestkapital bestimmen, das auch durch die Auszahlung des Auseinandersetzungsguthabens von Mitgliedern, die ausgeschieden sind oder einzelne Geschäftsanteile gekündigt haben, nicht unterschritten werden darf (§ 8a GenG).

2   Der **Geschäftsanteil** ist lediglich eine abstrakte Beteiligungsgröße, die den Höchstbetrag einer Einlage bezeichnet; er gibt nicht die tatsächliche Höhe der Kapitalbeteiligung eines Mitglieds an und ist daher nicht Gegenstand der Bilanzierung.[1] Die Satzung muss den Betrag des Geschäftsanteils festlegen; ein Mindest- oder Höchstbetrag ist im Gesetz nicht bestimmt. Sie kann eine Beteiligung mit mehreren Geschäftsanteilen zulassen oder eine solche Beteiligung zur Pflicht machen.

3   Die Satzung muss ferner bestimmen, welche **Einzahlungsverpflichtungen** für die Genossen in Bezug auf die Geschäftsanteile bestehen. Nach dem Gesetz muss für einen Teil von mindestens einem Zehntel des Geschäftsanteils festgelegt sein, welche Beträge zu welchem Zeitpunkt einzuzahlen sind. Über die Differenz (maximal 9/10) muss die Satzung keine Festlegungen treffen; insoweit besteht dann keine Einzahlungspflicht.

4   Das **Geschäftsguthaben** stellt den – veränderlichen – Betrag dar, der tatsächlich auf den oder die Geschäftsanteile eingezahlt ist; es kann sich dabei um unmittelbare Einzahlungen der Genossen handeln oder um Gutschriften aus Gewinnanteilen oder genossenschaftlichen Rückvergütungen.[2] Aufgelder über den Nominalbetrag des Geschäftsanteils hinaus (Agio) haben rechtlich den Charakter von Eintrittsgeld; sie sind nicht den Geschäftsguthaben, sondern der Kapitalrücklage zuzuführen.[3] Durch Verlustzuweisungen (§ 19 Abs. 1 GenG) kann sich das Geschäftsguthaben auch vermindern. Die Geschäftsguthaben sind Bestandteil des bilanziellen Eigenkapitals der Genossenschaft.

5   Die Satzung muss auch Bestimmungen darüber enthalten, ob die Genossen im Falle der Insolvenz der Genossenschaft Nachschüsse unbeschränkt oder beschränkt auf eine bestimmte Summe (Haftsumme) oder gar nicht zu leisten haben[4] (§ 6 Nr. 3 GenG). In der Praxis wird vielfach eine **Haftsumme** in Höhe des Nominalbetrags eines Geschäftsanteils gewählt. Dies muss aber nicht so sein, die Haftsumme kann höher als der Geschäftsanteil sein, aber nicht niedriger (§ 119 GenG). Bei Beteiligung mit mehreren Geschäftsanteilen kann die Haftsumme auf den ersten Geschäftsanteil oder eine bestimmte Anzahl von Geschäftsanteilen beschränkt werden (§ 121 GenG).

6   Die **Mitgliederzahl** einer Genossenschaft sowie die Anzahl der Geschäftsanteile sind gesetzlich nicht begrenzt; in § 4 GenG ist lediglich gefordert, dass eine Genossenschaft mindestens drei Mitglieder haben muss. Es ist daher möglich und in der Praxis bei vielen Genossenschaften auch die Regel, dass nach Maßgabe von Gesetz und Satzung „neue" Mitglieder der Genossenschaft beitreten und „alte" Mitglieder aus ihr ausscheiden. Diese Veränderungen haben unmittelbar Auswirkungen auf das Eigenkapital der Genossenschaft; es steigt und fällt mit der Mitgliederentwicklung. Der Vorstand der Genossenschaft ist verpflichtet, eine **Mitgliederliste** (§ 30 GenG) zu führen, in der die Veränderungen des Mitgliederbestands im Zeitablauf einzutragen sind.[5] Mitgliederliste und Geschäftsguthabenkonten sind grundlegende Nachweise für die Eigenkapitalverhältnisse der Genossenschaft und gehören zu deren Inventar.

7   Die Beteiligung an einer Genossenschaft kann durch **Kündigung** der Mitgliedschaft (§ 65 GenG) beendet und durch **Teilkündigung** von Geschäftsanteilen (§ 67b GenG) reduziert werden. Kündigung und Teilkündigung sind nur zum Schluss eines Geschäftsjahrs

---

[1]   Vgl. Beuthien GenG § 7 Rn. 1; Lang/Weidmüller/Holthaus/Lehnhoff GenG § 7 Rn. 2 f.

[2]   Vgl. Beuthien GenG § 7 Rn. 4 f.; Lang/Weidmüller/Holthaus/Lehnhoff GenG § 7 Rn. 5 ff.

[3]   Vgl. Lang/Weidmüller/Holthaus/Lehnhoff GenG § 7 Rn. 6.

[4]   Vgl. Beuthien GenG § 6 Rn. 9; Lang/Weidmüller/Holthaus/Lehnhoff GenG § 6 Rn. 15 ff.

[5]   Zu Form und Inhalt der Mitgliederliste s. Beuthien GenG § 30 Rn. 3 ff.; Lang/Weidmüller/Holthaus/Lehnhoff GenG § 30 Rn. 3 ff.

möglich. Die Kündigungsfrist beträgt mindestens drei Monate, die Satzung kann jedoch eine längere Frist bis zu maximal fünf Jahren, bei sog. Unternehmergenossenschaften bis zu zehn Jahren bestimmen. Die Auseinandersetzung richtet sich nach § 73 GenG; danach ist das Geschäftsguthaben des Genossen – vorbehaltlich abweichender Satzungsregelungen und der Auszahlungssperre des § 8a Abs. 2 GenG – binnen sechs Monaten nach Beendigung der Mitgliedschaft an ihn auszuzahlen. Auf die Rücklagen der Genossenschaft haben die ausscheidenden Mitglieder keinen Anspruch, soweit es sich nicht um den sog. **Beteiligungsfonds**[6] (§ 73 Abs. 3 GenG) handelt.

Neben einer Zeichnung von Geschäftsanteilen sind **stille Gesellschaftsvereinbarun-** **8** **gen** und **Genussrechtsvereinbarungen** mögliche Beteiligungsformen bei Genossenschaften. Stille Beteiligungen und Genussrechte haben vor allem bei den Kreditgenossenschaften weite Verbreitung gefunden, da sie unter den bankaufsichtsrechtlichen Voraussetzungen als Eigenmittel anerkannt sind. Die Voraussetzungen für die Anerkennung als Eigenmittel (Kern- oder Ergänzungskapital) sind in Teil 2 der Kapitaladäquanz-VO (VO (EU) 575/2013 vom 26.6.2013) geregelt.

2. Eigenkapitalgliederung in der Bilanz der Genossenschaft. Das Eigenkapital **9** der Genossenschaft ist gem. § 337 Abs. 1–3 iVm § 266 Abs. 3 A. wie folgt zu gliedern:
I.   Geschäftsguthaben
II. Kapitalrücklage
III. Ergebnisrücklagen
    1. Gesetzliche Rücklage
    2. Andere Ergebnisrücklagen
IV. Gewinnvortrag/Verlustvortrag
V.   Jahresüberschuss/Jahresfehlbetrag.

Abweichend hiervon ist es Kleinstgenossenschaften erlaubt, ihr Eigenkapital in einer **10** verkürzten Form darstellen (zu Einzelheiten → Rn. 42).

Verfügt die Genossenschaft über einen **Beteiligungsfonds** der Genossen (§ 73 **11** Abs. 3 GenG), sind diese Rücklagen gem. § 337 Abs. 2 Nr. 2 in den Posten „Andere Ergebnisrücklagen" einzubeziehen, dort aber gesondert zu vermerken. Anzugeben sind zudem die Ausschüttungen des Geschäftsjahrs aus dem Beteiligungsfonds an die ausgeschiedenen Genossen.

Hat die Genossenschaft **Genussrechtskapital** aufgenommen, das aufgrund seiner **12** rechtlichen Ausgestaltung Eigenkapitalcharakter hat, ist es nach hM innerhalb des Eigenkapitals in einem gesonderten Posten auszuweisen. Der Deutsche Genossenschafts- und Raiffeisenverband e.V. (DGRV)[7] schlägt einen gesonderten Ausweis zwischen Ergebnisrücklagen und Gewinnvortrag/Verlustvortrag vor; die Nummerierung der nachfolgenden Posten des Eigenkapitals ändert sich dann entsprechend. Bei Einstufung als Fremdkapital ist das Genussrechtskapital unter den Verbindlichkeiten zu zeigen. Für **Einlagen stiller Gesellschafter** wird ebenfalls ein gesonderter Ausweis innerhalb des Eigenkapitals für zulässig gehalten, wenn sie eigenkapitalähnlich ausgestaltet sind; anderenfalls erfolgt der Ausweis unter den Verbindlichkeiten.

Für **Kredit-, Wertpapier- und Finanzdienstleistungsinstitute** schreibt die Rech- **13** KredV (§ 25 RechKredV) – abweichend von Abs. 1 S. 1 – für den Posten I. die Bezeichnung „Gezeichnetes Kapital" verbindlich vor. In diesen Posten sind neben den Geschäftsguthaben der Genossen auch die Einlagen stiller Gesellschafter einzubeziehen, soweit sie Eigenkapitalcharakter haben.[8] Dies gilt nicht für Genussrechtskapital mit Eigenkapitalcharakter; für dieses Kapital ist laut Formblatt-Bilanz der RechKredV ein gesonderter Posten außerhalb des Eigenkapitals vorgesehen (s. dort).

---

[6]   Vgl. Beuthien GenG § 73 Rn. 15; Lang/Weidmüller/Holthaus/Lehnhoff GenG § 73 Rn. 19 ff.
[7]   Vgl. DGRV Jahresabschluss WDA C. I. Rn. 1.
[8]   Vgl. DGRV Jahresabschluss Kreditgenossenschaft B. III. Rn. 1115 ff.; Scharpf/Schaber Bankbilanz-HdB S. 977.

II. Jahresabschluss

14   **1. Geschäftsguthaben der Genossen.** Der Posten beinhaltet das genossenschaftsrechtliche Kapital aller am Bilanzstichtag vorhandenen Mitglieder der Genossenschaft; zur Möglichkeit der Einbeziehung rückständiger fälliger Einzahlungen → Rn. 20 ff. Der Ausweis beruht auf der **Mitgliederliste** und den **Geschäftsguthabenkonten** der Mitglieder. Ein korrekter Ausweis ist nur dann sichergestellt, wenn Liste und Konten ordnungsgemäß geführt und miteinander abgestimmt sind (→ § 338 Rn. 5 ff.). Auf den Geschäftsguthabenkonten zu buchen sind die getätigten Einzahlungen der Mitglieder auf ihre Geschäftsanteile, die Gutschriften aus dem Gewinn (Dividende) und aus der genossenschaftlichen Rückvergütung, ggf. die Belastungen aus zugewiesenen Verlustanteilen sowie etwaige Gutschriften und Belastungen aus der Übertragung von Geschäftsguthaben (§ 76 GenG) von einem Genossen auf einen anderen.[9]

15   **Überzahlungen** auf gezeichnete sowie **Vorauszahlungen** auf noch nicht gezeichnete Geschäftsanteile sind nicht als Geschäftsguthaben, sondern als „Sonstige Verbindlichkeiten" auszuweisen. Das Gleiche gilt für **Auseinandersetzungsguthaben** von am Bilanzstichtag bereits ausgeschiedenen Genossen.[10]

16   Dagegen gehören die Geschäftsguthaben der erst mit Ablauf des Geschäftsjahrs ausgeschiedenen Genossen zum Mitgliederkapital, da sie am Bilanzstichtag noch (ausscheidende) Mitglieder der Genossenschaft sind.[11] Die **Geschäftsguthaben der ausscheidenden Mitglieder** sind nach Abs. 1 S. 2 gesondert anzugeben. **Kredit-, Wertpapier- und Finanzdienstleistungsinstitute** haben zudem die Geschäftsguthaben aus nach § 67b GenG gekündigten Geschäftsanteilen gesondert anzugeben; gem. § 34 Abs. 2 Nr. 3 RechKredV haben sie die Geschäftsguthaben im Anhang des Jahresabschlusses wie folgt aufzugliedern:
a) Geschäftsguthaben der verbleibenden Mitglieder,
b) Geschäftsguthaben der ausscheidenden Mitglieder,
c) Geschäftsguthaben aus gekündigten Geschäftsanteilen.

17   Diese Vorschriften erfordern eine Bestandsaufnahme und entsprechende Aufgliederung der Beträge zum Bilanzstichtag.

18   **a) Geschäftsguthaben der verbleibenden Mitglieder.** Hierzu zählen die Geschäftsguthaben aus **ungekündigten,** nicht durch Ausschließung oder Tod beendeten Mitgliedschaften. Geschäftsguthaben aus **gekündigten** Mitgliedschaften sind einzubeziehen, wenn die Kündigungsfrist am Bilanzstichtag noch nicht abgelaufen ist; hierzu folgendes Beispiel:

> **Beispiel:**
> Ausweis des Geschäftsguthabens bei gekündigter Mitgliedschaft
> Kündigungsfrist laut Satzung: 2 Jahre
> Zugang der Kündigungserklärung: 23.11.2022
> damit Ausscheiden zum: 31.12.2024
> Zu den Bilanzstichtagen 31.12.2022 und 31.12.2023 ist das Geschäftsguthaben
> des Mitglieds den „Geschäftsguthaben der verbleibenden Mitglieder" zuzuordnen.

19   Dies gilt grundsätzlich auch bei einer **Teilkündigung** von Geschäftsanteilen nach § 67b GenG; zur Ermittlung des Auszahlungsbetrages → Rn. 21.

20   **b) Geschäftsguthaben der ausscheidenden Mitglieder.** Hierunter fallen die Geschäftsguthaben all jener Mitglieder, die zum Schluss des Geschäftsjahrs, für das die Bilanz aufgestellt wird, aus der Genossenschaft ausscheiden. Außer durch Kündigung (§ 65 GenG) enden Mitgliedschaften zB durch Ausschließung (§ 68 GenG) oder Tod (§ 77 Abs. 1 GenG). Das Ausscheiden erfolgt – mit Ausnahme der Fälle Übertragung des Geschäftsguthabens (§ 76 GenG), Tod (§ 77 GenG) sowie Verschmelzung – stets zum Geschäftsjahresschluss: In den Fällen der **Kündigung** in dem Geschäftsjahr, in dem die Kündigungsfrist abläuft (in

---

9   Vgl. DGRV Jahresabschluss WDA C. I. Rn. 7; Lang/Weidmüller/Holthaus/Lehnhoff GenG § 7 Rn. 5.
10   Vgl. BeBiKo/Justenhoven/Schäfer § 337 Rn. 5; DGRV Jahresabschluss WDA C. I. Rn. 9.
11   Vgl. DGRV Jahresabschluss WDA C. I. Rn. 8.

dem Beispiel in → Rn. 19 wäre dies zum 31.12.2024 der Fall), bei **Ausschließung** zum Schluss des Jahres, in dem das Ereignis eingetreten ist.[12] Die Geschäftsguthaben verstorbener Mitglieder sind als Geschäftsguthaben ausscheidender Mitglieder oder, sofern die Satzung eine Fortsetzung der Mitgliedschaft mit den Erben vorsieht, unter dem Namen des oder der Erben als Geschäftsguthaben der verbleibenden Mitglieder auszuweisen (§ 77 Abs. 2 und 3 GenG).

c) Geschäftsguthaben aus gekündigten Geschäftsanteilen. Ein gesonderter Aus- **21** weis der Geschäftsguthaben aus gekündigten Geschäftsanteilen ist nur den **Kredit-, Wertpapier- und Finanzdienstleistungsinstituten** vorgeschrieben (§ 34 Abs. 2 Nr. 3 lit. c RechKredV). Es bestehen keine Bedenken dagegen, wenn Genossenschaften anderer Geschäftszweige diese Angabe freiwillig machen.[13] Für den Ausweis kommen nur die Geschäftsguthaben in Betracht, die aufgrund einer **Kündigung einzelner Geschäftsanteile** nach § 67b GenG (auch Teilkündigung genannt) zur Auszahlung anstehen. Auszahlungen dürfen nur erfolgen, soweit das Geschäftsguthaben den Gesamtbetrag der verbliebenen Geschäftsanteile übersteigt.[14] Soweit danach keine Auszahlungen vorzunehmen sind, bleibt es bei dem Ausweis unter den Geschäftsguthaben der verbleibenden Mitglieder.

d) Rückständige fällige Pflichteinzahlungen. Gemäß Abs. 1 S. 3–5 ist der Gesamt- **22** betrag der rückständigen fälligen Einzahlungen auf Geschäftsanteile in der Bilanz auszuweisen. Dabei sind nur die tatsächlich gezeichneten Geschäftsanteile zu berücksichtigen. Soweit darüber hinaus satzungsmäßige, aber **nicht erfüllte Zeichnungspflichten** bestehen, bleiben diese unberücksichtigt. Das Gleiche gilt für **verjährte Einzahlungsansprüche** der Genossenschaft; die Verjährungsfrist beträgt zehn Jahre und beginnt mit dem Schluss des Jahres, in dem der Anspruch rechtswirksam entstanden ist.[15] Für den Ausweis sieht das Gesetz **zwei Alternativen** vor:
– Ausweis der Geschäftsguthaben **mit Einbeziehung** der rückständigen fälligen Einzahlungen und gleichzeitig Ausweis des Gesamtbetrags der rückständigen fälligen Einzahlungen auf der Aktivseite (Bruttomethode);
– Ausweis der Geschäftsguthaben **ohne Einbeziehung** der rückständigen fälligen Einzahlungen und gleichzeitig Vermerk des Gesamtbetrags der rückständigen fälligen Einzahlungen auf der Passivseite bei dem Posten „Geschäftsguthaben" (Nettomethode).

Bei der Ermittlung des Gesamtbetrags sind auch (noch) die rückständigen fälligen **23** Einzahlungen derjenigen Mitglieder zu berücksichtigen, die zum Schluss des Geschäftsjahrs ausscheiden oder Geschäftsanteile gem. § 67b GenG gekündigt haben, da sie am Bilanzstichtag rechtlich noch Mitglieder bzw. Mitgliederanteile sind.

Höhe und Fälligkeit der Pflichteinzahlungen auf Geschäftsanteile ergeben sich aus Mit- **24** gliederliste und Buchführung in Verbindung mit den am Bilanzstichtag geltenden, dh im Genossenschaftsregister eingetragenen, Satzungsbestimmungen, ggf. ergänzt durch nicht eintragungspflichtige Beschlüsse der zuständigen Organe. Die Satzungsbestimmungen und Beschlüsse gelten für alle Mitglieder gleichermaßen; es ist nicht zulässig, für bestimmte Mitglieder, zB Organmitglieder, Ausnahmeregelungen zu vereinbaren.[16]

Die Ermittlung des Gesamtbetrages der rückständigen fälligen Einzahlungen auf **25** Geschäftsanteile macht keine Schwierigkeiten, wenn für alle Geschäftsanteile der Nominalbetrag sofort voll einzuzahlen ist. In diesem Fall kann der Gesamtbetrag durch einfache Subtraktion des Gesamtbetrags der Geschäftsguthaben vom Gesamtnennbetrag aller gezeichneten Geschäftsanteile bestimmt werden. Besteht keine sofortige Volleinzahlungspflicht,

---

12   Vgl. Lang/Weidmüller/Holthaus/Lehnhoff GenG Vor § 65 Rn. 1; DGRV Jahresabschluss WDA C. I. Rn. 8.
13   Vgl. BeBiKo/Schmidt/Schäfer Rn. 2; so empfohlen vom DGRV Jahresabschluss WDA C. I. Rn. 9.
14   Ebenso Bauer Genossenschaftshandbuch § 67b Rn. 6; Lang/Weidmüller/Holthaus/Lehnhoff GenG § 67b Rn. 7; aA Beuthien GenG § 73 Rn. 13 f., der das einheitliche Geschäftsguthaben im Verhältnis der gekündigten zu den verbleibenden Anteilen aufteilt.
15   Vgl. DGRV Jahresabschluss WDA C. I. Rn. 11.
16   Vgl. DGRV Jahresabschluss WDA C. I. Rn. 10.

müssen die rückständigen fälligen Beträge einzeln unter Berücksichtigung der bereits getätigten Einzahlungen sowie der Höhe und Fälligkeit weiterer Pflichteinzahlungen berechnet werden. Die folgenden zwei Beispiele mögen die zutreffende Ermittlung des Gesamtbetrages der rückständigen fälligen Einzahlungen auf Geschäftsanteile verdeutlichen:

Fall 1: Zeichnung weiterer Geschäftsanteile (§ 15b GenG)

Die Satzung der Genossenschaft X enthält folgende Bestimmungen: Geschäftsanteil 400 EUR, Pflichteinzahlung sofort 100 EUR, keine weiteren Einzahlungspflichten, keine Pflichtbeteiligungen. Mitglied A hat am 1.4.2016 einen Geschäftsanteil gezeichnet und darauf 200 EUR eingezahlt. Am 1.9.2022 hat er zwei weitere Geschäftsanteile gezeichnet, aber noch keine weiteren Einzahlungen geleistet.

Am Bilanzstichtag 31.12.2022 sind rückständig und fällig:

	fällig	geleistet	rückständig
1. Geschäftsanteil	400 EUR	200 EUR	200 EUR
2. Geschäftsanteil	400 EUR	–	400 EUR
3. Geschäftsanteil	100 EUR	–	100 EUR
Rückständige fällige Einzahlungen am 31.12.2022			700 EUR

Erläuterung:

Nach § 15b Abs. 2 GenG darf der Erwerb weiterer Geschäftsanteile nur zugelassen werden, wenn bis auf den letzten alle Geschäftsanteile voll eingezahlt sind oder es sich um die Übernahme von Pflichtbeteiligungen handelt. Werden weitere Geschäftsanteile erworben, ohne dass die vorangehenden und die neu übernommenen – mit Ausnahme des letzten – voll eingezahlt sind, handelt es sich insoweit um rückständige fällige Einzahlungen.

Fall 2: Heraufsetzung von Geschäftsanteil und Pflichteinzahlung

Die Satzung der Genossenschaft Y enthält ursprünglich folgende Bestimmungen: Geschäftsanteil 400 EUR, Pflichteinzahlung sofort 100 EUR, keine weiteren Einzahlungspflichten, keine Pflichtbeteiligungen. Zum 1.10.2022 wird eine Satzungsänderung wirksam, wonach der Geschäftsanteil auf 600 EUR und die sofortige Pflichteinzahlung auf 400 EUR heraufgesetzt wird.

Mitglied B hat am 1.4.2016 einen Geschäftsanteil gezeichnet und darauf 200 EUR eingezahlt. Am 1.9.2022 hat er zwei weitere Geschäftsanteile gezeichnet und darauf gem. § 15b GenG Volleinzahlung (800 EUR) geleistet.

Am Bilanzstichtag 31.12.2022 sind rückständig und fällig:

	fällig	geleistet	rückständig
1. Geschäftsanteil	400 EUR	200 EUR	200 EUR
2. Geschäftsanteil	400 EUR	400 EUR	–
3. Geschäftsanteil	400 EUR	400 EUR	–
Rückständige fällige Einzahlungen am 31.12.2017			200 EUR

Erläuterung:

Eine Heraufsetzung des Geschäftsanteils löst nicht die Folgen des § 15b GenG aus, dh der Heraufsetzungsbetrag ist nicht sofort fällig. Rückständige fällige Einzahlungen können sich hier nur dann ergeben, wenn gleichzeitig die Pflichteinzahlung heraufgesetzt wird.

---

26 **2. Kapitalrücklage.** In der Kapitalrücklage werden Beträge erfasst, die nicht aus erwirtschafteten Gewinnen gebildet worden sind. Der Inhalt richtet sich nach § 272 Abs. 2 (→ § 272 Rn. 1 ff.). Es handelt sich zum einen um Agio und ähnliche Gelder aus der Emission von Anteilen und von Schuldverschreibungen mit Wandlungs- oder Optionsrechten, zum anderen um Zuzahlungen der Gesellschafter in das Eigenkapital.

27 Bei Genossenschaften vielfach anzutreffen sind **Zuzahlungen,** die Mitglieder in das Eigenkapital leisten. Hierzu gehören alle Einlagen der Mitglieder, die nicht Einzahlungen auf Geschäftsanteile sind, wie zB Eintrittsgelder, Strafgelder, verlorene Baukostenzuschüsse und sonstige genossenschaftliche Einlagen.[17] Ausgabeagio und ähnliche Gelder kommen

---

[17] Vgl. Lang/Weidmüller/Holthaus/Lehnhoff GenG § 7 Rn. 19 ff.; DGRV Jahresabschluss WDA C. I. Rn. 14.

bei Genossenschaften kaum vor, weil im Falle einer späteren Auseinandersetzung, zB aufgrund einer Kündigung der Mitgliedschaft, regelmäßig nur der Nominalbetrag der Geschäftsguthaben zurück gewährt wird (§ 73 Abs. 2 GenG).

Regelungen über die Verwendung der Kapitalrücklage enthält das GenG nicht. In **28** diesem Fall ist nach hM davon auszugehen, dass die Kapitalrücklage wie die gesetzliche Rücklage nach § 7 Nr. 2 GenG zur Deckung von Verlusten herangezogen werden kann, soweit die Satzung der Genossenschaft dem nicht entgegensteht.[18] Zuständig dafür ist allein die Generalversammlung (§ 48 GenG). Die Entnahmen aus der Kapitalrücklage sind nach § 275 Abs. 4 in der Gewinn- und Verlustrechnung nach dem Posten „Jahresüberschuss/ Jahresfehlbetrag" gesondert auszuweisen. Eine Verwendung der Kapitalrücklage zur Ausschüttung an die Genossen ist grundsätzlich nicht zulässig.

3. Ergebnisrücklagen. Genossenschaften haben in ihrer Bilanz an Stelle der **29** „Gewinnrücklagen" (§ 272 Abs. 3) die „Ergebnisrücklagen" auszuweisen. Mit der für Genossenschaften vorgesehenen Bezeichnung „Ergebnisrücklagen" wird dem Förderzweck der Genossenschaften (§ 1 GenG) Rechnung getragen.[19] Als Ergebnisrücklagen dürfen gem. § 272 Abs. 3 S. 1 nur die Beträge ausgewiesen werden, die im Geschäftsjahr oder in früheren Geschäftsjahren aus dem Ergebnis (Jahresüberschuss) der Genossenschaft gebildet worden sind. Sie sind gem. Abs. 2 in der Bilanz aufzugliedern in die Posten „Gesetzliche Rücklage" und „Andere Ergebnisrücklagen". In den Posten „Andere Ergebnisrücklagen" ist auch der **Beteiligungsfonds** der Genossen (§ 73 Abs. 3 GenG) einzubeziehen, dort aber gesondert zu vermerken; zu Einzelheiten → Rn. 34 f.

a) Gesetzliche Rücklage. Die Satzung der Genossenschaft muss Bestimmungen ent- **30** halten über die Bildung einer gesetzlichen Rücklage, die zur Deckung von Bilanzverlusten zu dienen hat (§ 7 Nr. 2 GenG). Sie muss festlegen, welcher Teil des Jahresüberschusses in diese Rücklage einzustellen ist, und den Betrag bestimmen, der als Mindestgröße zu erreichen ist, bevor Zuführungen aus dem Jahresüberschuss unterbleiben können.[20] Ein gesetzlicher Mindestbetrag für die Zuweisung ist nicht vorgesehen. In der Praxis hat es sich bewährt, einen bestimmten Anteil des Jahresüberschusses festzulegen, zB 10 %. Der Vorstand der Genossenschaft hat dafür Sorge zu tragen, dass die nach der Satzung erforderliche Rücklagendotierung tatsächlich erfolgt. Er kann die Dotierung auch schon bei der Aufstellung des Jahresabschlusses vornehmen (Vorwegzuweisung); dann ändert sich allerdings die Gliederung des Eigenkapitals (s. Erläuterungen zu § 268 Abs. 1). Die **Vorwegzuweisung,** die ihrem Charakter nach nur ein Verwendungsvorschlag des Vorstands ist, ist durch die Generalversammlung zu genehmigen, was in der Praxis regelmäßig im Zusammenhang mit der Feststellung des Jahresabschlusses (§ 48 GenG) geschieht.

Die strenge **Zweckbindung**[21] der gesetzlichen Rücklage zur Deckung von Bilanzver- **31** lusten schließt jede andere Art der Verwendung aus. So darf sie keinesfalls zur Deckung von außerplanmäßigen Abschreibungen und Wertberichtigungen herangezogen werden, die sich nicht in einem Bilanzverlust niedergeschlagen haben. Auch ist ihre Verwendung zur Ausschüttung an die Genossen nicht zulässig. Zuständig für die Entscheidung über die Verwendung zur Deckung eines Bilanzverlustes ist allein die Generalversammlung (§ 48 Abs. 1 GenG). Sinkt die gesetzliche Rücklage unter die satzungsmäßige Mindestgröße, weil die Mittel zur Verlustdeckung verbraucht wurden, ist sie nach Maßgabe der Satzungsbestimmungen aus künftigen Jahresüberschüssen der Genossenschaft wieder aufzufüllen.

b) Andere Ergebnisrücklagen. Die anderen Ergebnisrücklagen haben ihre Grund- **32** lage nicht im Gesetz, sondern in der Satzung der Genossenschaft. Die Regeln für die

---

[18] Vgl. ADS § 272 Rn. 59, 137; BeBiKo/Störk/Kliem/Meyer § 272 Rn. 210 ff.; Lang/Weidmüller/Holthaus/Lehnhoff GenG § 7 Rn. 35.
[19] Vgl. DGRV Jahresabschluss WDA C. I. Rn. 19.
[20] Vgl. Lang/Weidmüller/Holthaus/Lehnhoff GenG § 7 Rn. 31.
[21] Vgl. Beuthien GenG § 7 Rn. 17; Lang/Weidmüller/Holthaus/Lehnhoff GenG § 7 Rn. 33.

Bildung und die Verwendung dieser Rücklagen sind **grundsätzlich frei** bestimmbar.[22] In der Praxis der Genossenschaften gibt es zweckfreie Rücklagen, oft Betriebsrücklage genannt, sowie andere auf Beschluss der Generalversammlung gebildete zweckgebundene Rücklagen, wie zB Baurücklagen und Erneuerungsrücklagen. Auch der **Beteiligungsfonds** nach § 73 Abs. 3 GenG gehört zu den anderen zweckgebundenen Ergebnisrücklagen; zu den Erläuterungen → Rn. 34 f. Die Satzung kann eine Mindestdotierung der anderen Ergebnisrücklagen vorschreiben, zB entsprechend den Regelungen für die gesetzliche Rücklage.

33   Im Unterschied zu der gesetzlichen Rücklage ist es grundsätzlich zulässig, die Entscheidung über die **Verwendung** der anderen Ergebnisrücklagen zB auf Vorstand und Aufsichtsrat zu übertragen. Eine „stille" Verlustdeckung ist allerdings nicht möglich, da nach § 48 GenG der Generalversammlung die Beschlussfassung über die Deckung des (gesamten ungeteilten) Jahresfehlbetrags vorbehalten ist.[23] Zweckgebundene Rücklagen dürfen nur für die vorgesehenen Zwecke verwendet werden; anderenfalls ist ein Umwidmungsbeschluss des zuständigen Organs erforderlich.[24] Die anderen Ergebnisrücklagen können auch an die Genossen ausgeschüttet oder zur Auffüllung der Geschäftsguthaben bis zur Höhe des Geschäftsanteils verwendet werden, soweit dem nicht Bestimmungen der Satzung entgegenstehen.

34   **c) Beteiligungsfonds der Genossen.** Die Satzung der Genossenschaft kann die Bildung eines Beteiligungsfonds vorsehen, an dem die Genossen im Fall ihres Ausscheidens einen Anspruch haben (§ 73 Abs. 3 GenG). Die Speisung des Fonds ist – wie bei den anderen Ergebnisrücklagen – nur aus Jahresüberschüssen zulässig; eine Zuführung aus anderen Ergebnisrücklagen (Umwidmung) kommt grundsätzlich nicht in Betracht.[25] Voraussetzung eines Anspruchs ausgeschiedener Mitglieder gegen den Beteiligungsfonds ist, dass sie ihren Geschäftsanteil voll eingezahlt haben.[26] Die Satzung kann vorsehen, dass der Fonds auch anderen Zwecken dienen soll. Durch Beschluss der Generalversammlung kann der Beteiligungsfonds auch zur Deckung von Verlusten herangezogen werden.

35   Der Bestand des Beteiligungsfonds ist nach Abs. 2 Nr. 2 bei dem Posten „Andere Ergebnisrücklagen" zu **vermerken.** Das Gleiche gilt für Ausschüttungen aus dem Fonds, die an die ausscheidenden Genossen zu leisten sind. Nach ihrem Ausscheiden sind die Ausschüttungsbeträge in die „Sonstigen Verbindlichkeiten" umzubuchen.

36   **4. Rücklagenentwicklung.** Gemäß Abs. 3 sind für jeden einzelnen Rücklagenposten der Bilanz jeweils gesondert – somit auch für den Beteiligungsfonds nach § 73 Abs. 3 GenG – die Veränderungen im Geschäftsjahr darzustellen. Dabei sind im Einzelnen aufzuführen:

– Zuführungen aus dem Bilanzgewinn des **Vorjahrs** aufgrund Beschlusses der General- oder Vertreterversammlung (Nr. 1);
– Vorabzuweisungen aus dem Jahresüberschuss des **Geschäftsjahrs** nach Maßgabe der Bestimmungen der Satzung (Nr. 2);
– Entnahmen innerhalb des **Geschäftsjahrs** nach Maßgabe der Beschlüsse der zuständigen Organe (Nr. 3).

37   Die Angaben können entweder in der Bilanz oder im Anhang des Jahresabschlusses gemacht werden; der DGRV empfiehlt, in den Anhang einen Rücklagenspiegel aufzunehmen, in dem die geforderten Angaben ausgewiesen werden.[27] Eine weitergehende Aufgliederung der Rücklagenposten, als sie für die Bilanz vorgeschrieben ist, ist zulässig, soweit dies die Klarheit und Übersichtlichkeit des Jahresabschlusses nicht beeinträchtigt. In Betracht kommt insbesondere eine entsprechende Darstellung der Entwicklung größerer zweckgebundener Rücklagen.

---

[22] Vgl. Beuthien GenG § 7 Rn. 19; Lang/Weidmüller/Holthaus/Lehnhoff GenG § 7 Rn. 35.
[23] Vgl. Lang/Weidmüller/Holthaus/Lehnhoff GenG § 48 Rn. 17.
[24] Vgl. BeBiKo/Justenhoven/Schäfer Rn. 8.
[25] Vgl. Lang/Weidmüller/Holthaus/Lehnhoff GenG § 73 Rn. 20.
[26] Vgl. Beuthien GenG § 73 Rn. 15; Lang/Weidmüller/Holthaus/Lehnhoff GenG § 73 Rn. 21.
[27] Vgl. DGRV Jahresabschluss WDA C. I. Rn. 20.

5. Bilanzgewinn/Bilanzverlust. Auch Genossenschaften können von dem Wahl- **38** recht des § 268 Abs. 1 S. 1 Gebrauch machen und ihre Bilanz unter Berücksichtigung der vollständigen oder teilweisen Verwendung des Jahresergebnisses aufstellen. In diesem Fall tritt an die Stelle der Posten „Jahresüberschuss/Jahresfehlbetrag" und „Gewinnvortrag/Verlustvortrag" der Posten „Bilanzgewinn/Bilanzverlust"; der Gewinnvortrag/Verlustvortrag ist in den Bilanzgewinn/Bilanzverlust einzubeziehen und dort oder im Anhang des Jahresabschlusses gesondert anzugeben. Ferner ist die nach Gesetz oder Satzung vorgesehene Rücklagendotierung oder Entnahme aus Rücklagen bereits bei der Aufstellung der Bilanz vorzunehmen (§ 270 Abs. 2). Aus Gründen der Übersichtlichkeit ist eine Aufgliederung des Postens „Bilanzgewinn/Bilanzverlust" in der Bilanz zulässig; der DGRV empfiehlt einen Ausweis wie folgt:[28]

IV. Bilanzgewinn/Bilanzverlust
    1. Gewinnvortrag/Verlustvortrag
    2. Jahresüberschuss/Jahresfehlbetrag
    3. Einstellung in/Entnahme aus Rücklagen.

Ist in der Satzung eine **Verzinsung der Geschäftsguthaben** vorgesehen (§ 21a **39** GenG), so ist diese nicht Zinsaufwand, sondern Gewinnverwendung. Bei der Aufstellung des Jahresabschlusses ist dies wie eine Vorabverwendung zu berücksichtigen, da insoweit eine Ausschüttungsverpflichtung bereits entstanden ist und es eines Generalversammlungsbeschlusses nicht mehr bedarf.[29] Es empfiehlt sich, diese genossenschaftsspezifische Form der Gewinnverwendung im Jahresabschluss gesondert darzustellen. So könnte in die obige Gliederung ein neuer Posten „3. Verzinsung von Geschäftsguthaben" eingefügt werden (so auch DGRV, Fn. 30); der Posten „Einstellung in/Entnahme aus Rücklagen" erhält dann die Nr. 4.

Im Gegensatz zur Verzinsung der Geschäftsguthaben stellt die **genossenschaftliche 40 Rückvergütung** keine Gewinnverwendung dar. Sie ist eine dem Wesen der Genossenschaft eigene Art der Verteilung desjenigen Überschusses, der im Geschäftsverkehr mit den Mitgliedern erzielt wurde.[30] Die Genossenschaft ist jedoch nicht auf Gewinnerzielung angelegt, sondern hat die Förderung ihrer Mitglieder zum Zweck (§ 1 GenG). Wirtschaftlich handelt es sich um Kalkulationsüberschüsse, die den Mitgliedern zurückgegeben werden, Rückgewähr des zu viel Geleisteten. Dem entsprechend ist sie im Jahresabschluss ergebnismindernd zu berücksichtigen; dies ist – unter den in § 22 KStG iVm R22 KStR 2022 genannten Voraussetzungen – auch steuerrechtlich anerkannt.

Ergibt sich bei der Aufstellung der Jahresbilanz oder einer Zwischenbilanz oder ist bei **41** pflichtgemäßem Ermessen anzunehmen, dass ein **Verlust** besteht, der durch die Hälfte des Gesamtbetrags der Geschäftsguthaben und die Rücklagen nicht gedeckt ist, so hat der Vorstand der Genossenschaft unverzüglich die Generalversammlung einzuberufen und ihr dies anzuzeigen (§ 33 Abs. 3 GenG).

6. Erleichterungen für Kleinstgenossenschaften. Genossenschaften, die die Grö- **42** ßenmerkmale des § 267a Abs. 1 erfüllen (Kleinstgenossenschaften), ist es nach dem BilRUG 2015 erlaubt, ihre Bilanz in einer verkürzten Form aufzustellen, in der nur die mit Buchstaben bezeichneten Posten des Bilanzgliederungsschemas gesondert und in der vorgeschriebenen Reihenfolge aufgenommen werden (§ 336 Abs. 2 S. 1 Nr. 2 iVm § 266 Abs. 1 S. 4). In diesem Fall wird das Eigenkapital der Genossenschaft in einem Posten ohne weitere Untergliederung ausgewiesen.

Für den Fall, dass von dieser Erleichterung Gebrauch gemacht wird, schreibt § 337 **43** Abs. 4 vor, dass unter dem Posten Eigenkapital der Betrag der Geschäftsguthaben der Mitglieder (Abs. 1 S. 1) sowie die gesetzliche Rücklage (Abs. 2 Nr. 1) als Davon-Vermerke auszuweisen sind. Hierbei handelt es sich nach Meinung des Gesetzgebers um Angaben,

---

28   Vgl. DGRV Jahresabschluss WDA C. I. Rn. 26.
29   Vgl. DGRV Jahresabschluss WDA C. I. Rn. 28.
30   Vgl. Beuthien GenG § 19 Rn. 14 f.; Lang/Weidmüller/Holthaus/Lehnhoff GenG § 19 Rn. 25 ff.; DGRV Jahresabschluss WDA D. III. Rn. 25 ff.

die für die Nutzer der Jahresabschlüsse auch von Kleinstgenossenschaften wichtig und daher auch weiterhin zu machen sind.[31] Alle anderen Angaben nach § 337, namentlich der Betrag der Geschäftsguthaben der mit Ablauf des Geschäftsjahres ausgeschiedenen Mitglieder (Abs. 1 S. 2), der Betrag der rückständigen fälligen Einzahlungen auf Geschäftsanteile (Abs. 1 S. 3–5), ggf. der Betrag eines in der Satzung bestimmten Mindestkapitals (Abs. 1 S. 6), die anderen Ergebnisrücklagen ggf. mit gesondertem Vermerk der Ergebnisrücklagen nach § 73 Abs. 3 GenG (Abs. 2 Nr. 2) sowie die Angaben über die Entwicklung der Ergebnisrücklagen (Abs. 3), können Kleinstgenossenschaften weglassen.

III. IAS/IFRS-Einzelabschluss

44   Mit dem **Bilanzrechtsreformgesetz 2004** (BilReG) wurde für **große Genossenschaften** – ebenso wie für **große Kapitalgesellschaften** und die unter das PublG fallenden Unternehmen – die Möglichkeit geschaffen, anstelle ihres Jahresabschlusses einen nur zu Informationszwecken dienenden **Einzelabschluss nach den internationalen Rechnungslegungsstandards IAS/IFRS** zu veröffentlichen. Nach dem EHUG 2006 steht dieses Wahlrecht nunmehr allen Kapitalgesellschaften und Genossenschaften zu. Einzelheiten hierzu sind unter → § 339 Rn. 20 ff. erläutert.

45   Die IAS/IFRS unterscheiden sich in vielen Punkten gravierend von den Rechnungslegungsvorschriften des HGB. Dies gilt ua für das Eigenkapital der Unternehmen und ganz besonders für das Eigenkapital der Genossenschaften. Der wesentliche Unterschied besteht in der Abgrenzung von Eigen- und Fremdkapital und einem entsprechenden Ausweis in der Bilanz.[32]

46   **1. Abgrenzung von Eigen- und Fremdkapital.** Die Offenlegung von Finanzinstrumenten und deren Qualifizierung als Eigen- oder Fremdkapital ist durch den **Standard IAS 32** sowie den dazu ergangenen Interpretationsstandard IFRIC 2 geregelt. Von besonderer Bedeutung für die Kapitalabgrenzung ist nach IAS 32.17 die Frage, ob mit einem Finanzinstrument gleichzeitig eine Verpflichtung verbunden ist, die den Emittenten dazu zwingt, entweder liquide Mittel oder andere finanzielle Vermögenswerte an den Kapitalgeber zu leisten. Liegt eine solche unbedingte Verpflichtung vor, darf das betreffende Finanzinstrument nach IAS 32.16 in der Bilanz nicht als Eigenkapital ausgewiesen werden. IAS 32.18 überträgt diese Voraussetzung auf die Qualifizierung von hybriden Kapitalformen, die gleichzeitig Merkmale von Eigen- und von Fremdkapital aufweisen. Dies betrifft insbesondere die **Geschäftsguthaben** der Genossen als **kündbare** Eigenkapitalbestandteile. Nach IAS 32.18b müssen Finanzinstrumente, die den Kapitalgeber berechtigen, das Instrument an das emittierende Unternehmen gegen einen Ausgleich in Form von liquiden Mitteln oder anderen Vermögenswerten zurückzugeben, grundsätzlich als **Verbindlichkeit** erfasst werden. Dies gilt auch dann, wenn der Kapitalgeber – neben dem Kündigungsrecht – über einen Residualanspruch an dem Unternehmensvermögen verfügt und für die Verbindlichkeiten des Unternehmens haftet. Allein die Möglichkeit des Kapitalgebers, das Finanzinstrument gegen einen finanziellen Ausgleich an das Unternehmen zurückzugeben, und die damit einhergehende unbedingte Verpflichtung des Emittenten zur Rückzahlung führen zum Ausweis als Verbindlichkeit. Dies gilt unabhängig davon, ob ein Kündigungsrecht auch tatsächlich ausgeübt wird, wie der bei Ausübung des Kündigungsrechts rückzahlbare Betrag zu ermitteln ist oder ob eine feste Laufzeit vereinbart ist. Demnach sind alle Formen rückzahlbaren Kapitals wie Geschäftsguthaben, kündbare stille Einlagen oder kündbare Genussrechte in einer IAS/IFRS-Bilanz als Fremdkapital auszuweisen, wenn für das bilanzierende Unternehmen eine unbedingte Pflicht zur Rückzahlung besteht. Nach IAS 32.36 bestimmt die Klassifizierung eines Finanzinstruments auch die Einordnung der damit verbundenen

---

[31]   Vgl. Begr. RegE zum BilRUG 2015, BT-Drs. 18/4050, 79.
[32]   Hierzu grdl. IDW RS HFA 9 – Einzelfragen zur Bilanzierung von Finanzinstrumenten nach IAS 32, in IDW FN 2007, 326 ff., Rn. 4 ff.; Baetge/Kirsch/Leuschner/Jerzembek DB 2006, 2133; Krumnow ua RechKredV § 25 Rn. 19; Lüdenbach/Hoffmann BB 2004, 1042; Schildbach in Löw 174 ff.; Spanier/Weller ZfgG 2004, 269 ff.

Vergütungen. Folglich sind zB **Dividendenzahlungen** auf Geschäftsguthaben oder erfolgs-abhängige Ausschüttungen auf Genussrechte im IAS/IFRS-Abschluss als **Zinsaufwand** zu berücksichtigen, wenn sie im Zusammenhang mit kündbaren und damit als Fremdkapital qualifizierten Finanzinstrumenten anfallen.

IAS 32 wird ergänzt durch den Interpretationsstandard **IFRIC 2.** Nach IFRIC 2.5 **47** führt der Anspruch des Mitglieds auf Rückzahlung seines Geschäftsguthabens nicht automa-tisch zu dessen Klassifizierung als finanzielle Verbindlichkeit. Geschäftsguthaben, die ohne Kündigungsrecht als Eigenkapital zu qualifizieren wären, sind dann als Eigenkapital auszu-weisen, wenn eine der folgenden Bedingungen erfüllt ist.

– **Zustimmungserfordernis** (IFRIC 2.7). Geschäftsguthaben stellen Eigenkapital dar, wenn die Genossenschaft über das unabdingbare Recht verfügt, die Rückzahlung der Guthaben zu verweigern. Um diese Voraussetzung zu erfüllen, müsste der Genossenschaft ein gesetzliches oder satzungsmäßiges Entscheidungsrecht über die Rückzahlung zuste-hen. Auch wenn die Genossenschaft tatsächlich niemals Rückzahlungen von Geschäfts-guthaben verweigert, ist in diesem Fall das gesamte Geschäftsguthaben als Eigenkapital auszuweisen. Die Dividendenzahlungen sind in diesem Fall nicht als Zinsaufwand, son-dern in voller Höhe als Ergebnisverwendung zu behandeln.
– **Mindestkapital** (IFRIC 2.8 iVm IFRIC 2.9). Geschäftsguthaben stellen Eigenkapital dar, soweit die Rückzahlung – abgesehen von dem Fall der Liquidation – verboten ist. Um diese Voraussetzung zu erfüllen, müsste für die Genossenschaft ein Mindestkapital durch Gesetz oder Satzung bestimmt sein. Beispielsweise könnte die Satzung als Mindest-kapital entweder eine bestimmte Summe nennen oder einen Prozentsatz in Bezug auf den Gesamtbetrag der gezeichneten Geschäftsanteile oder der eingezahlten Geschäftsgut-haben. In diesem Fall ist das Mindestkapital als Eigenkapital und der überschießende Betrag als finanzielle Verbindlichkeit auszuweisen. Soweit die Geschäftsguthaben als Eigenkapital zu bilanzieren sind, sind die darauf entfallenden Dividenden Bestandteil der Gewinnverwendung; die restlichen Dividenden sind dagegen als Zinsaufwand zu buchen.

Die Anwendung des IFRIC 2 ist den Genossenschaften (erst) durch die GenG-Novelle **48** 2006 ermöglicht worden, indem der Gesetzgeber die Rechtsgrundlagen für entsprechende Satzungsregelungen durch die Genossenschaft geschaffen hat.[33] So ist es nach dem neu aufgenommenen § 73 Abs. 4 GenG zulässig, die Voraussetzungen, die Modalitäten und die Frist für die Auszahlung des Auseinandersetzungsguthabens in der Satzung der Genossen-schaft abweichend von den gesetzlichen Bestimmungen (§ 73 Abs. 2 GenG) zu regeln. Dies kann zB in der Weise geschehen, dass die Auszahlungen an die Voraussetzung einer **Zustimmung** durch die Generalversammlung oder den Aufsichtsrat der Genossenschaft geknüpft wird; eine Bestimmung, nach der über Voraussetzungen oder Zeitpunkt der Aus-zahlung ausschließlich der Vorstand zu entscheiden hat, ist unwirksam (§ 73 Abs. 4 Hs. 2 GenG). Ferner ist es nach dem neu eingeführten § 8a GenG zulässig, in der Satzung ein **Mindestkapital** der Genossenschaft zu bestimmen, das auch durch die Auszahlung des Auseinandersetzungsguthabens von Mitgliedern, die ausgeschieden sind oder einzelne Geschäftsanteile gekündigt haben, nicht unterschritten werden darf; bestimmt die Satzung ein Mindestkapital, ist die Auszahlung des Auseinandersetzungsguthabens ausgesetzt, solange durch die Auszahlung das Mindestkapital unterschritten würde.

2. Eigenkapitalspiegel nach IAS/IFRS. Der IAS/IFRS-Abschluss ist um eine **49** Eigenkapitalveränderungsrechnung zu ergänzen. Damit sollen alle Veränderungen am Rein-vermögen des Unternehmens während einer Berichtsperiode aufgezeigt werden – unabhän-gig davon, ob sie einen Niederschlag in der Gewinn- und Verlustrechnung gefunden haben oder direkt im Eigenkapital gebucht wurden (IAS 1.106 ff.). Die Abschlussadressaten erhal-ten so einen Einblick in die Quellen, die für eine Zu- oder Abnahme des Reinvermögens ursächlich sind, und können damit die Veränderung der Finanzlage des Unternehmens

---

[33] S. hierzu die Erläuterungen von Korte/Schaffland GenG 22 ff., 170 f.; Gschwandtner/Müller ZfgG 2008, 119 ff.; Helios/Strieder WPg 2005, 2794.

während der Berichtsperiode beurteilen. Die Ursachen für Änderungen am Reinvermögen lassen sich in folgende Gruppen einteilen:

– realisierte, dh in der Gewinn- und Verlustrechnung berücksichtigte Ergebnisse (Gewinn oder Verlust),
– unrealisierte, dh nicht in der Gewinn- und Verlustrechnung berücksichtigte, sondern direkt im Eigenkapital gebuchte Ergebnisse (sonstiges Ergebnis),
– Transaktionen mit den Eigentümern in deren Eigenschaft als Anteilseigner (Einzahlungen bzw. Rückzahlungen von Eigenkapital; Dividendenzahlungen).

50   Der Standard IAS 1 macht keine Vorgaben für das Format zur Abbildung der Veränderungen im Eigenkapital. Eine in der Praxis vielfach anzutreffende Möglichkeit besteht in einem Spaltenformat, das für jede Kategorie des Eigenkapitals die Werte aus der Eröffnungsbilanz in die entsprechenden Werte zum Bilanzstichtag überleitet (Eigenkapitalspiegel).

51   Im Rahmen des BilReG 2004 wurde der Inhalt eines Konzernabschlusses nach HGB (§ 297 Abs. 1) um einen Eigenkapitalspiegel als Pflichtbestandteil erweitert. Im Vergleich zum HGB-Abschluss genießt jedoch der Eigenkapitalspiegel im IAS/IFRS-Abschluss eine größere Bedeutung, weil nach den IAS/IFRS eine große Zahl von Transaktionen ohne Berührung der Gewinn- und Verlustrechnung direkt gegen das Eigenkapital gebucht wird. Dies betrifft beispielsweise einzelne Gruppen des Sachanlagevermögens sowie bestimmte Finanzinstrumente, die in der IAS/IFRS-Bilanz abweichend vom Anschaffungskostenprinzip mit den beizulegenden Zeitwerten angesetzt werden. Die aus dieser Neubewertung resultierenden Buchwerterhöhungen sind erfolgsneutral im Eigenkapital zu berücksichtigen. Aus Sicht der Eigenkapitalgeber bzw. potenzieller Investoren interessiert daher nicht nur die Höhe des Jahresergebnisses, das sich aus der Gewinn- und Verlustrechnung ergibt, sondern auch die Entwicklung des dem Anteilseigner zuzurechnenden Eigenkapitals.

52   Der DGRV[34] empfiehlt den Genossenschaften die Verwendung des nachfolgend dargestellten Formats eines Eigenkapitalspiegels.

---

34   Vgl. DGRV Praxishandbuch IAS/IFRS, 2006, Teil 2, Abschnitt H. Eigenkapital 29 ff.

Nr.	Ursachen für Eigenkapitaländerungen	bedingt rückzahlbares Geschäftsguthaben	Kapitalrücklage	Ergebnisrücklage	Bewertungsrücklage	Ausgleichsposten Währungsumrechnung	Anteile anderer Gesellschafter	Bilanzgewinn-/-verlust	Summe	nachrichtlich Sonstiges Geschäftsguthaben	nachrichtlich Summe
1	Stand 01.01.t_0										
	Korrekturen der Eröffnungsbilanzwerte										
2	+/– Änderung der Bewertungsmethoden und Fehlerkorrekturen										
3	= **Stand 01.01.t_0 angepasst**										
	Erfolgsneutrale Eigenkapitalveränderungen ohne Transaktionen mit Eigenkapitalgebern (netto)										
4	+/– Währungsumrechnung										
5	+/– Neubewertung										
6	+/– Wertänderungen										
7	+/– sonstige erfolgsneutrale Eigenkapitalveränderungen										
	Erfolgswirksame Eigenkapitalveränderung										
8	+/– Jahresergebnis										
9	= **Gesamteinkommen** (Z. 4+…+8)										
	Transaktionen mit den Mitgliedern										
10	+ Einzahlung Geschäftsguthaben										
11	– Auszahlung Geschäftsguthaben										
12	+ Einzahlung Kapitalrücklage										
13	– Ausschüttung Ergebnisrücklage										

| | Ursachen für Eigenkapitaländerungen | bedingt rückzahlbares Geschäftsguthaben | Kapital-rücklage | Ergebnis-rücklage | Bewer-tungsrück-lage | Ausgleichs-posten Währungs-umrech-nung | Anteile anderer Gesellschaf-ter | Bilanzge-winn/-verlust | Summe | nachrichtlich | |
										Sonstiges Geschäfts-guthaben	Summe
14	– Dividendenausschüttung										
	Umgliederungen										
15	+/– Gewinnzuschriften auf Geschäftsguthaben										
16	–/+ Verlustabschreibung auf Geschäftsguthaben										
17	–/+ Entnahme aus Kapital-rücklage										
18	+/– Einstellung in Ergebnis-rücklage										
19	–/+ Entnahme aus Ergebnis-rücklage										
20	= Summe Eigenkapitalän-derungen (Z. 9+...+18)										
21	+ Stand 01.01.t_0 angepasst (Z. 3)										
22	= **Eigenkapital zum 31.12.t_0**										

§ 338 Vorschriften zum Anhang

(1) [1]Im Anhang sind auch Angaben zu machen über die Zahl der im Laufe des Geschäftsjahrs eingetretenen oder ausgeschiedenen sowie die Zahl der am Schluß des Geschäftsjahrs der Genossenschaft angehörenden Mitglieder. [2]Ferner sind der Gesamtbetrag, um welchen in diesem Jahr die Geschäftsguthaben sowie die Haftsummen der Mitglieder sich vermehrt oder vermindert haben, und der Betrag der Haftsummen anzugeben, für welche am Jahresschluß alle Mitglieder zusammen aufzukommen haben.

(2) Im Anhang sind ferner anzugeben:
1. Name und Anschrift des zuständigen Prüfungsverbandes, dem die Genossenschaft angehört;
2. alle Mitglieder des Vorstands und des Aufsichtsrats, auch wenn sie im Geschäftsjahr oder später ausgeschieden sind, mit dem Familiennamen und mindestens einem ausgeschriebenen Vornamen; ein etwaiger Vorsitzender des Aufsichtsrats ist als solcher zu bezeichnen.

(3) [1]An Stelle der in § 285 Nr. 9 vorgeschriebenen Angaben über die an Mitglieder von Organen geleisteten Bezüge, Vorschüsse und Kredite sind lediglich die Forderungen anzugeben, die der Genossenschaft gegen Mitglieder des Vorstands oder Aufsichtsrats zustehen. [2]Die Beträge dieser Forderungen können für jedes Organ in einer Summe zusammengefaßt werden.

(4) Kleinstgenossenschaften brauchen den Jahresabschluss nicht um einen Anhang zu erweitern, wenn sie unter der Bilanz angeben:
1. die in den §§ 251 und 268 Absatz 7 genannten Angaben und
2. die in den Absätzen 1, 2 Nummer 1 und Absatz 3 genannten Angaben.

Schrifttum: s. bei Vor § 336.

Übersicht

I. Allgemeines

Genossenschaften haben ihren Jahresabschluss gem. § 336 Abs. 1 um einen Anhang zu **1** erweitern und einen Lagebericht aufzustellen. Auf den Jahresabschluss einschließlich Anhang und den Lagebericht sind die für Kapitalgesellschaften geltenden Vorschriften (§§ 264–289f) grundsätzlich entsprechend anzuwenden; Ausnahmen regelt § 336 Abs. 2. Für den **Anhang** gibt es nur **wenige Ausnahmen;** es handelt sich um folgende Angaben, die Genossenschaften generell nicht zu machen brauchen (zu Einzelheiten → § 336 Rn. 31 ff.):
– Angabe der außerplanmäßigen Abschreibungen auf Vermögensgegenstände des Anlagevermögens aufgrund voraussichtlich dauernder Wertminderung nach § 253 Abs. 3 S. 5,
– Angabe der außerplanmäßigen Abschreibungen auf Vermögensgegenstände des Finanzanlagevermögens aufgrund vorübergehender Wertminderung nach § 253 Abs. 3 S. 6,
– Angaben zum Abschlussprüferhonorar nach § 285 Nr. 17.

Darüber hinaus gibt es für **kleine Genossenschaften** eine Reihe von **größenabhän- 2 gigen Befreiungen** von den Anhangangaben nach § 284 Abs. 2, § 285 (zu Einzelheiten → § 336 Rn. 43). **Kredit-, Wertpapier- und Finanzdienstleistungsinstitute** in der

Rechtsform der eG können die generellen Ausnahmen und größenabhängigen Befreiungen jedoch nicht in Anspruch nehmen, weil für sie die geschäftszweigspezifischen Vorschriften des Vierten Abschnitts, Erster Unterabschnitt (§§ 340 ff.) vorgehen. Sie haben zudem die weiteren Angabepflichten nach der RechKredV, hier insbesondere die §§ 34–36, zu beachten.

3   **Kleinstgenossenschaften** brauchen gar keinen Anhang zu erstellen, wenn sie unter ihrer Bilanz bestimmte Angaben machen (zu Einzelheiten → Rn. 22).

4   Der § 338 verlangt eine Reihe von Angaben im Jahresabschluss, die Genossenschaften **ergänzend** zu den oder **anstelle von** Angaben der Kapitalgesellschaften machen müssen. Sie sind hauptsächlich durch Besonderheiten der Rechtsform der eG begründet. Soweit es sich um ergänzende Angaben handelt, sind sie auch von den **Kredit-, Wertpapier- und Finanzdienstleistungsinstituten** in der Rechtsform der eG zu machen.

II. Entwicklung des Mitgliederbestands

5   Die nach Abs. 1 verlangten Angaben zur Entwicklung des Mitgliederbestands ergänzen den Bilanzausweis zu dem Mitgliederkapital (Geschäftsguthaben) der Genossenschaft. Aufzuführen sind
– die Zahl der im Geschäftsjahr in die Genossenschaft **eingetretenen** Mitglieder,
– die Zahl der im Geschäftsjahr aus der Genossenschaft **ausgetretenen** Mitglieder,
– die Gesamtzahl der Mitglieder am Schluss des Geschäftsjahrs,
– die Veränderung des Gesamtbetrags der Geschäftsguthaben im Geschäftsjahr,
– die Veränderung des Gesamtbetrags der Haftsummen im Geschäftsjahr,
– der Gesamtbetrag der Haftsummen zum Schluss des Geschäftsjahrs.

6   Die Angaben können aus der von der Genossenschaft zu führenden **Mitgliederliste** (§ 30 GenG) in Verbindung mit der Satzung der Genossenschaft und der Buchführung über die Geschäftsguthaben (Kapitalkonten) gewonnen werden (grundlegend hierzu → § 337 Rn. 6).

7   Voraussetzung für den **Erwerb der Mitgliedschaft**[1] in einer Genossenschaft ist eine Beitrittserklärung und die Zulassung des Beitritts durch die Genossenschaft (§ 15 GenG). Die Beitrittserklärung muss die nach § 15a GenG vorgeschriebene unbedingte Verpflichtung zur Leistung der geschuldeten Einzahlungen und ggf. der Nachschüsse (Haftsumme) laut Satzung enthalten. Die Zulassung des Beitritts erfolgt durch Beschlussfassung des laut Satzung zuständigen Organs (in der Regel der Vorstand) und eine entsprechende Willenserklärung gegenüber der Person des Beitretenden. Die Eintragung in die Mitgliederliste hat nur deklaratorischen Charakter.[2]

8   Die **Mitgliedschaft endet** – durch Kündigung, Ausschluss oder Tod – stets mit Ablauf eines Geschäftsjahrs, im Fall der Kündigung mit Ablauf des Geschäftsjahrs, in dem die Kündigungsfrist abläuft, bei Ausschluss oder Tod mit Ablauf des Geschäftsjahrs, in dem das Ereignis eingetreten ist.[3] Die mit Ablauf eines Geschäftsjahrs ausgeschiedenen Mitglieder sind am Bilanzstichtag noch (ausscheidende) Mitglieder der Genossenschaft; ihre Zahl sowie ihre Geschäftsguthaben und Haftsummen sind daher noch in die Angaben nach Abs. 1 einzubeziehen.

9   Die Angaben zu den **Haftsummen** sind nur dann zu machen, wenn die Satzung der Genossenschaft bestimmt, dass die Mitglieder in der Insolvenz der Genossenschaft Nachschüsse beschränkt auf eine bestimmte Summe (Haftsumme) zu leisten haben. Besteht nach der Satzung eine unbeschränkte oder gar keine Nachschusspflicht der Mitglieder, entfallen die Angaben. Im Falle einer beschränkten Nachschusspflicht darf die Haftsumme für das einzelne Mitglied in der Satzung nicht niedriger als der Geschäftsanteil festgesetzt werden (§ 119 GenG), aber durchaus höher. Für Beteiligungen mit mehr als einem Geschäftsanteil

---

[1]   Ausf. hierzu Beuthien GenG § 15 Rn. 13 ff.; Lang/Weidmüller/Holthaus/Lehnhoff GenG § 15 Rn. 7 ff.
[2]   Vgl. Beuthien GenG § 15 Rn. 13; Lang/Weidmüller/Holthaus/Lehnhoff GenG § 15 Rn. 21; aA BeBiKo/Justenhoven/Schäfer Rn. 4.
[3]   Lang/Weidmüller/Holthaus/Lehnhoff GenG Vor § 65 Rn. 1.

kann die Satzung jedoch bestimmen, dass eine Erhöhung der Haftsumme nicht eintritt (§ 121 S. 3 GenG). Auf diese Weise kann die Haftsumme eines Mitglieds auf den ersten Geschäftsanteil oder eine bestimmte Anzahl von Geschäftsanteilen – etwa die Anzahl der Pflichtanteile – beschränkt werden. Eine Herabsetzung der Haftsumme ist durch satzungsändernden Beschluss der Generalversammlung zulässig; sie wird mit Eintragung in das Genossenschaftsregister wirksam, die Gläubigerschutzvorschriften des § 22 Abs. 1–2 GenG gelten sinngemäß. Das Gleiche gilt für eine nachträgliche Beschränkung der Haftsumme.

In der Praxis[4] wird in der Regel das folgende **Darstellungsschema** verwendet: **10**

	Mitglieder Anzahl	Geschäftsanteile Anzahl	Haftsummen Euro
Bestand am Anfang des Geschäftsjahrs			
Zugang im Geschäftsjahr			
Abgang im Geschäftsjahr			
Bestand zum Ende des Geschäftsjahrs			
Die Geschäftsguthaben der Mitglieder haben sich im Geschäftsjahr um …. EUR erhöht/vermindert. Die Haftsummen haben sich im Geschäftsjahr um …. EUR erhöht/vermindert.			

Die Anzahl der **Geschäftsanteile** braucht nach dem Gesetz nicht angegeben zu werden, dient aber der Transparenz und der Nachvollziehbarkeit der Angaben. Der Gesamtbetrag der Haftsummen der verbleibenden Mitglieder darf nicht geringer sein als der Gesamtbetrag ihrer Geschäftsanteile, soweit nicht von dem Wahlrecht des § 121 S. 3 GenG Gebrauch gemacht und die Haftsumme (Nachschusspflicht) der Mitglieder auf den ersten Geschäftsanteil oder eine bestimmte Anzahl von Geschäftsanteilen beschränkt worden ist. **11**

Eine Beschränkung der Angaben auf die Zahl, Geschäftsguthaben und Haftsummen der mit Ablauf des Geschäftsjahres der Genossenschaft **verbleibenden Mitglieder** (Bestand ohne die am Abschlussstichtag ausscheidenden Mitglieder) ist vom Gesetz nicht vorgesehen. Eine solche Beschränkung wäre aber durchaus im Interesse der Rechnungslegungsadressaten, die weniger an vergangenheits-, sondern vielmehr an zukunftsorientierten Informationen über die Eigenkapital- und Haftungsverhältnisse der Genossenschaft interessiert sind. Denn schon am Tag nach dem Abschlussstichtag vermindern sich die Geschäftsguthaben und damit das Eigenkapital sowie die Haftsummen der Genossenschaft um die Beträge, die auf die am Abschlussstichtag ausscheidenden Mitglieder entfallen. Da es sich dabei im Einzelfall durchaus um größere Beträge handeln kann, sollte den Abschlussadressaten – auch aus Vorsichtsgründen – im Rahmen der Offenlegung des Jahresabschlusses die aktuellere Information über das niedrigere Eigenkapital und die geringeren Haftsummen der verbleibenden Genossenschaftsmitglieder gegeben werden. **12**

III. Persönliche Angaben zum Prüfungsverband und zu den Organmitgliedern

Die nach Abs. 2 verlangten persönlichen Angaben dienen zur Information der Genossen sowie der anderen Abschlussadressaten über die personelle Zusammensetzung der Verwaltungsorgane und den Prüfer der Genossenschaft. Anzugeben sind: **13**
– Name und Anschrift des zuständigen Prüfungsverbands, dem die Genossenschaft angehört; dies gilt auch noch dann, wenn der Verband aus Gründen einer Besorgnis der Befangenheit von der Prüfung ausgeschlossen ist oder nach § 55 Abs. 3 GenG einen anderen Prüfer mit der Prüfung der Genossenschaft beauftragt hat (→ Vor § 339 Rn. 9 ff.),
– Name und Vorname jedes einzelnen Mitglieds von Vorstand und Aufsichtsrat, auch wenn es im Geschäftsjahr oder später aus dem Amt ausgeschieden ist; der Vorsitzende des Aufsichtsrats ist als solcher zu bezeichnen.[5] Ein Vorstandsvorsitzender sowie der oder die

---

4 Vgl. DGRV Jahresabschluss WDA H. I. 1. S. 14; DGRV Jahresabschluss Kreditgenossenschaft H. I. 1. S. 18.
5 Vgl. DGRV Jahresabschluss WDA E. VI. Rn. 112 f.

Stellvertreter des Aufsichtsratsvorsitzenden müssen nicht als solche bezeichnet werden;[6] diese Angaben können aber freiwillig gemacht werden.

14   Die nach § 285 Nr. 10 von den Kapitalgesellschaften verlangten Angaben zu dem **ausgeübten Beruf** jedes einzelnen Organmitglieds müssen Genossenschaften nicht machen, da mit dem § 338 Abs. 2 Nr. 2 eine andere Vorschrift für Genossenschaften geschaffen wurde; hier greift die in § 336 Abs. 2 S. 1 Hs. 1 normierte Einschränkung „soweit in diesem Abschnitt nichts anderes bestimmt ist". Dies gilt jedoch nicht für **Kredit-, Wertpapier- und Finanzdienstleistungsinstitute** in der Rechtsform der eG, da sie durch § 340a Abs. 1 den Vorschriften für große Kapitalgesellschaften und damit der Angabepflicht nach § 285 Nr. 10 unterworfen sind.

IV. Angaben zu Forderungen an Vorstand und Aufsichtsrat

15   Genossenschaften brauchen, anders als Kapitalgesellschaften nach § 285 Nr. 9a und 9b, die **Gesamtbezüge** von Vorstand und Aufsichtsrat im Jahresabschluss nicht anzugeben (§ 338 Abs. 3). Dies gilt jedoch nicht für **Kredit-, Wertpapier- und Finanzdienstleistungsinstitute** in der Rechtsform der eG (§ 340a Abs. 1); wenn sie gleichwohl die Angaben nicht machen wollen, können sie sich allenfalls auf die Schutzvorschrift des § 286 Abs. 4 berufen[7] (zu den Voraussetzungen → § 286 Rn. 66 ff.).

16   An Stelle der von Kapitalgesellschaften nach § 285 Nr. 9c verlangten Angaben über Mitgliedern von Vorstand und Aufsichtsrat gewährten **Vorschüsse, Kredite und Haftungsverhältnisse** sind lediglich die **Forderungen** anzugeben, die der Genossenschaft gegen Mitglieder von Vorstand und Aufsichtsrat zustehen. Es reicht die Angabe des **Gesamtbetrages** dieser Forderungen jeweils für jedes Organ gesondert. Gemeint sind die Forderungen am Bilanzstichtag; die Angabepflicht bezieht sich daher nur auf Organmitglieder, die zu diesem Zeitpunkt im Amt waren.[8] Zu den Forderungen gehören alle Kredite im Sinne des § 49 GenG, insbesondere
- Gelddarlehen aller Art,
- Restkaufgelder aus Veräußerungsgeschäften,
- Akzeptkredite und Forderungen aus der Diskontierung von Schecks und Wechseln,
- Stundung von Warenforderungen einschließlich der Einräumung handelsüblicher Zahlungsziele,
- die Lieferung von Waren und die Erbringung von Dienstleistungen, sofern die Gegenleistung nicht sofort abgerechnet wird, damit also auch ausstehende Beträge aus der monatlichen Abrechnung von Dauerschuldverhältnissen (zB Mieten),
- Anzahlungen und Vorauszahlungen,
- fällige Forderungen aus Termingeschäften.

17   Auch Eventualforderungen aus **Bürgschaften und Gewährleistungen** (Avalkredite) gehören zu den Forderungen im Sinne dieser Vorschrift.[9] Zwar ist in Abs. 3 – im Gegensatz zu § 285 S. 1 Nr. 9c – lediglich von Forderungen die Rede und nicht auch von Haftungsverhältnissen. Dies kann jedoch nicht als Einschränkung verstanden werden, da die Haftungsverhältnisse vom Gesetzgeber bewusst nicht ausgenommen worden sind; die Angabe der Forderungen tritt lediglich an die Stelle der in § 285 S. 1 Nr. 9 vorgeschriebenen Angaben über die an die Mitglieder von Organen geleisteten Bezüge, Vorschüsse und Kredite. Die Pflicht zur Angabe der Haftungsverhältnisse bleibt somit nach § 336 Abs. 2 S. 1 Nr. 2 iVm § 285 Nr. 9c (letzter Aufzählungspunkt) bestehen. Aus Sicht der Genossenschaftsmitglieder sowie der übrigen Abschlussadressaten ist dies auch zweckmäßig, da sie wegen des mit den Haftungsverhältnissen verbundenen Risikos ein berechtigtes Interesse an der Offenlegung haben.

---

[6] Vgl. Ebenso BeBiKo/Justenhoven/Schäfer Rn. 7.
[7] Nach § 286 Abs. 4 können die Angaben über die Gesamtbezüge der bezeichneten Personen unterbleiben, wenn sich anhand dieser Angaben die Bezüge eines Mitglieds dieser Organe feststellen lassen.
[8] BeBiKo/Justenhoven/Schäfer Rn. 9.
[9] DGRV Jahresabschluss WDA E. VI. Rn. 114.

Kredit-, Wertpapier- und Finanzdienstleistungsinstitute in der Rechtsform der **18** eG haben an Stelle der Angaben nach § 285 Nr. 9c die in § 34 Abs. 2 Nr. 2 RechKredV geforderten Angaben zu Krediten, Vorschüssen und Haftungsverhältnissen[10] zu machen. Die Angaben können für Vorstand und Aufsichtsrat jeweils in einer Summe gemacht werden.

In die Angabe sind auch solche Forderungen und Haftungsverhältnisse einzubeziehen, **19** die mit einem Einzelunternehmen eines Organmitglieds oder mit einer von einem Organmitglied beherrschten Kapital- oder Personengesellschaft bestehen,[11] andere Kredite einer **Kreditnehmereinheit iSd § 19 Abs. 2 KWG** mit einem Organmitglied dagegen nicht. Unberücksichtigt bleiben beispielsweise Kredite an Kapital- und Personengesellschaften, die zwar dem gleichen Konzern angehören, wie die vom Organmitglied beherrschte Gesellschaft, die aber nicht unter der Herrschaft des Organmitglieds stehen (über- und gleichgeordnete Gesellschaften).

Nicht einzubeziehen in die Angaben sind ferner Kredite an Ehegatten, Lebenspartner **20** und minderjährige Kinder der Organmitglieder (**Organkredite iSd § 15 Abs. 1 Nr. 5 KWG**).[12] Insoweit fehlt es an entsprechenden Regelungen in Abs. 3 und § 34 Abs. 2 Nr. 2 RechKredV. Eine Ausdehnung der Angabepflicht auf diese Kredite würde auch nicht mehr dem Zweck des Abs. 3 entsprechen, die finanziellen Verflechtungen zwischen der Genossenschaft und ihren Organmitgliedern (persönlich) aufzuzeigen.

Die Forderungen an Organmitglieder sind mit ihren **Nennbeträgen** anzugeben.[13] Dies **21** gilt auch dann, wenn der Buchwert aufgrund von Abzinsungen oder Wertberichtigungen niedriger ist. Insoweit kann es zu Unterschieden zwischen dem Ansatz der Forderungen in der Bilanz und dem Vermerkposten kommen.

V. Erleichterungen für Kleinstgenossenschaften

Genossenschaften, die die Größenmerkmale des § 267a Abs. 1 erfüllen (Kleinstgenos- **22** senschaften), brauchen keinen Anhang zum Jahresabschluss zu erstellen, wenn sie unter der Bilanz die in Abs. 4 bezeichneten Angaben machen. Von dieser Erleichterung dürfen Kleinstgenossenschaften jedoch nur dann Gebrauch machen, wenn sie Altersversorgungsrückstellungen und entsprechendes Deckungsvermögen nicht zum beizulegenden Zeitwert bewerten (Umkehrschluss aus § 253 Abs. 1 S. 5). Zwar gibt es in Abs. 4 keinen Verweis auf diese für Kleinstkapitalgesellschaften getroffene Regelung; aufgrund der Intention des Gesetzgebers, die Kleinstgenossenschaften entsprechend den Regelungen für Kleinstkapitalgesellschaften zu entlasten und sie insoweit gleichzustellen, kann jedoch nichts anderes gelten.[14]

Will eine Kleinstgenossenschaft zulässigerweise von diesem Wahlrecht Gebrauch **23** machen, hat sie unter der Bilanz folgende Angaben zu machen:
- Angaben nach § 251: Eventualverbindlichkeiten aus Haftungsverhältnissen
  Hierzu gehören, soweit nicht in der Bilanz auszuweisen, Verbindlichkeiten aus der Begebung und Übertragung von Wechseln, aus Bürgschaften, Wechsel- und Scheckbürgschaften und aus Gewährleistungsverträgen sowie Haftungsverhältnisse aus der Bestellung von Sicherheiten für fremde Verbindlichkeiten. Diese Haftungsverhältnisse sind auch anzugeben, wenn ihnen gleichwertige Rückgriffsforderungen gegenüberstehen.
- Angaben nach § 268 Abs. 7: Angaben zu den Haftungsverhältnissen nach § 251.
  Für die in § 251 bezeichneten Haftungsverhältnisse sind die Angaben zu nicht auf der Passivseite auszuweisenden Verbindlichkeiten und Haftungsverhältnissen im Anhang zu machen. Dabei sind die Haftungsverhältnisse jeweils gesondert unter Angabe der gewährten Pfandrechte und sonstigen Sicherheiten anzugeben. Ferner sind Verpflichtungen

---

10 Krumnow ua RechKredV § 34 Rn. 21 ff.
11 Vgl. DGRV Jahresabschluss Kreditgenossenschaft D. VII. Rn. 222.
12 So auch DGRV Jahresabschluss Kreditgenossenschaft D. VII. Rn. 223.
13 Vgl. DGRV Jahresabschluss Kreditgenossenschaft D. VII. Rn. 224.
14 Ebenso BeBiKo/Justenhoven/Schäfer Vor § 339 Rn. 11.

betreffend die Altersversorgung und Verpflichtungen gegenüber verbundenen oder assoziierten Unternehmen jeweils gesondert zu vermerken.

24   Weitere Erläuterungen zu § 251 und § 268 Abs. 7 → § 251 Rn. 1 ff. → § 268 Rn. 1 ff.

Vorbemerkung (Vor § 339):
Vorlage, Prüfung und Feststellung des Jahresabschlusses; Gewinnverwendung

Schrifttum: s. bei Vor § 336.

Übersicht

I. Vorlage des Jahresabschlusses

1   Die Aufstellung von Jahresabschluss und Lagebericht obliegt dem **Vorstand** der Genossenschaft (Einzelheiten hierzu unter §§ 336–338). **Kleine Genossenschaften** iSd § 267 Abs. 1 brauchen keinen Lagebericht aufzustellen (§ 336 Abs. 2 S. 1 iVm § 264 Abs. 1 S. 4); dies gilt entsprechend für Kleinstgenossenschaften (§ 336 Abs. 2 S. 2 iVm § 267a Abs. 2).

2   Unverzüglich nach der Aufstellung hat der Vorstand den Jahresabschluss und ggf. den Lagebericht dem **Aufsichtsrat** vorzulegen (§ 33 Abs. 1 GenG). Der (Gesamt-)Aufsichtsrat hat sodann nicht nur den Jahresabschluss und ggf. den Lagebericht, sondern auch den Vorschlag für die Verwendung des Jahresüberschusses oder die Deckung des Jahresfehlbetrages zu **prüfen** (§ 38 Abs. 1 S. 5 Hs. 1 GenG). Er hat die Möglichkeit, die Prüfung auf einen Ausschuss oder einzelne Mitglieder zu **delegieren,** muss sich dann aber über das Ergebnis der Prüfung berichten lassen.[1] Diese Prüfung gehört zu den Aufgaben des Aufsichtsrats im Rahmen seiner allgemeinen Überwachungspflicht gegenüber dem Vorstand. Zur Durchführung der Prüfung stehen ihm daher die Mittel und Verfahren nach § 38 Abs. 1 und 2 GenG – insbesondere Würdigung der Berichterstattung durch den Vorstand, Einsichtnahme in die Bücher und sonstigen Unterlagen der Genossenschaft sowie Prüfung der Vermögensgegenstände und der Schulden – zur Verfügung. Bei der Prüfung von Jahresabschluss und Lagebericht kann sich der Aufsichtsrat auf das **Prüfungsergebnis des Abschlussprüfers** (in der Regel der zuständige genossenschaftliche Prüfungsverband) stützen; in diesem Fall wird er sich weitgehend auf eine kritische Würdigung beschränken können, soweit sich aus den Ausführungen des Abschlussprüfers nichts Gegenteiliges ergibt.[2] Bei der Prüfung des Vorschlags zur Gewinnverwendung oder Verlustdeckung hat der Aufsichtsrat insbesondere darauf zu achten, dass der Vorschlag den Bestimmungen von Gesetz und Satzung entspricht.

3   Über das Ergebnis seiner Prüfung hat der Aufsichtsrat der **Generalversammlung** vor der Feststellung des Jahresabschlusses zu berichten (§ 38 Abs. 1 S. 5 Hs. 2 GenG). Gemäß § 48 Abs. 3 GenG muss der Bericht schriftlich abgefasst sein und zusammen mit dem Jahresabschluss und ggf. dem Lagebericht mindestens eine Woche vor der Versammlung zur Einsichtnahme der Mitglieder ausgelegt oder ihnen sonst zur Kenntnis gebracht werden. Für die Einberufung der Generalversammlung, die gem. § 48 Abs. 1 S. 3 GenG in den

---

[1]   Vgl. Lang/Weidmüller/Holthaus/Lehnhoff GenG § 38 Rn. 21.
[2]   Vgl. Lang/Weidmüller/Holthaus/Lehnhoff GenG § 38 Rn. 24.

ersten sechs Monaten des Geschäftsjahrs stattzufinden hat, sowie für die Auslegung oder sonstige Kenntnisgabe der Unterlagen ist der Vorstand der Genossenschaft verantwortlich. Zur Feststellung des Jahresabschlusses und zur Gewinnverwendung s. im Übrigen → Rn. 52 ff.

II. Pflichtprüfung durch den Prüfungsverband

1. Grundlagen des genossenschaftlichen Prüfungswesens. Nach dem Gesetz 4 müssen Genossenschaften einem Verband angehören, dem das Prüfungsrecht verliehen ist (Prüfungsverband, § 54 GenG). Die **Mitgliedschaft in einem Prüfungsverband** ist Voraussetzung für das Entstehen einer Genossenschaft (Pflichtmitgliedschaft); ohne den Nachweis der Mitgliedschaft kann die Genossenschaft nicht in das Genossenschaftsregister eingetragen werden (§ 11 Abs. 2 Nr. 3 GenG). Bei der Wahl des Prüfungsverbandes ist die Genossenschaft grundsätzlich frei; in der Praxis wird regelmäßig der sektoral und ggf. regional zuständige Prüfungsverband gewählt.

Die genossenschaftlichen Prüfungsverbände sollen nach § 63b Abs. 1 GenG die Rechts- 5 form eines **eingetragenen Vereins** haben, was in der Praxis auch durchgängig der Fall ist. Mitglieder des Verbandes können nur eingetragene Genossenschaften sowie Unternehmen und sonstige Vereinigungen anderer Rechtsform sein, die sich ganz oder überwiegend in der Hand von Genossenschaften befinden oder dem Genossenschaftswesen dienen (§ 63b Abs. 2 GenG). Die Aufsichtsbehörde des Verbandes kann Ausnahmen zulassen, wenn ein wichtiger Grund vorliegt (§ 63b Abs. 2 S. 3 GenG).

Das **Prüfungsrecht** wird dem Verband durch die zuständige oberste Landesbehörde 6 (Aufsichtsbehörde) verliehen, in deren Gebiet der Verband seinen Sitz hat (§ 63 GenG); in der Folge obliegt dieser Behörde auch die Beaufsichtigung des Prüfungsverbandes (Rechts-aufsicht, § 64 GenG).[3] Voraussetzung für die Verleihung des Prüfungsrechts ist ganz allge-mein, dass der Verband Gewähr für die Erfüllung der von ihm zu übernehmenden Aufgaben bietet (§ 63a Abs. 1 GenG), wozu in erster Linie die Prüfung seiner Mitglieder nach den §§ 53 ff. GenG als seine wichtigste Pflichtaufgabe gehört (§ 63b Abs. 4 GenG). Weitere – konkrete – Voraussetzungen sind: Dem Vorstand des Prüfungsverbandes soll mindestens ein Wirtschaftsprüfer angehören; gehört dem Vorstand kein Wirtschaftsprüfer an, so muss der Prüfungsverband einen Wirtschaftsprüfer als seinen besonderen Vertreter nach § 30 BGB bestellen (§ 63b Abs. 5 GenG). Für die Abschlussprüfung bei **Kreditgenossenschaften** ist nach § 340k Abs. 2 S. 1 darüber hinaus gefordert, dass mehr als die Hälfte der geschäftsfüh-renden Vorstandsmitglieder des Prüfungsverbandes Wirtschaftsprüfer sein müssen; hat der Verband nur zwei geschäftsführende Vorstandsmitglieder, muss einer von ihnen Wirtschafts-prüfer sein. Gleiches gilt für die Abschlussprüfungen bei den sog. genossenschaftlichen **Kapitalgesellschaften iSv Art. 25 Abs. 1 EGHGB.** Zum Prüfen soll sich der Verband regelmäßig angestellter Prüfer bedienen, die im genossenschaftlichen Prüfungswesen ausrei-chend vorgebildet und erfahren sind (§ 55 Abs. 1 S. 2 und 3 GenG). Die Satzung des Verbandes muss nach § 63c GenG bestimmte Regelungen enthalten, zu denen neben Zweck, Name, Sitz und Bezirk des Verbandes Bestimmungen über Auswahl und Befähi-gungsnachweis der Prüfer, über Art und Umfang der Prüfungen sowie über Berufung, Sitz, Aufgaben und Befugnisse des Vorstandes und über sonstige Organe des Verbandes gehören.[4] Handelt es sich um einen Prüfungsverband, der Abschlussprüfungen von großen Genossen-schaften iSd § 267 Abs. 3, von genossenschaftlichen Kapitalge-sellschaften iSd Art. 25 Abs. 1 S. 1 EGHGB durchführt oder den Konzernabschluss einer Genossenschaft nach § 14 Abs. 1 PublG prüft, hat die Satzung des Verbandes zudem Bestim-mungen über die Registrierung als Abschlussprüfer und über die Bindung an die Berufs-grundsätze sowie die Beachtung der Prüfungsstandards entsprechend den für Wirtschaftsprü-

---

[3]   Durch das BilMoG 2009 sind die Landesregierungen ermächtigt worden, diese Zuständigkeiten durch Rechtsverordnung auf eine andere Behörde zu übertragen (§ 63 S. 2 und 3 GenG).
[4]   Zu den Voraussetzungen iE Beuthien GenG § 63c Rn. 1 ff., Lang/Weidmüller/Holthaus/Lehnhoff GenG § 63c Rn. 2 ff.

fungsgesellschaften geltenden Bestimmungen zu enthalten (durch das BilMoG 2009 neu in § 63c Abs. 2 GenG aufgenommen).

7   Der Prüfungsverband ist vom Gesetz zum Prüfer der ihm angehörenden Genossenschaften bestimmt (§ 55 Abs. 1 GenG); eine **freie Wahl des Prüfers** durch die Genossenschaft ist damit **ausgeschlossen.**[5] Recht und Pflicht zur Vornahme der genossenschaftlichen Pflichtprüfung durch den Prüfungsverband ergeben sich unmittelbar aus dem Gesetz sowie aus dem Mitgliedschaftsverhältnis; besondere vertragliche Regelungen sind dazu nicht erforderlich, insbesondere nicht die Erteilung eines Prüfungsauftrags.[6]

8   Die zu prüfende Genossenschaft hat aufgrund ihrer Verbandszugehörigkeit einen Rechtsanspruch darauf, dass der Prüfungsverband die Prüfung selbst durchführt[7] **(Prüfungspflicht).** Dies gilt nur dann nicht, wenn der Verband nicht in der Lage ist, eine gesetzmäßige sowie sach- und termingerechte Prüfung zu gewährleisten (§ 55 Abs. 3 GenG) oder wenn das Prüfungsrecht des Verbandes ruht (§ 56 Abs. 1 GenG); zu Einzelheiten → Rn. 22, → Rn. 51. In diesen Ausnahmefällen ist ein außen stehender Prüfer – ein anderer Prüfungsverband, ein Wirtschaftsprüfer oder eine Wirtschaftsprüfungsgesellschaft – mit der Prüfung der betreffenden Mitgliedsgenossenschaft(en) zu beauftragen. Der Verband bleibt in diesen Fällen aber weiterhin Träger der Prüfung und damit auch der sog. Prüfungsverfolgung[8] (zur Prüfungsverfolgung → Rn. 40).

9   **2. Unabhängigkeit, Unparteilichkeit, Besorgnis der Befangenheit.** Eine zentrale Anforderung an jede Prüfung ist die **Objektivität des Prüfers,** die vor allem durch die Grundsätze zur Unabhängigkeit, Unparteilichkeit und Besorgnis der Befangenheit konkretisiert wird. Auch wenn die genossenschaftlichen Prüfungsverbände vom Gesetz zum (nicht abwählbaren) Prüfer der ihnen angeschlossenen Mitgliedsgenossenschaften bestimmt sind, was durchaus als ein wesentlicher Faktor ihrer Unabhängigkeit zu werten ist,[9] so haben doch auch sie diese Grundsätze bei ihrer Prüfungstätigkeit zu beachten.[10]

10   Auf die Abschlussprüfung bei **Genossenschaften,** soweit es sich nicht um Unternehmen von öffentlichem Interesse nach § 316a S. 2 Nr. 1 (kapitalmarktorientiert iSd § 264d) oder 2 (CRR-Kreditinstitut) handelt, sind die Vorschriften zur Wahrung der Unabhängigkeit des Abschlussprüfers (§ 319, Art. 5 Abschlussprüfungs-VO) nicht anwendbar. Das Genossenschaftsgesetz enthält seit jeher eigene Vorschriften zur Sicherstellung einer **unabhängigen** Prüfung der Genossenschaften; sie finden sich in den § 55 GenG und § 56 GenG.[11] Diese Vorschriften sind im Rahmen der GenG-Novelle 2006 grundlegend überarbeitet und unter Berücksichtigung der Besonderheiten des genossenschaftlichen Prüfungssystems[12] an die durch das BilReG 2004 neu geregelten handelsrechtlichen Befangenheitsvorschriften angepasst worden. Unverändert blieb die Vorschrift des § 62 Abs. 1 GenG, die – ebenso wie § 323 Abs. 1 für die handelsrechtliche Abschlussprüfung von Kapitalgesellschaften – eine **gewissenhafte** und **unparteiische** Prüfung verlangt.

11   Mit der GenG-Novelle 2006 ist die umfassende handelsrechtliche Regelung des § 340k Abs. 2 S. 3 iVm § 319 Abs. 2 und 3, die durch das BilReG 2004 für Kreditgenossenschaften eingeführt wurde, in ihren wesentlichen Grundzügen in **§ 55 Abs. 2 GenG** übernommen worden. Danach sind die Befangenheitsvorschriften – anders als bei Wirtschaftsprüfungsgesellschaften – nicht auf den Prüfungsverband als solchen, sondern (nur) auf die gesetzlichen

---

5   Vgl. BVerfG WPK-Mitt. 2001, 169 ff.; Spanier WPg 2001, 767 ff.

6   Vgl. Bergmann ZfgG 2001, 221.

7   Vgl. Bergmann ZfgG 2001, 221; Beuthien GenG § 55 Rn. 2; Lang/Weidmüller/Holthaus/Lehnhoff GenG § 55 Rn. 4.

8   Vgl. Beuthien GenG § 55 Rn. 13.

9   Vgl. BVerfG WPK-Mitt. 2001, 169 = WM 2001, 360; EU-Kommission, Empfehlung zur „Unabhängigkeit des Abschlussprüfers in der EU – Grundprinzipien", ABl. EG 2002 L 191, Anh. A. 4.1.1 (Fn.); Spanier ZfgG 2003, 125.

10   Spanier WPg 2003, 916.

11   Beuthien GenG § 55 Rn. 5 ff.; Lang/Weidmüller/Holthaus/Lehnhoff GenG § 55 Rn. 7 ff.; Jessen ZfgG 2005, 38 ff.; Spanier WPg 2003, 915 ff.; Spanier ZfgG 2003, 117 ff.

12   Vgl. Peemöller/Finsterer/Weller WPg 1999, 345 ff.; Bergmann ZfgG 2001, 217 ff.

Vertreter des Verbandes und alle vom Verband beschäftigten Personen, die das Ergebnis der Prüfung beeinflussen können,[13] anzuwenden; ferner werden teilweise deren Ehepartner oder Lebenspartner erfasst. Mit dieser Regelung wurde insbesondere dem gesetzlichen Prüfungsauftrag der genossenschaftlichen Prüfungsverbände Rechnung getragen. Durch die Anwendung der Befangenheitsvorschriften auf die gesetzlichen Vertreter und die anderen Personen, die das Prüfungsergebnis beeinflussen können, ist aber rechtlich sichergestellt, dass die Abschlussprüfung durch die Prüfungsverbände der unabhängigen Abschlussprüfung durch Wirtschaftsprüfungsgesellschaften insoweit gleichwertig ist.

Die Regelung des § 55 Abs. 2 **S. 1** GenG stimmt materiell mit § 319 Abs. 2 überein. **12** Danach ist ein gesetzlicher Vertreter des Verbandes oder eine vom Verband beschäftigte Person, die das Ergebnis der Prüfung beeinflussen kann, von der Mitwirkung an der Prüfung bei einer Genossenschaft ausgeschlossen, wenn Gründe, insbesondere Beziehungen geschäftlicher, finanzieller oder persönlicher Art, vorliegen, nach denen die Besorgnis der Befangenheit besteht (Generalklausel). Dies ist nach § 55 Abs. 2 **S. 2 iVm S. 4** GenG insbesondere der Fall, wenn der Vertreter oder die Person oder der Ehegatte oder Lebensgefährte

1. Mitglied der zu prüfenden Genossenschaft ist;
2. Mitglied des Vorstands oder Aufsichtsrats oder Arbeitnehmer der zu prüfenden Genossenschaft ist;
3. über die Prüfungstätigkeit hinaus bei der zu prüfenden Genossenschaft oder für diese in dem zu prüfenden Geschäftsjahr oder bis zur Erteilung des Bestätigungsvermerks
   a) bei der Führung der Bücher oder der Aufstellung des zu prüfenden Jahresabschlusses mitgewirkt hat,
   b) bei der Durchführung der internen Revision in verantwortlicher Position mitgewirkt hat,
   c) Unternehmensleitungs- oder Finanzdienstleistungen erbracht hat oder
   d) eigenständige versicherungsmathematische oder Bewertungsleistungen erbracht hat, die sich auf den zu prüfenden Jahresabschluss nicht nur unwesentlich auswirken,

sofern diese Tätigkeiten nicht nur von untergeordneter Bedeutung sind; dies gilt auch, wenn eine dieser Tätigkeiten von einem Unternehmen für die zu prüfende Genossenschaft ausgeübt wird, bei dem der gesetzliche Vertreter des Verbandes oder die vom Verband beschäftigte Person als gesetzlicher Vertreter, Arbeitnehmer, Mitglied des Aufsichtsrats oder Gesellschafter, der mehr als 20 Prozent der den Gesellschaftern zustehenden Stimmrechte besitzt, diese Tätigkeit ausübt oder deren Ergebnis beeinflussen kann.

Der § 55 Abs. 2 **S. 2** GenG stimmt inhaltlich mit § 319 Abs. 3 S. 1 Nr. 1–4 im Wesentli- **13** chen überein; in den Nr. 1 und 2 hat der Gesetzgeber auf die Einbeziehung der in § 319 Abs. 3 S. 1 Nr. 1 und 2 beschriebenen Beteiligungsverhältnisse verzichtet, weil diese bei Genossenschaften im Gegensatz zu den Kapitalgesellschaften nicht in Betracht kommen.[14] Von einer Übernahme des § 319 Abs. 3 S. 1 Nr. 5 (Umsatzabhängigkeitsgrenze von 30 %) wurde abgesehen.

Die bloße vereinsrechtliche **Mitgliedschaft der Genossenschaft** in einem Prüfungs- **14** verband, verbunden mit entsprechenden Mitwirkungsrechten sowie der Pflicht zur Beitragszahlung, begründet nicht die Besorgnis der Befangenheit des Verbandes.[15] Auch die Mitgliedschaft eines **Vertreters der Genossenschaft in dem Aufsichtsorgan** des Prüfungs-

---

13 Vgl. BT-Drs. 16/1025, 89 f.: Nach Auffassung des BT-RA findet die Sonderregelung für Prüfungsverbände gegenüber Wirtschaftsprüfungsgesellschaften ihre Rechtfertigung darin, dass bei den Prüfungsverbänden das wirtschaftliche Eigeninteresse als Bindeglied des gesamten Verbandes nicht so ausgeprägt ist wie bei einer gewinnorientierten und partnerschaftlich organisierten Wirtschaftsprüfungsgesellschaft. Die verschiedenen Organisationseinheiten des Prüfungsverbandes seien nicht in gleichem Maße wie die verschiedenen Teile einer Wirtschaftsprüfungsgesellschaft durch ein gemeinsames wirtschaftliches Interesse verbunden, das die Unabhängigkeit bei Vorliegen der Ausschlussgründe gefährden könnte; ebenso Erwägungsgrund Nr. 6 Abschlussprüfungs-VO.
14 Begr. RegE zu § 55 GenG, BT-Drs. 16/1025, 90.
15 Vgl. Bergmann ZfgG 2001, 224; Spanier WPg 2003, 917; Begr. RegE zum BilReG 2004; BT-Drs. 15/3419, 50.

verbandes ist unschädlich, sofern gem. § 55 Abs. 2 **S. 3** GenG sichergestellt ist, dass der Prüfer die Prüfung unabhängig von den Weisungen durch das Aufsichtsorgan durchführen kann.[16] Diese Regelung trägt dem Umstand Rechnung, dass dem Aufsichtsgremium eines Prüfungsverbandes – in der Regel Verbandsrat genannt – regelmäßig Organmitglieder der zu prüfenden Mitgliedsgenossenschaften angehören. Die Weisungsunabhängigkeit des Abschlussprüfers muss in der Satzung des Prüfungsverbandes verankert sowie für den laufenden Prüfungsbetrieb organisatorisch umgesetzt sein.

15   Handelt es sich bei der zu prüfenden Genossenschaft um ein **Unternehmen von öffentlichem Interesse** nach § 316a S. 2 Nr. 1 (kapitalmarktorientiert iSd § 264d) oder 2 (CRR-Kreditinstitut iSd § 1 Abs. 3d S. 1 KWG), finden nach § 55 Abs. 2 **S. 5** GenG über die in den S. 1–4 genannten Ausschlussgründe hinaus die Prüfungsverbote nach **Art. 5 Abs. 1 Abschlussprüfungs-VO, Art. 4 UAbs. 1 und Abs. 5 Abschlussprüfungs-VO** auf die in S. 1 genannten Vertreter und Personen des Verbandes entsprechende Anwendung. Danach ist ein gesetzlicher Vertreter des Verbandes oder eine vom Verband beschäftigte Person, die das Ergebnis der Prüfung beeinflussen kann, auch bei Erbringung folgender Nichtprüfungsleistungen von der Prüfung einer Genossenschaft ausgeschlossen:

– Steuerberatungsleistungen iSd Art. 5 Abs. 1 UAbs. 2 lit. a Abschlussprüfungs-VO;
– Leistungen, mit den eine Teilnahme an der Führung oder an Entscheidungen des geprüften Unternehmens verbunden ist, iSd Art. 5 Abs. 1 UAbs. 2 lit. b Abschlussprüfungs-VO;
– Buchhaltung und Erstellung von Unterlagen der Rechnungslegung und von Abschlüssen iSd Art. 5 Abs. 1 UAbs. 2 lit. c Abschlussprüfungs-VO;
– Lohn- und Gehaltsabrechnung iSd Art. 5 Abs. 1 UAbs. 2 lit. d Abschlussprüfungs-VO;
– Gestaltung und Umsetzung interner Kontroll- und Risikomanagementverfahren, die bei der Erstellung und/oder Kontrolle von Finanzinformationen oder Finanzinformationstechnologien zum Einsatz kommen, iSd Art. 5 Abs. 1 UAbs. 2 lit. e Abschlussprüfungs-VO;
– Bewertungsleistungen iSd Art. 5 Abs. 1 UAbs. 2 lit. f Abschlussprüfungs-VO
– juristische Leistungen im Zusammenhang mit allgemeiner Beratung, Verhandlungen im Namen des geprüften Unternehmens und Vermittlertätigkeiten in Bezug auf die Beilegung von Rechtsstreitigkeiten iSd Art. 5 Abs. 1 UAbs. 2 lit. g Abschlussprüfungs-VO
– Leistungen im Zusammenhang mit der internen Revision des geprüften Unternehmens iSd Art. 5 Abs. 1 UAbs. 2 lit. h Abschlussprüfungs-VO;
– Leistungen im Zusammenhang mit der Finanzierung, der Kapitalstruktur und -ausstattung sowie der Anlagestrategie des geprüften Unternehmens, ausgenommen die Erbringung von Bestätigungsleistungen im Zusammenhang mit Abschlüssen, einschließlich der Ausstellung von Prüfbescheinigungen (Comfort Letters) im Zusammenhang mit vom geprüften Unternehmen herausgegebenen Prospekten, iSd Art. 5 Abs. 1 UAbs. 2 lit. i Abschlussprüfungs-VO;
– Werbung für, Handel mit oder Zeichnung von Aktien des geprüften Unternehmens, iSd Art. 5 Abs. 1 UAbs. 2 lit. j Abschlussprüfungs-VO (für genossenschaftliche Prüfungsverbände ohne praktische Relevanz);
– Personaldienstleistungen in Bezug auf bestimmte Mitglieder der Unternehmensleitung, Aufbau der Organisationsstruktur und Kostenkontrolle iSd Art. 5 Abs. 1 UAbs. 2 lit. k Abschlussprüfungs-VO.

16   Die Prüfungsverbote nach § 55 Abs. 2 und Art. 5 Abschlussprüfungs-VO gelten auch, wenn eine der verbotenen Tätigkeiten von einem Unternehmen für die zu prüfende Genossenschaft ausgeübt wird, bei dem ein gesetzlicher Vertreter des Verbandes oder eine vom Verband beschäftigte Person, die das Ergebnis der Prüfung beeinflussen kann, gesetzlicher Vertreter, Arbeitnehmer, Mitglied des Aufsichtsrats oder Gesellschafter, der mehr als zwanzig vom Hundert der den Gesellschaftern zustehenden Stimmrechte besitzt, ist. Ferner gilt dies auch, wenn der Ehegatte oder der Lebenspartner einen dieser Ausschlussgründe erfüllt.

---

[16]   Spanier WPg 2003, 917; Gleiches gilt für Kreditgenossenschaften nach § 340k Abs. 2 S. 3 Hs. 2.

Andere als die verbotenen Nichtprüfungsleistungen führen nicht zum Ausschluss des **17** Leistungserbringers von der Prüfung, wenn gem. **Art. 5 Abs. 4** UAbs. 1 Abschlussprüfungs-VO der Prüfungsausschuss der Genossenschaft dies nach gebührender Beurteilung der Gefährdung der Unabhängigkeit und der angewendeten Schutzmaßnahmen billigt. Das mögliche Honorar aus zulässigen Nichtprüfungsleistungen ist bei Prüfungsverbänden – anders als bei Wirtschaftsprüfungsgesellschaften – nicht gesetzlich begrenzt, da die hierzu in Art. 4 Abschlussprüfungs-VO getroffenen Regelungen auf den Prüfungsverband keine Anwendung findet. Für Wirtschaftsprüfungsgesellschaften gilt nach Art. 4 Abs. 2 Abschlussprüfungs-VO eine Begrenzung zulässiger Nichtprüfungsleistungen auf 70 % des durchschnittlichen Abschlussprüfungshonorars der letzten drei Geschäftsjahre.

Die gem. § 55 Abs. 2 S. 5 GenG entsprechend anzuwendenden Vorschriften des **Art. 5** **18** **Abs. 5 Abschlussprüfungs-VO** regeln den Fall der Erbringung von verbotenen Nichtprüfungsleistungen bei einem **Tochterunternehmen** des geprüften Unternehmens mit Sitz in einem Drittland durch ein Mitglied des Netzwerks des Abschlussprüfers. In diesem Fall darf der Abschlussprüfer die Prüfung nur fortsetzen, wenn er begründen kann, dass die Erbringung dieser Leistungen weder seine fachliche Einschätzung noch den Bestätigungsvermerk beeinträchtigt. Bei den Prüfungsverbänden soll diese Regelung wiederum auf die gesetzlichen Vertreter des Prüfungsverbandes und die beim Verband beschäftigten Personen Anwendung finden, die das Ergebnis der Prüfung beeinflussen können. In der Praxis der Prüfungsverbände dürfte diese Vorschrift kaum von Relevanz sein, da ihre Mitgliedsgenossenschaften in der Regel keine Tochtergesellschaften in Drittländern unterhalten.

Auf den **Prüfungsverband** findet das in Art. 5 Abschlussprüfungs-VO kodifizierte **19** Verbot der Erbringung von Nichtprüfungsleistungen durch den Abschlussprüfer – anders als bei Wirtschaftsprüfungsgesellschaften – keine Anwendung (§ 55 Abs. 2 S. 5 Hs. 2 GenG). Ausgeschlossen sind – wie zuvor ausgeführt – jeweils nur die gesetzlichen Vertreter und Personen des Verbandes, die verbotene Nichtprüfungsleistungen erbracht haben. Der Verband bleibt in allen Fällen Träger der Prüfung.[17] Er muss aber dafür Sorge tragen, dass ausgeschlossene Vertreter und Personen nicht an der Durchführung der Prüfung mitwirken und auch sonst keinen Einfluss auf das Ergebnis der Prüfung ausüben können. Tut er dies nicht und kommt es dadurch zur Mitwirkung einer ausgeschlossenen Person an der Prüfung einer Genossenschaft, stellt sich die Frage nach den Rechtsfolgen eines solchen Gesetzesverstoßes. Das Genossenschaftsgesetz sieht für diesen Fall keine Sanktionen gegen den Prüfungsverband, ausgeschlossene Vertreter oder Personen vor. Konsequenzen drohen dem Prüfungsverband bei solchen Gesetzesverstößen allenfalls im Rahmen der externen Qualitätskontrolle sowie der Rechtsaufsicht durch die zuständige oberste Landesbehörde (→ Rn. 44 ff.).

Sanktionen sieht das Genossenschaftsgesetz indessen gegen **Mitglieder des Auf-** **20** **sichtsorgans** einer Genossenschaft, die ein Unternehmen von öffentlichem Interesse nach § 316a S. 2 Nr. 1 (kapitalmarktorientiert iSd § 264d) oder 2 (CRR-Kreditinstitut) ist, vor. So bestimmt § 152 Abs. 1a GenG, dass ordnungswidrig handelt, wer als Mitglied des Aufsichtsrats oder als Mitglied eines Prüfungsausschusses einer solchen Genossenschaft die Unabhängigkeit der in § 55 Abs. 2 S. 1 genannten Vertreter und Personen nicht nach Maßgabe des Art. 5 Abs. 4 UAbs. 1 S. 1 Abschlussprüfungs-VO iVm § 55 Abs. 2 S. 5 GenG oder nach Maßgabe des Art. 6 Abs. 2 Abschlussprüfungs-VO iVm § 38 Abs. 1a S. 4 GenG[18] überwacht; die Ordnungswidrigkeit kann gem. § 152 Abs. 2 GenG mit einer **Geldbuße**

---

[17] Die frühere Regelung des § 56 Abs. 1 S. 1 GenG, wonach das Prüfungsrecht des Verbandes ruhte, wenn ein Mitglied seines Vorstands oder ein besonderer Vertreter des Verbandes zugleich Mitglied des Vorstands oder des Aufsichtsrats, Liquidator oder Angestellter der zu prüfenden Genossenschaft ist oder in einer bestimmten Zeit vorher war, ist mit der GenG-Novelle 2006 entfallen.

[18] Danach erklärt der Prüfungsverband gegenüber dem Prüfungsausschuss der Genossenschaft jährlich schriftlich, dass die gesetzlichen Vertreter des Verbandes und die vom Verband beschäftigten Personen, die das Ergebnis der Prüfung beeinflussen können, unabhängig von der geprüften Genossenschaft sind, und erörtert mit dem Prüfungsausschuss die Gefahren für ihre Unabhängigkeit sowie die von ihm dokumentierten zur Verminderung dieser Gefahren angewendeten Schutzmaßnahmen.

bis zu 500 Tsd. Euro geahndet werden. Zudem bestimmt § 151a GenG, dass mit **Freiheits-strafe** bis zu einem Jahr oder mit Geldstrafe bestraft wird, wer als Mitglied des Aufsichtsrats oder als Mitglied eines Prüfungsausschusses einer Genossenschaft, die ein Unternehmen von öffentlichem Interesse nach § 316a S. 2 Nr. 1 oder 2 ist, eine in § 152 Abs. 1a GenG bezeichnete Handlung begeht und dafür einen Vermögensvorteil erhält oder sich verspre-chen lässt oder eine in § 152 Abs. 1a bezeichnete Handlung beharrlich wiederholt.

21   Für die handelsrechtliche **Abschlussprüfung bei Kredit- Wertpapier- und Finanz-dienstleistungsinstituten,** auch solcher in der Rechtsform der eG, wird nach § 340k Abs. 2 S. 3 ausdrücklich eine entsprechende Anwendung der Ausschlusstatbestände der § 319 Abs. 2 und 3 verlangt. Aber auch hier sind die Vorschriften nicht auf den Prüfungsver-band als solchen, sondern (nur) auf die gesetzlichen Vertreter des Prüfungsverbands und auf alle vom Prüfungsverband beschäftigten Personen, die das Ergebnis der Prüfung beeinflussen können, entsprechend anzuwenden.[19] Ferner gilt der Ausschlussgrund des § 319 Abs. 3 S. 1 Nr. 2 (Mitgliedschaft eines Vertreters der Genossenschaft in dem Aufsichtsorgan des Prüfungsverbandes) bei Kreditgenossenschaften nicht, sofern sichergestellt ist, dass der Prüfer die Prüfung unabhängig von den Weisungen durch das Aufsichtsorgan durchführen kann (§ 340k Abs. 2 S. 3 Hs. 2).

22   Nach dem durch das AReG 2016 eingefügten **§ 55 Abs. 2a GenG** sollen zudem die Regelungen des Art. 4 Abs. 3 UAbs. 1 Abschlussprüfungs-VO[20] zur Begrenzung der **Umsatzabhängigkeit** auf die gesetzlichen Vertreter des Prüfungsverbandes und die vom Verband beschäftigten Personen, die das Ergebnis der Prüfung einer Genossenschaft beein-flussen können, Anwendung finden; der Verband wurde hiervon ausdrücklich ausgenom-men. Hierzu ist anzumerken, dass der Befangenheitstatbestand der Umsatzabhängigkeit – im Gegensatz zu den anderen Befangenheitstatbeständen – nicht unmittelbar auf die genannten Vertreter und Personen des Verbandes anwendbar sind, weil die Honorare aus Prüfungs-, Beratungs- und sonstigen Dienstleistungen sowie die Verbandsbeiträge nicht ihnen, sondern dem Prüfungsverband zustehen. Denkbar wäre allenfalls eine mittelbare Anwendung, indem man das Ergebnis der Prüfung des Umsatzabhängigkeitskriteriums auf Verbandsebene auf die Vertreter und Personen des Verbandes überträgt. Dies führte dann allerdings dazu, dass im Falle einer Überschreitung der Umsatzabhängigkeitsgrenze durch den Prüfungsverband sämtliche Vertreter und Personen des Verbandes von dem Prüfungsverbot betroffen wären. Damit träfe dieses Verbot letztlich auch den Prüfungsverband selbst. Dieses Ergebnis wider-spricht aber dem insoweit eindeutigen Gesetzeswortlaut, der eine Anwendung der Umsatz-abhängigkeitsgrenze auf den Verband ausschließt. Das Prüfungsverbot wegen Umsatzabhän-gigkeit nach § 55 Abs. 2a S. 1 GenG iVm Art. 4 Abs. 3 UAbs. 1 Abschlussprüfungs-VO läuft somit ins Leere.

23   Die Regelung des **§ 55 Abs. 3 GenG** über die Beauftragung eines außen stehenden Prüfers durch den Prüfungsverband im Falle eines **wichtigen Grundes** ist im Rahmen der GenG-Novelle 2006 hinsichtlich der dafür geltenden Voraussetzungen konkretisiert worden. Danach kann der Prüfungsverband einen anderen Prüfungsverband, einen Wirtschaftsprüfer oder eine Wirtschaftsprüfungsgesellschaft mit der Durchführung der Prüfung bei einer Mit-gliedsgenossenschaft beauftragen, wenn dies im Einzelfall notwendig ist, um eine gesetzmä-ße sowie sach- und termingerechte Prüfung zu gewährleisten. Ob diese Voraussetzungen vorliegen, ist vom Prüfungsverband nach pflichtgemäßem Ermessen zu entscheiden. Dem-nach sind zwei Fallgruppen zu unterscheiden:

---

[19]   Vgl. BT-Drs. 15/4054, 79; Jessen ZfgG 2005, 45.
[20]   Die Vorschrift enthält Regelungen für den Fall, dass das Honorar des Abschlussprüfers aus einem Prü-fungsmandat mehr als 15 % seiner insgesamt vereinnahmten Honorare ausmacht. In diesem Fall hat der Abschlussprüfer den Prüfungsausschuss des geprüften Unternehmens davon in Kenntnis zu setzen und mit ihm über die Gefahren für seine Unabhängigkeit sowie die zur Verminderung dieser Gefahren eingeleiteten Schutzmaßnahmen zu beraten. Der Prüfungsausschuss hat anhand objektiver Gründe darü-ber zu entscheiden, ob der Abschlussprüfer bei diesem Unternehmen die Abschlussprüfung für einen weiteren Zeitraum, der in jedem Fall zwei Jahre nicht überschreiten darf, durchführen darf.

– Es liegen Tatsachen oder Umstände vor, die einer gesetzmäßigen Prüfung durch den
  Verband entgegenstehen, zB weil sich der Verband als solcher für **befangen** hält, etwa
  aufgrund eines Befangenheitstatbestandes iSd § 319 Abs. 2 und 3 oder einer anderen
  Konfliktsituation (Rechtsstreit mit der zu prüfenden Genossenschaft, sonstige erhebliche
  Interessenkonflikte, uÄ). In diesen Fällen hat der Verband von seinem Recht zur Beauftragung eines anderen Prüfers Gebrauch zu machen (faktisches Prüfungsverbot).[21]
– Technische und **organisatorische Schwierigkeiten** stehen einer sach- und terminge-
  rechten Prüfung durch den Verband entgegen. Eine solche Situation wird insbesondere
  dann vorliegen, wenn der Verband im konkreten Einzelfall nicht über genügend fachkom-
  petente Prüfer verfügt, beispielsweise weil einzelne Prüfer wegen Besorgnis der Befangenheit ausgeschlossen sind oder weil es sich um einen neuen Prüfungsverband handelt.

Der beauftragte außenstehende Prüfer hat die Prüfung bei der betreffenden Genossen-   **24**
schaft nach den allgemeinen Regeln eigenverantwortlich durchzuführen. Er hat den Prüfungsbericht im eigenen Namen zu unterzeichnen und bei dem Verband einzureichen, der
ihn dann – mit einer Stellungnahme versehen – an den Vorstand der geprüften Genossenschaft weiterzugeben hat.

3. Erweiterter Gegenstand der genossenschaftlichen Pflichtprüfung. Gegen-   **25**
stand der genossenschaftlichen Pflichtprüfung sind – zwecks Feststellung der wirtschaftlichen
Verhältnisse und der Ordnungsmäßigkeit der Geschäftsführung – die **Einrichtungen,** die
Vermögenslage und die **Geschäftsführung** der Genossenschaft (§ 53 Abs. 1 GenG). Im
Rahmen dieser Prüfung ist bei Genossenschaften, deren Bilanzsumme 1,5 Mio. EUR und
deren Umsatzerlöse 3 Mio. EUR übersteigen, auch der **Jahresabschluss** unter Einbezie-
hung der **Buchführung** und des **Lageberichts** zu prüfen, wobei die handelsrechtlichen
Vorschriften über Gegenstand und Umfang der Abschlussprüfung nach den § 316 Abs. 3
S. 1 und 2, § 317 Abs. 1 S. 2 und 3, Abs. 2, § 324a entsprechend anzuwenden sind (§ 53
Abs. 2 GenG).[22] Dies ist der umfassendste gesetzliche Prüfungsauftrag im deutschen Prüfungswesen. Bei **Kreditgenossenschaften,** die gem. § 340k Abs. 1–3 unabhängig von ihrer
Größe der handelsrechtlichen Abschlussprüfung unterliegen, kommen zudem die bankspezi-
fischen Prüfungsgegenstände nach § 29 Abs. 2 KWG und ggf. § 30 KWG hinzu.

Die **Feststellung der wirtschaftlichen Verhältnisse**[23] bei Genossenschaften betrifft   **26**
alle Aspekte der Vermögens-, Finanz- und Ertragslage sowie der Wirtschaftlichkeit. Neben
der geschäftlichen Entwicklung, der finanziellen Lage und den Chancen und Risiken der
künftigen Entwicklung sind die Wirtschaftlichkeit bedeutender Investitionen, von Betriebsteilen oder Sparten sowie die Wirtschaftlichkeit des Unternehmens insgesamt zu untersuchen. In diesem Zusammenhang ist auch die Preisgestaltung Gegenstand der Prüfung. Ziel
dieser Analysen ist es, Fehlentwicklungen frühzeitig zu erkennen und Erkenntnisse für die
weitere geschäftliche und wirtschaftliche Entwicklung der Genossenschaft zu gewinnen.

Die **Prüfung der Geschäftsführung**[24] bildet den wesentlichen Unterschied zur han-   **27**
delsrechtlichen Abschlussprüfung. Sie erstreckt sich auf die Geschäftsführung als Institution
und deren Organisation, auf das Geschäftsführungsinstrumentarium sowie auf die gesamte
Geschäftsführungstätigkeit. Unter dem institutionellen Aspekt werden vor allem Fragen
nach der ordnungsgemäßen Besetzung von Vorstand und Aufsichtsrat, einer zweckmäßigen
Geschäftsverteilung und Geschäftsordnung, nach persönlicher Zuverlässigkeit und fachlicher
Qualifikation der Organmitglieder, der laufenden gegenseitigen Information sowie der
Wahrnehmung der Leitungsaufgaben des genossenschaftlichen Unternehmens geprüft. Das

---

[21] Bergmann ZfgG 2001, 223; Beuthien GenG § 55 Rn. 11 unter Hinweis auf OLG Hamm ZfgG 1990,
      141 ff.; Lang/Weidmüller/Holthaus/Lehnhoff GenG § 55 Rn. 21 ff. mit Beispielen einer anzunehmen-
      den Besorgnis der Befangenheit; Spanier ZfgG 2003, 117, der das Selbstprüfungsverbot nach dem BGH-
      Urt. v. 21.4.1997 (BGH NJW 1997, 2178 = WPg 1997, 566) hervorhebt.
[22] Kleine Genossenschaften, welche die genannten Schwellenwerte nicht überschreiten, brauchen somit
      ihren Jahresabschluss nicht prüfen und testieren zu lassen; gleiches gilt für Kleinstgenossenschaften.
[23] Beuthien GenG § 53 Rn. 13, 15.
[24] Bergmann ZfgG 1979, 200 ff.; DGRV, Die Prüfung der Geschäftsführung bei Genossenschaften, DGRV-
      Schriftenreihe Heft 10; Lang/Weidmüller/Holthaus/Lehnhoff GenG § 53 Rn. 16, 22 ff.

Instrumentarium der Geschäftsführung umfasst neben den technischen und organisatorischen Einrichtungen, wie insbesondere dem Rechnungswesen und dem internen Kontrollsystem, das Führungskonzept sowie alle Maßnahmen, Regelungen und Systeme zur Steuerung und Überwachung des genossenschaftlichen Unternehmens; hierzu gehört auch das Risikomanagement. Die Geschäftsführungstätigkeit setzt sich aus einer Fülle einzelner Entscheidungen, Maßnahmen und Unterlassungen zusammen. Die Prüfung kann nicht alle Einzelheiten nachvollziehen; sie wird sich auf die wichtigen − Struktur und Ablauf bestimmenden − Entscheidungen, auf kritische Bereiche und einige Stichproben beschränken. Zu untersuchen sind dabei nicht nur Fragen der Ordnungsmäßigkeit, sondern auch der Zweckmäßigkeit der Geschäftsführung, die vorrangig danach zu beurteilen ist, ob der satzungsmäßige Gegenstand des Unternehmens unter Beachtung betriebswirtschaftlicher Grundsätze eingehalten wird. Hierzu gehört ua auch die Führung der Mitgliederliste, auch wenn diese Aufgabe seit der GenG-Novelle 2017 nicht mehr ausdrücklich in § 53 Abs. 1 GenG genannt ist.

28   Der **Prüfungszeitraum** bei der genossenschaftlichen Pflichtprüfung, der vom Gesetz nicht festgelegt ist, umfasst das Geschäftsjahr, das mit dem zu prüfenden Jahresabschluss endet, und die Zeit nach dem Bilanzstichtag bis zum Beginn der Prüfung.[25]

29   Bei **Kleinstgenossenschaften** (§ 336 Abs. 2), deren Satzung keine Nachschusspflicht der Mitglieder vorsieht und die im maßgeblichen Prüfungszeitraum von ihren Mitgliedern keine Darlehen nach § 21b Abs. 1 GenG entgegengenommen haben, beschränkt sich jede zweite Prüfung nach § 53 Abs. 1 S. 1 GenG auf eine vereinfachte Prüfung (§ 53a GenG). Eine vereinfachte Prüfung umfasst die Durchsicht bestimmter Unterlagen und die Feststellung, ob es Anhaltspunkte gibt, an einer geordneten Vermögenslage oder der Ordnungsmäßigkeit der Geschäftsführung zu zweifeln.

30   **4. Besonderheiten des genossenschaftlichen Prüfungsverfahrens.** Die Pflichtprüfung nach § 53 GenG bei einer Mitgliedsgenossenschaft führt der Prüfungsverband **aufgrund gesetzlichen Auftrags** durch. Eine Beauftragung durch die Genossenschaft findet nicht statt. Folglich muss der Prüfungsverband eine Auftragsannahme auch nicht gegenüber der Genossenschaft bestätigen. Auch wenn somit kein Prüfungsvertrag zwischen Prüfungsverband und Genossenschaft zustande kommt, ist es möglich und in der Praxis auch üblich, dass der Prüfungsverband die wesentlichen Bedingungen seiner Prüfungstätigkeit in **Allgemeinen Auftragsbedingungen** regelt. Hierzu bedarf es einer entsprechenden vereinsrechtlichen Regelung, und zwar entweder in der Satzung selbst oder aufgrund einer statutarischen Ermächtigungsgrundlage.[26] Gleiches gilt für Änderungen bestehender Allgemeiner Auftragsbedingungen.

31   Dem Vorsitzenden des Aufsichtsrats der Genossenschaft ist gem. § 57 Abs. 2 GenG der Beginn der **Prüfung rechtzeitig anzuzeigen.** Dieser hat dann seinerseits die übrigen Aufsichtsratsmitglieder unverzüglich über den Beginn der Prüfung zu unterrichten und sie auf ihr Verlangen oder auf Verlangen des Prüfers zu der Prüfung hinzuzuziehen. Damit soll der Aufsichtsrat Gelegenheit haben, mit dem Prüfer Kontakt aufzunehmen und auf klärungsbedürftige Fragen hinzuweisen.[27]

32   Der Vorstand der Genossenschaft hat dem Prüfer alle **Aufklärungen und Nachweise** zu geben, die der Prüfer für eine sorgfältige Prüfung benötigt; er hat ihm Einsicht in die Bücher und Schriften sowie die Untersuchung der Vermögensgegenstände einschließlich der Schulden zu gestatten (§ 57 Abs. 1 GenG). Andererseits sind der Prüfungsverband und die von ihm eingesetzten Prüfer zur **gewissenhaften und unparteiischen Prüfung** nach Maßgabe der gesetzlichen Vorschriften und Prüfungsstandards für die Abschlussprüfung sowie zur **Verschwiegenheit** verpflichtet (§ 62 Abs. 1 GenG). Von wichtigen Feststellungen während der Prüfung, nach denen eine sofortige Maßnahme des Aufsichtsrats erforder-

---

25   Spanier WPg 2003, 920.
26   Beuthien GenG § 62 Rn. 13.
27   Bergmann ZfgG 2001, 227.

lich erscheint, soll der Prüfer unverzüglich den Vorsitzenden des Aufsichtsrats in Kenntnis setzen (§ 57 Abs. 3 GenG).

In unmittelbarem Zusammenhang mit der Prüfung soll der Prüfer in einer gemeinsamen **33** Sitzung von Vorstand und Aufsichtsrat der Genossenschaft über das voraussichtliche Ergebnis der Prüfung mündlich berichten (sog. **Prüfungsschlusssitzung**, § 57 Abs. 4 GenG). Damit sollen Vorstand und Aufsichtsrat der Genossenschaft möglichst früh, dh noch vor der Abfassung des schriftlichen Prüfungsberichts, über das Ergebnis der Prüfung unterrichtet werden und Gelegenheit zur Stellungnahme erhalten.[28]

Bei der Prüfung einer Genossenschaft, die ein Unternehmen von öffentlichem Interesse **34** nach § 316a S. 2 Nr. 1 (kapitalmarktorientiert iSd § 264d) oder 2 (CRR-Kreditinstitut iSd § 1 Abs. 3d S. 1 KWG) ist, hat der Prüfer die weiteren **Berichtspflichten** nach § 57 Abs. 5 GenG zu beachten. Danach hat der Prüfer an einer gemeinsamen Sitzung des Vorstands und des Aufsichtsrats der Genossenschaft über das voraussichtliche Ergebnis der Prüfung teilzunehmen und über die wesentlichen Ergebnisse seiner Prüfung, insbesondere über wesentliche Schwächen des internen Kontroll- und des Risikomanagementsystems bezogen auf den Rechnungslegungsprozess, zu berichten. Ferner hat er über Umstände, die seine Befangenheit besorgen lassen, und über Leistungen, die er zusätzlich zu den Prüfungsleistungen erbracht hat, zu informieren. Diese Vorschrift entspricht inhaltlich der Regelung für Aktiengesellschaften in § 171 Abs. 1 S. 2, 3 AktG; sie wurde durch das AReG 2016 in das Gesetz aufgenommen.[29] Mit diesen Berichtspflichten des Abschlussprüfers soll der Aufsichtsrat der geprüften Genossenschaft in die Lage versetzt werden, seinen Aufgaben nach § 38 Abs. 1a S. 1 GenG nachzukommen. Danach hat sich der Aufsichtsrat oder ein von ihm eingerichteter Prüfungsausschuss mit der Überwachung des Rechnungslegungsprozesses sowie der Wirksamkeit des internen Kontrollsystems, des Risikomanagementsystems und des internen Revisionssystems sowie der Abschlussprüfung zu befassen.

Über das Ergebnis der Prüfung hat der Prüfungsverband schriftlich zu berichten (§ 58 **35** Abs. 1 GenG). Der Inhalt des **Prüfungsberichts** wird durch den Zweck und den Gegenstand der genossenschaftlichen Pflichtprüfung bestimmt. Soweit er den Jahresabschluss und den Lagebericht betrifft, sind § 321 Abs. 1–3, 4a sowie der IDW Prüfungsstandard „Grundsätze ordnungsmäßiger Erstellung von Prüfberichten" (IDW PS 450) entsprechend anzuwenden; dadurch soll sichergestellt werden, dass insoweit dieselben Mindestanforderungen wie im Falle der handelsrechtlichen Jahresabschlussprüfung gelten.[30] Wegen der zusätzlichen Prüfungsgegenstände der genossenschaftlichen Pflichtprüfung (§ 53 Abs. 1 GenG) ist der Prüfungsbericht entsprechend zu erweitern. Nach der GenG-Novelle 2017 ist im Prüfungsbericht nunmehr auch Stellung dazu zu nehmen, ob und auf welche Weise die Genossenschaft im Prüfungszeitraum einen zulässigen Förderzweck verfolgt hat. Der Prüfungsbericht ist vom Prüfungsverband zu unterzeichnen und dem Vorstand der Genossenschaft sowie dem Vorsitzenden des Aufsichtsrats vorzulegen (§ 58 Abs. 3 S. 1 Hs. 1 GenG). Jedes Mitglied des Aufsichtsrats hat den Inhalt des Prüfungsberichts zur Kenntnis zu nehmen (§ 58 Abs. 3 S. 2 GenG).

Von den Vorschriften des Art. 11 Abschlussprüfungs-VO, der bei Unternehmen von **36** öffentlichem Interesse eine zusätzliche Berichterstattung des Abschlussprüfers an den Prüfungsausschuss des Aufsichtsrats des geprüften Unternehmens vorsieht, sind die Prüfungsverbände ausdrücklich ausgenommen (§ 58 Abs. 3 S. 1 Hs. 2 GenG).

Die Erteilung eines **Bestätigungsvermerks** in entsprechender Anwendung des § 322 **37** ist (nur) für Jahresabschlüsse **großer** Genossenschaften iSd § 267 Abs. 3 sowie nach § 14 Abs. 1 PublG für alle Konzernabschlüsse von Genossenschaften vorgesehen; für Jahresabschlüsse **mittelgroßer** Genossenschaften iSd § 267 Abs. 2 ist – anders als für **mittelgroße** Kapitalgesellschaften – ein Bestätigungsvermerk gesetzlich nicht vorgeschrieben (§ 58 Abs. 2

---

28   Bergmann ZfgG 2001, 227; Beuthien GenG § 57 Rn. 10.
29   Laut Begr. RegE zu § 57 Abs. 5 GenG sollte damit eine Regelungslücke im Gesetz geschlossen werden; s. BT-Drs. 18/7219, 75.
30   Bergmann ZfgG 2001, 228.

GenG). Abweichend hiervon gelten für **Kredit-, Wertpapier- und Finanzdienstleistungsinstitute** in der Rechtsform der eG die Regelungen des § 340k Abs. 1–2a, wonach sie ihre Jahres- und Konzernabschlüsse unabhängig von ihrer Größe nach den Vorschriften über die Abschlussprüfung von Kapitalgesellschaften prüfen zu lassen haben, was in jedem Fall auch die Erteilung des Bestätigungsvermerks einschließt. Bei der Erteilung von Bestätigungsvermerken sind die IDW Prüfungsstandards zur Bildung eines Prüfungsurteils und Erteilung eines Bestätigungsvermerks (IDW PS 400–406) vom Prüfungsverband zu beachten.

38   Über das **Ergebnis der Prüfung** haben Vorstand und Aufsichtsrat der Genossenschaft in gemeinsamer Sitzung unverzüglich nach Eingang des schriftlichen Prüfungsberichts zu beraten, wobei dem Prüfungsverband ein Teilnahmerecht zusteht (§ 58 Abs. 4 GenG). Die Sitzung dient insbesondere dazu, die im Prüfungsbericht genannten Empfehlungen und Beanstandungen zu erörtern und die danach erforderlichen Maßnahmen zu beschließen; der Verband hat dabei eine beratende Funktion, an der Beschlussfassung nimmt er nicht teil.

39   Ist die Genossenschaft ein Unternehmen von öffentlichem Interesse nach § 316a S. 2 Nr. 1 (kapitalmarktorientiert iSd § 264d) oder 2 (CRR-Kreditinstitut), so hat der Aufsichtsrat darzulegen, wie die Prüfung sowie die Befassung des Aufsichtsrats oder Prüfungsausschusses mit der Abschlussprüfung dazu beigetragen hat, dass die Rechnungslegung ordnungsgemäß ist (§ 58 Abs. 4 S. 1 Hs. 2 GenG).

40   Zu den Besonderheiten der genossenschaftlichen Pflichtprüfung gehört auch die sog. **Prüfungsverfolgung**[31] durch den genossenschaftlichen Prüfungsverband nach Abschluss der Prüfung. Hierunter versteht man im Wesentlichen die Kontrolle, ob die Genossenschaft die Feststellungen und Empfehlungen der Prüfung beachtet und insbesondere die festgestellten Mängel behoben hat. Zu diesem Zweck steht dem Prüfungsverband neben dem Recht zur Teilnahme an der Beratung von Vorstand und Aufsichtsrat über den Prüfungsbericht (§ 58 Abs. 4 GenG) das Recht zu, an der Generalversammlung, die den Prüfungsbericht behandelt, beratend teilzunehmen (§ 59 Abs. 3 GenG) und notfalls auf Kosten der Genossenschaft eine außerordentliche Generalversammlung einzuberufen, wenn die Beschlussfassung über den Prüfungsbericht ungebührlich verzögert oder die Versammlung bei der Beschlussfassung unzulänglich über wesentliche Feststellungen oder Beanstandungen des Prüfungsberichtes unterrichtet wurde (§ 60 GenG). Ferner hat der Prüfungsverband die Möglichkeit, im Rahmen seiner Befugnisse nach der Verbandssatzung eine außerordentliche Prüfung bei der Genossenschaft durchzuführen. In der Praxis wird üblicherweise zunächst eine Berichterstattung vom Vorstand der Genossenschaft über die aufgrund der Prüfungsfeststellungen getroffenen Maßnahmen angefordert (sog. Rückbericht). Darüber hinaus kann der Prüfungsverband zusätzlich eine Kontrolle bei der Genossenschaft vor Ort durchführen (Nachschau). Eine solche Nachschau kommt insbesondere in dringlichen Fällen in Betracht, um sich von der Angemessenheit und Wirksamkeit getroffener Maßnahmen zur Mängelbeseitigung zu überzeugen. Ihre Grenzen findet die Prüfungsverfolgung in den Grundsätzen der Selbstverwaltung und Selbstverantwortung einer Genossenschaft. Der Prüfungsverband muss informieren, ein Weisungsrecht gegenüber der Genossenschaft hat er nicht. Die Entscheidung über Maßnahmen obliegt den Organen der Genossenschaft.[32]

41   **5. Weitere Aufgaben des Prüfungsverbandes.** Nach dem Gesetz obliegen den genossenschaftlichen Prüfungsverbänden neben der Pflichtprüfung nach § 53 GenG eine Reihe weiterer **gesetzlicher Prüfungs- und Begutachtungsaufgaben** bei ihren Mitgliedsgenossenschaften. Im Einzelnen sind hier zu nennen:

– Jahresabschlussprüfungen bei Instituten nach § 340k Abs. 2;
– Konzernabschlussprüfungen bei Instituten nach § 340k Abs. 2;
– Wertpapierdienstleistungsprüfungen bei Instituten nach § 89 WpHG;

---

[31]   Beuthien GenG § 59 Rn. 5; Beuthien GenG § 60 Rn. 1; Lang/Weidmüller/Holthaus/Lehnhoff GenG § 53 Rn. 33 ff.
[32]   Bergmann ZfgG 2001, 229; Beuthien GenG § 60 Rn. 1.

- Konzernabschlussprüfungen bei Genossenschaften (Nichtbanken) nach § 14 Abs. 2 PublG;
- Gutachten nach § 11 Abs. 2 Nr. 3 GenG bei Gründung einer Genossenschaft;
- Prüfungsgutachten nach § 81 Abs. 1 UmwG bei Verschmelzung einer Genossenschaft;
- Prüfungsgutachten nach § 125 iVm § 81 Abs. 1 UmwG bei Spaltung einer Genossenschaft;
- Prüfungsgutachten nach § 259 UmwG im Falle des Formwechsels der Genossenschaft;
- Gutachten nach § 79a Abs. 2 GenG bei Fortführung einer aufgelösten Genossenschaft;
- gutachtliche Äußerung des Verbandes nach § 116 Nr. 4 GenG im Falle der Insolvenz einer Genossenschaft.

Darüber hinaus kann ein genossenschaftlicher Prüfungsverband folgende Prüfungsauf- **42** gaben wahrnehmen:
- Genossenschaftliche Pflichtprüfungen nach § 53 GenG bei fremden Genossenschaften aufgrund einer Beauftragung nach § 55 Abs. 3 GenG oder einer Bestellung nach § 56 Abs. 2 GenG;
- Sonderprüfungen nach § 44 KWG bei Instituten im Auftrag der Bundesanstalt für Finanzdienstleistungsaufsicht;
- Jahresabschlussprüfungen bei bestimmten Kapitalgesellschaften nach Art. 25 Abs. 1 EGHGB;
- Verschmelzungsprüfungen bei bestimmten Kapitalgesellschaften nach § 81 Abs. 2 UmwG;
- außerordentliche Prüfungen bei Mitgliedsgenossenschaften, die der Verband nach der Verbandssatzung anordnen kann (zB Unterschlagungsprüfungen);
- freiwillige Prüfungen bei Mitgliedsgenossenschaften aufgrund besonderen Auftrags (zB Organisations-, Wirtschaftlichkeits- oder Sanierungsprüfungen).

Nach § 63b Abs. 4 GenG kann ein genossenschaftlicher Prüfungsverband die gemein- **43** same Wahrnehmung der Interessen seiner Mitglieder, insbesondere die Unterhaltung gegenseitiger Geschäftsbeziehungen zum Zweck haben. Auch aufgrund dieser Regelung sehen die Satzungen der genossenschaftlichen Prüfungsverbände regelmäßig neben Aufgaben der **allgemeinen Interessenvertretung** bestimmte **Betreuungs-, Beratungs- und Bildungsaufgaben** vor. Zu den Beratungsaufgaben[33] gehören üblicherweise die Rechts- und Steuerberatung sowie die betriebswirtschaftliche Beratung der Verbandsmitglieder. Die Bildungsaufgaben liegen in der Aus- und Fortbildung von Mitarbeitern der Mitgliedsgenossenschaften. Ferner gestatten die Satzungen der Prüfungsverbände häufig die Unterhaltung von Beteiligungen, mit denen bestimmte Beratungs- und sonstige Dienstleistungen für die Verbandsmitglieder gefördert werden.

6. Externe Qualitätskontrolle. Mit dem Euro-Bilanzgesetz 2001 wurden die genos- **44** senschaftlichen Prüfungsverbände – unter Beachtung ihrer Besonderheiten – verpflichtet, an dem Qualitätssicherungssystem der Wirtschaftsprüferkammer teilzunehmen. Die erforderlichen Regelungen sind aus rechtssystematischen Gründen überwiegend in das Genossenschaftsgesetz eingestellt worden (§ 56 Abs. 1 S. 2 GenG, §§ 63e, 63f, 63g GenG); soweit möglich, wurde jedoch die entsprechende Anwendung von Regelungen der Wirtschaftsprüferordnung (WPO) vorgeschrieben. Damit ist sichergestellt, dass die Qualitätskontrolle bei den genossenschaftlichen Prüfungsverbänden der bei Wirtschaftsprüfern und Wirtschaftsprüfungsgesellschaften materiell gleichwertig ist.[34] Insbesondere gelten hinsichtlich Maßstab und Reichweite der Qualitätskontrolle bei den Prüfungsverbänden die gleichen Anforderungen. Ferner ist der Turnus obligatorischer Qualitätskontrollen für die Prüfungsverbände identisch geregelt; er beträgt grundsätzlich sechs Jahre, bei Prüfungsverbänden, die ein Unternehmen von öffentlichem Interesse nach § 316a S. 2 Nr. 1 (kapitalmarktorientiert iSd § 264d) oder 2 (CRR-Kreditinstitut) prüfen, drei Jahre. Auch ist gewährleistet, dass die

---

[33] Zur Vereinbarkeit von Prüfung und Beratung durch den genossenschaftlichen Prüfungsverband s. Jessen ZfgG 2005, 38 ff.; Spanier ZfgG 2003, 117 ff.
[34] Grdl. zur Qualitätskontrolle bei genossenschaftlichen Prüfungsverbänden s. Spanier WPg 2003, 911 ff.

Kommission für Qualitätskontrolle bei der Wirtschaftsprüferkammer gegenüber den Prüfungsverbänden die gleichen Kompetenzen hat (§ 63g Abs. 2 S. 1 GenG). Die **Qualitätskontrolle** wird durch einen anderen Prüfungsverband, einen Wirtschaftsprüfer oder eine Wirtschaftsprüfungsgesellschaft durchgeführt, der bzw. die dafür eine besondere Qualifikation nachgewiesen hat und bei der Wirtschaftsprüferkammer als Qualitätskontrollprüfer registriert ist. Sie dient der Überwachung, ob die Grundsätze und Maßnahmen zur Qualitätssicherung nach Maßgabe der gesetzlichen Vorschriften insgesamt und bei der Durchführung einzelner Aufträge eingehalten werden. Sie erstreckt sich auf die Prüfungen nach § 53 Abs. 1 und 2 GenG bei Genossenschaften und die Prüfungen bei den in Art. 25 Abs. 1 S. 1 EGHGB genannten Gesellschaften und Unternehmen, die keine kleinen Kapitalgesellschaften iSd § 267 Abs. 1 sind. Der Prüfungsauftrag wird vom Prüfungsverband nach Zustimmung der Kommission für Qualitätskontrolle erteilt. Der Qualitätskontrollprüfer fasst das Ergebnis der Qualitätskontrolle in einem Bericht zusammen und leitet eine Ausfertigung des Qualitätskontrollberichts an die Kommission für Qualitätskontrolle bei der Wirtschaftsprüferkammer.

45   Die **Kommission für Qualitätskontrolle** hat insbesondere die Qualitätskontrollberichte der Prüfungsverbände entgegen zu nehmen und zu würdigen sowie im Falle festgestellter Mängel über Maßnahmen (Auflagen zur Beseitigung der Mängel, Sonderprüfung, Widerruf der Registrierung als gesetzlicher Abschlussprüfer) zu entscheiden. Die Kommission ist im Rahmen ihrer fachbezogenen Überwachungsaufgabe unter anderem auch berechtigt, im Einvernehmen mit der Abschlussprüferaufsichtsstelle an der Durchführung der Qualitätskontrolle bei einem Prüfungsverband teilzunehmen und sich Arbeitsunterlagen des Qualitätskontrollprüfers vorlegen zu lassen (§ 63g Abs. 2 S. 1 GenG iVm § 57e Abs. 1 S. 6 WPO).

46   Durch das BilMoG 2009 (§ 63h GenG) sind Prüfungsverbände, die kapitalmarktorientierte Unternehmen iSd § 264d prüfen, zudem dem Verfahren der stichprobenartigen Sonderuntersuchungen ohne besonderen Anlass **(Inspektionen)** unterworfen worden, das anfangs in die Zuständigkeit der Wirtschaftsprüferkammer fiel. Durch das Abschlussprüferaufsichtsreformgesetz vom 31.3.2016 (Art. 2 AReG) ist die Zuständigkeit für die Inspektionen auf die beim Bundesamt für Wirtschaft und Ausfuhrkontrolle eingerichtete, berufsstandsunabhängige und selbständige **Abschlussprüferaufsichtsstelle** (APAS) übertragen worden.

47   Die rechtlichen Grundlagen für das Inspektionsverfahren finden sich in Art. 26 Abschlussprüfungs-VO. Danach werden die Inspektionen von Prüfern (Inspektoren) durchgeführt, die über angemessene Fachkenntnisse und einschlägige Erfahrungen verfügen und bei der Abschlussprüferaufsichtsstelle angestellt sind. Grundsätzlich ist mindestens alle drei Jahre eine Inspektion durchzuführen. Bei Praxen, die Abschlussprüfungen bei mehr als 25 Unternehmen von öffentlichem Interesse nach § 316a S. 2 Nr. 1 durchgeführt haben, sollen die Inspektionen jährlich durchgeführt werden. Die Inspektionen betreffen die Einhaltung derjenigen Berufspflichten, die bei gesetzlich vorgeschriebenen Abschlussprüfungen von Unternehmen von öffentlichem Interesse nach § 316a S. 2 zu beachten sind. Einzelheiten zur Durchführung der Inspektionen sind in einer Verfahrensordnung[35] der Abschlussprüferaufsichtsstelle geregelt.

48   Die Abschlussprüferaufsichtsstelle übermittelt dem geprüften Verband den Inspektionsbericht; die Erkenntnisse aus den Inspektionen werden zur Entlastung der Qualitätskontrollen durch die Wirtschaftsprüferkammer berücksichtigt (§ 63h S. 1 GenG iVm § 62b Abs. 3 WPO). Die Wirtschaftsprüferkammer hat der Aufsichtsbehörde des Prüfungsverbandes das Ergebnis der Inspektion mitzuteilen (§ 63h S. 3 GenG). Ferner kann die Abschlussprüferaufsichtsstelle der Aufsichtsbehörde des Prüfungsverbandes vertrauliche Informationen aus einer Inspektion übermitteln, soweit es zur Erfüllung der Aufgaben der Aufsichtsbehörde erforderlich ist.[36]

---

[35]   www.bafa.de/Bundesamt/Abschlussprüferaufsichtsstelle/Verfahrensordnung der Abschlussprüferaufsichtsstelle.

[36]   Vgl. § 22 Abs. 3 der Verfahrensordnung vom 12.8.2016 in der aktuellen Fassung.

Damit unterstehen die Prüfungsverbände neben der Rechtsaufsicht durch die Aufsichts- **49**
behörde nunmehr auch der Fachaufsicht durch die Kommission für Qualitätskontrolle und
die Abschlussprüferaufsichtsstelle. Von der Berufsaufsicht und der Berufsgerichtsbarkeit der
Wirtschaftsprüferkammer sind die Prüfungsverbände als freiwillige Mitglieder der Kammer
nach § 58 Abs. 2 WPO aber weiterhin ausgenommen.[37]

Die mit dem Abschlussprüferaufsichtsgesetz zum 1.1.2005 eingeführte gesetzliche **50**
Pflicht zur Einrichtung, Überwachung und Durchsetzung eines **internen Qualitätssiche-**
rungssystems (§ 55b WPO) gilt zwar nicht für die genossenschaftlichen Prüfungsverbände,
das Genossenschaftsgesetz schreibt auch keine entsprechende Anwendung vor. Jedoch kommen die Prüfungsverbände wegen der Pflicht zur externen Qualitätskontrolle und der dabei
zugrunde gelegten Prüfungsmaßstäbe[38] faktisch nicht umhin, ein solches internes Qualitätssicherungssystem zu betreiben und auch zu dokumentieren.

Das Prüfungsrecht eines Verbandes, der sich nach § 63e Abs. 1 GenG einer Qualitäts- **51**
kontrolle zu unterziehen hat, ruht, wenn der Verband nicht mehr gem. § 40a Abs. 1 S. 1
WPO in dem bei der Wirtschaftsprüferkammer geführten Register eingetragen ist (§ 56
Abs. 1 S. 2 GenG). Der Wegfall der Eintragung in dem Register kann seine Ursache darin
haben, dass die Qualitätskontrolle nicht innerhalb der nach § 63e Abs. 1 GenG vorgegebenen Frist durchgeführt worden ist (§ 40a Abs. 5 S. 1 Nr. 1a WPO), oder – im Falle durchgeführter Qualitätskontrolle – dass wesentliche Mängel im Qualitätssicherungssystem festgestellt worden sind, die das Qualitätssicherungssystem als unangemessen oder unwirksam
erscheinen lassen (§ 40a Abs. 5 S. 1 Nr. 3 WPO). Ruhen des Prüfungsrechtes bedeutet ein
Verbot, die gesetzlichen Prüfungen bei den Mitgliedsgenossenschaften durchzuführen.[39] In
diesem Fall hat der Spitzenverband, dem der Verband angehört, oder notfalls das zuständige
Gericht auf Antrag des Vorstands der Genossenschaft oder des Verbandes einen anderen
Prüfungsverband, einen Wirtschaftsprüfer oder eine Wirtschaftsprüfungsgesellschaft als Prü-
fer zu bestellen (§ 56 Abs. 2 GenG). Der Vorstand der Genossenschaft ist verpflichtet, den
Antrag unverzüglich zu stellen, falls der Verband ihn nicht stellt.

III. Feststellung des Jahresabschlusses

Die Feststellung des Jahresabschlusses einer Genossenschaft obliegt deren Generalver- **52**
sammlung auf Grundlage der Vorlagen von Vorstand und Aufsichtsrat (→ Rn. 1 ff.). Die
beschließende Versammlung hat in den ersten sechs Monaten des Geschäftsjahrs für das
vorangegangene Geschäftsjahr stattzufinden (§ 48 Abs. 1 GenG). Die Fristeinhaltung kann
jedoch nicht mittels Zwangsgeld (§ 160 GenG) erzwungen werden; eine verspätete
Beschlussfassung hat auf die Wirksamkeit der Beschlüsse keine Auswirkungen.[40]

Den **Mitgliedern** der Genossenschaft sind zuvor mit einer **Frist von einer Woche** **53**
der Jahresabschluss, ggf. der Lagebericht sowie der Bericht des Aufsichtsrats zur Einsichtnahme zur Verfügung zu stellen oder auf sonstige Art **zur Kenntnis zu geben** (§ 48 Abs. 3
GenG). Zuständig dafür ist der Vorstand der Genossenschaft. Die Einsichtnahme kann durch
Auslage in den Geschäftsräumen der Genossenschaft oder an anderer, durch den Vorstand
bekannt zu machender Stelle geschehen. Jedes Mitglied ist berechtigt, auf seine Kosten eine
Abschrift dieser Unterlagen zu verlangen.

Bei der Feststellung sind die für die Aufstellung des Jahresabschlusses geltenden Vor- **54**
schriften anzuwenden (§ 48 Abs. 2 S. 1 GenG). Mit dieser Vorschrift sollen **Änderungen**
des Jahresabschlusses durch die Generalversammlung, die gem. § 48 Abs. 2 S. 2 GenG
ausdrücklich zugelassen sind, auf Fälle begrenzt werden, die auch im Rahmen der Aufstel-

---

[37] Dies gilt aber nicht für die vom Prüfungsverband angestellten Wirtschaftsprüfer. Sie sind Pflichtmitglieder
der Wirtschaftsprüferkammer und unterliegen daher persönlich in vollem Umfang auch der Berufsaufsicht und der Berufsgerichtsbarkeit der Kammer.

[38] S. hierzu IDW Qualitätssicherungsstandard: Anforderungen an die Qualitätssicherung in der Wirtschaftsprüferpraxis (IDW QS 1), IDW Life 8/2017, S. 887 ff.; wegen der Berücksichtigung der Besonderheiten
der genossenschaftlichen Prüfungsverbände s. Spanier WPg 2003, 915 ff.

[39] Vgl. Lang/Weidmüller/Holthaus/Lehnhoff GenG § 56 Rn. 3.

[40] Vgl. Lang/Weidmüller/Holthaus/Lehnhoff GenG § 48 Rn. 2.

lung durch den Vorstand zulässig wären.[41] Wird der Jahresabschluss durch die Generalversammlung geändert, kann der geänderte Jahresabschluss bereits vor der erforderlichen erneuten Prüfung und ggf. Testierung durch den Abschlussprüfer (in der Regel der Prüfungsverband) festgestellt werden. Gemäß § 48 Abs. 2 S. 2 GenG wird der Feststellungsbeschluss in diesem Fall aber erst wirksam, wenn anschließend zu dem geänderten Jahresabschluss ein uneingeschränkter Bestätigungsvermerk durch den Abschlussprüfer erteilt worden ist. Hieraus folgt, dass bei nicht testatpflichtigen (kleinen und mittelgroßen) Genossenschaften eine wirksame Feststellung des Jahresabschlusses auch bei noch nicht vorgenommener oder abgeschlossener Abschlussprüfung erfolgen kann.[42] Testatspflichtig sind alle Kredit-, Wertpapier- und Finanzdienstleistungsinstitute in der Rechtsform der eG sowie alle großen Genossenschaften (iSd § 267 Abs. 3) der Nichtbankensektoren.

55   In der Generalversammlung hat sich der **Aufsichtsrat** zu den wesentlichen **Feststellungen der Prüfung** zu erklären (§ 59 Abs. 2 GenG). Im Regelfall dürfte der Vortrag einer Zusammenfassung der wesentlichen Prüfungsfeststellungen genügen.[43] Wird über das Ergebnis der Prüfung unvollständig oder falsch berichtet, kann der Prüfungsverband bzw. sein Vertreter die Verlesung des Prüfungsberichts ganz oder in Teilen verlangen (§ 59 Abs. 3 GenG); übergeordnete Geheimhaltungspflichten (Bankgeheimnis, Betriebsgeheimnisse, Persönlichkeitsschutz) dürfen dabei aber nicht verletzt werden. Gewinnt er die Überzeugung, dass die Beschlussfassung über den Prüfungsbericht ungebührlich verzögert wird oder dass die Generalversammlung bei der Beschlussfassung unzulänglich über wesentliche Feststellungen oder Beanstandungen des Prüfungsberichts unterrichtet war, ist der Prüfungsverband berechtigt, eine außerordentliche Generalversammlung auf Kosten der Genossenschaft einzuberufen und zu bestimmen, über welche Gegenstände zwecks Beseitigung festgestellter Mängel verhandelt und beschlossen werden soll (§ 60 Abs. 1 GenG).

56   Für den Feststellungsbeschluss gelten im Übrigen die **Verfahrensregeln der Satzung** der Genossenschaft. Die Generalversammlung beschließt mit der Mehrheit der abgegeben Stimmen, soweit die Satzung nicht eine größere Mehrheit bestimmt (§ 43 Abs. 2 GenG). Ein von der Generalversammlung festgestellter fehlerhafter Jahresabschluss kann unter Umständen nichtig oder anfechtbar sein (→ § 336 Rn. 51 ff.).

IV. Gewinnverwendung/Verlustdeckung

57   Die Generalversammlung beschließt auch über die Gewinnverwendung oder Verlustdeckung. Mit der Formulierung in § 48 Abs. 1 S. 2 GenG ist klargestellt, dass über die Verwendung des **gesamten ungeteilten Jahresergebnisses** zu beschließen ist, nicht nur – wie § 19 GenG nahe legen könnte – über den für die Genossen sich ergebenden Gewinn oder Verlust des Geschäftsjahrs.[44] Gewinn- oder Verlustvorträge aus früheren Jahren können in die Beschlussfassung einbezogen werden. Grundsätzlich bestehen folgende Möglichkeiten der Gewinn- bzw. Verlustbehandlung:[45]
– Vortrag auf neue Rechnung,
– Einstellung des Gewinns in die **gesetzliche Rücklage** bzw. Heranziehung der gesetzlichen Rücklage zur Verlustdeckung,
– Einstellung des Gewinns in die **anderen Ergebnisrücklagen** (einschließlich eines ggf. bestehenden Beteiligungsfonds nach § 73 Abs. 3 GenG) bzw. Heranziehung der anderen Ergebnisrücklagen zur Verlustdeckung,
– Zuweisung des Gewinns zu den **Geschäftsguthaben** bzw. Heranziehung der Geschäftsguthaben zur Verlustdeckung.

---

[41]   Vgl. BeBiKo/Justenhoven/Schäfer Vor § 339 Rn. 51.
[42]   Vgl. Beuthien GenG § 48 Rn. 2; Lang/Weidmüller/Holthaus/Lehnhoff GenG § 48 Rn. 12.
[43]   Vgl. Lang/Weidmüller/Holthaus/Lehnhoff GenG § 48 Rn. 9.
[44]   Vgl. Bauer Genossenschafts-Handbuch § 48 Rn. 3; Lang/Weidmüller/Holthaus/Lehnhoff GenG § 48 Rn. 17.
[45]   Vgl. Beuthien GenG § 48 Rn. 3; Lang/Weidmüller/Holthaus/Lehnhoff GenG § 48 Rn. 19.

Bei der **Beschlussfassung** sind die Bestimmungen der Satzung über die Gewinnver- 58
wendung und Verlustdeckung zu beachten. In der Praxis sind vielfach Mindestdotierungen
der gesetzlichen Rücklage und der anderen Ergebnisrücklagen, ggf. auch eines Beteiligungsfonds nach § 73 Abs. 3 GenG, vorgesehen. Soweit dies der Fall ist, müssen nach hM[46] die
Rücklagen bereits in dem zur Beschlussfassung anstehenden Jahresabschluss gebildet sein
(§ 268 Abs. 1). Zur Deckung eines Verlustes können neben der gesetzlichen Rücklage
auch die anderen Ergebnisrücklagen, insbesondere der Beteiligungsfonds, aber auch die
Geschäftsguthaben herangezogen werden.[47] An den Vorschlag des Vorstands zur Gewinnverwendung oder Verlustdeckung, soweit er über zwingende Satzungsregelungen hinausgeht,
ist die Generalversammlung nicht gebunden.[48] Über Vorwegzuweisungen des Vorstands, die
ihrem Charakter nach nur Vorschläge sind, ist deshalb der Generalversammlung gesondert
zu berichten; mit der Feststellung des Jahresabschlusses werden dann zugleich auch die
Vorwegzuweisungen beschlossen, ohne dass es insoweit noch eines gesonderten Verwendungsbeschlusses bedarf.

Die Art und Weise der **Verteilung des Gewinns oder Verlustes auf die Genossen** 59
regelt § 19 GenG in Verbindung mit der Satzung. Gewinn, der auf die Mitglieder verteilt
werden kann (Bilanzgewinn), ist der Jahresüberschuss zuzüglich Gewinnvortrag/abzüglich
Verlustvortrag, abzüglich Rücklagenzuführung aufgrund von Satzungsregelungen, zuzüglich
eventueller Rücklagenauflösungen. Verlust, der auf die Mitglieder verteilt werden kann
(Bilanzverlust), ist der Jahresfehlbetrag zuzüglich Gewinnvortrag/abzüglich Verlustvortrag,
abzüglich eventueller Rücklagenauflösungen. Bei der Verteilung auf die Mitglieder sind
grundsätzlich alle zu berücksichtigen, die bis zum Ablauf des Geschäftsjahres, für das der
Gewinn verteilt wird, Mitglieder der Genossenschaft waren, somit auch die ausscheidenden
Mitglieder. Verteilungsmaßstab ist das Geschäftsguthaben am Schluss des vorhergegangenen
Geschäftsjahrs (§ 19 Abs. 1 S. 2 HS 2 GenG), was dazu führt, dass Einzahlungen auf
Geschäftsguthaben im abgelaufenen Geschäftsjahr und damit auch die in diesem Geschäftsjahr beigetretenen Genossen nicht an dem Gewinn partizipieren.[49] Die Satzung kann jedoch
einen anderen Maßstab für die Verteilung bestimmen und Gewinnauszahlungen vor Volleinzahlung des Geschäftsanteils zulassen (§ 19 Abs. 2 GenG). Zur Verlustdeckung können auch
die Geschäftsguthaben herangezogen werden; insoweit ist dann das Geschäftsguthaben abzuschreiben.

Eine gem. § 21b GenG vorgesehene **Verzinsung von Geschäftsguthaben** ist 60
Gewinnverwendung, die bereits in dem Jahresabschluss zu berücksichtigen ist.[50] Demgegenüber ist die **genossenschaftliche Rückvergütung** keine Gewinnverwendung, sondern
ergebnismindernd in dem zur Beschlussfassung anstehenden Jahresabschluss zu berücksichtigen;[51] zu Einzelheiten → § 337 Rn. 36.

Der Vorschlag für die Verwendung des Ergebnisses oder der Beschluss über seine Ver- 61
wendung ist nach der durch das BilRUG 2015 eingeführten Vorschrift des § 285 Nr. 34
im Anhang des Jahresabschlusses anzugeben. Kleine Genossenschaften iSd § 267 Abs. 1 sind
gem. § 288 Abs. 1 Nr. 1 von dieser Angabepflicht befreit; gleiches gilt gem. § 338 Abs. 4
für Kleinstgenossenschaften.

Ist der Jahresabschluss **nichtig** oder **anfechtbar** (→ § 336 Rn. 51 f.), gilt dies zugleich 62
auch für den Gewinnverwendungsbeschluss, der auf dem nichtigen oder anfechtbaren Jahresabschluss beruht.

V. Sanktionen

Durch **Zwangsgeld** gem. § 160 GenG kann die **Aufstellung** des Jahresabschlusses 63
und, sofern es sich nicht um kleine Genossenschaften handelt, auch des Lageberichts

---

46 ADS § 268 Rn. 21; BeBiKo/Grottel/Waubke § 268 Rn. 5.
47 Vgl. Beuthien GenG § 48 Rn. 3; Lang/Weidmüller/Holthaus/Lehnhoff GenG § 48 Rn. 23.
48 Vgl. Beuthien GenG § 48 Rn. 3; Land/Weidmüller/Holthaus/Lehnhoff GenG § 48 Rn. 21.
49 Vgl. Beuthien GenG § 19 Rn. 6; Lang/Weidmüller/Holthaus/Lehnhoff GenG § 19 Rn. 12.
50 Vgl. DGRV Jahresabschluss WDA C. I. Rn. 28.
51 Zu Einzelheiten und zum Ausweis s. DGRV Jahresabschluss WDA D. III. Rn. 25 ff.

erzwungen werden (§ 33 Abs. 1 S. 2 GenG iVm § 336 Abs. 1). Das Gleiche gilt für die **Vorlage** des Jahresabschlusses und ggf. des Lageberichts an den Aufsichtsrat (§ 33 Abs. 1 S. 2 GenG), für die **Kenntnisgabe** der Unterlagen an die Genossen im Vorfeld der General- versammlung (§ 48 Abs. 3 GenG), für die **Billigung eines IAS/IFRS-Einzelabschlusses** durch den Aufsichtsrat (§ 48 Abs. 4 S. 4 GenG) sowie für die **Ankündigung des Prüfungs- berichts** als Gegenstand der Beschlussfassung in der Generalversammlung (§ 59 Abs. 1 GenG), nicht jedoch für die fristgerechte Einberufung der Generalversammlung (in den ersten sechs Monaten des Geschäftsjahrs). Für das Verfahren sind die Vorschriften maßge- bend, die zur Erzwingung der im HGB angeordneten Anmeldungen zum Handelsregister gelten. Zuständig ist das Registergericht, das allerdings nur auf Antrag tätig wird, wobei die Antragsberechtigung glaubhaft gemacht werden muss.[52] Das Zwangsgeld richtet sich gegen die säumigen Vorstandsmitglieder persönlich und darf 5.000 EUR im Einzelfall nicht übersteigen.

64   Die **Sicherung einer ordnungsgemäßen Abschlussprüfung** in den Fällen des § 56 Abs. 1 S. 2 GenG (Prüfungsverband ist nicht mehr gem. § 40a Abs. 1 S. 1 WPO in dem bei der Wirtschaftsprüferkammer geführten Register eingetragen; → Rn. 51) durch Bestellung eines anderen Abschlussprüfers nach § 56 Abs. 2 GenG ist ebenfalls durch **Zwangsgeld nach § 160 GenG** sanktioniert. Im Übrigen wird die ordnungsge- mäße Prüfung der Genossenschaften durch die **Rechtsaufsicht** der Aufsichtsbehörde (§§ 63, 64 GenG und § 64a GenG) sichergestellt. Nachdem die genossenschaftlichen Prüfungsverbände auch der **Fachaufsicht** durch die Kommission für Qualitätskontrolle (→ Rn. 51) und die Abschlussprüferaufsichtsstelle (→ Rn. 46) unterliegen, wird sich die Aufsichtsbehörde dabei auch auf das Ergebnis der turnusmäßigen Qualitätskontrolle (§§ 63e ff. GenG) sowie ggf. auf Informationen aus Inspektionen durch die Abschluss- prüferaufsichtsstelle stützen können. Ist der Verband gem. § 40a Abs. 5 WPO, etwa auf- grund festgestellter wesentlicher Mängel in seinem Qualitätssicherungssystem, aus dem bei der Wirtschaftsprüferkammer geführten Register gelöscht worden, kann die Auf- sichtsbehörde – als ultima ratio – nach § 64a GenG dem Prüfungsverband das Prüfungs- recht entziehen.[53]

65   Geldbußen sind nur in Fällen eines „Stimmenkaufs" bei Abstimmungen in der General- oder Vertreterversammlung oder bei der Wahl der Vertreter (§ 152 Abs. 1 GenG) sowie im Falle nicht ordnungsgemäßer Überwachung der Unabhängigkeit der Prüfer der Genossen- schaft durch Mitglieder des Aufsichtsrats oder eines Prüfungsausschusses (§ 152 Abs. 1a GenG) vorgesehen. Verstöße gegen Bilanzierungsvorschriften (§§ 336–338) werden nur geahndet, wenn ihre Schwere eine Strafe erfordert (→ § 336 Rn. 55 ff.).

§ 339 Offenlegung

(1) [1]**Der Vorstand hat unverzüglich nach der Generalversammlung über den Jah- resabschluß, jedoch spätestens vor Ablauf des zwölften Monats des dem Abschluss- stichtag nachfolgenden Geschäftsjahrs, den festgestellten Jahresabschluß, den Lagebericht, die Erklärungen nach § 264 Absatz 2 Satz 3 und § 289 Absatz 1 Satz 5 und den Bericht des Aufsichtsrats in deutscher Sprache der das Unternehmensre- gister führenden Stelle elektronisch zur Einstellung in das Unternehmensregister zu übermitteln.** [2]**Ist die Erteilung eines Bestätigungsvermerks nach § 58 Abs. 2 des Genossenschaftsgesetzes oder nach Artikel 10 Absatz 1 der Verordnung (EU) Nr. 537/2014 vorgeschrieben, so ist dieser mit dem Jahresabschluß zu übermitteln; hat der Prüfungsverband die Bestätigung des Jahresabschlusses versagt, so muß dies auf dem übermittelten Jahresabschluß vermerkt und der Vermerk vom Prü- fungsverband unterschrieben sein.** [3]**Ist die Prüfung des Jahresabschlusses im Zeit-**

---

[52]   Ohlmeyer/Bergmann, Das neue genossenschaftliche Bilanzrecht, 1986, S. 105.
[53]   Vgl. Spanier WPg 2003, 924.

punkt der Übermittlung der Unterlagen nach Satz 1 nicht abgeschlossen, so ist der Bestätigungsvermerk oder der Vermerk über seine Versagung unverzüglich nach Abschluß der Prüfung zu übermitteln. [4]Wird der Jahresabschluß oder der Lagebericht nach der Übermittlung geändert, so ist auch die geänderte Fassung zu übermitteln.

(2) [1]§ 325 Absatz 2a, 2b. 4 und 6 sowie die §§ 326 bis 329 sind entsprechend anzuwenden.

(3) [1]Die §§ 335 und 335a finden mit den Maßgaben entsprechende Anwendung, dass sich das Ordnungsgeldverfahren gegen die Mitglieder des Vorstands der Genossenschaft richtet und nur auf Antrag des Prüfungsverbandes, dem die Genossenschaft angehört, oder eines Mitglieds, Gläubigers oder Arbeitnehmers der Genossenschaft durchzuführen ist. [2]Das Ordnungsgeldverfahren kann auch gegen die Genossenschaft durchgeführt werden, für die die Mitglieder des Vorstands die in Absatz 1 genannten Pflichten zu erfüllen haben.

Schrifttum: s. bei Vor § 336.

Übersicht

I. Allgemeines

Durch das **Gesetz über elektronische Handelsregister und Genossenschaftsregister sowie das Unternehmensregister** (EHUG) vom 10.11.2006 (BGBl. 2006 I 2553) sind die Publizitätsvorschriften für Genossenschaften weitgehend an diejenigen für Kapitalgesellschaften angeglichen und alle Genossenschaften zur Veröffentlichung ihrer **Jahresabschlüsse** im Bundesanzeiger verpflichtet worden. Mit dem **Bilanzrechtsreformgesetz 2004** (BilReG) wurde für große Genossenschaften – ebenso wie für große Kapitalgesellschaften und die unter das PublG fallenden Unternehmen – die Möglichkeit geschaffen, anstelle ihres Jahresabschlusses einen nur zu Informationszwecken dienenden **Einzelabschluss nach den internationalen Rechnungslegungsstandards IAS/IFRS** zu veröffentlichen; nach dem EHUG 2006 steht dieses Wahlrecht nunmehr allen Kapitalgesellschaften und Genossenschaften zu. Nach dem **Gesetz zur Umsetzung der Digitalisierungsrichtlinie** (DiRUG) vom 5. Juli 2021 sind die zu veröffentlichenden Unterlagen nunmehr **der das Unternehmensregister führenden Stelle elektronisch zur Einstellung in das Unternehmensregister** zu übermitteln; zudem wurde klargestellt, dass die Unterlagen **in deutscher Sprache** zu übermitteln sind.

Die Offenlegung der **Konzernabschlüsse** von Genossenschaften richtet sich nicht nach § 339, sondern nach dem Publizitätsgesetz (§ 15 PublG), das eine sinngemäße Anwendung der handelsrechtlichen Offenlegungsbestimmungen für Kapitalgesellschaften vorschreibt. Offenzulegen sind der Konzernabschluss mit dem Bestätigungsvermerk des Abschlussprüfers sowie der Konzernlagebericht im Bundesanzeiger.

Auf **Kreditinstitute** in der Rechtsform der eG ist § 339 nicht anzuwenden (§ 340l Abs. 3). Sie wurden bereits durch das **Bankbilanzrichtlinie-Gesetz 1990** hinsichtlich ihres

Jahres- und ggf. Konzernabschlusses den Offenlegungsvorschriften für große Kapitalgesellschaften und damit der Registerpublizität unterworfen (§ 340l Abs. 1). Für die Offenlegung
eines Einzelabschlusses nach den internationalen Rechnungslegungsstandards IAS/IFRS
gelten besondere geschäftszweigspezifische Bestimmungen (§ 340l Abs. 4). Zu Einzelheiten
→ § 340l Rn. 1 ff.

II. Offenlegungspflichten der Genossenschaften

4   **1. Unternehmensregisterpublizität.** Nach Abs. 1 S. 1 sind die Genossenschaften
der Nichtbankensektoren ausnahmslos zur Bekanntmachung ihrer Jahresabschlüsse und
anderer Unterlagen im **Unternehmensregister** verpflichtet. Somit sind nicht nur die
Jahresabschlüsse der testatspflichtigen großen Genossenschaften für die Öffentlichkeit
zugänglich, sondern auch die der nicht testatspflichtigen kleinen und mittelgroßen
Genossenschaften iSd § 267 Abs. 1 und 2. Lediglich in Bezug auf den Umfang der offenzulegenden Unterlagen sind den Genossenschaften – ebenso wie den Kapitalgesellschaften – größenabhängige Erleichterungen eingeräumt worden (→ Rn. 12 ff.).

5   Mit Wirksamwerden des EHUG 2006 zum 1.1.2007 ist die zuvor vorgeschriebene
Einreichung der Abschlussunterlagen beim Genossenschaftsregister entfallen.[1] Stattdessen sind die Unterlagen der das Unternehmensregister führenden Stelle – das ist derzeit
die Bundesanzeiger Verlag GmbH mit Sitz in Köln – zu übermitteln. Dies gilt für alle
Abschlüsse für nach dem 31.12.2005 beginnende Geschäftsjahre (Art. 61 Abs. 5
EGHGB). **Satzungsrechtliche Veröffentlichungspflichten,** wie zB die Bekanntmachung des Jahresabschlusses und ggf. weiterer Unterlagen in dem sog. Satzungsblatt,
bleiben von der Offenlegungspflicht nach § 339 unberührt, dh sie bestehen weiter fort.
Will der Vorstand der Genossenschaft einer solchen Veröffentlichung entgehen, muss er
zunächst eine entsprechende Satzungsänderung durch die Generalversammlung herbeiführen. **Kredit-, Wertpapier- und Finanzdienstleistungsinstitute** in der Rechtsform der eG haben ihren Jahresabschluss und Lagebericht zudem nach § 26 Abs. 1 KWG
der Bundesanstalt für Finanzdienstleistungsaufsicht und der Deutschen Bundesbank einzureichen.

6   **2. Offenzulegende Unterlagen.** Durch Abs. 1 wird festgelegt, welche Unterlagen
eine Genossenschaft im Rahmen der Jahresabschlusspublizität offenzulegen hat. Offenzulegen sind demnach
– der festgestellte Jahresabschluss,
– ggf. der Lagebericht,
– ggf. die Erklärungen nach § 264 Abs. 2 S. 3 und § 289 Abs. 1 S. 5 (sog. „Bilanzeid"),[2]
– der Bericht des Aufsichtsrats (§ 48 Abs. 3 S. 1 GenG iVm § 38 Abs. 1 S. 5 GenG) sowie
– ggf. der Bestätigungsvermerk zum Jahresabschluss oder den Vermerk über dessen Versagung (§ 58 Abs. 2 GenG iVm § 322).

7   Abweichend von den Vorschriften für Kapitalgesellschaften (§ 325 Abs. 1 S. 1 Nr. 2),
sind Genossenschaften nicht zur Veröffentlichung einer **Erklärung zum Corporate
Governance Kodex** gem. § 161 AktG verpflichtet.

8   Kleine Genossenschaften iSd § 267 Abs. 1 brauchen den **Lagebericht** nicht aufzustellen (§ 336 Abs. 2 S. 1 iVm § 264 Abs. 1 S. 4 Hs. 1); gleiches gilt für Kleinstgenossenschaften

---

[1]   Abschlüsse für Geschäftsjahre, die vor dem 1.1.2006 begonnen haben, waren zum Genossenschaftsregister
      einzureichen, große Genossenschaften iSd § 267 Abs. 3 hatten zudem den festgestellten Jahresabschluss
      mit dem Bestätigungsvermerk oder dem Vermerk über dessen Versagung im sog. Satzungsblatt der
      Genossenschaft bekannt zu machen und die Bekanntmachung anschließend ebenfalls zum Genossen-
      schaftsregister einzureichen.
[2]   Dies betrifft die Mitglieder des Vorstands einer Genossenschaft, die als Inlandsemittent iSd § 2 Abs. 14
      WpHG Wertpapiere iSd § 2 Abs. 1 WpHG, aber nicht ausschließlich die von § 327a erfassten Schuldtitel,
      begibt.

iSd § 271a. Damit entfällt insoweit auch die Offenlegungspflicht; dies gilt auch dann, wenn sie einen Lagebericht freiwillig aufstellen (§ 339 Abs. 2 iVm § 326). Andererseits wäre es zulässig, wenn kleine Genossenschaften einen freiwillig aufgestellten Lagebericht im Unternehmensregister veröffentlichen lassen; allerdings muss in diesem Fall der Lagebericht den Anforderungen des § 289 in vollem Umfang genügen.

Die Erteilung eines **Bestätigungsvermerks** zum Jahresabschluss (§ 322) ist nach § 58 **9** Abs. 2 GenG nur für große Genossenschaften iSd § 267 Abs. 3 vorgesehen. Wird von kleinen oder mittelgroßen Genossenschaften iSd § 267 Abs. 1 und 2 die Erteilung eines Abschlussprüfertestats freiwillig oder aufgrund einer entsprechenden Satzungsbestimmung in Auftrag gegeben, bestehen keine Bedenken dagegen, wenn der daraufhin erteilte Bestätigungsvermerk zusammen mit dem Jahresabschluss im Unternehmensregister veröffentlicht wird, sofern Art und Umfang der Abschlussprüfung den Vorschriften der §§ 53 ff. GenG und § 316 Abs. 3, § 317 Abs. 1 S. 2 und 3, Abs. 2 entspricht.[3] Hat der Abschlussprüfer (in der Regel der Prüfungsverband) den Bestätigungsvermerk versagt, ist anstelle eines Bestätigungsvermerks der Vermerk über dessen Versagung zu veröffentlichen. Der Bestätigungs- oder Versagungsvermerk muss auf dem der das Unternehmensregister führenden Stelle übermittelten Exemplar des Jahresabschlusses vollständig wiedergegeben und vom Abschlussprüfer unterzeichnet sein.

3. Frist und Weg der Offenlegung. Nach Abs. 1 S. 1 hat die Übermittlung der **10** Abschlussunterlagen an die das Unternehmensregister führende Stelle **unverzüglich** nach der Feststellung des Jahresabschlusses durch die Generalversammlung (§ 48 GenG) zu erfolgen. Als absolute **Maximalfrist** ist ein Zeitraum von zwölf Monaten nach dem Abschlussstichtag vorgeschrieben. Entspricht das Geschäftsjahr – wie in den meisten Fällen – dem Kalenderjahr, ist der Abschluss für das abgelaufene Geschäftsjahr also spätestens bis zum Ende des Folgejahres zu übermitteln. Die mit dem EHUG 2006 für sog. **kapitalmarktorientierte Unternehmen** eingeführte kürzere Übermittlungsfrist von vier Monaten nach dem Abschlussstichtag gilt in Ermangelung eines entsprechenden Verweises auf § 325 Abs. 4 nicht für Genossenschaften (§ 339 Abs. 2); da Genossenschaften den Kapitalmarkt nicht mit Eigenkapitaltiteln in Anspruch nehmen können, sondern allenfalls mit Schuldtiteln, fielen sie ohnehin unter die Ausnahmeregelung des § 327a.[4] Die Maximalfrist ist auch dann einzuhalten, wenn der **Jahresabschluss noch nicht festgestellt** ist; in diesen Fällen ist zunächst – zur Wahrung der Frist – der aufgestellte Jahresabschluss zu übermitteln, der festgestellte Jahresabschluss ist dann unverzüglich nach der Feststellung nachzureichen. Ist im Zeitpunkt der Feststellung des Jahresabschlusses die **Abschlussprüfung noch nicht abgeschlossen,** was bei Genossenschaften in der Praxis durchaus vorkommen kann und nach dem Gesetz auch zulässig ist (→ Vor § 339 Rn. 54), hat die Genossenschaft gleichwohl den festgestellten ungeprüften Jahresabschluss unverzüglich der registerführenden Stelle zu übermitteln. Handelt es sich dabei um eine testatspflichtige Genossenschaft, ist der Bestätigungsvermerk des Abschlussprüfers oder der Vermerk über dessen Versagung unverzüglich nach Abschluss der Prüfung nachzureichen (Abs. 1 S. 3). Wird der **Jahresabschluss oder der Lagebericht nach der Einreichung geändert,** etwa aufgrund einer erst später abgeschlossenen Prüfung, ist auch die geänderte Fassung unverzüglich der registerführenden Stelle zu übermitteln (Abs. 1 S. 4). Dies bedeutet, dass nicht nur allein die Änderung, sondern der gesamte geänderte Jahresabschluss erneut zu übermitteln ist; dafür spricht auch die Überlegung, dass mit dem Änderungsbeschluss der Generalversammlung der ursprünglich festgestellte Jahresabschluss seine Wirksamkeit verliert und dadurch die Verpflichtung nach Abs. 1 S. 1 erneut auflebt. Handelt es sich dabei um eine testatspflichtige Genossenschaft, hat

---

[3]   Vgl. BeBiKo/Justenhoven/Schäfer Rn. 7.
[4]   Die Ausnahmeregelung des § 327a ist im Gesetzgebungsverfahren erst auf Bitten des Bundesrats unter ausdrücklicher Bezugnahme auf die Besonderheiten der Genossenschaften in das Gesetz aufgenommen worden, vgl. BR-Drs. 942/05 v. 10.2.2005.

der Abschlussprüfer seinen Bestätigungsvermerk zum Jahresabschluss aufgrund einer
Nachtragsprüfung gem. § 53 Abs. 2 GenG iVm § 316 Abs. 3 zu ergänzen, unter Umständen auch neu zu formulieren (→ § 316 Rn. 16 ff.). Die Übermittlungspflicht umfasst in
diesen Fällen auch den ergänzten, ggf. neu formulierten Bestätigungs- oder Versagungsvermerk.

11   Als **Übermittlungsweg** sieht das Gesetz die **elektronische Übermittlung** vor;
lediglich für eine Übergangszeit von drei Jahren (bis zum 31.12.2009) wurde durch
Rechtsverordnung (BGBl. 2006 I 3202) des Bundesministeriums der Justiz und für Verbraucherschutz nach Art. 61 Abs. 2 EGHGB aF noch eine Papier-Einreichung zugelassen. Für die elektronische Übermittlung bietet die registerführende Stelle einen komfortablen Übermittlungsweg über ein Upload-Verfahren via Internet an. Das für
Übermittlungen maßgebliche Dateiformat ist XML (§ 11 Abs. 2 Nr. 2 URV). Eine
Übermittlung in anderen bekannten Formaten (PDF, Office) ist zulässig; hierfür bietet
die registerführende Stelle gemäß § 15 Abs. 1 S. 2 URV den Offenlegungspflichtigen
eine Konvertierungsleistung in das XML-Format an. Die Übermittlung von Unterlagen
an das Unternehmensregister ist kostenpflichtig; die Gebühren und Entgelte werden auf
der Internetseite der registerführenden Stelle veröffentlicht.

III. Größenabhängige Erleichterungen

12   Nach Abs. 2 sind die größenabhängigen Erleichterungen für Kapitalgesellschaften
(§§ 326, 327) auf kleine und mittelgroße Genossenschaften entsprechend anzuwenden.
Danach gilt Folgendes:

13   **Kleine** Genossenschaften iSd § 267 Abs. 2 brauchen nur die **Bilanz** und die dazugehörenden Angaben im Anhang zur Veröffentlichung einzureichen, und zwar in der gem.
§ 266 Abs. 1 S. 3, § 274a, und § 288 Abs. 1 verkürzten Form, also zB ohne das Anlagegitter
(zu weiteren Einzelheiten → § 336 Rn. 40, → § 336 Rn. 43). Demnach hat die von
ihnen einzureichende Bilanz nur die in der folgenden Abbildung aufgeführten Aktiv- und
Passivposten des § 266 Abs. 2 und 3 auszuweisen. Die Einreichung der Gewinn- und
Verlustrechnung einschließlich aller zugehörigen Anhangangaben wird ihnen nicht abver-
langt.

Abb.: Verkürzte Bilanz einer kleinen Genossenschaft	
Aktivseite	**Passivseite**
A. Anlagevermögen	A. Eigenkapital
I. Immaterielle Vermögensgegenstände	I. Geschäftsguthaben der Genossen
II. Sachanlagen	II. Kapitalrücklage
III. Finanzanlagen	III. Ergebnisrücklagen
B. Umlaufvermögen	IV. Gewinnvortrag/Verlustvortrag
I. Vorräte	V. Jahresüberschuss/Jahresfehlbetrag
II. Forderungen und sonstige Vermögensgegen-stände	B. Rückstellungen
	C. Verbindlichkeiten
III. Wertpapiere	D. Rechnungsabgrenzungsposten
IV. Kassenbestand, Bundesbankguthaben, Gut-haben bei Kreditinstituten und Schecks	
C. Rechnungsabgrenzungsposten	
D. Aktiver Unterschiedsbetrag aus der Vermögens-verrechnung	
Hinweis: Leerposten können weggelassen werden (§ 265 Abs. 8).	

14   **Mittelgroße** Genossenschaften iSd § 267 Abs. 2 dürfen eine verkürzte **Bilanz** in der
den kleinen Kapitalgesellschaften nach § 266 Abs. 1 S. 3 gestatteten Form, ergänzt um
die in § 327 Nr. 1 genannten Zusatzangaben einreichen. Die Zusatzangaben können entweder in der Bilanz oder im Anhang des einzureichenden Jahresabschlusses gemacht werden; im Einzelnen handelt es sich um die folgenden Aktiv- und Passivposten des § 266
Abs. 2 und 3:

Abb.: Zusatzangaben einer mittelgroßen Genossenschaft	
Aktivseite	**Passivseite**
A.I.1. Selbst geschaffene gewerbliche Schutz-Rechte und ähnliche Rechte und Werte	C.1. Anleihen, davon konvertibel
A.I.2. Geschäfts- oder Firmenwert	C.2. Verbindlichkeiten gegenüber Kreditinstituten
A.II.1. Grundstücke, grundstücksgleiche Rechte und Bauten einschließlich der Bauten auf fremden Grundstücken	C.6. Verbindlichkeiten gegenüber verbundenen Unternehmen
	C.7. Verbindlichkeiten gegenüber Unternehmen, mit denen ein Beteiligungsverhältnis besteht
A.II.2. technische Anlagen und Maschinen	
A.II.3. andere Anlagen, Betriebs- und Geschäftsausstattung	
A.II.4. geleistete Anzahlungen und Anlagen im Bau	
A.III.1. Anteile an verbundenen Unternehmen	
A.III.2. Ausleihungen an verbundene Unternehmen	
A.III.3. Beteiligungen	
A.III.4. Ausleihungen an Unternehmen, mit denen ein Beteiligungsverhältnis besteht	
B.II.2. Forderungen gegen verbundene Unternehmen	
B.II.3. Forderungen gegen Unternehmen, mit denen ein Beteiligungsverhältnis besteht	
B.III.1. Anteile an verbundenen Unternehmen	
Hinweis: Leerposten können weggelassen werden (§ 265 Abs. 8).	

Hinsichtlich der **Gewinn- und Verlustrechnung** gibt es für mittelgroße Genossen- **15** schaften keine Erleichterungen bei der Offenlegung, dh sie ist in der aufgestellten Form zu veröffentlichen. Aus dem **Anhang** dürfen sie gem. § 327 Nr. 2 die folgenden Angaben nach § 285 bei der Offenlegung weglassen:

Nr. 2 Angabe der Verbindlichkeiten mit Restlaufzeiten von mehr als fünf Jahren sowie der Verbindlichkeiten, die durch Pfandrechte gesichert sind, unter Angabe von Art und Form der Sicherheiten, für jeden Posten des Gliederungsschemas (§ 266 Abs. 3);

Nr. 8a Angabe des Materialaufwands, gegliedert nach § 275 Abs. 2 Nr. 5, bei Anwendung des Umsatzkostenverfahrens;

Nr. 12 Erläuterung von Rückstellungen, die in der Bilanz unter B. 3. „Sonstige Rückstellungen" nicht gesondert ausgewiesen werden, wenn sie einen nicht unerheblichen Umfang haben.

Ein **freiwilliger Verzicht** auf einzelne oder alle Offenlegungserleichterungen ist zulässig.

Kleinstgenossenschaften haben gem. Abs. 2 iVm § 326 Abs. 2 – wie Kleinstkapitalge- **16** sellschaften – die Möglichkeit, ihre Offenlegungspflicht dadurch zu erfüllen, dass sie die Bilanz in elektronischer Form zur dauerhaften Hinterlegung an die registerführende Stelle übermitteln und einen Hinterlegungsauftrag erteilen. Von diesem Wahlrecht dürfen Kleinstgenossenschaften Gebrauch machen, wenn sie der registerführenden Stelle mitteilen, dass sie zwei der drei in § 267a Abs. 1 genannten Größenkriterien an den Abschlussstichtagen von zwei aufeinander folgenden Geschäftsjahren unterschritten haben. In diesen Fällen erfolgt die Einsichtnahme in die Bilanz einer Kleinstgenossenschaft nur auf Antrag beim Unternehmensregister durch Übermittlung einer Kopie (§ 9 Abs. 6 S. 3).

IV. Form und Inhalt der Unterlagen

17   In Bezug auf Form und Inhalt der Unterlagen bei der Offenlegung, Veröffentlichung und Vervielfältigung sind die Vorschriften für Kapitalgesellschaften nach § 328 auf Genossenschaften entsprechend anzuwenden (Abs. 2). Danach sind bei der **Pflichtveröffentlichung** der Jahresabschluss und die anderen Unterlagen vollständig und richtig wiederzugeben, soweit nicht Erleichterungen nach § 326 und § 327 in Anspruch genommen werden. Das Gebot der **Vollständigkeit** verbietet Kürzungen jeglicher Art, zB durch Zusammenfassung oder Umgliederung von Bilanzposten oder durch Weglassen einzelner Bilanzvermerke oder Anhangangaben. Auch der pflichtgemäß erstellte Lagebericht ist ungekürzt zur Veröffentlichung einzureichen. Das Gebot der **Richtigkeit** bedeutet, dass der Jahresabschluss inhaltlich so wiedergegeben wird, wie er aufgestellt und festgestellt wurde, auch soweit er Fehler enthält.[5] Das **Datum der Feststellung** des Jahresabschlusses ist anzugeben. Der **Bestätigungsvermerk** zum Jahresabschluss ist in seinem vollen Wortlaut einschließlich der Unterzeichnung durch den Abschlussprüfer wiederzugeben; bei Inanspruchnahme von Offenlegungserleichterungen ist aber darauf hinzuweisen, dass sich der Bestätigungsvermerk auf den vollständigen Jahresabschluss bezieht.[6] Wird der Jahresabschluss zur Wahrung der gesetzlich vorgeschriebenen Offenlegungsfristen vor Abschluss der Prüfung oder vor Feststellung durch die Generalversammlung offengelegt, ist hierauf bei der Offenlegung hinzuweisen. Das Gleiche gilt, wenn der Jahresabschluss nicht gleichzeitig mit beizufügenden Unterlagen, wie zB dem Lagebericht, oder mit dem Bestätigungsvermerk offengelegt wird. Bei der nachträglichen Offenlegung dieser Unterlagen ist jeweils anzugeben, auf welchen Jahresabschluss sie sich beziehen und wo dieser offengelegt ist.

18   Werden der Jahresabschluss und die anderen Unterlagen in **freiwilligen Veröffentlichungen** nicht vollständig wiedergegeben, so ist jeweils in einer Überschrift darauf hinzuweisen, dass es sich nicht um eine der gesetzlichen Form entsprechende Veröffentlichung handelt. Der Wortlaut des Bestätigungsvermerks zum Jahresabschluss darf in diesem Fall nicht beigefügt werden. Ist jedoch auf Grund gesetzlicher Vorschriften eine Prüfung durch einen Abschlussprüfer erfolgt, so ist anzugeben, zu welcher der in § 322 Abs. 2 Satz 1 genannten zusammenfassenden Beurteilungen des Prüfungsergebnisses der Abschlussprüfer in Bezug auf den in gesetzlicher Form erstellten Abschluss gelangt ist und ob der Bestätigungsvermerk einen Hinweis nach § 322 Abs. 3 S. 2 enthält (§ 328 Abs. 2 S. 3). Außerdem ist anzugeben, ob die Unterlagen der das Unternehmensregister führenden Stelle übermittelt worden sind. Ist die gesetzliche Offenlegung noch nicht erfolgt, so ist dies anzugeben. Diese Grundsätze gelten auch dann, wenn in der **Einladung zur Generalversammlung** ein verkürzter Jahresabschluss abgedruckt wird.

V. Prüfung durch die das Unternehmensregister führende Stelle

19   Die das Unternehmensregister führende Stelle prüft, ob die Abschlussunterlagen fristgerecht und vollzählig eingereicht worden sind (§ 329 Abs. 1); dabei darf sie die von den Landesjustizverwaltungen nach § 8b Abs. 3 S. 2 übermittelten Daten verwenden. Ergibt die Prüfung, dass die Abschlussunterlagen nicht oder unvollständig eingereicht wurden, wird die jeweils für die Durchführung von Ordnungsgeldverfahren nach den §§ 335, 340o und § 341o zuständige Verwaltungsbehörde – dies ist das Bundesamt für Justiz mit Sitz in Bonn – unterrichtet. Gibt die Prüfung Anlass zu der Annahme, dass die Genossenschaft größenabhängige Erleichterungen nach §§ 326, 327 nicht hätte in Anspruch nehmen dürfen, kann

---

[5]   Vgl. ADS § 328 Rn. 28; BeBiKo/Grottel § 328 Rn. 27 ff.
[6]   ADS § 328 Rn. 61 f.; BeBiKo/Grottel § 328 Rn. 40.

die registerführende Stelle von der Genossenschaft innerhalb einer angemessenen Frist Auskunft über die Umsatzerlöse (§ 277 Abs. 1) und die durchschnittliche Zahl der Arbeitnehmer (§ 267 Abs. 5) des Geschäftsjahrs verlangen. Kommt die Genossenschaft dem Auskunftsverlangen nicht fristgemäß nach, gelten die Erleichterungen als zu Unrecht in Anspruch genommen, was wiederum eine entsprechende Meldung an das Bundesamt für Justiz zur Folge hat. Weitergehende Prüfungs- und Unterrichtungspflichten hat die registerführende Stelle nicht, insbesondere hat sie nicht die materielle Rechtmäßigkeit der Abschlussunterlagen zu untersuchen (→ § 329 Rn. 8).

VI. Veröffentlichung eines IAS/IFRS-Einzelabschlusses

Den Genossenschaften ist es nach Abs. 2 iVm § 325 Abs. 2a – ebenso wie den Kapitalge- **20** sellschaften – gestattet, anstelle ihres Jahresabschlusses einen nur zu **Informationszwecken** dienenden Einzelabschluss nach den internationalen Rechnungslegungsstandards IAS/IFRS zum Gegenstand ihrer **Pflichtveröffentlichung** im Unternehmensregister zu machen. Dies kann zB für Genossenschaften von Interesse sein, die eine Emission von Schuldtiteln am Kapitalmarkt anstreben, oder auch für solche, die sich ausländischen Geschäftspartnern gegenüber mit einem international vergleichbaren Abschluss darstellen wollen.[7] Es darf jedoch nicht darüber hinweggesehen werden, dass für Zwecke der gesellschaftsrechtlichen Kapitalerhaltung und Ausschüttungsbemessung sowie der Besteuerung des Unternehmensertrags weiterhin stets ein Jahresabschluss nach den Vorschriften der §§ 336–338 verlangt wird. Der Jahresabschluss unterliegt auch weiterhin der Pflichtprüfung nach §§ 53 ff. GenG sowie der Pflicht zur Übermittlung an die das Unternehmensregister führende Stelle nach Abs. 1. Entfallen kann somit allenfalls die Bekanntmachung des Jahresabschlusses im Unternehmensregister nach Abs. 2 iVm § 325 Abs. 2. Die Aufstellung und Veröffentlichung eines IAS/IFRS-Einzelabschlusses verursacht daher einen nicht zu unterschätzenden organisatorischen und finanziellen Mehraufwand für die Genossenschaft.

Die **Befreiung** von der Bekanntmachung des HGB-Jahresabschlusses tritt nach § 325 **21** Abs. 2a und Abs. 2b aber nur ein, wenn die folgenden Voraussetzungen kumulativ erfüllt sind:
– Bei der Aufstellung des IAS/IFRS-Einzelabschlusses sind die in das EU-Recht übernommenen internationalen Rechnungslegungsstandards vollständig zu befolgen. Eine „gemischte" Rechnungslegung teils nach den IAS/IFRS, teils nach dem HGB ist unzulässig.[8]
– Einige Bilanzierungsvorschriften des HGB (§ 243 Abs. 2, § 244, § 245, § 257, § 264 Abs. 1a, 2 S. 3, § 285 Nr. 7, § 8b, §§ 9–11a, §§ 14–17, § 286 Abs. 1 und 3) bleiben neben den IAS/IFRS anzuwenden.
– Der Lagebericht nach § 289 muss in dem erforderlichen Umfang auf den IAS/IFRS-Einzelabschluss Bezug nehmen, dh er ist um entsprechende Erläuterungen zum IAS/IFRS-Abschluss zu ergänzen. Für den ebenfalls offenzulegenden Bericht des Aufsichtsrates ergibt sich dies aus § 48 Abs. 4 S. 4 GenG (Billigung durch den Aufsichtsrat).
– Der IAS/IFRS-Einzelabschluss muss vom Abschlussprüfer des Jahresabschlusses geprüft, der Bestätigungsvermerk dazu anstelle des Bestätigungsvermerks zum Jahresabschluss in die Veröffentlichung einbezogen sein.
– Der Vorschlag und ggf. der Beschluss über die Verwendung des handelsrechtlichen Ergebnisses unter Angabe des Jahresüberschusses oder -fehlbetrags muss in die Veröffentlichung einbezogen sein.
– Der handelsrechtliche Jahresabschluss mit dem Bestätigungsvermerk oder dem Vermerk über dessen Versagung sowie der Lagebericht und der Bericht des Aufsichtsrats müssen der das Unternehmensregister führenden Stelle übermittelt worden sein.

Ob von dem Wahlrecht zur Veröffentlichung eines IAS/IFRS-Einzelabschlusses **22** Gebrauch gemacht wird, **entscheidet die Generalversammlung** der Genossenschaft. Der

7   Begr. RegE zu § 325 Abs. 2a, BT-Drs. 15/3419 v. 24.6.2004.
8   Begr. RegE zu § 325 Abs. 2a, BT-Drs. 15/3419 v. 24.6.2004.

Beschluss kann für ein Jahr im Voraus gefasst werden. Die Satzung kann die Entscheidung **auf den Aufsichtsrat übertragen** (§ 48 Abs. 3 S. 1–3 GenG). Wird von dem Wahlrecht Gebrauch gemacht, obliegt dem Vorstand der Genossenschaft die Aufstellung eines ordnungsgemäßen IAS/IFRS-Abschlusses nach den oben genannten Regeln.

23   Von der Entscheidung über das Wahlrecht ist die Billigung eines konkreten, vom Vorstand aufgestellten IAS/IFRS-Einzelabschlusses zu trennen. Für eine solche **Billigung** ist von vornherein der **Aufsichtsrat,** nicht die Generalversammlung zuständig (§ 48 Abs. 4 S. 4 GenG). Zweck dieser Vorschrift ist es, eine möglichst zügige Offenlegung des IAS/IFRS-Abschlusses zu ermöglichen. Ohne Billigung durch den Aufsichtsrat darf der IAS/IFRS-Abschluss nicht veröffentlicht werden.

VII. Sanktionen

24   Mit dem EHUG 2006 sind die bisherigen Vorschriften in § 160 GenG zur Erzwingung der Offenlegung mittels Zwangsgeld weggefallen. Stattdessen gelten auch für Genossenschaften grundsätzlich die Vorschriften des § 335, wonach im Falle einer Nichtbefolgung der Offenlegungsvorschriften das **Bundesamt für Justiz** ein **Ordnungsgeldverfahren** durchzuführen hat. Das Ordnungsgeldverfahren kann nicht nur gegen die Organmitglieder, die die Offenlegungspflicht verletzt haben, sondern auch gegen die offenlegungspflichtige Genossenschaft selbst durchgeführt werden. Der Einleitung eines Ordnungsgeldverfahrens wegen versäumter Offenlegung steht es nicht entgegen, dass eine der Offenlegung vorausgehende Pflicht, insbesondere die Aufstellung des Jahres- oder Konzernabschlusses oder die unverzügliche Erteilung des Prüfungsauftrags, noch nicht erfüllt ist.

25   Das Gesetz (§ 335 Abs. 3) sieht vor, dass bei einem Verstoß gegen die Offenlegungspflicht zunächst die Festsetzung eines Ordnungsgeldes angedroht werden muss, wobei den Beteiligten zugleich die Kosten des Verfahrens aufzuerlegen sind. In diesem Stadium besteht noch die Möglichkeit, die Offenlegung ohne Ordnungsgeldfestsetzung nachzuholen. Geschieht dies nicht innerhalb von sechs Wochen nach der Androhung des Ordnungsgeldes und wird die Unterlassung auch nicht mittels Einspruchs gerechtfertigt, hat das Bundesamt ein Ordnungsgeld (zwischen 2.500 EUR und 25.000 EUR) festzusetzen. Damit ist das Verfahren aber noch nicht abgeschlossen; es wiederholt sich mit jeweils erneuter Ordnungsgeldandrohung und erneuter Ordnungsgeldfestsetzung solange, bis die Offenlegungspflicht erfüllt ist oder die Unterlassung gerechtfertigt wird. Angesichts dieser Ausgestaltung ist davon auszugehen, dass Verstöße gegen die Offenlegungs- und Bekanntmachungspflicht grundsätzlich geahndet werden.[9]

26   Der durch das Gesetz zum Bürokratieabbau und zur Förderung der Transparenz bei Genossenschaften vom 17.7.2017 neu eingefügte Abs. 3 schränkt den Kreis der Personen ein, die ein Ordnungsgeldverfahren beim Bundesamt für Justiz einleiten können. Antragsberechtigt sind ausschließlich
– der Prüfungsverband, dem die Genossenschaft als Mitglied angehört, sowie
– Mitglieder, Gläubiger und Arbeitnehmer der Genossenschaft.

27   Zu den Sanktionen bei Aufstellung und Feststellung des Jahresabschlusses → § 336 Rn. 55 ff. und → Vor § 339 Rn. 63 ff.

28   Für den **Konzernabschluss** einer Genossenschaft gelten die Ordnungsgeldvorschriften des § 21 PublG, die wiederum auf § 335 verweisen.

29   Die Offenlegung von Jahres- und Konzernabschluss einer **Kreditgenossenschaft** kann ebenso nach den Regeln des § 335 erzwungen werden (§ 340o).

---

[9]   Bundesanzeiger Verlag GmbH, WPK-Magazin 1/2007, 17.

Vierter Abschnitt. Ergänzende Vorschriften für Unternehmen bestimmter Geschäftszweige[1]

Erster Unterabschnitt. Ergänzende Vorschriften für Kreditinstitute, Finanzdienstleistungsinstitute, Wertpapierinstitute, Zahlungsinstitute und E-Geld-Institute[1*]

Vorbemerkung (Vor § 340)

Schrifttum: Ammon/Mandt, HGB-Bilanzierung für Finanzinstrumente verzerrt Bankabschlüsse, ZfgK 1998, 170; Bader, Die neue Bankbilanzrichtlinie der EG, in Sonnemann, Bankbilanzierung und Bankprüfung, 1988, S. 15; Baetge/Krumnow/Noelle, Das „Deutsche Rechnungslegungs Standards Committee" (DRSC), DB 2001, 769; Ballwieser, Zur Frage der Rechtsform-, Konzern- und Branchenunabhängigkeit der Grundsätze ordnungsmäßiger Buchführung, FS Budde, 1995, 43; Bieg, Erfordert die Vertrauensempfindlichkeit des Kreditgewerbes bankenspezifische Bilanzierungsvorschriften?, WPg 1986, 257 (Teil I), 299 (Teil II); Bieg, Auswirkungen der Bankbilanzrichtlinie der Europäischen Gemeinschaften auf die Einzelabschlüsse von Kreditinstituten – Grundlagen und Bilanzaufbau, ZfbF 1988, 3; Bieg, Das neue Bankbilanzrecht im Überblick, ZfR 1994, 77; Bieg, Die externe Rechnungslegung der Kreditinstitute und Finanzdienstleistungsinstitute, 1999; Bieg/Waschbusch, Bankbilanzierung nach HGB und IFRS, 3. Aufl. 2017; Birck/Meyer, Die Bankbilanz, Handkommentar zum Jahresabschluß der Kreditinstitute, 3. Aufl. 1989, Teillieferung 5; Böcking, Zum Verhältnis von neuem Lagebericht, Anhang und IFRS, BB-Beil. 3/2005, 5; Böcking/Bierschwale, Wirtschaftliche Stabilität durch verbesserte Transparenz – Zur Notwendigkeit bankspezifischer Aufsichts- und Rechnungslegungsvorschriften vor dem Hintergrund der aktuellen Entwicklungen auf den Kapitalmärkten, BB 1999, 2235; Bonn, Bankenkrisen und Bankenregulierung, 1998; Büschgen, Rahmenbedingungen eines funktionsfähigen Kapitalmarktes in der Bundesrepublik Deutschland, NB 1971, 1; Burghof/Rudolph, Bankenaufsicht, 1996; Deutsche Bundesbank, Die Sechste Novelle des Kreditwesengesetzes, Monatsbericht der Deutschen Bundesbank Januar 1998, 61; Ernst/Seidler, Gesetz zur Modernisierung des Bilanzrechts nach Verabschiedung durch den Bundestag, BB 2009, 766; Fitzner, Derivatepublizität von Kreditinstituten im Kontext wirtschaftlicher Stabilität, 1997; Flesch, HGB oder IAS/US-GAAP? Anmerkungen zur Interessenlage im genossenschaftlichen Bankensektor, ZfgK 1998, 156; Goldschmidt/Meyding-Metzger/Weigel, Änderungen in der Rechnungslegung von Kreditinstituten nach dem Bilanzrechtsmodernisierungsgesetz (Teil II), IRZ 2010, 63; Hansen, Grundregeln für eine wirksame Bankenaufsicht, AG 1997, R 455; Heitmüller, IAS, HGB oder US-GAAP: Welche Rechnungslegungsvorschrift ist für deutsche Kreditinstitute am sinnvollsten?, ZfgK 1998, 151; Helke/Wiechens/Klaus, Zur Umsetzung der HGB-Modernisierung durch das BilMoG: Die Bilanzierung von Finanzinstrumenten, DB-Beil. 5/2009, 30; Himmelreich, Auswirkungen des Bilanzrichtlinien-Gesetzes auf die Rechnungslegung der Kreditinstitute, WPg 1988, 365 (Teil I), 389 (Teil II); IDW, WPH Edition, Kreditinstitute, Finanzdienstleister und Investmentvermögen, 2020; Köllhofer, Der Einfluß des Bankbilanzrichtlinie-Gesetzes auf die bilanzpolitischen Spielräume der Banken, FS Moxter, 1994, 747; Krumnow, IAS-Rechnungslegung für Banken, Die Bank 1996, 396; Krumnow, „Es darf auf Dauer keinen Bestandsschutz für einzelne Banken geben", ZfgK 1997, 1160; Laupenmühlen/Münz, Publizitätsqualität börsennotierter Banken, Die Bank 1997, 738; Leonardi, HGB oder IAS/US-GAAP? Sinnvolle Rechnungslegung aus wirtschaftswissenschaftlicher Sicht, ZfgK 1998, 167; Meister, Bankenaufsicht und Wettbewerb, Deutsche Bundesbank Auszüge aus Presseartikeln Nr. 38 1998, 4; Mülhaupt, Von der Bankenkrise 1931 zur Bankenaufsicht 1981, ZfbF 1982, 435; Plock, Stille-Reserven-Politik von Großbanken unter Berücksichtigung unterschiedlicher Zielproblematiken, 1996; Prahl, Die neuen Vorschriften des Handelsgesetzbuches für Kreditinstitute, WPg 1991, 401 (Teil I), 438 (Teil II); Rohardt, Publizität von „zusätzlichen Angaben" im Jahresabschluß von Kreditinstituten vor dem Hintergrund einer Internationalisierung der Rechnungslegung, WPg 1996, 213; Schwark, Probleme der Unternehmenspublizität im Lichte der 4. und 7. gesellschaftsrechtlichen EG-Richtlinie, AG 1978, 269; Schwartze, Deutsche Bankenrechnungslegung nach europäischem Recht: Der Einfluß von Zielsetzung und Inhalt der EG-Bankbilanzrichtlinie auf die deutschen Publizitätsvorschriften für Kreditinstitute nach HGB und KWG, 1990; Schwartze, Die Neuregelung der deutschen Bankenrechnungslegung nach den Vorgaben der Europäischen Gemeinschaft, AG 1993, 12; Siegel/Bareis/Rückle/Schneider/Sigloch/Streim/Wagner, Stille Reserven und aktienrechtliche Informationspflichten, ZIP 1999, 2077; Süchting, Scheinargumente in der Diskussion um stille Reserven bei Kreditinstituten, DBW 1981, 207; Wendlandt/Knorr, Das Bilanzrechtsreformgesetz, KoR 2005, 53.

---

[1] Vierter Abschn. (§§ 340–340o) eingef. durch G v. 30.11.1990 (BGBl. 1990 I 2570); Überschr. neu gef. durch G v. 24.6.1994 (BGBl. 1994 I 1377).

[1*] Überschr. für Ersten Unterabschn. eingef. durch G v. 24.6.1994 (BGBl. 1994 I 1377); neu gef. durch G v. 12.5.2021 (BGBl. 2021 I 990).

Übersicht

I. Anknüpfungspunkte der Bankbilanz-RL

1   Das **Bankbilanzrichtlinie-Gesetz** (BGBl. 1990 I 2570) ist am 1.1.1991 und die RechKredV (BGBl. 1992 I 203)[1] am 15.2.1992 in Kraft getreten. Die Vorschriften für den Jahresabschluss und den Lagebericht, über die Prüfung und die Pflicht zur Offenlegung dieser und der zugehörigen Unterlagen waren erstmals anzuwenden für Geschäftsjahre, die nach dem 31.12.1992 begannen.

2   Die Vorschriften des Bankbilanzrichtlinie-Gesetzes und der RechKredV dienen der Implementierung der am 8.12.1986 verabschiedeten **Bankbilanz-RL**[2] und der am 13.2.1989 verabschiedeten **EG-Bankzweigniederlassungs-RL**[3] in deutsches Recht.[4] Diese Richtlinien sind eingebunden in ein Richtlinienwerk der EU zur Harmonisierung der Rechnungslegung.[5] Bis zu ihrer Verabschiedung waren bereits die 4. EG-Richtlinie (Bilanz-RL 1978)[6] zur Harmonisierung der Einzelabschlüsse, die 7. EG-Richtlinie (Konzernabschluss-RL 1983)[7] zur Harmonisierung der konsolidierten Abschlüsse und die 8. EG-Richtlinie (RL 84/253/EWG)[8] erlassen und im Rahmen des Bilanzrichtliniengesetzes (BGBl. 1985 I 2355) in deutsches Recht transformiert worden. Die 8. EG-Richtlinie wurde mit Inkrafttreten der Abschlussprüfer-RL[9] und die 4. EG-Richtlinie sowie die 7. EG-Richtlinie wurden mit Inkrafttreten der neuen Bilanz-RL[10] aufgehoben.

---

[1]   Bekanntmachung der Neufassung v. 11.12.1998, BGBl. 1998 I 3658.

[2]   Richtlinie 86/635/EWG des Rates v. 8.12.1986 über den Jahresabschluß und den konsolidierten Abschluß von Banken und anderen Finanzinstituten, ABl. EG 1986 L 372, 1.

[3]   Richtlinie 89/117/EWG des Rates v. 13.2.1989 über die Pflichten der in einem Mitgliedstaat eingerichteten Zweigniederlassungen von Kreditinstituten und Finanzinstituten mit Sitz außerhalb dieses Mitgliedstaats zur Offenlegung von Jahresabschlußunterlagen, ABl. EG 1989 L 44, 40.

[4]   Vgl. Schwartze, Deutsche Bankenrechnungslegung nach europäischem Recht, 1990, S. 130. Zur Entwicklung der Bankbilanz-RL im Detail vgl. Bader in Sonnemann, Bankbilanzierung und Bankprüfung, 1988, S. 23 ff.

[5]   Vgl. Bader in Sonnemann, Bankbilanzierung und Bankprüfung, 1988, S. 19.

[6]   Vierte Richtlinie 78/660/EWG des Rates v. 25.7.1978 aufgrund von Art. 54 Abs. 3 Buchst. g des Vertrages über den Jahresabschluß von Gesellschaften bestimmter Rechtsformen, ABl. EG 1978 L 222, 11.

[7]   Siebente Richtlinie 83/349/EWG des Rates v. 13.6.1983 aufgrund von Art. 54 Abs. 3 Buchst. g des Vertrages über den konsolidierten Abschluß, ABl. EG 1983 L 193, 1.

[8]   Achte Richtlinie 84/253/EWG des Rates v. 10.4.1984 aufgrund von Art. 54 Abs. 3 Buchst. g des Vertrages über die Zulassung der mit der Pflichtprüfung der Rechnungslegungsunterlagen beauftragten Personen, ABl. EG 1984 L 126, 20.

[9]   Richtlinie 2006/43/EG des Europäischen Parlaments und des Rates v. 17.5.2006 über Abschlussprüfungen von Jahresabschlüssen und konsolidierten Abschlüssen, zur Änderung der Richtlinien 78/660/EWG und 83/349/EWG des Rates und zur Aufhebung der Richtlinie 84/253/EWG des Rates, ABl. EG 2006 L 157, 87.

[10]   Richtlinie 2013/34/EU des Europäischen Parlaments und des Rates v. 26.6.2013 über den Jahresabschluss, den konsolidierten Abschluss und damit verbundene Berichte von Unternehmen bestimmter Rechtsformen und zur Änderung der Richtlinie 2006/43/EG des Europäischen Parlaments und des Rates und zur Aufhebung der Richtlinien 78/660/EWG und 83/349/EWG des Rates, ABl. EG 2013 L 182, 19.

II. Zielsetzung der Bankbilanz-RL

1. Aufgaben der Bankbilanz-RL. Mit der Richtlinie sollte die Vereinheitlichung 3
der Rechnungslegungsvorschriften für Kreditinstitute vollzogen werden, die sowohl aus der
Sicht der EU zur Vollendung des gemeinsamen Binnenmarkts als auch aus der Sicht der
einzelnen Kreditinstitute aufgrund der fortschreitenden Internationalisierung des modernen
Bankgeschäfts notwendig ist. Dieses Ziel macht nicht nur gleiche Wettbewerbsbedingungen,
sondern auch gleichwertige Mindestanforderungen an die zu veröffentlichenden Daten
erforderlich, sodass die Bankbilanz-RL **zwei Aufgaben** zu erfüllen hat.[11]

Einerseits hat die Bankbilanz-RL die europaweite Durchführung materieller Zielset- 4
zungen des Bankbilanzrechts, die sich in den Grundfunktionen der Bankenrechnungslegung
widerspiegeln, voranzutreiben.[12] Da es sich bei letzteren um Publizitätsvorschriften handelt,
die in Marktprozesse ua zur Beseitigung bestehender Informationsasymmetrien direkt eingreifen, kann diese Zielsetzung als **Regulierungsfunktion** bezeichnet werden. Den Jahresabschlussadressaten von Kreditinstituten sollen vergleichbare Einzel- und Konzernabschlüsse
innerhalb der EU-Mitgliedstaaten zur Verfügung gestellt werden.[13] Die Zielsetzung der
Vergleichbarkeit ist auch der Präambel der Bankbilanz-RL zu entnehmen und stellt ein
zentrales Element der Informationsfunktion der Bilanzierung dar.[14]

Die zweite Aufgabe der Bankbilanz-RL besteht im Funktionenschutz für das Kreditsys- 5
tem.[15] Da das Kernziel, die Funktionsbedingungen des Kapitalmarkts zu erhalten und zu
verbessern,[16] durch Anpassung nationaler Regelungen angestrebt wird, und nicht durch deren
Beseitigung, wird die Zielsetzung als **Harmonisierungsfunktion** bezeichnet.[17] Es findet
somit keine vollständige **Harmonisierung der Rechnungslegungsvorschriften für Banken** statt, sondern eine Koordinierung wichtiger Bereiche. Strittige Punkte wurden dadurch
gelöst, dass Mitgliedstaatenwahlrechte eingeräumt wurden, um das Gesamtvorhaben voranzu-
bringen.[18] Nicht unbeträchtliche Meinungsunterschiede zeigen sich in Bezug auf die Zulassung bankspezifischer stiller Reserven, die in Deutschland seit langem zulässig sind.[19]

2. Anwendungsbereich der Bankbilanz-RL. Im Gegensatz zur Bilanz-RL 6
(→ Rn. 2) gilt die Bankbilanz-RL **rechtsformunabhängig** für sämtliche Kreditinstitute.
Die Verpflichtung zur einheitlichen Rechnungslegung für alle Kreditinstitute entspricht
daher nicht den Besonderheiten bestimmter Gesellschaftsformen, wie zB der Haftungsbegrenzung bei Kapitalgesellschaften, sondern kann nur durch die Besonderheit der Bankentä-
tigkeit gerechtfertigt werden.[20] Diese beruht auf der Funktion der Kreditinstitute als Kapital-
sammelstellen, die in hohem Maße Fremdkapital von einem breiten, risikoaversen Publikum
annehmen. Da die Kapitalgeber gewöhnlich nicht bereit sind, die Risiken der Kreditinstitute[21] auch nur zu einem kleinen Teil mitzutragen, besteht bei schwankenden Periodengewin-
nen die Gefahr eines Runs der Einleger auf die Bankschalter.[22] Zusätzlich wird das Risiko
gesehen, dass dieser Run, ausgelöst durch den sich gegenseitig verstärkenden Vertrauens-
schwund der Anleger, auf das gesamte Bankgewerbe übergreift und zu einem enormen

---

[11] Vgl. Bieg ZfbF 1988, 6.
[12] Vgl. Schwartze, Deutsche Bankenrechnungslegung nach europäischem Recht, 1990, S. 115.
[13] Vgl. Bader in Sonnemann, Bankbilanzierung und Bankprüfung, 1988, S. 20; Bieg ZfbF 1988, 6.
[14] Zum Sinn und Zweck der Unternehmenspublizität vgl. Schwark AG 1978, 270 f.
[15] Der Funktionenschutz wird auch von den Bankaufsichtsrichtlinien verfolgt. Vgl. Schwartze, Deutsche
  Bankenrechnungslegung nach europäischem Recht, 1990, S. 136 f.
[16] Zu den Rahmenbedingungen eines funktionsfähigen Kapitalmarkts, insbesondere auf nationaler Ebene
  vgl. Büschgen NB 1971, 1 ff.
[17] Vgl. Schwartze, Deutsche Bankenrechnungslegung nach europäischem Recht, 1990, S. 115.
[18] Dies stellt aber kein Hindernis für die Schaffung eines gemeinsamen Binnenmarkts dar, vgl. Bader in
  Sonnemann, Bankbilanzierung und Bankprüfung, 1988, S. 18.
[19] Vgl. Krumnow et al. Kap. I Rn. 23.
[20] Vgl. Bader in Sonnemann, Bankbilanzierung und Bankprüfung, 1988, S. 30; Bieg ZfR 1994, 77, spricht
  von einer „volkswirtschaftlichen Sonderstellung" der Banken. Vgl. auch Schwartze, Deutsche Bankenrechnungslegung nach europäischem Recht, 1990, S. 153 f.
[21] Zur besonderen Risikosituation des Bankgeschäfts s. Krumnow et al. § 340e Rn. 84.
[22] Vgl. Laupenmühlen/Münz Die Bank 1997, 738.

ökonomischen Schaden für das gesamte Wirtschafts- und Finanzsystem führt.[23] Hier zeigt sich die **Vertrauensempfindlichkeit des Kreditgewerbes.**[24]

7   **3. Zur Notwendigkeit gläubigerschützender Sonderregelungen im Kreditgewerbe.** Es stellt sich die Frage, ob der Vertrauensempfindlichkeit Rechnung zu tragen ist, indem im Jahresabschluss Instrumente zum Einsatz kommen, wie zB die Bildung und Auflösung stiller Zweckreserven, die eine **Verstetigung des Gewinnausweises**[25] verfolgen und eine von außen unsichtbare Manipulation des Jahresergebnisses ermöglichen.[26] Es ist unumstritten, dass Zusammenhänge zwischen der Darstellung der wirtschaftlichen Lage eines Kreditinstituts und den Reaktionen der Kapitalgeber existieren, aber nur insoweit, als keine gläubigerschützenden Sonderregelungen für das Kreditgewerbe bestehen. Die Reaktion der Anleger ist somit in Abhängigkeit von den Bedingungen zu sehen, die den Kreditinstituten vom Gesetzgeber zum Betreiben von Bankgeschäften auferlegt wurden.[27]

8   Als eine gläubigerschützende Sonderregelung wurden die europäischen Vorgaben der RL 94/19/EG über Einlagensicherungssysteme und der RL 97/9/EG über Anlegerschutz in einem gemeinsamen Einlagensicherungs- und Anlegerentschädigungsgesetz geregelt. Die RL 94/19/EG[28] hat den Bereich der Einlagensicherung erheblich reformiert und harmonisiert. Durch die festgelegten gemeinsamen Anforderungen soll ein einheitliches Schutzniveau für Einleger in der gesamten Europäischen Union geschaffen und gleichzeitig sichergestellt werden, dass die Einlagensicherungssysteme dasselbe Maß an Stabilität aufweisen.[29] Das Einlagensicherungs- und Anlegerentschädigungsgesetz wurde auf die Belange der Anlegerentschädigung beschränkt und in Anlegerentschädigungsgesetz umbenannt.[30] Die Vorgaben der Einlagensicherungsrichtlinie wurden demgegenüber in einem separaten **Einlagensicherungsgesetz (EinSiG)** vom 28.5.2015 (BGBl. 2015 I 786) umgesetzt.[31] Die staatlichen Regulierungen, die in wettbewerblichen Marktordnungen einer expliziten ökonomischen Rechtfertigung bedürfen, lassen sich im Bankensektor begründen, indem die mit der Finanztätigkeit verbundenen, oben genannten Risiken „kaum in befriedigender Weise bewältigt werden"[32] können. Zudem ist eine Rechnungslegung, die durch die Möglichkeit zur Bildung und Auflösung stiller Reserven eine Beruhigungsfunktion wahrnimmt, nicht mit einer **gestiegenen Bankerfahrung der Anleger** in Einklang zu bringen.[33]

9   Hinsichtlich der Vertrauensbildung bei den Jahresabschlussadressaten sollte eine bestmögliche **Transparenz der Jahresabschlüsse** geschaffen werden.[34] In Bezug auf die Reservenbildung bedeutet dies, dass zwar bankspezifische Reserven für notwendig erachtet

---

[23]   Vgl. zur Bankrun-Mechanik und zum Domino-Effekt Burghof/Rudolph, Bankenaufsicht, 1996, S. 20 ff.; krit. zum Banken-Run Rohardt WPg 1996, 213 f.; Süchting DBW 1981, 216 ff.

[24]   Vgl. Burghof/Rudolph, Bankenaufsicht, 1996, S. 19 f.; Meister, Bankenaufsicht und Wettbewerb, Deutsche Bundesbank Auszüge aus Presseartikeln Nr. 38 1998, 4 f.; Krumnow et al. § 340e Rn. 85.

[25]   Zum Kontinuitätsziel vgl. Köllhofer FS Moxter, 1994, 754 f. sowie Plock, Stille-Reserven-Politik von Großbanken unter Berücksichtigung unterschiedlicher Zielproblematiken, 1996, S. 35 f.

[26]   Zur Notwendigkeit bankspezifischer Aufsichts- und Rechnungslegungsvorschriften vgl. insbes. Böcking/Bierschwale BB 1999, 2235 ff.

[27]   Vgl. Bieg WPg 1986, 301; Süchting DBW 1981, 216.

[28]   Richtlinie 2014/49/EU des Europäischen Parlaments und des Rates v. 16.4.2014 über Einlagensicherungssysteme (Neufassung), ABl. EG 2014 L 173, 149.

[29]   Vgl. BR-Drs. 6377/14, 2.

[30]   Vgl. DGSD-Umsetzungsgesetz v. 28.5.2015, BGBl. 2015 I 803.

[31]   Vgl. DGSD-Umsetzungsgesetz v. 28.5.2015, BGBl. 2015 I 786.

[32]   Meister, Bankenaufsicht und Wettbewerb, Deutsche Bundesbank Auszüge aus Presseartikeln Nr. 38 1998, 5.

[33]   Vgl. Ammon/Mandt ZfgK 1998, 171.

[34]   Vgl. Krumnow Die Bank 1996, 396 f.; Krumnow ZfgK 1997, 1165; Leonardi ZfgK 1998, 169; Rohardt WPg 1996, 217; Siegel/Bareis/Rückle/Schneider/Sigloch/Streim/Wagner ZIP 1999, 2078; Bonn, Bankenkrisen und Bankenregulierung, 1998, S. 370. Nur eine transparente Rechnungslegung kann der Vertrauensempfindlichkeit gerecht werden. Vgl. Fitzner, Derivatepublizität von Kreditinstituten im Kontext wirtschaftlicher Stabilität, 1997, S. 40 f., 49. Eine adäquate Publizität ist auch Voraussetzung für eine anzustrebende Disziplinierung der Banken über den Markt, vgl. dazu Böcking/Bierschwale BB 1999, 2240.

werden, diese aber offenzulegen sind.[35] Nur so sind im Bankenbereich die grundlegenden Zielsetzungen der Rechnungslegung, die Informationsvermittlung und Haftungserhaltung für Dritte sowie die Ausschüttungsbemessung, zu verwirklichen.

In Deutschland wird die zunehmende **Bedeutung einer transparenten Rechnungsle- 10 gung** insbesondere durch die Regelungen des KonTraG, des KapAEG, des TransPuG, des Bil-ReG, des BilMoG und des BilRUG deutlich. Nach dem KonTraG haben Kreditinstitute zusätzliche Anhangangaben hinsichtlich ihrer Aufsichtsratsmandate und ihrer Beteiligungen an großen Kapitalgesellschaften zu machen (§ 340a Abs. 4). Mit dem BilReG passte der Gesetzgeber die HGB-Vorschriften zur Rechnungslegung an die IAS-VO,[36] die RL 2003/51/EG[37] (sog. Modernisierungs-RL), die RL 2003/38/EG[38] (sog. Fair-Value-RL) und die RL 2003/38/EG[39] (sog. Schwellen-RL) an. Gemäß der IAS-VO sind kapitalmarktorientierte Mutterunternehmen verpflichtet, ihren Konzernabschluss für Geschäftsjahre ab dem 1.1.2005 nach IFRS aufzustellen (§ 315e Abs. 1 und 2). Des Weiteren wurden die Mitgliedstaatenwahlrechte zur Einführung der IFRS ab 1.1.2005 umgesetzt. Somit können Kapitalgesellschaften gem. § 325 Abs. 2a, Abs. 2b einen Einzelabschluss nach IFRS anstatt eines Jahresabschlusses nach HGB[40] im Bundesanzeiger bekannt machen und die nicht kapitalmarktorientierten deutschen Mutterunternehmen können gem. § 315e Abs. 3 und § 11 Abs. 6 S. 1 Nr. 2 PublG ihren Konzernabschluss nach IFRS aufstellen.[41] Nach dem BilReG besteht der Konzernabschluss aus der Konzernbilanz, der Konzern-Gewinn- und Verlustrechnung, dem Konzernanhang, der Kapitalflussrechnung und dem Eigenkapitalspiegel. Weiterhin kann er um eine Segmentberichterstattung erweitert werden (§ 297 Abs. 1); für kapitalmarktorientierte Unternehmen, die ihren Konzernabschluss nach IFRS aufstellen, ergibt sich die Pflicht zur Segmentberichterstattung aus IFRS 8. Auf Basis des KonTraG wurde zusätzlich durch die Gründung des Deutschen Rechnungslegungs Standards Committee (DRSC) die Möglichkeit geschaffen, stärker auf die Entwicklung internationaler Rechnungslegungsvorschriften Einfluss zu nehmen. Das DRSC hat seine Aufgaben durch ein unabhängiges und mit Sachverständigen besetztes Gremium wahrzunehmen.[42] Das unabhängige Standardisierungsgremium unter dem Dach des DRSC ist der Deutsche Standardisierungsrat (DSR). Die Aufgaben des DRSC erstrecken sich auf die Entwicklung von Empfehlungen zur Anwendung der Grundsätze über die Konzernrechnungslegung (§ 342q Abs. 1 Nr. 1), die Beratung des BMJ bei Gesetzgebungsvorhaben zu Rechnungslegungsvorschriften (§ 342q Abs. 1 Nr. 2), die Vertretung der Bundesrepublik Deutschland in internationalen Standardisierungsgremien (§ 342q Abs. 1 Nr. 3) und die Erarbeitung von Interpretationen der internationalen Rechnungslegungsstandards iSd § 315e Abs. 1 (§ 342q Abs. 1 Nr. 4). Mit den derzeit vorliegenden Deutschen Rechnungslegungsstandards (DRS) sind wesentliche Regelungslücken des HGB geschlossen worden. Die DRS enthalten zudem institutsspezifische Regelungen zur Risikoberichterstattung (DRS 20 Anlage 1) und zur Kapital-

---

[35] Vgl. Bieg WPg 1986, 305; aA Heitmüller ZfgK 1998, 152. Die offene Reservenbildung wird von Kreditinstituten insbesondere aufgrund der Zurechnung dieser Reserven zum bankaufsichtsrechtlichen Kernkapital genutzt. Vgl. Flesch ZfgK 1998, 157.

[36] Verordnung (EG) Nr. 1606/2002 des Europäischen Parlaments und des Rates vom 19.7.2002 betreffend die Anwendung internationaler Rechnungslegungsstandards, ABl. EG 2002 L 243, 1.

[37] Richtlinie 2003/51/EG des Europäischen Parlaments und des Rates v. 18.6.2003 zur Änderung der Richtlinien 78/660/EWG, 83/349/EWG, 86/635/EWG und 91/674/EWG über den Jahresabschluss und den konsolidierten Abschluss von Gesellschaften bestimmter Rechtsformen, von Banken und anderen Finanzinstituten sowie von Versicherungsunternehmen, ABl. EG 2003 L 178, 16.

[38] Richtlinie 2001/65/EG des Europäischen Parlaments und des Rates v. 27.9.2001 zur Änderung der Richtlinien 78/660/EWG, 83/349/EWG und 86/635/EWG des Rates im Hinblick auf die im Jahresabschluss bzw. im konsolidierten Abschluss von Gesellschaften bestimmter Rechtsformen und von Banken und anderen Finanzinstituten zulässigen Wertansätze, ABl. EG 2001 L 283, 28.

[39] Richtlinie 2003/38/EG des Rates v. 13.5.2003 zur Änderung der Richtlinie 78/660/EWG über den Jahresabschluss von Gesellschaften bestimmter Rechtsformen hinsichtlich der in Euro ausgedrückten Beträge, ABl. EG 2003 L 120, 22.

[40] Die Aufstellung eines HGB-Abschlusses hat weiterhin für die steuerliche Gewinnermittlung und als Ausschüttungsbemessungsgrundlage zu erfolgen. Vgl. Wendlandt/Knorr KoR 2005, 55.

[41] Vgl. Böcking BB-Beil. 3/2005, 5.

[42] Vgl. Baetge/Krumnow/Noelle DB 2001, 769.

flussrechnung (DRS 21 Anlage 2). Zur Kapitalflussrechnung von Kreditinstituten im Detail → § 340j Rn. 62 ff. Um die Konvergenz der internationalen Rechnungslegungsregeln voranzutreiben, arbeitet das DRSC mit dem IASB verstärkt zusammen.

11   Das Bilanzrechtsmodernisierungsgesetz (BilMoG) v. 25.5.2009 stellt die größte Reform der nationalen Rechnungslegungsvorschriften seit Inkrafttreten des Bankbilanzrichtlinie-Gesetzes dar. Ziel des BilMoG ist es, das bewährte Bilanzrecht des HGB zu einer dauerhaften und im Verhältnis zu den IFRS „vollwertigen, aber kostengünstigeren und einfacheren Alternative weiterzuentwickeln, ohne die Eckpunkte des HGB-Bilanzrechts – die HGB-Bilanz bleibt Grundlage der Ausschüttungsbemessung und der steuerlichen Gewinnermittlung – und das bisherige System der Grundsätze ordnungsmäßiger Buchführung aufzugeben".[43] Die Informationsfunktion des handelsrechtlichen Jahres- und Konzernabschlusses wird durch das BilMoG gestärkt.[44] Die wesentlichen Änderungen in der Rechnungslegung von Kreditinstituten durch das BilMoG betreffen die Finanzinstrumente des Handelsbestands und die von allen bilanzierungspflichtigen Kaufleuten anzuwendende Vorschrift zur bilanziellen Abbildung von Bewertungseinheiten gem. § 254.[45] Daneben ergeben sich insbesondere Änderungen im Rahmen der Rückstellungsbilanzierung nach § 249, der Währungsumrechnung nach § 340h iVm § 256a und der Bilanzierung der latenten Steuern nach § 274.[46]

III. Das Bankbilanzrichtlinien-Gesetz, die RechKredV und die RechZahlV

12   Mit der Umsetzung der Bankbilanz-RL durch das Bankbilanzrichtlinien-Gesetz sowie die RechKredV hat der deutsche Gesetzgeber die Rechnungslegung der Kreditinstitute auf eine vollkommen neue rechtliche Grundlage gestellt. Seit dem 1.1.1998 sind die Regelungen **auch für Finanzdienstleistungsinstitute**[47] bindend.[48] Des Weiteren gelten die Regelungen für Kreditinstitute auch für **Wertpapierinstitute** iSd § 2 Abs. 1 WpIG.[49] Durch das Zahlungsdiensteumsetzungsgesetz (ZDUG) v. 25.6.2009 wurde § 340 Abs. 5 in das HGB eingefügt. Die Regelungen für Kreditinstitute sind seitdem auch für **Zahlungsinstitute** und **E-Geld-Institute**[50] anzuwenden. Zahlungsinstitute und E-Geld-Institute haben für die Rechnungslegung neben den für Kreditinstitute geltenden §§ 340 ff. auch die RechZahlV zu beachten (§ 340 Abs. 5 iVm § 1 RechZahlV).[51] Zuvor bildeten die rechtlichen Regelungen für die Rechnungslegung der auf dem Finanzmarkt tätigen Unternehmen kein eigenständiges System von Bilanzierungsnormen. Es waren die für alle Unternehmen gültigen Rechnungslegungsvorschriften anzuwenden, die branchenunabhängig im Dritten Buch des HGB konzentriert sowie mit wenigen Ausnahmen für bestimmte Rechtsformen im AktG, GmbHG, GenG und PublG zu finden waren. Daneben fand eine unstrukturierte Verteilung der speziellen Vorschriften für die Rechnungslegung der Kreditinstitute auf verschiedene Regelungsorte statt. Sie waren mit den Aufsichtsnormen des Kreditwesengesetzes (§§ 25a, 25b, 26a, 26b KWG aF) zusammengefasst, vom Bundesaufsichtsamt für das Kreditwesen (BAK), der heutigen Bundesanstalt für Finanzdienstleistungsaufsicht (BaFin), erlassen worden (Bilanzierungsrichtlinien) oder befanden sich in Verordnungen, zB der FormblattVO.[52]

---

[43]   BT-Drs. 16/12407, 1; vgl. Ernst/Seidler BB 2009, 766.

[44]   Vgl. BT-Drs. 16/12407, 1.

[45]   Vgl. Helke/Wiechens/Klaus DB-Beil. 5/2009, 30.

[46]   Vgl. Goldschmidt/Meyding-Metzger/Weigel IRZ 2010, 63 (66).

[47]   Zur Abgrenzung von Kredit- und Finanzdienstleistungsinstituten s. Deutsche Bundesbank S. 63 sowie → § 340 Rn. 1 ff.

[48]   Zur Änderung der RechKredV hinsichtlich einer Einbeziehung der Finanzdienstleistungsinstitute vgl. BGBl. 1998 I 3654.

[49]   Durch das Gesetz zur Umsetzung der RL (EU) 2019/2034 über die Beaufsichtigung von Wertpapierinstituten vom 12.5.2021 (BGBl. 2021 I 990) wurde § 340 Abs. 4a in das HGB eingefügt. Zuvor galten Wertpapierinstitute in der Regel als Finanzdienstleistungsinstitute und wurden daher wie Kreditinstitute beaufsichtigt; seither unterliegen sie einem eigenen Aufsichtsregime. Vgl. BT-Drs. 19/26929, 169; → § 340 Rn. 12.

[50]   Zahlungsinstitute und E-Geld-Institute sind Institute iSd § 1 Abs. 3 ZAG.

[51]   → § 340 Rn. 14 f.

[52]   Vgl. Schwartze, Deutsche Bankenrechnungslegung nach europäischem Recht, 1990, S. 12. Zur Formblattverordnung s. BGBl. 1967 I 1300.

Durch die Neuregelung wurden die **bankspezifischen Rechnungslegungsvor-** 13
schriften an die handelsrechtlichen Grundlagen der Bilanzierung angebunden. Das
Bankbilanzrichtlinie-Gesetz fügte in das Dritte Buch des HGB einen vierten Abschnitt mit
den wesentlichen branchenspezifischen Gesetzesbestimmungen für die Rechnungslegung,
die Prüfung, die Offenlegung, Straftatbestände sowie Buß- und Ordnungsgelder ein
(§§ 340–340o). Zugleich wurden die erforderlichen Änderungen anderer Teile des HGB,
des AktG, des GenG, des PublG, des KWG und einer Reihe weiterer Gesetze vorgenommen.[53] Das Bankbilanzrichtlinie-Gesetz ist folglich als Artikelgesetz konzipiert, dh es ergänzt
und ändert nur bestehende Gesetze.

Die §§ 340 ff. („Ergänzende Vorschriften für Kreditinstitute, Finanzdienstleistungsinsti- 14
tute, Wertpapierinstitute, Zahlungsinstitute und E-Geld-Institute") enthalten nicht nur materiellrechtliche Normen, sondern auch eine Reihe von Anwendungsregeln und Verweise auf
andere Normen, die gemeinsam den Gesamtregelungskomplex für die Rechnungslegung der
Kreditinstitute, Finanzdienstleistungsinstitute, Wertpapierinstitute, Zahlungsinstitute und E-
Geld-Institute ergeben. Die Zusammenführung der institutsspezifischen Rechnungslegungsvorschriften wurde im Bereich der formalen Erfordernisse unterbrochen, um die gesetzlichen
Bestimmungen nicht mit Details zu belasten. So wurde auf der Ermächtigungsgrundlage des
§ 330 Abs. 2 die **RechKredV** für Kreditinstitute, Finanzdienstleistungsinstitute und Wertpapierinstitute und die **RechZahlV** für Zahlungsinstitute und E-Geld-Institute erlassen, die an
die Stelle der früheren FormblattVO getreten ist.[54]

IV. Überblick über das Regelungssystem für Kreditinstitute, Finanzdienstleis-
tungsinstitute, Wertpapierinstitute, Zahlungsinstitute und E-Geld-Institute

Die Bankbilanz-RL ist kein eigenständiges Regelungswerk, sondern bildet zusammen 15
mit den Vorschriften der Bilanz-RL[55] eine Einheit. Folglich enthält die Bankbilanz-RL die
von diesen Richtlinien abweichenden bzw. ungeregelten Rechnungslegungsvorschriften,
die aufgrund der **branchenbedingten Besonderheiten** der Kreditinstitute, Finanzdienstleistungsinstitute, Wertpapierinstitute, Zahlungsinstitute und E-Geld-Institute erforderlich
sind. In Folge dessen sind Kreditinstitute, Finanzdienstleistungsinstitute, Wertpapierinstitute,
Zahlungsinstitute und E-Geld-Institute durch ihre Kaufmannseigenschaft grundsätzlich zur
Anwendung der für alle Kaufleute maßgeblichen Rechnungslegungsvorschriften der
§§ 238–263 verpflichtet.[56] Gleichzeitig sind auf die Jahresabschlüsse aller Kreditinstitute,
Finanzdienstleistungsinstitute, Wertpapierinstitute, Zahlungsinstitute und E-Geld-Institute
die für große Kapitalgesellschaften geltenden Vorschriften der §§ 264–335c rechtsform- und
größenunabhängig anzuwenden (§ 340a).

Die ergänzenden branchenspezifischen Bestimmungen der §§ 340–340o und die Rech- 16
KredV bzw. die RechZahlV sind gegenüber den Vorschriften der vorhergehenden
Abschnitte des Dritten Buches des HGB grundsätzlich vorrangig, sofern die Regelungen
voneinander abweichen.[57] Es ist davon auszugehen, dass die kodifizierten institutsspezifischen Bilanzierungsvorschriften auf das allgemeine Rechnungslegungsrecht zurückwirken
und hier als Bilanzierungsmaßstab für bisher nicht vom Gesetzgeber geregelte Sachverhalte
dienen können.[58]

V. Präambel zur Kommentierung der §§ 340–340l

Die Ausführungen zu den §§ 340–340l schließen insbesondere die Änderungen durch 17
das Finanzmarktintegritätsstärkungsgesetz (FISG) v. 3.6.2021 (BGBl. 2021 I 1524), das

---

53 Vgl. Kirsch/Grewe Vor § 340 Rn. 1.
54 In der RechKredV wurden vorwiegend diejenigen Artikel der Bankbilanz-RL umgesetzt, die dem
    nationalen Gesetzgeber keine Wahlrechte einräumen.
55 Die für das Bilanzrecht zentrale Bilanz-RL 2013/34/EU wurde durch die RL 2014/95/EU, RL 2014/
    102/EU, RL (EU) 2021/2101 und RL (EU) 2022/2464 geändert.
56 Vgl. Bieg/Waschbusch Bankbilanzierung S. 44.
57 Vgl. Krumnow et al. Kap. I Rn. 11 f.; IDW, WPH Edition, Kreditinstitute, D Rn. 13.
58 Vgl. Ballwieser FS Budde, 1995, 65 f.; Schwartze AG 1993, 24.

Gesetz zur Umsetzung der Digitalisierungsrichtlinie (DiRUG) v. 5.7.2021 (BGBl. 2021 I 3338), das Gesetz zur Ergänzung und Änderung der Regelungen für die gleichberechtigte Teilhabe von Frauen in Führungspositionen in der Privatwirtschaft und im öffentlichen Dienst v. 7.8.2021 (BGBl. 2021 I 3311), das Gesetz zur Umsetzung der RL (EU) 2019/2034 über die Beaufsichtigung von Wertpapierinstituten v. 12.5.2021 (BGBl. 2021 I 990) und das Gesetz zur weiteren Umsetzung der Transparenzrichtlinie-Änderungsrichtlinie im Hinblick auf ein einheitliches elektronisches Format für Jahresfinanzberichte v. 12.8.2020 (BGBl. 2020 I 1874) ein.

18   In Bezug auf die RechKredV basiert die Kommentierung auf der Fassung der Bekanntmachung v. 11.12.1998 (zuletzt geändert durch Artikel 12 Gesetz zur Umsetzung der Umwandlungsrichtlinie und zur Änderung weiterer Gesetze v. 22.2.2023 BGBl. 2023 I Nr. 51).

19   Die Kommentierung berücksichtigt die RechZahlV v. 2.11.2009 (BGBl. 2009 I 3680) (zuletzt geändert durch Artikel 13 Gesetz zur Umsetzung der Umwandlungsrichtlinie und zur Änderung weiterer Gesetze v. 22.2.2023 BGBl. 2023 I Nr. 51).

20   Der Kommentierung liegt das KWG in der Fassung der Bekanntmachung v. 9.9.1998 (BGBl. 1998 I 2776) zugrunde (zuletzt geändert durch Artikel 12 Gesetz zur Umsetzung der Umwandlungsrichtlinie und zur Änderung weiterer Gesetze v. 22.2.2023 BGBl. 2023 I Nr. 51).

21   Die Kommentierung berücksichtigt das ZAG v. 17.7.2017 (BGBl. 2017 I 2446) (zuletzt geändert durch Artikel 13 Gesetz zur Umsetzung der Umwandlungsrichtlinie und zur Änderung weiterer Gesetze v. 22.2.2023 BGBl. 2023 I Nr. 51).

22   Die Kommentierung berücksichtigt das WpIG v. 12.5.2021 (BGBl. 2021 I 990) (zuletzt geändert durch Artikel 14 Gesetz zur Umsetzung der Umwandlungsrichtlinie und zur Änderung weiterer Gesetze v. 22.2.2023, BGBl. 2023 I Nr. 51).

Erster Titel. Anwendungsbereich

§ 340 Anwendungsbereich

(1) ¹**Dieser Unterabschnitt ist auf Kreditinstitute im Sinne des § 1 Abs. 1 des Gesetzes über das Kreditwesen anzuwenden, soweit sie nach dessen § 2 Abs. 1, 4 oder 5 von der Anwendung nicht ausgenommen sind, sowie auf Zweigniederlassungen von Unternehmen mit Sitz in einem Staat, der nicht Mitglied der Europäischen Gemeinschaft und auch nicht Vertragsstaat des Abkommens über den Europäischen Wirtschaftsraum ist, sofern die Zweigniederlassung nach § 53 Abs. 1 des Gesetzes über das Kreditwesen als Kreditinstitut gilt.** ²**§ 340l Abs. 2 und 3 ist außerdem auf Zweigniederlassungen im Sinne des § 53b Abs. 1 Satz 1 und Abs. 7 des Gesetzes über das Kreditwesen, auch in Verbindung mit einer Rechtsverordnung nach § 53c Nr. 1 dieses Gesetzes, anzuwenden, sofern diese Zweigniederlassungen Bankgeschäfte im Sinne des § 1 Abs. 1 Satz 2 Nr. 1 bis 5 und 7 bis 12 dieses Gesetzes betreiben.** ³**Zusätzliche Anforderungen auf Grund von Vorschriften, die wegen der Rechtsform bestehen, bleiben unberührt.**

(2) Dieser Unterabschnitt ist auf Unternehmen der in § 2 Abs. 1 Nr. 4 und 5 des Gesetzes über das Kreditwesen bezeichneten Art insoweit ergänzend anzuwenden, als sie Bankgeschäfte betreiben, die nicht zu den ihnen eigentümlichen Geschäften gehören.

(3) Dieser Unterabschnitt ist auf Wohnungsunternehmen mit Spareinrichtung nicht anzuwenden.

(4) ¹**Dieser Unterabschnitt ist auch auf Finanzdienstleistungsinstitute im Sinne des § 1 Abs. 1a des Gesetzes über das Kreditwesen anzuwenden, soweit sie nicht nach dessen § 2 Abs. 6 oder 10 von der Anwendung ausgenommen sind, sowie auf Zweigniederlassungen von Unternehmen mit Sitz in einem anderen Staat, der**

nicht Mitglied der Europäischen Gemeinschaft und auch nicht Vertragsstaat des Abkommens über den Europäischen Wirtschaftsraum ist, sofern die Zweigniederlassung nach § 53 Abs. 1 des Gesetzes über das Kreditwesen als Finanzdienstleistungsinstitut gilt. ²§ 340c Abs. 1 ist nicht anzuwenden auf Finanzdienstleistungsinstitute und Kreditinstitute, soweit letztere Skontroführer im Sinne des § 27 Abs. 1 Satz 1 des Börsengesetzes und nicht CRR-Kreditinstitute im Sinne des § 1 Abs. 3d Satz 1 des Gesetzes über das Kreditwesen sind. ³Zusätzliche Anforderungen auf Grund von Vorschriften, die wegen der Rechtsform oder für Zweigniederlassungen bestehen, bleiben unberührt.

(4a) ¹Dieser Unterabschnitt ist auch auf Wertpapierinstitute im Sinne des § 2 Absatz 1 des Wertpapierinstitutsgesetzes anzuwenden, soweit sie nicht nach dessen § 3 von der Anwendung ausgenommen sind. ²§ 340c Absatz 1 ist nicht anzuwenden auf Wertpapierinstitute, wenn diese Skontroführer im Sinne des § 27 Absatz 1 Satz 1 des Börsengesetzes sind. ³Zusätzliche Anforderungen auf Grund von Vorschriften, die wegen der Rechtsform bestehen, bleiben unberührt.

(5) ¹Dieser Unterabschnitt ist auch auf Institute im Sinne des § 1 Absatz 3 des Zahlungsdiensteaufsichtsgesetzes anzuwenden. ²Zusätzliche Anforderungen auf Grund von Vorschriften, die wegen der Rechtsform oder für Zweigniederlassungen bestehen, bleiben unberührt.

Schrifttum: Behrends/Pieper/Schlösser/Zillmann, WpIG: regulatorisches Neuland für kleine und mittelgroße Wertpapierinstitute, WPg 2022, 579; Bieg/Waschbusch, Bankbilanzierung nach HGB und IFRS, 3. Aufl. 2017; Gaber, Das (neue) Bilanzrecht der Wertpapierinstitute, ZBB 2021, 412; IDW, WPH Edition, Kreditinstitute, Finanzdienstleister und Investmentvermögen, 2020; Jung, Die Auswirkungen der 6. KWG-Novelle auf Anlagevermittler, (Börsen-)Makler und Vermögensverwalter, BB 1998, 649; Scharpf/Schaber, Handbuch Bankbilanz, 9. Aufl. 2022.

Übersicht

I. Positiver Anwendungsbereich (Abs. 1 S. 1, Abs. 4, Abs. 4a, Abs. 5)

1. Kreditinstitute. Nach § 1 Abs. 1 KWG handelt es sich bei einem Unternehmen **1** um ein Kreditinstitut, wenn dieses mindestens ein Bankgeschäft gewerbsmäßig oder in einem Umfang betreibt, der einen in kaufmännischer Weise eingerichteten Gewerbebetrieb erfordert.¹ Ein gewerbsmäßiges Betreiben von Bankgeschäften liegt vor, wenn der Betrieb auf eine gewisse Dauer angelegt ist und dem Betreiber eine Gewinnerzielungsabsicht unterstellt werden kann.² Die **Bankgeschäfte** sind in § 1 Abs. 1 KWG **abschließend aufge-**

---

¹ Zum Erfordernis eines in kaufmännischer Weise eingerichteten Geschäftsbetriebs vgl. Reischauer/Kleinhans KWG § 1 Rn. 24 ff.
² Vgl. BT-Drs. 13/7142, 62.

zählt.[3] Im Einzelnen zählen zu den Bankgeschäften das Einlagen-,[4] Pfandbrief-,[5] Kredit-, Diskont-, Finanzkommissions-,[6] Depot-, Garantie-, Scheckeinzugs-, Wechseleinzugs-, Reisescheck-, Emissionsgeschäft, das Eingehen der Verpflichtung, zuvor veräußerte Darlehensforderungen vor Fälligkeit zurück zu erwerben, die Tätigkeit als Zentralverwahrer sowie die Tätigkeit als zentrale Gegenpartei.[7, 8] Die **Erlaubnis der BaFin** zum Betreiben von Bankgeschäften stellt keine notwendige Voraussetzung dar, wird aber für die Unterwerfung der Kreditinstitute unter die §§ 340–340o unterstellt.[9]

2   **2. Finanzdienstleistungsinstitute.** Finanzdienstleistungsinstitute, die der Aufsicht durch die BaFin unterliegen, sind in § 1 Abs. 1a S. 1 KWG definiert.[10] Danach handelt es sich um Unternehmen, die Finanzdienstleistungen für andere gewerbsmäßig oder in einem Umfang erbringen, der einen in kaufmännischer Weise eingerichteten Geschäftsbetrieb erfordert.[11] Dabei ist die Kategorisierung eines Unternehmens als Finanzdienstleistungsinstitut gegenüber seiner Qualifikation als Kreditinstitut subsidiär.[12] Analog der Vorschrift zur Umschreibung der verschiedenen Kreditinstitutstypen (§ 1 Abs. 1 KWG) findet sich in § 1 Abs. 1a S. 2 KWG eine **abschließende Aufzählung** der einzelnen Geschäftsgegenstände, die als Finanzdienstleistungen anzusehen sind. Danach gehört zu den Finanzdienstleistungen die Anlagevermittlung, die Anlageberatung, der Betrieb eines multilateralen Handelssystems, das Platzierungsgeschäft, der Betrieb eines organisierten Handelssystems, die Abschlussvermittlung, die Finanzportfolioverwaltung, der Eigenhandel, das Eigengeschäft (sofern die Voraussetzungen des § 1 Abs. 1a S. 3 KWG vorliegen), die Drittstaateneinlagenvermittlung, das Kryptoverwahrgeschäft, die Kryptowertpapierregisterführung, das Sortengeschäft, das Factoring, das Finanzierungsleasing, die Anlageverwaltung sowie das eingeschränkte Verwahrgeschäft.[13]

3   Finanzdienstleistungsinstitute sind bankenaufsichtsrechtlich den Kreditinstituten gleichgestellt, wobei Änderungen des Bankenaufsichtsrechts Folgeänderungen der Rechnungslegungspflichten gem. §§ 340 ff. bewirken. Die ergänzenden Vorschriften für Kreditinstitute gelten seit der 6. KWG-Novelle auch für Finanzdienstleistungsinstitute. Allerdings sind Finanzdienstleistungsinstitute sowie Kreditinstitute, soweit letztere Skontroführer iSv § 27 Abs. 1 S. 1 BörsG und nicht CRR-Kreditinstitute iSv § 1 Abs. 3d S. 1 KWG sind, **von der Anwendung des § 340c Abs. 1 ausgenommen.** Da der Geschäftsschwerpunkt dieser Unternehmen im Handelsbereich (einschließlich des Eigenhandels gem. § 340c Abs. 1) liegt, hätte die Anwendung des § 340c Abs. 1 zur Folge, dass der größte Teil des Geschäfts

---

3   Die Rechtsverordnungsermächtigung des § 1 Abs. 1 S. 3 KWG, weitere Geschäfte den Bankgeschäften zuzuordnen, entfiel durch die 6. KWG-Novelle. Vgl. BT-Drs. 13/7142, 65.

4   Durch das Finanzkonglomeraterichtlinie-Umsetzungsgesetz wurde § 1 Abs. 1 S. 2 Nr. 1 KWG in der Form neu gefasst, dass jede Annahme von unbedingt rückzahlbaren Geldern als Einlagengeschäft zu qualifizieren ist und folglich Gelder, die nur bedingt rückzahlbar überlassen werden, nicht das Einlagengeschäft begründen.

5   Durch das PfandBG v. 22.5.2005 wurde der Katalog der erlaubnispflichtigen Bankgeschäfte um das Pfandbriefgeschäft erweitert.

6   Hierunter wird allgemein die kommissionsweite Anschaffung und Veräußerung von Finanzinstrumenten (dh im eigenen Namen für fremde Rechnung) als Bankgeschäft definiert.

7   Eine Definition der Tätigkeit als zentrale Gegenpartei ist in § 1 Abs. 31 KWG enthalten.

8   Mit dem Investmentänderungsgesetz v. 21.12.2007 wurde § 1 Abs. 1 S. 2 Nr. 6 KWG aF aufgehoben. Das Investmentgeschäft gehört nicht mehr zu den Bankgeschäften. Mit dem Gesetz zur Umsetzung der Zweiten E-Geld-RL v. 1.3.2011 wurde § 1 Abs. 1 S. 2 Nr. 11 KWG aF aufgehoben. Die E-Geld-Institute werden als Institutstypus aus dem KWG genommen und dem ZAG unterstellt. Demzufolge wurde der Tatbestand des E-Geld-Geschäfts aus dem Katalog der Bankgeschäfte gestrichen. Vgl. BT-Drs. 17/3023, 57.

9   Vgl. Krumnow et al. Rn. 8.

10   Vgl. Bieg/Waschbusch Bankbilanzierung S. 46.

11   Zu gewerblichen Unternehmen vgl. Jung BB 1998, 650.

12   Vgl. BT-Drs. 13/7142, 65.

13   Durch das Finanzmarktrichtlinie-Umsetzungsgesetz v. 16.7.2007 wurden die Anlageberatung, das Platzierungsgeschäft sowie das Betreiben eines multilateralen Handelssystems, durch das Jahressteuergesetz 2009 v. 19.12.2008 das Factoring und das Finanzierungsleasing, durch das AIFM-Umsetzungsgesetz v. 4.7.2013 das eingeschränkte Verwahrgeschäft, durch das Zweite Finanzmarktnovellierungsgesetz v. 23.7.2017 der Betrieb eines organisierten Handelssystems in § 1 Abs. 1a aufgenommen und durch das Gesetz zur Einführung von elektronischen Wertpapieren v. 3.6.2021 wurde das Kryptoverwahrgeschäft neu definiert sowie die Kryptowertpapierregisterführung in den Kreis der Finanzdienstleistungen aufgenommen.

in der GuV nur als Saldo dargestellt würde.[14] Gem. Abs. 4 S. 3 aF war der § 340l nur für Finanzdienstleistungsinstitute in der Rechtsform der Kapitalgesellschaft relevant. S. 3 aF wurde durch das BilRUG gestrichen. Es handelt sich bei der Streichung um die Beseitigung früherer Redaktionsversehen. Die Vorschriften der §§ 340 ff. sind auch für Finanzdienstleistungsinstitute rechtsformunabhängig anzuwenden.[15] Finanzdienstleistungsinstitute mit anderer Rechtsform als einer Kapitalgesellschaft haben erstmals den Jahresabschluss für ein nach dem 31.12.2015 beginnendes Geschäftsjahr nach § 340l Abs. 1 offenzulegen (Art. 75 Abs. 1 EGHGB).

3. CRR-Kreditinstitute. CRR-Kreditinstitute iSd § 1 Abs. 3d S. 1 KWG sind Kre- **4** ditinstitute iSd Art. 4 Abs. 1 Nr. 1 Kapitaladäquanz-VO.[16] Danach ist ein CRR-Kreditinstitut ein Unternehmen, dessen Tätigkeit darin besteht, Einlagen oder andere rückzahlbare Gelder des Publikums entgegenzunehmen und Kredite für eigene Rechnung zu gewähren. Ein Unternehmen, das CRR-Kreditinstitut ist, ist auch Kreditinstitut iSd KWG (§ 1 Abs. 3d KWG).[17] Aber nicht jedes Kreditinstitut iSd § 1 Abs. 1 KWG ist zugleich auch CRR-Kreditinstitut. Beispielsweise ist ein Unternehmen, das das Kreditgeschäft betreibt, ohne sich über die Annahme von Einlagen oder anderen rückzahlbaren Geldern des Publikums zu finanzieren, EU-rechtlich kein Kreditinstitut (kein CRR-Kreditinstitut), aber ein Kreditinstitut nach § 1 Abs. 1 Nr. 2 KWG.[18]

4. Sitz der Institute. Nach **§ 1 Abs. 1b KWG** werden Kredit- und Finanzdienstleis- **5** tungsinstitute unter dem Begriff der **Institute** zusammengefasst. Diese Vorgehensweise dient der gesetzestechnischen Vereinfachung.

Nach dem Wortlaut des § 1 Abs. 1, Abs. 1a KWG kommt es nicht darauf an, wo sich **6** der Sitz des Instituts befindet oder an welchem Ort die Bankgeschäfte betrieben bzw. Finanzdienstleistungen erbracht werden. Der Umkehrschluss aus § 53 Abs. 1 KWG ergibt jedoch, dass die Rechnungslegungsvorschriften nur für solche **Institute** anzuwenden sind, die ihren **Sitz im Inland** haben.[19] Jedoch sind auch Institute mit Sitz im Ausland dem KWG und den Rechnungslegungsvorschriften unterworfen, wenn sie im Bundesgebiet Bankgeschäfte betreiben bzw. Finanzdienstleistungen erbringen. Erfolgen die Leistungen im Wege des grenzüberschreitenden Dienstleistungsverkehrs, finden die Vorschriften nur begrenzt Anwendung; wird im Inland eine Niederlassung errichtet, ist zu unterscheiden, ob diese einem Institut mit Sitz innerhalb oder außerhalb des Europäischen Wirtschaftsraums zugeordnet ist.

5. Zweigniederlassungen von Unternehmen mit Sitz in einem Drittstaat. **7** Neben den rechtlich selbstständigen Instituten mit Sitz im Inland sind die §§ 340 ff. auch auf Zweigniederlassungen von Unternehmen mit Sitz in einem Staat, der nicht Mitglied der Europäischen Gemeinschaft und auch nicht Vertragsstaat des Abkommens über den Europäischen Wirtschaftsraum ist (Drittstaat) anzuwenden, sofern diese Bankgeschäfte iSv § 1 Abs. 1 KWG betreiben bzw. Finanzdienstleistungen iSv § 1 Abs. 1a KWG erbringen (§ 340 Abs. 1 und 4 jeweils iVm § 53 Abs. 1 KWG). Dabei ist es unerheblich, ob das ausländische Unternehmen nach seinem Heimatrecht Institut ist oder neben den durch die Zweigniederlassung erbrachten Leistungen weitere Bankgeschäfte betreibt bzw. Finanzdienstleistungen erbringt.[20] Außerdem ist die Institutseigenschaft von Zweignieder-

---

14 Zur Begr. vgl. BT-Drs. 13/7143, 29 sowie BT-Drs. 13/9874, 138.
15 Vgl. BT Drs. 18/4050, 80.
16 VO (EU) Nr. 575/2013 des Europäischen Parlaments und des Rates v. 26.6.2013 über Aufsichtsanforderungen an Kreditinstitute und zur Änderung der Verordnung (EU) Nr. 648/2012 (ABl. EG 2013 L 176, 1), zuletzt geändert durch VO (EU) 2021/1043 (ABl. EG 2021 L 225, 52).
17 Wegen der Klarstellung in § 1 Abs. 3d KWG, nach der CRR-Kreditinstitute auch Kreditinstitute iSd. KWG sind, müssen CRR-Kreditinstitute in § 340 Abs. 1 S. 1 neben den Kreditinstituten nicht gesondert genannt werden. Vgl. BT-Drs. 19/26929, 169.
18 Vgl. Beck/Samm/Kokemoor/Reschke § 1 Rn. 61.
19 Vgl. Szagunn/Haug/Ergenzinger/Haug KWG § 53 Rn. 1.
20 Vgl. Reischauer/Kleinhans KWG § 53 Rn. 15.

lassungen ausländischer Unternehmen nicht von der nach § 53 Abs. 2 Nr. 5 KWG iVm § 32 Abs. 1 KWG notwendigen Erlaubnis der BaFin zum Betreiben von Bankgeschäften abhängig.[21]

8   Im Sinne von § 53 Abs. 1 S. 1 KWG ist eine **Zweigniederlassung ein vom Hauptunternehmen örtlich getrennter Betriebsteil,** der Bankgeschäfte oder Finanzdienstleistungen gewerbsmäßig bzw. in einem Umfang betreibt, der einen in kaufmännischer Weise eingerichteten Geschäftsbetrieb erfordert. Die durch die Zweigniederlassung ausgeführten Bankgeschäfte oder Finanzdienstleistungen brauchen dabei nicht vollkommen im Bundesgebiet abgewickelt zu werden, vielmehr ist das Betreiben wesentlicher Teilakte von in § 1 Abs. 1, Abs. 1a KWG genannten Geschäften ausreichend. Ferner stellt die Einrichtung einer Zweigniederlassung iSv §§ 13 ff. keine Voraussetzung für die Bank- bzw. Finanzdienstleistungstätigkeit einer im Inland gelegenen Zweigniederlassung eines ausländischen Unternehmens dar. Aus dem erforderlichen kaufmännischen Geschäftsbetrieb wird es sich jedoch überwiegend um eine nach §§ 13 ff. eintragungspflichtige Zweigniederlassung handeln.[22] Unterhält ein ausländisches Unternehmen **mehrere Zweigniederlassungen** in Deutschland, bestimmt § 53 Abs. 1 S. 2 KWG, dass diese als ein Institut gelten und auch eine gemeinsame Lizenz beantragt werden muss.[23] Hieraus ist auch zu folgern, dass die Zweigniederlassungen eine gemeinsame Rechnungslegung haben müssen.

9   **6. Zweigniederlassungen von Unternehmen mit Sitz in einem anderen Staat des Europäischen Wirtschaftsraums.** Im Vergleich zu Zweigniederlassungen von Unternehmen mit Sitz in einem Drittstaat haben Zweigniederlassungen von (ausländischen) CRR-Kreditinstituten mit Sitz in einem anderen Staat des Europäischen Wirtschaftsraums iSv § 53b Abs. 1 S. 1 und Abs. 7 KWG, die im Inland **Bankgeschäfte** gem. § 1 Abs. 1 S. 2 Nr. 1–5 und 7–12 KWG betreiben, nur § 340l Abs. 2 und 3 anzuwenden (§ 340 Abs. 1 S. 2). Danach sind die Jahresabschlussunterlagen der Hauptniederlassung nach den für Kapitalgesellschaften geltenden Vorschriften offenzulegen (§ 340l Abs. 2 S. 1).

10   Entgegen der Regelung für Zweigniederlassungen von Unternehmen mit Sitz in einem Drittstaat erwähnt § 53b KWG neben Zweigniederlassungen den **grenzüberschreitenden Dienstleistungsverkehr.** Folglich haben nicht nur Zweigniederlassungen die Offenlegungspflichten nach Abs. 1 S. 2 zu beachten, sondern auch die Unternehmen, die im Wege des grenzüberschreitenden Dienstleistungsverkehrs im Inland tätig sind.

11   Die Anwendung lediglich der Offenlegungsvorschrift (§ 340l Abs. 2) gilt auch für **Zweigniederlassungen,** die in den Anwendungsbereich einer nach **§ 53c Nr. 1 KWG** zu erlassenen Rechtsverordnung des Bundesministeriums der Finanzen fallen, die bestimmt, dass die Vorschriften für Unternehmen mit Sitz in einem anderen Staat des Europäischen Wirtschaftsraums ebenfalls für Unternehmen mit Sitz in einem Drittstaat gültig sind. Dabei wird ein Abkommen der EU mit den entsprechenden Drittstaaten vorausgesetzt.[24]

12   **7. Wertpapierinstitute iSd § 2 Abs. 1 WpIG.** Mit dem Gesetz zur Umsetzung der RL (EU) 2019/2034 über die Beaufsichtigung von Wertpapierinstituten v. 12.5.2021 (BGBl. 2021 I 990) wurde § 340 Abs. 4a in das HGB eingefügt. Wertpapierinstitute sind nach § 2 Abs. 1 WpIG Unternehmen, die gewerbsmäßig oder in einem Umfang, der einen in kaufmännischer Weise eingerichteten Geschäftsbetrieb erfordert, **Wertpapierdienstleistungen** allein oder zusammen mit Wertpapiernebendienstleistungen oder Nebengeschäften erbringt. Wertpapierinstitute nehmen im Vergleich zu Kreditinstituten keine Einlagen oder andere rückzahlbare Gelder des Publikums an.[25] Zuvor galten Wertpapierinstitute in der Regel als Finanzdienstleistungsinstitute und wurden daher wie Kreditinstitute beaufsichtigt; seither unterliegen sie einem eigenen Aufsichtsregime, um eine **risikoadäquate Aufsicht**

---

21 Vgl. Krumnow et al. Rn. 20.
22 Vgl. Szagunn/Haug/Ergenzinger/Haug KWG § 53 Rn. 6.
23 Vgl. Reischauer/Kleinhans KWG § 53 Rn. 14.
24 Zu Beispielen vgl. Szagunn/Haug/Ergenzinger/Haug KWG § 53c Rn. 5 f.
25 Vgl. BT-Drs. 19/26929, 2.

zu gewährleisten.[26] Es besteht aus der VO (EU) 2019/2033 v. 27.11.2019 über die Aufsichtsanforderungen an Wertpapierfirmen (IFR)[27] und dem WpIG, das die RL (EU) 2019/2034 v. 27.11.2019 über die Beaufsichtigung von Wertpapierfirmen (IFD)[28] in deutsches Recht umsetzt. Insbesondere für Aufsichtsintensität und Kapitalanforderungen wird zwischen kleinen, mittleren und großen Wertpapierinstituten unterschieden.[29] Die Einstufung erfolgt nach der Größe und Komplexität des Wertpapierinstituts; zum einen nach dem Geschäftsmodell immanenten angebotenen Dienstleistungen sowie gewissen Schwellenwerten, die bei bestimmten Wertpapierdienstleistungen bzw. Wertpapiernebendienstleistungen zur Beibehaltung der Einstufung nicht überschritten werden dürfen sowie zum anderen nach der Bilanzsumme und dem Gewinn des Wertpapierinstituts.[30]

Durch die Einfügung von § 340 Abs. 4a sind die Regelungen für Kreditinstitute auch **13** auf Wertpapierinstitute iSd § 2 Abs. 1 WpIG anzuwenden. Wertpapierinstitute sind, soweit sie Skontroführer iSv § 27 Abs. 1 S. 1 BörsG sind, **von der Anwendung des § 340c Abs. 1 ausgenommen** (→ Rn. 3). Die Einschränkung in § 340 Abs. 4a S. 2 auf Wertpapierinstitute, soweit sie Skontroführer sind, steht im Widerspruch zur Fn. 7 in den beiden Formblättern 2 und 3 der RechKredV. Nach dem Wortlaut des § 340 Abs. 4a S. 2 iVm § 340c Abs. 1 ließe sich ableiten, dass Wertpapierinstitute, die keine Skontroführer iSv § 27 Abs. 1 BörsG sind, ihr Handelsergebnis als Nettogröße in der GuV abbilden. Nach Fn. 7 in den Formblättern 2 und 3 RechKredV sind jedoch Wertpapierinstitute, die keine Skontroführer iSv § 27 Abs. 1 BörsG sind, wie Finanzdienstleistungsinstitute dazu verpflichtet, in der GuV sowohl den „Aufwand des Handelsbestands" als auch den „Ertrag des Handelsbestands" getrennt und damit brutto auszuweisen. Weiterhin müssen Institute (und damit auch Wertpapierinstitute), die Skontroführer iSv § 27 Abs. 1 BörsG sind und die keine CRR-Kreditinstitute sind, die vorgenannten Aufwendungen und Erträge weiter untergliedern. Die RechKredV verlangt über die Fn. 7 in den beiden Formblättern 2 und 3 somit unabhängig von der Skontroführereigenschaft einen Bruttoausweis. Nach der bisherigen Rechtslage waren Wertpapierdienstleister als Finanzdienstleistungsinstitute einzuordnen,[31] folglich im Hinblick auf die Rechnungslegungsvorschriften gleichgestellt und damit bislang zu einem Bruttoausweis verpflichtet. Es muss davon ausgegangen werden, dass der Gesetzgeber, sofern er im Hinblick auf die Rechnungslegung eine materielle Änderung beabsichtigt hat, diese im Rahmen seiner Gesetzesbegründung erläutert hätte. Da sich entsprechende Erläuterungen im Gesetzesentwurf der Bundesregierung[32] nicht finden und die Änderung in Fn. 7 der Formblätter 2 und 3 RechKredV für Wertpapierinstitute keine abweichenden Anforderungen an den Ausweis der Aufwendungen und Erträge des Handelsbestands bedeuten, ist von einem redaktionellen Fehler in § 340 Abs. 4a auszugehen. Dies hat zur Folge, dass Wertpapierinstitute wie Finanzdienstleistungsinstitute hier immer einen Bruttoausweis vornehmen müssen. Institute, die zusätzlich Skontroführer iSd § 27 Abs. 1 BörsG und nicht CRR-Institute sind, haben darüber hinaus weitere Angaben in der GuV zu machen (Fn. 7 Formblätter 2 und 3 RechKredV).

8. Institute iSd § 1 Abs. 3 ZAG. Mit dem Gesetz zur Umsetzung der aufsichtsrecht **14** lichen Vorschriften der Zahlungsdiensterichtlinie (Zahlungsdiensteumsetzungsgesetz – ZDUG) wurde in § 340 der Abs. 5 eingefügt.[33] § 340 Abs. 5 setzt Art. 15 Zahlungsdienste-RL 2007[34] (Erste Zahlungsdienste-RL) um.[35] Ziel der Zahlungsdienste-RL 2007 war die Schaffung eines modernen und rechtlich kohärenten Zahlungsverkehrsraums im

---

26 Vgl. BT-Drs. 19/26929, 2, 169.
27 Vgl. ABl. EG 2019 L 314, 1.
28 Vgl. ABl. EG 2019 L 314, 64.
29 Zur Größeneinteilung s. § 2 Abs. 16–18 WpIG; BT-DRs. 19/26929, 127 f.; Gaber ZBB 412 f.
30 Vgl. Behrends/Pieper/Schlösser/Zillmann WPg 2022, 579.
31 Vgl. Gaber ZBB 413.
32 Vgl. BT-Drs. 19/26929, 169.
33 Vgl. Art. 6 Nr. 2 ZDUG vom 25.6.2009 (BGBl. 2009 I 1506).
34 RL 2007/64/EG v. 13.11.2007, ABl. EG 2007 L 319, 1; aufgehoben.
35 Vgl. BT-Drs. 16/11613, 60.

europäischen Binnenmarkt.[36] Mit der Zweiten Zahlungsdienste-RL[37] soll der durch die Zahlungsdienste-RL 2007 geschaffene europäische Binnenmarkt für unbare Zahlungen fortentwickelt, gestärkt und den technischen Veränderungen angepasst werden.[38] Die aufsichtsrechtlichen Vorschriften der Zweiten Zahlungsdienste-RL werden durch das ZAG umgesetzt.

15   Durch die Einfügung von § 340 Abs. 5 sind die Regelungen für Kreditinstitute auch auf Institute iSd § 1 Abs. 3 ZAG anzuwenden. Gemäß § 1 Abs. 3 ZAG sind Institute iSd ZAG Zahlungsinstitute und E-Geld-Institute. Zahlungsinstitute und E-Geld-Institute haben für die Rechnungslegung neben die für Kreditinstitute geltenden §§ 340 ff. auch die Rech-ZahlV zu beachten (§ 340 Abs. 5 iVm § 1 RechZahlV). Ein Institut, das eine Erlaubnis nach § 32 KWG hat und das gleichzeitig Institut iSd § 1 Abs. 3 ZAG ist, muss sowohl die RechKredV als auch die RechZahlV anwenden.[39] Gemäß Abs. 5 S. 2 aF war der § 340l nur für Institute iSd § 1 Abs. 3 ZAG in der Rechtsform der Kapitalgesellschaft relevant. S. 2 aF wurde durch das BilRUG gestrichen. Es handelt sich bei der Streichung um die Beseitigung früherer Redaktionsversehen. Die Vorschriften der §§ 340 ff. sind auch für Institute iSd § 1 Abs. 3 ZAG rechtsformunabhängig anzuwenden.[40] Institute iSd § 1 Abs. 3 ZAG mit anderer Rechtsform als einer Kapitalgesellschaft haben erstmals den Jahresabschluss für ein nach dem 31.12.2015 beginnendes Geschäftsjahr nach § 340l Abs. 1 offenzulegen (Art. 75 Abs. 1 EGHGB).

II. Fälle ergänzender Anwendung (Abs. 2)

16   Die Vorschriften der §§ 340 ff. gelten für **private und öffentlich-rechtliche Versicherungsunternehmen** (§ 2 Abs. 1 Nr. 4 KWG) ergänzend, soweit sie Bankgeschäfte betreiben, die nicht zu den ihnen eigentümlichen Geschäften zählen (§ 340 Abs. 2 iVm § 2 Abs. 3 KWG). Versicherungsunternehmen betreiben zum Zwecke der Vermögensanlage Kreditgeschäfte iSv § 1 Abs. 1 S. 2 Nr. 2 KWG, indem sie Gelddarlehen gewähren.[41] Bei Versicherungsunternehmen sind Kreditgeschäfte außerhalb der üblichen Anlage des gebundenen Vermögens grundsätzlich nicht eigentümlich.[42]

17   Entsprechendes gilt für **Unternehmen des Pfandleihgewerbes** (§ 2 Abs. 1 Nr. 5 KWG), die das Kreditgeschäft iSv § 1 Abs. 1 S. 2 Nr. 2 KWG betreiben, indem sie Darlehen gegen die Verpfändung beweglicher Sachen gewähren. Betreiben aber Pfandleihunternehmen nur die genannten Geschäfte, gelten sie nicht als Kreditinstitute iSd KWG, da das Geschäft zu den ihnen eigentümlichen Geschäften gehört. Erst das Betreiben anderer, nicht zu den eigentümlichen Geschäften gehörenden Bankgeschäfte (zB allgemeine Darlehensgewährung, Annahme fremder Gelder als Einlagen) führt zur Geltung als Kreditinstitut nach § 1 Abs. 1 S. 1 KWG und hat die notwendige Beachtung der §§ 340 ff. zur Folge.[43]

III. Negativer Anwendungsbereich (Abs. 1, 3, 4 und 4a)

18   Nach § 340 Abs. 3 sind **Wohnungsunternehmen mit Spareinrichtung** vom Anwendungsbereich der §§ 340 ff. ausgenommen, obwohl sie das Einlagengeschäft iSv § 1

---

[36] Vgl. BT-Drs. 16/11613, 1.

[37] RL (EU) 2015/2366 des Europäischen Parlaments und des Rates v. 25.11.2015 über Zahlungsdienste im Binnenmarkt, zur Änderung der Richtlinien 2002/65/EG, 2009/110/EG und 2013/36/EU und der Verordnung (EU) Nr. 1093/2010 sowie zur Aufhebung der Richtlinie 2007/64/EG, ABl. EG 2015 L 337, 35.

[38] Vgl. BT-Drs. 18/11495, 78.

[39] Vgl. Scharpf/Schaber Bankbilanz-HdB S. 771.

[40] Vgl. BT Drs. 18/4050, 80.

[41] Vgl. Szagunn/Haug/Ergenzinger/Haug KWG § 2 Rn. 6.

[42] Neben der Vergabe von Krediten im Rahmen der Anlage des gebundenen Vermögens hat die BaFin noch die Anschubfinanzierung des Vertriebs eigener Versicherungen durch Versicherungsvermittler und drei weitere Kreditgeschäfte als den Versicherungen eigentümliche Bankgeschäfte eingestuft. S. hierzu Reischauer/Kleinhans KWG § 2 Rn. 25.

[43] Vgl. Reischauer/Kleinhans KWG § 2 Rn. 31 f.

Abs. 1 S. 2 Nr. 1 KWG betreiben und folglich die Kreditinstitutseigenschaft besitzen.[44] § 340 Abs. 3 ist so auszulegen, dass er neben den Wohnungsunternehmen mit Spareinrichtung auch auf solche Wohnungsunternehmen anwendbar ist, die nur ihnen eigentümliche Bankgeschäfte betreiben, ohne eine Spareinrichtung zu unterhalten.[45]

Darüber hinaus sind die Vorschriften der §§ 340–340o nicht anwendbar für materiell **19** qualifizierte, aber formal ausgenommene **Kreditinstitute.** Hierzu gehören die in § 2 Abs. 1 Nr. 1–3 KWG genannten Unternehmen, unabhängig von der Art der von ihnen nach § 1 Abs. 1 KWG betriebenen Bankgeschäfte, wie die **Deutsche Bundesbank,** die **Kreditanstalt für Wiederaufbau,** die **Sozialversicherungsträger** und die **Bundesagentur für Arbeit.** Ferner gelten die öffentliche Schuldenverwaltung des Bundes, einer seiner Sondervermögen, eines Landes oder eines anderen Staates des Europäischen Wirtschaftsraums und deren Zentralbanken nicht als Kreditinstitute, sofern diese nicht fremde Gelder als Einlagen oder andere rückzahlbare Gelder des Publikums annimmt oder das Kreditgeschäft betreibt (§ 2 Abs. 1 Nr. 3a KWG). Gleiches gilt nach dem eindeutigen Gesetzeswortlaut des § 340 Abs. 1 S. 1 und Abs. 2 für Unternehmen, die aufgrund des Gesetzes über Unternehmensbeteiligungsgesellschaften als **Unternehmensbeteiligungsgesellschaften** anerkannt sind, unabhängig davon, ob diese Unternehmen entsprechend der Versicherungsunternehmen und Pfandleiher als Kreditinstitute gelten, falls sie nicht zu ihren eigentümlichen Geschäften gehörende Bankgeschäfte betreiben (§ 2 Abs. 1 Nr. 6 und Abs. 3 KWG). Hier liegt eine unterschiedliche Behandlung der Unternehmensbeteiligungsgesellschaften im Vergleich zu den Unternehmen des Versicherungs- und Pfandleihgewerbes vor, die der Gesetzgeber nicht weiter begründet hat.[46] **Kapitalverwaltungsgesellschaften** (§ 1 Abs. 14 und 15 KAGB) **und extern verwaltete Investmentgesellschaften** (§ 1 Abs. 13 KAGB), sofern sie als Bankgeschäfte nur die kollektive Vermögensverwaltung (§ 1 Abs. 19 Nr. 24 KAGB) betreiben, fallen gem. § 2 Abs. 1 Nr. 3b KWG nicht unter den Begriff des Kreditinstituts und müssen von daher die umfangreichen Vorschriften des KWG nicht beachten. Gleichwohl müssen sie aufgrund von § 38 KAGB die § 340a bis 340o beachten. Ferner fallen **EU-Verwaltungsgesellschaften** (§ 1 Abs. 17 KAGB) **und EU-Investmentvermögen** (§ 1 Abs. 8 KAGB) nicht unter den Begriff der Kreditinstitute (§ 2 Abs. 1 Nr. 3c und 3d) und unterliegen hinsichtlich ihrer Rechnungslegung den jeweiligen Vorschriften ihres EU-Heimatlandes. Es gelten zusätzlich die Unternehmen nicht als Kreditinstitute, die **Bankgeschäfte ausschließlich mit ihrem Mutter-, Tochter- oder Schwesterunternehmen** betreiben (§ 2 Abs. 1 Nr. 7 KWG). Daneben gelten Unternehmen nicht als Kreditinstitute, die als Bankgeschäft nur das Einlagen- oder Kreditgeschäft über einen **Schwarmfinanzierungsdienstleister** betreiben (§ 2 Abs. 1 Nr. 8 KWG).[47] Es gelten die Unternehmen nicht als Kreditinstitute, die, unter Berücksichtigung der Voraussetzungen in § 2 Abs. 1 Nr. 9 KWG außer dem Finanzkommissionsgeschäft und dem Emissionsgeschäft, jeweils ausschließlich mit Warentermingeschäften, Emissionszertifikaten und Derivaten auf Emissionszertifikaten, kein Bankgeschäft betreiben und keinen Eigenhandel erbringen. Unternehmen, die das Finanzkommissionsgeschäft ausschließlich als Dienstleistung für Anbieter oder Emittenten von Vermögensanlagen oder von geschlossenen AIF sowie Unternehmen, die das Emissionsgeschäft ausschließlich als Übernahme gleichwertiger Garantien für Anbieter oder Emittenten von Vermögensanlagen iSd § 1 Abs. 2 VermAnlG oder von geschlossenen AIF iSd § 1 Abs. 5 KAGB betreiben, fallen nicht unter den Begriff des Kreditinstituts (§ 2 Abs. 1 Nr. 10 und 11 KWG). Dies gilt auch für Unternehmen, die das Depotgeschäft ausschließlich für AIF betreiben und damit das eingeschränkte Verwahrgeschäft erbringen (§ 2 Abs. 1 Nr. 12 KWG). Als Kreditinstitut gelten auch nicht Unternehmen, soweit sie das Finanzkom-

---

[44] Vgl. Kölner Komm RechnungslegungsR/Braun Rn. 52.
[45] Vgl. Krumnow et al. Rn. 30.
[46] Vgl. Krumnow et al. Rn. 34 f.
[47] Bei der Schwarmfinanzierung handelt es sich um eine Dienstleistung, bei der ein Schwarmfinanzierungsdienstleister, ohne dabei selbst ein Risiko einzugehen, eine öffentlich zugängliche digitale Plattform betreibt, um eine Zusammenführung potenzieller Anleger oder Kreditgeber mit Unternehmen zu ermöglichen oder zu erleichtern, die sich Finanzmittel beschaffen wollen. Vgl. BT-Drs. 19/27410, 1.

missionsgeschäft und das Emissionsgeschäft in Bezug auf Warenderivate betreiben, die mit ihrer jeweiligen Haupttätigkeit in Zusammenhang stehen (§ 2 Abs. 1 Nr. 13 KWG) sowie Zentralverwahrer, soweit sie das Finanzkommissionsgeschäft und das Emissionsgeschäft betreiben (§ 2 Abs. 1 Nr. 14 KWG).

20   Vom Anwendungsbereich der ergänzenden Vorschriften für Kreditinstitute, Finanzdienstleistungsinstitute, Wertpapierinstitute, Zahlungsinstitute und E-Geld-Institute sind nach § 340 Abs. 1 S. 1 auch die Unternehmen ausgeschlossen, die die BaFin **gem. § 2 Abs. 4 KWG** von den dort aufgeführten Vorschriften durch Verwaltungsakt im Einzelfall **freigestellt** hat und die der Bankenaufsicht nicht bedürfen. Im Rahmen des § 2 Abs. 4 KWG können bspw. Mietwagenunternehmen, Wohnungsbauunternehmen, die Wohnungsbaudarlehen ausschließlich an Betriebsangehörige gewähren oder Kreditvermittler dazu zählen, die die Mithaftung für vermittelte Kredite übernehmen.[48]

21   Materiell qualifizierte **Finanzdienstleistungsinstitute** nach § 1 Abs. 1a KWG, die aber durch § 2 Abs. 6 oder 10 KWG nicht als solche gelten, sind ebenfalls von der Anwendung der ergänzenden Vorschriften für Kredit-, Finanzdienstleistungs-, Wertpapier-, Zahlungsinstitute und E-Geld-Institute ausgeschlossen (§ 340 Abs. 4). Unter diese Kategorie fallen gem. § 2 Abs. 6 KWG bspw. Unternehmen, die Finanzdienstleistungen iSv § 1 Abs. 1a S. 2 KWG ausschließlich innerhalb der Unternehmensgruppe erbringen sowie Unternehmen, die als einzige Finanzdienstleistung mit Sorten handeln, wobei das Sortengeschäft nicht zu deren Haupttätigkeiten zählen darf.

22   Die Vorschriften der §§ 340–340o sind nicht anwendbar auf Wertpapierinstitute iSd § 2 Abs. 1 WpIG, sofern sie nach § 3 WpIG von der Anwendung ausgenommen sind. (§ 340 Abs. 4a S. 1). Die Aufzählung der Unternehmen, die von der Anwendung des WpIG ausgenommen sind und damit auch von der Anwendung der §§ 340 ff., orientiert sich an den aufgeführten Ausnahmen des KWG.[49]

23   Neben den explizit genannten Unternehmen, die von der Anwendung der §§ 340 ff. ausgenommen sind, greifen die ergänzenden Vorschriften für Kreditinstitute, Finanzdienstleistungsinstitute, Wertpapierinstitute, Zahlungsinstitute und E-Geld-Institute für weitere Unternehmen nicht, da sie keine Kreditinstitute iSv § 1 Abs. 1 KWG, keine Finanzdienstleistungsinstitute iSv § 1 Abs. 1a KWG, keine Wertpapierinstitute iSv § 2 Abs. 1 WpIG und keine Zahlungsinstitute und E-Geld-Institute iSv § 1 Abs. 3 ZAG sind. Dies gilt insbesondere für die in § 1 Abs. 3 KWG genannten **Finanzunternehmen,** bei denen der Gesetzgeber kein Bedürfnis sah, sie den ergänzenden Rechnungslegungsvorschriften zu unterwerfen. Die Haupttätigkeiten derartiger Unternehmen umfassen den Beteiligungserwerb einschließlich der Haltung, den entgeltlichen Erwerb von Geldforderungen, Leasingobjektgesellschaft iSv § 2 Abs. 6 S. 1 Nr. 17 KWG zu sein, den Handel mit Finanzinstrumenten auf eigene Rechnung, die Beratung bei der Anlage in Finanzinstrumenten, die Unternehmensberatung und Geldmaklergeschäfte. In der Praxis werden diese Geschäfte oft von Unternehmen betrieben, die aufgrund anderer in § 1 Abs. 1 und Abs. 1a KWG genannter Geschäfte als Kredit- bzw. Finanzdienstleistungsinstitute gelten und den §§ 340 ff. unterliegen. Handelt es sich bei einem Finanzunternehmen um ein Mutterunternehmen, dessen einziger Zweck darin besteht, Beteiligungen an Tochterunternehmen zu erwerben sowie die Verwaltung und Verwertung dieser Beteiligungen wahrzunehmen, so gilt dieses Finanzunternehmen als Kreditinstitut, sofern diese Tochterunternehmen ausschließlich oder überwiegend Kreditinstitute sind (§ 340i Abs. 3).[50]

IV. Zusätzliche Anforderungen (Abs. 1 S. 3, Abs. 4 S. 3, Abs. 4a S. 3, Abs. 5 S. 2)

24   In Abs. 1 S. 3 Abs. 4 S. 3 sowie Abs. 5 S. 2 ist klargestellt, dass zusätzliche rechtsformbezogene Vorschriften sowie Anforderungen an Zweigniederlassungen weiterhin anzuwenden

---

[48]   Vgl. Boos/Fischer/Schulte-Mattler/Schäfer KWG § 2 Rn. 55.
[49]   Vgl. BT-Drs. 19/26929, 129.
[50]   Vgl. IDW, WPH Edition, Kreditinstitute, D Rn. 29.

bzw. zu erfüllen sind.[51] Für Wertpapierinstitute wird in Abs. 4a S. 3 auf die Erfüllung der zusätzlichen Anforderungen aufgrund rechtsformbezogener Vorschriften hingewiesen. Dagegen fehlt der Hinweis auf die Anforderungen an Zweigniederlassungen, da für Wertpapierinstitute iSd § 2 Abs. 1 WpIG keine speziellen Rechnungslegungsvorschriften für Zweigniederlassungen existieren.[52]

Zweiter Titel. Jahresabschluß, Lagebericht, Zwischenabschluß

§ 340a Anzuwendende Vorschriften

(1) [1]Kreditinstitute, auch wenn sie nicht in der Rechtsform einer Kapitalgesellschaft betrieben werden, haben auf ihren Jahresabschluß die für große Kapitalgesellschaften geltenden Vorschriften des Ersten Unterabschnitts des Zweiten Abschnitts anzuwenden, soweit in den Vorschriften dieses Unterabschnitts nichts anderes bestimmt ist. [2]Kreditinstitute haben außerdem einen Lagebericht nach den für große Kapitalgesellschaften geltenden Bestimmungen aufzustellen.

(1a) [1]Ein Kreditinstitut hat seinen Lagebericht um eine nichtfinanzielle Erklärung zu erweitern, wenn es in entsprechender Anwendung des § 267 Absatz 3 Satz 1 und Absatz 4 bis 5 als groß gilt und im Jahresdurchschnitt mehr als 500 Arbeitnehmer beschäftigt. [2]Wenn die nichtfinanzielle Erklärung einen besonderen Abschnitt des Lageberichts bildet, darf das Kreditinstitut auf die an anderer Stelle im Lagebericht enthaltenen nichtfinanziellen Angaben verweisen. [3]§ 289b Absatz 2 bis 4 und die §§ 289c bis 289e sind entsprechend anzuwenden.

(1b) Ein Kreditinstitut, das nach Absatz 1 in Verbindung mit § 289f Absatz 1 eine Erklärung zur Unternehmensführung zu erstellen hat, hat darin Angaben nach § 289f Absatz 2 Nummer 6 aufzunehmen, wenn es in entsprechender Anwendung des § 267 Absatz 3 Satz 1 und Absatz 4 bis 5 als groß gilt. [2]Ein Kreditinstitut, das eine Genossenschaft ist, hat § 289f Absatz 4 nach Maßgabe des § 9 Absatz 3 und 4 des Genossenschaftsgesetzes anzuwenden.

(2) [1]§ 264 Absatz 3, §§ 264b, 265 Abs. 6 und 7, §§ 267, 268 Abs. 4 Satz 1, Abs. 5 Satz 1 und 2, §§ 276, 277 Abs. 1, 2, 3 Satz 1, § 284 Absatz 2 Nummer 3, § 285 Nr. 8 und 12, § 288 sind nicht anzuwenden. [2]An Stelle von § 247 Abs. 1, §§ 251, 266, 268 Absatz 7, §§ 275, 284 Absatz 3, § 285 Nummer 1, 2, 4, 9 Buchstabe c und Nummer 27 sind die durch Rechtsverordnung erlassenen Formblätter und anderen Vorschriften anzuwenden. [3]§ 246 Abs. 2 ist nicht anzuwenden, soweit abweichende Vorschriften bestehen. [4]§ 285 Nummer 31 ist nicht anzuwenden; unter den Posten „außerordentliche Erträge" und „außerordentliche Aufwendungen" sind Erträge und Aufwendungen auszuweisen, die außerhalb der gewöhnlichen Geschäftstätigkeit anfallen. [5]Im Anhang sind diese Posten hinsichtlich ihres Betrags und ihrer Art zu erläutern, soweit die ausgewiesenen Beträge für die Beurteilung der Ertragslage nicht von untergeordneter Bedeutung sind.

(3) [1]Sofern Kreditinstitute einer prüferischen Durchsicht zu unterziehende Zwischenabschlüsse zur Ermittlung von Zwischenergebnissen im Sinne des Artikels 26 Absatz 2 der Verordnung (EU) Nr. 575/2013 des Europäischen Parlaments und des Rates vom 26. Juni 2013 über Aufsichtsanforderungen an Kreditinstitute und Wertpapierfirmen und zur Änderung der Verordnung (EU) Nr. 646/2012 (ABl. L 176 vom 27.6.2013, S. 1) aufstellen, sind auf diese die für den Jahresabschluss geltenden Rechnungslegungsgrundsätze anzuwenden. [2]Die Vorschriften über die Bestellung des Abschlussprüfers sind auf die prüferische Durchsicht

---

51 Vgl. Krumnow et al. Rn. 36 f.
52 Vgl. BT-Drs. 20/5653, 45.

entsprechend anzuwenden. ³Die prüferische Durchsicht ist so anzulegen, dass bei gewissenhafter Berufsausübung ausgeschlossen werden kann, dass der Zwischenabschluss in wesentlichen Belangen den anzuwendenden Rechnungslegungsgrundsätzen widerspricht. ⁴Der Abschlussprüfer hat das Ergebnis der prüferischen Durchsicht in einer Bescheinigung zusammenzufassen. ⁵§ 320 und § 323 gelten entsprechend.

(4) Zusätzlich haben Kreditinstitute im Anhang zum Jahresabschluß anzugeben:

1. alle Mandate in gesetzlich zu bildenden Aufsichtsgremien von großen Kapitalgesellschaften (§ 267 Abs. 3), die von gesetzlichen Vertretern oder anderen Mitarbeitern wahrgenommen werden;
2. alle Beteiligungen an großen Kapitalgesellschaften, die fünf vom Hundert der Stimmrechte überschreiten.

Schrifttum: Adams, Stellungnahme zur Aktienrechtsreform 1997, AG Sonderheft August 1997, 9; App/Wiehagen-Knopke, Bilanzierung des Handelsbestands bei Banken nach dem BilMoG, KoR 2010, 93; Ausschuss für Bilanzierung des BdB, Marktrisikopublizität, WPg 1996, 64; Bär/Blaschke/Geisel/Vietze/Weigel/Weißenberger, Negative Zinsen bei Kreditinstituten: Wie ist zu bilanzieren?, WPg 2017, 1132; Beißer/Read, Reformierter Euribor und €STR-basierte Term Rates als Euribor-Fallbacks, ZfgK 2021, 464; BdB, Bankbilanzrichtlinie-Gesetz. Arbeitsmaterialien zur Anwendung von Bankbilanzrichtlinie-Gesetz und Rechnungslegungsverordnung, 1993; Bieg, Die externe Rechnungslegung der Kreditinstitute und Finanzdienstleistungsinstitute, 1999; Bieg/Waschbusch, Bankbilanzierung nach HGB und IFRS, 3. Aufl. 2017; Birck/Meyer, Die Bankbilanz, Handkommentar zum Jahresabschluß der Kreditinstitute, 3. Aufl., Teillieferung 1–2, 5, 1976–1989; Böcking, Betriebswirtschaftslehre und wirtschaftliche Betrachtungsweise im Bilanzrecht, FS Beisse, 1997, 85; Böcking, CSR-Richtlinie-Umsetzungsgesetz: Gesellschaftliche Verantwortung und Wertewandel – Neue Herausforderungen und Chancen für die Nachhaltigkeit, DB 2017, M5; Böcking/Dreisbach/Gros, Der fair value als Wertmaßstab im Handelsbilanzrecht und den IFRS – eine Diskussion vor dem Hintergrund des Referentenentwurfs des BilMoG, Der Konzern 2008, 207; Böcking/Orth, Neue Vorschriften zur Rechnungslegung und Prüfung durch das KonTraG und das KapAEG, DB 1998, 1241; Böcking/Torabian, Auswirkungen des Entwurfs des BilMoG auf die Bilanzierung von Finanzinstrumenten, BB 2008, 265; Ernst/Seidler, Gesetz zur Modernisierung des Bilanzrechts nach Verabschiedung durch den Bundestag, BB 2009, 766; Fischer/Becker, Wissensorientierte Unternehmenspublizität – Ergebnisse einer empirischen Studie in deutschen börsenorientierten Unternehmen, ZfCM 2005, 121; Geuer, Die Berichterstattung über die Risiken der künftigen Entwicklung in den Lageberichten der Kreditinstitute aufgrund des KonTraG, FS Sieben, 1998, 387; Göttgens/Schmelzeisen, Bankbilanzrichtlinie-Gesetz, 2. Aufl. 1992; Goldschmidt/Meyding-Metzger/Weigel, Änderungen in der Rechnungslegung von Kreditinstituten nach dem Bilanzrechtsmodernisierungsgesetz, IRZ 2010, 21 (Teil I), 63 (Teil II); Hanenberg, Die neuen Vorschriften zur Rechnungslegung der Finanzdienstleistungsinstitute, WPg 1999, 85; Heidner, Die rechtsgeschäftliche Treuhand in Zivil- und Insolvenzrecht, DStR 1989, 276 (Teil I), 305 (Teil II); Helke/Wiechens/Klaus, Zur Umsetzung der HGB-Modernisierung durch das BilMoG: Die Bilanzierung von Finanzinstrumenten, DB-Beil. 5/2009, 30; Henkel/Schneider/Tüns, Wie ist die europäische Bankenabgabe zu berechnen?, WPg 2017, 22; Hingst/Neumann, Negative Zinsen – Die zivilrechtliche Einordnung eines nur scheinbar neuen geldpolitischen Phänomens, BKR 2016, 95; Hopt, Stellungnahme zur Aktienrechtsreform 1997, AG Sonderheft August 1997, 42; IDW, IDW Prüfungsstandard: Grundsätze für die prüferische Durchsicht von Abschlüssen (IDW PS 900), WPg 2001, 1078; IDW, IDW Rechnungslegungshinweis: Zugangsklassifizierung und Umwidmung von Wertpapieren nach HGB (IDW RH HFA 1.014), IDW Life 2022, 105; IDW, IDW Stellungnahme zur Rechnungslegung: Bilanzierung von Finanzinstrumenten des Handelsbestands bei Kreditinstituten (IDW RS BFA 2), FN-IDW 2010, 154; IDW, IDW Stellungnahme zur Rechnungslegung: Handelsrechtliche Bilanzierung von Financial Futures und Forward Rate Agreements bei Instituten (IDW RS BFA 5), FN-IDW 2011, 653; IDW, IDW Stellungnahme zur Rechnungslegung: Handelsrechtliche Bilanzierung von Optionsgeschäften bei Instituten (IDW RS BFA 6), FN-IDW 2011, 656; IDW, IDW Stellungnahme zur Rechnungslegung: Einzelfragen der verlustfreien Bewertung von zinsbezogenen Geschäften des Bankbuchs (Zinsbuch) (IDW RS BFA 3 nF), IDW Life 2018, 278; IDW, IDW Rechnungslegungshinweis: Handelsbilanzielle Folgen der Änderung bestimmter Referenzzinssätze („IBOR-Reform") für Finanzinstrumente (IDW RH FAB 1.020), IDW Life 2019, 741; IDW, WPH Edition, Kreditinstitute, Finanzdienstleister und Investmentvermögen, 2020; IDW BFA, Institute, BFA: 256. Sitzung, IDW Life 2015,101; IDW BFA, Negative Zinsen und EU-Bankenabgabe nach HGB und IFRS, 261. BFA Sitzung am 23.6.2015, IDW Life 2015, 448; Kajüter, Nichtfinanzielle Berichterstattung nach dem CSR-Richtlinie-Umsetzungsgesetz, DB 2017, 618; Kehm, Offenlegung von Finanzinstrumenten, in Löw, Rechnungslegung für Banken nach IFRS, 2. Aufl. 2005, 605; Kirsch, Erneute Änderung des DRS 20 durch DRÄS 12, StuB 2022, 297; Kübler, Institutioneller Gläubigerschutz oder Kapitalmarkttransparenz?, ZHR 1995, 550; Langner/Müller, Negativzinsen im Passivgeschäft auf dem Prüfstand, WM

2015, 1979; Löw, Ausweis negativer Zinsen im Abschluss einer Bank, WPg 2015, 66; Meyer/Isenmann, Bankbilanzrichtlinie-Gesetz. Ein Handbuch für den Jahresabschluß, 1993; PwC, IFRS für Banken, 6. Aufl. 2017; Scharpf, Finanzinstrumente, in Küting/Pfitzer/Weber, Das neue deutsche Bilanzrecht, 2. Aufl. 2009, S. 197; Scharpf, Bilanzierung von Finanzinstrumenten des Handelsbestands bei Kreditinstituten – Erläuterung von IDW RS BFA 2, WPg 2010, 439 (Teil 1), 501 (Teil 2); Scharpf/Schaber, Handbuch Bankbilanz, 9. Aufl. 2022; Scharpf/Sohler, Leitfaden zum Jahresabschluß nach dem Bankbilanzrichtlinie-Gesetz: Bilanz, GuV und Anhang, Schitag, Ernst & Young, 1992; Schwartze, Deutsche Bankenrechnungslegung nach europäischem Recht: Der Einfluß von Zielsetzung und Inhalt der EG-Bankbilanzrichtlinie auf die deutschen Publizitätsvorschriften für Kreditinstitute nach HGB und KWG, 1990; Treuarbeit AG, Bankbilanzierung ab 1993 – Kommentierung der neuen Vorschriften für die Rechnungslegung der Kreditinstitute, 1992; Waschbusch, Bilanzierung bei Kreditinstituten, in Petersen/Zwirner, Handbuch Bilanzrecht, 2. Aufl. 2018, 997; Wiederhold/Pukallus, Zwischenberichterstattung nach dem TUG, Der Konzern 2007, 264.

Übersicht

I. Normzweck

Mit der Einfügung des Vierten Abschnitts in das Dritte Buch des HGB durch das **1** Bankbilanzrichtlinie-Gesetz (BGBl. 1990 I 2570) hat der deutsche Gesetzgeber das bereits mit dem Bilanzrichtlinie-Gesetz (BGBl. 1985 I 2355) verfolgte Ziel fortgeführt, die Vorschriften zur Rechnungslegung, Prüfung und Offenlegung im HGB zu konzentrieren und nicht auf Spezialgesetze für einzelne Rechtsformen zu verteilen. Um das HGB nicht mit Details zu überladen, wurden Fragen bzgl. Gliederung und Ausweis in die RechKredV ausgelagert, deren Anwendungsbereich mit dem der §§ 340 ff. gem. § 1 RechKredV übereinstimmt. Zahlungsinstitute und E-Geld-Institute (Institute iSd § 1 Abs. 3 ZAG) haben die RechZahlV zu beachten (§ 340 Abs. 5 iVm § 1 RechZahlV). Ein Institut, das eine Erlaubnis nach § 32 KWG hat, das gleichzeitig Institut iSd § 1 Abs. 3 des ZAG ist, muss sowohl die RechKredV als auch die RechZahlV anwenden.[1]

---

[1] Vgl. Scharpf/Schaber Bankbilanz-HdB S. 771.

II. Allgemeine Aufstellungspflicht für Jahresabschluss und Lagebericht von Kredit-, Finanzdienstleistungs-, Wertpapier-, Zahlungsinstituten und E-Geld-Instituten (Abs. 1)

2   Kredit-, Finanzdienstleistungs-, Wertpapier-, Zahlungsinstitute und E-Geld-Institute haben neben den ergänzenden Rechnungslegungsvorschriften der §§ 340–340o die Vorschriften für große Kapitalgesellschaften auf ihren Jahresabschluss und ihren Lagebericht anzuwenden, auch wenn sie nicht in der Rechtsform einer Kapitalgesellschaft betrieben werden (§ 340a Abs. 1).[2] Die **rechtsform- und größenunabhängigen** Rechnungslegungs-, Prüfungs- und Offenlegungspflichten werden insbesondere unter dem Gesichtspunkt des **Gläubigerschutzes** gerechtfertigt, der bei Banken durch ihre Tätigkeit der Hereinnahme fremder Publikumsgelder von großer Bedeutung ist. Die volkswirtschaftliche Bedeutung und die **Vertrauensempfindlichkeit** des Kreditgewerbes lassen eine Rücksichtnahme auf verschiedene Rechtsformen nicht zu und fordern gleiche Rechnungslegungsanforderungen für alle Institute.[3] Eine Rechtfertigung, bei der Rechnungslegung, Prüfung und Offenlegung der Jahresabschlüsse von Instituten allein auf den Geschäftszweig abzustellen, liegt auch in der Vielzahl unterschiedlicher **Bankrechtsformen innerhalb der EU** begründet. Im Rahmen der Bankrechtskoordinierung auf EU-Ebene ist folglich eine rechtsformunabhängige Regelung notwendig, um das Unterlaufen einschlägiger Rechnungslegungsvorschriften durch Sitzverlegung oder Rechtsformwechsel zu verhindern. Allerdings verbleibt es bei rechtsformabhängigen Unterschieden in der Rechnungslegung, weil bestimmte rechtsformspezifische Spezialgesetze Bedeutung besitzen.[4]

3   Kredit-, Finanzdienstleistungs-, Wertpapier-, Zahlungsinstitute und E-Geld-Institute haben, sofern in den §§ 340a ff. nichts Abweichendes geregelt ist, rechtsform- und größenunabhängig bei der Aufstellung des Jahresabschlusses und Lageberichts die für große Kapitalgesellschaften geltenden Vorschriften der §§ 264–289 zu beachten. Dabei wurden den Instituten keine größenabhängigen Erleichterungen (iSv § 267 iVm § 266 Abs. 1 S. 3, §§ 276, 288) eingeräumt. Ein Verweis auf die ebenfalls für die Rechnungslegung der Institute anzuwendenden §§ 238–263 war entbehrlich, da sich deren Geltung aus der Kaufmannseigenschaft der Institute ergibt. Folglich haben alle Institute einen aus Bilanz, GuV und Anhang bestehenden Jahresabschluss sowie einen Lagebericht zu erstellen.

4   Bei der Auslegung der Anforderungen für große Kapitalgesellschaften sind die branchenspezifischen Besonderheiten zu beachten.[5] Beispielsweise sind bei der Erstellung des Lageberichts die Besonderheiten der Risikoberichterstattung von Kredit- und Finanzdienstleistungsinstituten zu berücksichtigen.[6]

III. Erweiterung des Lageberichts um eine nichtfinanzielle Erklärung für bestimmte Institute (Abs. 1a)

5   **1. Anwendungsbereich.** Mit Inkrafttreten des CSR-RUG (CSR-Richtlinie-Umsetzungsgesetz) haben Institute, die an zwei aufeinanderfolgenden Geschäftsjahren durchschnittlich mehr als 500 Arbeitnehmer beschäftigen und die zugleich an zwei aufeinanderfolgenden Geschäftsjahren mindestens eines der für große Kapitalgesellschaften geltenden Größenkriterien (analog § 267 Abs. 3 S. 1, Abs. 4) überschreiten (Bilanzsumme über 20 Mio. EUR oder Umsatzerlöse über 40 Mio. EUR) eine **nichtfinanzielle Erklärung** in

---

[2]   Der deutsche Gesetzgeber hat somit vom Wahlrecht des Art. 2 Abs. 3 EG-Bankbilanz-RL keinen Gebrauch gemacht, nur Kapitalgesellschaften den §§ 340 ff. zu unterstellen.

[3]   Zum Gläubigerschutz und zur Vertrauensempfindlichkeit → Vor §§ 340–340o Rn. 7 ff.; Böcking FS Beisse, 1997, 101; Kübler ZHR 1995, 550 (560 f.).

[4]   Vgl. Krumnow et al. Rn. 8.

[5]   Vgl. Kölner Komm RechnungslegungsR/Braun Rn. 8.

[6]   Zur Risikoberichterstattung der Kredit- und Finanzdienstleistungsinstitute vgl. DRS 20 Anlage 1. Der Standard bezieht sich primär auf den Konzernlagebericht, eine entsprechende Anwendung auf den Lagebericht nach § 289 wird aber empfohlen. Zum DRS 20 Anlage 1 → §§ 340i, 340j Rn. 83 ff.

ihren Lagebericht aufzunehmen (Abs. 1a).[7] Für Institute fehlt eine Definition für den **Begriff Umsatzerlöse.** Eine Orientierungsmöglichkeit für Institute geben die Bußgeldvorschriften in § 334 Abs. 3b und § 340n Abs. 3b mit der Summe aus Zinserträgen, laufende Erträge, Provisionserträge, Handelsergebnis und sonstige betriebliche Erträge. Für die Definitionen der Begriffe Arbeitnehmerzahl und Bilanzsumme gilt § 267 Abs. 4a und 5. Während nichtkapitalmarktorientierte Unternehmen mit mehr als 500 Arbeitnehmern von der Berichtspflicht befreit sind, werden große Institute mit mehr als 500 Arbeitnehmern den kapitalmarktorientierten Unternehmen im Hinblick auf die nichtfinanzielle Berichterstattung gleichgestellt.[8]

2. Inhalt der nichtfinanziellen Erklärung. In der nichtfinanziellen Erklärung ist **6** neben einer kurzen Beschreibung des Geschäftsmodells auch zumindest auf Umwelt-, Arbeitnehmer- und Sozialbelange sowie die Achtung der Menschenrechte und Bekämpfung von Korruption und Bestechung einzugehen, sofern diese Angaben für das Verständnis des Geschäftsverlaufs, des Geschäftsergebnisses und der Lage des Instituts sowie der Auswirkungen der Geschäftstätigkeiten auf die nichtfinanziellen Aspekte erforderlich sind (§ 289c).

Darüber hinaus hat die nichtfinanzielle Erklärung diejenigen Angaben zu enthalten, **7** die gemäß Art. 8 Taxonomie-VO[9] zu machen sind. Hierbei ist auch die Delegierte VO (EU) 2021/2178[10] zu beachten. Art. 8 Taxonomie-VO regelt, dass Unternehmen, die verpflichtet sind, eine nichtfinanzielle Erklärung bzw. einen gesonderten nichtfinanziellen Bericht aufzustellen, in ihrer nichtfinanziellen Berichterstattung Angaben darüber aufzunehmen haben, wie und in welchem Umfang die Tätigkeiten des Unternehmens mit Wirtschaftstätigkeiten verbunden sind, die als ökologisch nachhaltige Wirtschaftstätigkeiten iSd Taxonomie-VO einzustufen sind.[11]

3. Vorschriften zur Befreiung der nichtfinanziellen Erklärung und Formen **8** **der nichtfinanziellen Berichterstattung.** Für die nichtfinanzielle Erklärung gelten die Befreiungstatbestände des § 289b Abs. 2 und 3, die Regelung des § 289b Abs. 4 und die Regelungen der §§ 289c–e289 (s. §§ 289c, 289d, 289e) entsprechend.[12] Mutterunternehmen nach § 290 Abs. 1, die sowohl nach § 289b als auch nach § 315b verpflichtet sind, eine nichtfinanzielle Erklärung abzugeben, dürfen gemäß § 315b Abs. 1 S. 2 ihre eigene nichtfinanzielle Erklärung mit der nichtfinanziellen Konzernerklärung in entsprechender Anwendung des § 298 Abs. 2 zusammenfassen. Die Abgabe einer nichtfinanziellen Erklärung ist nach § 289b Abs. 2 nicht erforderlich, wenn das Institut in den Konzernlagebericht eines Mutterunternehmens einbezogen ist und das Mutterunternehmen eine nichtfinanzielle Konzernberichterstattung abgibt. Das befreiende Mutterunternehmen ist verpflichtet, seine nichtfinanzielle Konzernberichterstattung in deutscher oder englischer Sprache vorzulegen. Das Institut ist verpflichtet, in seinem Lagebericht auf die Befreiung hinzuweisen und anzugeben, welches Mutterunternehmen den Konzernlagebericht oder den gesonderten

---

[7] Vgl. BT Drs. 18/9982, 26 f. Die Schwellenwerte sind gem. § 267 Abs. 4 iVm § 340a Abs. 1a nicht nur einmalig, sondern an den Abschlussstichtagen von zwei aufeinander folgenden Geschäftsjahren zu überschreiten, es sei denn das Institut wurde neu gegründet oder ist aus einer Umwandlung entstanden.

[8] Vgl. Kajüter DB 2017, 618.

[9] Verordnung (EU) 2020/852 des Europäischen Parlaments und des Rates vom 18. Juni 2020 über die Einrichtung eines Rahmens zur Erleichterung nachhaltiger Investitionen und zur Änderung der Verordnung (EU) 2019/2088, ABl. EG 2020 L 198, 13.

[10] Delegierte Verordnung (EU) 2021/2178 der Kommission vom 6. Juli 2021 zur Ergänzung der Verordnung (EU) 2020/852 des Europäischen Parlaments und des Rates durch Festlegung des Inhalts und der Darstellung der Informationen, die von Unternehmen, die unter Artikel 19a oder Artikel 29a der Richtlinie 2013/34/EU fallen, in Bezug auf ökologisch nachhaltige Wirtschaftstätigkeiten offenzulegen sind, und durch Festlegung der Methode, anhand deren die Einhaltung dieser Offenlegungspflicht zu gewährleisten ist, ABl. EG 2021 L 443, 9.

[11] Der DRS 20 enthält keine Konkretisierungen bzgl. der Taxonomie-VO, da die Mandatierung des DRSC gem. § 342q die Konkretisierungen von EU-Vorgaben nicht umfasst. Vgl. Kirsch StuB 2022, 301.

[12] Vgl. BT Drs. 18/9982, 61.

nichtfinanziellen Konzernbericht öffentlich zugänglich macht und wo dieser Bericht offengelegt oder veröffentlicht ist.

9   Die nichtfinanzielle Erklärung kann entweder als Teil des Lageberichts oder ausgelagert in einem gesonderten nichtfinanziellen Bericht veröffentlicht werden.[13] Das Institut ist nach § 289b Abs. 3 von der Pflicht zur Erweiterung des Lageberichts um eine nichtfinanzielle Erklärung befreit, wenn es einen gesonderten nichtfinanziellen Bericht erstellt bzw. nach § 315b Abs. 3 iVm 315b Abs. 1 S. 2 und § 298 Abs. 2 einen zusammengefassten gesonderten nichtfinanziellen Bericht, der die inhaltlichen Vorgaben des § 289c bzw. § 315c erfüllt. Sofern sich das Institut für eine Darstellung im Lagebericht entscheidet, besteht hier die Möglichkeit, die nichtfinanziellen Angaben entweder an verschiedenen Stellen des Lageberichts zu integrieren oder sie in einem separaten Abschnitt des Lageberichts zu bündeln.[14] Doppelangaben zu nichtfinanziellen Angaben können mittels Verweistechnik von der nichtfinanziellen Erklärung hin zu anderen Stellen des Lageberichts gem. Abs. 1a S. 2 vermieden werden.

10   **4. Prüfung der nichtfinanziellen Berichterstattung und Offenlegung des Prüfungsergebnisses.** Der Abschlussprüfer des Instituts ist nach § 317 Abs. 2 S. 4 nur verpflichtet zu prüfen, ob die nichtfinanzielle Berichterstattung vorgelegt wurde. Unterzieht das Institut seine nichtfinanzielle Berichterstattung einer freiwilligen externen inhaltlichen Überprüfung, muss es das Prüfungsurteil zusammen mit der nichtfinanziellen Erklärung bzw. mit dem gesonderten nichtfinanziellen Bericht öffentlich zugänglich machen (§ 289b Abs. 4).

IV. Erklärung zur Unternehmensführung (Abs. 1b)

11   Die Anpassung des § 340a Abs. 1 durch das BilRUG stellt klar, dass Institute, die börsennotierte Aktiengesellschaften oder Kommanditgesellschaften auf Aktien sind, auch die Regelungen des § 289f zur Erklärung zur Unternehmensführung anzuwenden haben.[15] Diese Institute haben nach Abs. 1b iVm § 289f Abs. 2 Nr. 6 (→ § 289f) mit Inkrafttreten des CSR-RUG Angaben zum Diversitätskonzept aufzunehmen. Abs. 1b stellt klar, dass kleine und mittelgroße Kapitalgesellschaften, wie auch im Rahmen von § 289f Abs. 2 Nr. 6, von dieser Angabepflicht ausgenommen sind, wobei hier im Vergleich zum Abs. 1a der Arbeitnehmerzahl keine zentrale Bedeutung zukommt.[16] Die Diversitätsangaben umfassen neben einer Beschreibung des Diversitätskonzepts und seiner Ziele auch eine Erläuterung der Art und Weise der Umsetzung und der im Geschäftsjahr erreichten Ergebnisse. Institute, die keine Unternehmen iSd § 289f Abs. 1 sind, müssen jedoch § 289f Abs. 4 beachten, der nach § 340a Abs. 1 anwendbar ist, und Angaben zur sog. Frauenquote von Unternehmen verlangt, die der Mitbestimmung unterliegen. Erfasst von dieser Vorschrift werden insbesondere nicht börsennotierte und nicht kapitalmarktorientierte Aktiengesellschaften, Kommanditgesellschaften auf Aktien, Gesellschaften mit beschränkter Haftung und Genossenschaften, sofern die einschlägigen gesellschaftsrechtlichen Vorschriften über Zielgrößen für den Frauenanteil auf sie anwendbar sind (§ 111 Abs. 5 AktG, § 52 Abs. 2 GmbHG, § 9 Abs. 3 und 4 GenG). Ein Institut, das eine **Genossenschaft** ist und gemäß § 340a Abs. 1 S. 2 den § 289f Abs. 4 anwendet, hat dies nach Maßgabe des § 9 Abs. 3 und 4 GenG zu tun (§ 340 Abs. 1b S. 2).[17]

---

[13]   Vgl. Böcking DB 2017, M5.
[14]   Vgl. Kajüter DB 2017, 619.
[15]   Vgl. BT Drs. 18/4050, 80, wobei hier auf den § 289a aF verwiesen wird, der durch das CSR-RL-Umsetzungsgesetz in § 289f unbenannt wurde.
[16]   Vgl. BT Drs. 18/9982, 61.
[17]   Die Einfügung des § 340a Abs. 1b S. 2 durch das Gesetz zur Ergänzung und Änderung der Regelungen für die gleichberechtigte Teilhabe von Frauen an Führungspositionen in der Privatwirtschaft und im öffentlichen Dienst (v. 7.8.2021, BGBl. 2021 I 3311) dient somit der Klarstellung. Vgl. BT-Drs. 19/26689, 81.

V. Nicht anzuwendende Vorschriften (Abs. 2 S. 1, S. 4) sowie ersetzende und ergänzende Vorschriften durch die RechKredV und RechZahlV (Abs. 2 S. 2)

1. Allgemeines. Die in Abs. 1 genannten Vorschriften sind nur insoweit anzuwenden, **12** als die speziellen Rechnungslegungsnormen der §§ 340–340o nichts Anderes vorschreiben. Abs. 2 nimmt einige der in Abs. 1 erfassten Vorschriften von der Geltung für Institute aus, wobei die in S. 1 genannten Vorschriften ersatzlos nicht anzuwenden sind, während an die Stelle der in S. 2 aufgeführten Bestimmungen die RechKredV bzw. für Institute iSd § 1 Abs. 3 ZAG die RechZahlV (→ Rn. 1) tritt. Diese strikte Trennung wird allerdings an einigen Stellen durchbrochen, wie sich in § 268 Abs. 4 S. 1 und Abs. 5 S. 1 zeigt, für die §§ 8 und 9 RechKredV bzw. §§ 6 und 7 RechZahlV gelten, sowie bei § 265 Abs. 7, der durch § 2 Abs. 2 RechKredV ersetzt wird.

Bei Instituten besteht unabhängig von ihrer Rechtsform ein besonderes Interesse der **13** Allgemeinheit an Transparenz und Verlässlichkeit der Rechnungslegungsunterlagen.[18] Deshalb können Institute die für bestimmte Tochterunternehmen geltenden Befreiungen gemäß § 264 Abs. 3 und § 264b von den Regelungen der §§ 264 ff., 316 ff. und §§ 325 ff. zu Inhalt, Prüfung und Offenlegung des Jahresabschlusses und Lageberichts nicht in Anspruch nehmen (§ 340a Abs. 2 S. 1). Eine Nichtanwendung der §§ 316–324a iVm § 264 Abs. 3, § 264b würde zudem zur Umgehung der aufsichtlichen Prüfungsvorschriften (§ 26 KWG) führen. Die Prüfungsberichte unabhängiger Sachverständiger sind für die Bankenaufsicht dabei von besonders hohem Informationswert.

Die folgende Übersicht zeigt die Spezialvorschriften für Kredit-, Finanzdienstleistungs-, **14** Wertpapier, Zahlungsinstitute und E-Geld-Institute, die an Stelle der in Abs. 2 S. 1 und 2 genannten Regelungen gelten:[19]

HGB		Sachverhalt	Spezialvorschrift
§ 247	Abs. 1	Gesonderter Ausweis und Aufgliederung von Anlage- und Umlaufvermögen, Eigenkapital, Schulden und Rechnungsabgrenzungsposten	§ 2 Abs. 1 RechKredV § 2 RechZahlV
§ 251		Bilanzvermerk der Haftungsverhältnisse	Im Wesentlichen gelten die §§ 26 und 27 RechKredV und Formblatt 1
§ 264 § 264b	Abs. 3	Befreiung von bestimmten Tochterunternehmen von den Regelungen der §§ 264 ff., 316 ff. und §§ 325 ff. zu Inhalt, Prüfung und Offenlegung des Jahresabschlusses und Lageberichts	keine Anwendung
§ 265	Abs. 6	Änderung der Bilanz-/GuV-Gliederung und Postenbezeichnungen	keine Anwendung
	Abs. 7	Zusammenfassung von Posten der Bilanz und der GuV	§ 2 Abs. 2 RechKredV
§ 266		Gliederung der Bilanz	§ 2 Abs. 1 RechKredV § 2 RechZahlV
§ 267		Umschreibung der Größenklassen	keine Anwendung
§ 268	Abs. 4 S. 1	Vermerk der Forderungen mit Restlaufzeit von über einem Jahr	§ 340d HGB iVm §§ 8, 9 RechKredV § 340d HGB iVm §§ 6, 7 RechZahlV
	Abs. 5 S. 1	Vermerk der Verbindlichkeiten mit Restlaufzeit bis zu einem Jahr	§ 340d HGB iVm §§ 8, 9 RechKredV § 340d HGB iVm §§ 6, 7 RechZahlV
	Abs. 5 S. 2	Gesonderter Bilanzausweis erhaltener Anzahlungen auf Bestellungen	keine Anwendung

---

[18] Vgl. BT-Drs. 19/29879, 156.
[19] Vgl. dazu auch Bieg Rechnungslegung S. 45 f.

HGB		Sachverhalt	Spezialvorschrift
	Abs. 7	Angabe der Haftungsverhältnisse unter der Bilanz oder im Anhang	Im Wesentlichen gelten die §§ 26 und 27 RechKredV und Formblatt 1 Formblatt 1 RechZahlV
§ 275		Gliederung der GuV	§ 2 Abs. 1 RechKredV § 2 RechZahlV
§ 276		Größenabhängige Erleichterungen	keine Anwendung
§ 277	Abs. 1	Ausweis der Umsatzerlöse	keine Anwendung
	Abs. 2	Bestandsveränderungen	keine Anwendung
	Abs. 3 S. 1	Gesonderte Angaben in GuV oder Anhang von außerplanmäßigen Abschreibungen	keine Anwendung
§ 284	Abs. 2 Nr. 3	Angabe von Unterschiedsbeträgen bei Gruppenbewertung und Verbrauchsfolgeverfahren im Anhang	keine Anwendung
	Abs. 3	Anlagespiegel	§ 34 Abs. 3 RechKredV § 28 Abs. 3 RechZahlV
§ 285	Nr. 1	Angabe der Verbindlichkeiten mit Restlaufzeit von mehr als 5 Jahren und durch Pfandrechte gesicherten Verbindlichkeiten	§ 340d HGB iVm §§ 8, 9, 35 Abs. 5 RechKredV
	Nr. 2	Aufgliederung der Angaben nach § 285 Nr. 1 HGB	§ 340d HGB iVm §§ 8, 9, 35 Abs. 5 RechKredV
	Nr. 4	Aufgliederung der Umsatzerlöse nach geographischen Märkten	§ 34 Abs. 2 S. 1 Nr. 1 RechKredV § 28 Abs. 2 S. 1 Nr. 1 RechZahlV
	Nr. 8	Angabe von Material- und Personalaufwand bei Anwendung des Umsatzkostenverfahrens	keine Anwendung
	Nr. 9 lit. c	Angabe von Vorschüssen und Krediten für aktive Organmitglieder	§ 34 Abs. 2 Nr. 2 RechKredV § 28 Abs. 2 S. 1 Nr. 2 RechZahlV
	Nr. 12	Erläuterung nicht unerheblicher nicht gesondert ausgewiesener Rückstellungen	keine Anwendung
	Nr. 27	Gründe der Einschätzung des Risikos der Inanspruchnahme der im Anhang ausgewiesenen Verbindlichkeiten und Haftungsverhältnisse	§ 34 Abs. 2 Nr. 4 RechKredV
	Nr. 31	Angaben zu Erträgen und Aufwendungen von außergewöhnlicher Größenordnung oder außergewöhnlicher Bedeutung	§ 340a Abs. 2 S. 4 f.
§ 288		Größenabhängige Erleichterungen	keine Anwendung

Abbildung: Spezialvorschriften für Kredit-, Finanzdienstleistungs-, Wertpapier-, Zahlungsinstitute und E-Geld-Institute

15   **2. Spezielle Vorschriften der RechKredV[20] und der RechZahlV. a) Formblätter.** An Stelle der für alle Kaufleute bzw. Kapitalgesellschaften geltenden Gliederungsschemata für Bilanz (§§ 247, 266) und GuV (§ 275) haben Institute die Formblätter des § 2 RechKredV anzuwenden, wobei für die Bilanz die Kontoform vorgeschrieben ist und für die GuV die Wahl zwischen der Konto- oder Staffelform besteht. In der RechKredV gibt es für Finanzdienstleistungs- und Wertpapierinstitute keine separaten Formblätter. Allerdings werden über die Fußnoten in den Formblättern der RechKredV Anpassungen für bestimmte Institutsgruppen (Pfandbriefbanken, Bausparkassen, Genossenschaftsbanken, Finanzdienstleistungsinstitute, Wertpapierinstitute und Skontroführer) vorgenommen.

16   Institute iSd § 1 Abs. 3 ZAG haben abweichend von § 266 über die Gliederung der Bilanz und abweichend von § 275 über die Gliederung der GuV die Formblätter des § 2

---

[20]   Die RechKredV ist sowohl für Kredit-, Finanzdienstleistungs- und Wertpapierinstitute (Institute) relevant. Vgl. BT-Drs. 19/26929, 170; Hanenberg WPg 1999, 90.

RechZahlV zu verwenden. Im Vergleich zur RechKredV ist für die GuV die Staffelform vorgeschrieben.

Im Vergleich zum **Bilanzgliederungsschema** für Nichtbanken richtet sich die Rei-   **17** henfolge der Aktiv- und Passivposten nach dem Prinzip des abnehmenden Liquiditätsgrads. Ferner findet sich im Bilanzformblatt der Kredit-, Finanzdienstleistungs- und Wertpapierinstitute und im Bilanzformblatt der Institute iSd § 1 Abs. 3 ZAG (Zahlungsinstitute und E-Geld-Institute) keine Differenzierung nach Anlage- und Umlaufvermögen.[21] Da aber die Zugehörigkeit der Vermögensgegenstände zu einer der beiden Vermögenskategorien bei der Bewertung und für den GuV-Ausweis bestimmter Aufwendungen und Erträge eine wesentliche Rolle spielt, ist eine interne Zuordnung der Vermögensgegenstände zu treffen.[22] Ferner weisen die Bilanzformblätter für Kredit-, Finanzdienstleistungs- und Wertpapierinstitute und für Zahlungsinstitute und E-Geld-Institute die von § 266 abweichende formale Besonderheit auf, dass die Bilanzposten mit arabischen Zahlen, die Unterposten mit kleinen Buchstaben gekennzeichnet werden.

In der **GuV** werden die Erfolgsposten nach Aufwands- und Ertragsarten getrennt. Bei   **18** Anwendung der Kontoform werden die Aufwendungen und Erträge auf unterschiedlichen Seiten ausgewiesen und die Gesamtaufwendungen und Gesamterträge eines Instituts sind sofort ablesbar. Bei der Staffelform werden zusammengehörende Aufwands- und Ertragsbestandteile in aufeinanderfolgenden Posten erfasst und zu Zwischenergebnissen saldiert, sodass in der GuV das Zinsergebnis, das Handelsergebnis und das Provisionsergebnis direkt erkennbar sind.[23] Von wesentlicher Bedeutung hinsichtlich der Transparenz der GuV sind die verschiedenen Verrechnungsmöglichkeiten zwischen bestimmten Aufwendungen und Erträgen (§ 340c Abs. 1 und 2, § 340f Abs. 3), wobei § 340c Abs. 1 für Finanzdienstleistungsinstitute, Wertpapierinstitute[24] und Kreditinstitute, soweit letztere Skontroführer iSv § 27 Abs. 1 S. 1 BörsG und nicht CRR-Kreditinstitute iSv § 1 Abs. 3d S. 1 KWG sind, keine Anwendung findet.

Nach § 2 Abs. 2 RechKredV ist eine Zusammenfassung der mit kleinen Buchstaben   **19** versehenen Posten der Bilanz und der GuV zulässig, sofern sie einen Betrag enthalten, der für die Vermittlung eines den tatsächlichen Verhältnissen entsprechenden Bildes der Vermögens-, Finanz- und Ertragslage nicht erheblich ist oder wenn durch die Zusammenfassung die Klarheit der Darstellung vergrößert wird. Bei einer Zusammenfassung zwecks Klarheit der Darstellung ist jedoch ein gesonderter Ausweis im Anhang erforderlich. Die RechZahlV enthält keine vergleichbare Norm, sollte aber entsprechend anwendbar sein.

b) Unterposten. Nach § 3 RechKredV sind für bestimmte verbriefte und unverbriefte   **20** Forderungen und verbriefte und unverbriefte Verbindlichkeiten, die sich an verbundene Unternehmen bzw. an Unternehmen richten, mit denen ein Beteiligungsverhältnis besteht, Unterposten zu bilden, und zwar für die Aktivposten „Forderungen an Kreditinstitute", „Forderungen an Kunden", „Schuldverschreibungen und andere festverzinsliche Wertpapiere" und für die Passivposten „Verbindlichkeiten gegenüber Kreditinstituten", „Verbindlichkeiten gegenüber Kunden", „Verbriefte Verbindlichkeiten" und „Nachrangige Verbindlichkeiten". Die Angaben sind nur für die jeweiligen Hauptposten vorzunehmen und beziehen sich auf den entsprechenden Bilanzwert. Gemäß § 3 S. 2 RechKredV können die Angaben auch wahlweise im Anhang vorgenommen werden, wobei sich die Reihenfolge nach den Posten des Formblatts zu richten hat. Sollte zwischen verbundenen Unternehmen gleichzeitig ein Beteiligungsverhältnis bestehen, hat die Behandlung als verbundenes Unternehmen Vorrang.

---

[21]   Für Vermögensgegenstände des Anlagevermögens findet sich jedoch im Anhang ein Anlagespiegel gem. § 34 Abs. 3 RechKredV.

[22]   Vgl. Bieg/Waschbusch Bankbilanzierung S. 111.

[23]   Vgl. Petersen/Zwirner/Waschbusch Rn. 7.

[24]   Wertpapierinstitute sind nach § 340 Abs. 4a S. 2, soweit sie Skontroführer iSv § 27 Abs. 1 S. 1 BörsG sind, von der Anwendung des § 340c Abs. 1 ausgenommen. Die Einschränkung in § 340 Abs. 4a S. 2 auf Skontroführer steht im Widerspruch zur Fn. 7 in den beiden Formblättern 2 und 3 der RechKredV. Hier handelt es sich vermutlich um einen redaktionellen Fehler (→ § 340 Rn. 13).

21   Gemäß § 3 Abs. 1 RechZahlV sind aus Zahlungsdiensten und aus der Ausgabe von E-Geld oder aus sonstigen Tätigkeiten stammende Angaben nach Maßgabe der Formblätter getrennt auszuweisen. Soweit eine solche Aufteilung in den Formblättern nicht vorgesehen ist, braucht eine Aufteilung nicht erfolgen. Darüber hinaus sind nach § 3 Abs. 2 RechZahlV für verbriefte und unverbriefte Forderungen und verbriefte und unverbriefte Verbindlichkeiten, die sich an verbundene Unternehmen bzw. an Unternehmen richten, mit denen ein Beteiligungsverhältnis besteht, Unterposten zu bilden, und zwar für die Aktivposten „Forderungen an Kreditinstitute", „Forderungen an Kunden", „Forderungen an Institute iSd § 1 Abs. 3 ZAG", „Schuldverschreibungen und andere festverzinsliche Wertpapiere" und für die Passivposten „Verbindlichkeiten gegenüber Kreditinstituten", „Verbindlichkeiten gegenüber Kunden", „Verbindlichkeiten gegenüber Instituten iSd § 1 Abs. 3 ZAG" und „Nachrangige Verbindlichkeiten". Gemäß § 3 S. 2 RechZahlV können die Angaben statt in der Bilanz auch im Anhang in der Reihenfolge der betroffenen Posten gemacht werden. Die Regelung des § 3 Abs. 2 RechZahlV orientiert sich an der Vorschrift des § 3 RechKredV.

22   **c) Nachrangige Vermögensgegenstände und Schulden.** § 4 RechKredV sieht einen gesonderten Ausweis der nachrangigen Vermögensgegenstände und Schulden vor. **Konstitutives Merkmal** für nachrangige Vermögensgegenstände und Schulden ist die Nachrangabrede, dh eine Vereinbarung, dass im Falle der Liquidation oder der Insolvenz die entsprechenden Forderungen und Verbindlichkeiten erst nach den Forderungen anderer Gläubiger erfüllt werden dürfen. Für die Nachrangabrede reicht eine bloße Absprache unter den Gläubigern nicht aus. Es hat eine vertragliche Bindung des Schuldners vorzuliegen. Als nachrangige Vermögensgegenstände kommen vor allem Darlehensforderungen sowie Forderungen auf Rückzahlung von Genussrechtskapital und stille Beteiligungen in Betracht. Nachrangige Schulden sind entsprechend nachrangig aufgenommene Darlehen, Genussrechtskapital und stille Einlagen.

23   Banken emittieren zunehmend sog. **AT-1 Anleihen** (Additional Tier 1-Kapital), derzeit üblicherweise in der Form von Herabschreibungsanleihen, die regulatorisch als haftende Eigenmittel anerkannt sind. Anhand der konkreten Anleihebedingungen ist zu prüfen, ob die Merkmale der Anleihe überwiegend denen einer nachrangigen Verbindlichkeit oder denen eines Genussrechts entsprechen. Je nachdem, welche Merkmale im Gesamtbild überwiegen, kann ein Ausweis unter den „Nachrangigen Verbindlichkeiten" (Formblatt 1 Passivposten Nr. 9 RechKredV) oder unter „Genussrechtkapital" (Formblatt 1 Passivposten Nr. 10 RechKredV) in Frage kommen. Überwiegen nach dem Gesamtbild der Verhältnisse weder die Merkmale eines Genussrechts noch die einer nachrangigen Verbindlichkeit, wird vom Bankenfachausschuss des IDW ein Ausweis in einem neu hinzuzufügenden Posten „Instrumente des zusätzlichen aufsichtsrechtlichen Kernkapitals"[25] empfohlen.[26] Der neue Posten ist zwischen dem Passivposten Nr. 10 und dem Passivposten Nr. 11 „Fonds für allgemeine Bankrisiken" einzufügen.[27]

24   Für den Ausweis nachrangiger Vermögensgegenstände hat der Bilanzierende gem. § 4 Abs. 2 RechKredV das Wahlrecht, diese entweder in der Bilanz bei den jeweiligen Posten oder Unterposten auszuweisen oder im Anhang in der Reihenfolge der betroffenen Posten separat zu nennen. Beim gesonderten Ausweis in der Bilanz kommt die Einrichtung eines Darunter-Vermerks oder die Angabe in einer Vorspalte in Betracht. Nachrangige Verbindlichkeiten sind in einem gesonderten Passivposten „Nachrangige Verbindlichkeiten" auszuweisen. Für Genussrechtskapital bleibt es jedoch bei dem gesonderten Ausweis unter dem Posten „Genussrechtskapital". Einlagen eines stillen Gesellschafters sind in dem Unterposten 12a) „Gezeichnetes Kapital" auszuweisen (§ 25 Abs. 1 RechKredV). Zu den nachrangigen Verbindlichkeiten sind nach § 35 Abs. 3 RechKredV umfangreiche Einzelangaben im Anhang zu machen.

---

[25]   Vgl. § 340a Abs. 2 iVm § 265 Abs. 5 S. 2.
[26]   Vgl. IDW BFA IDW Life 2015, 101.
[27]   Vgl. IDW BFA IDW Life 2015, 102.

Für Zahlungsinstitute und E-Geld-Institute ist § 4 RechZahlV zu beachten, deren **25** Inhalt mit § 4 RechKredV übereinstimmt. Daneben ist bzgl. Einlagen eines stillen Gesellschafters § 19 RechZahlV zu berücksichtigen, der weitestgehend § 25 Abs. 1 RechKredV entspricht. Auch für Institute iSd § 1 Abs. 3 ZAG sind zu den nachrangigen Verbindlichkeiten umfangreiche Einzelangaben im Anhang zu machen (§ 29 Abs. 3 RechZahlV). Die Regelung von § 29 Abs. 3 RechZahlV entspricht inhaltlich § 35 Abs. 3 RechKredV.

Mit dem Abwicklungsmechanismusgesetz (AbwMechG) v. 2.11.2015 (BGBl. 2015 I **26** 1871) wurden in § 46f KWG die Abs. 5–7 eingefügt, die seit dem 1.1.2017 anzuwenden sind. Anpassungen und Ergänzungen erfolgten mit dem Gesetz zur Ausübung von Optionen der EU-Prospektverordnung und zur Anpassung weiterer Finanzmarktgesetze v. 10.7.2018 (BGBl. 2018 I 1112). Die Gesetzesänderungen haben außerhalb der Insolvenzordnung zur Einführung einer neuen Rangklasse im Insolvenz- und Abwicklungsfall für bestimmte Forderungen aus unbesicherten Schuldtiteln wie Inhaberschuldverschreibungen, Schuldscheindarlehen und Namensschuldverschreibungen geführt. Diese Instrumente erhalten einen neuen Rang innerhalb einer Haftungskaskade und sollen dabei einerseits vorrangig zu den vertraglich nachrangigen Instrumenten bleiben und andererseits nachrangig zu anderen Verbindlichkeiten sein.[28] Korrespondierende Anpassungen im HGB, der RechKredV und der RechZahlV wurden nicht vorgenommen, so dass der Gesetzgeber bislang keine den vertraglich vereinbarten Nachrangabreden entsprechende Ausweisregelungen getroffen hat. Es ist je nach den individuellen Verhältnissen eine Darstellung der Haftungskaskade im Anhang zu empfehlen.

d) Gemeinschaftsgeschäfte. Nach § 5 RechKredV gelten als Gemeinschaftsgeschäfte **27** der gemeinschaftliche Erwerb von Wertpapieren oder Beteiligungen und die gemeinschaftliche Kreditgewährung durch mehrere Institute.[29] Für Finanzdienstleistungsinstitute gilt § 5 RechKredV nur in Bezug auf den Gemeinschafterwerb von Wertpapieren oder Beteiligungen, da diese das Kreditgeschäft nicht betreiben. Wertpapierinstitute haben weder große Portfolien an Privatkunden- oder Unternehmenskrediten,[30] allerdings können Wertpapiernebendienstleistungen von Wertpapierinstituten die Gewährung von Darlehen oder anderen Krediten an andere für die Durchführung von Wertpapierdienstleistungen umfassen, sofern das Unternehmen, das die Kredite oder Darlehen gewährt, an diesen Geschäften beteiligt ist (§ 2 Abs. 3 Nr. 2 WpIG).

Für die Bilanzierung ist das Verhältnis von Mittelaufbringung und übernommener **28** Haftung von großer Bedeutung. Es werden vier Konstellationen unterschieden:
1. Bareinschuss = Haftung: Das Institut hat bei einer der Haftung entsprechenden Mittelbereitstellung seinen Anteil als Forderung zu bilanzieren.
2. Bareinschuss > Haftung: Wie im Fall 1) ist der eigene Anteil in Höhe des Bareinschusses zu aktivieren.
3. Bareinschuss < Haftung: In diesem Fall ist der eigene Anteil an eingesetzten Geldern als Forderung zu bilanzieren. Die Höhe der Differenz zwischen Haftung und Bareinschuss ist zusätzlich unter der Bilanz als Eventualverbindlichkeit auszuweisen (§ 5 S. 2 RechKredV).
4. Ohne Bareinschuss, nur Haftung: Der Haftungsbetrag ist unter dem Bilanzstrich im Unterposten „Verbindlichkeiten aus Bürgschaften und Gewährleistungsverträgen" zu vermerken. In diesem Fall weist das kreditgebende Institut den vollen Kreditbetrag aus (§ 5 S. 3 RechKredV).

Die **bilanzielle Behandlung von Aval-Gemeinschaftskrediten,** bei denen das Kre- **29** ditinstitut zu Gunsten der Kreditnehmer eine Haftungsverbindlichkeit eingeht, wird in § 5 RechKredV nicht explizit aufgeführt. Nach den allgemeinen Grundsätzen ist auf den Haftungsumfang der beteiligten Institute abzustellen. Hat der Konsortialführer die Haftung

---

[28] Vgl. BT-Drs. 19/2435, 32.
[29] Vgl. Birck/Meyer, Die Bankbilanz, 3. Aufl. 1976, II 149; Krumnow et al. RechKredV § 5 Rn. 2ff.
[30] Vgl. BT-Drs. 19/26929, 2.

des vollen Bürgschaftsbetrags, die übrigen beteiligten Institute nur die Haftung gegenüber dem Konsortialführer in Höhe ihres quotalen Anteils übernommen, hat der Konsortialführer den gesamten Aval-Gemeinschaftskredit und die übrigen beteiligten Institute nur ihren quotalen Anteil unter dem Bilanzstrich zu vermerken. Der Konsortialführer hat dabei die Möglichkeit, im Anhang auf die übrigen Beteiligten hinzuweisen. Hat hingegen jedes Institut gegenüber dem Bürgschaftsgläubiger die Haftung nur in Höhe seines quotalen Anteils übernommen, hat jeder Konsorte nur seinen eigenen Anteil zu vermerken. Ist zwischen den Konsorten eine nach außen erkennbare gesamtschuldnerische Haftung vereinbart, ergibt sich für jedes beteiligte Institut die Verpflichtung, den Aval-Gemeinschaftskredit in voller Höhe unter dem Bilanzstrich zu vermerken.

30   Werden von mehreren Instituten **gemeinschaftlich Wertpapiere oder Beteiligungen erworben,** so gelten nach § 5 S. 4 RechKredV die Grundsätze für Gemeinschaftskredite entsprechend. Jedes Institut hat seinen Anteil an den erworbenen Vermögensgegenständen zu bilanzieren.

31   **e) Treuhandgeschäfte.** Charakteristisch für Treuhandgeschäfte ist, dass ein Treugeber dem Treuhänder Rechte überträgt oder Rechtsmacht einräumt, von denen bzw. von der dieser nur entsprechend der schuldrechtlichen Treuhandvereinbarung Gebrauch machen darf.[31] Für die bilanzielle Behandlung der Treuhandgeschäfte ist der **Zweck der Treuhandschaft sowie die Rechtsmacht des Treuhänders von Bedeutung.** In Bezug auf den Zweck der Treuhandschaft wird die Sicherungs- und die Verwaltungstreuhandschaft unterschieden. Hinsichtlich der Rechtsmacht des Treuhänders werden die Treuhandgeschäfte in die Vollrechtstreuhand, die Ermächtigungstreuhand und die Vollmachtstreuhand typisiert.[32]

32   Bei der **Sicherungstreuhand** werden dem Treuhänder Vermögensgegenstände als Sicherheit übertragen und Rechte zur Ausübung im eigenen Namen und für eigene Rechnung eingeräumt, die durch die Sicherungsabrede beschränkt sind. Unabhängig von der zivilrechtlichen Eigentumsübertragung auf den Sicherungsnehmer (Treuhänder) verbleibt das wirtschaftliche Eigentum am Sicherungsgut beim Sicherungsgeber (Treugeber). Der Ansatz von Vermögensgegenständen richtet sich im Grundsatz nach dem rechtlichen Eigentum (§ 246 Abs. 1 S. 2). Sofern ein Vermögensgegenstand aber wirtschaftlich einem anderen als dem rechtlichen Eigentümer zuzurechnen ist, ist er beim wirtschaftlichen Eigentümer auszuweisen (§ 246 Abs. 1 S. 2).[33] Folglich sind die Vermögensgegenstände beim Treugeber zu bilanzieren. Lediglich im Fall der als Bareinlagen getätigten Sicherheiten, sind diese in der Bilanz des Treuhänders auszuweisen.[34]

33   Die Bilanzierung der **Verwaltungstreuhandgeschäfte** ist davon abhängig, ob es sich um eine Vollrechts-, Ermächtigungs- oder Vollmachtstreuhand handelt. Bei der **Vollrechtstreuhand** übt der Treuhänder als Inhaber aller Rechte die Geschäfte im eigenen Namen für fremde Rechnung aus. Die Verwaltungstreuhand in der Ausgestaltung als Vollrechtstreuhand fällt in den Regelungsbereich von § 6 Abs. 1 S. 1 RechKredV. Demnach hat ein Institut Vermögensgegenstände und Schulden, die im eigenen Namen aber für fremde Rechnung gehalten werden, in seine Bilanz aufzunehmen. Der Bilanzausweis erfolgt somit beim Treuhänder. Im Gegensatz zur Vollrechtstreuhand wird bei der **Ermächtigungstreuhand** dem Treuhänder nicht das volle zivilrechtliche Eigentum übertragen, sondern lediglich die Rechtsmacht nach § 185 BGB eingeräumt, über den Vermögensgegenstand im eigenen Namen für fremde Rechnung zu verfügen. Es ist fraglich, ob Ermächtigungstreuhandschaften als Treuhandgeschäfte iSv § 6 Abs. 1 RechKredV angesehen werden können, die hM geht aber davon aus.[35] Folglich ist ein Bilanzausweis beim Treuhänder vorzunehmen. Liegt dem Treuhandverhältnis eine **Vollmachtstreuhand** zugrunde, erhält der Treuhänder

---

[31]   Vgl. zur Systematisierung Heidner DStR 1989, 276 f.
[32]   Vgl. PwC, IFRS für Banken, 6. Aufl. 2017, 912 f.
[33]   Vgl. BT-Drs. 16/12407, 84.
[34]   Vgl. Scharpf/Schaber Bankbilanz-HdB S. 57.
[35]   Vgl. Krumnow et al. RechKredV § 6 Rn. 17.

vom Treugeber nur eine Vollmacht zur Vornahme von Verpflichtungs- und Verfügungsge-
schäften für die Verwaltung der Vermögensgegenstände. Für im fremden Namen und auf
fremde Rechnung gehaltene Vermögensgegenstände und Schulden besteht nach § 6 Abs. 3
RechKredV ein Bilanzierungsverbot. Der Bilanzausweis hat folglich beim Treugeber zu
erfolgen.

Nach § 6 RechKredV sind alle Vermögensgegenstände und Schulden, die ein Institut **34**
im eigenen Namen für fremde Rechnung hält, in die Bilanz aufzunehmen, und zwar unter
dem Aktivposten „Treuhandvermögen" und Passivposten „Treuhandverbindlichkeiten".
Die Gesamtbeträge der in den Posten „Treuhandvermögen" und „Treuhandverbindlichkeiten" enthaltenen Vermögensgegenstände und Schulden sind im Anhang nach den Aktiv-
und Passivposten des Formblatts aufzugliedern.

Für **Kapitalverwaltungsgesellschaften** gilt nach § 6 Abs. 4 RechKredV, dass diese **35**
die Summe der Inventarwerte und die Zahl der verwalteten Investmentvermögen auf der
Passivseite unter dem Bilanzstrich in dem Posten „Für Anteilinhaber verwaltete Investmentvermögen" auszuweisen haben.

f) Wertpapiere. In § 7 Abs. 1 RechKredV werden diejenigen Vermögensgegen- **36**
stände aufgezählt, die für Zwecke der Bilanzierung bei Instituten als Wertpapiere gelten.
Gemeinsames Merkmal der Wertpapiere gem. § 7 Abs. 1 RechKredV ist die hohe Liquiditätsnähe bzw. Fungibilität. Die Qualifikation als Wertpapier ist unabhängig davon, ob
diese verbrieft, als Wertrecht ausgestaltet oder die Papiere vinkuliert sind. Als festverzinslich gelten nach § 16 Abs. 2 RechKredV auch Wertpapiere mit veränderlichem Zinssatz,
der an eine bestimmte Größe wie an einen Euro-Geldmarktsatz oder einen Interbank-
zinssatz[36] (zB EURIBOR[37]) gekoppelt ist, sowie Null-Kupon-Anleihen und Schuldverschreibungen, die einen anteiligen Anspruch auf Erlöse aus einem gepoolten Forderungsvermögen verbriefen. Die Zugehörigkeit zu den Wertpapieren im Sinne der
Rechnungslegungsvorschriften wird dabei vorwiegend durch die Kriterien der Börsenfähigkeit (§ 7 Abs. 2 RechKredV) und der Börsennotierung (§ 7 Abs. 3 RechKredV)
bestimmt. Gemäß § 7 RechKredV gelten als Wertpapiere Aktien, Zwischenscheine,
Anteile oder Aktien an Investmentvermögen, Optionsscheine, Zins- und Gewinnanteilsscheine. Bei Inhaber- und Ordergenussscheinen, Inhaberschuldverschreibungen und
Orderschuldverschreibungen als Teile einer Gesamtemission sowie bei anderen festverzinslichen Inhaberpapieren wird die Börsenfähigkeit vorausgesetzt. Andere nicht festverzinsliche Wertpapiere gelten nur als Wertpapiere, wenn sie börsennotiert sind. Alle nicht
börsenfähigen Inhaberschuldverschreibungen, nicht börsenfähigen Orderschuldverschreibungen, die Teile einer Gesamtemission sind, und alle Orderschuldverschreibungen, die nicht Teile einer Gesamtemission sind, gelten somit nicht als Wertpapiere und
sind als Buchforderungen zu bilanzieren. Gleiches gilt für Namensschuldverschreibungen (§ 14 S. 3 RechKredV).

Börsenfähig sind Wertpapiere gem. § 7 Abs. 2 RechKredV dann, wenn sie die Voraus- **37**
setzungen der Börsenzulassung an einer in- oder ausländischen Börse erfüllen. Eine tatsächliche Zulassung ist dabei nicht erforderlich. Bei Schuldverschreibungen wird die Börsenfähigkeit unterstellt, wenn alle Stücke einer Emission hinsichtlich Verzinsung, Laufzeitbeginn
und Fälligkeit einheitlich ausgestattet sind. Danach können zB auch Commercial Papers,
Euro-Notes und Certificates of Deposit als Wertpapiere ausgewiesen werden, da sie aufgrund
ihrer Fungibilität iSv § 7 RechKredV als Wertpapiere gelten.[38]

---

[36] Zu den handelsbilanziellen Folgen der Änderung bestimmter Referenzzinssätze für Finanzinstrumente
im Rahmen der IBOR-Reform durch die EU-Benchmark-Verordnung (Verordnung (EU) 2016/1011
des Europäischen Parlaments und des Rates vom 8. Juni 2016 über Indizes, die bei Finanzinstrumenten
und Finanzkontrakten als Referenzwert oder zur Messung der Wertentwicklung eines Investmentfonds
verwendet werden, und zur Änderung der Richtlinien 2008/48/EG und 2014/17/EU sowie der Verordnung (EU) Nr. 596/2014, ABl. EG 2014 L 171, 1; korrigiert ABl. EG 2021 L 306, 43) s. IDW RH
FAB 1.020.

[37] Zum reformierten EURIBOR im Rahmen der IBOR-Reform s. Beißer/Read ZfgK 2021, 464.

[38] Vgl. Beck HdR/Bieg/Waschbusch B 900 Rn. 75.

38   Als **börsennotiert** gelten Wertpapiere gem. § 7 Abs. 3 RechKredV dann, wenn sie an einer deutschen Börse zum Handel im regulierten Markt zugelassen sind oder an ausländischen Börsen zugelassen sind oder dort gehandelt werden.[39]

39   Für die Bewertung und den Ausweis werden die Wertpapiere entsprechend der §§ 340c, 340e und 340f in drei Kategorien eingeteilt. Diese sind Wertpapiere des Handelsbestands, Wertpapiere der Liquiditätsreserve und Wertpapiere des Anlagebestands.[40] Wertpapiere des Handelsbestands und der Liquiditätsreserve sind dem Umlaufvermögen und Wertpapiere des Anlagebestands dem Anlagevermögen zugeordnet. Für die Zuordnung ist in erster Linie die **Zweckbestimmung der Wertpapiere** im Zugangszeitpunkt maßgeblich, wobei für die Bestimmung des Zwecks sowohl objektive Kriterien, wie die Eigenschaften des Wertpapiers, als auch subjektive Kriterien, wie die individuelle Verwendungsabsicht des Instituts für das Wertpapier, ausschlaggebend sind.[41] Im Gesetz wurde auf eine klare Zuordnung der Wertpapiere zu diesen Kategorien verzichtet (→ § 340c Rn. 6 ff.).

40   Für Institute iSd § 1 Abs. 3 ZAG ist § 5 RechZahlV zu beachten, der inhaltsgleich mit § 7 RechKredV ist.

41   **g) Anteilige Zinsen.** Anteilige Zinsen sind Zinsaufwendungen und -erträge, die wirtschaftlich bereits das abgelaufene Geschäftsjahr betreffen und diesem zuzuordnen sind und erst nach dem Bilanzstichtag zu Einnahmen oder Ausgaben führen (antizipative Rechnungsabgrenzungsposten). Darunter fallen auch zinsähnliche Beträge wie Gebühren, Provisionen oder nachschüssige Ausgleichszahlungen bei Zinsswapgeschäften.

42   Gemäß § 11 RechKredV haben Institute anteilige Zinsen, soweit diese am Bilanzstichtag bei Kreditinstituten bankgeschäftliche Forderungen oder Verbindlichkeiten und bei Finanzdienstleistungsinstituten oder Wertpapierinstituten für diese Institute typische Forderungen und Verbindlichkeiten darstellen, den Aktiv- und Passivposten zuzuordnen, bei denen das zugehörige Kapital ausgewiesen ist. Bei Zinsswapgeschäften fehlt es am bilanzwirksamen Hauptgeschäft. Die entsprechenden anteiligen Zinsen der Zinsswaps werden in Abhängigkeit vom Schuldner bzw. Gläubiger als „Forderungen an Kreditinstitute" oder „Forderungen an Kunden" bzw. als „Verbindlichkeiten gegenüber Kreditinstituten" oder „Verbindlichkeiten gegenüber Kunden" ausgewiesen. § 268 Abs. 4 S. 2 und Abs. 5 S. 3 bleibt nach § 11 S. 2 RechKredV unberührt, wonach antizipative Beträge, die einen größeren Umfang haben, im **Anhang** zu erläutern sind, sofern sie unter den Posten „Sonstige Vermögensgegenstände" oder „Sonstige Verbindlichkeiten" ausgewiesen werden.

43   In Abhängigkeit der Entwicklungen an den Geld- und Kapitalmärkten kann es vorkommen, dass ein Gläubiger an den Schuldner eine nach der Laufzeit bemessene Vergütung für die befristete Entgegennahme des Kapitals zahlt (sog. negative Zinsen) und umgekehrt der Schuldner diese vom Gläubiger erhält (sog. positive Zinsen). Nach dem Wortlaut des § 11 RechKredV wären auch solche anteiligen Zinsen dem entsprechenden Forderungs- oder Verbindlichkeitsposten zuzuschlagen, obwohl aus ihnen später keine Forderung (im Falle negativer Zinsen) oder Verbindlichkeit (im Falle positiver Zinsen) resultiert. Aus diesem Grunde ist es sachgerecht, derartige anteilige Zinsen entsprechend ihrem späteren Forderungs- oder Verbindlichkeitscharakter als Forderung/Verbindlichkeit auszuweisen, womit das Verrechnungsverbot nach § 340a Abs. 1 iVm § 246 Abs. 2 beachtet wird.

44   Für Institute iSd § 1 Abs. 3 ZAG ist § 8 RechZahlV zu beachten, der inhaltlich § 11 RechKredV entspricht.

45   **h) Zusätzliche Angaben für Institute iSd § 1 Abs. 3 ZAG.** Zahlungsinstitute und E-Geld-Institute haben im Anhang die Anzahl der ausgeführten Zahlungsvorgänge (Stückzahl) und das Zahlungsvolumen (Betrag in Euro) anzugeben (§ 29 Abs. 4 RechZahlV).

---

[39]   Mit Inkrafttreten des FRUG wurden die beiden Marktsegmente amtlicher Handel und geregelter Markt an den deutschen Wertpapierbörsen in ein einheitliches Marktsegment „regulierter Markt" zusammengeführt. Vgl. Gelhausen/Fey/Kämpfer V Rn. 165.

[40]   S. hierzu die Übersicht in → § 340c Rn. 8.

[41]   Vgl. IDW RH HFA 1.014 Rn. 7.

3. Gliederung der Bilanz und Inhalt der Posten unter Berücksichtigung der 46
RechKredV und der RechZahlV. a) Aktivseite. (1) Barreserve (Aktivposten Nr. 1,
Formblatt 1 RechKredV). Der Posten „Barreserve" fasst die in den Unterposten „Kassenbestand", „Guthaben bei Zentralnotenbanken" und „Guthaben bei Postgiroämtern"[42] auszuweisenden liquiden Mittel zusammen, wobei die Guthaben bei der Deutschen Bundesbank als Darunter-Vermerk auszugliedern sind.

Der **Kassenbestand** setzt sich gem. § 12 Abs. 1 S. 1 RechKredV aus gültigen gesetzli- 47
chen Zahlungsmitteln einschließlich der ausländischen Noten und Münzen sowie Postwertzeichen und Gerichtsgebührenmarken zusammen. Zu den gesetzlichen Zahlungsmitteln
zählende Gedenk- und Goldmünzen, die zu einem höheren als dem Nennwert erworben
wurden, sowie Barrengold sind im Aktivposten Nr. 14 „Sonstige Vermögensgegenstände"
auszuweisen. Im Aktivposten Nr. 14 gehören auch die nicht in § 12 Abs. 1 RechKredV
ausdrücklich erwähnten Bestände an Edelmetallen.

Als **Guthaben bei Zentralnotenbanken bzw. Postgiroämtern** dürfen nur täglich 48
fällige Guthaben einschließlich der täglich fälligen Fremdwährungsguthaben bei Zentralbanken bzw. Postgiroämtern der Niederlassungsländer der Institute ausgewiesen werden (§ 12
Abs. 2 S. 1 RechKredV). Nicht täglich fällige Guthaben wie Übernachtguthaben im Rahmen der Einlagefazilität der Deutschen Bundesbank sowie Forderungen an die Deutsche
Bundesbank aus Devisenswapgeschäften, Wertpapierpensionsgeschäften und Termineinlagen fallen in den Aktivposten Nr. 3 „Forderungen an Kreditinstitute". Täglich fällig sind
nach § 8 Abs. 3 RechKredV diejenigen Guthaben, über die jederzeit ohne Kündigung
verfügt werden kann oder für die eine Laufzeit oder Kündigungsfrist von 24 Stunden oder
einem Geschäftstag vereinbart wurde. Bei Zentralnotenbanken in Anspruch genommene
Kredite wie Übernachtkredite im Rahmen der Spitzenrefinanzierungsfazilität der Deutschen Bundesbank oder andere täglich fällige Darlehen sind nicht von den Guthaben abzusetzen, sondern sind unter dem Passivposten Nr. 1 „Verbindlichkeiten gegenüber Kreditinstituten" als täglich fällige Verbindlichkeiten auszuweisen (§ 12 Abs. 2 S. 3 RechKredV).

In der Barreserve enthaltene und auf Fremdwährung lautende Beträge sind in die 49
Angabe des Gesamtbetrages der auf fremde Währung lautenden Vermögensgegenstände
nach § 35 Abs. 1 Nr. 6 RechKredV einzubeziehen.

Für **Institute iSd § 1 Abs. 3 ZAG** ist § 9 RechZahlV und das Formblatt 1 zur Rech- 50
ZahlV zu beachten. Der Aktivposten Nr. 1 „Barreserve" fasst die in den Unterposten a)
„aus Zahlungsdiensten und aus der Ausgabe von E-Geld" und b) „aus sonstigen Tätigkeiten"
auszuweisenden flüssigen Mittel zusammen, wobei die Guthaben bei Zentralnotenbanken
als Darunter-Vermerk auszugliedern sind. Die Regelung von § 9 RechZahlV entspricht
inhaltlich weitgehend § 12 RechKredV. Als Guthaben bei Zentralnotenbanken dürfen nur
täglich fällige Guthaben ausgewiesen werden. Als Barreserve ist bei Instituten iSd § 1 Abs. 3
ZAG vornehmlich der Kassenbestand zu bilanzieren. Für die Anhangangaben ist § 29 Abs. 1
Nr. 5 RechZahlV zu berücksichtigen, der inhaltlich § 35 Abs. 1 Nr. 6 RechKredV entspricht.

(2) Schuldtitel öffentlicher Stellen und Wechsel, die zur Refinanzierung bei 51
Zentralnotenbanken zugelassen sind (Aktivposten Nr. 2, Formblatt 1 Rech-
KredV). Der Ausweis unter diesem Posten ist an zwei Voraussetzungen geknüpft: 1. die
Papiere sind unter Diskontabzug hereingenommen worden (die Vereinbarung eines Agiozu-
schlags im Zeitpunkt der Einlösung wird einem Diskontabzug gleichgesetzt), wobei die
Bilanzierung der Papiere mit dem um den Diskontabzug gekürzten Nominalwert erfolgt,[43]
2. die Aktiva sind zur Refinanzierung bei den jeweiligen Zentralnotenbanken der Niederlassungsländer zugelassen (§ 13 Abs. 1 S. 1 RechKredV). Das Refinanzierungskontingent des

---

[42] Unter den Posten Guthaben bei Postgiroämtern fallen nicht die Guthaben bei der Deutschen Postbank
AG, die seit dem 1.1.1995 die Definition eines Kreditinstituts iSd KWG erfüllt. Stattdessen enthält der
Unterposten Nr. 1c nur noch Guthaben bei denjenigen ausländischen Postgiroämtern, die bislang noch
von den EU-Bankrechtsvorschriften ausgenommen sind. Vgl. Krumnow et al. RechKredV § 12 Rn. 1.
[43] Vgl. Krumnow et al. RechKredV § 13 Rn. 17.

jeweiligen Instituts ist dabei nicht von Bedeutung. Die Laufzeit der Schuldtitel und Wechsel ist für die Zuordnung zu diesem Posten nicht entscheidend, es sei denn, die Refinanzierbarkeit setzt eine bestimmte Restlaufzeit voraus.

52   Der Unterposten a) umfasst „Schatzwechsel und unverzinsliche Schatzanweisungen sowie ähnliche Schuldtitel öffentlicher Stellen". Zu den öffentlichen Stellen im Sinne der Vorschrift zählen neben öffentlichen Haushalten ihre Sondervermögen (§ 13 Abs. 1 S. 3 RechKredV). Soweit die Schuldtitel öffentlicher Stellen die genannten Voraussetzungen nicht erfüllen, ist im Weiteren die Börsenfähigkeit für die Bilanzierung ausschlaggebend. **Börsenfähige Papiere** sind als Schuldverschreibungen und andere festverzinsliche Wertpapiere im Unterposten „Geldmarktpapiere von öffentlichen Emittenten" (Aktivposten Nr. 5a) aa)), gegebenenfalls im Unterposten „Anleihen und Schuldverschreibungen von öffentlichen Emittenten" (Aktivposten Nr. 5b) ba)) auszuweisen. **Nicht börsenfähige Papiere** sind im Posten „Forderungen an Kunden" (Aktivposten Nr. 4) zu aktivieren. Im Bestand befindliche, bei der Deutschen Bundesbank refinanzierungsfähige Schatzwechsel und unverzinsliche Schatzanweisungen sowie ähnliche Schuldtitel öffentlicher Stellen, sind im Unterposten a) als Darunter-Vermerk auszuweisen (§ 13 Abs. 2 RechKredV).

53   Der Bestand an eigenen Wechseln darf nicht als Aktivposten ausgewiesen werden (§ 13 Abs. 3 S. 1 RechKredV). Diese Vorschrift gilt auch für mit Kunden nicht abgerechnete Wechsel, Solawechsel und eigene Ziehungen, die beim bilanzierenden Institut als Sicherheit hinterlegt sind (§ 13 Abs. 3 S. 2 RechKredV). Mit Beginn des Jahres 2007 sind Handelswechsel nicht mehr bei der Deutschen Bundesbank refinanzierbar. Durch den Wegfall der Refinanzierungsfähigkeit hat der Posten „Wechsel" an Bedeutung verloren.[44]

54   Auf fremde Währung lautende Beträge sind in den Gesamtbetrag der auf fremde Währung lautenden Vermögensgegenstände nach § 35 Abs. 1 Nr. 6 RechKredV einzubeziehen.

55   Im Formblatt 1 der RechZahlV ist für **Institute iSd § 1 Abs. 3 ZAG** kein vergleichbarer Posten enthalten.

56   **(3) Forderungen an Kreditinstitute (Aktivposten Nr. 3, Formblatt 1 RechKredV).** Unter diesem Aktivposten sind nach § 14 S. 1 RechKredV alle bankgeschäftlichen Forderungen sowie alle Forderungen von Finanzdienstleistungsinstituten oder Wertpapierinstituten an in- und ausländischen Kreditinstituten (zum Begriff → § 340 Rn. 1) einschließlich der von Kreditinstituten eingereichten Wechsel auszuweisen, soweit es sich nicht um börsenfähige Schuldverschreibungen (Aktivposten Nr. 5) handelt. Bei Kreditinstituten als Bilanzierende sind nicht aus Bankgeschäften resultierende Forderungen an Kreditinstitute unter den „Sonstigen Vermögensgegenständen" auszuweisen. Die Forderungen an Kreditinstitute sind in die Unterposten „täglich fällig" und „andere Forderungen" zu unterteilen. Für Pfandbriefbanken und Bausparkassen sind nach dem Formblatt geschäftsartentypische Untergliederungen vorzunehmen. Der Ansatz der Forderungen an Kreditinstitute ist analog zu den Forderungen an Kunden (§ 15 Abs. 1 S. 5 RechKredV) vorzunehmen und richtet sich nach der Summe der beanspruchten Kredite, nicht nach der Summe der Kreditzusagen. Gemäß § 10 RechKredV sind die täglich fälligen Forderungen gegen einen Kontoinhaber mit den täglich fälligen Verbindlichkeiten gegenüber demselben Kontoinhaber zu verrechnen.

57   Nach § 14 RechKredV sind von Kreditinstituten eingereichte, nicht refinanzierungsfähige Wechsel und à forfait eingereichte Wechsel, die vom Kreditinstitut akzeptiert, aber nicht refinanzierbar sind, unter den Forderungen an Kreditinstitute auszuweisen. Ferner umfassen die Forderungen an Kreditinstitute Namensschuldverschreibungen, -geldmarktpapiere und -genussscheine, nicht börsenfähige Inhaberschuldverschreibungen, -geldmarktpapiere, -genussscheine sowie nicht börsenfähige Orderschuldverschreibungen, die Teile einer Gesamtemission sind. Darüber hinaus gehören in den Posten Orderschuldverschreibungen, die nicht Teile einer Gesamtemission sind, nicht in Wertpapieren verbriefte rückzahlbare

---

[44]   Vgl. Scharpf/Schaber Bankbilanz-HdB S. 785.

Genussrechte, Bausparguthaben aus abgeschlossenen Bausparverträgen sowie Sollsalden aus Effektengeschäften und aus für Kreditinstitute geführten Verrechnungskonten.

§ 14 S. 4 RechKredV verweist explizit auf § 7 RechKredV. Demnach dürfen unter **58** diesem Posten auszuweisende Forderungen keine Wertpapiere sein.

Forderungen an verbundene Unternehmen, die Kreditinstitute sind (§ 3 S. 1 Nr. 1 **59** RechKredV), Forderungen an Kreditinstitute, mit denen ein Beteiligungsverhältnis besteht (§ 3 S. 1 Nr. 2 RechKredV), sowie nachrangige Forderungen (§ 4 Abs. 2 RechKredV) sind als Unterposten in der Bilanz oder wahlweise im **Anhang** anzugeben. Auf fremde Währung lautende Beträge sind in den Gesamtbetrag der auf fremde Währung lautenden Vermögensgegenstände nach § 35 Abs. 1 Nr. 6 RechKredV einzubeziehen. Der Unterposten „andere Forderungen" ist (mit Ausnahme der darin enthaltenen Bausparguthaben aus abgeschlossenen Bausparverträgen) im Anhang nach Restlaufzeiten zu gliedern (§ 9 Abs. 1 S. 1 Nr. 1 iVm Abs. 2 RechKredV). Für Bausparkassen sind Anhangangaben gem. § 35 Abs. 1 Nr. 8 RechKredV zu machen.

Für **Institute iSd § 1 Abs. 3 ZAG** ist § 10 RechZahlV und das Formblatt 1 zur **60** RechZahlV zu beachten. Die Bestimmung des § 10 RechZahlV entspricht inhaltlich weitgehend § 14 RechKredV. Im Aktivposten Nr. 2 „Forderungen an Kreditinstitute" sind alle Arten von Forderungen an in- und ausländische Kreditinstitute auszuweisen (§ 10 S. 1 RechZahlV). Ferner fallen in diesen Posten die in § 10 S. 2 RechZahlV aufgeführten Forderungen. § 10 S. 3 RechZahlV besagt, dass § 5 RechZahlV unberührt bleibt (→ Rn. 40). Demnach dürfen unter diesem Posten auszuweisende Forderungen keine Wertpapiere sein. Die Forderungen an Kreditinstitute sind in die Unterposten a) „aus Zahlungsdiensten und aus der Ausgabe von E-Geld" und b) „aus sonstigen Tätigkeiten" zu unterteilen. Forderungen an Kreditinstitute aus Zahlungsdiensten und aus der Ausgabe von E-Geld, die der Anforderung des § 17 Abs. 1 S. 2 Nr. 1 ZAG genügen und auf Treuhandkonten unterhalten werden, sind gesondert als Davon-Vermerk „auf Treuhandkonten" zum Unterposten a) auszuweisen (§ 10 S. 4 RechZahlV iVm Formblatt 1). Der Unterposten b) ist weiter in „täglich fällig" und „andere Forderungen" zu unterteilen. Forderungen an verbundene Unternehmen, die Kreditinstitute sind (§ 3 Abs. 2 S. 1 Nr. 1 RechZahlV), Forderungen an Kreditinstitute, mit denen ein Beteiligungsverhältnis besteht (§ 3 Abs. 2 S. 1 Nr. 2 RechZahlV), sowie nachrangige Forderungen (§ 4 Abs. 2 RechZahlV) sind als Unterposten in der Bilanz oder wahlweise im **Anhang** anzugeben. Für die Anhangangaben ist § 29 Abs. 1 Nr. 5 RechZahlV zu berücksichtigen, der inhaltlich § 35 Abs. 1 Nr. 6 RechKredV entspricht.

Zahlungsinstitute und E-Geld-Institute haben den Aktivposten Nr. 4 „Forderungen an **61** Institute iSd. § 1 Abs. 3 ZAG" mit den Unterposten a) „aus Zahlungsdiensten und aus der Ausgabe von E-Geld" und b) „aus sonstigen Tätigkeiten" auszuweisen (Formblatt 1 zur RechZahlV). Forderungen an verbundene Unternehmen, die Institute iSd § 1 Abs. 3 ZAG sind (§ 3 Abs. 2 S. 1 Nr. 1 RechZahlV), Forderungen an Institute iSd § 1 Abs. 3 ZAG, mit denen ein Beteiligungsverhältnis besteht (§ 3 Abs. 2 S. 1 Nr. 2 RechZahlV), sowie nachrangige Forderungen (§ 4 Abs. 2 RechZahlV) sind als Unterposten in der Bilanz oder wahlweise im **Anhang** anzugeben. Für die Anhangangaben ist § 29 Abs. 1 Nr. 5 RechZahlV zu beachten, der inhaltlich § 35 Abs. 1 Nr. 6 RechKredV entspricht.

(4) Forderungen an Kunden (Aktivposten Nr. 4, Formblatt 1 RechKredV). Als **62** Forderungen an Kunden sind nach § 15 Abs. 1 RechKredV grundsätzlich alle Arten von Vermögensgegenständen, dh auch nichtbankgeschäftliche auszuweisen, die Forderungen gegenüber Kunden darstellen, soweit es sich nicht um börsenfähige Schuldverschreibungen (Aktivposten Nr. 5) handelt. Steuererstattungs- und Schadenersatzansprüche sind jedoch unter den „Sonstigen Vermögensgegenständen" auszuweisen.[45]

Von den Forderungen an Kunden sind die durch Grundpfandrechte gesicherten Forde- **63** rungen und Kommunalkredite (§ 15 Abs. 2 und Abs. 3 RechKredV) jeweils als Darunter-

---

[45] Vgl. IDW, WPH Edition, Kreditinstitute, D Rn. 613.

Vermerk anzugeben. Daneben dürfen Schiffshypotheken gesondert vermerkt werden, wenn sie die in § 15 Abs. 4 RechKredV genannten Erfordernisse des PfandBG erfüllen. Für Pfandbriefbanken, Bausparkassen und Kreditgenossenschaften sieht das Formblatt geschäftsartentypische Untergliederungen vor. Finanzdienstleistungsinstitute, Wertpapierinstitute und Kreditinstitute, sofern letztere Skontroführer iSv § 27 Abs. 1 BörsG und nicht CRR-Kreditinstitut iSv § 1 Abs. 3d S. 1 KWG sind, haben den Posten „Forderungen an Kunden" um die Darunter-Vermerke „an Finanzdienstleistungsinstitute" und „an Wertpapierinstitute"[46] zu ergänzen. Damit soll die wirtschaftliche Verflechtung der Finanzdienstleistungsinstitute und Wertpapierinstitute untereinander erkennbar werden. Ferner sind Forderungen an Kunden im Anhang nach Restlaufzeiten aufzugliedern (§ 9 Abs. 1 S. 1 Nr. 2 RechKredV iVm Abs. 2 RechKredV).

64   Da seit Beginn des Jahres 2007 die Refinanzierbarkeit von Handelswechsel bei der Deutschen Bundesbank nicht mehr möglich ist, sind von Nichtbanken eingereichte Wechsel und à forfait Wechsel, die von Kunden akzeptiert sind, grundsätzlich unter den Posten „Forderungen an Kunden" auszuweisen. Zu den Forderungen zählen weiterhin, sofern sie gegenüber Nichtbanken bestehen (§ 15 Abs. 1 S. 4 RechKredV iVm § 14 S. 3 RechKredV): Namensschuldverschreibungen, -geldmarktpapiere und -genussscheine, nicht börsenfähige Inhaberschuldverschreibungen sowie nicht börsenfähige Orderschuldverschreibungen, die Teile einer Gesamtemission sind. Darüber hinaus fallen in die Kategorie nicht börsenfähige Inhabergeldmarktpapiere und -genussscheine, nicht in Wertpapieren verbriefte rückzahlbare Genussrechte, Forderungen aus dem eigenen Warengeschäft sowie Orderschuldverschreibungen, die nicht Teile einer Gesamtemission sind.

65   Forderungen an verbundene Unternehmen (§ 3 S. 1 Nr. 1 RechKredV), Forderungen an Unternehmen, mit denen ein Beteiligungsverhältnis besteht (§ 3 S. 1 Nr. 2 RechKredV), sowie nachrangige Forderungen (§ 4 Abs. 2 RechKredV) sind als Unterposten in der Bilanz oder wahlweise im **Anhang** anzugeben. Auf fremde Währung lautende Beträge sind in den Gesamtbetrag der auf fremde Währung lautenden Vermögensgegenstände nach § 35 Abs. 1 Nr. 6 RechKredV einzubeziehen. Der Posten „Forderungen an Kunden" ist im Anhang nach Restlaufzeiten zu gliedern (§ 9 Abs. 1 S. 1 Nr. 2 iVm Abs. 2 RechKredV). Ferner sind im Aktivposten Nr. 4 enthaltene Forderungen mit unbestimmter Laufzeit im Anhang anzugeben (§ 9 Abs. 3 Nr. 1 RechKredV).

66   Für **Institute iSd § 1 Abs. 3 ZAG** ist § 11 RechZahlV und das Formblatt 1 zur RechZahlV zu beachten. § 11 S. 1 und 2 RechZahlV entspricht inhaltlich § 15 Abs. 1 S. 1 und 2 RechKredV. Der Aktivposten Nr. 3 „Forderungen an Kunden" ist in die Unterposten a) „aus Zahlungsdiensten und aus der Ausgabe von E-Geld" und b) „aus sonstigen Tätigkeiten" zu unterteilen. Zum Unterposten a) sind als Davon-Vermerke „aus Provisionen" und „aus Krediten" auszuweisen. Als Forderungen an Kunden aus Zahlungsdiensten und aus der Ausgabe von E-Geld aus Krediten sind die gem. § 3 Abs. 4 ZAG gewährten Kredite auszuweisen. (§ 11 S. 3 RechZahlV). Forderungen an verbundene Unternehmen (§ 3 Abs. 2 S. 1 Nr. 1 RechZahlV), Forderungen an Unternehmen, mit denen ein Beteiligungsverhältnis besteht (§ 3 Abs. 2 S. 1 Nr. 2 RechZahlV), sowie nachrangige Forderungen (§ 4 Abs. 2 RechZahlV) sind als Unterposten in der Bilanz oder wahlweise im **Anhang** anzugeben. Für die Anhangangaben ist § 29 Abs. 1 Nr. 5 RechZahlV zu berücksichtigen, der inhaltlich § 35 Abs. 1 Nr. 6 RechKredV entspricht. Der Posten „Forderungen an Kunden" ist im Anhang nach Restlaufzeiten zu gliedern (§ 7 RechZahlV).

67   **(5) Schuldverschreibungen und andere festverzinsliche Wertpapiere (Aktivposten Nr. 5, Formblatt 1 RechKredV).** Nach § 16 Abs. 1 RechKredV sind unter diesem Posten die iSv § 7 RechKredV börsenfähigen, festverzinslichen Wertpapiere auszuweisen. Dazu zählen: festverzinsliche Inhaberschuldverschreibungen, Orderschuldverschreibungen als Teile einer Gesamtemission, Schatzwechsel und Schatzanweisungen

---

[46]   Der Darunter-Vermerk „an Wertpapierinstitute" wurde mit Einführung des neuen Begriffs des Wertpapierinstituts nach § 2 Abs. 1 WpIG eingefügt. Die Vorschriften der RechKredV, die auf Finanzdienstleistungsinstitute anwendbar sind, gelten auch für Wertpapierinstitute. Vgl. BT-Drs. 19/26929, 170.

(soweit sie nicht zum Aktivposten Nr. 2a) gehören), andere verbriefte Rechte (wie zB Commercial Papers, Euro-Notes, Certificates of Deposit, Bons de Caisse), Kassenobligationen, Schuldbuchforderungen sowie vor Fälligkeit hereingenommene Zinsscheine. Als festverzinslich gelten nach § 16 Abs. 2 RechKredV auch Wertpapiere, die mit einem variablen, an eine bestimmte Größe gebundenen Zinssatz (zB EURIBOR; s. auch → Rn. 36) ausgestattet sind und Zero-Bonds sowie Schuldverschreibungen, die einen anteiligen Anspruch auf Erlöse aus einem gepoolten Forderungsvermögen verbriefen.

Fällige Schuldverschreibungen sind unter den „Sonstigen Vermögensgegenständen" **68** auszuweisen (§ 20 S. 2 RechKredV). Bereits verloste oder gekündigte, aber noch nicht eingelöste Papiere gelten als noch nicht fällig.[47] Zurückgekaufte eigene Schuldverschreibungen sind hier nur auszuweisen, sofern sie börsenfähig sind; andernfalls erfolgt eine Absetzung der Papiere vom Passivposten Nr. 3a) gem. § 16 Abs. 4 RechKredV. Der Ausweis von Schuldverschreibungen des Ausgleichsfonds Währungsumstellung erfolgt gem. § 19 S. 2 RechKredV unter dem Aktivposten Nr. 10 „Ausgleichsforderungen gegen die öffentliche Hand einschließlich Schuldverschreibungen aus deren Umtausch".

Die Wertpapiere sind in die Posten a) „Geldmarktpapiere" mit den Unterposten „von **69** öffentlichen Emittenten" und „von anderen Emittenten", b) „Anleihen und Schuldverschreibungen" mit den Unterposten „von öffentlichen Emittenten" und „von anderen Emittenten" sowie c) „eigene Schuldverschreibungen" zu gliedern. Als Geldmarktpapiere sind dabei alle Schuldverschreibungen und andere festverzinsliche Wertpapiere unabhängig von ihrer Bezeichnung zu erfassen, deren ursprüngliche Laufzeit ein Jahr nicht überschreitet (§ 16 Abs. 2a RechKredV). Hinsichtlich der öffentlichen Stellen zählen nicht nur die öffentlichen Stellen iSv § 13 Abs. 1 RechKredV dazu, sondern auch öffentlich-rechtliche Institute des Finanz- und Bankenbereichs und ausländische öffentliche Emittenten.[48] Bei den Unterposten zu a) und b) sind die bei der Deutschen Bundesbank beleihbaren Wertpapiere in einem Darunter-Vermerk auszuweisen (§ 16 Abs. 3 S. 1 RechKredV). Nach § 16 Abs. 3 S. 2 RechKredV sind diese mit ihrem Bilanzwert zu vermerken. Forderungen an verbundene Unternehmen aus Schuldverschreibungen und anderen festverzinslichen Wertpapieren (§ 3 S. 1 Nr. 1 RechKredV), verbriefte Forderungen an Unternehmen, mit denen ein Beteiligungsverhältnis besteht (§ 3 S. 1 Nr. 2 RechKredV), sowie nachrangige Schuldverschreibungen und andere festverzinsliche Wertpapiere (§ 4 Abs. 2 RechKredV) sind als Unterposten in der Bilanz oder wahlweise im **Anhang** anzugeben.

Wertpapiere des Handelsbestands sind durch das BilMoG im Posten „Handelsbestand" **70** (Aktivposten Nr. 6a)) auszuweisen. Unter den Posten „Schuldverschreibungen und andere festverzinsliche Wertpapiere" fallen damit Wertpapiere der Liquiditätsreserve sowie Wertpapiere des Anlagebestands.

Die im Posten „Schuldverschreibungen und andere festverzinsliche Wertpapiere" ent- **71** haltenen Beträge, die in dem auf den Bilanzstichtag folgenden Jahr fällig werden, sind gem. § 9 Abs. 3 Nr. 2 RechKredV im **Anhang** anzugeben. Nach § 34 Abs. 3 RechKredV iVm § 284 Abs. 3 sind die Wertpapiere des Anlagevermögens im Anlagespiegel darzustellen. Ferner sind die im Posten „Schuldverschreibungen und andere festverzinsliche Wertpapiere" enthaltenen börsenfähigen Wertpapiere im Anhang nach börsennotierten und nicht börsennotierten Wertpapieren aufzugliedern (§ 35 Abs. 1 Nr. 1 RechKredV). Daneben ist der Betrag der nicht mit dem Niederstwert bewerteten börsenfähigen Wertpapiere im Anhang offenzulegen. Hierbei ist auch anzugeben, in welcher Weise die so bewerteten Wertpapiere von den mit dem Niederstwert bewerteten börsenfähigen Wertpapieren abgegrenzt worden sind (§ 35 Abs. 1 Nr. 2 RechKredV). Auf fremde Währung lautende Beträge sind in den Gesamtbetrag der auf fremde Währung lautenden Vermögensgegenstände nach § 35 Abs. 1 Nr. 6 RechKredV einzubeziehen.

Für **Institute iSd § 1 Abs. 3 ZAG** ist § 12 RechZahlV und das Formblatt 1 zur **72** RechZahlV zu beachten. § 12 RechZahlV entspricht inhaltlich § 16 Abs. 1 bis 2a Rech-

---

[47] Vgl. Birck/Meyer, Die Bankbilanz, 3. Aufl. 1976, II 194.
[48] Vgl. Kirsch/Grewe Rn. 52.

KredV. Allerdings ist § 12 RechZahlV im Vergleich zum § 16 RechKredV übersichtlicher untergliedert. Der Aktivposten Nr. 5 „Schuldverschreibungen und andere festverzinsliche Wertpapiere" ist in die Unterposten a) „Geldmarktpapiere" und b) „Anleihen und Schuldverschreibungen" zu untergliedern. Die Unterposten sind weiter in „aus Zahlungsdiensten und aus der Ausgabe von E-Geld" und „aus sonstigen Tätigkeiten" zu unterteilen. Forderungen an verbundene Unternehmen aus Schuldverschreibungen und anderen festverzinslichen Wertpapieren (§ 3 Abs. 2 S. 1 Nr. 1 RechZahlV), verbriefte Forderungen an Unternehmen, mit denen ein Beteiligungsverhältnis besteht (§ 3 Abs. 2 S. 1 Nr. 2 RechZahlV), sowie nachrangige Schuldverschreibungen und andere festverzinsliche Wertpapiere (§ 4 Abs. 2 RechZahlV) sind als Unterposten in der Bilanz oder wahlweise im **Anhang** anzugeben. Für die Anhangangaben sind die §§ 28 Abs. 3, 29 Abs. 1 Nr. 1, 2 und 5 RechZahlV zu berücksichtigen. Die Bestimmungen der §§ 28, 29 RechZahlV entsprechen weitgehend den §§ 34, 35 RechKredV.

73   **(6) Aktien und andere nicht festverzinsliche Wertpapiere (Aktivposten Nr. 6, Formblatt 1 RechKredV).** Nach § 17 RechKredV sind hier Dividendenpapiere sowie diejenigen Wertpapiere auszuweisen, für die keine festen Zinszahlungen vereinbart wurden und die Wertpapiere iSv § 7 RechKredV sind. Dazu zählen Aktien, Zwischenscheine, Anteile oder Aktien an Investmentvermögen, Optionsscheine und Gewinnanteilsscheine. Ferner sind als Inhaber- oder Orderpapiere ausgestaltete börsenfähige Genussscheine, andere nicht festverzinsliche Wertpapiere, soweit sie börsennotiert sind, sowie vor Fälligkeit hereingenommene Gewinnanteilsscheine hier auszuweisen. Handelt es sich bei Aktien um Beteiligungen oder Anteile an verbundenen Unternehmen, sind diese unter Aktivposten Nr. 7 oder 8 auszuweisen (§ 17 S. 1 RechKredV). Aktien und andere nicht festverzinsliche Wertpapiere des Handelsbestands sind durch das BilMoG im Posten „Handelsbestand" (Aktivposten Nr. 6a)) auszuweisen. Im Aktivposten Nr. 6 sind folglich Aktien und andere nicht festverzinsliche Wertpapiere der Liquiditätsreserve sowie des Anlagebestands zu erfassen.

74   Die im Posten „Aktien und andere nicht festverzinsliche Wertpapiere" enthaltenen börsenfähigen Wertpapiere sind im **Anhang** nach börsennotierten und nicht börsennotierten Wertpapieren aufzugliedern (§ 35 Abs. 1 Nr. 1 RechKredV). Ferner ist der Betrag der nicht mit dem Niederstwert bewerteten börsenfähigen Wertpapiere im Anhang offenzulegen. Hierbei ist auch anzugeben, in welcher Weise die so bewerteten Wertpapiere von den mit dem Niederstwert bewerteten börsenfähigen Wertpapieren abgegrenzt worden sind (§ 35 Abs. 1 Nr. 2 RechKredV). Auf fremde Währung lautende Beträge sind in den Gesamtbetrag der auf fremde Währung lautenden Vermögensgegenstände nach § 35 Abs. 1 Nr. 6 RechKredV einzubeziehen. Nach § 34 Abs. 3 RechKredV iVm § 284 Abs. 3 sind die Wertpapiere des Anlagevermögens im Anlagespiegel darzustellen.

75   Für **Institute iSd § 1 Abs. 3 ZAG** ist § 13 RechZahlV und das Formblatt 1 zur RechZahlV zu beachten. § 13 RechZahlV entspricht inhaltlich § 17 RechKredV. Allerdings ist § 13 RechZahlV im Vergleich zum § 17 RechKredV übersichtlicher untergliedert. Der Aktivposten Nr. 6 „Aktien und andere nicht festverzinsliche Wertpapiere" ist in die Unterposten a) „aus Zahlungsdiensten und aus der Ausgabe von E-Geld" und b) „aus sonstigen Tätigkeiten" zu untergliedern. Für die Anhangangaben sind die § 28 Abs. 3 RechZahlV, § 29 Abs. 1 Nr. 1, 2 und 5 RechZahlV zu berücksichtigen. Die Bestimmungen der §§ 28, 29 RechZahlV entsprechen weitgehend den §§ 34, 35 RechKredV.

76   **(6a) Handelsbestand (Aktivposten Nr. 6a, Formblatt 1 RechKredV).** Der Posten „Handelsbestand" wurde durch das BilMoG eingeführt.[49] Die RechKredV enthält keine Vorschriften zu den Vermögenswerten, die in diesem Posten auszuweisen sind.[50] Für die Zuordnung zum Handelsbestand ist in erster Linie die Zweckbestimmung der Wertpapiere

---

[49]   Vgl. App/Wiehagen-Knopke KoR 2010, 96.
[50]   Vgl. Scharpf et al. WPg 2010, 441. Zur Abgrenzung des Handelsbestands vom Anlagebestand und der Liquiditätsreserve → § 340c Rn. 6 ff.

im Zugangszeitpunkt maßgeblich.[51] Das Institut hat beim Erstansatz festzulegen, ob es die Wertpapiere zu Handelszwecke erworben hat.[52] Alle Finanzinstrumente und Edelmetalle, die mit der Absicht einer kurzfristigen Erzielung eines Eigenhandelserfolges erworben und veräußert werden, sind dem Handelsbestand zuzurechnen.[53] Beim Handelsbestand kann es sich um originäre als auch derivative Finanzinstrumente handeln. Da weder das HGB noch die RechKredV bzgl. des Aktivpostens „6a. Handelsbestand" und des Passivpostens „3a. Handelsbestand" eine Saldierungsvorschrift enthalten, sind Handelsaktiva und Handelspassiva brutto auszuweisen (§ 246 Abs. 1 S. 1).[54]

Gemäß § 35 Abs. 1 Nr. 1a RechKredV ist der Posten „Handelsbestand" in derivative **77** Finanzinstrumente, Forderungen, Schuldverschreibungen und andere festverzinsliche Wertpapiere, Aktien und andere nicht festverzinsliche Wertpapiere sowie sonstige Vermögensgegenstände im **Anhang** aufzugliedern. Auf fremde Währung lautende Beträge sind in den Gesamtbetrag der auf fremde Währung lautenden Vermögensgegenstände nach § 35 Abs. 1 Nr. 6 RechKredV einzubeziehen. Zusätzlich ist bei Finanzinstrumenten des Handelsbestands die Methode der Ermittlung des Risikoabschlags nebst den wesentlichen Annahmen, insbesondere die Haltedauer, der Beobachtungszeitraum und das Konfidenzniveau sowie der absolute Betrag des Risikoabschlags anzugeben (§ 35 Abs. 1 Nr. 6a).[55] Ferner verlangt § 35 Abs. 1 Nr. 6b Angaben im Falle einer Umwidmung (s. hierzu § 340e Abs. 3 S. 2 und 3). Daneben ist offenzulegen, wenn innerhalb des Geschäftsjahres die institutsintern festgelegten Kriterien für die Einbeziehung von Finanzinstrumenten in den Handelsbestand geändert worden sind und welche Auswirkungen sich daraus auf den Jahresüberschuss/-fehlbetrag ergeben (§ 35 Abs. 1 Nr. 6c RechKredV).

Im Formblatt 1 der RechZahlV ist für **Institute iSd § 1 Abs. 3 ZAG** kein vergleichba- **78** rer Posten enthalten.

(7) Beteiligungen (Aktivposten Nr. 7, Formblatt 1 RechKredV). Der Inhalt des **79** Postens wird durch § 271 Abs. 1 (→ § 271 Rn. 1 ff.) bestimmt. Sofern es sich bei dem Beteiligungsunternehmen gleichzeitig um ein verbundenes Unternehmen iSv § 271 Abs. 2 handelt, geht der Ausweis der Anteile unter Anteilen an verbundenen Unternehmen dem Ausweis unter Beteiligungen vor. Die Mitgliedschaft in einer Genossenschaft gilt aufgrund der Bestimmungen des § 271 Abs. 1 S. 5 grundsätzlich nicht als Beteiligung. Nach § 18 RechKredV haben jedoch Kreditgenossenschaften und genossenschaftliche Zentralbanken ihr Geschäftsguthaben unter dem Posten „Beteiligungen" auszuweisen. In diesem Fall sind die Gesellschaften zur Änderung der Postenbezeichnung verpflichtet (§ 18 S. 2 RechKredV iVm Fn. 4 zum Formblatt 1).

Nach dem Bilanzformblatt sind jeweils die Beteiligungen „an Kreditinstituten", „an **80** Finanzdienstleistungsinstituten" und „an Wertpapierinstituten" sowie jeweils die Geschäftsguthaben bei Genossenschaftsbanken „bei Kreditinstituten", „bei Finanzdienstleistungsinstituten" und „bei Wertpapierinstituten"[56] in einem Darunter-Vermerk gesondert anzugeben, wobei die Angabe zum Bilanzwert erfolgt. Die gesonderte Angabe dient der Darstellung der geschäftlichen Beziehungen der Institute untereinander.[57]

Nach § 34 Abs. 3 RechKredV iVm § 284 Abs. 3 sind die Beteiligungen im Anlagespie- **81** gel darzustellen. Ferner sind die im Posten „Beteiligungen" enthaltenen börsenfähigen Wertpapiere im **Anhang** nach börsennotierten und nicht börsennotierten Wertpapieren

---

[51] Vgl. IDW RH HFA 1.014 Rn. 7.
[52] Zur Umwidmung aus dem Handelsbestand in die Liquiditätsreserve oder den Anlagebestand → § 340e Rn. 45 ff.
[53] Vgl. BT-Drs. 16/12407, 92.
[54] Vgl. IDW RS BFA 2 Rn. 68; Goldschmidt/Meyding-Metzger/Weigel IRZ 2010, 23.
[55] Vgl. Helke/Wiechens/Klaus DB-Beil. 5/2009, 35.
[56] Die Darunter-Vermerke „an Wertpapierinstituten" und „bei Wertpapierinstituten" wurden mit Einführung des neuen Begriffs des Wertpapierinstituts nach § 2 Abs. 1 WpIG eingefügt. Die Vorschriften der RechKredV, die auf Finanzdienstleistungsinstitute anwendbar sind, gelten auch für Wertpapierinstitute. Vgl. BT-Drs. 19/26929, 170.
[57] Vgl. Hanenberg WPg 1999, 93.

aufzugliedern (§ 35 Abs. 1 Nr. 1 RechKredV). Auf fremde Währung lautende Beträge sind in den Gesamtbetrag der auf fremde Währung lautenden Vermögensgegenstände nach § 35 Abs. 1 Nr. 6 RechKredV einzubeziehen.

82   Für **Institute iSd § 1 Abs. 3 ZAG** ist § 14 RechZahlV und das Formblatt 1 zur RechZahlV zu beachten. § 14 RechZahlV entspricht weitestgehend § 18 RechKredV und trägt den Besonderheiten Rechnung, wenn ein Zahlungsinstitut oder E-Geld-Institut die Rechtsform der eingetragenen Genossenschaft aufweist und Geschäftsguthaben bei anderen Genossenschaften unterhält. Der Aktivposten Nr. 7 „Beteiligungen" ist in die Unterposten a) „aus Zahlungsdiensten und aus der Ausgabe von E-Geld" und b) „aus sonstigen Tätigkeiten" zu untergliedern. Als Darunter-Vermerke sind jeweils „an Kreditinstituten", „an Finanzdienstleistungsinstituten" und „an Instituten iSd. § 1 Abs. 3 ZAG" auszuweisen. Für die Anhangangaben sind § 28 Abs. 3, § 29 Abs. 1 Nr. 1 und 5 RechZahlV zu berücksichtigen. Die Bestimmungen der §§ 28, 29 RechZahlV entsprechen weitgehend den §§ 34, 35 RechKredV.

83   **(8) Anteile an verbundenen Unternehmen (Aktivposten Nr. 8, Formblatt 1 RechKredV).** Anteile an verbundenen Unternehmen liegen bei Erfüllung der Voraussetzungen des § 271 Abs. 2 vor. Erfüllt eine Unternehmensverbindung gleichzeitig die Voraussetzung eines Beteiligungsverhältnisses, geht der Ausweis unter dem Aktivposten Nr. 8 vor. Soweit es sich bei dem verbundenen Unternehmen um ein Institut handelt, ist dies in einem jeweiligen Darunter-Vermerk zum Bilanzposten anzugeben: „an Kreditinstituten", „an Finanzdienstleistungsinstituten", und „an Wertpapierinstituten". Zu den Anhangangaben gelten die Ausführungen bei den Beteiligungen entsprechend.

84   Für **Institute iSd § 1 Abs. 3 ZAG** ist das Formblatt 1 zur RechZahlV zu beachten. Die Untergliederung des Aktivpostens Nr. 8 „Anteile an verbundenen Unternehmen" entspricht der des Postens „Beteiligungen" (→ Rn. 82). Zu den Anhangangaben gelten die Ausführungen bei den Beteiligungen entsprechend.

85   **(9) Treuhandvermögen (Aktivposten Nr. 9, Formblatt 1 RechKredV).** In diesem Posten werden alle aus Treuhandgeschäften resultierenden Vermögensgegenstände gezeigt, soweit sie im eigenen Namen auf fremde Rechnung gehalten werden (→ Rn. 31 ff.). Die Treuhandkredite sind gesondert in einem Darunter-Vermerk zum Bilanzposten hervorzuheben.

86   Im Formblatt 1 der RechZahlV ist für **Institute iSd § 1 Abs. 3 ZAG** kein vergleichbarer Posten enthalten.

87   **(10) Ausgleichsforderungen gegen die öffentliche Hand einschließlich Schuldverschreibungen aus deren Umtausch (Aktivposten Nr. 10, Formblatt 1 RechKredV).** Gemäß § 19 RechKredV sind in diesem Posten die mittlerweile abgebauten Ausgleichsforderungen aus der Währungsreform 1948,[58] Ausgleichsforderungen gegenüber dem Ausgleichsfonds Währungsumstellung gem. § 40 Abs. 1 DMBilG sowie Schuldverschreibungen des Ausgleichsfonds Währungsumstellung, die aus der Umwandlung gegen ihn gerichteter Ausgleichsforderungen entstanden sind, auszuweisen.[59]

88   Im Formblatt 1 der RechZahlV ist für **Institute iSd § 1 Abs. 3 ZAG** kein vergleichbarer Posten enthalten.

89   **(11) Immaterielle Anlagewerte (Aktivposten Nr. 11, Formblatt 1 RechKredV).** Der Aktivposten 11 „Immaterielle Anlagewerte" deckt sich mit den „Immateriellen Vermögensgegenständen" nach § 266 Abs. 2 A I. Auszuweisen sind als Unterposten: a) „selbst geschaffene gewerbliche Schutzrechte und ähnliche Rechte und Werte", b) „entgeltlich erworbene Konzessionen, gewerbliche Schutzrechte und ähnliche Rechte und Werte sowie Lizenzen an solchen Rechten und Werten", c) „Geschäfts- oder Firmenwert", d) „geleistete Anzahlungen". Diesem Posten sind nur immaterielle Vermögensgegenstände des Anlagever-

---

[58]   Zu den einzelnen Arten von Forderungen vgl. Birck/Meyer, Die Bankbilanz, 3. Aufl. 1976, II 243 f.
[59]   Vgl. Bieg/Waschbusch Bankbilanzierung S. 240 f.

mögens zuzurechnen, während immaterielle Vermögensgegenstände des Umlaufvermögens im Posten „Sonstige Vermögensgegenstände" auszuweisen sind.[60] Nach § 34 Abs. 3 Rech-KredV iVm § 284 Abs. 3 sind die immateriellen Anlagewerte iSv § 340e Abs. 1 im Anlagespiegel darzustellen.

Für **Institute iSd § 1 Abs. 3 ZAG** ist das Formblatt 1 zur RechZahlV zu beachten. **90** Der Aktivposten Nr. 9 „Immaterielle Anlagewerte" ist in die Unterposten a) „aus Zahlungsdiensten und aus der Ausgabe von E-Geld" und b) „aus sonstigen Tätigkeiten" zu unterteilen. Die beiden Unterposten sind weiter in „selbst geschaffene gewerbliche Schutzrechte und ähnliche Rechte und Werte", „entgeltlich erworbene Konzessionen, gewerbliche Schutzrechte und ähnliche Rechte und Werte sowie Lizenzen an solchen Rechten und Werten", „Geschäfts- oder Firmenwert" und „geleistete Anzahlungen" zu untergliedern. Für die Anhangangaben ist § 28 Abs. 3 RechZahlV zu berücksichtigen, der inhaltlich § 34 Abs. 3 RechKredV entspricht.

(12) Sachanlagen (Aktivposten Nr. 12, Formblatt 1 RechKredV). Dieser Posten, **91** der die Grundstücke und Gebäude sowie die Betriebs- und Geschäftsausstattung zusammenfasst, stimmt inhaltlich mit § 266 Abs. 2 A. II. überein. Die ausgewiesenen Vermögensgegenstände sind dazu bestimmt, dauernd dem Geschäftsbetrieb zu dienen (§ 247 Abs. 2). Sachanlagen, die diese Voraussetzung nicht erfüllen, wie zB zur Rettung von eigenen Forderungen erworbene Immobilien, sind unter „Sonstige Vermögensgegenstände" auszuweisen (→ Rn. 95). Im Rahmen der Anhangangaben sind § 34 Abs. 3 RechKredV (Anlagespiegel) und § 35 Abs. 2 RechKredV (getrennte Angabe der Gesamtbeträge der im Rahmen der eigenen Geschäftstätigkeit genutzten Grundstücke und Bauten sowie Betriebs- und Geschäftsausstattung) zu beachten.

Für **Institute iSd § 1 Abs. 3 ZAG** ist das Formblatt 1 zur RechZahlV zu berücksichtigen. **92** Der Aktivposten Nr. 10 „Sachanlagen" ist in die Unterposten a) „aus Zahlungsdiensten und aus der Ausgabe von E-Geld" und b) „aus sonstigen Tätigkeiten" zu untergliedern. Für die Anhangangaben sind die §§ 28 Abs. 3, 29 Abs. 2 RechZahlV zu beachten. Die Bestimmungen der §§ 28, 29 RechZahlV entsprechen weitgehend den §§ 34, 35 Rech-KredV.

(13) Eingefordertes, noch nicht eingezahltes Kapital (Aktivposten Nr. 13, 93 Formblatt 1 RechKredV). Der Bilanzposten ist rechtsformunabhängig für alle Institute einheitlich vorgeschrieben. Für den Bilanzausweis gelten für Institute grundsätzlich die allgemeinen Vorschriften von § 272 Abs. 1. Der durch die Verordnung zur Änderung von Rechnungslegungsverordnungen neu gefasste Aktivposten Nr. 13 trägt § 272 Abs. 1 S. 3 letzter Teilsatz Rechnung, indem er das eingeforderte noch nicht eingezahlte Kapital als eigenständigen Posten vorsieht.[61] Der Aktivposten 13 markiert bei Instituten lediglich die Position des Ausweises und nicht den Posteninhalt.[62]

Für **Institute iSd § 1 Abs. 3 ZAG** ist das Formblatt 1 zur RechZahlV zu beachten. **94** Die Postenbezeichnung des Aktivpostens Nr. 11 entspricht der des Aktivpostens Nr. 13 bei Kredit-, Finanzdienstleistungs- und Wertpapierinstituten.

(14) Sonstige Vermögensgegenstände (Aktivposten Nr. 14, Formblatt 1 Rech- 95 KredV). Nach § 20 S. 1 RechKredV sind hier alle Vermögensgegenstände aufzunehmen, die keinem anderen Posten zuzuordnen sind. Hierzu zählen unter bestimmten Voraussetzungen die Einzugspapiere gem. § 20 S. 2 RechKredV, nicht in Wertpapieren verbriefte, nicht rückzahlbare Genussrechte (§ 20 S. 4 RechKredV) sowie zur Verhütung von Verlusten im Kreditgeschäft erworbene Grundstücke und Gebäude, soweit sie nicht im Posten „Sachanlagen" ausgewiesen sind und sich nicht länger als fünf Jahre im Bestand des bilanzierenden Instituts befinden (§ 20 S. 5 RechKredV). Ferner sind nach § 12 Abs. 1 S. 2 RechKredV Gedenkmünzen, die zu einem höheren als dem Nennbetrag entsprechenden Betrag erwor-

---

[60] Vgl. Scharpf/Schaber Bankbilanz-HdB S. 929.
[61] Vgl. BR-Drs. 204/11, 13.
[62] Vgl. Beck HdR/Bieg/Waschbusch B 900 Rn. 165.

ben wurden, Goldmünzen, auch wenn es sich um gesetzliche Zahlungsmittel handelt, sowie Barrengold hier auszuweisen. Darüber hinaus sind unter dem Aktivposten Nr. 14 bspw. auszuweisen: Steuer- und Schadenserstattungsansprüche, Ansprüche aus Rückdeckungsversicherungen, Forderungen an Mitarbeiter aus Gehalts- und Reisekostenvorschüssen, Warenbestände (mit Ausnahme der Handelswaren der Kreditgenossenschaften, die diese im Aktivposten „Warenbestand" auszuweisen haben), immaterielle Vermögensgegenstände des Umlaufvermögens, wie zB nicht verbriefte Optionsrechte,[63] die nicht dem Handelsbestand zugeordnet wurden, Variation Margins im Rahmen von Futuregeschäften,[64] die nicht als Handelsbestand kategorisiert wurden sowie nicht in Wertpapieren verbriefte Beteiligungen, wenn sie nicht dazu bestimmt sind, dauernd dem Geschäftsbetrieb zu dienen.[65]

96   Die wichtigsten Einzelbeträge dieses Postens und ihre Art sind im **Anhang** zu erläutern, sofern sie für die Beurteilung des Jahresabschlusses wesentlich sind (§ 35 Abs. 1 Nr. 4 RechKredV). Auf fremde Währung lautende Beträge sind in den Gesamtbetrag der auf fremde Währung lautenden Vermögensgegenstände nach § 35 Abs. 1 Nr. 6 RechKredV einzubeziehen.

97   Für **Institute iSd § 1 Abs. 3 ZAG** ist § 15 RechZahlV und das Formblatt 1 zur RechZahlV zu beachten. Als „Sonstige Vermögensgegenstände" sind Forderungen und sonstige Vermögensgegenstände auszuweisen, die einem anderen Posten nicht zugeordnet werden können (§ 15 S. 1 RechZahlV). § 15 RechZahlV entspricht inhaltlich dem § 20 S. 1, 3 und 4 RechKredV. Der Aktivposten Nr. 12 „Sonstige Vermögensgegenstände" ist in die Unterposten a)„aus Zahlungsdiensten und aus der Ausgabe von E-Geld" und b) „aus sonstigen Tätigkeiten" zu untergliedern. Für die Anhangangaben ist § 29 Abs. 1 Nr. 3 und 5 RechZahlV zu berücksichtigen. Die Regelungen des § 29 Abs. 1 Nr. 3 und 5 RechZahlV entsprechen inhaltlich § 35 Abs. 1 Nr. 4 und 6 RechKredV.

98   **(15) Rechnungsabgrenzungsposten (Aktivposten Nr. 15, Formblatt 1 RechKredV).** Nach § 250 Abs. 1 sind hier nur Ausgaben vor dem Bilanzstichtag auszuweisen, soweit sie Aufwand für eine bestimmte Zeit nach dem Bilanzstichtag darstellen. Folglich sind in diesem Posten Unterschiedsbeträge aufzunehmen, die sich aus der Anwendung des § 340e Abs. 2 oder aus einer Kreditaufnahme, die einen höheren Erfüllungsbetrag als den Ausgabebetrag vorsieht, entstehen.[66] Gleiches gilt für Disagien bei der Begebung von Schuldverschreibungen. Pfandbriefbanken haben den Posten in der Bilanz in die Unterposten „aus dem Emissions- und Darlehensgeschäft" und „andere" zu untergliedern.

99   Für **Institute iSd § 1 Abs. 3 ZAG** ist das Formblatt 1 zur RechZahlV zu beachten. Der Aktivposten Nr. 13 „Rechnungsabgrenzungsposten" ist in die Unterposten a) „aus Zahlungsdiensten und aus der Ausgabe von E-Geld" und b) „aus sonstigen Tätigkeiten" zu untergliedern.

100   **(16) Aktive latente Steuern (Aktivposten Nr. 16, Formblatt 1 RechKredV).** Durch das BilMoG wurde der Posten „Aktive latente Steuern" in das Formblatt 1 eingefügt. Die RechKredV enthält keine Bestimmungen über den Ausweis im Aktivposten Nr. 16. Die Vorschriften von § 274 sind auch für Institute maßgeblich. Durch das BilMoG wurde der § 274 neu gefasst. Das zuvor an der GuV orientierte Konzept wurde durch ein bilanzorientiertes Konzept ersetzt.[67] Während § 274 eine Passivierungspflicht für die nach Saldierung verbleibenden passiven latenten Steuern vorsieht, besteht für die aktiven latenten Steuern ein Ausweiswahlrecht.[68] Eine sich insgesamt ergebende Steuerentlastung kann als aktive latente Steuer in der Bilanz angesetzt werden (§ 274 Abs. 1 S. 2). Bei der Berechnung aktiver latenter Steuern sind steuerliche Verlustvorträge in Höhe der innerhalb der nächsten fünf Jahre zu erwartenden Verlustverrechnung zu berücksichtigen (§ 274 Abs. 1 S. 4). Die sich

---

[63] Vgl. IDW RS BFA 6 Rn. 12.
[64] Vgl. IDW RS BFA 5 Rn. 13.
[65] Vgl. Scharpf/Schaber Bankbilanz-HdB S. 963–965.
[66] Krit. hierzu Birck/Meyer, Die Bankbilanz, 3. Aufl. 1989, V 405 f.
[67] Vgl. BT-Drs. 16/12407, 87.
[68] Vgl. BT-Drs. 16/12407, 87.

ergebenden Steuerbelastungen und -entlastungen können auch unverrechnet ausgewiesen werden (§ 274 Abs. 1 S. 3). Die Ausschüttungssperre nach § 268 Abs. 8 S. 2 ist zu beachten.

Für **Institute iSd § 1 Abs. 3 ZAG** ist das Formblatt 1 zur RechZahlV zu beachten. **101** Die Postenbezeichnung des Aktivpostens Nr. 14 entspricht der des Aktivpostens Nr. 16 bei Kredit-, Finanzdienstleistungs- und Wertpapierinstituten.

(17) Aktiver Unterschiedsbetrag aus der Vermögensverrechnung (Aktivposten **102** **Nr. 17, Formblatt 1 RechKredV).** Der Posten „Aktiver Unterschiedsbetrag aus der Vermögensverrechnung" wurde durch das BilMoG in das Formblatt 1 eingefügt. Die Rech-KredV enthält keine Vorschriften zum Ausweis eines aktiven Unterschiedsbetrags aus der Vermögensverrechnung. Eine verpflichtende Verrechnung von Vermögenswerten und Schulden sieht neben § 10 RechKredV auch § 246 Abs. 2 S. 2 vor, der für Institute uneingeschränkt anzuwenden ist.[69] Demzufolge sind Vermögensgegenstände, die dem Zugriff aller übrigen Gläubiger entzogen sind und ausschließlich der Erfüllung von Schulden aus Altersversorgungsverpflichtungen oder vergleichbaren langfristig fälligen Verpflichtungen dienen, mit diesen Schulden zu verrechnen (§ 246 Abs. 2 S. 2). Übersteigt der beizulegende Zeitwert der Vermögensgegenstände den Betrag der Schulden, ist der übersteigende Betrag unter einem gesonderten Posten zu aktivieren (§ 246 Abs. 2 S. 3). Für Institute ist dieser gesonderte Posten der Aktivposten Nr. 17.

Für **Institute iSd § 1 Abs. 3 ZAG** ist das Formblatt 1 zur RechZahlV zu beachten. **103** Die Postenbezeichnung des Aktivpostens Nr. 15 entspricht der des Aktivpostens Nr. 17 bei Kredit-, Finanzdienstleistungs- und Wertpapierinstituten.

(18) Nicht durch Eigenkapital gedeckter Fehlbetrag (Aktivposten Nr. 18, **104** **Formblatt 1 RechKredV).** Der Posten gem. § 268 Abs. 3 ist in Anbetracht der Eigenkapitalbestimmungen von § 10 KWG – der Pflicht, ein angemessenes Eigenkapital zu halten – in aller Regel gegenstandslos. Der Ausweis eines nicht durch Eigenkapital gedeckten Fehlbetrags kommt nur in Frage, wenn das Eigenkapital negativ geworden ist. Dieser Aktivposten dürfte grundsätzlich nur bei Instituten vorkommen, die sich in der Liquidation befinden.[70]

Für **Institute iSd § 1 Abs. 3 ZAG** ist das Formblatt 1 zur RechZahlV zu beachten. **105** Die Postenbezeichnung des Aktivpostens Nr. 16 entspricht der des Aktivpostens Nr. 18 bei Kredit-, Finanzdienstleistungs- und Wertpapierinstituten.

(19) Nicht unmittelbar im Formblatt 1 zur RechKredV enthaltene Aktivpos- **106** **ten. Kreditgenossenschaften, die das Warengeschäft betreiben,** haben nach dem Aktivposten Nr. 6 einen Posten „6 aa. Warenbestand" (Fn. 3 zu Formblatt 1) einzufügen.

Finanzdienstleistungsinstitute iSd § 1 Abs. 1a Nr. 10 KWG haben Gegenstände, **107** die seitens des Instituts verleast werden und die dem Leasinggeber zuzurechnen sind, in dem gesonderten Aktivposten „**10a Leasingvermögen**" vor dem Posten „Immaterielle Anlagewerte" auszuweisen (Formblatt 1 Fn. 14). Dieser Posten umfasst sowohl materielles als auch immaterielles Leasingvermögen.[71] Fn. 14 in Formblatt 1 der RechKredV gilt unmittelbar und nach ihrem Wortlaut nur für Finanzdienstleistungsinstitute. Nach § 340a Abs. 1 iVm § 265 Abs. 5 steht eine (analoge) Anwendung von Fn. 14 auch Kreditinstituten offen. Sofern die entsprechenden Vermögensgegenstände für Kreditinstitute von untergeordneter Bedeutung sind, ist auch ein Ausweis unter den sonstigen Vermögensgegenständen vertretbar. Zum Ausweis in der GuV → Rn. 230, 241.

b) Passivseite. (1) Verbindlichkeiten gegenüber Kreditinstituten (Passivposten **108** **Nr. 1, Formblatt 1 RechKredV).** In diesem Posten sind alle Arten von Verbindlichkeiten aus Bankgeschäften sowie alle Verbindlichkeiten von Finanzdienstleistungsinstituten oder Wertpapierinstituten gegenüber in- und ausländischen Kreditinstituten (zum Begriff → § 340 Rn. 1) auszuweisen, soweit sie nicht unter „Verbriefte Verbindlichkeiten" zu

---

[69] Vgl. Scharpf/Schaber Bankbilanz-HdB S. 993.
[70] Vgl. Scharpf/Schaber Bankbilanz-HdB S. 998.
[71] Vgl. BR-Drs. 204/11, 13.

erfassen sind (§ 21 Abs. 1 S. 1 RechKredV). Nichtbankgeschäftliche Verbindlichkeiten gegenüber Kreditinstituten sind dem Passivposten „Sonstige Verbindlichkeiten" zuzuweisen.[72]

109   Analog zum entsprechenden Posten der Aktivseite sind hier neben Buchverbindlichkeiten auszuweisen: Begebene Namensschuldverschreibungen und -geldmarktpapiere, Orderschuldverschreibungen, die nicht Teile einer Gesamtemission sind, Habensalden aus Effektengeschäften und Verrechnungskonten sowie Verbindlichkeiten aus verkauften Wechseln einschließlich eigener Ziehungen, die mit den Kreditnehmern nicht abgerechnet sind (§ 21 Abs. 1 RechKredV). Die anteiligen Zinsen sind nach § 11 RechKredV zusammen mit den zugehörigen Kapitalbeträgen auszuweisen. Treuhandzahlungen, dh im Treuhandwege zu Gunsten eines namentlich genannten Kunden von anderen Instituten eingegangene Zahlungen, die der Kunde erst nach Erfüllung bestimmter Auflagen erhält, sind grundsätzlich als „Verbindlichkeiten gegenüber Kunden" (Passivposten Nr. 2) auszuweisen (§ 21 Abs. 3 RechKredV). Eine Ausnahme ist vorgesehen, wenn aufgrund vertraglicher Vereinbarung nicht der Kunde, sondern das empfangene Institut der Schuldner ist (§ 21 Abs. 3 S. 2 RechKredV).

110   Nach dem Bilanzformblatt sind die „Verbindlichkeiten gegenüber Kreditinstituten" in die Unterposten a) „täglich fällig" und b) „mit vereinbarter Laufzeit oder Kündigungsfrist" zu untergliedern. Die im Unterposten b) ausgewiesenen Verbindlichkeiten sind im **Anhang** nach Restlaufzeiten aufzugliedern (§ 9 Abs. 1 S. 1 Nr. 3 iVm Abs. 2 RechKredV). Für Pfandbriefbanken und Bausparkassen gelten geschäftsartentypische Untergliederungen (Formblatt 1 Fn. 6). Verbindlichkeiten gegenüber verbundenen Unternehmen, die Kreditinstitute sind (§ 3 S. 1 Nr. 3 RechKredV) sowie Verbindlichkeiten gegenüber Kreditinstituten, mit denen ein Beteiligungsverhältnis besteht (§ 3 S. 1 Nr. 4 RechKredV) sind als Unterposten in der Bilanz oder wahlweise im Anhang anzugeben. Ferner ist im Anhang der Gesamtbetrag der für Verbindlichkeiten gegenüber Kreditinstituten als Sicherheit übertragenen Vermögensgegenstände offenzulegen (§ 35 Abs. 5 RechKredV). Auf fremde Währung lautende Beträge sind in den Gesamtbetrag der auf fremde Währungen lautenden Verbindlichkeiten nach § 35 Abs. 1 Nr. 6 RechKredV einzubeziehen.

111   Für **Institute iSd § 1 Abs. 3 ZAG** ist § 16 RechZahlV und das Formblatt 1 zur RechZahlV zu beachten. Im Passivposten Nr. 1 „**Verbindlichkeiten gegenüber Kreditinstituten**" sind alle Arten von Verbindlichkeiten gegenüber in- und ausländischen Kreditinstituten auszuweisen (§ 16 S. 1 RechZahlV). Die Verbindlichkeiten gegenüber Kreditinstituten sind in die Unterposten a) „aus Zahlungsdiensten und aus der Ausgabe von E-Geld" und b) „aus sonstigen Tätigkeiten" zu unterteilen. Die beiden Unterposten sind weiter in „täglich fällig" und „mit vereinbarter Laufzeit oder Kündigungsfrist" zu untergliedern. Verbindlichkeiten gegenüber verbundenen Unternehmen, die Kreditinstitute sind (§ 3 Abs. 2 S. 1 Nr. 3 RechZahlV) sowie Verbindlichkeiten gegenüber Kreditinstituten, mit denen ein Beteiligungsverhältnis besteht (§ 3 Abs. 2 S. 1 Nr. 4 RechKredV) sind als Unterposten in der Bilanz oder wahlweise im Anhang anzugeben. Für die Anhangangaben ist § 29 Abs. 1 Nr. 5 RechZahlV zu berücksichtigen, der inhaltlich § 35 Abs. 1 Nr. 6 RechKredV entspricht.

112   Zahlungsinstitute und E-Geld-Institute haben den Passivposten Nr. 3 „**Verbindlichkeiten gegenüber Instituten iSd. § 1 Abs. 3 ZAG**" mit den Unterposten a) „aus Zahlungsdiensten und aus der Ausgabe von E-Geld" und b) „aus sonstigen Tätigkeiten" auszuweisen (Formblatt 1 zur RechZahlV). Verbindlichkeiten gegenüber verbundenen Unternehmen, die Institute iSd § 1 Abs. 3 ZAG sind (§ 3 Abs. 2 S. 1 Nr. 3 RechZahlV) sowie Verbindlichkeiten gegenüber Instituten iSd § 1 Abs. 3 ZAG, mit denen ein Beteiligungsverhältnis besteht (§ 3 Abs. 2 S. 1 Nr. 4 RechKredV) sind als Unterposten in der Bilanz oder wahlweise im Anhang anzugeben. Für die Anhangangaben ist § 29 Abs. 1 Nr. 5 RechZahlV zu beachten, der inhaltlich § 35 Abs. 1 Nr. 6 RechKredV entspricht.

---

[72]   Vgl. IDW, WPH Edition, Kreditinstitute, D Rn. 706.

(2) Verbindlichkeiten gegenüber Kunden (Passivposten Nr. 2, Formblatt 1   113
RechKredV). Dieser Posten umfasst sowohl bankgeschäftliche als auch nichtbankgeschäftliche Verbindlichkeiten, sofern es sich nicht um „Verbriefte Verbindlichkeiten" (Passivposten Nr. 3) handelt. Der Begriff Kunde umfasst in- und ausländische Nichtbanken (§ 21 Abs. 2 S. 1 RechKredV). Die Legaldefinition des Begriffs „Kunden" entspricht der Regelung in § 15 Abs. 1 S. 1 RechKredV.[73] In diesen Posten fallen Verbindlichkeiten aus Namensschuldverschreibungen und aus Geldmarktpapieren sowie Orderschuldverschreibungen, die nicht Teile einer Gesamtemission sind, Sperrguthaben und Abrechnungsguthaben der Anschlussfirmen im Teilzahlungsfinanzierungsgeschäft und Anweisungen im Umlauf (§ 21 Abs. 2 S. 2 RechKredV). Daneben sind Treuhandzahlungen in dem Posten zu erfassen (§ 21 Abs. 3 RechKredV). Die anteiligen Zinsen für Verbindlichkeiten gegenüber Kunden sind nach § 11 RechKredV zusammen mit den Kapitalbeträgen auszuweisen.

Das Bilanzformblatt untergliedert die „Verbindlichkeiten gegenüber Kunden" in a)   114
„Spareinlagen"[74] – mit den Unterposten aa) „mit vereinbarter Kündigungsfrist von drei Monaten" und ab) „mit vereinbarter Kündigungsfrist von mehr als drei Monaten" – sowie b) „andere Verbindlichkeiten", die nochmals in ba) „täglich fällig" und bb) „mit vereinbarter Laufzeit oder Kündigungsfrist" unterteilt werden. Dabei gelten Bauspareinlagen nicht als Spareinlagen (§ 21 Abs. 4 S. 4 RechKredV). Für Pfandbriefbanken und Bausparkassen sind geschäftsbezogene Änderungen hinsichtlich der Gliederung notwendig (Formblatt 1 Fn. 7). Finanzdienstleistungsinstitute, Wertpapierinstitute sowie Kreditinstitute, sofern letztere Skontroführer iSv § 27 Abs. 1 BörsG und nicht CRR-Kreditinstitute iSv § 1 Abs. 3d S. 1 KWG sind, haben den Posten Verbindlichkeiten gegenüber Kunden in die Darunter-Vermerke „gegenüber Finanzdienstleistungsinstituten" und „gegenüber Wertpapierinstituten"[75] zu untergliedern.

Verbindlichkeiten gegenüber verbundenen Unternehmen (§ 3 S. 1 Nr. 3 RechKredV)   115
sowie Verbindlichkeiten gegenüber Unternehmen, mit denen ein Beteiligungsverhältnis besteht (§ 3 S. 1 Nr. 4 RechKredV) sind als Unterposten in der Bilanz oder wahlweise im **Anhang** anzugeben. Im Anhang hat eine Aufgliederung des Passivpostens 2a) ab) „Spareinlagen mit vereinbarter Kündigungsfrist von mehr als drei Monaten" sowie des Passivpostens 2b) bb) „andere Verbindlichkeiten mit vereinbarter Laufzeit oder Kündigungsfrist" nach Restlaufzeiten zu erfolgen (§ 9 Abs. 1 S. 1 Nr. 4 und Nr. 5 RechKredV). Bausparkassen brauchen die Bauspareinlagen nicht nach Restlaufzeiten aufzugliedern (§ 9 Abs. 1 S. 2 RechKredV). Ferner ist im Anhang der Gesamtbetrag der für Verbindlichkeiten gegenüber Kunden als Sicherheit übertragenen Vermögensgegenstände offenzulegen (§ 35 Abs. 5 RechKredV). Auf fremde Währung lautende Beträge sind in den Gesamtbetrag der auf fremde Währungen lautenden Verbindlichkeiten nach § 35 Abs. 1 Nr. 6 RechKredV einzubeziehen.

Für **Institute iSd § 1 Abs. 3 ZAG** ist § 17 RechZahlV und das Formblatt 1 zur   116
RechZahlV zu beachten. Im Passivposten Nr. 2 „Verbindlichkeiten gegenüber Kunden" sind alle Arten von Verbindlichkeiten gegenüber in- und ausländischen Nichtbanken auszuweisen (§ 17 S. 1 RechZahlV). Die Verbindlichkeiten gegenüber Kunden sind in die Unterposten a) „aus Zahlungsdiensten und aus der Ausgabe von E-Geld" und b) „aus sonstigen Tätigkeiten" zu unterteilen. Im Unterposten a) sind der Davon-Vermerk „zur Ausführung von Zahlungsvorgängen" mit der darunter-Position „auf Zahlungskonten" sowie der Davon-Vermerk „aus der Ausgabe von E-Geld" gesondert auszuweisen (§ 17 S. 2 RechZahlV iVm Formblatt 1). Verbindlichkeiten gegenüber verbundenen Unternehmen (§ 3 Abs. 2 S. 1 Nr. 3 RechZahlV) sowie Verbindlichkeiten gegenüber Unternehmen, mit denen

---

[73] Vgl. IDW, WPH Edition, Kreditinstitute, D Rn. 715.
[74] Als Spareinlagen sind nur diejenigen unbefristeten Gelder auszuweisen, die die in § 21 Abs. 4 RechKredV genannten Voraussetzungen erfüllen.
[75] Der Darunter-Vermerk „gegenüber Wertpapierinstituten" wurde mit Einführung des neuen Begriffs des Wertpapierinstituts nach § 2 Abs. 1 WpIG eingefügt. Die Vorschriften der RechKredV, die auf Finanzdienstleistungsinstitute anwendbar sind, gelten auch für Wertpapierinstitute. Vgl. BT-Drs. 19/26929, 170.

ein Beteiligungsverhältnis besteht (§ 3 Abs. 2 S. 1 Nr. 4 RechZahlV) sind als Unterposten in der Bilanz oder wahlweise im **Anhang** anzugeben. Für die Anhangangaben ist § 29 Abs. 1 Nr. 5 RechZahlV zu berücksichtigen, der inhaltlich § 35 Abs. 1 Nr. 6 RechKredV entspricht. Der Posten „Verbindlichkeiten gegenüber Kunden" ist im Anhang nach Restlaufzeiten zu gliedern (§ 7 RechZahlV).

117   **(3) Verbriefte Verbindlichkeiten (Passivposten Nr. 3, Formblatt 1 RechKredV).** Gemäß § 22 Abs. 1 RechKredV sind als verbriefte Verbindlichkeiten Schuldverschreibungen und sonstige Verbindlichkeiten auszuweisen, für die nicht auf den Namen lautende übertragbare Urkunden ausgestellt wurden. Auszuweisen sind folglich nur Inhaberpapiere, unabhängig von der Börsenfähigkeit oder Börsennotierung. Namenspapiere sind als Buchverbindlichkeiten – je nach Gläubiger – unter „Verbindlichkeiten gegenüber Kreditinstituten" oder „Verbindlichkeiten gegenüber Kunden" zu bilanzieren. Die nachrangigen verbrieften Verbindlichkeiten sind unter dem Passivposten Nr. 9 „Nachrangige Verbindlichkeiten", begebene verbriefte Genussrechte zusammen mit den unverbrieften Genussrechten unter dem Posten „Genussrechtskapital" (Passivposten Nr. 10) auszuweisen.

118   Der Passivposten ist in a) „begebene Schuldverschreibungen" und b) „andere verbriefte Verbindlichkeiten" zu unterteilen. Beim Unterposten b) wird zusätzlich ein gesonderter Darunter-Vermerk für Geldmarktpapiere, die in Form von Inhaberpapieren oder Orderpapieren, die Teile einer Gesamtemission sind, begeben wurden, unabhängig von ihrer Börsenfähigkeit (§ 22 Abs. 3 RechKredV) gefordert. Dies gilt auch für eigene Akzepte (unter Beachtung des § 22 Abs. 4 RechKredV) und Solawechsel im Umlauf. Pfandbriefbanken haben eine branchenspezifische Untergliederung vorzunehmen (Formblatt 1 Fn. 9). Kreditgenossenschaften, die das Warengeschäft betreiben, haben zu dem Darunter-Vermerk „Eigene Akzepte und Solawechsel im Umlauf" den zusätzlichen Darunter-Vermerk „aus dem Warengeschäft" einzufügen (Formblatt 1 Fn. 9).

119   Als **begebene Schuldverschreibungen** sind nach § 22 Abs. 2 RechKredV Inhaberschuldverschreibungen sowie Orderschuldverschreibungen, die Teile einer Gesamtemission sind, unabhängig von ihrer Börsenfähigkeit auszuweisen. Eigene, nicht börsenfähige Schuldverschreibungen sind, im Gegensatz zu den börsenfähigen zurückgekauften Schuldverschreibungen (Aktivposten Nr. 5c)), von dem Bilanzausweis der verbrieften Verbindlichkeiten abzusetzen (§ 22 Abs. 2 S. 2 RechKredV). Bei Instituten, die einen Treuhänder haben, sind sowohl die dem Treuhänder endgültig, als auch die vorläufig zurückgegebenen Papiere vom Ausweis abzusetzen. Dagegen sind die bereits vom Treuhänder ausgefertigten, aber dem Erwerber noch nicht gelieferten Stücke, als Schuldverschreibungen auszuweisen (§ 22 Abs. 5 S. 1 RechKredV). Null-Kupon-Anleihen sind gem. § 22 Abs. 2 S. 3 RechKredV einschließlich der anteiligen Zinsen auszuweisen.

120   Verbindlichkeiten gegenüber verbundenen Unternehmen (§ 3 S. 1 Nr. 3 RechKredV) sowie Verbindlichkeiten gegenüber Unternehmen, mit denen ein Beteiligungsverhältnis besteht (§ 3 S. 1 Nr. 4 RechKredV) sind als Unterposten in der Bilanz oder wahlweise im **Anhang** anzugeben. Der Unterposten b) „andere verbriefte Verbindlichkeiten" ist gem. § 9 Abs. 1 S. 1 Nr. 6 RechKredV im Anhang nach Restlaufzeiten aufzugliedern. Ferner sind im Anhang die im Unterposten „begebene Schuldverschreibungen" enthaltenen Beträge anzugeben, die in dem Jahr, das auf den Bilanzstichtag folgt, fällig werden (§ 9 Abs. 3 Nr. 2 RechKredV). Daneben ist im Anhang der Gesamtbetrag der für verbriefte Verbindlichkeiten als Sicherheit übertragenen Vermögensgegenstände offenzulegen (§ 35 Abs. 5 RechKredV). Auf fremde Währung lautende Beträge sind in den Gesamtbetrag der auf fremde Währungen lautenden Verbindlichkeiten nach § 35 Abs. 1 Nr. 6 RechKredV einzubeziehen.

121   Im Formblatt 1 der RechZahlV ist für **Institute iSd § 1 Abs. 3 ZAG** kein vergleichbarer Posten enthalten.

122   **(3a) Handelsbestand (Passivposten Nr. 3a, Formblatt 1 RechKredV).** Der Posten „Handelsbestand" wurde durch das BilMoG eingeführt.[76] Die RechKredV enthält keine

---

[76]   Vgl. App/Wiehagen-Knopke KoR 2010, 96.

Vorschriften zu den Verbindlichkeiten, die in diesem Posten auszuweisen sind.[77] Für die Zuordnung zum Handelsbestand ist in erster Linie die Zweckbestimmung der Wertpapiere im Zugangszeitpunkt maßgeblich.[78] Finanzielle Verbindlichkeiten, die das Institut mit der Absicht eingeht, diese zur Erzielung eines Handelserfolgs kurzfristig zurückzukaufen, sind als Handelsbestand (Passivposten 3a) auszuweisen.[79] Beim Handelsbestand kann es sich sowohl um Derivate mit negativen Marktwerten als auch um originäre Finanzinstrumente handeln.[80] Da weder das HGB noch die RechKredV bzgl. des Aktivpostens „6a. Handelsbestand" und des Passivpostens „3a. Handelsbestand" eine Saldierungsvorschrift enthalten, sind Handelsaktiva und Handelspassiva brutto auszuweisen (§ 246 Abs. 2 S. 1).[81]

Gemäß § 35 Abs. 1 Nr. 1a RechKredV ist der Posten „Handelsbestand" in derivative **123** Finanzinstrumente und Verbindlichkeiten im **Anhang** aufzugliedern. Auf fremde Währung lautende Beträge sind in den Gesamtbetrag der auf fremde Währungen lautenden Verbindlichkeiten nach § 35 Abs. 1 Nr. 6 RechKredV einzubeziehen. Zusätzlich sind die Anhangangaben von § 35 Abs. 1 Nr. 6a–c RechKredV zu berücksichtigen (→ Rn. 77).

Im Formblatt 1 der RechZahlV ist für **Institute iSd § 1 Abs. 3 ZAG** kein vergleichba- **124** rer Posten enthalten.

(4) Treuhandverbindlichkeiten (Passivposten Nr. 4, Formblatt 1 RechKredV). **125** Entsprechend § 6 Abs. 1 S. 2 RechKredV handelt es sich hier um den korrespondierenden Posten zu dem Aktivposten Nr. 9 „Treuhandvermögen" (→ Rn. 85).

Im Formblatt 1 der RechZahlV ist für **Institute iSd § 1 Abs. 3 ZAG** kein vergleichba- **126** rer Posten enthalten.

(5) Sonstige Verbindlichkeiten (Passivposten Nr. 5, Formblatt 1 RechKredV). **127** Es handelt sich bei diesem Posten um einen Sammelposten, in dem alle Passiva auszuweisen sind, die einem anderen Posten nicht zugeordnet werden können. Für den Ausweis kommen im Wesentlichen Verbindlichkeiten gegenüber Kreditinstituten, die nicht aus Bankgeschäften resultieren, sowie Verbindlichkeiten gegenüber Nichtbanken, die nicht Kunden des Instituts sind, in Betracht. Zu letzter Kategorie zählen ua Steuerschulden gegenüber dem Finanzamt, sofern keine Rückstellung zu bilden ist, sowie fällige, noch nicht ausbezahlte Gehälter.[82] Ferner werden hier Variation Margins im Rahmen von Futuregeschäften[83] und erhaltene Optionsprämien aus dem Verkauf von Optionen,[84] die nicht dem Handelsbestand zugeordnet wurden, ausgewiesen.

Die wichtigsten Einzelbeträge und ihre Art sind gem. § 35 Abs. 1 Nr. 4 RechKredV **128** im **Anhang** zu erläutern, sofern sie für die Beurteilung des Jahresabschlusses wesentlich sind. Ferner ist im Anhang der Gesamtbetrag der für „Sonstige Verbindlichkeiten" als Sicherheit übertragenen Vermögensgegenstände offenzulegen (§ 35 Abs. 5 RechKredV). Auf fremde Währung lautende Beträge sind in den Gesamtbetrag der auf fremde Währungen lautenden Verbindlichkeiten nach § 35 Abs. 1 Nr. 6 RechKredV einzubeziehen.

Für **Institute iSd § 1 Abs. 3 ZAG** ist das Formblatt 1 zur RechZahlV zu beachten. **129** Zahlungsinstitute und E-Geld-Institute haben den Passivposten Nr. 4 „Sonstige Verbindlichkeiten" mit den Unterposten a) „aus Zahlungsdiensten und aus der Ausgabe von E-Geld" und b) „aus sonstigen Tätigkeiten" auszuweisen (Formblatt 1 zur RechZahlV). Für die Anhangangaben ist § 29 Abs. 1 Nr. 3 und 5 RechZahlV zu berücksichtigen. Die Rege-

---

[77] Vgl. Scharpf et al. WPg 2010, 441. Zur Abgrenzung des Handelsbestands vom Anlagebestand und der Liquiditätsreserve → § 340c Rn. 6 ff.
[78] Vgl. IDW RH HFA 1.014 Rn. 7.
[79] Vgl. IDW RS BFA 2 Rn. 10.
[80] Vgl. Küting/Pfitzer/Weber/Scharpf S. 231.
[81] Vgl. IDW RS BFA 2 Rn. 68; Goldschmidt/Meyding-Metzger/Weigel IRZ 2010, 23.
[82] Vgl. Meyer/Isenmann, Bankbilanzrichtlinie-Gesetz, 1993, S. 165; Scharpf/Schaber Bankbilanz-HdB S. 1066.
[83] Vgl. IDW RS BFA 5 Rn. 13.
[84] Vgl. IDW RS BFA 6 Rn. 17.

lungen des § 29 Abs. 1 Nr. 3 und 5 RechZahlV entsprechen inhaltlich § 35 Abs. 1 Nr. 4 und 6 RechKredV.

130   **(6) Rechnungsabgrenzungsposten (Passivposten Nr. 6, Formblatt 1 Rech-KredV).** Gemäß § 250 Abs. 2 sind hier nur Einnahmen vor dem Bilanzstichtag auszuweisen, soweit sie Ertrag für eine bestimmte Zeit nach dem Bilanzstichtag darstellen. Nach § 23 RechKredV hat das bilanzierende Institut ein Wahlrecht, die auf künftige Perioden entfallenden Zinsen, Provisionen und Gebühren aus Teilzahlungsfinanzierungsgeschäften entweder unter den Rechnungsabgrenzungsposten auszuweisen oder bei den zugehörigen Aktiva zu kürzen. Die Vorschrift dürfte jedoch nicht nur bei Teilzahlungsgeschäften, sondern überall dort zur Anwendung kommen, wo oben genannte Erträge dem Darlehenskapital zugeschlagen werden.[85] In die passivische Rechnungsabgrenzung sind nach § 23 S. 2 RechKredV anfallende Zinsmargen aus der Weitergabe von Wechselabschnitten einzustellen, soweit die Marge künftigen Rechnungsperioden zuzurechnen ist. Dies gilt auch für andere Wechselrefinanzierungen. Unter diesen Posten fallen auch Auszahlungsdisagien mit Zinscharakter bei Hypothekendarlehen und anderen Forderungen (§ 340e Abs. 2). Die Pfandbriefbanken haben gem. Fn. 10 zum Formblatt 1 zum Rechnungsabgrenzungsposten Unterposten zu bilden, und zwar Nr. 6a) „aus dem Emissions- und Darlehensgeschäft" und Nr. 6b) „andere".

131   Für **Institute iSd § 1 Abs. 3 ZAG** ist das Formblatt 1 zur RechZahlV zu beachten. Zahlungsinstitute und E-Geld-Institute haben den Passivposten Nr. 5 „Rechnungsabgrenzungsposten" mit den Unterposten a) „aus Zahlungsdiensten und aus der Ausgabe von E-Geld" und b) „aus sonstigen Tätigkeiten" auszuweisen (Formblatt 1 zur RechZahlV).

132   **(7) Passive Latente Steuern (Passivposten Nr. 6a, Formblatt 1 RechKredV).** Durch das BilMoG wurde der Posten „Passive latente Steuern" in das Formblatt 1 eingefügt (→ Rn. 100). Die RechKredV enthält keine Bestimmungen über den Ausweis im Passivposten Nr. 6a. Die Vorschriften von § 274 sind auch für Institute maßgeblich. Besteht eine Differenz zwischen den handelsrechtlichen Wertansätzen der Vermögensgegenstände, Schulden und Rechnungsabgrenzungsposten und deren steuerlichen Wertansätzen und baut sich diese Differenz in späteren Geschäftsjahren voraussichtlich ab, so ist eine insgesamt sich ergebende Steuerbelastung als passive latente Steuer in der Bilanz anzusetzen (§ 274 Abs. 1 S. 1).

133   Für **Institute iSd § 1 Abs. 3 ZAG** ist das Formblatt 1 zur RechZahlV zu beachten. Die Postenbezeichnung des Passivpostens Nr. 7 entspricht der des Passivpostens Nr. 6a bei Kredit-, Finanzdienstleistungs- und Wertpapierinstituten.

134   **(8) Rückstellungen (Passivposten Nr. 7, Formblatt 1 RechKredV).** Der Inhalt dieses Postens wird durch § 249 geregelt. Gemäß Formblatt 1 haben Institute die Rückstellungen zu untergliedern in a) „Rückstellungen für Pensionen und ähnliche Verpflichtungen", b) „Steuerrückstellungen" und c) „andere Rückstellungen". Zu den anderen Rückstellungen gehören bei Instituten ua Rückstellungen für Bürgschaften aus dem Kreditgeschäft, Haftungsrisiken aus harten Patronatserklärungen, derivative Finanzinstrumente mit negativen Marktwerten, unrealisierte Verluste aufgrund teilweiser Unwirksamkeit bei Bewertungseinheiten, die verlustfreie Bewertung des Bankbuchs, die Bankenabgabe,[86] Rechtsstreitigkeiten und Prozesskosten.[87] § 24 RechKredV verpflichtet die Institute, sofern im Unterposten „andere Rückstellungen" eine Rückstellung für einen drohenden Verlust aus einer unter dem Strich vermerkten Eventualverbindlichkeit oder einem Kreditrisiko gebildet wird, dass der Posten unter dem Strich in Höhe des zurückgestellten Betrags zu kürzen ist. Rückstellungen mit einer Restlaufzeit von mehr als einem Jahr sind mit Inkrafttreten des BilMoG nach § 253 Abs. 2 abzuzinsen.

---

[85]   Vgl. Kirsch/Grewe Rn. 80; Krumnow et al. RechKredV § 23 Rn. 1.
[86]   Zur Berechnung der Bankenabgabe s. Henkel/Schneider/Tüns WPg 2017, 22.
[87]   Vgl. IDW, WPH Edition, Kreditinstitute, D Rn. 784.

Für **Institute iSd § 1 Abs. 3 ZAG** ist § 18 RechZahlV und das Formblatt 1 zur **135** RechZahlV zu beachten. Die Regelung des § 18 RechZahlV ist identisch mit § 24 Rech-KredV. Die Untergliederung des Passivposten Nr. 6 entspricht der des Passivposten Nr. 7 bei Kredit-, Finanzdienstleistungs- und Wertpapierinstituten mit der Ausnahme, dass die drei Unterposten weiter in aa) „aus Zahlungsdiensten und aus der Ausgabe von E-Geld" und bb) „aus sonstigen Tätigkeiten" zu unterteilen sind.

(9) Nachrangige Verbindlichkeiten (Passivposten Nr. 9, Formblatt 1 Rech- **136** **KredV).** Auszuweisen sind hier alle verbrieften und unverbrieften Verbindlichkeiten, die im Fall der Liquidation oder Insolvenz erst nach den Forderungen der anderen Gläubiger bedient werden dürfen (§ 4 Abs. 1 RechKredV). Im Gegensatz zur Aktivseite erfolgt hier keine Zuordnung nachrangiger Verbindlichkeiten zu den einzelnen Bilanzposten. Ausnahmen bestehen für Genussrechtskapital, für das ein gesonderter Posten „Genussrechtskapital" (Passivposten Nr. 10) besteht, und für stille Einlagen, die als Unterposten des gezeichneten Kapitals auszuweisen sind (§ 25 Abs. 1 S. 1 RechKredV). Nachrangige Verbindlichkeiten gegenüber verbundenen Unternehmen (§ 3 S. 1 Nr. 3 RechKredV) sowie nachrangige Verbindlichkeiten gegenüber Unternehmen, mit denen ein Beteiligungsverhältnis besteht (§ 3 S. 1 Nr. 4 RechKredV) sind als Unterposten in der Bilanz oder wahlweise im **Anhang** anzugeben. Im Anhang sind Erläuterungen gem. § 35 Abs. 3 RechKredV offenzulegen. Auf fremde Währung lautende Beträge sind in den Gesamtbetrag der auf fremde Währungen lautenden Verbindlichkeiten nach § 35 Abs. 1 Nr. 6 RechKredV einzubeziehen.

Für **Institute iSd § 1 Abs. 3 ZAG** ist das Formblatt 1 zur RechZahlV zu beachten. **137** Zahlungsinstitute und E-Geld-Institute haben den Passivposten Nr. 8 „Nachrangige Verbindlichkeiten" mit den Unterposten a) „aus Zahlungsdiensten und aus der Ausgabe von E-Geld" und b) „aus sonstigen Tätigkeiten" auszuweisen (Formblatt 1 zur RechZahlV). Nachrangige Verbindlichkeiten gegenüber verbundenen Unternehmen (§ 3 Abs. 2 S. 1 Nr. 3 RechZahlV) sowie nachrangige Verbindlichkeiten gegenüber Unternehmen, mit denen ein Beteiligungsverhältnis besteht (§ 3 Abs. 2 S. 1 Nr. 4 RechZahlV) sind als Unterposten in der Bilanz oder wahlweise im **Anhang** anzugeben. Für die Anhangangaben ist § 29 Abs. 1 Nr. 5, Abs. 3 RechZahlV zu berücksichtigen. Die Regelungen des § 29 Abs. 1 Nr. 5, Abs. 3 RechZahlV entsprechen inhaltlich § 35 Abs. 1 Nr. 6, Abs. 3 RechKredV.

(10) Genussrechtskapital (Passivposten Nr. 10, Formblatt 1 RechKredV). In **138** dem Posten „Genussrechtskapital" sind Geldmittel auszuweisen, die einem Institut gegen Gewährung von Genussrechten überlassen worden sind, unabhängig davon, ob das begebene Genussrechtskapital in Wertpapieren verbrieft (Genussscheine) ist oder nicht.[88] Da Genussrechte nur schuldrechtliche Ansprüche und keine Mitgliedschaftsrechte darstellen, sind sie primär als Gläubigerrechte anzusehen. Der Ausweis von Genussrechtskapital hat unabhängig vom Bestehen einer Nachrangabrede und seiner Qualifikation als bankaufsichtsrechtliche Eigenmittel im Passivposten „Genussrechtskapital" zu erfolgen.[89] Gekündigtes Genussrechtskapital ist noch bis zum Fälligkeitszeitpunkt unter dem Passivposten Nr. 10, danach unter „Sonstige Verbindlichkeiten" auszuweisen.

Der nach dem Bilanzformblatt zu bildende Darunter-Vermerk für Genussrechtskapital, **139** das in weniger als zwei Jahren fällig wird, ist unter Liquiditätsaspekten informationsrelevant. Auf fremde Währung lautende Beträge sind in den Gesamtbetrag der auf fremde Währungen lautenden Verbindlichkeiten nach § 35 Abs. 1 Nr. 6 RechKredV einzubeziehen.

Für **Institute iSd § 1 Abs. 3 ZAG** ist das Formblatt 1 zur RechZahlV zu beachten. **140** Die Postenbezeichnung des Passivpostens Nr. 9 entspricht der des Passivpostens Nr. 10 bei Kredit-, Finanzdienstleistungs- und Wertpapierinstituten. Für die Anhangangaben ist § 29 Abs. 1 Nr. 5 RechZahlV zu berücksichtigen, der inhaltlich § 35 Abs. 1 Nr. 6 RechKredV entspricht.

---

[88]   Vgl. zur Definition von Genussrechtskapital ADS § 266 Rn. 190.
[89]   Vgl. Krumnow et al. Erläuterung zu Passivposten Nr. 10 Rn. 2.

141   **(11) Fonds für allgemeine Bankrisiken (Passivposten Nr. 11, Formblatt 1 RechKredV).** Der Posten umfasst die nach § 340g gebildeten offenen Vorsorgereserven zur Sicherung gegen die besonderen Risiken des Finanzgewerbes, wobei die Bildung nach vernünftiger kaufmännischer Beurteilung zu erfolgen hat.[90] Daneben wurde durch das Bil-MoG der Sonderposten nach § 340e Abs. 4 eingeführt, der im „Fonds für allgemeine Bankrisiken" mittels eines Davon-Vermerks „davon Zuführungen nach § 340e Abs. 4" gesondert auszuweisen ist.[91]

142   Für **Institute iSd § 1 Abs. 3 ZAG** ist das Formblatt 1 zur RechZahlV zu beachten. Die Postenbezeichnung des Passivpostens Nr. 10 entspricht der des Passivpostens Nr. 11 bei Kredit-, Finanzdienstleistungs- und Wertpapierinstituten.

143   **(12) Eigenkapital (Passivposten Nr. 12, Formblatt 1 RechKredV).** Für Kreditinstitute, Finanzdienstleistungsinstitute und Wertpapierinstitute ist § 25 RechKredV und das Formblatt 1 zur RechKredV zu beachten. Daneben gelten die handelsrechtlichen Vorschriften über den Ausweis des Eigenkapitals gem. § 272.[92] Gemäß dem Formblatt 1 wird die Bilanz unter teilweiser oder vollständiger Berücksichtigung der Ergebnisverwendung, dh nach Dotierung von Gewinnrücklagen bzw. nach Entnahmen aus Gewinn- und Kapitalrücklagen, aufgestellt.[93]

144   Im Unterposten a) zum Passivposten Nr. 12 sind sowohl das eingeforderte als auch das gezeichnete Kapital und, hiervon offen abgesetzt, die nicht eingeforderten ausstehenden Einlagen ersichtlich. Der Posten „Eigenkapital" ist daneben zu unterteilen in b) „Kapitalrücklage", c) „Gewinnrücklagen" und d) „Bilanzgewinn/Bilanzverlust". Die Gewinnrücklagen sind weiter zu untergliedern in ca.) „gesetzliche Rücklage", cb) „Rücklage für Anteile an einem herrschenden oder mehrheitlich beteiligten Unternehmen", cc) „satzungsmäßige Rücklagen" und cd) „andere Gewinnrücklagen". Besonderheiten bei der Untergliederung des Postens „Eigenkapital" sind nur für Genossenschaften vorgesehen (Fn. 12 und 13 im Formblatt 1).

145   Nach § 25 Abs. 1 RechKredV sind als **gezeichnetes Kapital,** unabhängig von der genauen Bezeichnung, alle Beträge auszuweisen, die als von Gesellschaftern oder anderen Eigentümern gezeichnete Eigenkapitalbeträge anzusehen sind, wie das Grundkapital einer AG und das Stammkapital einer GmbH. Hierzu zählen auch Einlagen stiller Gesellschafter, Dotationskapital und Geschäftsguthaben bei Genossenschaften. Letztere sind gem. § 34 Abs. 2 Nr. 3 RechKredV weiter zu unterteilen. Die Bezeichnung des gezeichneten Kapitals kann entsprechend der hier auszuweisenden Beträge ergänzt werden. Nach § 25 Abs. 2 RechKredV sind im Unterposten „Gewinnrücklagen" auch die Sicherheitsrücklage der Sparkassen sowie die Ergebnisrücklagen der Kreditgenossenschaften auszuweisen.

146   Für **Institute iSd § 1 Abs. 3 ZAG** ist § 19 RechZahlV und das Formblatt 1 zur RechZahlV zu beachten. Die Bestimmung des § 19 RechZahlV entspricht weitestgehend § 25 Abs. 1 RechKredV. Demnach sind beim gezeichneten Kapital alle Beträge zu zeigen, die entsprechend der Rechtsform des Instituts iSd § 1 Abs. 3 ZAG als von den Gesellschaftern oder anderen Eigentümern gezeichnete Eigenkapitalbeträge gelten. Die Untergliederung des Passivpostens Nr. 11 entspricht der des Passivpostens Nr. 12 bei Kredit-, Finanzdienstleistungs- und Wertpapierinstituten, mit der Ausnahme, dass keine Besonderheiten für Genossenschaften vorgesehen sind.

147   **(13) Eventualverbindlichkeiten (Passivposten Nr. 1 unter dem Strich, Formblatt 1 RechKredV).** § 26 RechKredV regelt an Stelle der §§ 251, 268 Abs. 7 die Vermerkpflichten der Eventualverbindlichkeiten, die nach dem Bilanzformblatt differenziert

---

[90]   Die Zuführungen zum Sonderposten oder die Erträge aus der Auflösung des Sonderpostens sind in der GuV gesondert auszuweisen (§ 340g Abs. 2). In den Formblättern 2 und 3 zur GuV ist hierfür kein eigener Posten vorgesehen. Vgl. Scharpf/Schaber Bankbilanz-HdB S. 1154.
[91]   Vgl. BT-Drs. 16/12407, 93. Zum Ausweis der Zuführungen zum Sonderposten gem. § 340e Abs. 4 → Rn. 170.
[92]   Vgl. Scharpf/Schaber Bankbilanz-HdB S. 1158.
[93]   Vgl. IDW, WPH Edition, Kreditinstitute, D Rn. 806.

werden in a) „Eventualverbindlichkeiten aus weitergegebenen abgerechneten Wechseln", b) „Verbindlichkeiten aus Bürgschaften und Gewährleistungsverträgen" und c) „Haftung aus der Bestellung von Sicherheiten für fremde Verbindlichkeiten".

Der Unterposten a) enthält gem. § 26 Abs. 1 RechKredV Indossamentsverbindlichkei- **148** ten und andere wechselrechtliche Eventualverbindlichkeiten aus abgerechneten und weiter- verkauften Wechseln einschließlich eigener Ziehungen. Im Unterposten b) sind als Verbind- lichkeiten aus Bürgschaften und Gewährleistungsverträgen auch Ausbietungsgarantien und andere Garantieverpflichtungen, verpflichtende Patronatserklärungen, unwiderrufliche Kre- ditbriefe einschließlich der dazugehörigen Nebenkosten sowie Akkreditiveröffnungen und -bestätigungen zu erfassen (§ 26 Abs. 2 S. 1 RechKredV). Dabei hat der Vermerk in voller Höhe zu erfolgen, es sei denn, unter dem Passivposten Nr. 1 oder Nr. 2b) („Verbindlichkei- ten gegenüber Kreditinstituten" oder „andere Verbindlichkeiten gegenüber Kunden") wer- den zweckgebundene Deckungsguthaben ausgewiesen. Beispiele für vermerkpflichtige Sachverhalte im Unterposten c) finden sich in § 26 Abs. 3 RechKredV. Die Beträge sind mit dem Buchwert der bestellten Sicherheiten zu vermerken. Besteht gleichzeitig eine Haftung nach c) und eine Bürgschaft oder ein Gewährleistungsvertrag, ist nur ein Vermerk unter Posten b) zu machen (§ 26 Abs. 3 S. 3 RechKredV). Wurde für eine drohende Inan- spruchnahme eine Rückstellung gebildet, ist die unter dem Strich vermerkte Eventualver- bindlichkeit entsprechend um den zurückgestellten Betrag zu kürzen (§ 24 RechKredV).

Gemäß § 35 Abs. 4 RechKredV hat zu den Eventualverbindlichkeiten eine **Anhangan-** **149** **gabe** zu erfolgen hinsichtlich der Art und des Betrags der Verbindlichkeit, die für sich genommen in Bezug auf die Gesamttätigkeit des Instituts von wesentlicher Bedeutung ist. Die Angabe bezieht sich dabei auf die einzelne Eventualverbindlichkeit. Zusätzlich ist zu jedem Posten der unter dem Strich vermerkten Eventualverbindlichkeiten im Anhang jeweils der Gesamtbetrag der als Sicherheit übertragenen Vermögensgegenstände offenzule- gen (§ 35 Abs. 5 RechKredV). Gemäß § 34 Abs. 2 Nr. 4 RechKredV sind Institute ver- pflichtet, für gem. § 26 RechKredV unter dem Strich angegebene Eventualverbindlichkei- ten eine begründete Einschätzung des Risikos der Inanspruchnahme abzugeben. Demzufolge ist offenzulegen, aus welchen Gründen – unter Würdigung der bekannten Risiken – Eventualverbindlichkeiten als solche unter der Bilanz und nicht auf der Passivseite der Bilanz aufgeführt werden.[94]

Für **Institute iSd § 1 Abs. 3 ZAG** ist das Formblatt 1 zur RechZahlV zu beachten. **150** Zahlungsinstitute und E-Geld-Institute haben den Passivposten Nr. 2 unter dem Strich „Eventualverbindlichkeiten" mit den Unterposten a) „aus Zahlungsdiensten und aus der Ausgabe von E-Geld" und b) „aus sonstigen Tätigkeiten" auszuweisen (Formblatt 1 zur RechZahlV).

(14) Andere Verpflichtungen (Passivposten Nr. 2 unter dem Strich, Form- **151** **blatt 1 RechKredV).** In diesem Posten sind bilanzunwirksame, unwiderrufliche Verpflich- tungen, die Kreditrisiken enthalten können, auszuweisen. Der Posten ist zu untergliedern in: a) „Rücknahmeverpflichtungen aus unechten Pensionsgeschäften" (→ § 340b Rn. 31), b) „Platzierungs- und Übernahmeverpflichtungen" und c) „Unwiderrufliche Kreditzusa- gen". Unter die Vermerkpflicht fallen allerdings nur die nicht in Anspruch genommenen Zusagen. Vorhandene Rückstellungen aus diesen Verpflichtungen sind von den Bilanzver- merken abzusetzen (§ 24 RechKredV). Ausgenommen sind hier die Rücknahmeverpflich- tungen aus unechten Pensionsgeschäften. Der Pensionsgeber hat bei unechten Pensionsge- schäften den für den Fall der Rückübertragung vereinbarten Betrag unter der Bilanz anzugeben. Soweit eine Drohverlustrückstellung für die Rücknahme der Vermögensgegen- stände gebildet wurde (→ § 340b Rn. 33), darf diese nicht vom vereinbarten Betrag abge- setzt werden, da der Bilanzvermerk die künftige Liquiditätsbelastung zum Ausdruck bringen soll.[95]

---

94   Vgl. BT-Drs. 16/10067, 113.
95   Vgl. IDW, WPH Edition, Kreditinstitute, D Rn. 838.

152   Als Platzierungs- und Übernahmeverpflichtungen sind Verbindlichkeiten aus der Übernahme einer Garantie für die Platzierung oder Übernahme von Finanzinstrumenten gegenüber Emittenten zu vermerken, die während eines vereinbarten Zeitraums Finanzinstrumente revolvierend am Geldmarkt begeben (§ 27 Abs. 1 S. 1 RechKredV). Im Falle der
erfolgten Inanspruchnahme sind die Verbindlichkeiten um die in Anspruch genommenen
Beträge zu kürzen (§ 27 Abs. 1 S. 3 RechKredV). Ferner ist über die Inanspruchnahme im
Anhang zu berichten (§ 27 Abs. 1 S. 4 RechKredV). Bei einem Gemeinschaftsgeschäft hat
jedes Institut nur seinen eigenen Anteil zu vermerken (§ 27 Abs. 1 S. 5 RechKredV).

153   Der Unterposten „Unwiderrufliche Kreditzusagen" umfasst alle unwiderruflichen Verpflichtungen, die Anlass zu einem Kreditrisiko geben können (§ 27 Abs. 2 S. 1 RechKredV).
Unwiderrufliche Kreditzusagen sind auch im Rahmen der SolvV zu erfassen.[96] Da die
Legaldefinition der Kreditzusagen nach § 27 RechKredV nicht sehr trennscharf ist, sollte
bei der bilanziellen Begriffsbestimmung auf die Vorgaben des Bankaufsichtsrechts zurückgegriffen werden.[97] Eine gemeinsame Definition für das Aufsichts- und Bilanzrecht ist sinnvoll,
da beide Rechtsgebiete das Ziel der Erfassung und Offenlegung der potentiellen Kreditrisiken, die sich aus Kreditzusagen ergeben können, verfolgen.[98] Danach sind Kreditzusagen
als Verpflichtungen anzusehen, Darlehen zu gewähren, Wertpapiere zu kaufen sowie Garantien und Akzepte bereitzustellen. Dabei wird die Ausweispflicht der unwiderruflichen Kreditzusagen nur aus externen Linien, die gegenüber dem Kunden ausdrücklich abgegeben
wurden, und nicht aus lediglich intern festgelegten Kredit- und Überziehungslinien begründet.[99] Als unwiderrufliche Kreditzusagen gelten gem. § 36 S. 2 Nr. 2 RechKredV Lieferver-
pflichtungen aus bestimmten zinsbezogenen Termingeschäften. Der Abschluss eines Bau-
sparvertrags ist nach § 27 Abs. 2 RechKredV ausdrücklich nicht als unwiderrufliche
Kreditzusage anzusehen.

154   Im **Anhang** sind Art und Höhe der in den gebildeten Unterposten a) bis c) bezeichneten Verbindlichkeiten anzugeben, die in Bezug auf die Gesamttätigkeit des Instituts von
wesentlicher Bedeutung sind (§ 35 Abs. 6 RechKredV). Ferner sind Institute verpflichtet,
für gem. § 27 RechKredV unter dem Strich angegebene andere Verpflichtungen eine
begründete Einschätzung des Risikos der Inanspruchnahme abzugeben (§ 34 Abs. 2 Nr. 4
RechKredV).

155   Für **Institute iSd § 1 Abs. 3 ZAG** ist § 20 RechZahlV und das Formblatt 1 zur
RechZahlV zu beachten. Die Regelung des § 20 RechZahlV entspricht § 27 Abs. 2 S. 1
RechKredV. Demnach sind als unwiderrufliche Kreditzusagen alle unwiderruflichen Ver-
pflichtungen zu vermerken, die Anlass zu einem Kreditrisiko geben können (§ 20 Rech-
ZahlV). Zahlungsinstitute und E-Geld-Institute haben den Passivposten Nr. 1 unter dem
Strich „Unwiderrufliche Kreditzusagen" mit den Unterposten a) „aus Zahlungsdiensten
und aus der Ausgabe von E-Geld" und b) „aus sonstigen Tätigkeiten" auszuweisen (Formblatt 1 zur RechZahlV).

156   **(15) Nicht unmittelbar im Formblatt 1 zur RechKredV enthaltene Passivposten.** Im Einzelfall sind dem Formblatt 1 noch folgende Posten hinzuzufügen: „Verpflichtungen aus Warengeschäften und aufgenommenen Warenkrediten" bei Kreditgenossenschaften (Fn. 8 zu Formblatt 1) und „Fonds zur bauspartechnischen Absicherung" bei Bausparkassen
(Fn. 11 zu Formblatt 1).

157   **4. Erläuterungen zu den GuV-Posten unter Berücksichtigung der Rech-
KredV[100] und der RechZahlV. a) Aufwandsposten. (1) Zinsaufwendungen (Formblatt 2 Spalte Aufwendungen Nr. 1, Formblatt 3 Nr. 2 RechKredV).** Nach § 29

---

[96] Vgl. Scharpf/Schaber Bankbilanz-HdB S. 1203.
[97] Vgl. Treuarbeit AG 116.
[98] Vgl. auch BdB, Bankbilanzrichtlinie-Gesetz, 1993, S. 66 f.; Krumnow et al. RechKredV § 27 Rn. 15.
[99] Vgl. Kirsch/Grewe Rn. 94; Krumnow et al. RechKredV § 27 Rn. 16.
[100] Die Erläuterungen folgen der Gliederung der GuV nach der Kontoform. Daneben ist eine Gliederung
       der GuV nach der Staffelform möglich. Gemäß § 2 RechZahlV ist für die GuV von Instituten iSd § 1
       Abs. 3 ZAG die Staffelform vorgeschrieben (→ Rn. 15 f.).

RechKredV umfasst der Posten alle Zinsen und ähnliche Aufwendungen aus dem Bankge-schäft einschließlich des Factoring-Geschäfts sowie alle Zinsaufwendungen und ähnliche Aufwendungen der Finanzdienstleistungsinstitute oder Wertpapierinstitute, insbesondere aus den Bilanz-Passivposten Nr. 1 bis 3 und 9 („Verbindlichkeiten gegenüber Kreditinstituten" und „Verbindlichkeiten gegenüber Kunden", „Verbriefte Verbindlichkeiten", „Nachrangige Verbindlichkeiten"), unabhängig von ihrer Ausgestaltung.

Maßgeblich für die Zuordnung zu dem Posten „Zinsaufwendungen" ist der **Zinscha-** **158** **rakter** der Aufwendungen.[101] Entscheidend ist, dass die Aufwendungen primär aus einer Kapitalüberlassung resultieren und nicht allein eine Dienstleistung abgelten. Gemäß § 29 S. 2 RechKredV gehören zu den Zinsaufwendungen auch: Diskontabzüge,[102] Ausschüttun-gen auf begebene Genussrechte,[103] Ausschüttungen auf Gewinnschuldverschreibungen sowie Aufwendungen mit Zinscharakter, die im Zusammenhang mit der zeitlichen Vertei-lung des Unterschiedsbetrags bei unter dem Erfüllungsbetrag eingegangenen Verbindlichkei-ten entstehen.[104] Ferner sind als Zinsaufwendungen Zuschreibungen aufgelaufener Zinsen zu begebenen Zero-Bonds sowie Aufwendungen mit Zinscharakter, die sich aus gedeckten Termingeschäften ergeben und auf die tatsächliche Laufzeit des jeweiligen Geschäfts verteilt werden, anzusehen (§ 29 S. 2 RechKredV). Weiterhin sind Gebühren und Provisionen mit Zinscharakter zu den Zinsaufwendungen zu zählen, deren Berechnung sich nach dem Zeitablauf oder nach der Höhe der Verbindlichkeit bestimmt, wie zB Bereitstellungs- und Überziehungsprovisionen und Prolongationsgebühren.[105] Die Formulierung soll der Erleichterung einer Abgrenzung zwischen den sofort als Provisionsaufwand erfassten Ent-geltbestandteilen von den über die Laufzeit zu verteilenden und als Zinsaufwand anzusehen-den Entgeltbestandteilen dienen.[106] Nach dem Zeitablauf der Verbindlichkeit berechnete Bürgschaftsprovisionen gehören nicht zu den Zins-, sondern zu den Provisionsaufwendun-gen (§ 30 Abs. 2 RechKredV).[107] Gleiches gilt für Aufwendungen aus Treuhandkrediten.

Rückstellungen mit einer Restlaufzeit von mehr als einem Jahr sind mit Inkrafttreten **159** des BilMoG nach § 253 Abs. 2 abzuzinsen. Gemäß § 277 Abs. 5 S. 1 sind die Aufwendungen aus der Aufzinsung von Rückstellungen gesondert unter dem Posten „Zinsen und ähnliche Aufwendungen" auszuweisen. Für Kreditinstitute kommt ein gesonderter Ausweis des Auf-zinsungseffekts unter den Zinsaufwendungen nur in Frage, sofern die zugrundeliegenden Rückstellungssachverhalte dem (originären) Bankgeschäft zuzurechnen sind. Hierzu zählen bspw. Rückstellungen aus dem Kreditgeschäft. Für Aufzinsungseffekte aus anderen Sachver-halten, die nicht das Bankgeschäft betreffen, ist dagegen ein Ausweis unter den sonstigen betrieblichen Aufwendungen sachgerecht. Diese Differenzierung ergibt sich für Institute aus der Auslegung des § 340a Abs. 2 iVm § 277 Abs. 5 S. 1 unter Beachtung von § 29 RechKredV.[108]

In Abhängigkeit der Entwicklungen an den Geld- und Kapitalmärkten kann es vorkom- **160** men, dass der Schuldner vom Gläubiger eine nach der Laufzeit bemessene Vergütung für die befristete Aufnahme des Kapitals bekommt (sog. **positive Zinsen**). Der Ergebnisbeitrag

---

[101]   Zins ist als zeitraumbezogener Preis für die Kapitalüberlassung zu definieren. Vgl. Birck/Meyer, Die Bankbilanz, 3. Aufl. 1977, IV 75 f.

[102]   Diese können mit dagegenstehenden Diskonterträgen verrechnet werden. Vgl. BdB, Bankbilanzrichtli-nie-Gesetz, 1993, S. 38; aA Treuarbeit AG 106. Vgl. zu Einzelheiten der Verrechnung Birck/Meyer, Die Bankbilanz, 3. Aufl. 1977, IV 56.

[103]   Genussrechte gewähren lediglich Vermögensrechte, sodass die Ausschüttungen auf das Genussrechtskapi-tal Zinsaufwendungen darstellen. → Rn. 138.

[104]   Aus Anwendung des § 340e Abs. 2 entstandene Aufwendungen durch Verteilung des Unterschiedsbetrags bei über dem Nennwert ausgegebenen Hypothekendarlehen und anderen Forderungen sind nicht als Zinsaufwendungen, sondern als Minderung der Zinserträge zu behandeln, da der Unterschiedsbetrag eine Zinskorrektur darstellt.

[105]   Vgl. Kirsch/Grewe § 340c Rn. 64.

[106]   Krit. zur Lösung der Abgrenzungsprobleme s. Krumnow et al. RechKredV § 28 Rn. 14.

[107]   Vgl. mwN Kirsch/Grewe § 340c Rn. 65; aA Göttgens/Schmelzeisen, Bankbilanzrichtlinie-Gesetz, 2. Aufl. 1992, 47.

[108]   Vgl. Goldschmidt/Meyding-Metzger/Weigel IRZ 2010, 63.

der Mittelaufnahme aus dem Bankgeschäft (Passivgeschäft) ist auch dann unter den Zinsaufwendungen zu zeigen, wenn dieser positiv ist (zur Begr. → Rn. 208). Liegen positive Zinsen bei einer Mittelaufnahme vor, besteht nach § 340a Abs. 1 und 2 iVm § 265 Abs. 5 die Möglichkeit, neue Posten hinzuzufügen oder eine Untergliederung bestehender Posten vorzunehmen. Der Bankenfachausschuss des IDW zeigt drei Alternativen für den Ausweis auf: Offene Absetzung der positiven Zinsen in einer Vorspalte im GuV-Posten „Zinsaufwendungen", Einfügung eines eigenen GuV-Postens „Positive Zinsen aus Geldaufnahmen" nach dem Posten „Zinsaufwendungen" oder die Einfügung eines eigenen GuV-Postens „Zinsanomalien" mit negativen und positiven Zinsen (→ Rn. 209).[109] Neben den vom BFA aufgezeigten Ausweisalternativen dürfte es auch zulässig sein, einen Darunter-Posten einzufügen, der auf die abgesetzten positiven Zinsen hinweist.[110] Eine reine Anhangangabe ist nur bei unwesentlichen Beträgen von positiven Zinsen vertretbar.

161   Im **Anhang** sind gem. § 35 Abs. 3 Nr. 1 RechKredV die in den Zinsaufwendungen enthaltenen Beträge für nachrangige Verbindlichkeiten anzugeben.

162   Für Bausparkassen gelten für die GuV-Formblätter entsprechend zum Bilanzformblatt geschäftsartentypische Untergliederungen in: a) „für Bauspareinlagen" und b) „andere Zinsaufwendungen" (Fn. 1 zur Kontoform, Fn. 2 zur Staffelform).

163   Für **Institute iSd § 1 Abs. 3 ZAG** ist § 22 RechZahlV und das Formblatt 2 zur RechZahlV zu beachten. Die Bestimmung des § 22 RechZahlV entspricht weitestgehend § 29 RechKredV. Zahlungsinstitute und E-Geld-Institute haben den GuV-Posten Nr. 2 „Zinsaufwendungen" mit den Unterposten a) „aus Zahlungsdiensten und aus der Ausgabe von E-Geld" und b) „aus sonstigen Tätigkeiten" auszuweisen (Formblatt 2 zur RechZahlV). Für die Anhangangaben ist § 29 Abs. 3 RechZahlV zu berücksichtigen, der inhaltlich § 35 Abs. 3 RechKredV entspricht.

164   **(2) Provisionsaufwendungen (Formblatt 2 Spalte Aufwendungen Nr. 2, Formblatt 3 Nr. 6 RechKredV).** Der Posten umfasst sämtliche Provisionen und ähnliche Aufwendungen aus den Dienstleistungsgeschäften der Institute (§ 30 Abs. 2 RechKredV). Eine Begriffserläuterung für Provisionen findet sich nicht in § 30 RechKredV. Aus der (beispielhaften) Aufzählung des § 30 Abs. 1 S. 1 RechKredV geht jedoch hervor, dass es sich um Aufwendungen aus dem bankbetrieblichen Bereich bzw. aus Finanzdienstleistungen oder Wertpapierdienstleistungen zu handeln hat.[111] Danach zählen infolge ihres Dienstleistungscharakters auch Aufwendungen für Treuhandkredite zu den Provisionsaufwendungen.[112] Aufwendungen für Dienstleistungen Dritter (zB Beratungs- und Rechtsanwaltshonorare) sind unter „andere Verwaltungsaufwendungen" auszuweisen.

165   Für die Zuordnung zu dem Posten „Provisionsaufwendungen" oder zu dem Posten „Zinsaufwand" ist entscheidend, ob der Aufwand primär auf der Überlassung von Kapital auf Zeit beruht (Ausweis im Zinsergebnis) oder aufgrund einer Dienstleistung entstanden ist (Ausweis im Provisionsergebnis).[113]

166   **Bausparkassen** haben den Posten „Provisionsaufwendungen" abweichend von den anderen Institutsgruppen zu untergliedern in: a) „Provisionen für Vertragsabschluss und -vermittlung" sowie b) „andere Provisionsaufwendungen" (Fn. 4 zur Kontoform, Fn. 5 zur Staffelform). Eine gesonderte Untergliederung der Provisionsaufwendungen gilt ebenso für **Institute, die Skontroführer iSv § 27 Abs. 1 BörsG** und nicht CRR-Kreditinstitut iSv § 1 Abs. 3d S. 1 KWG sind, und zwar in a) „Courtageaufwendungen" und b) „Courtage für Poolausgleich" (Fn. 4 zur Kontoform, Fn. 5 zur Staffelform). Der getrennte Ausweis

---

[109]   Vgl. IDW BFA IDW Life 2015, 449.
[110]   Vgl. Bär/Blaschke/Geisel/Vietze/Weigel/Weißenberger WPg 2017, 1134.
[111]   Vgl. Scharpf/Sohler Leitfaden zum Jahresabschluß S. 210 ff.; Treuarbeit AG 106 f., 119.
[112]   Aufwendungen und Erträge aus Treuhandkrediten sind vom Saldierungsverbot ausgenommen, da bei sachgerechter Betrachtung lediglich die dem Institut verbleibende Marge als Ertrag in Betracht kommt. Vgl. BdB, Bankbilanzrichtlinie-Gesetz, 1993, S. 71; Krumnow et al. RechKredV § 30 Rn. 19; Treuarbeit AG 119; aA Kirsch/Grewe § 340c Rn. 75; Schwartze, Deutsche Bankenrechnungslegung nach europäischem Recht, 1990, S. 204.
[113]   Vgl. Scharpf/Schaber Bankbilanz-HdB S. 1253.

von persönlich aufgewandter Courtage und Courtage für Poolausgleich ist für ein unverzerrtes Bild der Aufwendungen von den Skontroführern notwendig. Die Verzerrung resultiert aus den unterschiedlichen Umsatzstärken der an der Börse gehandelten Papiere. Folglich erwirtschaften die für das jeweilige Papier zuständigen Skontroführer unterschiedliche Erträge aus der umsatzabhängigen Courtage, die jedoch durch einen sog. „Pool" ausgeglichen werden.

Für **Institute iSd § 1 Abs. 3 ZAG** ist § 24 RechZahlV und das Formblatt 2 zur **167** RechZahlV zu beachten. Als Provisionsaufwendungen sind Provisionen und ähnliche Aufwendungen aus Dienstleistungsgeschäften auszuweisen (§ 24 RechZahlV). Die Bestimmung des § 24 RechZahlV entspricht, verschlankt für Zwecke der Institute iSd § 1 Abs. 3 ZAG, § 30 Abs. 2 RechKredV. Zahlungsinstitute und E-Geld-Institute haben den GuV-Posten Nr. 6 „Provisionsaufwendungen" mit den Unterposten a) „aus Zahlungsdiensten und aus der Ausgabe von E-Geld" und b) „aus sonstigen Tätigkeiten" auszuweisen (Formblatt 2 zur RechZahlV).

(3) Nettoaufwand des Handelsbestands (Formblatt 2 Spalte Aufwendungen 168 Nr. 3, Formblatt 3 Nr. 7 RechKredV). Der Inhalt des Postens wird durch § 340c Abs. 1 geregelt (→ § 340c Rn. 13 ff.). Durch das BilMoG wurde der Posten neu gefasst. Bei diesem Posten handelt es sich grundsätzlich um einen Nettoausweis (Nettoergebnis des Handelsbestands). Finanzdienstleistungsinstitute und Wertpapierinstitute sowie Kreditinstitute, soweit letztere Skontroführer iSv § 27 Abs. 1 BörsG und nicht CRR-Kreditinstitute iSv § 1 Abs. 3d S. 1 KWG sind, sind von der Anwendung des § 340c Abs. 1 ausgenommen sind (§ 340 Abs. 4 S. 2, Abs. 4a).[114] Für Finanzdienstleistungsinstitute und Wertpapierinstitute, sofern sie nicht Skontroführer iSv § 27 BörsG sind haben den Aufwandsposten „Nettoaufwand des Handelsbestands" für sie durch den Bruttoausweis zu ersetzen, und zwar durch die Posten „Aufwand des Handelsbestands" und „Ertrag des Handelsbestands" (Fn. 7 der GuV-Formblätter). Institute, die als Skontroführer – ohne CRR-Kreditinstitut zu sein – tätig sind, haben über den Bruttoausweis hinaus anzugeben, in welcher Höhe die Aufwendungen des Handelsbestands auf a) „Wertpapiere", b) „Futures", c) „Optionen" und d) „Kursdifferenzen aus Aufgabegeschäften" entfallen.

Als Ertrag oder Aufwand des Handelsbestands ist der Unterschiedsbetrag aller Erträge **169** und Aufwendungen aus Geschäften mit Finanzinstrumenten des Handelsbestands und dem Handel mit Edelmetallen sowie der zugehörigen Erträge aus Zuschreibungen und Aufwendungen aus Abschreibungen auszuweisen (§ 340c Abs. 1 S. 1). Gemäß der Legaldefinition umfasst das Handelsergebnis zumindest das **Abgangsergebnis** (realisierte Gewinne und Verluste) und das **Bewertungsergebnis** (unrealisierte Gewinne und Verluste aus der Bewertung zum beizulegenden Zeitwert[115]) einschließlich der Aufwendungen für den **Risikoabschlag** für Finanzinstrumente des Handelsbestands nach § 340e Abs. 3.[116] Des Weiteren sind die Wertänderungen aus Sicherungsbeziehungen innerhalb der Handelsaktivitäten einzubeziehen, auch wenn mit ihnen nicht unmittelbar ein Eigenhandelserfolg erzielt, sondern durch sie nur ein Eigenhandelserfolg gesichert wird.[117] Daneben sind **Provisionsaufwendungen und -erträge,** die im Zusammenhang mit dem Erwerb oder der Veräußerung von Finanzinstrumenten des Handelsbestands oder von Edelmetallen anfallen, zwingend im Handelsergebnis auszuweisen.[118]

Neben dem Risikoabschlag sieht das Gesetz eine Zuführung zum Sonderposten „Fonds **170** für allgemeine Bankrisiken" nach § 340g vor (§ 340e Abs. 4). Das Gesetz enthält keine

---

114 Wertpapierinstitute sind nach § 340 Abs. 4a S. 2, soweit sie Skontroführer iSv § 27 Abs. 1 S. 1 BörsG sind, von der Anwendung des § 340c Abs. 1 ausgenommen. Die Einschränkung in § 340 Abs. 4a S. 2 auf Skontroführer steht im Widerspruch zur Fn. 7 in den beiden Formblättern 2 und 3 der RechKredV. Hier handelt es sich vermutlich um einen redaktionellen Fehler (→ § 340 Rn. 13).

115 Zur Vereinbarkeit der Zeitwertbilanzierung mit dem Realisationsprinzip s. Böcking/Torabian BB 2008, 267; Böcking/Dreisbach/Gros Der Konzern 2008, 211.

116 Vgl. Gelhausen/Fey/Kämpfer V Rn. 204.

117 Vgl. BT-Drs. 16/12407, 92.

118 Vgl. IDW RS BFA 2 Rn. 75.

Regelung, in welchem GuV-Posten die Zuführung zum Sonderposten gem. § 340e Abs. 4 zu erfassen ist. Der Ausweis im Nettoergebnis des Handelsbestands ist einem Ausweis im Posten, in dem die Zuführungen zum „Fonds für allgemeine Bankrisiken" iSv § 340g (→ Rn. 141) auszuweisen sind, vorzuziehen.[119] Die Auflösung des Sonderpostens zum Ausgleich von Nettoaufwendungen des Handelsbestands kann nur in der Form vorgenommen werden, dass der Auflösungsbetrag (der die Nettoaufwendungen ausgleicht) im Posten „Nettoaufwand des Handelsbestand" ertragswirksam gegengebucht wird. Falls die Gegenbuchung in einem anderen GuV-Posten vorgenommen wird, fehlt der gem. § 340e Abs. 4 S. 2 Nr. 1 vorgeschriebene Ausgleich von Nettoaufwendungen des Handelsbestands und eine Auflösung wäre für diesen Fall insoweit unzulässig.[120]

171   Die RechKredV enthält keine explizite Regelung, in welchem Posten die mit den Handelsbeständen korrespondierenden **laufenden Aufwendungen bzw. Erträge** (zB Zinsen) in der GuV auszuweisen sind. In den §§ 28 und 29 RechKredV wird eine bilanzpostenbezogene Zuordnung zum Ausweis von Zinserträgen und Zinsaufwendungen aus dem Bankgeschäft vorgegeben, wobei die durch das BilMoG neu geschaffenen Bilanzposten Aktiva Nr. 6a und Passiva Nr. 3a nicht in diese Auflistungen aufgenommen worden sind.[121] Demzufolge gehören die Zinserträge und -aufwendungen des Handelsbestands zum Nettoergebnis des Handelsbestands.[122] Ferner wird durch diese Ergebniszuordnung erreicht, dass sich im Zeitpunkt einer Zinszahlung oder Dividendenausschüttung ergebende Abschlag beim beizulegenden Zeitwert und der vereinnahmte Ertrag im gleichen GuV-Posten gegenüberstehen.[123] Zinsaufwendungen für Verbindlichkeiten, die der Refinanzierung von Handelsaktivitäten dienen, sind im Handelsergebnis auszuweisen, soweit die zugrunde liegenden Verbindlichkeiten auch bilanziell dem Handelsbestand zugewiesen wurden.[124] In Bezug auf Aufwendungen, die mittels nachvollziehbarer Schlüsselung als Refinanzierungsaufwendungen dem Handel betriebswirtschaftlich zugewiesen werden, ist es vertretbar, diese Zuordnung für Zwecke der Rechnungslegung beizubehalten. Das Vorgehen muss jedoch im Einklang mit der internen Steuerung zur Ermittlung des betriebswirtschaftlichen Ergebnisses stehen und ist im Anhang entsprechend offenzulegen.[125] Bei wortgetreuer Auslegung des § 340c Abs. 1 S. 1 können Geschäfte als ein Synonym für Transaktionen verstanden werden. Folglich wird es als zulässig erachtet, die laufenden Zinserträge und -aufwendungen, alternativ zu einem Ausweis im Nettoergebnis des Handelsbestands, im Zinsergebnis zu zeigen, sofern dies mit der internen Steuerung übereinstimmt.[126]

172   § 36 RechKredV bestimmt, dass in den **Anhang** eine Aufstellung über bestimmte Arten von am Bilanzstichtag noch nicht abgewickelten Termingeschäften aufzunehmen ist. Zusätzlich ist anzugeben, ob davon ein wesentlicher Teil auf Handelsgeschäfte entfällt.

173   Im Formblatt 2 der RechZahlV ist für **Institute iSd § 1 Abs. 3 ZAG** kein vergleichbarer Posten enthalten. Für die Anhangangaben von Zahlungsinstituten und E-Geld-Instituten ist § 30 RechZahlV zu berücksichtigen, der § 36 RechKredV entspricht.

174   **(4) Allgemeine Verwaltungsaufwendungen (Formblatt 2 Spalte Aufwendungen Nr. 4, Formblatt 3 Nr. 10 RechKredV).** Der Posten gliedert sich – einheitlich für die Konto- und die Staffelform – in a) „Personalaufwand" und b) „andere Verwaltungsaufwendungen". Der Personalaufwand ist weiter zu untergliedern in aa) „Löhne und Gehälter" und ab) „Soziale Abgaben und Aufwendungen für Altersversorgung und für Unterstüt-

---

[119] Vgl. IDW RS BFA 2 Rn. 62.
[120] Vgl. Scharpf/Schaber Bankbilanz-HdB S. 1268. Weitere Auflösungsmöglichkeiten des Sonderpostens nach § 340e Abs. 4 S. 2 enthalten die Nr. 2–4 (→ § 340e Rn. 56). Eine Auflösung des Sonderpostens ist außerdem zulässig, sofern der Handel eingestellt wird. Vgl. Ernst/Seidler BB 2009, 769.
[121] Vgl. App/Wiehagen-Knopke KoR 2010, 97.
[122] Vgl. IDW RS BFA 2 Rn. 72.
[123] Vgl. Scharpf et al. WPg 2010, 502.
[124] Vgl. IDW RS BFA 2 Rn. 73.
[125] Vgl. IDW RS BFA 2 Rn. 74.
[126] Vgl. IDW RS BFA 2 Rn. 75.

zung". Aufwendungen für Altersversorgung sind als Darunter-Vermerk gesondert auszuweisen.

Die **Löhne und Gehälter** umfassen sämtliche Geld- und Sachleistungen an Angestellte **175** und Mitglieder des Vorstands bzw. der Geschäftsführung, unabhängig von der Form und der Bezeichnung ihrer Arbeit. Auszuweisen ist der Bruttobetrag, dh der Betrag vor Abzug der vom Arbeitnehmer zu tragenden Steuern und Sozialabgaben.[127] Der Posten **„Soziale Abgaben und Aufwendungen für Altersversorgung und für Unterstützung"** wird durch § 31 Abs. 1 S. 1 RechKredV bestimmt. Sonstige Personalaufwendungen (zB freiwillige soziale Leistungen) sind dem Unterposten zuzuordnen, zu dem sie ihrer Art nach gehören (§ 31 Abs. 1 S. 2 RechKredV). In dem Posten **„andere Verwaltungsaufwendungen"** sind die gesamten Sachaufwendungen, wie Raumkosten, Bürobetriebskosten, Kraftfahrzeugbetriebskosten, Porto, Verbandsbeiträge einschließlich der Beiträge zur Sicherungseinrichtung eines Verbands, Werbungskosten, Repräsentation, Aufsichtsratsvergütungen, Versicherungsprämien, Rechts-, Prüfungs- und Beratungskosten und dergleichen auszuweisen (§ 31 Abs. 2 RechKredV).[128] Unter den anderen Verwaltungsaufwendungen sind auch die bei einem Kreditinstitut anfallenden Aufwendungen für die Bankenabgabe auszuweisen.[129] Nicht zu den Verwaltungsaufwendungen zählen Prämien für Kreditversicherungen, die im Posten „Abschreibungen und Wertberichtigungen auf Forderungen und bestimmte Wertpapiere sowie Zuführungen zu Rückstellungen im Kreditgeschäft" (Formblatt 2 Spalte Aufwendungen Nr. 7, Formblatt 3 Nr. 13) auszuweisen sind.

Im **Anhang** sind Angaben gem. § 285 Nr. 9 (Angaben über die Gesamtbezüge der **176** tätigen und ehemaligen Organmitglieder und ihrer Hinterbliebenen sowie über die gebildeten und nicht gebildeten Pensionsrückstellungen für frühere Organmitglieder und ihre Hinterbliebenen) sowie gem. § 34 Abs. 2 Nr. 2 RechKredV (gewährte Vorschüsse, Kredite und Haftungsverhältnisse gegenüber Organmitgliedern) zu machen.

Für **Institute iSd § 1 Abs. 3 ZAG** ist § 25 RechZahlV und das Formblatt 2 zur **177** RechZahlV zu beachten. Die Bestimmung des § 25 RechZahlV entspricht inhaltlich weitestgehend § 31 RechKredV. Zahlungsinstitute und E-Geld-Institute haben den GuV-Posten Nr. 8 „Allgemeine Verwaltungsaufwendungen" mit den Unterposten a) „aus Zahlungsdiensten und aus der Ausgabe von E-Geld" und b) „aus sonstigen Tätigkeiten" auszuweisen (Formblatt 2 zur RechZahlV). Die beiden Unterposten gliedern sich in aa) „Personalaufwand" und bb) „andere Verwaltungsaufwendungen". Der Personalaufwand ist weiter zu untergliedern in aaa) „Löhne und Gehälter" und bbb) „Soziale Abgaben und Aufwendungen für Altersversorgung und für Unterstützung". Aufwendungen für Altersversorgung sind als Darunter-Vermerk gesondert auszuweisen. Für die Anhangangaben ist § 28 Abs. 2 S. 1 Nr. 2 RechZahlV zu berücksichtigen, der inhaltlich § 34 Abs. 2 Nr. 2 RechKredV entspricht.

(5) Abschreibungen und Wertberichtigungen auf immaterielle Anlagewerte 178 und Sachanlagen (Formblatt 2 Spalte Aufwendungen Nr. 5, Formblatt 3 Nr. 11 RechKredV). Sämtliche für das jeweilige Geschäftsjahr vorgenommenen Abschreibungen und Wertberichtigungen auf die Aktivposten „Immaterielle Anlagewerte" und „Sachanlagen" sind hier auszuweisen. Finanzdienstleistungsinstitute iSd § 1 Abs. 1a Nr. 10 KWG haben den Aufwandsposten in Abschreibungen und Wertberichtigungen a) „auf Leasingvermögen" und b) „auf immaterielle Anlagewerte und Sachanlagen" zu untergliedern (Fn. 8 der GuV-Formblätter). Nicht unter diesem Posten, sondern unter den Posten „Sonstige betriebliche Aufwendungen" fallen Abschreibungen auf zur Rettung von Forderungen erworbene Immobilien, sofern diese im Aktivposten „Sonstige Vermögensgegenstände" ausgewiesen werden sowie Veräußerungsverluste aus dem Abgang von immateriellen Anlagewerten und Sachanlagen.[130]

---

[127] Vgl. ADS § 275 Rn. 100 ff.; Krumnow et al. RechKredV § 31 Rn. 4 ff.
[128] Vgl. Birck/Meyer, Die Bankbilanz, 3. Aufl. 1977, IV 66 ff.
[129] Vgl. IDW, WPH Edition, Kreditinstitute, D Rn. 941.
[130] Vgl. Scharpf/Schaber Bankbilanz-HdB S. 1289.

179   Im Anlagespiegel im **Anhang** sind gem. § 34 Abs. 3 S. 1 RechKredV die Abschreibungen auf immaterielle Anlagewerte und Sachanlagen und gem. § 35 Abs. 1 Nr. 3 RechKredV die Abschreibungen auf Leasinggegenstände anzugeben. Angaben gem. § 277 Abs. 3 S. 1 zu den außerplanmäßigen Abschreibungen sind nicht zu machen (§ 340a Abs. 2 S. 1).

180   Für **Institute iSd § 1 Abs. 3 ZAG** ist das Formblatt 2 zur RechZahlV zu beachten. Zahlungsinstitute und E-Geld-Institute haben den GuV-Posten Nr. 9 „Abschreibungen und Wertberichtigungen auf immaterielle Anlagewerte und Sachanlagen" mit den Unterposten a) „aus Zahlungsdiensten und aus der Ausgabe von E-Geld" und b) „aus sonstigen Tätigkeiten" auszuweisen (Formblatt 2 zur RechZahlV). Für die Anhangangaben ist § 28 Abs. 3 RechZahlV zu berücksichtigen, der inhaltlich § 34 Abs. 3 RechKredV entspricht.

181   **(6) Sonstige betriebliche Aufwendungen (Formblatt 2 Spalte Aufwendungen Nr. 6, Formblatt 3 Nr. 12 RechKredV).** Dieser Posten umfasst alle Aufwendungen, die im Rahmen der gewöhnlichen Geschäftstätigkeit anfallen und keinen anderen Aufwandsposten zuzuordnen sind.[131] Außerhalb der gewöhnlichen Geschäftstätigkeit anfallende Aufwendungen sind unter „Außerordentliche Aufwendungen" auszuweisen.

182   Zu den sonstigen betrieblichen Aufwendungen gehören bspw. Veräußerungsverluste aus dem Abgang von immateriellen Anlagewerten und Sachanlagen, Abschreibungen auf zur Rettung von Forderungen erworbene Immobilien, sofern diese im Aktivposten „Sonstige Vermögensgegenstände" ausgewiesen werden, Veräußerungsverluste aus Finanzanlagen, die nicht in die Verrechnung gem. § 340c Abs. 2 einbezogen werden,[132] Aufwendungen aus sonstigen sozialen Leistungen (zB Zuschüsse zu Betriebsfesten) sowie sonstige, nicht außerordentliche Aufwendungen (zB Kassenfehlbeträge).[133] Daneben sind bei Kreditinstituten die Aufzinsungseffekte im Rahmen der Rückstellungsbewertung nach § 253 Abs. 2 unter den sonstigen betrieblichen Aufwendungen auszuweisen, sofern die zugrunde liegenden Rückstellungssachverhalte nicht das Bankgeschäft betreffen (→ Rn. 207). Der Ausweis der sonstigen Steuern ist sowohl in diesem als auch in dem Posten „Sonstige Steuern, soweit nicht unter Posten 6 ausgewiesen"[134] möglich.[135] Bezüglich des Ausweises von Aufwendungen aus der Zuführung der Drohverlustrückstellung bei einem Verpflichtungsüberschuss aus der verlustfreien Bewertung von zinsbezogenen Geschäften des Bankbuchs (Zinsbuch) (IDW RS BFA 3 nF) besteht ein Wahlrecht die Aufwendungen in diesem Posten oder unter „Abschreibungen und Wertberichtigungen auf Forderungen und bestimmte Wertpapiere sowie Zuführungen zu Rückstellungen im Kreditgeschäft" (→ Rn. 185) auszuweisen, wobei eine korrespondierende Behandlung der entsprechenden Aufwendungen und Erträge geboten ist (→ § 340e Rn. 81).[136]

183   Die wichtigsten Einzelbeträge und ihre Art sind gem. § 35 Abs. 1 Nr. 4 RechKredV im **Anhang** zu erläutern, sofern sie für die Beurteilung des Jahresabschlusses wesentlich sind.

184   Für **Institute iSd § 1 Abs. 3 ZAG** ist das Formblatt 2 zur RechZahlV zu beachten. Zahlungsinstitute und E-Geld-Institute haben den GuV-Posten Nr. 10 „Sonstige betriebliche Aufwendungen" mit den Unterposten a) „aus Zahlungsdiensten und aus der Ausgabe von E-Geld" und b) „aus sonstigen Tätigkeiten" auszuweisen (Formblatt 2 zur RechZahlV). Für die Anhangangaben ist § 29 Abs. 1 Nr. 3 RechZahlV zu berücksichtigen, der inhaltlich § 35 Abs. 1 Nr. 4 RechKredV entspricht.

185   **(7) Abschreibungen und Wertberichtigungen auf Forderungen und bestimmte Wertpapiere sowie Zuführungen zu Rückstellungen im Kreditgeschäft (Form-**

---

[131] Vgl. Krumnow et al. Erläuterungen zu GuV-Posten „Sonstige betriebliche Aufwendungen" und „Sonstige betriebliche Erträge" Rn. 1.

[132] Vgl. Krumnow et al. § 340c Rn. 213.

[133] Vgl. Scharpf/Schaber Bankbilanz-HdB S. 1291 f.

[134] Im Formblatt 3 lautet die Postenbezeichnung „Sonstige Steuern, soweit nicht unter Posten 12 ausgewiesen".

[135] Vgl. ADS § 275 Rn. 202 ff.

[136] Vgl. IDW RS BFA 3 nF Rn. 56.

blatt 2 Spalte Aufwendungen Nr. 7, Formblatt 3 Nr. 13 RechKredV). Die in § 340f Abs. 3 bezeichneten Aufwendungen sind in diesem Posten auszuweisen (§ 32 S. 1 Rech-KredV). Im Einzelnen sind dies Zuführungen zur Vorsorge für allgemeine Bankrisiken nach § 340f Abs. 1, Abschreibungen auf Forderungen und auf Wertpapiere der Liquiditätsreserve, Zuführungen zu den Rückstellungen für Eventualverbindlichkeiten und Kreditrisiken sowie realisierte Kursverluste bei Geschäften mit Wertpapieren der Liquiditätsreserve. Zudem sind hier die Prämien für Kreditversicherungen zu erfassen (§ 31 Abs. 2 RechKredV iVm § 340f Abs. 3). Bezüglich des Ausweises von Aufwendungen aus der Zuführung der Drohverlust-rückstellung bei einem Verpflichtungsüberschuss aus der verlustfreien Bewertung von zins-bezogenen Geschäften des Bankbuchs (Zinsbuch) (IDW RS BFA 3 nF) besteht ein Wahl-recht die Aufwendungen in diesem Posten oder unter sonstige betriebliche Aufwendungen auszuweisen, wobei eine korrespondierende Behandlung der entsprechenden Aufwendungen und Erträge geboten ist (→ § 340e Rn. 81).[137]

Alternativ dürfen die genannten Aufwendungen mit den in § 340f Abs. 3 aufgezählten **186** Erträgen verrechnet werden **(Überkreuzkompensation).** Dabei ist nur eine vollständige Verrechnung zulässig (§ 32 S. 2 und 3 RechKredV). Ein nach der vollständigen Saldierung verbleibender Aufwandssaldo ist unter diesem Posten, ein verbleibender Ertragssaldo in dem Posten „Erträge aus der Zuschreibung zu Forderungen und bestimmten Wertpapieren sowie aus der Auflösung von Rückstellungen im Kreditgeschäft" auszuweisen.

Die Institute sind von der Berichterstattung im **Anhang oder Lagebericht** über die **187** Bildung und Auflösung von Vorsorgereserven nach § 340f Abs. 1 sowie über vorgenommene Verrechnungen durch § 340f Abs. 4 befreit, da eine zahlenmäßige Offenlegung das Instrument der stillen Reserven konterkarieren würde. Im Anhang sind folglich im Rahmen der Angaben nach § 284 Abs. 2 Nr. 1, 2 **keine Hinweise auf stille Vorsorgereserven** zu geben.

Für **Institute iSd § 1 Abs. 3 ZAG** ist § 26 RechZahlV und das Formblatt 2 zur **188** RechZahlV zu beachten. Die Bestimmung des § 26 RechZahlV entspricht § 32 Rech-KredV. Zahlungsinstitute und E-Geld-Institute haben den GuV-Posten Nr. 11 „Abschreibungen und Wertberichtigungen auf Forderungen und bestimmte Wertpapiere sowie Zuführungen zu Rückstellungen im Kreditgeschäft" mit den Unterposten a) „aus Zahlungsdiensten und aus der Ausgabe von E-Geld" und b) „aus sonstigen Tätigkeiten" auszuweisen (Formblatt 2 zur RechZahlV).

(8) Abschreibungen und Wertberichtigungen auf Beteiligungen, Anteile an 189 verbundenen Unternehmen und wie Anlagevermögen behandelte Wertpapiere (Formblatt 2 Spalte Aufwendungen Nr. 8, Formblatt 3 Nr. 15 RechKredV). Gemäß § 33 S. 1 RechKredV sind in diesem Posten die in § 340c Abs. 2 genannten Aufwendungen aus Finanzanlagen aufzunehmen. Hierzu gehören Abschreibungen auf Beteiligungen, auf Anteile an verbundenen Unternehmen und auf wie Anlagevermögen behandelte Wertpapiere.

Kreditinstitute dürfen **alternativ** eine Saldierung dieser Aufwendungen mit den in **190** § 340c Abs. 2 S. 1 bezeichneten Erträgen vornehmen. In diese Kompensation können darüber hinaus gem. § 340c Abs. 2 S. 2 auch Erträge und Aufwendungen aus Geschäften mit Finanzanlagen einbezogen werden. Ein verbleibender Aufwandssaldo ist unter diesem Posten, ein verbleibender Ertragssaldo unter dem Posten „Erträge aus Zuschreibungen zu Beteiligungen, Anteilen an verbundenen Unternehmen und wie Anlagevermögen behandelten Wertpapieren" auszuweisen. Eine teilweise Verrechnung ist unzulässig (§ 33 S. 2 und 3 RechKredV).[138]

Die Institute haben einen **Anlagespiegel** aufzustellen (§ 34 Abs. 3 S. 1 RechKredV **191** iVm § 284 Abs. 3); Zuschreibungen, Abschreibungen und Wertberichtigungen auf Finanzanlagen können jedoch mit anderen Posten zusammengefasst werden (§ 34 Abs. 3 S. 2 Rech-KredV).

---

[137] Vgl. IDW RS BFA 3 nF Rn. 56.
[138] Zu weiteren Einzelheiten → § 340c Rn. 35 ff.

192   Für **Institute iSd § 1 Abs. 3 ZAG** ist § 27 RechZahlV und das Formblatt 2 zur
RechZahlV zu beachten. Die Bestimmung des § 27 RechZahlV entspricht § 33 Rech-
KredV. Zahlungsinstitute und E-Geld-Institute haben den GuV-Posten Nr. 13 „Abschreibungen und Wertberichtigungen auf Beteiligungen, Anteile an verbundenen Unternehmen
und wie Anlagevermögen behandelte Wertpapiere" mit den Unterposten a) „aus Zahlungsdiensten und aus der Ausgabe von E-Geld" und b) „aus sonstigen Tätigkeiten" auszuweisen
(Formblatt 2 zur RechZahlV).

193   **(9) Aufwendungen aus Verlustübernahme (Formblatt 2 Spalte Aufwendungen
Nr. 9, Formblatt 3 Nr. 17 RechKredV).** Liegt eine Verlustübernahme für eine Tochtergesellschaft vor, unabhängig davon, ob diese freiwillig ist oder auf einem Beherrschungs-
bzw. Gewinnabführungsvertrag nach § 302 AktG oder einem entsprechenden Vertrag
basiert, so sind die Aufwendungen in diesem Posten auszuweisen (§ 277 Abs. 3 S. 2). Es
dürfen nur tatsächlich getragene Verluste ausgewiesen werden, sodass Aufwendungen für
gebildete Rückstellungen für drohende Verlustübernahmen dem Posten „Sonstige betriebliche Aufwendungen" zuzuordnen sind.[139]

194   Für **Institute iSd § 1 Abs. 3 ZAG** ist das Formblatt 2 zur RechZahlV zu beachten.
Zahlungsinstitute und E-Geld-Institute haben den GuV-Posten Nr. 15 „Aufwendungen aus
Verlustübernahme" mit den Unterposten a) „aus Zahlungsdiensten und aus der Ausgabe
von E-Geld" und b) „aus sonstigen Tätigkeiten" auszuweisen (Formblatt 2 zur RechZahlV).

195   **(10) Außerordentliche Aufwendungen (Formblatt 2 Spalte Aufwendungen
Nr. 11, Formblatt 3 Nr. 21 RechKredV).** Durch das BilRUG hat der Gesetzgeber den
Postenausweis von außerordentlichen Erträgen und Aufwendungen in § 275 iVm § 277
Abs. 4 für Nichtbanken gestrichen. Institute sind dagegen weiterhin verpflichtet, in ihrer
Gewinn- und Verlustrechnung die Posten außerordentliche Erträge und Aufwendungen
auszuweisen. Der Gesetzgeber hat dies damit begründet, dass die Bankbilanz-RL[140] bisher
nicht geändert wurde und diese für Institute vorrangig zur Bilanz-RL (RL 2013/34/EU)
ist.[141] Unter außerordentliche Aufwendungen fallen gem. § 340a Abs. 2 S. 5 solche, die
außerhalb der gewöhnlichen Geschäftstätigkeit anfallen. Aperiodische Aufwendungen, die
nicht zugleich außerhalb der normalen Geschäftstätigkeit anfallen, sind dem Posten zuzuordnen, zu dem sie gehören würden, wenn sie nicht aperiodisch wären. Zu einem außerordentlichen Aufwand können nur solche Ereignisse führen, die den normalen Ablauf des
Geschäftsjahres unterbrechen, dh Ereignisse, die ungewöhnlich in ihrer Art sind sowie selten
vorkommen.[142] Hierunter fallen zB Verluste aus der Veräußerung von wesentlichen
Geschäftsbereichen, Filialen oder Tochtergesellschaften, außergewöhnliche Schadensfälle
sowie Sozialpläne. Auch einmalige Umstellungseffekte aus Gesetzesänderungen, wie sie zB
als Differenz aus der Abzinsung von Rückstellungen für Altersversorgungsverpflichtungen
mit einem durchschnittlichen Marktzinssatz abgeleitet aus den vergangenen zehn Geschäftsjahren anstelle der vergangenen sieben Geschäftsjahre nach § 253 Abs. 2 entstehen, sind bei
Instituten als außerordentlich einzustufen. Des Weiteren ist der Betrag der bis 31.12.2024
zulässigen ratierlichen Zuführung zu Pensionsrückstellungen nach Art. 67 Abs. 1 S. 1
EGHGB iVm Art. 67 Abs. 7 EGHGB in der Fassung des BilMoG ein außerordentlicher
Aufwand, da es sich bei der Aufhebung von Art. 67 Abs. 7 EGHGB um eine reine Folgeänderung zur Änderung von § 275 im Rahmen des BilRUG handelt.[143]

196   Im **Anhang** ist der Posten gem. § 340a Abs. 2 S. 5 hinsichtlich seines Betrags und
seiner Art zu erläutern, soweit die ausgewiesenen Beträge für die Beurteilung der Ertragslage
nicht von untergeordneter Bedeutung sind. Daneben sind die im Posten enthaltenen wich-

---

[139]   Vgl. ADS § 277 Rn. 72.
[140]   Richtlinie 86/635/EWG des Rates v. 8.12.1986 über den Jahresabschluß und den konsolidierten
        Abschluß von Banken und anderen Finanzinstituten, ABl. EG 1986 L 372, 1.
[141]   Vgl. BT Drs. 18/5256, 86.
[142]   Vgl. ADS § 277 Rn. 79 f.
[143]   Nach Ansicht des IDW ist auch ein Ausweis unter den sonstigen betrieblichen Aufwendungen für
        Institute vertretbar. Vgl. IDW, WPH Edition, Kreditinstitute, D Rn. 961.

tigsten Einzelbeträge, sofern sie für die Beurteilung des Jahresabschlusses nicht unwesentlich sind, gem. § 35 Abs. 1 Nr. 4 RechKredV hinsichtlich der Beträge und ihrer Art zu erläutern. Eine zusätzliche Angabepflicht im Hinblick auf die in allen Aufwandsposten enthaltenen Aufwendungen von außergewöhnlicher Größenordnung oder von außergewöhnlicher Bedeutung gem. § 285 Nr. 31 besteht nach § 340a Abs. 2 S. 4 nicht, um Doppelangaben zu vermeiden.[144]

Für **Institute iSd § 1 Abs. 3 ZAG** ist das Formblatt 2 zur RechZahlV zu beachten. **197** Zahlungsinstitute und E-Geld-Institute haben den GuV-Posten Nr. 18 „Außerordentliche Aufwendungen" mit den Unterposten a) „aus Zahlungsdiensten und aus der Ausgabe von E-Geld" und b) „aus sonstigen Tätigkeiten" auszuweisen (Formblatt 2 zur RechZahlV). Für die Anhangangaben ist neben § 340a Abs. 2 S. 5 § 29 Abs. 1 Nr. 3 RechZahlV zu berücksichtigen, der § 35 Abs. 1 Nr. 4 RechKredV entspricht.

(11) Steuern vom Einkommen und vom Ertrag (Formblatt 2 Spalte Aufwen- **198** **dungen Nr. 12, Formblatt 3 Nr. 23 RechKredV).** Dieser Posten umfasst sämtliche vom Ergebnis abhängige Steuern, unabhängig davon, ob sie sich auf das Ergebnis aus der gewöhnlichen Geschäftstätigkeit oder auf das außerordentliche Ergebnis beziehen. Im Einzelnen zählen hierzu die Körperschaftsteuer, die Gewerbeertragsteuer, der Solidaritätszuschlag sowie diesen Steuern materiell-inhaltlich entsprechende ausländische Steuern.[145] Aufwendungen oder Erträge aus der Veränderung bilanzierter latenter Steuern sind in der Gewinn- und Verlustrechnung gesondert unter dem Posten „Steuern vom Einkommen und vom Ertrag" auszuweisen (§ 274 Abs. 2 S. 3). Im **Anhang** haben Angaben gem. § 285 Nr. 29 und Nr. 30 zu erfolgen.

Für **Institute iSd § 1 Abs. 3 ZAG** ist das Formblatt 2 zur RechZahlV zu beachten. **199** Zahlungsinstitute und E-Geld-Institute haben den GuV-Posten Nr. 20 „Steuern vom Einkommen und vom Ertrag" mit den Unterposten a) „aus Zahlungsdiensten und aus der Ausgabe von E-Geld" und b) „aus sonstigen Tätigkeiten" auszuweisen (Formblatt 2 zur RechZahlV).

(12) Sonstige Steuern, soweit nicht unter Posten 6 ausgewiesen (Formblatt 2 **200** **Spalte Aufwendungen Nr. 13, Formblatt 3 Nr. 24**[146] **RechKredV).** Sämtliche Steuern, die nicht unter den Aufwandsposten „Steuern vom Einkommen und vom Ertrag" ausgewiesen werden oder der Ausweis der sonstigen Steuern im Posten „Sonstige betriebliche Aufwendungen" erfolgt, sind in diesem Posten zu erfassen. Dazu zählen bspw. Vermögenssteuern (zB Grundsteuer), sonstige Steuern (zB Kraftfahrzeugsteuer) sowie die entsprechenden ausländischen Steuern.[147] Sofern diese Steuern Anschaffungsnebenkosten darstellen (zB Grunderwerbsteuer), sind sie mit den angeschafften Vermögensgegenständen zu aktivieren.[148] Die Vorsteuer, die nicht abzugsfähig ist, wird entweder als Teil der Anschaffungskosten mit dem Vermögensgegenstand bilanziert oder entsprechend ihrer Verursachung unter „andere Verwaltungsaufwendungen" oder „Sonstige betriebliche Aufwendungen" ausgewiesen.[149] Durch den Zusatz **„soweit nicht unter Posten 6 ausgewiesen"** wird den Instituten die Möglichkeit eingeräumt, einzelne Steuerarten nicht hier, sondern unter dem Posten „Sonstige betriebliche Aufwendungen" auszuweisen. Da jedoch die Einbeziehung einzelner Steuerarten in den Posten „Sonstige betriebliche Aufwendungen" die Transparenz der Rechnungslegung beeinträchtigt, ist der Ausweis der sonstigen Steuern unter diesem Posten vorzuziehen.[150]

---

144 Vgl. BT Drs. 18/5256, 86.
145 Vgl. BdB, Bankbilanzrichtlinie-Gesetz, 1993, S. 76.
146 Im Formblatt 3 lautet die Postenbezeichnung „Sonstige Steuern, soweit nicht unter Posten 12 ausgewiesen".
147 Vgl. Scharpf/Sohler Leitfaden zum Jahresabschluß S. 240; Treuarbeit AG 116.
148 Vgl. WP-HdB F Rn. 875.
149 Vgl. Scharpf/Sohler Leitfaden zum Jahresabschluß S. 241; Treuarbeit AG 116.
150 Vgl. BdB, Bankbilanzrichtlinie-Gesetz, 1993, S. 42.

201   Für **Institute iSd § 1 Abs. 3 ZAG** ist das Formblatt 2 zur RechZahlV zu beachten. Zahlungsinstitute und E-Geld-Institute haben den GuV-Posten Nr. 21 „Sonstige Steuern, soweit nicht unter Posten 10 ausgewiesen" mit den Unterposten a) „aus Zahlungsdiensten und aus der Ausgabe von E-Geld" und b) „aus sonstigen Tätigkeiten" auszuweisen (Formblatt 2 zur RechZahlV).

202   **(13) Aufgrund einer Gewinngemeinschaft, eines Gewinnabführungs- oder eines Teilgewinnabführungsvertrags abgeführte Gewinne (Formblatt 2 Spalte Aufwendungen Nr. 14, Formblatt 3 Nr. 26 RechKredV).** Dieser Posten umfasst die Gewinne, die aufgrund der in § 277 Abs. 3 S. 2 genannten Vertragsverhältnisse abzuführen sind. Die betreffenden Beträge sind jeweils gesondert und unter entsprechender Bezeichnung in der GuV auszuweisen. Dabei können die jeweiligen Verträge den Bestimmungen des Aktiengesetzes auch nur sinngemäß entsprechen, die Rechtsform des Instituts ist also für den gesonderten Ausweis dieser Aufwendungen unbedeutend.[151]

203   Für **Institute iSd § 1 Abs. 3 ZAG** ist das Formblatt 2 zur RechZahlV zu beachten. Zahlungsinstitute und E-Geld-Institute haben den GuV-Posten Nr. 23 „Aufgrund einer Gewinngemeinschaft, eines Gewinnabführungs- oder eines Teilgewinnabführungsvertrags abgeführte Gewinne" mit den Unterposten a) „aus Zahlungsdiensten und aus der Ausgabe von E-Geld" und b) „aus sonstigen Tätigkeiten" auszuweisen (Formblatt 2 zur RechZahlV).

204   **(14) Jahresüberschuss (Formblatt 2 Spalte Aufwendungen Nr. 15, Formblatt 3 Nr. 27 RechKredV).** In dem Posten „Jahresüberschuss" wird der im Geschäftsjahr erzielte Gewinn vor den Veränderungen der Kapital- und Gewinnrücklagen, vor den Entnahmen aus dem Genussrechtskapital (dh insbesondere Verlustzuweisungen, die den Rückzahlungsanspruch des Genussrechtsinhabers vermindern) und der Wiederauffüllung des Genussrechtskapitals sowie vor dem Gewinnvortrag/Verlustvortrag aus dem Vorjahr ausgewiesen.[152] Der auszuweisende Betrag ergibt sich als positiver Saldo aus sämtlichen Aufwands- und Ertragsposten.

205   Für **Institute iSd § 1 Abs. 3 ZAG** ist das Formblatt 2 zur RechZahlV zu beachten. Zahlungsinstitute und E-Geld-Institute haben den GuV-Posten Nr. 24 „Jahresüberschuss/Jahresfehlbetrag" mit den Unterposten a) „aus Zahlungsdiensten und aus der Ausgabe von E-Geld" und b) „aus sonstigen Tätigkeiten" auszuweisen (Formblatt 2 zur RechZahlV).

206   **b) Ertragsposten. (1) Zinserträge (Formblatt 2 Spalte Erträge Nr. 1, Formblatt 3 Nr. 1 RechKredV).** Nach § 28 S. 1 RechKredV sind in diesem Posten die Zinserträge und ähnliche Erträge aus dem Bankgeschäft einschließlich des Factoring-Geschäfts sowie alle Zinserträge und ähnliche Erträge der Finanzdienstleistungsinstitute oder Wertpapierinstitute auszuweisen. Die Erträge resultieren insbesondere aus den in den Aktivposten Nr. 1 (Barreserve), Nr. 2 (Schuldtitel öffentlicher Stellen und Wechsel, die zur Refinanzierung bei Zentralnotenbanken zugelassen sind), Nr. 3 (Forderungen an Kreditinstitute), Nr. 4 (Forderungen an Kunden) sowie Nr. 5 (Schuldverschreibungen und andere festverzinsliche Wertpapiere) bilanzierten Vermögensgegenständen, unabhängig von der Art ihrer Berechnung.[153] Für die Zuordnung entscheidend ist der **Zinscharakter** der Erträge. Gemäß § 28 S. 2 RechKredV gehören zu den Zinserträgen: Diskontabzüge, Ausschüttungen auf Genussrechte und Gewinnschuldverschreibungen im Bestand[154] sowie Erträge mit Zinscharakter, die im Zusammenhang mit der zeitlichen Verteilung des Unterschiedsbetrags bei unter dem Rückzahlungsbetrag erworbenen Vermögensgegenständen entstehen (Disagioabgrenzung). Die Disagioabgrenzung korrespondiert mit der Regelung von § 340e Abs. 2 (Nominalwert-

---

[151]   Vgl. ADS § 277 Rn. 53.
[152]   Vgl. Scharpf/Sohler Leitfaden zum Jahresabschluß S. 243.
[153]   Vgl. Krumnow et al. RechKredV § 28 Rn. 4.
[154]   Die Zuordnung der Ausschüttungen auf Genussrechte im Bestand zu den Zinserträgen ist nicht ganz konsequent, da § 17 RechKredV die Genussrechte – sofern sie börsenfähig sind – dem Posten „Aktien und andere nicht festverzinsliche Wertpapiere" zuordnet, folglich die Erträge bei dem Posten „Laufende Erträge aus Aktien und anderen nicht festverzinslichen Wertpapieren" auszuweisen wären. Vgl. Krumnow et al. RechKredV § 28 Rn. 7.

bilanzierung), wobei sie die Fälle des passivierten Disagios erfasst, das gem. § 340e Abs. 2 als Rechnungsabgrenzungsposten auszuweisen und planmäßig als Zinsertrag aufzulösen ist.[155] Ferner zählen dazu Zuschreibungen aufgelaufener Zinsen zu Zero-Bonds im Bestand und Erträge mit Zinscharakter, die sich aus gedeckten Termingeschäften ergeben und auf die tatsächliche Laufzeit des jeweiligen Geschäfts verteilt werden.[156] Gebühren und Provisionen mit Zinscharakter, deren Berechnung nach dem Zeitablauf oder nach der Höhe der Forderung erfolgt, sind ebenfalls bei den Zinserträgen zu erfassen (→ Rn. 158). Erträge aus Treuhandkrediten sind unter dem Posten „Provisionserträge" auszuweisen, da es sich um reine Dienstleistungsgeschäfte handelt (§ 30 Abs. 1 RechKredV).

Rückstellungen mit einer Restlaufzeit von mehr als einem Jahr sind mit Inkrafttreten **207** des BilMoG nach § 253 Abs. 2 abzuzinsen. Gemäß § 277 Abs. 5 S. 1 sind die Erträge aus der Abzinsung von Rückstellungen, wie zB bei geänderten Diskontierungssätzen, gesondert unter dem Posten „Zinsen und ähnliche Erträge" auszuweisen. Für Kreditinstitute kommt ein gesonderter Ausweis des Abzinsungseffekts unter den Zinserträgen nur in Frage, sofern die zugrundeliegenden Rückstellungssachverhalte dem (originären) Bankgeschäft zuzurechnen sind. Hierzu zählen bspw. **Rückstellungen aus dem Kreditgeschäft.** Für **Abzinsungseffekte** aus anderen Sachverhalten, die nicht das Bankgeschäft betreffen, ist dagegen ein Ausweis unter den sonstigen betrieblichen Erträgen sachgerecht. Diese Differenzierung ergibt sich für Institute aus der Auslegung des § 340a Abs. 2 iVm § 277 Abs. 5 S. 1 unter Beachtung von § 28 RechKredV.[157]

In Abhängigkeit der Entwicklungen an den Geld- und Kapitalmärkten kann es vorkom- **208** men, dass der Gläubiger an den Schuldner eine nach der Laufzeit bemessene Vergütung für die befristete Entgegennahme des Kapitals zahlt (sog. **negative Zinsen**).[158] Der Ergebnisbeitrag der Mittelanlage aus dem Bankgeschäft (Aktivgeschäft) ist aufgrund von § 28 S. 1 RechKredV auch dann unter den Zinserträgen zu zeigen, wenn dieser negativ ist.[159] Negative Zinsen sind kein Entgelt für die Verwahrung des hingegebenen Kapitals oder eine sonstige Dienstleistungsprovision nach § 30 RechKredV. Stattdessen handelt es sich um ein Entgelt für eine Kapitalüberlassung auf Zeit, das nach Kapitalbetrag und Dauer der Überlassung berechnet wird.[160] Ein Ausweis im Provisionsaufwand würde zu einer nicht sachgerechten Abbildung in der GuV führen, da in Abhängigkeit der Zinsentwicklung bei einer variablen Verzinsung mit mehreren Zinsanpassungsterminen dasselbe Rechtsverhältnis aufgrund der Änderung des Vorzeichens des Zinssatzes im Zeitablauf entweder als Darlehensvertrag mit Ausweis im Zinsergebnis oder als Dienstleistungsvertrag mit Ausweis im Provisionsergebnis zu behandeln wäre, ohne dass sich am Vertrag oder Geschäftsmodell der Bank etwas geändert hat.[161] Ein Wechsel des Vertragstypus in der Laufzeit des Vertrages ist rechtsmethodisch nicht schlüssig und bildet auch nicht den Willen der Vertragsparteien ab.[162]

Der **Ausweis der Zinserträge** erfolgt im Unterposten a) „aus Kredit- und Geldmarkt- **209** geschäften" bzw. im Unterposten b) „aus festverzinslichen Wertpapieren und Schuldbuchforderungen". Im Unterposten lit. a sind die im Kredit- und Geldmarktgeschäft erwirtschafteten Zinserträge aus bankgeschäftlichen Forderungen (einschließlich des Factoring-Geschäfts) und aus Forderungen der Finanzdienstleistungsinstitute oder Wertpapierinstitute aufzunehmen. Der Unterposten lit. b enthält die laufenden Zinserträge aus festverzinslichen Wertpapieren und Schuldbuchforderungen. Sofern Zinsen vereinnahmt werden, die aus Wertpapieren resultieren, die den Geldmarktgeschäften zuzurechnen sind, hat der Ausweis

---

155   Vgl. Krumnow et al. RechkredV § 28 Rn. 10.
156   Letztere Regelung soll verhindern, dass Erfolgsbeiträge aus Grundgeschäften als Zinserträge bzw. -aufwendungen, die gegenläufigen Erfolgsbeiträge der Sicherungsgeschäfte in dem Posten „Nettoertrag aus Finanzgeschäften" bzw. „Nettoaufwand aus Finanzgeschäften" ausgewiesen werden.
157   Vgl. Goldschmidt/Meyding-Metzger/Weigel IRZ 2010, 63.
158   Vgl. IDW BFA IDW Life 2015, 449.
159   Vgl. Löw WPg 2015, 68.
160   Zu dem Zinsbegriff im Rechtssinne vgl. Hingst/Neumann BKR 2016, 96 f.
161   Vgl. IDW BFA IDW Life 2015, 449.
162   Vgl. Langner/Müller WM 2015, 1981.

bei den Zinserträgen aus Kredit- und Geldmarktgeschäften und nicht bei den Zinserträgen aus festverzinslichen Wertpapieren und Schuldbuchforderungen zu erfolgen, da das Kriterium „Geldmarkt" gegenüber dem Kriterium „Wertpapier" überwiegt.[163] Liegen **negative Zinsen** vor, besteht nach § 340a Abs. 1 und 2 iVm § 265 Abs. 5 die Möglichkeit, neue Posten hinzuzufügen oder eine Untergliederung bestehender Posten vorzunehmen. Der Bankenfachausschuss des IDW zeigt drei Alternativen für den Ausweis auf: Offene Absetzung der negativen Zinsen in einer Vorspalte im GuV-Posten „Zinserträge", Einfügung eines eigenen GuV-Postens „Negative Zinsen aus …" nach dem Posten „Zinserträge" oder die Einfügung eines eigenen GuV-Postens „Zinsanomalien" mit negativen und positiven Zinsen und entsprechenden Unterposten (→ Rn. 160).[164] Die Alternativen des Bankenfachausschusses berücksichtigen die Belange sich widersprechender Rechnungslegungsvorschriften, bei denen es sich zum einen um den zwingenden Ausweis von (positiven und negativen) Zinsen auf Aktivposten als Zinsertrag (§ 28 RechKredV) und zum anderen um das Verrechnungsverbot für positive und negative Erfolgsbeiträge nach § 246 Abs. 2 handelt. Neben den vom BFA aufgezeigten Ausweisalternativen dürfte es auch zulässig sein, einen Darunter-Posten einzufügen, der auf die abgesetzten negativen Zinsen hinweist.[165] Eine reine Anhangangabe ist nur bei unwesentlichen Beträgen von negativen Zinsen vertretbar.

210   Der Posten „Zinserträge" ist im **Anhang** gem. § 34 Abs. 2 S. 1 Nr. 1 RechKredV nach geographischen Märkten aufzugliedern, soweit diese Märkte sich vom Standpunkt der Organisation des Instituts wesentlich voneinander unterscheiden.

211   Bausparkassen sind verpflichtet, den Unterposten der Zinserträge „aus Kredit- und Geldmarktgeschäften" weiter zu untergliedern (Fn. 2 zum Formblatt 2/Fn. 1 zum Formblatt 3).

212   Für **Institute iSd § 1 Abs. 3 ZAG** ist § 21 RechZahlV und das Formblatt 2 zur RechZahlV zu beachten. Die Bestimmung des § 21 RechZahlV entspricht weitestgehend § 28 RechKredV. Zahlungsinstitute und E-Geld-Institute haben den GuV-Posten Nr. 1 „Zinserträge" mit den Unterposten a) „aus Zahlungsdiensten und aus der Ausgabe von E-Geld" und b) „aus sonstigen Tätigkeiten" auszuweisen (Formblatt 2 zur RechZahlV). Die beiden Unterposten gliedern sich in aa) „Kredit- und Geldmarktgeschäfte" und bb) „festverzinslichen Wertpapieren und Schuldbuchforderungen". Für die Anhangangaben ist § 28 Abs. 2 S. 1 Nr. 1 RechZahlV zu berücksichtigen, der inhaltlich § 34 Abs. 2 S. 1 Nr. 1 RechKredV entspricht.

213   **(2) Laufende Erträge aus Aktien und anderen nicht festverzinslichen Wertpapieren, Beteiligungen und Anteilen an verbundenen Unternehmen (Formblatt 2 Spalte Erträge Nr. 2, Formblatt 3 Nr. 3 RechKredV).** Der Ertragsposten umfasst alle laufenden Erträge (zB Dividenden, Gewinnausschüttungen) aus Anteilsrechten (Aktien, Beteiligungen und Anteile an verbundenen Unternehmen) sowie die laufenden Erträge aus anderen nicht festverzinslichen Wertpapieren (einschließlich Investmentanteilen),[166] wobei Zuschreibungen auf die genannten Aktiva sowie (Kurs-)Gewinne im Zusammenhang mit deren Veräußerung nicht dazu zählen. Die getrennte Erfassung laufender Erträge aus a) „Aktien und anderen nicht festverzinslichen Wertpapieren", aus b) „Beteiligungen" und aus c) „Anteilen an verbundenen Unternehmen" entspricht der Aufteilung in der Bilanz (Aktivposten 6, 7 und 8), sodass der GuV-Ausweis in den drei Unterposten vom Ausweis der einzelnen Vermögensgegenstände in der Bilanz abhängt.[167] Die RechKredV enthält keine explizite Regelung, in welchem Posten die mit den Handelsbeständen korrespondierenden laufenden Aufwendungen bzw. Erträge (zB Dividenden) in der GuV auszuweisen

---
163   Vgl. Krumnow et al. RechKredV § 28 Rn. 4 mwN.
164   Vgl. IDW BFA IDW Life 2015, 449.
165   Vgl. Bär/Blaschke/Geisel/Vietze/Weigel/Weißenberger WPg 2017, 1134.
166   Vgl. Krumnow et al. Erläuterung zum Ertragsposten „Laufende Erträge aus a) Aktien und anderen nicht festverzinslichen Wertpapieren, b) Beteiligungen, c) Anteilen an verbundenen Unternehmen" Rn. 3 f.; Scharpf/Sohler Leitfaden zum Jahresabschluß S. 208.
167   Vgl. Scharpf/Sohler Leitfaden zum Jahresabschluß S. 208.

sind. Sachgerecht ist ein Ausweis der Dividenden aus Aktien/Anteilen des Handelsbestands (Aktivposten Nr. 6a) im Handelsergebnis (Nettoertrag oder Nettoaufwand des Handelsbestands → Rn. 171).[168]

Institute in genossenschaftlicher Rechtsform und genossenschaftliche Zentralbanken **214** haben den Unterposten b) „Laufende Erträge aus Beteiligungen" um die Worte „und aus Geschäftsguthaben bei Genossenschaften" zu ergänzen (Fn. 3 zu den GuV-Formblättern).

Im **Anhang** sind gem. § 34 Abs. 2 S. 1 Nr. 1 RechKredV der Gesamtbetrag der laufen- **215** den Erträge aus Aktien und anderen nicht festverzinslichen Wertpapieren, Beteiligungen und Anteilen an Unternehmen nach geographischen Märkten aufzugliedern, soweit diese Märkte sich vom Standpunkt der Organisation des Instituts wesentlich voneinander unterscheiden.

Für **Institute iSd § 1 Abs. 3 ZAG** ist das Formblatt 2 zur RechZahlV zu beachten. **216** Zahlungsinstitute und E-Geld-Institute haben den GuV-Posten Nr. 3 „Laufende Erträge" mit den Unterposten a) „aus Zahlungsdiensten und aus der Ausgabe von E-Geld" und b) „aus sonstigen Tätigkeiten" auszuweisen (Formblatt 2 zur RechZahlV). Die beiden Unterposten gliedern sich in aa) „Aktien und anderen nicht festverzinslichen Wertpapieren", bb) „Beteiligungen" und cc) „Anteilen an verbundenen Unternehmen". Für die Anhangangaben ist § 28 Abs. 2 S. 1 Nr. 1 RechZahlV zu berücksichtigen, der inhaltlich § 34 Abs. 2 S. 1 Nr. 1 RechKredV entspricht.

(3) Erträge aus Gewinngemeinschaften, Gewinnabführungs- oder Teilgewinn- 217 abführungsverträgen (Formblatt 2 Spalte Erträge Nr. 3, Formblatt 3 Nr. 4 Rech-KredV). Zu den Erläuterungen → Rn. 202.

Für **Institute iSd § 1 Abs. 3 ZAG** ist das Formblatt 2 zur RechZahlV zu beachten. **218** Zahlungsinstitute und E-Geld-Institute haben den GuV-Posten Nr. 4 „Erträge aus Gewinngemeinschaften, Gewinnabführungs- oder Teilgewinnabführungsverträgen" mit den Unterposten a) „aus Zahlungsdiensten und aus der Ausgabe von E-Geld" und b) „aus sonstigen Tätigkeiten" auszuweisen (Formblatt 2 zur RechZahlV).

(4) Provisionserträge (Formblatt 2 Spalte Erträge Nr. 4, Formblatt 3 Nr. 5 219 RechKredV). Nach § 30 RechKredV umfassen Provisionserträge Provisionen und ähnliche Erträge aus bankgeschäftlichen Dienstleistungsgeschäften, wie zB solche aus dem Zahlungsverkehr, dem Außenhandelsgeschäft, dem Wertpapierkommissionsgeschäft und dem Depotgeschäft. Daneben sind in diesem Posten Erträge für Treuhandkredite, Provisionen im Zusammenhang mit Finanzdienstleistungen, Provisionen aus der Veräußerung von Devisen, Sorten und Edelmetallen und aus der Vermittlertätigkeit bei Kredit-, Spar-, Bauspar- und Versicherungsverträgen sowie Bonifikationen aus der Platzierung von Wertpapieren, Bürgschaftsprovisionen und Kontoführungsgebühren auszuweisen.[169] Erträge aus Dienstleistungsgeschäften, die nicht zum Bank- bzw. Finanzdienstleistungs- oder Wertpapierdienstleistungsgeschäft gehören, sind nicht hier, sondern unter dem Posten „Sonstige betriebliche Erträge" auszuweisen.

Der Gesamtbetrag des Postens „Provisionserträge" ist im **Anhang** nach geographischen **220** Märkten zu gliedern, soweit diese Märkte sich vom Standpunkt der Organisation des Instituts wesentlich voneinander unterscheiden (§ 34 Abs. 2 S. 1 Nr. 1 RechKredV). Ferner sind gem. § 35 Abs. 1 Nr. 5 RechKredV im Anhang die Dritten gegenüber erbrachten Dienstleistungen für Verwaltung und Vermittlung anzugeben, sofern ihr Umfang in Bezug auf die Gesamttätigkeit des Instituts von wesentlicher Bedeutung ist.

Bausparkassen sowie Institute, die Skontroführer iSd § 27 Abs. 1 BörsG und nicht **221** CRR-Kreditinstitute im Sinne des KWG sind, sind verpflichtet, den Posten „Provisionserträge" weiter zu untergliedern (Fn. 5 zur Kontoform, Fn. 4 zur Staffelform) (→ Rn. 166).

---

[168] Vgl. Scharpf/Schaber Bankbilanz-HdB S. 1245.
[169] Zur Begrenzung der Provisionserträge auf Erträge aus bankgeschäftlichen Dienstleistungen sowie zur Abgrenzung der Provisions- und Zinserträge → Rn. 164 f.

222   Für **Institute iSd § 1 Abs. 3 ZAG** ist § 23 RechZahlV und das Formblatt 2 zur RechZahlV zu beachten. Als Provisionserträge sind Provisionen und ähnliche Erträge aus Dienstleistungsgeschäften auszuweisen (§ 23 S. 1 RechZahlV). Zu den Erträgen gehören auch Kontoführungsgebühren (§ 23 S. 2 RechZahlV). Die Bestimmung des § 23 RechZahlV entspricht, verschlankt für Zwecke der Institute iSd § 1 Abs. 3 ZAG, § 30 Abs. 1 RechKredV. Zahlungsinstitute und E-Geld-Institute haben den GuV-Posten Nr. 5 „Provisionserträge" mit den Unterposten a) „aus Zahlungsdiensten und aus der Ausgabe von E-Geld" und b) „aus sonstigen Tätigkeiten" auszuweisen (Formblatt 2 zur RechZahlV). Für die Anhangangaben sind § 28 Abs. 2 S. 1 Nr. 1 und § 29 Abs. 1 Nr. 4 RechZahlV zu berücksichtigen, die inhaltlich § 34 Abs. 2 S. 1 Nr. 1 und § 35 Abs. 1 Nr. 5 RechKredV entsprechen.

223   **(5) Nettoertrag des Handelsbestands (Formblatt 2 Spalte Erträge Nr. 5, Formblatt 3 Nr. 7 RechKredV).** Der Inhalt dieses Postens wird durch § 340c Abs. 1 bestimmt (→ Rn. 168 ff.). Durch das BilMoG wurde der Posten neu gefasst. Bei diesem Posten handelt es sich grundsätzlich um einen Nettoausweis. § 340c Abs. 1 findet für Finanzdienstleistungsinstitute und Wertpapierinstitute sowie für Kreditinstitute, soweit letztere Skontroführer iSv § 27 Abs. 1 BörsG und nicht CRR-Kreditinstitute iSv § 1 Abs. 3d S. 1 KWG sind, keine Anwendung (§ 340 Abs. 4 S. 2, Abs. 4a).[170] Für Finanzdienstleistungsinstitute und Wertpapierinstitute, sofern sie nicht Skontroführer iSv § 27 Abs. 1 BörsG sind, hat ein Bruttoausweis der Erfolgsbeiträge des Handelsbestands zu erfolgen, indem diese Institute den Ertragsposten „Nettoertrag des Handelsbestand" durch die Posten „Ertrag des Handelsbestands" und „Aufwand des Handelsbestands" zu ersetzen haben (Fn. 7 der GuV-Formblätter). Institute, die Skontroführer im Sinne des BörsG sind – ohne CRR-Kreditinstitut im Sinne der KWG zu sein –, haben über den Bruttoausweis hinaus anzugeben, in welcher Höhe die Erträge des Handelsbestands auf a) „Wertpapiere", b) „Futures", c) „Optionen" und d) „Kursdifferenzen aus Aufgabegeschäften" entfallen.

224   Nach § 34 Abs. 2 S. 1 Nr. 1 RechKredV ist der Nettoertrag des Handelsbestands im **Anhang** nach geographischen Märkten aufzugliedern, soweit diese Märkte sich vom Standpunkt der Organisation des Instituts wesentlich voneinander unterscheiden. § 36 RechKredV bestimmt, dass in den **Anhang** eine Aufstellung über bestimmte Arten von am Bilanzstichtag noch nicht abgewickelten Termingeschäften aufzunehmen ist. Zusätzlich ist anzugeben, ob davon ein wesentlicher Teil auf Handelsgeschäfte entfällt.

225   Im Formblatt 2 der RechZahlV ist für **Institute iSd § 1 Abs. 3 ZAG** kein vergleichbarer Posten enthalten. Für die Anhangangaben von Zahlungsinstituten und E-Geld-Instituten ist § 30 RechZahlV zu berücksichtigen, der § 36 RechKredV entspricht.

226   **(6) Erträge aus Zuschreibungen zu Forderungen und bestimmten Wertpapieren sowie aus der Auflösung von Rückstellungen im Kreditgeschäft (Formblatt 2 Spalte Erträge Nr. 6, Formblatt 3 Nr. 14 RechKredV).** In diesem Ertragsposten sind die in § 340f Abs. 3 genannten Ertragskomponenten auszuweisen, wenn auf eine Verrechnung nach § 340f Abs. 3 iVm § 32 S. 1 RechKredV wahlweise verzichtet wird. Bei Ausübung des Wahlrechts nach § 340f Abs. 3 ist ein nach der vollständigen Saldierung verbleibender Ertragssaldo in diesem Posten auszuweisen.[171] Zu den Ertragsbestandteilen gehören im Einzelnen: Erträge aus Zuschreibungen zu Forderungen und Wertpapieren der Liquiditätsreserve, Erträge aus der Auflösung von Rückstellungen für Eventualverbindlichkeiten und für Kreditrisiken, Erträge aus dem Eingang abgeschriebener Forderungen, realisierte Kursgewinne aus dem Abgang von Wertpapieren der Liquiditätsreserve sowie Erträge aus der Auflösung von § 340f-Reserven.[172] Bezüglich des Ausweises von Erträgen aus der Auf-

---

[170] Wertpapierinstitute sind nach § 340 Abs. 4a S. 2, soweit sie Skontroführer iSv § 27 Abs. 1 S. 1 BörsG sind, von der Anwendung des § 340c Abs. 1 ausgenommen. Die Einschränkung in § 340 Abs. 4a S. 2 auf Skontroführer steht im Widerspruch zur Fn. 7 in den beiden Formblättern 2 und 3 der RechKredV. Hier handelt es sich vermutlich um einen redaktionellen Fehler (→ § 340 Rn. 13).

[171] Zur Verrechnung und zu Anhangangaben → Rn. 186 f.

[172] Zu den in die Verrechnung einbeziehbaren Aufwandsbestandteilen → Rn. 185 f.

lösung der Drohverlustrückstellung im Rahmen der verlustfreien Bewertung von zinsbezogenen Geschäften des Bankbuchs (Zinsbuch) (IDW RS BFA 3 nF) besteht ein Wahlrecht die Erträge in diesem Posten oder unter „sonstige betriebliche Erträge" auszuweisen, wobei eine korrespondierende Behandlung der entsprechenden Aufwendungen und Erträge geboten ist (→ § 340e Rn. 81).[173] Nicht unter diesen Posten fallen Erträge aus Geschäften mit Wertpapieren, die dem Handelsbestand oder dem Anlagevermögen zugeordnet werden, und Erträge aus Zuschreibungen zu diesen Wertpapieren. Zuschreibungen aufgelaufener Zinsen zu Forderungen, die formell unverzinslich sind (zB Zero-Bonds), sind unter dem Posten „Zinserträge" zu erfassen (→ Rn. 206).

Für **Institute iSd § 1 Abs. 3 ZAG** ist § 26 RechZahlV und das Formblatt 2 zur 227 RechZahlV zu beachten. Die Bestimmung des § 26 RechZahlV entspricht § 32 RechKredV. Zahlungsinstitute und E-Geld-Institute haben den GuV-Posten Nr. 12 „Erträge aus Zuschreibungen zu Forderungen und bestimmten Wertpapieren sowie aus der Auflösung von Rückstellungen im Kreditgeschäft" mit den Unterposten a) „aus Zahlungsdiensten und aus der Ausgabe von E-Geld" und b) „aus sonstigen Tätigkeiten" auszuweisen (Formblatt 2 zur RechZahlV).

(7) Erträge aus Zuschreibungen zu Beteiligungen, Anteilen an verbundenen 228 **Unternehmen und wie Anlagevermögen behandelten Wertpapieren (Formblatt 2 Spalte Erträge Nr. 7, Formblatt 3 Nr. 16 RechKredV).** Der Inhalt des Postens ergibt sich aus den in § 340c Abs. 2 genannten Erträgen, wenn auf die nach § 340c Abs. 2 iVm § 33 RechKredV fakultativ mögliche Verrechnung verzichtet wird, oder aus einem nach Verrechnung verbleibenden Ertragssaldo. Folglich sind hier bei Verzicht auf eine Verrechnung Erträge aus Zuschreibungen zu Beteiligungen, Anteilen an verbundenen Unternehmen und wie Anlagevermögen behandelten Wertpapieren auszuweisen.[174]

Für **Institute iSd § 1 Abs. 3 ZAG** ist § 27 RechZahlV und das Formblatt 2 zur 229 RechZahlV zu beachten. Die Bestimmung des § 27 RechZahlV entspricht § 33 RechKredV. Zahlungsinstitute und E-Geld-Institute haben den GuV-Posten Nr. 14 „Erträge aus Zuschreibungen zu Beteiligungen, Anteilen an verbundenen Unternehmen und wie Anlagevermögen behandelten Wertpapieren" mit den Unterposten a) „aus Zahlungsdiensten und aus der Ausgabe von E-Geld" und b) „aus sonstigen Tätigkeiten" auszuweisen (Formblatt 2 zur RechZahlV).

(8) Sonstige betriebliche Erträge (Formblatt 2 Spalte Erträge Nr. 8, Form- 230 **blatt 3 Nr. 8 RechKredV).** Der Posten ist ein Sammelposten für alle im Rahmen der gewöhnlichen Geschäftstätigkeit anfallenden Erträge, die anderen Ertragsposten nicht zuzuordnen sind. Erträge, die außerhalb der gewöhnlichen Geschäftstätigkeit anfallen, sind dem Posten „Außerordentliche Erträge" zuzuweisen.[175] Zu den sonstigen betrieblichen Erträgen gehören ua Erträge aus nichtbankgeschäftlichen Dienstleistungen (→ Rn. 219), Erträge aus der Veräußerung von Gegenständen des Sachanlagevermögens, Erträge aus Leasinggeschäften, Veräußerungsgewinne aus Finanzanlagen, soweit keine Verrechnung gem. § 340c Abs. 2 vorgenommen wird,[176] sowie sonstige, nicht außerordentliche Erträge, wie zB Erträge aus Kassenbestandsüberschüssen.[177] Daneben sind bei Kreditinstituten die Abzinsungseffekte, wie zB bei geänderten Diskontierungssätzen, im Rahmen der Rückstellungsbewertung nach § 253 Abs. 2 unter den sonstigen betrieblichen Erträgen auszuweisen, sofern die zugrundeliegenden Rückstellungssachverhalte nicht das Bankgeschäft betreffen (→ Rn. 207). Bezüglich des Ausweises von Erträgen aus der Auflösung der Drohverlustrückstellung im Rahmen der verlustfreien Bewertung von zinsbezogenen Geschäften des Bankbuchs (Zinsbuch) (IDW RS BFA 3 nF) besteht ein Wahlrecht die Erträge in diesem Posten oder unter „Erträge aus

---

[173] Vgl. IDW RS BFA 3 nF Rn. 56.
[174] Zur Kompensationsmöglichkeit, zu den Aufwandsbestandteilen und zum Anlagespiegel → Rn. 189–191.
[175] Vgl. Scharpf/Sohler Leitfaden zum Jahresabschluß S. 215.
[176] Vgl. Krumnow et al. § 340c Rn. 213.
[177] Vgl. Kirsch/Grewe § 340c Rn. 171; Scharpf/Sohler Leitfaden zum Jahresabschluß S. 215.

der Zuschreibung zu Forderungen und bestimmten Wertpapieren sowie aus der Auflösung von Rückstellungen im Kreditgeschäft" (→ Rn. 226) auszuweisen, wobei eine korrespondierende Behandlung der entsprechenden Aufwendungen und Erträge geboten ist (→ § 340e Rn. 81).[178]

231   Gemäß § 34 Abs. 2 S. 1 Nr. 1 RechKredV sind Institute verpflichtet, den Gesamtbetrag der sonstigen betrieblichen Erträge im Anhang nach geographischen Märkten aufzugliedern, soweit diese Märkte sich vom Standpunkt der Organisation des Instituts wesentlich voneinander unterscheiden. Daneben sind die wichtigsten Einzelbeträge dieses Postens anzugeben, sofern sie für die Beurteilung des Jahresabschlusses nicht unwesentlich sind (§ 35 Abs. 1 Nr. 4 RechKredV). Weiterhin ist bei der Durchführung von Leasing-Geschäften § 35 Abs. 1 Nr. 3 RechKredV zu beachten.

232   Für **Institute iSd § 1 Abs. 3 ZAG** ist das Formblatt 2 zur RechZahlV zu beachten. Zahlungsinstitute und E-Geld-Institute haben den GuV-Posten Nr. 7 „Sonstige betriebliche Erträge" mit den Unterposten a) „aus Zahlungsdienstz und aus der Ausgabe von E-Geld" und b) „aus sonstigen Tätigkeiten" auszuweisen (Formblatt 2 zur RechZahlV). Für die Anhangangaben sind die § 28 Abs. 2 S. 1 Nr. 1 und § 29 Abs. 1 Nr. 3 RechZahlV zu berücksichtigen, die inhaltlich § 34 Abs. 2 S. 1 Nr. 1 und § 35 Abs. 1 Nr. 4 RechKredV entsprechen.

233   **(9) Außerordentliche Erträge (Formblatt 2 Spalte Erträge Nr. 10, Formblatt 3 Nr. 20 RechKredV).** Unter den außerordentlichen Erträgen sind Erträge auszuweisen, die außerhalb der gewöhnlichen Geschäftätigkeit des Instituts anfallen (§ 340a Abs. 2 S. 5 → Rn. 195). Zu beachten ist, dass periodenfremde Erträge, die nicht zugleich außerhalb der normalen Geschäftätigkeit angefallen sind, stets den Posten zuzuordnen sind, unter die sie fallen würden, wenn sie nicht periodenfremd wären. Beispiele für außerordentliche Erträge können sein: Gewinne aus der Veräußerung ganzer Betriebe oder Betriebsteile, Sanierungsgewinne oder Erträge aus Gesellschafterzuschüssen.[179]

234   Im **Anhang** sind die wichtigsten Einzelbeträge dieses Postens und ihre Art anzugeben, sofern sie für die Beurteilung der Vermögens-, Finanz- und Ertragslage des Instituts nicht unwesentlich sind (§ 35 Abs. 1 Nr. 4 RechKredV).

235   Für **Institute iSd § 1 Abs. 3 ZAG** ist das Formblatt 2 zur RechZahlV zu beachten. Zahlungsinstitute und E-Geld-Institute haben den GuV-Posten Nr. 17 „Außerordentliche Erträge" mit den Unterposten a) „aus Zahlungsdiensten und aus der Ausgabe von E-Geld" und b) „aus sonstigen Tätigkeiten" auszuweisen (Formblatt 2 zur RechZahlV). Für die Anhangangaben ist § 29 Abs. 1 Nr. 3 RechZahlV zu berücksichtigen, der § 35 Abs. 1 Nr. 4 RechKredV entspricht.

236   **(10) Erträge aus Verlustübernahme (Formblatt 2 Spalte Erträge Nr. 11, Formblatt 3 Nr. 25 RechKredV).** In diesem Posten sind die aus freiwilligen Verlustübernahmen sowie aus Verlustübernahmen aufgrund eines Beherrschungs- bzw. Gewinnabführungsvertrags (§ 302 AktG) oder eines entsprechenden Vertrags resultierenden Erträge auszuweisen (§ 277 Abs. 3 S. 2).

237   Für **Institute iSd § 1 Abs. 3 ZAG** ist das Formblatt 2 zur RechZahlV zu beachten. Zahlungsinstitute und E-Geld-Institute haben den GuV-Posten Nr. 22 „Erträge aus Verlustübernahme" mit den Unterposten a) „aus Zahlungsdiensten und aus der Ausgabe von E-Geld" und b) „aus sonstigen Tätigkeiten" auszuweisen (Formblatt 2 zur RechZahlV).

238   **(11) Jahresfehlbetrag (Formblatt 2 Spalte Erträge Nr. 12, Formblatt 3 Nr. 27 RechKredV).** Der Posten weist den im Geschäftsjahr eingetretenen Verlust vor den Veränderungen der Kapital- und Gewinnrücklagen, vor den Entnahmen und der Wiederauffüllung des Genussrechtskapitals und vor dem Gewinnvortrag/Verlustvortrag aus dem Vorjahr aus (→ Rn. 204). Der auszuweisende Betrag deckt sich mit dem Saldo aus sämtlichen Aufwands- und Ertragsposten.

---

[178] Vgl. IDW RS BFA 3 nF Rn. 56.
[179] Vgl. ADS § 277 Rn. 80.

Für **Institute iSd § 1 Abs. 3 ZAG** ist das Formblatt 2 zur RechZahlV zu beachten. 239
Zahlungsinstitute und E-Geld-Institute haben den GuV-Posten Nr. 24 „Jahresüberschuss/
Jahresfehlbetrag" mit den Unterposten a) „aus Zahlungsdiensten und aus der Ausgabe von
E-Geld" und b) „aus sonstigen Tätigkeiten" auszuweisen (Formblatt 2 zur RechZahlV).

(12) Weitere in den Formblättern 2 und 3 zur RechKredV vorgesehene Pos- 240
ten. Gemäß Formblatt 1 ist die Bilanz der Kredit-, Finanzdienstleistungs- und Wertpapierinstitute unter Berücksichtigung der vollständigen oder teilweisen Ergebnisverwendung aufzustellen, weshalb in der Bilanz anstelle der Posten „Jahresüberschuss/Jahresfehlbetrag" und
„Gewinnvortrag/Verlustvortrag" der Posten „Bilanzgewinn/Bilanzverlust" tritt und die
GuV um folgende Posten erweitert wird: „Gewinnvortrag/Verlustvortrag aus dem Vorjahr",
„Entnahmen aus der Kapitalrücklage", „Entnahmen aus Gewinnrücklagen", „Entnahmen
aus Genussrechtskapital", „Einstellungen in Gewinnrücklagen", „Wiederauffüllung des
Genussrechtskapitals", „Bilanzgewinn/Bilanzverlust". In Formblatt 2 werden hierzu unter
der Spalte Aufwendungen unter Verwendung neuer Postennummern (Nr. 1 bis Nr. 8) und
beginnend mit dem Jahresergebnis die betreffenden Posten aufgeführt; in Formblatt 3 wird
die Staffel fortgeführt (Nr. 28 bis Nr. 34).[180] Der Posten „Entnahmen aus den Gewinnrücklagen" ist zu untergliedern in a) „aus der gesetzlichen Rücklage", b) „aus der Rücklage
für Anteile an einem herrschenden oder mehrheitlich beteiligten Unternehmen" c) „aus
satzungsmäßigen Rücklagen" und d) „aus anderen Gewinnrücklagen". Der Posten „Einstellungen in Gewinnrücklagen" ist zu unterteilen in a) „in die gesetzliche Rücklage", b) „in
die Rücklage für Anteile an einem herrschenden oder mehrheitlichen beteiligten Unternehmen" c) „in satzungsmäßige Rücklagen" und d) „in andere Gewinnrücklagen". Mit Ausnahme der Posten „Entnahmen aus Genussrechtskapital" und „Wiederauffüllung des
Genussrechtskapitals" entsprechen die in den Formblättern 2 und 3 aufgeführten Posten
der Ergebnisverwendung denen gem. § 158 Abs. 1 AktG.[181] Aktiengesellschaften haben
gem. § 158 Abs. 1 AktG die Ergebnisverwendung in der GuV oder im Anhang aufzuführen.

Finanzdienstleistungsinstitute iSd § 1 Abs. 1a Nr. 10 KWG haben im Formblatt 2 241
vor dem Ertragsposten „Zinserträge" den Posten „01. Leasingerträge" und vor dem
Aufwandsposten „Zinsaufwendungen" den Posten „01. Leasingaufwendungen" auszuweisen. Im Formblatt 3 sind vor dem Posten „Zinserträge" die Posten „01. Leasingerträge" und „02. Leasingaufwendungen" hinzuzufügen (Fn. 9 der GuV-Formblätter).
Fn. 9 in den Formblättern 2, 3 der RechKredV gilt unmittelbar und nach ihrem Wortlaut nur für Finanzdienstleistungsinstitute. Nach § 340a Abs. 1 iVm § 265 Abs. 5 steht
eine (analoge) Anwendung von Fn. 9 auch Kreditinstituten offen. Auch ein Ausweis als
sonstige betriebliche Erträge → Rn. 230 ist bei Kreditinstituten zulässig. Zum Ausweis
in der Bilanz → Rn. 107.

Kreditgenossenschaften, die das Warengeschäft betreiben, haben einen Posten „Roher- 242
gebnis aus Warenverkehr und Nebenbetrieben" (Formblatt 2 Spalte Aufwendungen Nr. 3a
bzw. Spalte Erträge Nr. 5a, Formblatt 3 Nr. 7a) gesondert auszuweisen. Dieser ist im
Anschluss an dem Posten „Nettoertrag des Handelsbestands" bzw. „Nettoaufwand des Handelsbestands" einzufügen (Fn. 6 der GuV-Formblätter).

Gemäß Formblatt 1 zur RechZahlV ist auch die Bilanz der **Institute iSd § 1 Abs. 3** 243
ZAG unter Berücksichtigung der vollständigen oder teilweisen Ergebnisverwendung aufzu-
stellen (→ Rn. 240). Für Zahlungsinstitute und E-Geld-Institute ist das Formblatt 2 zur
RechZahlV zu beachten. Die GuV-Posten Nr. 25 bis 31 entsprechen den GuV-Posten
Nr. 28 bis 34 bei Kredit-, Finanzdienstleistungs- und Wertpapierinstituten (Formblatt 3
zur RechKredV), mit der Ausnahme, dass Institute iSd § 1 Abs. 3 ZAG den GuV-Posten
„Gewinnvortrag/Verlustvortrag aus dem Vorjahr" mit den Unterposten a) „aus Zahlungsdiensten und aus der Ausgabe von E-Geld" und b) „aus sonstigen Tätigkeiten" auszuweisen
haben (Formblatt 2 zur RechZahlV).

---

[180] Vgl. IDW, WPH Edition, Kreditinstitute, D Rn. 968.
[181] Vgl. IDW, WPH Edition, Kreditinstitute, D Rn. 969.

VI. Verrechnungen (Abs. 2 S. 3)

244   Das **Verrechnungsverbot** gem. § 246 Abs. 2 gilt grundsätzlich auch für Institute, sofern keine abweichenden Vorschriften bestehen (§ 340a Abs. 2 S. 3). Die ergänzenden Rechnungslegungsvorschriften für Institute enthalten jedoch mehrere Ausnahmen von diesem Verbot, sodass das Bruttoprinzip durchbrochen wird. Es sind dabei Verrechnungen in der Bilanz und in der GuV zu unterscheiden.

245   In der **Bilanz** hat nach § 10 RechKredV eine Verrechnung von täglich fälligen Forderungen und Verbindlichkeiten zu erfolgen, wenn die Forderungen täglich fällig oder auf einem Kreditsonderkonto belastet und gleichzeitig auf einem laufenden Konto erkannt sind, die Verbindlichkeiten ebenfalls täglich fällig sind und keinerlei Bindungen unterliegen, die Forderungen und Verbindlichkeiten gegenüber demselben Kontoinhaber bestehen, für die Zins- und Provisionsberechnung eine Vereinbarung vorliegt, dass der Kontoinhaber so gestellt wird wie bei der Verbuchung über ein einziges Konto, die Forderungen und Verbindlichkeiten auf dieselbe Währung lauten und es sich bei den Verbindlichkeiten weder um Sperrguthaben noch um Spareinlagen handelt. Die Voraussetzungen sind kumulativ zu erfüllen. Zur Verrechnung zurückgekaufter nicht börsenfähiger eigener Schuldverschreibungen mit begebenen Schuldverschreibungen s. § 16 Abs. 4 RechKredV (→ Rn. 68).

246   In der **GuV** besteht eine Verrechnungspflicht gem. § 340c Abs. 1 für Erträge und Aufwendungen des Handelsbestands (zu Details → § 340c Rn. 3 ff.), so dass in der GuV als Ertrag oder Aufwand des Handelsbestands der Unterschiedsbetrag aller Erträge und Aufwendungen aus Geschäften mit Finanzinstrumenten des Handelsbestands und dem Handel mit Edelmetallen sowie der Erträge aus Zuschreibungen und der Aufwendungen aus Abschreibungen bei diesen Vermögensgegenständen saldiert auszuweisen ist. Diese Vorschrift gilt gem. § 340 Abs. 4 S. 2 und Abs. 4a S. 2 nicht für Finanzdienstleistungsinstitute und Wertpapierinstitute, sofern letztere Skontroführer iSv § 27 Abs. 1 BörsG sind sowie für Kreditinstitute, soweit sie Skontroführer iSv § 27 Abs. 1 S. 1 BörsG und nicht CRR-Kreditinstitute iSv § 1 Abs. 3d S. 1 KWG sind.[182] Ferner können Institute (Wahlrecht) Aufwendungen und Erträge aus Finanzanlagen (Beteiligungen, Anteile an verbundenen Unternehmen und wie Anlagevermögen behandelte Wertpapiere) gem. § 340c Abs. 2 iVm § 33 RechKredV miteinander verrechnen (→ § 340c Rn. 33 ff.).[183] Darüber hinaus besteht nach § 340f Abs. 3 die Möglichkeit der Überkreuzkompensation für Aufwendungen und Erträge aus dem Bewertungsergebnis des Kreditgeschäfts und der Wertpapiere der Liquiditätsreserve, sodass in der GuV nur ein Posten ausgewiesen wird. Die Auflösung und Bildung stiller Reserven ist dabei in die Verrechnung mit einzubeziehen. Eine teilweise Verrechnung wird, wie auch bei den Finanzanlagen, ausgeschlossen (§ 32 S. 3 RechKredV).[184]

VII. Anzuwendende Vorschriften für Zwischenabschlüsse (Abs. 3)

247   Die Vorschrift des Abs. 3 beruht darauf, dass Kreditinstitute nach Art. 26 Abs. 2 Kapitaladäquanz-VO ihre **Zwischengewinne**, die nicht für voraussichtliche Gewinnausschüttungen oder Steueraufwendungen gebunden sind, **als hartes Kernkapital berücksichtigen** können. Verluste, die sich aus einem solchen Zwischenabschluss ergeben, sind vom Kernkapital abzuziehen. Die Zwischenabschlüsse haben den für den Jahresabschluss geltenden Rechnungslegungsgrundsätzen zu entsprechen und sind einer **prüferischen Durchsicht** zu unterziehen. Die prüferische Durchsicht betrifft eine betriebswirtschaftliche Prüfung,

---

[182]   Wertpapierinstitute sind nach § 340 Abs. 4a S. 2, soweit sie Skontroführer iSv § 27 Abs. 1 S. 1 BörsG sind, von der Anwendung des § 340c Abs. 1 ausgenommen. Die Einschränkung in § 340 Abs. 4a S. 2 auf Skontroführer steht im Widerspruch zur Fn. 7 in den beiden Formblättern 2 und 3 der RechKredV. Hier handelt es sich vermutlich um einen redaktionellen Fehler (→ § 340 Rn. 13).

[183]   Für Zahlungsinstitute und E-Geld-Institute (Institute iSd § 1 Abs. 3 ZAG) ist § 27 RechZahlV zu beachten. Die Bestimmung des § 27 RechZahlV entspricht § 33 RechKredV.

[184]   Institute iSd § 1 Abs. 3 ZAG haben § 26 RechZahlV zu berücksichtigen. Die Bestimmung des § 26 RechZahlV entspricht § 32 RechKredV.

die keine, auch keine in ihrem Umfang reduzierte Abschlussprüfung ist.[185] Die prüferische Durchsicht ist so anzulegen, dass bei gewissenhafter Berufsausübung ausgeschlossen werden kann, dass der Zwischenabschluss in wesentlichen Belangen den anzuwendenden Rechnungslegungsgrundsätzen widerspricht (§ 340a Abs. 3 S. 3). Für die Durchführung der prüferischen Durchsicht gelten die Grundsätze für die prüferische Durchsicht von Abschlüssen des IDW PS 900. Gemäß Art. 26 Abs. 2 Kapitaladäquanz-VO sind die Zwischengewinne von Personen zu überprüfen, die vom Institut unabhängig und für dessen Buchprüfung zuständig sind. Die handelsrechtlichen Vorschriften über die Bestellung des Abschlussprüfers sowie die Vorlagepflicht und das Auskunftsrecht (§ 320) und die Verantwortlichkeit des Abschlussprüfers (§ 323) sind auf die prüferische Durchsicht entsprechend anzuwenden (§ 340a Abs. 3 S. 2 und S. 5). Das Ergebnis der prüferischen Durchsicht hat der Abschlussprüfer in einer Bescheinigung zusammenzufassen (§ 340 Abs. 3 S. 4).

Die Pflicht zur prüferischen Durchsicht besteht nur für Zwischenabschlüsse, die zur **248** aufsichtsrechtlichen Ermittlung der Angemessenheit der Eigenmittel verwendet werden. Allein der Informationsfunktion dienende Zwischenberichte von Kreditinstituten unterliegen keiner Pflicht zur prüferischen Durchsicht. Kreditinstitute, die zugleich Inlandsemittenten iSv § 2 Abs. 14 WpHG darstellen, sind gem. § 115 Abs. 1 WpHG zur Erstellung eines Halbjahresfinanzberichts verpflichtet.[186] Ihnen steht das Wahlrecht zu, diese Unterlagen einer prüferischen Durchsicht zu unterziehen (§ 115 Abs. 5 WpHG). Handelt es sich um ein konzernabschlusspflichtiges Unternehmen, sind die Halbjahresfinanzberichte auf Konzernebene und unter Verwendung der im Konzernabschluss angewandten Rechnungslegungsvorschriften zu erstellen (§ 117 Nr. 2 WpHG).

Konkretisiert werden die Anforderungen an die Halbjahresfinanzberichterstattung gem. **249** § 115 WpHG durch den DRS 16 „Halbjahresfinanzberichterstattung". Der Anwenderkreis des DRS 16 ist eingeschränkt auf solche Unternehmen, die gesetzlich zur Aufstellung eines Konzernabschlusses und Konzernlageberichts verpflichtet sind. Allen anderen Unternehmen, die zur Zwischenberichterstattung verpflichtet sind oder eine solche freiwillig erstellen, wird die Anwendung des DRS 16 empfohlen.

VIII. Zusätzliche Anhangangaben nach Abs. 4

Abs. 4 wurde durch das KonTraG in das HGB eingefügt. Das **KonTraG** zielt auf **250** die Stärkung der Aktionärsstellung ab, indem dem Management umfangreiche **Kontroll-, Prüfungs- und Informationspflichten** auferlegt werden.[187] Risiken sollen nicht nur früher erkannt, sondern auch offengelegt und begrenzt werden. Im Bereich des Kreditgewerbes sollen die erweiterten Informationspflichten zusätzlich dazu dienen, den Einfluss der Banken[188] zurückzudrängen. Hierzu wurde im Rahmen des KonTraG der Beteiligungsbesitz von Kreditinstituten einer kritischen Prüfung unterzogen.[189]

Hinsichtlich der **Aufsichtsratsmandate** und des **Beteiligungsbesitzes** von Instituten **251** finden sich im KonTraG entgegen vorheriger Reformdiskussionen keine Beschränkungen.[190] Dennoch schreibt Abs. 4 zur Verbesserung der Transparenz vor, alle Mandate in gesetzlich zu bildenden Aufsichtsgremien großer Kapitalgesellschaften iSv § 267 Abs. 3, die von gesetzlichen Vertretern oder anderen Mitarbeitern des jeweiligen Kreditinstituts

---

[185]　Vgl. IDW PS 900 Rn. 2.
[186]　Der Halbjahresfinanzbericht besteht nach § 115 Abs. 2 WpHG aus einem verkürzten Abschluss, einem Zwischenlagebericht sowie einer Entsprechenserklärung (Bilanzeid) nach den Vorgaben von § 264 Abs. 2 S. 3 sowie § 289 Abs. 1 S. 5. Vgl. Wiederhold/Pukallus Der Konzern 2007, 268 ff.
[187]　Eine ausführliche Übersicht zu den Rechnungslegungs- und Prüfungsvorschriften durch das KonTraG und das KapAEG findet sich bei Böcking/Orth DB 1998, 1241 ff.
[188]　Vgl. Adams AG Sonderheft August 1997, 11 ff.
[189]　Vgl. Begr. RegE, BT-Drs. 13/9712, 11.
[190]　Krit. hierzu Bundesrat (zum Gesetzentwurf der Bundesregierung), BT-Drs. 13/9712, 32 f. Zur Diskussion der Beschränkungen von Beteiligungen und Aufsichtsratsmandaten s. auch Hopt AG Sonderheft August 1997, 46 f. (43 f.).

wahrgenommen werden, im **Anhang** anzugeben. Dieselbe Vorschrift verlangt zusätzlich alle Beteiligungen an großen Kapitalgesellschaften über 5 % (der Stimmrechte) offenzulegen.

§ 340b Pensionsgeschäfte

(1) Pensionsgeschäfte sind Verträge, durch die ein Kreditinstitut oder der Kunde eines Kreditinstituts (Pensionsgeber) ihm gehörende Vermögensgegenstände einem anderen Kreditinstitut oder einem seiner Kunden (Pensionsnehmer) gegen Zahlung eines Betrags überträgt und in denen gleichzeitig vereinbart wird, daß die Vermögensgegenstände später gegen Entrichtung des empfangenen oder eines im voraus vereinbarten anderen Betrags an den Pensionsgeber zurückübertragen werden müssen oder können.

(2) Übernimmt der Pensionsnehmer die Verpflichtung, die Vermögensgegenstände zu einem bestimmten oder vom Pensionsgeber zu bestimmenden Zeitpunkt zurückzuübertragen, so handelt es sich um ein echtes Pensionsgeschäft.

(3) Ist der Pensionsnehmer lediglich berechtigt, die Vermögensgegenstände zu einem vorher bestimmten oder von ihm noch zu bestimmenden Zeitpunkt zurückzuübertragen, so handelt es sich um ein unechtes Pensionsgeschäft.

(4) [1]Im Falle von echten Pensionsgeschäften sind die übertragenen Vermögensgegenstände in der Bilanz des Pensionsgebers weiterhin auszuweisen. [2]Der Pensionsgeber hat in Höhe des für die Übertragung erhaltenen Betrags eine Verbindlichkeit gegenüber dem Pensionsnehmer auszuweisen. [3]Ist für die Rückübertragung ein höherer oder ein niedrigerer Betrag vereinbart, so ist der Unterschiedsbetrag über die Laufzeit des Pensionsgeschäfts zu verteilen. [4]Außerdem hat der Pensionsgeber den Buchwert der in Pension gegebenen Vermögensgegenstände im Anhang anzugeben. [5]Der Pensionsnehmer darf die ihm in Pension gegebenen Vermögensgegenstände nicht in seiner Bilanz ausweisen; er hat in Höhe des für die Übertragung gezahlten Betrags eine Forderung an den Pensionsgeber in seiner Bilanz auszuweisen. [6]Ist für die Rückübertragung ein höherer oder ein niedrigerer Betrag vereinbart, so ist der Unterschiedsbetrag über die Laufzeit des Pensionsgeschäfts zu verteilen.

(5) [1]Im Falle von unechten Pensionsgeschäften sind die Vermögensgegenstände nicht in der Bilanz des Pensionsgebers, sondern in der Bilanz des Pensionsnehmers auszuweisen. [2]Der Pensionsgeber hat unter der Bilanz den für den Fall der Rückübertragung vereinbarten Betrag anzugeben.

(6) Devisentermingeschäfte, Finanztermingeschäfte und ähnliche Geschäfte sowie die Ausgabe eigener Schuldverschreibungen auf abgekürzte Zeit gelten nicht als Pensionsgeschäfte im Sinne dieser Vorschrift.

Schrifttum: BaFin, Rundschreiben 05/2023 (BA) – Mindestanforderungen an das Risikomanagement (MaRisk) v. 29.6.2023; Beer/Schäfer, Wertpapierleihe: ein innovatives Marktsegment, Deutscher Sparkassen- und Giroverband e. V., 1992; Bieg, Bankbilanzen und Bankenaufsicht, 1983; Bieg, Auswirkungen der Bankbilanzrichtlinie der Europäischen Gemeinschaften auf die Einzelabschlüsse von Kreditinstituten – Grundlagen und Bilanzaufbau, ZfbF 1988, 3; Bieg, Die externe Rechnungslegung der Kreditinstitute und Finanzdienstleistungsinstitute, 1999; Bieg/Waschbusch/Käufer, Die Bilanzierung von Pensionsgeschäften im Jahresabschluss der Kreditinstitute nach HGB und IFRS, ZBB 2008, 63; Birck/Meyer, Die Bankbilanz, Handkommentar zum Jahresabschluß der Kreditinstitute, 3. Aufl., Teillieferung 1–2, 4–5, 1976–1989; Böcking, Betriebswirtschaftslehre und wirtschaftliche Betrachtungsweise im Bilanzrecht, FS Beisse, 1997, 85; Döllerer, Leasing – wirtschaftliches Eigentum oder Nutzungsrecht?, BB 1971, 535; Dörge, Wertpapierleih- und Wertpapierpensionsgeschäfte, AG 1997, 396; Hartung, Wertpapierleihe und Bankbilanz. Ist § 340b HGB richtlinienkonform?, BB 1993, 1175; Hinz, Bilanzierung von Pensionsgeschäften, BB 1991, 1153; Hoffmann, Pensionsgeschäfte als Aktionsparameter der sachverhaltsgestaltenden Jahresabschlußpolitik, BB 1997, 249; IDW, Stellungnahme zum Referentenentwurf eines Bankbilanzrichtlinie-Gesetzes (BaBiRiLiG), WPg 1989, 377; IDW, Entwurf einer Neufassung der IDW Stellungnahme zur Rechnungslegung: Einzelfragen zum Übergang vom wirtschaftlichen Eigentum und zur Gewinnrealisierung nach HGB (IDW ERS HFA 13 n. F.), FN-IDW 2007, 83; IDW, WPH Edition, Kreditinstitute, Finanzdienstleister und Investmentvermögen, 2020; Jahn, Pensionsgeschäfte und ihre Behandlung im handelsrechtlichen Jahresabschluß von Kapitalgesellschaften, 1990; Kümpel, Die Grundstruktur der Wertpapierleihe und ihre rechtlichen Aspekte, WM 1990, 909; Offerhaus, Zur Bilanzierung von in Pension gegebenen Wirtschaftsgütern, BB 1983, 870; Oho/Hülst, Steuerliche Aspekte der Wertpapierleihe und des Repo-Geschäfts, DB 1992, 2582; Scharpf/Schaber, Handbuch Bankbilanz, 9. Aufl. 2022; Scharpf/Sohler, Leitfaden zum Jahresabschluß nach dem Bankbilanzrichtlinie-Gesetz: Bilanz, GuV und Anhang, 1992; Stobbe, Ist der Maßgeblichkeitsgrundsatz bei der Zurechnung des wirtschaftlichen Eigentums anwendbar? Eine Analyse am Beispiel des Leasings und der Pensionsgeschäfte, BB 1990, 518; Treuberg/Scharpf, Pensionsgeschäfte und deren Behandlung im Jahresabschluß von Kapitalgesellschaften nach § 340b HGB, DB 1991, 1233; Waschbusch, Die Rechnungslegung der Kreditinstitute bei Pensionsgeschäften. Zur Rechtslage nach § 340b HGB, BB 1993, 172.

Übersicht

I. Bedeutung von § 340b

Pensionsgeschäfte werden bevorzugt von Instituten zur kurz- und mittelfristigen Liqui- **1** ditätssteuerung getätigt.[1] Die Bedeutung der Pensionsgeschäfte zeigt sich einerseits dadurch, dass sich deren Definition und bilanzielle Behandlung **explizit im HGB** findet.[2] Andererseits liegt die Bedeutung von § 340b in der Regelung über den Bilanzansatz von Pensionsgeschäften selbst begründet. Die Bilanzierungsvorschriften folgen der in den meisten Mitgliedstaaten bei Pensionsgeschäften geltenden **wirtschaftlichen Betrachtungsweise**.[3] Danach knüpft die Beurteilung sachverhaltsgestaltender Maßnahmen im Rahmen ihrer Abbildung im Jahresabschluss zwar an zivilrechtliche Qualifikationen an; die Behandlung im Jahresabschluss hängt letztendlich jedoch von den jeweils tangierten Normen und Grundprinzipien

---

[1] Vgl. Krumnow et al. Rn. 4. Zur jahresabschlusspolitischen Verwendbarkeit von Pensionsgeschäften vgl. Bieg/Waschbusch/Käufer ZBB 2008, 63; Waschbusch BB 1993, 179; Hinz BB 1991, 1154.

[2] Vgl. BT-Drs. 11/6275, 20. Krit. wird angesehen, dass auf nähere Bestimmungen in der RechKredV verzichtet wurde, vgl. IDW WPg 1989, 378.

[3] Vgl. Kirsch/Grewe Rn. 1.

des Bilanzrechts (Rechtsfrage) als auch von dem durch das Geschäft wirtschaftlich verfolgten Ziel ab (Tatfrage bzw. Sachverhaltsanalyse).[4]

2   Nicht eindeutig geklärt ist der **rechtliche Charakter von § 340b.** Seine Stellung innerhalb der Ergänzenden Vorschriften für Kredit-, Finanzdienstleistungs-, Wertpapier-, Zahlungsinstitute und E-Geld-Institute weist zunächst auf ein lex specialis für Institute hin.[5] Da für Nichtinstitute eine entsprechende Vorschrift fehlt, besteht die Mehrheitsmeinung in der Literatur, dass die für Institute bestimmte Regelung als allgemeiner GoB auch auf Nichtinstitute anzuwenden ist.[6] Eine andere Auslegung könnte zu dem Fall führen, dass bei einem Pensionsgeschäft zwischen einem Institut und einem Nichtinstitut der Pensionsgegenstand bei keinem Vertragspartner bilanziert wird, da beide unterschiedliche Bilanzierungsauffassungen besitzen.

II. Vorgaben und Umsetzung der Bankbilanz-RL

3   Die Vorschrift von § 340b ergibt sich aus **Art. 12 Bankbilanz-RL,**[7] der Pensionsgeschäfte in echte und unechte Pensionsgeschäfte abgrenzt. Zwischenlösungen, wie die so genannten unechten echten Pensionsgeschäfte, bei denen es sich um echte Pensionsgeschäfte handelt, die wie unechte Pensionsgeschäfte bilanziert werden, sind durch die Bankbilanz-RL nicht zulässig.

III. Allgemeine Definition von Pensionsgeschäften (Abs. 1)

4   **1. Die Legaldefinition.** Durch das Bankbilanzrichtlinie-Gesetz (BGBl. 1990 I 2570) wurde mit § 340b Abs. 1 erstmals im deutschen Recht eine Legaldefinition für Pensionsgeschäfte aufgenommen. Hiernach werden Pensionsgeschäfte als „Verträge, durch die ein Kreditinstitut oder der Kunde eines Kreditinstituts (Pensionsgeber) ihm gehörende Vermögensgegenstände einem anderen Kreditinstitut oder einem seiner Kunden (Pensionsnehmer) gegen Zahlung eines Betrags überträgt und in denen gleichzeitig vereinbart wird, dass die Vermögensgegenstände später gegen Entrichtung des empfangenen oder eines im Voraus vereinbarten anderen Betrags an den Pensionsgeber zurückübertragen werden müssen oder können" definiert. Die genannten Voraussetzungen sind kumulativ zu erfüllen.[8] Nach der gesetzlichen Definition lassen sich Pensionsgeschäfte zivilrechtlich als Verkäufe mit gleichzeitigen Rückkaufvereinbarungen beschreiben.[9] Für die Bilanzierung wird zwischen echten und unechten Pensionsgeschäften unterschieden.

5   **2. Die einzelnen Komponenten der Legaldefinition. a) Pensionsgeschäfts-Verträge.** Abs. 1 definiert Pensionsgeschäfte als Verträge. Bei einem Pensionsgeschäft werden zwei Verträge abgeschlossen; ein unmittelbar nach Vertragsabschluss zu erfüllender Kaufvertrag und ein zu einem späteren Zeitpunkt zu einem bereits bei Vertragsabschluss festgelegten Preis abzuwickelnder Kaufvertrag.[10]

6   **b) Pensionsgeber und Pensionsnehmer.** Gemäß Abs. 1 können als Pensionsgeber oder als Pensionsnehmer sowohl ein Institut als auch ein Kunde eines Instituts auftreten.[11] Strittig ist, inwieweit die Regelung von § 340b auf Pensionsgeschäfte unter Nichtinstituten anzuwenden ist. Nach herrschender Meinung ist die für Institute bestimmte Regelung als

---

4   Vgl. Böcking FS Beisse, 1997, 87.

5   Vgl. Häuselmann/Wiesenbart DB 1990, 2130.

6   Vgl. Krumnow et al. Rn. 2 f. mwN; Ballwieser FS Budde, 1995, 65 f.; Treuberg/Scharpf DB 1991, 1233; Hoffmann BB 1997, 251; IDW WPg 1989, 378; Oho/Hülst DB 1992, 2585; aA Hinz BB 1991, 1155 f.

7   Richtlinie 86/635/EWG des Rates v. 8.12.1986 über den Jahresabschluß und den konsolidierten Abschluß von Banken und anderen Finanzinstituten, ABl. EG 1986 L 372, 1.

8   Vgl. zur Übersicht der Merkmale von Pensionsgeschäften Hoffmann BB 1997, 250; Bieg Rechnungslegung S. 128 ff.

9   Vgl. Treuberg/Scharpf DB 1991, 1234; Krumnow et al. Rn. 4 f.; Waschbusch BB 1993, 172.

10   Vgl. Beck HdR/Bieg/Waschbusch B 900 Rn. 34.

11   Vgl. Bieg/Waschbusch/Käufer ZBB 2008, 64.

allgemeiner GoB auch auf Nichtinstitute anzuwenden, da für Nichtinstitute eine entsprechende Vorschrift fehlt.[12]

c) Vermögensgegenstände als Eigentum des Pensionsgebers. Gemäß Abs. 1 **7** muss es sich bei den Pensionsgegenständen um dem Pensionsgeber gehörende Vermögensgegenstände handeln. Die Vermögenszugehörigkeit des Gegenstands vor der Übertragung auf den Pensionsnehmer iSv § 340b bestimmt sich dabei nicht nur nach zivilrechtlichen Kriterien, es reicht bereits das **wirtschaftliche Eigentum** aus.[13] Letzteres liegt vor, wenn die tatsächliche Sachherrschaft über einen Vermögensgegenstand und das zivilrechtliche Eigentum auseinanderfallen und der Pensionsgeber die Substanz und den Ertrag einer Sache tatsächlich auf Dauer und vollständig innehat.[14]

Im Gesetzestext werden für Pensionsgeschäfte in Frage kommende Vermögensgegen- **8** stände nicht explizit genannt. Im Gegensatz dazu nennt Art. 12 Abs. 1 Bankbilanz-RL beispielhaft Wechsel, Forderungen und Wertpapiere. Daneben können auch andere Vermögensgegenstände Grundlage eines Pensionsgeschäfts sein, wobei in der Praxis überwiegend Pensionsgeschäfte mit Wertpapieren und Darlehensforderungen abgeschlossen werden.[15]

d) Zahlung und Rückzahlung als Gegenleistung. Nach Abs. 1 haben die Verträge **9** eine entgeltliche **Übertragung** der Pensionsgüter auf den Pensionsnehmer vorzusehen. Im Rahmen der Übertragung wird dem Pensionsnehmer für die Dauer des Vertrags das zivilrechtliche und/oder das wirtschaftliche Eigentum verschafft und somit die unbeschränkte Verfügungsmacht eingeräumt.[16] Die zivilrechtliche Eigentumsübertragung findet bei Forderungen im Wege der Zession (§ 398 BGB), bei beweglichen Sachen durch Einigung und Übergabe (§ 929 BGB) und bei Grundstücken durch Einigung und Eintragung des Rechtsübergangs im Grundbuch (§ 873 Abs. 1 BGB) statt. Hingegen verlangt die Übertragung des wirtschaftlichen Eigentums an dem Pensionsgegenstand den Besitzübergang sowie den Übergang von Gefahr, Nutzungen und Lasten für die Zeit der wirtschaftlichen Nutzungsdauer.[17]

Die Gegenstände sind gem. Abs. 1 gegen **Zahlung eines Betrags** auf den Pensions- **10** nehmer zu übertragen. Die Vereinbarung hat darüber hinaus vorzusehen, dass die Pensionsgegenstände gegen Entrichtung des empfangenen oder eines anderen Betrags auf den Pensionsgeber zurückzuübertragen sind oder werden können. Der Zahlungszeitpunkt kann von den Vertragsparteien frei vereinbart werden, sodass auch die Möglichkeit einer Zahlungsstundung besteht.[18] Der Gesetzgeber hatte die Möglichkeit, Tauschgeschäfte in § 340b mitzuerfassen (zB durch Verzicht auf den Zusatz gegen Zahlung eines Betrags entsprechend Art. 12 Bankbilanz-RL). Dem Wortlaut von § 340b ist allerdings zu entnehmen, dass Pensionsgeschäfte nur vorliegen, wenn Zahlung und Rückzahlung als Gegenleistung für die Hin- bzw. Rückgabe der Pensionsgüter vorliegen (→ Rn. 40 f.).

Der bei Übertragung der Pensionsgüter zu zahlende Betrag ist aus dem **aktuellen** **11** **Marktpreis** der Vermögensgegenstände abzuleiten.[19] Der Marktpreis stellt dabei das Äquivalent für den Wertinhalt der Gegenstände, nicht für die Nutzungsüberlassung dar, wobei die Möglichkeit besteht, eine Nutzungsgebühr in den Marktpreis mit einzubeziehen. Werden vom Marktpreis abweichende Zahlungen vereinbart, so sind diese aufgrund ihrer Einflüsse auf den Charakter des Pensionsgeschäfts (echtes, unechtes) und folglich auf die Bilanzierung gesondert zu beurteilen. Im Rahmen der Wertpapierhandelsgeschäfte sind von

---

12 Vgl. Krumnow et al. Rn. 2 f. mwN; Ballwieser FS Budde, 1995, 65 f.; Häuselmann/Wiesenbart DB 1990, 2129; Hoffmann BB 1997, 251; IDW WPg 1989, 378; Oho/Hülst DB 1992, 2585; Treuberg/Scharpf DB 1991, 1233; aA Hinz BB 1991, 1155 f.
13 Vgl. Treuberg/Scharpf DB 1991, 1234; Stobbe BB 1990, 519; Waschbusch BB 1993, 173.
14 Vgl. Döllerer BB 1971, 535.
15 Vgl. Treuberg/Scharpf DB 1991, 1234; Kirsch/Grewe Rn. 16.
16 Vgl. Offerhaus BB 1983, 870 f.
17 Vgl. Döllerer BB 1971, 535.
18 Vgl. Beer/Schäfer, Wertpapierleihe: ein innovatives Marktsegment, Deutscher Sparkassen- und Giroverband e. V., 1992, S. 19.
19 Vgl. Kirsch/Grewe Rn. 23.

Instituten allerdings die BaFin-Rundschreiben zu beachten, wonach Geschäfte zu nicht marktgerechten Bedingungen grundsätzlich unzulässig sind.[20]

12   **e) Vereinbarung des Rücknahmepreises im Voraus.** Weitere Voraussetzung für das Vorliegen eines Pensionsgeschäfts nach Abs. 1 ist, dass bei Abschluss des Kassageschäfts eine Vereinbarung über den Rücknahmepreis des Terminrückkaufs zu treffen ist. Erfolgt die Festlegung des Rückkaufbetrags erst zu einem späteren Zeitpunkt, oder wird der Betrag an den Börsenkurs des Pensionsguts am Rücknahmetag geknüpft, liegt kein Pensionsgeschäft iSv § 340b vor.[21] Der Rücknahmepreis orientiert sich im Allgemeinen an dem für das Kassageschäft vereinbarten Betrag. Liegt eine von der Marktrendite abweichende Nominalverzinsung des Pensionsgegenstands vor, werden von den Instituten oftmals Zinsdifferenzbeträge oder Ausgleichsbeträge vereinbart, um die Effektivverzinsung des Pensionsguts der Marktrendite anzupassen.[22] Diese Zinskorrekturen können auch im Rücknahmepreis enthalten sein.

13   Wesentlich ist, dass der Rücknahmepreis unabhängig vom Wert des Pensionsgegenstands zum Zeitpunkt der Rücknahme zu entrichten ist.[23] Dies bedeutet, dass sich Wertänderungen ausschließlich zugunsten und zulasten des Pensionsgebers auswirken. Demgegenüber verbleibt beim Pensionsnehmer lediglich das Bonitätsrisiko hinsichtlich der künftigen Zahlungsfähigkeit des Pensionsgebers.

14   **f) Rückübertragbare Vermögensgegenstände.** Die Formulierung von Abs. 1, nach der die Vermögensgegenstände später zurückübertragen werden müssen oder können, kann dahingehend ausgelegt werden, dass die hingegebenen Vermögensgegenstände und **nicht etwa andere Gegenstände zurückzugeben** sind.[24] Eine Ausnahme besteht, wenn bei vertretbaren Gegenständen, zB Wertpapieren einer bestimmten Gattung, die Rückgabe gleichartiger Vermögensgegenstände vereinbart wird.[25]

15   **g) Gestaltung der Rückübertragung.** Die vertraglichen Vereinbarungen bei der Rückübertragung der Pensionsgüter am Laufzeitende können eine feste Rückgabeverpflichtung vorsehen (echtes Pensionsgeschäft) oder dem Pensionsnehmer ein Rückgabewahlrecht einräumen (unechtes Pensionsgeschäft). Der Rückgabezeitpunkt ist dabei entweder bereits bei Vertragsabschluss (datiertes Pensionsgeschäft) oder zu einem späteren Zeitpunkt (undatiertes Pensionsgeschäft) zu bestimmen.[26] Im Fall des undatierten Pensionsgeschäfts sieht § 340b jedoch lediglich vor, dass der Rückgabezeitpunkt bei einem echten Pensionsgeschäft durch den Pensionsgeber und bei einem unechten Pensionsgeschäft durch den Pensionsnehmer bestimmt wird. Die Gemeinsamkeit beider Gestaltungsformen liegt in der **Rücknahmeverpflichtung seitens des Pensionsgebers.**[27] Bei der Rückübertragung der Gegenstände auf eine dritte Person liegt kein Pensionsgeschäft iSv § 340b vor.[28]

16   Der Pensionsnehmer hat während der Pensionszeit **unbeschränkte Verfügungsmacht** über den Pensionsgegenstand. Einer Weiterveräußerung kann in praktischer Hinsicht allerdings im Wege stehen, dass die in Pension genommenen Vermögensgegenstände durch den Pensionsnehmer zurückzuübertragen sind. Bei abweichender Vereinbarung handelt es sich nicht um ein Pensionsgeschäft. Sog. **Drei- und Mehrecksgeschäfte,** bei denen der Letzte in der Reihe zur Rückübertragung der Gegenstände an den originären Pensionsgeber verpflichtet oder berechtigt ist, werden nicht als Pensionsgeschäfte iSv § 340b eingestuft.

---

20   Vgl. BaFin-Rundschreiben 05/2023 v. 29.6.2023, Gliederungspunkt BTO 2.2.1.
21   Vgl. Bieg, Bankbilanzen und Bankenaufsicht, 1983, S. 298.
22   Vgl. Birck/Meyer, Die Bankbilanz, 3. Aufl. 1989, V 461.
23   Vgl. Birck/Meyer, Die Bankbilanz, 3. Aufl. 1976, II 126.
24   So auch Art. 12 Abs. 1 Bankbilanz-RL; aA Dörge AG 1997, 402.
25   Vgl. Birck/Meyer, Die Bankbilanz, 3. Aufl. 1976, II 127 f.; Treuberg/Scharpf DB 1991, 1235; Stobbe BB 1990, 523.
26   Vgl. Kirsch/Grewe Rn. 40; Treuberg/Scharpf DB 1991, 1235.
27   Vgl. Krumnow et al. Rn. 12.
28   Vgl. Treuberg/Scharpf DB 1991, 1235; Kirsch/Grewe Rn. 36.

Diese Geschäfte werden als separate Verkäufe und Terminrückkäufe bilanziert.[29] Unschädlich für die Einstufung eines Pensionsgeschäfts ist es, wenn zwischen dem Pensionsgeber und dem Pensionsnehmer ein sog. Triparty Agent oder Custodian (Triparty Repos), wie zB eine Clearingstelle oder Verwahrstelle, geschaltet wird, die Servicedienstleistungen zur sicheren und schnellen Abwicklung erbringt.[30]

IV. Echte Pensionsgeschäfte (Abs. 2)

Bestimmendes Merkmal der echten Pensionsgeschäfte ist die Übernahme der unbedingten **17** Verpflichtung durch den Pensionsnehmer, die Vermögensgegenstände zu einem a) bestimmten oder b) vom Pensionsgeber zu bestimmenden Zeitpunkt zurückzuübertragen. Korrespondierend besteht für den Pensionsgeber eine Rücknahmeverpflichtung der Vermögensgegenstände. Um im Fall b) die Möglichkeit auszuschließen, dass der Pensionsgeber seine Verpflichtungen faktisch unterläuft, sind bereits bei Vertragsabschluss Vereinbarungen zu treffen, die den Rückgabetermin innerhalb gewisser Grenzen bestimmen.[31] Nach dem Wortlaut hat die Bestimmung des Rückgabetermins bei echten Pensionsgeschäften allein durch den Pensionsgeber zu erfolgen, so dass bei der Bestimmung des Rückgabezeitpunkts durch den Pensionsnehmer kein Pensionsgeschäft vorliegt. In Teilen des Schrifttums wird gleichwohl davon ausgegangen, dass diese Geschäfte als unechte Pensionsgeschäfte zu behandeln sind.[32]

V. Unechte Pensionsgeschäfte (Abs. 3)

Ein unechtes Pensionsgeschäft ist nach Abs. 3 gegeben, wenn der Pensionsnehmer **18** entscheiden darf, ob er am Ende der Laufzeit die Vermögensgegenstände endgültig in seinen eigenen Bestand übernimmt oder das Optionsrecht auf Rückübertragung des Pensionsguts auf den Pensionsgeber ausübt. Der Pensionsgeber hat keinen Rückübertragungsanspruch, sodass er mit der Wiedererlangung der Pensionsgegenstände nicht fest rechnen kann. Für ihn besteht die Pflicht, die Gegenstände auf Verlangen des Pensionsnehmers zurückzunehmen. Die Bestimmung des Rückgabezeitpunkts des Pensionsguts hat nach dem Wortlaut von Abs. 3 durch den Pensionsnehmer zu erfolgen. Wird der Zeitpunkt vom Pensionsgeber bestimmt, ist diese Konstellation gesetzlich nicht geregelt. Ist der Zeitpunkt bestimmbar oder liegt in einem gewissen Zeitrahmen, ist von einem unechten Pensionsgeschäft auszugehen.[33]

VI. Ausweis und Bewertung echter Pensionsgeschäfte (Abs. 4)

1. Ausweis und Bewertung beim Pensionsgeber. a) Bilanzausweis. Abs. 4 **19** schreibt für alle echten Pensionsgeschäfte den Ausweis der in Pension gegebenen Vermögensgegenstände in der Bilanz des Pensionsgebers vor.[34] Aufgrund seiner unbedingten Rücknahmeverpflichtung verbleiben die Chancen als auch die Risiken (iW Marktpreis- und Bonitätsrisiken) und demzufolge das wirtschaftliche Eigentum beim Pensionsgeber.[35] Der Pensionsgeber hat als Gegenposten zu dem erhaltenen Kaufpreis eine Verbindlichkeit gegenüber dem Pensionsnehmer in Höhe des erhaltenen Betrags auszuweisen.[36] Ist für die Rückübertragung ein höherer oder niedrigerer Kaufpreis vereinbart als für die Hingabe, so ist nach Abs. 4 S. 3 der Unterschiedsbetrag über die Laufzeit des Pensionsgeschäfts zu verteilen.[37] Bei den Differenzen handelt es sich wirtschaftlich um Zinskorrekturen. Im Regelfall

---

29 Vgl. Birck/Meyer, Die Bankbilanz, 3. Aufl. 1976, II 128.
30 Vgl. IDW, WPH Edition, Kreditinstitute, D Rn. 62.
31 Vgl. Birck/Meyer, Die Bankbilanz, 3. Aufl. 1976, II 130.
32 Vgl. Bieg, Bankbilanzen und Bankenaufsicht, 1983, S. 297; Birck/Meyer, Die Bankbilanz, 3. Aufl. 1976, II 130. So auch Treuberg/Scharpf DB 1991, 1236; Krumnow et al. Rn. 16.
33 Vgl. Bieg, Bankbilanzen und Bankenaufsicht, 1983, S. 297; Birck/Meyer, Die Bankbilanz, 3. Aufl. 1976, II 129 f.
34 Vgl. Bieg ZfbF 1988, 31; Bieg Rechnungslegung S. 138; IDW ERS HFA 13 nF Rn. 19.
35 Vgl. Beck HdR/Bieg/Waschbusch B 900 Rn. 36.
36 Zur Abweichung von § 253 Abs. 1 S. 2 (Bilanzierung zum Erfüllungsbetrag) → Rn. 20 f.
37 Vgl. Birck/Meyer, Die Bankbilanz, 3. Aufl. 1989, V 461; Treuberg/Scharpf DB 1991, 1237.

kann eine lineare, zeitanteilige Verteilung des Unterschiedsbetrags vorgenommen werden. Bei wesentlichen Beträgen oder längeren Laufzeiten sollte die Differenz so verteilt werden, dass sie zu einer über die Laufzeit konstanten Effektivverzinsung führt.[38]

20   Bei einem **höheren Rückkaufpreis** besteht die Möglichkeit, die Verbindlichkeit gem. § 253 Abs. 1 S. 2 mit dem Erfüllungsbetrag (höheren Rückzahlungsbetrag) zu bilanzieren und den Unterschiedsbetrag als aktivischen Rechnungsabgrenzungsposten, der über die Laufzeit verteilt wird, auszuweisen (Brutto-Methode). Alternativ ist auf Grundlage von Abs. 4 S. 2 die Passivierung der Verbindlichkeit in Höhe des erhaltenen Betrags denkbar, die sukzessiv um die jährlichen Zinsaufwendungen zu erhöhen ist, bis am Ende der Laufzeit der Rückzahlungsbetrag erreicht ist (Netto-Methode). Da insofern ein Konflikt zwischen § 253 Abs. 1 S. 2 und § 340b Abs. 4 S. 2 vorliegt, wird keine der beiden Methoden auszuschließen sein.[39] Da das vorliegende Pensionsgeschäft einer Kreditaufnahme unter Disagioabzug gleicht, ist die Bruttobilanzierung vorzuziehen.[40]

21   Ist der **Rückzahlungsbetrag niedriger als der erhaltene Betrag,** kann der Pensionsgeber die Verbindlichkeit nach § 253 Abs. 1 S. 2 zum Erfüllungsbetrag (niedriger Rückzahlungsbetrag) passivieren, den Differenzbetrag passivisch abgrenzen und über die Laufzeit des Pensionsgeschäfts auflösen. Ferner besteht die Möglichkeit nach § 340b Abs. 4 S. 2, die Verbindlichkeit mit dem erhaltenen Betrag einschließlich des ratierlich aufzulösenden Unterschiedsbetrags anzusetzen. Da es sich bei der Differenz um einen klassischen Posten der passiven Rechnungsabgrenzung (§ 250 Abs. 2) handelt, ist die erste Methode vorzuziehen.[41]

22   **b) Bewertung und Erfolgsausweis.** Da bei echten Pensionsgeschäften der Pensionsgegenstand weiterhin in der Bilanz des Pensionsgebers ausgewiesen wird, gelten die ursprünglichen Anschaffungskosten weiterhin als Anschaffungskosten iSv § 253 Abs. 1 und stellen für eine eventuelle Abwertung den Vergleichsmaßstab dar.[42] Ein gegenüber den bisherigen Anschaffungskosten niedrigerer oder höherer Rückübertragungsbetrag begründet keine neuen Anschaffungskosten. Für die in Pension gegebenen Vermögensgegenstände sind die allgemein gültigen Bewertungsvorschriften zu beachten (§ 340e Abs. 1 iVm § 253). Je nach Zuordnung der Pensionsgegenstände zum Anlage-, Umlaufvermögen bzw. Handelsbestand sind diese nach dem gemilderten oder strengen Niederstwertprinzip bzw. nach den Vorschriften des § 340e Abs. 3 zu bewerten.

23   Die Bilanzierung des Pensionsgegenstands beim Pensionsgeber rechtfertigt es, dass dieser auch die Aufwendungen und Erträge des Gegenstands (Zinserträge, Dividendenerträge etc) vereinnahmt, auch wenn die Güter zivilrechtlich dem Pensionsnehmer zugerechnet werden.[43] Bei Weiterleitung der Erträge aus dem Pensionsgegenstand an den Pensionsnehmer erfolgt ein Ausweis als Zinsaufwand für die in der Bilanz ausgewiesene Verbindlichkeit. Eine Verrechnung mit Erträgen aus dem Pensionsgegenstand ist nicht zulässig.[44] Beträge aus der Verteilung des Unterschiedsbetrags zwischen erhaltenem Betrag und Rückzahlungsbetrag vermindern bzw. erhöhen die Zinsaufwendungen aus der Verbindlichkeit.[45] Ferner stellen einmalige Ausgleichszahlungen sowie Zinsdifferenzzahlungen während der Pensionszeit Zinsaufwand dar.

24   **c) Anhangangaben.** Der Gesetzgeber trägt dem Tatbestand Rechnung, dass die Verpflichtungen aus echten Pensionsgeschäften nicht von den übrigen Verbindlichkeiten

---

[38] Vgl. Birck/Meyer, Die Bankbilanz, 3. Aufl. 1989, V 461; Treuberg/Scharpf DB 1991, 1237; Bieg Rechnungslegung S. 139.

[39] Vgl. Birck/Meyer, Die Bankbilanz, 3. Aufl. 1976, II 132; Birck/Meyer, Die Bankbilanz, 3. Aufl. 1989, V 419; Krumnow et al. Rn. 22; Bieg Rechnungslegung S. 139.

[40] Vgl. Birck/Meyer, Die Bankbilanz, 3. Aufl. 1989, V 419; Krumnow et al. Rn. 22; Scharpf/Sohler Leitfaden zum Jahresabschluß S. 28.

[41] Vgl. Kirsch/Grewe Rn. 50; Krumnow et al. Rn. 24; Scharpf/Sohler Leitfaden zum Jahresabschluß S. 28.

[42] Vgl. Birck/Meyer, Die Bankbilanz, 3. Aufl. 1989, V 461; Treuberg/Scharpf DB 1991, 1236; Waschbusch BB 1993, 174.

[43] Vgl. Birck/Meyer, Die Bankbilanz, 3. Aufl. 1989, V 461; Waschbusch BB 1993, 174 f.

[44] Vgl. Treuberg/Scharpf DB 1991, 1237.

[45] Vgl. Scharpf/Schaber Bankbilanz-HdB S. 45.

getrennt ausgewiesen werden, indem der Pensionsgeber im Anhang den Buchwert der im Rahmen eines echten Pensionsgeschäfts in Pension gegebenen Vermögensgegenstände anzugeben hat (Abs. 4 S. 4). Damit werden die Teile der Vermögensgegenstände sichtbar, die sich am Bilanzstichtag nicht mehr im Besitz und auch nicht im zivilrechtlichen Eigentum des Pensionsgebers befinden.[46] Eine genaue Bezeichnung der Pensionsgüter oder eine Benennung der betroffenen Aktivposten ist nicht gefordert.

Die Pflicht zur Anhangangabe nach Abs. 4 S. 4 entspricht einer für Pensionsgeschäfte **25** vorgenommene Präzisierung des in § 35 Abs. 5 RechKredV allgemeinen Grundsatzes, dass zu jedem Posten der in der Bilanz ausgewiesenen Verbindlichkeiten eine Angabe des Gesamtbetrags der als Sicherheit übertragenen Vermögensgegenstände erforderlich ist.

2. Ausweis und Bewertung beim Pensionsnehmer. a) Bilanzausweis. Der Pensi- **26** onsnehmer darf die in Pension genommenen Vermögensgegenstände nicht in seiner Bilanz aktivieren (Abs. 4 S. 5). Er hat in Höhe des für die Übertragung gezahlten Betrags eine Forderung an den Pensionsgeber in seiner Bilanz auszuweisen. Ist für die Rückübertragung ein höherer oder niedrigerer Betrag vereinbart als für die Hinnahme, ist der Unterschiedsbetrag gem. Abs. 4 S. 6 über die Laufzeit des Pensionsgeschäfts zu verteilen (zur Abweichung des Rückübertragungsbetrags (Nennwert) vom bezahlten Betrag bzw. zur Möglichkeit der Netto- und Bruttobilanzierung → Rn. 19 ff.).[47]

b) Bewertung und Erfolgsausweis. Für die beim Pensionsnehmer in der Regel zum **27** Rückgabebetrag (Nennwert) aktivierten Forderungen gelten die allgemeinen Bewertungsvorschriften nach § 253 Abs. 1 S. 1. Danach sind Forderungen nach den für das Umlaufvermögen geltenden Vorschriften höchstens mit ihren Anschaffungskosten anzusetzen. Soweit der beizulegende Wert unter den Anschaffungskosten liegt, sind Abschreibungen gem. § 253 Abs. 4 vorzunehmen. Bei der Bewertung der Forderung ist auf die Bonität des Pensionsgebers abzustellen. Hierbei ist die Werthaltigkeit des als Sicherheit dienenden Pensionsgegenstands zu berücksichtigen.[48]

In der GuV hat der Pensionsnehmer, korrespondierend zum Pensionsgeber, die verein- **28** nahmten Erträge aus der Kapitalüberlassung als Zinserträge aus Kredit- und Geldmarktgeschäften auszuweisen. Beträge aus der Verteilung des Unterschiedsbetrags zwischen dem an den Pensionsgeber bezahlten Betrag und dem Rückzahlungsbetrag vermindern bzw. erhöhen die Zinserträge aus der Forderung. Ferner stellen einmalige Ausgleichszahlungen sowie Zinsdifferenzzahlungen während der Pensionszeit Zinserträge dar.[49] Die entsprechenden Erfolgsbestandteile korrigieren als Zinsregulativ die Zinserträge aus der Kapitalüberlassung.[50] Erträge aus dem Pensionsgegenstand sind dagegen vom Pensionsgeber zu vereinnahmen, selbst wenn sie zivilrechtlich dem Pensionsnehmer zugerechnet werden. Werden diese Erträge vom Pensionsgeber an den Pensionsnehmer weitergeleitet, hat Letzterer sie ebenfalls unter den Zinserträgen zu erfassen.

c) Anhangangaben. Im Gegensatz zum Pensionsgeber besteht für den Pensionsneh- **29** mer keine Verpflichtung zu Angaben im Anhang bzgl. der in Pension genommenen Vermögensgegenstände und der dazugehörigen Forderungen.

VII. Ausweis und Bewertung unechter Pensionsgeschäfte (Abs. 5)

1. Ausweis und Bewertung beim Pensionsgeber. a) Bilanzausweis. Nach Abs. 5 **30** sind bei unechten Pensionsgeschäften die Pensionsgegenstände nicht in der Bilanz des Pensionsgebers, sondern während der Pensionszeit in der Bilanz des Pensionsnehmers auszuweisen. Der Pensionsgeber kann aufgrund der fehlenden Rückübertragungspflicht des Pensionsnehmers

---

[46]   Vgl. Waschbusch BB 1993, 174.
[47]   Es ist wiederum die Bruttobilanzierung vorzuziehen. Vgl. hierzu Kirsch/Grewe Rn. 62; Krumnow et al. Rn. 24; Bieg Rechnungslegung S. 140 ff.
[48]   Vgl. Scharpf/Schaber Bankbilanz-HdB S. 46.
[49]   Vgl. Scharpf/Schaber Bankbilanz-HdB S. 48.
[50]   Vgl. Waschbusch BB 1993, 175.

nicht sicher mit einer Wiedererlangung rechnen.[51] Da der Rückerwerb nicht von vornherein feststeht und das Verwertungsrecht und die Chancen der Wertsteigerung auf den Erwerber übergehen, liegen neben dem zivilrechtlichen Eigentum auch die wesentlichen Elemente des wirtschaftlichen Eigentums grundsätzlich beim Pensionsnehmer.[52] In der Bilanz des Pensionsgebers sind die Pensionsgeschäfte auszubuchen und flüssige Mittel oder eine Forderung in Höhe des Verkaufspreises auszuweisen (Aktivtausch Pensionsgegenstand gegen Barreserve bzw. Forderung).

31   Der Pensionsgeber hat bei unechten Pensionsgeschäften den für den Fall der Rückübertragung vereinbarten Betrag unter der Bilanz anzugeben (→ § 340a Rn. 151). Beim Vorliegen unterschiedlicher Rückübertragungstermine mit verschiedenen Rückzahlungsbeträgen ist der vermerkpflichtige Betrag nach vernünftiger kaufmännischer Beurteilung zu bestimmen. Es wird in der Regel der höchstmögliche Betrag anzusetzen sein.[53]

32   **b) Erfolgsausweis. aa) Besonderheiten beim Pensions-Kassageschäft.** Übersteigt beim unechten Pensionsgeschäft der Verkaufspreis den Buchwert des Pensionsguts und besteht die Rücknahmeverpflichtung zu demselben Preis kommt eine Gewinnrealisierung nicht in Betracht, da der Pensionsgeber weiterhin das Wertminderungsrisiko trägt. Stattdessen ist in Höhe der Differenz zwischen dem erhaltenen Betrag und Buchwert eine Verbindlichkeit zu passivieren.[54] Eine Gewinnrealisierung ist nur insoweit möglich, wie der Rücknahmepreis den ursprünglichen Verkaufspreis unterschreitet. In diesem Fall ist lediglich die Differenz zwischen Rücknahmepreis und Buchwert als Verbindlichkeit zu passivieren.[55] Bei einem Verkaufs- und Rücknahmepreis unter dem Marktniveau ist zu prüfen, aus welchem Grund der Pensionsgeber Vermögensgegenstände unter ihrem Wert verkauft. Liegt hierbei ein sog. Gentlemen's Agreement in der Form vor, dass der Pensionsnehmer die Gegenstände zurückverkaufen wird, so ist nach Ansicht von Birck/Meyer die Bilanzierung als echtes Pensionsgeschäft angemessen, andernfalls wird der „geschenkte" Betrag als Aufwand gebucht.[56]

33   **bb) Besonderheiten beim Pensions-Termingeschäft.** Mit der Übertragung der Vermögensgegenstände verpflichtet sich der Pensionsgeber gleichzeitig zu deren Rücknahme zu einem späteren Zeitpunkt, wobei der Preis im Voraus vereinbart wurde. Dieser Teil des Pensionsgeschäfts (Terminrückkauf) stellt für den Pensionsgeber ein schwebendes Geschäft dar, das nach den GoB im Allgemeinen nicht bilanzwirksam ist. Lediglich ein aus dem Geschäft resultierender Verpflichtungsüberhang für den Pensionsgeber verlangt die Bildung einer Drohverlustrückstellung.[57] Ein Verpflichtungsüberhang ergibt sich in den Fällen, in denen der Niederstwert (Börsen- oder Marktpreis bzw. beizulegender Wert) des Pensionsgegenstands am Bilanzstichtag unter dem alten Buchwert liegt. Eine Drohverlustrückstellung ist jedoch nicht erforderlich, wenn bei einem Verbleib des Gegenstands in der Bilanz des Pensionsgebers am Bilanzstichtag keine Niederstwertabschreibung erfolgen würde.[58]

34   Erfolgt am Ende der Laufzeit des Pensionsgeschäfts eine Rückübertragung des Vermögensgegenstands auf den Pensionsgeber, entstehen in diesem Zusammenhang keine neuen Anschaffungskosten.[59] Der Pensionsgegenstand ist vielmehr mit den ursprünglichen Anschaffungskosten in der Bilanz des Pensionsgebers zu bilanzieren. Sofern eine Verbindlichkeit in Höhe der Differenz zwischen dem erhaltenen Betrag bzw. Rücknahmepreis und dem Buchwert gebildet wurde, ist diese auszubuchen.[60] Ggf. zusätzlich gebildete Rückstel-

---

51   Vgl. Treuberg/Scharpf DB 1991, 1237; Waschbusch BB 1993, 176.
52   Vgl. IDW ERS HFA 13 nF Rn. 23. S. hierzu auch Jahn, Pensionsgeschäfte und ihre Behandlung im handelsrechtlichen Jahresabschluß von Kapitalgesellschaften, 1990, S. 68 f.
53   Vgl. Birck/Meyer, Die Bankbilanz, 3. Aufl. 1989, V 463.
54   Vgl. IDW ERS HFA 13 nF Rn. 24.
55   Vgl. IDW ERS HFA 13 nF Rn. 24.
56   Vgl. Birck/Meyer, Die Bankbilanz, 3. Aufl. 1989, V 465 f.
57   Vgl. Scharpf/Sohler Leitfaden zum Jahresabschluß S. 31 f.; Waschbusch BB 1993, 178; Bieg Rechnungslegung S. 152.
58   Vgl. Scharpf/Sohler Leitfaden zum Jahresabschluß S. 31 f.
59   Vgl. Birck/Meyer, Die Bankbilanz, 3. Aufl. 1989, V 465.
60   Vgl. Scharpf/Schaber Bankbilanz-HdB S. 51.

lungen für drohende Verluste aus schwebenden Geschäften sind zur Herabsetzung des Rückkaufpreises auf den Niederstwert zu verbrauchen. Findet keine Rückübertragung statt, hat eine erfolgswirksame Auflösung des Rückstellungsbetrags zu erfolgen.[61] Der Verbindlichkeitsbetrag ist auszubuchen und als Veräußerungsgewinn zu vereinnahmen.[62]

cc) Einzelne Fallgestaltungen. Der Verkauf von Vermögensgegenständen **unter 35 Buchwert** führt bei unechten Pensionsgeschäften zu einem Buchverlust, der sofort ergebniswirksam zu verbuchen ist.[63] Bei der eventuellen Rückübertragung ist eine Zuschreibung bis zum Marktpreis zulässig. Die Obergrenze bilden hierbei die ursprünglichen Anschaffungskosten.[64] Des Weiteren ist am jeweiligen Bilanzstichtag ein eventueller Verpflichtungsüberhang zu berücksichtigen.

Werden beim Pensionsgeschäft **für das Kassa- und Termingeschäft unterschiedliche 36 Preise** vereinbart, kann im Regelfall von einer wirtschaftlichen Rückübertragungspflicht ausgegangen bzw. ein sog. Gentlemen's Agreement angenommen werden.[65] Ist aus den rechtlichen oder tatsächlichen Gegebenheiten abzuleiten, dass der Erwerber unter Würdigung aller Umstände gezwungen ist, das Rückveräußerungsrecht auch wahrzunehmen, ist der Pensionsgegenstand weiterhin beim Pensionsgeber statt beim Pensionsnehmer zu bilanzieren.[66] Solche Umstände können vor allem dann gegeben sein, wenn im Vorhinein ein entsprechend hoher Rückveräußerungspreis festgelegt wurde, wenn der Pensionsnehmer kein eigenes wirtschaftliches Interesse an dem Pensionsgegenstand hat oder ihn sogar auf keine andere Weise verwerten kann als durch Rückveräußerung oder wenn der Pensionsnehmer aufgrund anderer Gestaltungen rechtlich oder faktisch zu einer Rückveräußerung angehalten wird.[67]

2. Ausweis und Bewertung beim Pensionsnehmer. a) Bilanzausweis. Abs. 5 S. 1 **37** schreibt für den Zeitraum der unechten Inpensionsgabe eine Zurechnung der Pensionsgegenstände zum Vermögen des Pensionsnehmers vor. Ein gesonderter Gliederungsposten für in Pension genommene Gegenstände ist in der Bilanz des Pensionsnehmers nicht vorgesehen. Bei der erstmaligen Bilanzierung des Pensionsgegenstands beim Pensionsnehmer sind Anschaffungskosten gem. § 255 Abs. 1 die Aufwendungen, die der Pensionsnehmer für das Pensions-Kassageschäft getätigt hat, dh der für die Übertragung vereinbarte Betrag. Das Rückübertragungsrecht des Pensionsnehmers stellt ein schwebendes Geschäft dar und ist bilanzunwirksam.[68]

b) Bewertung und Erfolgsausweis. Die Bewertung der beim Pensionsnehmer ausge- **38** wiesenen Vermögensgegenstände richtet sich nach den allgemeinen Bewertungsgrundsätzen der §§ 252 ff., wobei rechtsform- und branchenspezifische Sonderbestimmungen zu beachten sind. Dabei sind die Gegenstände wie Umlaufvermögen, dh nach dem strengen Niederstwertprinzip zu bewerten, da es den vom Pensionsnehmer im Wege eines unechten Pensionsgeschäfts erworbenen Gütern an einer Dauerbesitzabsicht fehlt.[69] Die Wertfindung des Pensionsgegenstands erfolgt unter Berücksichtigung des vereinbarten Rückgaberechts des Pensionsnehmers, das wie eine Kursgarantie wirkt.[70] Eine Niederstwertabschreibung ist folglich im Regelfall nicht möglich, solange die Rückgabe an den Pensionsgeber beabsichtigt ist.[71] Der Pensionsnehmer hat lediglich im Pensionsgeber begründete Bonitätsrisiken zu berücksichtigen.

Die Erträge aus dem Pensionsgegenstand sind in der GuV des Pensionsnehmers in der **39** Position zu erfassen, die mit dem aktivierten Vermögensgegenstand korrespondiert.

---

[61] Vgl. Waschbusch BB 1993, 178.
[62] Vgl. Scharpf/Schaber Bankbilanz-HdB S. 52.
[63] Vgl. Birck/Meyer, Die Bankbilanz, 3. Aufl. 1989, V 465; Bieg Rechnungslegung S. 150.
[64] Vgl. Birck/Meyer, Die Bankbilanz, 3. Aufl. 1989, V 465; Bieg Rechnungslegung S. 150.
[65] Vgl. Birck/Meyer, Die Bankbilanz, 3. Aufl. 1989, V 466.
[66] Vgl. IDW ERS HFA 13 nF Rn. 25.
[67] Vgl. IDW ERS HFA 13 nF Rn. 26.
[68] Vgl. Scharpf/Sohler Leitfaden zum Jahresabschluß S. 34.
[69] Vgl. Kirsch/Grewe Rn. 88; Scharpf/Sohler Leitfaden zum Jahresabschluß S. 34; Waschbusch BB 1993, 178.
[70] Vgl. Birck/Meyer, Die Bankbilanz, 3. Aufl. 1989, V 466; Waschbusch BB 1993, 178.
[71] Vgl. Scharpf/Schaber Bankbilanz-HdB S. 55.

VIII. Gesetzliche Abgrenzung der Pensionsgeschäfte (Abs. 6)

40   Nach Abs. 6 fallen Devisentermingeschäfte, Finanztermingeschäfte und ähnliche Geschäfte sowie die Ausgabe eigener Schuldverschreibungen auf abgekürzte Zeit explizit nicht unter die Pensionsgeschäfte.[72] Unter ähnlichen Geschäften sind dabei Arten von Swap-Geschäften anzusehen, bei denen, wie bei Pensionsgeschäften, eine Hingabe und Rücknahme von Vermögensgegenständen zu unterschiedlichen Zeitpunkten erfolgt. Ebenfalls zählen Vereinbarungen, bei denen der Verkäufer eine Option zum Rückkauf des verkauften Vermögensgegenstands innehat, nicht zu den Pensionsgeschäften, sondern zu den pensionsähnlichen Geschäften.[73] Das Gleiche gilt für Drei- oder Mehrecksgeschäfte, bei denen Käufer und Verkäufer nicht identisch sind.[74]

IX. Wertpapierleihe

41   Die **Wertpapierleihe** zählt nicht zu den Pensionsgeschäften. Es handelt sich hierbei um ein Geschäft, bei dem der Verleiher dem Entleiher verzinsliche Wertpapiere oder Dividendenwerte für einen begrenzten Zeitraum überlässt, wobei der Entleiher am Ende der Leihfrist zur Rückgabe der Wertpapiere gleicher Gattung und Zahl verpflichtet ist.[75] Faktisch unterscheidet sich die Wertpapierleihe von einem echten Pensionsgeschäft lediglich darin, dass bei einem echten Pensionsgeschäft der Entleiher über den Zeitraum der Leihe einen entsprechenden Gegenwert beim Verleiher hinterlässt. Aufgrund der verpflichtenden Rückübertragung der Wertpapiere verbleiben die mit dem Wertpapier verbundenen Chancen und Risiken beim Verleiher. Aus wirtschaftlicher Betrachtungsweise gleicht die Wertpapierleihe daher den echten Pensionsgeschäften.[76] Daraus folgt, dass die Wertpapierleihe zu keiner Ausbuchung der betreffenden Wertpapiere beim Verleiher führt. Die Wertpapierleihe wird bilanziell wie ein echtes Pensionsgeschäft behandelt.

§ 340c Vorschriften zur Gewinn- und Verlustrechnung und zum Anhang

(1) [1]**Als Ertrag oder Aufwand des Handelsbestands ist der Unterschiedsbetrag aller Erträge und Aufwendungen aus Geschäften mit Finanzinstrumenten des Handelsbestands und dem Handel mit Edelmetallen sowie der zugehörigen Erträge aus Zuschreibungen und Aufwendungen aus Abschreibungen auszuweisen.** [2]**In die Verrechnung sind außerdem die Aufwendungen für die Bildung von Rückstellungen für drohende Verluste aus den in Satz 1 bezeichneten Geschäften und die Erträge aus der Auflösung dieser Rückstellungen einzubeziehen.**

(2) [1]**Die Aufwendungen aus Abschreibungen auf Beteiligungen, Anteile an verbundenen Unternehmen und wie Anlagevermögen behandelte Wertpapiere dürfen mit den Erträgen aus Zuschreibungen zu solchen Vermögensgegenständen verrechnet und in einem Aufwand- oder Ertragsposten ausgewiesen werden.** [2]**In die Verrechnung nach Satz 1 dürfen auch die Aufwendungen und Erträge aus Geschäften mit solchen Vermögensgegenständen einbezogen werden.**

(3) Kreditinstitute, die dem haftenden Eigenkapital nicht realisierte Reserven nach § 10 Abs. 2b Satz 1 Nr. 6 oder 7 des Gesetzes über das Kreditwesen in der bis zum 31. Dezember 2013 geltenden Fassung zurechnen, haben den Betrag, mit dem diese Reserven dem haftenden Eigenkapital zugerechnet werden, im Anhang zur Bilanz und zur Gewinn- und Verlustrechnung anzugeben.

---

72   Vgl. Birck/Meyer, Die Bankbilanz, 3. Aufl. 1976, II 134 f.; Birck/Meyer, Die Bankbilanz, 3. Aufl. 1989, V 469. Zum Ausschluss der Ausgabe eigener Schuldverschreibungen auf abgekürzte Zeit vgl. Kirsch/ Grewe Rn. 94.

73   Vgl. Krumnow et al. Rn. 41.

74   Vgl. Birck/Meyer, Die Bankbilanz, 3. Aufl. 1989, V 460; Oho/Hülst DB 1992, 2582.

75   Zur Grundstruktur und den rechtlichen Aspekten s. Kümpel WM 1990, 909 ff.

76   Vgl. Prahl/Naumann WM 1992, 1180 f. sowie Hartung BB 1993, 1175 f.

Schrifttum: App/Wiehagen-Knopke, Bilanzierung des Handelsbestands bei Banken nach dem BilMoG, KoR 2010, 93; Arnold, Harmonisierung des Bankaufsichtsrechts: Entwicklungsstand und Perspektiven, Die Bank 1990, 668; BdB, Bankbilanzrichtlinie-Gesetz. Arbeitsmaterialien zur Anwendung von Bankbilanzrichtlinie-Gesetz und Rechnungslegungsverordnung, 1993; Bieg, Ermessensentscheidungen beim Handelsbilanzausweis von „Finanzanlagen" und „Wertpapieren des Umlaufvermögens" – auch nach neuem Bilanzrecht, DB 1985, Beil. zu Heft 41, 1; Bieg, Die externe Rechnungslegung der Kreditinstitute und Finanzdienstleistungsinstitute, 1999; Biener, Die Rechnungslegung der Aktiengesellschaft und Kommanditgesellschaft auf Aktien nach der Bilanzrichtlinie der EG, AG 1978, 251; Biener, Die Transformation der Bankbilanzrichtlinie der EG in deutsches Recht, in Verband öffentlicher Banken, Perspektiven für den Europäischen Bankenmarkt, 1989, 281; Birck/Meyer, Die Bankbilanz, Handkommentar zum Jahresabschluß der Kreditinstitute, 3. Aufl., Teillieferung 2, 5, 1977, 1989; Böcking/Torabian, Auswirkungen des Entwurfs des BilMoG auf die Bilanzierung von Finanzinstrumenten, BB 2008, 265; Deutsche Bundesbank, Das neue Bilanzierungsrecht für Kreditinstitute ab 1993 und seine Auswirkungen auf die Monatliche Bilanzstatistik, Monatsbericht der Deutschen Bundesbank Mai 1992, 39; Deutsche Bundesbank, Die Vierte Novelle des Kreditwesengesetzes – ein weiterer Schritt zum europäischen Bankenmarkt, Monatsbericht der deutschen Bundesbank Januar 1993, 35; Eberstadt, Auktionsbörse und Market-Maker-Prinzip, WM 1991, 1498; Echterbeck, Marktzinsorientierte Ergebnisspaltung des Eigenhandels von Kreditinstituten, 1990; Ernst/Seidler, Gesetz zur Modernisierung des Bilanzrechts nach Verabschiedung durch den Bundestag, BB 2009, 766; Göttgens/Schmelzeisen, Bankbilanzrichtlinie-Gesetz, 2. Aufl. 1992; Goldschmidt/Meyding-Metzger/Weigel, Änderungen in der Rechnungslegung von Kreditinstituten nach dem Bilanzrechtsmodernisierungsgesetz, Teil I: Finanzinstrumente des Handelsbestands, Bilanzierung von Bewertungseinheiten, IRZ 2010, 21; Helke/Wiechens/Klaus, Zur Umsetzung der HGB-Modernisierung durch das BilMoG: Die Bilanzierung von Finanzinstrumenten, DB-Beil. 5/2009, 30; Homölle/Pfingsten/Speth, True and Fair View der Eigenhandelsergebnisse in den Geschäftsberichten deutscher Kreditinstitute?, WPg 1997, 621; Huthmann/Hofele, Teilweise Umsetzung der Fair Value-Richtlinie in deutsches Recht und Folgen für die handelsrechtliche Bilanzierung, KoR 2005, 181; IDW, Zur Transformation der EG-Richtlinie über den Jahresabschluß und den konsolidierten Abschluß von Banken und anderen Finanzinstituten, WPg 1987, 525; IDW, Stellungnahme zum Referentenentwurf eines Bankbilanzrichtlinie-Gesetzes (BaBiRiLiG), WPg 1989, 377; IDW, IDW Stellungnahme zur Rechnungslegung: Bilanzierung von Finanzinstrumenten des Handelsbestands bei Kreditinstituten (IDW RS BFA 2), FN-IDW 2010, 154; IDW, WPH Edition, Kreditinstitute, Finanzdienstleister und Investmentvermögen, 2020; IDW, IDW Rechnungslegungshinweis: Zugangsklassifizierung und Umwidmung von Wertpapieren nach HGB (IDW RH HFA 1.014), IDW Life 2022, 105; IDW BFA, Fachlicher Hinweis des BFA zu ausgewählten Bilanzierungsfragen nach HGB bei Instituten vom 29.11.2022, www.idw.de; Köllhofer, Der Einfluß des Bankbilanzrichtlinie-Gesetzes auf die bilanzpolitischen Spielräume der Banken, FS Moxter, 1994, 747; Kommission für Bilanzierungsfragen des BdB, Zur Behandlung von Genußrechten im Jahresabschluß der Kreditinstitute, Die Bank 1986, 252; Krumnow, Die Analyse von Bankbilanzen mit Blick auf die EG-Bankbilanzrichtlinie, DBW 1987, 554; Krumnow, Europäische Bankenrechnungslegung in Deutschland, ZfgK 1993, 506; Kütter/Prahl, Die handelsrechtliche Bilanzierung der Eigenhandelsaktivitäten von Kreditinstituten, WPg 2006, 9; Löw/Scharpf/Weigel, Auswirkungen des Regierungsentwurfs zur Modernisierung des Bilanzrechts auf die Bilanzierung von Finanzinstrumenten, WPg 2008, 1011; Müller-Tronnier, Netto-, Misch- oder Teilergebnis aus Finanzgeschäften bei Kreditinstituten?, BB 1997, 931; Naumann, Bewertungseinheiten im Gewinnermittlungsrecht der Banken, 1995; Prahl, Die neuen Vorschriften des Handelsgesetzbuches für Kreditinstitute, WPg 1991, 401 (Teil I), 438 (Teil II); Prahl/Naumann, Zur Bilanzierung von portfolio-orientierten Handelsaktivitäten der Kreditinstitute, WPg 1991, 729; Prahl/Naumann, Die Bewertungseinheit am Bilanzstichtag – und was dann?, ZBB 1994, 1; Scharpf, Finanzinstrumente, in Küting/Pfitzer/Weber, Das neue deutsche Bilanzrecht, 2. Aufl. 2009, S. 197; Scharpf et al., Bilanzierung von Finanzinstrumenten des Handelbestands bei Kreditinstituten – Erläuterung von IDW RS BFA 2, WPg 2010, 439 (Teil 1), 501 (Teil 2); Scharpf/Schaber, Handelsbestände an Finanzinstrumenten bei Banken und bei Nicht-Banken nach dem BilMoG, DB 2008, 2552; Scharpf/Schaber, Handbuch Bankbilanz, 9. Aufl. 2022; Scharpf/Sohler, Leitfaden zum Jahresabschluß nach dem Bankbilanzrichtlinie-Gesetz: Bilanz, GuV und Anhang, 1992; Schütz, Ungeliebte Bankbeteiligungen, ZfgK 1998, 220; Schwartze, Deutsche Bankenrechnungslegung nach europäischem Recht: Der Einfluß von Zielsetzung und Inhalt der EG-Bankbilanzrichtlinie auf die deutschen Publizitätsvorschriften für Kreditinstitute nach HGB und KWG, 1990; ZKA, Transformation der EG-Bankbilanzrichtlinie, Die Bank 1988, 452.

Übersicht

I. Zielsetzung des 340c

1   § 340c enthält Vorschriften zur GuV sowie zum Anhang. Abs. 1 definiert den Erfolg des Handelsbestands als Nettogröße. Folglich sind nach § 340c Abs. 1 die Ergebnisbeiträge des Handelsbestands zwingend in einem GuV-Posten auszuweisen.[1] Aufgrund der Interdependenzen von Erfolgen in der Sparte der Handelsaktivitäten wäre ein Bruttoausweis nicht sinnvoll.[2] Zu beachten ist jedoch, dass Finanzdienstleistungsinstitute sowie Kreditinstitute, soweit es sich bei letzteren um Skontroführer iSv § 27 Abs. 1 S. 1 BörsG und nicht um CRR-Kreditinstitute iSv § 1 Abs. 3d S. 1 KWG handelt, von der Anwendung des § 340c Abs. 1 ausgenommen sind (§ 340 Abs. 4 S. 2). Da der Geschäftsschwerpunkt dieser Institute in der Durchführung von Handelsgeschäften liegt, die unter Abs. 1 fallen, würde die Anwendung der Vorschrift dazu führen, dass der größte Teil des Geschäfts der genannten Institute nur in Form eines Saldos ausgewiesen wird.[3] Durch die Einfügung von § 340 Abs. 4a sind die Regelungen für Kreditinstitute auch auf Wertpapierinstitute iSd § 2 Abs. 1 WpIG anzuwenden. Wertpapierinstitute sind ebenfalls von der Anwendung des § 340c Abs. 1 ausgenommen.[4] Abs. 2 gestattet die Verrechnung von Abschreibungen und Zuschreibungen aus Wertpapieren, die in Dauerbesitzabsicht gehalten werden. Der Posten ist gesondert in der GuV auszuweisen.

2   Durch Abs. 1 und 2 wurden die **Art. 32 und 34 Bankbilanz-RL**[5] in deutsches Recht transformiert, in denen die bankspezifischen Ausnahmen vom Bruttoprinzip (§ 246) geregelt sind.[6] Gemäß § 340c Abs. 1aF bestand eine Saldierungspflicht für Aufwendungen und Erträge aus Finanzgeschäften. Durch das BilMoG wurde diese in eine Saldierungspflicht für das Ergebnis des Handelsbestands geändert. Die Änderung dient der Klarstellung unter Berücksichtigung der Einführung gesetzlicher Regelungen zur Bewertung des Handelsbestands nach § 340e Abs. 3 und Abs. 4.[7]

---

[1]   Bereits vor Inkrafttreten des Bankbilanzrichtlinie-Gesetzes wurde freiwillig das Eigenhandelsergebnis veröffentlicht. Krit. hierzu Köllhofer FS Moxter, 1994, 757.

[2]   Vgl. Krumnow et al. Rn. 13.

[3]   Zur Begr. vgl. BT-Drs. 13/7143, 29. Vgl. auch Bieg Rechnungslegung S. 346.

[4]   Wertpapierinstitute sind nach § 340 Abs. 4a S. 2, soweit sie Skontroführer iSv § 27 Abs. 1 S. 1 BörsG sind, von der Anwendung des § 340c Abs. 1 ausgenommen. Die Einschränkung in § 340 Abs. 4a S. 2 auf Skontroführer steht im Widerspruch zur Fn. 7 in den beiden Formblättern 2 und 3 der RechKredV. Hier handelt es sich vermutlich um einen redaktionellen Fehler (→ § 340 Rn. 13).

[5]   Richtlinie 86/635/EWG des Rates v. 8.12.1986 über den Jahresabschluß und den konsolidierten Abschluß von Banken und anderen Finanzinstituten, ABl. EG 1986 L 372, 1.

[6]   Durch das Zahlungsdiensteumsetzungsgesetz (ZDUG) v. 25.6.2009 wurde § 340 Abs. 5 in das HGB eingefügt. Die Regelungen für Kreditinstitute sind auch auf Institute iSd § 1 Abs. 3 ZAG anzuwenden. Gemäß § 1 Abs. 3 ZAG sind Institute im Sinne des ZAG Zahlungsinstitute und E-Geld-Institute. Zahlungsinstitute und E-Geld-Institute haben für die Rechnungslegung neben die für Kreditinstitute geltenden §§ 340 ff. auch die RechZahlV zu beachten (§ 340 Abs. 5 iVm § 1 RechZahlV); → § 340 Rn. 14 f.

[7]   Vgl. BT-Drs. 16/12407, 92.

II. Verrechnung von Aufwendungen und Erträgen des Handelsbestands (Abs. 1)

1. Begriff des Finanzinstruments. Nach Abs. 1 ist als Ertrag oder Aufwand des **3** Handelsbestands der Unterschiedsbetrag aller Erträge und Aufwendungen aus Geschäften mit Finanzinstrumenten des Handelsbestands und dem Handel mit Edelmetallen auszuweisen. Hierunter fallen auch die zugehörigen Erträge aus Zuschreibungen und Aufwendungen aus Abschreibungen sowie die Aufwendungen bzw. Erträge aus der Bildung und Auflösung von Rückstellungen für diese Geschäfte.

Das HGB enthält im Vergleich zu § 1 Abs. 11 KWG und § 2 WpHG keine Definition **4** des Begriffs „Finanzinstrument".[8] Nach der Definition in § 1a Abs. 3 KWG (in der bis 31.12.2013 geltenden Fassung) sind Finanzinstrumente alle Verträge, die für eine der beteiligten Seiten einen finanziellen Vermögenswert und für die andere Seite eine finanzielle Verbindlichkeit oder ein Eigenkapitalinstrument schaffen.[9] Die Definition in § 1a Abs. 3 KWG (in der bis 31.12.2013 geltenden Fassung) lehnt sich eng an die Definition in IAS 32.11 an.[10] Unter die Finanzinstrumente fallen auch die Derivate.[11] Ein Derivat ist a) ein Vertragsverhältnis, b) dessen Wert auf Änderungen des Wertes eines Basisobjekts zB eines Zinssatzes, Wechselkurses, Rohstoffpreises, Preis- oder Zinsindexes oder einer anderen Variablen reagiert, c) bei dem Anschaffungskosten nicht oder nur in sehr geringem Umfang anfallen und d) das erst in der Zukunft erfüllt wird.[12]

Gemäß § 340c Abs. 1 iVm § 35 Abs. 1 Nr. 1a RechKredV sind Edelmetalle bei Vorlie- **5** gen einer Handelsabsicht bilanziell dem Handelsbestand zuzuordnen.[13] Das Ergebnis des Handels mit Edelmetallen ist im Nettoertrag bzw. Nettoaufwand des Handelsbestands auszuweisen. Nach dem Wortlaut von § 340c Abs. 1 zählen Edelmetalle nicht zu den Finanzinstrumenten, da sie ausdrücklich neben den Finanzinstrumenten aufgeführt sind.[14] Der Gesetzgeber hat den Begriff Edelmetalle nicht definiert. Der Handel mit Edelmetallen der Institute beschränkt sich hauptsächlich auf den An- und Verkauf von Gold, Silber sowie Platin in Form von Münzen und Barren.[15] Ob Kryptowerte dem Handelsbestand zuordenbar sind, ist im Einzelfall zu beurteilen (→ § 340e Rn. 41).

2. Zuordnung zum Handelsbestand. Das Gesetz definiert nicht, welche Finanzins- **6** trumente zum bilanziellen Handelsbestand gehören. Für die Zuordnung zum Handelsbestand ist in erster Linie die Zweckbestimmung der Wertpapiere im Zugangszeitpunkt maßgeblich.[16] Das Institut hat beim Erstansatz festzulegen, ob es die Wertpapiere zu Handelszwecken erworben hat. Alle Finanzinstrumente und Edelmetalle, die mit der Absicht einer kurzfristigen Erzielung eines Eigenhandelserfolgs erworben und veräußert werden, sind dem Handelsbestand zuzurechnen.[17] Die im Zugangszeitpunkt bestehende Handelsabsicht ist bei Geschäftsabschluss nach den Vorschriften der MaRisk zu dokumentieren.[18] Diese Dokumentation kann entweder durch eine entsprechende Kennzeichnung des Geschäfts auf dem Händlerticket (ggf. auch in Form eines elektronischen Tickets) oder durch eine eindeutige Zuordnung zu einem bestimmten Handelsportfolio erfolgen. Dabei kann eine depotmäßige Trennung der Finanzinstrumente des Anlagebestands und der Liquiditätsreserve von denen des Handelsbestands ausreichend sein.[19]

Die Grundsätze ordnungsmäßiger Bilanzierung verlangen eindeutige und dokumen- **7** tierte Kriterien für die Abgrenzung des Handelsbestands von den anderen Beständen sowie

8   Vgl. Gelhausen/Fey/Kämpfer Rn. 87; Helke/Wiechens/Klaus DB-Beil. 5/2009, 36.
9   Vgl. IDW RS BFA 2 Rn. 5.
10 Vgl. Löw/Scharpf/Weigel WPg 2008, 1014; Scharpf/Schaber DB 2008, 2553.
11 Vgl. BT-Drs. 16/12407, 92.
12 Vgl. IDW RS BFA 2 Rn. 6.
13 Vgl. Scharpf et al. WPg 2010, 441.
14 Vgl. Kölner Komm RechnungslegungsR/Braun Rn. 8.
15 Vgl. Scharpf et al. WPg 2010, 441.
16 Vgl. IDW RH HFA 1.014 Rn. 7.
17 Vgl. BT-Drs. 16/12407, 92.
18 Vgl. IDW RS BFA 2 Rn. 12.
19 Vgl. IDW RS BFA 2 Rn. 15.

eine buchhalterische Trennung der Bestände.[20] Die Begründung zum Regierungsentwurf des BilMoG bezieht sich bei der Abgrenzung des Handelsbestands auf das KWG.[21] Gemäß § 1a Abs. 1 S. 1 Nr. 1 KWG (in der bis 31.12.2013 geltenden Fassung) besteht bei einem Institut **Handelsabsicht,** wenn die betreffenden Finanzinstrumente zum Zweck des kurzfristigen Wiederverkaufs im Eigenbestand gehalten oder übernommen werden, um bestehende oder erwartete Unterschiede zwischen den Kauf- oder Verkaufspreisen oder Schwankungen von Marktkursen, -preisen, -werten oder -zinssätzen kurzfristig zu nutzen, damit ein Eigenhandelserfolg erzielt wird. Ein Eigenhandelserfolg kann auch durch die Erzielung oder die Festschreibung einer Marge erfolgen, bspw. durch das vollständige oder partielle Schließen mittels Abschluss eines Absicherungsgeschäfts (Gegengeschäft).[22] Ein Gleichlauf zwischen dem Handelsbestand im Sinne des HGB und dem aufsichtsrechtlichen Handelsbuch besteht grundsätzlich nur zum Ansatzzeitpunkt.[23] Die Einschränkung resultiert aus dem Unterschied, dass im HGB eine Umwidmung in den Handelsbestand ausgeschlossen und aus dem Handelsbestand nur in außergewöhnlichen Situationen, beispielsweise wie eine schwerwiegende Beeinträchtigung der Handelbarkeit des Finanzinstruments, zulässig ist, während eine aufsichtsrechtliche Umwidmung zwischen dem Handelsbuch und dem Anlagebuch in beiden Richtung möglich ist und immer dann erforderlich wird, wenn die Voraussetzungen für eine Zurechnung des entsprechenden Finanzinstruments zum Handels- bzw. Anlagebuch nicht mehr erfüllt werden.[24]

8   Die folgende **Abbildung** dient der Veranschaulichung der Wertpapierkategorisierung:

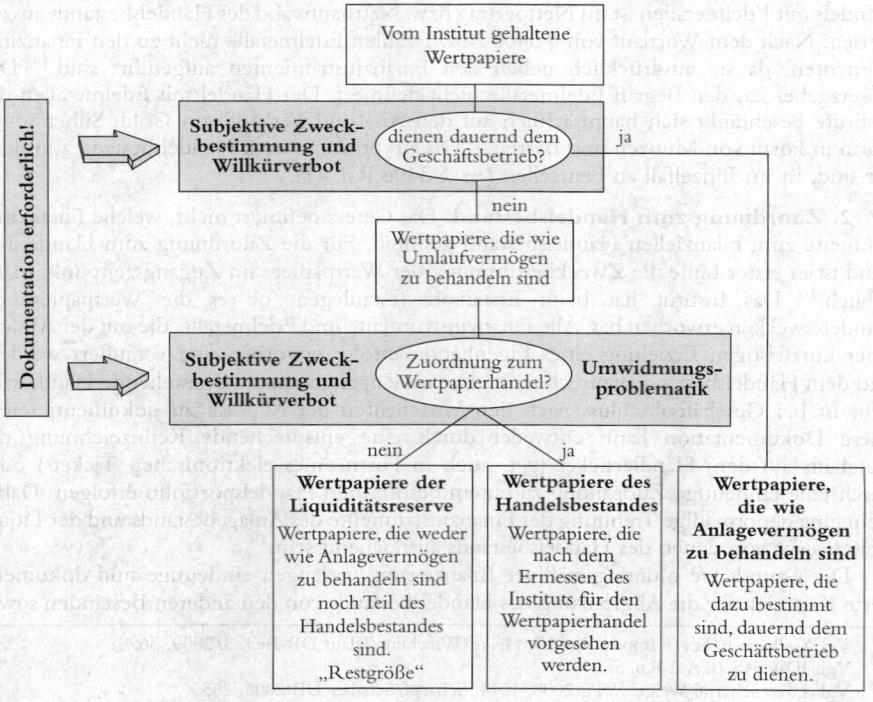

9 Beim Handelsbestand kann es sich um originäre als auch derivative Finanzinstrumente handeln. Finanzielle Verbindlichkeiten, die das Institut mit der Absicht eingeht, diese zur

---

[20]   Vgl. Küting/Pfitzer/Weber/Scharpf, S. 230.
[21]   Vgl. BT-Drs. 16/10067, 95.
[22]   Vgl. IDW, WPH Edition, Kreditinstitute, D Rn. 362.
[23]   Vgl. Böcking/Torabian BB 2008, 266.
[24]   Vgl. Goldschmidt/Meyding-Metzger/Weigel IRZ 2010, 22.

Erzielung eines Handelserfolgs kurzfristig zurückzukaufen, sind dem Handelsbestand zuzuordnen.[25] Bei Aufnahme von externen Finanzmitteln durch den Handelsbereich eines Instituts zur **Refinanzierung bestimmter Handelsaktivitäten** sind diese Verbindlichkeiten als Handelspassiva dem Handelsbestand zuzuordnen, sofern dies in Übereinstimmung mit der internen Steuerung steht.[26] Finanzinstrumente, die als Sicherungsinstrumente in eine Bewertungseinheit gem. § 254 einbezogen sind, zählen nicht zum Handelsbestand. Nach § 340e Abs. 3 S. 4 können Finanzinstrumente des Handelsbestands nachträglich als Sicherungsinstrumente eingesetzt werden. Bei Beendigung der Bewertungseinheit sind diese Finanzinstrumente wieder in den Handelsbestand umzugliedern. Allerdings sind Sicherungsinstrumente dann in den Handelsbestand einzubeziehen, wenn durch sie ein Eigenhandelserfolg gesichert, dh festgeschrieben wird.[27]

Die Handelsaktivitäten der Institute können, abhängig davon, ob das Geschäft im Kundenauftrag oder ausschließlich im eigenen Interesse erfolgt, in Kundengeschäfte und Eigengeschäfte unterteilt werden, wobei eine einheitliche Begriffsabgrenzung fehlt.[28] **Eigenhandelsgeschäfte** werden von Instituten im Eigeninteresse mit Handelsabsicht abgeschlossen.[29] Die Eigenhandelsgeschäfte sind eindeutig den Eigengeschäften zuzuordnen.[30] Zu den Eigenhandelsgeschäften zählen der klassische Eigenhandel, die Ausübung der Market-Maker-Funktion und der Kommissionshandel mit Selbsteintritt.[31] Im Rahmen der Market-Maker-Funktion, bei der die Institute verbindliche Geld- und Briefpreise stellen und für ausreichende Marktliquidität sorgen, kann oftmals nicht genau zwischen dem Handeln auf Kunden- oder Eigeninitiative getrennt werden.[32] Zwar liegt den Geschäften für die Betätigung als Market-Maker eine Kundenbeziehung zugrunde, aber diese ist nicht der unmittelbare Auslöser für die Übernahme der Market-Maker-Funktion.[33] Da das Eigeninteresse überwiegt, ist das Geschäft dem Eigenhandel zuzuordnen.[34] Der Kommissionshandel mit Selbsteintritt ist dem Eigenhandel zuzuordnen, da die Abwicklung über den Eigenbestand erfolgt. Das davon unabhängige Gegengeschäft führt das Institut im eigenen Namen und auf eigene Rechnung durch. Aktivitäten in fremdem Namen scheiden aus dem Bereich der Eigenhandelsgeschäfte aus, weil diese ausschließlich auf Kundenaufträgen und nicht auf einem Eigeninteresse basieren. Nicht zum Eigenhandel gehören daneben auch die Aktivitäten, die zwar im eigenen Namen, aber für fremde Rechnung durchgeführt werden.[35] Letztendlich hat das Institut im Einzelfall zu entscheiden, ob der Dienstleistungscharakter des Geschäfts gegenüber dem Kunden oder das **Eigeninteresse des Instituts** im Vordergrund steht.

Im Rahmen der Eigenhandelsdefinition fehlen objektive Kriterien sowohl bei der positiven Abgrenzung der Eigenhandelsgeschäfte als auch bei der Negativabgrenzung gegenüber den Kundengeschäften. Diese Tatsache macht eine subjektive Abgrenzung aufgrund der Entscheidung der Institute hinsichtlich der Zweckbestimmung der in Frage stehenden Geschäfte erforderlich.[36] Dabei hat bei der tatsächlichen Zweckbestimmung eindeutig der Ertragsaspekt im Vordergrund zu stehen. Folglich kann es aufgrund der unterschiedlichen Geschäftsstrukturen der Institute keine für alle Institute allgemein gültige Definition des

10

11

---

25 Vgl. IDW RS BFA 2 Rn. 10.
26 Vgl. Scharpf et al. WPg 2010, 442.
27 Vgl. Scharpf et al. WPg 2010, 442.
28 Vgl. Krumnow et al. Rn. 19 f.
29 Vgl. IDW RS BFA 2 Rn. 19.
30 Vgl. Prahl/Naumann WPg 1991, 732 sowie Müller/Tronnier BB 1997, 931.
31 Krit. zur Einbeziehung des Kommissionshandels mit Selbsteintritt Echterbeck, Marktzinsorientierte Ergebnisspaltung des Eigenhandels von Kreditinstituten, 1990, 7; Krumnow et al. Rn. 19.
32 Vgl. Krumnow et al. Rn. 21.
33 Vgl. Krumnow et al. Rn. 21.
34 Vgl. Eberstadt WM 1991, 1498.
35 Vgl. IDW RS BFA 2 Rn. 19.
36 Vgl. Prahl/Naumann WPg 1991, 732 f.; Deutsche Bundesbank Monatsbericht Mai 1992, S. 41. Vgl. auch BT-Drs. 11/6275, 22, in der eine allgemeine Zuordnung der Wertpapierbestände zum Anlage- und Umlaufvermögen nach objektiven Kriterien unmöglich ist.

Umfangs des Eigenhandels geben.[37] Der Eigenhandelsbereich iSv § 340c Abs. 1 kann daher weitgehend als institutsindividuelle Größe angesehen werden. Die Institute sehen sich dabei immer mehr als Risikohändler, wobei von den Banken „nicht eine Risikokompensation ieS, sondern ein Wertausgleich von risikoinduzierten Marktwertänderungen der einzelnen Handelsgeschäfte in einem Handelsbuch einer organisatorisch abgegrenzten Handelseinheit (Portfolio)"[38] angestrebt wird.

12   Sofern sich der **beizulegende Zeitwert** von vornherein nicht nach § 255 Abs. 4 S. 1 oder 2 ermitteln lässt, ist eine Zuordnung zum Handelsbestand nicht möglich. Die Bewertung hat dann nach den allgemeinen Vorschriften zu erfolgen. Da die Designation in den Handelsbestand nach § 340e Abs. 3 S. 2 nur zum Zugangszeitpunkt erfolgen kann, ist auch für den Fall, dass zu einem späteren Zeitpunkt eine Zeitwertermittlung möglich ist, eine Behandlung als Finanzinstrument des Handelsbestands ausgeschlossen.[39]

13   **3. Nettoausweis in der Gewinn- und Verlustrechnung.** Abs. 1 S. 1 umschreibt die Komponenten des Handelsergebnisses.[40] Als Ertrag oder Aufwand des Handelsbestands ist der Unterschiedsbetrag aller Erträge und Aufwendungen aus Geschäften mit Finanzinstrumenten des Handelsbestands und dem Handel mit Edelmetallen sowie der zugehörigen Erträge aus Zuschreibungen und Aufwendungen aus Abschreibungen auszuweisen (Abs. 1 S. 1). Gemäß der Legaldefinition umfasst das Handelsergebnis zumindest das **Abgangsergebnis** (realisierte Gewinne und Verluste) und das **Bewertungsergebnis** (unrealisierte Gewinne und Verluste aus der Bewertung zum beizulegenden Zeitwert) einschließlich der Aufwendungen für den **Risikoabschlag** für Finanzinstrumente des Handelsbestands nach § 340e Abs. 3.[41] Des Weiteren sind die Wertänderungen aus Sicherungsbeziehungen innerhalb der Handelsaktivitäten einzubeziehen, auch wenn mit ihnen nicht unmittelbar ein Eigenhandelserfolg erzielt wird, sondern durch sie nur ein Eigenhandelserfolg gesichert wird (→ Rn. 9).[42] Daneben sind **Provisionsaufwendungen und -erträge,** die im Zusammenhang mit dem Erwerb oder der Veräußerung von Finanzinstrumenten des Handelsbestands oder von Edelmetallen anfallen, zwingend im Handelsergebnis auszuweisen.[43]

14   Neben dem Risikoabschlag sieht das Gesetz eine **Zuführung zum Sonderposten** „Fonds für allgemeine Bankrisiken" nach § 340g vor (§ 340e Abs. 4). Das Gesetz enthält keine Regelung, in welchem GuV-Posten die Zuführung zum Sonderposten gem. § 340e Abs. 4 zu erfassen ist. Der Ausweis im Nettoergebnis des Handelsbestands ist einem Ausweis im Posten, in dem die Zuführungen zum „Fonds für allgemeine Bankrisiken" iSv § 340g auszuweisen sind, vorzuziehen.[44] Die Auflösung des Sonderpostens zum Ausgleich von Nettoaufwendungen des Handelsbestands kann nur in der Form vorgenommen werden, dass der Auflösungsbetrag (der die Nettoaufwendungen ausgleicht) im Posten „Nettoaufwand des Handelsbestand" ertragswirksam gegengebucht wird. Falls die Gegenbuchung in einem anderen GuV-Posten vorgenommen wird, fehlt der gem. § 340e Abs. 4 S. 2 Nr. 1 vorgeschriebene Ausgleich von Nettoaufwendungen des Handelsbestands und eine Auflösung wäre insoweit unzulässig.[45]

15   Die RechKredV enthält keine explizite Regelung, in welchem Posten die **mit den Handelsbeständen korrespondierenden laufenden Aufwendungen bzw. Erträge** (zB Zinsen) in der GuV auszuweisen sind. In den §§ 28 und 29 RechKredV wird aber eine bilanzpostenbezogene Zuordnung zum Ausweis von Zinserträgen und Zinsaufwendungen

---

[37]   Vgl. ZKA Die Bank 1988, 454.
[38]   Kütter/Prahl WPg 2006, 10.
[39]   Vgl. IDW RS BFA 2 Rn. 21.
[40]   Vgl. IDW RS BFA 2 Rn. 70.
[41]   Vgl. Gelhausen/Fey/Kämpfer V Rn. 204.
[42]   Vgl. BT-Drs. 16/12407, 92.
[43]   Vgl. IDW RS BFA 2 Rn. 75.
[44]   Vgl. IDW RS BFA 2 Rn. 62.
[45]   Vgl. Scharpf/Schaber HdB Bankbilanz 1268. Weitere Auflösungsmöglichkeiten des Sonderpostens nach § 340e Abs. 4 S. 2 enthalten die Nr. 2–4 (→ § 340e Rn. 56). Eine Auflösung des Sonderpostens ist außerdem zulässig, sofern der Handel eingestellt wird. Vgl. Ernst/Seidler BB 2009, 769.

aus dem Bankgeschäft vorgegeben, wobei die durch das BilMoG neu geschaffenen Bilanz-posten Aktiva 6a und Passiva 3a (Handelsbestand) nicht in diese Auflistungen aufgenommen worden sind.[46] Demzufolge gehören die Zinserträge und -aufwendungen des Handelsbe-stands zum Nettoergebnis des Handelsbestands.[47] Ferner wird durch diese Ergebniszuord-nung erreicht, dass sich der im Zeitpunkt einer Zinszahlung oder Dividendenausschüttung ergebende Abschlag beim beizulegenden Zeitwert und der vereinnahmte Ertrag im gleichen GuV-Posten gegenüberstehen.[48] Bei wortgetreuer Auslegung des Abs. 1 S. 1 können Geschäfte als ein Synonym für Transaktionen verstanden werden. Folglich wird es als zulässig erachtet, die laufenden Zinserträge und -aufwendungen, alternativ zu einem Ausweis im Nettoergebnis des Handelsbestands, auch im Zinsergebnis zu zeigen, sofern dies mit der internen Steuerung übereinstimmt.[49] Dabei besteht nicht die Möglichkeit nur die Zinser-träge dem Zinsergebnis zuzurechnen, um damit die Zinsspanne zu verbessern.[50]

Zinsaufwendungen für Verbindlichkeiten, die der Refinanzierung von Handelsaktivitä-   **16** ten dienen, sind im Handelsergebnis auszuweisen, soweit die zugrunde liegenden Verbind-lichkeiten auch bilanziell dem Handelsbestand zugewiesen wurden.[51] In Bezug auf Aufwen-dungen, die mittels nachvollziehbarer Schlüsselung als Refinanzierungsaufwendungen dem Handel betriebswirtschaftlich zugewiesen werden, ist es vertretbar, diese Zuordnung für Zwecke der Rechnungslegung beizubehalten. Das Vorgehen muss jedoch im Einklang mit der internen Steuerung zur Ermittlung des betriebswirtschaftlichen Ergebnisses stehen und ist im Anhang entsprechend offenzulegen.[52]

Die in Abs. 1 aufgeführten Aufwendungen und Erträge sind zwingend zu saldieren,   **17** wobei sich die Kompensationspflicht sowohl aus dem Wortlaut des Abs. 1 S. 1 (*Ertrag oder Aufwand, nicht Ertrag und Aufwand* des Handelsbestands) als auch aus dem Gliederungsschema der GuV (Ausweis eines Saldos als „Nettoertrag des Handelsbestands" oder als „Nettoauf-wand des Handelsbestands") herleiten lässt.

Die Aktionäre einer Bank können in der Hauptversammlung gegenüber dem Vorstand   **18** kein **Auskunftsrecht gem. § 131 Abs. 1 AktG** hinsichtlich der Zusammensetzung des Saldos des GuV-Postens „Nettoertrag bzw. Nettoaufwand des Handelsbestands" geltend machen. Der Vorstand darf gem. § 131 Abs. 3 Nr. 6 AktG die Auskunft verweigern, soweit die Angaben über angewandte Bilanzierungs- und Bewertungsmethoden sowie vorgenom-mene Verrechnungen im Jahresabschluss, Lagebericht, Konzernabschluss oder Konzernlage-bericht nicht verlangt werden.

4. Bruttoausweis in der Gewinn- und Verlustrechnung bestimmter Institute. **19** Für Finanzdienstleistungsinstitute, Wertpapierinstitute sowie für Kreditinstitute, soweit letz-tere Skontroführer iSv § 27 Abs. 1 S. 1 BörsG und nicht CRR-Kreditinstitute iSv § 1 Abs. 3d S. 1 KWG sind, gilt aufgrund deren Ausnahme von der Anwendung des § 340c Abs. 1 der Bruttoausweis; sie weisen getrennte Posten für „Aufwand des Handelsbestands" und „Ertrag des Handelsbestands" (Fn. 7 der GuV-Formblätter) aus.[53]

III. Aufwand und Ertrag aus Beteiligungen, Anteilen an verbundenen Unterneh-men und wie Anlagevermögen behandelten Wertpapieren (Abs. 2)

1. Übersicht. Abs. 2 stellt für Institute neben § 340c Abs. 1 und § 340f Abs. 3 eine   **20** Ausnahme vom Verrechnungsverbot des § 246 Abs. 2 dar, wobei § 340c Abs. 1 nicht auf

---

[46] Vgl. App/Wiehagen-Knopke KoR 2010, 97.
[47] Vgl. IDW RS BFA 2 Rn. 72.
[48] Vgl. Scharpf et al. WPg 2010, 502.
[49] Vgl. IDW RS BFA 2 Rn. 75.
[50] Vgl. Scharpf et al. WPg 2010, 502.
[51] Vgl. IDW RS BFA 2 Rn. 73.
[52] Vgl. IDW RS BFA 2 Rn. 74.
[53] Wertpapierinstitute sind nach § 340 Abs. 4a S. 2, soweit sie Skontroführer iSv § 27 Abs. 1 S. 1 BörsG sind, von der Anwendung des § 340c Abs. 1 ausgenommen. Die Einschränkung in § 340 Abs. 4a S. 2 auf Skontroführer steht im Widerspruch zur Fn. 7 in den beiden Formblättern 2 und 3 der RechKredV. Hier handelt es sich vermutlich um einen redaktionellen Fehler (→ § 340 Rn. 13).

Finanzdienstleistungsinstitute, Wertpapierinstitute[54] sowie Kreditinstitute, soweit letztere Skontroführer iSv § 27 Abs. 1 S. 1 BörsG und nicht CRR-Kreditinstitut iSv § 1 Abs. 3d S. 1 KWG sind, Anwendung findet. Nach Abs. 2 S. 1 besteht ein Saldierungswahlrecht für die Bewertungsergebnisse aus Finanzanlagen (Beteiligungen, Anteile an verbundenen Unternehmen und wie Anlagevermögen behandelte Wertpapiere), dh die Aufwendungen aus Abschreibungen auf das Finanzanlagevermögen dürfen mit den Erträgen aus Zuschreibungen zu dem Finanzanlagevermögen verrechnet werden. Eine teilweise Verrechnung der Erfolgskomponenten ist unzulässig (§ 33 RechKredV bzw. § 27 RechZahlV). Der Saldo aus der Ertrags- und Aufwandsverrechnung ist in der GuV unter dem Posten „Erträge aus Zuschreibungen zu Beteiligungen, Anteile an verbundenen Unternehmen und wie Anlagevermögen behandelten Wertpapieren" bzw. „Abschreibungen und Wertberichtigungen auf Beteiligungen, Anteile an verbundenen Unternehmen und wie Anlagevermögen behandelte Wertpapiere" auszuweisen. Zusätzlich dürfen nach Abs. 2 S. 2 Erträge und Aufwendungen aus den Geschäften mit diesen Vermögensgegenständen, dh die Veräußerungsgewinne und -verluste, in die Verrechnung einbezogen werden.[55] Bei Verzicht auf die Kompensation gem. Abs. 2 S. 1 sind der Abschreibungsaufwand und der Ertrag aus Zuschreibungen brutto auszuweisen. Wird darauf verzichtet, Veräußerungsgewinne und -verluste in die Verrechnung nach Abs. 2 S. 2 einzubeziehen, sind diese brutto in die GuV-Posten „Sonstige betriebliche Aufwendungen" und „Sonstige betriebliche Erträge" aufzunehmen.

21   Die folgende Übersicht macht die Zusammenhänge des Abs. 2 deutlich:

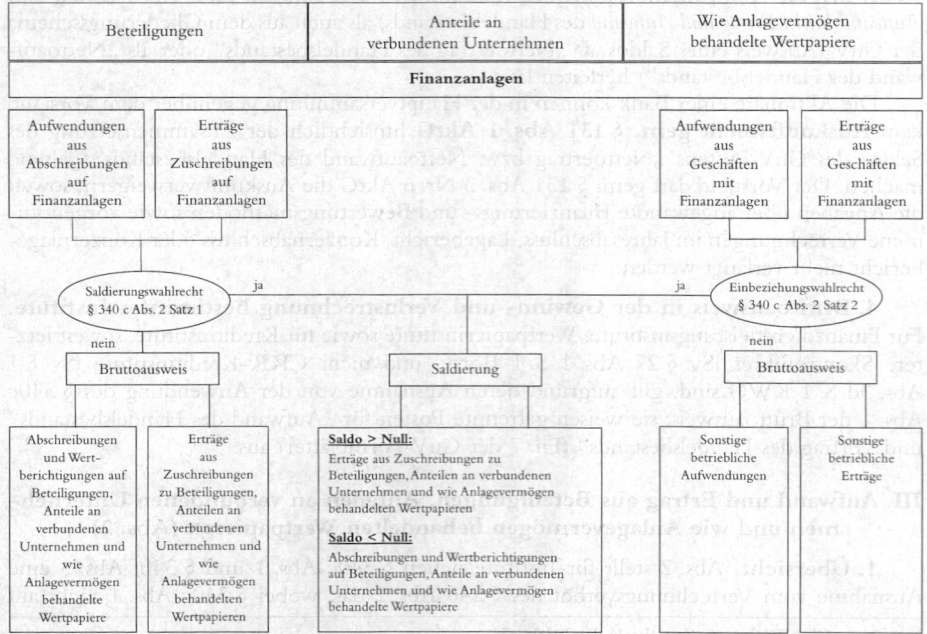

22   **2. Finanzanlagen gemäß Abs. 2. a) Beteiligungen.** Die Beteiligung bestimmt sich nach § 271 Abs. 1, wobei den Besonderheiten der Kreditgenossenschaften sowie der genossenschaftlichen Zentralbanken § 18 RechKredV[56] Rechnung trägt.[57] Nach § 271 Abs. 1

---

[54] S. Ausführungen in voriger Fn.

[55] Zum Saldierungswahlrecht nach § 340c Abs. 2 vgl. Bieg Rechnungslegung S. 364 ff.

[56] Für Institute iSd § 1 Abs. 3 ZAG ist § 14 RechZahlV zu beachten, der weitestgehend § 18 RechKredV entspricht.

[57] Vgl. Krumnow DBW 1987, 559.

ist Voraussetzung für das Vorliegen einer Beteiligung, dass Anteilsrechte an einer anderen Unternehmung gehalten werden, die eine dauernde Verbindung zu der anderen Unternehmung herstellen und zudem dem eigenen Geschäftsbetrieb dienen.[58] Dabei setzt die Annahme einer Beteiligung nicht notwendig voraus, dass auf die Geschäftsführung des anderen Unternehmens Einfluss genommen wird.[59] Nach § 271 Abs. 1 S. 3 wird eine Beteiligung vermutet, wenn die Anteile an einem Unternehmen insgesamt den fünften Teil des Nennkapitals dieses Unternehmen oder, falls ein Nennkapital nicht vorhanden ist, den fünften Teil der Summe aller Kapitalanteile an diesem Unternehmen überschreitet. In der Literatur findet sich die Aussage, dass mit Weiterveräußerungsabsicht übernommener Anteilsbesitz (zB zur Rettung von Kreditforderungen oder im Rahmen eines Pakethandels übernommene Anteile) nicht als Beteiligung zu erfassen, sondern je nach seiner Ausgestaltung unter den Wertpapieren oder den sonstigen Vermögensgegenständen auszuweisen ist.[60] Dies ist nicht uneingeschränkt haltbar. So ist bei Sanierungsfällen in der Regel eine Daueranlage faktisch gegeben, da eine Veräußerung kurzfristig nicht realisierbar ist.

Liegt neben den Voraussetzungen einer Beteiligung zusätzlich der **Sachverhalt eines** 23 **verbundenen Unternehmens** iSv § 271 Abs. 2 vor, hat die Zuordnung unter Anteile an verbundenen Unternehmen zu erfolgen, da vorrangig das Spezialverhältnis gilt.[61]

Zur Verbesserung der Transparenz von Unternehmensverflechtungen sind gem. § 3 24 RechKredV in der **Bilanz** oder im **Anhang** die verbrieften und unverbrieften Forderungen an Unternehmen, mit denen ein Beteiligungsverhältnis besteht, gesondert auszuweisen die in den folgenden Aktivposten enthalten sind: „Forderungen an Kreditinstitute", „Forderungen an Kunden" und „Schuldverschreibungen und andere festverzinsliche Wertpapiere". Analog sind die verbrieften und unverbrieften Verbindlichkeiten gegenüber Unternehmen, mit denen ein Beteiligungsverhältnis besteht, gesondert auszuweisen, die in den Passivposten „Verbindlichkeiten gegenüber Kreditinstituten", „Verbindlichkeiten gegenüber Kunden", „Verbriefte Verbindlichkeiten" sowie „Nachrangige Verbindlichkeiten" enthalten sind. § 3 Abs. 2 RechZahlV enthält eine vergleichbare Vorschrift für **Institute iSd § 1 Abs. 3 ZAG.** Neben den in § 3 RechKredV vorgeschriebenen Unterposten sind in der Bilanz oder im Anhang die Forderungen an und die Verbindlichkeiten gegenüber Institute(n) iSd § 1 Abs. 3 ZAG, mit denen ein Beteiligungsverhältnis besteht, gesondert auszuweisen.

b) Anteile an verbundenen Unternehmen. Die Definition der Anteile an verbun- 25 denen Unternehmen in § 271 Abs. 2 ist auch für Institute, unabhängig von ihrer Rechtsform, maßgeblich. Danach sind verbundene Unternehmen solche Unternehmen, die als Mutter- oder Tochterunternehmen in den Konzernabschluss eines Mutterunternehmens nach den Vorschriften über die Vollkonsolidierung einzubeziehen sind, das als oberstes Mutterunternehmen den am weitestgehenden Konzernabschluss aufzustellen hat, selbst wenn die Aufstellung unterbleibt, oder das einen befreienden Konzernabschluss nach den §§ 291 oder 292 aufstellt oder aufstellen könnte. Tochterunternehmen, die nach § 296 nicht einbezogen werden, sind ebenfalls verbundene Unternehmen (§ 271 Abs. 2).

An den Tatbestand verbundener Unternehmen knüpft das Bankbilanzrichtlinie-Gesetz 26 eine Reihe gesonderter **Ausweis- und Angabepflichten** für den Jahresabschluss von Instituten, um die wirtschaftlichen Beziehungen des Instituts zu anderen Unternehmen, auf das sie Einfluss ausüben kann oder die ihrerseits Einfluss auf das Institut ausüben können, transparent zu machen.[62] Deshalb sind gem. § 3 RechKredV in der Bilanz oder im Anhang die verbrieften und unverbrieften Forderungen an verbundenen Unternehmen gesondert auszuweisen, die in den folgenden Aktivposten enthalten sind: „Forderungen an Kreditinstitute", „Forderungen an Kunden" und „Schuldverschreibungen und andere festverzinsliche

---

58 Vgl. ADS § 271 Rn. 6 ff.; Kommission für Bilanzierungsfragen des BdB Die Bank 1986, 252; Beck HdR/Scheffler B 213 Rn. 210 sowie BGH AG 1987, 346 f.
59 Vgl. BR-Drs. 257/83, 81; Bieg DB 1985, Beil. zu Heft 41, 10; Biener AG 1978, 254.
60 Vgl. Birck/Meyer, Die Bankbilanz, 3. Aufl. 1989, V 85 f.; Krumnow et al. Rn. 172.
61 Vgl. ADS § 266 Rn. 70.
62 Vgl. ADS § 271 Rn. 34.

Wertpapiere". Analog sind die verbrieften und unverbrieften Verbindlichkeiten gegenüber verbundenen Unternehmen gesondert auszuweisen, die in den Passivposten „Verbindlichkeiten gegenüber Kreditinstituten", „Verbindlichkeiten gegenüber Kunden", „Verbriefte Verbindlichkeiten" sowie „Nachrangige Verbindlichkeiten" enthalten sind. § 3 Abs. 2 RechZahlV enthält eine vergleichbare Vorschrift für **Institute iSd § 1 Abs. 3 ZAG.** Neben den in § 3 RechKredV vorgeschriebenen Unterposten sind in der Bilanz oder im Anhang die Forderungen an und die Verbindlichkeiten gegenüber Institute(n) iSd § 1 Abs. 3 ZAG, bei denen es sich um ein verbundenes Unternehmen handelt, gesondert auszuweisen.

27   **c) Wie Anlagevermögen behandelte Wertpapiere.** Für die Einordnung als ein wie Anlagevermögen behandeltes Wertpapier ist die in **§ 7 RechKredV**[63] festgelegte Wertpapierdefinition entscheidend (→ § 340a Rn. 36). Danach können die Papiere sowohl Mitgliedschafts- (zB Aktien) als auch Gläubigerrechte (zB festverzinsliche Wertpapiere) innehaben. **Schuldscheindarlehen des Anlagevermögens** erfüllen die Kriterien des § 7 RechKredV nicht, so dass deren Veräußerungsgewinne bzw. -verluste oder Aufwendungen für Abschreibungen nicht in das Finanzanlageergebnis iSv Abs. 2 einbezogen werden dürfen.

28   Ausschlaggebend für Wertpapiere, die wie Anlagevermögen behandelt werden, ist das Kriterium der **Daueranlageabsicht,** wobei diese (subjektive) Entscheidung zu dokumentieren ist. Veräußerungen, soweit sie nicht erwartet werden, müssen für sich betrachtet einer Daueranlageabsicht genauso wenig widersprechen wie die Verwendung dieser Wertpapiere zur Liquiditätsbeschaffung ohne Ausbuchungsfolge (zB im Rahmen von Wertpapierleih- bzw. Repogeschäften oder bei deren Hinterlegung als Sicherheit).[64] Die Bewertung der Papiere richtet sich nach den für das Anlagevermögen geltenden Grundsätzen.[65] Fehlt der aktenkundige Beleg für eine Zuordnung der Wertpapiere zum Anlagevermögen, sind die betreffenden Papiere der Liquiditätsreserve zuzuteilen und nach den für das Umlaufvermögen geltenden Vorschriften zu bewerten. Die wie Anlagevermögen behandelten Wertpapiere umfassen alle Wertpapiere des Anlagevermögens, die weder zu den Beteiligungen noch zu den Anteilen an verbundenen Unternehmen gezählt werden. Eine spätere **Änderung der Wertpapierzuordnung** ist nicht ausgeschlossen, setzt allerdings eine geänderte subjektive Zweckbestimmung und eine dokumentierte Willensentscheidung voraus.[66] Eine erneute Änderung der Zweckbestimmung ist nur in Ausnahmefällen zulässig und zieht entsprechend erhöhte Anforderungen an die Begründung nach sich.[67] Eine Umwidmung in den Handelsbestand ist dabei nicht erlaubt (§ 340e Abs. 3 S. 2).

29   Die Gliederung der **Formblätter für die Bilanz** der Institute unterscheidet nicht zwischen Anlage- und Umlaufvermögen. Entgegen dem gesonderten Ausweis von Beteiligungen und Anteilen an verbundenen Unternehmen sind die wie Anlagevermögen behandelten Wertpapiere in der Bilanz nicht gesondert herausgestellt. Vielmehr sind sie mit den übrigen Wertpapierbeständen zusammen in den (die Wertpapiere) betreffenden Bilanzposten auszuweisen. Die im Aktivposten Nr. 5 „Schuldverschreibungen und andere festverzinsliche Wertpapiere" enthaltenen Beträge, die in dem auf den Bilanzstichtag folgenden Jahr fällig werden, sind gem. § 9 Abs. 3 Nr. 2 RechKredV anzugeben.

30   **3. Darstellung der Finanzanlagen im Anhang.** Nach § 35 Abs. 1 Nr. 2 RechKredV[68] ist im Anhang der Betrag der nicht mit dem Niederstwert bewerteten börsenfähigen Wertpapiere anzugeben. Es ist auch offenzulegen, in welcher Weise die so bewerteten Wertpapiere von den mit dem Niederstwert bewerteten börsenfähigen Wertpapieren abgegrenzt worden sind. Für diesen Kreis können nur solche Wertpapiere in Frage kommen,

63   Für Institute iSd § 1 Abs. 3 ZAG ist § 5 RechZahlV zu beachten, der inhaltsgleich mit § 7 RechKredV ist.
64   Vgl. IDW BFA, Fachlicher Hinweis vom 29.11.2022, S. 2.
65   Vgl. BT-Drs. 11/6275, 22, Begr. zu § 340e.
66   Vgl. IDW RH HFA 1.014 Rn. 12 u. 14.
67   Vgl. IDW RH HFA 1.014 Rn. 14.
68   Für Institute iSd § 1 Abs. 3 ZAG ist § 29 Abs. 1 Nr. 2 RechZahlV zu beachten, der inhaltlich § 35 Abs. 1 Nr. 2 RechKredV entspricht.

die wie Anlagevermögen behandelt werden. Andere Bestände sind von vornherein nach dem strengen Niederstwertprinzip zu bewerten, da sie nicht dazu bestimmt sind, dauernd dem Geschäftsbetrieb zu dienen.

Die Verpflichtung zur Erstellung eines Anlagespiegels im Anhang gem. § 284 Abs. 3 **31** erstreckt sich auch auf Finanzanlagen (§ 34 Abs. 3 RechKredV[69]). Abweichend vom § 268 Abs. 2 idF vor BilRUG verlangt § 284 Abs. 3 nunmehr zwingend einen erweiterten Bruttoanlagespiegel, dem zusätzlich zur Entwicklung der Anschaffungskosten auch die Entwicklung der Abschreibungen zu entnehmen ist. Für Finanzanlagen besteht die Besonderheit, Zuschreibungen, Abschreibungen und Wertberichtigungen mit anderen Posten zusammenfassen zu dürfen (§ 34 Abs. 3 S. 2 RechKredV). Bei in Pension gegebenen Finanzanlagen ist der Buchwert der verpensionierten Vermögensgegenstände im Anhang anzugeben (§ 340b Abs. 4).

Nach § 285 Nr. 18 ist eine gem. § 253 Abs. 3 S. 6 unterbliebene außerplanmäßige **32** Abschreibung auf den Zeitwert für Finanzanlagen unter Angabe des Buchwerts, des Zeitwerts, der Gründe der Unterlassung der Abschreibung und der Indikatoren, die auf eine nur temporäre Wertminderung hinweisen, zu erläutern.

4. Kreis der saldierungsfähigen Aufwendungen und Erträge aus Finanzanla- 33 gen. a) Verrechnung gemäß Abs. 2 S. 1. Nach Abs. 2 S. 1 **dürfen** Aufwendungen aus Abschreibungen auf und Erträge aus Zuschreibungen zu Finanzanlagen saldiert werden (sog. Bewertungsergebnisse).[70] Ein Aufwandssaldo ist in der Bilanz unter der Position „Abschreibungen und Wertberichtigungen auf Beteiligungen, Anteile an verbundenen Unternehmen und wie Anlagevermögen behandelte Wertpapiere" auszuweisen, ein Ertragssaldo dagegen in dem Posten „Erträge aus Zuschreibungen zu Beteiligungen, Anteilen an verbundenen Unternehmen und wie Anlagevermögen behandelten Wertpapieren". Eine **teilweise Verrechnung** der Erträge aus Finanzanlagen mit Aufwendungen aus Finanzanlagen ist nicht zulässig (§ 33 RechKredV[71]). Wird auf eine Kompensation gem. Abs. 2 S. 1 **verzichtet,** sind die Erfolgskomponenten einzeln auszuweisen.

Um die Saldierungsmöglichkeit nicht aufzuweichen, ist es nicht erforderlich, im **Anla- 34 gespiegel** Abschreibungen, Zuschreibungen und Wertberichtigungen auf Beteiligungen, Anteile an verbundenen Unternehmen sowie auf andere Wertpapiere, die wie Anlagevermögen behandelt werden gesondert aufzuführen. Sie können vielmehr mit anderen Posten zusammengefasst werden (§ 34 Abs. 3 RechKredV[72]). Zusätzlich kann auf Angaben gem. § 284 Abs. 2 Nr. 1 verzichtet werden, da es sich bei der Saldierung nach § 340c Abs. 2 sowie bei der Zusammenfassung im Anlagespiegel nicht um Bilanzierungs- und Bewertungsmethoden handelt. Bei Instituten in der **Rechtsform der AG** bezieht sich die Auskunftspflicht des Vorstands gem. § 131 AktG nicht auf die Inanspruchnahme von Saldierungen iSv § 340c Abs. 2 S. 1 und 2.

b) Verrechnung gemäß Abs. 2 S. 2. In die Saldierung der Aufwendungen aus **35** Abschreibungen mit Erträgen aus Zuschreibungen zu Finanzanlagen **dürfen** auch die Aufwendungen und Erträge aus Geschäften mit Finanzanlagen (Veräußerungsgewinne/-verluste) einbezogen werden, wobei eine **teilweise Verrechnung** unzulässig ist.[73] Werden die genannten Gewinne und Verluste aus Finanzanlagen nicht in die Verrechnung gem. Abs. 2 S. 1 einbezogen, sind sie in den GuV-Posten „Sonstige betriebliche Erträge" bzw. „Sonstige

---

[69]   Für Institute iSd § 1 Abs. 3 ZAG ist § 28 Abs. 3 RechZahlV zu beachten, der inhaltsgleich mit § 34 Abs. 3 RechKredV ist.
[70]   Vgl. Bieg Rechnungslegung S. 370.
[71]   Für Zahlungsinstitute und E-Geld-Institute (Institute iSd § 1 Abs. 3 ZAG) ist § 27 RechZahlV zu beachten. Die Bestimmung des § 27 RechZahlV entspricht § 33 RechKredV.
[72]   Für Institute iSd § 1 Abs. 3 ZAG ist § 28 Abs. 3 RechZahlV zu beachten, der inhaltsgleich mit § 34 Abs. 3 RechKredV ist.
[73]   Vgl. BT-Drs. 11/6275, 20; BdB, Bankbilanzrichtlinie-Gesetz, 1993, S. 41; Bieg Rechnungslegung S. 370 ff.

betriebliche Aufwendungen" jeweils brutto zu erfassen.[74] Beträge von wesentlicher Bedeutung sind dann gem. § 35 Abs. 1 Nr. 4 RechKredV[75] **im Anhang** zu erläutern.

36   Bei Ausnutzung des **Saldierungswahlrechts** gem. Abs. 2 S. 1 ist das daraus resultierende Ergebnis in der GuV bei einem negativen Saldo in dem Posten „Abschreibungen und Wertberichtigungen auf Beteiligungen, Anteile an verbundenen Unternehmen und wie Anlagevermögen behandelte Wertpapiere", bei einem positiven Saldo in dem Posten „Erträge aus Zuschreibungen zu Beteiligungen, Anteilen an verbundenen Unternehmen und wie Anlagevermögen behandelten Wertpapieren" einzustellen. Eine Änderung der Postenbezeichnung durch die Einbeziehung der Veräußerungsgewinne/-verluste erfolgt nicht.[76]

37   Um eine **Transparenz** der Ergebnisdarstellung des Finanzanlagevermögens zu gewährleisten, ist eine Einbeziehung der Veräußerungsgewinne und -verluste aus Finanzanlagen in die Verrechnung gem. Abs. 2 S. 1 unumgänglich. Zusätzlich würde eine einheitliche Bilanzierungspraxis die Vergleichbarkeit der Jahresabschlüsse erleichtern.[77]

38   Zu den Angaben gem. § 284 Abs. 2 Nr. 1 und zu Auskunftsrechten des Aktionärs gem. § 131 AktG → Rn. 34.

39   **5. Die Ertrags- und Aufwandskomponenten bei Finanzanlagen. a) Aufwendungen aus Abschreibungen gemäß Abs. 2 S. 1.** Es handelt sich hier um sämtliche Aufwendungen aus Abschreibungen auf Finanzanlagen, unabhängig davon, aus welchem Anlass die Abschreibung vorgenommen wird.[78] Zu erfassen sind sowohl **Pflichtabschreibungen,** die bei Schuldtiteln aufgrund bonitätsbedingter Ausfallrisiken vorzunehmen sind als auch **Wahlrechtsabschreibungen,** die zusätzlich Marktpreisänderungen aus Zins-, Währungskurs-, Aktienkurs- oder sonstiger Preisrisiken einbeziehen, sowie **Wertberichtigungen.**[79] Gemäß § 340e Abs. 1 sind die Finanzanlagen (Beteiligungen und Anteile an verbundenen Unternehmen und wie Anlagevermögen behandelte Wertpapiere) nach den für das Anlagevermögen geltenden Vorschriften (§ 253 Abs. 3) zu bewerten.

40   Zu den Abschreibungen auf Vermögensgegenstände des Anlagevermögens sind besondere **Anhangangaben** erforderlich: § 284 Abs. 2 Nr. 1 verlangt die Angabe von in Bilanz und GuV angewandten Bilanzierungs- und Bewertungsmethoden. Folglich ist anzugeben, für welche Anlagegegenstände außerplanmäßige Abschreibungen nach § 253 Abs. 3 S. 5 vorgenommen und wie die Werte berechnet worden sind. Bei Finanzanlagen ist zu erläutern, ob das strenge oder gemilderte Niederstwertprinzip angewendet wurde. Daneben ist gem. § 35 Abs. 1 Nr. 2 RechKredV[80] der Betrag der nicht mit dem Niederstwert bewerteten börsenfähigen Wertpapiere zu Aktivposten Nr. 5 und 6 anzugeben. Ferner sind Anhangangaben zu Finanzanlagen, bei denen eine außerplanmäßige Abschreibung auf den Zeitwert nach § 253 Abs. 3 S. 6 unterblieben ist, für alle Kapitalgesellschaften in einem erweiterten Maße verpflichtend (§ 285 Nr. 18; → Rn. 32). Eine Änderung der Abschreibungsmethode ist gem. § 284 Abs. 2 Nr. 2 im Anhang anzugeben. Für den Anlagespiegel gilt gem. § 34 Abs. 3 RechKredV,[81] dass Zuschreibungen, Abschreibungen und Wertberichtigungen auf Finanzanlagen mit anderen Posten zusammengefasst werden können.

41   **b) Erträge aus Zuschreibungen gemäß Abs. 2 S. 1.** Bei den Zuschreibungen sind zwei Gruppen zu unterscheiden: Bilanzberichtigungen und Wertaufholungen. Bei einer

---

[74] Vgl. BdB, Bankbilanzrichtlinie-Gesetz, 1993, S. 41. Nach Krumnow et al. Rn. 213 ist in diesem Fall auch ein Ausweis unter dem Aufwands- bzw. Ertragsposten des Finanzanlageergebnisses zulässig.

[75] Für Institute iSd § 1 Abs. 3 ZAG ist § 29 Abs. 1 Nr. 3 RechZahlV zu beachten, der inhaltlich § 35 Abs. 1 Nr. 4 RechKredV entspricht.

[76] Vgl. Krumnow et al. Rn. 215.

[77] Vgl. Krumnow et al. Rn. 214.

[78] Vgl. Bieg Rechnungslegung S. 369.

[79] Zur Einbeziehung der Wertberichtigungen vgl. BT-Drs. 11/6275, 21. S. auch GuV-Formblatt 2 Aufwandsposten Nr. 8 bzw. GuV-Formblatt 3 Posten Nr. 15.

[80] Für Institute iSd § 1 Abs. 3 ZAG ist § 29 Abs. 1 Nr. 2 RechZahlV zu beachten, der inhaltlich § 35 Abs. 1 Nr. 2 RechKredV entspricht.

[81] Für Institute iSd § 1 Abs. 3 ZAG ist § 28 Abs. 3 RechZahlV zu beachten, der inhaltsgleich mit § 34 Abs. 3 RechKredV ist.

Bilanzberichtigung handelt es sich um die Korrektur eines Abschreibungsfehlers, ohne dass eine tatsächliche Werterhöhung stattgefunden hat. **Wertaufholungen** heben aufgrund einer tatsächlichen Werterhöhung die in früheren Perioden durchgeführten Abschreibungen bzw. Wertberichtigungen auf.[82] Die historischen Anschaffungs- und Herstellungskosten gem. § 253 Abs. 1 bilden somit die Ansatzobergrenze. Bei der **Zuschreibung aufgelaufener Zinsen** zu Abzinsungspapieren (zB Zero-Bonds) handelt es sich nicht um Erträge aus Zuschreibungen, sondern um Aufzinsungsbeträge, die im Zinsergebnis zu erfassen sind (§ 28 RechKredV[83]).

Gemäß § 340a gilt das **Wertaufholungsgebot** des § 253 Abs. 5 für Institute unabhängig von ihrer Rechtsform. Danach dürfen niedrigere Werte nicht beibehalten werden, die bei Anlagegegenständen durch außerplanmäßige Abschreibungen (§ 253 Abs. 3 S. 5 oder S. 6) entstanden sind, wenn die Gründe für die Abschreibung nicht mehr bestehen. **42**

c) Aufwendungen und Erträge aus Finanzanlagen gemäß Abs. 2 S. 2. In die Verrechnung nach Abs. 2 S. 1 **dürfen** auch Aufwendungen und Erträge aus Geschäften mit Finanzanlagen einbezogen werden. Hierunter werden alle Erfolge gefasst, die aus der aktiven Durchführung von Finanzanlagegeschäften resultieren. Dazu zählen im Wesentlichen die **Gewinne bzw. Verluste aus der Veräußerung von Finanzanlagen.** In Frage kämen auch **vereinnahmte Gebühren** (zB aus Wertpapierleihegeschäften), Aufwendungen für die **Bildung von Drohverlustrückstellungen** für Finanzanlagegeschäfte, Erfolge aus **Währungsumrechnungen** sowie **Erträge aus** den für Finanzanlagen gebildeten **Rückstellungen.**[84] Personal- und allgemeine Sachaufwendungen im Finanzanlagebereich sind keine Aufwendungen und Erträge aus Finanzanlagen, da diese nicht direkt aus Geschäften mit Finanzanlagen resultieren. **43**

d) Nicht einzubeziehende Ertrags- und Aufwandskomponenten. Nicht in die Verrechnung des Abs. 2 fallen laufende Erträge aus nicht festverzinslichen Wertpapieren (zB Dividenden, Gewinnanteile, Erträge aus Investmentanteilen) sowie aus Anteilen an verbundenen Unternehmen und Beteiligungen. Diese Erträge sind in der GuV jeweils gesondert auszuweisen. Nicht einzubeziehen sind auch Zinsen und zinsähnliche Erträge (zB laufende Erträge aus festverzinslichen Wertpapieren, Ausschüttungen auf Genussrechte, vereinnahmte Stückzinsen, Aufzinsungsbeträge von Zero-Bonds). Somit findet eine Trennung zwischen Ergebnisbestandteilen aus der Überlassung von Kapital und Bewertungs-/Veräußerungsergebnissen statt. Nicht berücksichtigt in der Verrechnung werden auch Aufwendungen und Erträge, die aus Verlustübernahmen, Gewinngemeinschaften und (Teil-)Gewinnabführungsverträgen resultieren. Für diese Erfolgsbestandteile sieht das GuV-Formblatt gesonderte Positionen vor (Formblatt 2: Spalte Aufwendungen Nr. 9 bzw. Spalte Erträge Nr. 11, Spalte Aufwendungen Nr. 14 bzw. Spalte Erträge Nr. 3; Formblatt 3: Nr. 4, 17, 25 und 26). **44**

IV. Angabepflicht von dem haftenden Eigenkapital zugerechneten Bewertungsreserven (Abs. 3)

Nach Abs. 3 sind Institute verpflichtet, soweit sie dem haftenden Eigenkapital **nicht realisierte Bewertungsreserven aus Grundbesitz und/oder Wertpapieren** (sog. Neubewertungsreserven iSv § 10 Abs. 2b S. 1 Nr. 6 oder 7 KWG in der bis zum 31.12.2013 geltenden Fassung) zurechnen, den Betrag der zugerechneten Reserven im Anhang anzugeben.[85] Mit der Pflicht zur Offenlegung soll das Ziel verfolgt werden, die Öffentlichkeit **45**

---

[82] Vgl. Birck/Meyer, Die Bankbilanz, 3. Aufl. 1989, V 210.

[83] Für Institute iSd § 1 Abs. 3 ZAG ist § 21 RechZahlV zu beachten, der inhaltlich § 28 RechKredV entspricht.

[84] Vgl. Krumnow et al. Rn. 259.

[85] Vgl. Krumnow et al. Rn. 284. Krit. zur Zurechnung der Bewertungsreserven zum haftenden Eigenkapital Deutsche Bundesbank, Monatsbericht Januar 1993, 40; aA Arnold Die Bank 1990, 670.

über die Höhe und Zusammensetzung des haftenden Eigenkapitals zu informieren. Die damit erreichte Transparenz darf allerdings nicht überbewertet werden, da nicht alle Eigenkapitalbestandteile offenzulegen sind (zB sind die Vorsorgereserven nach § 340f nicht aus dem Jahresabschluss ersichtlich).[86] Die Zulässigkeit der Anrechnung resultiert aus Art. 484 Kapitaladäquanz-VO, der CRR, die gem. ihrem Abs. 2 übergangsweise eine Anrechnung bis zum 31.12.2021 erlaubt. Die Anrechnung selbst geht nach Art. 484 Kapitaladäquanz-VO auf Art. 57 lit. f RL 2006/48 EG (Banken-RL) iVm Art. 6 Abs. 1 RL 2006/48/EG zurück.

§ 340d Fristengliederung

[1]Die Forderungen und Verbindlichkeiten sind im Anhang nach der Fristigkeit zu gliedern. [2]Für die Gliederung nach der Fristigkeit ist die Restlaufzeit am Bilanzstichtag maßgebend.

Schrifttum: Bauer, Die EG-Bankbilanzrichtlinie und ihre Auswirkungen auf die Bilanzierungsvorschriften der deutschen Kreditinstitute, WM 1987, 861; Becker/Falk, Anmerkungen zu dem Entwurf einer EG-Richtlinie über den Jahresabschluß von Banken vom Oktober 1977, Schriften des Verbandes öffentlicher Banken, Heft 4/1979, 41; Birck/Meyer, Die Bankbilanz, Handkommentar zum Jahresabschluß der Kreditinstitute, 3. Aufl., Teillieferung 1, 1976; Christian, Ursprungs- oder Restlaufzeiten im Jahresabschluß der Kreditinstitute, BB 1987, 229; Grelck/Rode, Der neue Liquiditätsgrundsatz, ZfgK 1999, 68; IDW, WPH Edition, Kreditinstitute, Finanzdienstleister und Investmentvermögen, 2020; Krumnow, Die Analyse von Bankbilanzen mit Blick auf die EG-Bankbilanzrichtlinie, in Sonnemann, Bankbilanzierung und Bankprüfung, 1988, S. 119; Ruffert, Neue Fristengliederung für die Bilanzen der Kreditinstitute?, Die Sparkasse 1984, 256; Ruffert, EG-Harmonisierung: Fristengliederung ausschließlich nach Restlaufzeiten?, B.Bl. 1985, 195; Scharpf, Fristengliederung im Jahresabschluß von Bausparkassen, DStR 1995, 504; Scharpf/Sohler, Leitfaden zum Jahresabschluß nach dem Bankbilanzrichtlinie-Gesetz: Bilanz, GuV und Anhang, 1992; Schimann, Bilanzierungsvorschriften für Kreditinstitute, WPg 1985, 157; Schimann, EG-Bankbilanzrichtlinie – Neuregelung der Rechnungslegungsvorschriften für Kreditinstitute, DB 1987, 1497; Windmöller, Auswirkungen der Bankbilanzrichtlinie auf die Rechnungslegung der Kreditinstitute, DLK 1988, 43.

Übersicht

I. Normzweck

1   Die Bedeutung der Fristengliederung zeigt sich vor allem in ihrer Stellung im Gesetz. Neben § 340d sind die Ausweis- und Gliederungsvorschriften für Kreditinstitute, Finanzdienstleistungsinstitute und Wertpapierinstitute überwiegend in der RechKredV zu finden. Zahlungsinstitute und E-Geld-Institute (Institute iSd § 1 Abs. 3 ZAG) haben neben § 340d statt der RechKredV die RechZahlV zu beachten (§ 340 Abs. 5 iVm § 1 RechZahlV). Darüber hinaus steht die Art der Gliederung in engem Zusammenhang mit der Art der Information, die der Jahresabschluss vermitteln soll. Besteht das Ziel darin, einen besseren **Einblick in die Liquiditätslage** der Institute zu gewähren, so ist eine Gliederung nach Restlaufzeiten vorzuziehen. Soll jedoch eher ein besserer **Einblick in die Geschäftsstruktur** der Institute gegeben werden, ist eine Gliederung nach Ursprungslaufzeiten durchaus zu präferieren.

---

[86]   Vgl. Krumnow et al. Rn. 286. Krit. hierzu Kirsch/Grewe Rn. 203.

II. Entstehungsgeschichte der Fristengliederung

In den Harmonisierungsbestrebungen der EU im Rahmen der Verabschiedung der **2** Bankbilanz-RL[1] stand neben der Frage, welche Posten nach welchem Fristenfächer aufzugliedern sind, vor allem die Entscheidung zwischen der Fristengliederung nach Ursprungslaufzeiten und nach Restlaufzeiten zur Diskussion.[2] Während die Studiengruppe europäischer Wirtschaftsprüfer in ihrem Richtlinienvorschlag von 1977[3] der Restlaufzeitengliederung den Vorzug gab, sah sowohl der Vorentwurf von 1980 als auch der Richtlinienvorschlag von 1981 eine Gliederung nach der Ursprungslaufzeit oder nach Kündigungsfristen vor. In ihrem geänderten Richtlinienvorschlag von 1984 vollzog die EU-Kommission jedoch eine Kehrtwendung zugunsten der Restlaufzeitengliederung, die auch in die Bankbilanz-RL Eingang fand.

III. Restlaufzeitenkonzept

Seit dem 1.1.1998 haben Institute nach § 340d ihre Forderungen und Verbindlich- **3** keiten im Anhang nach der **Restlaufzeit** am Bilanzstichtag zu gliedern. Die Gliederung nach Restlaufzeiten ist mit **Arbeits- und Kostenaufwand** verbunden, da die Restlaufzeitengliederung höhere Anforderungen an das Rechnungswesen stellt als die Gliederung nach Ursprungslaufzeiten. Bei letzterer kann die einmal vorgenommene fristenmäßige Zuordnung über die gesamte Laufzeit beibehalten werden. Gleichzeitig tritt mit der Wahl der Restlaufzeitengliederung das Ziel, einen Einblick in die Geschäftsstruktur der Institute zu gewähren, deutlich in den Hintergrund zugunsten des **Einblicks in die Liquiditätslage.**[4] Dabei darf jedoch nicht übersehen werden, dass das Restlaufzeitenkonzept kein absolut treffendes Bild der Bankenliquidität geben kann. Es kann nur eine zeitpunktbezogene und keine zukünftige Liquiditätslage des Instituts gezeigt werden.[5] Genaue Informationen über die zukünftigen Zahlungsströme liefern nur interne Finanzpläne.[6]

Entscheidend für den Bilanzadressaten sind auch Informationen über die **Ertrags- 4 verhältnisse** und die **Risikostruktur** eines Instituts. Unabhängig davon, dass die Aussagefähigkeit des Jahresabschlusses im Hinblick auf Risiko- und Ertragsverhältnisse durch andere Kriterien bestimmt wird, lässt auch die Gliederung der Bilanz Rückschlüsse auf die Ertrags- und Risikoverhältnisse zu.[7] Für die Beurteilung des Ausfallrisikos kann dabei nur das Restlaufzeitenprinzip die benötigten Informationen liefern. Gleiches gilt für die Ermittlung des Zinsänderungsrisikos.[8] Es ist allerdings zu beachten, dass die Fristengliederung nur Anhaltspunkte zur Bestimmung des Zinsänderungsrisikos liefern kann, da die Laufzeit nicht immer mit der Zinsbindungsfrist übereinstimmt und ein Teil der Geschäfte, die das Zinsänderungsrisiko bestimmen, nicht aus dem Jahresabschluss ersichtlich ist.[9] Sollen mittels der Laufzeitfristen Aussagen über die Ertragsverhältnisse getroffen werden, versagt das Restlaufzeitenprinzip.[10] Aber auch die Fristengliederung nach Ursprungslaufzeiten ist nur bedingt in der Lage, Informationen über den nachhaltig erzielbaren Zinsüberschuss zu liefern.[11]

---

[1] Richtlinie 86/635/EWG des Rates v. 8.12.1986 über den Jahresabschluß und den konsolidierten Abschluß von Banken und anderen Finanzinstituten, ABl. EG 1986 L 372, 1.

[2] Vgl. Christian BB 1987, 229 ff.; Ruffert Die Sparkasse 1984, 256 f.

[3] Vgl. dazu Anmerkungen Becker/Falk, Anmerkungen zu dem Entwurf einer EG-Richtlinie über den Jahresabschluß von Banken vom Oktober 1977, 41 ff. Zur beschränkten Aussagekraft der Bilanz bzgl. der Liquidität vgl. Ruffert B.Bl. 1985, 196 f. sowie Schimann WPg 1985, 161.

[4] Vgl. GK-HGB/Gesmann-Nuissl Rn. 1.

[5] Vgl. zur statischen und dynamischen Liquidität Birck/Meyer, Die Bankbilanz, 3. Aufl. 1976, II 27.

[6] Vgl. Bauer WM 1987, 863; Krumnow 130.

[7] Vgl. Christian BB 1987, 232 f.

[8] Vgl. GK-HGB/Gesmann-Nuissl Rn. 1.

[9] Vgl. Windmöller DLK 1988, 43.

[10] Hier ist die Gliederung nach Ursprungslaufzeiten eher von Bedeutung. Vgl. Krumnow 130.

[11] Dies ist vor allem bei inverser Zinsstruktur der Fall. Vgl. Christian BB 1987, 233.

IV. Bestimmungen der RechKredV

5   **1. Definition der Restlaufzeit (§ 8 RechKredV).** Einzelheiten zur Restlaufzeit und zur Fristengliederung finden sich in den §§ 8 und 9 RechKredV. Der Begriff der **Restlauflaufzeit** bestimmt sich allgemein in Anlehnung an § 8 Abs. 2 RechKredV als Zeitraum, der zwischen dem Bilanzstichtag und dem Fälligkeitstag der jeweiligen Forderung oder Verbindlichkeit liegt. Dabei ist eine von der Laufzeit der Kapitalbeträge abweichend vereinbarte **Zinsbindungsfrist** für die Bestimmung der Restlaufzeit ohne Bedeutung. **Weicht der vertragliche vom erwarteten Rückzahlungszeitpunkt ab,** so ist der wahrscheinlichere von beiden anzusetzen.

6   In § 8 Abs. 1 RechKredV wird für **ungekündigte Kündigungsgelder** vorgeschrieben, dass die Kündigungsfristen für die Gliederung nach Restlaufzeiten maßgebend sind. Ist neben der Kündigungsfrist eine Kündigungssperrfrist vereinbart, ist diese zu berücksichtigen. Bei der Bestimmung der Laufzeitfristen können Schwierigkeiten auftreten, wenn der Schuldner oder Gläubiger gegenüber dem Institut zur **vorzeitigen ordentlichen Kündigung** berechtigt ist. Hierzu schreibt § 8 Abs. 1 S. 3 RechKredV bei Forderungen vor, dass Kündigungsrechte nicht zu berücksichtigen sind. Die Berücksichtigung vorzeitiger Kündigungsmöglichkeiten ist bei Verbindlichkeiten dagegen nicht ausdrücklich ausgenommen. Folglich müssen bei der Bemessung der Restlaufzeiten von Verbindlichkeiten vorzeitige Kündigungsrechte stets mit einfließen, da ansonsten die Gefahr bestünde, Verbindlichkeiten als langfristig auszuweisen, obwohl sie nur kurz- oder mittelfristig zur Verfügung stehen.[12] Besteht hingegen eine Kündigungsmöglichkeit seitens des Instituts, so hat dieses keine Auswirkung auf die Einordnung in das Fristengliederungsschema.[13] Bei Forderungen und Verbindlichkeiten mit **Rückzahlungen in regelmäßigen Raten** gilt als Restlaufzeit der Zeitraum zwischen dem Bilanzstichtag und dem Fälligkeitstag jedes Teilbetrags (§ 8 Abs. 2 RechKredV). § 8 Abs. 3 RechKredV enthält die Definition von **täglich fälligen Forderungen und Verbindlichkeiten,** die allerdings nicht für die Fristengliederung im Anhang, sondern für den Ausweis eines entsprechenden Unterpostens in der Bilanz von Bedeutung ist.

7   **2. Fristengliederung (§ 9 RechKredV).** § 9 Abs. 1 RechKredV benennt die Positionen, bei denen seit dem 1.1.1998 eine **Restlaufzeitgliederung im Anhang** vorzunehmen ist, wobei für die Aufgliederung gem. § 9 Abs. 2 RechKredV die folgenden Restlaufzeiten maßgebend sind: 1) bis drei Monate, 2) mehr als drei Monate bis zu einem Jahr, 3) mehr als ein Jahr bis fünf Jahre und 4) mehr als fünf Jahre. Zu den Aufgliederungspositionen zählen „andere Forderungen an Kreditinstitute mit Ausnahme der darin enthaltenen Bausparguthaben aus abgeschlossenen Bausparverträgen",[14] „Forderungen an Kunden", „Verbindlichkeiten gegenüber Kreditinstituten mit vereinbarter Laufzeit oder Kündigungsfrist", „Spareinlagen mit vereinbarter Kündigungsfrist von mehr als 3 Monaten", „andere Verbindlichkeiten gegenüber Kunden mit vereinbarter Laufzeit oder Kündigungsfrist" sowie „andere verbriefte Verbindlichkeiten".

8   Zusätzlich sind nach § 9 Abs. 3 RechKredV im **Anhang** auszuweisen:

1. die im Posten „Forderungen an Kunden" enthaltenen Forderungen mit unbestimmter Laufzeit sowie
2. die im Posten „Schuldverschreibungen und andere festverzinsliche Wertpapiere" und im Unterposten „begebene Schuldverschreibungen" enthaltenen Beträge, die in dem auf den Bilanzstichtag folgenden Jahr fällig werden.

---

[12]   Vgl. Scharpf/Sohler Leitfaden zum Jahresabschluß S. 19. Gleiche Ansicht Krumnow et al. RechKredV § 8 Rn. 5.

[13]   Vgl. Beck HdR/Bieg/Waschbusch B 900 Rn. 88.

[14]   Ausgangsüberlegung der Ausnahmebestimmung für Bauspargutgaben war, dass bei den abgeschlossenen Bausparverträgen die Wartezeit bis zur Zuteilungsreife grds. nicht genau bestimmt werden kann. Zur Fristengliederung bei Bausparkassen vgl. Scharpf DStR 1995, 504 ff.

Unter den Forderungen mit unbestimmter Laufzeit fallen die „bis auf weiteres" (b.a.w.)   9
gewährten Dispositions- oder Überziehungslinien sowie Kündigungsgelder und Gelder mit
täglicher Kündigung.[15]

Für die Aufgliederung nach Fristigkeit ist von den um Einzelwertberichtigungen bzw.   10
pauschalierte Einzelwertberichtigungen, Pauschalwertberichtigungen sowie nach § 340f
gekürzten Beträgen auszugehen.[16]

3. Anteilige Zinsen in der Restlaufzeitengliederung (§ 11 RechKredV). Gemäß   11
§ 11 S. 1 RechKredV sind anteilige Zinsen und ähnliche das Geschäftsjahr betreffende
Beträge, die erst nach dem Bilanzstichtag fällig werden, aber bereits am Bilanzstichtag bei
Kreditinstituten den Charakter von bankgeschäftlichen und bei Finanzdienstleistungsinstituten oder Wertpapierinstituten den Charakter von für diese Institute typischen Forderungen
oder Verbindlichkeiten haben, demjenigen Posten der Aktiv- oder Passivseite der Bilanz
zuzuordnen, dem sie zugehören. Allerdings brauchen die anteiligen Zinsen, die dem betreffenden Bilanzposten zugeschlagen wurden, nicht nach Restlaufzeiten aufgegliedert werden
(§ 11 S. 3 RechKredV). Neben dem Verzicht der Nennung der anteiligen Zinsen bei der
Restlaufzeitengliederung ist ein Ausweis der anteiligen Zinsen grundsätzlich in der kürzesten
Frist möglich, um eine Diskrepanz zwischen Bilanzausweis und der Summe der im Anhang
nach Restlaufzeiten aufgegliederten Beträge zu vermeiden.[17]

V. Bestimmungen der RechZahlV

Einzelheiten zur Restlaufzeit und zur Fristengliederung finden sich in den §§ 6 und 7   12
RechZahlV. § 6 RechZahlV definiert, welche Frist bei Kündigungsgeldern als Restlaufzeit
anzusehen ist und entspricht § 8 Abs. 1 RechKredV.

Gemäß § 7 RechZahlV sind im Anhang von Zahlungsinstituten und E-Geld-Instituten   13
(Instituten iSd § 1 Abs. 3 ZAG) die Beträge des Aktivpostens Nr. 3 „Forderungen an Kunden" und des Passivpostens Nr. 2 „Verbindlichkeiten gegenüber Kunden" gesondert nach
folgenden Restlaufzeiten aufzugliedern: 1) bis drei Monate, 2) mehr als drei Monate bis
sechs Monate, 3) mehr als sechs Monate bis zwölf Monate und 4) mehr als zwölf Monate.
Die Fristengliederung für Institute iSd § 1 Abs. 3 ZAG unterscheidet sich von der Fristengliederung für Kredit-, Finanzdienstleistungs- und Wertpapierinstitute nach § 9 RechKredV.
Die Regelung des § 9 RechKredV zur Fristengliederung ist umfangreicher als die des § 7
RechZahlV. Für Zahlungsinstitute und E-Geld-Institute besteht kein Bedürfnis für eine so
weitgehende Fristengliederung wie bei Kredit-, Finanzdienstleistungs- und Wertpapierinstituten.

Anteilige Zinsen brauchen nicht nach Restlaufzeiten aufgegliedert werden (§ 8 S. 3   14
RechZahlV). § 8 S. 3 RechZahlV entspricht § 11 S. 3 RechKredV.

Dritter Titel. Bewertungsvorschriften

§ 340e Bewertung von Vermögensgegenständen

**(1) ¹Kreditinstitute haben Beteiligungen einschließlich der Anteile an verbundenen
Unternehmen, Konzessionen, gewerbliche Schutzrechte und ähnliche Rechte und
Werte sowie Lizenzen an solchen Rechten und Werten, Grundstücke, grundstücksgleiche Rechte und Bauten einschließlich der Bauten auf fremden Grundstücken,
technische Anlagen und Maschinen, andere Anlagen, Betriebs- und Geschäftsausstattung sowie Anlagen im Bau nach den für das Anlagevermögen geltenden Vorschriften zu bewerten, es sei denn, daß sie nicht dazu bestimmt sind, dauernd
dem Geschäftsbetrieb zu dienen; in diesem Falle sind sie nach Satz 2 zu bewerten.
²Andere Vermögensgegenstände, insbesondere Forderungen und Wertpapiere,**

---

15   Vgl. Krumnow et al. RechKredV § 9 Rn. 20.
16   Vgl. IDW, WPH Edition, Kreditinstitute, D Rn. 546.
17   Vgl. Krumnow et al. RechKredV § 11 Rn. 12.

sind nach den für das Umlaufvermögen geltenden Vorschriften zu bewerten, es sei denn, daß sie dazu bestimmt werden, dauernd dem Geschäftsbetrieb zu dienen; in diesem Falle sind sie nach Satz 1 zu bewerten. [3]§ 253 Absatz 3 Satz 6 ist nur auf Beteiligungen und Anteile an verbundenen Unternehmen im Sinn des Satzes 1 sowie Wertpapiere und Forderungen im Sinn des Satzes 2, die dauernd dem Geschäftsbetrieb zu dienen bestimmt sind, anzuwenden.

(2) [1]Abweichend von § 253 Abs. 1 Satz 1 dürfen Hypothekendarlehen und andere Forderungen mit ihrem Nennbetrag angesetzt werden, soweit der Unterschiedsbetrag zwischen dem Nennbetrag und dem Auszahlungsbetrag oder den Anschaffungskosten Zinscharakter hat. [2]Ist der Nennbetrag höher als der Auszahlungsbetrag oder die Anschaffungskosten, so ist der Unterschiedsbetrag in den Rechnungsabgrenzungsposten auf der Passivseite aufzunehmen; er ist planmäßig aufzulösen und in seiner jeweiligen Höhe in der Bilanz oder im Anhang gesondert anzugeben. [3]Ist der Nennbetrag niedriger als der Auszahlungsbetrag oder die Anschaffungskosten, so darf der Unterschiedsbetrag in den Rechnungsabgrenzungsposten auf der Aktivseite aufgenommen werden; er ist planmäßig aufzulösen und in seiner jeweiligen Höhe in der Bilanz oder im Anhang gesondert anzugeben.

(3) [1]Finanzinstrumente des Handelsbestands sind zum beizulegenden Zeitwert abzüglich eines Risikoabschlags zu bewerten. [2]Eine Umgliederung in den Handelsbestand ist ausgeschlossen. [3]Das Gleiche gilt für eine Umgliederung aus dem Handelsbestand, es sei denn, außergewöhnliche Umstände, insbesondere schwerwiegende Beeinträchtigungen der Handelbarkeit der Finanzinstrumente, führen zu einer Aufgabe der Handelsabsicht durch das Kreditinstitut. [4]Finanzinstrumente des Handelsbestands können nachträglich in eine Bewertungseinheit einbezogen werden; sie sind bei Beendigung der Bewertungseinheit wieder in den Handelsbestand umzugliedern.

(4) [1]In der Bilanz ist dem Sonderposten „Fonds für allgemeine Bankrisiken" nach § 340g in jedem Geschäftsjahr ein Betrag, der mindestens 10 vom Hundert der Nettoerträge des Handelsbestands entspricht, zuzuführen und dort gesondert auszuweisen. [2]Dieser Posten darf nur aufgelöst werden

1. zum Ausgleich von Nettoaufwendungen des Handelsbestands sowie
2. zum Ausgleich eines Jahresfehlbetrags, soweit er nicht durch einen Gewinnvortrag aus dem Vorjahr gedeckt ist,
3. zum Ausgleich eines Verlustvortrags aus dem Vorjahr, soweit er nicht durch einen Jahresüberschuss gedeckt ist, oder
4. soweit er 50 vom Hundert des Durchschnitts der letzten fünf jährlichen Nettoerträge des Handelsbestands übersteigt.

[3]Auflösungen, die nach Satz 2 erfolgen, sind im Anhang anzugeben und zu erläutern.

Schrifttum: Amann/Schaber/Wulff, Bewertung von Zinstiteln zu fortgeführten Anschaffungskosten, WPg 2021, 1326; App/Wiehagen-Knopke, Bilanzierung des Handelsbestands bei Banken nach dem BilMoG, KoR 2010, 93; BaFin, Rundschreiben 05/2023 (BA) – Mindestanforderungen an das Risikomanagement (MaRisk) vom 29.6.2023; Bär/Wiechens, Handelsrechtliche Kreditrisikovorsorge im Wandel der Zeit vor dem Hintergrund von IFRS 9, KoR 2016, 455; BdB, Bankbilanzrichtlinie-Gesetz, Arbeitsmaterialien zur Anwendung von Bankbilanzrichtlinie-Gesetz und Rechnungslegungsverordnung, 1993; BFA, Stellungnahme 1/1990: Zur Bildung von Pauschalwertberichtigungen für das latente Kreditrisiko im Jahresabschluß von Kreditinstituten, WPg 1990, 321; Bieg/Waschbusch, Bankbilanzierung nach HGB und IFRS, 3. Aufl. 2017; Birck/Meyer, Die Bankbilanz, Handkommentar zum Jahresabschluß der Kreditinstitute, 3. Aufl., Teillieferung 4, 5, 1979, 1989; Böcking, Bilanzrechtstheorie und Verzinslichkeit, 1988; Böcking/Dreisbach/Gros, Der fair value als Wertmaßstab im Handelsbilanzrecht und den IFRS – eine Diskussion vor dem Hintergrund des Referentenentwurfs des BilMoG, Der Konzern 2008, 207; Böcking/Torabian, Auswirkungen des Entwurfs des BilMoG auf die Bilanzierung von Finanzinstrumenten, BB 2008, 265;

Böcking/Torabian, Risikomanagement und Bilanzierung von Finanzinstrumenten, in Schäfer, Risikomanagement und kapitalmarktorientierte Finanzierung, 2009, 251; Brüggemann, Finanzinstrumente des Handelsbestands in HGB-Abschlüssen von Kreditinstituten, 2010; Deutsche Bundesbank, Das Bilanzrechtsmodernisierungsgesetz aus Sicht der Bankenaufsicht, Monatsbericht der Deutschen Bundesbank September 2010, 49; Ernst/Seidler, Gesetz zur Modernisierung des Bilanzrechts nach Verabschiedung durch den Bundestag, BB 2009, 766; Feld, IDW ERS BFA 3: Einzelfragen der verlustfreien Bewertung von zinsbezogenen Geschäften des Bankbuchs (Zinsbuchs), RdF 2012, 69; Fitzner, Derivatepublizität von Kreditinstituten im Kontext wirtschaftlicher Stabilität, 1997; Fülbier/Gassen, Das Bilanzrechtsmodernisierungsgesetz (BilMoG) – Handelsrechtliche GoB vor einer Neuinterpretation, DB 2007, 2605; Gebhardt, Probleme der bilanziellen Abbildung von Finanzinstrumenten, BFuP 1996, 557; Gebhardt/Strampelli, Bilanzierung von Kreditrisiken, BFuP 2005, 507; Gehrer/Koch/Krakuhn, Die neuen Regelungen des IDW ERS BFA 7 zur Ermittlung von Pauschalwertberichtigungen im HGB-Abschluss: Anrechnungsmodell oder IFRS-Methodik, IRZ 2019, 75; Glaser/Hachmeister, Pflicht oder Wahlrecht zur Bildung bilanzieller Bewertungseinheiten nach dem BilMoG, BB 2011, 555; Goldschmidt/Meyding-Metzger/Weigel, Änderungen in der Rechnungslegung von Kreditinstituten nach dem Bilanzrechtsmodernisierungsgesetz, Teil I: Finanzinstrumente des Handelsbestands, Bilanzierung von Bewertungseinheiten, IRZ 2010, 21; Goldschmidt/Rudy, Kreditrisiken im Handelsbuch – zunehmende Bedeutung, ZfgK 2010, 496; Goldschmidt/Weigel, Die Bewertung von Finanzinstrumenten bei Kreditinstituten in illiquiden Märkten nach IAS 39 und HGB, WPg 2009, 192; Groh, Unterverzinsliche Darlehen in der Handels- und Steuerbilanz, StuW 1991, 297; Groh, Adolf Moxter und der Bundesfinanzhof, FS Moxter, 1994, 64; Hanenberg, Die neuen Vorschriften zur Rechnungslegung der Finanzdienstleistungsinstitute, WPg 1999, 85; Helke/Wiechens/Klaus, Zur Umsetzung der HGB-Modernisierung durch das BilMoG: Die Bilanzierung von Finanzinstrumenten, DB Beil. 5/2009, 30; Huthmann/Hofele, Teilweise Umsetzung der Fair Value-Richtlinie in deutsches Recht und Folgen für die handelsrechtliche Bilanzierung, KoR 2005, 181; IDW, IDW Prüfungsstandard: Prüfung der Adressenausfallrisiken und des Kreditgeschäfts von Kreditinstituten (IDW PS 522), FN-IDW 2002, 623; IDW, Positionspapier des IDW zu Bilanzierungs- und Bewertungsfragen im Zusammenhang mit der Subprime-Krise, FN-IDW 2008, 1; IDW, IDW Stellungnahme zur Rechnungslegung: Bilanzierung von Finanzinstrumenten des Handelsbestands bei Kreditinstituten (IDW RS BFA 2), FN-IDW 2010, 154; IDW, IDW Stellungnahme zur Rechnungslegung: Zweifelsfragen zum Ansatz und zur Bewertung von Drohverlustrückstellungen (IDW RS HFA 4), FN-IDW 2010, 298, FN-IDW 2013, 61; IDW, 214. Sitzung des BFA, FN-IDW 2010, 578; IDW, IDW Stellungnahme zur Rechnungslegung: Handelsrechtliche Bilanzierung von Financial Futures und Forward Rate Agreements bei Instituten (IDW RS BFA 5), FN-IDW 2011, 653; IDW, IDW Stellungnahme zur Rechnungslegung: Handelsrechtliche Bilanzierung von Optionsgeschäften bei Instituten (IDW RS BFA 6), FN-IDW 2011, 656; IDW, IDW Stellungnahme zur Rechnungslegung: Handelsrechtliche Bilanzierung von Bewertungseinheiten (IDW RS HFA 35), FN-IDW 2011, 445; IDW, IDW Stellungnahme zur Rechnungslegung: Einzelfragen der verlustfreien Bewertung von zinsbezogenen Geschäften des Bankbuchs (Zinsbuch) (IDW RS BFA 3 nF), IDW Life 2018, 278; IDW, IDW Stellungnahme zur Rechnungslegung: Risikovorsorge für vorhersehbare, noch nicht individuell konkretisierte Adressenausfallrisiken im Kreditgeschäft von Kreditinstituten („Pauschalwertberichtigungen") (IDW RS BFA 7), IDW Life 2/2020, 107; IDW, WPH Edition, Kreditinstitute, Finanzdienstleister und Investmentvermögen, 2020; IDW, IDW Rechnungslegungshinweis: Zugangsklassifizierung und Umwidmung von Wertpapieren nach HGB (IDW RH HFA 1.014), IDW Life 2022, 105; IDW BFA, Fachlicher Hinweis des BFA zu ausgewählten Bilanzierungsfragen nach HGB bei Instituten vom 29.11.2022, www.idw.de; Jessen/Haaker/Briesemeister, Der handelsrechtliche Rückstellungstest für das allgemeine Zinsänderungsrisiko im Rahmen der verlustfreien Bewertung des Bankbuches, KoR 2011, 313 (Teil 1), 359 (Teil 2); Kirsch/Dohrn, Umsetzung der Fair Value-Richtlinie in Deutschland, in Bieg/Heyd, Fair Value – Bewertung in Rechnungswesen, Controlling und Finanzwirtschaft, 2005, 129; Kirsch/von Wieding, Bilanzierung von Bitcoin nach HGB, BB 2017, 2731; Kreuder, Verlustfreie Bewertung von zinsbezogenen Geschäften des Bankbuchs im Rahmen der Gesamtbanksteuerung, RdF 2014, 331; Krumnow, Bankencontrolling für derivative Geschäfte, FS von Stein, 1997, 291; Kütter/Prahl, Die handelsrechtliche Bilanzierung der Eigenhandelsaktivitäten von Kreditinstitute – Reformstau der deutschen Handelsrechts –, WPg 2006, 9; Löcke, Einzelwertberichtigungen auf Forderungen nach der Discounted Cash Flow-Methode, WPg 1998, 988; Löw, Verlustfreie Bewertung antizipativer Sicherungsgeschäfte nach HGB, WPg 2004, 1109; Löw, Handelsrechtliche Aspekte der verlustfreien Bewertung von zinsbezogenen Geschäften des Bankbuchs, RdF 2013, 320; Löw/Torabian, Auswirkungen des Entwurfs des BilMoG auf die Bilanzierung von Finanzinstrumenten, ZfgK 2008, 608; Löw/Scharpf/Weigel, Auswirkungen des Regierungsentwurfs zur Modernisierung des Bilanzrechts auf die Bilanzierung von Finanzinstrumenten, WPg 2008, 1011; Mauritz, Konzepte der Bilanzierung und Besteuerung derivativer Finanzinstrumente, 1996; Morawietz, Handelsrechtliche Risikovorsorge für Kreditrisiken bei Banken unter Berücksichtigung des IFRS 9, FS Böcking, 2021, 637; Moxter, Ulrich Leffson und die Bilanzrechtsprechung, WPg 1986, 173; Moxter, Beschränkung der gesetzlichen Verlustantizipation auf die Wertverhältnisse des Abschlußstichtags, FS Rose, 1991, 165; Mujkanovic, Die Bewertung von Finanzinstrumenten zum fair value nach BilMoG, StuB 2009, 329; Naumann, Bewertungseinheiten im Gewinnermittlungsrecht der Banken, 1995; Nguyen/Rohlf, Zeitwertbilanzierung von Finanzinstrumenten bei Kredit- und Finanzdienstleistungsinstituten, ZfgK 2011, 94;

Oestreicher, Die Berücksichtigung von Marktzinsänderungen bei Finanzierungsverträgen in der Handels- und Steuerbilanz, BB-Beil. 12/1993, 2; Rebmann/Weigel, Verlustfreie Bewertung von zinsbezogenen Geschäften des Bankbuchs bei Kreditinstituten nach dem deutschen HGB und dem österreichischen UGB, KoR 2014, 211; Reker/Pahl/Löcke, Aufstellung eines befreienden Konzernabschlusses und -lageberichtes nach International Accounting Standards durch Kreditinstitute, Anmerkungen zum Kapitalaufnahmeer- leichterungsgesetz, WPg 1998, 527; Rudolph, Derivative Finanzinstrumente: Entwicklung, Risikomanage- ment und bankaufsichtsrechtliche Regulierung, in Rudolph, Derivative Finanzinstrumente, 1995, S. 3; Scharpf, Überlegungen zur Bilanzierung strukturierter Produkte (Compound Instruments), FB 1999, 21; Scharpf, Finanzinstrumente, in Küting/Pfitzer/Weber, Das neue deutsche Bilanzrecht, 2. Aufl. 2009, S. 197; Scharpf et al., Bilanzierung von Finanzinstrumenten des Handelsbestands bei Kreditinstituten – Erläuterung von IDW RS BFA 2, WPg 2010, 439 (Teil 1), 501(Teil 2); Scharpf/Luz, Risikomanagement, Bilanzierung und Aufsicht von Finanzderivaten, 2. Aufl. 2000; Scharpf/Schaber, Handelsbestände an Finanzinstrumenten bei Banken und bei Nicht-Banken nach dem BilMoG, DB 2008, 2552; Scharpf/ Schaber, Handbuch Bankbilanz, 9. Aufl. 2022; Scharpf/Sohler, Leitfaden zum Jahresabschluß nach dem Bankbilanzrichtlinie-Gesetz: Bilanz, GuV und Anhang, 1992; Schubert, Fair-value accounting for CVA, Risk January 2011, 112, Risk February 2011, 87; Sittmann-Haury, Forderungsbilanzierung von Kreditinsti- tuten, 2003; Sopp/Grünberger, Die Bilanzierung von Derivaten zur Steuerung der Zinsrisiken im Bank- buch, KoR 2014, 36; Torabian, Bilanzielle Bewertung von Finanzinstrumenten – Vergleich der Bewer- tungskonzeption nach HGB und IFRS hinsichtlich der Informationsfunktion der Rechnungslegung, 2010; Vietze/Bär/Briesemeister/Löw/Schaber/Weigel/Wolfgarten, Weitere Einzelfragen zur verlustfreien Be- wertung von zinsbezogenen Geschäften des Bankbuchs (Zinsbuchs), WPg 2018, 763; Walter, Zinsbuch: Verlustfreie Bewertung, BankPraktiker 2010, 233; Walter, Verlustfreie Bewertung des Zinsbuchs nach IDW BFA 3, ZfgK 2015, 1069; Waschbusch, Bilanzierung bei Kreditinstituten, in Petersen/Zwirner, Handbuch Bilanzrecht, 2. Aufl. 2018, 997; Windmöller, Fragen zur Berücksichtigung der Zinsen in der Bankbilanzie- rung, FS Moxter, 1994, 883; Wolfgarten/Bär/Blaschke/Flick/Gahlen/Schaber/Vietze, Pauschalwertbe- richtigungen im Kreditgeschäft von Kreditinstituten nach IDW RS BFA 7, WPg 2021, 645; Wolfgarten/ Bär/Blaschke/Flick/Gahlen/Schaber/Vietze, Einzelfragen zur Ermittlung der Pauschalwertberichtigung nach IDW RS BFA 7, WPg 2021, 774.

Übersicht

I. Grundlagen und Umsetzung der Bankbilanz-RL sowie der RL 2001/65/EG

§ 340e, der auf Art. 35 und 37 Abs. 1 Bankbilanz-RL[1] zurückzuführen ist, regelt einige **1** Bewertungsbesonderheiten bei Kreditinstituten, Finanzdienstleistungsinstituten, Wertpapierinstituten, Zahlungsinstituten und E-Geld-Instituten. Abs. 1 S. 1 und 2 enthalten für Zwecke der Bewertung eine Regel- und Ausnahmevorschrift zur Definition des Anlage- und Umlaufvermögens, wobei die Ausnahme von der Regelzuordnung jeweils darauf abstellt, ob die Vermögensgegenstände dazu bestimmt sind, dauernd dem Geschäftsbetrieb zu dienen.

Das Wahlrecht des Abs. 2 S. 1, Hypothekendarlehen und andere Forderungen statt mit **2** ihrem Auszahlungsbetrag oder ihren Anschaffungskosten mit dem Nennbetrag anzusetzen, sofern der Unterschiedsbetrag Zinscharakter hat, beruht nicht allein auf Art. 35 Abs. 3a S. 2 Bankbilanz-RL, sondern war bereits mit der Bilanz-RL[2] vereinbar.[3]

Am 27.9.2001 verabschiedete die EU-Kommission die RL 2001/65/EG[4] (sog. Fair- **3** Value-RL). Die RL 2001/65/EG schaffte in erster Linie die Voraussetzungen für eine Anwendung der IFRS innerhalb der EU, zugleich räumt sie jedoch den Mitgliedstaaten die Möglichkeit zur Anpassung der nationalen Rechnungslegung an die internationalen Vorschriften in Bezug auf die Bilanzierung von bestimmten Finanzinstrumenten zum beizulegenden Zeitwert bzw. Fair Value ein. Im Rahmen des am 29.5.2009 in Kraft getretenen Bilanzrechtsmodernisierungsgesetzes (BilMoG) wurde die von Instituten bereits seit Jahren praktizierte Bilanzierung des Handelsbestands zum beizulegenden Zeitwert unter Vornahme eines Risikoabschlags in Abs. 3 kodifiziert.[5]

II. Abgrenzung zwischen wie Anlagevermögen und wie Umlaufvermögen zu bewertende Vermögensgegenstände (Abs. 1)

1. Gesetzliche Regelung (Abs. 1 S. 1 und 2). In der Bilanz der Institute wird nicht **4** zwischen Anlage- und Umlaufvermögen getrennt.[6] Es wird aber eine interne Zuordnung der Vermögensgegenstände, die wie Anlage- oder Umlaufvermögen zu bewerten sind, vorgenommen, da sowohl die allgemein gültigen als auch die institutsspezifischen Rechnungslegungsvorschriften des HGB für Vermögensgegenstände, die wie Anlagevermögen zu bewerten sind, andere Bestimmungen vorsehen als für Gegenstände, die wie Umlaufvermögen zu bewerten sind.[7]

Abs. 1 S. 1 Hs. 1 nennt zunächst in Form einer abschließenden Aufzählung die Vermö- **5** gensgegenstände, die im Regelfall **wie Anlagevermögen zu bewerten** (§ 253 Abs. 1 S. 1, Abs. 3, Abs. 5) sind. Die aufgezählten Vermögensgegenstände stimmen – mit Ausnahme der Beteiligungen und Anteile an verbundenen Unternehmen – mit den einzelnen Bestandteilen der Positionen „Immaterielle Vermögensgegenstände" und „Sachanlagen" des § 266 Abs. 2 weitgehend überein.[8] Nach Abs. 1 sind folgende Vermögensgegenstände im Regelfall nach den für das Anlagevermögen geltenden Vorschriften zu bewerten: Beteiligungen, Anteile an verbundenen Unternehmen, Konzessionen, gewerbliche Schutzrechte und ähnli-

---

[1] RL 86/635/EWG des Rates v. 8.12.1986 über den Jahresabschluß und den konsolidierten Abschluß von Banken und anderen Finanzinstituten, ABl. EG 1986 L 372, 1.

[2] Vierte RL 78/660/EWG des Rates v. 25.7.1978 aufgrund von Art. 54 Abs. 3 Buchst. g des Vertrages über den Jahresabschluß von Gesellschaften bestimmter Rechtsformen, ABl. EG 1978 L 222, 11; aufgehoben durch die Bilanz-RL.

[3] Vgl. BT-Drs. 11/6275, 22 f.

[4] RL 2001/65/EG des Europäischen Parlaments und des Rates v. 27.9.2001 zur Änderung der Richtlinien 78/660/EWG, 83/349/EWG und 86/635/EWG des Rates im Hinblick auf die im Jahresabschluss bzw. im konsolidierten Abschluss von Gesellschaften bestimmter Rechtsformen und von Banken und anderen Finanzinstituten zulässigen Wertansätze, ABl. EG 2001 L 283, 28.

[5] Vgl. Helke/Wiechens/Klaus DB-Beil. 5/2009, 34.

[6] Zur Begr. vgl. BT-Drs. 11/6275, 22.

[7] Vgl. Bieg/Waschbusch Bankbilanzierung S. 111.

[8] Nicht in Abs. 1, aber in § 266 Abs. 2 erwähnt sind die selbst geschaffenen gewerblichen Schutzrechte und ähnliche Rechte und Werte, der Geschäfts- oder Firmenwert sowie die geleisteten Anzahlungen.

che Rechte und Werte sowie Lizenzen an solchen Rechten und Werten, Grundstücke, grundstücksgleiche Rechte und Bauten einschließlich der Bauten auf fremden Grundstücken, technische Anlagen und Maschinen, andere Anlagen, Betriebs- und Geschäftsausstattung sowie Anlagen im Bau. Im Bilanzformblatt für Institute sind damit die Aktivposten „Beteiligungen", „Anteile an verbundenen Unternehmen", „Immaterielle Anlagewerte" und „Sachanlagen" angesprochen.

6   Für den Fall, dass die abschließend aufgezählten Vermögensgegenstände nicht dazu bestimmt sind, dauernd dem Geschäftsbetrieb zu dienen,[9] sind sie nach den für das Umlaufvermögen geltenden Vorschriften zu bewerten (Abs. 1 S. 1 Hs. 2). Der Gesetzgeber lässt folglich **Ausnahmen** von der Zuordnungsregel in S. 1 in Form eines Bewertungsvorbehalts zu. Aufgrund dieser Zweckbestimmung, die überwiegend vom subjektiven Willen[10] des bilanzierenden Instituts abhängt, kann die Regelzuordnung geändert werden. Das bedeutet für in S. 1 aufgezählte Vermögensgegenstände, für die keine Dauerbesitzabsicht besteht oder deren Halten aufgrund der wirtschaftlichen Verhältnisse unmöglich erscheint, dass die Bewertungsvorschriften für das Umlaufvermögen anzuwenden sind (Abs. 1 S. 1 Hs. 2). Für Beteiligungen dürfte dieser Bewertungsvorbehalt nicht greifen, da diese definitionsgemäß dazu bestimmt sind, dem eigenen Geschäftsbetrieb durch Herstellung einer dauernden Verbindung zu jenem Unternehmen zu dienen (§ 271 Abs. 1 S. 1).[11] Eine im Wege des Pakethandels oder zur Rettung von Kreditforderungen nur vorübergehende Übernahme von Anteilsbesitz ist nicht unter den Beteiligungen, sondern je nach Ausgestaltung unter der Position „Aktien und andere nicht festverzinsliche Wertpapiere" oder „Sonstige Vermögensgegenstände" auszuweisen.

7   Der Gesetzgeber bestimmt in Abs. 1 S. 2 über eine **Negativabgrenzung** zu den in der Aufzählung des S. 1 genannten Vermögensgegenständen, dass die anderen Vermögensgegenstände, insbes. Forderungen und Wertpapiere, nach den für das **Umlaufvermögen** geltenden Vorschriften (§ 253 Abs. 1 S. 1, Abs. 4, Abs. 5 S. 1) zu bewerten sind. Sofern die betreffenden Vermögensgegenstände dazu bestimmt sind, dauernd dem Geschäftsbetrieb zu dienen bzw. wenn für sie keine Veräußerungsmöglichkeit[12] gegeben ist, sind sie nach den für das Anlagevermögen geltenden Vorschriften zu bewerten (Abs. 1 S. 2 Hs. 2). **Forderungen** sind in der Regel nicht dazu bestimmt, dauernd dem Geschäftsbetrieb zu dienen und folglich sind sie nach den für das Umlaufvermögen geltenden Vorschriften zu bewerten.[13] Dies ist damit begründet, dass der Geschäftszweck der Institute in der entgeltlichen Bereitstellung von Kapital auf Zeit besteht, das Kapital (Kreditforderungen) somit Bestandteil des laufenden Geschäfts ist.[14] Eine Zuordnung von Forderungen zum Anlagevermögen wird lediglich in Ausnahmefällen für zulässig erachtet, zB bei Schuldscheindarlehen und Namensschuldverschreibungen.

8   Für Vermögensgegenstände, die wie Anlagevermögen zu bewerten sind, besteht bei einer voraussichtlich dauernden Wertminderung eine Pflicht zur außerplanmäßigen Abschreibung auf den zum Bilanzstichtag niedrigeren beizulegenden Wert (§ 253 Abs. 3 S. 5). Außerplanmäßige Abschreibungen bei nur vorübergehender Wertminderung dürfen Institute nur für Beteiligungen und Anteile an verbundenen Unternehmen sowie die wie Anlagevermögen behandelten Wertpapiere und Forderungen vornehmen (§ 340e Abs. 1 S. 3). Die Entwicklung der einzelnen Posten des Anlagevermögens ist nach § 34 Abs. 3 RechKredV[15] iVm § 284 Abs. 3 in einem sog. Anlagespiegel darzustellen.

9   Bei Vermögensgegenständen, die wie Umlaufvermögen zu bewerten sind, ist das sog. strenge Niederstwertprinzip anzuwenden, wonach stets auf den am Bilanzstichtag niedrige-

---

[9]   Zum Kriterium der Dauerhaftigkeit vgl. ADS § 247 Rn. 107 ff.
[10] Vgl. ADS § 247 Rn. 113. Daneben umfasst die Zweckbestimmung eine objektive Komponente, die sich nach der wesenseigenen Art des Gegenstands bestimmt. Vgl. Krumnow et al. Rn. 16 f.
[11] Vgl. BdB, Bankbilanzrichtlinie-Gesetz, 1993, S. 92; Birck/Meyer, Die Bankbilanz, 3. Aufl. 1989, V 85 f.
[12] Vgl. ADS § 247 Rn. 114.
[13] Vgl. Scharpf/Schaber Bankbilanz-HdB S. 138.
[14] Vgl. Birck/Meyer, Die Bankbilanz, 3. Aufl. 1989, V 62.
[15] Für Institute iSd § 1 Abs. 3 ZAG ist § 28 Abs. 3 RechZahlV zu beachten, der inhaltsgleich mit § 34 Abs. 3 RechKredV ist.

ren Börsen- oder Marktpreis bzw. den niedrigeren beizulegenden Wert abzuschreiben ist. Bei der Bewertung des Umlaufvermögens der Institute werden die Regelungen des § 253 ergänzt um die besonderen Vorschriften des § 340e Abs. 2, des § 340g und des § 340f. Dagegen sind Finanzinstrumente des Handelsbestands zum beizulegenden Zeitwert abzüglich eines Risikoabschlags zu bewerten (§ 340e Abs. 3 S. 1).

Bei Buchforderungen sind bonitätsbedingte Wertminderungen stets erfolgswirksam zu **10** erfassen. Eine zinsinduzierte Abschreibung infolge einer reinen Marktzinsveränderung erfolgt dagegen nur in Ausnahmefällen bei beabsichtigtem Verkauf und fehlender Haltefähigkeit.[16] Allerdings gehen die Forderungen in die verlustfreie Bewertung des Bankbuchs ein (→ Rn. 72 ff.).[17] Marktzinsänderungen wirken sich auf die Aktiv- und Passivseite aus und die Forderungen können nicht losgelöst von der Refinanzierung gesehen werden.[18]

2. Besonderheiten bei Wertpapieren. Für die Bewertung und den Ausweis werden **11** die Wertpapiere entsprechend der §§ 340c, 340e und 340f in drei Kategorien eingeteilt. Diese sind Wertpapiere des Handelsbestands, Wertpapiere der Liquiditätsreserve und Wertpapiere des Anlagebestands.[19] Wertpapiere des Handelsbestands und der Liquiditätsreserve sind dem Umlaufvermögen und Wertpapiere des Anlagebestands dem Anlagevermögen zugeordnet. Für die Zuordnung ist in erster Linie die Zweckbestimmung der Wertpapiere im Zugangszeitpunkt maßgeblich.[20] Im Gesetz wurde auf eine klare Zuordnung der Wertpapiere zu diesen Kategorien verzichtet (→ § 340c Rn. 6 ff.).

Um Wertpapiere abweichend von der gesetzlichen Vermutung des Abs. 1 S. 2 der **12** Bewertung wie Anlagevermögen zuzuordnen, haben diese dazu bestimmt zu sein, dauernd dem Geschäftsbetrieb zu dienen. Die Ermittlung der Zweckbestimmung zur dauernden Vermögensanlage hat sowohl **objektive** Kriterien, wie die Eigenschaften des Vermögensgegenstands als auch **subjektive Kriterien,** wie die individuelle Verwendungsabsicht des Bilanzierenden für den Vermögensgegenstand, zu berücksichtigen.[21] Die Abgrenzung von Anlage- und Umlaufvermögen erfordert eine eindeutige Kennzeichnung der entsprechenden Wertpapiere.[22] Die Aufteilung der Wertpapiere ist buchhalterisch zu belegen und von den zuständigen Organen aktenkundig zu beschließen.[23] Dabei kann eine depotmäßige Trennung der Finanzinstrumente des Anlagebestands und der Liquiditätsreserve von denen des Handelsbestands ausreichend sein.[24] Fehlt eine Dokumentation für eine Zuteilung der Wertpapiere, sind die betreffenden Papiere nach den für das Umlaufvermögen geltenden Vorschriften zu bewerten. Die Vorgabe des Gesetzgebers, dass das Wertpapier dauernd dem Geschäftsbetrieb zu dienen hat, lässt nicht auf eine bestimmte **Mindestzeitspanne,** in der das Wertpapier der Vermögensanlage dient, schließen.[25] Dennoch kommt dem Zeitelement insb. bei Wertpapieren eine gewisse Bedeutung zu. Wertpapiere mit einer bestimmbaren Laufzeit, die eine ursprüngliche Laufzeit oder Restlaufzeit im Erwerbszeitpunkt von nicht mehr als einem Jahr aufweisen, können regelmäßig nicht dem Anlagevermögen zugeordnet werden.[26] Ebenso reicht die Tatsache, dass Wertpapiere über einen längeren Zeitraum gehalten werden, nicht aus, dass diese Wertpapiere nach den für das Anlagevermögen[27] geltenden Vorschriften bewertet werden. Auch die in der Praxis verwendeten Bezeichnungen „Son-

---

[16]   Vgl. Groh StuW 1991, 299; Scharpf/Schaber Bankbilanz-HdB S. 139.
[17]   Vgl. Scharpf/Schaber Bankbilanz-HdB S. 139.
[18]   Vgl. BFH BStBl. II 1990, 641; Windmöller FS Moxter, 1994, 890 f.
[19]   S. hierzu die Übersicht in → § 340c Rn. 8.
[20]   Vgl. IDW RH HFA 1.014 Rn. 7.
[21]   Vgl. IDW RH HFA 1.014 Rn. 7.
[22]   Vgl. IDW RH HFA 1.014 Rn. 11.
[23]   So auch die Meinung der BaFin und des BdB, vgl. BdB, Bankbilanzrichtlinie-Gesetz, 1993, S. 94. Nach Grewe handelt es sich bei den zuständigen Organen um die Geschäftsleiter oder zumindest um den für das Wertpapierressort zuständigen Geschäftsleiter. Vgl. Kirsch/Grewe Rn. 18.
[24]   Vgl. IDW RS BFA 2 Rn. 15.
[25]   Vgl. Birck/Meyer, Die Bankbilanz, 3. Aufl. 1989, V 61.
[26]   Vgl. IDW RH HFA 1.014 Rn. 8.
[27]   Vgl. BT-Drs. 11/6275, 22.

derbestand" und „gesperrter Bestand" führen nicht allein zu einer Klassifizierung zum Anlagevermögen. Wird hinsichtlich der Zweckbestimmung auf einen konkreten Bestand und nicht auf das einzelne Wertpapier abgestellt, dürfte ein gelegentlicher Austausch der Bestände aufgrund von Fälligkeiten oder geschäftspolitischen Gründen unschädlich für die Zuordnung zum Anlagevermögen sein.[28] Für Wertpapiere, die nach den für das Anlagevermögen geltenden Vorschriften bewertet werden können, existiert keine allgemein gültige Umfangsbegrenzung.

13   Das Institut hat im Erwerbszeitpunkt zu entscheiden, ob ein Wertpapier nach den Vorschriften zur Bewertung des Anlage- oder des Umlaufvermögens zugeordnet werden soll. Eine spätere **Änderung** dieser erstmaligen **Zweckbestimmung** ist auch nach den Änderungen durch das BilMoG nicht ausgeschlossen.[29] Umwidmungen sind mit dem Buchwert der Wertpapiere im letzten Jahresabschluss und im Falle von Anschaffungen im laufenden Geschäftsjahr mit den Anschaffungskosten vorzunehmen. Die ursprünglichen Anschaffungskosten bleiben von der Umwidmung unberührt.[30] Bei einer späteren Umwidmung sind allerdings die Restriktionen des § 340e Abs. 3 S. 2–4 für Finanzinstrumente des Handelsbestands zu berücksichtigen. Eine Änderung der Zweckbestimmung muss stets sachlich begründet sein.[31] Beschließt beispielsweise ein Institut die Börsenveräußerung in kleineren Portionen eines Wertpapierpakets, das es über längere Zeit mit Dauerbesitzabsicht gehalten hat, kann es sinnvoll sein, diese Wertpapiere in den Liquiditätsvorsorgebestand umzugliedern, sobald der Veräußerungsbeschluss gefasst ist und sie der für das Umlaufvermögen geltenden Bewertung nach dem strengen Niederstwertprinzip zu unterziehen. Eine erneute Änderung der Zweckbestimmung ist nur in Ausnahmefällen zulässig und zieht entsprechend erhöhte Anforderungen an die Begründung nach sich.[32] Umwidmungen vom bzw. in den Anlagebestand sind im Anlagespiegel nach § 284 Abs. 3 darzustellen.[33]

14   Auch **in umgekehrter Richtung** ist eine Änderung der Zweckbestimmung möglich: Das Institut beschließt, dass die bisher dem Liquiditätsvorsorgebestand zugehörigen Wertpapiere der dauernden Vermögensanlage dienen sollen und stellt die entsprechenden Wertpapiere in den wie Anlagevermögen behandelten Bestand ein. Wiederum wird eine dokumentierte Willensentscheidung bzw. ein aktenkundiger Beschluss der zuständigen Gremien vorausgesetzt. Im Rahmen dieser Umgruppierungen darf es nicht zu **Gewinnrealisierungen** bzw. dem Ansatz neuer **Anschaffungskosten** kommen, da kein Umsatzakt vorliegt. Ebenso wenig ist es zulässig, im Rahmen der Umwidmung mit der Begründung der Rückgängigmachung von Niederstwertabschreibungen, die bei einer Zugehörigkeit zum Anlagevermögen nicht entstanden wären, über den beizulegenden Zeitwert nach § 255 Abs. 4 zuzuschreiben.[34] Eine Wertaufholung nach einer Umwidmung ist nur zulässig, sofern der ursprüngliche Abschreibungsgrund insoweit weggefallen ist, als der beizulegende Zeitwert des entsprechenden Finanzinstruments, gegenüber dessen Buchwert wieder gestiegen ist.[35]

15   Durch eine Änderung der Zuordnung von Wertpapieren wird der **Grundsatz der Stetigkeit** (§ 252 Abs. 1 Nr. 6), wonach die auf den vorhergehenden Jahresabschluss angewandten Bewertungsverfahren beibehalten werden sollen, nicht berührt, da es sich nicht um eine Änderung der Bewertungsmethode handelt, sondern um einen veränderten Sachverhalt.[36] Die Ausführungen über die Bewertungsstetigkeit lassen sich auf die Darstellungsstetigkeit des § 265 Abs. 1 übertragen. Auch hier folgt die Umgliederung einer Änderung des darzustellenden Sachverhalts und nicht einer Ausnutzung von Darstellungswahlrechten.

---

[28] Vgl. BdB, Bankbilanzrichtlinie-Gesetz, 1993, S. 94; Birck/Meyer, Die Bankbilanz, 3. Aufl. 1989, V 103.
[29] Vgl. App/Wiehagen-Knopke KoR 2010, 95.
[30] Vgl. IDW RH HFA 1.014 Rn. 16.
[31] Vgl. Scharpf/Schaber Bankbilanz-HdB S. 106.
[32] Vgl. IDW RH HFA 1.014 Rn. 14.
[33] Vgl. IDW RH HFA 1.014 Rn. 15.
[34] Vgl. Krumnow et al. Rn. 35.
[35] Vgl. IDW RH HFA 1.014 Rn. 21.
[36] Vgl. BdB, Bankbilanzrichtlinie-Gesetz, 1993, S. 95; Birck/Meyer, Die Bankbilanz, 3. Aufl. 1989, V 46 f.;
      GK-HGB/Gesmann-Nuissl Rn. 4.

Die Folge der geänderten Zweckbestimmung in einer Aus- bzw. Eingliederung im Anlagespiegel berührt die Darstellungsstetigkeit nicht.[37]

3. Außerplanmäßige Abschreibungen auf Finanzanlagen bei voraussichtlich 16 nicht dauernder Wertminderung (Abs. 1 S. 3). Durch das BilMoG wurde § 340e Abs. 1 S. 3 neu gefasst. Diese Änderung folgte aus der Neufassung des § 253 und hatte keine materiellen Auswirkungen, da Institute auch weiterhin nur Beteiligungen und Anteile an verbundenen Unternehmen sowie die wie Anlagevermögen behandelten Wertpapiere und Forderungen einer außerplanmäßigen Abschreibung bei einer voraussichtlich nicht dauernden Wertminderung unterziehen können.[38] Beim Sachanlagevermögen und bei den immateriellen Vermögensgegenständen des Anlagevermögens besteht dagegen bei voraussichtlich nur vorübergehenden Wertminderungen ein Abschreibungsverbot.[39] Die Erfordernis einer gesonderten Behandlung von Finanzanlagen hinsichtlich der bilanziellen Berücksichtigung nicht dauernder Wertminderungen leitet sich aus der Eigenschaft ab, dass Finanzanlagen im Gegensatz zu nichtfinanziellen Vermögensgegenständen des Anlagevermögens keiner planmäßigen Abschreibung unterzogen werden, über die ansonsten zwischenzeitliche Wertschwankungen langfristig miterfasst werden.[40]

III. Bewertung von Forderungen

1. Nominalwertbilanzierung von bestimmten Forderungen (Abs. 2). 17 a) Gesetzliche Regelung. Für die Bewertung von Vermögensgegenständen gilt grundsätzlich § 253 Abs. 1 S. 1, wonach diese höchstens mit den Anschaffungs- oder Herstellungskosten, vermindert um planmäßige oder außerplanmäßige Abschreibungen, anzusetzen sind. Bei originär entstandenen Forderungen entsprechen die Anschaffungskosten den bei der Darlehensvergabe getätigten Aufwendungen, im Wesentlichen somit dem Auszahlungsbetrag.[41] Die Anschaffungskosten bereits bestehender, durch das Institut von Dritten erworbener Forderungen werden durch den Kaufpreis bestimmt.[42] Die Anschaffungskosten stimmen nicht zwangsläufig mit dem **Nennbetrag** bzw. Nominalwert der Forderung überein. Sie können unter dem Nennbetrag liegen, zB bei nomineller Unterverzinslichkeit bzw. bei erworbenen Forderungen auch aufgrund eines Bonitätsabschlags. Umgekehrt können die Anschaffungskosten bei nominell überverzinslichen Forderungen den Nennwert übersteigen.

Durch **Abs. 2** wird den Instituten das **Wahlrecht** eingeräumt, Hypothekendarlehen **18** und andere Forderungen mit den Anschaffungskosten gem. § 253 Abs. 1 S. 1 oder mit dem hiervon abweichenden Nennbetrag anzusetzen, falls der Unterschiedsbetrag Zinscharakter hat. Sofern der **über den Anschaffungskosten liegende Nennwert** bzw. Nominalbetrag bilanziert wird, ist der Unterschiedsbetrag auf der Passivseite in den Rechnungsabgrenzungsposten einzustellen und planmäßig aufzulösen. Wird der **unter den Anschaffungskosten liegende Nennbetrag** angesetzt, darf (Wahlrecht) der Unterschiedsbetrag in den aktiven Rechnungsabgrenzungsposten aufgenommen oder sofort als Aufwand verbucht werden. Der Abgrenzungsposten ist ebenfalls planmäßig aufzulösen.

Unabhängig davon, dass die Regelung des Abs. 2 als **lex specialis,** dh als besondere **19** Vorschrift für Institute, konzipiert ist, ist sie auch auf Unternehmen anderer Branchen anzuwenden, wenn gleich gelagerte Sachverhalte vorliegen. Die formal nur für Institute geltende Vorschrift des Abs. 2 erhält dadurch materielle Rechtskraft für alle Kaufleute.[43]

---

[37] So auch Scharpf/Sohler 76. Krit. dazu Kirsch/Grewe Rn. 26.
[38] Vgl. BT-Drs. 16/10067, 95.
[39] Vgl. Beck HdR/Bieg/Waschbusch B 900 Rn. 255.
[40] Vgl. Böcking/Torabian in Schäfer, Risikomanagement und kapitalmarktorientierte Finanzierung, 2009, S. 251 (256 f.).
[41] Vgl. Birck/Meyer, Die Bankbilanz, 3. Aufl. 1989, V 131 f.; Naumann, Bewertungseinheiten im Gewinnermittlungsrecht der Banken, 1995, S. 85.
[42] Vgl. Birck/Meyer, Die Bankbilanz, 3. Aufl. 1989, V 131.
[43] Vgl. Krumnow et al. Rn. 50.

20   **b) Reichweite der Nominalwertbilanzierung.** Der Gesetzgeber hat das Wahlrecht zur Nominalwertbilanzierung auf **Hypothekendarlehen und andere Forderungen** beschränkt. Damit hat er das in **Art. 35 Abs. 3a S. 2 Bankbilanz-RL** den Mitgliedstaaten eingeräumte Wahlrecht, Schuldverschreibungen und andere festverzinsliche Wertpapiere, die wie Anlagevermögen zu bewerten sind, zum Rückzahlungsbetrag anzusetzen, nicht in dieser weitreichenden Form umgesetzt. Die Vorschrift der Bankbilanz-RL stellt für den Gesetzgeber eine grundsätzliche Durchbrechung des Anschaffungswertprinzips dar.[44]

21   Eine Nominalwertbilanzierung für Hypothekendarlehen und andere Forderungen kommt nur in Betracht, wenn der **Unterschiedsbetrag** zwischen Nennbetrag und Anschaffungskosten bzw. Auszahlungsbetrag **Zinscharakter** besitzt. Bei den Forderungen, die mit dem Nominalwert angesetzt werden dürfen, hat die Kreditgewährung im Vordergrund zu stehen; **zu Handelszwecken erworbene Forderungen** sind weiterhin mit den Anschaffungskosten anzusetzen, da hier der Unterschiedsbetrag durch das kurzfristige Ausnutzen von Kursdifferenzen gewinnbringend realisiert werden soll.[45] Abgrenzungsprobleme ergeben sich insbesondere im Bereich der Forderungen mit wertpapierähnlichem Charakter wie Schuldscheindarlehen und Namensschuldverschreibungen, da nur diese in nennenswertem Umfang auf Sekundärmärkten gehandelt werden. Die Folgebewertung der Forderungen, die dem Handelsbestand zugeordnet wurden, erfolgt gem. Abs. 3.

22   Der Zinscharakter im Sinne eines laufzeitabhängigen Kapitalnutzungsentgelts kann im Regelfall bei einem **Disagio** bejaht werden, das bei der Gewährung eines Darlehens in Abzug gebracht wird.[46] Lediglich in Ausnahmefällen handelt es sich um die Abgeltung einmaligen Verwaltungsaufwands bei der Kreditgewährung. Dies ist insbesondere dann der Fall, wenn das Institut im Einzelfall keine hundertprozentige Auszahlung vorsieht und die Höhe des Disagios mit der ansonsten üblichen Bearbeitungsgebühr übereinstimmt.[47]

23   **c) Folgerungen bei Inanspruchnahme des Wahlrechts nach Abs. 2 S. 1.** Bei Anwendung der Nominalwertbilanzierung schreibt Abs. 2 vor, dass bei **Unterpari-Erwerb** der Unterschiedsbetrag zwingend in einen passiven Rechnungsabgrenzungsposten einzustellen und planmäßig aufzulösen ist. Mit dieser Regelung hat der Gesetzgeber das Wahlrecht des Art. 35 Abs. 3 Bankbilanz-RL, für den passivierten Unterschiedsbetrag die Verteilung über die Restlaufzeit vorzuschreiben oder zuzulassen, nicht an die Institute weitergegeben, da anderenfalls unrealisierte Gewinne vereinnahmt würden. Die Pflicht zur passiven Abgrenzung des Unterschiedsbetrags ergibt sich schon allein aus § 250 Abs. 2, wonach passive Rechnungsabgrenzungsposten Einnahmen vor dem Bilanzstichtag und Ertrag für eine bestimmte Zeit nach diesem Stichtag darstellen.[48] Wird bzw. werden anstatt der möglichen Bilanzierung zum Nennwert der Auszahlungsbetrag bzw. die **Anschaffungskosten angesetzt,** ist der Zinscharakter besitzende Unterschiedsbetrag zeitanteilig den Forderungen zuzuschreiben und somit als realisiert anzusehen. Ein Verstoß gegen das Anschaffungswertprinzip liegt nicht vor.[49]

24   Liegt der Auszahlungsbetrag bzw. liegen die Anschaffungskosten über dem Nennwert **(Überpari-Erwerb)** und lässt sich der Unterschiedsbetrag auf eine nominelle Überverzinslichkeit zurückführen, können Institute zwischen einer Nominalwertbilanzierung und einer Bilanzierung zu Anschaffungskosten wählen. Entscheidet sich das Institut, die Forderung zum Nennwert anzusetzen, besteht weiterhin die Möglichkeit, den Unterschiedsbetrag in den aktiven Rechnungsabgrenzungsposten einzustellen und planmäßig aufzulösen oder ihn sofort aufwandswirksam zu verrechnen. Während die Aktivierung des Unterschiedsbetrags

[44] Vgl. BT-Drs. 11/6275, 22.
[45] Vgl. die Beschlussempfehlung des Rechtsausschusses, BT-Drs. 11/6786; GK-HGB/Gesmann-Nuissl Rn. 9; Scharpf/Sohler Leitfaden zum Jahresabschluß S. 73; Krumnow et al. § 340e Rn. 53.
[46] Vgl. Böcking, Bilanzrechtstheorie und Verzinslichkeit, 1988, S. 42 ff., 52; mwN Naumann, Bewertungseinheiten im Gewinnermittlungsrecht der Banken, 1995, S. 87 f.
[47] Vgl. Kirsch/Grewe Rn. 41.
[48] Vgl. Böcking, Bilanzrechtstheorie und Verzinslichkeit, 1988, S. 48, 175; Kirsch/Grewe Rn. 45. Krit. hierzu Naumann, Bewertungseinheiten im Gewinnermittlungsrecht der Banken, 1995, S. 92 f.
[49] Vgl. Böcking, Bilanzrechtstheorie und Verzinslichkeit, 1988, S. 175; Kirsch/Grewe Rn. 46.

einer periodengerechten Gewinnermittlung entspricht, indem die laufzeitabhängigen Aufwendungen als Zinskorrektive auf den Zeitraum der Zurverfügungstellung des Kapitals verteilt werden, trifft dies für die sofortige Aufwandsverbuchung nicht zu. Ohne die Vorschrift des Abs. 2 S. 3 gäbe es eine Aktivierungspflicht des Unterschiedsbetrags nach § 250 Abs. 1 S. 1, da es sich hier um einen aktiven Rechnungsabgrenzungsposten handelt.

d) Planmäßige Auflösung des Rechnungsabgrenzungspostens. Wird die Nomi- **25** nalwertbilanzierung in Anspruch genommen und zwingend ein passiver (Unterpari-Erwerb) bzw. bei Ausnutzung des Wahlrechts nach Abs. 2 S. 3 ein aktiver Rechnungsabgrenzungsposten (Überpari-Erwerb) gebildet, sind die abgegrenzten Beträge planmäßig aufzulösen. Das Gebot der **Planmäßigkeit** verlangt, zu Beginn des Auflösungszeitraums einen Plan zu erstellen, der den Verteilungszeitraum sowie die Verteilungsmethode festlegt. Da es sich bei den Unterschiedsbeträgen um Zinskorrektive handelt, sind diese über den Zeitraum zu verteilen, in dem der Kapitalbetrag zu dem vereinbarten Zins dem Schuldner zur Verfügung gestellt wird. Dies ist die Laufzeit des Darlehens oder – falls abweichend – der Zeitraum, für den der feste Zinssatz eingeräumt wurde, dh die kürzere Zinsbindungsfrist.[50]

Die Auflösung der Abgrenzungsposten hat grundsätzlich **kapitalgewogen, dh unter** **26** **Anwendung der Effektivzinsmethode,** zu erfolgen.[51] Ist der Unterschied zwischen einer zeitproportionalen (linearen) Verteilung und einer Auflösung nach Maßgabe der Effektivzinsmethode[52] unwesentlich, wie möglicherweise bei Forderungen, die am Ende der Laufzeit oder Zinsbindungsfrist in einer Summe zurückbezahlt werden, kann aus Vereinfachungsgründen eine lineare Verteilung des Unterschiedsbetrags in Betracht kommen. Für die Art der Auflösung ist es irrelevant, ob es sich um einen aktiven oder passiven Rechnungsabgrenzungsposten handelt. Eventuelle Marktzinsänderungen berühren nicht die bilanzierten Unterschiedsbeträge. Diese stellen Zinskorrektive dar und sind „einer Bewertung im Sinne des Zeitwertprinzips nicht zugänglich".[53]

Die Auflösungsbeträge sind in der GuV unter den **Zinserfolgsposten** zu erfassen. § 28 **27** S. 2 RechKredV[54] schreibt vor, dass die Auflösung des passivierten Unterschiedsbetrags in den Posten „Zinserträge" eingeht. Für die Auflösung eines aktivierten Unterschiedsbetrags sieht die RechKredV keine Regelung vor. Jedoch wird auch hier, übereinstimmend mit der gängigen Praxis, der Zinsertragsposten angesprochen, da der aktive Rechnungsabgrenzungsposten eine Korrektur des unter Effektivzinsgesichtspunkten zu hohen Nominalzinses darstellt (Minderung des Zinsertrags).[55]

e) Angabe in der Bilanz oder im Anhang. Nach Abs. 2 S. 2 und 3 sind die in die **28** Rechnungsabgrenzung eingestellten aktivierten oder passivierten Unterschiedsbeträge in ihrer jeweiligen Höhe in der Bilanz oder im Anhang gesondert anzugeben. Die gesonderte Angabe in der Bilanz kann als Davon-Vermerk zum betreffenden Bilanzposten oder durch einen Unterposten zum Rechnungsabgrenzungsposten erfolgen.

2. Berücksichtigung von Kreditrisiken bei der Bewertung von Forderungen. **29** **a) Akute Risiken: Einzelwertberichtigungen.** Im Gegensatz zu den Finanzdienstleistungsinstituten, Wertpapierinstituten, Zahlungsinstituten und E-Geld-Instituten bildet das Kreditgeschäft für Kreditinstitute einen ihrer Geschäftsschwerpunkte, so dass die Beherrschung der hieraus entstehenden Risiken nicht nur bankintern und auf bankaufsichtsrechtlicher Ebene, sondern auch handelsrechtlich im Blickpunkt steht.[56] Gemäß dem BaFin-

---

50　Vgl. Birck/Meyer, Die Bankbilanz, 3. Aufl. 1989, V 406.
51　Vgl. Scharpf/Sohler Leitfaden zum Jahresabschluß S. 73.
52　Zum Einsatz der Effektivzinsmethode in der Handelsbilanz bei der Bewertung von Zinstiteln s. Amann/
　　Schaber/Wulff WPg 2021, 1326.
53　Böcking, Bilanzrechtstheorie und Verzinslichkeit, 1988, S. 161 f.
54　Für Institute iSd § 1 Abs. 3 ZAG ist § 21 RechZahlV zu beachten, der weitestgehend § 28 RechKredV
　　entspricht.
55　Vgl. Birck/Meyer, Die Bankbilanz, 3. Aufl. 1989, V 419; Krumnow et al. Rn. 59.
56　Vgl. Krumnow et al. Rn. 168.

Rundschreiben 05/2023[57] sind Kreditinstitute durch die Mindestanforderungen an das Risikomanagement (MaRisk) dazu verpflichtet, Kriterien festzulegen, auf deren Grundlage unter Beachtung der Rechnungslegungsnormen Wertberichtigungen, Abschreibungen und Rückstellungen für das Kreditgeschäft zu bilden sind.[58] Zudem resultiert aus den MaRisk für Kreditinstitute die Verpflichtung, aussagekräftige Risikoklassifizierungsverfahren zur Beurteilung der Adressenausfallrisiken sowie ggf. der Objekt-/Projektrisiken einzurichten.[59]

30   **Akute Kreditrisiken** sind dadurch gekennzeichnet, dass „eine Bank-Kreditnehmer-Beziehung in der Form gestört (ist), dass ein teilweiser oder vollständiger Ausfall einer Forderung droht".[60] Zu unterscheiden sind zum einen das Kapitalausfallrisiko und zum anderen das Zinsausfallrisiko. Bei der Wert- bzw. Risikoermittlung ist jeweils auf die **Verhältnisse am Bilanzstichtag** abzustellen (§ 252 Abs. 1 Nr. 3). Nach dem Stichtag eingetretene Änderungen sind nicht zu berücksichtigen. Eine Ausnahme besteht, wenn es sich um Vorgänge von besonderer Bedeutung handelt; diese sind gem. § 285 Nr. 33 unter Angabe ihrer Art und ihrer finanziellen Auswirkungen im Anhang offenzulegen. Zu unterscheiden von den nach dem Stichtag eingetretenen Änderungen sind **wertaufhellende Erkenntnisse.** Diese werden zwar erst nach dem Abschlussstichtag erlangt, beziehen sich aber auf Sachverhalte, die bereits am Stichtag eingetreten waren. Folglich sind die wertaufhellenden Erkenntnisse als konkretisierte Anhaltspunkte bei der Bewertung der am Bilanzstichtag bestehenden Verhältnisse zu berücksichtigen.

31   Einem wahrscheinlichen Forderungs- und/oder Zinsausfall ist dadurch Rechnung zu tragen, dass entsprechend der in § 252 Abs. 1 Nr. 4 verankerten Bewertungsvorsicht eine **Einzelwertberichtigung** gebildet wird, die in der Praxis bei der Bilanzerstellung vom korrespondierenden Forderungsbestand abgesetzt und so in der Bilanz nicht ersichtlich wird.[61] Im Fall der Antizipation erwarteter Verluste kann die Wertberichtigung als eine Art „Kapitalreservierung" angesehen werden, die gegen Ansprüche von Eigenkapitalgebern geschützt ist und spätere Perioden entlastet.[62] Störungen der Bank-Kreditnehmer-Beziehung wirken sich nicht nur negativ auf die Tilgungsansprüche, sondern ebenso auf den Zinsendienst aus. Dementsprechend sind auch auf Zinsforderungen angemessene Wertberichtigungen vorzunehmen. Einem Verzicht auf den Zinsertragsausweis[63] ist nur in Ausnahmefällen zuzustimmen, da das für den Erfolgsausweis maßgebliche Bruttoprinzip zunächst die Erfassung des Ertrags verlangt; erst danach kann die notwendige Wertberichtigung erfolgen.[64] Von einer Aktivierung der Zinsforderungen kann abgesehen werden, wenn die dem Zinsanspruch zugehörige Forderung bereits vollständig oder teilweise abgeschrieben ist und eine Realisierung der Zinserträge mit an Sicherheit grenzender Wahrscheinlichkeit nicht mehr erwartet werden kann.

32   Die **Höhe der Einzelwertberichtigung** richtet sich nach der Einschätzung, ob überhaupt und in welchem Umfang sowie zu welchem Zeitpunkt mit der Erbringung der vereinbarten Leistungen zu rechnen ist.[65] In die Beurteilung der Risikosituation sind die Bonität des Schuldners sowie ggf. die Werthaltigkeit von Sicherheiten einzubeziehen. Wenn statt einer Barwertberechnung hinsichtlich der erwarteten Zins- und Tilgungszahlungen[66] auf die undiskontierte Summe der erwarteten Zahlungen des Schuldners abgestellt wird,[67] kann sich letztere Betrachtung nur auf die Tilgungszahlungen beziehen.

---

[57]   Vgl. BaFin Rundschreiben 05/2023 v. 29.6.2023.
[58]   Vgl. BaFin Rundschreiben 05/2023 v. 29.6.2023, BTO 1. 2. 6.
[59]   Vgl. BaFin Rundschreiben 05/2023 v. 29.6.2023, BTO 1. 4.
[60]   Krumnow et al. Rn. 168.
[61]   Vgl. Birck/Meyer, Die Bankbilanz, 3. Aufl. 1989, V 159; Reker/Pahl/Löcke WPg 1998, 537.
[62]   Vgl. Krumnow et al. Rn. 169.
[63]   Davon zu unterscheiden ist der Verzicht der Bank auf die Berechnung von Zinsen gegenüber dem Kreditnehmer, da in diesem Fall kein Zinsertrag anfällt. Vgl. Krumnow et al. Rn. 176.
[64]   Vgl. Bär/Wiechens KoR 2016, 460.
[65]   Zu einer Analyse der handelsrechtlichen Kreditrisikovorsorge im Wandel der Zeit vor dem Hintergrund der neuen IFRS-Regelungen (IFRS 9) vgl. Bär/Wiechens KoR 2016, 455 ff.
[66]   Vgl. Bär/Wiechens KoR 2016, 460.
[67]   Vgl. Gebhardt/Strampelli BFuP 2005, 513; Sittmann-Haury, Forderungsbilanzierung von Kreditinstituten, 2003, 31. Zur Ermittlung von Einzelwertberichtigungen auf Forderungen nach der Discounted Cash Flow-Methode vgl. Löcke WPg 1998, 988 ff.

Einzelwertberichtigungen können für bestimmte gleichartige Forderungsgruppen, wie **33** zB Kleinkredite und Teilzahlungskredite, aus Vereinfachungsgründen auch pauschal ermittelt werden (sog. pauschalierte Einzelwertberichtigungen).[68] Hierbei werden Forderungen mit gleichartigen Risiken, wie zB Mahnstufen in Gruppen, zusammengefasst und die Kreditrisiken werden dann in einem vereinfachten Verfahren durch pauschale Abschläge berücksichtigt, die sich in der Regel an den historischen Ausfallraten orientieren.[69]

Das **Länderrisiko** stellt eine besondere Ausprägung des Kreditrisikos dar, das durch **34** das Sitzland des Kreditnehmers und nicht durch seine individuellen Verhältnisse selbst bedingt ist.[70] Die Forderungen können nicht erfüllt werden, weil das Sitzland des Kreditnehmers die erforderlichen Devisen aus wirtschaftlichen Gründen nicht mehr bereitstellen kann (Konvertierungsrisiko) oder aus politischen Gründen nicht mehr bereitstellen will (Transferrisiko).[71] Dem akuten Länderrisiko wird in Form von pauschalierten Einzelwertberichtigungen Rechnung getragen, die sich auf das Gesamtobligo der Schuldner eines Landes beziehen.[72] Für verbleibende latente Länderrisiken ist bislang üblicherweise ein einheitlicher (niedrigerer) Wertberichtigungssatz zur Anwendung gekommen.[73] Infolge der Weiterentwicklung im Risikomanagement sowie der Regelungen zur Pauschalwertberichtigung (→ Rn. 35) ist es konsistent und sachgerecht für latente Länderrisiken eine Transfer-Expected-Loss-Methodologie anzuwenden, bei welcher das Ausfallereignis nicht den Default-Status eines Kreditnehmers darstellt, sondern ein Konvertierungs- bzw. Transferereignis eines Landes. Ungeachtet dessen ist das individuelle akute Kreditrisiko eines Kreditnehmers im Ausland zunächst durch eine Einzelwertberichtigung zu erfassen, wobei die potenziellen negativen Erfolgsbeiträge nicht doppelt berücksichtigt werden dürfen.[74]

b) Pauschalwertberichtigungen. Der IDW RS BFA 7 „Risikovorsorge für vorher- **35** sehbare, noch nicht individuell konkretisierte Adressenausfallrisiken im Kreditgeschäft von Kreditinstituten („Pauschalwertberichtigungen")" hat die BFA-Stellungnahme 1/1990[75] „Zur Bildung von Pauschalwertberichtigungen für das latente Kreditrisiko im Jahresabschluss von Kreditinstituten" ersetzt. Nach den allgemeinen Bewertungsgrundsätzen des § 252 Abs. 1 Nr. 4 iVm § 340a Abs. 1 haben Institute ihre Vermögensgegenstände vorsichtig zu bewerten, dh alle vorhersehbaren Risiken und Verluste zu berücksichtigen.[76] Dem Grunde nach ist auf Basis der Erfahrungen der Vergangenheit bereits zum Zeitpunkt des Vertragsabschlusses vorhersehbar, dass es in der Zukunft zu Kreditausfällen aus erwarteten Ausfallereignissen kommen wird. Diese vorhersehbaren Kreditausfälle sind im Rahmen vernünftiger kaufmännischer Beurteilung auf Basis des IDW RS BFA 7 am Abschlussstichtag bei der Bewertung des Forderungsbestands durch die Bildung einer Pauschalwertberichtigung angemessen zu berücksichtigen, wobei sich deren Höhe als Vermögensverlust aus einer nicht vertragsgemäßen Erfüllung von Kapital- und Zinsverpflichtungen in der ursprünglichen vereinbarten Höhe oder zu den ursprünglich vereinbarten Zahlungszeitpunkten unter Berücksichtigung von Erlösen aus der Verwertung von Kreditsicherheiten bestimmt.[77]

Betroffen sind alle Finanzinstrumente, die ein Adressenausfallrisiko tragen. Das schließt **36** alle Forderungen an Kreditinstitute und an Kunden sowie die Eventualverbindlichkeiten und anderen Verpflichtungen einschließlich unwiderruflicher Kreditzusagen ein.[78] Die Bemessungsgrundlage für die Pauschalwertberichtigung sind die Buchwerte inkl. bereits aktivierter bzw. abzugrenzender Zinsforderungen bzw. bei außerbilanziellen Geschäften

---

[68] Vgl. Wolfgarten/Bär/Blaschke/Flick/Gahlen/Schaber/Vietze WPg 2021, 645.
[69] Vgl. Krumnow et al. Rn. 193.
[70] Vgl. IDW PS 522 Rn. 1.
[71] Vgl. Beck HdR/Bieg/Waschbusch B 900 Rn. 277.
[72] Vgl. Krumnow et al. Rn. 240.
[73] Vgl. Krumnow et al. Rn. 240.
[74] Vgl. Scharpf/Schaber Bankbilanz-HdB S. 252.
[75] BFA WPg 1990, 322.
[76] Vgl. IDW RS BFA 7 Rn. 2.
[77] Vgl. IDW RS BFA 7 Rn. 4.
[78] Vgl. IDW RS BFA 7 Rn. 7.

der Verpflichtungsumfang der Kreditverhältnisse am jeweiligen Abschlussstichtag.[79] Bereits einzelwertberichtigte Kreditverhältnisse gehen nicht in die Bemessungsgrundlage ein,[80] wenn dem Adressenausfallrisiko insgesamt, dh einschließlich eines ggfs. bestehenden Länder- bzw. Transferrisikos, hinreichend Rechnung getragen wurde. Ohne konkrete Methodenvorgabe legt der IDW RS BFA 7 als Ermittlungsgrundsatz fest, dass eine nach vernünftiger kaufmännischer Beurteilung sachgerechte und vorsichtige Schätzung der erwarteten Verluste über die Restlaufzeit ermöglicht werden muss.[81]

37   Zur Bestimmung der Pauschalwertberichtigung sind Berechnungsverfahren zu nutzen, die den erwarteten Verlust auf Basis beobachtbarer Kreditausfälle der Vergangenheit, aktueller Informationen und der Erwartung für die Zukunft schätzen. Dabei ist sowohl auf einen angemessenen Prognosezeitraum als auch auf einen ausreichenden historischen Beobachtungszeitraum von regelmäßig einem Konjunkturzyklus zu achten.[82] Üblicherweise sind im Rahmen einer Barwertbetrachtung Annahmen zu treffen über die erwarteten Restlaufzeiten, die Ausfallwahrscheinlichkeiten, die Kredithöhen im Ausfallzeitpunkt, die zukünftigen Zahlungen der Kreditnehmer einschließlich der Sicherheitenverwertungserlöse.[83] Pauschale Annahmen können die Anforderungen zur Ermittlung der Pauschalwertberichtigung in der Regel nur dann erfüllen, soweit diese die individuellen Gegebenheiten des Instituts reflektieren und entsprechend validiert wurden.[84]

38   Zur Ermittlung der Pauschalwertberichtigung ist grundsätzlich auf die vertraglich vereinbarte Restlaufzeit der Forderungen abzustellen.[85] Der handelsrechtlichen Bewertung liegt stets eine Betrachtung über den Zeitraum zugrunde, in dem das bilanzierende Institut einem Verlustrisiko ausgesetzt ist.[86] Nach den GoB ist es anerkannt, konkrete zukünftige Vorteile in die Bemessung der Pauschalwertberichtigung einzubeziehen.[87] Die vorhersehbaren Kreditausfälle sind um den Barwert der in den zukünftigen, vertraglich vereinbarten Zinserträgen enthaltenen Bonitätsprämien zu mindern, soweit die Bonitätsprämien das erwartete Kreditrisiko nachweislich kompensieren.[88] Lassen sich die Bonitätsprämien nicht hinreichend verlässlich ermitteln, ist eine Gegenrechnung nicht zulässig.[89]

39   Als Bewertungsvereinfachung lässt der IDW RS BFA 7 die Vorgehensweise nach IFRS 9 zu, wobei die Bemessungsgrundlage nach handelsrechtlichen Regeln zu bestimmen ist.[90] Weiterhin kann vereinfachend die Pauschalwertberichtigung zunächst in Höhe des erwarteten Verlustes über einen Betrachtungszeitraum von zwölf Monaten ohne eine Anrechnung von Bonitätsprämien erfasst werden.[91] Voraussetzung hierfür ist, dass im Rahmen der Kreditvergabe ein Bezug zwischen Konditionengestaltung und Kreditrisiko im Sinne des erwarteten Verlustes hergestellt und prozessual bzw. qualitativ nachgewiesen wird (sog. „risk adjusted pricing") ohne dass die Ausgeglichenheit von erwartetem Verlust und Prämienbarwert rechnerisch ermittelt werden muss.[92] Dieser Betrag ist nicht als pauschaler Puffer zu betrachten. Vielmehr kommen hier unter Berücksichtigung des Vorsichtsprinzips Risikoüberlegungen zum Ausdruck, dass bspw. die Ausgeglichenheit von erwartetem Verlust und Prämienbarwert gerade nicht vollständig nachgewiesen werden muss,[93] erwartete Verluste über die Restlauf-

---

79 Vgl. IDW RS BFA 7 Rn. 9; Wolfgarten/Bär/Blaschke/Flick/Gahlen/Schaber/Vietze WPg 2021, 646.
80 Vgl. IDW RS BFA 7 Rn. 10.
81 Vgl. IDW RS BFA 7 Rn. 13.
82 Vgl. IDW RS BFA 7 Rn. 12–14.
83 Vgl. IDW RS BFA 7 Rn. 15.
84 Vgl. IDW RS BFA 7 Rn. 15.
85 Vgl. IDW RS BFA 7 Rn. 16.
86 Vgl. Wolfgarten/Bär/Blaschke/Flick/Gahlen/Schaber/Vietze WPg 2021, 647.
87 Vgl. IDW RS BFA 7 Rn. 20. Zur Anwendung des IFRS 9 Risikovorsorgemodells bei Ermittlung der handelsrechtlichen Risikovorsorge bei Banken s. Morawietz FS Böcking, 637.
88 Vgl. IDW RS BFA 7 Rn. 21.
89 Vgl. Wolfgarten/Bär/Blaschke/Flick/Gahlen/Schaber/Vietze WPg 2021, 775.
90 Vgl. IDW RS BFA 7 Rn. 26.
91 Vgl. IDW RS BFA 7 Rn. 24.
92 Vgl. Wolfgarten/Bär/Blaschke/Flick/Gahlen/Schaber/Vietze WPg 2021, 776.
93 Vgl. Wolfgarten/Bär/Blaschke/Flick/Gahlen/Schaber/Vietze WPg 2021, 776.

zeit schon frühzeitig eintreten können oder der Nominalzins unter wirtschaftlicher Betrachtung einer Korrektur um die Kreditrisikoprämie bedarf. Eine Erhöhung der Pauschalwertberichtigung unter Berücksichtigung der oben genannten Ermittlungsgrundsätze ist immer dann zu überprüfen, wenn die Ausgeglichenheit entweder von vorneherein oder im Rahmen der Folgebewertung nicht mehr angenommen werden kann bzw. sich das Adressenausfallrisiko im Zeitablauf deutlich erhöht hat.[94] Diese Beurteilung kann auf Einzelvertragsebene oder auf der Basis homogener Teilmengen erfolgen.[95] Für die höhere Pauschalwertberichtigung sind unter Berücksichtigung des Vorsichtsprinzips auch Näherungslösungen zur bestmöglichen Schätzung für den über die Restlaufzeit erwarteten Verlust zulässig.[96] Schließlich sind sowohl für die Ermittlung des erwarteten Verlustes als auch für die Feststellung des bedeutenden Risikoanstiegs sog. Management Anpassungen denkbar, wenn aufgrund von Sondersituationen (bspw. die Corona-Pandemie oder der Russland-Ukraine-Krieg), die Datenhistorie nicht repräsentativ ist und deshalb das Schätzmodell oder die eingehenden Parameter nicht die aktuelle Risikosituation widerspiegeln.[97]

c) Verhältnis von Pauschalwertberichtigungen zu Vorsorgereserven nach **40** **§ 340 f.** Während für Pauschalwertberichtigungen die **Risikosituation des individuellen Kreditinstituts** entscheidend ist, decken Vorsorgereserven nach § 340f die **allgemeinen Risiken im Kreditgewerbe** ab. Folglich stehen die Vorsorgeinstrumente selbstständig nebeneinander und beeinflussen nicht gegenseitig die jeweilige Bemessungsgrundlage.[98] Bei der Bildung von stillen Vorsorgereserven handelt es sich lediglich um ein Wahlrecht, während Pauschalwertberichtigungen den allgemeinen Rechnungslegungsgrundsätzen Rechnung tragen.

IV. Bilanzierung von Finanzinstrumenten des Handelsbestands (Abs. 3 und Abs. 4)

1. Abgrenzung der Finanzinstrumente des Handelsbestands. Das HGB enthält **41** im Vergleich zu § 1 Abs. 11 KWG und § 2 WpHG keine Definition des Begriffs „Finanzinstrument".[99] Nach der Definition in § 1a Abs. 3 KWG (in der bis 31.12.2013 geltenden Fassung), sind **Finanzinstrumente** alle Verträge, die für eine der beteiligten Seiten einen finanziellen Vermögenswert und für die andere Seite eine finanzielle Verbindlichkeit oder ein Eigenkapitalinstrument schaffen.[100] Die Definition in § 1a Abs. 3 KWG (in der bis 31.12.2013 geltenden Fassung) lehnt sich eng an die Definition in IAS 32.11 an.[101] Unter die Finanzinstrumente fallen auch die Derivate.[102] Ein Derivat ist a) ein Vertragsverhältnis, b) dessen Wert auf Änderungen des Wertes eines Basisobjekts, zB eines Zinssatzes, Wechselkurses, Rohstoffpreises, Preis- oder Zinsindexes oder einer anderen Variablen reagiert, c) bei dem Anschaffungskosten nicht oder nur in sehr geringem Umfang anfallen und d) das erst in der Zukunft erfüllt wird.[103] Ob **Kryptowerte** im Sinne des HGB als Finanzinstrumente gelten, ist im Einzelfall zu beurteilen. Trotz der Aufnahme der Kryptowerte in die Definition der Finanzinstrumente nach § 1 Abs. 11 KWG durch das Geldwäsche-RL-ÄndG (vgl. BGBl. 2019 I 2602) sind diese keine Finanzinstrumente iSd. Handelsrechts solange der finanzielle Vermögenswert nicht vertraglich einer Gegenpartei zugeordnet werden kann, bei der dem Finanzinstrument eine finanzielle Verbindlichkeit oder ein Eigenkapitalinstrument gegenübersteht.[104] Da bspw. Bitcoin per se keine Rechte und Pflichten an einem

---

[94]   Vgl. IDW RS BFA 7 Rn. 25.
[95]   Vgl. IDW RS BFA 7 Rn. 18.
[96]   Vgl. Wolfgarten/Bär/Blaschke/Flick/Gahlen/Schaber/Vietze WPg 2021, 776.
[97]   Vgl. IDW BFA, Fachlicher Hinweis vom 29.11.2022, S. 2 f.
[98]   Vgl. Krumnow et al. Rn. 204; IDW RS BFA 7 Rn. 11.
[99]   Vgl. Gelhausen/Fey/Kämpfer Rn. 87; Helke/Wiechens/Klaus DB-Beil. 5/2009, 36.
[100]   Vgl. IDW RS BFA 2 Rn. 5.
[101]   Vgl. Löw/Scharpf/Weigel WPg 2008, 1014; Scharpf/Schaber DB 2008, 2553.
[102]   Vgl. BT-Drs. 16/12407, 92.
[103]   Vgl. IDW RS BFA 2 Rn. 6.
[104]   Vgl. Kirsch/von Wieding BB 2017, 2734.

anderen Vermögensgegenstand, einer Schuld oder einer Unternehmung verbriefen, können diese keine Finanzinstrumente des Handelsbestands sein.[105]

42   Auf eine Definition des Handelsbestands hat der Gesetzgeber verzichtet. Für die Zuordnung zum **Handelsbestand** ist in erster Linie die Zweckbestimmung der Finanzinstrumente im Zugangszeitpunkt maßgeblich.[106] Das Institut hat beim Erstansatz festzulegen, ob es die Finanzinstrumente zu Handelszwecken erworben hat. Alle Finanzinstrumente und Edelmetalle,[107] die mit der Absicht einer kurzfristigen Erzielung eines Eigenhandelserfolgs erworben und veräußert werden, sind dem Handelsbestand zuzurechnen.[108] Die im Zugangszeitpunkt bestehende Handelsabsicht ist bei Geschäftsabschluss nach den Vorschriften der MaRisk zu dokumentieren.[109] Diese Dokumentation kann entweder durch eine entsprechende Kennzeichnung des Geschäfts auf dem Händlerticket oder durch eine eindeutige Zuordnung zu einem bestimmten Handelsportfolio erfolgen. Dabei kann eine depotmäßige Trennung der Finanzinstrumente des Anlagebestands und der Liquiditätsreserve von denen des Handelsbestands ausreichend sein.[110]

43   Die Grundsätze ordnungsmäßiger Bilanzierung verlangen eindeutige und dokumentierte Kriterien für die Abgrenzung des Handelsbestands von den anderen Beständen sowie eine buchhalterische Trennung der Bestände.[111] Änderungen der institutsintern festgelegten Kriterien sind nach § 35 Abs. 1 Nr. 6c RechKredV zu erläutern und deren Auswirkungen auf das Jahresergebnis sind offenzulegen.[112] Die Begründung zum Regierungsentwurf des BilMoG bezieht sich bei der Abgrenzung des Handelsbestands auf das KWG.[113] Gemäß § 1a Abs. 1 S. 1 Nr. 1 KWG (in der bis 31.12.2013 geltenden Fassung) liegt eine **Handelsabsicht** vor, wenn die betreffenden Finanzinstrumente erworben werden, um aufgrund bestehender oder erwarteter Unterschiede zwischen den Kauf- oder Verkaufspreisen oder Schwankungen von Marktkursen, -preisen, -werten oder -zinssätzen kurzfristig zur Erzielung eines Eigenhandelserfolgs zu nutzen. Ein Gleichlauf zwischen dem Handelsbestand im Sinne des HGB und dem aufsichtsrechtlichen Handelsbuch besteht nur zum Ansatzzeitpunkt.[114] Die Einschränkung resultiert aus dem Unterschied, dass im HGB eine Umwidmung in den Handelsbestand ausgeschlossen und aus dem Handelsbestand nur in außergewöhnlichen Situationen wie einer schwerwiegenden Beeinträchtigung der Handelbarkeit des Finanzinstruments zulässig ist, während eine aufsichtsrechtliche Umwidmung zwischen Handels- und Anlagebuch in beiden Richtung möglich ist und immer dann erforderlich wird, wenn die Voraussetzungen für eine Zurechnung des entsprechenden Finanzinstruments zum Handels- bzw. Anlagebuch nicht mehr erfüllt werden.[115]

44   Beim Handelsbestand kann es sich um originäre als auch derivative Finanzinstrumente handeln. Finanzielle Verbindlichkeiten, die das Institut mit der Absicht eingeht, diese zur Erzielung eines Handelserfolgs kurzfristig zurückzukaufen, sind dem Handelsbestand zuzuordnen.[116] Bei Aufnahme von externen Finanzmitteln durch den Handelsbereich eines Instituts zur Refinanzierung bestimmter Handelsaktivitäten sind diese Verbindlichkeiten als Handelspassiva dem Handelsbestand zuzuordnen, sofern dies in Übereinstimmung mit der internen Steuerung steht.[117] Finanzinstrumente, die als Sicherungsinstrumente in eine Bewertungseinheit gem. § 254 einbezogen sind, zählen nicht zum Handelsbestand. Aller-

---

[105]   Vgl. Kirsch/von Wieding BB 2017, 2734; Scharpf/Schaber Bankbilanz-HdB S. 759.
[106]   Vgl. IDW RH HFA 1.014 Rn. 7 und 10; Petersen/Zwirner/Waschbusch Rn. 98.
[107]   Nach dem Wortlaut von § 340c Abs. 1 zählen Edelmetalle nicht zu den Finanzinstrumenten, da sie ausdr. neben den Finanzinstrumenten aufgeführt sind.
[108]   Vgl. BT-Drs. 16/12407, 92.
[109]   Vgl. IDW RS BFA 2 Rn. 12.
[110]   Vgl. IDW RS BFA 2 Rn. 15.
[111]   Vgl. Scharpf in Küting/Pfitzer/Weber, Das neue deutsche Bilanzrecht, 2. Aufl. 2009, S. 197 (230).
[112]   Vgl. Mujkanovic StuB 2009, 329.
[113]   Vgl. BT-Drs. 16/10067, 95.
[114]   Vgl. Böcking/Torabian BB 2008, 266.
[115]   Vgl. Goldschmidt/Meyding-Metzger/Weigel IRZ 2010, 22.
[116]   Vgl. IDW RS BFA 2 Rn. 10.
[117]   Vgl. Scharpf et al. WPg 2010, 442.

dings sind Sicherungsinstrumente dann in den Handelsbestand einzubeziehen, wenn durch sie ein Eigenhandelserfolg gesichert, dh festgeschrieben wird.[118]

2. Umwidmungen (Abs. 3 S. 2–4). Mit Hilfe der eng gefassten handelsrechtlichen 45 Umwidmungsvorschriften soll die Möglichkeit zum so genannten „Cherry Picking", also die Möglichkeit einer in Abhängigkeit von bilanzpolitischen Zielen getroffenen Entscheidung hinsichtlich der nachträglichen Umwidmung in oder aus dem Handelsbestand, vermieden werden.[119] Eine Ausnahme räumt der Abs. 3 für Finanzinstrumente ein, die bereits zum Ansatzzeitpunkt dem Handelsbestand zugeordnet worden sind und nachträglich in eine **Bewertungseinheit** einbezogen werden. Die betreffenden Finanzinstrumente sind bei Beendigung der Bewertungseinheit wieder zum beizulegenden Zeitwert in den Handelsbestand umzugliedern (Abs. 3 S. 4). Die Regelung trägt der branchenüblichen Vorgehensweise Rechnung, dass insbesondere derivative Finanzinstrumente des Handelsbestands gegebenenfalls in eine ökonomische Sicherungsbeziehung einbezogen werden, und ermöglicht es, solche Sachverhalte über die Bildung einer Bewertungseinheit auch bilanziell abzubilden. Hiervon zu unterscheiden sind Finanzinstrumente, die zur Absicherung von außerhalb des Handels bestehenden Risiken erworben und direkt zum Ansatzzeitpunkt einer Bewertungseinheit zugeordnet werden. Für diese Finanzinstrumente liegt zum Erwerbszeitpunkt keine Handelsabsicht vor und sie können daher auch bei Beendigung der Bewertungseinheit nicht in den Handelsbestand umgegliedert werden.[120]

Die für **außergewöhnliche Umstände** geltende Ausnahme von Umwidmungen aus 46 dem Handelsbestand wurde mit Blick auf die Finanzkrise, die während des Gesetzgebungsverfahrens zur Modernisierung des Bilanzrechts einsetzte, eingefügt. Vor diesem Hintergrund ist auch der explizite Bezug auf eine schwerwiegende Beeinträchtigung der Handelbarkeit zu sehen. Die Ausnahmeregelung bildet eine Maßnahme gegen die **prozyklische Wirkung**, die der Zeitwertbewertung dahingehend zugeschrieben wird, dass sie in Krisenzeiten im Zusammenspiel mit der aufkommenden Illiquidität von Märkten sowie den aufsichtsrechtlichen Kapitalanforderungen an Banken eine Kettenreaktion in Gang setzen kann, die letztlich zu einer Abwärtsspirale der Marktpreise führt.[121] Der Gesetzgeber hat zwar keine eindeutige Abgrenzung getroffen, welche anderen Fälle außer der schwerwiegenden Beeinträchtigung der Handelbarkeit die Inanspruchnahme der Ausnahmeregelung rechtfertigen, sondern schließt im Sinne einer Negativabgrenzung „gewöhnliche" Ereignisse als Begründung aus, so dass mit dem Tagesgeschäft in Zusammenhang stehende Gründe unzureichend sind.[122] Insbesondere sollen Umwidmungen ausgeschlossen werden, die der Gestaltung des Jahresergebnisses dienen.[123] Bei einer Umwidmung aus dem Handelsbestand gilt der beizulegende Zeitwert im Umwidmungszeitpunkt als Anschaffungskosten für die weitere Bilanzierung.[124]

Durch die Umwidmung wird der **Grundsatz der Bewertungsstetigkeit** (§ 252 47 Abs. 1 Nr. 6) nicht berührt, da es sich nicht um eine Änderung der Bewertungsmethode handelt, sondern um einen veränderten Sachverhalt.[125] Zum Zweck der Transparenz verlangt § 35 Abs. 1 Nr. 6b RechKredV sowohl qualitative als auch quantitative Anhangangaben zu den vorgenommenen Umwidmungen.

3. Bewertung von Finanzinstrumenten des Handelsbestands (Abs. 3 S. 1). Bei 48 der Bewertung der Handelsportfolien ist eine Anlehnung an das Konzept der Mark-to-

---

[118] Vgl. Scharpf et al. WPg 2010, 442.
[119] Vgl. Böcking/Torabian in Schäfer, Risikomanagement und kapitalmarktorientierte Finanzierung, 2009, S. 251 (261).
[120] Vgl. IDW RS BFA 2 Rn. 28.
[121] Vgl. Torabian, Bilanzielle Bewertung von Finanzinstrumenten, 2010, S. 145.
[122] Vgl. Scharpf et al. WPg 2010, 444 f.
[123] Vgl. BT-Drs. 16/12407, 92.
[124] Vgl. IDW RS BFA 2 Rn. 29.
[125] Vgl. BdB, Bankbilanzrichtlinie-Gesetz, 1993, S. 95; Birck/Meyer, Die Bankbilanz, 3. Aufl. 1989, V 46 f.; GK-HGB/Gesmann-Nuissl Rn. 4.

Market-Bewertung notwendig, um einen Einblick in die Vermögens-, Finanz-, und Ertragslage einer im Handelsgeschäft aktiven Bank sicherzustellen. Im Rahmen der internen Performancemessung werden dazu alle Instrumente einzeln einer Marktbewertung unterzogen und die realisierten und unrealisierten Erfolgsbeiträge miteinander verrechnet.[126] Bereits vor Inkrafttreten des BilMoG stellte die marktwertorientierte Bewertung des Handelsbestands eine gängige Bilanzierungspraxis dar, jedoch kamen hierbei unterschiedliche Bewertungskonventionen zum Einsatz. Sofern die Bilanzierung auf Grundlage eines durchgebuchten Mark-to-Market erfolgte, wurde dem handelsrechtlichen Vorsichtsprinzip Rechnung getragen, indem sich diese Methode auf aktiv gemanagte Portfolien beschränkte und ein Value-at-Risk-Abschlag zur Risikoberücksichtigung vorgenommen wurde. Ziel des Value-at-Risk-Abschlags ist es, den für einen definierten Zeitraum möglichen maximalen Verlust aus den Handelspositionen, der mit hoher Wahrscheinlichkeit nicht überschritten wird, bei der bilanziellen Bewertung des Handelsbestands zu berücksichtigen.

49   Die am 27.9.2001 von der EU-Kommission verabschiedete **RL 2001/65/EG** (sog. Fair-Value-RL) schaffte nicht nur die Voraussetzungen für eine Anwendung der IFRS, sondern zugleich auch für eine Anpassung der nationalen Rechnungslegung an die internationalen Vorschriften, die in Bezug auf die Bilanzierung von bestimmten Finanzinstrumenten einen Fair-Value-Ansatz verfolgen.[127] Die Mitgliedstaaten werden verpflichtet, die Bewertung von Finanzinstrumenten zum Fair Value – übersetzt als beizulegender Zeitwert – mit der möglichen **Einschränkung auf den Konzernabschluss und/oder auf bestimmte Gruppen von Gesellschaften** zuzulassen oder vorzuschreiben. Hierbei wird die Bewertung zum beizulegenden Zeitwert auf der Passivseite auf derivative sowie nur zu Handelszwecken gehaltene Finanzinstrumente beschränkt. Als Aktivposten sind bis zur Endfälligkeit gehaltene Finanzinstrumente sowie selbst vergebene Darlehen und Forderungen, die nicht dem Handelsbestand zugeordnet werden, von dem Ansatz zum beizulegenden Zeitwert ausgeschlossen.[128] Des Weiteren sind Anteile an Tochtergesellschaften, assoziierten Unternehmen und Joint Ventures sowie von der Gesellschaft ausgegebene Eigenkapitalinstrumente nicht von der Fair-Value-Bilanzierung betroffen. Die RL 2001/65/EG beschränkt somit den Anwendungsbereich der Bewertung zum Fair Value nicht auf die Handelsbestände von Banken. Veränderungen im beizulegenden Zeitwert eines Postens sind nach der RL 2001/65/EG grundsätzlich ergebniswirksam in der GuV zu erfassen. Die Mitgliedstaaten können jedoch vorschreiben, dass Veränderungen im Fair Value von zur Veräußerung bereitstehenden nicht derivativen Finanzinstrumenten bis zur tatsächlichen Realisierung ergebnisneutral in einer Fair-Value-Rücklage ausgewiesen werden.[129] Durch das BilReG v. 4.12.2004 wurde die RL 2001/65/EG teilweise in deutsches Recht umgesetzt, indem eine den IFRS vergleichbare Definition des Fair Value bzw. beizulegenden Zeitwerts in § 285 S. 3–5 aF eingefügt wurde.[130] Aus der Einführung der zusätzlichen Anhangangaben zu bestimmten Finanzinstrumenten ergab sich jedoch keine unmittelbare Relevanz des beizulegenden Zeitwerts für die bilanzielle Bewertung.[131] Eine weitergehende Umsetzung der Richtlinie bzgl. der handelsrechtlichen Bewertungsvorschriften erfolgte am 29.5.2009 im Zuge des BilMoG.

50   Mit Inkrafttreten des **BilMoG** sind nach Abs. 3 die Finanzinstrumente des Handelsbestands zum beizulegenden Zeitwert abzüglich eines Risikoabschlags zu bewerten. Hieraus resultiert die im Rahmen des BilMoG eingeführte wesentliche Modernisierung der allgemeinen Bewertungsmaßstäbe des HGB. Änderungen des beizulegenden Zeitwerts sind erfolgswirksam zu erfassen. Der **beizulegende Zeitwert ist in § 255 Abs. 4 definiert** und entspricht dem Preis, der auf einem aktiven Markt ermittelt wird.[132] Ein aktiver Markt liegt vor, wenn der Marktpreis an einer Börse, von einem Händler, von einem Broker, von

---

[126]   Vgl. Kütter/Prahl WPg 2006, 11 f.
[127]   Vgl. Huthmann/Hofele KoR 2005, 181.
[128]   Vgl. Kütter/Prahl WPg 2006, 20.
[129]   Vgl. Kütter/Prahl WPg 2006, 20.
[130]   Vgl. Huthmann/Hofele KoR 2005, 182.
[131]   Vgl. Böcking/Dreisbach/Gros Der Konzern 2008, 210.
[132]   Vgl. Helke/Wiechens/Klaus DB-Beil. 5/2009, 36.

einer Branchengruppe, von einem Preisberechnungsservice oder von einer Aufsichtsbehörde leicht und regelmäßig erhältlich ist und auf aktuellen und regelmäßig auftretenden Markttransaktionen zwischen unabhängigen Dritten beruht.[133] Eine Berücksichtigung von Paketzu- oder -abschlägen ist nicht zulässig.[134] Sofern mangels eines aktiven Markts kein Marktpreis verfügbar ist, erfolgt die Ermittlung des beizulegenden Zeitwerts anhand allgemein anerkannter Bewertungsmethoden (§ 255 Abs. 4 S. 2). Dabei kommen insbesondere Discounted-Cash-Flow-Verfahren,[135] die Ertragswertmethode sowie Optionspreismodelle in Betracht.[136] Hierzu sind Marktdaten als Inputparameter zu verwenden, soweit diese verfügbar sind, bevor auf unternehmensindividuelle Schätzungen zurückgegriffen wird. Wenn kein aktiver Markt existiert und der beizulegende Zeitwert auch nicht mit Hilfe einer Bewertungsmethode verlässlich ermittelt werden kann, sind nach § 255 Abs. 4 S. 3 die Anschaffungskosten gem. § 253 Abs. 4 fortzuführen. Dabei gilt der zuletzt anhand eines Marktwerts auf einen aktiven Markt oder anhand eines allgemein anerkannten Bewertungsverfahrens ermittelte Zeitwert als Anschaffungskosten (§ 255 Abs. 4 S. 4). Jedoch gilt die Regelung des § 255 Abs. 4 S. 3 in Bezug auf den Handelsbestand lediglich für Marktstörungen im Rahmen der Folgebewertung. Sofern bereits zum Ansatzzeitpunkt der beizulegende Zeitwert nicht nach § 255 Abs. 4 S. 1 oder 2 ermittelbar ist, kann folglich auch keine Handelsabsicht vorliegen.[137]

Im Gegensatz zum **beizulegenden Wert** gem. § 253 Abs. 3 und 4, der für die Bewer- **51** tung des Anlage- und Umlaufvermögens zugrunde gelegt wird, unterliegt der beizulegende Zeitwert nicht dem Anschaffungskostenprinzip bzw. dem Niederstwertprinzip. Im Schrifttum wird an der grundsätzlichen Vereinbarkeit der marktwertorientierten Bewertung mit den handelsrechtlichen GoB vielfach gezweifelt, da die Einführung des beizulegenden Zeitwerts für bilanzielle Bewertungszwecke das **Realisationsprinzip** verletze.[138] Diese Kritik bezieht sich nicht allein auf die Durchbrechung des Anschaffungskostenprinzips, sondern des Weiteren auch auf den Verstoß gegen den Grundsatz der Nichtbilanzierung schwebender Geschäfte durch die Einbeziehung von Derivaten (→ Rn. 59 ff.) des Handelsbestands.[139] Beide Grundsätze konkretisieren als Unterprinzipien das Realisationsprinzip, das im Sinne der kaufmännischen Vorsicht den Ausweis von Buchwertgewinnen vermeiden soll und in Bezug auf die Ausschüttungsbemessungsfunktion des handelsrechtlichen Einzelabschlusses bei Kapitalgesellschaften zugleich der Ermittlung einer sachgerechten Bemessungsgrundlage dient. In Bezug auf Banken wird hingegen vielfach – mit Verweis auf die bereits vor der Bilanzrechtsmodernisierung gängige Bilanzierungspraxis – die Zeitwertbewertung nach Abs. 3 als eine sachgerechte Fortentwicklung der GoB erachtet.[140]

Zur Wahrung des Vorsichtsprinzips hat sich der Gesetzgeber für einen obligatorischen **52** **Risikoabschlag** entschieden. Der Risikoabschlag reduziert den ausgewiesenen realisierbaren Ertrag aus Handelsgeschäften und entfaltet damit eine **ausschüttungssperrende Wirkung**.[141] Die Höhe des Risikoabschlags „muss den Ausfallwahrscheinlichkeiten der realisierbaren Gewinne Rechnung tragen".[142] Sowohl die Bewertungsmethode als auch die verwendeten Bewertungsparameter zur Ermittlung des Risikoabschlags sind gesetzlich nicht

---

[133] Zur Definition eines aktiven Markts s. auch Böcking/Torabian BB 2008, 266; IDW FN-IDW 2008, 1 f.
[134] Vgl. BT Drs. 16/10067, 61.
[135] Zur Discounted-Cash-Flow-Methode s. Goldschmidt/Weigel WPg 2009, 196 ff.
[136] Vgl. Böcking/Torabian BB 2008, 266.
[137] Vgl. IDW RS BFA 2 Rn. 21.
[138] Vgl. Brüggemann, Finanzinstrumente des Handelsbestands in HGB-Abschlüssen von Kreditinstituten, 2010, S. 55 f.; Fülbier/Gassen DB 2007, 2608 f.; Kirsch/Dohrn in Bieg/Heyd, Fair Value – Bewertung in Rechnungswesen, Controlling und Finanzwirtschaft, 2005, S. 129 (147); Nguyen/Rohlf ZfgK 2011, 96; aA Böcking/Torabian BB 2008, 267; Böcking/Dreisbach/Gros Der Konzern 2008, 211.
[139] Vgl. Brüggemann, Finanzinstrumente des Handelsbestands in HGB-Abschlüssen von Kreditinstituten, 2010, S. 55.
[140] Vgl. BT-Drs. 16/12407, 92; Scharpf et al. WPg 2010, 449.
[141] Vgl. Deutsche Bundesbank, Monatsbericht September 2010, 56.
[142] BT-Drs. 16/10067, 95.

konkretisiert, da die Angemessenheit des Risikoabschlags von der Bankenaufsicht nach den Vorschriften des KWG beurteilt und überwacht werden soll.[143] Der Gesetzgeber führt in seiner Gesetzesbegründung hierzu weiter aus, dass der Risikoabschlag auf Basis der internen Risikosteuerung gemäß bankaufsichtlicher Vorgaben unter Anwendung finanzmathematischer Vorgaben zu ermitteln ist.[144] Folglich können Institute als Risikoabschlag die sog. **Value at Risk**-Abschläge verwenden, die auf Basis der internen Risikosteuerung und unter Berücksichtigung der bankaufsichtlich vorgeschriebenen Parameter ermittelt wurden.[145] Sofern für interne Steuerungszwecke zusätzlich ein Value at Risk mit abweichenden Parametern ermittelt wird, orientiert sich der bilanzielle Risikoabschlag im Einklang mit dem Vorsichtsprinzip an dem höheren von beiden Werten.[146] Die Anwendung anderer Bewertungsmethoden für die Ermittlung des Risikoabschlags ist unter der Voraussetzung möglich, dass die Bewertungsmethode sowie die verwendeten Bewertungsparameter im Einklang mit der internen Steuerung und den allgemeinen aufsichtsrechtlichen Bestimmungen wie den branchenspezifischen Mindestanforderungen an das Risikomanagement stehen und der Stetigkeitsgrundsatz gewahrt bleibt.[147] Sofern das Institut keine adäquate Bewertungsmethode zur Bemessung des Risikoabschlags implementiert hat, ist der Risikoabschlag auf Einzelgeschäftsebene in der Höhe vorzunehmen, dass keine unrealisierten Bewertungsgewinne in das ausgewiesene Handelsergebnis eingehen.[148]

53   Der VaR bezieht sich stets auf das zugrunde liegende Portfolio, so dass ein Herunterbrechen des Value at Risk auf Einzelgeschäfte „zu ökonomisch nicht sachgerechten bzw. willkürlichen Ergebnissen"[149] führen würde. Folglich werden die einzelnen Finanzinstrumente des Handelsbestands zum beizulegenden Zeitwert erfasst und ein portfoliobasierter Risikoabschlag vorgenommen. Sofern ein Value at Risk für sämtliche Bestände des Handels (Aktiva und Passiva) ermittelt wird, kann dieser Value-at-Risk-Abschlag insgesamt beim größeren der jeweiligen Bestände vorgenommen werden.[150] Für Handelspassiva ist statt eines Risikoabschlags ein Risikozuschlag vorzunehmen.[151]

54   Aus Gründen der Transparenz ist bei Finanzinstrumenten des Handelsbestands die Methode der Ermittlung des Risikoabschlags nebst den wesentlichen Annahmen, insbesondere die Haltedauer, der Beobachtungszeitraum und das Konfidenzniveau sowie der absolute Betrag des Risikoabschlags anzugeben (§ 35 Abs. 1 Nr. 6a RechKredV).[152]

55   **4. Sonderposten „Fonds für allgemeine Bankrisiken" (Abs. 4).** Neben der Vornahme eines Risikoabschlags auf den beizulegenden Zeitwert der Finanzinstrumente des Handelsbestands nach Abs. 3 wurde in Abs. 4 die Pflicht zur Bildung eines Sonderpostens „Fonds für allgemeine Bankrisiken" nach § 340g als **zweite risikovorsorgende Maßnahme** aufgenommen. Dem Fonds für allgemeine Bankrisiken sind mindestens 10 % der Nettoerträge des Handelsbestands (nach Vornahme des Risikoabschlags, aber vor Veränderung des Sonderpostens iSd § 340e Abs. 4) zuzuführen, bis dieser Posten 50 % des Durchschnitts der letzten fünf jährlichen Nettoerträge des Handelsbestands übersteigt.[153] Nach dem Wortlaut von Abs. 4 sind erstens ausschließlich der Sonderposten (und nicht der gesamte Fonds nach § 340g) als Bemessungsgrundlage zu verwenden und zweitens nur Geschäftsjahre mit einem Nettohandelsertrag in die Ermittlung des Durchschnitts einzubeziehen. Die jährliche Zuführung kann maximal den gesamten Nettoertrag des Handelsbe-

143 Vgl. BR-Drs. 344/08, 208.
144 Vgl. BT-Drs. 16/12407, 92.
145 Vgl. IDW RS BFA 2 Rn. 50.
146 Vgl. IDW RS BFA 2 Rn. 54; Scharpf et al. WPg 2010, 450.
147 Vgl. IDW RS BFA 2 Rn. 53.
148 Vgl. Nguyen/Rohlf ZfgK 2011, 96; Scharpf et al. WPg 2010, 450.
149 App/Wiehagen-Knopke KoR 2010, 96.
150 Vgl. IDW RS BFA 2 Rn. 58.
151 Vgl. IDW RS BFA 2 Rn. 59.
152 Vgl. Helke/Wiechens/Klaus DB-Beil. 5/2009, 35.
153 Vgl. IDW RS BFA 2 Rn. 61.

stands des jeweiligen Geschäftsjahrs betragen.[154] Sofern in einem Geschäftsjahr Nettoaufwendungen aus dem Handelsbestand erzielt werden, erfolgt keine Zuführung zum Sonderposten.[155]

Eine Unterschreitung der Grenze in Höhe von 50 % des Durchschnitts der letzten fünf **56** jährlichen Nettoerträge des Handelsbestands durch Auflösung von Teilen des Sonderpostens ist nur erlaubt, sofern sie dem Ausgleich von Nettoaufwendungen des Handelsbestands (Abs. 4 S. 2 Nr. 1), dem Ausgleich eines Jahresfehlbetrags, soweit er nicht durch einen Gewinnvortrag aus dem Vorjahr gedeckt ist (Abs. 4 S. 2 Nr. 2) oder dem Ausgleich eines Verlustvortrags aus dem Vorjahr dient, soweit er nicht durch einen Jahresüberschuss gedeckt ist (Abs. 4 S. 2 Nr. 3). Im Gegensatz zur obligatorischen Zuführung von mindestens 10 % der Nettoerträge des Handelsbestands bis zum Erreichen der vorgegebenen Untergrenze stellt die Auflösung des Sonderpostens ein Wahlrecht dar.[156] Des Weiteren kann der Sonderposten um den Betrag aufgelöst werden, um den er 50 % des Durchschnitts der letzten fünf jährlichen Nettoerträge des Handelsbestands übersteigt (Abs. 4 S. 2 Nr. 4). Letztendlich ist eine Auslösung des Sonderpostens iSd Abs. 4 zulässig, sofern der Handel eingestellt und der Handelsbestand aufgelöst wird.[157] Die Auflösungen, die nach Abs. 4 S. 2 Nr. 1–Nr. 4 erfolgen, sind im Anhang anzugeben und zu erläutern (Abs. 4 S. 3).[158] Aufgrund Abs. 4 S. 2 Nr. 2 und 3, darf auch dieser Teil des Sonderpostens nach § 340g zur Deckung jeder Art von Verlusten und Risiken verwendet werden.[159]

Im Schrifttum wird der Sonderposten nach Abs. 4 in Verbindung mit dem Risikoab- **57** schlag auf den beizulegenden Zeitwert nach Abs. 3 teilweise als ein weiterer flankierender Risikopuffer beschrieben, und der Rückgriff auf zwei unterschiedliche Maßnahmen zur Risikovorsorge als **„Gürtel-Hosenträger-Prinzip"** bezeichnet.[160] Diese Bezeichnung suggeriert eine kongruente Zwecksetzung, so dass grundsätzlich eine der beiden Maßnahmen verzichtbar wäre. Diese Betrachtungsweise wird der Intention des Gesetzgebers jedoch nicht gerecht, da es sich hinsichtlich der Zwecksetzung um zwei komplementäre Maßnahmen handelt, auch wenn beide risikovorsorgende Maßnahmen eine ausschüttungssperrende Wirkung entfalten, indem sie das ausschüttungsfähige Ergebnis mindern.[161] Wie in den obigen Ausführungen erläutert, dient der Risikoabschlag auf den beizulegenden Zeitwert nach Abs. 3 der Berücksichtigung des handelsrechtlichen Vorsichtsprinzips in Bezug auf den Ausweis nicht realisierter Erträge, während der Sonderposten nach Abs. 4 die der Zeitwertbewertung zugeschriebenen **Prozyklizität entgegenwirken** soll, indem über die Zuführung von Handelserträgen in den Sonderposten und die fakultative Auflösung zum Ausgleich eines Nettohandelsaufwands bzw. zur Deckung jeder Art von Verlusten eine Ergebnisglättung ermöglicht wird.[162]

Der gesonderte Ausweis des Sonderpostens nach Abs. 4 im „Fonds für allgemeine **58** Bankrisiken" hat mittels eines Davon-Vermerks „davon Sonderposten nach § 340e Abs. 4" zu erfolgen.[163] Ebenso ist auch in der GuV die jeweilige Zuführung und Auflösung über einen Davon-Vermerk gesondert auszuweisen.[164] Das Gesetz enthält keine Vorgaben, in welchem GuV-Posten die Zuführung zum Sonderposten gem. Abs. 4 zu erfassen ist. Neben dem Ausweis im Nettoergebnis des Handelsbestands kommt ein Ausweis im Posten, in dem

---

154 Vgl. IDW RS BFA 2 Rn. 61.
155 Vgl. BT-Drs. 16/12407, 93.
156 Vgl. hierzu Nguyen/Rohlf ZfgK 2011, 98 f.
157 Vgl. Ernst/Seidler BB 2009, 769; IDW RS BFA 2 Rn. 67.
158 Abs. 4 S. 2 Nr. 2 und Nr. 3 sowie S. 3 wurden durch das Gesetz zur Anpassung von Gesetzen auf dem Gebiet des Finanzmarktes eingefügt. Vgl. BGBl. 2014 I 934.
159 Vgl. BT-Drs. 18/1648, 66.
160 Vgl. Scharpf in Küting/Pfitzer/Weber, Das neue deutsche Bilanzrecht, 2. Aufl. 2009, S. 197 (243); Scharpf et al. WPg 2010, 452.
161 Im Falle der Auflösung des Sonderpostens „Fonds für allgemeine Bankrisiken" erhöht sich im Umkehrschluss das ausschüttungsfähige Ergebnis. Vgl. App/Wiehagen-Knopke KoR 2010, 98.
162 Vgl. Deutsche Bundesbank, Monatsbericht September 2010, 56; Nguyen/Rohlf ZfgK 2011, 98.
163 Vgl. IDW RS BFA 2 Rn. 69.
164 Vgl. Goldschmidt/Meyding-Metzger/Weigel IRZ 2010, 23.

die Zuführungen zum „Fonds für allgemeine Bankrisiken" iSv § 340g auszuweisen sind, in Betracht.[165] Hierbei ist zu berücksichtigen, dass die Auflösung des Sonderpostens zum Ausgleich von Nettoaufwendungen des Handelsbestands nur in der Form vorgenommen werden kann, dass der Auflösungsbetrag (der die Nettoaufwendungen ausgleicht) im Posten „Nettoaufwand des Handelsbestand" ertragswirksam gegengebucht wird. Falls die Gegenbuchung in einem anderen GuV-Posten vorgenommen wird, fehlt der gem. Abs. 4 S. 2 Nr. 1 vorgeschriebene Ausgleich von Nettoaufwendungen des Handelsbestands.[166]

V. Bilanzierung derivativer Finanzinstrumente

59   **1. Systematik der Derivate.** Derivate können anhand des **Basiswerts,** auf den sich das Derivat bezieht, klassifiziert werden. Dafür kommen vor allem Zinssätze, Wechselkurse, Aktienkurse oder Warenpreise in Frage. Des Weiteren lassen sich Termingeschäfte danach unterscheiden, ob sie eine bindende Verpflichtung zur Erfüllung für jeden Vertragspartner darstellen **(unbedingte Kontrakte)** oder ob sie nur ein einseitiges Wahlrecht zur (Nicht-)Erfüllung beinhalten **(bedingte Kontrakte** = Optionskontrakte). Zur Gruppe der unbedingten Termingeschäfte zählen insbesondere die Forwards und Futures und zur Gruppe der bedingten Termingeschäfte vor allem Optionen und Zinsbegrenzungsverträge (zB Caps, Floors und Collars). Swaps lassen sich grundsätzlich auch unter unbedingte, nicht börsennotierte Termingeschäfte, dh als eine Bündelung von Termingeschäften, subsumieren.

60   Derivate können auch danach differenziert werden, ob die Kontrakte an einer Terminbörse gehandelt werden oder ob sie zwischen den Kontraktpartnern frei und individuell vereinbart werden („over-the-counter" – (OTC-)-Kontrakte). Für an einer Terminbörse gehandelte Kontrakte ist die Standardisierung ihrer Konditionen (Nominalbetrag, Laufzeit und Basiswert) erforderlich, wie dies für die an der Eurex zugelassenen Financial Futures[167] der Fall ist. Hingegen handelt es sich bei nicht standardisierten, individuellen Verträgen, deren Handel sich auf **OTC-Märkten** vollzieht, beispielsweise um Forward Rate Agreements, Devisentermingeschäfte, Swaps und Zinsoptionen (Caps, Floors, Swaptions).

61   Besonderer Erwähnung bedürfen Finanzinstrumente, deren Wert sich von einem oder mehreren anderen zugrunde liegenden derivativen Finanzinstrumenten ableitet (zB Optionen auf Optionen oder Optionen auf Swappositionen).[168] Alle am Markt beobachtbaren komplexen Derivate können direkt oder indirekt auf die Basisbausteine unbedingter Termingeschäfte und/oder Optionsgeschäfte zurückgeführt werden bzw. die komplexen Derivate können durch die Basisbausteine nachgebildet (dupliziert)[169] werden.[170]

62   **2. Motive für den Einsatz von Derivaten.** Banken setzen derivative Finanzinstrumente ein, um entsprechend der zentralen ökonomischen Aufgabe dieser Instrumente bestimmte **Marktpreisrisiken** isoliert bewerten und bündeln zu können, mit dem Ziel, sie evtl. an Dritte weitergeben zu können. Sie dienen somit der **Sicherung gegen makroökonomische Risiken,** wie zB Währungs- und Zinsrisiken, aber auch gegenüber einzelnen Beschaffungspreisrisiken. Die Vorteile bilanzunwirksamer Instrumente zur Absicherung von Marktrisiken gegenüber geeigneten bilanzwirksamen Instrumenten liegen in ihrer erheblichen Flexibilität, ihrem geringen Kapitaleinsatz und der Transaktionskostenersparnis.

---

[165] Vgl. IDW RS BFA 2 Rn. 62.
[166] Vgl. Scharpf/Schaber Bankbilanz-HdB S. 1268.
[167] Standardisierte, an den Börsen gehandelte unbedingte Termingeschäfte werden als Futures bezeichnet. Mit Abschluss des Kontrakts entrichten beide Kontraktpartner einen zinslosen Einschuss (Initial Margin) in Form liquider Mittel oder Wertpapiere als Sicherheitsleistung. Jeder Kontrakt wird börsentäglich abgerechnet und der Gewinn oder Verlust (Variation Margin) auf dem Margenkonto verrechnet.
[168] Vgl. Scharpf FB 1999, 21 (24).
[169] Das Merkmal der Duplizierbarkeit von Derivaten beinhaltet die Möglichkeit des alternativen Nachbaus eines Finanzinstruments und seines zugehörigen Risiko-/Chancenprofils durch eine Kombination von einem oder mehreren originären und/oder derivativen Finanzinstrumenten.
[170] Vgl. Fitzner, Derivatepublizität von Kreditinstituten im Kontext wirtschaftlicher Stabilität, 1997, S. 7; Mauritz, Konzepte der Bilanzierung und Besteuerung derivativer Finanzinstrumente, 1996, S. 4; Scharpf FB 1999, 21 (24, 27).

Bei Instituten steht vielfach die **Erzielung von Erfolgsbeiträgen** aus dem Handel **63**
durch Vereinnahmung von Gebühren oder Geld-Brief-Spannen und durch **Nutzung von**
Arbitragemöglichkeiten im Vordergrund.[171] Das Arbitragemotiv bezieht sich sowohl auf
Preisschwankungen zwischen dem Abschluss eines Handelsgeschäfts und einem kurz später
folgenden Sicherungsgeschäft als auch auf die Ausnutzung von Preisdifferenzen an verschiedenen Märkten (zB Kassa-/Terminmarkt). Banken stellen auf diese Weise einen in weiten
Teilen liquiden Markt für das Handeln mit Risiken bereit, so dass im Handelsbereich vieler
Banken nur im geringen Umfang tatsächliche Bestände, sondern Risiken durchgereicht
werden. „Eine Positionierung im Hinblick auf Markterwartungen findet nur noch am
Rande statt".[172]

3. Risiken aus dem Einsatz derivativer Finanzinstrumente. Die **Risiken** deriva- **64**
tiver Finanzinstrumente sind grundsätzlich die gleichen wie diejenigen originärer Finanzgeschäfte. Jedoch bewirkt der im Vergleich zu den originären Kassainstrumenten nur geringe
Kapitaleinsatz bei Vertragsabschluss bei Derivaten eine starke Hebelwirkung. Da dieser
Mechanismus bei marginaler Kursänderung des Basiswerts eine relativ starke Wertänderung
des Derivats bewirkt, ist **den mit Derivaten verbundenen Risiken innerhalb der handelsrechtlichen Gewinnermittlung Rechnung zu tragen.** Neben den Adressenausfall-,
Liquiditätsrisiken, rechtlichen Risiken und Betriebsrisiken ist den Marktrisiken besondere
Aufmerksamkeit zu widmen. „Marktpreisrisiken resultieren aus der Veränderung von
Marktparametern wie Zinsstrukturkurven, der Volatilität von Zinsen, Aktien- und Wechselkursen, die den Wert der den Derivaten zugrundeliegenden Basisinstrumente (Underlying)
betreffen und somit auch maßgeblich den Marktwert derivativer Finanzinstrumente beeinflussen. Des Weiteren können als Sonderform des Marktpreisrisikos auch Spreadrisiken bei
der Kombination von Derivate- und Kassainstrumenten auftreten. Sie bezeichnen die
Gefahr, dass sich marktspezifische Zinssätze, wie beispielsweise Bond- und Swapzinssätze,
unterschiedlich entwickeln".[173] Das Marktrisiko umfasst das Zinsänderungs- und das Währungsrisiko sowie sonstige Preisrisiken (zB Aktienkursrisiko, Rohstoffpreisrisiko).

Die Risikoposition des Unternehmens wird erhöht, wenn ein Derivat mit der Absicht **65**
eingesetzt wird, durch die Veränderung des Marktpreises einen Gewinn zu erzielen. Dafür
werden bewusst offene, dh nicht abgesicherte, Positionen gehalten, die einem finanziellen
Risiko ausgesetzt sind **(Spekulation).**[174] Im Gegensatz dazu wird die Risikoposition eines
Unternehmens durch den Derivateeinsatz reduziert, wenn Derivate zur **Risikoabsicherung** eingesetzt werden. Der Abschluss von sog. Sicherungsgeschäften erfolgt mit dem Ziel,
mögliche Verluste aus bestehenden oder zukünftigen Risikopositionen zu verringern oder
gänzlich zu vermeiden. Durch Sicherungsgeschäfte, die ein dem abzusichernden Geschäft
entgegengesetztes Risiko aufweisen,[175] können Wertänderungsrisiken von bestehenden
Grundgeschäften (Bewertungsrisiko) sowie auch Schwankungen zukünftiger Zahlungsströme (Cash-Flow-Risiko) abgesichert werden.[176]

In der Vergangenheit wurde insbesondere dem Kontrahentenrisiko von Derivaten nicht **66**
hinreichend Beachtung geschenkt. Dies verdeutlichte sich im Rahmen der Finanzkrise
besonders gravierend anhand des Ausfalls der Lehman Bank und der mit ihr abgeschlossenen
Derivategeschäfte.[177] Dieses durch den Vertragskontrahenten eines Derivats hervorgerufene
Ausfallrisiko kann nur unter Berücksichtigung von Netting-Vereinbarungen und Sicherheiten bzw. Collaterals ökonomisch zutreffend abgebildet werden. Die Kontrahentenrisiken
aus Derivaten werden im Rahmen so genannter Credit Value Adjustments (CVA) zu berück-

---

[171] Vgl. Gebhardt BFuP 1996, 558.
[172] Kütter/Prahl WPg 2006, 10.
[173] Krumnow FS v. Stein, 1997, 299.
[174] Vgl. Rudolph, Derivative Finanzinstrumente, 1995, S. 3 (16).
[175] Vgl. Rudolph, Derivative Finanzinstrumente, 1995, S. 3 (15 f.).
[176] Vgl. Scharpf/Luz, Risikomanagement, Bilanzierung und Aufsicht von Finanzderivaten, 2. Aufl. 2000,
         S. 30.
[177] Vgl. Goldschmidt/Rudy ZfgK 2010, 496.

sichtigt.[178] Beim sog. unilateralen CVA wird nur das Kontrahentenrisiko der Gegenpartei in die Bewertung einbezogen, während beim bilateralen CVA auch das eigene Bonitätsrisiko (Debt Value Adjustments (DVA)) berücksichtigt wird.[179] Des Weiteren fließen bei der Bewertung zum beizulegenden Zeitwert von unbesicherten OTC-Derivaten die bestehenden Refinanzierungsrisiken durch das sog. Funding Valuation Adjustment (FVA) ein.[180] Die bilanzielle Erfassung des CVA im Handelsrecht erfolgt, soweit ein positiver Marktwert auch tatsächlich bilanziell berücksichtigt wird; wie bei Derivaten im Handelsbestand.[181] Gegen die aufwandsreduzierende Berücksichtigung des DVA spricht das handelsrechtliche Imparitätsprinzip.[182]

67   **4. Handelsrechtliche Kategorisierung von Derivaten.** Aus handelsrechtlicher Sicht existieren für Derivate vier Kategorien, an denen sich auch die jeweilige Bilanzierung ausrichtet: Derivate des Handelsbestands nach Abs. 3, Derivate, die in einer Bewertungseinheit nach § 254 einbezogen werden, Derivate, die im Rahmen der Steuerung des Zinsänderungsrisikos im Bankbuch kontrahiert werden sowie die sonstigen Derivate.[183] Bis zum Inkrafttreten des BilMoG herrschte keine einheitliche Auffassung über die bilanzielle Bewertung von derivativen Finanzinstrumenten. Im Rahmen der Modernisierung der handelsrechtlichen Bilanzierungsvorschriften hat der Gesetzgeber durch Abs. 3 die von deutschen Banken weitgehend praktizierte Vorgehensweise gesetzlich kodifiziert und eine marktwertorientierte Bilanzierung der Finanzinstrumente des **Handelsbestands** unter Beachtung bestimmter Anforderungen verpflichtend eingeführt. Unter den Finanzinstrumenten des Handelsbestands werden auch die Derivate des Handelsbestands subsumiert. Zwar stellen Derivate aufgrund ihres Schwebezustands keine Vermögensgegenstände im handelsrechtlichen Sinne dar und sind daher grundsätzlich bilanziell nicht ansatzfähig, dass sie trotzdem bilanziell abzubilden sind, wenn sie zu Handelszwecken eingegangen werden, ergibt sich aus dem Wortlaut des Abs. 3, der begrifflich nicht auf Vermögensgegenstände und Schulden, sondern auf Finanzinstrumente im Allgemeinen abstellt und sich somit der handelsrechtlichen Definition von Vermögensgegenständen entzieht.[184]

68   Für Institute ergeben sich bei der Bilanzierung von **Futures** des Handelsbestands Besonderheiten. Gezahlte Initial Margins sind aufgrund der fehlenden Absicht der kurzfristigen Erzielung eines Eigenhandelserfolgs keine Finanzinstrumente des Handelsbestands.[185] Sie sind, wie auch gezahlte Initial Margins von Futures des Nicht-Handelbestands, in dem Posten „Sonstige Vermögensgegenstände" auszuweisen.[186] Für die Initial Margin ist grundsätzlich keine Bewertungsmaßnahme notwendig, da sie lediglich als Sicherheit dient und stets in voller Höhe erhalten bleibt.[187] Die Variation Margin wird unterjährig an den veränderten Wert des Futures angepasst. Im Rahmen von Futures des Handelsbestands sind die Zahlungen zwischen Käufer und Verkäufer unterjährig erfolgsneutral über ein Verrechnungskonto zu erfassen und zum Abschlussstichtag ist dann der Saldo in den Ertrag oder Aufwand des Handelsbestands umzubuchen, womit eine erfolgswirksame Bewertung des Futures zum beizulegenden Zeitwert erfolgt.[188]

69   Derivate als **Sicherungsgeschäfte im Rahmen von Bewertungseinheiten** waren bis zum BilMoG im HGB nicht gesondert geregelt. Zuvor wurde die Bilanzierung von

---

[178]   Zur Berücksichtigung von CVA nach IAS 39 s. Schubert Risk January 2011, 112; Schubert, Risk February 2011, 87.
[179]   Vgl. IDW, WPH Edition, Kreditinstitute, D Rn. 376.
[180]   Vgl. IDW, WPH Edition, Kreditinstitute, D Rn. 378.
[181]   Vgl. Wiechens/Lorenz/Morawietz HdJ I/11 (März 2021), Rn. 46.
[182]   Vgl. Wiechens/Lorenz/Morawietz HdJ I/11 (März 2021), Rn. 46.
[183]   Zur Bilanzierung von derivativen Finanzinstrumenten und Sicherungsbeziehungen nach HGB mit Anwendungsbeispielen s. Wiechens/Lorenz/Morawietz HdJ I/11 (März 2021).
[184]   Vgl. Löw/Torabian ZfgK 2008, 610.
[185]   Vgl. IDW RS BFA 5 Rn. 6.
[186]   Vgl. IDW RS BFA 5 Rn. 10.
[187]   Vgl. IDW RS BFA 5 Rn. 11.
[188]   Vgl. IDW RS BFA 5 Rn. 7.

Bewertungseinheiten aus den Grundsätzen ordnungsmäßiger Buchführung (GoB) abgeleitet. Die Problematik der bilanziellen Abbildung von Sicherungsbeziehungen tritt im
Rahmen der Gewinnermittlung dadurch auf, dass das **Einzelbewertungsprinzip** die
Verrechnung von Wertminderungen eines Bewertungsobjekts mit Werterhöhungen
eines anderen Objekts verhindert. Das Einzelbewertungsprinzip hat im Zusammenhang
mit dem **Realisationsprinzip** eine wichtige Objektivierungsfunktion zu erfüllen, denn
die periodengerechte Gewinnermittlung hat einzelgeschäftsbezogen und nicht abhängig
vom Gesamtertrag des Unternehmens zu erfolgen.[189] Außerdem wirkt das Einzelbewertungsprinzip konkretisierend für das Imparitätsprinzip: Das **Imparitätsprinzip,** das
bzgl. der Bewertung von vorhandenen Vermögensgegenständen, Schulden und schwebenden Geschäften darauf abzielt, künftige Verluste zu antizipieren,[190] wird durch das
Einzelbewertungsprinzip dadurch greifbar, dass es eine Zusammenfassung von einzelnen
Aktiva und Passiva und/oder schwebenden Geschäften verhindert. Somit können vorhersehbare Gewinne oder Verluste einer Position oder eines Geschäfts nicht durch
Gewinne oder Verluste anderer Positionen oder Geschäfte ausgeglichen werden.[191] Die
Anwendung des Einzelbewertungsgrundsatzes nach traditionellem Verständnis würde
daher für derivative Geschäfte, die zur Absicherung eines Grundgeschäfts abgeschlossen
wurden, der **Bildung von Bewertungseinheiten** entgegenstehen.[192] Doch kann die
Schaffung kleinster Bewertungselemente unter Nichtbeachtung wirtschaftlicher und
funktionaler Zusammenhänge weder der Intention des Einzelbewertungsprinzips noch
der Darstellung der Vermögens-, Finanz- und Ertragslage gerecht werden. Sofern eine
Sicherungsbeziehung vorliegt, führt eine strenge Anwendung des Einzelbewertungs-
und des Imparitätsprinzips zu einer verzerrten Abbildung der wirtschaftlichen Verhältnisse. Im Rahmen der Folgebewertung werden unrealisierte Verluste des Grundgeschäfts
oder des Sicherungsinstruments bilanziell berücksichtigt, während die kompensierende
positive Wert- oder Zahlungsstromentwicklung des jeweiligen Gegengeschäfts bilanziell
nicht erfasst wird. Durch die Bildung von Bewertungseinheiten werden bilanzielle Verzerrungen vermieden und eine wirtschaftlich sachgerechtere Darstellung solcher Sicherungsbeziehungen erzielt.[193] Die zuvor im Schrifttum als GoB eingestufte bilanzielle
Abbildung von Bewertungseinheiten hat der Gesetzgeber im Rahmen des BilMoG
gesetzlich kodifiziert und branchenunabhängig in § 254 (→ § 254 Rn. 1 ff.) geregelt.[194]
Für die Bilanzierung von Bewertungseinheiten sind die Regeln des IDW RS HFA 35
zu beachten.[195]

Derivate, die im Rahmen der Steuerung des Zinsänderungsrisikos im Bankbuch kontra-   **70**
hiert werden, sind nach den in IDW RS BFA 3 nF dargestellten Regeln bilanziell zu erfassen
(→ Rn. 72 ff.).

Die bilanziellen Regelungen zu derivativen Finanzinstrumenten, die weder Bestandteil   **71**
des Handelsbestands sind noch zu einer Bewertungseinheit gehören und nicht im Rahmen
der Steuerung des allgemeinen Zinsrisikos eingesetzt werden, bestehen unverändert fort.
Diese **sonstigen derivativen Finanzinstrumente** werden nach den handelsrechtlichen
Rechnungslegungsnormen auch weiterhin aufgrund des Schwebezustands von Derivaten als
bilanzunwirksam qualifiziert (Grundsatz der Nichtbilanzierung schwebender Geschäfte).[196]
Eine Ausnahme bilden hierbei **Optionen.** Erworbene Optionsrechte sind im Zeitpunkt
des Erwerbs mit den Anschaffungskosten in Höhe der zu leistenden Optionsprämie zu

---

[189]   Vgl. Naumann, Bewertungseinheiten im Gewinnermittlungsrecht der Banken, 1995, S. 45 f.
[190]   Vgl. Böcking, Bilanzrechtstheorie und Verzinslichkeit, 1988, S. 128; Euler ZfbF 1990, 1040; Groh FS
      Moxter, 1994, 67; Moxter FS Rose, 1991, 167 f.; Moxter WPg 1986, 174.
[191]   Vgl. Löw WPg 2004, 1110.
[192]   Vgl. Krumnow et al. Rn. 331.
[193]   Vgl. Löw/Torabian ZfgK 2008, 612.
[194]   Vgl. BT-Drs. 16/10067, 57.
[195]   Zur Diskussion, ob eine Pflicht oder ein Wahlrecht zur Bildung bilanzieller Bewertungseinheiten nach
      dem BilMoG besteht. Vgl. Glaser/Hachmeister BB 2011, 555 ff.
[196]   Vgl. Löw/Torabian ZfgK 2008, 608.

aktivieren.[197] Dabei sind nicht verbriefte Optionsrechte als immaterielle Vermögensgegenstände in dem Posten „Sonstige Vermögensgegenstände" und Optionsscheine in dem Posten „Aktien und andere nicht festverzinsliche Wertpapiere" auszuweisen.[198] Zum Abschlussstichtag sind die erworbenen Optionen, die weder dem Handelsbestand noch einer bilanziellen Bewertungseinheit zugeordnet sind und nicht im Rahmen der Steuerung des allgemeinen Zinsrisikos eingesetzt werden, nach den für das Umlaufvermögen geltenden Vorschriften zu bewerten. Als schwebende Geschäfte werden synallagmatische Verträge verstanden, die am Bilanzstichtag bereits abgeschlossen sind, wobei die Leistungserbringung noch von keinem Vertragspartner vollständig erfolgt ist. Die Notwendigkeit, diese bilanziell unwirksamen Geschäfte trotzdem in einem Nebenbuch zu erfassen, leitet sich einerseits aus der Verpflichtung ab, sämtliche Geschäfte einzeln aufzuzeichnen, und andererseits aus der Pflicht zur Passivierung von **Rückstellungen für drohende Verluste aus schwebenden Geschäften** gem. § 249 Abs. 1. Die zweckadäquate Aufzeichnung hängt vom Umfang der Geschäfte ab, wobei jedoch stets eine vollständig, richtige, geordnete und zeitnahe Erfassung sicherzustellen ist.[199] Der Stillhalter einer Option hat eine Rückstellung für drohende Verluste aus schwebenden Geschäften zu bilden, sofern der Wert der Option am Abschlussstichtag höher als die passivierte Optionsprämie ist.[200] Bei Futures ist alternativ zu einer Drohverlustrückstellung eine außerplanmäßige Abschreibung der aktivierten Variation Margins zulässig.[201]

VI. Verlustfreie Bewertung im Bankbuch

72　　　Der Bankenfachausschuss hat fünf Jahre nach Verabschiedung der IDW Stellungnahme zur Rechnungslegung „Einzelfragen der verlustfreien Bewertung von zinsbezogenen Geschäften des Bankbuchs (Zinsbuchs)" am 16.10.2017 eine überarbeitete Fassung der Verlautbarung als **IDW RS BFA 3 nF** verabschiedet. Durch die Überarbeitung wurden diverse Fachfragen in die Verlautbarung integriert, die zuvor in Form von Sitzungsberichterstattungen veröffentlicht wurden.[202] Neben einigen redaktionellen Änderungen finden sich in der neuen Fassung Klarstellungen hinsichtlich der erstmaligen Zuordnung zum Bankbuch, der Behandlung negativer Zinsen und zur Behandlung langlaufender Zinsswapgeschäfte.[203] Die überarbeitete Verlautbarung schließt darüber hinaus eine Regelungslücke für den Fall der nachträglichen Änderung der Zuordnung zum Bankbuch.[204]

73　　　Die Kreditinstitute[205] steuern ihre bilanziellen und außerbilanziellen zinsbezogenen Geschäfte im Bankbuch mit der Zielsetzung, eine positive Zinsmarge (Zinsspanne) zu erreichen.[206] Sofern die künftigen Zinserträge die zu ihrer Erwirtschaftung erforderlichen künftigen Zinsaufwendungen, einschließlich der damit zusammenhängenden künftigen allgemeinen Verwaltungsaufwendungen und künftigen Risikokosten nicht mehr decken, besteht ein Verpflichtungsüberschuss aus den zum Abschlussstichtag kontrahierten zinsbezogenen Geschäften.[207] Die Verpflichtungsseite ist demzufolge zu Vollkosten zu bewerten,[208] wobei

---

[197]　Der Stillhalter der Option hat seine Verpflichtung in Höhe der erhaltenen Optionsprämie in dem Posten „Sonstige Verbindlichkeiten" zu passivieren. Vgl. IDW RS BFA 6 Rn. 17.

[198]　Vgl. IDW RS BFA 6 Rn. 12.

[199]　Vgl. Scharpf/Luz, Risikomanagement, Bilanzierung und Aufsicht von Finanzderivaten, 2. Aufl. 2000, S. 250 ff.

[200]　Vgl. IDW RS BFA 6 Rn. 18.

[201]　Vgl. IDW RS BFA 5 Rn. 15.

[202]　Vgl. Vietze/Bär/Briesemeister/Löw/Schaber/Weigel/Wolfgarten WPg 2018, 763.

[203]　Vgl. Vietze/Bär/Briesemeister/Löw/Schaber/Weigel/Wolfgarten WPg 2018, 764.

[204]　Vgl. Vietze/Bär/Briesemeister/Löw/Schaber/Weigel/Wolfgarten WPg 2018, 765.

[205]　Für Finanzdienstleistungsinstitute gilt der IDW RS BFA 3 nF „Einzelfragen der verlustfreien Bewertung von zinsbezogenen Geschäften des Bankbuchs (Zinsbuchs)" entsprechend, wenn sie ein bei wirtschaftlicher Betrachtung mit dem Bankbuch von Kreditinstituten vergleichbares Geschäftsmodell haben. Vgl. IDW RS BFA 3 nF Rn. 2.

[206]　Vgl. IDW FN-IDW 2010, 578.

[207]　Vgl. Scharpf/Schaber Bankbilanz-HdB S. 157; Jessen/Haaker/Briesemeister KoR 2011, 314; Oestreicher BB-Beil. 12/1993, 9.

[208]　Vgl. Feld RdF 2012, 69.

bei den fixen Verwaltungsgemeinkosten lediglich die geschlüsselten fixen Gemeinkosten der allgemeinen Verwaltungskosten auf das Bestandsgeschäft (zB die anteiligen Kosten für Geschäftsleitung, Personalbüro, Rechnungswesen, Treasury, Interne Revision und Risikocontrolling) zu berücksichtigen sind.[209] Für einen solchen **Verpflichtungsüberschuss** aus der Bewertung der gesamten Zinsposition des Bankbuchs ist eine **Drohverlustrückstellung** gem. § 249 Abs. 1 S. 1 zu bilden.[210] Dabei sind bei der Ermittlung des Verpflichtungsüberschusses zu berücksichtigende Aufwendungen, die bereits im Rahmen anderer Bewertungsvorschriften erfasst wurden, nicht in die Bemessung der Drohverlustrückstellung einzubeziehen.[211] Drohende Verluste im Bankbuch können beispielsweise durch das Eingehen von Fristentransformationen entstehen, wenn sich die Zinsstrukturkurve ändert.[212]

Die Bildung einer Drohverlustrückstellung knüpft an zwei grundlegende Tatbestandsmerkmale an:[213] Das Vorliegen eines schwebenden Geschäfts,[214] also eines gegenseitigen, auf einen wirtschaftlichen Leistungsaustausch gerichteten Vertrags, sowie einen aus dem schwebenden Geschäft drohenden Verlust, bei dem der Wert der Leistungsverpflichtung des Bilanzierenden den Wert der Gegenleistung übersteigt (Verpflichtungsüberschuss).[215] **74**

Das **Bankbuch** umfasst alle bilanziellen und außerbilanziellen zinsbezogenen Finanzinstrumente außerhalb des Handelsbestands (einschließlich der Wertpapiere der Liquiditätsreserve und der Wertpapiere des Anlagebestands).[216] Hierzu gehören auch derivative Zinsinstrumente, die der Steuerung des allgemeinen Zinsrisikos im Bankbuch dienen.[217] Die am häufigsten verwendeten Derivate zur Steuerung des Zinsänderungsrisikos sind Zinsswaps.[218] Daneben sind die zinsbezogenen Bestandteile der Bewertungseinheiten gem. § 254 in die verlustfreie Bewertung des Bankbuchs einzubeziehen. Hierbei sind Korrekturen vorzunehmen, um Mehrfachberücksichtigungen der Aufwendungen zu vermeiden.[219] Das Imparitätsprinzip ist auf das Bankbuch in seiner Gesamtheit als Saldierungsbereich aufgrund des geschäftstypisch engen wirtschaftlichen Zusammenhangs von Geldanlage und der Refinanzierung anzuwenden.[220] Es dürfen nur solche Finanzinstrumente in den Saldierungsbereich des Bankbuchs einbezogen werden, die in einem **einheitlichen Nutzungs- und Funktionszusammenhang** (dem Refinanzierungsverbund) stehen und im Risikomanagementsystem als Gesamtheit gesteuert werden.[221] Die Abgrenzung des Bankbuchs hat sich am **internen Risikomanagement** zu orientierten.[222] Bestehen zum Zweck der internen Steuerung mehrere voneinander unabhängige Zinsbücher, so stellt jedes Zinsbuch für sich einen eigenen Saldierungsbereich dar, der einzeln zu bewerten ist.[223] **75**

Eine Zuordnung von **langlaufenden Zinsswaps** zum Bankbuch, deren Laufzeit deutlich über die anderen Geschäfte des Bankbuchs hinausgeht, ist nur für den Teil des Zinsswapgeschäfts (Kassa-Swap) möglich, der nachweislich in einem einheitlichen Nutzungs- und Funktionszusammenhang mit den übrigen zinsbezogenen Geschäften des Bankbuchs steht. Die laufzeitinkongruenten Zahlungsströme (Forward-Swap) unterliegen dagegen der imparitätischen Einzelbewertung. Soweit keine Aufteilung erfolgt oder die anerkannten Bewer- **76**

---

[209] Vgl. IDW BFA, Fachlicher Hinweis vom 29.11.2022, S. 4 f.
[210] Vgl. IDW RS BFA 3 nF Rn. 3; Jessen/Haaker/Briesemeister KoR 2011, 315.
[211] Vgl. IDW RS BFA 3 nF Rn. 49.
[212] Vgl. Walter ZfgK 2015, 1069.
[213] Vgl. IDW RS BFA 3 nF Rn. 11.
[214] Vgl. IDW RS HFA 4 Rn. 2.
[215] Vgl. IDW RS HFA 4 Rn. 15; Jessen/Haaker/Briesemeister KoR 2011, 318.
[216] Vgl. IDW RS BFA 3 nF Rn. 14. Zur Einbettung der Bewertung des Bankbuchs in die Gesamtbanksteuerung vgl. Kreuder RdF 2014, 333.
[217] Vgl. Scharpf/Schaber Bankbilanz-HdB S. 165; Walter BankPraktiker 2010, 234.
[218] Vgl. Sopp/Grünberger KoR 2014, 42.
[219] Vgl. IDW RS BFA 3 nF Rn. 24.
[220] Vgl. IDW RS BFA 3 nF Rn. 17.
[221] Vgl. Vietze/Bär/Briesemeister/Löw/Schaber/Weigel/Wolfgarten WPg 2018, 764.
[222] Vgl. IDW RS BFA 3 nF Rn. 14.
[223] Vgl. IDW RS BFA 3 nF Rn. 25.

tungsverfahren eine willkürfreie Differenzierung nicht ermöglichen, ist das gesamte Zinsswapgeschäft imparitätisch einzeln zu bewerten.[224]

77   Eine nachträgliche **Änderung der Zuordnung zum Bankbuch** (Umwidmungen in das Bankbuch oder aus dem Bankbuch) begründet weder Veräußerungserfolge noch neue Anschaffungskosten, da unternehmensinterne Vorgänge nicht zu einer Gewinnrealisierung führen.[225] Des Weiteren vermeiden die Regeln des IDW RS BFA 3 nF Doppelberücksichtigungen von Bewertungsmaßnahmen in der abgebenden und der aufnehmenden Bestandskategorie.[226] Sofern Finanzinstrumente nach dem Zeitpunkt ihrer erstmaligen Erfassung, die Voraussetzungen für eine Berücksichtigung im Bankbuch verlieren, sind sie fortan nach den Regeln für diejenige Bestandskategorie zu bilanzieren und bewerten, der sie zugeordnet werden.[227] Daraus entstehende Anpassungen des Buchwerts sind entweder im Umwidmungszeitpunkt oder am nächsten Abschlussstichtag erfolgswirksam in voller Höhe zu erfassen.[228] Die umgewidmeten Finanzinstrumente dürfen beim Rückstellungstest für Drohverlustrückstellungen aus dem Bankbuch nicht mehr einbezogen werden.[229] Bei einer Umwidmung in das Bankbuch, sind die Finanzinstrumente im Umwidmungszeitpunkt letztmalig nach den Regeln der Bestandskategorie zu bewerten, aus der sie umgewidmet werden und erst im Anschluss nach den Regeln für das Bankbuch.[230] Eine Wertaufholung bzw. eine Auflösung einer Rückstellung für drohende Verluste ist im Rahmen einer Umwidmung nur insoweit zulässig, sofern der Grund für die Abschreibung eines Vermögensgegenstands bzw. für die Bildung der Rückstellung für drohende Verluste für zinsbezogene Derivate entfallen ist.[231] Eine fortgeführte Drohverlustrückstellung für zinsbezogene Derivate ist in der Folge zeitanteilig über die Restlaufzeit des Derivats aufzulösen.[232] Ab dem Umwidmungszeitpunkt sind diese Finanzinstrumente in die verlustfreie Bewertung des Bankbuchs einzubeziehen.[233]

78   Der Vorrang einer Abschreibung auf den niedrigeren beizulegenden Wert bei Wertpapieren der Liquiditätsreserve und des Anlagevermögens sowie bei Forderungen, bei denen eine Verkaufsabsicht vorliegt, besteht unabhängig von den Grundsätzen der verlustfreien Bewertung im Bankbuch. Daneben ist die Bildung von (pauschalierten) Einzel- und Pauschalwertberichtigungen unabhängig von den Grundsätzen der verlustfreien Bewertung.[234]

79   Zur Ermittlung der Drohverlustrückstellung stehen als **zwei gleichwertige Methoden**[235] die GuV-orientierte (periodische) und die barwertige (statische) Betrachtungsweise zur Verfügung.[236] Die angewandte Methode ist nach den allgemeinen Grundsätzen der Stetigkeit anzuwenden. Beide Methoden haben die Zahlungsströme grundsätzlich auf Basis der vertraglichen Vereinbarungen zu berücksichtigen.[237] Bei Finanzinstrumenten mit unbestimmter Fälligkeit oder Gläubiger- und Schuldnerkündigungsrechten hat das bilanzierende Kreditinstitut in Übereinstimmung mit dem (Zins-)Risikomanagement (zB Bodensatztheorie, Zinsablauffiktion bzw. Zuordnung zu Laufzeitbändern) geeignete Annahmen über die

---

[224] Vgl. IDW RS BFA 3 nF Rn. 23.

[225] Vgl. IDW RS BFA 3 nF Rn. 28.

[226] Vgl. Vietze/Bär/Briesemeister/Löw/Schaber/Weigel/Wolfgarten WPg 2018, 765.

[227] Vgl. IDW RS BFA 3 nF Rn. 29.

[228] Vgl. Vietze/Bär/Briesemeister/Löw/Schaber/Weigel/Wolfgarten WPg 2018, 767.

[229] Vgl. IDW RS BFA 3 nF Rn. 29.

[230] Vgl. IDW RS BFA 3 nF Rn. 30.

[231] Vgl. IDW RS BFA 3 nF Rn. 31.

[232] Vgl. IDW RS BFA 3 nF Rn. 31.

[233] Vgl. Vietze/Bär/Briesemeister/Löw/Schaber/Weigel/Wolfgarten WPg 2018, 767.

[234] Vgl. IDW RS BFA 3 nF Rn. 9.

[235] Ein Nachweis in Form von Probe- oder Plausibilitätsrechnungen, dass beide Methoden zu einem identischen Ergebnis führen, muss vom bilanzierenden Unternehmen nicht erbracht werden. Vgl. Löw RdF 2013, 324.

[236] Vgl. IDW RS BFA 3 nF Rn. 34. In der Praxis erfolgt die Überprüfung des Bankbuchs auf Verlustfreiheit überwiegend durch die barwertige (statische) Betrachtungsweise. Vgl. Rebmann/Weigel KoR 2014, 218.

[237] Vgl. IDW RS BFA 3 nF Rn. 36.

Zahlungsströme zu treffen und zu dokumentieren.[238] Aus Betrags- oder Laufzeitinkongruenzen resultierende offene Zinspositionen sind zum Abschlussstichtag fiktiv zu schließen.[239] Diskontierungen haben auf Basis der fristenadäquaten Geld- und Kapitalmarktzinssätze (Zinsstrukturkurve) am Abschlussstichtag zu erfolgen.[240]

Bei der GuV-orientierten Methode werden zunächst die Zinszahlungsströme und **80** danach die Risiko- und Verwaltungskosten ermittelt, während letztere bei der Barwertmethode entweder als Abschlag bei den Zahlungsströmen oder als Zuschlag auf den zur Diskontierung der Zahlungsströme verwendeten Zinssatz oder durch eine Korrektur des Bruttobarwerts berücksichtigt werden können.[241] Gemäß der **GuV-orientierten (periodischen) Methode** ist eine Drohverlustrückstellung zu bilden, sofern der Saldo der diskontierten Periodenergebnisbeiträge des Bankbuchs negativ ist.[242] Bei der **barwertigen (statischen) Methode** ist eine Drohverlustrückstellung zu passivieren, sofern der Buchwert des Bankbuchs größer ist als der Barwert des Bankbuchs.[243] Dieser Barwert ermittelt sich aus den zum Abschlussstichtag abgezinsten Zahlungsströmen der Finanzinstrumente des Bankbuchs.[244]

Falls sich aus der verlustfreien Bewertung ein Verpflichtungsüberschuss ergibt, ist die **81** Drohverlustrückstellung unter dem Posten „andere Rückstellungen" in der **Bilanz** auszuweisen (→ § 340a Rn. 134).[245] Bezüglich des **Ausweises von Aufwendungen** aus der Zuführung **bzw. Erträgen** aus der Auflösung dieser Drohverlustrückstellung besteht ein **Wahlrecht,** wobei eine korrespondierende Behandlung der entsprechenden Aufwendungen und Erträge geboten ist: entweder Ausweis unter „Abschreibungen und Wertberichtigungen auf Forderungen und bestimmte Wertpapiere sowie Zuführungen zu Rückstellungen im Kreditgeschäft" (→ § 340a Rn. 185) bzw. „Erträge aus Zuschreibungen zu Forderungen und bestimmten Wertpapieren sowie aus der Auflösung von Rückstellungen im Kreditgeschäft" (→ § 340a Rn. 226) oder unter „sonstige betriebliche Aufwendungen" (→ § 340a Rn. 182) bzw. „sonstige betriebliche Erträge" (→ § 340a Rn. 230).[246]

Das Verfahren zur verlustfreien Bewertung des Bankbuchs ist nach § 340a iVm § 284 **82** Abs. 2 Nr. 1 im **Anhang** anzugeben und zu erläutern.[247] Sofern eine Drohverlustrückstellung passiviert wird, ist diese ebenfalls im Anhang zu erläutern.[248]

Vorbemerkung (Vor §§ 340f, 340g)

Schrifttum: Akmann, Ergebnissteuerung in Kreditinstituten, 1993; Arthur Andersen & Co. GmbH, Die EG-Bankbilanzrichtlinie, Schriftenreihe Banken und Kapitalmarkt, Nr. 10, 1988; Ballwieser/Kuhner, Rechnungslegungsvorschriften und wirtschaftliche Stabilität, 1994; Bäsch, Jahresabschlußanalyse bei Universalbanken: Grenzen und Möglichkeiten im Lichte neuer Rechnungslegungsvorschriften, 1992; Bauer, Stille Reserven und ihre Berücksichtigung als haftendes Eigenkapital von Kreditinstituten, DBW 1984, 79; BdB, Bankbilanzrichtlinie-Gesetz. Arbeitsmaterialien zur Anwendung von Bilanzrichtlinie-Gesetz und Rechnungslegungsverordnung, 1993; Becker, Stille Reserven im Vorentwurf zur EG-Bilanzrichtlinie, ZfgK 1980, 430; Beier/Riedl, Wie die Banken den Gewinn vor ihren Eigentümern verbergen, Das Wertpapier 1993, 42; Berger, Standing-Risiken und stille Rücklagen der Bank, Beiträge aus dem Bankseminar der Universität Hannover, Nr. 5, 1986; Bieg, Bankbilanzen und Bankenaufsicht, 1983; Bieg, Erfordert die Vertrauensempfindlichkeit des Kreditgewerbes bankenspezifische Bilanzierungsvorschriften?, WPg 1986, 257 (Teil I), 299 (Teil II); Bieg, Die Möglichkeit der Bildung und Auflösung stiller Rücklagen, Kreditpraxis 1986, 31; Bieg/Waschbusch, Stille und offene Vorsorgereserven gemäß den §§ 340f und 340g HGB – Bestandteile der Risikovorsorge eines Kreditinstituts, Kreditwesen 2005, 145; Bieg/Waschbusch, Bankbilanzierung nach HGB und IFRS, 3. Aufl. 2017; Bieg/Waschbusch, Bildung und Nutzung des Fonds für allgemeine Bankrisiken gemäß § 340g HGB, 2022; Birck, Stille Reserven im Jahresabschluß der Kreditinstitute, WPg 1964, 415; Birck/Meyer, Die Bankbilanz, Handkommentar zum Jahres-

---

238　Vgl. IDW RS BFA 3 nF Rn. 36.
239　Vgl. IDW RS BFA 3 nF Rn. 37.
240　Vgl. IDW RS BFA 3 nF Rn. 48; Walter BankPraktiker 2010, 235.
241　Vgl. IDW RS BFA 3 nF Rn. 52; Rebmann/Weigel KoR 2014, 216.
242　Vgl. IDW RS BFA 3 nF Rn. 50.
243　Vgl. IDW RS BFA 3 nF Rn. 51.
244　Vgl. IDW RS BFA 3 nF Rn. 51.
245　Vgl. IDW RS BFA 3 nF Rn. 55.
246　Vgl. IDW RS BFA 3 nF Rn. 56.
247　Vgl. IDW RS BFA 3 nF Rn. 57.
248　Vgl. IDW RS BFA 3 nF Rn. 55.

abschluß der Kreditinstitute, 3. Aufl., Teillieferung 3, 1979; Böcking, Zum Verhältnis von Rechnungslegung und Kapitalmarkt: Vom „financial accounting" zum „business reporting", in Ballwieser/Schildbach, „Rechnungslegung und Steuern international", ZfbF-Sonderheft 40/1998, 17; Brunnermeier, Deciphering the Liquidity and Credit Crunch 2007 – 2008, Journal of Economic Perspectives 2009, 77; Cairns, Banking on a break with tradition, Accountancy, April 1987, 32; Claussen, Das neue Rechnungslegungsrecht der Kreditinstitute, DB 1991, 1129; Diamond/Dybvig, Bank Runs, Deposit Insurance and Liquidity, Journal of Political Economy 1983, 401; Emmerich, Die Vorsorge für „allgemeine Bankrisiken" nach neuem Rechnungslegungsrecht im Lichte einzel- und gesamtwirtschaftlicher Verantwortung, in Bodin/Hübl, Banken in gesamtwirtschaftlicher Verantwortung, 1994, S. 165; Emmerich/Reus, Zur Vorsorge für „allgemeine Bankrisiken" – Handelsrechtliche Gestaltungsrechte und ökonomische Implikationen, 1995; Erdland, Eigenkapital und Einlegerschutz bei Kreditinstituten, Eine funktions- und abbildungstheoretische Analyse, in Voigt, Untersuchungen über das Spar-, Giro- und Kreditwesen, Abteilung A: Wirtschaftswissenschaften, Band 108, 1981; Faißt, Zur stillen Risikovorsorge im Bankenbereich im Rahmen der EG-Rechtsangleichung, B.Bl. 1980, 190; Fandré, Auswirkungen der EG-Bankbilanzrichtlinie (BBRL) auf die künftige Bankbilanz, in Krumnow/Metz, Rechnungswesen im Dienste der Bankpolitik, 1987, S. 77; Forster, Niedrigere Bewertung nach § 253 Abs. 4 HGB, § 26a Abs. 1 KWG und Art. 37 Abs. 2 Bankbilanzrichtlinie-Gesetz unter dem Aspekt der Bewertungsstetigkeit sowie Überlegungen zu den Rückstellungen für allgemeine Bankrisiken (Art. 38 Bankbilanzrichtlinie), FS Krümmel, 1988, 107; Gail, Stille Reserven, Unterbewertung und Sonderprüfung, 2. Aufl. 1978; Gessler, Der Bedeutungswandel der Rechnungslegung im Aktienrecht, in Muthesius, 75 Jahre Deutsche Treuhandgesellschaft 1890–1965, 1965, 129; Goldsmith-Pinkham/Yorulmazer, Liquidity, Bank Runs, and Bailouts: Spillover Effects During the Northern Rock Episode, Journal of Financial Services Research 2010, 83; Göttgens/Schmelzeisen, Bankbilanzrichtlinie-Gesetz, 2. Aufl. 1992; Hartmann, Stille Reserven im Jahresabschluß von Kreditinstituten, BB 1989, 1936; Hölscher, Stille Reserven in den Jahresabschlüssen deutscher und schweizerischer Banken, DBW 1995, 45; House of Commons, Treasury Committee, The run on the Rock, Fifth Report of Session 2007-08, Volume 1, 2008; IDW, WPH Edition, Kreditinstitute, Finanzdienstleister und Investmentvermögen, 2020; Ivashina/Scharfstein, Bank Lending During the Financial Crisis of 2008, Journal of Financial Economics 2010, 319; Keller/Möller, Einstufung der Bankbilanzen am Kapitalmarkt infolge von § 26a KWG – Konzeption und Ergebnisse einer kapitalmarktorientierten empirischen Untersuchung zum Informationsgehalt der Jahresabschlüsse deutscher Aktiengesellschaften –, ZBB 1992, 169; Klingebiel, Die langfristige Risiko- und Ertragsstruktur von Kreditinstituten im Universal- versus Trennbankensystem, 1995; Köllhofer, Stille Reserven nach § 26a KWG in Bankbilanzen: Fragen und Versuch einer Beantwortung, Die Bank 1986, 552; KPMG, Die neue Bankbilanz, 1992; Kuck, Die 100 größten deutschen Kreditinstitute, Die Bank 8/2010, 31; Krag, Die Bewertungsprivilegien der Kreditinstitute, ZfgK 1988, 374; Krümmel, Schutzzweck und Aufsichtseingriffe. Über den Run auf die Bankschalter und seine Verhinderung, Kredit und Kapital 1984, 474; Krumnow, Bildung und Auflösung stiller Reserven nach der EG-Bankbilanzrichtlinie, Die Bank 1988, 302; Krumnow, IAS-Rechnungslegung für Banken, Die Bank 1996, 396; Krumnow, Es darf auf Dauer keinen Bestandsschutz für einzelne Banken geben, ZfgK 1997, 1160; Kühnberger/Stachuletz, Kritische Anmerkungen zu einigen neueren Entwicklungen in der Bilanzpolitik, DBW 1986, 356; Laupenmühlen/Münz, Publizitätsqualität börsennotierter Banken, Die Bank 1997, 738; Laux/Leuz, The crisis of fair-value accounting: Making sense of the recent debate, Accounting, Organizations and Society 2009, 826; Malt, Grundlagen der Ergebnisausweispolitik bei Aktienbanken, 1968; Malt, Der überperiodische Zusammenhang zwischen der Bildung und Auflösung stiller Reserven in Bilanzen von Kreditinstituten, Kredit und Kapital 1969, 306; Meyer, Bankbilanzierung unter der Generalklausel des § 264 Abs. 2 HGB, ZfgK 1987, 438; Mülbert/Sajnovits, Die Dotierung des Sonderpostens „Fonds für allgemeine Bankrisiken" nach § 340g HGB mit Blick auf die Zahlungsansprüche von KWG/CRR-Genussscheininhabern, WM; Müller, Stille Reserven und direkte, Einlagensicherung, ZfgK 1981, 672; O'Connor/Santos-Arteaga, Information and Intertemporal; Decision Processes in Banking: the Run on Northern Rock, International Journal of Applied Decision Sciences 2008, 359; Otto, Stille Reserven in der Bankbilanz – Ihre rechtliche Zulässigkeit und wirtschaftliche Bedeutung und Berechtigung, 1960; Plock, Stille-Reserven-Politik von Großbanken unter Berücksichtigung unterschiedlicher Zielproblematiken, 1996; Prahl, Die neuen Vorschriften des Handelsgesetzbuches für Kreditinstitute, WPg 1991, 401 (Teil I), 438 (Teil II); Raida, Stille Reserven – notwendiger Schutz oder liebgewordenes Überbleibsel?, ZfgK 1970, 869; Scharpf/Schaber, Handbuch Bankbilanz – Bilanzierung, Bewertung und Prüfung, 9. Aufl. 2022; Scharpf/Sohler, Leitfaden zum Jahresabschluß nach dem Bankbilanzrichtlinie-Gesetz: Bilanz, GuV und Anhang, 1992; Schimann, Bilanzierungsvorschriften für Kreditinstitute. Änderungsvorschlag der EG-Bankbilanzrichtlinie im Vergleich zur deutschen Praxis, WPg 1985, 157; Schmidberger, Schutz von (Hybrid-)Kapitalgebern vor der „übermäßigen" Dotierung des Fonds für allgemeine Bankrisiken (§ 340g HGB), BKR 2017, 309; Schneider, Zur Problematik der stillen Reserven bei Kreditinstituten – Ein Beitrag zur Diskussion über den EG-Richtlinienvorschlag für die Jahresabschlüsse von Banken, 1984; Schneider, Der Wettbewerb der Kreditinstitute im Spannungsfeld von Bankenaufsicht und Notenbankpolitik, Bank-Betrieb 1973, 122; Schütz, EG-(Bank-)Bilanzrichtlinie und Stille Reserven in Bankbilanzen, in Krumnow/Metz, Rechnungswesen im Dienste der Bankpolitik, 1987, S. 95; Schwartze, Deutsche Bankrechnungslegung nach europäischem Recht: Der Einfluß von Zielsetzung und Inhalt der EG-Bankbilanzrichtlinie auf die deutschen Publizitätsvorschriften für Kreditinstitute nach HGB und KWG, 1990; Schwartze, Die Neuregelung der deutschen Bankenrechnungslegung nach den Vorgaben der Europäischen Gemeinschaft, AG 1993, 12; Siegel/Bareis/Rückle/Schneider/Siegloch/Streim/Wagner, Stille Reserven und aktienrechtliche Informationspflichten, ZIP 1999, 2077; Spence, Job Market Signaling, The Quarterly Journal of Economics 1973, 355; Spieth, Erfordert die Vertrauensempfindlichkeit des Kreditgewerbes bankenspezifische Bilanzierungsvorschriften? – Anmerkungen zum Aufsatz von Bieg –, WPg 1986, 528; Streib, Die Eignung stiller Reserven als haftendes Eigenkapital von Kreditinstituten unter Berücksichtigung der internationalen Bestrebungen zur Koordination des Bankenaufsichtsrechts, 1996; Stützel, Lob der Stille von Reserven?, ZfgK 1959, 460; Süchting, Scheinargumente in der Diskussion um stille Reserven bei Kreditinstituten, DBW 1981, 207; Süchting, Zur Diskussion um die stillen Reserven bei Banken, FS Philipp, 1988, 81; Wagener, Länderrisiken in Bankbilanzen: Anmerkungen aus der Sicht des Wirtschaftsprüfers, ZfgK 1995, 218; Wagener/Böcking/Freiling/Ernsting/Fitzner, Banken und Bankkonzerne in Deutschland – Jahresabschlüsse 1993, 1995; Wagenhofer/Ewert, Externe Unternehmensrechnung, 2. Aufl. 2007; Waschbusch, Die handelsrechtliche Jahresabschlußpolitik der Universalaktienbanken: Ziele – Daten – Instrumente, 1992; Waschbusch, Das bankspezifische Bewertungsprivileg des § 340f HGB, ZfbF 1994, 1046; Waschbusch, Die bankspezifische offene Risikovorsorge des § 340g HGB, Die Bank 1994, 166; Wegener, Stille Reserven bei Kreditinstituten – heute und morgen? – Ein Beitrag zur Diskussion über den Vorentwurf einer EG-Richtlinie über den Jahresabschluß von Banken –, WPg 1981, 14; Weilbach, Die Wirkungen stiller Reserven in betriebswirtschaftlicher Sicht, 1960; Werner, Bankenrechnungslegung – Vertrauen durch Rechenschaft, Die Bank 1995, 170; Wielens, Zur Risikovorsorge bei Kreditinstituten und Bausparkassen. Ein Plädoyer für stille Reserven in Bankbilanzen, Sparkasse 1984, 18; Wielens, Bewertung und Risikovorsorge in der Bankbilanz, DLK 1984, 4.

Übersicht

I. Transformation der Bankbilanz-RL

Die §§ 340f, 340g resultieren aus der Transformation der Art. 37 und 38 Bankbilanz- **1** RL durch das Bankbilanzrichtliniegesetz in deutsches Recht. In der Gesetzgebungsphase war dabei insbesondere die Möglichkeit zur Bildung stiller Vorsorgereserven gemäß Art. 37 Bankbilanz-RL umstritten.[1] Schließlich wurde ein politischer Kompromiss gefunden, der zum einen Art. 37 Bankbilanz-RL als **Mitgliedstaatenwahlrecht** ausgestaltete und zum anderen die Umsetzung der Möglichkeit der stillen Vorsorgereservenbildung von der zwangsweise umzusetzenden offenen Vorsorgereservenbildung gem. Art. 38 Bankbilanz-RL abhängig machte.[2] Diejenigen Mitgliedstaaten, die den Kreditinstituten die Möglichkeit zur stillen Vorsorgereservenbildung einräumten, hatten gleichzeitig die offene Vorsorgereservenbildung als Alternative zuzulassen.[3]

Der Ansicht, dass Art. 37 Bankbilanz-RL aus der sich letztlich auch auf EU-Ebene **2** durchgesetzten Erkenntnis resultiere, dass Institute besonderen Risiken unterliegen und hierfür Vorsorge getroffen werden müsse, ist nicht vollständig zu folgen. Zwar mag sich diese Erkenntnis durchgesetzt haben, daraus jedoch ausschließlich die Notwendigkeit einer stillen Vorsorgereserve ableiten zu wollen, erscheint unverständlich. Richtig ist, dass die (noch zu erörternden) besonderen Risiken der Institute eine Vorsorge rechtfertigen; ob diese

---

[1] Vgl. Berger, Standing-Risiken und stille Rücklagen der Bank, Beiträge aus dem Bankseminar der Universität Hannover, Nr. 5, 1986, 15; Emmerich in Bodin/Hübl, Banken in gesamtwirtschaftlicher Verantwortung, 1994, S. 165 (189); Hartmann BB 1989, 1936; Krumnow Die Bank 1988, 302; Wielens Sparkasse 1984, 22. Vgl. zu einem geschichtlichen Überblick der Entwicklung der Bankenrechnungslegung Werner Die Bank 1995, 170 f.

[2] Vgl. Arthur Andersen & Co. GmbH, Die EG-Bankbilanzrichtlinie, Schriftenreihe Banken und Kapitalmarkt, Nr. 10, 1988, 39; Beck HdR/Bieg/Waschbusch B 900 Rn. 348; Forster FS Krümmel, 1988, 114; Hartmann BB 1989, 1943; Krumnow Die Bank 1988, 302 f.; Prahl WPg 1991, 438. Vgl. zur Diskussion auch Schwartze AG 1993, 21.

[3] Vgl. Bieg/Waschbusch Bankbilanzierung S. 500; Krumnow et al. § 340g Rn. 1; Waschbusch, Die handelsrechtliche Jahresabschlußpolitik der Universalaktienbanken: Ziele – Daten – Instrumente, 1992, S. 396; Waschbusch Die Bank 1994, 167 f.

jedoch in offener oder stiller Form gebildet werden sollte, ist anhand anderer Kriterien – beispielsweise der Erfüllung der **Informationsfunktion** bzw. des **Transparenzgebots** – zu beurteilen. Schließlich hat auch der Gesetzgeber im Rahmen des BilMoG die Informationsfunktion der Rechnungslegung betont[4] und gerade in Bezug auf die institutsspezifischen Bilanzierungsvorschriften durch die Einführung von § 340e Abs. 3 die Informationsfunktion der Rechnungslegung hervorgehoben.

3   Da nach IFRS die Bildung stiller Vorsorgereserven nicht gestattet ist, wurde vermutet, dass sich Konzerne, die einen IFRS-Konzernabschluss aufstellen, auch in der HGB-Jahresabschlusserstellung zunehmend von der Bildung stiller Reserven gemäß § 340f abwenden und eher die Möglichkeit der Bildung offener Reserven gem. § 340g in Anspruch nehmen.[5] Diese Tendenz hin zu einer offenen Vorsorgereservenpolitik und mehr Transparenz wurde in der Literatur für nicht börsennotierte Institute nicht erwartet. Vielmehr wurde vermutet, dass „diese zwecks Stabilisierung ihres Erfolgsausweises in aller Regel auch weiterhin die aus ihrer Sicht bewährten Möglichkeiten des § 340f denen des § 340g vorziehen"[6] würden.

4   Der aus der Transformation der Bankbilanz-RL resultierende Zwang, neben der stillen Vorsorgereserve nach § 340f auch die Möglichkeit zur offenen Vorsorge einzuräumen, sollte den Instituten die freie Wahl zwischen der stillen und offenen Vorsorgereservenbildung ermöglichen, um bei einer stärkeren Inanspruchnahme der offenen Vorsorgereserve auf die Möglichkeit der stillen Vorsorgereservenbildung verzichten zu können.[7] Diesbezüglich zeigt eine empirische Untersuchung von Wagener et. al. für das Geschäftsjahr 1993, dass 61 von 125 untersuchten Kreditinstituten freiwillig auf die Bildung von stillen Vorsorgereserven hinwiesen und 8 einen Fonds für allgemeine Bankrisiken gebildet hatten.[8] Eine eigenständig vorgenommene Auswertung der Jahresabschlüsse 2016 der 100 nach Bilanzsumme größten deutschen Kreditinstitute[9] zeigt, dass 47 Kreditinstitute in ihren HGB-Jahresabschlüssen freiwillig auf die Bildung von stillen Vorsorgereserven hinwiesen und 93 einen Fonds für allgemeine Bankrisiken gebildet hatten. Davon hatten 45 Kreditinstitute sowohl stille Vorsorgereserven als auch einen Fonds für allgemeine Bankrisiken gebildet. Von den sieben börsennotierten Kreditinstituten wies ein Institut freiwillig auf die Bildung von stillen Vorsorgereserven hin und fünf hatten einen Fonds für allgemeine Bankrisiken gebildet. Ein Vergleich mit der Auswertung der Jahresabschlüsse des Jahres 2009 zeigt eine leichte Abnahme der freiwilligen Berichterstattung über die Bildung stiller Vorsorgereserven bei gleichzeitiger deutlicher Zunahme der Bildung eines Fonds für allgemeine Bankrisiken.[10] So hatten in den Jahresabschlüssen der nach Bilanzsumme 100 größten deutschen Kreditinstitute des Jahres 2009 58 Institute freiwillig auf die Bildung stiller Vorsorgereserven hingewiesen und 58 einen Fonds für allgemeine Bankrisiken gebildet; 35 hatten sowohl auf stille Risikovorsorge hingewiesen als auch einen Fonds für allgemeine Bankrisiken gebildet. Von den zu dieser Zeit 14 börsennotierten Kreditinstituten wiesen 5 freiwillig auf die Bildung von stillen Vorsorgereserven hin und 8 hatten einen Fonds für allgemeine Bankrisiken gebildet. Die durchgeführten empirischen Erhebungen und ein intertemporaler Vergleich

---

4   Vgl. BT-Drs. 16/10067, 34.
5   Vgl. Krumnow et al. § 340f Rn. 2.
6   Waschbusch, Die handelsrechtliche Jahresabschlußpolitik der Universalaktienbanken: Ziele – Daten – Instrumente, 1992, S. 397; Waschbusch Die Bank 1994, 168.
7   Vgl. Forster FS Krümmel, 1988, 114; Hölscher DBW 1995, 54; Waschbusch, Die handelsrechtliche Jahresabschlußpolitik der Universalaktienbanken: Ziele – Daten – Instrumente, 1992, S. 396; Waschbusch Die Bank 1994, 167.
8   Vgl. Wagener et al., Banken und Bankkonzerne in Deutschland – Jahresabschlüsse 1993, 1995, S. 81–83, 140; nach Bieg sind andere Banken bis hin zu mittleren sowie kleinen Instituten diesem Vorgehen zwischenzeitlich gefolgt und haben einen Fonds für allgemeine Bankrisiken gem. § 340g gebildet. Vgl. Bieg/Waschbusch Bankbilanzierung S. 503 f.
9   S. hierzu die Aufstellung der 100 größten deutschen Kreditinstitute von Hirschmann Die Bank 8/2017, 12 ff.
10   Vgl. Müko Aufl. 3 Vor. § 340f und g, Rn. 4. Freilich ist darauf hinzuweisen, dass die intertemporale Vergleichbarkeit durch Veränderungen in der Liste der 100 nach Bilanzsumme größten Banken eingeschränkt wird.

verdeutlichen, dass Kreditinstitute unabhängig von der Börsennotierung die eingeräumten Wahlrechte rege in Anspruch nehmen. Kreditinstitute üben die Wahlrechte sowohl zur stillen als auch zur offenen Risikovorsorge aus, berichten darüber und senden mithin ein Signal[11] an den Kapitalmarkt bzw. die weiteren Rechnungslegungsadressaten. Während die freiwillige Berichterstattung über die Bildung stiller Risikovorsorge im Zeitablauf zumindest weitgehend unverändert ist, kann eine Zunahme der Bildung offener Risikovorsorge und somit eine häufigere Entscheidung für transparente Risikovorsorge beobachtet werden.

II. Zur Notwendigkeit bankspezifischer Vorsorgereserven

1. Die besondere Vertrauensempfindlichkeit des Kreditgewerbes. Zur Beurtei-   5
lung der Notwendigkeit institutsspezifischer Vorsorgereserven ist zunächst zu analysieren, inwieweit sich das mit den § 340f und § 340g den Instituten zur Verfügung gestellte Instrumentarium eignet, die definierten Ziele zu erreichen. Die Zielsetzung institutsspezifischer Vorsorgereserven besteht dabei zum einen in der Vorsorge gegen „die besonderen Risiken des Geschäftszweigs der Kreditinstitute" und zum anderen in der Sicherung des Vertrauens der Öffentlichkeit in die Stabilität des Kreditgewerbes,[12] dh letztendlich in der Vermeidung eines sog Bank Run, um auf diese Weise zu einer **Stabilisierung der volkswirtschaftlichen Verhältnisse** beizutragen.[13] Die Reaktion des Kapitalmarkts im Zuge der Subprime-Krise und der damit im Zusammenhang stehende Zusammenbruch der Lehman Brothers-Bank im September 2008 haben die Vertrauensempfindlichkeit des Kreditgewerbes verdeutlicht.[14] Diesbezüglich kann der offenen Vorsorgereserve aufgrund ihres Eigenkapitalcharakters eine vertrauensbildende Wirkung zugeschrieben werden, während die stille Bildung von Vorsorgereserven im Hinblick auf die gewünschte Transparenz diese präventive Wirkung konterkariert.

2. Die Bank Run-These. Die besondere Vertrauensempfindlichkeit des Kreditgewer-   6
bes wird in der Regel mit der besonderen Schutzbedürftigkeit der Gläubiger, der besonderen Konjunkturabhängigkeit der Banken, deren besonderen Eigenkapitalstruktur sowie der besonderen Bedeutung der Fristentransformationsfunktion der Banken begründet.[15] Dabei wird der Bankeinleger in besonderer Weise als schutzbedürftig angesehen, weil sich seine Gläubigerstellung, verglichen mit der Gläubigerposition in anderen Branchen, durch die folgenden Aspekte unterscheidet:[16] Zunächst einmal lässt sich das besondere **Schutzbedürfnis der Bankeinleger** damit begründen, dass sie wesentliche Teile ihres in der Regel kleinen Vermögens als Bankeinlagen halten, die Geldanlage nicht gewerbsmäßig betreiben, sondern nur rudimentäre Kenntnisse über finanzwirtschaftliche Zusammenhänge besitzen und Interessen gegenüber der Bank kaum durchsetzen können.[17] Zudem befinden sich die Einleger „gegenüber der kreditnehmenden Bank in einer schwächeren Position als die meisten der sonstigen Gläubiger innerhalb einer Volkswirtschaft, die im allgemeinen Kaufleute sind."[18] Die Bankeinleger besitzen keine Möglichkeiten, ihre „Interessen durch einzelvertragliche Regelungen mit der kreditnehmenden Bank zu schützen; für die Mehrzahl der Einleger und übrigen Bankkunden reduziert sich die Vertragsfreiheit auf die Vertragsabschlussfreiheit."[19] Schließlich kann der typische

---

[11]   Vgl. zum Signaling als Instrument der Bilanzpolitik Wagenhofer/Ewert, Externe Unternehmensrechnung, 2. Aufl. 2007, S. 287 ff. sowie grdl. zum Signaling Spence The Quarterly Journal of Economics 1973, 355 ff.

[12]   Vgl. die Präambel der EG-Bankbilanzrichtlinie. Vgl. auch Bäsch, Jahresabschlußanalyse bei Universalbanken, 1992, S. 121; Bauer DBW 1984, 80.

[13]   Vgl. Krumnow et al. § 340f Rn. 1; Bieg/Waschbusch, Bildung und Nutzung des Fonds für allgemeine Bankrisiken gemäß § 340g HGB, 2022, S. 254.

[14]   Für einen Überblick über die Ereignisse, deren Ursachen und die Kapitalmarktreaktionen vgl. zB Brunnermeier Journal of Economic Perspectives 2009, 78 ff.; Ivashina/Scharfstein Journal of Financial Economics 2010, 319 ff.; 330 ff.

[15]   Vgl. Bäsch, Jahresabschlußanalyse bei Universalbanken, 1992, S. 123.

[16]   Vgl. hierzu ausf. Bieg, Bankbilanzen und Bankenaufsicht, 1983, S. 26 ff.

[17]   Vgl. Emmerich in Bodin/Hübl, Banken in gesamtwirtschaftlicher Verantwortung, 1994, S. 165 (178); Süchting DBW 1981, 215 f.

[18]   Bieg, Bankbilanzen und Bankenaufsicht, 1983, S. 27.

[19]   Bieg, Bankbilanzen und Bankenaufsicht, 1983, S. 27.

Bankgläubiger als Privatanleger charakterisiert werden, der der Bank Einlagen als risikolose Geldanlage überlässt. Die Einleger bzw. Gläubiger einer Bank sind stark risikoavers, dh sie sind nicht bereit, das Risiko der Bank „auch nur zu einem kleinen Teil mitzutragen."[20]

7　　Gäbe es keine gläubigerschützenden Instrumente der Risikovorsorge bzw. reichen diese nicht aus, wäre bei der Veröffentlichung eines positiven, aber im Vorjahresvergleich schlechteren oder sogar negativen Periodenergebnisses ein „panikartiger, sich gegenseitig verstärkender Abzug der Einlagen zu befürchten."[21] Durch den kurzfristigen Abzug der Geldeinlagen entsteht bei den Banken zunächst ein Liquiditätsproblem, das nur durch die außerplanmäßige, vorzeitige und damit in der Regel verlustbringende Veräußerung der langfristig angelegten Aktiva gelöst werden kann.[22] Im Extremfall führt der **Bank Run** damit nicht nur zu drastischen Liquiditätsproblemen, sondern auch zu erheblichen Veräußerungsverlusten, die das Eigenkapital der Bank aufzehren können.[23] Da das den Bank Run auslösende negative Geschäftsergebnis von den Bankgläubigern auch bei anderen Banken befürchtet wird, besteht die Gefahr einer „Kettenreaktion. (…) Der Run auf den gesamten Bankbereich und dessen Zusammenbruch wären die Folge."[24] Die befürchtete Kettenreaktion (Dominoeffekt) basiert dabei auf der Annahme der Gläubiger, dass alle Banken eine identische Risikostruktur besitzen und somit im Bankenbereich „die Übertragung von Gläubigerreaktionen auf negative Informationen über ein Kreditinstitut auf die Gläubiger anderer Banken wahrscheinlicher macht als anderswo."[25] „Damit drohen bei einem derartigen allgemeinen Run auch Gläubigern völlig unbeteiligter und ansonsten durchaus solventer Kreditinstitute Vermögensverluste."[26]

8　　Die im Jahr 2008 in Folge der Insolvenz der US-amerikanischen Investmentbank Lehmann Brothers zu beobachtenden Kapitalmarktreaktionen verdeutlichten diese besonderen Risiken der Branche und die Möglichkeit des Eintretens eines Dominoeffekts. So zeigte sich zB bei der britischen Bank Northern Rock, dass trotz erhaltener Liquiditätshilfen der im Rahmen des Bank Run befürchtete schlagartige Verlust des Vertrauens der Bankgläubiger in das Institut und damit der Abzug von Einlagen bzw. die Kündigung von Krediten, Kreditlinien und anderen Fremdfinanzierunginstrumenten eintrat.[27] Erst durch staatliche Garantien und die damit verbundene Erweiterung der Einlagensicherung konnte eine Ausweitung des Bank Run auf andere Institute verhindert werden.[28]

9　　In Deutschland wird das Bank Run-Phänomen insbesondere zur Rechtfertigung stiller Vorsorgereserven herangezogen. Um einem Bank Run vorzubeugen, hätten die Jahresabschlüsse der Banken ein im Zeitablauf kontinuierliches und im Branchenvergleich konformes Periodenergebnis aufzuweisen, damit „keine abrupten Sprünge evident werden, die in den Augen der Öffentlichkeit die nachhaltige Solidität des Bankunternehmens in Frage stellen könnten."[29] Entsprechend werden das **Stabilisierungs- und das Konformitätsziel** als

---

20　　Bieg/Waschbusch Bankbilanzierung S. 483. Vgl. auch Bieg, Bankbilanzen und Bankenaufsicht, 1983, S. 29; Bieg WPg 1986, 301.

21　　Bieg WPg 1986, 301. Vgl. auch Bieg, Bankbilanzen und Bankenaufsicht, 1986, S. 31; Bieg/Waschbusch Bankbilanzierung S. 484.

22　　Vgl. Diamond/Dybvig Journal of Political Economy 1983, 403.

23　　Ausf. zum Run-Szenario s. Ballwieser/Kuhner, Rechnungslegungsvorschriften und wirtschaftliche Stabilität, 1994, S. 32 ff.

24　　Bieg WPg 1986, 301; Bieg/Waschbusch Bankbilanzierung S. 484. Vgl. auch Emmerich in Bodin/Hübl, Banken in gesamtwirtschaftlicher Verantwortung, 1994, S. 165 (179); Hartmann BB 1989, 1939; Malt, Grundlagen der Ergebnisausweispolitik bei Aktienbanken, 1968, S. 309; Schütz in Krumnow/Metz, Rechnungswesen im Dienste der Bankpolitik, 1987, S. 95 (98).

25　　Krümmel Kredit und Kapital 1984, 478. Vgl. auch Bieg, Bankbilanzen und Bankenaufsicht, 1983, S. 31 f.

26　　Bieg, Bankbilanzen und Bankenaufsicht, 1983, S. 32.

27　　Zu den Entwicklungen bei und dem Bank Run auf Northern Rock und die zeitliche Abfolge iE vgl. zB House of Commons, Treasury Committee, The run on the Rock, Fifth Report of Session 2007-08, Volume 1, 2008, 5, 35 ff.; Goldsmith-Pinkham/Yorulmazer Journal of Financial Services Research 2010, 86 f.; O'Connor/Santos-Arteaga International Journal of Applied Decision Sciences 2008, 359 ff.

28　　Vgl. Goldsmith-Pinkham/Yorulmazer Journal of Financial Services Research 2010, 88; O'Connor/Santos-Arteaga International Journal of Applied Decision Sciences 2008, 364.

29　　Birck/Meyer, Die Bankbilanz, 3. Aufl. 1979, VII 15. Vgl. auch Malt, Grundlagen der Ergebnisausweispolitik bei Aktienbanken, 1968, S. 309.

die dominanten Grundziele der Bankbilanzpolitik angesehen.[30] Nur durch die Verfolgung dieser Ziele könne der besonderen Vertrauensempfindlichkeit des Kreditgewerbes entsprochen werden.[31] „Denn die durch Stabilität der finanziellen Verhältnisse – dargestellt in Bilanz und Gewinn- und Verlustrechnung – gesicherte Zahlungsbereitschaft und das darauf beruhende Vertrauen der Einleger sind das eigentliche Produkt der Bank.“[32] Entsprechend dienen die stillen Vorsorgereserven als Instrument der Gewinnglättung,[33] um einen nicht erkennbaren intertemporalen Erfolgsausgleich vorzunehmen und den Bankgläubigern auf diese Weise die tatsächlich nicht vorhandene, aber angestrebte Kontinuität und Konformität der Periodenergebnisse zu suggerieren.[34] So bezweifeln die Befürworter stiller Vorsorgereserven, dass „Jahresabschlüsse, die den unregulierten Zufallserfolg jeweils eines Jahres aufzeigen, (…) tatsächlich einen besseren Einblick in den Stand und die Entwicklung der Bank gewähren könnten als die mittels stiller Reserven verantwortungsbewusst auf längere Sicht hin manipulierten Abschlüsse, die den notwendigen Ausgleich – zwischen den fetten und den mageren Jahren – beinhalten. Die bereinigten Jahresabschlüsse könnten in diesem höheren Sinn ‚richtig‘ und ‚wahr‘ sein.“[35] Begründet werden diese Ausführungen damit, dass die im Jahresabschluss dargestellte Einjahresperiode für Banken eine zu kurze Zeit sei, „als dass in ihr der wirkliche Erfolg ohne eine korrigierende Schätzung zum Ausdruck kommen könnte.“[36] Gerade mit dem Konformitätsstreben kann aber die in der Öffentlichkeit vorherrschende **Homogenitätsannahme** erklärt werden, die letztendlich für die befürchtete Kettenreaktion beim Bank Run verantwortlich sein soll. Durch die Publikation branchenkonformer Jahresabschlüsse könnte beim Einleger der Eindruck entstehen, dass die Geschäfts- und Risikostruktur aller Kreditinstitute identisch sei.[37] Darüber hinaus wird den Gläubigern die Fähigkeit abgesprochen, auf Basis des Jahresabschlusses eine eigene vernünftige Einschätzung der wirtschaftlichen Lage des bilanzierenden Kreditinstituts zu treffen. Letztlich hat die Offenlegung von IFRS-Konzernabschlüssen in den letzten Jahren unter Beweis gestellt, dass diese Auslegung kaum zu halten ist, schließlich weisen Banken nach IFRS, die eine Bildung von stillen Vorsorgereserven nicht gestatten, in Abhängigkeit von der Geschäftsentwicklung schwankende Jahresüberschüsse aus, ohne dass mit dem Verbot zur Bildung von stillen Vorsorgereserven negative Auswirkungen auf die Kreditwirtschaft in Verbindung gebracht worden sind.[38] Insofern wäre die Abschaffung stiller Vorsorgereserven – insbesondere in Bezug auf nicht nach IFRS bilanzierende Banken – ein hinreichendes Mittel, „die Bankgläubiger deutlicher als sonst erkennen zu lassen, dass Risiken und Risikodeckung von Bank zu Bank unterschiedlich sind“.[39] Schließlich bleibt anzumerken, dass es nicht darauf ankommt, „den Zusammenbruch eines Kreditinstituts um jeden Preis (…) zu vermeiden, sondern die Wirkungen eines solchen Zusammenbruchs zu isolieren und damit einen allgemeinen Banken-Run zu verhindern.“[40]

---

[30] Vgl. Bäsch, Jahresabschlußanalyse bei Universalbanken, 1992, S. 127 und Plock, Stille-Reserven-Politik von Großbanken unter Berücksichtigung unterschiedlicher Zielproblematiken, 1996, S. 43 ff., die das Stabilisierungs- und das Konformitätsziel ausführlich erklären. Vgl. dazu Bäsch, Jahresabschlußanalyse bei Universalbanken, 1992, S. 128 ff.

[31] Vgl. Birck WPg 1964, 417; Wegener WPg 1981, 16; Wielens Sparkasse 1984, 18.

[32] Schütz in Krumnow/Metz, Rechnungswesen im Dienste der Bankpolitik, 1987, S. 95 (98). Vgl. auch Wielens Sparkasse 1984, 19; Wielens DLK 1984, 6.

[33] Für einen Überblick über die Erkenntnisse der empirischen Rechnungswesenforschung zu den Determinanten und Konsequenzen der Gewinnglättung (earnings persistence), vgl. Dechow et al Journal of Accounting and Economics 2010, 350 ff.

[34] Vgl. Bieg/Waschbusch Bankbilanzierung S. 481 f.; Bieg WPg 1986, 299 f.

[35] Birck/Meyer, Die Bankbilanz, 3. Aufl. 1979, VII 68 f. (Hervorhebungen im Original). Vgl. auch Birck WPg 1964, 418.

[36] Birck/Meyer, Die Bankbilanz, 3. Aufl. 1979, VII 70.

[37] Vgl. Hartmann BB 1989, 1940; Krümmel Kredit und Kapital 1984, 482 f.

[38] Hiervon zu differenzieren sind die prozyklischen Effekte, die durch die Zeitwertbilanzierung des Handelsbestands von Banken ausgelöst werden können. S. hierzu die Erläuterung zu → § 340e Rn. 46.

[39] Krümmel Kredit und Kapital 1984, 483.

[40] Süchting DBW 1981, 220. Vgl. auch Bieg, Bankbilanzen und Bankenaufsicht, 1983, S. 35; Köllhofer Die Bank 1986, 554; Krümmel Kredit und Kapital 1984, 485; Müller ZfgK 1981, 673.

10   Außerdem wird als Argument für die stillen Vorsorgereserven angeführt, dass eine Ergebnisglättung durch stille Reserven sinnvoll erscheine, da insbesondere das Zinsergebnis der Banken von exogenen Faktoren wie der Geldpolitik der Zentralbank beeinflusst sei, was „mit der Leistungsfähigkeit der Bank (…) überhaupt nichts zu tun"[41] habe. Diesem Argument ist entgegenzuhalten, dass einerseits das Zinsgeschäft zum Kerngeschäft jeder Bankaktivität zählt und es in der Natur der Sache liegt, dass das Zinsergebnis von geldpolitischen Maßnahmen beeinflusst wird. Andererseits sollten außergewöhnliche **„exogene" Ergebnisverzerrungen** besser im Anhang erklärt werden, als diese durch die Bildung bzw. Auflösung stiller Reserven zu glätten. Außerdem könnten gestiegene Finanzierungskosten an die Kreditnehmer überwälzt werden, sodass im Ergebnis die Zinsspanne der einzelnen Bank unverändert bleibt; gerade die Weitergabe der veränderten Konditionen führt dazu, dass die Bundesbank ihre geldpolitischen Ziele überhaupt erreicht.[42] Zudem wird die mit der Legung stiller Vorsorgereserven verfolgte Zielsetzung des Gläubigerschutzes verletzt, „wenn Vorsorgereserven nicht zum Verlustausgleich, sondern zum Zwecke der Gewährleistung kontinuierlicher Dividendenzahlungen still aufgelöst werden, Substanzreserven also von außen nicht erkennbar als Ausschüttung den Betrieb verlassen."[43]

11   Die zugunsten der stillen Vorsorgereserven geführte Argumentation impliziert also, „dass sich die befürchteten Reaktionen der Einleger nur verhindern lassen, indem diese Sachverhalte vor ihnen verborgen werden."[44] „Stille Reserven seien das beste Instrument, eine Situation zu vermeiden, die zur Irritierung des Publikums, zur Schließung von Bankschaltern und zum allgemeinen Schlaganfall für die Wirtschaft führen könnte".[45] Die Argumentation rechtfertigt somit auch die Deklaration stiller Vorsorgereserven als **„Verlustverschleierungspotential".**[46] Faktisch wird es aber aufgrund der wechselseitigen geschäftlichen Verflechtungen im Kreditgewerbe nicht möglich sein, hohe Verluste, insbesondere solche aus Derivategeschäften oder aus Insolvenzen großer Kreditnehmer, vor den Gläubigern bzw. der Öffentlichkeit im Allgemeinen dauerhaft zu verbergen.[47] „In solchen Extremfällen ist die öffentliche Information und Diskussion ohnehin unvermeidlich."[48] Entsprechend ist der Schlussfolgerung zuzustimmen, dass „sich stille Rücklagen auch nicht damit begründen (lassen), dass durch sie besorgniserregende Periodenerfolgsminderungen verschleiert werden müssten."[49] Die Zielsetzung des Bankmanagements darf nicht darin bestehen, eine anscheinend günstige Performance zu vermitteln. Das Ziel sollte es vielmehr sein, eine tatsächlich gute Performance zu erwirtschaften.[50] Insofern dienen die stillen Vorsorgereserven insbesondere durch die Möglichkeit ihrer stillen Auflösung auch dem Schutz der Manager, da sich diese durch die Publikation geglätteter Ergebnisse einer Beurteilung ihrer Leistungsfähigkeit entziehen können.[51] „Besonders gute Ergebnisse sollen nicht sichtbar werden, weil sie nur zusätzliche Dividendenforderungen der Aktionäre hervorrufen würden; gleiches gilt von schlechteren Jahresergebnissen, die nur Anlass zu unangenehmen Fragen seitens der Aktionäre geben

---

[41]   Becker ZfgK 1980, 434.
[42]   Vgl. Süchting DBW 1981, 211 f.
[43]   Emmerich in Bodin/Hübl, Banken in gesamtwirtschaftlicher Verantwortung, 1994, S. 165 (178). Vgl. auch Kühnberger/Stachuletz DBW 1986, 360.
[44]   Bieg/Waschbusch Bankbilanzierung S. 488.
[45]   Schütz in Krumnow/Metz, Rechnungswesen im Dienste der Bankpolitik, 1987, S. 95 (102).
[46]   Vgl. Bieg WPg 1986, 300; Hartmann BB 1989, 1940; Stützel ZfgK 1959, 460.
[47]   Vgl. Raida ZfgK 1970, 871; Süchting DBW 1981, 210. Hingegen können zB Zinsänderungsrisiken vor der Öffentlichkeit verborgen bleiben. Vgl. Berger, Standing-Risiken und stille Rücklagen der Bank, Beiträge aus dem Bankseminar der Universität Hannover, Nr. 5, 1986, 22 f.
[48]   Faißt B.Bl. 1980, 193.
[49]   Bieg/Waschbusch Bankbilanzierung S. 488. Vgl. auch Bieg WPg 1986, 303.
[50]   Vgl. Malt, Grundlagen der Ergebnisausweispolitik bei Aktienbanken, 1968, S. 309 f.
[51]   Vgl. Beier/Riedl Das Wertpapier 1993, 46 f.; Emmerich in Bodin/Hübl, Banken in gesamtwirtschaftlicher Verantwortung, 1994, S. 165 (177, 184); Emmerich/Reus, Zur Vorsorge für „allgemeine Bankrisiken" – Handelsrechtliche Gestaltungsrechte und ökonomische Implikationen, 1995, S. 16; Hartmann BB 1989, 1940; Keller/Möller ZBB 1992, 172; Müller ZfgK 1981, 673; Raida ZfgK 1970, 870; Süchting DBW 1981, 209; Süchting, FS Philipp, 1988, 83.

könnten."[52] Vor diesem Hintergrund hat bereits 1983 der BGH entschieden, dass die Überkreuzkompensation kein Mittel sein dürfte, um „pflichtwidriges Fehlverhalten vor der Hauptversammlung zu verbergen und sich dadurch der Verantwortung zu entziehen".[53] Andererseits braucht der Vorstand bei ordnungsmäßiger Geschäftsführung der Hauptversammlung über die Durchführung der Überkreuzkompensation keine Auskunft zu erteilen.[54] In der Literatur wird die Gefahr von Managementfehlern in Form von Fehlinvestitionen bei Banken teilweise als gegenstandslos angesehen. Somit wenden sich Stimmen gegen die **„Managerschutzfunktion"** stiller Reserven, indem aufgeführt wird, dass „gerade der Zwang zu einer offenen Ergebnisausweisung die Manipulationsgefahr erst" heraufbeschwöre, „wenn erforderliche Abschreibungen nicht vorgenommen werden, um einen Verlustausweis zu vermeiden".[55] Zweifelsfrei wird jedoch nur der Verzicht auf stille Vorsorgereserven die erforderliche Transparenz leisten, damit der Kapitalmarkt seine Kontrollfunktion (auch gegenüber dem Management) wahrnehmen kann. Auch die vorgebrachten Argumente, dass gerade stille Vorsorgereserven nicht dem Managerschutz dienten, sondern vielmehr die Grundlage marktwirtschaftlichen Handelns darstellten, da sie es ermöglichten, „‚faule' Debitoren fallenzulassen und die Forderungen abzuschreiben"[56] und damit „ihren Beitrag zu einem gesunden wirtschaftlichen Ausleseprozess zu leisten" und im Ergebnis „nicht nur zur Festigung der wirtschaftlichen Gesamtverhältnisse" beitrügen, „sondern auch zur Verbesserung der Struktur der Wirtschaft,"[57] erscheinen verfehlt. Die angestrebten Ziele sind besser mit offenen Vorsorgereserven und einer entsprechenden Informationsvermittlung zu erreichen, wenn diese tatsächlich ökonomisch sinnvoll sind.

Zudem zeigen ältere empirische Untersuchungen, dass die Veröffentlichung negativer **12** Ergebnisse bei den Bankeinlegern grundsätzlich keine panikartigen Reaktionen hervorgerufen haben.[58] Die empirischen Beobachtungen stützen somit die These, dass „es mitunter Verlustperioden gibt, denen für die Gesamtlage und den Trend keine wesentliche Bedeutung zukommt."[59] Sind die Einleger über die zukünftige Entwicklung des Instituts und über die Gründe für ein schlechteres Jahresergebnis informiert, werden sie den gegebenen Informationen vertrauen und ihre Einlagen bei der entsprechenden Bank belassen, so dass „eine Nivellierung des Periodenerfolgs durch die Unternehmungsleitung nicht erforderlich"[60] erscheint. Vielmehr werden Einleger dann dem Jahresabschluss misstrauen, wenn dieser aufgrund der Bildung bzw. Auflösung stiller Vorsorgereserven nicht transparent ist und dem Einleger damit die Möglichkeit genommen wird, die tatsächliche Lage des Instituts zu beurteilen. Zudem ist anzumerken, dass das Instrument der stillen Reserven nur dann wirkungsvoll einen Bank Run vermeiden kann, wenn der Ausweis eines Verlusts durch die Auflösung stiller Vorsorgereserven verhindert werden kann. Kommt es trotz Auflösung stiller Vorsorgereserven zu einem negativen Jahresergebnis, ist „die Gefahr einer massiven Einlegerreaktion (…) besonders evident".[61] Die These, dass stille Reserven ein „Reservoir

---

[52] Raida ZfgK 1970, 870. Vgl. auch Otto, Stille Reserven in der Bankbilanz – Ihre rechtliche Zulässigkeit und wirtschaftliche Bedeutung und Berechtigung, 1960, S. 120.

[53] BGH DB 1983, 277. Vgl. auch Hölscher DBW 1995, 55; Köllhofer Die Bank 1986, 558; Krumnow et al. § 340f Rn. 43; Malt, Grundlagen der Ergebnisausweispolitik bei Aktienbanken, 1968, S. 310.

[54] Vgl. Köllhofer Die Bank 1986, 552; Waschbusch, Die handelsrechtliche Jahresabschlußpolitik der Universalaktienbanken: Ziele – Daten – Instrumente, 1992, S. 378. Vgl. krit. zum Auskunftsverweigerungsrecht Siegel et al. ZIP 1999, 2077 ff.

[55] Wielens Sparkasse 1984, 22 (beide Zitate); Wielens DLK 1984, 7 (beide Zitate).

[56] Schütz in Krumnow/Metz, Rechnungswesen im Dienste der Bankpolitik, 1987, S. 95 (101). Vgl. auch Krumnow Die Bank 1988, 307.

[57] Schütz in Krumnow/Metz, Rechnungswesen im Dienste der Bankpolitik, 1987, S. 95 (104) (alle Zitate).

[58] Vgl. Süchting DBW 1981, 217 ff. Vgl. auch Bieg WPg 1986, 301. Zu einem anderen Ergebnis kommt Berger, Standing-Risiken und stille Rücklagen der Bank, Beiträge aus dem Bankseminar der Universität Hannover, Nr. 5, 1986, 21.

[59] Stützel ZfgK 1959, 460.

[60] Bieg/Waschbusch Bankbilanzierung S. 493.

[61] Müller ZfgK 1981, 673.

innerer Kraft"[62] seien und auf diese Weise „maßgeblich zu einer Beruhigung der Öffentlichkeit" beitrügen, da die Bank darauf verweisen könne, dass „die Verluste völlig oder zu einem mehr oder minder erheblichen Teil durch stille Reserven gedeckt sind bzw. dass die Verluste nur einen Teil dieses Reservepolsters aufgezehrt haben"[63] setzt ein Einlegerbild voraus, das unterstellt, dass „es sich beim normalen durchschnittlichen Einleger um einen Ignoranten handelt, der keinen gesunden Menschenverstand besitzt und daher auch keine logischen Schlüsse ziehen kann"[64] oder dass „beim Einleger dagegen (…) – wie die Erfahrungen lehren – Nervosität über Intelligenz, Irrationalität über Rationalität"[65] triumphiert.[66] Damit könnte die Zielsetzung stiller Vorsorgereserven praktisch auch mit dem „Schutz der Gläubiger vor sich selbst"[67] umschrieben werden.

13   Auch hier ist der in der Literatur vorgebrachten Kritik zu folgen, dass Bankgläubiger wohl eher einer „von außen erkennbar angesammelten Eigenkapitalgröße" vertrauen werden als „einer Eigenkapitalgröße, deren Vorhandensein und deren Höhe ihnen (den Gläubigern) völlig unbekannt ist, über deren Zustandekommen sie ebenso wenig wissen wie über ihre Verwendung, von der sie auch nicht wissen, ob sie durch Auflösung zur buchmäßigen Deckung des Periodenverlustes ganz, zu einem wesentlichen Teil oder zu einem kleinen Teil aufgebraucht wurde." Insofern ist es „nur schwer vorstellbar, dass sich durch Gerüchte verunsicherte Einleger durch den vagen Hinweis auf eine völlig unbekannte Eigenkapitalgröße leichter beruhigen lassen als durch den Hinweis auf das in der Bilanz präzise ausgewiesene Verlustdeckungspotential und dessen Verwendung."[68] Vielmehr wäre der bestehende Zusammenhang zwischen **Informationsgewährung und Bank-Run-Wahrscheinlichkeit** eher wie folgt zu formulieren: „Je größer die Unsicherheit über das Vorhandensein ausreichender Vorsorgereserven bei einzelnen Kreditinstituten im Bankensystem, desto wahrscheinlicher ergeben sich gerade dadurch die unerwünschten Run-Ketteneffekte aus irrationalem Kundenverhalten."[69]

14   Auch das Argument der **Selbstversicherungsfunktion** stiller Vorsorgereserven gegen „schwerwiegende Risiken des Bankgeschäfts, die entweder nicht oder nur unzureichend oder nur zu teuer durch Fremdversicherung abgedeckt werden können,"[70] kann nicht überzeugen, da es zum einen fraglich erscheint, ob die Höhe der stillen Vorsorgereserven zur Selbstversicherung ausreicht, und zum anderen diese Form der Versicherung transparenter durch offene Vorsorgereserven erreicht werden könnte.[71] Schließlich sollte „auch den Gläubigern von Banken (…) die Möglichkeit eines Selbstschutzes durch zweckentsprechende Informationsregelungen gegeben werden."[72]

15   Schließlich ist auch der Einwand, dass die Diskussion um stille Vorsorgereserven überbewertet werde, da die stillen Vorsorgereserven sowieso soweit abgebaut seien, dass ihnen praktisch keine Bedeutung mehr zukäme und diese deswegen problemlos beibehalten werden könnten,[73] wenig nachvollziehbar. Richtig ist die vor diesem Hintergrund getroffene Schlussfolgerung, „wenn das Verschleierungspotential seine mögliche Bedeutung weitgehend verloren hat,"[74] sei ein vollständiger Verzicht auf stille Vorsorgereserven zweckmäßig.

---

[62] Spieth WPg 1986, 530. Vgl. auch Gail, Stille Reserven, Unterbewertung und Sonderprüfung, 2. Aufl. 1978, 19.
[63] Birck/Meyer, Die Bankbilanz, 3. Aufl. 1979, VII 61.
[64] Raida ZfgK 1970, 870.
[65] Schütz in Krumnow/Metz, Rechnungswesen im Dienste der Bankpolitik, 1987, S. 95 (102).
[66] Vgl. auch Hölscher DBW 1995, 49.
[67] Emmerich in Bodin/Hübl, Banken in gesamtwirtschaftlicher Verantwortung, 1994, S. 165 (180).
[68] Bieg/Waschbusch Bankbilanzierung S. 490. Vgl. auch Bieg WPg 1986, 303 f.; Cairns Accountancy 1987, 32; Emmerich in Bodin/Hübl, Banken in gesamtwirtschaftlicher Verantwortung, 1994, S. 165 (180); Hartmann BB 1989, 1940; Raida ZfgK 1970, 870 f.; Süchting DBW 1981, 210.
[69] Emmerich in Bodin/Hübl, Banken in gesamtwirtschaftlicher Verantwortung, 1994, S. 165 (181).
[70] Birck/Meyer, Die Bankbilanz, 3. Aufl. 1979, VII 67.
[71] Vgl. Bieg WPg 1986, 300.
[72] Müller ZfgK 1981, 673.
[73] Vgl. Köllhofer Die Bank 1986, 555.
[74] Süchting DBW 1981, 211.

3. Gläubigerschützende Sonderregelungen. Neben den bereits angeführten Argu- **16** menten, die gegen die stille Bildung von Vorsorgereserven sprechen, darf die Bank-Run-These außerdem nicht isoliert betrachtet werden, sondern ist im Kontext mit den weiteren gläubigerschützenden Sonderregelungen zur Risikovorsorge bei Banken zu bedenken.[75] Neben dem Instrument der bankspezifischen Vorsorgereserven bestehen mit dem **Einlagensicherungssystem** und dem Zusammenspiel aus **nationaler und internationaler Bankenaufsicht** weitere wirksame Instrumente des Gläubigerschutzes, die dem Eintreten eines Bank Run vorbeugen sollen.

Unter der Annahme eines umfassenden und leistungsfähigen Einlagensicherungssys- **17** tems „wird die Annahme der Bankgläubiger, die ,Geschäftsstruktur' aller Kreditinstitute sei homogen, für die Auslösung des Run-Falls völlig bedeutungslos."[76] Auch das in der Literatur angeführte Argument, dass bankspezifische stille Vorsorgereserven erforderlich seien, da die verfügbaren Mittel des Einlagensicherungssystems nicht ausreichten, „Schwierigkeiten größeren Ausmaßes unter den führenden Mitgliedern der einzelnen Bankengruppen und/oder eine allgemeine Bankenkrise"[77] abzuwenden, ist vordergründig und mittlerweile praktisch widerlegt, da auch stille Reserven dies nicht leisten können.[78] „Gegen einen Zusammenbruch der gesamten Wirtschaftsordnung eines Staates hilft kein stilles Kapital- oder Risikopolster, so groß dies auch sein mag."[79] Entsprechend wird in der Literatur aufgeführt, dass eine Bankenkrise im Sinne eines Bank Run „durch eine funktionierende Bankenaufsicht und geeignete Sicherungseinrichtungen verhindert werden"[80] kann.[81] Allerdings darf es „auf Dauer keinen Bestandsschutz (...) für einzelne Banken geben. Nur den Bestand eines funktionsfähigen Finanzwesens insgesamt gilt es zu sichern. Hierzu gehört es, dass gelegentlich schwache Banken über marktwirtschaftliche Kontroll- und Sanktionsmechanismen den Markt verlassen müssen."[82] Diese Diskussion erlangte im Zusammenhang mit der Finanzkrise im Jahr 2008 unter dem Begriff „**too big to fail**" besondere Bedeutung und führte ua zur Einführung gesonderter Regelungen zur geordneten Abwicklung von in Schieflage geratenen Banken (vgl. Restrukturierungsgesetz v. 9.12.2010).

4. Die besonderen Risiken des Geschäftszweigs. Auslegungsbedürftig erscheint **18** vor allem die den § 340f und § 340g gemeinsame Zielsetzung, gegen „die besonderen Risiken des Geschäftszweigs der Kreditinstitute" Vorsorge zu treffen. Nach hM wird unter den besonderen Risiken des Geschäftszweigs das **allgemeine Branchenrisiko der Banken** verstanden,[83] das sich in Erfolgs- und Liquiditätsrisiken unterteilen lässt.[84]

Die Erfolgsrisiken werden auf einer weiteren Stufe in Marktrisiken und Adressenaus- **19** fallrisiken unterteilt. Das **Marktpreisrisiko** ist der potentielle Verlust aufgrund von nachteiligen Veränderungen von Marktpreisen. Es wird nach Einflussfaktoren untergliedert in

---

[75] Vgl. auch Bieg WPg 1986, 262 (301); Emmerich in Bodin/Hübl, Banken in gesamtwirtschaftlicher Verantwortung, 1994, S. 165 (182); Hartmann BB 1989, 1939; Müller ZfgK 1981, 673.

[76] Krümmel Kredit und Kapital 1984, 487 f. Vgl. ebenso Bieg, Bankbilanzen und Bankenaufsicht, 1983, S. 37; Müller ZfgK 1981, 673.

[77] Birck/Meyer, Die Bankbilanz, 3. Aufl. 1979, VII 76.

[78] Vgl. Bieg WPg 1986, 302; Bieg/Waschbusch Bankbilanzierung S. 486.

[79] Faißt B.Bl. 1980, 192.

[80] Bieg/Waschbusch, Bankbilanzierung 486; Faißt B.Bl. 1980, 194.

[81] Vgl. ebenso Ballwieser/Kuhner, Rechnungslegungsvorschriften und wirtschaftliche Stabilität, 1994, S. 32 f.; Müller ZfgK 1981, 105.

[82] Krumnow ZfgK 1997, 1161.

[83] Vgl. Bieg/Waschbusch Bankbilanzierung S. 458; Forster FS Krümmel, 1988, 109; Waschbusch, Die handelsrechtliche Jahresabschlußpolitik der Universalaktienbanken: Ziele – Daten – Instrumente, 1992, S. 365; Waschbusch ZfbF 1994, 1047.

[84] Vgl. auch Akmann, Ergebnissteuerung in Kreditinstituten, 1993, S. 30 ff.; Klingebiel, Die langfristige Risiko- und Ertragsstruktur von Kreditinstituten im Universal- versus Trennbankensystem, 1995, S. 6 ff.; Plock, Stille-Reserven-Politik von Großbanken unter Berücksichtigung unterschiedlicher Zielproblematiken, 1996, S. 122 ff.; Schneider, Zur Problematik der stillen Reserven bei Kreditinstituten – Ein Beitrag zur Diskussion über den EG-Richtlinievorschlag für die Jahresabschlüsse von Banken, 1984, S. 113 ff.

Zinsänderungsrisiken, Währungsrisiken, Risiken aus Aktien und sonstigen Eigenkapitalpositionen sowie Rohwaren- und sonstige Preisrisiken einschließlich der jeweils dazugehörenden Optionsrisiken (vgl. DRS 20 Rn. 11; A1.14.). Das **Adressenausfallrisiko** ist das Risiko eines Verlusts oder entgangenen Gewinns aufgrund des Ausfalls eines Geschäftspartners. Es umschließt insbesondere das Kreditrisiko, das Kontrahentenrisiko sowie das Emittentenrisiko, jeweils einschließlich des Länderrisikos (vgl. DRS 20 Rn. 11; A1.6.). Das **Liquiditätsrisiko** lässt sich aus der Fristentransformationsfunktion der Bank ableiten und resultiert aus der langfristigen Bindung der Bankaktiva in grundsätzlich illiquide Vermögensgegenstände, die mit kurzfristigeren Verbindlichkeiten finanziert sind. Das Liquiditätsrisiko umfasst das Liquiditätsrisiko im engeren Sinne, das Refinanzierungsrisiko und das Marktliquiditätsrisiko (vgl. DRS 20 Rn. 11; A1.9.).

20   Das Zinsänderungsrisiko resultiert aus der Gefahr von Marktzinsänderungen, die von den Erwartungen abweichen und somit die ex ante kalkulierte Zinsmarge reduzieren.[85] Das Währungsrisiko berücksichtigt die Möglichkeit von Wechselkursänderungen. So entsteht beispielsweise bei einer Aufwertung der Inlandswährung bei Fremdwährungsaktiva ein wechselkursbedingter Verlust; gleiches gilt bei einer Abwertung der Inlandswährung für Fremdwährungspassiva.[86] Das Adressenausfall- bzw. Ausfallrisiko umfasst den Forderungsverlust im Kreditgeschäft (klassisches Kreditrisiko), das Kontrahentenrisiko und das Länderrisiko.[87] Dabei ist das Kreditrisiko das Risiko, dass ein Vertragspartner seinen Verpflichtungen nicht nachkommen kann, wenn auch bereits Leistungen erbracht wurden (vgl. DRS 20 Rn. 11). Beim Kontrahentenrisiko kann aufgrund des Ausfalls eines Vertragspartners ein unrealisierter Gewinn aus schwebenden Geschäften nicht mehr vereinnahmt werden (vgl. DRS 20 Rn. 11). Das Länderrisiko bezeichnet die Unsicherheit von Rückzahlungsansprüchen ausländischer Schuldner und die Bereitschaft des ausländischen Staats, entsprechende Zahlungen vornehmen zu können (objektives Transferrisiko) bzw. zu wollen (subjektives Transferrisiko).[88] Es handelt sich um ein Kreditrisiko oder Kontrahentenrisiko, das nicht durch den Vertragspartner selbst, sondern aufgrund seines ausländischen Standorts besteht. Das Emittentenrisiko ist das Verlustrisiko aus der Verfügungstellung von Eigenkapital an Dritte. Hinsichtlich der Liquiditätsrisiken stellt das Risiko, Zahlungsverpflichtungen zum Fälligkeitszeitpunkt nicht nachkommen zu können, das Liquiditätsrisiko im engeren Sinne dar. Das Refinanzierungsrisiko beschreibt dagegen das Risiko, bei Bedarf nicht genügend Liquidität zu den erwarteten Konditionen beschaffen zu können. Es wird auch als Fristentransformationsrisiko bezeichnet, das die Gefahr beinhaltet, dass für langfristig entliehene Aktiva, die kurzfristig finanziert sind, keine Anschlussfinanzierung zu einem niedrigeren Zins als dem eingeräumten Kreditzins gefunden werden kann. Das Marktliquiditätsrisiko resultiert aus der Gefahr, dass aufgrund unzureichender Markttiefe oder durch Marktstörungen Geschäfte nicht oder nur mit Verlusten glattgestellt werden können (vgl. DRS 20 Rn. 11).[89]

21   Neben den „besonderen" Risiken der Banken finden sich in der Literatur noch weitere Argumente, die scheinbar die Notwendigkeit der Vorsorgereservenbildung bei Banken unterstützen. So wird beispielsweise argumentiert, dass konjunkturelle Schwankungen, „schnell und umfassend auf die Banken" durchschlagen und damit der Periodengewinn „im Allgemeinen viel höheren Schwankungen als zB bei den Industrie- und Handelsbetrieben"[90] unterliegt. Abgesehen davon, dass der Ausweis schwankender Periodengewinne notwendig im Sinne der Darstellung der tatsächlichen Ertragslage erscheint, und auch nicht zu dem befürchteten Bank Run führt, können gerade Banken durch eine branchenübergrei-

---

[85]   Vgl. auch Wielens DLK 1984, 4 ff.
[86]   Vgl. auch Wielens DLK 1984, 6.
[87]   Vgl. hierzu Wielens DLK 1984, 4 f.
[88]   Vgl. Wagener ZfgK 1995, 218.
[89]   Vgl. zur Konkretisierung der Risikobegriffe Bieg/Waschbusch Bankbilanzierung S. 913–920.
[90]   Birck/Meyer, Die Bankbilanz, 3. Aufl. 1979, VII 52 (beide Zitate); Birck WPg 1964, 415; Köllhofer Die Bank 1986, 553; Wegener WPg 1981, 15.

fende Streuung bei der Kreditvergabe ihre **Konjunkturabhängigkeit** diversifizieren.[91] Außerdem können zumindest die in Deutschland typischen Universalbanken ein evtl. negatives Zinsergebnis mit den Ergebnisbeiträgen des Provisionsgeschäfts und des Eigenhandels kompensieren.[92]

5. Fazit. Die hier abgewogenen „besonderen" Risiken des Geschäftszweigs der Insti- 22 tute erweisen sich bei genauer Analyse als gerade keine Besonderheit der Institute.[93] Vielmehr sind auch Industrieunternehmen den aufgezählten Risiken ausgesetzt, insbesondere auch dem häufig besonders betonten Fristentransformationsrisiko.[94] Insofern ist der Auffassung zuzustimmen, dass, „(i)soliert betrachtet (…,) die von Kreditinstituten übernommenen Risiken also nichts Besonderes an sich"[95] haben. Auch das in der Literatur häufig angeführte Bank Run-Phänomen ist aufgrund der bestehenden weiteren gläubigerschützenden Instrumente, insbesondere dem Einlagensicherungssystem, nicht zur Begründung bankspezifischer Vorsorgereserven geeignet.

Die Notwendigkeit zur Bildung bankspezifischer Vorsorgereserven ergibt sich vielmehr 23 aus der für die Kreditinstitute typischen **Eigenkapitalstruktur:** Da Kreditinstitute aufgrund ihres Einlagen- und Kreditgeschäfts in der Regel sehr niedrige Eigenkapitalquoten aufweisen, „erlangen die ansonsten gleichen Erfolgsrisiken eine – gegenüber den meisten anderen Wirtschaftszweigen – unterschiedliche Qualität".[96] Die Bankeinleger sind nur dann wirksam vor Vermögensverlusten geschützt, wenn das haftende Eigenkapital in ausreichender Höhe zur Verfügung steht.[97] Da im Vergleich zu anderen Branchen die Eigenkapitalquote der Banken in der Regel sehr gering ausfällt haben Banken „geringere Möglichkeiten als Unternehmen anderer Branchen, ihre Vermögensverluste aus dem Eigenkapital zu ‚decken'".[98] Dementsprechend fehlt den Banken der sog „Verlustpuffer", der Industrieunternehmen aufgrund wesentlich höherer Eigenkapitalquoten zur Verfügung steht, so dass die Bildung zusätzlicher Vorsorgereserven sinnvoll erscheint.[99]

Das Ergebnis, dass eine besondere Risikovorsorge von Banken aufgrund ihrer **geringen** 24 **Eigenkapitalquote** gerechtfertigt erscheint, lässt jedoch noch keine Schlussfolgerung über die Art und Weise der zu treffenden Risikovorsorge zu. Das klassische Argument zur Begründung stiller Vorsorgereserven, namentlich die Bank Run-These, ist vor dem Hintergrund anderer gläubigerschützender Instrumente bedeutungslos geworden. Insofern kann die besondere Vertrauensempfindlichkeit des Kreditgewerbes ebenso durch offene Vorsorgereserven sichergestellt werden, wenn nicht sogar effizienter.[100] Auch die in der Bankbilanz-RL geforderte Transparenz spricht für einen offenen Ausweis des Risikovorsorgepotentials einer Bank. Stille Reserven verstoßen gegen das Transparenzgebot und sind allenfalls dazu geeignet, die Einleger über die wirtschaftliche Lage des Instituts so lange zu täuschen, „bis dieses bereits die Fähigkeit zur vollständigen Deckung seiner Schulden verloren hat".[101]

---

[91]   Vgl. Süchting DBW 1981, 212.
[92]   Vgl. Erdland in Voigt, Untersuchungen über das Spar-, Giro- und Kreditwesen, Band 108, 1981, 364; Bieg WPg 1986, 260; Bieg/Waschbusch Bankbilanzierung S. 476; Raida ZfgK 1970, 870; Süchting DBW 1981, 212.
[93]   AA Köllhofer Die Bank 1986, 554.
[94]   Vgl. Bieg WPg 1986, 261; Bieg/Waschbusch Bankbilanzierung S. 476 f.; Süchting DBW 1981, 212.
[95]   Bieg/Waschbusch Bankbilanzierung S. 477.
[96]   Bieg/Waschbusch Bankbilanzierung S. 477. Vgl. auch Bieg WPg 1986, 261; Birck WPg 1964, 416; Emmerich in Bodin/Hübl, Banken in gesamtwirtschaftlicher Verantwortung, 1994, S. 165 (173); Hartmann BB 1989, 1939 f.; Süchting FS Philipp, 1988, 84.
[97]   Vgl. Bieg/Waschbusch Bankbilanzierung S. 477.
[98]   Bieg WPg 1986, 262. Vgl. auch Birck WPg 1964, 416; Emmerich in Bodin/Hübl, Banken in gesamtwirtschaftlicher Verantwortung, 1994, S. 165 (174); Hartmann BB 1989, 1939. Vgl. zur geringen Eigenkapitalquote auch Schneider, Zur Problematik der stillen Reserven bei Kreditinstituten – Ein Beitrag zur Diskussion über den EG-Richtlinievorschlag für die Jahresabschlüsse von Banken, 1984, 127.
[99]   Vgl. Schneider Bank-Betrieb 1973, 123.
[100] Vgl. Emmerich in Bodin/Hübl, Banken in gesamtwirtschaftlicher Verantwortung, 1994, S. 165 (182).
[101] Erdland in Voigt, Untersuchungen über das Spar-, Giro- und Kreditwesen, Band 108, 1981, 377. Vgl. auch Bieg WPg 1986, 305.

Des Weiteren leisten stille Reserven keinen Beitrag zur ebenfalls in der Bankbilanz-RL geforderten Harmonisierung mit den internationalen Rechnungslegungsnormen. Hier sei auf die IFRS verwiesen, deren Regelungen die Bildung stiller Vorsorgereserven für allgemeine Risiken des Bankgeschäfts nicht zulassen.[102]

25   Zusammenfassend kann zur Notwendigkeit zur besonderen Risikovorsorge von Banken mit ihrer geringen Eigenkapitalquote begründet werden. Die Risikovorsorge entspricht jedoch nur in offener Form dem Transparenz- und Harmonisierungsgebot der Bankbilanz-RL. Die Regelungsinhalte des § 340g (Bildung einer offenen Risikovorsorge) führen im Gegensatz zu denjenigen des § 340f (Bildung einer stillen Risikovorsorge) zu keiner Beeinträchtigung der Informationsvermittlung durch den handelsrechtlichen Jahresabschluss.[103] Die Bildung bankspezifischer Reserven in stiller Form ist abzulehnen.[104] Vor diesem Hintergrund sind die in → Rn. 4 erörterten empirischen Beobachtungen der Rechnungslegungspraxis bezüglich einer Zunahme der Bildung offener Risikovorsorge zu begrüßen.

§ 340f Vorsorge für allgemeine Bankrisiken

(1) [1]**Kreditinstitute dürfen Forderungen an Kreditinstitute und Kunden, Schuldverschreibungen und andere festverzinsliche Wertpapiere sowie Aktien und andere nicht festverzinsliche Wertpapiere, die weder wie Anlagevermögen behandelt werden noch Teil des Handelsbestands sind, mit einem niedrigeren als dem nach § 253 Abs. 1 Satz 1, Abs. 4 vorgeschriebenen oder zugelassenen Wert ansetzen, soweit dies nach vernünftiger kaufmännischer Beurteilung zur Sicherung gegen die besonderen Risiken des Geschäftszweigs der Kreditinstitute notwendig ist.** [2]**Der Betrag der auf diese Weise gebildeten Vorsorgereserven darf vier vom Hundert des Gesamtbetrags der in Satz 1 bezeichneten Vermögensgegenstände, der sich bei deren Bewertung nach § 253 Abs. 1 Satz 1, Abs. 4 ergibt, nicht übersteigen.** [3]**Ein niedrigerer Wertansatz darf beibehalten werden.**

(2) *(aufgehoben)*

(3) Aufwendungen und Erträge aus der Anwendung von Absatz 1 und aus Geschäften mit in Absatz 1 bezeichneten Wertpapieren und Aufwendungen aus Abschreibungen sowie Erträge aus Zuschreibungen zu diesen Wertpapieren dürfen mit den Aufwendungen aus Abschreibungen auf Forderungen, Zuführungen zu Rückstellungen für Eventualverbindlichkeiten und für Kreditrisiken sowie mit den Erträgen aus Zuschreibungen zu Forderungen oder aus deren Eingang nach teilweiser oder vollständiger Abschreibung und aus Auflösungen von Rückstellungen für Eventualverbindlichkeiten und für Kreditrisiken verrechnet und in der Gewinn- und Verlustrechnung in einem Aufwand- oder Ertragsposten ausgewiesen werden.

(4) Angaben über die Bildung und Auflösung von Vorsorgereserven nach Absatz 1 sowie über vorgenommene Verrechnungen nach Absatz 3 brauchen im Jahresabschluß, Lagebericht, Konzernabschluß und Konzernlagebericht nicht gemacht zu werden.

Schrifttum: s. bei Vor § 340 f.

---

[102] Vgl. Beck HdR/Bieg/Waschbusch B 900 Rn. 442.
[103] Vgl. Bieg/Waschbusch, Bildung und Nutzung des Fonds für allgemeine Bankrisiken gemäß § 340g HGB, 2022, S. 44.
[104] Vgl. mit gleicher Schlussfolgerung Bieg WPg 1986, 305; Bieg/Waschbusch Bankbilanzierung S. 491, 498; Beck HdR/Bieg/Waschbusch B 900 Rn. 346, die eine Abschaffung der Bewertungsmöglichkeiten des § 340f fordern. Bieg/Waschbusch fordern in ihrer Publikation von 2022 den Gesetzgeber sogar auf, neben den Regelungen des § 340f auch § 340g zu streichen. Zu den Begr. s. Bieg/Waschbusch, Bildung und Nutzung des Fonds für allgemeine Bankrisiken gemäß § 340g HGB, 2022, S. 265–267.

Übersicht

I. Charakteristika stiller Vorsorgereserven

1. Arten stiller Reserven. Stille Reserven lassen sich in stille Zwangsreserven, stille **1** Ermessens- bzw. Schätzreserven und stille Zweckreserven unterteilen.[1] Während die ersten beiden Kategorien keine branchenspezifischen Reserven darstellen und damit auch außerhalb von Instituten gebildet werden können, sind die stillen Zweckreserven (Vorsorgereserven nach § 340f) eine Besonderheit der Bilanzierung von Instituten.[2]

Stille Zwangsreserven resultieren aus der Beachtung des Realisationsprinzips (§ 252 **2** Abs. 1 Nr. 4) und dem daraus ableitbaren Anschaffungskostenprinzip des § 253 Abs. 1. Das Anschaffungskostenprinzip definiert die Anschaffungskosten als maximal möglichen Bilanzansatz. Übersteigt beispielsweise der Marktwert eines Wertpapiers seine Anschaffungskosten, darf das Wertpapier nicht zum Marktwert bilanziert werden, sondern maximal zum tatsächlich gezahlten, historischen Kaufpreis. Die hieraus zwangsläufig resultierenden Reserven werden als stille Zwangsreserven bezeichnet.[3] Vom Anschaffungskostenprinzip ausgenommen sind die Finanzinstrumente des Handelsbestands von Instituten.

Stille Schätzreserven ergeben sich immer dann, wenn mehrere Wertansätze möglich **3** sind. Durch die mit dem Vorsichtsprinzip im Einklang stehende Wahl des vorsichtigsten Werts (oder auch irgendeines Werts, der unter dem Erwartungswert der Bandbreite liegt) wird praktisch eine „Ermessensreserve" geschaffen, die der Wertdifferenz zwischen dem gewählten vorsichtigen Wert und dem Erwartungswert der Bandbreite entspricht.[4]

Die **stillen Zweckreserven** bezeichnen die bankspezifischen Vorsorgereserven nach **4** § 340f. Diese „entstehen durch absichtliche, bewusste Unterschreitung des nach § 253 Abs. 1 S. 1, (Abs. 4) HGB vorgeschriebenen oder zugelassenen Wertes".[5]

2. Bemessungsgrundlage der Stille-Reserven-Bildung. In die Bemessungsgrund- **5** lage für die Bildung stiller Reserven fließen Forderungen gegenüber Kunden und Banken, Schuldverschreibungen und andere festverzinsliche Wertpapiere sowie Aktien und andere nicht festverzinsliche Wertpapiere, die weder wie Anlagevermögen behandelt werden noch

---

[1]   Vgl. Bauer DBW 1984, 79 f.; Emmerich in Bodin/Hübl, Banken in gesamtwirtschaftlicher Verantwortung, 1994, S. 165 (167); Hartmann BB 1989, 1936; Hölscher DBW 1995, 45 ff.; Krumnow et al. Rn. 3; Plock, Stille-Reserven-Politik von Großbanken unter Berücksichtigung unterschiedlicher Zielproblematiken, 1996, S. 6 f.; Schneider, Zur Problematik der stillen Reserven bei Kreditinstituten, 1984, S. 13 ff.; Streib, Die Eignung stiller Reserven als haftendes Eigenkapital von Kreditinstituten unter Berücksichtigung der internationalen Bestrebungen zur Koordination des Bankaufsichtsrechts, 1996, S. 18 ff.; Weilbach, Die Wirkungen stiller Reserven in betriebswirtschaftlicher Sicht, 1960, S. 15 f.

[2]   Vgl. Krumnow et al. Rn. 3.

[3]   Vgl. Krumnow et al. Rn. 4.

[4]   Vgl. Krumnow et al. Rn. 5.

[5]   Krumnow et al. Rn. 6.

Teil des Handelsbestands sind, ein. In die Bewertungsbasis nach § 340f gehen somit neben den Forderungen an Kreditinstitute und Kunden nur noch die Wertpapiere der Liquiditätsreserve ein.[6] Aus der Regelung, dass der Wertpapierbestand des Handelsbestands nicht zur stillen Vorsorgereservenbildung herangezogen werden darf, ergibt sich, dass gehandelte Forderungen analog zu den Wertpapieren des Handelsbestands nicht in der Bewertungsbasis zu berücksichtigen sind.[7] Erworbene eigene Anteile (→ § 272 Rn. 1 ff.) sind nicht in die Bemessungsgrundlagen für stille Reserven nach § 340f einzubeziehen und dies ungeachtet einer Halteabsicht des Bilanzierenden.

6   **3. Abgrenzung zur Einzelwertberichtigung.** Das bewusste Unterschreiten des Wertansatzes nach § 253 Abs. 1 S. 1, Abs. 4 ist mit den Risiken der jeweiligen Vermögenspositionen nicht erklärbar. Vielmehr übernehmen die Vorsorgereserven des § 340f „eine Risikoträgerfunktion für Risiken, die allenfalls partiell in den zugrunde liegenden Aktivpositionen selbst begründet sind".[8] Die Vorsorgereserve des § 340f „ist als allgemeine Risikovorsorge zu betrachten, da die Risiken, die in den einzelnen Forderungen oder den anderen Vermögensposten enthalten sind, bereits mit den Abschreibungen nach § 253 Abs. 4 berücksichtigt werden mussten."[9] Damit durchbricht das Unterschreiten der nach den GoB zulässigen Wertgrenze das Einzelbewertungsprinzip und eröffnet die Möglichkeit, in den bezeichneten Vermögenspositionen „die besonderen Risiken des Geschäftszweigs der Kreditinstitute" zu berücksichtigen.[10] Darüber hinaus ist dem Bilanzrecht eine nicht auf spezifische Einzelrisiken abstellende Vorsorge für allgemeine Unternehmensrisiken im Rahmen der Gewinnermittlung völlig fremd. Die Vorsorgereserven nach § 340f ersetzen daher grundsätzlich nicht die für die jeweiligen Vermögenspositionen vorzunehmenden Einzelwertberichtigungen oder Abschreibungen auf den niedrigeren Börsenkurs. Während Einzelwertberichtigungen auch steuerlich zulässig sind, enthält das Steuerrecht keine § 340f vergleichbare Regelung. Insofern sind Vorsorgereserven nach § 340f in der Steuerbilanz nicht zulässig.

II. Begrenzung der Vorsorgereservenbildung

7   **1. Bewertungsbasis.** § 340f erlaubt den Instituten, durch die Bewertung der in § 340f Abs. 1 S. 1 genannten Vermögensgegenstände mit einem niedrigeren als dem nach § 253 Abs. 1 S. 1, Abs. 4 vorgeschriebenen oder zugelassenen Wert gegen die besonderen Risiken des Geschäftszweigs der Institute vorzusorgen. Abs. 1 S. 1 konkretisiert dabei die Bewertungsbasis für die Bildung stiller Vorsorgereserven. Demnach dürfen Institute bei Forderungen an Kreditinstitute und Kunden, Schuldverschreibungen und anderen festverzinslichen Wertpapieren sowie Aktien und anderen nicht festverzinslichen Wertpapieren, die weder wie Anlagevermögen behandelt werden noch Teil des Handelsbestands sind (zur Wertpapierkategorisierung → § 340c Rn. 6 ff.), bewusste Unterbewertungen zur Sicherung gegen das allgemeine Branchenrisiko vornehmen. § 340f wirkt damit faktisch als Ausschüttungssperre, wodurch ein zusätzlicher Gläubigerschutz erreicht werden soll.[11]

8   **2. Qualitative Beschränkung.** Neben der Begrenzung durch den Umfang der Bewertungsbasis wird die Möglichkeit zur Bildung von stillen Vorsorgereserven zusätzlich in zweifacher Weise beschränkt. Einerseits ist die niedrigere Bewertung als mit dem nach § 253 Abs. 1 S. 1, Abs. 4 vorgeschriebenen oder zugelassenen Wert nur dann möglich,

---

[6]   Vgl. Emmerich in Bodin/Hübl, Banken in gesamtwirtschaftlicher Verantwortung, 1994, S. 165 (168); GK-HGB/Gesmann-Nuissl Rn. 2.

[7]   Vgl. Krumnow et al. Rn. 10.

[8]   Beck HdR/Bieg/Waschbusch B 900 Rn. 321. Vgl. auch Bieg WPg 1986, 257; Bieg Kreditpraxis 1986, 32; Bieg/Waschbusch Bankbilanzierung S. 458 f.; Emmerich in Bodin/Hübl, Banken in gesamtwirtschaftlicher Verantwortung, 1994, S. 165 (169); Waschbusch ZfbF 1994, 1047.

[9]   KKRD/Morck/Bach Rn. 1.

[10]   Vgl. Bieg Kreditpraxis 1986, 32; Bieg/Waschbusch Bankbilanzierung S. 459; Waschbusch ZfbF 1994, 1048.

[11]   Vgl. Bieg WPg 1986, 258.

soweit dies nach vernünftiger kaufmännischer Beurteilung zur Sicherung gegen die besonderen Risiken des Geschäftszweigs der Institute notwendig ist (qualitative Beschränkung), andererseits wird die mögliche Vorsorgereservenbildung durch Abs. 1 S. 2 auf maximal vier vom Hundert der Bewertungsbasis begrenzt (quantitative Beschränkung).

Der Verweis auf die **„vernünftige kaufmännische Beurteilung"** bedarf weiterer **9** Konkretisierung, da es sich hierbei um einen unbestimmten Rechtsbegriff handelt.[12] Bei der Auslegung des Begriffs sind neben dem Normzweck auch die GoB zu beachten.[13] Die „vernünftige kaufmännische Beurteilung" erfährt durch den Gesetzeswortlaut eine erste Konkretisierung: Die „vernünftige kaufmännische Beurteilung" soll „zur Sicherung gegen die besonderen Risiken des Geschäftszweigs der Kreditinstitute" herangezogen werden[14] Es sollen demnach nur solche Risiken abgesichert werden, die sich auch tatsächlich aus der besonderen Geschäftstätigkeit der Institute ergeben. Des Weiteren soll eine „vernünftige kaufmännische Beurteilung" dazu dienen, die Vorsorgereserve gegen die besonderen Risiken der Höhe nach auf ein sinnvolles Maß zu begrenzen. Angewendet auf den konkreten Sachverhalt von § 340f bedeutet dies, dass die vom Institut insgesamt getroffenen Vorsorgemaßnahmen – zu nennen sind hier neben den stillen Vorsorgereserven nach § 340f und die offenen Reserven nach § 340g – das latente Branchenrisiko abzudecken haben. Nicht gewollt ist, dass die § 340f- oder die § 340g-Reserve jeweils allein das besondere Branchenrisiko abdecken.[15] Problematisch bei dieser qualitativen Begrenzung durch die „vernünftige kaufmännische Beurteilung" ist jedoch die Unkenntnis der konkreten Höhe des allgemeinen Branchenrisikos.[16] Festzuhalten bleibt aber, dass die „vernünftige kaufmännische Beurteilung" dazu dienen soll, eine Übersicherung und damit eine unnötig hohe Reservenbildung auszuschließen.

Durch die „vernünftige kaufmännische Beurteilung" soll sichergestellt werden, dass sich **10** die Höhe der gebildeten Vorsorgereserve an der tatsächlichen Risikosituation des einzelnen Instituts orientiert; eine Branchenbetrachtung im Sinne der durchschnittlichen Risikosituation der Branche ist nicht zulässig. Daher „wird die vernünftige kaufmännische Beurteilung eine überdurchschnittliche Reservebildung bei auch in Zukunft zu erwartender unterdurchschnittlicher Risikosituation des einzelnen Kreditinstituts nicht zulassen."[17] Diese Interpretation der „vernünftigen kaufmännischen Beurteilung" wird gestützt durch die GoB. Diese wollen den bestehenden Ermessensspielraum der Institute bei der Bemessung der Vorsorgereserven durch das Gebot der Willkürfreiheit einschränken.[18] Dies ist insbesondere aus Sicht des § 340g von Relevanz, da dieser Sonderposten im Unterschied zur stillen Vorsorge nach § 340f keiner quantitativen Beschränkung (→ Rn. 10) unterliegt.

3. Quantitative Beschränkung. Abs. 1 S. 2 formuliert zusätzlich zur Begrenzung **11** der Bewertungsbasis und zur qualitativen Beschränkung des S. 1 eine weitere quantitative Beschränkung: So darf der Betrag der auf diese Weise gebildeten Vorsorgereserven vier vom Hundert des Gesamtbetrags der in S. 1 bezeichneten Vermögensgegenstände, der sich bei deren Bewertung nach § 253 Abs. 1 S. 1, Abs. 4 ergibt, nicht übersteigen. Die „Bemessungsgrundlage für die 4 % sind (…) die Buchwerte der sich in der Bemessungsgrundlage befindlichen Forderungen und Wertpapiere **vor** Absetzung der stillen Reserven".[19] Bei Ausnutzung des Wertaufholungswahlrechts des Abs. 1 S. 3, das für die in S. 1 genannten Vermögensgegenstände gilt, sind ihre Buchwerte vor Absetzung der § 340f-Reserve Basis für die 4%-Grenze.

Ob die Begrenzung der nach § 340f gebildeten Vorsorgereserven auf vier vom Hundert **12** der Bewertungsbasis für Kreditinstitute eine materielle Bedeutung erlangt, erscheint teil-

[12] Vgl. Forster FS Krümmel, 1988, 110; Hölscher DBW 1995, 54.
[13] Vgl. Kirsch/Grewe Rn. 15.
[14] Vgl. Krag ZfgK 1988, 375.
[15] Vgl. Forster FS Krümmel, 1988, 116.
[16] Vgl. Kirsch/Grewe Rn. 24.
[17] Kirsch/Grewe Rn. 18.
[18] Vgl. Kirsch/Grewe Rn. 15.
[19] Krumnow et al. Rn. 14.

weise fraglich: Einerseits kann die Bewertungsbasis über 90 % der jeweiligen Kreditinstituts-Bilanzsumme umfassen, sodass Kreditinstitute aufgrund des Umfangs der Bewertungsbasis ggf. auf mehr als 3,6 % ihrer Bilanzsumme eine stille Vorsorgereserve bilden können.[20] Andererseits könnte die Vorsorgereservenbildung jedoch faktisch durch ein zu niedriges Jahresergebnis begrenzt werden, da die Abschreibungen nach § 340f in der laufenden GuV den Aufwand erhöhen.[21]

13   Die Gesetzesformulierung lässt offen, ob die vier vom Hundert Begrenzung auf die gesamte Bewertungsbasis oder für jede einzelne Position innerhalb der Bewertungsbasis anzuwenden ist. Da die bewusste Unterbewertung einzelner Positionen gerade nicht mit ihrem spezifischen Risiko zu erklären ist, erscheint die Unterschreitung der Wertgrenze nach § 253 Abs. 1 S. 1, Abs. 4 ohnehin willkürlich. Insofern „können von einzelnen Aktivpositionen mehr als 4 % des sich bei Anwendung des strengen Niederstwertprinzips ergebenden Wertansatzes abgeschrieben werden, soweit bei anderen Aktivpositionen entsprechend weniger abgeschrieben wird."[22] Dadurch eignet sich das Instrumentarium des § 340f nicht nur zur unerkennbaren Bildung und Auflösung stiller Vorsorgereserven, sondern auch zur Bilanzstrukturpolitik, da die Abschreibung in den Vermögenspositionen vorgenommen werden sollte, die hierfür den größten strukturpolitischen Spielraum aufweisen.[23] Die **Zuordnungsfreiheit** wird nur durch die Generalnorm des § 264 Abs. 2 beschränkt; die Absetzung der Vorsorgereserven darf die Bilanzstrukturen nicht dermaßen verzerren, dass ein den tatsächlichen Verhältnissen entsprechendes Bild der Vermögens-, Finanz- und Ertragslage nicht mehr vermittelt werden kann.[24] Im Hinblick auf ein den tatsächlichen Verhältnissen entsprechendes Bild der Vermögens-, Finanz- und Ertragslage ist ein Abzug der stillen Reserve nach § 340f von dem Posten, auf den sie prozentual entfällt, vorzuziehen.

14   Die Aussage, dass eine einmal vorgenommene Zuordnung der Vorsorgereserven vom Institut jährlich neu festgelegt werden könne, dies im Besonderen sogar geboten erscheine, wenn mit „einer Neueinschätzung der allgemeinen Risikostruktur Rechnung getragen wird", ist dabei in zweifacher Hinsicht fraglich: So bleibt zunächst unklar, wie die Zuordnung der Vorsorgereserve überhaupt der Risikostruktur Rechnung tragen kann, wenn die Vorsorgereserve Risiken berücksichtigt, die nicht in den einzelnen Vermögenspositionen begründet sind. Abgesehen davon bleibt die Absetzung der Vorsorgereserve von den einzelnen Vermögensgegenständen für den externen Bilanzleser verborgen, sodass die Platzierung der stillen Reserven die sowieso nicht zuordenbaren allgemeinen Risiken gar nicht widerspiegeln kann. Letztendlich erfolgt die Absetzung der Vorsorgereserve von den einzelnen Vermögenspositionen zwar willkürlich, sodass auch der häufig anzutreffende Verweis auf das Willkürverbot („Willkürliche Neuzuordnungen sind dagegen nicht zulässig.") zur Farce wird. Dennoch verstößt eine nachträgliche erfolgsneutrale Übertragung stiller Vorsorgereserven auf andere Bilanzpositionen gegen die Bilanzkontinuität und ist gerade auch vor dem Hintergrund der dann ermöglichten Bilanzstrukturpolitik abzulehnen. Zutreffend wird gefordert, dass eine Umschichtung zwischen den abgewerteten Vermögensgegenständen auf ein Minimum zu begrenzen sei und nur dann unumgänglich wird, wenn eine im Vorjahr abgewertete Position im gegenwärtigen Jahresabschluss nicht mehr enthalten ist.

---

[20]   Vgl. Beck HdR/Bieg/Waschbusch B 900 Rn. 333; Bieg/Waschbusch Bankbilanzierung S. 469 f.; Hölscher DBW 1995, 54; Prahl WPg 1991, 439; Waschbusch, Die handelsrechtliche Jahresabschlußpolitik der Universalaktienbanken: Ziele – Daten – Instrumente, 1992, S. 374; Waschbusch ZfbF 1994, 1053.

[21]   Vgl. Bieg/Waschbusch Bankbilanzierung S. 470.

[22]   Beck HdR/Bieg/Waschbusch B 900 Rn. 329; Bieg/Waschbusch Bankbilanzierung S. 468, 470 f. Vgl. auch Bieg WPg 1986, 257; zust. auch Emmerich in Bodin/Hübl, Banken in gesamtwirtschaftlicher Verantwortung, 1994, S. 165 (169 f.); Hartmann BB 1989, 1943; Krumnow Die Bank 1988, 302; KKRD/Morck/Bach Rn. 1; Prahl WPg 1991, 439.

[23]   Vgl. Bieg WPg 1986, 258; Bieg Kreditpraxis 1986, 33; Bieg/Waschbusch Bankbilanzierung S. 459, 470 f.; Malt, Grundlagen der Ergebnisausweispolitik bei Aktienbanken, 1968, S. 71; Waschbusch, Die handelsrechtliche Jahresabschlußpolitik der Universalaktienbanken: Ziele – Daten – Instrumente, 1992, S. 375 f.; Waschbusch ZfbF 1994, 1060.

[24]   Vgl. Birck/Meyer, Die Bankbilanz, 3. Aufl. 1979, VII 39 f.; Waschbusch, Die handelsrechtliche Jahresabschlußpolitik der Universalaktienbanken: Ziele – Daten – Instrumente, 1992, S. 376; Waschbusch ZfbF 1994, 1060 f.

III. Bildung, Auflösung und Ausweis stiller Vorsorgereserven

1. Überkreuzkompensation. Zur Bildung und Auflösung der Vorsorgereserven nach **15** § 340f sind Techniken erforderlich, die eine „stille" Handhabung der Vorsorgereserven gewährleisten; eine Erkennbarkeit der Buchungsvorgänge in Bilanz und GuV darf für den externen Bilanzleser nicht möglich sein.[25] Eine derartige Technik stellt die sog. Überkreuzkompensation nach Abs. 3 iVm § 32 RechKredV dar. Sie ermöglicht, dass Aufwendungen und Erträge aus der Anwendung von Abs. 1 und aus Geschäften mit in Abs. 1 bezeichneten Wertpapieren und Aufwendungen aus Abschreibungen sowie Erträge aus Zuschreibungen zu diesen Wertpapieren mit den Aufwendungen aus Abschreibungen auf Forderungen, Zuführungen zu Rückstellungen für Eventualverbindlichkeiten und für Kreditrisiken sowie mit den Erträgen aus Zuschreibungen zu Forderungen oder aus deren Eingang nach teilweiser oder vollständiger Abschreibung und aus Auflösungen von Rückstellungen für Eventualverbindlichkeiten und für Kreditrisiken verrechnet und in der GuV in einem Aufwands- oder Ertragsposten ausgewiesen werden dürfen.[26] Die Möglichkeit der Überkreuzkompensation kann von den Instituten sowohl zur Bildung als auch zur Auflösung stiller Reserven verwendet werden; eine teilweise Kompensation ist nicht zulässig.[27] Die Saldierung der genannten Positionen und der Ausweis des Saldos entweder in dem Aufwandsposten „Abschreibungen und Wertberichtigungen auf Forderungen und bestimmte Wertpapiere sowie Zuführungen zu Rückstellungen im Kreditgeschäft" oder in dem Ertragsposten „Erträge aus Zuschreibungen zu Forderungen und bestimmten Wertpapieren sowie aus der Auflösung von Rückstellungen im Kreditgeschäft" stellen eine **Durchbrechung des in § 246 Abs. 2 kodifizierten Bruttoprinzips** dar.[28] Zu beachten ist bei der Überkreuzkompensation des Weiteren, dass sie auch ohne die Bildung oder Auflösung stiller Vorsorgereserven vom Institut durchgeführt werden kann.[29]

„Der Leser des handelsrechtlichen Jahresabschlusses kann aufgrund dieser Kompensa- **16** tion nicht erkennen, aus welchen absoluten Beträgen der einbezogenen Aufwands- und Ertragspositionen sich der ausgewiesene Saldo zusammensetzt, welchen Beitrag der Forderungs- und der Wertpapierbereich (die Liquiditätsreserve) zu diesem Saldo leistet, in welchem Umfang realisierte bzw. unrealisierte Erfolgsbeiträge zum Saldo beigetragen haben und welchen Einfluss zum einen die im Handelsrecht üblicherweise vorgesehenen Bewertungsvorschriften und zum anderen die institutsspezifische Bewertungsmöglichkeit des § 340f Abs. 1 S. 1 HGB auf den Saldo haben."[30] Die Bildung und Auflösung stiller Vorsorgereserven „obliegt allein dem dispositiven Ermessen der Geschäftsleitung."[31] Insofern stellen sie „eine bewusst gelegte, dispositive Manövriermasse der Bankgeschäftsleitung zur Absicherung gegen geschäftszweigspezifische Risiken"[32] dar.

2. Verzicht auf Angaben. Abs. 4 bestimmt, dass Angaben über die Bildung und **17** Auflösung von Vorsorgereserven nach Abs. 1 sowie über vorgenommene Verrechnungen nach Abs. 3 im Jahresabschluss, Lagebericht, Konzernabschluss und Konzernlagebericht nicht offenzulegen sind. Der Verzicht auf diese Angaben ist normzweckkonform, da jede Erklärung über die Bildung, Auflösung oder Verrechnung der Vorsorgereserven nach § 340f

---

[25]   Vgl. Bieg/Waschbusch Bankbilanzierung S. 472, 474; Hölscher DBW 1995, 52; Waschbusch ZfbF 1994, 1055.

[26]   Vgl. Krumnow et al. Rn. 40.

[27]   Vgl. Emmerich in Bodin/Hübl, Banken in gesamtwirtschaftlicher Verantwortung, 1994, S. 165 (171); Hartmann BB 1989, 1943; Hölscher DBW 1995, 52; Waschbusch ZfbF 1994, 1058.

[28]   Vgl. Beck HdR/Bieg/Waschbusch B 900 Rn. 338; Bieg/Waschbusch Bankbilanzierung S. 473; Hölscher DBW 1995, 52; Waschbusch ZfbF 1994, 1056.

[29]   Vgl. Bieg/Waschbusch Bankbilanzierung S. 473; Waschbusch ZfbF 1994, 1057.

[30]   Beck HdR/Bieg/Waschbusch B 900 Rn. 340. Vgl. auch Emmerich in Bodin/Hübl, Banken in gesamtwirtschaftlicher Verantwortung, 1994, S. 165 (171); Hölscher DBW 1995, 52 f.; Krumnow et al. Rn. 41; Waschbusch ZfbF 1994, 1058 f.

[31]   Krumnow et al. Rn. 6.

[32]   Krumnow et al. Rn. 7.

deren stillen Charakter konterkarieren würde.[33] Insofern sind Forderungen nach einer „an bestimmte Bedingungen geknüpften Offenlegungspflicht"[34] im Bereich stiller Vorsorgereserven unverständlich; vielmehr wäre stattdessen eine offene Risikovorsorge zu fordern. „Es ist unmöglich, für einen Teil des Jahresabschlusses, die Bilanz, stille Vorsorgereserven zu befürworten, um dann in einem anderen Teil des Jahresabschlusses, dem Anhang, ihre Publizierung zu fordern."[35]

18   Von der grundsätzlichen **Befreiung zur Berichterstattung** ist jedoch abzusehen, wenn die Bildung bzw. Auflösung stiller Reserven dazu führt, dass das tatsächliche Bild der Vermögens-, Finanz- und Ertragslage extrem verzerrt wird, insbesondere dann, wenn ein Verlustabschluss in einen Gewinnabschluss „gedreht" wird.[36] Grundsätzlich gewinnt das Informationsrecht der Bilanzleser mit der Höhe der Ergebniskorrektur durch die Bildung bzw. Auflösung stiller Reserven an Bedeutung.[37] Das Zugeständnis der Befürworter stiller Vorsorgereserven, gerade im Fall eines durch die Auflösung stiller Vorsorgereserven „gedreh-ten" Verlustabschlusses Anhangangaben zu gewähren, erscheint paradox. Denn an anderer Stelle argumentieren die Befürworter stiller Vorsorgereserven, dass „stille Reserven zum geräuschlosen Auffangen von Verlusten notwendig"[38] seien. „Wenn aber jedermann weiß, was durch stille Reserven eigentlich verborgen bleiben soll, dann kann ein Verlust auch gegen die offenen Rücklagen ausgebucht werden."[39]

IV. Beibehaltungswahlrecht

19   **1. Erhöhung der Bewertungsbasis.** Gemäß Abs. 1 S. 3 darf ein niedrigerer Wertan-satz beibehalten werden. Das Wertbeibehaltungswahlrecht konstituiert eine **Ausnahme vom allgemeinen Wertaufholungsgebot** des § 253 Abs. 5 S. 1 für Zwecke der Bildung einer stillen Vorsorgereserve. Ein vergleichbares Wertbeibehaltungswahlrecht bestand bereits vor Inkrafttreten des BilMoG gem. Abs. 2 S. 1 des § 340f aF. Die durch das BilMoG vorge-nommene Einfügung des Beibehaltungswahlrechts in den Abs. 1 verursacht keine materiel-len Änderungen.[40]

20   **2. Verminderung der Bewertungsbasis.** Das Wertbeibehaltungswahlrecht könnte sich grundsätzlich auch auf die Beibehaltung des niedrigeren Wertansatzes beziehen „wenn aufgrund der Verminderung der Bewertungsbasis für stille Vorsorgereserven die 4%-Grenze des § 340f Abs. 1 S. 2 HGB überschritten wird."[41] Fällt beispielsweise der Marktpreis des Wertpapiers weiter von 100 EUR auf 90 EUR, dann dürften (bei unterstellter Einzelbe-trachtung) lediglich 3,6 EUR statt 4,0 EUR als stille Vorsorgereserve gebildet werden. Hier entsteht ein Konflikt zwischen der quantitativen Begrenzung des Abs. 1 S. 2 und dem **Wertbeibehaltungswahlrecht** des Abs. 1 S. 3. Da sich nach der Regierungsbegründung zum BilMoG keine materiellen Auswirkungen aus den Änderungen ergeben,[42] ist weiterhin die Reichweite des Beibehaltungswahlrechts fraglich. Wird dem Wertbeibehaltungswahl-recht die größere Bedeutung eingeräumt,[43] dann dürfte die Vorsorgereserve unverändert

---

[33]   Vgl. Bieg/Waschbusch Bankbilanzierung S. 474; Claussen DB 1991, 1132; Forster FS Krümmel, 1988, 113; Krumnow et al. Rn. 43; GK-HGB/Gesmann-Nuissl Rn. 14; Meyer ZfgK 1987, 442; Schütz in Krumnow/Metz, Rechnungswesen im Dienste der Bankpolitik, 1987, S. 95 (98).

[34]   Hölscher DBW 1995, 58. Vgl. auch Ballwieser/Kuhner, Rechnungslegungsvorschriften und wirtschaftli-che Stabilität, 1994, S. 107; Laupenmühlen/Münz Die Bank 1997, 741.

[35]   Bieg/Waschbusch Bankbilanzierung S. 475.

[36]   Vgl. Hölscher DBW 1995, 55; Köllhofer Die Bank 1986, 558; Krumnow et al. Rn. 43; Meyer ZfgK 1987, 442.

[37]   Vgl. Krumnow et al. Rn. 43.

[38]   Köllhofer Die Bank 1986, 553.

[39]   Süchting FS Philipp, 1988, 85.

[40]   Vgl. BT-Drs. 16/10067, 95.

[41]   Beck HdR/Bieg/Waschbusch B 900 Rn. 331. Vgl. auch GK-HGB/Gesmann-Nuissl Rn. 6.

[42]   Vgl. BT-Drs. 16/10067, 95.

[43]   Vgl. Göttgens/Schmelzeisen, Bankbilanzrichtlinie-Gesetz, 2. Aufl. 1992, S. 71; Scharpf/Sohler Leitfaden zum Jahresabschluß S. 91.

mit 4,0 EUR fortgeführt werden,[44] wird die quantitative Begrenzung stärker gewichtet, dann darf die Vorsorgereserve maximal 3,6 EUR betragen. Der quantitativen Begrenzung der Vorsorgereserven kann gegenüber dem Beibehaltungswahlrecht („woraus sich in einem solchen Fall die Verpflichtung zu einer entsprechenden Auflösung (…) ergibt"[45]) Priorität eingeräumt werden, da ein Vorrang der 4%-Grenze dem Bestreben des EG-Richtliniengebers nach der quantitativen Begrenzung der Möglichkeiten zur Bildung stiller Reserven entsprechen würde.[46]

Ein vergleichbarer Sachverhalt ergibt sich, wenn sich das institutsspezifische Risiko **21** gegenüber dem Vorjahr wesentlich verringert hat. Bei weiter Auslegung des Wertbeibehaltungswahlrechts könnten Institute die einmal gebildeten Vorsorgereserven fortführen.[47] Im Sinne einer vernünftigen kaufmännischen Beurteilung wäre jedoch der entsprechend überhöhte Teil der Vorsorgereserve aufzulösen.

V. Beurteilung stiller Vorsorgereserven

1. Vereinbarkeit mit dem Transparenzgebot. Die Hauptfunktionen des Jahresab- **22** schlusses sind die Informationsvermittlung und die Zahlungsbemessung. Die mit § 340f eingeräumte Möglichkeit der stillen Vorsorgereservenbildung schränkt sowohl die Informations- als auch die Zahlungsbemessungsfunktion des Jahresabschlusses ein.[48] Ob eine Aushöhlung der Jahresabschlussfunktionen durch die stillen Vorsorgereserven mit dem **Vorsichtsprinzip** begründet werden kann, erscheint ebenso fraglich wie die direkte Ableitung der stillen Vorsorgereserven aus dem Vorsichtsprinzip. Das Vorsichtsprinzip unterstützt lediglich die Notwendigkeit der Reservenbildung, lässt aber keine Rückschlüsse zu, ob diese offen oder still gebildet werden soll.

Es ist fraglich, ob die Bildung stiller Vorsorgereserven mit dem True-and-Fair-View- **23** Prinzip des § 264 Abs. 2 vereinbar ist. Dem externen Bilanzleser bleiben insbesondere durch die Überkreuzkompensation wesentliche Einflussgrößen und Wirkungszusammenhänge auf das Geschäftsergebnis verborgen.

Die zur Vereinbarkeit stiller Vorsorgereserven mit dem True-and-Fair-View-Prinzip **24** angeführten Argumente, dass aufgrund der expliziten Regelung der Vorsorgereserven in § 340f kein Verstoß gegen das True-and-Fair-View-Prinzip vorliegen könne und dieses außerdem im deutschen Bilanzrecht nicht die „ausnahmslos vorrangige Maxime"[49] darstelle, vermögen nicht zu überzeugen.[50] Denn die Generalnorm wird bei formalrechtlicher Betrachtung nur dann bedeutungslos, wenn die auszulegenden Einzelnormen keiner ergänzenden Auslegung bedürfen. Dies ist aber schon wegen der in § 340f anzutreffenden unbestimmten Rechtsbegriffe nicht der Fall.[51] Deutlicher wird das Verhältnis zwischen der Generalnorm und den stillen Vorsorgereserven bei **wirtschaftlicher Betrachtungsweise,** da nur auf diese Weise die sich ändernden Informationsbedürfnisse der Bilanzadressaten berücksichtigt werden können und dementsprechend dem durch das BilMoG weiter gestärkte True and Fair View der Vorrang einzuräumen ist.

Auch führt die gesetzliche Fixierung stiller Vorsorgereserven nicht automatisch zu einer **25** Konformität mit den übergeordneten Gesetzeszwecken; sie sichert den Instituten lediglich die Anwendung der entsprechenden Norm zu. Die Befürworter der stillen Vorsorgereserven schließen die (uneingeschränkte) Anwendbarkeit des § 340f aus der **Gesetzessystematik:** Sie argumentieren, dass die Generalnorm lediglich Subsidiaritätsfunktion besitze und dementsprechend nur zur Klärung nicht explizit geregelter Sachverhalte herangezogen werde.

---

44   Dieser Auffassung sind Kirsch/Grewe Rn. 48; Waschbusch ZfbF 1994, 1054.
45   Beck HdR/Bieg/Waschbusch B 900 Rn. 331.
46   Vgl. BdB, Bankbilanzrichtlinie-Gesetz, 1993, S. 98; Bieg/Waschbusch Bankbilanzierung S. 468 f.; Krumnow et al. Rn. 24; aA Forster FS Krümmel, 1988, 112.
47   Vgl. Kirsch/Grewe Rn. 47.
48   Vgl. Bieg WPg 1986, 300; Krumnow et al. Rn. 21.
49   GK-HGB/Schröer Rn. 4. Vgl. auch Köllhofer Die Bank 1986, 556.
50   Vgl. auch Krumnow et al. Rn. 16.
51   Vgl. Krag ZfgK 1988, 374 f.

Dagegen sei die Möglichkeit zur Bildung stiller Vorsorgereserven jedoch eindeutig in § 340f kodifiziert, so dass der allgemeine Rechtsgrundsatz „lex specialis derogat legi generali" gelte. Der Vorrang des § 340f vor der Generalnorm werde zudem durch § 340a Abs. 1 gestützt, nach dem Institute die §§ 264 ff. anzuwenden haben, „soweit in den Vorschriften dieses Abschnittes nichts anderes bestimmt ist". Auch der Einwand, dass im Falle eines Konflikts zwischen § 340f und der Generalnorm der Gesetzgeber zusätzliche Anhangangaben verlangt hätte,[52] vermag nicht zu überzeugen, da diese gerade der Zielsetzung der stillen Vorsorgereserven entgegenliefen. Zusammenfassend lässt sich feststellen, dass sich lediglich die Anwendbarkeit des § 340f explizit aus dem Gesetz ergibt; die damit eingeräumte Möglichkeit zur Bildung stiller Vorsorgereserven steht dennoch im Widerspruch zur Generalnorm von § 264 Abs. 2.

26   Auch der häufig anzutreffende Einwand, die verzerrende Wirkung des True and Fair View werde durch die vollständige Offenlegung der tatsächlichen Verhältnisse gegenüber der Bankenaufsicht geheilt,[53] vermag nicht zu überzeugen. Es sollte jedermann in einer marktwirtschaftlichen Grundordnung möglich sein, sich ein eigenes Urteil über die Vermögens-, Finanz- und Ertragslage der Banken zu bilden.[54]

27   Zudem ist bei der Auslegung der Generalnorm und deren Stellung zu einzelnen Vorschriften des HGB auch der nicht zu verkennende und mit dem BilMoG vorangeschrittene Wandel hin zu einem informationsorientierten **Business Reporting**[55] und die zunehmende Bedeutung der internationalen Kapitalmärkte zu beachten: Während die sog. Ergebnisvolatilität bei doch relativ stabilen Umfeldbedingungen und Dominanz des Zinsüberschusses in der Ertragsrechnung einer Bank in der Vergangenheit als ein Unfall in der Entwicklung eines Instituts angesehen wurde, ist diese Wertung vor dem Hintergrund sich permanent verändernder Handelsmärkte heute (längst) überholt. „Ein rasanter Wandel des geschäftlichen Umfeldes erzeugt zwangsläufig Schwankungen im Ergebnisausweis."[56] „Heute wird keiner mehr akzeptieren, dass Vermögen versteckt und gegebenenfalls dazu genutzt wird, Einbrüche zu verschönen und Fehler zu überdecken; schon gar nicht, wenn dies vor den Eigentümern geschieht."[57]

28   Demnach sind zusätzliche Informationen an die externen Adressaten des Jahresabschlusses zu berichten, damit sich diese über die tatsächliche Lage des Unternehmens ein Bild erstellen können und sich am Kapitalmarkt allokationseffiziente Preise bilden können. „Unter diesem Aspekt birgt eine Manipulation des Erfolgsausweises die Gefahr, dass entweder auf der Chanceseite das Dividenden- bzw. Kurserhöhungspotential oder auf der Risikoseite die Möglichkeit von Kursverlusten falsch eingeschätzt wird."[58] Gerade die mit dem BilMoG gestärkte **Informationsfunktion** eines Bankjahresabschlusses wird durch die Bildung stiller Vorsorgereserven stark eingeschränkt.[59]

29   **2. Vereinbarkeit mit der Zahlungsbemessungsfunktion.** Neben der fehlenden Transparenz beschneiden die stillen Vorsorgereserven die Ausschüttungsansprüche der Anteilseigner, „da der Vorstand einer Aktienbank den Jahresüberschuss bereits bei Aufstellung des Jahresabschlusses beliebig verkürzen kann".[60] Lediglich die quantitative Begrenzung sowie die eingeschränkte Bemessungsgrundlage der stillen Vorsorgereservenbildung dienen den Aktionären als Schutzmechanismus vor einer übermäßigen Reduzierung der Ausschüt-

---

52 Vgl. Forster FS Krümmel, 1988, 119; Krumnow et al. Rn. 17 ff.
53 Vgl. Berger, Standing-Risiken und stille Rücklagen der Bank, Beiträge aus dem Bankseminar der Universität Hannover, Nr. 5, 1986, 19; Köllhofer Die Bank 1986, 559.
54 Vgl. Cairns Accountancy 1987, 32; Kühnberger/Stachuletz DBW 1986, 360; Raida ZfgK 1970, 870.
55 Vgl. ausf. zum Business Reporting Böcking ZfbF-Sonderheft 40/1998, 17 ff.
56 Krumnow Die Bank 1996, 396.
57 Krumnow Die Bank 1996, 397.
58 Süchting DBW 1981, 210.
59 Vgl. hierzu Cairns Accountancy 1987, 32; Emmerich in Bodin/Hübl, Banken in gesamtwirtschaftlicher Verantwortung, 1994, S. 165 (183).
60 Keller/Möller ZBB 1992, 172. Vgl. auch Emmerich in Bodin/Hübl, Banken in gesamtwirtschaftlicher Verantwortung, 1994, S. 165 (178).

tungsbemessungsgrundlage.[61] Auch die Argumentation, dass eine Offenlegung der stillen Vorsorgereserven die Begehrlichkeit der Aktionäre fördere[62] oder dass „die Zurücksetzung der Gesellschafterinteressen (…) daher in dem Umfang gerechtfertigt (ist), wie es die allgemeine Risikolage der Kreditinstitute erfordert",[63] vermag nicht vollends zu überzeugen. Denn sollten die Vorsorgereserven übermäßig hoch dotiert sein, wäre es das natürliche Recht des Aktionärs als Eigentümer der Bank, die Ausschüttung der nicht benötigten Vorsorgereserven zu verlangen.

Außerdem ist es aus Sicht des Anteilseigners wenig vorteilhaft, an einem durch stille Reservenbildung und -auflösung geglätteten kontinuierlichen Zahlungsstrom zu partizipieren,[64] wenn der tatsächlich mögliche Zahlungsstrom höher, aber dafür in seiner Höhe schwankend ist. Gleichmäßige Dividenden bieten für den Anteilseigner dann keinen Vorteil, wenn der Barwert variierender Dividenden größer ist. Um aber den Barwert des tatsächlich möglichen Zahlungsstroms berechnen zu können, benötigt der Anteilseigner entsprechende Informationen über den geschätzte zukünftige Cash-Flow-Entwicklung. Verläuft diese tatsächlich schwankend, kann der Anteilseigner diese Variationen durch einen entsprechenden Risikozuschlag beim Diskontierungssatz berücksichtigen. Zudem werden während der Haltedauer gebildete stille Reserven beim Aktienverkauf nicht vergütet, da der Kapitalmarkt über die tatsächliche Höhe der vorhandenen stillen Reserven nur spekulieren kann.[65] Für den Anteilseigner ist damit die offene Reservenbildung vorteilhaft, da er zum einen den zukünftigen Zahlungsstrom besser prognostizieren kann und zum anderen das Vorsorgepotential des Instituts erkennt.[66] **30**

§ 340g Sonderposten für allgemeine Bankrisiken

(1) Kreditinstitute dürfen auf der Passivseite ihrer Bilanz zur Sicherung gegen allgemeine Bankrisiken einen Sonderposten „Fonds für allgemeine Bankrisiken" bilden, soweit dies nach vernünftiger kaufmännischer Beurteilung wegen der besonderen Risiken des Geschäftszweigs der Kreditinstitute notwendig ist.

(2) Die Zuführungen zum Sonderposten oder die Erträge aus der Auflösung des Sonderpostens sind in der Gewinn- und Verlustrechnung gesondert auszuweisen.

Schrifttum: s. bei Vor § 340 f.

I. Der Regelungsinhalt des § 340g

1. Zielsetzung. § 340g erlaubt den Instituten, auf der Passivseite ihrer Bilanz zur Sicherung gegen allgemeine Bankrisiken einen Sonderposten „Fonds für allgemeine Bankrisiken" zu bilden, soweit dies nach vernünftiger kaufmännischer Beurteilung wegen der **besonderen Risiken des Geschäftszweigs** der Institute notwendig ist. Damit verfolgt § 340g grundsätzlich die gleiche Zielsetzung wie § 340 f.[1] Abgesichert werden soll das allgemeine Branchenrisiko; eine Verwendung der offenen Vorsorgereserve für Einzelbewertungsmaßnahmen ist nicht vorgesehen.[2] Die beiden Normen unterscheiden sich jedoch hinsichtlich der Bemessungsgrundlage, der Beschränkung der Reservebildung, dem Eigenkapitalcharakter der gebildeten Reserve sowie der Erkennbarkeit der Reserve.[3] Hinsichtlich der Zuführungen zum und des Bestandes des Sonderpostens nach § 340e Abs. 4 → § 340e Rn. 55 ff. **1**

---

[61] Vgl. Hölscher DBW 1995, 57.

[62] Vgl. Schütz in Krumnow/Metz, Rechnungswesen im Dienste der Bankpolitik, 1987, S. 95 (97).

[63] Schwartze, Deutsche Bankrechnungslegung nach europäischem Recht, 1990, S. 97.

[64] Anders Birck WPg 1964, 417.

[65] Vgl. Gessler in Muthesius, 75 Jahre Deutsche Treuhandgesellschaft 1890–1965, 1965, 129 (153).

[66] Vgl. Bieg/Waschbusch Bankbilanzierung S. 491, 498.

[1] Vgl. hierzu Beck HdR/Bieg/Waschbusch B 900 Rn. 348; Bieg/Waschbusch Bankbilanzierung S. 500; Scharpf/Schaber Bankbilanz-HdB S. 392; Krumnow et al. Rn. 3.

[2] Vgl. Kirsch/Grewe Rn. 6.

[3] Vgl. Krumnow et al. Rn. 3.

2   **2. Bemessungsgrundlage und Beschränkung der Reservenbildung.** Anders als die § 340f-Reserve ist die Vorsorgereserve nach § 340g lediglich zweck- und nicht an quantitative Beschränkungen gebunden.[4] Eine qualitative Begrenzung bei der Bildung offener Vorsorgereserven ergibt sich „aufgrund praktischer geschäftspolitischer Gegebenheiten"[5] bzw. durch die vernünftige kaufmännische Beurteilung.[6] Die praktische Grenze der Dotierungsmöglichkeit ergibt sich dabei aus der Höhe der jeweiligen Jahresergebnisse der Institute,[7] wobei zumindest keine explizite gesetzliche Beschränkung von Zuführungsbeträgen auf vorhandene Überschüsse besteht.

3   **3. Eigenkapitalcharakter.** Einen weiteren Unterschied zur stillen Vorsorgereserve stellt die unbeschränkte Anrechenbarkeit des Fonds für allgemeine Bankrisiken als **Kernkapital** gem. Art. 26 Abs. 1 lit. f Kapitaladäquanz-VO dar. Auch die Positionierung des Fonds (Passivposten Nr. 11) im Bilanzformblatt zwischen dem Genussrechtskapital und dem Eigenkapital lässt auf seinen Eigenkapitalcharakter schließen.[8]

4   **4. Konkurrenz zu § 340f.** Die Möglichkeit der offenen Vorsorgereservenbildung kann neben der stillen Vorsorgereservenbildung wahrgenommen werden, sodass beide Instrumente gleichzeitig benutzt werden können.[9] „Dies dürfte sich vor allem für die Institute empfehlen, für die die 4%-Grenze eine tatsächliche Begrenzung darstellt,"[10] da der Fonds für allgemeine Bankrisiken „selbst dann noch dotiert werden (kann), wenn die Höchstgrenze nach § 340f HGB bereits erreicht ist".[11] Begrenzt wird die Möglichkeit der offenen Vorsorgereservenbildung lediglich durch ihre Zweckbindung und den Verweis auf die „vernünftige kaufmännische Beurteilung;" sie soll dazu dienen, die Vorsorgereserve gegen die besonderen Risiken der Höhe nach auf ein sinnvolles Maß zu begrenzen. Die Entstehungsgeschichte der Vorschrift zeigt, dass die Reservenbildung in einer Zeit sehr geringer Eigenkapitalquoten zur Vermeidung von unabsehbaren Folgen für die Volkswirtschaft aus einer Bankenkrise – bedingt durch panikartigen Einlagenabzug (sog. Dominoeffekt) – geschaffen wurde. Die letztendliche Verantwortung für die Reservenbildung obliegt der Geschäftsleitung, was faktisch nicht auf eine Beschränkung der Höhe nach hinausläuft. Angewendet auf den konkreten Sachverhalt des § 340g bedeutet dies aber auch, dass die vom Institut insgesamt getroffenen Vorsorgemaßnahmen – zu nennen sind hier neben den stillen Vorsorgereserven nach § 340f auch die offenen Reserven nach § 340g – das latente Branchenrisiko nicht überschreiten dürfen.[12] „Da die gleichen Risiken jedoch nur einmal und nicht zweimal abgedeckt werden können, wirkt sich die Ausnutzung des Bewertungsspielraums auf der Aktivseite zwangsläufig auf die Höhe des Sonderpostens auf der Passivseite aus."[13] Problematisch bei dieser qualitativen Begrenzung durch die „vernünftige kaufmännische Beurteilung" ist jedoch die Unkenntnis der konkreten Höhe des allgemeinen Branchenrisikos.[14] Festzuhalten bleibt, dass die „vernünftige kaufmännische Beurteilung" dazu dienen soll, eine Übersiche-

---

[4]   Vgl. Krumnow et al. Rn. 4.

[5]   Beck HdR/Bieg/Waschbusch B 900 Rn. 349.

[6]   Vgl. Forster FS Krümmel, 1988, 116 f.; Bieg/Waschbusch Kreditwesen 2005, 145. Vgl. zur vernünftigen kaufmännischen Beurteilung → § 340f Rn. 8 ff.

[7]   Vgl. Waschbusch Die Bank 1994, 166; MüKoBilanzR/Löw Rn. 3.

[8]   Vgl. Krumnow et al. Rn. 6; GK-HGB/Gesmann-Nuissl Rn. 3; Waschbusch, Die handelsrechtliche Jahresabschlußpolitik der Universalaktienbanken: Ziele – Daten – Instrumente, 1992, S. 396; Waschbusch Die Bank 1994, 166.

[9]   Vgl. Emmerich in Bodin/Hübl, Banken in gesamtwirtschaftlicher Verantwortung, 1994, S. 165 (190 f.); Hartmann BB 1989, 1943; IDW, WPH Edition, Kreditinstitute, D Rn. 407.

[10] Krumnow et al. Rn. 8.

[11] Kirsch/Grewe Rn. 5.

[12] Vgl. Beck HdR/Bieg/Waschbusch B 900 Rn. 349; Forster FS Krümmel, 1988, 116 f.; Waschbusch, Die handelsrechtliche Jahresabschlußpolitik der Universalaktienbanken: Ziele – Daten – Instrumente, 1992, S. 394 f.; Waschbusch Die Bank 1994, 166; Bieg/Waschbusch, Bildung und Nutzung des Fonds für allgemeine Bankrisiken gemäß § 340g HGB, 2022, S. 255.

[13] Waschbusch, Die handelsrechtliche Jahresabschlußpolitik der Universalaktienbanken: Ziele – Daten – Instrumente, 1992, S. 397; Waschbusch Die Bank 1994, 167.

[14] Vgl. Kirsch/Grewe § 340f Rn. 24.

rung bzw. Willkür und damit eine unnötig hohe Reservenbildung auszuschließen. Die vor dem Hintergrund einer möglichen Übersicherung gestellte Forderung, dass „sich schon deswegen eine voneinander unabhängige Inanspruchnahme der Wahlrechte der §§ 340f, 340g HGB verbietet"[15] erscheint jedoch als zu weit gehend.

5. Anrechnung der Fondsdotierung auf das Gewinndispositionsrecht. § 58   **5** Abs. 2 S. 1 AktG bestimmt, dass Vorstand und Aufsichtsrat einen Teil des Jahresüberschusses, höchstens jedoch die Hälfte, in andere Gewinnrücklagen einstellen können.[16] Fraglich ist in diesem Zusammenhang, ob eine Dotierung des Fonds für allgemeine Bankrisiken eine Gewinnverwendung darstellt und entsprechend auf die Gewinndisposition des Vorstands anzurechnen ist, oder ob die Zuführung innerhalb der Gewinnermittlung erfolgt und dementsprechend nicht auf das **Gewinndispositionsrecht** angerechnet werden braucht. Krumnow geht davon aus, dass die Dotierung innerhalb der Gewinnermittlung stattfindet, von einer Anrechnung also abgesehen werden kann und somit das Ausschüttungspotenzial gemindert wird.[17] Anderer Ansicht sind Bieg/Waschbusch und Grewe, die die Dotierung des Fonds zwar als Gewinnverwendung einstufen,[18] jedoch aufgrund des expliziten Hinweises der Bundesregierung, dass die „Vorschriften über die Ergebnisverwendung, wie § 58 AktG oder § 29 GmbHG, nicht anzuwenden sind"[19] von einer Anrechnungspflicht absehen.[20] Nach beiden Auslegungsalternativen tangiert die offene Vorsorgereserve nach § 340g nicht das Gewinndispositionsrecht des Vorstands. Somit geht mit der Dotierung des Fonds für allgemeine Bankrisiken keine Beschlussfassung über die Ergebnisverwendung einher und die Entscheidung über die Dotierung ist – unter Beachtung der Beschränkungen der Reservenbildung – ausschließlich der Geschäftsleitung vorbehalten. In jüngerer Zeit sind diese Regelung und der sich ergebende weite Ermessensspielraum der Geschäftsleitung jedoch zunehmend der Diskussion ausgesetzt.[21]

6. Erkennbarkeit der Zuführungen/Auflösungen. Abs. 2 bestimmt, dass die   **6** Zuführungen zum Sonderposten oder die Erträge aus der Auflösung des Sonderpostens in der GuV gesondert auszuweisen sind.[22] Durch den gesonderten Ausweis in der GuV entsteht für externe Bilanzleser größere Transparenz.[23] Es ist nicht nur der „Gesamtbestand an institutsspezifischen offenen Vorsorgereserven zu erkennen, sondern (es sind) auch deren betragsmäßige Veränderungen im Zeitablauf nachzuvollziehen".[24] Da ein gesonderter GuV-

15   Bieg/Waschbusch Bankbilanzierung S. 503, die allerdings später zustimmen, dass „beide Wege der Risikovorsorge", „wie vom Gesetzgeber vorgesehen" „nebeneinander genutzt werden" können.

16   Vgl. auch Kirsch/Grewe Rn. 10.

17   Vgl. Krumnow et al. Rn. 10.

18   Vgl. Beck HdR/Bieg/Waschbusch B 900 Rn. 351; Kirsch/Grewe Rn. 9. Bieg/Waschbusch sehen ihre Interpretation der Zurechnung zur Gewinnverwendung dadurch unterstützt, dass die Einstellung aus versteuertem Gewinn sowie der Ausweis auf der Passivseite der Bankbilanz vor der bilanziellen Eigenkapitalposition erfolgt. Ferner würde die Argumentation auch durch die Deutsche Bundesbank unterstützt, indem diese eine Aufstockung des Fonds für allgemeine Bankrisiken im Rahmen ihrer Analyse der Ertragslage der Kreditinstitute nicht im Jahresüberschuss berücksichtige, sondern diese Zuführung als Teil der Gewinnverwendung (Rücklagenbildung) ansehe. Vgl. Bieg/Waschbusch Kreditwesen 2005, 146 mit Verweis auf Monatsbericht der Deutschen Bundesbank 9/2004. Vgl. diesbezüglich Deutsche Bundesbank, Monatsbericht September 2010, 27.

19   BT-Drs. 11/6275, 23.

20   Vgl. Beck HdR/Bieg/Waschbusch B 900 Rn. 351; Bieg/Waschbusch Bankbilanzierung S. 501; Kirsch/Grewe Rn. 11. Vgl. ebenso Emmerich in Bodin/Hübl, Banken in gesamtwirtschaftlicher Verantwortung, 1994, S. 165 (173); KPMG, Die neue Bankbilanz, 1992, 16; Waschbusch, Die handelsrechtliche Jahresabschlußpolitik der Universalaktienbanken: Ziele – Daten – Instrumente, 1992, S. 395.

21   Vgl. zur Diskussion Mülbert/Sajnovitis WM 2017, 1725; Schmidberger BKR 2017, 309.

22   Vgl. auch Emmerich in Bodin/Hübl, Banken in gesamtwirtschaftlicher Verantwortung, 1994, S. 165 (172); GK-HGB/Gesmann-Nuissl Rn. 2; KKRD/Morck/Bach Rn. 1; Waschbusch, Die handelsrechtliche Jahresabschlußpolitik der Universalaktienbanken: Ziele – Daten – Instrumente, 1992, S. 395.

23   Vgl. Bieg/Waschbusch Bankbilanzierung S. 500 f.; Krumnow et al. Rn. 12; GK-HGB/Gesmann-Nuissl Rn. 2; KKRD/Morck/Bach Rn. 1; Waschbusch, Die handelsrechtliche Jahresabschlußpolitik der Universalaktienbanken: Ziele – Daten – Instrumente, 1992, S. 395.

24   Beck HdR/Bieg/Waschbusch B 900 Rn. 350. Vgl. auch Waschbusch, Die handelsrechtliche Jahresabschlußpolitik der Universalaktienbanken: Ziele – Daten – Instrumente, 1992, S. 395.

Posten in den Formblättern nicht vorgesehen ist,[25] sollte aufgrund der identischen Zielsetzung mit § 340f der Ausweis der Zuführungen bzw. der Entnahmen direkt nach dem Aufwandsposten Nr. 7 „Abschreibungen und Wertberichtigungen auf Forderungen und bestimmte Wertpapiere sowie Zuführungen zu Rückstellungen im Kreditgeschäft" bzw. Ertragsposten Nr. 6 „Erträge aus Zuschreibungen zu Forderungen und bestimmten Wertpapieren sowie aus der Auflösung von Rückstellungen im Kreditgeschäft" in einem Unterposten erfolgen.[26]

II. Beurteilung offener Vorsorgereserven

7   Zur Würdigung der offenen Vorsorgereservenbildung gem. § 340g ist die Konformität dieser Norm mit den Jahresabschlussfunktionen (Information und Zahlungsbemessung) zu überprüfen. Bezogen auf eine Beurteilung der Vorteilhaftigkeit stiller versus offener Vorsorgereserven kann vor dem Hintergrund der geforderten und auch gesamtwirtschaftlich wünschenswerten **Transparenz** nur eine offene Vorsorgereservenpolitik akzeptiert werden. Werden Vorsorgereserven gem. § 340f still gebildet, ist es den Kapitalmarktteilnehmern nicht mehr möglich, die tatsächliche wirtschaftliche Entwicklung des Instituts nachzuvollziehen. Die Folge sind Fehleinschätzungen des zukünftigen Ertragstroms, die als fehlerhafte Inputgröße des Bewertungskalküls zu falschen Entscheidungswerten und im Ergebnis zu Fehlallokationen des Kapitals führen. Die Informationsfunktion wird dementsprechend nur durch die Bildung einer offenen Vorsorgereserve erfüllt. Der Bilanzadressat kann neben der absoluten Höhe der gebildeten Vorsorgereserve (Bilanz) auch die Veränderungen des Fonds für allgemeine Bankrisiken (GuV) nachvollziehen.

8   Kritisch ist hingegen die Erfüllung der **Zahlungsbemessungsfunktion** zu sehen, da die Dotierung des Fonds für allgemeine Bankrisiken die Ausschüttungsbemessungsgrundlage grundsätzlich beliebig reduzieren kann.[27]

Vierter Titel. Währungsumrechnung

§ 340h Währungsumrechnung

§ 256a gilt mit der Maßgabe, dass Erträge, die sich aus der Währungsumrechnung ergeben, in der Gewinn- und Verlustrechnung zu berücksichtigen sind, soweit die Vermögensgegenstände, Schulden oder Termingeschäfte durch Vermögensgegenstände, Schulden oder andere Termingeschäfte in derselben Währung besonders gedeckt sind.

Schrifttum: Bieg/Waschbusch, Bankbilanzierung nach HGB und IFRS, 3. Aufl. 2017; Birck/Meyer, Die Bankbilanz, Handkommentar zum Jahresabschluß der Kreditinstitute, 3. Aufl. Teillieferung 5, 1989; Böcking/Ernsting/Fitzner/Wagener/Freiling, Zur praktischen Umsetzung der Bankbilanzrichtlinie in den Jahresabschlüssen 1993 deutscher Kreditinstitute, WPg 1995, 461; Deutsche Bundesbank, Das neue Bilanzierungsrecht für Kreditinstitute ab 1993 und seine Auswirkungen auf die Monatliche Bilanzstatistik, Monatsbericht der Deutschen Bundesbank Mai 1992, 39; Epperlein, Auswirkungen der wesentlichen Änderungen durch das Bankbilanzrichtlinie-Gesetz, in Baetge, Rechnungslegung und Prüfung 1994: Vorträge der Jahre 1991–1993 vor dem Münsteraner Gesprächskreis Rechnungslegung und -prüfung e. V., 1994, S. 119; Gebhardt/Breker, Bilanzierung von Fremdwährungstransaktionen im handelsrechtlichen Einzelabschluß – unter Berücksichtigung von § 340h HGB, DB 1991, 1529; Göttgens, Kompensation von Zinsänderungs- und Währungsrisiken in der Bankbilanz, 1997; Goldschmidt/Meyding-Metzger/Weigel, Änderungen in der Rechnungslegung nach dem Bilanzrechtsmodernisierungsgesetz Teil II, IRZ 2010, 63; Hartung, Zur Währungsumrechnung in Bankbilanzen, RIW 1991, 755; Herzig/Mauritz, Ökonomische Analyse von Konzepten zur Bildung von Bewertungseinheiten: Micro-Hedges, Macro-Hedges und Portfolio-Hedges – wünschenswert im deutschen Bilanz-

---

25   Vgl. Kirsch/Grewe Rn. 15; Waschbusch Die Bank 1994, 166.
26   Vgl. Kirsch/Grewe Rn. 15; Krumnow et al. Rn. 13. Vgl. hinsichtlich der Einfügung eigenständiger Posten in das Formblatt Kirsch/Grewe Rn. 16 ff.
27   Zur Berücksichtigung der Interessen der Anteilseigner und Gläubiger bei der Bildung stiller und offener Vorsorgereserven s. Bieg/Waschbusch, Bildung und Nutzung des Fonds für allgemeine Bankrisiken gemäß § 340g HGB, 2022, S. 255 f.

recht?, ZfbF 1998, 99; IDW, Stellungnahme zur Rechnungslegung: Besonderheiten der handelsrechtlichen Fremdwährungsumrechnung bei Instituten IDW RS BFA 4, FN-IDW 10/2011, 649.; IDW, WPH Edition, Kreditinstitute, Finanzdienstleister und Investmentvermögen, 2020; Küting/Pfitzer/Weber, Das neue deutsche Bilanzrecht, 2. Aufl. 2009; Küting/Mojadadr, Währungsumrechnung im Einzel- und Konzernabschluss nach dem RegE zum BilMoG, DB 2008, 1869; Kuhner, Erfolgsperiodisierung bei Fremdwährungsgeschäften mit „besonderer Deckung" nach § 340h HGB, DB 1992, 1435; Prahl, Die neuen Vorschriften des Handelsgesetzbuches für Kreditinstitute, WPg 1991, 401 (Teil I), 438 (Teil II); Rixen, EG-Bankbilanzrichtlinie transformiert, Die Bank 1990, 638; Scharpf, Fremdwährungsrechnung bei (Kredit-)Instituten nach § 340h HGB – unter Berücksichtigung von ERS BFA 4 (Teil I und II), IRZ 2011, 13 (Teil 1) 81 (Teil 2); Scharpf/Schaber Handbuch Bankbilanz, 9. Aufl. 2022; Scharpf/Schaber/Löw/Treitz/Weigel/Goldschmidt, Bilanzierung von Finanzinstrumenten des Handelsbestands bei Kreditinstituten – Erläuterung von IDW RS BFA 2 (Teil 1), WPg 2010, 439; Scharpf/Sohler, Jahresabschluß nach dem Bankbilanzrichtlinie-Gesetz: Bilanz, GuV und Anhang, 1992; Schlick, Bewertung von Fremdwährungspositionen im handelsrechtlichen Jahresabschluß, DStR 1993, 254; Schlösser, Die Währungsumrechnung im Jahresabschluß von Kreditinstituten: eine Auslegung der Rechtsvorschriften des § 340h HGB, 1995; Schneider, Fair Value-Berechnung bei Währungssicherungsgeschäften, PiR 2008, 194; Treuarbeit AG, Bankbilanzierung ab 1993 – Kommentierung der neuen Vorschriften für die Rechnungslegung der Kreditinstitute, 1992; Wenk, Der Marktwert im Rechnungswesen der Banken, 1997; Zwirner/Künkele/Froschhammer, Angaben zur Fremdwährungsumrechnung nach Bil-MoG, BB 2011, 1323.

Übersicht

I. Fremdwährungsumrechnung bei Instituten im Überblick

1. Überblick über die Neuregelungen seit BilMoG. Gemäß § 244 ist der Jahresab- **1** schluss in EUR aufzustellen mit der Folge, dass Aktiva und Passiva sowie Aufwendungen und Erträge in Fremdwährung in EUR umzurechnen sind. Entsprechende Umrechnungsvorschriften wurden erstmals mit dem § 340h aF im Zuge des Bankbilanzrichtlinie-Gesetz 1990 (BGBl. 1990 I 2570 ff.) für Institute gesetzlich kodifiziert.

Mit Inkrafttreten des **Bilanzrechtsmodernisierungsgesetzes (BilMoG)** (BGBl. **2** 2009 I 1102) wurde zum ersten Mal eine branchenunabhängige, für alle Unternehmen geltende gesetzliche Regelung zur Fremdwährungsumrechnung durch § 256a geschaffen.[1] Gleichzeitig wurde die bisher nur für Institute kodifizierte Spezialvorschrift in § 340h neu

---

[1] Vgl. BT-Drs. 16/10067, 62. Vor dem Hintergrund der festzustellenden Globalisierungstendenzen in der Wirtschaft und den damit verbundenen zunehmenden Transaktionen in ausländischer Währung sieht der Gesetzgeber die Notwendigkeit, für alle Unternehmen einheitliche Vorschriften zur Fremdwährungsumrechnung in den handelsrechtlichen Jahresabschlüssen vorzuschreiben.

gefasst. Aus dem Gesetzeswortlaut des § 340h ergibt sich, dass die Währungsumrechnung für Institute primär durch die allgemeine Vorschrift des § 256a geregelt wird, dh „auf fremde Währung lautende Vermögensgegenstände und Verbindlichkeiten sind zum Devisenkassamittelkurs am Abschlussstichtag umzurechnen. Bei einer Restlaufzeit von einem Jahr oder weniger sind § 253 Abs. 1 S. 1 und § 252 Abs. 1 Nr. 4 Hs. 2 nicht anzuwenden". Lediglich die bisherige Spezialnorm zur besonderen Deckung bei Instituten in § 340h Abs. 2 S. 2 aF ist weiterhin Gegenstand des neu gefassten § 340h. Diese sieht bei Vorliegen der besonderen Deckung eine verpflichtende Ertragsrealisierung vor, ohne dass hierfür die in § 256a genannte Voraussetzung (Restlaufzeit von einem Jahr oder weniger) erfüllt sein muss.

3   Das Wahlrecht zur Vereinnahmung der Erträge aus der Fremdwährungsumrechnung bei Vorliegen einer sog. einfachen Deckung wurde gestrichen. Eine kompensatorische Bewertung kann nunmehr über die bilanzielle Abbildung von Bewertungseinheiten nach § 254 erreicht werden.[2]

4   Die handelsrechtliche Fremdwährungsumrechnung bei Instituten wird durch eine Verlautbarung des IDW (IDW Stellungnahme zur Rechnungslegung: Besonderheiten der handelsrechtlichen Fremdwährungsumrechnung bei Instituten, IDW RS BFA 4) konkretisiert.[3]

5   Im Rahmen der weiteren Ausführungen wird neben der Gegenüberstellung der Regelungen vor und seit Inkrafttreten von BilMoG sowie der Darstellung des Zusammenwirkens von §§ 256a, 254 und § 340h insbesondere auf die Regelung der besonderen Deckung als institutsspezifische Besonderheit bei der Fremdwährungsumrechnung eingegangen. Darüber hinaus wird bezüglich der hier dargestellten branchenunabhängigen Regelungen zur Fremdwährungsumrechnung auch auf die Kommentierung zum § 256a verwiesen.

6   **2. Anwendungsbereich des § 340h iVm § 256a.** § 340h iVm § 256a regelt die Fremdwährungsumrechnung von auf Fremdwährung lautenden Vermögensgegenständen und Verbindlichkeiten bzw. Schulden am Abschlussstichtag. Damit erfolgt eine gesetzliche Kodifizierung von Vorschriften für die Währungsumrechnung nur für Zwecke der **Folgebewertung.**[4]

7   Die **Umrechnung von laufenden Aufwendungen und Erträgen** aus Fremdwährungsgeschäften fallen nicht unter die Vorschriften des § 256a. In der Gesetzesbegründung wird hierzu folgendes ausgeführt: „Aufwendungen oder Erträge werden nur im Zeitpunkt ihrer erstmaligen handelsbilanziellen Erfassung mit dem dann gültigen Devisenkassakurs (…) umgerechnet, auch insoweit ist folglich eine Vorschrift zur Folgebewertung in § 256a entbehrlich".[5] Es gelten diesbezüglich die Grundsätze ordnungsmäßiger Buchführung.

8   **Rechnungsabgrenzungsposten** stellen keine Vermögensgegenstände bzw. Verbindlichkeiten dar und werden insofern nicht von § 256a erfasst.[6] Gleiches gilt für **Rückstellungen und latente Steuern,** die keine Verbindlichkeiten darstellen; für diese Bilanzposten ist am Bilanzstichtag eine neue Bewertung gemäß der allgemeinen handelsrechtlichen Bewertungsgrundsätze vorzunehmen. Laut Gesetzesbegründung zum BilMoG erstreckt sich § 256a nicht auf **Sorten.**[7]

9   Zu **Handelszwecken erworbene Finanzinstrumente** unterliegen den für den Handelsbestand geltenden Bilanzierungs- und Bewertungsregelungen.[8] Damit ist eine strikte

---

[2]   Vgl. BT-Drs. 16/10067, 95.
[3]   Vgl. IDW RS BFA 4.
[4]   Vgl. BR-Drs. 344/08, 134.
[5]   Vgl. BR-Drs. 344/08, 135.
[6]   Die Einnahmen bzw. Ausgaben werden bereits im Zeitpunkt des Ansatzes in die Berichtswährung getauscht, so dass sich Währungsschwankungen nicht mehr erfolgswirksam auswirken können. Vgl. BR-Drs. 344/08, 135.
[7]   Vgl. BT-Drs. 16/10067, 62.
[8]   Vgl. IDW RS BFA 4 Rn. 3. Die Bewertung des Handelsbestands erfolgt gem. § 340e Abs. 3 zum beizulegenden Zeitwert abzüglich/zuzüglich eines Risikoabschlags/-zuschlags. Damit gehen diese Bewertungsvorschriften den Vorschriften zur Fremdwährungsumrechnung vor. Vgl. Scharpf/Schaber/Löw/Treitz/Weigel/Goldschmidt WPg 2010, 449: Die Regelung des § 340e Abs. 3 S. 1 stellt eine Spezialvorschrift und damit eine Ausnahmeregelung dar. Vgl. BT-Drs. 16/12407, 86.

Trennung zwischen Handelsbeständen und Nicht-Handelsbeständen in Fremdwährung erforderlich.[9]

Bei **Fremdwährungsumrechnungen im Zusammenhang mit Zinsfutures und** 10 **Devisenoptionen** wird insbesondere auch auf die vorliegenden relevanten IDW-Stellungnahmen zur Rechnungslegung verwiesen.[10]

Die Regelungen bezüglich der Umrechnung von auf fremde Währung lautenden 11 Abschlüssen für Zwecke der Konzernrechnungslegung werden im Rahmen des § 308a konkretisiert.

II. Konzept der besonderen Deckung

Eine Definition der besonderen Deckung wurde auch mit Inkrafttreten von BilMoG 12 nicht vorgenommen. Insofern sind die Begriffe inhaltsgleich zu § 340h aF zu verwenden.[11] Die bisher im Schrifttum zu findenden Ausführungen zu den an die besondere Deckung zu stellenden Anforderungen sowie zu den einbeziehungsfähigen Geschäften behalten somit ihre Gültigkeit.

Das Vorliegen des **Deckungsverhältnisses „besondere Deckung"** bestimmt, ob 13 Erträge, die sich aus der Währungsumrechnung ergeben, in der GuV zwingend zu berücksichtigen sind (§ 340h).[12] Die an die besondere Deckung zu stellenden Anforderungen gehen über die bisher für die einfache Deckung (jetzt Bewertungseinheiten nach § 254) zutreffenden Kriterien hinaus. Insbesondere muss die Deckungsfähigkeit gegeben sein.[13] In den Anwendungsbereich der besonderen Deckung können sowohl Vermögensgegenstände, die wie Anlagevermögen behandelt werden, als auch alle übrigen Vermögensgegenstände, Verbindlichkeiten und schwebenden Devisengeschäfte (Devisentermingeschäfte, Devisenoptionen, Währungsswaps, Währungsfutures etc), die nicht dem Handelsbestand zuzuordnen sind, fallen.[14] Nicht deckungsfähig sind in diesem Kontext Eventualverbindlichkeiten und -ansprüche in Fremdwährung aufgrund der fehlenden Sicherheit, dass sie zu Zahlungen führen werden. Cross Currency Hedges, bei denen eine Fremdwährung in eine andere Fremdwährung getauscht wird, scheiden ebenfalls aus, da diese das Kriterium der einheitlichen Währung nicht erfüllen.[15] Im Sinne des Gläubigerschutzgedankens dürfen akut ausfallgefährdete Fremdwährungsaktiva nicht in die Kompensation im Rahmen der besonderen Deckung einbezogen werden.[16]

---

[9]   Diese Regelung, die dazu führt, dass Handelsbestände und Nicht-Handelsbestände in Fremdwährung nach unterschiedlichen Vorschriften zu bewerten sind, ist im Rahmen der eingegangenen Kommentierungen zum IDW RS BFA 4 kritisiert worden, da sie nicht der einheitlichen Steuerung von Währungsrisiken in der Bankpraxis entspricht. Vgl. hierzu Kommentierungsschreiben zum Entwurf der IDW Stellungnahme zur Rechnungslegung IDW ERS BFA 4 vom „Zentraler Kreditausschuss" v. 20.6.2011.

[10] Vgl. IDW RS BFA 4 Rn. 2 verweist diesbezüglich auf IDW RS BFA 5 (IDW Stellungnahme zur Rechnungslegung: Handelsrechtliche Bilanzierung von Financial Futures und Forward Rate Agreements bei Instituten) sowie IDW RS BFA 6 (IDW Stellungnahme zur Rechnungslegung: Handelsrechtliche Bilanzierung von Optionsgeschäften bei Instituten). Zinsfutures in fremder Währung sind nur bezüglich der Umrechnung von Ausgleichszahlungen (margins) zu berücksichtigen. § 340h iVm § 256a findet darüber hinaus Anwendung auf Optionspreise, die auf fremde Währung lauten.

[11] Der Begriff wurde mit dem Bankbilanzrichtlinie-Gesetz 1990 eingeführt.

[12] Nach herrschender Meinung bezieht sich diese Ertragsrealisierung nur auf den Betrag der besonderen Deckung, dh eine besondere Deckung kann nur in jeweils einer Währung sowie in der Höhe vorliegen, in der sich die Positionen bzw. die Geschäfte in Fremdwährung betragsmäßig entsprechen. Sich nicht ausgleichende Betragsspitzen unterliegen den allgemeinen Bilanzierungs- und Bewertungsregeln. Vgl. IDW RS BFA 4 Rn. 9.

[13] Deckungsfähigkeit ist dann gegeben, wenn sich Währungsverluste und Währungsgewinne in absehbarer Zeit durch Zahlungsvorgänge ausgleichen. Inwieweit zB Grundstücke, Gebäude und Beteiligungen deckungsfähig sein können, ist in der Literatur nicht unumstritten. Vgl. Krumnow et al. Rn. 42. Im Falle einer laufzeitkongruenten Refinanzierung in derselben Währung besteht kein Währungsrisiko und insofern kann Deckungsfähigkeit unterstellt werden. Vgl. Bieg/Waschbusch Bankbilanzierung S. 539.

[14] Vgl. IDW RS BFA 4 Rn. 7.

[15] Vgl. Krumnow et al. Rn. 44; IDW, WPH Edition, Kreditinstitute, D Rn. 481.

[16] Vgl. IDW RS BFA 4 Rn. 8. Das Ausfallrisiko umfasst neben dem allgemeinen Ausfallrisiko auch das Länderrisiko.

14   In der Gesetzesbegründung zum Bankbilanzrichtliniegesetz heißt es zu den Voraussetzungen: „Voraussetzung für eine besondere Deckung ist, dass ein spezielles Deckungsgeschäft für umzurechnende Vermögensgegenstände, Schulden oder Geschäfte abgeschlossen oder eine besondere Beziehung zwischen Vermögensgegenständen oder Schulden hergestellt worden ist".[17] Das IDW führt hierzu im Rahmen des IDW RS BFA 4 Rn. 5 aus, dass das Wechselkursänderungsrisiko durch einzelne Gegengeschäfte beseitigt werden oder sich im Rahmen der gesamten in einer Währung des Nicht-Handelsbestands getätigten Geschäfte vollständig oder teilweise aufheben kann. Maßgebend für die Beurteilung, ob ein Wechselkursänderungsrisiko besteht, ist die Gesamtposition je Währung, dh die Zusammenfassung aller bilanzwirksamen und nicht bilanzwirksamen Geschäfte in dieser Währung. Voraussetzung für diese Gegenüberstellung der Ansprüche und Verpflichtungen in einer Währung ist, dass seitens des Instituts die Möglichkeit besteht, zeitliche Inkongruenzen durch entsprechende Anschlussgeschäfte zu beseitigen und von dieser Möglichkeit auch Gebrauch gemacht wird.[18] Vor diesem Hintergrund ist verständlich, weshalb das IDW die besondere Deckung für zulässig erachtet, wenn das Währungsrisiko über eine Währungsposition gesteuert und die einzelnen Währungsposten in die Währungsposition übernommen werden.[19] Eine besondere Deckung ist ebenfalls möglich, wenn einzelne Geschäfte gesondert behandelt oder verschiedene Währungspositionen in verschiedenen Abteilungen/örtlichen Organisationseinheiten geführt werden. Weiterhin ist als besondere Deckung anzuerkennen, wenn in Einzelfällen, zB bei geringfügigen Währungsgeschäften, lediglich die Fristengleichheit erfüllt wird.[20] Allerdings sind vor dem Hintergrund des Objektivierungsgrundsatzes weitere Anforderungen zu erfüllen, die eine Übernahme der intern gebildeten Bewertungseinheit in die externe Rechnungslegung objektivieren und somit sicherstellen, dass für diese Bewertungseinheit tatsächlich ein besonderes Deckungsverhältnis besteht. So muss „ein aktenkundiger Beschluss der zuständigen Organe vorliegen, in dem die gedeckten Positionen bzw. Geschäfte gekennzeichnet sind".[21] Durch diese besondere Kennzeichnung bzw. betragsmäßig gesonderte Erfassung der Geschäfte **(Dokumentation)** ist zu gewährleisten, dass besondere Deckungsverhältnisse objektiv und ohne willkürliche Widmung durch den Bilanzierungspflichtigen bestimmt werden. Insbesondere wenn eine anfängliche Fristenkongruenz des Deckungsgeschäfts nicht vorliegt, jedoch eine Absicht zu Anschlussgeschäften besteht, ist der Dokumentationspflicht zu entsprechen.[22] Außerdem ist zu dokumentieren, dass eine Durchhalteabsicht für die gesamte Laufzeit dieser Geschäfte auf beiden Seiten, dh des Grund- sowie des Deckungsgeschäfts, besteht. Sowohl die Situation und die Einordnung des Geschäfts bei dem bilanzierenden Unternehmen, als auch bei dem kontrahierenden Unternehmen, müssen darauf schließen lassen, dass die Geschäfte bis zur Fälligkeit durchgehalten werden (können).[23] Da es sich um subjektive Zuordnungen handelt, müssen die Kriterien für die besondere Deckung willkürfrei definiert und dokumentiert sein im Sinne einer objektiven Nachvollziehbarkeit.[24] Bei der besonderen Deckung handelt es sich um eine Bewertungsmethode, die damit der Bewertungsstetigkeit (§ 252 Abs. 1 Nr. 6) unterliegt.[25]

---

[17]   BT-Drs. 11/6275, 24.
[18]   Vgl. IDW RS BFA 4 Rn. 6.
[19]   Vgl. IDW RS BFA 4 Rn. 9.
[20]   Vgl. IDW RS BFA 4 Rn. 9. Da die besonderen Deckungsverhältnisse von der subjektiven Zuordnung des Instituts abhängig sind, ist auf eine objektiv nachvollziehbare Festlegung und Durchführung dieser Deckungsverhältnisse zu achten. Außerdem ist die Bewertungsstetigkeit zu beachten.
[21]   Beck HdR/Bieg/Waschbusch B 900 Rn. 379. Vgl. auch Treuarbeit AG, Bankbilanzierung ab 1993, 1992, 140; Epperlein in Baetge, Rechnungslegung und Prüfung 1994, 1994, 119 (132 f.); Göttgens, Kompensation von Zinsänderungs- und Währungsrisiken in der Bankbilanz, 1997, 113 f.; Scharpf/Sohler Leitfaden zum Jahresabschluß S. 109.
[22]   Vgl. Kirsch/Grewe Rn. 21.
[23]   Vgl. Epperlein in Baetge, Rechnungslegung und Prüfung 1994, 1994, 119 (132 f.); Scharpf/Sohler Leitfaden zum Jahresabschluß S. 109.
[24]   Vgl. IDW RS BFA 4 Rn. 10.
[25]   Vgl. IDW RS BFA 4 Rn. 10.

Als Voraussetzungen für die besondere Deckung werden, wie bereits kurz dargestellt, **15** in der Literatur insbesondere die Kriterien Währungsidentität, Betragsidentität sowie Fristenkongruenz angeführt.[26] Bezüglich der **Währungsidentität** ist es wirtschaftlich sinnvoll, eine Deckung auch bei unterschiedlichen Währungen mit festen Wechselkursen anzunehmen. Dafür ist eine Korrelation von 1 vorauszusetzen, die nur in wenigen Fällen vorkommen dürfte.[27] Neben der gesetzlichen Bedingung der Währungsidentität sind noch weitere Voraussetzungen zu fordern, da der Gesetzgeber vor und seit BilMoG zwei Deckungsarten, dh die der besonderen und die der einfachen im Rahmen von Bewertungseinheiten (geschlossene Positionen), unterscheidet. Ansonsten würde dem Bilanzierenden ein zu großer Spielraum entstehen, aufgrund dessen er die besondere Deckung in dem Maße anwenden könnte, wie er es zum Ausweis eines präferierten Jahresüberschusses benötigt.[28]

Im Zusammenhang mit der Ableitung von Voraussetzungen für das besondere **16** Deckungsverhältnis wurde im Rahmen des Schrifttums zum Gesetzesentwurf des Bankbilanzgesetz insbesondere diskutiert, ob die besondere Deckung nur durch ein **Mikro-Hedge** erfüllt ist.[29] Ein Mikro-Hedge zur Absicherung eines Währungsrisikos liegt vor, wenn ein einzelnes Fremdwährungsgeschäft durch ein speziell darauf zugeschnittenes Fremdwährungsgeschäft mit gegenläufigem Währungsrisiko (kurs-) gesichert wird. Eine Absicherung gegen Währungsrisiken im Rahmen eines Mikro-Hedge kann zum einen durch Übernahme eines zweiten, kompensatorischen Risikos, durch sog. Hedging, und zum anderen durch eine Risikoübertragung auf ein anderes Wirtschaftssubjekt erreicht werden. Im ersten Fall kann beispielsweise ein Währungsrisiko einer Fremdwährungsforderung durch Aufnahme einer Fremdwährungsverbindlichkeit kompensiert werden. Der Fall der Risikoübertragung auf ein anderes Wirtschaftssubjekt kann durch Devisentermin- oder Devisenoptionsgeschäfte erreicht werden; dies wird auch als Covering bezeichnet.[30] So wie im Mikro-Hedge die **Betragsidentität** vorausgesetzt wird, erfordert auch das besondere Deckungsverhältnis ein betragsmäßiges Entsprechen von zu deckender und deckender Position. „Dies bedeutet nicht, dass lediglich betragsgleiche Positionen bzw. Geschäfte zu Deckungszwecken herangezogen werden können. Betragsidentität liegt vielmehr nur in Höhe der Betragsübereinstimmung einer geschlossenen Position vor, und der überschießende Betrag bildet eine offene Position."[31] Die besondere Deckung gegen Währungsrisiken kann auch für eine Gruppe gleichartiger Vermögensgegenstände (zB Wertpapiere) oder eine Gruppe unterschiedlicher Vermögensgegenstände (zB sämtliche Vermögensgegenstände einer Niederlassung im Ausland) erfolgen. Daraus ergibt sich für das Rechnungswesen, dass die „jeweiligen Vermögensgegenstände in der Fremdwährungsposition (…) als Aktivposten geführt werden und betragsgleiche Verpflichtungen in derselben Währung bestehen".[32] Damit ist auch die Regierungsbegründung im Rahmen des Bankbilanzrichtlinie-Gesetzes zu § 340h erfüllt, nach der ein „spezielles Deckungsgeschäft" oder eine „besondere Beziehung" gefordert wird.[33]

---

[26] Vgl. auch Kölner Komm RechnungslegungsR/Braun Rn. 43; Epperlein in Baetge, Rechnungslegung und Prüfung 1994, 1994, 119 (132 f.).

[27] Vgl. Beck HdR/Bieg/Waschbusch B 900 Rn. 373. Nach Krumnow et al. scheiden Cross-Currency-Hedges aus, da das Gesetz die perfekte negative Korrelation verlangt, wie sie nur bei gegenläufigen Geschäften in derselben Währung erreicht werden kann. Vgl. Krumnow et al. Rn. 44. Somit findet eine Erfolgsverrechnung zwischen verschiedenen Währungen und ein Cross-Hedge für die besondere Deckung keine Beachtung. Vgl. Wenk, Der Marktwert im Rechnungswesen der Banken, 1997, 83, 99.

[28] Vgl. Wenk, Der Marktwert im Rechnungswesen der Banken, 1997, 83.

[29] Einige Autoren bzw. Institutionen setzen für das besondere Deckungsverhältnis ein Mikro-Hedge voraus. Vgl. Rixen Die Bank 1990, 641; Hartung RIW 1991, 760; Deutsche Bundesbank Monatsbericht Mai 1992, 44; Prahl WPg 1991, 408 f.

[30] Vgl. Schlösser, Die Währungsumrechnung im Jahresabschluß von Kreditinstituten: eine Auslegung der Rechtsvorschriften des § 340h HGB, 1995, S. 61. Weitere Ausführungen zum Mikro-Hedge vgl. Herzig/Mauritz ZfbF 1998, 99 ff.

[31] Vgl. Beck HdR/Bieg/Waschbusch B 900 Rn. 374.

[32] Treuarbeit AG, Bankbilanzierung ab 1993, 1992, 140.

[33] Vgl. BT-Drs. 11/6275, 24.

17   Für eine Anerkennung der Absicherung als „besondere Deckung" wird in der Literatur neben der Währungs- und Betragsidentität auch das Kriterium der **Fristenkongruenz**[34] gefordert. Die Ursprungslaufzeit der in die Deckung einbezogenen Positionen bzw. Geschäfte ist für das Kriterium der Fristigkeit unerheblich, es ist vielmehr auf die Restlaufzeit abzustellen.[35] Bei unterschiedlichen Fälligkeiten besteht solange kein Wechselkursrisiko, wie für zeitliche Inkongruenzen die Möglichkeit besteht, diese durch geeignete Anschlussgeschäfte (zB durch die Aufnahme von Währungskrediten oder durch die Zwischenanlage von Währungsbeträgen) zu überbrücken.[36]

18   Fraglich ist, ob die Bildung von Bewertungseinheiten nicht dadurch umgangen werden kann, dass Deckungsgeschäfte als Mikro-Hedges nicht deklariert werden bzw. auf das Herstellen einer „besonderen Beziehung" verzichtet wird.[37] Die **Umgehung der Bildung von Deckungsverhältnissen bzw. Bewertungseinheiten**[38] kann unter Zuhilfenahme des Einzelbewertungs- und Imparitätsprinzips dazu genutzt werden, den Gewinn ungerechtfertigt zu kürzen. Daher ist für die bilanzielle Abbildung von Deckungsverhältnissen auf das **interne Rechnungswesen** zurückzugreifen.

III. Umrechnung von Fremdwährungspositionen

19   **1. Erstbewertung von Fremdwährungsaktiva und -passiva.** Nach § 244 ist der handelsrechtliche Einzelabschluss in EUR aufzustellen. Die Zugangsbewertung von Vermögensgegenständen und Verbindlichkeiten ist nicht Gegenstand des § 340h iVm § 256a; diese erfolgt wie bisher zu Anschaffungskosten in Fremdwährung zum Zeitpunkt der erstmaligen buchhalterischen Erfassung entsprechend den Grundsätzen ordnungsmäßiger Buchführung und führt damit grundsätzlich zu einer Erfolgsneutralität des Anschaffungsvorgangs.[39]

20   **2. Folgebewertung von Fremdwährungsaktiva und -passiva.** Die bisherige Umrechnungssystematik des § 340h Abs. 1aF, bei der in Abhängigkeit vom vorliegenden Bilanzposten unterschiedliche Kurse bei der Umrechnung zugrunde zu legen waren, wurde mit Einführung des § 256a sowie mit Modifizierung des § 340h vereinheitlicht und damit vereinfacht. Nunmehr sind alle auf fremde Währung lautenden Vermögensgegenstände und Verbindlichkeiten am Abschlussstichtag mit dem Devisenkassamittelkurs[40] in EUR umzu-

---

[34]   Vgl. Kirsch/Grewe Rn. 14; Gebhardt/Breker DB 1991, 1535. Die Laufzeit- oder Fristenidentität wird gefordert von Epperlein in Baetge, Rechnungslegung und Prüfung 1994, 1994, 119 (132 f.). Epperlein führt zwar die Laufzeit oder Fristenidentität als Voraussetzung an, erläutert aber die sich daraus ergebende Problematik: Für wie Anlagevermögen behandelte Vermögensgegenstände, die dauernd dem Geschäftsbetrieb dienen, wie zB Beteiligungen in Fremdwährung oder Grundstücke mit Gebäuden, erscheint es schwer, diese durch ein fristenkongruentes Gegengeschäft besonders zu decken. Vgl. Epperlein in Baetge, Rechnungslegung und Prüfung 1994, 1994, S. 119 (132 f.).
[35]   Vgl. Beck HdR/Bieg/Waschbusch B 900 Rn. 375.
[36]   Vgl. Beck HdR/Bieg/Waschbusch B 900 Rn. 376; Schlick DStR 1993, 257.
[37]   Vgl. Gebhardt/Breker DB 1991, 1535.
[38]   Vgl. bezüglich der verbindlichen Bildung von Bewertungseinheiten IDW RS HFA 35 (IDW Stellungnahme zur Rechnungslegung: Handelsrechtliche Bilanzierung von Bewertungseinheiten) sowie die Kommentierung zu § 254 HGB.
[39]   Vgl. IDW RS BFA 4 Rn. 11. Der Gesetzgeber leitet im Rahmen der Gesetzesbegründung aus der Pflichtanwendung des Devisenkassakurses im Rahmen der Folgebewertung eine verpflichtende Anwendung dieses Kurses auch im Zeitpunkt der Ersterfassung ab, wobei der Wortlaut des Regierungsentwurfs auch noch auf den Devisenkassakurs und nicht den Devisenkassamittelkurs abstellte. Vgl. BT-Drs. 16/10067, 62. Während die hM eine erfolgsneutrale Darstellung des Anschaffungsvorgangs unter Verwendung von Geld- und Briefkursen präferiert, vgl. ua Scharpf/Schaber Bankbilanz-HdB S. 409, ist nach HdR/Küting/Mojadadr § 256a Rn. 41 sowohl für die Zugangs- als auch die Folgebewertung der Devisenkassamittelkurs heranzuziehen. Es wird die Ansicht vertreten, dass die Differenzen, die aufgrund der grds. minimalen Abweichungen zwischen Mittelkurs und Geld- bzw. Briefkurs entstehen, nicht so umfangreich sein werden und somit auch unter Berücksichtigung des Prinzips der Erfolgsneutralität des Anschaffungsvorgangs aus Praktikabilitäts- und Wesentlichkeitsgründen vernachlässigbar sind.
[40]   Vgl. BT-Drs. 16/12407, 86. Mit der Umrechnung zum Devisenkassamittelkurs als arithmethisches Mittel zwischen Geld- und Briefkurs soll eine Vereinfachung der Fremdwährungsumrechnung in der Praxis erreicht werden. Eine Differenzierung zwischen Geld- und Briefkurs ist damit nicht mehr erforderlich.

rechnen.[41] Die bisherigen Regelungen des § 340h Abs. 1 wurden damit durch § 256a ersetzt. Die Umrechnung zum Stichtagskurs betrifft auch Vermögensgegenstände und Verbindlichkeiten, soweit sie besonders gedeckt sind.[42]

Vermögensgegenstände lauten auf eine ausländische Währung, wenn mit ihnen 21 künftig Einzahlungen in ausländischer Währung verbunden sind, zB Fremdwährungsforderungen und Guthaben, sowie wenn der Vermögensgegenstand zwar gegen EUR veräußerbar wäre, ein gleichartiger Vermögensgegenstand aber nur im Ausland beschaffbar ist, zB Grundstücke im Ausland, Beteiligungen an ausländischen Unternehmen und Wertpapiere mit nicht auf EUR lautendem Nennwert. Sachverhalte, die bereits vor dem Abschlussstichtag vollständig abgewickelt worden sind, unterliegen dabei nicht den Bewertungsvorschriften zur Fremdwährungsumrechnung nach § 256a, da die unterjährige Anschaffung von Sachanlagen, immateriellen Anlagewerten, Beteiligungen in fremder Währung zB bereits bei Einbuchung in EUR umgerechnet wird und damit eine Folgebewertung entfällt.[43]

Auf eine ausländische Währung lauten **Verbindlichkeiten,** sofern ein Unternehmen 22 zu sicheren bzw. wahrscheinlichen Auszahlungen in ausländischer Währung verpflichtet ist. Eine Fremdwährungsverbindlichkeit liegt vor, wenn die Verpflichtung dem Grunde und der Höhe nach in ausländischer Währung sicher bestimmt werden kann, wobei der in EUR lautende Erfüllungsbetrag bei flexiblen Wechselkursen unsicher ist. Eine auf Fremdwährung lautende **Rückstellung** stellt eine Verpflichtung zu künftigen Fremdwährungsauszahlungen dar, die dem Grunde und/oder der Höhe nach unsicher ist.

In § 340h wird der Terminus **„Schulden"** verwendet, während § 256a explizit nur 23 Verbindlichkeiten aufführt und damit Rückstellungen nicht mit in den Anwendungsbereich der Fremdwährungsumrechnung einbezieht. Die Verwendung unterschiedlicher Begrifflichkeiten im Gesetzestext wird als redaktionelles Versehen interpretiert.[44] Im Schrifttum wird diesbezüglich aufgrund teleologischer Auslegung die Maßgeblichkeit des Anwendungsbereichs des § 256a für Zwecke des § 340h vertreten.[45]

Zur „Bilanzierung dem Grunde nach" von **schwebenden (noch nicht abgewickel- 24 ten) Devisenkassageschäften und Devisentermingeschäften**[46] sind die allgemeinen GoB heranzuziehen, die den Grundsatz der Nichtbilanzierung schwebender Geschäfte beinhalten. Danach sind Ansprüche und Verpflichtungen aus schwebenden Devisenkassageschäften sowie aus schwebenden Devisentermingeschäften im handelsrechtlichen Jahresabschluss bis zum Erfüllungszeitpunkt nicht zu bilanzieren, und Aufwendungen sowie Erträge aus der Bilanzstichtagskursumrechnung schlagen sich nicht direkt in der Bilanz und Gewinn- und Verlustrechnung nieder. Lediglich wenn ein negativer Erfolgsbeitrag aus dem schwebenden Geschäft erwartet wird, ist ein besonderer Antizipationsposten in Form einer Rückstellung für drohende Verluste aus schwebenden Geschäften nach § 249 Abs. 1 S. 1 zu bilden. Daneben sind aber auch Erträge aus der Bilanzstichtagskursumrechnung **besonders gedeckter Devisentermingeschäfte** vor dem Zeitpunkt der Erfüllung des schwebenden Geschäfts erfolgswirksam zu berücksichtigen.

Als Devisenkassamittelkurse dürfen die von der Europäischen Zentralbank (EZB) veröffentlichten Referenzkurse oder die aus den im Interbankenmarkt quotierten abgeleiteten Mittelkurse verwendet werden. Vgl. IDW RS BFA 4 Rn. 14.

[41] Vgl. IDW RS BFA 4 Rn. 12. Die Fremdwährungsumrechnung erfolgt nachgelagert zur Bewertung nach den allgemeinen Prinzipien (§§ 249, 252, 253, 340e Abs. 1 und 2) in der jeweiligen Fremdwährung. Es kommt somit zu einer Trennung von bonitätsbedingten und währungskursbedingten Bewertungseffekten. Vgl. Goldschmidt/Meyding-Metzger/Weigel IRZ 2010, 64.

[42] Vgl. IDW RS BFA 4 Rn. 15.

[43] Vgl. Küting/Mojadadr DB 2008, 1871.

[44] Vgl. IDW RS BFA 4 Rn. 1.

[45] Vgl. Scharpf/Schaber Bankbilanz-HdB S. 402.

[46] Devisenkassageschäfte sind Geschäfte, die innerhalb von zwei Werktagen nach Vertragsabschluss zu erfüllen sind. Unter Devisentermingeschäften werden Geschäfte verstanden, die gemäß vertraglicher Vereinbarung der Vertragspartner zu einem späteren Zeitpunkt (Zeitspanne von mehr als zwei Tagen), zu erfüllen sind. Vgl. Birck/Meyer, Die Bankbilanz, 3. Aufl. 1989, V 427.

25   **3. Umrechnung nicht abgewickelter Termingeschäfte. a) Überblick.** Gemäß § 340h Abs. 1 S. 3 aF waren alleinstehende, nicht abgewickelte Termingeschäfte zum Terminkurs am Bilanzstichtag umzurechnen. Diese Vorgehensweise behält auch mit Inkrafttreten von BilMoG weiterhin Gültigkeit.[47] Bei Devisentermingeschäften im Rahmen von Sicherungsbeziehungen durfte bzw. darf weiterhin die Umrechnung nach der Gesetzesbegründung zum Bankbilanzrichtliniegesetz und den Grundsätzen ordnungsmäßiger Buchführung sowie gem. IDW RS BFA 4 auf zwei Wegen erfolgen, nämlich zum ungespaltenen Terminkurs zum Stichtag oder zum gespaltenen Terminkurs. Letztere Vorgehensweise wird allerdings nur bei der Absicherung von zinstragenden Bilanzposten als sachgerecht angesehen,[48] bei Bewertungseinheiten mit nicht zinstragenden Geschäften ist der ungespaltene Terminkurs bei der Ermittlung der Anschaffungskosten oder der Effekte in der Gewinn- und Verlustrechnung heranzuziehen.[49]

26   **b) Ungespaltene Bilanzstichtagskurse.** Für die Umrechnung **schwebender (nicht abgewickelter) Termingeschäfte**[50] ist der mit dem Fälligkeitsdatum des jeweils umzurechnenden Termingeschäfts und den Marktverhältnissen korrespondierende **Terminkurs** zu verwenden. Zur Ermittlung von Aufwendungen und Erträgen aus der Umrechnung von Termingeschäften werden die vertraglichen Konditionen den am Bilanzstichtag geltenden Marktverhältnissen, die sich im Terminkurs des Bilanzstichtags widerspiegeln, gegenübergestellt.[51]

27   **c) Gespaltene Bilanzstichtagskurse.** Dienen Devisentermingeschäfte der Absicherung von zinstragenden Positionen, wird es als GoB-konform angesehen, den Terminkurs in seine beiden Elemente Kassakurs und Swapsatz aufzuspalten und diese getrennt im Rahmen der Ergebnisermittlung zu berücksichtigen.[52] Die **Aufspaltung des Terminkurses in Kassakurs und Swapsatz** begründet sich vor dem ökonomischen Hintergrund, dass der Unterschiedsbetrag zwischen Kassa- und Terminkurs eine zeitraumabhängige Größe ist und sich bei freien Märkten aus dem Zinsgefälle zwischen zwei Währungen erklärt.[53]

28   Bei der Bilanzierung zum gespaltenen Terminkurs sind das Devisentermingeschäft als Sicherungsinstrument und das zinstragende Geschäft als Grundgeschäft zum Stichtagskassakurs nach den Vorschriften zu Bewertungseinheiten nach § 254 abzubilden.[54] Der ermittelte Swapsatz (als Differenz aus Terminkurs und Kassakurs bei Geschäftsabschluss) ist bis zum Erfüllungszeitpunkt in der Erfolgsrechnung zu periodisieren.[55] Die Terminaufschläge oder -abschläge (Report bzw. Deport) sind in der Bilanz über ein Swapbestandskonto zu aktivieren bzw. passivieren[56] und zeitanteilig in der GuV als Zinsaufwendungen bzw. -erträge im Zinsergebnis zu erfassen (§ 28 S. 2 RechKredV und § 29 S. 2 RechKredV bzw. § 21 Nr. 4 RechZahlV und § 22 Nr. 5 RechZahlV). Diese Buchung führt zu einer Korrektur der Zinsen aus dem Grundgeschäft. Der Ausweis des Swapbestandskontos hat entweder unter dem Posten „Sonstige Vermögensgegenstände" oder unter „Sonstige Verbindlichkeiten" zu erfolgen.[57]

---

47   Vgl. IDW RS BFA 4 Rn. 16. In der Lit. wird zT auch eine Umrechnung zum Marktwert des Devisentermingeschäfts als grundsätzlich für zulässig erachtet. Vgl. Scharpf/Schaber Bankbilanz-HdB S. 425.

48   Vgl. IDW RS BFA 4 Rn. 17; Birck/Meyer, Die Bankbilanz, 3. Aufl. 1989, V 439.

49   Vgl. Scharpf IRZ 2011, 17.

50   Der Begriff der Termingeschäfte umfasst Devisentermingeschäfte, Devisenoptionen und Devisen-Futures. Vgl. Beck HdR/Bieg/Waschbusch B 900 Rn. 369.

51   Zur Ermittlung von Devisenterminkursen vgl. Schneider PiR 2008, 194 f.

52   Vgl. IDW RS BFA 4 Rn. 17.

53   Vgl. Kuhner DB 1992, 1437.

54   Vgl. Scharpf IRZ 2011, 18. Bei Anwendung der Durchbuchungsmethode werden die gegenläufigen Wertänderungen des Grund- und Sicherungsgeschäfts aufgrund der Änderung des Kassakurses gebucht. Gemäß Imparitätsprinzip sind Verlustüberhänge zwingend zu berücksichtigen, während Gewinnüberhänge unberücksichtigt bleiben.

55   Vgl. Scharpf/Schaber Bankbilanz-HdB S. 426. Es erfolgt eine zeitanteilige lineare Abgrenzung über die Restlaufzeit des Termingeschäfts.

56   Vgl. Scharpf/Schaber Bankbilanz-HdB S. 426.

57   Zur Begr. s. Scharpf/Sohler Leitfaden zum Jahresabschluß S. 104; Kuhner DB 1992, 1438.

Mittels angemessener Verfahren ist für diese Geschäfte am Abschlussstichtag zu prüfen, **29** ob aus der fristengemäßen Schließung der Position Verluste drohen, für die Rückstellungen zu bilden sind.[58] Als Verfahren kommt hierfür in der Praxis die **Reststellenanalyse** in Frage, bei der jeweils für eine Währung die vereinbarten Swapbeträge für alle Geschäfte mit den am Bilanzstichtag geltenden Marktzinssätzen verglichen werden.[59]

4. Umrechnung noch nicht abgewickelter Devisenkassageschäfte. Auch wenn **30** eine ausdrückliche gesetzliche Regelung fehlt, erfolgt bei noch nicht abgewickelten Devisenkassageschäften ebenfalls eine Umrechnung zum Devisenkassamittelkurs, wenn der Bilanzstichtag zwischen dem Tag des Geschäftsabschlusses und dem Tag der Erfüllung liegt.[60]

IV. Behandlung von Ergebnissen aus der Fremdwährungsumrechnung

1. Überblick. Die **Behandlung von Aufwendungen und Erträgen aus der** **31** **Fremdwährungsumrechnung** nach § 340h iVm § 256a folgt grundsätzlich dem Realisations-, Imparitäts- und Anschaffungskostenprinzip.[61] Besonderheiten ergeben sich bei Vorliegen besonderer Deckung bzw. bei Vorliegen von Bewertungseinheiten gem. § 254 sowie für auf fremde Währung lautende Vermögensgegenstände und Verbindlichkeiten mit einer Restlaufzeit von einem Jahr oder weniger. Die Behandlung der Ergebniseffekte wird durch die folgende Abbildung veranschaulicht:

	Keine Deckung	Besondere Deckung	einfache Deckung
Aufwendungen aus der Währungsumrechnung	Zwingende Berücksichtigung in der GuV § 252 Abs. 1 Nr. 4		
Erträge aus der Währungsumrechnung	Restlaufzeit ≤ 1 Jahr: zwingende Ertragsvereinnahmung Restlaufzeit > 1 Jahr: Verbot § 340h iVm § 256a S. 2	Zwingende Ertragsvereinnahmung § 340h iVm § 256a	Anwendung der Vorschriften zu Bewertungseinheiten § 254: Berücksichtigung von Erträgen bis zum Ausgleich von korrespondierenden Aufwendungen

Abbildung: Die Behandlung von Aufwendungen und Erträgen aus der Währungsumrechnung

2. Behandlung von Aufwendungen aus der Währungsumrechnung. Aufwen- **32** **dungen aus der Bilanzstichtagskursumrechnung** sind gemäß Imparitätsprinzip immer in voller Höhe **erfolgswirksam** zu behandeln.[62] Negative Umrechnungsdifferenzen entstehen bei Aktiva bzw. Passiva, wenn der Kurs am Bilanzstichtag unter bzw. über dem Wechselkurs zum Zugangszeitpunkt liegt. „Die volle Berücksichtigung negativer Umrechnungsdifferenzen in der GuV entspricht ganz dem Vorsichtsprinzip und der internationalen Übung."[63]

3. Behandlung von Erträgen aus der Währungsumrechnung. a) Erträge aus **33** **ungedeckten Fremdwährungsgeschäften.** Bei **ungedeckten Fremdwährungsgeschäften** hängt die Behandlung der Fremdwährungsdifferenzen von der Restlaufzeit der auf fremde Währung lautenden Vermögensgegenstände und Verbindlichkeiten ab.

Bei **Restlaufzeiten von mehr als einem Jahr** sind die Erträge unter Berücksichtigung **34** des Anschaffungskostenprinzips sowie des Realisations- und Imparitätsprinzips erfolgswirksam zu vereinnahmen. Positive Umrechnungsdifferenzen aus ungedeckten Fremdwährungsgeschäften dürfen nicht in der GuV berücksichtigt und auch nicht außerhalb der GuV mit negativen Umrechnungsdifferenzen verlustmindernd verrechnet werden. Diese Regelung

---

[58] Vgl. IDW RS BFA 4 Rn. 18.
[59] Vgl. Krumnow et al. Rn. 47.
[60] Vgl. IDW RS BFA 4 Rn. 13.
[61] Vgl. BR-Drs. 344/08, 134.
[62] Dies gilt auch für den Fall einer besonderen Deckung. Vgl. IDW RS BFA 4 Rn. 20.
[63] Krumnow et al. Rn. 24 (i. O. teilweise hervorgehoben).

entspricht dem traditionellen Verständnis des Vorsichtsprinzips: Dem Imparitätsprinzip (§ 252 Abs. 1 Nr. 4) wird dadurch Rechnung getragen, dass Erträge und Aufwendungen imparitätisch zu behandeln sind, also Aufwendungen in der GuV zu berücksichtigen sind, während Erträge aus ungedeckten Fremdwährungsgeschäften entsprechend dem Realisationsprinzip nicht vereinnahmt werden dürfen.

35   Soweit ungeachtet dessen eine Bewertung des Aktivpostens mit einem Betrag oberhalb der Anschaffungskosten erfolgt, ist ein passivischer Korrekturposten unter dem Bilanzposten „sonstige Verbindlichkeiten" zu bilden, der sich in Höhe des die Anschaffungskosten übersteigenden Betrags bemisst.[64] Bei der Umrechnung von **nicht besonders gedeckten Verbindlichkeiten** mit einer Restlaufzeit von mehr als einem Jahr ist entsprechend unter Einhaltung des Imparitätsprinzips vorzugehen.[65]

36   Für Geschäfte mit einer **Restlaufzeit von einem Jahr und weniger** ergibt sich aus dem Wortlaut des § 256a S. 2 eine Pflicht zur vollen Ertragsvereinnahmung und zwar unabhängig davon, ob eine besondere Deckung vorliegt. Mit dieser Vorschrift soll gemäß Gesetzesbegründung zum einen Praktikabilitätserwägungen Rechnung getragen werden.[66] Zum anderen hat der Gesetzgeber aus Gründen der Vergleichbarkeit angestrebt, eine für alle Unternehmen einheitliche Vorschrift zur Währungsumrechnung zu schaffen.[67]

37   **b) Erträge aus besonders gedeckten Fremdwährungsgeschäften.** Erträge, die sich aus der Währungsumrechnung besonders gedeckter Fremdwährungsgeschäfte ergeben, sind in der GuV nach § 340h zwingend zu berücksichtigen. Hierbei handelt es sich um ein **Gebot zur vorzeitigen Realisierung von Erträgen aus der Währungsumrechnung.**[68] Formalrechtlich betrachtet wird hier das Realisationsprinzip gem. § 252 Abs. 1 Nr. 4 Hs. 2 missachtet, da der Ausweis noch nicht realisierter Gewinne ermöglicht wird. Der Erfolg aus dem besonderen Deckungsverhältnis steht jedoch schon am Bilanzstichtag fest; somit entspricht es der **wirtschaftlichen Betrachtungsweise** und dem Grundsatz des True and Fair View nach § 264 Abs. 2, quasisichere positive Umrechnungsdifferenzen bereits auszuweisen.[69]

38   **c) Erträge aus Fremdwährungsgeschäften im Rahmen von Bewertungseinheiten.** Vor Inkrafttreten von BilMoG eröffnete § 340h Abs. 2 S. 3 aF den Instituten das Wahlrecht, Erträge aus der Währungsumrechnung zu berücksichtigen, sofern sie einen nur vorübergehend wirksamen Aufwand ausgleichen (sog. **Verlustkompensationswahlrecht**).[70] Daraus ergab sich eine Beschränkung der Berücksichtigung der Erträge aus getätigten Geschäften mit einem bloßen Deckungsverhältnis in zwei Ausprägungen; zum einen quantitativ auf die Höhe der korrespondierenden Aufwendungen sowie zum anderen qualitativ, da die Aufwendungen nur vorübergehend wirksam sein durften.[71] Ein **positiver Saldo durfte also nicht erfolgswirksam erfasst werden.** Wie bei den besonders gedeckten Fremdwährungsgeschäften wurde auch hier eine Abweichung vom Grundsatz des Saldie-

---

[64]   Vgl. IDW RS BFA 4 Rn. 21.

[65]   Vgl. IDW RS BFA 4 Rn. 21.

[66]   Vgl. BR-Drs. 344/08, 134.

[67]   Vgl. BR-Drs. 344/08,134; BT-Drs. 16/10067, 36, 62. Diese Vorgehensweise bedeutet eine Abkehr vom Anschaffungskosten- und Realisationsprinzip bei Restlaufzeiten von einem Jahr und weniger. Aufgrund der Zwecksetzung der Vorschrift sehen Kessler/Veldkamp keine generelle Verpflichtung zur Umrechnung kurzfristiger Posten ohne Beschränkung auf die Anschaffungskosten als Obergrenze. Vgl. Haufe-HGB/Kessler/Veldkamp § 256a Rn. 22.

[68]   Vgl. Schlösser, Die Währungsumrechnung im Jahresabschluß von Kreditinstituten: eine Auslegung der Rechtsvorschriften des § 340h HGB, 1995, 243.

[69]   Vgl. Beck HdR/Bieg/Waschbusch B 900 Rn. 358.

[70]   Vgl. Schlösser, Die Währungsumrechnung im Jahresabschluß von Kreditinstituten: eine Auslegung der Rechtsvorschriften des § 340h HGB, 1995, 272. „Die Ausgestaltung als Wahlrecht war insbesondere deswegen umstritten, weil es den Kreditinstituten die Möglichkeit gab, Vermögensminderungen auszuweisen, die auf Grund bestehender Sicherungsgeschäfte wirtschaftlich nicht entstehen.", Böcking/Ernsting/Fitzner/Wagener/Freiling WPg 1995, 462.

[71]   Vgl. Krumnow et al. Rn. 42.

rungsverbots nach § 252 Abs. 1 Nr. 3 und dem Realisationsprinzip gem. § 252 Abs. 1 Nr. 4 Hs. 2 zugelassen.

Die Geschäfte, die bisher unter die Regelung „einfach gedeckt" (geschlossene Positio- **39** nen) fielen, werden seit dem Inkrafttreten des BilMoG über § 254 abgebildet (Bewertungseinheiten). Es kann eine kompensatorische Bewertung in dem Umfang und für den Zeitraum, in dem sich die gegenläufigen Wertänderungen oder Zahlungsströme ausgleichen, nach den Vorschriften zu Bewertungseinheiten nach § 254 erreicht werden.[72] Eine Ertragsrealisierung kommt nur insoweit in Betracht, als diese Erträge gegenläufige Aufwendungen ausgleichen (Verrechnung bis zur „Nulllinie").[73] Im Vergleich zur Regelung der einfachen Deckung sind nunmehr die an die Bildung von Bewertungseinheiten zu stellenden wesentlich umfangreicheren Anforderungen des § 254 zu erfüllen.[74]

V. Ausweis von Umrechnungsdifferenzen

Bezüglich des Ausweises der Fremdwährungsumrechnungsergebnisse in der GuV **40** besteht grundsätzlich ein Wahlrecht, die Ergebnisse nach den Vorschriften der RechKredV, nämlich bei dem Posten, bei dem die sonstigen Bewertungsergebnisse des umgerechneten Bilanzpostens oder Geschäfts, oder alternativ gesondert im Posten „Sonstige betriebliche Erträge" bzw. „Sonstige betriebliche Aufwendungen" (Bruttoausweis) gem. § 340a Abs. 1 iVm § 277 Abs. 5 S. 2 auszuweisen.[75] Das IDW spricht sich für die erstgenannte Ausweisvariante gemäß RechKredV aus und hält damit an der Vorgehensweise vor BilMoG bei Instituten fest.[76] Umrechnungsergebnisse aus Verbindlichkeiten und sonstigen Vermögensgegenständen sind auch bei einem bilanzpostenbezogenen Ausweis im Posten „Sonstige betriebliche Aufwendungen/Erträge" zu zeigen.[77]

Sofern eine Bewertung mittels eines **gespaltenen Terminkurses** erfolgt, sind die aus **41** der Aufspaltung des Kurses resultierenden Swapaufwendungen und -erträge nach § 28 S. 2 und § 29 S. 2 RechKredV bzw. § 21 Nr. 4 RechZahlV und § 22 Nr. 5 RechZahlV im Zinsergebnis auszuweisen, soweit sie die Sicherung von zinstragenden Bilanzposten betreffen.[78] Positive und negative Kassakursdifferenzen aus der Umrechnung innerhalb derselben Währung dürfen verrechnet werden; der Saldo ist in dem Bilanzposten „Sonstige Vermögensgegenstände" bzw. den „Sonstige Verbindlichkeiten" auszuweisen.[79]

Für **Geschäfte im Rahmen der besonderen Deckung** ist ein Ausweis der Fremd- **42** währungsergebnisse stets netto im sonstigen betrieblichen Ergebnis vorgesehen.[80] Der saldierte Ausweis ist Ausdruck des hinter der besonderen Deckung liegenden gedanklichen Konstrukts einer Bewertungseinheit.[81]

VI. Anhangangaben

Für Institute ergeben sich die Angabepflichten im Zusammenhang mit der Fremdwäh- **43** rungsumrechnung aus § 284 Abs. 2 Nr. 1 (Angabe der auf die Posten der Bilanz und der Gewinn- und Verlustrechnung angewandten Bilanzierungs- und Bewertungsmethoden) sowie aus der RechKredV bzw. aus der RechZahlV. Durch das BilRUG wurde der bisherige

---

72 Vgl. BT-Drs. 16/10067, 95.
73 Vgl. Scharpf/Schaber Bankbilanz-HdB S. 437.
74 Vgl. Küting/Pfitzer/Weber 252 f. Bezüglich weiterer Details zur bilanziellen Abbildung (Durchbuchungs- vs. Einfrierungsmethode) wird auf die Kommentierung des § 254 verwiesen.
75 Dem gesonderten Ausweis kann dabei durch einen Davon-Vermerk, durch eine Aufgliederung in der Vorspalte sowie durch Angaben im Anhang Rechnung getragen werden. Vgl. IDW RS BFA 4 Rn. 22. Zu den Angaben nach § 277 Abs. 5 S. 2 vgl. auch Zwirner/Künkele/Froschhammer BB 2011, 1323 f.
76 Vgl. IDW RS BFA 4 Rn. 22.
77 Vgl. IDW RS BFA 4 Rn. 22.
78 Vgl. IDW RS BFA 4 Rn. 22. Dabei wird auch die Buchung von Swapaufwendungen als Korrektiv zum Zinsertrag bzw. Swaperträge als Korrektiv zum Zinsaufwand als zulässig erachtet.
79 Vgl. IDW RS BFA 4 Rn. 17.
80 Vgl. IDW RS BFA 4 Rn. 22.
81 Vgl. Scharpf IRZ 2011, 86.

§ 284 Abs. 2 Nr. 2 aF (Angabe der Grundlagen für die Umrechnung in EUR) gestrichen. Die Streichung entspricht der Systematik des europäischen Rechts, da die neue Bilanz-RL mit Art. 16 Abs. 1a Bilanz-RL nur noch eine allgemeine Vorgabe zur Angabe der angewandten Bewertungsmethoden enthält, während Art. 43 Abs. 1 Nr. 1 RL 78/660/EWG (4. EG-Richtlinie)[82] noch ergänzend eine ausdrückliche Regelung zu den Grundlagen der Fremdwährungsumrechnung enthielt. Eine Änderung der materiellen Rechtslage ist mit der Streichung vom Gesetzgeber aber nicht beabsichtigt.[83] Gemäß § 284 Abs. 2 Nr. 2 aF müssen die Grundlagen für die Umrechnung in EUR angegeben werden, soweit der Jahresabschluss Posten enthält, denen Beträge zugrunde liegen, die auf fremde Währung lauten oder ursprünglich auf fremde Währung lauteten. Um den Angabepflichten zu genügen, sind gem. IDW RS BFA 4 regelmäßig die Beschreibung der Abgrenzungskriterien der besonderen Deckung, die Angabe des bzw. der Posten, in dem/denen das Umrechnungsergebnis ausgewiesen wird sowie ein Hinweis auf die Spaltung des Terminkurses und die Abgrenzung von Swapstellen offenzulegen.[84]

44   Darüber hinaus sind gem. § 35 Abs. 1 Nr. 6 RechKredV sowie § 29 Abs. 1 Nr. 5 RechZahlV der Gesamtbetrag der Vermögensgegenstände und der Gesamtbetrag der Schulden, die auf Fremdwährung lauten, jeweils in EUR anzugeben; § 36 RechKredV und § 30 RechZahlV fordern die Berichterstattung über am Abschlussstichtag schwebende fremdwährungsbezogene Termingeschäfte.[85]

Fünfter Titel. Konzernabschluß, Konzernlagebericht, Konzernzwischenabschluß

§ 340i Pflicht zur Aufstellung

(1) ¹Kreditinstitute, auch wenn sie nicht in der Rechtsform einer Kapitalgesellschaft betrieben werden, haben unabhängig von ihrer Größe einen Konzernabschluß und einen Konzernlagebericht nach den Vorschriften des Zweiten Unterabschnitts des Zweiten Abschnitts über den Konzernabschluß und Konzernlagebericht aufzustellen, soweit in den Vorschriften dieses Unterabschnitts nichts anderes bestimmt ist. ²Zusätzliche Anforderungen auf Grund von Vorschriften, die wegen der Rechtsform bestehen, bleiben unberührt.

(2) ¹Auf den Konzernabschluß sind, soweit seine Eigenart keine Abweichung bedingt, die §§ 340a bis 340g über den Jahresabschluß und die für die Rechtsform und den Geschäftszweig der in den Konzernabschluß einbezogenen Unternehmen mit Sitz im Geltungsbereich dieses Gesetzes geltenden Vorschriften entsprechend anzuwenden, soweit sie für große Kapitalgesellschaften gelten. ²Die §§ 293, 298 Absatz 1, § 314 Abs. 1 Nr. 1, 3, 6 Buchstabe c und Nummer 23 sind nicht anzuwenden. ³In den Fällen des § 315e Abs. 1 finden von den in Absatz 1 genannten Vorschriften nur die §§ 290 bis 292, 315e Anwendung; die Sätze 1 und 2 dieses Absatzes sowie § 340j sind nicht anzuwenden. ⁴Soweit § 315e Absatz 1 auf § 314 Absatz 1 Nummer 6 Buchstabe c verweist, tritt an dessen Stelle § 34 Absatz 2 Nummer 2 in Verbindung mit § 37 der Kreditinstituts-Rechnungslegungsverordnung in der Fassung der Bekanntmachung vom 11. Dezember 1998 (BGBl. I S. 3658), die zuletzt durch Artikel 8 Absatz 13 des Gesetzes vom 17. Juli 2015 (BGBl. I S. 1245) geändert worden ist, in der jeweils geltenden Fassung. ⁵Im Übrigen findet die Kreditinstituts-Rechnungslegungsverordnung in den Fällen des § 315e Absatz 1 keine Anwendung.

---

[82] Vierte Richtlinie 78/660/EWG des Rates v. 25.7.1978 aufgrund von Art. 54 Abs. 3 Buchst. g des Vertrages über den Jahresabschluß von Gesellschaften bestimmter Rechtsformen, ABl. EG 1978 L 222, 11.
[83] Vgl. BT-Drs. 18/4050, 64.
[84] Vgl. IDW RS BFA 4 Rn. 23.
[85] Vgl. IDW RS BFA 4 Rn. 24.

(3) Als Kreditinstitute im Sinne dieses Titels gelten auch Mutterunternehmen, deren einziger Zweck darin besteht, Beteiligungen an Tochterunternehmen zu erwerben sowie die Verwaltung und Verwertung dieser Beteiligungen wahrzunehmen, sofern diese Tochterunternehmen ausschließlich oder überwiegend Kreditinstitute sind.

(4) [1]Sofern Kreditinstitute einer prüferischen Durchsicht zu unterziehende Konzernzwischenabschlüsse zur Ermittlung von Konzernzwischenergebnissen im Sinne des Artikels 26 Absatz 2 in Verbindung mit Artikel 11 der Verordnung (EU) Nr. 575/2013 aufstellen, sind auf diese die für den Konzernabschluss geltenden Rechnungslegungsgrundsätze anzuwenden. [2]Die Vorschriften über die Bestellung des Abschlussprüfers sind auf die prüferische Durchsicht entsprechend anzuwenden. [3]Die prüferische Durchsicht ist so anzulegen, dass bei gewissenhafter Berufsausübung ausgeschlossen werden kann, dass der Zwischenabschluss in wesentlichen Belangen den anzuwendenden Rechnungslegungsgrundsätzen widerspricht. [4]Der Abschlussprüfer hat das Ergebnis der prüferischen Durchsicht in einer Bescheinigung zusammenzufassen. [5]§ 320 und § 323 gelten entsprechend.

(5) [1]Ein Kreditinstitut, das ein Mutterunternehmen (§ 290) ist, hat den Konzernlagebericht um eine nichtfinanzielle Konzernerklärung zu erweitern, wenn auf die in den Konzernabschluss einzubeziehenden Unternehmen die folgenden Merkmale zutreffen:
1. sie erfüllen die in § 293 Absatz 1 Satz 1 Nummer 1 oder 2 geregelten Voraussetzungen für eine größenabhängige Befreiung nicht und
2. bei ihnen sind insgesamt im Jahresdurchschnitt mehr als 500 Arbeitnehmer beschäftigt.
[2]§ 267 Absatz 4 bis 5, § 298 Absatz 2, § 315b Absatz 2 bis 4 und § 315c sind entsprechend anzuwenden. [3]Wenn die nichtfinanzielle Konzernerklärung einen besonderen Abschnitt des Konzernlageberichts bildet, darf das Kreditinstitut auf die an anderer Stelle im Konzernlagebericht enthaltenen nichtfinanziellen Angaben verweisen.

(6) Ein Kreditinstitut, das nach Absatz 1 in Verbindung mit § 315d eine Konzernerklärung zur Unternehmensführung zu erstellen hat, hat darin Angaben nach § 315d in Verbindung mit § 289f Absatz 2 Nummer 6 aufzunehmen, wenn die in den Konzernabschluss einzubeziehenden Unternehmen die in § 293 Absatz 1 Satz 1 Nummer 1 und 2 geregelten Voraussetzungen für eine Befreiung nicht erfüllen.

§ 340j Einzubeziehende Unternehmen

Bezieht ein Kreditinstitut ein Tochterunternehmen, das Kreditinstitut ist, nach § 296 Abs. 1 Nr. 3 in seinen Konzernabschluß nicht ein und ist der vorübergehende Besitz von Aktien oder Anteilen dieses Unternehmens auf eine finanzielle Stützungsaktion zur Sanierung oder Rettung des genannten Unternehmens zurückzuführen, so hat es den Jahresabschluß dieses Unternehmens seinem Konzernabschluß beizufügen und im Konzernanhang zusätzliche Angaben über die Art und die Bedingungen der finanziellen Stützungsaktion zu machen.

Schrifttum: Albers, Der Bank-Konzernabschluß: eine Analyse der sich aufgrund der EG-Bankbilanzrichtlinie ändernden Vorschriften zur Aufstellung des Konzernabschlusses von Kreditinstituten, 1990; Ausschuß für Bilanzierung des BdB, Bankkonzernbilanzierung nach neuem Recht; Thesen des Ausschusses für Bilanzierung des Bundesverbandes deutscher Banken zu Grundsatzfragen des Konzernabschlusses von Kreditinstituten, WPg 1994, 11; BaFin, Rundschreiben 05/2023 (BA) – Mindestanforderungen an das Risikomanagement (MaRisk) vom 29.6.2023; Barth/Rahe/Rabenhorst, Ausgewählte Anwendungsfragen zur Konzernlageberichterstattung nach DRS 20, KoR 2014. 47; Bausch, Die Beteiligung von Banken an Nichtbanken und das

Konzernrecht, 1982; Bieg, Zur Beteiligungsposition im Jahresabschluß von Kreditinstituten nach Verabschiedung des Bilanzrichtlinien-Gesetzes und der Bankbilanzrichtlinie, FS Philipp, 1988, 87; Bieg/Waschbusch, Bankbilanzierung nach HGB und IFRS, 3. Aufl. 2017; Böckem/Rabenhorst, Änderungen bei der Quartalsberichterstattung in Deutschland, IRZ 2016, 89; Böckem/Rabenhorst, Praxis der Quartalsberichterstattung der DAX 30-Unternehmen nach neuem Recht, BB 2016, 1578; Böcking, Zum Verhältnis von neuem Lagebericht, Anhang und IFRS, BB-Beil. 3/2005, 5; Böcking, CSR-Richtlinie-Umsetzungsgesetz: Gesellschaftliche Verantwortung und Wertewandel – Neue Herausforderungen und Chancen für die Nachhaltigkeit, DB 11/2017, M5; Böcking/Gros/Koch/Wallek, Der neue Konzernlagebericht nach DRS 20, Der Konzern 2013, 30; Christian/Waschbusch, Auswirkungen der EG-Bankbilanzrichtlinie auf die künftige Konzernrechnungslegung deutscher Kreditinstitute, BB 1987, 2335; Diemers/Homfeldt, Änderungen des WpHG infolge der EU-Transparenzrichtlinie, PiR 2/2016, 45; Dusemond, Zur Aufstellungspflicht von Konzernabschlüssen und Konzernlageberichten – Eine Darstellung unter besonderer Berücksichtigung der kreditinstitutsspezifischen Vorschriften, BB 1994, 2034; Eiselt/Müller, DRS 21 „Kapitalflussrechnung": kein ganz großer Wurf, BB 2014, 1067; Ernsting, Publizitätsverhalten deutscher Bankkonzerne, 1997 (zit.: Ernsting); Gaber, Neuerungen im handelsrechtlichen Konzernabschluss, WPg 2016, 444; IDW, WPH Edition, Kreditinstitute, Finanzdienstleister und Investmentvermögen, 2020; IDW, IDW Prüfungsstandard; Grundsätze für die prüferische Durchsicht von Abschlüssen (IDW PS 900), FN-IDW 2001, 512; Kajüter, Nichtfinanzielle Berichterstattung nach dem CSR-Richtlinie-Umsetzungsgesetz, DB 2017, 618; Kirsch, DRS 22 „Konzerneigenkapital", StuB 2016, 303; Kirsch, Erneute Änderung des DRS 20 durch DRÄS 12, StuB 2022, 297; Köllhofer, Beteiligungen im Jahresabschluß der Kreditinstitute, Die Bank 1977, 13; KPMG, Accounting Insights – DRS 20, Dezember 2012; Krumnow, Europäische Bankenrechnungslegung in Deutschland, ZfgK 1993, 506; Löw, Kapitalflussrechnung in Löw, Rechnungslegung für Banken nach IFRS, 2. Aufl. 2005, 223 (zit. als Löw Kapitalflussrechnung); Mertin, Das Beteiligungskonto der Banken, ZfgK 1976, 55; Oser/Orth/Wirtz, Neue Vorschriften zur Rechnungslegung und Prüfung durch das Bilanzrichtlinie-Umsetzungsgesetz, DB 2014, 1877; Prahl/Naumann, Bankkonzernrechnungslegung nach neuem Recht: Grundsätzliche Konzepte, wichtige Vorschriften zum Übergang und andere ausgewählte Einzelfragen, WPg 1993, 235; Saage, Studie zum Ausweis von Anteilsrechten in der Bankbilanz, DB 1978, 309 (Teil I), 357 (Teil II); Schild/Haßlinger/Weimann, Zweifelsfragen hinsichtlich der nichtfinanziellen (Konzern-)Erklärung, BFuP 2020, 66; Schimann, Bilanzierung und Bewertung von Beteiligungen im Jahresabschluß der Kreditinstitute, WPg 1978, 393; Schwartze/Dobler, Nachtragsberichterstattung im Wandel, WPg 2022, 678; Weber/Menk, Risikoberichterstattung kapitalmarktorientierter Banken nach DRS 20, ZBB/JBB 2014, 390; Weber/Zündorf, Die Erwerbsmethode im Konzernabschluß von Kreditinstituten – Erste Erfahrungen aus der Konsolidierungspraxis, BB 1995, 297; Weber/Zündorf, Assoziierte Unternehmen im neuen Bankkonzernbilanzrecht, DB 1995, 233; Werthmöller, Konsolidierte Rechnungslegung deutscher Banken als Informations- und Überwachungsinstrument externer Adressaten, 1984; Wittgen/Eilenberger, Zur Objektivierung des Beteiligungsbegriffs in Bankbilanzen, DBW 1978, 489; Zülch/Höltken, Die „neue" (Konzern-)Lageberichterstattung nach DRS 20 – ein Anwendungsleitfaden, DB 2013, 2457; Zwirner, BilRUG: Wesentliche Änderungen für Einzel- und Konzernabschluss, DB 2015, Beil. 6, 1.

Übersicht

I. Einführung

1. Einordnung in die Normenhierarchie. Mit der Transformation der Art. 42 und 43 Bankbilanz-RL in deutsches Recht wurden die §§ 340i und 340j in das HGB eingefügt,[1] die ergänzende Vorschriften für die Konzernrechnungslegung von Kredit- Finanzdienstleistungs-, Wertpapier-, Zahlungsinstituten und E-Geld-Instituten darstellen. Neben diesen beiden Paragraphen, die Vorschriften zur Aufstellungspflicht (§ 340i) und den einzubeziehenden Unternehmen (§ 340j) beinhalten, sind die allgemeinen Vorschriften des HGB zur Konzernrechnungslegung auch für Institute beachtlich.[2] So weist § 340i Abs. 1 S. 1 explizit darauf hin, dass Institute einen Konzernabschluss und einen Konzernlagebericht nach den Vorschriften des Zweiten Unterabschnitts des Zweiten Abschnitts über den Konzernabschluss und Konzernlagebericht aufzustellen haben. Folglich sind für die Konzernrechnungslegung der Institute mit folgenden Ausnahmen auch die §§ 290–315e anzuwenden: § 293, § 298 Abs. 1, § 314 Abs. 1 Nr. 1, 3, 6 lit. c und Nr. 23 (§ 340i Abs. 2 S. 2). Ergänzend sind gem. § 340i Abs. 2 S. 1 die rechtsform- und geschäftszweigspezifischen (zB AktG, GmbHG, GenG sowie PfandBG) Vorschriften für den Konzernabschluss relevant, soweit sie für große Kapitalgesellschaften gelten.[3] Darüber hinaus sind die Vorschriften der §§ 340a–340g (§ 340i Abs. 2 S. 1) sowie die §§ 1–36 der RechKredV für den Konzernabschluss (§ 37 RechKredV) bzw. die Vorschriften der RechZahlV (§ 31 RechZahlV) beachtlich.

Der Konzernabschluss ist gem. Art. 4 IAS-VO iVm § 315e Abs. 1 (s. § 315e) verpflichtend nach den Vorschriften der IFRS aufzustellen, wenn es sich bei dem Mutterunternehmen um ein kapitalmarktorientiertes Unternehmen handelt. Dies ist der Fall, wenn am jeweiligen Bilanzstichtag Wertpapiere des Mutterunternehmens in einem beliebigen EU-Mitgliedstaat zum Handel in einem geregelten Markt zugelassen sind.[4] Entsprechendes gilt gem. § 315e Abs. 2 für Unternehmen, die für den jeweiligen Bilanzstichtag die Zulassung eines Wertpapiers iSv § 2 Abs. 1 des WpHG zum Handel an einem organisierten Markt iSv § 2 Abs. 11 WpHG im Inland beantragt haben. In Deutschland können nicht kapitalmarktorientierte deutsche Mutterunternehmen gem. § 315e Abs. 3 und § 11 Abs. 6 Nr. 2 PublG ihren Konzernabschluss nach IFRS aufstellen.[5]

---

[1] Vgl. Krumnow et al. Rn. 7.
[2] Vgl. Bieg FS Philipp, 1988, 87 f.; Christian/Waschbusch BB 1987, 2335 f.
[3] Vgl. Krumnow et al. Rn. 78; Prahl/Naumann WPg 1993, 236.
[4] Vgl. BeBiKo/Grottel/Kreher § 315e Rn. 3.
[5] Vgl. Böcking BB-Beil. 3/2005, 5.

3   Stellt ein Institut nach § 315e einen IFRS-Konzernabschluss auf, hat es zusätzlich zu den IFRS-Regelungen die Vorschriften von §§ 290–292 sowie § 315e des HGB zu befolgen (§ 315e Abs. 1). Somit sind für die Konzernabschlussaufstellungspflicht (§§ 290–292), die Prüfungspflicht (§ 340k iVm § 316 Abs. 2) und die Offenlegungspflicht (§ 340l iVm § 325) die Regelungen des HGB zu beachten. Des Weiteren sind § 294 Abs. 3, der die Mitwirkungspflicht von Tochterunternehmen bei der Aufstellung eines Konzernabschlusses regelt, § 297 Abs. 1a, der Angaben zur Firma, zum Sitz, zum Registergericht und zur Handelsregister-Nummer des Mutterunternehmens verlangt, § 297 Abs. 2 S. 4, der von den gesetzlichen Vertretern bestimmter kapitalmarktorientierter Unternehmen bei der Unterzeichnung des Konzernabschlusses die schriftliche Zusicherung verlangt, dass der Konzernabschluss nach bestem Wissen ein den tatsächlichen Verhältnissen entsprechendes Bild der Vermögens-, Finanz- und Ertragslage vermittelt, sowie § 298 Abs. 1, soweit dieser auf die §§ 244, 245 bezüglich Sprache, Währung und Unterzeichnung des Abschlusses verweist, maßgeblich (§ 315e Abs. 1). Ferner sind § 313 Abs. 2–3 und § 314 Abs. 1 Nr. 4, 6, 8 und 9, Abs. 3, die Regelungen zum Inhalt des Konzernanhangs betreffen, anzuwenden. Bei Instituten tritt an die Stelle von § 314 Abs. 1 Nr. 6 lit. c die Vorschrift des § 34 Abs. 2 Nr. 2 iVm § 37 der RechKredV bzw. § 28 Abs. 2 Nr. 2 iVm § 31 RechZahlV. § 340i Abs. 2 S. 5 schließt für Fälle, in denen der Konzernabschluss nach IFRS aufgestellt wird, die Anwendung der RechKredV im Übrigen aus. Nach § 315e Abs. 1 iVm § 315 ist auch ein IFRS-Konzernabschluss um einen Konzernlagebericht zu ergänzen.

4   Da für die Konzernrechnungslegung von Instituten neben den bankspezifischen Vorschriften des Ersten Unterabschnitts des Vierten Abschnitts des HGB auch die allgemeinen Konzernrechnungslegungsvorschriften des Zweiten Unterabschnitts des Zweiten Abschnitts des HGB zu beachten sind, beziehen sich die folgenden Ausführungen nicht nur auf die §§ 340i, 340j, sondern orientieren sich auch an den Vorschriften der §§ 290–315e, um auf die sich aus diesen Normen ergebenden institutsspezifischen Besonderheiten eingehen zu können bzw. die besondere Bedeutung dieser Normen bei der Bankkonzernrechnungslegung darstellen zu können. Eine grundlegende Kenntnis der **allgemeinen Vorschriften zur Konzernrechnungslegung** (§§ 290–315e) wird dabei jedoch vorausgesetzt, so dass Erklärungen hierzu nur dann erfolgen, wenn dies für die Analyse der institutsspezifischen Besonderheiten bzw. der besonderen Bedeutung der Normen erforderlich wird. Für im Folgenden nicht angesprochene Aspekte der Konzernrechnungslegung bestehen keine (nennenswerten) institutsspezifischen Besonderheiten, so dass hierfür auf die Kommentierung zur allgemeinen Konzernrechnungslegung zurückzugreifen ist.

5   Abzugrenzen von der hier im Vordergrund stehenden handelsrechtlichen Konzernrechnungslegung sind die Regelungen des Aufsichtsrechts, die im Folgenden grundsätzlich unberücksichtigt bleiben. Beachtlich erscheint lediglich der Verweis in § 340i Abs. 4, der die Bestimmungen der Konzernrechnungslegung auch auf die Ermittlung von Konzernzwischenergebnissen iSv Art. 26 Abs. 2 Kapitaladäquanz-VO iVm Art. 11 Kapitaladäquanz-VO für anwendbar erklärt.

6   Erläuterungen zur Pflicht zur Konzernrechnungslegung und zur Abgrenzung des Konsolidierungskreises enthält der DRS 19.

7   **2. Zielsetzung der Konzernrechnungslegung.** Dem Konzernabschluss kommt primär die Aufgabe der Informationsvermittlung an die Bilanzadressaten zu. Der Konzernabschluss soll gem. der Generalnorm des § 297 Abs. 2 S. 2 ein den tatsächlichen Verhältnissen entsprechendes Bild der Vermögens-, Finanz- und Ertragslage des Konzerns vermitteln (§ 290).

II. Aufstellungspflicht

8   **1. Rechtsform- und Größenunabhängigkeit.** § 340i Abs. 1 S. 1 bestimmt, dass Institute, auch wenn sie nicht in der Rechtsform einer Kapitalgesellschaft betrieben werden, unabhängig von ihrer Größe einen Konzernabschluss und einen Konzernlagebericht nach

den Vorschriften des Zweiten Unterabschnitts des Zweiten Abschnitts über den Konzernabschluss und Konzernlagebericht aufzustellen haben. Damit haben alle Institute unabhängig von ihrer **Größe und Rechtsform** einen Konzernabschluss zu erstellen, soweit sie dazu durch die Aufstellungskonzeptionen des § 290 verpflichtet sind und in den ergänzenden Vorschriften für Institute nichts anderes bestimmt ist.[6] Für Institute gilt insofern die in § 290 formulierte Beschränkung der Aufstellungspflicht auf Kapitalgesellschaften nicht;[7] des Weiteren ist die Inanspruchnahme der größenabhängigen Befreiungen des § 293 bzw. der §§ 11–15 PublG nicht möglich.[8] Begründet wurde der Wegfall der größenabhängigen Befreiungsmöglichkeit mit einem bei Banken vergleichsweise stärker zu gewichtenden Verbraucherschutz[9] und mit der Absicht des Ministerrats der EU, dieselben Vorschriften auf eine möglichst große Zahl von Instituten anzuwenden.[10] Den Bankkunden sollen uneingeschränkte Informationen zur Verfügung gestellt werden, „und zwar unabhängig davon, ob sie ihre Geschäfte mit einer kleinen, nur regional ansässigen oder mit einer großen, überregional operierenden (Privat-)Bank tätigen."[11]

2. Aufstellungskonzeptionen. Die Pflicht zur Aufstellung eines Konzernabschlusses **9** ergibt sich aus § 290 Abs. 1, wonach ein Konzernabschluss aufzustellen ist, wenn das bilanzierende Unternehmen auf ein anderes Unternehmen (Tochterunternehmen) unmittelbar oder mittelbar einen **beherrschenden Einfluss** ausüben kann. Nach § 290 Abs. 2 besteht ein beherrschender Einfluss eines Mutterunternehmens, der zu einer Aufstellungspflicht führt, stets, wenn einer Kapitalgesellschaft (Mutterunternehmen) mit Sitz im Inland bei einem Unternehmen (Tochterunternehmen) erstens die Mehrheit der Stimmrechte der Gesellschafter zusteht; zweitens das Recht zusteht, die Mehrheit der Mitglieder des Verwaltungs-, Leitungs- oder Aufsichtsorgans zu bestellen oder abzuberufen, und sie gleichzeitig Gesellschafter ist; drittens das Recht zusteht, die Finanz- und Geschäftspolitik aufgrund eines mit diesem Unternehmen geschlossenen Beherrschungsvertrags oder aufgrund einer Satzungsbestimmung dieses Unternehmens auszuüben oder viertens es bei wirtschaftlicher Betrachtung die Mehrheit der Chancen und Risiken eines Unternehmens trägt, das zur Erreichung eines eng begrenzten und genau definierten Ziels des Mutterunternehmens dient (Zweckgesellschaft).[12] Die Aufstellungskonzeptionen gelten grundsätzlich auch für Institute; allerdings ist die in § 340i Abs. 1 S. 1 bestimmte Rechtsformunabhängigkeit des Mutterunternehmens zu beachten, nach der Institute verpflichtet sind, auch wenn sie nicht in der Rechtsform einer Kapitalgesellschaft betrieben werden, einen Konzernabschluss zu erstellen.

3. Befreiung von der Aufstellungspflicht eines Teilkonzernabschlusses. Kon- **10** zernrechnungslegungspflichtig ist grundsätzlich „jedes Mutterunternehmen unabhängig davon, ob es seinerseits als Tochterunternehmen in einen Konzernabschluss eines hierarchisch über ihm angesiedelten Mutterunternehmens einzubeziehen ist oder nicht".[13]

Gemäß dem sog. **Tannenbaumprinzip** werden nach den §§ 291, 292 Mutterunter- **11** nehmen von der Pflicht zur Aufstellung eines Konzernabschlusses ausgenommen, wenn auf höherer Konzernebene ein Konzernabschluss aufgestellt wird, der dann die Mutterunternehmen der darunter liegenden Konzernstufen von der Pflicht zur Aufstellung eines Teilkonzernabschlusses befreit und die (Informations-)Interessen der Minderheitsgesellschafter nicht eingeschränkt werden.[14] Von besonderer Bedeutung für die Bankkonzernrechnungslegung ist hierbei, dass der deutsche Gesetzgeber auf die Umsetzung des in Art. 43 Abs. 2

---

6   Vgl. Beck HdR/Schaber C 810 Rn. 10 f.
7   Vgl. Krumnow et al. Rn. 11.
8   Vgl. IDW, WPH Edition, Kreditinstitute, E Rn. 9; Krumnow et al. Rn. 11.
9   Vgl. Dusemond BB 1994, 2042.
10 Vgl. Ernsting S. 75.
11 Dusemond BB 1994, 2042.
12 Vgl. auch Bieg/Waschbusch Bankbilanzierung S. 937 f.; Beck HdR/Schaber C 810 Rn. 21 ff.
13 Krumnow et al. Rn. 23.
14 Vgl. Ernsting S. 77; Krumnow et al. Rn. 23 ff. Vgl. zu den Voraussetzungen der Befreiung §§ 291, 292.

Bankbilanz-RL kodifizierten Mitgliedstaatenwahlrechts, nach dem eine Befreiung von der Institutseigenschaft des Mutterunternehmens hätte abhängig gemacht werden können, verzichtet hat.[15] Ein handelsrechtlich befreiender Konzernabschluss kann also unter den gesetzlich kodifizierten Bedingungen von einem in der Konzernhierarchie höhergestellten Mutterunternehmen beliebiger Branche erstellt werden.[16]

12   Befreiende Konzernabschlüsse können nicht nur von Mutterunternehmen mit Sitz in Deutschland aufgestellt werden, sondern unter bestimmten Voraussetzungen auch von Mutterunternehmen mit Sitz in einem Mitgliedstaat der EU bzw. des EWR[17] (§ 291) oder von Mutterunternehmen mit Sitz in einem Drittstaat (§ 292). Eine Befreiung nach § 292 ist möglich, wenn der Konzernabschluss und der Konzernlagebericht nach Maßgabe des Rechts eines EU/EWR-Mitgliedstaats im Einklang mit der Bilanz-RL oder einem gleichwertigen internationalen Rechnungslegungsstandard aufgestellt wurden (§ 292 Abs. 1 Nr. 1 und Nr. 2), der Konzernabschluss von einem aufgrund einzelstaatlicher Rechtsvorschriften zugelassenen Abschlussprüfer geprüft wurde (§ 292 Abs. 1 Nr. 3) und der Konzernabschluss, der Konzernlagebericht und der Bestätigungsvermerk nach den für den entfallenden Konzernabschluss und Konzernlagebericht maßgeblichen Vorschriften in deutscher Sprache oder englischer offengelegt wurden (§ 292 Abs. 1 Nr. 4). Die Befreiungsmöglichkeiten des § 291 Abs. 1 und § 292 durch einen übergeordneten Konzernabschluss gelten nicht, wenn von dem zu befreienden Mutterunternehmen ein organisierter Markt iSd § 2 Abs. 11 WpHG durch ausgegebene Wertpapiere am Bilanzstichtag in Anspruch genommen wird (§ 291 Abs. 3 Nr. 1).

13   Die größenabhängigen Befreiungen des § 293 sind bei Konzernen von Instituten aufgrund der expliziten Anordnung des § 340i Abs. 2 S. 2 nicht anwendbar.[18] Die größenabhängigen Befreiungsregeln des § 293 gelten auch dann nicht, wenn es sich zumindest bei einem in den Konzernabschluss einbezogenen Tochterunternehmen um ein Institut handelt (§ 293 Abs. 5).[19]

14   **4. Aufstellungspflicht für Holding-Companies.** Nach § 340i Abs. 3 wird die Aufstellungspflicht auf Mutterunternehmen ausgedehnt, deren einziger Zweck darin besteht, Beteiligungen an Tochterunternehmen zu erwerben sowie zu verwalten und zu verwerten, sofern diese ausschließlich oder überwiegend Institute sind. Zielsetzung dieser Norm ist es, allein durch die Bildung einer reinen Holdinggesellschaft nicht die Pflicht zur Konzernrechnungslegung für Institute umgehen zu können. Entsprechend sind auch Unternehmen, die zwar Beteiligungen an Instituten halten, selbst aber kein Institut iSd KWG, WpIG oder ZAG sind, zur Konzernrechnungslegung für Institute verpflichtet. Gemäß § 340i Abs. 3 iVm § 340 Abs. 4, 4a und 5 besteht eine Konzernaufstellungspflicht auch für Holdinggesellschaften, deren einziger Zweck es ist, ausschließlich oder überwiegend Beteiligungen an Finanzdienstleistungsinstituten, Wertpapierinstituten, Zahlungsinstituten oder E-Geld-Instituten zu besitzen.[20] Darauf, dass sich Sitz oder Ort der Hauptniederlassung dieser Beteiligungen im Inland befinden, kommt es nicht an. D.h. auch ausländische Beteiligungen sind in die Beurteilung einzubeziehen, ob ausschließlich oder überwiegend Beteiligungen an Instituten vorliegen.

15   Auslegungsbedürftig ist dabei die Frage, wann Tochterunternehmen **ausschließlich oder überwiegend Institute** sind. Die Auslegung dieser Formulierung kann anhand quantitativer oder qualitativer Merkmale erfolgen. Die Literatur stellt primär auf qualitative Merkmale ab: Die Regelung soll „nur dann zur Anwendung gelangen, wenn die Institute in

---

[15]   Vgl. Ausschuß für Bilanzierung des BdB WPg 1994, 12; Bieg/Waschbusch Bankbilanzierung S. 944; Krumnow et al. Rn. 25.

[16]   Vgl. Ernsting S. 79; Ausschuß für Bilanzierung des BdB WPg 1994, 12; Krumnow et al. Rn. 25.

[17]   Vgl. Krumnow et al. Rn. 26 f.

[18]   Vgl. IDW, WPH Edition, Kreditinstitute, E Rn. 9.

[19]   Vgl. Beck HdR/Schaber C 810 Rn. 15.

[20]   Vgl. IDW, WPH Edition, Kreditinstitute, E Rn. 11.

ihrer Gesamtheit bedeutsamer sind als die übrigen Tochterunternehmen".[21] Exemplarisch für qualitative Kriterien führt *Grewe* Kennziffern an, „die die wirtschaftliche Tätigkeit bzw. die Vermögens-, Finanz- und Ertragslage des Konzerns widerspiegeln, wie Bilanzsumme, Umsatzerlöse bzw. Zinserträge, ggf. Anzahl der Beschäftigten".[22]

5. Aufstellungsfrist. § 290 Abs. 1 S. 1 bestimmt, dass die gesetzlichen Vertreter des **16** Mutterunternehmens in den ersten fünf Monaten des Konzerngeschäftsjahrs für das vergangene Konzerngeschäftsjahr einen Konzernabschluss und einen Konzernlagebericht aufzustellen haben. Handelt es sich um ein kapitalmarktorientiertes Unternehmen iSv § 325 Abs. 4 S. 1, mit Ausnahme von Gesellschaften iSv § 327a, sind der Konzernabschluss sowie der Konzernlagebericht in den ersten vier Monaten des Konzerngeschäftsjahrs für das vergangene Konzerngeschäftsjahr aufzustellen (§ 290 Abs. 1 S. 2). Die Aufstellungspflicht des § 26 Abs. 1 S. 1 KWG von drei Monaten ergibt sich aus § 264 Abs. 1 S. 3 iVm § 340a Abs. 1 und beschränkt sich stets auf den Einzelabschluss. Bei börsennotierten Bankkonzernen ist jedoch aufgrund des Kapitalmarktdrucks und damit verbundenen Überlegungen hinsichtlich Publizität und Öffentlichkeitswirkung eine zeitgleiche Veröffentlichung von Einzel- und Konzernabschluss zu beobachten.[23]

III. Einzubeziehende Unternehmen

1. Stufenkonzeption. Neben den vollkonsolidierungspflichtigen Tochterunternehmen **17** sind nach der Stufenkonzeption[24] des HGB auch Gemeinschaftsunternehmen und assoziierte Unternehmen im Konsolidierungskreis zu berücksichtigen. Damit trägt das Konzernrecht den unterschiedlichen Intensitäten der Einflussnahme mit jeweils unterschiedlichen Einbeziehungspflichten Rechnung.[25] Während Tochterunternehmen nach § 290 durch das Kriterium der unmittelbaren oder mittelbaren Möglichkeit zur Ausübung eines beherrschenden Einflusses charakterisiert sind, zeichnen sich Gemeinschaftsunternehmen durch das Kriterium der gemeinsamen Führung (§ 310 Abs. 1) und assoziierte Unternehmen durch das Kriterium des maßgeblichen Einflusses (§ 311 Abs. 1 S. 1) aus.

Die Zusammensetzung des Konsolidierungskreises richtet sich bei Konzernen von Insti- **18** tuten zum einen nach den allgemeinen Vorschriften der § 294 und § 296, zum anderen sind auch die institutsspezifischen Regelungen des § 340j beachtlich. Der Zielsetzung des Konzernabschlusses, der Erfüllung der Informationsfunktion, kann in diesem Zusammenhang nur dann sinnvoll nachgekommen werden, wenn die Konzernunternehmen vollständig im **Konsolidierungskreis** erfasst werden.

2. Grundsätzliche Konsolidierungspflicht und Weltabschlussprinzip. Die in den **19** Konzernabschluss einbeziehungspflichtigen Unternehmen ergeben sich primär aus der Vorschrift des § 294 Abs. 1. Dementsprechend haben Institute in den Konzernabschluss das Mutterunternehmen und alle Tochterunternehmen ohne Rücksicht auf den Sitz und die Rechtsform der Tochterunternehmen einzubeziehen, sofern die Einbeziehung nicht nach § 296 unterbleibt. Das **Weltabschlussprinzip**[26] ist Ausfluss des Vollständigkeitsgebots[27] und stellt sicher, dass grundsätzlich alle Tochterunternehmen des Konzerns in den Konzernabschluss einbezogen werden. Zur abschließenden Bestimmung der einbeziehungspflichtigen Unternehmen sind jedoch auch die Einbeziehungswahlrechte von § 296 sowie die ergänzenden Bestimmungen von § 340j zu beachten.

3. Einbeziehungsverbot. Nach der Aufhebung von § 340j Abs. 1 aF und von § 295 **20** aF, auf den § 340j Abs. 1 aF Bezug nahm, enthalten die deutschen Vorschriften kein Einbe-

---

21 Dusemond BB 1994, 2038. Vgl. auch Ernsting S. 84.
22 Kirsch/Grewe Rn. 6.
23 Vgl. Krumnow et al. Rn. 41; Bieg/Waschbusch Bankbilanzierung S. 945.
24 Vgl. für eine grafische Darstellung der Stufenkonzeption Krumnow et al. Rn. 8.
25 Vgl. Beck HdR/Schaber C 810 Rn. 44 f.; Prahl/Naumann WPg 1993, 237.
26 Vgl. Kirsch/Grewe Rn. 16; Krumnow et al. Rn. 8 und 42 f.
27 Vgl. Krumnow et al. Rn. 90.

ziehungsverbot wegen abweichender Tätigkeit mehr.[28] Somit sind auch Zweckgesellschaften (Special Purpose Entities), wenn sie als Tochterunternehmen iSd § 290 gelten, in den Konzernabschluss grundsätzlich einzubeziehen.

21   **4. Einbeziehungswahlrechte.** Gemäß § 296 Abs. 1 braucht ein Tochterunternehmen nicht in den Konzernabschluss einbezogen zu werden, wenn erstens erhebliche und andauernde Beschränkungen die Ausübung der Rechte des Mutterunternehmens in Bezug auf das Vermögen oder die Geschäftsführung dieses Unternehmens nachhaltig beeinträchtigen, zweitens die für die Aufstellung des Konzernabschlusses erforderlichen Angaben nicht ohne unverhältnismäßig hohe Kosten oder unangemessene Verzögerungen zu erhalten sind, oder drittens die Anteile des Tochterunternehmens ausschließlich zum Zwecke der Weiterveräußerung gehalten werden (→ § 296). Die Kriterien für Einbeziehungswahlrechte sind grundsätzlich aufgrund des Vollständigkeitsgebots restriktiv auszulegen[29] und die Ausübung unterliegt dem Stetigkeitsgrundsatz nach § 297 Abs. 3 S. 2 und 3.

22   Während bei dem Einbeziehungswahlrecht des § 296 Abs. 1 Nr. 1 keine institutsspezifischen Besonderheiten zu beachten sind,[30] erscheint das Kriterium der **unangemessenen Verzögerung**[31] (§ 296 Abs. 1 Nr. 2) beim Konzernabschluss von Instituten interpretationsbedürftig: Grundsätzlich sind unangemessene Verzögerungen immer dann anzunehmen, wenn es der Muttergesellschaft nicht gelingt, den Konzernabschluss innerhalb der vorgesehenen Fünf-Monats-Frist (§ 290 Abs. 1 S. 1) bzw. Vier-Monats-Frist (§ 290 Abs. 1 S. 2) aufzustellen (DRS 19.90). Die für den Jahresabschluss von Kredit- und Finanzdienstleistungsinstituten, Wertpapierinstituten sowie Zahlungsinstituten und E-Geld-Instituten geltende Aufstellungsfrist von drei Monaten gem. § 26 Abs. 1 S. 1 KWG, § 4 WpIG iVm § 26 Abs. 1 S. 1 KWG, § 76 Abs. 1 S. 1 WpIG, § 22 Abs. 1 S. 1 ZAG bzw. § 264 Abs. 1 S. 3 iVm § 340a Abs. 1 ist grundsätzlich nicht auf den Konzernabschluss von Instituten übertragbar; dennoch sind zumindest bei einer Börsennotierung das Interesse den Jahres- und Konzernabschluss zeitgleich, dh nach drei Monaten, zu veröffentlichen. Aus § 26 Abs. 3 S. 1 KWG, § 4 WpIG iVm § 26 Abs. 3 S. 1 KWG bzw. § 22 Abs. 2 S. 1 ZAG ergibt sich für Institute eine unverzügliche Einreichungsfrist für aufgestellte Konzernabschlüsse oder Konzernlageberichte, ein Zeitraum zur Aufstellung wird nicht vorgegeben. Insofern ist bei der Beurteilung der unangemessenen Verzögerung nicht auf die gesetzliche Fünf-Monats-Frist bzw. Vier-Monats-Frist abzustellen, sondern vielmehr auf die tatsächlich übliche Frist. Hat ein Konzern in der Vergangenheit regelmäßig nach drei Monaten seinen Konzernabschluss publiziert, liegt eine unangemessene Verzögerung schon beim Überschreiten dieser Drei-Monats-Frist vor.[32] Da das Konzern-Mutterunternehmen auf die fristgerechte Einreichung der Unterlagen der Tochterunternehmen erheblichen Einfluss ausüben kann, können zum Anwendungsbereich des Einbeziehungswahlrechts gem. § 296 Abs. 1 Nr. 2 nur außergewöhnliche Ausnahmefälle, die außerhalb des Einflussbereiches des Mutterunternehmens liegen (DRS 19.88) oder Übergangsprobleme bei neu in den Vollkonsolidierungskreis aufzunehmenden Tochterunternehmen, die am oder kurz vor dem Konzernabschlussstichtag erworben wurden (DRS 19.92), zählen.

23   Das Einbeziehungswahlrecht nach § 296 Abs. 1 Nr. 3 beinhaltet, dass ein Tochterunternehmen nicht in den Konzernabschluss einbezogen zu werden braucht, wenn die Anteile des Tochterunternehmens ausschließlich zum Zwecke ihrer Weiterveräußerung gehalten werden. Bei der Bestimmung der Weiterveräußerungsabsicht ergibt sich insbesondere bei Instituten durch die nur subjektiv mögliche Zweckbestimmung der an Tochterunternehmen gehaltenen Anteile ein Zurechnungsproblem: Institute können gleichzeitig neben einer

---

28   Vgl. Beck HdR/Schaber C 810 Rn. 32.
29   Vgl. ADS § 296 Rn. 2.
30   Hierzu § 296 Abs. 1 Nr. 1 (→ § 296 Rn. 9 ff.) sowie Krumnow et al. Rn. 52 f.
31   Das Kriterium der unverhältnismäßig hohen Kosten unterliegt keinen bankspezifischen Besonderheiten; zur Auslegung wird an dieser Stelle auf § 296 Abs. 1 Nr. 2 (→ § 296 Rn. 29 ff.) sowie auf Krumnow et al. Rn. 55 verwiesen.
32   Vgl. Busse v. Colbe/Ordelheide/Gebhardt/Pellens 115; Ernsting S. 105.

Beteiligung am Tochterunternehmen auch Anteile am gleichen Unternehmen halten, die dem Handelsbestand zuzuordnen sind, also zur kurzfristigen Weiterveräußerung bestimmt sind.[33] Die Neufassung des § 272 durch das BilMoG, die in Abs. 2a eine offene Absetzung eigener Anteile vom gezeichneten Kapital verlangt und für einen Ausweis im Handelsbestand keinen Raum mehr lässt, ist hierbei unbeachtlich. Im Falle einer Weiterveräußerungsabsicht ist auf die institutsspezifische Zweckbestimmung der jeweiligen Anteile abzustellen, die erstens (ex ante) aktenkundig dokumentiert zu sein hat, zweitens durch den Ausweis der Wertpapiere auf entsprechenden Unterkonten nachzuvollziehen ist und drittens zu jedem Stichtag neu zu erbringen ist.[34] Für die ausschließliche Weiterveräußerungsabsicht ist grundsätzlich die Entscheidung des bilanzierenden Unternehmens ausschlaggebend, welche jedoch nachvollziehbar, zB durch (Vor-)Vertragsabschlüsse, Aufsichtsratsbeschlüsse, Beauftragung eines Maklers dokumentiert sein muss (DRS 19.98). Der Nachweis der Weiterveräußerungsabsicht setzt zwar keine intensiv betriebenen Veräußerungsbemühungen voraus;[35] das andauernde Halten einer Beteiligung (über mehrere Stichtage hinaus) führt dennoch zur Widerlegung der beabsichtigten Weiterveräußerung.[36]

Bei Ausübung des Einbeziehungswahlrechts des § 296 Abs. 1 Nr. 3 ist zudem § 340j **24** als institutsspezifische Besonderheit zu beachten, der für den Fall, dass ein Kreditinstitut ein Tochterunternehmen, das Kreditinstitut ist, nach § 296 Abs. 1 Nr. 3 in seinen Konzernabschluss nicht einbezieht und der vorübergehende Besitz von Aktien oder Anteilen dieses Unternehmens auf eine **finanzielle Stützungsaktion** zur Sanierung oder Rettung des genannten Unternehmens zurückzuführen ist, bestimmt, dass das Kreditinstitut den Jahresabschluss dieses Unternehmens seinem Konzernabschluss beizufügen und im Konzernanhang zusätzliche Angaben über die Art und die Bedingungen der finanziellen Stützungsaktion zu liefern hat.[37] Die Verpflichtung zur Beifügung des Jahresabschlusses besteht dabei allerdings nur dann, wenn keine Offenlegung des Jahresabschlusses erfolgt ist. Andernfalls reicht ein Hinweis auf den Ort der Offenlegung des Jahresabschlusses des Tochterunternehmens aus. Die zusätzliche Berichtpflicht wird dabei mit den „besonderen Risiken, die mit solchen finanziellen Stützungsmaßnahmen verbunden sind, begründet, zumal derartige Aktionen im Kreditgewerbe im Vergleich zu anderen Branchen relativ häufig vorkommen."[38] Der Umfang der geforderten zusätzlichen Angaben wird dabei jedoch durch das Geheimhaltungsinteresse des zu sanierenden Tochterunternehmens determiniert. Der sich hieraus ergebende Zielkonflikt mit der Informationsfunktion des Konzernabschlusses ist in diesem Sonderfall im Sinne einer Interessenwahrung des sanierungsbedürftigen Tochterunternehmens zu entscheiden.[39] Die geforderte Beifügung des Jahresabschlusses kann sich dabei jedoch nur auf Tochterunternehmen beziehen, die ihren Jahresabschluss nicht im Geltungsbereich des HGB offenzulegen haben,[40] oder auf Jahresabschlüsse, deren Offenlegen (gesetzeswidrig) unterblieben ist. Für andere Institute gilt diese Vorschrift analog.

§ 296 Abs. 2 S. 1 bestimmt weiterhin, dass ein Tochterunternehmen nicht in den **25** Konzernabschluss einbezogen zu werden braucht, wenn es für die Verpflichtung, ein den tatsächlichen Verhältnissen entsprechendes Bild der Vermögens-, Finanz- und Ertragslage des Konzerns zu vermitteln, von **untergeordneter Bedeutung** ist. Bei der Inanspruchnahme dieses Wahlrechts bestimmt sich das Kriterium der untergeordneten Bedeutung nach dem Gesamtbild der relevanten Umstände; von besonderer Bedeutung sind die

---

[33] Vgl. Ernsting S. 107; Krumnow et al. Rn. 58.

[34] Vgl. Ernsting S. 107 f.; Krumnow et al. Rn. 59.

[35] Vgl. Krumnow et al. Rn. 59.

[36] Vgl. Ernsting S. 108.

[37] Vgl. Krumnow et al. Rn. 68; Prahl/Naumann WPg 1993, 239; IDW, WPH Edition, Kreditinstitute, E Rn. 41.

[38] Christian/Waschbusch BB 1987, 2338.

[39] Vgl. Krumnow et al. Rn. 68; IDW, WPH Edition, Kreditinstitute, E Rn. 41; Beck HdR/Schaber C 810 Rn. 41; aA sind Bieg/Waschbusch, die einer Einschränkung der Angaben unter der Bedingung zustimmen, dass durch die Angaben die Sanierung ernsthaft beeinträchtigt werden würde, was bei Kreditinstituten zB die Gefahr eines Runs ist. Vgl. Bieg/Waschbusch Bankbilanzierung S. 954.

[40] Vgl. Krumnow et al. Rn. 68.

Struktur des Abschlusses des zu betrachtenden Tochterunternehmens, seine Geschäftstätigkeit sowie seine (grundsätzlich konsolidierungspflichtigen) Beziehungen zu anderen Konzernunternehmen (DRS 19.102). Eine Inanspruchnahme des Einbeziehungswahlrechts ist nicht möglich, wenn wichtige Teilfunktionen für den Konzern durch das Tochterunternehmen ausgeübt werden, wie zB für Institute die Ansammlung von stillen Reserven, Aufkauf notleidender Forderungen oder die Erbringung besonderer Dienstleistungen.[41] Spezifische Regelungen für Institute bestehen nicht.

26   Die Inanspruchnahme von Einbeziehungswahlrechten nach § 296 Abs. 1 und 2 ist im Konzernanhang anzugeben und zu begründen (§ 296 Abs. 3).

IV. Vereinheitlichung der Bilanzierungs- und Bewertungsmethoden

27   **1. Konzernabschlussstichtag.** Nach § 297 Abs. 3 ist das Ziel eines Konzernabschlusses, die Vermögens-, Finanz- und Ertragslage der in den Konzernabschluss einbezogenen Unternehmen so darzustellen, als handele es sich um ein einziges Unternehmen (sog. Einheitstheorie; vgl. → § 297 Rn. 1 ff.). Die Einheitstheorie impliziert eine grundsätzliche Übereinstimmung von Bilanzstichtagen und Geschäftsjahren der in den Konzernabschluss einbezogenen Unternehmen.[42] § 299 Abs. 1 bestimmt, dass der Konzernabschluss auf den Stichtag des Jahresabschlusses des Mutterunternehmens aufzustellen ist. Sinn und Zweck dieser Vereinheitlichung ist die Vermeidung willkürlicher Vermögens- und Ertragsverschiebungen, die bei voneinander abweichenden Stichtagen möglich wären.[43] Deswegen ist gem. § 299 Abs. 2 S. 2 für den Fall, dass der Abschlussstichtag eines Unternehmens um mehr als drei Monate vor dem Stichtag des Konzernabschlusses liegt, dieses Unternehmen aufgrund eines auf den Stichtag und den Zeitraum des Konzernabschlusses aufgestellten Zwischenabschlusses in den Konzernabschluss einzubeziehen. Wird auf die **Erstellung eines Zwischenabschlusses** verzichtet, sind gem. § 299 Abs. 3 Vorgänge von besonderer Bedeutung für die Vermögens-, Finanz- und Ertragslage eines in den Konzernabschluss einbezogenen Unternehmens, die zwischen dem Abschlussstichtag dieses Unternehmens und dem Abschlussstichtag des Konzernabschlusses eingetreten sind, in der Konzernbilanz und der Konzern-GuV zu berücksichtigen oder im Konzernanhang anzugeben.

28   **2. Ansatz und Bewertung.** Die Vereinheitlichung der Ansatz- und Bewertungsvorschriften auf Konzernebene ergibt sich aus § 300 Abs. 2 und § 308 Abs. 1. § 300 Abs. 2 S. 1 bestimmt, dass die Vermögensgegenstände, Schulden und Rechnungsabgrenzungsposten sowie die Erträge und Aufwendungen der in den Konzernabschluss einbezogenen Unternehmen unabhängig von ihrer Berücksichtigung in den Jahresabschlüssen dieser Unternehmen vollständig aufzunehmen sind, soweit nach dem Recht des Mutterunternehmens nicht ein Bilanzierungsverbot oder ein Bilanzierungswahlrecht besteht. Nach dem Recht des Mutterunternehmens zulässige Bilanzierungswahlrechte dürfen im Konzernabschluss unabhängig von ihrer Ausübung in den Jahresabschlüssen der in den Konzernabschluss einbezogenen Unternehmen ausgeübt werden (§ 300 Abs. 2 S. 2, § 308 Abs. 1 S. 2). Damit sind die Jahresabschlüsse der Tochterunternehmen sowie des Mutterunternehmens nicht mehr für den Konzernabschluss maßgeblich.[44] Somit ist es beispielsweise denkbar, dass die Vorsorgereserven im Einzelabschluss still gem. § 340 f. gebildet werden, während im Konzernabschluss ein offener Ausweis gem. § 340g erfolgt.[45] Faktisch kann im Konzernabschluss eine vollständig autonome Vorsorgereservenpolitik betrieben werden.[46] Der Ausweis offener Vorsorgereserven im Konzernabschluss kann aber nicht nur aus der Transformation stiller Vorsorgereserven des Einzelabschlusses resultieren, sondern auch durch die Übernahme offen ausgewiesener Vorsorgereserven von Auslandstochterunternehmen

[41] Vgl. Prahl/Naumann WPg 1993, 239.
[42] Vgl. Beck HdR/Lange C 320 Rn. 1.
[43] Vgl. Ernsting S. 154.
[44] Vgl. Krumnow et al. Rn. 8; Prahl/Naumann WPg 1993, 235.
[45] Vgl. Ausschuß für Bilanzierung des BdB WPg 1994, 18 f.
[46] Vgl. Bieg/Waschbusch Bankbilanzierung S. 950.

begründet sein.[47] Handelt es sich bei dem Mutterunternehmen nicht um ein Institut und wird der Fonds für allgemeine Bankrisiken im Konzernabschluss beibehalten, ist darauf im Anhang hinzuweisen.

Des Weiteren definiert § 300 Abs. 2 S. 3 ein Wahlrecht, nach dem Ansätze, die auf der **29** Anwendung von für Institute oder Versicherungsunternehmen wegen der Besonderheiten des Geschäftszweigs geltenden Vorschriften beruhen, beibehalten werden dürfen und verpflichtet das Mutterunternehmen, auf die Anwendung dieser Ausnahme im Konzernanhang hinzuweisen. Dieses Wahlrecht kann uneingeschränkt allerdings nur von Mutterunternehmen ausgeübt werden, die nicht Institute sind.[48] Ist das Mutterunternehmen ein Institut, bezieht sich das Wahlrecht nur auf die Einbeziehung von Versicherungsunternehmen.[49] Wird das Wahlrecht in Anspruch genommen, ist es auf alle einzubeziehenden Versicherungsunternehmen einheitlich auszuüben.[50] Bei Anwendung des Wahlrechts von Instituts-Mutterunternehmen würde sich der Konzernabschluss „jeder Aussagefähigkeit selbst berauben, wenn auf eine Anpassung der Abschlüsse von einbezogenen Kreditinstituts-Tochterunternehmen verzichtet"[51] werden würde.

Die **Einheitlichkeit der Bewertung** ergibt sich aus § 308 Abs. 1: Die in den Konzern- **30** abschluss nach § 300 Abs. 2 übernommenen Vermögensgegenstände und Schulden der in den Konzernabschluss einbezogenen Unternehmen sind nach den auf den Jahresabschluss des Mutterunternehmens anwendbaren Bewertungsmethoden einheitlich zu bewerten. Nach dem Recht des Mutterunternehmens zulässige Bewertungswahlrechte können im Konzernabschluss unabhängig von ihrer Ausübung in den Jahresabschlüssen der in den Konzernabschluss einbezogenen Unternehmen ausgeübt werden (§ 308 Abs. 1 S. 2). Abweichungen von den auf den Jahresabschluss des Mutterunternehmens angewandten Bewertungsmethoden sind im Konzernanhang anzugeben und zu begründen (§ 308 Abs. 1 S. 3). Der Geltungsbereich des in § 308 Abs. 2 S. 2 formulierten Beibehaltungswahlrechts ist hinsichtlich eines Instituts als Mutterunternehmen analog zur Ansatzvorschrift (→ Rn. 28 f.) teleologisch zu reduzieren: „Ist das Mutterunternehmen ein Kreditinstitut, wird das Beibehaltungswahlrecht des § 308 Abs. 2 S. 2 durch die zwingend anzuwendenden Spezialnormen und die Verpflichtung zur einheitlichen Bewertung gem. § 308 Abs. 1 überlagert."[52]

Gemäß § 340i Abs. 2 S. 1 haben Mutterunternehmen neben den institutsspezifischen **31** Bewertungsvorschriften der §§ 340e–340g ergänzend die für große Kapitalgesellschaften geltenden Normen entsprechend anzuwenden. Der Grundsatz der einheitlichen Bewertung schreibt vor, dass art- und funktionsgleiche Vermögensgegenstände und Schulden unter gleichen Umfeldbedingungen konzernweit gleichbehandelt werden müssen. „Demnach dürfen gleiche Sachverhalte nicht nach unterschiedlichen Methoden und ungleiche Sachverhalte nicht nach gleichen Methoden behandelt werden."[53] Entspricht die Bewertung nicht dem konzerneinheitlichen Standard, sind bei den entsprechenden Tochterunternehmen **Neubewertungen** vorzunehmen.[54]

Klassisches Beispiel für eine erforderliche Neubewertung bei Instituten sind **Wertpa-** **32** **pierportfolien** und **Finanzderivate** ausländischer Tochterunternehmen, wenn diese zum beizulegenden Zeitwert bewertet wurden.[55] Weitere Anpassungsgründe können in der unterschiedlichen Berücksichtigung des **Länderrisikos** bestehen; denkbar ist in diesem Zusammenhang, dass unterschiedliche Tochterunternehmen in ihren Jahresabschlüssen

---

[47] Vgl. Ausschuß für Bilanzierung des BdB WPg 1994, 19; Ernsting S. 170.
[48] Vgl. Ernsting S. 159.
[49] Vgl. Krumnow et al. Rn. 169.
[50] Vgl. Prahl/Naumann WPg 1993, 240.
[51] Krumnow et al. Rn. 169. Vgl. ebenso Prahl/Naumann WPg 1993, 240.
[52] Ernsting S. 171.
[53] Ernsting S. 164. Vgl. auch Krumnow et al. Rn. 94, 165.
[54] Vgl. Beck HdR/Schaber C 810 Rn. 60.
[55] Vgl. Ernsting S. 163; Krumnow et al. Rn. 167; Prahl/Naumann WPg 1993, 240. Für Finanzinstrumente des Handelsbestands erfolgt die Bewertung zwar zum beizulegenden Zeitwert, allerdings ist daneben ein Risikoabschlag bzw. -zuschlag zu berücksichtigen (§ 340e Abs. 3).

unterschiedliche Wertberichtigungssätze für das Länderrisiko eines identischen Lands ansetzen. In diesem Fall sind die Wertberichtigungssätze auf einen konzerneinheitlichen Prozentsatz anzugleichen.[56] Nicht übertragbar ist diese Vorgehensweise auf das Adressenausfallrisiko: Hier sind unterschiedliche Wertberichtigungssätze anzunehmen, um der landesspezifischen Besonderheiten (zB Insolvenzrecht, Zahlungsverhalten) gerecht zu werden.[57] Neubewertungen sind immer dann erforderlich, wenn bei gleichen Rahmenbedingungen art- und funktionsgleiche Sachverhalte unterschiedlich bewertet werden.

33   Auf eine konzerneinheitliche Bewertung kann gem. § 308 Abs. 2 S. 3 verzichtet werden, wenn ihre Auswirkungen für die Vermittlung eines den tatsächlichen Verhältnissen entsprechenden Bildes der Vermögens-, Finanz- und Ertragslage des Konzerns nur von **untergeordneter Bedeutung** sind.

34   Neben dem Grundsatz der einheitlichen Bewertung (§ 308 Abs. 1 S. 1) erlaubt § 308 Abs. 1 S. 2 unabhängig von der gewählten Verfahrensweise in den Jahresabschlüssen die **Neuausübung** der nach dem Recht des Mutterunternehmens zulässigen Bewertungswahlrechte im Konzernabschluss. Obwohl die Neuausübung von Bewertungswahlrechten durch den Grundsatz der einheitlichen Bewertung und den Stetigkeitsgrundsatz (§ 298 Abs. 1 iVm § 252 Abs. 1 Nr. 6) begrenzt wird, eröffnen sich dem Bankmanagement beispielsweise bei der Bewertung von Forderungen sowie bei der Wertpapierkategorisierung erhebliche bilanzpolitische Spielräume.[58] Für den Fall der Ausübung des Neubewertungswahlrechts bestimmt § 308 Abs. 1 S. 3, dass Abweichungen von den auf den Jahresabschluss des Mutterunternehmens angewandten Bewertungsmethoden im Konzernanhang anzugeben und zu begründen sind.

35   Ob die institutsspezifischen Regelungen der §§ 340–340o allgemeingültige GoB sind, ist in der Literatur umstritten. Während den §§ 340b und 340h **GoB-Charakter** zugesprochen wird, erweisen sich § 340f und § 340g auf jeden Fall als lex specialis. Der Grundsatz der einheitlichen Bewertung, insbesondere nach den spezifischen Bewertungsregeln von § 340f und § 340g, bedeutet allerdings nicht, dass auch eine Anwendung auf nichtinstitutsgeschäftliche Aktivitäten von Tochterunternehmen obligatorisch ist.[59] Vielmehr sind Tochterunternehmen, die nicht Institute sind, auch im Rahmen des Konzernabschlusses nach den allgemeinen Bewertungsgrundsätzen des HGB zu bewerten.[60] Dementsprechend ist die Fragestellung, ob bei der Bildung der **Vorsorgereserven nach § 340f** auf Konzernebene auch entsprechende Vermögensgegenstände branchenfremder Unternehmen einbezogen werden können, eher zu verneinen.[61] Sinn und Zweck des § 340f ist die Berücksichtigung der branchenspezifischen Risiken; eine Einbeziehung branchenfremder Unternehmen in die Vorsorgereservenbildung würde daher der Zielsetzung von § 340f entgegenstehen.[62] Gleiches gilt für die Möglichkeit der Bildung offener Vorsorgereserven gem. § 340g. Anderer Ansicht ist Albers, die die Zielsetzung der Vorsorgereservenbildung wegen der besonderen Vertrauensempfindlichkeit des Kreditgewerbes in der Vermeidung vorübergehender Schieflagen sieht, die sich bei Bankkonzernen eben auch aufgrund der einbezogenen Nichtbanken ergeben können. Deswegen folgert sie, „dass auch auf Vermögensgegenstände für Nichtbanken zur Risikovorsorge die Zulassung stiller Reserven analog zu den Kreditinstituten zugelassen werden muss".[63]

36   **3. Gliederung.** Die Gliederung von Konzernbilanz und Konzern-GuV ist gem. des Grundsatzes der Klarheit und Übersichtlichkeit (§ 340i Abs. 1 iVm § 297 Abs. 2 S. 1) an dem Geschäftszweig auszurichten, der für den Konzernabschluss die größte Bedeutung

---

[56]   Vgl. BeBiKo/Grottel/F. Huber § 308 Rn. 41.
[57]   Vgl. BeBiKo/Grottel/F. Huber § 308 Rn. 41.
[58]   Vgl. Ernsting S. 162.
[59]   Vgl. Krumnow et al. Rn. 79; Beck HdR/Schaber C 810 Rn. 62.
[60]   Vgl. Krumnow et al. Rn. 79; IDW, WPH Edition, Kreditinstitute, E Rn. 84.
[61]   Vgl. Ernsting S. 169; Prahl/Naumann WPg 1993, 240.
[62]   Vgl. Ernsting S. 169.
[63]   Albers, Der Bank-Konzernabschluß, 1990, 96.

besitzt.[64] Insofern verpflichtet ein Mutterunternehmen als Institut nicht zwangsläufig zur Verwendung der institutsspezifischen Formblätter nach RechKredV bzw. RechZahlV, sondern die Verwendung der Formblätter hängt davon ab, in welchem Umfang institutsspezifische Aktivitäten im Vergleich zu den übrigen Aktivitäten aus Konzernsicht durchgeführt werden.[65] Für Institute sind demnach grundsätzlich die für den Jahresabschluss vorgeschriebenen Formblätter der RechKredV bzw. RechZahlV analog anzuwenden, soweit die Eigenart des Konzernabschlusses keine Abweichungen erfordert (§ 37 RechKredV bzw. § 31 RechZahlV und § 340i Abs. 2 S. 1 iVm § 340a Abs. 2 S. 2). Soweit erforderlich, dh Posten sind aus Gesamtkonzernsicht nicht von untergeordneter Bedeutung, sind die spezifischen Formblätter um konsolidierungstechnische Sonderposten oder um Posten zu ergänzen, die sich aufgrund differierender Gliederungsvorschriften für einzelne in den Konzernabschluss einbezogene Tochterunternehmen ergeben, zB Forderungen aus Lieferungen und Leistungen oder versicherungstechnische Posten.[66] Es ist somit eine Einzelfallentscheidung, ob institutsspezifische (zB Bausparkassen, Hypothekenbanken) oder geschäftszweigspezifische (zB Versicherungsunternehmen) Posten aufzunehmen sind.[67] Im Konzernabschluss kann bezüglich der GuV unabhängig vom Jahresabschluss über die Verwendung der Kontoform oder der Staffelform (Formblätter 2 und 3 der RechKredV bzw. Formblatt 2 RechZahlV) entschieden werden. Eine einmal gewählte Aufstellungsform ist dann im Zeitablauf zur Gewährleistung der intertemporalen Vergleichbarkeit (Stetigkeitsgrundsatz) beizubehalten. Die für inländische Unternehmen geltenden instituts- bzw. geschäftszweigspezifischen Vorschriften sind auch für in den Konzernabschluss einbezogene ausländische Gesellschaften relevant.

Gemäß § 340i Abs. 3 haben auch sog. **Bank-Holding-Companies,** deren einziger   37
Zweck darin besteht, Beteiligungen an Tochterunternehmen zu erwerben sowie die Verwaltung und Verwertung dieser Beteiligungen wahrzunehmen, sofern diese Tochterunternehmen ausschließlich oder überwiegend Kreditinstitute sind, einen Bankkonzernabschluss aufzustellen. Ist die Bank-Holding zusätzlich auch an Versicherungs-, Industrie- und/oder Dienstleistungsunternehmen beteiligt, dann sind für die Gliederung die Vorschriften der dominierenden Geschäftstätigkeit mit entsprechenden Ergänzungen zugrunde zu legen.[68] Werden die Formblätter der RechKredV als Gliederung gewählt, sind diese um die entsprechenden branchenspezifischen Posten zu ergänzen.[69] Dies gilt für Institute nach dem ZAG iVm der RechZahlV analog. Die Gliederung des Jahresabschlusses der Bank-Holding-Company richtet sich unverändert nach den §§ 266, 275.

4. Währungsumrechnung. Die Aufstellung des Konzernabschlusses von Instituten   38
hat in Euro (Berichtswährung) zu erfolgen (§ 244 iVm § 298 Abs. 1 und § 340a Abs. 1 S. 1 iVm § 340i Abs. 1 S. 1), woraus sich die Notwendigkeit der Umrechnung von nicht auf Euro lautenden Posten der Bilanz und GuV sowie Abschlüssen ergibt.[70] Die für die Währungsumrechnung im Jahresabschluss der Kreditinstitute geltenden Regelungen von § 256a iVm § 340h (→ § 340h Rn. 1 ff.) sind für den Konzernabschluss von Instituten gem. dem Verweis in § 340i Abs. 2 S. 1 nicht vorgeschrieben. Da § 340h im Jahresabschluss der in den Konzernabschluss einzubeziehenden Institute anzuwenden ist, ist es sachgerecht die Regelungen des § 340h auch im Konzernabschluss anzuwenden, um eine äquivalente Abbildung zu erzielen.[71] Bei der fehlenden Bezugnahme der für den Bankkonzernabschluss anzuwendenden Vorschriften auf § 340h handelt es sich wohl um ein redaktionelles Verse-

---

64   Vgl. ADS § 298 Rn. 205.
65   Vgl. Krumnow et al. Rn. 100 f.
66   Vgl. ADS § 298 Rn. 205 f.; Krumnow et al. Rn. 101.
67   Vgl. Bieg/Waschbusch Bankbilanzierung S. 948.
68   Vgl. Kirsch/Grewe Rn. 13; Beck HdR/Schaber C 810 Rn. 58.
69   Vgl. Ausschuß für Bilanzierung des BdB WPg 1994, 11; Kirsch/Grewe Rn. 14; s. zur Ergänzung um instituts- bzw. geschäftszweigspezifische Posten → Rn. 36.
70   Vgl. Beck HdR/Schaber C 810 Rn. 63.
71   Vgl. IDW, WPH Edition, Kreditinstitute, E Rn. 87; Beck HdR/Schaber C 810 Rn. 64.

hen im Gesetzgebungsprozess.[72] Eine Anwendung von § 340h auf Konzernebene erscheint folglich sachgerecht.

39   Gemäß § 340i Abs. 1 S. 1 sind die Regelungen zur Umrechnung von auf fremde Währung lautende Abschlüsse nach § 308a auf den Konzernabschluss von Instituten anzuwenden. Gemäß § 308a S. 1 sind die auf ausländische Währung lautenden aktiven und passiven Bilanzposten eines in den Konzernabschluss einbezogenen Tochterunternehmens zum Devisenkassamittelkurs am Abschlussstichtag (sog. Stichtagskurs), das Eigenkapital hingegen mit den historischen Kursen in Euro umzurechnen. Die Umrechnung der Posten der GuV erfolgt zu Durchschnittskursen (§ 308a S. 2). Eine sich ergebende Umrechnungsdifferenz ist gem. § 308a S. 3 innerhalb des Konzerneigenkapitals nach den Rücklagen im Posten „Eigenkapitaldifferenz aus Währungsumrechnung" auszuweisen. Dieser Posten ist bei teilweisem oder vollständigem Ausscheiden eines Tochterunternehmens in entsprechender Höhe erfolgswirksam aufzulösen (§ 308a S. 4). Mit der Änderung von § 308a im Rahmen des BilMoG wurde die in der Vergangenheit in der Praxis angewandte modifizierte Stichtagsmethode kodifiziert.[73]

V. Besonderheiten der Vollkonsolidierung

40   **1. Gesetzliche Grundlagen.** Die der Konzernrechnungslegung zugrundeliegende Einheitsfiktion (vgl. Ausführungen in → Rn. 27) fordert, dass die Vermögens-, Finanz- und Ertragslage der einbezogenen Unternehmen so darzustellen ist, als ob diese Unternehmen insgesamt ein einziges Unternehmen wären (§ 297 Abs. 3 S. 1). Die dabei unterstellte (vollständige) Übernahme der Vermögensgegenstände, Schulden, Rechnungsabgrenzungsposten, Sonderposten, Aufwendungen und Erträge des Tochterunternehmens in den Konzernabschluss gem. § 300 Abs. 2 S. 1 führt zu Doppelerfassungen.[74] Daraus resultiert die Notwendigkeit, Verflechtungen zwischen den einbezogenen Unternehmen zu eliminieren. Die §§ 300–307 bilden dabei die gesetzliche Grundlage für die einzelnen Konsolidierungsvorgänge (Kapital- und Schuldenkonsolidierung, Zwischenergebniseliminierung und die Aufwands- und Ertragskonsolidierung).[75]

41   **2. Kapitalkonsolidierung.** Im Rahmen der Kapitalkonsolidierung (→ § 301 Rn. 1 ff.) sind gem. § 301 Abs. 1 die Anteile des Mutterunternehmens an einem in den Konzernabschluss einbezogenen Tochterunternehmen mit dem anteiligen (neubewerteten) Eigenkapital des Tochterunternehmens aufzurechnen. Ein nach der Verrechnung verbleibender Unterschiedsbetrag ist in der Konzernbilanz, wenn er auf der Aktivseite entsteht, als Geschäfts- oder Firmenwert und, wenn er auf der Passivseite entsteht, unter dem Posten „Unterschiedsbetrag aus der Kapitalkonsolidierung" nach dem Eigenkapital auszuweisen (§ 301 Abs. 3 S. 1). Als Anteile sind diesbezüglich alle kapitalmäßigen Beteiligungen mit Einlagen bei einem Tochterunternehmen zu verstehen.[76] Dies führt insbesondere bei Bankkonzernen zu der Frage, ob stets alle gehaltenen Anteile mit dem Eigenkapital einzubeziehender Tochtergesellschaften aufgerechnet werden müssen oder ob unter bestimmten Voraussetzungen Teile von der Aufrechnung ausgenommen werden können. Bei der Beurteilung dieser Frage ist wiederum auf die subjektive **Zweckbestimmung der gehaltenen Anteile** abzustellen. Kredit- und Finanzdienstleistungsinstituten wird nach DRS 23.18 bzgl. der Anteile an Tochterunternehmen als Teil des Handelsbestands ein Wahlrecht eingeräumt. Werden diese Anteile bei Gebrauch des Wahlrechts nicht konsolidiert, sind sie nach DRS 23.48 bei der Ermittlung des anteiligen Eigenkapitals nicht zu berücksichtigen. Bei Einbeziehung der Anteile des Handelsbestands in die Kapitalkonsolidierung wäre jede statuswahrende Änderung der Anteilsquote im Handelsbestand als Auf- oder Abstockungsvorgang

---

72   Vgl. Beck HdR/Schaber C 810 Rn. 64; Krumnow et al. Rn. 83.
73   Vgl. BT-Drs. 344/08, 182.
74   Vgl. Busse v. Colbe/Ordelheide/Gebhardt/Pellens 38 f.
75   Vgl. Krumnow et al. Rn. 106.
76   Vgl. IDW, WPH Edition, Kreditinstitute, E Rn. 89.

zu bilanzieren,[77] somit sind die nach dem Erstkonsolidierungszeitpunkt erfolgswirksam erfassten Zeitwertänderungen der Anteile nach DRS 23.163 erfolgswirksam zu stornieren und das Handelsergebnis sowie die Zuführungen und Auflösungen zum Sonderposten nach § 340e Abs. 4 S. 1 neu zu berechnen.[78]

Bei **hybriden Finanzinstrumenten** (zB Wandelschuldverschreibungen, Optionsan- 42 leihen, Kapital ersetzende Darlehen) ist im Einzelfall zu entscheiden, ob es sich primär um ein Anteilsrecht oder Gläubigerpapier handelt. Generelle Aussagen, dass in der Regel bei Kreditinstituten von einer Dominanz des Gläubigerrechts auszugehen und dementsprechend eine Kapitalkonsolidierung abzulehnen sei,[79] sind kritisch zu hinterfragen. Nur wenn das Finanzinstrument dem Charakter eines Gläubigerrechts entspricht, ist von einer Kapitalkonsolidierung abzusehen.

Neben der Definition der dem Mutterunternehmen gehörenden Anteile ist auch das 43 **zugrunde zu legende Eigenkapital** der Tochterunternehmen abzugrenzen: Erörtert wird in diesem Zusammenhang, ob das zugrunde zu legende Eigenkapital betriebswirtschaftlich oder formalrechtlich zu definieren ist.[80] Die hM stellt dabei (mit leichten Modifikationen) auf die Eigenkapitalpositionen des § 266 Abs. 3 ab.[81] Analog ist bei Institutstochterunternehmen auf die Eigenkapitalgliederung des Formblatts 1 der RechKredV bzw. der RechZahlV zurückzugreifen.[82] Fraglich erscheint hierbei die Zurechnung des bei Tochterunternehmen vorhandenen „Fonds für allgemeine Bankrisiken". Der Fonds für allgemeine Bankrisiken weist zwar bei wirtschaftlicher Betrachtungsweise Reservencharakter auf, und auch seine bankaufsichtsrechtliche Anerkennung als Kernkapital könnte auf eine Einbeziehung schließen lassen,[83] formalrechtlich aber stellt er kein Eigenkapital dar. Folglich ist der Fonds für allgemeine Bankrisiken nicht in das Eigenkapital des Tochterunternehmens einzubeziehen.[84]

Eine weitere Besonderheit ergibt sich aus der Konsolidierungstechnik für den Kon- 44 zernabschluss bei der **Behandlung der stillen Vorsorgereserven** des § 340f. In der Literatur wird die Auffassung vertreten, dass unter Berücksichtigung der aus der Erwerbsfiktion resultierenden Verpflichtung zur Aufdeckung stiller Reserven im Rahmen der Erstkonsolidierung auch die stillen Vorsorgereserven für allgemeine Bankrisiken gem. § 340f bei erstmaliger Konsolidierung aufgedeckt werden müssten.[85] Von dieser Vorgehensweise bleibt allerdings die Möglichkeit der Neubildung stiller Vorsorgereserven im Konzernabschluss unberührt.[86] Wird von der Möglichkeit zur Neubildung stiller Vorsorgereserven im Konzernabschluss Gebrauch gemacht, führt dies „zu einem im Vergleich zum Jahresabschluss niedriger ausgewiesenen Konzernjahresüberschuss",[87] insofern wird die Neubildung stiller Vorsorgereserven auf Konzernebene durch den Konzernjahresüberschuss determiniert, sodass zumindest eine einmalig größere Reservenbildung nicht praktikabel erscheint.[88]

3. Schuldenkonsolidierung. Grundgedanke der Schuldenkonsolidierung ist, genau 45 wie bei der Kapitalkonsolidierung, eine unverzerrte Darstellung der Vermögens-, Finanz- und Ertragslage des Konzerns. So bestimmt § 303 Abs. 1, dass Ausleihungen und andere

---

77 Vgl. Gaber WPg 2016, 446.
78 Vgl. Gaber WPg 2016, 445.
79 Vgl. Prahl/Naumann WPg 1993, 241; ADS § 301 Rn. 11.
80 Vgl. Krumnow et al. Rn. 114; HdK/Dusemond/Weber/Zündorf § 301 Rn. 41.
81 Vgl. Krumnow et al. Rn. 114; vgl. auch ADS § 301 Rn. 47 f.; HdK/Dusemond/Weber/Zündorf § 301 Rn. 41.
82 Vgl. Krumnow et al. Rn. 114.
83 Vgl. Ernsting S. 198.
84 Vgl. Krumnow et al. Rn. 114; Prahl/Naumann WPg 1993, 241; Weber/Zündorf BB 1995, 299.
85 Vgl. IDW, WPH Edition, Kreditinstitute, E Rn. 97; Krumnow et al. Rn. 121; Prahl/Naumann WPg 1993, 242.
86 Vgl. Krumnow et al. Rn. 123; IDW, WPH Edition, Kreditinstitute, E Rn. 97.
87 Albers, Der Bank-Konzernabschluß, 1990, 193. Vgl. auch Ernsting S. 197; Krumnow et al. Rn. 123; Prahl/Naumann WPg 1993, 242.
88 Vgl. Krumnow et al. Rn. 123; Prahl/Naumann WPg 1993, 242.

Forderungen, Rückstellungen und Verbindlichkeiten zwischen den in den Konzernabschluss einbezogenen Unternehmen sowie entsprechende Rechnungsabgrenzungsposten wegzulassen sind. Die Schuldenkonsolidierung beabsichtigt also die Eliminierung der innerkonzernlichen Schuldbeziehungen bzw. Kreditgewährungen; nur so kann eine realistische Darstellung – insbesondere der Finanzlage des Konzerns – erreicht werden.[89] Die Aufzählung der im Gesetz genannten Konsolidierungspositionen ist jedoch nicht abschließend; damit die Konsolidierung aller konzerninternen Ansprüche und Verpflichtungen erfolgen kann, sind die Begriffe, Forderungen und Verbindlichkeiten extensiv auszulegen.[90] Bezogen auf einen Konzern hat die Schuldenkonsolidierung auch die Haftungsverhältnisse und Eventualverbindlichkeiten zu umfassen.[91]

46   Bestehen bei der Konsolidierung der innerkonzernlichen Kreditverhältnisse Ansprüche und Verpflichtungen in unterschiedlicher Höhe, so sind die betragsmäßigen Abweichungen zu analysieren. Es wird unterschieden in die unechten und echten Aufrechnungsdifferenzen. Während **unechte Aufrechnungsdifferenzen,** die nur aus zeitlichen Buchungsdifferenzen resultieren, durch Nachbuchung auf alte Rechnung zu eliminieren sind,[92] sind **echte Aufrechnungsdifferenzen,** die beispielsweise durch Bewertungsunterschiede bei Aktiva und Passiva sowie aus der Währungsumrechnung entstehen, im Entstehungsjahr erfolgswirksam zu berücksichtigen.[93]

47   Der Schuldenkonsolidierung kommt im Bankkonzern aufgrund des spezifischen Geschäfts eine (ungleich) größere Rolle zu als bei Industrieunternehmen.[94] So gewährleistet gerade die Schuldenkonsolidierung bei Kreditinstitutskonzernen die Einhaltung der Generalnorm des § 297 Abs. 2 S. 2.[95] Ein spezielles Problem des Bankkonzernabschlusses ergibt sich bei der Behandlung von durch Konzernunternehmen emittierten **Teilschuldverschreibungen,** die ein anderes (Bank-)Konzernunternehmen im Bestand hält. Bei enger Auslegung von § 303 Abs. 1 wären die daraus resultierenden Forderungen und Verbindlichkeiten gegeneinander aufzurechnen. Sind konzerninterne Schuldverschreibungen jedoch über den Markt erworben, sind diese von der Konsolidierungspflicht auszunehmen. Gemäß dem Grundsatz der Fiktion der rechtlichen Einheit nach § 297 Abs. 3 sind aus der Konzernperspektive nach § 16 Abs. 4 RechKredV zurückgekaufte börsenfähige Schuldverschreibungen eigener Emissionen im Aktivposten 5c „eigene Schuldverschreibungen" auszuweisen, während der Bestand an nicht börsenfähigen eigenen Schuldverschreibungen vom Passivposten 3a „begebene Schuldverschreibungen" abzusetzen ist.[96]

48   Werden die konzernintern emittierten Schuldverschreibungen von einer **Versicherungs-Tochtergesellschaft im Deckungsstock** gehalten, sind diese generell (also auch unabhängig von der Übertragbarkeit des Marktpreises) von der Konsolidierungspflicht auszunehmen. Zum einen sind die im Deckungsstock befindlichen Kapitalanlagen wirtschaftlich dem Versicherungsnehmer zuzurechnen, so dass eine Konsolidierung nach wirtschaftlicher Betrachtungsweise gar nicht notwendig wäre, zum anderen würde eine Konsolidierung im Konzernabschluss „die Relation von versicherungsspezifischen Aktiva (Kapitalanlagen) und versicherungsspezifischen Passiva (versicherungstechnische Rücklagen) verzerren."[97] Das erste Argument lässt sich analog auch auf andere Sondervermögen, beispielsweise **Investmentvermögen,** übertragen. Werden im Investmentvermögen Schuldverschreibungen konzerneigener Gesellschaften gehalten, sind diese aufgrund der

---

89   Vgl. Krumnow et al. Rn. 138; Busse v. Colbe/Ordelheide/Gebhardt/Pellens 345.
90   Vgl. HdK/Harms § 303 Rn. 2 ff.
91   Vgl. Krumnow et al. Rn. 139; ADS § 303 Rn. 5 f., 18 ff.; HdK/Harms § 303 Rn. 2 ff.
92   Vgl. Krumnow et al. Rn. 141. Für Beispiele „unechter Aufrechnungsdifferenzen" s. BeBiKo/Störk/Deubert § 303 Rn. 63.
93   Vgl. BeBiKo/Störk/Deubert § 303 Rn. 67. Für Beispiele „echter Aufrechnungsdifferenzen" Krumnow et al. Rn. 143.
94   Vgl. Ernsting S. 231.
95   Vgl. Krumnow et al. Rn. 144; Prahl/Naumann WPg 1993, 243.
96   Vgl. Beck HdR/Schaber C 810 Rn. 83.
97   Ernsting S. 232. Vgl. auch Krumnow et al. Rn. 168; Prahl/Naumann WPg 1993, 240.

wirtschaftlichen Zugehörigkeit zum Anteilsinhaber (des Investmentvermögens) von der Konsolidierung auszunehmen.[98]

Bei der Schuldenkonsolidierung können aufgrund bestehender **Bewertungsunter-** **49** **schiede** bei den aufrechnungspflichtigen Aktiva und Passiva Differenzen entstehen (→ Rn. 46). Derartige Wertdifferenzen können bei Konzernen jedoch auch durch die institutsspezifische Möglichkeit der Legung stiller Vorsorgereserven gem. § 340f entstehen. Wird im Konzernabschluss von der Neubildung stiller Vorsorgereserven Gebrauch gemacht, resultieren aus der bewussten Unterbewertung der in § 340f bestimmten Vermögensgegenstände zwangsläufig Wertdifferenzen, da die korrespondierenden Verbindlichkeiten unverändert bilanziert sind. Daraus ergibt sich die Fragestellung, ob stille Vorsorgereserven bei der Schuldenkonsolidierung zu berücksichtigen sind. Einerseits wird argumentiert, dass eine Auflösung stiller Vorsorgereserven im Rahmen der Schuldenkonsolidierung dem Charakter der Reservenbildung zuwider laufen würde, andererseits würde deren Nichtberücksichtigung zu Wertverzerrungen und Falschbewertungen führen.[99] Salomonisch erscheint vor diesem Hintergrund der Vorschlag Werthmöllers, „die gebildeten stillen Reserven (…) den gesamten Forderungen gegenüber konzernfremden Unternehmen"[100] zuzuordnen, um auf diese Weise Aufrechnungsdifferenzen zu vermeiden.[101]

Gemäß § 303 Abs. 2 kann auf die Schuldenkonsolidierung verzichtet werden, wenn **50** die wegzulassenden Beträge für die Vermittlung eines den tatsächlichen Verhältnissen entsprechenden Bildes der Vermögens-, Finanz- und Ertragslage des Konzerns nur von **untergeordneter Bedeutung** sind. Die Beurteilung der untergeordneten Bedeutung ergibt sich dabei nicht aus einem Vergleich mit der Bilanzsumme; vielmehr ist eine eventuelle Veränderung der Finanzstruktur bzw. der Deckungsrelationen beachtlich.[102]

4. Zwischenergebniseliminierung. § 304 Abs. 1 bestimmt, dass in den Konzernab- **51** schluss zu übernehmende Vermögensgegenstände, die ganz oder teilweise auf Lieferungen oder Leistungen zwischen in den Konzernabschluss einbezogenen Unternehmen beruhen, in der Konzernbilanz mit einem Betrag anzusetzen sind, zu dem sie in der auf den Stichtag des Konzernabschlusses aufgestellten Jahresbilanz dieses Unternehmens angesetzt werden könnten, wenn die in den Konzernabschluss einbezogenen Unternehmen auch rechtlich ein einziges Unternehmen bilden würden. Zielsetzung dieser Norm ist es, nicht durch den Markt bestätigte Gewinne (oder Verluste) aus dem Konzernabschluss zu eliminieren.[103] Anwendungsfälle der Zwischenergebniseliminierung ergeben sich im Bankkonzern beispielsweise bei **Wertpapieremissionen,** deren Gesamtemissionsvolumen nicht vollständig am Markt platziert werden konnte und anschließend mit Kursaufschlägen an einzelne Tochterunternehmen weitergegeben wurde.[104] Weitere typische Anwendungsfälle der Zwischenergebniseliminierung bei Kreditinstituten sind der konzerninterne Verkauf von Forderungen, Wertpapieren aller Art sowie ganzer Portfolien derivativer Finanzinstrumente und konzerninterne Grundstücks- und Beteiligungsveräußerungen.[105] Ein Verzicht auf eine Zwischenergebniseliminierung, wenn die Lieferungen oder Leistungen zu üblichen Marktbedingungen vorgenommen worden sind und die Ermittlung des nach § 304 Abs. 1 vorgeschriebenen Wertansatzes einen unverhältnismäßig hohen Aufwand erfordern würde, ist seit Inkrafttreten des TransPuG nicht mehr zulässig.[106] Somit kann auf die Zwischenergebniseliminierung aufgrund ausdrücklicher gesetzlicher Ermächtigungen nur noch verzichtet werden, wenn die Behandlung der Zwischenergebnisse für die Vermitt-

---

[98]   Vgl. Ernsting S. 232 f.; Krumnow et al. Rn. 100.
[99]   Vgl. Albers, Der Bank-Konzernabschluß, 1990, 226; Ernsting S. 234.
[100] Werthmöller, Konsolidierte Rechnungslegung deutscher Banken als Informations- und Überwachungsinstrument externer Adressaten, 1984, S. 145.
[101] Vgl. Ernsting S. 234.
[102] Vgl. Busse v. Colbe/Ordelheide/Gebhardt/Pellens S. 353.
[103] Vgl. Busse v. Colbe/Ordelheide/Gebhardt/Pellens S. 375.
[104] Vgl. Krumnow et al. Rn. 150 sowie mit weiteren Anwendungsfällen Ernsting S. 238.
[105] Vgl. Prahl/Naumann WPg 1993, 243.
[106] Vgl. Krumnow et al. Rn. 149.

lung eines den tatsächlichen Verhältnissen entsprechenden Bildes der Vermögens-, Finanz- und Ertragslage des Konzerns nur von untergeordneter Bedeutung ist (§ 304 Abs. 2).

52   **5. Aufwands- und Ertragskonsolidierung.** Zielsetzung der Aufwands- und Ertragskonsolidierung (→ § 305) ist gem. § 305 Abs. 1 die Aufrechnung korrespondierender Aufwendungen und Erträge aus innerkonzernlichen Geschäften oder die Umgliederung entsprechend dem Wesen der Aufwendungen und Erträge. Beachtlich bei der Aufwands- und Ertragskonsolidierung ist die notwendige analoge Vorgehensweise zur Schuldenkonsolidierung. So dürfen die Aufwendungen und Erträge der dort von der Konsolidierung ausgenommenen Teilschuldverschreibungen auch nicht in die Aufwands- und Ertragskonsolidierung einbezogen werden. Bedeutsam ist die Aufwands- und Ertragskonsolidierung bei Kreditinstitutskonzernen neben den allgemeinen Umlagen vor allem bei konzerninternen Zins- und Provisionszahlungen und der Vereinnahmung laufender Erträge aus Beteiligungen.[107] Die Aufwands- und Ertragskonsolidierung kann unterbleiben, wenn die notwendigen Konsolidierungsmaßnahmen für die Vermittlung eines den tatsächlichen Verhältnissen entsprechenden Bildes der Vermögens-, Finanz- und Ertragslage des Konzerns nur von untergeordneter Bedeutung ist (§ 305 Abs. 2).

VI. Besonderheiten der Equity-Bilanzierung assoziierter Unternehmen

53   Wird von einem in den Konzernabschluss einbezogenen Unternehmen ein maßgeblicher Einfluss auf die Geschäfts- und Finanzpolitik eines nicht einbezogenen Unternehmens, an dem das Unternehmen nach § 271 Abs. 1 beteiligt ist, ausgeübt (assoziiertes Unternehmen), ist diese Beteiligung in der Konzernbilanz unter einem besonderen Posten mit entsprechender Bezeichnung auszuweisen (§ 311 Abs. 1 S. 1). Die Equity-Bilanzierung knüpft an zwei Voraussetzungen an: Während das **Bestehen einer Beteiligung** iSv § 271 Abs. 1 weitgehend über die allgemeinen Regelungen zu interpretieren ist, erscheint die Frage, inwieweit Bank-Mutterunternehmen einen **maßgeblichen Einfluss** auf die Geschäfts- und Finanzpolitik eines Nicht-Bank-Tochterunternehmens ausüben können, bankspezifisch auslegungsbedürftig.[108] Eine Definition des Begriffs des maßgeblichen Einflusses findet sich im Gesetz nicht; § 311 Abs. 1 S. 2 enthält nur eine widerlegbare Assoziationsvermutung bei einem Stimmanteil von mindestens 20 % der Stimmrechte. Nach DRS 26.7 wird maßgeblicher Einfluss als Mitwirkung an der Geschäfts- und Finanzpolitik eines Beteiligungsunternehmens verstanden, ohne dass damit beherrschender Einfluss verbunden ist. Des Weiteren enthält DRS 26.18 Indizien für das Vorliegen eines maßgeblichen Einflusses, zB wesentliche Geschäftsbeziehungen zwischen dem beteiligten Unternehmen und dem Beteiligungsunternehmen. Die Überprüfung des Kriteriums der Ausübung eines maßgeblichen Einflusses hat für den jeweiligen Einzelfall zu erfolgen (DRS 26.17).

54   Gegen die Equity-Bewertung **branchenfremder Unternehmen** im Konzernabschluss eines Instituts spreche, dass die Equity-Methode „in vielen Fällen eine deutliche Verzerrung der Darstellung der Ertragslage" impliziere,[109] „die das Beteiligungsergebnis im Verhältnis zu dem Ergebnis aus dem operativen Bankgeschäft aufwertet."[110] Zunächst ist jedoch im Einzelfall zu prüfen, ob das Kreditinstituts-Mutterunternehmen auf das branchenfremde Unternehmen überhaupt einen maßgeblichen Einfluss ausübt: Die allgemein in der Literatur entwickelten Indizien für die Annahme eines maßgeblichen Einflusses werden in Bezug auf die Einbeziehungsfrage bei Bankkonzernen der besonderen Einbeziehungsproblematik angepasst: Ein maßgeblicher Einfluss eines Bank-Mutterunternehmens auf ein branchenfremdes Tochterunternehmen wird dann angenommen, wenn die Beteiligung in die Konzernstrategie eingebunden ist, das Depotstimmrecht iSd Mutterunternehmens ausgeübt

107   Vgl. Albers, Der Bank-Konzernabschluß, 1990, S. 260.
108   Vgl. Krumnow et al. Rn. 190; Weber/Zündorf DB 1995, 234.
109   Vgl. Krumnow ZfgK 1993, 514.
110   Krumnow et al. Rn. 194 (beide Zitate; Hervorhebungen im Original). Vgl. auch Ausschuß für Bilanzierung des BdB WPg 1994, 18.

wird oder ein Mandat im Aufsichtsrat durch das Bank-Mutterunternehmen besetzt ist.[111] Im Folgenden werden die genannten Kriterien weiter konkretisiert, da ohne eine hinreichend objektivierte Auslegung des Begriffs „maßgeblicher Einfluss" die Beteiligungsbilanzierung dem subjektiven Ermessen der Kreditinstitute überlassen bliebe.[112]

Hinsichtlich der **Einbindung in die Konzernstrategie** unterscheidet der Ausschuss **55** für Bilanzierung des BdB zwischen Beteiligungen des banknahen, iSv branchengleichen, und bankfremden, iSv branchenfremden Bereichs.[113] Für **branchengleiche Unternehmen** nimmt der Ausschuss an, dass in der Regel eine Einbindung in die Konzernstrategie besteht und somit auch von einem maßgeblichen Einfluss ausgegangen werden kann.[114] Der banknahe Bereich ist dabei „angesichts sich vermehrt durchsetzender Allfinanzkonzepte recht weit zu fassen."[115] Fraglich erscheint jedoch der vom Ausschuss vollzogene Umkehrschluss, dass auf **branchenfremde Unternehmen** aufgrund der fehlenden Einbindung in die Konzernstrategie kein maßgeblicher Einfluss ausgeübt werden könne.[116] Köllhofer nimmt eine **Negativabgrenzung** vor, nach der die Einflussnahme beispielsweise dann nicht möglich ist, „wenn es neben dem Kreditinstitut einen anderen, maßgeblichen (Haupt-) Gesellschafter gibt, der in der gleichen Branche wie das Beteiligungsunternehmen tätig ist, oder wenn dieses ausdrücklich zum Konzernkreis des Mitgesellschafters gehört, jener also die einheitliche Leitung ausübt" oder „wenn mehrere Banken Anteile an der gleichen Gesellschaft besitzen und sie aufgrund der zwischen ihnen bestehenden Konkurrenzsituation gar nicht in der Lage wären, mit ihren Anteilspaketen einseitige Beteiligungsabsichten zu verfolgen."[117]

Generelle Äußerungen, dass ein Beteiligungsbesitz an branchenfremden Unternehmen **56** nicht mit der Strategie eines Bankkonzerns konform gehen könne, erscheinen vordergründig und wenig plausibel.[118] Einerseits ist der Übergang von einer beratenden Funktion der Bank hin zur aktiven Einflussnahme auf die Finanzpolitik des beteiligten Unternehmens fließend,[119] andererseits bedarf es zur Beurteilung des angeführten Kriteriums streng genommen der Kenntnis der Konzernstrategie. Eine Einflussnahme auf die Finanzpolitik wird aber dann zu vermuten sein, wenn sich das assoziierte Unternehmen in wirtschaftlichen Schwierigkeiten befindet. Insofern erstaunt es nicht, dass die Argumente für das Bilanzierungsverhalten auch vom BGH nicht anerkannt wurden.[120] Vielmehr kann das Halten einer branchenfremden Beteiligung durchaus Bestandteil der Konzernstrategie sein, wenn dadurch die Geschäfte des Bank-Mutterunternehmens gesichert bzw. vergrößert werden können.[121] So können Beteiligungen an branchenfremden Unternehmen eine neue „Absatzbasis für Kredite und andere Bankdienstleistungen"[122] schaffen oder sichern und dienen „damit zu allererst den bankwirtschaftlichen Interessen der Gewinnmaximierung" und sind „somit untrennbar mit der Strategie des Bankkonzerns verbunden."[123] Auch eine Passivität der Bank „im Sinne der Nichtzustimmung zumindest im Falle einer Sperrminorität bei Teilnahme an der Hauptversammlung"[124] stellt eine unternehmerische Einflussnahme dar; anderer Ansicht nach reicht der von den Kreditinstituten ausgeübte Einfluss auf die Finanz-

---

[111] Vgl. Bieg FS Philipp, 1988, 91; Ernsting S. 136.
[112] Vgl. zur Notwendigkeit der Ermessensbeschränkung auch Wittgen/Eilenberger DBW 1978, 490 ff.
[113] Vgl. Ausschuß für Bilanzierung des BdB WPg 1994, 17; ebenso Weber/Zündorf DB 1995, 234.
[114] Vgl. Ausschuß für Bilanzierung des BdB WPg 1994, 17 f.; Ernsting S. 139; Weber/Zündorf DB 1995, 234.
[115] Ausschuß für Bilanzierung des BdB WPg 1994, 18.
[116] Vgl. Ausschuß für Bilanzierung des BdB WPg 1994, 17 f.; Ernsting S. 139.
[117] Köllhofer Die Bank 1977, 19 f. (beide Zitate).
[118] Vgl. Bieg FS Philipp, 1988, 90. Auch Weber/Zündorf DB 1995, 234 halten generelle Aussagen für wenig sinnvoll und stellen stattdessen auf eine Einzelfallbetrachtung ab.
[119] Vgl. Ernsting S. 140 f.
[120] Vgl. BGH NJW 1987, 3186 sowie Bieg FS Philipp, 1988, 90.
[121] Vgl. mit weiteren Quellen Ernsting S. 139 f.
[122] Ernsting S. 140. Vgl. auch Schimann WPg 1978, 397.
[123] Ernsting S. 140 (beide Zitate). Vgl. auch Bieg FS Philipp, 1988, 91.
[124] Bieg FS Philipp, 1988, 91.

politik zur Absicherung des eigenen Kreditvolumens (Hausbankfunktion) jedoch als alleiniges Kriterium nicht aus; vielmehr müsse sich der maßgebliche Einfluss neben der Finanz- auch auf die Geschäftspolitik des assoziierten Unternehmens erstrecken.[125] Der generelle Versuch der Banken, den maßgeblichen Einfluss an branchenfremden Unternehmen zu widerlegen, wird auch damit begründet, dass sich die Banken nicht mit der wirtschaftlichen Lage des assoziierten Unternehmens identifizieren lassen wollen.[126] Dieses Argument kann bezogen auf die Aufgabe des Konzernabschlusses, der Vermittlung eines den tatsächlichen Verhältnissen entsprechendes Bildes der Vermögens-, Finanz- und Ertragslage, jedoch keinen Bestand haben, da es gerade Sinn und Zweck des Konzernabschlusses ist, die wirtschaftliche Lage des gesamten Konzerns darzustellen.

57   Als zweites Indiz für die Annahme eines maßgeblichen Einflusses wird das **Depotstimmrecht** erwogen. Da die Aktienbestände von den Bankkunden in der Regel von den Banken in (Sammel-)Depots verwahrt werden, vertritt grundsätzlich die Bank gegenüber der Gesellschaft die Interessen ihrer Kunden, insbesondere auch deren Stimmrecht auf den Hauptversammlungen. Die Kunden können zwar der Depotbank bestimmte Handlungsanweisungen nach § 135 AktG erteilen, was in der Regel jedoch nicht geschieht. Halten Banken an der betreffenden Gesellschaft eine mittelbare oder unmittelbare Beteiligung, die 20 vH des Grundkapitals übersteigt, können die Banken das Depotstimmrecht gem. § 135 Abs. 3 S. 4 AktG nur dann wahrnehmen, soweit der Aktionär eine ausdrückliche Weisung gegenüber dem Kreditinstitut erteilt hat.

58   Darüber hinaus wird die **Vertretung der Bank im Aufsichtsrat** des evtl. einzubeziehenden Unternehmens als Kriterium für die Ausübung eines maßgeblichen Einflusses angeführt. Der Aufsichtsrat als Kontrollorgan einer Aktiengesellschaft hat durch die gesetzlich fixierten und evtl. satzungsmäßig festgelegten Bestimmungen erheblichen Einfluss auf die Geschäfts- und Finanzpolitik des Vorstands. So kann der Aufsichtsrat gem. § 111 Abs. 4 S. 1 AktG zwar keinen direkten Einfluss auf die Geschäftsführung ausüben, dennoch kann er gem. § 111 Abs. 4 S. 2 AktG bestimmte Entscheidungen blockieren. In diesem Fall hat dann gem. § 111 Abs. 4 S. 3 und 4 AktG die Hauptversammlung mit einer Dreiviertelmehrheit einen Beschluss über die Umsetzung der Entscheidung herbeizuführen. Hält das Kreditinstitut zusätzlich noch die Sperrminorität, stellt die Nichtzustimmung durchaus unternehmerische Einflussnahme dar.[127] Ob ein durch einen Bankenvertreter besetztes Aufsichtsratsmandat tatsächlich als Indiz für einen maßgeblichen Einfluss angesehen werden kann, ist in der Literatur jedoch umstritten. Die Vertretung im Aufsichtsrat wird dabei einerseits lediglich iSd Überwachung gesehen, wobei angenommen wird, dass diese „eben nicht auf eine maßgebliche unternehmerische Einflussnahme auf die Geschäfts- und Firmenpolitik ausgerichtet"[128] sei. Andererseits ergibt sich im Umkehrschluss aus der Wahrnehmung der Überwachungsfunktion geradezu die Möglichkeit, bei von den eigenen Vorstellungen abweichenden Handlungen des Vorstands eine Einflussnahme iSv § 111 Abs. 4 S. 2 AktG auszuüben.

59   Auf die Einbeziehung des assoziierten Unternehmens kann gem. § 311 Abs. 2 verzichtet werden, wenn die Beteiligung für die Vermittlung eines den tatsächlichen Verhältnissen entsprechenden Bildes der Vermögens-, Finanz- und Ertragslage des Konzerns von untergeordneter Bedeutung ist.

VII. Konzernanhang

60   Der Konzernanhang bildet mit der Konzernbilanz, der Konzern-GuV, der Kapitalflussrechnung und dem Eigenkapitalspiegel den Konzernabschluss (§ 297 Abs. 1 S. 1). Im Kon-

---

[125] Vgl. Ausschuß für Bilanzierung des BdB WPg 1994, 17; Krumnow et al. Rn. 191; Prahl/Naumann WPg 1993, 245. Dass sich der Einfluss der Banken neben der Finanz- auch auf die Geschäftspolitik der Nicht-Bankenunternehmen überträgt, bezweifelt Bausch, Die Beteiligung von Banken an Nichtbanken und das Konzernrecht, 1982, 209.
[126] Vgl. hierzu allgemeiner Mertin ZfgK 1976, 10; Saage DB 1978, 358.
[127] Vgl. Bieg FS Philipp, 1988, 91.
[128] Prahl/Naumann WPg 1993, 245. Vgl. auch Köllhofer Die Bank 1977, 19.

zernanhang sollen Erläuterungen und ergänzende Erklärungen zu einzelnen Posten der Konzernbilanz und der Konzern-GuV gegeben werden, damit der Konzernabschluss insgesamt der Generalnorm des § 297 Abs. 2 S. 2 entspricht.[129]

Die Berichtspflichten des Konzernanhangs[130] sind im Wesentlichen mit denen des **61** Einzelabschlussanhangs identisch.[131] Für den Konzernanhang von Instituten sind neben den Angabepflichten des HGB auch die der RechKredV bzw. RechZahlV und uU Vorgaben von Spezialgesetzen (zB PfandBG) sowie rechtsformspezifische Vorgaben (zB GenG) zu beachten.[132] Darüber hinaus werden von den DRS weitergehende Anhangangaben verlangt. Mangels gesonderter gesetzlicher Vorschriften sind Konzern-Kreditinstitutsspezifische Angaben bis auf die Angabe gem. § 340j nicht notwendig.[133] Einige nach den allgemeinen Vorschriften erforderlichen Anhangangaben gemäß § 314 HGB sind nicht anzuwenden. Stattdessen gelten hier die Spezialvorschriften für Institute (→ § 340a Rn. 14). § 314 Abs. 1 Nr. 1 (Angabe der Verbindlichkeiten mit Restlaufzeit von mehr als 5 Jahren und der durch Pfandrechte oder ähnliche Rechte gesicherten Verbindlichkeiten) wird durch die Regelungen des § 37 iVm §§ 8, 9 und § 35 Abs. 5 RechKredV bzw. § 31 iVm §§ 6, 7 RechZahlV ersetzt. Eine Anhangangabe zu den Pfandrechten sieht die RechZahlV nicht vor. § 314 Abs. 1 Nr. 3 (Aufgliederung der Umsatzerlöse nach geographischen Märkten) wird durch die Regelungen des § 37 iVm § 34 Abs. 2 S. 1 Nr. 1 RechKredV bzw. § 31 iVm § 28 Abs. 2 S. 1 Nr. 1 RechZahlV ersetzt. § 314 Abs. 1 Nr. 6 lit. c (Angabe von Vorschüssen und Krediten für aktive Organmitglieder) wird durch die Regelungen des § 37 iVm § 34 Abs. 2 Nr. 2 RechKredV bzw. § 31 iVm § 28 Abs. 2 S. 1 Nr. 2 RechZahlV ersetzt. § 314 Abs. 1 Nr. 23 (Angaben zu Erträgen und Aufwendungen von außergewöhnlicher Größenordnung oder außergewöhnlicher Bedeutung) wird durch die Regelung des § 340a Abs. 2 S. 4 f. ersetzt. Nach § 340a Abs. 2 S. 4 sind Erträge und Aufwendungen, die außerhalb der gewöhnlichen Geschäftstätigkeit anfallen, in der Gewinn- und Verlustrechnung unter den Posten „außerordentliche Erträge" und „außerordentliche Aufwendungen" auszuweisen. Im Anhang sind die Posten „außerordentliche Erträge" und „außerordentliche Aufwendungen" gem. § 340a Abs. 2 S. 5 hinsichtlich ihres Betrags und ihrer Art zu erläutern, soweit die ausgewiesenen Beträge für die Beurteilung der Ertragslage nicht von untergeordneter Bedeutung sind. Darüber hinaus sind die in diesen beiden Posten enthaltenen wichtigsten Einzelbeträge, sofern sie für die Beurteilung des Abschlusses nicht unwesentlich sind, gem. § 35 Abs. 1 Nr. 4 RechKredV bzw. § 29 Abs. 1 Nr. 3 RechZahlV hinsichtlich der Beträge und ihrer Art zu erläutern. Der Konzernanhang und der Anhang des Jahresabschlusses des Mutterunternehmens können gem. § 298 Abs. 2 S. 1 zusammengefasst werden.

VIII. Konzernkapitalflussrechnung

1. Gesetzliche Grundlagen. Die Konzernkapitalflussrechnung[134] ist nach § 297 **62** Abs. 1 S. 1 ein Pflichtbestandteil des Konzernabschlusses und ist ein Informationsinstrument, das den Adressaten des Konzernabschlusses die geforderten finanzwirtschaftlichen Informationen über die Liquiditätslage und die Liquiditätsentwicklung des Unternehmens vermitteln soll. Dementsprechend haben auch Institute, die nach § 340i Abs. 1 einer unbedingten, rechtsform- und größenunabhängigen Pflicht zur Konzernrechnungslegung unterliegen, eine Kapitalflussrechnung für den Konzernabschluss zu erstellen.

Es wurde **vom Gesetzgeber offengelassen, nach welchen Grundsätzen eine 63 Kapitalflussrechnung aufzustellen** ist.[135] Diese gesetzliche Lücke wird grundsätzlich

---

129 Vgl. BeBiKo/Grottel § 313 Rn. 10; Krumnow et al. Rn. 206.
130 Zu Erläuterungspflichten und sonstige Pflichtanhangangaben s. §§ 313, 314.
131 Zu den Berichtspflichten im Anhang des Einzelabschlusses → § 340a Rn. 46 ff. zu den einzelnen Bilanz- und GuV-Positionen.
132 Vgl. Prahl/Naumann WPg 1993, 245.
133 Vgl. Kirsch/Grewe Rn. 65.
134 Zur Allgemeinen Ausgestaltung von Kapitalflussrechnungen s. § 297.
135 Vgl. Beck HdR/Schaber C 810 Rn. 93.

durch DRS 21 – Kapitalflussrechnung ausgefüllt. Mit der erfolgten Bekanntmachung des BMJ und Veröffentlichung im Bundesanzeiger wird bei Anwendung des DRS 21[136] die Beachtung der die Konzernrechnungslegung betreffenden GoB nach § 342q Abs. 2 vermutet. Die Besonderheiten der Kapitalflussrechnung von Kredit- und Finanzdienstleistungsinstituten (DRS 21 Anlage 2 werden im Folgenden dargestellt). DRS 21 Anlage 2 ist auf Institute iSv § 1 Abs. 1 bzw. 1a KWG anzuwenden, soweit diese nicht nach § 2 Abs. 1, 4, 6 oder 10 KWG von der Anwendung ausgenommen sind (DRS 21.A2.1). Für Wertpapier- und Zahlungsinstitute sowie für E-Geld-Institute bestehen keine vergleichbaren Vorschriften. Eine Orientierung an DRS 21 Anlage 2 ist jedoch zu empfehlen.

64   **2. Aussagefähigkeit bei Instituten.** Die Kapitalflussrechnung soll nach DRS 21.1 den Einblick in die Fähigkeit eines Unternehmens zur Erwirtschaftung von künftigen finanziellen Überschüssen, zur Erfüllung von Zahlungsverpflichtungen und zur Leistung von Anteilseignerausschüttungen verbessern. Dazu soll die Darstellung der Zahlungsströme je Berichtsperiode begleitet von Informationen, wie das berichtende Unternehmen aus der laufenden Geschäftstätigkeit Finanzmittel erwirtschaftet hat und welche zahlungswirksamen Investitions- und Finanzierungsmaßnahmen vorgenommen wurden, erfolgen.

65   Seitens der Institute wird häufig eingewandt, dass eine von ihnen aufgestellte Kapitalflussrechnung nicht dieselbe Aussagekraft besitzt wie für Industrieunternehmen.[137] So fehlt Kreditinstituten die typische Wertschöpfungskette (Geld, Güter, Geld) (DRS 21.A2.2) und die Generierung von Umsatzerlösen im klassischen Sinne insbesondere im Vergleich zu Industrieunternehmen. Bei Kreditinstituten bedingt zB die Abwicklung ihres Zahlungsverkehrs, dass sie einen bestimmten Zahlungsmittelbestand halten (sog. Bodensatz). Dessen Höhe hängt dabei nicht nur von der Bedeutung des Zahlungsverkehrs in Relation zu den sonstigen Geschäftsaktivitäten ab, sondern maßgeblich von den Zahlungsgewohnheiten der Kunden. Folglich ist die Interpretation der absoluten Höhe des Zahlungsmittelbestands, dh der **Liquiditätslage,** problematisch. Dennoch strebt auch ein Institut einen möglichst geringen Zahlungsmittelbestand an, um die überschüssigen liquiden Mittel gewinnbringend anzulegen und somit eine angemessene Eigenkapitalrendite zu erzielen.[138] Darüber hinaus ist bei der Beurteilung der Liquiditätslage zu berücksichtigen, dass sich diese bei Kreditinstituten ua durch offene Kreditzusagen (an Kunden) und durch nicht ausgenutzte Ziehungsrechte (zB bei der Zentralbank) bestimmt. Es ist daher sinnvoller, die Liquiditätslage ohne Aufstellung einer Kapitalflussrechnung als Stichtagsgröße unmittelbar aus den betreffenden Bilanzposten zu ermitteln.

66   Die wesentliche Aufgabe der Kapitalflussrechnung bei Instituten stellt die Darstellung der Liquiditätsentwicklung in einer Periode dar, deren Aussagekraft allerdings von der Tiefe der Aufgliederung der Zahlungen innerhalb der drei Cash Flow-Bereiche abhängt.

67   **3. Direkte versus indirekte Methode.** Eine Kapitalflussrechnung kann unmittelbar von Zahlungsströmen ausgehen (direkte Methode) oder alternativ – allerdings nur im Rahmen der Ermittlung des **Mittelzuflusses bzw. -abflusses aus laufender Geschäftstätigkeit**[139] – derivativ aus dem Rechnungswesen abgeleitet werden (indirekte Methode).

68   Die Kapitalflussrechnung zielt auf **eigene Aktivitäten** ab. Dieser Zielsetzung wird jedoch nur bei Produktionsunternehmen hinreichend Rechnung getragen, da der Liquiditätsfluss hier den Produktionsabsatz indiziert. Die Liquiditätslage der Institute hingegen ist im Wesentlichen fremdbestimmt (von ihren Kunden), so dass der Ausweis der

---

[136] Am 8.4.2014 ist der Standard DRS 21 „Kapitalflussrechnung" durch das BMJ bekannt gemacht worden, zuletzt geändert am 22.9.2017 durch das DRSC.
[137] Vgl. Löw Kapitalflussrechnung S. 229.
[138] Vgl. Löw Kapitalflussrechnung S. 229.
[139] Zahlungsströme aus der Investitions- und Finanzierungstätigkeit sind zwingend in direkter Form aufzustellen DRS 21.24.

einzelnen Zahlungen (direkte Methode) keine große Aussagekraft besitzt.[140] Die folgenden Aussagen zur Aufstellung einer Kapitalflussrechnung bei Instituten beruhen daher auf der Anwendung der indirekten Methode. In der Praxis findet sich bei Instituten eine überwiegend einheitliche Darstellung der Kapitalflussrechnung nach der indirekten Methode.

Die in der Gesamtdarstellung der Anlage 2 des DRS 21 enthaltene Mindestgliederung **69** einer Kapitalflussrechnung nach der indirekten Methode gliedert sich wie folgt:

1.		Periodenergebnis (Konzernjahresüberschuss/–fehlbetrag einschließlich Ergebnisanteile anderer Gesellschafter)
2.	+/–	Abschreibungen, Wertberichtigungen/Zuschreibungen auf Forderungen und Gegenstände des Anlagevermögens
3.	+/–	Zunahme/Abnahme der Rückstellungen
4.	+/–	Andere zahlungsunwirksame Aufwendungen/Erträge
5.	–/+	Gewinn/Verlust aus der Veräußerung von Gegenständen des Anlagevermögens
6.	–/+	Sonstige Anpassungen (Saldo)
7.	–/+	Zunahme/Abnahme der Forderungen an Kreditinstitute
8.	–/+	Zunahme/Abnahme der Forderungen an Kunden
9.	–/+	Zunahme/Abnahme der Wertpapiere (soweit nicht Finanzanlagen)
10.	–/+	Zunahme/Abnahme anderer Aktiva aus laufender Geschäftstätigkeit
11.	+/–	Zunahme/Abnahme der Verbindlichkeiten gegenüber Kreditinstituten
12.	+/–	Zunahme/Abnahme der Verbindlichkeiten gegenüber Kunden
13.	+/–	Zunahme/Abnahme verbriefter Verbindlichkeiten
14.	+/–	Zunahme/Abnahme anderer Passiva aus laufender Geschäftstätigkeit
15.	+/–	Zinsaufwendungen/Zinserträge
16.	+/–	Aufwendungen/Erträge aus außerordentlichen Posten
17.	+/–	Ertragsteueraufwand/–ertrag
18.	+	Erhaltene Zinszahlungen und Dividendenzahlungen
19.	–	Gezahlte Zinsen
20.	+	Außerordentliche Einzahlungen
21.	–	Außerordentliche Auszahlungen
22.	–/+	Ertragsteuerzahlungen
23.	**=**	**Cashflow aus der laufenden Geschäftstätigkeit (Summe aus 1–22)**
24.	+	Einzahlungen aus Abgängen des Finanzanlagevermögens
25.	–	Auszahlungen für Investitionen in das Finanzanlagevermögen
26.	+	Einzahlungen aus Abgängen des Sachanlagevermögens
27.	–	Auszahlungen für Investitionen in das Sachanlagevermögen
28.	+	Einzahlungen aus Abgängen des immateriellen Anlagevermögens
29.	–	Auszahlungen für Investitionen in das immaterielle Anlagevermögen
30.	+	Einzahlungen aus Abgängen aus dem Konsolidierungskreis
31.	–	Auszahlungen für Zugänge zum Konsolidierungskreis
32.	+/–	Mittelveränderungen aus sonstiger Investitionstätigkeit (Saldo)
33.	+	Einzahlungen aus außerordentlichen Posten
34.	–	Auszahlungen aus außerordentlichen Posten
35.	**=**	**Cashflow aus der Investitionstätigkeit (Summe aus 24–34)**
36.	+	Einzahlungen aus Eigenkapitalzuführungen von Gesellschaftern des Mutterunternehmens
37.	+	Einzahlungen aus Eigenkapitalzuführungen von anderen Gesellschaftern
38.	–	Auszahlungen aus Eigenkapitalherabsetzungen an Gesellschafter des Mutterunternehmens

---

[140] Zu weiteren Argumenten gegen die Anwendung der direkten Methode vgl. Löw Kapitalflussrechnung S. 240 f.

39.	–	Auszahlungen aus Eigenkapitalherabsetzungen an andere Gesellschafter
40.	+	Einzahlungen aus außerordentlichen Posten
41.	–	Auszahlungen aus außerordentlichen Posten
42.	–	Gezahlte Dividenden an Gesellschafter des Mutterunternehmens
43.	–	Gezahlte Dividenden an andere Gesellschafter
44.	+/–	Mittelveränderungen aus sonstigem Kapital (Saldo)
45.	**=**	**Cashflow aus der Finanzierungstätigkeit (Summe aus 36–44)**
46.		Zahlungswirksame Veränderungen des Finanzmittelfonds (Summe aus 23, 35, 45)
47.	+/–	Wechselkurs- und bewertungsbedingte Änderungen des Finanzmittelfonds
48.	+/–	Konsolidierungskreisbedingte Änderungen des Finanzmittelfonds
49.	+	Finanzmittelfonds am Anfang der Periode
50.	**=**	**Finanzmittelfonds am Ende der Periode (Summe aus 46–49)**

Abbildung: Gliederungsschema Kapitalflussrechnung nach der indirekten Methode nach DRS 21 Anlage 2

70   **4. Der Finanzmittelfonds als Basiskategorie.** Der Aussagegehalt der Kapitalfluss-rechnung wird im Wesentlichen durch die Abgrenzung des Finanzmittelfonds bestimmt. Um eine optimale Liquiditätsüberwachung zu erreichen, sollten nur tatsächliche Zu- und Abflüsse von Bar- oder Buchgeld als fondswirksame Vorgänge angesehen werden. In den Finanzmittelfonds dürfen nur Zahlungsmittel und Zahlungsmitteläquivalente einbezogen werden (DRS 21.33). Diese umfassen bei Kreditinstituten gem. DRS 21 Anlage 2 Kassen-bestände, Zentralbankguthaben **(Zahlungsmittel)** (DRS 21.A2.5) sowie Schuldtitel öffentlicher Stellen und Papiere, die bei Zentralnotenbanken zur Refinanzierung zugelas-sen sind **(Zahlungsmitteläquivalente)** (DRS 21.A2.7). Die Einbeziehung von Sichtein-lagen in die Zahlungsmittel sollte nicht erfolgen, weil diese nicht primär der Erfüllung kurzfristiger Zahlungsverpflichtungen dienen, sondern die Basis der laufenden Geschäfts-tätigkeit darstellen (DRS 21.A2.6). Die spezifische Regelung für Kreditinstitute nach DRS 21 Anlage 2 ist restriktiver als die Vorgaben im allgemeinen Standard DRS 21.33 iVm 9.[141]

71   Wertpapiere des Handelsbestands[142] sind Teil des operativen Geschäfts und eine Zuordnung zu den Zahlungsmitteläquivalenten ist nach DRS 21.A2.8 ausgeschlossen. Darüber hinaus ist auch von der Einbeziehung von Wertpapieren der Liquiditätsreserve abzusehen, da in beiden Fällen Kursänderungen den Zahlungsmittelbestand beeinflussen und Zahlungsflüsse aus Wertpapiergeschäften in der Kapitalflussrechnung nicht mehr erkennbar wären.[143] Zur Wahrung des Stetigkeitsgrundsatzes und der Vergleichbarkeit von Jahresabschlüssen hinsichtlich der Abgrenzung des Finanzmittelfonds ist eine Offen-legung über die Zusammensetzung des Fonds im Anhang vorgeschrieben (DRS 21.52b). Durch eine Anwendung von DRS 21 dürfte eine Stetigkeit der Abgrenzung der Liquidi-tät sichergestellt sein, da diese von DRS 21.A2.5 und DRS 21.A2.7 fest vorgegeben ist.

72   Die Kapitalflussrechnung mündet am Ende der Periode in den **Finanzmittelbestand,** der sich zusammensetzt aus dem Finanzmittelbestand zu Periodenbeginn, den Veränderun-gen des Finanzmittelfonds für die Bereiche laufende Geschäftstätigkeit, Investitions- und Finanzierungstätigkeit sowie wechselkurs-, konsolidierungskreis- und bewertungsbedingten Änderungen des Finanzmittelfonds (DRS 21 Anlage 2). Mit dieser Dreiteilung im Sinne einer Gliederung nach dem Bereichsaspekt soll dem Abschlussleser ein Überblick über die Mittelherkunft und -verwendung gegeben werden.

73   **5. Gliederung der Kapitalflussrechnung. a) Operative Geschäftstätigkeit.** Der Cash Flow aus der operativen Geschäftstätigkeit leitet sich aus dem originären Geschäft,

---

[141]   Vgl. Beck HdR/Schaber C 810 Rn. 98.
[142]   Vgl. Ausführungen zum Handelsbestand von Kreditinstituten → § 340e Rn. 42 ff.
[143]   Vgl. Löw Kapitalflussrechnung S. 237.

dem Kerngeschäft, des jeweiligen Instituts ab. Die Zusammensetzung des Betriebsergebnisses ist für die Abgrenzung heranzuziehen (DRS 21.A2.14). Es umfasst bei Kreditinstituten üblicherweise den Zinsüberschuss, den Provisionsüberschuss, das Handelsergebnis, den Verwaltungsaufwand, den Saldo aus sonstigen betrieblichen Erträgen und Aufwendungen sowie die Risikovorsorge im Kreditgeschäft (ggf. einschließlich der Ergebnisse der Wertpapiere der Liquiditätsreserve).[144] Neben den aus dem Konzernjahresüberschuss abgeleiteten zahlungswirksamen Aufwendungen und Erträgen fließen die aus den Veränderungen der Bilanzposten resultierenden Zahlungsströme in die operative Geschäftstätigkeit ein (DRS 21.A2.16 und 18).

Zur **Offenlegung einzelner Positionen bei Veränderungen des Vermögens und**   **74** **der Verbindlichkeiten aus operativer Geschäftstätigkeit** sind nach DRS 21.A2.18 zumindest folgende Bilanzposten zu berücksichtigen: Forderungen und Verbindlichkeiten (jeweils getrennt nach Kreditinstituten und Kunden), Wertpapiere (soweit nicht Finanzanlagen), verbriefte Verbindlichkeiten (soweit nicht sonstiges Kapital) sowie andere Aktiva und Passiva aus laufender Geschäftstätigkeit. Separat auszuweisen sind darüber hinaus die folgenden aus dem Jahresüberschuss abgeleiteten Positionen):

– **Zinsen und Dividenden: Zinseinzahlungen/Zinsauszahlungen und erhaltene Dividenden** gehören nach DRS 21.A2.17 bei einem Kreditinstitut zur laufenden Geschäftstätigkeit und sind entsprechend diesem Cash Flow zuzuordnen. Im Gegensatz dazu sind **gezahlte Dividenden** (sowie sonstige Vergütungen an die Kapitaleigner) dem Cash Flow aus Finanzierungstätigkeit zuzuordnen (DRS 21.A2.23).

– **Ertragsteuern:** Nach DRS 21.18 sind diese als Mittelabflüsse aus laufender Geschäftstätigkeit anzusehen, wobei DRS 21.19 sachlich begründete Ausnahmen (Ausweis unter der entsprechenden Investitions- oder Finanzierungstätigkeit) zulässt.[145]

– **Außerordentliche Sachverhalte:** Aus außerordentlichen Sachverhalten resultierende wesentliche Zahlungsflüsse sind gesondert unter den entsprechenden Cash Flow-Bereichen auszuweisen, dem die Zahlungen zuzuordnen sind (DRS 21.A2.4a).[146] Diese Informationen sollen es den Abschlussadressaten ermöglichen, die Auswirkungen der Mittelzuflüsse bzw. -abflüsse aus außerordentlichen Posten auf gegenwärtige und künftige Mittelzuflüsse bzw. -abflüsse einzuschätzen.

b) Investitionstätigkeit. Bei Kreditinstituten umfasst der Cash Flow aus Investitionstä-   **75** tigkeit Ein- und Auszahlungen aus dem Erwerb bzw. der Veräußerung von Anlagevermögen, gegliedert nach Finanzanlagen, Sachanlagen und immateriellem Anlagevermögen und von konsolidierten Unternehmen sowie Mittelveränderungen aus sonstiger Investitionstätigkeit (DRS 21.A2.20 und DRS 21.A2.21 f.). Ferner sind nach DRS 21.A2.21 die Ein- und Auszahlungen aus außerordentlichen Posten gesondert aufzuführen.

c) Finanzierungstätigkeit. Der Cash Flow aus der Finanzierungstätigkeit zielt auf die   **76** Darstellung der Außenfinanzierung ab. Bei Industrieunternehmen umfasst er Fondsmittelveränderungen, die sich aus Geschäftsvorfällen zum einen mit Anteilseignern und zum anderen mit Fremdkapitalgebern ergeben (DRS 21.9). Da Letzteren für Institute, und hier insbesondere durch die Ausgabe von Schuldverschreibungen und Anleihen, eine andere Bedeutung zukommt als bei Industriebetrieben, sollten diese der operativen Geschäftstätigkeit zugeordnet werden (vgl. DRS 21.A2.25). Demzufolge liegt bei Banken der Schwerpunkt der Berichterstattung im Bereich der Finanzierungstätigkeit auf der Darstellung der Beziehungen zu Eigenkapitalgebern.[147] Die Mittelveränderungen aus dem sonstigen Kapital umfassen Veränderungen des bankaufsichtsrechtlich anerkannten Kapitals, das über das bilanzielle Eigenkapital hinausgeht, wie zB Mittelveränderungen aus nachrangigen Verbindlich-

---

[144]   Vgl. Krumnow et al. RechKredV § 2 Rn. 30.
[145]   Vgl. Eiselt/Müller BB 2014, 1068.
[146]   DRS 21.28 ist dagegen auf Institute nicht anzuwenden. Vgl. DRS 21.A2.4a.
[147]   Vgl. Löw Kapitalflussrechnung S. 269.

keiten, Genussrechten, aus den Fonds für allgemeine Bankrisiken nach § 340g und Vermögenseinlagen stiller Gesellschafter.[148]

77   **6. Zusätzliche Angaben zum Finanzmittelfonds.** In DRS 21.52 finden sich folgende Angabepflichten:
(1) Definition des Finanzmittelfonds,
(2) Aufstellung einer Zusammensetzung des Finanzmittelfonds und einer **Überleitungsrechnung** von Fondsbestandteilen zu den entsprechenden Bilanzposten,
(3) Angabe der **wesentlichen zahlungsunwirksamen Investitions- und Finanzierungsvorgänge** und Geschäftsvorfälle, um deren Einfluss auf die Kapital- und Vermögensstruktur des jeweiligen Instituts zu verdeutlichen,
(4) Angabe der Bestände des Finanzmittelfonds von **quotal einbezogenen Unternehmen,**
(5) Angabe **Fondsbestandteile, die für die Unternehmensleitung nur eingeschränkt verfügbar sind,** um einen den tatsächlichen Verhältnissen entsprechenden Einblick in die Liquiditätslage zu gewährleisten.[149] Verfügungsbeschränkungen kommen insbesondere bei liquiden Mitteln, die der Sicherung von Fremdkapital dienen oder bei Beständen an nicht oder nur beschränkt konvertierbaren Währungen, die administrativen Verwendungsbeschränkungen unterliegen, in Betracht. Ebenso sind Sachverhalte denkbar, bei denen Anteile am Finanzmittelfonds von Gemeinschaftsunternehmen nach § 310 quotal in die Kapitalflussrechnung einbezogen worden sind, über die der Konzern nur in Abhängigkeit von seinen Partnern verfügen kann. Die von Kreditinstituten zu unterhaltende Mindestreserve stellt dagegen keine Verfügungsbeschränkung dar.[150]

IX. Konzerneigenkapitalspiegel

78   Der Eigenkapitalspiegel ist ein Pflichtbestandteil des Konzernabschlusses (§ 297 Abs. 1 S. 1). Eine systematische Darstellung der Zusammensetzung und Entwicklung des Konzerneigenkapitals, getrennt nach Anteilen, die dem Mutterunternehmen und den nicht beherrschenden Gesellschaftern zuzurechnen sind, ist das Ziel des Konzerneigenkapitalspiegels.[151] Die fehlenden gesetzlichen Regelungen zu den notwendigen Angaben im Eigenkapitalspiegel werden durch den DRS 22 „Konzerneigenkapital" inhaltlich konkretisiert.[152] Im Gegensatz zum Vorgängerstandard DRS 7 differenziert DRS 22 die Struktur des Konzerneigenkapitalspiegels nach der Rechtsform des Mutterunternehmens (DRS 22.11). Die Anlage 1 zu DRS 22 enthält ein tabellarisches Muster für die Darstellung des Konzerneigenkapitalspiegels für Mutterunternehmen in der Rechtsform einer Kapitalgesellschaft. Der Konzerneigenkapitalspiegel stellt hier die Veränderungen der Posten des Konzerneigenkapitals innerhalb der Berichtsperiode in einer Matrixform dar. Die Spalten des Konzerneigenkapitalspiegels geben die Zusammensetzung des bilanziellen Konzerneigenkapitals nach verschiedenen Kategorien an (Bestandsposten), während die Zeilen die einzelnen Tatbestände der Veränderungen der jeweiligen Kategorie in der Berichtsperiode beschreiben (Veränderungsposten) (DRS 22.B14). Der DRS 22 ermöglicht eine branchenspezifische Modifizierung des Konzerneigenkapitalspiegels. Kreditinstitute sollten hierbei die Entwicklung des Konzerneigenkapitals unter Berücksichtigung der bankaufsichtsrechtlichen Offenlegungsvorschriften darstellen, sofern die Posten des Konzerneigenkapitals im Konzerneigenkapitalspiegel mit denen der Konzernbilanz abstimmbar sind (DRS 22.B13).

---

148   Vgl. DRS 21.A2.3.
149   S. auch DRS 21.A2.10.
150   Vgl. DRS 21.A2.11.
151   Vgl. Kirsch StuB 2016, 304.
152   Am 23.2.2016 gab das BMJV den DRS 22 im Bundesanzeiger bekannt.

Mutterunternehmen in der Rechtsform einer Kapitalgesellschaft haben folgende 79
Posten des Konzerneigenkapitals von deren Anfangs- zu den Endbeständen jeweils überzuleiten:

		+	Gezeichnetes Kapital – Stammaktien
		+	Gezeichnetes Kapital – Vorzugsaktien
		=	**Gezeichnetes Kapital (Summe)**
		+	Eigene Anteile – Stammaktien
		+	Eigene Anteile – Vorzugsaktien
		− =	**Eigene Anteile (Summe)**
		+	Nicht eingeforderte ausstehende Einlagen – Stammaktien
		+	Nicht eingeforderte ausstehende Einlagen – Vorzugsaktien
		− =	**Nicht eingeforderte ausstehende Einlagen (Summe)**
	=	=	**(Korrigiertes) Gezeichnetes Kapital (Summe)**
			Kapitalrücklage nach § 272 Abs. 2 Nr. 1–3
		+	Kapitalrücklage nach § 272 Abs. 2 Nr. 4
		=	**Kapitalrücklage (Summe)**
			Gesetzliche Rücklage
		+	Gewinnrücklagen nach § 272 Abs. 4
		+	satzungsmäßige Rücklagen
		+	andere Gewinnrücklagen
		=	**Gewinnrücklagen**
	+	=	**Rücklagen**
	+/−		Eigenkapitaldifferenz aus Währungsumrechnung
	+/−		Gewinnvortrag/Verlustvortrag
	+/−		Konzernjahresüberschuss/-fehlbetrag, der dem Mutterunternehmen zuzurechnen ist
=	=		**Eigenkapital des Mutterunternehmens (Summe)**
			Nicht beherrschende Anteile vor Eigenkapitaldifferenz aus Währungsumrechnung und Jahresergebnis
	+/−		Auf nicht beherrschende Anteile entfallende Eigenkapitaldifferenz aus der Währungsumrechnung
	+/−		Auf nicht beherrschende Anteile entfallende Gewinne/Verluste
+/−	=		**Nicht beherrschende Anteile (Summe)**
=			**Konzerneigenkapital (Summe)**

Abbildung: Überzuleitende Eigenkapitalposten im Konzerneigenkapitalspiegel einer Kapitalgesellschaft nach DRS 22 Anlage 1

X. Konzernsegmentberichterstattung

Der Zweck einer Segmentberichterstattung resultiert aus den zunehmenden Informati- 80
onsdefiziten und -verzerrungen durch Aggregation von Jahresabschlussdaten insbesondere
im Rahmen des Konzernabschlusses. Die Segmentberichterstattung hat als Wahlbestandteil
des Konzernabschlusses das Ziel, Informationen über die wesentlichen Segmente eines
Konzerns zu vermitteln.[153] Unternehmen bieten unterschiedliche Produkte und Dienstleistungen an oder sind auf unterschiedlichen Märkten und in unterschiedlichen geografischen
Regionen tätig. Die so gekennzeichneten Segmente weisen in der Regel unterschiedliche
Rentabilität, Wachstumschancen und Perspektiven sowie spezifische Chancen und Risiken
auf, wodurch die Segmentinformationen im Vergleich zur aggregierten Datenbasis im Jah-
res- bzw. Konzernabschluss eine bessere Einschätzung der Vermögens-, Finanz- und Ertragslage ermöglichen.[154]

Der Konzernabschluss kann gem. § 297 um eine Segmentberichterstattung erweitert 81
werden (§ 297 Abs. 1 S. 2). Für Institute gilt dies gleichermaßen (§ 340i Abs. 1 S. 1;

---

[153] Vgl. DRS 28.1. Der DRS 28 wurde vom BMJV am 5.8.2020 bekanntgemacht und ist für nach dem 31.12.2020 beginnende Geschäftsjahre verpflichtend zu beachten.
[154] Vgl. DRS 28.2.

→ Rn. 8). Nach § 314 Abs. 1 Nr. 3 sind im Konzernanhang Angaben zu den Umsatzerlösen aufgegliedert nach Tätigkeitsbereichen und geographisch bestimmten Märkten erforderlich, soweit sich diese untereinander erheblich unterscheiden. Für Institute gelten die spezifischen Vorschriften von § 37 RechKredV iVm § 34 Abs. 2 S. 1 Nr. 1 RechKredV bzw. § 31 RechZahlV iVm § 28 Abs. 2 S. 1 Nr. 1 RechZahlV, wonach der Gesamtbetrag bestimmter Posten der GuV nach **geographischen Märkten** aufzugliedern ist, soweit diese Märkte sich vom Standpunkt der Organisation des Instituts wesentlich voneinander unterscheiden. Aufzugliedern sind (a) die Zinserträge, (b) die laufenden Erträge aus Aktien und anderen nicht festverzinslichen Wertpapieren, Beteiligungen sowie aus Anteilen an verbundenen Unternehmen, (c) die Provisionserträge, (d) der Nettoertrag des Handelsbestands und (e) die sonstigen betrieblichen Erträge.

82   Aufgrund der fehlenden Regelungen im HGB zur Erstellung einer Segmentberichterstattung hat das DRSC den DRS 28 erarbeitet, der den bisherigen DRS 3 ersetzt und die allgemeinen Anforderungen an eine Segmentberichterstattung konkretisiert. Die Anlage 2 im DRS 3 mit Regelungen zu den Besonderheiten der Segmentberichterstattung von Kredit- und Finanzdienstleistungsinstituten wurde in DRS 28 nicht fortgeführt. Aufgrund der stringenten Ausrichtung des DRS 28 am Management Approach wird keine Notwendigkeit mehr für branchenspezifische Regelungen gesehen.[155] Die Segmentierung in der Segmentberichterstattung ergibt sich aus der internen Entscheidungs- und Berichtsstruktur des Konzerns, da die für innerbetriebliche Zwecke optimierte Struktur die interne Überwachung und Steuerung des Konzerns am besten widerspiegelt und damit auch den externen Abschlussadressaten die beste Entscheidungsgrundlage bietet.[156]

XI. Konzernlagebericht

83   § 315 Abs. 1 fordert, dass der Konzernlagebericht den Geschäftsverlauf einschließlich des Geschäftsergebnisses und die Lage des Konzerns so darstellen soll, dass ein den tatsächlichen Verhältnissen entsprechendes Bild vermittelt wird. Des Weiteren sind der Geschäftsverlauf und die Lage des Konzerns ausgewogen und umfassend in einer der Komplexität und dem Umfang der Geschäftstätigkeit Rechnung tragenden Form zu analysieren. In die Analyse sind nach § 315 Abs. 1 iVm Abs. 3 die bedeutsamen finanziellen und nichtfinanziellen Leistungsindikatoren einzubeziehen und unter Bezugnahme auf die im Konzernabschluss ausgewiesenen Beträge und Angaben zu erläutern. Darüber hinaus ist die voraussichtliche Entwicklung mit ihren wesentlichen Chancen und Risiken unter Angabe der zugrunde liegenden Annahmen zu beurteilen und zu erläutern.[157]

84   Das HGB enthält grundsätzlich keine gesonderten branchenspezifischen Vorschriften zur Aufstellung eines Konzernlageberichts für Institute. Neben den in § 315 Abs. 1 beinhalteten Angabepflichten (→ Rn. 83) verlangt § 315 Abs. 2 Nr. 1 jeweils in Bezug auf die Verwendung von Finanzinstrumenten durch den Konzern und sofern dies für die Beurteilung der Lage oder der künftigen Entwicklung von Bedeutung ist, **Angaben zu den Risikomanagementzielen und -methoden** des Konzerns einschließlich ihrer Methoden zur Absicherung aller wichtigen Arten von Transaktionen, die im Rahmen der Bilanzierung von Sicherungsgeschäften erfasst werden, sowie zu den Preisänderungs-, Ausfall- und Liquiditätsrisiken und Risiken aus Zahlungsstromschwankungen, denen der Konzern ausgesetzt ist. Die gem. § 315 Abs. 2 Nr. 2 geforderten Angaben über den Bereich Forschung und Entwicklung sind bei Institutskonzernen zu vernachlässigen.[158] Durch das BilRUG ist in § 315 Abs. 2 die Nr. 3 eingefügt worden, wonach der Konzernlagebericht auf die wesentlichen **Zweigniederlassungen** der insgesamt in den Konzernabschluss einbezogenen Unter-

---

155   Vgl. DRS 28.B7.
156   Vgl. DRS 28.12.
157   S. auch die Anforderungen gem. §§ 38–41 PrüfbV an die Erstellung des Prüfungsberichts und die erforderte Berichterstattung über die Lage des Instituts.
158   Vgl. Krumnow et al. Rn. 215.

nehmen einzugehen hat.[159] Sofern ein einbezogenes Unternehmen kapitalmarktorientiert iSv § 264d ist, ist auf die wesentlichen Merkmale des konzernrechnungslegungsbezogenen **internen Kontroll- und Risikomanagementsystem** einzugehen (§ 315 Abs. 4). Nach § 315a haben Mutterunternehmen, die einen organisierten Markt iSv § 2 Abs. 7 WpÜG durch von ihnen angegebene stimmberechtigte Aktien in Anspruch nehmen, weitere Angaben im Konzernlagebericht aufzuführen.[160]

Analog zum Konzernanhang kann der Konzernlagebericht gem. § 315 Abs. 5 und § 298 **85** Abs. 2 mit dem Lagebericht des Mutterunternehmens **zusammengefasst** werden.

Die Mitglieder des vertretungsberichtigten Organs eines Mutterunternehmens iSv **86** § 297 Abs. 2 S. 4 haben zu versichern (sog. **Bilanzeid**[161]), dass nach bestem Wissen im Konzernlagebericht der Geschäftsverlauf einschließlich des Geschäftsergebnisses und die Lage des Konzerns so dargestellt sind, dass ein den tatsächlichen Verhältnissen entsprechendes Bild vermittelt wird und dass die wesentlichen Chancen und Risiken iSv § 315 Abs. 1 S. 4 beschrieben sind (§ 315 Abs. 1 S. 5).

Der **DRS 20**[162] konkretisiert die Anforderungen an die Konzernlageberichterstattung **87** nach § 315. DRS 20 wird durch die Grundsätze Vollständigkeit (DRS 20.12-16), Verlässlichkeit und Ausgewogenheit (DRS 20.17-19), Klarheit und Übersichtlichkeit (DRS 20.20-30), Vermittlung aus Sicht der Konzernleitung[163] (DRS 20.31), Wesentlichkeit (DRS 20.32 f.) und Informationsabstufung[164] geprägt (DRS 20.34 f.). Der Konzernlagebericht ist nach DRS 20.25 in inhaltlich abgegrenzte Abschnitte zu untergliedern.[165] Der **Nachtragsbericht** ist durch die Aufhebung des § 315 Abs. 2 Nr. Nr. 1 aF mit Inkrafttreten des BilRUG nicht mehr Bestandteil der Lageberichterstattung. Stattdessen sind die Angaben zu wesentlichen Umständen nach dem Bilanzstichtag im Konzernanhang nach § 314 Abs. 1 Nr. 25 zu machen.[166]

Von besonderer Bedeutung ist die **Prognose-, Chancen- und Risikoberichterstat-** **88** **tung** im Rahmen des Lageberichtes, die nach § 315 Abs. 1 S. 4 eine Beurteilung und Erläuterung der voraussichtlichen Entwicklung mit den damit verbundenen wesentlichen Chancen und Risiken darstellen soll. Dem verständigen Adressaten des Konzernlageberichts soll damit ermöglicht werden, sich in Verbindung mit dem Konzernabschluss ein zutreffendes Bild von der voraussichtlichen Entwicklung des Konzerns und den mit ihr einhergehenden wesentlichen Chancen und Risiken zu machen (DRS 20.116). Die Berichterstattung über Risiken (Risikobericht) kann getrennt von oder gemeinsam mit der Berichterstattung über Chancen (Chancenbericht) im Konzernlagebericht erfolgen. Unabhängig davon können beide Berichte bzw. der gemeinsame Chancen-/Risikobericht in die Berichterstattung zur voraussichtlichen Entwicklung (Prognosebericht) integriert oder von ihr getrennt erfolgen (DRS 20.117). Bei einer getrennten Berichterstattung muss der Zusammenhang zwischen den einzelnen Berichten erkennbar sein (DRS 20.B31). Die Anlage 1 des DRS 20 enthält spezifische Vorschriften zur Risikoberichterstattung von Kredit- und Finanzdienstleistungsinstituten iSv § 1 Abs. 1 und 1a KWG. Die Regelungen von DRS 20 Anlage 1 ergänzen bzw. modifizieren die allgemeinen Regelungen zur Risikoberichterstattung des DRS 20. Für Wertpapier- und Zahlungsinstitute sowie für E-Geld-Institute enthält DRS 20

---

[159] Vgl. Oser/Orth/Wirtz DB 2014, 1883.
[160] S. Ausführungen im Detail hierzu in BeBiKo/Grottel § 315a Rn. 10 f.
[161] Vgl. BeBiKo/Grottel § 315 Rn. 155.
[162] Am 4.12.2012 wurde der DRS 20 durch das BMJV bekannt gemacht. S. zB Böcking/Gros/Koch/Wallek Der Konzern 2013, 41 f. Seitdem gab es mehrere Änderungen am DRS 20, zuletzt Bekanntmachung der Änderungen durch das BMJV am 7.3.2022.
[163] Der sog. Management Approach findet nach DRS 20 verstärkt Anwendung. Vgl. Barth/Rahe/Rabenhorst KoR 2014, 48.
[164] Berichtselemente, die unter dem Grundsatz der Informationsabstufung, nur für solche Unternehmen gelten, die kapitalmarktorientiert sind, sind in DRS 20 explizit durch sog. „K-Ziffern" gekennzeichnet. Vgl. Zülch/Hölkten DB 2013, 2459 f.
[165] Vgl. KPMG, Accounting Insights – DRS 20, Dezember 2012, 9.
[166] Vgl. Zwirner DB 2015, Beil. 6, 24. Zu einer empirischen Analyse der Nachtragsberichterstattung der DAX-160-Unternehmen s. Schwartze/Dobler WPg 2022, 678.

keine spezifische Anlage. Allerdings haben große Wertpapierfirmen iSv § 2 Abs. 18 WpIG die Anforderungen des Rundschreibens 05/2023 (BA) – Mindestanforderungen an das Risikomanagement (MaRisk) zu beachten.[167] DRS 20 Anlage 1 bietet insofern eine Orientierung. Für kleine und mittelgroße Wertpapierinstitute sowie für Zahlungsinstitute und E-Geld-Institute gelten die allgemeinen Regelungen.

89   Im Rahmen der Risikoberichterstattung sind Angaben zum Risikomanagementsystem, Angaben zu den einzelnen Risiken sowie eine zusammenfassende Darstellung der Risikolage zu machen (DRS 20.135). Nach § 25a KWG müssen Institute über ein angemessenes und wirksames Risikomanagement verfügen, auf dessen Basis die Institute die Risikotragfähigkeit laufend sicherzustellen haben. Das **Risikomanagementsystem** beinhaltet nach DRS 20.11 die Gesamtheit aller Regelungen, die einen strukturierten Umgang mit Risiken oder mit Chancen und Risiken im Konzern sicherstellen. Institute haben unabhängig von ihrer Kapitalmarktorientierung die Merkmale ihres konzernweiten Risikomanagementsystems darzustellen und haben dabei insbesondere auf die institutsspezifischen Besonderheiten einzugehen (DRS 20.A1.1). Die Identifikation, Bewertung, Steuerung und Kontrolle der Risiken im Rahmen der Darstellung der Risikomanagementprozesse sowie die interne Überwachung dieser Abläufe sind zu erläutern (DRS 20.A1.2 iVm DRS 20.K144).

90   Als **Risikokategorien** sind mindestens Adressenausfallrisiken, Liquiditätsrisiken, Marktpreisrisiken, sowie operationelle Risiken zu unterscheiden (DRS 20.A1.3).[168] Sie sind im DRS 20.11 definiert. Das Ausfall- bzw. Adressenausfallrisiko ist das Risiko des teilweisen oder vollständigen Ausfalls von Forderungen oder anderen schuldrechtlichen Instrumenten. Es umfasst das Kreditrisiko, das Emittentenrisiko und das Kontrahentenrisiko einschließlich des Länderrisikos. Liquiditätsrisiken umfassen das Liquiditätsrisiko im engeren Sinne,[169] das Refinanzierungsrisiko[170] und das Marktliquiditätsrisiko.[171] Das Marktpreisrisiko ist der potentielle Verlust aufgrund von nachteiligen Veränderungen von Marktpreisen oder preisbeeinflussenden Parametern. Beim operationalen Risiko handelt es sich um Risiken in betrieblichen Systemen oder Prozessen. Es ist eine inhaltliche Abgrenzung der im Risikomanagementsystem gebildeten Risikokategorien und eine Darstellung der in diesem Rahmen jeweils unterschiedenen Risikoarten vorzunehmen. Daneben ist eine Quantifizierung der einzelnen Risikoarten anzugeben, soweit dies zur internen Steuerung erfolgt sowie eine Beschreibung des Risikomanagements in funktionaler und organisatorischer Hinsicht, der Einsatzbereiche sowie der Steuerungs- und Entscheidungsprozesse (DRS 20.A1.4).

91   Die **Adressenausfallrisiken** sind je Risikoklasse von bilanzwirksamen und bilanzunwirksamen Geschäften untergliedert in das Kreditrisiko, das Emittentenrisiko, das Kontrahentenrisiko sowie das Länderrisiko darzustellen. Die Berichterstattung soll folgende Angaben enthalten: 1) Ausfallwahrscheinlichkeiten, 2) erwartete Höhe der Risikoexponiertheit, 3) zukünftig zu erwartende Sicherheitserlöse, 4) Beschreibung der angewandten Verfahren zur Quantifizierung und Steuerung der Adressenausfallrisiken und 5) Beschreibung der Methoden zur Bildung der Risikovorsorge (DRS 20.A1.7). Aus der Darstellung des Adressenausfallrisikos müssen auch Konzentrationen der vom Konzern zur Steuerung dieses Risikos herangezogenen Merkmale, wie zB Länder- oder Branchenkonzentrationen, hervorgehen (DRS 20.A1.8).

92   Für die Berichterstattung sind die **Marktpreisrisiken** zu untergliedern in Zinsänderungsrisiken, Währungsrisiken, Risiken von Eigenkapitaltitel (bspw. Aktien) sowie Rohstoff- und sonstige Preisrisiken einschließlich der jeweils dazugehörenden Optionsrisiken (DRS 20.A1.14). Die Quantifizierung der Marktrisiken soll nach intern verwendeten und

---

[167] Vgl. BaFin Rundschreiben 05/2023 v. 29.6.2023, AT 2.1.

[168] Vgl. Weber/Menk ZBB/JBB 2014, 398.

[169] Das Liquiditätsrisiko im engeren Sinne ist das Risiko eine Zahlungsverpflichtung zum Zeitpunkt der Fälligkeit nicht nachkommen zu können (DRS 20.11).

[170] Das Refinanzierungsrisiko umfasst das Risiko, bei Bedarf keine oder nicht zu den erwarteten Konditionen Liquidität beschaffen zu können.

[171] Das Marktliquiditätsrisiko ist das Risiko, Geschäfte nicht oder nur mit Verlusten auflösen bzw. glattstellen zu können, da beispielsweise Marktstörungen vorliegen.

aufsichtsrechtlich anerkannten Verfahren, wie zB Value-at-Risk-Modellen, erfolgen (DRS 20.A1.16 f.). Die in den Modellen zugrunde gelegten Parameter sind darzustellen (DRS 20.A1.18).

Bei der Darstellung der **Liquiditätsrisiken** ist eine Unterteilung in das Liquiditätsrisiko   **93** im engeren Sinne, das Refinanzierungsrisiko und das Marktliquiditätsrisiko vorzunehmen (DRS 20.A1.9). Je nach Risikoausprägung sollten quantitative Angaben beispielsweise unter Heranziehung von Liquiditätsablaufbilanzen, Cash Flow-Prognosen oder andere Verfahren unter Angabe zugrunde liegender Annahmen, wie zB Erfahrungswerte gemacht werden (DRS 20.A1.11). Beim Refinanzierungsrisiko sind die wesentlichen Finanzierungsquellen und die daraus folgende Refinanzierungsstruktur anzugeben (DRS 20.A1.12). Des Weiteren ist auch auf die Auswirkungen unplanmäßiger Entwicklungen einzugehen (DRS 20.A1.13).

Die quantitative Darstellung der **operationellen Risiken,** welche die Risiken in   **94** betrieblichen Systemen oder Prozessen umfassen, insbesondere in Form von betrieblichen oder rechtlichen Risiken, kann auf Szenariotechniken, Sensitivitätsanalysen oder anderen geeigneten Methoden unter der Einbeziehung von Worst-Case-Annahmen basieren (DRS 20.A1.19 f.). Soweit das Unternehmen für die quantitative Erfassung von operativen Risiken keine allgemein anerkannten Methoden anwendet, genügen qualitative Einschätzungen zu den möglichen Folgen eines Risikoeintritts (DRS 20.A1.20). Ferner sind die organisatorischen Vorkehrungen zur konzernweiten Risikoerfassung, -begrenzung, -handhabung und -überwachung anzugeben (DRS 20.A1.21).

Letztlich wird eine **zusammenfassende Darstellung** der Risikolage verlangt, indem   **95** die einzelnen Risikokategorien zu einem Gesamtbild der Risikolage des Konzerns zusammengefügt werden (DRS 20.160). In diesem Zusammenhang ist das zur Risikoabdeckung vorhandene Eigenkapital und die aufsichtsrechtlichen Eigenmittelanforderungen anzugeben (DRS 20.A1.22).

XII. Erweiterung des Konzernlageberichts um eine nichtfinanzielle Konzernerklärung für bestimmte Konzerne (Abs. 5)

1. Anwendungsbereich. Mit Inkrafttreten des CSR-RUG haben Konzerne den Kon-   **96** zernlagebericht um eine **nichtfinanzielle Konzernerklärung** zu erweitern, sofern es sich bei dem Mutterunternehmen um ein Institut handelt und auf die in den Konzernabschluss einzubeziehenden Unternehmen die in § 340i Abs. 5 aufgeführten Merkmale zutreffen. Danach müssen die Umsatzerlöse oder die Bilanzsumme bei einer Konzernbetrachtung die in § 293 Abs. 1 geregelten Schwellenwerte überschreiten (§ 340i Abs. 5 S. 1 Nr. 1), wobei das Mutterunternehmen das Wahlrecht ausüben kann, die Überschreitung der Schwellenwerte nach der Methode gem. § 293 Abs. 1 S. 1 Nr. 1 (Größenmerkmale in Bezug auf ihren Einzelabschluss und die Einzelabschlüsse ihrer Tochtergesellschaften (Bruttomethode)) oder Nr. 2 (Größenmerkmale in Bezug auf den aufgestellten Konzernabschluss (Nettomethode)[172]) zu bestimmen. Bei der Nettomethode muss als Schwellenwert entweder die Bilanzsumme über 20 Mio. EUR oder die Umsatzerlöse über 40 Mio. EUR betragen. Daneben müssen die in den Konzernabschluss einzubeziehenden Unternehmen insgesamt im Jahresdurchschnitt mehr als 500 Arbeitnehmer beschäftigen (§ 340i Abs. 5 S. 1 Nr. 2). Für Institute fehlt eine Definition für den **Begriff Umsatzerlöse.** Eine Orientierungsmöglichkeit für Institute geben die Bußgeldvorschriften in § 334 Abs. 3b und § 340n Abs. 3b mit der Summe aus Zinserträgen, laufenden Erträgen, Provisionserträgen, Handelsergebnis und sonstigen betrieblichen Erträgen. Für die Definitionen der Begriffe Arbeitnehmerzahl[173] und Bilanzsumme gilt § 267 Abs. 4a und 5.

2. Inhalt der nichtfinanziellen Konzernerklärung. Nach § 315c Abs. 1 sind die in   **97** § 289c enthaltenen Anforderungen für die einzelgesellschaftliche nichtfinanzielle Erklärung

---

[172]   Zur Diskussion für die Prüfung der Schwellenwerte unter Anwendung der Netto-Methode IFRS-Abschlüsse heranzuziehen s. Schild/Haßlinger/Weimann BFuP 2020, 74.

[173]   S. Ermittlung der Anzahl der Arbeitnehmer auch DRS 20.B52.

analog anzuwenden, wobei nach § 315c Abs. 2 die Erläuterung der nichtfinanziellen Aspekte aus Sicht des Konzerns zu erfolgen hat. In der nichtfinanziellen Konzernerklärung ist neben einer kurzen Beschreibung des Geschäftsmodells zumindest auch auf Umwelt-, Arbeitnehmer- und Sozialbelange sowie die Achtung der Menschenrechte und Bekämpfung von Korruption und Bestechung einzugehen, sofern diese Angaben für das Verständnis des Geschäftsverlaufs, des Geschäftsergebnisses und der Lage des Instituts sowie der Auswirkungen der Geschäftstätigkeiten auf die nichtfinanziellen Aspekte erforderlich sind.

98 Darüber hinaus hat die nichtfinanzielle Konzernerklärung diejenigen Angaben zu enthalten, die gemäß Art. 8 Taxonomie-VO[174] zu machen sind. Hierbei ist auch die Delegierte VO (EU) 2021/2178 (→ § 330a Rn. 7) zu beachten (DRS 20.289a). Art. 8 Taxonomie-VO regelt, dass Unternehmen, die verpflichtet sind, eine nichtfinanzielle Konzernerklärung bzw. einen gesonderten nichtfinanziellen Konzernbericht aufzustellen, in ihrer nichtfinanziellen Konzernberichterstattung Angaben darüber aufzunehmen haben, wie und in welchem Umfang die Tätigkeiten des Unternehmens mit Wirtschaftstätigkeiten verbunden sind, die als ökologisch nachhaltige Wirtschaftstätigkeiten iSd Taxonomie-VO einzustufen sind.[175]

99 **3. Vorschriften zur Befreiung der nichtfinanziellen Konzernerklärung und Formen der nichtfinanziellen Berichterstattung.** Mutterunternehmen iSd § 290, auf welche die Kriterien des § 340i Abs. 5 S. 1 Nr. 1 und Nr. 2 zutreffen, sind nach § 315b Abs. 2 von der Erstellung einer nichtfinanziellen Konzernerklärung befreit, wenn das Mutterunternehmen zugleich ein Tochterunternehmen ist, welches in den Konzernlagebericht eines anderen Mutterunternehmens einbezogen ist und dessen Konzernlagebericht nach Maßgabe des nationalen Rechts eines Mitgliedstaats der EU oder einen anderen Vertragsstaats des Abkommens über den Europäischen Wirtschaftsraum in Einklang mit der Bilanz-RL erstellt wird und bereits eine nichtfinanzielle Konzernerklärung enthält (§ 315b Abs. 2 iVm Abs. 5 S. 2).

100 Die nichtfinanzielle Konzernerklärung kann entweder als Teil des Konzernlageberichts oder ausgelagert in einem gesonderten nichtfinanziellen Konzernbericht veröffentlicht werden.[176] Sofern sich das Institut für eine Darstellung im Konzernlagebericht entscheidet, besteht hier die Möglichkeit, die nichtfinanziellen Angaben entweder an verschiedenen Stellen des Konzernlageberichts zu integrieren oder sie in einem separaten Abschnitt des Konzernlageberichts zu bündeln.[177] Doppelangaben zu nichtfinanziellen Angaben können mittels Verweistechnik von der nichtfinanziellen Konzernerklärung hin zu anderen Stellen des Konzernlageberichts gem. Abs. 5 S. 3 vermieden werden.

101 **4. Prüfung der nichtfinanziellen Konzernberichterstattung und Offenlegung des Prüfungsergebnisses.** Der Abschlussprüfer des Instituts ist nach § 340k Abs. 1 S. 1 iVm § 317 Abs. 2 S. 4 nur verpflichtet zu prüfen, ob die nichtfinanzielle Konzernberichterstattung vorgelegt wurde. Unterzieht das Institut seine nichtfinanzielle Berichterstattung einer freiwilligen externen inhaltlichen Überprüfung, muss es das Prüfungsurteil zusammen mit der nichtfinanziellen Konzernerklärung bzw. mit dem gesonderten nichtfinanziellen Konzernbericht öffentlich zugänglich machen (§ 315 Abs. 4).

XIII. Erklärung zur Unternehmensführung (Abs. 6)

102 Handelt es sich beim Institut um ein Mutterunternehmen, das eine börsennotierte Aktiengesellschaft oder Kommanditgesellschaft auf Aktien iSd § 289f Abs. 1 oder Abs. 3 ist, hat es für den Konzern eine Erklärung zur Unternehmensführung zu erstellen und in einen

---

[174] Verordnung (EU) 2020/852 des Europäischen Parlaments und des Rates vom 18. Juni 2020 über die Einrichtung eines Rahmens zur Erleichterung nachhaltiger Investitionen und zur Änderung der Verordnung (EU) 2019/2088, ABl. EG 2020 L 198, 13.

[175] Der DRS 20 enthält keine Konkretisierungen bzgl. der Taxonomie-VO, da die Mandatierung des DRSC gem. § 342q die Konkretisierungen von EU-Vorgaben nicht umfasst. Vgl. Kirsch StuB 2022, 301.

[176] Vgl. Böcking DB 2017, M5.

[177] Vgl. Kajüter DB 2017, 619.

gesonderten Abschnitt im Konzernlagebericht aufzunehmen (§ 340i Abs. 1 iVm § 315d). Es hat in der Konzernerklärung zur Unternehmensführung Angaben zum Diversifikationskonzept nach § 315d iVm § 289f Abs. 2 Nr. 6 aufzunehmen, wenn die in den Konzernabschluss einzubeziehenden Unternehmen die Voraussetzungen für eine größenabhängige Befreiung gem. § 293 Abs. 1 S. 1 Nr. 1 oder 2 nicht erfüllen (Abs. 6). Die Diversitätsangaben umfassen neben einer Beschreibung des Diversitätskonzepts und seiner Ziele auch eine Erläuterung der Art und Weise der Umsetzung und der im Geschäftsjahr erreichten Ergebnisse.

XIV. Anzuwendende Vorschriften für Konzernzwischenabschlüsse

103 Werden zur Ermittlung von Konzernzwischenergebnissen iSd Art. 26 Abs. 2 Kapitaladäquanz-VO iVm Art. 11 Kapitaladäquanz-VO Konzernzwischenabschlüsse erstellt, sind auf diese die für den Konzernabschluss geltenden Rechnungslegungsgrundsätze anzuwenden (§ 340i Abs. 4).

104 Zwischenabschlüsse, die zur Ermittlung von Konzernzwischenergebnissen iSd Art. 26 Abs. 2 Kapitaladäquanz-VO iVm Art. 11 Kapitaladäquanz-VO aufgestellt werden, sind einer **prüferischen Durchsicht** zu unterziehen. Nach § 340i Abs. 4 S. 3 ist eine prüferische Durchsicht so durchzuführen, dass bei gewissenhafter Berufsausübung ein Widerspruch des Zwischenabschlusses in wesentlichen Belangen zu anzuwendenden Rechnungslegungsgrundsätzen ausgeschlossen werden kann. Der Abschlussprüfer hat das Ergebnis der prüferischen Durchsicht in einer Bescheinigung zusammenzufassen (§ 340i Abs. 4 S. 4). Von den handelsrechtlichen Vorschriften zur Abschlussprüfung sind daher im Rahmen der prüferischen Durchsicht ausschließlich die Vorschriften bezüglich der Bestellung des Abschlussprüfers (§§ 318, 319, 319a, 319b), der Vorlagepflicht und des Auskunftsrechts (§ 320) und der Verantwortlichkeit des Abschlussprüfers (§ 323) entsprechend anzuwenden. Für die Durchführung der prüferischen Durchsicht sind vom Abschlussprüfer die Vorgaben des IDW PS 900 „Grundsätze für die prüferische Durchsicht von Abschlüssen" zu beachten.

105 Eine Pflicht zur prüferischen Durchsicht besteht nur bei Konzernzwischenabschlüssen, die zur aufsichtsrechtlichen Ermittlung der Angemessenheit der Eigenmittel von Institutsgruppen oder Finanzholding-Gruppen verwendet werden. Allein der Informationsfunktion dienende Konzernzwischenberichte unterliegen keiner Pflicht zur prüferischen Durchsicht (§ 115 Abs. 5 S. 1 WpHG). Konzernabschlusspflichtige Institute, die zugleich Inlandsemittenten iSv § 2 Abs. 14 WpHG darstellen, da sie Aktien oder Schuldtitel iSv § 2 Abs. 1 WpHG begeben, haben gem. § 115 Abs. 1 iVm § 117 Nr. 2 WpHG den Halbjahresfinanzbericht auf Konzernebene zu erstellen. Durch das Gesetz zur Umsetzung der Transparenzrichtlinie-Änderungsrichtlinie (BGBl. 2015 I 2029) wurde die gesetzliche Pflicht zur Erstellung von Zwischenmitteilungen der Geschäftsführung oder Quartalsfinanzberichten ersatzlos gestrichen. Allerdings sind für im Prime Standard gelistete Unternehmen nach § 53 BörsO FWB Quartalsmitteilungen bzw. Konzernquartalsmitteilungen erforderlich.[178] Wenn statt dieser ein (Konzern-)Quartalsfinanzbericht erstellt wird, sieht § 53 Abs. 6 BörsO FWB den Wegfall der Pflicht zur Erstellung einer (Konzern-)Quartalsmitteilung vor.[179]

106 Die Grundsätze für eine handelsrechtliche Halbjahresfinanzberichterstattung wurden im DRS 16 zusammengefasst. DRS 16 gilt für alle Unternehmen, die gem. WpHG zur Halbjahresberichterstattung verpflichtet sind und gleichzeitig Mutterunternehmen sind, die gesetzlich zur Aufstellung eines Konzernabschlusses verpflichtet sind (DRS 16.4). Für Unternehmen, die freiwillig einen Halbjahresfinanzbericht erstellen oder die nach anderen

---

[178] Vgl. Diemers/Homfeldt PiR 2/2016, 50.
[179] Zu den Anforderungen an Quartalsmitteilungen und Pro- und Kontra-Argumenten einer freiwilligen Quartalsfinanzberichterstattung als Ersatz zur Quartalsmitteilung gem. BörsO FWB vgl. Böckem/Rabenhorst IRZ 2016, 90 f. und 93 f. Böckem/Rabenhorst haben untersucht, in welchem Umfang im DAX 30 vertretende Unternehmen eine Quartalsmitteilung statt einen Quartalsfinanzbericht veröffentlicht haben. Vgl. Böckem/Rabenhorst BB 2016, 1578 ff.

Vorschriften zur Halbjahresfinanzberichterstattung verpflichtet sind, wird die Anwendung des DRS 16 empfohlen (DRS 16.9).

107 Der Halbjahresbericht ist der Bericht zum Ende eines Halbjahrs, der einen Halbjahresabschluss, einen Zwischenlagebericht und eine Versicherung der gesetzlichen Vertreter enthält (DRS 16.10). Das Ziel der Halbjahresberichterstattung liegt in der Vermittlung von unterjährigen Informationen über die Ertrags-, Finanz- und Vermögenslage und die voraussichtliche Entwicklung des Konzerns im Geschäftsjahr (DRS 16.1).

Sechster Titel. Prüfung

§ 340k Prüfung

(1) [1]Kreditinstitute haben unabhängig von ihrer Größe ihren Jahresabschluß und Lagebericht sowie ihren Konzernabschluß und Konzernlagebericht unbeschadet der Vorschriften der §§ 28 und 29 des Gesetzes über das Kreditwesen nach den Vorschriften des Dritten Unterabschnitts des Zweiten Abschnitts über die Prüfung prüfen zu lassen; § 319 Absatz 1 Satz 2 ist nicht anzuwenden. [2]Die Prüfung ist spätestens vor Ablauf des fünften Monats des dem Abschlußstichtag nachfolgenden Geschäftsjahrs vorzunehmen. [3]Der Jahresabschluß ist nach der Prüfung unverzüglich festzustellen. [4]Die Vorschriften des Dritten Unterabschnitts des Zweiten Abschnitts sind auf Kreditinstitute, die Unternehmen von öffentlichem Interesse nach § 316a Satz 2 Nummer 1 oder 2 sind, nur insoweit anzuwenden, als nicht die Verordnung (EU) Nr. 537/2014 anzuwenden ist.

(2) [1]Ist das Kreditinstitut eine Genossenschaft oder ein rechtsfähiger wirtschaftlicher Verein, so ist die Prüfung abweichend von § 319 Abs. 1 Satz 1 von dem Prüfungsverband durchzuführen, dem das Kreditinstitut als Mitglied angehört, sofern mehr als die Hälfte der geschäftsführenden Mitglieder des Vorstands dieses Prüfungsverbands Wirtschaftsprüfer sind. [2]Hat der Prüfungsverband nur zwei Vorstandsmitglieder, so muß einer von ihnen Wirtschaftsprüfer sein. [3]§ 319 Abs. 2 und 3 ist auf die gesetzlichen Vertreter des Prüfungsverbandes und auf alle vom Prüfungsverband beschäftigten Personen, die das Ergebnis der Prüfung beeinflussen können, entsprechend anzuwenden; § 319 Abs. 3 Satz 1 Nr. 2 ist auf Mitglieder des Aufsichtsorgans des Prüfungsverbandes nicht anzuwenden, sofern sichergestellt ist, dass der Abschlussprüfer die Prüfung unabhängig von den Weisungen durch das Aufsichtsorgan durchführen kann. [4]§ 319 Absatz 1 Satz 3 und 4 gilt entsprechend mit der Maßgabe, dass der Prüfungsverband über einen Auszug hinsichtlich seiner Eintragung nach § 40a der Wirtschaftsprüferordnung verfügen muss, bei erstmaliger Durchführung einer Prüfung nach Absatz 1 Satz 1 spätestens sechs Wochen nach deren Beginn. [5]Ist das Mutterunternehmen eine Genossenschaft, so ist der Prüfungsverband, dem die Genossenschaft angehört, unter den Voraussetzungen der Sätze 1 bis 4 auch Abschlußprüfer des Konzernabschlusses und des Konzernlageberichts.

(2a) [1]Bei der Prüfung des Jahresabschlusses der in Absatz 2 bezeichneten Kreditinstitute durch einen Prüfungsverband darf der gesetzlich vorgeschriebene Bestätigungsvermerk nur von Wirtschaftsprüfern unterzeichnet werden. [2]Die im Prüfungsverband tätigen Wirtschaftsprüfer haben ihre Prüfungstätigkeit unabhängig, gewissenhaft, verschwiegen und eigenverantwortlich auszuüben. [3]Sie haben sich insbesondere bei der Erstattung von Prüfungsberichten unparteiisch zu verhalten. [4]Weisungen dürfen ihnen hinsichtlich ihrer Prüfungstätigkeit von Personen, die nicht Wirtschaftsprüfer sind, nicht erteilt werden. [5]Die Zahl der im Verband tätigen Wirtschaftsprüfer muss so bemessen sein, dass die den Bestätigungsvermerk unterschreibenden Wirtschaftsprüfer die Prüfung verantwortlich durchführen können.

(3) ¹Ist das Kreditinstitut eine Sparkasse, so dürfen die nach Absatz 1 vorgeschriebenen Prüfungen abweichend von § 319 Abs. 1 Satz 1 von der Prüfungsstelle eines Sparkassen- und Giroverbands durchgeführt werden. ²Die Prüfung darf von der Prüfungsstelle jedoch nur durchgeführt werden, wenn der Leiter der Prüfungsstelle die Voraussetzungen des § 319 Abs. 1 Satz 1 und 2 erfüllt; § 319 Abs. 2, 3 und 5 sowie Artikel 5 Absatz 1, 4 Unterabsatz 1 und Absatz 5 der Verordnung (EU) Nr. 537/2014 sind auf alle vom Sparkassen- und Giroverband beschäftigten Personen, die das Ergebnis der Prüfung beeinflussen können, entsprechend anzuwenden. ³Auf die Prüfungsstellen findet Artikel 5 der Verordnung (EU) Nr. 537/2014 keine Anwendung. ⁴Außerdem muß sichergestellt sein, daß der Abschlußprüfer die Prüfung unabhängig von den Weisungen der Organe des Sparkassen- und Giroverbands durchführen kann. ⁵Soweit das Landesrecht nichts anderes vorsieht, findet § 319 Absatz 1 Satz 3 und 4 mit der Maßgabe Anwendung, dass die Prüfungsstelle über einen Auszug hinsichtlich ihrer Eintragung nach § 40a der Wirtschaftsprüferordnung verfügen muss, bei erstmaliger Durchführung einer Prüfung nach Absatz 1 Satz 1 spätestens sechs Wochen nach deren Beginn.

(4) ¹Ist das Kreditinstitut eine Sparkasse, finden Artikel 4 Absatz 3 Unterabsatz 2 sowie die Artikel 16, 17 und 19 der Verordnung (EU) Nr. 537/2014 keine Anwendung. ²Artikel 4 Absatz 3 Unterabsatz 1 sowie Artikel 10 Absatz 2 Buchstabe g der Verordnung (EU) Nr. 537/2014 finden auf alle vom Sparkassen- und Giroverband beschäftigten Personen, die das Ergebnis der Prüfung beeinflussen können, entsprechende Anwendung. ³Auf die Prüfungsstellen finden Artikel 4 Absatz 2 und 3 Unterabsatz 1 sowie Artikel 10 Absatz 2 Buchstabe g der Verordnung (EU) Nr. 537/2014 keine Anwendung.

(5) ¹Kreditinstitute, die Unternehmen von öffentlichem Interesse nach § 316a Satz 2 Nummer 1 oder 2 sind und keinen Aufsichts- oder Verwaltungsrat haben, der die Voraussetzungen des § 100 Absatz 5 des Aktiengesetzes erfüllen muss, haben § 324 anzuwenden, auch wenn sie nicht in der Rechtsform einer Kapitalgesellschaft oder einer Personenhandelsgesellschaft im Sinne des § 264a Absatz 1 betrieben werden. ²Dies gilt für Sparkassen im Sinn des Absatzes 3 sowie sonstige landesrechtliche öffentlich-rechtliche Kreditinstitute nur, soweit das Landesrecht nichts anderes vorsieht. ³§ 36 Absatz 4 und § 53 Absatz 3 des Genossenschaftsgesetzes bleiben unberührt. ⁴§ 324 Absatz 3 Satz 1 ist nicht anwendbar auf Kreditinstitute in der Rechtsform der Genossenschaft, auf Sparkassen und auf sonstige landesrechtliche öffentlich-rechtliche Kreditinstitute.

Schrifttum: BaFin, Rundschreiben 05/2023 (BA) – Mindestanforderungen an das Risikomanagement (MaRisk) v. 29.6.2023; BaFin, Rundschreiben 5/2018 (WA) Mindestanforderungen an die Compliance-Funktion und die weiteren Verhaltens-, Organisations- und Transparenzpflichten (MaComp) v. 19.4.2018 geändert am 28.3.2022; Behrends/Pieper/Schlösser/Zillmann, WpIG: regulatorisches Neuland für kleine und mittelgroße Wertpapierinstitute, WPg 2022, 579; Bieg/Waschbusch, Bankbilanzierung nach HGB und IFRS, 3. Aufl. 2017; Böcking/Orth, Kann das „Gesetz zur Kontrolle und Transparenz im Unternehmensbereich (KonTraG)" einen Beitrag zur Verringerung der Erwartungslücke leisten? – Eine Würdigung auf Basis von Rechnungslegung und Kapitalmarkt, WPg 1998, 351; Hanenberg, Die neuen Vorschriften zur Rechnungslegung der Finanzdienstleistungsinstitute, WPg 1999, 85; Hanenberg, Das neue Konzept einer risikoorientierten Prüfungsberichtsverordnung der Kreditinstitute, WPg 2009, 713; Hellenthal, Das Bankaufsichtsrecht der Europäischen Gemeinschaften, 1992; Hülsen, Prüfungs- und Berichtspflichten bei der Jahresabschlußprüfung von Finanzdienstleistungsinstituten, WPg 1999, 98; IDW, IDW Prüfungsstandard: Rechnungslegungs- und Prüfungsgrundsätze für die Abschlussprüfung (IDW PS 201nF), IDW Life 2021, 500; IDW, IDW Prüfungsstandard: Bildung eines Prüfungsurteils und Erteilung eines Bestätigungsvermerks (IDW PS 400 nF), IDW Life 2021, 1291; IDW, IDW Prüfungsstandard: Grundsätze ordnungsmäßiger Erstellung von Prüfungsberichten (IDW PS 450 nF), IDW Life 2022, 78; IDW, IDW Prüfungsstandard: Grundsätze für die Kommunikation mit den für die Überwachung Verantwortlichen (IDW PS 470 nF), IDW Life 2021, 1411; IDW, IDW Prüfungsstandard: Prüfung der Adressenausfallrisiken und des Kreditgeschäfts von Kreditinstituten (IDW PS 522), FN-IDW 2002, 623; IDW, IDW Prüfungsstandard: Berichterstattung über die Erweiterung der

Abschlussprüfung nach § 53 HGrG (IDW PS 720), FN-IDW 2006, 749, FN-IDW 2011, 113; IDW, IDW Prüfungsstandard: Grundsätze für die prüferische Durchsicht von Abschlüssen (IDW PS 900), FN-IDW 2001, 512; IDW, WPH Edition, Kreditinstitute, Finanzdienstleister und Investmentvermögen, 2020.

Übersicht

I. Grundlagen

1   **1. Normzweck.** Abs. 1 schreibt für **Kreditinstitute** iSv § 1 Abs. 1 KWG eine **größen- und rechtsformunabhängige Abschlussprüfung** nach den Vorschriften der §§ 316–324a vor, sodass alle Kreditinstitute ihren Jahresabschluss und Lagebericht bzw. Konzernabschluss und Konzernlagebericht nach grundsätzlich **einheitlichen Prüfungsvorschriften** prüfen zu lassen haben; rechtsformspezifische Vorschriften wirken ergänzend. Auf Institute, die Unternehmen von öffentlichem Interesse nach § 316a S. 2 Nr. 1 (kapitalmarktorientierte Unternehmen iSd § 264d)[1] oder Nr. 2 (CRR-Kreditinstitute iSd § 1 Abs. 3d S. 1 KWG, mit Ausnahme der Deutschen Bundesbank und der Kreditanstalt für Wiederaufbau) sind, sind die Vorschriften zur Prüfung der §§ 316–324a nur insoweit anzuwenden, als nicht die Abschlussprüfungs-VO anzuwenden ist (Abs. 1 S. 4). Durch das FISG wurde in Abs. 1 S. 4 klargestellt, dass die Abschlussprüfungs-VO auch dann vorrangig anwendbar ist, wenn das Institut ein Unternehmen von öffentlichem Interesse nach § 316a S. 2 Nr. 1, also kapitalmarktorientiert iSd § 264d ist.[2]

2   Seit Inkrafttreten der 6. KWG-Novelle[3] sind auch sämtliche **Finanzdienstleistungsinstitute** iSv § 1 Abs. 1a KWG (→ § 340 Rn. 2 f.), unabhängig von ihrer Größe und Rechtsform, nach den Vorschriften der §§ 316–324a zu prüfen. Dies gilt seit Inkrafttreten des ZDUG auch für **Zahlungsinstitute und E-Geld-Institute** (→ § 340 Rn. 14 f.). Mit dem Gesetz zur Umsetzung der RL (EU) 2019/2034 über die Beaufsichtigung von Wertpapierinstituten vom 12.5.2021 (BGBl. 2021 I 990) wurde der Begriff Wertpapierinstitute im § 340 eingefügt. Die Regelungen für Kreditinstitute gelten somit auch für **Wertpapierinstitute** iSd § 2 Abs. 1 WpIG.[4] Die explizite Erwähnung von Finanzdienstleistungs-, Wertpa-

---

[1]   Dies gilt auch für Finanzdienstleistungsinstitute, Wertpapierinstitute, Zahlungsinstitute und E-Geld-Institute, sofern sie kapitalmarktorientiert iSd § 264d sind. Vgl. BT-Drs. BT-Drs. 19/26966, 108 und → Rn. 2.

[2]   Vgl. BT-Drs. 19/26966, 108.

[3]   Gesetz zur Umsetzung der EG-Richtlinien zur Harmonisierung bank- und wertpapieraufsichtsrechtlicher Vorschriften, vgl. BGBl. 1997 I 2518.

[4]   Zuvor galten Wertpapierinstitute in der Regel als Finanzdienstleistungsinstitute und wurden daher wie diese beaufsichtigt; seither unterliegen sie einem eigenen Aufsichtsregime. Vgl. BT-Drs. 19/26929, 169; → § 340 Rn. 12.

pier-, Zahlungsinstituten und E-Geld-Instituten in Abs. 1 erfolgt nicht. Die analoge Anwendung der Prüfungsvorschriften ergibt sich aus § 340 Abs. 4, 4a und 5.

Die Prüfung nach § 340k steht im engen **Zusammenhang mit den Interessen der** **3** **Bankenaufsicht.**[5] Eine Verknüpfung der Rechtsgebiete des Bankbilanzrechts und Bankaufsichtsrechts ergibt sich aus dem Verweis auf die § 28 und § 29 KWG in § 340k Abs. 1 S. 1.[6] Hierdurch kommt es für Kreditinstitute zu einer **Erweiterung des handelsrechtlichen** **Prüfungsumfangs** und zu einer umfassenden sowie **vereinheitlichten Prüfungsberichterstattung.**[7] Die Regelungen der § 28 und 29 KWG gelten nicht nur für Kreditinstitute und Finanzdienstleistungsinstitute, sondern aufgrund von § 4 WpIG auch für große Wertpapierinstitute. Ein expliziter Verweis auf § 23 und § 24 ZAG sowie § 77 und § 78 WpIG (kleine und mittelgroße WpIG) erfolgt nicht, analog der in § 340k fehlenden expliziten Erwähnung von Finanzdienstleistungsinstituten, Wertpapierinstituten, Zahlungsinstituten und E-Geld-Instituten (→ Rn. 2).

Die Vorschriften der Abs. 2–4 stellen eine **Durchbrechung** der Anwendung rechts- **4** formunabhängiger Prüfungsvorschriften dar. § 340k Abs. 2 regelt abweichend von § 55 GenG die Voraussetzung einer genossenschaftlichen Verbandsprüfung von Kreditinstituten in der Rechtsform einer **Genossenschaft** oder eines wirtschaftlichen Vereins. Abs. 2a beinhaltet eine gesetzliche Klarstellung, dass genossenschaftliche Kreditinstitute verantwortlich nur von Wirtschaftsprüfern geprüft werden dürfen, wie es der Handhabung in der Praxis entspricht.[8] Mit Abs. 3 wurde das Mitgliedstaatenwahlrecht nach Art. 45 Bankbilanz-RL in Anspruch genommen, um weiterhin Sparkassen- oder Giroverbände mit der Abschlussprüfung von **Sparkassen** beauftragen zu können.

Abs. 5 beinhaltet die Verpflichtung zur Einrichtung eines Prüfungsausschusses nach **5** § 324 (→ § 324 Rn. 1 ff.) für Institute, die Unternehmen von öffentlichem Interesse nach § 316a S. 2 sind, auch wenn sie nicht in der Rechtsform einer Kapitalgesellschaft oder einer Personenhandelsgesellschaft iSd § 264a Abs. 1 betrieben werden und keinen Aufsichts- oder Verwaltungsrat haben, der die Anforderungen des § 100 Abs. 5 AktG erfüllt.

2. Prüfungspflichtige Institute. § 340k ist auf **sämtliche Kredit-, Finanzdienst-** **6** **leistungs- und Wertpapierinstitute** sowie **Zahlungsinstitute und E-Geld-Institute** anzuwenden. Prüfungspflichtig sind alle Institute, die unter den Anwendungsbereich des § 340 fallen. § 340k ist daher ebenfalls auf **Zweigniederlassungen** von Unternehmen mit Sitz in einem Staat, der nicht Mitglied der Europäischen Gemeinschaft und auch nicht Vertragsstaat des Abkommens über den Europäischen Wirtschaftsraum ist, anzuwenden (§ 340 Abs. 1 S. 1). Zweigniederlassungen von Unternehmen mit Sitz in einem Staat des Europäischen Wirtschaftsraums iSv § 53b Abs. 1 S. 1 und Abs. 7 KWG sind von der Prüfungspflicht nach § 340k nicht betroffen, da sie gem. § 340 Abs. 1 S. 2 lediglich die Offenlegungspflichten nach § 340l Abs. 2 und 3 einzuhalten haben.

3. Überblick über den Anwendungsbereich. Abs. 1 regelt die Pflicht zur **handels-** **7** **rechtlichen Abschlussprüfung** der Kreditinstitute, Finanzdienstleistungsinstitute, Wertpapierinstitute, Zahlungsinstitute und E-Geld-Institute. Unter Verweis auf die Vorschriften des Dritten Unterabschnitts des Zweiten Abschnitts sind grundsätzlich die Vorschriften der **§§ 316–324a** über die Prüfung anzuwenden, sofern § 340k dem nicht entgegensteht. Bei Unternehmen von öffentlichem Interesse nach § 316a S. 2 Nr. 1 (kapitalmarktorientierte Unternehmen iSd § 264d) oder Nr. 2 (CRR-Kreditinstitute iSd § 1 Abs. 3d S. 1 KWG, mit Ausnahme der Deutschen Bundesbank und der Kreditanstalt für Wiederaufbau) geht die Abschlussprüfungs-VO den §§ 316–324a vor. Für Kreditinstitute als genossenschaftliche Institute und rechtsfähige wirtschaftliche Vereine ist die Prüfung auf der Grundlage des § 53 GenG durchzuführen; § 340k wirkt ergänzend, so dass die genossenschaftliche Prüfung

5   Vgl. Beck HdR/Bieg/Waschbusch B 900 Rn. 412.
6   Vgl. Hellenthal, Das Bankaufsichtsrecht der Europäischen Gemeinschaften, 1992, S. 25.
7   Vgl. Beck HdR/Bieg/Waschbusch B 900 Rn. 412.
8   Vgl. BT-Drs. 16/10067, 95.

durch branchenspezifische Vorschriften modifiziert wird. Bei Durchführung der Abschlussprüfung sind ferner die **berufsständischen Verlautbarungen** zu beachten. Diese besitzen
keinen Rechtsnormcharakter, gleichwohl haben sie eine **faktische Bindungswirkung,**
da der Abschlussprüfer sorgfältig zu prüfen hat, ob die in einer Verlautbarung aufgestellten
Grundsätze bei seiner Tätigkeit und in dem von ihm zu beurteilenden Sachverhalt anzuwenden sind. Ein Abweichen von der Berufsauffassung ist an geeigneter Stelle (zB im Prüfungsbericht) hinreichend schriftlich zu begründen.[9]

8   Der Prüfungsumfang wird für alle Kredit-, Finanzdienstleistungs- und große Wertpapierinstitute um die sich aus den **speziellen Bestimmungen in § 29 KWG** ergebenden
Pflichten erweitert. Für kleine und mittlere Wertpapierinstitute ergibt sich die Erweiterung
des Prüfungsumfangs aus § 78 WpIG und für Zahlungsinstitute bzw. E-Geld-Institute aus
§ 24 ZAG. Infolge des § 29 Abs. 4 KWG bzw. § 24 Abs. 3 ZAG ist bei der Erstellung des
Prüfungsberichts des Abschlussprüfers iSv § 321 die durch die BaFin erlassene **Prüfungsberichtsverordnung (PrüfbV)**[10] bzw. **ZahlPrüfbV**[11] zu beachten, welche formale und
inhaltliche Anforderungen an die Berichterstattung des Abschlussprüfers, die sich auch
auf den Prüfungsumfang und -gegenstand auswirken, enthält. Der Erlass der PrüfbV bzw.
ZahlPrüfbV beruht auf der Ermächtigung in § 29 Abs. 4 KWG bzw. § 24 Abs. 3 ZAG. Der
Anwendungsbereich der PrüfbV wird in § 1 PrüfbV normiert und umfasst den Gegenstand
und Zeitpunkt der Prüfung von Instituten nach § 29 Abs. 1 iVm Abs. 1a und Abs. 2 KWG
und § 68 Abs. 7 KAGB sowie den Inhalt der Prüfungsberichte. Der Anwendungsbereich
der ZahlPrüfbV wird in § 1 ZahlPrüfbV normiert und umfasst den Gegenstand und Zeitpunkt der Prüfung von Instituten nach § 24 Abs. 1 ZAG sowie den Inhalt der Prüfungsberichte.

9   Die PrüfbV und ZahlPrüfbV integrieren den in der Praxis durch den Berufsstand der
Abschlussprüfer verwendeten risikoorientierten Prüfungsansatz in die bankenaufsichtliche
Berichterstattung.[12] Der Grundsatz der Risikoorientierung – die Orientierung an Größe
des Instituts, Geschäftsumfang sowie Risikogehalt und Komplexität der betriebenen
Geschäfte nach § 3 PrüfbV und § 2 ZahlPrüfbV – dient als allgemeiner Maßstab für die
Art und Weise, die Intensität und den Inhalt der Berichterstattung.[13] Ergänzend zur Risikoorientierung ist der Grundsatz der Wesentlichkeit nach § 3 PrüfbV und § 2 ZahlPrüfbV in
der Berichterstattung Rechnung zu tragen. Unbeschadet der besonderen Pflichten des Prüfers nach § 29 KWG kann die BaFin auch gegenüber dem Institut Bestimmungen über
den Inhalt der Prüfung treffen, die vom Prüfer im Rahmen der Jahresabschlussprüfung zu
berücksichtigen sind (§ 30 KWG bzw. § 24 Abs. 4 ZAG).

10   § 78 WpIG regelt ähnlich § 29 KWG die zusätzlichen Prüfungsanforderungen für
kleine und mittlere **Wertpapierinstitute.**[14] Nach § 78 Abs. 6 WpIG kann die BaFin eine
Verordnung bzgl. der Regelungen zur Durchführung der Prüfung erlassen. Der Entwurf
der WpI-PrüfbV ähnelt in seiner Struktur der PrüfbV für Kreditinstitute und Finanzdienstleistungsinstitute, weist aber auch deutliche Abweichungen auf.[15] In den Anwendungsbereich der WpI-PrüfbV fallen gem. Referentenentwurf kleinere und mittlere Wertpapierinstitute.

[9]   Vgl. WP-HdB A Rn. 636; IDW PS 201 nF Rn. 10, 15 und 25.
[10] Verordnung über die Prüfung der Jahresabschlüsse der Kreditinstitute und Finanzdienstleistungsinstitute
      sowie die darüber zu erstellenden Berichte (Prüfungsberichtsverordnung – PrüfbV) v. 11.6.2015,
      BGBl. 2015 I 930, zuletzt geändert am 3.6.2021, BGBl. 2021 I 1568.
[11] Für Institute iSd § 1 Abs. 3 ZAG ist die Verordnung über die Prüfung der Jahresabschlüsse der Zahlungs-
      institute und E-Geld-Institute sowie die darüber zu erstellenden Berichte (Zahlungsinstituts-Prüfungsbe-
      richtsverordnung – ZahlPrüfbV) v. 15.10.2009, BGBl. 2009 I 3648, zuletzt geändert am 12.5.2021,
      BGBl. 2021 I 990, zu beachten.
[12] Vgl. Hanenberg WPg 2009, 716.
[13] Vgl. Hanenberg WPg 2009, 716.
[14] Vgl. Behrends/Pieper/Schlösser/Zillmann WPg 2022, 583.
[15] Vgl. Behrends/Pieper/Schlösser/Zillmann WPg 2022, 583 sowie Referentenentwurf der BaFin zur
      Verordnung zur weiteren Umsetzung der RL (EU) 2019/2034 über die Beaufsichtigung von Wertpapier-
      firmen vom 4.5.2021, www.bafin.de.

Sich aus anderen Gesetzen ergebende Prüfungspflichten (zB nach § 53 HGrG) werden **11** durch die Prüfungspflicht gem. § 340k nicht berührt. Weitere Prüfungspflichten können sich aus **ergänzenden Bestimmungen** der Satzung oder des Gesellschaftsvertrags ergeben.

4. Fristen. Die Prüfung des Jahresabschlusses und Lageberichts sowie des Konzernab- **12** schlusses und Konzernlageberichts ist **innerhalb von fünf Monaten** nach dem Abschlussstichtag vorzunehmen und abzuschließen; die Feststellung des Jahresabschlusses hat sich unverzüglich anzuschließen (§ 340k Abs. 1 S. 2 und 3). In Anwendung des § 29 Abs. 4 S. 1 Nr. 2 KWG, § 24 Abs. 3 S. 1 ZAG bzw. § 78 Abs. 6 S. 1 WpIG kann das BMF im Einvernehmen mit dem BMJ und nach Anhörung der Deutschen Bundesbank durch Rechtsverordnung **einen abweichenden Zeitpunkt der Durchführung der Abschlussprüfung** bestimmen. Diese Ermächtigung kann durch Rechtsverordnung auf die BaFin übertragen werden (§ 29 Abs. 4 S. 3 KWG, § 24 Abs. 3 S. 3 ZAG, § 78 Abs. 6 S. 4 WpIG). Vertraglich oder in der Satzung geregelte Bestimmungen über kürzere Fristen finden parallele Anwendung. Dagegen ist eine Verlängerung der Frist (contra legem) ausgeschlossen.

Die abgeschlossene Prüfung ist gem. § 316 Abs. 1 S. 2 und Abs. 2 S. 2 Voraussetzung **13** für die Feststellung des Jahresabschlusses und für die Billigung des Konzernabschlusses. Nach Abschluss der Prüfung ist der Jahresabschluss **unverzüglich festzustellen** (§ 340k Abs. 1 S. 3).

II. Abschlussprüfer

1. Auswahl des Abschlussprüfers. Unabhängig von der Größe eines **Instituts** kön- **14** nen als Abschlussprüfer **grundsätzlich nur Wirtschaftsprüfer oder Wirtschaftsprüfungsgesellschaften** bestellt werden (§ 319). Die nach § 319 Abs. 1 S. 2 bestehende Möglichkeit bei mittelgroßen Kapitalgesellschaften iSv § 267 Abs. 2 in der Rechtsform einer Gesellschaft mit beschränkter Haftung oder von mittelgroßen Personenhandelsgesellschaften iSd § 264a Abs. 1 einen vereidigten Buchprüfer oder eine Buchprüfungsgesellschaft mit der Abschlussprüfung zu beauftragen, wird durch Abs. 1 S. 1 Hs. 2 ausgeschlossen.[16]

Genossenschaftliche Institute werden nach Genossenschaftsrecht und daher gem. **15** § 55 GenG durch den **genossenschaftlichen Prüfungsverband** geprüft, dem sie nach § 54 GenG angehören. Dieses zwingende Recht wird durch § 340k Abs. 2 bestätigt; einer gesonderten Bestellung bedarf es nicht. Nach § 55 Abs. 3 GenG kann der Prüfungsverband auch einen anderen Prüfungsverband, einen Wirtschaftsprüfer oder eine Wirtschaftsprüfungsgesellschaft mit der Abschlussprüfung beauftragen, wenn dies im Einzelfall notwendig ist, um eine gesetzmäßige sowie sach- und termingerechte Prüfung zu gewährleisten. Die Prüfung ist jedoch zwingend durch einen Wirtschaftsprüfer oder eine Wirtschaftsprüfungsgesellschaft durchzuführen, wenn nicht mehr als die Hälfte der geschäftsführenden Mitglieder des Vorstands des genossenschaftlichen Prüfungsverbands, bei nur zwei Vorständen mindestens einer, ein Wirtschaftsprüfer ist (Abs. 2 S. 1 Hs. 2, S. 2). Gemäß Abs. 2a ist bei der Prüfung durch einen Prüfungsverband der Bestätigungsvermerk durch einen Wirtschaftsprüfer zu unterzeichnen, was die Anordnung der Verantwortlichkeit der Prüfungsdurchführung bei einem Wirtschaftsprüfer verdeutlicht.[17] Die Ausschlussgründe von § 319 Abs. 2 und 3 gelten für die gesetzlichen Vertreter des Prüfungsverbandes und für alle vom Prüfungsverband beschäftigten Personen, die das Ergebnis der Prüfung beeinflussen können mit der Einschränkung des § 340k Abs. 2 S. 3 entsprechend. § 319 Abs. 3 S. 1 Nr. 2 führt gem. § 340k Abs. 2 S. 3 nicht zum Ausschluss als Abschlussprüfer, wenn sichergestellt ist, dass der Abschlussprüfer die Prüfung unabhängig von den Weisungen durch das Aufsichtsorgan durchführen kann. Die Anforderungen nach § 319 Abs. 1 S. 3 und 4 (→ § 319 Rn. 1 ff.) gelten entsprechend mit der Maßgabe, dass der Prüfungsverband über einen Auszug hin-

---

16 Der Ausschluss größenabhängiger Erleichterungen steht in Einklang mit § 340a Abs. 1, der die Anwendung der Vorschriften für große Kapitalgesellschaften vorsieht. Vgl. BT-Drs. 13/7143 Begr. zu § 340k.

17 Vgl. BT-Drs. 16/10067, 95.

sichtlich seiner Eintragung nach § 40a WPO verfügen muss; bei erstmaliger Durchführung einer Prüfung spätestens sechs Wochen nach deren Beginn (Abs. 2 S. 4).

16   Abschlussprüfer eines Instituts in Form einer **öffentlich-rechtlichen Sparkasse** dürfen nach Abs. 3 auch Prüfungsstellen des jeweils zuständigen **Sparkassen- und Giroverbands** sein, sofern ihr Leiter die Voraussetzungen von § 319 Abs. 1 S. 1 und 2 erfüllt. Zudem ist in hinreichend konkretisierter Weise sicherzustellen, dass der Abschlussprüfer im Rahmen der Durchführung seiner Prüfung keinen Weisungen der Organe seines Sparkassen- und Giroverbands unterliegt (§ 340k Abs. 3 S. 4). Die Ausschlussgründe von § 319 Abs. 2, 3 und 5 sowie Art. 5 Abs. 1, 4 UAbs. 1 und Abs. 5 Abschlussprüfungs-VO sind auf alle vom Sparkassen- und Giroverband beschäftigten Personen, die das Ergebnis der Prüfung beeinflussen können, entsprechend gem. § 340k Abs. 3 S. 2 Hs. 2 anzuwenden. Auf die Prüfungsstellen findet Art. 5 Abschlussprüfungs-VO keine Anwendung (Abs. 3 S. 3). Die von der Verordnung aufgestellten Unabhängigkeitsanforderungen richten sich nicht an die Prüfungsstellen der Sparkassen- und Giroverbände, sondern an die von den Verbänden beschäftigten Personen, die das Ergebnis der Prüfung beeinflussen können.[18] Soweit das Landesrecht nichts anderes bestimmt, muss die Prüfungsstelle über einen Auszug hinsichtlich ihrer Eintragung nach § 40a WPO verfügen; bei erstmaliger Durchführung einer Prüfung spätestens sechs Wochen nach deren Beginn (§ 340k Abs. 3 S. 5 iVm § 319 Abs. 1 S. 3 und 4).

17   **2. Bestellung des Abschlussprüfers.** Abschlussprüfer ist, wer gem. § 340k nach der Bestimmung des § 318 gewählt und beauftragt wird und den Auftrag zur Abschlussprüfung annimmt (→ § 318 Rn. 1 ff.); der Auftragsannahme dürfen keine gesetzlichen oder berufsständischen Hinderungsgründe entgegenstehen. Die Wahl des Abschlussprüfers entfällt, wenn die Abschlussprüfung durch einen Prüfungsverband durchgeführt wird oder der Abschlussprüfer gerichtlich bestellt wird (§ 28 Abs. 2 KWG, § 23 Abs. 2 ZAG, § 77 Abs. 2 WpIG und § 318 Abs. 3). Die Bestellung des Abschlussprüfers erfolgt grundsätzlich nach der handelsrechtlichen Vorschrift des § 318, die aus aufsichtsrechtlichen Gründen durch § 28 KWG, § 23 ZAG bzw. § 77 WpIG ergänzt wird.

18   Institute von öffentlichem Interesse (kapitalmarktorientierte Institute iSd § 264d und CRR-Kreditinstitute), die in den Anwendungsbereich der Abschlussprüfungs-VO fallen, haben nach Art. 17 Abs. 1 Abschlussprüfungs-VO eine normierte **maximale Mandatsdauer von zehn Jahren.** Durch das FISG wurde die Unabhängigkeit der Abschlussprüfer gestärkt, indem die verpflichtende externe Prüferrotation nach zehn Jahren für alle kapitalmarktorientierten Unternehmen vorgeschrieben wird und die Möglichkeit einer Verlängerung der Höchstlaufzeit eines Mandats in § 318 Abs. 1a aF aufgehoben wurde.[19] Für Institute war die Möglichkeit der Verlängerung auch vor der Aufhebung des § 318 Abs. 1a aF durch Abs. 1 S. 1 aF ausgeschlossen.

19   Eine Pflicht zur externen Rotation ist mit dem gesetzlichen Dauermandat zur Prüfung von **Sparkassen** unvereinbar, demzufolge werden Sparkassen nach Abs. 4 von der verpflichtenden externen Rotation ausgenommen.[20] Ferner können die europäischen Vorgaben zur Entscheidung des Prüfungsausschusses über die Weiterführung der Abschlussprüfung im Falle der relativ hohen finanziellen Abhängigkeit von einem Mandanten, zur Ausschreibung und Abberufung aufgrund der verpflichtenden Mitgliedschaft in einem landesgesetzlich vorgegebenen Sparkassenverband, der die zuständige Prüfungseinrichtung enthält, keine Anwendung auf die Prüfung von Sparkassen finden.[21]

20   Der **Konzernabschlussprüfer** wird von den Gesellschaftern des Mutterunternehmens gewählt und von den gesetzlichen Vertretern bzw. dem Aufsichtsrat beauftragt. Ist kein Konzernabschlussprüfer gewählt, gilt iSv § 318 Abs. 2 S. 1 der Abschlussprüfer des in den Konzernabschluss einbezogenen Jahresabschlusses des Mutterunternehmens als bestellt. Ist

---

18   Vgl. BT-Drs. 18/7219, 51.
19   Vgl. DT-Drs. 19/26966, 142.
20   Vgl. BT-Drs. 18/7219, 51.
21   Vgl. BT-Drs. 18/7219, 51.

das Mutterunternehmen eine Genossenschaft, so ist nach § 340k Abs. 2 S. 5 der Prüfungsverband dem die Genossenschaft angehört, auch Konzernabschlussprüfer (zu den Voraussetzungen → Rn. 15).

Um eine nach aufsichtsrechtlichen Standards fachgerechte, zeitgerechte und unabhän **21** gige Abschlussprüfung sicherzustellen, hat die BaFin ein begrenztes, durchsetzbares **Interventionsrecht bei der Bestellung des Abschlussprüfers** im Rahmen des § 28 KWG, § 23 ZAG bzw. § 77 WpIG.[22] Dieses Interventionsrecht greift nicht für Institute, die der Prüfung durch einen genossenschaftlichen Prüfungsverband oder durch die Prüfungsstelle des Sparkassen- und Giroverbandes unterliegen (§ 28 Abs. 3 KWG). Notwendige Voraussetzung zur Ausübung des Interventionsrechts seitens der Bankenaufsicht ist die Kenntnis des mit der Prüfung beauftragten Abschlussprüfers. Die Institute sind daher zur unverzüglichen **Anzeige der Bestellung** gem. § 28 Abs. 1 S. 1 KWG, § 23 Abs. 1 S. 1 ZAG bzw. § 77 Abs. 1 S. 1 WpIG gegenüber der BaFin sowie gegenüber der Deutschen Bundesbank verpflichtet. Da die Bestellung des Abschlussprüfers vor Ablauf des zu prüfenden Geschäftsjahrs erfolgen soll,[23] kann die BaFin bei sich abzeichnender oder in der Vergangenheit aufgetretener unzureichender Prüfungsdurchführung innerhalb von zwei Monaten[24] nach Zugang der Anzeige die **Bestellung eines anderen Abschlussprüfers verlangen** (§ 28 Abs. 1 S. 2 KWG, § 23 Abs. 1 S. 2 ZAG, § 77 Abs. 1 S. 2 WpIG). Die BaFin kann gem. § 28 Abs. 1 S. 4 KWG, § 77 Abs. 1 S. 3 WpIG auch den **Wechsel des verantwortlichen Prüfungspartners** iSv § 43 Abs. 3 S. 3 WPO verlangen, wenn die vorangegangenen Prüfungen nicht den Prüfungszweck erfüllt haben (zB wegen gravierender Mängel) und die bestellte Wirtschaftsprüfungsgesellschaft bereits in den beiden vorangegangenen Geschäftsjahren Abschlussprüfer des Instituts war.[25] Die BaFin kann nur die Bestellung eines anderen Abschlussprüfers verlangen; sie kann aber nicht den Abschlussprüfer selbst bestellen oder auswählen.[26] Auf Antrag der BaFin hat das (Register-)Gericht des Sitzes des Instituts unter den in § 28 Abs. 2 KWG, § 23 Abs. 2 ZAG bzw. § 77 Abs. 2 WpIG genannten Fällen einen Abschlussprüfer zu bestellen. Die besonderen Vorschriften zur Bestellung des Abschlussprüfers gelten nach § 28 Abs. 3 KWG nicht für von Prüfungsverbänden bzw. -stellen geprüfte Institute.

Einer Bestellung des Abschlussprüfers können von dessen Wahl bis zur Beendigung der **22** Abschlussprüfung, einschließlich der Abgabe eines Prüfungsurteils iSv § 322, sachliche oder persönliche Ausschlussgründe entgegenstehen. § 340k bestimmt iVm § 319 Abs. 1 die **sachlichen Voraussetzungen,** die an den Abschlussprüfer gestellt werden. **Ausschlussgründe** ergeben sich aus der Vorschrift des § 340k iVm § 319 Abs. 2 und 3.[27] § 319 Abs. 2 enthält den allgemeinen Grundsatz, dass ein Wirtschaftsprüfer oder vereidigter Buchprüfer als Abschlussprüfer ausgeschlossen ist, wenn die Besorgnis der Befangenheit besteht, dies ist insbesondere bei Beziehungen geschäftlicher, finanzieller und persönlicher Art anzunehmen. In § 319 Abs. 3 wird der allgemeine Unabhängigkeitsgrundsatz durch die Aufführung einzelner, nicht mit der Unabhängigkeit des Abschlussprüfers zu vereinbarender, Sachverhalte konkretisiert. Durch § 319b wird die Anwendung der Unabhängigkeitsvorschriften des § 319 unter bestimmten Voraussetzungen auf sog. Netzwerke ausgeweitet.

III. Prüfungsgegenstand und -umfang

1. Handelsrechtliche Pflichten des Abschlussprüfers. Für Gegenstand und **23** Umfang der Abschlussprüfung sowie der Konzernabschlussprüfung gelten grundsätzlich die

---

22 Vgl. Szagunn/Haug/Ergenzinger/Ergenzinger KWG § 28 Rn. 1.

23 Vgl. Reischauer/Kleinhans KWG § 28 Rn. 2.

24 Durch das FISG wird der BaFin ein Abberufungsverlangen innerhalb eines längeren Zeitraums ermöglicht, da die vorherige 1-Monats-Regelung nicht zweckmäßig ist. Vgl. BT-Drs. 19/26966, 92.

25 Vgl. BT-Drs. 17/1720, 45. Weitere Möglichkeiten der Bestellung eines anderen Prüfers durch die BaFin s.§ 28 Abs. 1 KWG, § 23 Abs. 1 ZAG.

26 Vgl. IDW, WPH Edition, Kreditinstitute, G Rn. 20.

27 § 319 Abs. 4 überträgt die Ausschlusstatbestände der Abs. 2 und 3 auf Wirtschaftsprüfungsgesellschaften und Buchprüfungsgesellschaften und Abs. 5 enthält die entsprechende Anwendung der Abs. 2–4 auf die Prüfung des Konzernabschlusses.

allgemeinen Anforderungen nach § 317 infolge des Verweises in § 340k Abs. 1 (→ § 317 Rn. 1 ff.). **Prüfungsgegenstand** sind demnach der **Jahresabschluss,** bestehend aus Bilanz, GuV sowie Anhang, einschließlich der **Buchführung,** und der **Lagebericht** bzw. der **Konzernabschluss und Konzernlagebericht,** die den handelsrechtlichen Vorschriften sowie den GoB unter Berücksichtigung der branchenspezifischen Vorschriften der §§ 340–340o zu entsprechen haben.

24 Eine explizite gesetzliche Regelung über **Prüfungsumfang und Prüfungsdurchführung** enthält das HGB nicht. Die notwendigen Prüfungshandlungen sowie deren Umfang bestimmen sich nach den berufsständischen Anforderungen.[28]

25 **2. Besondere Pflichten bei der Abschlussprüfung von Instituten. a) Prüfungspflichten nach dem KWG, ZAG und WpIG.** Über die handelsrechtlichen Prüfungsvorschriften hinaus ergeben sich **rechtsformspezifische und aufsichtsrechtliche Pflichterweiterungen** aus Vorschriften des AktG, HGrG, GenG, KWG, ZAG, WpIG und WpHG.

26 Die handelsrechtliche Abschlussprüfung gem. § 340k iVm §§ 316–324a wird nach § 29 Abs. 1 S. 1 KWG, § 24 Abs. 1 S. 1 ZAG bzw. § 78 Abs. 1 S. 1 WpIG um die **Prüfung der wirtschaftlichen Verhältnisse** erweitert, die über die handelsrechtliche Prüfung der wirtschaftlichen Lage hinausgeht.[29] Die Beurteilung der wirtschaftlichen Verhältnisse des geprüften Institutes durch den Abschlussprüfer ist für eine wirksame Beaufsichtigung der Institute unentbehrlich.[30] Insbesondere sind die aufgrund branchenspezifischer Risiken gebildeten stillen Reserven in die Lagebeurteilung einzubeziehen. Im Rahmen dieser Prüfung sind auch solche Faktoren zu würdigen, die die **künftige Entwicklung** der Vermögens-, Finanz- und Ertragslage beeinflussen können. Gemäß Art. 26 Abs. 2 Kapitaladäquanz-VO sind von einem Institut aufgestellte Zwischenabschlüsse zur Ermittlung von Zwischengewinnen seitens des Abschlussprüfers einer prüferischen Durchsicht zu unterziehen. Nach § 340a Abs. 3 S. 3 ist eine prüferische Durchsicht so durchzuführen, dass bei gewissenhafter Berufsausübung ein Widerspruch des Zwischenabschlusses in wesentlichen Belangen zu anzuwendenden Rechnungslegungsgrundsätzen ausgeschlossen werden kann (§ 340a Abs. 3). Der Abschlussprüfer hat das Ergebnis der prüferischen Durchsicht in einer Bescheinigung zusammenzufassen (§ 340a Abs. 3 S. 4). Nach dem Sinn und Zweck von § 29 Abs. 1 S. 1 KWG iVm Art. 26 Abs. 2 Kapitaladäquanz-VO sind auch bei Zwischenabschlüssen die wirtschaftlichen Verhältnisse im Rahmen der prüferischen Durchsicht angemessen zu würdigen, obgleich die gesetzlichen Regelungen für Zwischenabschlüsse keine Prüfung mehr vorsehen, sondern lediglich eine prüferische Durchsicht. Für die Durchführung der prüferischen Durchsicht sind vom Abschlussprüfer die Vorgaben des IDW PS 900 „Grundsätze für die prüferische Durchsicht von Abschlüssen" zu beachten.

27 Bei den Instituten ist die Einhaltung der in § 29 Abs. 1 S. 2 KWG, § 24 Abs. 1 S. 2 ZAG bzw. § 78 Abs. 1 S. 3 WpIG aufgeführten **Anzeigepflichten** und die sich nicht aus dem Handelsgesetzbuch ergebenden **gesetzlichen Anforderungen,** zB an eine ordnungsgemäße Geschäftsorganisation, insbesondere ein angemessenes und wirksames Risikomanagementsystem[31] nach § 25a Abs. 1 S. 3 KWG, zu überprüfen. Auf diese Weise soll die formelle und materielle Einhaltung der aufsichtsrechtlichen Bestimmungen sowie eine auf weitestgehend einheitlichen Standards basierende Aufsicht sichergestellt werden.[32] Zur Gewährleistung einer hinreichenden Bankenaufsicht werden die gesetzlichen Anforderungen durch Rechtsverordnungen konkretisiert. Des Weiteren werden von der BaFin Verlautbarungen erlassen, die ebenfalls zusätzliche Anforderungen an die Berichterstattung des

---

[28] Hinsichtlich der Rechnungslegungs- und Prüfungsgrundsätze, die durch den Abschlussprüfer bei einer Abschlussprüfung unbeschadet seiner Eigenverantwortlichkeit zu beachten sind, s. § 317 und IDW PS 201 nF.

[29] Vgl. Beck HdR/Bieg/Waschbusch B 900 Rn. 413.

[30] Vgl. BT-Drs. 7/3657, 22.

[31] Zur Beurteilung des Risikomanagements durch den Abschlussprüfer vgl. §§ 11 ff. PrüfbV.

[32] Vgl. Beck HdR/Bieg/Waschbusch B 900 Rn. 414.

Abschlussprüfers stellen und damit den Prüfungsgegenstand und -umfang ergänzen.[33] Gemäß Wortlaut des § 29 Abs. 1 S. 2 KWG, § 24 Abs. 1 S. 2 ZAG bzw. § 78 Abs. 1 S. 3 WpIG bezieht sich die Prüfungspflicht der Anzeigepflicht nur auf die Prüfung von Jahresabschlüssen und demnach nicht auf die prüferische Durchsicht von Zwischenabschlüssen.

b) Weitere Beispiele für Prüfungspflichten nach dem KWG. Der Abschlussprüfer **28** hat gem. § 29 Abs. 1 S. 2 Nr. 2 lit. c KWG zu prüfen, ob das Kredit- oder Finanzdienstleistungs- oder große Wertpapierinstitut als **zentrale Gegenpartei** seinen Verpflichtungen gemäß den Anforderungen der OTC-VO (VO (EU) 648/2012) über OTC-Derivate, zentrale Gegenparteien und Transaktionsregister (EMIR) nachkommt. Dazu gehören die Clearingpflicht (Art. 4 EMIR), die Meldepflicht (Art. 9 EMIR) und Risikominderungstechniken (Art. 11 EMIR). Bei zentralen Gegenparteien (CCP) erstreckt sich die Jahresabschlussprüfung zusätzlich auf die Einhaltung der Vorgaben aus der EMIR (§ 29 Abs. 1a KWG).

Der Abschlussprüfer hat gem. § 29 Abs. 1 S. 2 Nr. 2 lit. f KWG zu prüfen, ob das **29** Kredit-, Finanzdienstleistungs-, oder große Wertpapierinstitut seinen Verpflichtungen gemäß den Anforderungen der zur Verbesserung der Wertpapierlieferungen und -abrechnungen in der EU und über Zentralverwahrer (CSDR) nachkommt. Bei Zentralverwahrern erstreckt sich die Jahresabschlussprüfung zusätzlich auf die Einhaltung der Vorgaben aus der CSDR (§ 29 Abs. 1b KWG). Der Abschlussprüfer hat gem. § 29 Abs. 1 S. 2 Nr. 2 lit. j KWG zu prüfen, ob das Institut bei Verbriefungstransaktionen die Anforderungen der VO (EU) 2017/2402 zum Rahmen für Verbriefungen erfüllt.

Bei einem Kredit-, Finanzdienstleistungs- oder großen Wertpapierinstitut, das aufgefor- **30** dert wurde, einen **Sanierungsplan** nach § 12 SanInsFoG aufzustellen, hat der Prüfer auch zu prüfen, ob der Sanierungsplan die Voraussetzungen nach § 12 Abs. 1 SanInsFoG sowie nach § 13 Abs. 1–4 SanInsFoG erfüllt (§ 29 Abs. 1 S. 7 KWG).

Gemäß § 29 Abs. 2 S. 1 KWG ist Prüfungsgegenstand bei allen Kredit-, Finanzdienst- **31** leistungs-, oder großen Wertpapierinstituten auch die Einhaltung der Verpflichtungen im Zusammenhang mit **geldwäscherelevanten Vorschriften.** Folglich hat der Abschlussprüfer zu beurteilen, ob die Institute angemessene Vorkehrungen zur Verhinderung von Geldwäsche und Terrorismusfinanzierung sowie von betrügerischen Handlungen zu Lasten des Kredit-, Finanzdienstleistungs- und großen Wertpapierinstituts getroffen haben. Die sich aus dem Geldwäschegesetz obliegenden Pflichten werden für Kredit- und Finanzdienstleistungsinstitute konkretisiert und ergänzt durch institutsspezifische Regelungen zur Verhinderung von Geldwäsche, von Terrorismusfinanzierung und von betrügerischen Handlungen zum Nachteil der Institute in den §§ 25g–25m KWG.[34] Zu den Prüfungspflichten bei Kredit- und Finanzdienstleistungsinstituten[35] gehören ferner die Prüfung der Einhaltung der Bestimmungen über die Führung einer Datei zwecks automatisierten Abrufs von **Kontoinformationen** seitens der BaFin (§ 24c KWG). Es ist zu prüfen, ob das Kredit- oder Finanzdienstleistungs- oder große Wertpapierinstitut den Verpflichtungen nach der Überweisungs-VO (VO (EG) Nr. 924/2009), der SEPA-VO (VO (EU) Nr. 260/2012), der Geldtransfer-VO 2017 (VO (EU) 2015/847) und dem Zahlungskontengesetz nachgekommen ist (§ 29 Abs. 2 S. 1 KWG).

Gemäß § 4 WpIG ist § 29 KWG auch für große Wertpapierinstitute einschlägig. Auf- **32** grund von § 29 Abs. 4 KWG hat die BaFin die sogenannte Prüfungsberichtsverordnung (PrüfbV) erlassen. In dieser sind große Wertpapierinstitute als solche nicht namentlich genannt. Wertpapierinstitute unterlagen bislang den Vorschriften für Finanzdienstleistungsinstitute und damit auch der PrüfbV. Der Referentenentwurf der Verordnung über die Prüfung der Jahresabschlüsse der Wertpapierinstitute sowie über die zu erstellenden Berichte (WpI-PrüfbV) sieht in § 1 PrüfbV zur Anwendung nur kleinere und mittlere Wertpapierins-

---

[33] Insbes. ergeben sich aus den Mindestanforderungen an das Risikomanagement (MaRisk) v. 29.6.2023 weitere Prüfungspflichten. Vgl. BaFin Rundschreiben 05/2023 v. 29.6.2023.
[34] Gemäß § 4 WpIG ist § 25h KWG für große Wertpapierinstitute nicht einschlägig.
[35] Gemäß § 4 WpIG ist § 24c KWG für große Wertpapierinstitute nicht einschlägig.

titute vor. Folglich ist davon auszugehen, dass die PrüfbV auch weiterhin bei großen Wertpapierinstituten Anwendung findet. Anderenfalls würde eine Regelungslücke entstehen. Für kleine und mittlere Wertpapierinstitute enthält § 78 WpIG eine Auflistung der zu prüfenden Anforderungen und Pflichten. Für große Wertpapierinstitute findet § 78 WpIG keine Anwendung (§ 4 S. 2 WpIG).

33   Nach § 26 Abs. 4 PrüfbV ist die Einhaltung der Vorschriften des Geldwäschegesetzes sowie der § 24c und §§ 25h–25m KWG bei Kredit- und Finanzdienstleistungsinstituten, deren Bilanzsumme 400 Mio. EUR zum Bilanzstichtag nicht überschreitet, nur in zweijährigem Turnus zu prüfen, sofern die Risikolage des Instituts dem nicht entgegensteht.

34   Der Prüfer hat die Einhaltung der Mitteilungs- und Veröffentlichungspflichten und sonstigen Anforderungen der Art. 5–10 **Leerverkaufs-VO** und Art. 12–14 Leerverkaufs-VO (VO (EU) Nr. 236/2012 über Leerverkäufe und bestimmte Aspekte von Credit Default Swaps) zu prüfen (§ 29 Abs. 2 S. 2 KWG).

35   Bei **Pfandbriefbanken** iSd § 1 Abs. 1 S. 1 PfandBG ist die Einhaltung der organisatorischen Anforderungen an die Verfahren und Systeme aus § 4 Abs. 4, den §§ 5, 16, 24, 26d, 27, 27a sowie 28 PfandBG zu prüfen (§ 29 Abs. 2 S. 5 KWG).

36   Bei Kreditinstituten, Zweigniederlassungen iSd § 53b KWG und Zweigstellen iSd § 53, die das **Depotgeschäft** iSv § 1 Abs. 1 S. 2 Nr. 5 KWG betreiben und dieses nicht nach § 89 Abs. 1 S. 2 WpHG (→ Rn. 38) zu prüfen ist, ist dieses Prüfungsgegenstand im Rahmen der Abschlussprüfung und besonders zu prüfen (§ 29 Abs. 2 S. 3 KWG).[36] Die Prüfungspflicht erstreckt sich gem. § 29 Abs. 2 S. 3 KWG auch auf die Einhaltung der Verpflichtungen und Bestimmungen von § 67a Abs. 3 und § 67b AktG, jeweils auch in Verbindung mit § 125 Abs. 1, 2 und 5 AktG (Mitteilungspflichten) und § 135 AktG (Ausübung des Stimmrechts).

37   Nach § 29 Abs. 2 S. 6 KWG besteht die Verpflichtung zur gesonderten Berichterstattung über die Ergebnisse der Prüfungen nach § 29 Abs. 2 S. 1–5 KWG, wie der geldwäscherelevanten Vorschriften, der Einhaltung der Leerverkaufs-VO, der Pfandbriefbanken und des Depotgeschäfts.

38   **c) Prüfung nach § 89 WpHG.** Die Prüfung von **Wertpapierdienstleistungsunternehmen** nach § 89 WpHG findet einmal jährlich statt. Bei Kreditinstituten, die das Depotgeschäft iSv § 1 Abs. 1 S. 2 Nr. 5 KWG betreiben, bei Wertpapierinstituten, die das eingeschränkte Verwahrgeschäft iSd § 2 Abs. 4 Nr. 1 WpIG und bei Finanzdienstleistungsinstituten, die das eingeschränkte Verwahrgeschäft iSd § 1 Abs. 1a S. 2 Nr. 12 KWG erbringen, hat der Prüfer auch diese Geschäfte besonders zu prüfen; diese Prüfung hat sich auch auf die Einhaltung des § 67a Abs. 3 AktG und § 67b AktG, jeweils auch in Verbindung mit § 125 Abs. 1, 2 und 5 AktG über Mitteilungspflichten und des § 135 AktG über die Ausübung des Stimmrechts zu erstrecken (§ 89 Abs. 1 S. 2 WpHG; zur Depotprüfung → Rn. 36). Die BaFin kann gem. § 89 Abs. 1 S. 3 WpHG auf Antrag das Wertpapierdienstleistungsunternehmen von der jährlichen Prüfung befreien, wenn bestimmte Voraussetzungen erfüllt sind. Die Prüfung ist von geeigneten Prüfern durchzuführen (§ 89 Abs. 1 S. 1 WpHG), worunter gem. § 89 Abs. 1 S. 6 WpHG Wirtschaftsprüfer, vereidigte Buchprüfer sowie Wirtschaftsprüfungs- und Buchprüfungsgesellschaften fallen, die hinsichtlich des Prüfungsgegenstands über ausreichende Kenntnisse verfügen. Bei Kreditinstituten, die einem genossenschaftlichen Prüfungsverband angehören oder durch die Prüfungsstelle eines Sparkassen- oder Giroverbands geprüft werden, wird die Prüfung durch den zuständigen Prüfungsverband bzw. die zuständige Prüfungsstelle durchgeführt (§ 89 Abs. 1 S. 5 WpHG). Die Anforderungen an die Prüfung des Wertpapierdienstleistungsgeschäfts nach § 89 Abs. 1 S. 1 WpHG ergeben sich neben den Vorschriften des WpHG ua aus der Wertpapierdienstleistungs-Prüfungsverordnung (WpDPV),[37] der Wertpapierdienstleistungs-Verhaltens- und Or-

---

[36]   Vgl. Beck HdR/Bieg/Waschbusch B 900 Rn. 413; IDW, WPH Edition, Kreditinstitute, G Rn. 34.

[37]   Verordnung über die Prüfung der Wertpapierdienstleistungsunternehmen nach § 89 des Wertpapierhandelsgesetzes (Wertpapierdienstleistungs-Prüfungsverordnung – WpDPV) v. 17.1.2018, BGBl. 2018 I 140 geändert am 12.12.2019, BGBl. 2019 I 2637.

ganisationsverordnung (WpDVerOV)[38] und den Mindestanforderungen an die Compliance-Funktion und die weiteren Verhaltens-, Organisations- und Transparenzpflichten nach §§ 63 ff. WpHG für Wertpapierdienstleistungsunternehmen (MaComp).[39]

d) Prüfung nach § 53 GenG. Bei Instituten in der Rechtsform der Genossenschaft **39** wird die Abschlussprüfung im Rahmen der Prüfung nach § 53 GenG durchgeführt. Zweck dieser Prüfung ist nach § 53 Abs. 1 GenG die Feststellung der wirtschaftlichen Verhältnisse und der Ordnungsmäßigkeit der Geschäftsführung, was eine Prüfung der Einrichtungen, der Vermögenslage sowie der Geschäftsführung der Genossenschaft einschließlich der Führung der Mitgliederliste beinhaltet. Eine Prüfung ist mindestens in einem zweijährigen Turnus durchzuführen, wobei Genossenschaften mit einer Bilanzsumme von mehr als zwei Millionen EUR zu einer jährlichen Prüfung verpflichtet sind (§ 53 Abs. 1 GenG). Formal-rechtlich stellt diese Prüfung keine erweiterte handelsrechtliche Abschlussprüfung dar.

e) Prüfung nach § 53 HGrG. Öffentlich-rechtliche Sparkassen oder sonstige Institute, **40** die mittelbar oder unmittelbar in mehrheitlichem Besitz einer oder mehrerer Gebietskörperschaften sind, haben gem. § 53 Abs. 1 HGrG die Abschlussprüfung um die **Prüfung der Ordnungsmäßigkeit der Geschäftsführung sowie die Darstellung der wirtschaftlichen Verhältnisse** zu erweitern. Eine Prüfung der Ordnungsmäßigkeit der Geschäftsführung umfasst gem. IDW PS 720 „Berichterstattung über die Erweiterung der Abschlussprüfung nach § 53 HGrG" die Prüfung der Ordnungsmäßigkeit der Geschäftsführungsorganisation, des Geschäftsführungsinstrumentariums und der Geschäftsführungstätigkeit. Der IDW PS 720 konkretisiert anhand eines Fragenkatalogs die erweiterten Prüfungshandlungen.

IV. Prüfungsberichterstattung

1. Prüfungsbericht des Abschlussprüfers. Über das Ergebnis der Abschlussprüfung **41** von Instituten hat der Abschlussprüfer gem. § 340k iVm § 321 Abs. 1 einen Prüfungsbericht zu erstellen. Dieser Bericht ist essentieller **Bestandteil der Jahresabschlussprüfung;** erst mit der vollständigen Abfassung des Prüfungsberichts und seiner Zustellung an die gesetzlich bestimmten Empfänger gelten die Prüfungshandlungen als abgeschlossen. Liegt der Prüfungsbericht nicht in der gesetzlich bestimmten inhaltlichen Mindestform vor, so gilt die Prüfungspflicht als nicht erfüllt. Das **Vorliegen des Prüfungsberichts ist Voraussetzung für die Feststellung des Jahresabschlusses.**

Für Institute ergeben sich bzgl. des Empfängerkreises, der Zielsetzung, des Inhalts sowie **42** der Form des Prüfungsberichts Besonderheiten aus dem KWG, insbesondere in Verbindung mit der PrüfbV und den MaRisk. **Empfänger des Prüfungsberichts** sind neben den gesetzlichen Vertretern (§ 321 Abs. 5) und den Vertretern des Konzernmutterunternehmens (§ 294 Abs. 3 S. 1) auch die BaFin und die Deutsche Bundesbank (§ 26 Abs. 1 S. 3 KWG, § 22 Abs. 1 S. 1 ZAG, § 76 Abs. 1 S. 3 WpIG); bei Genossenschaften und Sparkassen jedoch nur auf Anforderung der Aufsichtsbehörden (§ 26 Abs. 1 S. 4 KWG). Rechtsformspezifisch bekommen zudem der Aufsichtsrat (§ 170 Abs. 1 und 3 AktG bzw. § 52 Abs. 1 GmbHG) und die Gesellschafter einer GmbH (§ 42a Abs. 1 und 2 GmbHG), sofern nicht im Gesellschaftsvertrag anders geregelt, den Prüfungsbericht ausgehändigt. Wird der Abschlussprüfer durch den Aufsichtsrat beauftragt (zB § 111 Abs. 2 S. 3 AktG), hat dieser den Bericht unmittelbar seinen Auftraggebern und gleichzeitig einem eingerichteten Prüfungsausschuss (§ 321 Abs. 5 S. 2) und direkt im Anschluss auch unverzüglich dem Geschäftsführungsorgan mit Gelegenheit zur Stellungnahme zuzuleiten (§ 321 Abs. 5 S. 3). Hierzu kann auch ein unverbindliches Vorabexemplar des Prüfungsberichts verwendet werden.[40]

---

[38] Verordnung zur Konkretisierung der Verhaltensregeln und Organisationsanforderungen für Wertpapierdienstleistungsunternehmen (Wertpapierdienstleistungs-Verhaltens- und Organisationsverordnung – WpDVerOV) v. 17.10.2017, BGBl. 2017 I 3566, zuletzt geändert am 30.9.2022, BGBl. 2022 I 1603.

[39] Rundschreiben 5/2018 (WA) der BaFin v. 19.4.2018, geändert am 28.3.2022.

[40] Vgl. Böcking/Orth WPg 1998, 360.

43   Der Prüfungsbericht über das Ergebnis der Prüfung des Jahresabschlusses ist gem. § 26 Abs. 1 S. 3 KWG, § 22 Abs. 1 S. 3 ZAG, § 76 Abs. 1 S. 3 WpIG unverzüglich nach Beendigung der Prüfung vom Abschlussprüfer der BaFin und der Deutschen Bundesbank einzureichen. Gleiches gilt für den Konzernprüfungsbericht (§ 26 Abs. 3 S. 3 KWG, § 22 Abs. 2 S. 2 ZAG) und den Bericht über das Ergebnis einer Prüfung im Zusammenhang mit einer Sicherungseinrichtung (§ 26 Abs. 2 KWG). Sofern bei Genossenschaften oder bei Sparkassen die Prüfung durch einen genossenschaftlichen Prüfungsverband bzw. durch die Prüfungsstelle eines Sparkassen- oder Giroverbands durchgeführt wird, hat eine Einreichung der Prüfungsberichte nur auf Anforderung seitens der Bankenaufsicht zu erfolgen (§ 26 Abs. 1 S. 4 KWG bzw. für Prüfungsberichte von Konzernabschlüssen § 26 Abs. 3 S. 4 KWG). Institute, die der Prüfung nach § 53 HGrG unterliegen, haben den Prüfungsbericht auf Verlangen bei den zuständigen Stellen der Gebietskörperschaften einzureichen (§ 53 Abs. 1 Nr. 3 HGrG). Öffentlich-rechtliche Sparkassen unterliegen einer Vorlagepflicht gegenüber den Sparkassenaufsichtsbehörden des jeweiligen Landes.

44   Der **besonderen Informationsaufgabe des Prüfungsberichts** von Kredit-, Finanzdienstleistungs- und großen Wertpapierinstituten wird durch die Erweiterung des gesetzlichen Mindestinhalts gem. § 321 Abs. 1 iVm den berufsständischen Grundsätzen zur Berichterstattung (insbesondere IDW PS 450 nF, „Grundsätze ordnungsmäßiger Erstellung von Prüfungsberichten") im Rahmen der **PrüfbV** entsprochen. Der Prüfungsbericht hat mit hinreichender Klarheit die wirtschaftlichen Verhältnisse des Instituts darzustellen. Hierzu fordert die PrüfbV eine Vielzahl von Angaben, die in den einzelnen Vorschriften detailliert geregelt sind.[41] Der Aufbau der PrüfbV v. 11.6.2015 (BGBl. 2015 I 930), zuletzt geändert am 3.6.2021 (BGBl. 2021 I 1568), gestaltet sich wie folgt:

Abschnitt 1: Allgemeine Vorschriften	§ 1 Anwendungsbereich
	§ 2 Berichtszeitraum
	§ 3 Risikoorientierung und Wesentlichkeit
	§ 4 Art und Umfang der Berichterstattung
	§ 5 Form und Frist der Berichterstattung
	§ 6 Anlagen
	§ 7 Zusammenfassende Schlussbemerkung
	§ 8 Berichtsturnus; Unterzeichnung
Abschnitt 2: Angaben zum Institut	§ 9 Darstellung der rechtlichen, wirtschaftlichen und organisatorischen Grundlagen
	§ 10 Zweigniederlassung
Abschnitt 3: Aufsichtliche Vorgaben	
Unterabschnitt 1: Risikomanagement und Geschäftsorganisation	§ 11 Angemessenheit und Wirksamkeit des Risikomanagements und Ordnungsmäßigkeit der Geschäftsorganisation
	§ 12 Vergütungssysteme
	§ 13 IT-Systeme
	§ 14 Zinsänderungsrisiken im Anlagebuch
	§ 14a Einhaltung der Pflichten aus Derivategeschäften und für zentrale Gegenparteien gemäß der VO (EU) Nr. 648/2012
	§ 15 Sanierungsplanung
Unterabschnitt 2: Handelsbuch	§ 16 Vorgaben für das Handelsbuch
	§ 17 Ausnahme für Handelsbuchtätigkeiten von geringem Umfang
Unterabschnitt 3: Eigenmittel, Kapitalquoten und Liquiditätslage	§ 18 Ermittlung der Eigenmittel
	§ 19 Eigenmittel
	§ 20 Kapitalpuffer
	§ 21 Kapitalquoten
	§ 22 Solvabilitätskennzahl bei Wohnungsunternehmen mit Spareinrichtung

---

[41]   Vertiefend zu den Inhalten des Prüfungsberichts nach PrüfbV s. IDW, WPH Edition, Kreditinstitute, G Rn. 57–113.

	§ 57 Angaben zur Liquiditätslage von Bausparkassen
	§ 58 Einsatz von Derivaten
	§ 59 Angaben zur Ertragslage von Bausparkassen
	§ 60 Darstellung des Kollektivgeschäfts sowie der Vor- und Zwischenfinanzierung bei Bausparkassen
Unterabschnitt 3: Finanzdienstleistungsinstitute	§ 61 Eigenmittel gemäß Art. 97 Abs. 1 Kapitaladäquanz-VO
	§ 62 Vorschriften für einzelne Finanzdienstleistungsinstitute
	§ 63 Ausnahmeregelung
Unterabschnitt 4: Factoring	§ 64 Angaben bei Instituten, die das Factoring betreiben
Unterabschnitt 5: Leasing	§ 65 Angaben bei Instituten, die das Finanzierungsleasing betreiben
Unterabschnitt 6: Prüfung des Depotgeschäfts oder des eingeschränkten Verwahrgeschäfts	§ 66 Prüfungsgegenstand
	§ 67 Zeitpunkt der Prüfung und Berichtszeitraum
	§ 68 Besondere Anforderungen an den Depotprüfungsbericht
	§ 69 Prüfung von Verwahrstellen iSd KAGB
Unterabschnitt 7: Führung eines zentralen Registers oder eines Kryptowertpapierregisters gem. den §§ 12 und 16 des Gesetzes über elektronische Wertpapiere	§ 69a Prüfung der registerführenden Stelle gem. § 12 Abs. 2 des Gesetzes über elektronische Wertpapiere
	§ 69b Prüfung der registerführenden Stelle gem. § 16 Abs. 2 des Gesetzes über elektronische Wertpapiere
Abschnitt 8: Datenübersicht	§ 70 Datenübersicht
Abschnitt 9: Schlussvorschriften	§ 71 Erstmalige Anwendung, Übergangsbestimmung
	§ 72 Inkrafttreten, Außerkrafttreten
Anlagen	

45   **2. Anzeige-, Erläuterungs- und Mitteilungspflichten des Abschlussprüfers.** Der IDW PS 470 nF „Grundsätze für die Kommunikation mit den für die Überwachung Verantwortlichen" behandelt die Verantwortung des Abschlussprüfers zur Kommunikation mit den für die Überwachung Verantwortlichen im Rahmen der Abschlussprüfung und geht über den Prüfungsbericht hinaus.[42] Darüber hinaus besteht für den Abschlussprüfer nach § 29 Abs. 3 S. 1 KWG, § 24 Abs. 2 S. 1 ZAG, § 78 Abs. 3 S. 1 WpIG gegenüber der BaFin und der Deutschen Bundesbank eine besondere Mitteilungs- und Auskunftspflicht, die die sog. Redepflicht des § 321 Abs. 1 S. 3 ergänzt, jedoch hinsichtlich des Empfängerkreises auf die (externe) Bankenaufsicht erweitert ist. Gegenüber der Bankenaufsicht besteht eine schriftliche **Mitteilungspflicht des Abschlussprüfers,**[43] wenn ihm während der Prüfung Tatsachen bekannt werden, die 1. eine Einschränkung oder Versagung des Bestätigungsvermerkes rechtfertigen,[44] 2. die den Bestand des Instituts gefährden oder seine Entwicklung wesentlich beeinträchtigen, 3. die einen erheblichen Verstoß gegen die Vorschriften über die Zulassungsvoraussetzungen des Instituts oder die Ausübung einer Tätigkeit nach dem KWG darstellen oder 4. die schwerwiegende Verstöße der Geschäftsleiter gegen Gesetz, Satzung oder Gesellschaftsvertrag erkennen lassen. Nach § 321 Abs. 1 lösen auch schwerwiegende Verstöße von Mitarbeitern eine Redepflicht aus. Auf Verlangen der BaFin oder der Deutschen Bundesbank hat der Abschlussprüfer gem. § 29 Abs. 3 S. 2 KWG, § 24 Abs. 2 S. 2 ZAG, § 78 Abs. 3 S. 2 WpIG seine Ausführungen im Prüfungsbericht zu erläutern und über sonstige im Rah-

---

[42]   Vgl. IDW PS 470 nF Rn. 1 f.

[43]   Bieg/Waschbusch sprechen von der „Krisenwarnfunktion" des Abschlussprüfers. Vgl. Bieg/Waschbusch Bankbilanzierung S. 993.

[44]   Die Einschränkung oder Versagung des Bestätigungsvermerks hat zu erfolgen, wenn Einwendungen zu erheben sind (§ 322 Abs. 4).

men der Abschlussprüfung bekannt gewordene Tatsachen Bericht zu erstatten, die eine ordnungsmäßige Durchführung der Geschäfte des Instituts entgegenstehen. Die Anzeige-, Erläuterungs- und Mitteilungspflichten gelten auch für Tatsachen, die mit dem geprüften Institut in enger Verbindung stehende Unternehmen betreffen, soweit sie im Rahmen der Prüfungsdurchführung beim zu prüfenden Institut bekannt werden (§ 29 Abs. 3 S. 3 KWG, § 24 Abs. 2 S. 3 ZAG, § 78 Abs. 3 S. 3 WpIG). Eine enge Verbindung besteht, sofern es sich um ein Beteiligungs- oder Mutter-Tochter-Verhältnis iSv § 271 handelt.[45] Eine eigenständige Prüfungs- oder Nachforschungspflicht besteht für den Abschlussprüfer jedoch nicht. Für die Richtigkeit der im guten Glauben angezeigten Tatsachen ist der Abschlussprüfer nicht haftbar zu machen (§ 29 Abs. 3 S. 4 KWG, § 24 Abs. 2 S. 4 ZAG, § 78 Abs. 3 S. 4 WpIG). Für die vom Abschlussprüfer von der Bundesaufsicht verlangten Auskünfte gilt das Auskunftsverweigerungsrecht des § 44 Abs. 6 KWG.

3. Bestätigungsvermerk des Abschlussprüfers. Mit dem Bestätigungsvermerk fasst **46** der Abschlussprüfer eines Instituts gem. § 340k iVm § 322 das Ergebnis seiner Prüfung zusammen. Der Abschlussprüfer hat bei der Erteilung des Vermerks die berufsständischen Grundsätze des IDW PS 400 nF „Bildung eines Prüfungsurteils und Erteilung eines Bestätigungsvermerks" zu beachten. Bei der Erteilung des Bestätigungsvermerks oder des Versagungsvermerks bestehen bei Kredit- oder Finanzdienstleistungsinstituten **keine rechtsformspezifischen oder bankaufsichtsrechtlichen Besonderheiten** (zu Inhalt, Form und Bedeutung des Bestätigungsvermerks → § 322). Gegenüber dem Prüfungsbericht ist der Bestätigungsvermerk in Folge der Offenlegungsverpflichtung gem. § 340l iVm § 325 Abs. 1 S. 1 neben den Adressaten des Prüfungsberichts auch der Öffentlichkeit zugänglich **(erweiterter Adressatenkreis).**

V. Prüfungsausschuss

Gemäß der überarbeiteten Abschlussprüferrichtlinie muss grundsätzlich jedes Unternehmen von öffentlichem Interesse einen Prüfungsausschuss haben.[46] Unternehmen von öffentlichem Interesse sind nach § 316a S. 2 Nr. 1 kapitalmarktorientierte Unternehmen iSd § 264d oder Nr. 2 CRR-Kreditinstitute iSd § 1 Abs. 3d S. 1 KWG, mit Ausnahme der Deutschen Bundesbank und der Kreditanstalt für Wiederaufbau. Abs. 5 S. 1 beinhaltet die Verpflichtung zur Einrichtung eines Prüfungsausschusses nach § 324 für kapitalmarktorientierte Institute und CRR-Kreditinstitute iSd § 1 Abs. 3d S. 1 KWG, mit Ausnahme der Deutschen Bundesbank und der Kreditanstalt für Wiederaufbau, sofern sie keinen Aufsichts- oder Verwaltungsrat haben, der die Anforderungen des § 100 Abs. 5 AktG erfüllt, auch wenn sie nicht in der Rechtsform einer Kapitalgesellschaft oder einer Personenhandelsgesellschaft iSd § 264a Abs. 1 betrieben werden. Für Institute, die Kapitalgesellschaften oder Personenhandelsgesellschaften iSd § 264a Abs. 1 sind, folgt diese Verpflichtung unmittelbar aus § 324 Abs. 1 S. 1.[47] Neben Kreditinstituten und Finanzdienstleistungsinstituten haben auch Wertpapierinstitute und Zahlungsinstitute sowie E-Geldinstitute unter den Voraussetzungen des Abs. 5 S. 1 einen Prüfungsausschuss einzurichten (→ Rn. 2).

Zur Wahl des Prüfungsausschusses ist § 324 Abs. 2 zu beachten. Für die Vorgaben für das **48** einzelne Prüfungsausschussmitglied können die Regelungen des § 25d KWG herangezogen werden.[48]

Abs. 5 S. 2 enthält eine Öffnungsklausel für **Sparkassen** und sonstige landesrechtliche **49** Kreditinstitute, welche erforderlich ist, um einen Eingriff in die Gesetzgebungskompetenz der Länder im Bereich des Sparkassen-Organisationsrechts zu vermeiden.[49] Für Kreditinstitute in der Rechtsform der **Genossenschaft,** die keinen Aufsichtsrat haben, verweist der

---

[45] Vgl. IDW, WPH Edition, Kreditinstitute, G Rn. 45.
[46] Vgl. BT-Drs. 18/7219, 52.
[47] Vgl. BT-Drs. BT-Drs. 19/26966, 108.
[48] Vgl. BT-Drs. 18/7219, 52.
[49] Vgl. BT-Drs. 18/7219, 52.

insoweit speziellere § 53 Abs. 3 GenG auf § 324 Abs. 1 und 2, allerdings mit der Maßgabe, dass es ausreicht, wenn mindestens ein Mitglied über Sachverstand auf den Gebieten Rechnungslegung oder Abschlussprüfung verfügt. Für Kreditgenossenschaften, die Unternehmen von öffentlichem Interesse nach § 316a S. 2 Nr. 1 oder 2 sind und einen Aufsichtsrat haben, ergeben sich diese Voraussetzungen unmittelbar aus § 36 Abs. 4 GenG.[50] § 36 Abs. 4 und § 53 Abs. 3 GenG bleiben somit unberührt (Abs. 5 S. 3). § 324 Abs. 3 S. 1, der das Auskunftsverlangen der APAS umfasst, ist nicht anwendbar auf Kreditinstitute in der Rechtsform der Genossenschaft, auf Sparkassen und auf sonstige landesrechtliche öffentlich-rechtliche Kreditinstitute (Abs. 5 S. 4).

Siebenter Titel. Offenlegung

§ 340l Offenlegung

(1) [1]**Kreditinstitute haben den Jahresabschluß und den Lagebericht sowie den Konzernabschluß und den Konzernlagebericht und die anderen in § 325 bezeichneten Unterlagen, sofern sie zu erstellen sind, in deutscher Sprache nach § 325 Absatz 1 Satz 2 und Absatz 1a bis 5 sowie den §§ 327a und 328 offenzulegen; § 329 Absatz 1, 2 und 4 ist entsprechend anzuwenden.** [2]**Kreditinstitute, die nicht Zweigniederlassungen sind, haben die in Satz 1 bezeichneten Unterlagen außerdem in jedem anderen Mitgliedstaat der Europäischen Gemeinschaft und in jedem anderen Vertragsstaat des Abkommens über den Europäischen Wirtschaftsraum offenzulegen, in dem sie eine Zweigniederlassung errichtet haben.** [3]**Die Offenlegung nach Satz 2 richtet sich nach dem Recht des jeweiligen Mitgliedstaats oder Vertragsstaats.**

(2) [1]**Zweigniederlassungen im Geltungsbereich dieses Gesetzes von Unternehmen mit Sitz in einem anderen Staat haben die in Absatz 1 Satz 1 bezeichneten Unterlagen ihrer Hauptniederlassung, die nach deren Recht aufgestellt und geprüft worden sind, nach § 325 Absatz 1 Satz 2 und Absatz 1a bis 5 sowie den §§ 327a und 328 offenzulegen; § 329 ist entsprechend anzuwenden.** [2]**Unternehmen mit Sitz in einem Drittstaat im Sinn des § 3 Abs. 1 Satz 1 der Wirtschaftsprüferordnung, deren Wertpapiere im Sinn des § 2 Absatz 1 des Wertpapierhandelsgesetzes an einer inländischen Börse zum Handel am regulierten Markt zugelassen sind, haben zudem eine Bescheinigung der Wirtschaftsprüferkammer gemäß § 134 Abs. 2a der Wirtschaftsprüferordnung über die Eintragung des Abschlussprüfers oder eine Bestätigung der Wirtschaftsprüferkammer gemäß § 134 Abs. 4 Satz 8 der Wirtschaftsprüferordnung über die Befreiung von der Eintragungsverpflichtung offenzulegen.** [3]**Satz 2 ist nicht anzuwenden, soweit ausschließlich Schuldtitel im Sinne des § 2 Absatz 1 Nummer 3 des Wertpapierhandelsgesetzes**
1. **mit einer Mindeststückelung zu je 100 000 Euro oder einem entsprechenden Betrag anderer Währung an einer inländischen Börse zum Handel am regulierten Markt zugelassen sind oder**
2. **mit einer Mindeststückelung zu je 50 000 Euro oder einem entsprechenden Betrag anderer Währung an einer inländischen Börse zum Handel am regulierten Markt zugelassen sind und diese Schuldtitel vor dem 31. Dezember 2010 begeben worden sind.**
[4]**Zweigniederlassungen im Geltungsbereich dieses Gesetzes von Unternehmen mit Sitz in einem Staat, der nicht Mitglied der Europäischen Gemeinschaft und auch nicht Vertragsstaat des Abkommens über den Europäischen Wirtschaftsraum ist, brauchen auf ihre eigene Geschäftstätigkeit bezogene gesonderte Rechnungslegungsunterlagen nach Absatz 1 Satz 1 nicht offenzulegen, sofern die nach den Sätzen 1 und 2 offenzulegenden Unterlagen nach einem an die Richtlinie 86/635/**

---

[50]   § 340k Abs. 5 S. 3 hat somit eine klarstellende Funktion; vgl. BT-Drs. 19/26966, 108.

EWG angepaßten Recht aufgestellt und geprüft worden oder den nach einem dieser Rechte aufgestellten Unterlagen gleichwertig sind. [5]Die Unterlagen sind in deutscher Sprache zu übermitteln. [6]Soweit dies nicht die Amtssprache am Sitz der Hauptniederlassung ist, können die Unterlagen der Hauptniederlassung auch

1. in englischer Sprache oder

2. in einer von dem Register der Hauptniederlassung beglaubigten Abschrift oder,

3. wenn eine dem Register vergleichbare Einrichtung nicht vorhanden oder diese nicht zur Beglaubigung befugt ist, in einer von einem Wirtschaftsprüfer bescheinigten Abschrift, verbunden mit der Erklärung, dass entweder eine dem Register vergleichbare Einrichtung nicht vorhanden oder diese nicht zur Beglaubigung befugt ist,

übermittelt werden; von der Beglaubigung des Registers ist eine beglaubigte Übersetzung in deutscher Sprache zu übermitteln.

(3) § 339 ist auf Kreditinstitute, die Genossenschaften sind, nicht anzuwenden.

(4) Macht ein Kreditinstitut von dem Wahlrecht nach § 325 Absatz 2a Satz 1 Gebrauch, sind § 325 Absatz 2a Satz 3 und 5 mit folgenden Maßgaben anzuwenden:

1. **Die in § 325 Abs. 2a Satz 3 genannten Vorschriften des Ersten Unterabschnitts des Zweiten Abschnitts des Dritten Buchs sind auch auf Kreditinstitute anzuwenden, die nicht in der Rechtsform einer Kapitalgesellschaft betrieben werden.**

2. **§ 285 Nummer 8 Buchst. b findet keine Anwendung; der Personalaufwand des Geschäftsjahres ist jedoch im Anhang zum Einzelabschluss nach § 325 Absatz 2a gemäß der Gliederung nach Formblatt 3 im Posten Allgemeine Verwaltungsaufwendungen Unterposten Buchst. a Personalaufwand der Kreditinstituts-Rechnungslegungsverordnung in der Fassung der Bekanntmachung v. 11.12.1998 (BGBl. I S. 3658) in der jeweils geltenden Fassung anzugeben, sofern diese Angaben nicht gesondert in der Gewinn- und Verlustrechnung erscheinen.**

3. **An Stelle des § 285 Nr. 9 Buchst. c gilt § 34 Abs. 2 Nr. 2 der Kreditinstituts-Rechnungslegungsverordnung in der Fassung der Bekanntmachung v. 11.12.1998 (BGBl. I S. 3658) in der jeweils geltenden Fassung.**

4. **Für den Anhang gilt zusätzlich die Vorschrift des § 340a Abs. 4.**

5. **Im Übrigen finden die Bestimmungen des Zweiten bis Vierten Titels dieses Unterabschnitts sowie der Kreditinstituts-Rechnungslegungsverordnung keine Anwendung.**

Schrifttum: Bieg/Waschbusch, Bankbilanzierung nach HGB und IFRS, 3. Aufl. 2017; Böcking/Bierschwale, Wirtschaftliche Stabilität durch verbesserte Transparenz, BB 1999, 2235; Fey/Deubert, Befreiender IFRS-Einzelabschluss nach § 325 Abs. 2a HGB für Zwecke der Offenlegung, KoR 2006, 92; Gelhausen/Fey/Kämpfer, Rechnungslegung und Prüfung nach dem Bilanzrechtsmodernisierungsgesetz, 2009; Häuselmann, Offenlegungspflichten ausländischer Kreditinstitute in Deutschland nach dem Bankbilanzrichtlinie-Gesetz, WM 1995, 1049; IDW, WPH Edition, Kreditinstitute, Finanzdienstleister und Investmentvermögen, 2020; Oser/Orth/Wirtz, Neue Vorschriften zur Rechnungslegung und Prüfung durch das Bilanzrichtlinie-Umsetzungsgesetz, DB 2014, 1877; Prahl, Die neuen Vorschriften des Handelsgesetzbuches für Kreditinstitute, WPg 1991, 401; Rohardt, Publizität von „zusätzlichen Angaben" im Jahresabschluß von Kreditinstituten vor dem Hintergrund einer Internationalisierung der Rechnungslegung, WPg 1996, 213; Schimann, Bilanzierungsvorschriften für Kreditinstitute – Änderungsvorschlag der EG-Bankbilanzrichtlinie im Vergleich zur deutschen Praxis, WPg 1985, 157; Zülch/Pieper/Mäurer, Elektronische Berichterstattung in Deutschland, WPg 2022, 914.

Übersicht

I. Grundlagen und Anwendungsbereich

1   Die Entwicklung der Offenlegungsvorschriften wurde maßgeblich bestimmt durch die wachsende Bedeutung der internationalen Kapitalmärkte, die Schaffung des EU-Binnenmarkts und die damit verbundenen Zusammenschlüsse von Unternehmen.[1] Zum einen stellte sich für die Institute das Problem, dass die unterschiedlichen nationalen Vorschriften die **grenzüberschreitende Vergleichbarkeit** erschwerten;[2] zum anderen entstand aufgrund der gestiegenen internationalen Konkurrenz ein erhöhter Bedarf an **aussagekräftigen Informationen.**[3] Die mit der Bankbilanz-RL und der Bankzweigniederlassungs-RL verabschiedeten erweiterten Offenlegungsvorschriften und deren Ausweitung auf die Finanzdienstleistungsinstitute im Zuge der 6. KWG-Novelle und der Umsetzung der MiFID stellen ein Ergebnis dieser Entwicklung dar.[4] Darüber hinaus tragen auch sie wie die anderen Vorschriften der §§ 340 ff. der besonderen volkswirtschaftlichen Stellung der Institute Rechnung.[5]

2   Durch § 340l wurden Art. 44 Bankbilanz-RL und Art. 2–4 Zweigniederlassungs-RL (sog. Bankzweigniederlassungs-RL) in deutsches Recht umgesetzt.[6] **Institute haben ungeachtet ihrer Rechtsform die für Kapitalgesellschaften geltenden Vorschriften zur Offenlegung** nach § 325 Abs. 1 S. 2, Abs. 1a–5, §§ 327a, 328 und § 329 Abs. 1, 2 und 4 zu beachten. § 325 beinhaltet Regelungen zu den offenlegungspflichtigen Unterlagen und deren Offenlegung (→ § 325 Rn. 1 ff.); § 328 beschreibt Form und Inhalt der offenzulegenden Unterlagen (→ § 328 Rn. 1 ff.) und § 329 legt die Prüfungs- und Unterrichtungspflichten der das Unternehmensregister führenden Stelle fest (→ § 329 Rn. 1 ff.). Für Institute gelten die **größenabhängigen Erleichterungen** für kleine und mittelgroße Kapitalgesellschaften (§§ 326, 327) gem. § 340a Abs. 1 nicht. Die darüber hinaus in § 26 KWG, § 22 ZAG, § 76 WpIG kodifizierte Pflicht für Institute zur unverzüglichen Einreichung des Jahresabschlusses und des Anhangs bei der BaFin und der Deutschen Bundesbank bleibt gem. § 325 Abs. 5 bestehen.[7] Gemäß § 340a Abs. 4 S. 3 aF war der § 340l nur für Finanzdienstleistungsinstitute in der Rechtsform der Kapitalgesellschaft relevant. S. 3 aF wurde durch das BilRUG gestrichen. Es handelt sich bei der Streichung um die Beseitigung früherer Redaktionsversehen. Die Vorschriften der §§ 340 ff. sind auch für Finanzdienstleis-

---

[1] Vgl. Häuselmann WM 1995, 1049.
[2] Vgl. Prahl WPg 1991, 403; Schimann WPg 1985, 157.
[3] Vgl. Rohardt WPg 1996, 214.
[4] Vgl. Begr. der RL 86/635/EWG.
[5] Zur Bedeutung eines gestiegenen Informationsgehalts der Rechnungslegung für das Bankensystem vgl. Böcking/Bierschwale BB 1999, 2235 ff.
[6] Vgl. Krumnow et al. Rn. 6.
[7] Vgl. Krumnow et al. Rn. 2.

tungsinstitute, Wertpapierinstitute[8] und Zahlungsinstitute sowie E-Geld-Institute rechtsformunabhängig anzuwenden.[9]

Institute mit Sitz in Deutschland haben in jedem EU-Mitgliedstaat, in dem sie eine **3** Zweigniederlassung unterhalten, die offenlegungspflichtigen Unterlagen – unter Beachtung der im jeweiligen Land geltenden Offenlegungsvorschriften – zu veröffentlichen (Abs. 1 S. 2 und 3).[10] **Zweigniederlassungen ausländischer Unternehmen** haben die Unterlagen ihrer Hauptniederlassung, die nach deren Recht aufgestellt und geprüft worden sind, nach den in Deutschland geltenden Vorschriften offenzulegen (Abs. 2 S. 1). Zudem sind die auf ihre eigene Geschäftstätigkeit bezogenen Unterlagen gesondert offenzulegen. **Unternehmen in einem Drittstaat** iSv § 3 Abs. 1 S. 1 WPO[11] haben zudem eine Bescheinigung der Wirtschaftsprüferkammer gem. § 134 Abs. 2a WPO über die Eintragung des Abschlussprüfers bzw. eine Bestätigung über die Befreiung von der Eintragungsverpflichtung (§ 134 Abs. 4 S. 8 WPO) nach § 340l Abs. 1 S. 2 offenzulegen. **Zweigniederlassungen von Unternehmen mit Sitz in einem Staat, der nicht Mitglied der Europäischen Gemeinschaft oder kein Vertragsstaat des Abkommens über den Europäischen Wirtschaftsraum** ist, sind insofern privilegiert, dass sie die auf ihre eigene Geschäftstätigkeit bezogenen Unterlagen nicht offenzulegen haben, sondern lediglich die Unterlagen ihrer Hauptniederlassung, sofern die nach Abs. 2 S. 1 und 2 offenzulegenden Unterlagen nach einem an die Bankbilanz-RL angepassten Recht aufgestellt und geprüft worden oder den nach einer dieser Rechte aufgestellten Unterlagen gleichwertig sind (Abs. 2 S. 4).

II. Darstellung der Vorschriften des § 340l

1. Offenlegungsvorschriften für Institute nach Abs. 1. a) Form der Offenle- **4** **gung.** Durch das DiRUG[12] erfolgt eine Umstellung des Systems zur Offenlegung von Rechnungslegungsunterlagen dahingehend, dass diese Unterlagen nicht länger beim Betreiber des Bundesanzeigers zur Bekanntmachung einzureichen, sondern zukünftig unmittelbar der das Unternehmensregister führenden Stelle zur Einstellung in das Unternehmensregister zu übermitteln sind.[13]

Die Unternehmen, die in Deutschland als Inlandsemittent gem. § 2 Abs. 14 WpHG **5** Wertpapiere iSv § 2 Abs. 1 WpHG begeben und keine Kapitalgesellschaft iSv § 327a sind, sind dazu verpflichtet ihren Jahresfinanzbericht ESEF-konform[14] offenzulegen und die Offenlegungsversion vom Abschlussprüfer prüfen zu lassen (§ 317 Abs. 3a iVm § 328 Abs. 1 S. 4).[15]

Die Unterlagen sind nach § 325 Abs. 1a S. 1 spätestens vor Ablauf des zwölften Monats **6** des dem Abschlussstichtag nachfolgenden Geschäftsjahrs zu übermitteln. Eine Verkürzung der Offenlegungsfrist auf vier Monate gilt für kapitalmarktorientierte Unternehmen iSv § 264d, die keine Kapitalgesellschaft iSv § 327a sind (§ 325 Abs. 4 S. 1). Gemäß § 327a sind Unternehmen, die zum Handel an einem organisierten Markt ausschließlich Schuldtitel iSd

---

[8] Durch das Gesetz zur Umsetzung der RL (EU) 2019/2034 über die Beaufsichtigung von Wertpapierinstituten vom 12.5.2021 (BGBl. 2021 I 990) wurde § 340 Abs. 4a in das HGB eingefügt. Zuvor galten Wertpapierinstitute in der Regel als Finanzdienstleistungsinstitute und wurden daher wie Kreditinstitute beaufsichtigt; seither unterliegen sie einem eigenen Aufsichtsregime. Vgl. BT-Drs. 19/26929, 169. → § 340 Rn. 12.

[9] Vgl. BT-Drs. 18/4050, 80.

[10] Vgl. IDW, WPH Edition, Kreditinstitute, D Rn. 44.

[11] Ein Drittstaat nach § 3 Abs. 1 S. 1 WPO ist ein Staat, der nicht Mitgliedstaat der Europäischen Union oder Vertragsstaat des Abkommens über den europäischen Wirtschaftsraum ist.

[12] Gesetz zur Umsetzung der Digitalisierungsrichtlinie vom 5.7.2021 (BGBl. 2021 I S. 3338).

[13] Vgl. BT-Drs. 19/28177, 2.

[14] Zur Regelung des einheitlichen elektronischen Formats für Jahresfinanzberichte durch das Gesetz zur weiteren Umsetzung der Transparenzrichtlinie-Änderungsrichtlinie – ESEF-UG → Anh. Bd. 4 Rn. 1 ff. Ziel ist es, zum Nutzen von Emittenten, Anlegern und zuständigen Behörden die Berichterstattung zu vereinfachen sowie die Zugänglichkeit, Analyse und Vergleichbarkeit von Jahresfinanzberichten zu erleichtern. Vgl. BT-Drs. 19/17343, 1 f.

[15] Vgl. Zülch/Pieper/Mäurer WPg 2022, 915.

§ 2 Abs. 1 Nr. 3 WpHG mit einer Mindeststückelung von 100.000 EUR begeben haben,[16] von dieser verkürzten Offenlegungspflicht befreit. Im Gegensatz zu den größenabhängigen Erleichterungen der §§ 326 und 327 gilt die Erleichterung gem. § 327a auch für Institute.[17] Für die Fristwahrung ist der Zeitpunkt der Übermittlung der Unterlagen an die das Unternehmensregister führende Stelle und nicht die tatsächliche Veröffentlichung entscheidend (§ 325 Abs. 4 S. 2).[18]

7   **b) Offenzulegende Unterlagen.** In Bezug auf die **offenlegungspflichtigen Unterlagen** verweist der Abs. 1 auf § 325 Abs. 1, 1b (Jahresabschluss) und Abs. 3 (Konzernabschluss). Demnach haben Institute folgende Unterlagen offenzulegen:[19]
– den Jahresabschluss bzw. Konzernabschluss (Bilanz, GuV und Anhang. Für kapitalmarktorientierte Unternehmen nach § 264d, die keinen Konzernabschluss aufstellen müssen, gelten die Erweiterungspflichten von § 264 Abs. 1 S. 2 für eine Kapitalflussrechnung und den Eigenkapitalspiegel. Eine Segmentberichterstattung kann auf freiwilliger Basis erstellt werden.),
– den Lagebericht bzw. Konzernlagebericht,
– Bilanzeid (soweit notwendig),
– den Bestätigungsvermerk bzw. Vermerk über dessen Versagung,
– den Bericht des Aufsichtsrats,
– die nach § 161 AktG vorgeschriebene Erklärung (soweit notwendig),
– Beschluss über die Verwendung des Ergebnisses; falls im Jahresabschluss bzw. Konzernabschluss nur der Vorschlag für die Ergebnisverwendung enthalten ist,[20]
– ggf. die nachträglichen Änderungen des festgestellten und bereits offengelegten Jahres- bzw. Konzernabschlusses,
– ggf. die nachträglichen Änderungen des Bestätigungsvermerks aufgrund einer Nachtragsprüfung.

8   Ebenso sind **Änderungen** aller anderen Unterlagen offenzulegen; dabei sind unabhängig von der Art der Änderung grundsätzlich die gesamten Unterlagen in der geänderten Form zu veröffentlichen.[21] **Nicht offenzulegen** nach § 325 ist der Bericht des Abschlussprüfers. Für Institute ist jedoch zu beachten, dass gem. § 26 Abs. 1 S. 3 KWG, § 76 Abs. 1 S. 3 WpIG bzw. § 22 Abs. 1 S. 3 ZAG eine Einreichungspflicht für den Prüfungsbericht durch den Abschlussprüfer bei der BaFin und der Deutschen Bundesbank besteht.

9   **c) Unvollständige Übermittlung der Unterlagen.** Der durch das BilRUG neugefasste § 325 Abs. 1 stellt klar, dass Jahresabschluss, Lagebericht und Bestätigungsvermerk (oder Versagungsvermerk) gemeinsam innerhalb der entsprechenden Fristen offenzulegen sind.[22] Mit Inkrafttreten des BilRUG ist es nicht mehr zulässig, dass Unternehmen zur Wahrung der Offenlegungsfrist zunächst ungeprüfte Jahresabschlüsse und Lageberichte und den Bestätigungsvermerk später übermitteln.[23]

10   **d) Verantwortliche Organe.** Zur Offenlegung sind nach § 325 Abs. 1 S. 1 die gesetzlichen Vertreter des Instituts verpflichtet. Diese Aufgabe kommt somit bei der Aktiengesellschaft dem Vorstand (§ 78 Abs. 1 AktG), bei der Gesellschaft mit beschränkter Haftung den Geschäftsführern (§ 35 Abs. 1 GmbHG), bei der Kommanditgesellschaft auf Aktien den zur

---

16   Bei Fremdwährungen gilt der entsprechende Gegenwert am Ausgabetag.
17   Die Ausnahme gem. § 327a ist gem. § 340l Abs. 1 S. 1 auch auf Institute anzuwenden.
18   Vgl. BeBiKo/Grottel § 325 Rn. 320.
19   Vgl. Bieg/Waschbusch 1005.
20   Vgl. Oser/Orth/Wirtz DB 2014, 1883. Der Vorschlag für die Verwendung des Ergebnisses oder der Beschluss über seine Verwendung ist nach § 285 Nr. 34 Bestandteil des Anhangs. Regelmäßig wird zum Zeitpunkt der Aufstellung des Jahresabschlusses der endgültige Beschluss über die Gewinnverwendung noch nicht vorliegen. In diesem Fall ist der Beschluss nach § 325 Abs. 1b S. 2 unverzüglich nach seinem Vorliegen offenzulegen. Vgl. BT-Drs. 18/4050, 78.
21   Vgl. BeBiKo/Grottel § 325 Rn. 110, so auch ADS § 325 Rn. 85.
22   Vgl. Zwirner DB 2015, Beil. 6, 25.
23   Vgl. BT-Drs. 18/4050, 77.

Vertretung ermächtigten persönlich haftenden Gesellschaftern (§ 278 Abs. 2 AktG iVm § 161 Abs. 2, § 125 Abs. 1), bei einer eingetragenen Genossenschaft den Vorstandsmitgliedern (§ 24 Abs. 1 GenG) und bei einer Offenen Handelsgesellschaft (§ 125) oder einer Kommanditgesellschaft (§ 161 Abs. 2 iVm § 125) den zur Vertretung ermächtigten Gesellschaftern zu.[24] Die **Verantwortung hinsichtlich der Offenlegung** trägt der Vorstand bzw. die Geschäftsführung als Gesamtheit. Obwohl in der Praxis diese Aufgabe nach dem Geschäftsverteilungsplan einem Mitglied des Gremiums übertragen wird, haben kraft Gesetzes auch die übrigen Mitglieder für die ordnungsgemäße und fristgerechte Offenlegung Sorge zu tragen.[25]

e) Form und Inhalt der Unterlagen. § 328 beinhaltet neben Form und Inhalt der **11** gemäß Gesetz offenlegungspflichtigen Unterlagen auch die Gestaltung der davon abweichenden freiwilligen Veröffentlichungen und Vervielfältigungen. Nach § 328 Abs. 1 sind der Jahresabschluss, der Einzelabschluss nach § 325 Abs. 2a oder der Konzernabschluss so wiederzugeben, dass sie den für seine Aufstellung maßgeblichen Vorschriften entsprechen. Somit wird mit der Forderung nach Vollständigkeit und Richtigkeit die Übereinstimmung von Wiedergabe und Aufstellung festgelegt.[26] Diese Vorschriften werden nach § 328 Abs. 3 auch auf den Lagebericht, den Konzernlagebericht, den Vorschlag für und den Beschluss über die Verwendung des Ergebnisses (→ Rn. 7) übertragen. **Erleichterungen gem. §§ 326, 327 kommen nach § 340l Abs. 1 S. 1 iVm** § 340a Abs. 1 **für Institute nicht in Betracht.** Werden die Abschlüsse freiwillig in einer Form veröffentlicht oder vervielfältigt, die nicht der nach § 328 Abs. 1 beschriebenen Form entspricht, so ist in einer Überschrift darauf hinzuweisen (§ 328 Abs. 2). Es gibt keine von § 328 abweichenden speziellen Regelungen für Institute.

f) Prüfungs- und Unterrichtungspflicht der das Unternehmensregister führenden Stelle. Die das Unternehmensregister führende Stelle hat nach § 329 Abs. 1 S. 1 **12** (→ § 329 Rn. 1 ff.) zu prüfen, ob die zu übermittelnden Unterlagen **fristgemäß und vollzählig** übermittelt worden sind; eine materielle Überprüfung des Inhalts ist nicht vorgesehen. Es bestehen diesbezüglich keine besonderen Regelungen für Institute. Über eine Nichteinhaltung der Offenlegungspflichten durch ein Institut unterrichtet die das Unternehmensregister führende Stelle das Bundesamt für Justiz (§ 329 Abs. 4), um das Institut durch Festsetzung von Ordnungsgeld iSv § 335 zur Befolgung der Offenlegungsvorschriften anzuhalten (§ 340o).

g) Zusätzliche Offenlegungsvorschriften für Institute mit Zweigniederlassungen in anderen Staaten des Europäischen Wirtschaftsraums (Abs. 1 S. 2 und 3). **13** Institute haben die in Abs. 1 S. 1 geforderten Unterlagen der jeweiligen Hauptniederlassung in jedem Mitgliedstaat der EU und in jedem anderen Vertragsstaat des Abkommens über den Europäischen Wirtschaftsraum in dem sie eine Zweigniederlassung betreiben, offenzulegen (zum Begriff der Zweigniederlassung → § 340 Rn. 8). Dies stellt die richtlinienkonforme **Umsetzung des Art. 44 Abs. 4 Bankbilanz-RL** dar. Letztendlich entscheidend für die Form der Offenlegung ist das Recht des jeweiligen Staats, in dem sich die Zweigniederlassung befindet (Abs. 1 S. 3).

2. Offenlegungsvorschriften für deutsche Zweigniederlassungen von Unter- 14 nehmen mit Sitz in einem anderen Staat des Europäischen Wirtschaftsraums (Abs. 2 S. 1). Zweigniederlassungen von Unternehmen mit Sitz in einem anderen Staat des Europäischen Wirtschaftsraums iSv § 53b Abs. 1 S. 1 und Abs. 7 KWG haben gem. § 340 Abs. 1 S. 2 von den institutsspezifischen Vorschriften (§§ 340 ff.) ausschließlich § 340l Abs. 2 und 3 zu beachten. Demnach sind sie nicht zur Offenlegung ihrer eigenen Rechnungslegungsunterlagen, sondern lediglich zur Offenlegung der **Unterlagen ihrer Haupt-**

---

[24] Vgl. Krumnow et al. Rn. 16.
[25] Vgl. ADS § 325 Rn. 16.
[26] Vgl. Krumnow et al. Rn. 47 f.

niederlassung verpflichtet, die nach dem Recht des jeweiligen Staates aufgestellt und geprüft worden sind.[27] Dabei richten sich Umfang und Form der Offenlegung ebenfalls nach Abs. 1 S. 1. Weiterhin gilt der Geschäftsleiter der Zweigniederlassung (§ 53 Abs. 2 Nr. 1 KWG) als zur Offenlegung verpflichteter gesetzlicher Vertreter gem. § 325 Abs. 1 S. 1. Dieser ist für die elektronische Übermittlung der erforderlichen Unterlagen bei der das Unternehmensregister führenden Stelle verantwortlich (→ Rn. 10). Geschäftsleiter, die dieser Pflicht nicht nachkommen, sind durch Festsetzung von Ordnungsgeld nach § 335 hierzu anzuhalten (§ 340o Nr. 2).

15   Die Unterlagen der Hauptniederlassung sind nicht zwingend in deutscher Sprache zu übermitteln. Soweit dies nicht die Amtssprache am Sitz der Hauptniederlassung ist, können die Unterlagen gem. Abs. 2 S. 6 auch in englischer Sprache oder in einer vom Register der Hauptniederlassung beglaubigten Abschrift einschließlich ihrer beglaubigten deutschen Übersetzung übermittelt werden. Sofern eine dem Register vergleichbare Einrichtung in dem betreffenden Staat nicht vorhanden oder nicht zur Beglaubigung befugt ist, kann auch eine von einem Wirtschaftsprüfer bescheinigte Abschrift eingereicht werden. Dabei hat die Bescheinigung das Nichtvorhandensein einer dem Register vergleichbaren Einrichtung bzw. die mangelnde Befugnis des Registers zur Beglaubigung ausdrücklich zu bestätigen.

16   **3. Offenlegungsvorschriften für deutsche Zweigniederlassungen von Unternehmen mit Sitz in einem Drittstaat (Abs. 2 S. 2 und 3).** Im Rahmen des BilMoG wurde eine Offenlegungserleichterung für Zweigniederlassungen von Unternehmen aus Drittstaaten[28] iSv § 3 Abs. 1 S. 1 WPO, deren Wertpapiere iSd § 2 Abs. 1 WpHG an einer inländischen Börse zum Handel am regulierten Markt zugelassen sind, in Abs. 2 S. 2 aufgenommen. Die Offenlegungserleichterung bezieht sich darauf, dass in bestimmten Fällen keine Offenlegung der Rechnungslegungsunterlagen für die Zweigniederlassung selbst, sondern nur für die Hauptniederlassung erfolgen muss.[29] Eine Einschränkung erfährt die Erleichterungsvorschrift dahingehend, dass die Abschlussprüfer des Jahresabschlusses einer in Deutschland kapitalmarktorientierten Hauptniederlassung aus Drittstaaten grundsätzlich über eine Bescheinigung von der Wirtschaftsprüferkammer über die Eintragung in das Berufsregister nach § 134 Abs. 2a WPO oder eine Befreiung von der Eintragungsverpflichtung offenlegen muss. Eine Ausnahme zur Offenlegung der Bescheinigung bzw. der Befreiungsbestätigung durch die Wirtschaftsprüferkammer besteht nach Abs. 2 S. 3, wenn die emittierten Schuldtitel an einer inländischen Börse zum Handel am regulierten Markt zugelassen sind, eine Mindeststückelung zu je 50.000 EUR oder einen entsprechenden Betrag in Fremdwährung aufweisen und diese Schuldtitel vor dem 31.12.2010 zugelassen worden sind oder wenn die emittierten Schuldtitel an einer inländischen Börse zum Handel am regulierten Markt zugelassen sind und eine Mindeststückelung zu je 100.000 EUR oder einen entsprechenden Betrag in Fremdwährung aufweisen. Die Zweigniederlassung muss keine Unterlagen offenlegen, wenn die Offenlegung der Unterlagen – geprüft durch einen nach § 134 WPO eingetragenen Wirtschaftsprüfer – durch die Hauptniederlassung ordnungsgemäß erfolgt ist.[30]

17   **4. Offenlegungsvorschriften für deutsche Zweigniederlassungen von Unternehmen mit Sitz in einem Staat außerhalb des EWR (Abs. 2 S. 4).** Deutsche Zweigniederlassungen von Unternehmen mit Sitz in einem Staat, der nicht Mitgliedstaat der EU und auch nicht Vertragsstaat des Abkommens über den EWR ist, haben gem. § 340 Abs. 1 S. 1 und Abs. 4 S. 1 jeweils iVm § 53 Abs. 1 KWG die institutsspezifischen Vorschriften im vollen Umfang zu beachten. Neben den **Unterlagen ihrer Hauptniederlassung** gem. Abs. 2 S. 1 sind sie daher auch zur Offenlegung der in Abs. 1 S. 1 bezeichneten Unterlagen

---

27   Bezüglich der Ausnahmefälle bei Zweigniederlassungen von Instituten mit Sitz außerhalb des Europäischen Wirtschaftsraums → Rn. 17.

28   Ein Drittstaat nach § 3 Abs. 1 S. 1 WPO ist ein Staat, der nicht Mitgliedstaat der Europäischen Union oder Vertragsstaat des Abkommens über den europäischen Wirtschaftsraum ist.

29   Vgl. Gelhausen/Fey/Kämpfer V Rn. 160.

30   Vgl. Gelhausen/Fey/Kämpfer V Rn. 161.

über ihre eigene Geschäftätigkeit verpflichtet. In Ausnahmefällen kann jedoch auf die Offenlegung der eigenen Unterlagen gem. Abs. 2 S. 4 verzichtet werden, wenn die Unterlagen der Hauptniederlassung nach einem an die Bankbilanz-RL angepassten Recht aufgestellt und geprüft worden sind oder wenn die Unterlagen den nach diesem Recht aufgestellten Unterlagen gleichwertig sind (Abs. 2 S. 4). Unter Gleichwertigkeit wird in diesem Zusammenhang nicht die formelle, sondern die materielle Übereinstimmung der maßgeblichen Regelungen verstanden. Ziel dieser Vorschrift ist die bessere grenzüberschreitende Vergleichbarkeit der Unterlagen für die Gläubiger, die Anteilseigner und die Öffentlichkeit.[31]

5. Besondere Vorschriften für Genossenschaften. Während die ergänzenden Vor- **18** schriften für eingetragene Genossenschaften[32] in den §§ 336–338 auch für Kreditinstitute in der Rechtsform der Genossenschaft gelten, ist die Anwendung des § 339, der spezielle Offenlegungsvorschriften für Genossenschaften beinhaltet, durch § 340l Abs. 3 für Kreditinstitute ausgeschlossen.

6. Publizitätserleichterungen. Die Publizitätserleichterungen für kleine und mittel- **19** große Kapitalgesellschaften gem. §§ 326, 327 gelten nach § 340l Abs. 1 S. 1 nicht für Institute. Diese Vorschrift des § 340l steht im Einklang mit der Generalnorm aus § 340a Abs. 1, nach welcher rechtsformunabhängig von Instituten die für große Kapitalgesellschaften geltenden Vorschriften zu beachten sind. Jedoch ist dem gesonderten Hinweis nach § 340l ein konstitutiver Charakter beizumessen, da sich die Generalnorm aus § 340a Abs. 1 auf den Ersten Unterabschnitt des Zweiten Abschnitts (§§ 264–289) beschränkt und somit die Offenlegung nicht einbezogen ist.

7. Besonderheiten eines IFRS-Einzelabschlusses von Instituten. Aufgrund des **20** BilReG wurde § 340l um einen vierten Abs. ergänzt, welcher die Besonderheiten eines IFRS-Einzelabschlusses bei Kreditinstituten berücksichtigt. Abs. 4 ist anzuwenden, wenn ein Institut von dem Wahlrecht zur Offenlegung eines Einzelabschlusses nach IFRS Gebrauch macht.[33] Gemäß § 325 Abs. 2a kann bei der Offenlegung iSv § 325 Abs. 2 an die Stelle des Jahresabschlusses ein Einzelabschluss treten, der nach den in § 315e Abs. 1 bezeichneten internationalen Rechnungslegungsstandards aufgestellt worden ist. Macht ein Institut von dem Wahlrecht des § 325 Abs. 2a Gebrauch, hat es die dort genannten Standards vollständig zu befolgen (§ 325 Abs. 2a S. 2).[34] Die in § 325 Abs. 2a S. 3 und 5 aufgeführten Vorschriften werden durch § 340l Abs. 4 beschränkt bzw. ergänzt.

Abs. 4 Nr. 1 erweitert die Anwendung der in § 325 Abs. 2a S. 3 aufgeführten Regelun- **21** gen der §§ 264–289 auch auf Institute, die nicht in der Rechtsform einer Kapitalgesellschaft betrieben werden. Diese Regelung steht im Einklang mit der Generalnorm des § 340a Abs. 1.[35]

Nach Abs. 4 Nr. 2 findet § 285 Nr. 8 lit. b, der die Darstellung des Personalaufwands **22** beim Umsatzkostenverfahren umfasst, keine Anwendung. Stattdessen ist im Anhang der Personalaufwand des Geschäftsjahrs in der Gliederung nach Formblatt 3 Posten Nr. 10 „Allgemeine Verwaltungsaufwendungen" Unterposten lit. a „Personalaufwand" anzugeben, sofern diese Angaben nicht gesondert in der GuV erscheinen.

§ 285 Nr. 9 lit. c wird gem. Abs. 4 Nr. 3 durch § 34 Abs. 2 Nr. 2 RechKredV bezüglich **23** Angaben zu den gewährten Vorschüssen und Krediten an Organmitglieder und zugunsten derer eingegangenen Haftungsverhältnisse ersetzt.

Nach Abs. 4 Nr. 4 gelten für den Anhang zusätzlich die Vorschriften von § 340a Abs. 4. **24** Demnach sind zur Verbesserung der Transparenz alle Mandate in gesetzlich zu bildenden Aufsichtsgremien großer Kapitalgesellschaften iSv § 267 Abs. 3, die von gesetzlichen Vertre-

---

[31] Vgl. Präambel der Bankbilanz-RL.
[32] Für Sparkassen liegen explizit keine besonderen Regelungen zur Offenlegung vor. Sie haben daher die allgemeinen Vorschriften nach § 340l zu beachten.
[33] Vgl. BT-Drs. 18/4050, 80.
[34] Vgl. Fey/Deubert KoR 2006, 94 f.
[35] Vgl. BT-Drs. 15/3419, 49.

tern oder anderen Mitarbeitern des jeweiligen Kreditinstituts wahrgenommen werden, im Anhang anzugeben. Zudem sind alle Beteiligungen an großen Kapitalgesellschaften offenzulegen, die 5 % der Stimmrechte überschreiten. Mit diesem Transparenzerfordernis können geschäftspolitisch bedeutsame Interessenverflechtungen aufgedeckt werden.[36]

25   Im Übrigen finden die Vorschriften von §§ 340a–340h sowie die RechKredV keine Anwendung (Abs. 4 Nr. 5), dh alle anderen nationalen Bestimmungen finden demnach auf den IFRS-Einzelabschluss keine Anwendung, da sie von internationalen Rechnungslegungsstandards überlagert werden.

Achter Titel. Straf- und Bußgeldvorschriften, Ordnungsgelder

Vorbemerkung (Vor § 340m)

Schrifttum: s. bei Vor § 331; Rixen, Änderung der Rechnungslegungsvorschriften für Kreditinstitute durch das Bankbilanzrichtlinie-Gesetz, WM 1991, 841; Vortmann, Neues Recht der Bankbilanzierung durch das Bankbilanzrichtlinie-Gesetz, NJW 1991, 2399; Waschbusch, Funktion, Inhalt und Aufbau des Anhangs von Kreditinstituten nach den neuen Rechnungslegungsvorschriften, DB 1993, 793.

1   Seit der Einführung der §§ 340 ff. durch das Bankbilanzrichtlinie-Gesetz vom 30.11.1990 (BGBl. 1990 I 2570) gelten die Bilanzierungsvorschriften der §§ 264 ff. nach § 340a für alle Kreditinstitute unabhängig von ihrer Rechtsform. Die §§ 340 ff. ändern und ergänzen die allgemeinen Bilanzierungsvorschriften um bankspezifische Normen.[1] Dementsprechend bedurfte es auch einer Erweiterung der Sanktionen nach §§ 331–335, die sich nur auf Kapitalgesellschaften beziehen. Die §§ 340m–340n gelten einheitlich für alle Kredit- und Finanzdienstleistungsinstitute iSd KWG unabhängig von Rechtsform und Größe. Mit dem WpIG vom 12.5.2021 (BGBl. 2021 I 990) wurden die Sanktions- und Ordnungsgeldvorschriften gem. §§ 340m ff. auch auf Wertpapierinstitute gem. § 2 Abs. 1 WpIG und deren Geschäftsleiter gem. § 2 Abs. 36 WpIG erweitert (§ 340 Abs. 4a).

§ 340m Strafvorschriften

(1) **¹Die Strafvorschriften der §§ 331 bis 333 sind auch auf nicht in der Rechtsform einer Kapitalgesellschaft betriebene Kreditinstitute, auf Finanzdienstleistungsinstitute im Sinne des § 340 Absatz 4, auf Wertpapierinstitute im Sinne des § 340 Absatz 4a Satz 1 sowie auf Institute im Sinne des § 340 Absatz 5 anzuwenden. ²§ 331 ist darüber hinaus auch anzuwenden auf die Verletzung von Pflichten durch**

1.   den Geschäftsleiter (§ 1 Absatz 2 des Kreditwesengesetzes) eines nicht in der Rechtsform der Kapitalgesellschaft betriebenen Kreditinstituts oder Finanzdienstleistungsinstituts im Sinne des § 340 Absatz 4 Satz 1,

1a.   den Geschäftsleiter (§ 2 Absatz 36 des Wertpapierinstitutegesetzes) eines nicht in der Rechtsform der Kapitalgesellschaft betriebenen Wertpapierinstituts im Sinne des § 340 Absatz 4a Satz 1.

2.   den Geschäftsleiter (§ 1 Absatz 8 Satz 1 und 2 des Zahlungsdiensteaufsichtsgesetzes) eines nicht in der Rechtsform der Kapitalgesellschaft betriebenen Instituts im Sinne des § 340 Absatz 5,

3.   den Inhaber eines in der Rechtsform des Einzelkaufmanns betriebenen Finanzdienstleistungsinstituts im Sinne des § 340 Abs. 4 Satz 1 oder Wertpapierinstituts im Sinne des § 340 Abs. 4a Satz 1 und

4.   den Geschäftsleiter im Sinne des § 53 Absatz 2 Nummer 1 des Kreditwesengesetzes.

---

[36] Vgl. BT-Drs. 15/3419, 49.
[1]   Vgl. Hopt/Merkt § 340 Rn. 1 ff.; Vortmann NJW 1991, 2399; Rixen WM 1991, 841; Waschbusch DB 1993, 793.

(2) Mit Freiheitsstrafe bis zu einem Jahr oder mit Geldstrafe wird bestraft, wer als Mitglied eines nach § 340k Absatz 5 Satz 1 in Verbindung mit § 324 Absatz 1 Satz 1 eingerichteten Prüfungsausschusses eines Kreditinstitutes im Sinne des § 340 Absatz 1 Satz 1, eines Finanzdienstleistungsinstitutes im Sinne des § 340 Abs. 4 Satz 1, eines Wertpapierinstituts im Sinne des § 340 Abs. 4a Satz 1 oder eines Institutes im Sinne des § 1 Absatz 3 des Zahlungsdiensteaufsichtsgesetzes
1. eine in § 340n Absatz 2a bezeichnete Handlung begeht und dafür einen Vermögensvorteil erhält oder sich versprechen lässt oder
2. eine in § 340n Absatz 2a bezeichnete Handlung beharrlich wiederholt.

(3) § 335c Absatz 1 Satz 1 in Verbindung mit § 332 oder § 333 und des Absatzes 2 gilt in den Fällen des Absatzes 2 entsprechend.

Übersicht

I. Anwendungsbereich

Durch § 340m Abs. 1 S. 1 wird der Anwendungsbereich der §§ 331–333 **rechtsform-** 1 **unabhängig** auf sämtliche Kredit- und Finanzdienstleistungsinstitute gem. § 340m Abs. 1 und 4 iVm § 1 Abs. 1 und 1a KWG, auf Wertpapierinstitute gem. § 2 Abs. 1 WpIG iVm § 340 Abs. 4a sowie auf Zahlungsdienstleister gem. § 340 Abs. 5 HGB iVm § 1 Abs. 3 ZAG ausgedehnt, die nicht in der Rechtsform der Kapitalgesellschaft betrieben werden; dh auf OHG, KG, Genossenschaften, Einzelfirmen, Körperschaften des öffentlichen Rechts (Sparkassen) und auf Zweigstellen bestimmter ausländischer Unternehmen.

§ 340m Abs. 1 S. 2 erweitert den Kreis der **Normadressaten** des § 331 auf die 2 Geschäftsleiter von Kredit-, Finanzdienstleistungs-, Wertpapier- und Zahlungsinstituten (§ 1 Abs. 2 S. 1 KWG, § 2 Abs. 35 WpIG, § 1 Abs. 8 ZAG, § 53 Abs. 2 Nr. 2 S. 2 KWG) sowie auf die Inhaber von Privatbanken als einzelkaufmännisch betriebene Kreditinstitute.[1] Darüber hinaus wird der Adressatenkreis der §§ 332, 333 auch auf besondere Prüfinstitutionen ausgeweitet, die gem. § 340k Abs. 2 und 3 für Kredit- und Finanzdienstleistungsinstitute eingerichtet sind, die nicht in der Rechtsform einer Kapitalgesellschaft betrieben werden.

Durch das **AReG** wurden auch die **Mitglieder eines Prüfungsausschusses** gem. 3 § 340k iVm § 324 Abs. 1 in den Kreis der Normadressaten einbezogen, soweit diese den Grundtatbestand des § 340n Abs. 2a und zudem einen Qualifikationstatbestand gem. § 340m Abs. 2 Nr. 1 und 2 verwirklichen (→ Vor § 331 Rn. 16 ff.). Mit dem FISG wurde

---

[1] MüKoBilanzR/Löw Rn. 2 ff.; Hopt/Merkt Rn. 1.

zum 1.7.2021 klargestellt, welche Normadressaten vom Qualifikationstatbestand des Abs. 2 betroffen sind.[2]

4   **1. Kreditinstitut.** Der Begriff des Kreditinstituts wird in § 340 Abs. 1 S. 1 und Abs. 2 unter Verweisung auf das KWG definiert (→ § 340 Rn. 4).[3] Abzustellen ist hierbei auf die **Legaldefinition** gem. § 1 Abs. 1 KWG soweit das jeweilige Unternehmen nicht nach § 2 Abs. 1, 4 oder 5 KWG ausgenommen ist. Auch Zweigstellen ausländischer Unternehmen gem. § 53 Abs. 1 KWG fallen unter den Anwendungsbereich von § 340m Abs. 1 S. 1. Unter Zweigstelle versteht man hierbei jede im Bundesgebiet ansässige, rechtlich unselbständige Einrichtung eines Unternehmens mit Sitz im Ausland, die in der Bundesrepublik Deutschland Bankgeschäfte iSd § 1 Abs. 1 S. 1 KWG betreibt.[4] Liegt eine solche Zweigstelle vor, gilt diese fiktiv als verselbständigtes Kredit- oder Finanzdienstleistungsinstitut (§ 53 Abs. 1 S. 1 KWG).[5]

5   **2. Finanzdienstleistungsinstitut.** Erfasst werden durch § 340m Abs. 1 S. 1 auch Finanzdienstleistungsinstitute iSd § 340 Abs. 4 S. 1, der seinerseits auf die Legaldefinition für Finanzdienstleistungsinstitute in § 1 Abs. 1a KWG verweist (→ § 340 Rn. 5); § 2 Abs. 6, 10 KWG nennt wiederum die Ausnahmen von § 1 Abs. 1a KWG. Auf die Ausführungen zu den Zweigstellen ausländischer Kreditinstitute wird verwiesen (→ Rn. 4).

6   **3. Wertpapierinstitute.** Mit Verweisung gem. § 340 Abs. 4a durch das WpIG vom 12.5.2021 (BGBl. 2021 I 990) wurden die Strafvorschrift des § 340m auch auf **Wertpapierinstitute** gem. § 2 Abs. 1 WpIG erweitert. Hierbei handelt es sich nach der Legaldefinition um Unternehmen, die gewerbsmäßig oder in einem Umfang, der einen in kaufmännischer Weise eingerichteten Geschäftsbetrieb erfordert, Wertpapierdienstleistungen allein oder zusammen mit Wertpapiernebendienstleistungen oder Nebengeschäften erbringen. Maßgeblich ist das Erbringen von Wertpapierdienstleistungen gem. § 2 Abs. 2 WpIG. Allerdings sind bei der Tatbestandsprüfung auch die **Ausnahmen** gem. § 340 Abs. 4a iVm § 3 WpIG zu beachten, so zB Unternehmen, die Wertpapierleistung ausschließlich für ihre Mutterunternehmen oder Tochter-/Schwesterunternehmen erbringen, Anlageberatungen, etc.

7   **4. Zahlungsinstitute und E-Geld-Institute.** Aufgrund der Verweisung in § 340 Abs. 5 S. 1 gelten die Vorschriften der §§ 340m ff. auch für Zahlungsinstitute und E-Geld-Institute iSv § 1 Abs. 3 ZAG, dh für Unternehmen, die gewerbsmäßig Zahlungsdienstleistungen erbringen oder E-Geld-Geschäfte betreiben (§ 1 Abs. 1 Nr. 1, Abs. 2 Nr. 1 ZAG).

II. Normadressaten (Abs. 1 S. 2, Abs. 2)

8   § 340m Abs. 1 S. 2 erweitert den Adressatenkreis des § 331 bei Unternehmen, die keine Kapitalgesellschaft sind, auf den Geschäftsleiter, den Geschäftsleiter von Zahlungsinstituten, den einzelkaufmännischen Inhaber von Privatbanken sowie den Zweigstellengeschäftsführer. § 340m Abs. 2 betrifft die Mitglieder eines Prüfungsausschusses.

9   **1. Geschäftsleiter (Abs. 1 Nr. 1).** Den Begriff des Geschäftsleiters iSv § 340m Abs. 1 S. 2 Nr. 1 definiert § 1 Abs. 2 S. 1 KWG; danach ist Geschäftsleiter eine natürliche Person, die nach Gesetz, Satzung und Gesellschaftsvertrag zur Führung der Geschäfte und zur Vertretung eines Kredit- oder Finanzdienstleistungsinstituts in der Rechtsform einer juristischen Person oder einer Personenhandelsgesellschaft berufen ist (sog. „geborener Geschäftsleiter").[6] Personen, die nach § 1 Abs. 2 S. 2 KWG nur widerruflich, dh im Wege der Bezeichnung durch die BaFin, die Funktion des Geschäftsleiters ausüben (sog. „gekorene

---

2   BT-Drs. 19/26966, 109.
3   Vgl. Ulmer/Dannecker/Kern § 340 Rn. 1.
4   Boos/Fischer/Schulte-Mattler/Vahldiek KWG § 53 Rn. 21 ff.; Erbs/Kohlhaas/Häberle KWG § 53 Rn. 2.
5   Vgl. Boos/Fischer/Schulte-Mattler/Vahldiek KWG § 53 Rn. 39 ff.
6   Boos/Fischer/Schulte-Mattler/Schäfer KWG § 1 Rn. 152 ff.

Geschäftsleiter"), fehlt es an der erforderlichen Tätereigenschaft, da § 340m Abs. 1 S. 2
Nr. 1 ausdrücklich nur die Geschäftsleiter gem. § 1 Abs. 2 S. 1 KWG erfasst.[7]

2. Geschäftsleiter (Abs. 1 Nr. 1a). Normadressat ist auch der Geschäftsleiter gem. **10**
§ 2 Abs. 36 WpIG eines nicht in der Rechtsform der Kapitalgesellschaft betriebenen Wertpapierinstituts gem. § 340 Abs. 4a S. 1 iVm § 2 Abs. 1 WpIG, soweit keine Ausnahme gem.
§ 3 WpIG einschlägig ist.

3. Geschäftsleiter von Zahlungsinstituten (Abs. 1 Nr. 2). Erfasst wird von § 340m **11**
Abs. 1 S. 2 Nr. 2 der Geschäftsleiter eines nicht in der Rechtsform einer Kapitalgesellschaft
betriebenen Instituts nach dem Zahlungsdienstaufsichtsgesetz (ZAG). Darunter fallen das
Finanztransfer- und Kreditkartengeschäft und das E-Geld-Geschäft (→ § 340 Rn. 12).[8]
Dies ist durch die Verweisung des § 340m Abs. 1 S. 2 Nr. 2 auf § 1 Abs. 8 S. 2 ZAG auch der
„gekorene Geschäftsleiter", wogegen Geschäftsleiter iSd § 340m Nr. 1 nur der „geborene
Geschäftsleiter" ist (→ Rn. 8). Hierdurch entsteht eine nicht zu lösende und auch nicht
begründete Divergenz zwischen dem Geschäftsleiterbegriff in Nr. 1 (für Kredit- und Finanzdienstleistungsinstitute) und Nr. 2 (für Geschäftsleiter nach ZAG).[9]

4. Einzelkaufmann (Abs. 1 Nr. 3). § 340m Abs. 1 S. 2 Nr. 3 erfasst den Inhaber **12**
eines in der Rechtsform des Einzelkaufmanns betriebenen Finanzdienstleistungsinstituts
gem. § 340 Abs. 4 S. 1 oder eines Wertpapierinstituts gem. § 340 Abs. 4a S. 1.

5. Zweigstellengeschäftsführer (Abs. 1 Nr. 4). Erfasst ist gem. § 340m Abs. 1 S. 2 **13**
Nr. 4 auch der Zweigstellengeschäftsführer, dh der Geschäftsleiter iSd § 53 Abs. 2 Nr. 1
KWG. Jede inländische Zweigstelle eines ausländischen Unternehmens mit Sitz außerhalb
des EWR (vgl. § 53b KWG), die im Inland Bankgeschäfte betreibt oder Finanzdienstleistungen erbringt, gilt als Kreditinstitut oder Finanzdienstleistungsinstitut, § 53 Abs. 1 KWG (sog.
„Fiktion der Verselbständigung").[10] Für sie sind nach § 53 Abs. 2 Nr. 1 KWG mindestens
2 natürliche Personen zu bestimmen, die zur Geschäftsführung des Instituts und zur Vertretung des Unternehmens befugt sind.[11] Die Grundsätze zum faktischen Organ (→ § 331
Rn. 15 ff.) gelten ebenso für den Geschäftsleiter nach § 53 Abs. 2 Nr. 1 KWG.

6. Mitglieder eines Prüfungsausschusses (Abs. 2). Näher → § 340n Rn. 10. **14**

III. Besondere Prüfungsinstitutionen (§ 340k Abs. 2 und 3)

Erweitert wird auch der Anwendungsbereich der §§ 332, 333, da sich die Strafnorm **15**
des § 340m Abs. 1 auch auf Kredit- und Finanzdienstleistungsinstitute bezieht, die **nicht
in der Rechtsform einer Kapitalgesellschaft** betrieben werden (zB Genossenschaften,
rechtsfähige wirtschaftliche Vereine und Sparkassen) und bei denen **besondere Institutionen gem. § 340k Abs. 2 und 3** für die Prüfung vorgesehen sind.

1. Prüfungsverband. Bei genossenschaftlichen Kreditinstituten oder Kreditinstituten **16**
in der Form eines rechtsfähigen wirtschaftlichen Vereins ist die Prüfung gem. § 319 Abs. 1
S. 1 von dem Prüfungsverband durchzuführen, dem das Kreditinstitut als Mitglied angehört
(§ 340k Abs. 2).

2. Prüfungsstelle. Sparkassen können ihre Prüfung durch die Prüfungsstelle eines **17**
Sparkassen- und Giroverbandes durchführen lassen (§ 340k Abs. 3). Für die Prüfer dieser
Institutionen gelten uneingeschränkt die §§ 332, 333, da ihnen nach § 340k Abs. 2, 3 die
Prüfereigenschaft nach § 319 zukommt.

---

[7]   Vgl. Ulmer/Dannecker/Kern Rn. 5; Boos/Fischer/Schulte-Mattler/Schäfer KWG § 1 Rn. 157.
[8]   EBJS/Böcking/Gros/Morawietz § 340 Rn. 18 f.
[9]   Vgl. Ulmer/Dannecker/Kern Rn. 10.
[10]   Boos/Fischer/Schulte-Mattler/Vahldiek KWG § 53 Rn. 39.
[11]   Boos/Fischer/Schulte-Mattler/Vahldiek KWG § 53 Rn. 59.

IV. Tathandlungen

18   **1. Analoge Anwendung der §§ 331–333 (Abs. 1).** Durch die uneingeschränkte Verweisung auf die §§ 331–333 sind die dort normierten Tatbestandsmerkmale und Tathandlungen entsprechend auf den erweiterten Personen- und Unternehmenskreis des § 340m Abs. 1 anwendbar (→ § 331 Rn. 40 ff.; → § 332 Rn. 13 ff.; → § 333 Rn. 17 ff.).

19   **2. Strafrechtlicher Qualifikationstatbestand bei Verstößen gegen prüfungsbezogene Pflichten (Abs. 2).** Voraussetzung für eine Strafbarkeit gem. § 340m Abs. 2 ist zunächst die Verwirklichung des **Grundtatbestandes einer Ordnungswidrigkeit** gem. § 340n Abs. 2a (→ § 340n Rn. 29 f., → § 334 Rn. 67 ff., → § 334 Rn. 80). Nur wenn der Grundtatbestand erfüllt ist, kommt eine Strafbarkeit nach dem **Qualifikationstatbestand** des § 340m Abs. 2 in Betracht.

20   Ein besonders gravierender Verstoß, der nach dem Willen des Gesetzgebers nicht mehr nur als Ordnungswidrigkeit geahndet werden kann, kommt gem. § 340m Abs. 2 in Betracht, wenn die Mitglieder des Prüfungsausschusses für einen Verstoß gem. § 340n Abs. 2a – im Sinne einer Gegenleistung – einen **Vermögensvorteil erhalten,** sich einen solchen **versprechen lassen** oder Verstöße **beharrlich wiederholen.** Zu diesen qualifizierenden Tatbestandsvoraussetzungen → § 333a Rn. 10 ff.

21   Im Übrigen wird auf die sonstigen Ausführungen zu § 333a verwiesen (→ § 333a Rn. 1 ff.).

V. Information der APAS (Abs. 3)

22   Da strafbare Verstöße von Mitgliedern eines Prüfungsausschusses gem. § 340m Abs. 2 iVm § 340n Abs. 2a, Verletzungen der Berichts- und Geheimhaltungspflicht durch den Abschlussprüfer oder dessen Gehilfen gem. §§ 332, 333 (Erweiterung der Berichtspflicht bei Verstößen gem. § 340m Abs. 1 iVm §§ 332, 333 durch das FISG mWv 1.7.2021) im Regelfall auch einen **berufsrechtlichen Verstoß** des beauftragten Abschlussprüfers, der Prüfungsgesellschaft oder des Prüfstellenleiters bzw. eines mit der Prüfung befassten Mitarbeiters des Sparkassen- und Giroverbandes iSv § 340k Abs. 3 S. 2 indizieren, hat die Staatsanwaltschaft die **Abschlussprüferaufsichtsstelle** (APAS) beim Bundesamt für Wirtschaft und Ausfuhrkontrolle (BAFA) gem. § 340m Abs. 3 iVm § 335c Abs. 2 über eine **abschließende Entscheidung** oder ein eventuell **eingelegtes Rechtsmittel** zu informieren. Darüber hinaus dient die Information der APAS auch der gebündelten Informationserfassung zwecks **Veröffentlichung von rechtskräftig verhängten Sanktionen** iSd überarbeiteten Abschlussprüfer-RL (vgl. § 69 WPO); → § 335c Rn. 1 ff.

§ 340n Bußgeldvorschriften

(1) ¹**Ordnungswidrig handelt, wer als Geschäftsleiter im Sinne des § 1 Absatz 2 oder des § 53 Absatz 2 Nummer 1 des Kreditwesengesetzes eines Kreditinstituts oder Finanzdienstleistungsinstituts im Sinne des § 340 Absatz 4 Satz 1 oder als Geschäftsleiter im Sinne des § 2 Absatz 36 des Wertpapierinstitutsgesetzes eines Wertpapierinstituts im Sinne des § 340 Absatz 4a Satz 1 oder als Geschäftsleiter im Sinne des § 1 Absatz 8 Satz 1 und 2 des Zahlungsdiensteaufsichtsgesetzes eines Instituts im Sinne des § 1 Absatz 3 des Zahlungsdiensteaufsichtsgesetzes oder als Inhaber eines in der Rechtsform des Einzelkaufmanns betriebenen Finanzdienstleistungsinstituts im Sinne des § 340 Absatz 4 Satz 1 oder Wertpapierinstituts im Sinne des § 340 Absatz 4a Satz 1 oder als Mitglied des Aufsichtsrats eines der vorgenannten Unternehmen**

1. **bei der Aufstellung oder Feststellung des Jahresabschlusses oder bei der Aufstellung des Zwischenabschlusses gemäß § 340a Abs. 3 einer Vorschrift**
   a) **des § 243 Abs. 1 oder 2, der §§ 244, 245, 246 Abs. 1 oder 2, dieser in Verbindung mit § 340a Abs. 2 Satz 3, des § 246 Abs. 3 Satz 1, des § 247 Abs. 2**

oder 3, der §§ 248, 249 Abs. 1 Satz 1 oder Abs. 2, des § 250 Abs. 1 oder Abs. 2, des § 264 Absatz 1a oder Absatz 2, des § 340b Abs. 4 oder 5 oder des § 340c Abs. 1 über Form oder Inhalt,

   b) des § 253 Abs. 1 Satz 1, 2, 3 oder 4, Abs. 2 Satz 1, auch in Verbindung mit Satz 2, Absatz 3 Satz 1, 2, 3, 4 oder Satz 5, Abs. 4 oder 5, der §§ 254, 256a, 340e Abs. 1 Satz 1 oder 2, Abs. 3 Satz 1, 2, 3 oder 4 Halbsatz 2, Abs. 4 Satz 1 oder 2, des § 340f Abs. 1 Satz 2 oder des § 340g Abs. 2 über die Bewertung,

   c) des § 265 Abs. 2, 3 oder 4, des § 268 Abs. 3 oder 6, der §§ 272, 274 oder des § 277 Abs. 3 Satz 2 über die Gliederung,

   d) des § 284 Absatz 1, 2 Nummer 1, 2 oder Nummer 4, Absatz 3 oder des § 285 Nummer 3, 3a, 7, 9 Buchstabe a oder Buchstabe b, Nummer 10 bis 11b, 13 bis 15a, 16 bis 26, 28 bis 33 oder Nummer 34 über die im Anhang zu machenden Angaben,

2. bei der Aufstellung des Konzernabschlusses oder des Konzernzwischenabschlusses gemäß § 340i Abs. 4 einer Vorschrift

   a) des § 294 Abs. 1 über den Konsolidierungskreis,

   b) des § 297 Absatz 1a, 2 oder Absatz 3 oder des § 340i Abs. 2 Satz 1 in Verbindung mit einer der in Nummer 1 Buchstabe a bezeichneten Vorschriften über Form oder Inhalt,

   c) des § 300 über die Konsolidierungsgrundsätze oder das Vollständigkeitsgebot,

   d) des § 308 Abs. 1 Satz 1 in Verbindung mit den in Nummer 1 Buchstabe b bezeichneten Vorschriften, des § 308 Abs. 2 oder des § 308a über die Bewertung,

   e) des § 311 Abs. 1 Satz 1 in Verbindung mit § 312 über die Behandlung assoziierter Unternehmen oder

   f) des § 308 Abs. 1 Satz 3, des § 313 oder des § 314 über die im Konzernanhang zu machenden Angaben,

3. bei der Aufstellung des Lageberichts oder der Erstellung eines gesonderten nichtfinanziellen Berichts einer Vorschrift der § 289 oder des § 289a, des § 289f, auch in Verbindung mit § 340a Absatz 1b, oder des § 340a Abs. 1a, auch in Verbindung mit § 289b Absatz 2 oder 3 oder mit den §§ 289c, 289d oder § 289e Absatz 2, über den Inhalt des Lageberichts oder des gesonderten nichtfinanziellen Berichts,

4. bei der Aufstellung des Konzernlageberichts oder der Erstellung eines gesonderten nichtfinanziellen Konzernberichts einer Vorschrift des § 315 oder des § 315a, des § 315d, auch in Verbindung mit § 340i Absatz 6, oder des § 340i Absatz 5, auch in Verbindung mit § 315b Absatz 2 oder 3 oder § 315c, über den Inhalt des Konzernlageberichts oder des gesonderten nichtfinanziellen Konzernberichts,

5. bei der Offenlegung, Veröffentlichung oder Vervielfältigung einer Vorschrift des § 328 über Form, Format oder Inhalt oder

6. einer auf Grund des § 330 Abs. 2 in Verbindung mit Abs. 1 Satz 1 erlassenen Rechtsverordnung, soweit sie für einen bestimmten Tatbestand auf diese Bußgeldvorschrift verweist,

zuwiderhandelt. ²In den Fällen des Satzes 1 Nummer 3 wird eine Zuwiderhandlung gegen eine Vorschrift des § 289f Absatz 2 Nummer 4, auch in Verbindung mit Absatz 3 oder 4 Satz 1, nicht dadurch ausgeschlossen, dass die Festlegungen oder Begründungen nach § 76 Absatz 4 oder § 111 Absatz 5 des Aktiengesetzes, nach § 36 oder § 52 Absatz 2 des Gesetzes betreffend die Gesellschaften mit beschränkter Haftung oder nach § 9 Absatz 3 oder 4 des Genossenschaftsgesetzes ganz oder zum Teil unterblieben sind. ³In den Fällen des Satzes 1 Nummer 4 wird eine Zuwiderhandlung gegen eine Vorschrift des § 315d in Verbindung mit § 289f

Absatz 2 Nummer 4 nicht dadurch ausgeschlossen, dass die Festlegungen oder Begründungen nach § 76 Absatz 4 oder § 111 Absatz 5 des Aktiengesetzes ganz oder zum Teil unterblieben sind.

(2) [1]Ordnungswidrig handelt, wer einen Bestätigungsvermerk nach § 322 Absatz 1 erteilt zu dem Abschluss

1. eines Instituts, das ein Unternehmen von öffentlichem Interesse nach § 316a Satz 2 Nummer 1 oder 2 ist, oder

2. eines Instituts, das nicht in Nummer 1 genannt ist,

obwohl nach § 319 Absatz 2 oder 3, jeweils auch in Verbindung mit Absatz 5, oder nach § 319b Absatz 1 Satz 1 oder 2, jeweils auch in Verbindung mit Absatz 2, er, nach § 319 Absatz 4 Satz 1 oder 2, jeweils auch in Verbindung mit Absatz 5, oder nach § 319b Absatz 1 Satz 1 oder 2, jeweils auch in Verbindung mit Absatz 2, die Wirtschaftsprüfungsgesellschaft oder die Buchführungsgesellschaft, für die er tätig wird, oder nach § 340k Absatz 2 Satz 1 und 2 oder Absatz 3 Satz 2 erster Halbsatz der Prüfungsverband oder die Prüfungsstelle, für den oder für die er tätig wird, nicht Abschlussprüfer sein darf. [2]Ordnungswidrig handelt auch, wer einen Bestätigungsvermerk nach § 322 Absatz 1 erteilt zu dem Abschluss eines Instituts, das ein Unternehmen von öffentlichem Interesse nach § 316a Satz 2 Nummer 1 oder 2 ist, obwohl

1. er oder die Prüfungsgesellschaft, für die er tätig wird, oder ein Mitglied des Netzwerks, dem er oder die Prüfungsgesellschaft, für die er tätig wird, angehört, einer Vorschrift des Artikels 5 Absatz 4 Absatz 1 Satz 1 oder Absatz 5 Absatz 2 Satz 2 der Verordnung (EU) Nr. 537/2014 zuwiderhandelt oder

2. er oder die Prüfungsgesellschaft, für die er tätig wird, nach Artikel 17 Absatz 3 der Verordnung (EU) Nr. 537/2014 die Abschlussprüfung nicht durchführen darf.

[3]Abschluss im Sinne der Sätze 1 und 2 ist ein Jahresabschluss, ein Einzelabschluss nach § 325 Absatz 2a oder ein Konzernabschluss, der aufgrund gesetzlicher Vorschriften zu prüfen ist. [4]Institut im Sinne der Sätze 1 und 2 ist ein Kreditinstitut im Sinne des § 340 Absatz 1 Satz 1, ein Finanzdienstleistungsinstitut im Sinne des § 340 Absatz 4 Satz 1, ein Wertpapierinstitut im Sinne des § 340 Absatz 4a Satz 1 oder ein Institut im Sinne des § 1 Absatz 3 des Zahlungsdiensteaufsichtsgesetzes.

(2a) Ordnungswidrig handelt, wer

1. als Mitglied eines nach § 324 Absatz 1 Satz 1, auch in Verbindung mit § 340k Absatz 5 Satz 1, eingerichteten Prüfungsausschusses eines Instituts im Sinne des Absatzes 2 Satz 4 genannten Institute, das keine Sparkasse ist,

   a) die Unabhängigkeit des Abschlussprüfers oder der Prüfungsgesellschaft nicht nach Maßgabe des Artikels 4 Absatz 3 Unterabsatz 2, des Artikels 5 Absatz 4 Unterabsatz 1 Satz 1 oder des Artikels 6 Absatz 2 der Verordnung (EU) Nr. 537/2014 überwacht,

   b) eine Empfehlung für die Bestellung eines Abschlussprüfers oder einer Prüfungsgesellschaft vorlegt, die den Anforderungen nach Artikel 16 Absatz 2 Unterabsatz 2 oder 3 der Verordnung (EU) Nr. 537/2014 nicht entspricht oder der ein Auswahlverfahren nach Artikel 16 Absatz 3 Unterabsatz 1 der Verordnung (EU) Nr. 537/2014 nicht vorangegangen ist, oder

   c) den Gesellschaftern oder der sonst für die Bestellung des Abschlussprüfers zuständigen Stelle einen Vorschlag für die Bestellung eines Abschlussprüfers oder einer Prüfungsgesellschaft vorlegt, der den Anforderungen nach Artikel 16 Absatz 5 Unterabsatz 1 der Verordnung (EU) Nr. 537/2014 nicht entspricht, oder

2. als Mitglied eines nach § 340k Absatz 5 in Verbindung mit § 324 Absatz 1 Satz 1 eingerichteten Prüfungsausschusses eines Instituts im Sinne des Absatzes 2

Satz 4, das eine Sparkasse ist, die Unabhängigkeit der in § 340k Absatz 3 Satz 2 zweiter Halbsatz genannten Personen nicht nach Maßgabe des Artikels 5 Absatz 4 Unterabsatz 1 Satz 1 der Verordnung (EU) Nr. 537/2014 in Verbindung mit § 340k Absatz 3 Satz 2 oder nach Maßgabe des Artikels 6 Absatz 2 der Verordnung (EU) Nr. 537/2014 überwacht.

(3) [1]Die Ordnungswidrigkeit kann in den Fällen des Absatzes 2 Satz 1 Nummer 1 und Satz 2 sowie des Absatzes 2a mit einer Geldbuße bis zu fünfhunderttausend Euro, in den Fällen der Absätze 1 und 2 Satz 1 Nummer 2 mit einer Geldbuße bis zu fünfzigtausend Euro geahndet werden.[2]Ist das Kreditinstitut kapitalmarktorientiert im Sinne des § 264d, beträgt die Geldbuße in den Fällen des Absatzes 1 höchstens den höheren der folgenden Beträge:

1. zwei Millionen Euro oder
2. das Zweifache des aus der Ordnungswidrigkeit gezogenen wirtschaftlichen Vorteils, wobei der wirtschaftliche Vorteil erzielte Gewinne und vermiedene Verluste umfasst und geschätzt werden kann.

(3a) [1]Wird gegen ein Kreditinstitut, das kapitalmarktorientiert im Sinne des § 264d ist, in den Fällen des Absatzes 1 eine Geldbuße nach § 30 des Gesetzes über Ordnungswidrigkeiten verhängt, beträgt diese Geldbuße höchstens den höchsten der folgenden Beträge:

1. zehn Millionen Euro,
2. 5 Prozent des jährlichen Gesamtumsatzes, den das Kreditinstitut im der Behördenentscheidung vorausgegangenen Geschäftsjahr erzielt hat oder
3. das Zweifache des aus der Ordnungswidrigkeit gezogenen wirtschaftlichen Vorteils, wobei der wirtschaftliche Vorteil erzielte Gewinne und vermiedene Verluste umfasst und geschätzt werden kann.

[2]In den Fällen des Absatzes 3 Satz 1 in Verbindung mit Absatz 2 Satz 1 Nummer 1 oder Satz 2 ist § 30 Absatz 2 Satz 3 des Gesetzes über Ordnungswidrigkeiten anzuwenden.

(3b) [1]Gesamtumsatz im Sinne des Absatzes 3a Satz 1 Nummer 2 ist

1. im Falle von Kreditinstituten, die ihren Jahresabschluss nach den handelsrechtlichen Vorschriften oder dem Recht eines anderen Mitgliedstaats der Europäischen Union oder eines anderen Vertragsstaats des Abkommens über den Europäischen Wirtschaftsraum im Einklang mit der Richtlinie 86/635/EWG des Rates vom 8. Dezember 1986 über den Jahresabschluß und den konsolidierten Abschluß von Banken und anderen Finanzinstituten (ABl. L 372 vom 31.12.1986, S. 1; L 316 vom 23.11.1988, S. 51), die zuletzt durch die Richtlinie 2006/46/EG (ABl. L 224 vom 16.8.2006, S. 1) geändert worden ist, aufstellen, der Gesamtbetrag derjenigen Posten, die nach den auf das Kreditinstitut anwendbaren handelsrechtlichen Vorschriften oder nach dem auf das Kreditinstitut anwendbaren nationalen Recht den in Artikel 27 Nummer 1, 3, 4, 6 und 7 oder Artikel 28 Buchstabe B Nummer 1 bis 4 und 7 der Richtlinie 86/635/EWG genannten Posten entsprechen,
2. in Fällen, die nicht in Nummer 1 genannt sind, der Betrag der Umsatzerlöse, der sich bei Anwendung der Rechnungslegungsgrundsätze ergibt, die nach dem jeweiligen nationalen Recht für die Aufstellung des Jahresabschlusses des Unternehmens gelten.

[2]Handelt es sich bei dem Kreditinstitut um ein Mutterunternehmen oder um ein Tochterunternehmen im Sinne des § 290, ist anstelle des Gesamtumsatzes des Kreditinstituts der jeweilige Gesamtbetrag im Konzernabschluss des Mutterunternehmens maßgeblich, der für den größten Kreis von Unternehmen aufgestellt wird. [3]Ist ein Jahres- oder Konzernabschluss für das maßgebliche Geschäftsjahr nicht verfügbar, ist der Jahres- oder Konzernabschluss für das unmittelbar voraus-

gehende Geschäftsjahr maßgeblich; ist auch dieser nicht verfügbar, kann der Gesamtumsatz geschätzt werden.

(4) Verwaltungsbehörde im Sinn des § 36 Abs. 1 Nr. 1 des Gesetzes über Ordnungswidrigkeiten ist in den Fällen der Absätze 1 und 2a die Bundesanstalt für Finanzdienstleistungsaufsicht, in den Fällen des Absatzes 2 die Abschlussprüferaufsichtsstelle beim Bundesamt für Wirtschaft und Ausfuhrkontrolle.

(5) Die Bundesanstalt für Finanzdienstleistungsaufsicht übermittelt der Abschlussprüferaufsichtsstelle beim Bundesamt für Wirtschaft und Ausfuhrkontrolle alle Bußgeldentscheidungen nach Absatz 2a.

Schrifttum: Häuselmann, Offenlegungspflichten ausländischer Kreditinstitute in Deutschland nach dem Bilanzrichtlinie-Gesetz, WM 1995, 1049.

Übersicht

I. Allgemeines

1   Die Rechnungslegungsvorschriften der §§ 340a–340l enthalten für Kredit-, Finanzdienstleistungs-, Wertpapier und Zahlungsinstitute eine Vielzahl abweichender und ergänzender Vorschriften zu den §§ 243 ff. (→ Vor § 340 Rn. 15, → § 340a Rn. 5 ff.), so dass die Bußgeldvorschriften des § 334 auf diese Institute nicht unverändert anwendbar wären.[1] § 334 Abs. 5 schließt daher die Anwendbarkeit der Bußgeldtatbestände des § 334 Abs. 1–4 auf Kreditinstitute iSd § 340 ausdrücklich aus. Wegen der allgemeinen Verweisung auf sämtliche Regelungstatbestände des § 340 gilt der Ausschluss nicht nur für **Kreditinstitute** gem. § 340 Abs. 1 iVm § 1 Abs. 1 KWG, sondern auch für **Finanzdienstleistungsinstitute** gem. § 340 Abs. 4 iVm § 1 Abs. 1a KWG und **Zahlungsinstitute** gem. § 340 Abs. 5 iVm § 1 Abs. 3 ZAG. Ordnungswidrigkeiten bei Verstößen gegen die Rechnungslegungsvorschriften für diese Institute sind daher ausschließlich in § 340n sanktioniert, wobei diese Bußgeldvorschrift als **Blankettnorm** ausgestaltet ist (→ Vor § 331 Rn. 72 f.).[2]

2   Die spezifischen Bußgeldvorschriften des § 340n gelten **rechtsformübergreifend** für alle Kredit-, Finanzdienstleistungs- und Zahlungsinstitute.[3] Sie sind den Bußgeldvorschriften des § 334 nachgebildet, weshalb im Wesentlichen auf die dortige Kommentierung verwiesen werden kann.

---

[1]   Vgl. Ellenberger/Bunte BankR-HdB/Kolassa § 117 Rn. 381.
[2]   Krumnow Rn. 1; MüKoBilanzR/Löw Rn. 1.
[3]   MüKoBilanzR/Löw Rn. 1.

II. Normadressat

1. Täterkreis. § 340n Abs. 1 benennt als mögliche Täter: 3
– den Geschäftsleiter von Kreditinstituten und inländischen Zweigstellen iSd § 1 Abs. 2 KWG, § 53 Abs. 2 Nr. 1 KWG,
– den Geschäftsleiter von Finanzdienstleistungsinstituten iSv § 340 Abs. 4 iVm § 1 Abs. 2 KWG,
– den Geschäftsleiter von Wertpapierinstituten iSv § 2 Abs. 36 WpIG,
– den Geschäftsleiter von Zahlungsinstituten iSv § 1 Abs. 8 ZAG iVm § 1 Abs. 3 ZAG,
– den Inhaber von Kredit- und Wertpapierinstituten, die in der Form des Einzelkaufmanns betrieben werden,
– Mitglieder des Aufsichtsrats der vorgenannten Unternehmen.
Die Bußgeldvorschriften des § 340n Abs. 2a wurden mit dem AReG vom 10.5.2016 4 (BGBl. 2016 I 1142) eingeführt (→ Vor § 331 Rn. 16 ff.) und benennen als weitere Täter die Mitglieder eines gem. § 340k Abs. 5 iVm § 324 Abs. 1 eingerichteten Prüfungsausschusses. Eine Erweiterung auf Geschäftsleiter von Wertpapierinstituten gem. § 2 Abs. 36 WpIG erfolgte durch das WpIG vom 12.5.2021 (BGBl. 2021 I 990).

2. Geschäftsleiter. Zur Definition des Geschäftsleiters bzw. des Inhabers (→ § 340m 5 Rn. 8 ff.).

3. Aufsichtsrat. Taugliche Täter sind – wie auch bei § 331 und § 334 (→ § 331 6 Rn. 30 ff.) – nur die Mitglieder des obligatorischen Aufsichtsrats; Mitglieder eines fakultativen Aufsichtsrats können nur dann taugliche Täter des § 340n Abs. 1 sein, wenn ihnen bußgeldbewehrte Pflichten durch Gesellschaftsvertrag oder Gesetz übertragen wurden.[4] Ist für eine GmbH ein fakultativer Aufsichtsrat bestellt, obliegt den Mitgliedern stets die Prüfpflicht des § 171 AktG bzgl. Jahresabschluss und Lagebericht, soweit im Gesellschaftsvertrag nichts anderes bestimmt ist (§ 52 Abs. 1 GmbHG).

4. Abschlussprüfer. § 340n Abs. 2 betrifft als Normadressaten den Abschlussprüfer, 7 der einen Bestätigungs- oder Versagungsvermerk gem. § 322 erteilt, obwohl er oder die Prüfungsgesellschaft, für die er tätig wird, nicht Abschlussprüfer sein dürfen. Kreditinstitute dürfen nur von Wirtschaftsprüfern oder Wirtschaftsprüfungsgesellschaften iSv § 319 Abs. 1 S. 1 geprüft werden (s. § 340k Abs. 1 S. 1 Hs. 2); Finanzdienstleistungs- und Zahlungsinstitute, deren Bilanzsumme am Stichtag 150 Mio. Euro nicht übersteigt, können auch von vereidigten Buchprüfern und Buchprüfungsgesellschaften iSv § 319 Abs. 1 S. 2 geprüft werden (§ 340k Abs. 4). Genossenschaftlich organisierte Kreditinstitute sind grundsätzlich von dem Prüfungsverband zu prüfen, denen die Genossenschaft als Mitglied angehört (§ 340k Abs. 2), wobei der Prüfvermerk gem. § 322 nur von einem Wirtschaftsprüfer erteilt werden darf (§ 340k Abs. 2a). Sparkassen können von der Prüfungsstelle eines Sparkassen- und Giroverbands geprüft werden (§ 340k Abs. 3).
Darüber hinaus sind die in § 340n Abs. 2 genannten **Ausschlussgründe** zu beachten 8 (→ § 334 Rn. 59 f.):
– Besorgnis der Befangenheit in der Person des Wirtschaftsprüfers (§ 319 Abs. 2),
– Beteiligung, personelle Verflechtung, Selbstprüfung, Beschäftigung befangener Mitarbeiter, finanzielle Abhängigkeit, enge familiäre Beziehung (§ 319 Abs. 3),
– Befangenheit des Abschlussprüfers des Konzernabschlusses (§ 319 Abs. 5),
– besondere Ausschlussgründe bei kapitalmarktorientierten Unternehmen gem. § 264d (§ 319a aF),
– Ausschlussgründe im Netzwerk (§ 319b Abs. 1),
– Verflechtung und Beteiligung von Wirtschaftsprüfungsgesellschaften (§ 319 Abs. 4).
Für die Prüfungsverbände von genossenschaftlich organisierten Instituten und die Prüfungs- 9 stellen von Sparkassen- und Giroverbänden sind die Ausschlussgründe gem. § 340k Abs. 2 und 3 zu beachten.

---

4 Vgl. Ulmer/Dannecker/Kern Rn. 6.

10 **5. Mitglieder eines Prüfungsausschusses.** § 340n Abs. 2a nennt als mögliche Täter die **Mitglieder eines nach § 340k Abs. 5 S. 1 iVm § 324 Abs. 1 eingerichteten Prüfungsausschusses** (→ § 334 Rn. 22 f.). Einen solchen Prüfungsausschuss haben **CRR-Kreditinstitute** gem. § 1 Abs. 3d S. 1 KWG[5] – selbst, wenn diese nicht iSv § 264d kapitalmarktorientiert sind – einzurichten, wenn diese über keinen Aufsichts- oder Verwaltungsrat verfügen, der den Voraussetzungen gem. § 100 Abs. 5 AktG entspricht. Ausgenommen von dieser Pflicht sind regelmäßig Sparkassen sowie die Deutsche Bundesbank (§ 2 Abs. 1 Nr. 1 KWG) und die Kreditanstalt für Wiederaufbau (§ 2 Abs. 1 Nr. 2 KWG).

11 **6. Sonstige Personen.** Sonstige Personen, die die Qualifikation des § 340n Abs. 1 oder Abs. 2 nicht besitzen, sich aber an der Tat beteiligen, können wegen des **Einheitstäterbegriffs** im Ordnungswidrigkeitenrecht gem. § 14 Abs. 1 OWiG – trotz des Sonderdeliktscharakters – dennoch Täter der jeweiligen Ordnungswidrigkeit sein. Dies setzt jedoch voraus, dass mindestens einer der sonstigen Tatbeteiligten die Qualifikation des Abs. 1 oder Abs. 2 aufweist und die anderen Beteiligten diesbezüglich vorsätzlich handeln (→ § 334 Rn. 16).

III. Tatgegenstand

12 Zusätzlich zu den in § 334 genannten Tatobjekten nennt § 340n den Zwischenabschluss gem. § 340a Abs. 3 und den Konzernzwischenabschluss gem. § 340i Abs. 4.

IV. Tathandlungen

13 § 340n übernimmt die Tatbestände des § 334 unter Anpassung an die bankspezifischen Bilanzierungsvorschriften der §§ 340a–340j. Insbesondere § 340a Abs. 2 S. 1 und S. 2 erklären eine Reihe von Bilanzierungsvorschriften der §§ 265 ff. für nicht anwendbar. Dementsprechend werden auch die Bußgeldvorschriften in § 340n abgeändert. Erfasst werden Verstöße gegen die Vorschriften zum Jahresabschluss, Zwischenabschluss, Konzernabschluss, Konzernzwischenabschluss sowie zu den Lageberichten. Wie auch in den Bußgeldvorschriften des § 334 werden in § 340n insbesondere Verstöße gegen **Vorschriften über die Form, den Inhalt, die Gliederung und die Bewertung** geahndet.[6] Seit der Umsetzung der CSR-RL durch das CSR-RL-Umsetzungsgesetz vom 11.4.2017 (BGBl. 2017 I 802) werden in § 340n Abs. 1 Nr. 3 und Nr. 4 auch die nichtfinanzielle Erklärung im (Konzern-)Lagebericht und der gesonderte nichtfinanzielle (Konzern-)Bericht erfasst.

14 **1. Verstöße von Geschäftsleitern, Inhabern und Aufsichtsräten. a) Jahresabschluss, Zwischenabschluss.** § 340n Abs. 1 Nr. 1 betrifft wie bei § 334 die Verletzung von Vorschriften bei Aufstellung oder Feststellung des Jahresabschlusses, hier jedoch erweitert um den Zwischenabschluss gem. § 340a Abs. 3.

15 Geschützt wird:

16 Unter Abs. 1 Nr. 1a Vorschriften über **Form und Inhalt.** Gegenüber § 334 entfallen hier die Vorschriften der §§ 247 Abs. 1, 251 wegen § 340a Abs. 2 S. 2. Eingeschränkt wird § 246 Abs. 2 durch § 340a Abs. 2 S. 3. Zusätzlich werden § 340b Abs. 4, 5 (Ausweis von Pensionsgeschäften) und § 340c Abs. 1 (Ausweis von Finanzgeschäften) als geschützte Normen genannt.

17 Abs. 1 Nr. 1b nennt nunmehr die **Bewertungsvorschriften** der durch das BilMoG neu gefassten §§ 253, 254, 256a. Zusätzlich werden die bankspezifischen Bewertungsvorschriften der § 340e Abs. 1 S. 1 oder 2, Abs. 3 S. 1, 2, 3 oder 4 Hs. 2, Abs. 4 S. 1 oder 2, § 340f Abs. 1 S. 2 und § 340g Abs. 2 in den Schutzbereich der Ordnungswidrigkeitentatbestände übernommen.

18 Die **Gliederungsvorschriften** erfahren in Abs. 1 Nr. 1c wegen der abweichenden Regelung in § 340a Abs. 2 S. 1 und 2 eine Reduzierung. Es fehlen § 265 Abs. 6, § 266,

---

5   Boos/Fischer/Schulte-Mattler/Schäfer KWG § 1 Rn. 243 ff.
6   IE EBJS/Böcking/Morawietz Rn. 5 ff.; MüKoBilanzR/Löw Rn. 3 ff.

§ 268 Abs. 2, 4, 5, 7, § 275. Aus § 277 fällt nur noch Abs. 3 S. 2 und Abs. 4 in den von § 340n geschützten Bereich.

Die in der Bilanz oder im Anhang nach §§ 284, 285 zu machenden **Pflichtangaben** 19 werden in Abs. 1 Nr. 1d wegen § 340a Abs. 1 S. 1 für § 284 beschränkt auf Abs. 1, 2 Nr. 1, 2 oder Nr. 4, Abs. 3; die sonstigen Pflichtangaben nach § 285 werden durch § 340 Abs. 2 S. 1 beschränkt auf § 285 Nr. 3, 3a, 7, 9a oder b, Nr. 10–11b, 13–15a, 16–26, 28–33 oder Nr. 34. Der Ordnungswidrigkeitentatbestand erfasst nur diese Angaben.

b) Konzernabschluss, Konzernzwischenabschluss. Die Vorschriften in § 340n 20 Abs. 1 Nr. 2 über den Konzernabschluss und Konzernzwischenabschluss sind nur in Abs. 1 Nr. 2b im Hinblick auf den Konzernzwischenabschluss gem. § 340i Abs. 4 abgeändert und ergänzt. Im Übrigen entspricht diese Bußgeldvorschrift dem Tatbestand des § 334 Abs. 1 Nr. 2.

c) Weitere Ordnungswidrigkeiten (Nr. 3–6). Die Bußgeldtatbestände des § 340n 21 Abs. 1 Nr. 3–6 entsprechen im Wesentlichen den Tatbeständen des § 334 Abs. 1 Nr. 3–6 (→ § 334 Rn. 40 ff.). Ordnungswidrig handelt, wer gegen die **Vorschriften über Inhalt, Form, Format und Gliederung** in Bezug auf den Lagebericht, den Konzernlagebericht, die nichtfinanzielle Erklärung, die Erklärung zur Unternehmensführung, die Offenlegung sowie gegen die Formblattverordnung verstößt. Erfüllt das Kreditinstitut die Voraussetzungen gem. § 340a Abs. 1a und Abs. 1b, umfasst die Bußgeldvorschrift auch die nichtfinanzielle Erklärung oder den gesonderten nichtfinanziellen Bericht (s. § 340i Abs. 5 und Abs. 6 im Konzern).

Abs. 1 Nr. 5 wurde durch das Gesetz zur weiteren Umsetzung der Transparenzrichtli- 22 nie-Änderungsrichtlinie im Hinblick auf ein **einheitliches elektronisches Format** für Jahresfinanzberichte (ESEF-UG) vom 12.8.2020 (BGBl. 2020 I 1874) um das Wort „Format" ergänzt, sodass künftig auch der reine Verstoß gegen die Formatvorgaben iSd § 328 Abs. 1 S. 4 bzw. der ESEF-VO zu sanktionieren ist.

Mit dem FüPoG II vom 7.8.2021 (BGBl. 2021 I 3311) hat der Gesetzgeber in § 340n 23 Abs. 1 S. 2 und 3 klargestellt, dass auch das **pflichtwidrige Unterlassen** von Festlegungen und Begründungen gem. § 289f Abs. 2 Nr. 4, auch iVm Abs. 3 oder 4, in Bezug auf Zielgrößen für den Frauenanteil, die Fristen für deren Erreichung und ggf. die Begründung für die Festlegung der Zielgröße Null, den Bußgeldtatbestand erfüllt, nicht nur unrichtige oder unvollständige Erklärungen (→ § 334 Rn. 50 f.).

§ 340n Abs. 1 Nr. 5 ist nicht erfüllt, wenn überhaupt **kein Abschluss** vorgelegt wird 24 (→ § 334 Rn. 54).[7]

§ 340n Nr. 6 wird ausgefüllt durch die Verordnung über die Rechnungslegung der 25 Kreditinstitute und Finanzdienstleistungsinstitute (RechKredV) vom 1.12.1998 (BGBl. 1998 I 3654). Diese enthält in § 38 Abs. 1 Bußgeldtatbestände iSd § 340n Abs. 1 Nr. 6 für den mit § 340n Abs. 1 identischen Personenkreis[8] bei der Aufstellung und Feststellung des Jahresabschlusses. Danach handelt ordnungswidrig, wer bei der Aufstellung oder Feststellung des Jahresabschlusses
— entgegen § 2 Abs. 1 S. 1 RechKredV nicht das vorgeschriebene Formblatt verwendet,
— entgegen §§ 3–5, 6 Abs. 1 S. 1 oder 2, Abs. 2 oder 4 RechKredV die dort genannten Posten nicht, nicht in der vorgeschriebenen Weise oder nicht mit dem vorgeschriebenen Inhalt ausweist,
— entgegen § 6 Abs. 3 RechKredV dort genannte Vermögensgegenstände oder Schulden in seine Bilanz aufnimmt,
— einer Vorschrift der § 9 oder § 39 Abs. 4 oder Abs. 5 RechKredV über die Fristengliederung zuwiderhandelt,
— entgegen § 10 Abs. 1 RechKredV dort genannte Verbindlichkeiten nicht verrechnet,
— entgegen § 10 Abs. 2 RechKredV Forderungen oder Verbindlichkeiten verrechnet,

---

[7] Häuselmann WM 1995, 1054.
[8] Krumnow Rn. 11.

– einer Vorschrift der §§ 12–33 RechKredV über die einzelnen Posten der Bilanz oder der
GuV aufzunehmenden Angaben zuwiderhandelt,
– einer Vorschrift der §§ 34–35 RechKredV über zusätzliche Erläuterungen oder Pflichtangaben zuwiderhandelt,
– einer Vorschrift des § 36 RechKredV über Termingeschäfte zuwiderhandelt.

26   § 38 Abs. 2 RechKredV erklärt diese Bußgeldbestimmungen auch bei der Aufstellung des
Konzernabschlusses für anwendbar.

27   **2. Verstöße bei der Abschlussprüfung.** § 340n Abs. 2 sanktioniert wie § 334 Abs. 2
den Verstoß des Abschlussprüfers bei Erteilung des Bestätigungsvermerks gem. § 322, wenn
in seiner Person die gesetzlichen Ausschlussgründe vorliegen (→ Rn. 7 f.). Ein von der
BaFin nach § 28 KWG abgelehnter Prüfer, der gleichwohl einen Bestätigungsvermerk
erteilt, erfüllt den Tatbestand nicht, da ihm die Prüfereigenschaft fehlt und er keine Prüfer-
pflichten erfüllt (→ § 334 Rn. 66).

28   Durch das FISG wurde mit Wirkung zum 1.7.2021 ein „Gleichlauf" mit den Bußgeldvorschriften des § 334 Abs. 2 bewirkt, indem auch bei Abs. 2 künftig zwischen sonstigen
Instituten **(Abs. 2 S. 1 Nr. 2)** und Instituten, die Unternehmen von öffentlichem Interesse
gem. § 316a S. 2 sind, differenziert wird **(Abs. 2 S. 1 Nr. 1 und S. 2).**[9] Näher → § 334
Rn. 58 ff.

29   **3. Verstöße gegen prüfungsbezogene Pflichten der Mitglieder eines Prüfungsausschusses.** Die Bußgeldtatbestände gem. § 340n Abs. 2a Nr. 1a–c entsprechen den Bußgeldtatbeständen des § 334 Abs. 2a Nr. 1–3. Auf die dortigen Ausführungen wird verwiesen
(→ § 334 Rn. 67 ff.).[10] Diese Bußgeldtatbestände beziehen sich aufgrund des Verweises
gem. § 340 Abs. 2a Nr. 1 iVm Abs. 2 S. 4 auf Kreditinstitute gem. § 340 Abs. 1 S. 1, Finanzdienstleistungsinstitute gem. § 340 Abs. 4 S. 1, Wertpapierinstitute gem. § 340 Abs. 4a S. 1
oder Institute gem. § 1 Abs. 3 ZAG, soweit es sich nicht um Sparkassen handelt.

30   Der Bußgeldtatbestand des § 340n Abs. 2a Nr. 2 bezieht sich auf Mitglieder von Prüfungsausschüssen von Unternehmen von öffentlichem Interesse gem. § 316a S. 2, bei denen
es sich um **Sparkassen** handelt. Gemäß § 340k Abs. 3 S. 2 sind diese verpflichtet, die
Unabhängigkeit des Leiters der Prüfstelle sowie aller alle beim Sparkassen- und Giroverband beschäftigen Mitarbeiter, die das Ergebnis der Prüfung beeinflussen können, zu überwachen. Dabei gelten die Pflichten gem. Art. 5 Abs. 4 UAbs. 1 S. 1 Abschlussprüfungs-VO,
Art. 6 Abs. 2 Abschlussprüfungs-VO – dh die Pflicht zur Prüfung der Unabhängigkeit des
Abschlussprüfers trotz Erbringung von Nichtprüfungsleistungen (→ § 334 Rn. 73 ff.) und
die Pflicht zur Einholung einer schriftlichen Erklärung zur Unabhängigkeit des Abschlussprüfers (→ § 334 Rn. 80) – entsprechend.

31   Ist ein Bußgeldtatbestand des § 340n Abs. 2a erfüllt, ist stets auch zu prüfen, ob ein
Qualifizierungstatbestand gem. § 340m Abs. 2 vorliegt, wenn ein Mitglied eines Prüfungsausschusses für die Begehung eines sanktionierten Verstoßes einen Vermögensvorteil
erhält, sich einen solchen versprechen lässt oder Bußgeldtatbestände beharrlich wiederholt
(→ § 340m Rn. 19 f.).

V. Grundsätze des § 334

32   Im Übrigen gelten die Ausführungen zu § 334 (→ § 334 Rn. 85 ff.).

VI. Sanktion

33   Wie in § 334 Abs. 3 ist danach zu differenzieren
– ob sich ein Verstoß gegen Bilanzierungsvorschriften gem. Abs. 1 auf ein kapitalmarktorientiertes Institut gem. § 264d (Abs. 3 S. 2) oder ein sonstiges Institut (Abs. 3 S. 1 Hs. 2),
oder

---

[9]   BT-Drs. 19/26966, 109.
[10] S. BT-Drs. 18/7219, 52 f.

– ob sich ein prüfungsbezogener Verstoß gem. Abs. 2 oder Abs. 2a auf ein Unternehmen von öffentlichem Interesse gem. § 316a (Abs. 3 S. 1 Hs. 1) oder ein sonstiges Institut (Abs. 3 S. 1 Hs. 2) bezieht.

Auch zu verhängende Verbandsgeldbußen richten sich in Bezug auf den Bußgeldrahmen **34** nach dieser Differenzierung (s. Abs. 3a S. 1 und S. 2). Zur Differenzierung des Bußgeldrahmen → § 334 Rn. 100 ff.

Soweit der Bußgeldrahmen durch die **Höhe des Gesamtumsatzes** begrenzt wird **35** (§ 340n Abs. 3a Nr. 2), bestimmt sich der maßgebliche Gesamtumsatz nach § 340n Abs. 3b (→ § 334 Rn. 109 ff.). Hierbei ist zu differenzieren,

– ob die Nettoumsatzerlöse **nach handelsrechtlichen Vorschriften** oder **im Einklang mit der RL 86/635/EWG**[11] aufgestellt werden oder der Gesamtbetrag derjenigen Posten, die nach den auf das Kreditinstitut anwendbaren handelsrechtlichen Vorschriften oder nach dem auf das Kreditinstitut anwendbaren nationalen Recht den in **Art. 27 Nr. 1, 3, 4, 6 und 7 RL 86/635/EWG oder Art. 28 B Nr. 1–4 und 7 RL 86/635/ EWG** genannten Posten entsprechen (Abs. 3b S. 1 Nr. 1),
– oder ob der Jahresabschluss nicht im Einklang mit der RL 86/635/EWG aufgestellt wird und keine Konzernkonstellation vorliegt (Abs. 3b S. 1 Nr. 2).

Da § 277 Abs. 1 wegen § 340a Abs. 2 S. 1 bei Kreditinstituten keine Anwendung findet, **35a** richtet sich der Gesamtumsatz gem. **§ 340n Abs. 3b S. 1 Nr. 1** – anstelle des Betrages der Umsatzerlöse – nach dem auf das Kreditinstitut anwendbaren nationalen Recht im Einklang mit Art. 27 Nr. 1, 3, 4, 6 und 7 RL 86/635/EWG oder Art. 28 lit. B Nr. 1, 2, 3, 4 und 7 RL 86/635/EWG. Maßgeblich ist der sich hieraus ergebende Betrag abzüglich der Umsatzsteuer und sonstiger direkt auf diese Erträge erhobener Steuern.

Alle übrigen Fälle, in denen der Jahresabschluss nicht nach der RL 86/635/EWG **35b** aufgestellt wird, werden unter **§ 340n Abs. 3b S. 1 Nr. 2** subsumiert. Dies betrifft nicht nur Kreditinstitute aus Drittstaaten, die ihren Jahresabschluss nach dem dort geltenden nationalen Recht aufstellen, sondern auch solche Kreditinstitute mit Sitz in einem EU-Mitgliedstaat oder einem EWR-Vertragsstaat, die auf der Grundlage des nationalen Rechts internationale Rechnungslegungsstandards anlegen dürfen (→ § 334 Rn. 109b).

Im Übrigen, dh im Fall eines Konzerns oder bei Nichtverfügbarkeit eines Jahres- oder **35c** Konzernabschlusses, entsprechen die Regelungen des § 340n Abs. 3b S. 2 ff. spiegelbildlich der Vorschrift des § 334 Abs. 3b S. 2 ff. (→ § 334 Rn. 109c ff.).

VII. Verfolgungszuständigkeit

Durch den mit Art. 1 Nr. 33 EHUG eingefügten § 340n Abs. 4 ist zuständige Bußgeld- **36** behörde – in Abweichung von § 334 Abs. 4 (BfJ) – die **BaFin** für die Bußgeldtatbestände des § 340n **Abs. 1** und **Abs. 2a**.

Kommt es zu einer rechtskräftigen Bußgeldentscheidung nach § 340n Abs. 2a, ist diese **37** an die Abschlussprüferaufsichtsstelle beim Bundesamt für Wirtschaft und Ausfuhrkontrolle gem. § 340m Abs. 5 von der BaFin zu **übermitteln**. Obwohl der Wortlaut des Abs. 5 eine Übermittlungspflicht für „alle" Bußgeldentscheidungen statuiert, folgt aus Art. 30c Abs. 1 UAbs. 1 Abschlussprüfungs-VO, dass nur **unanfechtbare Entscheidungen** veröffentlicht werden müssen und somit nur diese von der BaFin zu übermitteln sind (vgl. auch § 69 Abs. 1a Nr. 1 WPO).

Bei Ordnungswidrigkeiten gem. § 340n **Abs. 2** ist die **Abschlussprüferaufsichts- 38 stelle (APAS)** beim Bundesamt für Wirtschaft und Ausfuhrkontrolle (BAFA) als Bußgeldbehörde zuständig, da dort die Berufsaufsicht für Abschlussprüfer und Prüfungsgesellschaften durch das AReG zentralisiert wurde (→ Vor § 331 Rn. 18 f.).

---

11 RL 86/635/EWG des Rates vom 8.12.1986 über den Jahresabschluss und den konsolidierten Abschluss von Banken und anderen Finanzinstituten, ABl. EG 1986 L 372, 1, zuletzt geändert durch RL 2006/ 46/EG, ABl. EG 2006 L 224, 1.

§ 340o Festsetzung von Ordnungsgeld

(1) Personen, die

1. **als Geschäftsleiter im Sinne des § 1 Absatz 2 des Kreditwesengesetzes eines Kreditinstituts oder Finanzdienstleistungsinstituts im Sinne des § 340 Absatz 4 Satz 1 oder als Geschäftsleiter im Sinne des § 2 Absatz 36 des Wertpapierinstitutsgesetzes eines Wertpapierinstituts im Sinne des § 340 Absatz 4a Satz 1 oder als Geschäftsleiter im Sinne des § 1 Absatz 8 Satz 1 und 2 des Zahlungsdiensteaufsichtsgesetzes eines Instituts im Sinne des § 1 Absatz 3 des Zahlungsdiensteaufsichtsgesetzes oder als Inhaber eines in der Rechtsform des Einzelkaufmanns betriebenen Finanzdienstleistungsinstituts im Sinne des § 340 Absatz 4 Satz 1 oder Wertpapierinstituts im Sinne des § 340 Absatz 4a Satz 1 den § 340l Absatz 1 Satz 1 in Verbindung mit § 325 Absatz 1 Satz 2 und Absatz 1a bis 5 über die Pflicht zur Offenlegung des Jahresabschlusses, des Lageberichts, des Konzernabschlusses, des Konzernlageberichts und anderer Unterlagen der Rechnungslegung oder**

2. **als Geschäftsleiter von Zweigniederlassungen im Sinn des § 53 Abs. 1 des Kreditwesengesetzes § 340l Abs. 1 oder Abs. 2 über die Offenlegung der Rechnungslegungsunterlagen**

nicht befolgen, sind hierzu vom Bundesamt für Justiz durch Festsetzung von Ordnungsgeld anzuhalten.

(2) Die §§ 335 bis 335b sind mit der Maßgabe entsprechend anzuwenden, dass Gesamtumsatz im Sinne des § 335 Absatz 1a Satz 1 Nummer 2 Folgendes ist:

1. **im Falle von Unternehmen, die ihren Jahresabschluss nach den handelsrechtlichen Vorschriften oder dem Recht eines anderen Mitgliedstaats der Europäischen Union oder eines anderen Vertragsstaats des Abkommens über den Europäischen Wirtschaftsraum im Einklang mit der Richtlinie 86/635/EWG aufstellen, der Gesamtbetrag derjenigen Posten, die nach den auf das Unternehmen anwendbaren handelsrechtlichen Vorschriften oder nach dem auf das Unternehmen anwendbaren nationalen Recht den in Artikel 27 Nummer 1, 3, 4, 6 und 7 oder Artikel 28 Buchstabe B Nummer 1 bis 4 und 7 der Richtlinie 86/635/EWG genannten Posten entsprechen,**

2. **in Fällen, die nicht in Nummer 1 genannt sind, der Betrag der Umsatzerlöse, der sich bei Anwendung der Rechnungslegungsgrundsätze ergibt, die nach dem jeweiligen nationalen Recht für die Aufstellung des Jahresabschlusses des Unternehmens gelten.**

Schrifttum: Häuselmann, Offenlegungspflichten ausländischer Kreditinstitute in Deutschland nach dem Bilanzrichtlinien-Gesetz, WM 1995, 1049.

I. Allgemeines

1   § 340o wurde durch Art. 1 Nr. 34 EHUG neu gefasst und der Neuregelung des Ordnungsgeldverfahrens nach § 335 angepasst. Die Vorschrift war erstmals auf Jahres- und Konzernabschlüsse für das nach dem 31.12.1998 beginnende Geschäftsjahr anzuwenden (Art. 5 Nr. 2 Abs. 1 S. 2 KapCoRiLiG). Der Einführung spezifischer Regelungen für die Wiedereinsetzung in den vorigen Stand (§ 335 Abs. 5) und einer neuen Verfahrensvorschrift für das Beschwerde- und Rechtsbeschwerdeverfahren (§ 335a) wurde durch das Gesetz zur Änderung des HGB vom 4.10.2013 (BGBl. 2013 I 3746) zunächst mit einem Verweis in § 340o S. 2 aF auf §§ 335–335b[1] und später mit Gesetz zur Umsetzung der RL (EU) 2021/2101 vom 19.6.2023 (BGBl. 2023 I Nr. 154) gem. § 340o Abs. 2 Rechnung getragen.

---

[1]   Vgl. BT-Drs. 17/13221, 11.

II. Normadressat

1. Geschäftsleiter oder Inhaber. § 340o Abs. 1 Nr. 1 nennt als Adressaten den **2** Geschäftsleiter iSd § 1 Abs. 2 S. 1 KWG eines Kredit- oder Finanzdienstleistungsinstituts, den Geschäftsleiter eines Wertpapierinstituts gem. § 2 Abs. 36 WpIG iVm § 340 Abs. 4a S. 1 HGB, den Geschäftsleiter eines Zahlungsinstituts gem. § 1 Abs. 8 ZAG iVm § 1 Abs. 3 ZAG oder den Inhaber eines in der Rechtsform des Einzelhandelskaufmanns betriebenen Kredit-, Wertpapier- oder Finanzierungsdienstleistungsinstituts. Dieser Personenkreis ist insoweit identisch mit dem des § 340m.

2. Geschäftsleiter einer Zweigstelle. § 340o Abs. 1 Nr. 2 nennt den Geschäftsleiter **3** einer Zweigstelle nach § 53 Abs. 1 KWG, dh der Zweigstelle eines Unternehmens mit Sitz im Ausland. Nicht erfasst wird von § 340o der ständige Vertreter der Zweigniederlassung einer ausländischen AG oder GmbH iSd § 13e Abs. 2 Nr. 3, da § 340o nur den Geschäftsleiter iSd § 53 Abs. 1 KWG nennt.[2]

III. Ordnungsgeldbewehrte Pflichten

Der Pflichtenkatalog des § 335 Abs. 1 Nr. 1 wird entsprechend für Kredit-, Finanz- **4** dienstleistungs-, Wertpapier- und Zahlungsinstitute übernommen, indem § 340o Abs. 1 Nr. 1 auf die Offenlegungspflichten des § 340l Abs. 1 S. 1 iVm § 325 Abs. 1 S. 2 und Abs. 1a–5 verweist. Erleichterungen für kleine und mittelgroße Kapitalgesellschaften sowie Kleinstkapitalgesellschaften gem. §§ 326 ff. finden keine Anwendung.[3] Für inländische Zweigstellen ausländischer Unternehmen iSv § 53 Abs. 1 KWG ahndet § 340o Abs. 1 Nr. 2 den Verstoß gegen die Offenlegungspflichten gem. § 340l Abs. 1 oder Abs. 2.[4]

IV. Verfahren

Durch die Verweisung in § 340l Abs. 1 S. 1 Hs. 2 iVm § 329 Abs. 1 hat der Betreiber **5** des elektronischen Bundesanzeigers zu prüfen, ob die einzureichenden Unterlagen fristgemäß und vollzählig eingereicht worden sind; ist dies nicht der Fall, hat er gem. § 329 Abs. 4 die zuständige Verwaltungsbehörde, dh das Bundesamt für Justiz (§ 335 Abs. 1 S. 1), zu unterrichten.

Das Ordnungsgeldverfahren richtet sich durch die **Verweisung in § 340o Abs. 2 auf** **6** **§§ 335 ff.** nach den dort genannten Vorschriften des FamFG und des VwVfG. Zuständig ist das **Bundesamt für Justiz.** Durch die Verweisung in § 340o Abs. 2 S. 1 auf § 335 Abs. 1 S. 2 kann das Ordnungsgeldverfahren auch gegen das Kredit-, Finanzdienstleistungs- und Zahlungsinstitut selbst durchgeführt werden. Im Übrigen gelten die Ausführungen zu den Verfahrensvorschriften gem. §§ 335–335b entsprechend.

Der für die Festsetzung des Ordnungsgeldes maßgebliche Gesamtumsatz gem. § 335 **7** Abs. 1a Nr. 2 wird in § 340o Abs. 2 Hs. 2 an die Vorschrift des § 340n Abs. 3b angepasst (→ § 340n Rn. 35 ff., → § 334 Rn. 109 ff.).

Zweiter Unterabschnitt. Ergänzende Vorschriften für Versicherungsunternehmen und Pensionsfonds

Erster Titel. Anwendungsbereich

§ 341 Anwendungsbereich

(1) [1]**Dieser Unterabschnitt ist, soweit nichts anderes bestimmt ist, auf Unternehmen, die den Betrieb von Versicherungsgeschäften zum Gegenstand haben und nicht Träger der Sozialversicherung sind (Versicherungsunternehmen), anzuwen-**

---

[2]   Häuselmann WM 1995, 1049 (1054).

[3]   EBJS/Böcking/Gros/Helke § 340l Rn. 1 ff.

[4]   Vgl. dazu Häuselmann WM 1995, 1049 ff.; EBJS/Böcking/Gros/Helke § 340l Rn. 9 ff.

den. [2]Dies gilt nicht für solche Versicherungsunternehmen, die auf Grund von Gesetz, Tarifvertrag oder Satzung ausschließlich für ihre Mitglieder oder die durch Gesetz oder Satzung begünstigten Personen Leistungen erbringen oder als nicht rechtsfähige Einrichtungen ihre Aufwendungen im Umlageverfahren decken, es sei denn, sie sind Aktiengesellschaften, Versicherungsvereine auf Gegenseitigkeit oder rechtsfähige kommunale Schadenversicherungsunternehmen.

(2) [1]Versicherungsunternehmen im Sinne des Absatzes 1 sind auch Niederlassungen im Geltungsbereich dieses Gesetzes von Versicherungsunternehmen mit Sitz in einem anderen Staat, wenn sie zum Betrieb des Direktversicherungsgeschäfts der Erlaubnis durch die deutsche Versicherungsaufsichtsbehörde bedürfen. [2]Niederlassungen von Versicherungsunternehmen mit Sitz in einem Mitgliedstaat der Europäischen Union oder einem anderen Vertragsstaat des Abkommens über den Europäischen Wirtschaftsraum, die keiner Erlaubnis zum Betrieb des Direktversicherungsgeschäfts durch die deutsche Versicherungsaufsichtsbehörde bedürfen, haben die ergänzenden Vorschriften über den Ansatz und die Bewertung von Vermögensgegenständen und Schulden des Ersten bis Vierten Titels dieses Unterabschnitts und der Versicherungsunternehmens-Rechnungslegungsverordnung in ihrer jeweils geltenden Fassung anzuwenden.

(3) Zusätzliche Anforderungen auf Grund von Vorschriften, die wegen der Rechtsform oder für Niederlassungen bestehen, bleiben unberührt.

(4) [1]Die Vorschriften des Ersten bis Siebenten Titels dieses Unterabschnitts sind mit Ausnahme von Absatz 1 Satz 2 auf Pensionsfonds (§ 236 Absatz 1 des Versicherungsaufsichtsgesetzes) entsprechend anzuwenden. [2]§ 341d ist mit der Maßgabe anzuwenden, dass Kapitalanlagen für Rechnung und Risiko von Arbeitnehmern und Arbeitgebern mit dem Zeitwert unter Berücksichtigung des Grundsatzes der Vorsicht zu bewerten sind; §§ 341b, 341c sind insoweit nicht anzuwenden.

Schrifttum: Angermayer/Oser, Die Rechnungslegung im Versicherungskonzern, WPg 1996, 457; Armbrüster, Das VAG 2016 – Überblick zu den Neuregelungen, r+s 2015, 425; Ballwieser, Zur Frage der Rechtsform-, Konzern- und Branchenunabhängigkeit der Grundsätze ordnungsmäßiger Buchführung, FS Budde, 1995, 43; Beisse, Zum neuen Bild des Bilanzrechtssystems, FS Moxter, 1994, 3; Christ, Verbriefungsplattformen nach IFRS, 2014; Clemm, Beitrag zum Meinungsspiegel, BFuP 1990, 546; Decker, Unterrichtungs- und Informationsrechte der deutschen Aufsichtsbehörden gegenüber europäischen Versicherungsunternehmen bei Markteintritt und Funktionsausgliederung, VersR 2013, 287; Ebbers, IFRS 4: Insurance Contracts, WPg 2004, 1377; Farny, Buchführung und Periodenrechnung im Versicherungsunternehmen, 4. Aufl. 1992; Engeländer/Kölschbach, Der Fair-Value-Standard ist schwer umzusetzen, VW 2003, 1324; Fritz, Pensionsfonds gestärkt, VW 2005, 899; Geib/Ellenbürger/Kölschbach, Ausgewählte Fragen zur EG-Versicherungsbilanzrichtlinie (VersBiRiLi) (Teil I), WPg 1992, 177; Graf v. Treuberg/Angermayer, Jahresabschluß von Versicherungsunternehmen, 1995; Hommel, Internationale Bilanzrechtskonzeptionen und immaterielle Vermögensgegenstände, ZfBF 1997, 345; Hommel/Bielke/Zicke, Bilanzierung von Versicherungsverträgen nach ED/2013/7 – Gewinnglättung dominiert fair value, KoR 2013, 404; Kleinmanns, Die „offene Gesellschaft der IFRS-Interpreten", SB 2014, 1325; Löw, Gewinnrealisierung und Rückstellungsbilanzierung bei Versicherungsunternehmen nach HGB und IFRS, 2003; Kölschbach/Engeländer, Versicherungsgeschäfte, in Löw (Hrsg.), Rechnungslegung für Banken nach IFRS, 2. Aufl. 2005, 735; Mathiak, Beitrag zum Meinungsspiegel, BFuP 1990, 546; Moxter, Bilanzrechtsprechung, 6. Aufl. 2007; Moxter, IFRS als Auslegungshilfe für handelsrechtliche GoB?, WPg 2009, 7; Naumann, Bewertungseinheiten im Gewinnermittlungsrecht der Banken, 1995; Oos, Materialien zur Rechnungslegung der Versicherungsunternehmen, 1997; Perlet, Zur Umsetzung der Versicherungsbilanzrichtlinie in deutsches Recht, FS Moxter, 1994, 833; Weigel, Rechtliche und wirtschaftliche Aspekte des Pensionsfonds nach deutschem Recht, 2002; Zeitler, Grundsätze ordnungsmäßiger Versicherungsbilanzierung nach IFRS, 2021.

Übersicht

I. Normzweck und Entstehungsgeschichte

Die Vorschriften des Zweiten Unterabschnittes des Vierten Abschnittes des Dritten **1** Buchs des HGB sind **lex specialis zum allgemeinen Bilanzrecht.** Sie tragen den spezifischen Publizitätserfordernissen der Versicherungsbranche Rechnung[1] und dehnen die für große und mittelgroße Kapitalgesellschaften allgemein geltenden Rechnungslegungs-, Prüfungs- und Publizitätsvorschriften auf sämtliche Unternehmen der Versicherungswirtschaft ungeachtet ihrer Rechtsform und Größe aus. Ferner schreiben sie branchenspezifische Sonderregelungen hinsichtlich des Bilanzansatzes und der Bewertung der Bilanzpositionen vor. Dabei weisen die Regelungen der §§ 341–341l aufgrund ihrer Entstehungsgeschichte eine **starke europarechtliche Prägung** auf.

Die EU harmonisierte ua durch die **4. EG-Richtlinie** (RL 78/660/EWG des Rates vom **2** 25.7.1978, ABl. 1978 L 222, 11) und die **7. EG-Richtlinie** (RL 83/349/EWG des Rates vom 13.6.1983, ABl. 1983 L 193, 1) die Rechnungslegung von Unternehmen. Während die **4. EG-Richtlinie** auf eine Gleichwertigkeit und Vergleichbarkeit der von Kapitalgesellschaften zu erstellenden und zu publizierenden Einzelabschlüsse zielt,[2] harmonisiert die **7. EG-Richtlinie** den Konzernabschluss und enthält insbesondere Vorschriften über den Konsolidierungskreis, die anzuwendenden Konsolidierungsmethoden, den Inhalt von Konzernanhang und Konzernlagebericht sowie die Prüfung und die Offenlegung des Konzernabschlusses. Dabei gelten im Konzernabschluss für die Bewertung der einzelnen Bilanzpositionen und ihre Gliederung grundsätzlich die Regelungen der 4. EG-Richtlinie.[3] Beide Richtlinien wurden durch das Gesetz zur Durchführung der 4., 7. und 8. EG-Richtlinie des Rates der Europäischen Gemeinschaften zur Koordinierung des Gesellschaftsrechts (Bilanzrichtlinien-Gesetz – BiRiLiG) vom 19.12.1985 (BGBl. I 2355) in nationales Recht transformiert.

Der **Regelungsbereich der 4. und 7. EG-Richtlinie nimmt Versicherungsunter- 3 nehmen grundsätzlich aus** (Art. 1 Bilanz-RL). Die Ausnahme ist insofern gerechtfertigt als das Geschäftsmodell von Versicherungsunternehmen sich so grundlegend von denen anderer Unternehmen und Marktteilnehmer unterscheidet, dass für sie die für alle Kaufleute geltenden Vorschriften nicht durchgehend sachgerecht erscheinen. Darüber hinaus erfüllen Versicherungsunternehmen eine systemrelevante Schutzfunktion, die der internationale Gesetzgeber nicht nur durch das staatliche Aufsichtsrecht, sondern auch besondere jahresabschlussrechtliche Vorgaben absichern und/oder stärken will. Versicherung bedeutet Daseinsvorsorge, die zu einem erheblichen Teil von Versicherungsunternehmen, dh seitens der Privatwirtschaft und nicht seitens des Staates, bereitgestellt wird. Versicherungsschutz beruht auf dem unbedingten Versprechen, dass die im Gegenzug zu der vorausbezahlten Versicherungsprämie zugesagte Versicherungsleistung auch erbracht wird. Wird dieses Versprechen enttäuscht, erleidet nicht nur die Daseinsvorsorge eine Einbuße, sondern auch der Versicherungsgedanke. Es ist folglich originäre Aufgabe des Staates, das Vertrauen in das Versicherungswesen mittels umfassender Aufsicht zu erhalten und zu stärken.[4] Dadurch ergeben sich (notwendige) Einflüsse auf die Rechnungslegung und Prüfung von Versicherungsunter-

---

1   Vgl. EBJS/Böcking/Gros/Kölschbach Rn. 5.
2   Vgl. Oos, Materialien zur Rechnungslegung der Versicherungsunternehmen, 1997, S. 4.
3   Vgl. Oos, Materialien zur Rechnungslegung der Versicherungsunternehmen, 1997, S. 5.
4   Vgl. WP-HdB Versicherungsunternehmen/Freiling A Rn. 3.

nehmen.[5] Dabei erfordert insbesondere die mit der Vorauszahlung der Versicherungsprämien einhergehende Gläubigerstellung der Versicherungsnehmer sowohl eine besondere Beachtung des Vorsichtsprinzips bei der Bewertung der Aktiva und Passiva als auch ein höheres Maß an Publizität.[6]

4   Die **RL 91/674/EWG (EG-Versicherungsbilanzrichtlinie)** trägt den Besonderheiten von Versicherungsunternehmen Rechnung. Sie zielt auf die Harmonisierung der Bilanzierungs- und Berichtsgrundsätze der Einzel- und Konzernabschlüsse von Versicherungsunternehmen und beinhaltet vor allem Vorschriften über die Gliederung und die einzelnen Posten von Bilanz und Gewinn- und Verlustrechnung, die Bewertung, den Anhang, die Konzernrechnungslegung und die Offenlegung.[7]

5   Die Vorschriften der RL 91/674/EWG gelten – anders als die Bestimmungen der 4. und 7. EG-Richtlinie – **rechtsformunabhängig** und berücksichtigen damit, dass in der EU Versicherungsunternehmen unterschiedlichster Rechtsform miteinander im Wettbewerb stehen (vgl. RL 91/674/EWG). Die RL 91/674/EWG findet damit grundsätzlich auf alle Versicherungsunternehmen Anwendung.[8] Ihr umfassender Geltungsbereich wird damit begründet, dass Versicherungsunternehmen ungeachtet ihrer Rechtsform miteinander in Wettbewerb stehen.[9]

6   Die RL 91/674/EWG schafft grundsätzlich kein gravierendes Sonderrecht für Versicherungsunternehmen. Insbesondere die elementaren Rechnungslegungsvorschriften (Bilanzansatz, -bewertung und Gewinnrealisierung) **orientieren sich eng an den Vorgaben der 4. und 7. EG-Richtlinie** und passen sie (häufig klarstellend) auf die versicherungsspezifischen Besonderheiten an.[10] Abweichungen bzw. Ergänzungen ergeben sich aus den branchenspezifischen Besonderheiten des Versicherungsgeschäfts. Diese betreffen insbesondere die Gliederung der Bilanz und der Gewinn- und Verlustrechnung, den Inhalt einzelner Posten, wie zB versicherungsspezifische Rückstellungen, sowie die im Anhang zu machenden Angaben.[11]

7   Die Vorgaben der RL 91/674/EWG werden für den Bereich der Versicherungsunternehmen durch **weitere europarechtliche Vorgaben** ergänzt und/oder präzisiert. Hierzu zählen insbesondere die 3. Schadensversicherungs-RL[12] und die Lebensversicherungs-RL[13].[14] In diesen finden sich ua präzisierende Vorgaben für die Bildung versicherungstechnischer Rückstellungen (Art. 17 3. Schadensversicherungs-RL) einschließlich der Schwankungsrückstellungen für Kreditversicherungen (Art. 18 3. Schadensversicherungs-RL) und der Deckungsrückstellungen (Art. 20 Lebensversicherungs-RL). Daneben sehen weitere EU-rechtliche Vorschriften Sonderregelungen für die Prüfung des Jahresabschlusses (Abschlussprüferrichtlinie)[15] Finanzinstitute (Bankbilanz-RL)[16] und

---

5   Vgl. WP-HdB Versicherungsunternehmen/Freiling A Rn. 6.
6   Vgl. Farny, Buchführung und Periodenrechnung im Versicherungsunternehmen, 4. Aufl. 1992, S. 106 f.
7   Vgl. Oos, Materialien zur Rechnungslegung der Versicherungsunternehmen, 1997, S. 5; vgl. für eine ausf. Darstellung der wesentlichen Regelungsbereiche Perlet FS Moxter, 1994, 833 (836 ff.).
8   Vgl. BT-Drs. 12/5587, 14.
9   Vgl. Oos, Materialien zur Rechnungslegung der Versicherungsunternehmen, 1997, S. 5.
10   Vgl. Geib/Ellenbürger/Kölschbach WPg 1992, 177 (178).
11   Vgl. BT-Drs. 12/5587, 14.
12   Vgl. RL 92/49/EWG des Rates v. 18.6.1992 zur Koordinierung der Rechts- und Verwaltungsvorschriften für die Direktversicherung (mit Ausnahme der Lebensversicherung) sowie zur Änderung der Richtlinien 73/239/EWG und 88/357/EWG (Dritte Richtlinie Schadenversicherung), ABl. EG 1992 L 228, 1.
13   Vgl. RL 2002/83/EG des Europäischen Parlaments und des Rates v. 5.11.2002 über Lebensversicherungen, ABl. EG 2002 L 345, 1.
14   Beide vorgenannten Richtlinien wurden mWv 1.1.2016 durch Art. 310 Abs. 1 Solvabilität II-RL v. 25.11.2009 aufgehoben (ABl. EG 2009 L 335, 1, geänd. ABl. EU 2012 L 249, 1 und ABl. EU 2013 L 341, 1).
15   Vgl. RL 2006/43/EG des Europäischen Parlaments und des Rates v. 17.5.2006 über Abschlussprüfungen von Jahresabschlüssen und konsolidierten Abschlüssen, zur Änderung der Richtlinien 78/660/EWG und 83/349/EWG des Rates und zur Aufhebung der Richtlinie 84/253/EWG des Rates, ABl. EG 2006 L 157, 87.
16   Vgl. RL 86/635/EWG des Rates v. 8.12.1986 über den Jahresabschluß und den konsolidierten Abschluß von Banken und anderen Finanzinstituten, ABl. EG 1986 L 372, 1. Diese wurde durch das Gesetz zur

Versicherungen (RL 91/674/EWG)[17] vor, um den versicherungsspezifischen Besonderheiten Rechnung zu tragen und sachlich gebotene Abweichungen von der Bilanz-RL zu regeln.[18]

Der nationale Gesetzgeber transformierte die RL 91/674/EWG durch das Gesetz **8** zur Durchführung der Richtlinie des Rates der Europäischen Gemeinschaften über den Jahresabschluß und den konsolidierten Abschluß von Versicherungsunternehmen **(Versicherungsbilanzrichtlinie-Gesetz – VersRiLiG)** vom 24.6.1994 (BGBl. 1994 I 1377) sowie durch die Verordnung über die Rechnungslegung von Versicherungsunternehmen **(Versicherungsunternehmens-Rechnungslegungsverordnung – RechVersV)** vom 8.11.1994 (BGBl. 1994 I 3378) in deutsches Recht.

Die Transformation mündete schwerpunktmäßig in einer **Erweiterung des Vierten** **9** **Abschnittes des Dritten Buchs des HGB** um einen Zweiten Unterabschnitt (§§ 341–341p). Dieser enthält in insgesamt acht Titeln Vorschriften. Sie betreffen den Anwendungsbereich des Zweiten Unterabschnittes (Erster Titel), den Jahresabschluss und Lagebericht (Zweiter Titel), die Bewertungsvorschriften (Dritter Titel), die versicherungstechnischen Rückstellungen (Vierter Titel), den Konzernabschluss und Konzernlagebericht (Fünfter Titel), die Prüfung (Sechster Titel), die Offenlegung (Siebenter Titel) sowie die Straf-, Bußgeld- und Ordnungsgeldregelungen (Achter Titel).

Auf **Ebene des Einzelabschlusses** änderten sich durch die Umsetzung der RL 91/ **10** 674/EWG in nationales Recht ua die Gliederung der Bilanz (Änderungen innerhalb der Gliederung des Postens „Kapitalanlagen" und Erweiterung des Gliederungsschemas um den Posten „Nachrangige Verbindlichkeiten"), die Bewertung einzelner Bilanzpositionen (zB Zulässigkeit der Gruppenbewertung von Schulden gem. § 240 Abs. 4) und die Ausweisvorschriften (Änderungen hinsichtlich der Posten „Forderungen" sowie „Versicherungstechnische Rückstellungen").[19]

Auf **Ebene des Konzernabschlusses** führt die Transformation der RL 91/674/EWG **11** in nationales Recht aufgrund der rechtsform- und größenunabhängigen Aufstellungspflicht für Versicherungskonzernabschlüsse zu einer Ausweitung des Kreises der aufstellungspflichtigen Unternehmen und zu versicherungsspezifischen Sonderregelungen (beispielsweise zur Eliminierung von Zwischengewinnen gem. § 341j Abs. 2 iVm § 304).[20]

Nach hM gelten die handelsrechtlichen GoB (zB Realisationsprinzip, Imparitäts- **12** prinzip) rechtsform- und branchenübergreifend.[21] Für Versicherungsunternehmen existiert damit kein Sonderbilanzrechtssystem. Die für alle Kaufleute anzuwendenden Bilanzzwecke, Zielhierarchien und Auslegungsgrundsätze gelten auch für sie. Eröffnen sie aber Auslegungsspielräume, sind diese unter Beachtung der versicherungsspezifischen Besonderheiten auszuüben, was ua zu einer **stärkeren** Gewichtung des Vorsichtsprinzips innerhalb der durch die handelsrechtlichen GoB gezogenen Auslegungsgrenzen führen kann.[22]

Durchführung der Richtlinie des Rates der Europäischen Gemeinschaften über den Jahresabschluß und den konsolidierten Abschluß von Banken und anderen Finanzinstituten v. 30.11.1990, BGBl. 1990 I 2570 (Bankbilanzrichtlinie-Gesetz) in nationales Recht transformiert.

[17] Vgl. RL 91/674/EWG des Rates v. 19.12.1991 über den Jahresabschluß und den konsolidierten Abschluß von Versicherungsunternehmen, ABl. L 374, 7, die durch das Gesetz zur Durchführung der Richtlinie des Rates der Europäischen Gemeinschaften über den Jahresabschluß und den konsolidierten Abschluß von Versicherungsunternehmen v. 24.6.1994, BGBl. 1994 I 1377 (Versicherungsbilanzrichtlinie-Gesetz) in deutsches Recht transformiert wurde.

[18] Vgl. Geib/Ellenbürger/Kölschbach WPg 1992, 177 f.

[19] Vgl. Angermayer/Oser WPg 1996, 457.

[20] Vgl. Angermayer/Oser WPg 1996, 457 (458).

[21] Vgl. zB Ballwieser FS Budde, 1995, 43 (48); Beisse FS Moxter, 1994, 3 (19); Clemm BFuP 1990, 546 (558); Mathiak BFuP 1990, 546 (548).

[22] Vgl. für entspr. Ausführungen zur Einordnung der branchenspezifischen Rechnungslegungsvorschriften des Ersten Unterabschnittes in die Normenhierarchie Naumann, Bewertungseinheiten im Gewinnermittlungsrecht der Banken, 1995, S. 40 ff. Zur versicherungsspezifischen Auslegung der allg. GoB vgl. Ballwieser FS Budde, 1995, 43 (62 ff.).

II. Exkurs: Besonderheiten und Reichweite der IFRS-Bilanzierung

13   Nach der IAS-VO haben grundsätzlich alle europäischen kapitalmarktorientierten Unternehmen ihren **Konzernabschluss nach den IFRS** aufzustellen. Dieses Aufstellungsgebot wurde durch § 315e in nationales Recht transformiert.

14   Die IFRS-Rechnungslegung folgt einem von der Zielsetzung des handelsrechtlichen Jahresabschlusses abweichenden Rechnungslegungszweck und -ziel. Sie erfordert damit eine eigenständige Rechnungslegung. Deshalb haben die Vorgaben der IFRS weder eine direkte noch eine indirekte Bindungs- oder Rückwirkung für die **HGB-Bilanzierung**[23] und leisten für die Auslegung der versicherungsspezifischen Ansatz- und Bewertungsregeln keine Hilfestellung. Entgegenstehende Kommentarmeinungen,[24] die auch eine vermeintliche Stütze in der EuGH-Rechtsprechung finden,[25] tragen nicht durch und stehen im offenen Widerspruch zur teleologischen Gesetzesauslegung.

15   Das Regelwerk der IFRS kennt keinen branchenspezifischen Standard für Versicherungsunternehmen und grundsätzlich auch keine Einzelfallregelungen, die nur von Versicherungsunternehmen zu beachten sind. Diese müssen deshalb bei ihrer Bilanzierung und bei ihrer Gewinnermittlung die für alle Bilanzierenden geltenden branchenunabhängigen Bestimmungen (zB zum Ansatz und zur Bewertung von Finanzanlagen insbesondere IFRS 9 und Rückstellungen insbesondere IAS 37) beachten.

16   Innerhalb des IFRS-Regelwerks findet sich allerdings mit **IFRS 17** ein Standard, der sich ausschließlich mit Versicherungsverträgen auseinandersetzt, indem er die Bilanzierung, Bewertung und Berichterstattung von Ansprüchen und Verpflichtungen aus Versicherungsverträgen (einschließlich der aktiven und passiven Rückversicherung) regelt. Die Vorgaben des IFRS 17 sind aber keine Besonderheit für Versicherungsunternehmen. Sie sind auch von Nicht-Versicherungsunternehmen zu beachten, die Rechtsansprüche oder Verpflichtungen aus einem Versicherungsvertrag haben.[26]

17   IFRS 17 Anh. A definiert den **Versicherungsvertrag** als einen Vertrag, mit dem eine Partei (der Versicherer) ein signifikantes Versicherungsrisiko von einer anderen Partei (dem Versicherungsnehmer) übernimmt, indem sie vereinbart, dem Versicherungsnehmer eine Entschädigung zu leisten, wenn ein spezifiziertes ungewisses zukünftiges Ereignis (das versicherte Ereignis) den Versicherungsnehmer nachteilig betrifft. Aufgrund dieser extensiven Begriffsbestimmung kann davon ausgegangen werden, dass im Wesentlichen alle nach deutschem Aufsichts-, Vertrags- oder Steuerrecht als Versicherungen akzeptierten Verträge auch Versicherungsverträge iSd IFRS 17 darstellen.[27] Abweichungen hierzu können sich bei zu Finanzierungszwecken abgeschlossenen Rückversicherungsverträgen ergeben, wenn sie kein signifikantes versicherungstypisches Risiko beinhalten. Zudem können aus dem Anwendungsbereich des IFRS 17 Altersvorsorgeprodukte iSd AVmG und/oder Pensionsfondsprodukte herausfallen, wenn sie im wesentlichen Kapitalisierungsverträge darstellen.[28]

18   Die Bilanzierung der Versicherungsverträge folgt einem **Komponenten- bzw. Margenansatz.**[29] Er verpflichtet den Bilanzierenden dazu, zu jedem Bilanzstichtag den Netto-Vermögenswert bzw. die Netto-Verpflichtung zu ermitteln, die für ihn mit dem Versiche-

---

[23]   Vgl. Christ, Verbriefungsplattformen nach IFRS, 2014, S. 59. Die IFRS haben weder für die Ausschüttungs- noch für die Steuerbemessungsfunktion des HGB-Abschlusses Relevanz; vgl. Hommel ZfbF 1997, 345 (347 f.); Kleinmanns DB 2014, 1325 (1328).

[24]   Vgl. BeBiKo/Störk/Rimmelspacher § 264 Rn. 32 mwN; kriti. hierzu vgl. Moxter WPg 2009, 7 (8–12).

[25]   Vgl. EuGH NJW 1996, 2363 – Tomberger; DStRE 2003, 69 – BIAO. Vgl. diesbezüglich Moxter, Bilanzrechtsprechung, 2007, S. 5.

[26]   Vgl. Ebbers WPg 2004, 1377 (1378).

[27]   Vgl. Löw/Kölschbach/Engeländer S. 743; Löw, Gewinnrealisierung und Rückstellungsbilanzierung bei Versicherungsunternehmen nach HGB und IFRS, 2003, S. 147 f.

[28]   Vgl. Engeländer/Kölschbach VW 2003, 1324; Löw/Kölschbach/Engeländer S. 743.

[29]   Vgl. hierzu ausf. Zeitler, Grundsätze ordnungsmäßiger Versicherungsbilanzierung nach IFRS, 2021, S. 109–114; Hommel/Bielke/Zicke KoR 2013, 404; Haufe IFRS-Komm./Lüdenbach/Hofmann § 39a Rn. 49; Boetius/Boetius/Kölschbach/Kölschbach § 8 Rn. 307–314.

rungsvertrag verbunden ist (**Asset-Liability-Approach**). Der Komponenten- bzw. Margenansatz berücksichtigt, dass sich der Wert eines Versicherungsvertrags typischerweise aus vier wertrelevanten Komponenten zusammensetzt (IFRS 17.32).

Die **erste Komponente** ist die Cashflow-Marge. Für das Versicherungsunternehmen **19** entspricht sie dem Saldo aus den zukünftig erwarteten Einzahlungen aus Prämienforderungen und den durchschnittlich erwarteten Auszahlungen, die anlässlich der Schadenleistungen entstehen werden (IFRS 17.33–34). Wenn das Versicherungsunternehmen den Versicherungsvertrag mit Gewinn kalkuliert, führt seine Abwicklung per Saldo zu einem Geldzufluss. Die Cashflow-Marge ist dann positiv.[30] Die **zweite Komponente** (Zinsmarge) erfasst die ökonomischen Auswirkungen, die sich daraus ergeben, dass zukünftige Auszahlungen das Unternehmen finanziell umso weniger belasten, je weiter sie in der Zukunft liegen und zukünftige Einzahlungen für das Unternehmen umso weniger vorteilhaft sind, je später es die Zahlungen erhält (IFRS 17.36).[31] Die **dritte Komponente** (Risikomarge) berücksichtigt, dass zukünftige Zahlungen regelmäßig dem Grunde und/oder der Höhe nach unsicher sind, sodass risikoscheue Marktteilnehmer Einzahlungen regelmäßig unterhalb ihres Erwartungswerts und Auszahlungen regelmäßig über ihrem Erwartungswert einschätzen (IFRS 17.37).[32] Die **vierte Komponente** (vertragliche Servicemarge) erfasst den Teil der zukünftigen Prämieneinzahlungen, der zukünftige Dienstleistungen des Unternehmens außerhalb der Risikotragung vergütet (IFRS 17.38).[33]

Das Versicherungsunternehmen muss diese einzelnen Margen, die sich aus dem Versi- **20** cherungsverhältnis ergeben, im Zugangszeitpunkt des Vertrags und zu jedem nachfolgenden Bilanzstichtag separat bewerten (Asset-Liability-Approach) und die Bewertungsergebnisse zu einer Bilanzierungseinheit zusammenfassen und zu jedem Bilanzstichtag neu bewerten. Aus der in der Zwischenzeit eingetretenen wertmäßigen Veränderung dieser Bilanzierungseinheit ergibt sich dann der **Vermögensgewinn oder Vermögensverlust,** den das Versicherungsverhältnis zum Gesamtjahresüberschuss der jeweiligen Berichtsperiode beiträgt. Der Vertragsgewinn oder -verlust entsteht damit konzeptionell nicht aus der Erfüllungshandlung des Versicherungsunternehmens, sondern aus einem Vermögensvergleich (IFRS 17.41–42).[34]

Die durch IFRS 17 vorgenommene **bilanzorientierte Bewertung** des Versicherungs- **21** vertrags unterscheidet sich konzeptionell gravierend von dem stärker GuV-orientierten Rechnungslegungsansatz des HGB. Die bilanzielle Unterscheidung in einzelne Rückstellungsarten (zB Schadenrückstellung, Deckungsrückstellung, Rückstellung für Beitragsrückerstattung) entfällt.

III. Anwendungsbereich des zweiten Unterabschnitts

1. Versicherungsunternehmen (Abs. 1). a) Grundsätzlich weiter Anwendungs- 22 bereich. § 341 Abs. 1 S. 1 liegt ein **weiter Anwendungsbereich** zugrunde. Er umfasst grundsätzlich alle Unternehmen, die den Betrieb von Versicherungsgeschäften zum Gegenstand haben und nicht Träger der Sozialversicherung sind, sowie Pensionsfonds iSd § 236 Abs. 1 VAG[35] – und zwar unabhängig von ihrer Rechtsform und Größe.[36]

Der in § 341 Abs. 1 S. 1 verwendete (auslegungsoffene) Begriff des Versicherungsunter- **23** nehmens entspricht demjenigen des § 1 Abs. 1 VAG und schließt neben den privat-rechtlich

30 Vgl. Zeitler, Grundsätze ordnungsmäßiger Versicherungsbilanzierung nach IFRS, 2021, S. 110–112; Hommel/Bielke/Zicke KoR 2013, 404 (405 f.).
31 Vgl. Zeitler, Grundsätze ordnungsmäßiger Versicherungsbilanzierung nach IFRS, 2021, S. 112 f; Hommel/Bielke/Zicke KoR 2013, 404 (406 f.).
32 Vgl. Zeitler, Grundsätze ordnungsmäßiger Versicherungsbilanzierung nach IFRS, 2021, S. 114; Hommel/Bielke/Zicke KoR 2013, 404 (407 f.).
33 Vgl. Zeitler, Grundsätze ordnungsmäßiger Versicherungsbilanzierung nach IFRS, 2021, S. 117; Hommel/Bielke/Zicke KoR 2013, 404 (407 f.).
34 Vgl. Zeitler, Grundsätze ordnungsmäßiger Versicherungsbilanzierung nach IFRS, 2021, S. 122 f.
35 Vgl. BT-Drs. 14/5150, 53.
36 Vgl. für Versicherungsunternehmen BT-Drs. 12/5587, 22.

organisierten Erstversicherern auch Rückversicherungen und öffentlich-rechtliche Versicherungsunternehmen mit ein.[37] Damit gelten die nachfolgenden Vorschriften des Zweiten Unterabschnitts für alle Versicherungsunternehmen ohne Rücksicht darauf, ob sie Kaufmann iSd HGB sind und/oder überhaupt in den Anwendungsbereich der Versicherungsbilanzrichtlinie fallen oder nicht.[38]

24   Versicherer fallen (nur) dann unter den Anwendungsbereich der §§ 341–341p, wenn sie Unternehmen sind. Der Begriff **„Unternehmen"** ist im HGB nicht definiert. Er ist deshalb vor dem Hintergrund des jeweiligen Zwecks der anzuwendenden Vorschrift unter Berücksichtigung der Rechtsfolgen teleologisch auszulegen.[39] Seine Reichweite ergibt sich im Zusammenhang mit der Zwecksetzung der zu kommentierenden Vorschrift. Dem Schutzweck der §§ 341–341p entspricht es, die mit den Versicherungsprodukten handelnden Wirtschaftseinheiten möglichst vollständig zu erfassen.[40] Der handelsrechtliche Begriff „Unternehmen" ist dementsprechend in einem weiten Sinne zu verstehen.[41] Als „Unternehmen" gilt demnach ganz allgemein die zum Zwecke der Erreichung gesellschaftlicher Ziele vorgenommene Zusammenfassung persönlicher und sächlicher Mittel.[42] Allerdings muss es sich um eine rechtlich verselbstständigte und als solche nach außen in Erscheinung tretende Organisation handeln. Deshalb sind reine Innengesellschaften, Versicherungspools und Zeichnungsgemeinschaften (Mitversicherung) keine Unternehmen im Sinne dieser Vorschrift.[43]

25   Darüber hinaus fallen (nur) solche Unternehmen in den Anwendungsbereich der §§ 341–341p, die ein **Versicherungsgeschäft** betreiben. Auch dieses Tatbestandsmerkmal ist auslegungsoffen. Nach der Interpretation des Bundesverwaltungsgerichts „liegt ein Versicherungsgeschäft dann vor, wenn gegen Entgelt für den Fall eines ungewissen Ereignisses bestimmte Leistungen übernommen werden, wobei das übernommene Risiko auf eine Vielzahl durch die gleiche Gefahr bedrohter Personen verteilt wird und der Risikoübernahme eine auf dem Gesetz der großen Zahl beruhende Kalkulation zugrunde liegt".[44]

26   Erfüllen **Versicherungs-Holdinggesellschaften** diese Anforderungen, unterliegen auch sie grundsätzlich der Rechnungslegungspflicht nach Maßgabe der §§ 341–341p, selbst wenn sie nur in einem sehr geringen Umfang das Erst- oder Rückversicherungsgeschäft betreiben.[45]

27   Kann ein Unternehmen das von ihm übernommene Risiko dagegen nicht auf eine Vielzahl durch die gleiche Gefahr bedrohte Personen verteilen, fehlt es an einer ausgleichsfähigen Gefahrengemeinschaft. Dann handelt es sich bei wirtschaftlicher Betrachtungsweise auch um kein Versicherungsunternehmen. Deshalb wäre es zweckfremd, das Unternehmen zur Bilanzierung anhand der branchenspezifischen Rechnungslegungsvorschriften für Versicherungsunternehmen zu verpflichten.[46] Es ist im bilanziellen Sinne kein Versicherungsunternehmen.

28   Abs. 1 S. 1 regelt, dass die Vorschriften des Zweiten Unterabschnittes auf sämtliche Versicherungsunternehmen **ungeachtet ihrer Rechtsform**[47] anzuwenden sind.[48]

29   **b) Ausnahmen vom Anwendungsbereich. aa) Träger der Sozialversicherung. Träger der Sozialversicherung** fallen nach Abs. 1 S. 1 nicht in den Anwendungsbereich

---

[37] Vgl. BT-Drs. 12/5587, 14.
[38] Vgl. BT-Drs. 12/5587, 22.
[39] Vgl. BGHZ 69, 334 (335 f.) = NJW 1978, 104.
[40] Vgl. BT-Drs. 12/5587, 22.
[41] Vgl. Beck Versicherungsbilanz/Seitz Rn. 25.
[42] Vgl. Prölss/Dreher/Präve VAG § 1 Rn. 14.
[43] Vgl. Beck Versicherungsbilanz/Seitz Rn. 25.
[44] BVerwG VersR 1993, 1217 Rn. 14; vgl. auch BVerwG BVerwGE 3, 220 Rn. 12 = VersR 1956, 362; BVerwG VersR 1980, 1013 Rn. 25.
[45] Vgl. Prölss/Kölschbach, 12. Aufl. 2005, VAG Nach § 64 (§ 341 HGB) Rn. 10.
[46] Vgl. Beck Versicherungsbilanz/Seitz Rn. 24.
[47] Von einem rechtsformunabhängigen Einbezug ausgenommen sind gem. § 341 Abs. 1 S. 1 Sozialversicherungsträger und Versicherungsunternehmen iSd § 341 Abs. 1 S. 2, vgl. BT-Drs. 12/7646, 6.
[48] Vgl. BT-Drs. 12/5587, 22.

der nachfolgenden § 341 Abs. 1 S. 2 bis § 341p. Der Gesetzgeber begründet die Befreiung mit dem Hinweis, dass die für die Träger der Sozialversicherung „geltende Gesetzgebung gänzlich anderen Grundsätzen folgt."[49] Zur Sozialversicherung gehören neben dem Bereich der Arbeitslosenversicherung die Bereiche der gesetzlichen Kranken-, Renten-, Unfall- sowie Pflegeversicherung und bestimmte andere soziale Leistungen.[50]

bb) Fehlendes oder geringes Informationsbedürfnis Dritter. Nach **Abs. 1 S. 2** 30 werden aus dem Geltungsbereich des Zweiten Unterabschnittes zudem eine Reihe von Versicherungsunternehmen herausgenommen, für die eine Anwendung der Rechnungslegungsvorschriften für Versicherungsunternehmen **nicht erforderlich oder unangemessen** erscheint.[51] Voraussetzung der Befreiung nach Abs. 1 S. 2 ist, dass diese Versicherungsunternehmen aufgrund gesetzlicher, tarifvertraglicher oder satzungsmäßig verankerter Bestimmungen Leistungen ausschließlich an einen bestimmten Personenkreis wie an ihre Mitglieder oder an die durch Gesetz oder Satzung begünstigten Personen erbringen bzw. als nicht rechtsfähige Einrichtungen ihre Aufwendungen im Umlageverfahren decken, sofern es sich bei diesen Versicherungsunternehmen nicht um Aktiengesellschaften, Versicherungsvereine auf Gegenseitigkeit oder rechtsfähige kommunale Schadenversicherungsunternehmen handelt.

Da nach § 8 Abs. 2 VAG nur Aktiengesellschaften einschließlich der Europäischen 31 Gesellschaft, Versicherungsvereine auf Gegenseitigkeit und Körperschaften bzw. Anstalten des öffentlichen Rechts als zulässige Unternehmensformen für den erlaubnispflichtigen Betrieb von Versicherungsgeschäften in Frage kommen, sind der Befreiungsregelung des Abs. 1 S. 2 enge Grenzen gesetzt. Sie kann nur greifen, wenn es sich um ein öffentlich-rechtliches Wettbewerbs-Versicherungsunternehmen handelt.[52] Allerdings gilt hier wiederum eine Ausnahmeregelung für rechtsfähige kommunale Schadenversicherungsunternehmen. Diese nimmt Abs. 1 S. 2 letzter Hs. ausdrücklich von der Befreiungsmöglichkeit aus.

Öffentlich-rechtliche Versicherungsunternehmen (mit Ausnahme der rechtsfähi- 32 gen kommunalen Schadenversicherungsunternehmen) können dann von der Anwendung des Zweiten Unterabschnittes befreit werden, wenn sie ihre Leistungen in der in der Vorschrift genannten Weise an einen beschränkten Personenkreis erbringen. Das Gesetz nennt hier die Mitglieder des Unternehmens und den durch Gesetz oder Satzung begünstigten Personenkreis. Erst durch die Erweiterung um die zweite Personengruppe (den durch Gesetz oder Satzung begünstigten Personenkreis) können auch öffentlich-rechtliche Anstalten in den Genuss der Befreiungsregelung kommen, da diese nicht mitgliedschaftlich organisiert sind und damit keine Mitglieder haben. Erfüllen nicht rechtsfähige Einrichtungen ihre Aufwendungen im Umlageverfahren gilt auch für sie, wenn sie die weiteren Tatbestandsmerkmale erfüllen, die Befreiungsregelung. Dabei ist es gleichgültig, ob sie die Umlage des tatsächlichen Bedarfs oder des vorausbemessenen Bedarfs mit Nachschussverpflichtung seitens der Versicherungsnehmer decken.[53]

„Im Ergebnis werden damit berufsständische Versorgungswerke, Versorgungseinrich- 33 tungen des öffentlichen Dienstes und der Kirchen, kommunale Versorgungskassen und Zusatzversorgungskassen, betriebliche Unterstützungseinrichtungen, der Versorgungsverband Deutscher Wirtschaftsorganisationen sowie auch nicht rechtsfähige kommunale Schadenausgleiche vom Anwendungsbereich des Gesetzes ausgenommen."[54] Der Gesetzgeber begründet diese Ausnahmeregelung damit, dass diese Einrichtungen zum einen nicht der

---

[49] BT-Drs. 9/1493, 18.
[50] Vgl. Kaulbach/Bähr/Pohlmann VAG § 7 Rn. 94–95.
[51] Vgl. BT-Drs. 12/7646, 3.
[52] Vgl. Kaulbach/Bähr/Pohlmann VAG § 8 Rn. 19–27; vgl. ebenso zur Abgrenzung der „öffentlich-rechtlichen Wettbewerbs-Versicherungsunternehmen" zum „öffentlichen Versicherer" Kaulbach/Bähr/Pohlmann VAG § 8 Rn. 28.
[53] Vgl. Beck Versicherungsbilanz/Seitz Rn. 47.
[54] BT-Drs. 12/7646, 3.

Reglementierung der RL 91/674/EWG unterliegen und zum anderen in der Regel auch nicht gewerbsmäßig auftreten. Deshalb erscheint für sie die verpflichtende Anwendung der Grundsätze kaufmännischer Rechnungslegung nicht erforderlich bzw. auch gar nicht angemessen.[55]

34   Die **Befreiungsregelung** des Abs. 1 S. 2 ist damit enger gezogen als die **des Art. 2 Abs. 1 RL 91/674/EWG.**[56] Dort fallen auch Pensions- und Sterbekassen sowie andere Versicherungsunternehmen mit begrenztem Geschäftsbetrieb aus dem Anwendungsbereich heraus. Der deutsche Gesetzgeber setzte die Befreiungsmöglichkeit für diese Unternehmen nicht in nationales Recht um, weil sie hinsichtlich ihrer Art und ihrer Tätigkeit den nicht befreiten Versicherungsunternehmen gleichstehen. In Ausübung der in § 330 Abs. 4 enthaltenen Ermächtigung sollen ihnen jedoch (größenabhängige) Befreiungen und Vereinfachungen gewährt werden.[57]

35   **cc) Kleine Versicherungsunternehmen.** Die ergänzenden Rechnungslegungsvorschriften des Zweiten Unterabschnittes des Vierten Abschnittes des Dritten Buchs des HGB sind nach § 341 Abs. 1 S. 1 nur anzuwenden, „soweit nichts anderes bestimmt ist". Derartige **anderweitige Bestimmungen** für Versicherungsunternehmen sind insbesondere in der RechVersV enthalten.

36   Die **RechVersV** ergänzt die für Versicherungen einschlägigen bilanzrechtlichen Vorgaben des HGB. Sie enthält insbesondere Vorschriften zur Gestaltung und Gliederung des Jahresabschlusses von Versicherungsunternehmen (Formblätter) und präzisiert die handelsrechtlichen GoB hinsichtlich der Ansatz- und Bewertungsvorschriften der versicherungstechnischen Rückstellungen.

37   Die Ermächtigung zur Verordnung erfolgt durch § 330 Abs. 3 und 4. Durch sie wird das Bundesministerium der Justiz und für Verbraucherschutz dazu ermächtigt, „im Einvernehmen mit dem Bundesministerium der Finanzen und dem Bundesministerium für Wirtschaft und Energie durch Rechtsverordnung, die nicht der Zustimmung des Bundesrates bedarf, für Kapitalgesellschaften Formblätter vorzuschreiben oder andere Vorschriften für die Gliederung des Jahresabschlusses oder des Konzernabschlusses oder den Inhalt des Anhangs, des Konzernanhangs, des Lageberichts oder des Konzernlageberichts zu erlassen, wenn der Geschäftszweig eine von den §§ 266, 275 abweichende Gliederung des Jahresabschlusses oder des Konzernabschlusses oder von den Vorschriften des Ersten Abschnitts und des Ersten und Zweiten Unterabschnitts des Zweiten Abschnitts abweichende Regelungen erfordert" (§ 330 Abs. 1 S. 1).

38   Gemäß § 330 Abs. 4 dürfen zudem Versicherungsunternehmen mittels der Verordnung (RechVersV) von den branchenspezifischen Regelungen des Zweiten Unterabschnittes ganz oder teilweise befreit werden, wenn die **Befreiung** dazu geeignet ist, eine im Verhältnis zur Größe des Versicherungsunternehmens unangemessene Belastung zu vermeiden.[58] Die für Versicherungsunternehmen einschlägige RechVersV wurde am 8.11.1994 (BGBl. 1994 I 3378) erlassen. § 61 RechVersV macht dabei von der Möglichkeit Gebrauch, kleinere Versicherungsunternehmen ganz oder teilweise von **handelsrechtlichen Vorschriften** zu befreien.[59] Die Befreiung betrifft insbesondere Vorschriften zur Konzernrechnungslegung gem. § 341i und § 341j, zur Prüfungspflicht gem. § 341k und zur Offenlegungspflicht gem. § 341l.

39   Die Befreiungsvorschriften hinsichtlich der Konzernrechnungslegung und Prüfungspflicht gelten gem. § 61 S. 1 RechVersV für **Versicherungsvereine auf Gegenseitigkeit,** die weder die Haftpflichtversicherung noch die Kredit- und Kautionsversicherung betreiben und deren Satzung vorsieht, dass Nachschüsse vorbehalten sind oder Versicherungsansprüche gekürzt werden dürfen, wenn es sich um Schaden-, Unfall- und Krankenversicherungsver-

---

[55]   Vgl. BT-Drs. 12/7646, 3.
[56]   Vgl. Beck HdR/Hesberg B 910 Rn. 30.
[57]   Vgl. BR-Drs. 823/94, 107.
[58]   Vgl. BR-Drs. 823/94, 152.
[59]   Vgl. Beck Versicherungsbilanz/Eisold RechVersV § 61 Rn. 8.

eine handelt, die Bruttobeiträge aus dem Versicherungsgeschäft in den zwölf Monaten vor dem Abschlussstichtag mindestens zur Hälfte auf das Mitglieder-Versicherungsgeschäft entfallen und 1 Mio. EUR nicht überschreiten oder wenn es sich um Lebensversicherungsvereine handelt, die gebuchten Bruttobeiträge in drei aufeinander folgenden Geschäftsjahren jeweils nicht den Betrag von 500.000 EUR überschreiten; wird dieser Betrag in drei aufeinander folgenden Jahren überschritten, so werden die oben genannten Vorschriften des Handelsgesetzbuches vom vierten Jahr an angewandt.

Die Befreiung von der Konzernrechnungslegung und Prüfungspflicht gilt darüber **40** hinaus für Versicherungsunternehmen, die **ausschließlich touristische Beistandsleistungen** erbringen, wenn deren Tätigkeit örtlich beschränkt ist und ausschließlich aus Naturalleistungen besteht sowie die jährlichen Bruttobeiträge nicht den Betrag von 200.000 EUR überschreiten.

Von der Konzernrechnungslegung und Prüfungspflicht sind auch **Schaden- und 41 Unfall- sowie Krankenversicherungsvereine** befreit, die mit einem anderen Versicherungsverein vereinbart haben, dass dieser alle Versicherungsverträge rückversichert oder die Erfüllung der Verbindlichkeiten aus den Versicherungsverträgen übernimmt.

Darüber hinaus sind **Pensions- und Sterbekassen** von der Konzernrechnungslegung **42** und Prüfungspflicht befreit, deren Bruttobeiträge im vorausgegangenen Geschäftsjahr 7,5 Mio. EUR oder deren Bilanzsumme am Abschlussstichtag des vorausgegangen Geschäftsjahres 125 Mio. EUR nicht überstiegen haben.

Vorgenannte Unternehmen sind zudem hinsichtlich der **Offenlegungspflicht** befreit, **43** es sei denn, es handelt sich bei diesen Unternehmen um Pensionskassen (§ 61 S. 2 RechVersV).

§ 62 RechVersV gewährt darüber hinaus kleinen Versicherungsunternehmen **Vereinfa- 44 chungen** für die Gliederung des Jahresabschlusses und des Konzernabschlusses, für die Erstellung von Anhang, Lagebericht, Konzernanhang und Konzernlagebericht sowie für die Offenlegung.

2. Inländische Niederlassungen von Versicherungsunternehmern mit Sitz in 45 einem Drittland (Abs. 2). a) Ausländische Versicherungsunternehmen. aa) Grundsätzlicher Regelungsgedanke. Das Versicherungsunternehmen schuldet seine Leistung zumeist kontinuierlich und nicht selten über einen sehr langen Zeitraum hinweg. Eine wirksame Versicherung setzt das Vertrauen des Versicherungsnehmers in die Leistungsfähigkeit des Versicherers voraus. Zu dieser Vertrauensbildung trägt die Versicherungsaufsicht bei. Diese wird in Deutschland von der Allfinanzaufsichtsbehörde Bundesanstalt für Finanzdienstleistungsaufsicht (BaFin) und/oder den Landesaufsichtsbehörden wahrgenommen. Sie überwachen die Versicherungsunternehmen auf der Grundlage des Versicherungsaufsichtsgesetzes (VAG) (§ 294 VAG) und achten insbesondere darauf, dass die unter ihren Aufsichtsbereich fallenden Versicherer finanziell so ausgestattet sind, dass sie ihre vertraglich zugesagten Verpflichtungen permanent und dauerhaft erfüllen können.

Die Normierung der Rechnungslegung von Versicherungsunternehmen unterstützt **46** die zuständigen Behörden bei dieser Aufsichtsarbeit und ermöglicht auch den Versicherten erste Einblicke in die potentielle Leistungsfähigkeit des jeweiligen Versicherungsunternehmens. Sie erhalten Anhaltspunkte darüber, ob es versicherungstechnische Rückstellungen im ausreichendem Umfang gebildet und seine Vermögensgegenstände nach den Grundätzen der unternehmerischen Vorsicht angelegt hat.[60] Um diese Einblicke auch – soweit gesetzlich möglich und gewünscht – für ausländische Versicherungsunternehmen zu gewährleisten, stellt § 341 Abs. 2 deren inländische Niederlassungen den (deutschen) Versicherungsunternehmen gleich, die nach § 341 Abs. 1 unter den Regelungsbereich des zweiten Unterabschnitts fallen, der ergänzende Vorschriften für Versicherungsunternehmen und Pensionsfonds bereithält.

---

[60] Vgl. Graf v. Treuberg/Angermayer, Jahresabschluß von Versicherungsunternehmen, 1995, S. 34.

47   Ausländische Versicherungsunternehmen fallen aber nur dann unter den Anwendungsbereich des zweiten Unterabschnitts (§§ 341–341p), wenn sie zwei Tatbestandsmerkmale erfüllen: Sie müssen eine Niederlassung im Geltungsbereich des HGB betreiben und sie müssen zum Betrieb des Direktversicherungsgeschäfts die Erlaubnis durch die deutsche Versicherungsaufsichtsbehörde benötigen.

48   **bb) Genehmigungspflicht des Direktversicherungsgeschäfts.** Ausländische Versicherungsunternehmen, die in keinem EU-Staat und auch in keinem Vertragsstaat des EWR ansässig sind, benötigen für den Betrieb des Erstversicherungsgeschäfts im Inland die Erlaubnis der deutschen Aufsichtsbehörde (§ 67 Abs. 1 S. 1 VAG). Wollen sie dagegen im Inland nur das Rückversicherungsgeschäft ausüben, gilt diese Genehmigungspflicht nicht generell. Sie entfällt, wenn „die Europäische Kommission gemäß Artikel 172 Absatz 2 oder 4 der Richtlinie 2009/138/EG entschieden hat, dass die Solvabilitätssysteme für Rückversicherungstätigkeiten von Unternehmen in diesem Drittstaat dem in dieser Richtlinie beschriebenen System gleichwertig sind oder (…) auf Grund eines Abkommens der EU mit einem Drittstaat Versicherungsunternehmen aus dem jeweiligen Drittstaat ohne das Erfordernis einer Erlaubnis oder einer Niederlassung Rückversicherungsgeschäfte im Inland tätigen dürfen und die im Abkommen geregelten Voraussetzungen erfüllt sind" (§ 67 Abs. 1 S. 2 VAG). Eine zentrale Begründung für die Ausnahmeregelung dieser Rückversicherungsunternehmen mit Sitz im Ausland liegt darin, dass sich in der Rückversicherung mit den Erstversicherern fachkundige Geschäftsleute als Partner gegenüberstehen und damit der Gedanke des Versicherungsschutzes als unmittelbares Motiv für die Rückversicherungsaufsicht entfällt.[61] Erstversicherer können regelmäßig sowohl die Bonität ihres Vertragspartners, dh des Rückversicherers, als auch die Reichweite der eingegangenen Verträge selbständig beurteilen.

49   Die in § 341 Abs. 2 für ausländische Versicherungsunternehmen geltende Rechnungslegungspflicht umfasst vordergründig aber nicht alle Versicherungsunternehmen, die nach § 67 VAG genehmigungspflichtig sind, denn als Versicherungsunternehmen iSd § 341 Abs. 1 HGB gelten nur inländische Niederlassungen, die zum Betrieb des Direktversicherungsgeschäfts die Erlaubnis der deutschen Versicherungsaufsichtsbehörde benötigen. Dabei schließt der Begriff „Direktversicherungsgeschäft" das Rückversicherungsgeschäft aus.[62] Ausschließlich das Rückversicherungsgeschäft betreibende Niederlassungen ausländischer Versicherungsunternehmen sind damit anscheinend nicht unter den Regelungsbereich des Abs. 2 zu subsumieren. Die erweiterte Rechnungslegungspflicht bleibt damit hinter den aufsichtsrechtlichen Gegebenheiten zurück.[63]

50   Diese Interpretation erscheint nicht zwingend. § 341 Abs. 2 S. 1 stellt dem Wortlaut nach nicht auf das tatsächliche Betreiben einer Direktversicherung im Inland ab, sondern darauf, ob das ausländische Versicherungsunternehmen eine entsprechende Erlaubnis benötigte, wenn es in Deutschland ein Direktversicherungsgeschäft betreiben wollte. Bei dieser Lesart fallen aber auch Rückversicherungen in den Anwendungsbereich des § 341 Abs. 2 S. 1, die in Deutschland (noch) kein Erstversicherungsgeschäft betreiben, so dass er weiter (und nicht enger) gesteckt ist als der aufsichtsrechtliche Anwendungsbereich des § 67 VAG.

51   **cc) Inländische Niederlassung.** Das Tatbestandsmerkmal der inländischen Niederlassung ist in zweierlei Hinsicht für die Rechnungslegung und Berichterstattung von Relevanz: Zum einen unterliegen ausländische Versicherungsunternehmen nur dann den Rechnungslegungsvorschriften der §§ 341–341p, wenn sie im Inland eine Niederlassung haben und zum anderen sind sie auch nur für ihre Niederlassung berichtspflichtig.

52   Nach § 57 Abs. 2 VAG gilt als Niederlassung eine Agentur oder Zweigniederlassung im Hoheitsgebiet eines anderen Mitglied- oder Vertragsstaats. Auch ist es als Niederlassung anzusehen, wenn das Versicherungsgeschäft durch eine zwar selbstständige, aber ständig

---

[61]   Vgl. BT-Drs. 14/8017, 70.
[62]   Vgl. Kaulbach/Bähr/Pohlmann VAG § 7 Rn. 92.
[63]   Vgl. EBJS/Böcking/Gros/Kölschbach § 341 Rn. 11.

damit betraute Person betrieben wird, die von einer Betriebsstätte in einem anderen Mitglied- oder Vertragsstaat aus tätig wird.

Eine ähnliche Definition findet sich bereits in Ziffer 2 des Rundschreibens R 1/62 vom **53** 22.2.1962 des damaligen Bundesaufsichtsamtes für das Versicherungs- und Bausparwesen.[64] Danach zeichnet sich eine Niederlassung dadurch aus, dass ihr Betrieb so organisiert ist, dass die Niederlassung jederzeit als selbstständiger Betrieb – also unabhängig von der Zentrale im Ausland – (fort-)geführt werden könnte. Niederlassungen können auch Versicherungsunternehmen des öffentlichen Rechts begründen.[65]

Da die Niederlassungen nicht eigenständig rechtsfähig sind, sind die ausländischen **54** Versicherungsunternehmen als Rechtsträger verpflichtet, entsprechend der handelsrechtlichen Vorschriften Rechnung zu legen. Die Rechenschaftslegung umfasst dabei sowohl die einschlägigen ergänzenden Vorschriften über den Ansatz und die Bewertung von Vermögensgegenständen und Schulden von Versicherungsunternehmen (§§ 341–341h) als auch die versicherungsspezifischen Vorschriften für den Konzernabschluss (fünfter Titel), die Prüfung (sechster Titel), die Offenlegung (siebter Titel) und den Straf- und Bußgeldvorschriften sowie der Ordnungsgelder (achter Titel).[66] Allerdings bezieht sich die Verpflichtung zur Rechnungslegung iSd branchenspezifischen Vorschriften des Zweiten Unterabschnittes gem. § 68 Abs. 1 S. 3 VAG ausschließlich auf die Geschäftstätigkeit der inländischen Niederlassungen.[67]

Gemäß § 61 VAG können Versicherungsunternehmen mit Sitz im EU/EWR-Raum **55** das Versicherungsgeschäft mit Wegfall des Niederlassungszwangs auch ohne Niederlassung im Rahmen der **Dienstleistungsfreiheit** betreiben (zB über das Internet).[68] Da es bei dieser Konstellation an der räumlichen Anknüpfung, dh an der Niederlassung, fehlt, unterliegen die Versicherungsunternehmen hinsichtlich der Rechnungslegungsvorschriften nur dem Recht ihres Herkunftslandes. Die Vorschriften der §§ 341–341p sind hier nicht anwendbar. Das Gleiche gilt für die erlaubnisfreie **Korrespondenzversicherung,** bei der das im Inland ansässige Unternehmen auf eigene Initiative Versicherungsschutz bei einem gebietsfremden Versicherungsunternehmen sucht, ohne dass auf Seiten einer Vertragspartei ein geschäftsmäßig handelnder Vermittler mit Sitz im Inland oder ein geschäftsmäßig handelnder Vermittler mit Sitz im Ausland, der Vermittlertätigkeit im Inland entfaltet, mitwirkt.[69]

b) Erleichterungen für inländische Niederlassungen von Versicherungsunter- **56** **nehmen mit Sitz in einem anderen EU-Staat oder einem Vertragsstaat des EWR.** Für **Versicherungsunternehmen mit Sitz in einem anderen EU-Staat oder einem Vertragsstaat des EWR** gelten zahlreiche Erleichterungen. Zu den Mitgliedstaaten der EU zählen derzeit Belgien, Bulgarien, Dänemark, Deutschland, Estland, Finnland, Frankreich, Griechenland, Irland, Italien, Kroatien, Lettland, Litauen, Luxemburg, Malta, die Niederlande, Österreich, Polen, Portugal, Rumänien, Schweden, die Slowakei, Slowenien, Spanien, die Tschechische Republik, Ungarn und Zypern. Der EWR umfasst neben den EU-Mitgliedstaaten Island, Liechtenstein und Norwegen.

Die **Schweiz** entschied sich 1992 in einer Volksabstimmung gegen die Teilnahme am **57** EWR. Sie unterzeichnete aber zusammen mit der EWR[70] am 10.10.1989 das Abkommen zwischen der Europäischen Wirtschaftsgemeinschaft und der Schweizerischen Eidgenossenschaft betreffend die Direktversicherung mit Ausnahme der Lebensversicherung.[71] Dessen Ziel ist es gem. Art. 1 VO (EWG) 2155/91, die Bedingungen zu regeln, die erforderlich und hinreichend sind, um Agenturen und Zweigniederlassungen von Unternehmen mit Sitz

---

[64] Vgl. VerBAV 1962, 74.
[65] Vgl. Kaulbach/Bähr/Pohlmann VAG § 68 Rn. 2.
[66] Vgl. Graf v. Treuberg/Angermayer, Jahresabschluß von Versicherungsunternehmen, 1995, S. 34.
[67] Vgl. Beck Versicherungsbilanz/Seitz Rn. 33.
[68] Vgl. BR-Drs. 430/14, 295.
[69] Vgl. BT-Drs. 18/2956, 255.
[70] An die Stelle der Europäischen Wirtschaftsgemeinschaft (EWG) trat durch den am 1.11.1993 in Kraft getretenen Vertrag über die Europäische Union (EU-Vertrag) die Europäische Gemeinschaft (EG).
[71] Vgl. AS, 1992, 1894; BBl. 1991 IV 1.

im Hoheitsgebiet einer Vertragspartei, die sich im Hoheitsgebiet der anderen Vertragspartei niederlassen wollen oder dort bereits niedergelassen sind, die Aufnahme oder Ausübung der selbstständigen Tätigkeit der Direktversicherung (mit Ausnahme der Lebensversicherung) zu ermöglichen.

58   Haben Versicherungsunternehmen mit Sitz in einem anderen EU-Staat oder einem Vertragsstaat des EWR die Erlaubnis zum Geschäftsbetrieb von dem EU-/EWR-Staat erhalten, in dem sie ansässig sind, gilt die Erlaubnis auch in allen EU-/EWR-Staaten **(Europäischer Pass bzw. Single-License-Prinzip).**[72] Das Single-License-Prinzip hat **aufsichtsrechtliche Konsequenzen.** Die in einem anderen EU-Staat oder einem Vertragsstaat des EWR ansässigen Versicherungsunternehmen unterliegen auch dann nicht der deutschen Versicherungsaufsicht, wenn sie im Wege des Dienstleistungsverkehrs Geschäfte in Deutschland betreiben.[73] Zuständig ist die Aufsicht des Herkunftsstaats. Die deutsche Versicherungsaufsicht kann gegen diese Versicherer – in Absprache mit der ausländischen Aufsichtsbehörde – nur intervenieren, wenn sie Verstöße gegen allgemeine deutsche Rechtsgrundsätze feststellt.

59   Die aufsichtsrechtlichen Erleichterungen spiegeln sich auch in den Bestimmungen des § 341 Abs. 2 wider. Niederlassungen von Versicherungsunternehmen, die in der EU oder in einem EWR-Staat ansässig sind, müssen auch für ihre deutschen Niederlassungen die versicherungsspezifischen Vorschriften für den Konzernabschluss (fünfter Titel), die Prüfung (sechster Titel), die Offenlegung (siebter Titel) sowie die Vorgaben zu den Straf- und Bußgelder und den Ordnungsgeldern (achter Titel) nicht beachten. Sie unterliegen hier den Vorgaben ihres Sitzlandes. Aus Vergleichbarkeits- und Transparenzgründen sind sie aber dazu verpflichtet, die ergänzenden Vorschriften über den Ansatz und die Bewertung von Vermögensgegenständen und Schulden des Ersten bis Vierten Titels dieses Unterabschnittes (entspricht §§ 341–341h) und der RechVersV in ihrer jeweils geltenden Fassung anzuwenden.[74]

60   Eine **Rückausnahme** ergibt sich aus der Solvabilität II-RL. Diese schließt bestimmte Versicherungsunternehmen von ihrer Anwendung und folglich auch von den Harmonisierungsbestrebungen aus. Dazu zählen insbesondere nach Art. 4 Solvabilität II-RL Versicherungsvereine mit geringem Volumen, nach Art. 7 Solvabilität II-RL bestimmte Versicherungsvereine auf Gegenseitigkeit, nach Art. 10 Nr. 1 Solvabilität II-RL Sterbekassen mit beschränkten Leistungen und Pensionskassen.[75] Haben diese Unternehmen ihren Sitz in einem anderen Mitglied- oder Vertragsstaat und wollen sie das Versicherungsgeschäft in Deutschland durch eine Niederlassung betreiben, muss dies nach § 65 Abs. 1 VAG von der deutschen Versicherungsaufsichtsbehörde genehmigt werden.[76] Es besteht insoweit eine Ausnahme vom EU/EWR-Herkunftslandprinzip. Deshalb müssen diese Niederlassungen gem. Abs. 2 die speziellen Rechnungslegungsvorschriften des Zweiten Unterabschnittes in Gänze befolgen. Sie werden somit hinsichtlich der Rechtsgrundlagen für die Aufstellung des Jahresabschlusses und Lageberichtes sowie des Konzernabschlusses und des Konzernlageberichtes Versicherungsunternehmen mit Sitz im Inland gleichgestellt. Das Gleiche gilt für die Bereiche der Prüfung und Offenlegung.[77] Zur Begründung dieser Verpflichtung wird seitens der Regierung die fortbestehende Verpflichtung zur Finanzaufsicht über diese Niederlassungen in Deutschland angeführt.[78] Da diese Niederlassungen ihrerseits nicht eigenständig rechtsfähig sind, sind die ausländischen Versicherungsunternehmen als Rechtsträger dazu verpflichtet, (ausschließlich) Rechnung über die Geschäftstätigkeit der inländischen Niederlassungen zu legen.[79]

---

[72]   Vgl. Prölss/Dreher/Grote VAG § 61 Rn. 13; Decker VersR 2013, 287.
[73]   Vgl. BT-Drs. 12/6959, 92 f.
[74]   Vgl. Graf v. Treuberg/Angermayer, Jahresabschluß von Versicherungsunternehmen, 1995, S. 34.
[75]   Vgl. Armbrüster r+s 2015, 425.
[76]   Vgl. BT-Drs. 12/6959, 93 f.
[77]   Vgl. Graf v. Treuberg/Angermayer, Jahresabschluß von Versicherungsunternehmen, 1995, S. 34.
[78]   Vgl. BT-Drs. 12/7646, 3.
[79]   Vgl. Beck Versicherungsbilanz/Seitz Rn. 33.

IV. Zusätzliche Anforderungen (Abs. 3)

Zusätzliche Anforderungen, die aufgrund von Vorschriften, die wegen der Rechtsform **61** oder für Niederlassungen bestehen, werden durch die Vorschriften des Zweiten Unterabschnittes nicht tangiert. Sie bleiben unverändert bestehen.

Unter dem Begriff „Vorschriften" sind **Regelungen des materiellen Rechts** zu ver- **62** stehen, dh Regelungen des Gesetzes-, Verordnungs- bzw. Satzungsrechts. Vorschriften aufgrund von Gesellschaftsverträgen sind dagegen keine Vorschriften iSd Abs. 3, denn diese bestehen nicht aufgrund der Rechtsform bzw. für Niederlassungen.

Die zu nennenden Normen des materiellen Rechts erstrecken sich aufgrund der nach **63** § 8 Abs. 2 VAG zulässigen Rechtsformen (Aktiengesellschaft einschließlich der Europäischen Gesellschaft, Versicherungsverein auf Gegenseitigkeit sowie Körperschaften und Anstalten des öffentlichen Rechts) auf das AktG, das VAG sowie auf öffentlich-rechtliche Bestimmungen des Landesrechts.[80]

Steht der Regelungsgehalt der zusätzlichen Vorschriften nicht in Konflikt mit den **64** Vorschriften des Zweiten Unterabschnittes und geht ihr Regelungsinhalt über die Vorschriften des Zweiten Unterabschnittes hinaus, bleiben die zusätzlichen Vorschriften neben jenen des Zweiten Unterabschnittes anwendbar. Hierbei betroffen sind insbesondere die rechtsformspezifischen Vorschriften zur bilanziellen Abbildung des Eigenkapitalanteils von Wertaufholungen bei Vermögensgegenständen und dessen Ausweis in Bilanz und/oder Anhang (§ 58 Abs. 2a S. 2 AktG), Angaben und Aufbereitung bestimmter Eigenkapitalbestandteile in der Bilanz und/oder im Anhang (§ 158 Abs. 1 S. 2 AktG), Berichterstattung über die Verwendung der aus einer Kapitalherabsetzung und/oder aus einer Auflösung von Gewinnrücklagen gewonnenen Beträge (§ 240 S. 3 AktG) sowie die bilanzrechtliche Behandlung, Erläuterung und Ausweis des Differenzbetrags von unterbewerteten Posten, die von Sonderprüfern abschließend festgestellt wurden (§ 261 Abs. 1 S. 3).[81]

V. Regelungen für Pensionsfonds (Abs. 4)

Die **Definition des Pensionsfonds** findet sich in § 236 Abs. 1 VAG. Danach handelt **65** es sich bei ihm um eine rechtsfähige Versorgungseinrichtung, die Leistungen der betrieblichen Altersversorgung für einen oder mehrere Arbeitgeber zugunsten von Arbeitnehmern erbringt. Unter Leistungen der betrieblichen Altersversorgung sind Leistungen iSd § 1 BetrAVG zu verstehen. Diese umfassen neben Leistungen für das Alter auch solche für eine Invaliditäts- oder Hinterbliebenenversorgung, die aufgrund arbeitsrechtlicher Zusagen seitens des Arbeitgebers einem Arbeitnehmer versprochen werden.[82] Die Finanzierung der Leistungszusagen erfolgt über das Kapitaldeckungsverfahren. Bei diesem Verfahren deckt der Pensionsfonds seine Verpflichtungen gegenüber den Begünstigten mittels entsprechender Kapitalanlagen. Er ist dazu verpflichtet, die Altersversorgungsleistung als lebenslange Zahlung oder als Einmalkapitalzahlung zu erbringen.

In **Abgrenzung zu den Unterstützungskassen** gewährt der Pensionsfonds als rechts- **66** fähige Einrichtung dem einzelnen Arbeitnehmer nach § 236 Abs. 1 S. 1 Nr. 3 VAG einen eigenen Anspruch auf Leistung, der ungeachtet des jeweiligen Arbeitsverhältnisses existiert.[83] Für eine **Abgrenzung** eines Pensionsfonds **von Lebensversicherungsunternehmen und Pensionskassen** sind die Regelungen des § 236 Abs. 1 S. 1 Nr. 2 VAG zu beachten. Demzufolge kann ein Pensionsfonds entweder eine Beitragszusage oder eine Leistungszusage erbringen, die ihrerseits allerdings nicht für alle im Pensionsplan vorgesehenen Leistungsfälle versicherungsförmig garantiert werden darf. Folglich hat entweder die Höhe der Leistung oder aber die Höhe der künftigen Beiträge unbestimmt zu bleiben.[84]

---

80   Vgl. für eine ausf. Darstellung Beck Versicherungsbilanz/Seitz Rn. 64–66, 71.
81   Vgl. GK-HGB/Gesmann-Nuissl/Hillmann Rn. 10 iVm dortigen Vor §§ 341 ff. Rn. 11.
82   Vgl. Prölss/Dreher/Weigel VAG § 236 Rn. 28–44.
83   Vgl. Prölss/Dreher/Weigel VAG § 236 Rn. 94; Kaulbach/Bähr/Pohlmann VAG § 236 Rn. 14.
84   Vgl. Kaulbach/Bähr/Pohlmann VAG § 236 Rn. 12.

67   Der Gesetzgeber geht davon aus, dass die Pensionsfonds in ihrer wirtschaftlichen Bedeutung und ihrer rechtlichen Ausgestaltung insbesondere zur Solvabilität mit Versicherungsunternehmen vergleichbar sind.[85] Deshalb sind sie auch hinsichtlich ihrer Rechnungslegung, Prüfung, Offenlegung und Sanktionierung den Versicherungsunternehmen gleichzustellen. Folglich müssen sie dem Wortlaut des § 341 Abs. 4 S. 1 folgend auch die **Vorschriften des Ersten bis Siebenten Titels,** also die Regelungen der §§ 341–341l, beachten. Sie sind demzufolge insbesondere dazu verpflichtet, einen Jahresabschluss und einen Lagebericht nach den für die Versicherungsunternehmen geltenden Vorschriften aufzustellen, ihn von dem Abschlussprüfer prüfen zu lassen und diese Unterlagen für Offenlegungszwecke an das Unternehmensregister zu übermitteln. Dadurch sollen im Interesse der einzelnen Arbeitgeber und Arbeitnehmer wie auch der Gesamtwirtschaft die Sicherheit der den Pensionsfonds anvertrauten Vermögenswerte und die ordnungsgemäße Durchführung ihrer Geschäfte überprüfbar und nachvollziehbar werden.

68   Der **Achte Titel** ist dagegen für Pensionsfonds augenscheinlich irrelevant. Dort sind die für Versicherungsunternehmen geltenden Strafvorschriften (§ 341m), die Bußgeldvorschriften (§ 341n) und die Ordnungsgeldvorschriften (§ 341o) verankert. Der erste Augenschein trügt. Gemäß § 341p gelten nämlich die Strafvorschriften des § 341m Abs. 1, die Bußgeldvorschrift des § 341n Abs. 1 und 2 sowie die Ordnungsgeldvorschrift des § 341o auch für Pensionsfonds. Diese Rückausnahmeregelung ist aber gesetzestechnisch verunglückt. Sie ist Regelungsbestandteil des Achten Titels, der nach § 351 Abs. 1 S. 1 auf Pensionsfonds gerade keine Anwendung findet.

69   **Keine sinngemäße Anwendung findet § 341 Abs. 1 S. 2.** Er nimmt solche Versicherungsunternehmen von dem Anwendungsbereich der §§ 341–341p aus, die aufgrund von Gesetz, Tarifvertrag oder Satzung ausschließlich für ihre Mitglieder oder die durch Gesetz oder Satzung begünstigten Personen Leistungen erbringen oder als nicht rechtsfähige Einrichtungen ihre Aufwendungen im Umlageverfahren decken, da diese Besonderheit grundsätzlich auf Pensionsfonds zutrifft und dadurch die in § 341 Abs. 4 verankerte generelle Verpflichtung zur Beachtung der entsprechenden Rechtsnormen konterkarieren würde.

70   Das Bundesministerium der Justiz und für Verbraucherschutz hat von seinem in § 330 Abs. 1 iVm Abs. 3 und 5 verankerten Recht Gebrauch gemacht, für Pensionsfonds eine präzisierende Rechtsverordnung zu erlassen. Diese finden sich in der Pensionsfonds-Rechnungslegungsverordnung (RechPensV) vom 25.2.2003 (BGBl. 2003 I 246). Sie greift teilweise auf die geltenden Bestimmungen der RechVersV zurück (§ 5 RechPensV). Allerdings sieht die RechPensV für kleinere Pensionsfonds keine Vereinfachungsvorschriften vor, die den §§ 61 f. RechVersV vergleichbar wären. Dies hat zur Folge, dass die ergänzenden Rechnungslegungsvorschriften des Zweiten Unterabschnittes des Vierten Abschnittes des Dritten Buchs des HGB für Pensionsfonds unabhängig von der Größe des Pensionsfonds anzuwenden sind.

71   Nach Abs. 4 S. 1 ist auch Abs. 2 auf Pensionsfonds anzuwenden. Dies führt zu einer Erweiterung des Begriffes „Pensionsfonds". Unter ihn fallen dann auch **Niederlassungen ausländischer Unternehmen,** die zur Aufnahme ihres Geschäftsbetriebs die Erlaubnis der deutschen Aufsichtsbehörde benötigen. Der Umfang, in dem die einschlägigen Titel des Unterabschnitts zu beachten sind, hängt wie bei den (übrigen) Niederlassungen ausländischer Versicherungsunternehmen von deren Sitzort ab.

72   Hat das ausländische Versicherungsunternehmen seinen **Sitz nicht im EU/EWR-Raum,** unterliegen die das Pensionsfondsgeschäft betreibenden inländischen Niederlassungen den branchenspezifischen Rechnungslegungsvorschriften der **§§ 341–341p.** Da die Niederlassungen nicht rechtsfähig sind, sind die ausländischen Pensionsfonds, dh die Rechtsträger selbst, verpflichtet, entsprechend dieser Vorschriften für die Geschäftstätigkeit der inländischen Niederlassung gesondert Rechnung zu legen. § 68 Abs. 1 S. 3 VAG ist entsprechend anzuwenden.

---

[85]   Vgl. BT-Drs. 14/5150, 54.

Befindet sich der ausländische **Sitz im EU/EWR-Raum** ist für diese Einrichtungen　73
die Finanzaufsicht des Herkunftslandes zuständig, da der aufsichtsrechtliche Mindeststandard
als gewährleistet gilt. Deshalb dürfen Einrichtungen der betrieblichen Altersversorgung ihre
Dienstleistungen auch in allen anderen Mitgliedstaaten der EU oder anderen Vertragsstaaten
des Abkommens über den EWR anbieten, sofern diese von der Aufsichtsbehörde des Sitzlandes anerkannt sind.[86] Die Idee des „Europäischen Passes" wird somit auf Einrichtungen
der betrieblichen Altersversorgung übertragen.[87] Im Einklang mit den Vorgaben, die für
Niederlassungen von in der EU- bzw. im EWR-Raum ansässigen Versicherungsunternehmen betrieben werden, fallen auch Niederlassungen von ausländischen Pensionsfonds mit
Sitz im EU/EWR-Raum unter den eingeschränkten Anwendungsbereich der §§ 341–341h.
Insbesondere die **Verpflichtungen zur Offenlegung und Prüfung entfallen** für sie.

Aufgrund der Anwendung der Vorschriften der §§ 341–341h müssen Pensionsfonds　74
die ihnen zuzurechnenden Vermögensgegenstände grundsätzlich nach den für das Anlagevermögen geltenden Vorschriften bewerten. Danach bilden die Anschaffungskosten der
Finanzanlagen grundsätzlich die Bewertungsobergrenze. Dies erscheint nicht sachgerecht,
wenn die Pensionsfonds in ihrer Ausgestaltung den fondsgebundenen Lebensversicherungen
ähneln und die Kapitalanlage auf Rechnung und Risiko der Arbeitnehmer erfolgt. Hier ist
es naheliegender, wenn diese **Finanzanlagen mit ihrem Zeitwert** aktiviert werden. Das
Vorsichtsprinzip wird dadurch nicht verletzt, da die dadurch mögliche Vermögenserhöhung
durch eine gleichlaufende Erhöhung der Verbindlichkeiten gegenüber den Pensionsberech-
tigten ausgeglichen wird. Diese Durchbrechung des Anschaffungskostenprinzips steht mit
den Vorgaben in Einklang, die § 341d für die Bewertung des Anlagestocks der fondsgebundenen Lebensversicherung vorsieht.

Zweiter Titel. Jahresabschluß, Lagebericht

§ 341a Anwendende Vorschriften

(1) [1]**Versicherungsunternehmen haben einen Jahresabschluß und einen Lagebericht nach den für große Kapitalgesellschaften geltenden Vorschriften des Ersten
Unterabschnitts des Zweiten Abschnitts in den ersten vier Monaten des Geschäftsjahres für das vergangene Geschäftsjahr aufzustellen und dem Abschlußprüfer zur
Durchführung der Prüfung vorzulegen; die Frist des § 264 Abs. 1 Satz 3 gilt nicht.
[2]Ist das Versicherungsunternehmen eine Kapitalgesellschaft im Sinn des § 325
Abs. 4 Satz 1 und nicht zugleich im Sinn des § 327a, beträgt die Frist nach Satz 1
vier Monate.**

(1a) [1]**Ein Versicherungsunternehmen hat seinen Lagebericht um eine nichtfinanzielle Erklärung zu erweitern, wenn es in entsprechender Anwendung des § 267
Absatz 3 Satz 1 und Absatz 4 bis 5 als groß gilt und im Jahresdurchschnitt mehr
als 500 Arbeitnehmer beschäftigt. [2]Wenn die nichtfinanzielle Erklärung einen
besonderen Abschnitt des Lageberichts bildet, darf das Versicherungsunternehmen auf die an anderer Stelle im Lagebericht enthaltenen nichtfinanziellen Angaben verweisen. [3]§ 289b Absatz 2 bis 4 und die §§ 289c bis 289e sind entsprechend
anzuwenden.**

(1b) **Ein Versicherungsunternehmen, das nach Absatz 1 in Verbindung mit § 289f
Absatz 1 eine Erklärung zur Unternehmensführung zu erstellen hat, hat darin
Angaben nach § 289f Absatz 2 Nummer 6 aufzunehmen, wenn es in entsprechen-
der Anwendung des § 267 Absatz 3 Satz 1 und Absatz 4 bis 5 als groß gilt.**

(2) [1]**§ 264 Absatz 3, § 265 Absatz 6, §§ 267, 268 Abs. 4 Satz 1, Abs. 5 Satz 1 und 2,
§§ 276, 277 Abs. 1 und 2, § 285 Nr. 8 Buchstabe a und § 288 sind nicht anzuwenden.**

---

[86]　Vgl. Fritz VW 2005, 899 (900).
[87]　Vgl. Begr. RegE 7. Gesetz zur Änderung des VAG, BR-Drs. 84/05, 19; vgl. auch Weigel, Rechtliche
　　und wirtschaftliche Aspekte des Pensionsfonds nach deutschem Recht, 2002, S. 12.

[2]Anstelle von § 247 Abs. 1, §§ 251, 265 Abs. 7, §§ 266, 268 Absatz 7, §§ 275, 284 Absatz 3, § 285 Nummer 4 und 8 Buchstabe b sowie § 286 Abs. 2 sind die durch Rechtsverordnung erlassenen Formblätter und anderen Vorschriften anzuwenden. [3]§ 246 Abs. 2 ist nicht anzuwenden, soweit abweichende Vorschriften bestehen. [4]§ 285 Nr. 3a gilt mit der Maßgabe, daß die Angaben für solche finanzielle Verpflichtungen nicht zu machen sind, die im Rahmen des Versicherungsgeschäfts entstehen. [5]§ 285 Nummer 31 ist nicht anzuwenden; unter den Posten „außerordentliche Erträge" und „außerordentliche Aufwendungen" sind Erträge und Aufwendungen auszuweisen, die außerhalb der gewöhnlichen Geschäftstätigkeit anfallen. [6]Im Anhang sind diese Posten hinsichtlich ihres Betrags und ihrer Art zu erläutern, soweit die ausgewiesenen Beträge für die Beurteilung der Ertragslage nicht von untergeordneter Bedeutung sind.

(3) Auf Krankenversicherungsunternehmen, die das Krankenversicherungsgeschäft ausschließlich oder überwiegend nach Art der Lebensversicherung betreiben, sind die für die Rechnungslegung der Lebensversicherungsunternehmen geltenden Vorschriften entsprechend anzuwenden.

(4) Auf Versicherungsunternehmen, die nicht Aktiengesellschaften, Kommanditgesellschaften auf Aktien oder kleinere Vereine sind, sind § 152 Abs. 2 und 3 sowie die §§ 170 bis 176 des Aktiengesetzes entsprechend anzuwenden.

(5) [1]Bei Versicherungsunternehmen, die ausschließlich die Rückversicherung betreiben oder deren Beiträge aus in Rückdeckung übernommenen Versicherungen die übrigen Beiträge übersteigen, verlängert sich die in Absatz 1 Satz 1 erster Halbsatz genannte Frist von vier Monaten auf zehn Monate, sofern das Geschäftsjahr mit dem Kalenderjahr übereinstimmt; die Hauptversammlung oder die Versammlung der obersten Vertretung, die den Jahresabschluß entgegennimmt oder festzustellen hat, muß abweichend von § 175 Abs. 1 Satz 2 des Aktiengesetzes spätestens 14 Monate nach dem Ende des vergangenen Geschäftsjahres stattfinden. [2]Die Frist von vier Monaten nach Absatz 1 Satz 2 verlängert sich in den Fällen des Satzes 1 nicht.

Schrifttum: Blöink/Halbleib, Umsetzung der sog. CSR-Richtlinie 2014/95/EU: Aktueller Überblick über die verabschiedeten Regelungen des CSR-Richtlinie-Umsetzungsgesetzes, Der Konzern 2017, 182; Ellenbürger/Horbach/Kölschbach, Ausgewählte Einzelfragen zur Rechnungslegung von Versicherungsunternehmen nach neuem Recht (Teil II), WPg 1996, 113; Epperlein/Scharpf, Anhangangaben im Zusammenhang mit sogenannten Finanzinnovationen, DB 1994, 1629; Geib/Ellenbürger/Kölschbach, Ausgewählte Fragen zur EG-Versicherungsbilanzrichtlinie (VersBiRiLi) (Teil I), WPg 1992, 177; Graf v. Treuberg/Angermayer, Jahresabschluß von Versicherungsunternehmen, 1995; Niehus/Scholz, § 42 Rechnungslegung, in Meyer-Landrut/Miller/Niehus (Hrsg.), Gesetz betreffend die Gesellschaften mit beschränkter Haftung (GmbHG) einschließlich Rechnungslegung zum Einzel- sowie zum Konzernabschluß, 1987.

Übersicht

I. Gesetzessystematik und Überblick über den Regelungsinhalt

§ 341a regelt, nach welchen Vorschriften und innerhalb welcher Frist Versicherungs- **1** unternehmen ihren Jahresabschluss und Lagebericht aufzustellen haben. Die Regelung basiert im Wesentlichen auf den Vorschriften der **RL 91/674/EWG**. Abs. 1 verweist als allgemeiner Grundsatz zunächst auf die für große Kapitalgesellschaften geltenden Vorschrif-ten. Der Anwendungsbereich der **Vorschriften für Kapitalgesellschaften,** wie er sich aus dem Dritten Buch, Zweiter Abschnitt, Erster Unterabschnitt (§§ 264–289f) und auf-grund des Verweises auf die GoB in § 264 Abs. 2 S. 1 sowie der grundsätzlichen Kauf-mannseigenschaft von Versicherungsunternehmen aus dem Dritten Buch, Erster Abschnitt (§§ 238–263) ergibt,[1] ist allerdings zu korrigieren um die sich **aus den Spezifika der Branche resultierenden Besonderheiten.** Während Abs. 1a und 1b zunächst Regelun-gen für die Aufstellung einer nichtfinanziellen Erklärung bzw. für erweiterte Angaben zur Erklärung zur Unternehmensführung vorsehen, bestimmt Abs. 2 eine Reihe von Vor-schriften, die Versicherungsunternehmen anders als Kapitalgesellschaften nicht oder aber modifiziert anzuwenden haben, entweder, weil sie für die Rechnungslegung von Versiche-rungsunternehmen nicht zweckadäquat sind (so etwa die größenabhängigen Erleichterun-gen für Kapitalgesellschaften) oder weil gesonderte Vorschriften an ihre Stelle treten. Für Krankenversicherungsunternehmen, für Versicherungsunternehmen, die keine Aktienge-sellschaften, Kommanditgesellschaften auf Aktien oder kleinere Vereine sind, sowie für Rückversicherungsunternehmen enthält Abs. 3–5 weitere aufstellungsspezifische Beson-derheiten.

II. Allgemeine Aufstellungspflicht für Jahresabschluss und Lagebericht (Abs. 1)

Abs. 1 bestimmt, dass Versicherungsunternehmen iSv § 341 Abs. 1 S. 1 und Abs. 2 **2** grundsätzlich den **Aufstellungspflichten von großen Kapitalgesellschaften** unterliegen; größenabhängige oder rechtsformspezifische Differenzierungen und daraus resultierende Erleichterungen bei der Aufstellung von Jahresabschlüssen – wie sie sich in § 267 finden –

---

[1] Vgl. auch BT-Drs. 12/5587, 23: „Einer Verweisung auf den Ersten Abschnitt bedarf es nicht, da diejeni-gen Versicherungsunternehmen, die Kaufmann sind, dessen Vorschriften bereits aufgrund dieser Eigen-schaft anzuwenden haben, und für diejenigen Versicherungsunternehmen, die kein Kaufmann sind, in § 55 des Versicherungsaufsichtsgesetzes [idF v. 31.8.2015; nun inhaltsgleich in § 38 VAG] bestimmt wird, daß diese Unternehmen für die Zwecke der Rechnungslegung, deren Prüfung und Offenlegung als Kaufmann gelten".

bestehen für Versicherungsunternehmen nicht.[2] Versicherungsunternehmen müssen daher zwingend stets eine Bilanz, eine Gewinn- und Verlustrechnung, einen Anhang sowie einen Lagebericht in vollem Umfang erstellen.

3　　Abs. 1 S. 1 konkretisiert die Aufstellungsfrist für den handelsrechtlichen Jahresabschluss (Bilanz, GuV und Anhang) sowie den Lagebericht, die Versicherungsunternehmen zu beachten haben. § 264 Abs. 1 S. 3 sieht für den handelsrechtlichen Einzelabschluss und den Lagebericht großer Kapitalgesellschaften eine Aufstellungsfrist von drei Monaten vor. Abs. 1 S. 1 verlängert diese Aufstellungsfrist für Versicherungsunternehmen um einen Monat. Diese haben ihren Einzelabschluss und Lagebericht „in den ersten vier Monaten des Geschäftsjahres für das vergangene Geschäftsjahr aufzustellen und dem Abschlußprüfer" vorzulegen (Abs. 1 S. 1).

4　　Abs. 1 S. 2 regelt die Aufstellungsfrist für den Konzernabschluss von Versicherungsunternehmen. Grundsätzlich sind die konzernabschlussrelevanten, offenlegungspflichtigen Unterlagen branchenunabhängig der das Unternehmensregister führenden Stelle spätestens ein Jahr nach dem Abschlussstichtag des Geschäftsjahrs, auf das sie sich beziehen, zu übermitteln (§ 325 Abs. 1 und 1a). Die Übermittlungsfrist verkürzt sich auf vier Monate, wenn die aufstellungspflichtige Kapitalgesellschaft kapitalmarktorientiert ist, also einen organisierten Markt iSd § 2 Abs. 11 WpHG durch von ihr ausgegebene Wertpapiere iSd § 2 Abs. 1 WpHG in Anspruch nimmt oder die Zulassung solcher Wertpapiere zum Handel an einem organisierten Markt beantragt hat (§ 325 Abs. 4 S. 1 iVm § 264d). Abs. 1 S. 2 übernimmt diese verkürzte Viermonatsfrist für kapitalmarktorientierte Versicherungsunternehmen, die eine Kapitalgesellschaft sind. Die Verkürzung entfällt aber dann, wenn die kapitalmarktorientierte Versicherungskapitalgesellschaft ausschließlich zum Handel an einem organisierten Markt zugelassene Schuldtitel iSd § 2 Abs. 1 Nr. 3 WpHG mit einer Mindeststückelung von 100.000 Euro oder dem am Ausgabetag entsprechenden Gegenwert einer anderen Währung begibt (§ 341a Abs. 1 S 2 Hs. 2 iVm § 264d).

5　　Für **öffentlich-rechtliche Versicherungsunternehmen,** die nicht Träger der Sozialversicherung sind und denen daher die Kaufmannseigenschaft fehlt, bestimmt § 38 Abs. 1 VAG die analoge Anwendung der handelsrechtlichen Vorschriften für Versicherungsunternehmen.

III. Erweiterung des Lageberichts um eine nichtfinanzielle Erklärung für bestimmte Versicherungsunternehmen (Abs. 1a)

6　　**1. Anwendungsbereich (Abs. 1a S. 1).** In der jüngeren Vergangenheit rückte der europäische Gesetzgeber die gesellschaftliche Verantwortung der Unternehmen verstärkt in den Fokus von Gesetzesinitiativen. Ausfluss dieser Entwicklung ist die Richtlinie zur Erweiterung der Berichterstattung von großen kapitalmarktorientierten Unternehmen, Kreditinstituten, Finanzdienstleistungsinstituten und Versicherungsunternehmen (**CSR-Richtlinie**). Die CSR-Richtlinie zielt darauf, Unternehmen, die im öffentlichen Interesse stehen, dazu zu verpflichten, umfassender als bisher über nichtfinanzielle Aspekte ihres unternehmerischen Handelns zu berichten und auf diese Weise eine höhere Transparenz hinsichtlich der unternehmerischen Betätigungen herzustellen, die die **Umwelt-, Sozial-** und **Arbeitnehmerbelange** sowie die **Achtung der Menschenrechte** und **Bekämpfung der Korruption** betreffen. Durch diese Verpflichtungen will das Parlament das Handeln der davon betroffenen Unternehmen mittelbar beeinflussen und Anreize dafür schaffen, dass sie nichtfinanziellen Belangen ein stärkeres Gewicht bei Unternehmensentscheidungen einräumen.[3] Die CSR-RL wurde mit dem Gesetz zur Stärkung der nichtfinanziellen

---

[2]　Vgl. Graf v. Treuberg/Angermayer, Jahresabschluß von Versicherungsunternehmen, 1995, S. 17: „Hierbei wird *nicht* zwischen kleinen, mittelgroßen und großen Unternehmen unterschieden, so daß kleineren Versicherungsunternehmen hierdurch keine Erleichterungen gewährt werden können".

[3]　Vgl. BT-Drs. 18/9982, 26.

Berichterstattung der Unternehmen in ihren Lage- und Konzernlageberichten (**CSR-RL-Umsetzungsgesetz**) vom 11.4.2017 (BGBl. 2017 I 802) in nationales Recht umgesetzt.[4]

Die **nichtfinanzielle Erklärung** ist entweder im Lagebericht oder unter Beachtung 7 der Publizitätsanforderungen des § 289b Abs. 3 als gesonderter nichtfinanzieller Bericht zu veröffentlichen.

Für den Einzelabschluss von Versicherungsunternehmen erfolgte die Umsetzung in 8 Abs. 1a. Die Rechtsnorm überträgt die für Kapitalgesellschaften allgemein geltenden, in §§ 289b–289e festgelegten Bestimmungen über die Berichterstattungen über nichtfinanzielle Aspekte mit leichten Modifikationen in den für Versicherungsunternehmen geltenden Teil des Bilanzrechts.

Grundsätzlich sind alle Versicherungsunternehmen zur Abgabe einer nichtfinanziellen 9 Erklärung verpflichtet, die die Größenmerkmale einer großen Kapitalgesellschaft erfüllen. Diese zeichnet sich dadurch aus, dass sie in zwei aufeinanderfolgenden Geschäftsjahren zwei der in § 267 Abs. 3 S. 1 genannten Größenmerkmale (Bilanzsumme von 20 Mio. EUR, Umsatz von 40 Mio. EUR, 250 im Jahresdurchschnitt beschäftigte Arbeitnehmer) überschreitet (Abs. 1a iVm § 267 Abs. 3 S. 1 und Abs. 4 S. 1). Abs. 1a verdoppelt aber abweichend von den dort zu beachtenden Größenmerkmalen die Anzahl der im Jahresdurchschnitt beschäftigen Mitarbeiterinnen und Mitarbeiter auf 500. Dabei lässt der Gesetzeswortlaut offen, ob der Schwellenwert von 500 Mitarbeitern lediglich im Berichtsjahr oder auch im Geschäftsjahr zuvor überschritten werden muss. Erst die Gesetzesbegründung bringt Klarheit. Danach muss das Versicherungsunternehmen an zwei aufeinanderfolgenden Geschäftsjahren durchschnittlich mehr als 500 Mitarbeiter beschäftigen.[5] Damit ist nach dem tatsächlichen Willen des Gesetzgebers das Mitarbeiterkriterium des § 267 Abs. 3 S. 1 (250 Mitarbeiter) durch 500 Mitarbeiter ersetzt, allerdings mit der Vorgabe des Abs. 1a S. 1, dass dieses Kriterium nun zwingend erfüllt sein muss. Beschäftigt das Versicherungsunternehmen daher im Jahresdurchschnitt nicht mehr als 500 Mitarbeiter, besteht keine Verpflichtung zur Abgabe einer nichtfinanziellen Erklärung. Die Berichtspflicht besteht ferner nicht, wenn das Versicherungsunternehmen an zwei aufeinanderfolgenden Geschäftsjahren zwar mehr als 500 Mitarbeiter beschäftigt, aber entweder in einem von ihnen oder in beiden die Bilanzsummengrenze von 20 Mio. EUR oder die Umsatzgrenze von 40 Mio. EUR oder beide nicht überschreitet (Abs. 1a iVm § 267 Abs. 4 S. 1). Hinsichtlich der Umsatzgrenze sind die versicherungsspezifischen Besonderheiten zu beachten. An die Stelle der Umsatzerlöse treten die verdienten Beiträge für eigene Rechnung. Die im Rahmen der passiven Rückversicherung abgegebenen Rückversicherungsbeiträge sind zu berücksichtigen.[6]

2. Verweis auf nichtfinanzielle Angaben im Lagebericht (Abs. 1a S. 2 und 3). 10 **a) Inhalt der nichtfinanziellen Erklärung nach § 289c.** Versicherungsunternehmen haben in ihrer nichtfinanziellen Erklärung eine **Beschreibung des Geschäftsmodells** sowie Informationen zu mindestens **fünf Teilaspekten** ihres Handelns abzugeben. Diese fünf Aspekte umfassen die **Umweltbelange** (zB Höhe des Emissionsausstoßes, Einsatz erneuerbarer Energien), die **Arbeitnehmerbelange** (zB Arbeitsbedingungen, Gleichstellungsbestrebungen, Sicherheit am Arbeitsplatz), die **Sozialbelange** (zB Übernahme sozialer Verantwortung im Betätigungsumfeld), die **Achtung der Menschenrechte** (zB Verhinderung von Menschenrechtsverletzungen) und die **Bekämpfung von Korruption und Bestechung** (zB ergriffene Maßnahmen, um Bestechungen zu verhindern) (§ 289c Abs. 1 und 2).

Wie im Gesetzestext geregelt, können sich **Angaben zu Umweltbelangen** beispiels- 11 weise auf Treibhausgasemissionen, Wasserverbrauch, Luftverschmutzung sowie die Nutzung von erneuerbaren und nicht erneuerbaren Energien oder auch den Schutz der biologischen Vielfalt beziehen (§ 289c Abs. 2 Nr. 1). Auffallend ist hierbei, dass der im Gesetzestext

---

4 Vgl. zur Beschlussempfehlung und Bericht, BT-Drs. 18/11450; vgl. zum Beschluss BR-Drs. 201/17.
5 Vgl. BT-Drs. 18/9982, 27, 44.
6 Vgl. BeckOK HGB/Schärtl Rn. 2b.

genannte Aspekt des Schutzes der biologischen Vielfalt in den Erwägungsgründen der CSR-RL nicht explizit genannt wird.[7] Insgesamt dürften die notwendigen Angaben für Versicherungsunternehmen zu diesen Belangen jedoch lediglich von untergeordneter Bedeutung sein.

12 **Angaben zu Arbeitnehmerbelangen** können sich beispielsweise auf Maßnahmen beziehen, die zur Gewährleistung der Geschlechtergleichstellung, zur Verbesserung der Arbeitsbedingungen sowie zur Umsetzung der grundlegenden Übereinkommen der Internationalen Arbeitsorganisation ergriffen wurden. Die Angaben können sich des Weiteren auf Maßnahmen beziehen, die zur Achtung der Rechte der Arbeitnehmerinnen und Arbeitnehmer ergriffen wurden. Dazu zählen beispielsweise die Rechte, informiert und konsultiert zu werden sowie die Rechte, den sozialen Dialog, die Achtung der Rechte der Gewerkschaften, den Gesundheitsschutz oder die Sicherheit am Arbeitsplatz beziehen zu können (§ 289c Abs. 2 Nr. 2). In der Begründung des Regierungsentwurfs werden zudem exemplarisch Angaben zur Personalplanung im Hinblick auf benötigte Fachkräfte, zu Krankheitsquoten sowie zu Unfall- und Fluktuationsraten genannt.[8]

13 Zudem haben die im Rahmen der in der nichtfinanziellen Erklärung mindestens zu adressierenden Aspekte auch **Angaben zu Sozialbelangen** zu enthalten. In Betracht gezogen werden können hierbei Angaben zum Dialog auf regionaler und kommunaler Ebene („etwa mit lokalen Gemeinschaften wie Kommunen"[9]) oder zu den zur Sicherstellung des Schutzes und der Entwicklung lokaler Gemeinschaften ergriffenen Maßnahmen (§ 289c Abs. 2 Nr. 3).

14 **Angaben zur Achtung der Menschenrechte** müssen ebenfalls verpflichtend Bestandteil der nichtfinanziellen Erklärung sein (§ 289c Abs. 2 Nr. 4). Darunter können in Anlehnung an die Erwägungsgründe Nr. 7 und 9 CSR-RL beispielsweise Angaben zur Vermeidung von Menschenrechtsverletzungen fallen.[10]

15 Unternehmen haben im Rahmen ihrer nichtfinanziellen Erklärung **Angaben zur Bekämpfung von Korruption und Bestechung** zu machen (§ 289c Abs. 2 Nr. 5). Im Rahmen des Gesetzesentwurfs zum CSR-RL-Umsetzungsgesetz hob die Bundesregierung bereits die besondere Bedeutung der Bekämpfung von Korruption und Bestechung hervor, indem sie Korruption und Bestechung für das Gemeinwesen als besonders problematisch bezeichnete und auf die zahlreichen Rechtsvorschriften zur Bekämpfung dieser verwies.[11] Entscheidend sei jedoch, dass dieses Verständnis auch seinen Niederschlag in den Unternehmen findet,[12] weshalb unter die Angaben beispielsweise eine Berichterstattung über bestehende Instrumente zur Bekämpfung von Korruption und Bestechung in Betracht kommt (§ 289c Abs. 2 Nr. 5). Zudem gehören dazu auch Maßnahmen und Prozesse des Unternehmens zur Vermeidung und Aufdeckung von Korruption und Bestechung.[13]

16 Insgesamt ist jedoch besonders hervorzuheben, dass es sich bei der oberen Auflistung nicht um ausschließlich zu thematisierende Aspekte handelt.[14] Auch wenn der Ausschuss für Recht und Verbraucherschutz hinsichtlich der Aspekte des **Datenschutzes und der Datensicherheit** davon abgesehen hat, zusätzliche Elemente explizit in den Regelungstext aufzunehmen, so sind der Literaturmeinung folgend dennoch Angaben dazu in die nichtfinanzielle Erklärung aufzunehmen, sofern diese die Wesentlichkeitsanforderung iSv § 289c Abs. 3 erfüllen.[15] § 289c Abs. 3 stellt klar, dass zu den oben genannten Aspekten aus § 289c Abs. 2 in der nichtfinanziellen Erklärung diejenigen Angaben zu machen sind, die für das **Verständnis des Geschäftsverlaufs,** des Geschäftsergebnisses, der Lage des Unternehmens

---

7   Vgl. Blöink/Halbleib Der Konzern 2017, 182 (186).
8   Vgl. BT-Drs. 18/9982, 48.
9   BT-Drs. 18/9982, 48.
10 Vgl. BT-Drs. 18/9982, 48.
11 Vgl. BT-Drs. 18/9982, 48.
12 Vgl. BT-Drs. 18/9982, 48.
13 Vgl. BT-Drs. 18/9982, 48.
14 Vgl. Blöink/Halbleib Der Konzern 2017, 182 (186).
15 Vgl. Blöink/Halbleib Der Konzern 2017, 182 (186).

sowie der Auswirkungen seiner Tätigkeit auf die nicht finanziellen Belange erforderlich sind. Darunter fallen laut Gesetzestext nachfolgende Angaben.

Zunächst muss über die seitens des Unternehmens verfolgten **Konzepte,** einschließlich **17** der angewandten Due-Diligence-Prozesse, berichtet werden (§ 289c Abs. 3 Nr. 1). Dabei handelt es sich um Verfahren, mit denen das betroffene Unternehmen „Sorgfaltspflichten und -obliegenheiten identifiziert und erfüllt, insbesondere etwaige Risiken für einzelne nicht-finanzielle Aspekte ermittelt und Maßnahmen zu deren Eindämmung oder Beseitigung festlegt".[16] Des Weiteren muss das Unternehmen über die Ergebnisse dieser verfolgten Konzepte berichten (§ 289c Abs. 3 Nr. 2).

Ebenfalls Bestandteil der zu thematisierenden Aspekte der nichtfinanziellen Erklärung **18** sind die **wesentlichen Risiken,** die mit der Geschäftstätigkeit des Versicherungsunternehmens verknüpft sind und sehr wahrscheinlich schwerwiegende Auswirkungen auf die in § 289c Abs. 2 thematisierten Aspekte haben oder voraussichtlich haben werden (§ 289c Abs. 3 Nr. 3). Daran anknüpfend ist auch darzustellen, wie diese Risiken durch das Versicherungsunternehmen gehandhabt werden. Des Weiteren zu berücksichtigen sind die wesentlichen Risiken, die mit den Produkten, Dienstleistungen und Geschäftsbeziehungen zusammenhängen und sehr wahrscheinlich schwerwiegende negative Auswirkungen auf die § 289 Abs. 2 beschriebenen Aspekte haben werden (§ 289c Abs. 3 Nr. 4).

Zudem haben Versicherungsunternehmen über die **bedeutsamsten nichtfinanziel-** **19** **len Leistungsindikatoren** zu berichten (§ 289c Abs. 3 Nr. 5). Zusätzlich soll im Rahmen der nichtfinanziellen Erklärung auch auf im Jahresabschluss ausgewiesene Beträge hingewiesen und diese zusätzlich erläutert werden, soweit es für das Verständnis erforderlich ist (§ 289c Abs. 3 Nr. 6).

Falls das Unternehmen für einen oder mehrere dieser nichtfinanziellen Aspekte kein **20** Konzept verfolgt, hat es diese Tatsache gem. § 289c Abs. 4 nach einem **„Comply or Explain"-Prinzip** klar und begründet zu erläutern. Eine Erläuterungspflicht besteht aber nur, wenn ein Konzept vollständig fehlt. Sie besteht daher nicht, wenn nur Teile des Konzepts nicht umgesetzt wurden.[17] Deshalb ist eine Erläuterung nicht erforderlich, wenn das Unternehmen keine Due-Diligence-Prozesse eingerichtet hat, weil diese nach der Gesetzesbegründung nur ein Teil eines übergeordneten Gesamtkonzepts sind.[18]

b) Nutzung von Rahmenwerken nach § 289d. Nach § 289d S. 1 kann das zur **21** Abgabe einer nichtfinanziellen Erklärung verpflichtete Unternehmen **nationale, europäische und internationale Rahmenwerke** nutzen (beispielsweise Leitsätze der OECD für multinationale Unternehmen, Deutscher Nachhaltigkeitskodex, Umweltmanagement- und -betriebsprüfungssystem EMAS).[19] Hierzu sind entsprechend Angaben zu machen (§ 289d S. 2). Hat das Unternehmen kein entsprechendes Rahmenwerk angewandt, ist dies zu begründen (§ 289d S. 2).

c) Weglassen nachteiliger Angaben nach § 289e. Gemäß § 289e können Versiche- **22** rungsunternehmen in bestimmten Ausnahmefällen **Angaben über nachteilige Informationen** weglassen, wenn die Angaben nach vernünftiger kaufmännischer Beurteilung des Vorstands bzw. der Geschäftsführung geeignet sind, dem Unternehmen einen erheblichen Nachteil zuzufügen. Dieser Nachteil könnte insbesondere auftreten, wenn die Angaben die Betriebs- und Geschäftsgeheimnisse der Unternehmen betreffen.[20] Allerdings darf das Unternehmen diese Angaben nur dann unterlassen, wenn dadurch „ein den tatsächlichen Verhältnissen entsprechendes und ausgewogenes Verständnis des Geschäftsverlaufs, des Geschäftsergebnisses, der Lage" des Unternehmens und der Auswirkungen seiner Tätigkeit nicht verhindert wird (§ 289e Abs. 1 Nr. 2). Nach Ansicht des Gesetzgebers liegen diese

---

[16]   BT-Drs. 18/9982, 49 f.
[17]   Vgl. Hopt/Merkt § 289c Rn. 16; BeckOK HGB/Schorse § 289c Rn. 18.
[18]   Vgl. BT-Drs. 18/9982, 49, 52.
[19]   Vgl. BT-Drs. 18/9982, 52.
[20]   Vgl. BT-Drs. 18/9982, 30.

Voraussetzungen für ein Weglassen nachteiliger Angaben regelmäßig nur in engen Ausnahmefällen vor.[21] Entfallen die Gründe für eine Nichtaufnahme der Angaben, so sind die zunächst weggelassenen Angaben in der darauffolgenden nichtfinanziellen Erklärung nachzuholen (§ 289e Abs. 2). Diese Vorschrift soll sicherstellen, dass Unternehmen nicht willkürlich Informationen unterdrücken und dass die (Nicht-)Angaben im Nachhinein nachvollziehbar sind.[22]

23   **d) Vorschriften zur Befreiung der nichtfinanziellen Erklärung nach § 289b Abs. 2.** Gemäß Abs. 1a S. 3 sind die Vorschriften zur Befreiung der nichtfinanziellen Erklärung nach § 289b Abs. 2–3 für Versicherungsunternehmen entsprechend anzuwenden.

24   Nach dem CSR-RL-Umsetzungsgesetz hat die nichtfinanzielle Berichterstattung bei einem Konzern nur auf **Konzernebene** zu erfolgen. Ist das Tochterunternehmen in den Konzernlagebericht des Mutterunternehmens einbezogen (§ 289b Abs. 2 S. 1 Nr. 1) und entspricht dieser Konzernlagebericht den Vorgaben des nationalen Rechts eines Mitgliedstaats der EU/des EWR und den Vorgaben der EU-Bilanzrichtlinie und enthält er eine nichtfinanzielle Konzernerklärung, ist das Tochterunternehmen von der Erstellung eines eigenen nichtfinanziellen Berichts befreit (§ 289b Abs. 2 S. 1 Nr. 2). § 315b Abs. 2 enthält eine Befreiungsmöglichkeit bezüglich der in § 315b Abs. 1 vorgeschriebenen Erstellung einer nichtfinanziellen Konzernerklärung. Nach § 289b Abs. 2 S. 2 gelten diese Befreiungstatbestände auch dann, wenn das Mutterunternehmen einen gesonderten nichtfinanziellen Konzernbericht nach § 315b Abs. 3 vorlegt.

25   Ist ein **Tochterunternehmen** von der Erstellung einer nichtfinanziellen Erklärung befreit, hat es in seinem Lagebericht anzugeben, welches Mutterunternehmen den Konzernlagebericht bzw. den gesonderten nichtfinanziellen Konzernbericht öffentlich zugänglich macht und wo der Bericht in deutscher oder englischer Sprache offengelegt bzw. veröffentlicht ist (§ 289b Abs. 2 S. 3). Damit muss das Tochterunternehmen sicherstellen, dass eine deutsche oder englische Übersetzung der nichtfinanziellen Konzernerklärung bzw. des gesonderten nichtfinanziellen Konzernberichts öffentlich zugänglich ist, sofern der Bericht des Mutterunternehmens in einer Drittsprache verfasst ist.[23]

26   **e) Formen der nichtfinanziellen Berichterstattung nach § 289b Abs. 3.** Der Gesetzgeber schreibt dem Unternehmen nicht konkret vor, in welcher Berichtsform es die nichtfinanzielle Erklärung vornimmt. Entscheidet es sich dazu, diese Erklärung innerhalb des Lageberichts abzugeben, bietet es sich an, die einzelnen Erklärungsaspekte direkt bei den dazugehörigen Berichtsabschnitten (zB Geschäftsmodell, Leistungsindikatoren, Risikobericht) abzuhandeln. Es ist aber auch zulässig, dass das Unternehmen die nichtfinanzielle Erklärung in einem gesonderten Abschnitt innerhalb des Lageberichts abgibt. In diesem Fall darf das Unternehmen auf die an anderer Stelle im Lagebericht enthaltenen nichtfinanziellen Angaben verweisen (§ 289b Abs. 1 S. 3), um Redundanzen zu vermeiden. Alternativ darf das Unternehmen die nichtfinanziellen Angaben auch außerhalb des Lageberichts in einem **gesonderten nichtfinanziellen Bericht** nach § 289b Abs. 3 verfassen und publizieren, wenn dieser die inhaltlichen Vorgaben nach § 289c erfüllt (§ 289b Abs. 3 S. 1 Nr. 1). Entscheidet sich das Unternehmen für diese dritte Möglichkeit, muss es diesen Bericht gemeinsam mit dem Lagebericht nach § 325 bei der das Unternehmensregister führenden Stelle offenlegen bzw. auf der Internetseite des Versicherungsunternehmens spätestens vier Monate nach dem Abschlussstichtag und mindestens für zehn Jahre veröffentlichen (§ 289b Abs. 3 S. 1 Nr. 2). Dabei gelten die § 289d und § 289e für den gesonderten finanziellen Bericht entsprechend (§ 289b Abs. 3 S. 2).

27   **f) Offenlegung des Prüfungsergebnisses nach § 289b Abs. 4.** Unterzieht das Unternehmen seine nichtfinanzielle Berichterstattung einer **freiwilligen externen inhaltlichen Überprüfung,** muss es das Prüfungsurteil gemeinsam mit der nichtfinanziellen

---

[21]   Vgl. BT-Drs. 18/9982, 53.
[22]   Vgl. BT-Drs. 18/9982, 53.
[23]   Vgl. BT-Drs. 18/9982, 45.

Erklärung bzw. dem gesonderten nichtfinanziellen Bericht zugänglich machen (§ 289b Abs. 4). Dadurch soll das Vertrauen in die nichtfinanziellen Informationen erhöht werden.[24]

IV. Erklärung zur Unternehmensführung (Abs. 1b)

Nach § 289f Abs. 1 sind börsennotierte Aktiengesellschaften dazu verpflichtet, in einem **28** gesonderten Abschnitt des Lageberichts eine Erklärung zur Unternehmensführung in ihren Lagebericht aufzunehmen. Das Gleiche gilt für Aktiengesellschaften, die ausschließlich andere Wertpapiere als Aktien zum Handel an einem organisierten Markt iSd § 2 Abs. 11 WpHG ausgegeben haben und deren ausgegebene Aktien auf eigene Veranlassung über ein multilaterales Handelssystem iSd § 2 Abs. 8 S. 1 Nr. 8 WpHG gehandelt werden sowie für börsennotierte Europäische Gesellschaften (SE) (vgl. Art. 61 SE-VO).

Im Rahmen der Erklärung zur Unternehmensführung haben der Vorstand und der **29** Aufsichtsrat der börsennotierten Gesellschaft zu erklären, dass sie den Empfehlungen des Deutschen Corporate Governance Kodex entsprechen (werden) bzw. von welchen Empfehlungen sie abweichen (§ 289f Abs. 2 Nr. 1 iVm § 161 AktG). In der Erklärung zur Unternehmensführung soll eine Bezugnahme auf die Internetseite der Gesellschaft, auf der der Vergütungsbericht über das letzte Geschäftsjahr und der Vermerk des Abschlussprüfers gemäß § 162 AktG, das geltende Vergütungssystem gemäß § 87a Abs. 1 und Abs. 2 AktG und der letzte Vergütungsbeschluss gemäß § 113 Abs. 3 AktG öffentlich zugänglich gemacht sind, erfolgen (§ 289f Abs. 2 Nr. 1a). Ferner sind „relevante Angaben zu Unternehmensführungspraktiken" zu machen, „die über die gesetzlichen Anforderungen hinaus angewandt werden, nebst Hinweis, wo sie öffentlich zugänglich sind" (§ 289f Abs. 2 Nr. 2) und die Arbeitsweise von Vorstand und Aufsichtsrat sowie die Zusammensetzung und Arbeitsweise von deren Ausschüssen sind zu beschreiben (§ 289f Abs. 2 Nr. 3 Hs. 1). Handelt es sich bei dem Versicherungsunternehmen um eine große, börsennotierte Aktiengesellschaft, ist auch über den Frauenanteil zu berichten, den das Unternehmen für den Aufsichtsrat und den Vorstand (§ 289f Abs. 2 Nr. 4 iVm § 111 Abs. 5 AktG) sowie für die beiden Führungsebenen unterhalb des Vorstands festgelegt hat (§ 289f Abs. 2 Nr. 4 iVm § 76 Abs. 4 AktG). Das Unternehmen hat auch darüber zu berichten, ob die Zielgrößen während des Bezugszeitraums erreicht wurden, und wenn nicht, die Gründe für das Nichterreichen bzw. Nichteinhalten darzulegen (§ 289f Abs. 2 Nr. 4). Handelt es sich bei dem berichtspflichtigen Unternehmen um eine börsennotierte Aktiengesellschaft oder um eine börsennotierte Europäische Gesellschaft (SE), hat sie auch zu erklären, ob sie die in diesem Kontext bestehenden gesetzlichen Mindestvorgaben eingehalten hat und bei einem Verfehlen die Gründe dafür anzugeben (§ 289f Abs. 2 Nr. 5).

§ 289f Abs. 2 Nr. 6 verpflichtet das berichtende Unternehmen dazu, das Diversitätskon- **30** zept zu beschreiben, „das im Hinblick auf die Zusammensetzung des vertretungsberechtigten Organs und des Aufsichtsrats in Bezug auf Aspekte wie beispielsweise Alter, Geschlecht, Bildungs- oder Berufshintergrund verfolgt wird". Ferner sind die Ziele dieses Diversitätskonzepts, die Art und Weise seiner Umsetzung und die im Geschäftsjahr erreichten Ergebnisse anzugeben. Diese Darlegungsverpflichtung besteht nach § 289f Abs. 2 Nr. 6 aber nur für Aktiengesellschaften iSd § 289f Abs. 1, die nach § 267 Abs. 3 S. 1 und Abs. 4–5 große Kapitalgesellschaften sind.

Abs. 1b erweitert den Kreis der Versicherungsunternehmen, die die zusätzlichen Erläu- **31** terungen nach § 289f Abs. 2 Nr. 6 abzugeben haben, auf alle großen Versicherungsunternehmen, die nach Abs. 1 iVm § 289f Abs. 1 eine Erklärung zur Unternehmensführung abzugeben haben. Versicherungsunternehmen gelten im Sinne der Vorschrift als groß, wenn sie an zwei aufeinanderfolgenden Geschäftsjahren mindestens zwei der in § 267 Abs. 3 S. 1 genannten Schwellenwerte (Bilanzsumme von 20 Mio. EUR, Umsatz von 40 Mio. EUR, 250 im Jahresdurchschnitt beschäftige Arbeitnehmer) überschreiten. Die Verpflichtung zur Berichterstattung endet, wenn mindestens zwei der vorstehenden Schwellenwerte an zwei aufeinanderfolgenden Geschäftsjahren unterschritten werden. Anders als bei der verpflich-

---

[24] Vgl. BT-Drs. 18/9982, 46.

tenden Abgabe einer nichtfinanziellen Erklärung wird damit keine Beschäftigungsschwelle von mehr als 500 Arbeitnehmern gefordert.

32   Weitergehende Befreiungsmöglichkeiten wie etwa bei der nichtfinanziellen Erklärung im Sinne einer befreienden Konzernerklärung gibt es in Bezug auf die Diversitätsangaben nicht. Das bedeutet auch, dass kleine und mittelgroße Versicherungsunternehmen zwar ggf. keine erläuternden Angaben betreffend der Diversität zu machen brauchen, gleichwohl aber eine Erklärung zur Unternehmensführung erstellen müssen.

V. Besonderheiten des Geltungsbereiches der allgemeinen Aufstellungsvorschriften (Abs. 2)

33   **1. Nicht anzuwendende Vorschriften (Abs. 2 S. 1).** Während Abs. 1 den Grundsatz formuliert, nach dem auch für Versicherungsunternehmen grundsätzlich die allgemeinen Aufstellungsvorschriften für (große) Kapitalgesellschaften gelten, benennt Abs. 2 S. 1 die von diesem Verweis explizit **ausgenommenen Vorschriften.**[25] Dabei handelt es sich um Vorschriften, die sowohl die Bilanz als auch die Gewinn- und Verlustrechnung sowie den Anhang betreffen.

Für Versicherungsunternehmen nicht anzuwendende allgemeine Vorschriften	
HGB-Vorschrift	Regelungsinhalt
§ 264 Abs. 3	Befreiungen für nicht kapitalmarktorientierte Tochterunternehmen hinsichtlich der Aufstellung bestimmter Jahresabschlusskomponenten sowie ihrer Prüfung und Offenlegung
§ 265 Abs. 6	Änderung der Gliederung und Bezeichnung der mit arabischen Zahlen versehenen Posten der Bilanz und der Gewinn- und Verlustrechnung
§ 267	Umschreibung der Größenklassen für Kapitalgesellschaften
§ 268 Abs. 4 S. 1	Gesonderter Ausweis des Forderungsbetrages mit einer Restlaufzeit von mehr als einem Jahr
§ 268 Abs. 5 S. 1	Gesonderter Ausweis des Verbindlichkeitsbetrages mit einer Restlaufzeit bis zu einem Jahr und des Verbindlichkeitsbetrages mit einer Restlaufzeit von mehr als einem Jahr
§ 268 Abs. 5 S. 2	Gesonderter Ausweis erhaltener Anzahlungen auf Bestellungen
§ 276	Größenabhängige Erleichterungen für Kapitalgesellschaften in Bezug auf die Gewinn- und Verlustrechnung
§ 277 Abs. 1	Definition der als Umsatzerlöse auszuweisenden Erlöse
§ 277 Abs. 2	Definition der als Bestandsveränderungen auszuweisenden Mengen- und Wertänderungen
§ 285 Nr. 8 Buchst. a	Anhangpflichtangabe des Materialaufwands bei Anwendung des Umsatzkostenverfahrens
§ 288	Größenabhängige Erleichterungen für Kapitalgesellschaften in Bezug auf den Anhang

34   Das generelle Verbot § 264 Abs. 3 anzuwenden wurde in diesen Ausnahmekatalog mit dem Gesetz zur Stärkung der Finanzmarktintegrität (FISG) als letztes aufgenommen.
     Seitdem können Versicherungsunternehmen die für Tochterunternehmen geltende Befreiung des § 264 Abs. 3 S. 1 auch mehr nicht hinsichtlich der Vorschriften zur Offenlegung in Anspruch nehmen. Der Gesetzgeber begründet dieses Verbot im Wesentlichen damit, dass es sich bei Versicherungsunternehmen grundsätzlich um Unternehmen von öffentlichem Interesse iSd Art. 2 Nr. 1c der Bilanzrichtlinie handelt, denen eine entsprechende Befreiung nicht gewährt werden darf (Art. 37 und 40 S. 1 Bilanzrichtlinie), weil bei ihnen ein besonderes Interesse der Allgemeinheit an Transparenz und Verlässlichkeit der Rechnungslegungsunterlagen bestünde. Darüber hinaus rechtfertige es der Grundgedanke, einen Wettbewerb der Versicherungsunternehmen über die Rechtsform zu verhindern, das

---

[25]   Zur Begr. vgl. BT-Drs. 12/5587, 23–25.

Verbot der Befreiungsmöglichkeit nach § 264 Abs. 3 S. 1 auf sämtliche Versicherungsunternehmen unabhängig von ihrer jeweiligen Rechtsform zu erstrecken.[26]

Während mit den §§ 276, 288 explizit die **größenabhängigen Erleichterungen** bei 35 der Aufstellung der Gewinn- und Verlustrechnung und des Anhangs aus dem Kanon der für Versicherungsunternehmen anzuwendenden Vorschriften klarstellend herausgenommen werden, fehlt ein entsprechender Hinweis auf die größenabhängigen Erleichterungen bei der Bilanzaufstellung gem. § 274a. Dass diese nur für kleine Kapitalgesellschaften geltenden Vorschriften für Versicherungsunternehmen unmaßgeblich sind, ergibt sich aber bereits aus Abs. 1; einer besonderen Erwähnung in Abs. 2 bedurfte es insofern nicht.

Die Vorschriften zur **Aufstellung des Lageberichtes** bei Kapitalgesellschaften sind 36 unverändert von Versicherungsunternehmen anzuwenden. Dies gilt insbesondere auch für § 289 Abs. 2 Nr. 2, der Angaben über den Bereich Forschung und Entwicklung verlangt. Hierzu heißt es jedoch im Entwurf der Bundesregierung zum Versicherungsbilanzrichtlinie-Gesetz: Im „Regelfall wird auf Grund der Gegebenheiten allerdings keine Berichtspflicht bestehen."[27]

2. Aufgrund gesonderter Regelungen ersetzte Vorschriften (Abs. 2 S. 2). 37 Abs. 2 S. 2 schränkt den Grundsatz, nach dem für Versicherungsunternehmen die Vorschriften für (große) Kapitalgesellschaften gelten, weiter ein, indem die Regelungsnorm allgemeine Ansatzvorschriften für alle Kaufleute sowie ergänzende Vorschriften zur Aufstellung der Bilanz, der Gewinn- und Verlustrechnung und des Anhangs für Kapitalgesellschaften benennt,[28] die durch einschlägige Vorschriften der Verordnung über die Rechnungslegung von Versicherungsunternehmen (RechVersV) ersetzt werden.

Für Versicherungsunternehmen ersetzte allgemeine Vorschriften		
HGB-Vorschrift	Regelungsinhalt	RechVersV–Vorschrift
§ 247 Abs. 1	Gesonderter Ausweis und Aufgliederung von Anlage- und Umlaufvermögen, Eigenkapital, Schulden und Rechnungsabgrenzungsposten	§ 2, Formblatt 1
§ 251	Angabe von Haftungsverhältnissen unter der Bilanz	§ 51 Abs. 3
§ 265 Abs. 7	Zusammengefasster Ausweis der mit arabischen Zahlen versehenen Posten der Bilanz und Gewinn- und Verlustrechnung	§ 3
§ 266	Gliederung der Bilanz	§ 2, Formblatt 1
§ 268 Abs. 7	Angabe von Haftungsverhältnissen unter Angabe der gewährten Sicherheiten sowie gesonderter Vermerk der Verpflichtungen betreffend die Altersversorgung und Verpflichtungen gegenüber verbundenen oder assoziierten Unternehmen	§ 51 Abs. 3
§ 275	Gliederung der Gewinn- und Verlustrechnung	§ 2 Nr. 1–4, Formblätter 2–4
§ 284 Abs. 3	Anlagespiegel im Anhang	§ 6 Abs. 2 für immaterielle Vermögensgegenstände des Anlagevermögens; § 51 Abs. 2 für die Aktivposten B und C. I. bis III. nach dem anliegenden Muster 1
§ 285 Nr. 4	Aufgliederung der Umsatzerlöse nach Tätigkeitsbereichen und geographisch bestimmten Märkten im Anhang	§ 51 Abs. 4

---

[26]   Vgl. BT-Drs. 19/29879, 156.
[27]   BT-Drs. 12/5587, 25.
[28]   Zur Begr. vgl. BT-Drs. 12/5587, 23–25.

Für Versicherungsunternehmen ersetzte allgemeine Vorschriften		
HGB–Vorschrift	Regelungsinhalt	RechVersV–Vorschrift
§ 285 Nr. 8 Buchst. b	Anhangpflichtangabe des Personalaufwands bei Anwendung des Umsatzkostenverfahrens	§ 51 Abs. 5 (Pflicht zur Anhangangabe von Provisionen und sonstigen Bezügen der Versicherungsvertreter für das selbst abgeschlossene Versicherungsgeschäft sowie Personalaufwendungen nach dem anliegenden Muster 2)
§ 286 Abs. 2	Unterlassen der Umsatzaufgliederung nach § 285 Nr. 4 bei erheblichem Nachteil	§ 51 Abs. 4

38   Abs. 2 S. 2 ersetzt § 55 Abs. 4 VAG idF vom 17.12.1992. Sofern § 55 Abs. 4 VAG idF vom 17.12.1992 noch ein **Wahlrecht** zur gesonderten Angabe verschiedener Aufwendungen und Erträge vorsah (zB die Aufgliederung der Umsatzerlöse), ist dieses Wahlrecht mit der RechVersV hinfällig geworden.

39   **3. Vom allgemeinen Verrechnungsverbot abweichende versicherungsspezifische Vorschriften (Abs. 2 S. 3).** Mit dem Verweis auf die Vorschriften für große Kapitalgesellschaften (Abs. 1 S. 1) unterliegen Versicherungsunternehmen grundsätzlich auch den allgemein für alle Kaufleute geltenden, insofern **rechtsform-, branchen- und größenunabhängigen Grundsätzen ordnungsmäßiger Buchführung,** worunter auch das Verrechnungsverbot nach § 246 Abs. 2 fällt. Danach dürfen Posten der Aktivseite nicht mit Posten der Passivseite, Aufwendungen nicht mit Erträgen und Grundstücksrechte nicht mit Grundstückslasten verrechnet werden. Das Verrechnungsverbot „ist ein Ausfluss sowohl des allg Gebots der Klarheit und Übersichtlichkeit (…) als auch des Vollständigkeitsgebots"[29]. Es wird in seinem Anwendungsbereich für Versicherungsunternehmen auch nicht durch Abs. 2 S. 1 und 2 generell aufgehoben; denn weder findet es sich in der Aufzählung nicht anzuwendender Vorschriften, noch in dem Verweis auf die durch Rechtsverordnung ersetzten anderen Vorschriften. Maßgeblich ist insofern zunächst das Bruttoprinzip.[30]

40   Obwohl das **Verrechnungsverbot** vom Grundsatz her uneingeschränkt für Versicherungsunternehmen gilt, schränkt Abs. 2 S. 3 seinen Anwendungsbereich ein, und zwar wenn andere abweichende Vorschriften bestehen. Anders als Vorschriften, die unter S. 1 und 2 fallen, gilt das für große Kapitalgesellschaften geltende Verrechnungsverbot also außer in explizit erwähnten Abweichungen fort. Dies ist aber insofern keine versicherungsspezifische Besonderheit, als bereits das allgemeine Verrechnungsverbot nach § 246 Abs. 2 durch verschiedene Ausnahmen durchbrochen wird. So sind gem. § 246 Abs. 2 S. 2 bestimmte Vermögensgegenstände und Schulden sowie bestimmte Aufwendungen und Erträge miteinander zu verrechnen. Weiterhin dürfen etwa gem. § 276 Kapitalgesellschaften, die keine großen Kapitalgesellschaften im Sinne des Gesetzes sind, in der Gewinn- und Verlustrechnung eine Saldogröße „Rohergebnis" ausweisen, das sich aus den Aufwands- und Ertragspositionen des § 275 Abs. 2 Nr. 1–5 (Gesamtkostenverfahren) bzw. § 275 Abs. 3 Nr. 1–3 und 6 (Umsatzkostenverfahren) ergibt.

41   Wiederum, wie auch in Abs. 2 S. 2, ergeben sich die abweichenden Vorschriften aus der Verordnung über die Rechnungslegung von Versicherungsunternehmen.[31] Statt eines **Bruttoausweises** gilt in diesen Fällen der **Nettoausweis.**[32] Im Wesentlichen greift die Ausnahme vom Verrechnungsverbot für verschiedene Aufwendungen und Erträge der in der Gewinn- und Verlustrechnung von Versicherungen auszuweisenden Posten und hier insbesondere solcher Aufwendungen und Erträge, die in Zusammenhang mit dem Rückversicherungsgeschäft stehen; maßgeblich sind insofern vor allem die §§ 36–50 RechVersV.

---

[29]   BeBiKo/Justenhoven/Meyer § 246 Rn. 144.
[30]   In Art. 5 RL 91/674/EWG heißt es diesbezüglich: „Die Zusammenfassung [von Posten] ist nur im Rahmen der von den Mitgliedstaaten erlassenen Regelungen zulässig".
[31]   Vgl. Beck Versicherungsbilanz/Seitz Rn. 20.
[32]   Vgl. grds. Beck HdR/Hesberg B 910 Rn. 62–65.

Für Versicherungsunternehmen geltende Abweichungen vom allgemeinen Verrechnungsverbot	
RechVersV–Vorschrift	Regelungsinhalt
§ 5	In den Formblättern verwendete Zusätze „Brutto" und „Netto" in Bezug auf das in Rückdeckung gegebene Versicherungsgeschäft
§ 23	Anteile für das in Rückdeckung gegebene Versicherungsgeschäft an den Bruttobeträgen der versicherungstechnischen Rückstellungen
§ 25	Deckungsrückstellung, insbesondere das nach § 25 Abs. 1 S. 2 zulässige Zillmerungsverfahren zur Berücksichtigung einmaliger Abschlusskosten
§ 26 Abs. 2	Abzug der Forderungen aus Regressen, Provenues und Teilungsabkommen von der Rückstellung für noch nicht abgewickelte Versicherungsfälle
§ 36 Abs. 2	Abzug der Versicherungssteuer und der Abschreibungen auf uneinbringliche Beitragsforderungen vom Unterposten „Gebuchte Bruttobeiträge" in der Gewinn- und Verlustrechnung
§ 36 Abs. 3 S. 2	Abzug der an den Vorversicherer abgeführten Portefeuille-Austrittsbeiträge vom Unterposten „Gebuchte Bruttobeiträge" in der Gewinn- und Verlustrechnung soweit es sich um das in Rückdeckung übernommene Versicherungsgeschäft handelt
§ 37 S. 2	Abzug der vom Rückversicherer erhaltenen Portefeuille-Austrittsbeiträge vom Unterposten „Abgegebene Rückversicherungsbeiträge" in der Gewinn- und Verlustrechnung
§ 38 Abs. 1 S. 2	Abzug der an die Rückversicherer gezahlten Depotzinsen vom Posten „Technischer Zinsertrag für eigene Rechnung"
§ 40 S. 3	Abzug der Anteile der Rückversicherer an den im Posten „Sonstige versicherungstechnische Erträge für eigene Rechnung" auszuweisenden Erträgen
§ 41 Abs. 1 S. 2	Abzug der Anteile der Rückversicherer an den Aufwendungen für Versicherungsfälle für eigene Rechnung
§ 42 Abs. 2 S. 2	Abzug der Anteile der Rückversicherer an den Aufwendungen für erfolgsabhängige und erfolgsunabhängige Beitragsrückerstattungen für eigene Rechnung
§ 43 Abs. 4	Abzug der erhaltenen Provisionen und Gewinnbeteiligungen aus dem in Rückdeckung gegebenen Versicherungsgeschäft von den Bruttoaufwendungen für den Versicherungsbetrieb für eigene Rechnung
§ 44 S. 3	Abzug der Anteile der Rückversicherer vom Posten „Sonstige versicherungstechnische Aufwendungen für eigene Rechnung"

In den Fällen, in denen Aufwendungen und Erträge aus dem Rückversicherungsge- **42** schäft bei den einzelnen Posten entsprechend dem **Nettoprinzip** zu berücksichtigen sind, mag man zweifeln, ob es sich tatsächlich um eine **Abweichung vom Verrechnungsverbot** gem. § 246 Abs. 2 handelt oder nicht vielmehr um eine **klarstellende Vorschrift:** Im ähnlich gelagerten Fall der Rückgriffsforderungen von Bauunternehmen gegenüber Subunternehmen hat der Bundesfinanzhof entschieden, dass eine Saldierung von Gewährleistungsverpflichtung und Rückgriffsforderung weder dem Einzelbewertungsgrundsatz (§ 252 Abs. 1 Nr. 3) noch dem Verrechnungsverbot (§ 246 Abs. 2) zuwiderlaufe. Dies gelte zumindest dann, wenn die Rückgriffsansprüche

- „derart in einem unmittelbaren Zusammenhang mit der drohenden Inanspruchnahme stehen, daß sie dieser wenigstens teilweise spiegelbildlich entsprechen",
- sie „in rechtlich verbindlicher Weise der Entstehung oder Erfüllung der Verbindlichkeit zwangsläufig nachfolgen",
- und sie „vollwertig sind, dh vom Rückgriffsschuldner nicht bestritten werden; dieser muß von zweifelsfreier Bonität sein."[33]

---

[33] Alle Zitate BFHE 170, 397 = BStBl. II 1993, 437 (440).

43   Diese Voraussetzungen werden im Rahmen des Rückversicherungsgeschäftes regelmäßig gegeben sein.

44   Zwar bleibt bei einem **Nettoausweis** von miteinander verrechneten Aktiv- und Passivposten bzw. Aufwendungen und Erträgen der Jahresüberschuss bzw. Jahresfehlbetrag unverändert, jedoch verringert sich gegenüber dem **Bruttoausweis** der **Informationswert** der Rechnungslegung. Diese Informationseinbuße wird dadurch „geheilt", dass auf den Formblättern durch den in Vorspalten bzw. Unterpositionen offen durchzuführenden Abzug der Rückversicherungsanteile von den korrespondierenden Bruttopositionen weitgehend die gleiche Information wie beim Bruttoausweis[34] erfolgt.

45   **4. Eingeschränkter Anwendungsbereich der Pflichtangaben über sonstige finanzielle Verpflichtungen iSv § 285 Nr. 3a (Abs. 2 S. 4). a) Regelungsinhalt.** Gemäß § 285 Nr. 3a haben Kapitalgesellschaften den **„Gesamtbetrag der sonstigen finanziellen Verpflichtungen,** die nicht in der Bilanz enthalten sind und die nicht nach § 268 Absatz 7 oder Nummer 3 anzugeben sind", im Anhang anzugeben, „sofern diese Angabe für die Beurteilung der Finanzlage von Bedeutung ist; davon sind Verpflichtungen betreffend die Altersversorgung und Verpflichtungen gegenüber verbundenen oder assoziierten Unternehmen jeweils gesondert anzugeben".

46   Der Sinn und Zweck der Vorschrift ergibt sich aus der Informationsfunktion der Rechnungslegung: Die Darstellung der Finanzlage allein auf Basis der bilanzierten Verpflichtungen ist nur ein höchst unvollständiger Indikator für die zukunftsgerichtete wirtschaftliche Lage eines Unternehmens. So ist der Grundsatz der Nichtbilanzierung schwebender Geschäfte zwar unter dem Aspekt der **Ausschüttungsbemessungsfunktion** zweckadäquat. Er bedingt jedoch erhebliche Einschränkungen hinsichtlich des **Informationswertes** der Bilanz zum Abschätzen zwar erst zukünftig fällig werdender, jedoch bereits am Abschlussstichtag konkretisierter finanzieller Verpflichtungen.

47   Die **Anhangangaben** hierüber reduzieren insofern die bilanziellen Informationsdefizite; Bilanz und Gewinn- und Verlustrechnung und Anhang bilden eine Einheit (§ 264 Abs. 1 S. 1). Nicht unter die Vorschrift fallen lediglich mögliche Verpflichtungen oder potenzielle finanzielle Risiken, wie sie sich aus dem allgemeinen Unternehmerrisiko ergeben.[35] Ihnen fehlt es nicht nur an der Verpflichtung gegenüber einem Dritten. Sie lassen sich regelmäßig auch nicht hinreichend objektiviert bewerten; damit scheitert es an der Bedingung, einen (zahlenmäßigen) Gesamtbetrag angeben zu können. Abs. 2 S. 4 (vormals § 341a Abs. 2 S. 5 idF vom 19.4.2017) schränkt den Anwendungsbereich der Vorschrift für Versicherungsunternehmen dahingehend ein, dass die Angaben „für solche finanzielle Verpflichtungen nicht zu machen sind, die im Rahmen des Versicherungsgeschäfts entstehen"[36].

48   **b) Sonstige finanzielle Verpflichtungen iSv § 285 Nr. 3a.** Zu den im Anhang als Gesamtbetrag grundsätzlich auch für Versicherungsunternehmen angabepflichtigen sonstigen Verpflichtungen[37] zählen vor allem solche aus schwebenden Rechtsgeschäften, insbesondere Dauerschuldverhältnissen.[38] Die der Bedeutung nach größte Gruppe von sonstigen Verpflichtungen sind häufig (langfristige) Miet-, Pacht-, Leasing- oder ähnliche Verträge.[39]

49   **c) Sonstige finanzielle Verpflichtungen im Rahmen des Versicherungsgeschäftes.** Während für Kapitalgesellschaften auch die **Verpflichtung aus abgeschlossenen, schwebenden Versicherungsverträgen** zu einer Angabepflicht führen kann, sind diese bei Versicherungsunternehmen ausdrücklich **von der Angabe ausgenommen**

---

[34]   Vgl. Beck HdR/Hesberg B 910 Rn. 64.
[35]   Ähnlich ADS § 285 Rn. 38.
[36]   Vgl. auch Geib/Ellenbürger/Kölschbach WPg 1992, 177 (183).
[37]   Vgl. auch Ellenbürger/Horbach/Kölschbach WPg 1996, 113 (115): „Diese Ausnahme befreit nicht von jedweder Angabe gemäß § 285 Nr. 3[a]".
[38]   Vgl. ADS § 285 Rn. 32.
[39]   Ausf. zu den typischen Anwendungsfällen sonstiger Verpflichtungen vgl. ADS § 285 Rn. 43–72; BeBiKo/Grottel § 285 Rn. 125–165.

(Abs. 2 S. 4). Der Grund liegt darin, dass die entsprechenden Verpflichtungen beim Versicherungsunternehmen zum Kerngeschäft gehören. Ohne diese explizite Ausnahme müssten Versicherungsunternehmen (zumindest) den Verpflichtungsteil des Auftragsbestandes lückenlos bewerten und offenlegen. Damit wäre zugleich eine massive Einschränkung des Grundsatzes des Nichtausweises schwebender Geschäfte für den Anhang verbunden. Die mit diesem Grundsatz angestrebte Vereinfachung der Rechnungslegung würde verfehlt.

Darüber hinaus können Angaben über die finanziellen Verpflichtungen nicht zu bilanzierender Geschäftsvorfälle bei Versicherungsunternehmen unterbleiben, mit denen aufgrund der Besonderheiten des Versicherungsgeschäftes ohnehin zu rechnen ist (vgl. Art. 7 RL 91/674/EWG).[40] Das gilt zum einen für potenzielle „Spätschäden unbekannten Ausmaßes",[41] bei denen es bereits an der selbstständigen Bewertbarkeit scheitert, zum anderen aber auch für die in § 15 Abs. 1 VAG genannten Geschäfte, die Versicherungsunternehmen neben dem Versicherungsgeschäft betreiben dürfen und die mit diesem in unmittelbarem Zusammenhang stehen. Ausdrücklich erwähnt werden Termin- und Optionsgeschäfte zur Absicherung von Risiken. Angaben über sich hieraus ergebende sonstige Verpflichtungen sind vom Versicherungsunternehmen nicht zu gewähren. Dagegen sind die finanziellen Verpflichtungen, die sich aus Derivaten ergeben, die nicht in Zusammenhang mit dem Versicherungsgeschäft stehen, angabepflichtig.[42]

Einen weiteren Anwendungsfall dieser **Ausnahmevorschrift** stellen die mit den **Ausgleichsansprüchen** nach § 89b einhergehenden finanziellen Verpflichtungen von Versicherungsvertretern dar.[43] Das Versicherungsunternehmen ist nicht dazu verpflichtet, die daraus resultierenden zukünftigen finanziellen Belastungen im Anhang anzugeben.

5. Abweichende Vorschriften zum Ausweis der Posten außerordentliche Erträge und außerordentliche Aufwendungen (Abs. 2 S. 5 und 6). Außerordentliche Erträge und Aufwendungen fallen außerhalb der gewöhnlichen Geschäftstätigkeit an (§ 277 Abs. 4 S. 1 aF). Sie resultieren aus für den normalen Geschäftsverlauf **untypischen Ereignissen.** Regelmäßig lassen sich unter diese Rubrik Erfolgsbeiträge aus dem Verkauf oder der Stilllegung von Teilbetrieben, Zweigniederlassungen, Geschäftsstellen oder aus dem Verkauf von Grundstücken zählen, die zu den wesentlichen Betriebsgrundlagen gehören.[44] Außergewöhnlich sind aber auch die Aufwendungen für einen Sozialplan, untypisch hohe Garantie- oder Schadenaufwendungen und Aufwendungen, die dem Unternehmen bei der Erschließung neuer Märkte oder der Markteinführung neuer Produkte entstehen.[45]

Durch den separaten Ausweis in der Gewinn- und Verlustrechnung kann sich der Jahresabschlussadressat ein besseres Bild von der **normalen Ertragskraft** des Unternehmens machen. Allerdings ist der Begriff „außergewöhnlich" nicht definiert und auslegungsoffen. Er lädt deshalb zur Bilanzpolitik ein, indem das Unternehmen den Erträgen im Zweifel die Gewöhnlichkeit bescheinigt und in größeren Aufwendungen tendenziell eher den ungewöhnlichen Einfluss erkennt. Der separate Ausweis von außergewöhnlichen Aufwendungen und Erträgen in der Gewinn- und Verlustrechnung ist deshalb grundsätzlich unzulässig. Kapitalgesellschaften sind aber gem. § 285 Nr. 31 dazu verpflichtet, die Beträge und die Art der einzelnen Erträge und Aufwendungen von außergewöhnlicher Größenordnung oder außergewöhnlicher Bedeutung im **Anhang** anzugeben, soweit die Beträge nicht von untergeordneter Bedeutung sind.

Für die Rechnungslegung von Versicherungsunternehmen gilt dieses Separierungsverbot nicht. Stattdessen verpflichtet die RL 91/674/EWG Versicherungsunternehmen in Abschn. 5, Art. 34 III weiterhin dazu, **außergewöhnliche Erträge und Aufwendungen in der Gewinn- und Verlustrechnung separat auszuweisen.** Die entsprechende Ver-

---

[40] Vgl. BT-Drs. 12/5587, 25.
[41] GK-HGB/Gesmann-Nuissl/Hillmann Rn. 8.
[42] Vgl. Epperlein/Scharpf DB 1994, 1629; Ellenbürger/Horbach/Kölschbach WPg 1996, 113 (116).
[43] Vgl. Ellenbürger/Horbach/Kölschbach WPg 1996, 113 (115).
[44] Vgl. BeBiKo/Förschle/Peun, 9. Aufl. 2014, § 275 Rn. 222.
[45] Vgl. BeBiKo/Förschle/Peun, 9. Aufl. 2014, § 275 Rn. 222; Niehus/Scholz Rn. 818.

pflichtung wurde bisher nicht angepasst. Bei widerstreitenden Regelungen geht die für Versicherungsunternehmen spezifische Richtlinie der branchenübergreifenden Richtlinie vor (vgl. Erwägungsgrund Nr. 7 Bilanz-RL).[46] Deshalb verpflichtet Abs. 2 S. 5 Versicherungsunternehmen dazu, die außerordentlichen Posten, die außerhalb der gewöhnlichen Geschäftstätigkeit anfallen, nach den Formblättern 2–4 der RechVersV in der Gewinn- und Verlustrechnung auszuweisen und gem. Abs. 2 S. 6 (vormals § 341a Abs. 2 S. 7 idF vom 19.4.2017) im Anhang hinsichtlich ihres Betrags und ihrer Art zu erläutern, wenn die in der Gewinn- und Verlustrechnung separat ausgewiesenen Beträge für die Beurteilung der Ertragslage bedeutend sind. Deshalb läuft die allgemeinere Vorschrift des § 285 Nr. 31 für Versicherungsunternehmen ins Leere, die das Unternehmen dazu verpflichtet, die in den anderen Erträgen und Aufwendungen enthaltenen Erträge und Aufwendungen von außergewöhnlicher Größenordnung oder Bedeutung anzugeben. Sie ist deshalb von Versicherungsunternehmen gem. Abs. 2 S. 5 nicht anzuwenden.

55   Die RechVersV und die RechPensV zollen dem handelsrechtlichen, für Nicht-Versicherungsunternehmen geltenden Separierungsverbot aber insoweit Rechnung, als sie die außerordentlichen Erträge und außerordentlichen Aufwendungen zwar in ihren Formblättern noch als eigenständig zu füllende Positionen aufführen. Dem durch die RechVersV bzw. RechPensV vorgegebenen Gliederungsschema der GuV sind sie jedoch fremd. Hier sind die entsprechenden Vorgänge unter die sonstigen Erträge (§ 47 RechVersV, § 31 RechPensV) bzw. unter die sonstigen Aufwendungen (§ 48 RechVersV, § 32 RechPensV) zu subsumieren, wenn und soweit sie nicht einer anderen Position zugeordnet werden können.

VI. Besonderheiten für Krankenversicherungsunternehmen (Abs. 3)

56   Für **Krankenversicherungsunternehmen,** die das Krankenversicherungsgeschäft ausschließlich oder überwiegend nach Art der Lebensversicherung betreiben, bestimmt Abs. 3, dass sie die für Lebensversicherungsunternehmen geltenden Rechnungslegungsvorschriften anzuwenden haben. Einen konkreten Verweis auf einzelne einschlägige Vorschriften für Lebensversicherungsunternehmen enthält die Regelung indes nicht.[47]

57   Von der Rechtsnorm werden insbesondere Krankenversicherungen erfasst, die ganz oder teilweise den im gesetzlichen Sozialversicherungssystem vorgesehenen Kranken- oder Pflegeversicherungsschutz ersetzen können (substitutive Krankenversicherung); denn diese dürfen nach § 146 Abs. 1 VAG im Inland grundsätzlich nur nach Art der Lebensversicherung betrieben werden. Dies trifft nach § 148 S. 1 auch auf die privaten Pflegeversicherungen zu, die die soziale Pflegeversicherung substituieren. Für andere Formen der Krankenversicherung (z.B. Krankenhaustagegeldversicherung, Pflegekostenversicherung) ist darauf abzustellen, ob sie ihre **Prämienkalkulation auf versicherungsmathematischer Basis** unter Berücksichtigung der Altersentwicklung etc. betreibt und die Wesentlichkeitsgrenze von 50 % der Bruttobeiträge aus diesem Geschäft im Verhältnis zum Gesamtgeschäft überschreitet.[48]

58   Im Schrifttum ist darauf verwiesen worden, dass die sich für Krankenversicherungsunternehmen aus Abs. 3 ergebenden Konsequenzen von eher untergeordneter Bedeutung sind, da die einschlägigen Vorschriften für Lebensversicherungsunternehmen im Handelsgesetzbuch und der RechVersV im Wesentlichen auch die Anwendung auf diese Unternehmen regeln.[49] Allerdings ist zu berücksichtigen, dass sich etwa die **zusätzlichen Erläuterungen im Anhang** gem. § 51 Abs. 4 Nr. 2 RechVersV (Lebensversicherungsunternehmen) und § 51 Abs. 4 Nr. 4 RechVersV (Krankenversicherungsunternehmen) in ihrer Differenzierung unterscheiden.

---

46   Vgl. BT-Drs. 18/5256, 86.
47   Vgl. auch EBJS/Böcking/Gros/Kölschbach Rn. 15.
48   Vgl. ausf. Beck Versicherungsbilanz/Seitz Rn. 25–28.
49   Vgl. Beck Versicherungsbilanz/Seitz Rn. 28.

VII. Anwendungsbereich aktienrechtlicher Vorschriften (Abs. 4)

Nach Abs. 4 finden zahlreiche explizit genannte **aktienrechtliche Vorschriften** auch 59
für solche Versicherungsunternehmen Anwendung, die nicht Aktiengesellschaft, Kommanditgesellschaft auf Aktien oder kleinere Versicherungsvereine auf Gegenseitigkeit (§ 210
VAG) sind. Für Aktiengesellschaften und Kommanditgesellschaften auf Aktien gelten die
aktienrechtlichen Bestimmungen ohnehin bereits unmittelbar, für kleinere Vereine besteht
keine Verweisungsnotwendigkeit. In den Anwendungsbereich der Vorschrift fallen damit
im Wesentlichen nicht-kleine VVaG und öffentlich-rechtliche Versicherungsunternehmen.
Der aktienrechtliche Verweis betrifft vor allem die Prüfung des Jahresabschlusses durch den
Aufsichtsrat und die Feststellung des Jahresabschlusses.

Für bestimmte Versicherungsunternehmen anzuwendende aktienrechtliche Vorschriften	
AktG-Vorschrift	Regelungsinhalt
§ 152 Abs. 2	Angabepflichten für den Bilanzposten „Kapitalrücklage"
§ 152 Abs. 3	Angabepflichten zu den einzelnen Posten der Gewinnrücklagen
§ 170	Unverzügliche Vorlage von Jahresabschluss und Lagebericht an den Aufsichtsrat
§ 171	Prüfung durch den Aufsichtsrat
§ 172	Feststellung des Jahresabschlusses durch Vorstand und Aufsichtsrat
§ 173	Feststellung des Jahresabschlusses durch die Hauptversammlung
§ 174	Gewinnverwendungsbeschluss der Hauptversammlung
§ 175	Einberufung der ordentlichen Hauptversammlung
§ 176	Vorlagen des Vorstandes an die Hauptversammlung und Anwesenheit des Abschlussprüfers

VIII. Aufstellungsfristen für Rückversicherungsunternehmen (Abs. 5)

Für Versicherungsunternehmen, die **ausschließlich oder überwiegend das Rück-** 60
versicherungsgeschäft betreiben, bestimmt Abs. 5 in Abweichung zu Abs. 1 eine **Aufstellungsfrist** von zehn Monaten statt der dort genannten vier Monate. Nach § 175 Abs. 1
S. 2 AktG muss die Hauptversammlung grundsätzlich in den ersten acht Monaten nach
Ablauf des Geschäftsjahres stattfinden. Durch Abs. 5 verlängert sich diese Frist für Rückversicherungsunternehmen auf 14 Monate (→ § 341k Rn. 12).

„Überwiegende" Rückversicherungstätigkeit liegt nach dem Wortlaut der Vorschrift 61
vor, wenn die Beiträge aus in Rückdeckung übernommenen Versicherungen die übrigen
Beiträge des Versicherungsunternehmens übersteigen. Voraussetzung für die Fristverlängerung ist, dass die entsprechenden Unternehmen ein dem Kalenderjahr entsprechendes
Geschäftsjahr haben.

Die Verlängerung der Aufstellungsfrist für Rückversicherungsunternehmen gilt gem. 62
§ 325 Abs. 4 S. 1 nicht für kapitalmarktorientierte Kapitalgesellschaften iSd § 264d. Auf sie
dürfen die Erleichterungsvorschriften des § 327a nicht angewendet werden (Abs. 5 S. 2).

Dritter Titel. Bewertungsvorschriften

§ 341b Bewertung von Vermögensgegenständen

(1) [1]**Versicherungsunternehmen haben immaterielle Vermögensgegenstände,
soweit sie entgeltlich erworben wurden, Grundstücke, grundstücksgleiche Rechte
und Bauten einschließlich der Bauten auf fremden Grundstücken, technische
Anlagen und Maschinen, andere Anlagen, Betriebs- und Geschäftsausstattung,
Anlagen im Bau und Vorräte nach den für das Anlagevermögen geltenden Vorschriften zu bewerten. [2]Satz 1 ist vorbehaltlich Absatz 2 und § 341c auch auf Kapitalanlagen anzuwenden, soweit es sich hierbei um Beteiligungen, Anteile an verbundenen Unternehmen, Ausleihungen an verbundene Unternehmen oder an
Unternehmen, mit denen ein Beteiligungsverhältnis besteht, Namensschuldver-**

schreibungen, Hypothekendarlehen und andere Forderungen und Rechte, sonstige Ausleihungen und Depotforderungen aus dem in Rückdeckung übernommenen Versicherungsgeschäft handelt. [3]§ 253 Absatz 3 Satz 6 ist nur auf die in Satz 2 bezeichneten Vermögensgegenstände anzuwenden.

(2) Auf Kapitalanlagen, soweit es sich hierbei um Aktien einschließlich der eigenen Anteile, Anteile oder Aktien an Investmentvermögen sowie sonstige festverzinsliche und nicht festverzinsliche Wertpapiere handelt, sind die für das Umlaufvermögen geltenden § 253 Abs. 1 Satz 1, Abs. 4 und 5, § 256 anzuwenden, es sei denn, dass sie dazu bestimmt werden, dauernd dem Geschäftsbetrieb zu dienen; in diesem Fall sind sie nach den für das Anlagevermögen geltenden Vorschriften zu bewerten.

(3) § 256 Satz 2 in Verbindung mit § 240 Abs. 3 über die Bewertung zum Festwert ist auf Grundstücke, Bauten und im Bau befindliche Anlagen nicht anzuwenden.

(4) Verträge, die von Pensionsfonds bei Lebensversicherungsunternehmen zur Deckung von Verpflichtungen gegenüber Versorgungsberechtigten eingegangen werden, sind mit dem Zeitwert unter Berücksichtigung des Grundsatzes der Vorsicht zu bewerten; die Absätze 1 bis 3 sind insoweit nicht anzuwenden.

Schrifttum: Beisse, Gewinnrealisierung – Ein systematischer Überblick über Rechtsgrundlagen, Grundtatbestände und grundsätzliche Streitfragen, in Ruppe (Hrsg.), Gewinnrealisierung im Steuerrecht, 1981, 13; Breidert, Grundsätze ordnungsmäßiger Abschreibungen auf abnutzbare Anlagegegenstände, 1994; Breuer, Beteiligungen an Personengesellschaften in der Handelsbilanz, 1994; Euler, Grundsätze ordnungsmäßiger Gewinnrealisierung, 1989; Euler, Zur Verlustantizipation mittels des niedrigeren beizulegenden Wertes und des Teilwertes, ZfbF 1991, 191; Euler, Das System der Grundsätze ordnungsmäßiger Bilanzierung, 1996; Freericks, Bilanzierungsfähigkeit und Bilanzierungspflicht in Handels- und Steuerbilanz, 1976; Groh, Ist die verdeckte Einlage ein Tauschgeschäft?, DB 1997, 1683; Hommel, Grundsätze ordnungsmäßiger Bilanzierung für Dauerschuldverhältnisse, 1992; Hommel, Bilanzierung immaterieller Anlagewerte, 1998; Hommel/Berndt, Voraussichtlich dauernde Wertminderung bei der Teilwertabschreibung und Abschlussstichtagsprinzip, FR 2000, 1305; IDW, IDW Stellungnahme zur Rechnungslegung: Auslegung des § 341b HGB (neu) (IDW RS VFA 2), WPg 2002, 475; König, Kapitalanlagen, in Welzel ua (Hrsg.), Kompendium zur Rechnungslegung der Versicherungsunternehmen (KoRVU), 2. Aufl. Loseblatt 1982 ff., Bd. I, Abschnitt B; Kronner, GoB für immaterielle Anlagewerte und Tauschgeschäfte, 1995; Moxter, Das System der handelsrechtlichen Grundsätze ordnungsmäßiger Bilanzierung, FS Wysocki, 1985, 17; Moxter, Grundsätze ordnungsgemäßer Rechnungslegung, 2003; Moxter, Bilanzrechtsprechung, 6. Aufl. 2007; Moxter/Engel-Ciric, Grundsätze ordnungsgemäßer Bilanzierung, 2019; Peter/Graser, Zu kurz gegriffen: Due Diligence-Kosten als Anschaffungsnebenkosten beim Beteiligungserwerb, DStR 2009, 2032; Rockel/Helten/Ott/Sauer, Versicherungsbilanzen, 3. Aufl. 2012; Wagner (Hrsg.), Gabler Versicherungslexikon, 2011; Woerner, Die Gewinnrealisierung bei schwebenden Geschäften, BB 1988, 769; Wüstemann, Funktionale Interpretation des Imparitätsprinzips, ZfbF 1995, 1029.

Übersicht

I. Allgemeines

1. Entwicklung und Überblick der Rechtsgrundlagen. Mit § 341b transfor- 1 **miert** der Gesetzgeber Art. 51 f. **RL 91/674/EWG** in nationales Recht. Die Umsetzung erfolgte durch das Versicherungsbilanzrichtlinie-Gesetz (BGBl. 1994 I 1377).

2. Normzweck. Die allgemeinen handelsrechtlichen Bestimmungen unterscheiden 2 bei der Bewertung von Vermögensgegenständen zwischen Anlagevermögen und Umlaufvermögen und sehen für die einzelnen Gruppen unterschiedliche Regelungen zur Folgebewertung vor. Zum **Anlagevermögen** zählen gem. § 247 Abs. 2 solche Gegenstände, die dazu bestimmt sind, dem Betrieb des Unternehmens dauerhaft zu dienen. Zu den Gegenständen des **Umlaufvermögens** sind – im Umkehrschluss – die Objekte zu rechnen, die zur sofortigen Veräußerung oder zum alsbaldigen Verbrauch im Unternehmen bestimmt sind.[1] Die Unterscheidung zwischen Anlage- und Umlaufvermögen lässt sich bei den Vermögensgegenständen des Versicherungsunternehmens nicht oder nur sehr eingeschränkt vornehmen.[2]

Anders als Industrieunternehmen benötigt das Versicherungsunternehmen regelmäßig 3 keine eigenen Vermögensgegenstände zur Aufrechterhaltung der Betriebstätigkeit, die es nicht auch jederzeit durch Nutzungsverhältnisse (Miete, Pacht etc) substituieren könnte. Die überwiegende Anzahl der Vermögensgegenstände dient hier der vermögensmäßigen Deckung der Verbindlichkeiten und Rückstellungen aus dem Versicherungsbetrieb. Dabei verläuft die **Grenzziehung zwischen Umlaufvermögen und Anlagevermögen** häufig **fließend;** denn die Vermögensgegenstände des Versicherungsunternehmens (im Wesentlichen Finanz- und Kapitalanlagen) erfüllen neben ihrer eigentlichen langfristig angelegten Nutzungsfunktion stets auch die Aufgabe der Liquiditätssicherung. Sie stehen zumeist zur Veräußerung bereit, wenn die Schadensausgaben die Prämieneinzahlungen (deutlich) über-

---

[1] Vgl. ADS § 253 Rn. 7–9.
[2] Vgl. Beck Versicherungsbilanz/Stöffler Rn. 1.

steigen und das Versicherungsunternehmen in Liquiditätsengpässe gerät. In diesem Sinne nehmen die zur Absicherung der Zahlungssicherheit gehaltenen Vermögensgegenstände sowohl die Funktion von Anlagevermögen als auch die Funktion von Umlaufvermögen wahr.

4 **§ 2 RechVersV iVm Formblatt 1** trägt den Besonderheiten des Versicherungsgeschäftes Rechnung. Die für Versicherungsunternehmen vorgeschriebene Bilanzgliederung unterscheidet nicht mehr zwischen Gegenständen des Anlagevermögens und solchen des Umlaufvermögens. Dieser Verzicht entbindet jedoch nicht von der Notwendigkeit zu entscheiden, welche Vermögensgegenstände nach den Vorschriften des Anlagevermögens und welche nach den Vorschriften des Umlaufvermögens zu bewerten sind. § 341b kommt dieser Aufgabe nach. Die Regelungsnorm weist die im Ersten und Zweiten Abschnitt des Dritten Buchs enthaltenen Bewertungsvorschriften konkreten Posten der Aktivseite der Bilanz des Versicherungsunternehmens zu: Abs. 1 bestimmt, welche Gliederungspositionen der Bilanz des Versicherungsunternehmens nach den allgemeinen, für das Anlagevermögen geltenden Bewertungsgrundsätzen zu bilanzieren sind. Die Vermögensgegenstände, die den für das Umlaufvermögen geltenden, allgemeinen Regelungen unterliegen, werden in Abs. 2 aufgeführt. Abs. 3 bezieht sich auf die Bewertung von Grundstücken, Bauten und im Bau befindlichen Anlagen. Dieser Abschnitt transformiert Art. 52 RL 91/674/EWG in nationales Recht und hat „nur klarstellenden Charakter".[3]

II. Einschlägige Bewertungsnormen

5 **1. Zugangsbewertung von Anlagevermögen und Umlaufvermögen.** Die **Zugangsbewertung** von Vermögensgegenständen des Anlage- und Umlaufvermögens wird durch das **Realisationsprinzip** (§ 252 Abs. 1 Nr. 4) bestimmt. Es unterscheidet nicht zwischen Anlage- und Umlaufvermögen, sondern zwischen einem erfolgsneutralen bzw. erfolgswirksamen Zugang des Bilanzobjektes. Nach dem Realisationsprinzip sind Investitionsausgaben (Anschaffungs- oder Herstellungskosten) für den Erwerb eines Vermögensgegenstandes im Entstehungszeitpunkt erfolgsneutral zu aktivieren (Erfolgsneutralitätsprinzip) und solange erfolgsneutral zu halten, bis die zukünftigen (Verkaufs- oder Nutzungs-)Erträge, die sie alimentieren sollen, durch einen entsprechenden Umsatzakt realisiert werden.[4] Die Anschaffungs- oder Herstellungskosten bilden die Wertobergrenze (Anschaffungswertprinzip; § 253 Abs. 1 S. 1). Wertänderungen am ruhenden Vermögen werden – mangels Umsatzrealisation – bilanziell nicht erfasst.[5]

6 Eine Einschränkung (keine Erweiterung) erfährt das Realisationsprinzip durch die objektivierten **Vermögensgegenstandsprinzipien**.[6] Danach darf die vor dem Bilanzstichtag angefallene Ausgabe nur dann erfolgsneutral abgegrenzt (aktiviert) werden, wenn sich der mit ihr verbundene, zukünftige (Umsatz-)Vorteil bereits am Bilanzstichtag durch eine greifbare (objektiviert nachprüfbare) und selbstständig bewertbare Chance auf Mehrumsätze oder Kostenersparnisse konkretisiert hat.[7] Vermögenswerte Vorteile, die dem Bilanzierenden durch einen zivilrechtlichen Titel (zB Eigentumsrecht an einer Sache oder Inhaberschaft an einer Forderung) zugesprochen werden, erfüllen diese Objektivierungsvoraussetzungen regelmäßig. Sie sind deshalb zu aktivieren, wenn die vorgelagerten Voraussetzungen des Realisationsprinzips ebenfalls erfüllt sind.[8] Dagegen scheitert die Aktivierung rein wirtschaftlicher Vorteile (zB guter Ruf oder guter Standort) regelmäßig am fehlenden objektivierten Existenznachweis. Die mit ihrem Erwerb verbundenen Ausgaben führen allenfalls zu einer Steigerung des nicht aktivierungsfähigen originären Geschäfts- oder Firmenwerts

3   BR-Drs. 359/93, 75.
4   Vgl. Moxter, Bilanzrechtsprechung, 2007, S. 184.
5   Vgl. Euler, Das System der Grundsätze ordnungsmäßiger Bilanzierung, 1996, S. 211 f.
6   Vgl. Moxter/Engel-Ciric, Grundsätze ordnungsgemäßer Bilanzierung, 2019, S. 52–59.
7   Vgl. Moxter, GoR, 2003, S. 73.
8   Vgl. Moxter, Bilanzrechtsprechung, 2007, S. 45 f.; BFHE 137, 339 = BStBl. II 1983, 303; BFHE 180, 57 = BStBl. II 1997, 382.

und werden deshalb grundsätzlich als Periodenaufwand erfasst (Vermutung der fehlenden Greifbarkeit), es sei denn, der Bilanzierende weist im Einzelfall ihre Existenz auf nachprüfbare Art und Weise nach (zB Einzelerwerb einer Kundenkartei).[9]

Nach dem Realisationsprinzip sind Einnahmen nach dem Bilanzstichtag, die auf **7** Umsätze vor dem Bilanzstichtag entfallen, erfolgswirksam als **Forderungen aus Lieferungen und Leistungen** zu antizipieren, sofern das Unternehmen quasi sicher mit ihrem Zufluss rechnen kann und der endgültigen Realisation der Forderung nur noch quantifizierbare Forderungsausfall- und Gewährleistungsrisiken entgegenstehen[10] **(Prinzip des quasi sicheren Anspruchs).**[11] Da die Forderungen aus Lieferungen und Leistungen nicht in Höhe der Investitionsausgaben (den Erwerbskosten), sondern in Höhe der zukünftigen (ggf. höheren oder niedrigeren) Einnahmenerwartungen aktiviert werden, führt die Bilanzposition der Forderungen aus Lieferungen und Leistungen zu einer systematischen Durchbrechung des Anschaffungskostenprinzips.[12]

Werden Vermögensgegenstände des Anlage- oder Umlaufvermögens von Dritten **8** erworben, so sind sie im Zugangszeitpunkt (höchstens) in Höhe ihrer Anschaffungskosten zu aktivieren. Die **Anschaffungskosten** umfassen neben dem Anschaffungspreis auch die Ausgaben, die entstehen, um den Vermögensgegenstand in einen betriebsbereiten Zustand zu versetzen, sofern sie ihm „einzeln zugeordnet werden können" (§ 255 Abs. 1 S. 1), die Anschaffungsnebenkosten (wie zB Zölle, Frachtkosten, Maklergebühren und Abgaben und Steuern, die aufgrund des Erwerbsvorgangs zu entrichten sind) und nachträgliche Anschaffungskosten, die dem Unternehmen zeitlich nach dem Anschaffungszeitpunkt entstehen. Keine Anschaffungskosten bilden dagegen vom Unternehmen ausgenutzte Anschaffungspreisminderungen, wie Skonti und Rabatte, da sie dem einzelnen Erwerbsvorgang unmittelbar zuzuordnen sind und zu einer Verringerung der (nach dem Realisationsprinzip abgrenzbaren) Erwerbsausgaben führen (§ 255 Abs. 1 S. 3).

Werden Vermögensgegenstände des Anlage- oder Umlaufvermögens vom Unterneh- **9** men selbst geschaffen, so sind sie in Höhe ihrer Herstellungskosten erfolgsneutral zu aktivieren. Die **Herstellungskosten** werden in § 255 Abs. 2 S. 1 als Aufwendungen definiert, „die durch den Verbrauch von Gütern und die Inanspruchnahme von Diensten für die Herstellung eines Vermögensgegenstands, seine Erweiterung oder für eine über seinen ursprünglichen Zustand hinausgehende wesentliche Verbesserung entstehen". Der Herstellungskostenbegriff umfasst nur tatsächlich angefallene und dem Gegenstand zurechenbare Ausgaben. Kalkulatorische Kosten, wie der fiktive Unternehmerlohn oder die Opportunitätskosten der Eigenkapitalfinanzierung, zählen nicht zu den Herstellungskosten. Der Umfang der aktivierungspflichtigen und aktivierungsfähigen Herstellungskosten wird durch § 255 Abs. 2 S. 2–4 festgelegt. Zu den Herstellungskosten zählen insbesondere herstellungsbedingte Material- und Lohnkosten, der fertigungsbedingte Werteverzehr des Anlagevermögens sowie die Verwaltungskosten. Für Vertriebskosten besteht ein Aktivierungsverbot. Fremdkapitalzinsen, die zur Finanzierung der Herstellung eines Vermögensgegenstandes verwendet werden, sind durch die Finanzierungsentscheidung des Unternehmens, nicht aber durch den Herstellungsprozess verursacht. Sie gehören deshalb „nicht zu den Herstellungskosten" (§ 255 Abs. 3 S. 1). Dennoch erlaubt das HGB ihre Aktivierung, „soweit sie auf den Zeitraum der Herstellung entfallen; in diesem Falle gelten sie als Herstellungskosten des Vermögensgegenstands" (§ 255 Abs. 3 S. 2).

Die **Unterscheidung,** ob es sich um einen **Anschaffungs- oder Herstellungsvor- 10 gang** handelt, ist insbesondere bei Gesellschaftsanteilen, die durch die Gründung eines

---

[9]   Vgl. Hommel, Bilanzierung immaterieller Anlagewerte, 1998, S. 86 f.; BFHE 142, 306 = BStBl. II 1985, 40; BFHE 129, 485 = BStBl. II 1980, 244.
[10] Vgl. BFHE 147, 8 = BStBl. II 1986, 788.
[11] Vgl. Ruppe/Beisse, Gewinnrealisierung – Ein systematischer Überblick über Rechtsgrundlagen, Grundtatbestände und grundsätzliche Streitfragen, 1981, S. 20; Hommel, Grundsätze ordnungsmäßiger Bilanzierung für Dauerschuldverhältnisse, 1992, S. 27–29; Euler, Grundsätze ordnungsmäßiger Gewinnrealisierung, 1989, S. 68; Woerner BB 1988, 769 (773 f.).
[12] Vgl. Moxter, Bilanzrechtsprechung, 2007, S. 185; BFHE 116, 16 = BStBl. II 1975, 875.

Unternehmens entstehen (Beteiligungen), umstritten. Hier stellt sich die Frage, ob das Unternehmen durch die Gründung der (anderen) Gesellschaft die Gesellschafteranteile originär herstellt (weil sie zuvor nicht vorhanden waren) oder sie von dem neu gegründeten Unternehmen erwirbt. Die Unterscheidung ist auch **bei der Vornahme von Kapitalerhöhungen** relevant. Würde die Schaffung der Gesellschaftsanteile als Herstellungsvorgang interpretiert, führten spätere Kapitalerhöhungen zu sofortigem Aufwand; denn Kapitalerhöhungen dienen unter diesem Gesichtspunkt der Erhaltung der Rechtsposition, nicht aber dazu, die Beteiligungsrechte erstmals zu erwerben, zu erweitern oder über ihren ursprünglichen Zustand hinaus zu verbessern.[13] Die herrschende Lehre wertet dagegen den erstmaligen Erwerb von Gesellschaftsanteilen zu Recht als Anschaffungsvorgang. Kapitalerhöhungen führen damit zu nachträglichen, aktivierungspflichtigen Anschaffungskosten auf die Beteiligung.[14]

11   **2. Folgebewertung von Umlaufvermögen. a) Strenges Niederstwertprinzip.**
Vermögensgegenstände des Umlaufvermögens sind bis zum Umsatzzeitpunkt (höchstens) mit ihren Anschaffungs- oder Herstellungskosten zu aktivieren (Realisationsprinzip). An nachfolgenden Bilanzstichtagen ist das strenge Niederstwertprinzip zu beachten (§ 253 Abs. 4). Es ist Ausfluss des Imparitätsprinzips (§ 252 Abs. 1 Nr. 4), das das Realisationsprinzip im Sinne einer vorsichtigen Gewinnermittlung ergänzt. Danach sind die Vermögensgegenstände so zu bewerten, dass ihr Bilanzwert höchstens dem aus ihm fließenden zukünftigen (Netto-)Ertragsstrom entspricht. Das **Imparitätsprinzip** dient dazu, zukünftige Gewinn- und Verlustrechnungen von zum Bilanzstichtag vorhersehbaren, einzeln bewertbaren und hinreichend identifizierbaren Verlusten freizuhalten.[15] Die Anschaffungs- oder Herstellungskosten des Umlaufgegenstandes sind deshalb zum Bilanzstichtag mit dem Wert zu vergleichen, „der sich aus einem Börsen- oder Marktpreis am Abschlussstichtag ergibt" (§ 253 Abs. 4 S. 1). Ist der **Börsen- oder Marktpreis** höher, so bleibt der Wertansatz auf die niedrigeren Anschaffungs- oder Herstellungskosten begrenzt, da die Werterhöhung noch nicht durch einen Umsatzakt bestätigt ist (Realisationsprinzip). Ist der Börsen- oder Marktpreis niedriger, so ist dieser niedrigere beizulegende Wert zwingend anzusetzen, weil in den zukünftigen Gewinn- und Verlustrechnungen ein identifizierbarer Aufwandsüberschuss droht (Imparitätsprinzip).[16]

12   Der Börsen- oder Marktpreis entspricht bei Vermögensgegenständen des Umlaufvermögens, die zur Weiterveräußerung bestimmt sind, dem erzielbaren Nettoveräußerungspreis (Börsen- oder Marktpreis nach Abzug der Veräußerungskosten).[17] Lässt sich ein Börsen- oder Marktpreis für den Umlaufgegenstand nicht feststellen, weil zB kein entsprechender Markt (mehr) existiert, auf dem er gehandelt wird, so tritt an seine Stelle der **beizulegende Wert.** Bei dem Börsen- oder Marktpreis handelt es sich um einen objektivierten und ggf. typisierenden Wert. Folgt man der damit verfolgten Intention des Gesetzgebers nach einer weitgehend ermessensfreien Wertfindung, so ist der beizulegende Wert grundsätzlich in enger Anlehnung an beobachtbare Marktdaten zu bestimmen, die eine indirekte Stichtagsbewertung des Umlaufgegenstands ermöglichen. Deshalb sind für Umlaufgegenstände, für die kein Börsen- oder Marktpreis feststellbar ist, hilfsweise notierte Preise für identische Umlaufgegenstände auf weniger aktiven Märkten oder Marktpreise für lediglich vergleichbare Vermögenswerte auf aktiven Märkten heranzuziehen und ggf. auf den Einzelfall anzupassen (modifizierte, direkt beobachtbare Marktpreise). Liegen auch solche Marktpreise nicht vor, ist der beizulegende Wert regelmäßig unter Einsatz interner Bewertungsmethoden

---

[13]   So bspw. BeBiKo/Schubert/Hutzler § 255 Rn. 132 mwN.

[14]   Vgl. BFHE 183, 187 = BStBl. II 1998, 307; BFH BB 1991, 2262 = BStBl. II 1992, 234; Beck Versicherungsbilanz/Stöffler Rn. 26; Breuer, Beteiligungen an Personengesellschaften in der Handelsbilanz, 1994, S. 40–46; Groh DB 1997, 1684.

[15]   Vgl. Moxter, GoR, 2003, S. 55; Wüstemann ZfbF 1995, 1029 (1043); Euler, Das System der Grundsätze ordnungsmäßiger Bilanzierung, 1996, S. 222.

[16]   Vgl. Moxter/Engel-Ciric, Grundsätze ordnungsgemäßer Bilanzierung, 2019, S. 32.

[17]   Vgl. BeBiKo/Schubert/Berberich § 253 Rn. 510–515.

(zB Ertragswertmethode, Discounted Cash-Flow-Methode) zu bestimmen, wobei wiederum am Markt beobachtbaren Modellparametern (zB risikogerechter Zinssatz) der Vorzug vor reinen internen Bewertungsfaktoren (zB interner Zinsfuß) zu geben ist.

Für Vermögensgegenstände des Umlaufvermögens besteht auch dann eine Abschreibungspflicht auf den niedrigeren Börsen- oder Marktpreis, wenn das Bilanzobjekt nur vorübergehend im Wert gemindert ist (strenges Niederstwertprinzip); denn der Bilanzierende darf aufgrund des Vorsichtsprinzips grundsätzlich nicht davon ausgehen, dass er das entsprechende Umlaufvermögen solange im Bestand halten kann, bis die Gründe für die Wertminderung entfallen sind. **13**

Gemäß Abs. 2 S. 1 findet das strenge Niederstwertprinzip auch auf die Vermögensgegenstände Anwendung, die in der Bilanz des Versicherungsunternehmens nach den für das Umlaufvermögen geltenden Vorschriften zu bewerten sind. **14**

b) Wertaufholung und Wertbeibehaltung. Sind die Gründe für eine außerplanmäßige Abschreibung entfallen, so gebietet das **Realisationsprinzip** bzw. das **Imparitätsprinzip,** die in den Vorperioden vorgenommenen Abschreibungen zu korrigieren, weil ihre wirtschaftliche (Abschreibungs-)Grundlage entfallen ist (§ 253 Abs. 5 S. 1). **15**

3. Folgebewertung von Anlagevermögen. a) Planmäßige Abschreibung. Nach dem **Realisationsprinzip** sind die Erwerbsausgaben, die das Unternehmen für die Anschaffung oder die Herstellung abnutzbarer Vermögensgegenstände aufgewendet hat, den zukünftigen Umsätzen zuzurechnen, die sie alimentieren und über diesen Zeitraum entsprechend ihrer Umsatzalimentation aufwandswirksam zu verteilen.[18] **Wertänderungen am ruhenden Vermögen** begründen weder eine Wertzuschreibung noch eine außerplanmäßige Abschreibung. Es fehlt ihnen an der Marktbestätigung (zB Verkauf des Objektes). **16**

Abnutzbare Vermögensgegenstände zeichnen sich dadurch aus, dass sie ihren Nutzwert während ihrer Betriebszugehörigkeit planmäßig und vorhersehbar ganz oder teilweise verlieren. Die Ausgaben für diese Objekte fließen insoweit in den laufenden Umsatzprozess ein. Deshalb sind die Anschaffungs- oder Herstellungskosten abnutzbarer Vermögensgegenstände (ausschließlich eines voraussichtlichen Restwertes, der am Ende der Nutzungsdauer verbleibt und vom Versicherungsunternehmen erfolgsneutral durch einen Verkaufsakt realisiert werden kann) nach dem Realisationsprinzip auf die Geschäftsjahre zu verteilen, in denen sie zur Umsatzalimentation beitragen.[19] Wenn das Unternehmen den zukünftigen Umsatzverlauf nicht verlässlich vorhersehen kann (Regelfall), erzwingt das Objektivierungsprinzip die Annahme eines typisierten Umsatzverlaufs. Danach erfolgt die Abschreibung entweder linear (bei Annahme einer im Zeitablauf gleichmäßigen Umsatzalimentation) oder degressiv (bei Annahme einer im Zeitablauf sinkenden Umsatzalimentation). Eine progressive Abschreibung ist grundsätzlich unzulässig, da sie eine im Zeitablauf steigende Umsatzentwicklung unterstellt und aufgrund dieser (optimistischen) Annahme mit dem Vorsichtsprinzip konfligiert.[20] **17**

Nicht abnutzbare Vermögensgegenstände verlieren während ihrer Zugehörigkeit zum Unternehmen nicht planmäßig an Wert. Sie unterliegen deshalb auch keiner planmäßigen Abschreibung, sondern sind – sofern nicht die Voraussetzungen für eine außerplanmäßige Abschreibung vorliegen – mit ihren Anschaffungs- oder Herstellungskosten fortzuführen, bis sie veräußert werden oder auf andere Art und Weise aus dem Unternehmen ausscheiden. **18**

b) Außerplanmäßige Abschreibung bei einer dauerhaften Wertminderung. Das **Realisationsprinzip** erzwingt eine außerplanmäßige Abschreibung in den Fällen, in denen der (Nutz-)Wert des Vermögensgegenstandes im Rahmen der Umsatzerzielung einen Wertverlust erfährt, der erkennbar über dem durch die planmäßige Abschreibung berücksichtigten, umsatzbedingten Wertverzehr liegt.[21] Gründe für eine außerordentliche **19**

---

18 Vgl. Moxter/Engel-Ciric, Grundsätze ordnungsgemäßer Bilanzierung, 2019, S. 157.
19 Vgl. Euler ZfbF 1991, 191 (194 f.).
20 Vgl. ADS § 253 Rn. 401–403; BeBiKo/Schubert/Andrejewski § 253 Rn. 246.
21 Vgl. Moxter, GoR, 2003, S. 204.

Abschreibung können bei Sachanlagen insbesondere durch eine unvorhergesehene Zerstörung oder Beschädigung des Vermögensgegenstandes im Rahmen der Umsatzerzielung hervorgerufen werden. Sie sind im Verursachungszeitpunkt aufgrund des Realisationsprinzips durch eine entsprechende zusätzliche Abschreibung des Buchwertes aufwandswirksam zu antizipieren.[22]

20   Das **Imparitätsprinzip** erzwingt darüber hinaus eine außerordentliche Abschreibung, wenn die mit dem Anlagegegenstand voraussichtlich erzielbaren Umsatzerlöse nach Abzug der ihnen zuzurechnenden Aufwendungen aller Voraussicht nach hinter dessen Buchwert zurückbleiben, um zukünftige Gewinn- und Verlustrechnungen von erkennbaren, aber noch nicht realisierten (Umsatz-)Verlusten freizuhalten.[23] Bei Sachanlagen können gesunkene Wiederbeschaffungskosten einen Indikator für eine außerordentliche Abschreibung darstellen.[24]

21   **c) Außerplanmäßige Abschreibung bei einer vorübergehenden Wertminderung. aa) Abschreibungswahlrecht.** Bei Vermögensgegenständen des Anlagevermögens ist zwischen einer dauerhaften und einer vorübergehenden Wertminderung zu differenzieren. Während bei einer dauerhaften Wertminderung ein Abschreibungsgebot besteht **(strenges Niederstwertprinzip; § 253 Abs. 3 S. 5)**, ist eine außerplanmäßige Abschreibung aufgrund einer bloß vorübergehenden Wertminderung nicht erforderlich; denn es droht dem Unternehmen kein zukünftiger Aufwandsüberschuss. Dennoch erlaubt das HGB bei Finanzanlagen eine Abschreibung auf den niedrigeren beizulegenden Wert, ohne sie jedoch zu erzwingen **(mildes Niederstwertprinzip; § 253 Abs. 3 S. 6)**. Das Abschreibungswahlrecht lässt sich mit dem Vorsichtsprinzip begründen. Es berücksichtigt die (noch unkonkrete) Gefahr, dass der Bilanzierende die vorübergehend in ihrem Wert geminderte Finanzanlage vor der Werterholung außerplanmäßig veräußern und damit den Wertverlust realisieren muss. Abs. 1 S. 3 übernimmt diese Regelung für Versicherungsunternehmen und begrenzt das Abschreibungswahlrecht bei Vorliegen einer vorübergehenden Wertminderung auf die in S. 2 bezeichneten Vermögensgegenstände.

22   **bb) Unterscheidung zwischen einer voraussichtlich dauernden und einer vorübergehenden Wertminderung. (1) Kapitalanlagen mit fixiertem Erfüllungsbetrag.** Bei einer Wertminderung liegt der Stichtagswert (in der Regel Börsen- oder Marktpreis) einer Kapitalanlage unter ihrem Buchwert. Bilanziell ist die eingetretene **Wertminderung dauerhaft,** wenn der Bilanzierende nicht mehr objektiviert damit rechnen kann, dass die zukünftigen finanziellen (Netto-)Zuflüsse aus dem Bilanzobjekt dazu ausreichen, den Buchwert zu amortisieren. In diesem Fall erzwingt das Imparitätsprinzip die Abschreibung auf den niedrigeren beizulegenden Wert. Eine **bloß vorübergehende Wertminderung** liegt nach zeitwertstatischem Verständnis dann vor, „wenn der Wert des Wirtschaftsgutes den planmäßigen Rest des Buchwerts als die Bewertungsobergrenze während eines erheblichen Teils der Nutzungsdauer im Unternehmen nicht erreichen wird".[25] Der BFH hat diese Voraussetzung für abnutzbare Wirtschaftsgüter (Vermögensgegenstände) näher konkretisiert. Danach setzt eine dauernde Wertminderung voraus, dass der beizulegende Wert „des Wirtschaftsgutes während seiner mutmaßlichen Nutzungsdauer im Betrieb überwiegend unter seinem Buchwert liegt. Andernfalls liegt eine bloße Wertschwankung vor".[26] Dabei geht die Rechtsprechung nur dann von einer zeitlich überwiegenden Unterschreitung des Buchwertes aus, wenn der beizulegende Wert „zum Bilanzstichtag mindestens für die halbe Restnutzungsdauer unter dem planmäßigen Restbuchwert liegt".[27] Die Übertragung dieser

---

22   Vgl. Breidert, Grundsätze ordnungsmäßiger Abschreibungen auf abnutzbare Anlagegegenstände, 1994, S. 20 f.

23   Vgl. BFHE 211, 168 = BStBl. II 2006, 298; Moxter, Bilanzrechtsprechung, 2007, S. 273; Moxter FS Wysocki, 1985, 17 (23 f.).

24   Vgl. Euler, Das System der Grundsätze ordnungsmäßiger Bilanzierung, 1996, S. 232.

25   BFHE 212, 526 = BStBl. II 2006, 680 (681).

26   BFHE 212, 526 = BStBl. II 2006, 680 (681).

27   BFHE 212, 526 = BStBl. II 2006, 680 (681); vgl. BMF-Schreiben v. 25.2.2000, BStBl. I 2000, 372.

Grundsätze auf Finanzanlagen bereitet Schwierigkeiten, da hier keine Restnutzungsdauer vorliegt. Deshalb müssen nach Auffassung der Rechtsprechung bei Aktien, die dem Anlagevermögen zugeordnet sind, durch den Unternehmer „hinreichende Indizien für eine andauernde Wertminderung vortragen und ggf. bewiesen werden".[28]

Nach ausschüttungsorientiertem Verständnis, dem hier gefolgt wird, liegt dagegen eine **23** vorübergehende Wertminderung vor, wenn das Unternehmen zwar zeitlich befristet (also vorübergehend) nicht dazu in der Lage ist, das Bilanzobjekt kostendeckend (in Höhe des Buchwertes) zu veräußern oder anderweitig zu verwerten, es aber aus seiner Nutzung oder bei planmäßigem Verlauf spätestens bei der Fälligkeit der Kapitalanlage einen Nettorückfluss erzielen wird, der (mindestens) dem Buchwert der Anlage entspricht. Damit entscheidet nicht die zeitliche Dimension (Länge des Wertminderungszeitraumes) über das Vorliegen einer vorübergehenden oder dauerhaften Wertminderung, sondern die voraussichtliche Endgültigkeit der Wertminderung.

Eine **Unter- oder Unverzinslichkeit** einer Kapitalanlage führt deshalb – auch nach **24** Ansicht der Rechtsprechung[29] – regelmäßig zu einer bloß vorübergehenden Wertminderung. Dabei ist es bilanzrechtlich irrelevant, ob nach den Erwartungen am Bilanzstichtag der vertraglich vereinbarte Marktzins (wohl) nur vorübergehend unter dem aktuellen Zinsniveau liegt oder ob auch die langfristig erwartete Kapitalmarktzinsentwicklung eine Unterverzinslichkeit nahe legt; denn die Un- oder Unterverzinslichkeit führt lediglich zu einem entgehenden Zinsgewinn, nicht aber zu einem Ausfallrisiko der vereinbarten (bilanzierten) Darlehensforderungen; die außerordentliche Abschreibung begründet deshalb keine Nettobelastung zukünftiger Gewinn- und Verlustrechnungen. Sie wäre vielmehr in zukünftigen Perioden – entsprechend der Werterholung, die der Zeitwert der Anlage planmäßig erfährt – durch außerordentliche Wertzuschreibungen (in gleicher Höhe) rückgängig zu machen. Entfallen deshalb die Gründe, die für die aktuelle Wertminderung der Kapitalanlage maßgebend sind, planmäßig im Zeitablauf – ohne dass das Versicherungsunternehmen hierfür einen finanziellen Einsatz erbringen muss –, handelt es sich um eine vorübergehende, andernfalls um eine dauerhafte Wertminderung.

Von einer dauerhaften Wertminderung ist beispielsweise auszugehen, wenn das Unter- **25** nehmen die Wertbeeinträchtigung gar nicht oder nur durch den **Einsatz zusätzlicher Finanzmittel** aktiv beseitigen kann. Dabei spielt es keine Rolle, ob die Wertbeseitigung in zeitlicher Nähe zum Bilanzstichtag erfolgen soll oder nicht; da die Wertminderung nur durch eine aktive Maßnahme des Unternehmens beseitigt werden kann (zB Reparatur einer beschädigten EDV-Anlage), ist sie von dauerhafter Natur.

Bei festverzinslichen Wertpapieren liegt eine dauerhafte Wertminderung vor, wenn die **26** **Rückzahlung der aktivierten Forderungsbeträge nicht mehr gewährleistet** ist.[30] Gründe für eine dauerhafte Wertminderung können in der Person des Schuldners (Insolvenzgefahr) oder in allgemeinen Marktbedingungen begründet sein (zB ungünstige Kursentwicklung bei Fremdwährungsforderungen[31]). Ist der Schuldner bis zum Bilanzstichtag gegenüber dem Unternehmen oder anderen Gläubigern hinsichtlich der Zins- und Tilgungszahlungen nennenswert im Verzug, so kann dies auf **eine dauerhafte Gefährdung der Zahlungsansprüche** hinweisen. Weitere starke Indizien für eine dauerhafte Wertminderung (Ausfallgefährdung) der festverzinslichen Wertpapiere sind Vereinbarungen über marktunübliche Zahlungsmodalitäten, die mit dem Schuldner nur deshalb getroffen werden, weil er sich in finanziellen Schwierigkeiten befindet.

28　FG Köln BeckRS 2006, 26021683 = EFG 2006, 1414.
29　BFH 8.6.2011 – I R 98/10, BFH/NV 2011, 1758.
30　IDW WPg 2002, 476 Rn. 20; BFHE 234, 137 = NJW 2011, 3328.
31　AA hinsichtlich der Fremdwährungseinflüsse BFHE 224, 564 = BStBl. II 2009, 778. Danach ist zumindest bei einer relativ langen Restlaufzeit (im Streitfall waren es 10 Jahre) davon auszugehen, dass sich Währungsschwankungen in der Regel ausgleichen. Allerdings begründet der BFH seine Rechtsauffassung ua mit steuerlichen Besonderheiten, die dazu führten, dass „mit der Neuregelung des § 6 Abs. 1 EStG trotz Übernahme des Begriffes der „dauernden Wertminderung" aus § 253 Abs. 2 S. 3 des Handelsgesetzbuchs das handelsrechtliche Vorsichtsprinzip zu Gunsten des Prinzips der Besteuerung nach der wirtschaftlichen Leistungsfähigkeit zurückgedrängt" werde; BFHE 224, 564 = BStBl. II 2009, 778 (780).

27   Eine außerordentliche Abschreibung ist vorzunehmen, wenn das Unternehmen zum Bilanzstichtag mit einem Ausfallrisiko rechnen muss und/oder ihm bis zum Tag der Bilanzaufstellung werterhellende Informationen zugehen, nach denen die Forderung bereits zum Bilanzstichtag ausfallgefährdet war (Einzelwertberichtigung). Kommt der Schuldner nach dem Bilanzstichtag erstmals seinen Zahlungsverpflichtungen nicht nach, kann hierin eine werterhellende Tatsache liegen, durch die die zum Bilanzstichtag bereits bestehenden finanziellen Schwierigkeiten objektiviert zu Tage treten. Ist es dem Unternehmen nicht möglich, objektiviert zu beurteilen, ob die nachträglich bekannt gewordenen wertmindernden Ereignisse die Bilanzstichtagssituation erhellen oder erst danach eingetretene Ereignisse betreffen, so ist im Zweifel von berücksichtigungspflichtigen, **werterhellenden Ereignissen** auszugehen (Vorsichtsprinzip). Zurechnungsschwierigkeiten können sich insbesondere deshalb ergeben, weil die spätere Insolvenz häufig schleichend (durch eine Vielzahl von Einzelgründen) verursacht und nicht durch ein einzelnes Ereignis ausgelöst wird.

28   Das Herunterstufen des Unternehmens im Bonitätsranking einer oder mehrerer Ratingagenturen rechtfertigt dagegen noch nicht die Annahme einer dauerhaften Wertminderung. Dies deutet allenfalls auf ein höheres potentielles Ausfallrisiko hin, ist aber bilanzrechtlich unbeachtlich, solange noch keine objektivierten Hinweise vorliegen, dass der Buchwert des Wertpapiers möglicherweise nicht mehr in voller Höhe zu amortisieren ist. Das Gleiche gilt, wenn der öffentliche Handel mit Wertpapieren des Schuldnerunternehmens bis zum Bilanzstichtag eingestellt wurde, da diese Maßnahme vielschichtige Gründe haben kann. Der Versicherungsfachausschuss des IDW (VFA) weist einer signifikanten Herabstufung des Ratings allerdings eine Indizfunktion zu. Danach ist „bei einer Herabstufung um zwei oder mehr Notches oder bei einem Übergang in den Non-Investmentgrade-Bereich ein Abschreibungsbedarf widerlegbar zu vermuten"[32], es sei denn wenn nur einzelne oder wenn die Minorität der Ratingagenturen in aktuellen Verlautbarungen von einem derartigen Verlauf ausgehen.[33]

29   Die Beurteilung, ob ein Darlehen ganz oder teilweise ausfallgefährdet ist, eröffnet aufgrund unvollständiger und ggf. widersprüchlicher Informationen zum Bilanzstichtag regelmäßig Schwierigkeiten. Deshalb können zur Berücksichtigung des Forderungsausfallrisikos aktivisch vorzunehmende **Pauschalwertberichtigungen** erforderlich werden, um den Gesamtbestand der Forderungen unter Beachtung des Vorsichtsprinzips angemessen zu bewerten. Dabei sind die Notwendigkeit zur Vornahme von Wertberichtigungen und ihre notwendige Höhe durch Vergangenheits- oder Branchenerfahrungen zu objektivieren. Normierte Pauschalwertberichtigungen, die keinen Anhaltspunkt in objektivierten Erfahrungswerten finden, sind unzulässig.

30   **(2) Eigenkapitalinstrumente.** Bei Wertpapieren, bei denen das Unternehmen am Gewinn und Verlust des anderen Unternehmens beteiligt ist und bei denen der Kapitalgeber keinen festen Rückzahlungsanspruch in Höhe des Nennwertes hat (insbesondere Aktien, GmbH-Anteile, Optionen), ist **im Zweifelsfall** von einer **dauerhaften Wertminderung** auszugehen, „wenn der Börsenwert zum Bilanzstichtag unter die Anschaffungskosten gesunken ist und zum Zeitpunkt der Bilanzerstellung keine konkreten Anhaltspunkte für eine alsbaldige Wertaufholung vorliegen"[34]; denn das Festhalten am höheren Buchwert bedeutet ein Spekulieren gegen den Markt.

31   Teile der Literatur beurteilen das Vorliegen einer dauerhaften Wertminderung bei Aktien weniger streng. Danach sind **kleinere Kursrückgänge „grundsätzlich kein Indiz"[35]** für eine dauerhafte Wertminderung. Liegt zum Bilanzstichtag der Zeitwert der Finanzanlagen nur geringfügig unter den historischen Anschaffungskosten und besteht die

---

[32]   IDW VFA vom 27.10.2022, S. 5; https://www.idw.de/idw/idw-aktuell/fachlicher-hinweis-des-vfa-handelsrechtliche-bewertung-von-kapitalanlagen-bei-versicherungsunternehmen-nach-341b-hgb.html (zuletzt abgerufen am 20.4.2023).
[33]   Vgl. IDW VFA vom 27.10.2022, S. 5.
[34]   BFHE 219, 100 = BStBl. II 2009, 294.
[35]   IDW WPg 2002, 476 Rn. 18.

Wertdifferenz erst seit kurzer Zeit, so kann der Grund für die Wertminderung auch in Marktunvollkommenheiten liegen und die erwartete zukünftige Kurserholung werterhellend sein. In diesem Sinne äußert sich auch das Institut der Wirtschaftsprüfer. Danach ist es bei öffentlich gehandelten Aktien sachgerecht, die Frage nach einer dauerhaften Wertminderung aufzugreifen, wenn ihr Börsenkurs in den dem Abschlussstichtag vorhergehenden sechs Monaten permanent um mehr als 20 % oder in den dem Abschlussstichtag vorhergehenden zwölf Monaten dauerhaft um mehr als 10 % ihren Buchwert unterschritten hat. In diesen Fällen ist die Aktie grundsätzlich außerplanmäßig abzuschreiben, es sei denn das Unternehmen erbringt den Nachweis, dass die Wertminderung vorübergehender Natur ist und dass es beabsichtigt und auch dazu in der Lage ist, die Aktie bis zum Zeitpunkt der erwarteten Werterholung zu halten.[36] Hat zudem der Börsenkurs bis zum Zeitpunkt der Bilanzaufstellung den Buchwert wieder erreicht oder liegt er sogar darüber, kann dies dagegen „ein Indiz für den nicht dauernden Charakter der Wertminderung am Abschlussstichtag sein".[37]

Die vorstehende Literaturmeinung ist bilanzrechtlich bedenklich. Die Bedenken rich- **32** ten sich nicht nur gegen die Ermessensspielräume, die sich aus der Unterscheidung von „Marktbewegungen" und „Kurseinbrüchen" sowie der Differenzierung nach „kleineren" und „größeren" Kursrückgängen ergeben. Die Hoffnung auf zukünftige Werterhöhungen finden darüber hinaus zum Bilanzstichtag keine objektivierten Anhaltspunkte im Marktgeschehen. Würde der Markt von einer (kurz- oder mittelfristigen) Erholung des Kurses ausgehen, so würde sich die zu erwartende Kurserholung bereits im Börsen- oder Marktpreis des Wertpapiers widerspiegeln.[38] Die Antizipation zukünftiger, lediglich erhoffter Kurs- oder Preiserhöhungen, für die zum Bilanzstichtag kein objektivierter Anhaltspunkt besteht, verstößt deshalb gegen das **Vorsichtsprinzip** (§ 252 Abs. 1 Nr. 4). Sie bedeutet eine Spekulation gegen den Markt und ist unzulässig.

Auch vermeintlich fundierte Aussagen unabhängiger Analysten begründen entgegen **33** der Auffassung des IDW,[39] keinen objektivierten Anhaltspunkt, der dazu berechtigt, auch nur ansatzweise davon auszugehen, dass der unter dem Buchwert liegende Börsenkurs auf eine nur vorübergehende Wertminderung zurückzuführen ist. Solange die das Gutachten erstellenden Analysten und die sich darauf berufenden Leitungsorgane des bilanzierenden Unternehmens nicht ebenso fundiert nachweisen, dass sie ihr Gesamtvermögen und das ihrer Familie und Freunde in den Aktienkauf investierten und darüber hinaus kurzfristige Darlehen an der für sie alle ruinösen Grenze aufnahmen, um durch den Kauf der offenkundig unterbewerteten Aktien die auf der Hand liegende Arbitrage vermögensmehrend zu nutzen, handelt es sich hier um subjektive Meinungsäußerungen, die ersichtlich nicht einmal den Analysten und die auf seine Einschätzung zurückgreifenden Akteure in ihren Grundfesten von einer nur vorübergehenden Wertminderung überzeugen.

Die gleiche Skepsis ist gegenüber dem Ergebnis von Unternehmensbewertungsverfah- **34** ren (zB Discounted Cashflow-Verfahren und Multiplikatorverfahren) angebracht, deren Ergebnis eine nur vorübergehende Wertminderung beweisen soll.[40] Sie basieren auf einer Bewertungstheorie, die darauf vertraut, dass der Kapitalmarkt effizient ist, so dass die Marktdaten alle den Marktteilnehmern verfügbare Informationen zeitnahe und unverfälscht widerspiegeln. Sie gewinnen ihre Rechtfertigung aus der Grundannahme, dass die beobachtbaren Aktienkurse und Renditeverläufe korrekt sind. Dann sind diese Bewertungsmethoden aber kaum dazu geeignet, objektiviert zu beweisen, dass gerade der Aktienkurs der zu bewertenden Investition offenkundig falsch ist, weil dies dem Eingeständnis einer fehlenden Markteffizienz gleichkommt. Berücksichtigt man darüber hinaus die subjektiven Einflussfaktoren, die mit einer zukünftigen Ertragsprognose verbunden sind, die sich gegen den allgemeinen

---

[36] Vgl. IDW, VFA vom 27.10.2022, S. 3.
[37] IDW VFA vom 27.10.2022, S. 3.
[38] Vgl. Hommel/Berndt FR 2000, 1305 (1309 f.).
[39] IDW VFA vom 27.10.2022, S. 4.
[40] Weniger krit. IDW VFA vom 27.10.2022, S. 4.

Markttrend stellt, sind die zum Einsatz kommenden Bewertungstools nicht dazu geeignet, objektivierte Anhaltspunkte dafür zu liefern, dass der Aktienkurs des zu bewertenden Unternehmens temporär den wirklichen Verhältnissen widerspricht und die Gesamtheit der sachkundigen Marktteilnehmer in Kürze die werterhellende Kenntnis über diesen Irrtum ereilt. Hier muss das Vorsichtsprinzip objektivierungsbedingt eine Abschreibung auf den gesunkenen Stichtagskurs erzwingen. Zum Bilanzstichtag bestehende Wertminderungen von Aktien sind bis zum Beweis des Gegenteils, der reine Willkür und/oder Wunschdenken wäre, von dauerhafter Natur und Werterholungen nach dem Bilanzstichtag auf wertbegründende neue Entwicklungen zurückzuführen, die zum Bilanzstichtag noch nicht berücksichtigt werden dürfen.

35   Indizien für eine dauerhafte Wertminderung liegen dagegen vor, wenn der **(negative) Kursverlauf** der wertgeminderten Finanzanlage **nicht dem allgemein beobachteten Markttrend** folgt oder das Unternehmen, an dem die Kapitalbeteiligung besteht, seit dem Erwerb der Anteile betriebliche Verluste erlitten hat, nennenswerte Ausschüttungen vorgenommen hat oder sich seitdem sein Marktumfeld so verändert hat, dass es mit schlechteren Zukunftsaussichten rechnen muss. Auch ein signifikanter Wertverfall, der in zeitlicher Nähe zum Abschlussstichtag zu beobachten ist, deutet auf eine potentielle dauerhafte Wertminderung hin.[41] Befindet sich das Unternehmen erkennbar in einer finanziell angespannten Situation (Insolvenzgefahr), so ist nach den Stichtagserkenntnissen regelmäßig von einer dauerhaften Wertminderung auszugehen.[42]

36   Werden festverzinsliche Wertpapiere (zB Namensschuldverschreibungen oder Hypothekendarlehen) über ihrem Nennwert erworben (Überpari-Papiere), so liegt dies regelmäßig darin begründet, dass die Wertpapiere im Marktvergleich überverzinslich sind und sich der Emittent oder Verkäufer den Vorteil der Überverzinslichkeit vergüten lässt. Das über den Nennwert gezahlte Aufgeld (**Agio**) zählt bei festverzinslichen Wertpapieren nicht zu dessen Anschaffungskosten. Es führt stattdessen zu einem aktiven Rechnungsabgrenzungsposten, der über die Laufzeit des Wertpapiers hinweg planmäßig aufwandswirksam aufzulösen ist.[43] Kommt es während der Restlaufzeit des Wertpapiers zu einer allgemeinen Marktzinserhöhung, sinkt auch der (Markt-) Wert des Zinsvorteils. Dennoch erfordert dies nach Ansicht des IDW keine außerplanmäßige Abschreibung des Agios, wenn und soweit damit kein Ausfall des Nennwerts sowie der zukünftigen Zinszahlungen verbunden ist.[44] Dem ist zuzustimmen, da in diesen Fällen das Agio für das Versicherungsunternehmen aus zahlungsorientierter Sicht nicht wertloser geworden ist. Es erhält von dem Zahlungsverpflichteten weiterhin die zugesagten Zins- und Tilgungszahlungen in unveränderter Höhe. Ihm droht kein Verlust. Ist dagegen die Rückzahlung ausfallgefährdet und nimmt das Versicherungsunternehmen wegen einer dauerhaften Wertminderung des Wertpapiers eine außerplanmäßige Abschreibung vor, ist nach Auffassung des IDW das Agio in gleicher relativer Höhe abzuschreiben wie der Nennwert des Wertpapiers.[45]

37   **(3) Pauschalwertberichtigungen, Umgliederungen und Anhangangaben.** Das Unternehmen hat neben der Einzelwertberichtigung zu prüfen, ob zum Bilanzstichtag noch vorhandene, dem Unternehmen aber noch unbekannte Ausfallrisiken bestehen, die eine außerordentliche Abschreibung aufgrund einer dauerhaften Wertminderung erfordern. Für diese Risiken ist eine **Pauschalwertberichtigung** zu bilden, die als „Sammelbewertung (…) einer (Teil-)Gesamtheit von Forderungen zuzuordnen"[46] ist. Das Unternehmen darf aufgrund des Vorsichtsprinzips nicht bereits dann auf die Pauschalwertberichtigung verzich-

---

[41] Vgl. IDW VFA vom 27.10.2022, S. 5.
[42] Vgl. IDW WPg 2002, 476 Rn. 19.
[43] Vgl. BeBiKo/Schubert/Hutzler § 255 Rn. 157; OFD Frankfurt a.M. v. 5.2.2019 – S 2133 A – 002 – St 210.
[44] Vgl. IDW VFA vom 27.10.2022, S. 6.
[45] Vgl. IDW VFA vom 27.10.2022, S. 7.
[46] BeBiKo/Schubert/Berberich § 253 Rn. 578.

ten, „wenn Grund zu der Annahme besteht, dass keine Risiken bestehen, sondern nur, wenn ausgeschlossen werden kann, dass solche bestehen."[47]

Das Versicherungsunternehmen hat im **Anhang** darüber zu berichten, ob Wertpapiere **38** als Anlagevermögen designiert wurden und ob es bei Vorliegen von vorübergehenden Wertminderungen freiwillig außerordentliche Abschreibungen vorgenommen hat. Darüber hinaus sollen Versicherungsunternehmen nach IDW RS VFA 2 im Anhang analog zu § 35 Abs. 1 Nr. 2 RechKredV gesondert für die Bilanzpositionen „Aktien und andere nicht festverzinsliche Wertpapiere" sowie „Schuldverschreibungen und andere festverzinsliche Wertpapiere" den Buchwert der Wertpapiere angeben, die nicht mit dem Niederstwert bewertet wurden. Zugleich sollen die zugehörigen **Zeitwerte** gem. § 54 RechVersV **offengelegt werden.** Versicherungsunternehmen, die von der Möglichkeit Gebrauch machen, Wertpapiere bei vorübergehender Wertminderung nicht außerplanmäßig abzuschreiben, müssen darüber hinaus im Lagebericht gesondert auf das Zinsgarantierisiko und das Liquiditätsrisiko eingehen.[48]

Klassifiziert das Versicherungsunternehmen ein Wertpapier des Umlaufvermögens in **39** Anlagevermögen um und hat es im Vorfeld aufgrund einer vorübergehenden Wertminderung außerordentliche Abschreibungen vorgenommen, so stellt sich die Frage, ob es die Wertminderungen im Zeitpunkt der **Umwidmung** rückgängig machen kann, obwohl die Abschreibungsgründe zum Bilanzstichtag fortbestehen. Ist in diesen Fällen eine Wertaufholung erlaubt oder sogar geboten, kann der Bilanzierende die Umwidmungen bilanzpolitisch nutzen, um das Jahresergebnis zu verbessern. Wäre allerdings die Wertaufholung verboten, wäre das Versicherungsunternehmen dazu gezwungen, Risiken und Chancen einzupreisen, die zum Bilanzstichtag nicht mehr bestehen. Dies führte zu einer übervorsichtigen Gewinnermittlung. Vorsichts- und Objektivierungsgesichtspunkten wird entsprochen, wenn die Umklassifizierung auf sachlich begründete Ausnahmetatbestände beschränkt wird, bei denen das Unternehmen die sachlichen Umwidmungsgründe nachprüfbar nachweisen muss.

III. Wie Anlagevermögen zu bewertende Vermögensgegenstände (Abs. 1)

1. Bewertung wie Anlagevermögen ohne das gemilderte Niederstwertprinzip. 40 a) Konkretisierung der Bewertungsnormen. Abs. 1 definiert den Kreis der Vermögensgegenstände, die nach den allgemeinen, **für das Anlagevermögen geltenden Vorschriften zu bewerten** sind, abschließend. Es unterteilt die so zu bewertenden Vermögensgegenstände in zwei Gruppen. Gruppe 1 wird durch S. 1 bestimmt und Gruppe 2 durch S. 2 definiert. Die Unterscheidung der beiden Gruppen ist für die Folgebewertung maßgebend. Nur Vermögensgegenstände, die der Gruppe 2 angehören, dürfen auch bei einer nur vorübergehenden Wertminderung außerplanmäßig abgeschrieben werden (→ Rn. 21); für die der Gruppe 1 zugeordneten Vermögensgegenstände besteht dieses Wahlrecht nicht (Abs. 1 S. 3).

Die auf die in S. 1 aufgeführten Vermögensgegenstände (Gruppe 1) anzuwendenden **41** Bewertungsvorschriften entsprechen damit grundsätzlich den Bewertungsnormen, die Kapitalgesellschaften bei der Bilanzierung von immateriellen Vermögensgegenständen und Sachanlagen zu beachten haben.[49] Zur Gruppe 1 zählen gem. Abs. 1 S. 1:
– Immaterielle Vermögensgegenstände, soweit sie entgeltlich erworben wurden (Formblatt 1 RechVersV Aktiva B.),
– Grundstücke sowie grundstücksgleiche Rechte und Bauten einschließlich der Bauten auf fremden Grundstücken (Formblatt 1 RechVersV Aktiva C. I.) und
– technische Anlagen und Maschinen, andere Anlagen und Betriebs- und Geschäftsausstattung, Anlagen im Bau und Vorräte (Formblatt 1 RechVersV Aktiva F. I.).

---

[47] BeBiKo/Schubert/Berberich § 253 Rn. 578.
[48] Vgl. IDW WPg 2002, 477 Rn. 29 mit Verweis auf DRS 5–20 (mittlerweile durch DRS 20 ersetzt).
[49] Vgl. Rockel/Helten/Ott/Sauer, Versicherungsbilanzen, 3. Aufl. 2012, S. 46.

42   **b) Immaterielle Vermögensgegenstände. aa) Entgeltlich erworbene und selbst geschaffene immaterielle Vermögensgegenstände.** Nach § 6 Abs. 1 RechVersV sind im Posten „Immaterielle Vermögensgegenstände" jeweils gesondert auszuweisen:
– Selbst geschaffene gewerbliche Schutzrechte und ähnliche Rechte und Werte;
– entgeltlich erworbene Konzessionen, gewerbliche Schutzrechte und ähnliche Rechte und Werte sowie Lizenzen an solchen Rechten und Werten;
– Geschäfts- oder Firmenwert;
– geleistete Anzahlungen.

43   Immaterielle Vermögenswerte sind nichtmonetär und ohne physische Substanz. Sie werden zu immateriellen Vermögensgegenständen, wenn sie sich zum Bilanzstichtag in ihrer Existenz formal hinreichend sicher bestimmen lassen (Greifbarkeitsprinzip) und einer selbstständigen Bewertbarkeit zugänglich sind[50] **(abstrakte Aktivierungsfähigkeit).**[51] Immaterielle Vermögensgegenstände sind aufgrund des Vollständigkeitsprinzips (§ 246 Abs. 1 S. 1) grundsätzlich in ihrem Zugangszeitpunkt in Höhe ihrer Erwerbsausgaben (Anschaffungs- oder Herstellungskosten) zu aktivieren (Anschaffungswertprinzip[52]), wenn der Bilanzierung keine Aktivierungsverbote entgegenstehen **(konkrete Aktivierungsfähigkeit).**

44   Für **selbst geschaffene immaterielle Vermögensgegenstände des Umlaufvermögens** bestehen keine entsprechenden Restriktionen. Sie sind daher zu aktivieren. Entwickelt das Versicherungsunternehmen immaterielle Vermögensgegenstände mit dem Zweck der Weiterveräußerung, so handelt es sich um Vorräte, die zum Umlaufvermögen zählen. Sie sind in diesen Fällen gliederungstechnisch unter den Vorräten auszuweisen. Ihre Bewertung richtet sich jedoch – wie für den übrigen Vorratsbestand – aufgrund der Zuordnungsregel des Abs. 1 nach den für das Anlagevermögen geltenden Bewertungsvorschriften.

45   Neben den selbst geschaffenen immateriellen Umlaufgegenständen sind auch von unabhängigen Dritten **entgeltlich erworbene immaterielle Vermögensgegenstände des Anlagevermögens** zwingend zu aktivieren. Bei Versicherungsunternehmen zählen hierzu insbesondere der derivativ erworbene Versicherungsbestand, der von Dritten entgeltlich erlangte Kundenstamm, EDV-Software, Wettbewerbsverbote und rechtlich geschützte Markenzeichen.

46   Für **selbst geschaffene immaterielle Vermögensgegenstände des Anlagevermögens** ist dagegen zu differenzieren. Ihre Aktivierung ist steuerrechtlich verboten (§ 5 Abs. 2 EStG). Handelsrechtlich darf das Unternehmen dagegen nach § 248 Abs. 2 S. 1 nF selbst geschaffene immaterielle Vermögensgegenstände des Anlagevermögens grundsätzlich in Höhe ihrer Entwicklungskosten (§ 255 Abs. 2a) aktivieren **(Aktivierungswahlrecht).** Allerdings dürfen nach § 248 Abs. 1 Nr. 1–3 Aufwendungen für die Gründung eines Unternehmens und die Beschaffung des Eigenkapitals sowie die Aufwendungen für den Abschluss von Versicherungsverträgen nicht aktiviert werden. Ein explizites Aktivierungsverbot besteht gem. § 248 Abs. 2 S. 2 darüber hinaus für „selbst geschaffene Marken, Drucktitel, Verlagsrechte, Kundenlisten oder vergleichbare immaterielle Vermögensgegenstände des Anlagevermögens".

47   Das **Aktivierungsverbot des § 248 Abs. 1 Nr. 1–3** erfasst Positionen, denen die Vermögensgegenstandseigenschaft fehlt **(fehlende Greifbarkeit);** denn aktiviert werden keine Ausgaben, sondern der dafür erlangte, greifbare Gegenwert.[53] An der Greifbarkeit fehlt es bei den Ausgaben für die Gründung eines Unternehmens und die Beschaffung des Eigenkapitals, weil der mit ihnen verbundene (oder erhoffte) vermögenswerte Vorteil in einer Steigerung des originären Geschäfts- oder Firmenwerts aufgeht, für den ein Aktivierungsverbot besteht.

---

50   Vgl. ADS § 246 Rn. 39–41 mwN; BeBiKo/Schubert/Huber § 247 Rn. 290 f.
51   Vgl. Freericks, Bilanzierungsfähigkeit und Bilanzierungspflicht in Handels- und Steuerbilanz, 1976, S. 141–156.
52   Vgl. Moxter, GoR, 2003. S. 147–170.
53   Vgl. BFHE 96, 559 = BStBl. II 1969, 744 (746).

Der mit den **Aufwendungen für den Abschluss von Versicherungsverträgen** 48
resultierende Vorteil konkretisiert sich dagegen im Versicherungsvertrag selbst und führt
zu einem wertvollen Auftragsbestand, wenn sich das Versicherungsunternehmen aus dem
bestehenden Vertrag zukünftig mehr Erträge verspricht als er Erfüllungsaufwendungen verursacht. In der Versicherungsbilanz wird der mit dem selbst geschaffenen Auftragsbestand
verbundene Vermögensvorteil aber nicht separat aktiviert. Vielmehr erfolgt seine (gewinnneutralisierende) Berücksichtigung indirekt, indem das Versicherungsunternehmen ihn im
Bereich der Schaden-, Haftpflicht- und Unfallversicherung ganz oder anteilig durch eine
entsprechende Verminderung der Beitragsüberträge berücksichtigt (→ § 341e Rn. 24), und
bei Kranken- und Kapitallebensversicherungen bei Vorliegen der entsprechenden Voraussetzungen mit der Deckungsrückstellung verrechnet oder unter der Position „Noch nicht
fällige Forderungen gegenüber Versicherungsnehmern" ausweist (→ § 341f Rn. 60).

Das Aktivierungsverbot des § 248 Abs. 1 Nr. 3 bezieht sich nur auf Abschlusskosten, 49
die dem Unternehmen durch den originären Abschluss von Versicherungsverträgen entstanden sind. Erwirbt das Versicherungsunternehmen dagegen einen **Gesamt- oder Teilversicherungsbestand von einem unabhängigen Dritten** und ersetzt es dem Dritten mit
dem Kaufpreis (auch) die ihm entstandenen Abschlusskosten, so handelt es sich um den
entgeltlichen Erwerb eines (aktivierungspflichtigen) Auftragsbestandes (→ Rn. 58).

Das **Aktivierungsverbot des § 248 Abs. 2 S. 2** schließt typisierend vermögenswerte 50
Positionen von der Aktivierung aus, die zwar – im Einzelfall – greifbar sein könn(t)en,
denen es aber regelmäßig an der **selbstständigen Bewertbarkeit fehlt.** Eine Abgrenzung
zwischen den auf sie entfallenden aktivierungsfähigen Herstellungskosten (Entwicklungskosten) „und den für die Entwicklung des Unternehmens in seiner Gesamtheit – also
regelmäßig auf den selbst geschaffenen Geschäfts- oder Firmenwert – anfallenden aufwandswirksam zu erfassenden Aufwendungen, [ist] nicht zweifelsfrei möglich".[54] Das Aktivierungsverbot ist inhaltlich angemessen und dient einer vorsichtigen und objektivierten Rechnungslegung. Es ist aber sprachlich missglückt, denn es zielt nach der Gesetzesbegründung
offenkundig auf den Ausschluss von Vermögenswerten, die keiner selbstständigen Bewertbarkeit zugänglich sind, nicht aber auf den Ausschluss bestimmter Vermögensgegenstände,
die diese Eigenschaft erfüllen, denn die selbstständige Bewertbarkeit ist ein dem Vermögensgegenstand innewohnendes Definitionsmerkmal.[55] § 248 Abs. 2 S. 2 lehnt sich inhaltlich
erkennbar an die Regelung des IAS 38.64 an, die sprachlich sorgfältiger unterscheidet.
Danach können „Ausgaben für selbst geschaffene Markennamen, Drucktitel, Verlagsrechte,
Kundenlisten sowie dem Wesen nach ähnliche Sachverhalte (…) nicht von den Ausgaben
für die Entwicklung des Unternehmens als Ganzes unterschieden werden. Aus diesem
Grund werden solche Sachverhalte nicht als immaterielle Vermögenswerte angesetzt".

Da sich die Existenz selbst geschaffener immaterieller Anlagewerte und die Werthaltig 51
keit ihrer Erwerbsausgaben an nachfolgenden Bilanzstichtagen regelmäßig nur sehr eingeschränkt objektiviert nachweisen lassen, unterliegen die aktivierten Entwicklungskosten
einer **Ausschüttungssperre.** Danach darf das Unternehmen erzielte Gewinne nur ausschütten, „wenn die nach der Ausschüttung verbleibenden frei verfügbaren Rücklagen
zuzüglich eines Gewinnvortrags und abzüglich eines Verlustvortrags mindestens den insgesamt angesetzten Beträgen abzüglich der hierfür gebildeten passiven latenten Steuern entsprechen" (§ 268 Abs. 8 S. 1).[56]

Abs. 1 S. 1 vollzieht – anders als § 6 Abs. 1 RechVersV – die durch das BilMoG im 52
Bereich der selbst geschaffenen immateriellen Anlagegegenstände vollzogene Gesetzesänderung nicht nach. Hier fordert der Gesetzgeber nach wie vor lediglich, dass immaterielle
Vermögensgegenstände, soweit sie entgeltlich erworben wurden, nach den Vorschriften des
Anlagevermögens zu bewerten sind. Es bleibt offen, welchen **Bewertungsnormen die**

---

[54] BR-Drs. 344/08, 107.
[55] Vgl. stRspr des BFH, zB BFHE 73, 318 = BStBl. III 1961, 383 (384); BFHE 158, 53 = BStBl. II 1990,
15 (17).
[56] Vgl. BT-Drs. 16/10067, 50.

aktivierten, selbst geschaffenen immateriellen Vermögensgegenstände des Anlagevermögens unterliegen. Ihre Nichtnennung in Abs. 1 S. 1 legt den Umkehrschluss nahe, dass sie nach den für das Umlaufvermögen geltenden Bestimmungen zu bewerten sind. Für diese Zuordnung spricht, dass die Vermögensgegenstände des Umlaufvermögens insofern einer strengeren Folgebewertung unterliegen als ihre Anschaffungs- oder Herstellungskosten auch bei nur vorübergehender Wertminderung auf den niedrigeren beizulegenden Wert außerplanmäßig abzuschreiben sind. Andererseits unterliegen Umlaufgegenstände keiner planmäßigen Abschreibung. Die Werthaltigkeit der selbst geschaffenen immateriellen Anlagewerte wäre daher bei Versicherungsunternehmen an jedem Bilanzstichtag – ermessensbehaftet – nach internen Bewertungsmethoden zu überprüfen. Die damit einhergehende Entobjektivierung konfligiert mit dem bilanzrechtlichen Vorsichtsprinzip, das in § 341e für Versicherungsunternehmen eine besondere Hervorhebung erfährt. Darüber hinaus unterwirft Abs. 1 S. 1 sämtliche nicht finanziellen Vermögensgegenstände einschließlich der Vorräte der Bewertung nach den Vorgaben des Anlagevermögens. Aus dieser Wertungsentscheidung ist zu folgern, dass auch selbst geschaffene immaterielle Anlagegegenstände nach den auf das Anlagevermögen anzuwendenden Vorschriften zu bewerten sind.

53   Die Existenz selbst geschaffener immaterieller Vermögensgegenstände des Anlagevermögens lässt sich häufig schon im Zugangszeitpunkt nur ermessensbehaftet beurteilen. Diese Unsicherheit besteht an nachfolgenden Bilanzstichtagen regelmäßig fort. Hinzu tritt die Schwierigkeit, zu beurteilen, wieviel sie an Wert verloren haben. Deshalb hat der Gesetzgeber durch das Bilanzrichtlinie-Umsetzungsgesetz – BilRUG vom 17.7.2015 (BGBl. 2015 I 1246) und dem damit eingeführten § 253 Abs. 3 S. 3 eine Bewertungsobjektivierung vorgenommen. Selbst geschaffene immaterielle Vermögensgegenstände des Anlagevermögens, deren voraussichtliche Nutzungsdauer nicht verlässlich geschätzt werden kann, sind danach planmäßig über zehn Jahre abzuschreiben.[57]

54   § 6 Abs. 1 RechVersV übernimmt – gliederungsgleich – die für große und mittelgroße Kapitalgesellschaften (§ 267 Abs. 2 und 3) geltende **Gliederungsnorm des § 266 Abs. 2 A. I.** und fordert einen differenzierten Ausweis von aktivierten selbstgeschaffenen und aktivierten entgeltlich erworbenen immateriellen Anlagegegenständen. Der externe Bilanzadressat soll dadurch am Bilanzstichtag des Zugangsjahrs und an nachfolgenden Bilanzstichtagen erkennen, in welchem Umfang das Versicherungsunternehmen von dem Wahlrecht zur Aktivierung selbst geschaffener immaterieller Anlagegegenstände Gebrauch machte.

55   **bb) Entgeltlich erworbener Geschäfts- oder Firmenwert.** Die Aktivierung des Geschäfts- oder Firmenwertes wird durch § 246 Abs. 1 S. 4 geregelt. Danach **gilt** „der Unterschiedsbetrag, um den die für die Übernahme eines Unternehmens bewirkte Gegenleistung den Wert der einzelnen Vermögensgegenstände des Unternehmens abzüglich der Schulden im Zeitpunkt der Übernahme übersteigt (entgeltlich erworbener Geschäfts- oder Firmenwert), (…) **als zeitlich begrenzt nutzbarer Vermögensgegenstand**".[58] Der Geschäfts- oder Firmenwert „wird durch die Gewinnaussichten bestimmt, die, losgelöst von der Person des Unternehmers, aufgrund besonderer dem Unternehmen eigener Vorteile",[59] zB Ruf, Kundenkreis, Organisation usw, höher oder gesicherter erscheinen als bei einem Unternehmen mit sonst vergleichbaren Wirtschaftsgütern. Er kommt deshalb immer nur dann in Betracht, wenn der Gesamtkaufpreis für das erworbene Unternehmen „nicht nachweislich für bestimmte [materielle oder immaterielle] einzelne Wirtschaftsgüter bezahlt wurde".[60] Ihm ist als „Gesamtwirtschaftsgut"[61] im Zugangszeitpunkt der Teil des Gesamtkaufpreises zuzurechnen, der nicht auf aktivierungs- bzw. passivierungspflichtige Bilanzpositionen entfällt.

---

[57]   Vgl. BeckOK HGB/Schärtl Rn. 2.
[58]   Vgl. dazu auch Moxter/Engel-Ciric, Grundsätze ordnungsgemäßer Bilanzierung, 2019, S. 57–59.
[59]   BFHE 136, 270 = BStBl. II 1982, 650 (651).
[60]   BFHE 101, 76 = BStBl. II 1971, 175.
[61]   BFHE 88, 198 = BStBl. III 1967, 334.

Die höchstrichterliche Rechtsprechung bezeichnet den Geschäfts- oder Firmenwert **56** als **Vermögensgegenstand,** nicht als Bilanzierungshilfe.[62] Seine Werthaltigkeit wird im Zugangszeitpunkt formal durch die Einbindung in den Unternehmenskaufpreis gewährleistet. Die Aktivierungspflicht des entgeltlich erworbenen Geschäfts- oder Firmenwerts wird durch § 246 Abs. 1 S. 4 fingiert. Der Fiktion hätte es nicht bedurft. Sie hat allenfalls klarstellenden Charakter; denn die Bilanzierungspflicht ergibt sich bereits aus den gefestigten Grundsätzen der handelsrechtlichen Bilanzierung. Der entgeltlich erworbene Geschäfts- oder Firmenwert erfüllt formal alle Voraussetzungen eines Vermögensgegenstands. Aufgrund des § 253 Abs. 3 S. 4 iVm § 253 Abs. 3 S. 3 sind die Anschaffungskosten eines **entgeltlich erworbenen Geschäfts- oder Firmenwerts,** dessen voraussichtliche Nutzungsdauer nicht verlässlich geschätzt werden kann, zwingend über **zehn Jahre** abzuschreiben.[63] Sofern die Nutzungsdauer unter Beachtung der rechtlichen, wirtschaftlichen und technischen Gegebenheiten verlässlich geschätzt werden kann, was den Regelfall darstellt, ist sowohl eine längere als auch eine kürzere Nutzungsdauer zulässig.[64]

Dagegen scheidet die Aktivierung des **selbstgeschaffenen (originären) Geschäfts- 57 oder Firmenwertes** zwingend aus. Dieses „unfassbare Etwas"[65] ist noch nicht hinreichend konkretisiert und deshalb als Vermögensgegenstand nicht greifbar geworden.

Ein im Rahmen eines Unternehmenskaufs erworbener **Gesamt- oder Teilversiche- 58 rungsbestand** ist kein Bestandteil des derivativen Geschäfts- oder Firmenwertes. Er ist vielmehr als Auftragsbestand als Einzelheit greifbar und bewertbar.[66] Der Auftragsbestand verkörpert die durch die (Versicherungs-)Verträge konkretisierte Chance auf (Mehr-)Umsätze und den damit verbundenen Gewinn. Er erfüllt die Ansatzvoraussetzungen eines Vermögensgegenstandes. „Rechte aus schwebenden Verträgen, die ein Kaufmann von einem anderen Unternehmer gegen Entgelt erworben hat, sind selbstständig bewertungsfähig und nicht Teile des Geschäftswertes."[67] Dabei ist es unerheblich, ob der Auftragsbestand „in der Bilanz des Veräußerers aktiviert oder ob in dem Kaufvertrag ein besonderer Betrag dafür ausgewiesen war".[68] Da der Erwerber dem Verkäufer aber nicht den gesamten, kalkulierten Vertragsgewinn vergüten wird, weil der Vertrag lediglich akquiriert, nicht aber bereits vollständig erfüllt ist, ist der kalkulierte Gesamtgewinn auf die Teilleistungen der (erfolgten) Akquisition und der (noch ausstehenden) Gefahrtragung aufzuteilen. Nur soweit der Erwerber die Akquisitionsleistung des Verkäufers entschädigt, ist der Auftragsbestand separat zu aktivieren.

Nicht zum Auftragsbestand, sondern zum **Kundenstamm,** gehören dagegen die **59** Gewinnchancen, die sich dem Unternehmen aus dem Bekanntheitsgrad und den allgemeinen Kundenbeziehungen ergeben, die am Bilanzstichtag noch nicht zu einem Vertragsabschluss geführt haben. Die Gewinnchancen aus dem Kundenstamm sind meist noch zu wenig konkretisiert, um neben dem derivativen Geschäfts- oder Firmenwert objektiviert abgrenzbar in Erscheinung zu treten. Der Kundenstamm ist deshalb bei einem Gesamtunternehmenskauf im Normalfall untrennbar mit dem Geschäftswert verbunden.[69] „Eine gesonderte Bilanzierung der Kundschaft ist nur da zulässig und geboten, wo diese gesondert Gegenstand eines Anschaffungsgeschäfts war".[70]

    cc) Geleistete Anzahlungen. Unter den immateriellen Vermögensgegenständen sind **60** auch die **Anzahlungen** auszuweisen, die das Unternehmen bis zum Bilanzstichtag leistete,

---

[62]   Vgl. BFHE 148, 153 = BStBl. II 1986, 705.
[63]   Vgl. BeckOK HGB/Schärtl Rn. 1.
[64]   Vgl. BeBiKo/Schubert/Andrejewski § 253 Rn. 392.
[65]   RFH 28.2.1930 – III A 84/28, RStBl. 1930, 287, 290.
[66]   Vgl. EBJS/Böcking/Gros/Kölschbach Rn. 7 f.
[67]   BFHE 67, 370 = BStBl. III 1958, 416.
[68]   BFH 1.2.1989 – VIII R 361/83, BFH/NV 1989, 778.
[69]   Vgl. FG München 8.10.1980 – IX 69/77 E, EFG 1981, 334; BFH 20.8.1986 – I R 151/82, BFH/NV 1987, 468, 469.
[70]   BFHE 127, 386 = BStBl. II 1979, 470.

um sie zu erwerben.[71] Ist mit dem Zugang des angezahlten immateriellen Vermögensgegenstandes nicht mehr zu rechnen, so sind die Anzahlungen als Rückforderungsansprüche gegenüber dem Lieferanten in die Bilanzposition „Sonstige Vermögensgegenstände" umzugliedern.[72] Ist die Rückzahlung ganz oder teilweise ausfallbedroht, so ist die Rückzahlungsforderung entsprechend (ganz oder teilweise) auf den erwarteten Rückzahlungsbetrag abzuschreiben.

61 **c) Grundstücke, grundstücksgleiche Rechte und Bauten einschließlich der Bauten auf fremden Grundstücken.** Nach Formblatt 1 RechVersV sind Grundstücke, grundstücksgleiche Rechte und Bauten einschließlich der Bauten auf fremden Grundstücken unter der **Bilanzposition Aktiva C. I.** auszuweisen. Formblatt 1 folgt insoweit der Gliederungsvorgabe des § 266 Abs. 2, der für große Kapitalgesellschaften anzuwenden ist.

62 **Anzahlungen** auf Grundstücke, grundstücksgleiche Rechte und Bauten einschließlich der Bauten auf fremden Grundstücken sind Vorauszahlungen auf die von dem Vertragspartner noch zu erbringende Lieferung und Leistung. Bilanziell handelt es sich bei ihnen um Kreditgeschäfte.[73] Ihre Folgebewertung richtet sich deshalb grundsätzlich nach den für Geldforderungen geltenden Bilanzierungsgrundsätzen.[74] Da sie aber keinen primären Erfüllungsanspruch in Geld verkörpern, sondern auf den Erwerb eines Sachanlagegegenstandes gerichtet sind, werden sie aufgrund ihrer sachlichen Nähe zu dem zu erwerbenden Objekt nicht unter den Finanzanlagen oder Kapitalforderungen ausgewiesen, sondern unter den Grundstücken, grundstücksgleichen Rechten und Bauten einschließlich der Bauten auf fremden Grundstücken.[75] Stellt sich zum Bilanzstichtag heraus, dass der Vertragspartner nicht dazu in der Lage ist, seine Lieferung und Leistung ordnungsgemäß zu erbringen, so dass das Unternehmen dazu berechtigt ist, die Anzahlung zurückzufordern und macht es von diesem Recht auch wahrscheinlich Gebrauch, so sind die Anzahlungen nicht mehr unter der Bilanzposition „Grundstücke, grundstücksgleiche Rechte und Bauten einschließlich der Bauten auf fremden Grundstücken" auszuweisen, sondern unter den „Sonstigen Vermögensgegenständen".[76] Ihre Folgebewertung richtet sich dann nach den für Finanzinstrumente geltenden Bestimmungen.

63 Grundstücke, grundstücksgleiche Rechte und Bauten einschließlich der Bauten auf fremden Grundstücken sind in dem Zeitpunkt bilanziell zu erfassen, in dem das Unternehmen die wirtschaftliche Verfügungsmacht erlangt. Das rechtliche Eigentum ist weder notwendig noch hinreichend.[77] Die **wirtschaftliche Vermögenszugehörigkeit** ist danach zu beurteilen, wem wirtschaftlich (nicht rechtlich) die Substanz und der Ertrag des Objektes zuzurechnen sind. Nach dem Steuerrecht ist derjenige wirtschaftlicher Eigentümer, der „die tatsächliche Herrschaft über ein Wirtschaftsgut in der Weise aus[übt], dass er den Eigentümer im Regelfall für die gewöhnliche Nutzungsdauer von der Einwirkung auf das Wirtschaftsgut wirtschaftlich ausschließen kann" (§ 39 Abs. 2 Nr. 1 S. 1 AO). Die höchstrichterliche Rechtsprechung beurteilt das wirtschaftliche Eigentum nach dem Gesamtbild der Verhältnisse. Danach ist demjenigen ein Objekt zuzurechnen, der Besitz, Gefahr, Nutzen und Lasten des Objektes trägt.[78]

64 Grundstücke, grundstücksgleiche Rechte und Bauten einschließlich der Bauten auf fremden Grundstücken sind in der Bilanz höchstens in Höhe ihrer Anschaffungs- oder Herstellungskosten auszuweisen. An nachfolgenden Bilanzstichtagen sind aufgrund des Realisationsprinzips (§ 252 Abs. 1 Nr. 4 Hs. 2) die Anschaffungs- oder Herstellungskosten bei abnutzbaren Vermögensgegenständen um planmäßige Anschreibungen zu vermindern

---

71 Vgl. ADS § 266 Rn. 31.
72 Vgl. BeBiKo/Schubert/Andrejewski § 253 Rn. 455.
73 Vgl. BeBiKo/Schubert/Huber § 247 Rn. 352.
74 Vgl. WP-HdB/Gelhausen Bd. I E Rn. 569.
75 Vgl. ADS § 266 Rn. 59.
76 Vgl. BeBiKo/Schubert/Huber § 247 Rn. 359.
77 Vgl. Moxter, GoR, 2003, S. 63; Moxter, Bilanzrechtsprechung, 2007, S. 35.
78 Vgl. BGH NJW 1996, 458; BFHE 154, 321 = BStBl. II 1989, 21.

(§ 253 Abs. 1 S. 1). Darüber hinaus hat das Versicherungsunternehmen aufgrund des Imparitätsprinzips (§ 252 Abs. 1 Nr. 4 Hs. 1) zu überprüfen, ob der beizulegende Wert des Vermögensgegenstandes am Bilanzstichtag mindestens seinem Buchwert entspricht (Niederstwerttest). Ist der beizulegende Wert geringer als der Buchwert und liegt eine dauerhafte Wertminderung vor, muss der Bilanzierende eine außerplanmäßige Abschreibung vornehmen (§ 253 Abs. 3 S. 5). Eine nur vorübergehende Wertminderung rechtfertigt hingegen keine außerplanmäßige Abschreibung.

Das Versicherungsunternehmen muss im **Anhang** den **Bilanzwert der „im Rahmen** 65 **seiner Tätigkeit genutzten eigenen Grundstücke und Bauten"** angeben (§ 52 Nr. 1a RechVersV). Bei gemischt genutzten Grundstücken und Gebäuden kann die Aufteilung ggf. nach Maßgabe der Nutzfläche erfolgen.[79] Dadurch kann der Jahresabschlussadressat ua besser einschätzen, wie fungibel die Grundstücke und Gebäude sind, da nicht eigengenutzte Vermögensgegenstände regelmäßig eine schnellere Veräußerbarkeit vermuten lassen als selbstgenutzte Objekte.

Darüber hinaus ist das Versicherungsunternehmen dazu verpflichtet, den **Zeitwert** 66 **aller Grundstücke und Gebäude** anzugeben (§ 54 S. 2 Nr. 1 RechVersV). Die Angabe der Zeitwerte hat jeweils einzeln zu erfolgen (§ 54 S. 1 RechVersV). Das Versicherungsunternehmen darf auf die Offenlegung des Zeitwertes nur verzichten, wenn es diesen nicht verlässlich bestimmen kann. In diesem Fall treten an die Stelle des Zeitwertes die Anschaffungs- oder Herstellungskosten des Bilanzobjektes (§ 55 Abs. 6 RechVersV).

Das Versicherungsunternehmen ist nicht dazu verpflichtet, die Zeitwertangaben jährlich 67 zu aktualisieren. Aufgrund der Komplexität der anzuwendenden Bewertungsverfahren und der damit verbundenen Kosten und Zeitaufwendungen ist es nach § 55 Abs. 3 RechVersV ausreichend, wenn der Zeitwert mindestens alle fünf Jahre für jedes einzelne Grundstück oder Gebäude bestimmt wird.

Auslegungsschwierigkeiten bereitet in diesem Zusammenhang § 55 Abs. 4 RechVersV. 68 Nach § 55 Abs. 4 S. 2 RechVersV ist der im Anhang in Folge einer außerplanmäßigen Wertberichtigung korrigierte Marktwert „bis zur nächsten, nach den Absätzen 2 und 3 vorzunehmenden Marktwertfeststellung beizubehalten". Diese Vorschrift legt bei wörtlicher Auslegung nahe, dass bis zum nächsten planmäßigen Bewertungszeitpunkt eine erneute Wertminderung nach § 55 Abs. 4 S. 1 RechVersV unzulässig ist. Unter Anwendung des in § 341e genannten Vorsichtsprinzips ist indessen anzunehmen, dass der Vorschrift des § 55 Abs. 4 S. 1 RechVersV stets Vorrang einzuräumen ist. Insoweit muss auch jede weitere bis zum nächsten planmäßigen Schätzzeitpunkt eintretende Wertminderung im Anhang berücksichtigt werden.[80]

Die Wertfeststellung hat für jedes Bilanzobjekt separat zu erfolgen (§ 55 Abs. 3 S. 1 69 RechVersV). Eine außerplanmäßige Wertminderung kann daher nicht mit dem Hinweis oder der Vermutung unterbleiben, dass die Wertminderung eines Grundstücks durch die Werterhöhung anderer Grundstücke (mehr als) kompensiert wird.

Damit der Jahresabschlussadressat die Aktualität der Wertermittlung besser beurteilen 70 kann, ist das Versicherungsunternehmen dazu verpflichtet, für die Grundstücke und Gebäude die **jeweilige Bewertungsmethode** und die entsprechende **Zuordnung „nach dem Jahr, in dem ihre Bewertung erfolgte, anzugeben"** (§ 55 Abs. 7 RechVersV).

In diesen Posten sind auch die vom Versicherungsunternehmen **selbst genutzten,** 71 **bebauten Grundstücke** einzubeziehen. Dabei ist unter anderem die kalkulatorische (Eigen-)Miete nach § 45 Abs. 2 RechVersV sowie weitere Angaben nach § 52 Nr. 1a RechVersV zur Vergleichbarkeit mit anderen Formen der Nutzung auszuweisen.[81]

d) Sachanlagen und Vorräte. Sachanlagen und Vorräte sind in **einer eigenständi-** 72 **gen Bilanzposition** auszuweisen (Formblatt 1 RechVersV Aktiva F. I.). Zu den Sachanlagen zählen insbesondere technische Anlagen und Maschinen, andere Anlagen, die Betriebs-

---

[79] Vgl. Prölss/Kölschbach, 12. Aufl. 2015, VAGNach § 64 (§ 341b HGB) Rn. 28.
[80] Vgl. Beck Versicherungsbilanz/Stuirbrink/Schuster RechVersV § 55 Rn. 14 f.
[81] Vgl. BeckOK HGB/Schärtl Rn. 8.

und Geschäftsausstattung sowie die hierauf geleisteten Anzahlungen und Anlagen im Bau
(§ 18 Abs. 1 RechVersV).

73   Die Position **Anlagen im Bau** ist eine Sammelposition für alle Gegenstände des Anlagevermögens, die bis zum Bilanzstichtag noch nicht fertig gestellt sind. Unter der Position
werden alle bis zum Bilanzstichtag getätigten Investitionen erfasst, die auf die Herstellung
des Anlagegegenstandes gerichtet sind.[82] Im Zeitpunkt der Fertigstellung werden die entsprechenden Investitionsaufwendungen in die Bilanzposition, zu der das fertig gestellte
Bilanzobjekt gehört (zB Grundstücke oder Sachanlagen), umgebucht. Die Umbuchung
führt zu einem erfolgsneutralen Aktivtausch. Deshalb dürfen nur Investitionsausgaben unter
der Position Anlagen im Bau aktiviert werden, die aktivierungsfähige Herstellungskosten
eines auch nach Fertigstellung zu bilanzierenden Vermögensgegenstandes sind.[83] Anlagen
im Bau sind aufgrund des Imparitätsprinzips so zu bewerten, dass aus ihrem Einsatz zukünftig
kein Verlust droht. Sie dürfen deshalb höchstens mit ihrem späteren Nutzwert aktiviert
werden. Der Nutzwert entspricht dem Betrag, den das Versicherungsunternehmen aus der
Veräußerung, der Nutzungsüberlassung an Dritte oder dem internen Gebrauch des fertigen
Gegenstandes erzielen wird. Als Referenzmaßstab ist der höchste dieser Werte maßgebend.
Da die Anlagen im Bau noch nicht betriebsbereit sind, ist der Nutzwert um die Aufwendungen zu vermindern, die das Unternehmen noch tätigen muss, um das Objekt fertig zu
stellen und in einen betriebsbereiten Zustand zu versetzen.

74   Zu dem Posten Sachanlagen und Vorräte zählen auch die vom Versicherungsunternehmen für ihren Erwerb geleisteten **Anzahlungen.** Die entsprechenden Finanzmittel sind
langfristig in Sachgegenständen gebunden und stehen dem Unternehmen nach der Anzahlung bzw. Vorauszahlung nicht mehr als flüssige Mittel zur Verfügung. Anzahlungen, die das
Unternehmen für den Erwerb immaterieller Vermögensgegenstände leistet, sind unmittelbar
unter dieser Bilanzposition auszuweisen.[84] Eine außerplanmäßige Abschreibung der Vorauszahlungen ist unzulässig. Stellt sich zum Bilanzstichtag heraus, dass der zu erwerbende oder
herzustellende Vermögensgegenstand in seinem Wert gemindert ist, so ist der Differenzbetrag unter den Rückstellungen für drohende Verluste aus schwebenden Geschäften zu bilanzieren.[85]

75   **Vorräte** sind zum sofortigen Verbrauch oder zur Veräußerung bestimmt. Nach dem
Gliederungsschema des § 266 Abs. 2 werden sie deshalb im Umlaufvermögen erfasst. Abs. 1
schreibt abweichend davon ihre Bewertung nach den für das Anlagevermögen geltenden
Grundsätzen vor.[86] Diese Umqualifizierung ist grundsätzlich vertretbar: Unter die Vorräte
fallen bei Versicherungsunternehmen im Wesentlichen Büromaterialien und Betriebsstoffe
sowie die darauf entrichteten Anzahlungen (§ 18 Abs. 2 RechVersV). Für diese Verbrauchs-
gegenstände ist ein zum Bilanzstichtag bestehender (niedriger) Markt- oder Börsenkurs
grundsätzlich irrelevant, da diese Gegenstände nicht zur Veräußerung, sondern für den
Einsatz im Unternehmen bestimmt sind. Sie erfahren ihre zukünftige Wertbestimmung
entsprechend den übrigen Anlagegegenständen aus den mit ihnen verbundenen zukünftigen
Ertragsaussichten.[87]

76   **2. Bewertung wie Anlagevermögen mit dem gemilderten Niederstwertprinzip.** Die Gruppe der nach Abs. 1 S. 2 erfassten Vermögensgegenstände (Gruppe 2) **darf**
auch **bei einer nur vorübergehenden Wertminderung abgeschrieben werden.** Bei
einer voraussichtlich dauerhaften Wertminderung gilt – wie für die in Abs. 1 S. 1 aufgeführten Vermögensgegenstände – eine Abschreibungspflicht. Hierunter fallen vorbehaltlich der
Bestimmungen des Abs. 2 und des § 341c Beteiligungen, Anteile an verbundenen Unternehmen, Ausleihungen an verbundene Unternehmen oder an Unternehmen, mit denen

---

[82]   Vgl. ADS § 266 Rn. 64–67.
[83]   Vgl. Beck HdR/Scheffler B 212 Rn. 173.
[84]   Vgl. BeBiKo/Schubert/Huber § 266 Rn. 50.
[85]   Vgl. BeBiKo/Schubert/Andrejewski § 253 Rn. 457.
[86]   Vgl. EBJS/Böcking/Gros/Kölschbach Rn. 11.
[87]   Vgl. Euler ZfbF 1991, 191 (196).

ein Beteiligungsverhältnis besteht, Namensschuldverschreibungen, Hypothekendarlehen und andere Forderungen und Rechte, sonstige Ausleihungen und Depotforderungen aus dem in Rückdeckung übernommenen Versicherungsgeschäft.

Nach § 54 Abs. 1 RechVersV ist das Versicherungsunternehmen bei **Kapitalanlagen,** 77 die in der Bilanz in Höhe ihrer (fortgeführten) Anschaffungskosten oder zum Nennwert ausgewiesen werden, dazu verpflichtet, ihren **Zeitwert im Anhang** anzugeben. Dabei sind die jeweils angewandte Bewertungsmethode und die Begründung für ihre Anwendung zu benennen (§ 56 Abs. 6 RechVersV). Der Zeitwert entspricht dem Freiverkehrswert (§ 56 Abs. 1 RechVersV), höchstens aber dem vorsichtig ermittelten realisierbaren Wert (§ 56 Abs. 5 RechVersV). Bei börsennotierten Wertpapieren entspricht der Freiverkehrswert grundsätzlich dem Börsenkurs am Bilanzstichtag (§ 56 Abs. 2 RechVersV). Für Kapitalanlagen, die nicht an einer zugelassenen Börse notiert werden, ist der Freiverkehrswert grundsätzlich der Durchschnittswert, zu dem diese Anlagen am Bilanzstichtag gehandelt wurden (§ 56 Abs. 3 RechVersV). Beabsichtigt das Versicherungsunternehmen die Kapitalanlagen in absehbarer Zeit zu veräußern oder ist ihre Veräußerung nach dem Bilanzstichtag aber noch vor der Bilanzerstellung erfolgt, so sind die Anlagen um die geschätzten bzw. angefallenen Veräußerungskosten zu reduzieren (§ 56 Abs. 4 RechVersV). Für den Konzernabschluss besteht keine explizite Verpflichtung zur Zeitwertangabe von Kapitalanlagen (§ 59 RechVersV).

3. Wahlrecht zur Nennwertbilanzierung. § 341c sieht für **Namensschuldver-** 78 **schreibungen** ein Bewertungswahlrecht vor. Das Versicherungsunternehmen darf diese Kapitalanlagen im Zugangszeitpunkt statt in Höhe ihrer Anschaffungskosten auch in Höhe ihres Nennwertes bilanzieren (Abs. 1 S. 2 iVm § 341c). Auf die Kommentierung zu diesem Paragrafen wird verwiesen (→ § 341c Rn. 4 ff.).

IV. Bewertung wie Umlaufvermögen (Abs. 2)

Abs. 2 enthält die Gruppe der Vermögensgegenstände (Gruppe 3), die nach den für 79 das Umlaufvermögen geltenden Vorschriften zu bewerten sind. Für sie besteht auch im Falle einer lediglich vorübergehenden Wertminderung eine Abschreibungspflicht **(strenges Niederstwertprinzip).** Hierzu zählen Aktien, einschließlich eigener Anteile, Anteile oder Aktien an Investmentvermögen sowie sonstige festverzinsliche und nicht festverzinsliche Wertpapiere.

Abs. 2 S. 1 erfasst damit Wertpapiere, die leicht übertragbar und veräußerbar sind. 80 Es besteht die **Vermutung,** dass sie vom Versicherungsunternehmen vorrangig eingesetzt werden, um Liquiditätsengpässe zu beseitigen. Das Versicherungsunternehmen kann diese Vermutung aber widerlegen. Sind die in Abs. 2 aufgeführten Vermögensgegenstände dazu bestimmt, dauerhaft dem Versicherungsunternehmen zu dienen, so darf sie das Unternehmen dem Anlagevermögen zuordnen und nach den Vorschriften bewerten, die auf die in Abs. 1 S. 2 aufgeführten Finanzanlagen Anwendung finden. Durch die Zuordnung zum Anlagevermögen kann das Versicherungsunternehmen den Abschreibungszwang bei einer nur vorübergehenden Wertminderung umgehen.

Nach Abs. 2 S. 1 entscheidet die subjektive Zweckbestimmung durch das Versiche- 81 rungsunternehmen (weitgehend) über die Bewertung der Wertpapiere. Es besteht die Gefahr, dass der Bilanzierende dieses faktische Zuordnungswahlrecht extensiv zu bilanzpolitischen Zwecken nutzt und insbesondere versucht, durch eine Designation der Kapitalanlage zum Anlagevermögen den Abschreibungszwang bei einer vorübergehenden Wertminderung zu umgehen. Der Gesetzgeber begegnete dieser Gefahr durch § 127 Abs. 2 VAG. Danach ist das Bundesministerium der Finanzen dazu berechtigt im Einvernehmen mit dem Bundesministerium der Justiz eine **Rechtsverordnung „zur Sicherung der Liquidität des Versicherungsunternehmens und zur Wahrung der Belange der Versicherten"** zu erlassen. Mit ihr kann das Bundesministerium die Zuordnung der Kapitalanlagen iSd Abs. 2 zum Anlage- oder Umlaufvermögen reglementieren und hierzu die Vorlage einer nach den

Grundsätzen ordnungsmäßiger Buchführung aufgestellten Liquiditätsrechnung verlangen. Darüber hinaus kann für versicherungsaufsichtsrechtliche Zwecke eine Rechtsverordnung verabschiedet werden, die ergänzende Angaben zur Liquiditätsrechnung vorschreibt, mit denen überprüft werden kann, ob die Unternehmen über ausreichende Liquidität verfügen, um die dem Anlagevermögen zugeordneten Wertpapiere für die gesamte Dauer der vorübergehenden Wertminderung zu halten.

82   Bilanzrechtliche Leitlinien bieten **IDW RS VFA 2 „Auslegung des § 341b (neu)"**[88] **sowie der fachliche Hinweis des IDW Versicherungsfachausschusses (VFA) „Handelsrechtliche Bewertung von Kapitalanlagen bei Versicherungsunternehmen nach § 341b HGB", der bekräftigte,** dass IDW RS VFA 2 sowie die Diskussionsergebnisse der 149. Sitzung des VFA am 26.9.2002 zur Bewertung von Kapitalanlagen bei Versicherungsunternehmen sowie der 176. Sitzung des VFA am 5.11.2009 zur Bewertung von Schuldtiteln des Kapitalanlagebestands von Versicherungsunternehmen bei Ratingverschlechterungen weiterhin anzuwenden sind.[89] Beide konkretisieren, welche Voraussetzungen vorliegen müssen, um Wertpapiere dem Anlagevermögen zuzuordnen und in welchen Fällen von einer (nur) vorübergehenden Wertminderung auszugehen ist.

83   Nach IDW RS VFA 2 dürfen Finanzanlagen nur dann dem Anlagevermögen zugeordnet werden, wenn das Versicherungsunternehmen beabsichtigt und dazu in der Lage ist, die Wertpapiere dauerhaft im Unternehmen zu halten. Die **Klassifikation** als Anlage- oder Umlaufvermögen erfolgt **für jedes einzelne Wertpapier.** Ordnet das Versicherungsunternehmen Wertpapiere eines Emittenten gleicher Art und Gattung unterschiedlichen Kategorien zu, so muss es sicherstellen, dass es zu keiner Vermischung der Wertpapiere kommt. Die Sicherstellung kann getrennte Depots erfordern.[90]

84   Die Absicht, das Wertpapier zu Anlagezwecken zu halten, ist zu **dokumentieren.** Die Zuordnung von Wertpapieren zum Deckungsstock oder zum gebundenen Vermögen legt zwar die Vermutung nahe, dass es sich bei diesen Finanzanlagen um langfristiges Vermögen handelt. Für die Einordnung zum Anlagevermögen ist dies jedoch weder ein notwendiges noch ein hinreichendes Kriterium. Maßgebend ist vielmehr die Absicht des Versicherungsunternehmens, das Wertpapier dauerhaft im Unternehmen zu halten.[91] Die Absicht wird in Anlehnung an § 340e und in Anwendung der Grundsätze des BAV, das zum 1.5.2002 in die BaFin integriert wurde, zum Ausweis und zur Bewertung von Einzelschuldbuchforderungen[92] dokumentiert.[93]

85   Die **Einordnung** als Anlage- oder Umlaufvermögen muss **zeitnah zu ihrem Erwerb** erfolgen. Die dazu erforderliche Entscheidung setzt grundsätzlich einen Vorstandsbeschluss voraus. Sie kann aber auch durch einen Rahmenbeschluss der gesetzlichen Vertreter mit regelmäßiger Information des Gesamtvorstandes erfolgen.[94]

86   Um nachträgliche bilanzpolitisch motivierte Umgliederungen zu vermeiden, ist die einmal gewählte Kategorie grundsätzlich beizubehalten. Nach IDW RS VFA 2 darf das Versicherungsunternehmen nach der erstmaligen Klassifikation eines Wertpapiers als Anlagevermögen dieses nur noch in sachlich begründeten Ausnahmefällen in Umlaufvermögen **umklassifizieren.**[95] Die Beschränkung widerspricht dem Vorsichtsprinzip; da das Umlaufvermögen grundsätzlich strengeren (und vorsichtigeren) Bewertungsanforderungen unterliegt als das Anlagevermögen, muss eine Rückgliederung zum Umlaufvermögen regelmäßig zulässig und geboten sein, wenn dem Versicherungsunternehmen die Dauerzugehörigkeit zum Unternehmen nicht mehr hinreichend sicher erscheint. Vorsichts- und Objektivie-

---

88   Vgl. IDW WPg 2002, 475.
89   Vgl. IDW, VFA vom 27.10.2022.
90   Vgl. IDW WPg 2002, 476 Rn. 12.
91   Vgl. IDW WPg 2002, 475 Rn. 8; IDW, VFA vom 27.10.2022, S. 2.
92   Vgl. VerBAV 1992, 311.
93   Vgl. IDW WPg 2002, 475 Rn. 9.
94   Vgl. IDW WPg 2002, 475 Rn. 9; Prölss/Kölschbach, 12. Aufl. 2015, VAG nach § 64 (§ 341b HGB) Rn. 95.
95   Vgl. IDW WPg 2002, 475 Rn. 10.

rungsgesichtspunkten entspricht es dagegen, eine spätere Rückklassifikation von Umlaufvermögen in Anlagevermögen an objektivierte, sachlich begründete Ausnahmetatbestände zu knüpfen.

Das Versicherungsunternehmen hat den Nachweis zu erbringen, dass es dazu fähig ist, **87** die dem Anlagevermögen zugewiesenen Wertpapiere als Dauerinvestition zu halten. Die **Fähigkeit zur Daueranlage** ist durch eine geeignete Liquiditätsrechnung zu dokumentieren.[96] Dabei sind versicherungsspezifische Besonderheiten, wie die Stornoquote im Lebensversicherungsgeschäft und die Groß- und Größtschäden in der Schaden- und Unfallversicherung angemessen zu berücksichtigen.[97] Auch dürfen die einzelnen Wertpapiere nicht mit Beschränkungen (insbesondere vertraglicher oder satzungsmäßiger Natur) versehen sein, die der Absicht zur dauerhaften Anlage im Unternehmen entgegenstehen.[98] Der **Absicht zur Daueranlage** steht nicht entgegen, dass das Versicherungsunternehmen vereinzelte Verkäufe aus dem Anlagevermögen tätigt.[99] Ein (vorzeitiger) Verkauf eines wesentlichen Teils der als Anlagevermögen designierten Finanzanlagen kann aber ein Indiz dafür sein, dass das Versicherungsunternehmen nicht dazu fähig oder willens ist, die Wertpapiere des Anlagevermögens dauerhaft im Unternehmen zu halten und kann zu einer Umklassifizierung des noch vorhandenen Anlagebestandes zum Umlaufvermögen führen.

Nach IDW RS VFA 2 ist ein Wertpapier, das im Erwerbszeitpunkt oder im Zeitpunkt, **88** in dem das Versicherungsunternehmen die mit ihm verbundene Zweckbestimmung ändert, eine **Restlaufzeit von nicht mehr als einem Jahr** aufweist, zwingend als Umlaufvermögen zu klassifizieren.[100] Konsequenter Weise – und im Sinne des Vorsichtsprinzips – wären Wertpapiere, soweit sie ganz oder teilweise innerhalb des nächsten Jahres fällig werden, dem Umlaufvermögen zuzuweisen. Sind das Versicherungsunternehmen oder der Schuldner dazu berechtigt, innerhalb des nächsten Jahres fällig werdende Wertpapiere einseitig oder durch gemeinsame Absprache zu prolongieren, so sind sie erst dann dem Anlagevermögen zuzuweisen (oder in ihm zu belassen), wenn die Laufzeitverlängerung vor dem Bilanzstichtag rechtswirksam erfolgte; denn die Verlängerungsmaßnahmen stellen grundsätzlich wertbeeinflussende Ereignisse dar. Sie dürfen aufgrund des Stichtagsprinzips (§ 252 Abs. 1 Nr. 3) erst in dem Wirtschaftsjahr berücksichtigt werden, in dem sie eintreten. Eine Ausnahme von diesem Grundsatz besteht dann, wenn die wirtschaftlichen Verhältnisse zum Bilanzstichtag die Prolongation der Finanzanlagen durch das Versicherungsunternehmen objektiviert geboten erscheinen lassen und es nur noch von der freien Entscheidung des Versicherungsunternehmens abhängt, die Laufzeit der Kapitalanlagen zu verlängern.

V. Verbot der Festbewertung für Grundstücke, Bauten und im Bau befindliche Anlagen (Abs. 3)

Das Unternehmen darf Vermögensgegenstände des Sachanlagevermögens und Roh-, **89** Hilfs- und Betriebsstoffe zu einem Festwert ansetzen. Die Festbewertung dient der vereinfachten Inventur und der vereinfachten Bewertung. Sie darf zu keiner wesentlichen Verzerrung der Vermögenslage führen. Deshalb ist die Festbewertung nur ausnahmsweise zulässig, wenn die zum Festwert angesetzten Bilanzobjekte regelmäßig ersetzt werden, ihr Gesamtwert für das Unternehmen von untergeordneter Bedeutung ist und die Größe, der Wert und die Zusammensetzung des Gesamtbestandes nur geringen Veränderungen unterliegt (§ 256 S. 2 iVm § 240 Abs. 3). Abs. 3 verbietet die Festbewertung auf Grundstücke, Bauten und im Bau befindliche Anlagen anzuwenden. Die Vorschrift hat nach der Gesetzesbegründung nur **klarstellenden Charakter,** da „ohnehin selbstverständlich ist, daß es bei Grundstücken, Bauten und im Bau befindlichen Anlagen an der Voraussetzung der Gleichartigkeit

---

[96] Vgl. IDW WPg 2002, 475 Rn. 6.
[97] Vgl. IDW WPg 2002, 475 Rn. 6.
[98] Vgl. IDW WPg 2002, 475 Rn. 5.
[99] Vgl. IDW WPg 2002, 475 Rn. 10.
[100] Vgl. IDW WPg 2002, 475 Rn. 7.

fehlt und somit eine Bewertung zum Festwert nicht möglich ist".[101] Die **Begründung ist fehlerhaft, in der Folgerung aber richtig.**[102] Das Kriterium der Gleichartigkeit ist keine Voraussetzung für die Festbewertung, sondern für bestimmte Vermögensgegenstände, für die eine Gruppenbewertung zulässig ist (§ 256 S. 2 iVm § 240 Abs. 4). Bei Grundstücken, Bauten und im Bau befindlichen Anlagen handelt es sich aber regelmäßig um wertmäßig bedeutende und als Einzelheit ins Gewicht fallende Bilanzobjekte, bei denen sich die Festbewertung nicht (mehr) mit Vereinfachungsüberlegungen begründen lässt. Auch erfüllt diese Gruppe grundsätzlich nicht die Voraussetzung, nach der ihr Wert und ihre Zusammensetzung typischerweise keinen nennenswerten Veränderungen ausgesetzt sein darf.

VI. Von Pensionsfonds bei Lebensversicherungsunternehmen zur Deckung von Verpflichtungen gegenüber Versorgungsberechtigten eingegangene Verträge (Abs. 4)

90   Vermögensgegenstände des Anlage- und Umlaufvermögens dürfen maximal in Höhe ihrer (fortgeführten) Anschaffungs- oder Herstellungskosten aktiviert werden. Eine Überschreitung dieser Obergrenze führt zum Ausweis unrealisierter Gewinne am ruhenden Vermögen und damit zu einem Verstoß gegen das Realisationsprinzip. Abs. 4 hebt diese Restriktion partiell auf. Danach sind Verträge, die von Pensionsfonds bei Lebensversicherungsunternehmen zur Deckung von Verpflichtungen gegenüber Versorgungsberechtigten eingegangen werden, unter Umgehung des (formalen) Realisationsprinzips und des aus ihm folgenden Anschaffungswertprinzips, zu jedem Bilanzstichtag mit dem Zeitwert anzusetzen.

91   Abs. 4 trägt der Tatsache Rechnung, dass es sich bei diesen Anlagewerten „wirtschaftlich betrachtet um durchlaufende Posten handelt, die die Vermögens-, Finanz- und Ertragslage des Pensionsfonds letztlich nicht berühren".[103] Die Rechtsnorm hat materiell weitgehend klarstellende Funktion. Die formale Durchbrechung des Realisationsprinzips wird durch eine **Zurückdrängung des Einzelbewertungsprinzips** (§ 252 Abs. 1 Nr. 3) ermöglicht, die – unter bestimmten, restriktiven, am Vorsichtsprinzip orientierten Bedingungen – eine Gesamtbewertung wertmäßig zusammengehörender Aktiva und Passiva erlaubt.

92   Die Bestimmung des Abs. 4 findet ihr Pendant in den Bilanzierungsgrundsätzen, die das Versicherungsunternehmen bei der **Bewertung des Anlagestocks der fondsgebundenen Lebensversicherung** (§ 341d) beachten muss. Auch dort ist eine korrespondierende Bewertung von Anlagestock und Verpflichtung unter Durchbrechung des Anschaffungswertprinzips bei der Bewertung des Anlagestocks vorgeschrieben.

93   § 341b **konkretisiert** die für alle Kaufleute rechtsformunabhängig geltende Vorschrift des § 254. Danach sind „Vermögensgegenstände, Schulden, schwebende Geschäfte oder mit hoher Wahrscheinlichkeit erwartete Transaktionen zum Ausgleich gegenläufiger Wertänderungen oder Zahlungsströme aus dem Eintritt vergleichbarer Risiken mit Finanzinstrumenten zusammengefasst **(Bewertungseinheit)**". Die Vorschriften des § 249 Abs. 1 (Rückstellungen für ungewisse Verbindlichkeiten und Rückstellungen für drohende Verluste aus schwebenden Geschäften), § 252 Abs. 1 Nr. 3 (Einzelbewertungsprinzip) und 4 (Realisationsprinzip und Imparitätsprinzip), § 253 Abs. 1 S. 1 (Anschaffungswertprinzip) und § 256a (Grundsätze zur Währungsumrechnung) sind danach „in dem Umfang und für den Zeitraum nicht anzuwenden, in dem die gegenläufigen Wertänderungen oder Zahlungsströme sich ausgleichen" (§ 254 S. 1). Für alle Kaufleute besitzt diese Vorschrift insbesondere Relevanz für die Bewertung eines Pensionsfonds, in dem der Pensionsverpflichtete die Mittel für die späteren Pensionszahlungen anspart.[104] Abs. 4 stellt insoweit klar, dass diese Bewertungseinheit auch für den Pensionsfonds hinsichtlich seiner Finanzinvestitionen gilt, die er bei Lebensversicherungsunternehmen getätigt hat, um die gegenüber dem Versorgungsberechtigten bestehenden Verpflichtungen zu decken.

---

[101]   BR-Drs. 359/93, 75.
[102]   Vgl. Beck Versicherungsbilanz/Stöffler Rn. 93–97.
[103]   BR-Drs. 344/08, 211.
[104]   Vgl. Baetge/Kirsch/Thiele/Hommel § 249 Rn. 569–573.

Die Rechtsnorm ist insoweit konsequent und GoB-konform, solange es sich bei dieser **94** Anlageform – wie von der Regierungsbegründung zur Einführung der Rechtsnorm erläutert[105] – rechtlich oder zumindest wirtschaftlich um **durchlaufende Posten** handelt, so dass dem Versorgungsberechtigten indirekt über den Pensionsfonds sämtliche Ansprüche gegenüber der Lebensversicherung zustehen – aber auch nur diese. Der Versorgungsberechtigte trägt dann alle Chancen und Risiken aus der Anlage bei der Lebensversicherung und der Pensionsfonds agiert ihm gegenüber wirtschaftlich als Vermögensverwalter und/oder Treuhänder.

In diesen „klassischen" Fällen bestimmt sich die auf der Passivseite des Pensionsfonds **95** auszuweisende Verpflichtung gegenüber dem Versorgungsberechtigten gemäß dem Realisationsprinzip und dem Stichtagsprinzip unmittelbar in Höhe des Zeitwerts der durch den Pensionsfonds bei der Lebensversicherung getätigten Vermögensanlage. Sie stellt die ungewisse (Auszahlungs-)Verbindlichkeit dar, die der Pensionsfonds gegenüber dem Versorgungsberechtigten zu diesem Zeitpunkt hat. Dürfte der Pensionsfonds aber die Investition auf der Aktivseite seiner Bilanz unter Beachtung des strengen Anschaffungswertprinzips höchstens in Höhe der getätigten Investitionsausgaben an die Lebensversicherung abbilden, würde bei renditebringender Anlage in das Lebensversicherungsprodukt auf Seiten des Pensionsfonds ein Vermögensverlust ausgewiesen, der in dieser Höhe mit Sicherheit nicht eintritt. Die über die Anschaffungskosten hinausgehende Bewertung der Finanzinvestition **beseitigt** dann lediglich einen durch die Höherbewertung der gegenüber dem Versorgungsberechtigten bestehenden Stichtagsverpflichtung entstandenen **fiktiven Verlust** und trägt der wirtschaftlichen Betrachtungsweise Rechnung. Es liegt damit kein materieller Verstoß gegen das Realisationsprinzip vor, denn es kommt zu keinem (Netto-)Ausweis eines unrealisierten Gewinns. Vielmehr leitet der Pensionsfonds durch diese Bilanzierungsweise Ansprüche des Versorgungsberechtigten erfolgsneutral durch seine Bücher. Gewährt der Pensionsfonds – soweit rechtlich zulässig – auch eine Mindestauszahlungsgarantie gegenüber dem Versorgungsberechtigten, so betrifft das damit verbundene Risiko nicht die Bewertung des Anlagewerts, sondern die Höhe der Verpflichtungszusage und ist dort zu berücksichtigen. Sie berührt damit nicht die nach Abs. 4 gebotene Zeitwertbewertung des Aktivwerts.

Die bei der Lebensversicherung getätigte Finanzanlage ist zum Zeitwert „**unter 96 Berücksichtigung des Grundsatzes der Vorsicht** zu bewerten" (Abs. 4). Danach sind zu optimistische Schätzungen des Vermögenswerts unzulässig. Der Wertansatz der Kapitalanlage muss deshalb stets durch die Marktverhältnisse gedeckt sein (zu dieser Problematik ausführlich → § 341d Rn. 20 ff.).

Werden Vermögensgegenstände, die dem Zugriff aller übrigen Gläubiger entzogen sind **97** und ausschließlich der Erfüllung von Schulden aus Altersversorgungsverpflichtungen oder vergleichbaren langfristig fälligen Verpflichtungen dienen, zu einem die Anschaffungskosten übersteigenden Zeitwert angesetzt, so sieht § 268 Abs. 8 für die nach § 253 Abs. 1 S. 4 neu bewerteten Vermögensgegenstände eine Ausschüttungs- und Abführungssperre vor. Danach dürfen Gewinne des Unternehmens „nur ausgeschüttet werden, wenn die nach der Ausschüttung verbleibenden frei verfügbaren Rücklagen zuzüglich eines Gewinnvortrags und abzüglich eines Verlustvortrags mindestens [dem die Anschaffungskosten übersteigenden Betrag] abzüglich der hierfür gebildeten passiven latenten Steuern entsprechen". Von Pensionsfonds bei Lebensversicherungsunternehmen zur Deckung von Verpflichtungen gegenüber Versorgungsberechtigten eingegangene Verträge werden von dieser Restriktion nicht erfasst.

VII. Gliederung der Kapitalanlagen

1. Bilanzgliederung nach der Art der Kapitalanlage. Formblatt 1 RechVersV 98 unterscheidet hinsichtlich der bilanziellen Gliederung der Finanzanlagen nicht danach, ob diese nach den Grundsätzen des Anlagevermögens oder Umlaufvermögens bewertet wur-

---

[105] Vgl. BT-Drs. 16/10067, 97.

den, sondern nach der **Art der jeweiligen Kapitalanlagen.** Dadurch ist es möglich, dass eine Gliederungsposition sowohl Vermögensgegenstände mit Anlagevermögenscharakter als auch mit Umlaufvermögenscharakter enthält.[106]

99   Kapitalanlagen sind zu untergliedern in „Kapitalanlagen in verbundenen Unternehmen und Beteiligungen" (Aktiva C. II.), „Sonstige Kapitalanlagen" (Aktiva C. III.), „Depotforderungen aus dem in Rückdeckung übernommenen Versicherungsgeschäft" (Aktiva C. IV.) und „Kapitalanlagen für Rechnung und Risiko von Inhabern von Lebensversicherungspolicen" (Aktiva D.). Sie können darüber hinaus in den Bilanzpositionen „Forderungen" (Aktiva E.) und „Sonstige Vermögensgegenstände" (Aktiva F.) enthalten sein.

100   **2. Kapitalanlagen in verbundene Unternehmen und Beteiligungen. a) Untergliederung. Kapitalanlagen in verbundene Unternehmen** und Beteiligungen sind gem. Formblatt 1 RechVersV gesondert auszuweisen (Aktiva C. II.). Innerhalb der Bilanzposition erfolgt eine Untergliederung in „Anteile an verbundenen Unternehmen" (Aktiva C. II. 1.), „Ausleihungen an verbundene Unternehmen" (Aktiva C. II. 2.), „Beteiligungen" (Aktiva C. II. 3.) und „Ausleihungen an Unternehmen mit denen ein Beteiligungsverhältnis besteht" (Aktiva C. II. 4.). Nach Abs. 1 S. 2 sind die hier erfassten Kapitalanlagen nach den für das Anlagevermögen geltenden Grundsätzen zu bewerten.

101   **b) Beteiligungen. § 271 Abs. 1 S. 1** definiert Beteiligungen als „Anteile an anderen Unternehmen, die bestimmt sind, dem eigenen Geschäftsbetrieb durch Herstellung einer dauernden Verbindung zu jenen Unternehmen zu dienen". Beteiligungen sind nicht an eine bestimmte Rechtsform gebunden. Sie können zB an Kapitalgesellschaften, Personengesellschaften, Körperschaften des öffentlichen Rechts und an Unternehmen ausländischer Rechtsformen bestehen.[107] Es ist unerheblich, ob die Anteile in Wertpapieren verbrieft sind oder nicht (§ 271 Abs. 1 S. 2).

102   Der **Begriff der Anteile** iSd § 271 Abs. 1 ist nach **wirtschaftlicher Betrachtungsweise** zu beurteilen. Maßgebend ist, ob das Unternehmen in wirtschaftlicher Sicht (Mit-)Eigentümer des anderen Unternehmens ist und an dessen Vermögen als oder wie ein Eigentümer partizipiert. Der Tatbestand soll nach hM in Zweifelsfällen aus haftungsrechtlicher Sicht konkretisiert werden.[108] Danach liegen Eigentumsanteile vor, wenn Kapital ohne einen satzungsmäßigen oder vertraglichen Rückzahlungsanspruch gewährt wird oder der Beteiligende mit seinem eigenen Vermögen für den Verlust der Gesellschaft einzustehen hat, an der die Beteiligung besteht. Die Absicht der unternehmerischen Einflussnahme ist keine Voraussetzung für eine Beteiligung.[109] Auch eine Kapitaleinlage ist ebenso wenig erforderlich. Deshalb begründen auch Verträge mit Personengesellschaften grundsätzlich eine Beteiligung, bei denen das sich beteiligende Unternehmen keine Einlage erbringt und auch nicht zu erbringen hat, sofern es am Gewinn und Verlust der Gesellschaft beteiligt ist.[110] Die Beteiligung kann auch in Form einer atypischen stillen Beteiligung bestehen. Bei typischen stillen Beteiligungen nimmt das sich beteiligende Unternehmen nur am Gewinn, nicht aber am Verlust des anderen Unternehmens teil. Sie führen deshalb zu keiner Beteiligung iSd § 271. Auch Genussscheine verbriefen regelmäßig nur Gläubigerrechte und keine Anteile an Unternehmen.[111] Eine Mitgliedschaft an einer eingetragenen Genossenschaft begründet nach § 271 Abs. 1 S. 5 ebenfalls keine Beteiligung iSd § 271.

103   Die Beteiligung muss an einem anderen Unternehmen bestehen. Der **Begriff des Unternehmens** setzt grundsätzlich voraus, dass die Wirtschaftseinheit eigenständige Interessen kaufmännischer oder gewerblicher Art verfolgt und in einer für Dritte erkennbaren, selbstständigen Organisationseinheit auftritt. Bruchteilsgemeinschaften erfüllen deshalb mangels der nach außen in Erscheinung tretenden Organisationseinheit ebenso wenig die

---

[106] Vgl. Prölss/Kölschbach, 12. Aufl. 2015, VAG Nach § 64 (§ 341b HGB) Rn. 30.
[107] Vgl. BeBiKo/Grottel/Kreher § 271 Rn. 9.
[108] Vgl. ADS § 271 Rn. 6–8.
[109] Vgl. KoRVU/König Rn. 123.
[110] Vgl. BeBiKo/Grottel/Kreher § 271 Rn. 14.
[111] Vgl. KoRVU/König Rn. 119.

Unternehmenseigenschaft[112] wie Gemeinschaften, die ausschließlich ideelle, nicht aber gewerbliche oder kaufmännische Zwecke verfolgen. Auch an Investmentfonds kann keine Beteiligung iSd § 271 bestehen; denn es handelt sich bei ihnen um Sondervermögen von Kapitalgesellschaften. Sie verfolgen als Betätigungsobjekt keine eigenständigen Interessen.[113]

Die Beteiligung muss dazu bestimmt sein, dem eigenen Geschäftszweck durch **Herstel- 104 lung einer dauernden Verbindung** zu dienen.[114] Besteht der Zweck der Beteiligung ausschließlich in der Kapitalanlage und Renditeerzielung, so liegt regelmäßig keine Beteiligung iSd § 271 vor. Eine Ausnahme besteht hier lediglich für Vermögensverwaltungsgesellschaften, deren Hauptzweck in der (passiven) Anlage der ihnen überlassenen Finanzmittel liegt.

Der Begriff der Beteiligung setzt eine **Dauerhalteabsicht** voraus. Erwirbt das Unter- 105 nehmen Anteile an einem Unternehmen in der Absicht der (baldigen) Weiterveräußerung, liegt daher keine Beteiligung iSd § 271 vor.

Ist das Versicherungsunternehmen an einem anderen Unternehmen beteiligt und erfüllt 106 ein Teil der Anteile die Voraussetzungen einer Beteiligung, während der andere Teil ohne Beteiligungsabsicht gehalten wird, so sind die Anteile separat zu bilanzieren: Der Teil der Anteile, der die Voraussetzungen einer Beteiligung erfüllt, wird unter der Bilanzposition „Beteiligungen" (Aktiva C. II. 3.) ausgewiesen, der andere Teil unter „Aktien, Investmentanteile und andere nicht festverzinsliche Wertpapiere" (Aktiva C. III. 1.) erfasst.[115]

Ist das Unternehmen an einer Kapitalgesellschaft beteiligt, so liegt **im Zweifel** eine 107 Beteiligung gem. § 271 Abs. 1 S. 3 vor, wenn die Anteile insgesamt 20 % des Nennbetrages dieser Gesellschaft überschreiten.[116] Bei der Berechnung des Prozentsatzes sind die Bestimmungen des § 16 Abs. 2 und 4 AktG zu beachten (§ 271 Abs. 1 S. 4).

Bei Personengesellschaften besteht regelmäßig eine enge Verflechtung zwischen den 108 Gesellschaftern untereinander und zu dem Unternehmen. Deshalb sind die **Anteile,** die ein Unternehmen **an einer Personengesellschaft** hält, grundsätzlich unabhängig von der Beteiligungsquote als Beteiligung iSd § 271 anzusehen.[117] Die Beteiligungsvermutung ist widerlegbar.[118] Beabsichtigt das Unternehmen die an einer Personengesellschaft bestehenden Anteile kurzfristig weiterzuveräußern, so liegt keine Beteiligung vor.[119]

Die Beteiligungen sind im Erwerbszeitpunkt mit ihren **Anschaffungskosten** zu akti- 109 vieren. Zu den Anschaffungskosten zählen neben dem Anschaffungspreis für die Anteile auch die Anschaffungsnebenkosten (zB Börsenumsatzsteuer, Provisionen, Notariatskosten).[120] Dagegen gehören Kosten, die im Vorfeld des Anteilserwerbs angefallen sind, ohne dass sie direkt auf den Erwerbsvorgang gerichtet waren nicht zu den Anschaffungskosten der Beteiligung, sondern zum sofort abzugsfähigen Betriebsaufwand.[121] Die Unterscheidung fällt insbesondere bei Beratungsleistungen nicht leicht. Nach der Rechtsprechung gehören die Kosten für eine Due Diligence, die in der Regel der Aufklärung entscheidungsrelevanter Sachverhalte dient, der Entscheidungsphase an,[122] da zu diesem Zeitpunkt noch keine Erwerbsentscheidung vorliegt.[123] Sie sind damit keine Anschaffungskosten der Beteiligung und damit aufwandswirksam zu erfassen. Dagegen bilden die Ausgaben für Beratungsleistungen, die an die Kaufentscheidung anknüpfen, wie zB die Kosten einer finalisierenden Kaufpreisfindung, Anschaffungskosten.[124] Die Grenze verläuft fließend.

---

112   Vgl. BeBiKo/Grottel/Kreher § 271 Rn. 12; KoRVU/König Rn. 115.
113   Vgl. BeBiKo/Grottel/Kreher § 271 Rn. 12.
114   Vgl. ADS § 271 Rn. 15.
115   Vgl. Prölss/Kölschbach, 12. Aufl. 2015, VAG Nach § 64 (§ 341b HGB) Rn. 37.
116   Vgl. ADS § 271 Rn. 25.
117   Vgl. KoRVU/König Rn. 122.
118   Vgl. BeBiKo/Grottel/Kreher § 271 Rn. 28; BeckOK/Papenroth § 271 Rn. 34 f.
119   Vgl. ADS § 271 Rn. 27; HdR/Bieg/Waschbusch § 271 Rn. 55; EBJS/Böcking/Gros § 271 Rn. 6.
120   Vgl. BeBiKo/Schubert/Hutzler § 255 Rn. 130.
121   Vgl. BFHE 205, 292 = BStBl. II 2004, 597; BeBiKo/Schubert/Hutzler § 255 Rn. 217.
122   Vgl. BeBiKo/Schubert/Hutzler § 255 Rn. 217.
123   Vgl. Peter/Graser DStR 2009, 2032; Littmann/Bitz/Pust/Dräger/Müller/Dorn EStG § 6 Rn. 166.
124   Vgl. BFHE 217, 491 = DStR 2007, 1027.

110   Erwirbt das Unternehmen die Beteiligung durch einen **Tausch,** so wird handelsrechtlich ein Wahlrecht angenommen, nachdem das Unternehmen darüber entscheiden kann, ob es die erworbene Beteiligung (erfolgsneutral) mit dem Buchwert des hingegebenen Vermögenswertes oder aber (erfolgswirksam) mit ihrem gemeinen Wert aktiviert.[125] Aus Sicht des Realisationsprinzips ist alleine die Bewertung der Anteile zum gemeinen Wert des Hingegebenen überzeugend; denn der Tausch stellt wirtschaftlich zwei Kaufgeschäfte (zu marktüblichen Konditionen) dar, bei denen die Kaufpreisforderungen anschließend gegeneinander aufgerechnet werden.[126]

111   Wird die Beteiligung durch eine **Sacheinlage** erworben, so ist der Anschaffungspreis grundsätzlich der gemeine Wert (Börsen- oder Marktpreis) des Sacheinlagegegenstandes;[127] denn der sich an dem Unternehmen Beteiligende hätte auch die Beteiligung in bar erwerben und dem Unternehmen anschließend den Gegenstand der Sacheinlage zu marktüblichen Konditionen verkaufen können.

112   **Nachträgliche Anschaffungskosten** entstehen auf die Beteiligung, wenn nach dem Anschaffungszeitpunkt Kapitalerhöhungen vorgenommen werden oder der Beteiligte weitere (unentgeltliche) Leistungen an die Gesellschaft erbringt, die ihren Grund im Gesellschaftsverhältnis haben. Als nachträgliche Anschaffungskosten kommen zB auch Leistungen in Betracht, die der Gesellschafter aufgrund einer Bürgschaft oder zur Abwendung einer Insolvenz erbringt. Voraussetzung dafür ist allerdings, dass die Leistungen werthaltig sind.[128]

113   **Zahlungen an einen Organisationsfonds** (§ 9 Abs. 2 Nr. 5 VAG) zählen bilanzrechtlich ebenfalls zu den Anschaffungskosten einer Beteiligung.[129]

114   **c) Anteile an verbundenen Unternehmen.** Der **Begriff der verbundenen Unternehmen** wird durch § 271 Abs. 2 definiert. Danach können verbundene Unternehmen nur Mutter- und Tochterunternehmen iSd § 290 sein, die nach den Vorschriften über die Vollkonsolidierung (§§ 300–307) in den Konzernabschluss eines Mutterunternehmens einbezogen werden, das als oberstes Mutterunternehmen den am weitestgehenden **Konzernabschluss** nach dem Zweiten Unterabschnitt aufzustellen hat, oder welches einen befreienden Konzernabschluss nach § 291 oder nach einer nach § 292 erlassenen Rechtsverordnung aufstellt oder aufstellen könnte.[130] Werden Tochterunternehmen in den Konzernabschluss nicht einbezogen, weil hierfür ein Wahlrecht nach § 296 besteht, so sind sie dennoch verbundene Unternehmen (§ 271 Abs. 2 Hs. 2).[131] Gemeinschaftsunternehmen (§ 310) gehören aber ebenso wenig zu den verbundenen Unternehmen wie assoziierte Unternehmen (§ 311).[132]

115   **d) Ausleihungen an verbundene Unternehmen und an Unternehmen, mit denen ein Beteiligungsverhältnis besteht. Ausleihungen** sind langfristige Finanz- und Kapitalforderungen. Sie entstehen zumeist originär durch die Hingabe von Kapital in Form eines Darlehens.[133] Sie können aber auch durch Novation begründet werden, indem ein bestehendes, altes Schuldverhältnis, das zB eine Forderung aus Lieferungen und Leistungen zum Inhalt hat, aufgehoben und durch eine Darlehensvereinbarung ersetzt wird.[134]

116   Zu den Ausleihungen zählen auch typische **stille Beteiligungen** und patriarchische Darlehen.[135] Ausleihungen können sowohl von dem Unternehmen gewährt werden, das

---

125   Vgl. ADS § 255 Rn. 89–93; BeBiKo/Schubert/Hutzler § 255 Rn. 131 iVm Rn. 32.
126   Vgl. Kronner, GoB für immaterielle Anlagewerte und Tauschgeschäfte, 1995, 123 f.
127   AA BeBiKo/Schubert/Hutzler § 255 Rn. 135.
128   Vgl. zur Problematik ADS § 253 Rn. 45.
129   Vgl. Prölss/Kölschbach, 12. Aufl. 2015, VAG Nach § 64 (§ 341b HGB) Rn. 39; WP-HdB/Ellenbürger Bd. I K Rn. 156.
130   Vgl. Baetge/Kirsch/Thiele/v. Keitz Bilanzrecht § 271 Rn. 52; EBJS/Böcking/Gros § 271 Rn. 11.
131   Vgl. EBJS/Böcking/Gros § 271 Rn. 12.
132   Vgl. ADS § 271 Rn. 41; s. zu äußerst seltenen Ausnahmen EBJS/Böcking/Gros § 271 Rn. 11.
133   Vgl. BeBiKo/Schubert/Kreher § 266 Rn. 63.
134   Vgl. Baetge/Kirsch/Thiele/Marx/Dallmann Bilanzrecht § 266 Rn. 63.3; BeBiKo/Schubert/Kreher § 266 Rn. 63.
135   Vgl. BeBiKo/Schubert/Kreher § 266 Rn. 63.

die Beteiligung hält (aktives Beteiligungsverhältnis), als auch von dem Unternehmen, an dem das Unternehmen beteiligt ist (passives Beteiligungsverhältnis).

3. Aktien, Investmentanteile und andere nicht festverzinsliche Wertpapiere. 117
„Aktien, Investmentanteile und andere nicht festverzinsliche Wertpapiere" sind unter der **Bilanzposition Aktiva C. III. 1.** zu bilanzieren. In diese Gliederungsposition einzuordnen sind nach **§ 7 RechVersV**
– Aktien, soweit sie nicht bereits unter den „Beteiligungen" oder im Posten „Anteile an verbundenen Unternehmen" auszuweisen sind, sowie insbesondere
– Zwischenscheine, Anteile oder Aktien an Investmentvermögen, Optionsscheine, Gewinnanteilsscheine,
– als Inhaber- oder Orderpapiere ausgestaltete börsenfähige Genussscheine,
– vor ihrer Fälligkeit hereingenommene Gewinnanteilscheine sowie
– andere nicht festverzinsliche Wertpapiere, soweit sie börsennotiert sind.

Die **Bewertung** dieser Positionen richtet sich gem. Abs. 2 S. 1 nach den für das 118
Umlaufvermögen geltenden Vorschriften – es sei denn, sie sollen dem Versicherungsunternehmen dauerhaft dienen; dann erfolgt ihre Bewertung entsprechend den auf das Anlagevermögen anzuwendenden Bestimmungen.

Aktien, Zwischenscheine, Anteile oder Aktien an Investmentvermögen (die insbeson- 119
dere als umfassende Anteile an Grundstücks-, Wertpapier- und Beteiligungssondervermögen bestehen),[136] Optionsscheine und Gewinnanteilsscheine sind ebenfalls unter der Position auszuweisen ohne Rücksicht darauf, ob sie börsenfähig oder börsennotiert sind oder nicht.[137]

Genussscheine sind verbriefte Genussrechte. Werden die Genussscheine als Inhaber- 120
oder Orderpapier ausgestellt, müssen sie börsenfähig sein, um unter der Bilanzposition Aktiva C. III. 1. ausgewiesen zu werden. Die RechVersV definiert nicht, welche Voraussetzungen an die „Börsenfähigkeit" geknüpft sind. Da § 7 RechVersV § 17 RechKredV nachgebildet ist,[138] erscheint es zulässig, auf die dort geltende Definition zurückzugreifen.[139] Danach sind Wertpapiere börsenfähig, wenn sie die Voraussetzungen der Börsenzulassung erfüllen (§ 7 Abs. 2 RechKredV). Die dazu erforderlichen Voraussetzungen sind in den einschlägigen Gesetzen und Verordnungen geregelt (zB BörsG, BörsZulV).[140]

Andere nicht festverzinsliche Wertpapiere dürfen unter der Bilanzposition Aktiva 121
C. III. 1. nur ausgewiesen werden, wenn sie **börsennotiert** sind. Hierzu zählen insbesondere Bezugsrechte auf Aktien, Partizipationsscheine und Liquidationsanteilscheine.[141] Erachtet man auch hier, mangels einer einschlägigen Definition in der RechVersV, die Bestimmungen der RechKredV für anwendbar, so ist § 7 Abs. 3 RechKredV einschlägig. Danach sind Wertpapiere börsennotiert, wenn sie an einer deutschen oder an einer ausländischen Börse zum amtlichen Handel oder zum geregelten Markt zugelassen sind oder dort gehandelt werden. Kapitalanlagen, die lediglich im Telefonverkehr vertrieben werden, erfüllen diese Voraussetzungen nicht.[142]

Genussrechte, die nicht verbrieft sind oder verbrieft aber nicht börsenfähig 122
sind, werden unter dem Posten „Übrige Ausleihungen" (Aktiva C. III. 4. d) erfasst.[143] Ein Ausweis von Genussscheinen unter „Beteiligungen" oder „Anteile an verbundenen Unternehmen" ist dagegen unzulässig, da es sich bei ihnen um Gläubigerrechte eigener Art handelt, die ihrem Inhaber keine Mitgliedschaftsrechte gewähren.[144]

---

[136] Vgl. WP-HdB/Ellenbürger Bd. I K Rn. 171.
[137] Vgl. Prölss/Kölschbach, 12. Aufl. 2015, VAG Nach § 64 (§ 341b HGB) Rn. 79.
[138] Vgl. BR-Drs. 823/94, 114.
[139] Vgl. Prölss/Kölschbach, 12. Aufl. 2015, VAG Nach § 64 (§ 341b HGB) Rn. 80.
[140] Vgl. WP-HdB/Ellenbürger Bd. I K Rn. 170; vgl. auch Krumnow et al. RechKredV § 7 Rn. 5–8.
[141] Vgl. WP-HdB/Ellenbürger Bd. I K Rn. 169.
[142] Vgl. WP-HdB/Ellenbürger Bd. I K Rn. 170.
[143] Vgl. Prölss/Kölschbach, 12. Aufl. 2015, VAG Nach § 64 (§ 341b HGB) Rn. 60.
[144] Vgl. WP-HdB/Ellenbürger Bd. I K Rn. 173.

123   Des Weiteren sind durch das Inkrafttreten des AIFM-Umsetzungsgesetzes vom 4.7.2013 (BGBl. 2013 I 1981) unter diesem Posten auch **Aktien von Investmentaktiengesellschaften mit veränderlichem Kapital** (§§ 108 ff. KAGB) sowie **Kommanditanteile von Investmentkommanditgesellschaften** (§§ 124 ff. KAGB) auszuweisen.[145]

124   **4. Inhaberschuldverschreibungen und andere festverzinsliche Wertpapiere.** „Inhaberschuldverschreibungen und andere festverzinsliche Wertpapiere" sind unter der **Position Aktiva C. III. 2** gesondert in der Bilanz anzugeben, wenn sie börsenfähig sind. Ihre Bewertung richtet sich grundsätzlich nach den für das Umlaufvermögen geltenden Vorschriften (Abs. 2).

125   Unter die Bilanzposition fallen nach **§ 8 Abs. 1 RechVersV** „[f]estverzinsliche Inhaberschuldverschreibungen und andere festverzinsliche Inhaberpapiere, unabhängig davon, ob sie in Wertpapierurkunden verbrieft oder als Wertrechte ausgestaltet sind, Orderschuldverschreibungen, die Teile einer Gesamtemission sind, Schatzwechsel, Schatzanweisungen und andere Geldmarktpapiere (commercial papers, euronotes, certificates of deposit, bons de caisse und ähnliche verbriefte Rechte) sowie Kassenobligationen" und vor ihrer Fälligkeit hereingenommene Zinsscheine.

126   Zu den festverzinslichen Wertpapieren zählen auch Kapitalanlagen, die mit einem **veränderlichen Zinssatz** ausgestattet sind, wenn der variable Zinssatz an eine bestimmte Referenzgröße, wie zB einen Euro-Geldmarktzins, gebunden ist, sowie Null-Kupon-Anleihen und „Schuldverschreibungen, die einen anteiligen Anspruch auf Erlöse aus einem gepoolten Forderungsvermögen verbriefen" (§ 8 Abs. 2 RechVersV). Hierzu zählen insbesondere Asset-backed-Securities.[146]

127   Unter der Position dürfen nur Wertpapiere ausgewiesen werden, die **börsenfähig** sind. Die Börsenfähigkeit setzt voraus, dass sie die rechtlichen Voraussetzungen für die Börsenzulassung erfüllen. Bei Schuldverschreibungen tritt an die Stelle der Börsenzulassung die Voraussetzung der **Handelbarkeit.** Sie sind handelbar, wenn sie hinsichtlich ihrer Verzinsung, ihres Laufzeitbeginns und ihrer Fälligkeit einheitlich ausgestattet sind.[147]

128   Handelt es sich bei den festverzinslichen Wertpapieren um „Ausleihungen an verbundene Unternehmen", „Ausleihungen an Unternehmen, mit denen ein Beteiligungsverhältnis besteht" oder um „Sonstige Ausleihungen", so sind sie unter der entsprechenden Bilanzposition auszuweisen (§ 8 Abs. 1 RechVersV).

129   **5. Hypotheken-, Grundschuld- und Rentenschuldforderungen.** „Hypotheken-, Grundschuld- und Rentenschuldforderungen" werden unter der **Bilanzposition Aktiva C. III. 3.** gesondert erfasst. Ihre Bewertung erfolgt regelmäßig nach den für das Anlagevermögen geltenden Bestimmungen (Abs. 1 S. 2).

130   Zu der Bilanzkategorie zählen Forderungen, für die dem Versicherungsunternehmen **Pfandrechte an Grundstücken oder Schiffen** bestellt wurden „und bei denen die Befriedigung insbesondere durch Verwertung des belasteten Objekts erfolgen soll" (§ 9 S. 1 RechVersV). Forderungen, die neben anderen Absicherungen auch zusätzlich dinglich gesichert sind, ohne dass die Befriedigung der Zahlungsverpflichtungen in erster Linie durch die Verwertung des belasteten Objektes erfolgen soll, sind unter „Schuldscheinforderungen und Darlehen" (Aktiva C. III. 4. b) auszuweisen.

131   Auch der Ausweis von dinglich gesicherten Forderungen, die zusätzlich durch einen **Versicherungsvertrag gesichert werden,** erfolgt unter den „Hypotheken-, Grundschuld- und Rentenschuldforderungen" (§ 9 S. 2 RechVersV). Forderungen, die nur durch den Versicherungsvertrag, nicht aber auch dinglich abgesichert sind, werden dagegen unter dem Posten „Sonstige Ausleihungen" (§ 10 RechVersV) bilanziert.[148]

---

[145] Vgl. BeckOK HGB/Schärtl Rn. 47.
[146] Vgl. WP-HdB/Ellenbürger Bd. I K Rn. 196.
[147] Vgl. WP-HdB/Ellenbürger Bd. I K Rn. 194.
[148] Vgl. Prölss/Kölschbach, 12. Aufl. 2015, VAG Nach § 64 (§ 341b HGB) Rn. 46; WP-HdB/Ellenbürger Bd. I K Rn. 203.

Unter den „Hypotheken-, Grundschuld- und Rentenschuldforderungen" sind sowohl **132** erstrangig als auch nachrangig abgesicherte Kapitalanlagen auszuweisen. Der **Rang der Absicherung** ist für die Bilanzgliederung irrelevant. Sie kann aber für die Bewertung der Forderung relevant sein. Bei ihrer Bewertung müssen die durch die Verwertung des Sicherungsgegenstandes potentiell erzielbaren Nettoveräußerungserlöse mit einbezogen werden. Eine außerplanmäßige Abschreibung ist deshalb nur dann erforderlich, wenn der aus der Verwertung des Sicherungsobjektes für eigene Rechnung voraussichtlich verbleibende Betrag geringer ist als der Nettobetrag der bilanzierten Darlehens- und Zinsforderungen.[149]

Hypotheken-, Grundschuld- und Rentenschuldforderungen durften nach der vor Ver- **133** abschiedung des BilMoG geltenden Rechtslage nach § 341c aF abweichend von den allgemeinen für das Anlagevermögen geltenden Bewertungsgrundsätzen (§ 253 Abs. 1 S. 1) auch mit ihrem Nennwert angesetzt werden. Dieses Wahlrecht entfiel für alle nach dem 31.12.2010 beginnenden Geschäftsjahre (Art. 69 EGHGB). Dafür dürfen diese Wertpapiere nach § 341c Abs. 3 in Höhe ihrer Anschaffungskosten zuzüglich oder abzüglich der kumulierten Amortisation eines Differenzbetrags, der sich in ihrem Zugangszeitpunkt aus dem Vergleich von Anschaffungskosten und Rückzahlungsbetrag ergibt, unter Verwendung der Effektivzinsmethode aktiviert werden (§ 341c).

6. Sonstige Ausleihungen. Der Bilanzausweis „Sonstige Ausleihungen" erfolgt unter **134** der **Position Aktiva C. III. 4.** Sie sind nach den für das Anlagevermögen geltenden Vorschriften zu bewerten (Abs. 1 S. 2). Erfüllen die Ausleihungen die entsprechenden Voraussetzungen, müssen die Kapitalanlagen vorrangig unter „Ausleihungen an verbundene Unternehmen" (Aktiva C. II. 2.) bzw. „Ausleihungen an Unternehmen, mit denen ein Beteiligungsverhältnis besteht" (Aktiva C. II. 4.) ausgewiesen werden.

Die Bilanzposition **„Sonstige Ausleihungen"** umfasst nach § 10 RechVersV **135** Namensschuldverschreibungen, Schuldscheinforderungen und Darlehen, Darlehen und Vorauszahlungen auf Versicherungsscheine sowie übrige Ausleihungen.

„Namensschuldverschreibungen" lauten auf den Namen des Berechtigten.[150] Bei **136** ihnen steht die Kreditwürdigkeit des Schuldners im Vordergrund.[151] Zu den Namensschuldverschreibungen zählen insbesondere „Namenspfandbriefe, Namenskommunalobligationen, Namens-Landesbodenbriefe sowie die Anleihen des Bundes einschließlich der ehemaligen Bundesbahn und der ehemaligen Bundespost, der Länder und der Gemeinden, die auf den Namen des bilanzierenden Versicherungsunternehmens im Schuldbuch eingetragen sind" (§ 10 Abs. 1 Nr. 1 RechVersV). Namensschuldverschreibungen dürfen nach § 341c abweichend von den allgemeinen, für das Anlagevermögen geltenden Bewertungsgrundsätzen (§ 253 Abs. 1 S. 1) auch mit ihrem Nennwert aktiviert werden (→ § 341c Rn. 6 f.).

„Schuldscheinforderungen und Darlehen" durften nach der Rechtslage vor dem **137** BilMoG nach § 341c aF mit ihrem Nennwert aktiviert werden. Für nach dem 31.12.2010 beginnende Geschäftsjahre entfiel diese Möglichkeit (Art. 69 EGHGB). Schuldscheindarlehen und Forderungen sind damit grundsätzlich nach den allgemeinen Regelungen zu bilanzieren, die für das Anlagevermögen gelten. Eine Ausnahme besteht insofern, als es nunmehr zulässig ist, Schuldscheinforderungen und Darlehen in Höhe ihrer Anschaffungskosten zuzüglich oder abzüglich der kumulierten Amortisation eines Differenzbetrags, der sich in ihrem Zugangszeitpunkt aus dem Vergleich von Anschaffungskosten und Rückzahlungsbetrag ergibt, unter Beachtung der Effektivzinsmethode zu bilanzieren (→ § 341c Rn. 1 ff.).

„Darlehen und Vorauszahlungen auf Versicherungsscheine" werden dem Versi- **138** cherungsnehmer aufgrund der allgemeinen Versicherungsbedingungen gewährt. Bei den Darlehen auf Versicherungsscheine handelt es sich regelmäßig um rückzahlungspflichtige, verzinsliche Policendarlehen, die der Versicherungsnehmer erhalten kann, wenn der Versicherungsvertrag über einen positiven Rückkaufswert verfügt. „Vorauszahlungen auf Versi-

---

[149] Vgl. Beck Versicherungsbilanz/Stöffler Rn. 40.
[150] Vgl. Wagner, Gabler Versicherungslexikon, 2011, S. 441.
[151] Vgl. Prölss/Kölschbach, 12. Aufl. 2015, VAG Nach § 64 (§ 341b HGB) Rn. 50.

cherungsscheine" sind dagegen Vorauszahlungen, die das Versicherungsunternehmen dem Versicherungsnehmer vor Eintritt des Versicherungsfalls gewährt[152] und die grundsätzlich mit den später zu erbringenden Versicherungsleistungen verrechnet werden.

139   Zu dem Posten **„übrige Ausleihungen"** zählen insbesondere Tilgungsstreckungsdarlehen, Darlehen und Gehaltsvorschüsse an abhängig beschäftigte Arbeitnehmer und selbstständig tätige Versicherungsvermittler in Höhe von mehr als sechs Monatsbezügen (§ 10 Abs. 1 Nr. 4 RechVersV). Ferner sind hier Genussrechte auszuweisen, die nicht verbrieft sind sowie verbriefte, aber nicht börsenfähige Genussrechte.[153]

140   **7. Einlagen bei Kreditinstituten.** Die in der Bilanz unter der **Position Aktiva C. III. 5.** auszuweisenden **„Einlagen bei Kreditinstituten"** sind dadurch gekennzeichnet, dass das Versicherungsunternehmen erst nach Ablauf einer bestimmten Kündigungsfrist über sie frei verfügen kann. Unter dieser Position sind nicht nur entsprechende Kapitalanlagen bei Kreditinstituten, sondern auch Kautionen, die das Versicherungsunternehmen zu Gunsten ausländischer Regierungen hinterlegt hat, auszuweisen (§ 11 S. 2 RechVersV).[154]

141   Der **Barbestand** und jederzeit verfügbare verzinsliche und unverzinsliche Einlagen bei Kreditinstituten sowie Postbankguthaben gehören nicht zu dieser Bilanzposition. Sie werden unter dem Posten „Sonstige Vermögensgegenstände" als „Laufende Guthaben bei Kreditinstituten, Schecks und Kassenbestand" (Aktiva F. II.) gesondert erfasst (§ 11 S. 3 RechVersV).[155]

142   **8. Andere Kapitalanlagen.** Unter der Bilanzposition **„Andere Kapitalanlagen" (Aktiva C. III. 6.)** sind Genossenschaftsanteile und GmbH-Anteile auszuweisen, die nicht unter Beteiligungen oder Anteile an verbundenen Unternehmen zu subsumieren sind.[156] Ihr Ausweis unter „Aktien, Investmentanteile und andere nicht festverzinsliche Wertpapiere" ist unzulässig, weil sie nicht verbrieft sind. Ihre Erfassung unter den Ausleihungen scheitert daran, dass es sich bei ihnen nicht um Forderungen handelt, die vom bilanzierenden Unternehmen durch die Hingabe von Kapital erworben wurden. Ferner gelten nach § 271 Abs. 1 S. 5 Mitgliedschaften in eingetragenen Genossenschaften nicht als Beteiligungen.[157]

143   Nach § 12 RechVersV fallen unter diese Position auch Ausgleichsforderungen aus der Währungsreform von 1948. Es liegt deshalb nahe, darunter auch „Rentenausgleichsforderungen, Ausgleichsforderungen und Sonderausgleichsforderungen gemäß den Gesetzen vom 5.8.1955, 24.12.1956 und 19.3.1963"[158] zu fassen.

144   **9. Depotforderungen aus dem in Rückdeckung übernommenen Versicherungsgeschäft. „Depotforderungen aus dem in Rückdeckung übernommenen Versicherungsgeschäft"** werden unter der **Bilanzposition Aktiva C. IV.** ausgewiesen und nach den für das Anlagevermögen geltenden Vorschriften bewertet (Abs. 1 S. 2). Unter der Bilanzkategorie hat der Rückversicherer Forderungen gegen Vorversicherer auszuweisen, die aus ihnen eingeräumten Sicherheiten resultieren. Dabei ist es unerheblich, ob der Vorversicherer die Sicherheiten einbehalten hat oder ob der Rückversicherer die Sicherheiten dem Vorversicherer oder Dritten stellte (§ 13 Abs. 1 RechVersV).

145   Es gilt **ein Zusammenfassungs- und ein Saldierungsverbot.** Die Depotforderungen dürfen weder mit anderen, gegenüber dem Vorversicherer bestehenden Forderungen zusammengefasst, noch mit Verbindlichkeiten saldiert werden, die der Rückversicherer gegenüber dem Vorversicherer hat (§ 13 Abs. 2 RechVersV).

---

152   Vgl. Prölss/Kölschbach, 12. Aufl. 2015, VAG Nach § 64 (§ 341b HGB) Rn. 58; Beck Versicherungsbilanz/Stöffler Rn. 37; WP-HdB/Ellenbürger Bd. I K Rn. 223.
153   Vgl. BeckOK HGB/Schärtl Rn. 29; WP-HdB/Geib Bd. I K Rn. 227–229.
154   Vgl. WP-HdB/Ellenbürger Bd. I K Rn. 231.
155   Vgl. WP-HdB/Ellenbürger Bd. I K Rn. 232.
156   Vgl. Prölss/Kölschbach, 12. Aufl. 2015, VAG Nach § 64 (§ 341b HGB) Rn. 67 f.
157   Vgl. WP-HdB/Ellenbürger Bd. I K Rn. 237 iVm Rn. 175.
158   WP-HdB/Ellenbürger Bd. I K Rn. 236.

Behält der Rückversicherer aber das Eigentum an den zur Sicherheit hinterlegten Wert- **146** papieren, so sind diese nicht unter der Bilanzposition Aktiva C. IV. auszuweisen, sondern unter der Gliederungsposition, zu der sie gehören (§ 13 Abs. 3 RechVersV).

10. Kapitalanlagen für Rechnung und Risiko von Inhabern von Lebensversi- **147** **cherungspolicen.** Unter der Bilanzposition **Aktiva D.** finden sich „die Kapitalanlagen, nach deren Wert sich der Wert oder die Überschüsse bei fondsgebundenen Verträgen bestimmen", Kapitalanlagen, die dazu bestimmt sind, Verbindlichkeiten aus Lebensversicherungen zu decken, „bei denen die Leistung indexgebunden ist" sowie „Kapitalanlagen, die für die Mitglieder eines Tontinenunternehmens gehalten werden und zur Verteilung an diese bestimmt sind" (§ 14 Abs. 1 RechVersV).

Die Bilanzierung dieser Position ist in **§ 341d** gesondert geregelt. Auf die entsprechen- **148** den Ausführungen wird verwiesen (→ § 341d Rn. 1 ff.).

11. Forderungen aus dem selbst abgeschlossenen Versicherungsgeschäft. Die **149** **Bilanzposition Aktiva E. I.** nimmt die „Forderungen aus dem selbst abgeschlossenen Versicherungsgeschäft" auf. Dabei sind die Forderungen gegenüber Versicherungsnehmern, gegenüber Versicherungsvermittlern und gegenüber Mitglieds- und Trägerunternehmen separat anzugeben. **Forderungen,** die **gegenüber Versicherungsnehmern** bestehen, müssen Lebensversicherungsunternehmen sowie Pensions- und Sterbekassen, bei denen Forderungen nach § 15 RechVersV auftreten, danach untergliedern, ob es sich um bereits fällige oder um noch nicht fällige Ansprüche handelt (Fn. 2 zu Formblatt 1 RechVersV).

„Noch nicht fällige Ansprüche" entstehen insbesondere bei der Zillmerung von **150** Deckungsrückstellungen. Es handelt sich bei ihnen um noch nicht fällige Beiträge der Versicherungsnehmer, die auf geleistete und rechnungsmäßig gedeckte Abschlussaufwendungen entfallen (§ 15 Abs. 1 RechVersV).

Sehen Verträge, auf die noch das bis zum Inkrafttreten des Dritten Durchführungsgeset- **151** zes/EWG zum VAG (BGBl. 1994 I 1630, 3134) geltende Recht anzuwenden ist, **Garantie-** **werte** vor, so ist unter den „Noch nicht fälligen Ansprüchen" auch der Unterschiedsbetrag zwischen der geschäftsplanmäßigen und der uneingeschränkt gezillmerten Deckungsrückstellung auszuweisen (§ 15 Abs. 2 RechVersV).

12. Abrechnungsforderungen aus dem Rückversicherungsgeschäft. Die Ab- **152** rechnungsforderungen aus dem Rückversicherungsgeschäft **(Position Aktiva E. II.)** betreffen sowohl das in Rückdeckung gegebene als auch das in die Rückdeckung genommene Versicherungsgeschäft. Unter der Position wird der positive Saldo aus den laufenden Abrechnungen mit den Vor- und Rückversicherern sowie den Rückversicherungsmaklern erfasst (§ 16 S. 1 RechVersV).

Bei bis zum Bilanzstichtag gekündigten Rückversicherungsverträgen beinhaltet die **153** Position auch die **versicherungstechnischen Rückstellungen,** die zum Bilanzstichtag abgelöst werden; ist ihre Ablösung erst zu einem späteren Zeitpunkt geplant, sind die Beträge unter den entsprechenden versicherungstechnischen Rückstellungen auszuweisen (§ 16 S. 2 RechVersV).

13. Eingefordertes, noch nicht eingezahltes Kapital. Unter der **Position Aktiva** **154** **E. III** „Eingefordertes, noch nicht eingezahltes Kapital" sind eingeforderte, aber noch nicht eingezahlte Kapitalbeträge als Forderung auf der Aktivseite der Bilanz separat auszuweisen. Bei Versicherungsvereinen auf Gegenseitigkeit tritt an die Stelle der Position „Eingefordertes, noch nicht eingezahltes Kapital" die Position „Wechsel der Zeichner des Gründungsstocks". Bei Versicherungsunternehmen, die kein gezeichnetes Kapital haben, tritt dafür „der den ausstehenden Einlagen auf das gezeichnete Kapital entsprechende Posten" (Fn. 1 zu Formblatt 1 RechVersV).

14. Sonstige Forderungen. Nach § 17 RechVersV erfüllen die unter der **Position** **155** **Aktiva E. IV.** auszuweisenden „Sonstige[n] Forderungen" eine **Auffangfunktion.** In ihr sind alle Forderungen zu erfassen, die sich keiner anderen Position zuweisen lassen. Zu dem

Posten „Sonstige Forderungen" zählen insbesondere Forderungen aus Vermittlungsgeschäften, aus Führungsfremdgeschäften und sonstigen Dienstleistungsgeschäften, Kautionen sowie Forderungen an Mitglieds- und Trägerunternehmen, die nicht aus dem Versicherungsgeschäft stammen.

§ 341c Namensschuldverschreibungen, Hypothekendarlehen und andere Forderungen

(1) Abweichend von § 253 Abs. 1 Satz 1 dürfen Namensschuldverschreibungen mit ihrem Nennbetrag angesetzt werden.

(2) ¹Ist der Nennbetrag höher als die Anschaffungskosten, so ist der Unterschiedsbetrag in den Rechnungsabgrenzungsposten auf der Passivseite aufzunehmen, planmäßig aufzulösen und in seiner jeweiligen Höhe in der Bilanz oder im Anhang gesondert anzugeben. ²Ist der Nennbetrag niedriger als die Anschaffungskosten, darf der Unterschiedsbetrag in den Rechnungsabgrenzungsposten auf der Aktivseite aufgenommen werden; er ist planmäßig aufzulösen und in seiner jeweiligen Höhe in der Bilanz oder im Anhang gesondert anzugeben.

(3) Bei Hypothekendarlehen und anderen Forderungen dürfen die Anschaffungskosten zuzüglich oder abzüglich der kumulierten Amortisation einer Differenz zwischen den Anschaffungskosten und dem Rückzahlungsbetrag unter Anwendung der Effektivzinsmethode angesetzt werden.

Schrifttum: Geib/Kölschbach, Zur Bewertung und zum Ausweis von Wertpapieren und Namensschuldverschreibungen im Jahresabschluß der Versicherungsunternehmen (IDW ERS VFA 1), WPg 1999, 54; Graf v. Treuberg/Angermayer, Jahresabschluß von Versicherungsunternehmen, 1995; IDW, HFA: Stellungnahme 3/1997 Zum Grundsatz der Bewertungsstetigkeit, WPg 1997, 540; Wagner (Hrsg.), Gabler Versicherungslexikon, 2. Aufl. 2017; König, Kapitalanlagen, in Welzel ua (Hrsg.), Kompendium zur Rechnungslegung der Versicherungsunternehmen (KoRVU), 2. Aufl. Loseblatt 1982 ff., Bd. I, Abschnitt B; Rockel/Helten/Ott/Sauer, Versicherungsbilanzen, 3. Aufl. 2012.

Übersicht

I. Normzweck

1   Finanzinstrumente sind nach den handelsrechtlichen GoB grundsätzlich in Höhe ihrer (fortgeführten) Anschaffungskosten einschließlich ihrer Anschaffungsnebenkosten zu aktivieren (§ 341b). Abs. 1 durchbricht diese Regelung. Er ermöglicht Versicherungsunternehmen und Pensionsfonds (→ Vor § 341 Rn. 24), Namensschuldverschreibungen abweichend vom Anschaffungskostenprinzip des § 253 Abs. 1 S. 1 mit ihrem Nennbetrag anzusetzen. Das Wahlrecht des § 341c setzt **Art. 55 Abs. 1 lit. a RL 91/674/EWG** in nationales Recht um. Gegen die ursprüngliche Umsetzung des Art. 55 Abs. 1 lilt. a RL 91/674/EWG in § 341c aF, welche den Versicherungsunternehmen ein Wahlrecht einräumte, Namensschuldverschreibungen, Hypothekendarlehen und andere Forderungen zum Nennwert auszuweisen, richtete sich ein Beschwerdeverfahren der EU-Kommission. Sie bemängelte, dass diese extensive Erlaubnis zur Nennwertbilanzierung nicht durch Art. 55 RL 91/674/EWG gedeckt wäre. Um diese Bedenken „auszuräumen und eine Fortführung des Vertragsverletzungsverfahrens durch die Kommission zu vermeiden"‚[1] begrenzte der Gesetzgeber durch das Gesetz zur Umsetzung der geänderten Bankenrichtlinie und der geänderten Kapitaladäquanzrichtlinie vom 19.11.2010 das Wahlrecht zur Nennwertbilanzierung auf Namensschuldverschreibungen.[2] Demzufolge sind Hypothekendarlehen und andere Forderungen grundsätzlich gem. § 341b und den allgemeinen Regelungen des Anlagevermögens zu bilanzieren. Der ebenfalls nach der Beschwerde der EU-Kommission neu eingeführte Abs. 3 soll klarstellen, dass eine Bilanzierung auch zu fortgeführten Anschaffungskosten mit Hilfe der Effektivzinsmethode vorgenommen werden kann.[3]

Die Vorschrift des Abs. 2 regelt die Behandlung des Unterschiedsbetrages, der sich aus **2** der Differenz zwischen dem Nennbetrag und den Anschaffungskosten der Kapitalanlage ergibt.

Gemäß Art. 69 EGHGB ist § 341c in der Fassung des Gesetzes zur Umsetzung der **3** geänderten Bankenrichtlinie und der geänderten Kapitaladäquanzrichtlinie erstmals auf Jahres- und Konzernabschlüsse für nach dem 31.12.2010 beginnende Geschäftsjahre anzuwenden. Ein Bestandsschutz oder eine Übergangsvorschrift für bis zu diesem Stichtag letztmals zum Nennwert bilanzierte Hypothekendarlehen und andere Forderungen besteht nicht.[4]

II. Wahlrecht zur Nominalwertbilanzierung (Abs. 1)

Namensschuldverschreibungen können mit ihrem Nennwert angesetzt werden. Sie **4** unterscheiden sich von Inhaberschuldverschreibungen insbesondere durch eine eingeschränkte Fungibilität. Bei Inhaberschuldverschreibungen handelt es sich um Urkunden, in denen sich der Emittent zu einer Leistung an den Inhaber der Urkunde verpflichtet.[5] Namensschuldverschreibungen lauten dagegen nicht auf den Inhaber, sondern auf den Namen des Berechtigten.[6] Aufgrund dieser Ausgestaltung sind Namensschuldverschreibungen nur unter erschwerten Bedingungen (durch Forderungsabtretung) übertragbar.[7] Gemäß § 10 Abs. 1 Nr. 1 RechVersV gehören zu den Namensschuldverschreibungen „insbesondere die Namenspfandbriefe, Namenskommunalobligationen, Namens-Landesbodenbriefe sowie die Anleihen des Bundes einschließlich der ehemaligen Bundesbahn und der ehemaligen Bundespost, der Länder und der Gemeinden, die auf den Namen des bilanzierenden Versicherungsunternehmens im Schuldbuch eingetragen sind". Erfüllen die betreffenden Forderungen die entsprechenden Voraussetzungen, geht gem. § 10 Abs. 1 RechVersV ein Ausweis unter „Ausleihungen an verbundene Unternehmen" (Aktiva C. II. 2.) bzw. „Ausleihungen an Unternehmen, mit denen ein Beteiligungsverhältnis besteht" (Aktiva C. II. 4.) dem Ausweis unter den „Namensschuldverschreibungen" (Aktiva C.III.4.a) vor (vgl. Formblatt 1 der RechVersV).

Institute[8] dürfen Hypothekendarlehen und andere Forderungen nur dann zu ihrem **5** Nominalwert bilanzieren, wenn die **Differenz** zwischen Anschaffungskosten und Nennbetrag **Zinscharakter** hat (§ 340e Abs. 2 S. 1; zur Nominalbilanzierung bei Instituten → § 340e Rn. 17 ff.). Bei Versicherungsunternehmen hat der Gesetzgeber für das Wahlrecht zur Nominalwertbilanzierung von Namensschuldverschreibungen davon abgesehen, die Voraussetzung des Zinscharakters des Unterschiedsbetrages auch in die Vorschrift des § 341c aufzunehmen.[9] Dieser Verzicht kann (teilweise) damit gerechtfertigt werden, dass Institute und Versicherungen mit ihren aktivischen Fremdkapitalinstrumenten regelmäßig unterschiedliche Investitionsstrategien verfolgen. Institute halten Forderungen sowohl unter

---

1   BT-Drs. 17/1720, 51.
2   Vgl. BT-Drs. 17/1720, 51.
3   Vgl. BT-Drs. 17/1720, 51.
4   Vgl. MüKoBilanzR/Ellenbürger/Hammers Rn. 6.
5   Vgl. Krumnow et al. RechKredV § 22 Rn. 9.
6   Vgl. Wagner, Gabler Versicherungslexikon, 2. Aufl. 2017, S. 609.
7   Vgl. Geib/Kölschbach WPg 1999, 54 (55).
8   Die ergänzenden Vorschriften der §§ 340 ff. gelten für Kredit-, Finanzdienstleistungs-, Wertpapier-, Zahlungsinstitute und E-Geld-Institute.
9   Vgl. Beck Versicherungsbilanz/Stuirbrink/Schuster Rn. 1.

dem Aspekt der Kreditgewährung als auch als Handelsbestand. Bei zu Handelszwecken erworbenen Forderungen soll aber der Unterschiedsbetrag durch das kurzfristige Ausnutzen von Kursbewegungen gewinnbringend realisiert werden.[10] Dagegen erwerben Versicherungsunternehmen Namensschuldverschreibungen grundsätzlich als Kapitalanlage, so dass der Zinscharakter des Differenzbetrages regelmäßig gegeben ist, weswegen eine explizite Erwähnung in der Norm ausbleibt.[11]

6   Das Versicherungsunternehmen darf Namensschuldverschreibungen mit ihrem Nennwert unabhängig davon ansetzen, ob diese Kapitalanlagen **originär begründet** werden oder durch **derivativen Erwerb** im Wege der Forderungsabtretung zugehen.[12] Da es sich hierbei um aus wirtschaftlicher Sicht vergleichbare Sachverhalte handelt, ist die ausbleibende Differenzierung zwischen originärem und derivativem Erwerb als folgerichtig anzusehen.[13]

7   Werden Inhaberschuldverschreibungen in Namensschuldverschreibungen oder „Wertpapiere des Bundes oder anderer Gebietskörperschaften in Namensschuldbuchforderungen umgewandelt"[14] (vinkuliert), ändert sich dadurch die Identität des Vermögensgegenstandes nicht. Durch **Vinkulierung** wird lediglich die Zweckbestimmung der Kapitalanlage verändert. Bei restriktiver Auslegung des § 341c Abs. 1 ist die Möglichkeit zur Ausübung des Wahlrechts, Namensschuldverschreibungen abweichend von § 253 Abs. 1 S. 1 mit ihrem Nennwert anzusetzen, auf die erstmalige Bilanzierung von Namensschuldverschreibungen beschränkt. Für die durch Vinkulierung entstandene Namensschuldverschreibung ist lediglich eine Bilanzierung nach dem Anschaffungskostenprinzip iSd § 253 Abs. 1 S. 1 zulässig. Anderenfalls könnte es beim Übergang auf die Nennwertbilanzierung zu einem Gewinnausweis kommen.[15]

8   Die Möglichkeit zur Ausnutzung des Wahlrechts zur Nominalwertbilanzierung gem. Abs. 1 stellt ein Wertansatzrecht dar. Bei seiner Ausübung ist der Grundsatz der **Bewertungsstetigkeit** (§ 252 Abs. 1 Nr. 6) zu beachten.[16] Danach sollen gleichartige Sachverhalte in aufeinander folgenden Abschlüssen sowie im gleichen Abschluss in Bezug auf die Ausnutzung des Wahlrechts nicht unterschiedlich gehandhabt werden. Ein materieller Verstoß gegen das Stetigkeitsgebot führt zur Angabepflicht im Anhang gem. § 284 Abs. 2 Nr. 2.[17]

9   Bei der Bewertung der Namensschuldverschreibungen ist die **Bonität der Schuldner** gesondert zu berücksichtigen, unabhängig davon, ob vom Wahlrecht zur Nominalbilanzierung des § 341c Gebrauch gemacht wird oder nicht. Liegt eine voraussichtlich dauernde Wertminderung vor, ist auf den niedrigeren beizulegenden Wert abzuschreiben.

III. Behandlung des Unterschiedsbetrages (Abs. 2)

10   **1. Differenzierung zwischen der Pflicht und dem Wahlrecht zur Einstellung in den Rechnungsabgrenzungsposten.** Die **EG-Versicherungsbilanzrichtlinie** lässt Mitgliedstaaten ein Wahlrecht, die Verteilung des aktivierten bzw. passivierten Unterschiedsbetrages über die Restlaufzeit zuzulassen oder vorzuschreiben. Der Gesetzgeber hat mit der Vorschrift des Abs. 2 über die Behandlung des Unterschiedsbetrages die in Art. 55 Abs. 1 Buchst. b und Buchst. c RL 91/674/EWG eingeräumten Mitgliedstaatenwahlrechte für den aktivierten Unterschiedsbetrag an die Versicherungsunternehmen weitergegeben. Für den passivierten Unterschiedsbetrag wird dagegen eine Verteilung zwingend vorgeschrieben.

11   Erwirbt das Versicherungsunternehmen eine durch § 341c erfasste Kapitalanlage unter pari und macht es von dem Wahlrecht des Abs. 2 Gebrauch, so ist der Unterschiedsbetrag (Disagio) in den **passiven Rechnungsabgrenzungsposten** aufzunehmen (Abs. 2 S. 1).

---

[10] Vgl. Krumnow et al. § 340e Rn. 53.
[11] Vgl. BT-Drs. 12/5587, 26.
[12] Vgl. IDW RS VFA 1 Rn. 3 (aufgehoben am 18.6.2015).
[13] Vgl. MüKoBilanzR/Ellenbürger/Hammers Rn. 8.
[14] BeBiKo/Schubert/Hutzler § 255 Rn. 194.
[15] S. hierzu die Bsp. bei Geib/Kölschbach WPg 1999, 54 (58 f.).
[16] Vgl. BeBiKo/Störk/Büssow § 252 Rn. 76.
[17] Vgl. Beck Versicherungsbilanz/Stuirbrink/Schuster Rn. 8. Zu den Ausnahmen vom Stetigkeitsgebot vgl. IDW WPg 1997, 540 (541).

Durch seine Passivierung wird gewährleistet, dass der Zugang unabhängig von der Ausübung oder Nichtausübung des Wahlrechts gewinnneutral erfolgt.

Erwirbt das Versicherungsunternehmen die durch § 341c erfasste Kapitalanlage über **12** pari, so kann es diese im Erwerbszeitpunkt statt zu den (höheren) Anschaffungskosten auch zum (niedrigeren) Nennwert aktivieren (Abs. 1). Entscheidet sich das Versicherungsunternehmen für die Aktivierung zum Nennwert, besteht weiterhin die Möglichkeit, den Unterschiedsbetrag (Agio) in den aktiven Rechnungsabgrenzungsposten einzustellen und planmäßig aufzulösen oder ihn sofort aufwandswirksam zu verrechnen (Abs. 2 S. 2).

2. Planmäßige Auflösung. Abs. 2 schreibt vor, dass die abgegrenzten Beträge **plan-** **13** **mäßig aufzulösen** sind. Die Art und Weise der Auflösung des aktivierten bzw. passivierten Unterschiedsbetrages wird durch diese Rechtsnorm nicht näher geregelt. Sie richtet sich nach den handelsrechtlichen Grundsätzen ordnungsgemäßer Bilanzierung und insbesondere nach dem **Realisationsprinzip** (§ 252 Abs. 1 Nr. 4).

Führt die Aktivierung der Kapitalanlage zu einem passiven Rechnungsabgrenzungspos- **14** ten, so ist dieser planmäßig über die Laufzeit der Namensschuldverschreibung, dh die Zeit von der Begebung bzw. dem Erwerb, bis zum erstmöglichen Kündigungszeitpunkt, ertragswirksam aufzulösen.[18] Der Differenzbetrag resultiert regelmäßig aus einer nominellen **Un-** **oder Unterverzinslichkeit der Kapitalanlage.** Neben der Auflösung des Unterschiedsbetrages nach der Effektivzinsmethode kann aus Vereinfachungsgründen und unter Beachtung des Vorsichtsprinzips auch eine lineare Auflösung des Unterschiedsbetrages in Betracht kommen.

Das Realisationsprinzip gewährleistet, dass die Gewinnrealisierung im Zeitablauf nicht **15** durch die Ausübung des Wahlrechts tangiert wird. **Verzichtet** das Versicherungsunternehmen **auf die Nennwertbilanzierung,** so ist die Kapitalanlage mit einem Disagio im Zugangszeitpunkt mit ihren niedrigeren Anschaffungskosten zu aktivieren. Der Unterschiedsbetrag zwischen den Anschaffungskosten und dem höheren Nennbetrag ist dann nach Maßgabe des verdienten Zinsertrags den Anschaffungskosten der Kapitalanlage ertragswirksam zuzuschreiben. Der (gewinnwirksame) Zuschreibungsbetrag entspricht dem Betrag, um den das Versicherungsunternehmen bei der Ausübung des Wahlrechts den passiven Rechnungsabgrenzungsposten (ertragswirksam) aufgelöst hätte. In der Gewinn- und Verlustrechnung ist das Disagio zu Gunsten des Zinsertrags über die entsprechende Laufzeit der Kapitalanlage zu vereinnahmen.[19]

Erwirbt das Versicherungsunternehmen die Namensschuldverschreibungen über **16** pari, kann es den Differenzbetrag in den aktiven Rechnungsabgrenzungsposten einstellen. Der Differenzbetrag resultiert regelmäßig aus einer nominellen **Überverzinslich-** **keit der Kapitalanlage.** Durch den im Vergleich zum Nennbetrag (und späteren Rückzahlungsbetrag) höheren Erwerbspreis berücksichtigt der Markt diese Überverzinslichkeit. Mit dem Betrag, den das Versicherungsunternehmen über den Nennwert hinaus an den Veräußerer oder Begebenden der Kapitalanlage zahlt, vergütet es bereits im Erwerbszeitpunkt den (Bar-)Wert des Überzinses zurück. Der Differenzbetrag ist **planmä-** **ßig aufzulösen.** Die Abschreibung des Agios erfolgt als Minderung des Zinsertrages. Ein Ausweis als Zinsaufwand ist nicht möglich, da es hier an einer Schuld fehlt, zu der dieser Zinsaufwand gehört.[20]

Die in die Rechnungsabgrenzung eingestellten aktivierten und passivierten Unter- **17** schiedsbeträge sind in ihrer jeweiligen Höhe in der Bilanz oder im **Anhang** gesondert anzugeben (Abs. 2). Somit ist der Unterschiedsbetrag mit dem Betrag, der bisher noch nicht aufgelöst worden ist, aufzuzeigen. Abs. 2 verlangt neben der Angabe der Höhe des Unterschiedsbetrages keine weiteren Angaben. Eine Erläuterung der Methode der planmä-

---

18   Vgl. Beck Versicherungsbilanz/Stuirbrink/Schuster Rn. 11; KoRVU/König Rn. 83; Prölss/Kölschbach, 12. Aufl. 2005, VAG Nach § 64 (§ 341c HGB) Rn. 10.
19   Vgl. KoRVU/König Rn. 83; Prölss/Kölschbach, 12. Aufl. 2005, VAG Nach § 64 (§ 341c HGB) Rn. 10.
20   Vgl. Beck Versicherungsbilanz/Stuirbrink/Schuster Rn. 14.

ßigen Auflösung hat allerdings aufgrund von § 284 Abs. 2 Nr. 1 im Rahmen der Angaben zu den angewandten Bewertungsmethoden zu erfolgen.[21]

IV. Behandlung des Unterschiedsbetrages bei Hypothekendarlehen und anderen Forderungen (Abs. 3)

18   **Hypothekendarlehen** fallen unter den Posten „Hypotheken-, Grundschuld- und Rentenschuldforderungen". Hierunter werden gem. § 9 RechVersV Forderungen ausgewiesen, die durch Bestellung von Pfandrechten an Grundstücken oder Schiffen besichert sind „und bei denen die Befriedigung insbesondere durch Verwertung des belasteten Objekts erfolgen soll". Nicht unter diesem Posten auszuweisen sind Forderungen, die neben anderen Absicherungen auch zusätzlich dinglich gesichert sind, ohne dass die Befriedigung der Zahlungsverpflichtungen in erster Linie durch die Verwertung des belasteten Objektes erfolgen soll. Diese fallen unter den Posten „Schuldscheinforderungen und Darlehen".[22] Des Weiteren sind unter dem Posten „Hypotheken-, Grundschuld- und Rentenschuldforderungen" dinglich gesicherte Forderungen zu fassen, die durch einen Versicherungsvertrag zusätzlich gesichert sind (§ 9 S. 2 RechVersV).

19   Der Gesetzgeber lässt dagegen offen, was unter **„anderen Forderungen"** zu verstehen ist. Dem Wortlaut nach handelt es sich um einen Auffangtatbestand, der einer extensiven Auslegung zugänglich ist.[23]

20   Hypothekendarlehen und andere Forderungen sind gem. § 341b und den allgemeinen Regelungen des Anlagevermögens zu bilanzieren. Die Kapitalanlage ist im Zugangszeitpunkt mit ihren Anschaffungskosten zu aktivieren. Die Folgebewertung erfolgt zu fortgeführten Anschaffungskosten. Ein im Zugangszeitpunkt bestehender Unterschiedsbetrag zwischen den Anschaffungskosten und dem Rückzahlungsbetrag hat in der Regel den Charakter eines Zinsregulativs und resultiert aus einer nominellen Über- bzw. Un- oder Unterverzinslichkeit der Kapitalanlage. Er wird der Forderung über ihre Laufzeit hinweg gewinnwirksam zugeführt. Die sich dabei ergebenden fortgeführten Anschaffungskosten entsprechen den ursprünglichen Anschaffungskosten zuzüglich oder abzüglich der kumulierten Amortisation einer Differenz zwischen den Anschaffungskosten und dem Rückzahlungsbetrag. Bei der Bewertung der Hypothekendarlehen und anderen Forderungen ist die **Bonität der Schuldner** gesondert zu berücksichtigen (§ 341b).

21   Liegt ein Disagio vor, ist der Unterschiedsbetrag zwischen den Anschaffungskosten und dem höheren Rückzahlungsbetrag nach Maßgabe des verdienten Zinsertrags den Anschaffungskosten der Kapitalanlage ertragswirksam zuzuschreiben. Die Vereinnahmung des Disagios in der Gewinn- und Verlustrechnung erfolgt zu Gunsten des Zinsertrags über die entsprechende Laufzeit der Forderung. Besteht ein Agio, ist dieser Differenzbetrag planmäßig über die Laufzeit der Forderung zu verteilen. Die Absetzung des Agios von der aktivierten Forderung erfolgt als Minderung des Zinsertrages.

22   Abs. 3 stellt klar, dass eine Bewertung zu fortgeführten Anschaffungskosten mit Hilfe der Effektivzinsmethode erfolgen kann. Andere Methoden, die den Grundsätzen ordnungsmäßiger Buchführung entsprechen, werden dadurch nicht ausgeschlossen.[24] Ist der Unterschied zwischen einer linearen Zu- bzw. Abschreibung der Forderung und einer Verteilung des Unterschiedsbetrages nach Maßgabe der Effektivzinsmethode gering, so kann aus Vereinfachungsgründen auf die Effektivzinsmethode verzichtet werden.

23   Die Bewertung zu Anschaffungskosten zuzüglich oder abzüglich der kumulierten Amortisation einer Differenz zwischen den Anschaffungskosten und dem Rückzahlungsbe-

---

[21]   Vgl. GK-HGB/Gesmann-Nuissl/Hillmann Rn. 6; Graf v. Treuberg/Angermayer, Jahresabschluß von Versicherungsunternehmen, 1995, S. 505.

[22]   Vgl. Rockel/Helten/Ott/Sauer, Versicherungsbilanzen, 3. Aufl., 2012, S. 120; Graf v. Treuberg/Angermayer, Jahresabschluß von Versicherungsunternehmen, 1995, S. 206 f.; WP-HdB Versicherungsunternehmen/Freiling G Rn. 103.

[23]   Vgl. Beck Versicherungsbilanz/Stöffler § 341b Rn. 41.

[24]   Vgl. BT-Drs. 17/1720, 51.

trag (fortgeführte Anschaffungskosten) ermöglicht eine Bilanzierung von Agios und Disagios, die die Wertentwicklung über den Zeitablauf abbildet. Demzufolge erfüllt sie die gleiche Funktion wie die Nennwertbilanzierung nach Abs. 1 und 2 und entspricht den Grundsätzen ordnungsmäßiger Buchführung.[25]

§ 341d Anlagestock der fondsgebundenen Lebensversicherung

Kapitalanlagen für Rechnung und Risiko von Inhabern von Lebensversicherungsverträgen, bei denen das Anlagerisiko vom Versicherungsnehmer getragen wird, sind mit dem Zeitwert unter Berücksichtigung des Grundsatzes der Vorsicht zu bewerten; die §§ 341b, 341c sind nicht anzuwenden.

Schrifttum: Geib/Ellenbürger/Kölschbach, Ausgewählte Fragen zur EG-Versicherungsbilanzrichtlinie (VersBiRiLi) (Teil II), WPg 1992, 221; Greb, Lebensversicherung, Fondsgebundene, in Farny ua (Hrsg.), Handwörterbuch der Versicherung (HdV), 1988, 427; Moxter/Engel-Ciric, Grundsätze ordnungsgemäßer Bilanzierung: §§ 246–256a HGB, 2019; Späth, Deckungsrückstellungen bei Versicherungsunternehmen nach HGB und US-GAAP, 2015.

Übersicht

I. Regelungszweck

Fondsgebundene Lebensversicherungen kombinieren eine Risikolebensversicherung zumeist mit einer Anlage in Investmentfonds. Dabei investiert das Versicherungsunternehmen den Sparanteil der Bruttorisikoprämie, der nicht zur Deckung des Todesfallrisikos (Risikoprämie) und der geschäftsplanmäßigen Kosten (Kostenprämie) bestimmt ist, direkt in einen oder mehrere Investmentfonds und rechnet die Investition in Fondsanteile um.   **1**

Bei **Fondspolicen** wird der Sparanteil des Versicherten nicht unmittelbar von dem Versicherungsunternehmen am Kapitalmarkt investiert, sondern in eine Investmentgesellschaft, die das Geld verwaltet und in Investmentfondsanteile anlegt. Häufig kann der Versicherte zwischen mehreren Fonds wählen, die prozentuale Verteilung der Sparanteile auf die verschiedenen Fonds während der Vertragslaufzeit ändern und bereits angelegte Sparanteile neu auf die Fonds verteilen. Das Kapital wird aber stets auf Rechnung und Risiko des Versicherten investiert.   **2**

Endet das Versicherungsverhältnis mit Ablauf der Versicherungsdauer (Erlebensfall) **oder kündigt** der Versicherte vorzeitig, so sind ihm die Sparanteile einschließlich der zwischenzeitlich eingetretenen Wertänderungen und ggf. vermindert um noch nicht amortisierte Abschlusskosten **(Zillmerung;** → § 341f Rn. 58 ff.) auszuzahlen. Der auf ihn entfallende Fondswert entspricht der vom Versicherungsunternehmen zu erbringenden Ablaufleistung bzw. dem Rückkaufswert der Versicherung. Die Vertragsbedingungen können vorsehen, dass dem Versicherten die auf ihn entfallenden Fondsanteile auszuhändigen sind oder dass ihm der Fondswert in Geld zu vergüten ist.   **3**

Endet die Versicherung durch Tod des Versicherten, so zahlt das Versicherungsunternehmen den Fondswert an den oder die vertraglich Begünstigten aus. Liegt der Fondswert unter der vertraglich garantierten Versicherungssumme (Mindestleistung), so kommt diese zur Auszahlung.[1]   **4**

---

[25] Vgl. BT-Drs. 17/1720, 51.
[1] Vgl. Späth, Deckungsrückstellungen bei Versicherungsunternehmen nach HGB und US-GAAP, 2015, S. 83.

5   Da das Versicherungsunternehmen dazu verpflichtet ist, die (gezillmerten) Kapitalanlagen bei Fälligkeit an den Versicherten auszuzahlen, muss es hierfür eine **Deckungsrückstellung** bilden. Aufgrund der erheblichen Unsicherheit über die zukünftigen Fondserträge ist das Versicherungsunternehmen – anders als bei der herkömmlichen Deckungsrückstellung (→ § 341f Rn. 20 f.) – nicht dazu in der Lage, die Höhe dieser zukünftigen Versicherungsleistung prospektiv zu bestimmen. Die Deckungsrückstellung wird deshalb **retrospektiv** ermittelt, indem nicht die zukünftigen, sondern vielmehr die vergangenen Zahlungsströme berücksichtigt werden und die Ermittlung der Deckungsrückstellung anhand der aufgezinsten Einnahmen und Ausgaben erfolgt.[2] Da der Versicherte vollständig das Anlagerisiko trägt, schlägt sich jede Wertentwicklung des Fondsvermögens in gleichem Ausmaß in der Deckungsrückstellung nieder.[3] Die Wertänderung des Fondsvermögens wird durch eine entsprechende Gegenbuchung über die Veränderung der Deckungsrückstellung neutralisiert.[4]

6   Eine bilanzrechtliche Problematik entsteht dadurch, dass für die Bewertung des Anlagestocks die (ggf. um planmäßige Abschreibungen verminderten) Anschaffungs- oder Herstellungskosten der in ihm enthaltenen Vermögensgegenstände die Wertobergrenze bilden (Realisationsprinzip; § 252 Abs. 1 Nr. 4), während für (ungewisse) Verbindlichkeiten das Höchstwertprinzip gilt, wonach sie mit dem beizulegenden Wert zu passivieren sind, wenn dieser die ursprünglichen Zugangswerte überschreitet (Imparitätsprinzip; § 252 Abs. 1 Nr. 4). Entwickelt sich der Fondswert positiv, so kann dies zu einem Auseinanderfallen der Wertansätze auf der Aktivseite und der Passivseite und damit zu einer fehlerhaften Darstellung der Unternehmenslage führen. Es erscheint daher sinnvoll, entweder die Bewertung des Anlagestocks an die Bewertung der korrespondierenden Deckungsrückstellung zu knüpfen oder den Wert der Deckungsrückstellung an die Buchwertentwicklung des Anlagestocks zu binden. Der Gesetzgeber hat sich für die erste Variante entschieden. Unter Durchbrechung des Anschaffungskostenprinzips (§ 253 Abs. 1 S. 1) und der Bestimmungen der §§ 341b und 341c sind Kapitalanlagen, die das Versicherungsunternehmen auf Rechnung und Risiko des Versicherten hält, ebenso wie die Deckungsrückstellung in Höhe der aktuellen Zeitwerte zu bilanzieren.

II. Anwendungsbereich

7   § 341d setzt Art. 15 RL 91/674/EWG in nationales Recht um und ist auf sämtliche **Kapitalanlagen für Rechnung und Risiko von Inhabern von Lebensversicherungsverträgen** anzuwenden, bei denen das Anlagerisiko vom Versicherungsnehmer getragen wird. Dazu zählen „Kapitalanlagen, nach deren Wert sich der Wert oder die Überschüsse bei fondsgebundenen Verträgen bestimmen, und Kapitalanlagen zur Deckung von Verbindlichkeiten aus Verträgen, bei denen die Leistung indexgebunden ist, ferner solche Kapitalanlagen, die für die Mitglieder eines Tontinenunternehmens gehalten werden und zur Verteilung an diese bestimmt sind" (Art. 15 RL 91/674/EWG und wortgleich § 14 Abs. 1 RechVersV).

8   Die Anlagemöglichkeiten wurden im Vergleich zur Vorregelung des § 54b VAG idF vom 31.8.2015 ausgeweitet, so dass nun auch für offene Publikumssondervermögen und interne Fonds eine Übertragung des Anlagerisikos auf den Versicherungsnehmer erfolgen kann (§ 124 Abs. 2 S. 2 Nr. 1 VAG). Unberührt von der Änderung bleiben Versicherungsverträge, die ihre Versicherungsleistungen direkt an einen Index binden (§ 124 Abs. 2 S. 2 Nr. 2 VAG). Für solche Lebensversicherungen haben Versicherungsunternehmen Anlagestöcke zu bilden, die eine selbstständige Abteilung des Sicherungsvermögens darstellen (§ 125 Abs. 5 VAG). Sie sind in Vermögenswerte anzulegen, die mit den Versicherungsleistungen korrespondieren (zB Grundbesitz, Investmentzertifikate, Aktienfondsanteile). Darü-

---

[2]   Vgl. Prölss/Dreher/Kölschbach/Hammers/Engeländer VAG § 88 Rn. 42.
[3]   Vgl. Beck Versicherungsbilanz/Stuirbrink/Schuster Rn. 3.
[4]   Vgl. Geib/Ellenbürger/Kölschbach WPg 1992, 221 (224); Beck Versicherungsbilanz/Stuirbrink/Schuster RechVersV § 39 Rn. 3.

ber hinaus fordert § 124 Abs. 2 S. 2 Nr. 3 VAG bei Vorliegen einer Garantie in Bezug auf das Anlageergebnis oder einer sonstigen garantierten Leistung auch die allgemeinen Anforderungen an die Vermögensanlage nach § 124 Abs. 1 Nr. 5–8 zu beachten.

Eine Verpflichtung zur Bildung eines Anlagestocks besteht regelmäßig für **fondsgebun-** **9** **dene Lebensversicherungen.** Bei ihnen schuldet das Versicherungsunternehmen – anders als bei der klassischen Lebensversicherung – keine garantierte Mindestleistung in Geld, sondern einen bestimmten Anteil an einem Sondervermögen.[5] Dessen Wert ist nicht im Vorhinein der Höhe nach fixiert, sondern ergibt sich aus der Anzahl der dem Versicherten gutgeschriebenen Anteile multipliziert mit dem bei Fälligkeit der Vertragsleistung gültigen Anteilspreis.[6] Fondsgebundene Lebensversicherungen müssen nach § 125 Abs. 5 VAG einen separaten Anlagestock bilden, wenn sie auf Rechnung und Risiko des Versicherten in Anteile an einem offenen Investmentvermögen iSd § 1 Abs. 4 KAGB investieren (§ 125 Abs. 5 Nr. 1 VAG). Die Pflicht hierzu besteht auch, wenn die vom Versicherungsunternehmen geschuldete Versicherungsleistung in von einer Investmentgesellschaft ausgegebenen Anteilen besteht (§ 125 Abs. 5 Nr. 2 VAG) oder wenn sie sich auf nicht in Geld bestehende Vermögensgegenstände iSd § 2 Abs. 4 InvG aF bezieht (§ 125 Abs. 5 Nr. 3 VAG). Die entsprechenden Anteile (zB Aktienfonds, Rentenfonds, Immobilienfonds oder Anlagenmix) können von konzerneigenen Kapitalanlagegesellschaften ausgegeben oder von konzernfremden Investmentgesellschaften angeboten werden.

Unter den Regelungsbereich des § 341d fallen ferner **indexbezogene Kapitalanla-** **10** **gen,** deren Werthaltigkeit und Rendite sich in Abhängigkeit eines zuvor fixierten Bezugswertes entwickelt (§ 341d iVm § 125 Abs. 5 Nr. 4 VAG).[7] Hängt die Höhe der Versicherungsleistung von einem Aktienindex oder einem anderen Bezugswert ab, so muss das Versicherungsunternehmen die auf den Anlagestock entfallenden Beträge entweder in Anteile anlegen, die direkt den Bezugswert repräsentieren (zB Aktienindex) oder den Bezugswert künstlich nachbilden, indem es in ausreichend sichere und liquide Vermögenswerte investiert, die so genau wie möglich den Werten entsprechen, auf denen der Bezugswert basiert (§ 124 Abs. 2 Nr. 2 VAG).

Gemäß § 14 Abs. 1 RechVersV sind unter § 341d auch Kapitalanlagen aus **Tontinen-** **11** **versicherungen** zu subsumieren. Bei diesen Versicherungen zahlt eine Gesamtheit von Anlegern einen Betrag in das Versicherungsunternehmen ein, der am Ende einer fest vereinbarten Laufzeit zusammen mit der zwischenzeitlich erwirtschafteten Rendite an die Überlebenden der Gesamtheit ausbezahlt wird.[8] Die Anleger setzen das biometrische Risiko zur Erhöhung der Rendite für die Überlebenden ein. Der Abschluss von Tontinenversicherungen war in Deutschland wegen seines Glücksspielcharakters verboten, ist aber seit der Transformation der Dritten Richtlinie Lebensversicherung der EG in nationales Recht explizit erlaubt.

III. Bewertung zum Zeitwert

1. Unbebaute Grundstücke und Gebäude. § 341d enthält keine expliziten **Vor-** **12** **schriften zur Bestimmung des Zeitwertes** für Kapitalanlagen, die das Lebensversicherungsunternehmen auf Rechnung und Risiko des Versicherten hält. Deshalb sind die Bilanzobjekte des Anlagestocks grundsätzlich unter Beachtung der allgemeinen Vorschriften zu bewerten, die die EG-Versicherungsbilanzrichtlinie bzw. die RechVersV für die Zeitwertermittlung von Kapitalanlagen vorsieht. Maßgebend sind dabei grundsätzlich die Art. 48, 49 RL 91/674/EWG, die wortgleich – wenn auch in veränderter Reihenfolge – in die §§ 55, 56 RechVersV übernommen wurden.

Danach entspricht der Zeitwert von Grundstücken und Gebäuden ihrem Marktwert. **13** Unter dem **Marktwert** ist der Betrag zu verstehen, zu dem der Vermögensgegenstand zum

---

5　Vgl. HdV/Greb S. 427.
6　Vgl. HdV/Greb S. 427.
7　Vgl. Prölss/Dreher/Lipowsky VAG § 125 Rn. 41.
8　Vgl. Beck Versicherungsbilanz/Stuirbrink/Schuster Rn. 6.

Bilanzstichtag zwischen vertragswilligen und voneinander unabhängigen Vertragsparteien veräußert oder getauscht werden könnte. Wertmindernde Sondereinflüsse, wie eine kurze Verhandlungszeit oder andere äußere Umstände, die einer ordnungsgemäßen Veräußerung im Wege stehen, sind zu vernachlässigen (§ 55 Abs. 2 RechVersV, Art. 49 Abs. 2 RL 91/674/EWG).

14   Existiert kein am Markt leicht ablesbarer, aussagekräftiger Wert, so ist dieser anhand anerkannter Bewertungsmethoden zu schätzen (§ 55 Abs. 3 RechVersV, Art. 49 Abs. 3 RL 91/674/EWG). In Betracht kommen dabei insbesondere das **Ertragswertverfahren** und die **Discounted Cash-Flow-Verfahren.** Das Versicherungsunternehmen kann die Bewertung auch anhand von **Multiplikatorverfahren** vornehmen, sofern diese dazu geeignet sind, den Objektwert angemessen zu bestimmen. Wurden ähnliche Objekte kurz vor dem Bilanzstichtag verkauft, können auch die erzielten Verkaufspreise geeignete Anhaltspunkte für die Wertschätzung bieten.

15   Der Zeitwert von Grundstücken und Gebäuden ist regelmäßig ohne Veräußerungskosten zu bilanzieren. Diese Restriktion dient der Objektivierung der Rechnungslegung, denn die Höhe der mutmaßlich entstehenden Veräußerungskosten hängt entscheidend vom Einzelfall und den konkreten Maßnahmen ab, die das Versicherungsunternehmen im Rahmen der Veräußerung plant. Je weiter der Veräußerungsvorgang in der Zukunft liegt, desto unsicherer und ermessensbehafteter ist die Wertbestimmung der Veräußerungskosten. Allerdings gilt diese Einschränkung auch – und insbesondere – für die Schätzung des Zeitwerts der Grundstücke, denn die Höhe des erzielbaren Markt- oder Veräußerungspreises wird entscheidend von den Verkaufsanstrengungen und den dabei in Kauf genommenen Kosten mitbestimmt. Ein ohne die Veräußerungskosten ermittelter Zeitwert informiert damit nicht (mehr) zutreffend über die bei Verkauf erzielbaren Nettoveräußerungserlöse.

16   Eine Ausnahme besteht für solche Grundstücke und Gebäude, die das Versicherungsunternehmen nach dem Bilanzstichtag, aber vor der Bilanzaufstellung verkauft oder die aus Sicht des Zeitpunkts der Bilanzaufstellung in nächster Zeit verkauft werden sollen. Bei ihnen ist der (geschätzte) Marktwert um die angefallenen oder geschätzten **Veräußerungskosten** zu reduzieren (§ 55 Abs. 5 RechVersV, Art. 49 Abs. 5 RL 91/674/EWG). Dabei ist es unbeachtlich, ob der Verkauf bzw. der Verkaufsentschluss nachweislich erst nach dem Bilanzstichtag gefasst wurde und es sich somit um eine wertbegründende Tatsache handelt.

17   Diese Regelung dient zwar scheinbar der vorsichtigen und/oder objektivierten Vermögensbewertung, sie verstößt jedoch – insbesondere dann, wenn nach dem Bilanzstichtag angefallene Ist-Kosten in die Bewertung einzubeziehen sind – gegen das **Periodisierungsprinzip** (§ 252 Abs. 1 Nr. 5) und das **Stichtagsprinzip** (§ 252 Abs. 1 Nr. 3) und überschreitet die Antizipationskraft des Imparitätsprinzips (§ 252 Abs. 1 Nr. 4). Danach müssen sich die neuen Erkenntnisse auf Tatsachen beziehen, die zum Bilanzstichtag bereits objektiv vorlagen, dem Bilanzierenden aber noch nicht bekannt waren (werterhellende Tatsachen). Risiken und Verluste, die durch Ereignisse (oder Entscheidungen) entstehen, die erst nach dem Bilanzstichtag eintreten (oder getroffen werden), dürfen dagegen nicht mehr berücksichtigt werden, weil es sich um wertbeeinflussende Tatsachen handelt, mit denen der Bilanzierende selbst bei größter Sorgfalt zum Bilanzstichtag noch nicht rechnen konnte oder musste.[9]

18   Ist es dem Versicherungsunternehmen nicht möglich, den Marktwert eines Gebäudes oder Grundstücks verlässlich zu bestimmen, so ist der Vermögensgegenstand zu (fortgeführten) Anschaffungs- oder Herstellungskosten zu bilanzieren (§ 55 Abs. 6 RechVersV, Art. 49 Abs. 6 RL 91/674/EWG).

19   Das Versicherungsunternehmen ist dazu verpflichtet, die angewandte **Bewertungsmethode** und die entsprechende Zuordnung der Grundstücke und Bauten nach dem Jahr, in dem ihre Bewertung erfolgte, **im Anhang** anzugeben und ggf. zu begründen (§ 55 Abs. 7 RechVersV, Art. 49 Abs. 7 RL 91/674/EWG).

---

[9]   Vgl. dazu Moxter/Engel-Ciric, Grundsätze ordnungsgemäßer Bilanzierung: §§ 246–256a HGB, 2019, S. 32–36.

2. Übrige Kapitalanlagen. Der Zeitwert der übrigen Kapitalanlagen entspricht 20 grundsätzlich ihrem „**Freiverkehrswert**" (§ 56 Abs. 1 RechVersV, Art. 48 Abs. 1 RL 91/674/EWG). Werden die Kapitalanlagen an der Börse notiert, ist unter dem „Freiverkehrswert" der Börsenkurs zum Bilanzstichtag zu verstehen. Bei **Investmentfonds** ist der Rücknahmepreis, nicht aber der Erwerbspreis, maßgebend. Findet am Bilanzstichtag kein Handel an der Börse statt, so ist der Börsenkurs bewertungsrelevant, mit dem die Kapitalanlage am letzten, dem Bilanzstichtag vorausgehenden Markttag gehandelt wurde (§ 56 Abs. 2 RechVersV, Art. 48 Abs. 2 RL 91/674/EWG). Werden die **Kapitalanlagen an keiner Börse notiert,** so sind sie – falls ein Markt besteht – mit dem Durchschnittswert anzusetzen, zu dem diese Kapitalanlagen zum Bilanzstichtag (oder hilfsweise zum letzten vor dem Bilanzstichtag liegenden Markttag) gehandelt wurden (§ 56 Abs. 3 RechVersV, Art. 48 Abs. 3 RL 91/674/EWG).

Ein Börsen- oder Marktwert lässt sich jedoch nur dann verwenden, wenn die Kapitalan- 21 lage in ausreichendem Umfang aktiv am Markt gehandelt wird, so dass der festgestellte Börsen- oder Marktpreis die Wertvorstellungen von Käufer und Verkäufer adäquat widerspiegelt. Fehlt es dagegen an einem **aktiven Markt,** weil die Kapitalanlage so spezifisch ist, dass sie an keinem Markt in ausreichendem Umfang zum Handel angeboten wird oder liegt eine Marktenge vor, so dass sich zum Bilanzstichtag Käufer und Verkäufer nicht in ausreichendem Umfang nachweisen lassen (wie zB bei bestimmten „over-the-counter"-Märkten), so ist der am Bilanzstichtag festgestellte Börsen- oder Marktwert nicht ausreichend repräsentativ und daher nicht hinreichend, um den Wertansatz zu begründen.

Lässt sich zum Bilanzstichtag kein repräsentativer „Freiverkehrswert" feststellen, kann 22 das Versicherungsunternehmen den Wert der Kapitalanlage anhand von **Markttransaktionen** ableiten, die kurze Zeit vor dem Bilanzstichtag stattgefunden haben, sofern die wirtschaftlichen Rahmenbedingungen in der Zwischenzeit unverändert geblieben sind. Erlauben auch diese Transaktionen, so vorhanden, keinen verlässlichen Rückschluss auf den Wertansatz der Kapitalanlage, so ist deren Wert anhand von Preisen abzuleiten, die am Markt für ähnliche Kapitalanlagen gezahlt werden. Ist auch dies nicht möglich, so hat die Bewertung der Kapitalanlagen – ähnlich der Bewertung der Gebäude und Grundstücke – anhand **anerkannter Bewertungsmethoden** (zB Ertragswert- und Discounted Cash-Flow-Verfahren, Multiplikatorverfahren sowie Optionspreismodelle) zu erfolgen. Dabei sind die Kapitalanlagen „höchstens mit ihrem voraussichtlich realisierbaren Wert" (§ 56 Abs. 5 RechVersV) anzusetzen, der „dem Grundsatz der Vorsicht" (Art. 48 Abs. 5 RL 91/674/EWG) entspricht.

IV. Zurückdrängung des Vorsichtsprinzips

Nach Auffassung der Literatur können die für die übrigen Kapitalanlagen geltenden 23 Bewertungsgrundsätze sinngemäß auf die Bewertung des Anlagestocks übertragen werden, da sie sich von ihr prinzipiell nicht unterscheiden.[10] Insbesondere gilt, dass im Zweifel der niedrigere von zwei möglichen Wertansätzen zu wählen ist (Vorsichtsprinzip) und bei Schwierigkeiten einer objektivierten Marktwertbestimmung die Anschaffungs- oder Herstellungskosten beizubehalten sind (vorsichtsbestimmte Objektivierung). Diese Argumentation greift jedoch zu kurz. Sie verkennt die **Funktion des Anlagestocks** und das **Motiv der Zeitwertbilanzierung.**

Da sich die Zeitwertveränderungen unmittelbar zu Gunsten und zu Lasten des Versi- 24 cherten auswirken, führt eine vorsichtige Bilanzierung der Kapitalanlage (korrespondierend) zu einer unvorsichtigen Dotierung der Deckungsrückstellung. Für die Deckungsrückstellung ist aber ausdrücklich vorgesehen, dass sie (ebenfalls) vorsichtig zu bewerten ist (→ § 341f Rn. 16 f.). Eine vorsichtige Schätzung der Deckungsrückstellung erfordert aber im Umkehrschluss eine progressive und damit tendenziell unvorsichtige Bewertung der Kapitalanlage.

---

[10] Vgl. Beck Versicherungsbilanz/Stuirbrink/Schuster Rn. 10 sowie Rn. 14.

25   Das **Dilemma** ist dadurch zu lösen, dass entweder beide Bilanzpositionen risikoneutral zu bewerten sind oder dass das Vorsichtsprinzip der Deckungsrückstellung als vorrangig gilt. Für letzteres spricht, dass die Ausnahmevorschrift des § 341d geschaffen wurde, weil sonst „auf der Aktivseite ein entsprechender Gegenposten für die erhöhte Deckungsrückstellung, in welcher der Unterschied zwischen (…) den historischen Kosten und dem Zeitwert des Vermögenswertes zum Ausdruck kommt",[11] fehlt. Die Bewertung der Aktivposition folgt damit reflexartig der vorsichtigen Bewertung der Deckungsrückstellung und nicht umgekehrt. Ferner dokumentiert eine höhere (ungewisse) Verbindlichkeit zugleich das Risiko eines höheren Liquiditätsabflusses im Fälligkeitszeitpunkt der Versicherungsleistungen und zwingt das Versicherungsunternehmen zu einer vorsichtige(re)n und sorgfältige(re)n Analyse der Finanzlage, während für den Bilanzleser durch die Gliederungsvorschriften erkennbar wird, dass der dadurch erzwungene höhere Anlagestock für fremdes Risiko (und für fremde Chance) gehalten wird. Allerdings ist (auch) die Kapitalanlage des § 341d gemäß dem Einzelbewertungsprinzip (§ 252 Abs. 1 Nr. 3) isoliert zu bewerten. Ihr Wertansatz darf damit nicht von der Bewertung anderer Bilanzpositionen abhängen. Bewusste Überbewertungen sind verboten. Der Wertansatz der Kapitalanlage muss deshalb zumindest durch die Marktverhältnisse gedeckt sein, was zu einer Beschneidung der bei der Bewertung der Deckungsrückstellung anzuwendenden Vorsicht führt.

V. Gliederung, Anhang

26   Kapitalanlagen, die auf Rechnung und Risiko des Versicherten gehalten werden, sind in der **Bilanz** (Formblatt 1 RechVersV) unter der Position Aktiva D. auszuweisen. Die versicherungstechnischen Rückstellungen im Bereich der Lebensversicherung, bei denen der Versicherte das Anlagerisiko trägt, werden unter der Position Passiva F. angesetzt und sind zu unterteilen in „Deckungsrückstellung" (Passiva F. I.) sowie „Übrige versicherungstechnische Rückstellungen" (Passiva F. II.). Bei beiden Rückstellungskategorien sind zunächst die Bruttobeträge anzugeben (Formblatt 1 Passiva F. I. 1. bzw. F. II. 1.) und anschließend die in Rückdeckung gegebenen Anteile offen abzusetzen (Passiva F. I. 2. bzw. F. II. 2.). Unter der Position Passiva F. sind sämtliche versicherungstechnischen Rückstellungen im Bereich der Lebensversicherung auszuweisen, „deren Wert oder Ertrag sich nach Kapitalanlagen bestimmt, für die der Versicherungsnehmer das Risiko trägt, oder indexgebunden ist" (Art. 31 S. 1 RL 91/674/EWG). In diese Passivposition sind auch die „Verpflichtungen eines Tontinenbetreibers gegenüber den Mitgliedern einer Tontine" aufzunehmen (Art. 31 S. 3 RL 91/674/EWG).

27   In der **Gewinn- und Verlustrechnung** (in der Regel Formblatt 3[12]) sind die nicht realisierten Gewinne oder Verluste aus den Kapitalanlagen, die das Versicherungsunternehmen für Rechnung und Risiko von Inhabern von Lebensversicherungspolicen hält, gesondert auszuweisen. Dabei dürfen Zeitwertgewinne von Anlagestöcken nicht mit Zeitwertverlusten anderer Anlagestöcke saldiert werden.

28   Die **Zeitwertgewinne oder -verluste** der Vermögensgegenstände des Anlagestocks, die sich zum Bilanzstichtag noch im Unternehmen befinden, werden in der Gewinn- und Verlustrechnung unter den Positionen „Nicht realisierte Gewinne aus Kapitalanlagen" bzw. „Nicht realisierte Verluste aus Kapitalanlagen" (Formblatt 3 I. 4. bzw. I. 11.) ausgewiesen. Die neutralisierende Gegenbuchung erfolgt in der Gewinn- und Verlustrechnung durch die Verbuchung der Veränderung der Deckungsrückstellung (Bilanzposition) und der Gegenbu-

---

11   Unveröffentlichte Begründung zum ersten Vorschlag einer EG-Versicherungsbilanzrichtlinie, zitiert nach Geib/Ellenbürger/Kölschbach WPg 1992, 221 (223).

12   Formblatt 2 findet auf Schaden-, Unfall- und Rückversicherungsunternehmen Anwendung; Formblatt 4 ist für Lebensversicherungsunternehmen vorgesehen, die auch das selbst abgeschlossene Unfallversicherungsgeschäft betreiben, sowie für Schaden- und Unfallversicherungsunternehmen, die auch das selbst abgeschlossene Krankenversicherungsgeschäft nach Art der Lebensversicherung betreiben, soweit dieses Geschäft einen größeren Umfang aufweist, vgl. § 2 RechVersV.

chung in der GuV (Posten „Veränderung der übrigen versicherungstechnischen Netto-Rückstellungen"; Formblatt 3 I.7b).[13]

Werden dem Anlagestock zugewiesene Vermögensgegenstände verkauft, so sind die **29** entsprechenden Gewinne oder Verluste in der Gewinn- und Verlustrechnung unter der Position „Gewinne aus dem Abgang von Kapitalanlagen" (Formblatt 3 I. 3. d) bzw. „Verluste aus dem Abgang von Kapitalanlagen" (Formblatt 3 I. 10. c) auszuweisen.[14]

Das Versicherungsunternehmen ist dazu verpflichtet, im **Anhang** „die Zusammenset- **30** zung des Anlagestocks und die Zahl der Anteileinheiten zum Abschlußstichtag anzugeben" (§ 14 Abs. 2 RechVersV). Eine sachgerechte Aufgliederung des Anlagestocks entsprechend der aufsichtsrechtlichen Klassifizierung der einzelnen Abteilungen (§ 125 Abs. 5 VAG) wird nachfolgend gegeben:[15]
– Anteile an offenen Investmentvermögen (§ 1 Abs. 4 KAGB)
– Anteile von Investmentkommandit- bzw. -aktiengesellschaften
– Vermögensgegenstände gem. § 2 Abs. 4 InvG aF
– Vermögensanlagen, die geeignet sind, die Versicherungsleistungen direkt an einen Aktienindex oder eine andere Bezugsgröße zu binden.

Welche Vermögensanlagen unter den letzten Gliederungspunkt fallen, hat der Gesetzge- **31** ber nicht näher definiert.[16]

Vierter Titel. Versicherungstechnische Rückstellungen

§ 341e Allgemeine Bilanzierungsgrundsätze

(1) [1]**Versicherungsunternehmen haben versicherungstechnische Rückstellungen auch insoweit zu bilden, wie dies nach vernünftiger kaufmännischer Beurteilung notwendig ist, um die dauernde Erfüllbarkeit der Verpflichtungen aus den Versicherungsverträgen sicherzustellen.** [2]**Dabei sind mit Ausnahme der Vorschriften der §§ 74 bis 87 des Versicherungsaufsichtsgesetzes die im Interesse der Versicherten erlassenen aufsichtsrechtlichen Vorschriften über die bei der Berechnung der Rückstellungen zu verwendenden Rechnungsgrundlagen einschließlich des dafür anzusetzenden Rechnungszinsfußes und über die Zuweisung bestimmter Kapitalerträge zu den Rückstellungen zu berücksichtigen.** [3]**Die Rückstellungen sind nach den Wertverhältnissen am Abschlussstichtag zu bewerten und nicht nach § 253 Abs. 2 abzuzinsen.**

(2) Versicherungstechnische Rückstellungen sind außer in den Fällen der §§ 341f bis 341h insbesondere zu bilden
1. **für den Teil der Beiträge, der Ertrag für eine bestimmte Zeit nach dem Abschlußstichtag darstellt (Beitragsüberträge);**
2. **für erfolgsabhängige und erfolgsunabhängige Beitragsrückerstattungen, soweit die ausschließliche Verwendung der Rückstellung zu diesem Zweck durch Gesetz, Satzung, geschäftsplanmäßige Erklärung oder vertragliche Vereinbarung gesichert ist (Rückstellung für Beitragsrückerstattung);**
3. **für Verluste, mit denen nach dem Abschlußstichtag aus bis zum Ende des Geschäftsjahres geschlossenen Verträgen zu rechnen ist (Rückstellung für drohende Verluste aus dem Versicherungsgeschäft).**

(3) Soweit eine Bewertung nach § 252 Abs. 1 Nr. 3 oder § 240 Abs. 4 nicht möglich ist oder der damit verbundene Aufwand unverhältnismäßig wäre, können die Rückstellungen auf Grund von Näherungsverfahren geschätzt werden, wenn anzu-

---

[13]   Vgl. Prölss/Kölschbach, 12. Aufl. 2005, VAG Nach § 64 (§ 341d HGB) Rn. 4 mwN; BeckVers-Komm/ Stöffler RechVersV Rn. 2 und 3.
[14]   Vgl. Beck Versicherungsbilanz/Stuirbrink/Schuster RechVersV § 39 Rn. 1.
[15]   Vgl. BeckOK HGB/Schärtl Rn. 8 und 9.
[16]   Vgl. BT-Drs. 18/2956, 267.

nehmen ist, daß diese zu annähernd gleichen Ergebnissen wie Einzelberechnungen führen.

Schrifttum: Baur, Die Periodisierung von Beitragseinnahmen und Schadenausgaben im aktienrechtlichen Jahresabschluß von Schaden- und Unfallversicherungsunternehmen, 1984; Böcking, Betriebswirtschaftslehre und wirtschaftliche Betrachtungsweise im Bilanzrecht, FS Beisse, 1997, 85; Boetius/Boetius/Kölschbach, Handbuch der versicherungstechnischen Rückstellungen, 2. Aufl. 2021; Brands, Periodische Schadensschwankungen und ihre Berücksichtigung im Jahresabschluß von Versicherungsunternehmungen, 1979; Engel-Ciric, Die Interpretation des Abschlußstichtagsprinzips in der höchstrichterlichen Rechtsprechung, DStR 1996, 1298; Farny, Versicherungsbetriebslehre, 5. Aufl. 2011; Forster, Rückstellungen für Verluste aus schwebenden Geschäften, WPg 1971, 393; Geib/Horbach, Besonderheiten der Rechnungslegung der Schaden- und Unfall- sowie der Rückversicherungsunternehmen, in Welzel ua, Kompendium zur Rechnungslegung der Versicherungsunternehmen (KoRVU), 2. Aufl., Loseblatt 1982 ff., Bd. I, Abschnitt J; Groh, Verbindlichkeitsrückstellung und Verlustrückstellung: Gemeinsamkeiten und Unterschiede, BB 1988, 27; Gürtler, Das Risiko des Zufalles im Versicherungsbetrieb, ZVersWiss 1929, 209; Hoefeld, Steuer und Rechnungsabschluß in der Versicherungswirtschaft, 1965; Hommel/Berndt, Wertaufhellung und funktionales Abschlussstichtagsprinzip, DStR 2000, 1745; A. Jäger, Versicherungstechnische Rückstellungen, insbesondere Rückstellungen für Schadenermittlungs- und Schadenbearbeitungskosten, WPg 1970, 661; B. Jäger, Rückstellungen für drohende Verluste aus schwebenden Geschäften in den Bilanzen von Versicherungsunternehmen, 1991; B. Jäger, Zur bilanziellen Behandlung versicherungstechnischer Rückstellungen nach Handels- und Steuerrecht, ZVersWiss 1999, 149; Karrenbrock, Zum Saldierungsbereich und zur Abzinsung von Drohverlustrückstellungen, WPg 1994, 97; Kayser/Rettig, Bewertung von Rückstellungen für drohende Verluste im Versicherungsgeschäft, VW 1985, 250; Kromschröder, Besonderheiten des Jahresabschlusses der Versicherungsunternehmen, FS Moxter, 1994, 769; Kühnberger, Zur Bildung von Drohverlustrückstellungen bei Versicherungsunternehmen (I), VW 1990, 695; Löw, Gewinnrealisierung und Rückstellungsbilanzierung bei Versicherungsunternehmen nach HGB und IFRS, 2003; Moxter/Engel-Ciric, Grundsätze ordnungsgemäßer Bilanzierung: §§ 246–256a HGB, 2019; Möller, Moderne Theorien zum Begriff der Versicherung und des Versicherungsvertrages, ZVersWiss 1962, 269; Niemann, Zum Gebot der Einzelbewertung bei der Bildung von Rückstellungen und deren nachträglicher Änderung, 1993; Oos, Materialien zur Rechnungslegung von Versicherungsunternehmen, 1997; Perlet, Rückstellungen für noch nicht abgewickelte Versicherungsfälle in Handels- und Steuerbilanz, 1986; Perlet, Zur Umsetzung der Versicherungsbilanzrichtlinie in deutsches Recht, FS Moxter, 1994, 835; Perlet/Baumgärtel, Zur Bedeutung der Pauschalbewertung bei Rückstellungen für ungewisse Verbindlichkeiten, FS Beisse, 1997, 389; Richter, Harmonisierung der Rechnungslegung von Versicherungsunternehmen in der Europäischen Union, FS Havermann, 1995, 625; Sasse/Boetius, Wirtschaftliche und rechtliche Bedeutung der versicherungstechnischen Rückstellungen, in Prölss/von der Thüsen/Ziegler, Die versicherungstechnischen Rückstellungen im Steuerrecht, 3. Aufl. 1973, 14; Schmitz, Sonderfragen der Besteuerung von Versicherungsunternehmen, in IDW, Rechnungslegung und Prüfung der Versicherungsunternehmen, 2. Aufl. 1978, Abschnitt K; Schwintowski, Kommentierung zu § 1 VVG, in Honsell, Berliner Kommentar zum Versicherungsvertragsgesetz, 1999; von der Thüsen/Kullak, Die Beitragsrückerstattung und ihre Rückstellungen in der Schaden- und Unfallversicherung, in Prölss/von der Thüsen/Ziegler, Die versicherungstechnischen Rückstellungen im Steuerrecht, 3. Aufl. 1973, 125; Wels, Die Beitragsüberträge der Versicherungsunternehmen, in Prölss/von der Thüsen/Ziegler, Die versicherungstechnischen Rückstellungen im Steuerrecht, 3. Aufl. 1973, 41; Ziegler, Rückstellungen für drohende Verluste (RdV) im Versicherungsgeschäft, in Prölss/von der Thüsen/Ziegler, Die versicherungstechnischen Rückstellungen im Steuerrecht, 3. Aufl. 1973, 90; Ziegler, Die versicherungstechnischen Rückstellungen, in Koch, Assekuranz im Wandel 1989, 205.

Übersicht

I. Bildung versicherungstechnischer Rückstellungen (Abs. 1 S. 1)

1. Entstehungsgeschichte und Normzweck. Die Pflicht zur Bildung versiche- **1** rungstechnischer Rückstellungen wurde vom Gesetzgeber erstmals im Zuge der **Novellierung des Aktiengesetzes** im Jahr 1965 durch Einführung des § 56 Abs. 3 VAG idF vom 17.12.1992 im Handelsrecht explizit kodifiziert. Danach dürfen „[v]ersicherungstechnische Rückstellungen (…) auch insoweit gebildet werden, wie dies nach vernünftiger kaufmännischer Beurteilung notwendig ist, um die dauernde Erfüllbarkeit der Verpflichtungen aus den Versicherungen sicherzustellen". Mit Umsetzung der RL 91/674/EWG, speziell der Art. 23 und 56 RL 91/674/EWG, in deutsches Recht durch das VersRiLiG (BGBl. 1994 I 1377) wurde die Regelung des § 56 Abs. 3 VAG idF vom 17.12.1992 durch Einführung des § 341e Abs. 1 S. 1 ins Handelsgesetzbuch überführt. Dabei hat das „gesetzgeberische Motiv (…) auch in Bezug auf den Rückstellungsbegriff des 3. Buchs des HGB seine Gültigkeit behalten".[1] Mit der ergänzenden Vorschrift des Abs. 1 wird aber nunmehr sichergestellt, dass die im VAG enthaltenen Regelungen „nicht nur bei der handelsrechtlichen Gewinnermittlung und der Handelsbilanz, sondern – über den Maßgeblichkeitsgrundsatz – auch bei der steuerlichen Gewinnermittlung zu berücksichtigen sind".[2]

Im Versicherungsvertragsrecht stellt der Versicherungsvertrag ein **schuldrechtliches** **2** **Verhältnis** iSd § 241 BGB dar. Unter Heranziehung der Gefahrtragungstheorie, auch **Versicherungsschutzkonzept**[3] genannt, begründet der Versicherungsvertrag[4] im Handelsrecht ein schwebendes Geschäft, bei dem sich die Leistung des Versicherungsunternehmens (Risikoübernahme) und die Gegenleistung des Versicherungsnehmers (Prämien) zeitraumbezogen gegenüberstehen. Dabei ist aufgrund der herrschenden Praxis, wonach die Beiträge zu Beginn der Versicherungsperiode erhoben werden, der gewährte Versicherungsschutz als Nachleistung zu charakterisieren. Die mit dem Eintritt des Versicherungsfalls verbundene Belastung des Versicherungsunternehmens muss durch die in der Vergangenheit vorab ver-

---

[1] Prölss/Schmidt/Frey, 10. Aufl. 1989, VAG § 56 Rn. 28.

[2] BT-Drs. 12/7646, 4. Die Abziehbarkeit versicherungstechnischer Rückstellungen, wie bspw. Deckungsrückstellungen, wurde auch vor diesem Zeitpunkt durch die Jurisprudenz anerkannt, vgl. BFHE 70, 508 = BStBl. III 1960, 191; FG Hamburg BB 1985, 31 = EFG 1984, 571.

[3] Vgl. Farny, Versicherungsbetriebslehre, 5. Aufl. 2011, S. 21–26.

[4] Zur Diskussion um die Natur der Leistung aus dem synallagmatischen Versicherungsvertrag vgl. Honsell/Schwintowski VVG § 1 Rn. 24–35; Löw, Gewinnrealisierung und Rückstellungsbilanzierung bei Versicherungsunternehmen nach HGB und IFRS, 2003, S. 7–13 mwN.

einnahmten, in Höhe der erbrachten Versicherungsleistung teilweise realisierten Prämien-einnahmen gedeckt werden.[5]

3   **2. Begriff der versicherungstechnischen Rückstellungen.** Weder die RL 91/674/EWG noch die Neuregelungen des Handelsrechts enthalten eine **Legaldefinition** des Begriffes der versicherungstechnischen Rückstellungen. Grundsätzlich umfasst diese Position alle am Bilanzstichtag bestehenden, aus der Übernahme des versicherungstechnischen Risikos entstandenen **Leistungsverpflichtungen** des Versicherungsunternehmens. Damit werden unter den Begriff der versicherungstechnischen Rückstellungen, anders als der Wortlaut es nahe legt, nicht allein dem Grunde und/oder der Höhe nach unsichere Verbind-lichkeiten iSd § 249 Abs. 1 subsumiert, sondern auch gewisse Verbindlichkeiten, passive Rechnungsabgrenzungsposten und solche Positionen, die „unter Berücksichtigung der Eigenart des Versicherungsgeschäfts wie Schulden oder Rechnungsabgrenzungsposten wir-ken"[6] und durch „ihre Zweckbestimmung (…) [und] durch die besondere Technik des Versicherungsbetriebes geforderte[e] [Beträge]"[7] darstellen.

4   Die Versicherungsleistung wird von Versicherungsunternehmen in zwei Leistungsstufen erbracht: Auf der **1. Leistungsstufe** besteht die Leistung des Versicherungsunternehmens in der übernommenen „latente[n] Versicherungsschutzbereitschaft".[8] Diese Dauerleistung wird auf der **2. Leistungsstufe** bei Eintritt des Versicherungsfalls durch die „Gewährung des konkreten Versicherungsschutzes"[9] in Form der Erbringung der Schadenzahlung verge-genständlicht. Demzufolge umfassen die versicherungstechnischen Rückstellungen des Abs. 1 S. 1 sowohl Beträge, die sich aus der ersten, wie auch solche, die sich aus der zweiten Leistungsstufe ergeben.[10]

5   **3. Dauernde Erfüllbarkeit der Verpflichtungen aus Versicherungsverträgen.** Nach den **aufsichtsrechtlichen Regelungen** (insbesondere der § 9 Abs. 1 VAG, § 11 Abs. 1 Nr. 1 VAG und § 294 Abs. 4 VAG) ist die dauernde Erfüllbarkeit der versicherungs-technischen Verpflichtungen eine wesentliche rechtliche Voraussetzung für den Betrieb von Versicherungsgeschäften. Versicherungsunternehmen müssen ihre versicherungstechnischen Rückstellungen so bemessen, dass die Schadenzahlungen vergangener Perioden nicht zu Lasten zukünftiger Beitragszahlungen geleistet werden müssen.[11] Abs. 1 S. 1 stellt insoweit klar, dass die von dem Versicherungsunternehmen gebildeten Rückstellungen ausreichen müssen, um die dauernde Erfüllbarkeit der Verpflichtungen aus den Versicherungsverträgen sicherzustellen.

6   **4. Verhältnis zu den allgemeinen Vorschriften.** Den Rückstellungen kommt im Jahresabschluss von Versicherungsunternehmen eine große Bedeutung zu. Aufgrund der damit einhergehenden, umfangreichen Schätzungen wird auch dem handelsrechtlichen **Vorsichtsprinzip** im Periodenabschluss von Versicherungsunternehmen absolut gesehen eine größere Bedeutung zugesprochen als in anderen Geschäftszweigen.[12]

7   Dennoch kann aus den höheren Schätzerfordernissen und der Forderung nach dauern-der Erfüllbarkeit der Verpflichtungen nicht auf ein höheres Maß an Vorsicht bei der Bildung der Rückstellungen dem Grunde und der Höhe nach geschlossen werden als bei Anwen-

---

[5]   Vgl. Hoefeld, Steuer und Rechnungsabschluß in der Versicherungswirtschaft, 1965, S. 67; A. Jäger WPg 1970, 661; B. Jäger ZVersWiss 1999, 149 (156); Prölss/von der Thüsen/Ziegler Vers-techn. Rückstellun-gen/Sasse/Boetius S. 14.

[6]   BFHE 104, 422 = BStBl. II 1972, 392 (396); vgl. auch Richter FS Havermann, 1995, 625 (629).

[7]   RFHE 16, 31 (39).

[8]   Prölss/von der Thüsen/Ziegler Vers-techn. Rückstellungen/Sasse/Boetius S. 18.

[9]   Prölss/von der Thüsen/Ziegler Vers-techn. Rückstellungen/Sasse/Boetius S. 18.

[10]   Vgl. ausf. Boetius/Boetius/Kölschbach Versicherungstechnische Rückstellungen-HdB/J. Boetius/Boe-tius F. § 1 Rn. 122–124; BeckOK HGB/Schärtl Rn. 7 f.; Prölss/von der Thüsen/Ziegler Vers-techn. Rückstellungen/Sasse/Boetius S. 17–19.

[11]   Vgl. Schmitz in IDW, Rechnungslegung und Prüfung der Versicherungsunternehmen, 2. Aufl. 1978, Abschnitt K, S. 384.

[12]   Vgl. B. Jäger ZVersWiss 1999, 149 (161 f.).

dung der allgemeinen Bilanzierungsgrundsätze auf Unternehmen anderer Branchen.[13] Versicherungsunternehmen haben bei der Bildung versicherungstechnischer Rückstellungen – soweit die einschlägigen Normen der §§ 341e–341h keine expliziten Sonderregelungen enthalten – die allgemeinen Ansatz- und Bewertungsvorschriften der §§ 246–256 anzuwenden.[14] Insoweit darf aus der Existenz spezieller Vorschriften nicht auf ein Sonderrecht für Versicherungsunternehmen geschlossen werden. Der Regelungsgehalt des Abs. 1 S. 1 stimmt deshalb mit den allgemeinen Bewertungsvorschriften des § 253 Abs. 1 S. 2 überein: Der nach vernünftiger kaufmännischer Beurteilung notwendige Erfüllungsbetrag entspricht demzufolge bei Versicherungsunternehmen grundsätzlich dem zur Sicherstellung der dauernden Erfüllbarkeit der Verpflichtungen notwendigen Betrag.[15]

8 Die Vorschrift des Abs. 1 S. 1 hat klarstellenden Charakter. Nach den handelsrechtlichen GoB sind Rückstellungen grundsätzlich nach dem Einzelbewertungsprinzip zu bewerten. Globalrückstellungen sind dort der Ausnahmefall (zB Gewährleistungsrückstellungen). Die Geschäftsgrundlage der Versicherung basiert dagegen auf dem Ausgleich im Kollektiv. Erst durch eine Bündelung der Risiken Einzelner im Versicherungsunternehmen wird das Risiko kalkulierbar und bewertbar. Die aus der Bereitstellung des Versicherungsschutzes auf der ersten Leistungsstufe resultierenden Rückstellungen von Versicherungsunternehmen lassen sich deshalb regelmäßig nur auf Basis versicherungstechnischer Kollektive bemessen und darstellen. Die einleitende Regelung des Abs. 1 S. 1 trägt diesem besonderen Charakter des Versicherungsgeschäfts Rechnung. Ist die Bildung einer auf den einzelnen Versicherten bezogenen Rückstellung nach den allgemeinen handelsrechtlichen Regelungen dem Grunde oder der Höhe nach noch nicht eindeutig erwiesen, stellt Abs. 1 S. 1 klar, dass sich die Bildung versicherungstechnischer Rückstellungen nach den Regeln der Versicherungstechnik bestimmt.

II. Aufsichtsrechtliche Vorschriften (Abs. 1 S. 2)

9 **1. Normzweck und anzuwendende Vorschriften.** Die **Notwendigkeit eines besonderen Aufsichtsrechts** für Versicherungsunternehmen stellt direkt auf die besondere Bedeutung des Versicherungswesens in der Gesellschaft und das vorrangige Schutzbedürfnis der Versicherungsnehmer ab.[16] Aufsichtsrechtliche Vorschriften werden damit vornehmlich erlassen, um die dauernde Erfüllbarkeit der Verpflichtungen aus Versicherungsverträgen (so der Wortlaut der § 9 Abs. 1 VAG und § 11 Abs. 1 Nr. 1 VAG) und eine angemessene Beteiligung der Versicherungsnehmer am Überschuss des Versicherungsunternehmens oder deren Entlastung im Alter (§§ 139, 140 Abs. 2 und 3 VAG, §§ 150 und 151 VAG) zu gewährleisten. Durch Abs. 1 S. 2 werden diese der Sicherung der dauernden Erfüllbarkeit dienenden aufsichtsrechtlichen Vorschriften in das Handelsrecht transportiert. Die Erweiterung der handelsrechtlichen Vorschriften zur Bildung (versicherungstechnischer) Rückstellungen um die im Interesse der Versicherten erlassenen aufsichtsrechtlichen Vorschriften gewährleistet somit, dass die bei der Bildung versicherungstechnischer Rückstellungen zu berücksichtigenden aufsichtsrechtlichen Vorschriften auch nach Überführung dieser Regelung ins Handelsgesetzbuch weiterhin Anwendung finden.

10 Der Begriff der aufsichtsrechtlichen Vorschriften umfasst grundsätzlich alle Bestimmungen des Versicherungsaufsichtsgesetzes, damit einhergehende Rechtsverordnungen und von der Bundesanstalt für Finanzdienstleistungsaufsicht (BaFin) bzw. der Vorgängerinstitution, dem Bundesaufsichtsamt für das Versicherungswesen (BAV) gem. der in § 298 Abs. 1 VAG, § 299 VAG erlassenen Anordnungen. Ergänzend sind für die Auslegung des VAG die allgemeinen Normen des Verwaltungsrechts heranzuziehen, so bspw. das Verwaltungsverfahrens-

---

[13] Vgl. BR-Drs. 700/73, 351; aA Beck Versicherungsbilanz/Stöffler Rn. 5, 9.
[14] Vgl. BT-Drs. 12/5587, 26 f.
[15] Vgl. Nr. 10 der Erklärung von Rat und EG-Kommission zu Art. 56 RL 91/674/EWG, abgedruckt in Oos, Materialien zur Rechnungslegung von Versicherungsunternehmen, 1997, S. 205; BT-Drs. 12/5587, 26 f.; Perlet FS Moxter, 1994, 835 (845) mwN.
[16] Vgl. Prölss/Schmidt/Frey, 10. Aufl. 1989, VAG Vor Rn. 37.

gesetz, das Verwaltungsvollstreckungsgesetz und die Verwaltungsgerichtsordnung.[17] Abs. 1 S. 2 beschränkt die Anwendung aufsichtsrechtlicher Vorschriften auf Regelungen über die „zu verwendenden Rechnungsgrundlagen (…) und über die Zuweisung bestimmter Kapitalerträge zu den Rückstellungen". Dabei handelt es sich insbesondere um die Vorschriften der §§ 8, 9, 138–142, 145–147, 150–152, 155–156 VAG sowie §§ 160–162 VAG und § 336 VAG sowie die Verordnung über die Rechnungslegung von Versicherungsunternehmen (RechVersV), die Verordnung über die Mindestbeitragsrückerstattung in der Lebensversicherung (Mindestzuführungsverordnung – MindZV), die Verordnung betreffend die Aufsicht über die Geschäftstätigkeit in der privaten Krankenversicherung (Krankenversicherungsaufsichtsverordnung – KVAV) und die Verordnung über Rechnungsgrundlagen für die Deckungsrückstellungen (Deckungsrückstellungsverordnung – DeckRV).

11   Versicherungsunternehmen müssen nach Maßgabe der §§ 74–87 VAG neben der Handelsbilanz für aufsichtsrechtliche Zwecke eine **Solvabilitätsübersicht** erstellen. Diese dient dazu, die vorhandenen Eigenmittel des Versicherungsunternehmens möglichst marktnah abzubilden. Der Zweck der Solvabilitätsübersicht unterscheidet sich damit klar von dem Zweck der Handelsbilanz, der darauf gerichtet ist, einen vorsichtigen und objektiviert ermittelten ausschüttungsfähigen Gewinn zu ermitteln. Unterschiedliche Zielvorgaben benötigen aber regelmäßig unterschiedliche Herangehensweisen. Deshalb muss das Unternehmen losgelöst von der Handelsbilanz die zur Abdeckung der Kapitalanforderungen notwendigen Eigenmittel „durch die Bildung einer ökonomischen Bilanz ermittel[n], die neben der für Zwecke der Rechnungslegung erstellten Bilanz zu bilden ist. Im Rahmen dieser ökonomischen Bilanz werden Vermögenswerte und Verbindlichkeiten fortlaufend zu Zeitwerten bewertet".[18] Rückstellungen sind dabei nicht vorsichtig, sondern – nach dem Vorbild der IFRS – mit dem Betrag zu bewerten, zu dem sie zwischen sachverständigen, vertragswilligen und voneinander unabhängigen Geschäftspartnern übertragen oder beglichen werden könnten" (§ 75 Abs. 5 VAG iVm § 74 VAG). Das Vorsichtsprinzip tritt in der Solvabilitätsübersicht zweckadäquat zurück. Die für ihre Aufstellung erforderlichen Bewertungsgrundsätze sind aber für die handelsrechtliche Bilanzierung zweckinadäquat. Deshalb nimmt Abs. 1 S. 2 die §§ 74–87 VAG explizit aus. Sie sind für die handelsrechtliche Bewertung der Rückstellungen unbeachtlich.

12   Eine Berichtigung der Bewertung, um die Bonität des Versicherungsunternehmens zu berücksichtigen, findet nicht statt, so dass mit der Verpflichtung zur Aufstellung einer Solvabilitätsübersicht keine Auswirkungen auf die handelsrechtliche Bewertung von versicherungstechnischen Rückstellungen verbunden sind.[19]

13   **2. Anwendungsbereich und Begriff der Rechnungsgrundlagen.** Abgesehen von den Regelungen der §§ 74–87 VAG finden die aufsichtsrechtlichen Vorschriften über die Rechnungsgrundlagen auf alle nach den Regeln der Versicherungsmathematik berechneten **versicherungstechnischen Rückstellungen** Anwendung. Hierbei handelt es sich insbesondere um die Rückstellungen im Bereich der Lebensversicherung (§§ 138, 141 VAG), in der nach Art der Lebensversicherung betriebenen Krankenversicherung (§§ 146, 147, 149, 150, 152, 156 VAG und § 160 VAG) und in der Unfallversicherung mit Prämienrückgewähr (§ 161 VAG). Haben Versicherungsunternehmen im Bereich der Allgemeinen Haftpflichtversicherung, der Kraftfahrzeug-Haftpflichtversicherung, der Kraftfahrt-Unfallversicherung sowie in der Allgemeinen Unfallversicherung ohne Prämienrückgewähr Versicherungsleistungen in Form von Renten zu erbringen, so sind auch bei der Ermittlung der hierfür gebildeten Rentendeckungsrückstellung die aufsichtsrechtlichen Rechnungsgrundlagen zu verwenden (§ 162 VAG).[20]

14   Der **Begriff der Rechnungsgrundlagen** umfasst alle bei der Berechnung der Tarife zugrunde gelegten Rechnungsparameter. Hierzu zählen insbesondere der Rechnungszins-

---

17   Vgl. Prölss/Schmidt/Frey, 10. Aufl. 1989, VAG Vor Rn. 30.
18   BT-Drs. 17/9342, 154.
19   Vgl. BT-Drs. 18/2956, 305.
20   Vgl. Beck Versicherungsbilanz/Faigle Rn. 14.

fuß und die Sicherheits- und Kostenzuschläge sowie in der Lebensversicherung die Sterbetafeln und in der nach Art der Lebensversicherung betriebenen Krankenversicherung die
Ausscheideordnung und die Kopfschäden. Bei der Festlegung der versicherungstechnischen
Rechnungsgrundlagen sind bei der Lebensversicherung, der Unfallversicherung mit Prämienrückgewähr und bei Versicherungsunternehmen, die Rentenleistungen der Allgemeinen
Haftpflichtversicherung, Kraftfahrzeug-Haftpflichtversicherung, Kraftfahrt-Unfallversicherung und Allgemeinen Unfallversicherung ohne Prämienrückgewähr erbringen, die Regelungen der DeckRV zu beachten.[21] In der nach Art der Lebensversicherung betriebenen
Krankenversicherung (substitutive Krankenversicherung) sind darüber hinaus die nach Maßgabe des § 160 VAG erlassenen Vorschriften der KVAV einzuhalten.

Die aufsichtsrechtlichen Vorschriften über die Zuweisung von Kapitalerträgen zu den   **15**
versicherungstechnischen Rückstellungen sind bei der Bildung der Rückstellung für Beitragsrückerstattung (RfB) in der Lebensversicherung (§ 139 VAG und § 140 VAG) sowie
bei der Bildung der Deckungsrückstellung und der RfB in der Krankenversicherung (§ 150
VAG, sog. Direktgutschrift in der Krankenversicherung und § 151 VAG) zu beachten.

III. Sonderregelungen für die Bewertung versicherungstechnischer Rückstellungen (Abs. 1 S. 3)

§ 253 regelt die Bewertung nicht versicherungstechnischer Rückstellungen. Diese sind   **16**
nach § 253 Abs. 1 S. 2 in Höhe des nach vernünftiger kaufmännischer Beurteilung notwendigen Betrags anzusetzen, mit dem das Unternehmen im Erfüllungszeitpunkt rechnen muss.
Folglich sind in die Bewertung von Sachleistungsrückstellungen sämtliche Lohn- und Preisänderungen einzubeziehen, mit denen das Unternehmen bis zum Tag der Erfüllung rechnet.[22] Aus Nachweisbarkeitsgründen beschränkt der Gesetzgeber in der Regierungsbegründung zum BilMoG die zu berücksichtigenden zukünftigen Entwicklungen auf solche, für
deren späteren Eintritt schon am Bilanzstichtag „objektive Hinweise"[23] vorliegen. Darüber
hinaus sind Rückstellungen abzuzinsen, wenn sie eine Restlaufzeit von mehr als einem Jahr
haben. Als Diskontierungszins ist ein der Restlaufzeit der Rückstellung entsprechender
durchschnittlicher Marktzins zu verwenden, der bei Rückstellungen für Altersversorgungsverpflichtungen auf Basis der vergangenen zehn Geschäftsjahre und bei sonstigen Rückstellungen auf Basis der vergangenen sieben Geschäftsjahre ermittelt werden soll (§ 253 Abs. 2
S. 1). Abweichend davon „dürfen Rückstellungen für Altersversorgungsverpflichtungen
oder vergleichbare langfristig fällige Verpflichtungen pauschal mit dem durchschnittlichen
Marktzinssatz abgezinst werden, der sich bei einer angenommenen Restlaufzeit von 15 Jahren ergibt" (§ 253 Abs. 2 S. 2).

Diese Bewertungsvorschriften sind auch für die **Bewertung von Rückstellungen des**   **17**
nicht versicherungstechnischen Bereichs des Versicherungsunternehmens verpflichtend
anzuwenden. So ist das Versicherungsunternehmen zB verpflichtet, Sachleistungsrückstellungen des nicht versicherungstechnischen Bereichs (zB Kosten der Jahresabschlusserstellung, der Aufbewahrung von Geschäftsunterlagen sowie Abbruchverpflichtungen von auf
fremdem Grund und Boden errichteten Gebäuden) gemäß den für alle Kaufleute geltenden
Bewertungsvorschriften mit ihrem zukünftigen Erfüllungsbetrag zu bewerten und abzuzinsen.

Für **Rückstellungen des versicherungstechnischen Bereichs** sieht Abs. 1 S. 3   **18**
abweichende Bewertungsmethoden vor. Diese sind grundsätzlich mit dem nicht diskontierten Betrag zu passivieren, den das Versicherungsunternehmen am Bilanzstichtag aufwenden
müsste, um die Rückstellungslast zu erfüllen.[24]

---

21   Vgl. Prölss/Dreher/Kölschbach/Hammers/Engeländer VAG § 88 Rn. 28–31.
22   Vgl. Moxter/Engel-Ciric, Grundsätze ordnungsgemäßer Bilanzierung: §§ 246–256a HGB, 2019,
     S. 147 f.
23   BR-Drs. 344/08, 112.
24   Vgl. BT-Drs. 16/10067, 97.

19   Bei der Bewertung der versicherungstechnischen Rückstellungen bleiben **zukünftige Lohn- und Preisänderungen,** die bis zum Erfüllungstag zu erwarten sind, grundsätzlich unberücksichtigt. Eine Ausnahme gilt lediglich für solche Lohn- und Preisänderungen, die am Bilanzstichtag schon objektiviert vorhersehbar sind (zB Lohnerhöhungen nach dem Bilanzstichtag aufgrund bereits beschlossener Tariflohnvereinbarungen).[25] Die Nichtberücksichtigung zukünftiger Lohn- und Preisänderungen steht im Einklang mit dem bilanzrechtlichen Objektivierungsprinzip, da sich das Ausmaß dieser Veränderungen am Bilanzstichtag regelmäßig noch nicht hinreichend sicher vorhersehen und quantifizieren lässt. Dafür drängt dieses Verbot das bilanzrechtliche Vorsichtsprinzip zurück. Das gilt insbesondere dann, wenn zwischen dem Bilanzstichtag und dem Erfüllungstag der Rückstellung ein nennenswerter Zeitraum liegt und das Versicherungsunternehmen aufgrund von Vergangenheitserfahrungen mit (zB inflationsbedingt) steigenden Löhnen und Preisen rechnet. Der mit der Rückstellung gebundene Erfüllungsbetrag reicht dann aller Voraussicht nicht dazu aus, die Verpflichtung im Fälligkeitszeitpunkt zu erfüllen.

20   Das generelle **Abzinsungsverbot** des Abs. 1 S. 3, nach dem versicherungstechnische Rückstellungen nicht nach § 253 Abs. 2 abzuzinsen sind, ist irreführend. Es steht insbesondere formal im Widerspruch zur Verwendung der Rechnungsgrundlagen einschließlich des dafür anzusetzenden Rechnungszinsfußes in Abs. 1 S. 2. Deshalb tritt das Abzinsungsverbot für versicherungstechnische Rückstellungen zurück, wenn die Vorschriften der §§ 341–341l entweder direkt (zB Bewertung von Rentenverpflichtungen als Unterfall der Schadensverpflichtungen) oder indirekt in Form der aufsichtsrechtlichen Vorschriften (zB Deckungsrückstellungen) eine Abzinsung vorschreiben. Die (etwas unklare) Intention des Gesetzgebers bei der Einführung von S. 3 lag darin, ein explizites Abzinsungsverbot für diejenigen versicherungstechnischen Rückstellungen zu schaffen, bei denen keine Abzinsung aufgrund der verwendeten Rechnungsgrundlagen zu berücksichtigen ist.

IV. Beitragsüberträge (Abs. 2 Nr. 1)

21   **1. Versicherungsschutzkonzept und Gewinnrealisation im Versicherungsgeschäft.** Nach dem **Versicherungsschutzkonzept** erbringt das Versicherungsunternehmen eine kontinuierliche, **zeitraumbezogene Dauerleistung.**[26] Durch Abschluss eines Versicherungsvertrages überträgt ein einzelner Versicherungsnehmer die Gefahr negativer wirtschaftlicher Folgen aus dem Eintritt bestimmter zukünftiger Ereignisse auf ein Versicherungsunternehmen, so dass er „den ungewissen, vom Zufall abhängigen Vermögensbedarf (…) in feste, zum Voraus berechenbare (…) periodisch auftretende Kosten, die Versicherungsprämien"[27] umwandeln kann. Bilanzrechtlich begründet der Versicherungsvertrag ein schwebendes Geschäft, bei dem sich die Leistung des Versicherungsunternehmens (Risikoübernahme) und die Gegenleistung des Versicherungsnehmers (Prämien) zeitraumbezogen gegenüberstehen.[28]

22   Das in § 252 Abs. 1 Nr. 4 kodifizierte **Realisationsprinzip** bindet die Gewinnrealisation an den Umsatzakt. Erträge gelten erst dann als realisiert, wenn die (eigene) Leistungsverpflichtung erfüllt wurde und im Wesentlichen nur noch Forderungsausfall- und Gewährleistungsrisiken bestehen.[29] Wurde die **Lieferung und Leistung im Rechtssinne** zum Bilanzstichtag noch nicht erbracht, liegt ein schwebender Vertrag vor, der nach dem Realisationsprinzip grundsätzlich nicht erfolgswirksam erfasst werden darf. Im Gegensatz zu einfachen Schuldverhältnissen erfolgt die Leistungserbringung bei Dauerschuldverhältnissen

[25]   Vgl. BMF-Schreiben v. 28.10.1987, DB 1987, 2333; OFD-Münster Verfügung v. 10.12.1987 – S 2176 – 187 – St 11, BB 1987, 311.

[26]   Vgl. Perlet, Rückstellungen für noch nicht abgewickelte Versicherungsfälle in Handels- und Steuerbilanz, 1986, S. 31 mwN.

[27]   Gürtler ZVersWiss 1929, 209.

[28]   Die Schadenzahlung bei Eintritt der Gefahr ist nur als ein akuter Fall der Risikoübernahme zu verstehen, vgl. Möller ZVersWiss 1962, 269 (281).

[29]   Vgl. BFHE 111, 89 = BStBl. II 1974, 202 (205); BFHE 142, 370 = BStBl. II 1985, 126 (128); BFHE 146, 383 = BStBl. II 1986, 552 (553).

nicht zeitpunkt-, sondern zeitraumbezogen. Daraus folgt, dass der Ertrag hieraus pro rata parte, dh in Abhängigkeit der fortschreitenden Leistungshandlung, realisiert werden muss. Der Teil des Geschäftes, für den die Leistungserbringung noch geschuldet wird, bleibt ein schwebendes Geschäft, das grundsätzlich nicht bilanziert wird.[30]

Solange die Vertragslaufzeit eines Versicherungsvertrages in die Abschlussperiode fällt, **23** ist die Ertragsrealisation grundsätzlich unproblematisch. Erstreckt sie sich hingegen über einen Bilanzstichtag hinaus, ist nach dem Realisationsprinzip eine Aufteilung der vereinnahmten Prämien auf den bereits abgewickelten und den noch schwebenden Geschäftsteil vorzunehmen.[31] Soweit der Versicherungsnehmer durch Zahlung seiner Prämie in Vorleistung getreten ist, werden die auf den noch schwebenden Geschäftsteil entfallenen Prämien nach Abs. 2 Nr. 1 durch die Bildung eines **passiven Rechnungsabgrenzungspostens** („Beitragsüberträge") auf die Abschlussperiode der Leistungserbringung transferiert. Die Regelung des Abs. 2 Nr. 1 trägt damit in zweierlei Hinsicht klarstellenden Charakter: Sie definiert zum einen implizit die Leistung des Versicherungsunternehmens als Gefahrtragung und konkretisiert zum anderen die daraus folgende Ansatzpflicht eines passiven Rechnungsabgrenzungspostens nach § 252 Abs. 1 Nr. 4 iVm § 250 Abs. 2 durch eine versicherungsspezifische Einzelregelung.[32]

2. Ermittlung der Beitragsüberträge. a) Grundsatz der Einzelbewertung und **24** **vereinfachte Ermittlungsverfahren.** Bei der Bewertung der Rechnungsabgrenzungsposten ist der **Grundsatz der Einzelbewertung** zu berücksichtigen. Dieser wurde vom Gesetzgeber allgemein gültig in den § 240 Abs. 1, § 246 Abs. 2 und § 252 Abs. 1 Nr. 3 und für Versicherungsunternehmen speziell in Abs. 3 kodifiziert.[33] In strenger Auslegung des Einzelbewertungsgrundsatzes ist der Beitragsübertrag dann für jeden einzelnen Versicherungsvertrag tagesgenau zu ermitteln. Soweit eine Einzelbewertung nicht möglich oder der mit einer Einzelbewertung verbundene Aufwand unverhältnismäßig hoch ist, können Versicherungsunternehmen bei der Bewertung der versicherungstechnischen Verpflichtungen vereinfachte Ermittlungsverfahren anwenden, wenn diese zu einem annähernd gleichen Ergebnis führen wie die Einzelbewertung.

Bei den Beitragsüberträgen handelt es sich idR um gleiche oder annähernd gleichwertige Schulden. Deshalb darf das Versicherungsunternehmen zu ihrer Bewertung die **Bruchteilmethode** anwenden, wenn die daraus resultierenden Ergebnisse den aus der Einzelbewertung zu erwartenden Beträgen annähernd entsprechen (§ 240 Abs. 4 iVm Art. 57 Abs. 1 RL 91/674/EWG).[34] Die Bruchteilmethode teilt die vereinnahmten Brutto-Beiträge in gleich große Zeitabschnitte (Monate, Quartale) auf und ermittelt den Beitragsübertrag anteilsmäßig in Abhängigkeit der Größe des herangezogenen Zeitabschnittes ($\frac{1}{24}$-, $\frac{1}{12}$-, $\frac{1}{8}$-Methode).

Neben der Bruchteilmethode benennt § 27 Abs. 2 RechVersV explizit die **Pauschal-** **26** **methode** als zulässiges Näherungs- und Vereinfachungsverfahren. Sie kommt insbesondere bei Versicherungszweigen und Versicherungsarten mit kurzen Vertragslaufzeiten (zB Transportversicherung) zum Tragen. Die Pauschalmethode greift auf einen in der Vergangenheit ermittelten Erfahrungssatz (Beitragsübertragssatz) zurück und multipliziert diesen mit den gesamten Beitragseinnahmen.[35]

---

[30] Vgl. Groh BB 1988, 27 (28).

[31] Vgl. Baur, Die Periodisierung von Beitragseinnahmen und Schadenausgaben im aktienrechtlichen Jahresabschluß von Schaden- und Unfallversicherungsunternehmen, 1984, S. 28.

[32] Vgl. Beck Versicherungsbilanz/Freiling Rn. 39; Boetius/Boetius/Kölschbach Versicherungstechnische Rückstellungen-HdB/J. Boetius § 12 Rn. 32.

[33] Vgl. Niemann, Zum Gebot der Einzelbewertung bei der Bildung von Rückstellungen und deren nachträglicher Änderung, 1993, S. 7; Perlet/Baumgärtel FS Beisse, 1997, 389 (393).

[34] Vgl. WP-HdB Versicherungsunternehmen/Hofmann E Rn. 19; BT-Drs. 12/5587, 18.

[35] Vgl. Baur, Die Periodisierung von Beitragseinnahmen und Schadenausgaben im aktienrechtlichen Jahresabschluß von Schaden- und Unfallversicherungsunternehmen, 1984, S. 85; WP-HdB Versicherungsunternehmen/Hofmann E Rn. 19–20; ausf. zur Bruchteil- und Pauschalmethode vgl. KoRVU/Geib/Horbach Rn. 48–60.

27   **b) Ermittlung des übertragungsfähigen Beitragsanteils.** Maßgeblich für die Höhe des passiven Rechnungsabgrenzungspostens ist die zeitliche Verteilung der Versicherungsleistung während des Versicherungszeitraumes. Im Allgemeinen wird eine zeitliche Gleichverteilung des Versicherungsschutzes angenommen, so dass die Prämien idR zeitproportional **(pro rata temporis)** zu erfassen sind.[36] Das Versicherungsunternehmen darf für den abgewickelten Geschäftsteil nur den Teil der erhaltenen Prämien erfolgswirksam vereinnahmen, der dem Umfang des bereits gewährten Versicherungsschutzes entspricht.[37] Nach der zeitproportionalen Berechnung ergibt sich der Beitragsübertrag zum Bilanzstichtag somit aus dem Verhältnis des verbleibenden Versicherungszeitraumes zum Gesamtversicherungszeitraum.[38]

28   Unterliegt der Gesamtschadenverlauf über die Vertragslaufzeit (starken) Schwankungen, fehlt es also an einer „zeitlichen Proportionalität zwischen Risikoverlauf und Beitrag" (§ 24 S. 2 RechVersV), so ist die Versicherungsprämie **leistungsproportional** über die Versicherungsperiode zu verteilen, um eine iSd § 252 Abs. 1 Nr. 4 zutreffende Ermittlung des Periodengewinns zu gewährleisten.[39] Die Versicherungseinnahmen sind dann „nach Verfahren zu ermitteln, die der im Zeitablauf unterschiedlichen Entwicklung des Risikos Rechnung tragen" (§ 24 S. 2 RechVersV). Ein Hauptanwendungsfall für eine nicht zeitproportionale Periodisierung der Beitragseinnahmen ist die Bauwesenversicherung, bei der sich das Schadenrisiko mit fortschreitender Vertragsdauer regelmäßig planmäßig erhöht.[40]

29   Bei einer streng an der Zivilrechtsstruktur orientierten Auslegung der Ertragsrealisation sind einer leistungsproportionalen Periodisierung der Versicherungsprämien aber enge Grenzen gesetzt. „Die Bilanz im Rechtssinne ist keine Kostenrechnung."[41] Das Versicherungsunternehmen erfüllt auf der ersten Leistungsstufe gegenüber dem Versicherungsnehmer ein abstraktes Versicherungsschutzversprechen und erfüllt dieses im Zeitablauf ratierlich. So schuldet ein Hagelversicherer den Versicherungsnehmern den Ersatz des vollen Hagelschadens gleichgültig in welchem Monat er auftritt. Er kann die Versicherungszahlung nicht deshalb kürzen, weil der Schaden in einen Monat fällt, in dem die Hagelwahrscheinlichkeit gering war und er muss nicht deshalb mehr als den entstandenen (und versicherten) Schaden zahlen, weil das Schadenereignis in einem Monat entstand, in dem auch dessen Eintritt kalkulatorisch am wahrscheinlichsten war. Wird daher die Versicherungsleistung rechtlich als Versicherungsschutz interpretiert, so lässt sich eine leistungsproportionale Gewinnrealisation, wie sie nach § 24 S. 2 RechVersV gefordert wird, bilanzrechtlich nur schwer begründen.[42] Eine leistungsproportionale Gewinnrealisation als „Verhältnis der Erwartungswertausgaben pro Zeiteinheit zur Summe der Erwartungswertausgaben in der Versicherungsperiode"[43] führt dazu, dass „die Leistungen der ersten Leistungsstufe anhand der zweiten Leistungsstufe periodisiert"[44] werden und stellt „insofern (...) auf die Leistung – die tatsächliche Schadenzah-

---

[36]   Vgl. Groh BB 1988, 27 (28); Brands, Periodische Schadenschwankungen und ihre Berücksichtigung im Jahresabschluß von Versicherungsunternehmungen, 1979, S. 95; Boetius/Boetius/Kölschbach Versicherungstechnische Rückstellungen-HdB/J. Boetius § 12 Rn. 62–67.

[37]   Ausf. zur zeitproportionalen Verteilung vgl. Baur, Die Periodisierung von Beitragseinnahmen und Schadenausgaben im aktienrechtlichen Jahresabschluß von Schaden- und Unfallversicherungsunternehmen, 1984, S. 30–33.

[38]   Vgl. Brands, Periodische Schadenschwankungen und ihre Berücksichtigung im Jahresabschluß von Versicherungsunternehmungen, 1979, S. 94–97; Prölss/von der Thüsen/Ziegler Vers-techn. Rückstellungen/Wels S. 47 f.

[39]   Vgl. Baur, Die Periodisierung von Beitragseinnahmen und Schadenausgaben im aktienrechtlichen Jahresabschluß von Schaden- und Unfallversicherungsunternehmen, 1984, S. 33 f.

[40]   Vgl. BR-Drs. 823/94, 122.

[41]   BFHE 113, 115 = BStBl. II 1974, 684 (686).

[42]   Vgl. Löw, Gewinnrealisierung und Rückstellungsbilanzierung bei Versicherungsunternehmen nach HGB und IFRS, 2003, S. 101 f.

[43]   Baur, Die Periodisierung von Beitragseinnahmen und Schadenausgaben im aktienrechtlichen Jahresabschluß von Schaden- und Unfallversicherungsunternehmen, 1984, S. 34.

[44]   Löw, Gewinnrealisierung und Rückstellungsbilanzierung bei Versicherungsunternehmen nach HGB und IFRS, 2003, S. 102.

lung – nach dem überkommenen [im Widerspruch zum Versicherungsschutzkonzept stehenden] Geldleistungskonzept ab".[45]

Bei einer strengen, am Zivilrecht orientierten Objektivierung der Ertragsrealisation **30** realisiert das Versicherungsunternehmen daher die Versicherungsprämien auch bei im Zeitablauf schwankenden Schadenserwartungen zeitproportional. Der im Zeitablauf planmäßig schwankende Schadenbedarf ist dann kein Anwendungsfall für eine modifizierte Ermittlung der Beitragsüberträge. Abweichungen vom Grundsatz der zeitproportionalen Prämienrealisation sind daher an strenge Nachweise zu knüpfen und grundsätzlich nur zulässig und geboten, wenn der Versicherungsnehmer bei vorzeitiger Auflösung oder Beendigung des Versicherungsverhältnisses einen Prämienrückerstattungsanspruch hat, der rechtlich wirksam nicht zeitproportional berechnet wird. Fehlt es an einer solchen Vereinbarung ist der im Zeitablauf schwankenden Schadeneintrittserwartung durch eine entsprechende Rückstellungsbildung Rechnung zu tragen, damit eine zeitproportionale Periodisierung von Beitragseinnahmen auch bei stark schwankendem Schadenverlauf eine zutreffende Ermittlung des Periodengewinns ermöglicht.

Die Beitragsüberträge aus dem **in Rückdeckung gegebenen Geschäft** sind nach den **31** im Direktversicherungsgeschäft angewandten Methoden zu berechnen (§ 23 RechVersV). Bei der Ermittlung der Beitragsüberträge aus dem **in Rückdeckung übernommenen Versicherungsgeschäft** hat das Rückversicherungsunternehmen sich grundsätzlich an den vom Vorversicherer angewandten Ermittlungsmethoden zu orientieren. Liegen dem rückversichernden Unternehmen hierzu nur unzureichende Informationen vor, so sind bei der Berechnung die Abrechnungs- und Vertragsmodalitäten des Rückversicherers maßgeblich.

Weder aus Abs. 2 Nr. 1 noch aus der RechVersV ergibt sich die Verpflichtung, die **32** Beitragsüberträge um **nicht übertragungsfähige Anteile** zu kürzen.[46] Ein entsprechendes Gebot resultiert aber aus dem koordinierten Ländererlass des Bundesministeriums der Finanzen vom 30.4.1974.[47] Danach ist der Tarifbeitrag (Prämie ohne Ratenzuschlag) um den nicht übertragungsfähigen Teil der Einnahmen zu kürzen. Als nicht übertragungsfähig gelten beim selbst abgeschlossenen Geschäft 85 % der Provisionen und sonstigen Bezüge der Vertreter. Werden eigene Angestellte im Abschluss- und Inkassobereich und zur Bestandspflege eingesetzt und sind sie anstelle von Vertretern auf Provisionsbasis tätig, so sind deren Gehälter und sonstige Bezüge anteilig mit einzurechnen. Anschließend ist der Beitragsübertrag aus der maßgeblichen Bemessungsgrundlage zeitanteilig zu ermitteln.[48] Vor Ermittlung des Beitragsübertrags sind 92,5 % der Rückversicherungsprovisionen von dem erhaltenen Rückversicherungsbeitrag abzusetzen.[49]

In der Lebensversicherung können Abschlussprovisionen bereits im Wege der **Zillme-** **33** **rung** berücksichtigt werden (→ § 341f Rn. 58 ff.). Deshalb müssen diese Versicherungsunternehmen nur den kalkulierten Inkassozuschlag als nicht übertragungsfähigen Beitragsanteil kürzen, soweit er nicht über 4 % der Beiträge liegt.

Von dem Brutto-Beitragsübertrag für das selbst abgeschlossene Geschäft ist der Anteil **34** der Rückversicherer abzusetzen (§ 51 Abs. 4 RechVersV).

Die auf diese Weise vorgenommene **Kürzung der Beitragsüberträge** verstößt nach **35** der Regierungsbegründung zum VersRiLiG nicht gegen das Aktivierungsverbot von Abschlussprovisionen (§ 248 Abs. 1 Nr. 3), sondern führt lediglich zu einer verursachungsgerechten, wenn auch pauschalen gewinnwirksamen Erfassung von Erträgen, die einem späteren Geschäftsjahr nicht zuzuordnen sind.[50] Dies ist kritisch zu sehen.

Die Regierungsbegründung folgt bei dieser Interpretation erkennbar betriebswirt- **36** schaftlichen Grundsätzen der Aufwands- und Ertragszurechnung. An der Zulässigkeit der

---

[45] Löw, Gewinnrealisierung und Rückstellungsbilanzierung bei Versicherungsunternehmen nach HGB und IFRS, 2003, S. 102.
[46] Vgl. Prölss/Kölschbach, 12. Aufl. 2005, VAG Anh. § 64 (§ 341e HGB) Rn. 26.
[47] Vgl. BMF-Schreiben v. 30.4.1974, VerBAV 1974, 118; BR-Drs. 823/94, 122; BT-Drs. 12/5587, 27.
[48] Vgl. WP-HdB Versicherungsunternehmen/Hofmann E Rn. 34.
[49] Vgl. BMF-Schreiben v. 30.4.1974, VerBAV 1974, 118; Beck Versicherungsbilanz/Freiling Rn. 52.
[50] Vgl. BT-Drs. 12/5587, 27.

Prämienkürzung um nicht übertragungsfähige Anteile bestehen daher ernsthafte Zweifel. Gewinne gelten bilanzrechtlich nur als realisiert, wenn sie quasi sicher sind. Das setzt voraus, dass das Versicherungsunternehmen sämtliche risikobehafteten Leistungshandlungen, die vertraglich notwendig sind, um die Prämie als verdient anzusehen, erbracht hat. Nur wenn und soweit die Prämie nach dem objektivierten Willen beider Vertragsparteien eine Vergütung für die entstandenen Abschlussprovisionen darstellt, kann sie als realisiert angesehen werden. Liegen diese Voraussetzungen nicht vor, führt eine betriebswirtschaftlich motivierte Kürzung der Beitragsüberträge zu einem Verstoß, zumindest aber zu einer deutlichen Zurückdrängung des Vorsichtsprinzips.

37   **3. Bilanzausweis und Anhangangaben.** Obgleich es sich bei der nach Abs. 2 Nr. 1 zu bildenden Position der Beitragsüberträge um einen passiven Rechnungsabgrenzungsposten iSd § 250 Abs. 2 handelt, werden die Beitragsüberträge unter die versicherungstechnischen Rückstellungen subsumiert und als solche unter der **Passivposition E. Versicherungstechnische Rückstellungen** des Bilanzgliederungsschemas (Formblatt 1 der RechVersV) ausgewiesen. Von dem Mitgliedstaatenwahlrecht des Art. 25 S. 3 und 4 RL 91/674/EWG iVm Art. 26 S. 2 RL 91/674/EWG, wonach Versicherungsunternehmen auch die Rückstellung für drohende Verluste aus dem Versicherungsgeschäft den Beitragsüberträgen zurechnen dürfen, hat der deutsche Gesetzgeber keinen Gebrauch gemacht. Rückstellungen für drohende Verluste sind weiterhin unter den sonstigen versicherungstechnischen Rückstellungen auszuweisen.[51] Auch das in Art. 25 S. 2 RL 91/674/EWG eingeräumte Wahlrecht, die Beitragsüberträge bei Lebensversicherungsunternehmen zusammen mit den Deckungsrückstellungen zu bilanzieren, wurde vom Gesetzgeber nicht übernommen.

38   Innerhalb des Postens der Beitragsüberträge sind die **Brutto-Beitragsüberträge** und der **Anteil der Beitragsüberträge für das in Rückdeckung gegebene Geschäft** jeweils in einer Vorspalte gesondert anzugeben und in der Hauptspalte als Netto-Beitragsüberträge zu verdichten (vgl. Formblatt 1 der RechVersV). Dabei umfassen die Brutto-Beitragsüberträge nach § 24 S. 1 RechVersV den Teil der von den Versicherungsnehmern gezahlten Beiträge, der „als Ertrag für eine bestimmte Zeit nach dem Abschlußstichtag dem folgenden Geschäftsjahr oder den folgenden Geschäftsjahren zuzurechnen ist". Davon gesondert auszuweisen ist der Anteil der Beitragsüberträge, der auf das in Rückdeckung gegebene Versicherungsgeschäft entfällt. Es handelt sich um „die Beträge, um die sich die Bruttobeträge der versicherungstechnischen Rückstellungen aufgrund der vertraglichen Abmachungen mit den Rückversicherern mindern" (§ 23 S. 1 RechVersV), also um den Teil der gezahlten Rückversicherungsprämien, der zukünftigen Geschäftsjahren zuzurechnen ist.

V. Rückstellung für Beitragsrückerstattung (RfB; Abs. 2 Nr. 2)

39   **1. Rechtsgrundlagen und Voraussetzung der Verwendungssicherung.** Nach Abs. 2 Nr. 2 haben Versicherungsunternehmen versicherungstechnische Rückstellungen für **erfolgsabhängige und erfolgsunabhängige Beitragsrückerstattungen** zu bilden. Bei der Bildung der RfB sind neben den handelsrechtlichen Vorschriften des Abs. 2 Nr. 2 und der §§ 28, 34, 42, 52 RechVersV und § 61 RechVersV auch die aufsichtsrechtlichen Vorschriften (insbesondere die §§ 139–141, 145, 150, 151, 160, 194, 294 und 298 VAG) sowie die dazu erlassenen Rechtsverordnungen zu beachten.

40   Die Notwendigkeit einer **angemessenen Beteiligung** der Versicherungsnehmer an den versicherungstechnischen Erträgen und solchen aus Kapitalanlagen ergibt sich aus der Generalklausel des § 140 VAG, wonach die Belange der Versicherungsnehmer ausreichend gewahrt werden müssen.[52]

---

[51]   Vgl. Boetius/Boetius/Kölschbach Versicherungstechnische Rückstellungen-HdB/J. Boetius § 14 Rn. 52.

[52]   Vgl. VerBAV 1989, 226.

Voraussetzung der Bildung der Rückstellung für erfolgsabhängige und erfolgsunab- **41** hängige Beitragsrückerstattung ist nach Abs. 2 Nr. 2 „die **ausschließliche Verwendung** der Rückstellung zu diesem Zweck durch Gesetz, Satzung, geschäftsplanmäßige Erklärung oder vertragliche Vereinbarung". Die in die RfB eingestellten Beträge dürfen damit entsprechend den aufsichtsrechtlichen Bestimmungen des § 140 Abs. 1 S. 1 VAG ausschließlich für die Überschussbeteiligung der Versicherten einschließlich der durch § 153 VVG vorgeschriebenen Beteiligung an den Bewertungsreserven verwandt werden.

Die Zweckgebundenheit der RfB gilt auch dann als erfüllt, wenn in einem Ausnahme- **42** fall die RfB mit Genehmigung der Aufsichtsbehörde, soweit sie nicht auf bereits festgelegte Überschussanteile entfällt, im Interesse der Versicherten zur Abwendung eines drohenden Notstands herangezogen wird (vgl. § 140 Abs. 1 S. 2 Nr. 1 VAG). Lebensversicherungsunternehmen und Versicherungsunternehmen, die die Unfallversicherung mit Prämienrückgewähr betreiben, dürfen darüber hinaus die RfB heranziehen, um unvorhersehbare Verluste aus den überschussberechtigten Versicherungsverträgen auszugleichen, die auf allgemeine Änderungen der Verhältnisse zurückzuführen sind und um die Deckungsrückstellung zu erhöhen, wenn die Rechnungsgrundlagen aufgrund einer unvorhersehbaren und nicht nur vorübergehenden Änderung der Verhältnisse angepasst werden müssen (§ 140 Abs. 1 S. 2 Nr. 2 und 3 VAG iVm § 161 Abs. 1 VAG).

2. Erfolgsabhängige und erfolgsunabhängige Rückstellung für Beitragsrück- **43** **erstattung.** Nach Abs. 2 Nr. 2 umfasst die RfB erfolgsabhängige und erfolgsunabhängige Beträge, die für die Rückgewähr oder nachträgliche Ausschüttung an die Versicherungsnehmer bestimmt sind.

Die **erfolgsunabhängige Beitragsrückerstattung** besteht nach § 28 Abs. 3 Rech- **44** VersV aus den Beträgen, die aufgrund eines günstigen Schadenverlaufs, positiver Ergebnisse eines oder mehrerer Versicherungsverträge oder gesetzlicher bzw. vertraglicher Bestimmungen den Versicherungsnehmern zugeteilt werden. Sie ist ein Korrektiv ex ante vorgenommener Kalkulationen. Damit das Versicherungsunternehmen die zukünftigen Leistungsversprechen jederzeit erfüllen kann, ist es dazu gezwungen, die Beiträge vorsichtig zu kalkulieren und in sie auch Sicherheitszuschläge einzurechnen, die dem Änderungsrisiko Rechnung tragen.[53] Bei planmäßigem Schadensverlauf führt dies zwangsläufig zu Überschüssen. Die aufgrund der vorsichtigen Kalkulation von den Versicherungsnehmern gezahlten Mehrbeiträge sind ihnen im Wege der Beitragsrückerstattung zurückzugewähren.[54]

Eine besondere Form der erfolgsunabhängigen Beitragsrückerstattung findet sich in der **45** nach Art der Lebensversicherung betriebenen Krankheitskosten- und freiwilligen Pflegekrankenversicherung (Pflegekosten- und Pflegetagegeldversicherung). Das VAG verpflichtet die Versicherungsunternehmen dazu, in der substitutiven Krankheitskostenversicherung von den Versicherten einen Beitragszuschlag in Höhe von 10 % der jährlichen gezillmerten Bruttoprämie zu erheben. Der Verpflichtung ist spätestens mit Beginn des Kalenderjahres, das auf die Vollendung des 21. Lebensjahres des Versicherten folgt, Folge zu leisten und endet erst in dem Kalenderjahr, in dem der Versicherte das 60. Lebensjahr vollendet hat. Dieser Zuschlag ist einer Alterungsrückstellung zuzuführen und muss vom Versicherer zur Prämienermäßigung im Alter nach § 150 Abs. 3 VAG verwendet werden (§ 149 S. 1 VAG). Die Summe der zum Ende des vorherigen Geschäftsjahres vorhandenen positiven Alterungsrückstellungen ist zu verzinsen (§ 150 Abs. 1 S. 1 VAG). Die Verzinsung beträgt 90 % der durchschnittlichen, über die rechnungsmäßige Verzinsung hinausgehenden Kapitalerträge (Überzins) (§ 150 Abs. 1 S. 2 VAG). Dabei ist den Versicherten bis zum Ende des Geschäftsjahres, in dem sie das 65. Lebensjahr vollenden, der Anteil, der auf den Teil der Alterungsrückstellung entfällt, der aus dem Beitragszuschlag entstanden ist, in voller Höhe gutzuschreiben. Von dem danach verbleibenden Betrag ist allen Versicherten ein weiterer Anteil gutzuschreiben. Dieser Anteil betrug 2001 50 % und erhöht sich seitdem bis er im Jahre

---

[53] Vgl. Prölss/von der Thüsen/Ziegler Vers-techn. Rückstellungen/von der Thüsen/Kullak S. 125 f.
[54] Vgl. RFHE 53, 186; BFHE 72, 216 = BStBl. III 1961, 81.

2025 die 100%-Grenze erreicht hat, um jährlich 2 % (§ 150 Abs. 2 VAG). Die nach dieser Maßgabe angesammelten Beträge sind ab der Vollendung des 65. Lebensjahres des Versicherten dazu zu verwenden, die zukünftig vorzunehmenden Prämienerhöhungen zu finanzieren. Dadurch nicht verbrauchte Beträge sind mit der Vollendung des 80. Lebensjahres des Versicherten grundsätzlich zur Prämiensenkung zu verwenden (§ 150 Abs. 3 VAG). Dabei ist das Versicherungsunternehmen dazu verpflichtet, den Teil der nach § 150 Abs. 1 VAG ermittelten Zinserträge, der nach Abzug der nach § 150 Abs. 2 verwendeten Beträge verbleibt, den Versicherten, die am Bilanzstichtag das 65. Lebensjahr vollendet haben, als erfolgsunabhängige Beitragsrückerstattung zukommen zu lassen und zu deren Gunsten innerhalb von drei Jahren zur Vermeidung oder Begrenzung von Prämienerhöhungen einzusetzen oder zur Prämienermäßigung zu verwenden (§ 150 Abs. 4 S. 1 VAG).

46　　Die **erfolgsabhängigen Beitragsrückerstattungen** stehen – anders als erfolgsunabhängige Beitragsrückerstattungen – in direkter Korrelation mit bestimmten Überschussgrößen des Versicherungsunternehmens. Nach § 28 Abs. 2 RechVersV erfasst die erfolgsabhängige Beitragsrückerstattung „die Beträge, die vom Gesamtergebnis, vom versicherungstechnischen Gewinn des gesamten Versicherungsgeschäfts, vom Ergebnis eines Versicherungszweiges oder einer Versicherungsart abhängig sind" und ist daher nicht als Korrektiv ex ante vorgenommener Kalkulationen, sondern als Überschussverwendung zu verstehen. Die erfolgsabhängige Beitragsrückerstattung wird bei Lebensversicherungen des Altbestandes gemäß dem Gesamtgeschäftsplan für die Überschussbeteiligung, bei Lebensversicherungen des Neubestandes (§ 138 Abs. 1 VAG) und Krankenversicherungen entsprechend vertraglicher oder satzungsgemäßer Vereinbarungen gebildet (§§ 146 und 147 VAG). In der Schaden- und Unfallversicherung ergibt sich die erfolgsabhängige Beitragsrückerstattung nur noch in der Unfallversicherung mit Prämienrückgewähr (§ 161 Abs. 1 VAG).[55]

47　　**3. Inhalt und Charakterisierung der Rückstellung für Beitragsrückerstattung.** Die **RfB** umfasst die am Bilanzstichtag noch nicht im Wege der Direktgutschrift zugeteilten Beträge. Verzinslich angesammelte Überschussanteile sowie fällige Beitragsrückerstattungen, die noch nicht ausbezahlt wurden, werden dagegen unter der Position der „Verbindlichkeiten aus dem selbst abgeschlossenen Versicherungsgeschäft gegenüber Versicherungsnehmern" ausgewiesen (§ 28 Abs. 4 RechVersV). In der Schadenversicherung wird der erfolgsunabhängige Anteil der Beitragsrückerstattung, soweit er vorsorglich bei einem mehrjährigen Beobachtungszeitraum vor Ablauf dieses Zeitraums gebildet wird, unter der Position der „Sonstigen versicherungstechnischen Rückstellungen" passiviert (§ 31 Abs. 2 Nr. 3 RechVersV). In der Lebensversicherung und in der nach Art der Lebensversicherung betriebenen Schaden- und Unfallversicherung umfasst die RfB eine Teilrückstellung (Schlussüberschussanteilsfonds) für Schlussüberschussanteile, Schlusszahlungen, Gewinnanteile und die Mindestbeteiligung an Bewertungsreserven (§ 28 Abs. 6 S. 1 und Abs. 9 RechVersV).

48　　Die **Einordnung der RfB als Verbindlichkeit oder Rückstellung** ist umstritten, gleichwohl aber notwendig, weil diese Bilanzpositionen unterschiedlichen Bewertungsnormen folgen (→ § 253 Rn. 63–66). Die erfolgsabhängige RfB wird anteilig „vom Gesamtergebnis, vom versicherungstechnischen Gewinn des gesamten Versicherungsgeschäfts, vom Ergebnis eines Versicherungszweiges oder einer Versicherungsart" (§ 28 Abs. 2 RechVersV) gebildet und steht zum Bilanzstichtag regelmäßig dem Grunde und der Höhe nach gegenüber der Versicherungsgemeinschaft fest. Es liegt insoweit eine gewisse Verbindlichkeit vor.[56] Andererseits begründet die RfB eine Verpflichtung gegen den einzelnen Versicherungsnehmer, wobei zum Bilanzstichtag noch nicht feststeht, welcher Anteil der RfB der Höhe (und ggf. dem Grunde) nach auf welchen Versicherten entfällt. In dieser einzelvertraglichen Sichtweise führt die RfB zu einer Rückstellung, weil und soweit sie nach § 139 VAG den Versicherten nicht unmittelbar zugeteilt wurde.[57] Für diese Interpretation spricht (auch)

---

[55]　Vgl. Beck Versicherungsbilanz/Stuirbrink/Westenhoff/Reich Rn. 89.
[56]　Vgl. B. Jäger ZVersWiss 1999, 149 (186).
[57]　Vgl. Prölss/Dreher/Präve VAG § 139 Rn. 6 f.

der Wortlaut des hierfür zu bildenden Passivums „Rückstellung für Beitragsrückerstattung", so dass ihr der Vorzug zu geben ist.

In der Lebens- und Krankenversicherung gilt, dass der verantwortliche Aktuar dem **49** Vorstand für die überschussberechtigten Verträge einen Vorschlag über eine angemessene Beteiligung der Versicherungsnehmer in Form von Überschussanteilssätzen vorzulegen hat (§ 141 Abs. 5 Nr. 4 VAG iVm § 156 Abs. 1 VAG). Soweit die Überschussanteilssätze vor dem Bilanzstichtag deklariert werden, entsteht eine rechtsverbindliche Verpflichtung des Lebensversicherungsunternehmens gegenüber den einzelnen Versicherungsnehmern. Insoweit „gelten (…) die sich daraus ergebenden Überschußbeträge als für die Ausschüttung an die Versicherungsnehmer nach dem Bilanzstichtag verbindlich festgelegt",[58] so dass in einem solchen Fall auch die Einzelverpflichtungen dem Grunde und der Höhe nach bekannt und als Verbindlichkeiten einzuordnen sind.

4. Zuführung zur Rückstellung für Beitragsrückerstattung. a) Zuführung in **50** **der Lebensversicherung sowie bei Pensionskassen und Sterbekassen.** Dem Versicherungsnehmer einer Lebensversicherung, einer Berufsunfähigkeitsversicherung (§ 176 VVG) und dem Anspruchsberechtigten aus Kapitalisierungsgeschäften iSv § 1 Abs. 2 VAG steht eine Beteiligung am Überschuss und an den Bewertungsreserven zu (Überschussbeteiligung), es sei denn, die Überschussbeteiligung ist durch ausdrückliche Vereinbarung ausgeschlossen (§ 153 Abs. 1 VVG).[59] Das Versicherungsunternehmen muss die dem Versicherungsnehmer zustehende Überschussbeteiligung „nach einem verursachungsorientierten Verfahren" bestimmen (§ 153 Abs. 2 S. 1 VVG).

Die überschussberechtigten Versicherungsverträge sind angemessen an dem Überschuss **51** des Unternehmens zu beteiligen. Die Mindestbeteiligung, die den Versicherungsnehmern zu gewähren ist, regelt die Verordnung über die Mindestbeitragsrückerstattung in der Lebensversicherung (**Mindestzuführungsverordnung** – MindZV) vom 18.4.2016 (BGBl. 2016 I 831). Sie wurde vom BMF auf Grundlage der in § 140 Abs. 2 f. VAG verankerten Berechtigung erlassen. Die Verordnung gilt für Lebensversicherungsunternehmen mit Ausnahme der nach § 233 Abs. 1 oder 2 VAG regulierten Pensionskassen, die mit Genehmigung der Aufsichtsbehörde nach Maßgabe des § 211 Abs. 2 Nr. 2 VAG von § 153 VVG abweichende Bestimmungen getroffen haben (§ 1 Abs. 1 MindZV). Ob und inwieweit Sterbekassen und regulierte Pensionskassen unter den Anwendungsbereich der Verordnung fallen, regelt § 1 Abs. 2 MindZV.

Die MindZV differenziert bei der Zuweisung des Überschusses danach, ob der über- **52** schussberechtigte Vertrag zum Altbestand oder zum Neubestand des Unternehmens zählt und danach, aus welchen Quellen er stammt. Zum **Altbestand** zählen grundsätzlich die vor dem 29.7.1994 abgeschlossen Lebensversicherungsverträge (vgl. § 2 Nr. 2 lit. a aa MindZV iVm § 336 VAG). Dazu kommen zum einen die nach diesem Zeitpunkt abgeschlossenen Verträge, wenn ihnen allgemeine Versicherungsbedingungen zugrunde liegen, die bis zum 31.12.1994 verwendet und vor dem 29.7.1994 von der zuständigen Aufsichtsbehörde genehmigt wurden (vgl. § 2 Nr. 2 lit. a bb MindZV iVm Art. 16 § 2 S. 2 3. VAG-EWGDV vom 21.7.1994, BGBl. 1994 I 1630 (3134)) und zum anderen solche Verträge, bei denen die Prämien und Leistungen bei unverändertem Verfahren der Risikoeinschätzung mit den Prämien und Leistungen der vor dem 29.7.1994 abgeschlossenen Lebensversicherungsverträge übereinstimmen, soweit sie nach dem 31.12.1994 und vor dem 1.1.1998 abgeschlossen wurden und die Lebensversicherungsunternehmen sie bis zum 12.4.2008 mit den vor dem 29.7.1994 abgeschlossenen Lebensversicherungsverträgen gemeinsam abrechneten (vgl. § 2 Nr. 2 lit. a bb MindZV). Bei Pensionskassen gehören alle Lebensversicherungsverträge, denen ein genehmigter Geschäftsplan zugrunde liegt, zum Altbestand (vgl. § 2 Nr. 2 lit. b MindZV). Zum **Neubestand** zählen alle übrigen Lebensversicherungs- und Pensionskassenverträge (vgl. § 2 Nr. 3 MindZV).

---

[58] Beck Versicherungsbilanz/Stuirbrink/Westenhoff/Reich Rn. 107.
[59] Vgl. BaFin v. 28.5.2008 – VA 21-A-2008/0033, Hinweise zu einigen Auslegungsfragen zum Versicherungsvertragsgesetz (VVG).

53   Der für die Überschussbeteiligung relevante Betrag ergibt sich grundsätzlich aus dem handelsrechtlichen **Rohüberschuss.** Dieser setzt sich aus **diversen Ergebnisquellen** zusammen. Dazu zählen das Zinsergebnis, das Risikoergebnis und das sonstige Ergebnis.

54   Das **Zinsergebnis** ist die Summe aller Zinserträge und Zinsaufwendungen. Bei Lebensversicherungen ergibt sich der Zinsüberschuss im Wesentlichen aus dem Kapitalanlageergebnis, das das Unternehmen aus der Investition der Sparanteile der Lebensversicherungsprämien am Kapitalmarkt erzielt, abzüglich der gegenüber den Versicherungsnehmern vertraglich garantierten Verzinsung ihrer Sparanteile sowie den Aufwendungen für die Kapitalanlage.[60] Bei der Ermittlung der überschussrelevanten Kapitalerträge sind darüber hinaus die besonderen Berechnungsvorgaben des § 3 MindZV zu beachten. Diese führen zu einer Modifikation des handelsrechtlichen Kapitalanlageergebnisses.

55   Das **Risikoergebnis** ist das Ergebnis aus den eingetretenen Versicherungsfällen im Vergleich zu den kalkulierten Versicherungsfällen. Dabei entsteht bei Lebensversicherungen ein Risikogewinn insb. dann, wenn die tatsächliche Sterblichkeit von derjenigen abweiche, die im Rahmen der vorsichtigen Tarifkalkulation angenommen wurde (Sterblichkeitsergebnis).

56   Das **sonstige Ergebnis** wird insb. durch die Kostengewinne oder -verluste bestimmt. Diese treten auf, wenn die tatsächlichen Kosten für den Abschluss, die Verwaltung, das Inkasso und die Auswirkungen aus den Stornofällen niedriger oder höher ausfallen als im Rahmen der vorsichtigen Tarifkalkulation angenommen.

57   Die **Zerlegung des Rohergebnisses** auf die drei Ergebnisquellen erfolgt durch vereinheitlichende Formblätter und Nachweisungen, wie zB die Nachweisung 213 (BerVersV). Sie finden ihre gesetzliche Grundlage in der Verordnung über die Berichterstattung von Versicherungsunternehmen gegenüber der Bundesanstalt für Finanzdienstleistungsaufsicht (**Versicherungsberichterstattungs-Verordnung** – BerVersV, vgl. Anlage 3 BerVersV). Die Spartenergebnisse sind für den Altbestand und den Neubestand separat zu ermitteln und zuzuweisen (vgl. § 6 Abs. 1 S. 2 und Abs. 2 S. 1 MindZV, § 7 S. 2 und § 8 S. 2 MindZV).

58   Vom dem Kapitalanlageergebnis (vgl. § 6 Abs. 1 S. 1 und Abs. 2 S. 1 MindZV) und dem Risikoergebnis (vgl. § 7 S. 1 MindZV) sind den überschussberechtigten Versicherungsverträgen 90 % und vom sonstigen Ergebnis 50 % (vgl. § 8 S. 1 MindZV) in die Rückstellung für Beitragsrückerstattung einzustellen (**Mindestzuführungsquote).** Von dieser Summe sind die Direktgutschriften einschließlich der entfallenden Schlusszahlungen aufgrund der Beteiligung an Bewertungsreserven, soweit diese in Form einer Direktgutschrift ausgeschüttet werden, abzuziehen (§ 4 Abs. 2 S. 1 MindZV bzw. § 5 Abs. 2 S. 1 MindZV).

59   Ergeben sich **negative Teilergebnisse,** werden sie genullt (vgl. § 6 Abs. 1 S. 2 und Abs. 2 S. 5 MindZV; § 7 S. 3 und § 8 S. 3 MindZV). Dadurch sind Verluste aus dem Risikogeschäft und Verluste aus dem übrigen Ergebnis, wie zB Kostenverluste, vollständig vom Versicherungsunternehmen zu tragen.

60   Nur in begründeten Ausnahmefällen und erst nach vorheriger Zustimmung durch die Aufsichtsbehörde darf das Versicherungsunternehmen diese **Mindestzuführung unterschreiten.** Die Ausnahmetatbestände sind in § 9 Abs. 1 MindZV abschließend geregelt. Danach ist eine Unterschreitung zulässig, wenn sie dazu erforderlich ist, den Solvabilitätsbedarf für die überschussberechtigten Versicherungsverträge des Gesamtbestands bereitzustellen, unvorhersehbare Verluste, die auf eine allgemeine Änderung der Verhältnisse zurückzuführen sind, auszugleichen und/oder den Erhöhungsbedarf in der Deckungsrückstellung zu finanzieren, wenn die Rechnungsgrundlagen auf Grund einer unvorhersehbaren und nicht nur vorübergehenden Änderung der Verhältnisse angepasst werden müssen.

61   Die überschussberechtigten Versicherungsnehmer sollen an der **tatsächlichen Vermögensentwicklung** des Versicherungsunternehmens partizipieren. Diese wird aus der Handelsbilanz nicht (zwingend) ersichtlich. Ihre Erstellung steht unter dem Primat des Gläubigerschutzes und zielt primär auf die Ermittlung eines vorsichtig und objektiviert bestimmten ausschüttungsfähigen Umsatzgewinns. Die Vermögensermittlung ordnet sich dieser Zielset-

---

[60]   Vgl. Langheid/Wandt/Heiss VVG § 153 Rn. 24.

zung grundsätzlich unter. Diese am Vorsichtsprinzip ausgerichtete Zielsetzung wird insb. durch das Realisationsprinzip (§ 252 Abs. 1 S. 4) umgesetzt. Danach dürfen Gewinn erst ausgewiesen werden, wenn sie realisiert sind. Die Realisation erfolgt grundsätzlich erst mit der Lieferung und Leistung im Rechtssinne. Vom Versicherungsunternehmen erworbene Vermögensgegenstände sind aufgrund des Realisationsprinzips daher höchstens mit ihren Anschaffungs- oder Herstellungskosten zu bewerten (Anschaffungskostenprinzip). Bei Vermögensgegenständen, die sich im Zeitablauf abnutzen, sind die Anschaffungs- oder Herstellungskosten während der Nutzungsdauer planmäßig aufwandswirksam abzuschreiben. Liegt der aktuelle Stichtagswert der Vermögensgegenstände über den Anschaffungs- oder Herstellungskosten ist dies bis zur Veräußerung des Vermögensgegenstands grundsätzlich irrelevant. Liegt er unter dem Buchwert, fordert das Imparitätsprinzips, das das Realisationsprinzip im Sinne des Vorsichtsprinzips ergänzt, regelmäßig eine erfolgswirksame Abwertung des Vermögensgegenstands (Niederstwertprinzip). Das Niederstwertprinzip kehrt sich für die Verbindlichkeiten in ein Höchstwertprinzip um. Danach sind Verbindlichkeiten regelmäßig mindestens mit ihren Zugangswerten (Erfüllungsbeträgen) zu passivieren, auch wenn ihr aktueller Marktwert geringer ist. Dies kommt insb. dann vor, wenn eine festverzinsliche Verbindlichkeit durch eine zwischenzeitlich eingetretene Erhöhung des Markzinsniveaus unterverzinslich wird. Der damit verbundene wertmäßige Belastungsrückgang ist vor dem rechtswirksamen erfüllen oder Abstoßen der Verbindlichkeit noch nicht realisiert und darf bilanzrechtlich noch nicht ausgewiesen werden (stille Bewertungsreserven im Bereich der Verbindlichkeiten).

Werden die überschussberechtigten Verträge nur an den realisierten Gewinnen und **62** Verlusten beteiligt, partizipieren sie nicht an diesen Wertänderungen. Diese fließen dann ausschließlich den verbleibenden Versicherungsnehmern in Form künftiger höherer Überschüsse zu. Dies ist verfassungsrechtlich unzulässig. Das **BVerfG** verpflichtet den Gesetzgeber daher dazu, „hinreichende rechtliche Vorkehrungen dafür vorzusehen, dass bei der Ermittlung eines bei Vertragsende zuzuteilenden Schlussüberschusses die Vermögenswerte angemessen berücksichtigt werden, die durch die Prämienzahlungen im Bereich der kapitalbildenden Lebensversicherung mit Überschussbeteiligung geschaffen worden sind“.[61] Als Reaktion auf diese Vorgabe wurde die **Beteiligung an den Bewertungsreserven** in das VVG aufgenommen (§ 153 Abs. 3 VVG).

Nach § 153 Abs. 3 VVG sind deshalb die **Bewertungsreserven,** die sich noch nicht **63** in der Gewinn- und Verlustrechnung niedergeschlagen haben, bei der Ermittlung der Rückstellung für Beitragsrückerstattung zu berücksichtigen. Der Versicherungsnehmer ist an ihnen nach § 153 Abs. 3 S. 2 VVG bei Beendigung des Vertrages mit **50 % zu beteiligen.**

Durch die hälftige Zuweisung der Bewertungsreserven wird ein **Interessenausgleich 64** zwischen den aus dem Versicherungsbestand ausscheidenden und den in ihm verbleibenden Versicherungsnehmern angestrebt. Während die aus dem Versichertenkollektiv ausscheidenden Versicherungsnehmer ein Interesse daran haben, die durch ihre Beiträge geschaffenen stillen Reserven vollständig ausgezahlt zu bekommen, besteht das Interesse der in der Solidargemeinschaft verbleibenden Versicherungsnehmer darin, jährlichen Ergebnisschwankungen bei Bedarf durch Einsatz der stillen Reserven entgegenzuwirken und dadurch die dauerhafte Leistungsfähigkeit des Versicherungsunternehmens zu schützen bzw. zu stärken.[62]

Das Versicherungsunternehmen hat daher bereits während der Laufzeit des Vertrags die **65** Bewertungsreserven zu ermitteln und den Versicherungsverträgen nach einem verursachungsorientierten Verfahren rechnerisch zuzuordnen (§ 153 Abs. 3 S. 1 VVG). Da die Bewertungsreserven noch nicht realisiert sind, unterliegen sie dem Änderungs- und Verlustrisiko. Deshalb erfolgt die Zuordnung nur rechnerisch und begründet noch keinen Rechtsanspruch des zuteilungsbegünstigten Versicherungsnehmers auf die spätere Auszahlung der ihm verursachungsgerecht zugewiesenen Anteile an den stillen Reserven. Dieser **Rechtsanspruch** entsteht grundsätzlich erst durch die Zuteilung der Überschussanteile im Zeitpunkt

---

[61] BVerfGE 114, 73 = VersR 2005, 1127.
[62] Vgl. Langheid/Wandt/Heiss VVG § 153 Rn. 6.

der Vertragsbeendigung (§ 153 Abs. 3 S. 2 VVG). Die zu diesem Zeitpunkt ermittelte Überschussbeteiligung wird dann zusätzlich zur vertraglich zugesagten Leistung ausgezahlt.[63] Bei Rentenversicherungen tritt an die Stelle des Vertragsendes der Zeitpunkt der Beendigung der Ansparphase (§ 153 Abs. 4 VVG).[64] Den Vertragsparteien steht es frei, eine frühere Zuteilung zu vereinbaren (§ 153 Abs. 3 S. 2 Hs. 2 VVG).

66   Bewertungsreserven ergeben sich, wenn der tatsächliche Wert eines vermögenswerten Vorteils von dem Buchwert abweicht, mit dem er in der Bilanz des Versicherungsunternehmens erfasst ist. Dabei ist zwischen Ansatz- und Bewertungsreserven zu unterscheiden. **Ansatzreserven** liegen vor, wenn ein Vermögenswert zwar existiert, aber nicht bilanziert ist (zB ein selbstgeschaffenes Patent). Dagegen handelt es sich um Bewertungsreserven, wenn der tatsächliche Wert eines aktivierten Vermögensgegenstands über seinem Buchwert liegt (stille Bewertungsreserven). Liegt der tatsächliche Wert unter dem Buchwert, handelt es sich um stille Lasten. Bewertungsreserven können sich auch aus Fremdkapitalpositionen ergeben. Diese liegen hier vor, wenn der tatsächliche Wert der Verbindlichkeiten unter ihrem Buchwert liegt.

67   Nach dem Gesetzeswortlaut ist der Versicherungsnehmer an den Bewertungsreserven, nicht aber an den **Ansatzreserven** zu beteiligen. Damit bleiben selbst geschaffene Vermögensgegenstände des Anlagevermögens, wie der Wert eines selbstgeschaffenen Versicherungsbestands, außer Ansatz. Dies steht in Einklang mit der Nichtberücksichtigung des Wertbeitrags den die nach § 248 Abs. 2 aktivierten, selbstgeschaffenen immateriellen Vermögensgegenstände zum Gesamtergebnis beitragen.

68   Durch das Zusammenspiel von Realisationsprinzip und Imparitätsprinzip entstehen dadurch systematisch stille Reserven, die insbesondere **bei Grundstücken und Finanzanlagen** auftreten und sich häufig durch einen Vergleich mit ihren Marktwerten objektiviert nachweisen lassen. Hier sind zudem §§ 54–56 RechVersV zu beachten. Diese Rechtsnormen verpflichten das Versicherungsunternehmen unabhängig von der Berechnung einer Überschussbeteiligung dazu, die aktuellen Stichtagswerte von Grundstücken und anderen Kapitalanlagen nach den dort präzisierten Methoden zu ermitteln.

69   Stille Bewertungsreserven können aber auch bei entgeltlich erworbenen **immateriellen Vermögensgegenständen** (zB Kundenstamm, EDV-Software) und der **Betriebs- und Geschäftsausstattung** (zB Maschinen) und Gegenständen des **Vorratsvermögens** (zB Handelswaren) auftreten. Bei ihnen lässt sich der höhere aktuelle Wert regelmäßig nur subjektiv bestimmen. Die dort verankerten Bewertungsreserven spielen aber bei Versicherungsunternehmen eine untergeordnete Rolle.

70   Dem Gesetzeswortlaut entspricht es zudem, bei der Überschussbeteiligung **stille Lasten** (der Buchwert liegt über dem tatsächlichen Stichtagswert) **unberücksichtigt** zu lassen, da diese sprachlich und begrifflich keine Reserven, sondern Vermögensbelastungen darstellen. Allerdings ist bei der Nichtberücksichtigung von Vermögenslasten danach zu differenzieren, wie weit das Einzelbewertungsprinzip (§ 252 Abs. 1 Nr. 3) auszulegen ist. Bei seiner engen Wortlautauslegung werden die bei den einzelnen Vermögensgegenständen und Schulden gehobenen stillen Bewertungsreserven nicht um die bei anderen Vermögensgegenständen und Schulden vorhandenen stillen Lasten verringert. Bei einer weniger strengen Wortlautauslegung werden die stillen Reserven mit den stillen Lasten saldiert. Verbleibt eine (positive) Bewertungsreserve, partizipieren die Versicherungsnehmer an diesem Saldo. Übersteigen dagegen die stillen Bewertungslasten die Bewertungsreserven, erfolgt keine Zuteilung des negativen Saldos an die Versicherungsnehmer. Sie partizipieren damit nicht an ihm.[65]

71   Eine Sonderbehandlung erfahren die Gewinnauswirkungen, die sich aus der Aktivierung selbst geschaffener immaterieller Vermögensgegenstände des Anlagevermögens ergeben. Diese dürfen nach § 248 Abs. 2 mit ihren Herstellungskosten aktiviert werden. Da

---

[63] Vgl. BeckOK HGB/Schärtl Rn. 48.
[64] Vgl. Langheid/Wandt/Heiss VVG § 153 Rn. 6.
[65] Vgl. Langheid/Wandt/Heiss VVG § 153 Rn. 25.

ihre Aktivierung in der Steuerbilanz verboten ist (§ 5 Abs. 2 EStG), führt ihre Aktivierung zu einem handelsrechtlichen Jahresüberschuss, der über dem steuerrechtlichen Gewinn liegt. Hinsichtlich der Gewinndifferenz ist handelsrechtlich eine passive latente Steuer zu bilden, die dazu führt, dass die durch die Aktivierung bewirkte Gewinnerhöhung bzw. Aufwandsverringerung durch die darauf entfallende (fiktive) Steuerlast reduziert wird. Der danach verbleibende Mehrgewinn darf dann zwar handelsrechtlich ausgewiesen, aber nicht an die Unternehmenseigner ausgeschüttet werden. § 153 Abs. 2 VVG übernimmt dieses Gewinnverwendungsverbot auch für die Berechnung der Überschussbeteiligung. Die nach § 268 Abs. 8 ausschüttungsgesperrten Beträge bleiben auch bei ihr außer Betracht (§ 153 Abs. 2 VVG).

§ 139 VAG schränkt die Überschussbeteiligung der Versicherungsnehmer darüber **72** hinaus in zweierlei Hinsicht ein. Bei Aktiengesellschaften dürfen Beträge, die nicht auf Grund eines Rechtsanspruchs der Versicherten zurückzustellen sind, für die Überschussbeteiligung nur bestimmt werden, soweit aus dem verbleibenden Bilanzgewinn noch ein **Gewinn in Höhe von mindestens 4 % des Grundkapitals** verteilt werden kann (§ 139 Abs. 2 S. 2 VAG).

Darüber hinaus können sich insb. bei Kapitallebensversicherungen aus sinkenden Zin- **73** sen und/oder einem **Niedrigzinsumfeld** Risiken für das Unternehmen ergeben, die noch nicht bilanziell erfasst sind.[66] Bei Kapitallebensversicherungen wird die Versicherungsprämie in einen Risiko- und einen Sparanteil zerlegt. Die über die gesamte Vertragslaufzeit hinweg garantierte Mindestverzinsung des Sparanteils ist eines der klassischen, verkaufsfördernden Merkmale dieser Produkte. Das Versicherungsunternehmen sammelt die bei Vertragsablauf auszuzahlende Versicherungssumme in Form der Deckungsrückstellung an, indem die eingezahlten Sparanteile der Deckungsrückstellung zugeführt und bis zur Fälligkeit verzinst werden. Es muss diesen Zinsanteil durch die zwischenzeitliche Investition des Sparanteils erwirtschaften. Dies wird durch fallende Zinsen erschwert.

Fallende Zinsen haben damit zwei Auswirkungen im Kontext der Überschussbeteili- **74** gung. Zum einen führen sie dazu, dass die vom Versicherungsunternehmen bereits gehaltenen festverzinslichen Kapitalanlagen rechnerisch überverzinslich werden und dadurch im Wert steigen. Daraus resultieren Bewertungsreserven, die den Überschussbeteiligten zu gute kommen. Gleichzeitig bedroht ein **langanhaltendes Niedrigzinsumfeld** mittel- bis langfristig die Fähigkeit der Lebensversicherungsunternehmen, die den Versicherungsnehmern zugesagten Zinsgarantien zu erbringen.[67] Da sich diese Risiken in der Bilanz „nur mit erheblicher zeitlicher Verzögerung" zeigen, besteht die Gefahr, dass Vermögen, das für die zukünftige Erfüllung der Zinsgarantien der Versicherten benötigt wird, durch Ausschüttungen an die Aktionäre und/oder „eine ökonomisch inadäquate Bemessung der Überschussbeteiligung zugunsten eines kleinen Teils der ausscheidenden Versicherungsnehmer aber zu Lasten der Mehrheit der verbleibenden Versicherungsnehmer" verwendet werden.[68] Die Interessen der aktuell aus einem Versicherungsverhältnis ausscheidenden Versicherungsnehmer werden über die Interessen derjenigen gestellt, deren Versicherungsverträge erst in Zukunft auslaufen.

§ 139 VAG begegnet dieser Benachteiligung. Bewertungsreserven aus festverzinslichen **75** Anlagen und Zinsabsicherungsgeschäften dürfen bei der Ermittlung der Bewertungsreserven nur insoweit berücksichtigt werden, als sie einen etwaigen **Sicherungsbedarf aus den Versicherungsverträgen mit Zinsgarantie** überschreiten (§ 139 Abs. 3 VAG).[69] Die Vorschrift stellt somit klar, dass die Beteiligung des Versicherungsnehmers an den Bewertungsre-

---

66 Vgl. BT-Drs. 18/1772, 26; LG Hamburg BeckRS 2016, 12300.
67 Vgl. RefE des BMF eines Gesetzes zur Absicherung stabiler und fairer Leistungen für Lebensversicherte (Lebensversicherungsreformgesetz – LVRG), S. 1.
68 Vgl. RefE des BMF eines Gesetzes zur Absicherung stabiler und fairer Leistungen für Lebensversicherte (Lebensversicherungsreformgesetz – LVRG), S. 1 (auch beide Zitate).
69 Die verfassungsrechtliche Zulässigkeit des § 139 VAG sowie des § 153 Abs. 3 S. 3 VVG wurden durch das OLG München bestätigt; vgl. hierzu OLG München BeckRS 2017, 103732.

serven nicht dazu führen darf, dass das Versicherungsunternehmen der Sicherstellung der dauernden Erfüllbarkeit seiner Verträge nicht nachkommen kann.[70]

76   Bei der Berechnung der Überschussanteile sind daher die Versicherungsverträge zu identifizieren, deren maßgeblicher Rechnungszins über dem maßgeblichen Euro-Zinsswap-satz zum Zeitpunkt der Ermittlung der Bewertungsreserven liegt. Für diese Verträge ist eine Zinszusatzverpflichtung zu ermitteln und von dem zu verteilenden Überschuss abzuziehen. Die **Zinszusatzverpflichtung** berechnet sich als Differenz zwischen der versicherungsmathematisch unter Berücksichtigung des aktuellen Zinses bewerteten Zinssatzverpflichtung des Versicherungsvertrags und der darauf bezogenen Deckungsrückstellung (§ 139 Abs. 4 S. 2 VAG).

77   Sterbekassen können den Sicherungsbedarf aus den Versicherungsverträgen mit Zinsgarantie nach einem abweichenden Verfahren berechnen, wenn und soweit dieses zuvor von der Aufsichtsbehörde genehmigt wurde (§ 139 Abs. 4 S. 3 VAG).

78   Die der Rückstellung für Beitragsrückerstattung zugewiesenen Beträge sind abzuzinsen. Für die **Abzinsung** ist ein Zinssatz zu wählen, der nicht höher ist als das über einen Referenzzeitraum von zehn Kalenderjahren errechnete arithmetische Mittel der Umlaufrenditen der Anleihen der öffentlichen Hand (§ 28 Abs. 7d RechVersV). Abweichende Verfahren sind zulässig, wenn sie zu annähernd gleichen Ergebnissen führen (§ 28 Abs. 7e Nr. 1 RechVersV). Das Versicherungsunternehmen erfasst die Mindestbeteiligung an den Bewertungsreserven als Teil des Schlussüberschussanteilfonds (§ 28 Abs. 6 RechVersV).

79   Um zu verhindern, dass das Lebensversicherungsunternehmen in der RfB Beträge über das für Aufsichtszwecke erforderliche Maß hinaus thesauriert und den Versicherungsnehmern vorenthält, hat die BaFin aufsichtsrechtliche Maßnahmen ergriffen.[71] Danach darf die RfB des Altbestands zwar außer dem gebundenen Anteil und dem Schlussüberschussanteilsfonds auch einen ungebundenen Teil (freie RfB) enthalten. Die freie RfB darf aber die Zuführung zu den RfB, die das Versicherungsunternehmen im Geschäftsjahr und im Vorjahr vorgenommen hat, nicht übersteigen. Da sich diese Regelung bei schwierigen Kapitalmarktsituationen als zu starr und unflexibel erwiesen hat, führte die BaFin eine weitere, alternative Begrenzungsregel ein, die von der Nettoverzinsung abhängig ist.[72]

80   **b) Zuführung in der Krankenversicherung.** Nach § 150 Abs. 1 VAG sind in der nach Art der Lebensversicherung betriebenen Krankheitskostenversicherung und in der freiwilligen Pflegekrankenversicherung 90 % der über die rechnungsmäßigen Zinsen hinausgehenden Kapitalerträge (Überzins) der Alterungsrückstellung direkt gutzuschreiben. Der nach Abzug der Direktgutschrift des § 150 Abs. 2 VAG verbleibende Betrag ist in die erfolgsunabhängige RfB einzustellen und in den nächsten drei Jahren zur Vermeidung bzw. Begrenzung von Prämienerhöhungen für Versicherungsnehmer, die das 65. Lebensjahr überschritten haben, zu verwenden (§ 150 Abs. 4 VAG).

81   In der nach Art der Lebensversicherung betriebenen Krankenversicherung sind die Prämien nach Maßgabe der **KVAV** zu berechnen. Dabei müssen die verwendeten Rechnungsgrundlagen nach § 2 Abs. 3 KVAV „mit ausreichenden Sicherheiten" versehen sein. So darf der Rechnungszins bei der Prämienberechnung 3,5 % nicht überschreiten (§ 4 KVAV); der eingerechnete, nicht bereits in anderen Rechnungsgrundlagen enthaltene Sicherheitszuschlag muss mindestens 5 % betragen (§ 7 KVAV). Die aus dieser vorsichtigen Kalkulation entstehenden Überschüsse sind nach § 151 Abs. 2 VAG weitestgehend an die Versicherungsnehmer zurück zu gewähren, um deren Belange zu wahren. Daher haben Versicherungsunternehmen in der nach Art der Lebensversicherung betriebenen Krankenversicherung eine Rückstellung für erfolgsabhängige Beitragsrückerstattung zu bilden.

---

[70]   Vgl. BT-Drs. 18/1772, 25 f.
[71]   Vgl. BaFin Rundschreiben 10/2008 (VA) v. 25.9.2008, Neufassung des Musters eines Gesamtgeschäftsplans für die Überschussbeteiligung des Altbestands in der Lebensversicherung.
[72]   Vgl. BaFin Infomail v. 26.1.2011, Begrenzung der RfB des Altbestandes von Lebensversicherungsunternehmen.

Die Mindestzuführung zur erfolgsabhängigen RfB ist in § 22 KVAV geregelt. Danach **82** müssen mindestens 80 % des Risiko-, Kapitalanlage- und Kostenergebnisses sowie des sonstigen Ergebnisses in die erfolgsabhängige RfB eingestellt werden (§ 22 Abs. 1 S. 4 KVAV). Dabei sind die nach § 150 Abs. 1 VAG gutgeschriebenen Überzinsen bei der Berechnung der Mindestzuführung in Abzug zu bringen (§ 22 Abs. 1 S. 5 KVAV).

c) Zuführung in der Schaden- und Unfallversicherung. Für die nach Art der **83** Lebensversicherung betriebene **Unfallversicherung mit Prämienrückgewähr** gelten bei der Prämienkalkulation sowie bei der Prämienrückgewähr die gleichen Grundsätze wie in der Lebensversicherung (§ 161 Abs. 1 VAG). Die angemessene Höhe der Überschussbeteiligung legt der Vorstand auf Grundlage der Vorschläge des verantwortlichen Aktuars fest (§ 161 Abs. 1 VAG iVm § 141 Abs. 5 Nr. 4 VAG).

Neben der erfolgsabhängigen Beitragsrückerstattung umfasst die RfB insbesondere in **84** den technischen Versicherungszweigen erfolgsunabhängige Beitragsrückerstattungen. Nach den Regelungen des Versicherungsvertrages bzw. der AVB werden sie idR gewährt, wenn in einem bestimmten Beobachtungszeitraum die Schadenleistungen einen bestimmten Prozentsatz der erhobenen Beiträge nicht übersteigen. Wird während des Beobachtungszeitraumes mit einer Beitragsrückerstattung nach Ablauf desselben gerechnet, ist nach § 252 Abs. 1 Nr. 4 iVm § 31 Abs. 2 Nr. 3 RechVersV eine „Sonstige versicherungstechnische Rückstellung" zu bilden.

d) Zuführung in der Rückversicherung. Im **Rückversicherungsgeschäft** bilden **85** ausschließlich die abgeschlossenen Rückversicherungsverträge die Grundlage für die Berechnung der Beitragsrückerstattung. Die RfB umfasst nur erfolgsunabhängige Beträge. Die auf Grundlage des Gesamtergebnisses oder des versicherungstechnischen Ergebnisses des gesamten Versicherungsgeschäftes, eines Versicherungszweiges oder einer Versicherungsart berechnete erfolgsabhängige Beitragsrückerstattung entfällt.[73] Die Beteiligung am versicherungstechnischen Ergebnis erfolgt hier regelmäßig über eine Anpassung der Provision (Sliding Scale Commission).

5. Auflösung der Rückstellung für Beitragsrückerstattung. Das Versicherungs- **86** unternehmen darf die einmal gebildete Rückstellung für Beitragsrückerstattungen grundsätzlich nur noch für die Überschussbeteiligung der Versicherten verwenden (§ 140 Abs. 1 S. 1 VAG). Eine davon abweichende Verwendung ist nur statthaft, um dadurch einen drohenden Notstand abzuwenden oder um unvorhersehbare Verluste aus den überschussberechtigten Versicherungsverträgen auszugleichen, die auf allgemeine Änderungen der Verhältnisse zurückzuführen sind, oder um die Deckungsrückstellung zu erhöhen, wenn und soweit ihre Rechnungsgrundlagen auf Grund einer unvorhersehbaren und nicht nur vorübergehenden Änderung der Verhältnisse angepasst werden müssen (§ 140 Abs. 1 S. 2 Nr. 1–3 VAG). Allerdings ist diese abweichende Verwendung auch nur mit Zustimmung der Aufsichtsbehörde zulässig (§ 140 Abs. 1 S. 2 VAG).

6. Bilanzausweis, Gewinn- und Verlustrechnung und Anhangangaben. Gemäß **87** § 2 RechVersV (Formblatt 1) haben Versicherungsunternehmen unter der Position der versicherungstechnischen Rückstellungen den Bruttogesamtbetrag der erfolgsunabhängigen und erfolgsabhängigen RfB auszuweisen. Davon abzusetzen ist der Anteil der RfB, der auf das in Rückdeckung gegebene Versicherungsgeschäft entfällt. Eine Offenlegung der auf die erfolgsunabhängige und erfolgsabhängige RfB entfallenden Beträge ist lediglich in der Krankenversicherung vorgesehen.[74]

Auch für die in der Gewinn- und Verlustrechnung gemäß Formblatt 2, 3 und 4 der **88** RechVersV auszuweisende Position der „Aufwendungen für erfolgsabhängige und erfolgsunabhängige Beitragsrückerstattung für eigene Rechnung" (§ 2 RechVersV) wird ein getrennter Ausweis der erfolgsabhängigen und erfolgsunabhängigen Anteile nur bei Kran-

---

[73]　Vgl. Beck Versicherungsbilanz/Stuirbrink/Westenhoff/Reich Rn. 128.
[74]　Vgl. BR-Drs. 823/94, 75.

kenversicherungsunternehmen gefordert. Unabhängig davon, ob es sich um ein Krankenversicherungsunternehmen handelt oder nicht, hat gem. § 42 Abs. 3 RechVersV ein getrennter Ausweis der Aufwendungen im Anhang jedoch dann zu erfolgen, wenn die erfolgsabhängigen und die erfolgsunabhängigen Beitragsrückerstattungen an die Versicherungsnehmer einen größeren Umfang erreichen.

89   Die Aufwendungen für erfolgsabhängige Beitragsrückerstattung umfassen bei Lebens- und Krankenversicherungsunternehmen gem. § 42 Abs. 1 RechVersV die Zuführungen zur Rückstellung für erfolgsabhängige Beitragsrückerstattungen. Bei der erfolgsabhängigen Beitragsrückerstattung in der Schaden- und Unfallversicherung sowie bei der erfolgsunabhängigen Beitragsrückerstattung in der Schaden-, Unfall-, Kranken- und Rückversicherung bestimmen sich die Aufwendungen der Höhe nach aufgrund der Zuführungen zu den RfB vermindert um etwaige Gewinne oder erhöht um entsprechende Verluste aus der Abwicklung der aus dem Vorjahr übernommenen Rückstellungen (§ 42 Abs. 2 RechVersV). Der auf das in Rückdeckung gegebene Geschäft entfallende Anteil der Aufwendungen für die erfolgsabhängige Beitragsrückerstattung ist gesondert auszuweisen.

VI. Rückstellung für drohende Verluste (Abs. 2 Nr. 3)

90   **1. Ansatzvoraussetzungen der Rückstellung für drohende Verluste.** Mit Abs. 2 Nr. 3 wird die allgemeine Regelung zur Bildung von **Rückstellungen für drohende Verluste aus schwebenden Geschäften** (§ 249 Abs. 1 S. 1) für Versicherungsunternehmen nochmals explizit kodifiziert. Versicherungsunternehmen haben für Verluste, mit denen nach dem Abschlussstichtag aus bis zum Ende des Geschäftsjahres geschlossenen Verträgen zu rechnen ist, eine Rückstellung für drohende Verluste aus dem Versicherungsgeschäft zu bilden.

91   Nach § 249 Abs. 1 S. 1 setzt die Bildung einer Rückstellung für drohende Verluste das Vorliegen eines schwebenden Geschäftes voraus. **Schwebende Geschäfte** werden durch gegenseitige Vertragsbeziehungen iSd §§ 320–327 BGB begründet, wobei die Grundvoraussetzung für das schwebende Geschäft in der gegenseitigen Abhängigkeit (Kausalität) der Leistungsverpflichtungen der Vertragsparteien besteht.[75] Der Versicherungsvertrag wird unter die schwebenden Geschäfte subsumiert. Der Schwebezustand liegt in der bis zum Abschlussstichtag fehlenden Erfüllung der Hauptleistungsverpflichtung begründet.[76] Nur soweit das Versicherungsunternehmen zum Bilanzstichtag die von ihm geschuldete Gefahrtragung (erste Leistungsstufe) erbracht hat, gilt das schwebende Geschäft als beendet. Eine vorherige Prämienzahlung hat keinen Einfluss auf den Versicherungsvertrag als schwebendes Geschäft. Er gilt bilanzrechtlich auch dann noch als schwebend, wenn der Versicherungsnehmer die von ihm zu erbringenden Prämien vollständig an das Versicherungsunternehmen entrichtet hat.[77]

92   Die Passivierung einer Drohverlustrückstellung, als Ausnahme von dem im Realisationsprinzip begründeten Grundsatz der Nichtbilanzierung schwebender Geschäfte, ist Ausfluss des **Imparitätsprinzips,** wonach „alle vorhersehbaren Risiken und Verluste, die bis zum Abschlußstichtag entstanden sind", berücksichtigt werden müssen (§ 252 Abs. 1 Nr. 4).[78] Liegt zum Bilanzstichtag ein Verpflichtungsüberschuss aus einem schwebenden Geschäft vor, hat der Kaufmann diesen entstandenen (wenn auch unrealisierten) Verlust zu antizipieren.[79]

93   Für die Bemessung des Verpflichtungsüberschusses sind die dem schwebenden Geschäft zugrundeliegende **Bewertungseinheit** und die daraus resultierenden (zukünftigen) **Ertrags- und Aufwandskomponenten** zu betrachten. Bei zahlreichen Dauerschuldver-

---

[75]   Vgl. BFHE 166, 95 = BStBl. II 1992, 177 (178).
[76]   Vgl. BFHE 140, 449 = BStBl. II 1984, 344 (345); BFHE 164, 448 = BStBl. II 1991, 620 (621 f.).
[77]   Vgl. B. Jäger, Rückstellungen für drohende Verluste aus schwebenden Geschäften in den Bilanzen von Versicherungsunternehmen, 1991, S. 15 mwN.
[78]   Vgl. ua BFHE 183, 199 = BStBl. II 1997, 735 (738).
[79]   Vgl. Moxter/Engel-Ciric, Grundsätze ordnungsgemäßer Bilanzierung: §§ 246–256a HGB, 2019, S. 100.

hältnissen bereitet eine objektivierte Ermittlung sämtlicher daraus resultierender Erträge und Aufwendungen erhebliche Schwierigkeiten, so dass die Rechtsprechung typisierend von der Ausgeglichenheit von Leistung und Gegenleistung ausgeht (Ausgeglichenheitsvermutung).[80] Die Bildung einer Rückstellung für drohende Verluste erfordert daher den Nachweis der Unausgeglichenheit von Leistung und Gegenleistung anhand überprüfbarer Kriterien.

Bei Dauerschuldverhältnissen ist die Unausgeglichenheit nur noch für den in der **94** Zukunft liegenden Teil des Geschäftes zu prüfen **(Restlaufzeitbetrachtung).** In der Vergangenheit erzielte Gewinne dürfen nicht rückstellungsmindernd berücksichtigt werden,[81] denn die Leistungserbringung beendet den Schwebezustand des Rechtsgeschäftes pro rata temporis.[82] Art. 58 RL 91/674/EWG stellt insoweit klar, dass eine Rückstellung für drohende Verluste aus Versicherungsverträgen zu bilden ist, wenn die zukünftigen Aufwendungen für Versicherungsfälle und Verwaltungsaufwendungen die Beitragsüberträge und etwaige Beitragsforderungen übersteigen.[83]

2. Bewertung der Rückstellung für drohende Verluste. a) Einzelbewertung 95 und Versicherungskollektiv. Versicherungsunternehmen haben bei der Bewertung der versicherungstechnischen Rückstellungen die allgemeinen Vorschriften des § 253 Abs. 1 S. 2 zu beachten. Danach sind Rückstellungen mit dem nach „vernünftiger kaufmännischer Beurteilung" notwendigen Betrag auszuweisen, der für Drohverlustrückstellungen dem Saldo der zukünftigen Ertrags- und Aufwandskomponenten des Saldierungsbereiches entspricht. Durch den Wertmaßstab der **„vernünftigen kaufmännischen Beurteilung"** werden die in den Saldierungsbereich einzubeziehenden Ertrags- und Aufwandskomponenten (teilweise) objektiviert. Der Wertansatz sollte einer von subjektiven Risikoneigungen unabhängigen Beurteilung entsprechen, die alle am Bilanzstichtag vorliegenden Informationen über die tatsächlichen Verhältnisse des Unternehmens berücksichtigt.[84]

Gemäß Abs. 1 S. 3 sind Drohverlustrückstellungen grundsätzlich nach den **Wertver- 96 hältnissen am Abschlussstichtag** zu bewerten. Durch das Abstellen auf die Stichtagspreise bleiben zukünftige Lohn- und Preissteigerungen unberücksichtigt, selbst wenn sie aufgrund der vergangenen Inflationsentwicklung bis zum Erfüllungszeitpunkt zu erwarten sind. Dies ist kritisch zu sehen. Ihre Vernachlässigung führt zu einer Unterdotierung der Drohverlustrückstellung. Die zurückgestellten Beträge reichen dann aller Voraussicht nach nicht dazu aus, die verlustträchtigen Verträge zu finanzieren. Das Vorsichtsprinzip wird zugunsten des Objektvierungsprinzips zurückgedrängt.

Eine Rückstellung für drohende Verluste aus schwebenden Geschäften ist nicht bereits **97** dann zu bilden, wenn einzelne Versicherungsverträge zum Bilanzstichtag erkennbar verlustträchtig sind. Es gehört zu den versicherungstechnischen Produktionsprinzipien, insbesondere zum Prinzip des Ausgleichs im Kollektiv, dass in einem Versicherungsbestand verlustbringende Verträge enthalten sind, die (erst) durch die Kombination mit gewinnbringenden Verträgen für das Versicherungsunternehmen planbar und finanziell tragbar werden. Daher ist der Eigenart des Versicherungsgeschäftes dahingehend Rechnung zu tragen, dass „an die Stelle des einzelnen schwebenden Geschäfts die Gefahrengemeinschaft tritt".[85] Eine Drohverlustrückstellung ist deshalb erst dann erforderlich, wenn das **Risikokollektiv** („das technische Portefeuille gleichartiger Verträge")[86] verlustträchtig wird.[87]

---

[80] Vgl. BFHE 119, 261 = BStBl. II 1976, 622 (623).
[81] Vgl. BFHE 113, 115 = BStBl. II 1974, 684; BFHE 131, 57 = BStBl. II 1980, 648; BFHE 151, 153 = BStBl. II 1988, 57.
[82] Vgl. Groh BB 1988, 27 (28 f.).
[83] Vgl. BT-Drs. 12/5587, 27.
[84] Vgl. zum Maßstab der vernünftigen kaufmännischen Beurteilung ADS § 253 Rn. 175–179; Ulmer/Kleindiek HGB-Bilanzrecht § 253 Rn. 21; BeBiKo/Schubert § 253 Rn. 135–140.
[85] Prölss/von der Thüsen/Ziegler Vers-techn. Rückstellungen/Ziegler S. 91.
[86] Prölss/Kölschbach, 12. Aufl. 2005, VAG Anh. § 64 (§ 341e HGB) Rn. 50.
[87] Vgl. Kühnberger VW 1990, 695 (698).

98   Das Abstellen auf das **Risikokollektiv** führt nicht zu einer Durchbrechung des allgemeinen auch für die Rückstellungsbildung nach § 249 Abs. 1 S. 1 geltenden **Einzelbewertungsgrundsatzes** (§ 252 Abs. 1 Nr. 3). Der Grundsatz der Einzelbewertung soll objektivierungsbedingt verhindern, dass Rückstellungen für allgemeine Geschäfts- und Konjunkturrisiken gebildet werden. „Einzelbewertung darf [aber] nicht formal, [also] nicht als Selbstzweck verstanden werden."[88] Das Unternehmen kann Versicherungsschutz nur im Rahmen eines Kollektivs anbieten, in dem der Risikoausgleich zur Geltung kommt und das versicherungstechnische Risiko kalkulierbar wird. Der einzelne Versicherungsvertrag ist damit lediglich Baustein des Versicherungsgeschäftes, nicht aber für sich genommen eine Funktionseinheit. Deshalb entsteht auch ein Verlust für das Versicherungsunternehmen nicht aus dem einzelnen Vertrag, sondern nur aus der Gesamtheit der im Kollektiv enthaltenen Verträge.

99   Die **höchstrichterliche Finanzrechtsprechung** folgt dieser Auffassung: Ein Verstoß gegen den Einzelbewertungsgrundsatz liegt nach Auffassung des BFH erst dann vor, wenn drohende Verluste eines abgrenzbaren Versicherungsbestandes mit dem erwarteten Gewinn aus einem anderen Versicherungsbestand aufgerechnet werden.[89]

100   Die Betrachtung der Gefahrengemeinschaft als Bewertungseinheit setzt für die Bildung der Drohverlustrückstellung nachprüfbare **Abgrenzungskriterien** voraus. Die Definition des Kollektivs muss nach den Grundsätzen der Versicherungstechnik erfolgen.[90] Dabei ist zu beachten, dass die Zusammenfassung heterogener Risiken aufgrund der stark ausgleichenden Wirkung von Gewinnen und Verlusten zu einer Abschwächung des Imparitätsprinzips führen kann.[91]

101   Nach § 252 Abs. 1 Nr. 3 sind der Bemessung der Rückstellung für drohende Verluste aus dem Versicherungsgeschäft die am Bilanzstichtag vorliegenden Verhältnisse zugrunde zu legen. Alle am Bilanzstichtag objektiv gegebenen Umstände sind in die Bewertung mit einzubeziehen, „selbst wenn diese erst zwischen dem Abschlußstichtag und dem Tag der Aufstellung des Jahresabschlusses bekanntgeworden sind" (§ 252 Abs. 1 Nr. 4). Hingegen dürfen wertbeeinflussende Informationen, dh solche, die am Bilanzstichtag noch nicht eingetreten waren, nicht bei der Bewertung der Rückstellung berücksichtigt werden.[92] Soweit es sich bei diesen wertbeeinflussenden Informationen um in hohem Maße bewertungsrelevante Sachverhalte handelt und diese weder in der Gewinn- und Verlustrechnung noch in der Bilanz berücksichtigt sind, sind diese unter Angabe ihrer Art und ihrer finanziellen Auswirkungen im Anhang (§ 285 Nr. 33) dem Abschlussadressaten zu kommunizieren. Dem **Stichtagsprinzip** entspricht es, zukünftige Änderungen der Aufwands- und Ertragskomponenten des Saldierungsbereiches bei der Rückstellungsbildung nur dann zu berücksichtigen, wenn sie zum Bilanzstichtag objektiviert vorhersehbar waren.[93] Dies setzt jedoch voraus, dass ein die objektive Situation am Bilanzstichtag aufhellender Informationsstand vorliegt. So dürfen (und müssen) bspw. bereits beschlossene Beitragsanpassungen oder Beitragssanierungen bei der Bildung der Rückstellung für drohende Verluste berücksichtigt werden.[94]

102   **b) Saldierungsbereich.** „Die Verlustrückstellung wird nicht für einzelne Ansprüche und Verbindlichkeiten, sondern für das schwebende Geschäft im ganzen gebildet."[95] Nach hM wird neben der Einbeziehung der unmittelbar zwischen den Vertragspartnern vereinbarten Leistungen (schuldrechtliches Synallagma) auch die Einrechnung mittelba-

---

88   Moxter GoR, 2003, 27.
89   Vgl. BFHE 139, 244 = BStBl. II 1984, 56 (59).
90   Vgl. Prölss/von der Thüsen/Ziegler Vers-techn. Rückstellungen/Ziegler S. 91 f.
91   Vgl. Karrenbrock WPg 1994, 97 (100).
92   Zum Stichtagsprinzip vgl. Engel-Ciric DStR 1996, 1298; Hommel/Berndt DStR 2000, 1745.
93   Vgl. Forster WPg 1971, 393 (396); Ziegler, Die versicherungstechnischen Rückstellungen, 1989, S. 207 f. mwN.
94   Vgl. KoRVU/Geib/Horbach Rn. 272; Kayser/Rettig VW 1985, 250 (251).
95   Groh BB 1988, 27 (29).

rer, aus dem Vertragsverhältnis resultierender Vorteile (**wirtschaftliches Synallagma**), gefordert.[96]

Als „wechselseitige(...) Leistungen, zu denen sich die Vertragsparteien verpflicht[et] [haben], um die Gegenleistung des anderen Vertragspartners zu erhalten",[97] ist die Einbeziehung der **Prämienerträge** und der **Schaden- und Betriebsaufwendungen** für die Ermittlung der nach Abs. 2 Nr. 3 zu bildenden Rückstellung unstrittig, da sie unmittelbare vertragliche Leistungspflichten aus dem Versicherungsvertrag darstellen.[98]   103

Ob auch **zukünftige Kapitalanlageerträge** anteilig rückstellungsbegrenzend einbezogen werden dürfen, ist umstritten. Überwiegend befürwortet die Literatur die Einbeziehung dieser Erträge in den Saldierungsbereich. Sie stützt sich dabei auf die höchstrichterliche Rechtsprechung, die den Saldierungsbereich nicht formalrechtlich, sondern nach wirtschaftlichen Kausalitätsüberlegungen abgrenzt.[99] Danach sind auch mittelbare „wirtschaftliche (...) Vorteile, die nach dem Inhalt des Vertrages oder nach den Vorstellungen beider Vertragspartner (subjektive Geschäftsgrundlage) eine Gegenleistung für die vereinbarte Sachleistung darstellen",[100] in die Rückstellungsbewertung mit einzubeziehen. Lediglich Vorteile, die auch ohne den Vertrag entstanden wären oder deren Entstehung von künftigen, risikobehafteten, vom Bilanzierenden nicht beeinflussbaren Ereignissen abhängen, dürfen zwingend nicht berücksichtigt werden.[101]   104

Die Übertragung dieser Rechtsgrundsätze auf das Versicherungsverhältnis ist nicht unproblematisch, denn grundsätzlich stellen das versicherungstechnische und das nicht versicherungstechnische Geschäft „getrennte Erfolgskreise [dar] (...), die [sich] aus Gründen der Bilanzklarheit (...) einer bilanzmäßigen Saldierung entziehen".[102] Zudem kommt die Einbeziehung zukünftig erwarteter Kapitalanlageerträge in ihrer Wirkungsweise wirtschaftlich einer nach Abs. 1 S. 3 verbotenen Abzinsung des Verpflichtungsüberhangs nahe.   105

c) Abgrenzung zu und Zusammenhang mit anderen versicherungstechnischen Rückstellungen. Rückstellungen für drohende Verluste aus schwebenden Geschäften folgen dem Imparitätsprinzip. Sie antizipieren Aufwendungen, die zukünftigen Umsätzen zuzurechnen sind, soweit diese Umsätze übersteigen.[103]   106

Beitragsüberträge werden nicht – wie die Drohverlustrückstellungen – für einen Aufwandsüberschuss gebildet, sondern für bereits vereinnahmte Prämien, die zukünftigen Geschäftsjahren zuzurechnen sind. Abgegrenzt werden die (nicht verdienten) Prämienträge, nicht aber zukünftige Schadenauszahlungen. Die Abgrenzung erfolgt nach dem Realisationsprinzip. Für den Ansatz- und die Bewertung der Rückstellung für drohende Verluste aus dem Versicherungsgeschäft sind die Beitragsüberträge jedoch insoweit ausschlaggebend als sie nach der Restwertbetrachtung als „zukünftige Ertragskomponenten" in den Saldierungsbereich der Drohverlustrückstellung einzubeziehen sind, um die (Un-)Ausgeglichenheit von Leistung und Gegenleistung aus dem Versicherungsvertrag zu beurteilen (Art. 26 S. 1 RL 91/674/EWG und Art. 58 RL 91/674/EWG).   107

Die Rückstellung für noch nicht abgewickelte Versicherungsfälle, die Deckungs- und Alterungsrückstellungen sowie die Schwankungs- und Großrisikenrückstellungen antizipieren zukünftige Schadenzahlungen, die wirtschaftlich vergangenen Prämienträgen zuzurechnen sind. Diese Rückstellungen sind nach dem Realisationsprinzip zu bilden. Bei den Rückstellungen für noch nicht abgewickelte Versicherungsfälle handelt es sich um zukünf-   108

---

[96] Bestätigt durch das sog. Apothekerurteil, BFHE 183, 199 = BStBl. II 1997, 735. Zur ausführlichen Erläuterung des Apothekerurteils vor dem Hintergrund der wirtschaftlichen Betrachtungsweise im Bilanzrecht vgl. Böcking FS Beisse, 1997, 85 (96–102).
[97] BFHE 183, 199 = BStBl. II 1997, 735 (738).
[98] Vgl. B. Jäger ZVersWiss 1999, 149 (195).
[99] Vgl. WP-HdB Versicherungsunternehmen/Hofmann E Rn. 365.
[100] BFHE 183, 199 = BStBl. II 1997, 735 (738).
[101] Vgl. BeBiKo/Schubert § 249 Rn. 103.
[102] Boetius/Kölschbach Versicherungstechnische Rückstellungen-HdB/J. Boetius § 14 Rn. 64; iErg ebenso Kühnberger VW 1990, 695 (702).
[103] Vgl. Moxter/Engel-Ciric, Grundsätze ordnungsmäßer Bilanzierung: §§ 246–256a HGB, 2019, S. 100.

tige finanzielle Belastungen, die dem Unternehmen aufgrund der bis zum Bilanzstichtag eingetretenen Schadenfälle entstehen (§ 341g). Deckungs- und Alterungsrückstellungen antizipieren zukünftige Schadenzahlungen, bei denen der Versicherungsfall zum Bilanzstichtag zwar noch nicht eingetreten ist, für die das Versicherungsunternehmen aber deshalb die Deckung übernimmt, weil es bis zum Bilanzstichtag (erhöhte) Prämienerträge vereinnahmte (§ 341f). Schwankungs- und Großrisikenrückstellungen erfassen ebenfalls die finanziellen Konsequenzen aus erst zukünftig eintretenden Schadenfällen, für die das Versicherungsunternehmen bereits bis zum Bilanzstichtag Prämienerträge erzielte. Im Unterschied zu den Deckungs- und Alterungsrückstellungen folgt die Schadenentwicklung aber keinem prognosefähigen Schema (§ 341h).

109   **3. Ausweis und Anhangangaben.** Die Rückstellung für drohende Verluste aus dem Versicherungsgeschäft ist nach § 31 Abs. 1 Nr. 2 RechVersV unter dem Posten der „Sonstigen versicherungstechnischen Rückstellungen" auszuweisen. Das Mitgliedstaatenwahlrecht des Art. 25 S. 3 und 4 RL 91/674/EWG iVm Art. 26 S. 2 RL 91/674/EWG, wonach die Rückstellung für drohende Verluste aus dem Versicherungsgeschäft unter der Position der Beitragsüberträge ausgewiesen werden kann, hat der deutsche Gesetzgeber nicht umgesetzt.[104]

VII. Näherungsverfahren (Abs. 3)

110   Nach Abs. 3 können Versicherungsunternehmen bei der Bewertung der versicherungstechnischen Rückstellungen **Näherungsverfahren** anwenden. Die Regelungen über die Anwendung von Näherungsverfahren wurden im Zuge der Umsetzung des Mitgliedstaatenwahlrechts des Art. 61 RL 91/674/EWG in das HGB eingeführt.

111   Die Anwendung von Näherungsverfahren setzt voraus, dass eine Einzelbewertung nach § 252 Abs. 1 Nr. 3 oder eine Gruppenbewertung nach § 240 Abs. 4 nicht erlaubt oder wirtschaftlich nicht zweckmäßig ist. Näherungsverfahren dürfen aber nur dann angewendet werden, wenn sie zu annähernd gleichen Ergebnissen führen wie die unterlassene Einzelberechnung. Als zulässige Näherungsverfahren nennt § 27 RechVersV die Nullsummenmethode, das Pauschalverfahren und die zeitversetzte Bilanzierung. § 27 Abs. 1 S. 1 RechVersV sieht eine Anwendung dieser Verfahren immer dann vor, wenn „die das Geschäftsjahr betreffenden Informationen über die fälligen Beiträge oder die eingetretenen Versicherungsfälle aufgrund der Besonderheiten des Versicherungsgeschäfts zum Zeitpunkt der Bilanzaufstellung zu einer ordnungsgemäßen Schätzung nicht [ausreichen]".[105]

112   An den entsprechenden Informationen fehlt es insbesondere häufig bei Rückversicherungsverträgen (auf Seiten des Rückversicherers) sowie bei Kredit- und Transportversicherungsverträgen. Eine besondere Bedeutung entwickeln die zulässigen Näherungsverfahren, insbesondere bei der Bewertung der Schadenrückstellungen. Daher wird an dieser Stelle auf die dortigen Ausführungen verwiesen (→ § 341g Rn. 49 ff.).

§ 341f Deckungsrückstellung

(1) ¹Deckungsrückstellungen sind für die Verpflichtungen aus dem Lebensversicherungs- und dem nach Art der Lebensversicherung betriebenen Versicherungsgeschäft in Höhe ihres versicherungsmathematisch errechneten Wertes einschließlich bereits zugeteilter Überschußanteile mit Ausnahme der verzinslich angesammelten Überschußanteile und nach Abzug des versicherungsmathematisch ermittelten Barwerts der künftigen Beiträge zu bilden (prospektive Methode). ²Ist eine Ermittlung des Wertes der künftigen Verpflichtungen und der künftigen Beiträge nicht möglich, hat die Berechnung auf Grund der aufgezinsten Einnahmen und

---

[104]   Vgl. Boetius/Boetius/Kölschbach Versicherungstechnische Rückstellungen-HdB/J. Boetius § 14 Rn. 51.
[105]   Zu den einzelnen Näherungsverfahren vgl. ausf. Beck Versicherungsbilanz/Dorenkamp Rn. 164–202.

Ausgaben der vorangegangenen Geschäftsjahre zu erfolgen (retrospektive Methode).

(2) Bei der Bildung der Deckungsrückstellung sind auch gegenüber den Versicherten eingegangene Zinssatzverpflichtungen zu berücksichtigen, sofern die derzeitigen oder zu erwartenden Erträge der Vermögenswerte des Unternehmens für die Deckung dieser Verpflichtungen nicht ausreichen.

(3) ¹In der Krankenversicherung, die nach Art der Lebensversicherung betrieben wird, ist als Deckungsrückstellung eine Alterungsrückstellung zu bilden; hierunter fallen auch der Rückstellung bereits zugeführte Beträge aus der Rückstellung für Beitragsrückerstattung sowie Zuschreibungen, die dem Aufbau einer Anwartschaft auf Beitragsermäßigung im Alter dienen. ²Bei der Berechnung sind die für die Berechnung der Prämien geltenden aufsichtsrechtlichen Bestimmungen zu berücksichtigen.

Schrifttum: Boetius/Boetius/Kölschbach, Handbuch der versicherungstechnischen Rückstellungen, 2. Aufl. 2021; Jacob, Der Rückkaufswert in der Lebens- und Rentenversicherung, ZfS 2009, 483; Späth, Deckungsrückstellungen bei Versicherungsunternehmen nach HGB und US-GAAP, 2015.

Übersicht

I. Überblick über die Rechtsgrundlagen

Die Vorschriften zu den Deckungsrückstellungen wurden im Zuge des **VersRiLiG** **1** (BGBl. 1994 I 1377) in das HGB integriert. Ergänzende Vorschriften finden sich zudem in der Verordnung über die Rechnungslegung von Versicherungsunternehmen (RechVersV) vom 8.11.1994. Die RechVersV ist Ausfluss des § 330 Abs. 3 S. 4, durch den das Bundesministerium der Justiz und für Verbraucherschutz dazu ermächtigt wurde, ergänzende „Vorschriften über den Ansatz und die Bewertung von versicherungstechnischen Rückstellungen" zu erlassen, um die Rechnungslegung von Versicherungsunternehmen näher zu präzisieren.

Gemäß § 341e Abs. 1 S. 2 sind bei der Bilanzierung der Deckungsrückstellung auch **2** „die im Interesse der Versicherten erlassenen **aufsichtsrechtlichen Vorschriften** über die bei der Berechnung der Rückstellungen zu verwendenden Rechnungsgrundlagen einschließlich des dafür anzusetzenden Rechnungszinsfußes und über die Zuweisung bestimmter Kapitalerträge zu den Rückstellungen zu berücksichtigen." Maßgebend sind dabei insbesondere die aufsichtsrechtlichen Vorschriften zur Prämienkalkulation und zur Berechnung der Deckungsrückstellung der § 138 VAG und § 141 VAG (Lebensversicherungsunternehmen), § 161 VAG (Unfallversicherung mit Prämienrückgewähr) und § 162 VAG iVm § 141 VAG (Allgemeine Haftpflicht- und Kfz-Haftpflichtversicherung, Allgemeine Unfall- und Kfz-Unfallversicherung), die Bestimmungen der §§ 146, 149, 150, 152, 154, 156, 158 VAG und § 160 VAG (Substitutive Krankenversicherung) sowie die sie ergänzenden Rechtsverordnungen. Von besonderer Relevanz für die Deckungsrückstellungen sind die aufgrund der § 88 VAG und § 235 VAG erlassene Deckungsrückstellungsverordnung (DeckRV) sowie die leicht abweichende aufgrund von § 240 VAG erlassene Pensionsfonds-Aufsichtsverordnung (PFAV) für Pensionsfonds. Darüber hinaus ist von Krankenversicherungen, die nach Art der Lebensversicherung betrieben werden, die Krankenversicherungsaufsichtsverordnung (KVAV) zu beachten.

II. Regelungszweck

3   Die Beitragskalkulation bestimmt sich aufgrund der aufsichtsrechtlichen Genehmigungspraxis der Bundesanstalt für Finanzdienstleistungsaufsicht (BaFin) bzw. aufgrund gesetzlicher Bestimmungen (zB § 138 VAG und § 146 VAG sowie § 10 KVAV) nach dem **Äquivalenzprinzip.**[1] Danach muss – zum Zweck einer risikogerechten Beitragserhebung – der Prämienbarwert dem Barwert der vom Versicherungsunternehmen geschuldeten Leistungen entsprechen (§ 10 KVAV), wobei die Leistungen des Versicherungsunternehmens sowohl die Schadenzahlungen als auch die anteiligen allgemeinen Kosten des Versicherungsbetriebs (insbesondere Verwaltungs- und Vertriebskosten) umfassen. Der vom Versicherungsnehmer zu entrichtende Bruttobeitrag besteht aus einem Nettobeitrag, mit dem er die Schadenzahlungen (Kosten aus dem Eintritt des versicherten Risikos) vergütet, aus einem auf die allgemeinen Betriebsaufwendungen des Versicherungsgeschäftes entfallenden Kostenbeitrag sowie einem Sicherheitszuschlag, den das Versicherungsunternehmen erhebt, um die dauerhafte Leistungsfähigkeit zu gewährleisten und unvorhergesehene Risiken und Kostenentwicklungen auszugleichen. Ist das Versicherungsunternehmen gesetzlich oder vertraglich dazu verpflichtet, bei mehrjährigen Versicherungsverträgen, bei denen das Risiko des versicherten Ereignisses im Zeitablauf planmäßig ansteigt, eine konstante **Bruttorisikoprämie** zu erheben, so muss es den in der Bruttorisikoprämie enthaltenen Nettobeitrag anhand von Durchschnittswerten kalkulieren. Der **Nettobeitrag** setzt sich dann in den ersten Jahren des Versicherungsvertrages zusammen aus einem nach versicherungsmathematischen Grundsätzen ermittelten Risikobeitrag, der das versicherte Risiko für die Periode abdeckt, für welche die Prämie erhoben wird, sowie einem Sparbeitrag, den das Versicherungsunternehmen in einer Deckungsrückstellung (verzinslich) ansammelt, um mit ihm in späteren Perioden die aus dem versicherten Ereignis resultierenden Kosten zu amortisieren, welche den erhobenen Nettobeitrag planmäßig übersteigen.

4   Die Deckungsrückstellung gleicht temporäre, vorübergehende Störungen des Äquivalenzprinzips aus und „umfaßt den nach versicherungsmathematischen Grundsätzen bewerteten und nicht von künftigen Beiträgen gedeckten Teil der ungewissen Verbindlichkeiten, die sich aus den Verpflichtungen aus den Versicherungsverträgen ergeben"[2], soweit sie nicht bereits in den Schadenrückstellungen enthalten sind.

III. Anwendungsbereich

5   Der **Hauptanwendungsfall der Deckungsrückstellung** sind Lebensversicherungen und Krankenversicherungen, die nach Art der Lebensversicherung betrieben werden. Bei den **Lebensversicherungen** schließt § 163 Abs. 1 VVG eine alterungsbedingte Beitragserhöhung grundsätzlich aus,[3] obwohl das versicherte Risiko altersbedingt steigt. Der vom Versicherungsunternehmen zu erhebende durchschnittliche Risikobeitrag trägt diesem Verbot Rechnung. Er übersteigt in den ersten Versicherungsjahren das tatsächliche vom Versi-

---

[1]   Vgl. WP-HdB Versicherungsunternehmen/Ellenbürger B Rn. 90.

[2]   Beck Versicherungsbilanz/Stuirbrink/Johannleweling/Faigle/Reich Rn. 1.

[3]   § 163 Abs. 1 S. 1 VVG: „Der Versicherer ist zu einer Neufestsetzung der vereinbarten Prämie berechtigt, wenn 1. sich der Leistungsbedarf nicht nur vorübergehend und nicht voraussehbar gegenüber den Rechnungsgrundlagen der vereinbarten Prämie geändert hat, 2. die nach den berichtigten Rechnungsgrundlagen neu festgesetzte Prämie angemessen und erforderlich ist, um die dauernde Erfüllbarkeit der Versicherungsleistung zu gewährleisten, und 3. ein unabhängiger Treuhänder die Rechnungsgrundlagen und die Voraussetzungen der Nummern 1 und 2 überprüft und bestätigt hat".

cherungsunternehmen übernommene Risiko und ist in eine Deckungsrückstellung für spätere Verwendung einzustellen. Er wird in der zweiten Versicherungshälfte dazu benötigt, die Schäden, die dann voraussichtlich über dem für die jeweilige Versicherungsperiode liegenden Risikobeitrag liegen, auszugleichen.

Bei **Krankenversicherungen,** die nach Art der Lebensversicherung betrieben werden, **6** resultiert das Verbot, die Versicherungsprämie jährlich entsprechend dem alterungsbedingten Risiko anzupassen, aus § 10 Abs. 4 KVAV. Soweit der die Beitragsstabilität gewährleistende durchschnittliche Nettobeitrag in den ersten Versicherungsjahren den periodengerechten Risikobeitrag übersteigt, ist er in eine Deckungsrückstellung einzustellen, die als Alterungsrückstellung bezeichnet wird.

Pensionsfonds, die im Rahmen ihres beitrags- oder leistungsbezogenen Pensionsplans **7** eine versicherungstechnische Garantie übernehmen, sind nach § 22 Abs. 1 S. 1 PFAV dazu verpflichtet, Deckungsrückstellungen zu bilden. Eine versicherungstechnische Garantie liegt vor, wenn sich der Pensionsfonds gegenüber den Versicherungsnehmern „gegen in Höhe und Fälligkeit fest vereinbarte Beiträge zu fest vereinbarten Leistungen verpflichtet hat" (§ 22 Abs. 2 S. 1 PFAV).

Deckungsrückstellungen werden darüber hinaus dann erforderlich, wenn das versi- **8** cherte Risiko im Zeitablauf zwar konstant bleibt, der Versicherte aber Prämienzahlungen erbringt, die so degressiv verlaufen, dass der in den zukünftigen Prämien enthaltene Risikobeitrag (planmäßig) nicht mehr dazu ausreicht, die erwarteten Schadenausgaben zu decken. Sofern die **Beitragsdegression** nicht zu einem Beitragsübertrag iSd § 341e Abs. 2 Nr. 1 führt (→ § 341e Rn. 24 ff.), ist die Differenz zwischen dem kalkulatorischen und dem vom Versicherten geleisteten Risikobeitrag in eine Deckungsrückstellung einzustellen.

Deckungsrückstellungen sind auch zu bilden, wenn das Versicherungsunternehmen mit **9** Vertragsende eine **einmalige Leistung** zu erbringen hat. Ist das Versicherungsunternehmen zB bei Schaden- und Unfallversicherungen dazu verpflichtet, dem Versicherten bei Erreichen eines bestimmten Endtermins oder im Fall des Todes seinen Erben eine Beitragsrückzahlung zu gewähren, so ist der dafür erforderliche Auszahlungsbetrag sukzessiv über die vorsichtig geschätzte voraussichtliche Vertragslaufzeit in einer Deckungsrückstellung anzusammeln. Das Gleiche gilt für Aussteuer- oder Heiratsversicherungen, bei denen die Versicherungsleistung zu einem festgelegten Zeitpunkt (zB zum 25. Lebensjahr, spätestens jedoch mit Heirat) fällig wird.

Ist ein Versicherungsunternehmen in der Schaden- und Unfallversicherung dazu ver- **10** pflichtet, aufgrund von vor dem Bilanzstichtag eingetretenen Schäden an die Geschädigten oder deren Hinterbliebene Versicherungsleistungen in Form einer lebenslangen oder abgekürzten Rente zu erbringen, so sind die dafür erforderlichen Beträge in eine **Renten-Deckungsrückstellung** einzustellen. Der Barwert der Renten-Deckungsrückstellung wird vom Versicherungsunternehmen aber nicht planmäßig angesammelt, sondern in voller Höhe mit Eintritt des versicherten Ereignisses gebildet. Bei ihr handelt es sich damit nicht um eine typische Deckungsrückstellung iSd § 341f, sondern um eine Schadenrückstellung iSd § 25 Abs. 6 S. 2 RechVersV (→ § 341g Rn. 24 ff.).

Nicht zu den Deckungsrückstellungen zählen nach § 341f Abs. 1 S. 1 die verzinslich **11** angesammelten **Überschussanteile,** die dem Versicherungsnehmer bereits zum Bilanzstichtag rechtswirksam zustehen. Bei ihnen handelt es sich um individuelle Sparguthaben der Versicherten, die mit einem festen Ansammlungszins vergütet werden. Sie sind als (gewisse) Verbindlichkeiten auszuweisen.[4]

Einen Sonderfall stellen **Term-fix-Versicherungen** dar. Bei ihnen ist der Versiche- **12** rungsnehmer zugleich versicherte Person und Beitragszahler, während ein Dritter als bezugsberechtigte Person zu einem festen Zeitpunkt die zuvor vereinbarte Versicherungsleistung erhält und die Versicherung bei Tod des Versicherten bis zum Ablauf der Vertragsdauer beitragsfrei gestellt wird (zB Kinderunfallversicherung). Stirbt der Versicherungsnehmer vor Ablauf des Versicherungszeitraumes, entsteht ein zu antizipierender Verpflichtungsüber-

---

[4] Vgl. Beck Versicherungsbilanz/Stuirbrink/Johannleweling/Faigle/Reich Rn. 9.

schuss, weil der Versicherer durch die vereinbarte Beitragsfreistellung des Versicherten für die zur Deckung der zukünftigen, geschuldeten Leistungen notwendigen Prämien einsteht. Die bilanzrechtliche Einordnung des im Todeszeitpunkt zu antizipierenden Verpflichtungsüberschusses bereitet Schwierigkeiten. Sieht man die (primäre) vom Versicherungsunternehmen geschuldete Hauptleistung in der Versicherung des Dritten (zB Kind bei einer Kinderunfallversicherung), so bleibt der zu gewährende Versicherungsschutz auch nach dem Tod des Beitragszahlers in unveränderter Höhe als zukünftig zu erbringende Dauerleistung bestehen. Der Versicherungsvertrag wandelt sich aufgrund der Nebenbedingung der Beitragsfreistellung lediglich nachträglich in eine Versicherungsvereinbarung mit degressiver Beitragszahlungspflicht, die mit dem Tod des Beitragszahlers endet. Die zukünftig erwarteten Schadensleistungen sind dann aufwandswirksam in eine Deckungsrückstellung einzubuchen, da sie zukünftige Ausgaben betreffen, die das Versicherungsunternehmen nur deshalb begleichen wird und muss, weil es in der Vergangenheit erhöhte Beitragszahlungen realisierte. Wertet man dagegen bilanzrechtlich den Todesfall des Beitragszahlers als den Eintritt eines versicherten Ereignisses, besteht die Schadensleistung des Versicherers darin, den Versicherungsschutz des Dritten unentgeltlich zu übernehmen. In diesem Fall führt aber der Eintritt des Todes des Beitragszahlers zur Bildung einer Schadenrückstellung. Es handelt sich bei dieser Verpflichtung dann um potenzielle Ausgaben nach dem Bilanzstichtag, die vollständig durch das versicherte Ereignis vor dem Bilanzstichtag verursacht werden und die der Versicherer nur deshalb übernimmt, weil er in der Vergangenheit entsprechende Prämien erzielte. Zurückzustellen sind dann jedoch nicht die Zahlungen, die dem Versicherungsunternehmen aufgrund der zukünftigen Beitragsfreiheit entgehen. Das wäre nur dann geboten, wenn der Versicherer die Beitragszahlungspflicht gegenüber einem Dritten (zB einem anderen Versicherungsunternehmen) aufgrund des versicherten Ereignisses übernimmt. Im Regelfall ist das Versicherungsunternehmen aber selbst Gläubiger der in Frage stehenden zukünftigen Beiträge. Das versicherte Ereignis löst dann die Verpflichtung aus, zukünftig keine Beiträge mehr erheben zu dürfen. Diese Verpflichtung richtet sich gegen den Versicherer selbst. Diese Innenverpflichtungen führen aber zu keiner passivierungspflichtigen Rückstellung iSd § 249 bzw. § 341e. Die Höhe der zu antizipierenden Ausgaben entspricht vielmehr den erwarteten Schadenzahlungen aufgrund des Eintritts des versicherten Ereignisses (zB Unfall des Kindes) während der Restlaufzeit des Vertrages.[5]

IV. Bilanzrechtliche Einordnung

13   **1. Allgemeine Bilanzierungsgrundsätze.** Die Deckungsrückstellung wird als Unterfall der „versicherungstechnischen Rückstellung" iSd § 341e Abs. 1 aufgrund des **Realisationsprinzips** gebildet (§ 252 Abs. 1 Nr. 4). Es handelt sich um Ausgaben nach dem Bilanzstichtag, die (in Höhe der wirtschaftlich überhöhten Prämienerträge) Umsätze vor dem Bilanzstichtag ermöglichen. Für sie ist deshalb zwingend eine Rückstellung für ungewisse Verbindlichkeiten geboten (§ 249 Abs. 1 S. 1), da sie die objektivierenden Voraussetzungen einer Stichtagsverbindlichkeit erfüllen. Auch wenn die Deckungsrückstellung Versicherungsleistungen antizipiert, die auf zum Bilanzstichtag noch nicht eingetretenen Schadenereignissen beruhen, liegt ihnen dennoch bereits zum Bilanzstichtag eine greifbare Außenverpflichtung zugrunde; denn das Versicherungsunternehmen kann sich aufgrund des grundsätzlichen Verbotes zur Beitragserhöhung der zukünftigen Mehrbelastung nicht mehr sanktionslos entziehen.[6]

14   Die Deckungsrückstellung berücksichtigt den planmäßigen Risikoverlauf des einzelnen Versicherungsvertrags und ist gemäß dem **Einzelbewertungsprinzip** für diesen separat zu kalkulieren und zu bilanzieren (§ 252 Abs. 1 Nr. 3). Eine Gruppenbewertung, in der beispielsweise das Risiko einer gesamten Tarifgruppe zusammengefasst wird, ist ebenso

---

[5]   Vgl. Prölss/Dreher/Kölschbach/Hammers/Engeländer VAG § 88 Rn. 28.
[6]   Vgl. Späth, Deckungsrückstellungen bei Versicherungsunternehmen nach HGB und US-GAAP, 2015, S. 87.

wenig zulässig wie die Saldierung von Ansprüchen und Verpflichtungen aus verschiedenen Vertragsverhältnissen (Verrechnungsverbot; § 246 Abs. 2).

Auch wenn die Deckungsrückstellung den Teil des zukünftigen versicherten Risikos **15** antizipiert, der durch die zukünftigen Risikoprämienanteile nicht mehr kompensiert wird, dürfen nach dem Bilanzstichtag erwartete Preis- und Lohnsteigerungen aufgrund des Stichtagsprinzips bei der Ermittlung der Deckungsrückstellung objektivierungsbedingt erst dann berücksichtigt werden, wenn sie eingetreten sind. Es gelten die **Preisverhältnisse zum Bilanzstichtag** (§ 252 Abs. 1 Nr. 3).

Aufgrund des **Vorsichtsprinzips** müssen die zukünftig erwarteten Vertragskosten kon- **16** servativ geschätzt (§ 252 Abs. 1 Nr. 4) und Risikozuschläge vorgenommen werden, soweit sie sachlich begründet sind; darüber hinausgehende pauschale Anhebungen sind jedoch unzulässig, denn Rückstellungen sind nur „in Höhe des nach vernünftiger kaufmännischer Beurteilung notwendigen" Erfüllungsbetrags anzusetzen (§ 253 Abs. 1 S. 2).

Inwieweit sich aus § 341e Abs. 1 S. 1 für Versicherungsunternehmen ein **spezielles** **17** **Vorsichtsprinzip** ergibt, das eine darüber hinausgehende allgemeine Risikoberücksichtigung erzwingt, ist umstritten (→ § 341e Rn. 5).[7] Für eine über das allgemeine Maß hinausgehende Vorsicht spricht die Forderung nach dauernder Erfüllbarkeit der versicherungstechnischen Verpflichtungen und die Besonderheit des Versicherungsgeschäftes, bei dem die Unsicherheit ebenso elementar ist wie das Vertrauen der Versicherten in die dauerhafte Leistungsfähigkeit des Unternehmens. Trotzdem kann daraus nicht per se auf ein höheres Maß an Vorsicht bei der Bildung der Rückstellung dem Grunde und der Höhe nach geschlossen werden.[8] Die ausgeprägten Risiken zwingen (lediglich) dazu, die Verpflichtungen besonders vorsichtig, iSv umsichtig und umfassend, zu evaluieren.

Das Versicherungsunternehmen ist verpflichtet, den in der Deckungsrückstellung ange- **18** sammelten Sparanteil der Versicherten jährlich angemessen zu verzinsen.[9] Da die Deckungsrückstellung mithin einen Zinsanteil enthält, darf sie nur in Höhe ihres **Barwertes** passiviert werden (§ 253 Abs. 1 S. 2). Sie entspricht den bis zum Bilanzstichtag verzinslich angesammelten Sparbeiträgen.

Mit der Deckungsrückstellung sind nur solche Verpflichtungsüberschüsse zu erfassen, **19** die nicht bereits durch **andere versicherungstechnische Rückstellungen** berücksichtigt werden. Deshalb sind zukünftige Schadensausgaben, die auf vor dem Bilanzstichtag eingetretene versicherte Ereignisse entfallen, nicht in den Barwertvergleich miteinzubeziehen. Sie werden bereits durch die Schadensrückstellung antizipiert (→ § 341g Rn. 4). Ebenso wenig zu den Deckungsrückstellungen zählen solche Verpflichtungsüberhänge, die dadurch entstanden sind, dass das Vertragsverhältnis von Anfang an mit Verlust kalkuliert war oder durch zum Zeitpunkt der Vertragsunterzeichnung unvorhersehbare Entwicklungen verlustträchtig geworden ist. Der daraus resultierende Differenzbetrag zwischen zukünftigen Prämienzahlungen und zukünftigen Vertragserfüllungskosten (einschließlich Verwaltungskosten) ist in eine Drohverlustrückstellung einzustellen (→ § 341e Rn. 90 ff.).

2. Prospektive und retrospektive Ermittlung.
Die Deckungsrückstellung ist nach **20** Abs. 1 grundsätzlich **prospektiv** zu ermitteln. Dabei kann ihre Ermittlung nach dem Bruttobeitragsverfahren, dem Nettobeitragsverfahren oder dem gezillmerten Nettobeitragsverfahren erfolgen. Beim **Bruttobeitragsverfahren** vergleicht das Versicherungsunternehmen den (niedrigeren) Barwert der künftigen Bruttoprämienzahlungen mit dem Barwert der voraussichtlichen, zukünftigen Versicherungsleistungen (einschließlich sämtlicher anteiliger Verwaltungskosten) und bildet die Deckungsrückstellung in Höhe der negativen Barwertdifferenz. Beim **Nettobeitragsverfahren** werden ausschließlich die zukünftigen Schadenleistungen ohne die sonstigen Vertragsnebenkosten und anteiligen Verwaltungskosten mit dem in die Bruttorisikoprämie eingerechneten Risikoanteil verglichen. Bei dem **gezillmerten**

---

[7] Vgl. befürwortend Prölss/Dreher/Kölschbach/Hammers/Engeländer VAG § 88 Rn. 51.
[8] Vgl. BR-Drs. 700/73, 351; aA Beck Versicherungsbilanz/Stöffler § 341e Rn. 5, 9.
[9] So explizit der Wortlaut des § 150 Abs. 1 S. 2 VAG: „über die rechnungsmäßige Verzinsung hinausgehenden Kapitalerträge".

Nettobeitragsverfahren wird die Deckungsrückstellung in Einklang mit § 25 Abs. 1 RechVersV und Art. 59 Abs. 2 RL 91/674/EWG in der deutschen Bilanzierungspraxis nach einem versicherungsmathematischen Verfahren ermittelt (in der Regel Zillmerungsverfahren → Rn. 58 ff.) und um die dem Versicherungsunternehmen bei Vertragsbeginn entstandenen, aber noch nicht amortisierten Abschlusskosten vermindert (§ 4 Abs. 2 DeckRV).

21   Kann das Versicherungsunternehmen die Deckungsrückstellung nicht prospektiv ermitteln, weil es die zukünftigen Beiträge und Verpflichtungen noch nicht hinreichend objektiviert ermitteln kann (wie zB bei der fondsgebundenen Lebensversicherung), ist sie **retrospektiv** zu bestimmen.[10] Bei dieser Methode entspricht die Deckungsrückstellung der Differenz der bis zum Bilanzstichtag angefallenen, aufgezinsten Einnahmen und Ausgaben. Kalkuliert das Versicherungsunternehmen den Bruttobeitrag ohne (erkennbaren) Gewinnzuschlag, so führen prospektive und retrospektive Ermittlungsweise dann zum gleichen Ergebnis, wenn das Versicherungsunternehmen für die Prämienkalkulation und die Berechnung der Deckungsrückstellung die identischen Rechnungsgrundlagen verwendet.[11]

22   **3. Mindestwert der Deckungsrückstellung.** Die Deckungsrückstellung ist so zu bemessen, dass sie bei planmäßigem Versicherungsverlauf mindestens die zukünftigen, den erhobenen Risikobeitrag übersteigenden Risikokosten deckt und zugleich das Versicherungsunternehmen dazu in die Lage versetzt, mit ihr die finanziellen Abfindungsansprüche zu erfüllen, die der Versicherte bei einer vorzeitigen Vertragsbeendigung erhält.

23   Bei Kapitallebens- und Rentenversicherungsverträgen wird der Großteil der vom Versicherungsnehmer geleisteten Prämienzahlungen nicht dazu benötigt, das aktuelle Todesfallrisiko abzusichern. Er dient vielmehr dazu, die vereinbarten zukünftigen Auszahlungen in Form einer Einmalleistung oder einer Rente anzusparen. Kündigt der Versicherungsnehmer den Vertrag vorzeitig, kann er vom Versicherungsunternehmen diesen Sparanteil als Rückkaufswert (Zeitwert seiner Versicherung) einfordern. Entscheidet er sich für eine Beitragsfreistellung, reduzieren sich die Leistungen, die er bei Eintritt des Versicherungsfalls erhält. Die Höhe dieser reduzierten Versicherungsablaufleistung hängt von den bis zur Beitragsfreistellung gutgeschriebenen Sparanteilen ab.

24   Bei der Berechnung des Rückkaufswerts bzw. der reduzierten Versicherungsablaufleistung stellt sich die Frage, wie die Kosten zu berücksichtigen sind, die dem Versicherungsunternehmen im Zuge des Vertragsabschlusses entstanden sind (Vertragsabschlusskosten). § 169 Abs. 1 VVG schreibt hierzu vor, dass der Rückkaufswert nach den anerkannten Regeln der Versicherungsmathematik mit den Rechnungsgrundlagen der Prämienkalkulation zu berechnen ist. Dabei muss die auf diese Weise berechnete Deckungsrückstellung mindestens dem Betrag entsprechen, der sich bei gleichmäßiger Verteilung der angesetzten Abschluss- und Vertriebskosten auf die ersten fünf Vertragsjahre ergibt (§ 169 Abs. 3 S. 1 VVG). Diese Berechnungsmodalitäten gelten grundsätzlich auch für fondsgebundene Versicherungen und andere Versicherungen, die Leistungen der in § 124 Abs. 2 S. 2 VAG bezeichneten Art vorsehen (§ 169 Abs. 4 S. 1 VVG). Sind die Belange der Versicherungsnehmer gefährdet und steht insbesondere die dauernde Erfüllbarkeit der sich aus den Versicherungsverträgen ergebenden Verpflichtungen in Frage, darf das Versicherungsunternehmen den nach Abs. 3 berechneten Betrag „angemessen herabsetzen, soweit dies erforderlich ist", um die Gefährdung zu beseitigen. Die Herabsetzung ist aber jeweils auf ein Jahr befristet (§ 169 Abs. 6 VVG).

25   Da der in § 169 Abs. 1 VVG aufgeführte Rückkaufswert nur einen gesetzlichen Mindestrückkaufswert festschreibt, gehen individuelle Vereinbarungen zwischen dem Versicherungsunternehmen und dem Versicherten, in denen für jeden möglichen Kündigungstermin

---

10   Vgl. Späth, Deckungsrückstellungen bei Versicherungsunternehmen nach HGB und US-GAAP, 2015, S. 89.
11   Vgl. Beck Versicherungsbilanz/Stuirbrink/Johannleweling/Faigle/Reich Rn. 3. S. auch die Berechnungen bei Späth, Deckungsrückstellungen bei Versicherungsunternehmen nach HGB und US-GAAP, 2015, S. 95 f.

ein Abfindungsbetrag festgelegt wird, der gesetzlichen Bestimmung des § 169 Abs. 1 VVG vor, wenn der individuell vereinbarte Rückkaufswert über dem Betrag liegt, der unter Beachtung der gesetzlichen Vorschriften zu ermitteln ist.

Der Rückkaufswert des § 169 VVG bestimmt sich nach dem **Bruttobeitragsverfah-** 26 **ren.** Er entspricht dem positiven Barwert der zukünftigen Versicherungsleistungen (einschließlich der unvermeidlich anfallenden Verwaltungskosten) abzüglich des vom Versicherten noch geschuldeten zukünftigen Prämienbarwertes. Seine Ermittlung erfolgt marktorientiert aus Sicht des Abfindungsberechtigten. Risikozuschläge, die das Versicherungsunternehmen in die Deckungsrückstellung eingerechnet hat, um die dauerhafte Leistungsfähigkeit sicherzustellen, bleiben unberücksichtigt. Bei der Ermittlung des Rückkaufswertes sind marktübliche Konditionen zu berücksichtigen, wie sie in den anerkannten Bewertungsmethoden (zB Ertragswert- und Discounted Cash-Flow-Verfahren) zur Anwendung gelangen.

Kann der Versicherte nach § 165 Abs. 1 S. 1 VVG „jederzeit für den Schluss der laufen- 27 den Versicherungsperiode die Umwandlung der Versicherung in eine prämienfreie Versicherung verlangen", gelten die Ausführungen für den Rückkaufswert sinngemäß. Die Berechnung der **prämienfreien Versicherungsleistung** ist dann nach den anerkannten Regeln der Versicherungsmathematik mit den Rechnungsgrundlagen der Prämienkalkulation unter Zugrundelegung des Rückkaufswertes nach § 169 Abs. 3–5 VVG vorzunehmen (§ 165 Abs. 2 VVG). Gemäß § 25 Abs. 2 Hs. 2 RechVersV muss die Höhe der Deckungsrückstellung mindestens dem Wert der Beitragsfreistellung entsprechen.

Der Äquivalenzgrundsatz ist auch hinsichtlich des in der Bruttoprämie enthaltenen 28 Kostenanteils und der (erwarteten) Vertragskosten zu beachten. Werden die **Verwaltungskosten** bei der Berechnung der Deckungsrückstellung implizit berücksichtigt, indem sie von den zukünftigen Bruttoprämien abgezogen werden, so muss das Versicherungsunternehmen sicherstellen, dass die zukünftigen Verwaltungskosten auch tatsächlich durch ausreichende Prämienzuschläge gedeckt sind.[12] Gelingt die Kostendeckung nicht, ist die Deckungsrückstellung entsprechend zu erhöhen. Insbesondere Verwaltungskosten für beitragsfreie Jahre und Versicherungen sind in die Deckungsrückstellung einzustellen (§ 25 Abs. 3 RechVersV).

4. Rückstellung für Zinsgarantiezusage. Garantiert das Versicherungsunternehmen 29 dem Versicherten eine Mindestverzinsung seiner Ansprüche und reichen die gegenwärtigen und zukünftig zu erwartenden Erträge der Vermögenswerte des Unternehmens nicht (mehr) dazu aus, die Zinszusage zu finanzieren, ist diese Unterdeckung bei der Ermittlung der Deckungsrückstellung gem. § 341f Abs. 2 aufwandswirksam als Zinszusatzreserve zu berücksichtigen.[13] Von dieser Zusatzdotierung sind nicht nur solche Verträge betroffen, bei denen der Mindestzins explizit vereinbart wurde. Es ist bereits ausreichend, wenn das Versicherungsunternehmen „eine Leistung der Höhe nach vertraglich garantiert",[14] weil damit grundsätzlich die prospektive Bewertung der künftigen Verpflichtungen und Prämien mittels versicherungsmathematischer Verfahren möglich wird.[15] Ausgenommen von dieser Bestimmung sind jedoch **fondsgebundene Lebensversicherungen,** die keine vertragliche Mindestleistung garantieren.[16]

Die Deckungsrückstellungsverordnung ist aufgrund des § 341e Abs. 1 S. 2 iVm § 88 30 VAG zwingend zu beachten. Sie findet auf Lebensversicherungen, Unfallversicherungen, die Versicherungen mit Prämienrückgewähr betreiben, und Versicherungsunternehmen, die Rentenleistungen in der Allgemeinen Haftpflichtversicherung, der Kraftfahrzeug-Haftpflichtversicherung, der Kraftfahrt-Unfallversicherung sowie der Allgemeinen Unfallversicherung erbringen, Anwendung (§ 1 Abs. 1 DeckRV).

---

[12] Vgl. BR-Drs. 823/94, 123 f.
[13] Vgl. hierzu auch Boetius/Boetius/Kölschbach/Boetius J. § 4 Rn. 159.
[14] BR-Drs. 114/96, 7.
[15] Vgl. hierzu allg. Prölss/Dreher/Kölschbach/Hammers/Engeländer VAG § 88 Rn. 96 ff.
[16] Vgl. BR-Drs. 114/96, 7.

31   Nach § 5 Abs. 3 DeckRV ist die zu erwartende Unternehmensrendite objektivierungsbedingt mit dem über einen Referenzzeitraum von zehn Kalenderjahren errechneten arithmetischen Mittel von EUR-Zinsswapsätzen gleich, wobei die entsprechenden Werte aus
der Kapitalmarktstatistik zu entnehmen sind, welche die Deutsche Bundesbank in ihren
Monatsberichten veröffentlicht. Das Versicherungsunternehmen vergleicht diesen Referenzzins (Durchschnittszins) mit dem höchsten Rechnungszins, der in den nächsten 15 Jahren für einen Vertrag maßgeblich ist. Liegt der Referenzzins unter dem so ermittelten
Vertragszins, muss das Versicherungsunternehmen für die kommenden 15 Jahre den für das
jeweilige Jahr niedrigsten Zins verwenden. Erst ab dem 16. Jahr findet der höhere (interne)
Vertragszins Anwendung (§ 5 Abs. 4 S. 1 DeckRV). Entspricht der nach § 5 Abs. 3 DeckRV
ermittelte Referenzzins dem Vertragszins oder liegt er über ihm, „ist für die gesamte Restlaufzeit der jeweils maßgebliche Rechnungszins zu verwenden" (§ 5 Abs. 4 S. 3 DeckRV).

32   Diese Berechnungsmethode berücksichtigt Änderungen des Zinsumfeldes jedoch nicht
immer angemessen. Faktisch wird die Zinszusatzreserve durch diese Berechnung zu schnell
auf- und zu schnell abgebaut, woraus eine ungleichmäßige Belastung der Überschussbeteiligung resultiert. Um dem zu begegnen, ist eine zusätzliche Glättung erforderlich. Diese wird
durch die in § 5 Abs. 3 DeckRV verankerte Korridormethode erreicht.[17]

33   **5. Rechnungszins.** Deckungsrückstellungen werden mit ihrem jeweiligen Barwert
passiviert. Für die Ermittlung des Barwerts ist der zukünftige Erfüllungsbetrag abzuzinsen.
§ 2 DeckRV gibt einen Höchstzins vor, mit dem der Erfüllungsbetrag maximal abgezinst
werden darf. Deckungsrückstellungen für Versicherungsverträge mit Zinsgarantie, die auf
EUR oder auf die nationale Währungseinheit eines an der Europäischen Wirtschafts- und
Währungsunion teilnehmenden Mitgliedstaates lauten,[18] dürfen nach § 2 Abs. 1 DeckRV
höchstens mit einem Zinssatz von 0,25 %[19] diskontiert werden. Das Bundesministerium
der Finanzen entspricht damit der gesetzlichen Vorgabe des § 88 Abs. 3 Nr. 1 VAG.

34   Eine **Ausnahmeregelung** besteht für **Versicherungsverträge in Anteilseinheiten
gegen Einmalprämie** mit einer Laufzeit bis zu acht Jahren, die auf EUR oder die nationale
Währungseinheit eines an der Europäischen Wirtschafts- und Währungsunion teilnehmenden Mitgliedstaates lauten. Für sie bestimmt das Bundesministerium der Finanzen den
Höchstzins mit 85 % des letzten Monatswertes der Umlaufrenditen der Anleihen der öffentlichen Hand. Die Umlaufrenditen müssen eine der Versicherungsdauer entsprechende Restlaufzeit aufweisen und sind auf den Zeitpunkt der (Einmal-)Prämienzahlung zu bestimmen.
Objektivierungsbedingt ist die entsprechende Umlaufrendite aus den Kapitalmarktstatistiken
zu entnehmen, die von der Deutschen Bundesbank in ihren Monatsberichten veröffentlicht
werden (§ 3 Abs. 1 DeckRV).

35   Eine weitere Ausnahmeregelung sieht § 3 Abs. 2 DeckRV für auf EUR oder die nationale Währungseinheit eines an der Europäischen Wirtschafts- und Währungsunion teilnehmenden Mitgliedstaates lautende **Rentenversicherungsverträge ohne Rückkaufswert**
vor. Bei ihnen ist der Höchstzins zum Zeitpunkt des Rentenbeginns zu ermitteln. Er beläuft
sich auf 85 % des arithmetischen Mittels der letzten Monatswerte der Umlaufrenditen der
Anleihen der öffentlichen Hand mit einer Restlaufzeit von einem Jahr bis zu acht Jahren. Die
entsprechenden Werte sind der von der Deutschen Bundesbank in ihren Monatsberichten
veröffentlichten Kapitalmarktstatistik zu entnehmen. Der entsprechende Zinssatz gilt ab

---

[17]   Vgl. Boetius/Boetius/Kölschbach/Boetius J. § 13 Rn. 84.

[18]   Der Höchstzinssatz für wichtige andere Währungen wird von der BaFin iSd § 2 Abs. 1 S. 2 DeckRV
       „nach pflichtgemäßem Ermessen fest[gesetzt]".

[19]   Der Zinssatz wurde mehrfach nach unten korrigiert, weil die Renditen der Anleihen der öffentlichen
       Hand im EUR-Währungsgebiet deutlich zurückgingen. Während bei der Verabschiedung der DeckRV
       im Jahre 1994 noch ein Zinssatz von 4 % zugrunde gelegt wurde, korrigierte ihn die Erste Änderungsver-
       ordnung v. 29.3.2000 zunächst auf 3,25 %. Der mit Verordnung v. 18.5.2016 gültige Höchstzins von
       0,9 % sowie der mit Verordnung v. 22.4.2021 gültige Höchstzins von 0,25 % sind das Resultat weiterer
       kontinuierlicher Absenkungen des Rechnungszinses über die vergangenen Jahre. S. hierzu auch die
       Übersicht in Prölss/Dreher/Kölschbach/Hammers/Engeländer VAG § 88 Rn. 100.

Beginn des Rentenbezugs für die folgenden acht Jahre sowie für den Teil der Deckungsrückstellung, der auf die laufende Rentenzahlung entfällt.

Das Versicherungsunternehmen ist grundsätzlich[20] dazu verpflichtet, den im Zeitpunkt **36** des Vertragsabschlusses verwendeten Diskontierungszins für die Ermittlung der Deckungsrückstellung für die gesamte Vertragslaufzeit beizubehalten (§ 2 Abs. 1 S. 1 DeckRV). Durch diese Bestimmung wird dem bilanzrechtlichen **Stetigkeitsprinzip** entsprochen (§ 252 Abs. 1 Nr. 6). Die hier explizit vorgeschriebene Beachtung des Stetigkeitsprinzips kann aber zu einem Verstoß gegen das an sich ranghöhere Vorsichtsprinzip führen. Diese Gefahr besteht immer dann, wenn sich die allgemeinen Zinssätze zwischen dem Zeitpunkt des Vertragsabschlusses und dem Bilanzstichtag signifikant verringert haben.

Der in § 2 DeckRV festgeschriebene Höchstzinssatz ist nur für die Bewertung der **37** Deckungsrückstellung und nicht für die **Prämienberechnung** maßgebend. § 138 VAG schränkt die Gestaltungsfreiheit des Versicherungsunternehmens lediglich dahingehend ein, dass es die Prämien so kalkulieren muss, dass sie den Aufbau einer ausreichenden Deckungsrückstellung ermöglichen, ohne jedoch die Anwendung einheitlicher Rechnungsgrundlagen vorzuschreiben.

Diskontiert das Versicherungsunternehmen die Prämien mit einem Zinssatz, der unter **38** dem Referenzzins liegt, der auf die Berechnung der Deckungsrückstellung Anwendung findet, so resultiert daraus zum Zeitpunkt des Vertragsabschlusses ein **(kalkulatorischer) Vertragsgewinn;** denn der Barwert der Prämien liegt dann über dem Barwert der Versicherungsleistungen. Dieser darf aufgrund des Realisationsprinzips nicht ausgewiesen werden, weil es sich um unrealisierte Gewinne aus schwebenden Geschäften handelt (§ 252 Abs. 1 Nr. 4).[21]

Wählt das Versicherungsunternehmen dagegen für die Diskontierung der Prämie einen **39** im Vergleich zur Bewertung der Deckungsrückstellung höheren Zinssatz, so führt dies mit Vertragsbeginn zu einem kalkulatorischen Verlust, soweit der Barwert der zukünftigen Prämien unter dem Barwert der Versicherungsleistungen liegt. Nach Ellenbürger ist dieser aufwandswirksam zu erfassen.[22] Dem ist nicht zuzustimmen. Ein **kalkulatorischer Verlust** begründet keinen bilanziellen Rückstellungsbedarf. Zahlungsströme einer Periode sind grundsätzlich mit dem gleichen Zinssatz zu diskontieren. Wenn die Beitragskalkulation des Versicherungsunternehmens gemäß § 138 VAG dem Äquivalenzprinzip entspricht und sich das Vertragsverhältnis planmäßig entwickelt, schließt der Versicherungsvertrag über die Gesamtlaufzeit hinweg ohne Verlust ab. Das bilanzrechtliche Imparitätsprinzip erlaubt aber nur die Antizipation von Verpflichtungsüberschüssen, um zukünftige Gewinn- und Verlustrechnungen verlustfrei zu halten. Die Verwendung kalkulatorisch unterschiedlicher Zinssätze auf Prämie und Deckungsrückstellung führt dagegen lediglich zu einem zu Vertragsbeginn entstehenden fiktiven Verpflichtungsüberhang, der das Versicherungsunternehmen aber nicht belastet, weil er sich mit fortschreitendem Vertragsablauf zahlungsunwirksam auflöst.

6. Besonderheiten bei Krankenversicherungen. Krankenversicherungen, die nach **40** Art der Lebensversicherung betrieben werden, haben als Deckungsrückstellung eine **Alterungsrückstellung** zu bilden (Abs. 3 S. 1). Die Alterungsrückstellung kann nicht nur aufgrund des Sparbeitrags der Versicherten und seiner kalkulierten Verzinsung gebildet werden. Vielmehr verpflichten die aufsichtsrechtlichen Vorschriften des § 146 VAG in Verbindung mit den Regelungen der KVAV Versicherungsunternehmen dazu, die Versicherten am

---

[20] Eine Ausnahme sieht § 2 Abs. 3 DeckRV für Pensionskassen vor, die in den Anwendungsbereich dieser Verordnung fallen. Diese können grundsätzlich einen Zinssatz verwenden, der nicht für die gesamte Vertragslaufzeit gilt. Voraussetzung ist dann allerdings, dass die gewählten Zinssätze den jeweils gültigen Höchstzinssatz nach § 2 DeckRV nicht überschreiten. Ist dies der Fall, so kann die „erforderliche Herabsetzung des Rechnungszinses (…) mit Zustimmung der Aufsichtsbehörde stufenweise erfolgen" (§ 2 Abs. 3 S. 2 DeckRV).

[21] Vgl. Prölss/Dreher/Kölschbach/Hammers/Engeländer VAG § 88 Rn. 52.

[22] Vgl. WP-HdB Versicherungsunternehmen/Ellenbürger B Rn. 103.

Geschäftserfolg angemessen zu beteiligen.[23] Bilanzrechtlich schlägt sich dieses Gebot darin nieder, dass zu der Deckungsrückstellung auch solche Beiträge zählen, die ihr aus der Rückstellung für Beitragsrückerstattung zugeführt wurden sowie Erhöhungen, „die dem Aufbau einer Anwartschaft auf Beitragsermäßigung im Alter dienen" sollen (Abs. 3 S. 1 Hs. 2).

41   Bei der Bewertung der Deckungsrückstellung sind gemäß Abs. 3 S. 2 „die für die Berechnung der Prämien geltenden aufsichtsrechtlichen Bestimmungen" zu beachten. Einschlägig ist hierbei insbesondere die **Krankenversicherungsaufsichtsverordnung.** Sie trifft typisierende Annahmen über die wesentlichen Rechnungsgrundlagen (zB die Invaliditäts- und Krankheitsgefahr, die Pflegebedürftigkeit, die Sterblichkeit, die Alters- und Geschlechtsabhängigkeit des Risikos, die Stornowahrscheinlichkeit, die Höhe des Sicherheitszuschlags und des anzuwendenden Rechnungszinses sowie die Grundsätze für die Bemessung der sonstigen Zuschläge) und verpflichtet dazu, auf die Prämienkalkulation und auf die Berechnung der Alterungsrückstellung die gleichen Rechnungsgrundlagen anzuwenden (§ 3 KVAV).

42   Entsprechend dem **Äquivalenzprinzip** (§ 10 KVAV) hat die Prämienberechnung grundsätzlich[24] „für jede versicherte Person altersabhängig getrennt für jeden Tarif mit einem dem Grunde und der Höhe nach einheitlichen Leistungsversprechen unter Verwendung der maßgeblichen Rechnungsgrundlagen und einer nach Einzelaltern erstellten Prämienstaffel zu erfolgen" (§ 10 Abs. 1 S. 1 KVAV). Für die individuelle Beitragskalkulation sind die auf den Versicherten entfallenden, durchschnittlichen Versicherungsleistungen über einen mindestens 12-monatigen Beobachtungszeitraum hinweg für jeden Tarif in Abhängigkeit von Geschlecht und Alter des Versicherten zu ermitteln (§ 6 KVAV). Die Kosten des Versicherungsbetriebs sind grundsätzlich, unabhängig vom Alter des Versicherten, mit einem über die Vertragslaufzeit konstanten Anteil in die Bruttorisikoprämie einzurechnen (§ 8 Abs. 4 S. 1 KVAV).

43   Neben dem Äquivalenzprinzip dominiert das **Vorsichtsprinzip** die Kalkulation von Prämien und Deckungsrückstellungen. Sämtliche Rechnungsgrundlagen, insbesondere die in der Ausscheideordnung festgelegten Sterbe- und sonstigen Abgangswahrscheinlichkeiten (§ 5 Abs. 1 KVAV),[25] müssen „mit ausreichenden Sicherheiten" (§ 2 Abs. 3 KVAV) versehen und regelmäßig überprüft werden, damit gewährleistet ist, dass das Versicherungsunternehmen seinen Verpflichtungen langfristig nachkommen kann. Die sonstigen Zuschläge, zB für Abschluss- und Verwaltungskosten, sind so zu berechnen, dass sie die zukünftigen Aufwendungen hinreichend decken (§ 8 Abs. 2 S. 2 KVAV). Zusätzlich ist das Versicherungsunternehmen verpflichtet, in die Prämie einen Sicherheitszuschlag von mind. 5 % einzurechnen, der „nicht bereits in anderen Rechnungsgrundlagen enthalten sein darf" (§ 7 KVAV). Dem Vorsichtsprinzip entspricht grundsätzlich auch der zu beachtende Höchstzinssatz, den § 146 Abs. 1 Nr. 1 VAG iVm § 4 KVAV für die Berechnung der Alterungsrückstellung auf 3,5 % festlegt.

44   Entsprechend dem **Objektivierungsprinzip** sind die von der BaFin veröffentlichten Wahrscheinlichkeitstafeln als Orientierungsmarken für die auf einen Versicherten durchschnittlich entfallenden Versicherungsleistungen (Kopfschäden) heranzuziehen. Das Versicherungsunternehmen darf von ihnen nur abweichen, wenn es anhand geeigneter Statistiken nachweist, dass andere Annahmen zu einem zutreffenderen Berechnungsergebnis führen. Auch Schadenereignisse früherer Jahre sind bei der Tarifierung miteinzubeziehen, um Zufallsschwankungen im Zeitablauf auszugleichen. Funktioniert der Ausgleich im Kollektiv aufgrund des geringen Versicherungsbestandes nur unzureichend, sind Stütztarife zu verwenden (§ 6 Abs. 3 S. 2 KVAV).

---

[23]   Vgl. die Zielsetzung der BR-Drs. 445/96 zur damaligen Einführung der ÜbschV, die nun in der KVAV fortgeführt wird.

[24]   Vgl. zu den Ausnahmen § 10 Abs. 3 und Abs. 4 KVAV.

[25]   Gewähren Krankenversicherungsunternehmen Basistarife nach § 152 Abs. 1 VAG, so dürfen nur die Sterbewahrscheinlichkeit und der Abgang zur sozialen Pflegeversicherung sowie zur gesetzlichen Krankenversicherung als Abgangswahrscheinlichkeiten berücksichtigt werden (§ 5 Abs. 2 KVAV).

Krankenversicherungen, die dazu geeignet sind, die gesetzliche Krankenversicherung **45** ganz oder teilweise zu ersetzen **(Substitutive Krankenversicherung),** haben von ihren Versicherten spätestens mit Beginn des Kalenderjahres, das auf die Vollendung des 21. Lebensjahres der Versicherten folgt, bis zum Kalenderjahr, in dem die versicherte Person das 60. Lebensjahr vollendet, einen Zuschlag in Höhe von 10 % der jährlichen gezillmerten Bruttoprämie zu erheben und den Mehrbetrag jährlich direkt der Alterungsrückstellung zuzuführen. Die zugeführten Beträge sind zur Prämienermäßigung im Alter nach § 150 Abs. 3 VAG zu verwenden (§ 149 VAG).

Nach § 146 Abs. 1 Nr. 1 VAG iVm § 4 KVAV sind die Alterungsrückstellungen mit **46** höchstens 3,5 % zu verzinsen. Der Zinsbetrag ist dem Versicherten unverzüglich gutzuschreiben und zur Prämienstabilisierung oder -senkung einzusetzen. Übersteigen die tatsächlichen Kapitalerträge diesen Referenzzins, so sind die in der Art der Lebensversicherung betriebenen Krankheitskosten- und freiwilligen Pflegekrankenversicherungen dazu verpflichtet, den wesentlichen Teil der durch die Alterungsrückstellung erwirtschafteten Rendite den Versicherten zukommen zu lassen. Da den Alterungsrückstellungen regelmäßig keine exakt korrespondierenden Aktiva gegenüberstehen, ist das Versicherungsunternehmen dazu verpflichtet, eine Durchschnittsrendite zu ermitteln. Sie entspricht nach § 19 der vom Bundesministerium der Finanzen aufgrund des § 160 VAG erlassenen **Krankenversicherungsaufsichtsverordnung** den vom Versicherungsunternehmen erwirtschafteten bilanziellen Nettoerträgen aus den Kapitalanlagen[26] dividiert durch das arithmetische Mittel ihres Buchwertes.[27]

Übersteigt die so ermittelte Durchschnittsrendite den Referenzzins von 3,5 %, so ist **47** der **Überzins** mit der Summe der jeweiligen zum Ende des vorherigen Geschäftsjahres vorhandenen positiven Alterungsrückstellungen zu multiplizieren. Von diesem auf die Alterungsrückstellungen entfallenden Zinsertrag erhalten die Versicherten einen Anteil von 90 % (nach einem gestaffelten Verfahren) gutgeschrieben (§ 150 Abs. 1 VAG). Von der nach § 150 Abs. 1 VAG ermittelten Überrendite erhalten zunächst die Versicherten einen **Vorabbetrag,** die einen Beitragszuschlag nach § 149 VAG geleistet haben. Ihnen ist jährlich, bis zum Ende des Geschäftsjahres, in dem sie das 65. Lebensjahr vollendet haben, der Anteil des Überzinses gutzuschreiben, der auf den durch den Beitragszuschlag entstandenen Teil der Alterungsrückstellung entfällt (§ 150 Abs. 2 S. 1 VAG).

50 % des verbleibenden **Restbetrages** sind anschließend individuell den Versicherten **48** zuzuweisen, die am Ende des vergangenen Geschäftsjahres über eine Alterungsrückstellung mit positivem Saldo verfügten (§ 150 Abs. 2 S. 2 VAG). Der Zuteilungssatz bestimmt sich nach der Höhe der eigenen positiven Alterungsrückstellung im Verhältnis zur Summe aller positiven Alterungsrückstellungen. Für Geschäftsjahre, die ab dem Jahre 2001 beginnen, erhöht sich der Prozentsatz von 50 % solange um 2 %, bis er im Jahre 2025 den Absolutwert von 100 % erreicht (§ 150 Abs. 2 S. 3 VAG).

Hat der Versicherte das 65. Lebensjahr vollendet, so wird der auf ihn entfallende Anteil **49** an der Zuweisung zur zeitlich unbefristeten, allgemeinen Beitragsstabilisierung eingesetzt (§ 150 Abs. 3 S. 1 VAG). Vollendet der Versicherte das 80. Lebensjahr, so dienen alle auf ihn entfallenden, noch nicht verbrauchten Beträge (§ 150 Abs. 3 S. 2 VAG) sowie alle Gutschriften, die das Versicherungsunternehmen dem Versicherten ab diesem Zeitpunkt zuweist (§ 150 Abs. 3 S. 3 VAG), einer sofortigen Prämiensenkung.[28]

Der nach den Zuweisungen des § 150 Abs. 2 VAG **verbleibende Betrag** des Überzin- **50** ses kommt grundsätzlich nur den Versicherten zugute, die am Bilanzstichtag das 65. Lebens-

---

[26] Die Nettoerträge bestimmen sich aus der Summe der Erträge aus Kapitalanlagen abzüglich der Summe der Aufwendungen für Kapitalanlagen, vgl. Formblatt 3 Position I. 3. der RechVersV iVm Formblatt 3 Position I. 10. der RechVersV.

[27] Das arithmetische Mittel ergibt sich anhand der Summe des Buchwertes der Kapitalanlagen jeweils am Ende des Vorjahres und des Geschäftsjahres dividiert durch zwei, vgl. Formblatt 1 Position Aktiva C. der RechVersV.

[28] Vgl. § 150 Abs. 3 S. 4 VAG: In der freiwilligen Pflegetagegeldversicherung kann das Versicherungsunternehmen Vertragsbedingungen bestimmen, nach denen die Überschüsse nicht zur Prämienermäßigung, sondern zur Leistungserhöhung eingesetzt werden.

jahr vollendet haben (§ 150 Abs. 4 S. 1 VAG). Das Versicherungsunternehmen muss den nach Abzug der nach § 150 Abs. 2 VAG verwendeten Beträge verbleibenden Teil der Zinserträge innerhalb von drei Jahren dazu nutzen, die Prämien der Begünstigten zu verringern oder erforderliche Prämienerhöhungen zu vermeiden (§ 150 Abs. 4 S. 1 VAG). Die Gutschriften werden deshalb nicht der individuellen Alterungsrückstellung zugeordnet, sondern in die Rückstellung für erfolgsunabhängige Beitragsrückerstattung eingestellt (→ § 341e Rn. 39–89). Durch diese Vorgehensweise kommen die Beträge den Tarifen, nicht aber den einzelnen Versicherten zugute und können deshalb verstärkt dazu eingesetzt werden, um Beitragserhöhungen im Alter zu dämpfen. Verwendet das Versicherungsunternehmen die Gutschrift nach § 150 Abs. 4 S. 1 VAG zur Prämienreduktion, so kann es in seinen Versicherungsbedingungen festschreiben, dass die Prämie des Versicherten nicht unter die des ursprünglichen Eintrittsalters sinken darf. Der auf diese Weise nicht verbrauchte Teil der Gutschrift ist dann gemäß § 150 Abs. 2 VAG sämtlichen Versicherten gutzuschreiben (§ 150 Abs. 4 S. 2 VAG).

51   Darüber hinaus verpflichtet § 22 KVAV das Versicherungsunternehmen dazu, einen angemessenen Teil des Überschusses den erfolgsabhängigen Beitragsrückerstattungen zuzuführen, um dadurch eine ausreichende Mindestzuführung zu den Rückstellungen zu gewährleisten. Der **Zuführungssatz** beläuft sich auf 80 % der Summe aus Risikoergebnis, Kapitalanlageergebnis, Kostenergebnis und sonstigen Ergebnissen, vermindert um die bereits gutgeschriebenen Überzinsen (→ § 341e Rn. 82).

52   **7. Besonderheiten bei Pensionsfonds.** Pensionsfonds müssen bei der zu von ihnen zu bildenden Deckungsrückstellung die PFAV beachten. Ihr Inhalt und Regelungsumfang ähneln der DeckRV.

53   Spricht ein Pensionsfonds im Wege eines beitrags- oder leistungsbezogenen Pensionsplans eine versicherungsförmige Garantie aus, so ist er nach § 22 Abs. 1 S. 1 PFAV dazu verpflichtet, Deckungsrückstellungen anzusetzen.[29] Der Begriff der versicherungsförmigen Garantie wird hierbei durch § 22 Abs. 2 PFAV definiert. Eine versicherungsförmige Garantie vergibt der Pensionsfonds demnach dann, wenn er sich im Gegenzug zu „in Höhe und Fälligkeit fest vereinbarte[n] Beiträge[n] zu fest vereinbarten Leistungen verpflichtet". Als Hauptanwendungsfälle werden an dieser Stelle die beitragsfreie Verpflichtung sowie die Zusage einer Mindestleistung genannt.

54   Der Höchstzinssatz zur Diskontierung der Deckungsrückstellung ist in Übereinstimmung mit § 2 Abs. 1 DeckRV mit 0,25 % für auf EUR lautende Versicherungsverträge festgesetzt (§ 22 Abs. 1 S. 3 PFAV). Lauten die Verträge auf eine andere Währung, so setzt die BaFin den Höchstzinssatz unter Beachtung der Regelungen der DeckRV nach pflichtgemäßem Ermessen fest. Der Höchstzinssatz unterliegt einem Stetigkeitsgebot. Der von dem Pensionsfonds im Zeitpunkt der Übernahme der versicherungsförmigen Garantie festgesetzte Zins ist grundsätzlich während der gesamten Vertragslaufzeit beizubehalten (§ 22 Abs. 3 PFAV). Ausnahmen bestehen für Verträge, denen derselbe Pensionsplan und dieselben Grundsätze für die Berechnung der versicherungsmathematischen Rückstellungen zugrunde liegen. Sie dürfen unter Zustimmung der Aufsichtsbehörde einen Rechnungszins verwenden, der nicht über die gesamte Vertragslaufzeit konstant ist. Dieser darf den jeweils gültigen Höchstzinssatz aber nicht überschreiten (§ 22 Abs. 4 PFAV).

55   Ab Beginn des Rentenbezugs gelten für die nachfolgenden acht Jahre für den Teil der Deckungsrückstellung, der auf die laufenden Rentenzahlungen entfällt, Sonderregelungen. Für ihn darf nach § 22 Abs. 5 PFAV der Höchstzinssatz 85 % „des arithmetischen Mittels der letzten Monatswerte der Umlaufrenditen der Anleihen der öffentlichen Hand" mit einer Restlaufzeit zwischen einem Jahr und acht Jahren betragen. Die entsprechenden Werte sind aus den veröffentlichten Monatsberichten der Deutschen Bundesbank zu entnehmen. Diese Regelung entspricht der Ausnahmevorschrift § 3 Abs. 2 DeckRV für Rentenversicherungsverträge ohne Rückkaufswert.

---

[29]   Vgl. Boetius/Boetius/Kölschbach/Boetius J. § 13 Rn. 131.

Bei der Berechnung der zu erwartenden Rendite des Pensionsfonds, die aufgrund des **56**
§ 23 Abs. 2 PFAV iVm § 341 Abs. 4 erforderlich ist, ist auf das arithmetische Mittel von
EUR-Zinsswapsätzen abzustellen. Sie sind für einen 10-jährigen Referenzzeitraum zu
bestimmen. Die entsprechenden Werte veröffentlicht die Deutsche Bundesbank in ihren
Monatsberichten (§ 23 Abs. 2 PFAV).

Bei Pensionszusagen ohne versicherungsförmige Garantien, bei denen der Pensionsplan **57**
eine periodische Überprüfung und ggf. Neufestsetzung der zukünftigen Beiträge in Abhängigkeit von der Entwicklung der Leistungsverpflichtungen und der Vermögenslage vorsieht,
ist die Deckungsrückstellung prospektiv zu bilden (§ 24 Abs. 1 S. 1 PFAV). Zu diesem
Zweck ist der Rechnungszins für den Zeitraum, der vor dem Rentenbeginn liegt, vorsichtig
zu schätzen. Ab Rentenbezug[30] bzw. bei Übernahme einer Garantie durch den Pensionsfonds ist der Höchstzinssatz aus § 22 Abs. 1 S. 3 PFAV (aktuell 0,25 %) zu beachten (§ 24
Abs. 1 S. 5 PFAV).

8. Zillmerung. Entstehen dem Versicherungsunternehmen zu Beginn des Vertragsver- **58**
hältnisses einmalige **Abschlusskosten,** wie zB Abschlussprovisionen an freie Versicherungs-
makler, Kosten der Kundenberatung, der Antrags- und Risikoprüfung sowie für die Ausfertigung des Versicherungsscheins und die Produktinformationen, so kalkuliert das
Versicherungsunternehmen diese Aufwendungen regelmäßig in die Bruttoprämie ein. Der
Barwert des versicherungsmathematisch kalkulierten Prämienzuschlags entspricht den zu
Vertragsbeginn entstandenen Abschlusskosten.

Die Vertragsabschlusskosten ermöglichen dem Versicherungsunternehmen die Realisie- **59**
rung der über die gesamte wahrscheinliche Vertragslaufzeit hinweg zu erwartenden Prämienerträge. Sie stellen eine Investitionsausgabe dar, die **im Entstehungszeitpunkt gewinnneutral** zu bilanzieren und in den zukünftigen Beitragsjahren prämienäquivalent
gewinnmindernd zu erfassen ist. Das Versicherungsunternehmen kann die Gewinnneutrali-
sierung der Abschlusskosten erreichen, indem sie diese im Entstehungszeitpunkt aktiviert
oder mit den Auszahlungsansprüchen (Deckungsrückstellungen) verrechnet, die der Versicherungsnehmer durch seine Prämienzahlungen gegenüber dem Versicherungsunternehmen erwirbt. Zu Vertragsbeginn übersteigen die Abschlusskosten aber regelmäßig den in
der Deckungsrückstellung gebundenen Sparanteil des Versicherten. Die Deckungsrückstellung ist dann negativ und wäre – GoB-widrig – zu aktivieren.[31]

Die deutsche Versicherungspraxis löst dieses Problem, indem sie die Abschlusskosten **60**
als **noch nicht fällige Forderungen gegenüber dem Versicherten** auf Ersatz geleisteter
Abschlusskosten erfolgsneutral aktiviert. In der Folgezeit tilgt das Versicherungsunternehmen die Forderung im Wege der **Vollzillmerung,** indem es zur Tilgung die höchstmögli-
chen Prämienanteile verwendet. Zu diesem Zweck verrechnet das Versicherungsunternehmen, sofern vertraglich nichts anderes bestimmt ist, in den Folgejahren die Beiträge, die
nicht für Leistungen im Versicherungsfall und die Betriebskosten benötigt werden, unverzüglich mit der Forderung (§ 4 Abs. 2 DeckRV). Für Lebensversicherungsverträge mit
gesetzlich vorgeschriebenen Rückkaufswerten sind die zur Verrechnung bereitstehenden
Prämienanteile noch um den Betrag zu vermindern, der zum Aufbau der gesetzlich geforderten Deckungsrückstellung benötigt wird (§ 4 Abs. 3 DeckRV).

Die Zillmerung ist nach den § 15 Abs. 1 RechVersV und § 25 Abs. 1 RechVersV **61**
zulässig. Gemäß **§ 15 Abs. 1 RechVersV** dürfen Lebensversicherungsunternehmen und
Pensions- und Sterbekassen das Zillmerungsverfahren[32] anwenden und die noch nicht fälligen Ansprüche auf die Erstattung der Abschlussgebühren separat bilanzieren, „soweit diese
geleistete, rechnungsmäßig gedeckte Abschlußaufwendungen betreffen." Bildet das Versicherungsunternehmen eine Deckungsrückstellung, so darf es bei ihrer Bemessung die ein-

---

[30]　Falls § 236 Abs. 2 VAG einschlägig ist, ist der Barwert der Leistungen in der Rentenbezugszeit durch
　　　Anwendung eines vorsichtig bemessenen Rechnungszinses zu ermitteln (§ 24 Abs. 2 PFAV).
[31]　Vgl. Späth, Deckungsrückstellungen bei Versicherungsunternehmen nach HGB und US-GAAP, 2015,
　　　S. 171.
[32]　Das Zillmerungsverfahren wurde nach dem Mathematiker August Zillmer (1831–1893) benannt.

maligen Abschlusskosten „nach einem angemessenen versicherungsmathematischen Verfahren, insbesondere dem Zillmerungsverfahren" berücksichtigen (§ 25 Abs. 1 S. 2 RechVersV). Bei der prospektiven Ermittlung der Deckungsrückstellung wird die Zillmerung wirksam, wenn das Versicherungsunternehmen die noch nicht amortisierten Abschlusskosten „von dem bei der Berechnung der einzelvertraglichen **Deckungsrückstellung** anzusetzenden Barwert der künftigen Prämien" abzieht (§ 4 Abs. 2 DeckRV). Dadurch verzögert sich die Bildung einer Deckungsrückstellung mit der Konsequenz, dass die Rückkaufswerte von Lebensversicherungen während der Vertragslaufzeit hinter den Rückkaufswerten zurückbleiben, die sich ohne eine Zillmerung ergeben hätten.[33]

62   § 4 Abs. 1 DeckRV begrenzt die Möglichkeit der Zillmerung für Lebensversicherungsunternehmen. Sie dürfen einmalige Abschlusskosten nur erfolgsneutral bilanzieren, wenn sie zusammen „25 Promille der Summe aller Prämien nicht überschreiten" (§ 4 Abs. 1 S. 2 DeckRV; **Höchstzillmersatz**). Abschlusskosten, die diesen Wert überschreiten, sind unverzüglich aufwandswirksam zu erfassen.

63   In der **privaten Krankenversicherung** dürfen Abschlusskosten nicht aktivisch abgegrenzt werden. Ist in der Anfangsphase eines Vertrages die für den einzelnen Versicherten berechnete Alterungsrückstellung (Einzelbewertungsprinzip; § 252 Abs. 1 Nr. 3) negativ, so kann sie das Versicherungsunternehmen aber mit den positiven Alterungsrückstellungen anderer Versicherter solange verrechnen, wie die Alterungsrückstellung für den Gesamtbestand aller selbst abgeschlossenen Versicherungen nicht negativ wird. Ist dies der Fall, sind die entsprechenden, nicht mehr durch die Alterungsrückstellung gedeckten Abschlusskosten sofort aufwandswirksam zu erfassen (§ 25 Abs. 5 S. 2 RechVersV). Ob die **Saldierung** mit dem bilanzrechtlichen Verrechnungsverbot (§ 246 Abs. 2) in Einklang steht, erscheint zumindest fragwürdig.

64   Darüber hinaus unterwirft die Krankenversicherungsaufsichtsverordnung die Aktivierung der Abschlussprovision zwei zusätzlichen Restriktionen: Erstens darf die Gesamtalterungsrückstellung eines Zugangsjahres im Tarif durch die Zillmerung höchstens vier Jahre lang negativ sein **(Tarifrestriktion).** Zweitens dürfen die Abschlusskosten nur in einem Umfang gezillmert werden, dass jede Einzelalterungsrückstellung nicht länger als 15 Jahre und nicht länger als die Hälfte der tariflich vorgesehenen künftigen Vertragsdauer ein negatives Vorzeichen aufweist **(Individualrestriktion)** (§ 8 Abs. 3 KVAV). Das Versicherungsunternehmen ist auch dazu berechtigt, die Abschlusskosten durch einen laufenden Zuschlag zur Prämie zu amortisieren.

65   Die Aktivierung der noch nicht amortisierten Abschlusskosten konfligiert mit den handelsrechtlichen GoB. Unter Beachtung des § 169 Abs. 3 S. 1 VVG darf die zeitlich verzögerte Bildung der Deckungs- und Alterungsrückstellung nicht zu einem Wertansatz führen, der im Kündigungsfall hinter dem Abfindungsanspruch des Versicherten zurückbleibt. Demnach müssen die Vertragsabschlusskosten mindestens über die ersten fünf Vertragsjahre gleichmäßig verteilt werden, um den potentiellen Rückzahlungswert zu bestimmen. Eine Vollzillmerung, die im Ergebnis zu einer vollständigen Entlastung des Erstjahres führt, ist danach unzulässig. Das Versicherungsunternehmen rechnet sich reich – sei es durch eine unzureichende Dotierung der Deckungsrückstellung oder durch ihre Dotierung iSd § 169 VVG bei kompensierender Aktivierung der Abschlusskosten unter den noch nicht fälligen Forderungen.

66   Davon losgelöst ist die Frage zu beantworten, ob die Abschlusskosten einer (erfolgsneutralen) Aktivierung (ggf. mit anschließender Verrechnung mit den Deckungsrückstellungen, auf die sie sich wirtschaftlich beziehen) zugänglich sind. Diese Frage ist aber im Regelfall zu verneinen.

67   Eine Aktivierung der Abschlusskosten unter den noch nicht fälligen Forderungen verstößt zumindest dann gegen den Grundsatz des Nichtausweises schwebender Geschäfte und gegen das **Realisationsprinzip,** wenn das Versicherungsunternehmen keinen einklagbaren Anspruch auf Ersatz der entsprechenden Kosten gegenüber dem Versicherungsnehmer (hilfs-

---

[33]   Vgl. Boetius/Boetius/Kölschbach/Boetius J./Boetius, F., § 1 Rn. 47.

weise gegenüber dem Begünstigten der Abschlussprovisionen) hat; denn Forderungen dürfen grundsätzlich nur dann aktiviert werden, wenn ihre spätere Realisation höchstens noch durch Forderungsausfall- und Gewährleistungsrisiken bedroht wird.

Darüber hinaus dürfen nach **§ 248 Abs. 1 Nr. 3** Aufwendungen für den Abschluss von **68** Versicherungsverträgen nicht aktiviert werden, da sie keinen greifbaren und bewertbaren Vermögensgegenstand darstellen und auch – mangels fehlender zeitraumbezogener Gegenleistung seitens des Versicherten – nicht die Voraussetzungen eines aktiven Rechnungsabgrenzungspostens erfüllen. Dadurch werden (objektivierungsbedingt) Ausgaben im Entstehungszeitpunkt ergebniswirksam erfasst, obwohl sie wirtschaftlich betrachtet auf zukünftige Erträge entfallen. Das Periodisierungsprinzip (§ 252 Abs. 1 Nr. 5) wird insoweit zurückgedrängt.

9. Größenabhängige Erleichterungen. Von der Verpflichtung, Deckungs- bzw. **69** Alterungsrückstellungen zu bilden, sind Versicherungsvereine auf Gegenseitigkeit, die weder die Haftpflichtversicherung noch die Kredit- und Kautionsversicherung betreiben, **befreit,** wenn sie bestimmte Größenmerkmale[34] nicht überschreiten und ihre Satzung sie zur Erhebung von Nachschüssen oder zur Kürzung von Versicherungsansprüchen berechtigt (§ 61 Abs. 1 Nr. 1 RechVersV). Von der Passivierung befreit sind darüber hinaus Schaden-, Unfall- und Krankenversicherungsvereine, die mit einem anderen Versicherungsverein vereinbart haben, dass dieser sämtliche Verpflichtungen aus den Verträgen erfüllt oder rückversichert (§ 61 Abs. 1 Nr. 3 RechVersV), bestimmte Versicherungsunternehmen, die ausschließlich touristische Beistandsleistungen erbringen (§ 61 Abs. 1 Nr. 2 RechVersV)[35] und Pensions- und Sterbekassen, wenn sie die Größenmerkmale des § 61 Abs. 1 Nr. 4 RechVersV nicht überschreiten, dh dass deren Bruttobeiträge im vorangegangenen Geschäftsjahr nicht 7,5 Mio. EUR oder deren Bilanzsumme am Abschlussstichtag des vorausgegangenen Geschäftsjahres nicht 125 Mio. EUR überschritten haben.

Eine Erleichterung für die Berechnung der Deckungsrückstellung besteht ferner für **70** **Pensions- und Sterbekassen,** die in der Rechtsform eines VVaG betrieben werden mit Ausnahme der Pensionskassen, für die eine Feststellung nach § 156a VAG in der bis zum 31.12.2015 geltenden Fassung getroffen wurde. Diese Pensions- und Sterbekassen sind mit Zustimmung der Versicherungsaufsichtsbehörde dazu berechtigt, die Deckungsrückstellung in einem größeren Turnus von maximal fünf Jahren zu berechnen (§ 62 Abs. 2 RechVersV).[36] Die Versicherungsunternehmen sind dann aber dazu verpflichtet, die Bilanz- sowie Gewinn- und Verlustrechnungs-Positionen entsprechend anzupassen, wenn sie die Deckungsrückstellung unverändert aus dem Vorjahr übernommen hatten.

V. Gliederung, Anhang

Das Versicherungsunternehmen ist nach dem Formblatt 1 **(Bilanz)** der RechVersV **71** dazu verpflichtet, die Deckungsrückstellungen gesondert unter der Position Passiva E. II. 1. auszuweisen. Für Lebensversicherungen, bei denen das Anlagerisiko vom Versicherten getragen wird, ist ihr Ausweis unter der Position Passiva F. I. 1. vorgesehen. Das in Rückdeckung gegebene Versicherungsgeschäft muss von den Bilanzwerten offen abgesetzt werden (Passiva E. II. 2. bzw. Passiva F. I. 2.). Lebensversicherungsunternehmen und Pensions- und Sterbekassen, die die Deckungsrückstellung zillmern, weisen die geleisteten, noch nicht amortisierten, aber rechnungsmäßig gedeckten Abschlussaufwendungen unter den „Forde-

---

[34] Schaden-, Unfall- und Krankenversicherungsvereine: Die Bruttobeiträge aus dem Versicherungsgeschäft, die das Versicherungsunternehmen innerhalb der letzten zwölf Monate vor dem Bilanzstichtag erzielte, betragen nicht mehr als 1 Mio. EUR und entfallen zu mindestens 50 % auf das Mitglieder-Versicherungsgeschäft (§ 61 Abs. 1 Nr. 1a RechVersV). Lebensversicherungsvereine: Die gebuchten Bruttobeiträge betragen in drei aufeinander folgenden Geschäftsjahren jeweils höchstens 500.000 EUR (§ 61 Abs. 1 Nr. 1b RechVersV).

[35] Hier ist Voraussetzung für die Befreiung, dass die Tätigkeit örtlich beschränkt ist, ausschließlich aus Naturalleistungen besteht und die jährlichen Bruttobeiträge höchstens 200.000 EUR betragen.

[36] Vgl. § 28 Abs. 5 RechVersV iVm Fn. 6 zu Formblatt 1 der RechVersV.

rungen aus dem selbst abgeschlossenen Versicherungsgeschäft" in der Unterposition „noch nicht fällige Ansprüche" (Aktiva E. I. 1. b; § 15 Abs. 1 RechVersV) aus.

72   Die Differenz der Deckungsrückstellungen am Jahresende und am Jahresanfang wird gewinnwirksam erfasst und gemäß Formblatt 3 **(Gewinn- und Verlustrechnung)** als Teil der „Deckungsrückstellung" (Formblatt 3 I. 7. a) eingestellt. Die Aufwendungen für die Deckungsrückstellungen sind brutto auszuweisen (Formblatt 3 I. 7. a. aa) und der auf die Rückversicherer entfallende Anteil an den Aufwendungen offen abzusetzen (Formblatt 3 I. 7. a. bb).

73   Die Veränderung der aktivierten Forderungen an Versicherungsnehmer aus noch nicht fälligen Ansprüchen (Periodenendbestand abzüglich Periodenanfangsbestand) ist – je nach Vorzeichen – unter der Position „Sonstige versicherungstechnische Erträge für eigene Rechnung" (Formblatt 3 I. 5.; § 40 S. 2 Nr. 2 RechVersV) bzw. „Sonstige versicherungstechnische Aufwendungen für eigene Rechnung" (Formblatt 3 I. 12.; § 44 S. 2 Nr. 2c RechVersV) zu erfassen.

74   Im **Anhang** sind nach § 52 Nr. 1c RechVersV die Methoden zur Ermittlung der Deckungsrückstellung bzw. Alterungsrückstellung „sowohl hinsichtlich der Bruttobeträge als auch der auf das in Rückdeckung gegebene Versicherungsgeschäft entfallenden Beträge" sowie gesondert für das selbst abgeschlossene und das in Rückdeckung übernommene Versicherungsgeschäft anzugeben. Das Versicherungsunternehmen ist verpflichtet, wesentliche Änderungen der Bilanzierungs- und Bewertungsmethoden gegenüber dem Vorjahr zu erläutern.

75   Tiefergehende Erläuterungspflichten bestehen für **Lebensversicherungsunternehmen und Pensions- und Sterbekassen.** Sie müssen zusätzlich über die versicherungsmathematischen Methoden und Berechnungsgrundlagen informieren, mit denen sie die Deckungsrückstellung berechnet haben (§ 52 Nr. 2a RechVersV). Der vom Unternehmen bestellte verantwortliche Aktuar hat unter der Bilanz zu bestätigen, dass die Deckungsrückstellung bzw. Alterungsrückstellung nach den gesetzlichen Vorschriften gebildet wurde (§ 141 Abs. 5 Nr. 2 VAG und § 156 Abs. 2 VAG). Der Wortlaut des Bestätigungsvermerks ist in § 2 Abs. 1 AktuarV wiedergegeben. Gleiches gilt für Pensionsfonds. Der entsprechende Wortlaut des Bestätigungsvermerks findet sich in § 21 Abs. 1 PFAV. Von der Verpflichtung zur Bestätigung ausgenommen sind kleinere Vereine iSd § 210 VAG (§ 141 Abs. 5 Nr. 2 S. 1 VAG und § 156 Abs. 2 Nr. 2 S. 2 VAG) und Sterbekassen (§ 219 Abs. 2 S. 2 VAG).

§ 341g Rückstellung für noch nicht abgewickelte Versicherungsfälle

(1) ¹Rückstellungen für noch nicht abgewickelte Versicherungsfälle sind für die Verpflichtungen aus den bis zum Ende des Geschäftsjahres eingetretenen, aber noch nicht abgewickelten Versicherungsfällen zu bilden. ²Hierbei sind die gesamten Schadenregulierungsaufwendungen zu berücksichtigen.

(2) ¹Für bis zum Abschlußstichtag eingetretene, aber bis zur inventurmäßigen Erfassung noch nicht gemeldete Versicherungsfälle ist die Rückstellung pauschal zu bewerten. ²Dabei sind die bisherigen Erfahrungen in bezug auf die Anzahl der nach dem Abschlußstichtag gemeldeten Versicherungsfälle und die Höhe der damit verbundenen Aufwendungen zu berücksichtigen.

(3) ¹Bei Krankenversicherungsunternehmen ist die Rückstellung anhand eines statistischen Näherungsverfahrens zu ermitteln. ²Dabei ist von den in den ersten Monaten des nach dem Abschlußstichtag folgenden Geschäftsjahres erfolgten Zahlungen für die bis zum Abschlußstichtag eingetretenen Versicherungsfälle auszugehen.

(4) Bei Mitversicherungen muß die Rückstellung der Höhe nach anteilig zumindest derjenigen entsprechen, die der führende Versicherer nach den Vorschriften oder der Übung in dem Land bilden muß, von dem aus er tätig wird.

(5) Sind die Versicherungsleistungen auf Grund rechtskräftigen Urteils, Vergleichs oder Anerkenntnisses in Form einer Rente zu erbringen, so müssen die Rückstellungsbeträge nach anerkannten versicherungsmathematischen Methoden berechnet werden.

Schrifttum: Angerer, Zur Abzinsung der Rückstellung für noch nicht abgewickelte Versicherungsfälle, in Schwebler ua (Hrsg.), Dieter Farny und die Versicherungswissenschaft, 1994, 35; Berndt, Vorsichtsprinzip und Grundsatz der Bilanzwahrheit im Rahmen der Jahresabschlussrichtlinie, ZfbF 2001, 366; Boetius/Boetius/Kölschbach, Handbuch der versicherungstechnischen Rückstellungen, 2021; Buck, Die versicherungstechnischen Rückstellungen im Jahresabschluß von Schaden- und Unfallversicherungsunternehmen, 1995; Eibelshäuser, Rückstellungsbildung nach neuem Handelsrecht, BB 1987, 860; Euler, Das System der Grundsätze ordnungsmäßiger Bilanzierung, 1996; Farny, Versicherungsbetriebslehre, 5. Aufl. 2011; Fürst/Angerer, Die vernünftige kaufmännische Beurteilung in der neuesten Rechtsprechung des BFH bei der Rückstellungsbildung, WPg 1993, 425; Geib/Ellenbürger/Kölschbach, Ausgewählte Fragen zur EG-Versicherungsbilanzrichtlinie (VersBiRiLi) (Teil I), WPg 1992, 177; Geib/Horbach, Besonderheiten der Rechnungslegung der Schaden- und Unfall- sowie der Rückversicherungsunternehmen, in Welzel ua (Hrsg.), Kompendium zur Rechnungslegung der Versicherungsunternehmen (KoRVU), 2. Aufl., Loseblatt 1982 ff., Bd. I, Abschnitt J; Geib/Telgenbüscher, Die versicherungstechnischen Posten des Jahresabschlusses der Schaden- und Unfallversicherungsunternehmen, in IDW (Hrsg.), Rechnungslegung und Prüfung der Versicherungsunternehmen, 4. Aufl., Loseblatt 2001 f., Abschnitt B IV; Geib/Wiedmann, Zur Abzinsung von Rückstellungen in der Handels- und Steuerbilanz, WPg 1994, 369; Hommel/Schulte, Schätzungen von Rückstellungen in Fast-Close-Abschlüssen, BB 2004, 1671; IDW, IDW Stellungnahme zur Rechnungslegung: Die Bewertung der Schadenrückstellung von Schaden-/Unfallversicherungsunternehmen (IDW RS VFA 3), WPg 2005, 102; Jäger, Rückstellungen für drohende Verluste aus schwebenden Geschäften in den Bilanzen von Versicherungsunternehmen, 1991; Molnar, Bilanzierung aktienrechtlicher Schadenrückstellungen dem Grunde nach, 1986; Moxter, Grenzen vorsichtiger Rückstellungsbewertung, FS Claussen, 1997, 677; Moxter/Engel-Ciric, Grundsätze ordnungsgemäßer Bilanzierung: §§ 246–256a HGB, 2019; Perlet, Rückstellungen für noch nicht abgewickelte Versicherungsfälle in Handels- und Steuerbilanz, 1986; Perlet, Zur Umsetzung der Versicherungsbilanzrichtlinie in deutsches Recht, FS Moxter, 1994, 833; Perlet/Baumgärtel, Zur Bedeutung der Pauschalbewertung bei Rückstellungen für ungewisse Verbindlichkeiten, FS Beisse, 1997, 389; Prüßmann/Uhrmann, Rückstellungen für Schadenregulierungskosten in den Bilanzen der Versicherungsunternehmen aus steuerlicher Sicht, VersR 1975, 389; Rockel/Helten/Ott/Sauer, Versicherungsbilanzen, 3. Aufl. 2012; Sasse/Boetius, Wirtschaftliche und rechtliche Bedeutung der versicherungstechnischen Rückstellungen, in Prölss/v. d. Thüsen/Ziegler (Hrsg.), Die versicherungstechnischen Rückstellungen im Steuerrecht, 3. Aufl. 1973, 14; Schimikowski, Versicherungsvertragsrecht, 6. Aufl. 2017; Schmidt-Salzer, IBNR und Spätschadenreservierung in der Allgemeinen Haftpflichtversicherung, 1984; Schön, Der Bundesfinanzhof und die Rückstellungen, BB-Beilage 9/1994, 1; Schulte, Fast-Close-Abschlüsse und Schadenrückstellungen nach HGB, IAS/IFRS und US-GAAP, 2006; Schulze-Osterloh, Rückzahlungsbetrag und Abzinsung von Rückstellungen und Verbindlichkeiten, BB 2003, 351; Späth, Deckungsrückstellungen bei Versicherungsunternehmen nach HGB und US-GAAP, 2015; Uhrmann, Grundsätze und Methoden zur Ermittlung und Prüfung der Schadenrückstellung in der Transportversicherung, StBp 1996, 62; Wagner, Die Zukunft der Umwelthaftpflichtversicherung, VersR 1992, 261; Wandt, Versicherungsrecht, 6. Aufl. 2016.

Übersicht

I. Allgemeines

1   **1. Entwicklung und Überblick der Rechtsgrundlagen.** Die Vorschriften zu den Deckungsrückstellungen wurden im Zuge des **VersRiLiG** (BGBl. 1994 I 1377) in das HGB integriert. Ergänzende Vorschriften finden sich in § 26 RechVersV und § 27 RechVersV.

2   **2. Normzweck.** Das Versicherungsunternehmen gewährt dem Versicherungsnehmer als Gegenleistung für die Zahlung der Prämie Versicherungsschutz für den vereinbarten Zeitraum.[1] Gemäß § 1 VVG verpflichtet sich das Versicherungsunternehmen durch den Versicherungsvertrag „ein bestimmtes Risiko des Versicherungsnehmers oder eines Dritten durch eine Leistung abzusichern, die er bei Eintritt des vereinbarten Versicherungsfalles zu erbringen hat". Die Leistung des Versicherungsunternehmens besteht daher zunächst in einem abstrakten Versprechen (**latente Versicherungsschutzbereitschaft**). Dieses Versprechen geht mit dem Eintritt des Versicherungsfalls in eine **konkrete Leistungsverpflichtung** des Versicherungsunternehmens über.[2] Entstehen dem Versicherungsunternehmen aus am Abschlussstichtag eingetretenen, aber noch nicht abgewickelten Versicherungsfällen voraussichtlich noch zukünftige Ausgabennachleistungen, so werden diese in die Rückstellung für noch nicht abgewickelte Versicherungsfälle eingestellt. Sie umfassen demnach sämtliche zukünftigen **Aufwendungen, die dazu erforderlich** sind, um die entsprechenden Leistungsverpflichtungen vollständig zu erfüllen.

3   **3. Bilanzrechtliche Einordnung.** Das Realisationsprinzip (§ 252 Abs. 1 Nr. 4) schreibt vor, den Gewinn im Realisationszeitpunkt, dh mit der Lieferung und Leistung im Rechtssinne, auszuweisen.[3] Da das Versicherungsunternehmen mit der Gewährung von Versicherungsschutz seine Leistung nach hM als **Dauerleistung**[4] erbringt, sind die Prämien leistungsproportional (pro rata parte) zu erfassen; den vereinnahmten Prämien sind die auf sie entfallenden Aufwendungen gegenüberzustellen. Das Versicherungsunternehmen erhält die Prämie dafür, dass es dem Versicherungsnehmer während der Versicherungsperiode Versicherungsschutz gewährt (**1. Leistungsstufe**) und für die in diesem Zeitraum eingetretenen Schadenfälle Ersatz leistet (**2. Leistungsstufe**).[5] Deshalb sind nach dem Realisationsprinzip die zukünftigen Schadenausgaben nach Maßgabe der Leistungspflicht dem abgelaufenen Geschäftsjahr zuzurechnen. Die Schadenrückstellung erfüllt diese Aufgabe, indem sie die zukünftigen Ausgaben antizipiert, die auf die versicherten und bis zum Bilanzstichtag eingetretenen Ereignisse entfallen. Es handelt sich bei ihr um eine Rückstellung für ungewisse Verbindlichkeiten iSd § 249 Abs. 1 S. 1.

4   Schadenrückstellungen dürfen aus Objektivierungsgründen nur für zum Bilanzstichtag hinreichend nachweisbare (greifbare) Verpflichtungen gebildet werden.[6] Die nach dem Realisationsprinzip zu antizipierenden Ausgaben sind daraufhin zu überprüfen, ob das Versiche-

---

[1]   Vgl. Farny, Versicherungsbetriebslehre, 5. Aufl. 2011, S. 21–26.

[2]   Vgl. Boetius/Boetius/Kölschbach/Boetius J. § 17 Rn. 1.

[3]   Vgl. Moxter/Engel-Ciric, Grundsätze ordnungsgemäßer Bilanzierung: §§ 246–256a HGB, 2019, S. 36 f.

[4]   Vgl. Prölss/Martin/Armbrüster VVG § 1 Rn. 27; Jäger, Rückstellungen für drohende Verluste aus schwebenden Geschäften in den Bilanzen von Versicherungsunternehmen, 1991, 21 mwN.

[5]   Vgl. Prölss/v. d. Thüsen/Ziegler/Sasse/Boetius S. 17–19.

[6]   Vgl. Euler, Das System der Grundsätze ordnungsmäßiger Bilanzierung, 1996, S. 154–159.

rungsunternehmen am Bilanzstichtag mit der Inanspruchnahme ernsthaft zu rechnen hat **(Mindestwahrscheinlichkeit der Inanspruchnahme).** Es müssen gute stichhaltige Gründe für die Inanspruchnahme sprechen.[7] Dies erfordert grundsätzlich, dass sich die zu antizipierenden Ausgabennachleistungen zum Bilanzstichtag soweit vergegenständlicht haben, dass sie sich in Form einer Außenverpflichtung nachweisen lassen. Die **Außenverpflichtung** entsteht regelmäßig mit dem Eintritt des versicherten Ereignisses.[8] Ab diesem Zeitpunkt kann sich das Versicherungsunternehmen nicht mehr einseitig sanktionslos seiner Leistungsverpflichtung entziehen.[9]

Das versicherte Ereignis ergibt sich aus dem Versicherungsvertrag und den Allgemeinen **5** Versicherungsbedingungen (AVB). In den Sachversicherungen bestimmen die jeweiligen AVB als **versichertes Ereignis** regelmäßig den eigentlichen Schaden, nicht aber das Ereignis, das für den Schaden ursächlich ist.[10] Auch in der Haftpflichtversicherung stellen die Allgemeinen Versicherungsbedingungen für die Haftpflichtversicherung (AHB) im Hinblick auf das versicherte Ereignis für gewöhnlich auf das Folgeereignis ab.[11] So tritt bei der Produkthaftpflichtversicherung das versicherte Ereignis in der Regel (erst) mit der Schädigung des Anspruchsberechtigten ein und nicht bereits in dem Zeitpunkt, in dem das schadenverursachende Produkt in den Verkehr gebracht, die Arbeiten abgeschlossen oder die Leistungen ausgeführt wurden.[12] Dagegen wird zB in der Vermögensschaden-Haftpflichtversicherung für das versicherte Ereignis üblicherweise auf das Verstoßereignis abgestellt.[13] In der Umwelthaftpflichtversicherung markiert regelmäßig erst die Feststellung des Schadens den Eintritt des Versicherungsfalls.[14]

Bei der **Krankenversicherung** beginnt der **Versicherungsfall** mit dem Eintritt in **6** die Heilbehandlung und endet mit ihrem Abschluss. Das versicherte Ereignis besteht in den Kosten der Heilbehandlung.[15] Diese resultieren nicht aus der Krankheit selbst, sondern aus der Inanspruchnahme des Arztes, der Apotheke oder des Krankenhauses. Folglich darf auch in der Krankenversicherung eine Schadenrückstellung erst mit der Inanspruchnahme des Arztes, der Apotheke oder des Krankenhauses gebildet werden.[16] Kosten, die sich nach dem Bilanzstichtag aus der Fortführung der Heilbehandlung voraussichtlich ergeben, sind dagegen den zukünftigen Geschäftsjahresprämien zuzuordnen. Für sie ist keine Schadenrückstellung zulässig.

II. Ausweis der Schadenrückstellung

Die Rückstellung für noch nicht abgewickelte Versicherungsfälle wird in der Bilanz **7** unter dem **Passivposten E. III.** „Rückstellung für noch nicht abgewickelte Versicherungsfälle" netto ausgewiesen, wobei der Bruttobetrag und der Rückversicherungsanteil in der Vorspalte anzugeben sind (Formblatt 1 RechVersV). In der Gewinn- und Verlustrechnung erfolgt der Ausweis der Veränderung der Rückstellung für noch nicht abgewickelte Versicherungsfälle in einem Unterposten „Aufwendungen für Versicherungsfälle für eigene Rechnung". Auch hier ist der Ausweis netto vorzunehmen und der Bruttobetrag und

---

7   Vgl. Eibelshäuser BB 1987, 860 (862 f.).
8   Vgl. BFHE 104, 422 = BStBl. II 1972, 392 (394); Perlet, Rückstellungen für noch nicht abgewickelte Versicherungsfälle in Handels- und Steuerbilanz, 1986, S. 48.
9   Vgl. Schön BB-Beil. Heft 9/1994, 4 f.
10   Vgl. zB § 1 AWB 2010 – Versicherte Gefahren und Schäden der Allgemeinen Versicherungsbedingungen für die Leitungswasserversicherung, Unverbindliche Bekanntgabe des GDV zur fakultativen Verwendung, Stand: April 2014.
11   Vgl. zB § 1 Nr. 1.1 AHB – Allgemeine Versicherungsbedingungen für die Haftpflichtversicherung, Musterbedingungen des GDV, Stand: Februar 2016.
12   Vgl. Schmidt-Salzer, IBNR und Spätschadenreservierung in der Allgemeinen Haftpflichtversicherung, 1984, S. 21.
13   Vgl. Schimikowski VersVertrR Rn. 295.
14   Vgl. Wandt VersR Rn. 919; Wagner VersR 1992, 266 (268).
15   Vgl. zB § 1 Musterbedingungen 2009 für die Krankheitskosten und Krankenhaustagegeldversicherung des PKV (MB/KK 2009), Stand: November 2022.
16   Vgl. auch BFHE 104, 422 = BStBl. II 1972, 392 (394); BFHE 106, 449 = BStBl. II 1972, 823 (826).

der Rückversicherungsanteil in der Vorspalte anzugeben (Position I. 4. in Formblatt 2 und Formblatt 4 bzw. Position I. 6. in Formblatt 3). Das Versicherungsunternehmen hat die Gesamtsumme der Schadenrückstellung um die Forderungen aus Regressen, Provenues und Teilungsabkommen zu kürzen (§ 26 Abs. 2 S. 1 RechVersV). Ein offener Ausweis des Kürzungsbetrages ist nicht gefordert.

8   Grundsätzlich setzen sich die Rückstellungen für noch nicht abgewickelte Versicherungsfälle des selbst abgeschlossenen Geschäftes aus den nachfolgenden **Teilrückstellungen** zusammen:
– Teilrückstellung für gemeldete Versicherungsfälle,
– Teilrückstellung für Spätschäden,
– Teilrückstellung für Rentenversicherungsfälle,
– Teilrückstellung für Schadenregulierungsaufwendungen.

9   Die aufgeführten Teilrückstellungen sind nicht zwangsläufig in allen Versicherungszweigen zu finden.[17]

III. Komponenten der Schadenrückstellung

10   **1. Rückstellungen für gemeldete Versicherungsfälle.** Die Teilrückstellung für gemeldete Versicherungsfälle wird für ungewisse Verbindlichkeiten aus Versicherungsfällen gebildet, die **am Abschlussstichtag** gemeldet, aber noch nicht vollständig abgewickelt wurden. Diese Verbindlichkeiten sind am Abschlussstichtag dem Grunde nach bekannt, aber der Höhe nach noch ungewiss.

11   Verpflichtungen, die aufgrund rechtskräftigen Urteils, Vergleichs oder Anerkenntnisses in Form einer Rente zu erbringen sind, fallen nicht unter die Teilrückstellung für gemeldete Versicherungsfälle. Die bilanzielle Erfassung erfolgt in den Rückstellungen für **Rentenversicherungsfälle.**

12   Die ungewissen Verbindlichkeiten aus gemeldeten Versicherungsfällen sind unter Beachtung des Vorsichtsprinzips (§ 252 Abs. 1 Nr. 4) dem Grunde und der Höhe nach grundsätzlich **einzeln nachzuweisen und einzeln zu bewerten** (§ 252 Abs. 1 Nr. 3). Der Nachweis erfolgt über die inventurmäßige Aufzeichnung der gemeldeten Fälle und ihrer Bewertung. Zu diesem Zweck muss das Schadenregister den einzelnen Versicherungsfall sowie die hierfür gebildete Schadenrückstellung der Art und der Höhe nach enthalten.[18]

13   **2. Rückstellungen für Spätschäden.** Der Begriff der Spätschäden bezieht sich nicht auf den **Eintrittszeitpunkt des versicherten Ereignisses;** dieses muss, wie bei den gemeldeten Versicherungsfällen, bis zum Bilanzstichtag eingetreten sein, um zu einer Schadenrückstellung zu führen. Kennzeichnend für die unter den Spätschäden erfassten Schadenverpflichtungen ist vielmehr der spätere Zeitpunkt, zu dem das versicherte Ereignis dem Versicherungsunternehmen gemeldet wird.

14   Rückstellungen für Spätschäden sind für solche Versicherungsfälle zu bilden, bei denen das versicherte Ereignis zwar bis zum Bilanzstichtag eingetreten ist, dieses dem Versicherungsunternehmen aber bis dahin noch nicht gemeldet wurde. Erfolgt die **Schließung des Schadenregisters** erst nach dem Bilanzstichtag, so unterscheidet die Literatur mitunter zwischen bekannten und unbekannten Spätschäden.

15   Der Zeitpunkt der Bilanzerstellung erstreckt sich regelmäßig über einen längeren Zeitraum. Innerhalb dieses Zeitraumes werden dem Versicherungsunternehmen Schäden (nach-)gemeldet, die bereits zum Bilanzstichtag eingetreten waren. Erfolgt die Schadenmeldung bis zum Zeitpunkt der **inventurmäßigen Erfassung,** handelt es sich bei ihr um eine werterhellende Tatsache (§ 252 Abs. 1 Nr. 3), die auf den Bilanzstichtag zurück zu beziehen ist. Die entsprechenden Schäden werden als **bekannte Spätschäden** bezeichnet. Sie sind entsprechend dem Einzelbewertungsprinzip (§ 252 Abs. 1 Nr. 3) grundsätzlich separat zu erfassen und zu bewerten.

---

[17]   Vgl. BeckOK HGB/Schärtl Rn. 3.
[18]   Vgl. Beck Versicherungsbilanz/Koch/Krause Rn. 13.

Erfolgt die Meldung des Versicherungsfalls dagegen erst nach der Schließung des Scha- **16** denregisters, handelt es sich um einen **unbekannten Spätschaden**.[19] Für die unbekannten Spätschäden des Geschäftsjahres ist eine pauschale Rückstellung nach Vergangenheits- und Branchenerfahrungen zu bilden. Unbekannte Spätschäden der Vorjahre, die dem Versicherungsunternehmen im darauf folgenden Geschäftsjahr bis zur Schließung des Schadenregisters gemeldet werden, sind in die bekannten Spätschäden umzugliedern.[20]

Die allgemeinen handelsrechtlichen **Vorschriften über das Inventar** sind nach § 341 **17** iVm § 341a Abs. 1 auch von Versicherungsunternehmen zu beachten. Obwohl der Wortlaut des § 241 die Anwendung von Inventurvereinfachungsverfahren auf Vermögensgegenstände beschränkt, bestehen nach hM keine Bedenken gegen eine sinngemäße Übertragung der Vereinfachungsverfahren auf Schulden.[21] Eine den Regelungen des § 241 Abs. 3 entsprechende vorgelagerte oder nachgelagerte Schließung des Schadenregisters erscheint insofern für Versicherungsunternehmen grundsätzlich möglich.[22] Im Fall der vorgelagerten Schließung des Schadenregisters entfällt die Differenzierung in bekannte und unbekannte Spätschäden. Die zwischen der Schließung des Schadenregisters und dem Abschlussstichtag gemeldeten Versicherungsfälle sind in die Teilrückstellung für Spätschäden und nicht in die Teilrückstellung für gemeldete Versicherungsfälle einzustellen.[23]

In der Literatur findet sich zum Teil die Unterscheidung von Nachmeldeschäden und **18** Spätschäden.[24] Um **Nachmeldeschäden** handelt es sich in dieser Terminologie bei vor dem Bilanzstichtag eingetretenen (wirtschaftlich verursachten und rechtlich entstandenen) Schäden, die dem Versicherungsunternehmen bis zum Bilanzstichtag noch nicht gemeldet wurden. **Spätschäden** unterscheiden sich bei dieser Sichtweise von Nachmeldeschäden dadurch, dass sie bis zum Bilanzstichtag zwar wirtschaftlich verursacht, rechtlich aber noch nicht entstanden sind. Anwendungsfälle für Spätschäden können sich zB aus den Vermögensschaden-Haftpflichtversicherungen für Rechtsanwälte, Steuerberater oÄ Berufe ergeben. Das Versicherungsunternehmen deckt die Schäden, die dem Versicherungsnehmer aus dem Verstoß gegen geltendes Recht entstehen. Das versicherte Ereignis ist der Verstoßzeitpunkt, in dem die Verpflichtung zur Schadensbeseitigung wirtschaftlich entsteht. Die rechtliche Vollentstehung des Versicherungsfalls setzt darüber hinaus den Eintritt eines Vermögensschadens voraus, da das Versicherungsunternehmen vor diesem Zeitpunkt nicht zu einer Schadenzahlung verpflichtet ist. Bilanzrechtlich ist die Unterscheidung in Nachmeldeschäden und Spätschäden grundsätzlich irrelevant. Schadenrückstellungen sind im Zeitpunkt ihrer wirtschaftlichen Verursachung, dh mit Eintritt des versicherten Ereignisses, zu bilden. Der spätere rechtliche (Voll-)Entstehungszeitpunkt ist unbeachtlich; denn das Versicherungsunternehmen kann sich bereits im Verstoßzeitpunkt nicht mehr der im Entstehen befindlichen Leistungspflicht entziehen. Deshalb ist sowohl für Nachmeldeschäden als auch für Spätschäden eine Schadenrückstellung zu bilden.

Beim **gedehnten Versicherungsfall** ist das konkrete Schadenereignis das Resultat **19** eines langjährigen Entwicklungsprozesses (zB Asbestosis-Schäden, Krebserkrankung durch Tabak). Die Schadenrückstellungen sind hier nicht bereits in dem Zeitpunkt zu bilden, in dem der Entwicklungsprozess beginnt. Objektivierungsbedingt ist für die Rückstellungsbildung der Moment maßgeblich, in dem sich der Entwicklungsprozess zu einem versicherten Ereignis verdichtet hat.[25] Dabei kann die Zuordnung des versicherten Ereignisses zu einer Versicherungsperiode erhebliche Schwierigkeiten bereiten. Die Klärung dieser Vorfrage ist

---

[19] Vgl. EBJS/Böcking/Gros/Kölschbach Rn. 37.
[20] Vgl. Beck Versicherungsbilanz/Koch/Krause Rn. 15.
[21] Vgl. ADS § 241 Rn. 2 mwN; EBJS/Böcking/Gros § 241 Rn. 22; aA Staub/Pöschke § 241 Rn. 5.
[22] Vgl. Beck Versicherungsbilanz/Koch/Krause Rn. 16.
[23] Vgl. Beck Versicherungsbilanz/Koch/Krause Rn. 16.
[24] Vgl. Boetius/Boetius/Kölschbach/Boetius J. § 17 Rn. 158 ff.
[25] Ein gedehnter Versicherungsfall liegt regelmäßig in der Krankenversicherung vor. Der Zeitpunkt des Eintritts des Versicherungsfalls ist hier nicht mit dem Zeitpunkt der Verursachung, sondern mit dem Beginn der medizinischen Versorgung gleichzusetzen; vgl. BFHE 104, 422 = BStBl. II 1972, 392 (394); BGH VersR 1974, 741; BGHZ 107, 170 = NJW 1989, 3019.

aber nicht nur für die Rückstellungsbildung relevant, sondern auch für Deckungsfragen (insbesondere bei einem zwischenzeitlichen Wechsel des Versicherungsunternehmens, im Zeitablauf veränderten Deckungssummen bzw. Rück- und Mitversicherungsquoten) und damit für die Rückstellungshöhe.[26] Die handelsrechtlichen GoB gebieten, in Zweifelsfällen den Zeitpunkt des Eintritts des versicherten Ereignisses und die Höhe der Rückstellung vorsichtig (rückstellungsbegründend bzw. -erhöhend) zu beurteilen.

20   Da der **Rückversicherer bzw. Mitversicherer** häufig nicht über den Informationsstand des Erstversicherers verfügt, können dem Erstversicherer gemeldete (ungewisse) Verbindlichkeiten bereits bekannt sein, während sie dem Rück- bzw. Mitversicherer noch unbekannt sind. Insofern kann derselbe Versicherungsfall beim Erstversicherer und beim Rück- bzw. Mitversicherer in unterschiedlichen Teil-Rückstellungen bzw. Passivpositionen bilanziert werden.

21   Zu den Spätschäden zählen auch die Leistungen, die das Versicherungsunternehmen aufgrund von **wiederauflebenden Versicherungsfällen** zu erbringen hat. Hierbei handelt es sich um Versicherungsfälle, die aufgrund eines Irrtums oder mangelnder Informationen des Versicherers zum Abschlussstichtag als bereits abgewickelt gelten, obwohl nach dem Abschlussstichtag noch Ausgaben für diesen Versicherungsfall anfallen.[27] Welcher Versicherungsfall wiederauflebt, ist am Abschlussstichtag regelmäßig ungewiss, so dass sie insofern die Voraussetzungen von Spätschäden erfüllen.

22   Die wiederauflebenden Versicherungsfälle können, wie auch die Spätschäden, in bekannte und unbekannte Versicherungsfälle unterschieden werden. Ein bekannter wiederauflebender Versicherungsfall wird noch vor der Schließung des Schadenregisters gemeldet und ist einer Einzelerfassung zugänglich. Dagegen werden die unbekannten wiederauflebenden Versicherungsfälle erst nach der Schließung des Schadenregisters gemeldet, so dass eine mengenmäßige Ermittlung auf Basis von Vergangenheitserfahrungen erfolgt. Die mit ihnen verbundenen Schadenausgaben sind pauschal zu bewerten.

23   Tritt das versicherte Ereignis nach dem Bilanzstichtag ein, so dürfen die damit verbundenen zukünftigen Schadenzahlungen nicht mehr berücksichtigt werden **(Stichtagsprinzip;** § 252 Abs. 1 Nr. 3). Es handelt sich hier (anders als bei dem bloßen Nachmeldevorgang) um ein wertbegründendes und kein werterhellendes Ereignis, da der rückstellungsbegründende Sachverhalt bis zum Bilanzstichtag noch nicht eingetreten ist. Für nach dem Bilanzstichtag eingetretene Vorgänge von besonderer Bedeutung, die weder in der Bilanz noch in der Gewinn- und Verlustrechnung Berücksichtigung gefunden haben, sind nach § 285 Nr. 33, unter Darstellung ihrer Art und ihrer finanziellen Auswirkungen, Angaben im Anhang erforderlich.

24   **3. Rückstellungen für Rentenversicherungsfälle.** Schaden- und Unfallversicherungsunternehmen sowie Rückversicherungsunternehmen haben nach § 25 Abs. 6 S. 2 RechVersV die für anerkannte Rentenversicherungsfälle zu bildende **Renten-Deckungsrückstellung** im Posten „Rückstellung für noch nicht abgewickelte Versicherungsfälle" (Teilrückstellung für Rentenversicherungsfälle) auszuweisen (zB Rentenzahlungen aufgrund von Personenschäden nach § 823 Abs. 1 BGB). Lebensversicherungsunternehmen erfassen Versicherungsleistungen, die in Form einer Rente zu erbringen sind, dagegen grundsätzlich in einer Deckungsrückstellung. Diese wird durch § 341f[28] separat geregelt. Hingegen existieren in der Krankenversicherung keine rentenförmigen Versicherungsleistungen.[29]

25   Nach Abs. 5 müssen Rückstellungen für Rentenversicherungsfälle, die aufgrund rechtskräftigen Urteils, Vergleichs oder Anerkenntnisses in Form einer Rente zu erbringen sind, **nach anerkannten versicherungsmathematischen Methoden** berechnet werden. Diese Forderung entspricht den bilanzrechtlichen Bewertungsgrundsätzen des § 253 Abs. 2 S. 3.

---

[26]   Vgl. hierzu ein klärendes BGH VersR 2013, 1042.
[27]   Vgl. Molnar, Bilanzierung aktienrechtlicher Schadenrückstellungen dem Grunde nach, 1986, S. 50 f.
[28]   Vgl. hierzu auch Späth, Deckungsrückstellungen bei Versicherungsunternehmen nach HGB und US-GAAP, 2015.
[29]   Vgl. BeckOK HGB/Schärtl Rn. 14a.

Aus dieser Anweisung lässt sich ferner schließen, dass Rentenversicherungsfälle nur dann in die dafür vorgesehene Teilrückstellung einzustellen sind, wenn die in Abs. 5 genannten Voraussetzungen vorliegen, dh eine Leistungspflicht aufgrund rechtskräftigen Urteils, Vergleichs oder Anerkenntnisses besteht. Bis zu diesem Zeitpunkt sollen die entsprechenden Verpflichtungen in der Teilrückstellung für gemeldete Versicherungsfälle oder Spätschäden geführt werden. Bei Feststellung eines Rentenversicherungsfalls ist auf eine rechtzeitige Überführung aus den Rückstellungen für gemeldete Versicherungsfälle bzw. Spätschäden in die Renten-Deckungsrückstellung zu achten.

Die für Lebensversicherungsunternehmen zu beachtenden Regelungen der §§ 138, **26** 139, 140 Abs. 1 VAG, der §§ 141, 142 und 145 Abs. 4 VAG sowie § 336 VAG gelten nach § 161 VAG für die Berechnung der Renten-Deckungsrückstellung in der Unfallversicherung mit Prämienrückgewähr entsprechend. In der Allgemeinen Haftpflichtversicherung, der Kraftfahrzeug-Haftpflichtversicherung, der Kraftfahrt-Unfallversicherung sowie der allgemeinen Unfallversicherung ohne Prämienrückgewähr ist nach § 162 VAG für die Berechnung der Renten-Deckungsrückstellung § 141 Abs. 1–3, 5 und 6 VAG sowie § 145 Abs. 4 VAG entsprechend anzuwenden. So haben die betroffenen Schaden- und Unfallversicherungsunternehmen sowie Rückversicherungsunternehmen einen verantwortlichen Aktuar zu bestellen, der ua sicherstellt, dass die Grundsätze der § 138 VAG und § 88 Abs. 3 VAG, § 341f und der DeckRV zur Berechnung der Deckungsrückstellung auch für die Renten-Deckungsrückstellung eingehalten werden.

4. Rückstellungen für Schadenregulierungsaufwendungen. Schadenrückstellun- **27** gen werden nicht für die einzelne (rechtliche) Verpflichtung als solche gebildet, sondern in Höhe der für die Erfüllung der Außenverpflichtung erforderlichen Aufwendungen.[30] Folglich besteht eine Passivierungspflicht auch für **unselbstständige Nebenleistungen,** die zwar nicht selbstständig einklagbar, aber zur Erfüllung der Hauptleistungsverpflichtung notwendig sind. Hieraus leitet sich eine Passivierungspflicht für die Schadenregulierungsaufwendungen ab, die zur Erfüllung der Leistungsverpflichtungen gegenüber dem Versicherungsnehmer aus verursachten oder eingetretenen Versicherungsfällen erforderlich sind, da diese wirtschaftlich untrennbar mit der geschuldeten Hauptleistung, der Schadenzahlung, verbunden sind.[31]

Die Regulierung des Versicherungsfalls umfasst die Ermittlung und die Bearbeitung **28** des Schadens.[32] **Schadenregulierungsaufwendungen** lassen sich danach in Schadenermittlungskosten und Schadenbearbeitungskosten unterteilen.

Schadenermittlungskosten sind speziell durch den einzelnen Versicherungsfall ver- **29** anlasst und entstehen dem Versicherungsunternehmen aus der Feststellung der Leistungsverpflichtung dem Grunde und der Höhe nach.[33] Zu diesen zählen grundsätzlich alle Kosten, die auch auf den Versicherungsnehmer zukämen, wenn er nicht versichert wäre. Darunter fallen insbesondere Kosten für Gutachten, Behördenauskünfte und Materialunterlagen sowie Gehalts-, Reise- und Gemeinkostenanteile, die im Rahmen der Schadenermittlung, -behebung und -regulierung entstehen.[34]

Schadenbearbeitungskosten resultieren aus Dienstleistungen, die zwar mit dem Ver- **30** sicherungsfall in Zusammenhang stehen und zu dessen Regulierung (im weitesten Sinne) notwendig sind, aber weder der eigentlichen Versicherungsleistung noch der Schadenermittlung zugerechnet werden können.[35] Sie fallen bei Versicherungsunternehmen als zusätzliche Kosten an und würden dem Versicherungsnehmer selbst nicht entstehen, wenn er den

---

[30] Vgl. BeBiKo/Schubert § 249 Rn. 52.
[31] Vgl. Perlet, Rückstellung für noch nicht abgewickelte Versicherungsfälle in Handels- und Steuerbilanz, 1986, S. 77 f.; Boetius, Handbuch der versicherungstechnischen Rückstellungen, 1996, Anm. 1016–1019; ADS § 249 Rn. 57; WP-HdB Versicherungsunternehmen/Hofmann E Rn. 139.
[32] Vgl. Boetius/Boetius/Kölschbach/Boetius J. § 17 Rn. 37 f.
[33] Vgl. KoRVU/Geib/Horbach Rn. 135; Prüßmann/Uhrmann VersR 1975, 389.
[34] Vgl. Prüßmann/Uhrmann VersR 1975, 389 (390).
[35] Vgl. Perlet, Rückstellungen für noch nicht abgewickelte Versicherungsfälle in Handels- und Steuerbilanz, 1986, S. 29.

Schadenfall auf eigene Rechnung beseitigen würde. Hierunter zu subsumieren sind insbesondere Kosten aus der Prüfung des Versicherungsverhältnisses und daraus entstehende Deckungsprozesse, der Anlage und Führung der Schadenakte, der Kartei- und Listenführung, der Statistik, der Abrechnung mit Rück- und Mitversicherern, der Bearbeitung von Regressen und Ausgleichsansprüchen gegen Dritte bzw. deren Versicherer, Teilungsabkommen mit anderen Versicherern und der Verwaltung von Renten.[36]

31   In der Haftpflichtversicherung gehört die Abwehr unbegründeter Haftpflichtansprüche zu den versicherungsvertraglichen Leistungen des Versicherungsunternehmens, die Kosten hierfür werden aber im Rahmen der Rechnungslegung den Schadenregulierungskosten zugeordnet.[37] Dies gilt auch für die entschädigungsgleichen Leistungen in der Rechtsschutzversicherung.[38]

32   Nach Abs. 1 S. 2 sind die gesamten Schadenregulierungsaufwendungen in die Ermittlung der Schadenrückstellungen einzurechnen. Fraglich ist jedoch, ob die Schadenbearbeitungskosten in die Rückstellung einbezogen werden dürfen. Nach dem **BFH-Urteil vom 19.1.1972**[39] ist das Versicherungsunternehmen nicht dazu verpflichtet, diese Aufwendungen nach dem Bilanzstichtag gegenüber Dritten zu erbringen. Der Versicherungsnehmer hat hierzu keinen einklagbaren Rechtsanspruch, so dass es an dem formalen Kriterium einer Verbindlichkeit, der zum Bilanzstichtag bestehenden Außenverpflichtung, fehlt. Zum Bilanzstichtag liegt nach Ansicht des BFH lediglich eine Verpflichtung des Versicherungsunternehmens gegenüber sich selbst **(Innenverpflichtung)** vor. Dieser Rechtsauffassung ist indes nicht uneingeschränkt zu folgen. Eine Außenverpflichtung kann auch in einer faktischen Leistungsverpflichtung bestehen. Diese ist dadurch gekennzeichnet, dass das Versicherungsunternehmen zwar nicht rechtlich, wohl aber wirtschaftlich einem objektiviert nachprüfbaren Erfüllungsdruck gegenüber Dritten ausgesetzt ist, dem es aus wirtschaftlichen oder moralischen Gründen nachgeben muss. Rückstellungen für Kulanzen erfüllen diese Voraussetzungen (§ 249 Abs. 1 Nr. 2). Auch der Versicherungsnehmer und die Versichertengemeinschaft haben einen Anspruch auf die sachgerechte Bearbeitung des Schadenfalls. Diese Nebenleistungen gehören wirtschaftlich untrennbar zur Leistungserfüllung und sind deshalb rückstellungspflichtig.

33   Schadenregulierungsaufwendungen können im einzelnen Versicherungsfall aus **unmittelbar** oder **nur mittelbar zurechenbaren Kosten** bestehen.[40] In der Betriebswirtschaftslehre findet sich für diese Kostenkategorien zumeist die Bezeichnung Einzelkosten bzw. variable Kosten und Gemeinkosten bzw. fixe Kosten. Die Zuordnung der angefallenen Kosten zu den einzelnen Kostenkategorien hängt dann vom jeweils angewandten Kostenrechnungssystem und den dazugehörigen Definitionsgrundsätzen ab.[41] Zu den unmittelbar zurechenbaren Kosten zählen regelmäßig die direkten Schadenregulierungsaufwendungen wie Gerichtskosten, Anwaltskosten, Honorare für betriebsfremde Schadenregulierer und die Reisekosten, die anlässlich der Schadenregulierung entstehen.[42] Die mittelbaren Kosten der Schadenregulierung resultieren dagegen überwiegend aus den Aufwendungen für betriebseigene Schadenbüros und Schadenabteilungen (zB anteilige Abschreibung des Bürogebäudes). Sie stehen zwar in einem sachlogischen Zusammenhang mit der Schadenermittlung, würden jedoch (ganz oder teilweise) nur dann entfallen, wenn das Versicherungsunternehmen keine Schadenregulierung vornehmen müsste. Ihre absolute Höhe ist aber grundsätzlich unabhängig von dem Eintritt und der Regulierung eines einzelnen Schadenfalls. Problematisch ist, ob diese Gemeinkosten in die Rückstellung mit einbezogen werden dürfen oder müssen. Gegen ihre Berücksichtigung spricht, dass sie unabhängig von dem

---

[36] Vgl. BMF-Schreiben v. 2.2.1973, DStZ Eildienst 10/1973, 75.
[37] Vgl. VerBAV 1983, 277.
[38] Vgl. WP-HdB Versicherungsunternehmen/Hofmann E Rn. 134.
[39] Vgl. BFHE 104, 422 = BStBl. II 1972, 392 (395 f.).
[40] Vgl. Beck Versicherungsbilanz/Koch/Krause Rn. 28.
[41] Vgl. hier ausf. Buck, Die versicherungstechnischen Rückstellungen im Jahresabschluß von Schaden- und Unfallversicherungsunternehmen, 1995, S. 154–156 mwN.
[42] Vgl. WP-HdB Versicherungsunternehmen/Hofmann E Rn. 124.

einzelnen versicherten Ereignis anfallen. Für ihre Berücksichtigung lässt sich dagegen anführen, dass der Gesetzgeber auch bei der Definition der Herstellungskosten, die auf die Bewertung selbstgeschaffener Vermögensgegenstände Anwendung findet, dem Unternehmen eine Aktivierungspflicht bzw. ein Aktivierungswahlrecht für Gemeinkosten zugesteht. Danach gehören zu den Herstellungskosten „angemessene Teile der Materialgemeinkosten, der Fertigungsgemeinkosten und des Werteverzehrs des Anlagevermögens, soweit dieser durch die Fertigung veranlasst ist. Bei der Berechnung der Herstellungskosten dürfen angemessene Teile der Kosten der allgemeinen Verwaltung sowie angemessene Aufwendungen für soziale Einrichtungen des Betriebs, für freiwillige soziale Leistungen und für die betriebliche Altersversorgung einbezogen werden, soweit diese auf den Zeitraum der Herstellung entfallen" (§ 255 Abs. 2 S. 2–3). Dieser Grundsatz muss dann iSd Vorsichtsprinzips auch für die Rückstellungsbemessung gelten. Es führt ggf. dazu, dass sich das Wahlrecht zur Aktivierung bestimmter Herstellungskostenbestandteile zu einer Passivierungspflicht bei der Rückstellungsbildung wandelt (imparitätische Objektivierung).

5. Forderungen aus Regressen, Provenues und Teilungsabkommen. Die **34** zukünftige Ausgabenbelastung des Versicherungsunternehmens wird durch Ansprüche, die am Bilanzstichtag gegenüber Dritten aus Regressen, Provenues und Teilungsabkommen bestehen, gemindert. **Regresse** sind Ansprüche des Versicherungsnehmers gegenüber einem Dritten auf Schadenersatz, die aufgrund von gesetzlichen Vorschriften oder vertraglichen Vereinbarungen mit der Schadenregulierung auf den Versicherer übergehen oder an ihn abgetreten werden können.[43] In der Rechtsschutzversicherung gehören hierzu auch die Forderungen gegenüber Prozessgegnern auf Kostenerstattung (§ 26 Abs. 2 S. 2 RechVersV). **Provenues** verkörpern Ansprüche des Versicherers auf ein Objekt für das bereits Ersatz geleistet wurde (zB Anspruch auf Verwertung).[44] Wenn mehrere Versicherungsunternehmen für einen Schaden haften, regeln **Teilungsabkommen** die größenmäßige Aufteilung der Haftung auf die einzelnen Versicherungsunternehmen, so dass nach Erbringung der Schadenleistung hieraus Ansprüche gegenüber anderen Erstversicherern bestehen können.

Die bilanzielle Berücksichtigung von Ansprüchen aus Regressen, Provenues und Tei- **35** lungsabkommen (RPT-Forderungen) richtet sich nach dem **Realisationsprinzip.** Danach dürfen gewinnerhöhende bzw. aufwandsmindernde Zahlungen nur antizipiert werden, wenn das Versicherungsunternehmen am Bilanzstichtag quasi-sicher mit dem Eingang der entsprechenden Forderung rechnen kann und muss.[45] Die bloße Möglichkeit, dass das Versicherungsunternehmen entsprechende Erlöse erzielen wird, reicht hierzu ebenso wenig aus wie die darauf gerichtete objektive, aber mit wirtschaftlichen Risiken belastete Wahrscheinlichkeit. Deshalb muss bei einem Teilungsabkommen die Eintrittspflicht des Vertragspartners zweifelsfrei feststehen. Bei Regressen ist die Zahlungsbereitschaft des in Regress genommenen Dritten häufig mit Durchsetzungsschwierigkeiten verbunden. Entsprechend setzt die bilanzielle Berücksichtigung der Regressansprüche regelmäßig ein rechtskräftiges Urteil, Anerkenntnis oder Vergleichsangebot voraus.[46] Die Provenues sind mit dem **vorsichtig geschätzten Wert** anzusetzen, der durch einen Sachverständigen ermittelt wurde.[47]

Nach § 26 Abs. 2 S. 1 RechVersV sind Forderungen aus Regressen, Provenues und **36** Teilungsabkommen **von der Rückstellung für noch nicht abgewickelte Versicherungsfälle abzusetzen.** Die Vorschrift ist unproblematisch, wenn sie sich auf RPT-Forderungen aus noch nicht (vollständig) abgewickelten Schadenfällen bezieht. Denn Rückstellungen sind nur „in Höhe des nach vernünftiger kaufmännischer Beurteilung notwendigen

---

[43]   Vgl. Boetius/Boetius/Kölschbach/Boetius J. § 17 Rn. 82.
[44]   Vgl. Perlet, Rückstellungen für noch nicht abgewickelte Versicherungsfälle in Handels- und Steuerbilanz, 1986, S. 64.
[45]   Vgl. Beck Versicherungsbilanz/Koch/Krause Rn. 42 f.
[46]   Vgl. BFH NJW 1974, 1350 = BStBl. II 1974, 90 (91); BFHE 80, 8 = BStBl. III 1964, 478; vgl. auch Fürst/Angerer WPg 1993, 425 (426).
[47]   Vgl. Buck, Die versicherungstechnischen Rückstellungen im Jahresabschluß von Schaden- und Unfallversicherungsunternehmen, 1995, S. 148.

Erfüllungsbetrages anzusetzen" (§ 253 Abs. 1 S. 2). Die RPT-Forderungen wirken hier rückstellungsbegrenzend. Voraussetzung dafür ist jedoch, dass die RPT-Forderungen „in rechtlich verbindlicher Weise der Entstehung oder Erfüllung der Verbindlichkeit zwangsläufig nachfolgen und vollwertig sind, weil sie vom Rückgriffsschuldner nicht bestritten werden und dessen Bonität nicht zweifelhaft ist".[48]

37   Aus dem Wortlaut des § 26 Abs. 2 S. 1 RechVersV geht nicht eindeutig hervor, ob das Saldierungsgebot auch **RPT-Forderungen aus (vollständig) abgewickelten Versicherungsfällen** umfasst. Wenn aufgrund von geleisteten Entschädigungen RPT-Forderungen bestehen, wird nach Art. 60 Abs. 1 lit. d RL 91/674/EWG „der Gesamtbetrag der beitreibbaren Forderungen, die bei der Berechnung der Rückstellung Berücksichtigung finden, nach dem Grundsatz der Vorsicht festgesetzt". Die Berücksichtigung der RPT-Forderungen aus (vollständig) abgewickelten Versicherungsfällen in der Schadenrückstellung verstößt jedoch gegen das Saldierungsverbot (§ 246 Abs. 2 S. 1).[49] Darüber hinaus kann eine uneingeschränkte Saldierung der RPT-Forderungen mit der Schadenrückstellung insgesamt zu einer negativen Schadenrückstellung führen.[50] Eine solche Bilanzposition ist den allgemeinen Vorschriften des Handelsbilanzrechts fremd.

38   Wenn die abgesetzten RPT-Forderungen einen größeren Umfang erreichen, sind sie im **Anhang** anzugeben (§ 26 Abs. 2 S. 3 RechVersV).

IV. Bewertung der Schadenrückstellung

39   **1. Einzelbewertungsprinzip und Pauschalbewertungsverfahren.** Nach dem Realisationsprinzip (§ 252 Abs. 1 Nr. 4) sind Schadenrückstellungen mit dem Betrag anzusetzen, der nach dem Bilanzstichtag aller Voraussicht nach erforderlich ist, um sie zu erfüllen. Ihre Passivierung erfolgt mit dem Erfüllungsbetrag (Wegschaffungskosten) bzw. dem zum Bilanzstichtag höheren beizulegenden Wert **(Höchstwertprinzip).**

40   Schadenrückstellungen sind einzeln zu bewerten (§ 252 Abs. 1 Nr. 3). § 341e Abs. 3 schreibt das **Einzelbewertungsprinzip** für versicherungstechnische Rückstellungen, mithin auch für die Schadenrückstellung, explizit vor.[51] Dem Einzelbewertungsprinzip folgend werden die Schadenrückstellungen für die bis zum Zeitpunkt der Abschlusserstellung (dh bis zur Schließung des Schadenregisters) bekannten Versicherungsfälle gebildet.[52] Der Einzelbewertung zugänglich sind damit die Rückstellungen für gemeldete Versicherungsfälle, die Rückstellungen für Rentenversicherungsfälle und die Rückstellungen für bekannte Spätschäden sowie die Rückstellungen für die zugehörigen Schadenregulierungsaufwendungen.

41   Die Verpflichtungen aus unbekannten Spätschäden sind dem Versicherungsunternehmen definitionsgemäß bis zur **Schließung des Schadenregisters** unbekannt. Das Versicherungsunternehmen kann sie deshalb mangels Kenntnis nicht einzeln bewerten. Abs. 2 S. 1 schreibt deshalb vor, die Teilschadenrückstellungen für unbekannte Spätschäden pauschal zu bewerten. Aufgrund der noch fehlenden Schadenmeldungen erfolgt die mengenmäßige und wertmäßige Ermittlung der unbekannten Spätschäden auf der Basis von Vergangenheits- und ggf. Branchenerfahrungen. Sie sind ggf. um aktuelle Trendentwicklungen und neuere Erkenntnisse über die voraussichtliche Schadenerwartung zu korrigieren.

42   Die **Pauschalbewertung der Spätschäden** verstößt nicht gegen die handelsrechtlichen GoB. Zwar konfligiert ihre Passivierung formal mit dem Einzelbewertungsprinzip des § 252 Abs. 1 Nr. 3. Das Einzelbewertungsprinzip erfüllt aber keinen Selbstzweck. Es dient der objektivierten und nachweisbaren Erfassung positiver und negativer Vermögensbeiträge. Indem die Pauschalbewertung nur für eine klar definierte Gruppe von Versicherungsverträ-

---

48   BFHE 176, 575 = BStBl. II 1995, 412.
49   Vgl. Boetius/Boetius/Kölschbach/Boetius J. § 17 Rn. 90; Buck, Die versicherungstechnischen Rückstellungen im Jahresabschluß von Schaden- und Unfallversicherungsunternehmen, 1995, S. 148 f.
50   Vgl. Beck Versicherungsbilanz/Koch/Krause Rn. 44.
51   Vgl. BT-Drs. 12/5587, 27.
52   Vgl. BFHE 93, 154 = BStBl. II 1968, 715; BFHE 100, 236 = BStBl. II 1971, 66.

gen vorgenommen wird, für die aufgrund der Vergangenheits- und Branchenerfahrung hinreichend objektiviert mit einer bestimmten Anzahl von Spätschäden zu rechnen ist, fasst die Teilschadenrückstellung für Spätschäden die einzelnen Leistungsverpflichtungen „in einem quasi bekannten, statistisch nachweisbaren Bewertungsobjekt"[53] zusammen. Ihre Nichtpassivierung verstieße zudem gegen das Vorsichtsprinzip (§ 252 Abs. 1 Nr. 4) und (wohl) auch gegen den in § 246 Abs. 1 S. 1 kodifizierten Grundsatz der Vollständigkeit, wonach der Jahresabschluss sämtliche Schulden zu enthalten hat, soweit gesetzlich nichts anderes vorgeschrieben ist.[54]

2. Vorsichtsprinzip. Schadenrückstellungen sind mit dem Betrag anzusetzen, der nach 43
vernünftiger kaufmännischer Beurteilung notwendig ist, um sie nach dem Bilanzstichtag zu erfüllen (§ 253 Abs. 1 S. 2). Da dem Versicherungsunternehmen die Höhe der Wegschaffungskosten im Zeitpunkt der Bilanzerstellung noch unbekannt ist, bedarf es einer Schätzung des Erfüllungsbetrages **(Wegschaffungsbetrag).** Damit das Versicherungsunternehmen seine Leistungsverpflichtungen gegenüber dem Versicherungsnehmer dauerhaft erfüllen kann, kommt dem handelsrechtlichen Vorsichtsprinzip (§ 252 Abs. 1 Nr. 4) bei der Schätzung der Verpflichtungshöhe eine besondere Bedeutung zu. Die Schätzung der zukünftigen, unsicheren Ausgabenbeträge darf nicht risikoneutral im Sinne einer Gleichgewichtung von Chancen und Risiken erfolgen.[55] Der risikoneutrale Erwartungswert des Erfüllungsbetrages ist um einen angemessenen Sicherheitszuschlag zu erhöhen.[56] Eine **vorsichtige Bewertung** soll vermeiden, dass in Folge einer zu niedrigen Schätzung der Schadenrückstellungen unrealisierte Gewinne ausgewiesen werden und die Haftungssubstanz zu Lasten der Versicherungsnehmer durch Ausschüttungen und Steuerzahlungen reduziert wird.[57] Das Vorsichtsprinzip rechtfertigt aber keine pauschalen Zuschläge auf die Summe der einzelnen, bereits hinreichend vorsichtig bewerteten Schadenrückstellungen.

Werden die Rückstellungsbeträge für jeden einzelnen Versicherungsfall vorsichtig 44
geschätzt, so kommt es aufgrund der Vielzahl einzelner Rückstellungssachverhalte erfahrungsgemäß zu **Abwicklungsgewinnen,** weil die zurückgestellten Schätzreserven nicht in allen Fällen und/oder nicht in ihrer Summe benötigt werden. Die zu erwartenden Abwicklungsgewinne dürfen jedoch nicht durch pauschale Abschläge von der Summe der gebildeten Schadenrückstellungen in Abzug gebracht werden. Da sich die Abwicklungsgewinne ex ante nur durch eine Gesamtbewertung quantifizieren lassen, verstieße ihre Berücksichtigung gegen das Einzelbewertungsprinzip.[58]

Zur **Schätzung der einzelnen Leistungsverpflichtung** ermittelt der Schadensach- 45
bearbeiter anhand der AVB bzw. des Versicherungsvertrages und den bei der Schadenermittlung und Schadenbearbeitung gewonnenen Informationen und Erkenntnissen (beispielsweise aus der Schadenmeldung, aus Polizeiberichten, aus medizinischen und anderen Sachverständigengutachten, aus Prozessunterlagen, aus Berichten interner oder externer Schadenregulierer) für jeden einzelnen Versicherungsfall die voraussichtlich noch zu erbringenden Versicherungsleistungen.[59] Die gewissenhafte Schätzung des Schadensachbearbeiters muss alle Umstände des einzelnen Versicherungsfalls sowie Kenntnisse und Erfahrungen in Bezug auf vergleichbare Fälle berücksichtigen.[60]

In die Bewertung der Rückstellungen für unbekannte Spätschäden sind nach Abs. 2 46
S. 2 die **bisherigen Erfahrungen** in Bezug auf die Anzahl der nach dem Abschlussstichtag gemeldeten Versicherungsfälle und die Höhe der damit verbundenen Aufwendungen zu berücksichtigen. Hierfür wurde vor der Umsetzung der EG-Versicherungsbilanzrichtlinie

---

53 Perlet/Baumgärtel FS Beisse, 1997, 389 (396); vgl. auch Berndt ZfbF 2001, 366 (382).
54 Vgl. Perlet/Baumgärtel FS Beisse, 1997, 389 (395).
55 Vgl. KoRVU/Geib/Horbach Rn. 102.
56 Vgl. Perlet FS Moxter, 1994, 833 (849).
57 Vgl. IDW WPg 2005, 102 Rn. 7.
58 Vgl. Perlet/Baumgärtel FS Beisse, 1997, 389 (396–400).
59 Vgl. WP-HdB Versicherungsunternehmen/Hofmann E Rn. 89.
60 Vgl. Beck Versicherungsbilanz/Koch/Krause Rn. 72.

in nationales Recht vom BAV, das am 1.5.2002 in die Bundesanstalt für Finanzdienstleistungsaufsicht (BaFin) integriert wurde, eine Schätzmethode vorgeschlagen, die auch weiterhin Anwendung finden kann.[61]

47   Die Anwendung dieser **Schätzmethode** erfordert zunächst die Bildung von Gruppen gleichartiger Versicherungsfälle, zB nach Zeitintervallen. Häufig besteht zwischen den bekannten Versicherungsfällen (gemeldete Versicherungsfälle und bekannte Spätschäden) und den unbekannten Versicherungsfällen eines Geschäftsjahres ein in der Vergangenheit beobachtbarer Zusammenhang, der sich durch das Verhältnis von Anzahl und durchschnittlichem Schadenaufwand der bekannten Versicherungsfälle zu den unbekannten Versicherungsfällen eines Geschäftsjahres beschreiben lässt.[62] Dieser Zusammenhang kann für die Schätzung der am Bilanzstichtag noch unbekannten Spätschäden dem Grunde und der Höhe nach genutzt werden. Die beobachteten Vergangenheitsdaten und -relationen sind ggf. an zwischenzeitlich eingetretene Veränderungen der Schadenstruktur, der Abwicklungsgeschwindigkeit, der Rechtsprechungsgrundsätze ua anzupassen.[63] Unter Berücksichtigung von Trendüberlegungen wird aus den in der Vergangenheit beobachteten Verhältnissen eine Schätzung für die Anzahl und den durchschnittlichen Schadenaufwand der unbekannten Spätschäden des Geschäftsjahres, die in den Folgejahren abgewickelt werden, abgeleitet. Die Rückstellung für unbekannte Spätschäden ermittelt sich durch die Multiplikation der Schätzungen für Anzahl und Durchschnittsaufwand der unbekannten Spätschäden des Geschäftsjahres.[64] Eine Rückstellung ist auch für die unbekannten Spätschäden der Vorjahre zu bilden, soweit diese am Abschlussstichtag noch nicht abgewickelt wurden. Nach der Auffassung der Versicherungsaufsicht muss der Schätzmethode ein Beobachtungszeitraum von mindestens fünf Jahren zugrunde liegen, damit sie zu verlässlichen Wertansätzen führt.[65]

48   Für die Bewertung der Rückstellungen für unbekannte Spätschäden können auch **statistisch-mathematische Verfahren,** wie das **Chain-Ladder-Verfahren,** das **Cape-Cod-Verfahren** oder das **Bornhuetter-Ferguson-Verfahren,** zur Anwendung kommen. Diese Verfahren fassen die Schadenabwicklungsdaten der Vergangenheit in einem sog. Schadenabwicklungsdreieck zusammen. Es stellt die in der Vergangenheit abgewickelten unbekannten Spätschäden zeilenweise nach dem Anfall- oder Zeichnungsjahr und spaltenweise nach dem Abwicklungsjahr dar. Aus dem in der Vergangenheit beobachteten Abwicklungsmuster wird durch Trendextrapolation die Höhe der Leistungsverpflichtungen am Abschlussstichtag geschätzt.[66] Da die Datenbasis einen maßgeblichen Einfluss auf die Zuverlässigkeit der Schätzungen hat, sind sorgfältige Analysen der Vergangenheitsdaten erforderlich.[67] Soweit Veränderungen im Zeitablauf oder neue Entwicklungen nur unzureichend in die Schätzung eingeflossen sind, müssen entsprechende Anpassungen der geschätzten Verpflichtungshöhe vorgenommen werden. Da die Schätzverfahren den risikoneutralen Erwartungswert der Leistungsverpflichtungen aus unbekannten Spätschäden ermitteln, ist dem Vorsichtsprinzip durch einen angemessenen, nach allgemeinen Methoden ermittelten Risikozuschlag Rechnung zu tragen.[68] Der Risikozuschlag sollte so bemessen sein, dass nach aller Voraussicht bei der Abwicklung der Versicherungsfälle in zukünftigen Geschäftsjahren keine Verluste entstehen.[69] Da nach **§ 341e Abs. 1 S. 3** zukünftige Lohn- und Preisentwicklungen für die Bewertung der Schadenrückstellungen keine Berücksichtigung

---

[61]   Vgl. WP-HdB Versicherungsunternehmen/Hofmann E Rn. 118.
[62]   Vgl. GB BAV 1977, 43 f.; 1980, 48 f.
[63]   Vgl. Geib/Telgenbüscher Rn. 137 f.
[64]   Vgl. GB BAV 1977, 43 f.; 1980, 48 f.
[65]   Vgl. GB BAV 1987, 52.
[66]   Vgl. für eine Darstellung und Würdigung der Verfahren Schulte, Fast-Close-Abschlüsse und Schadenrückstellungen nach HGB, IAS/IFRS und US-GAAP, 2006, S. 161–182; Hommel/Schulte BB 2004, 1674 (1678).
[67]   Vgl. IDW WPg 2005, 103 Rn. 16.
[68]   Vgl. Schulte, Fast-Close-Abschlüsse und Schadenrückstellungen nach HGB, IAS/IFRS und US-GAAP, 2006, S. 183 f.
[69]   Vgl. IDW WPg 2005, 104 Rn. 23.

finden (dürfen), sind auch die dem Schadendreieck zugrunde liegenden Werte vor ihrer Fortschreibung in reale Größen umzurechnen.

3. Vereinfachungs- und Näherungsverfahren. a) Gruppenbewertung und 49 **Durchschnittsbewertung.** Unter bestimmten Voraussetzungen darf das Versicherungsunternehmen die Rückstellungen für bekannte Versicherungsfälle auch durch eine Gruppenbewertung bzw. Durchschnittsbewertung der Leistungsverpflichtungen erfassen.[70] Die hierfür herangezogenen Verfahren dienen der **Vereinfachung,** sie müssen aber den handelsrechtlichen Grundsätzen ordnungsmäßiger Buchführung entsprechen und dürfen nicht zu einem Wertansatz führen, der wesentlich von einer Bewertung der einzelnen Leistungsverpflichtungen abweicht.[71]

Nach § 240 Abs. 4 iVm § 256 S. 2 ist das Unternehmen dazu berechtigt, gleichartige 50 und annähernd gleichwertige Schulden jeweils zu einer **Gruppe** zusammenzufassen und mit dem gewogenen Durchschnittswert anzusetzen. In Bezug auf Versicherungsunternehmen ist eine **Durchschnittsbewertung** zulässig, wenn in einzelnen Versicherungszweigen oder Versicherungsarten gleichartige Risiken vorliegen und die Einzelbewertung der Versicherungsfälle mit einem unverhältnismäßig hohen wirtschaftlichen Aufwand verbunden ist.[72] Hierfür bieten sich insbesondere in großer Zahl auftretende Klein- und Normalschäden mit im Einzelfall niedrigen Schadenbeträgen an. Im Hinblick auf die Genauigkeit der Schätzung sind die Gruppen hinsichtlich der erwarteten Schadenzahlungen möglichst homogen zu bilden und der Versicherungsbestand möglichst tief zu gliedern.[73]

Die Bewertung der Schadenrückstellung nach dem Durchschnittsverfahren muss dem 51 Einzelbewertungsgrundsatz Rechnung tragen. **Ausgleichseffekte aus dem Risikoausgleich im Kollektiv und in der Zeit** dürfen nicht in die Gruppenbewertung einbezogen werden. Das Durchschnittsverfahren ist so anzulegen, dass die sich aus einer Einzelbewertung zwangsläufig ergebenden Schätzreserven für die einzelnen Versicherungsfälle erhalten bleiben.[74] Dem Durchschnittsverfahren wird regelmäßig der um einen Risikozuschlag erhöhte Durchschnittswert der vergangenen Abschlussperiode zugrunde gelegt. Wenn sich Entwicklungen innerhalb der Abschlussperiode oder neuere Erkenntnisse (Veränderungen des Bestandes oder der Abwicklungsgeschwindigkeit) in diesem Wert nur unzureichend widerspiegeln, sind entsprechende Anpassungen vorzunehmen. Darüber hinaus sind auch die Preisverhältnisse am Abschlussstichtag in die Bewertung einzubeziehen.

Nach § 284 Abs. 2 Nr. 3 sind die Unterschiedsbeträge im **Anhang** anzugeben, wenn 52 sich aus der Anwendung der Durchschnittsbewertung im Vergleich zu einer Bewertung auf Grundlage des letzten vor dem Abschlussstichtag bekannten Börsenkurses oder Marktpreises ein erheblicher Unterschied ergibt. Für Schadenrückstellungen entfällt diese Angabepflicht. Sie werden weder an der Börse gehandelt noch kann für sie ein Marktpreis festgestellt werden.[75] Vereinzelte Portefeuilleeintritte oder -austritte führen aufgrund eines fehlenden regelmäßigen Umsatzes nicht zu einem Marktpreis iSd § 284 Abs. 2 Nr. 3.[76]

b) Nullsummenmethode, Pauschalverfahren und zeitversetzte Verbuchung. 53 **§ 27 Abs. 1 RechVersV** sieht Näherungs- und Vereinfachungsverfahren vor, wenn die zum Bilanzstichtag vorliegenden Informationen nicht für eine ordnungsgemäße Schätzung der Schadenrückstellung ausreichen. In diesen Fällen muss bzw. kann das Versicherungsunternehmen die Rückstellungen nach der Nullsummenmethode oder nach dem Pauschalverfahren ermitteln.

---

[70] Vgl. Boetius/Boetius/Kölschbach/Boetius J. § 17 Rn. 67–72.
[71] Vgl. Perlet, Rückstellungen für noch nicht abgewickelte Versicherungsfälle in Handels- und Steuerbilanz, 1986, S. 59.
[72] Vgl. IDW WPg 2005, 103 Rn. 10.
[73] Vgl. WP-HdB Versicherungsunternehmen/Hofmann E Rn. 98.
[74] Vgl. Beck Versicherungsbilanz/Koch/Krause Rn. 81.
[75] Vgl. WP-HdB Versicherungsunternehmen/Hofmann E Rn. 100.
[76] Vgl. ADS § 253 Rn. 508.

54   Bei der **Nullsummenmethode** (§ 27 Abs. 2 S. 1 RechVersV) bildet das Versicherungsunternehmen in dem Geschäftsjahr, in dem die Versicherungsverträge in dem betreffenden Versicherungszweig oder der betreffenden Versicherungsart beginnen (Zeichnungsjahr), eine versicherungstechnische Globalrückstellung in Höhe des Überschusses der gebuchten Beiträge über die Zahlungen für Versicherungsfälle und die Aufwendungen für den Versicherungsbetrieb (Standardsystem oder Englisches System). Hierdurch wird im Zeichnungsjahr der Versicherungsverträge weder ein Gewinn noch ein Verlust ausgewiesen (Nullstellung).[77]

55   Nach dem **Pauschalverfahren** ermittelt das Versicherungsunternehmen die versicherungstechnischen Rückstellungen unabhängig von dem beobachteten Schadenverlauf mit einem bestimmten Prozentsatz bezogen auf die gebuchten Beiträge des Geschäftsjahres (§ 27 Abs. 2 S. 2 RechVersV), wenn nach der Eigenart des versicherten Risikos ein solches Verfahren zweckmäßig ist. In die Schätzung des Prozentsatzes sind Erfahrungen über den Verlauf verschiedener Zeichnungsjahre in der Vergangenheit sowie Trendüberlegungen einzubeziehen.

56   Sobald ausreichende Informationen für eine Einzelbewertung vorliegen, ist die nach der Nullsummenmethode bzw. dem Pauschalverfahren gebildete Schadenrückstellung durch eine den allgemeinen Grundsätzen entsprechende Bewertung zu ersetzen (§ 27 Abs. 2 S. 3 RechVersV).[78] Der **Übergang zu den allgemeinen Bewertungsmethoden** hat spätestens am Ende des dritten auf das Zeichnungsjahr folgenden Jahres zu erfolgen (§ 27 Abs. 2 S. 3 RechVersV).

57   Bei der **zeitversetzten Buchung** können in die versicherungstechnische Rechnung die Zahlen des Jahres, das dem Berichtsjahr ganz oder nur teilweise, aber nicht mehr als zwölf Monate vorausgeht, eingesetzt werden (§ 27 Abs. 3 RechVersV). Das Vereinfachungsverfahren ist geboten, wenn dem Versicherungsunternehmen keine zeitnahen Informationen über die Anzahl der eingetretenen Schadenereignisse und die damit verbundene Schadenhöhe zugehen. Die zeitversetzte Bilanzierung kommt insbesondere bei dem in Rückdeckung übernommenen Geschäft zur Anwendung.

58   Die Näherungs- und Vereinfachungsverfahren sind durch § 27 RechVersV nicht abschließend geregelt. Das Versicherungsunternehmen kann **auch andere Verfahren** anwenden (zB **Trendextrapolation** oder Durchschnittsverfahren), wenn sie zu in etwa gleichen Ergebnissen gelangen wie die Einzelbewertung.[79]

59   Die Näherungs- und Vereinfachungsverfahren setzen das **Vorsichtsprinzip** nicht außer Kraft. Der Betrag der nach Maßgabe des § 27 Abs. 2 oder 3 RechVersV gebildeten Rückstellung „ist erforderlichenfalls soweit aufzustocken, daß er zur Erfüllung derzeitiger und künftiger Verpflichtungen ausreicht" (§ 27 Abs. 1 S. 2 RechVersV). Die Nachdotierungsvorschrift entspricht inhaltlich dem Gebot, Rückstellungen für drohende Verluste aus schwebenden Geschäften zu passivieren, um zukünftige Geschäftsjahre verlustfrei zu halten. Da gem. § 256 Abs. 5 S. 1 Nr. 1 AktG eine Überdotierung der Rückstellung einen Nichtigkeitsgrund für den Jahresabschluss des Versicherungsunternehmens zur Folge haben kann, wird hinsichtlich der Anforderung einer vorsichtigen Bilanzierung ihre Obergrenze hierdurch determiniert.[80]

60   Wendet das Versicherungsunternehmen ein Verfahren nach § 27 Abs. 2 und 3 RechVersV an, so ist es dazu verpflichtet, darüber angemessen im **Anhang** zu informieren. Die Mindestangaben ergeben sich aus § 27 Abs. 4 RechVersV.

61   **c) Pauschalierte Ermittlung von Rückstellungen für Schadenregulierungsaufwendungen.** Die Ermittlung der Rückstellung für Schadenregulierungsaufwendungen hat die **Finanzverwaltung** durch einen Erlass geregelt.[81] Obwohl dieser Erlass formal die Rechtslage vor dem Versicherungsbilanzrichtlinie-Gesetz betrifft, besitzt er nach wie vor

---

[77]   Vgl. BFHE 100, 236 = BStBl. II 1971, 66.
[78]   Vgl. auch Uhrmann StBp 1996, 62 (68).
[79]   Vgl. Rockel/Helten/Ott/Sauer, Versicherungsbilanzen, 3. Aufl. 2012, S. 50.
[80]   Vgl. BeckOK HGB/Schärtl § 341e Rn. 77.
[81]   Vgl. hierzu BMF-Schreiben v. 2.2.1973, DStZ Eildienst 10/1973, 74 f.

Aktualität, da sich nach dem Willen des Gesetzgebers mit der Einführung des Versicherungs-bilanzrichtlinie-Gesetzes die bestehende Rechtslage hinsichtlich der Verfahren zur Ermitt-lung der Schadenregulierungsaufwendungen nicht verändern sollte.[82]

Zur Ermittlung der Schadenregulierungsaufwendungen ist zunächst die **Gesamtkos-** **62** **tenrechnung** des Versicherungsunternehmens nach Kostenbereichen (einschließlich des Kostenbereiches „Schadenregulierung") zu gliedern. Die Gemeinkosten sind nach dem Schlüssel für Lohn- und Gehaltsaufwendungen zu verteilen. Die auf den Kostenbereich „Schadenregulierung" entfallenden Kosten bilden die Bemessungsgrundlage für die rück-stellungspflichtigen Schadenermittlungsaufwendungen.

Der BMF erkennt in Übereinstimmung mit dem **BFH–Urteil vom 19.1.1972** nur die **63** Schadenermittlungskosten, nicht aber die Schadenbearbeitungskosten als rückstellungsfähig an.[83] Deshalb ist das Versicherungsunternehmen dazu verpflichtet, die Schadenregulierungs-kosten entsprechend aufzuteilen und die Schadenermittlungskosten für jeden einzelnen Versicherungsvertrag nachzuweisen. Auf den Einzelnachweis kann verzichtet werden, wenn das Versicherungsunternehmen die Schadenregulierungskosten mindestens um 20 % ver-mindert und auf diese Weise den Anteil der Schadenermittlungskosten berechnet. Der durchschnittliche Stückkostensatz leitet sich aus der Gesamtheit der im Geschäftsjahr abge-wickelten Versicherungsfälle ab.[84] Das BMF-Schreiben nimmt typisierend an, dass das Versi-cherungsunternehmen bis zum Bilanzstichtag 25 % der Schadenermittlung für die rückstel-lungsfähigen Sachverhalte bereits durchgeführt hat, so dass für das einzelne versicherte, aber zum Bilanzstichtag noch nicht abgewickelte Ereignis 75 % der Schadenermittlungsstückkos-ten zum Ansatz gelangen.[85]

Erfolgt die Bemessung der Rückstellung für Schadenermittlungsaufwendungen auf **64** Basis der Schadenermittlungsstückkosten, sind diese in dem Verhältnis zu erhöhen, in dem der durchschnittliche Schaden der gemeldeten Versicherungsfälle zum durchschnittlichen Schaden der im Geschäftsjahr abgewickelten Versicherungsfälle steht. Da die **Fixkosten** zum Schaden nicht proportional steigen, ist der ermittelte Erhöhungsbetrag pauschal um 20 % zu kürzen. Die bekannten Spätschäden können für diese Berechnung außer Acht gelassen werden, sind aber dann durch einen durchschnittlichen pauschalen Zuschlag auf die Rückstellung für Schadenermittlungsaufwendungen einzubeziehen.[86]

Diese Annahmen liegen der vom Gesamtverband der Deutschen Versicherungswirt- **65** schaft nach den Vorgaben des BMF-Schreibens vom 2.2.1973 entwickelten sog. Formel 48 für die Schaden- und Unfallversicherung zu Grunde. Für die Rückstellung für Schadenregu-lierungsaufwendungen wird das Ergebnis des Terms, bestehend aus dem Produkt aus Scha-denrückstellung am Geschäftsjahresende (ohne Schadenregulierungsaufwendungen) und den im Jahr gezahlten Schadenregulierungsaufwendungen dividiert durch die Schadenzah-lungen im Geschäftsjahr, mit dem Faktor 0,48 multipliziert.[87]

4. Abzinsung der Schadenrückstellungen. Die Zeitdifferenz zwischen dem Eintritt **66** und der Abwicklung des Versicherungsfalls eröffnet dem Versicherer die Möglichkeit zur Anlage des zurückgestellten Betrages am Geld- oder Kapitalmarkt. Durch eine Abzinsung der Schadenrückstellungen würde der **spätere Ertrag aus dieser Kapitalanlage** bereits spekulativ in der Abschlussperiode des Eintritts des Versicherungsfalls erfolgswirksam verein-nahmt. Da die Einnahmen aus den Kapitalanlagen in diesem Zeitpunkt noch nicht realisiert sind, würde bei einer Abzinsung der Gewinn unter Missachtung des Vorsichts- und des Realisationsprinzips zu hoch ausgewiesen.[88]

---

[82] Vgl. für das BMF-Schreiben v. 2.2.1973 ebenso WP-HdB Versicherungsunternehmen/Hofmann E Rn. 127; WP-HdB Versicherungsunternehmen/Bögle Q Rn. 74 mwN.

[83] Vgl. WP-HdB Versicherungsunternehmen/Bögle Q Rn. 72 f.

[84] Vgl. KoRVU/Geib/Horbach Rn. 141.

[85] Vgl. KoRVU/Geib/Horbach Rn. 141.

[86] Vgl. WP-HdB Versicherungsunternehmen/Hofmann E Rn. 136.

[87] Vgl. Rockel/Helten/Ott/Sauer, Versicherungsbilanzen, 3. Aufl. 2012, 204 f.

[88] Vgl. Perlet, Rückstellungen für noch nicht abgewickelte Versicherungsfälle in Handels- und Steuerbilanz, 1986, S. 148 f.

67   Eine Abzinsung der (Schaden-)Rückstellung ist nach dem Realisationsprinzip nur insoweit möglich und geboten, wie der Erfüllungsbetrag auch einen **Zinsanteil** beinhaltet. Der
Zinsanteil muss nicht offen ausgewiesen sein. Es genügt bei aus gegenseitigen Geschäften
resultierenden Verpflichtungen, wenn die (ungewisse) Verbindlichkeit nach dem Willen der
Vertragsparteien einen (verdeckten) Zinsanteil enthält. Von einem verdeckten Zinsanteil ist
grundsätzlich dann auszugehen, wenn der Leistungsverpflichtete für die erst einige Zeit
nach dem Bilanzstichtag fällig werdende Verbindlichkeit einen in Höhe des Zinsanteils
niedrigeren Betrag aufwenden müsste, wenn er die Verpflichtung mit schulderlöschender
Wirkung zum Bilanzstichtag erfüllen könnte bzw. dürfte.[89]

68   Einen offenen Zinsanteil enthält die Schadenrückstellung nicht, da weder eine Zinsver-
einbarung zwischen dem Versicherer und dem Versicherungsnehmer besteht noch der Erfüllungsbetrag und der Auszahlungsbetrag der Leistungsverpflichtung voneinander abweichen.
Da zwischen der wirtschaftlichen Verursachung der Leistungsverpflichtung des Versicherers
und der Abwicklung des Schadenfalls häufig ein längerer Zeitraum vergeht, könnte ein
verdeckter Zinsanteil in der Schadenrückstellung vermutet werden. Die Verzögerung der
Erfüllung der bestehenden Leistungsverpflichtung ist aber auf die Besonderheiten des Versicherungsgeschäftes, dh auf eine verzögerte Kenntnisnahme und/oder Meldung des Versicherungsfalls durch den Versicherungsnehmer sowie auf den beim Versicherungsunternehmen
erforderlichen Zeitraum zur Ermittlung und Bearbeitung des Schadenfalls, zurückzuführen.[90] Könnte das Versicherungsunternehmen die durch das versicherte Ereignis entstandenen Schäden unverzüglich nach dem Bilanzstichtag erfüllen, so müsste es grundsätzlich den
gleichen Betrag aufwenden wie für den Fall einer späteren Erfüllungshandlung. Die Höhe
der Leistungsverpflichtung bestimmt sich mithin nicht nach dem Zeitpunkt der Leistungserbringung, sondern nach den vertraglichen Vereinbarungen und dem Schadenfall.[91] Eine
Abzinsung der Schadenrückstellung ist daher **grundsätzlich unzulässig. § 341e
Abs. 1 S. 3** entspricht dem Realisationsprinzip, indem er explizit vorschreibt, dass versicherungstechnische Rückstellungen nicht abzuzinsen sind. Sie sind „von der konzeptionellen
Neuorientierung der Rückstellungsbewertung in § 253 Abs. 1 S. 2"[92] ausgenommen, die –
einzelfallbezogen – dem besseren Einblick in die Vermögenslage den Vorrang vor der am
Realisationsprinzip orientierten Gewinnermittlung einräumt und ein Abzinsungsgebot vorsieht, um eine „realitätsgerechte Information der Abschlussadressaten über die wahre Belastung"[93] zu gewähren.

69   Eine (Rück-) Ausnahme vom Abzinsungsverbot besteht jedoch gem. Abs. 5 für die
Teilschadenrückstellung für **Rentenversicherungsfälle.** Schadenrückstellungen für Versicherungsleistungen, die „auf Grund rechtskräftigen Urteils, Vergleichs oder Anerkenntnisses
in Form einer Rente zu erbringen" sind, müssen „nach anerkannten versicherungsmathematischen Methoden berechnet werden"; zu diesen Methoden zählt aber auch die Abzinsung. Die Abzinsung dieser Rentenverpflichtungen gem. § 341g Abs. 5 iVm § 253 Abs. 2
S. 3 zielt konzeptionell nicht auf eine Berücksichtigung künftiger Kapitalerträge aus der
Anlage des zurückgestellten Betrages am Geld- oder Kapitalmarkt,[94] sondern trägt dem
wirtschaftlichen Leistungsinhalt der Renten-Deckungsrückstellung Rechnung. Sie steht
damit sowohl mit einer zutreffende(re)n Vermögensermittlung im Einklang als auch mit
dem Realisationsprinzip, denn diese ungewissen Verbindlichkeiten enthalten nach den Vorstellungen von zur Zahlung verpflichtetem Versicherungsunternehmen und zahlungsberech-
tigtem Versicherungsnehmer implizit einen Zinsanteil.[95] Der Versicherungsnehmer hat zwar

---

[89]   Vgl. Schulze-Osterloh BB 2003, 351 (353 f.); Geib/Wiedmann WPg 1994, 369 (372 f.).
[90]   Vgl. Buck, Die versicherungstechnischen Rückstellungen im Jahresabschluß von Schaden- und Unfall-
        versicherungsunternehmen, 1995, S. 177 f.; Angerer in Schwebler ua, Dieter Farny und die Versiche-
        rungswissenschaft, 1994, 35 (39–44).
[91]   Vgl. Schulte, Fast-Close-Abschlüsse und Schadenrückstellungen nach HGB, IAS/IFRS und US-GAAP,
        2006, 123 f.
[92]   BR-Drs. 344/08, 212.
[93]   BR-Drs. 344/08, 116.
[94]   Vgl. Beck Versicherungsbilanz/Koch/Krause Rn. 101.
[95]   AA Angerer in Schwebler ua, Dieter Farny und die Versicherungswissenschaft, 1994, 35 (40).

(nach der Feststellung der Rentenleistungspflicht) lediglich einen Anspruch auf die regelmäßige Zahlung der Rente und nicht auf eine Einmalzahlung; würden sich die Beteiligten aber zum Bilanzstichtag auf die einmalige Zahlung der Versicherungsleistung verständigen, so müsste das Versicherungsunternehmen objektiviert erkennbar einen um den Zinsanteil geringeren Erfüllungsbetrag aufwenden, um sich der bestehenden Verpflichtung mit schuldbefreiender Wirkung zu entledigen. Eine entsprechende Abzinsung würde auch erfolgen, wenn der Versicherungsnehmer aus gewichtigem Grund eine Kapitalabfindung für den Rentenanspruch iSd § 843 Abs. 3 BGB fordern könnte.[96] In diesem Sinne erbringt der Versicherungsnehmer – in wirtschaftlicher Betrachtungsweise – eine Darlehensleistung, die durch die Passivierung der Verpflichtung in Höhe des Barwerts ihre bilanzielle Berücksichtigung findet.

Bei der Abzinsung der Rentenversicherungsfälle sind die in der nach Ermächtigung **70** des § 88 Abs. 3 VAG erlassenen Verordnung zur Berechnung der Deckungsrückstellung (DeckRV) vorgegebenen Parameter, wie zB der Höchstzinssatz, in die Bewertung einzubeziehen. In die Berechnung des Barwertes sind auch künftige Rentenerhöhungen, soweit sich diese aus zum Abschlussstichtag eingetretenen Ereignissen ergeben, einzubeziehen (beispielsweise Lohnentwicklung).[97] Das Versicherungsunternehmen muss einen verantwortlichen Aktuar bestellen, der für die gesetzlich vorgeschriebene Bemessung der Renten-Deckungsrückstellung verantwortlich ist.

Eine Abzinsung auch für Rentenversicherungsfälle, die noch nicht durch rechtskräftiges **71** Urteil, Vergleich oder Anerkenntnis festgestellt wurden, ist aufgrund des insoweit klaren Wortlaut des Abs. 5 unzulässig. Für das Verbot ihrer Abzinsung spricht auch, dass ihrer rechtskräftigen Anerkennung durch beide Parteien der Höhe und ggf. auch dem Grund nach (unter Umständen erheblich) unsicher sind. Von dem Vorliegen eines verdeckten Zinsanteils kann deshalb noch nicht ausgegangen werden. Es liegt im wirtschaftlichen Sinne noch kein (verzinsliches) Darlehen vor. Gestützt wird diese Auffassung durch den Ausweis der noch nicht rechtskräftig anerkannten Rentenversicherungsverpflichtungen als Teilschadenrückstellung für gemeldete Versicherungsfälle oder Spätschäden,[98] für die nach § 341e Abs. 1 S. 3 eine Abzinsung explizit verboten ist.

5. Berücksichtigung von Preissteigerungen. Schadenrückstellungen können auf **72** Seiten des Versicherungsunternehmens Geldsummenschulden oder Wertschulden begründen. Im Fall der **Geldsummenschulden** schuldet der Versicherer dem Versicherungsnehmer einen bestimmten Geldbetrag, der in Abhängigkeit der vertraglichen Gestaltung nach dem Eintritt des Versicherungsfalls keinen Änderungen mehr unterliegt (unveränderliche Geldsummenschulden) oder an die Entwicklung bestimmter außerhalb des Schuldverhältnisses liegender Bezugsgrößen angepasst wird (wertgesicherte Geldsummenschulden). Bei Wertschulden ist der Versicherer verpflichtet, durch Geld- oder Sachleistungen einen Zustand wiederherzustellen, der ohne den Eintritt des Versicherungsfalls bestehen würde. Die Leistungsverpflichtung des Versicherers besteht somit entweder im Ersatzwert am Schadentag oder den zukünftigen Wiederherstellungskosten. Ist das Versicherungsunternehmen dazu verpflichtet, dem Versicherungsnehmer oder einem Dritten den Betrag zu ersetzen, den dieser aufwenden müsste, um nach dem Bilanzstichtag den ursprünglichen bzw. versicherten Zustand wiederherzustellen, so kann sich die Höhe des geschuldeten Geldwertes aufgrund von Lohn- oder Preissteigerungen nach dem Eintritt des Versicherungsfalls noch verändern.

Die Schadenrückstellungen sind grundsätzlich mit den Aufwendungen zu bewerten, **73** die nach dem Bilanzstichtag zu ihrer Erfüllung notwendig sind **(Realisationsprinzip).** Bei veränderlichen Geldsummenschulden und Wertschulden entspricht der Erfüllungsbetrag regelmäßig dem Betrag, den das Versicherungsunternehmen im Erfüllungszeitpunkt tatsäch-

---

96   Vgl. BeckOK BGB/Spindler BGB § 843 Rn. 34.
97   Vgl. KoRVU/Geib/Horbach Rn. 116.
98   Vgl. Schulte, Fast-Close-Abschlüsse und Schadenrückstellungen nach HGB, IAS/IFRS und US-GAAP, 2006, S. 75.

lich aufwenden musste, um seiner Leistungsverpflichtung nachzukommen – einschließlich der bis zu diesem Zeitpunkt eingetretenen Lohn- und Preissteigerungen. Werden diese Lohn- und Preissteigerungen bei der Bewertung der Schadenrückstellung zum Bilanzstichtag vernachlässigt, so belasten sie bei ihrem (erwarteten) Eintritt die zukünftigen Umsätze des Eintrittsjahres. Dies führt zu einem Verstoß gegen das Realisationsprinzip (§ 252 Abs. 1 Nr. 4) und das Periodisierungsprinzip (§ 252 Abs. 1 Nr. 5).

74   Das Realisationsprinzip wird jedoch durch das **Objektivierungsprinzip** begrenzt. Die Antizipation zukünftiger Lohn- und Preissteigerungen, die sich zum Bilanzstichtag noch nicht hinreichend objektiviert abzeichnen, kann zumeist nur spekulativ erfolgen. Deshalb drängt das Stichtagsprinzip die vollständige Antizipation der voraussichtlich entstehenden, zukünftigen Schadenausgaben (teilweise) zurück. Es schreibt vor, die Vermögensgegenstände nach den zum Bilanzstichtag geltenden (Preis-)Verhältnissen zu bewerten (§ 252 Abs. 1 Nr. 3).[99] § 341e Abs. 1 S. 3 gewährt für den Bereich der versicherungstechnischen Rückstellungen, zu denen auch die Schadenrückstellungen zählen, dem Objektivierungsprinzip Vorrang vor dem Realisationsprinzip. Danach sind die Schadenrückstellungen grundsätzlich nach den Wertverhältnissen am Abschlussstichtag zu bewerten. Zu jedem Abschlussstichtag ist die Höhe des Erfüllungsbetrages der Rückstellung auf ihre Angemessenheit hin zu überprüfen. Zwischenzeitlich eingetretene Lohn- und Preisentwicklungen werden damit im Zeitablauf implizit nachgeholt.[100] Die für nicht versicherungstechnische Rückstellungen gebotene Einbeziehung zukünftiger, bis zum Erfüllungszeitpunkt erwarteter Preis- und Kostensteigerungen entfaltet hier keine Wirkung (§ 253 Abs. 1 S. 2).

75   Eine Ausnahme besteht für solche zukünftigen **Preis- und Lohnänderungen, die zum Bilanzstichtag bereits feststehen.** Gibt zB der Lieferant des zu ersetzenden Objektes bereits vor dem Bilanzstichtag eine danach in Kraft tretende Preiserhöhung bekannt oder haben sich die Tarifparteien vor dem Bilanzstichtag rechtsverbindlich auf eine danach einsetzende Tariflohnerhöhung geeinigt, so können die damit verbundenen Auswirkungen auf die Rückstellungshöhe verlässlich ermittelt werden. In diesen Fällen steht ihre Berücksichtigung im Einklang mit dem Realisationsprinzip und dem Objektivierungsprinzip.[101] Sie ist deshalb aufgrund des Vorsichtsprinzips zwingend geboten und konfligiert auch nicht mit dem Gesetzeswortlaut, der die Berücksichtigung der „Wertverhältnisse am Abschlussstichtag" fordert, nicht aber die zu diesem Zeitpunkt bestehenden Preise.

76   Teilweise wird die Nichtberücksichtigung zukünftiger Lohn- und Preissteigerungen mit dem Nominalwertprinzip begründet.[102] Das **Nominalwertprinzip** legt fest, dass eine Schuld mit dem Nennwert und nicht mit dem Verkehrswert (Kaufkraft) zu bewerten ist. Dementsprechend sind Geldsummenschulden und Wertschulden mit dem geschätzten Nominalbetrag anzusetzen. Da aber die künftigen Lohn- und Preissteigerungen den nominalen Betrag der wertgesicherten Geldsummenschulden und Wertschulden verändern, hat das Nominalwertprinzip hier keinen Regelungsgehalt.[103]

77   **Wertsicherungsklauseln** dürfen aufgrund des Stichtagsprinzips erst dann rückstellungsverändernd berücksichtigt werden, wenn das Ereignis eintritt, das die Rentenerhöhung begründet (beispielsweise Lohn- oder Gehaltserhöhung, Erhöhung der Lebenshaltungskosten).[104] Das gilt selbst dann, wenn bei einer indexbasierten Wertanpassungsklausel der

---

[99]   Vgl. BFHE 117, 257 = BStBl. II 1976, 110; BFHE 137, 25 = BStBl. II 1983, 104.
[100] Vgl. BFHE 115, 218 = BStBl. II 1975, 480; BMF-Schreiben v. 14.6.1974, BB 1974, 821; Erlass des Finanzministeriums Nordrhein-Westfalen v. 16.4.1981, BB 1981, 1129; vgl. auch Moxter FS Claussen, 1997, 677 (678).
[101] Vgl. im Umkehrschluss Moxter FS Claussen, 1997, 677 (678).
[102] Vgl. BFHE 115, 218 = BStBl. II 1975, 480; BFHE 117, 257 = BStBl. II 1976, 110; BFHE 137, 25 = BStBl. II 1983, 104; alle Urteile beziehen sich auf die zum Nominalwertprinzip ergangene Rspr. des BFHE 89, 422 = BStBl. III 1967, 690; BFHE 112, 546 = BStBl. II 1974, 572.
[103] Vgl. Boetius/Boetius/Kölschbach/Boetius J. § 17 Rn. 135.
[104] Vgl. BFHE 89, 443 = BStBl. III 1967, 699; BFHE 117, 367 = BStBl. II 1976, 142; Perlet, Rückstellungen für noch nicht abgewickelte Versicherungsfälle in Handels- und Steuerbilanz, 1986, S. 117 f.; Schulte, Fast-Close-Abschlüsse und Schadenrückstellungen nach HGB, IAS/IFRS und US-GAAP, 2006, S. 121 f.

Schwellenwert, bei dessen Erreichen die Verpflichtungshöhe anzupassen ist, zum Bilanzstichtag annähernd erreicht ist.

V. Besonderheiten bestimmter Versicherungszweige

1. Besonderheiten in der Lebensversicherung und bei Pensionsfonds. In der 78 Lebensversicherung wird die Schadenrückstellung für Leistungsverpflichtungen aus Abläufen, Todes- und Erlebensfällen, Heiratsfällen, Berufsunfähigkeit oder Invalidität gebildet. In die Schadenrückstellung sind nach § 26 Abs. 1 S. 1 Hs. 2 RechVersV auch die **Rückstellungen für noch nicht abgewickelte Rückkäufe, Rückgewährbeiträge und Austrittsvergütungen** einzubeziehen. Rückkäufe und Rückgewährbeiträge sind Beträge, die dem Versicherungsnehmer aus bis zum Abschlussstichtag „vorzeitig gekündigten Verträgen (Rückkauf) oder abgelaufenen Verträgen (Rückgewähr) geschäftsplanmäßig zu vergüten"[105] sind. Austrittsvergütungen sind einmalige Kapitalleistungen, die dem Versicherungsnehmer bei Austritt aus Pensionskassen gewährt werden. Die Leistungsverpflichtungen aus anerkannten Rentenleistungen werden in der Deckungsrückstellung bilanziert.

Guthaben aus der Beitragsrückerstattung, Schlussgewinnanteile oder für einen 79 **Versicherungsvertrag festgelegte Teile der Rückstellung für Beitragsrückerstattung** dürfen nicht in die Schadenrückstellungen einbezogen werden.[106] Für sie ist eine separate Verbindlichkeit zu bilden.

Beitragsaußenstände und Forderungen aus Zinsen oder Policen-Darlehen dürfen nur 80 mit der Schadenrückstellung verrechnet werden, wenn zivilrechtlich eine **Aufrechnungslage** besteht. Dies ist regelmäßig erst der Fall, wenn die fällige Versicherungsleistung abgerechnet, aber noch nicht ausgezahlt ist. Abschlagszahlungen auf Versicherungsleistungen werden nicht separat aktiviert, sondern mit der Schadenrückstellung verrechnet.[107]

Die **Teilrückstellung für gemeldete Versicherungsfälle** ist für Versicherungsfälle 81 zu bilden, die dem Versicherungsunternehmen vor der Feststellung des Bestandes gemeldet werden. Erfolgt die Feststellung des Bestandes vor dem Abschlussstichtag, wird eine Aktivierung der nach dem Bestandfeststellungszeitpunkt erbrachten Auszahlungen für fällige Leistungen in den sonstigen Vermögensgegenständen notwendig, da für diese Versicherungsfälle auch noch eine Schadenrückstellung gebildet wird.[108]

Zukünftige Schadenzahlungen dürfen nicht parallel in mehreren Rückstellungsarten 82 berücksichtigt werden. Hat das Versicherungsunternehmen für die mit der Schadenrückstellung zu antizipierenden Schadenzahlungen bereits planmäßig in voller Höhe oder anteilig eine Deckungsrückstellung gebildet, so ist die Deckungsrückstellung aufzulösen und der Leistungsbetrag ausschließlich durch eine Schadenrückstellung zu berücksichtigen. Wird dem Versicherungsunternehmen das vor dem Bilanzstichtag liegende Schadenereignis erst nach der Bestandsfeststellung gemeldet, so kann das Versicherungsunternehmen nach Ansicht der Literatur aus Vereinfachungsgründen den Wertansatz der Deckungsrückstellung beibehalten. In die Schadenrückstellung ist dann lediglich der Differenzbetrag aus der bereits in der Deckungsrückstellung planmäßig antizipierten Schadenzahlung und dem zu erwartenden Leistungsbetrag einzustellen.[109]

In der **Lebensversicherung** werden Schadenrückstellungen für bekannte Versiche- 83 rungsfälle in Höhe der einzelnen Leistungsverpflichtung des Versicherungsunternehmens gegenüber dem Begünstigten passiviert (§ 26 Abs. 1 S. 1 Hs. 1 RechVersV). Für **Rückkäufe** besteht die Leistungsverpflichtung in der Höhe des Rückkaufwertes und für die anderen Fälle in der vertraglich vereinbarten Versicherungssumme.[110] Nach § 26 Abs. 1 S. 1 Hs. 2

---

[105] WP-HdB Versicherungsunternehmen/Hofmann E Rn. 173.
[106] Vgl. Beck Versicherungsbilanz/Koch/Krause Rn. 57.
[107] Vgl. Beck Versicherungsbilanz/Koch/Krause Rn. 57.
[108] Vgl. Beck Versicherungsbilanz/Koch/Krause Rn. 60.
[109] Vgl. WP-HdB Versicherungsunternehmen/Ellenbürger B Rn. 161.
[110] Vgl. WP-HdB Versicherungsunternehmen/Ellenbürger B Rn. 160 sowie Rn. 164–168 zur Ermittlung des Rückkaufwertes. Vgl. hierzu ausführlich WP-HdB Versicherungsunternehmen/Hofmann E Rn. 164–168 zu Besonderheiten der Rückstellung für Rückkäufe.

RechVersV sind Verbindlichkeiten für bereits abgerechnete, aber noch nicht ausgezahlte Rückkäufe in der Schadenrückstellung auszuweisen, obwohl diese Verbindlichkeiten dem Grunde und der Höhe nach bekannt sind.[111]

84   Die **Teilrückstellungen für Schadenregulierungsaufwendungen** werden in der Regel pauschal in Höhe von 1 vH der einzeln bewerteten Schadenrückstellung, welche die Versicherungssumme für abgelaufene Versicherungen nicht mehr enthält, gebildet.[112] Ein höherer Ansatz der Schadenregulierungsaufwendungen bedingt einen Einzelnachweis.

85   **Pensionsfonds** bilden die Schadenrückstellung für am Abschlussstichtag noch nicht abgewickelte Versorgungsfälle. Hierin ist auch die Rückstellung für noch nicht abgewickelte aber beendete Pensionsfondsverträge und Versorgungsverhältnisse einzubeziehen (§ 14 Hs. 2 RechPensV), obwohl die Rückstellung für dem Grunde und der Höhe nach bekannte Leistungsverpflichtungen passiviert wird. Für die Höhe der Rückstellungen für noch nicht abgewickelte Versorgungsfälle sind die im Einzelfall gegenüber dem Begünstigten bestehenden Leistungsverpflichtungen maßgebend (§ 14 Hs. 1 RechPensV).

86   **2. Besonderheiten in der Krankenversicherung.** In der Krankenversicherung tritt der Versicherungsfall mit dem Beginn der Heilbehandlung ein und endet mit deren Abschluss, dh der Feststellung, dass weitere Behandlungen nicht mehr erforderlich sind (§ 1 Abs. 2 MB/KK 2009).[113] Das **versicherte Ereignis** besteht hier nicht in der Krankheit, sondern in den Kosten der Heilbehandlung. Die Schadenrückstellung umfasst deshalb die am Abschlussstichtag eingetretenen Versicherungsfälle „nur insoweit, als die Inanspruchnahme des Arztes, der Apotheke, des Krankenhauses oder von ähnlichem vor dem Abschlußstichtag liegt oder Tagegeld für Tage vor dem Abschlußstichtag gewährt wird" (§ 26 Abs. 1 S. 2 RechVersV).

87   Aufgrund der Besonderheiten des Geschäftes reichen in der Krankenversicherung die Informationen über eingetretene Versicherungsfälle zum Zeitpunkt der Abschlusserstellung für eine ordnungsgemäße Schätzung regelmäßig nicht aus, da dem Versicherungsunternehmen die Kosten der von den Versicherungsnehmern im abgelaufenen Geschäftsjahr in Anspruch genommenen medizinischen Leistungen häufig mit zeitlicher Verzögerung gemeldet werden.[114] Deshalb sind die Schadenrückstellungen in der Krankenversicherung vereinfachend anhand eines **statistischen Näherungsverfahrens** zu ermitteln (Abs. 3 S. 1). Die Ist-Zahlungen, die das Versicherungsunternehmen in den ersten Monaten nach dem Bilanzstichtag für die vor dem Bilanzstichtag eingetretenen Versicherungsfälle erbrachte, bilden den Ausgangspunkt der Rückstellungsschätzung (Abs. 3 S. 2). Bei hinreichender Schätzgenauigkeit kann auch ein kürzerer Zeitraum (beispielsweise ein Monat) zulässig sein.[115] Der hierdurch erhaltene Ausgangsbetrag ist um einen angemessenen, objektiviert ermittelten Risikozuschlag zu erhöhen (§ 26 Abs. 1 S. 3 RechVersV). Auswirkungen, die sich aufgrund außergewöhnlicher Ereignisse ergeben, sind durch eine gesonderte Schätzung zu berücksichtigen (§ 26 Abs. 1 S. 4 RechVersV). Eine Bildung von Einzelschadenreserven findet hingegen in der Krankenversicherung nicht statt.[116]

88   Die Schadenrückstellungen in der Krankenversicherung umfassen auch die gesamten **Schadenregulierungsaufwendungen** (Abs. 1 S. 2). Die mit der Erfüllung der Schadenrückstellung verbundenen Schadenregulierungskosten sind grundsätzlich einzeln nachzuweisen. Auf den Einzelnachweis kann verzichtet werden, „wenn die Rückstellung für Schadenermittlungskosten nicht mehr beträgt als 70 v.H. der Schadenrückstellung, multipliziert mit dem Verhältnis der Schadenregulierungskosten zu den Schadenleistungen, die für im Geschäftsjahr abgewickelte Schadenfälle aufgewendet worden sind."[117]

---

[111]   Vgl. WP-HdB Versicherungsunternehmen/Ellenbürger B Rn. 164.
[112]   Vgl. BMF-Schreiben v. 2.2.1973, DStZ Eildienst 10/1973, 75.
[113]   Vgl. § 1 Abs. 2 Musterbedingungen 2009 für die Krankheitskosten und Krankenhaustagegeldversicherung des PKV (MB/KK 2009), Stand: November 2022.
[114]   Vgl. BT-Drs. 12/5587, 28; heute § 341g, vgl. BT-Drs. 12/7586, 11 f.
[115]   Vgl. WP-HdB Versicherungsunternehmen/Schenke D Rn. 144.
[116]   Vgl. BeckOK HGB/Schärtl Rn. 33.
[117]   BMF-Schreiben v. 2.2.1973, BeckVerw 155453.

3. Besonderheiten in der Rückversicherung. Die Schadenrückstellung für das mit- **89** versicherte Geschäft muss nach Abs. 4 zumindest der Höhe nach anteilig derjenigen entsprechen, die der führende Versicherer nach den Vorschriften oder der Übung in dem Land bilden muss, von dem aus er tätig wird. Im Allgemeinen übernimmt der Rückversicherer bzw. Mitversicherer die Schadenaufgaben des Erstversicherungsunternehmens je Sparte und Vertragsform, so dass auch die Aufgaben des Erstversicherers zur Bildung der Bruttorückstellungen für das in Rückdeckung übernommene Geschäft maßgeblich sind.[118]

Der Rückversicherer darf die Aufgaben des Vorversicherers nicht ungeprüft überneh- **90** men, sondern muss **eigene Erkenntnisse** und Erfahrungen über die Angemessenheit der Aufgaben des Vorversicherers in die Höhe der Schadenrückstellungen einfließen lassen. Hierfür kommt dem Aufbau eigener statistischer Beobachtungsinstrumente eine große Bedeutung zu. Diese sollten nach Vertragsarten, Versicherungszweigen, Zedenten, bestimmten Maklerverbindungen oder geographischen Märkten unterscheiden.[119] Ein wichtiges **Kontrollinstrument** besteht in der Beobachtung der Abwicklung der Schadenrückstellung nach Anfall- bzw. Zeichnungsjahren. Dies setzt aber voraus, dass der Vorversicherer entsprechende Differenzierungen vornimmt und ausreichend Vergleichsjahre zur Verfügung stehen.

Die einzeln bewertete Schadenrückstellung ist **bei unzureichenden Angaben des** **91** **Zedenten** um angemessene Zuschläge zu erhöhen. Wenn die Informationen über eingetretene Versicherungsfälle im Zeitpunkt der Bilanzaufstellung für eine ordnungsgemäße Schätzung der Schadenrückstellungen nicht ausreichen, darf eine zeitversetzte Bilanzierung der Schadenrückstellungen nach § 27 Abs. 3 RechVersV durchgeführt werden.

Eine Rückstellung für **interne Schadenregulierungsaufwendungen** ist nur insoweit **92** zu bilden, wie eine Beteiligung des Rückversicherungsunternehmens an den internen Schadenregulierungsaufwendungen des Erstversicherungsunternehmens ausdrücklich vereinbart ist.[120]

VI. Anhangangaben der Rückstellung für noch nicht abgewickelte Versicherungsfälle

Nach § 51 Abs. 4 Nr. 1 S. 1h aa) RechVersV haben Schaden- und Unfallversicherungs- **93** unternehmen im Anhang den **Betrag der Bruttorückstellung** für noch nicht abgewickelte Versicherungsfälle für das selbst abgeschlossene Geschäft, das gesamte in Rückdeckung übernommene Geschäft und das gesamte Versicherungsgeschäft anzugeben. Auf die getrennte Angabe für das **selbst abgeschlossene Geschäft** und das in **Rückdeckung übernommene Geschäft** kann verzichtet werden, wenn die gebuchten Bruttobeiträge für das in Rückdeckung genommene Geschäft weniger als 10 vH der gebuchten Bruttobeiträge für das gesamte Versicherungsgeschäft betragen (§ 51 Abs. 4 Nr. 1 S. 2 RechVersV). Für das selbst abgeschlossene Geschäft sind die Angaben in die nach § 51 Abs. 4 Nr. 1 S. 3 RechVersV vorgeschriebenen Versicherungszweiggruppen, Versicherungszweige und -arten zu untergliedern. Wenn die in § 51 Abs. 4 Nr. 1 S. 4 RechVersV angegebenen Schwellenwerte unterschritten werden, ist lediglich eine dreigliedrige Angabepflicht, nämlich für die drei wichtigsten Versicherungszweiggruppen, Versicherungszweige und -arten, erforderlich.

Gemäß § 52 Nr. 1c RechVersV sind die **Methoden der Ermittlung der Schaden-** **94** **rückstellung** sowie deren wesentliche Änderungen hinsichtlich des Bruttobetrages und des Rückversicherungsanteils jeweils gesondert für das selbst abgeschlossene und das in Rückdeckung übernommene Geschäft im Anhang zu erläutern. Die in § 61 S. 1 RechVersV bezeichneten Versicherungsunternehmen sind nach § 62 Abs. 1 S. 2 Nr. 3 RechVersV von der Angabe befreit.

Das **Ergebnis aus der Abwicklung der Vorjahres-Schadenrückstellung** ist der **95** Art und der Höhe nach im Anhang zu erläutern, wenn dieses erheblich ist (§ 41 Abs. 5 RechVersV). Aus der Vorschrift geht nicht hervor, wann das Abwicklungsergebnis erheblich

---

[118] Vgl. Boetius/Boetius/Kölschbach/Boetius J. § 17 Rn. 295.
[119] Vgl. Beck Versicherungsbilanz/Koch/Krause Rn. 47.
[120] Vgl. Beck Versicherungsbilanz/Koch/Krause Rn. 47.

ist.[121] Da Abwicklungsgewinne aufgrund der Besonderheiten des Versicherungsgeschäftes und des Vorsichtsprinzips für das Versicherungsunternehmen einen gewöhnlichen Sachverhalt darstellen, sollte deren Erheblichkeit in Bezug auf das Gesamtergebnis beurteilt werden.[122]

96 **Lebensversicherungsunternehmen,** die auch das selbst abgeschlossene Unfallversicherungsgeschäft betreiben, haben die für den Anhang vorgeschriebenen Angaben gesondert für das selbst abgeschlossene Unfallversicherungsgeschäft vorzunehmen (§ 53 S. 1 RechVersV). Betreibt ein Schaden- und Unfallversicherungsunternehmen auch das selbst abgeschlossene Krankenversicherungsgeschäft nach Art der Lebensversicherung, sind die für den Anhang vorgeschriebenen Angaben für dieses Geschäft gesondert vorzunehmen (§ 53 S. 2 RechVersV).

§ 341h Schwankungsrückstellung und ähnliche Rückstellungen

(1) Schwankungsrückstellungen sind zum Ausgleich der Schwankungen im Schadenverlauf künftiger Jahre zu bilden, wenn insbesondere
1. nach den Erfahrungen in dem betreffenden Versicherungszweig mit erheblichen Schwankungen der jährlichen Aufwendungen für Versicherungsfälle zu rechnen ist,
2. die Schwankungen nicht jeweils durch Beiträge ausgeglichen werden und
3. die Schwankungen nicht durch Rückversicherungen gedeckt sind.

(2) Für Risiken gleicher Art, bei denen der Ausgleich von Leistung und Gegenleistung wegen des hohen Schadenrisikos im Einzelfall nach versicherungsmathematischen Grundsätzen nicht im Geschäftsjahr, sondern nur in einem am Abschlußstichtag nicht bestimmbaren Zeitraum gefunden werden kann, ist eine Rückstellung zu bilden und in der Bilanz als „ähnliche Rückstellung" unter den Schwankungsrückstellungen auszuweisen.

Schrifttum: Axer, Kommentierung zu § 20 KStG, in Herrmann/Heuer/Raupach, Einkommensteuer- und Körperschaftsteuergesetz, Loseblatt 1950 ff.; Boetius/Boetius/Kölschbach, Handbuch der versicherungstechnischen Rückstellungen, 2. Aufl. 2021; Farny, Buchführung und Periodenrechnung im Versicherungsunternehmen, 4. Aufl. 1992; Geib/Horbach, Besonderheiten der Rechnungslegung der Schaden- und Unfall- sowie der Rückversicherungsunternehmen, in Welzel ua, Kompendium zur Rechnungslegung der Versicherungsunternehmen (KoRVU), 2. Aufl. Loseblatt 1982 ff., Bd. I, Abschnitt J; Graf v. Treuberg/Angermayer, Jahresabschluß von Versicherungsunternehmen, 1995; Großer, Sollen nach International Accounting Standards Abschlußaufwendungen aktiviert und eine Schwankungsrückstellung passiviert werden?, ZVersWiss 2000, 301; Karten, Schwankungsrückstellung, in Farny ua, Handwörterbuch der Versicherung (HdV), 1988, 763; Löw, Gewinnrealisierung und Rückstellungsbilanzierung bei Versicherungsunternehmen nach HGB und IFRS, 2003; Oos, Materialien zur Rechnungslegung von Versicherungsunternehmen, 1997; Perlet, Zur Umsetzung der Versicherungsbilanzrichtlinie in deutsches Recht, FS Moxter, 1994, 833; Späth, Deckungsrückstellungen bei Versicherungsunternehmen nach HGB und US-GAAP, 2015; Welzel, Rückstellungen, Versicherungstechnische, in Farny ua, Handwörterbuch der Versicherung (HdV), 1988, 685.

Übersicht

---

[121] Vgl. EBJS/Böcking/Gros/Kölschbach Rn. 15.
[122] Vgl. Geib/Ellenbürger/Kölschbach WPg 1992, 177 (185). Vgl. für eine weiterführende Diskussion WP-HdB Versicherungsunternehmen/Hofmann E Rn. 182–186.

I. Schwankungsrückstellung

1. Regelungszweck und Grundsätze ordnungsmäßiger Bilanzierung. Das Versicherungsunternehmen erbringt mit der Gefahrtragung eine gegenüber dem Versicherungsnehmer über die Jahre hinweg gleichbleibende Leistung, die in der Bereitschaft besteht, die finanziellen Folgen aus versicherten Ereignissen zu übernehmen. Dabei weicht in bestimmten Versicherungszweigen (insbesondere in der Schaden- und Unfallversicherung sowie in der Rückversicherung) der während eines Geschäftsjahres eingetretene Gesamtschaden trotz einer soliden und umsichtigen Schadenkalkulation seitens des Versicherers zumeist deutlich vom Erwartungswert des Schadens ab, weil der Gesamtschaden Zufallsschwankungen unterliegt.[1] Der Ausgleichseffekt im Versichertenkollektiv tritt hier zumeist erst über einen längeren Zeitraum ein (zB Hagelversicherung), so dass der Risikoausgleich im Kollektiv durch einen **Risikoausgleich in der Zeit** ergänzt werden muss. „Soweit die ersparten Prämien eines Jahres dazu erforderlich sind, um die voraussichtlich durch Prämien nicht gedeckten Entschädigungen aus den am Stichtag laufenden Wagnissen in späteren Jahren zu decken, sind sie – wirtschaftlich betrachtet – noch nicht endgültig verdient."[2]

Die Schwankungsrückstellung trägt dieser versicherungstechnischen Besonderheit Rechnung. Sie konkretisiert die allgemeine Vorschrift des § 341e Abs. 1, wonach Rückstellungen zu bilden sind, wie dies nach vernünftiger kaufmännischer Beurteilung notwendig ist, um die dauernde Erfüllbarkeit aus den Versicherungsverträgen sicherzustellen.[3]

Die Schwankungsrückstellung ist kein spezifischer Passivposten, der nur deshalb zu bilden ist, weil er durch § 341h vorgeschrieben wird. Die Bildung der Schwankungsrückstellung folgt vielmehr den Periodisierungsgrundsätzen des **Realisationsprinzips** (§ 252 Abs. 1 Nr. 4), nach dem den Prämienerträgen eines Geschäftsjahres die Aufwendungen gegenüberzustellen sind, die das Unternehmen (planmäßig) in Kauf nehmen muss, um sie dem Grunde und der Höhe nach zu erzielen.[4] Dabei berücksichtigt das Realisationsprinzip, dass die Hauptleistung des Versicherungsunternehmens in der Gewährung von Versicherungsschutz besteht (1. Leistungsstufe), die „über die reine Verpflichtung zur Regulierung von bereits eingetretenen Schäden hinaus[geht]".[5] Das Versicherungsunternehmen schuldet neben der Abwicklung der eingetretenen versicherten Ereignisse auch die Aufrechterhaltung der permanenten Zahlungsfähigkeit. Es besteht zum Bilanzstichtag eine gegenwärtige Verpflichtung gegenüber der Gefahrengemeinschaft als Ganzes, ihren Mitgliedern zukünftig auch dann Schadenzahlungen zu leisten, wenn die Prämien des jeweiligen Geschäftsjahres nicht dazu ausreichen. Im Gegenzug ist der einzelne Versicherte dazu bereit, auch in schadenarmen oder schadenfreien Jahren eine entsprechend hohe Prämie zu zahlen.

Durch die Bildung der Schwankungsrückstellung werden den im Zeitablauf relativ stabilen Prämienerträgen die (durchschnittlichen) Schadenausgaben zugerechnet, die langfristig erforderlich sind, um die Umsatzerlöse der Höhe nach zu alimentieren. Die Schwankungsrückstellung erfüllt die Aufgabe, einen Risikoausgleich in der Zeit herbeizuführen, da sich in einem längerfristigen Ausgleichszeitraum gemäß dem **versicherungstechnischen Äquivalenzprinzip** die Leistungen des Versicherers und die Gegenleistungen der Versicherungsnehmer ausgleichen, soweit dies innerhalb eines Wirtschaftsjahres nicht möglich ist. Dabei werden durch die Verrechnung von Unter- und Überschäden der einzelnen Perioden stärkere Ausschläge der Erfolge einzelner Jahre aufgrund schwankender Schadenbelastung verringert.[6] In Jahren mit geringer Schadenbelastung werden der Schwankungsrückstellung

---

[1]   Vgl. Späth, Deckungsrückstellungen bei Versicherungsunternehmen nach HGB und US-GAAP, 2015, S. 138 f.

[2]   RStBl. 1930, 396 (398).

[3]   Vgl. Boetius/Boetius/Kölschbach/Boetius J. § 18 Rn. 9.

[4]   Vgl. auch Späth, Deckungsrückstellungen bei Versicherungsunternehmen nach HGB und US-GAAP, 2015, S. 143 f.

[5]   Großer ZVersWiss 2000, 301 (314).

[6]   Vgl. Farny, Buchführung und Periodenrechnung im Versicherungsunternehmen, 4. Aufl. 1992, S. 133; HdV/Welzel S. 686; HdV/Karten S. 763.

Beträge zugeführt (Unterschaden), die in Jahren mit hoher Schadenbelastung entnommen werden (Überschaden).

5 Die Schwankungsrückstellung ist eine **Rückstellung für ungewisse Verbindlichkeiten** (§ 249 Abs. 1 S. 1).[7] Sie stellt gegenüber der planmäßig fortbestehenden Gefahrengemeinschaft eine zum Bilanzstichtag bestehende Außenverpflichtung dar. Während die Deckungsrückstellung (§ 341f) temporäre Störungen des Äquivalenzprinzips gegenüber dem einzelnen Versicherungsnehmer ausgleicht, indem sie „den nach versicherungsmathematischen Grundsätzen bewerteten und nicht von künftigen Beiträgen gedeckten Teil der ungewissen Verbindlichkeiten, die sich aus den Verpflichtungen aus den Versicherungsverträgen ergeben"[8] erfasst, richtet sich die durch die Schwankungsrückstellung verkörperte Verpflichtung gegen die Risikogemeinschaft als Ganzes.

6 **2. Ansatz und Bewertung. Abs. 1** objektiviert für die Handelsbilanz die **Erfordernisse,** die zur bilanziellen Erfassung einer Rückstellung zum Ausgleich der Schwankungen im Schadenverlauf künftiger Jahre vorliegen müssen. Die in § 20 KStG aufgeführten Bedingungen, die zur steuerlichen Anerkennung der Schwankungsrückstellung erforderlich sind, stimmen mit diesen Voraussetzungen überein, so dass auf die entsprechenden Kommentierungen verwiesen werden kann.[9]

7 Nach Abs. 1 setzt die Bildung von Schwankungsrückstellungen insbesondere voraus, dass:
1. nach den Erfahrungen in dem betreffenden Versicherungszweig mit erheblichen Schwankungen der jährlichen Aufwendungen für Versicherungsfälle zu rechnen ist;
2. die Schwankungen nicht durch Beiträge ausgeglichen werden;
3. die Schwankungen nicht durch Rückversicherungen gedeckt sein dürfen.

8 Die in Abs. 1 aufgeführten Voraussetzungen werden durch **§ 29 RechVersV** und die **Anlage zu § 29 RechVersV**[10] ausgelegt und konkretisiert.

9 Grundsätzlich ist eine Schwankungsrückstellung **für alle Versicherungszweige der Schaden- und Unfallversicherung** zu bilden.[11] Auf das in Rückdeckung übernommene Lebens- und Krankenversicherungsgeschäft und das von Lebensversicherungsunternehmen betriebene Unfallversicherungsgeschäft ist die Anordnung nicht anzuwenden. Für Rückversicherungsunternehmen gelten die Vorschriften zur Bildung der Schwankungsrückstellung gleichermaßen.[12]

10 Darüber hinaus kann nach Abschnitt II Nr. 1 Abs. 3 der Anlage zu § 29 RechVersV auch für **weitere Versicherungszweige, -arten und -unterarten** bei freiwilliger Aufstellung gesonderter versicherungstechnischer Gewinn- und Verlustrechnungen eine Schwankungsrückstellung gebildet werden. Voraussetzung dafür ist, dass die hierzu notwendigen Daten für die Berechnung für einen mindestens zehnjährigen Beobachtungszeitraum aus den eigenen vorhandenen Geschäftsunterlagen entnommen werden können.[13]

11 Nach Abschnitt I Nr. 1 der Anlage zu § 29 RechVersV haben Schadenversicherungsunternehmen in den Versicherungszweigen eine Schwankungsrückstellung zu bilden, in denen
- die verdienten Beiträge im Durchschnitt der letzten drei Geschäftsjahre (inkl. Bilanzjahr) 125.000 EUR übersteigen,
- die Standardabweichung der Schadenquoten des Beobachtungszeitraumes von der durchschnittlichen Schadenquote mindestens 5 Prozent-Punkte beträgt und
- die Summe aus Schaden- und Kostenquote mindestens einmal im Beobachtungszeitraum 100 % überschreitet.[14]

---

[7] Zur Problematik der bilanzrechtlichen Einordnung der Schwankungsrückstellung vgl. HdV/Karten S. 764 f.; Löw, Gewinnrealisierung und Rückstellungsbilanzierung bei Versicherungsunternehmen nach HGB und IFRS, 2003, S. 59 f.

[8] Beck Versicherungsbilanz/Stuirbrink/Johannleweling/Faigle/Reich § 341f Rn. 1.

[9] Vgl. Herrmann/Heuer/Raupach/Axer KStG § 20 Rn. 25, 41.

[10] Vgl. nachfolgender Abdruck der Anlage zu § 29 RechVersV.

[11] Vgl. Boetius/Boetius/Kölschbach/Boetius J. § 18 Rn. 63.

[12] Vgl. BR-Drs. 823/94, 30 f.

[13] Vgl. Abschnitt III Nr. 2 Abs. 1 S. 1 der nachfolgend abgedruckten Anlage zu § 29 RechVersV.

[14] Vgl. die Erläuterungen zu den Voraussetzungen bei WP-HdB Versicherungsunternehmen/Hofmann E Rn. 284 ff.

Aufgrund eines stark ausgeprägten aleatorischen Charakters sind die **Hagelversiche-** 12
rung und die **Kredit-, Kautions- und Vertrauensschadenversicherung** auf eine funkti-
onsgerechte Schwankungsrückstellung angewiesen. Daher sind in der Anlage zu § 29 Rech-
VersV Sonderregelungen enthalten, die im Interesse der dauernden Erfüllbarkeit der
Verpflichtungen aus Versicherungsverträgen erforderlich sind und daher auch steuerlich
anerkannt werden.[15]

In § 29 S. 2 RechVersV ist eine **Änderungs- und Widerrufsklausel** kodifiziert, die 13
es der Aufsichtsbehörde ermöglicht, im Einzelfall Abweichungen zuzulassen, sofern die
tatsächlichen Verhältnisse eine Änderung der Berechnungsgrundlagen erfordern oder die
Regelung den Ausgleich der Schwankungen im jährlichen Schadenbedarf nicht oder nicht
ausreichend gewährleistet.[16]

Die Schwankungsrückstellung darf **nur in Höhe des Wertes** angesetzt werden, der 14
sich **aufgrund der Anlage zu § 29 RechVersV** ergibt. Aus der Forderung nach dauernder
Erfüllbarkeit der Verpflichtungen kann nicht auf ein höheres Maß an Vorsicht bei der
Bildung der Rückstellung dem Grunde und der Höhe nach geschlossen werden.[17] Der
nach vernünftiger kaufmännischer Beurteilung notwendige Erfüllungsbetrag entspricht
grundsätzlich bei Versicherungsunternehmen dem zur Sicherstellung der dauernden Erfüllbarkeit der Verpflichtungen notwendigen Betrag.[18] Dieser wird durch die Vorschrift des
§ 341h und die sie flankierenden Rechtsverordnungen für den Bereich der Schwankungsrückstellungen abschließend operationalisiert und konkretisiert. Eine über die planmäßige
Zuführung nach Abschnitt I Nr. 3 der Anlage zu § 29 RechVersV hinausgehende Abzinsung
der Schwankungsrückstellung hat nicht zu erfolgen.

Die **Beträge** der Schwankungsrückstellung sind im Rahmen der versicherungszweig- 15
bezogenen Angaben zusammen mit den der Schwankungsrückstellung ähnlichen Rückstellungen anzugeben (§ 51 Abs. 4 Nr. 1 lit. h bb) RechVersV). Eine Entsprechung mit den
der Berechnung zugrunde liegenden Kollektiven ist wegen der abweichenden Zweigbestim-
mungen nicht gegeben.

Das Versicherungsunternehmen ist verpflichtet, im Anhang die **Methoden zur** 16
Ermittlung der Rückstellung offenzulegen sowie wesentliche Änderungen zu erläutern
(§ 52 Nr. 1 lit. c RechVersV). Formblatt 1 der RechVersV sieht – anders als bei den übrigen
versicherungstechnischen Rückstellungen – keine Vorspalte für den Rückstellungsbetrag
brutto und den Anteil für das in Rückdeckung gegebene Versicherungsgeschäft vor, da die
Ermittlung der Schwankungsrückstellung nur **für den Selbstbehalt** erfolgt.[19]

II. Der Schwankungsrückstellung ähnliche Rückstellungen

1. Allgemeines. Die Bildung einer Rückstellung „[f]ür Risiken gleicher Art, bei 17
denen der Ausgleich von Leistung und Gegenleistung wegen des hohen Schadenrisikos im
Einzelfall nach versicherungsmathematischen Grundsätzen nicht im Geschäftsjahr, sondern
nur in einem am Abschlussstichtag nicht bestimmbaren Zeitraum gefunden werden kann",
wird von Abs. 2 vorgeschrieben. Die Verpflichtung zur Bildung von sog. **„Großrisiken-**
rückstellungen" wird damit kodifiziert.[20]

Großrisiken zeichnen sich dadurch aus, dass die möglichen Höchstschäden, die bei 18
ihrem Eintritt entstehen, in Folge einer Konzentration hoher Einzelwerte oder der Kombination verschiedener Gefahren des gleichen Risikoobjektes ein extremes Ausmaß annehmen
können (zB Versicherung eines Kreuzfahrtschiffes oder eines Atomkraftwerkes). Hinzu tritt

---

15   Näher dazu Boetius/Boetius/Kölschbach/Boetius J. § 18 Rn. 109–114.
16   Für Bsp. vgl. Beck Versicherungsbilanz/Warnecke Rn. 32.
17   Vgl. BR-Drs. 700/73, 351; aA Beck Versicherungsbilanz/Stöffler § 341e Rn. 5, 9.
18   Vgl. Nr. 10 der Erklärung von Rat und EG-Kommission zu Art. 56 RL 91/674/EWG, abgedruckt in
      Oos, Materialien zur Rechnungslegung von Versicherungsunternehmen, 1997, 205; vgl. auch BT-
      Drs. 12/5587, 26 f.; Perlet, FS Moxter, 1994, 833 (844 f.) mwN.
19   Für Einzelfragen zu Bildung und Berechnung von Schwankungsrückstellungen vgl. ausf. KoRVU/Geib/
      Horbach Rn. 220.
20   Vgl. Graf v. Treuberg/Angermayer, Jahresabschluß von Versicherungsunternehmen, 1995, S. 328 ff.

häufig das Problem, dass das versicherte Objekt oder Ereignis neuartigen oder unbekannten technologischen Gefahren ausgesetzt ist, durch die eine tragfähige Kalkulation des versicherungstechnischen Risikos deutlich erschwert oder sogar verhindert wird.[21]

19   **2. Pharmarückstellung.** Nach § 84 AMG iVm § 88 AMG **(Arzneimittelgesetz)** unterliegen pharmazeutische Unternehmen einer Gefährdungshaftung von bis zu 120 Mio. EUR für jedes im Geltungsbereich des Arzneimittelgesetzes liegende und in Verkehr gebrachte Arzneimittel. Aufgrund des besonders hohen Schadenpotenzials ist für die selbst abgeschlossene und in Rückdeckung übernommene Produkthaftpflicht-Versicherung von Pharmarisiken eine Großrisikorückstellung zu bilden.

20   Der **Höchstbetrag der Pharmarückstellung** beträgt jeweils das 15-Fache der verdienten Beiträge des Geschäftsjahres für eigene Rechnung. Durch die Beschränkung auf den Selbstbehalt wird der individuellen Risikosituation des Versicherers Rechnung getragen.[22]

21   **Zuführungen und Auflösungen** der Pharmarückstellung regelt § 30 Abs. 1 Nr. 2 und Nr. 3 RechVersV. Danach sind der Pharmarückstellung jährlich 75 vH des Saldos aus verdienten Beiträgen und Aufwendungen für die erfolgsabhängige Beitragsrückerstattung zuzuführen, vermindert um die Aufwendungen für Versicherungsfälle und die Aufwendungen für die erfolgsunabhängige Beitragsrückerstattung und zwar jeweils für eigene Rechnung. Die Aufwendungen für Versicherungsfälle umfassen dabei auch die Ergebnisse aus der Abwicklung der aus den Vorjahren übernommenen Rückstellung für noch nicht abgewickelte Versicherungsfälle. Sofern diese Berechnungen einen negativen Betrag ergeben, ist die Pharmarückstellung in entsprechender Höhe aufzulösen.

22   Die Pharmarückstellung tritt **an die Stelle einer Schwankungsrückstellung** in dem betreffenden Versicherungszweig.

23   **3. Atomanlagenrückstellung.** § 30 Abs. 2 RechVersV konkretisiert die Rückstellung für die Versicherung von Atomanlagen.[23] Diese umfasst einerseits das Sachrisiko für die Eigenschäden des Betreibers der Atomanlage[24] und andererseits das Haftpflichtrisiko für Fremdschäden Dritter. Ebenso wie bei den Pharmarückstellungen ist aufgrund des hohen Schadenpotenzials eine Rückstellung zur Sicherung der dauernden Erfüllbarkeit der Verpflichtungen aus den Versicherungsverträgen zu bilden.

24   Der **Höchstbetrag** für die Atomanlagenrückstellung ergibt sich als Minimum aus
– 100 vH der Sach- und Haftpflichtversicherungssumme für Kernenergieschäden für die summenmäßig am höchsten versicherte Anlage oder
– 25 vH des Gesamtbetrages der Versicherungssumme für Kernenergieschäden, die das Versicherungsunternehmen auf eigene Rechnung übernommen hat.

25   Die **jährliche Zuführung** beträgt 20 vH des gemäß oben bestimmten Höchstbetrages; sie ist jedoch begrenzt auf 75 vH der verdienten Beiträge, vermindert um die Aufwendungen für Versicherungsfälle, jeweils für eigene Rechnung. Auch hier sind die Abwicklungsergebnisse der Vorjahresrückstellungen zu berücksichtigen. Sofern die Aufwendungen für Versicherungsfälle 75 vH der verdienten Beiträge übersteigen, ist die Atomanlagenrückstellung insoweit aufzulösen.

26   Die Atomanlagenrückstellung tritt **an die Stelle einer Schwankungsrückstellung** in den betreffenden Versicherungszweigen.

27   **4. Terrorrisikenrückstellung.** § 30 Abs. 2a RechVersV reglementiert, unter welchen Voraussetzungen eine Rückstellung für die Absicherung von Terrorrisiken zu bilden und wie diese betragsmäßig auszugestalten ist.[25]

---

[21]   Vgl. Beck Versicherungsbilanz/Warnecke Rn. 33; Boetius/Boetius/Kölschbach/Boetius J. § 15 Rn. 4 ff.
[22]   Vgl. Beck Versicherungsbilanz/Warnecke Rn. 35.
[23]   Vgl. VerBAV 1981, 122 f.
[24]   Als Atomanlage im Sinne dieser Verordnung gelten Anlagen zur Erzeugung oder zur Spaltung von Kernbrennstoffen sowie zur Aufarbeitung bestrahlter Kernbrennstoffe gegen Kernenergieschäden.
[25]   Vgl. BR-Drs. 293/03, 3.

Danach entspricht der Höchstbetrag der Terrorrisikenrückstellung im selbst abgeschlos- **28** senen Geschäft dem Fünfzehnfachen der im Geschäftsjahr für eigene Rechnung verdienten Beiträge. Nimmt das Unternehmen ein Terrorrisiko in Rückversicherung, entspricht der Höchstbetrag für das in Rückdeckung übernommene Geschäft der jeweiligen Haftungshöchstsumme der für eigene Rechnung übernommenen Risiken (§ 30 Abs. 2a Nr. 1 RechVersV). Solange dieser Höchstbetrag noch nicht (wieder) erreicht ist, sind der Rückstellung 90 % des Saldos aus verdienten Beiträgen und Aufwendungen für erfolgsabhängige Beitragsrückerstattung zuzuführen, der um die Aufwendungen für Versicherungsfälle und die Aufwendungen für erfolgsunabhängige Beitragsrückerstattung zu verringern ist. Weist das Versicherungsunternehmen im Einzelfall nach, dass seine sonstigen Aufwendungen für das Versicherungsgeschäft höher oder niedriger als 10 % sind, erhöht oder verringert sich der Betrag von 90 % entsprechend (§ 30 Abs. 2a Nr. 2 RechVersV). Führen diese Berechnungsgrundsätze zu einem negativen Betrag, ist die Terrorrisikenrückstellung insoweit aufzulösen (§ 30 Abs. 2a Nr. 3 RechVersV).

5. Weitere Anwendungsfälle. Eine abschließende Aufzählung möglicher Großrisi- **29** kenrückstellungen stellen die Bestimmungen der RechVersV zur Atomanlagenrückstellung, zur Pharmarückstellung und zur Terrorrisikenrückstellung nicht dar. Die in Abs. 2 genannten Voraussetzungen decken die Bildung weiterer Rückstellungen ab, etwa für **Risiken aus Erdbeben oder anderen Naturkatastrophen, Raumfahrt oder Umwelthaftpflicht.**[26]

6. Ausweis, Anhangangaben. Die Großrisikenrückstellungen sind in der **Bilanz** **30** zusammen mit der Schwankungsrückstellung in der Position E.V. „Schwankungsrückstellung und ähnliche Rückstellungen" zu passivieren.

Die Veränderung der Schwankungsrückstellung und der ähnlichen Rückstellungen ist **31** entsprechend dem bilanziellen Ausweis der Rückstellung in der **Gewinn- und Verlustrechnung** in einem Posten auszuweisen (Position I. 10. in Formblatt 2 und Formblatt 4 der RechVersV).

Das Versicherungsunternehmen hat die „Schwankungsrückstellung und ähnliche **32** Rückstellungen" nach Maßgabe der versicherungszweigbezogenen Angaben gemäß § 51 Abs. 4 S. 1 Nr. 1h bb) iVm Abs. 4 S. 3 RechVersV im **Anhang** zu untergliedern. Die Methoden zur Ermittlung der Großrisikenrückstellungen sind anzugeben und eventuelle Änderungen zu erläutern (§ 52 Nr. 1c RechVersV).

Die Bildung von ähnlichen Rückstellungen ist nicht zulässig, sofern eine Schwankungs- **33** rückstellung gebildet ist. Darüber hinaus sind die ähnlichen Rückstellungen in die Schwankungsrückstellung zu überführen, sobald in einem Geschäftsjahr die Voraussetzungen nach Abs. 2 nicht mehr vorliegen (§ 30 Abs. 3 RechVersV).

Vorschriften zur Bildung von Schwankungsrückstellungen (Anlage zu § 29 RechVersV)

Abschnitt I. Bildung, Höhe, Zuführungen, Entnahmen, Auflösung

1. In jedem Versicherungszweig des selbst abgeschlossenen und des in Rückdeckung übernommenen Schaden- und Unfall-Versicherungsgeschäfts (ohne das in Rückdeckung übernommene Lebens- und Kranken-Versicherungsgeschäft) ist eine Rückstellung zum Ausgleich der Schwankungen im Schadenverlauf künftiger Jahre (Schwankungsrückstellung) nach den Bestimmungen dieser Anlage zu bilden, wenn die verdienten Beiträge im Durchschnitt der letzten drei Geschäftsjahre einschließlich des Bilanzjahres 125000 Euro übersteigen, die Standardabweichung der Schadenquoten des Beobachtungszeitraums von der durchschnittlichen Schadenquote mindestens 5 vom Hundert beträgt und die Summe aus Schaden- und Kostenquote mindestens einmal im Beobachtungszeitraum 100 vom Hundert der verdienten Beiträge eines Geschäftsjahres überschritten hat.

---

[26]   Zu den Besonderheiten der Bildung von Kumulrisikenrückstellungen vgl. Boetius/Boetius/Kölschbach/ Boetius J. § 16 Rn. 1 ff.

2. (1) Der Sollbetrag der Schwankungsrückstellung beträgt das Viereinhalbfache, in der Hagel-, Kredit- und Kautions- sowie Vertrauensschadenversicherung das Sechsfache der Standardabweichung der Schadenquoten des Beobachtungszeitraumes von der durchschnittlichen Schadenquote multipliziert mit den verdienten Beiträgen des Bilanzjahres.

   (2) Unterschreitet die durchschnittliche Schadenquote die Grenzschadenquote, ist die drei-fache Differenz zwischen Grenzschadenquote und durchschnittlicher Schadenquote multipliziert mit den verdienten Beiträgen des Bilanzjahres von dem nach Absatz 1 ermittelten Betrag abzuziehen. Satz 1 gilt nicht in der Hagelversicherung.

3. Der Schwankungsrückstellung sind in jedem Bilanzjahr unabhängig vom Eintritt eines Über- oder Unterschadens zunächst 3,5 vom Hundert ihres jeweiligen Sollbetrages zuzu-führen, bis dieser erreicht oder wieder erreicht ist.

4. Ist in einem Bilanzjahr ein Unterschaden eingetreten, so ist der nach Abschnitt II Nr. 7 Satz 2 zu berechnende Betrag zusätzlich der Schwankungsrückstellung zuzuführen, bis ihr Sollbetrag erreicht oder wieder erreicht ist.

5. Ist in einem Bilanzjahr ein Überschaden eingetreten, so ist der nach Abschnitt II Nr. 8 Satz 2 zu berechnende Betrag der Schwankungsrückstellung zu entnehmen. Unterschreitet die durchschnittliche Schadenquote die Grenzschadenquote, vermindert sich der zu entneh-mende Betrag um 60 vom Hundert der mit den verdienten Beiträgen des Bilanzjahres multiplizierten Differenz aus Grenzschadenquote und durchschnittlicher Schadenquote.

6. Übersteigt die Schwankungsrückstellung nach der Entnahme eines Überschadens gemäß Nummer 5 den Sollbetrag, so ist sie um den den Sollbetrag übersteigenden Betrag aufzulö-sen.

7. (1) Sind die Voraussetzungen für die Bildung einer Schwankungsrückstellung gemäß Num-mer 1 nicht mehr erfüllt, so ist die Schwankungsrückstellung aufzulösen. Die Auflösung kann auf das Bilanzjahr und die folgenden vier Geschäftsjahre gleichmäßig verteilt werden.

   (2) Die Auflösung gemäß Absatz 1 hat zu unterbleiben, wenn das Versicherungsunterneh-men unter Einbeziehung des Jahresabschlusses des Bilanzjahres in den Beobachtungs-zeitraum verpflichtet ist, im folgenden Geschäftsjahr wieder eine Schwankungsrück-stellung gemäß Nummer 1 zu bilden. Die Schwankungsrückstellung ist dann in der Höhe fortzuführen, in der sie unter Berücksichtigung des Jahresabschlusses des Bilanz-jahres im folgenden Geschäftsjahr gemäß den Nummern 2 bis 6 zu stellen wäre. Als verdiente Beiträge, Schaden- und Kostenquote des folgenden Geschäftsjahres sind die entsprechenden Werte des Bilanzjahres zu verwenden.

Abschnitt II. Begriffsbestimmungen

1. (1) Ein Versicherungszweig nach den Bestimmungen dieser Anlage liegt vor, wenn nach § 4 Abs. 1 Satz 1 Nr. 1, § 5 Abs. 1, § 6 Satz 1 Nr. 3 der Versicherungsberichterstattungs-Verordnung in der jeweils geltenden Fassung zwingend eine gesonderte versicherungs-technische Gewinn- und Verlustrechnung aufzustellen und der Bundesanstalt für Finanzdienstleistungsaufsicht einzureichen ist.

   (2) In jedem Fall gelten als Versicherungszweig im Sinne der Bestimmungen dieser Anlage unbeschadet einer weitergehenden Untergliederung
   1. die Feuer-Industrie-Versicherung einschließlich der Feuer-Betriebsunterbrechungs-Versicherung,
   2. die Landwirtschaftliche Feuerversicherung,
   3. die Kautionsversicherung,
   4. die Delkredereversicherung,
   5. die Vertrauensschadenversicherung,
   die Kautions- und Delkredereversicherung jedoch nur, soweit der Versicherungsneh-mer eine gewerbliche, bergbauliche oder freiberufliche Tätigkeit ausübt (Versiche-rungszweig 20 der Anlage 1 Abschnitt C der Versicherungsberichterstattungs-Ver-ordnung).

   (3) Werden für weitere Versicherungszweige, -arten und -unterarten im Sinne der Versi-cherungsberichterstattungs-Verordnung für Zwecke der Schwankungsrückstellung freiwillig gesonderte versicherungstechnische Gewinn- und Verlustrechnungen aufge-

stellt, so gelten auch diese als Versicherungszweige im Sinne der Bestimmungen dieser Anlage. Hierbei ist Abschnitt III Nr. 2 zu beachten.

(4) Als Versicherungszweig im Sinne der Bestimmungen dieser Anlage gelten nicht

1. die selbst abgeschlossene und die in Rückdeckung übernommene
   a) Feuerversicherung insgesamt,
   b) Kredit- und Kautionsversicherung insgesamt,
   c) sonstige Schadenversicherung einschließlich der mit dieser in einer gesonderten versicherungstechnischen Gewinn- und Verlustrechnung miterfaßten Versicherungszweige gemäß § 4 Abs. 2 Satz 2 Versicherungsberichterstattungs-Verordnung,
   d) Sonstige Sachversicherung,
2. die selbst abgeschlossene Kraftfahrtversicherung,
3. die selbst abgeschlossenen Versicherungen insgesamt,
4. die in Rückdeckung übernommenen Versicherungen insgesamt.

2. Die Standardabweichung der Schadenquoten des Beobachtungszeitraumes im Sinne der Bestimmungen dieser Anlage ist die Quadratwurzel aus dem Summenwert der quadrierten Abweichungen im Beobachtungszeitraum, der durch die um 1 verminderte Zahl der Geschäftsjahre des Beobachtungszeitraumes dividiert wurde. Abweichung ist die Differenz zwischen der Schadenquote eines Geschäftsjahres des Beobachtungszeitraumes und der durchschnittlichen Schadenquote des Beobachtungszeitraumes.

3. (1) Beobachtungszeitraum im Sinne der Bestimmungen dieser Anlage sind jeweils die fünfzehn, in der Hagel-, der Kredit- und Kautions- sowie der Vertrauensschadenversicherung die dreißig dem Bilanzjahr vorausgehenden Geschäftsjahre. Hierbei bleiben Geschäftsjahre mit verdienten Beiträgen von 125000 Euro und weniger außer Betracht. Für diese Geschäftsjahre ist nach Abschnitt III Nr. 1 Abs. 1 Satz 1 und 2 zu verfahren. In der Kredit- und Kautions- sowie der Vertrauensschadenversicherung bleiben darüber hinaus Geschäftsjahre, die vor dem 1. Januar 1966 begonnen haben, für den Beobachtungszeitraum unberücksichtigt. Im Falle des Abschnittes I Nr. 7 Abs. 2 zählt das Bilanzjahr zum fünfzehn- oder dreißigjährigen Beobachtungszeitraum.

(2) Betreibt ein Versicherungsunternehmen einen Versicherungszweig noch nicht während des gesamten Beobachtungszeitraumes im Sinne des Absatzes 1, mindestens aber zehn Geschäftsjahre vor dem Bilanzjahr, so gelten jeweils sämtliche Geschäftsjahre als Beobachtungszeitraum.

4. (1) Die Schadenquote eines Geschäfts- oder Bilanzjahres im Sinne der Bestimmungen dieser Anlage ist das Verhältnis der Aufwendungen für Versicherungsfälle einschließlich der Schadenregulierungsaufwendungen, der Aufwendungen für die erfolgsabhängige, soweit gesetzlich vorgeschrieben, und die erfolgsunabhängige Beitragsrückerstattung, der Aufwendungen für Rückkäufe und Rückgewährbeträge und der Veränderungen der Beitragsdeckungsrückstellung, abzüglich des technischen Zinsertrages, jeweils für eigene Rechnung, zu den verdienten Beiträgen des Geschäfts- oder Bilanzjahres.

(2) Die durchschnittliche Schadenquote ist das arithmetische Mittel der Schadenquoten des Beobachtungszeitraumes.

5. Die Grenzschadenquote im Sinne der Bestimmungen dieser Anlage ergibt sich für das selbst abgeschlossene Geschäft aus der Differenz zwischen 95 vom Hundert, für das selbst abgeschlossene Rechtsschutzgeschäft 98 vom Hundert und für das in Rückdeckung übernommene Geschäft 99 vom Hundert und der mittleren Kostenquote.

6. (1) Kostenquote im Sinne der Bestimmungen dieser Anlage ist das Verhältnis der Aufwendungen für den Versicherungsbetrieb zuzüglich der Feuerschutzsteuer sowie sonstige, ihrem Verwendungszweck nach vergleichbare Aufwendungen für Schadenverhütung und -bekämpfung zu den verdienten Beiträgen, jeweils ohne Abzug des Anteils der Rückversicherer.

(2) Die mittlere Kostenquote ist das arithmetische Mittel der Kostenquoten des Bilanzjahres und der zwei vorausgehenden Geschäftsjahre.

7. Ein Unterschaden liegt vor, wenn die Schadenquote des Bilanzjahres die durchschnittliche Schadenquote unterschreitet. Der Betrag des Unterschadens ergibt sich aus der Differenz dieser beiden Quoten multipliziert mit den verdienten Beiträgen des Bilanzjahres.

8. Ein Überschaden liegt vor, wenn die Schadenquote des Bilanzjahres die durchschnittliche Schadenquote übersteigt. Der Betrag des Überschadens ergibt sich aus der Differenz dieser beiden Quoten multipliziert mit den verdienten Beiträgen des Bilanzjahres.

9. (1) Verdiente Beiträge eines Geschäfts- oder Bilanzjahres im Sinne der Bestimmungen dieser Anlage sind die jeweiligen gebuchten Beiträge (einschließlich der Nebenleistungen der Versicherungsnehmer sowie im in Rückdeckung übernommenen Versicherungsgeschäft unter Einschluß der Portefeuille-Ein- und -Austrittsbeiträge) unter Berücksichtigung der Veränderung der Beitragsüberträge, jeweils für eigene Rechnung.

(2) Bei Versicherungsvereinen auf Gegenseitigkeit, bei denen die Erhebung von Nachschüssen geschäftsplanmäßig nicht ausgeschlossen ist, gelten als verdiente Beiträge des Bilanzjahres die im Bilanzjahr im voraus erhobenen Beiträge zuzüglich 10 vom Hundert der Summe der in den zehn dem Bilanzjahr vorausgehenden Geschäftsjahren sich ergebenden Nachschußquoten multipliziert mit den im voraus erhobenen Beiträgen des Bilanzjahres.

(3) Die Nachschußquote eines Geschäftsjahres ist das Verhältnis des im Geschäftsjahr erhobenen Nachschusses zu den im voraus erhobenen Beiträgen des Geschäftsjahres.

Abschnitt III. Neuaufnahme und Untergliederung von Versicherungszweigen

1. (1) Sind in einem Versicherungszweig im Sinne der Bestimmungen dieser Anlage, für den nach den Vorschriften der Versicherungsberichterstattungs-Verordnung oder des Abschnitts II Nr. 1 Abs. 2 erstmals eine gesonderte versicherungstechnische Gewinn- und Verlustrechnung aufzustellen ist, die für einen mindestens zehnjährigen Beobachtungszeitraum erforderlichen Schadenquoten aus den eigenen Geschäftsunterlagen ganz oder teilweise nicht zu ermitteln, so sind für die fehlenden Geschäftsjahre die Schadenquoten aus den in den Geschäftsberichten der Bundesanstalt für Finanzdienstleistungsaufsicht (BaFin) beziehungsweise des früheren Bundesaufsichtsamtes für das Versicherungswesen veröffentlichten Tabellen zu verwenden. Liegen derartige Quoten nicht vor, so sind mit Zustimmung der BaFin geeignete andere statistische Quellen heranzuziehen. Sobald ein mindestens zehnjähriger eigener Beobachtungszeitraum vorliegt, ist nach Abschnitt II Nr. 4 zu verfahren.

(2) Sind bei Anwendung des Absatzes 1 die zur Berechnung der mittleren Kostenquote erforderlichen Kostenquoten früherer Geschäftsjahre aus den eigenen Geschäftsunterlagen nicht zu ermitteln, so gilt als mittlere Kostenquote die Kostenquote des jeweiligen Bilanzjahres. Sobald mindestens drei Geschäftsjahre einschließlich des Bilanzjahres vorliegen, ist nach Abschnitt II Nr. 6 Abs. 2 zu verfahren.

2. (1) Für Versicherungszweige, -arten und -unterarten gemäß Abschnitt II Nr. 1 Abs. 3 darf eine gesonderte Schwankungsrückstellung nur gebildet werden, wenn die nach den Bestimmungen dieser Anlage zur Bildung der Schwankungsrückstellung erforderlichen Berechnungen für einen mindestens zehnjährigen Beobachtungszeitraum aus den vorhandenen Geschäftsunterlagen vorgenommen werden können. Die Schwankungsrückstellung des Versicherungszweiges, zu dem die Versicherungsart und -unterart gemäß Satz 1 gehört, ist im Verhältnis der Sollbeträge der herausgenommenen Versicherungsart und -unterart zu denen des restlichen Versicherungszweiges aufzuteilen.

(2) Bei Anwendung des Absatzes 1 ist die Untergliederung der Versicherungszweige für Zwecke der Schwankungsrückstellung beizubehalten. Eine weitere Untergliederung der neuen Versicherungszweige ist zulässig.

Abschnitt IV. Übergangsregelung

Abschnitt III Nr. 1 Abs. 1 und 2 gilt abweichend von Nr. 2 Abs. 1 auch für einen Versicherungszweig im Sinn der Versicherungsberichterstattungs-Verordnung vom 29. März 2006 (BGBl. I S. 622), für den freiwillig gesonderte versicherungstechnische Gewinn- und Verlustrechnungen für Zwecke der Schwankungsrückstellung nach Abschnitt II Nr. 1 Abs. 3 Satz 1 aufgestellt werden.

Fünfter Titel. Konzernabschluß, Konzernlagebericht

§ 341i Aufstellung, Fristen

(1) ¹Versicherungsunternehmen, auch wenn sie nicht in der Rechtsform einer Kapitalgesellschaft betrieben werden, haben unabhängig von ihrer Größe einen

Konzernabschluß und einen Konzernlagebericht aufzustellen. ²Zusätzliche Anforderungen auf Grund von Vorschriften, die wegen der Rechtsform bestehen, bleiben unberührt.

(2) Als Versicherungsunternehmen im Sinne dieses Titels gelten auch Mutterunternehmen, deren einziger oder hauptsächlicher Zweck darin besteht, Beteiligungen an Tochterunternehmen zu erwerben, diese Beteiligungen zu verwalten und rentabel zu machen, sofern diese Tochterunternehmen ausschließlich oder überwiegend Versicherungsunternehmen sind.

(3) ¹Die gesetzlichen Vertreter eines Mutterunternehmens haben den Konzernabschluß und den Konzernlagebericht abweichend von § 290 Abs. 1 innerhalb von zwei Monaten nach Ablauf der Aufstellungsfrist für den zuletzt aufzustellenden und in den Konzernabschluß einzubeziehenden Abschluß, spätestens jedoch innerhalb von zwölf Monaten nach dem Stichtag des Konzernabschlusses, für das vergangene Konzerngeschäftsjahr aufzustellen und dem Abschlußprüfer des Konzernabschlusses vorzulegen; ist das Mutterunternehmen eine Kapitalgesellschaft im Sinn des § 325 Abs. 4 Satz 1 und nicht zugleich im Sinn des § 327a, tritt an die Stelle der Frist von längstens zwölf eine Frist von längstens vier Monaten. ²§ 299 Abs. 2 Satz 2 ist mit der Maßgabe anzuwenden, daß der Stichtag des Jahresabschlusses eines Unternehmens nicht länger als sechs Monate vor dem Stichtag des Konzernabschlusses liegen darf.

(4) Der Konzernabschluß und der Konzernlagebericht sind abweichend von § 175 Abs. 1 Satz 1 des Aktiengesetzes spätestens der nächsten nach Ablauf der Aufstellungsfrist für den Konzernabschluß und Konzernlagebericht einzuberufenden Hauptversammlung, die einen Jahresabschluß des Mutterunternehmens entgegennimmt oder festzustellen hat, vorzulegen.

Schrifttum: Christ, Verbriefungsplattformen nach IFRS, 2014; Geib/Axer, Aufstellungsfristen für den Jahresabschluß und Konzernabschluß von Versicherungsunternehmen nach neuem Recht, WPg 1986, 267; Geib/Ellenbürger/Kölschbach, Ausgewählte Fragen zur EG-Versicherungsbilanzrichtlinie (VersBiRiLi) (Teil II), WPg 1992, 221; Küting/Seel, Neukonzeption des Mutter-Tochter-Verhältnisses nach HGB – Auswirkungen des BilMoG auf die handelsrechtliche Bilanzierung, BB 2010, 1459; Luttermann, Konzernrechnungslegung der Versicherungsunternehmen, BB 1995, 191; Richter/Geib, Auswirkungen des Bilanzrichtlinien-Gesetzes auf die Rechnungslegung von Versicherungsunternehmen, WPg 1987, 181; Zülch/Erdmann/Popp, Kritische Würdigung der Neuregelungen des IFRS 10 im Vergleich zu den bisherigen Vorschriften des IAS 27 sowie SIC-12, KoR 2011, 585; Zeitler, Grundsätze ordnungsmäßiger Versicherungsbilanzierung nach IFRS, 2021.

Übersicht

I. Aufstellung

1. Pflicht zur Konzernrechnungslegung. Abs. 1 S. 1 erweitert die Pflicht zur Konzernrechnungslegung. Grundsätzlich sind Mutterunternehmen in der Rechtsform einer **Kapitalgesellschaft** mit Sitz im Inland gem. § 290 zum Erstellen eines Konzernabschlusses **1**

verpflichtet. Für Mutterunternehmen mit Sitz im Inland, die **keine Kapitalgesellschaften** sind, ist § 11 PublG für die Pflicht zur Konzernrechnungslegung maßgeblich. Versicherungsunternehmen sind gem. § 11 Abs. 5 PublG jedoch explizit von den Vorschriften zur Konzernrechnungslegung nach dem PublG ausgeschlossen. Abweichend davon verpflichtet Abs. 1 S. 1 Versicherungsunternehmen dazu, die allgemeinen Vorschriften für die Konzernrechnungslegung von Kapitalgesellschaften (§§ 290–315e) rechtsform- und größenunabhängig anzuwenden. Die Pflicht zur rechtsformunabhängigen Konzernrechnungslegung entstammt der RL 91/674/EWG.[1] Begründet wird dies mit dem Hinweis, dass in den Mitgliedstaaten Konzerne unterschiedlicher Rechtsformen miteinander in Wettbewerb stehen. Die umfassende **Konzernrechnungslegungspflicht** soll gewährleisten, dass international agierende Versicherungsunternehmen unabhängig von ihrer rechtlichen Ausgestaltung und Größe vergleichbaren Veröffentlichungsanforderungen unterliegen. Zudem verdeutlicht es, „dass für finanziell sensible Branchen auf das Informationsinstrument des Konzernabschlusses generell nicht verzichtet werden soll".[2] Die übrigen in § 290 genannten **Voraussetzungen** zur Konzernrechnungslegungspflicht, wie insbesondere das Vorliegen eines Mutter-Tochter-Verhältnisses, bleiben von Abs. 1 unberührt und müssen deshalb auch bei Versicherungsunternehmen zwingend vorliegen, damit eine Verpflichtung zur Konzernrechnungslegung entsteht.

2   Unter den Begriff des **Versicherungsunternehmens** fallen gem. § 341 Abs. 1 S. 1 alle Unternehmen, die Versicherungsgeschäfte betreiben und nicht Sozialversicherungsträger darstellen.[3] Hierzu zählen gem. § 341 Abs. 2 auch inländische Zweigniederlassungen, die von einem im Ausland ansässigen Versicherungsunternehmen betrieben werden, sofern es zum Betrieb des Direktversicherungsgeschäftes die Erlaubnis der deutschen Versicherungsaufsichtsbehörde benötigt.[4] Deshalb sind auch diese (ggf. rechtlich unselbstständigen) Zweigniederlassungen zur Aufstellung eines Konzernabschlusses verpflichtet. Die Konzernrechnungslegungspflicht umfasst hier die inländische Zweigniederlassung als Mutterunternehmen sowie die ihr iSd § 290 zuzurechnenden Tochterunternehmen.[5] § 341i ist auch auf **Pensionsfonds** iSd § 236 Abs. 1 VAG anzuwenden (§ 341 Abs. 4 S. 1).

3   **2. Konzernrechnungslegungspflicht von Versicherungsholdings.** Abs. 2 erweitert für die Prüfung der Konzernrechnungslegungspflicht den Kreis der **aufstellungspflichtigen Versicherungsunternehmen** um Mutterunternehmen, deren einziger oder hauptsächlicher Zweck darin besteht, Beteiligungen an Tochterunternehmen zu erwerben, diese Beteiligungen zu verwalten und rentabel zu machen, sofern diese Tochterunternehmen ausschließlich oder überwiegend Versicherungsunternehmen sind (sog. Versicherungsholdinggesellschaften).[6] Der Begriff der Versicherungsholdinggesellschaften wird für aufsichtsrechtliche Zwecke in § 7 Nr. 31 VAG definiert. Eine „Beteiligung" wird nach § 271 Abs. 1 S. 3 vermutet, wenn die Anteile an einem Unternehmen insgesamt den fünften Teil des Nennkapitals dieses Unternehmens oder, falls kein Nennkapital vorhanden ist, den fünften Teil der Summe aller Kapitalanteile an diesem Unternehmen überschreiten.

4   Entsprechend dem Gesetzeswortlaut kommt es nicht darauf an, dass das Mutterunternehmen die **Holdingfunktion** bereits zum Bilanzstichtag ausübt. Es genügt die darauf gerichtete, ggf. durch die Satzung des Unternehmens objektivierte Absicht des Unternehmens (Zwecksetzung). Deshalb ist es auch nicht erforderlich, dass das Unternehmen bereits zum Bilanzstichtag an mehreren Versicherungsunternehmen beteiligt ist. Bei strenger Wortlautauslegung wäre nicht einmal die Beteiligung an einem einzigen Versicherungsunternehmen erforderlich, sofern nur die Absicht dazu besteht, dieses zu erwerben. Der **Regelungsgedanke** des Vierten Abschnittes des Gesetzes, ergänzende Vorschriften für

---

[1]   Vgl. RL 91/674/EWG, 1.
[2]   Busse von Colbe/Fehrenbach § 293 HGB Rn. 4.
[3]   Vgl. Luttermann BB 1995, 191 (193).
[4]   Vgl. BT-Drs. 12/7646, 3.
[5]   Vgl. Beck Versicherungsbilanz/Seitz Rn. 6.
[6]   Vgl. auch Art. 65 Abs. 2 RL 91/674/EWG.

Unternehmen bestimmter Geschäftszweige (hier von Versicherungsunternehmen) vorzuschreiben, würde aber verfehlt, wenn sich im Konsolidierungskreis noch kein einziges
Versicherungsunternehmen befindet. Deshalb ist es für die Konzernrechnungslegungspflicht einer Holdinggesellschaft iSd Abs. 2 zumindest erforderlich, dass diese zum Bilanzstichtag an einem Versicherungsunternehmen beteiligt ist und die Beteiligung an einem
weiteren Versicherungsunternehmen konkret beabsichtigt.

Der Zweck des Mutterunternehmens muss alleine oder „hauptsächlich" darin bestehen,   **5**
sich an Versicherungsunternehmen zu beteiligen. Dies setzt voraus, dass seine eigenständige,
operative Geschäftstätigkeit im Vergleich zur **Holdingtätigkeit** in den Hintergrund
tritt. Die Beurteilung, ob dies der Fall ist, bestimmt sich anhand qualitativer Merkmale nach
dem Gesamtbild der Verhältnisse und den mittel- oder langfristigen Zielen und Zielvorgaben
des Unternehmens. Eine Quantifizierung „an Hand von im Rahmen einer ordnungsmäßigen Kostenrechnung geschlüsselten Kosten"[7] erscheint dazu ungeeignet. Aufgrund der Vielzahl der in der Praxis vorzufindenden Kostenrechnungssysteme, die jeweils zu unterschiedlichen Ergebnissen führen (können), und der unlösbaren Problematik der sachgerechten
Gemeinkostenschlüsselung bietet die Kostenrechnung (wenn überhaupt) nur einen ersten
Anhaltspunkt.

Ferner muss es sich bei den Tochterunternehmen um solche Unternehmen handeln,   **6**
die „ausschließlich oder hauptsächlich" Versicherungsunternehmen sind. Aus operativen
Gründen scheint es nahe liegend, das Merkmal „hauptsächlich"[8] quantitativ auszulegen,
indem die Zahl der **Versicherungstochterunternehmen** mit der Zahl der **Nicht-Versi-
cherungstochterunternehmen** verglichen wird. Dieses Beurteilungskriterium schafft
indes erhebliche bilanzpolitische Gestaltungsspielräume. Eine Holdinggesellschaft, die auch
Nicht-Versicherungsunternehmen im Beteiligungsbestand hat, könnte jederzeit die Versicherungsunternehmen als Enkelunternehmen in einer Zwischenholding zusammenfassen
und damit die Konzernrechnungslegungspflicht des Abs. 2 umgehen. Der wirtschaftlichen
Betrachtungsweise entspricht es daher, das Definitionskriterium „hauptsächlich" qualitativ
zu interpretieren und auf die relative und absolute Bedeutung der Versicherungsunternehmen im Rahmen des Konzerns abzustellen.[9] Dies entspricht weitgehend der herrschenden
Literaturmeinung.[10]

Umstritten ist, ob bei dieser Abwägung Tochterunternehmen, die zwar keine Versiche-   **7**
rungsunternehmen darstellen, gleichwohl aber im Rahmen von **Funktionsausgliede-
rungsverträgen** oder **Dienstleistungsverträgen** ausschließlich oder im Wesentlichen
Tätigkeiten für andere Versicherungsunternehmen übernehmen, zu den Versicherungsunternehmen zählen oder aber den Nicht-Versicherungsunternehmen zuzurechnen sind.[11]
Die Regelungen der § 341 Abs. 1 S. 1 und § 341 Abs. 2 sowie des § 341i Abs. 2 scheinen
insofern eindeutig. Sie subsumieren derartige Dienstleistungsunternehmen nicht unter den
Begriff der Versicherungsunternehmen. In wirtschaftlicher Sichtweise sind diese Tochterunternehmen indes dem Versicherungsbereich zugehörig. Da die Konzernrechnungslegung
für Jahresabschluss- und Informationszwecke die rechtliche Struktur von Mutter- und Tochterunternehmen aufhebt und die wirtschaftliche Organisationseinheit „Konzern" in den
Mittelpunkt der Berichterstattung stellt, erscheint es daher nicht von vornherein ausgeschlossen, auch Nicht-Versicherungsunternehmen, die ausschließlich oder überwiegend
versicherungstechnische Hilfsaufgaben für Tochterunternehmen des Konsolidierungskreises
wahrnehmen, zur Beurteilung der Konzernrechnungslegungspflicht dem Versicherungsbereich zuzuordnen.[12]

---

7   Beck Versicherungsbilanz/Seitz Rn. 14.
8   Art. 65 Abs. 2 RL 91/674/EWG; vgl. dazu Luttermann BB 1995, 191 (193).
9   Vgl. Luttermann BB 1995, 191 (193); Geib/Ellenbürger/Kölschbach WPg 1992, 221 (228 f.); aA Beck
     Versicherungsbilanz/Seitz Rn. 18.
10   Vgl. BeckOGK/Ellenbürger/Hammers Rn. 7; EBJS/Böcking/Gros/Kölschbach Rn. 5.
11   Gegen eine Klassifizierung als Versicherungsunternehmen Beck Versicherungsbilanz/Seitz Rn. 19 f.; aA
     Geib/Ellenbürger/Kölschbach WPg 1992, 221 (228 f.); EBJS/Böcking/Gros/Kölschbach Rn. 4; WP-
     HdB Versicherungsunternehmen/Freiling J Rn. 6.
12   Vgl. Beck Versicherungsbilanz/Seitz Rn. 20.

8   **3. Befreiungen von der Aufstellungspflicht.** § 341j Abs. 1 verweist auf die allgemeinen Vorschriften der Konzernrechnungslegung (§§ 290–315e). Grundsätzlich behalten
damit auch die **Befreiungsvorschriften** der §§ 291, 292 für Versicherungsunternehmen
ihre Gültigkeit.[13] Demnach kann unter den Voraussetzungen der §§ 291, 292 ein Mutterunternehmen, das gleichzeitig Tochterunternehmen eines Mutterunternehmens ist, innerhalb
eines mehrstufigen Konzerns von der Pflicht zur Aufstellung eines Teilkonzernabschlusses
durch die Aufstellung und Offenlegung eines befreienden Konzernabschlusses und -lagebe-
richtes seitens eines übergeordneten Mutterunternehmens entbunden werden.[14] Größenabhängige Befreiungen von der Konzernrechnungspflicht iSd § 293 HGB sind hingegen gem.
§ 341j Abs. 1 S. 2 nicht anzuwenden.[15]

9   **Von der Konzernrechnungslegung befreit** sind darüber hinaus kleinere Versicherungsunternehmen iSd § 61 S. 1 RechVersV (→ § 341 Rn. 38). Durch diese Befreiung soll
„eine im Verhältnis zur Größe der Versicherungsunternehmen unangemessene Belastung"[16]
vermieden werden.

10   § 61 S. 1 Nr. 1 RechVersV befreit zudem **Versicherungsvereine auf Gegenseitigkeit**
von der Konzernrechnungslegungspflicht, die keine Haftpflichtversicherung, Kredit- und
Kautionsversicherung zum Gegenstand haben und in ihrer Satzung den Vorbehalt von
Nachschüssen vorsehen sowie die Kürzung von Versicherungsansprüchen erlauben, wenn
(nach § 61 S. 1 Nr. 1 Buchst. a RechVersV), bezogen auf Schaden-, Unfall- und Krankenversicherungsvereine, die Bruttobeiträge aus dem Versicherungsgeschäft in den zwölf Monaten vor dem Abschlussstichtag mindestens hälftig auf das Mitgliederversicherungsgeschäft
entfallen sowie auf das Maximum von 1 Mio. EUR begrenzt sind; oder wenn (nach § 61
S. 1 Nr. 1 Buchst. b RechVersV), bezogen auf Lebensversicherungsvereine, durch die jeweils
gebuchten Bruttobeiträge in drei aufeinander folgenden Geschäftsjahren ein Maximalbetrag
von 500.000 EUR nicht überschritten wird.

11   Als von der Konzernrechnungslegungspflicht entbunden gelten weiterhin Versicherungsunternehmen, die sich „ausschließlich" auf **touristische Beistandsleistungen** konzentrieren, örtlich beschränkt sowie „ausschließlich" auf Naturalleistungen basierend tätig
sind, sofern deren jährliche Bruttobeiträge nicht über 200.000 EUR liegen (§ 61 S. 1 Nr. 2
RechVersV).

12   § 61 S. 1 Nr. 3 RechVersV erfasst außerdem Schaden-, Unfall- und Krankenversicherungsvereine, die mit anderen Versicherungsvereinen die Rückversicherung aller Versicherungsverträge oder die Erfüllungsübernahme der aus den Versicherungsverträgen resultierenden Verbindlichkeiten vereinbart haben. **Pensions- und Sterbekassen** gelten ebenfalls
als befreit, sollten nach § 61 S. 1 Nr. 4 RechVersV bezogen auf das vorangegangene
Geschäftsjahr bzw. auf den Abschlussstichtag des vorangegangenen Geschäftsjahres die Bruttobeiträge maximal 7,5 Mio. EUR oder die Bilanzsumme maximal 125 Mio. EUR betragen.

13   **4. Konsolidierungskreis. a) Begründung eines Mutter-Tochter-Verhältnisses.**
Die Bedingung für eine Konzernrechnungslegungspflicht von Versicherungsunternehmen
besteht in einem Mutter-Tochter-Verhältnis. Ein Mutterunternehmen, das kein Tochterunternehmen iSd § 290 hat, ist auch nicht zur Aufstellung eines Konzernabschlusses verpflichtet. Ob eine Mutter-Tochter-Beziehung besteht, richtet sich nach dem Kontroll-Konzept.
So ist nach § 290 Abs. 1 ein Konzernabschluss und ein Konzernlagebericht vom Mutterunternehmen aufzustellen, wenn deren gesetzlichen Vertreter auf ein anderes Unternehmen
(Tochterunternehmen) unmittelbar oder mittelbar einen beherrschenden Einfluss ausüben
kann. Ein beherrschender Einfluss liegt vor, „wenn ein Unternehmen die Möglichkeit hat,

---

13   Beachte: § 292a, der eine Befreiung von der Aufstellung eines Konzernabschlusses nach HGB, jedoch
       nicht von einer generellen Aufstellungspflicht kodifizierte, ist durch das Bilanzrechtsreformgesetz entfal-
       len, vgl. Art. 1 Nr. 11 BilReG.
14   Vgl. ADS § 291; ADS § 292.
15   Vgl. auch BT-Drs. 12/5587, 7; BT-Drs. 18/4050, 71.
16   BR-Drs. 823/94, 152.

die Finanz- und Geschäftspolitik eines anderen Unternehmens dauerhaft zu bestimmen, um aus dessen Tätigkeit Nutzen zu ziehen".[17] Aufgrund des Abs. 1 S. 1 iVm den §§ 290–315e gelten diese Voraussetzungen auch für VVaG und öffentlich-rechtliche Versicherungsunternehmen.

Das **Kontroll-Konzept** fordert für das Vorliegen einer Mutter-Tochter-Beziehung, **14** dass das Mutterunternehmen rechtlich dazu in der Lage ist, das Tochterunternehmen zu beherrschen. Es genügt die Möglichkeit der Unternehmenskontrolle, auf ihre tatsächliche Ausübung kommt es dagegen nicht an.[18] Die Kontrollrechte können alternativ durch das Vorliegen der Stimmrechtsmehrheit der Gesellschafter (§ 290 Abs. 2 Nr. 1), durch das Bestellungs- und/oder Abberufungsrecht der Mehrheit der Mitglieder des die Finanz- und Geschäftspolitik bestimmenden Verwaltungs-, Leitungs- oder Aufsichtsorgans bei einer gleichzeitigen Gesellschafterstellung (§ 290 Abs. 2 Nr. 2) und durch das Recht, die Finanz- und Geschäftspolitik aufgrund eines Beherrschungsvertrages oder einer Satzungsbestimmung zu bestimmen (§ 290 Abs. 2 Nr. 3), begründet sein. Aufgrund der wirtschaftlichen Betrachtungsweise sind auch Zweckgesellschaften zu konsolidieren (§ 290 Abs. 2 Nr. 4).

Zweckgesellschaften werden regelmäßig zur Erreichung eines eng begrenzten und **15** genau definierten Ziels gegründet und so konzipiert, dass bereits im Gründungszeitpunkt die zukünftigen Entscheidungen weit überwiegend festliegen oder in einem engen Umfeld vordefiniert sind. In diesen Fällen läuft die pauschale Überprüfung der Kontrollmöglichkeiten iSd § 290 Abs. 2 Nr. 1–3 ins Leere.[19] Deshalb ordnet § 290 Abs. 2 Nr. 4 demjenigen den beherrschenden Einfluss an der Zweckgesellschaft zu, der bei wirtschaftlicher Betrachtungsweise die Mehrheit der Risiken und Chancen an der Gesellschaft trägt. Im Falle einer asymmetrischen Chancen- und Risikoverteilung bilden die Risiken das entscheidende Kriterium.[20]

b) Einbeziehungswahlrechte. Grundsätzlich sind neben dem Mutterunternehmen **16** alle Tochterunternehmen, unabhängig von ihrem Sitz und der Rechtsform in den Konzernabschluss einzubeziehen (**Weltabschlussprinzip**; § 294 Abs. 1), soweit kein **Einbeziehungswahlrecht** (§ 296) vorliegt.

Auf die Einbeziehung kann iSd § 296 verzichtet werden, wenn die dem Mutterunter- **17** nehmen zugehörigen Rechte bezüglich des Vermögens oder der Geschäftsführung des jeweiligen Tochterunternehmens **einer erheblichen und andauernden Einschränkung** unterliegen (§ 296 Abs. 1 Nr. 1). Weiterhin besteht das Recht, das Tochterunternehmen nicht in den Vollkonsolidierungskreis einzubeziehen, wenn die Beschaffung der dazu erforderlichen Informationen **unverhältnismäßig hohe Kosten oder unangemessene Verzögerungen** verursacht (§ 296 Abs. 1 Nr. 2), wenn die Anteile des Tochterunternehmens ausschließlich zu Weiterveräußerungszwecken gehalten werden (§ 296 Abs. 1 Nr. 3) oder wenn das Tochterunternehmen für die Vermittlung eines den tatsächlichen Verhältnissen entsprechenden Bildes der Vermögens-, Finanz- und Ertragslage des Konzerns nur von untergeordneter Bedeutung ist (§ 296 Abs. 2 S. 1). Sollten mehrere Tochterunternehmen von dieser Voraussetzung betroffen sein, so wird ein Einbezug dieser Unternehmen ausgelöst, sollten diese in ihrer Gesamtheit für die Vermittlung eines den tatsächlichen Verhältnissen entsprechenden Bildes der Vermögens-, Finanz- und Ertragslage nicht von untergeordneter Bedeutung sein (§ 296 Abs. 2 S. 2).

5. Zwischenabschlüsse. Tochterunternehmen, die ein vom Konzernabschluss abwei- **18** chendes Wirtschaftsjahr haben, müssen **keinen Zwischenabschluss** für Konzernzwecke aufstellen, wenn der für den Einzelabschluss maßgebende Bilanzstichtag **nicht länger als drei Monate** vor dem Konzernabschlussstichtag liegt (§ 299 Abs. 2 S. 2). Abs. 3 S. 2 verlängert diese Toleranzgrenze für Versicherungsunternehmen auf sechs Monate, um den Beson-

---

[17]   BT-Drs. 16/12407, 89.
[18]   Vgl. ADS § 290 Rn. 10, 27–30; BT-Drs. 16/12407, 89.
[19]   Vgl. Küting/Seel BB 2010, 1459 (1462).
[20]   Vgl. BT-Drs. 16/12407, 89.

derheiten des Versicherungsgeschäftes Rechnung zu tragen.[21] Die Vorschrift ermöglicht es Erst- und Rückversicherer in einem Konzern vereinen, bei denen der Bilanzstichtag der Rückversicherer gegenüber dem der Erstversicherer nachgelagert ist.[22] Dabei ist es unerheblich, ob es sich bei dem Tochterunternehmen um ein Versicherungsunternehmen oder ein Nicht-Versicherungsunternehmen handelt. Treten innerhalb des Zeitraumes zwischen dem Abschluss des Tochterunternehmens und dem Konzernabschlussstichtag Ereignisse ein, die für die Darstellung der Vermögens-, Finanz- und Ertragslage des Konzerns von besonderer Bedeutung sind, so müssen diese in der Konzernbilanz und/oder Konzern-Gewinn- und Verlustrechnung berücksichtigt oder zumindest im Konzernanhang angegeben werden (§ 299 Abs. 3).

II. Fristen

19   **1. Aufstellung und Vorlage zur Prüfung.** Nach den Vorschriften des § 290 Abs. 1 S. 1 ist der Konzernabschluss und der Konzernlagebericht innerhalb von fünf Monaten nach dem Bilanzstichtag aufzustellen. Kapitalgesellschaften, deren Anteile iSd § 2 Abs. 1 WpHG an einem organisierten Markt iSd § 2 Abs. 11 WpHG innerhalb der EU oder einem anderen Vertragsstaat des Abkommens über den Europäischen Wirtschaftsraum gehandelt werden (§ 325 Abs. 4 S. 1) und auf die § 327a nicht zutrifft, haben eine auf vier Monate verkürzte Aufstellungsfrist zu erfüllen (§ 290 Abs. 1 S. 2). Im Hinblick auf die **branchenspezifischen Besonderheiten** des Versicherungsgeschäftes modifiziert Abs. 3 S. 1 diese Aufstellungspflicht. Danach haben die gesetzlichen Vertreter des Mutterunternehmens den Konzernabschluss und den Konzernlagebericht **innerhalb von zwei Monaten** nach dem Ablauf der für den zuletzt aufzustellenden und in den Konzernabschluss zu integrierenden Einzelabschluss maßgeblichen Aufstellungsfrist **zu erstellen** sowie dem Konzernabschlussprüfer vorzulegen. Bei inländischen Zweigniederlassungen von Versicherungsunternehmen mit Sitz im Ausland ist diese Verpflichtung vom Hauptbevollmächtigten wahrzunehmen (§ 68 Abs. 2 VAG).

20   Die Frist ist durch Abs. 3 S. 1 Hs. 1 begrenzt auf **einen Höchstzeitraum von zwölf Monaten** nach dem Stichtag des Konzernabschlusses. In Übereinstimmung mit § 290 Abs. 1 S. 2 wird der Höchstzeitraum durch Abs. 3 S. 1 Hs. 2 für Kapitalgesellschaften, die den Vorschriften des § 325 Abs. 4 S. 1 aber nicht zugleich der Erleichterungsregelung des § 327a unterliegen, auf vier Monate beschränkt. Über den Höchstzeitraum von zwölf bzw. vier Monate hinausgehende Verlängerungen, die durch die Anknüpfung der Konzernabschlussfristen an ausländische Einzelabschlussfristen hervorgerufen werden könnten, sind unzulässig.[23] Das den Konzernabschluss und den Konzernlagebericht aufstellende Versicherungsunternehmen ist dazu verpflichtet, diese Unterlagen unverzüglich nach ihrer Aufstellung der Aufsichtsbehörde (BaFin) zur Prüfung vorzulegen (§ 37 Abs. 1 S. 2 VAG). Dadurch soll es der Aufsichtsbehörde ermöglicht werden, „im Interesse einer vollständigen Beurteilung der wirtschaftlichen und finanziellen Lage des Versicherungsunternehmens auch Informationen über die Konzernrechnungslegung zu erhalten."[24] Dies gilt jedoch nicht für Holdinggesellschaften.[25] Nach § 1 Abs. 3 VAG besteht diese Verpflichtung auch für öffentlich-rechtliche Versorgungseinrichtungen.

21   **2. Vorlage gegenüber dem Aufsichtsrat und der Hauptversammlung.** Wird das **Mutterunternehmen in Form einer AG oder KGaA** betrieben, so ist der Vorstand dazu verpflichtet, den aufgestellten Konzernabschluss und den Konzernlagebericht unverzüglich dem Aufsichtsrat des Mutterunternehmens vorzulegen (§ 170 Abs. 1 AktG). Für Mutterunternehmen, die eine andere Rechtsform aufweisen (zB VVaG oder öffentlich-

---

[21]   Vgl. Richter/Geib WPg 1987, 181 (185); ADS § 298 Rn. 224.
[22]   Vgl. WP-HdB Versicherungsunternehmen/Freiling J Rn. 24.
[23]   Vgl. Geib/Axer WPg 1986, 267 (268).
[24]   BT-Drs. 12/5587, 32.
[25]   Vgl. EBJS/Böcking/Gros/Kölschbach Rn. 9; WP-HdB Versicherungsunternehmen/Freiling J Rn. 22.

rechtliche Versicherungsunternehmen) ergibt sich eine entsprechende Vorlagepflicht aus § 341j Abs. 3.

Der Konzernabschluss und der Konzernlagebericht sind der Hauptversammlung vorzu- **22** legen. Die Vorlage hat nach Abs. 4 spätestens auf der nächsten nach Ablauf der Aufstellungsfrist für den Konzernabschluss und Konzernlagebericht einzuberufenden Hauptversammlung, die den Jahresabschluss des Mutterunternehmens entgegennimmt oder festzustellen hat, zu erfolgen. § 175 Abs. 1 S. 1 AktG, der die Vorlagepflicht für die AG allgemein (und abweichend von Abs. 4) regelt, ist insofern nicht anzuwenden. Bei Versicherungsunternehmen, die keine AG sind, wird der Begriff der Hauptversammlung dem obersten Organ eines VVaG oder eines öffentlich-rechtlichen Versicherungsunternehmens gleichgesetzt.[26]

III. Aufstellung und Fristen nach IFRS

Die Frage, ob überhaupt ein Konzernabschluss aufzustellen ist oder nicht, entscheidet **23** sich ausschließlich nach den einschlägigen **EU-Richtlinien** (Bilanzrichtlinie 2013/34/EU) bzw. deren Umsetzung in **einzelstaatliche Vorschriften.**[27] IFRS 10 ist für die Beurteilung der Konzernabschlusspflicht nicht relevant.[28]

Die mit dem Bilanzrechtsreformgesetz (BilReG) vom 4.12.2004 (BGBl. 2004 I 3166) **24** eingeführte Rechtsnorm des § 315a idF vom 23.7.2015 regelt, welche Unternehmen grundsätzlich zur Aufstellung eines IFRS-Konzernabschlusses verpflichtet sind. Die Regelung des § 315a wurde durch Art. 1 CSR-RL-Umsetzungsgesetz (BGBl. 2017 I 802) inhaltsgleich in § 315e verschoben.[29] Die Bestimmung ist Ausfluss des Art. 4 IAS-VO (vgl. Art. 1 Nr. 20 BilReG). Auf die dortige Kommentierung wird verwiesen. Zu den im Falle eines IFRS-Konzernabschlusses geltenden handelsrechtlichen Vorschriften für Versicherungsunternehmen → § 341j Rn. 8.

Ist das Versicherungsunternehmen nach den einschlägigen handelsrechtlichen Regelun- **25** gen dazu verpflichtet, einen IFRS-Abschluss aufzustellen oder erstellt es diesen freiwillig, sind die IFRS-Regelungen für die Abgrenzung des Konsolidierungskreises heranzuziehen.[30] Die dazu einschlägigen Bestimmungen finden sich in IFRS 10. IFRS 10 bezieht sich auf alle Konzernunternehmen und beinhaltet keine besonderen Regelungen für Versicherungsunternehmen. Die in IFRS 10 verankerten Zurechnungsregeln folgen mit dem Control-Ansatz einem **einheitlichen Konsolidierungskonzept.**[31]

Nach dem **Control-Ansatz** muss ein (Tochter-)Unternehmen in den Konsolidie- **26** rungskreis grundsätzlich dann einbezogen werden, wenn das potenzielle Mutterunternehmen aufgrund bestehender Rechte die Fähigkeit hat, dessen relevante Aktivitäten zu bestimmen (Kriterium der Entscheidungsgewalt), wenn die Rückflüsse aus der Beteiligung mit dem Tochterunternehmen variabel sind (Kriterium der Ergebnisvariabilität) und wenn das Mutterunternehmen seine Entscheidungsgewalt dahingehend einsetzen kann, die Höhe der Rendite zu beeinflussen (IFRS 10.6).[32] Sind diese Kriterien aus Sicht des potenziellen Mutterunternehmens bei qualitativer Würdigung der Gesamtumstände des Einzelfalls kumulativ erfüllt, liegt ein Mutter-Tochter-Verhältnis vor und es besteht die Pflicht zur Vollkonsolidierung des Beteiligungsunternehmens.

Grundsätzlich sind nach IFRS 10.B86, ebenso wie nach HGB, alle Tochterunterneh- **27** men unabhängig von ihrem Sitz und der Rechtsform in den Konzernabschluss des Mutterunternehmens einzubeziehen **(Weltabschlussprinzip).** Abweichend von der HGB-Rege-

---

[26]   Vgl. Beck Versicherungsbilanz/Seitz Rn. 31.
[27]   Vgl. Haufe IFRS-Komm/Lüdenbach/Hoffmann/Freiberg § 32 Rn. 5.
[28]   Vgl. Haufe IFRS-Komm/Lüdenbach/Hoffmann/Freiberg § 32 Rn. 5, 95.
[29]   Vgl. BT-Drs. 18/9982, 14.
[30]   Vgl. BT-Drs. 15/3419, 34; vgl. zu den sich aus dem Verhältnis von § 290 zu IFRS 10 ergebenden Problemen Haufe IFRS-Komm/Lüdenbach/Hoffmann/Freiberg § 32 Rn. 95.
[31]   Vgl. Zülch/Erdmann/Popp KoR 2011, 585 (586).
[32]   Vgl. Haufe IFRS-Komm/Lüdenbach/Hoffmann/Freiberg § 32 Rn. 6; Christ, Verbriefungsplattformen nach IFRS, 2014, S. 152–154.

lung existieren keine Konsolidierungswahlrechte.[33] Ein Einbeziehungsverbot besteht grundsätzlich nur in den Fällen, in denen das Control-Kriterium nach IFRS 10.6 erheblich und andauernd eingeschränkt und damit nicht erfüllt ist. Dagegen sind Tochterunternehmen, die als zur Veräußerung gehalten eingestuft werden, weiterhin zu konsolidieren (Einbeziehungspflicht), wobei die gesonderten Ausweis- und Bewertungsvorschriften des IFRS 5 zu beachten sind.[34] Der Nichteinbeziehung wegen unwesentlicher Bedeutung (IAS 8.8 iVm IFRS Conceptual Framework QC11) und/oder unverhältnismäßiger hoher Kosten (IFRS Conceptual Framework QC35) oder zeitlicher Verzögerungen (IFRS Conceptual Framework QC29) setzt IFRS 10 enge Grenzen. Sie ist nur in Ausnahmefällen statthaft.

28   Die IFRS-Regelungen sehen **keine konkreten Fristenregelungen** für die Aufstellung und Publizität des Jahresabschlusses vor. Eine Begrenzung des Aufstellungszeitraumes lässt sich nur aus den allgemeinen Grundsätzen der „Usefulness" (IFRS Conceptual Framework OB2) oder „Timeliness" (IFRS Conceptual Framework QC29) ableiten. Allerdings sind diese Grundsätze Bestandteil des Frameworks der IFRS, das von der EU nicht endorsed wurde und deshalb auch keine rechtliche Bindungswirkung für Versicherungsunternehmen entfaltet,[35] die aufgrund des § 315e dazu verpflichtet sind, einen IFRS-Abschluss zu erstellen. IAS 1.36 bezieht sich hinsichtlich der Aufstellung grundsätzlich auf den Zeitraum eines Jahres, verbleibt jedoch weiterführend ohne präzisere Angaben. Diese Regelungslücke innerhalb der IFRS schließt der nationale Gesetzgeber, in dem gem. § 341j Abs. 1 S. 4 iVm § 315e Abs. 1 die handelsrechtlichen Vorschriften des § 341i Abs. 3 S. 1 und Abs. 4 zur Fristenregelung von Versicherungsunternehmen verpflichtend zur Anwendung gelangen.

§ 341j Anzuwendende Vorschriften

(1) ¹Auf den Konzernabschluß und den Konzernlagebericht sind die Vorschriften des Zweiten Unterabschnitts des Zweiten Abschnitts über den Konzernabschluß und den Konzernlagebericht und, soweit die Eigenart des Konzernabschlusses keine Abweichungen bedingt, die §§ 341a bis 341h über den Jahresabschluß sowie die für die Rechtsform und den Geschäftszweig der in den Konzernabschluß einbezogenen Unternehmen mit Sitz im Geltungsbereich dieses Gesetzes geltenden Vorschriften entsprechend anzuwenden, soweit sie für große Kapitalgesellschaften gelten. ²Die §§ 293, 298 Absatz 1 sowie § 314 Absatz 1 Nummer 3 und 23 sind nicht anzuwenden. ³§ 314 Abs. 1 Nr. 2a gilt mit der Maßgabe, daß die Angaben für solche finanzielle Verpflichtungen nicht zu machen sind, die im Rahmen des Versicherungsgeschäfts entstehen. ⁴In den Fällen des § 315e Abs. 1 finden abweichend von Satz 1 nur die §§ 290 bis 292, 315e Anwendung; die Sätze 2 und 3 dieses Absatzes und Absatz 2, § 341i Abs. 3 Satz 2 sowie die Bestimmungen der Versicherungsunternehmens-Rechnungslegungsverordnung vom 8. November 1994 (BGBl. I S. 3378) und der Pensionsfonds-Rechnungslegungsverordnung vom 25. Februar 2003 (BGBl. I S. 246) in ihren jeweils geltenden Fassungen sind nicht anzuwenden.

(2) § 304 Abs. 1 braucht nicht angewendet zu werden, wenn die Lieferungen oder Leistungen zu üblichen Marktbedingungen vorgenommen worden sind und Rechtsansprüche der Versicherungsnehmer begründet haben.

(3) Auf Versicherungsunternehmen, die nicht Aktiengesellschaften, Kommanditgesellschaften auf Aktien oder kleinere Vereine sind, ist § 170 Abs. 1 und 3 des Aktiengesetzes entsprechend anzuwenden.

(4) ¹Ein Versicherungsunternehmen, das ein Mutterunternehmen (§ 290) ist, hat den Konzernlagebericht um eine nichtfinanzielle Konzernerklärung zu erweitern,

---

[33]   Vgl. Haufe IFRS-Komm/Lüdenbach/Hoffmann/Freiberg § 32 Rn. 103.
[34]   Vgl. Haufe IFRS-Komm/Lüdenbach/Hoffmann/Freiberg § 32 Rn. 104.
[35]   Vgl. Zeitler, Grundsätze ordnungsmäßiger Versicherungsbilanzierung nach IFRS, 2021, S. 34.

wenn auf die in den Konzernabschluss einzubeziehenden Unternehmen die folgenden Merkmale zutreffen:

1. sie erfüllen die in § 293 Absatz 1 Satz 1 Nummer 1 oder 2 geregelten Voraussetzungen für eine größenabhängige Befreiung nicht und
2. bei ihnen sind insgesamt im Jahresdurchschnitt mehr als 500 Arbeitnehmer beschäftigt.

²§ 267 Absatz 4 bis 5, § 298 Absatz 2, § 315b Absatz 2 bis 4 und § 315c sind entsprechend anzuwenden. ³Wenn die nichtfinanzielle Erklärung einen besonderen Abschnitt des Konzernlageberichts bildet, darf das Versicherungsunternehmen auf die an anderer Stelle im Konzernlagebericht enthaltenen nichtfinanziellen Angaben verweisen.

(5) Ein Versicherungsunternehmen, das nach Absatz 1 in Verbindung mit § 315d eine Konzernerklärung zur Unternehmensführung zu erstellen hat, hat darin Angaben nach § 315d in Verbindung mit § 289f Absatz 2 Nummer 6 aufzunehmen, wenn die in den Konzernabschluss einzubeziehenden Unternehmen die in § 293 Absatz 1 Satz 1 Nummer 1 oder 2 geregelten Voraussetzungen für eine Befreiung nicht erfüllen.

Schrifttum: Ebeling, Fallstudien zur Konzernrechnungslegung, 1996; Ellenbürger/Horbach/Kölschbach, Ausgewählte Einzelfragen zur Rechnungslegung von Versicherungsunternehmen nach neuem Recht. WPg 1996, 113; Geib, Versicherungsunternehmen, in Ballwieser/Coenenberg/Wysocki, Handwörterbuch der Rechnungslegung und Prüfung (HWRP), 3. Aufl. 2002, Sp. 2555.

Übersicht

I. Für den Konzernabschluss und den Konzernlagebericht maßgebliche Vorschriften (Abs. 1)

1. Normzweck und Struktur der maßgeblichen Vorschriften. § 341j regelt die **1** auf den Konzernabschluss und den Konzernlagebericht von Versicherungsunternehmen **anzuwendenden Vorschriften** und somit Inhalt und Umfang der Konzernrechnungslegung von Versicherungsunternehmen und Pensionsfonds (gem. § 341 Abs. 4 S. 1 ist § 341j auch auf Pensionsfonds iSd § 236 Abs. 1 VAG anzuwenden). Das HGB sieht für Versicherungsunternehmen kein eigenständiges Konzern-Rechnungslegungswerk vor. Versicherungsunternehmen müssen den Konzernabschluss und den Konzernlagebericht grundsätzlich nach den **allgemeinen Bestimmungen der §§ 290–315e** erstellen (Abs. 1 S. 1). Diese Vorschriften werden um die rechnungslegungsspezifischen Sonderbestimmungen (§§ 341a–341h) ergänzt, welche auf den Einzelabschluss von Versicherungsunternehmen Anwendung finden, soweit die Eigenart des Konzernabschlusses keine Abweichungen erfordert. Des Weiteren finden gem. § 330 Abs. 3 S. 4 auch die Vorschriften der RechVersV (§§ 58–60 RechVersV) Anwendung.

2   Neben den allgemeinen **konzernrechtlichen und versicherungsspezifischen einzelbilanzrechtlichen** Vorschriften muss das Versicherungsunternehmen ferner die für große Kapitalgesellschaften geltenden **rechtsform- und geschäftszweigspezifischen** Vorschriften beachten. Rechtsformspezifische Bestimmungen können dabei insbesondere aus den für die AG und die KGaA geltenden Regelungen des Aktienrechts (zB §§ 150, 152 AktG) resultieren.[1] Geschäftszweigspezifische Vorschriften sind insbesondere in den Fällen relevant, in denen es sich bei dem in den Konzernabschluss des Versicherungsunternehmens einzubeziehenden Unternehmen um ein Kreditinstitut, ein Krankenhaus oder ein Verkehrsunternehmen handelt und die hierfür zu beachtenden besonderen Vorschriften Auswirkungen auf den Inhalt und die Darstellung des Jahresabschlusses haben.[2]

3   § 293 kodifiziert größenabhängige Befreiungen von der Konzernrechnungslegungspflicht. Nach Abs. 1 S. 1 ist die Konzernrechnungslegung von Versicherungsunternehmen aber stets an den für große Kapitalgesellschaften geltenden Vorschriften auszurichten. Versicherungsunternehmen bleiben damit unabhängig von ihrer tatsächlichen Größe grundsätzlich zur Konzernrechnungslegung verpflichtet (eine Befreiung ergibt sich für bestimmte Versicherungsunternehmen nach § 61 RechVersV). Abs. 1 S. 2 untersagt deshalb folgerichtig die Anwendung des § 293 auf Versicherungsunternehmen. Der Bestimmung des Abs. 1 S. 2 kommt eine rein klarstellende Funktion zu, da eine entsprechende Vorschrift bereits in § 341i Abs. 1 S. 1 kodifiziert ist.

4   § 298 Abs. 1 bestimmt, welche für den Einzelabschluss geltenden Vorschriften auch auf den Konzernabschluss anzuwenden sind. § 341j übernimmt diese Funktion für Versicherungsunternehmen und stellt dadurch klar, dass die Vorschriften der §§ 341a – h auch beim Aufstellen des konzernrechtlichen Jahresabschlusses zu beachten sind.

5   § 314 Abs. 1 Nr. 3 verpflichtet Kapitalgesellschaften dazu, die Umsatzerlöse im Konzernanhang nach Tätigkeitsbereichen sowie nach geographisch bestimmten Märkten aufzugliedern. Versicherungsunternehmen folgen branchenspezifischen Besonderheiten, die auch branchenspezifische Segmentierungen bestimmter Ertrags- und Aufwandspositionen nahelegt.[3] Diese werden durch die RechVersV vorgenommen. So sind nach § 59 Abs. 3 RechVersV Versicherungsunternehmen beispielsweise dazu verpflichtet, statt der Umsatzerlöse die in der Konzern-Gewinn- und Verlustrechnung erfassten Bruttobeiträge im Konzernanhang anzugeben, in das selbst abgeschlossene und in Rückdeckung übernommene Versicherungsgeschäft zu untergliedern sowie für das selbst abgeschlossene Versicherungsgeschäft eine Differenzierung der gebuchten Bruttobeiträge nach Art und Herkunft des Versicherungsgeschäftes vorzunehmen. Wegen dieser einschlägigen, eigenständigen Sonderregelungen nimmt Abs. 1 S. 2 die für Kapitalgesellschaften branchenübergreifend geltende Aufgliederungsnorm aus dem Anwendungsbereich aus.

6   Nach § 314 Abs. 1 Nr. 23 sind im Konzernanhang Beträge und die Art der einzelnen Erträge und Aufwendungen von außergewöhnlicher Größenordnung oder außergewöhnlicher Bedeutung, soweit die Beträge nicht von untergeordneter Bedeutung sind, gesondert auszuweisen. Diese Verpflichtung wurde durch das BilRUG (BGBl. 2015 I 1246) in das HGB eingeführt. Zeitgleich entfiel die Verpflichtung, diese Beträge in der Gewinn- und Verlustrechnung gesondert auszuweisen. Versicherungsunternehmen müssen dagegen auch weiterhin diese außergewöhnlichen Positionen in der Gewinn- und Verlustrechnung separat ausweisen und diese im Anhang erläutern, sofern sie wesentlich sind, da für sie mit der RL 91/674/EWG spezielle europäische Vorgaben gelten. Ein nochmaliger separater Ausweis im Anhang ist damit für Versicherungsunternehmen irreführend. Deshalb schließt Abs. 1 S. 2 die Anwendung des § 314 Abs. 1 Nr. 23 aus (→ § 341a Rn. 52 ff.).

7   Nach § 314 Abs. 1 Nr. 2a müssen Unternehmen im Konzernanhang den Gesamtbetrag der sonstigen finanziellen Verpflichtungen angeben, die nicht in der Bilanz erscheinen oder aufgrund spezifischer Rechnungslegungsvorschriften im Anhang offenzulegen sind,

---

1   Vgl. Beck Versicherungsbilanz/Stuirbrink/Säglitz Rn. 3.
2   Vgl. HdK/Berndt Kap. III § 298 Rn. 5.
3   Vgl. BR-Drs. 823/94, 151; Beck Versicherungsbilanz/Säglitz RechVersV § 59 Rn. 1 iVm Rn. 5.

sofern diese Zusatzangabe für die Beurteilung der Finanzlage des Konzerns von Bedeutung ist. Abs. 1 S. 3 nimmt von dieser Angabepflicht bei Versicherungsunternehmen solche finanziellen Verpflichtungen aus, die im Rahmen des Versicherungsgeschäftes entstehen. Die Bestimmung des Abs. 1 S. 3 überträgt somit die auch für den Einzelabschluss von Versicherungsunternehmen geltende, in § 341a Abs. 2 S. 4 kodifizierte Ausnahmeregelung auf den Konzernabschluss von Versicherungsunternehmen.

§ 315e betrifft die Vorschriften, die zu beachten sind, wenn der Konzernabschluss **8** nach den Regelungen der IFRS erstellt wird. In diesen Fällen treten an die Stelle der handelsrechtlichen Bestimmungen zur Konzernrechnungslegung die von der EU entsprechend der IAS-VO anerkannten internationalen Rechnungslegungsvorschriften (§ 315e Abs. 1 sowie Art. 1 Nr. 20 BilReG). Abs. 1 S. 4 transformiert die Bestimmung des § 315e auf die Konzernrechnungslegung von Versicherungsunternehmen.[4] Für die nach dieser Vorschrift bilanzierenden Versicherungsunternehmen sind die handelsrechtlichen Konzernrechnungslegungsvorschriften im Wesentlichen nicht mehr anwendbar.[5] Ausgeschlossen sind demnach die Anwendung der § 341j Abs. 1 S. 2 und 3 sowie Abs. 2, § 341i Abs. 3 S. 2 sowie die Bestimmungen, die sich aus der RechVersV und der RechPensV ergeben (Abs. 1 S. 4). Ihre Gültigkeit behalten dagegen die Vorschriften der § 341 und § 341i Abs. 2, die den Anwendungsbereich der versicherungsspezifischen Bestimmungen abgrenzen.[6] Ferner sind die Regelungen zur Aufstellungspflicht und zu den Fristen nach § 341i Abs. 1 und Abs. 3 S. 1 sowie die Regelungen des § 341j Abs. 1 S. 1 iVm §§ 290–292, die Vorlagevorschriften gem. den § 341j Abs. 3 und § 341i Abs. 4 sowie die Vorschriften der §§ 341k–341p auch dann anzuwenden, wenn das Versicherungsunternehmen seinen Konzernabschluss nach internationalen Vorschriften erstellt.[7]

2. Vorschriften für den Konzernabschluss. a) Konzernbilanz. Die **Gliederung 9 der Konzernbilanz** eines Versicherungsunternehmens wird durch § 58 Abs. 1 S. 1 RechVersV geregelt. Ferner finden die §§ 3–20 RechVersV und §§ 22–34 RechVersV auf die Konzernbilanz Anwendung, insofern die Eigenart des Konzernabschlusses dem nicht entgegensteht (§ 58 Abs. 4 RechVersV). Nach § 58 Abs. 1 S. 1 RechVersV ist eine Bilanzgliederung gemäß dem Gliederungsschema des auf den Einzelabschluss ausgerichteten Formblatts 1 notwendig (§ 58 Abs. 1 S. 1 RechVersV iVm § 2 Abs. 1 S. 1 RechVersV).[8] Aus der Eigenart des Konzernabschlusses resultierende Abweichungen hinsichtlich der nach Formblatt 1 der RechVersV vorgeschriebenen Gliederung sind dabei, sofern begründet, zulässig bzw. zwingend geboten.[9] Eine Erweiterung des in Formblatt 1 niedergelegten Gliederungsschemas kann auch notwendig werden, wenn in der Konzernbilanz Tochterunternehmen erfasst werden, die branchentypische Besonderheiten aufweisen (zB Kreditinstitute).[10] Wird der Konzern von einem Versicherungsunternehmen geleitet, dominiert aber ein Nicht-Versicherungsunternehmen die Konzerntätigkeit, so kann es erforderlich sein, in Abkehr von den Vorschriften des Formblatts 1, ein auf diesen Geschäftszweig zugeschnittenes Bilanzgliederungsschema zu verwenden, wenn dadurch der Einblick in die Unternehmenslage des Konzerns verbessert wird.[11]

Das **Konzernjahresergebnis** kann in der Bilanz wahlweise vor oder unter Berücksich- **10** tigung einer teilweisen Konzernjahresergebnisverwendung ausgewiesen werden (Fn. 5 zu Formblatt 1). Die Abbildung eines Konzernergebnisses nach (teilweiser) Gewinnverwendung erscheint zunächst wenig aussagekräftig, da der Konzernabschluss keine Ausschüt-

---

4 Vgl. BT-Drs. 15/3419, 50.
5 Vgl. BT-Drs. 15/3419, 50.
6 Vgl. BT-Drs. 15/3419, 50.
7 Vgl. BT-Drs. 15/3419, 50.
8 Vgl. Beck Versicherungsbilanz/Säglitz RechVersV § 58 Rn. 3.
9 Vgl. WP-HdB/Ellenbürger Bd. I K Rn. 670; WP-HdB Versicherungsunternehmen/Freiling J Rn. 114.
10 Vgl. Krumnow/Sprißler/Bellavite-Hövermann, Rechnungslegung der Kreditinstitute, §§ 340i, 340j, Rn. 97.
11 Vgl. EBJS/Böcking/Gros/Kölschbach Rn. 5.

tungsbemessungsfunktion erfüllt.[12] Dennoch wird häufig ein Zusammenhang zwischen dem Ausschüttungspotenzial des Mutterunternehmens und dem Konzernerfolg hergestellt: Die Darstellung des Konzernergebnisses nach (teilweiser) Ergebnisverwendung soll den Gesellschaftern des Mutterunternehmens „den noch zur Disposition stehenden Restgewinn"[13] aufzeigen.[14]

11   **b) Konzern-Gewinn- und Verlustrechnung.** Für die **Gliederung der Konzern-Gewinn- und Verlustrechnung** sind gem. § 58 Abs. 1 S. 1 RechVersV grundsätzlich die in Formblatt 4 der RechVersV niedergelegten Vorschriften zu beachten. Sofern die Eigenart des Konzernabschlusses keine Abweichungen erfordert, gelten die zu den einzelnen Posten der Gewinn- und Verlustrechnung erlassenen Vorschriften der §§ 36–50 RechVersV auch für den Konzernabschluss (§ 58 Abs. 4 RechVersV).

12   Nach Formblatt 4 ist die Gewinn- und Verlustrechnung je nach Art des betriebenen Versicherungsgeschäftes in die drei Teilbereiche „Versicherungstechnische Rechnung für das Schaden- und Unfallversicherungsgeschäft" (Fn. 1 zu Formblatt 4), „Versicherungstechnische Rechnung für das Lebensversicherungsgeschäft" bzw. „Lebens- und Krankenversicherungsgeschäft" (§ 58 Abs. 2 RechVersV; ergänzend Fn. 4 zu Formblatt 4) sowie „Nichtversicherungstechnische Rechnung" zu untergliedern.[15]

13   Formblatt 4 sieht für die Gliederung der Kapitalanlageaufwendungen und -erträge eine Aufteilung in die „Nichtversicherungstechnische Rechnung" und die „Rechnung für das Lebens- und Krankenversicherungsgeschäft" vor.[16] Dabei kann das Versicherungsunternehmen die jeweiligen Kapitalanlageaufwendungen und -erträge dem jeweiligen verursachenden Bereich separat zuordnen. Es darf aber auch gem. § 58 Abs. 3 S. 1 RechVersV die Kapitalanlageaufwendungen und -erträge zunächst vollständig in der „Nichtversicherungstechnischen Rechnung" erfassen. In diesem Fall ist der auf das Lebens- und Krankenversicherungsgeschäft entfallende Saldo der Erträge und Aufwendungen aus Kapitalanlagen der „Versicherungstechnischen Rechnung für das Lebens- und Krankenversicherungsgeschäft" zuzuordnen (§ 58 Abs. 3 S. 2 und 3 RechVersV). Eine Umgliederung des Zinsergebnisses, soweit es auf in den Konzernabschluss einbezogene Schaden- und Unfall- sowie Rückversicherungsunternehmen entfällt, ist dagegen – wie im Einzelabschluss – nicht vorgesehen. Eine solche Beschränkung der Umgliederung kann, wenn das Kranken- oder Lebensversicherungsgeschäft in Form der Rückversicherung betrieben wird, zu einem verzerrten Einblick in das versicherungstechnische Ergebnis führen.[17]

14   **c) Konzernanhang.** Der Konzernanhang ist gem. § 297 Abs. 1 Bestandteil des Konzernabschlusses. § 59 Abs. 1 RechVersV verpflichtet Versicherungsunternehmen dazu, bei der Erstellung des **Konzernanhangs** die Vorschriften des Abs. 1 iVm den §§ 313, 314 Abs. 1 Nr. 1, 2 und 2a sowie 4–26 zu beachten sowie die Angaben des § 59 Abs. 2–4 RechVersV zu erfüllen. Dies gilt auch für Versicherungsholdinggesellschaften.[18]

15   Für die nach Formblatt 1 unter den Aktivpositionen B. („Immaterielle Vermögensgegenstände"), C. I. („Grundstücke, grundstücksgleiche Rechte und Bauten einschließlich der Bauten auf fremden Grundstücken") und C. II. („Kapitalanlagen in verbundenen Unternehmen und Beteiligungen") bilanzierten Vermögensgegenstände ist im Anhang ein detaillierter Anlagenspiegel entsprechend dem in der RechVersV niedergelegten Muster 1 zu veröffentlichen, sofern die entsprechenden Angaben nicht bereits in der Konzernbilanz erfolgen (§ 59 Abs. 2 RechVersV). Das Muster 1 sieht auch einen entsprechenden **Anlagen-**

---

[12]   Vgl. WP-HdB/Schruff Bd. I M Rn. 616; WP-HdB Versicherungsunternehmen/Freiling J Rn. 114; BeckOGK/Ellenbürger/Hammers Rn. 9.

[13]   HdK/Berndt Kap. III § 298 Rn. 34.

[14]   Zu den verschiedenen Modellen der Gewinnverwendungsrechnung vgl. HdK/Harms/Küting/C.-P. Weber Kap. II Rn. 1435–1442; Ebeling, Fallstudien zur Konzernrechnungslegung, 1996, S. 259–271.

[15]   Vgl. dazu EBJS/Böcking/Gros/Kölschbach Rn. 10; BeckOGK/Ellenbürger/Hammers Rn. 12.

[16]   Vgl. WP-HdB Versicherungsunternehmen/Freiling J Rn. 119.

[17]   Vgl. WP-HdB/Ellenbürger Bd. I K Rn. 681; WP-HdB Versicherungsunternehmen/Freiling J Rn. 119.

[18]   Vgl. auch EBJS/Böcking/Gros/Kölschbach Rn. 18.

spiegel für die Bilanzposten C. III. („Sonstige Kapitalanlagen") vor. Diese Anhangangaben werden von Art. 8 RL 91/674/EWG indessen nicht gefordert und sind demnach für die handelsrechtliche Konzernrechnungslegung freiwilliger Natur: Eine Verpflichtung, entsprechende Anhangangaben auch für die unter der Bilanzposten C. III. erfassten Bilanzobjekte offenzulegen, besteht nicht.

Nutzt das Versicherungsunternehmen **Grundstücke, grundstücksgleiche Rechte 16 und Bauten einschließlich der Bauten auf fremden Grundstücken** für eigene Zwecke, so ist im Anhang der Bilanzwert der auf die Eigennutzung entfallenden Bilanzobjekte anzugeben (§ 59 Abs. 4 RechVersV). Die Eigennutzung ist hierzu aus Konzernsicht zu beurteilen.[19] So gelten Bilanzobjekte, die von einem Konzernunternehmen unmittelbar oder mittelbar einem anderen Konzernunternehmen (un-)entgeltlich zur Nutzung überlassen werden, als eigengenutzt.[20]

Durch die Anpassung von § 59 RechVersV in Folge des BilRUG (BGBl. I 1265) sind 17 die Bestimmungen für den Konzernanhang iSv § 314 nahezu vollumfänglich – bis auf zwei Ausnahmen – auf Versicherungsunternehmen bzw. Versicherungsholdinggesellschaften anzuwenden. Eine Ausnahme betrifft die gebuchten Bruttobeträge. Die in der Gewinn- und Verlustrechnung gebuchten **Bruttobeiträge** müssen gem. § 59 Abs. 3 S. 1 RechVersV im Anhang nach dem selbst abgeschlossenen Versicherungsgeschäft und dem in Rückdeckung übernommenen Versicherungsgeschäft unterschieden werden. Für die Bruttobeiträge des selbst abgeschlossenen Versicherungsgeschäftes sieht § 59 Abs. 3 S. 2 RechVersV eine weitergehende Untergliederung vor. Sie sind nach der Art des Versicherungsgeschäftes in Lebens-, Kranken- sowie Schaden- und Unfallversicherungsgeschäfte zu unterteilen und darüber hinaus nach ihrem Herkunftsort (Inland, übrige Mitgliedstaaten der EG sowie andere Vertragsstaaten des Abkommens über den Europäischen Wirtschaftsraum und Drittländer) zu differenzieren.

Eine weitere Ausnahme betrifft die sonstigen finanziellen Verpflichtungen. Gemäß 18 § 314 Abs. 1 Nr. 2a muss das Versicherungsunternehmen **sonstige finanzielle Verpflichtungen,** die weder in der Konzernbilanz erfasst noch gem. § 298 Abs. 1 iVm § 268 Abs. 7 oder Nr. 2 unter der Bilanz anzugeben sind, im Anhang erläutern, wenn dies „für die Beurteilung der Finanzlage des Konzerns von Bedeutung ist". Nach Abs. 1 S. 3 entfällt diese Angabeflicht für im Rahmen des Versicherungsgeschäftes entstandene Verbindlichkeiten. Der Verzicht auf die Anhangangaben steht in Einklang mit Art. 7 RL 91/674/ EWG. Die Bundesregierung begründet ihn mit „der Tatsache, daß mit diesen finanziellen Verpflichtungen bei Versicherungsunternehmen ohne weiteres gerechnet werden muß".[21] Die Begründung überzeugt nicht. Dem Ergebnis ist indessen zuzustimmen: Finanzielle Verpflichtungen zählen beim Versicherungsunternehmen zum Kerngeschäft. Ohne diese explizite Ausnahme der Offenlegung im Anhang müssten Versicherungsunternehmen (mindestens) den Verpflichtungsteil ihres Auftragsbestandes lückenlos bewerten und für Dritte transparent machen. Die mit dem Grundsatz des Nichtausweises schwebender Geschäfte angestrebte Vereinfachung der Rechnungslegung würde insoweit verfehlt. Nicht verzichtet werden darf dagegen auf die Veröffentlichung des Gesamtbetrags der Verpflichtungen betreffend die Altersversorgung im Sinne des im Rahmen des Bilanzrechtsmodernisierungsgesetz – BilMoG (BGBl. 2009 I 1102) erweiterten § 314 Abs. 1 Nr. 2a.

Die §§ 51–56 RechVersV sehen für den Anhang der Einzelabschlüsse von Versiche- 19 rungsunternehmen zahlreiche **zusätzliche Erläuterungen und ergänzende Angaben** vor. Hierzu zählt insbesondere auch die Verpflichtung des § 54 RechVersV, im Anhang den Zeitwert der Kapitalanlagen (einschließlich der Grundstücke, grundstücksgleichen Rechte und Bauten einschließlich der Bauten auf fremden Grundstücken) anzugeben. Die Vorschriften der §§ 58, 59 RechVersV benennen die für den Konzernabschluss maßgebenden

---

19 Vgl. WP-HdB Versicherungsunternehmen/Freiling J Rn. 133; EBJS/Böcking/Gros/Kölschbach Rn. 22.

20 Vgl. WP-HdB Versicherungsunternehmen/Freiling J Rn. 133.

21 BT-Drs. 12/5587, 25.

Rechtsnormen, ohne auf die §§ 51–56 RechVersV zu verweisen. Daher liegt die (ökonomisch wenig überzeugende) Annahme nahe, dass Versicherungsunternehmen die entsprechenden Zeitwertangaben zwar im Einzelanhang, nicht aber im Konzernanhang offenzulegen haben. Auch detaillierte Angaben zu Versicherungszweiggruppen, -zweigen und -arten iSv § 51 Abs. 4 RechVersV sind nicht geboten.[22] Wenngleich in § 59 RechVersV Angaben zu Haftungsverhältnissen iSv § 251 nicht explizit geregelt werden, haben nach überwiegender Meinung im Schrifttum auch Versicherungsunternehmen Angaben zur Haftungsverhältnissen im Konzernanhang zu machen.[23] Entsprechend wird eine Anwendung von § 51 Abs. 3 RechVersV auf den Konzernanhang von Versicherungsunternehmen als sachgerecht empfunden.[24]

20 **d) Weitere Berichtsinstrumente.** Der Konzernabschluss eines Mutterunternehmens besteht aus der Konzernbilanz, der Konzern-Gewinn- und Verlustrechnung, dem Konzernanhang, der **Kapitalflussrechnung** und dem **Eigenkapitalspiegel** (Abs. 1 S. 1 iVm § 297 Abs. 1 S. 1). Zusätzlich räumt § 297 Abs. 1 S. 2 die Möglichkeit ein, den Konzernabschluss um eine **Segmentberichterstattung** zu erweitern.

21 Das Handelsbilanzrecht enthält keine unmittelbaren Vorschriften für die Erstellung und den Inhalt der Kapitalflussrechnung, der Segmentberichterstattung und des Eigenkapitalspiegels. In einem solchen Fall kann auf die vom DRSC verabschiedeten allgemeinen Standards (DRS 21: Kapitalflussrechnung; DRS 28: Segmentberichterstattung; DRS 22: Konzerneigenkapital) zurückgegriffen werden.

22 DRS 21 regelt die Kapitalflussrechnung branchenübergreifend. **Anlage 3** des DRS 21 ergänzt diese allgemeinen Regelungen um versicherungsspezifische Besonderheiten.[25] DRS 21 und die branchenspezifischen Ergänzungen der Anlage 3 sind an den international üblichen Gliederungen der Kapitalflussrechnung ausgerichtet. Wird ein Versicherungsunternehmen in den Konzernabschluss anderer Branchen einbezogen, so müssen die in Anlage 3 des DRS 21 geregelten Besonderheiten durch eine entsprechende Ergänzung des Gliederungsschemas um branchenspezifische Posten berücksichtigt werden.[26] Der im Juni 2023 verabschiedete Deutsche Rechnungslegungs Änderungsstandard Nr. 13 (DRÄS 13) sieht neben inhaltlichen Ergänzungen eine Ausweitung des Geltungsbereichs der branchenspezifischen Anlagen des DRS 20 und DRS 21 vor. So soll ua der Geltungsbereich der Anlage 3 des DRS 21 auf Pensionsfonds gem. § 236 Abs. 1 VAG ausgeweitet werden, um sie den für Versicherungsunternehmen geltenden branchenspezifischen Berichtsvorschriften zu unterwerfen.[27]

23 Die Kapitalflussrechnung kann für die Darstellung des operativen Cashflows sowohl nach der indirekten als auch nach der **direkten Methode erfolgen,** wobei der Ausweis der aus dem Versicherungserstgeschäft resultierenden Zahlungsströme nach Abzug der Rückversichereranteile vorzunehmen ist.[28]

24 Grundsätzlich sind die von Versicherungsunternehmen gehaltenen **Finanzmittel** als Zahlungsmitteläquivalente im Sinne der allgemeinen Regelungen des DRS 21 klassifizierbar. Allerdings dienen diese ihrer Zwecksetzung nach (auch) der Deckung zukünftiger aus dem Versicherungsgeschäft resultierender Verpflichtungen (→ § 341b Rn. 3). Deshalb sieht DRS 21 Rn. A3.5 eine enge Abgrenzung des Finanzmittelfonds vor und begrenzt ihn auf die unter die Position F. II. („Laufende Guthaben bei Kreditinstituten, Schecks und Kassenbestand") zu subsumierenden Zahlungsmittel und Zahlungsmitteläquivalente.[29]

---

[22] Vgl. EBJS/Böcking/Gros/Kölschbach Rn. 20; WP-HdB Versicherungsunternehmen/Freiling J Rn. 126; BeckOGK/Ellenbürger/Hammers Rn. 22.

[23] Vgl. WP-HdB Versicherungsunternehmen/Freiling J Rn. 130; EBJS/Böcking/Gros/Kölschbach Rn. 23; Beck OGK/Ellenbürger/Hammers Rn. 26.

[24] Vgl. Ellenbürger/Horbach/Kölschbach WPg 1996, 113 (118).

[25] Vgl. Beck HdR/Scheffler C 620 Rn. 280–284.

[26] Vgl. DRS 21 Rn. A3.2.

[27] Vgl. DRÄS 13 Rn. 32 f.

[28] Vgl. DRS 21 Rn. A3.3; vgl. krit. Beck HdR/Hesberg C 820 Rn. 62e sowie Rn. 62 f.

[29] Vgl. DRS 21 Rn. A3.6; vgl. auch Beck HdR/Hesberg C 820 Rn. 62b.

DRS 21 Rn. A3.8 berechnet den **Cash Flow aus der laufenden Geschäftstätigkeit** 25
aus dem Periodenergebnis (inkl. der Ergebnisanteile von Minderheitsgesellschaftern) berichtigt um die Nettoveränderung der versicherungstechnischen Rückstellungen, die Veränderung der Depotforderungen/-verbindlichkeiten sowie Abrechnungsforderungen/-verbind-
lichkeiten, die Veränderung der sonstigen Forderungen/Verbindlichkeiten und der sonstigen
Bilanzposten (die nicht der Investitions- und Finanzierungstätigkeit zuzuordnen sind), die
sonstigen zahlungsunwirksamen Aufwendungen/Erträge und Berichtigungen des Periodenergebnisses, den Gewinn/Verlust aus dem Kapitalanlagen- und Sachanlagenabgang sowie
dem Abgang von immateriellen Vermögensgegenständen, die Aufwendungen/Erträge aus
außerordentlichen Posten, den Ertragssteueraufwand/-ertrag, die Ein-/Auszahlungen aus
außerordentlichen Posten sowie die Ertragssteuerzahlungen.

Der **Cash Flow der Investitionstätigkeit** umfasst bei Versicherungsunternehmen die 26
Ein- und Auszahlungen aus dem Verkauf bzw. Erwerb konsolidierter Unternehmen oder
sonstiger Geschäftseinheiten sowie der übrigen Sachanlagen, immateriellen Vermögensgegenständen oder Kapitalanlagen der fondsgebundenen Lebensversicherung und sonstige
Ein- und Auszahlungen aus außerordentlichen Posten.[30]

Der **Cash Flow der Finanzierungstätigkeit** entspricht bei Versicherungsunterneh- 27
men den Einzahlungen aus Eigenkapitalzuführungen von Gesellschaftern des Mutterunternehmens oder von anderen Gesellschaftern, den Auszahlungen aus Eigenkapitalherabsetzun-
gen an den Gesellschafter des Mutterunternehmens oder an andere Gesellschafter, Ein-/
Auszahlungen aus außerordentlichen Posten, den Dividendenzahlungen an Gesellschafter
des Mutterunternehmens sowie anderer Gesellschafter und Ein-/Auszahlungen aus sonstiger
Finanzierungstätigkeit.[31]

Die inhaltliche Ausgestaltung des **Konzerneigenkapitalspiegels** erfolgt durch 28
DRS 22. Er gilt allgemein für Mutterunternehmen, die aufgrund des § 297 zur Aufstellung
eines Eigenkapitalspiegels verpflichtet sind oder diesen freiwillig aufstellen[32] und ist auch
für den Konzernabschluss von Versicherungsunternehmen maßgebend,[33] da das DRSC
keinen eigenständigen Standard erlassen hat, der auf die spezifischen Besonderheiten der
Versicherungsunternehmen zugeschnitten ist.

Der Konzerneigenkapitalspiegel trennt zwischen der Darstellung der Entwicklung des 29
Eigenkapitals des Mutterunternehmens und der Minderheitsgesellschafter.[34] Für das Mutter-
unternehmen in der Rechtsform einer Kapitalgesellschaft ist die Veränderung des gezeichne-
ten Kapitals, der eigenen Anteile, der nicht eingeforderten ausstehenden Einlagen, der
Kapitalrücklage, der Gewinnrücklagen und des kumulierten übrigen Konzernergebnisses
(soweit auf die Gesellschafter des Mutterunternehmens entfallend) aufzuzeigen.[35] Für die
Minderheitsgesellschafter ist die Entwicklung des auf sie entfallenden kumulierten übrigen
Konzernergebnisses darzustellen.

Die Überleitung des jeweiligen Konzernjahresüberschusses bzw. -fehlbetrages der Kon- 30
zern-Gewinn- und Verlustrechnung hat unter Beachtung der erfolgsneutralen Veränderungen des Konzerneigenkapitals auf das Konzerngesamtergebnis getrennt für das Mutterunternehmen und die Minderheitsgesellschafter zu erfolgen.[36]

Die inhaltlich Ausgestaltung der **Segmentberichterstattung** nimmt DRS 28 vor. 31
DRS 28 gilt branchenunabhängig.[37]

Da es DRS 28 an für Versicherungsunternehmen spezifischen Vorgaben für die Seg- 32
mentberichterstattung mangelt, hält das Schrifttum eine weitere Anwendung der in DRS 3–

---

[30] Vgl. DRS 21 Rn. A3.10.
[31] Vgl. DRS 21 Rn. A3.11.
[32] Vgl. DRS 22 Rn. 1.
[33] Vgl. DRS 22 Rn. 8.
[34] Vgl. DRS 22 Rn. 13.
[35] Vgl. DRS 22 Anlage 1.
[36] Vgl. DRS 22 Rn. 13 f.
[37] Vgl. DRS 28 Rn. 5.

20 enthaltenen Grundsätze für möglich,[38] insoweit kein Widerspruch zu den in DRS 28 gegenüber DRS 3 vorgenommenen Änderungen besteht.

33   **3. Vorschriften für den Konzernlagebericht.** Der **Mindestinhalt des Konzernlageberichtes** von Versicherungsunternehmen bestimmt sich nach § 60 RechVersV. Die Vorschrift verweist vollumfänglich auf die nach § 315 Abs. 1 und 2 vorgeschriebenen Angaben und ergänzt sie um weitere Angabepflichten.[39]

34   § 60 Nr. 1 RechVersV verpflichtet das Konzernmutterunternehmen dazu, im Konzernlagebericht über die betriebenen Versicherungszweige des **selbst abgeschlossenen** und des in **Rückdeckung übernommenen Versicherungsgeschäftes** zu berichten. Nach § 60 Nr. 2 RechVersV ist darüber hinaus auf die Geschäftsverläufe des selbst abgeschlossenen Lebens-, Kranken-, Schaden- und Unfallversicherungsgeschäftes und des in Rückdeckung genommenen Versicherungsgeschäftes gesondert einzugehen.

35   Keinen Pflichtbestandteil des Konzernlageberichtes bilden die Angabepflichten nach § 57 RechVersV.[40] Diese Vorschrift bezieht sich ausschließlich auf den Lagebericht des Einzelabschlusses von Versicherungsunternehmen. Die dort geforderten Angaben gehören damit nicht zu den Mindestanforderungen an den Konzernlagebericht von Versicherungsunternehmen.[41]

36   **4. Vorschriften für die nichtfinanzielle Konzernerklärung. a) Anwendungsbereich.** Aufgrund des Gesetzes zur Stärkung der nichtfinanziellen Berichterstattung der Unternehmen in ihren Lage- und Konzernlageberichten **(CSR-Richtlinie-Umsetzungsgesetz)** müssen Unternehmen eine **nichtfinanzielle (Konzern-)Erklärung** entweder im (Konzern-) Lagebericht oder mit Verweis auf § 315b Abs. 3 als gesonderten (Konzern-) Bericht veröffentlichen.

37   Abs. 4 regelt, dass diese Anforderungen auch für Versicherungsunternehmen gelten, die ein Mutterunternehmen iSd § 290 darstellen, gelten, sofern bei dem Versicherungsunternehmen insgesamt im Jahresdurchschnitt mehr als 500 Arbeitnehmer beschäftigt sind und zudem die in § 293 Abs. 1 S. 1 Nr. 1 oder 2 geregelten Voraussetzungen für eine größenabhängige Befreiung nicht erfüllt sind. Auf eine Kapitalmarktorientierung kommt es hierbei nicht an.[42] Die größenabhängige Befreiung kommt dann nicht zum Zuge, wenn die **Bilanzsumme 20 Mio. EUR** übersteigt oder die **Umsatzerlöse** in den zwölf Monaten vor dem Abschlussstichtag höher als **40 Mio. EUR** sind. Ein Versicherungsunternehmen mit mehr als 500 beschäftigten Arbeitnehmern wird regelmäßig auch den Bilanzsummengrenzwert überschreiten.[43] Mutterunternehmen iSd § 290, auf welche die Kriterien iSd Abs. 4 Nr. 1 und 2 zutreffen, sind ebenfalls von der Erstellung einer nichtfinanziellen Konzernerklärung befreit, wenn das Mutterunterunternehmen zugleich ein Tochterunternehmen ist, welches in den Konzernlagebericht eines anderen Mutterunternehmens einbezogen ist und dessen Konzernlagebericht nach Maßgabe des nationalen Rechts eines Mitgliedstaats der EU oder eines anderen Vertragsstaats des Abkommens über den EWR in Einklang mit der Bilanz-RL erstellt wird und bereits eine nichtfinanzielle Konzernerklärung enthält (§ 315b Abs. 2 iVm Abs. 4 S. 2).

38   Des Weiteren kann auf eine Erweiterung des Konzernlageberichts um eine nichtfinanzielle Konzernerklärung verzichtet werden, wenn das Mutterunternehmen, auf welches die Kriterien iSd Abs. 4 Nr. 1 und 2 zutreffen, für dasselbe Geschäftsjahr einen gesonderten nichtfinanziellen Konzernbericht außerhalb des Konzernlageberichts erstellt und zumindest die inhaltlichen Vorgaben nach § 315c iVm § 289c erfüllt. Der Verzicht ist aber nur dann statthaft, wenn das Mutterunternehmen den gesonderten nichtfinanziellen Konzernbericht öffentlich zugänglich macht, indem dieser entweder zusammen mit dem Konzernlagebericht

---

[38]   Vgl. BeckOK HGB/Schärtl Rn. 8c.
[39]   Zum Inhalt des Konzernlageberichtes nach § 315 vgl. BeBiKo/Grottel § 315 Rn. 50–510.
[40]   Vgl. WP-HdB Versicherungsunternehmen/Freiling J Rn. 151.
[41]   Vgl. EBJS/Böcking/Gros/Kölschbach Rn. 27.
[42]   Vgl. BeBiKo/Störk/Schäfer/Schönberger § 315b Rn. 6.
[43]   Vgl. Kluge/Sick MBF-Report der Hans-Böckler Stiftung 2016, 4.

nach § 325 offengelegt oder auf der Internetseite des Mutterunternehmens (spätestens vier Monate nach dem Abschlussstichtag und mindestens für zehn Jahre) veröffentlicht wird und der Konzernlagebericht auf diese Veröffentlichung unter Angabe der Internetseite Bezug nimmt (315b Abs. 3 iVm Abs. 4 S. 2).

b) Inhalt. Wie in Abs. 4 S. 2 geregelt, ist für Versicherungsunternehmen im Rahmen **39** der Erstellung der nichtfinanziellen Konzernerklärung § 315c entsprechend anzuwenden. Enthalten sein sollen nach § 289c Abs. 2 zumindest Angaben zu **Umwelt-, Arbeitnehmer-** und **Sozialbelangen,** zur **Achtung der Menschenrechte** und zur **Bekämpfung von Korruption und Bestechung** (ausführlich → § 341a Rn. 10 ff.). Die § 289d und § 289e sind entsprechend anzuwenden (Abs. 4 S. 2 iVm § 315c Abs. 3) (ausführlich → § 341a Rn. 21 f.).

5. Vorschriften für die Erklärung zur Unternehmensführung. Börsennotierte **40** Aktiengesellschaften sind dazu verpflichtet, eine **Erklärung zur Unternehmensführung** abzugeben.[44] Darin sind neben der Entsprechungserklärung zum Corporate Governance Kodex des § 161 AktG relevante Angaben zu über die gesetzlichen Anforderungen hinaus angewandten Unternehmensführungspraktiken, eine Bezugnahme auf die Internetseite, auf der der Vergütungsbericht gem. § 162 AktG öffentlich zugänglich ist sowie eine Beschreibung der Arbeitsweise von Vorstand und Aufsichtsrat sowie der Zusammensetzung und Arbeitsweise von deren Ausschüssen aufzunehmen (§ 289f Abs. 2 Nr. 1–3). Die zur Veröffentlichung einer Erklärung zur Unternehmensführung verpflichteten Unternehmen müssen zudem Angaben zu dem Frauenanteil machen, der bei den beiden Führungsebenen unterhalb des Vorstands (iSv § 76 Abs. 4 AktG) und den Positionen im Aufsichtsrat und im Vorstand (iSv § 111 Abs. 5 AktG) angestrebt wird. Für die Positionen sind Zielgrößen festzulegen und dabei auch Fristen zur Erreichung der Zielgrößen festlegen. Diese dürfen nach § 76 Abs. 4 AktG und § 111 Abs. 5 AktG jeweils nicht länger als fünf Jahre sein. Sollte eine Zielgröße von Null festgelegt werden, ist dies entsprechend zu erklären.[45]

Große kapitalmarktorientierte Unternehmen iSv § 267 Abs. 3 S. 1 und Abs. 4–5 müs- **41** sen in ihrer Erklärung zur Unternehmensführung zudem auch **Angaben zum Diversitäts- konzept** im Hinblick auf die Zusammensetzung des vertretungsberechtigten Organs und des Aufsichtsrats erstellen (§ 289f Abs. 2 Nr. 6). Beispielhaft werden im Gesetzestext die Kriterien Alter, Geschlecht sowie Bildungs- oder Berufshintergrund genannt. Des Weiteren sollen die Ziele des unternehmenseigenen Diversitätskonzeptes sowie die Art und Weise seiner Umsetzung und der im Geschäftsjahr erreichten Ergebnisse dargestellt werden.

Durch die Erweiterung des § 341j in Form des Abs. 5 müssen Versicherungsunterneh- **42** men, sofern sie nach § 267 Abs. 3 S. 1 und Abs. 4–5 als groß gelten, über den Verweis in § 315d im Rahmen der Konzernerklärung zur Unternehmensführung unabhängig von ihrer Rechtsform über das Diversitätskonzepts berichten.

II. Behandlung von Zwischenergebnissen (Abs. 2)

§ 304 Abs. 1 bestimmt, dass die in den Konzernabschluss einzubeziehenden Vermögens- **43** gegenstände, die ganz oder teilweise aus Lieferungen und Leistungen zwischen den konzern- zugehörigen Unternehmen resultieren, mit dem Wert anzusetzen sind, der am Stichtag der Aufstellung des Konzernabschlusses im Jahresabschluss angesetzt werden könnte, wenn die Konzernunternehmen auch rechtlich ein einziges Unternehmen darstellten. § 304 Abs. 1 stellt damit klar, dass das **Realisationsprinzip** (§ 252 Abs. 1 Nr. 4) auch für die Konzernbi- lanzierung uneingeschränkt zu beachten ist. Danach gelten Erträge nur dann als realisiert, wenn sie eine Marktbestätigung erfahren haben. Die **Marktbestätigung** setzt grundsätzlich eine Lieferung und Leistung an einen unabhängigen Dritten voraus. Vermögensgegenstände, die zwischen in den Konsolidierungskreis einbezogenen Unternehmen gehandelt wurden,

---

[44] Vgl. BT-Drs. 16/10067, 43 f.
[45] Vgl. BT-Drs. 19/26689, 80.

erfüllen (aus Konzernsicht) diese Voraussetzung nicht.[46] Sie müssen deshalb im Konzernabschluss weiterhin mit ihren (Konzern-)Anschaffungs- bzw. Herstellungskosten aktiviert werden. Weicht der Bilanzwert dieser Vermögensgegenstände in der in die Konsolidierung einbezogenen Einzelbilanz (in diesem Fall die Handelsbilanz II) von den konzerninternen Anschaffungs- und Herstellungskosten ab, so ist der Differenzbetrag grundsätzlich als Zwischengewinn oder -verlust zu eliminieren.[47]

44   Nach § 304 Abs. 2 darf auf die **Zwischenerfolgseliminierung** verzichtet werden, wenn die Beseitigung für die Vermittlung eines den tatsächlichen Verhältnissen entsprechenden Bildes der Vermögens-, Finanz- und Ertragslage des Konzerns von untergeordneter Bedeutung ist. Abs. 2 fügt diesem Ausnahmetatbestand einen weiteren, versicherungsspezifischen hinzu. In Einklang mit Art. 66 Nr. 4 RL 91/674/EWG kann die Zwischenerfolgseliminierung auch dann unterbleiben, wenn die konzerninterne Lieferung oder Leistung zu marktüblichen Bedingungen erfolgte und durch ihre Vornahme Rechtsansprüche der Versicherungsnehmer gegenüber dem Versicherungsunternehmen (beispielsweise Ansprüche auf Beitragsrückerstattungen) entstanden sind.

45   Durch die Regelung wird dem Umstand Rechnung getragen, dass zwischen den Verpflichtungen gegenüber den Versicherungsnehmern und dem Ergebnis einzelner Geschäfte enge Verknüpfungen bestehen können, beispielsweise hinsichtlich der Zuführung zur Rückstellung für Beitragsrückerstattung.[48] Entsteht im Rahmen eines konzerninternen Veräußerungsgeschäftes ein Buchgewinn, so führt dieser unter den entsprechenden Bedingungen zu einer Erhöhung der Rückstellung für Beitragsrückerstattung (→ § 341e Rn. 39 ff.). Die jeweiligen Überschüsse werden bereits auf Einzelabschlussebene konzernfremden Dritten zugeordnet und begründen in diesem Sinne einen Rechtsanspruch gegenüber dem Versicherungsunternehmen. Daher sind die Rückstellungen für Beitragsrückerstattungen ohne Modifikation aus den Einzelabschlüssen in den Konzernabschluss zu übernehmen, auch solche, die auf Grundlage von Überschüssen aus konzerninternen Geschäften gebildet wurden.[49] Der Verzicht auf die Zwischenergebniseliminierung gewährleistet dann, dass auf Konzernebene die Zuführung zur Rückstellung für Beitragsrückerstattung (Mittelverwendung) und der zugrunde liegende Zwischengewinn (Mittelherkunft) in derselben Berichtsperiode ausgewiesen werden.[50]

46   Die Vorschrift des Abs. 2 erscheint nicht unproblematisch. Der Verzicht auf die Zwischengewinneliminierung verstößt – soweit sie sich auf das konzerninterne gewinnwirksame Geschäft bezieht – gegen das aus Konzernsicht zu interpretierende Realisationsprinzip, auch wenn die Gewinnwirksamkeit des Geschäftes, soweit der Gewinn im Wege der Beitragsrückerstattung an die Versicherten weitergegeben wird, durch die Bildung der Rückstellung für Beitragsrückerstattung eine Neutralisierung erfährt. Die Vermögens- und Ertragslage des Konzerns wird insofern falsch dargestellt. Das Einräumen eines Wahlrechts erschwert darüber hinaus den Vergleich von Versicherungskonzernunternehmen, wenn es von diesen unterschiedlich ausgeübt wird. Wird von dem Verzicht auf Zwischenergebniseliminierung Gebrauch gemacht, ist dies anzugeben und im Anhang zu erläutern.[51]

III. Vorlage an den Aufsichtsrat (Abs. 3)

47   Nach § 170 Abs. 1 AktG ist der Vorstand des Mutterunternehmens dazu verpflichtet, den Konzernabschluss und den Konzernlagebericht unverzüglich nach deren Aufstellung dem Aufsichtsrat des Mutterunternehmens vorzulegen. Auch die Prüfungsberichte und Vorlagen sind jedem Aufsichtsratsmitglied zu übermitteln (§ 170 Abs. 3 S. 2 AktG). Abs. 3

---

46   Vgl. ADS § 304 Rn. 9.
47   Vgl. ADS § 304 Rn. 2.
48   Vgl. WP-HdB/Ellenbürger Bd. I K Rn. 721; WP-HdB Versicherungsunternehmen/Freiling J Rn. 79.
49   Vgl. Beck Versicherungsbilanz/Stuirbrink/Säglitz Rn. 13.
50   Vgl. Beck Versicherungsbilanz/Stuirbrink/Säglitz Rn. 13; WP-HdB Versicherungsunternehmen/Freiling J Rn. 79.
51   Vgl. WP-HdB Versicherungsunternehmen/Freiling J Rn. 79; BeckOK HGB/Schärtl Rn. 7.

erweitert die für Aktiengesellschaften und Kommanditgesellschaften auf Aktien geltenden **Vorlagepflichten** rechtsformunabhängig auf **alle Versicherungsunternehmen,** dh auch VVaG bzw. öffentlich-rechtliche Versicherungsunternehmen.[52]

Sechster Titel. Prüfung

§ 341k Prüfung

(1) [1]Versicherungsunternehmen haben unabhängig von ihrer Größe ihren Jahresabschluß und Lagebericht sowie ihren Konzernabschluß und Konzernlagebericht nach den Vorschriften des Dritten Unterabschnitts des Zweiten Abschnitts prüfen zu lassen. [2]§ 319 Absatz 1 Satz 2 ist nicht anzuwenden. [3]Hat keine Prüfung stattgefunden, so kann der Jahresabschluß nicht festgestellt werden. [4]Die Vorschriften des Dritten Unterabschnitts des Zweiten Abschnitts sind auf Versicherungsunternehmen, die Unternehmen von öffentlichem Interesse nach § 316a Satz 2 Nummer 1 oder 3 sind, nur insoweit anzuwenden, als nicht die Verordnung (EU) Nr. 537/2014 anzuwenden ist.

(2) [1]In den Fällen des § 321 Abs. 1 Satz 3 hat der Abschlußprüfer die Aufsichtsbehörde unverzüglich zu unterrichten.

(3) [1]Versicherungsunternehmen, die Unternehmen von öffentlichem Interesse nach § 316a Satz 2 Nummer 1 oder 3 sind und keinen Aufsichts- oder Verwaltungsrat haben, der die Voraussetzungen des § 100 Absatz 5 des Aktiengesetzes erfüllen muss, haben § 324 anzuwenden, auch wenn sie nicht in der Rechtsform einer Kapitalgesellschaft betrieben werden. [2]Dies gilt für landesrechtliche öffentlich-rechtliche Versicherungsunternehmen nur, soweit das Landesrecht nichts anderes vorsieht. [3]§ 324 Absatz 3 ist auf Versicherungsunternehmen anzuwenden, auch wenn sie nicht in der Rechtsform einer Kapitalgesellschaft betrieben werden.

Schrifttum: Bürkle, Die Neuregelung zur Abschlussprüfung bei Versicherungsunternehmen aus Sicht des Aufsichtsrats, VersR 2016, 1145; IDW, 122. Sitzung des Versicherungsfachausschusses am 28.6.1994 in Düsseldorf, FN-IDW 1994, 396; IDW, IDW Positionspapier zu Inhalten und Zweifelsfragen der EU-Verordnung und der Abschlussprüferrichtlinie, 4. Aufl. 2018; Schüppen, Die europäische Abschlussprüfungsreform und ihre Implementierung in Deutschland – Vom Löwen zum Bettvorleger?, NZG 2016, 247.

Übersicht

I. Normzweck und Struktur der maßgeblichen Vorschriften

Versicherungsunternehmen stehen im Interesse der Öffentlichkeit. Einzelne (drohende) **1** Unternehmensinsolvenzen können hier das Vertrauen in den gesamten Versicherungsmarkt

---

[52] Vgl. BeckOGK/Ellenbürger/Hammers Rn. 33.

erschüttern und Kettenreaktionen auslösen. Deshalb formuliert § 341k für diese Unternehmen **strenge Prüfungsauflagen.**

2   Abs. 1 S. 1 stellt Versicherungsunternehmen unabhängig von ihrer tatsächlichen Größe und Rechtsform großen Kapitalgesellschaften gleich. Daraus ergibt sich die **Pflicht,** den Jahresabschluss durch einen Wirtschaftsprüfer oder eine Wirtschaftsprüfergesellschaft **prüfen zu lassen.** Prüfungserleichterungen, die kleine und mittlere Unternehmen anderer Branchen für sich in Anspruch nehmen können, entfallen.

3   Das **Abschlussprüfungsreformgesetz** (AReG) vom 10.5.2016 (BGBl. 2016 I 1142) setzt – soweit erforderlich – die europarechtlichen Vorgaben zur Qualitätsverbesserung von Abschlussprüfungen bei Unternehmen von öffentlichem Interesse in nationales Recht um. Es verpflichtet diese Versicherungsunternehmen grundsätzlich dazu, ihren Abschlussprüfer turnusmäßig zu wechseln und ein Aufsichtsgremium mit Fachkompetenz in der Rechnungslegung zu besetzen.

II. Regelungen für Versicherungsunternehmen

4   **1. Prüfungspflichten und Befreiungen.** Nach Abs. 1 S. 1 müssen Versicherungsunternehmen ihren **Einzelabschluss** und dazugehörigen **Lagebericht** und ggf. auch ihren Konzernabschluss und -lagebericht **prüfen lassen.**

5   Welche Unternehmen unter den versicherungsspezifischen **Anwendungsbereich** der §§ 341–341p fallen und damit auch als Versicherungsunternehmen iSd § 341k prüfungspflichtig sind, regelt § 341. Danach müssen diese Vorschriften grundsätzlich alle Unternehmen anwenden, die ein Versicherungsgeschäft betreiben und keine Sozialversicherung sind (§ 341 Abs. 1 S. 1), einschließlich der Pensionsfonds (§ 341 Abs. 4) und der Versicherungsholdinggesellschaften.[1]

6   Trotz dieser umfassend formulierten Prüfungsverpflichtung sind aber bestimmte Versicherungen **nicht prüfungspflichtig.** So nimmt § 341 Abs. 1 S. 2 im Wesentlichen alle **Versicherungsunternehmen, die nicht gewerblich tätig sind,** von der Anwendung der Vorschriften der §§ 341–341p und damit auch von der Prüfungspflicht nach § 341k aus. Voraussetzung für die Befreiung ist aber, dass das Versicherungsunternehmen nicht in der Rechtsform einer Aktiengesellschaft oder eines Versicherungsvereins auf Gegenseitigkeit betrieben wird und es sich um kein rechtsfähiges kommunales Schadenversicherungsunternehmen handelt (§ 341 Abs. 1 S. 2 letzter Hs.). Der Gesetzgeber hält bei ihnen die „Anwendung der Grundsätze kaufmännischer Rechnungslegung [für] nicht zwingend erforderlich".[2] In den Ausnahmebereich fallen insbesondere „berufsständische Versorgungswerke, Versorgungseinrichtungen des öffentlichen Dienstes und der Kirchen, kommunale Versorgungskassen und Zusatzversorgungskassen, betriebliche Unterstützungseinrichtungen, der Versorgungsverband Deutscher Wirtschaftsorganisationen sowie auch nicht rechtsfähige kommunale Schadenausgleiche".[3]

7   Eine **weitere Ausnahmeregelung** findet sich in **§ 61 S. 1 RechVersV.** Die Rechtsnorm nimmt bestimmte Versicherungsvereine auf Gegenseitigkeit sowie unter restriktiven Voraussetzungen kleinere Schaden-, Unfall-, Kranken- und Lebensversicherungsvereine sowie kleinere Pensions- und Sterbekassen und kleinere Versicherungsunternehmen, die ausschließlich touristische Beistandsleistungen erbringen, von der Prüfungspflicht aus, „um eine im Verhältnis zur Größe der Versicherungsunternehmen unangemessene Belastung zu vermeiden".[4]

8   Die vollständige Entbindung der nach § 61 S. 1 RechVersV befreiten Unternehmen von jeder Prüfungspflicht und Berichterstattung ist jedoch vom Gesetzgeber nicht gewünscht (§ 39 Abs. 1 Nr. 4 VAG). Die gem. § 1 Abs. 1 SachvPrüfV (Sachverständigenprüfverordnung – BGBl. 2016 I 760) genannten Unternehmen unterliegen der Pflicht, sich

---

[1]   Vgl. Beck Versicherungsbilanz/Seitz Rn. 4.
[2]   BT-Drs. 12/7646, 3.
[3]   BT-Drs. 12/7646, 3.
[4]   BR-Drs. 823/94, 152.

nach den Vorschriften dieser Verordnung durch einen unabhängigen Sachverständigen prüfen zu lassen.[5]

Eine Prüfungspflicht gem. § 341k besteht grundsätzlich auch für **Niederlassungen** 9 **von ausländischen Versicherungsunternehmen,** die zum Betrieb des Direktversicherungsgeschäftes eine Erlaubnis der deutschen Versicherungsaufsichtsbehörde benötigen.[6] Die Prüfungspflicht resultiert daraus, dass auch diese Niederlassungen der Finanzaufsicht der deutschen Versicherungsaufsichtsbehörde (BaFin) unterliegen und diese auch überprüft, ob die Verpflichtung zur Rechnungslegung und Prüfung eingehalten wurde.[7]

2. Prüfungsfristen. Die **Frist für die Prüfung** ergibt sich aus § 341a Abs. 1 S. 1 10 (Erstversicherer) bzw. aus § 341a Abs. 5 (Rückversicherer) iVm den allgemeinen, branchenunabhängigen Aufstellungsfristen, die für den Jahres- bzw. Konzernabschluss gelten.

Danach muss bei den **Erstversicherern** der Prüfungsbericht grundsätzlich spätestens 11 mit dem Ablauf des fünften Monats des folgenden Geschäftsjahres vorliegen. Diese Restriktion ergibt sich durch Rückrechnung. So muss bei Aktiengesellschaften die Hauptversammlung innerhalb von acht Monaten nach Ablauf des Geschäftsjahrs zusammenkommen, um den festgestellten Jahresabschluss und den Lagebericht, einen vom Aufsichtsrat gebilligten Einzelabschluss nach § 325 Abs. 2a und ggf. einen von ihm gebilligten Konzernabschlusses und Konzernlagebericht entgegenzunehmen (§ 175 Abs. 1 AktG). Das Gleiche gilt nach § 341a Abs. 4 iVm § 175 Abs. 1 AktG für Versicherungsunternehmen, die weder Aktiengesellschaften noch Kommanditgesellschaften auf Aktien oder kleinere Vereine sind. Auch hier muss die Hauptversammlung bzw. die Versammlung der obersten Vertretung innerhalb von acht Monaten zusammenkommen. Da aber die Einberufungsfrist für die Hauptversammlung mindestens dreißig Tage beträgt (§ 123 Abs. 1 AktG) und der Aufsichtsrat davor das Recht haben muss, die Abschlüsse innerhalb von maximal zwei Monaten zu prüfen (§ 171 Abs. 3 AktG ggf. iVm § 341a Abs. 4), muss der Prüfungsbericht spätestens mit dem Ablauf des fünften Monats des folgenden Geschäftsjahres vorliegen.

Für Rückversicherer, die die Voraussetzungen des § 341a Abs. 5 S. 1 erfüllen, verlängert 12 sich die Aufstellungsfrist für den Jahresabschluss und Lagebericht in Abweichung zu § 341a Abs. 1 auf zehn Monate (→ § 341a Rn. 60). Da auch für Rückversicherungen die 30-tägige Einberufungsfrist für die Hauptversammlung und das zweimonatige Prüfungsrecht des Aufsichtsrats gilt, haben diese Rückversicherer de facto 14 Monate Zeit, um die Versammlung einzuberufen, in der die Aktionäre bzw. die Mitglieder der Versammlung der obersten Vertretung den geprüften Jahresabschluss und Lagebericht entgegennehmen (§ 341a Abs. 5 S. 1 Hs. 2).

3. Qualifikation des Abschlussprüfers. Versicherungsunternehmen müssen ihren 13 Jahresabschluss nach den §§ 316–324a von einem **Wirtschaftsprüfer oder einer Wirtschaftsprüfungsgesellschaft** prüfen lassen (§ 319 Abs. 1 S. 1).[8] Das in **§ 319 Abs. 1 S. 2** kodifizierte Wahlrecht, das mittelgroßen Kapitalgesellschaften erlaubt, vereidigte Buchprüfer und Buchprüfungsgesellschaften mit der Prüfung zu beauftragen, ist nicht anzuwenden (Abs. 1 S. 2). Dies ist stringent, da Abs. 1 S. 1 vorschreibt, dass die Prüfung unabhängig von der Größe des Versicherungsunternehmens zu erfolgen hat und Versicherungsunternehmen den großen Gesellschaften gleichgestellt.

4. Bestellung des Abschlussprüfers und Meldung an die Aufsichtsbehörde. 14 Nach § 318 Abs. 1 S. 1 bestimmen die Gesellschafter eines prüfungspflichtigen Unternehmens den Abschlussprüfer des Jahresabschlusses. Dies gilt auch für prüfungspflichtige Versicherungsunternehmen.

Dass die Gesellschafter das Recht haben, den Abschlussprüfer zu bestimmen, steht in 15 Einklang mit der Zielsetzung des handelsrechtlichen Jahresabschlusses. Er soll ihnen ua

5 Vgl. Prölss/Dreher/Ellenbürger/Kölschbach VAG § 36 Rn. 19.
6 Vgl. WP-HdB Versicherungsunternehmen/Hofmann M Rn. 5.
7 Vgl. BT-Drs. 12/7646, 3.
8 Vgl. WP-HdB Versicherungsunternehmen/Freiling A Rn. 57.

Information über die Unternehmensentwicklung gewähren und ihr Recht auf Ergebnisteilhabe sicherstellen. Deshalb wird ihnen auch die Bestimmung desjenigen Prüfers übertragen, der die Rechnungslegung ihres Unternehmens kontrollieren soll und darf. Gleichzeitig stärkt dies die Unabhängigkeit des Abschlussprüfers.[9]

16   Wie bei allen anderen prüfungspflichtigen Unternehmen, die keine Versicherungsunternehmen sind, ist die Gesellschafterversammlung (Art. 16 Abs. 5 Abschlussprüfungs-VO) für die Bestimmung des Abschlussprüfers zuständig (→ § 318 Rn. 4). Bei Versicherungen, die nicht in der Rechtsform einer Kapitalgesellschaft betrieben werden, tritt an die Stelle der Gesellschafterversammlung das oberste Organ (Mitglieder- bzw. Mitgliedervertreterversammlung des VVaG).[10]

17   Auch hinsichtlich des Zeitpunkts der Wahl des Abschlussprüfers (→ § 318 Rn. 14) und der Erteilung des Prüfungsauftrags (→ § 318 Rn. 32) gelten die allgemeinen Regelungen, die von allen anderen prüfungspflichtigen Kapitalgesellschaften zu beachten sind.

18   Der Vorstand muss den von der Gesellschafterversammlung bestimmten **Abschlussprüfer** unverzüglich **der Aufsichtsbehörde anzeigen** (§ 36 Abs. 1 S. 1 VAG). Der Prüfungsauftrag darf erst nach erfolgter Zustimmung der Aufsichtsbehörde erteilt werden.[11]

19   Hält es die Aufsichtsbehörde zur Erreichung des Prüfungszwecks für geboten, kann sie nach § 36 Abs. 1 S. 2 VAG die **Bestimmung eines neuen Abschlussprüfers** innerhalb von zwei Monaten nach Zugang der Anzeige fordern. Dies ist nach § 36 Abs. 1 S. 3 VAG in der Regel der Fall, wenn der Vorstand eines Versicherungsunternehmens für mindestens elf aufeinanderfolgende Geschäftsjahre denselben Prüfer angezeigt hat.

20   Die nach § 36 Abs. 1 VAG bestehende Anzeigepflicht gilt grundsätzlich nicht für öffentlich-rechtliche Versicherungsunternehmen, die nach Landesrecht errichtet wurden und der Landesaufsicht unterliegen (§ 38 Abs. 2 VAG). Ebenso ist § 36 Abs. 1 VAG nicht anzuwenden auf Versicherungsunternehmen, die nach den Bestimmungen des § 36 Abs. 2 VAG iVm RechVersV[12] von der Prüfungspflicht befreit sind.[13] Eine Rückausnahme besteht für Pensionskassen. Für diese schreibt § 234 Abs. 1 S. 1 VAG explizit die Anwendung des § 341k vor. Damit darf auf sie § 36 Abs. 2 VAG nicht angewendet werden.[14]

21   **5. Rotationspflicht des Abschlussprüfers.** Die Frage, wie lange ein Unternehmen denselben Prüfer bzw. dieselbe Prüfungsgesellschaft mit der Prüfung beauftragen sollte oder darf **(Maximalbeauftragungsdauer),** ist in der Fachliteratur umstritten. Für einen relativ langen Zeitraum spricht, dass der Prüfer dann die Möglichkeit dazu hat, das Unternehmen besser kennenzulernen. Einarbeitungszeiten entfallen und die Prüfung kann effizient und zielgerichtet erfolgen. Allerdings schafft auch eine „zu große (…) Vertrautheit des Prüfers mit dem Unternehmen" (Abschlussprüfungs-VO) Gefahren. Denn die Unabhängigkeit ist „ein wesentlicher Bestandteil von Prüfungsqualität".[15] Prüft derselbe Prüfer bzw. dieselbe Prüfungsgesellschaft das Unternehmen über einen zu langen Zeitraum hinweg, kann sich Betriebsblindheit einschleichen und die Prüfungsqualität leiden. In ihre Beurteilung fließt nicht nur die Fähigkeit des Abschlussprüfers ein, Fehler und Verstöße zielgerichtet zu erkennen (Kompetenzaspekt), sondern auch die Bereitschaft, tatsächlich auch in aller Klarheit über festgestellte Fehler zu berichten (Unabhängigkeit).[16]

22   Der Gesetzgeber löste diese Problematik typisierend, indem er **für Unternehmen von öffentlichem Interesse eine Rotationspflicht für den Abschlussprüfer** vorsieht. Diese Unternehmen sind grundsätzlich dazu verpflichtet, ihren Abschlussprüfer bzw. das mit der

---

9   Vgl. BT-Drs. 19/26966, 109.
10   Vgl. BeckOK HGB/Schärtl Rn. 18.
11   Vgl. Prölss/Dreher/Ellenbürger/Kölschbach VAG § 36 Rn. 5.
12   § 36 Abs. 2 VAG übernimmt die Regelung des § 64 VAG idF v. 31.8.2015 bez. der Nichtanzeige von Abschlussprüfern kleinerer Vereine; vgl. hierzu BT-Drs. 18/2956, 248.
13   Vgl. auch Beck Versicherungsbilanz/Seitz Rn. 22 mwN, der von einer versehentlich unterbliebenen Streichung dieser Vorschrift im Rahmen der Umsetzung der RL 91/674/EWG ausgeht.
14   Vgl. Prölss/Dreher/Ellenbürger/Kölschbach VAG § 36 Rn. 18; Prölss/Dreher/Weigel VAG § 234 Rn. 2.
15   Schüppen NZG 2016, 247 (251).
16   Vgl. Schüppen NZG 2016, 247 (251) mwN.

Prüfung beauftragte Unternehmen nach zehn Jahren (Grundrotationszeit) zu wechseln (Art. 17 Abs. 1 Abschlussprüfungs-VO). Weder der Abschlussprüfer noch Mitglieder aus seinem Netzwerk dürfen das Unternehmen innerhalb der folgenden vier Jahre prüfen (Art. 17 Abs. 3 Abschlussprüfungs-VO). Erst danach ist eine erneute Bestellung wieder möglich. Dabei spielt es keine Rolle, ob der/die Prüfer formal jährlich neu bestellt werden oder ob die Bestellung gleich für mehrere Jahre erfolgt.[17]

6. Handelsrechtlicher Prüfungsumfang. Nach Abs. 1 S. 4 sind auf Unternehmen, **23** die Versicherungsunternehmen iSd Art. 2 Abs. 1 der RL 91/674/EWG sind, die prüfungsrechtlichen Vorschriften der §§ 316–324a nur insoweit anzuwenden, solange nicht die **Abschlussprüfungs-VO** anzuwenden ist. Dies entspricht der Judikatur des BVerfG. Danach sind bei einer Kollision zwischen europäischem Verordnungsrecht und nationalem Recht die europäischen Verordnungen vorrangig.[18] Abs. 1 S. 4 hat insoweit rein klarstellende Funktion.[19] EU-Verordnungen gelten in jedem Mitgliedstaat unmittelbar. Eine solche tritt nach Art. 288 AEUV in Kraft und bindet die Rechtssubjekte in den einzelnen Mitgliedstaaten unmittelbar, ohne dass dazu irgendwelche Maßnahmen zur Umwandlung in nationales Recht erforderlich sind.[20] Der EuGH betont sogar, dass es dem nationalen Gesetzgeber grundsätzlich nicht erlaubt ist, Verordnungen der Gemeinschaft im nationalen Recht zu wiederholen oder rechtsverbindlich auszulegen, weil dadurch die europäische Natur der Vorschriften verschleiert und ihre höherrangige Bedeutung übersehen werden könnte (Umsetzungsverbot).[21] Eine punktuelle Wiederholung der Verordnung kommt nur in Ausnahmefällen in Betracht, zB wenn ihre Regelungen sehr komplex sind oder dies für das Zusammenwirken von Verordnung und mitgliedstaatlichem Recht notwendig ist.[22] Abs. 1 S. 4 hebt damit zum einen die Existenz und die Bedeutung der Abschlussprüfungs-VO nochmals hervor und stellt zum anderen klar, dass §§ 316 ff. insoweit (fort-)gelten, als nicht die Abschlussprüfungs-VO abschließende oder konfligierende Regelungen enthält.[23]

Prüfungsgegenstand ist gem. § 317 die Buchführung, der Jahresabschluss (Bilanz, **24** Gewinn- und Verlustrechnung sowie Anhang) und der Lagebericht. Ferner ist der Konzernabschluss, ggf. einschließlich der im Konzernabschluss zusammengefassten Jahresabschlüsse, sowie der Konzernlagebericht zu prüfen. Sofern es sich um eine börsennotierte Aktiengesellschaft handelt, umfasst die Prüfung gem. § 317 Abs. 4 auch das Risikofrüherkennungssystem (§ 91 Abs. 2 AktG).[24]

Die **nichtfinanzielle Erklärung** ist Teil des Lageberichts (§ 289b Abs. 1). Der Prüfer **25** muss sie lediglich einer formalen Überprüfung unterziehen und prüfen, ob sie vorgelegt wurde (§ 317 Abs. 2 S. 4). Ihre inhaltliche Überprüfung erfolgt nur dann, wenn das Leitungsorgan des Unternehmens (zB der Aufsichtsrat einer Aktiengesellschaft gem. § 111 Abs. 2 AktG) den Prüfer ausdrücklich mit einer inhaltlichen Überprüfung der nichtfinanziellen (Konzern-)Erklärung oder des gesonderten nichtfinanziellen (Konzern-)Berichts (§ 289b, § 315b) beauftragt. Diese Prüfung ist dann aber nach der Gesetzesbegründung kein Bestandteil der in den §§ 316 ff. geregelten Abschlussprüfung.

§ 317 regelt den Gegenstand und den Umfang der Prüfung. Er wird durch die berufs- **26** ständischen Normen, insbesondere durch die vom Institut der Wirtschaftsprüfer (IDW) entwickelten Prüfungsgrundsätze konkretisiert. Die **IDW-Prüfungsgrundsätze** sind zwar für den deutschen Abschlussprüfer nicht unmittelbar rechtlich verbindlich,[25] beachtet der Abschlussprüfer jedoch Fachgutachten oder Stellungnahmen des IDW ohne gewichtigen

---

17 Vgl. IDW PP 2018, 19 ff.
18 Vgl. Bürkle VersR 2016, 1145 (1146) mwN.
19 Vgl. BT-Drs. 18/7219, 53.
20 Vgl. EuGH 10.10.1973 – Rs. 34/73, Slg. 1973, S. 981 Rn. 10 = BeckRS 2004, 70873.
21 Vgl. EuGH 10.10.1973 – Rs. 34/73, Slg. 1973, S. 981 Rn. 11 = BeckRS 2004, 70873.
22 Vgl. Riesenhuber, abrufbar unter: http://hwb-eup2009.mpipriv.de/index.php/Verordnung (zuletzt abgerufen am 17.5.2023).
23 Vgl. Schüppen NZG 2016, 247 (249).
24 Ausf. hierzu WP-HdB Versicherungsunternehmen/Hofmann M Rn. 55–104.
25 Vgl. ADS § 323 Rn. 23; BeBiKo/Schmidt/Feldmüller § 323 Rn. 12.

Grund nicht, „so ist damit zu rechnen, dass eine solche Abweichung von der Berufsauffassung ggf. in Regressfällen, in einem Verfahren der Berufsaufsicht oder in einem Strafverfahren zum Nachteil des Abschlussprüfers ausgelegt werden kann".[26] Insofern gilt eine faktische Bindungswirkung der Prüfungsgrundsätze des IDW.

27   **Interne (Vor-)Prüfungen** ersetzen keine externe Prüfung. Deshalb führt eine versicherungsmathematische Bestätigung des verantwortlichen Aktuars hinsichtlich der ordnungsgemäßen Bildung der Deckungsrückstellungen nicht dazu, dass der Prüfer bzw. die Prüfergesellschaft sich kein eigenständiges Bild von der Ordnungsmäßigkeit der Bilanzposition machen muss (vgl. § 141 Abs. 5 S. 1 Nr. 2 VAG).[27]

28   Im Prüfungsbericht muss der Prüfer zur Beurteilung der Lage des Unternehmens oder Konzerns durch die gesetzlichen Vertreter Stellung beziehen und insbesondere auf die Beurteilung des Fortbestands des Unternehmens und dessen künftige Entwicklung eingehen (§ 321 Abs. 1 S. 2 Hs. 2). Stellt der Prüfer **Unrichtigkeiten oder Verstöße** gegen gesetzliche Vorschriften oder Tatsachen fest, die den Bestand des geprüften Unternehmens oder Konzerns gefährden oder dessen Entwicklung wesentlich beeinträchtigen können, sind diese zu berichten (§ 321 Abs. 1 S. 3). Dies gilt auch für schwerwiegende Verstöße der gesetzlichen Vertreter oder von Arbeitnehmern gegen Gesetz, Gesellschaftsvertrag oder die Satzung, die der Prüfer im Rahmen seiner Prüfungshandlung aufdeckt (§ 321 Abs. 1 S. 3). Abs. 3 fordert für die Fälle des § 321 Abs. 1 S. 3 eine über die Darstellung im Prüfungsbericht hinausgehende unverzügliche Unterrichtung der Aufsichtsbehörde.

29   **7. Ergänzende aufsichtsrechtliche Prüfungspflichten. §§ 35–39 VAG** erweitert bzw. präzisiert die Prüfungsvorschriften der §§ 316–324a für Versicherungsunternehmen. Die ergänzenden Regelungen beziehen sich insbesondere auf bestimmte versicherungsspezifische Anzeigepflichten und auf die Prüfung der Solvabilitätsübersicht.

30   Nach **§ 35 Abs. 1 S. 1 Nr. 1 VAG** hat der Abschlussprüfer zu prüfen und zu dokumentieren, ob das Versicherungsunternehmen die **Anzeigepflichten** der § 47 Nr. 1–5 und 7–9 VAG, § 58 Abs. 1 und 4 VAG, § 59 Abs. 1 und 4 VAG erfüllt. Diese betreffen ua die Bestellung und Abberufung von Personen mit Schlüsselaufgaben, wie zB Aufsichtsratsmitglieder (§ 47 Nr. 1–2 VAG), Satzungsänderungen wegen geplanter Kapitalerhöhungen (§ 47 Nr. 3 VAG), den Erwerb oder die Aufgabe bedeutender Beteiligungen am eigenen Unternehmen (§ 47 Nr. 5 VAG) sowie die Absicht, wichtige Funktionen oder Versicherungstätigkeiten auszugliedern (§ 47 Nr. 8 VAG). Auch der Name und die Anschrift der Personen, die eine bedeutende Beteiligung am Versicherungsunternehmen halten, sind unter Angabe der Beteiligungsquote anzuzeigen (§ 47 Nr. 7 VAG). Ferner müssen Erstversicherungsunternehmen die beabsichtigte Aufnahme eines grenzüberschreitenden Dienstleistungsverkehrs anzeigen (§ 59 Abs. 1 und 4 VAG).

31   **§ 35 Abs. 1 S. 1 Nr. 2 VAG** bezieht sich auf die verschärften Verpflichtungen, die aus dem **Finanzkonglomerate-Aufsichtsgesetz (FKAG)** vom 27.3.2013 (BGBl. 2013 I 1862) resultieren. Finanzkonglomerate sind Unternehmensgruppen, die unterschiedliche Finanzdienstleistungsunternehmen (zB Banken und Versicherungsunternehmen) unter einem Dach vereinen und bei denen die Banken- bzw. Versicherungstätigkeiten erheblich sind (vgl. zur Definition im § 1 Abs. 2 FKAG). Bei solchen Konstrukten besteht die Gefahr von Gruppenrisiken. Verwirklichen sich bei einzelnen Unternehmen Risiken, kann dies zu einer „Ansteckung" der übrigen Finanzkonglomerats-Unternehmen führen (zB Ausfallversicherung einer im Konzern gehaltenen Wertpapiertranche durch Konzernunternehmen). Das FKAG soll dem entgegenwirken, indem insbesondere das Risikomanagement von Finanzkonglomeraten gestärkt und seine Zusammenarbeit mit der Aufsichtsbehörde verbessert wird. So ist die gemischte Finanzholding-Gesellschaft iSd § 7 Nr. 10 VAG, die an der Spitze eines Finanzkonglomerats steht, gem. § 28 Abs. 5 FKAG verpflichtet, der BaFin und der Bundesbank einmal jährlich die konglomeratsangehörigen Unternehmen sowie

---

[26]   IDW PS 201 Rn. 13.
[27]   Vgl. EBJS/Böcking/Gros/Kölschbach Rn. 22.

unverzüglich Veränderungen in ihrem Bestand anzuzeigen. Bei der Prüfung des Jahresabschlusses hat der Prüfer festzustellen und zu dokumentieren, ob das Versicherungsunternehmen den Verpflichtungen gem. § 28 Abs. 5 FKAG nachgekommen ist.

§ 35 Abs. 1 S. 1 Nr. 3 VAG betrifft die Überprüfung der Verpflichtungen, die sich aus **32** dem Handel mit OTC-Derivaten ergeben. Der spekulative Handel mit diesen verursachte die Finanzmarktkrise 2008/09 in wesentlichen Teilen mit. Die **VO (EU) 648/2012**[28] (EMIR – European Market Infrastructure Regulation) soll diese Risiken eindämmen. Danach sind Marktteilnehmer ua dazu verpflichtet, außerbörsliche Standard-Derivate-Geschäfte über eine Zentralstelle (Clearingstelle) abzuwickeln und für OTC-Derivate-Geschäfte, die wegen ihrer Struktur nicht über die Clearingstelle laufen können, verschärfte Anforderungen in Bezug auf das Risikomanagement zu beachten. Der Prüfer hat bei der Jahresabschlussprüfung gem. § 35 Abs. 1 S. 1 Nr. 3 VAG festzustellen und zu dokumentieren, ob das Versicherungsunternehmen diese Anforderungen (vgl. Art. 4 Abs. 1, 2 und 3 UAbs. 2 VO (EU) 648/2012, Art. 9 Abs. 1–4 VO (EU) 648/2012, Art. 11 Abs. 1–11 UAbs. 1 VO (EU) 648/2012 und Abs. 12 VO (EU) 648/2012 VO (EU) 648/2012) erfüllt hat.

§ 35 Abs. 1 S. 1 Nr. 4 VAG bezieht sich auf die Verpflichtungen, die sich aus der **33** **Rating-VO**[29] ergeben. Banken und Versicherungsunternehmen nutzen die Einschätzungen von Ratingagenturen als zentrale Grundlage für ihre Anlage- und Finanzentscheidungen (zB Berechnung der Eigenkapitalanforderungen und Abschätzung der Risiken des Anlagegeschäftes). Fehlerhafte oder manipulativ erstellte Ratings können dadurch die Stabilität der Finanzmärkte weltweit beeinträchtigen und das Marktvertrauen untergraben. Die bereits mehrfach abgeänderte[30] Rating-VO zielt darauf ab, den Einfluss von Ratingagenturen auf Anlageentscheidungen und die Berechnung von Eigenkapitalanforderungen abzuschwächen und verpflichtet die Unternehmen dazu, den Investoren aussagekräftige(re) Informationen zu den eingesetzten Ratings vorzulegen, damit sich diese eigene Urteile bilden können. Der Prüfer hat nach § 35 Abs. 1 S. 1 Nr. 4 VAG die einschlägigen Anforderungen (vgl. Art. 4 Abs. 1 UAbs. 1 Rating-VO, Art. 5a Abs. 1 Rating-VO und Art. 8b–8d Rating-VO) der Rating-VO in der jeweils geltenden Fassung zu prüfen und das Ergebnis im Prüfungsbericht festzuhalten.

§ 35 Abs. 1 S. 1 Nr. 5 VAG hat die Prüfung von Verpflichtungen im Kontext mit **34** Wertpapierfinanzierungsgeschäften zum Gegenstand. Die **VO (EU) 2015/2365**[31] (SFTR – Securities Financing Transaction Regulation) ergänzt inhaltlich die Verordnung zu den OTC-Derivaten und erfasst neben den Wertpapier- oder Warenverleihgeschäften, (umgekehrten) Pensionsgeschäften, Lombardgeschäften und Kauf-/Rückverkaufsgeschäften bzw. Verkauf-/Rückkaufsgeschäften auch Derivate, die dem Liquiditäts- und Sicherheitenaustausch dienen (liquidity swaps, collateral swaps). Unternehmen müssen entsprechende Geschäfte an ein Transaktionsregister melden und Sicherungsnehmer dürfen die ihnen als Sicherheit gegebenen Finanzinstrumente nur unter restriktiven Auflagen weiterverwenden. § 35 Abs. 1 S. 1 Nr. 5 VAG stellt sicher, dass die Jahresabschlussprüfer prüfen und dokumentieren, ob das Unternehmen diesen Verpflichtungen (vgl. Art. 4 Abs. 1–5 VO (EU) 2015/2365 und Art. 15 VO (EU) 2015/2365) nachkommt.

§ 35 Abs. 1 S. 1 Nr. 6 VAG erstreckt sich auf die Prüfung, der sich aus der **VO (EU)** **35** **2016/1011**[32] ergebenden Verpflichtungen. Diese ergänzt die Rating-VO und bezieht sich auf Indizes (Benchmarks), wie zB der LIBOR (London Interbank Offered Rate) und der

---

[28]   Vgl. VO (EU) 648/2012 des Europäischen Parlaments und des Rates vom 4.7.2012 über OTC-Derivate, zentrale Gegenparteien und Transaktionsregister (ABl. EU 2012 L 201, 1).

[29]   Vgl. VO (EG) 1060/2009 des Europäischen Parlaments und des Rates v. 16.9.2009 über Ratingagenturen (ABl. EG 2009 L 302, 1).

[30]   Vgl. ua VO (EU) 513/2011 (ABl. EU 2011 L 145, 30) und VO (EU) 462/2013 (ABl. 2013 L 146, 1).

[31]   Vgl. VO (EU) 2015/2365 des Europäischen Parlaments und des Rates vom 25.11.2015 über die Transparenz von Wertpapierfinanzierungsgeschäften und der Weiterverwendung sowie zur Änderung der VO (EU) Nr. 648/2012 (ABl. EU 2015 L 337, 1).

[32]   Vgl. VO (EU) 2016/1011 des Europäischen Parlaments und des Rates vom 8.6.2016 über Indizes, die bei Finanzinstrumenten und Finanzkontrakten als Referenzwert oder zur Messung der Wertentwicklung eines Investmentfonds verwendet werden, und zur Änderung der Richtlinien 2008/48/EG und 2014/17/EU sowie der VO (EU) Nr. 596/2014 (ABl. EU 2016 L 171, 1).

EURIBOR (Euro Interbank Offered Rate), die zur Bepreisung von Finanzinstrumenten und Finanzkontrakten und/oder zur Messung der Performance von Investmentfonds herangezogen werden. Diese Benchmarks haben einen erheblichen Einfluss auf den Marktwert von Finanzinstrumenten (zB Darlehen und Hypotheken), die Preisgestaltung von Zahlungsströmen (zB Zinszahlungen im Rahmen von Zinsswaps), die an sie anknüpfen, und das Risikomanagement. Werden diese Benchmarks fehlerhaft berechnet oder manipuliert, beeinflusst dies die Funktionstüchtigkeit der Finanzmärkte und kann zu erheblichen Verlusten oder Gewinnen bei den Kapitalmarktteilnehmern führen. Die VO (EU) 2016/1011 wirkt dieser Gefahr entgegen, indem sie darauf hinwirkt, dass die in der EU verwendeten Benchmarks robust(er) und zuverlässig(er) ermittelt werden. Ein beaufsichtigtes Unternehmen darf einen eingetragenen Referenzwert verwenden, der durch einen in einem EU-Mitgliedstaat ansässigen und beaufsichtigten Administrator bereit gestellt wird (Art. 29 VO (EU) 2016/1011). Dieses muss zudem dokumentieren und nachhalten, welche Maßnahmen es ergreift, wenn sich der Referenzwert „wesentlich ändert oder nicht mehr bereitgestellt wird" (Art. 28 Abs. 2 VO (EU) 2016/1011). Ein Unternehmen, das Eingabedaten für einen Benchmark liefert, muss über nachprüfbare wirksame interne Aufsichts- und Verifizierungsverfahren verfügen (Art. 16 Abs. 1–4 VO (EU) 2016/1011) und regulatorische Auflagen beachten, wenn es seine Belieferungstätigkeit einstellen will (Art. 23 Abs. 3 S. 1, Abs. 5, 6 und 10 VO (EU) 2016/1011). Der Prüfer stellt fest, ob das Versicherungsunternehmen die entsprechenden Vorgaben beachtet hat und dokumentiert das Ergebnis.

36   **§ 35 Abs. 1 S. 1 Nr. 7 VAG** betrifft die aus der **Europäischen Finanzmarktverordnung (MiFiR)**[33] resultierenden Verpflichtungen. Sie ergänzt die EMIR-VO und die VO (EU) 2015/2365 und zielt darauf, dass der Handel mit Wertpapieren weg von nicht geregelten und hin zu geregelten Handelsplätzen verlagert wird. Gleichzeitig verpflichtet sie die Handelsplatzbetreiber dazu, aktuell über die preisrelevanten Daten der von ihnen gehandelten Finanzmarktinstrumente zu informieren (Vorhandelstransparenz) und die Einzelheiten abgeschlossener Geschäfte (Umfang, Kurs und Zeitpunkt) möglichst auf Echtzeitbasis zu veröffentlichen (Nachhandelstransparenz). Der mit der Prüfung beauftragte Prüfer überprüft und dokumentiert nach § 35 Abs. 1 S. 1 Nr. 7 VAG, ob sich das Versicherungsunternehmen an die in Art. 28 Abs. 1–3 VO (EU) 600/2014 aufgeführten Vorgaben gehalten hat.

37   **§ 35 Abs. 1 S. 1 Nr. 8 VAG** hat die Prüfung von Verpflichtungen im Kontext mit der **VO (EU) 2017/2402**[34] (STS – Simple Transparent Standardised Securitisation) zum Gegenstand. Danach erstreckt sich die Prüfung ua auf die Einhaltung der Anforderung in Bezug auf die Sorgfaltspflichten für institutionelle Anleger, die nicht der Originator, Sponsor oder ursprüngliche Kreditgeber des Finanzinstrumentes sind, sowie auf Einhaltung der Transparenzanforderungen an Originatoren, Sponsoren und Verbriefungszweckgesellschaften. § 35 Abs. 1 S. 1 Nr. 8 VAG stellt sicher, dass die Jahresabschlussprüfer prüfen und dokumentieren, ob das Unternehmen diesen Verpflichtungen (vgl. Art. 5–9, 18–26, 27 Abs. 1 und 4 VO (EU) 2017/2402 und Art. 43 Abs. 5 und 6 VO (EU) 2017/2402) nachkommt.

38   **§ 35 Abs. 1 S. 1 Nr. 9 VAG** regelt, dass die Prüfer auch die Anforderungen der Vorschriften der **VO (EU) 2019/2088 (Offenlegungsverordnung)**[35] zu prüfen haben.[36]

38a   **§ 35 Abs. 2 VAG** hat die Prüfung der **Solvabilitätsübersicht** (Solvency II balance sheet) zum Gegenstand. Diese ist von Versicherungsunternehmen nach § 74 Abs. 1 VAG

[33]   Vgl. VO (EU) 600/2014 des Europäischen Parlaments und des Rates vom 15.5.2014 über Märkte für Finanzinstrumente und zur Änderung der VO (EU) Nr. 648/2012 (ABl. EU 2014 L 173, 84; ABl. EU 2015 L 6, 6; ABl. EU 2015 L 270, 4).

[34]   Vgl. VO (EU) 2017/2402 des Europäischen Parlaments und des Rates vom 12.12.2017 zur Festlegung eines allgemeinen Rahmens für Verbriefungen und zur Schaffung eines spezifischen Rahmens für einfache, transparente und standardisierte Verbriefung und zur Änderung der Richtlinien 2009/65/EG, 2009/138/EG, 2011/61/EU und der Verordnungen (EG) Nr. 1060/2009 und (EU) Nr. 648/2012 (ABl. EU 2017 L 347, 35).

[35]   Vgl. VO (EU) 2019/2088 des Europäischen Parlaments und des Rates vom 27.11.2019 über nachhaltigkeitsbezogene Offenlegungspflichten im Finanzdienstleistungssektor (ABl. EU 2019 L 317, 1).

[36]   Vgl. BT-Drs. 19/27631, 48 und 114.

zu erstellen, um die vorhandenen Eigenmittel unter Solvency II zu bestimmen. Die Solvabilitätsübersicht wird losgelöst von den handelsrechtlichen Ansatz- und Bewertungsvorschriften ermittelt.[37] Unter anderem sind bei ihr die Vermögensgegenstände und Verbindlichkeiten grundsätzlich zu ihrem stichtagsaktuellen Marktwert zu bewerten. Gemäß § 35 Abs. 2 VAG hat der Abschlussprüfer die Solvabilitätsübersicht auf Einzel- und auf Gruppenebene nach den aufsichtsrechtlichen Bestimmungen zu prüfen und gesondert über das Ergebnis zu berichten.

Nach **§ 35 Abs. 3 VAG** ist auch das **Risikofrüherkennungssystem** des Versiche- **39** rungsunternehmens zu prüfen. § 91 Abs. 2 AktG verpflichtet den Vorstand dazu, geeignete Maßnahmen zu treffen und insbesondere ein Überwachungssystem einzurichten, das ihm ermöglicht, den Fortbestand der Gesellschaft gefährdende Entwicklungen frühzeitig zu erkennen. Nach § 317 Abs. 4 muss der Prüfer beurteilen, ob der Vorstand dieser Verpflichtung nachgekommen ist (vgl. auch IDW PS 340 Rn. 5 und 6). Die Verpflichtung, ein Risikofrüherkennungssystem einzurichten, besteht nach § 35 Abs. 3 VAG für alle Versicherungsunternehmen, auf die § 91 Abs. 2 S. 1 AktG anzuwenden ist (zB auch auf öffentlichrechtliche Versicherungsunternehmen (§ 33 Abs. 2 VAG) und Versicherungsvereine auf Gegenseitigkeit (§ 188 Abs. 1 VAG). Ausgenommen von dieser Verpflichtung sind aber kleinere Vereine, die sich dadurch auszeichnen, dass sie bestimmungsgemäß einen sachlich, örtlich oder dem Personenkreis nach eng begrenzten Wirkungskreis haben (§ 210 Abs. 1 VAG). Der Umfang der Prüfung bezieht sich lediglich darauf, ob ein entsprechendes Risikofrüherkennungssystem existiert, nicht aber, ob der Vorstand auch auf die Informationen, die ihm dieses zur Verfügung stellt, (angemessen) reagiert.[38] Darüber hinaus ist das Risikofrüherkennungssystem nur ein Baustein des in § 26 VAG geregelten Risikomanagementsystems, das durch das Rundschreiben 2/2017 (VA) – Mindestanforderungen an die Geschäftsorganisation von Versicherungsunternehmen (MaGo) der BaFin[39] näher präzisiert wird. Es ist deshalb nicht die Aufgabe des Prüfers zu prüfen, ob das Versicherungsunternehmen alle Anforderungen an ein Risikomanagementsystem erfüllt. Diese Prüfung ist Aufgabe der Aufsichtsbehörde und nicht Gegenstand der Jahresabschlussprüfung.[40] Stellt der Prüfer aber im Rahmen seiner pflichtgemäßen Jahres- oder Konzernabschlussprüfung fest, dass das Versicherungsunternehmen gegen die Regelungen des § 26 VAG verstößt, so hat er nach § 321 Abs. 1 S. 3 darüber zu berichten.

Nach **§ 35 Abs. 5 VAG** ist auch zu prüfen, ob Versicherungsunternehmen, die unter **40** den Anwendungsbereich des **Geldwäschegesetzes** iSd § 52 VAG iVm § 2 Abs. 1 Nr. 7 GWG fallen, ihre Pflichten nach den §§ 53–56 VAG sowie nach dem Geldwäschegesetz erfüllt haben. Danach fallen unter den Regelungsbereich des Gesetzes Versicherungen, die Lebensversicherungen und/oder Unfallversicherungen mit Prämienrückgewähr anbieten und/oder Darlehen iSv § 1 Abs. 1 S. 2 Nr. 2 KWG vergeben. Diese haben entsprechende Vorkehrungen zu treffen, damit es zu keiner Geldwäsche und/oder Terrorfinanzierung kommt (ua Entwicklung interner Verfahren und Kontrollsysteme, regelmäßige Schulung der mit baren und unbaren Finanztransaktionen beauftragten Personen und Prüfung ihrer Integrität). Hierüber ist nach § 35 Abs. 5 S. 2 VAG gesondert zu berichten.

Nach **§ 35 Abs. 4 S. 1 VAG** hat der Abschlussprüfer eine **Meldepflicht bestimmter** **41** **Verstöße.** Danach muss er „unverzüglich alle Tatsachen und Entscheidungen in Bezug auf das geprüfte Unternehmen (…) melden, von denen er bei der Wahrnehmung seiner Aufgaben Kenntnis erlangt" und die § 35 Abs. 4 S. 1 Nr. 1–5 VAG betreffen. Dabei handelt es sich um Informationen, die sich darauf beziehen, dass das Versicherungsunternehmen Rechts- und Verwaltungsvorschriften verletzt hat, die die Zulassungsbedingungen regeln

---

37 Vgl. BT-Drs. 18/2956, 248 und 305.
38 Vgl. BeckOK HGB/Schärtl Rn. 10.
39 Vgl. BaFin, Rundschreiben 2/2017 (VA) – Mindestanforderungen an die Geschäftsorganisation von Versicherungsunternehmen (MaGo), https://www.bafin.de/SharedDocs/Veroeffentlichungen/DE/Rundschreiben/2017/rs_1702_mago_va.html (zuletzt abgerufen am 15.3.2023).
40 Vgl. BeckOK HGB/Schärtl Rn. 10.

oder auf die Ausübung der Tätigkeit der Unternehmen Anwendung finden (§ 35 Abs. 4 S. 1 Nr. 1 VAG), die die Fortsetzung der Unternehmenstätigkeit beeinträchtigen (§ 35 Abs. 4 S. 1 Nr. 2 VAG), die die Ablehnung der Bestätigung einer ordnungsmäßiger Rechnungslegung oder Vorbehalte betreffen (§ 35 Abs. 4 S. 1 Nr. 3 VAG) und die zeigen, dass die Solvabilitätskapitalanforderung und/oder die Mindestkapitalanforderung nicht (mehr) bedeckt ist (§ 35 Abs. 4 S. 1 Nr. 4–5 VAG).

42   Der Prüfer muss die Aufsichtsbehörde gem. § 35 Abs. 4 S. 2 VAG auch über die vorstehenden Tatsachen und Entscheidungen informieren, die er im Rahmen seiner Prüfung erfährt und die ein Versicherungsunternehmen betreffen, das mit dem geprüften Versicherungsunternehmen in einer engen Verbindung iSd § 7 Nr. 7 VAG aufgrund eines Kontrollverhältnisses steht. Er verletzt durch diese Mitteilungen nach § 35 Abs. 4 S. 1 und 2 VAG an die Aufsichtsbehörde grundsätzlich nicht die vertraglichen oder durch Rechts- oder Verwaltungsvorschriften festgelegten Verschwiegenheitspflichten.

43   **8. Prüfungsbericht.** Die grundsätzliche **Verpflichtung zur Erstellung eines Prüfungsberichtes** für Versicherungsunternehmen ergibt sich aus § 321.

44   **§ 39 Abs. 1 S. 1 Nr. 3 VAG** ermächtigt das Bundesministerium der Finanzen (BMF) dazu, für Versicherungsunternehmen, die nicht der Aufsicht durch die Aufsichtsbehörden der Länder unterliegen, durch Rechtsverordnungen gem. § 35 Abs. 1, 2 und 5 VAG und § 341k nähere Bestimmungen über Form, Frist und Inhalt der Prüfungsberichte zu erlassen. Die Ermächtigung gilt „soweit dies zur Durchführung der Aufsicht nach diesem Gesetz erforderlich ist, insbesondere, um einheitliche Unterlagen zur Beurteilung der von den Versicherungsunternehmen durchgeführten Versicherungsgeschäfte zu erhalten" (§ 39 Abs. 1 S. 1 Nr. 3 VAG). Das BMF kam dieser Verordnungsermächtigung nach. Am 19.7.2017 wurde die Verordnung über den Inhalt der Prüfungsberichte zu den Jahresabschlüssen und den Solvabilitätsübersichten von Versicherungsunternehmen (**Prüfungsberichteverordnung** – PrüfV) vom 19.7.2017 (BGBl. 2017 I 2846) erlassen.

45   Die PrüfV hat keinen Einfluss auf die handelsrechtlichen Ansatz- und Bewertungsvorschriften. Sie präzisiert vielmehr (nur) die vom Prüfer insbesondere zu beachtenden Prüfungsschwerpunkte, macht gewisse Prüfungsvorgaben[41] und verpflichtet den Prüfer dazu, den Bericht so abzufassen, dass die Aufsicht ein Verständnis des vom Prüfer gewählten Prüfungsansatzes erlangt und die Angemessenheit des Prüfungsvorgehens beurteilen kann.[42] Die PrüfV ergänzt die Vorschriften des HGB sowie den IDW Prüfungsstandard „Grundsätze ordnungsmäßiger Erstellung von Prüfungsberichten" (IDW PS 450 nF)[43] hinsichtlich der **Art und des Umfangs der Berichterstattung** (§§ 1–3 PrüfV), **und** präzisiert die Vorschriften, die bei der **Prüfung** der Solvabilitätsübersicht (§§ 4–23 PrüfV), des Jahresabschlusses und des Lageberichts (§§ 24–50 PrüfV) sowie des Konzernabschlusses und des Konzernlageberichts (§§ 51–53 PrüfV) zu beachten sind.

46   Nach **§ 37 Abs. 5 S. 1 VAG** ist der Vorstand verpflichtet, den **Prüfungsbericht** unverzüglich, also regelmäßig innerhalb von zehn Arbeitstagen,[44] nach der Feststellung **der Versicherungsaufsichtsbehörde vorzulegen.** Machen Aufsichtsrat und/oder Vorstand Bemerkungen zum Prüfungsbericht, sind sie beizufügen. Eine Verpflichtung, derartige Bemerkungen zu machen, besteht aber nicht.[45] Die Aufsichtsbehörde hat gem. § 37 Abs. 5 S. 2 VAG die Möglichkeit, den Prüfungsbericht mit dem Prüfer zu erörtern und, sofern notwendig, Ergänzungen der Prüfung oder des Berichts auf Kosten des Versicherungsunternehmens anzuordnen. § 37 Abs. 5 VAG führt damit ebenso wie § 36 Abs. 1 VAG (→ Rn. 18 f.) für den Abschlussprüfer de facto zu einer zusätzlichen Qualitätskontrolle durch die Aufsichtsbehörde.

---

[41]   Vgl. Begr. (Besonderer Teil), Anm. zu § 2 Abs. 1 PrüfV.
[42]   Vgl. Begr. (Besonderer Teil), Anm. zu § 5 Abs. 4 PrüfV.
[43]   Vgl. WP-HdB Versicherungsunternehmen/Volkmer N Rn. 4.
[44]   Vgl. Prölss/Dreher/Ellenbürger/Kölschbach VAG § 37 Rn. 8.
[45]   Vgl. Prölss/Dreher/Ellenbürger/Kölschbach VAG § 37 Rn. 18.

Gemäß § 38 Abs. 2 VAG ist § 37 VAG nicht anzuwenden auf nach Landesrecht errich- **47**
tete und der Landesaufsicht unterliegende öffentlich-rechtliche Versicherungsunternehmen,
die zur Prüfung nach § 341k zusätzlichen landesrechtlichen Vorschriften unterliegen. Ferner
erleichtert § 37 Abs. 6 VAG die Vorlagepflicht des Berichts des Abschlussprüfers für Versicherungsunternehmen gem. § 36 Abs. 2 VAG, die aufgrund des § 330 Abs. 1, 3 und 4 iVm
§ 61 S. 1 RechVersV von der Verpflichtung zur Prüfung des Jahresabschlusses entbunden
sind.[46]

9. Bestätigungsvermerk. Der **Bestätigungsvermerk** des Jahres- und Konzernab- **48**
schlusses von Versicherungsunternehmen richtet sich nach § 322. Dabei ergibt sich in Bezug
auf Rückstellungen für Beitragsrückerstattungen eine versicherungsspezifische Besonderheit. Gemäß § 139 Abs. 2 S. 1 VAG gilt bei Versicherungsaktiengesellschaften, dass der
Vorstand mit Zustimmung des Aufsichtsrates die Beträge bestimmt, die für die Überschussbeteiligung der Versicherten zurückzustellen sind. Ein derartiges Zustimmungserfordernis
kann auch bei anderen Rechtsformen durch die Satzung ausgelöst sein.[47] Solange der Aufsichtsrat seine Zustimmung noch nicht gegeben hat bzw. sie verweigert, ist die Vorstandsent-
scheidung schwebend unwirksam.[48] Liegt die Erteilung des Bestätigungsvermerks vor dem
Zeitpunkt der Entscheidung des Aufsichtsrates, so ergibt sich die Notwendigkeit, den Bestätigungsvermerk unter der aufschiebenden Bedingung abzugeben, dass der Aufsichtsrat dem
Beschluss des Vorstandes zustimmt.[49] In diesem Sinne erfolgt die Erteilung eines Testats
unter einer aufschiebenden Bedingung (§ 158 Abs. 1 BGB). Dadurch wird die Problematik
umgangen, dass ein geprüfter Jahresabschluss einen Sachverhalt vor dessen Wirksamkeit
berücksichtigt.[50]

10. Rechtswirkung einer fehlenden Feststellung. Solange keine Prüfung stattge- **49**
funden hat, kann der Jahresabschluss noch nicht festgestellt werden (Abs. 1 S. 3). Er ist bis
zu diesem Zeitpunkt noch nicht rechtsgültig. Die fehlende Rechtsbindung hat insbesondere
gesellschaftsinterne Konsequenzen. Ein noch nicht festgestellter Jahresabschluss bindet weder
die Gesellschaftsorgane noch die Gesellschafter oder die Inhaber anderer gewinnabhängiger
Ansprüche.[51] So ist zB bei einer Aktiengesellschaft erst mit der Feststellung des Jahresabschlusses die Hauptversammlung bei ihrer Gewinnverwendungsentscheidung an den
Abschluss gebunden (§ 174 Abs. 1 S. 2 AktG). Auch entstehen erst mit seiner Feststellung
die mitgliedschaftlichen Gewinnansprüche der Aktionäre.[52] „Insoweit handelt es sich bei
der Feststellung des Jahresabschlusses um einen konstitutiv wirkenden Akt der Billigung des
aufgestellten Jahresabschlusses durch die Gesellschafter, mit der diese dessen Richtigkeit
anerkennen."[53] Die Feststellung hat „die Bedeutung einer Verbindlicherklärung der Bilanz
jedenfalls im Verhältnis der Gesellschafter zur Gesellschaft und auch untereinander. Dementsprechend ist die Bilanzfeststellung ein Vorgang, aus dem sich im Innenverhältnis auch
rechtliche Konsequenzen für die Ansprüche zwischen Gesellschaft und Gesellschaftern im
Sinne eines – zivilrechtlich verbindlichen – Schuldanerkenntnisses ergeben können".[54] Die
Feststellung dient dazu, „zumindest die Rechtsgrundlage für das Folgejahr zu fixieren" und

---

[46] Die in § 36 Abs. 2 VAG genannten Versicherungsunternehmen (→ Rn. 20) sind gem. § 37 Abs. 6 VAG
von § 37 „Absatz 4" befreit, jedoch befindet sich die Regelung zur Vorlage des Prüfungsberichts in § 37
Abs. 5 VAG. Die BT-Drs. 18/2956, 248 konstatiert, dass „§ 37 Abs. 6 VAG die Regelung (…) in Bezug
auf die Nichtvorlage des Prüfungsberichts bei der Aufsichtsbehörde" darstellt. Daher handelt es sich
„demnach bei dem Verweis auf Abs. 4 offenbar um ein redaktionelles Versehen"; Prölss/Dreher/Ellen-
bürger/Kölschbach VAG § 37 Rn. 25.
[47] Vgl. WP-HdB Versicherungsunternehmen/Hofmann E Rn. 265.
[48] Vgl. WP-HdB Versicherungsunternehmen/Hofmann E Rn. 265; Prölss/Dreher/Präve VAG § 139
Rn. 12.
[49] Vgl. IDW FN-IDW 1994, 396 f.; ADS § 322 Rn. 50 f.
[50] Vgl. WP-HdB Versicherungsunternehmen/Hofmann E Rn. 265 mwN.
[51] Vgl. Hölters/Weber/Waclawik AktG § 172 Rn. 4.
[52] Vgl. Hölters/Weber/Waclawik AktG § 172 Rn. 5.
[53] BGH NZG 2009, 659 (661).
[54] BGH NZG 2009, 659 (661).

die Ansprüche und Verbindlichkeiten „der Gesellschafter gegenüber der Gesellschaft zum Bilanzstichtag festzulegen".[55]

50   **11. Aufsichtsgremium mit Sachkompetenz in der Rechnungslegung.** Nach § 100 Abs. 5 S. 1 AktG muss ua bei **kapitalmarktorientierten Unternehmen iSd § 264d** mindestens ein Mitglied des Aufsichtsrats über Sachverstand auf dem Gebiet Rechnungslegung und mindestens ein weiteres Mitglied des Aufsichtsrats über Sachverstand auf dem Gebiet Abschlussprüfung verfügen; die Mitglieder müssen in ihrer Gesamtheit mit dem Sektor, in dem die Gesellschaft tätig ist, vertraut sein.

51   Hat ein iSd § 264d kapitalmarktorientiertes Unternehmen keinen entsprechenden Aufsichts- oder Verwaltungsrat mit diesen Eigenschaften, muss es einen Prüfungsausschuss iSd § 324 Abs. 2 einrichten, der diese personellen Auflagen erfüllt (§ 324 Abs. 2 iVm § 324 Abs. 1).

52   Abs. 3 S. 1 überträgt diese Verpflichtung auf sämtliche **Versicherungsunternehmen,** die Unternehmen von öffentlichem Interesse sind,[56] auch wenn sie **nicht** in der Rechtsform einer Kapitalgesellschaft betrieben werden. Für diese Versicherungsunternehmen besteht die Verpflichtung, einen **Prüfungsausschuss** iSd § 324 Abs. 1 und 2 einzurichten, wenn sie keinen Aufsichts- oder Verwaltungsrat haben, der die Voraussetzungen des § 100 Abs. 5 AktG erfüllen muss. Somit erfolgt durch das AReG eine Erweiterung auf alle Versicherungsunternehmen von öffentlichen Interesse und es werden auch solche Versicherungsunternehmen von dieser Norm erfasst, deren Aufsichts- und Verwaltungsrat auch in Zukunft nicht die sich aus § 100 Abs. 5 AktG ergebenden Voraussetzungen erfüllen muss. Folglich sind diese zur Einrichtung eines Prüfungsausschusses verpflichtet.[57]

53   Abs. 3 S. 2 nimmt **landesrechtliche öffentlich-rechtliche Versicherungsunternehmen** von dieser Verpflichtung aus, wenn das jeweilige Landesrecht etwas anderes vorschreibt. Diese Öffnungsklausel ist aber eher formaler Natur. Sie soll einen Eingriff in die Gesetzgebungskompetenz der Länder vermeiden.[58] Ungeachtet dessen ist aber auch der Landesgesetzgeber dazu verpflichtet, europäisches Recht zu beachten.[59] „[D]ie Länder müssen daher sicherstellen, dass im jeweiligen Landesrecht keine europarechtswidrigen Vorgaben enthalten sind",[60] die gegen die zwingenden EU-Regelungen verstoßen. Die Regelung stellt klar, dass das Auskunftsverlangen der APAS nach § 324 Absatz 3 HGB auch gegenüber Versicherungsunternehmen gilt, wenn sie nicht in der Rechtsform einer Kapitalgesellschaft betrieben werden.[61]

III. Prüfung von IFRS-Abschlüssen

54   Deutsche Versicherungsunternehmen dürfen neben ihrem handelsrechtlichen Einzelabschluss zusätzlich auch einen **Einzelabschluss nach IFRS** erstellen und diesen anstelle des HGB-Einzelabschlusses veröffentlichen (§ 325 Abs. 2a S. 1). Der IFRS-Abschluss erfüllt dann eine reine Informationsfunktion. Auf ihn sind nach § 324a die Vorschriften der §§ 316–324 anzuwenden. Wegen seiner reinen (ergänzenden) Informationsfunktion muss der Aufsichtsrat den IFRS-Einzelabschluss lediglich billigen (§ 324a Abs. 1 S. 2). Trotz dieser Erleichterungen ist er, bevor er offengelegt werden darf (§ 325 Abs. 2a), nach § 324a zu prüfen. Als Abschlussprüfer gilt der für die Prüfung des Jahresabschlusses bestellte Prüfer. Die Prüfungsberichte zum IFRS-Einzelabschluss nach § 325 Abs. 2a sowie der Prüfungsbericht zum HGB-Jahresabschluss können zusammengefasst werden (§ 324a Abs. 2).

---

[55]   BGH NZG 2009, 659 (661) (beide Zitate).
[56]   Als Versicherungsunternehmen im öffentlichen Interesse gelten Versicherungsunternehmen iSd Art. 2 Abs. 1 RL 91/674/EWG gem. Art. 2 Abs. 1 lit. b Abschlussprüfungs-VO iVm Art. 2 Nr. 13 Abschlussprüfer-RL (idF der Abschlussprüfer-Änderungs-RL, ABl. EU 2014 L 158, 196).
[57]   Vgl. BR-Drs. 635/15, 33 f.; BeckOK HGB/Schärtl Rn. 18a.
[58]   Vgl. Staub/Habersack/Schürnbrand § 324 Rn. 9.
[59]   Vgl. Staub/Habersack/Schürnbrand § 324 Rn. 9.
[60]   Begr. zu § 340k, BT-Drs. 18/7219, 52 iVm Begr. zu § 341k, BT-Drs. 18/7219, 53.
[61]   Vgl. BR-Drs. 9/21, 124 f.; BT-Drs. 19/26966, 110.

Mutterunternehmen, die kapitalmarktorientiert sind, müssen ihren **Konzernabschluss** 55
nach IFRS aufstellen. Diese Verpflichtung ergibt sich für Mutterunternehmen, die in der
Rechtsform einer Kapitalgesellschaft betrieben werden, aus § 290 Abs. 1 iVm § 315e iVm
Art. 4 IAS-VO. Maßgeblich für die Prüfung der IFRS-Konzernabschlüsse sind weiterhin
gem. § 315e Abs. 1 die **handelsrechtlichen Prüfungsvorschriften** (§§ 316–324a). Dies
gilt ebenfalls für die Prüfungspflicht von Mutterunternehmen, die zur Anwendung der
IFRS auf den Konzernabschluss iSd § 315e Abs. 2 verpflichtet sind, weil sie bereits zum
jeweiligen Bilanzstichtag die Börsenzulassung beantragt haben sowie für die Prüfungspflicht
von Mutterunternehmen, die freiwillig den Konzernabschluss nach IFRS-Regelungen aufstellen (§ 315e Abs. 3).

Die von der International Federation of Accountants (IFAC) entwickelten „**Internati-** 56
onal Standards on Auditing" (ISA) besitzen keine unmittelbare Bedeutung für die deutschen Prüfungsgrundsätze. Sie binden den deutschen Abschlussprüfer nicht.[62] Die ISA sind
vielmehr an das IDW gerichtet, das sich als Mitgliedsorganisation des IFAC zur Transformation der internationalen Prüfungsstandards in nationale Grundsätze verpflichtet hat. In der
Praxis herrscht daher eine grundsätzliche inhaltliche Übereinstimmung zwischen den nationalen und internationalen Prüfungsstandards, soweit nicht deutsche gesetzliche Vorschriften
dem entgegenstehen.[63]

Siebenter Titel. Offenlegung

§ 3411 Offenlegung

(1) [1]Versicherungsunternehmen haben den Jahresabschluß und den Lagebericht
sowie den Konzernabschluß und den Konzernlagebericht und die anderen in § 325
bezeichneten Unterlagen, sofern sie zu erstellen sind, in deutscher Sprache nach
§ 325 Absatz 1 Satz 2 und Absatz 1a bis 5 sowie den §§ 327a und 328 offenzulegen;
§ 329 Absatz 1, 2 und 4 ist entsprechend anzuwenden. [2]Von einem in § 341a
Absatz 5 Satz 1 genannten Versicherungsunternehmen ist Satz 1 mit der Maßgabe
anzuwenden, dass die Frist zur Offenlegung 15 Monate beträgt, es sei denn, das
Versicherungsunternehmen ist kapitalmarktorientiert im Sinne des § 264d und
begibt nicht ausschließlich die von § 327a erfassten Schuldtitel; in diesem Fall
beträgt die Frist zur Offenlegung gemäß Satz 1 in Verbindung mit § 325 Absatz 4
Satz 1 vier Monate.

(2) Soweit Absatz 1 Satz 1 auf § 325 Abs. 2a Satz 3 und 5 verweist, gelten die folgenden Maßgaben und ergänzenden Bestimmungen:
1. Die in § 325 Abs. 2a Satz 3 genannten Vorschriften des Ersten Unterabschnitts
   des Zweiten Abschnitts des Dritten Buchs sind auch auf Versicherungsunternehmen anzuwenden, die nicht in der Rechtsform einer Kapitalgesellschaft
   betrieben werden.
2. An Stelle des § 285 Nr. 8 Buchstabe b gilt die Vorschrift des § 51 Abs. 5 in
   Verbindung mit Muster 2 der Versicherungsunternehmens-Rechnungslegungsverordnung vom 8. November 1994 (BGBl. I S. 3378) in der jeweils geltenden
   Fassung.
3. § 341a Abs. 4 ist anzuwenden, soweit er auf die Bestimmungen der §§ 170, 171
   und 175 des Aktiengesetzes über den Einzelabschluss nach § 325 Abs. 2a dieses
   Gesetzes verweist.
4. Im Übrigen finden die Bestimmungen des Zweiten bis Vierten Titels dieses
   Unterabschnitts sowie der Versicherungsunternehmens-Rechnungslegungsverordnung keine Anwendung.

---

[62] Vgl. IDW PS 201 Rn. 19.
[63] Vgl. IDW PS 201 Rn. 23; Hofmann Rn. 27–30.

Schrifttum: Graf v. Treuberg/Angermayer, Jahresabschluß von Versicherungsunternehmen, 1995; Pfitzer/Oser/Orth, Offene Fragen und Systemwidrigkeiten des Bilanzrechtsreformgesetzes (BilReG), DB 2004, 2593.

Übersicht

I. Normzweck und Struktur der maßgeblichen Vorschriften

1   § 341l schreibt eine **größen- und rechtsformunabhängige Offenlegung** für Versicherungsunternehmen vor. Die Regelung zielt auf einheitliche Pflichten zur Offenlegung und damit auf eine verbesserte Vergleichbarkeit der Jahresabschlussunterlagen von Versicherungsunternehmen ab (vgl. RL 91/674/EWG). Das bei der Publizität anzuwendende Verfahren soll durch die Regelung des § 341l vereinfacht und rationalisiert werden.[1]

2   Abs. 1 S. 1 regelt die **Verpflichtung zur Offenlegung** sowie die **anzuwendenden Vorschriften.** Die Vorschrift transformiert Art. 68 Abs. 1 und 2 RL 91/674/EWG in nationales Recht. Die Regelungen des Abs. 2 (vormals § 341l Abs. 3 idF vom 23.7.2015) wurden im Zuge des Bilanzrechtsreformgesetzes (BilReG) eingeführt und tragen den Besonderheiten der Offenlegung eines nach internationalen Standards aufgestellten Einzelabschlusses bei Versicherungsunternehmen und Pensionsfonds Rechnung.[2]

II. Offenlegungspflicht

3   **Zur Offenlegung verpflichtet** sind Versicherungsunternehmen iSd § 341 Abs. 1 S. 1 und Abs. 2 unabhängig von ihrer Rechtsform und Größe. § 341l findet ebenso auf Pensionsfonds Anwendung (§ 341 Abs. 4 S. 1). Da auf Versicherungsunternehmen grundsätzlich die Vorschriften für große Kapitalgesellschaften anzuwenden sind (§ 341a Abs. 1), entfallen die größenabhängigen Erleichterungsregeln der §§ 326 f. Das Publizitätsgesetz gelangt für Versicherungsunternehmen, die keine Kapitalgesellschaften sind, hier nicht zur Anwendung.[3] Die für große Kapitalgesellschaften geltenden Offenlegungsvorschriften der § 325 Abs. 2a–5, § 328 und § 329 Abs. 1 und Abs. 4 sind insoweit auf alle Versicherungsunternehmen anzuwenden.

4   **Von der Offenlegung befreit** sind die gem. § 341 Abs. 1 S. 2 nicht von der EG-Versicherungsbilanzrichtlinie erfassten Versicherungsunternehmen (→ § 341 Rn. 30–34). Darüber hinaus sind die von § 61 S. 1 RechVersV genannten Versicherungsunternehmen (→ § 341 Rn. 39–43), die von der Prüfungspflicht entbunden sind, auch von der Offenlegungspflicht befreit, es sei denn, bei diesen Unternehmen handelt es sich um Pensionskassen (§ 61 S. 2 RechVersV).

5   Entscheidend für die Offenlegungspflicht von Zweigniederlassungen ausländischer Versicherungsunternehmen ist grundsätzlich, ob diese zum Betrieb des Direktversicherungsgeschäftes die Erlaubnis der deutschen Versicherungsaufsichtsbehörde benötigen.[4] Der Erlaubnis bedürfen Niederlassungen von Versicherungsunternehmen, die ihren Sitz nicht in einem EU-Mitgliedstaat oder einem Vertragsstaat des EWR-Abkommens haben (§§ 67–68 VAG; Drittstaat iSd § 7 Nr. 6 und Nr. 34 VAG). Erlaubnispflichtig sind ferner Niederlassungen von Versicherungsunternehmen mit Sitz in einem anderen Mitglied- oder Vertragsstaat,[5]

---

[1]   Vgl. BT-Drs. 12/7646, 5.
[2]   Vgl. BT-Drs. 15/3419, 50.
[3]   Vgl. EBJS/Böcking/Gros/Kölschbach Rn. 3.
[4]   Vgl. GK-HGB/Gesmann-Nuissl/Hillmann Rn. 9.
[5]   Mitglied- oder Vertragsstaat gem. § 7 Nr. 22 VAG ist definiert als ein Mitgliedstaat der EU oder ein anderer Vertragsstaat des EWR-Abkommens.

auf die die Solvabilität II–Richtlinie keine Anwendung findet (§ 65 Abs. 1 VAG). Erlaubnis-pflichtige Niederlassungen von ausländischen Versicherungsunternehmen haben entsprechend inländischen Versicherungsunternehmen die Vorschriften zur Offenlegung anzuwenden (→ § 341 Rn. 47).

Im Zusammenhang mit dem Herkunftslandprinzip benötigen Erstversicherungsunter- **6** nehmen mit Sitz im EU/EWR–Raum zum Betrieb des Direktversicherungsgeschäfts im Inland durch eine Niederlassung grundsätzlich keine Erlaubnis der deutschen Versicherungs-aufsichtsbehörde und somit sind diese nicht nach § 341e offenlegungspflichtig (→ § 341 Rn. 58).

III. Offenlegungsart und Offenlegungsfristen

Gemäß Abs. 1 sind Versicherungsunternehmen, analog zu großen Kapitalgesellschaften, **7** verpflichtet, die **offenlegungspflichtigen Unterlagen** (den Jahresabschluss und den Lage-bericht sowie den Konzernabschluss und Konzernlagebericht und die anderen in § 325 bezeichneten Unterlagen, sofern sie zu erstellen sind) der das Unternehmensregister führen-den Stelle elektronisch zur Einstellung in das Unternehmensregister zu übermitteln.

Die Übermittlung dieser Unterlagen hat **spätestens ein Jahr** nach dem Abschlussstich- **8** tag des Geschäftsjahres, auf das sie sich beziehen, zu erfolgen (§ 325 Abs. 1a). Der Beginn der Offenlegungsfrist ist der Abschlussstichtag des Geschäftsjahres, auf das sich die Offenlegung bezieht; die Offenlegungspflicht endet ein Jahr später.[6] Nach § 325 Abs. 1a S. 2 sind die in § 325 Abs. 1 S. 1 Nr. 2 genannten Unterlagen im Falle eines Nichtvorliegens innerhalb der Frist unverzüglich nach ihrem Vorliegen nach § 325 Abs. 1 offenzulegen.

Für die Offenlegung des Konzernabschlusses von Versicherungsunternehmen gelten **9** die Vorschriften des § 325 Abs. 3.

Die Frist für die Einreichung der offenlegungspflichtigen Unterlagen von Versiche- **10** rungsunternehmen iSd § 341a Abs. 5, die ausschließlich oder überwiegend die Rückversi-cherung betreiben, beträgt gem. Abs. 1 S. 2 fünfzehn Monate. Insoweit trägt der Gesetzgeber der verlängerten Aufstellungsfrist für derartige Versicherungsunternehmen Rechnung.

Für kapitalmarktorientierte Versicherungsunternehmen iSd § 264d gilt eine verkürzte **11** Offenlegungspflicht von vier Monaten. Von dieser Restriktion ausgenommen sind Versiche-rungsunternehmen, die lediglich Schuldtitel iSd § 2 Abs. 1 Nr. 3 WpHG handeln (Abs. 1 S. 2 iVm § 327a iVm § 325 Abs. 4 S. 1).

Der Zeitpunkt der Übermittlung der offenlegungspflichtigen Unterlagen an die das **12** Unternehmensregister führende Stelle ist für die Wahrung der Fristen maßgeblich (§ 325 Abs. 4 S. 2).

IV. Umfang der Offenlegung

Offenzulegen sind gem. Abs. 1 S. 1 iVm § 325 Abs. 1 und Abs. 3 der **Jahresabschluss** **13** (Bilanz, Gewinn- und Verlustrechnung und Anhang), der **Lagebericht,** die Erklärungen nach § 264 Abs. 2 S. 3 („Bilanzeid") und § 289 Abs. 1 S. 5 („Lageberichtseid") sowie der **Konzernabschluss** und der **Konzernlagebericht** (→ Rn. 9). Der „Bilanz- und Lagebe-richtseid" wurde vom Gesetzgeber in § 325 neu aufgenommen, hat jedoch lediglich klarstel-lenden Charakter. Die Änderung ist demnach lediglich redaktioneller Natur. In der Vergan-genheit wurde im Schrifttum ohnehin davon ausgegangen, dass diese offenlegungspflichtig sind.[7] Nach § 325 Abs. 1 sind ferner die Bestätigungsvermerke und/oder die Versagungsver-merke des Abschlussprüfers, der Bericht des Aufsichtsrates sowie die nach § 161 AktG vorgeschriebene Erklärung zum Corporate Governance Kodex offenzulegen.

§ 325 Abs. 1b enthält Regelungen für Unterlagennachreichungen.[8] Soweit im Jahresab- **14** schluss lediglich ein Ergebnisverwendungsvorschlag enthalten ist, ist der Ergebnisverwen-

---

6   Vgl. BT-Drs. 18/5256, 85.
7   Vgl. BT-Drs. 19/17343, 21. Vgl. auch BeBiKo/Grottel § 325 Rn. 31; BeckOGK/Drinhausen § 325 Rn. 35 f.
8   Vgl. BeckOK HGB/Birkholz/Merk § 325 Rn. 11.

dungsbeschluss nach seinem Vorliegen nach § 325 Abs. 1 S. 1 der Offenlegung unterworfen (§ 325 Abs. 1b S. 2). Gemäß § 325 Abs. 1b S. 1 umfasst die Offenlegung außerdem im Falle einer Änderung des Jahresabschlusses oder Lageberichts diese Änderung.

15   Nach § 37 Abs. 1 VAG sind der aufgestellte und festgestellte Jahresabschluss und Lagebericht sowie der Konzernabschluss und Konzernlagebericht unverzüglich bei der Bundesanstalt für Finanzdienstleistungsaufsicht (BaFin) einzureichen. Die Offenlegungspflicht für den von den gesetzlichen Vertretern aufgestellten Jahresabschluss soll der Aufsichtsbehörde „eine möglichst frühzeitige Analyse des Jahresabschlusses im Interesse einer Früherkennung von Negativentwicklungen"[9] ermöglichen. Von **der Offenlegungspflicht gegenüber der BaFin** sind ausschließlich die gem. § 1 Abs. 1 VAG als aufsichtspflichtig geltenden Unternehmen betroffen. Versicherungsunternehmen mit Sitz in einem anderen Mitglied- oder Vertragsstaat (§ 65 Abs. 1 und 2 VAG iVm § 37 Abs. 1 VAG) oder mit Sitz in einem Drittland (§ 68 Abs. 1 S. 4 VAG iVm § 37 Abs. 1 VAG), die zum Betrieb des Direktversicherungsgeschäftes der Erlaubnis der deutschen Versicherungsaufsichtsbehörde bedürfen, sind zur Offenlegung der Jahresabschlussunterlagen der inländischen Niederlassung verpflichtet.

16   Nach § 39 Abs. 1 VAG iVm der Verordnung über die Berichterstattung von Versicherungsunternehmen gegenüber der Bundesanstalt für Finanzdienstleistungsaufsicht (BerVersV) vom 19.7.2017 (BGBl. 2017 I 2858) haben Versicherungsunternehmen, die unter die Aufsicht der BaFin fallen, weiterhin die Pflicht zur **internen Rechnungslegung gegenüber der BaFin.**[10] Für ausländische Versicherungsunternehmen gilt, dass sie zur internen Berichterstattung über das Geschäft der deutschen Niederlassung gegenüber der BaFin verpflichtet sind, wenn sie zum Betrieb des Erstversicherungsgeschäftes der Erlaubnis der BaFin bedürfen.[11] Neben dem internen Bericht haben diese Niederlassungen zusätzlich gem. § 68 Abs. 1 S. 4 Nr. 2 VAG den im Sitzland des Unternehmens offengelegten Jahresabschluss und Lagebericht in der Sprache des Sitzlandes und in deutscher Sprache sowie den der Aufsichtsbehörde des Sitzlandes vorgelegten Bericht in der Sprache des Sitzlandes bei der BaFin einzureichen.

17   Versicherungsunternehmen haben darüber hinaus gem. § 37 Abs. 3 VAG in dem auf das Berichtsjahr folgenden Geschäftsjahr **jedem Versicherten** auf Verlangen den **Jahresabschluss** und den **Lagebericht,** nicht jedoch den Konzernabschluss und Konzernlagebericht, **zu übersenden.**

18   Erlaubnispflichtige **Niederlassungen ausländischer Versicherungsunternehmen** mit Sitz in einem anderen Mitglied- oder Vertragsstaat (§ 65 Abs. 1 und 2 VAG iVm § 37 Abs. 3 VAG) sowie Versicherungsunternehmen mit Sitz in einem Drittland (§ 68 Abs. 1 S. 4 VAG iVm § 37 Abs. 3 VAG), die zum Betrieb des Erstversicherungsgeschäftes der Erlaubnis der deutschen Versicherungsaufsichtsbehörde bedürfen, haben die Jahresabschlussunterlagen der Niederlassung in dem auf das Berichtsjahr folgenden Geschäftsjahr jedem Versicherten auf Verlangen zu übersenden. § 68 Abs. 1 S. 4 Nr. 1 VAG verpflichtet zusätzlich, auf Verlangen den im Sitzland des Versicherungsunternehmens veröffentlichten Jahresabschluss und Lagebericht in deutscher Sprache an die Versicherten zu übermitteln.[12]

V. Besonderheiten beim Einzelabschluss nach § 325 Abs. 2a S. 3

19   Durch § 325 Abs. 2a erhalten Kapitalgesellschaften unbeachtlich der Aufstellungspflicht eines Jahresabschlusses nach HGB, die Möglichkeit, einen geprüften Einzelabschluss nach

---

9   BT-Drs. 12/5587, 32.

10   Vgl. Beck Versicherungsbilanz/Seitz Rn. 38.

11   Vgl. WP-HdB Versicherungsunternehmen/Freiling A Rn. 46. Freiling Rn. 46 zitiert § 18 Abs. 1 BerVersV idF v. 29.3.2006 (BGBl. 2006 I 622). Im Zuge der Novellierung des VAG zum 1.1.2016 war jedoch eine Aufhebung der Verordnung nach dem alten VAG von Nöten. Eine Veröffentlichung der entsprechenden Nachfolgeverordnung erfolgte am 31.7.2017. In § 18 Abs. 1 BerVersV ist im Vergleich zu § 18 Abs. 1 BerVersV aF auch § 1 Abs. 1 Nr. 4 BerVersV aF integriert worden; vgl. Begr. (Besonderer Teil), Anm. zu § 18 Abs. 1 BerVersV.

12   Vgl. weiterführend Prölss/Dreher/Grote VAG § 65 Rn. 9 ff.

den in EU-Recht übernommenen und gem. § 325 Abs. 2a S. 1 iVm § 315e Abs. 1 für anwendbar erklärten Vorschriften der IFRS anstelle des (HGB)-Jahresabschlusses im elektronischen Bundesanzeiger bekannt zu geben.[13] Dieser **IFRS-Abschluss** dient einem **reinen Informationszweck** und ist insoweit lediglich vom Aufsichtsrat zu billigen.[14]

Macht ein Versicherungsunternehmen von dem **Wahlrecht des § 325 Abs. 2a**   20 Gebrauch, so hat es die Vorschriften der IFRS sowie die in § 325 Abs. 2a S. 3 und 5 genannten Vorschriften zu befolgen. Abs. 2 modifiziert diese Vorschriften für Versicherungsunternehmen.[15]

Die Änderung des Abs. 2 Nr. 2 (vormals § 341l Abs. 3 Nr. 2 idF vom 23.7.2015) durch   21 das **BilRuG** ist in Bezug auf die Anwendung des Musters 2 der RechVersV rein redaktioneller Natur, „um auf die jeweils geltende Fassung der Versicherungsunternehmens-Rechnungslegungsverordnung zu verweisen".[16]

Achter Titel. Straf- und Bußgeldvorschriften, Ordnungsgelder

Vorbemerkung (Vor § 341m)

Schrifttum: Bähr, Handbuch des Versicherungsaufsichtsrechts, 2011; Laars/Both, Versicherungsaufsichtsgesetz, 4. Aufl. 2017; Wrabetz, Der Hauptbevollmächtigte nach § 106 III VAG, NVersZ 2001, 385.

Seit Einführung der §§ 341 ff. durch das Versicherungsbilanzrichtlinie-Gesetz vom   1 24.6.1994 (BGBl. 1994 I 1377) gelten die Bilanzierungsvorschriften der §§ 264 ff. nach § 341a für alle Versicherungsunternehmen unabhängig von ihrer Rechtsform. Allerdings wurden die allgemeinen Bilanzierungsvorschriften um **versicherungsspezifische Normen** ergänzt bzw. geändert.[1] Dadurch wurden insbesondere spezielle Regelungen für die Aufstellung von Jahresabschluss, Lagebericht, Konzernabschluss, Konzernlagebericht und die entsprechenden Bewertungsvorschriften sowie die Vorschriften über die Prüfung von Versicherungsunternehmen im Sinne der Versicherungsbilanz-RL vom 19.12.1991 (RL 91/674/EWG) in das HGB aufgenommen. Ergänzend sind die aufgrund der Verordnungsermächtigung des § 330 erlassene Verordnung über die Rechnungslegung von Versicherungsunternehmen (RechVersV) vom 8.11.1994 (BGBl. 1994 I 3378) sowie die Verordnung über die Rechnungslegung von Pensionsfonds (RechPensV) vom 25.3.2003 (BGBl. 2003 I 246) zu berücksichtigen.

Angesichts der Übernahme rechtsformunabhängiger Rechnungslegungs- und Publizi-   2 tätsvorschriften für Versicherungsunternehmen und Pensionsfonds in das HGB, bedurfte es auch einer Erweiterung der Sanktionen der §§ 331–334, zumal sich diese Vorschriften nur auf Kapitalgesellschaften beziehen. Die Sanktionsvorschriften der §§ 341m–341n gelten **einheitlich für alle Versicherungsunternehmen** unabhängig von ihrer Rechtsform und Größe. Die entsprechende Anwendung der Bilanzierungsvorschriften für Versicherungsunternehmen auf Pensionsfonds wurde mit der Einfügung von § 341 Abs. 4 durch das AVmG vom 26.6.2001 (BGBl. 2001 I 310) geregelt. Dementsprechend wurde der strafrechtliche Schutzbereich der §§ 331–333, die Ordnungswidrigkeitentatbestände des § 334 und die Regelungen über das Ordnungsgeldverfahren gem. §§ 335 ff. auch auf die Pensionsfonds iSd § 341 Abs. 4 S. 1 ausgedehnt (§ 341p).

Die Überschrift des Achten Titels wurde geändert mWv 30.4.2011 durch das Gesetz   3 vom 1.3.2011 (BGBl. 2011 I 288).

---

[13]   Vgl. BT-Drs. 15/3419, 45 f. BT-Drs. 15/3419, 45 f. führt § 315a auf. Der bisherige § 315a wird zu § 315e (vgl. BT-Drs. 18/11450, 17), um den für die Regelungen zum Konzernlagebericht notwendigen Platz zu schaffen (vgl. BT-Drs. 18/9981, 58).

[14]   Vgl. Pfitzer/Oser/Orth DB 2004, 2593 (2602).

[15]   Vgl. BT-Drs. 15/3419, 50.

[16]   BT-Drs. 18/4050, 81.

[1]   EBJS/Böcking/Gros/Kölschbach § 341a Rn. 1 ff.

§ 341m Strafvorschriften

(1) ¹Die Strafvorschriften der §§ 331 bis 333 sind auch auf nicht in der Rechtsform einer Kapitalgesellschaft betriebene Versicherungsunternehmen und Pensionsfonds anzuwenden. ²§ 331 ist darüber hinaus auch anzuwenden auf die Verletzung von Pflichten durch den Hauptbevollmächtigten (§ 68 Absatz 2 des Versicherungsaufsichtsgesetzes).

(2) Mit Freiheitsstrafe bis zu einem Jahr oder mit Geldstrafe wird bestraft, wer als Mitglied eines nach § 341k Absatz 3 Satz 1 in Verbindung mit § 324 Absatz 1 Satz 1 eingerichteten Prüfungsausschusses eines Versicherungsunternehmens
1. eine in § 341n Absatz 2a bezeichnete Handlung begeht und dafür einen Vermögensvorteil erhält oder sich versprechen lässt oder
2. eine in § 341n Absatz 2a bezeichnete Handlung beharrlich wiederholt.

(3) § 335c Absatz 2 gilt in den Fällen des Absatzes 1 Satz 1 in Verbindung mit § 332 oder § 333 und des Absatzes 2 entsprechend.

Übersicht

I. Anwendungsbereich

1   Ebenso wie bei § 340m wird durch § 341m S. 1 der Anwendungsbereich der §§ 331–333 unternehmensbezogen und in § 341m S. 2 personenbezogen erweitert. Durch das AReG vom 10.5.2016 (BGBl. 2016 I 1142) wurde – entsprechend § 333a – der Qualifikationstatbestand des § 341m Abs. 2 eingeführt.

2   § 341m Abs. 1 S. 1 erweitert den Strafrechtsschutz der §§ 331–333 auch auf die nicht in der Rechtsform einer Kapitalgesellschaft betriebenen Versicherungsunternehmen und Pensionsfonds, dh OHG, KG, Genossenschaften, Einzelfirma, VVaG, Körperschaften oder Anstalten des öffentlichen Rechts. § 341m Abs. 2 sanktioniert Mitglieder von Prüfungsausschüssen gem. § 341k Abs. 4 S. 1 iVm § 324 Abs. 1 bei besonders gravierenden Verstößen, namentlich wenn diese für den Verstoß gegen prüfungsbezogene Pflichten einen Vermögensvorteil erhalten, sich einen solchen versprechen lassen oder die Verstöße beharrlich wiederholen.

3   **1. Versicherungsunternehmen.** Der Begriff des Versicherungsunternehmens wird in § 341 Abs. 1 definiert. Dies sind Unternehmen, die den Betrieb von Versicherungsgeschäften zum Gegenstand haben und nicht Träger der Sozialversicherung sind; ausgenommen sind außerdem die in § 341 Abs. 1 S. 2 genannten Sonderunternehmen, die auf Grund von Gesetz, Tarifvertrag oder Satzung ausschließlich für ihre Mitglieder oder die durch Gesetz oder Satzung begünstigten Personen Leistungen erbringen oder als nicht rechtsfähige Einrichtungen ihre Aufwendungen im Umlageverfahren decken, es sei denn, sie sind als AG, VVaG oder rechtsfähige kommunale Schadenversicherungsunternehmen organisiert. Hierbei ist jedoch zu berücksichtigen, dass Erstversicherer im Sinne eines numerus clausus nur in der Form einer AG, einer SE, eines VVaG oder einer Körperschaft oder Anstalt des öffentlichen Rechts betrieben werden dürfen (§ 8 Abs. 2 VAG). Die anderen Rechtsformen können nur bei Rückversicherungsunternehmen gegeben sein.[1]

2. Pensionsfonds. Zur Definition des Pensionsfonds verweist § 341 Abs. 1 S. 1 auf **4** § 236 Abs. 1 VAG. Demnach handelt es sich um eine versicherungsähnliche, rechtlich selbständige Versorgungseinrichtung, die den Beschäftigten seiner Trägerunternehmen Leistungen der betrieblichen Altersversorgung gewährt; anders als bei der Pensionskasse ist der Arbeitnehmer hier jedoch nicht Versicherungsnehmer.[2] Es handelt sich hierbei um eine ab dem 1.1.2002 in Deutschland mögliche Form der Altersvorsorge über eine eigenständige juristische Person als externer Versorgungsträger.[3] Ein Pensionsfonds kann nur als AG, SE oder als Pensionsfonds auf Gegenseitigkeit betrieben werden (§ 237 Abs. 3 S. 1 VAG iVm § 8 Abs. 2 VAG. Beim Pensionsfondsverein auf Gegenseitigkeit gelten die Vorschriften über den Versicherungsverein auf Gegenseitigkeit, soweit nichts anderes bestimmt ist (§ 237 Abs. 3 S. 2 VAG).

3. Niederlassungen. Nach § 341 Abs. 2 S. 1 sind Versicherungsunternehmen iSd **5** § 341 Abs. 1 auch inländische Niederlassungen von Versicherungsunternehmen mit Sitz in einem anderen Staat, wenn sie zum Betrieb des Direktversicherungsgeschäfts der Erlaubnis durch die deutsche Versicherungsaufsichtsbehörde bedürfen. Hierbei handelt es sich um Versicherungsunternehmen, die ihren Sitz nicht in der EU oder in einem EWR-Staat haben (§ 67 Abs. 1 VAG).

Niederlassungen von Versicherungsunternehmen mit Sitz in einem Mitgliedstaat der **6** EU oder einem anderen EWR-Vertragsstaat, die keiner Erlaubnis zum Betrieb des Direktversicherungsgeschäfts durch die deutsche Versicherungsaufsichtsbehörde bedürfen, haben die ergänzenden Vorschriften über den Ansatz und die Bewertung von Vermögensgegenständen und Schulden gem. §§ 341–341h und der RechVersV in ihrer jeweils geltenden Fassung anzuwenden.

Unter Niederlassung iSd § 68 Abs. 1 VAG versteht man die räumliche Zusammenfas- **7** sung aller Einrichtungen und Personen, die zur Leitung und Kontrolle des Versicherungsbestandes im Inland erforderlich ist, eine eigene, auf die deutschen Rechnungslegungsvorschriften abgestimmte Buchhaltung haben muss und im Handelsregister einzutragen ist.[4]

4. Versicherungsunternehmen mit Prüfungsausschuss. Gemäß § 341k Abs. 4 S. 1 **8** haben **Versicherungsunternehmen gem. Art. 2 Abs. 1 RL 91/674/EWG** – auch wenn diese nicht kapitalmarktorientiert gem. § 264d sind – einen Prüfungsausschuss gem. § 324 einzurichten, wenn sie über keinen Aufsichts- oder Verwaltungsrat verfügen, der den Vorgaben gem. § 100 Abs. 5 AktG entspricht. Dies gilt auch für landesrechtliche öffentlichrechtliche Versicherungsunternehmen, soweit das jeweilige Landesrecht nichts anderes bestimmt.

II. Normadressaten

1. Mitglieder vertretungsberechtigter Organe und Geschäftsleiter. Mitglieder **9** vertretungsberechtigter Organe sind bei dem nicht in der Rechtsform der Kapitalgesellschaft betriebenen Versicherungsunternehmen oder Pensionsfonds die Geschäftsleiter, dh die natürlichen Personen, die nach Gesetz oder Satzung zur Führung der Geschäfte und zur Vertretung des Versicherungsunternehmens berufen sind (§ 24 Abs. 2 S. 2 VAG) oder die gesetzlich bestimmten geschäftsführungsbefugten Repräsentanten einer Körperschaft oder Anstalt des öffentlichen Rechts.

2. Hauptbevollmächtigter. Hauptbevollmächtigter einer inländischen Niederlassung **10** iSd § 68 Abs. 2 VAG (§ 106 Abs. 2 VAG aF) ist diejenige natürliche Person, die von dem

---

[1] Vers-R-HdB/Diehl, 5. Aufl. 2022, § 38 Rn. 42; Laars VAG § 7 Rn. 1; Erbs/Kohlhaas/Wache/Lutz VAG § 8 Rn. 3.
[2] ErfK/Steinmeyer BetrAVG § 7 Rn. 24; Nomos-BR/Laars/Both VAG/Laars/Both VAG § 112 Rn. 3 ff.
[3] Kaulbach/Bähr/Pohlmann/Schäfers VAG, 6. Aufl. 2019, § 236 Rn. 6 f.
[4] BeckOK/Püttgen VAG, 20. Ed. 2019, § 68 Rn. 2 mwN.

ausländischen Versicherungsunternehmen bestellt wurde, ihren Wohnsitz und ständigen Aufenthalt im Inland haben muss und die die Pflichten und persönlichen Voraussetzungen zu erfüllen hat, die dem Geschäftsleiter eines Unternehmens mit Sitz im Inland auferlegt sind (vgl. § 24 Abs. 2 S. 2 VAG).[5] Die Grundsätze zum faktischen Organ (→ § 331 Rn. 15 ff.) gelten ebenso für einen Hauptbevollmächtigten iSd § 68 Abs. 2, obwohl für eine rein faktische Betätigung – aufgrund der Zuverlässigkeitsprüfung der BaFin – nicht viel Raum bleibt.[6]

11   **3. Mitglieder eines Prüfungsausschusses (Abs. 2).** Normadressaten des § 341m Abs. 2 sind die Mitglieder eines Prüfungsausschusses gem. § 341k Abs. 3 S. 1 iVm § 324 Abs. 1, → § 334 Rn. 22 f.

III. Tathandlungen

12   Durch die uneingeschränkte Verweisung auf die §§ 331–333 sind die dort genannten Tathandlungen und Tatbestandsvoraussetzungen identisch für den erweiterten Personen- und Unternehmenskreis des § 341m Abs. 1.[7]

13   Auch die mit dem AReG neu eingeführte Strafnorm des § 341m Abs. 2 entspricht dem Wortlaut der Strafvorschrift gem. § 333a, weshalb auf die dortigen Ausführungen zu den **qualifizierenden Tatbestandsmerkmalen** zu verweisen ist (→ § 333a Rn. 10 ff.). Allerdings ist zu beachten, dass eine Strafbarkeit gem. § 341m Abs. 2 nur in Betracht kommt, wenn auch der **Grundtatbestand einer Ordnungswidrigkeit gem. § 341n Abs. 2a** erfüllt ist (→ § 341n Rn. 20, → § 333a Rn. 8 f., → § 334 Rn. 67 ff.).

14   Im Übrigen gelten auch die weiteren Ausführungen zu §§ 331–333a (→ § 331 Rn. 40 ff., → § 332 Rn. 18 ff., → § 333 Rn. 17 ff.).

IV. Information der APAS (Abs. 3)

15   Da strafbare Verstöße von Mitgliedern eines Prüfungsausschusses gem. § 341m Abs. 2 iVm § 341n Abs. 2a, Verletzungen der Berichts- und Geheimhaltungspflicht durch den Abschlussprüfer oder dessen Gehilfen gem. §§ 332, 333 (Erweiterung der Berichtspflicht bei Verstößen gem. § 340m Abs. 1 iVm §§ 332, 333 durch das FISG mWv 1.7.2021) im Regelfall auch einen **berufsrechtlichen Verstoß** des beauftragten Abschlussprüfers oder der Prüfgesellschaft indizieren, hat die Staatsanwaltschaft die **Abschlussprüferaufsichtsstelle** (APAS) beim Bundesamt für Wirtschaft und Ausfuhrkontrolle (BAFA) gem. § 341m Abs. 3 iVm § 335c Abs. 2 über eine **abschließende Entscheidung** oder ein eventuell **eingelegtes Rechtsmittel** zu informieren. Darüber hinaus dient die Information der APAS auch der gebündelten Informationserfassung zwecks **Veröffentlichung von rechtskräftig verhängten Sanktionen** iSd überarbeiteten Abschlussprüfer-RL (vgl. § 69 WPO; → § 335c Rn. 1 ff.).

§ 341n Bußgeldvorschriften

(1) [1]**Ordnungswidrig handelt, wer als Mitglied des vertretungsberechtigten Organs oder des Aufsichtsrats eines Versicherungsunternehmens oder eines Pensionsfonds oder als Hauptbevollmächtigter (§ 68 Absatz 2 des Versicherungsaufsichtsgesetzes) 1. bei der Aufstellung oder Feststellung des Jahresabschlusses einer Vorschrift**
    a) des § 243 Abs. 1 oder 2, der §§ 244, 245, 246 Abs. 1 oder 2, dieser in Verbindung mit § 341a Abs. 2 Satz 3, des § 246 Abs. 3 Satz 1, des § 247 Abs. 3, der §§ 248, 249 Abs. 1 Satz 1 oder Abs. 2, des § 250 Abs. 1 oder Abs. 2, des § 264

---

5   BeckOK VAG/Püttgen, 20. Ed. 2019, § 68 Rn. 4 f.; Kaulbach/Bähr/Pohlmann-Pohlmann VAG, 6. Aufl. 2019, § 68 Rn. 6.
6   BeckOK VAG/Püttgen, 20. Ed. 2019, § 68 Rn. 5.
7   Vgl. BeckOGK/Ellenbürger/Hammers Rn. 2.

Absatz 1a oder Absatz 2, des § 341e Abs. 1 oder 2 oder der §§ 341f, 341g oder 341h über Form oder Inhalt,

b) des § 253 Abs. 1 Satz 1, 2, 3 oder Satz 4, Abs. 2 Satz 1, auch in Verbindung mit Satz 2, Absatz 3 Satz 1, 2, 3, 4 oder Satz 5, Abs. 4, 5, der §§ 254, 256a, 341b Abs. 1 Satz 1 oder des § 341d über die Bewertung,

c) des § 265 Abs. 2, 3 oder 4, des § 268 Abs. 3 oder 6, der §§ 272, 274 oder des § 277 Abs. 3 Satz 2 über die Gliederung,

d) der §§ 284, 285 Nr. 1, 2 oder Nr. 3, auch in Verbindung mit § 341a Absatz 2 Satz 4, oder des § 285 Nummer 3a, 7, 9 bis 14a, 15a, 16 bis 33 oder Nummer 34 über die im Anhang zu machenden Angaben,

2. bei der Aufstellung des Konzernabschlusses einer Vorschrift

a) des § 294 Abs. 1 über den Konsolidierungskreis,

b) des § 297 Absatz 1a, 2 oder Absatz 3 oder des § 341j Abs. 1 Satz 1 in Verbindung mit einer der in Nummer 1 Buchstabe a bezeichneten Vorschriften über Form oder Inhalt,

c) des § 300 über die Konsolidierungsgrundsätze oder das Vollständigkeitsgebot,

d) des § 308 Abs. 1 Satz 1 in Verbindung mit den in Nummer 1 Buchstabe b bezeichneten Vorschriften, des § 308 Abs. 2 oder des § 308a über die Bewertung,

e) des § 311 Abs. 1 Satz 1 in Verbindung mit § 312 über die Behandlung assoziierter Unternehmen oder

f) des § 308 Abs. 1 Satz 3, des § 313 oder des § 314 in Verbindung mit § 341j Abs. 1 Satz 2 oder 3 über die im Konzernanhang zu machenden Angaben,

3. bei der Aufstellung des Lageberichts oder der Erstellung eines gesonderten nichtfinanziellen Berichts einer Vorschrift des § 289 oder des § 289a, des § 289f, auch in Verbindung mit § 341a Absatz 1b, oder des § 341a Absatz 1a, auch in Verbindung mit § 289b Absatz 2 oder 3 oder mit den §§ 289c, 289d oder § 289e Absatz 2, über den Inhalt des Lageberichts oder des gesonderten nichtfinanziellen Berichts,

4. bei der Aufstellung des Konzernlageberichts oder der Erstellung eines gesonderten nichtfinanziellen Konzernberichts einer Vorschrift des § 315 oder des § 315a, des § 315d, auch in Verbindung mit § 341j Absatz 5, oder des § 341j Absatz 4, auch in Verbindung mit § 315b Absatz 2 oder 3 oder § 315c, über den Inhalt des Konzernlageberichts oder des gesonderten nichtfinanziellen Konzernberichts,

5. bei der Offenlegung, Veröffentlichung oder Vervielfältigung einer Vorschrift des § 328 über Form, Format oder Inhalt oder

6. einer auf Grund des § 330 Abs. 3 und 4 in Verbindung mit Abs. 1 Satz 1 erlassenen Rechtsverordnung, soweit sie für einen bestimmten Tatbestand auf diese Bußgeldvorschrift verweist,

zuwiderhandelt. [2]In den Fällen des Satzes 1 Nummer 3 wird eine Zuwiderhandlung gegen eine Vorschrift des § 289f Absatz 2 Nummer 4, auch in Verbindung mit Absatz 4 Satz 1, nicht dadurch ausgeschlossen, dass die Festlegungen oder Begründungen nach § 76 Absatz 4 des Aktiengesetzes, auch in Verbindung mit § 188 Absatz 1 Satz 2 des Versicherungsaufsichtsgesetzes, oder nach § 111 Absatz 5 des Aktiengesetzes, auch in Verbindung mit § 189 Absatz 3 Satz 1 des Versicherungsaufsichtsgesetzes, ganz oder zum Teil unterblieben sind. [3]In den Fällen des Satzes 1 Nummer 4 wird eine Zuwiderhandlung gegen eine Vorschrift des § 315d in Verbindung mit § 289f Absatz 2 Nummer 4 nicht dadurch ausgeschlossen, dass die Festlegungen oder Begründungen nach § 76 Absatz 4 oder § 111 Absatz 5 des Aktiengesetzes ganz oder zum Teil unterblieben sind.

(2) [1]Ordnungswidrig handelt, wer einen Bestätigungsvermerk nach § 322 Absatz 1 erteilt zu dem Abschluss

1. eines Versicherungsunternehmens, das ein Unternehmen von öffentlichem Interesse nach § 316a Satz 2 Nummer 1 oder 3 ist, oder

2. eines Versicherungsunternehmens, das nicht in Nummer 1 genannt ist,

obwohl nach § 319 Absatz 2 oder 3, jeweils auch in Verbindung mit Absatz 5, oder nach § 319b Absatz 1 Satz 1 oder 2, jeweils auch in Verbindung mit Absatz 2, er oder nach § 319 Absatz 4 Satz 1 oder 2, jeweils auch in Verbindung mit Absatz 5, oder nach § 319b Absatz 1 Satz 1 oder 2, jeweils auch in Verbindung mit Absatz 2, die Wirtschaftsprüfungsgesellschaft oder die Buchführungsgesellschaft, für die er tätig wird, nicht Abschlussprüfer sein darf. [2]Ordnungswidrig handelt auch, wer einen Bestätigungsvermerk nach § 322 Absatz 1 erteilt zu dem Abschluss eines Versicherungsunternehmens, das ein Unternehmen von öffentlichem Interesse nach § 316a Satz 2 Nummer 1 oder 3 ist, obwohl

1. er oder die Prüfungsgesellschaft, für die er tätig wird, oder ein Mitglied des Netzwerks, dem er oder die Prüfungsgesellschaft, für die er tätig wird, angehört, einer Vorschrift des Artikels 5 Absatz 4 Absatz 1 Satz 1 oder Absatz 5 Absatz 2 Satz 2 der Verordnung (EU) Nr. 537/2014 zuwiderhandelt oder

2. er oder die Prüfungsgesellschaft, für die er tätig wird, nach Artikel 17 Absatz 3 der Verordnung (EU) Nr. 537/2014 die Abschlussprüfung nicht durchführen darf.

[3]Abschluss im Sinne der Sätze 1 und 2 ist ein Jahresabschluss, ein Einzelabschluss nach § 325 Absatz 2a oder ein Konzernabschluss, der aufgrund gesetzlicher Vorschriften zu prüfen ist.

(2a) Ordnungswidrig handelt, wer als Mitglied eines nach § 324 Absatz 1 Satz 1, auch in Verbindung mit § 341k Absatz 3 Satz 1, eingerichteten Prüfungsausschusses eines Versicherungsunternehmens

1. die Unabhängigkeit des Abschlussprüfers oder der Prüfungsgesellschaft nicht nach Maßgabe des Artikels 4 Absatz 3 Absatz 2, des Artikels 5 Absatz 4 Absatz 1 Satz 1 oder des Artikels 6 Absatz 2 der Verordnung (EU) Nr. 537/2014 überwacht,

2. dem Verwaltungs- oder Aufsichtsorgan eine Empfehlung für die Bestellung eines Abschlussprüfers oder einer Prüfungsgesellschaft vorlegt, die den Anforderungen nach Artikel 16 Absatz 2 Absatz 2 oder 3 der Verordnung (EU) Nr. 537/2014 nicht entspricht oder der ein Auswahlverfahren nach Artikel 16 Absatz 3 Absatz 1 der Verordnung (EU) Nr. 537/2014 nicht vorangegangen ist, oder

3. den Gesellschaftern oder der sonst für die Bestellung des Abschlussprüfers zuständigen Stelle einen Vorschlag für die Bestellung eines Abschlussprüfers oder einer Prüfungsgesellschaft vorlegt, der den Anforderungen nach Artikel 16 Absatz 5 Absatz 1 der Verordnung (EU) Nr. 537/2014 nicht entspricht.

(3) [1]Die Ordnungswidrigkeit kann in den Fällen des Absatzes 2 Satz 1 Nummer 1 und Satz 2 sowie des Absatzes 2a mit einer Geldbuße bis zu fünfhunderttausend Euro, in den Fällen der Absätze 1 und 2 Satz 1 Nummer 2 mit einer Geldbuße bis zu fünfzigtausend Euro geahndet werden.[2]Ist das Versicherungsunternehmen kapitalmarktorientiert im Sinne des § 264d, beträgt die Geldbuße in den Fällen des Absatzes 1 höchstens den höheren der folgenden Beträge:

1. zwei Millionen Euro oder

2. das Zweifache des aus der Ordnungswidrigkeit gezogenen wirtschaftlichen Vorteils, wobei der wirtschaftliche Vorteil erzielte Gewinne und vermiedene Verluste umfasst und geschätzt werden kann.

(3a) [1]Wird gegen ein Versicherungsunternehmen, das kapitalmarktorientiert im Sinne des § 264d ist, in den Fällen des Absatzes 1 eine Geldbuße nach § 30 des

Gesetzes über Ordnungswidrigkeiten verhängt, beträgt diese Geldbuße höchstens den höchsten der folgenden Beträge:

1. zehn Millionen Euro,
2. 5 Prozent des jährlichen Gesamtumsatzes, den das Versicherungsunternehmen im der Behördenentscheidung vorausgegangenen Geschäftsjahr erzielt hat oder
3. das Zweifache des aus der Ordnungswidrigkeit gezogenen wirtschaftlichen Vorteils, wobei der wirtschaftliche Vorteil erzielte Gewinne und vermiedene Verluste umfasst und geschätzt werden kann.

[2]In den Fällen des Absatzes 3 Satz 1 in Verbindung mit Absatz 2 Satz 1 Nummer 1 oder Satz 2 ist § 30 Absatz 2 Satz 3 des Gesetzes über Ordnungswidrigkeiten anzuwenden.

(3b) [1]Gesamtumsatz im Sinne des Absatzes 3a Satz 1 Nummer 2 ist

1. im Falle von Versicherungsunternehmen, die ihren Jahresabschluss nach den handelsrechtlichen Vorschriften oder dem Recht eines anderen Mitgliedstaats der Europäischen Union oder eines anderen Vertragsstaats des Abkommens über den Europäischen Wirtschaftsraum im Einklang mit der Richtlinie 91/674/EWG des Rates vom 19. Dezember 1991 über den Jahresabschluß und den konsolidierten Abschluß von Versicherungsunternehmen (ABl. L 374 vom 31.12.1991, S. 7), die zuletzt durch die Richtlinie 2006/46/EG (ABl. L 224 vom 16.8.2006, S. 1) geändert worden ist, aufstellen, der Betrag der gebuchten Bruttobeiträge nach Maßgabe der handelsrechtlichen Vorschriften oder des auf das Versicherungsunternehmen anwendbaren nationalen Rechts im Einklang mit Artikel 35 der Richtlinie 91/674/EWG,
2. in Fällen, die nicht in Nummer 1 genannt sind, der Betrag der Umsatzerlöse, der sich bei Anwendung der Rechnungslegungsgrundsätze ergibt, die nach dem jeweiligen nationalen Recht für die Aufstellung des Jahresabschlusses des Versicherungsunternehmens gelten.

[2]Handelt es sich bei dem Versicherungsunternehmen um ein Mutterunternehmen oder um ein Tochterunternehmen im Sinne des § 290, ist anstelle des Gesamtumsatzes des Versicherungsunternehmens der jeweilige Gesamtbetrag im Konzernabschluss des Mutterunternehmens maßgeblich, der für den größten Kreis von Unternehmen aufgestellt wird. [3]Ist ein Jahres- oder Konzernabschluss für das maßgebliche Geschäftsjahr nicht verfügbar, ist der Jahres- oder Konzernabschluss für das unmittelbar vorausgehende Geschäftsjahr maßgeblich; ist auch dieser nicht verfügbar, kann der Gesamtumsatz geschätzt werden.

(4) [1]Verwaltungsbehörde im Sinne des § 36 Abs. 1 Nr. 1 des Gesetzes über Ordnungswidrigkeiten ist in den Fällen der Absätze 1 und 2a die Bundesanstalt für Finanzdienstleistungsaufsicht für die ihrer Aufsicht unterliegenden Versicherungsunternehmen und Pensionsfonds. [2]Unterliegt ein Versicherungsunternehmen und Pensionsfonds der Aufsicht einer Landesbehörde, so ist diese in den Fällen der Absätze 1 und 2a zuständig. [3]In den Fällen des Absatzes 2 ist die Abschlussprüferaufsichtsstelle beim Bundesamt für Wirtschaft und Ausfuhrkontrolle zuständig.

(5) Die nach Absatz 4 Satz 1 oder 2 zuständige Verwaltungsbehörde übermittelt der Abschlussprüferaufsichtsstelle beim Bundesamt für Wirtschaft und Ausfuhrkontrolle alle Bußgeldentscheidungen nach Absatz 2a.

Übersicht

I. Allgemeines

1 Die Rechnungslegungsvorschriften der §§ 341a–341l enthalten für Versicherungsunternehmen und Pensionsfonds eine Vielzahl abweichender und ergänzender Vorschriften zu den §§ 243 ff., so dass die Bußgeldvorschriften des § 334 nicht unverändert auf Versicherungsunternehmen anwendbar sind. § 334 Abs. 5 schließt daher die Anwendbarkeit der Bußgeldtatbestände des § 334 Abs. 1 und 2 auf Versicherungsunternehmen ausdrücklich aus. Bußgeldbewehrte Verstöße gegen die Rechnungslegungsvorschriften für Versicherungsunternehmen aller Rechtsformen sind daher ausschließlich in § 341n geregelt.[1]

II. Normadressat

2 **1. Täterkreis (Abs. 1).** § 341n Abs. 1 nennt als mögliche Täter
– das **vertretungsberechtigte Organ** (→ § 341m Rn. 5),
– den **Aufsichtsrat.** Dieser ist obligatorisch oder fakultativ (zu den Einzelheiten → § 331 Rn. 33 ff.). Normadressat des § 341n ist stets das Mitglied des obligatorischen Aufsichtsrats; das Mitglied des fakultativen Aufsichtsrats nur insoweit, als ihm die bußgeldbewehrten Pflichten übertragen sind (→ § 334 Rn. 20),
– den **Hauptbevollmächtigten** gem. § 68 Abs. 2 VAG (→ § 341m Rn. 10).

3 **2. Abschlussprüfer (Abs. 2).** § 341n Abs. 2 betrifft den Abschlussprüfer. Auch bei Versicherungsunternehmen kann dies nur ein Wirtschaftsprüfer sein, da § 341k Abs. 1 S. 2 die Möglichkeit eines vereidigten Buchprüfers ausschließt.

4 **3. Mitglieder eines Prüfungsausschusses (Abs. 2a).** Mit dem AReG vom 10.5.2016 (BGBl. 2016 I 1142) wurde § 341n Abs. 2a neu eingeführt und dadurch die Mitglieder eines Prüfungsausschusses gem. § 341k Abs. 3 S. 1 iVm § 324 Abs. 1 in den Täterkreis einbezogen (→ § 334 Rn. 22 f.).

5 **4. Sonstige Personen.** Sonstige Personen, die die Qualifikation des Abs. 1 oder Abs. 2 nicht besitzen, sich aber an der Tat beteiligen, können wegen des **Einheitstäterbegriffs** im Ordnungswidrigkeitenrecht gem. § 14 Abs. 1 OWiG trotz des Sonderdeliktscharakters dennoch Täter der jeweiligen Ordnungswidrigkeit sein. Dies setzt voraus, dass mindestens einer der sonstigen Tatbeteiligten die Qualifikation des Abs. 1 oder Abs. 2 besitzt und die anderen Beteiligten diesbezüglich mit Vorsatz handeln (→ § 334 Rn. 16).

III. Tathandlungen

6 § 341n übernimmt im Übrigen die Tatbestände des § 334 unter Anpassung an die versicherungsspezifischen Bilanzierungsvorschriften der §§ 341a–341j. Insbesondere § 341a Abs. 2 S. 1 und S. 2 erklären eine Reihe von Bilanzierungsvorschriften der §§ 265 ff. für nicht anwendbar. Dementsprechend werden auch die Bußgeldvorschriften in § 341n abgeändert.

7 **1. Tatgegenstände (Abs. 1). a) Jahresabschluss.** § 341n Abs. 1 Nr. 1 erfasst wie auch § 334 Abs. 1 Nr. 1 die Verletzung von Vorschriften bei Aufstellung oder Feststellung des Jahresabschlusses.

---

[1] EBJS/Böcking/Gros/Kölschbach Rn. 3.

aa) Form und Inhalt. Geschützt werden unter Abs. 1 Nr. 1 lit. a Vorschriften über **8**
Form und Inhalt. Gegenüber § 334 entfallen hier die Vorschriften der § 247 Abs. 1 und 2,
§ 251 wegen § 341a Abs. 2 S. 2. Eingeschränkt wird § 246 Abs. 2 durch § 341 Abs. 2 S. 3.
Zusätzlich werden die § 341e Abs. 1 und Abs. 2, §§ 341f, 341g und § 341h als geschützte
Normen genannt.

bb) Bewertung. Abs. 1 Nr. 1 lit. b nennt nunmehr die Bewertungsvorschriften der **9**
durch das BilMoG umfassend neu gefassten §§ 253, 254, 256a. Zusätzlich werden die versicherungsspezifischen Bewertungsvorschriften der § 341b Abs. 1 S. 1 und § 341d in den
Schutzbereich des Ordnungswidrigkeitentatbestandes übernommen.

cc) Gliederung. Die Gliederungsvorschriften erfahren in Abs. 1 Nr. 1 lit. c wegen der **10**
abweichenden Regelung in § 341a Abs. 2 S. 1 und 2 eine Reduzierung. Es entfallen § 265
Abs. 6, § 267, § 268 Abs. 4 S. 1, Abs. 5 S. 1 und 2, § 276, § 277 Abs. 1 und 2. Aus § 277
fällt nur noch Abs. 3 S. 2 und Abs. 4 in den von § 341n geschützten Bereich.

dd) Weitere Angaben. Die in Bilanz oder im Anhang nach §§ 284, 285 zu machenden **11**
Angaben werden in Abs. 1 Nr. 1 lit. d wegen § 341a Abs. 1 S. 1 auf die Pflichtangaben gem.
§ 284 und gem. § 285 Nr. 1, 2 und 3 sowie gem. § 341a Abs. 2 S. 5 auf § 285 Nr. 3a, 7,
9–14a, 15a, 16–33 oder Nr. 34 beschränkt.

b) Konzernabschluss. Die Vorschriften des Abs. 1 Nr. 2 über den Konzernabschluss **12**
sind in lit. b durch die Verweisung auf § 341j Abs. 1 S. 1 und in Nr. 2f um die Verweisung
auf § 341j Abs. 1 S. 2 und 3 ergänzt.

c) Weitere Ordnungswidrigkeiten (Nr. 3–6). Die Bußgeldtatbestände des § 341n **13**
Abs. 1 Nr. 3–6 entsprechen im Wesentlichen den Tatbeständen des § 334 Abs. 1 Nr. 3–6
(→ § 334 Rn. 40 ff.). Ordnungswidrig handelt, wer gegen die **Vorschriften über Inhalt,**
Form, Format und Gliederung in Bezug auf den Lagebericht, den Konzernlagebericht,
die nichtfinanzielle Erklärung, die Erklärung zur Unternehmensführung, die Offenlegung
oder die Rechnungslegungsverordnung verstößt. Seit der Umsetzung der CSR-RL durch
das CSR-RL-Umsetzungsgesetz vom 11.4.2017 (BGBl. 2017 I 802) werden in § 341n
Abs. 1 Nr. 3 und Nr. 4 auch die nichtfinanzielle Erklärung im (Konzern-) Lagebericht und
der gesonderte nichtfinanzielle (Konzern-) Bericht erfasst. Erfüllt das Versicherungsunternehmen die Voraussetzungen gem. § 341a Abs. 1a und Abs. 1b, hat es den Lagebericht um
eine nichtfinanzielle Erklärung zu erweitern oder einen gesonderten nichtfinanziellen
Bericht zu erstellen (s. § 340j Abs. 4 und Abs. 5 im Konzern).

Abs. 1 Nr. 5 wurde durch das Gesetz zur weiteren Umsetzung der Transparenzrichtli- **14**
nie-Änderungsrichtlinie im Hinblick auf ein **einheitliches elektronisches Format** für
Jahresfinanzberichte (ESEF-UG) vom 12.8.2020 (BGBl. 2020 I 1874) um das Wort „Format" ergänzt. Der reine Verstoß gegen die Formatvorlagen iSd § 328 Abs. 1 S. 4 bzw. der
ESEF-VO für offenzulegende Rechnungslegungsunterlagen von Inlandsemittenten ist zu
sanktionieren.

Mit dem FüPoG II vom 7.8.2021 (BGBl. 2021 I 3311) hat der Gesetzgeber in § 341n **15**
Abs. 1 S. 2 und 3 klargestellt, dass auch das **pflichtwidrige Unterlassen** von Festlegungen
und Begründungen gem. § 289f Abs. 2 Nr. 4, auch in Verbindung mit Abs. 3 oder 4, in
Bezug auf Zielgrößen für den Frauenanteil, die Fristen für deren Erreichung und ggf. die
Begründung für die Festlegung der Zielgröße Null, den Bußgeldtatbestand erfüllt, nicht
nur unrichtige oder unvollständige Erklärungen (→ § 334 Rn. 50 f.).

§ 341n Abs. 1 Nr. 5 ist nicht erfüllt, wenn überhaupt **kein Abschluss** vorgelegt wird **16**
(→ § 334 Rn. 54).

Der Bußgeldtatbestand des § 341n Abs. 1 Nr. 6 wird ausgefüllt durch die **Verordnung** **17**
über die Rechnungslegung der Versicherungsunternehmen (RechVersV) vom
8.11.1994 (BGBl. 1994 I 3370). Diese Rechtsverordnung normiert in § 63 Abs. 1 Rech-
VersV – mit einem ausdrücklichen Verweis auf § 341n Abs. 1 Nr. 6 für den identischen
Adressatenkreis – Ordnungswidrigkeitentatbestände bei der Aufstellung und Feststellung des

Jahresabschlusses und der Aufstellung des Konzernabschlusses. Danach handelt ordnungswidrig, wer

– bei der Aufstellung oder Feststellung des Jahresabschlusses,
– entgegen § 2 S. 1 RechVersV nicht das vorgeschriebene Formblatt anwendet,
– entgegen §§ 4, 5 Abs. 1 oder 2 RechVersV, § 54 iVm § 55 Abs. 1 oder 6 RechVersV
  oder § 56 Abs. 1–5 RechVersV, § 55 Abs. 7 RechVersV oder § 56 Abs. 6 RechVersV
  eine Angabe nicht, nicht richtig oder nicht in der vorgeschriebenen Weise macht,
– einer Vorschrift der §§ 6–50 RechVersV über die in einzelne Posten der Bilanz oder der
  GuV aufzunehmenden Angaben zuwiderhandelt,
– einer Vorschrift der §§ 51–53 RechVersV über zusätzliche Erläuterungen, zusätzliche
  Pflichtangaben oder Angaben im Anhand zuwiderhandelt,
– bei der Aufstellung des Lageberichts einer Vorschrift des § 57 RechVersV über zusätzliche
  Angaben zuwiderhandelt,
– bei der Aufstellung des Konzernabschlusses,
– entgegen § 58 Abs. 1 S. 1 RechVersV nicht das vorgeschriebene Formblatt anwendet,
– einer Vorschrift des § 58 Abs. 4 Nr. 2 RechVersV über die in einzelne Posten der Konzernbilanz oder der Konzern-GuV aufzunehmenden Angaben zuwiderhandelt,
– entgegen § 59 Abs. 2–4 RechVersV eine Angabe nicht oder nicht richtig macht,
– entgegen § 60 RechVersV eine Angabe nicht in den Konzernlagebericht aufnimmt.

18   **2. Abschlussprüfung (Abs. 2).** § 341n Abs. 2 sanktioniert den Verstoß des Abschlussprüfers gegen die gesetzlichen Ausschlussgründe des § 319 Abs. 2 und Abs. 3.

19   Durch das FISG wurde mit Wirkung zum 1.7.2021 ein „Gleichlauf" mit den Bußgeld-
vorschriften des § 334 Abs. 2 bewirkt, indem auch bei Abs. 2 künftig zwischen sonstigen
Versicherungsunternehmen **(Abs. 2 S. 1 Nr. 2)** und Versicherungsunternehmen, die
Unternehmen von öffentlichem Interesse gem. § 316a S. 2 sind, differenziert wird **(Abs. 2
S. 1 Nr. 1 und S. 2).**[2] Näher → § 334 Rn. 58 ff.

20   **3. Verstöße gegen prüfungsbezogene Pflichten (Abs. 2a).** Die Bußgeldtatbestände des § 341n Abs. 2a Nr. 1–3 entsprechen grundsätzlich den Bußgeldtatbeständen gem.
§ 334 Abs. 2a Nr. 1–3. Auf die dortigen Ausführungen wird verwiesen, → § 334 Rn. 67 ff.[3]

21   Die Bußgeldvorschrift des § 341n Abs. 2a Nr. 2 wurde durch das **FISG** mit Wirkung
zum 1.7.2021 geändert. Während in der früheren Gesetzesfassung (Gesetz zur Umsetzung
der Zweiten Zahlungsdienste-RL vom 17.7.2017, BGBl. 2017 I 2446) Verstöße gegen
Art. 16 Abs. 2 UAbs. 2 oder 3 Abschlussprüfungs-VO oder gegen Art. 16 Abs. 3 Abschlussprüfungs-VO unschädlich bzw. nicht bußgeldbewehrt waren, wenn die Empfehlung für die
Bestellung eines Abschlussprüfers oder einer Prüfungsgesellschaft auf einem Verlangen der
Aufsichtsbehörde gem. § 36 Abs. 1 S. 2 VAG beruhte, da in diesen Fällen der Bestellvorgang
ohnehin einer genauen Prüfung durch die Aufsichtsbehörde unterliegt und der Abschluss-
prüfer ggf. von ihr selbst bestimmt werden kann,[4] soll künftig auch dann eine fundierte
Auswahlentscheidung durch das Versicherungsunternehmen gewährleistet sein, wenn die
BaFin zuvor einen gewählten Abschlussprüfer nach § 36 Abs. 1 VAG abgelehnt hat. Nach
Auffassung des Gesetzgebers sei es künftig auch in diesen Fällen geboten, dass die Anforderungen der Abschlussprüfungs-VO – insbesondere Art. 16 Abs. 2 UAbs. 2, 3 und Abs. 3
Abschlussprüfungs-VO – eingehalten werden, wenn der Prüfungsausschuss eine Empfeh-
lung für die Beststellung eines Abschlussprüfers vorlegt. Dadurch sollte ein „Gleichlauf"
mit der für Kreditinstitute geltenden Vorschrift des § 340n Abs. 2a erzielt werden, zumal
auch bei Kreditinstituten die BaFin gem. § 28 Abs. 1 S. 2 KWG die Bestellung eines anderen
Abschlussprüfers verlangen kann und hier keine Abweichung von der Abschlussprüfungs-
VO vorgesehen ist.[5]

2   BT-Drs. 19/26966, 109.
3   S. BT-Drs. 18/7219, 53.
4   Kaulbach/Bähr/Pohlmann-Bähr VAG, 6. Aufl. 2019, VAG § 36 Rn. 7.
5   BT-Drs. 19/26966, 110.

Durch das FISG wurde mit Wirkung zum 1.7.2021 auch ein weiterer Bußgeldtatbestand 22
gem. **Abs. 2a Nr. 3** eingeführt, wenn den Gesellschaftern oder der sonst für die Bestellung
des Abschussprüfers zuständigen Stelle ein Bestellungsvorschlag unterbreitet wird, der den
Anforderungen des Art. 16 Abs. 5 UAbs. 1 Abschlussprüfungs-VO nicht entspricht. Diese
Änderungen folgt aus der Aufhebung des früheren § 341k Abs. 2 aF, wonach der Abschlussprüfer vom Aufsichtsrat zu bestimmen war.[6] Aufgrund der Gesellschafterkompetenz gem.
§ 318 Abs. 1 S. 1 zur Bestellung des Abschlussprüfers müssen künftig die Voraussetzungen
für einen vollständigen Vorschlag gem. Abschlussprüfungs-VO gegenüber der Gesellschaf-
ter- oder Aktionärsversammlung erfüllt werden.

Erhält ein Mitglied eines Prüfungsausschusses für Verstöße gegen prüfungsbezogene 23
Pflichten einen Vermögensvorteil, lässt es sich einen solchen versprechen oder handelt es
beharrlich, kommt der **Qualifikationstatbestand** des § 341m Abs. 2 in Betracht.

IV. Grundsätze des § 334

Im Übrigen gelten die Ausführungen zu § 334 (→ § 334 Rn. 85 ff.). 24

V. Sanktion

Wie in § 334 Abs. 3 ist danach zu differenzieren 25
– ob sich ein Verstoß gegen Bilanzierungsvorschriften gem. Abs. 1 auf ein kapitalmarktorientiertes Versicherungsunternehmen gem. § 264d (Abs. 3 S. 2) oder ein sonstiges Versicherungsunternehmen (Abs. 3 S. 1 Hs. 2), oder
– ob sich ein prüfungsbezogener Verstoß gem. Abs. 2 oder Abs. 2a auf ein Unternehmen
von öffentlichem Interesse gem. § 316a (Abs. 3 S. 1 Hs. 1) oder ein sonstiges Versicherungsunternehmen (Abs. 3 S. 1 Hs. 2) bezieht.
Auch zu verhängende Verbandsgeldbußen richten sich in Bezug auf den Bußgeldrahmen 26
nach dieser Differenzierung (s. Abs. 3a S. 1 und S. 2). Zur Differenzierung der Sanktionen
bzgl. des Bußgeldrahmens → § 334 Rn. 100 ff.

Soweit der Bußgeldrahmen durch die **Höhe des Gesamtumsatzes** begrenzt wird 27
(§ 341n Abs. 3a Nr. 2), bestimmt sich dieser nach § 341n Abs. 3b (→ § 334 Rn. 109 ff.).
Hierbei ist zu differenzieren,
– ob die Jahresabschlüsse des betreffenden Versicherungsunternehmens **nach handelsrechtlichen Vorschriften** oder **im Einklang mit der RL 91/674/EWG**,[7] aufgestellt
werden. In diesem Fall ist der **Betrag der gebuchten Bruttobeträge** nach Maßgabe
der handelsrechtlichen Vorschriften oder des auf das Versicherungsunternehmen anwendbaren nationalen Rechts im Einklang mit Art. 35 RL 91/674/EWG maßgeblich (Abs. 3b
S. 1 Nr. 1),
– oder ob der Jahresabschluss nicht im Einklang mit der RL 91/674/EWG aufgestellt wird
und keine Konzernkonstellation vorliegt (Abs. 3b S. 1 Nr. 2).
Da § 277 Abs. 1 wegen § 341a Abs. 2 S. 1 bei Versicherungsunternehmen keine Anwendung 27a
findet, richtet sich der Gesamtumsatz gem. **§ 341n Abs. 3b S. 1 Nr. 1** – anstelle des Betrages der Umsatzerlöse (vgl. § 334 Abs. 3b S. 1) – nach dem auf das Versicherungsunternehmen anwendbare nationale Recht im Einklang mit Art. 63 RL 91/674/EWG. Maßgeblich
ist der sich hieraus ergebende Betrag abzüglich der Umsatzsteuer und sonstiger direkt auf
diese Erträge erhobener Steuern.

Alle übrigen Fälle, in denen der Jahresabschluss nicht nach der RL 91/674/EWG 27b
aufgestellt wird, werden unter **§ 341n Abs. 3b S. 1 Nr. 2** subsumiert. Dies betrifft nicht
nur Versicherungsinstitute aus Drittstaaten, die ihren Jahresabschluss nach dem dort geltenden nationalen Recht aufstellen, sondern auch solche Versicherungsinstitute mit Sitz in

---

[6] BT-Drs. 19/26966, 110.
[7] RL 91/674/EWG des Rates vom 19.12.1991 über den Jahresabschluss und den konsolidierten Abschluss
von Versicherungsunternehmen, ABl. EG 1991 L 374, 7, zuletzt geändert durch RL 2006/46/EG vom
14.6.2006, ABl. EG 2006 L 224, 1.

einem EU-Mitgliedstaat oder einem EWR-Vertragsstaat, die auf der Grundlage des nationalen Rechts internationale Rechnungslegungsstandards anlegen dürfen (→ § 334 Rn. 109b). Bei der Bestimmung des maßgeblichen Gesamtumsatzes sind diejenigen Posten heranzuziehen, die mit den in Nr. 1 genannten Posten der gebuchten Bruttobeträge vergleichbar sind.[8]

27c   Im Übrigen, dh im Fall eines Konzerns oder bei Nichtverfügbarkeit eines Jahres- oder Konzernabschlusses, entsprechen die Regelungen des § 341n Abs. 3b S. 2 ff. spiegelbildlich den Vorschriften gem. § 340n Abs. 3b S. 2 ff., § 334 Abs. 3b S. 2 ff. (→ § 334 Rn. 109c ff.).

VI. Besondere Zuständigkeitsregelung

28   Zuständige Behörde zur Ahndung der Ordnungswidrigkeiten des § 341n **Abs. 1** und **Abs. 2a** ist in Abweichung von § 334 Abs. 4 nach § 341n Abs. 4 S. 1 die **Bundesanstalt für Finanzdienstleistungsaufsicht,** soweit die betroffenen Versicherungsunternehmen ihrer Aufsicht unterliegen. Unterliegt das Versicherungsunternehmen der Aufsicht einer Landesbehörde, ist diese nach § 341n Abs. 4 S. 2 für die Verfolgung und Ahndung der Ordnungswidrigkeit des § 341n Abs. 1 und Abs. 2a zuständig.

29   Kommt es zu einer rechtskräftigen Bußgeldentscheidung nach § 341n Abs. 2a, ist diese an die Abschlussprüferaufsichtsstelle beim Bundesamt für Wirtschaft und Ausfuhrkontrolle gem. § 340m Abs. 5 von der BaFin zu **übermitteln.** Obwohl der Wortlaut des Abs. 5 eine Übermittlungspflicht für „alle" Bußgeldentscheidungen statuiert, folgt aus Art. 30c Abs. 1 UAbs. 1 Abschlussprüfungs-VO, dass nur **unanfechtbare Entscheidungen** veröffentlicht werden müssen und somit nur diese von der BaFin zu übermitteln sind (vgl. auch § 69 Abs. 1a Nr. 1 WPO).

30   Durch das AReG wurde für Ordnungswidrigkeiten der Abschlussprüfer und Prüfungsgesellschaften gem. § 341n **Abs. 2** die **Abschlussprüferaufsichtsstelle** beim Bundesamt für Wirtschaft und Ausfuhrkontrolle als zuständige Bußgeldbehörde eingerichtet (§ 341n Abs. 4 S. 3).

§ 341o Festsetzung von Ordnungsgeld

(1) Personen, die
1. als Mitglieder des vertretungsberechtigten Organs eines Versicherungsunternehmens oder eines Pensionsfonds § 341l in Verbindung mit § 325 über die Pflicht zur Offenlegung des Jahresabschlusses, des Lageberichts, des Konzernabschlusses, des Konzernlageberichts und anderer Unterlagen der Rechnungslegung oder
2. als Hauptbevollmächtigter (§ 68 Absatz 2 des Versicherungsaufsichtsgesetzes) § 341l Abs. 1 über die Offenlegung der Rechnungslegungsunterlagen
nicht befolgen, sind hierzu vom Bundesamt für Justiz durch Festsetzung von Ordnungsgeld anzuhalten.

(2) Die §§ 335 bis 335b sind mit der Maßgabe entsprechend anzuwenden, dass Gesamtumsatz im Sinne des § 335 Absatz 1a Satz 1 Nummer 2 Folgendes ist:
1. im Falle von Versicherungsunternehmen, die ihren Jahresabschluss nach den handelsrechtlichen Vorschriften oder dem Recht eines anderen Mitgliedstaats der Europäischen Union oder eines anderen Vertragsstaats des Abkommens über den Europäischen Wirtschaftsraum im Einklang mit der Richtlinie 91/674/EWG aufstellen, der Betrag der gebuchten Bruttobeiträge nach Maßgabe der handelsrechtlichen Vorschriften oder des auf das Versicherungsunternehmen anwendbaren nationalen Rechts im Einklang mit Artikel 35 der Richtlinie 91/674/EWG,

---

[8]   BT-Drs. 20/5653, 46.

2. in Fällen, die nicht in Nummer 1 genannt sind, der Betrag der Umsatzerlöse, der sich bei Anwendung der Rechnungslegungsgrundsätze ergibt, die nach dem jeweiligen nationalen Recht für die Aufstellung des Jahresabschlusses des Versicherungsunternehmens gelten.

I. Allgemeines

§ 341o wurde durch Art. 1 Nr. 38 EHUG neu gefasst und der Neuregelung der §§ 335, **1** 335a angepasst. Die Erweiterung auf Pensionsfonds, die nicht Kapitalgesellschaften sind, erfolgte durch das AVmG. Der Einführung spezifischer Regelungen für die Wiedereinsetzung in den vorigen Stand (§ 335 Abs. 5) und einer neuen Verfahrensvorschrift für das Beschwerde- und Rechtsbeschwerdeverfahren (§ 335a) durch das Gesetz zur Änderung des HGB vom 4.10.2013 (BGBl. 2013 I 3746) wurde mit § 341o S. 2 aF Rechnung getragen.[1] Mit dem Gesetz zur Umsetzung der RL (EU) 2021/2101 vom 19.6.2023 (BGBl. 2023 I Nr. 154) wurde der Verweis auf §§ 335 ff. als separater Absatz gem. § 340o Abs. 2 neu gefasst.

II. Normadressat

§ 341o Abs. 1 Nr. 1 nennt als Adressaten das vertretungsberechtigte Organ eines Versi- **2** cherungsunternehmens oder eines Pensionsfonds. Der Begriff des Versicherungsunternehmens ist in § 341 Abs. 1 S. 1 definiert. Die Definition des Pensionsfonds ergibt sich nach § 341 Abs. 4 S. 1 aus § 236 Abs. 1 VAG. Der Personenkreis entspricht damit dem des § 341m.

§ 341o Abs. 1 Nr. 2 nennt als weiteren Adressaten den Hauptbevollmächtigten iSd § 68 **3** Abs. 2 VAG (→ § 341m Rn. 10). Auch insoweit besteht Identität zu § 341m.

III. Ordnungsgeldbewehrte Pflichten

Mit der Festsetzung des Ordnungsgeldes soll im Fall der Nr. 1 die Offenlegung der **4** Jahresabschlüsse und sonstiger Unterlagen nach § 325 durch die vertretungsberechtigten Organe und im Fall der Nr. 2 die Offenlegung von Rechnungsunterlagen durch den Hauptbevollmächtigten bewirkt werden.

IV. Verfahren

Das Verfahren richtet sich durch die Verweisung in Abs. 2 auf §§ 335 ff. nach den dort **5** in Abs. 2 genannten Vorschriften des FamFG und des VwVfG. Zuständig ist auch hier das Bundesamt für Justiz (§§ 335 f.).

Durch die Verweisung in Abs. 2 auf §§ 335 ff. kann das Ordnungsgeldverfahren auch **6** gegen das Versicherungsunternehmen oder den Pensionsfonds selbst durchgeführt werden.

Der für die Festsetzung des Ordnungsgeldes maßgebliche Gesamtumsatz bei kapital- **7** marktorientierten Versicherungsunternehmen gem. § 335 Abs. 1a Nr. 2 wird in § 341o Abs. 2 Hs. 2 an die Vorschrift des § 341n Abs. 3b angepasst (→ § 340n Rn. 27 ff., → § 334 Rn. 109 ff.).

§ 341p Anwendung der Straf- und Bußgeld- sowie der Ordnungsgeldvorschriften auf Pensionsfonds

Die Strafvorschriften des § 341m Absatz 1, die Bußgeldvorschrift des § 341n Absatz 1 und 2 sowie die Ordnungsgeldvorschrift des § 341o gelten auch für Pensionsfonds im Sinne des § 341 Abs. 4 Satz 1.

---

[1] Vgl. BT-Drs. 17/13221, 11.

1   § 341p wurde der Neuregelung der Ordnungsgeldvorschriften durch Art. 1 Nr. 39 EHUG angepasst.

2   § 341 Abs. 4 S. 1 erklärt nur die Vorschriften des 1.–7. Titels, dh die §§ 341a–341l, auf Pensionsfonds für anwendbar. Mit der Verweisungsvorschrift des § 341p gelten die Straf-, Bußgeld- und Ordnungsgeldvorschriften des 8. Titels auch für die Pensionsfonds iSd § 341 Abs. 4 S. 1.

3   Die Vorschrift ist erstmalig anwendbar auf Jahres- und Konzernabschlüsse für Geschäftsjahre, die nach dem 31.12.2001 beginnen (Art. 35 Abs. 3 AVmG).

Dritter Unterabschnitt. Ergänzende Vorschriften für bestimmte Unternehmen des Rohstoffsektors

Vorbemerkungen zu den §§ 341q–341w

Schrifttum: Benz/Böhmer, Zwei Jahre BEPS-Abschlussberichte: Bericht über den aktuellen Stand der BEPS-Arbeiten, DB 2017, 2951; Bischoff/Kreipl/Müller, Anwendung der §§ 341q–y HGB auf Nebentätigkeiten?, WPg 2016, 288; Blöink/Knoll-Biermann, Bilanzrichtlinie-Umsetzungsgesetz (BilRUG) – Hintergrund und Kernelemente des Regierungsentwurfs vom 7.1.2015 –, Der Konzern 2015, 65; Blöink/Kumm, Überblick über die Regelpublizität nach dem RegE eines Gesetzes zur Umsetzung der Transparenzrichtlinie-Änderungsrichtlinie – Update zu BB 2013, 1963 ff., BB 2015, 1515; Eppinger/Münstermann, Rohstoffgewinnende Industrie: Transparenz durch Zahlungsberichte?, WPg 2015, 1120; Gäumann/Luckner, Aufstellungspflichten der Zahlungsberichterstattung gem. den §§ 341q–y HGB: Empirische Befunde zur Erstanwendung, KoR 2019, 335; Havers/Siegel, Aufstellung von Zahlungsberichten nach BilRUG, WPg 2016, 341; IDW, Erstellung von (Konzern-)Zahlungsberichten, IDW Praxishinweis 1/2017 i.d.F. vom 21.12.2017, IDW Life 2018, 289; Keller/Schmidt, Country-by-Country-Reporting: neue Anforderungen für das Rechnungswesen durch BilRUG-RefE und EITI, BB 2014, 2283; Kirsch, Der Ertragsteuerinformationsbericht – Zukünftige Erstellungs- und Offenlegungspflichten auch für (mittel-)große Tochterunternehmen und Zweigniederlassungen, DStR 2023, 54; Kliem/Kosma/Optenkamp, Das einstufige Enforcement nach dem Gesetz zur Stärkung der Finanzmarktintegrität (FISG), DB 2021, 1518; Kreipl, Zahlungsberichterstattung bei Tätigkeiten in mehreren Industriezweigen, KoR 2016, 300; Kreipl/Müller in Dicken/Fehrenbacher/Hennrichs/Kleindiek/Watrin, beck-online.GROSSKOMMENTAR, 15.10.2022, HGB § 341q-341y; Kreipl/Müller, Implementierung des Country-by-Country Reporting in die Berichterstattungsprozesse und -systeme, KoR 2014, 552; Lanfermann/Götze, Neue EU-Unternehmensberichterstattungspflichten ante portas: Public Country-by-Country Reporting, BB 2022, 235; Luckner/Gäumann/Dobler, Ausgestaltung von Zahlungsberichten im Rohstoffsektor – Eine empirische Analyse, WPg 2019, 1163; Müller in Bertram/Brinkmann/Kessler/Müller, Haufe HGB Bilanz Kommentar, 13. Aufl. 2022, HGB § 264, Rn. 127; Müller, § 325 HGB Exkurs: Zahlungsbericht, Konzernzahlungsbericht nach §§ 341q ff. HGB (länderbezogene Berichterstattung für bestimmte Unternehmen des Rohstoffsektors), in Baetge/Kirsch/Thiele, Bilanzrecht, 110. EL März 2023, HGB § 325 Rn. 972; Müller/Müller, Ertragsteuerinformationsbericht – Erweiterung der Berichterstattung um steuerliche Aspekte mit einem weiteren gesonderten Bericht, IRZ 2022, 547; Oser/Staß, Gesetz zur Umsetzung der Transparenzrichtlinie-Änderungsrichtlinie – Neuerungen in Rechnungslegung, Berichterstattung und Enforcement, DB 2015, 2825; Rohleder, Der (Konzern-)Zahlungsbericht für Unternehmen des Rohstoffsektors, KoR 2016, 17; Scheffler, Beck HdR, 69. EL September 2022, Abschnitt B 750, 230; Sigel/Hachmeister, (Konzern-)Zahlungsberichte: Eine Zusammenfassung der bestehenden Anwendungs- und Auslegungsfragen zu den gesetzlichen Vorgaben, IRZ 2019, 269; Sigel/Hachmeister, Praxis der (Konzern-)Zahlungsberichterstattung – Eine empirische Analyse der Erstanwendung der §§ 341q–341y HGB, IRZ 2019, 383; Trepte/Siegel, Erstellung von (Konzern-)Zahlungsberichten – Grundzüge des IDW Praxishinweises 1/2017, WPg 2017, 317; Upmeier, (Konzern-)Zahlungsberichtspflicht angesichts eines bislang unklaren Anwendungsbereichs, KoR 2016, 468; Zwirner/Vodermeier, Einführung der Zahlungsberichte nach BilRUG, DB 2016, 965.

1   Mit den §§ 341q–w wurden die europarechtlichen Vorgaben der Richtlinie 2013/34/EU des Europäischen Parlaments und des Rates vom 26. Juni 2013 (sog. Bilanz-RL) in deutsches Recht überführt.[1] Konkret handelt es sich um das neu aufgenommene zehnte Kapitel mit dem Titel „Bericht über Zahlungen an staatliche Stellen",[2] das der deutsche Gesetzgeber mit der Einfügung eines Dritten Unterabschnitts im Vierten Abschnitt des

---

[1]   Vgl. Richtlinie 2013/34/EU, EU-ABl. L 182, 19–76 v. 29.6.2013. Zur Umsetzung in deutsches Recht grdl. Blöink/Knoll-Biermann Der Konzern 2015, 65 ff. (insbes. S. 75 ff. zu den neuen Berichtspflichten im Rohstoffsektor).

[2]   Vgl. Art. 41–49 RL 2013/34/EU.

Dritten Buches des HGB umgesetzt hat. Den Erwägungsgründen zufolge besteht das **Ziel** der Regelungen in der **Schaffung einer höheren Transparenz** über die wesentlichen Zahlungen, die „große Unternehmen und alle Unternehmen von öffentlichem Interesse" an staatliche Stellen leisten, so sie in der mineralgewinnenden Industrie oder im Holzeinschlag in Primärwäldern tätig sind. Mit der Berichterstattung über die geleisteten Zahlungen sollen Regierungen besser in die Lage versetzt werden, gegenüber ihren Bürgern **Rechenschaft** ablegen können, von welchen Unternehmen sie Zahlungen in welcher Höhe erhalten haben.[3] Das Maßnahmenpaket fußt damit auf dem Gedankengut der *Extractive Industries Transparency Initiative* (EITI), die sich der Erhöhung der Transparenz im Rohstoffsektor verschrieben hat.[4]

Erster Titel. Anwendungsbereich; Begriffsbestimmungen

§ 341q Anwendungsbereich

[1]**Dieser Unterabschnitt gilt für Kapitalgesellschaften mit Sitz im Inland, die in der mineralgewinnenden Industrie tätig sind oder Holzeinschlag in Primärwäldern betreiben, wenn auf sie nach den Vorschriften des Dritten Buchs die für große Kapitalgesellschaften geltenden Vorschriften des Zweiten Abschnitts anzuwenden sind.** [2]**Satz 1 gilt entsprechend für Personenhandelsgesellschaften im Sinne des § 264a Absatz 1.**

I. Anwendungsbereich

§ 341q entspricht einer **eins-zu-eins-Umsetzung** von Art. 42 Abs. 1 der Bilanz-RL. **1** Danach fallen Unternehmen mit den folgenden Qualifizierungsmerkmalen in den Anwendungsbereich der Norm, sofern sie ihren **Sitz im Rechtsgebiet der Bundesrepublik Deutschland** haben:

(a) **große Kapitalgesellschaften** nach § 264 iVm § 267 Abs. 3 S. 1, mithin Aktiengesellschaften, Kommanditgesellschaften auf Aktien und Gesellschaften mit beschränkter Haftung;

(b) **kapitalmarktorientierte Kapitalgesellschaften** nach § 264d, die gem. § 267 Abs. 3 stets als groß gelten; sowie

(c) großen Kapitalgesellschaften gleichgestellte **Personenhandelsgesellschaften ohne natürliche Person als Komplementär** nach § 264a Abs. 1.

In der Begründung zur Rechtsnorm weist der Gesetzgeber zudem darauf hin, dass **auch Kredit- und Finanzdienstleistungsinstitute, Versicherungsunternehmen sowie Pensionsfonds** in den Anwendungsbereich fallen, wenn sie nach § 340a Abs. 1 resp. § 341a Abs. 1 die Vorschriften für große Kapitalgesellschaften anzuwenden haben.[1] Im Umkehrschluss müssen Unternehmen der vorgenannten Branchen die Vorschriften nicht beachten, wenn sie eine andere Rechtsform gewählt haben (bspw. eine eingetragene Genossenschaft).

II. Betroffene Branchen

Die Vorschriften gelten ausschließlich für jene unter Tz. 1 beschriebenen Unterneh- **2** men, sofern sie **in der mineralgewinnenden Industrie oder im Holzeinschlag in**

---

[3] Vgl., Erwägungsgründe 44 und 45 RL 2013/34/EU; s. a. Eppinger/Münstermann WPg 2015, 1120; Havers/Siegel WPg 2016, 341; Rohleder KoR 2016, 17. Ergänzend lassen sich die US-amerikanischen Vorgaben in Abschnitt 1504 des Dodd Frank Wall Street Reform And Consumer Protection Act anführen, vgl. Blöink/Knoll-Biermann Der Konzern 2015, 65 (66).

[4] Der europäische Normengeber nimmt in Erwägungsgrund 44 RL 2013/34/EU unmittelbar Bezug auf die EITI; s. ergänzend Eppinger/Münstermann WPg 2015, 1120 (1121 f.); Keller/Schmid BB 2014, 2283 ff. sowie Rohleder KoR 2016, 17. Die EITI selbst pflegt ein umfangreiches Informationsportal, das unter http://www.eiti.org eingesehen werden kann (letzter Abruf: 30.4.2023).

[1] Vgl. BilRUG-RegE, BR-Drs. 23/15, 100 v. 23.1.2015; s. auch Haufe-HGB/Müller § 264 Rn. 132.

Primärwäldern tätig sind. Welche Tätigkeiten konkret darunter subsumiert werden, ist in § 341r geregelt, in welchem die Begriffsbestimmungen aus der Bilanzrichtlinie in nationales Recht transformiert wurden.

III. Anzahl betroffener Unternehmen

3   Ausweislich der Regierungsbegründung fallen in den vorstehend abgegrenzten Anwendungsbereich **60 inländische Unternehmen,** die allesamt in der mineralgewinnenden Industrie tätig sind.[2] Die gegenüber dem vorangegangenen Referentenentwurf niedrigere Zahl – ursprünglich stand eine Zahl von 110 betroffenen Unternehmen im Raum – ist ursächlich darauf zurückzuführen, dass jene 50 Unternehmen in den Abschluss eines im Europäischen Wirtschaftsraum ansässigen Mutterunternehmens einbezogen werden und damit von einer eigenen Berichterstattung befreit sind. Wie *Müller* aber zutreffend zu bedenken gibt, entfällt für diese jedoch keineswegs die Notwendigkeit zur Erhebung der geforderten Daten und deren Weiterleitung an die den Zahlungsbericht erstellende Konzernmutter.[3] Den mit der Erfüllung der Vorgaben verbundenen Erfüllungsaufwand beziffert die Bundesregierung auf knapp 111 Mio. EUR im ersten Jahr der Anwendung und etwa 29 Mio. EUR in den Folgejahren, wobei ein Großteil davon auf die 13 kapitalmarktorientierten Unternehmen entfällt.[4]

IV. Mögliche Ausweitung auf andere Branchen

4   Der vom Normengeber vorgegebene Anwendungsbereich unterliegt einem expliziten **Prüfbefehl** in der Bilanzrichtlinie selbst.[5] Danach hat die Europäische Kommission „die Anwendung und Wirksamkeit dieses Kapitels, insbesondere im Hinblick auf den Anwendungsbereich […]" zu überprüfen und darüber Bericht zu erstatten. Weiter heißt es: „Die Überprüfung trägt internationalen Entwicklungen Rechnung, insbesondere hinsichtlich mehr Transparenz bei Zahlungen an staatliche Stellen […]. Der Bericht wird dem Europäischen Parlament und dem Rat, gegebenenfalls mit einem Gesetzgebungsvorschlag, vorgelegt. Dieser Bericht geht auf die Frage einer Ausdehnung der Berichtspflichten auf zusätzliche Wirtschaftszweige ein. […]" (*Hervorhebung d. Verf.*).[6] Im Hinblick auf den Anwendungsbereich und ausweislich der vorstehenden Formulierung erstreckt sich die Überprüfung lediglich auf eine **mögliche Ausdehnung** der Berichtspflichten **auf weitere Branchen,** nicht aber auf andere Größenklassen von Unternehmen oder Unternehmensgruppen.

5   Wenngleich diese Überprüfung ursprünglich bereits spätestens zum 21.7.2018 abgeschlossen sein sollte, erfolgte die **Berichterstattung der Überprüfung durch die Europäische Kommission**[7] erst **am 21.4.2021,** bei der auch die Ergebnisse der übergeordneten Eignungsprüfung berücksichtigt wurden, die die Kommission zu Rechtsvorschriften in

---

2   Vgl. BilRUG-RegE, BR-Drs. 23/15, 63 f. v. 23.1.2015. Für empirische Befunde ausf. Gäumann/Luckner KoR 2019, 335 (337 ff.), Luckner/Gäumann/Dobler WPg 2019, 1163 sowie Sigel/Hachmeister IRZ 2019, 383.

3   Vgl. Baetge/Kirsch/Thiele/Müller § 325 Rn. 973 und 982.

4   Vgl. BilRUG-RegE, BR-Drs. 23/15, 64 v. 23.1.2015.

5   Vgl. Art. 48 RL 2013/34/EU sowie Erwägungsgrund 52 RL 2013/34/EU; s. auch Blöink/Kumm BB 2013, 1963 ff. sowie Keller/Schmid BB 2014, 2283.

6   Der in der Richtlinie genannte Überarbeitungszeitpunkt ist durch die von der Europäischen Kommission im März 2018 initiierte „Eignungsprüfung des EU-Vorschriftenrahmens im Bereich der Unternehmensberichterstattung" (Fitness check on the EU framework for public reporting by companies) faktisch obsolet geworden, vgl. https://finance.ec.europa.eu/regulation-and-supervision/consultations/2018-companies-public-reporting_en (letzter Abruf: 30.4.2023). Im Rahmen dieser Eignungsprüfung hatte die Kommission auch drei Fragen zur Wirksamkeit der Zahlungsberichterstattung gestellt.

7   Vgl. Bericht SWD(2021) 81 final der Kommission v. 21.4.2021 an das Europäische Parlament, den Rat und den Europäischen Wirtschafts- und Sozialausschuss über die Überprüfungsklauseln in den Richtlinien 2013/34/EU, 2014/95/EU, und 2013/50/EU, https://eur-lex.europa.eu/legal-content/DE/TXT/PDF/?uri=CELEX:52021DC0199 (letzter Abruf: 30.4.2023).

Bezug auf die regelmäßige öffentliche Berichterstattung von Unternehmen über finanzielle und nichtfinanzielle Informationen durchgeführt hat.[8] Im Ergebnis kommt der Bericht zu dem Schluss, dass „[…] eine **Einheitslösung** – also die schlichte Übertragung der länderspezifischen Berichtspflichten für die mineralgewinnende Industrie auf andere Wirtschaftszweige, beispielsweise durch Erweiterung des Anwendungsbereichs der Richtlinie – **nicht praktikabel** ist." (*Hervorhebung d. Verf.*)[9] Entsprechend wurden diesbezüglich bis dato auch keine konkreten gesetzgeberischen Maßnahmen auf EU-Ebene abgeleitet.[10] Kritisch wird gleichwohl die Art und Weise der eher restriktiven Aufnahme des Holzeinschlags in die entsprechenden Rechtsvorschriften gesehen.[11]

Hinsichtlich der in Art. 48 Bilanz-RL angesprochenen internationalen Entwicklungen **6** ist zu konstatieren, dass einzelne andere Jurisdiktionen über **vergleichbare länderspezifische Berichterstattungsvorschriften** verfügen. Neben dem Europäische Wirtschaftsraum stuft die Kommission ausweislich ihres Überprüfungsberichts u.a. die Vorschriften in der Schweiz, im Vereinigten Königreich und in Kanada als wirksam in Bezug auf die mineralgewinnende Industrie ein; im Bereich Holzeinschlag lediglich die des Vereinigten Königreichs.[12]

Die internationalen Entwicklungen betreffen ferner die OECD-Leitlinien zur Steuer- **7** transparenz (***Base Erosion and Profit Shifting, BEPS***).[13] Darin haben sich mehr als 100 Staaten verpflichtet, Maßnahmen zu ergreifen, die auf die Eindämmung von Gewinnkürzungen und -verlagerungen abzielen. Im Aktionspunkt 13 der BEPS-Initiative zur Dokumentation von Verrechnungspreisen und länderspezifischer Berichterstattung (*Country-by-Country-Reporting*, CbCR) geht es im Kern um den (nicht-öffentlichen) Informationsaustausch zwischen den Steuerbehörden einzelner Staaten und Rechtskreise. Die Europäische Union hat in der Folge die Richtlinie 2011/16/EU (sog. EU-Amtshilferichtlinie) überarbeitet und die Vorschläge aufgegriffen. Die Bundesrepublik Deutschland hat diese Richtlinie im Dezember 2016 in nationales Recht transformiert.[14]

V. Öffentliches Country-by-Country Reporting

Neben dem vorstehenden Maßnahmenpaket ist zwischenzeitlich ein sog. **öffentliches 8 CbCR** durch die Richtlinie 2021/2101/EU des Europäischen Parlaments und des Rates

---

[8] Die aus dieser Eignungsprüfung hervorgegangene Arbeitsunterlage der Kommissionsdienststellen ist dem Bericht als Anlage beigefügt, vgl. https://eur-lex.europa.eu/legal-content/EN/TXT/PDF/?uri=CELEX:52021SC0081&from=EN (letzter Abruf: 30.4.2023).

[9] Bericht SWD(2021) 81 final v. 21.4.2021, 17 f. Der Bericht führt ferner an, dass die Wirksamkeit einer solchen Maßnahme stark von der Größe eines Unternehmens und der internationalen Ausrichtung des Wirtschaftszweigs abhinge. Zudem sei eine entsprechende Berichterstattung möglicherweise nicht geeignet, ähnliche Ziele in Wirtschaftszweigen zu verwirklichen, die nicht per se durch Umweltfaktoren und Nähe gekennzeichnet sind.

[10] Vgl. Bericht SWD(2021) 81 final v. 21.4.2021, 19. Der Bericht schlussfolgert, dass es bislang noch an einem ausreichenden Beobachtungszeitraum mangelt, um die Wirksamkeit und langfristigen Auswirkungen der Berichtspflichten zu beurteilen. Die bislang identifizierten Schwachstellen, behinderten zwar den Zugang und Nutzung der Zahlungsberichte, seien aber laut Kommission von untergeordneter Bedeutung.

[11] Vgl. Bericht SWD(2021) 81 final v. 21.4.2021, 19:„Es ist zwar unstrittig, dass dieser Wirtschaftszweig dank der Richtlinie insgesamt transparenter wird, allerdings löst die internationale Anpassung weiterhin schwere Bedenken aus. Deshalb besteht sowohl seitens der Zivilgesellschaft als auch der Industrie der Wunsch, dass sich die Regulierungsbehörden stärker für weltweit gleiche Wettbewerbsbedingungen einsetzen."

[12] Diese Einschätzungen zu Zahlungsberichten aus Drittstaaten sind auch für den Gleichwertigkeitsmechanismus nach Art. 46 Bilanz-RL und die Anwendung von Gleichwertigkeitskriterien nach Art. 47 Bilanz-RL relevant. So betrachtet die EU den Canadian Extractive Sector Transparency Measures Act (ESTMA) als gleichwertig mit ihrem eigenen Standard. Vgl. Durchführungsbeschluss (EU) 2016/1910 der Kommission v. 28.10.2016, ABl. EU 2016 L 295, 82 f. v. 29.10.2016.

[13] Vgl. https://www.oecd.org/tax/beps/ (letzter Abruf: 30.4.2023); ergänzend Benz/Böhmer DB 2017, 2951.

[14] Vgl. Gesetz zur Umsetzung der Änderung der EU-Amtshilferichtlinie und von weiteren Maßnahmen gegen Gewinnkürzungen und -verlagerungen v. 20.12.2016, BGBl. 2016 I 3000-3015.

vom 24. November 2021 zur Änderung der Richtlinie 2013/34/EU im Hinblick auf die Offenlegung von Ertragsteuerinformationen durch bestimmte Unternehmen und Zweigniederlassungen europarechtlich kodifiziert worden.[15] Demzufolge sollen multinationale Konzerne ab einer bestimmten Größe Auskunft über ihre Ertragsteuerzahlungen an öffentliche Stellen geben. In der Richtlinie wird explizit auf den Prüfbefehl in Art. 48 Bilanz-RL sowie die BEPS-Initiative Bezug genommen.[16]

9   Durch die Richtlinie wird ein neues Kapitel 10a mit dem Titel „Ertragsteuerinformationsbericht" in die Bilanzrichtlinie aufgenommen, demzufolge **alle Konzerne** ungeachtet ihrer Branchenzugehörigkeit bei einem **Nettoumsatz von mind. 750 Mio. EUR** zur Abgabe eines derartigen Berichts verpflichtet werden.[17] Im Gegensatz zu den Zahlungsberichten nach Kapitel 10 geht es hier also nicht um jedwede Zahlungen an staatliche Stellen, sondern ausdrücklich (nur) um Ertragsteuern. Diese sind für jeden Mitgliedstaat der Union getrennt anzugeben.[18] Der Bericht ist unter Verwendung eines gemeinsamen Musters und maschinenlesbarer elektronischer Formate zu erstellen und offenzulegen bzw. auf der Internetseite des Mutterunternehmens fünf Jahre lang öffentlich zugänglich zu machen.[19] Die Offenlegung des Ertragssteuerinformationsberichts ist vom Abschlussprüfer zu testieren, allerdings auch nur diese und nicht dessen Inhalt.[20] Und wie im Kapitel zu den Zahlungsberichten enthält auch das Kapitel zum Ertragsteuerinformationsbericht einen Prüfbefehl.[21] Die neuen Vorschriften sollen spätestens ab Beginn des ersten am oder nach dem 22.6.2024 beginnenden Geschäftsjahres gelten. Entsprechend befindet sich die Richtlinie entlang den vorgenannten Eckpunkten auch in Deutschland in der nationalen Umsetzung.[22]

§ 341r Begriffsbestimmungen

Im Sinne dieses Unterabschnitts sind

1. **Tätigkeiten in der mineralgewinnenden Industrie: Tätigkeiten auf dem Gebiet der Exploration, Prospektion, Entdeckung, Weiterentwicklung und Gewinnung von Mineralien, Erdöl-, Erdgasvorkommen oder anderen Stoffen in den Wirtschaftszweigen, die in Anhang I Abschnitt B Abteilung 05 bis 08 der Verordnung (EG) Nr. 1893/2006 des Europäischen Parlaments und des Rates vom 20. Dezember 2006 zur Aufstellung der statistischen Systematik der Wirtschaftszweige NACE Revision 2 und zur Änderung der Verordnung (EWG) Nr. 3037/90 des Rates sowie einiger Verordnungen der EG über bestimmte Bereiche der Statistik (ABl. L 393 vom 30.12.2006, S. 1) aufgeführt sind;**

2. **Kapitalgesellschaften, die Holzeinschlag in Primärwäldern betreiben: Kapitalgesellschaften, die auf den in Anhang I Abschnitt A Abteilung 02 Gruppe 02.2 der Verordnung (EG) Nr. 1893/2006 aufgeführten Gebieten in natürlich regenerierten Wäldern mit einheimischen Arten, in denen es keine deutlich sichtbaren**

---

[15]   Vgl. Richtlinie 2021/2101/EU, ABl. EU 2021 L 429, 1–14 v. 1.12.2021. Zum Überblick über die Inhalte der Richtlinie vgl. Lanfermann/Götze BB 2022, 235.

[16]   Vgl. Erwägungsgrund 5 RL 2021/2101/EU.

[17]   Vgl. Art. 48b Abs. 1 RL 2021/2101/EU.

[18]   Vgl. Art. 48c Abs. 5 RL 2021/2101/EU.

[19]   Vgl. Art. 48c Abs. 4 iVm Art. 48d Abs. 1–3 RL 2021/2101/EU.

[20]   Vgl. Art. 48 f. RL 2021/2101/EU.

[21]   Die Überprüfungsklausel hat eine Frist bis zum 22.6.2027. Vgl. Art. 48h RL 2021/2101/EU.

[22]   Der Regierungsentwurf eines Gesetzes zur Umsetzung der Richtlinie (EU) 2021/2101 im Hinblick auf die Offenlegung von Ertragsteuerinformationen durch bestimmte Unternehmen und Zweigniederlassungen vom 7.12.2022 befindet sich im parlamentarischen Verfahren, vgl. BT-Drs. 20/5653 v. 15.2.2023. Eine ausführliche Darstellung zum Stand des Referentenentwurfs vom 30.9.2022 enthält u.a. Müller/Müller IRZ 2022, 547. Detaillierter zum Anwendungsbereich auf Basis des Reg-E vgl. Kirsch DStR 2023, 54.

Anzeichen für menschliche Eingriffe gibt und die ökologischen Prozesse nicht wesentlich gestört sind, tätig sind;

3. Zahlungen: als Geldleistung oder Sachleistung entrichtete Beträge im Zusammenhang mit Tätigkeiten in der mineralgewinnenden Industrie oder dem Betrieb des Holzeinschlags in Primärwäldern, wenn sie auf einem der nachfolgend bezeichneten Gründe beruhen:

   a) Produktionszahlungsansprüche,

   b) Steuern, die auf die Erträge, die Produktion oder die Gewinne von Kapitalgesellschaften erhoben werden; ausgenommen sind Verbrauchsteuern, Umsatzsteuern, Mehrwertsteuern sowie Lohnsteuern der in Kapitalgesellschaften beschäftigten Arbeitnehmer und vergleichbare Steuern,

   c) Nutzungsentgelte,

   d) Dividenden und andere Gewinnausschüttungen aus Gesellschaftsanteilen,

   e) Unterzeichnungs-, Entdeckungs- und Produktionsboni,

   f) Lizenz-, Miet- und Zugangsgebühren sowie sonstige Gegenleistungen für Lizenzen oder Konzessionen sowie

   g) Zahlungen für die Verbesserung der Infrastruktur;

4. staatliche Stellen: nationale, regionale oder lokale Behörden eines Mitgliedstaats der Europäischen Union, eines anderen Vertragsstaats des Abkommens über den Europäischen Wirtschaftsraum oder eines Drittstaats einschließlich der von einer Behörde kontrollierten Abteilungen oder Agenturen sowie Unternehmen, auf die eine dieser Behörden im Sinne von § 290 beherrschenden Einfluss ausüben kann;

5. Projekte: die Zusammenfassung operativer Tätigkeiten, die die Grundlage für Zahlungsverpflichtungen gegenüber einer staatlichen Stelle bilden und sich richten nach

   a) einem Vertrag, einer Lizenz, einem Mietvertrag, einer Konzession oder einer ähnlichen rechtlichen Vereinbarung oder

   b) einer Gesamtheit von operativ und geografisch verbundenen Verträgen, Lizenzen, Mietverträgen oder Konzessionen oder damit verbundenen Vereinbarungen mit einer staatlichen Stelle, die im Wesentlichen ähnliche Bedingungen vorsehen;

6. Zahlungsberichte: Berichte über Zahlungen von Kapitalgesellschaften an staatliche Stellen im Zusammenhang mit ihrer Tätigkeit in der mineralgewinnenden Industrie oder mit dem Betrieb des Holzeinschlags in Primärwäldern;

7. Konzernzahlungsberichte: Zahlungsberichte von Mutterunternehmen über Zahlungen aller einbezogenen Unternehmen an staatliche Stellen auf konsolidierter Ebene, die in Zusammenhang mit ihrer Tätigkeit in der mineralgewinnenden Industrie oder mit dem Betrieb des Holzeinschlags in Primärwäldern stehen;

8. Berichtszeitraum: das Geschäftsjahr der Kapitalgesellschaft oder des Mutterunternehmens, das den Zahlungsbericht oder Konzernzahlungsbericht zu erstellen hat.

I. Vorbemerkung

Die **begrifflichen Abgrenzungen,** die der Gesetzgeber in § 341r niedergelegt hat, **1** sind **weitestgehend deckungsgleich** mit den entsprechenden Definitionen der Bilanzrichtlinie. In bestimmten Bereichen ist der deutsche Normengeber jedoch sprachlich abgewichen und begründet diese mit dem Wunsch nach Klarstellung.[1] Das bezieht sich insbesondere auf die drei Termini, die in den Ziffern 6–8 begrifflich abgegrenzt werden und keine unmittelbare Entsprechung in der Bilanzrichtlinie haben.

---

[1]   Vgl. BilRUG-RegE, BR-Drs. 23/15, 101 v. 23.1.2015.

II. Tätigkeit vs. Unternehmen: Bezugspunkt der NACE-Klassifizierung

2   Die ersten beiden Ziffern gelten der Definition „mineralgewinnender Tätigkeiten" und des „Holzeinschlags in Primärwäldern". Dabei fällt auf, dass **in Nr. 1** zu mineralgewinnenden Tätigkeit **die Aktivität, in Nr. 2** zum Holzeinschlag in Primärwäldern jedoch **das** diesen betreibende **Unternehmen** definiert wird. In der (deutschen Fassung der) Richtlinie wird in beiden Fällen auf die Unternehmen rekurriert (vgl. Art. 41 Nr. 1 und 2 Bilanz-RL). Diese Unterscheidung führt zu einer Unschärfe, auf die verschiedene Autoren hingewiesen haben:[2] Fraglich ist, ob die in der Norm genannte **NACE-Klassifizierung für das Unternehmen oder für die von ihm ausgeübte Tätigkeit** gilt. Der Formulierung der Richtlinie nach scheint Ersteres der Fall zu sein, was bedeutet, dass ein Unternehmen nur dann berichtspflichtig wird, wenn es als Rohstoffunternehmen im Sinne der Klassifizierung gilt. Dem deutschen Gesetzestext nach würde dagegen eine feinsinnige Unterscheidung zwischen den mineralgewinnenden Unternehmen und jenen Unternehmen, die Holzeinschlag betreiben, gemacht: Nur Letztere würden der vorstehenden Logik folgen, während eine mineralgewinnende Tätigkeit ungeachtet der Branchenzugehörigkeit des Unternehmens eine Berichtspflicht auslösen könnte.[3] Das Institut der Wirtschaftsprüfer hat sich in seinem Praxishinweis der Frage angenommen und hält beide Interpretationen für zulässig. Mit Verweis auf den eindeutigen Text der Richtlinie ist uE dagegen *Müller* zuzustimmen, der die **Klassifizierung des Unternehmens** für **maßgeblich** hält.[4]

III. Kapitalgesellschaften vs. Unternehmen

3   Ferner fällt auf, dass bei den Unternehmen, die Holzeinschlag in Primärwäldern betreiben, explizit auf **‚Kapitalgesellschaften'** verwiesen wird, wohingegen in der Richtlinie der allgemeinere Begriff **‚Unternehmen'** Anwendung findet. Es erschließt sich auch nicht, warum der Gesetzgeber an dieser Stelle von der Systematik abgewichen ist, weil er über § 341q S. 2 ohnehin klargestellt hat, dass die Regelungen in gleicher Weise auf Personengesellschaften anzuwenden sind, die keine natürliche Person als Vollhafter haben. Schließlich hat der Gesetzgeber bei Nr. 2 eine Präzisierung vorgenommen, indem die Definition des Primärwalds auf Erwägungsgrund 44 der Richtlinie explizit angeführt hat.[5] Materiell dürften diese Unterschiede allerdings ohne Belang sein.[6]

IV. Systematisierung der Wirtschaftszweige

4   Die Konkretisierung der angesprochenen Industriezweige erfolgt dabei entsprechend der **Verordnung Nr. 1893/2006 zur Systematisierung der Wirtschaftszweige.**[7] Unternehmen der **mineralgewinnenden Industrie** werden danach als solche definiert, die „auf dem Gebiet der Exploration, Prospektion, Entdeckung, Weiterentwicklung und Gewinnung von Mineralien, Erdöl-, Erdgasvorkommen oder anderen Stoffen in den Wirtschaftszwecken tätig [sind], die in Abschnitt B Abteilungen 05 bis 08 von Anhang 1"[8] der Verordnung aufgeführt sind. Im Einzelnen sind dies folgende:

---

[2]   Vgl. stellvertretend Upmeier KoR 2016, 468 (469 ff.); Bischoff/Kreipl/Müller Wpg 2016, 289 ff.; IDW 2018, Tz 19 ff.; Haufe-HGB/Müller § 264 Rn. 130; Sigel/Hachmeister IRZ 2019, 271 sowie Zwirner/Vodermeier DB 2016, 965.

[3]   Diese Sichtweise vertritt offenbar das Bundesamt für Justiz, vgl. IDW 2018, Tz. 23.

[4]   So wohl auch Blöink/Kumm BB 2015, 1517; Kreipl KoR 2016, 300 (303).

[5]   Vgl. BilRUG-RegE, BR-Drs. 23/15, 101 v. 23.1.2015.

[6]   Keller/Schmidt führen demgegenüber aus, dass dies dahingehend missverstanden werden könne, dass „Gewinnsteuern, die sich auf Personenhandelsgesellschaften beziehen, [...] nicht berichtspflichtig wären." (Keller/Schmid BB 2014, 2283 [2285]).

[7]   Vgl. Verordnung 1893/2006/EG des Europäischen Parlaments und des Rates v. 12.12.2006 zur Aufstellung der statistischen Systematik der Wirtschaftszweige NACE Revision 2, ABl. EG 2006 L 393, 1–19 v. 30.12.2006.

[8]   Art. 41 Nr. 1 RL 2013/34/EU. Für eine weitergehende Aufschlüsselung in die einzelnen Tätigkeiten s. Kreipl/Müller KoR 2014, 552 (554 f.).

Abteilung	Gruppe	Klasse		ISIC Rev.4
			Abschnitt B – Bergbau und Gewinnung von Steinen und Erden	
05			Kohlenbergbau	
	05.1		Steinkohlenbergbau	
		05.10	Steinkohlenbergbau	0510
	05.2		Braunkohlenbergbau	
		05.20	Braunkohlenbergbau	0520
06			Gewinnung von Erdöl und Erdgas	
	06.1		Gewinnung von Erdöl	
		06.10	Gewinnung von Erdöl	0610
	06.2		Gewinnung von Erdgas	
		06.20	Gewinnung von Erdgas	0620
07			Erzbergbau	
	07.1		Eisenerzbergbau	
		07.10	Eisenerzbergbau	0710
	07.2		NE-Metallerzbergbau	
		07.21	Bergbau auf Uran- und Thoriumerze	0721
		07.29	Sonstiger NE-Metallerzbergbau	0729
08			Gewinnung von Steinen und Erden, sonstiger Bergbau	
	08.1		Gewinnung von Natursteinen, Kies, Sand, Ton und Kaolin	
		08.11	Gewinnung von Naturwerksteinen und Natursteinen, Kalk- und Gipsstein, Kreide und Schiefer	0810★
		08.12	Gewinnung von Kies, Sand, Ton und Kaolin	0810★
	08.9		Sonstiger Bergbau; Gewinnung von Steinen und Erden a. n. g.	
		08.91	Bergbau auf chemische und Düngemittelminerale	0891
		08.92	Torfgewinnung	0892
		08.93	Gewinnung von Salz	0893
		08.99	Gewinnung von Steinen und Erden a. n. g.	0899

Unternehmen, die Holzeinschlag in Primärwäldern betreiben, werden als solche 5 abgegrenzt, die „auf den Zweigen, die in Abschnitt A Abteilung 02 [= Forstwirtschaft und Holzeinschlag; d. Verf.] Gruppe 02.2 [= Holzeinschlag; d. Verf.] von Anhang I der Verordnung [...] aufgeführt sind, in Primärwäldern tätig [sind]."[9] Der Industriezweig wird in der Verordnung nicht weiter in verschiedenen Orte, an denen Holzeinschlag betrieben wird, untergliedert. Stattdessen verweist die Europäische Kommission in einer Fußnote zu Erwägungsgrund 44 darauf, dass Primärwälder in der Richtlinie 2009/28/EG als „natürlich regenerierte Wälder mit einheimischen Arten, in denen es keine deutlich sichtbaren Anzeichen für menschliche Eingriffe gibt und die ökologischen Prozesse nicht wesentlich gestört sind" definiert würden.[10] Diese Formulierung stellt die Quelle für den Gesetzestext in § 341r Ziff. 2 dar. Ausweislich des Überprüfungsberichts der Europäischen Kommission zu Art. 48 Bilanz-RL v. 21.4.2021 gibt es in der gesamten EU nur zwei berichtspflichtige

---

[9] Art. 41 Nr. 2 RL 2013/34/EU.
[10] Fn. 2 zu Erwägungsgrund 44 RL 2013/34/EU. Bei der im Text angesprochenen Richtlinie handelt es sich um die Richtlinie 2009/28/EG des Europäischen Parlaments und des Rates v. 23.4.2009 zur Förderung der Nutzung von Energie aus erneuerbaren Quellen, ABl. EG 2009 L 140, 16–62 v. 5.6.2009.

Morich 2789

Unternehmen in Bezug auf den Holzeinschlag in Primärwäldern – weit weniger als die 100 Unternehmen, von denen ausgegangen wurde.[11]

V. Zahlungen und Projekte

6   Mit den Ziff. 3–5 setzt der deutsche Gesetzgeber die Vorgaben aus Art. 41 Nr. 5, 3 und 4 Bilanz-RL um (in dieser Reihenfolge). Dabei nimmt er **in Ziff. 3 zu „Zahlungen" Präzisierungen** vor, die im Original nicht enthalten ist – erneut aus Gründen der Klarstellung, wie er in der Gesetzesbegründung ausführt.[12] Zum einen stellt er klar, dass zu den Steuerzahlungen an staatliche Stellen nicht „Verbrauchssteuern, Umsatzsteuern, Mehrwertsteuern sowie Lohnsteuern von in Kapitalgesellschaften beschäftigten Arbeitnehmern und vergleichbare Steuern" zählen (§ 341r Nr. 3 Buchst. b zweiter Teilsatz). In Buchst. d präzisiert er die Art der Ausschüttungen nach der diese veranlassenden Kapitalgesellschaft, indem er zutreffend ausführt, dass Gesellschaften mit beschränkter Haftung keine Dividenden zahlen, sondern Gewinnausschüttungen auf Gesellschaftsanteile vornehmen. In **Ziff. 5 betreffend „Projekte"** greift er die näheren Erläuterungen in Erwägungsgrund 45 der Richtlinie auf. Damit soll „der Praxis [geholfen werden], die Einordnung bestimmter Sachverhalte als Projekt vorzunehmen".[13] Gemäß Überprüfungsbericht der Europäischen Kommission zu Art. 48 Bilanz-RL v. 21.4.2021 scheinen zur Projektdefinition jedoch weiterhin unterschiedliche Auslegungen zu „materiell miteinander verbundene Vereinbarungen" zu bestehen.[14] Die Berichterstattung sollte bei Projekten mit mehreren beteiligten Unternehmen so erfolgen, dass sie einen vollständigen und kohärenten Überblick über diese Projekte ermöglicht. Bei **Ziff. 4 zu „staatliche Stellen"** handelt es sich indes um eine zwar sprachlich jedoch nicht inhaltlich angepasste Fassung der Bilanz-RL, um die Nomenklatur des Beherrschungsprinzips des § 290 einzuführen. Zur Erfüllung des Normenzwecks ist eine konkrete namentliche Nennung der Behörde geboten, die die Zahlung erhalten hat. Ein allgemeiner Verweis auf „nationale", „regionale", „lokale" oder „kommunale" Stellen erscheint hingegen nach Auffassung der Europäischen Kommission nicht ausreichend, um die intendierte Rechenschaftspflicht zu erreichen.[15]

VI. (Konzern-)Zahlungsberichte

7   Die Nr. 6–8 haben – wie bereits erwähnt – keine unmittelbare Entsprechung in der Richtlinie. Mit der Definition von **Zahlungs- (Nr. 6) resp. Konzernzahlungsberichten (Nr. 7)** betont der Gesetzgeber, dass **nur Zahlungen** an staatliche Stellen in den jeweiligen Berichten aufzunehmen sind, die **aus einer Tätigkeit in der mineralgewinnenden Industrie und mit dem Betrieb des Holzeinschlags in Primärwäldern** in Beziehung stehen. In Ziff. 8 schließlich grenzt der deutsche Normengeber noch den Berichtszeitraum als das Geschäftsjahr des den (Konzern-)Zahlungsbericht aufstellenden Unternehmens ab. Er begründet dies mit der Notwendigkeit, dass „damit die Rechnungslegung eines Unternehmens einheitlich erstellt wird und nachvollzogen werden kann."[16]

Zweiter Titel. Zahlungsbericht, Konzernzahlungsbericht und Offenlegung

§ 341s Pflicht zur Erstellung des Zahlungsberichts; Befreiungen

(1) Kapitalgesellschaften im Sinne des § 341q haben jährlich einen Zahlungsbericht zu erstellen.

---

[11]   Vgl. Bericht SWD(2021) 81 final v. 21.4.2021, 13 f. Der Bericht erklärt dies mit sektorspezifischen Besonderheiten (Größe, Tätigkeiten eines Unternehmens) und der restriktiven Definition von Primärwäldern in der Bilanz-RL.
[12]   Vgl. BilRUG-RegE, BR-Drs. 23/15, 101 v. 23.1.2015.
[13]   BilRUG-RegE, BR-Drs. 23/15, 101 v. 23.1.2015.
[14]   Vgl. Bericht SWD(2021) 81 final v. 21.4.2021, 14.
[15]   Vgl. Bericht SWD(2021) 81 final v. 21.4.2021, 14.
[16]   BilRUG-RegE, BR-Drs. 23/15, 101 v. 23.1.2015.

(2) [1]Ist die Kapitalgesellschaft in den von ihr oder einem anderen Unternehmen mit Sitz in einem Mitgliedstaat der Europäischen Union oder einem anderen Vertragsstaat des Abkommens über den Europäischen Wirtschaftsraum erstellten Konzernzahlungsbericht einbezogen, braucht sie keinen Zahlungsbericht zu erstellen. [2]In diesem Fall hat die Kapitalgesellschaft im Anhang des Jahresabschlusses anzugeben, bei welchem Unternehmen sie in den Konzernzahlungsbericht einbezogen ist und wo dieser erhältlich ist.

(3) [1]Hat die Kapitalgesellschaft einen Bericht im Einklang mit den Rechtsvorschriften eines Drittstaats, dessen Berichtspflichten die Europäische Kommission im Verfahren nach Artikel 47 der Richtlinie 2013/34/EU als gleichwertig bewertet hat, erstellt und diesen Bericht nach § 341w offengelegt, braucht sie den Zahlungsbericht nicht zu erstellen. [2]Auf die Offenlegung dieses Berichts ist § 325a Absatz 1 Satz 5 entsprechend anzuwenden.

I. Jährliche Erstellungspflicht

§ 341s enthält die eigentliche **Pflicht zur Erstellung von Zahlungsberichten sowie** 1 **etwaige Befreiungen.** Mit ihr setzt der deutsche Gesetzgeber die Vorgabe in Art. 42 Bilanz-RL um. Der Kernvorschrift in § 341s Abs. 1 zufolge müssen Kapitalgesellschaften und ihnen gleichgestellte Personenhandelsgesellschaften iSd § 341q S. 2 **jährlich** einen Zahlungsbericht erstellen. Die ausdrückliche Bezugnahme auf eine jährliche Berichtspflicht, die gleichermaßen in der Richtlinie enthalten ist, bedeutet, dass ein Unternehmen, das Zwischenberichte erstellt, für diese Zwischenberichte keinen gesonderten Interimszahlungsbericht erstellen muss.

II. Befreiung bei Einbeziehung in den Konzernzahlungsbericht eines anderen berichtspflichtigen Unternehmens

Unternehmen sind von der Pflicht, Zahlungsberichte zu erstellen, befreit, sofern sie 2 **in den Konzernzahlungsbericht eines anderen berichtpflichtigen Unternehmens einbezogen** werden, das seinen Sitz in der Europäischen Union bzw. einem anderen Vertragsstaat des Europäischen Wirtschaftsraums (EWR) hat, und sie in ihrem Anhang zum Jahresabschluss angeben, bei welchem Unternehmen sie in den Konzernzahlungsbericht einbezogen worden sind und wo dieser erhältlich ist (§ 341s Abs. 2). Die Befreiung gilt ferner bei Einbeziehung in den Konzernzahlungsbericht eines Unternehmens, das zwar außerhalb des EWR domiziliert ist, dessen Zahlungsbericht aber gem. Art. 46 Abs. 1 Bilanz-RL als gleichwertig bewertet wurde – vorausgesetzt, der Bericht wurde offengelegt (§ 341s Abs. 3). Die Angabepflicht, die der Normengeber in Abs. 2 S. 2 auferlegt, findet sich nicht explizit in der entsprechenden Vorschrift der Richtlinie. Der Gesetzgeber begründet diese Forderung damit, dass in mehrfach gestuften Unternehmensgruppen zwar Teilkonzernabschlüsse, nicht jedoch Teilkonzernzahlungsberichte erstellt würden und damit nicht ohne Weiteres erkennbar wäre, in welchen Zahlungsbericht das befreite Unternehmen konkret einbezogen wurde.[1]

III. Sprachfassung einzureichender Berichte

Für die Offenlegung eines befreienden Berichts, der von einem Unternehmen außer- 3 halb des EWR erstellt und als gleichwertig eingestuft wurde, können die Erleichterungen nach § 325a Abs. 1 S. 3 in Anspruch genommen werden. Das bedeutet insbesondere, dass die Konzernzahlungsberichte **in englischer Sprache eingereicht** werden dürfen. Der Gesetzgeber begründet diese Maßnahme, die so nicht in der Richtlinie enthalten ist, mit der Vermeidung übermäßiger bürokratischer Belastungen sowie inhaltlich damit, dass der

---

[1]   Vgl. BilRUG-RegE, BR-Drs. 23/15, 102 v. 23.1.2015.

Zahlungsbericht abgesehen von den Bezeichnungen ohnehin in erster Linie Zahlen enthält und damit kein Transparenzverlust verbunden sei.[2]

IV. Abschließende Auflistung

4   Die unter Tz. 2 genannte **Liste der Befreiungen ist abschließend.**[3] Das bedeutet, dass ein Unternehmen keine anderweitigen Sachgründe ins Feld führen kann, auch wenn diese üblicherweise bestehende Berichts- oder Angabepflichten im Abschluss außer Kraft setzen würden. Ein Zuwiderhandeln löst entsprechend unmittelbar Sanktionen nach den § 341x und § 341y aus.

§ 341t Inhalt des Zahlungsberichts

(1) [1]In dem Zahlungsbericht hat die Kapitalgesellschaft anzugeben, welche Zahlungen sie im Berichtszeitraum an staatliche Stellen im Zusammenhang mit ihrer Geschäftstätigkeit in der mineralgewinnenden Industrie oder mit dem Betrieb des Holzeinschlags in Primärwäldern geleistet hat. [2]Andere Zahlungen dürfen in den Zahlungsbericht nicht einbezogen werden. [3]Hat eine zur Erstellung eines Zahlungsberichts verpflichtete Kapitalgesellschaft in einem Berichtszeitraum an keine staatliche Stelle berichtspflichtige Zahlungen geleistet, hat sie im Zahlungsbericht für den betreffenden Berichtszeitraum nur anzugeben, dass eine Geschäftstätigkeit in der mineralgewinnenden Industrie ausgeübt oder Holzeinschlag in Primärwäldern betrieben wurde, ohne dass Zahlungen geleistet wurden.

(2) Die Kapitalgesellschaft hat nur über staatliche Stellen zu berichten, an die sie Zahlungen unmittelbar erbracht hat; das gilt auch dann, wenn eine staatliche Stelle die Zahlung für mehrere verschiedene staatliche Stellen einzieht.

(3) Ist eine staatliche Stelle stimmberechtigter Gesellschafter oder Aktionär der Kapitalgesellschaft, so müssen gezahlte Dividenden oder Gewinnanteile nur berücksichtigt werden, wenn sie
1. nicht unter denselben Bedingungen wie an andere Gesellschafter oder Aktionäre mit vergleichbaren Anteilen oder Aktien gleicher Gattung gezahlt wurden oder
2. anstelle von Produktionsrechten oder Nutzungsentgelten gezahlt wurden.

(4) [1]Die Kapitalgesellschaft braucht Zahlungen unabhängig davon, ob sie als eine Einmalzahlung oder als eine Reihe verbundener Zahlungen geleistet werden, nicht in dem Zahlungsbericht zu berücksichtigen, wenn sie im Berichtszeitraum 100 000 Euro unterschreiten. [2]Im Falle einer bestehenden Vereinbarung über regelmäßige Zahlungen ist der Gesamtbetrag der verbundenen regelmäßigen Zahlungen oder Raten im Berichtszeitraum zu betrachten. [3]Eine staatliche Stelle, an die im Berichtszeitraum insgesamt weniger als 100 000 Euro gezahlt worden sind, braucht im Zahlungsbericht nicht berücksichtigt zu werden.

(5) [1]Werden Zahlungen als Sachleistungen getätigt, werden sie ihrem Wert und gegebenenfalls ihrem Umfang nach berücksichtigt. [2]Im Zahlungsbericht ist gegebenenfalls zu erläutern, wie der Wert festgelegt worden ist.

(6) [1]Bei der Angabe von Zahlungen wird auf den Inhalt der betreffenden Zahlung oder Tätigkeit und nicht auf deren Form Bezug genommen. [2]Zahlungen und Tätigkeiten dürfen nicht künstlich mit dem Ziel aufgeteilt oder zusammengefasst werden, die Anwendung dieses Unterabschnitts zu umgehen.

---

2   Vgl. BilRUG-RegE, BR-Drs. 23/15, 102 v. 23.1.2015.
3   Vgl. BilRUG-RegE, BR-Drs. 23/15, 102 v. 23.1.2015.

I. Vorbemerkung

Obgleich § 341t mit „Inhalt des Zahlungsberichts" und damit wie Art. 43 Bilanz- **1** RL überschrieben ist („Inhalt des Berichts"), handelt es sich nicht um eine wortgetreue Umsetzung. Vielmehr hat der deutsche Gesetzgeber die **Vorschrift in einen sachlichen und einen strukturellen Teil untergliedert;** letzterer ist Gegenstand von § 341u und enthält konkrete Gliederungsvorschriften. Zudem hat der Normengeber erläuternden Klarstellungen aus den Erwägungsgründen zur Richtlinie in die beiden Paragrafen übernommen.[1]

II. Sachliche Anforderungen

§ 341t Abs. 1 greift die Kernvorschrift der Regelungsnorm auf, wonach Kapitalgesell- **2** schaften, die in der mineralgewinnenden Industrie tätig sind oder Holzeinschlag in Primärwäldern betreiben, in ihrem Zahlungsbericht anzugeben haben, **welche Zahlungen** sie **im Zusammenhang mit dieser Tätigkeit an staatliche Stellen geleistet** haben.[2] Der Normengeber weist in S. 2 explizit darauf hin, dass **andere Zahlungen,** die nicht in Beziehung zu den vorstehenden Tätigkeiten stehen, **nicht einbezogen** werden dürfen, damit Zahlungsberichte verschiedener Unternehmen vergleichbar bleiben; ferner würde sonst nicht ersichtlich, welche Beiträge eine Tätigkeit in Rohstoffindustrien zu den Einnahmen des Staates leistet.[3] Hat eine Zahlung Mischcharakter, weil sie sowohl für die Tätigkeit im Rohstoffsektor als auch für sonstige Tätigkeiten geleistet wird, ist auf den vorherrschenden Charakter abzustellen; eine Aufteilung ist der Gesetzesbegründung nach nicht erforderlich.[4]

III. Keine Notwendigkeit der Aufgliederung von Angaben

In der Gesetzesbegründung finden sich daneben weitere Präzisierungen, die in dieser **3** Form aus dem reinen Gesetzeswortlaut nicht hervorgehen. So braucht ein Unternehmen getrennte Angaben für verschiedene Rohstoffe sowie eine **Aufteilung** zwischen mineralgewinnender Industrie und Holzeinschlag in Primärwäldern **nicht vorzunehmen.**[5]

IV. Negativerklärung

Wurden im Berichtszeitraum überhaupt keine Zahlungen aus den Tätigkeiten geleistet, **4** darf ein Unternehmen gleichwohl nicht gänzlich auf die Erstellung und Offenlegung des Zahlungsberichts verzichten. Vielmehr hat es in dem Bericht anzugeben, dass es zwar in der mineralgewinnenden Industrie tätig ist oder Holzeinschlag in Primärwäldern betreibt, jedoch keine Zahlungen geleistet wurden (§ 341t Abs. 1 S. 3, **Negativerklärung**).[6]

---

[1] Aus dem Überprüfungsbericht der Europäischen Kommission zu Art. 48 Bilanz-RL ergibt sich derzeit keine Indikation für die Aufnahme der in der Überprüfungsklausel vorgeschlagenen zusätzlichen Informationen – nämlich zur durchschnittlichen Zahl der Beschäftigten, zur Einschaltung von Unterauftragnehmern und zu etwaigen von einem Land angeordneten Geldbußen – in die diesbezüglichen Regelungsnormen der Richtlinie. Vgl. Bericht SWD(2021) 81 final v. 21.4.2021, 15. Vielmehr wurde die Angabe zur Zahl der Beschäftigten mittlerweile in die öffentliche länderspezifische Berichterstattung durch große multinationale Unternehmen integriert.

[2] Entscheidend ist, dass nur Zahlungen in den Bericht aufzunehmen sind, die im Zusammenhang mit der Tätigkeit im Rohstoffsektor stehen und nicht bereits deshalb, weil sie gegenüber einer staatlichen Stelle erfolgen. Das ist insbesondere von Bedeutung im Zusammenhang bei Staatsunternehmen wie der Deutschen Bahn oder kommunalen Energieversorgern: Fahrkarten sind im Zahlungsbericht ebenso wenig aufzunehmen wie beglichene Stromrechnungen. S. auch Havers/Siegel WPg 2016, 341 (344).

[3] Vgl. BilRUG-RegE, BR-Drs. 23/15, 103 v. 23.1.2015.

[4] Vgl. BilRUG-RegE, BR-Drs. 23/15, 103 v. 23.1.2015.

[5] Vgl. BilRUG-RegE, BR-Drs. 23/15, 103 v. 23.1.2015.

[6] Vgl. zum sog. „Nullbericht" auch BeckOGK/Kreipl/Müller § 341t Rn. 9.

V. Unternehmensperspektive

5   § 341t Abs. 2 hat kein Pendant in der Richtlinie. In dem Absatz bestimmt der Gesetzgeber, dass im Zahlungsbericht bei der Darstellung von Zahlungen an staatliche Stellen auf die **Perspektive des Unternehmens** und nicht auf die des Zahlungsempfängers abzustellen ist. Das ist insbesondere dann von Bedeutung, wenn ein Unternehmen eine Zahlung an eine Stelle veranlasst, bei denen diese (auch) als Zahlstelle für andere staatliche Stellen fungiert. Ein Unternehmen kann, muss die Zahlungen in diesem Fall aber nicht getrennt darstellen.[7]

VI. Dividenden und Gewinnanteile

6   Mit § 341t Abs. 3 greift der Normengeber **Zahlungen** an staatliche Stellen auf, die diese in ihrer Eigenschaft als Gesellschafter **in Form von Dividenden oder Gewinnanteilen** erhalten. Der Inhalt dieser Vorschrift findet sich in Erwägungsgrund 48 der Bilanzrichtlinie. Danach müssen derartige Zahlungen **nur** dann angegeben werden, wenn sie **unter abweichenden Bedingungen** im Vergleich zu Ausschüttungen an andere Gesellschafter mit vergleichbaren Beteiligungstiteln erfolgen oder anstelle von Produktionsrechten oder Nutzungsentgelten gezahlt wurden.

VII. Schwellenwert für berichtspflichtige Zahlungen

7   Zahlungen an eine staatliche Stelle sind nur dann berichtspflichtig, wenn sie den **Schwellenwert von mindestens 100.000 EUR im Berichtszeitraum** erreichen; ansonsten müssen sie nicht berücksichtigt werden (§ 341t Abs. 4 S. 1 und 3). Dabei ist unerheblich, ob dieser Schwellenwert durch eine **Einmalzahlung oder ratierlich** erbracht wird. Entscheidend ist vielmehr, dass die einzelnen Zahlungen ursächlich auf den gleichen Tatbestand zurückzuführen sein müssen (maW: sie auch als Einmalzahlung hätten geleistet werden können).[8] Eine Negativverklärung vergleichbar jener, wenn überhaupt keine Zahlungen geleistet wurden, ist in diesem Fall nicht erforderlich.[9] Die Erläuterung in S. 2 findet sich in Erwägungsgrund 46 der Richtlinie. Bei der Feststellung, ob der Schwellenwert überschritten wird, sind etwaige spätere Rückzahlungen nicht zu berücksichtigen und ergo auch nicht zu berichten.[10] Erfolgten Zahlungen in fremder Währung, ist auf den Wechselkurs zum Zeitpunkt der Zahlung abzustellen.[11]

VIII. Sachleistungen

8   Werden Zahlungen an staatliche Stellen in Form von **Sachleistungen** getätigt, ist für die Beurteilung des Schwellenwerts und eine sich etwaig daraus ergebende Berichtspflicht auf den Wert eben dieser Sachleistungen abzustellen.[12] Im Zahlungsbericht hat das Unternehmen in diesem Fall zu erläutern, wie die **Wertermittlung** erfolgt (§ 341t Abs. 5). Diese Vorschrift entspricht wörtlich der Vorgabe in Art. 43 Abs. 3 Bilanz-RL.

IX. Wirtschaftliche Betrachtungsweise

9   Mit § 341t Abs. 6 schließlich werden die Ausführungen in Art. 43 Abs. 4 Bilanz-RL sowie Erwägungsgrund 49 der Bilanz-RL umgesetzt. In der Vorschrift geht es um das **Gebot der wirtschaftlichen Betrachtungsweise,** wonach nicht die Form oder Tätigkeit entscheidend ist, sondern ihr wirtschaftlicher Gehalt. Ferner wird festgehalten, dass die

---

[7]   Vgl. BilRUG-RegE, BR-Drs. 23/15, 103 v. 23.1.2015.

[8]   Das IDW führt in seinem Praxishinweis zutreffend aus, dass die Frage, ob eine staatliche in den (Konzern-)Zahlungsbericht aufzunehmen ist, mitunter erst sehr spät im Berichtszeitraum geklärt wird, vgl. IDW 2018, Tz. 100 f. S. auch Trepte/Siegel WPg 2017, 317 (320).

[9]   Vgl. Baetge/Kirsch/Thiele/Müller § 325 Rn. 997.

[10]   Vgl. BilRUG-RegE, BR-Drs. 23/15, 104 v. 23.1.2015.

[11]   Vgl. BilRUG-RegE, BR-Drs. 23/15, 104 v. 23.1.2015.

[12]   Vgl. in diesem Zusammenhang Havers/Siegel WPg 2016, 341 (345).

Vorschriften zur Erstellung eines Zahlungsberichts nicht dadurch umgangen werden können, dass Zahlungen künstlich aufgeteilt oder zusammengefasst werden (**Umgehungsverbot**). Die untersagte künstliche Aufteilung von Zahlungen ist dabei unmittelbar einleuchtend, weil sie auf eine dadurch erreichte mögliche Unterschreitung des Schwellenwerts von 100.000 EUR abzielt. Aber auch die Zusammenfassung von Zahlungen kann zu einer Umgehung dergestalt führen, dass eigentlich einzeln zu berichtende Projekte bzw. einzeln berichtpflichtige Zahlungen an (verschiedene) staatliche Stellen unterlassen würden. Dies soll mit der Klarstellung ausgeschlossen werden.

§ 341u Gliederung des Zahlungsberichts

(1) [1]**Der Zahlungsbericht ist nach Staaten zu gliedern.** [2]**Für jeden Staat hat die Kapitalgesellschaft diejenigen staatlichen Stellen zu bezeichnen, an die sie innerhalb des Berichtszeitraums Zahlungen geleistet hat.** [3]**Die Bezeichnung der staatlichen Stelle muss eine eindeutige Zuordnung ermöglichen.** [4]**Dazu genügt es in der Regel, die amtliche Bezeichnung der staatlichen Stelle zu verwenden und zusätzlich anzugeben, an welchem Ort und in welcher Region des Staates die Stelle ansässig ist.** [5]**Die Kapitalgesellschaft braucht die Zahlungen nicht danach aufzugliedern, auf welche Rohstoffe sie sich beziehen.**

(2) **Zu jeder staatlichen Stelle hat die Kapitalgesellschaft folgende Angaben zu machen:**
1. **den Gesamtbetrag aller an diese staatliche Stelle geleisteten Zahlungen und**
2. **die Gesamtbeträge getrennt nach den in § 341r Nummer 3 Buchstabe a bis g benannten Zahlungsgründen; zur Bezeichnung der Zahlungsgründe genügt die Angabe des nach § 341r Nummer 3 maßgeblichen Buchstabens.**

(3) **Wenn Zahlungen an eine staatliche Stelle für mehr als ein Projekt geleistet wurden, sind für jedes Projekt ergänzend folgende Angaben zu machen:**
1. **eine eindeutige Bezeichnung des Projekts,**
2. **den Gesamtbetrag aller in Bezug auf das Projekt an diese staatliche Stelle geleisteten Zahlungen und**
3. **die Gesamtbeträge getrennt nach den in § 341r Nummer 3 Buchstabe a bis g benannten Zahlungsgründen, die an diese staatliche Stelle in Bezug auf das Projekt geleistet wurden; zur Bezeichnung der Zahlungsgründe genügt die Angabe des nach § 341r Nummer 3 maßgeblichen Buchstabens.**

(4) **Angaben nach Absatz 3 sind nicht erforderlich für Zahlungen zur Erfüllung von Verpflichtungen, die der Kapitalgesellschaft ohne Zuordnung zu einem bestimmten Projekt auferlegt werden.**

I. Vorbemerkung

Die Richtlinie selbst enthält keine konkreten Gliederungsvorschriften; insoweit hat der **1** deutsche Gesetzgeber hier von seiner Regelungskompetenz Gebrauch gemacht und eine klarere Trennung in Inhalt und Form vorgenommen. Lediglich § 341u Abs. 1 hat mit Art. 43 Abs. 2 Bilanz-RL eine gleichlautende Regelung, in der es allerdings letztlich ebenfalls eher um eine inhaltliche als um eine formelle Vorgabe geht.

II. Gliederungssystematik

Mit § 341u Abs. 1 regelt der Gesetzgeber, dass der Zahlungsbericht **auf der obersten 2 Ebene nach Staaten und auf der nächst niedrigeren nach den Stellen in diesen Staaten zu gliedern** ist, an die im Berichtszeitraum Zahlungen entrichtet wurden.[1] Für

---

[1]   Vgl. Havers/Siegel WPg 2016, 341 (343); IDW 2018, Tz. 130; Kreipl/Müller KoR 2014, 552 (558); Rohleder KoR 2016, 17 (20 ff.) sowie Zwirner/Vodermeier DB 2016, 968 für beispielhafte Darstellungen.

die Benennung der jeweiligen staatlichen Stellen fordert er, dass die Bezeichnung eine eindeutige Zuordnung ermöglichen muss – typischerweise also über die amtliche Bezeichnung, des Ortes und der Region der Stelle.[2] Der Hinweis in S. 4 der Vorschrift, wonach die Zahlungen nicht nach Rohstoffen aufgegliedert werden müssen, fand sich bereits in der Gesetzesbegründung zu § 341s Abs. 1.

III. Aufgliederung des Gesamtbetrags

3   Bei den Zahlungen an staatliche Stellen hat ein Unternehmen den **Gesamtbetrag,** den es an eine Stelle geleistet hat, anzugeben **und diesen in die einzelnen Arten** nach § 341r Nr. 3 Buchst. a–g **aufzugliedern.** Für die Einzelaufgliederung ist dabei die Angabe des Buchstabens ausreichend, was der Gesetzgeber mit einer Begrenzung der bürokratischen Belastungen für die Unternehmen begründet.[3]

IV. Angaben je Projekt

4   Werden an eine staatliche Stelle Zahlungen für **mehrere Projekte** geleistet, sind die **vorstehenden Angaben für jedes einzelne Projekt** zu tätigen, also der insgesamt auf ein Projekt an eine staatliche Stelle abgeführte Betrag sowie eine Aufgliederung dieses Gesamtbetrags auf die einzelnen Arten nach § 341r Nr. 3 Buchst. a–g (§ 341u Abs. 4). Diese Anforderung ergibt sich aus der Inhaltsnorm in Art. 43 Abs. 2 Buchst. c Bilanz-RL. Um dem Leser zudem eine klare Projektabgrenzung zu ermöglichen, schreibt der deutsche Gesetzgeber in § 341u Abs. 3 Ziff. 1 vor, eine eindeutige Bezeichnung derselben vorzunehmen.

V. Mangelnde Zuordenbarkeit

5   Können umgekehrt **Zahlungen einzelnen Projekten nicht zugeordnet** werden, weil sie dem Unternehmen zur Erfüllung von Verpflichtungen ohne Projektzuordnung auferlegt wurden – der Normengeber nennt in der Gesetzesbegründung exemplarisch die Körperschaftsteuer als Beispiel[4] –, dann ist eine Aufgliederung gem. § 341u Abs. 4 entbehrlich.

§ 341v Konzernzahlungsbericht; Befreiung

(1) [1]**Kapitalgesellschaften im Sinne des § 341q, die Mutterunternehmen (§ 290) sind, haben jährlich einen Konzernzahlungsbericht zu erstellen.** [2]**Mutterunternehmen sind auch dann in der mineralgewinnenden Industrie tätig oder betreiben Holzeinschlag in Primärwäldern, wenn diese Voraussetzungen nur auf eines ihrer Tochterunternehmen zutreffen.**

(2) Ein Mutterunternehmen ist nicht zur Erstellung eines Konzernzahlungsberichts verpflichtet, wenn es zugleich ein Tochterunternehmen eines anderen Mutterunternehmens mit Sitz in einem Mitgliedstaat der Europäischen Union oder in einem anderen Vertragsstaat des Abkommens über den Europäischen Wirtschaftsraum ist.

(3) In den Konzernzahlungsbericht sind das Mutterunternehmen und alle Tochterunternehmen unabhängig von deren Sitz einzubeziehen; die auf den Konzernabschluss angewandten Vorschriften sind entsprechend anzuwenden, soweit in den nachstehenden Absätzen nichts anderes bestimmt ist.

(4) [1]**Unternehmen, die nicht in der mineralgewinnenden Industrie tätig sind und keinen Holzeinschlag in Primärwäldern betreiben, sind nicht nach Absatz 3 einzu-**

---

2   Für eine beispielhafte Nennung von Behörden im deutschen Rechtsraum vgl. IDW 2018, Tz. 89.
3   Vgl. BilRUG-RegE, BR-Drs. 23/15, 104 v. 23.1.2015.
4   Vgl. BilRUG-RegE, BR-Drs. 23/15, 105 v. 23.1.2015.

beziehen. [2]Ein Unternehmen braucht nicht in den Konzernzahlungsbericht einbezogen zu werden, wenn es

1. nach § 296 Absatz 1 Nummer 1 oder 3 nicht in den Konzernabschluss einbezogen wurde,

2. nach § 296 Absatz 1 Nummer 2 nicht in den Konzernabschluss einbezogen wurde und die für die Erstellung des Konzernzahlungsberichts erforderlichen Angaben ebenfalls nur mit unverhältnismäßig hohen Kosten oder ungebührlichen Verzögerungen zu erhalten sind.

(5) [1]Auf den Konzernzahlungsbericht sind die §§ 341s bis 341u entsprechend anzuwenden. [2]Im Konzernzahlungsbericht sind konsolidierte Angaben über alle Zahlungen an staatliche Stellen zu machen, die von den einbezogenen Unternehmen im Zusammenhang mit ihrer Tätigkeit in der mineralgewinnenden Industrie oder mit dem Holzeinschlag in Primärwäldern geleistet worden sind. [3]Das Mutterunternehmen braucht die Zahlungen nicht danach aufzugliedern, auf welche Rohstoffe sie sich beziehen.

I. Befreiung von der Erstellungspflicht

Mit § 341v werden die Vorschriften der §§ 341s–341u zum Zahlungsbericht auf den   1
Konzernlagebericht ausgedehnt, wobei sich diese Erweiterung bereits in Art. 44 Bilanz-RL findet. Die **Pflicht, einen Konzernzahlungsbericht zu erstellen,** ergibt sich jeweils aus Abs. 1 der Vorschrift. Danach haben große sowie kapitalmarktorientierte Kapitalkapitalgesellschaften und ihnen gleichgestellte Personenhandelsgesellschaften ohne persönlich haftende Gesellschafter iSd § 341q einen Konzernzahlungsbericht zu erstellen und offenzulegen, **sofern** sie **mindestens** ein Tochterunternehmen haben. Für Zwecke des Konzernzahlungsberichts selbst ist ohne Belang, ob das Mutterunternehmen selbst oder eine der konsolidierten Gesellschaften in der mineralgewinnenden Industrie tätig ist oder Holzeinschlag in Primärwäldern betreibt: Sobald **eines der Konzernunternehmen eine der vorgenannten Tätigkeiten ausübt,** färbt dies auf den Konzern im Ganzen ab, so dass ein Mutterunternehmen als diese Tätigkeiten ausübend gewillkürt wird (§ 341v Abs. 1 S. 2). Daraus ergibt sich umgekehrt, dass auf die Erstellung eines Konzernzahlungsberichts verzichtet werden kann, wenn keines der in den Konzernabschluss einbezogenen Unternehmen in der mineralgewinnenden Industrie tätig ist oder Holzeinschlag in Primärwäldern betreibt.[1]

II. Befreiung von der Einbeziehung bestimmter Konzernunternehmen

In den Konzernzahlungsbericht sind nach § 341v Abs. 3 **dem Grunde nach alle**   2
Konzernunternehmen unabhängig von deren Sitz einzubeziehen. Der Konsolidierungskreis ergibt sich dabei entweder nach § 294 Abs. 1 oder – für kapitalmarktorientierte Konzerne – nach den IFRS, wie sie in der Europäischen Union anzuwenden sind (§ 315e). Von einer Einbeziehung ist indes **abzusehen,** wenn ein Konzernunternehmen keine berichtspflichtige Tätigkeit im Rohstoffsektor ausübt (§ 341v Abs. 4 S. 1),[2] es erheblichen und andauernden Verfügungsbeschränkungen unterliegt, die Anteile an diesem nur temporär gehalten werden und weiterveräußert werden sollen oder die Beibringung der erforderli-

---

[1]   Vgl. BilRUG-RegE, BR-Drs. 23/15, 105 v. 23.1.2015.

[2]   Die eindeutige Formulierung im Gesetzestext („sind nicht … einzubeziehen") wird in der Gesetzesbegründung in eine Kann-Bestimmung umgedeutet („kann … unterbleiben"), vgl. BilRUG-RegE, BR-Drs. 23/15, 105 v. 23.1.2015. Aus der Richtlinie ergibt sich demgegenüber lediglich eine sachliche Befreiung dergestalt, dass in den Konzernzahlungsbericht nur Zahlungen an staatliche Stellen aufzunehmen sind, die ihre Ursache in einer Tätigkeit im Rohstoffsektor haben (Art. 44 Abs. 1 letzter Satz Bilanz-RL). Ist ein Unternehmen überhaupt nicht auf diesem Gebiet tätig, kann es folglich auch keine Zahlungen aus derartigen Tätigkeiten an staatliche Stellen erbringen. Die Formulierung „erstreckt sich nur auf Zahlungen" deutet dann aber eher auf die härtere Wortwahl hin, die auch im Gesetzestext gewählt wird.

chen Informationen mit unverhältnismäßig hohen Kosten oder mit nicht vertretbarem Zeitaufwand verbunden wäre (§ 341v Abs. 4 S. 2 iVm § 296 Abs. 1). Die vorstehenden **Befreiungen** können für Zwecke der Nichteinbeziehung in den Konzernzahlungsbericht allerdings **nur** in Anspruch genommen werden, **wenn eine Einbeziehung in den Konzernabschluss** des Mutterunternehmens **aus denselben Gründen unterbleibt.** Diese Verknüpfung ergibt sich bereits unmittelbar aus Art. 44 Abs. 3 letzter Satz Bilanz-RL. Sie ist im Fall von § 296 Nr. 2 (Verzicht auf die Einbeziehung infolge unverhältnismäßig hoher Kosten) gleichwohl kein Automatismus: So ist die Konstellation denkbar, dass ein Unternehmen zwar mit vorstehender Begründung nicht in den Konzernabschluss einbezogen wird, es aber gleichwohl die für den Konzernzahlungsbericht erforderlichen Informationen ohne größere Anstrengungen beschaffen kann. In diesem Fall bleibt die Berichtspflicht bestehen, das Konzernunternehmen kann sich nicht auf die Befreiungsvorschrift berufen.[3] Grundsätzlich ist auch denkbar, dass der Konsolidierungskreis für den Konzernzahlungsbericht lediglich aus dem Mutterunternehmen selbst besteht, wenn für alle Tochterunternehmen die o.g. Einbeziehungsbefreiungen greifen.[4]

III. Befreiung bei Einbeziehung in übergeordneten Konzernzahlungsbericht

3   Ein Mutterunternehmen kann auf die **Erstellung eines (Teil-)Konzernzahlungsberichts verzichten,** wenn es **selbst** als Tochterunternehmen, **in einen übergeordneten Konzernzahlungsbericht einbezogen** wird (§ 341v Abs. 2). Voraussetzung dafür ist, dass das übergeordnete Mutterunternehmen selbst in einem EU-Mitglieds- resp. EWR-Vertragsstaat domiziliert ist. In der Gesetzesbegründung erläutert der Normengeber, warum er auf die Umsetzung der Abs. 2a und b von Art. 44 verzichtet hat: Die Regelung, wonach Mutterunternehmen kleiner und mittelgroßer Konzerne auf die Erstellung verzichten könnten, habe keinen Anwendungsbereich, weil nach § 341q ohnehin nur große oder Unternehmen von öffentlichem Interesse als Mutterunternehmen dazu verpflichtet seien. Ein großes Mutterunternehmen führe aber bereits dazu, dass der Konzern nicht klein oder mittelgroß sein könne.[5]

IV. Inhalt und Form

4   Zu **Inhalt und Form des Konzernzahlungsberichts** finden sich in der Richtlinie keine gesonderten Regelungen. Über den expliziten **Verweis auf die Art. 42 und 43** Bilanz-RL wird allerdings auf die Vorschriften zum Zahlungsbericht Bezug genommen (Art. 44 Abs. 1 Bilanz-RL). Diesen Bezug hat der deutsche Gesetzgeber in einen eigenen Absatz überführt und den Sachzusammenhang darüber ausdrücklich geregelt (§ 341v Abs. 5).

§ 341w Offenlegung

(1) ¹Die Mitglieder des vertretungsberechtigten Organs einer Kapitalgesellschaft im Sinne des § 341q haben für diese den Zahlungsbericht spätestens ein Jahr nach dem Abschlussstichtag in deutscher Sprache der das Unternehmensregister führenden Stelle elektronisch zur Einstellung in das Unternehmensregister zu übermitteln. ²Im Falle einer Kapitalgesellschaft im Sinne des § 264d beträgt die Frist abweichend von Satz 1 sechs Monate nach dem Abschlussstichtag.

(2) Absatz 1 gilt entsprechend für die Mitglieder des vertretungsberechtigten Organs eines Mutterunternehmens im Sinne des § 341v, das einen Konzernzahlungsbericht zu erstellen hat.

---

3   So auch Blöink/Knoll-Biermann Der Konzern 2015, 65 (77); IDW 2018, Tz. 37 und Zwirner/Vodermeier DB 2016, 968.
4   Vgl. BeckOGK/Kreipl/Müller Rn. 11.
5   Vgl. BilRUG-RegE, BR-Drs. 23/15, 104 v. 23.1.2015.

(3) § 325 Absatz 6 sowie § 328 Absatz 1 Satz 1 bis 3, Absatz 1a bis 4 und § 329 Absatz 1, 3 und 4 gelten entsprechend.

I. Offenlegung im Unternehmensregister

Um die in den Erwägungsgründen der Richtlinie bezweckte Schaffung einer höheren 1
Transparenz herzustellen, ist die Offenlegung der Zahlungsberichte eine logische Folge. In Art. 45 Abs. 1 Bilanz-RL wird die Offenlegung von Zahlungs- und Konzernzahlungsberichten entsprechend der „Rechtsvorschriften jedes Mitgliedstaats im Sinne von Kapitel 2 der Richtlinie 2009/101/EG"[1] festgeschrieben. Für die Bundesrepublik Deutschland zielten diese Rechtsvorschriften auf die **Offenlegung** bestimmter Unterlagen im (elektronischen) Bundesanzeiger ab. Der Gesetzgeber erläutert in der Regierungsbegründung, dass die Offenlegung von Zahlungs- und Konzernzahlungsberichten in derselben Weise zu erfolgen hat, wie dies für andere Rechnungslegungsunterlagen gefordert wird und das Verfahren für Zahlungsberichte entsprechend den allgemeinen Offenlegungsregeln nach § 325 Abs. 1 geregelt wird.[2] Dementsprechend legt er in § 341w Abs. 1 fest, dass die Offenlegung **auf elektronischem Wege und in deutscher Sprache** zu erfolgen hat.

Mit Wirkung für nach dem 31.12.2021 beginnende Geschäftsjahre wurde die Änderung 2
der Nachfolgerichtlinie (EU) 2017/1132 (Gesellschaftsrechterichtlinie – GesR-RL) durch die Richtlinie (EU) 2019/1151 (Digitalisierungsrichtline – Dig-RL[3]) in Art. 16 Abs. 3 S. 1 GesR-RL auch für Zahlungs- und Konzernzahlungsberichte umgesetzt, so dass diese nunmehr **im Unternehmensregister einzustellen** sind.[4] Darüber hinaus wurde die diesbezügliche Verantwortlichkeit präziser gefasst und enger an den Wortlaut des § 341y Abs. 1 S. 1 angelehnt, indem nunmehr auf die Mitglieder des vertretungsberechtigten Organs einer Kapitalgesellschaft im Sinne des § 341q HGB abgestellt wird.[5] In diesem Zuge wird auch der Gesamtumfang der zugänglich zu machenden rechnungslegungsbezogenen Unterlagen in § 8b Abs. 2 Nr. 4 auf den Begriff der Unternehmensberichte erweitert. Diese begriffliche Ergänzung führt dazu, dass Zahlungs- und Konzernzahlungsberichte fortan dort nicht mehr ausdrücklich erwähnt werden, sie sind jedoch weiterhin eingeschlossen.[6]

II. Fristen

In der Richtlinie selbst findet sich keine Regelung zur Frist, innerhalb derer die Veröf- 3
fentlichung zu erfolgen hat. Der Gesetzgeber hat die in Abs. 1 genannte **Jahresfrist** an Art. 30 Abs. 1 Bilanz-RL angelehnt und inhaltlich damit begründet, dass **aus der jährlichen Berichtspflicht abgeleitet** werden könne, dass ein Zahlungsbericht nach Über-

---

[1] Vgl. Richtlinie 2009/101/EG des Europäischen Parlaments und des Rates v. 16.9.2009 zur Koordinierung der Schutzbestimmungen, die in den Mitgliedstaaten den Gesellschaften iSd Art. 48 Abs. 2 des Vertrags im Interesse der Gesellschafter sowie Dritter vorgeschrieben sind, um diese Bestimmungen gleichwertig zu gestalten, ABl. EG L 258. 11–19 v. 1.10.2009. Die Richtlinie wurde zum 19.7.2017 außer Kraft gesetzt und durch die Richtlinie 2017/1132/EU des Europäischen Parlaments und des Rates v. 14.6.2017 über bestimmte Aspekte des Gesellschaftsrechts, ABl. EU 2017 L 169, 46–127 v. 30.6.2017 ersetzt.

[2] Vgl. BilRUG-RegE, BR-Drs. 23/15, 106 v. 23.1.2015.

[3] Vgl. RL (EU) 2019/1151 des Europäischen Parlaments und des Rates v. 20.6.2019 zur Änderung der Richtlinie (EU) 2017/1132 im Hinblick auf den Einsatz digitaler Werkzeuge und Verfahren im Gesellschaftsrecht, ABl. EU 2019 L 186, 80–104 v. 11.7.2019. Die Digitalisierungs-RL ergänzt die bereits bestehenden und in deutsches Recht umgesetzten Vorgaben der GesR-RL in einigen Punkten. Sie war nach Ausübung einer Verlängerungsoption für die Mitgliedstaaten bis zum 1.8.2022 in deutsches Recht umzusetzen.

[4] Vgl. Neufassung von § 341w Abs. 1 S. 1 durch Art. 1 Nr. 31 Gesetz zur Umsetzung der Digitalisierungsrichtlinie (DiRUG) v. 5.7.2021, BGBl. 2021 I 3338–3371v. 13.8.2021.

[5] Vgl. § 341w Abs. 1 S. 1 und Abs. 2. Die Vorschriften wurden enger an den Wortlaut des § 341y Abs. 1 S. 1 angelehnt, indem nunmehr auf die Mitglieder des vertretungsberechtigten Organs einer Kapitalgesellschaft im Sinne des § 341q HGB abgestellt wird. Vgl. DiRUG-RegE, BT-Drs. 19/28177, 105 v. 31.3.2021.

[6] Vgl. DiRUG-RegE, BT-Drs. 19/28177, 85 v. 31.3.2021. Die Rechtslage bleibt insoweit unverändert.

schreiten des Jahreszeitraums faktisch durch das Ablaufen des nachfolgenden Berichtszeitraums bereits überholt sei und dass die Offenlegung damit zeitlich spätestens bis dahin erfolgen müsse. Zudem verweist er auf die allgemeine Offenlegungsvorschrift für Jahres- und Konzernabschlüsse in § 325 Abs. 1a, die ebenfalls ein Jahr betrage.[7] Für **kapitalmarktorientierte Kapitalgesellschaften** iSd § 264d weicht der Gesetzgeber von der Synchronität mit den allgemeinen Offenlegungsfristen für den Abschluss indes ab: Statt vier Monaten entsprechend § 325 Abs. 4 gewährt er diesen Unternehmen für die Offenlegung ihrer Zahlungsberichte in § 341w Abs. 1 **sechs Monate.**[8]

III. Wechselwirkung mit WpHG-Vorschrift

4   Diskussionswürdig erschien in diesem Zusammenhang der Nachsatz am Ende von § 341w Abs. 1 S. 2 aF, wonach die Erleichterung für bestimmte kapitalmarktorientierte Kapitalgesellschaften in § 327a entsprechend gelte, weil nicht klar wird, worauf sich die Entsprechung bezieht.[9] Der vom Gesetzgeber intendierten analogen Anwendung der für die Offenlegung von Jahres- und Konzernabschlüssen bestehenden Ausnahme hinsichtlich von Emittenten, die Wertpapiere mit einer Mindeststückelung ab 100 000 Euro ausgeben – dh dem Rückfall auf die einjährige Offenlegungsfrist nach § 341 Abs. 1 S. 1 – schien indes die **Definition von „Inlandsemittenten" nach dem WpHG** in der Fassung nach Umsetzung der Transparenzrichtlinie-Änderungsrichtlinie entgegenzustehen:[10] Danach werden alle kapitalmarktorientierten Unternehmen zur Offenlegung ihres (Konzern-)Zahlungsberichts innerhalb von sechs Monaten verpflichtet, sofern sie im Rechtsgebiet der Bundesrepublik Deutschland domiziliert sind.[11] Die Streichung des Nachsatzes im Rahmen des DiRUG sorgt für einen „[…] systematisch gebotenen Gleichlauf zu § 116 WpHG und dafür, dass die Offenlegungsfrist für den (Konzern-)Zahlungsbericht bei kapitalmarktorientierten Kapitalgesellschaften **ausnahmslos** sechs Monate beträgt." (*Hervorhebung d. Verf.*)[12]

IV. Besondere Anzeigepflicht für Inlandsemittenten

5   Für **Inlandsemittenten** gilt ferner eine **besondere Anzeigepflicht,** die über das Umsetzungsgesetz zur Änderungsrichtlinie der Transparenzrichtlinie in das WpHG eingeführt wurde. Danach haben kapitalmarktorientierte Unternehmen mit Sitz in der Bundesrepublik „eine Bekanntmachung darüber [zu] veröffentlichen, ab welchem Zeitpunkt und unter welcher Internetadresse der Zahlungsbericht oder Konzernzahlungsbericht zusätzlich zu seiner Verfügbarkeit im Unternehmensregister öffentlich zugänglich ist."[13] Die Anzeige muss vor der Einreichung des Zahlungsberichts erfolgen und ist sanktionsbewehrt. Insbesondere greifen deutliche **verschärfte Bußgeldvorschriften** bei Zuwiderhandlung.[14]

V. Gleichlauf der Offenlegungsbestimmungen für Konzernzahlungsberichte

6   Gemäß § 341w Abs. 2 finden die Regelungen in Abs. 1 **gleichermaßen** Anwendung **für Konzernzahlungsberichte.** Der Gleichlauf der Offenlegungsvorschrift ergibt sich dabei bereits unmittelbar aus Art. 45 Abs. 1 Bilanz-RL.

---

[7]   Vgl. BilRUG-RegE, BR-Drs. 23/15, 106 f. v. 23.1.2015.

[8]   Durch das Gesetz zur Umsetzung der Transparenzrichtlinie-Änderungsrichtlinie v. 20.11.2015, BGBl. 2015 I 2029–2052 v. 25.11.2015 wird die in Umsetzung von Art. 6 Transparenz-RL eingeführte Offenlegungsfrist für Zahlungs- und Konzernzahlungsberichte von Inlandsemittenten auf sechs Monate ab dem Abschlussstichtag begrenzt. S. auch die entsprechende Änderung im WpHG, § 116 Abs. 1 S. 1 WpHG (vormals § 37x WpHG).

[9]   Vgl. RegE zum Gesetz zur Umsetzung der Transparenzrichtlinie-Änderungsrichtlinie, BT-Drs. 18/5010, 57 v. 26.5.2015.

[10] Vgl. § 2 Abs. 14 WpHG.

[11] Vgl. § 116 Abs. 1 S. 1 WpHG.

[12] DiRUG-RegE, BT-Drs. 19/28177, 105 v. 31.3.2021.

[13] § 116 Abs. 2 WpHG.

[14] Vgl. § 120 WpHG (vormals § 40c WpHG).

VI. Verfahrenstechnik

Mit § 341w Abs. 3 schließlich wird geregelt, dass Zahlungs- und Konzernzahlungsbe- **7** richte **verfahrenstechnisch grundsätzlich nicht anders behandelt** werden als die übrigen der das Unternehmensregister führenden Stelle einzureichenden Rechnungslegungsunterlagen. Das betrifft insbesondere die Sprache sowie „Vorgaben zum Inhalt der Offenlegung und zu Prüfungen durch den Betreiber des Bundesanzeigers."[15] Hinsichtlich dieses allgemeinen Verweises auf § 328 zu Form, Format und Inhalt der Unterlagen bei der Offenlegung, Veröffentlichung und Vervielfältigung ist hervorzuheben, dass dieser in der Fassung nach DiRUG **nicht die neuen Formatvorgaben des European Single Electronic Format (ESEF)** umfasst.[16] Dies ergibt sich aus den europarechtlichen Vorgaben und war deshalb eine bewusste Entscheidung des Gesetzgebers.[17]

VII. Keine externe Prüfungspflicht

Ungeachtet der Pflicht zur Offenlegung des (Konzern-)Zahlungsberichts besteht **keine** **8** **externe Prüfungspflicht** desselben. Diese ist weder nach der Richtlinie vorgeschrieben oder den Mitgliedstaaten zur Umsetzung anheimgestellt worden, noch hat der deutsche Gesetzgeber eine solche vorgesehen. Die Wirtschaftsprüferkammer hatte sich in ihrer Stellungnahme zum Referentenentwurf des BilRUG entsprechend positioniert und sich für eine Prüfung ausgesprochen.[18] An dieser Stelle sei darauf hingewiesen, dass die Europäische Kommission diesen Aspekt sehr wohl gesehen hat, ihn aber erst im Zuge der Evaluation erneut bedenken wollte.[19] Im Überprüfungsbericht zu Art. 48 Bilanz-RL v. 21.4.2021 äußert sich die Europäische Kommission dann weiterhin sehr zurückhaltend in Bezug auf eine etwaige Prüfungspflicht. Man beobachte zwar, dass einzelne Unternehmen freiwillige Prüfungen in unterschiedlicher Form vornehmen ließen, viele Unternehmen und Regulatoren stellten gleichwohl das Verhältnis von Kosten und Nutzen in Frage. Insbesondere sei die Prüfung nicht das geeignete Mittel, Schwachstellen bei den Berichtsstandards selbst zu beheben.[20]

VIII. Einbeziehung in das Enforcement

Auf der anderen Seite unterliegen (Konzern-)Zahlungsberichte aber dem **Enforcement-** **9** **Verfahren** der Bundesanstalt für Finanzdienstleistungsaufsicht (BaFin).[21] Sie sind bereits von der allgemeinen Aufgabennorm der BaFin zur Prüfung von Unternehmensabschlüssen und

---

[15]   BilRUG-RegE, BR-Drs. 23/15, 107 v. 23.1.2015.

[16]   ESEF umfasst die in § 328 Abs. 1 S. 1 bezeichneten Unterlagen in dem einheitlichen elektronischen Berichtsformat nach Maßgabe des Art. 3 Delegierte Verordnung (EU) 2019/815 der Kommission vom 17.12.2018 zur Ergänzung der Richtlinie 2004/109/EG des Europäischen Parlaments und des Rates im Hinblick auf technische Regulierungsstandards für die Spezifikation eines einheitlichen elektronischen Berichtsformats (ursprünglich ABl. EU 2019 L 143, 1–792 v. 29.5.2019) in der jeweils geltenden Fassung.

[17]   Vgl. Anpassung von § 341w Abs. 3 durch Art. 1 Nr. 18 Gesetz zur weiteren Umsetzung der Transparenzrichtlinie-Änderungsrichtlinie im Hinblick auf ein einheitliches elektronisches Format für Jahresfinanzberichte v. 12.8.2020, BGBl. 2020 I 1874–1878 v. 18.8.2020. Es handelt sich um eine Klarstellung, dass der Verweis auf § 328 HGB nicht die Formatvorgaben in § 328 Abs. 1 S. 4 umfasst. Siehe auch entsprechender RegE, BT-Drs. 19/17343, 23 v. 24.2.2020. Im Zuge des DiRUG wurde Abs. 3 außerdem dahingehend angepasst, dass der Verweis auf § 325 Abs. 1 S. 2 HGB nicht mehr erforderlich ist; die Übermittlungspflicht zur Einstellung in das Unternehmensregister ergibt sich bereits aus § 341w Abs. 1 S. 1.

[18]   Vgl. WPK, Stellungnahme WPK zum Entwurf eines Gesetzes zur Umsetzung der Bilanzrichtlinie 2013/34/EU (BilRUG), S. 6 (abrufbar unter: https://www.wpk.de/fileadmin/documents/Oeffentlichkeit/Stellungnahmen/WPK-Stellungnahme_02-10-2014.pdf; letzter Abruf: 30.4.2023).

[19]   Vgl., Erwägungsgrund 52 RL 2013/34/EU. S. auch Trepte/Siegel WPg 2017, 317 (321).

[20]   Vgl. Bericht SWD(2021) 81 final v. 21.4.2021, 18. Die Prüfung der länderspezifischen Berichterstattung hat demnach auch für die Zivilgesellschaft als Nutzer keine oberste Priorität, wenngleich eine Prüfung aus ihrer Sicht das Vertrauen erhöhen und die Anwendung von Standards verbessern würde.

[21]   Für das bis zum 31.12.2021 geltende zweistufige Enforcement-Verfahren vgl. § 342b Abs. 2 aF. S. auch Oser/Staß DB 2015, 2825 (2828) sowie Beck HdR/Scheffler, 2016, Rn. 235.

-berichten erfasst.[22] Hinsichtlich der konkreten Anordnung einer Prüfung und diesbezüglicher Ermittlungsbefugnisse ist der Prüfungsgegenstand sodann auf den **zuletzt veröffentlichten Zahlungsbericht oder Konzernzahlungsbericht** beschränkt.[23]

Dritter Titel. Bußgeldvorschriften, Ordnungsgelder

§ 341x Bußgeldvorschriften

(1) Ordnungswidrig handelt, wer als Mitglied des vertretungsberechtigten Organs oder des Aufsichtsrats einer Kapitalgesellschaft

1. bei der Erstellung eines Zahlungsberichts einer Vorschrift des § 341t Absatz 1, 2, 3, 5 oder Absatz 6 oder des § 341u Absatz 1, 2 oder Absatz 3 über den Inhalt oder die Gliederung des Zahlungsberichts zuwiderhandelt oder

2. bei der Erstellung eines Konzernzahlungsberichts einer Vorschrift des § 341v Absatz 4 Satz 1 in Verbindung mit § 341t Absatz 1, 2, 3, 5 oder Absatz 6 oder mit § 341u Absatz 1, 2 oder Absatz 3 über den Inhalt oder die Gliederung des Konzernzahlungsberichts zuwiderhandelt.

(2) Die Ordnungswidrigkeit kann mit einer Geldbuße bis fünfzigtausend Euro geahndet werden.

(3) Verwaltungsbehörde im Sinne des § 36 Absatz 1 Nummer 1 des Gesetzes über Ordnungswidrigkeiten ist in den Fällen des Absatzes 1 das Bundesamt für Justiz.

(4) Die Bestimmungen der Absätze 1 bis 3 gelten auch für die Mitglieder der gesetzlichen Vertretungsorgane von Personenhandelsgesellschaften im Sinne des § 341q Satz 2.

Schrifttum: Zwirner, Reform durch das BilRUG – Sonstige Änderungen, DStR 2014, 1889; Zwirner/Vordermeier, BilRUG: Neue Berichtspflicht über Zahlungen an staatliche Stellen, IRZ 2016, 400 f.[1]

Übersicht

I. Allgemeines

1   Für große Kapitalgesellschaften und große Personenhandelsgesellschaften iSv § 264a Abs. 1 (vgl. § 267 Abs. 3; vgl. Art. 42 Bilanz-RL), welche gem. §§ 341q, 341r Nr. 1 und 2 in der mineralgewinnenden Industrie tätig sind oder Holzeinschlag in Primärwäldern betreiben, wurde durch das BilRUG – iSd Bilanz-RL – eine **besondere Berichtspflicht** eingeführt, um die Transparenz der Zahlungsströme an staatliche Stellen im Rohstoffsektor

---

[22]   Vgl. § 106 Nr. 3 WpHG.

[23]   Vgl. § 107 Abs. 1 S. 5 Nr. 7 WpHG. Für das seit 1.1.2022 geltende einstufige Enforcement-Verfahren wurde § 342b aufgehoben. S. zum weiteren Einbezug der Zahlungsberichte Kliem/Kosma/Optenkamp DB 2021, 1518 f.

[1]   Herrn Professor Dr. Barckow danke ich sehr herzlich für seine Ausführungen und grundlegenden Gedanken zu den Vorschriften §§ 341x, 341y.

zu stärken.[2] Für jedes Geschäftsjahr, das nach dem 23.7.2015 beginnt (Art. 75 Abs. 3 EGHGB) haben die betreffenden Unternehmen zusätzlich einen **Zahlungsbericht** oder einen **Konzernzahlungsbericht** gem. §§ 341s ff. zu erstellen, in dem die wesentlichen Zahlungen (Geld- oder Sachleistungen) an staatliche Stellen im Zusammenhang mit ihrer Geschäftstätigkeit – aufgegliedert nach Staaten und Projekten – aufgeführt sind (sog. „country-by-country reporting"), und diesen gem. § 341w offenzulegen.[3] Nicht in einen Zahlungsbericht aufzunehmen sind Einmalzahlungen oder verbundene Zahlungen, deren Summe unter 100.000 Euro liegt (§ 341t Abs. 4).

Nach Art. 45 Bilanz-RL haben die Mitgliedstaaten dafür Sorge zu tragen, dass die **2** betroffenen Unternehmen und ihre vertretungsberechtigten Organe den Zahlungsbericht nach den Anforderungen der Richtlinie erstellen und fristgemäß, dh innerhalb eines Jahres nach dem Abschlussstichtag (vgl. § 341w Abs. 1), offenlegen. Zur Durchsetzung dieser Pflichten sind die Mitgliedstaaten gem. Art. 51 Bilanz-RL gehalten, **verhältnismäßige und abschreckende Sanktionen** festzulegen. Dieser **EU-Anweisungskompetenz** folgend (→ Vor § 331 Rn. 3 f.), hat der deutsche Gesetzgeber mit § 341x – in Anlehnung an § 334 – eine eigene Bußgeldvorschrift bei Verstößen gegen den vorgeschriebenen Inhalt und die Gliederung des Zahlungsberichts eingeführt. Darüber hinaus wurde das Ordnungsgeldverfahren der §§ 335 ff. bei Verstößen gegen die Pflicht zur fristgerechten Offenlegung des Zahlungsberichts gem. § 341y für entsprechend anwendbar erklärt.[4]

Die Bußgeldvorschrift des § 341x ist als **Blankettnorm** ausgestaltet, dh die Tathand- **3** lung wird durch den Verweis auf die Inhalts- und Gliederungsvorschriften der § 341t und § 341u definiert (→ Vor § 331 Rn. 74 f.).

II. Anwendungsbereich

1. Betroffene Unternehmen. Im Einklang mit der Bilanz-RL schränkt § 341q den **4** Kreis derjenigen Unternehmen, die einen Zahlungsbericht zu erstellen haben, durch **allgemeine Qualifikationsmerkmale**[5] ein. Diese unternehmensbezogenen Merkmale gelten auch für den Tatbestand des § 341x:

a) Unternehmen des Rohstoffsektors. Erfasst sind nach § 341q S. 1 nur solche **5** Unternehmen, die in der mineralgewinnenden Industrie tätig sind oder Holzeinschlag in Primärwäldern betreiben (§ 341q S. 1). Definiert wird diese unternehmerische Tätigkeit im Rohstoffsektor in § 341r Nr. 1 und Nr. 2.

b) Große Kapitalgesellschaften mit Sitz im Inland. Nach § 341q S. 1 gilt die **6** Pflicht zur Erstellung eines Zahlungsberichts nur für inländische Kapitalgesellschaften, auf die die Vorschriften über große Kapitalgesellschaften anwendbar sind. Hierbei handelt es sich um Kapitalgesellschaften, die gem. § 267 Abs. 3 S. 1 bestimmte quantitative Merkmale in Bezug auf Bilanzsumme, Umsatzerlöse und Arbeitnehmerzahl erfüllen, sowie größenunabhängig für alle kapitalmarktorientierten Kapitalgesellschaften iSv § 264d (§ 267 Abs. 3 S. 2).

Nach der Gesetzesbegründung erfasst § 341q S. 1 auch Kredit-, Finanzdienstleistungs- **7** und Zahlungsinstitute sowie Pensionsfonds, zumal auf diese Unternehmen die Vorschriften über große Kapitalgesellschaften entsprechend Anwendung finden (vgl. §§ 340a, 341a); dies gilt jedoch nur, wenn die betreffenden Institute und Pensionsfonds in der Rechtsform der Kapitalgesellschaft betrieben werden und, zB über Beteiligungen oder Tochterunternehmen, auch im Rohstoffsektor tätig sind. Branchenspezifische Sondervorschriften und Ausnahmen sind unbeachtlich. Soweit andere gesetzliche Regelungen außerhalb des HGB die

---

2   BR-Drs. 23/15, 48.
3   Zwirner DStR 2014, 1889 (1892).
4   BR-Drs. 23/15, 107 f.
5   BR-Drs. 23/15, 100.

entsprechende Anwendung der Vorschriften über große Kapitalgesellschaften vorschreiben, bleibt dies für § 341q S. 1 ebenfalls außer Betracht.[6]

8   **c) Große Personenhandelsgesellschaften iSv § 264a.** Auch Personenhandelsgesellschaften, bei denen gem. § 264a keine natürliche Person unmittelbar oder mittelbar haftet, können aufgrund der Rechtsgrundverweisung des § 341q S. 2 zum Kreis der erfassten Unternehmen gehören, wenn auf sie die Vorschriften über große Kapitalgesellschaften entsprechend Anwendung finden (§ 264a Abs. 1, § 267 Abs. 3).

9   **d) Befreiungstatbestände (§ 341s Abs. 2 und 3).** Im Bußgeld- und Ordnungsgeldverfahren ist stets zu prüfen, ob einer der Befreiungstatbestände gem. § 341s Abs. 2 oder 3 vorliegt. Dies ist der Fall, wenn die betreffende Kapitalgesellschaft in den Konzernzahlungsbericht eines anderen Unternehmens mit Sitz in einem Mitgliedstaat der EU oder des EWR einbezogen ist, wobei die Kapitalgesellschaft im Anhang ihres Jahresabschlusses anzugeben hat, bei welchem Unternehmen sie in den Konzernzahlungsbericht einbezogen ist und wo dieser erhältlich ist. Dies gilt auch, wenn die Kapitalgesellschaft einen Zahlungsbericht im Einklang mit den Rechtsvorschriften eines Drittstaats erstellt hat, dessen Berichtpflichten die Europäische Kommission im Verfahren nach Art. 47 Bilanz-RL als gleichwertig bewertet hat, und diesen Bericht nach § 341w offenlegt.

10   **2. Normadressaten.** Täter iSd § 341x Abs. 1 können nur **Mitglieder des vertretungsberechtigten Organs** oder des **Aufsichtsrats** einer Kapitalgesellschaft sein. Ist ein obligatorischer Aufsichtsrat bestellt, kommen dessen Mitglieder stets als Adressaten in Betracht; bei einem fakultativen Aufsichtsrat nur dann, wenn diesem die bußgeldbewehrten Pflichten übertragen worden sind (→ § 334 Rn. 18 ff.). Bei offenen Handelsgesellschaften und Kommanditgesellschaften gem. § 264a Abs. 1, bei denen keine natürliche Person unmittelbar oder mittelbar persönlich haftender Gesellschafter ist, richtet sich die Bußgeldandrohung an die Mitglieder des vertretungsberechtigten Organs der vertretungsberechtigten Gesellschaften (§ 314x Abs. 4). Insoweit handelt es sich um echte Sonderdelikte.

11   **3. Tatgegenstände.** Tatgegenstände des § 341x Abs. 1 sind der Zahlungsbericht gem. §§ 341s ff. und der Konzernzahlungsbericht gem. § 341v.

III. Tathandlung

12   Ordnungswidrig iSd § 341x handelt, wer bei der Erstellung des Zahlungsberichts oder des Konzernzahlungsberichts gegen die Vorschriften über **Inhalt** und **Gliederung** verstößt, insbesondere erforderliche Angaben weglässt oder den Aussagegehalt durch unrichtige Angaben verfälscht.[7] Eine Ordnungswidrigkeit kann gem. § 341x Abs. 2 mit einem Bußgeld bis zu 50.000 Euro geahndet werden.

13   Folgende Inhalts- und Gliederungsvorschriften sind für den Zahlungsbericht gem. § 341x Abs. 1 Nr. 1 und den Konzernzahlungsbericht gem. § 341x Abs. 1 Nr. 2 bußgeldbewehrt:

– Vollständige Angaben über Zahlungen an staatliche Stellen im Berichtszeitraum (§ 341t Abs. 1 S. 1). Zur Problematik eines Normenkonflikts zwischen Offenlegungspflicht und außereuropäischem Recht → § 341y Rn. 5a.
– Keine Einbeziehung anderer Zahlungen, um die erforderliche Transparenz und Vergleichbarkeit zu ermöglichen (§ 341t Abs. 1 S. 2),[8]
– Falls keine Zahlungen an staatliche Stellen geleistet wurden, hat das Unternehmen gleichwohl einen Zahlungsbericht zu erstellen und darin mitzuteilen, dass es in der mineralgewinnenden Industrie oder im Holzeinschlag tätig ist (§ 341 Abs. 1 S. 3),
– Bericht über unmittelbare Zahlungen an eine staatliche Stelle, auch wenn diese für andere staatliche Stellen einzieht (§ 341t Abs. 2),

---

6   BR-Drs. 23/15, 100.
7   BR-Drs. 23/15, 107.
8   BR-Drs. 23/15, 103.

– Zahlungen von Dividenden oder Gewinnanteile an staatliche Stellen, die an dem Unternehmen beteiligt sind, wenn diese einem Drittvergleich nicht standhalten oder anstelle von Produktions- oder Nutzungsrechten bezahlt wurden (§ 341t Abs. 3),

– Angaben über Sachleistungen an staatliche Stellen und Erläuterungen über die Wertbestimmung (§ 341t Abs. 5),

– Erfasst werden alle Zahlungen und Tätigkeiten zugunsten staatlicher Stellen, unabhängig von der Rechtsform der Zuwendung (§ 341t Abs. 6 S. 1).

– Umgehung durch künstliche Aufteilung oder Zusammenfassung von Zahlungen (§ 341t Abs. 6 S. 2),

– Gliederung nach Staaten und staatlichen Stellen, sog. „country-by-country reporting" (§ 341u Abs. 1),

– Bezifferung des Gesamtbetrages zugunsten jeder staatlicher Stelle und Bezeichnung der Zahlungsgründe iSv § 341r Nr. 3 (§ 341u Abs. 2),

– Angaben zum Projekt (Gesamtbetrag und Zahlungsgründe), wenn für mehr als ein Projekt gezahlt wurde (§ 341u Abs. 3).

Nicht ordnungswidrig handelt, wer die Erstellung oder Offenlegung des Zahlungs- **14** oder Konzernzahlungsberichtes **unterlässt;** diese Fälle bleiben dem Ordnungsgeldverfahren gem. § 341y vorbehalten.[9]

IV. Subjektiver Tatbestand

In allen Fällen des § 341x ist **vorsätzliches Handeln** erforderlich, da Fahrlässigkeit **15** nicht ausdrücklich mit Geldbuße bedroht ist (vgl. § 10 OWiG). Bedingter Vorsatz reicht aus. Im Fall der Beteiligung an der Ordnungswidrigkeit eines Täters, der die Täterqualifikation des § 341x Abs. 1 besitzt, müssen sowohl der Beteiligte als auch der Täter vorsätzlich handeln; handelt der Täter nur fahrlässig, liegt keine Beteiligung iSd § 14 Abs. 1 OWiG vor.[10] Allerdings bedarf es aufgrund des **Einheitstäterbegriffs** des Ordnungswidrigkeitenrechts gem. § 14 Abs. 1 OWiG keiner Differenzierung zwischen Täterschaft und Teilnahme; jeder Beteiligte an einer Ordnungswidrigkeit des § 341x ist Täter, sofern nur ein Beteiligter die Täterqualifikation besitzt und die anderen diesbezüglich vorsätzlich handeln (→ § 334 Rn. 1).

V. Grundsätze des § 334

Im Übrigen gelten die Ausführungen zu § 334 (→ § 334 Rn. 85 ff.). **16**

VI. Verfolgungszuständigkeit

Zuständig für die Verfolgungen einer Ordnungswidrigkeit ist gem. § 341x Abs. 2 das **17** **Bundesamt für Justiz.**

§ 341y Ordnungsgeldvorschriften

(1) **¹Gegen die Mitglieder des vertretungsberechtigten Organs einer Kapitalgesellschaft im Sinne des § 341q oder eines Mutterunternehmens im Sinne des § 341v, die § 341w hinsichtlich der Pflicht zur Offenlegung des Zahlungsberichts oder Konzernzahlungsberichts nicht befolgen, hat das Bundesamt für Justiz in entsprechender Anwendung der §§ 335 bis 335b ein Ordnungsgeldverfahren durchzuführen. ²Das Verfahren kann auch gegen die Kapitalgesellschaft gerichtet werden.**

(2) **¹Das Bundesamt für Justiz kann eine Kapitalgesellschaft zur Erklärung auffordern, ob sie im Sinne des § 341q in der mineralgewinnenden Industrie tätig ist oder Holzeinschlag in Primärwäldern betreibt, und eine angemessene Frist setzen.**

---

9   BR-Drs. 23/15, 107.
10 BGHSt 31, 309 (311) mwN zum Streitstand; KK-OWiG/Rengier OWiG § 14 Rn. 5 ff.

²Die Aufforderung ist zu begründen. ³Gibt die Kapitalgesellschaft innerhalb der Frist keine Erklärung ab, wird für die Einleitung des Verfahrens nach Absatz 1 vermutet, dass die Gesellschaft in den Anwendungsbereich des § 341q fällt. ⁴Die Sätze 1 bis 3 sind entsprechend anzuwenden, wenn das Bundesamt für Justiz Anlass für die Annahme hat, dass eine Kapitalgesellschaft ein Mutterunternehmen im Sinne des § 341v Absatz 1 ist.

(3) Die vorstehenden Absätze gelten entsprechend für Personenhandelsgesellschaften im Sinne des § 341q Satz 2.

Schrifttum: s. bei § 341x.

I. Allgemeines

1   Als Sanktion bei unterlassener Offenlegung eines Zahlungs- oder Konzernzahlungsberichts wurde durch das BilRUG (BGBl. 2015 I 1245) die entsprechende Anwendbarkeit des Ordnungsgeldverfahrens gem. §§ 335 ff. eingeführt. Die Ordnungsgeldvorschriften sind erstmals auf Zahlungsberichte und Konzernzahlungsberichte für ein nach dem 23.7.2015 beginnendes Geschäftsjahr anzuwenden (Art. 75 Abs. 3 EGHGB).

2   Hat das Bundesamt für Justiz (BfJ) Anlass zur Annahme, dass ein Unternehmen in der mineralgewinnenden Industrie tätig ist oder Holzeinschlag in Primärwäldern betreibt, kann es das Unternehmen gem. § 341y Abs. 2 S. 1 **zur Erklärung auffordern** und hierzu eine angemessene Frist setzen. Damit das Unternehmen sachgerecht reagieren kann, ist diese Aufforderung gem. § 341 Abs. 2 S. 2 zu begründen, dh es sind nähere Angaben darüber zu machen, welche Anhaltspunkte für eine Tätigkeit im Rohstoffsektor bestehen und ob die Tätigkeit im Inland oder in einem anderen Staat ausgeübt wird.[1] Kommt das Unternehmen seiner Erklärungspflicht nicht nach, besteht gem. § 341y Abs. 2 S. 3 eine **zwingende Vermutung,** dass es unter den Anwendungsbereich des § 341q fällt und somit einen Zahlungsbericht oder einen Konzernzahlungsbericht zu erstellen und offenzulegen hat. In diesem Fall hat das BfJ ein Ordnungsgeldverfahren nach § 341y einzuleiten. Für das Unternehmen besteht dann nur noch die Möglichkeit, im Einspruchsverfahren des § 335 Abs. 3 – nach vorheriger Androhung des Ordnungsgeldes – die Vermutung zu widerlegen. Wird gegen die Androhung kein Einspruch eingelegt oder gegen die Verwerfung des Einspruchs keine Beschwerde erhoben, hat das Beschwerdegericht zwingend – wegen der Bindungswirkung der Androhung – von einer Offenlegungspflicht iSv § 341w auszugehen (→ § 335 Rn. 45, → § 335a Rn. 21).

II. Normadressaten

3   Normadressaten sind die **Mitglieder des vertretungsberechtigten Organs** (→ § 331 Rn. 7 ff.) einer Kapitalgesellschaft iSd § 341q Abs. 1 oder des Mutterunternehmens (§ 290), das gem. § 341v zur Aufstellung eines Konzernzahlungsberichts verpflichtet ist (§ 341y Abs. 1 S. 1). Das Ordnungsgeldverfahren kann gem. § 341y S. 2 auch gegen die **Kapitalgesellschaft** gerichtet werden.

4   Aufgrund der Klarstellung in § 341y Abs. 3 steht fest, dass das Ordnungsgeldverfahren auch auf Personenhandelsgesellschaften iSv § 341q S. 2 (→ § 341x Rn. 8) und die Mitglieder des vertretungsberechtigten Organs der vertretungsberechtigten Gesellschafter (§ 264a Abs. 2) anwendbar ist.

III. Ordnungsgeldbewehrte Pflichten

5   Die ordnungsgeldbewerten Publizitätspflichten folgen aus § 341w. Danach haben die Mitglieder des vertretungsberechtigten Organs den Zahlungsbericht oder den Konzernzahlungsbericht **spätestens ein Jahr** nach dem Abschlussstichtag elektronisch in deutscher

---

[1]   BT-Drs. 23/15, 108.

Sprache beim Betreiber des Bundesanzeigers **einzureichen** und unverzüglich nach der Einreichung im Bundesanzeiger **bekanntmachen** zu lassen. Für kapitalmarktorientierte Kapitalgesellschaften gem. § 264d ist die Frist auf sechs Monate verkürzt. Der Einleitung des Ordnungsgeldverfahrens steht nicht entgegen, dass eine der Offenlegung vorausgehende Pflicht, dh insbesondere die Erstellung des Zahlungsberichts, nicht erfüllt wurde (vgl. § 335 Abs. 1 S. 3).

Die ordnungsgeldbewerten Pflichten zur Offenlegung eines Zahlungs- oder Konzern- **6** zahlungsberichts können für die betroffenen Unternehmen jedoch zu einem **unauflösbaren Normenkonflikt** führen, wenn die Veröffentlichung von Zahlungen an staatliche Stellen nach außereuropäischem Recht in denjenigen Ländern, in denen die Unternehmen im Rohstoffsektor tätig sind, untersagt ist. So weisen Eppinger/Münstermann darauf hin, dass die Veröffentlichung der in den (Konzern-)Zahlungsberichten zu dokumentierenden Abflüsse an staatliche Stellen in Ländern wie Angola, Kamerun, China und Katar verboten ist.[2] Da die Befreiungstatbestände gem. § 341s Abs. 2 und 3 abschließend sind, ergibt sich hier eine Pflichtenkollision, die faktisch auf dem Rücken der im Rohstoffsektor tätigen Unternehmen ausgetragen wird. Im Zuge der anstehenden Revision der Richtlinie ist diese Konfliktlage einer praktikablen Lösung zuzuführen; in der Zwischenzeit verbleibt den betroffenen Unternehmen nur die Möglichkeit, sich im Bußgeld- oder Ordnungsgeldverfahren auf eine bestehende Pflichtenkollision als **Rechtfertigungsgrund** zu berufen.[3]

IV. Verfahren

Aufgrund der Verweisung in § 341w Abs. 3 hat der Betreiber des Bundesanzeigers **7** gem. § 329 Abs. 1 zu prüfen, ob die einzureichenden Unterlagen fristgemäß und vollzählig eingereicht worden sind. Ist dies nicht der Fall, hat er gem. § 329 Abs. 4 die für die Durchführung des Ordnungsgeldverfahrens zuständige Verwaltungsbehörde, dh gem. § 341y Abs. 1 das Bundesamt für Justiz (BfJ), zu unterrichten.

Das Ordnungsgeldverfahren, das Beschwerde- und Rechtsbeschwerdeverfahren richten **8** sich gem. § 341y Abs. 1 nach den Vorschriften der §§ 335 ff. Die Ausführungen zu diesen Verfahrensvorschriften gelten entsprechend.

Vierter Unterabschnitt. Ergänzende Vorschriften für bestimmte umsatzstarke multinationale Unternehmen und Konzerne

Erster Titel. Anwendungsbereich; Begriffsbestimmungen

§ 342 Anwendungsbereich

(1) Dieser Unterabschnitt ist anzuwenden auf Kapitalgesellschaften mit Sitz im Inland und auf Personenhandelsgesellschaften im Sinne des § 264a Absatz 1 mit Sitz im Inland, wenn diese Kapitalgesellschaften und Personenhandelsgesellschaften

1. unverbundene Unternehmen sind und eine Niederlassung, eine feste Geschäftseinrichtung oder eine dauerhafte Geschäftstätigkeit in mindestens einem anderen Staat haben,

2. oberste Mutterunternehmen sind und sie oder ein verbundenes Unternehmen eine Niederlassung, eine feste Geschäftseinrichtung oder eine dauerhafte Geschäftstätigkeit in mindestens einem anderen Staat haben oder

3. Tochterunternehmen von obersten Mutterunternehmen mit Sitz in einem Drittstaat sind und

---

[2]   Eppinger/Münstermann WPg 2015, 1120 (1128); s. auch Kreipl KoR 2016, 300 (308).
[3]   S. Schönke/Schröder/Sternberg-Lieben StGB Vor §§ 32 ff. Rn. 71, 72 mwN.

a) mittelgroß oder groß im Sinne des § 267 Absatz 2 bis 4 sind oder

b) ausschließlich dem Zweck dienen, die Berichtspflichten nach diesem Unterabschnitt zu umgehen.

(2) Dieser Unterabschnitt ist ferner anzuwenden auf Kapitalgesellschaften mit Sitz in einem Drittstaat, die

1. **unverbundene Unternehmen sind oder verbundene Unternehmen sind, wenn das oberste Mutterunternehmen seinen Sitz in einem Drittstaat hat, und**

2. **eine Zweigniederlassung im Inland haben,**

a) **deren Umsatzerlöse im Sinne des § 342b Absatz 4 in mindestens zwei aufeinander folgenden Geschäftsjahren jeweils 12 Millionen Euro übersteigen und diesen Betrag danach in zwei aufeinander folgenden Geschäftsjahren jeweils nicht unterschreiten oder**

b) **die ausschließlich dem Zweck dient, die Berichtspflichten nach diesem Unterabschnitt zu umgehen.**

Schrifttum: Cordes/Leonhardt, Gesetzentwurf zur Offenlegung von Ertragsteuerinformationen (public country by country reporting) – Analyse aus Sicht deutscher, international tätiger Familienunternehmen, FR 2023, 41; Grotherr, Zweifelsfragen, Risiken und Nebenwirkungen des künftigen öffentlichen Ertragsteuerinformationsberichts, FR 2023, 193; Heider, Referentenentwurf zur innerstaatlichen Umsetzung des public-Country-by-Country Reporting und kritische Einordnung, ISR 2023, 27; Kirsch, Der Ertragsteuerinformationsbericht – Zukünftige Erstellungs- und Offenlegungspflichten auch für (mittel-)große Tochterunternehmen und Zweigniederlassungen?, DStR 2023, 54; Kirsch, Country-by-Country-Reporting im zukünftigen Ertragsteuerinformationsbericht – Inhalt und Erkenntnisnutzen, DStZ 2023, 48; Kirsch, Offenlegung von Ertragsteuerinformationen: Neue EU-weite Berichtspflichten zur Erhöhung der Transparenz über Steuerzahlungen, BBP 2023, 190; Kirsch, Die Ermittlung von Wertansätzen im künftigen Ertragsteuerinformationsbericht, WPg 2023, 226; Lanfermann/Götze, Neue EU-Unternehmensberichterstattungspflichten ante portas: Public Country-by-Country Reporting, BB 2022, 235; Müller/Müller, Ertragsteuerinformationsbericht – Erweiterung der Berichterstattung um steuerliche Aspekte mit einem weiteren gesonderten Bericht, IRZ 2022, 547; Rimmelspacher/Kliem, Der neue Ertragsteuerinformationsbericht multinationaler umsatzstarker Konzerne nach §§ 342 ff. HGB, WPg 2023, 792; Velte/Münch, Der neue öffentliche Ertragsteuerinformationsbericht, StuB 2023, 527; Vetter, Gesteigerte Verantwortung des Aufsichtsrats für größere Steuertransparenz?, NZG 2023, 347.

Übersicht

I. Normzweck und Anwendungsbereich

1. Einführung. Zur Umsetzung der RL (EU) 2021/2101[1] wurde der Vierte Abschnitt 1
des Dritten Buchs des HGB vom Gesetzgeber[2] um einen Vierten Unterabschnitt ergänzt.
Der Unterabschnitt führt für bestimmte im Inland ansässige konzernunverbundene Unternehmen und oberste Mutterunternehmen eine eigenständige Pflicht zur Erstellung und
Offenlegung eines **Ertragsteuerinformationsberichts** ein (sog. public Country-by-
Country Reporting on Taxes), wenn die Umsatzerlöse respektive Konzernumsatzerlöse
in zwei aufeinander folgenden Geschäftsjahren jeweils einen Betrag von 750 Mio. EUR
übersteigen. Ausgenommen sind lediglich CRR-Kreditinstitute[3] (Capital Requirements
Regulation, § 1 Abs. 3d KWG, Kreditinstitute und Finanzdienstleistungsinstitute), wenn
sie nach den einschlägigen aufsichtsrechtlichen Vorgaben einen länderbezogenen Bericht
veröffentlichen. Von der Regelung betroffen sind auch außerhalb der EU ansässige konzernunverbundene Unternehmen und oberste Mutterunternehmen, die vergleichbar umsatz-
stark und im Inland über ein mittelgroßes oder großes Tochterunternehmen oder eine
Zweigniederlassung vergleichbarer Größe tätig sind. Der Ertragsteuerinformationsbericht
muss in den letztgenannten Fällen von jenem Tochterunternehmen bzw. jener Zweigniederlassung beschafft und offengelegt werden. Sofern ein gesetzeskonformer Bericht nicht
erlangt werden kann, hat das Tochterunternehmen bzw. die Zweigniederlassung eine entsprechende Erklärung und mit den verfügbaren Angaben selbst einen Ertragsteuerinformationsbericht zu erstellen und offenzulegen. Die Pflichten bestehen als Ausnahme wiederum
nicht, wenn das Drittstaaten-Unternehmen einen gesetzeskonformen Ertragsteuerinformationsbericht auf seiner Internetseite veröffentlicht und der Bericht von zumindest einem
Tochterunterunternehmen/einer Zweigniederlassung in der EU offengelegt wird. Der neue
Unterabschnitt enthält ferner die Vorgaben zum Inhalt und zur Form der Berichte, unter
anderem zu den Pflichtangaben und zum länderbezogenen Ausweis der Angaben. Dabei ist
eine Ausnahme in inhaltlicher Hinsicht vorgesehen, die es den Berichterstellern ermöglicht,
bei entsprechender Begründung Angaben, die den betroffenen Unternehmen einen erheblichen Nachteil zufügen würden, zeitweise nicht in den Bericht aufzunehmen. Als Sanktion
sind Bußgeldvorschriften zur Ahndung von Verstößen vorgesehen und die Ordnungsgeldvorschriften sollen die Durchsetzung der Offenlegungspflichten gewährleisten (vgl. zur
Übermittlung an die das Unternehmensregister führende Stelle zur Einstellung in das Unternehmensregister, § 342m).[4] Darüber hinaus hat der gesetzliche Jahresabschlussprüfer zu prüfen, ob die zu prüfende Gesellschaft zur Offenlegung eines Ertragsteuerinformationsberichts
verpflichtet war und, bejahendenfalls, ob die Offenlegung erfolgte. Der Ertragsteuerinformationsbericht ist ferner vom Aufsichtsrat bzw. dem Aufsichts- oder Verwaltungsorgan zu
prüfen.

2. Normzweck. Die Richtlinie (EU) 2021/2101 im Hinblick auf die Offenlegung 2
von Ertragsteuerinformationen durch bestimmte Unternehmen und Zweigniederlassungen
zielt darauf ab, Ertragsteuerinformationen multinationaler umsatzstarker Unternehmen und
Konzerne, die in der EU oder im EWR entweder ansässig sind oder aber Tochterunternehmen oder Zweigniederlassungen einer bestimmten Größe haben, transparent zu machen.
Die Berichterstattung über Ertragsteuerinformationen hat nach § 342i Abs. 1 aufgeschlüsselt

---

[1] ABl. 2021 L 429, 1 v. 1.12.2021 zur Änderung der Bilanz-RL 2013/34/EU.
[2] Gesetz zur Umsetzung der RL (EU) 2021/2101 im Hinblick auf die Offenlegung von Ertragsteuerinformationen durch bestimmte Unternehmen und Zweigniederlassungen sowie zur Änderung des Verbraucherstreitbeilegungsgesetzes und Pflichtversicherungsgesetzes v. 19.6.2023, BGBl. 2023 I Nr. 154.
[3] CRR-Kreditinstitute im Sinne dieses Gesetzes sind Kreditinstitute iSd Art. 4 Abs. 1 Nr. 1 der VO (EU)
575/2013 des Europäischen Parlaments und des Rates v. 26.6.2013 über Aufsichtsanforderungen an
Kreditinstitute und zur Änderung der VO (EU) 648/2012 (ABl. 2013 L 176, 1 v. 27.6.2013; ABl. 2013
L 208, 68 v. 2.8.2013; ABl. 2013 L 321, 6 v. 30.11.2013; ABl. 2015 L 193, 166 v. 21.7.2015; ABl. 2017
L 20, 3 v. 25.1.2017; ABl. 2020 L 13, 58 v. 17.1.2020), die zuletzt durch die VO (EU) 2020/873 (ABl.
2020 L 204, 4 v. 26.6.2020) geändert worden ist. Dazu auch im Überblick etwa bei Rimmelspacher/
Kliem WPg 2023, 792 (793).
[4] Übersicht bei Kirsch BBP 2023, 190; Kirsch WPg 2023, 226.

nach Mitgliedstaaten der EU und EWR-Staaten sowie bestimmten weiteren Steuerhoheitsgebieten, in denen eine Geschäftstätigkeit ausgeübt wird, zu erfolgen. Dadurch soll eine informierte öffentliche Debatte darüber ermöglicht werden, ob die betroffenen multinationalen Unternehmen und Konzerne ihren Beitrag zum Gemeinwohl auch dort leisten, wo sie tätig sind. Indem die RL (EU) 2021/2101 die Tätigkeit multinationaler Unternehmen transparenter macht, soll sie einen Beitrag zur Erreichung nachhaltiger Entwicklung leisten.[5] Investoren, Beschäftigte, öffentliche Institutionen, die Zivilgesellschaft und allgemein die interessierte Öffentlichkeit sollen sich ein Bild von der Besteuerung dieser Unternehmen und Konzerne machen können. Das soll die Verantwortung der Unternehmen und Konzerne zum Wohle der Allgemeinheit fördern und auch dazu beitragen, das Vertrauen der Bürgerinnen und Bürger in die Fairness der nationalen Steuersysteme zu stärken.[6] Dabei liegt der Fokus auf den legalen Steuervermeidungsstrategien der Unternehmen und nicht auf der Aufdeckung von illegalen Steuerpraktiken, die mit den geforderten Angaben nicht ermittelt werden können.[7]

3   In der Literatur wird mit beachtlichen Erwägungen die vorstehende Zielerreichung mit dem geschaffenen Regelwerk zur Offenlegung des Ertragsteuerinformationberichts infrage gestellt.[8] Wie soll eine Angemessenheitsbetrachtung der von multinationalen Unternehmen und Konzernen geleisteten Steuerzahlungen geführt werden, wenn der Öffentlichkeit nur unvollständige oder undifferenzierte Bezugsgrößen mitgeteilt werden? Der Ertragsteuerinformationsbericht nach den §§ 342g ff. enthält anders als der länderbezogene Bericht multinationaler Unternehmensgruppen im Besteuerungsverfahren (§ 138a AO) keine detaillierte nach Steuerhoheitsgebieten gegliederte Übersicht, wie sich die Geschäftstätigkeit des Konzerns auf die Steuerhoheitsgebiete verteilt, in denen der Konzern durch Unternehmen oder Betriebsstätten[9] tätig ist. Besonderes misslich ist auch die fehlende Abstimmung mit dem Projekt der internationalen Mindestbesteuerung von Unternehmensgewinnen. Multinationale Unternehmensgruppen oder große inländische Gruppen, die nach fast gleichen Kriterien festgelegt werden, haben im ersten Schritt dann für alle Tochterunternehmen und Betriebsstätten die Besteuerung nach dem weltweit gültigen Mindestniveau von 15 % nachzuweisen. Berücksichtigt man die Unterschiede in den Regeln zur Ermittlung der tatsächlichen Besteuerungsgrundlage und die Regeln zur Ermittlung der Grundlage für die Beurteilung der Mindestbesteuerung,[10] werden die Informationen über die Ertragsteuern im neu geschaffenen Bericht (öffentliches Country-by-Country Reporting) durchaus auch geeignet sein, die Öffentlichkeit bei der Beurteilung der Angemessenheit zu verunsichern.[11] Ist die Mindestbesteuerung international umgesetzt, sollten Ertragsteuerbelastungen von weniger als 15 % nicht mehr berichtet werden können. Darüber hinaus ist kritisch anzumerken, dass die Beurteilung der Angemessenheit von Steuerbelastungen auf der Grundlage der belegenen oder der eingesetzten Vermögenswerte im Steuerrecht nicht mehr uneingeschränkt verfolgt wird. Vielmehr gehen die Überlegungen zur Neuverteilung der Besteuerungsrechte auf der Ebene der OECD (Pillar 1) von der Ausrichtung am Marktstaat aus, den das Unternehmen zum Absatz der Leistungen genutzt hat.[12]

4   **3. Geschichte.** Die Norm regelt den Anwendungsbereich der Unternehmen, die eine Berichtspflicht nach den Vorschriften des Vierten Unterabschnitts „Ergänzende Vorschriften für bestimmte umsatzstarke multinationale Unternehmen und Konzerne" zu erfüllen haben. Die Normen in dem Unterabschnitt gehen auf die Vorschriften des Kapitels 10a Bilanz-

---

[5] BT-Drs. 20/5653, 28; ErwGr. 2 RL (EU) 2021/2101.
[6] ErwGr. 2, 3, 8 und 19 RL (EU) 2021/2101.
[7] Velte/Münch StuB 2023, 527 (530 f.).
[8] Kirsch DStR 2023, 54 (62); Velte/Münch StuB 2023, 527 (530 f.).
[9] Zur fehlenden Abstimmung etwa Heider ISR 2023, 27 (33).
[10] Dazu etwa Richter/Lentes IStR 2023, 409; Rieck/Fehling IStR 2023, 77; Schniter/Gebhardt IStR 2023, 113; Schwarz IStR 2022, 37.
[11] Hier sind ferner die latenten Steuern aufgrund temporärer Differenzen zu nennen. Siehe dazu Kirsch DStR 2023, 54 (60) mit einem Beispiel.
[12] Dazu etwa Bräutigam/Kellermann/Spengel DStR 2020, 281.

RL (RL 2013/34/EU) über den Ertragsteuerinformationsbericht zurück, die für bestimmte umsatzstarke multinationale Unternehmen und Konzerne gelten und mit der RL (EU) 2021/2101 eingeführt wurden.[13] In den Erwägungen der Richtlinie wird deutlich, dass nach Ansicht der EU-Organe eine ambitionierte öffentliche länderspezifische Berichterstattung erforderlich ist, um die Transparenz von Unternehmen zu erhöhen und die öffentliche Kontrolle zu verbessern. Parallel zu den Arbeiten zur Bekämpfung der Ertragsteuervermeidung muss die öffentliche Kontrolle der Ertragsteuerbelastung multinationaler Unternehmen, die in der Union tätig sind, verstärkt werden, um die Transparenz und Verantwortung von Unternehmen weiter zu fördern und damit zum Wohl unserer Gesellschaften beizutragen.[14] Mit dem „Gesetz zur Umsetzung der RL (EU) 2021/2101 im Hinblick auf die Offenlegung von Ertragsteuerinformationen durch bestimmte Unternehmen und Zweigniederlassungen sowie zur Änderung des Verbraucherstreitbeilegungsgesetzes und Pflichtversicherungsgesetzes" hat der deutsche Gesetzgeber die Berichtsvorschriften als Vierter Unterabschnitt eingeführt.[15] Der Unterabschnitt ist in fünf Titel gegliedert: Zunächst wird der **Anwendungsbereich** festgelegt (§ 342). Es folgen einige **besondere Begriffsbestimmungen** (§ 342a). Danach werden die Pflichten zur Ertragsteuerinformationsberichterstattung differenziert nach **Fallgruppen** geregelt (§§ 342b–342f). Der dritte Teil ist den **einzubeziehenden Unternehmen** und dem **Inhalt** sowie der **Form** des Ertragsteuerinformationsberichts gewidmet (§§ 342g–342l). Der vierte Teil beschäftigt sich mit der **Offenlegung** und **Veröffentlichung des Berichts** (§ 342m und § 342n). Der fünfte Teil enthält die **Bußgeldvorschriften** und die **Ordnungsgelder** (§ 342o und § 342p).[16]

4. Erstmalige Anwendung. Die Vorschriften des Vierten Unterabschnitts sind erstmals auf Ertragsteuerinformationsberichte sowie auf Erklärungen nach § 342d Abs. 2 Nr. 1, § 342e Abs. 2 Nr. 1 und § 342f Abs. 2 Nr. 1 für ein nach dem **21.6.2024 beginnendes Geschäftsjahr** anzuwenden (Art. 90 Abs. 1 S. 2). Entspricht das Geschäftsjahr dem Kalenderjahr, ist der Ertragsteuerinformationsbericht erstmals für 2025 zu erstellen.[17]   **5**

5. Überblick. § 342 bestimmt den **Anwendungsbereich** des Vierten Unterabschnitts.   **6** Die konkrete Pflicht zur Erstellung von Ertragsteuerinformationsberichten ergibt sich dabei noch nicht unmittelbar aus der Regelung zum Anwendungsbereich des Unterabschnitts, sondern erst aus den konkreten Regelungen im zweiten Titel „Pflicht zur Ertragsteuerinformationsberichterstattung" (§§ 342b ff.). Die Regelungen in dem Unterabschnitt sind nach Abs. 1 nur anwendbar auf Kapitalgesellschaften und Personenhandelsgesellschaften iSd § 264a Abs. 1 mit einem **Satzungssitz im Inland.** Bei letztgenannten Personenhandelsgesellschaften handelt es sich um offene Handelsgesellschaften und Kommanditgesellschaften, bei denen nicht wenigstens ein persönlich haftender Gesellschafter eine natürliche Person oder eine offene Handelsgesellschaft, Kommanditgesellschaft oder andere Personenhandelsgesellschaft mit einer natürlichen Person als persönlich haftendem Gesellschafter ist oder sich die Verbindung von Gesellschaften in dieser Art fortsetzt. Die Regelung unterscheidet für die genannten Kapital- und Personenhandelsgesellschaften drei Fallgruppen: Erfasst sind nach Abs. 1 Nr. 1 zunächst **unverbundene Unternehmen,** die eine Niederlassung, eine feste Geschäftseinrichtung oder eine dauerhafte Geschäftstätigkeit in mindestens einem anderen Staat haben. Nach Abs. 1 Nr. 2 sind die Regelungen auch anwendbar auf **oberste Mutterunternehmen** und **das oberste Mutterunternehmen oder ein verbundenes Unternehmen** (§ 271 Abs. 2), die eine Niederlassung, eine feste Geschäftseinrichtung oder eine dauerhafte Geschäftstätigkeit in mindestens einem anderen Staat haben. Ferner sind nach Abs. 1 Nr. 3 **Tochterunternehmen von obersten Mutterunternehmen** mit Sitz

---

[13] ABl. 2021 L 429, 1 v. 1.12.2021.
[14] ErwG. 2 RL (EU) 2021/2101.
[15] Gesetz v. 19.6.2023, BGBl. 2023 I Nr. 154.
[16] Im Gesetzgebungsverfahren wurden auch europa- und verfassungsrechtliche Bedenken im Hinblick auf die Kompetenzen geäußert, vgl. Desens in seiner Stellungnahme zur öffentlichen Anhörung.
[17] Cordes/Leonhardt FR 2023, 41 (42), auch zur Vorwirkung in einigen europäischen Jurisdiktionen; Lanfermann/Götze BB 2022, 235 (236); Rimmelspacher/Kliem WPg 2023, 792 (794, 801).

in einem Drittstaat erfasst, die selbst **mittelgroß oder groß** gemessen am Maßstab des § 267 Abs. 2–4 sind (lit. a). Schließlich sind vor dem Hintergrund der Vermeidung einer Umgehung auch Tochterunternehmen von obersten Mutterunternehmen mit Sitz in einem Drittstaat erfasst, die ausschließlich dem Zweck dienen, die **Berichtspflichten** nach diesem Unterabschnitt zu **umgehen** (lit. b).

7   Abs. 2 erweitert den Anwendungsbereich des Unterabschnitts auf **inländische Zweigniederlassungen von Kapitalgesellschaften mit ihrem Satzungssitz in einem Drittstaat** (weder EU noch EWR). Bei der Kapitalgesellschaft mit der inländischen Zweigniederlassung kann es sich um ein unverbundenes Unternehmen handeln oder um verbundene Unternehmen, wenn das oberste Mutterunternehmen seinen Satzungssitz in einem Drittstaat hat. Für die inländische Zweigniederlassung müssen die Größenkriterien im Hinblick auf den Umsatz von mittelgroßen Kapitalgesellschaften erfüllt sein. Es werden nur inländische Zweigniederlassungen von Kapitalgesellschaften erfasst, deren Umsatzerlöse (§ 342b Abs. 4) in mindestens zwei aufeinander folgenden Geschäftsjahren jeweils 12 Mio. Euro übersteigen und diesen Betrag danach in zwei aufeinander folgenden Geschäftsjahren jeweils nicht unterschreiten. Darüber hinaus findet sich auch eine Regelung, die Umgehungen beim Einsatz inländischer Zweigniederlassungen verhindern soll. Eine inländische Zweigniederlassung, die ausschließlich dem Zweck dient, die Berichtspflichten nach diesem Unterabschnitt zu umgehen, fällt ebenfalls in den Anwendungsbereich. Inländische Zweigniederlassungen von Personenhandelsgesellschaften iSd § 264a werden im Umkehrschluss zu Abs. 1 von der Regelung nicht erfasst.

8   Aus dem Zusammenspiel der Regelungen über den Anwendungsbereich des Unterabschnitts und den Regelungen zur konkreten Pflicht zur Erstellung eines Berichts mit den gesetzlich vorgegebenen Ertragsteuerinformationen lassen sich letztlich **fünf Fallgruppen** bilden: (1) **§ 342b** regelt die Verpflichtung unverbundener Unternehmen mit Sitz im Inland, die eine Niederlassung, feste Geschäftseinrichtung oder dauerhafte Geschäftstätigkeit in mindestens einem anderen Staat haben (§ 342 Abs. 1 Nr. 1). (2) **§ 342c** regelt die Verpflichtung für ein oberstes Mutterunternehmen mit Sitz im Inland, sofern das Mutterunternehmen oder ein verbundenes Unternehmen eine Niederlassung, eine feste Geschäftseinrichtung oder eine dauerhafte Geschäftstätigkeit in mindestens einem anderen Staat hat. (3) **§ 342d** regelt die Verpflichtung für ein Tochterunternehmen mit Satzungssitz im Inland, das ein oberstes Mutterunternehmen mit Satzungssitz in einem Drittstaat hat und als zumindest mittelgroß einzuordnen ist. (4) **§ 342e** regelt die Verpflichtung für Kapitalgesellschaften als unverbundene Unternehmen mit Satzungssitz in einem Drittstaat, welche im Inland eine Zweigniederlassung haben, deren Umsatzerlöse das Umsatzgrößenkriterium mindestens für eine mittelgroße Kapitalgesellschaft erfüllen. (5) **§ 342f** regelt die Verpflichtung für Kapitalgesellschaften mit Satzungssitz in einem Drittstaat, die ein oberstes Mutterunternehmen mit dem Satzungssitz in einem Drittstaat haben, und im Inland eine Zweigniederlassung haben, deren Umsatzerlöse das Umsatzgrößenkriterium mindestens für eine mittelgroße Kapitalgesellschaft erfüllen.

9   **6. Verhältnis zu anderen Normen.** Ob immer neue Berichterstattungspflichten für Unternehmen das Mittel sind, um mehr Transparenz und öffentliche Kontrolle zu erreichen, hängt in erster Linie davon ab, ob die Informationen von den Unternehmen (noch) sachgerecht zur Verfügung gestellt werden können und von der interessierten Öffentlichkeit auch verarbeitet werden können. Die Offenlegung von Ertragsteuerinformationen im Rahmen der Rechnungslegung steht neben der länderbezogenen steuerlichen Berichtspflicht für multinationale Unternehmensgruppen gegenüber dem Bundeszentralamt für Steuern (§ 138a AO).

10   **a) Steuerliche Berichtspflicht.** § 138a AO verlangt von internationalen Konzernen mit einem Gesamtumsatz von mindestens 750 Mio. EUR einen **länderbezogenen Bericht** (CbC-Report). Die Verpflichtung wurde durch das BEPS-UmsetzungsG[18] eingeführt und

---

[18]   Gesetz zur Umsetzung der Änderungen der EU-Amtshilferichtlinie und von weiteren Maßnahmen gegen Gewinnkürzungen und -verlagerungen v. 20.12.2016, BGBl. 2016 I 3000.

regelt den sog. steuerlichen Country-by-Country-Report (CbC-Report). Aus diesem Bericht muss sich insbesondere ergeben, wie sich die Geschäftstätigkeit des Konzerns auf die einzelnen Staaten verteilt und welche Betriebsstätten und Unternehmen in den einzelnen Staaten unterhalten werden. Die Konzernobergesellschaft gibt den CbC-Report in ihrem Ansässigkeitsstaat bei den zuständigen Finanzbehörden ab und die Daten werden anschließend an die übrigen (beteiligten) Vertragsstaaten des MCAA (Multilateral Competent Authority Agreement) übermittelt.[19] Der Bericht bezweckt eine erste Einschätzung steuerlicher Risiken bei der Prüfung der Angemessenheit von Verrechnungspreisen. Außerdem soll der Bericht dazu beitragen, Gewinnverlagerungen und -verkürzungen zu erkennen.[20] Inhaltlich muss der Bericht Angaben zu zwei Bereichen enthalten, die in § 138a Abs. 2 Nrn. 1 und 2 AO genannt und jeweils durch § 138a Abs. 2 Nr. 3 AO ergänzt werden. Zum einen muss die Konzernobergesellschaft eine Übersicht erstellen, wie sich die Geschäftstätigkeit des Konzerns auf die einzelnen Staaten verteilt (Umsätze, Gewinn, Steuerverteilung). Ferner muss eine nach Steuerhoheitsgebieten gegliederte Auflistung aller Unternehmen und Betriebsstätten erstellt werden, zu denen Angaben in der Übersicht erfasst sind, jeweils unter Angabe deren wichtigster Geschäftstätigkeiten. Der Bericht an die zuständige Finanzbehörde weist daher zahlreiche Überschneidungen zum Ertragsteuerinformationsbericht auf (§ 342h). Unverbundene Unternehmen werden von der steuerrechtlichen Verpflichtung allerdings nicht erfasst, sodass der Adressatenkreis in steuerlicher Hinsicht nicht nur ausgehend vom Größenkriterium enger ist. Das gilt auch, wenn man berücksichtigt, dass die steuerliche Verpflichtung für alle Unternehmensformen gilt, die einen Konzernabschluss aufstellen müssen (etwa nach §§ 11 ff. PublG). Insoweit zeigen sich auch die unterschiedlichen Zwecke, die mit den verschiedenen Berichtspflichten erreicht werden sollen. Im Übrigen ist für die steuerlichen Informationspflichten auch der Schutz durch das Steuergeheimnis zu beachten.[21]

b) Weitere Berichtspflichten. Andere Berichtspflichten, etwa die Nachhaltigkeitsberichterstattung auf der Grundlage der umgesetzten CSRD (Corporate Sustainability Reporting Directive) und die damit zusammenhängenden ESRS (Nachhaltigkeitsberichterstattungsstandards) stehen völlig **selbstständig** neben dem Ertragsteuerinformationsbericht. Gleiches gilt im Hinblick auf den Zahlungsbericht für bestimmte Unternehmen des Rohstoffsektors (§ 341s). **11**

c) IFRS. Die internationalen Rechnungslegungsregelungen sehen bisher keine länderbezogene Berichterstattung über Ertragsteuern vor. Zur Angabe der Informationen über geografische Gebiete sind nach IFRS 8.2 auch nur alle Unternehmen bzw. Konzerne verpflichtet, welche IFRS anwenden und deren Schuld- oder Eigenkapitalinstrumente an einem öffentlichen Markt gehandelt werden oder zur Vorbereitung der öffentlichen Notierung (Konzern-)Abschlüsse eingereicht haben. **12**

II. Gesellschaften mit Sitz im Inland (Abs. 1)

Abs. 1 eröffnet den Anwendungsbereich für die länderspezifische Ertragsteuerberichterstattung für Kapitalgesellschaften und die in § 264a Abs. 1 umschriebenen Personenhandelsgesellschaften, wenn die Gesellschaften einen Sitz im Inland haben. Bei letztgenannten Personenhandelsgesellschaften handelt es sich um offene Handelsgesellschaften und Kommanditgesellschaften, bei denen nicht wenigstens ein persönlich haftender Gesellschafter eine natürliche Person oder eine offene Handelsgesellschaft, Kommanditgesellschaft oder andere Personenhandelsgesellschaft mit einer natürlichen Person als persönlich haftendem Gesellschafter ist oder sich die Verbindung von Gesellschaften in dieser Art fortsetzt. **13**

1. Sitz der Gesellschaft im Inland. Mit dem Sitz der Gesellschaft, unabhängig davon, ob es sich um eine Kapitalgesellschaft oder eine in die Regelung einbezogene Personenhan- **14**

---

[19] Dazu BMF v. 1.2.2017, BStBl. I 2017, 305; Czakert DStR 2015, 2697.
[20] BT-Drs. 18/9536, 37.
[21] Kraft/Heider DStR 2017, 1353 (1360).

delsgesellschaft handelt, ist der **Satzungssitz** gemeint. Der Gesetzgeber hat in der Gesetzesbegründung den Satzungssitz ausdrücklich erwähnt.[22] Dabei ist der Satzungssitz der Gesellschaft der Ort im Inland, den der Gesellschaftsvertrag bestimmt (vgl. etwa § 4a GmbHG, § 5 AktG). Der Satzungssitz dient der Individualisierung der Gesellschaft und hat im Verfahrensrecht für die Bestimmung der Zuständigkeiten erhebliche Bedeutung (etwa § 17 Abs. 1 ZPO, § 376 Abs. 1 FamFG und § 377 Abs. 1 FamFG). Es kommt insoweit nicht auf die tatsächlichen Verhältnisse an, also etwa den sog. Verwaltungssitz, der durch den Ort der Geschäftsleitung bestimmt wird.[23]

15   **2. Kapitalgesellschaften.** Die von der Regelung umfassten Kapitalgesellschaften werden durch die Bilanz-RL festgelegt. Die **Einbeziehung der deutschen Kapitalgesellschaften** (Aktiengesellschaften, Kommanditgesellschaften auf Aktien und Gesellschaften mit beschränkter Haftung) entspricht Art. l Abs. 1 lit. a Bilanz-RL iVm Anhang I Bilanz-RL. Kapitalgesellschaft iSd Regelung ist auch die Rechtsform der Europäischen Gesellschaft (SE). Die Anwendbarkeit auf die SE ergibt sich auch aus Art. 9 Abs. 1 lit. c ii SE-VO.

16   **3. Personenhandelsgesellschaften.** Die Anwendbarkeit des Unterabschnitts auf Personenhandelsgesellschaften iSd § 264a Abs. 1 entspricht Art. 1 Abs. 1 lit. b Bilanz-RL iVm Anhang II Bilanz-RL, soweit der persönlich haftende Gesellschafter eine Kapitalgesellschaft ist. Soweit der persönlich haftende Gesellschafter der Personenhandelsgesellschaft eine andere juristische Person ist – zum Beispiel eine Stiftung oder Genossenschaft[24] –, handelt es sich ebenfalls um eine Personenhandelsgesellschaft iSd § 264a Abs. 1, die in den Anwendungsbereich des Abs. 1 einbezogen wird (→ § 264a Rn. 6). Die Bilanzrichtlinie gibt diese Erweiterung nicht vor. Die Einbeziehung erfolgt, um sonst zu besorgenden Ausweichgestaltungen entgegenzuwirken.[25] Sofern der persönlich haftende Gesellschafter eine Personenhandelsgesellschaft ist, hängt die Einbeziehung in den Anwendungsbereich von der persönlichen Haftung einer natürlichen Person als Gesellschafter in der Beteiligungskette ab.

17   **4. Unverbundene Unternehmen (Abs. 1 Nr. 1).** Unverbundene Kapitalgesellschaften und Personenhandelsgesellschaften iSd § 264a Abs. 1 sind vom Anwendungsbereich der Regelung nur erfasst, wenn sie eine Niederlassung, eine feste Geschäftseinrichtung oder eine dauerhafte Geschäftstätigkeit in mindestens einem anderen Staat haben. Die Regelung setzt Art. 48b Abs. 2 Bilanz-RL in nationales Recht um. Dabei meint die Umschreibung „anderer Staat" ein anderer EU-Mitgliedstaat, ein anderer EWR-Vertragsstaat oder ein Drittstaat (zur entsprechenden Differenzierung vgl. § 342a Nr. 3).[26] Unverbundene Unternehmen mit reinem Inlandsbezug werden von Abs. 1 nicht erfasst, was mit dem Zweck der Regelung übereinstimmt und den Richtlinienvorgaben entspricht.

18   Ein Unternehmen ist unverbunden, wenn es ein nicht verbundenes Unternehmen nach § 271 Abs. 2 ist (vgl. § 342a Nr. 1). Verbundene Unternehmen sind nach § 271 Abs. 2 unabhängig von ihrer Rechtsform und ihrem Sitz solche, die im Verhältnis zueinander **Mutterunternehmen und Tochterunternehmen** gem. § 290 Abs. 1 S. 1 und Abs. 2 bis Abs. 4 sind. Dabei sind alle mit demselben Mutterunternehmen verbundenen Tochterunternehmen auch untereinander verbundene Unternehmen. Maßstab für die Bewertung, ob ein unverbundenes oder verbundenes Unternehmen vorliegt, ist das **Bestehen eines unmittelbaren oder mittelbaren beherrschenden Einflusses,** der ausgeübt werden kann. Besteht eine Beteiligung an einem anderen Unternehmen, reichen die Stimmrechte zur Mehrheit bei den Gesellschaftern aber nicht aus, und bestehen auch keine besonderen Entsenderechte in die Leitungsgremien, die dort eine Mehrheit gewährleisten, und ist darü-

---

[22]   BT-Drs. 20/5653, 47.

[23]   Altmeppen GmbHG § 4a Rn. 3; Koch AktG § 5 Rn. 6.

[24]   Zu den Bedenken insoweit für vermögensverwaltende Gesellschaften Grotherr FR 2023, 193 (196), allerdings in erster Linie mit dem Argument, dass ein steuerbezogener Länderbericht nicht erstellt werden muss.

[25]   BT-Drs. 20/5653, 47.

[26]   BT-Drs. 20/5653, 47.

ber hinaus auch kein Beherrschungsvertrag abgeschlossen und liegt auch keine Zweckgesellschaft vor, dann handelt es sich um ein unverbundenes Unternehmen. Es gelten damit hier die gleichen Maßstäbe, die im Rahmen des § 290 für die Verpflichtung zur Aufstellung eines Konzernabschlusses entscheidend sind. Aus den Regelungen in § 342 Abs. 1 oder § 271 Abs. 2 ergeben sich insoweit aber keine Hinweise, dass die Ausnahmeregelungen im Hinblick auf die Verpflichtung zur Aufstellung eines Konzernabschlusses auch für die Beurteilung eines verbundenen Unternehmens oder die Einbeziehung in die Regelung des Abs. 1 als Ausnahme dienen sollen (etwa § 293).[27]

19 Was mit den Begriffen „Niederlassung", „feste Geschäftseinrichtung" oder „dauerhafte Geschäftstätigkeit" genau gemeint ist, wird in dem Unterabschnitt nicht bestimmt. Die Begriffe werden insbesondere von § 342a nicht definiert. Die als Grundlage für die Umsetzung heranzuziehende Bilanz-RL enthält ebenfalls keine Definitionen für die Begriffe. Während die Niederlassung zumindest im Hinblick auf die Zweigniederlassung (§ 13) bestimmt werden kann, dürften die Begriffe der festen Geschäftseinrichtung und der dauerhaften Tätigkeit eher dem steuerlichen Begriff der Betriebsstätte geschuldet sein. Ohne das Vorliegen einer Betriebsstätte bestehen nach internationalen steuerlichen Regelungen (insb. DBA) für Unternehmen (bisher) keine hier im Vordergrund stehenden steuerlichen Anknüpfungspunkte, die länderbezogene Angaben rechtfertigen könnten.[28] Insoweit ist allerdings darauf hinzuweisen, dass der nationale Begriff der Betriebsstätte (§ 12 AO) und der im DBA verwendete Begriff der Betriebsstätte (angelehnt an Art. 5 OECD-MA) nicht vollständig deckungsgleich sind.[29]

5. Oberste Mutterunternehmen mit Sitz im Inland (Abs. 1 Nr. 2).

20 Vom Anwendungsbereich des Abs. 1 Nr. 2 werden oberste Mutterunternehmen mit Sitz im Inland erfasst, die selbst oder über ein verbundenes Unternehmen eine Niederlassung, eine **feste Geschäftseinrichtung oder eine dauerhafte Geschäftstätigkeit** in mindestens einem anderen Staat haben. Der Begriff „oberste Mutterunternehmen" ist in § 342a Nr. 2 definiert. Für den Begriff des verbundenen Unternehmens ist die Regelung in § 271 Abs. 2 maßgebend (→ Rn. 18). Im Hinblick auf die grenzüberschreitende oder multinationale Betätigung gelten die Ausführungen zu unverbundenen Unternehmen entsprechend. Das oberste Mutterunternehmen selbst oder aber zumindest ein verbundenes Unternehmen muss eine Niederlassung, eine feste Geschäftseinrichtung oder eine dauerhafte Geschäftstätigkeit in mindestens einem anderen Staat haben. Ein reiner inländischer Konzern wird von der Regelung nicht erfasst (auch → Rn. 17). Gleiches gilt, falls die Betätigung in einem anderen Staat nicht über ein verbundenes Unternehmen zugerechnet werden kann, sondern lediglich bei einem Gemeinschaftsunternehmen oder assoziierten Unternehmen vorliegt. Im Hinblick auf die Begriffe „Niederlassung", „feste Geschäftseinrichtung" oder „dauerhafte Geschäftstätigkeit" kann auf die Ausführungen zu unverbundenen Unternehmen verwiesen werden (→ Rn. 19).

21 Ein oberstes Mutterunternehmen ist nach § 342a Nr. 2 ein Mutterunternehmen, das den Konzernabschluss für den größten Kreis von Unternehmen aufstellt. Die Begriffsumschreibung entspricht der des Art. 48a Abs. 1 Nr. 1 Bilanz-RL. Vom Anwendungsbereich wird nur das **Mutterunternehmen an der Konzernspitze** als oberstes Unternehmen erfasst, das auch den Konzernabschluss aufzustellen hat. Das gilt für einstufige und für mehrstufige Konzernstrukturen. Die Anknüpfung an das Aufstellen eines Konzernabschlusses bedeutet gleichzeitig, dass Mutterunternehmen, die aufgrund von Ausnahmeregelungen keinen Konzernabschluss aufstellen, kein oberstes Mutterunternehmen iSd § 342a Nr. 2 sind und damit auch nicht in den Anwendungsbereich für den Bericht über die Ertragsteuerinformationen einbezogen ist. Die konkreten Größenkriterien für die Erstellung eines Berichts in § 342c Abs. 1 (Konzernumsatzerlöse in mindestens zwei aufeinander folgenden Geschäftsjahren übersteigen jeweils 750 Mio. EUR) zeigen aber, dass etwa der Regelung

---

[27] BT-Drs. 20/5653, 41.
[28] Kirsch WPg 2023, 229.
[29] Klein/Gersch AO § 12 Rn. 19.

in § 293 (größenabhängige Befreiung – in den zwölf Monaten vor dem Abschlussstichtag übersteigt der Konzernumsatz insgesamt nicht 48 Mio. EUR) regelmäßig keine Bedeutung zukommt.

22   Das Erfordernis der Aufstellung eines Konzernabschlusses durch das Mutterunternehmen führt aber nach dem Wortlaut wohl zu keiner Verpflichtung für den Bericht über die Ertragsteuerinformationen, wenn das oberste Mutterunternehmen zwar die Umsatzschwelle des § 342c Abs. 1 überschreitet, aber den Konzernabschluss nach § 290 Abs. 5 nicht aufstellt, weil es nur Tochtergesellschaften hat, die in den Konzernabschluss nicht einbezogen werden müssen, etwa weil alle Tochtergesellschaften für die Verpflichtung, ein den tatsächlichen Verhältnissen entsprechendes Bild der Vermögens-, Finanz- und Ertragslage des Konzerns zu vermitteln, einzeln und zusammen betrachtet von untergeordneter Bedeutung sind (§ 296 Abs. 2). Es liegt in solchen Fällen auch kein unverbundenes Unternehmen vor, da es insoweit nur auf die Beherrschung ankommt, die im Hinblick auf die Tochtergesellschaften weiterhin gegeben ist (→ Rn. 18).

23   **6. Oberstes Mutterunternehmen mit Sitz in einem Drittstaat (Abs. 1 Nr. 3).**
Die Regelung in Abs. 1 Nr. 3 erfasst Kapitalgesellschaften und Personenhandelsgesellschaften iSd § 264a, die ihren Sitz im Inland haben und gleichzeitig Tochterunternehmen von einem obersten Mutterunternehmen mit Sitz in einem Drittstaat sind. Tochterunternehmen, deren oberstes Mutterunternehmen in der EU oder im EWR ansässig ist, fallen nicht in den Anwendungsbereich der Nr. 3. Insoweit wird der Ertragsteuerinformationsbericht über die entsprechenden Regelungen für oberste Mutterunternehmen (Abs. 1 Nr. 2) in den anderen Mitglieds- bzw. Vertragsstaaten sichergestellt. Die Regelung setzt Art. 48b Abs. 4 UAbs. 1 Bilanz-RL in das deutsche Recht um. Um in den Anwendungsbereich der Nr. 3 zu fallen, müssen die Tochtergesellschaften weitere Voraussetzungen erfüllen. Dabei sind zwei Fallgruppen zu unterscheiden. Einerseits werden nur Tochtergesellschaften erfasst, die selbst mittelgroß oder groß iSd Größenklassen des § 267 Abs. 2–4 sind (lit. a). Andererseits sind auch andere Tochtergesellschaften erfasst, die ausschließlich dem Zweck dienen, die Berichtspflichten zu den Ertragsteuerinformationen zu umgehen (lit. b).

24   **a) Sitz in einem Drittstaat.** Mit dem Sitz des obersten Mutterunternehmens in einem Drittstaat ist auch hier, unabhängig davon, welche Rechtsform das Mutterunternehmen aufweist, der **Satzungssitz** gemeint. Dabei ist der Satzungssitz der Gesellschaft der Ort, den der **Gesellschaftsvertrag** bestimmt. Liegt der Ort in einem Drittstaat (nicht im Inland, nicht in einem EU-Mitgliedsstaat und nicht in einem EWR-Vertragsstaat, § 342a Nr. 3), ist der Anwendungsbereich der Regelung insoweit eröffnet (zu weiteren Fragen, etwa der Behandlung des Unternehmens bei Auseinanderfallen von Satzungssitz und effektivem Verwaltungssitz → Rn. 31).

25   **b) Tochterunternehmen.** Unter welchen Voraussetzungen ein Tochterunternehmen vorliegt, ist aus dem Regelungszusammenhang des § 342a Nr. 2 und § 290 Abs. 1 S. 1 und Abs. 2 bis 4 zu ermitteln. Nach der Definition in § 290 Abs. 1 S. 1 liegt ein Tochterunternehmen vor, wenn ein Mutterunternehmen unmittelbar oder mittelbar einen beherrschenden Einfluss ausüben kann. Die typisierenden **Regelbeispiele des § 290 Abs. 2** sind insoweit zu berücksichtigen. Besteht eine Beteiligung an einem anderen Unternehmen, reicht die Mehrheit der Stimmrechte bei den Gesellschaftern aus. Gleiches gilt bei besonderen Entsenderechten in die Leitungsgremien, die dort eine Mehrheit gewährleisten. Ferner ist auch ein abgeschlossener Beherrschungsvertrag ausreichend. Darüber hinaus kann auch eine Zweckgesellschaft Tochtergesellschaft idS § 290 (Abs. 2 Nr. 4) sein.

26   **c) Mittelgroße oder große Gesellschaft.** Bei der Tochtergesellschaft muss es sich nach der Variante in lit. a um eine mittelgroße oder große Gesellschaft handeln. Maßstab dafür ist die Umschreibung der **Größenklassen** in § 267 HGB. Danach werden **kleine** (Abs. 1), **mittelgroße** (Abs. 2) und **große** (Abs. 3) Gesellschaften unterschieden. Darüber hinaus ist zu beachten, dass die kapitalmarktorientierte Kapitalgesellschaft stets als große

Gesellschaft zu behandeln ist und man unter den kleinen Gesellschaften nochmal differenziert und die Gruppe der Kleinstkapitalgesellschaften nach den Maßstäben des § 267a (teilweise) gesondert behandelt. Um als Tochterunternehmen mindestens als mittelgroß behandelt zu werden, muss diese mindestens zwei der drei folgenden Merkmale überschreiten: Bilanzsumme 6 Mio. EUR, Umsatzerlöse in den zwölf Monaten vor dem Abschlussstichtag 12 Mio. EUR, im Jahresdurchschnitt fünfzig Arbeitnehmer. Dabei wird die Qualifizierung durch den Verweis auf § 267 Abs. 4 auch für Abs. 1 Nr. 3 erst erreicht, wenn die Merkmale an den Abschlussstichtagen von zwei aufeinanderfolgenden Geschäftsjahren überschritten werden (§ 267 Abs. 4). Insoweit wird im Hinblick auf das Merkmal Umsatzerlöse ein Gleichklang mit den Fällen der erfassten Zweigniederlassungen (Abs. 2 Nr. 2 lit. a) hergestellt.[30]

d) Umgehungsschutz. Unabhängig von der Größe der Tochtergesellschaft, also auch **27** kleine Gesellschaften iSd § 267 – selbst in der Form der Kleinstgesellschaften, können die Tochterunternehmen in den Anwendungsbereich für eine Berichtspflicht fallen, wenn die Tochterunternehmen ausschließlich dem Zweck dienen, die Berichtspflichten nach diesem Unterabschnitt zu umgehen. Die Regelung dient dem **Umgehungsschutz** (Art. 48b Abs. 7 Bilanz-RL). Die Gesetzesbegründung nennt als klassisches Beispiel die gezielte Gründung von zwei Tochterunternehmen, die jeweils klein iSd § 267 Abs. 1 sind, statt eines einzigen mittelgroßen Tochterunternehmens nur zu dem Zweck, eine Pflicht zur Ertragsteuerinformationsberichterstattung zu vermeiden.[31] Eine Umgehung könnte in Anlehnung an das Beispiel natürlich auch durch eine Spaltung eines mittelgroßen Tochterunternehmens auf zwei kleine Tochterunternehmen liegen. Der entscheidende Gesichtspunkt ist insoweit aber das Merkmal der Ausschließlichkeit. Lassen sich für die Gründung von zwei oder mehr kleinen Tochterunternehmen oder Spaltung in zwei oder mehr kleine Tochterunternehmen andere sachliche Gründe anführen (etwa wirtschaftlicher oder organisatorischer Art), ist der Anwendungsbereich für die Berichtspflichten nicht eröffnet. Der unternehmerische Ermessensspielraum wird auf diesem Wege gewahrt. Die Regelung enthält auch keine Anhaltspunkte, dass eine Gewichtung der Gründe vorgenommen werden kann. Damit wird der Anwendungsbereich der Variante in Abs. 1 Nr. 3 lit. b) sehr überschaubar bleiben.

III. Kapitalgesellschaften mit einem Sitz in einem Drittstaat (Abs. 2)

Der Anwendungsbereich des Unterabschnitts erfasst nach Abs. 2 auch bestimmte Kapi- **28** talgesellschaften mit einem **Sitz in einem Drittstaat** (vgl. § 342a Nr. 3), die im **Inland eine Zweigniederlassung** haben. Unter Berücksichtigung des unterschiedlichen Wortlauts im Hinblick auf die einbezogenen Unternehmen in Abs. 1 und Abs. 2 umfasst der Abs. 2 keine Personenhandelsgesellschaften. Das deutsche Recht folgt insoweit Art. 1 Abs. 1a S. 1 Bilanz-RL, der lediglich auf Unternehmen verweist, die eine Rechtsform haben, die einer der in Anhang I Bilanz-RL genannten Kapitalgesellschaften vergleichbar ist. Die Entscheidung des Gesetzgebers wird in der Gesetzesbegründung eindeutig klargestellt.[32]

Die vom Anwendungsbereich des Unterabschnitts erfasste Kapitalgesellschaft mit einem **29** Sitz in einem Drittstaat und einer Zweigniederlassung im Inland kann einerseits unverbunden sein oder verbundenes Unternehmen sein, dann muss das oberste Mutterunternehmen seinen Sitz in einem Drittstaat haben. Die konkreten Anforderungen an die Zweigniederlassung im Inland sind in beiden Fällen gleich. Es handelt sich insoweit um eine kumulative Voraussetzung.

1. Kapitalgesellschaft mit Sitz in einem Drittstaat. Die von der Regelung umfass- **30** ten Kapitalgesellschaften müssen mit den Kapitalgesellschaften vergleichbar sein, die in der Bilanz-RL als solche festgelegt sind. Entspricht die Kapitalgesellschaft einer Kapitalgesellschaft, die in Art. 1 Abs. 1 lit. a Bilanz-RL iVm Anhang I Bilanz-RL aufgezählt wird, fällt

---

[30]   BT-Drs. 20/5653, 48.
[31]   BT-Drs. 20/5653, 48.
[32]   BT-Drs. 20/5653, 48.

die Kapitalgesellschaft mit dem Sitz in einem Drittstaat in den Anwendungsbereich der Norm. Der **Rechtstypenvergleich** sollte daher ausgehend von der Behandlung der Gesellschaft im konkreten Drittstaat erfolgen und anschließend sollte der Vergleich mit den in Anhang I Bilanz-RL aufgezählten Kapitalgesellschaften durchgeführt werden.[33] Mit dem Sitz der Kapitalgesellschaft ist auch in Abs. 2 der **Satzungssitz** gemeint (→ Rn. 14).

31   Ob eine Kapitalgesellschaft mit Sitz in einem Drittstaat vorliegt, kann dabei insbesondere problematisch sein, wenn die Kapitalgesellschaft nur den Satzungssitz im Drittstaat hat, nicht aber den (effektiven) Verwaltungssitz. Im deutschen autonomen internationalen Gesellschaftsrecht herrscht nämlich gegenüber Drittstaaten nach wie vor kraft Gewohnheitsrechts die sog. Sitztheorie vor; die Gesellschaft unterliegt danach derjenigen Rechtsordnung, die „am Ort ihres tatsächlichen Verwaltungssitzes gilt".[34] Geht man bei der Beurteilung von Kapitalgesellschaften mit einem Sitz in einem Drittstaat davon aus, dass die vorstehende Regelung zur Beurteilung zumindest in den Fällen heranzuziehen ist, in denen der (effektive) Verwaltungssitz in Deutschland liegt, wäre aus deutscher Sicht von keiner Kapitalgesellschaft auszugehen.[35] Eine solche Gesellschaft wäre dann auch nicht mehr als Kapitalgesellschaft mit Sitz in einem Drittstaat und einer qualifizierten Zweigniederlassung im Inland berichtspflichtig nach §§ 342 ff.

32   **2. Unverbundene Kapitalgesellschaft (Abs. 2 Nr. 1 erste Variante).** Die Kapitalgesellschaft ist **unverbundenes** Unternehmen (§ 342a Nr. 1), wenn kein verbundenes Unternehmen nach § 271 Abs. 2 vorliegt. Auf die entsprechenden Ausführungen zu Abs. 1 und § 342a Nr. 1 kann hier verwiesen werden (→ Rn. 17 ff.).

33   **3. Verbundene Kapitalgesellschaft (Abs. 2 Nr. 1 zweite Variante).** Ist die Kapitalgesellschaft mit Sitz in einem Drittstaat (§ 342a Nr. 3) ein verbundenes Unternehmen nach § 271 Abs. 2, ist der Anwendungsbereich der Berichtspflicht nur eröffnet, wenn das oberste Mutterunternahmen (§ 342a Nr. 2), also das Unternehmen, welches den Konzernabschluss für den größten Kreis von Unternehmen aufstellt, seinen Sitz in einem Drittstaat (→ Rn. 23 f.) dazu hat. Dabei kann auch die Kapitalgesellschaft selbst das oberste Mutterunternehmen sein.[36] Das bedeutet, dass Kapitalgesellschaften mit Sitz in einem Drittstaat, deren oberstes Mutterunternehmen in der EU oder im EWR ansässig ist, nicht in den Anwendungsbereich des Abs. 2 fallen.[37] Vielmehr sind insoweit die vergleichbaren Regelungen in den Mitgliedstaaten der EU und den EWR-Vertragsstaaten mit deren Regelungen (entsprechend § 342 Abs. 1 Nr. 2) für die Berichterstattung verantwortlich. Hat das oberste Mutterunternehmen seinen Sitz im Inland, ist der Anwendungsbereich nach Abs. 1 Nr. 2 der Norm eröffnet.

34   **4. Qualifizierte Zweigniederlassung im Inland.** Kapitalgesellschaften mit Sitz in einem Drittstaat, die die Voraussetzungen der Nr. 1 erfüllen, fallen nur dann in den Anwendungsbereich der Regelung, wenn sie mindestens eine Zweigniederlassung im Inland errichtet haben, die die Anforderungen der Nr. 2 erfüllt. Die Anforderungen sind insoweit alternativ geregelt („oder"). Einerseits wird ein **Größenkriterium** im Hinblick auf die Zweigniederlassung als Anknüpfungspunkt für die Verpflichtung bestimmt und andererseits geht es auch insoweit um den **Umgehungsschutz** (→ Rn. 27).

35   Die Zweigniederlassung im Inland (§§ 13e–13g) liegt vor, wenn sie nicht eine unselbstständige Betriebsabteilung ist, sondern von der Hauptniederlassung räumlich getrennt ist. Sie muss ferner Geschäfte der Kapitalgesellschaft unter ihrer Leitung nicht nur vorübergehend selbstständig abschließen und entsprechend sachlich (getrennte Buchführung und eigenes

---

[33]   Zahlreiche Beispiele etwa MüKoHGB/Krafka § 13e Rn. 6 und 7.
[34]   Vgl. dazu etwa BGHZ 178, 192 – Trabrennbahn, im Verhältnis zur Schweiz; BGH NZG 2009, 1106, im Verhältnis zu Singapur; vgl. auch BFH GmbHR 2019, 304.
[35]   Umfassend Staudinger/Ebke, Internationales Gesellschaftsrecht; MüKoBGB/Kindler, Internationales Gesellschaftsrecht.
[36]   BT-Drs. 20/5653, 48.
[37]   BT-Drs. 20/5653, 48.

Bankkonto, wenngleich rechtlich keine selbstständigen Forderungen und Verpflichtungen begründet werden können) und personell (Entschließungsfreiheit des Leiters mit entsprechenden rechtlichen Befugnissen im Außenverhältnis) organisiert sein.[38]

a) Qualifizierende Größe der Zweigniederlassung. Die Regelung setzt in Umsetzung von Art. 48b Abs. 5 UAbs. 4 und 6 Bilanz-RL eine qualifizierende Größe der inländischen Zweigniederlassung voraus, die im Hinblick auf den Umsatz dem Merkmal der mittelgroßen Gesellschaft entspricht (§ 267 Abs. 1). Auf diesem Wege sollen unverhältnismäßige Belastungen vermieden werden.[39] Die Umsatzerlöse der inländischen Zweigniederlassung müssen in mindestens zwei aufeinander folgenden Geschäftsjahren jeweils einen Betrag von 12 Mio. EUR überschreiten und dürfen danach in zwei aufeinander folgenden Geschäftsjahren jeweils diesen Betrag nicht unterschreiten. Wenn eine Zweigniederlassung in zwei beliebig zurückliegenden aufeinander folgenden Geschäftsjahren die Umsatzerlöse-Schwelle überschritten hat, in den folgenden Geschäftsjahren die Schwelle jedoch immer wieder abwechselnd unter- und überschreitet, bleibt nach dem Willen des Gesetzgebers der Anwendungsbereich eröffnet.[40] Die Zweigniederlassung ist nicht mehr zu berücksichtigen, wenn die Umsatzerlöse-Schwelle in zwei aufeinander folgenden Geschäftsjahren unterschritten wird (Art. 48b Abs. 5 UAbs. 6 Bilanz-RL). 36

Die für die Norm maßgebenden Umsatzerlöse ergeben sich durch die Verweisung aus § 342b Abs. 4. Die **maßgebenden Umsatzerlöse** entsprechen dem Begriff „Nettoumsatzerlöse" iSd Art. 2 Nr. 5 Bilanz-RL. Nach Art. 1 Abs. 1a S. 2 Bilanz-RL gelten die Begriffsbestimmungen insoweit auch für Zweigniederlassungen. Die Begriffsbestimmung entspricht damit im Grundsatz der handelsrechtlichen Regelung in § 277 Abs. 1 (§ 342b Abs. 4 Nr. 3). Die Vergleichbarkeit mit den Umsatz-Merkmalen für mittelgroße Kapitalgesellschaften ist für die Planungssicherheit der Verpflichteten sicher förderlich. 37

b) Umgehungsschutz. Unabhängig von der Größe der Zweigniederlassung und damit vergleichbar mit Abs. 1 Nr. 3 lit. b können die Zweigniederlassungen im Inland für eine Berichtspflicht ausreichen, wenn die Zweigniederlassungen ausschließlich dem Zweck dienen, die Berichtspflichten nach diesem Unterabschnitt zu umgehen. Die Regelung dient ebenfalls dem **Umgehungsschutz** (Art. 48b Abs. 7 Bilanz-RL). Die möglichen Umgehungen entsprechen den Überlegungen zu Abs. 1 Nr. 3 lit. b. Es wird lediglich ein anderer Bezugspunkt gewählt, nämlich die Zweigniederlassung (vgl. daher → Rn. 27). Der entscheidende Gesichtspunkt ist aber auch hier das Merkmal der Ausschließlichkeit. Lassen sich für den Einsatz von zwei oder mehr kleinen Zweigniederlassungen andere sachliche Gründe anführen (etwa wirtschaftlicher oder organisatorischer Art), ist der Anwendungsbereich für die Berichtspflichten nicht eröffnet. Der unternehmerische Ermessenspielraum wird auf diesem Wege gewahrt. Die Regelung enthält auch keine Anhaltspunkte, dass eine Gewichtung der Gründe vorgenommen werden kann. Damit wird der Anwendungsbereich der Variante in Abs. 2 Nr. 2 lit. b ebenfalls sehr überschaubar bleiben. 38

§ 342a Begriffsbestimmungen

Im Sinne dieses Unterabschnitts sind
1. **unverbundene Unternehmen: Unternehmen, die nicht verbundene Unternehmen nach § 271 Absatz 2 sind;**
2. **oberste Mutterunternehmen: Mutterunternehmen, die den Konzernabschluss für den größten Kreis von Unternehmen aufstellen;**
3. **Drittstaaten: Staaten, die weder Mitgliedstaat der Europäischen Union noch Vertragsstaat des Abkommens über den Europäischen Wirtschaftsraum sind;**

---

[38] MüKoHGB/Krafka § 13e Rn. 10; Staub/Koch § 13e Rn. 25 ff.
[39] BT-Drs. 20/5653, 48.
[40] Ausdrücklich BT-Drs. 20/5653, 48.

4. **Steuerhoheitsgebiete:** Staaten oder nichtstaatliche Rechtsräume, die in Bezug auf die Ertragsteuer über Fiskalautonomie verfügen;

5. **Mitglieder des vertretungsberechtigten Organs bei Personenhandelsgesellschaften im Sinne des § 264a Absatz 1:** die Mitglieder des vertretungsberechtigten Organs der vertretungsberechtigten Gesellschaften;

6. **Berichtszeitraum:** das Geschäftsjahr, für das der Ertragsteuerinformationsbericht zu erstellen ist.

Schrifttum: s. § 342.

Übersicht

I. Normzweck und Anwendungsbereich

1 **1. Einführung.** Die Regelung enthält eine Reihe von **Legaldefinitionen** für die Anwendung der Normen in dem Unterabschnitt, die aber nur teilweise aus Art. 48a Abs. 1 Bilanz-RL (RL 2013/34/EU) übernommen wurden. In der Gesetzbegründung hat der Gesetzgeber angegeben, dass die Legaldefinitionen aus Gründen der Zweckdienlichkeit ergänzt wurden.[1] In Art. 48a Abs. 1 Bilanz-RL werden die Begriffe „unverbundenes Unternehmen" (Nr. 1), „oberstes Mutterunternehmen" (Nr. 2) und „Steuerhoheitsgebiet" (Nr. 4) ebenfalls definiert. Die in der Richtlinie enthaltene Definition für den „konsolidierten Abschluss" wurde nicht in das nationale Recht umgesetzt. Der deutsche Gesetzgeber verzichtet bei der Umsetzung auf den Begriff des „konsolidierten Abschluss" und wählt an dessen Stelle regelmäßig die Aufstellung des Konzernabschlusses als Umschreibung. Ferner werden die Begriffe des Art. 48a Abs. 2 Bilanz-RL „Nettoumsatzerlöse" und „Umsatzerlöse" nicht in der allgemeinen Regelung für die Begriffsbestimmungen aufgenommen, sondern erst im Rahmen der konkreten Regelungen eingearbeitet (vgl. § 342b Abs. 4 für die „Umsatzerlöse"). Über die Richtlinienvorgabe hinaus hat der deutsche Gesetzgeber die Begriffe „Drittstaaten" (Nr. 3), „Mitglieder des vertretungsberechtigten Organs bei Personenhandelsgesellschaften im Sinne des § 264a Absatz 1" (Nr. 5) und „Berichtszeitraum" (Nr. 6) in der Regelung definiert.

2 **2. Normzweck.** Die Definition von wichtigen Begriffen ist fester Bestandteil der Regelungstechnik von EU-Richtlinien. Der deutsche Gesetzgeber hielt es für erforderlich, die Norm in die Regelung Nr. 1–6 aufgenommenen Begriffe für den Unterabschnitt vorab im Rahmen eines allgemeinen Teils zu definieren, um die einheitliche Anwendung zu gewährleisten. Ob die Begriffsdefinitionen erforderlich sind und welche Begriffe aus dem Unterabschnitt einer vorab vorzunehmenden Begriffsbestimmung zugeführt werden sollen, darüber lässt sich streiten. Der Gesetzgeber hat darauf verzichtet, Begriffe wie „Niederlassung", „feste Geschäftseinrichtung" oder „dauerhafte Geschäftseinrichtung" zu definieren. Geht man aber davon aus, dass es sich dabei um **steuerliche Anknüpfungspunkte** handelt (→ § 342 Rn. 19), die als Grundlage für eine Ertragsteuerinformationen in mehreren Steuerhoheitsgebieten erforderlich ist, kann die Entscheidung des Gesetzgebers auch voraus-

---

[1]   BT-Drs. 20/5653, 49.

schauend gewesen sein. Das gilt insbesondere vor dem Hintergrund, dass sich steuerliche
Anknüpfungsregeln (vgl. etwa das Aufkommen des Marktprinzips) im Wandel befinden.

II. Einzelne Begriffsbestimmungen

1. Unverbundene Unternehmen. Die Bestimmung des Begriffs „unverbundene **3**
Unternehmen" erfolgt im Einklang mit Art. 48a Abs. 1 Nr. 4 Bilanz-RL durch Negativabgrenzung zu dem Begriff „verbundene Unternehmen", der in Art. 2 Nr. 12 Bilanz-RL als
zwei oder mehrere Unternehmen innerhalb einer Gruppe definiert wird. Unter einer
Gruppe versteht die Bilanz-RL ein Mutterunternehmen und alle Tochterunternehmen
(Art. 2 Nr. 11 Bilanz-RL). Dabei ist ein Mutterunternehmen ein Unternehmen, das ein
oder mehrere Tochterunternehmen kontrolliert und das Tochterunternehmen ist ein von
einem Mutterunternehmen kontrolliertes Unternehmen, einschließlich jedes mittelbar
kontrollierten Tochterunternehmens eines Mutterunternehmens (Art. 2 Nr. 9 bis Nr. 10
Bilanz-RL). Der deutsche Gesetzgeber wählt die Definition: „Unternehmen, die nicht
verbundene Unternehmen nach § 271 Absatz 2 sind".

Verbundene Unternehmen sind nach § 271 Abs. 2 unabhängig von ihrer Rechtsform **4**
und ihrem Sitz solche, die im **Verhältnis zueinander Mutterunternehmen und Toch-**
terunternehmen gem. § 290 Abs. 1 S. 1 und Abs. 2 bis Abs. 4 sind. Dabei sind alle mit
demselben Mutterunternehmen verbundenen Tochterunternehmen auch untereinander
verbundene Unternehmen. Maßstab für die Bewertung, ob ein unverbundenes oder verbundenes Unternehmen vorliegt, ist das Bestehen eines unmittelbaren oder mittelbaren beherrschenden Einflusses, der ausgeübt werden kann. Besteht eine Beteiligung an einem anderen
Unternehmen, reichen die Stimmrechte zur Mehrheit bei den Gesellschaftern für die
Beherrschung aus (§ 290 Abs. 2 Nr. 1). Eine Beherrschung besteht auch, wenn besondere
Entsenderechte in die Leitungsgremien bestehen, die dort eine Mehrheit gewährleisten
(§ 290 Abs. 2 Nr. 2). Gleiches gilt, wenn die Finanz- und Geschäftspolitik auf Grund eines
mit einem anderen Unternehmen geschlossenen Beherrschungsvertrages oder auf Grund
einer Bestimmung in der Satzung des anderen Unternehmens bestimmt werden kann (§ 290
Abs. 2 Nr. 3). Ein verbundenes Unternehmen ist auch eine Zweckgesellschaft, die sich
dadurch definiert, dass bei wirtschaftlicher Betrachtung die Mehrheit der Risiken und Chancen eines Unternehmens von einem anderen Unternehmen (Mutterunternehmen) getragen
werden und das zur Erreichung eines eng begrenzten und genau definierten Ziels des
Mutterunternehmens dient (§ 290 Abs. 2 Nr. 4). Es gelten damit hier die gleichen Maßstäbe,
die im Rahmen des § 290 für die Verpflichtung zur Aufstellung eines Konzernabschlusses
entscheidend sind.

Anders gewendet, besteht eine Beteiligung an einem anderen Unternehmen, reichen **5**
die Stimmrechte zur Mehrheit bei den Gesellschaftern aber nicht aus, und bestehen auch
keine besonderen Entsenderechte in die Leitungsgremien, die dort eine Mehrheit gewährleisten, und ist darüber hinaus auch kein Beherrschungsvertrag abgeschlossen und liegt auch
keine Zweckgesellschaft vor, dann handelt es sich um ein unverbundenes Unternehmen.
Maßstab sind nur die abstrakten Voraussetzungen. Ob aufgrund von Ausnahmen oder
Erleichterungen tatsächlich ein Konzernabschluss aufgestellt wird bzw. das konkrete Unternehmen insoweit einbezogen wird (oder aufgrund der untergeordneten Bedeutung nicht
aufgenommen wird), ist für die Einordnung als verbundenes oder unverbundenes Unternehmen nicht relevant (vgl. → § 342 Rn. 18).[2] Ein **assoziiertes Unternehmen** iSd Art. 2
Nr. 13 Bilanz-RL, also ein Unternehmen, an dem ein anderes Unternehmen eine Beteiligung hält[3] und dessen Geschäfts- und Finanzpolitik durch dieses andere Unternehmen
maßgeblich beeinflusst wird, ist kein verbundenes Unternehmen.

---

[2]   BT-Drs. 20/5653, 41.
[3]   Es wird vermutet, dass ein Unternehmen einen maßgeblichen Einfluss auf ein anderes Unternehmen
     ausübt, sofern es 20 % oder mehr der Stimmrechte der Aktionäre oder Gesellschafter dieses anderen
     Unternehmens besitzt.

6   **2. Oberste Mutterunternehmen.** Die Bestimmung des Begriffs „oberstes Mutterunternehmen" erfolgt im Einklang mit Art. 48a Abs. 1 Nr. 1 Bilanz-RL, allerdings unterscheidet sich der Wortlaut. Der Begriff „oberste Mutterunternehmen" wird in der Nr. 2 umschrieben als Mutterunternehmen, die den Konzernabschluss für den größten Kreis von Unternehmen aufstellen. In der Bilanzrichtlinie steht, dass das Mutterunternehmen den konsolidierten Abschluss für den größten Kreis von Unternehmen erstellt. Inhaltlich ergibt sich insoweit aber kein Unterschied. In beiden Umschreibungen (Konzernabschluss und konsolidierter Abschluss) geht es als zentrales Element um die Abbildung von Vermögensgegenständen, Schulden, Erträgen und Aufwendungen im konsolidierten Abschluss, der durch die Fiktion der rechtlichen Einheit geprägt sein soll (§ 297 Abs. 3).

7   Nur das Unternehmen an der **Konzernspitze** wird **als oberstes Mutterunternehmen** erfasst, das auch den Konzernabschluss aufzustellen hat. Das gilt für einstufige und für mehrstufige Konzernstrukturen. Die Anknüpfung an das Aufstellen eines Konzernabschlusses bedeutet gleichzeitig, dass Mutterunternehmen, die aufgrund von Ausnahmeregelungen keinen Konzernabschluss aufstellen, kein oberstes Mutterunternehmen iSd Nr. 2 sind und damit auch nicht in den Anwendungsbereich für den Bericht über die Ertragsteuerinformationen einbezogen sind. Die konkreten **Größenkriterien** für die Erstellung eines Berichts in § 342c Abs. 1 (Konzernumsatzerlöse in mindestens zwei aufeinander folgenden Geschäftsjahren übersteigen jeweils 750 Mio. EUR) zeigen aber, dass etwa der Regelung in § 293 (größenabhängige Befreiung – in den zwölf Monaten vor dem Abschlussstichtag übersteigt der Konzernumsatz insgesamt nicht 48 Mio. Euro) regelmäßig keine Bedeutung zukommt.

8   Das Erfordernis der Aufstellung eines Konzernabschlusses durch das Mutterunternehmen führt aber nach dem Wortlaut wohl zu keiner Verpflichtung für den Bericht über die Ertragsteuerinformationen, wenn das Mutterunternehmen zwar die Umsatzschwelle des § 342c Abs. 1 überschreitet, aber den Konzernabschluss nach § 290 Abs. 5 nicht aufstellt, weil es nur Tochtergesellschaften hat, die in den Konzernabschluss nicht einbezogen werden müssen, etwa weil alle Tochtergesellschaften für die Verpflichtung, ein den tatsächlichen Verhältnissen entsprechendes Bild der Vermögens-, Finanz- und Ertragslage des Konzerns zu vermitteln, einzeln und zusammen betrachtet von untergeordneter Bedeutung sind (§ 296 Abs. 2). In der Folge liegt kein oberstes Mutterunternehmen vor.

9   **3. Drittstaaten.** Der Begriff der „Drittstaaten" wird umschrieben als alle **Staaten, die weder EU-Mitgliedstaat noch EWR-Vertragsstaat** sind (Nr. 3). Die Bilanz-RL enthält keine entsprechende Definition. Die Bilanz-RL wurde aber durch Beschluss des gemeinsamen EWR-Ausschusses in den Anhang XXII des EWR-Abkommens (Abkommen über den Europäischen Wirtschaftsraum[4]) aufgenommen.[5] Da die Bilanz-RL somit sowohl für EU-Mitgliedstaaten als auch für EWR-Vertragsstaaten (bei entsprechendem Annahmebeschluss) gilt, sind alle anderen Staaten folgerichtig insoweit als Drittstaaten anzusehen. Die EWR-Vertragsstaaten sind Island, Liechtenstein und Norwegen.

10   **4. Steuerhoheitsgebiete.** Die Bestimmung des Begriffs „Steuerhoheitsgebiete" erfolgt im Einklang mit Art. 48a Abs. 1 Nr. 3 Bilanz-RL. Es handelt sich dabei um Staaten oder nichtstaatliche Rechtsräume, die in Bezug auf die Ertragsteuer über **Fiskalautonomie** verfügen. Dabei spielt es keine Rolle, ob die entsprechenden Steuerhoheitsgebiete von der EU als nicht kooperative Steuerhoheitsgebiete[6] oder als kooperative Steuerhoheitsgebiete eingeordnet werden. Die jeweiligen Steuerhoheitsgebiete sind im Ertragsteuerinformations-

---

[4]   ABl. 1994 L 1, 3 v. 3.1.1994.

[5]   Beschluss des Gemeinsamen EWR-Ausschusses Nr. 293/2015 v. 30.10.2015 zur Änderung von Anhang XXII (Gesellschaftsrecht) des EWR-Abkommens (2017/1082), ABl. 2017 L 161, 87 v. 22.6.2017. Der Beschluss über die Aufnahme der hier maßgeblichen (Änderungs-)RL (EU) 2021/2101 steht derzeit noch aus.

[6]   Dazu die StAbwV mit den in § 2 aufgezählten Staaten (Amerikanisch-Samoa, Anguilla, Bahamas, Fidschi, Guam, Palau, Panama, Samoa, Trinidad und Tobago, Turks- und Caicosinseln, Amerikanische Jungferninseln und Vanuatu). Im Jahr 2023 wurden auf die EU-Liste neu aufgenommen: Britische Jungferninseln, Costa Rica, Marshallinseln und Russland.

bericht einzeln darzustellen (vgl. § 342i Abs. 1 Nr. 2 und Nr. 3). Im Hinblick auf die länderbezogenen Angaben sind die Mitgliedstaaten der EU und die Vertragsstaaten des EWR, ferner Steuerhoheitsgebiet, das in Anhang I[7] der Schlussfolgerungen des Rates zur überarbeiteten EU-Liste nicht kooperativer Länder und Gebiete für Steuerzwecke aufgeführt war (Berichtszeitraum) und Steuerhoheitsgebiet, das in Anhang II[8] der Schlussfolgerungen des Rates zur überarbeiteten EU-Liste nicht kooperativer Länder und Gebiete für Steuerzwecke aufgeführt war (Berichtszeitraum und in dem diesem unmittelbar vorausgehenden Geschäftsjahr) sowie andere Steuerhoheitsgebiete zu unterscheiden (vgl. § 342i Abs. 1).

5. Mitglieder des vertretungsberechtigten Organs bei Personenhandelsgesell- 11 **schaften.** Die Umschreibung zum Begriff „Mitglieder des vertretungsberechtigten Organs bei Personenhandelsgesellschaften im Sinne des § 264a Absatz 1" findet keine Entsprechung in der Bilanz-RL und wurde vom deutschen Gesetzgeber nur zur **Klarstellung** aufgenommen.[9] In der Gesetzesbegründung wird auf die Regelung in § 264a Abs. 2 als Anlehnungsvorschrift verwiesen. Dort findet sich die Fiktion, dass als gesetzliche Vertreter einer offenen Handelsgesellschaft und Kommanditgesellschaft die Mitglieder des vertretungsberechtigten Organs der vertretungsberechtigten Gesellschaften gelten. Auf diesem Wege werden mögliche Missverständnisse im Hinblick auf die „gesetzliche Vertretung" aufgrund des Prinzips der Selbstorganschaft bei Personengesellschaften vermieden. Darüber hinaus handelt es sich bei der Aufstellung des Jahresabschlusses und des Lageberichts bei der Personengesellschaft eigentlich um eine Frage der Geschäftsführung. Durch Vereinbarungen im Gesellschaftsvertrag können sich insoweit durchaus Abweichungen zu den gesetzlichen Vertretungsbefugnissen ergeben.[10]

Gesetzliche Vertreter iSd Abs. 2 sind die Mitglieder des vertretungsberechtigten 12 Organs der vertretungsberechtigten Gesellschaft. Dies ist, sofern es sich bei dem vertretungsberechtigten Gesellschafter der OHG/KG um eine AG handelt, der Vorstand. Ist der vertretungsberechtigte Gesellschafter eine GmbH, so ist der Geschäftsführer der gesetzliche Vertreter. Ist der persönlich haftende Gesellschafter eine Personenhandelsgesellschaft, so sind deren persönlich haftende Gesellschafter als gesetzliche Vertreter der OHG bzw. KG anzusehen. Im Rahmen von Beteiligungsketten ist entsprechend zu verfahren. Steht dabei eine Kapitalgesellschaft (oder Stiftung/Genossenschaft) auf unterer Stufe, sind die Mitglieder von deren vertretungsberechtigtem Organ betroffen. Dies gilt auch dann, wenn außer der Kapitalgesellschaft auch eine Personenhandelsgesellschaft vertretungsberechtigt ist.[11]

6. Berichtszeitraum. Es handelt sich um eine klarstellende Bestimmung des Begriffs 13 „Berichtszeitraum". Eine entsprechende Vorgabe in der RL 2021/2101/EU gibt es insoweit nicht. Es geht dabei um das **Geschäftsjahr,** für das der Ertragsteuerinformationsbericht zu erstellen ist. Das Geschäftsjahr bezeichnet in der Rechnungslegung den Zeitraum, für den der Kaufmann nach § 242 verpflichtet ist, einen Jahresabschluss zu erstellen. Die Dauer eines Geschäftsjahres darf zwölf Monate nicht überschreiten (§ 240 Abs. 2 S. 2). Damit ist die Höchstdauer eines Geschäftsjahres gesetzlich begrenzt.

Zweiter Titel. Pflicht zur Ertragsteuerinformationsberichterstattung

§ 342b Unverbundene Unternehmen mit Sitz im Inland

(1) Die Mitglieder des vertretungsberechtigten Organs einer Gesellschaft im Sinne des § 342 Absatz 1 Nummer 1 haben für diese für das vergangene Geschäftsjahr einen Ertragsteuerinformationsbericht gemäß

---

[7] In Anlage I sind die nicht kooperativen Länder aufgeführt.
[8] In Anhang II sind die Länder aufgeführt, die Reformen zugesagt haben: Albanien (neu), Armenien, Aruba (neu), Belize, Botsuana, Curaçao (neu), Dominica, Eswatini, Hongkong, Israel, Jordanien, Katar, Malaysia, Montserrat, Seychellen, Thailand, Türkei, Vietnam.
[9] BT-Drs. 20/5653, 49.
[10] BeckOGK/Fehrenbacher § 264a Rn. 19; MüKoHGB/Reiner § 264a Rn. 9.
[11] ADS § 264a Rn. 64 mit Bsp.; BeckOGK/Fehrenbacher § 264a Rn. 22.

1. § 342g Nummer 1, § 342h Absatz 1 Nummer 1 bis 3 und Absatz 2 bis 5, den §§ 342i, 342j Absatz 1 und § 342k Absatz 2 sowie
2. § 342k Absatz 1 und § 342l

zu erstellen, wenn die in den Jahresabschlüssen der Gesellschaft ausgewiesenen Umsatzerlöse in mindestens zwei aufeinander folgenden Geschäftsjahren jeweils 750 Millionen Euro übersteigen.

(2) Die Mitglieder des vertretungsberechtigten Organs einer Gesellschaft im Sinne des § 342 Absatz 1 Nummer 1 sind von der Pflicht nach Absatz 1 befreit, wenn die Gesellschaft ein CRR-Kreditinstitut im Sinne des § 1 Absatz 3d Satz 1 des Kreditwesengesetzes oder ein Großes Wertpapierinstitut im Sinne des § 2 Absatz 18 des Wertpapierinstitutsgesetzes ist und für den Berichtszeitraum die nach § 26a Absatz 1 Satz 2 des Kreditwesengesetzes erforderlichen Angaben offengelegt hat.

(3) Die Pflicht nach Absatz 1 erlischt, wenn die in den Jahresabschlüssen ausgewiesenen Umsatzerlöse in zwei aufeinander folgenden Geschäftsjahren jeweils 750 Millionen Euro unterschreiten.

(4) Umsatzerlöse nach den Absätzen 1 und 3 sind
1. bei Kreditinstituten im Sinne des § 340 Absatz 1, Finanzdienstleistungsinstituten im Sinne des § 340 Absatz 4, Wertpapierinstituten im Sinne des § 340 Absatz 4a oder Instituten im Sinne des § 1 Absatz 3 des Zahlungsdiensteaufsichtsgesetzes: der Gesamtbetrag derjenigen Posten, die nach den jeweils anwendbaren handelsrechtlichen Vorschriften den in Artikel 27 Nummer 1, 3, 4, 6 und 7 oder Artikel 28 Buchstabe B Nummer 1 bis 4 und 7 der Richtlinie 86/635/EWG genannten Posten entsprechen,
2. bei Versicherungsunternehmen im Sinne des § 341 Absatz 1 oder Pensionsfonds im Sinne des § 341 Absatz 4: der Betrag der gebuchten Bruttobeiträge nach Maßgabe der jeweils anwendbaren handelsrechtlichen Vorschriften,
3. in Fällen, die nicht von den Nummern 1 und 2 erfasst werden: der Betrag der Umsatzerlöse nach § 277 Absatz 1.

Schrifttum: s. § 342.

Übersicht

I. Normzweck und Anwendungsbereich

1   **1. Einführung.** Die Regelung enthält die konkreten Vorgaben, **wer** zur Ertragsteuerinformationsberichterstattung verpflichtet ist. Bezüglich des Inhalts der Verpflichtung differenzieren die Regelungen in §§ 342b–342d nach den Unternehmen, die vom gesetzlichen

Anwendungsbereich in § 342 Abs. 1 erfasst werden. Die konkrete Norm beschäftigt sich nur mit unverbundenen Unternehmen mit Sitz im Inland, also dem Anwendungsbereich, der durch § 342 Abs. 1 Nr. 1 eröffnet wird. Die Vorschrift dient der Umsetzung von Art. 48b Abs. 1 UAbs. 3 Bilanz-RL.

2. Normzweck. Die Regelung führt in Abs. 1 für die Gesellschaften iSd § 342 Abs. 1 **2** Nr. 1 die Pflicht zur Erstellung von Ertragsteuerinformationsberichten ein. Sie gilt nach der Systematik der Regelungen (§ 342 Abs. 1 Nr. 1) für inländische Kapitalgesellschaften und inländische Personenhandelsgesellschaften iSd § 264a Abs. 1, wenn die Kapitalgesellschaften und Personenhandelsgesellschaften unverbundene Unternehmen (§ 342a Nr. 1) sind und eine Niederlassung, eine feste Geschäftseinrichtung oder eine dauerhafte Geschäftstätigkeit in mindestens einem anderen Staat haben. Dabei legt die Regelung einschränkend fest, welche Gesellschaften aus dem Anwendungsbereich der Regelungen zur Ertragsteuerinformation einen Bericht zu erstellen haben. Maßgebend ist insoweit das **Überschreiten des Größenkriteriums** in Bezug auf Umsätze. Ferner werden die konkreten Inhalte der Berichtspflicht durch die Verweisung auf andere Vorschriften bestimmt. Über die Verpflichtung der Mitglieder des vertretungsberechtigten Organs der Gesellschaft (vgl. auch § 342a Nr. 5) erfolgt eine Zuweisung der Berichtspflicht an natürliche Personen, was sich bis zu den Sanktionen (§ 342o und § 342p) auswirkt.

Abs. 2 befreit die Mitglieder des vertretungsberechtigten Organs einer grundsätzlich **3** nach Abs. 1 verpflichteten Gesellschaft von der Berichtspflicht nach Abs. 1, wenn die Gesellschaft ein **CRR-Kreditinstitut** iSd § 1 Abs. 3d S. 1 KWG oder ein **Großes Wertpapierinstitut** iSd § 2 Abs. 18 WpIG ist und für den Berichtszeitraum die nach § 26a Abs. 1 S. 2 KWG erforderlichen Angaben offengelegt hat. Auf diesem Wege soll eine doppelte Pflicht zur Berichterstattung für den Bankensektor vermieden werden. Insoweit besteht eine Pflicht zur öffentlichen länderspezifischen Berichterstattung über Ertragsteuerinformationen bereits aufgrund Art. 89 RL 2013/34/EU.[1]

Abs. 3 dient der Umsetzung von Art. 48b Abs. 1 UAbs. 4 Bilanz-RL. Danach erlischt **4** die Pflicht zur Erstellung eines Ertragsteuerinformationsberichts, wenn die in den Jahresabschlüssen ausgewiesenen Umsatzerlöse in zwei aufeinander folgenden Geschäftsjahren die jeweils maßgebende Größe von 750 Mio. EUR unterschreiten.

Abs. 4 dient der Bestimmung des in der Regelung als Tatbestandsmerkmal enthaltenen **5** Begriffs **„Umsatzerlöse"**. Die allgemeine Regelung ist dabei in der Nr. 3 enthalten. Die speziellen Regelungen für den Banken- und Versicherungssektor sind in Nr. 1 und Nr. 2 enthalten.

II. Berichtspflicht für unverbundene Unternehmen mit Sitz im Inland (Abs. 1)

Die Regelung knüpft unmittelbar an § 342 Abs. 1 Nr. 1 an und begründet eine Pflicht **6** zur Erstellung von Ertragsteuerinformationsberichten für inländische Kapitalgesellschaften und inländische Personenhandelsgesellschaften iSd § 264a Abs. 1, wenn die Kapitalgesellschaften und Personenhandelsgesellschaften unverbundene Unternehmen sind und eine Niederlassung, eine feste Geschäftseinrichtung oder eine dauerhafte Geschäftstätigkeit in mindestens einem anderen Staat haben.

1. Berichtspflicht. Die Pflicht zur Erstellung eines Ertragsteuerinformationsberichts **7** für das vergangene Geschäftsjahr entsteht, wenn die in den Jahresabschlüssen der Gesellschaft ausgewiesenen **Umsatzerlöse in zwei aufeinander folgenden Geschäftsjahren** jeweils die **Schwelle von 750 Mio. EUR** überschritten haben. Das erste Geschäftsjahr, über das

---

[1] RL 2013/36/EU des Europäischen Parlaments und des Rates v. 26.6.2013 über den Zugang zur Tätigkeit von Kreditinstituten und die Beaufsichtigung von Kreditinstituten, zur Änderung der RL 2002/87/EG und zur Aufhebung der RL 2006/48/EG und RL 2006/49/EG (ABl. 2013 L 176, 338 v. 27.6.2013; ABl. 2013 L 208, 73 v. 2.8.2013; ABl. 2017 L 20, 1 v. 25.1.2017; ABl. 2020 L 203, 95 v. 26.6.2020; ABl. 2020 L 212, 20 v. 3.7.2020; ABl. 2020 L 436, 77 v. 28.12.2020; ABl. 2021 L 214, 74 v. 17.6.2021), die zuletzt durch die RL (EU) 2021/338 (ABl. 2021 L 68, 14 v. 26.2.2021) geändert worden ist.

berichtet werden muss, ist folglich das zweite der beiden aufeinander folgenden Geschäftsjahre, welche die Schwelle von 750 Mio. EUR überschreiten.[2] Die Gesetzesbegründung nimmt die Vorgabe der Richtlinie auch insoweit auf und stellt die erstmalige Berichtspflicht und das in Bezug zu nehmende Geschäftsjahr in Einklang mit den europäischen Vorgaben klar.[3] Die Berichtspflicht besteht auch dann fort, wenn die Umsatzerlöse-Schwelle danach in einem Jahr unterschritten wird. Die maßgebenden Umsatzerlöse bestimmten sich branchenabhängig nach Abs. 4 (→ Rn. 17 ff.). Die Regelung enthält in Abs. 4 klare Vorgaben für die Berechnung der maßgebenden Umsatzerlöse.

8   Wie sich aus Abs. 3 in Umsetzung von Art. 48b Abs. 1 UAbs. 4 Bilanz-RL ergibt, erlischt die Pflicht erst, wenn die Umsatzerlöse-Schwelle in Höhe von 750 Mio. EUR in zwei aufeinander folgenden Geschäftsjahren unterschritten wird.[4] Über das zweite aufeinander folgende Geschäftsjahr, das die Umsatzerlöse-Schwelle unterschreitet, ist nicht mehr zu berichten.

9   **2. Adressaten der Berichtspflicht.** Adressaten der Pflicht nach Abs. 1 sind die **Mitglieder des vertretungsberechtigten Organs** der Gesellschaft. Dies entspricht Art. 48e Abs. 1 Bilanz-RL, der die Verantwortung der Mitglieder der Leitungsorgane auch insoweit hervorhebt. Für die Kapitalgesellschaften mit Sitz im Inland ergeben sich die Mitglieder des vertretungsberechtigten Organs aus dem jeweils einschlägigen Gesetz für die Gesellschaft.

10   **a) Kapitalgesellschaften.** Bei der **Aktiengesellschaft** nehmen die **Vorstandsmitglieder** (sowie ihre Stellvertreter, § 94 AktG) die Stellung des gesetzlichen Vertreters ein (§ 78 Abs. 1 AktG).[5] Besteht der Vorstand aus mehreren Mitgliedern, sieht das Gesetz die Gesamtvertretung vor (§ 78 Abs. 2 AktG), die für die Verpflichtung zur Erstellung eines Ertragsteuerinformationsberichts zu einer gemeinschaftlichen Schuld führt.[6] Eine abweichende Regelung ist in der Satzung möglich. Die KGaA wird kraft Gesetzes durch ihren persönlich haftenden Gesellschafter vertreten (§ 278 Abs. 2 AktG mit der Verweisung auf die § 161 Abs. 2, § 125 Abs. 1 – § 124 Abs. 1 nF). Sie hat keinen Vorstand. Bei mehreren Komplementären sieht § 125 Abs. 1 Einzelvertretung vor (§ 124 Abs. 1 nF). Eine Gesamtvertretungsregelung ist zulässig. Die GmbH (einschließlich der UG (haftungsbeschränkt)) wird durch die Geschäftsführer vertreten (§ 35 Abs. 1 GmbHG). Die gesetzlich vorgesehene Gesamtvertretung mehrerer Geschäftsführer ist dispositiv. Gesetzliche Vertreter der SE sind bei einem dualistischen System die Vorstandsmitglieder und bei einem monistischen System die geschäftsführenden Direktoren der SE (Art. 9 Abs. 1 lit. b ii SE-VO, § 78 AktG bzw. § 41 Abs. 1 SEAG).

11   **b) Verpflichtete Personengesellschaften.** Als gesetzliche Vertreter der gleichgestellten **Personenhandelsgesellschaften** (§ 264a Abs. 1) gelten die **Mitglieder des vertretungsberechtigten Organs** der vertretungsberechtigten Gesellschaften (§ 264a Abs. 2 iVm § 342a Nr. 5). Vertretungsberechtigte Gesellschaften sind bei der gleichgestellten OHG (§ 264a Abs. 1) grundsätzlich alle beteiligten Gesellschaften. Zur Vertretung der OHG sind in der Regel alle Gesellschafter berechtigt, wobei § 125 Abs. 1 (§ 124 Abs. 1 nF) Einzelvertretung vorsieht. Bei der KG beschränkt sich die Vertretungsberechtigung auf die Komplementäre (§ 170).

12   **c) Geschäftsverteilung.** Die Mitglieder des vertretungsberechtigten Organs sind auch dann nicht von ihrer Berichtspflicht nach Abs. 1 entbunden, wenn die Erstellung des Ertragsteuerinformationsberichts nach der **internen Geschäftsverteilung** auf bestimmte einzelne Mitglieder des Vertretungsorgans oder auf Dritte delegiert ist.[7] Die Sichtweise entspricht den Verpflichtungen zur Aufstellung und Offenlegung der (anderen) Rechnungslegungsunterlagen

---

[2]   Vgl. insbes. Art. 48b Abs. 1 UAbs. 3 letzter Teilsatz der RL 2013/34/EU idF v. 24.11.2021, ABl. 2021 L 429, 1.

[3]   BT-Drs. 20/5653, 50.

[4]   BT-Drs. 50/5653, 50.

[5]   Koch AktG § 78 Rn. 3.

[6]   Zum Jahresabschluss insoweit BGH NJW 1995, 2850; 1986, 54 (55); BeckOGK/Fehrenbacher § 264 Rn. 8; MüKoHGB/Reiner § 264 Rn. 19; Staub/Meyer § 264 Rn. 7.

[7]   BT-Drs. 50/5653, 50.

(vgl. § 264 Abs. 1 und § 290 Abs. 1).[8] Die (anderen) Mitglieder des vertretungsberechtigten Organs müssen durch Auswahl und Überwachung dafür Sorge tragen, dass das mit der Aufgabe betraute einzelne Mitglied oder der Dritte die Pflicht ordnungsgemäß erfüllt. Obwohl die Pflicht zur Erstellung eines Ertragsteuerinformationsberichts funktional den Mitgliedern des vertretungsberechtigten Organs zugewiesen ist, handelt es sich um eine Pflicht der Gesellschaft, was die Formulierung **„für diese"** klarstellt.[9]

3. Inhaltliche Vorgaben. Die inhaltlichen Vorgaben an den Bericht über die Ertragsteu- **13** erinformationen nimmt die Regelung über eine Verweisung auf konkret in Bezug genommene Vorschriften vor. Die verpflichteten Personen haben den Ertragsteuerinformationsbericht gem. den in Abs. 1 Nr. 1 und Abs. 1 Nr. 2 genannten Vorschriften des Dritten Titels zu erstellen. Die Differenzierung nach Nr. 1 und Nr. 2 hat zum Hintergrund, dass ein Verstoß gegen die in Nr. 1 genannten Vorschriften gem. § 342o Abs. 1 Nr. 1 bußgeldbewehrt ist und daher aus regelungssystematischen Gründen in einer eigenen Nr. 1 gefasst werden mussten.[10] Für die **konkreten inhaltlichen Vorgaben** kann auf die Kommentierung der einzelnen Regelungen verwiesen werden. Nach der Verweisung in Nr. 1 ist in den Ertragsteuerinformationsbericht das unverbundene Unternehmen einzubeziehen (§ 342g Nr. 1) und mit den Angaben zum Namen des unverbundenen Unternehmens, des Berichtszeitraums (§ 342h Abs. 1) und der (im Ertragsteuerinformationsbericht) verwendeten Währung (vgl. § 342j Abs. 1) zu identifizieren. Ferner hat der Bericht die länderbezogen aufzugliedernden Pflichtangaben zu enthalten (§ 342h Abs. 2 und 3) und diese können nach den Maßgaben für den länderbezogenen Bericht multinationaler Unternehmensgruppen nach § 138a AO gemacht werden.[11] Die Vorschriften zum länderbezogenen Ausweis der Angaben im Ertragsteuerinformationsbericht (§ 342i Abs. 1) und zur länderbezogenen Zuordnung der Angaben (§ 342i Abs. 2) sind zu beachten.

Nach Abs. 1 **Nr. 2** (also ohne Bußgeldrelevanz) besteht die Möglichkeit des **Weglas-** **14** **sens von Angaben** bei einem erheblichen Nachteil im Falle ihrer Offenlegung (§ 342k Abs. 1), ausgenommen der Angaben, welche sich auf die sog. nicht kooperativen Steuerhoheitsgebiete iSd § 342i Abs. 1 S. 1 Nr. 2 oder Nr. 3 beziehen (→ § 342a Rn. 10). Ferner sind die Angabe und gebührende Begründung der nach § 342k Abs. 1 weggelassenen Angaben sowie deren Nachholung spätestens im Ertragsteuerinformationsbericht, der für das vierte Geschäftsjahr nach dem Berichtszeitraum, in dem die Angaben weggelassen wurden, erstellt wird, aufzunehmen. § 342l verpflichtet zur Erstellung des Ertragsteuerinformationsberichts unter Verwendung des von der Europäischen Kommission festzulegenden Formblatts (§ 342l Abs. 1) und Erstellung in einem ebenfalls von der Europäischen Kommission festzulegenden maschinenlesbaren elektronischen Format (§ 342l Abs. 2).

III. Befreiung (Abs. 2)

Die Befreiung in Abs. 2 setzt Art. 48b Abs. 3 Bilanz-RL um. **CRR-Kreditinstitute** **15** iSd § 1 Abs. 3d S. 1 KWG und **Große Wertpapierinstitute** iSd § 2 Abs. 18 WpIG sind bereits nach § 26a Abs. 1 S. 2 KWG (in Verbindung mit § 4 S. 1 WpIG) zu einer öffentlichen länderspezifischen Berichterstattung über Ertragsteuerinformationen verpflichtet (Umsetzung von Art. 89 RL 2013/36/EU).[12] Auf diesem Wege wird eine doppelte Pflicht zur Berichterstattung für den Bankensektor vermieden.[13] Dabei sind die Mitglieder des vertre-

---

[8]　AA BeBiKo/Störk/Rimmelspacher § 264 Rn. 12; BeckOGK/Fehrenbacher HGB § 264 Rn. 9; MüKoHGB/Reiner § 264 Rn. 19.

[9]　BT-Drs. 50/5653, 50.

[10]　BT-Drs. 50/5653, 50.

[11]　Kirsch WPg 2023, 226 (231 ff.).

[12]　RL 2013/36/EU des Europäischen Parlaments und des Rates v. 26.6.2013 über den Zugang zur Tätigkeit von Kreditinstituten und die Beaufsichtigung von Kreditinstituten, zur Änderung der RL 2002/87/EG und zur Aufhebung der RL 2006/48/EG und RL 2006/49/EG (ABl. 2013 L 176, 338 v. 27.6.2013; ABl. 2013 L 208, 73 v. 2.8.2013; ABl. 2017 L 20, 1 v. 25.1.2017; ABl. 2020 L 203, 95 v. 26.6.2020; ABl. 2020 L 212, 20 v. 3.7.2020; ABl. 2020 L 436, 77 v. 28.12.2020; ABl. 2021 L 214, 74 v. 17.6.2021), die zuletzt durch die RL (EU) 2021/338 (ABl. 2021 L 68, 14 v. 26.2.2021) geändert worden ist.

[13]　Vgl. ErwGr. 12 der RL (EU) 2021/2101.

tungsberechtigten Organs einer Gesellschaft, die CRR-Kreditinstitut oder Großes Wertpapierinstitut ist, allerdings erst dann von der Pflicht zur Ertragsteuerinformationsberichterstattung nach Abs. 1 befreit, wenn das CRR-Kreditinstitut oder Große Wertpapierinstitut für den Berichtszeitraum die nach § 26a Abs. 1 S. 2 KWG erforderlichen Angaben auch tatsächlich offengelegt hat. Ohne eine solche Offenlegung verbleibt es auch für Gesellschaften, die CRR-Kreditinstitute oder Große Wertpapierinstitute sind, bei der Pflicht nach Abs. 1.[14] Hinzuweisen ist noch darauf, dass die Informationen nach den beiden Regelungen nicht vollständig deckungsgleich sind, aber eine weitgehende Übereinstimmung aufweisen. Für andere Gesellschaften, so etwa Mittlere Wertpapierinstitute iSd § 2 Abs. 17 WpIG, die im Einklang mit den europäischen Vorgaben[15] gem. § 42 WpIG der Pflicht zur länderspezifischen Berichterstattung unterliegen, bleibt es bei der Verpflichtung nach Abs. 1. Das stellt auch die Gesetzesbegründung ausdrücklich klar.[16] Die Befreiungsregelung in der Richtlinie (Art. 48b Abs. 3) verweist nur auf Art. 89 RL 2013/36/EU, der Mittlere Wertpapierinstitute nicht erfasst. Gleichwohl geht auch der Gesetzgeber davon aus, dass **Mittlere Wertpapierinstitute,** die der Pflicht nach Abs. 1 und derjenigen nach § 42 WpIG unterfallen, aufgrund der in materieller Hinsicht vergleichbaren Anforderungen beide Pflichten in der Praxis durch einen einzigen Bericht werden erfüllen können.[17]

IV. Erlöschen der Berichtspflicht (Abs. 3)

16   Das Erlöschen der Berichtspflicht nach Abs. 3 setzt die Regelung in Art. 48b Abs. 1 UAbs. 4 Bilanz-RL in nationales Recht um. Die Pflicht zur Erstellung eines Ertragsteuerinformationsberichts nach Abs. 1 erlischt, wenn die in den Jahresabschlüssen ausgewiesenen Umsatzerlöse in **zwei aufeinander folgenden Geschäftsjahren** jeweils 750 Mio. EUR unterschreiten. In diesem Fall ist das letzte Geschäftsjahr, für das ein Ertragsteuerinformationsbericht noch gem. Abs. 1 erstellt werden muss, das erste der beiden zu betrachtenden Geschäftsjahre, in denen die Umsatzerlöse-Schwelle nicht mehr erreicht wird.[18]

V. Umsatzerlöse (Abs. 4)

17   Abs. 4 bestimmt die maßgebende Größe der Umsatzerlöse für die Anwendung der Abs. 1–3 der Vorschrift, also insbesondere im Hinblick auf die Größe von 750 Mio. EUR Umsatzerlöse. Dabei ist die allgemeine Regelung in der Nr. 3 von den Sonderregelungen für den Bankensektor (Nr. 1) und die Versicherungsunternehmen sowie Pensionsfonds (Nr. 2) abzugrenzen. Die Bestimmung der Umsatzerlöse in Abs. 4 erfolgt in Umsetzung der **Umsatzerlöse-Definition** in Art. 48a Abs. 2 lit. a Bilanz-RL, die hier allein zum Tragen kommt. § 342b Abs. 1 betrifft nur inländische unverbundene Unternehmen, die ihren Jahresabschluss nach handelsrechtlichen Vorgaben aufstellen müssen. Maßgeblich sind daher die Nettoumsatzerlöse iSd Art. 2 Nr. 5 Bilanz-RL, der in § 277 Abs. 1 umgesetzt ist. Für Kreditinstitute iSd § 340 Abs. 1, Finanzdienstleistungsinstitute iSd § 340 Abs. 4 und Wertpapierinstitute iSd § 340 Abs. 4a findet die Umsatzerlöse-Definition des § 277 Abs. 1 ausweislich des § 340a Abs. 2 S. 1 indessen keine Anwendung. Gleiches gilt gem. § 341a Abs. 2 S. 1 für Versicherungsunternehmen iSd § 341 Abs. 1 und für Pensionsfonds iSd § 341 Abs. 4. Für diese Unternehmen sind daher Sonderregelungen in der Nr. 1 und in der Nr. 2 erforderlich.[19]

---

[14]   BT-Drs. 50/5653, 50.
[15]   Art. 27 RL (EU) 2019/2034 des Europäischen Parlaments und des Rates v. 27.11.2019 über die Beaufsichtigung von Wertpapierfirmen und zur Änderung der RL 2002/87/EG, RL 2009/65/EG, RL 2011/61/EU, RL 2013/36/EU, RL 2014/59/EU und RL 2014/65/EU (ABl. 2019 L 314, 64 v. 5.12.2019; ABl. 2020 L 405, 84 v. 2.12.2020; ABl. 2021 L 214, 74 v. 17.6.2021).
[16]   BT-Drs. 50/5653, 50.
[17]   BT-Drs. 50/5653, 50.
[18]   ErwGr. 11 S. 3 RL (EU) 2021/2101 und BT-Drs. 50/5653, 50.
[19]   ErwGr. 11 S. 6 RL (EU) 2021/2101.

1. Allgemeine Regelung „Umsatzerlöse" (Nr. 3). Nach der Regelungssystematik 18
des Abs. 4 kommt die Festlegung in der Nr. 3 nur zur Anwendung, wenn nicht ein Sonderfall iSd Nr. 1 oder Nr. 2 vorliegt. Dabei schließen sich die Nr. 1 und die Nr. 2 im Anwendungsbereich aus. Nr. 3 ist als **Auffangtatbestand** ausgestaltet. Die Regelung gilt für alle
Fälle, die nicht von den vorrangigen Sonderregelungen erfasst werden, und erklärt für
diese Fälle die Umsatzerlöse-Definition des § 277 Abs. 1 für anwendbar. Danach gelten als
Umsatzerlöse die Erlöse aus dem Verkauf und der Vermietung oder Verpachtung von Produkten sowie aus der Erbringung von Dienstleistungen nach Abzug von Erlösschmälerungen
und der Umsatzsteuer sowie sonstiger direkt mit dem Umsatz verbundener Steuern (vgl.
insoweit die Kommentierung zu § 277).

2. Bankensektor (Nr. 1). Für Kredit- und Finanzinstitute setzt Art. 43 Abs. 2 lit. c 19
Bankbilanz-RL (RL 86/635/EWG) den Nettoumsatzerlösen gleich das Gesamtergebnis der
in Art. 27 Nr. 1, 3, 4, 6 und 7 oder Art. 28 lit. b Nr. 1–4 und 7 Bankbilanz-RL genannten
Posten. Trotz des uneingeschränkten Verweises auf Art. 27 Nr. 6 Bankbilanz-RL („Ertrag/
Aufwand aus Finanzgeschäften") sollte bei einer in Staffelform aufgestellten Gewinn- und
Verlustrechnung ein Nettoaufwand jedoch – auch nach Ansicht des Gesetzgebers in der
Gesetzesbegründung – nicht erlösmindernd berücksichtigt werden.[20] Nur so wird ein
Gleichlauf mit Art. 28 lit. b Nr. 4 Bankbilanz-RL gewahrt, der einzig auf Erträge (und
nicht auch auf den Aufwand) abstellt. Auf Zahlungsinstitute und E-Geld-Institute findet
aufgrund entsprechender Verweisungen in den jeweils einschlägigen aufsichtsrechtlichen
EU-Richtlinien die Bankbilanz-RL und mithin auch deren Art. 43 Abs. 2 lit. c entsprechende Anwendung. Der Gesetzgeber hat in der Gesetzesbegründung das **Schema für die
Berechnung** der maßgebenden Umsatzerlöse insoweit mitgeliefert:[21] Im Handelsbilanzrecht entspricht dies bei Kreditinstituten iSd § 340 Abs. 1, Finanzdienstleistungsinstituten
iSd § 340 Abs. 4 und Wertpapierinstituten iSd § 340 Abs. 4a dem Gesamtbetrag der Ertragsposten 1 bis 5 und 8 in Formblatt 2 zur Kreditinstituts-Rechnungslegungsverordnung
(RechKredV) oder dem Gesamtbetrag der Ertragsposten 1, 3, 4, 5, 7 und 8 in Formblatt 3
zur RechKredV. Bei Instituten iSd § 1 Abs. 3 ZAG entspricht dies dem sich aus dem
Formblatt 2 zur Zahlungsinstituts-Rechnungslegungsverordnung (RechZahlV) ergebenden
Gesamtbetrag der Ertragsposten 1, 3, 4, 5 und 7.

3. Versicherungsunternehmen (Nr. 2). Für Versicherungsunternehmen setzt 20
Art. 66 Nr. 2 RL 91/674/EWG (Versicherungsbilanz-RL) Nettoumsatzerlösen gleich den
Betrag der gebuchten Bruttobeiträge gem. Art. 35 RL 91/674/EWG (Versicherungsbilanz-
RL). Der Gesetzgeber hat in der Gesetzesbegründung das Schema für die Berechnung der
maßgebenden Umsatzerlöse insoweit mitgeliefert:[22] Im Handelsbilanzrecht entspricht dies
für Versicherungsunternehmen dem Betrag der gebuchten Bruttobeiträge gem. § 36 Versi-
cherungsunternehmen-Rechnungslegungsverordnung (RechVersV). Für Pensionsfonds, auf
die gem. § 341 Abs. 4 grundsätzlich die Vorschriften für Versicherungsunternehmen entsprechend anwendbar sind, entspricht dies den gebuchten Bruttobeiträgen gem. § 21 Pensionsfonds-Rechnungslegungsverordnung (RechPensV).

§ 342c Oberste Mutterunternehmen mit Sitz im Inland

**(1) Die Mitglieder des vertretungsberechtigten Organs einer Gesellschaft im Sinne
des § 342 Absatz 1 Nummer 2 haben für diese für das vergangene Geschäftsjahr
einen Ertragsteuerinformationsbericht gemäß
1. § 342g Nummer 2, den §§ 342h, 342i, 342j Absatz 1 und § 342k Absatz 2 sowie
2. § 342k Absatz 1 und § 342l**

---

[20] BT-Drs. 50/5653, 51.
[21] Vgl. BT-Drs. 50/5653, 51.
[22] Vgl. BT-Drs. 50/5653, 51.

zu erstellen, wenn die in den Konzernabschlüssen der Gesellschaft ausgewiesenen Konzernumsatzerlöse in mindestens zwei aufeinander folgenden Geschäftsjahren jeweils 750 Millionen Euro übersteigen.

(2) Die Mitglieder des vertretungsberechtigten Organs einer Gesellschaft im Sinne des § 342 Absatz 1 Nummer 2 sind von der Pflicht nach Absatz 1 befreit, wenn die Gesellschaft ein CRR-Kreditinstitut im Sinne des § 1 Absatz 3d Satz 1 des Kreditwesengesetzes oder ein Großes Wertpapierinstitut im Sinne des § 2 Absatz 18 des Wertpapierinstitutsgesetzes ist und für den Berichtszeitraum unter Einbeziehung sämtlicher in den Konzernabschluss der Gesellschaft einbezogenen Unternehmen die nach § 26a Absatz 1 Satz 2 des Kreditwesengesetzes erforderlichen Angaben offengelegt hat.

(3) Die Pflicht nach Absatz 1 erlischt, wenn die in den Konzernabschlüssen ausgewiesenen Konzernumsatzerlöse in zwei aufeinander folgenden Geschäftsjahren jeweils 750 Millionen Euro unterschreiten.

(4) Konzernumsatzerlöse nach den Absätzen 1 und 3 sind
1. bei Gesellschaften, die den Konzernabschluss nach den auf der Grundlage der Verordnung (EG) Nr. 1606/2002 übernommenen internationalen Rechnungslegungsstandards aufstellen: der Betrag der Konzernumsatzerlöse, der sich bei Anwendung dieser Rechnungslegungsstandards ergibt,
2. in Fällen, die nicht von Nummer 1 erfasst werden: der sich bei entsprechender Anwendung des § 342b Absatz 4 ergebende Betrag.

Schrifttum: s. § 342.

Übersicht

I. Normzweck und Anwendungsbereich

1   **1. Einführung.** Die Regelung enthält die konkreten Vorgaben, wer als inländisches oberstes Mutterunternehmen zur Ertragsteuerinformationsberichterstattung verpflichtet ist. Die konkrete Norm beschäftigt sich nur mit obersten Mutterunternehmen (§ 342a Nr. 2) mit Sitz im Inland, also dem Anwendungsbereich, der durch § 342 Abs. 1 Nr. 2 eröffnet wird. Die Norm betrifft demnach inländische Kapitalgesellschaften und inländische Personenhandelsgesellschaften iSd § 264a Abs. 1, wenn die Kapitalgesellschaften und Personenhandelsgesellschaften oberste Mutterunternehmen (§ 342a Nr. 2) sind und sie oder ein verbundenes Unternehmen eine Niederlassung, eine feste Geschäftseinrichtung oder eine dauerhafte Geschäftstätigkeit in mindestens einem anderen Staat haben. Die Vorschrift dient der Umsetzung von Art. 48b Abs. 1 UAbs. 1 Bilanz-RL.

2. Normzweck. Die Regelung führt in Abs. 1 für die Gesellschaften als oberste Mut- **2** terunternehmen iSd § 342 Abs. 1 Nr. 2 die Pflicht zur Erstellung von Ertragsteuerinformationsberichten ein. Sie gilt nach der Systematik der Regelungen (§ 342 Abs. 1 Nr. 2) für inländische Kapitalgesellschaften und inländische Personenhandelsgesellschaften iSd § 264a Abs. 1, wenn die Kapitalgesellschaften und Personenhandelsgesellschaften oberste Mutterunternehmen sind (§ 342a Nr. 2) und sie oder ein verbundenes Unternehmen eine Niederlassung, eine feste Geschäftseinrichtung oder eine dauerhafte Geschäftstätigkeit in mindestens einem anderen Staat haben. Dabei legt die Regelung einschränkend fest, welche Gesellschaften aus dem Anwendungsbereich der Regelungen zur Ertragsteuerinformation einen Bericht zu erstellen haben. Maßgebend ist insoweit das **Überschreiten des Größenkriteriums in Bezug auf die Konzernumsatzerlöse.** Ferner werden die **konkreten Inhalte der Berichtspflicht** durch die Verweisung auf andere Vorschriften bestimmt. Über die Verpflichtung der Mitglieder des vertretungsberechtigten Organs der Gesellschaft (vgl. auch § 342a Nr. 5) erfolgt eine Zuweisung der Berichtspflicht an natürliche Personen, was sich bis zu den Sanktionen (§§ 342o–342p) auswirkt.

Abs. 2 **befreit** die Mitglieder des vertretungsberechtigten Organs einer grundsätzlich **3** nach Abs. 1 verpflichteten Gesellschaft von der Berichtspflicht nach Abs. 1, wenn die Gesellschaft ein CRR-Kreditinstitut iSd § 1 Abs. 3d S. 1 KWG oder ein Großes Wertpapierinstitut iSd § 2 Abs. 18 WpIG ist und für den Berichtszeitraum unter Einbeziehung sämtlicher in den Konzernabschluss der Gesellschaft einbezogenen Unternehmen die nach § 26a Abs. 1 S. 2 KWG erforderlichen Angaben offengelegt hat. Auf diesem Wege soll eine doppelte Pflicht zur Berichterstattung für den Bankensektor vermieden werden. Insoweit besteht eine Pflicht zur öffentlichen länderspezifischen Berichterstattung über Ertragsteuerinformationen bereits aufgrund Art. 89 RL 2013/34/EU.[1]

Abs. 3 dient der Umsetzung von Art. 48b Abs. 1 UAbs. 2 Bilanz-RL. Danach **erlischt 4** die Pflicht zur Erstellung eines Ertragsteuerinformationsberichts, wenn die in den Konzernabschlüssen ausgewiesenen Umsatzerlöse in zwei aufeinander folgenden Geschäftsjahren die jeweils maßgebende Größe von 750 Mio. EUR unterschreiten.

Abs. 4 dient der Bestimmung des in der Regelung als Tatbestandsmerkmal enthaltenen **5** Begriffs „**Konzernumsatzerlöse**". Die allgemeine Regelung ist dabei in der Nr. 2 unter Verweisung auf die differenzierende Regelung in § 342b Abs. 4 enthalten. Die spezielle Regelung der Nr. 1 zur Bestimmung der Konzernumsatzerlöse ist nur heranzuziehen, falls das oberste Mutterunternehmen den Konzernabschluss verpflichtend oder freiwillig nach den auf der Grundlage der IAS-Verordnung übernommenen internationalen Rechnungslegungsstandards aufstellt (IAS-Verordnung: VO (EG) 1606/2002).[2]

II. Berichtspflicht für oberste Mutterunternehmen mit Sitz im Inland (Abs. 1)

Die Regelung knüpft unmittelbar an § 342 Abs. 1 Nr. 2 an und begründet eine Pflicht **6** zur Erstellung von Ertragsteuerinformationsberichten für inländische Kapitalgesellschaften und inländische Personenhandelsgesellschaften iSd § 264a Abs. 1, wenn die Kapitalgesellschaften und Personenhandelsgesellschaften oberste Mutterunternehmen sind und sie oder ein verbundenes Unternehmen eine Niederlassung, eine feste Geschäftseinrichtung oder eine dauerhafte Geschäftstätigkeit in mindestens einem anderen Staat haben.

---

[1] RL 2013/36/EU des Europäischen Parlaments und des Rates v. 26.6.2013 über den Zugang zur Tätigkeit von Kreditinstituten und die Beaufsichtigung von Kreditinstituten, zur Änderung der RL 2002/87/EG und zur Aufhebung der RL 2006/48/EG und RL 2006/49/EG (ABl. 2013 L 176, 338 v. 27.6.2013; ABl. 2013 L 208, 73 v. 2.8.2013; ABl. 2017 L 20, 1 v. 25.1.2017; ABl. 2020 L 203, 95 v. 26.6.2020; ABl. 2020 L 212, 20 v. 3.7.2020; ABl. 2020 L 436, 77 v. 28.12.2020; ABl. 2021 L 214, 74 v. 17.6.2021), die zuletzt durch die RL (EU) 2021/338 (ABl. 2021 L 68, 14 v. 26.2.2021) geändert worden ist.

[2] VO des Europäischen Parlaments und des Rates v. 19.7.2002 betreffend die Anwendung internationaler Rechnungslegungsstandards (ABl. 2002 L 243, 1 v. 11.9.2002), zuletzt geändert durch die VO (EG) 297/2008 (ABl. 2008 L 97, 62 v. 9.4.2008).

7   **1. Berichtspflicht.** Die Pflicht zur Erstellung eines Ertragsteuerinformationsberichts für das vergangene Geschäftsjahr entsteht, wenn die in den Konzernabschlüssen der Gesellschaft ausgewiesenen Konzernumsatzerlöse in **zwei aufeinander folgenden Geschäftsjahren** jeweils die Schwelle von 750 Mio. EUR überschritten haben. Das erste Geschäftsjahr, über das berichtet werden muss, ist folglich das zweite der beiden aufeinander folgenden Geschäftsjahre, welche die Schwelle von 750 Mio. EUR überschreiten.[3] Die Gesetzesbegründung nimmt die Vorgabe der Richtlinie auch insoweit auf und stellt die erstmalige Berichtspflicht und das in Bezug zu nehmende Geschäftsjahr in Einklang mit den europäischen Vorgaben klar.[4] Die Berichtspflicht besteht auch dann fort, wenn die Konzernumsatzerlöse-Schwelle danach in einem Jahr unterschritten wird. Die maßgebenden Konzernumsatzerlöse bestimmten sich nach Maßgabe der anzuwendenden Rechnungslegungsregeln (internationale Standards oder HGB) und in letzterem Fall branchenabhängig nach Abs. 4 (iVm § 342b Abs. 4). Die Regelung in Abs. 4 enthält klare Vorgaben für die Berechnung der maßgebenden Umsatzerlöse.

8   Wie sich aus Abs. 3 in Umsetzung von Art. 48b Abs. 1 UAbs. 2 Bilanz-RL ergibt, erlischt die Pflicht erst, wenn die Konzernumsatzerlöse-Schwelle in Höhe von 750 Mio. EUR in zwei aufeinander folgenden Geschäftsjahren unterschritten wird.[5] Über das zweite aufeinander folgende Geschäftsjahr, das die Konzernumsatzerlöse-Schwelle unterschreitet, ist nicht mehr zu berichten.

9   **2. Adressaten der Berichtspflicht.** Adressaten der Pflicht nach Abs. 1 sind die **Mitglieder des vertretungsberechtigten Organs** der Gesellschaft, die oberstes Mutterunternehmen mit Sitz im Inland ist. Dies entspricht Art. 48e Abs. 1 Bilanz-RL, der die Verantwortung der Mitglieder der Leitungsorgane auch insoweit hervorhebt. Für die Kapitalgesellschaften mit Sitz im Inland ergeben sich die Mitglieder des vertretungsberechtigten Organs aus dem jeweils einschlägigen Gesetz für die Gesellschaft. Die Sichtweise entspricht den Verpflichtungen zur Aufstellung und Offenlegung der (anderen) Konzernrechnungslegungsunterlagen (vgl. § 290 Abs. 1).[6] Im Hinblick auf die Geschäftsverteilung und die Auslagerung auf Dritte wird auf → § 342b Rn. 12 verwiesen.

10   **a) Kapitalgesellschaften als oberste Mutterunternehmen.** Bei der **Aktiengesellschaft** nehmen die **Vorstandsmitglieder** (sowie ihre Stellvertreter, § 94 AktG) die Stellung des gesetzlichen Vertreters ein (§ 78 Abs. 1 AktG).[7] Besteht der Vorstand aus mehreren Mitgliedern, sieht das Gesetz die Gesamtvertretung vor (§ 78 Abs. 2 AktG), die für die Verpflichtung zur Erstellung eines Ertragsteuerinformationsberichts zu einer gemeinschaftlichen Schuld führt.[8] Eine **abweichende Regelung** ist in der Satzung möglich. Die **KGaA** wird kraft Gesetzes durch ihren persönlich haftenden Gesellschafter vertreten (§ 278 Abs. 2 AktG mit der Verweisung auf die § 161 Abs. 2, § 125 Abs. 1 – § 124 Abs. 1 nF). Sie hat keinen Vorstand. Bei mehreren Komplementären sieht § 125 Abs. 1 Einzelvertretung vor (§ 124 Abs. 1 nF). Eine Gesamtvertretungsregelung ist zulässig. Die **GmbH** (einschließlich der UG (haftungsbeschränkt)) wird durch die Geschäftsführer vertreten (§ 35 Abs. 1 GmbHG). Die gesetzlich vorgesehene Gesamtvertretung mehrerer Geschäftsführer ist dispositiv. Gesetzliche Vertreter der **SE** sind bei einem dualistischen System die Vorstandsmitglieder und bei einem monistischen System die geschäftsführenden Direktoren der SE (Art. 9 Abs. 1 lit. b ii SE-VO, § 78 AktG bzw. § 41 Abs. 1 SEAG).

11   **b) Personengesellschaften als oberste Mutterunternehmen.** Als gesetzliche Vertreter der **gleichgestellten Personenhandelsgesellschaften** (§ 264a Abs. 1) gelten die

---

[3]   Vgl. insbes. Art. 48b Abs. 1 UAbs. 3 letzter Teilsatz der RL 2013/34/EU idF v. 24.11.2021, ABl. 2021 L 429, 1.

[4]   BT-Drs. 20/5653, 50 und 52.

[5]   BT-Drs. 50/5653, 52.

[6]   AA MüKoHGB/Fehrenbacher § 290 Rn. 2 f.

[7]   Koch AktG § 78 Rn. 3.

[8]   Zum Jahresabschluss insoweit BGH NJW 1995, 2850; 1986, 54 (55); BeckOGK/Fehrenbacher § 264 Rn. 8; MüKoHGB/Reiner § 264 Rn. 19; Staub/Meyer § 264 Rn. 7.

Mitglieder des vertretungsberechtigten Organs der vertretungsberechtigten Gesellschaften (§ 264a Abs. 2 iVm § 342a Nr. 5). Vertretungsberechtigte Gesellschaften sind bei der gleichgestellten OHG (§ 264a Abs. 1) grundsätzlich alle beteiligten Gesellschaften. Zur Vertretung der OHG sind in der Regel alle Gesellschafter berechtigt, wobei § 125 Abs. 1 (§ 124 Abs. 1 nF) Einzelvertretung vorsieht. Bei der KG beschränkt sich die Vertretungsberechtigung auf die Komplementäre (§ 170).

3. Inhaltliche Vorgaben. Die inhaltlichen Vorgaben an den Bericht über die Ertrag-   **12** steuerinformationen nimmt die Regelung über eine Verweisung auf konkret in Bezug genommene Vorschriften vor. Die verpflichteten Personen haben den Ertragsteuerinformationsbericht gem. den in Abs. 1 Nr. 1 und Abs. 1 Nr. 2 genannten Vorschriften des Dritten Titels zu erstellen. Die Differenzierung nach Nr. 1 und Nr. 2 hat zum Hintergrund, dass ein Verstoß gegen die in Nr. 1 genannten Vorschriften gem. § 342o Abs. 1 Nr. 1 bußgeldbewehrt ist und daher aus regelungssystematischen Gründen in einer eigenen Nr. 1 gefasst werden mussten.[9] Für die konkreten inhaltlichen Vorgaben kann auf die Kommentierung der einzelnen Regelungen verwiesen werden. Nach der Verweisung in Nr. 1 sind in den Ertragsteuerinformationsberichten das oberste Mutterunternehmen und alle Tochterunternehmen, die in den für den Berichtszeitraum aufgestellten Konzernabschluss des obersten Mutterunternehmens einbezogen sind, einzubeziehen (§ 342g Nr. 2). Es sind jeweils Angaben zum Namen des obersten Mutterunternehmens und aller Tochterunternehmen zu machen, die in den für den Berichtszeitraum aufgestellten Konzernabschluss des obersten Mutterunternehmens einbezogen sind. Für die Tochterunternehmen gilt die Pflicht zur Namensangabe nur, wenn sie ihren Sitz in einem Mitgliedstaat der EU oder einem Vertragsstaat des EWR haben oder in einem Steuerhoheitsgebiet, das am 1. März des Berichtszeitraums in den Anhängen I und II der Schlussfolgerungen des Rates zur überarbeiteten EU-Liste nicht kooperativer Länder und Gebiete für Steuerzwecke in der jeweils geltenden Fassung aufgeführt ist (§ 342h Abs. 1). Dabei sind gewisse Grundinformationen zu den einzubeziehenden Unternehmen aufzunehmen (§ 342h Abs. 2) und die (im Ertragsteuerinformationsbericht) verwendete Währung (vgl. § 342j Abs. 1) anzugeben. Ferner hat der Bericht die länderbezogen aufzugliedernden Pflichtangaben zu enthalten (§ 342h Abs. 2 und 3); diese können nach den Maßgaben für den länderbezogenen Bericht multinationaler Unternehmensgruppen nach § 138a AO gemacht werden.[10] Die Vorschriften zum länderbezogenen Ausweis der Angaben im Ertragsteuerinformationsbericht (§ 342i Abs. 1) und zur länderbezogenen Zuordnung der Angaben (§ 342i Abs. 2) sind zu beachten.

Nach Abs. 1 Nr. 2 (also ohne Bußgeldrelevanz) besteht die Möglichkeit des Weglassens   **13** von Angaben bei einem erheblichen Nachteil im Falle ihrer Offenlegung (§ 342k Abs. 1), ausgenommen der Angaben, welche sich auf die sog. nicht kooperativen Steuerhoheitsgebiete iSd § 342i Abs. 1 S. 1 Nr. 2 oder Nr. 3 beziehen (→ § 342a Rn. 10). Ferner sind die Angabe und gebührende Begründung der nach § 342k Abs. 1 weggelassenen Angaben sowie deren Nachholung spätestens im Ertragsteuerinformationsbericht, der für das vierte Geschäftsjahr nach dem Berichtszeitraum, in dem die Angaben weggelassen wurden, erstellt wird, aufzunehmen. § 342l verpflichtet zur Erstellung des Ertragsteuerinformationsberichts unter Verwendung des von der Europäischen Kommission festzulegenden Formblatts (§ 342l Abs. 1) und Erstellung in einem ebenfalls von der Europäischen Kommission festzulegenden maschinenlesbaren elektronischen Format (§ 342l Abs. 2).

III. Befreiung (Abs. 2)

Die Befreiung in Abs. 2 setzt Art. 48b Abs. 3 Bilanz-RL um. CRR-Kreditinstitute iSd   **14** § 1 Abs. 3d S. 1 KWG und Große Wertpapierinstitute iSd § 2 Abs. 18 WpIG sind bereits nach § 26a Abs. 1 S. 2 KWG (iVm § 4 S. 1 WpIG) zu einer öffentlichen länderspezifischen Berichterstattung über Ertragsteuerinformationen verpflichtet (Umsetzung von Art. 89 RL

9   BT-Drs. 50/5653, 50.
10   Kirsch WPg 2023, 226 (231 ff.).

2013/36/EU).[11] Auf diesem Wege wird eine doppelte Pflicht zur Berichterstattung für den Bankensektor vermieden.[12] Dabei sind die Mitglieder des vertretungsberechtigten Organs einer Gesellschaft, die als oberstes Mutterunternehmen CRR-Kreditinstitut oder Großes Wertpapierinstitut ist, allerdings erst dann von der Pflicht zur Ertragsteuerinformationsberichterstattung nach Abs. 1 befreit, wenn das CRR-Kreditinstitut oder Große Wertpapierinstitut für den Berichtszeitraum die nach § 26a Abs. 1 S. 2 KWG erforderlichen Angaben auch tatsächlich offengelegt hat und dabei inhaltlich unter Einbeziehung sämtlicher in den Konzernabschluss des Instituts einbezogenen Unternehmen einen nach den aufsichtsrechtlichen Vorgaben erstellten länderbezogenen Bericht offenlegt. Ohne eine solche Offenlegung verbleibt es auch für Gesellschaften als oberste Mutterunternehmen, die CRR-Kreditinstitute oder Große Wertpapierinstitute sind, bei der Pflicht nach Abs. 1.[13] Hinzuweisen ist noch darauf, dass die Informationen nach den beiden Regelungen nicht vollständig deckungsgleich sind, aber eine weitgehende Übereinstimmung aufweisen. Eine Erweiterung der Befreiung auf andere Institute kommt nicht in Betracht (dazu → § 342b Rn. 15).

IV. Erlöschen der Berichtspflicht (Abs. 3)

15   Das Erlöschen der Berichtspflicht nach Abs. 3 setzt die Regelung in Art. 48b Abs. 1 UAbs. 2 Bilanz-RL in nationales Recht um. Die Pflicht zur Erstellung eines Ertragsteuerinformationsberichts nach Abs. 1 erlischt, wenn die in den Konzernabschlüssen ausgewiesenen Konzernumsatzerlöse in zwei aufeinander folgenden Geschäftsjahren jeweils 750 Mio. EUR unterschreiten. In diesem Fall ist das letzte Geschäftsjahr, für das ein Ertragsteuerinformationsbericht noch gem. Abs. 1 erstellt werden muss, das erste der beiden zu betrachtenden Geschäftsjahre, in denen die Konzernumsatzerlöse-Schwelle nicht mehr erreicht wird.[14]

V. Konzernumsatzerlöse (Abs. 4)

16   Abs. 4 bestimmt die maßgebende Größe der Konzernumsatzerlöse für die Anwendung der Abs. 1–3. Die Bestimmung der Umsatzerlöse in Abs. 4 erfolgt in Umsetzung der Konzernumsatzerlöse-Definition in Art. 48a Abs. 2 lit. a und b Bilanz-RL. Da oberste Mutterunternehmen mit Sitz im Inland ihren Konzernabschluss entweder nach Maßgabe der **internationalen Rechnungslegungsnormen** gem. der VO (EG) 1606/2002 (§ 315e) oder nach **handelsrechtlichen Rechnungslegungsnormen** (§§ 290 ff.) aufstellen, ist im Hinblick auf die Bestimmung der maßgebenden Größe der Konzernumsätze nach der Nr. 1 und der Nr. 2 zu differenzieren. Wird der Konzernabschluss nach handelsrechtlichen Rechnungslegungsnormen erstellt, ist im Hinblick auf die Konzernumsatzerlöse eine weitere Differenzierung entsprechend den handelsrechtlichen Jahresabschlüssen erforderlich (vgl. § 342b Abs. 4). Maßgeblich sind dann auch im Hinblick auf die Konzernumsatzerlöse die Nettoumsatzerlöse iSd Art. 2 Nr. 5 Bilanz-RL, der in § 277 Abs. 1 umgesetzt ist (§ 298 Abs. 1). Für Kreditinstitute iSd § 340 Abs. 1, Finanzdienstleistungsinstitute iSd § 340 Abs. 4 und Wertpapierinstitute iSd § 340 Abs. 4a findet die Umsatzerlöse-Definition des § 277 Abs. 1 ausweislich des § 340a Abs. 2 S. 1 indessen keine Anwendung. Gleiches gilt gem. § 341a Abs. 2 S. 1 für Versicherungsunternehmen iSd § 341 Abs. 1 und für Pensionsfonds iSd § 341 Abs. 4. Die Regelung des § 342b Abs. 4 wird insoweit für entsprechend anwendbar erklärt (vgl. § 37 RechKredV, § 31 RechZahlV, § 58 Abs. 4 Nr. 2 RechVersV und § 38 Abs. 2 Nr. 1 RechPensV).[15]

---

[11]   RL 2013/36/EU des Europäischen Parlaments und des Rates v. 26.6.2013 über den Zugang zur Tätigkeit von Kreditinstituten und die Beaufsichtigung von Kreditinstituten, zur Änderung der RL 2002/87/EG und zur Aufhebung der RL 2006/48/EG und RL 2006/49/EG (ABl. 2013 L 176, 338 v. 27.6.2013; ABl. 2013 L 208, 73 v. 2.8.2013; ABl. 2017 L 20, 1 v. 25.1.2017; ABl. 2020 L 203, 95 v. 26.6.2020; ABl. 2020 L 212, 20 v. 3.7.2020; ABl. 2020 L 436, 77 v. 28.12.2020; ABl. 2021 L 214, 74 v. 17.6.2021), die zuletzt durch die RL (EU) 2021/338 (ABl. 2021 L 68, 14 v. 26.2.2021) geändert worden ist.
[12]   Vgl. ErwGr. 12 RL (EU) 2021/2101.
[13]   BT-Drs. 50/5653, 52.
[14]   ErwGr. 11 S. 3 RL (EU) 2021/2101 und BT-Drs. 50/5653, 50.
[15]   ErwGr. 11 S. 6 RL (EU) 2021/2101; BT-Drs. 20/5653, 52 f.

1. Internationale Rechnungslegungsstandards (Nr. 1). Für oberste Mutterunter- 17
nehmen, die den Konzernabschluss verpflichtend (§ 315e Abs. 1 und 2) oder freiwillig
(§ 315e Abs. 3) nach den auf der Grundlage der IAS-Verordnung übernommenen internationalen Rechnungslegungsstandards aufstellen,[16] ist der Betrag der Konzernumsatzerlöse
maßgeblich, der sich bei Anwendung dieser Rechnungslegungsstandards ergibt (IFRS
10.B86). Nr. 1 dient daher der Umsetzung von Art. 48 Abs. 2 lit. b Bilanz-RL, der für
Unternehmen gilt, die die internationalen Rechnungslegungsstandards anwenden und daher
im Sinne der Richtlinienbestimmung „andere Unternehmen" als die in Art. 48 Abs. 2 lit. a
Bilanz-RL genannten Unternehmen sind.

2. Handelsrechtliche Konzernabschlüsse (Nr. 2). Nach der Regelungssystematik 18
des Abs. 4 Nr. 2 werden bei einem handelsrechtlichen Konzernabschluss des obersten Mutterunternehmens für die Bestimmung der Konzernumsatzerlöse die Regelungen in § 342
Abs. 4 für entsprechend anwendbar erklärt. Das ist vor dem Hintergrund der Regelung in
§ 298 Abs. 1 konsequent. Die Differenzierung in § 342b Abs. 4 wird nun für den Konzernabschluss des obersten Mutterunternehmens übernommen. Danach kommt die Festlegung
der Konzernumsatzerlöse nach § 342b Abs. 4 Nr. 3 nur zur Anwendung, wenn nicht ein
Sonderfall iSd Nr. 1 oder Nr. 2 des § 342b Abs. 4 vorliegt. Dabei schließen sich die Nr. 1
und die Nr. 2 im Anwendungsbereich aus. Nr. 3 ist als Auffangtatbestand ausgestaltet. Die
Regelung gilt für alle Fälle, die nicht von den vorrangigen Sonderregelungen erfasst werden,
und erklärt für diese Fälle die Umsatzerlöse-Definition des § 277 Abs. 1 für die Bestimmung
der Konzernumsatzerlöse für entsprechend anwendbar (§ 298 Abs. 1). Danach gelten als
Konzernumsatzerlöse die konsolidierten Erlöse aus dem Verkauf und der Vermietung oder
Verpachtung von Produkten sowie aus der Erbringung von Dienstleistungen nach Abzug
von Erlösschmälerungen und der Umsatzsteuer sowie sonstiger direkt mit dem Umsatz
verbundener Steuern (vgl. insoweit die Kommentierung zu § 277 und § 305).

**§ 342d Tochterunternehmen mit Sitz im Inland von obersten Mutterunterneh-
men mit Sitz in einem Drittstaat**

**(1) Die Mitglieder des vertretungsberechtigten Organs einer Gesellschaft im Sinne
des § 342 Absatz 1 Nummer 3 haben das oberste Mutterunternehmen der Gesellschaft aufzufordern, ihr für das vergangene Geschäftsjahr einen Ertragsteuerinformationsbericht zur Verfügung zu stellen, der gemäß § 342g Nummer 2, den §§ 342h,
342i und 342j Absatz 3 sowie den §§ 342k und 342l erstellt worden ist, wenn die in den
Konzernabschlüssen des obersten Mutterunternehmens ausgewiesenen Konzernumsatzerlöse in mindestens zwei aufeinander folgenden Geschäftsjahren jeweils einen
Betrag übersteigen, der zum Wechselkurs vom 21. Dezember 2021 bei Rundung auf
das nächste Tausend einem Betrag von 750 Millionen Euro entspricht.**

**(2) Wenn das oberste Mutterunternehmen einen Ertragsteuerinformationsbericht
nicht zur Verfügung stellt oder der zur Verfügung gestellte Bericht nicht den
gesetzlichen Vorgaben entspricht, haben die Mitglieder des vertretungsberechtigten Organs der Gesellschaft für diese Folgendes zu erstellen:**
**1. eine Erklärung darüber, dass das oberste Mutterunternehmen einen Ertragsteu-
erinformationsbericht nicht zur Verfügung gestellt hat oder dass der zur Verfügung gestellte Bericht nicht den gesetzlichen Vorgaben entspricht, sowie**
2. einen Ertragsteuerinformationsbericht gemäß
   **a) § 342g Nummer 2, den §§ 342h, 342i, 342j Absatz 1 und § 342k Absatz 2
      sowie**
   b) § 342k Absatz 1 und § 342l

---

[16] IAS-Verordnung: VO (EG) 1606/2002 des Europäischen Parlaments und des Rates v. 19.7.2002 betreffend die Anwendung internationaler Rechnungslegungsstandards (ABl. 2002 L 243, 1 v. 11.9.2002),
zuletzt geändert durch die VO (EG) 297/2008 (ABl. 2008 L 97, 62 v. 9.4.2008).

mit denjenigen Angaben, über die die Gesellschaft verfügt und die sie beschaffen kann.

(3) Die Mitglieder des vertretungsberechtigten Organs einer Gesellschaft im Sinne des § 342 Absatz 1 Nummer 3 sind von den Pflichten nach den Absätzen 1 und 2 befreit, wenn das oberste Mutterunternehmen einen Ertragsteuerinformationsbericht gemäß § 342g Nummer 2, den §§ 342h, 342i und 342j Absatz 3 sowie den §§ 342k und 342l erstellt hat, der

1. spätestens ein Jahr nach dem Ende des Berichtszeitraums in mindestens einer Amtssprache der Europäischen Union kostenlos auf der Internetseite des obersten Mutterunternehmens veröffentlicht worden ist,

2. von einem anderen Tochterunternehmen mit Sitz im Inland spätestens ein Jahr nach dem Ende des Berichtszeitraums in deutscher Sprache der das Unternehmensregister führenden Stelle zur Einstellung in das Unternehmensregister übermittelt oder von einem Tochterunternehmen mit Sitz in einem anderen Mitgliedstaat der Europäischen Union oder einem anderen Vertragsstaat des Abkommens über den Europäischen Wirtschaftsraum nach Maßgabe des jeweiligen nationalen Rechts im Einklang mit Artikel 48d Absatz 1 der Richtlinie 2013/34/EU offengelegt worden ist und

3. den Namen und den Sitz desjenigen Tochterunternehmens angibt, das den Bericht gemäß Nummer 2 offengelegt hat.

(4) Die Pflichten nach den Absätzen 1 und 2 erlöschen, wenn die in den Konzernabschlüssen des obersten Mutterunternehmens ausgewiesenen Konzernumsatzerlöse in zwei aufeinander folgenden Geschäftsjahren jeweils einen Betrag unterschreiten, der zum Wechselkurs vom 21. Dezember 2021 bei Rundung auf das nächste Tausend einem Betrag von 750 Millionen Euro entspricht.

(5) Konzernumsatzerlöse nach den Absätzen 1 und 4 sind der Betrag der Konzernumsatzerlöse, der sich bei Anwendung der Rechnungslegungsgrundsätze ergibt, die nach dem jeweiligen nationalen Recht für die Aufstellung des Konzernabschlusses des obersten Mutterunternehmens gelten.

Schrifttum: s. § 342

Übersicht

I. Normzweck und Anwendungsbereich

1   **1. Einführung.** Die Regelung enthält die konkreten Vorgaben, wer als **inländisches Tochterunternehmen von obersten Mutterunternehmen mit Sitz in einem Drittstaat** zur Ertragsteuerinformationsberichterstattung verpflichtet ist und wie die Pflichten gelagert sind. Die konkrete Norm beschäftigt sich nur mit Tochtergesellschaften mit Sitz im Inland, die ein oberstes Mutterunternehmen mit Sitz in einem Drittstaat haben, also dem Anwendungsbereich, der durch § 342 Abs. 1 Nr. 3 eröffnet wird. Die Norm verpflichtet demnach inländische Kapitalgesellschaften und inländische Personenhandelsgesellschaften iSd § 264a Abs. 1, wenn die Kapitalgesellschaften und Personengesellschaften entsprechende Tochtergesellschaften sind (vgl. → § 342 Rn. 23 ff.). Weitere Voraussetzung auf Seiten der Tochtergesellschaft ist allerdings, dass diese entweder mittelgroß oder groß iSd § 267 Abs. 2–4 ist oder ausschließlich dem Zweck dient, die Berichtspflichten nach diesem Unterabschnitt zu umgehen. Neben der Erstellung des Ertragsteuerinformationsberichts (Abs. 2) ist die vorrangige Aufforderung zur Verfügbarmachung eines von der obersten Muttergesellschaft erstellen Berichts (Abs. 1) zu beachten. Die Vorschrift dient der Umsetzung von Art. 48b Abs. 4 UAbs. 2 S. 1 Bilanz-RL, Art. 48c Abs. 9 UAbs. 2 Bilanz-RL und Art. 48e Abs. 2 Bilanz-RL.

2. Normzweck. Die Regelung führt in **Abs. 1** für die Mitglieder des vertretungsbe- **2** rechtigten Organs der Tochtergesellschaft mit Sitz im Inland dazu, dass sie verpflichtet wird, das oberste Mutterunternehmen aufzufordern, der Tochtergesellschaft für das vergangene Geschäftsjahr einen Ertragsteuerinformationsbericht zur Verfügung zu stellen, der den Anforderungen der in Abs. 1 genannten Vorschriften des Dritten Titels genügt. Dabei legt die Regelung einschränkend fest, welche inländischen Tochtergesellschaften aus dem Anwendungsbereich der Regelungen zur Ertragsteuerinformation zu einem Bericht aufzufordern haben. Maßgebend ist insoweit das **Überschreiten des Größenkriteriums** in Bezug auf die Konzernumsatzerlöse im Konzernabschluss, der von dem obersten Mutterunternehmen mit Sitz in dem Drittstaat aufgestellt wurde. Dabei werden die Konzernumsatzerlöse in der Fremdwährung zum Wechselkurs an dem gesetzlich vorgegebenen festen Termin in EUR umgerechnet. Ferner werden die konkreten Inhalte der Berichtspflicht durch die Verweisung auf andere Vorschriften bestimmt. Über die Verpflichtung der Mitglieder des vertretungsberechtigten Organs der Tochtergesellschaft (vgl. auch § 342a Nr. 5) erfolgt eine Zuweisung der Berichtspflicht an natürliche Personen, was sich bis zu den Sanktionen (§ 342o und § 342p) auswirkt.

Abs. 2 verpflichtet die Mitglieder des vertretungsberechtigten Organs der Tochter- **3** gesellschaft zur Erstellung eines Ertragsteuerinformationsberichts und weiterer Erklärungen, wenn das oberste Mutterunternehmen der inländischen Tochtergesellschaft trotz erfolgter Aufforderung nach Abs. 1 entweder keinen Ertragsteuerinformationsbericht zur Verfügung stellt oder einen Ertragsteuerinformationsbericht zur Verfügung stellt, der nicht den in Abs. 1 genannten Vorgaben des Dritten Titels entspricht. Die Regelung dient der Umsetzung von Art. 48b Abs. 4 UAbs. 2 S. 2 Bilanz-RL und Art. 48e Abs. 2 Bilanz-RL.

Abs. 3 dient der Umsetzung von Art. 48b Abs. 6 Bilanz-RL und befreit die Mitglieder **4** des vertretungsberechtigten Organs einer Tochtergesellschaft iSd § 342 Abs. 1 Nr. 3 unter bestimmten Voraussetzungen von ihren Pflichten nach den Abs. 1 und 2. Die Befreiung erfolgt vor dem Hintergrund, dass es unverhältnismäßig wäre, die Pflichten nach den Abs. 1 und 2 fortbestehen zu lassen, wenn das oberste Mutterunternehmen den geforderten Ertragsteuerinformationsbericht kostenlos auf seiner Internetseite veröffentlicht hat und bereits ein anderes Tochterunternehmen diesen Bericht offengelegt hat.

Die Regelung in **Abs. 4** dient der Umsetzung von Art. 48b Abs. 4 UAbs. 3 Bilanz- **5** RL. Die Pflichten nach den Abs. 1 und 2 erlöschen, wenn bei dem obersten Mutterunternehmen die nach dem Wechselkurs zu einem festen Termin umgerechnete Konzernumsatzerlöse-Schwelle in zwei aufeinander folgenden Geschäftsjahren unterschritten wird (vgl. dazu mit gleichem Hintergrund § 342b Abs. 3 und § 342c Abs. 3).

Abs. 5 dient der Bestimmung des in der Regelung als Tatbestandsmerkmal enthaltenen **6** Begriffs „Konzernumsatzerlöse". Die Regelung erklärt insoweit die Rechnungslegungsgrundsätze für maßgeblich, die in dem jeweiligen Sitzstaat des obersten Mutterunternehmens für die Aufstellung von Konzernabschlüssen gelten.

II. Aufforderung durch das Tochterunternehmen (Abs. 1)

7   Die Regelung knüpft unmittelbar an § 342 Abs. 1 Nr. 3 an und begründet **zwei gestufte Pflichten,** wovon nur eine Pflicht erfüllt werden muss. Eine inländische Kapitalgesellschaft oder eine inländische Personenhandelsgesellschaft iSd § 264a Abs. 1 wird zur Berichterstattung über die Ertragsteuerinformationen verpflichtet, wenn die Kapitalgesellschaften oder Personenhandelsgesellschaften Tochterunternehmen von obersten Mutterunternehmen mit Sitz in einem Drittstaat sind und entweder **mittelgroß oder groß** iSd § 267 Abs. 2 bis 4 sind **oder** ausschließlich dem Zweck dienen, die Berichtspflichten nach diesem Unterabschnitt zu **umgehen** (§ 342 Abs. 1 Nr. 3).

8   **1. Berichtspflicht.** Die Verfügbarkeit der Berichterstattung über die Ertragsteuerinformationen wird erreicht, indem für die Mitglieder des vertretungsberechtigten Organs der Tochtergesellschaft nach Abs. 1 eine **Aufforderungspflicht** gegenüber dem obersten Mutterunternehmen begründet wird, der Tochtergesellschaft für das vergangene Geschäftsjahr einen Ertragsteuerinformationsbericht zur Verfügung zu stellen.

9   Sollte das oberste Mutterunternehmen mit Sitz in einem Drittstaat der Gesellschaft trotz erfolgter Aufforderung nach Abs. 1 entweder keinen Ertragsteuerinformationsbericht zur Verfügung stellen oder einen Ertragsteuerinformationsbericht zur Verfügung stellen, der nicht den in Abs. 1 genannten Vorgaben des Dritten Titels entspricht, greift die Verpflichtung nach Abs. 2 ein. Die Mitglieder des vertretungsberechtigten Organs der Tochtergesellschaft sind dann zu einer Erklärung für die Tochtergesellschaft verpflichtet, dass das oberste Mutterunternehmen einen Ertragsteuerinformationsbericht entweder nicht oder nicht den gesetzlichen Vorgaben entsprechend zur Verfügung gestellt hat (Abs. 2 Nr. 1). Außerdem sind die Mitglieder des vertretungsberechtigten Organs der Gesellschaft dazu verpflichtet, für diese mit den Angaben, über die die Tochtergesellschaft verfügt und die sie beschaffen kann, selbst einen Ertragsteuerinformationsbericht in Bezug auf die Tätigkeit des Konzerns nach den genannten Vorschriften des Dritten Titels zu erstellen (Abs. 2 Nr. 2).

10   Die **Pflicht zur Aufforderung** an das oberste Mutterunternehmen mit Sitz in einem Drittstaat, einen Ertragsteuerinformationsbericht für das vergangene Geschäftsjahr zur Verfügung zu stellen, besteht für die inländische Tochtergesellschaft nach Abs. 1 nur, wenn die in den Konzernabschlüssen des obersten Mutterunternehmens ausgewiesenen Konzernumsatzerlöse in mindestens zwei aufeinander folgenden Geschäftsjahren jeweils einen Betrag überschritten haben, der zum Wechselkurs vom 21.12.2021 bei Rundung auf das nächste Tausend einem Betrag von 750 Mio. EUR entspricht.[1] Das erste Geschäftsjahr, über das berichtet werden muss, ist folglich auch hier das zweite der beiden aufeinander folgenden Konzerngeschäftsjahre, die die **Konzernumsatzschwelle überschreiten.** Da das oberste Mutterunternehmen seinen Sitz in einem Drittstaat hat und der Konzernabschluss daher in einer Fremdwährung aufgestellt werden wird, muss die angeordnete Umrechnung des Schwellenwerts in die Fremdwährung erfolgen, um feststellen zu können, ob dieser überschritten wird. Dass Bezugspunkt der Aufforderung ein gesetzeskonformer Bericht des obersten Mutterunternehmens ist, ergibt sich daraus, dass die Mitglieder des vertretungsberechtigten Organs der Gesellschaft eben einen solchen offenlegen müssen. Die Anforderung an den Bericht ergibt sich aus Art. 48e Abs. 2 Bilanz-RL: „dass der Ertragsteuerinformationsbericht … in einer mit den Art. 48b und 48c übereinstimmenden Weise oder gem. den genannten Art. erstellt und gem. Art. 48d offengelegt wird". Die Pflicht zur Aufforderung entfällt, wenn die Tochtergesellschaft ohne Aufforderung vom obersten Mutterunternehmen einen gem. den in Abs. 1 genannten Vorschriften des Dritten Titels erstellten Ertragsteuerinformationsbericht erhalten hat.[2]

11   Wie sich aus Abs. 4 in Umsetzung von Art. 48b Abs. 4 UAbs. 3 Bilanz-RL ergibt, erlischt die Pflicht zur Aufforderung erst, wenn bei dem obersten Mutterunternehmen die

---

[1] Maßgebend ist insoweit der Tag des Inkrafttretens der Änderungsrichtlinie, dazu Grotherr FR 2023, 193 (197).
[2] BT-Drs. 20/5653, 53.

Konzernumsatzerlöse-Schwelle in zwei aufeinander folgenden Geschäftsjahren unterschritten wird.[3] Über das zweite aufeinander folgende Geschäftsjahr, das die Konzernumsatzerlöse-Schwelle unterschreitet, ist nicht mehr zu berichten.

2. Adressaten der Berichtspflicht. Adressaten der Pflicht zur Aufforderung nach **12** Abs. 1 sind die **Mitglieder des vertretungsberechtigten Organs** der Tochtergesellschaft. Eine Verpflichtung für das oberste Mutterunternehmen mit Sitz im Drittstaat oder die Mitglieder des vertretungsberechtigten Organs des obersten Mutterunternehmens zur Erstellung eines Ertragsteuerinformationsberichts wird insoweit nicht begründet. Die Zuordnung der Verantwortung entspricht der Systematik der Regelungen in dem Abschnitt und den Vorgaben der Bilanzrichtlinie. Für Tochtergesellschaften, die Kapitalgesellschaften mit Sitz im Inland sind, ergeben sich die Mitglieder des vertretungsberechtigten Organs aus dem jeweils einschlägigen Gesetz für die Gesellschaft. Im Hinblick auf die Geschäftsverteilung und die Auslagerung auf Dritte wird auf → § 342b Rn. 12 verwiesen.

a) Kapitalgesellschaften als Tochtergesellschaften. Bei der **Aktiengesellschaft 13** nehmen die **Vorstandsmitglieder** (sowie ihre Stellvertreter, § 94 AktG) die Stellung des gesetzlichen Vertreters ein (§ 78 Abs. 1 AktG).[4] Besteht der Vorstand aus mehreren Mitgliedern, sieht das Gesetz die Gesamtvertretung vor (§ 78 Abs. 2 AktG), die für die Verpflichtung zur Erstellung eines Ertragsteuerinformationsberichts zu einer gemeinschaftlichen Schuld führt.[5] Eine **abweichende Regelung** ist in der Satzung möglich. Die **KGaA** wird kraft Gesetzes durch ihren persönlich haftenden Gesellschafter vertreten (§ 278 Abs. 2 AktG mit der Verweisung auf die § 161 Abs. 2, § 125 Abs. 1 – § 124 Abs. 1 nF). Sie hat keinen Vorstand. Bei mehreren Komplementären sieht § 125 Abs. 1 Einzelvertretung vor (§ 124 Abs. 1 nF). Eine Gesamtvertretungsregelung ist zulässig. Die **GmbH** (einschließlich der UG (haftungsbeschränkt)) wird durch die Geschäftsführer vertreten (§ 35 Abs. 1 GmbHG). Die gesetzlich vorgesehene Gesamtvertretung mehrerer Geschäftsführer ist dispositiv. Gesetzliche Vertreter der **SE** sind bei einem dualistischen System die Vorstandsmitglieder und bei einem monistischen System die geschäftsführenden Direktoren der SE (Art. 9 Abs. 1 lit. b ii SE-VO, § 78 AktG bzw. § 41 Abs. 1 SEAG).

b) Personengesellschaften als Tochtergesellschaften. Als gesetzliche Vertreter der **14** **gleichgestellten Personenhandelsgesellschaften** (§ 264a Abs. 1) gelten die Mitglieder des vertretungsberechtigten Organs der vertretungsberechtigten Gesellschaften (§ 264a Abs. 2 iVm § 342a Nr. 5). Vertretungsberechtigte Gesellschaften sind bei der gleichgestellten OHG (§ 264a Abs. 1) grundsätzlich alle beteiligten Gesellschaften. Zur Vertretung der OHG sind in der Regel alle Gesellschafter berechtigt, wobei § 125 Abs. 1 (§ 124 Abs. 1 nF) Einzelvertretung vorsieht. Bei der KG beschränkt sich die Vertretungsberechtigung auf die Komplementäre (§ 170).

3. Inhaltliche Vorgaben. Die inhaltlichen Vorgaben an den Bericht über die Ertrag- **15** steuerinformationen nimmt die Regelung über eine Verweisung auf konkret in Bezug genommene Vorschriften vor. Die verpflichteten Personen haben einen Ertragsteuerinformationsbericht verfügbar zur machen, der gem. den in Abs. 1 genannten Vorschriften des Dritten Titels entspricht. Für die konkreten inhaltlichen Vorgaben kann auf die Kommentierung der einzelnen Regelungen verwiesen werden. Nach der Verweisung sind in den Ertragsteuerinformationsbericht das oberste Mutterunternehmen und alle Tochterunternehmen, die in den für den Berichtszeitraum aufgestellten Konzernabschluss des obersten Mutterunternehmens einbezogen sind, einzubeziehen (§ 342g Nr. 2). Es sind jeweils **Angaben zum Namen** des obersten Mutterunternehmens und aller Tochterunternehmen, die in den für den Berichtszeitraum aufgestellten Konzernabschluss des obersten Mutterunternehmens

---

3   BT-Drs. 50/5653, 50.
4   Koch AktG § 78 Rn. 3.
5   Zum Jahresabschluss insoweit BGH NJW 1995, 2850; 1986, 54 (55); BeckOGK/Fehrenbacher § 264 Rn. 8; MüKoHGB/Reiner § 264 Rn. 19; Staub/Meyer § 264 Rn. 7.

einbezogen sind, zu machen. Für die Tochterunternehmen gilt die Pflicht zur Namensangabe nur, wenn sie ihren Sitz in einem Mitgliedstaat der EU oder einem Vertragsstaat des EWR haben oder in einem Steuerhoheitsgebiet, das am 1. März des Berichtszeitraums in den Anhängen I und II der Schlussfolgerungen des Rates zur überarbeiteten **EU-Liste nicht kooperativer Länder und Gebiete für Steuerzwecke** in der jeweils geltenden Fassung aufgeführt ist (§ 342h Abs. 1). Dabei sind gewisse Grundinformationen zu den einzubeziehenden Unternehmen aufzunehmen (§ 342h Abs. 2) und die (im Ertragsteuerinformationsbericht) verwendete Währung (vgl. § 342j Abs. 3) anzugeben. Ferner hat der Bericht die länderbezogen aufzugliedernden Pflichtangaben zu enthalten (§ 342h Abs. 2 und 3); diese können nach den Maßgaben für den länderbezogenen Bericht multinationaler Unternehmensgruppen nach § 138a AO gemacht werden.[6] Die Vorschriften zum **länderbezogenen Ausweis der Angaben** im Ertragsteuerinformationsbericht (§ 342i Abs. 1) und zur länderbezogenen Zuordnung der Angaben (§ 342i Abs. 2) sind zu beachten.

16   Es besteht auch insoweit die Möglichkeit des **Weglassens von Angaben** bei einem erheblichen Nachteil im Falle ihrer Offenlegung (§ 342k Abs. 1), ausgenommen der Angaben, welche sich auf die sog. nicht kooperativen Steuerhoheitsgebiete iSd § 342i Abs. 1 S. 1 Nr. 2 oder Nr. 3 beziehen (→ § 342a Rn. 10). Ferner sind die Angabe und gebührende Begründung der nach § 342k Abs. 1 weggelassenen Angaben sowie deren Nachholung spätestens im Ertragsteuerinformationsbericht, der für das vierte Geschäftsjahr nach dem Berichtszeitraum, in dem die Angaben weggelassen wurden, erstellt wird, aufzunehmen. § 342l verpflichtet zur Erstellung des Ertragsteuerinformationsberichts unter Verwendung des von der Europäischen Kommission festzulegenden Formblatts (§ 342l Abs. 1) und Erstellung in einem ebenfalls von der Europäischen Kommission festzulegenden maschinenlesbaren elektronischen Format (§ 342l).

III. Berichterstellung durch das Tochterunternehmen (Abs. 2)

17   Kommt das oberste Mutterunternehmen der Tochtergesellschaft der erfolgten Aufforderung nach Abs. 1 nicht nach und stellt entweder keinen Ertragsteuerinformationsbericht zur Verfügung oder stellt einen Ertragsteuerinformationsbericht zur Verfügung, der nicht den in Abs. 1 genannten Vorgaben des Dritten Titels entspricht, muss ein Ertragsteuerinformationsbericht durch die Mitglieder des vertretungsberechtigten Organs der Tochtergesellschaft erstellt werden. Die Mitglieder des vertretungsberechtigten Organs der Tochtergesellschaft müssen dann nach Abs. 2 eine Erklärung (Nr. 1) und einen Ertragsteuerinformationsbericht (Nr. 2) erstellen. Mit der **Erklärung** wird dokumentiert, dass das oberste Mutterunternehmen einen Ertragsteuerinformationsbericht entweder nicht oder nicht den gesetzlichen Vorgaben entsprechend zur Verfügung gestellt hat (Nr. 1). Mit der Erstellungspflicht für die Mitglieder des vertretungsberechtigten Organs der Tochtergesellschaft wird gewährleistet, dass ein Ertragsteuerinformationsbericht nach den Vorgaben in den Vorschriften des Dritten Titels zur Verfügung steht, auch wenn das oberste Mutterunternehmen mit Sitz in einem Drittstaat der Berichterstattung nicht nachkommt.

18   Im Hinblick auf die **Berichtspflicht** selbst und die entsprechenden **Größenkriterien** in Bezug auf die Konzernumsatzerlöse sind die Anforderungen in Abs. 1 auch für Abs. 2 maßgebend. Gleiches gilt im Hinblick auf die Adressaten der Verpflichtung aus Abs. 2. An die Erklärung, dass das oberste Mutterunternehmen einen Ertragsteuerinformationsbericht entweder nicht oder nicht den gesetzlichen Vorgaben entsprechend zur Verfügung gestellt hat, werden in der Nr. 1 keine weiteren Anforderungen in formaler oder inhaltlicher Hinsicht geknüpft.

19   Der Ertragsteuerinformationsbericht in Bezug auf die Tätigkeit des Konzerns muss den Vorgaben der in Bezug genommenen Vorschriften der Nr. 2 genügen. Da ein Verstoß gegen die in lit. a genannten Vorschriften gem. § 342o Abs. 1 Nr. 1 bußgeldbewehrt ist, wurden die in Bezug genommenen Vorschriften aus regelungssystematischen Gründen in einem

---

[6]   Kirsch WPg 2023, 226 (231 ff.).

eigenen Buchstaben gefasst. Der Ertragsteuerinformationsbericht ist in den Fällen in EUR zu erstellen. Das wird durch die Bezugnahme von § 342j Abs. 1 klargestellt (vgl. § 342j Abs. 1). Die **inhaltlichen Anforderungen** an den Ertragsteuerinformationsbericht, der durch die Mitglieder des vertretungsberechtigten Organs der inländischen Tochtergesellschaft zu erstellen ist, unterscheiden sich nicht von den Anforderungen an den zur Verfügung gestellten Bericht nach Abs. 1 mit Ausnahme der Währung (vgl. insoweit → Rn. 15 f.).[7]

Die erforderlichen Informationen für die Erstellung eines Ertragsteuerinformationsbe-   **20** richts haben sich die Mitglieder des vertretungsberechtigten Organs der inländischen Tochtergesellschaft zu beschaffen, soweit die Tochtergesellschaft nicht über die Angaben in Bezug auf die Tätigkeit des Konzerns verfügt. Der Gesetzgeber hat sich bei dem Begriffspaar „verfügt oder beschaffen kann" an § 138a Abs. 4 S. 3 AO orientiert. Ausweislich der Gesetzesbegründung dürfen an die Beschaffungspflicht dabei keine unzumutbaren Anforderungen gestellt werden. Die **Informationsbeschaffung** für konzernangehörige inländische Gesellschaften und für EU- bzw. EWR-Gesellschaften dürfte mit vergleichsweise überschaubarem Aufwand gelingen.[8] Informationsdefizite können vor allem dann auftreten, wenn das oberste Mutterunternehmen den Sitz in einem Drittstaat hat, der keine den europäischen Regeln entsprechende Berichterstattung oder Rechnungslegung kennt.

IV. Befreiung (Abs. 3)

Die Regelung in Abs. 3 dient der Umsetzung von Art. 48b Abs. 6 Bilanz-RL und   **21** befreit die Mitglieder des vertretungsberechtigten Organs der Tochtergesellschaft iSd § 342 Abs. 1 Nr. 3 unter bestimmten Voraussetzungen von ihren Pflichten nach den Abs. 1 und 2. Die Befreiung erfolgt vor dem Hintergrund, dass es unverhältnismäßig wäre, die Pflichten nach den Abs. 1 und 2 fortbestehen zu lassen, wenn das oberste Mutterunternehmen den geforderten Ertragsteuerinformationsbericht **kostenlos auf seiner Internetseite veröffentlicht** hat und bereits ein anderes Tochterunternehmen diesen **Bericht offengelegt** hat. Die einzelnen Voraussetzungen der Befreiung sind kumulativ in den Nr. 1 bis 3 geregelt und führen nur zur Befreiung, wenn alle Vorgaben erfüllt sind. Dabei ist als Grundvoraussetzung erforderlich, dass ein inhaltlich an die in Bezug genommenen Regelungen orientierter Ertragsteuerinformationsbericht durch das oberste Mutterunternehmen mit Sitz in einem Drittstaat erstellt wurde. Die insoweit in Bezug genommenen Vorschriften entsprechen in inhaltlicher Hinsicht Abs. 1 (vgl. daher insoweit → Rn. 15 f.).

Weitere Voraussetzung ist nach der Nr. 1, dass das oberste Mutterunternehmen den   **22** inhaltlich vergleichbaren Ertragsteuerinformationsbericht auf seiner **Internetseite** veröffentlicht hat. Die Veröffentlichung muss spätestens ein Jahr nach dem Ende des Berichtszeitraums, also dem Geschäftsjahr (§ 342a Nr. 6), erfolgen. Der Bericht muss kostenlos in mindestens einer EU-Amtssprache veröffentlicht werden. Außerdem muss die Veröffentlichung in einem **elektronischen Berichtsformat sowie maschinenlesbar** erfolgen. Dies ergibt sich daraus, dass der Ertragsteuerinformationsbericht gem. § 342l Abs. 2 erstellt sein und der so erstellte Bericht veröffentlicht werden muss.[9]

Darüber hinaus ist nach der Nr. 2 erforderlich, dass bereits ein anderes Tochterunter-   **23** nehmen als die konkrete inländische Tochtergesellschaft, deren Mitglieder des vertretungsberechtigten Organs im Hinblick auf die Pflichten nach den Abs. 1 und 2 befreit werden sollen, den durch das oberste Mutterunternehmen erstellten Ertragsteuerinformationsbericht offengelegt hat. Die Offenlegung durch das andere Tochterunternehmen kann entweder im **Unternehmensregister** erfolgt sein, wenn das andere Tochterunternehmen seinen Sitz im Inland hat, oder aber nach den jeweiligen Vorschriften des nationalen Rechts, das in einem anderen EU-Mitgliedstaat oder EWR-Vertragsstaat zur Umsetzung der Offenlegungspflicht nach Art. 48d Abs. 1 Bilanz-RL erlassen worden ist, wenn das andere Tochter-

---

[7] BT-Drs. 20/5653, 53.
[8] Dazu Kirsch DStR 2023, 54 (59).
[9] BT-Drs. 20/5653, 54.

unternehmen seinen Sitz in einem anderen EU-Mitgliedstaat oder EWR-Vertragsstaat hat.[10] Auf diesem Wege werden die unternehmerischen Pflichten vermieden, wenn die Berichtsinformationen auf anderem Wege zur Verfügung stehen und die **Informationsvermittlung** auf diesem Wege **zumutbar** ist.

24   Schließlich setzt die Befreiung nach Nr. 3 außerdem voraus, dass in dem durch das oberste Mutterunternehmen erstellten Ertragsteuerinformationsbericht der **Name und der Sitz** desjenigen Tochterunternehmens angegeben wird, das den Bericht nach Nr. 2 offengelegt hat. Mit dieser Information wird die Suche nach den Berichtsinformationen erleichtert und die Informationsvermittlung wird für den Rechtsverkehr zumutbar.

V. Erlöschen der Berichtspflicht (Abs. 4)

25   Das Erlöschen der Berichtspflicht nach Abs. 4 setzt die Regelung in Art. 48b Abs. 4 UAbs. 3 Bilanz-RL in nationales Recht um. Die Pflichten für die Mitglieder des vertretungsberechtigten Organs der inländischen Tochtergesellschaft nach den Abs. 1 und 2 erlöschen, wenn bei dem obersten Mutterunternehmen die Konzernumsatzerlöse-Schwelle in zwei aufeinander folgenden Geschäftsjahren unterschritten wird. Das Erlöschen der Pflichten tritt daher ein, wenn die in den Konzernabschlüssen ausgewiesenen Konzernumsatzerlöse in zwei aufeinander folgenden Geschäftsjahren jeweils einen Betrag unterschreiten, der zum Wechselkurs vom 21.12.2021 bei Rundung auf das nächste Tausend einem Betrag von 750 Mio. EUR entspricht. In diesem Fall ist das letzte Geschäftsjahr, für das die Pflichten nach Abs. 1 oder Abs. 2 noch erfüllt werden müssen, das erste der beiden zu betrachtenden Geschäftsjahre, in denen die Konzernumsatzerlöse-Schwelle nicht mehr erreicht wird.[11] Daraus aber auch folgt im Umkehrschluss, dass die Pflichten nach den Abs. 1 und 2 fortbestehen, wenn die Konzernumsatzerlöse-Schwelle nach zweimaligem Überschreiten nur in einem Jahr unterschritten wird.

VI. Konzernumsatzerlöse (Abs. 5)

26   Die Regelung bestimmt im Einklang mit Art. 48a Abs. 2 lit. b Bilanz-RL, dass für die Bestimmung der Konzernumsatzerlöse des obersten Mutterunternehmens nach den Abs. 1 und 4 die Rechnungslegungsgrundsätze maßgeblich sind, die in dem jeweiligen Sitzstaat des obersten Mutterunternehmens für die Aufstellung von Konzernabschlüssen gelten. Im Hinblick auf den maßgebenden Zeitpunkt für die Währungsumrechnung ist die gesetzliche Bestimmung in Abs. 1 und Abs. 4 zu beachten (12.12.2021).

§ 342e Inländische Zweigniederlassungen unverbundener Unternehmen mit Sitz in einem Drittstaat

(1) Bei Zweigniederlassungen im Sinne des § 342 Absatz 2 Nummer 2 einer Kapitalgesellschaft im Sinne des § 342 Absatz 2 Nummer 1 erste Alternative haben die in § 13e Absatz 2 Satz 5 Nummer 3 genannten angemeldeten Personen oder, wenn solche nicht vorhanden sind, die Mitglieder des vertretungsberechtigten Organs der Kapitalgesellschaft die Hauptniederlassung aufzufordern, ihnen für das vergangene Geschäftsjahr einen Ertragsteuerinformationsbericht zur Verfügung zu stellen, der gemäß § 342g Nummer 1, § 342h Absatz 1 Nummer 1 bis 3 und Absatz 2 bis 5, den §§ 342i und 342j Absatz 2 sowie den §§ 342k und 342l erstellt worden ist, wenn die in den Jahresabschlüssen der Kapitalgesellschaft ausgewiesenen Umsatzerlöse in mindestens zwei aufeinander folgenden Geschäftsjahren jeweils einen Betrag übersteigen, der zum Wechselkurs vom 21. Dezember 2021 bei Rundung auf das nächste Tausend einem Betrag von 750 Millionen Euro entspricht.

---

[10]   BT-Drs. 20/5653, 54.
[11]   ErwGr. 11 S. 3 der RL (EU) 2021/2101 und BT-Drs. 50/5653, 50.

(2) Wenn die Hauptniederlassung einen Ertragsteuerinformationsbericht nicht zur Verfügung stellt oder der zur Verfügung gestellte Bericht nicht den gesetzlichen Vorgaben entspricht, haben die nach Absatz 1 Verpflichteten für die Kapitalgesellschaft Folgendes zu erstellen:

1. eine Erklärung darüber, dass die Hauptniederlassung einen Ertragsteuerinformationsbericht nicht zur Verfügung gestellt hat oder dass der zur Verfügung gestellte Bericht nicht den gesetzlichen Vorgaben entspricht, sowie

2. einen Ertragsteuerinformationsbericht gemäß
   a) § 342g Nummer 1, § 342h Absatz 1 Nummer 1 bis 3 und Absatz 2 bis 5, den §§ 342i, 342j Absatz 2 und § 342k Absatz 2 sowie
   b) § 342k Absatz 1 und § 342l

   mit denjenigen Angaben, über die sie verfügen und die sie beschaffen können.

(3) Die nach den Absätzen 1 und 2 Verpflichteten sind von den dort genannten Pflichten befreit, wenn die Kapitalgesellschaft einen Ertragsteuerinformationsbericht gemäß § 342g Nummer 1, den §§ 342h Absatz 1 Nummer 1 bis 3, den §§ 342i und 342j Absatz 2 sowie den §§ 342k und 342l erstellt hat, der

1. spätestens ein Jahr nach dem Ende des Berichtszeitraums in mindestens einer Amtssprache der Europäischen Union kostenlos auf der Internetseite der Gesellschaft veröffentlicht worden ist,

2. von einer anderen inländischen Zweigniederlassung spätestens ein Jahr nach dem Ende des Berichtszeitraums in deutscher Sprache der das Unternehmensregister führenden Stelle zur Einstellung in das Unternehmensregister übermittelt oder von einer Zweigniederlassung in einem anderen Mitgliedstaat der Europäischen Union oder einem anderen Vertragsstaat des Abkommens über den Europäischen Wirtschaftsraum nach Maßgabe des jeweiligen nationalen Rechts im Einklang mit Artikel 48d Absatz 1 der Richtlinie 2013/34/EU offengelegt worden ist und

3. den Namen und die Geschäftsanschrift derjenigen Zweigniederlassung angibt, für die die Offenlegung gemäß Nummer 2 bewirkt worden ist.

(4) Die Pflichten nach den Absätzen 1 und 2 erlöschen, wenn die in den Jahresabschlüssen der Kapitalgesellschaft ausgewiesenen Umsatzerlöse in zwei aufeinander folgenden Geschäftsjahren jeweils einen Betrag unterschreiten, der zum Wechselkurs vom 21. Dezember 2021 bei Rundung auf das nächste Tausend einem Betrag von 750 Millionen Euro entspricht.

(5) Umsatzerlöse nach den Absätzen 1 und 4 sind der Betrag der Umsatzerlöse, der sich bei Anwendung der Rechnungslegungsgrundsätze ergibt, die nach dem jeweiligen nationalen Recht für die Aufstellung des Jahresabschlusses der Kapitalgesellschaft gelten.

Schrifttum: s. § 342.

Übersicht

I. Normzweck und Anwendungsbereich

1   **1. Einführung.** Die Regelung enthält die konkreten Pflichten in Bezug auf inländische Zweigniederlassungen iSd § 342 Abs. 2 Nr. 2 von **unverbundenen Kapitalgesellschaften**[1] iSd § 342 Abs. 2 Nr. 1 erste Alternative, der Ertragsteuerinformationsberichterstattung nachzukommen. Die Norm gilt demnach für inländische Zweigniederlassungen von Kapitalgesellschaften mit Sitz in einem Drittstaat, die unverbundene Unternehmen sind, wenn die Zweigniederlassungen entweder Umsatzerlöse haben, die in mindestens zwei aufeinander folgenden Geschäftsjahren jeweils 12 Mio. EUR übersteigen und diesen Betrag danach in zwei aufeinander folgenden Geschäftsjahren jeweils nicht unterschreiten, oder ausschließlich dem Zweck dienen, die Berichtspflichten nach diesem Unterabschnitt zu umgehen.[2] Die Vorschrift dient der Umsetzung von Art. 48b Abs. 5 Bilanz-RL, Art. 48c Abs. 9 UAbs. 2 Bilanz-RL und Art. 48e Abs. 2 Bilanz-RL.

2   **2. Normzweck.** Die Regelung führt in Abs. 1 für die Personen, die befugt sind, als **ständige Vertreter** für die Tätigkeit der Zweigniederlassung die Kapitalgesellschaft mit Sitz in einem Drittstaat gerichtlich und außergerichtlich zu vertreten (§ 13e Abs. 2 S. 5 Nr. 3, ständige Vertreter), und ersatzweise für die Mitglieder des vertretungsberechtigten Organs der Kapitalgesellschaft mit Sitz im Drittstaat dazu, dass sie verpflichtet sind, die Hauptniederlassung aufzufordern, ihnen für das vergangene Geschäftsjahr einen Ertragsteuerinformationsbericht zur Verfügung zu stellen, der den Anforderungen der in Abs. 1 genannten Vorschriften des Dritten Titels genügt. Dabei legt die Regelung einschränkend fest, welche Vertreter von Kapitalgesellschaften mit Sitz in einem Drittstaat aus dem Anwendungsbereich der Regelungen zur Ertragsteuerinformation zu einem Bericht aufzufordern haben. Maßgebend ist insoweit das Überschreiten des Größenkriteriums durch die Kapitalgesellschaft in Bezug auf die Umsatzerlöse im Jahresabschluss, der von der Kapitalgesellschaft mit Sitz in dem Drittstaat aufgestellt wurde. Dabei werden die Umsatzerlöse in der Fremdwährung zum Wechselkurs an dem gesetzlich vorgegebenen festen Termin in EUR umgerechnet. Ferner werden die konkreten Inhalte der Berichtspflicht durch die Verweisung auf andere Vorschriften bestimmt. Über die Verpflichtung der vertretungsberechtigten Personen für die Zweigniederlassung (§ 13e Abs. 2 S. 5 Nr. 3) und ersatzweise der Mitglieder des vertretungsberechtigten Organs der Kapitalgesellschaft erfolgt eine Zuweisung der Berichtspflicht an natürliche Personen, was sich bis zu den Sanktionen (§ 342o und § 342p) auswirkt.

3   **Abs. 2** verpflichtet die Personen, die befugt sind, als ständige Vertreter für die Tätigkeit der Zweigniederlassung die Kapitalgesellschaft mit Sitz in einem Drittstaat gerichtlich und außergerichtlich zu vertreten (§ 13e Abs. 2 S. 5 Nr. 3), und ersatzweise die Mitglieder des vertretungsberechtigten Organs der Kapitalgesellschaft zur Erstellung eines Ertragsteuerinformationsberichts und weiterer Erklärungen, wenn die Hauptniederlassung trotz erfolgter Aufforderung nach Abs. 1 entweder keinen Ertragsteuerinformationsbericht zur Verfügung stellt oder einen Ertragsteuerinformationsbericht zur Verfügung stellt, der nicht den in Abs. 1 genannten Vorgaben des Dritten Titels entspricht. Die Regelung dient der Umsetzung von Art. 48b Abs. 5 UAbs. 3 und Art. 48e Abs. 2 Bilanz-RL.

4   **Abs. 3** dient der Umsetzung von Art. 48b Abs. 6 Bilanz-RL und befreit die Personen, die befugt sind, als ständige Vertreter für die Tätigkeit der Zweigniederlassung die Kapitalgesellschaft mit Sitz in einem Drittstaat gerichtlich und außergerichtlich zu vertreten (§ 13e Abs. 2 S. 5 Nr. 3), und auch die Mitglieder des vertretungsberechtigten Organs der Kapitalgesellschaft unter bestimmten Voraussetzungen von ihren Pflichten nach den Abs. 1 und 2. Die Befreiung erfolgt vor dem Hintergrund, dass es unverhältnismäßig wäre, die Pflichten nach den Abs. 1 und 2 fortbestehen zu lassen, wenn die Hauptniederlassung den gesetzlich geforderten Ertragsteuerinformationsbericht kostenlos auf der Internetseite der Kapitalgesellschaft veröffentlicht hat und bereits eine andere Zweigniederlassung diesen Bericht offengelegt hat.

---

[1]   Vgl. zur Behandlung als Kapitalgesellschaft → § 342 Rn. 28 ff.
[2]   BT-Drs. 20/5653, 55.

Die Regelung in **Abs. 4** dient der Umsetzung von Art. 48b Abs. 5 UAbs. 7 Bilanz-   5
RL. Die Pflichten nach den Abs. 1 und 2 erlöschen, wenn die bei einer Kapitalgesellschaft nach dem Wechselkurs zu einem festen Termin umgerechnete Umsatzerlöse-Schwelle in zwei aufeinander folgenden Geschäftsjahren unterschritten wird (vgl. dazu mit gleichem Hintergrund § 342b Abs. 3, § 342c Abs. 3 und § 342d Abs. 4).

Abs. 5 dient der Bestimmung des in der Regelung als Tatbestandsmerkmal enthaltenen   6
Begriffs „Umsatzerlöse". Die Regelung erklärt insoweit die Rechnungslegungsgrundsätze für maßgeblich, die in dem jeweiligen Sitzstaat der Kapitalgesellschaft für die Aufstellung von Jahresabschlüssen gelten.

II. Aufforderung zur Überlassung (Abs. 1)

Die Regelung in Abs. 1 und Abs. 2 knüpft unmittelbar an § 342 Abs. 2 an und begrün-   7
det zwei **gestufte Pflichten,** wovon nur eine Pflicht erfüllt werden muss. Eine unverbundene Kapitalgesellschaft mit Sitz in einem Drittstaat und einer inländischen Zweigniederlassung wird zur Berichterstattung über die Ertragsteuerinformationen verpflichtet, wenn die Zweigniederlassungen entweder Umsatzerlöse haben, die in mindestens zwei aufeinander folgenden Geschäftsjahren jeweils 12 Mio. EUR übersteigen und diesen Betrag danach in zwei aufeinander folgenden Geschäftsjahren jeweils nicht unterschreiten, oder ausschließlich dem Zweck dienen, die Berichtspflichten nach diesem Unterabschnitt zu umgehen (§ 342 Abs. 2 Nr. 2).

1. Berichtspflicht. Die Verfügbarkeit der Berichterstattung über die Ertragsteuerin-   8
formationen wird erreicht, indem für die Personen, die befugt sind, als ständige Vertreter für die Tätigkeit der Zweigniederlassung die Kapitalgesellschaft mit Sitz in einem Drittstaat gerichtlich und außergerichtlich zu vertreten (§ 13e Abs. 2 S. 5 Nr. 3, ständige Vertreter), und ersatzweise für die Mitglieder des vertretungsberechtigten Organs der Kapitalgesellschaft mit Sitz im Drittstaat nach Abs. 1 eine Aufforderungspflicht gegenüber der Hauptniederlassung begründet wird, ihnen für das vergangene Geschäftsjahr einen Ertragsteuerinformationsbericht zur Verfügung zu stellen. Im letzteren Fall handeln dieselben Personen für Zweig- und Hauptniederlassung. Die Aufforderung der Mitglieder des vertretungsberechtigten Organs an sich selbst kommt faktisch einer Erstellungspflicht gleich.[3]

Sollte die Hauptniederlassung trotz erfolgter Aufforderung nach Abs. 1 entweder keinen   9
Ertragsteuerinformationsbericht zur Verfügung stellen oder einen Ertragsteuerinformationsbericht zur Verfügung stellen, der nicht den in Abs. 1 genannten Vorgaben des Dritten Titels entspricht, greift die Verpflichtung nach Abs. 2 ein. Die Personen, die befugt sind, als ständige Vertreter für die Tätigkeit der Zweigniederlassung die Kapitalgesellschaft mit Sitz in einem Drittstaat gerichtlich und außergerichtlich zu vertreten (§ 13e Abs. 2 S. 5 Nr. 3)[4] und ersatzweise die Mitglieder des vertretungsberechtigten Organs der Kapitalgesellschaft mit Sitz im Drittstaat sind dann zu einer Erklärung für die Hauptniederlassung verpflichtet, dass die Hauptniederlassung einen Ertragsteuerinformationsbericht entweder nicht oder nicht den gesetzlichen Vorgaben entsprechend zur Verfügung gestellt hat (Abs. 2 Nr. 1). Außerdem sind die Personen, die befugt sind, als ständige Vertreter für die Tätigkeit der Zweigniederlassung die Kapitalgesellschaft mit Sitz in einem Drittstaat gerichtlich und außergerichtlich zu vertreten (§ 13e Abs. 2 S. 5 Nr. 3), und ersatzweise die Mitglieder des vertretungsberechtigten Organs der Kapitalgesellschaft mit Sitz im Drittstaat dazu verpflichtet, für diese mit den Angaben, über die sie verfügen und die sie beschaffen können, selbst einen Ertragsteuerinformationsbericht in Bezug auf die Tätigkeit der Kapitalgesellschaft nach den genannten Vorschriften des Dritten Titels zu erstellen (Abs. 2 Nr. 2).

Die Pflicht zur Aufforderung an die Hauptniederlassung der Kapitalgesellschaft mit Sitz   10
in einem Drittstaat, einen Ertragsteuerinformationsbericht für das vergangene Geschäftsjahr

---

[3]   BT-Drs. 20/5653, 55.
[4]   Wie bei § 325a HGB und im Einklang mit Art. 48e Abs. 2 Bilanz-RL iVm Art. 41 der GesR-RL (RL (EU) 2017/1132).

zur Verfügung zu stellen, besteht für die verpflichteten Personen nach Abs. 1 nur, wenn die in den Jahresabschlüssen der Kapitalgesellschaft ausgewiesenen Umsatzerlöse in mindestens zwei aufeinander folgenden Geschäftsjahren jeweils einen Betrag überschritten haben, der zum Wechselkurs vom 21.12.2021 bei Rundung auf das nächste Tausend einem Betrag von 750 Mio. EUR entspricht.[5] Das erste Geschäftsjahr, über das berichtet werden muss, ist folglich auch hier das zweite der beiden aufeinander folgenden Geschäftsjahre, die die **Umsatzerlösschwelle** überschreiten. Da die Kapitalgesellschaft mit Sitz in einem Drittstaat den Jahresabschluss in einer **Fremdwährung** aufstellen wird, muss die angeordnete Umrechnung des Schwellenwerts in die Fremdwährung erfolgen, um feststellen zu können, ob dieser überschritten wird. Dass Bezugspunkt der Aufforderung ein gesetzeskonformer Bericht der Kapitalgesellschaft (Hauptniederlassung) ist, ergibt sich daraus, dass die verpflichteten Personen der Zweigniederlassung bzw. Kapitalgesellschaft mit inländischer Zweigniederlassung eben einen solchen offenlegen müssen. Die Anforderung an den Bericht ergibt sich aus Art. 48e Abs. 2 Bilanz-RL: „dass der Ertragsteuerinformationsbericht … in einer mit den Art. 48b und 48c übereinstimmenden Weise oder gem. den genannten Art. erstellt und gem. Art. 48d offengelegt wird". Die Pflicht zur Aufforderung entfällt, wenn die verpflichteten Personen ohne Aufforderung von der Kapitalgesellschaft (Hauptniederlassung) einen gem. den in Abs. 1 genannten Vorschriften des Dritten Titels erstellten Ertragsteuerinformationsbericht erhalten haben.[6]

11 Wie sich aus **Abs. 4** in Umsetzung von Art. 48b Abs. 5 UAbs. 7 Bilanz-RL ergibt, **erlischt** die Pflicht zur Aufforderung erst, wenn bei der Kapitalgesellschaft die Umsatzerlöse-Schwelle in zwei aufeinander folgenden Geschäftsjahren unterschritten wird.[7] Über das zweite aufeinander folgende Geschäftsjahr, das die Umsatzerlöse-Schwelle unterschreitet, ist nicht mehr zu berichten.

12 **2. Adressaten der Berichtspflicht.** Adressaten der Pflicht zur Aufforderung nach Abs. 1 sind die **Personen,** die befugt sind, als ständige Vertreter für die Tätigkeit der Zweigniederlassung die Kapitalgesellschaft mit Sitz in einem Drittstaat **gerichtlich und außergerichtlich zu vertreten** (§ 13e Abs. 2 S. 5 Nr. 3, ständige Vertreter),[8] und ersatzweise die Mitglieder des vertretungsberechtigten Organs der Kapitalgesellschaft mit Sitz im Drittstaat. Die (subsidiäre) Aufforderung der Mitglieder des vertretungsberechtigten Organs an sich selbst kommt faktisch einer Erstellungspflicht gleich, die in Abs. 2 für den Personenkreis auch rechtlich entsteht. Die konkret verpflichteten Mitglieder des vertretungsberechtigten Organs der Kapitalgesellschaft mit Sitz im Drittstaat ergeben sich aus dem für die Gesellschaft maßgebenden **Gesellschaftsrecht.** Sofern für die inländische Zweigniederlassung mehrere ständige Vertreter bestellt sind, tragen diese die **gemeinsame Verantwortung** für die Aufforderung der Hauptniederlassung, einen den gesetzlichen Vorgaben entsprechenden Ertragsteuerinformationsbericht zur Verfügung zu stellen. Im Hinblick auf die Geschäftsverteilung bei den Mitgliedern des vertretungsberechtigten Organs der Kapitalgesellschaft und die Auslagerung auf Dritte wird auf → § 342b Rn. 12 verwiesen.

13 **3. Inhaltliche Vorgaben.** Die inhaltlichen Vorgaben an den Bericht über die Ertragsteuerinformationen nimmt die Regelung über eine Verweisung auf konkret in Bezug genommene Vorschriften vor. Die verpflichteten Personen haben den Ertragsteuerinformationsbericht gem. den in Abs. 1 genannten Vorschriften des Dritten Titels zu erstellen. Für die konkreten inhaltlichen Vorgaben kann auf die Kommentierung der einzelnen Regelungen verwiesen werden. Nach der Verweisung in Abs. 1 ist in den Ertragsteuerinformationsbericht die unverbundene Kapitalgesellschaft einzubeziehen (§ 342g Nr. 1) und mit den Angaben zum **Namen des unverbundenen Unternehmens, des Berichtszeitraums**

---

[5] Maßgebend ist insoweit der Tag des Inkrafttretens der Änderungsrichtlinie, dazu Grotherr FR 2023, 193 (197).
[6] BT-Drs. 20/5653, 55.
[7] BT-Drs. 50/5653, 56.
[8] Wie bei § 325a HGB und im Einklang mit Art. 48e Abs. 2 Bilanz-RL iVm Art. 41 GesR-RL.

(§ 342h Abs. 1) und der (im Ertragsteuerinformationsbericht) **verwendeten Währung** (vgl. § 342j Abs. 2) zu identifizieren. Der Bericht ist in derjenigen Währung zu erstellen, in der der Jahresabschluss der unverbundenen Kapitalgesellschaft für den Berichtszeitraum aufgestellt wird. Ferner hat der Bericht die länderbezogen aufzugliedernden Pflichtangaben zu enthalten (§ 342h Abs. 2 und 3) und diese können nach den Maßgaben für den länderbezogenen Bericht multinationaler Unternehmensgruppen nach § 138a AO gemacht werden.[9] Die Vorschriften zum länderbezogenen Ausweis der Angaben im Ertragsteuerinformationsbericht (§ 342i Abs. 1) und zur länderbezogenen Zuordnung der Angaben (§ 342i Abs. 2) sind zu beachten.

Es besteht auch insoweit die Möglichkeit des **Weglassens von Angaben** bei einem **14** erheblichen Nachteil im Falle ihrer Offenlegung (§ 342k Abs. 1), ausgenommen der Angaben, welche sich auf die sog. nicht kooperativen Steuerhoheitsgebiete iSd § 342i Abs. 1 S. 1 Nr. 2 oder Nr. 3 beziehen (→ § 342a Rn. 10). Ferner sind die Angabe und gebührende Begründung der nach § 342k Abs. 1 weggelassenen Angaben sowie deren **Nachholung** spätestens im Ertragsteuerinformationsbericht, der für das vierte Geschäftsjahr nach dem Berichtszeitraum, in dem die Angaben weggelassen wurden, erstellt wird, aufzunehmen. § 342l verpflichtet zur Erstellung des Ertragsteuerinformationsberichts unter Verwendung des von der Europäischen Kommission festzulegenden **Formblatts** (§ 342l Abs. 1) und Erstellung in einem ebenfalls von der Europäischen Kommission festzulegenden maschinenlesbaren elektronischen Format (§ 342l).

III. Berichterstellung durch die verpflichteten Personen (Abs. 2)

Kommt die Kapitalgesellschaft (Hauptniederlassung) der erfolgten Aufforderung nach **15** Abs. 1 nicht nach und stellt entweder keinen Ertragsteuerinformationsbericht zur Verfügung oder stellt einen Ertragsteuerinformationsbericht zur Verfügung, der nicht den in Abs. 1 genannten Vorgaben des Dritten Titels entspricht, muss ein Ertragsteuerinformationsbericht durch die Personen, die befugt sind, als ständige Vertreter für die Tätigkeit der Zweigniederlassung die Kapitalgesellschaft mit Sitz in einem Drittstaat gerichtlich und außergerichtlich zu vertreten (§ 13e Abs. 2 S. 5 Nr. 3), oder ersatzweise durch die Mitglieder des vertretungsberechtigten Organs der Kapitalgesellschaft erstellt werden. Die vorstehend genannten verpflichteten Personen müssen dann nach Abs. 2 eine Erklärung (Nr. 1) und einen Ertragsteuerinformationsbericht (Nr. 2) erstellen. Mit der Erklärung wird dokumentiert, dass die Hauptniederlassung einen Ertragsteuerinformationsbericht entweder nicht oder nicht den gesetzlichen Vorgaben entsprechend zur Verfügung gestellt hat (Nr. 1). Mit der Erstellungspflicht für die Personen, die befugt sind, als ständige Vertreter für die Tätigkeit der Zweigniederlassung die Kapitalgesellschaft mit Sitz in einem Drittstaat gerichtlich und außergerichtlich zu vertreten (§ 13e Abs. 2 S. 5 Nr. 3), oder ersatzweise durch die Mitglieder des vertretungsberechtigten Organs der Kapitalgesellschaft wird gewährleistet, dass ein Ertragsteuerinformationsbericht nach den Vorgaben in den Vorschriften des Dritten Titels zur Verfügung steht, auch wenn die Kapitalgesellschaft mit Sitz in einem Drittstaat der Berichterstattung nicht nachkommt. Trifft die Handlungspflicht die Mitglieder des vertretungsberechtigten Organs der Kapitalgesellschaft, entsteht insoweit eine Erstellungspflicht und es ist anzunehmen, dass alle für den Ertragsteuerinformationsbericht erforderlichen Angaben beschafft werden können.

Im Hinblick auf die **Berichtspflicht** selbst und die entsprechenden **Größenkriterien** **16** in Bezug auf die Umsatzerlöse sind die Anforderungen in Abs. 1 auch für Abs. 2 maßgebend. Gleiches gilt im Hinblick auf die **Adressaten der Verpflichtung** aus Abs. 2. An die Erklärung, dass die Hauptniederlassung einen Ertragsteuerinformationsbericht entweder nicht oder nicht den gesetzlichen Vorgaben entsprechend zur Verfügung gestellt hat, werden in der Nr. 1 keine weiteren Anforderungen in formaler oder inhaltlicher Hinsicht geknüpft.

---

[9]   Kirsch WPg 2023, 226 (231 ff.).

17   Der Ertragsteuerinformationsbericht in Bezug auf die Tätigkeit der Kapitalgesellschaft muss den Vorgaben der in Bezug genommenen Vorschriften der Nr. 2 genügen. Da ein Verstoß gegen die in lit. a genannten Vorschriften gem. § 342o Abs. 1 Nr. 1 **bußgeldbewehrt** ist, wurden die in Bezug genommenen Vorschriften aus regelungssystematischen Gründen in einem eigenen Buchstaben gefasst. Der Ertragsteuerinformationsbericht ist in den Fällen ebenfalls in derjenigen Währung zu erstellen, in der der Jahresabschluss der unverbundenen Kapitalgesellschaft für den Berichtszeitraum aufgestellt wird. Das wird durch die Bezugnahme von § 342j Abs. 2 klargestellt (vgl. aber auch § 342j Abs. 2). Die inhaltlichen Anforderungen an den Ertragsteuerinformationsbericht, der durch die verpflichteten Personen zu erstellen ist, unterscheiden sich nicht von den Anforderungen an den zur Verfügung gestellten Bericht nach Abs. 1 (vgl. insoweit → Rn. 13 f.).[10]

18   Die erforderlichen Informationen für die Erstellung eines Ertragsteuerinformationsberichts haben sich die Personen, die befugt sind, als ständige Vertreter für die Tätigkeit der Zweigniederlassung die Kapitalgesellschaft mit Sitz in Drittstaat gerichtlich und außergerichtlich zu vertreten (§ 13e Abs. 2 S. 5 Nr. 3), oder ersatzweise die Mitglieder des vertretungsberechtigten Organs der Kapitalgesellschaft zu beschaffen, soweit die Personen nicht über die Angaben in Bezug auf die Tätigkeit der Kapitalgesellschaft verfügen. Der Gesetzgeber hat sich bei dem Begriffspaar **„verfügt oder beschaffen kann"** an § 138a Abs. 4 S. 3 AO orientiert. Ausweislich der Gesetzesbegründung dürfen an die **Beschaffungspflicht** dabei grundsätzlich keine unzumutbaren Anforderungen gestellt werden. Die Aussage gilt uneingeschränkt für die Personen, die befugt sind, als ständige Vertreter für die Tätigkeit der Zweigniederlassung die Kapitalgesellschaft mit Sitz in einem Drittstaat gerichtlich und außergerichtlich zu vertreten (§ 13e Abs. 2 S. 5 Nr. 3). Trifft die Handlungspflicht allerdings die Mitglieder des vertretungsberechtigten Organs der Kapitalgesellschaft, ist anzunehmen, dass alle für den Ertragsteuerinformationsbericht erforderlichen Angaben beschafft werden können.[11]

IV. Befreiung (Abs. 3)

19   Die Regelung in Abs. 3 dient der Umsetzung von Art. 48b Abs. 6 Bilanz-RL und **befreit** die Personen, die befugt sind, als ständige Vertreter für die Tätigkeit der Zweigniederlassung die Kapitalgesellschaft mit Sitz in einem Drittstaat gerichtlich und außergerichtlich zu vertreten (§ 13e Abs. 2 S. 5 Nr. 3), oder ersatzweise die Mitglieder des vertretungsberechtigten Organs der Kapitalgesellschaft unter bestimmten Voraussetzungen von ihren Pflichten nach den Abs. 1 und 2. Die Befreiung erfolgt vor dem Hintergrund, dass es unverhältnismäßig wäre, die Pflichten nach den Abs. 1 und 2 fortbestehen zu lassen, wenn die Kapitalgesellschaft den geforderten Ertragsteuerinformationsbericht kostenlos auf ihrer **Internetseite** veröffentlicht hat und bereits eine andere Zweigniederlassung diesen Bericht offengelegt hat. Die einzelnen Voraussetzungen der Befreiung sind kumulativ in den Nr. 1 bis 3 geregelt und führen nur zur Befreiung, wenn alle Vorgaben erfüllt sind. Dabei ist als Grundvoraussetzung erforderlich, dass ein inhaltlich an die in Bezug genommenen Regelungen orientierter Ertragsteuerinformationsbericht durch die Kapitalgesellschaft mit Sitz im Drittstaat erstellt wurde. Die insoweit in Bezug genommenen Vorschriften entsprechen in inhaltlicher Hinsicht Abs. 1 (vgl. daher insoweit → Rn. 13 f.).

20   Weitere Voraussetzung ist nach der Nr. 1, dass die Kapitalgesellschaft den inhaltlich vergleichbaren Ertragsteuerinformationsbericht auf seiner Internetseite veröffentlicht hat. Die Veröffentlichung muss spätestens ein Jahr nach dem Ende des Berichtszeitraums, also dem Geschäftsjahr (§ 342a Nr. 6), erfolgen. Der Bericht muss kostenlos in mindestens einer EU-Amtssprache veröffentlicht werden. Außerdem muss die Veröffentlichung in einem **elektronischen Berichtsformat sowie maschinenlesbar** erfolgen. Dies ergibt sich

---

[10]   BT-Drs. 20/5653, 53.
[11]   BT-Drs. 20/5653, 56.

daraus, dass der Ertragsteuerinformationsbericht gem. § 342l Abs. 2 erstellt sein und der so erstellte Bericht veröffentlicht werden muss.[12]

Darüber hinaus ist nach der Nr. 2 erforderlich, dass bereits eine andere Zweigniederlas- **21** sung als die konkrete inländische Zweigniederlassung, deren vertretungsberechtigte Personen bzw. Mitglieder des vertretungsberechtigten Organs im Hinblick auf die Pflichten nach den Abs. 1 und 2 befreit werden sollen, den durch die Kapitalgesellschaft erstellten Ertragsteuerinformationsbericht offengelegt hat. Die **Offenlegung** durch die andere Zweigniederlassung kann entweder im **Unternehmensregister** in deutscher Sprache erfolgt sein, wenn es sich um eine inländische Zweigniederlassung handelt, oder aber nach den jeweiligen Vorschriften des nationalen Rechts, das in einem anderen EU-Mitgliedstaat oder EWR-Vertragsstaat zur Umsetzung der Offenlegungspflicht nach Art. 48d Abs. 1 Bilanz-RL erlassen worden ist, wenn die andere Zweigniederlassung in einem anderen EU-Mitgliedstaat oder EWR-Vertragsstaat betrieben wird.[13] Auf diesem Wege werden die unternehmerischen Pflichten vermieden, wenn die Berichtsinformationen auf anderem Wege zur Verfügung stehen und die Informationsvermittlung auf diesem Wege zumutbar ist.

Schließlich setzt die Befreiung nach Nr. 3 außerdem voraus, dass in dem durch die **22** Kapitalgesellschaft erstellten Ertragsteuerinformationsbericht der **Name** und die **Geschäftsanschrift** derjenigen Zweigniederlassung angegeben wird, für die die Offenlegung des Berichts nach Nr. 2 bewirkt worden ist. Mit dieser Information wird die Suche nach den Berichtsinformationen erleichtert und die Informationsvermittlung wird für den Rechtsverkehr zumutbar.

V. Erlöschen der Berichtspflicht (Abs. 4)

Das Erlöschen der Berichtspflicht nach Abs. 4 setzt die Regelung in Art. 48b Abs. 5 **23** UAbs. 7 Bilanz-RL in nationales Recht um. Die Pflichten für Personen, die befugt sind, als ständige Vertreter für die Tätigkeit der Zweigniederlassung die Kapitalgesellschaft mit Sitz in einem Drittstaat gerichtlich und außergerichtlich zu vertreten (§ 13e Abs. 2 S. 5 Nr. 3), oder ersatzweise die Mitglieder des vertretungsberechtigten Organs der Kapitalgesellschaft nach den Abs. 1 und 2 erlöschen, wenn bei der Kapitalgesellschaft die Umsatzerlöse-Schwelle in zwei aufeinander folgenden Geschäftsjahren unterschritten wird. Das Erlöschen der Pflichten tritt daher ein, wenn die in den Jahresabschlüssen ausgewiesenen Umsatzerlöse in zwei aufeinander folgenden Geschäftsjahren jeweils einen Betrag unterschreiten, der zum Wechselkurs vom 21.12.2021 bei Rundung auf das nächste Tausend einem Betrag von 750 Mio. EUR entspricht. In diesem Fall ist das letzte Geschäftsjahr, für das die Pflichten nach Abs. 1 oder Abs. 2 noch erfüllt werden müssen, das erste der beiden zu betrachtenden Geschäftsjahre, in denen die Umsatzerlöse-Schwelle nicht mehr erreicht wird.[14] Daraus aber folgt im Umkehrschluss auch, dass die Pflichten nach den Abs. 1 und 2 fortbestehen, wenn die Umsatzerlöse-Schwelle nach zweimaligem Überschreiten nur in einem Jahr unterschritten wird.

VI. Umsatzerlöse (Abs. 5)

Die Regelung bestimmt im Einklang mit Art. 48a Abs. 2 lit. b Bilanz-RL, dass für die **24** Bestimmung der Umsatzerlöse der Kapitalgesellschaft nach den Abs. 1 und 4 die Rechnungslegungsgrundsätze maßgeblich sind, die in dem jeweiligen Sitzstaat der Kapitalgesellschaft für die Aufstellung von Jahresabschlüssen gelten. Im Hinblick auf den maßgebenden Zeitpunkt für die Währungsumrechnung ist die gesetzliche Bestimmung in Abs. 1 und Abs. 4 zu beachten (12.12.2021).

---

[12]   BT-Drs. 20/5653, 54.
[13]   BT-Drs. 20/5653, 56.
[14]   ErwGr. 11 S. 3 der RL (EU) 2021/2101 und BT-Drs. 50/5653, 56.

§ 342f Inländische Zweigniederlassungen verbundener Unternehmen mit Sitz in einem Drittstaat

(1) Bei Zweigniederlassungen im Sinne des § 342 Absatz 2 Nummer 2 einer Kapitalgesellschaft im Sinne des § 342 Absatz 2 Nummer 1 zweite Alternative haben die in § 13e Absatz 2 Satz 5 Nummer 3 genannten angemeldeten Personen oder, wenn solche nicht vorhanden sind, die Mitglieder des vertretungsberechtigten Organs der Kapitalgesellschaft das oberste Mutterunternehmen aufzufordern, ihnen für das vergangene Geschäftsjahr einen Ertragsteuerinformationsbericht zur Verfügung zu stellen, der gemäß § 342g Nummer 2, den §§ 342h, 342i, 342j Absatz 3 sowie den §§ 342k und 342l erstellt worden ist, wenn

1. die in den Konzernabschlüssen des obersten Mutterunternehmens ausgewiesenen Konzernumsatzerlöse in mindestens zwei aufeinander folgenden Geschäftsjahren jeweils einen Betrag übersteigen, der zum Wechselkurs vom 21. Dezember 2021 bei Rundung auf das nächste Tausend einem Betrag von 750 Millionen Euro entspricht, und

2. das oberste Mutterunternehmen kein Tochterunternehmen hat, das den Pflichten nach § 342d Absatz 1 und 2 oder vergleichbaren Pflichten nach Maßgabe des Rechts eines anderen Mitgliedstaats der Europäischen Union oder eines anderen Vertragsstaats des Abkommens über den Europäischen Wirtschaftsraum im Einklang mit Artikel 48b Absatz 4 der Richtlinie 2013/34/EU unterliegt.

(2) Wenn das oberste Mutterunternehmen einen Ertragsteuerinformationsbericht nicht zur Verfügung stellt oder der zur Verfügung gestellte Bericht nicht den gesetzlichen Vorgaben entspricht, haben die nach Absatz 1 Verpflichteten für die Kapitalgesellschaft Folgendes zu erstellen:

1. eine Erklärung darüber, dass das oberste Mutterunternehmen einen Ertragsteuerinformationsbericht nicht zur Verfügung gestellt hat oder dass der zur Verfügung gestellte Bericht nicht den gesetzlichen Vorgaben entspricht, sowie

2. einen Ertragsteuerinformationsbericht gemäß
   a) § 342g Nummer 2, den §§ 342h, 342i, 342j Absatz 3 und § 342k Absatz 2 sowie
   b) § 342k Absatz 1 und § 342l

mit denjenigen Angaben, über die sie verfügen und die sie beschaffen können.

(3) Die nach den Absätzen 1 und 2 Verpflichteten sind von den dort genannten Pflichten befreit, wenn das oberste Mutterunternehmen einen Ertragsteuerinformationsbericht gemäß § 342g Nummer 2, den §§ 342h, 342i, 342j Absatz 3 sowie den §§ 342k und 342l erstellt hat, der

1. spätestens ein Jahr nach dem Ende des Berichtszeitraums in mindestens einer Amtssprache der Europäischen Union kostenlos auf der Internetseite des obersten Mutterunternehmens veröffentlicht worden ist,

2. von einer anderen inländischen Zweigniederlassung spätestens ein Jahr nach dem Ende des Berichtszeitraums in deutscher Sprache der das Unternehmensregister führenden Stelle zur Einstellung in das Unternehmensregister übermittelt oder von einer Zweigniederlassung in einem anderen Mitgliedstaat der Europäischen Union oder einem anderen Vertragsstaat des Abkommens über den Europäischen Wirtschaftsraum nach Maßgabe des jeweiligen nationalen Rechts im Einklang mit Artikel 48d Absatz 1 der Richtlinie 2013/34/EU offengelegt worden ist und

3. den Namen und die Geschäftsanschrift derjenigen Zweigniederlassung angibt, für die die Offenlegung gemäß Nummer 2 bewirkt worden ist.

(4) Die Pflichten nach den Absätzen 1 und 2 erlöschen, wenn die in den Konzernabschlüssen des obersten Mutterunternehmens ausgewiesenen Konzernumsatzer-

löse in zwei aufeinander folgenden Geschäftsjahren jeweils einen Betrag unterschreiten, der zum Wechselkurs vom 21. Dezember 2021 bei Rundung auf das nächste Tausend einem Betrag von 750 Millionen Euro entspricht.

(5) Konzernumsatzerlöse nach den Absätzen 1 und 4 sind der Betrag der Konzernumsatzerlöse, der sich bei Anwendung der Rechnungslegungsgrundsätze ergibt, die nach dem jeweiligen nationalen Recht für die Aufstellung des Konzernabschlusses des obersten Mutterunternehmens gelten.

Schrifttum: s. § 342.

Übersicht

I. Normzweck und Anwendungsbereich

1. Einführung. Die Regelung enthält die konkreten Pflichten in Bezug auf **inländi-** **1** **sche Zweigniederlassungen** iSd § 342 Abs. 2 Nr. 2 **von verbundenen Kapitalgesellschaften**[1] iSd § 342 Abs. 2 Nr. 1 zweite Alternative, der Ertragsteuerinformationsberichterstattung nachzukommen. Die Norm gilt demnach für inländische Zweigniederlassungen von Kapitalgesellschaften mit Sitz in einem Drittstaat, die verbundene Unternehmen sind, wenn das oberste Mutterunternehmen seinen Sitz ebenfalls in einem Drittstaat hat, und wenn die Zweigniederlassungen entweder Umsatzerlöse haben, die in mindestens zwei aufeinander folgenden Geschäftsjahren jeweils 12 Mio. EUR übersteigen und diesen Betrag danach in zwei aufeinander folgenden Geschäftsjahren jeweils nicht unterschreiten, oder ausschließlich dem Zweck dienen, die Berichtspflichten nach diesem Unterabschnitt zu umgehen.[2] Die Vorschrift erfasst auch den Fall, dass die Kapitalgesellschaft mit Sitz in einem Drittstaat, die die inländische Zweigniederlassung errichtet hat, selbst das oberste Mutterunternehmen des Konzerns ist. Die Vorschrift dient der Umsetzung von Art. 48b Abs. 5 Bilanz-RL, Art. 48c Abs. 9 UAbs. 2 Bilanz-RL und Art. 48e Abs. 2 Bilanz-RL.

2. Normzweck. Die Regelung führt in Abs. 1 für die Personen, die befugt sind, als **2** ständige Vertreter für die Tätigkeit der Zweigniederlassung die Kapitalgesellschaft mit Sitz in einem Drittstaat gerichtlich und außergerichtlich zu vertreten (§ 13e Abs. 2 S. 5 Nr. 3, ständige Vertreter), und ersatzweise für die Mitglieder des vertretungsberechtigten Organs der Kapitalgesellschaft mit Sitz im Drittstaat dazu, dass sie verpflichtet sind, das oberste Mutterunternehmen aufzufordern, ihnen für das vergangene Geschäftsjahr einen Ertragsteuerinformationsbericht zur Verfügung zu stellen, der den Anforderungen der in Abs. 1 genannten Vorschriften des Dritten Titels genügt. Dabei legt die Regelung einschränkend fest, dass zwei **weitere Voraussetzungen kumulativ** erfüllt sein müssen. Erforderlich ist insoweit einerseits das Überschreiten des **Größenkriteriums** durch das oberste Mutterunternehmen in Bezug auf die Konzernumsatzerlöse im Konzernabschluss, der von der obers-

---

[1] Vgl. zur Behandlung als Kapitalgesellschaft → § 342 Rn. 28 ff.
[2] BT-Drs. 20/5653, 55.

ten Muttergesellschaft mit Sitz in dem Drittstaat aufgestellt wurde. Dabei werden die Umsatzerlöse in der Fremdwährung zum Wechselkurs an dem gesetzlich vorgegebenen festen Termin in EUR umgerechnet. Andererseits darf eine negativ formulierte Voraussetzung nicht vorliegen: Die Verpflichtung besteht nicht, wenn das oberste Mutterunternehmen ein Tochterunternehmen hat, das den Pflichten nach § 342d Abs. 1 und 2 oder **vergleichbaren Pflichten** nach Maßgabe des Rechts eines anderen EU-Mitgliedstaats oder EWR-Vertragsstaats im Einklang mit Art. 48b Abs. 4 Bilanz-RL unterliegt.

3   Ferner werden die konkreten Inhalte der Berichtpflicht durch die Verweisung auf andere Vorschriften bestimmt. Über die Verpflichtung der vertretungsberechtigten Personen für die Zweigniederlassung (§ 13e Abs. 2 S. 5 Nr. 3, ständige Vertreter) und ersatzweise der Mitglieder des vertretungsberechtigten Organs der Kapitalgesellschaft erfolgt eine Zuweisung der Berichtpflicht an natürliche Personen, was sich bis zu den Sanktionen (§ 342o und § 342p) auswirkt.

4   **Abs. 2** verpflichtet die Personen, die befugt sind, als ständige Vertreter für die Tätigkeit der Zweigniederlassung die Kapitalgesellschaft mit Sitz in einem Drittstaat gerichtlich und außergerichtlich zu vertreten (§ 13e Abs. 2 S. 5 Nr. 3), und ersatzweise die Mitglieder des vertretungsberechtigten Organs der Kapitalgesellschaft zur Erstellung eines Ertragsteuerinformationsberichts und weiterer Erklärungen, wenn das oberste Mutterunternehmen trotz erfolgter Aufforderung nach Abs. 1 entweder keinen Ertragsteuerinformationsbericht zur Verfügung stellt oder einen Ertragsteuerinformationsbericht zur Verfügung stellt, der nicht den in Abs. 1 genannten Vorgaben des Dritten Titels entspricht. Die Regelung dient der Umsetzung von Art. 48b Abs. 5 UAbs. 3 Bilanz-RL und Art. 48e Abs. 2 Bilanz-RL.

5   **Abs. 3** dient der Umsetzung von Art. 48b Abs. 6 Bilanz-RL und befreit die Personen, die befugt sind, als ständige Vertreter für die Tätigkeit der Zweigniederlassung die Kapitalgesellschaft mit Sitz in einem Drittstaat gerichtlich und außergerichtlich zu vertreten (§ 13e Abs. 2 S. 5 Nr. 3), und auch die Mitglieder des vertretungsberechtigten Organs der Kapitalgesellschaft unter bestimmten Voraussetzungen von ihren Pflichten nach den Abs. 1 und 2. Die Befreiung erfolgt vor dem Hintergrund, dass es unverhältnismäßig wäre, die Pflichten nach den Abs. 1 und 2 fortbestehen zu lassen, wenn das oberste Mutterunternehmen den gesetzlich geforderten Ertragsteuerinformationsbericht kostenlos auf der Internetseite veröffentlicht hat und bereits eine andere Zweigniederlassung diesen Bericht offengelegt hat.

6   Die Regelung in **Abs. 4** dient der Umsetzung von Art. 48b Abs. 5 UAbs. 7 Bilanz-RL. Die Pflichten nach den Abs. 1 und 2 erlöschen, wenn bei dem obersten Mutterunternehmen die nach dem Wechselkurs zu einem festen Termin umgerechnete Konzernumsatzerlöse-Schwelle in zwei aufeinander folgenden Geschäftsjahren unterschritten wird (vgl. dazu mit gleichem Hintergrund § 342b Abs. 3, § 342c Abs. 3, § 342d Abs. 4 und § 342e Abs. 4).

7   **Abs. 5** dient der Bestimmung des in der Regelung als Tatbestandsmerkmal enthaltenen Begriffs „Konzernumsatzerlöse". Die Regelung erklärt insoweit die Rechnungslegungsgrundsätze für maßgeblich, die in dem jeweiligen Sitzstaat des obersten Mutterunternehmens für die Aufstellung von Konzernabschlüssen gelten.

II. Aufforderung zur Überlassung (Abs. 1)

8   Die Regelung in Abs. 1 und Abs. 2 knüpft unmittelbar an § 342 Abs. 2 an und begründet zwei gestufte Pflichten, wovon nur eine Pflicht erfüllt werden muss. Eine verbundene Kapitalgesellschaft mit Sitz in einem Drittstaat und einer inländischen Zweigniederlassung wird zur Berichterstattung über die Ertragsteuerinformationen verpflichtet, wenn das oberste Mutterunternehmen seinen Sitz ebenfalls in einem Drittstaat hat und wenn die Zweigniederlassungen entweder Umsatzerlöse haben, die in mindestens zwei aufeinander folgenden Geschäftsjahren jeweils **12 Mio. EUR übersteigen** und diesen Betrag danach in zwei aufeinander folgenden Geschäftsjahren jeweils nicht unterschreiten, oder ausschließlich dem Zweck dienen, die Berichtspflichten nach diesem Unterabschnitt zu umgehen (§ 342 Abs. 2 Nr. 2). Dabei kann das oberste Mutterunternehmen auch die Kapitalgesellschaft mit Sitz in einem Drittstaat sein, die die inländische Zweigniederlassung errichtet hat.[3]

1. Berichtspflicht. Die Verfügbarkeit der Berichterstattung über die Ertragsteuerin- **9** formationen wird erreicht, indem für die Personen, die befugt sind, als ständige Vertreter für die Tätigkeit der Zweigniederlassung die Kapitalgesellschaft mit Sitz in einem Drittstaat gerichtlich und außergerichtlich zu vertreten (§ 13e Abs. 2 S. 5 Nr. 3, ständige Vertreter), und ersatzweise für die Mitglieder des vertretungsberechtigten Organs der Kapitalgesellschaft mit Sitz im Drittstaat nach Abs. 1 eine **Aufforderungspflicht** gegenüber dem obersten Mutterunternehmen begründet wird, ihnen für das vergangene Geschäftsjahr einen Ertragsteuerinformationsbericht zur Verfügung zu stellen. Im letzteren Fall handeln dieselben Personen für Zweig- und Hauptniederlassung, wenn das oberste Mutterunternehmen auch die Kapitalgesellschaft mit Sitz in einem Drittstaat ist, die die inländische Zweigniederlassung errichtet hat. Die Aufforderung der Mitglieder des vertretungsberechtigten Organs an sich selbst kommt faktisch einer **Erstellungspflicht** gleich.[4]

Sollte das oberste Mutterunternehmen trotz erfolgter Aufforderung nach Abs. 1 entwe- **10** der keinen Ertragsteuerinformationsbericht zur Verfügung stellen oder einen Ertragsteuerinformationsbericht zur Verfügung stellen, der nicht den in Abs. 1 genannten Vorgaben des Dritten Titels entspricht, greift die Verpflichtung nach Abs. 2 ein. Die Personen, die befugt sind, als ständige Vertreter für die Tätigkeit der Zweigniederlassung die Kapitalgesellschaft mit Sitz in einem Drittstaat gerichtlich und außergerichtlich zu vertreten (§ 13e Abs. 2 S. 5 Nr. 3),[5] und ersatzweise die Mitglieder des vertretungsberechtigten Organs der Kapitalgesellschaft mit Sitz im Drittstaat sind dann zu einer Erklärung für die Kapitalgesellschaft verpflichtet, dass das oberste Mutterunternehmen einen Ertragsteuerinformationsbericht entweder nicht oder nicht den gesetzlichen Vorgaben entsprechend zur Verfügung gestellt hat (Abs. 2 Nr. 1). Außerdem sind die Personen, die befugt sind, als ständige Vertreter für die Tätigkeit der Zweigniederlassung die Kapitalgesellschaft mit Sitz in einem Drittstaat gerichtlich und außergerichtlich zu vertreten (§ 13e Abs. 2 S. 5 Nr. 3), und ersatzweise die Mitglieder des vertretungsberechtigten Organs der Kapitalgesellschaft mit Sitz im Drittstaat dazu verpflichtet, mit den Angaben, über die sie verfügen und die sie beschaffen können, selbst einen Ertragsteuerinformationsbericht für die Kapitalgesellschaft nach den genannten Vorschriften des Dritten Titels zu erstellen (Abs. 2 Nr. 2).

a) Größenkriterium (Nr. 1). Die Pflicht zur Aufforderung an das oberste Mutterun- **11** ternehmen hat **zwei weitere Voraussetzungen** (Nr. 1 und Nr. 2). Die Voraussetzungen müssen kumulativ vorliegen. Die **Aufforderungspflicht** an das oberste Mutterunternehmen, einen Ertragsteuerinformationsbericht für das vergangene Geschäftsjahr zur Verfügung zu stellen, besteht für die verpflichteten Personen nach Abs. 1 nur, wenn die in den Konzernabschlüssen des obersten Mutterunternehmens ausgewiesenen Konzernumsatzerlöse in mindestens zwei aufeinander folgenden Geschäftsjahren jeweils einen Betrag überschritten haben, der zum Wechselkurs vom 21.12.2021 bei Rundung auf das nächste Tausend einem Betrag von 750 Mio. EUR entspricht. Das erste Geschäftsjahr, über das berichtet werden muss, ist folglich auch hier das zweite der beiden aufeinander folgenden Geschäftsjahre, die die Konzernumsatzerlösschwelle überschreiten. Da das oberste Mutterunternehmen mit Sitz in einem Drittstaat den Konzernabschluss in einer Fremdwährung aufstellen wird, muss die angeordnete Umrechnung des Schwellenwerts in die Fremdwährung erfolgen, um feststellen zu können, ob dieser überschritten wird. Dass Bezugspunkt der Aufforderung ein gesetzeskonformer Bericht des obersten Mutterunternehmens ist, ergibt sich daraus, dass die verpflichteten Personen der Zweigniederlassung bzw. Kapitalgesellschaft mit inländischer Zweigniederlassung eben einen solchen offenlegen müssen. Die Anforderung an den Bericht ergibt sich auch Art. 48e Abs. 2 Bilanz-RL: „dass der Ertragsteuerinformationsbericht …

---

[3]   BT-Drs. 20/5653, 56.
[4]   BT-Drs. 20/5653, 55.
[5]   Wie bei § 325a HGB und im Einklang mit Art. 48e Abs. 2 Bilanz-RL iVm Art. 41 GesR-RL.

in einer mit den Art. 48b und 48c übereinstimmenden Weise oder gem. den genannten Art. erstellt und gem. Art. 48d offengelegt wird". Die Pflicht zur Aufforderung entfällt, wenn die verpflichteten Personen ohne Aufforderung von dem obersten Mutterunternehmen einen gem. den in Abs. 1 genannten Vorschriften des Dritten Titels erstellten Ertragsteuerinformationsbericht erhalten haben.[6]

12   Wie sich aus Abs. 4 in Umsetzung von Art. 48b Abs. 5 UAbs. 7 Bilanz-RL ergibt, erlischt die Pflicht zur Aufforderung erst, wenn bei dem obersten Mutterunternehmen die Konzernumsatzerlöse-Schwelle in zwei aufeinander folgenden Geschäftsjahren unterschritten wird.[7] Über das zweite aufeinander folgende Geschäftsjahr, das die Konzernumsatzerlöse-Schwelle unterschreitet, ist nicht mehr zu berichten.

13   **b) Kein Tochterunternehmen iSd § 342d (Nr. 2).** Hat das oberste Mutterunternehmen eine Tochterkapitalgesellschaft mit Sitz im Inland, einem EU-Mitgliedsstaat oder einem EWR-Vertragsstaat, wird der Ertragsteuerinformationsbericht über die **Anknüpfung an die Pflicht der Tochterkapitalgesellschaft** gesichert. Die Berichterstattung über eine inländische Zweigniederlassung ist dann nicht erforderlich. Die tatbestandliche Voraussetzung ist negativ formuliert. Wenn das oberste Mutterunternehmen kein Tochterunternehmen hat, das den Pflichten nach § 342d Abs. 1 und 2 oder vergleichbaren Pflichten nach Maßgabe des Rechts eines anderen EU-Mitgliedstaats oder EWR-Vertragsstaats im Einklang mit Art. 48b Abs. 4 Bilanz-RL unterliegt, nur dann soll eine Verpflichtung nach Abs. 1 der Norm entstehen. In Bezug auf Zweigniederlassungen soll keine Pflicht zur Ertragsteuerinformationsberichterstattung bestehen, wenn das oberste Mutterunternehmen ein berichtspflichtiges Tochterunternehmen hat, das dann vorrangig herangezogen werden kann.[8]

14   **2. Adressaten der Berichtspflicht.** Adressaten der Pflicht zur Aufforderung nach Abs. 1 sind die Personen, die befugt sind, als **ständige Vertreter** für die Tätigkeit der Zweigniederlassung die Kapitalgesellschaft mit Sitz in einem Drittstaat gerichtlich und außergerichtlich zu vertreten (§ 13e Abs. 2 S. 5 Nr. 3, ständige Vertreter),[9] und ersatzweise die **Mitglieder des vertretungsberechtigten Organs** der Kapitalgesellschaft mit Sitz im Drittstaat. Die (subsidiäre) Aufforderung der Mitglieder des vertretungsberechtigten Organs an sich selbst kommt faktisch einer Erstellungspflicht gleich, die in Abs. 2 für den Personenkreis auch rechtlich entsteht, wenn das oberste Mutterunternehmen die inländische Zweigniederlassung unterhält. Die konkret verpflichteten Mitglieder des vertretungsberechtigten Organs der Kapitalgesellschaft mit Sitz im Drittstaat ergeben sich aus dem für die Gesellschaft maßgebenden Gesellschaftsrecht. Sofern für die inländische Zweigniederlassung mehrere ständige Vertreter bestellt sind, tragen diese die gemeinsame Verantwortung für die Aufforderung an das oberste Mutterunternehmen, einen den gesetzlichen Vorgaben entsprechenden Ertragsteuerinformationsbericht zur Verfügung zu stellen. Im Hinblick auf die Geschäftsverteilung bei den Mitgliedern des vertretungsberechtigten Organs der Kapitalgesellschaft und die Auslagerung auf Dritte wird auf → § 342b Rn. 12 verwiesen.

15   **3. Inhaltliche Vorgaben.** Die inhaltlichen Vorgaben an den Bericht über die Ertragsteuerinformationen nimmt die Regelung über eine Verweisung auf konkret in Bezug genommene Vorschriften vor. Die verpflichteten Personen haben einen Ertragsteuerinformationsbericht verfügbar zur machen, der gem. den in Abs. 1 genannten Vorschriften des Dritten Titels entspricht. Für die konkreten inhaltlichen Vorgaben kann auf die Kommentierung der einzelnen Regelungen verwiesen werden. Nach der Verweisung sind in den Ertragsteuerinformationsbericht das oberste Mutterunternehmen und alle Tochterunternehmen, die in den für den Berichtszeitraum aufgestellten Konzernabschluss des obersten Mutterunternehmens einbezogen sind, einzubeziehen (§ 342g Nr. 2). Es sind jeweils Angaben zum

---

[6]   BT-Drs. 20/5653, 55.
[7]   BT-Drs. 50/5653, 56.
[8]   BT-Drs. 50/5653, 56.
[9]   Wie bei § 325a HGB und im Einklang mit Art. 48e Abs. 2 Bilanz-RL iVm Art. 41 GesR-RL.

Namen des obersten Mutterunternehmens und aller Tochterunternehmen zu machen, die in den für den Berichtszeitraum aufgestellten Konzernabschluss des obersten Mutterunternehmens einbezogen sind. Für die Tochterunternehmen gilt die Pflicht zur Namensangabe nur, wenn sie ihren Sitz in einem Mitgliedstaat der EU oder einem Vertragsstaat des EWR haben oder in einem Steuerhoheitsgebiet, die am 1. März des Berichtszeitraums in den Anhängen I und II der Schlussfolgerungen des Rates zur überarbeiteten EU-Liste nicht kooperativer Länder und Gebiete für Steuerzwecke in der jeweils geltenden Fassung aufgeführt sind (§ 342h Abs. 1). Dabei sind gewisse Grundinformationen zu den einzubeziehenden Unternehmen aufzunehmen (§ 342h Abs. 2) und die (im Ertragsteuerinformationsbericht) verwendete Währung (vgl. § 342j Abs. 3) anzugeben. Ferner hat der Bericht die länderbezogen aufzugliedernden Pflichtangaben zu enthalten (§ 342h Abs. 2 und 3) und diese können nach den Maßgaben für den länderbezogenen Bericht multinationaler Unternehmensgruppen nach § 138a AO gemacht werden.[10] Die Vorschriften zum länderbezogenen Ausweis der Angaben im Ertragsteuerinformationsbericht (§ 342i Abs. 1) und zur länderbezogenen Zuordnung der Angaben (§ 342i Abs. 2) sind zu beachten.

Es besteht auch insoweit die Möglichkeit des **Weglassens von Angaben** bei einem **16** erheblichen Nachteil im Falle ihrer Offenlegung (§ 342k Abs. 1), ausgenommen der Angaben, welche sich auf die sog. nicht kooperativen Steuerhoheitsgebiete iSd § 342i Abs. 1 S. 1 Nr. 2 oder Nr. 3 beziehen (→ § 342a Rn. 10). Ferner sind die Angabe und gebührende Begründung der nach § 342k Abs. 1 weggelassenen Angaben sowie deren Nachholung spätestens im Ertragsteuerinformationsbericht, der für das vierte Geschäftsjahr nach dem Berichtszeitraum, in dem die Angaben weggelassen wurden, erstellt wird, aufzunehmen. § 342l verpflichtet zur Erstellung des Ertragsteuerinformationsberichts unter Verwendung des von der Europäischen Kommission festzulegenden **Formblatts** (§ 342l Abs. 1) und Erstellung in einem ebenfalls von der Europäischen Kommission festzulegenden **maschinenlesbaren elektronischen Format** (§ 342l).

III. Berichterstellung durch die verpflichteten Personen (Abs. 2)

Kommt das oberste Mutterunternehmen der erfolgten Aufforderung nach Abs. 1 nicht **17** nach und stellt entweder keinen Ertragsteuerinformationsbericht zur Verfügung oder stellt einen Ertragsteuerinformationsbericht zur Verfügung, der nicht den in Abs. 1 genannten Vorgaben des Dritten Titels entspricht, muss ein Ertragsteuerinformationsbericht durch die Personen, die befugt sind, als ständige Vertreter für die Tätigkeit der Zweigniederlassung die Kapitalgesellschaft mit Sitz in einem Drittstaat gerichtlich und außergerichtlich zu vertreten (§ 13e Abs. 2 S. 5 Nr. 3), oder ersatzweise durch die Mitglieder des vertretungsberechtigten Organs der Kapitalgesellschaft für die Kapitalgesellschaft erstellt werden. Die vorstehend genannten verpflichteten Personen müssen dann nach Abs. 2 eine **Erklärung** (Nr. 1) und einen Ertragsteuerinformationsbericht (Nr. 2) erstellen. Mit der Erklärung wird dokumentiert, dass das oberste Mutterunternehmen einen Ertragsteuerinformationsbericht entweder nicht oder nicht den gesetzlichen Vorgaben entsprechend zur Verfügung gestellt hat (Nr. 1). Mit der **Erstellungspflicht** für die Personen, die befugt sind, als ständige Vertreter für die Tätigkeit der Zweigniederlassung die Kapitalgesellschaft mit Sitz in einem Drittstaat gerichtlich und außergerichtlich zu vertreten (§ 13e Abs. 2 S. 5 Nr. 3), oder ersatzweise für die Mitglieder des vertretungsberechtigten Organs der Kapitalgesellschaft wird gewährleistet, dass ein Ertragsteuerinformationsbericht nach den Vorgaben in den Vorschriften des Dritten Titels zur Verfügung steht, auch wenn die Kapitalgesellschaft mit Sitz in einem Drittstaat der Berichterstattung nicht nachkommt. Trifft die Handlungspflicht die Mitglieder des vertretungsberechtigten Organs der Kapitalgesellschaft, entsteht insoweit eine Erstellungspflicht und es ist anzunehmen, dass zumindest alle für den Ertragsteuerinformationsbericht erforderlichen Angaben in Bezug auf die Kapitalgesellschaft beschafft werden können.

---

[10] Kirsch WPg 2023, 226 (231 ff.).

18   Im Hinblick auf die Berichtspflicht selbst und die entsprechenden Größenkriterien in Bezug auf die Umsatzerlöse sind die Anforderungen in Abs. 1 auch für Abs. 2 maßgebend. Gleiches gilt im Hinblick auf die Adressaten der Verpflichtung aus Abs. 2. An die Erklärung, dass das oberste Mutterunternehmen einen Ertragsteuerinformationsbericht entweder nicht oder nicht den gesetzlichen Vorgaben entsprechend zur Verfügung gestellt hat, werden in der Nr. 1 keine weiteren Anforderungen in formaler oder inhaltlicher Hinsicht geknüpft.

19   Der Ertragsteuerinformationsbericht in Bezug auf die Tätigkeit einzubeziehender Unternehmen muss den Vorgaben der in Bezug genommenen Vorschriften der Nr. 2 genügen. Da ein Verstoß gegen die in lit. a genannten Vorschriften gem. § 342o Abs. 1 Nr. 1 bußgeldbewehrt ist, wurden die in Bezug genommenen Vorschriften aus regelungssystematischen Gründen in einem eigenen Buchstaben gefasst. Der Ertragsteuerinformationsbericht ist in den Fällen ebenfalls in derjenigen Währung zu erstellen, in der der Konzernabschluss des obersten Mutterunternehmens für den Berichtszeitraum aufgestellt wird. Das wird durch die Bezugnahme von § 342j Abs. 3 klargestellt (vgl. aber auch § 342j Abs. 3). Die inhaltlichen Anforderungen an den Ertragsteuerinformationsbericht, der durch die verpflichteten Personen zu erstellen ist, unterscheiden sich nicht von den Anforderungen an den zur Verfügung gestellten Bericht nach Abs. 1 (vgl. insoweit → Rn. 15 f.).[11] Der Ertragsteuerinformationsbericht für die Kapitalgesellschaft hat dabei das oberste Mutterunternehmen und alle Tochterunternehmen, die in den für den Berichtszeitraum aufgestellten Konzernabschluss des obersten Mutterunternehmens einbezogen sind, zu berücksichtigen (vgl. die Verweisung auf § 342g Nr. 2).

20   Die erforderlichen Informationen für die Erstellung eines Ertragsteuerinformationsberichts haben sich die Personen, die befugt sind, als ständige Vertreter für die Tätigkeit der Zweigniederlassung die Kapitalgesellschaft mit Sitz in einem Drittstaat gerichtlich und außergerichtlich zu vertreten (§ 13e Abs. 2 S. 5 Nr. 3), oder ersatzweise die Mitglieder des vertretungsberechtigten Organs der Kapitalgesellschaft zu beschaffen, soweit die Personen nicht über die Angaben in Bezug auf die Tätigkeit der Kapitalgesellschaft verfügen. Der Gesetzgeber hat sich bei dem Begriffspaar **„verfügt oder beschaffen kann"** an § 138a Abs. 4 S. 3 AO orientiert. Ausweislich der Gesetzesbegründung dürfen an die Beschaffungspflicht dabei grundsätzlich **keine unzumutbaren Anforderungen** gestellt werden. Die Aussage gilt uneingeschränkt für die Personen, die befugt sind, als ständige Vertreter für die Tätigkeit der Zweigniederlassung die Kapitalgesellschaft mit Sitz in einem Drittstaat gerichtlich und außergerichtlich zu vertreten (§ 13e Abs. 2 S. 5 Nr. 3). Trifft die Handlungspflicht allerdings die Mitglieder des vertretungsberechtigten Organs des obersten Mutterunternehmens als Kapitalgesellschaft, die eine inländische Zweigniederlassung unterhält, ist anzunehmen, dass alle für den Ertragsteuerinformationsbericht erforderlichen Angaben beschafft werden können.[12]

IV. Befreiung (Abs. 3)

21   Die Regelung in Abs. 3 dient der Umsetzung von Art. 48b Abs. 6 Bilanz-RL und befreit die Personen, die befugt sind, als ständige Vertreter für die Tätigkeit der Zweigniederlassung die Kapitalgesellschaft mit Sitz in einem Drittstaat gerichtlich und außergerichtlich zu vertreten (§ 13e Abs. 2 S. 5 Nr. 3), oder ersatzweise die Mitglieder des vertretungsberechtigten Organs der Kapitalgesellschaft unter bestimmten Voraussetzungen von ihren Pflichten nach den Abs. 1 und 2. Die **Befreiung** erfolgt vor dem Hintergrund, dass es unverhältnismäßig wäre, die Pflichten nach den Abs. 1 und 2 fortbestehen zu lassen, wenn das oberste Mutterunternehmen den geforderten Ertragsteuerinformationsbericht kostenlos auf ihrer **Internetseite veröffentlicht** hat und bereits eine andere Zweigniederlassung diesen **Bericht offengelegt** hat. Die einzelnen Voraussetzungen der Befreiung sind kumulativ in den Nr. 1 bis 3 geregelt und führen nur zur Befreiung, wenn alle Vorgaben erfüllt sind. Dabei

---

11   BT-Drs. 20/5653, 53.
12   BT-Drs. 20/5653, 56.

ist als Grundvoraussetzung erforderlich, dass ein inhaltlich an die in Bezug genommenen Regelungen orientierter Ertragsteuerinformationsbericht durch das oberste Mutterunternehmen mit Sitz im Drittstaat erstellt wurde. Die insoweit in Bezug genommenen Vorschriften entsprechen in inhaltlicher Hinsicht Abs. 1 (vgl. daher insoweit → Rn. 15 f.).

Weitere Voraussetzung ist nach der Nr. 1, dass das oberste Mutterunternehmen den **22** inhaltlich vergleichbaren Ertragsteuerinformationsbericht auf seiner **Internetseite** veröffentlicht hat. Die Veröffentlichung muss spätestens ein Jahr nach dem Ende des Berichtszeitraums, also dem Geschäftsjahr (§ 342a Nr. 6), erfolgen. Der Bericht muss **kostenlos** in mindestens einer EU-**Amtssprache** veröffentlicht werden. Außerdem muss die Veröffentlichung in einem **elektronischen Berichtsformat sowie maschinenlesbar** erfolgen. Dies ergibt sich daraus, dass der Ertragsteuerinformationsbericht gem. § 342l Abs. 2 erstellt sein und der so erstellte Bericht veröffentlicht werden muss.[13]

Darüber hinaus ist nach der Nr. 2 erforderlich, dass bereits eine andere Zweigniederlas- **23** sung als die konkrete inländische Zweigniederlassung, deren vertretungsberechtigte Personen bzw. Mitglieder des vertretungsberechtigten Organs im Hinblick auf die Pflichten nach den Abs. 1 und 2 befreit werden sollen, den durch das oberste Mutterunternehmen erstellten Ertragsteuerinformationsbericht offengelegt hat. Die **Offenlegung durch die andere Zweiniederlassung** kann entweder im Unternehmensregister in deutscher Sprache erfolgt sein, wenn es sich um eine inländische Zweigniederlassung handelt, oder aber nach den jeweiligen Vorschriften des nationalen Rechts, das in einem anderen EU-Mitgliedstaat oder EWR-Vertragsstaat zur Umsetzung der Offenlegungspflicht nach Art. 48d Abs. 1 Bilanz-RL erlassen worden ist, wenn die andere Zweigniederlassung in einem anderen EU-Mitgliedstaat oder EWR-Vertragsstaat betrieben wird.[14] Auf diesem Wege werden die unternehmerischen Pflichten vermieden, wenn die Berichtsinformationen auf anderem Wege zur Verfügung stehen und die Informationsvermittlung auf diesem Wege zumutbar ist.

Schließlich setzt die Befreiung nach Nr. 3 außerdem voraus, dass in dem durch das **24** oberste Mutterunternehmen erstellten Ertragsteuerinformationsbericht der **Name und die Geschäftsanschrift** derjenigen Zweigniederlassung angegeben wird, für die die Offenlegung des Berichts nach Nr. 2 bewirkt worden ist. Mit dieser Information wird die Suche nach den Berichtsinformationen erleichtert und die Informationsvermittlung wird für den Rechtsverkehr zumutbar.

V. Erlöschen der Berichtspflicht (Abs. 4)

Das **Erlöschen der Berichtspflicht** nach Abs. 4 setzt die Regelung in Art. 48b Abs. 5 **25** UAbs. 7 Bilanz-RL in nationales Recht um. Die Pflichten für Personen, die befugt sind, als ständige Vertreter für die Tätigkeit der Zweigniederlassung die Kapitalgesellschaft mit Sitz in einem Drittstaat gerichtlich und außergerichtlich zu vertreten (§ 13e Abs. 2 S. 5 Nr. 3), oder ersatzweise für die Mitglieder des vertretungsberechtigten Organs der Kapitalgesellschaft nach den Abs. 1 und 2 erlöschen, wenn bei dem obersten Mutterunternehmen die Konzernumsatzerlöse-Schwelle in zwei aufeinander folgenden Geschäftsjahren unterschritten wird. Das Erlöschen der Pflichten tritt daher ein, wenn die in den Konzernabschlüssen ausgewiesenen Konzernumsatzerlöse in zwei aufeinander folgenden Geschäftsjahren jeweils einen Betrag unterschreiten, der zum Wechselkurs vom 21.12.2021 bei Rundung auf das nächste Tausend einem Betrag von 750 Mio. EUR entspricht.[15] In diesem Fall ist das letzte Geschäftsjahr, für das die Pflichten nach Abs. 1 oder Abs. 2 noch erfüllt werden müssen, das erste der beiden zu betrachtenden Geschäftsjahre, in denen die Konzernumsatzerlöse-Schwelle nicht mehr erreicht wird.[16] Daraus aber folgt im Umkehrschluss auch, dass

---

[13]   BT-Drs. 20/5653, 54.
[14]   BT-Drs. 20/5653, 56.
[15]   Maßgebend ist insoweit der Tag des Inkrafttretens der Änderungsrichtlinie, dazu Grotherr FR 2023, 193 (197).
[16]   ErwGr. 11 S. 3 RL (EU) 2021/2101 und BT-Drs. 50/5653, 56.

die Pflichten nach den Abs. 1 und 2 fortbestehen, wenn die Konzernumsatzerlöse-Schwelle nach zweimaligem Überschreiten nur in einem Jahr unterschritten wird.

VI. Konzernumsatzerlöse (Abs. 5)

26   Die Regelung bestimmt im Einklang mit Art. 48a Abs. 2 lit. b Bilanz-RL, dass für die Bestimmung der Konzernumsatzerlöse des obersten Mutterunternehmens nach den Abs. 1 und 4 die Rechnungslegungsgrundsätze maßgeblich sind, die in dem jeweiligen Sitzstaat des obersten Mutterunternehmens für die Aufstellung von Konzernabschlüssen gelten. Im Hinblick auf den maßgebenden Zeitpunkt für die Währungsumrechnung ist die gesetzliche Bestimmung in Abs. 1 und Abs. 4 zu beachten (12.12.2021).

Dritter Titel. Einzubeziehende Unternehmen; Inhalt und Form des Ertragsteuerinformationsberichts

§ 342g Einzubeziehende Unternehmen

In den Ertragsteuerinformationsbericht sind einzubeziehen:
1. **in den Fällen der §§ 342b und 342e das unverbundene Unternehmen;**
2. **in den Fällen der §§ 342c, 342d und 342f das oberste Mutterunternehmen und alle Tochterunternehmen, die in den für den Berichtszeitraum aufgestellten Konzernabschluss des obersten Mutterunternehmens einbezogen sind.**

Schrifttum: s. § 342.

I. Normzweck und Anwendungsbereich

1   **1. Einführung.** Die Vorschrift bestimmt die in den Ertragsteuerinformationsbericht einzubeziehenden Unternehmen. Die Regelung findet sich im Dritten Titel des Vierten Unterabschnitts des Vierten Abschnitts des Dritten Buchs, wo es um die in den Ertragsteuer-informationsbericht einzubeziehenden Personen sowie um den Inhalt und die Form des Berichts geht. Mit der Bestimmung der einzubeziehenden Personen macht die Vorschrift den Auftakt des Dritten Titels. Ihr Anwendungsbereich bestimmt sich durch den Gesamtan-wendungsbereich des Vierten Unterabschnitts, sie ist also relevant für bestimmte umsatz-starke multinationale Unternehmen und Konzerne (vgl. §§ 342–342f). Wie alle Vorschriften des Vierten Unterabschnitts des Vierten Abschnitts des Dritten Buchs wurde die Vorschrift durch das Gesetz zur Umsetzung der Richtlinie (EU) 2021/2101[1] in Umsetzung ebendieser Richtlinie (EU) 2021/2101[2] eingeführt und ist erstmals für Ertragsteuerinformationsbe-richte für ein **nach dem 21.6.2024 beginnendes Geschäftsjahr** anzuwenden (vgl. Art. 90 Abs. 1 S. 2 EGHGB; vgl. auch Art. 48g Bilanz-RL[3]). Die Regelungen dienen der Umset-zung des Art. 48c Abs. 1 Bilanz-RL.[4]

[1]   Gesetz zur Umsetzung der Richtlinie (EU) 2021/2101 im Hinblick auf die Offenlegung von Ertragsteu-erinformationen durch bestimmte Unternehmen und Zweigniederlassungen sowie zur Änderung des Verbraucherstreitbeilegungsgesetzes und des Pflichtversicherungsgesetzes v. 19.6.2023, BGBl. 2023 I Nr. 154.

[2]   Richtlinie (EU) 2021/2101 des Europäischen Parlaments und des Rates v. 24.11.2021 zur Änderung der Richtlinie 2013/34/EU im Hinblick auf die Offenlegung von Ertragsteuerinformationen durch bestimmte Unternehmen und Zweigniederlassungen, ABl. EU 2021 L 429, 1.

[3]   Richtlinie 2013/34/EU des Europäischen Parlaments und des Rates v. 26.6.2013 über den Jahresab-schluss, den konsolidierten Abschluss und damit verbundene Berichte von Unternehmen bestimmter Rechtsformen und zur Änderung der Richtlinie 2006/43/EG des Europäischen Parlaments und des Rates und zur Aufhebung der Richtlinien 78/660/EWG und 83/349/EWG des Rates, ABl. EU 2013 L 182, 19, zuletzt geändert durch Richtlinie (EU) 2022/2464 des Europäischen Parlaments und des Rates v. 14.12.2022 zur Änderung der Verordnung (EU) Nr. 537/2014 und der Richtlinien 2004/109/EG, 2006/43/EG und 2013/34/EU hinsichtlich der Nachhaltigkeitsberichterstattung von Unterneh-men, ABl. EU 2022 L 322, 15.

[4]   S. BT-Drs. 20/5653, 57.

2. Normzweck. Die Regelung bestimmt in Nr. 1 die Einbeziehung des unverbunde- **2** nen Unternehmens in den Ertragsteuerinformationsbericht, der von unverbundenen Unternehmen mit Sitz im Inland erstellt wird (Fälle des § 342b), oder der im Kontext von inländischen Zweigniederlassungen eines unverbundenen Unternehmens mit Sitz in einem Drittstaat (von der Haupt- oder der Zweigniederlassung) erstellt wird (Fälle des § 342e). Nr. 2 der Vorschrift betrifft die Einbeziehung des obersten Mutterunternehmens und der in den entsprechenden Konzernabschluss einbezogenen Tochterunternehmen in den Fällen der Ertragsteuerinformationsberichterstattung eines obersten Mutterunternehmens mit Sitz im Inland (Fälle des § 342c), in den Fällen der Ertragsteuerinformationsberichterstattung bei Tochterunternehmen mit Sitz im Inland eines im Drittstaat belegenen obersten Mutterunternehmens (Fälle des § 342d), sowie in den Fällen der Ertragsteuerinformationsbericht-erstattung im Kontext von inländischen Zweigniederlassungen eines im Drittstaat belegenen verbundenen Unternehmens (Fälle des § 342f).

II. Einzubeziehende Unternehmen

Zur Bestimmung der in den Ertragsteuerinformationsbericht einzubeziehenden Unter- **3** nehmen unterscheidet die Vorschrift Fälle von unverbundenen und von verbundenen Unternehmen. Regelungstechnisch verweist § 342g dabei auf die Fälle des Zweiten Titels des Vierten Unterabschnitts, wo bestimmte inländische unverbundene Unternehmen, Konzernunternehmen und Zweigniederlassungen zur Erstellung eines Ertragsteuerinformationsberichts verpflichtet werden (s. §§ 342b–342f). In Nr. 1 nimmt die Vorschrift § 342b und § 342e in Bezug und in Nr. 2 werden § 342c, § 342d und § 342f in Bezug genommen. Diese Systematik der Unterscheidung zwischen Fällen unverbundener und verbundener Unternehmen findet sich etwa auch in § 342h Abs. 1.

1. Unverbundene Unternehmen (Nr. 1). Nach Nr. 1 ist das unverbundene Unter- **4** nehmen (vgl. § 342a Nr. 1) in den Ertragsteuerinformationsbericht, der aufgrund von § 342b und § 342e aufgestellt wird, einzubeziehen. Dabei bestimmt Nr. 1 zwei Fälle, in denen die Tätigkeiten des unverbundenen Unternehmens (vgl. Art. 48c Abs. 1 Bilanz-RL) Gegenstand des Berichts sind.[5] Nr. 1 Fall 1 betrifft zunächst die Situationen, in denen ein **unverbundenes Unternehmen mit Sitz im Inland** berichtspflichtig ist (vgl. § 342b, sowie den Verweis auf Nr. 1 in § 342b Abs. 1 Nr. 1; zu den Voraussetzungen der Verpflichtung zur Berichterstellung, insb. zum Überschreiten der Umsatzerlösschwelle, vgl. § 342 Abs. 1 Nr. 1 und § 342b).

Zudem betrifft Nr. 1 Fall 2 Situationen, in denen beim Vorliegen einer **inländischen** **5** **Zweigniederlassung eines unverbundenen Unternehmens mit Sitz in einem Drittstaat** eine Berichtpflicht besteht (vgl. § 342e; zu den Voraussetzungen der Verpflichtung zur Berichterstellung, insb. zum Überschreiten der Umsatzerlösschwellen, vgl. § 342 Abs. 2 und § 342e sowie die Verweise auf Nr. 1 in § 342e). Auch hier soll der Bericht, der ggf. von der Zweigniederlassung selbst aufzustellen ist, wenn von der Hauptniederlassung trotz Aufforderung kein Bericht zur Verfügung gestellt wird (vgl. § 342e Abs. 2), Angaben über die Tätigkeiten des unverbundenen Unternehmens enthalten (vgl. Art. 48c Abs. 1 Bilanz-RL).[6] Zur Erstellung eines solchen Berichts ist gem. § 342e Abs. 2 Nr. 2 auf die verfügbaren und beschaffbaren Informationen zurückzugreifen (→ § 342e Rn. 18). In der Literatur wird darauf hingewiesen, dass sich der Bericht nicht nur auf die eigene Zweigniederlassung beziehen soll, sondern (soweit verfügbar im europäischen Rechtsraum) auch Angaben mit Bezug zu anderen Zweigniederlassungen umfassen soll.[7]

2. Oberstes Mutterunternehmen und Tochterunternehmen (Nr. 2). Nach Nr. 2 **6** ist in den Ertragsteuerinformationsbericht, der in den Fällen von § 342c, § 342d und § 342f aufgestellt wird, das oberste Mutterunternehmen (vgl. § 342 Nr. 2) und alle Tochterunter-

---

[5] S. BT-Drs. 20/5653, 57.
[6] S. BT-Drs. 20/5653, 57.
[7] S. Kirsch DStR 2023, 54 (60).

nehmen, die in den für den Berichtszeitraum aufgestellten Konzernabschluss des obersten Mutterunternehmens einbezogen sind, einzubeziehen. Nr. 2 betrifft somit drei Fälle, in denen die Tätigkeiten des obersten Mutterunternehmens und der Tochterunternehmen zu erfassen sind (vgl. Art. 48c Abs. 1 Bilanz-RL).[8] Zunächst erfasst Nr. 2 Fall 1 die Situationen, in denen der Ertragsteuerinformationsbericht von einem **obersten Mutterunternehmen mit Sitz im Inland** (vgl. § 342 Abs. 1 Nr. 2 und § 342c; vgl. auch den Verweis auf Nr. 2 in § 342c Abs. 1 Nr. 1) zu erstellen ist (zu den Voraussetzungen der Verpflichtung zur Berichterstattung, insb. zum Überschreiten der Umsatzerlösschwelle, vgl. § 342 Abs. 1 Nr. 2 und § 342c).

7   Ferner betrifft Nr. 2 Fall 2 die Situationen, in denen ein **Tochterunternehmen mit Sitz im Inland eines im Drittstaat belegenen obersten Mutterunternehmens** vorliegt, und in denen gem. § 342d (vgl. auch § 342 Abs. 1 Nr. 3, sowie die Verweise auf Nr. 2 in § 342d) ein Ertragsteuerinformationsbericht erstellt wird (zu den Voraussetzungen der Verpflichtung zur Berichterstattung, insb. zum Überschreiten der Umsatzerlösschwellen, vgl. § 342 Abs. 1 Nr. 3 und § 342d). Der Bericht wird in diesen Fällen vom obersten Mutterunternehmen zur Verfügung gestellt oder (wenn er nicht zur Verfügung gestellt wird und auch nicht von einem anderen Tochterunternehmen offengelegt wird) von dem Tochterunternehmen selbst erstellt.

8   Zuletzt betrifft Nr. 2 Fall 3 diejenigen Situationen, in denen eine **inländische Zweigniederlassung eines im Drittstaat belegenen verbundenen Unternehmens** vorliegt und gem. § 342f (vgl. auch § 342 Abs. 2, sowie die Verweise auf Nr. 2 in § 342f) ein Bericht erstellt wird (zu den Voraussetzungen der Verpflichtung zur Berichterstellung, insb. zum Überschreiten der Umsatzerlösschwellen, vgl. § 342 Abs. 2, § 342f).

9   Der Ertragsteuerinformationsbericht umfasst in den Fällen der Nr. 2 Angaben zu den Tätigkeiten des obersten Mutterunternehmens und der in den entsprechenden Konzernabschluss einbezogenen Tochterunternehmen (vgl. Art. 48c Abs. 1 Bilanz-RL).[9] Für die Frage, welche Tochterunternehmen in den Ertragsteuerinformationsbericht einzubeziehen sind, sind die Rechnungslegungsvorschriften relevant, nach denen der Konzernabschluss aufgestellt wurde.[10] Erfasst werden allerdings nur die **in den Konzernabschluss einbezogenen Tochterunternehmen;** nicht in den Bericht einzubeziehen sind demgegenüber „at equity" konsolidierte assoziierte Unternehmen.[11] Wird der Bericht von dem inländischen Tochterunternehmen erstellt, ist auf die verfügbaren und beschaffbaren Informationen zurückzugreifen (vgl. § 342d Abs. 2 Nr. 2), wobei Informationen mit Bezug zu konzernangehörigen Gesellschaften des europäischen Rechtsraums enthalten sein sollten (vgl. hierzu → § 342d Rn. 20);[12] und entsprechendes gilt auch im Falle der Berichterstattung durch inländische Zweigniederlassungen.[13]

§ 342h Pflichtangaben

(1) Im Ertragsteuerinformationsbericht sind anzugeben:
1. **in den Fällen der §§ 342b und 342e der Name des unverbundenen Unternehmens oder in den Fällen der §§ 342c, 342d und 342f der Name des obersten Mutterunternehmens;**
2. **der Berichtszeitraum;**
3. **die verwendete Währung;**
4. **in den Fällen der §§ 342c, 342d und 342f die Namen aller Tochterunternehmen, die in den für den Berichtszeitraum aufgestellten Konzernabschluss des obers-**

---

[8]   S. BT-Drs. 20/5653, 57.
[9]   S. BT-Drs. 20/5653, 57.
[10]   BT-Drs. 20/5653, 57.
[11]   BT-Drs. 20/5653, 57.
[12]   Grotherr FR 2023, 193 (198).
[13]   Kirsch DStR 2023, 54 (60).

ten Mutterunternehmens einbezogen sind und ihren Sitz in folgenden Gebieten haben:

a) in einem Mitgliedstaat der Europäischen Union oder einem anderen Vertragsstaat des Abkommens über den Europäischen Wirtschaftsraum oder

b) in Steuerhoheitsgebieten, die am 1. März des Berichtszeitraums in den Anhängen I und II der Schlussfolgerungen des Rates zur überarbeiteten EU-Liste nicht kooperativer Länder und Gebiete für Steuerzwecke (ABl. C 103 vom 3.3.2022, S. 1) in der jeweils geltenden Fassung aufgeführt sind.

(2) Im Ertragsteuerinformationsbericht sind ferner zu dem oder den einzubeziehenden Unternehmen nach Maßgabe des § 342i anzugeben:

1. eine kurze Beschreibung der Art der Geschäftstätigkeiten im Berichtszeitraum;
2. die Zahl der Arbeitnehmer im Berichtszeitraum;
3. die Erträge im Berichtszeitraum, einschließlich der Erträge aus Geschäften mit nahestehenden Unternehmen und Personen;
4. der Gewinn oder Verlust vor Ertragsteuern im Berichtszeitraum;
5. die für den Berichtszeitraum zu zahlende Ertragsteuer;
6. die im Berichtszeitraum gezahlte Ertragsteuer auf Kassenbasis und
7. die einbehaltenen Gewinne am Ende des Berichtszeitraums.

(3) Für die Angaben nach Absatz 2 gelten vorbehaltlich des Absatzes 4 die folgenden Vorgaben:

1. die Zahl der Arbeitnehmer nach Absatz 2 Nummer 2 ist in Vollzeitäquivalenten anzugeben;
2. die Erträge nach Absatz 2 Nummer 3 umfassen

a) bei Unternehmen, die ihren Jahresabschluss für den Berichtszeitraum nach Maßgabe des jeweiligen nationalen Rechts im Einklang mit der Richtlinie 2013/34/EU aufstellen, diejenigen Posten nach nationalem Recht, die den Posten 1, 4, 9 bis 11 in Anhang V oder den Posten 1, 6 bis 9 in Anhang VI der Richtlinie 2013/34/EU entsprechen, wobei jeweils von verbundenen Unternehmen erhaltene Dividenden nicht berücksichtigt werden dürfen, oder

b) bei allen anderen Unternehmen diejenigen Erträge, welche sich bei Anwendung der Rechnungslegungsgrundsätze ergeben, auf deren Grundlage der Jahresabschluss für den Berichtszeitraum aufgestellt wird, wobei Erträge aus Wertanpassungen und von verbundenen Unternehmen erhaltene Dividenden nicht berücksichtigt werden dürfen;

1. der Gewinn oder Verlust vor Ertragsteuern nach Absatz 2 Nummer 4 ist in Anwendung der Rechnungslegungsgrundsätze zu bestimmen, auf deren Grundlage der Jahresabschluss für den Berichtszeitraum aufgestellt wird;
2. die zu zahlende Ertragsteuer nach Absatz 2 Nummer 5 entspricht dem laufenden Steueraufwand auf zu versteuernde Gewinne oder Verluste des Berichtszeitraums ohne latente Steuern und Rückstellungen für ungewisse Steuerverbindlichkeiten;
3. die gezahlte Ertragsteuer auf Kassenbasis nach Absatz 2 Nummer 6 umfasst alle im Berichtszeitraum entrichteten Ertragsteuern und schließt Quellensteuern ein, die von anderen Unternehmen in Bezug auf Zahlungen an das einzubeziehende Unternehmen entrichtet wurden;
4. die einbehaltenen Gewinne nach Absatz 2 Nummer 7 umfassen die Gewinne vergangener Geschäftsjahre und des Berichtszeitraums, für die am Ende des Berichtszeitraums keine Gewinnausschüttung beschlossen ist.

(4) Die Angaben nach Absatz 2 können insgesamt auch gemäß den Vorgaben in Anhang III Abschnitt III Teil B und C der Richtlinie 2011/16/EU des Rates vom 15. Februar 2011 über die Zusammenarbeit der Verwaltungsbehörden im Bereich

der Besteuerung und zur Aufhebung der Richtlinie 77/799/EWG (ABl. L 64 vom 11.3.2011, S. 1), die zuletzt durch die Richtlinie (EU) 2021/514 (ABl. L 104 vom 25.3.2021, S. 1) geändert worden ist, gemacht werden.

(5) Im Ertragsteuerinformationsbericht ist anzugeben, ob die nach Absatz 2 erforderlichen Angaben gemäß den Vorgaben des Absatzes 3 oder 4 gemacht wurden.

Schrifttum: s. § 342.

Übersicht

I. Normzweck und Anwendungsbereich

1   **1. Einführung.** Die Vorschrift enthält die Pflichtangaben des Ertragsteuerinformationsberichts. Die Regelung findet sich im Dritten Titel des Vierten Unterabschnitts des Vierten Abschnitts des Dritten Buchs, wo es um die in den Ertragsteuerinformationsbericht einzubeziehenden Personen sowie um den Inhalt und die Form des Berichts geht. Die Vorschrift macht den Auftakt der Bestimmungen zu Inhalt und Form des Berichts (vgl. §§ 342h–342l). Ihr Anwendungsbereich bestimmt sich durch den Gesamtanwendungsbereich des Vierten Unterabschnitts, sie ist also relevant für bestimmte umsatzstarke multinationale Unternehmen und Konzerne (vgl. §§ 342–342f). Wie alle Vorschriften des Vierten Unterabschnitts des Vierten Abschnitts des Dritten Buchs wurde die Vorschrift durch das Gesetz zur Umsetzung der Richtlinie (EU) 2021/2101[1] in Umsetzung ebendieser Richtlinie (EU) 2021/2101[2] eingeführt und ist erstmals für Ertragsteuerinformationsberichte für ein nach dem 21.6.2024 beginnendes Geschäftsjahr anzuwenden (vgl. Art. 90 Abs. 1 S. 2 EGHGB; vgl. auch Art. 48g Bilanz-RL[3]). Im Einzelnen finden sich die Grundlagen der Regelungen in Art. 48c Abs. 2, Abs. 3 und Abs. 10 Bilanz-RL.

---

[1]   Gesetz zur Umsetzung der Richtlinie (EU) 2021/2101 im Hinblick auf die Offenlegung von Ertragsteuerinformationen durch bestimmte Unternehmen und Zweigniederlassungen sowie zur Änderung des Verbraucherstreitbeilegungsgesetzes und des Pflichtversicherungsgesetzes v. 19.6.2023, BGBl. 2023 I Nr. 154.

[2]   Richtlinie (EU) 2021/2101 des Europäischen Parlaments und des Rates v. 24.11.2021 zur Änderung der Richtlinie 2013/34/EU im Hinblick auf die Offenlegung von Ertragsteuerinformationen durch bestimmte Unternehmen und Zweigniederlassungen, ABl. EU 2021 L 429, 1.

[3]   Richtlinie 2013/34/EU des Europäischen Parlaments und des Rates v. 26.6.2013 über den Jahresabschluss, den konsolidierten Abschluss und damit verbundene Berichte von Unternehmen bestimmter Rechtsformen und zur Änderung der Richtlinie 2006/43/EG des Europäischen Parlaments und des Rates und zur Aufhebung der Richtlinien 78/660/EWG und 83/349/EWG des Rates, ABl. EU 2013

2. Normzweck. Die Vorschrift beschreibt in Abs. 1 allgemeine Pflichtangaben des 2
Ertragsteuerinformationsberichts. Diese Regelung beruht auf Art. 48c Abs. 1, Abs. 2
UAbs. 1 lit. a Bilanz-RL und betrifft die Angabe des Namens des Unternehmens, des
Berichtzeitraums, der verwendeten Währung und im Fall von verbundenen Unternehmen
auch Angaben zu bestimmten Tochterunternehmen. Ein länderbezogener Ausweis erfolgt
hier, anders als in Abs. 2 und Abs. 3, nicht.[4]

Abs. 2 und 3 enthalten Vorgaben zu weiteren (unternehmensbezogenen) Pflichtanga- 3
ben, die im Ertragsteuerinformationsbericht **länderbezogen** gemacht werden müssen. Die
erforderlichen Angaben umfassen die in Art. 48c Abs. 2 der Bilanzrechtsrichtlinie geschilderten Informationen zur Art der Geschäftätigkeit, zur Zahl der Arbeitnehmer, zu Erträgen, zu Gewinnen und Verlusten, zu zahlenden und gezahlten Ertragsteuern und zum
einbehaltenen Gewinn. Die Regierungsbegründung sieht in den Angaben zur zu zahlenden
und zur gezahlten Ertragsteuer im Berichtzeitraum (vgl. Abs. 2 Nr. 5 und Nr. 6) die Basis-
angaben, deren Einordnung und Bewertung durch die weiteren Pflichtangaben erleichtert
wird.[5] Der Rechtsausschuss weist darauf hin, dass die Pflichtangaben durch weitere freiwillige Angaben unterfüttert werden könnten, und regt an, hierfür Raum im noch festzulegenden Formblatt nach § 342l zu schaffen.[6]

Abs. 4 der Regelung bietet die Möglichkeit, die unternehmensbezogenen Pflichtanga- 4
ben gem. Abs. 2, statt nach den Vorgaben des Abs. 3, nach den Vorgaben in Anhang III
Abschnitt III Teil B und Teil C der EU-Amtshilferichtlinie[7] zu machen. Diese Möglichkeit
beruht auf Art. 48c Abs. 3 Bilanz-RL und kann für Unternehmen, die einen länderbezogenen Bericht nach § 138a AO erstellen, Vereinfachungen bedeuten, wenn auf die entsprechenden Angaben zurückgegriffen werden kann.[8] Abs. 5 verlangt in Umsetzung von
Art. 48c Abs. 10 Bilanz-RL eine Angabe im Ertragsteuerinformationsbericht zur Ausübung
der Wahl zwischen Abs. 3 und Abs. 4.

II. Allgemeine Pflichtangaben (Abs. 1)

Abs. 1 beschreibt allgemeine Pflichtangaben des Ertragsteuerinformationsberichts. Die 5
Vorschrift beruht auf Art. 48c Abs. 1 und Abs. 2 UAbs. 1 lit. a Bilanz-RL.[9] Für **unverbundene Unternehmen** iSd § 342a Nr. 1 sind (nur) die in Abs. 1 Nr. 1 – Nr. 3 genannten
Angaben zum Namen des Unternehmens, zum Berichtzeitraum und zur verwendeten
Währung relevant (vgl. auch § 342b Abs. 1 Nr. 1 und § 342e), während für einen Bericht,
der gem. § 342, § 342c, § 342d und § 342f bei **verbundenen Unternehmen** zu erstellen
ist, auch Abs. 1 Nr. 4 zu beachten ist, wonach Angaben zu den Namen von Tochterunternehmen zu machen sind. Diese Unterscheidung von unverbundenen und verbundenen
Unternehmen findet sich im Vierten Unterabschnitt des Vierten Abschnitts des Dritten
Buchs etwa auch in § 342g.

1. Name des Unternehmens (Abs. 1 Nr. 1). Abs. 1 Nr. 1 verlangt die Angabe des 6
Unternehmensnamens. Diese Verpflichtung beruht auf der Bilanz-RL, die in Art. 48c
Abs. 2 UAbs. 1 lit a die Angabe des Namens des obersten Mutterunternehmens oder des

---

L 182, 19, zuletzt geändert durch Richtlinie (EU) 2022/2464 des Europäischen Parlaments und des
Rates v. 14.12.2022 zur Änderung der Verordnung (EU) Nr. 537/2014 und der Richtlinien 2004/109/
EG, 2006/43/EG und 2013/34/EU hinsichtlich der Nachhaltigkeitsberichterstattung von Unterneh-
men, ABl. EU 2022 L 322, 15.

[4] S. BT-Drs. 20/5653, 58.
[5] S. BT-Drs. 20/5653, 57.
[6] S. BT-Drs. 20/6758, 9.
[7] Richtlinie 2011/16/EU des Rates v. 15.2.2011 über die Zusammenarbeit der Verwaltungsbehörden im
Bereich der Besteuerung und zur Aufhebung der Richtlinie 77/799/EWG, ABl. EU 2011 L 64, 1,
zuletzt geändert durch Richtlinie (EU) 2021/514 des Rates v. 22.3.2021 zur Änderung der Richtlinie
2011/16/EU über die Zusammenarbeit der Verwaltungsbehörden im Bereich der Besteuerung, ABl.
EU 2021 L 104, 1.
[8] BT-Drs. 20/5653, 60 f.; Kirsch WPg 2023, 226 (234).
[9] Vgl. auch BT-Drs. 20/5653, 58.

unverbundenen Unternehmens verlangt. Unter Anknüpfung an die Vorschriften des Zweiten Titels des Vierten Unterabschnitts des Vierten Abschnitts des Dritten Buchs unterscheidet § 342h hier zwei Situationen. Auf der einen Seite nimmt Abs. 1 Nr. 1 diejenigen Fälle in Bezug, in denen der Ertragsteuerinformationsbericht von einem **unverbunden Unternehmen, das seinen Sitz im Inland** hat (vgl. § 342 Abs. 1 Nr. 1 und § 342b), zu erstellen ist, bzw. in denen eine **inländische Zweigniederlassung eines im Drittstaat belegenen unverbundenen Unternehmens** besteht und in denen ein Bericht gem. § 342e erstellt wird (vgl. auch § 342 Abs. 2; zu den Voraussetzungen der Verpflichtung zur Berichterstellung, insb. zum Überschreiten der Umsatzerlösschwellen, vgl. § 342, § 342b und § 342e; vgl. auch die Verweise auf Abs. 1 Nr. 1 in § 342b Abs. 1 Nr. 1 und § 342e Abs. 2 Nr. 2 lit. a). In den beschriebenen Fällen von § 342b und § 342e bedarf es der Angabe des **Namens des unverbundenen Unternehmens.**

7   Auf der anderen Seite knüpft Abs. 1 Nr. 1 an die Fälle an, in denen der Bericht von einem **obersten Mutterunternehmen mit Sitz im Inland** (vgl. § 342 Abs. 1 Nr. 2 und § 342c) zu erstellen ist, oder in denen ein **Tochterunternehmen mit Sitz im Inland eines im Drittstaat belegenen obersten Mutterunternehmens** vorliegt und gem. § 342d (vgl. auch § 342 Abs. 1 Nr. 3) ein Ertragsteuerinformationsbericht erstellt wird, bzw. in denen eine **inländische Zweigniederlassung eines im Drittstaat belegenen verbundenen Unternehmens** vorliegt und gem. § 342f (vgl. auch § 342 Abs. 2) ein Bericht erstellt wird (zu den Voraussetzungen der Verpflichtung zur Berichterstellung, insb. zum Überschreiten der Umsatzerlösschwellen, vgl. § 342, § 342c, § 342d und § 342f; vgl. auch die Verweise auf § 342h in § 342c Abs. 1 Nr. 1, § 342d und § 342f). In den Fällen von § 342c, § 342d und § 342f bedarf es der Angabe des **Namens des obersten Mutterunternehmens.**[10]

8   **2. Berichtszeitraum (Abs. 1 Nr. 2).** Abs. 1 Nr. 2 verlangt zudem die Angabe des Berichtszeitraums. Gemäß § 342a Nr. 6 ist der Berichtszeitraum „das Geschäftsjahr, für das der Ertragsteuerinformationsbericht zu erstellen ist" (vgl. → § 342a Rn. 13). Die Grundlage für Abs. 1 Nr. 2 findet sich in Art. 48c Abs. 2 UAbs. 1 lit. a Bilanz-RL, wo (ohne den Umweg über den Begriff des Berichtszeitraums)[11] die Angabe des betreffenden Geschäftsjahrs verlangt wird.

9   **3. Verwendete Währung (Abs. 1 Nr. 3).** Abs. 1 Nr. 3 verlangt die **Angabe der verwendeten Währung.** Die Entsprechung hierzu findet sich in Art. 48c Abs. 2 UAbs. 1 lit. a Bilanz-RL. Welche Währung letztlich zu verwenden ist, bestimmt sich nach der Regelung in § 342j,[12] die an die verschiedenen Fälle, in denen eine Pflicht zur Berichterstellung nach dem Zweiten Titel des Vierten Unterabschnitts des Vierten Abschnitts des Dritten Buchs besteht (vgl. §§ 342b–342f; vgl. auch § 342), anknüpft. Nach der Regelung des § 342j, deren Grundlage sich in Art. 48c Abs. 8 Bilanz-RL findet, ist ein zu erstellender Bericht von **unverbundenen Unternehmen mit Sitz im Inland** (§ 342b), von **obersten Mutterunternehmen mit Sitz in Inland** (§ 342c) sowie von **Tochterunternehmen mit Sitz im Inland,** deren oberstes Mutterunternehmen den Sitz in einem Drittstaat hat, und die, mangels Zurverfügungstellung des Ertragsteuerinformationsberichts durch das oberste Mutterunternehmen, selbst den Bericht erstellen müssen (§ 342d Abs. 2 Nr. 2), in Euro zu erstellen (vgl. § 342j Abs. 1). Auf der anderen Seite ist der Bericht, der von einem **unverbundenen Unternehmen mit Sitz in einem Drittstaat** gem. § 342e Abs. 1 erstellt wird, oder der, mangels Zurverfügungstellung des (den gesetzlichen Vorgaben entsprechenden) Berichts durch die Hauptniederlassung, von einer **inländischen Zweigniederlassung** gem. § 342e Abs. 2 Nr. 2 erstellt wird, in der Währung zu erstellen, in der der Jahresabschluss des unverbundenen Unternehmens aufgestellt wird (vgl. § 342j Abs. 2). Zuletzt ist der

---

[10]   S. BT-Drs. 20/5653, 58.
[11]   Zur klarstellenden Bestimmung des Begriffs „Berichtszeitraums" in § 342a Nr. 6, vgl. BT-Drs. 20/5653, 49, 58.
[12]   S. BT-Drs. 20/5653, 58.

Bericht, den ein **oberstes Mutterunternehmen mit Sitz in einem Drittstaat** gem. § 342d Abs. 1 entsprechend der gesetzlichen Vorgaben dem Tochterunternehmen zur Verfügung stellt, in der Währung des Konzernabschlusses des obersten Mutterunternehmens zu erstellen. Das gleiche gilt für die Fälle des § 342f betreffend **inländische Zweigniederlassungen verbundener Unternehmen mit Sitz in einem Drittstaat,** sowohl für die Fälle der Zurverfügungstellung des den gesetzlichen Vorgaben entsprechenden Berichts durch das oberste Mutterunternehmen als auch für die Erstellung des Berichts durch die inländische Zweigniederlassung (vgl. § 342j Abs. 3).

4. Namen von Tochterunternehmen (Abs. 1 Nr. 4). Abs. 1 Nr. 4 bezieht sich auf **10** die im Zweiten Titels des Vierten Unterabschnitts des Vierten Abschnitts des Dritten Buchs beschriebenen Fälle verbundener Unternehmen (vgl. § 342c, § 342d und § 342f) und verlangt hier die Angabe der **Namen bestimmter Tochterunternehmen,** die in den für den Berichtszeitraum aufgestellten Konzernabschluss des obersten Mutterunternehmens einbezogen sind. Voraussetzung für die Pflicht zur Angabe ist, dass die betreffenden Tochterunternehmen ihren **Sitz in einem EU- oder EWR-Staat** (Abs. 1 Nr. 4 lit. a) haben oder in Steuergebieten, die am 1. März des Berichtszeitraums in den Anhängen I und II der Schlussfolgerungen des Rates zur überarbeiteten **EU-Liste nicht kooperativer Länder und Gebiete für Steuerzwecke** aufgeführt sind (Abs. 1 Nr. 4 lit. b). Diese Regelung steht im Zusammenhang mit dem Erfordernis des länderbezogenen Ausweises nach § 342i Abs. 1, wo für die unternehmensbezogenen Pflichtangaben nach Abs. 2 bestimmt ist, dass der Ausweis getrennt zu erfolgen hat, aufgeschlüsselt für jeden EU- und EWR-Staat (vgl. § 342i Abs. 1 S. 1 Nr. 1) und für jedes Steuergebiet, das in Anhang I und Anhang II der Schlussfolgerungen des Rates zur überarbeiteten EU-Liste nicht kooperativer Länder und Gebiete für Steuerzwecke aufgeführt ist (vgl. § 342i Abs. 1 S. 1 Nr. 2 und Nr. 3). Das Abstellen auf den 1. März des Berichtszeitraums hinsichtlich der Aufnahme der Steuerhoheitsgebiete in der EU-Liste nicht kooperativer Gebiete für Steuerzwecke deckt sich grundsätzlich mit dem Stichtag des § 342i Abs. 1 S. 1 Nr. 2 und Nr. 3 für den länderbezogenen Ausweis und wird aus diesem Grund von der Regierungsbegründung als sinnvoll erachtet.[13] Allerdings weist die Regierungsbegründung darauf hin, dass eine Nennung unter Abs. 1 Nr. 4 bei Steuergebieten im Sinne des Anhangs II der Schlussfolgerungen des Rates zur überarbeiteten EU-Liste nicht kooperativer Länder und Gebiete für Steuerzwecke unabhängig von den engeren Anforderungen des § 342i Abs. 1 S. 1 Nr. 3 (die zusätzlich ein „Listing"[14] am 1. März des unmittelbar vorausgehenden Geschäftsjahres verlangt; vgl. → § 342i Rn. 9 f.) zu erfolgen hat. Die Regierungsbegründung beruft sich insofern auf den Wortlaut von Art. 48c Abs. 2 UAbs. 1 lit. a Bilanz-RL, der nur auf das Aufgeführtsein in der Liste abstellt; und entsprechend ist dies auch in Abs. 1 Nr. 4 umgesetzt.[15]

Nach der Regierungsbegründung des Gesetzes zur Umsetzung der Richtlinie (EU) **11** 2021/2101 ist ein Querverweis im Ertragsteuerinformationsbericht auf die entsprechenden Angaben im Konzernanhang vertretbar (im Fall des § 342c; vgl. § 313 Abs. 2 Nr. 1, vgl. auch § 315e Abs. 1).[16] Dabei bezieht sich die Regierungsbegründung auch auf korrespondierende Aussagen in ErwGr. 13 Richtlinie (EU) 2021/2101, wo zur Vermeidung von Verwaltungsaufwand davon ausgegangen wird, dass sich das oberste Mutterunternehmen auf die Liste der Tochterunternehmen im konsolidierten Abschluss berufen können sollte.

Die Grundlage für Abs. 1 Nr. 4 findet sich in Art. 48c Abs. 2 UAbs. 1 lit. a Bilanz-RL, **12** wo bestimmt ist, dass ggf. eine Liste der in den konsolidierten Abschluss des obersten Mutterunternehmen einbezogenen Tochterunternehmen, die in der EU oder in Steuergebieten niedergelassen sind, die in den Anhängen I und II der Schlussfolgerungen des Rates zur überarbeiteten EU-Liste nicht kooperativer Länder und Gebiete für Steuerzwecke aufge-

---

[13] S. BT-Drs. 20/5653, 58.
[14] BT-Drs. 20/5653, 58.
[15] S. BT-Drs. 20/5653, 58. Zur Kritik („systematisch nicht nachvollziehbar"), s. Rimmelspacher/Kliem WPg 2023, 792 (795). S.a. Grotherr FR 2023, 193 (198).
[16] S. BT-Drs. 20/5653, 58.

führt sind, anzufügen ist. Einzelne Bestimmungen zum getrennten Ausweis nach Ländern und Gebieten, die ihren Niederschlag in § 342i gefunden haben, finden sich in Art. 48c Abs. 5 UAbs. 2–UAbs. 6 Bilanz-RL.

III. Unternehmensbezogene Pflichtangaben (Abs. 2 und Abs. 3)

13   Abs. 2 enthält **weitere Bestimmungen** zu den Informationen zu dem oder den in den Bericht einzubeziehenden Unternehmen, die (anders als die Angaben nach Abs. 1)[17] „nach Maßgabe des § 342i", dh **länderbezogen,** auszuweisen sind.[18] Die unternehmensbezogenen Pflichtangaben umfassen die in Art. 48c Abs. 2 Bilanz-RL geschilderten Informationen zur Art der Geschäftstätigkeit, zur Zahl der Arbeitnehmer, zu den Erträgen, zu Gewinnen und Verlusten, zu zahlenden und gezahlten Ertragsteuern und zum einbehaltenen Gewinn. Die nähere Ausgestaltung der Verpflichtung des Abs. 2 ergibt sich zunächst aus Abs. 3, welcher bestimmt, wie diese Angaben auszuweisen sind.[19] Ziel der Vorgaben des Abs. 3 ist es, ausweislich der Regierungsbegründung, die Angaben im Ertragssteuerinformationsbericht und in den Jahresabschlüssen der einbezogenen Unternehmen „möglichst kohärent" auszugestalten.[20] Wahlweise können die Angaben nach Abs. 2 allerdings gem. Abs. 4 auch nach den Vorgaben in Anhang III Abschnitt III Teil B und Teil C der EU-Amtshilferichtlinie gemacht werden, wie sie für den länderbezogenen Bericht nach § 138a AO gelten (→ Rn. 25 f.).[21]

14   **1. Art der Geschäftstätigkeit (Abs. 2 Nr. 1).** Nach Abs. 2 Nr. 1 hat eine **„kurze Beschreibung der Art der Geschäftstätigkeiten im Berichtszeitraum"** zu erfolgen. Eine weitergehende Beschreibung in Abs. 3 besteht (anders als bei den sonstigen Pflichtangaben nach Abs. 2) nicht;[22] allerdings verweist die Regierungsbegründung auf das Erfordernis der Angabe der wichtigsten Geschäftstätigkeiten im Berichtszeitraum.[23] Die entsprechende Richtlinienvorgabe findet sich in Art. 48c Abs. 2 UAbs. 1 lit. b Bilanz-RL, wo ebenfalls (nur) die kurze Beschreibung der Art der Tätigkeiten verlangt wird.[24]

15   **2. Zahl der Arbeitnehmer (Abs. 2 Nr. 2 und Abs. 3 Nr. 1).** Nach Abs. 2 Nr. 2 ist die Zahl der Arbeitnehmer im Berichtszeitraum anzugeben. Abs. 3 Nr. 1 konkretisiert dies durch die Bestimmung, dass die Angabe in **Vollzeitäquivalenten** zu erfolgen hat.[25] Dies schließt die Angabe nach Köpfen aus,[26] und es deckt sich mit der Forderung nach der Angabe der Zahl der Beschäftigten in Vollzeitäquivalenten in Art. 48c Abs. 2 UAbs. 1 lit. c Bilanz-RL.[27] Nach der Regierungsbegründung „empfiehlt es sich, die Arbeitnehmerzahl auf Basis des Durchschnitts der im Berichtszeitraum beschäftigten Personen zu bestimmen" – auch mit Blick auf die entsprechenden bilanzrechtlichen Angabepflichten von § 285 Nr. 7 und § 314 Abs. 1 Nr. 4.[28]

---

17   S. hierzu BT-Drs. 20/5653, 58.
18   S. BT-Drs. 20/5653, 58.
19   S. Kirsch DStR 2023, 54 (57).
20   S. BT-Drs. 20/5653, 59.
21   BT-Drs. 20/5653, 59 f.
22   Zur Forderung nach einer Standardisierung (entsprechend § 138a Abs. 2 Nr. 2 AO), s. Bachmann, Stellungnahme zur öffentlichen Anhörung im Rechtsausschuss zum Regierungsentwurf des Gesetzes zur Umsetzung der Richtline (EU) 2021/2101, 15.4.2023, 5. Vgl. auch Grotherr FR 2023, 193 (198 f.); Heider ISR 2023, 27 (29). Zur möglichen Konkretisierung im noch festzulegenden Formblatt (vgl. § 342l), s. Rimmelspacher/Kliem WPg 2023, 792 (796).
23   S. BT-Drs. 20/5653, 58.
24   S. BT-Drs. 20/5653, 58.
25   Vgl. BT-Drs. 20/5653, 58.
26   S. BT-Drs. 20/5653, 59.
27   S. BT-Drs. 20/5653, 58 f.; Müller/Müller IRZ 2022, 547 (550).
28   S. BT-Drs. 20/5653, 59. Zu einer entsprechenden ausdrücklichen Vorgabe, s. Referentenentwurf des Bundesministeriums der Justiz zum Gesetz zur Umsetzung der Richtlinie (EU) 2021/2101, 30.9.2022, 17, 57. Davon soll aber laut der Regierungsbegründung nunmehr abgesehen werden; s. BT-Drs. 20/5653, 59.

3. Erträge (Abs. 2 Nr. 3 und Abs. 3 Nr. 2). Nach Abs. 2 Nr. 3 sind die **Erträge** 16 **im Berichtszeitraum** anzugeben, unter Einschluss der Erträge aus Geschäften mit nahestehenden Unternehmen und Personen. Damit ist allerdings (anders als beim länderbezogenen Bericht nach § 138a AO; → Rn. 26) keine Aufschlüsselung der Erträge aus Geschäften mit fremden Dritten und aus Geschäften mit nahestehenden Unternehmen und Personen vorgeschrieben.[29] Zur Bestimmung des Begriffs „nahestehende Unternehmen und Personen" wird auf die internationalen Rechnungslegungsstandards abgestellt, die gemäß der IAS-Verordnung[30] in das EU-Recht übernommen wurden (vgl. Art. 2 Nr. 3 Bilanz-RL); im Einzelnen bedeutet das einen Rückgriff auf IAS 24.9 und IAS 24.11.[31]

Abs. 3 Nr. 2 konkretisiert den **Begriff der Erträge** nach Abs. 2.[32] Er unterscheidet zwei 17 Fälle, nämlich Unternehmen, die ihren Jahresabschluss nach dem jeweils geltenden nationalen Recht im Einklang mit der Bilanzrechtsrichtlinie aufstellen (Abs. 3 Nr. 2 lit. a), und sonstige Unternehmen (Abs. 3 Nr. 2 lit. b). Bei Unternehmen nach Abs. 3 Nr. 2 lit. a umfassen die Erträge „diejenigen Posten nach nationalem Recht, die den Posten 1, 4, 9–11 im Anhang V oder den Posten 1, 6, 9 in Anhang VI" Bilanz-RL entsprechen. Hierbei handelt es sich um Ertragsposten der Gewinn- und Verlustrechnung;[33] im Einzelnen nennt Anhang V Bilanz-RL Nettoumsatzerlöse (Nr. 1), sonstige betriebliche Erträge (Nr. 4), Erträge aus Beteiligungen, davon aus verbundenen Unternehmen (Nr. 9), Erträge aus sonstigen Wertpapieren und Forderungen des Anlagevermögens, davon aus verbundenen Unternehmen (Nr. 10), sonstige Zinsen und ähnliche Erträge, davon aus verbundenen Unternehmen (Nr. 11), und Anhang VI Bilanz-RL nennt Nettoumsatzerlöse (Nr. 1), sonstige betriebliche Erträge (Nr. 6), sonstige Zinsen und ähnliche Erträge, davon aus verbundenen Unternehmen (Nr. 9). Von verbundenen Unternehmen erhaltene Dividenden dürfen nach Abs. 3 Nr. 2 lit. a nicht berücksichtigt werden. Damit wird die doppelte Berücksichtigung (bei der Erwirtschaftung und beim Dividendenempfang) verhindert.[34]

Unternehmen nach Abs. 3 Nr. 2 lit. b können zum Beispiel Unternehmen sein mit 18 Sitz in einem Drittstaat oder solche, die ihren Sitz in einem EU- oder EWR-Staat haben, aber ihren Jahresabschluss nach den internationalen Rechnungslegungsstandards aufstellen.[35] Hier werden diejenigen Erträge erfasst, die sich bei Anwendung der Rechnungslegungsgrundsätze ergeben, auf deren Grundlage der Jahresabschluss für den Berichtszeitraum aufgestellt wird. Nicht berücksichtigt werden dürfen Erträge aus Wertanpassungen. Ferner dürfen von verbundenen Unternehmen erhaltene Dividenden nicht berücksichtigt werden, womit wiederum die doppelte Berücksichtigung verhindert wird (→ Rn. 17).[36]

Die deutsche Regelung zur Pflichtangabe der Erträge basiert auf Art. 48c Abs. 2 UAbs. 1 19 lit. d Bilanz-RL. Hiernach zählen zu den Erträgen „die Summe der Nettoumsatzerlöse, der sonstigen betrieblichen Erträge, der Erträge aus Beteiligungen mit Ausnahme der von verbundenen Unternehmen erhaltenen Dividenden, der Erträge aus sonstigen Wertpapieren und Forderungen des Anlagevermögens, der sonstigen Zinsen und ähnlichen Erträge, die in den Anhängen V und VI dieser Richtlinie aufgeführt sind" (Art. 48c Abs. 2 UAbs. 1 lit. d i Bilanz-RL), oder „die Erträge gemäß der Definition durch die Rechnungslegungsgrundsätze, auf

---

[29] S. BT-Drs. 20/5653, 59; Kirsch WPg 2023, 226 (232); Müller/Müller IRZ 2022, 547 (550); Rimmelspacher/Kliem WPg 2023, 792 (796).

[30] Verordnung (EG) Nr. 1606/2002 des Europäischen Parlaments und des Rates v. 19.7.2002 betreffend die Anwendung internationaler Rechnungslegungsstandards, ABl. EG 2002 L 243, 1, zuletzt geändert durch Verordnung (EG) Nr. 297/2008 des Europäischen Parlaments und des Rates v. 11.3.2008 zur Änderung der Verordnung (EG) Nr. 1606/2002 betreffend die Anwendung internationaler Rechnungslegungsstandards im Hinblick auf die der Kommission übertragenen Durchführungsbefugnisse, ABl. EG 2008 L 97, 62.

[31] S. zum Ganzen BT-Drs. 20/5653, 59.

[32] S. BT-Drs. 20/5653, 59.

[33] S. BT-Drs. 20/5653, 60.

[34] S. Kirsch WPg 2023, 266 (232).

[35] S. BT-Drs. 20/5653, 60.

[36] S. Bachmann, Stellungnahme zur öffentlichen Anhörung im Rechtsausschuss zum Regierungsentwurf des Gesetzes zur Umsetzung der Richtline (EU) 2021/2101, 15.4.2023, 6.

deren Grundlage die Jahresabschlüsse aufgestellt werden; hiervon ausgenommen sind Wertberichtigungen und von verbundenen Unternehmen erhaltene Dividenden" (Art. 48c Abs. 2 UAbs. 1 lit. d ii Bilanz-RL). Gemäß Art. 48c Abs. 2 UAbs. 2 Bilanz-RL sind Transaktionen mit nahestehenden Unternehmen und Personen umfasst.

20   **4. Gewinn oder Verlust vor Steuern (Abs. 2 Nr. 4 und Abs. 3 Nr. 3).** Nach Abs. 2 Nr. 4 weist der Ertragsteuerinformationsbericht den Gewinn oder Verlust vor Ertragsteuern im Berichtszeitraum aus. Gemäß Abs. 3 Nr. 3 sind dabei die Rechnungslegungsgrundsätze zur Anwendung zu bringen, auf deren Grundlage der Jahresabschluss für den Berichtszeitraum aufgestellt wird.[37] Grundlage der Regelung ist Art. 48c Abs. 2 UAbs. 1 lit. e Bilanz-RL, der die Angabe des Gewinns oder Verlusts vor Ertragsteuern verlangt.[38] Anders als im Rahmen von Abs. 2 Nr. 3 und Abs. 3 Nr. 2 (und auch als im Rahmen von § 138a Abs. 2 Nr. 1 lit. f) erfolgt bei Abs. 2 Nr. 4 und Abs. 3 Nr. 3 keine Bereinigung um Dividenden von verbundenen Unternehmen.[39]

21   **5. Zu zahlende Ertragsteuer (Abs. 2 Nr. 5 und Abs. 3 Nr. 4).** Nach Abs. 2 Nr. 5 ist die für den Berichtszeitraum zu zahlende Ertragsteuer auszuweisen. In Deutschland ist in diesem Kontext neben der Körperschaftsteuer auch die Gewerbesteuer erfasst.[40] Nach Abs. 3 Nr. 4 muss bei der Position der zu zahlenden Ertragsteuer der laufende Steueraufwand auf zu versteuernde Gewinne oder Verluste des Berichtszeitraums ausgewiesen werden. Auszuklammern sind latente Steuern und Rückstellungen für ungewisse Steuerverbindlichkeiten.[41] Zu erstattende Steuern dürften ebenfalls zu berücksichtigen sein, auch wenn das nicht ausdrücklich aus der Regelung hervorgeht.[42]

22   Die Grundlage für die Regelung in Abs. 2 Nr. 5 und Abs. 3 Nr. 4 findet sich in Art. 48c Abs. 2 UAbs. 1 lit. f und UAbs. 3 Bilanz-RL, wo die Angabe des Betrags der noch zu zahlenden Ertragsteuer für das betreffende Geschäftsjahr verlangt wird, der auf Grundlage der laufenden Steueraufwendungen auf zu versteuernde Gewinne oder Verluste im betreffenden Geschäftsjahr berechnet wird, wobei die laufenden Steueraufwendungen keine latenten Steuern oder Rückstellungen für ungewisse Steuerverbindlichkeiten beinhalten.

23   **6. Gezahlte Ertragsteuer (Abs. 2 Nr. 6 und Abs. 3 Nr. 5).** Nach Abs. 2 Nr. 6 ist die im Berichtszeitraum gezahlte Ertragsteuer **auf Kassenbasis** auszuweisen. Diese Regelung hat ihre Entsprechung in Art. 48c Abs. 2 UAbs. 1 lit. g und UAbs. 4 Bilanz-RL.[43] Gemäß Abs. 3 Nr. 5 umfasst dies alle im Berichtszeitraum entrichteten Ertragsteuern, einschließlich Quellensteuern, die von anderen Unternehmen in Bezug auf Zahlungen an das einzubeziehende Unternehmen entrichtet wurden. Anders als die Position nach Abs. 2 Nr. 5 und Abs. 3 Nr. 4, die nur Steuern betrifft für den betreffenden Berichtszeitraum (Geschäftsjahr),[44] umfasst die gezahlte Ertragsteuer als Position auch Ertragsteuern, die zwar im Berichtszeitraum gezahlt wurden, aber nicht den Berichtszeitraum betreffen – etwa für

---

[37]   S.a. BT-Drs. 20/5653, 60.
[38]   S. BT-Drs. 20/5653, 59.
[39]   Bachmann, Stellungnahme zur öffentlichen Anhörung im Rechtsausschuss zum Regierungsentwurf des Gesetzes zur Umsetzung der Richtline (EU) 2021/2101, 15.4.2023, 6 f.; Kirsch WPg 2023, 266 (232). Vgl. aber Rimmelspacher/Kliem WPg 2023, 792 (796), die eine Kürzung für vertretbar halten.
[40]   S. BT-Drs. 20/5653, 60. Zur Steuer im Rahmen der globalen Mindestbesteuerung, die für die zur Ertragsteuerberichterstattung verpflichtenden Unternehmen mit Blick auf die Größenanforderungen relevant werden kann, s. Bachmann, Stellungnahme zur öffentlichen Anhörung im Rechtsausschuss zum Regierungsentwurf des Gesetzes zur Umsetzung der Richtline (EU) 2021/2101, 15.4.2023, 7; EY, Stellungnahme zum Referentenentwurf des Gesetzes zur Umsetzung der Richtline (EU) 2021/2101, 28.10.2022, 4 f.
[41]   Zur Kritik an der Ausklammerung latenter Steuern, s. Grotherr FR 2023, 193 (203 f.).
[42]   Bachmann, Stellungnahme zur öffentlichen Anhörung im Rechtsausschuss zum Regierungsentwurf des Gesetzes zur Umsetzung der Richtline (EU) 2021/2101, 15.4.2023, 7; Grotherr FR 2023, 193 (199); Kirsch BBP 2023, 190 (195); Rimmelspacher/Kliem WPg 2023, 792 (797). S.a. IDW, Stellungnahme zum Referentenentwurf des Gesetzes zur Umsetzung der Richtline (EU) 2021/2101, 28.10.2022, 8.
[43]   S. BT-Drs. 20/5653, 60.
[44]   Vgl. Art. 48c Abs. 2 UAbs. 1 lit f und UAbs. 3 Bilanz-RL.

die Vorjahre entrichtete Ertragsteuern.[45] Die Regierungsbegründung weist (in Übereinstimmung mit Art. 48c Abs. 7 Bilanz-RL) auf die Möglichkeit hin, in den Ertragsteuerinformationsbericht zusätzliche Angaben aufzunehmen, um Unterschiede zwischen den die Ertragsteuern betreffenden Positionen gem. Abs. 2 Nr. 5 und Abs. 3 Nr. 4 sowie Abs. 2 Nr. 6 und Abs. 3 Nr. 5 zu erläutern.[46]

7. Einbehaltener Gewinn (Abs. 2 Nr. 7 und Abs. 3 Nr. 6). Nach Abs. 2 Nr. 7 sind **24** die einbehaltenen Gewinne am Ende des Berichtszeitraums im Ertragsteuerinformationsbericht auszuweisen. Nach Abs. 3 Nr. 6 gehören zu den Gewinnen nach Abs. 2 Nr. 7 die Gewinne vergangener Geschäftsjahre und des Berichtszeitraums, für die am Ende des Berichtszeitraums keine Gewinnausschüttung beschlossen ist. Die Regelung hat ihre Entsprechung in Art. 48c Abs. 2 UAbs. 1 lit. h und UAbs. 5 Bilanz-RL (zu Art. 48c Abs. 2 UAbs. 5 S. 2 Bilanz-RL, → § 342i Rn. 14).[47] Die Regierungsbegründung weist darauf hin, dass nicht in die Rücklagen eingestellte Zuschreibungen auf die Kapitalanteile bei Personenhandelsgesellschaften nicht erfasst werden.[48]

IV. Unternehmensbezogene Angaben gem. der EU-Amtshilferichtlinie (Abs. 4)

Abs. 4 eröffnet die Wahl, die Angaben nach Abs. 2 insgesamt auch gem. der Vorgaben **25** in Anhang III Abschnitt III Teil B und Teil C der EU-Amtshilferichtlinie zu machen.[49] Diese Möglichkeit ergibt sich aus Art. 48c Abs. 3 Bilanz-RL. Hintergrund des Wahlrechts ist es ausweislich der Regierungsbegründung zum Gesetz zur Umsetzung der Richtlinie (EU) 2021/2101 den Berichterstellern die Möglichkeit zu geben, die Angaben, die bereits im Rahmen des nicht-öffentlichen Country-by-Country Reporting (→ § 342 Rn. 10) gegenüber der Finanzverwaltung nach Ländern aufgeschlüsselt offengelegt wurden, auch für den Ertragsteuerinformationsbericht zu nutzen, um dadurch den Erfüllungsaufwand auf ein verhältnismäßiges Maß zu begrenzen.[50] Eine Vereinfachung ergibt sich hieraus für solche Unternehmen, die einen länderbezogenen Bericht nach § 138a AO erstellen müssen.[51]

Bei Ausübung des Wahlrechts zur Berichterstellung nach Abs. 4 (das nur „ganz oder **26** gar nicht"[52] ausgeübt werden kann) bleibt es aber bei den Vorgaben des Abs. 2,[53] sodass auch in diesem Fall Angaben gemacht werden müssen über die Art der Geschäftätigkeiten (Abs. 2 Nr. 1), die Zahl der Arbeitnehmer (Abs. 2 Nr. 2), die Erträge im Berichtszeitraum (Abs. 2 Nr. 3), den Gewinn und Verlust vor Ertragsteuern im Berichtszeitraum (Abs. 2 Nr. 4), die für den Berichtszeitraum zu zahlende und die im Berichtszeitraum gezahlte Ertragsteuer (Abs. 2 Nr. 5 und Nr. 6) sowie über die einbehaltenen Gewinne am Ende des Berichtszeitraums.[54] Im Einzelnen ermöglicht das Wahlrecht zur Berichterstattung nach Abs. 4 die Nutzung der Angaben des länderbezogenen Berichts nach § 138a AO mit der nach Steuergebieten gegliederten Übersicht folgender Positionen:[55]

---

[45]   S. BT-Drs. 20/5653, 60. S.a. Kirsch BBP 2023, 190 (195).
[46]   S. BT-Drs. 20/5653, 60. S.a. Rimmelspacher/Kliem WPg 2023, 792 (797).
[47]   S. BT-Drs. 20/5653, 59 f.
[48]   S. BT-Drs. 20/5653, 60.
[49]   Zur Kritik am fehlenden Verweis auf die nationale Regelung des § 138a (anstatt des bloßen Richtlinienverweises), s. Desens, Stellungnahme zur öffentlichen Anhörung im Rechtsausschuss zum Regierungsentwurf des Gesetzes zur Umsetzung der Richtline (EU) 2021/2101, 14.4.2023, 3.
[50]   S. BT-Drs. 20/5653, 60–61. S.a. Heider ISR 2023, 27 (30).
[51]   Kirsch WPg 2023, 226 (234). Zum nicht ganz deckungsgleichen Verpflichtetenkreis, vgl. Grotherr FR 2023, 193 (196).
[52]   BT-Drs. 20/5653, 61. S.a Grotherr FR 2023, 193 (194).
[53]   Vgl. Cordes/Leonhardt FR 2023, 41 (46); Heider ISR 2023, 27 (30).
[54]   Vgl. BT-Drs. 20/5653, 61.
[55]   Das Wahlrecht dürfte nach dem Wortlaut des Abs. 4 auch für Unternehmen bestehen, die keiner Berichterstattungspflicht nach § 138a AO unterliegen; allerdings tritt die Vereinfachungswirkung dann in den Hintergrund, s. Bachmann, Stellungnahme zur öffentlichen Anhörung im Rechtsausschuss zum Regierungsentwurf des Gesetzes zur Umsetzung der Richtline (EU) 2021/2101, 15.4.2023, 9; Rimmelspacher/Kliem WPg 2023, 792 (798); vgl. auch Kirsch WPg 2023, 226 (231).

– Geschäftstätigkeiten nach § 138a Abs. 2 Nr. 2 entsprechend Anhang III Abschnitt III Teil C Ziffer 2.3 EU-Amtshilferichtlinie (als Pendant zu Abs. 2 Nr. 1);[56]
– Zahl der Beschäftigten nach § 138a Abs. 2 Nr. 1 lit. i AO entsprechend Anhang III Abschnitt III Teil C Zifffer 1.8 EU-Amtshilferichtlinie (als Pendant zu Abs. 2 Nr. 2);[57]
– Summe der Umsatzerlöse und sonstigen Erträge aus Geschäftsvorfällen mit nahestehenden und mit fremden Unternehmen nach § 138a Abs. 2 Nr. 1 lit. c AO (vgl. zur weiteren Aufschlüsselung auch § 138a Abs. 2 Nr. 1 lit. a und b AO) entsprechend Anhang III Abschnitt III Teil C Ziffer 1.2 EU-Amtshilferichtlinie (als Pendant zu Abs. 2 Nr. 3);[58]
– Jahresergebnis vor Ertragsteuern nach § 138a Abs. 2 Nr. 1 lit. f AO entsprechend Anhang III, Abschnitt III Teil C Ziffer 1.3 EU-Amtshilferichtlinie (als Pendant zu Abs. 2 Nr. 4);[59]
– im Wirtschaftsjahr für dieses Wirtschaftsjahr gezahlte und zurückgestellte Ertragsteuern nach § 138a Abs. 2 Nr. 1 lit. e AO (als Pendant zu Abs. 2 Nr. 5); vgl. hierzu Anhang III Abschnitt III Teil C Ziffer 1.5 EU-Amtshilferichtlinie;[60]
– im Wirtschaftsjahr gezahlte Ertragsteuern nach § 138a Abs. 2 Nr. 1 lit. d AO entsprechend Anhang III Abschnitt III Teil C Ziffer 1.4 EU-Amtshilferichtlinie (als Pendant zu Abs. 2 Nr. 6);[61]
– einbehaltener Gewinn nach § 138a Abs. 2 Nr. 1 lit. h AO entsprechend Anhang III Abschnitt III Teil C Zifffer 1.7 EU-Amtshilferichtlinie (als Pendant zu Abs. 2 Nr. 7).[62]

V. Ausübung des Wahlrechts nach Abs. 3 und Abs. 4 (Abs. 5)

27   Im Hinblick auf das Wahlrecht des Abs. 4 haben Berichtsverpflichtete im Ertragsteuerinformationsbericht anzugeben, ob sie die erforderlichen Angaben nach den Vorgaben von Abs. 3 oder Abs. 4 gemacht haben. Die Regelung des Abs. 5 hat ihre Grundlage in Art. 48c Abs. 10 Bilanz-RL.[63]

§ 342i Länderbezogener Ausweis der Angaben

(1) ¹Die Angaben nach § 342h Absatz 2 sind wie folgt getrennt auszuweisen:
1. für jeden Mitgliedstaat der Europäischen Union und jeden anderen Vertragsstaat des Abkommens über den Europäischen Wirtschaftsraum, wobei die Angaben auf der Ebene des Mitgliedstaats oder Vertragsstaats zusammenzufassen sind, wenn ein Mitgliedstaat oder Vertragsstaat mehrere Steuerhoheitsgebiete umfasst;
2. für jedes Steuerhoheitsgebiet, das im Berichtszeitraum am 1. März in Anhang I der Schlussfolgerungen des Rates zur überarbeiteten EU-Liste nicht kooperativer Länder und Gebiete für Steuerzwecke aufgeführt war;
3. für jedes Steuerhoheitsgebiet, das im Berichtszeitraum und in dem diesem unmittelbar vorausgehenden Geschäftsjahr jeweils am 1. März in Anhang II der

---

56   Vgl. Kirsch WPg 2023, 226 (231).
57   S. BT-Drs. 20/5653, 61. Zu Zweifelsfragen betreffend unabhängige Arbeitnehmer, s. Bachmann, Stellungnahme zur öffentlichen Anhörung im Rechtsausschuss zum Regierungsentwurf des Gesetzes zur Umsetzung der Richtline (EU) 2021/2101, 15.4.2023, 5; Kirsch WPg 2023, 226 (231–232).
58   S. BT-Drs. 20/5653, 61. Vgl. auch Kirsch WPg 2023, 226 (232). Zur Kritik an terminologischen Unterschieden, s. Bachmann, Stellungnahme zur öffentlichen Anhörung im Rechtsausschuss zum Regierungsentwurf des Gesetzes zur Umsetzung der Richtline (EU) 2021/2101, 15.4.2023, 6.
59   Zu Unterschieden zwischen § 342h Abs. 2 Nr. 4 und Abs. 3 Nr. 3 sowie § 138a Abs. 2 Nr. 1 lit. f, s. Bachmann, Stellungnahme zur öffentlichen Anhörung im Rechtsausschuss zum Regierungsentwurf des Gesetzes zur Umsetzung der Richtline (EU) 2021/2101, 15.4.2023, 6 f.
60   Vgl. im Einzelnen Bachmann, Stellungnahme zur öffentlichen Anhörung im Rechtsausschuss zum Regierungsentwurf des Gesetzes zur Umsetzung der Richtline (EU) 2021/2101, 15.4.2023, 8; Kirsch WPg 2023, 226 (233).
61   S. im Einzelnen Kirsch WPg 2023, 226 (233).
62   S. im Einzelnen Kirsch WPg 2023, 226 (233 f.).
63   S. BT-Drs. 20/5653, 61.

Schlussfolgerungen des Rates zur überarbeiteten EU- Liste nicht kooperativer Länder und Gebiete für Steuerzwecke aufgeführt war. [2]Für andere Steuerhoheitsgebiete sind die Angaben nach § 342h Absatz 2 zusammengefasst auszuweisen.

(2) [1]Die Angaben sind demjenigen Steuerhoheitsgebiet zuzuordnen, in dem die Niederlassung oder feste Geschäftseinrichtung belegen ist oder die dauerhafte Geschäftätigkeit besteht, auf die sich die Angaben jeweils beziehen, vorausgesetzt, die Niederlassung, feste Geschäftseinrichtung oder dauerhafte Geschäftätigkeit kann im betreffenden Steuerhoheitsgebiet der Ertragsteuer unterliegen. [2]Angaben zu einbehaltenen Gewinnen sind stets dem Steuerhoheitsgebiet zuzuordnen, in dem die Hauptniederlassung belegen ist. [3]Unterliegen mehrere verbundene Unternehmen in einem Steuerhoheitsgebiet der Ertragsteuer, so sind die nach den Sätzen 1 und 2 diesem Steuerhoheitsgebiet jeweils zuzuordnenden Angaben für das Steuerhoheitsgebiet zusammenzufassen. [4]Angaben zu einer Niederlassung, festen Geschäftseinrichtung oder dauerhaften Geschäftätigkeit dürfen nicht mehr als einem Steuerhoheitsgebiet zugeordnet werden.

Schrifttum: s. § 342.

Übersicht

I. Normzweck und Anwendungsbereich

1. Einführung. Die Vorschrift betrifft den länderbezogenen Ausweis der Pflichtanga- **1** ben nach § 342h Abs. 2. In Abs. 1 ordnet die Vorschrift den getrennten Ausweis für bestimmte Steuerhoheitsgebiete und den zusammengefassten Ausweis für die anderen Gebiete an, und Abs. 2 betrifft die Zuordnung der Angaben zu den entsprechenden Steuerhoheitsgebieten. Die Regelung findet sich im Dritten Titel des Vierten Unterabschnitts des Vierten Abschnitts des Dritten Buchs, wo es um die in den Ertragsteuerinformationsbericht einzubeziehenden Personen sowie um den Inhalt und die Form des Berichts geht. Die Vorschrift ist Teil der Regelungen zu Inhalt und Form des Berichts (vgl. §§ 342h–342l). Sie steht im Zusammenhang mit der Regelung des § 342h, für deren Pflichtangaben sie den länderbezogen getrennten Ausweis bestimmt. Die Vorschrift hat auch eine Beziehung zu § 342k, der eine Rückausnahme im Kontext des Weglassens nachteiliger Angaben bezüglich nicht kooperativer Steuergebiete nach Abs. 1 S. 1 Nr. 2 und Nr. 3 enthält. Der Anwendungsbereich der Regelung bestimmt sich durch den Gesamtanwendungsbereich des Vierten Unterabschnitts, sie ist also relevant für bestimmte umsatzstarke multinationale

Unternehmen und Konzerne (vgl. §§ 342–342f). Wie alle Vorschriften des Vierten Unterabschnitts des Vierten Abschnitts des Dritten Buchs wurde die Vorschrift durch das Gesetz zur Umsetzung der Richtlinie (EU) 2021/2101[1] in Umsetzung ebendieser Richtlinie (EU) 2021/2101[2] eingeführt. Die Regelungen setzt Art. 48c Abs. 5 Bilanz-RL[3] um.[4] Wie alle Vorschriften des Vierten Unterabschnitts ist § 342i erstmals für Ertragsteuerinformationsberichte für ein nach dem 21.6.2024 beginnendes Geschäftsjahr anzuwenden (vgl. Art. 90 Abs. 1 S. 2 EGHGB; vgl. auch Art. 48g Bilanz-RL).

2   **2. Normzweck.** Die Vorschrift ordnet in Abs. 1 den getrennten Ausweis der Angaben nach § 342h Abs. 2 zunächst für die EU- und EWR-Staaten an (Abs. 1 S. 1 Nr. 1). Zudem muss die Aufschlüsselung erfolgen für sämtliche Steuerhoheitsgebiete, die im Berichtszeitraum am 1. März in Anhang I oder im Berichtszeitraum und im unmittelbar vorausgehenden Geschäftsjahr jeweils am 1. März in Anhang II der Schlussfolgerungen des Rates zur überarbeiteten EU- Liste nicht kooperativer Länder und Gebiete für Steuerzwecke aufgeführt waren (Abs. 1 S. 1 Nr. 2 und Nr. 3). Bei den in Bezug genommenen Listen handelt es sich um Maßnahmen der EU zur Bekämpfung von Steuerhinterziehung und -vermeidung.[5] Inoffiziell werden die EU-Listen als **„blacklist"** (Anhang I), für Steuergebiete, die als nicht kooperativ identifiziert wurden, und als **„grey list"** (Anhang II), für Steuergebiete, bei denen festgestellt wurde, dass sie noch nicht alle internationalen Standards erfüllen, bezeichnet.[6] Für andere Steuerhoheitsgebiete muss gem. Abs. 1 S. 2 keine Aufschlüsselung erfolgen.

3   Die Vorschrift regelt in Abs. 2 die grundsätzliche Zuordnung der Pflichtangaben nach § 342h Abs. 2 zu Steuerhoheitsgebieten unter Anknüpfung an das Bestehen einer Niederlassung, festen Geschäftseinrichtung oder dauerhaften Geschäftstätigkeit (Abs. 2 S. 1) bzw. im Fall von einbehaltenen Gewinnen zu dem Steuerhoheitsgebiet, in dem die Hauptniederlassung belegen ist. Abs. 2 S. 3 und S. 4 enthalten Detailregelungen zur Zuordnung in speziellen Situationen.

II. Länderbezogener getrennter Ausweis (Abs. 1)

4   Abs. 1 ordnet den länderbezogen getrennten Ausweis der Angaben nach § 342h Abs. 2 für bestimmte Gebiete an. Die Regelung schreibt den getrennten Ausweis zunächst für alle **EU- und EWR Staaten** vor (Abs. 1 S. 1 Nr. 1) und zudem für sämtliche Steuerhoheitsgebiete, die im Berichtszeitraum am 1. März in **Anhang I** der Schlussfolgerungen des Rates zur überarbeiteten **EU-Liste nicht kooperativer Länder und Gebiete für Steuerzwecke** aufgeführt waren (Abs. 1 S. 1 Nr. 2), sowie für sämtliche Steuergebiete, die im Berichtszeitraum und im unmittelbar vorausgehenden Geschäftsjahr jeweils am 1. März in **An-**

---

[1]   Gesetz zur Umsetzung der Richtlinie (EU) 2021/2101 im Hinblick auf die Offenlegung von Ertragsteuerinformationen durch bestimmte Unternehmen und Zweigniederlassungen sowie zur Änderung des Verbraucherstreitbeilegungsgesetzes und des Pflichtversicherungsgesetzes v. 19.6.2023, BGBl. 2023 I Nr. 154.

[2]   Richtlinie (EU) 2021/2101 des Europäischen Parlaments und des Rates v. 24.11.2021 zur Änderung der Richtlinie 2013/34/EU im Hinblick auf die Offenlegung von Ertragsteuerinformationen durch bestimmte Unternehmen und Zweigniederlassungen, ABl. EU 2021 L 429, 1.

[3]   Richtlinie 2013/34/EU des Europäischen Parlaments und des Rates v. 26.6.2013 über den Jahresabschluss, den konsolidierten Abschluss und damit verbundene Berichte von Unternehmen bestimmter Rechtsformen und zur Änderung der Richtlinie 2006/43/EG des Europäischen Parlaments und des Rates und zur Aufhebung der Richtlinien 78/660/EWG und 83/349/EWG des Rates, ABl. EU 2013 L 182, 19, zuletzt geändert durch Richtlinie (EU) 2022/2464 des Europäischen Parlaments und des Rates v. 14.12.2022 zur Änderung der Verordnung (EU) Nr. 537/2014 und der Richtlinien 2004/109/EG, 2006/43/EG und 2013/34/EU hinsichtlich der Nachhaltigkeitsberichterstattung von Unternehmen, ABl. EU 2022 L 322, 15.

[4]   S. BT-Drs. 20/5653, 61.

[5]   S. hierzu Rat der Europäischen Union, Schlussfolgerungen, 25.5.2016, 9452-2016; Rat der Europäischen Union, Schlussfolgerungen, 8.11.2016, 14166-2016; Rat der Europäischen Union, Schlussfolgerungen, 5.12.2017, 15429-2017.

[6]   S. bspw. Larking Tax Notes International 96 (2019), 501; Zagaris Tax Notes International 97 (2020), 859. S.a. Rimmelspacher/Kliem WPg 2023, 792 (795).

hang II der Schlussfolgerungen des Rates zur überarbeiteten EU- Liste nicht kooperativer Länder und Gebiete für Steuerzwecke aufgeführt waren (Abs. 1 S. 1 Nr. 3). Für **andere Steuerhoheitsgebiete** muss gem. Abs. 1 S. 2 keine Aufschlüsselung erfolgen.

1. EU- und EWR-Staaten (Abs. 1 S. 1 Nr. 1). Abs. 1 S. 1 Nr. 1 verpflichtet zum **5** **getrennten Ausweis** der Pflichtangaben nach § 342h Abs. 2 für jeden EU-Mitgliedstaat und jeden anderen EWR-Staat. Die Regelung basiert auf Art. 48c Abs. 5 UAbs. 1 Bilanz-RL. Hinsichtlich der getrennten Aufschlüsselung bestimmt Abs. 1 S. 1 Nr. 1, dass die Angaben auf der Ebene des Mitgliedstaats oder Vertragsstaats zusammenzufassen sind, falls der Staat mehrere Steuerhoheitsgebiete umfasst. Diese **Zusammenführung auf Staatsebene** entspricht Art. 48c Abs. 1 UAbs. 1 S. 2 Bilanz-RL.

2. Gebiete der EU-Liste nicht kooperativer Steuergebiete, Anhang I (Abs. 1 **6** **S. 1 Nr. 2).** Abs. 1 S. 1 Nr. 2 betrifft Steuerhoheitsgebiete aus Anhang I der Schlussfolgerungen des Rates zur überarbeiteten EU-Liste nicht kooperativer Länder und Gebiete für Steuerzwecke. Aktuell (in der vom Rat am 14.2.2023 angenommenen Liste)[7] sind folgende Gebiete in der EU-Liste nicht kooperativer Länder und Gebiete für Steuerzwecke aufgeführt:
- Amerikanisch-Samoa,
- Anguilla,
- Bahamas,
- Britische Jungferninseln,
- Costa Rica,
- Fidschi,
- Guam,
- Marshallinseln,
- Palau,
- Panama,
- Russland,
- Samoa,
- Trinidad und Tobago,
- Turks- und Caicosinseln,
- Amerikanische Jungferninseln,
- Vanuatu.

Nach Abs. 1 S. 1 Nr. 2 muss ein getrennter Ausweis der Pflichtangaben nach § 342h **7** Abs. 2 im Ertragsteuerinformationsbericht erfolgen für Gebiete, die am 1. März des Berichtszeitraums in der Liste aufgeführt waren. Die Regelung hat ihre Entsprechung in Art. 48c Abs. 5 UAbs. 2 Bilanz-RL. Für Fälle, in denen der Berichtszeitraum oder das unmittelbar vorausgehende Geschäftsjahr ein Rumpfgeschäftsjahr betrifft und der 1. März hiervon nicht umfasst ist, kommt es nach der Regierungsbegründung darauf an, wie zu verfahren wäre, wenn ein volles Kalenderjahr umfasst würde.[8]

3. Gebiete der EU-Liste nicht kooperativer Steuergebiete, Anhang II (Abs. 1 **8** **S. 1 Nr. 3).** Abs. 1 S. 1 Nr. 3 betrifft Steuerhoheitsgebiete aus Anhang II der Schlussfolgerungen des Rates zur überarbeiteten EU-Liste nicht kooperativer Länder und Gebiete für Steuerzwecke. Aktuell (in der vom Rat am 14.2.2023 angenommenen Liste)[9] handelt es sich bei den Gebieten in Anhang II der Schlussfolgerungen des Rates zur überarbeiteten EU- Liste nicht kooperativer Länder und Gebiete für Steuerzwecke um folgende Steuerhoheitsgebiete:
- Albanien,
- Armenien,

---

[7] S. Rat der Europäischen Union, Schlussfolgerungen, 14.2.2023, 6375/23.
[8] S. BT-Drs. 20/5653, 61. Vgl. hierzu auch IDW, Stellungnahme zum Referentenentwurf des Gesetzes zur Umsetzung der Richtline (EU) 2021/2101, 28.10.2022, 9.
[9] S. Rat der Europäischen Union, Schlussfolgerungen, 14.2.2023, 6375/23.

- Aruba,
- Belize,
- Botsuana,
- Curacao,
- Dominica,
- Eswatini,
- Hongkong,
- Israel,
- Jordanien,
- Malaysia,
- Montserrat,
- Katar,
- Seychellen,
- Thailand,
- Türkei,
- Vietnam.

9   Hinsichtlich dieser Steuergebiete, die zwar nicht in Anhang I der Schlussfolgerungen des Rates zur EU-Liste nicht kooperativer Länder und Gebiete für Steuerzwecke aufgeführt waren, allerdings in das Dokument über den Stand der Zusammenarbeit mit der EU in Bezug auf die zur Umsetzung der Grundsätze des verantwortungsvollen Handelns im Steuerbereich von kooperativen Ländern und Gebieten eingegangenen Verpflichtungen aufgenommen wurden, greift die Pflicht zum länderbezogenen Ausweis erst, wenn sie zwei Jahre in Folge am 1. März in der genannten EU-Liste aufgeführt sind. Die Voraussetzungen sind also weniger streng bei diesen „greylisted" Gebieten als bei den „blacklisted" Gebieten iSd Abs. 1 S. 1 Nr. 2.[10] Das entspricht der Vorgabe des Art. 48c Abs. 5 UAbs. 2 Bilanz-RL. Bei Vorliegen eines Rumpfgeschäftsjahres ist auch hier zu verfahren, als würde das Geschäftsjahr ein volles Kalenderjahr umfassen (→ Rn. 8).

10   **4. Andere Steuerhoheitsgebiete (Abs. 1 S. 2).** Gemäß Abs. 1 S. 2 sind die Angaben nach § 342h Abs. 2 für andere Steuerhoheitsgebiete (die in Abs. 1 S. 1 nicht erfasst sind) zusammengefasst auszuweisen. Das deckt sich mit der Vorgabe des Art. 48c Abs. 5 UAbs. 3 Bilanz-RL. Auch wenn die Regelung das nicht ausdrücklich bestimmt, ist eine weitere Aufschlüsselung der Daten allerdings möglich. Hierauf weisen sowohl ErwGr. 16 S. 3 Richtlinie (EU) 2021/2101, als auch die Regierungsbegründung zum Gesetz zur Umsetzung der Richtlinie (EU) 2021/2101 hin;[11] und der Rechtsausschuss „ermutigt und bestärkt Unternehmen zu einer über die gesetzlichen Vorgaben hinausgehenden freiwilligen länderbezogenen Berichterstattung" in seiner Beschlussempfehlung zu dem Gesetzentwurf der Bundesregierung zum Gesetz zur Umsetzung der Richtlinie (EU) 2021/2101.[12]

III. Zuordnung zu Steuerhoheitsgebieten (Abs. 2)

11   Abs. 2 betrifft die Zuordnung der Angaben nach § 342h Abs. 2 zu den Steuerhoheitsgebieten. Die Vorschrift enthält in Abs. 2 S. 1 die Grundregel, nach der die Angaben den Steuergebieten unter Anknüpfung an das Bestehen einer Niederlassung, festen Geschäftseinrichtung oder dauerhaften Geschäftstätigkeit, die der Ertragsteuer unterliegen kann, zuzuordnen sind. Abs. 2 S. 2 bestimmt eine gesonderte Zuordnung der einbehaltenen Gewinne zur Hauptniederlassung. Abs. 2 S. 3 betritt die Zusammenfassung von Angaben mehrerer verbundener Unternehmen für das einzelne Steuerhoheitsgebiet und Abs. 2 S. 4 regelt die einheitliche Zuordnung von Angaben zu einer Niederlassung, festen Geschäftseinrichtung oder dauerhaften Geschäftstätigkeit zu den Steuerhoheitsgebieten.

---

[10]   Vgl. BT-Drs. 20/5653, 61.
[11]   S. BT-Drs. 20/5653, 62. Zur Kritik hieran, s. Grotherr FR 2023, 193 (203).
[12]   BT-Drs 20/6758, 9.

1. Zuordnung zum Steuerhoheitsgebiet der Niederlassung, festen Geschäfts- 12
tätigkeit oder dauerhaften Geschäftseinrichtung (Abs. 2 S. 1). Abs. 2 S. 1 bestimmt
die Zuordnung der Angaben nach § 342h Abs. 2 zu demjenigen Steuerhoheitsgebiet, in
dem die Niederlassung oder feste Geschäftseinrichtung belegen ist oder die dauerhafte
Geschäftstätigkeit besteht, auf die sich die Angaben beziehen. Voraussetzung ist, dass die
Niederlassung, feste Geschäftseinrichtung oder dauerhafte Geschäftstätigkeit im betreffenden
Steuerhoheitsgebiet der Ertragsteuer unterliegen kann. Diese Regelung entspricht den Vorgaben des Art. 48c Abs. 5 UAbs. 4 Bilanz-RL. Mit der Bezugnahme auf die **Begriffe**
der „Niederlassung", der „festen Geschäftseinrichtung" und der „dauerhaften
Geschäftstätigkeit" knüpft die Regelung an Begriffe an, die auch an anderer Stelle des
Vierten Unterabschnitts des Vierten Abschnitts des Dritten Buchs verwendet werden (vgl.
§ 342 Abs. 1). Eine Definition bestimmter Begriffe (etwa in § 342a) wurde in der Rezeption
des Referentenentwurfs gefordert.[13] Letztlich enthalten aber weder die nationalen Regelungen noch die Bilanz-RL (vgl. Art. 48c Abs. 5 UAbs. 4 Bilanz-RL) entsprechende Definitionen. Die Regierungsbegründung weist in diesem Kontext auf Zweigniederlassungen hin,
denen die Angaben zugeordnet werden können;[14] auch eine Betriebsstätte (an die steuerlich
angeknüpft werden kann) kann hier relevant werden (→ § 342 Rn. 19). Zu dem Kriterium,
dass die Niederlassung, die feste Geschäftseinrichtung oder die dauerhafte Geschäftstätigkeit
im betreffenden Steuerhoheitsgebiet **der Ertragsteuer unterliegen** kann, stellt die Regierungsbegründung klar, dass die Ertragsteuer nicht tatsächlich erhoben oder abgeführt werden muss; stattdessen kommt es darauf an, ob eine Steuerveranlagung grundsätzlich möglich
wäre.[15]

2. Zuordnung der einbehaltenen Gewinne zum Steuerhoheitsgebiet der 13
Hauptniederlassung (Abs. 2 S. 2). Abs. 2 S. 2 enthält eine Ausnahme von der Grundregel des Abs. 2 S. 1.[16] Hiernach sind Angaben zu einbehaltenen Gewinnen stets dem Steuerhoheitsgebiet zuzuordnen, in dem die Hauptniederlassung (und nicht etwa die Zweigniederlassung, vgl. Art. 48c Abs. 2 UAbs. 5 S. 2 Bilanz-RL) belegen ist.[17]

3. Zusammenfassung der Angaben für Steuerhoheitsgebiete (Abs. 2 S. 3). 14
Abs. 2 S. 3 bestimmt, dass im Falle mehrerer verbundener Unternehmen, die in einem
Steuerhoheitsgebiet der Ertragsteuer unterliegen, die entsprechend Abs. 2 S. 1 und S. 2
diesem Steuerhoheitsgebiet zuzuordnenden Angaben zusammenzufassen sind. Dieser
zusammengefasste („und nicht auf Unternehmen heruntergebrochene")[18] Ausweis steht im
Einklang mit Art. 48c Abs. 5 UAbs. 5 Bilanz-RL.

4. Keine Zuordnung zu mehr als einem Steuerhoheitsgebiet (Abs. 2 S. 4). 15
Abs. 2 S. 4 bestimmt, dass Angaben zu einer Niederlassung, festen Geschäftseinrichtung
oder dauerhaften Geschäftstätigkeit nicht mehr als einem Steuerhoheitsgebiet zugeordnet
werden dürfen. Dies basiert auf Art. 48c Abs. 5 UAbs. 6 Bilanz-RL.[19]

§ 342j Währung

(1) Der Ertragsteuerinformationsbericht ist in den Fällen der §§ 342b, 342c und
342d Absatz 2 Nummer 2 in Euro zu erstellen.

(2) In den Fällen des § 342e ist der Bericht in derjenigen Währung zu erstellen, in
der der Jahresabschluss des unverbundenen Unternehmens für den Berichtszeit-
raum aufgestellt wird.

---

[13] S. DRSC, Stellungnahme zum Referentenentwurf des Gesetzes zur Umsetzung der Richtlinie (EU) 2021/2101, 31.10.2022, 2.
[14] S. BT-Drs. 20/5653, 62.
[15] S. BT-Drs. 20/5653, 61.
[16] BT-Drs. 20/5653, 62.
[17] S. BT-Drs. 20/5653, 62.
[18] BT-Drs. 20/5653, 62.
[19] S. BT-Drs. 20/5653, 62.

(3) In den Fällen des § 342d, die nicht von Absatz 1 erfasst sind, und in den Fällen des § 342f ist der Bericht in derjenigen Währung zu erstellen, in der der Konzernabschluss des obersten Mutterunternehmens für den Berichtszeitraum aufgestellt wird.

Schrifttum: s. § 342.

Übersicht

I. Normzweck und Anwendungsbereich

1   **1. Einführung.** Die Vorschrift bestimmt die **Währung,** in der der Ertragsteuerinformationsbericht zu erstellen ist. Die Regelung findet sich im Dritten Titel des Vierten Unterabschnitts des Vierten Abschnitts des Dritten Buchs, wo es um die in den Ertragsteuerinformationsbericht einzubeziehenden Personen sowie um den Inhalt und die Form des Berichts geht. Die Vorschrift ist Teil der Regelungen zu Inhalt und Form des Berichts (vgl. §§ 342h–342l). Ihr Anwendungsbereich bestimmt sich durch den Gesamtanwendungsbereich des Vierten Unterabschnitts, sie ist also relevant für bestimmte umsatzstarke multinationale Unternehmen und Konzerne (vgl. §§ 342–342f). Neben § 342j betrifft auch § 342h Abs. 1 Nr. 3 die Währung des Berichts; dort geht es allerdings um die Mitteilung, welche Währung verwendet wird für die Angaben nach § 342 Abs. 2 Nr. 3–Nr. 7 (→ § 342h Rn. 9), während sich die Wahl der Währung nach der hiesigen Vorschrift richtet. § 342j nimmt auf die Vorschriften des Zweiten Titels Bezug und enthält differenzierte Regelungen für verschiedene Fälle der Pflicht zur Ertragsteuerinformationsberichterstattung. Wie alle Vorschriften des Vierten Unterabschnitts des Vierten Abschnitts des Dritten Buchs wurde die Vorschrift durch das Gesetz zur Umsetzung der Richtlinie (EU) 2021/2101[1] in Umsetzung ebendieser Richtlinie (EU) 2021/2101[2] eingeführt und ist erstmals für Ertragsteuerinformationsberichte für ein nach dem 21.6.2024 beginnendes Geschäftsjahr anzuwenden (vgl. Art. 90 Abs. 1 S. 2 EGHGB; vgl. auch Art. 48g Bilanz-RL[3]). Die Grundlagen der Regelungen des § 342j finden sich in Art. 48c Abs. 8 Bilanz-RL.

2   **2. Normzweck.** Die Regelung schreibt in Abs. 1 unter Verweis auf die Fälle von § 342b, § 342c und § 342d Abs. 2 Nr. 2 (unverbundene Unternehmen mit Sitz im Inland, oberste Mutterunternehmen mit Sitz im Inland und Tochterunternehmen mit Sitz im

---

[1]   Gesetz zur Umsetzung der Richtlinie (EU) 2021/2101 im Hinblick auf die Offenlegung von Ertragsteuerinformationen durch bestimmte Unternehmen und Zweigniederlassungen sowie zur Änderung des Verbraucherstreitbeilegungsgesetzes und des Pflichtversicherungsgesetzes v. 19.6.2023, BGBl. 2023 I Nr. 154.

[2]   Richtlinie (EU) 2021/2101 des Europäischen Parlaments und des Rates v. 24.11.2021 zur Änderung der Richtlinie 2013/34/EU im Hinblick auf die Offenlegung von Ertragsteuerinformationen durch bestimmte Unternehmen und Zweigniederlassungen, ABl. EU 2021 L 429, 1.

[3]   Richtlinie 2013/34/EU des Europäischen Parlaments und des Rates v. 26.6.2013 über den Jahresabschluss, den konsolidierten Abschluss und damit verbundene Berichte von Unternehmen bestimmter Rechtsformen und zur Änderung der Richtlinie 2006/43/EG des Europäischen Parlaments und des Rates und zur Aufhebung der Richtlinien 78/660/EWG und 83/349/EWG des Rates, ABl. 2013 L 182, 19, zuletzt geändert durch Richtlinie (EU) 2022/2464 des Europäischen Parlaments und des Rates v. 14.12.2022 zur Änderung der Verordnung (EU) Nr. 537/2014 und der Richtlinien 2004/109/EG, 2006/43/EG und 2013/34/EU hinsichtlich der Nachhaltigkeitsberichterstattung von Unternehmen, ABl. EU 2022 L 322, 15.

Inland von obersten Mutterunternehmen mit Sitz in einem Drittstaat, die selbst einen Ertragsteuerinformationsbericht erstellen müssen) sowie auf Grundlage der Regelungen in Art. 48c Abs. 8 Bilanz-RL, in eine Berichterstattung in Euro fest.

Die Vorschrift beschreibt in Abs. 2, für Fälle eines unverbundenen Unternehmens mit 3 Sitz im Drittstaat und einer inländischen Zweigniederlassung (§ 342e), die Anknüpfung an die Währung des Jahresabschlusses des unverbundenen Unternehmens im Einklang mit Art. 48c Abs. 8 UAbs. 1 S. 1 Bilanz-RL. Abs. 3 Fall 1 verknüpft in Übereinstimmung mit Art. 48c Abs. 8 UAbs. 1 S. 1 Bilanz-RL die Währung des Ertragsteuerinformationsberichts mit der Währung des Konzernabschlusses eines Mutterunternehmens mit Sitz in einem Drittstaat, das dem inländischen Tochterunternehmen den Bericht zur Verfügung stellt (Fälle des § 342d, die nicht Fälle von § 342d Abs. 2 Nr. 2 sind). Für den Bericht, der in den Fällen von § 342f betreffend inländische Zweigniederlassungen verbundener Unternehmen mit Sitz in einem Drittstaat erstellt wird, besteht in Abs. 3 Fall 2 die Verknüpfung mit der Währung des Konzernabschlusses des obersten Mutterunternehmens.

II. Berichterstattung in Euro (Abs. 1)

Abs. 1 bestimmt die Pflicht zur Erstellung des Ertragsteuerinformationsberichts in Euro 4 in den Fällen von § 342b, § 342c und § 342d Abs. 2 Nr. 2. Aus Abs. 1 Fall 1 folgt, dass **unverbundene Unternehmen mit Sitz im Inland** (vgl. § 342 Abs. 1 Nr. 1 und § 342a Nr. 1), die die Merkmale des § 342b erfüllen (insb. Umsatzerlöse von über 750 Mio EUR in mindestens zwei aufeinanderfolgenden Geschäftsjahren) und daher einen Ertragsteuerinformationsbericht vorlegen müssen, diesen Bericht in Euro zu erstellen haben (vgl. auch den Verweis auf Abs. 1 in § 342b Abs. 1 Nr. 1).

Gleiches gilt nach Abs. 1 Fall 2 für **oberste Mutterunternehmen mit Sitz im Inland** 5 (vgl. § 342 Abs. 1 Nr. 2 und § 342a Nr. 2), die die Merkmale des § 342c erfüllen (wobei es wiederum insb. auf die 750 Mio EUR Schwelle – hier für die Konzernumsätze – ankommt) und daher ebenfalls einen Bericht vorlegen müssen (vgl. auch den Verweis auf Abs. 1 in § 342c Abs. 1 Nr. 1).

Ebenfalls in Euro zu erstellen ist nach Abs. 1 Fall 3 der Ertragsteuerinformationsbericht 6 von **Tochterunternehmen mit Sitz im Inland von obersten Mutterunternehmen mit Sitz in einem Drittstaat** (vgl. § 342 Abs. 1 Nr. 3), wenn die Merkmale des § 342d Abs. 2 Nr. 2 erfüllt sind (wobei es neben bestimmten Größenkriterien insb. darauf ankommt, dass das oberste Mutterunternehmen keinen Bericht zur Verfügung stellt und kein anderes Tochterunternehmen einen Bericht offenlegt) und diese Tochterunternehmen daher (selbst) einen Bericht erstellen müssen (vgl. auch den Verweis auf Abs. 1 in § 342d Abs. 2 Nr. 2 lit. a).

Grundlage für die vorstehenden Regelungen ist zunächst Art. 48c Abs. 8 UAbs. 1 S. 1 7 Bilanz-RL, wonach der Ertragsteuerinformationsbericht in Euro aufzustellen ist, wenn auch der konsolidierte Abschluss des obersten Mutterunternehmens oder der Jahresabschluss in Euro aufgestellt wird. Für Abs. 1 Fall 1 (§ 342b) ergibt sich die Pflicht zur Aufstellung des Jahresabschlusses in Euro aus § 244, und für Abs. 1 Fall 2 (§ 342c) ergibt sich die Pflicht zur Aufstellung des Konzernabschlusses in Euro aus § 298 Abs. 1 und § 244.[4] Für Abs. 1 Fall 3 (§ 342 Abs. 1 Nr. 2) ergibt sich die Pflicht zur Berichterstattung in Euro mit Blick auf die Bestimmungen von Art. 48b Abs. 4 UAbs. 2 und Art. 48c Abs. 8 UAbs. 2 Bilanz-RL, wonach der von einem im Inland ansässigen Tochterunternehmen von obersten Mutterunternehmen mit Sitz in einem Drittstaat erstellte Ertragsteuerinformationsbericht in Euro erstellt werden muss, da für das Tochterunternehmen § 244 gilt.[5]

III. Berichterstattung in der Währung des Jahresabschlusses (Abs. 2)

Abs. 2 betrifft den Ertragsteuerinformationsbericht in den Fällen des § 342e. § 342e 8 betrifft verschiedene (gestufte; → § 342e Rn. 7) Pflichten beim Bestehen eines **unverbun-**

---

[4] BT-Drs. 20/5653, 62.
[5] BT-Drs. 20/5653, 62.

**denen Unternehmens mit Sitz im Drittstaat und einer inländischen Zweignieder-
lassung** desselben. Nach § 342e muss unter bestimmten Voraussetzungen (insb. bestimmte
Größenmerkmale) entweder die Hauptniederlassung (auf Aufforderung der inländischen
Zweigniederlassung) einen Bericht zur Verfügung stellen; oder, wenn die Hauptniederlassung einer entsprechenden Aufforderung durch die Zweigniederlassung nicht (entsprechend
der gesetzlichen Vorgaben) nachkommt, liegt es an der inländischen Zweigniederlassung
einen Ertragsteuerinformationsbericht zu erstellen. Abs. 2 knüpft hieran an und bestimmt,
dass in dem Bericht, sowohl wenn er von der Hauptniederlassung erstellt wird, als auch
wenn er von der im Inland ansässigen Zweigniederlassung erstellt wird, die Währung zu
verwenden ist, in der der Jahresabschluss des unverbundenen Unternehmens für den
Berichtszeitraum aufgestellt wird (vgl. auch die Verweise auf Abs. 2 in § 342e).[6] Grundlage
der Regelung ist Art. 48c Abs. 8 UAbs. 1 S. 1 Bilanz-RL, wonach die im Ertragsteuerinformationsbericht verwendete Währung der im Jahresabschluss des unverbundenen Unternehmens verwendeten Währung entspricht.

IV. Berichterstattung in der Währung des Konzernabschlusses (Abs. 3)

9   Abs. 3 betrifft zunächst Fälle des § 342d, die nicht von Abs. 1 erfasst sind. Hierbei
handelt es sich um Fälle in denen das oberste **Mutterunternehmen mit Sitz in einem
Drittstaat** dem **inländischen Tochterunternehmen** einen Ertragsteuerinformationsbe-
richt (nach den gesetzlichen Vorgaben) zur Verfügung stellt. In diesem Fall ist nach Abs. 3
Fall 1 der Bericht in der Währung aufzustellen, in der der Konzernabschluss des obersten
Mutterunternehmens aufgestellt wird (vgl. auch die Verweise auf Abs. 3 in § 342d).[7]

10   Erfasst sind zudem Fälle des § 342f betreffend **inländische Zweigniederlassungen
verbundener Unternehmen mit Sitz in einem Drittstaat.** Nach § 342f bestehen unter
bestimmten Voraussetzungen (insb. bestimmte Größenmerkmale, sowie das Nichtvorliegen
von Tochterunternehmen, die zur Ertragsteuerberichterstattung verpflichtet sind) wiederum
gestufte (→ § 342f Rn. 8) Pflichten. Nach Abs. 3 Fall 2 muss in diesen Fällen, sowohl wenn
der Ertragsteuerinformationsbericht von dem obersten Mutterunternehmen zur Verfügung
gestellt wird, als auch wenn er von der im Inland ansässigen Zweigniederlassung erstellt
wird, in der Währung Bericht erstattet werden, in der der Konzernabschluss des obersten
Mutterunternehmens für den Berichtszeitraum aufgestellt wird (vgl. auch die Verweise auf
Abs. 3 in § 342f).[8]

11   Die Regelungen des Abs. 3 folgen aus Art. 48c Abs. 8 UAbs. 1 S. 1 Bilanz-RL, wonach
die im Ertragsteuerinformationsbericht verwendete Währung der im konsolidierten
Abschluss des obersten Mutterunternehmens verwendeten Währung entspricht.

§ 342k Weglassen nachteiliger Angaben

**(1) [1]Angaben nach § 342h Absatz 1 und 2 müssen nicht in den Ertragsteuerinfor-
mationsbericht aufgenommen werden, wenn ihre Offenlegung den Unternehmen,
auf die sie sich beziehen, einen erheblichen Nachteil zufügen würde. [2]Satz 1 gilt
nicht für Angaben, die sich auf die in § 342i Absatz 1 Satz 1 Nummer 2 oder 3
genannten Steuerhoheitsgebiete beziehen.**

**(2) [1]Wenn Absatz 1 Satz 1 angewendet wird, so ist dies im Ertragsteuerinformati-
onsbericht anzugeben und gebührend zu begründen. [2]Die nicht aufgenommenen
Angaben sind spätestens in den Ertragsteuerinformationsbericht aufzunehmen,
der für das vierte Geschäftsjahr nach dem Berichtszeitraum erstellt wird.**

Schrifttum: s. § 342.

---

[6]   Vgl. BT-Drs. 20/5653, 62.
[7]   Vgl. BT-Drs. 20/5653, 62.
[8]   Vgl. BT-Drs. 20/5653, 62.

Übersicht

I. Normzweck und Anwendungsbereich

1. Einführung. Die Vorschrift gestattet das (vorübergehende) Weglassen bestimmter **1** Angaben im Ertragsteuerinformationsbericht, deren Offenlegung einen erheblichen Nachteil für die betroffenen Unternehmen bedeuten würde. Die Regelung findet sich im Dritten Titel des Vierten Unterabschnitts des Vierten Abschnitts des Dritten Buchs, wo es um die in den Ertragsteuerinformationsbericht einzubeziehenden Personen sowie um den Inhalt und die Form des Berichts geht. Die Vorschrift ist Teil der Regelungen zu Inhalt und Form des Berichts (vgl. §§ 342h–342l). Sie steht im Zusammenhang mit der Regelung des § 342h, für deren Pflichtangaben sie Ausnahmen bestimmt; und die Vorschrift setzt sich auch in Bezug zu § 342i, wenn sie Angaben für dort näher bezeichnete Steuergebiete aus dem Anwendungsbereich der Ausnahmen herausnimmt. Der Anwendungsbereich der Vorschrift bestimmt sich durch den Gesamtanwendungsbereich des Vierten Unterabschnitts, sie ist also relevant für bestimmte umsatzstarke multinationale Unternehmen und Konzerne (vgl. §§ 342–342f). Wie alle Vorschriften des Vierten Unterabschnitts des Vierten Abschnitts des Dritten Buchs wurde die Vorschrift durch das Gesetz zur Umsetzung der Richtlinie (EU) 2021/2101[1] in Umsetzung ebendieser Richtlinie (EU) 2021/2101[2] eingeführt und ist erstmals für Ertragsteuerinformationsberichte für ein nach dem 21.6.2024 beginnendes Geschäftsjahr anzuwenden (vgl. Art. 90 Abs. 1 S. 2 EGHGB; vgl. auch Art. 48g Bilanz-RL[3]). Die Regelungen beruht auf Art. 48c Abs. 6 Bilanz-RL, wo den Mitgliedstaaten die Möglichkeit eingeräumt wird es zu gestatten, dass bestimmte nachteilige Angaben zeitweise nicht in den Ertragsteuerinformationsbericht aufgenommen werden.[4]

2. Normzweck. Die Vorschrift ist im Zusammenhang mit den Gefahren für die **2** Geschäftsgeheimnisse und die Wettbewerbsfähigkeit betroffener Unternehmen durch den Ertragsteuerinformationsbericht zu sehen.[5] Die Bestimmungen in Abs. 1 enthalten die Tat-

---

[1] Gesetz zur Umsetzung der Richtlinie (EU) 2021/2101 im Hinblick auf die Offenlegung von Ertragsteuerinformationen durch bestimmte Unternehmen und Zweigniederlassungen sowie zur Änderung des Verbraucherstreitbeilegungsgesetzes und des Pflichtversicherungsgesetzes v. 19.6.2023, BGBl. 2023 I Nr. 154.

[2] Richtlinie (EU) 2021/2101 des Europäischen Parlaments und des Rates v. 24.11.2021 zur Änderung der Richtlinie 2013/34/EU im Hinblick auf die Offenlegung von Ertragsteuerinformationen durch bestimmte Unternehmen und Zweigniederlassungen, ABl. EU 2021 L 429, 1.

[3] Richtlinie 2013/34/EU des Europäischen Parlaments und des Rates v. 26.6.2013 über den Jahresabschluss, den konsolidierten Abschluss und damit verbundene Berichte von Unternehmen bestimmter Rechtsformen und zur Änderung der Richtlinie 2006/43/EG des Europäischen Parlaments und des Rates und zur Aufhebung der Richtlinien 78/660/EWG und 83/349/EWG des Rates, ABl. 2013 L 182, 19, zuletzt geändert durch Richtlinie (EU) 2022/2464 des Europäischen Parlaments und des Rates v. 14.12.2022 zur Änderung der Verordnung (EU) Nr. 537/2014 und der Richtlinien 2004/109/EG, 2006/43/EG und 2013/34/EU hinsichtlich der Nachhaltigkeitsberichterstattung von Unternehmen, ABl. EU 2022 L 322, 15.

[4] S. BT-Drs. 20/5653, 57.

[5] S. Desens, Stellungnahme zur öffentlichen Anhörung im Rechtsausschuss zum Regierungsentwurf des Gesetzes zur Umsetzung der Richtline (EU) 2021/2101, 14.4.2023, 3. Zur Kritik am öffentlichen Country-by-Country Reporting generell, aufgrund zu befürchtender Wettbewerbsnachteile insbesondere von nicht kapitalmarktorientierten Unternehmen, s. Spengel, Stellungnahme zur öffentlichen Anhörung im Rechtsausschuss zum Regierungsentwurf des Gesetzes zur Umsetzung der Richtline (EU) 2021/2101, 14.4.2023.

bestandsvoraussetzungen für das Weglassen von (Pflicht-)Angaben nach § 342h Abs. 1 und Abs. 2. Im Einklang mit Art. 48c Abs. 6 UAbs. 1 S. 1 Bilanz-RL erlaubt Abs. 1 S. 1 das **Weglassen von Angaben,** wenn die Offenlegung der Angaben einen erheblichen Nachteil für Unternehmen, auf die sie sich beziehen, bedeuten würde. Abs. 1 S. 2 enthält einen Ausschluss von dem Wahlrecht zum Weglassen von Pflichtangaben bezüglich der in § 342i Abs. 1 S. 1 Nr. 2 oder Nr. 3 genannten Steuergebiete. Letzteres ergibt sich aus Art. 48c Abs. 6 UAbs. 3 Bilanz-RL.

3　　Abs. 2 S. 1 bestimmt die Angabe und die Begründung des Weglassens nachteiliger Angaben nach Abs. 1 S. 1 im Ertragsteuerinformationsbericht unter den Vorgaben des Art. 48c Abs. 6 UAbs. 1 S. 2 Bilanz-RL. Abs. 2 S. 2 ordnet die Nachholung der Berichterstattung über die entsprechenden Angaben in einem späteren Ertragsteuerinformationsbericht an, wobei die Regelung etwas strenger ist als Art. 48c Abs. 6 UAbs. 2 Bilanz-RL es vorgibt.

II. Weglassen nachteiliger Angaben (Abs. 1)

4　　Abs. 1 bestimmt eine Ausnahme von der verpflichtenden Aufnahme der Angaben nach § 342h Abs. 1 und Abs. 2. Die Vorschrift beinhaltet die Tatbestandsvoraussetzungen für das Absehen von der Aufnahme nachteiliger Angaben in den Ertragsteuerinformationsbericht sowie die Grenzen bezüglich bestimmter Steuergebiete.

5　　**1. Angaben, die einen erheblichen Nachteil begründen können (Abs. 1 S. 1).** Abs. 1 S. 1 erlaubt, im Einklang mit Art. 48c Abs. 6 UAbs. 1 S. 1 Bilanz-RL, das Weglassen von Pflichtangaben nach § 342h Abs. 1 und Abs. 2, wenn die Offenlegung den Unternehmen, auf die sich die Angaben beziehen, einen erheblichen Nachteil zufügen würde. Die Regelung begründet ein Wahlrecht zum Weglassen der Angaben.[6] Der Gesetzeswortlaut stellt aber klar, dass nur ein **erheblicher Nachteil** das Weglassen der Pflichtangaben rechtfertigt.[7] Dabei geht es um einen Nachteil für ein in den Bericht einbezogenes Unternehmen – also für das unverbundene Unternehmen (vgl. § 342g Nr. 1) oder für das oberste Mutterunternehmen und die in den Konzernabschluss eingebundenen Tochterunternehmen.[8] Ausweislich ErwGr. 18 S. 1 RL (EU) 2021/2101 geht es bei der Ausnahmevorschrift um Situationen, in denen die Offenlegung eine „ernsthafte Beeinträchtigung der Marktstellung des Unternehmens" bewirken könnte. Es wird allerdings befürchtet, dass die Schutzwirkung aufgrund dieser Strenge limitiert sein könnte.[9]

6　　Nach der Regierungsbegründung zum Gesetz zur Umsetzung der Richtlinie (EU) 2021/2101 ist erforderlich, dass der Nachteil mit **überwiegender Wahrscheinlichkeit** eintritt; die bloße Möglichkeit des Eintritts eines erheblichen Nachteils soll hingegen nicht ausreichen.[10] Der Rechtsausschuss hatte in seiner Beschlussempfehlung zum Regierungsentwurf des Gesetzes zur Umsetzung der Richtlinie (EU) 2021/2101 gefordert, aus Gründen der Rechtssicherheit, an bestehende handelsrechtliche Vorschriften – namentlich an § 286 Abs. 2 und § 289e Abs. 1 Nr. 1, wo auf die „vernünftige kaufmännische Beurteilung" Bezug genommen wird – anzuknüpfen.[11] Die Literatur nennt als Beispiel für einen erheblichen Nachteil einen Einblick des Wettbewerbs in die länderbezogenen Schwerpunkte und deren Profitabilität, aufgrund der länderbezogenen Aufgliederung (nach EU- und EWR-Staaten) von Erträgen und Gewinn oder Verlust vor Ertragsteuern.[12] Klar dürfte sein, dass Informationen, die bereits nach anderen Vorschriften offenzulegen sind, durch die erneute

---

[6]　BT-Drs. 20/5653, 62.
[7]　BT-Drs. 20/5653, 62.
[8]　Vgl. BT-Drs. 20/5653, 62.
[9]　S. Bachmann, Stellungnahme zur öffentlichen Anhörung im Rechtsausschuss zum Regierungsentwurf des Gesetzes zur Umsetzung der Richtlinie (EU) 2021/2101, 15.4.2023, 10 f.
[10]　S. BT-Drs. 20/5653, 62. S.a. Grotherr, FR 2023, 193 (201); Kirsch BBP 2023, 190 (196).
[11]　S. BT-Drs. 20/6758, 10. Vgl. auch Rimmelspacher/Kliem WPg 2023, 792 (799).
[12]　S. Kirsch BBP 2023, 190 (196).

Offenlegung keinen erheblichen Nachteil (mehr) begründen können.[13] Insgesamt wird im Zusammenhang mit der Vorschrift aber teilweise eine hohe Rechtsunsicherheit beklagt.[14]

Die Regierungsbegründung weist darauf hin, dass Pflichtangaben nach § 342h Abs. 1 **7** und Abs. 2 nicht insgesamt, sondern nur punktuell, insofern als ein erheblicher Nachteil droht, weggelassen werden dürfen; das erfordert eine gesonderte Prüfung der Tatbestandsvoraussetzungen für jede Angabe.[15] Dies deckt sich mit Art. 48c Abs. 6 UAbs. 1 S. 1 Bilanz-RL, wo gestattet wird, dass „eine oder mehrere der spezifischen Angaben", die grundsätzlich zu machen sind, zeitweise nicht aufgenommen werden.

2. Angaben, die sich auf „nicht kooperative Steuergebiete" beziehen (Abs. 1 8 S. 2). Das Wahlrecht zum Weglassen von Pflichtangaben besteht nach Abs. 1 S. 2 nicht im Hinblick auf Angaben, die sich auf die in § 342i Abs. 1 S. 1 Nr. 2 oder Nr. 3 genannten Steuerhoheitsgebiete beziehen. Daraus folgt, dass der (getrennte) Ausweis der Pflichtangaben für die Gebiete in Anhang I und II der Schlussfolgerungen des Rates zur überarbeiteten EU-Liste nicht kooperativer Länder und Gebiete für Steuerzwecke[16] stets nach den Vorgaben von § 342h und § 342i erfolgen muss.[17] Diese Begrenzung des Wahlrechts nach Abs. 1 S. 1 folgt aus Art. 48c Abs. 6 UAbs. 3 Bilanz-RL.

III. Begründung des Weglassens und Nachholung der Angaben (Abs. 2)

Abs. 2 bestimmt die Angabe und Begründung der Anwendung des Abs. 1 im Ertrag- **9** steuerinformationsbericht sowie die Nachholung der zunächst weggelassenen Angaben in bestimmten zeitlichen Grenzen.

1. Angabe und Begründung (Abs. 2 S. 1). Nach Abs. 2 S. 1 muss das Weglassen **10** von Angaben nach § 342h Abs. 1 und Abs. 2 im Ertragsteuerinformationsbericht angegeben werden und es ist **gebührend zu begründen.** Die Nichtaufnahme muss ausweislich des Art. 48c Abs. 6 UAbs. 1 S. 2 Bilanz-RL „klar und deutlich" angegeben werden und nach der Regierungsbegründung zum Gesetz zur Umsetzung der Richtlinie (EU) 2021/2101 ist sie „hinreichend aussagekräftig, konkret und nachvollziehbar" zu begründen.[18] Die Anforderungen an die Begründung dürfen aber nicht zu streng interpretiert werden.[19] Schließlich soll die Begründung das Weglassen der Angaben nicht konterkarieren.[20] Insofern weist die Regierungsbegründung zurecht darauf hin, dass die weggelassenen Angaben in der Begründung nicht „de facto reproduziert werden müssen", weil ein solch strenger Maßstab die Ausnahmeregelung des Abs. 1 S. 1 letztlich unterlaufen würde.[21]

2. Aufnahme in einen späteren Bericht (Abs. 2 S. 2). Die entsprechend Abs. 1 S. 1 **11** nicht in den Ertragsteuerinformationsbericht aufgenommenen Angaben müssen in einen späteren Bericht aufgenommen werden. Abs. 2 S. 2 sieht vor, dass diese Angaben spätestens in den Ertragsteuerinformationsbericht aufzunehmen sind, der für das **vierte Geschäftsjahr** nach dem Berichtszeitraum erstellt wird. Damit nutzt die Regelung die Möglichkeiten Bilanz-RL nicht voll aus, denn nach Art. 48c Abs. 6 UAbs. 2 Bilanz-RL müssen die Mitgliedstaaten, wenn sie ein zeitweises Weglassen von Pflichtangaben vorsehen, nur sicherstel-

---

[13] Rimmelspacher/Kliem WPg 2023, 792 (799).
[14] S. Bachmann, Stellungnahme zur öffentlichen Anhörung im Rechtsausschuss zum Regierungsentwurf des Gesetzes zur Umsetzung der Richtline (EU) 2021/2101, 15.4.2023, 11. Vgl. auch Grotherr FR 2023, 193 (201).
[15] S. BT-Drs. 20/5653, 62. S.a. Cordes/Leonhardt FR 2023, 41 (47).
[16] S. hierzu Rat der Europäischen Union, Schlussfolgerungen, 25.5.2016, 9452-2016; Rat der Europäischen Union, Schlussfolgerungen, 8.11.2016, 14166-2016; Rat der Europäischen Union, Schlussfolgerungen, 5.12.2017, 15429-2017. Siehe zuletzt Rat der Europäischen Union, Schlussfolgerungen, 14.2.2023, 6375/23.
[17] Vgl. BT-Drs. 20/5653, 63.
[18] S. BT-Drs. 20/5653, 63.
[19] S. Cordes/Leonhardt FR 2023, 41 (47).
[20] Grotherr FR 2023, 193 (201).
[21] BT-Drs. 20/5653, 63. S.a. Kirsch BBP 2023, 190 (196); Kirsch DStR 2023, 54 (58).

len, dass die Angaben spätestens fünf Jahre nach der Nichtaufnahme in einem Ertragsteuerinformationsbericht offengelegt werden. In dem Regierungsentwurf des Gesetzes zur Umsetzung der Richtlinie (EU) 2021/2101 war dementsprechend noch vorgesehen, die Angaben spätestens in den Bericht aufzunehmen, der für das fünfte Geschäftsjahr nach dem Berichtszeitraum erstellt wird.[22] Damit sollte in größtmöglichem Umfang von dem Wahlrecht in Art. 48 Abs. 6 Bilanz-RL Gebrauch gemacht werden.[23] Nach der Beschlussempfehlung des Rechtsausschusses zum Regierungsentwurf des Gesetzes zur Umsetzung der Richtlinie (EU) 2021/2101 dient eine Frist, die „maßvoll von fünf auf vier Jahre verkürzt" ist, dem Ziel, eine möglichst informierte öffentliche Debatte zu fördern.[24]

12   Die Regelung des Abs. 2 S. 2 ist nicht dahingehend zu verstehen, dass weggelassene Angaben stets erst in den Ertragsteuerinformationsbericht für das vierte Jahr nach dem Berichtszeitraum aufzunehmen sind. Vielmehr weist die Regierungsbegründung zum Gesetz zur Umsetzung der Richtlinie (EU) 2021/2101 richtigerweise darauf hin, dass für jedes Geschäftsjahr neu zu prüfen ist, ob die entsprechenden Voraussetzungen für die jeweilige Pflichtangabe noch vorliegen.[25]

§ 342l Formblatt; maschinenlesbares elektronisches Format

(1) Der Ertragsteuerinformationsbericht ist unter Verwendung des von der Europäischen Kommission auf der Grundlage des Artikels 48c Absatz 4 Satz 2 der Richtlinie 2013/34/EU festzulegenden Formblatts zu erstellen.

(2) Der Ertragsteuerinformationsbericht ist in einem von der Europäischen Kommission auf der Grundlage des Artikels 48c Absatz 4 Satz 2 der Richtlinie 2013/34/EU festzulegenden maschinenlesbaren elektronischen Format zu erstellen.

Schrifttum: s. § 342.

I. Normzweck und Anwendungsbereich

1   **1. Einleitung.** Die Vorschrift betrifft die Verwendung eines Formblatts zur Erstellung des Ertragsteuerinformationsberichts sowie die Erstellung des Berichts in einem maschinenlesbaren elektronischen Format. Die Regelung findet sich im Dritten Titel des Vierten Unterabschnitts des Vierten Abschnitts des Dritten Buchs, wo es um die in den Ertragsteuerinformationsbericht einzubeziehenden Personen und den Inhalt und die Form des Berichts geht. Nach den Vorschriften zu den einzubeziehenden Unternehmen (vgl. § 342g) und zum Inhalt des Berichts (vgl. §§ 342h–342k) betrifft § 342l die Form des Berichts. Die Formvorschrift steht auch im Zusammenhang mit der Offenlegungsverpflichtung nach § 342m, insofern als die aufstellungskonforme Wiedergabe die Offenlegung in dem maschinenlesbaren elektronischen Format verlangt (vgl. § 342m Abs. 4 S. 1 und § 328 Abs. 1).[1] Der Anwendungsbereich der Reglung bestimmt sich durch den Gesamtanwendungsbereich des Vierten Unterabschnitts, sie ist also relevant für bestimmte umsatzstarke multinationale Unternehmen und Konzerne (vgl. §§ 342–342f). Wie alle Vorschriften des Vierten Unterabschnitts des Vierten Abschnitts des Dritten Buchs wurde die Vorschrift durch das Gesetz zur Umsetzung der Richtlinie (EU) 2021/2101[2] in Umsetzung eben dieser RL (EU) 2021/

---

[22]   S. BT-Drs. 20/5653, 19.
[23]   S. BT-Drs. 20/5653, 63.
[24]   S. BT-Drs. 20/6758, 9.
[25]   S. BT-Drs. 20/5653, 63.
[1]   BT-Drs. 20/5653, 64.
[2]   Gesetz zur Umsetzung der Richtlinie (EU) 2021/2101 im Hinblick auf die Offenlegung von Ertragsteuerinformationen durch bestimmte Unternehmen und Zweigniederlassungen sowie zur Änderung des Verbraucherstreitbeilegungsgesetzes und des Pflichtversicherungsgesetzes v. 19.6.2023, BGBl. 2023 I Nr. 154.

2101[3] eingeführt und ist erstmals für Ertragsteuerinformationsberichte für ein nach dem 21.6.2024 beginnendes Geschäftsjahr anzuwenden (vgl. Art. 90 Abs. 1 S. 2 EGHGB; vgl. auch Art. 48g Bilanz-RL[4]). Die Vorschrift setzt Art. 48c Abs. 4 Bilanz-RL um.[5]

2. Normzweck. Die Regelung in Abs. 1 betrifft die Erstellung des Ertragsteuerinfor- 2 mationsberichts unter Verwendung eines Formblatts, das zukünftig noch von der Europä- ischen Kommission festgelegt werden soll (vgl. Art. 48c Abs. 4 Bilanz-RL). Abs. 2 betrifft die Erstellung des Formblatts in einem maschinenlesbaren Format, das ebenfalls zukünftig noch auf europäischer Ebene festgelegt werden soll (vgl. Art. 48c Abs. 4 Bilanz-RL).

II. Formblatt (Abs. 1)

Nach Abs. 1 ist der Ertragsteuerinformationsbericht unter Verwendung eines Form- 3 blatts zu erstellen. Das entsprechende Formblatt soll von der Europäischen Kommission festgelegt werden. Der für die Festlegung des gemeinsamen Musters erforderliche Durchfüh- rungsrechtsakt (vgl. Art. 48c Abs. 4 S. 2 Bilanz-RL) liegt allerdings noch nicht vor.[6] Er wird ausweislich von Art. 48c Abs. 4 S. 3 Bilanz-RL und Art. 50 Abs. 2 Bilanz-RL nach dem Prüfverfahren gem. Art. 5 VO (EU) Nr. 182/2011[7] erlassen.

III. Maschinenlesbares elektronisches Format (Abs. 2)

Nach Abs. 2 ist der Ertragsteuerinformationsbericht in einem maschinenlesbaren elekt- 4 ronischen Format zu erstellen (zur Offenlegung in diesem Format → § 342m Rn. 16). Das Format soll (in gleicher Weise wie das Formblatt) von der Europäischen Kommission in einem Durchführungsakt festgelegt werden (vgl. Art. 48c Abs. 4 Bilanz-RL und Art. 50 Abs. 2 Bilanz-RL sowie Art. 5 VO (EU) Nr. 182/2011).[8]

Vierter Titel. Offenlegung und Veröffentlichung

§ 342m Offenlegung im Unternehmensregister

(1) Die Mitglieder des vertretungsberechtigten Organs einer Gesellschaft im Sinne des § 342 Absatz 1 Nummer 1 oder 2, die der Pflicht nach § 342b Absatz 1 oder § 342c Absatz 1 unterliegen, haben für die Gesellschaft den Ertragsteuerinformationsbericht spätestens ein Jahr nach dem Ende des Berichtszeitraums in deutscher Sprache der das Unternehmensregister führenden Stelle zur Einstellung in das Unternehmensregister zu übermitteln.

(2) ¹Die Mitglieder des vertretungsberechtigten Organs einer Gesellschaft im Sinne des § 342 Absatz 1 Nummer 3, die der Pflicht nach § 342d Absatz 1 unterliegen, haben für die Gesellschaft den Ertragsteuerinformationsbericht, den das oberste Mutterunternehmen zur Verfügung gestellt hat, spätestens ein Jahr nach dem Ende

---

[3] Richtlinie (EU) 2021/2101 des Europäischen Parlaments und des Rates v. 24.11.2021 zur Änderung der Richtlinie 2013/34/EU im Hinblick auf die Offenlegung von Ertragsteuerinformationen durch bestimmte Unternehmen und Zweigniederlassungen, ABl. EU 2021 L 429, 1.

[4] Richtlinie 2013/34/EU des Europäischen Parlaments und des Rates v. 26.6.2013 über den Jahresab- schluss, den konsolidierten Abschluss und damit verbundene Berichte von Unternehmen bestimmter Rechtsformen und zur Änderung der Richtlinie 2006/43/EG des Europäischen Parlaments und des Rates und zur Aufhebung der Richtlinien 78/660/EWG und 83/349/EWG des Rates, ABl. EU 2012 L 182, 19, zuletzt geändert durch Richtlinie (EU) 2022/2464 des Europäischen Parlaments und des Rates v. 14.12.2022 zur Änderung der Verordnung (EU) Nr. 537/2014 und der Richtlinien 2004/109/ EG, 2006/43/EG und 2013/34/EU hinsichtlich der Nachhaltigkeitsberichterstattung von Unterneh- men, ABl. EU 2022 L 322, 15.

[5] S. BT-Drs. 20/5653, 63.

[6] Vgl. BT-Drs. 20/5653, 63. S.a. Velte/Münch StuB 2023, 527 (530).

[7] Verordnung (EU) Nr. 182/2011 des Europäischen Parlaments und des Rates v. 16.2.2011 zur Festlegung der allgemeinen Regeln und Grundsätze, nach denen die Mitgliedstaaten die Wahrnehmung der Durch- führungsbefugnisse durch die Kommission kontrollieren, ABl. L 55/13.

[8] S. BT-Drs. 20/5653, 63. S.a. Lanfermann/Götze BB 2022, 235 (238).

des Berichtszeitraums in deutscher Sprache der das Unternehmensregister führenden Stelle zur Einstellung in das Unternehmensregister zu übermitteln. [2]Wenn das oberste Mutterunternehmen einen Ertragsteuerinformationsbericht nicht zur Verfügung stellt oder der zur Verfügung gestellte Bericht nicht den gesetzlichen Vorgaben entspricht, haben die Mitglieder des vertretungsberechtigten Organs der Gesellschaft für diese anstelle des Berichts Folgendes nach Maßgabe des Satzes 1 zu übermitteln:

1. die Erklärung nach § 342d Absatz 2 Nummer 1 und
2. den Ertragsteuerinformationsbericht nach § 342d Absatz 2 Nummer 2.

(3) [1]Die in § 13e Absatz 2 Satz 5 Nummer 3 genannten angemeldeten Personen oder, wenn solche nicht vorhanden sind, die Mitglieder des vertretungsberechtigten Organs einer Kapitalgesellschaft im Sinne des § 342 Absatz 2, die der Pflicht nach § 342e Absatz 1 oder § 342f Absatz 1 unterliegen, haben für die Kapitalgesellschaft den Ertragsteuerinformationsbericht, den die Hauptniederlassung oder das oberste Mutterunternehmen zur Verfügung gestellt hat, spätestens ein Jahr nach dem Ende des Berichtszeitraums in deutscher Sprache der das Unternehmensregister führenden Stelle zur Einstellung in das Unternehmensregister zu übermitteln. [2]Wenn die Hauptniederlassung oder das oberste Mutterunternehmen einen Ertragsteuerinformationsbericht nicht zur Verfügung stellt oder der zur Verfügung gestellte Bericht nicht den gesetzlichen Vorgaben entspricht, haben die nach Satz 1 Verpflichteten für die Kapitalgesellschaft anstelle des Berichts Folgendes nach Maßgabe des Satzes 1 zu übermitteln:

1. die Erklärung nach § 342e Absatz 2 Nummer 1 oder § 342f Absatz 2 Nummer 1 und
2. den Ertragsteuerinformationsbericht nach § 342e Absatz 2 Nummer 2 oder § 342f Absatz 2 Nummer 2.

(4) [1]Die §§ 11 und 328 Absatz 1 Satz 1 bis 3, Absatz 2 Satz 1 und 4 sowie § 329 Absatz 1 und 4 sind entsprechend anzuwenden. [2]Bei inländischen Zweigniederlassungen von Kapitalgesellschaften im Sinne des § 342 Absatz 2 Nummer 1 kann die das Unternehmensregister führende Stelle von den in § 13e Absatz 2 Satz 5 Nummer 3 genannten angemeldeten Personen oder, wenn solche nicht vorhanden sind, von den Mitgliedern des vertretungsberechtigten Organs der Kapitalgesellschaft verlangen, ihr innerhalb einer angemessenen Frist die Umsatzerlöse der Zweigniederlassung für die letzten beiden Geschäftsjahre mitzuteilen. [3]Bei Zweigniederlassungen im Sinne des § 342 Absatz 2 Nummer 2 von Kapitalgesellschaften im Sinne des § 342 Absatz 2 Nummer 1 zweite Alternative und bei Vorliegen der Voraussetzungen des § 342f Absatz 1 Nummer 1 kann die das Unternehmensregister führende Stelle von den in § 13e Absatz 2 Satz 5 Nummer 3 genannten angemeldeten Personen oder, wenn solche nicht vorhanden sind, von den Mitgliedern des vertretungsberechtigten Organs der Kapitalgesellschaft verlangen, ihr innerhalb einer angemessenen Frist Namen und Sitz eines Tochterunternehmens mitzuteilen, das für den Konzern den Pflichten nach § 342d Absatz 1 und 2 oder vergleichbaren Pflichten nach Maßgabe des Rechts eines anderen Mitgliedstaats der Europäischen Union oder eines anderen Vertragsstaats des Abkommens über den Europäischen Wirtschaftsraum im Einklang mit Artikel 48b Absatz 4 der Richtlinie 2013/34/EU unterliegt. [4]Wird die fristgemäße Mitteilung nach Satz 2 unterlassen, so wird vermutet, dass die Voraussetzungen des § 342 Absatz 2 Nummer 2 Buchstabe a erfüllt sind. [5]Wird die fristgemäße Mitteilung nach Satz 3 unterlassen, so wird vermutet, dass es kein dort genanntes Tochterunternehmen gibt.

Schrifttum: s. § 342.

Übersicht

I. Normzweck und Anwendungsbereich

1. Einleitung. Die Vorschrift betrifft die Offenlegung des Ertragsteuerinformationsbe- **1** richts im Unternehmensregister sowie weitere Erklärungspflichten für den Fall, dass der Bericht nicht den gesetzlichen Vorgaben entsprechend durch eine Hauptniederlassung oder ein oberstes Mutterunternehmen zur Verfügung gestellt wird. Die Regelung findet sich im Vierten Titel des Vierten Unterabschnitts des Vierten Abschnitts des Dritten Buchs, wo es um die Offenlegung und Veröffentlichung des Ertragsteuerinformationsberichts geht. Sie steht im Zusammenhang mit der Regelung des § 342n zur Pflicht zur Veröffentlichung auf der Internetseite der Gesellschaft (die bei der Erfüllung der Offenlegungspflichten nach der hiesigen Vorschrift entfällt). Die Vorschrift nimmt auf die im Zweiten Titel des Vierten Unterabschnitts geschilderten Fälle Bezug und verweist in Abs. 4 S. 1 auf weitere Offenlegungsregelungen des HGB.[1] Mit Blick auf die geforderte ausstellungskonforme Wiedergabe bei der Offenlegung besteht ein Zusammenhang mit den Anforderungen des § 342l.[2] Der Anwendungsbereich der Reglung bestimmt sich durch den Gesamtanwendungsbereich des Vierten Unterabschnitts, sie ist also relevant für bestimmte umsatzstarke multinationale Unternehmen und Konzerne (vgl. §§ 342–342f). Wie alle Vorschriften des Vierten Unterabschnitts des Vierten Abschnitts des Dritten Buchs wurde die Vorschrift durch das Gesetz zur Umsetzung der Richtlinie (EU) 2021/2101[3] in Umsetzung ebendieser Richtlinie (EU) 2021/2101[4] eingeführt und ist erstmals für Ertragsteuerinformationsberichte für ein nach dem 21.6.2024 beginnendes Geschäftsjahr anzuwenden (vgl. Art. 90 Abs. 1 S. 2 EGHGB; vgl. auch Art. 48g Bilanz-RL[5]). Die Vorschrift hat Grundlagen in Art. 48b Abs. 1 UAbs. 1

---

[1] BT-Drs. 20/5653, 64.

[2] BT-Drs. 20/5653, 64.

[3] Gesetz zur Umsetzung der Richtlinie (EU) 2021/2101 im Hinblick auf die Offenlegung von Ertragsteuerinformationen durch bestimmte Unternehmen und Zweigniederlassungen sowie zur Änderung des Verbraucherstreitbeilegungsgesetzes und des Pflichtversicherungsgesetzes v. 19.6.2023, BGBl. 2023 I Nr. 154.

[4] Richtlinie (EU) 2021/2101 des Europäischen Parlaments und des Rates v. 24.11.2021 zur Änderung der Richtlinie 2013/34/EU im Hinblick auf die Offenlegung von Ertragsteuerinformationen durch bestimmte Unternehmen und Zweigniederlassungen, ABl. EU 2021 L 429, 1.

[5] Richtlinie 2013/34/EU des Europäischen Parlaments und des Rates v. 26.6.2013 über den Jahresabschluss, den konsolidierten Abschluss und damit verbundene Berichte von Unternehmen bestimmter Rechtsformen und zur Änderung der Richtlinie 2006/43/EG des Europäischen Parlaments und des Rates und zur Aufhebung der Richtlinien 78/660/EWG und 83/349/EWG des Rates, ABl. EU 2013 L 182, 19, zuletzt geändert durch Richtlinie (EU) 2022/2464 des Europäischen Parlaments und des

und UAbs. 3, Abs. 4 UAbs. 1 und Abs. 5 UAbs. 1 sowie Art. 48d Abs. 1 und Art. 48e Bilanz-RL.[6]

2   **2. Anwendungsbereich.** Die Regelung enthält in Abs. 1 Bestimmungen für die Offenlegung des Ertragsteuerinformationsberichts bei der Verpflichtung zur Erstellung des Berichts durch ein unverbundenes inländisches Unternehmen (vgl. § 342b Abs. 1) oder durch ein oberstes Mutterunternehmen mit Sitz im Inland (vgl. § 342c Abs. 1). Sie enthält in Abs. 2 Bestimmungen für die Offenlegung für ein im Inland ansässiges Tochterunternehmen mit einem obersten Mutterunternehmen mit Sitz in einem Drittstaat (vgl. § 342d). Abs. 3 betrifft die Offenlegungspflichten von inländischen Zweigniederlassungen von unverbundenen (vgl. § 342e) und verbundenen (vgl. § 342f) Unternehmen in einem Drittstaat. Abs. 1–3 knüpfen an die Konstellationen des Zweiten Titels des Vierten Unterabschnitts an;[7] sie enthalten Bestimmungen für die verpflichteten Unternehmen und Personen, für die offenzulegenden Unterlagen und deren Sprache sowie für die Frist zur Offenlegung.

3   Abs. 4 S. 1 ordnet die entsprechende Anwendung verschiedener für die Offenlegung geltender Vorschriften des HGB an. Abs. 4 S. 2 und S. 3 ordnen zur Prüfung der Offenlegungspflicht (im Kontext des Abs. 3) bestimmte Nachfragerechte an;[8] und Abs. 4 S. 4 und S. 5 enthalten gesetzliche Vermutungen für den Fall der unterlassenen fristgemäßen Mitteilung in diesem Kontext.[9]

II. Offenlegung durch inländische unverbundene Unternehmen und inländische oberste Mutterunternehmen (Abs. 1)

4   Abs. 1 enthält Regelungen für die Offenlegungspflicht für bestimmte im Inland ansässige Gesellschaften. Die Vorschrift bezieht sich auf **unverbundene Unternehmen** iSd § 342 Abs. 1 Nr. 1 (Kapitalgesellschaften und Personengesellschaften iSd § 264a Abs. 1 mit Sitz im Inland, die als unverbundene Unternehmen eine Niederlassung, feste Geschäftseinrichtung oder dauerhafte Geschäftstätigkeit in mindestens einem anderen Staat haben; vgl. auch § 342a Nr. 1) bzw. oberste Mutterunternehmen iSd § 342 Abs. 1 Nr. 2 (Kapitalgesellschaften und Personengesellschaften iSd § 264a Abs. 1 mit Sitz im Inland, die oberste Mutterunternehmen sind, wenn sie oder ein verbundenes Unternehmen eine Niederlassung, feste Geschäftseinrichtung oder dauerhafte Geschäftstätigkeit in mindestens einem anderen Staat haben; vgl. auch § 342a Nr. 2), die einen Ertragsteuerinformationsbericht nach § 342b Abs. 1 und § 342c Abs. 1 zu erstellen haben.

5   Die **Mitglieder des vertretungsberechtigten Organs** dieser Gesellschaften (vgl. hierzu § 342a Nr. 5) müssen den Ertragsteuerinformationsbericht **spätestens ein Jahr nach dem Ende des Berichtszeitraums** (vgl. § 342a Nr. 6) **in deutscher Sprache** der das Unternehmensregister führenden Stelle zur Einstellung in das Unternehmensregister übermitteln.[10] Die Übermittlung erfolgt funktional durch die Mitglieder der vertretungsberechtigten Organe, aber „für die Gesellschaft" und damit als **Pflicht der Gesellschaft**.[11] Die Offenlegung innerhalb eines Jahres steht im Einklang mit Art. 48d Abs. 1 Bilanz-RL, wo die Offenlegung binnen 12 Monaten nach dem Bilanzstichtag des Geschäftsjahres, für das

---

Rates v. 14.12.2022 zur Änderung der Verordnung (EU) Nr. 537/2014 und der Richtlinien 2004/109/EG, 2006/43/EG und 2013/34/EU hinsichtlich der Nachhaltigkeitsberichterstattung von Unternehmen, ABl. EU 2022 L 322, 15.

6   S. BT-Drs. 20/5653, 63.
7   BT-Drs. 20/5653, 64.
8   BT-Drs. 20/5653, 65.
9   BT-Drs. 20/5653, 65.
10   Zum Vorschlag, auch die Veröffentlichung in englischer Sprache zuzulassen, s. DRSC, Stellungnahme zum Referentenentwurf des Gesetzes zur Umsetzung der Richtlinie (EU) 2021/2101, 31.10.2022, 4. S.a. Bachmann, Stellungnahme zur öffentlichen Anhörung im Rechtsausschuss zum Regierungsentwurf des Gesetzes zur Umsetzung der Richtlinie (EU) 2021/2101, 15.4.2023, 11 f.; Grotherr FR 2023, 193 (200); IDW, Stellungnahme zur öffentlichen Anhörung im Rechtsausschuss zum Regierungsentwurf des Gesetzes zur Umsetzung der Richtlinie (EU) 2021/2101, 24.3.2023, 4 f.
11   BT-Drs. 20/5653, 64.

der Bericht erstellt wird, angeordnet wird.[12] Art. 48d Abs. 1 Bilanz-RL verlangt die Offenlegung nach den Offenlegungsregeln der Gesellschaftsrechtsrichtlinie[13] und die deutsche Regelung setzt dies durch die Verpflichtung zur Offenlegung im Unternehmensregister (vgl. Art. 16 GesR-RL) um.[14] Nach der Einstellung sind die Unterlagen im Unternehmensregister online ohne Abrufkosten zugänglich (vgl. § 8b Abs. 2 Nr. 4).[15]

III. Offenlegung durch inländische Tochterunternehmen mit obersten Mutterunternehmen in einem Drittstaat (Abs. 2)

Abs. 2 betrifft die Offenlegungspflichten von Tochterunternehmen mit Sitz im Inland **6** von obersten Mutterunternehmen mit Sitz in einem Drittstaat (vgl. § 342d). Die Vorschrift unterscheidet die aus den vorherigen Titeln des Vierten Unterabschnitts bekannten beiden Fälle: Abs. 2 S. 1 betrifft den Fall, dass das oberste **Mutterunternehmen** einen Ertragsteuerinformationsbericht nach den gesetzlichen Vorgaben **zur Verfügung stellt.** Abs. 2 S. 2 betrifft demgegenüber den Fall, dass das oberste Mutterunternehmen den Bericht **nicht entsprechend der gesetzlichen Vorgaben zur Verfügung stellt.**

1. Zur Verfügung gestellter Bericht (Abs. 2 S. 1). Abs. 2 S. 1 betrifft den Fall, dass **7** einem Tochterunternehmen mit Sitz im Inland von einem obersten Mutterunternehmen mit Sitz in einem Drittstaat iSd § 342 Abs. 1 Nr. 3 und § 342d ein Ertragsteuerinformationsbericht von dem obersten Mutterunternehmen zur Verfügung gestellt wurde. Unerheblich ist, ob das oberste Mutterunternehmen den Bericht auf Aufforderung oder von sich aus zur Verfügung gestellt hat.[16] Die Regelung ist allerdings nur einschlägig, wenn der Bericht gesetzeskonform ist.[17]

In dem beschriebenen Fall haben die vertretungsberechtigten Organe des Tochterunter- **8** nehmens (denen auch die Aufforderungspflicht nach § 342d Abs. 1 zukommt) für die Gesellschaft (→ Rn. 5) den Bericht spätestens ein Jahr nach dem Ende des Berichtszeitraums (vgl. § 342a Nr. 6) in deutscher Sprache der das Unternehmensregister führenden Stelle zur Einstellung in das Unternehmensregister zu übermitteln.

2. Selbst erstellter Bericht (Abs. 2 S. 2). Abs. 2 S. 2 betrifft den Fall, dass dem **9** Tochterunternehmen mit Sitz im Inland von dem obersten Mutterunternehmen mit Sitz in einem Drittstaat (beim Vorliegen der Voraussetzungen von § 342 Abs. 1 Nr. 3 und § 342d) kein Ertragsteuerinformationsbericht zur Verfügung gestellt wird oder der Bericht nicht den gesetzlichen Vorgaben entspricht.

Im dem geschilderten Fall besteht nach § 342d Abs. 2 eine Verpflichtung des Tochter- **10** unternehmens, eine entsprechende Erklärung darüber zu erstellen, dass der Bericht nicht oder nicht entsprechend den gesetzlichen Vorgaben zur Verfügung gestellt wurde (vgl. § 342d Abs. 2 Nr. 1), sowie eine Verpflichtung, selbst einen Ertragsteuerinformationsbericht entsprechend der Vorgaben des § 342d Abs. 2 Nr. 2 zu erstellen. Abs. 2 S. 2 verlangt, dass die Mitglieder des vertretungsberechtigten Organs, anstelle des zur Verfügung gestellten Berichts des obersten Mutterunternehmens, die genannte Erklärung und den Bericht nach § 342d Abs. 2 Nr. 1 und Nr. 2 „nach Maßgabe des Satzes 1" übermitteln – also innerhalb der Jahresfrist und in deutscher Sprache (→ Rn. 8). Nicht offengelegt werden muss – darauf

---

[12] BT-Drs. 20/5653, 63.
[13] Richtlinie (EU) 2017/1132 des Europäischen Parlaments und des Rates v. 14.6.2017 über bestimmte Aspekte des Gesellschaftsrechts, ABl. 169/46, zuletzt geändert durch Verordnung (EU) 2021/23 des Europäischen Parlaments und des Rates v. 16.12.2020 über einen Rahmen für die Sanierung und Abwicklung zentraler Gegenparteien und zur Änderung der Verordnungen (EU) Nr. 1095/2010, (EU) Nr. 648/2012, (EU) Nr. 600/2014, (EU) Nr. 806/2014 und (EU) 2015/2365 sowie der Richtlinien 2002/47/EG, 2004/25/EG, 2007/36/EG, 2014/59/EU und (EU) 2017/1132, ABl. EU 2017 L 22, 1.
[14] BT-Drs. 20/5653, 63.
[15] BT-Drs. 20/5653, 63 f.
[16] BT-Drs. 20/5653, 64.
[17] S. BT-Drs. 20/5653, 64.

weist die Gesetzesbegründung hin – ein Bericht, der von dem obersten Mutterunternehmen zur Verfügung gestellt wurde, der aber nicht den gesetzlichen Anforderungen entspricht.[18]

IV. Offenlegung durch inländische Zweigniederlassungen von unverbundenen und verbundenen Unternehmen in einem Drittstaat (Abs. 3)

11   Abs. 3 betrifft die Offenlegungspflichten inländischer Zweigniederlassungen von unverbundenen (vgl. § 342e) und verbundenen (vgl. § 342f) Unternehmen mit Sitz in einem Drittstaat. Die Vorschrift unterscheidet erneut jeweils zwischen der Offenlegung des von der Hauptniederlassung oder des obersten Mutterunternehmens zur Verfügung gestellten Ertragsteuerinformationsberichts (Abs. 3 S. 1) und der Offenlegung im Fall, dass kein entsprechender Bericht nach den gesetzlichen Vorschriften von der Hauptniederlassung oder dem obersten Mutterunternehmen zur Verfügung gestellt wird (Abs. 3 S. 2).

12   **1. Zur Verfügung gestellter Bericht (Abs. 3 S. 1).** Abs. 3 S. 1 Fall 1 betrifft die Offenlegungspflichten bei Zweigniederlassungen iSd § 342 Abs. 2 Nr. 2 von Kapitalgesellschaften iSd § 342 Abs. 2 Nr. 1 Fall 1 (inländische Zweigniederlassungen eines unverbundenen Unternehmens mit Sitz in einem Drittstaat), und Abs. 3 S. 1 Fall 2 betrifft Zweigniederlassungen iSd § 342 Abs. 2 Nr. 2 von Kapitalgesellschaften iSd § 342 Abs. 2 Nr. 1 Fall 2 (inländische Zweigniederlassungen eines verbundenen Unternehmens mit Sitz in einem Drittstaat, wenn das oberste Mutterunternehmen seinen Sitz im Drittstaat hat). Abs. 3 S. 1 bezieht sich in diesem Kontext auf die Situation, dass die Hauptniederlassung oder das oberste Mutterunternehmen den Ertragsteuerinformationsbericht den gesetzlichen Vorgaben entsprechend zur Verfügung stellt.

13   Für diesen Fall haben gem. Abs. 3 S. 1 die ständigen Vertreter für die Tätigkeit der Zweigniederlassung (vgl. § 13e Abs. 2 S. 5 Nr. 3) bzw. die Mitglieder des vertretungsberechtigten Organs der Kapitalgesellschaft (denen auch die Aufforderungspflicht nach § 342e Abs. 1 und § 342f Abs. 1 zukommt) spätestens ein Jahr nach dem Ende des Berichtszeitraums den Ertragsteuerinformationsbericht in deutscher Sprache der das Unternehmensregister führenden Stelle zur Einstellung in das Unternehmensregister zu übermitteln. Die Regierungsbegründung stellt noch einmal heraus, dass die Übermittlung „für die Kapitalgesellschaft" erfolgt.[19]

14   **2. Selbst erstellter Bericht (Abs. 3 S. 2).** Abs. 3 S. 2 bezieht sich auf die in Abs. 3 S. 1 beschrieben Fälle von inländischen Zweigniederlassungen eines unverbundenen oder verbundenen Unternehmens mit Sitz in einem Drittstaat (vgl. § 342e und § 342f). Die Vorschrift enthält Bestimmungen für die Offenlegungen für den Fall, dass die Hauptniederlassung oder das oberste Mutterunternehmen einen Ertragsteuerinformationsbericht nicht oder nicht den gesetzlichen Vorgaben entsprechend zur Verfügung stellt.

15   Für diesen Fall haben die nach Abs. 3 S. 1 Verpflichteten, also die ständigen Vertreter für die Tätigkeit der Zweigniederlassung (vgl. § 13e Abs. 2 S. 5 Nr. 3) bzw. die Mitglieder des vertretungsberechtigten Organs einer Kapitalgesellschaft im Sinne des § 342 Abs. 2, die der Pflicht nach § 342e Abs. 1 oder § 342f Abs. 1 unterliegen, gem. Abs. 3 S. 2 Nr. 1 zunächst die **Erklärung** darüber, dass die Hauptniederlassung oder das oberste Mutterunternehmen den Bericht nicht zur Verfügung gestellt hat „nach Maßgabe des Satzes 1" (also innerhalb der Jahresfrist und in deutscher Sprache, → Rn. 13) zu übermitteln. Ferner muss gem. Abs. 3 S. 2 Nr. 2 der Ertragsteuerinformationsbericht nach § 342e Abs. 2 Nr. 2 oder nach § 342f Abs. 2 Nr. 2 entsprechend denselben Vorgaben an die das Unternehmensregister führende Stelle zur Einstellung in das Register übermittelt werden.

V. Offenlegungsvorgaben, Prüfungs- und Unterrichtungspflichten (Abs. 4)

16   **1. Anwendung allgemeiner Vorschriften (Abs. 4 S. 1).** Abs. 4 S. 1 bestimmt die entsprechende Anwendbarkeit von § 11, von § 328 Abs. 1 S. 1–3 und Abs. 2 S. 1 und

---

[18]   S. BT-Drs. 20/5653, 64.
[19]   S. BT-Drs. 20/5653, 64.

S. 4 sowie von § 329 Abs. 1 und Abs. 4. Der Verweis auf § 11 erlaubt eine Offenlegung in einer weiteren EU-Amtssprache – zusätzlich zur Übermittlung in deutscher Sprache.[20] Der Verweis auf die Regelungen von § 328 Abs. 1 S. 1–3 nimmt insbesondere die Anforderungen an eine aufstellungskonforme Wiedergabe und an die Vollständigkeit und Richtigkeit in Bezug.[21] Die entsprechenden Anforderungen gelten also auch für die Offenlegung, sodass etwa der in einem maschinenlesbaren elektronischen Format erstellte Bericht (vgl. § 342l Abs. 2) in ebendiesem Format auch offengelegt werden muss.[22] Die Bezugnahme von § 328 Abs. 2 S. 1 und S. 4 bewirkt die Pflicht, in einer Überschrift darauf hinzuweisen, wenn freiwillige Veröffentlichungen nicht den gesetzlichen Form- und Formatvorgaben entsprechen, und zudem anzugeben, ob die gesetzeskonformen Unterlagen bereits an die das Unternehmensregister führende Stelle übermittelt wurden.[23]

Der Verweis des Abs. 4 S. 1 auf § 329 Abs. 1 und Abs. 4 überträgt Prüfungs- und **17** Unterrichtungspflichten der das Unternehmensregister führenden Stelle auf die Vorgaben zur Offenlegung des Ertragsteuerinformationsberichts nach Abs. 1–3.[24] Hiernach hat die das Unternehmensregister führende Stelle zu prüfen, ob die Unterlagen fristgemäß und vollständig übermittelt worden sind.[25] Dabei greift die das Unternehmensregister führende Stelle in den Fällen des Abs. 1 und Abs. 2 auf die Ergebnisse der Abschlussprüfung zurück (vgl. § 317 Abs. 3b);[26] für die Fälle des Abs. 3 enthalten Abs. 4 S. 2–5 Nachfragerechte der das Unternehmensregister führenden Stelle und eine gesetzliche Vermutung.[27] Im Fall einer fehlenden oder unvollständigen Übermittlung erfolgt eine Unterrichtung der für die Durchführung von Ordnungsgeldverfahren zuständigen Verwaltungsbehörde – also des Bundesamts für Justiz (vgl. § 342p).[28]

2. Auskunftsverlangen (Abs. 4 S. 2 und S. 3). Abs. 4 S. 2 ermöglicht es der das **18** Unternehmensregister führenden Stelle bei inländischen Zweigniederlassungen von Kapitalgesellschaften im Sinne von § 342 Abs. 2 Nr. 1, von den ständigen Vertretern (vgl. § 13e Abs. 2 S. 5 Nr. 3) oder, wenn solche nicht vorhanden sind, von den Mitgliedern des vertretungsberechtigten Organs der Kapitalgesellschaft zu verlangen, ihr die Umsatzerlöse der Zweigniederlassung in den letzten beiden Geschäftsjahren mitzuteilen. Die Vorschrift verlangt das Setzen einer angemessenen Frist, wobei die Regierungsbegründung davon ausgeht, dass eine zweiwöchige Frist in der Regel angemessen ist.[29] Der Hintergrund dieser Bestimmung ist, dass die auf die Zweigniederlassung entfallenden Umsatzerlöse relevant sind zur Bestimmung der Schwelle des § 342 Abs. 2 Nr. 2 lit. a, die für die Ertragsteuerinformationspflicht bedeutsam ist.[30]

Abs. 4 S. 3 bezieht sich auf die (negative) Tatbestandsvoraussetzung des § 342f Abs. 1 **19** Nr. 2.[31] Hierbei kommt es darauf an, ob ein Tochterunternehmen existiert, das verpflichtet ist, einen Ertragsteuerinformationsbericht abzugeben. In diesem Kontext kann die das Unternehmensregister führende Stelle von den ständigen Vertretern (vgl. § 13e Abs. 2 S. 5 Nr. 3) von Zweigniederlassungen iSd § 342 Abs. 2 Nr. 2, von Kapitalgesellschaften iSd § 342 Abs. 2 Nr. 1 Fall 2 (bei Vorliegen der Voraussetzungen des § 342f Abs. 1 Nr. 1) oder, wenn solche nicht vorhanden sind, von den Mitgliedern des vertretungsberechtigten Organs der Kapitalgesellschaft verlangen, ihr innerhalb einer angemes-

---

20 BT-Drs. 20/5653, 64. S.a. Rimmelspacher/Kliem WPg 2023, 792 (800).
21 BT-Drs. 20/5653, 64.
22 BT-Drs. 20/5653, 64.
23 BT-Drs. 20/5653, 64. Vgl. auch Rimmelspacher/Kliem WPg 2023, 792 (800).
24 BT-Drs. 20/5653, 64 f.
25 BT-Drs. 20/5653, 64 f.
26 BT-Drs. 20/5653, 65.
27 BT-Drs. 20/5653, 65.
28 BT-Drs. 20/5653, 64 f.
29 BT-Drs. 20/5653, 65.
30 S. BT-Drs. 20/5653, 65.
31 BT-Drs. 20/5653, 65.

senen Frist Namen und Sitz eines Tochterunternehmens mitzuteilen, das für den Konzern den Pflichten nach § 342d Abs. 1 und Abs. 2 oder vergleichbaren Pflichten nach Maßgabe des Rechts eines EU- oder EWR-Staats im Einklang mit Art. 48b Abs. 4 Bilanz-RL unterliegt.

20   **3. Gesetzliche Vermutungen (Abs. 4 S. 4 und S. 5).** Abs. 4 S. 4 und S. 5 enthalten Vermutungen für den Fall, dass keine fristgemäße Mitteilung erfolgt. Dabei knüpft Abs. 4 S. 4 an Abs. 4 S. 2 an und stellt die Vermutung auf, dass die Voraussetzungen des § 342 Abs. 2 Nr. 2 lit. a erfüllt sind, womit die Ertragsteuerinformationspflicht nach § 342e und die Offenlegungspflicht nach § 342m Abs. 3 in Betracht kommt. Abs. 4 S. 5 knüpft an Abs. 4 S. 3 an und stellt die Vermutung auf, dass kein dort relevantes Tochterunternehmen existiert, womit die Ertragsteuerinformationspflicht nach § 342f und die Offenlegungspflicht nach § 342m Abs. 3 in Betracht kommt. Die Vermutungen sind widerleglich.[32] Zudem weist die Regierungsbegründung daraufhin, dass die das Unternehmensregister führende Stelle auch hinsichtlich anderer Aspekte jenseits von Abs. 4 S. 2 und S. 3 Nachfragen an Unternehmen richten kann, sofern dies für die Prüfung erforderlich erscheint – allerdings ohne die Vermutungswirkungen eines Unterlassens einer Beantwortung.[33]

§ 342n Veröffentlichung auf der Internetseite der Gesellschaft

(1) [1]Die Mitglieder des vertretungsberechtigten Organs einer Gesellschaft im Sinne des § 342 Absatz 1 Nummer 1 oder 2, die der Pflicht nach § 342b Absatz 1 oder § 342c Absatz 1 unterliegen, haben für die Gesellschaft den Ertragsteuerinformationsbericht spätestens ein Jahr nach dem Ende des Berichtszeitraums für mindestens fünf Jahre kostenlos und in deutscher Sprache auf der Internetseite der Gesellschaft zu veröffentlichen. [2]Die Pflicht nach Satz 1 entfällt, wenn die Mitglieder des vertretungsberechtigten Organs der Gesellschaft
1. ihre Pflicht zur Offenlegung gemäß § 342m Absatz 1 erfüllt haben und
2. auf der Internetseite der Gesellschaft für mindestens fünf Jahre den Hinweis veröffentlichen, dass
   a) der Ertragsteuerinformationsbericht über die Internetseite des Unternehmensregisters kostenlos zugänglich ist und
   b) die Pflicht zur Veröffentlichung des Ertragsteuerinformationsberichts auf der Internetseite der Gesellschaft deshalb entfällt.

(2) [1]Die Mitglieder des vertretungsberechtigten Organs einer Gesellschaft im Sinne des § 342 Absatz 1 Nummer 3, die der Pflicht nach § 342d Absatz 1 unterliegen, haben für die Gesellschaft spätestens ein Jahr nach dem Ende des Berichtszeitraums für mindestens fünf Jahre Folgendes kostenlos und in deutscher Sprache auf der Internetseite der Gesellschaft oder der eines verbundenen Unternehmens zu veröffentlichen:
1. im Falle des § 342m Absatz 2 Satz 1 den Ertragsteuerinformationsbericht, den das oberste Mutterunternehmen zur Verfügung gestellt hat, oder
2. im Falle des § 342m Absatz 2 Satz 2 die Erklärung und den Ertragsteuerinformationsbericht, die beziehungsweise den die Gesellschaft erstellt hat.
[2]Absatz 1 Satz 2 ist entsprechend anzuwenden.

(3) [1]Die in § 13e Absatz 2 Satz 5 Nummer 3 genannten angemeldeten Personen oder, wenn solche nicht vorhanden sind, die Mitglieder des vertretungsberechtigten Organs einer Kapitalgesellschaft im Sinne des § 342 Absatz 2, die der Pflicht nach § 342e Absatz 1 oder § 342f Absatz 1 unterliegen, haben für die Kapitalgesell-

---

[32] BT-Drs. 20/5653, 65.
[33] BT-Drs. 20/5653, 65.

schaft spätestens ein Jahr nach dem Ende des Berichtszeitraums für mindestens fünf Jahre Folgendes kostenlos und in deutscher Sprache auf der Internetseite der Kapitalgesellschaft oder gegebenenfalls derjenigen eines verbundenen Unternehmens zu veröffentlichen:

1. im Falle des § 342m Absatz 3 Satz 1 den Ertragsteuerinformationsbericht, den die Hauptniederlassung oder das oberste Mutterunternehmen zur Verfügung gestellt hat, oder
2. im Falle des § 342m Absatz 3 Satz 2 die Erklärung und den Ertragsteuerinformationsbericht, die beziehungsweise den sie für die Kapitalgesellschaft erstellt haben.

[2]Absatz 1 Satz 2 ist entsprechend anzuwenden.

Schrifttum: s. § 342.

Übersicht

I. Normzweck und Anwendungsbereich

1. Einleitung. Die Vorschrift betrifft die Veröffentlichung des Ertragsteuerinformati-   **1** onsberichts sowie der ggf. erforderlichen Erklärung, dass der Bericht nicht den gesetzlichen Vorgaben entsprechend durch die Hauptniederlassung oder das oberste Mutterunternehmen zur Verfügung gestellt wurde. Die Regelung findet sich im Vierten Titel des Vierten Unterabschnitts des Vierten Abschnitts des Dritten Buchs, wo es um die Offenlegung und Veröffentlichung des Ertragsteuerinformationsberichts geht. Sie steht im Zusammenhang mit der Regelung des § 342m, die die Offenlegung des Berichts im Unternehmensregister betrifft und bei deren Erfüllung (und bei Veröffentlichung eines entsprechenden Hinweises auf der Internetseite der Gesellschaft) die Pflicht zur Veröffentlichung des Berichts auf der Internetseite der Gesellschaft entfällt. Die Vorschrift folgt in ihrem Aufbau dem § 342m und nimmt ebenfalls auf die im Zweiten Titel des Vierten Unterabschnitts geschilderten Fälle Bezug.[1] Der Anwendungsbereich der Reglung bestimmt sich durch den Gesamtanwendungsbereich des Vierten Unterabschnitts, sie ist also relevant für bestimmte umsatzstarke multinationale Unternehmen und Konzerne (vgl. §§ 342–342f). Wie alle Vorschriften des Vierten Unterabschnitts des Vierten Abschnitts des Dritten Buchs wurde die Vorschrift durch das Gesetz zur Umsetzung der Richtlinie (EU) 2021/2101[2] in Umsetzung ebendieser Richtlinie (EU) 2021/2101[3] eingeführt und ist erstmals für Ertragsteuerinformationsberichte für ein nach dem 21.6.2024 beginnendes Geschäftsjahr anzuwenden (vgl. Art. 90 Abs. 1 S. 2 EGHGB;

---

[1]   Vgl. BT-Drs. 20/5653, 65.
[2]   Gesetz zur Umsetzung der Richtlinie (EU) 2021/2101 im Hinblick auf die Offenlegung von Ertragsteuerinformationen durch bestimmte Unternehmen und Zweigniederlassungen sowie zur Änderung des Verbraucherstreitbeilegungsgesetzes und des Pflichtversicherungsgesetzes v. 19.6.2023, BGBl. 2023 I Nr. 154.
[3]   Richtlinie (EU) 2021/2101 des Europäischen Parlaments und des Rates v. 24.11.2021 zur Änderung der Richtlinie 2013/34/EU im Hinblick auf die Offenlegung von Ertragsteuerinformationen durch bestimmte Unternehmen und Zweigniederlassungen, ABl. EU 2021 L 429, 1.

vgl. auch Art. 48g Bilanz-RL[4]). Die Vorschrift hat Grundlagen in Art. 48d Abs. 2–4 Bilanz-RL.[5]

2   **2. Anwendungsbereich.** Die Vorschrift ist ähnlich aufgebaut wie § 342m und enthält in Abs. 1 Bestimmungen zur Veröffentlichung des Ertragsteuerinformationsberichts auf der Internetseite der Gesellschaft bei der Verpflichtung zur Erstellung des Berichts durch ein unverbundenes inländisches Unternehmen (vgl. § 342b Abs. 1) oder durch ein oberstes Mutterunternehmen mit Sitz im Inland (vgl. § 342c Abs. 1). Sie enthält in Abs. 2 Bestimmungen zur Veröffentlichung für ein im Inland ansässiges Tochterunternehmen mit einem obersten Mutterunternehmen mit Sitz in einem Drittstaat (vgl. § 342d). Abs. 3 betrifft die Veröffentlichungspflichten von inländischen Zweigniederlassungen von unverbundenen (vgl. § 342e) und verbundenen (vgl. § 342f) Unternehmen in einem Drittstaat.[6] Abs. 1–3 knüpfen an die Konstellationen des Zweiten Titels des Vierten Unterabschnitts an; sie enthalten Bestimmungen für die verpflichteten Unternehmen und Personen, für die zu veröffentlichenden Unterlagen und deren Sprache sowie zeitliche Vorgaben.

II. Veröffentlichung durch inländische unverbundene Unternehmen und inländische oberste Mutterunternehmen (Abs. 1)

3   Abs. 1 enthält Regelungen für die Veröffentlichung für bestimmte im Inland ansässige Gesellschaften. Die Vorschrift bezieht sich auf **unverbundene Unternehmen** iSd § 342 Abs. 1 Nr. 1 (Kapitalgesellschaften und Personengesellschaften iSd § 264a Abs. 1 mit Sitz im Inland, die als unverbundene Unternehmen eine Niederlassung, feste Geschäftseinrichtung oder dauerhafte Geschäftstätigkeit in mindestens einem anderen Staat haben; vgl. auch § 342a Nr. 1) bzw. **oberste Mutterunternehmen** iSd § 342 Abs. 1 Nr. 2 (Kapitalgesellschaften und Personengesellschaften iSd § 264a Abs. 1 mit Sitz im Inland, die oberste Mutterunternehmen sind, wenn sie oder ein verbundenes Unternehmen eine Niederlassung, feste Geschäftseinrichtung oder dauerhafte Geschäftstätigkeit in mindestens einem anderen Staat haben; vgl. auch § 342a Nr. 2), die einen Ertragsteuerinformationsbericht nach § 342b Abs. 1 und § 342c Abs. 1 zu erstellen haben.

4   Die Mitglieder des vertretungsberechtigten Organs dieser Gesellschaften (vgl. hierzu § 342a Nr. 5) müssen für die Gesellschaft (→ § 342m Rn. 5) den Ertragsteuerinformationsbericht **spätestens ein Jahr nach dem Ende des Berichtszeitraums** (vgl. § 342a Nr. 6) **für mindestens fünf Jahre kostenlos und in deutscher Sprache** auf der Internetseite der Gesellschaft veröffentlichen. Die Regelung beruht auf Art. 48d Abs. 2 Bilanz-RL, wo die kostenlose Zugänglichmachung auf der Internetseite in mindestens einer der Amtssprachen der EU spätestens 12 Monate nach dem Bilanzstichtag des Geschäftsjahres, für das der Bericht erstellt wird, gefordert wird. Art. 48d Abs. 4 Bilanz-RL verlangt das mindestens fünfjährige Verbleiben auf der Internetseite.

5   Abs. 1 S. 2 bestimmt eine **Ausnahme** von der Pflicht zur Veröffentlichung auf der Internetseite der Gesellschaft. Voraussetzung für den Entfall der Pflicht zur Veröffentlichung auf der Internetseite ist die **Erfüllung der Offenlegungspflicht** nach § 342m Abs. 1 (vgl. Abs. 1 S. 2 Nr. 1) sowie die Veröffentlichung eines Hinweises auf der Internetseite der Gesellschaft für mindestens fünf Jahre, dass der Ertragsteuerinformationsbericht über die Internetseite des Unternehmensregisters kostenlos zugänglich ist (vgl. Abs. 1 S. 2 Nr. 2 lit. a)

---

[4]   Richtlinie 2013/34/EU des Europäischen Parlaments und des Rates v. 26.6.2013 über den Jahresabschluss, den konsolidierten Abschluss und damit verbundene Berichte von Unternehmen bestimmter Rechtsformen und zur Änderung der Richtlinie 2006/43/EG des Europäischen Parlaments und des Rates und zur Aufhebung der Richtlinien 78/660/EWG und 83/349/EWG des Rates, ABl. EU 2013 L 182, 19, zuletzt geändert durch Richtlinie (EU) 2022/2464 des Europäischen Parlaments und des Rates v. 14.12.2022 zur Änderung der Verordnung (EU) Nr. 537/2014 und der Richtlinien 2004/109/EG, 2006/43/EG und 2013/34/EU hinsichtlich der Nachhaltigkeitsberichterstattung von Unternehmen, ABl. EU 2022 L 322, 15.

[5]   S. BT-Drs. 20/5653, 65.

[6]   S. insgesamt BT-Drs. 20/5653, 65.

und dass die Pflicht zur Veröffentlichung des Berichts auf der Internetseite der Gesellschaft deshalb entfällt (vgl. Abs. 1 S. 2 Nr. 2 lit. b).[7] Die Ausnahmeregelung beruht auf Art. 48d Abs. 3 Bilanz-RL.[8]

III. Veröffentlichung durch inländische Tochterunternehmen mit obersten Mutterunternehmen in einen Drittstaat (Abs. 2)

Abs. 2 betrifft **Tochterunternehmen mit Sitz im Inland von obersten Mutterunternehmen mit Sitz in einem Drittstaat,** die der Pflicht des § 342d Abs. 1 unterliegen. Die Vorschrift knüpft an die Unterscheidung an, die § 342m vornimmt. Abs. 2 S. 1 Nr. 1 betrifft den in § 342m Abs. 2 S. 1 angesprochenen Fall, dass das oberste Mutterunternehmen einen Ertragsteuerinformationsbericht nach den gesetzlichen Vorgaben zur Verfügung stellt, während Abs. 2 S. 1 Nr. 2 den in § 342m Abs. 2 S. 2 angesprochenen Fall betrifft, dass das oberste Mutterunternehmen den Bericht nicht den gesetzlichen Vorgaben entsprechend zur Verfügung stellt. **6**

Die vertretungsberechtigten Organe des Tochterunternehmens iSd § 342 Abs. 1 Nr. 3 haben für die Gesellschaft (→ § 342m Rn. 8) spätestens ein Jahr nach dem Ende des Berichtszeitraums für mindestens fünf Jahre kostenlos und in deutscher Sprache auf der Internetseite der Gesellschaft oder der eines verbundenen Unternehmens, entweder – im Fall des Abs. 2 S. 1 Nr. 1 – den Ertragsteuerinformationsbericht (den das oberste Mutterunternehmen zur Verfügung gestellt hat) zugänglich zu machen, oder – im Fall des Abs. 2 S. 1 Nr. 2 – die Erklärung über die nicht den gesetzlichen Vorgaben entsprechende Zurverfügungstellung des Ertragsteuerinformationsberichts und den (selbst erstellten) Ertragsteuerinformationsbericht zugänglich zu machen. **7**

Abs. 2 S. 2 verweist auf die **Ausnahmeregelung** des Abs. 1 S. 2. Entsprechend entfällt die Pflicht zur Veröffentlichung auf der Internetseite im hiesigen Kontext, wenn die Veröffentlichung nach § 342m Abs. 2 erfolgt ist und auf der Internetseite der Gesellschaft (der Kapitalgesellschaft oder eines verbundenen Unternehmens) mindestens für fünf Jahre darauf hingewiesen wird, dass der Ertragsteuerinformationsbericht (und ggf. die Erklärung, dass der Bericht nicht oder nicht den gesetzlichen Vorgaben entsprechend zur Verfügung gestellt wurde) über die Internetseite des Unternehmensregisters kostenlos zugänglich ist und dass die Pflicht zur Veröffentlichung des Berichts auf der Internetseite der Gesellschaft deshalb entfällt.[9] **8**

IV. Veröffentlichung bei inländischen Zweigniederlassungen von unverbundenen und verbundenen Unternehmen in einem Drittstaat (Abs. 3)

Abs. 3 betrifft **inländische Zweigniederlassungen von unverbundenen und verbundenen Unternehmen mit Sitz in einem Drittstaat,** die einen Bericht anfordern oder selbst erstellen müssen (vgl. § 342e und § 342f). Die Vorschrift unterscheidet erneut zwischen der Veröffentlichung des von der Hauptniederlassung oder des obersten Mutterunternehmens zur Verfügung gestellten Ertragsteuerinformationsberichts (Abs. 3 S. 1 Nr. 1, vgl. auch § 342m Abs. 3 S. 1) und der Veröffentlichung des selbst erstellten Berichts sowie einer Erklärung zur mangelnden Zurverfügungstellung des Berichts durch die Hauptniederlassung oder das oberste Mutterunternehmen (Abs. 3 S. 1 Nr. 2, vgl. auch § 342m Abs. 3 S. 2). **9**

Die ständigen Vertreter für die Tätigkeit der Zweigniederlassung (vgl. § 13e Abs. 2 S. 5 Nr. 3) bzw. die Mitglieder des vertretungsberechtigten Organs der Kapitalgesellschaft iSd § 342 Abs. 2, die der Pflicht nach § 342e Abs. 1 oder § 342f Abs. 1 unterliegen (→ § 342e Rn. 8 und → § 342f Rn. 9), haben für die Kapitalgesellschaft (→ § 342m Rn. 13) spätestens ein Jahr nach dem Ende des Berichtszeitraums für mindestens fünf Jahre kostenlos und **10**

---

[7] S. Heider ISR 2023, 27 (32).
[8] S. Lanfermann/Götze BB 2022, 235 (238).
[9] S. BT-Drs. 20/5653, 65 f.

in deutscher Sprache auf der Internetseite der Kapitalgesellschaft oder eines verbundenen Unternehmens, entweder – im Fall des Abs. 3 S. 1 Nr. 1 – den Ertragsteuerinformationsbericht (den die Hauptniederlassung oder das oberste Mutterunternehmen zur Verfügung gestellt hat) zugänglich zu machen, oder – im Fall des Abs. 3 S. 1 Nr. 2 – die Erklärung über die nicht den gesetzlichen Vorgaben entsprechende Zurverfügungstellung des Ertragsteuerinformationsberichts und den (selbst erstellten) Bericht zugänglich zu machen.[10]

11 Abs. 3 S. 2 verweist wiederum auf die **Ausnahmeregelung** des Abs. 1 S. 2. Entsprechend entfällt die Pflicht zur Veröffentlichung auf der Internetseite hier, wenn die Veröffentlichung nach § 342m Abs. 3 erfolgt ist und auf der Internetseite der Gesellschaft (der Kapitalgesellschaft oder eines verbundenen Unternehmens) mindestens für fünf Jahre ein Hinweis darauf veröffentlicht ist, dass der Ertragsteuerinformationsbericht (sowie ggf. die Erklärung, dass der Bericht nicht oder nicht den gesetzlichen Vorgaben entsprechend zur Verfügung gestellt wurde) über die Internetseite des Unternehmensregisters kostenlos zugänglich ist und dass die Pflicht zur Veröffentlichung des Berichts auf der Internetseite der Gesellschaft deshalb entfällt.[11]

Fünfter Titel. Bußgeldvorschriften; Ordnungsgelder

§ 342o Bußgeldvorschriften

(1) Ordnungswidrig handelt, wer

1. **entgegen § 342b Absatz 1 Nummer 1, § 342c Absatz 1 Nummer 1, § 342d Absatz 2 Nummer 2 Buchstabe a, § 342e Absatz 2 Nummer 2 Buchstabe a oder § 342f Absatz 2 Nummer 2 Buchstabe a einen Ertragsteuerinformationsbericht nicht richtig oder nicht vollständig erstellt oder**

2. **entgegen § 342n Absatz 1 Satz 1, Absatz 2 Satz 1 oder Absatz 3 Satz 1 einen Ertragsteuerinformationsbericht oder eine Erklärung nicht, nicht richtig, nicht rechtzeitig oder nicht mindestens fünf Jahre veröffentlicht.**

(2) Die Ordnungswidrigkeit kann mit einer Geldbuße bis zu zweihundertfünfzigtausend Euro geahndet werden.

(3) Verwaltungsbehörde im Sinne des § 36 Absatz 1 Nummer 1 des Gesetzes über Ordnungswidrigkeiten ist das Bundesamt für Justiz.

Schrifttum: Kirsch, Der Ertragsteuerinformationsbericht – Zukünftige Erstellungs- und Offenlegungspflichten auch für (mittel-)große Tochterunternehmen und Zweigniederlassungen? DStR 2023, 54; Vetter, Gesteigerte Verantwortung des Aufsichtsrates für größere Steuertransparenz, NZG 2023, 347; Müller/Müller, Ertragssteuerinformationsbericht – Erweiterung der Berichterstattung um steuerliche Aspekte mit einem weiteren gesonderten Bericht, IRZ 2022, 547; Bachmann/Freytag/Seifert, Transparenzpflichten im internationalen Steuerrecht, IStR 2023, 191.

Übersicht

---

[10] Vgl. hierzu Art. 48d Abs. 2 Bilanz-RL, wo die Veröffentlichung auch auf der Website der Zweigniederlassung vorgesehen ist.

[11] S. BT-Drs. 20/5653, 65 f.

I. Allgemeines

Mit der RL (EU) 2021/2101 vom 24.11.2021 zur Änderung der EU-Bilanzrichtlinie **1** 2013/34/EU[1] sollen multinationale und umsatzstarke Unternehmen und Konzerne, die in der EU entweder selbst ansässig sind oder dort Tochterunternehmen oder Zweigstellen mit einer bestimmten Größe unterhalten, zur transparenten Offenlegung von Ertragssteuerinformationen verpflichtet werden.[2] Der deutsche Gesetzgeber hat die Vorgaben der Richtlinie mit dem Gesetz zur Umsetzung der Richtlinie (EU) 2021/2101 im Hinblick auf die Offenlegung von Ertragssteuerinformationen durch bestimmte Unternehmen und Zweigniederlassungen vom 19.6.2023 (BGBl. 2023 I Nr. 154) in nationales Recht umgesetzt. Die Berichterstattung über Ertragssteuerinformationen ist auf die jeweiligen Steuerhoheitsgebiete, in denen das Unternehmen tätig ist, aufzuschlüsseln. Dadurch soll insbesondere eine informierte öffentliche Debatte darüber ermöglicht werden, ob die betroffenen Unternehmen und Konzerne im jeweiligen Tätigkeitsgebiet einen angemessenen Beitrag zum Gemeinwohl leisten bzw. ob und in welchem Umfang es zu Gewinnverlagerungen kommt.[3]

Sowohl aus dem ErwGr. 21 RL (EU) 2021/2101 als auch aus Art. 51 Bilanz-RL **2** (RL 2013/34/EU[4]) folgt die Verpflichtung der Mitgliedstaaten, **verhältnismäßige und abschreckende Sanktionen** festzulegen.[5] Dieser EU-Anweisungskompetenz folgend (→ Vor § 331 Rn. 3 f.), hat der deutsche Gesetzgeber mit § 342o – in Anlehnung an § 334 – eine eigene Bußgeldvorschrift bei Verstößen gegen die Pflichtangaben des Ertragssteuerinformationsberichts und bei Verstößen gegen dessen Veröffentlichung auf der Internetseite des Unternehmens eingeführt. Darüber hinaus wurde das Ordnungsgeldverfahren der §§ 335 ff. bei Verstößen gegen die Pflicht zur fristgerechten Offenlegung des Ertragssteuerberichts gem. § 342p für entsprechend anwendbar erklärt.

Die Bußgeldvorschrift des § 342o ist als **Blankettnorm** ausgestaltet, dh die einzelnen **3** Tathandlungen werden durch Verweise auf die Inhalts- und Veröffentlichungsvorschriften gem. §§ 342 ff. definiert (→ Vor § 331 Rn. 54 f.).

Das Gesetz trat am 22.6.2023 in Kraft und ist gem. Art. 90 Abs. 1 EGHGB erstmals **4** für Rechnungslegungsunterlagen für ein nach dem 31.12.2023, teilweise – insbesondere die Vorschriften über die Ertragssteuerinformationen nach dem Vierten Unterabschnitt und damit auch die Bußgeld- und Ordnungsgeldvorschrift – erst für ein nach dem ab dem 21.6.2024 beginnendes Geschäftsjahr anzuwenden.

II. Anwendungsbereich

1. Betroffene Unternehmen. a) Inländische Kapitalgesellschaften und Perso- **5** **nengesellschaften gem. § 264a (§ 342 Abs. 1).** Der Anwendungsbereich der Bußgeldvorschriften beschränkt sich gem. § 342 Abs. 1 zunächst auf bestimmte umsatzstarke multinationale Unternehmen, die in der Rechtsform der Kapitalgesellschaft oder der Personenhandelsgesellschaft mit einer Kapitalgesellschaft als persönlich haftendem Gesellschafter gem. § 264a Abs. 1 organisiert sind und ihren Sitz im Inland haben (vgl. Legaldefinitionen des § 342a). Betroffen sind unverbundene Unternehmen oder Mutterunternehmen, die eine Geschäftseinrichtung, eine dauerhafte Geschäftseinrichtung oder eine Niederlas-

---

[1]   ABl. EU 2021 L 429, 1 ff. v. 1.12.2021.
[2]   Kirsch DStR 2023, 54 f. Vetter NZG 2023, 347.
[3]   BT-Drs. 20/5653, 1; Bachman/Freytag/Seifert IStR 2023, 191 (193 ff.) mit Übersicht zum landesbezogenen Reporting auf Unternehmensebene.
[4]   ABl. EU 2023 L 182, 55 v. 29.6.2023.
[5]   Vgl. ABl. EU 2895 L 182, 53 und 55.

sung in einem anderen Staat unterhalten (§ 342 Nr. 1 und 2). Darüber hinaus erstreckt sich der Anwendungsbereich auch auf inländische Tochterunternehmen mit obersten Muttergesellschaften in einem Drittstaat – also nicht in der EU oder im EWR –, wenn die inländischen Unternehmen mittelgroß oder groß gem. § 267 Abs. 2–4 sind oder ausschließlich dem Zweck dienen, die Pflicht zur Erstellung und Publikation eines Ertragssteuerbericht zu umgehen (§ 342 Nr. 3).[6] Als Beispielsfall für eine solche Umgehung wird die gezielte Gründung zweier kleiner Tochterunternehmen gem. § 267 Abs. 1 statt eines mittelgroßen Tochterunternehmens, wenn der Zweck dieser Aufspaltung erkennbar der Vermeidung der Pflicht zur Ertragssteuerinformationsberichterstattung dient.[7]

6   **b) Kapitalgesellschaften in Drittstaaten mit umsatzstarken inländischen Zweigniederlassungen (§ 342 Abs. 2).** Betroffen sind auch Kapitalgesellschaften als unverbundene (§ 342a Nr. 1) oder verbundene Unternehmen (§ 271 Abs. 2), die in einem Drittstaat ansässig sind und mindestens eine Zweigniederlassung im Inland errichtet haben, welche jedoch eine gewisse Größe erfordert. Die Umsatzerlöse der inländischen Zweigniederlassung iSv § 342b Nr. 4 müssen in mindestens zwei aufeinander folgenden Geschäftsjahren einen Betrag von 12 Millionen EUR überschreiten und dürfen diesen danach in zwei aufeinander folgenden Geschäftsjahren nicht unterschreiten. Der Anwendungsbereich bleibt somit weiterhin eröffnet, wenn die Umsatzerlös-Schwelle in den folgenden Geschäftsjahren abwechselnd über- und unterschritten wird. Dabei müssen die Umsatzerlöse nicht nach den Vorschriften des HGB ermittelt werden, sondern nach dem jeweiligen nationalen Recht.[8] Nicht erfasst werden Muttergesellschaften in Drittstaaten, die nicht als Kapitalgesellschaften organisiert sind.[9] Hat die Kapitalgesellschaft mit Sitz in einem Drittstaat eine oberste Muttergesellschaft mit Sitz in der EU oder im EWR ist § 342 Abs. 2 ebenfalls nicht anwendbar; bei inländischen obersten Muttergesellschaften ist jedoch § 342 Abs. 1 Ziff. 2 einschlägig.[10]

7   Alternativ fallen auch Muttergesellschaften in Drittstaaten in den Anwendungsbereich der Bußgeldvorschriften, deren inländische Zweigniederlassungen – ungeachtet des Umsatz-Erlöses – dem Zweck dienen, die Ertragssteuerberichterstattung zu umgehen (§ 342 Abs. 2 Nr. 1 lit. b), dh wenn bspw. eine künstliche Aufspaltung erfolgt, um die Umsatzerlös-Schwelle des § 342 Abs. 2 Nr. 2 lit. a zu unterschreiten.

8   **c) Größenbeschränkung des Anwendungsbereichs und Befreiungen.** Wenn die ausgewiesenen Umsatzerlöse in den Jahresabschlüssen der betroffenen Gesellschaften gem. § 342 in mindestens zwei aufeinander folgenden Geschäftsjahren jeweils 750 Millionen EUR nicht übersteigen, ist kein Ertragssteuerinformationsbericht zu erstellen (§ 342b Abs. 3, § 342c Abs. 3, § 342d Abs. 4, § 342e Abs. 1 und Abs. 4, § 342f Abs. 4).

9   Darüber hinaus gilt im Sinne von Art. 48b Abs. 3 Bilanz-RL (RL 2013/34/EU in der Fassung der RL (EU) 2021/2101) eine Befreiung für solche unverbundene Unternehmen und oberste Mutterunternehmen, wenn diese ohnehin einen Bericht gem. Art. 89 Bilanz-RL offenlegen, der Angaben über sämtliche Tätigkeiten aller in den konsolidierten Abschluss einbezogenen verbundenen Unternehmen enthält.[11] In diesem Sinne sind CRR-Kreditinstitute gem. § 1 Abs. 3d S. 1 KWG und große Wertpapierinstitute gem. § 2 Abs. 18 WpIG befreit, wenn diese für den Berichtszeitraum gem. § 26a Abs. 1 S. 1 KWG die erforderlichen Angaben offengelegt haben (§ 342b Abs. 2, § 342c Abs. 2). Befreit sind auch Tochterunternehmen und Zweigniederlassungen mit Sitz im Inland, wenn das oberste Mutterunternehmen oder die ausländische Kapitalgesellschaft einen Ertragssteuerinformationsbericht gem. §§ 342g ff. erstellt haben, diesen spätestens ein Jahr nach dem Ende des Berichtszeitraums in mindestens einer Amtssprache der EU kostenlos auf ihrer Internetseite

---

[6]   Kirsch DStR 2023, 54 (56).
[7]   BT-Drs. 20/5653, 48.
[8]   Müller/Müller IRZ 2022, 547 (548).
[9]   Kirsch DStR 2023, 54 (56).
[10]   BT-Drs. 20/5653, 48.
[11]   ABl. EU 2021 L 429, 1 ff. v. 1.12.2021.

veröffentlicht und der Bericht von einem anderen inländischen Tochterunternehmen bzw. von einer anderen inländischen Zweigniederlassung an das Unternehmensregister übermittelt oder von einem anderen Tochterunternehmen bzw. einer anderen Zweigniederlassung mit Sitz in der EU oder im EWR gem. Art. 48d Abs. 1 Bilanz-RL offengelegt wird. Weitere Voraussetzung ist, dass das offenlegende Tochterunternehmen bzw. die offenlegende Zweigniederlassung im Bericht genannt wird (§ 342d Abs. 3, § 342e Abs. 3, § 342f Abs. 3).[12]

Unterschreitet der Umsatzerlös die Größenbeschränkung oder liegt ein Befreiungstatbestand vor, kommt eine Ordnungswidrigkeit gem. § 342o von vornherein nicht in Betracht. **10**

2. Normadressaten. Täter iSd § 342o Abs. 1 können nur sein: **11**
- **Mitglieder des vertretungsberechtigten Organs** einer Kapitalgesellschaft sein, die für die Erfüllung der Offenlegungspflichten verantwortlich sind (§ 342b Abs. 1, § 342c Abs. 1, § 342d Abs. 1),
- **Mitglieder des vertretungsberechtigten Organs der vertretungsberechtigten Kapitalgesellschaft** bei Personenhandelsgesellschaften gem. § 264a Abs. 1, bei denen keine natürliche Person unmittelbar oder mittelbar persönlich haftet (§ 342a Nr. 5),
- die **angemeldete Person** gem. § 13e Abs. 2 S. 5 Nr. 3 bei Zweigniederlassungen iSv § 342 Abs. 2 Nr. 2 oder, wenn keine angemeldete Person vorhanden ist, die **Mitglieder des vertretungsberechtigten Organs der inländischen Kapitalgesellschaft** (§ 342e Abs. 1, § 342f Abs. 1).

Da § 342o eine bestimmte Täterqualifikation voraussetzt, handelt es sich um einen **Sondertatbestand**.

Die Mitglieder des Aufsichtsrates kommen – mangels ausdrücklicher Nennung – nicht **12** als Täter des § 342o in Betracht. Allerdings ist ihnen der Ertragssteuerbericht – ebenso wie der Jahresabschluss, der Lagebericht, der Konzernabschluss, der Konzernlagebericht sowie die nichtfinanzielle Berichterstattung – gem. § 170 Abs. 1 AktG vorzulegen (siehe auch § 52 Abs. 1 GmbHG und § 283 Nr. 11a AktG). Gem. § 111 Abs. 1 AktG hat der Aufsichtsrat die Geschäftsführung zu überwachen, wozu gem. § 171 Abs. 1 S. 4 AktG explizit auch die Überprüfung des Ertragssteuerinformationsberichts gehört. Da sich die Abschlussprüfung gem. § 317 Abs. 3 lit. b jedoch nach dem ausdrücklichen Willen des Gesetzgebers[13] darauf beschränkt, ob für das vorausgegangene Geschäftsjahr ein Ertragssteuerinformationsbericht offenzulegen war und die ggf. bestehende Offenlegungspflicht erfüllt wurde, kann sich der Aufsichtsrat nicht auf eine inhaltliche Prüfung des Berichts durch den Abschlussprüfer verlassen. Bei fehlender Steuerkompetenz im Aufsichtsrat ist die Einsetzung eines Aufsichtsratsausschusses gem. § 107 Abs. 3 AktG oder die Erteilung eines gesonderten Auftrages an den Abschlussprüfer zu erwägen.[14]

3. Tatgegenstand. Tatgegenstand des § 342o ist der Ertragssteuerinformationsbericht **13** mit den Pflichtangaben gem. § 342h zu den einzubeziehenden Unternehmen gem. § 342g.

III. Tathandlung

Ordnungswidrig handelt gem. § 342o, wer den Ertragssteuerinformationsbericht nicht **14** richtig oder nicht vollständig erstellt (§ 342o Abs. 1 Nr. 1). Ein weiterer Bußgeldtatbestand ist erfüllt, wenn der Bericht nicht, nicht richtig, nicht rechtzeitig oder nicht für die Dauer von mindestens fünf Jahren veröffentlicht wird (§ 342o Abs. 1 Nr. 2).

1. Unrichtige oder unvollständige Erstellung, Abs. 1 Nr. 1. Folgende inhaltliche **15** Verstöße gegen die Pflicht zur Erstellung des Ertragssteuerinformationsbericht gem. § 342b

---

[12]   Kirsch DStR 2023, 54 (58).
[13]   Vgl. Art. 48f RL 2021/2101/EU, ABl. EU 2021 L 429, 1 ff. v. 1.12.2021.
[14]   Vetter NZG 2023, 347 (348 ff.).

Abs. 1 Nr. 1, § 342c Abs. 1 Nr. 1, § 342d Abs. 2 Nr. 2 lit. a, § 342e Abs. 2 Nr. 2 lit. a und § 342f Abs. 2 Nr. 2 lit. a sind bußgeldbewehrt:
- Verstöße gegen die Vollständigkeit der einzubeziehenden Unternehmen gem. § 342g,
- Verstöße gegen die Pflichtangaben gem. § 342h,[15]
- Verstöße gegen den länderbezogenen Ausweis der Angaben gem. § 342i,
- Verstöße gegen die Währungsvorschriften gem. § 342j,
- Verstöße gegen die Informations- und Begründungspflichten zu unterlassenen Angaben im Ertragssteuerinformationsbericht gem. § 342k Abs. 2 S. 1 und gegen die Nachholungspflicht gem. § 342 Abs. 2 S. 2,
- Verstöße gegen die Formvorschriften des § 342l.

16   Unrichtig ist eine Pflichtangabe – nicht etwa eine sonstige Angabe – im Ertragssteuerinformationsbericht, wenn diese objektiv mit der Wirklichkeit nicht übereinstimmt. Unvollständig ist ein Bericht, wenn einzelne Pflichtangaben gem. § 342h Abs. 1 und 2 darin nicht enthalten sind. Das Vollständigkeitsgebot wird jedoch für inländische Tochterunternehmen und Zweigniederlassungen auf diejenigen Angaben beschränkt, die dem Berichtersteller zur Verfügung stehen bzw. welche er beschaffen konnte, wenn das oberste Mutterunternehmen oder die ausländische Kapitalgesellschaft keinen Ertragssteuerinformationsbericht erstellt hat oder dieser nicht den gesetzlichen Vorgaben entspricht (§ 342d Abs. 2 Nr. 2, § 342e Abs. 2 Nr. 2, § 342f Abs. 2 Nr. 2).[16]

17   **2. Verstoß gegen Veröffentlichungspflichten, Abs. 1 Nr. 2.** § 342o Abs. 1 Nr. 2 sanktioniert Verstöße gegen die Veröffentlichungspflichten gem. § 342n Abs. 1 S. 1, Abs. 2 S. 1 und Abs. 3 auf der Internetseite der Gesellschaft. Hiervon sind Verstöße gegen die Offenlegungspflichten gem. § 342m Abs. 1–3 und die Erklärungspflichten gem. § 342d Abs. 2 Nr. 1, § 342e Abs. 2 Nr. 1 und § 342f Abs. 2 Nr. 1 abzugrenzen, die durch ein Ordnungsgeld gem. § 342p geahndet werden.

18   Der Ertragssteuerinformationsbericht ist spätestens ein Jahr nach dem Ende des Berichtszeitraums für mindestens fünf Jahre kostenlos und in deutscher Sprache auf der Internetseite des Unternehmens zu veröffentlichen (§ 341n Abs. 1 S. 1), wobei diese Pflicht nur im Fall der Offenlegung gem. § 342m Abs. 1 entfällt, wenn auf der Internetseite hierauf hingewiesen wird (§ 342n Abs. 1 S. 2). Entsprechendes gilt gem. § 342n Abs. 2 für den Fall, dass der Ertragssteuerinformationsbericht durch die oberste Muttergesellschaft oder die ausländische Kapitalgesellschaft erstellt wurde.

19   Der Tatbestand ist erfüllt, wenn der Bericht überhaupt nicht, nicht richtig, nicht rechtzeitig oder nicht für die Dauer von mindestens fünf Jahren auf der Internetseite veröffentlicht wird

20   **3. Weglassen nachteiliger Angaben:** Ist bei Offenlegung einzelner Angaben im Ertragssteuerinformationsbericht gem. § 342h Abs. 1 und 2 ein erheblicher Nachteil für das Unternehmen, auf die sich diese beziehen, zu befürchten, müssen diese gem. § 342k Abs. 1 im Sinne eines Wahlrechts nicht in den Bericht aufgenommen werden. Von einem erheblichen Nachteil ist gem. ErwGr. 18 RL (EU) 2021/2101 bei einer *„ernsthaften Beeinträchtigung der Marktstellung"* eines einbezogenen Unternehmens auszugehen.[17] Die bloße Möglichkeit eines Nachteils reicht nicht aus; vielmehr muss der Nachteil mit überwiegender Wahrscheinlichkeit eintreten. Dabei ist der Nachteilseintritt für jede einzelne Angabe gesondert zu prüfen.[18] Auch bei Vorliegen eines Nachteils dürfen Angaben ausnahmsweise nicht weggelassen werden, wenn sich diese auf Steuerhoheitsgebiete gem. § 342i S. 1 Nr. 2 und 3 beziehen, dh auf Steuerhoheitsgebiete im Sinne der aktuell überarbeiteten EU-Liste nicht kooperativer Länder und Gebiete für Steuerzwecke.

---

[15]   Kirsch DStR 2023, 54 (57 f.).
[16]   Kirsch DStR 2023, 54 (59).
[17]   ABl. EU 2021 L 429, 1 ff. v. 1.12.2021.
[18]   BT-Drs. 20/5653, 62.

Macht der Berichtersteller von der Ausnahmemöglichkeit gem. § 342k Abs. 1 **21** Gebrauch, muss er dies gem. § 342k Abs. 2 S. 1 im Ertragsteuerinformationsbericht angeben und „hinreichend aussagekräftig, konkret und nachvollziehbar" begründen. Die weggelassenen Angaben müssen in der Begründung jedoch nicht de facto wiedergegeben oder erläutert werden, da sonst der Schutzzweck der Ausnahmeregelung des Abs. 1 S. 1 unterlaufen würde.[19]

Zu berücksichtigen ist jedoch, dass § 342k Abs. 2 S. 2 eine Nachholung der weggelassenen **22** Angaben spätestens in dem Ertragsteuerinformationsbericht verlangt, der für das fünfte Geschäftsjahr nach dem Berichtszeitraum, in dem die Angaben erstmalig weggelassen wurden, erstellt wird. Allerdings muss für jedes Geschäftsjahr erneut geprüft werden, ob die Ausnahmevoraussetzungen bezogen auf jede einzelne weggelassene Pflichtangabe weiterhin vorliegen, da Abs. 2 S. 2 keine 5-jährige „Pauschalausnahme" gewährt.[20] Ein Verstoß gegen die Nachholungspflicht ist bußgeldbewährt, da in diesem Fall auch ein Verstoß gegen eine Vorschrift gem. § 342o Abs. 1 Nr. 1 vorliegt.

IV. Subjektiver Tatbestand

In allen Fällen des § 341o ist **vorsätzliches Handeln** erforderlich, da Fahrlässigkeit **23** nicht ausdrücklich mit Geldbuße bedroht ist (vgl. § 10 OWiG). Bedingter Vorsatz reicht aus. Im Fall der Beteiligung an der Ordnungswidrigkeit eines Täters, der die Täterqualifikation des § 341o Abs. 1 besitzt, müssen sowohl der Beteiligte als auch der Täter vorsätzlich handeln; handelt der Täter nur fahrlässig, liegt keine Beteiligung iSd § 14 Abs. 1 OWiG vor.[21] Allerdings bedarf es aufgrund des **Einheitstäterbegriffs** des Ordnungswidrigkeitenrechts gem. § 14 Abs. 1 OWiG keiner Differenzierung zwischen Täterschaft und Teilnahme; jeder Beteiligte an einer Ordnungswidrigkeit des § 341o ist Täter, sofern nur ein Beteiligter die Täterqualifikation besitzt und die anderen diesbezüglich vorsätzlich handeln (→ § 334 Rn. 1).

V. Grundsätze des § 334

Im Übrigen gelten die Ausführungen zu § 334 (→ § 334 Rn. 72 ff.). **24**

VI. Geldbuße

Eine Ordnungswidrigkeit gem. § 342o Abs. 1 kann mit einer Geldbuße in Höhe von **25** bis zu 250.000 EUR geahndet werden. Gem. § 17 Abs. 4 OWiG soll die Geldbuße den wirtschaftlichen Vorteil der Tat übersteigen; reicht das Höchstmaß der Geldbuße hierfür nicht aus, kann es überschritten werden. Da die tatbestandsmäßigen Pflichtverletzungen von Organmitgliedern auch die jeweilige Kapitalgesellschaft betreffen, kommen auch Verbandsgeldbußen gem. § 30 OWiG in Betracht.

VII. Verfolgungszuständigkeit

Zuständig für die Verfolgungen einer Ordnungswidrigkeit ist gem. § 342o Abs. 3 das **26** **Bundesamt für Justiz.**

§ 342p Ordnungsgelder

Das Bundesamt für Justiz hat ein Ordnungsgeldverfahren durchzuführen gegen
1. die Mitglieder des vertretungsberechtigten Organs einer Gesellschaft im Sinne
des § 342 Absatz 1, die § 342m Absatz 1 oder 2 hinsichtlich der Pflicht zur

---

19 BT-Drs. 20/5653, 63.
20 BT-Drs. 20/5653, 63.
21 BGHSt 31, 309 (311) mwN zum Streitstand; KK-OWiG/Rengier OWiG § 14 Rn. 5 ff.

Offenlegung des Ertragsteuerinformationsberichts oder der Erklärung nach § 342d Absatz 2 Nummer 1 nicht befolgen,

2. die Mitglieder des vertretungsberechtigten Organs einer Kapitalgesellschaft im Sinne des § 342 Absatz 2, die § 342m Absatz 3 hinsichtlich der Pflicht zur Offenlegung des Ertragsteuerinformationsberichts oder der Erklärung nach § 342e Absatz 2 Nummer 1 oder § 342f Absatz 2 Nummer 1 nicht befolgen.

Im Falle des Satzes 1 Nummer 2 treten die in § 13e Absatz 2 Satz 5 Nummer 3 genannten angemeldeten Personen, sobald sie angemeldet sind, an die Stelle der Mitglieder des vertretungsberechtigten Organs der Kapitalgesellschaft. Das Ordnungsgeldverfahren kann im Falle des Satzes 1 Nummer 1 auch gegen die Gesellschaft im Sinne des § 342 Absatz 1 und im Falle des Satzes 1 Nummer 2 auch gegen die Kapitalgesellschaft im Sinne des § 342 Absatz 2 durchgeführt werden. § 335 Absatz 1 Satz 3 bis 5 und Absatz 1c bis 7 sowie die §§ 335a und 335b sind mit der Maßgabe entsprechend anzuwenden, dass das Ordnungsgeld höchstens zweihundertfünfzigtausend Euro beträgt.

Schrifttum: s. § 335 HGB.

I. Allgemeines

1   Mit dem Gesetz zur Umsetzung der Richtlinie (EU) 2021/2101 im Hinblick auf die Offenlegung von Ertragsteuerinformationen durch bestimmte Unternehmen und Zweigniederlassungen vom 19.6.2023 (BGBl. 2023 I Nr. 154) wurde auch ein Ordnungsgeldverfahren zur Erzwingung der Offenlegungspflichten in Bezug auf den Ertragsteuerinformationsbericht eingeführt (→ § 342o Rn. 1). Verstöße gegen die Offenlegungspflichten gem. § 342m Abs. 1–3 und die Erklärungspflichten gem. § 342d Abs. 2 Nr. 1, § 342e Abs. 2 Nr. 1 und § 342f Abs. 2 Nr. 1 können durch ein Ordnungsgeld gem. § 342p in Höhe von bis zu 250.000 EUR geahndet werden. Dabei wird das BfJ als zuständige Behörde von der das Unternehmensregister führenden Stelle, dh den Betreiber des Bundesanzeigers, über fehlende oder unvollständige Offenlegungen informiert und leitet ein Ordnungsgeldverfahren ein. Davon sind Bußgeldverfahren wegen unvollständiger Inhaltsangaben im Bericht gem. § 342o abzugrenzen.

II. Normadressaten

2   Normadressaten sind die **Mitglieder des vertretungsberechtigten Organs** (→ § 331 Rn. 8 ff.) einer Kapitalgesellschaft oder die **angemeldeten Personen** gem. § 13e Abs. 2 S. 5 Nr. 3, die für die Erfüllung der Offenlegungs- und Erklärungspflichten zuständig sind. Letztere treten bei Zweigniederlassungen an die Stelle der Mitglieder des vertretungsberechtigten Organs einer Kapitalgesellschaft, sobald sie angemeldet sind. Das Ordnungsgeldverfahren kann sich auch gegen die **inländische Gesellschaft** gem. § 342 Abs. 1 oder gegen die **ausländische Kapitalgesellschaft** gem. § 342 Abs. 2 richten (§ 342p S. 3).[1]

3   Aufgrund des Verweises in § 342p S. 4 auf § 335b steht fest, dass das Ordnungsgeldverfahren auch auf **Personenhandelsgesellschaften gem. § 264a Abs. 1** und die Mitglieder des vertretungsberechtigten Organs der vertretungsberechtigten Gesellschafter (§ 264a Abs. 2) anwendbar ist.

III. Die ordnungsgeldbewehrten Pflichten

4   Die Pflichten zur Offenlegung des Ertragsteuerinformationsbericht folgen aus § 324m Abs. 1–3. Sind inländische Unternehmen – mangels zur Verfügungstellung durch das oberste Mutterunternehmen – nicht in der Lage, einen Bericht offenzulegen, der den rechtlichen Vorgaben entspricht, sind sie gem. § 342d Abs. 2, § 342e Abs. 2 oder gem. § 342f Abs. 2

---

[1]   BT-Drs. 20/5653, 67.

verpflichtet, eine entsprechende Erklärung sowie einen Ertragssteuerinformationsbericht mit den verfügbaren und beschaffbaren Angaben zu erstellen und diese Unterlagen gem. § 342m Abs. 2 S. 2, Abs. 3 S. 2 dem Unternehmensregister zu übermitteln.

IV. Verfahren

Aufgrund der Verweisung in § 342m Abs. 4 hat der Betreiber des Bundesanzeigers gem. **5** § 329 Abs. 1 zu prüfen, ob der einzureichende Ertragssteuerbericht und die erforderlichen Erklärungen fristgemäß und vollständig eingereicht worden sind. Ist dies nicht der Fall, hat er gem. § 329 Abs. 4 die für die Durchführung des Ordnungsgeldverfahrens zuständige Verwaltungsbehörde, dh gem. § 342p Abs. 1 das Bundesamt für Justiz (BfJ), zu unterrichten.

Kommt ein betroffenes Unternehmen seiner Offenlegungs- und Erklärungspflicht nicht **6** fristgerecht spätestens ein Jahr nach Endes Berichtzeitraumes nach (§ 342m Abs. 1–3), sind die **Vorschriften des Ordnungsgeldverfahrens gem. § 335 Abs. 1 S. 3–5 und Abs. 1c– 7, § 335b** sowie die **Vorschriften über die Beschwerde und Rechtsbeschwerde gem. § 335a** mit der Maßgabe entsprechend anzuwenden, dass das Ordnungsgeld höchstens 250.000 EUR beträgt.

Wird ein Ordnungsgeld gem. § 335 Abs. 3 angedroht, besteht für das Unternehmen **7** die Möglichkeit, im Einspruchsverfahren des § 335 Abs. 3 die Vermutung zu widerlegen, dass gegen eine Pflicht gem. § 342m verstoßen wurde. Insbesondere können auch etwaige Befreiungstatbestände geltend gemacht werden oder der Nachweis, dass das betroffene Unternehmen nicht in den Anwendungsbereich des § 342 fällt. Wird gegen die Androhung kein Einspruch eingelegt oder gegen die Verwerfung des Einspruchs keine Beschwerde erhoben, hat das Beschwerdegericht zwingend – wegen der Bindungswirkung der Androhung – von einer Offenlegungs- und Erklärungspflicht iSv § 342m auszugehen (→ § 335 Rn. 45 und → § 335a Rn. 20).

Das Ordnungsgeldverfahren, das Beschwerde- und Rechtsbeschwerdeverfahren richten **8** sich gem. § 342 S. 4 nach den Vorschriften der §§ 335 ff. Die Ausführungen zu diesen Verfahrensvorschriften gelten entsprechend.

Fünfter Abschnitt. Privates Rechnungslegungsgremium; Rechnungslegungsbeirat

§ 342q Privates Rechnungslegungsgremium

(1) [1]Das Bundesministerium der Justiz kann eine privatrechtlich organisierte Einrichtung durch Vertrag anerkennen und ihr folgende Aufgaben übertragen:

1. Entwicklung von Empfehlungen zur Anwendung der Grundsätze über die Konzernrechnungslegung,
2. Beratung des Bundesministeriums der Justiz bei Gesetzgebungsvorhaben zu Rechnungslegungsvorschriften,
3. Vertretung der Bundesrepublik Deutschland in internationalen Standardisierungsgremien und
4. Erarbeitung von Interpretationen der internationalen Rechnungslegungsstandards im Sinn des § 315e Absatz 1.

[2]Es darf jedoch nur eine solche Einrichtung anerkannt werden, die aufgrund ihrer Satzung gewährleistet, daß die Empfehlungen und Interpretationen unabhängig und ausschließlich von Rechnungslegern in einem Verfahren entwickelt und beschlossen werden, das die fachlich interessierte Öffentlichkeit einbezieht. [3]Soweit Unternehmen oder Organisationen von Rechnungslegern Mitglied einer solchen Einrichtung sind, dürfen die Mitgliedschaftsrechte nur von Rechnungslegern ausgeübt werden.

(2) Die Beachtung der die Konzernrechnungslegung betreffenden Grundsätze ordnungsmäßiger Buchführung wird vermutet, soweit vom Bundesministerium der Justiz bekanntgemachte Empfehlungen einer nach Absatz 1 Satz 1 anerkannten Einrichtung beachtet worden sind.

Schrifttum: Achleitner, Die Normierung der Rechnungslegung: Eine vergleichende Untersuchung unterschiedlicher institutioneller Ausgestaltungen des nationalen und internationalen Standardsetzungsprozesses, 1995; Achleitner/Behr, International Accounting Standards, 3. Aufl. 2002; Baetge/Krumnow/Noelle, Das „Deutsche Rechnungslegungs Standards Committee" (DRSC), DB 2001, 769; Baetge/Thiele/Plock, Die Restrukturierung des International Accounting Standards Committee – Das IASC auf dem Weg zum globalen Standardsetter?, DB 2000, 1033; Ballwieser, HGB-Konzernabschlußbefreiung und privates Rechnungslegungsgremium, FS Weber, 1999, 433; Barckow/Gräfer, Aktuelle Entwicklungen und Tendenzen in der Arbeit des International Accounting Standards Committee (IASC), DB 1997, 1189; Bardenz, Durchbruch für das International Accounting Standards Committee?, WM 1996, 1657; Beisse, Normqualität und Normstruktur von Bilanzvorschriften und Standards, BB 1999, 2180; Beisse, Wandlungen der Grundsätze ordnungsgemäßer Bilanzierung, GS Knobbe-Keuk, 1997, 385; Berberich, Ein Framework für das DRSC – Modell einer verfassungskonformen gesellschaftlichen Selbststeuerung im Bilanzrecht, 2002; Biener, Fachnormen statt Rechtsnormen, FS Clemm, 1996, 59; Biener, Die Standardisierung als neue Möglichkeit zur Fortentwicklung der Rechnungslegung, FS Weber, 1999, 451; Böckem, Die Durchsetzung von Rechnungslegungsstandards, 2000; Böckem, Die Durchsetzung von Rechnungslegungsstandards in Deutschland, DB 2000, 1185; Böcking/Benecke, Der Entwurf des DRSC zur Segmentberichterstattung „E-DRS 3". Eine Orientierung an dem Standard SFAS 131 des FASB und/oder an dem Standard IAS 14 revised des IASC?, WPg 1999, 839; Böcking/Orth, Offene Fragen und Systemwidrigkeiten bei den neuen Rechnungslegungs- und Prüfungsvorschriften des KonTraG und des KapAEG, DB 1998, 1873; Bolin, Das International Accounting Standards Committee – Aufgaben, Organisation und Perspektiven, WPg 1990, 482; Breidenbach, Aufgaben und Organisation des Deutschen Rechnungslegungs Standards Committee (DRSC), StuB 1999, 641; Breidenbach, Normensetzung für die Rechnungslegung, 1998; Budde, Müssen die börsennotierten Gesellschaften eigene Wege gehen?, FS Clemm, 1996, 81; Budde/Steuber, Normsetzungsbefugnis eines deutschen Standard Setting Body, DStR 1998, 1181; Budde/Steuber, Verfassungsrechtliche Voraussetzungen zur Transformation internationaler Rechnungslegungsgrundsätze, DStR 1998, 504; Burger/Sing/Ulbrich, Notwendige Reform der Finanzierung des DRSC, KoR 2005, 123; Cooke/Choudhury/Wallace, United Kingdom: Individual Accounts, in Ordelheide/KPMG, Transnational Accounting, Bd. 3, 2. Aufl. 2001, 2571; Demming, Grundlagen der internationalen Rechnungslegung, 1997; Deutsches Rechnungslegungs Standards Committee, Deutsche Rechnungslegungs Standards (DRS) – German Accounting Standards (GAS), Rechnungslegungs Interpretationen (RIC) – Accounting Interpretations (AIC) (Losebl.-Slg.); Drescher, Gründung eines privaten Rechnungslegungsgremiums in Deutschland – „public versus private standard setting", StuW 1998, 240; Ebert, Private Normsetzung für die Rechnungslegung, 2002; Ebke, Der Deutsche Standardisierungsrat und das Deutsche Rechnungslegungs Standards Committee: Aussichten für eine professionelle Entwicklung von Rechnungslegungsgrundsätzen, ZIP 1999, 1193; Ebke, Rechnungslegung und Abschlußprüfung im Umbruch, WPK-Mitt. Sonderheft Juni 1997, 12; Ernst, KonTraG und KapAEG sowie aktuelle Entwicklungen zur Rechnungslegung und Prüfung in der EU, WPg 1998, 1025; Fey/Schruff, Das Standing Interpretations Committee (SIC) des International Accounting Standards Committee, WPg 1997, 585; Fischer/Iannaconi/Lechner, United States: Individual Accounts, in Ordelheide/KPMG, Transnational Accounting, Bd. 3, 2. Aufl. 2001, 2851; Fülbier, Entwurf eines DRS 4 zur Bilanzierung von Unternehmenserwerben im Konzernabschluß, DB 2000, 1341; Großfeld, Wirtschaftsprüfer und Globalisierung: Zur Zukunft des Bilanzrechts, WPg 2001, 129; Haller, Die Rolle des International Accounting Standards Committee bei der weltweiten Harmonisierung der externen Rechnungslegung, DB 1993, 1297; Haller, Financial Accounting Standards Board, DBW 1990, 265; Haller/Eierle, Ideenfindung und -verarbeitung zur Entwicklung von Rechnungslegungsstandards beim „Financial Accounting Standards Board", DB 1998, 733; Harder, Welche Rechtsetzungsbefugnis hätte ein deutsches Rechnungslegungsgremium?, DB 1996, 923; Hayn/Zündorf, Normierung der Rechnungslegung, FS Weber, 1999, 481; Heintzen, Verfassungsrechtliche Anforderungen an das Rechnungslegungsrecht für börsennotierte Unternehmen, KoR 2001, 150; Heintzen, Zur Verfassungsmäßigkeit von § 292a Abs. 2 Nr. 2a HGB, BB 1999, 1050; Hellermann, Private Standardsetzung im Bilanzrecht – öffentlich-rechtlich gesehen, NZG 2000, 1097; Hennrichs, Ausbau der Konzernrechnungslegung im Lichte internationaler Entwicklungen, ZGR 2000, 627; Hense, Tätigkeitsbericht des Präsidenten der WPK anläßlich der Beiratssitzung am 17. Juni 1998, WPK-Mitt. 1998, 222; Hoffmann, Das DRSC und die Regulierung der Rechnungslegung. Eine ökonomische Analyse, 2003; Hohl, Private Standardsetzung im Gesellschafts- und Bilanzrecht, 2007; Hommelhoff/Schwab, Staatsersetzende Privatgremien im Unternehmensrecht, FS Kruse, 2001, 693; Hommelhoff/Schwab, Gesellschaftliche Selbststeuerung im Bilanzrecht – Standard Setting Bodies und staatliche Regulierungsverantwortung nach dualem Recht, BFuP 1998, 38; Hütten/Brakensiek, „Deutsche" US-GAAP ohne eine SEC – Auto ohne Bremsen?, BB 2000, 870; Icking, Die Rechtsnatur des Handelsbilanzrechts, 2000; Kirchhof, Gesetzgebung und private Regelsetzung als Geltungsgrund für Rechnungslegungspflichten, ZGR 2000, 681; Kleindiek/Oehler, Die Zukunft des deutschen Bilanzrechts im Zeichen internationaler Rechnungslegung und privater Standardsetzung, 2000; Knorr, Hat das Deutsche Rechnungslegungs Standards Committee (DRSC) eine Daseinsberechtigung über 2004 hinaus?, KoR 2001, 89; Köhler/Marten/Schlereth, Reformansätze zum HGB – Studie zur Einschätzung der Vorschläge des Deutschen Standardisierungsrates (DSR), DB 2006, 2301; Küting, Die Rechnungslegung in Deutschland an der Schwelle zu einem neuen Jahrtausend – Bestandsaufnahme und Ausblick, DStR 2000, 38; Küting/Brakensiek, IASC, FASB und DRSC – Ein Kurzporträt dreier Standard Setter, BB 1999, 678; Küting/Dürr/Zwirner, Das Deutsche Rechnungslegungs Standards Committee – Standortbestimmung und künftige Aufgabenschwerpunkte, BuW 2003, 133; Küting/Hütten, Warum denn aus dem Fehlern anderer lernen – Das DRSC und sein erster Standardentwurf, StuB 1999, 487; Langenbucher/Blaum, Ist ein deutsches Rechnungslegungsgremium notwendig? – Ein Organisationsvorschlag auf der Grundlage einer Analyse ausländischer Standard Setting Bodies, DB 1995, 2325; Löw, Deutsches Rechnungslegungs Standards Committee, ZBB 2001, 19; Moxter, Die Zukunft der Rechnungslegung, DB 2001, 605; Moxter, Deutsches Rechnungslegungs Standards Committee: Aufgaben und Bedeutung, DB 1998, 1425; Mujkanovic, Befreiende Konzernabschlüsse und Konzernlageberichte, BB 1999, 999; Mujkanovic, Die Vorschläge des Deutschen Standardisierungsrates zur Abbildung von Unternehmenserwerben im Konzernabschluss – zwei Schritte vor, ein Schritt zurück?, WPg 2000, 637; Naumann, Standardentwurf zur Segmentberichterstattung, BB 1999, 2288; Niehus, Die Zukunft der Standards des DRSC, DB 2001, 53; ohne Verf., Auswirkungen des KonTraG auf den Berufsstand, WPK-Mitt. 1998, 217; ohne Verf., IASC – Neue Strategie und Strukturen, WPK-Mitt. 2000, 123; Paal, Rechnungslegung und DRSC, 2001; Peemöller/Beckmann/Geiger, Standardentwurf E-DRS 4 zu Unternehmenserwerben im Konzernabschluss, BB 2000, 1080; Peemöller/Finsterer/Neubert, Bilanzierung von Unternehmen des Neuen Marktes nach IAS und US-GAAP, BB 1999, 1103; Pellens/Bonse/Fülbier, Organisatorischer und konzeptioneller Rahmen des IASC, WPK-Mitt. 1996, 264; Pellens/Bonse/Gassen, Perspektiven der deutschen Konzernrechnungslegung – Auswirkungen des Kapitalaufnahmeerleichterungsgesetzes und des Gesetzes zur Kontrolle und Transparenz im Unternehmensbereich, DB 1998, 785; Pellens/Crasselt/Kemper, Evaluation der Arbeit des DRSC, DB 2009, 241; Pellens/Fülbier/Ackermann, International Accounting Standards Committee – Deutscher Einfluss auf Arbeit und Regelungen, DB 1996, 285; Pilhofer, Konzeptionelle Grundlagen des neuen DRS 2 zur Kapitalflußrechnung im Vergleich mit den international anerkannten Standards, DStR 2000, 292; Risse, Standard-Setting beim IASC: Mitwirkungsmöglichkeiten aus deutscher Sicht, RIW 1995, 830; Scheffler, Der Deutsche Standardisierungsrat – Struktur, Aufgaben und Kompetenzen, BFuP 1999, 407; Schildbach, Das private Rechnungslegungsgremium gemäß § 342 HGB und die Zukunft der Rechnungslegung in Deutschland, DB 1999, 645; Schön, Wer entscheidet im Bilanzrecht? (Gastkommentar), DB 1998, Heft 11, S. I; Schwab, Der Standardisierungsvertrag für das DRSC – Eine kritische Würdigung (Teil I und II), BB 1999, 731 und BB 1999, 783; Sonnemann, Institutionelle und konzeptionelle Grundlagen der externen Rechnungslegung in den USA, in Sonnemann, Rechnungslegung, Prüfung, Wirtschaftsrecht und Steuern in den USA, 1989, 17; Spanheimer, Spezifische Problemfelder des gesetzlichen Standardisierungsauftrages an den DSR gemäß § 342 Abs. 1 Nr. 1 HGB, WPg 2000, 997; Staats, Zur Problematik bundesrechtlicher Verweisungen auf Regelungen privatrechtlicher Verbände, ZRP 1978, 59; Strobel, Deutsches Rechnungslegungs Standards Committee: Der Standardentwurf E-DRS 3 zur Segmentberichterstattung, DB 1999, 2017; Strobel, Entwurf eines DRS 1 zur Konzernrechnungslegung nach § 292a HGB, DB 1999, 1127; Tiedtke, Einkommensteuer- und Bilanzsteuerrecht, 2. Aufl.

1995; Ulmer, Der Deutsche Corporate Governance Kodex – ein neues Regulierungsinstrument für börsennotierte Aktiengesellschaften, ZHR 166 (2002), 150; Weis, Rechnungslegung: Chance zur Sicherung der Zukunft des deutschen Standardsetters nutzen, WPg 2011, I; v. Wysocki, DRS: Neue Regeln des Deutschen Rechnungslegungs Standards Committee zur Aufstellung von Kapitalflußrechnungen, DB 1999, 2373; Zitzelsberger, Überlegungen zur Einrichtung eines nationalen Rechnungslegungsgremiums in Deutschland, WPg 1998, 246; Zitzelsberger, Aus der Arbeit des IDW, WPg 1998, 1015; Zwirner, Zur Notwendigkeit eines unabhängigen Rechnungslegungsgremiums in Deutschland, StuB 2010, 627.

Übersicht

I. Privates Rechnungslegungsgremium

1   **1. Einleitung.** Die Vorschrift wurde als § 342 durch Art. 2 KonTraG vom 27.4.1998 (BGBl. 1998 I 786) in das HGB eingefügt. Hiermit wurde die Möglichkeit geschaffen, ein **privates Rechnungslegungsgremium** zu errichten und diesem insbesondere die Aufgabe zu übertragen, als Standardsetzer (Standard Setter) allfällige Empfehlungen (Standards) zur Anwendung der Grundsätze über die Konzernrechnungslegung zu entwickeln.[1] Insgesamt sollte durch die Etablierung eines solchen privaten Standardsetzers eine zeitnahe Antwort auf die sich dynamisch verändernden Anforderungen der internationalen Kapitalmärkte ermöglicht werden. Zugleich war beabsichtigt, der Internationalisierung der Rechnungslegung durch eine verstärkte Zusammenarbeit mit internationalen sowie ausländischen nationalen Standardsetzern angemessen Rechnung zu tragen. Durch das BilMoG vom 25.5.2009 (BGBl. 2009 I 1102) hat das private Rechnungslegungsgremium zudem die Aufgabe zugewiesen bekommen, Interpretationen der internationalen Rechnungslegungsstandards iSd § 315e Abs. 1 zu erarbeiten (§ 342 Abs. 1 S. 1 Nr. 4, jetzt § 342r Abs. 1 S. 1 Nr. 4).[2]

2   **2. DRSC.** Bereits am 17.3.1998 wurde das **„DRSC – Deutsches Rechnungslegungs Standards Committee"** gegründet.[3] Das DRSC ist als eingetragener Verein organisiert und hat seinen Sitz in Berlin (§ 1 Abs. 3 DRSC-Satzung). Zunächst hat das – seiner-

---

[1]   Zu den früheren Bemühungen um ein privates Rechnungslegungsgremium in Deutschland Paal, Rechnungslegung und DRSC, 2001, S. 35–40 mwN.

[2]   Insgesamt zu den Arbeits- und Tätigkeitsschwerpunkten des DRSC im Zeitraum von 1998–2008 Pellens/Crasselt/Kemper DB 2009, 241.

[3]   Ohne Verf. WPK-Mitt. 1998, 217 (218). Die Bezeichnung des privaten Rechnungslegungsgremiums als „Deutsches Rechnungslegungs Standards Committee" ist sprachlich wie orthographisch wenig geglückt, vgl. Ebke ZIP 1999, 1193 (1194) in Fn. 26.

zeitige – BMJ das DRSC durch Vertrag **(Standardisierungsvertrag)** vom 3.9.1998 als privatrechtlich organisierte Einrichtung iSd § 342 Abs. 1 S. 1 anerkannt. International und im Ausland tritt das DRSC unter der Bezeichnung **„ASCG – Accounting Standards Committee of Germany"** auf (§ 1 Abs. 2 DRSC-Satzung). Im Zuge des BilMoG wurde die Satzung des DRSC geändert und dem erweiterten Aufgabenkreis (Abs. 1 S. 1 Nr. 4) angepasst. Zwischenzeitlich hatte das DRSC im Juni 2010 den mit dem BMJ seit dem Jahre 1998 bestehenden **Standardisierungsvertrag** zum 31.12.2010 **gekündigt** (§ 10 S. 1 Standardisierungsvertrag sieht eine Kündigungsfrist von einem Jahr zum Ende eines jeden Jahres vor). Als Begründung für die Kündigung wurde vonseiten des DRSC vor allem verwiesen auf die fehlende Gewährleistung der zukünftigen Finanzierung[4] und die Schaffung der Möglichkeit, „die Meinungsbildung und Vertretung deutscher Interessen in Fragen der internationalen Rechnungslegung neu zu ordnen".[5] Zu der Frage der Finanzierung auch → Rn. 20. Zwischenzeitlich war nicht absehbar, ob erneut das DRSC oder aber eine andere privatrechtlich organisierte Einrichtung die Aufgaben eines privaten Rechnungslegungsgremiums nach § 342 übernehmen würde – oder ob sogar die vom Gesetzgeber als Auffanglösung vorgesehene Bildung eines entsprechend mandatierten Rechnungslegungsbeirats nach Maßgabe des § 342a vorzunehmen gewesen wäre.

Schließlich erfolgte am **2.12.2011** der **Abschluss eines neuen Standardisierungs-** **3** **vertrags** zwischen dem BMJ und dem DRSC. (Haupt-)Ziele der hiermit verbundenen Neuordnung und des neuen Standardisierungsvertrages waren, „sowohl die finanzielle Basis des Vereins nachhaltig sicherzustellen als auch eine breitere Interessenvertretung zu gewährleisten. Als Eckpunkte der erforderlichen breiteren Basis wurden eine stärkere Berücksichtigung des gesamtwirtschaftlichen Interesses und der Interessen des Mittelstands identifiziert."[6] Die vom DRSC und seinen Gremien erarbeiteten Standards der Rechnungslegung werden unter der Bezeichnung **„Deutsche Rechnungslegungs Standards – DRS"** bekannt gemacht.[7]

a) Vorbilder. Das DRSC folgt in vielerlei Hinsicht **internationalen und anglo-** **4** **amerikanischen Vorbildern,** namentlich dem Financial Accounting Standards Board (FASB) in den USA,[8] dem Accounting Standards Board (ASB) in Großbritannien[9] und dem International Accounting Standards Committee (IASC)[10] bzw. dessen Nachfolgeorganisation, dem International Accounting Standards Board (IASB).[11] In der Präambel der Gründungssatzung des DRSC hieß es dazu:[12] Die Gründung des Vereins ist mit dem Zweck erfolgt, „die Standardisierung (der Rechnungslegung) durch ein unabhängiges, ausschließlich mit anerkannten Sachverständigen besetztes Gremium nach anglo-amerikanischem und

---

[4]   DRSC Jahresbericht 2009, 4 f.; Weis WPg 2011, I; Zwirner StuB 2010, 627.

[5]   DRSC Jahresbericht 2010, 3.

[6]   DRSC Jahresbericht 2011, 12.

[7]   Die bisher veröffentlichten DRS und DRS-Entwürfe sind – orthographisch korrekt – mit „Rechnungslegungsstandard" statt „Rechnungslegungs Standard" überschrieben.

[8]   Zu Einzelheiten der Organisation und Aufgaben des FASB s. Ebke WP S. 124–129; Fischer/Iannaconi/Lechner, United States: Individual Accounts, in Ordelheide/KPMG, Transnational Accounting, Bd. 3, 2. Aufl. 2001, S. 2867–2869; Haller DBW 1990, 265; Hayn/Zündorf FS Weber, 1999, 481 (486 ff.); Paal, Rechnungslegung und DRSC, 2001, S. 129–141; PFGS IntRechnungslegung S. 64–70; Sonnemann, Rechnungslegung, Prüfung, Wirtschaftsrecht und Steuern in den USA, 1989, S. 17 (26–31).

[9]   Zu Einzelheiten der Organisation und Aufgaben des ASB s. Cooke/Choudhury/Wallace in Ordelheide/KPMG, Transnational Accounting, Bd. 3, 2. Aufl. 2001, S. 2571 (2587, 2588); Hayn/Zündorf FS Weber, 1999, 481 (490 ff.); Paal, Rechnungslegung und DRSC, 2001, S. 191–197.

[10]   Zu Einzelheiten der Organisation und Aufgaben des IASC s. Barckow/Gräfer DB 1997, 1189; Bardenz WM 1996, 1657; Bolin WPg 1990, 482; Demming, Grundlagen der internationalen Rechnungslegung, 1997, S. 15–23; Haller DB 1993, 1297; Hayn/Zündorf FS Weber, 1999, 481 (492 ff.); Pellens/Bonse/Fülbier WPK-Mitt. 1996, 264; Risse RIW 1995, 830. Zur Umstrukturierung des IASC s. Baetge/Thiele/Plock DB 2000, 1033; ohne Verf. WPK-Mitt. 2000, 123; Paal, Rechnungslegung und DRSC, 2001, S. 220–225; PFGS IntRechnungslegung S. 80–89.

[11]   Zu Einzelheiten der Organisation und der Aufgaben des IASB s. Achleitner/Behr, International Accounting Standards, 3. Aufl. 2002, S. 33–52; PFGS IntRechnungslegung S. 89–96.

[12]   Präambel zur DRSC-Satzung, zweiter Spiegelstrich.

internationalem Vorbild einzuführen und zu finanzieren, weil die dort gemachten Erfahrungen zeigen, dass den jeweiligen Bedürfnissen globaler und nationaler Märkte, insbesondere der internationalen Harmonisierung, auf diese Weise besser als über zwischenstaatliche und nationale Gesetzgebung entsprochen werden kann".[13]

5   **b) Widerstände.** Das DRSC sah sich in der Lit. zum Teil starker Kritik ausgesetzt.[14] Besonders heftig kritisiert wurde die angebliche „Normsetzungsbefugnis" des DRSC.[15] Aus juristischer Sicht kann von einer **Normsetzungsbefugnis** des DRSC allerdings keine Rede sein.[16] Kritisch beurteilt wurden außerdem die rechtliche Organisation des DRSC und seine Finanzierung.[17] Abgesehen von der Kritik an einzelnen Aspekten des privaten Rechnungslegungsgremiums sind das DRSC und seine Arbeit heute im Grundsatz aber – zu Recht[18] – ganz überwiegend angenommen worden. Die WPK[19] und das IDW[20] hatten die Bestrebungen um die Schaffung eines privaten Rechnungslegungsgremiums bereits von Anfang an ausdrücklich unterstützt. Die Kündigung des Standardisierungsvertrags zum 31.12.2010 war somit weniger auf eine fehlende generelle Akzeptanz als vielmehr auf **ungeeignete Finanzierungsstrukturen** – und darüber hinausgehende Fragen der Aufgabenzuschreibung – zurückzuführen.[21]

6   **3. Organe und Gremien.** Seit der im Jahre 2011 erfolgten Umstrukturierung aufgrund des neuen Standardisierungsvertrages hat das DRSC auf der Grundlage von § 6 Abs. 1 DRSC-Satzung **vier Organe** (Präsidium, Verwaltungsrat, Nominierungsausschuss und Mitgliederversammlung) und zwei Gremien: Wissenschaftsbeirat und Fachausschüsse als Rechnungslegungsgremium (IFRS-Ausschuss und HGB-Ausschuss). In die Organe und Gremien des DRSC können nur natürliche Personen gewählt werden, die „**Rechnungsleger**" (Abs. 1 S. 2) sind (§ 6 Abs. 4 DRSC-Satzung). Das Gesetz enthält keine Definition des Begriffs „Rechnungsleger"; dagegen konkretisiert die DRSC-Satzung den Begriff unter Rekurs auf die Gesetzesmaterialien.[22] Rechnungsleger sind nach § 6 Abs. 3 S. 2 DRSC-Satzung „natürliche Personen, die mit entsprechender Qualifikation die Handelsbücher oder die sonstigen in § 257 Abs. 1 Nr. 1 bezeichneten Unterlagen für Kapitalgesellschaften oder andere Unternehmen im Anstellungsverhältnis oder freiberuflich führen bzw. erstellen". Weiterhin sind Rechnungsleger natürliche Personen, die „als Wirtschaftsprüfer, Hoch-

---

13   In Ansehung der im Jahre 2007 eingetretenen Finanz- und Wirtschaftskrise hinterfragen Kölner Komm RechnungslegungsR/Claussen/Mock § 342 Rn. 6, ob es sich insoweit insgesamt überhaupt um „eine schadensmindernde, rechtsgestaltende, zukunftsweisende und problemlösende Rechtsidee" handelt.
14   Budde/Steuber DStR 1998, 1181 (1186): „[…] das Gremium [erfüllt] die in einen deutschen Standard Setter gesetzten Erwartungen nicht"; Hayn/Zündorf FS Weber, 1999, 481 (500); Hommelhoff/Schwab FS Kruse, 2001, 701 (707); Hommelhoff/Schwab BFuP 1998, 38; Moxter DB 1998, 1425; Schwab BB 1999, 731 (und 783); Kleindiek/Oehler/Schuppert/Bumke, Die Zukunft des deutschen Bilanzrechts im Zeichen internationaler Rechnungslegung und privater Standardsetzung, 2000, S. 71.
15   Budde/Steuber DStR 1998, 1181. S. auch Beisse BB 1999, 2180 (2185); Böcking/Orth DB 1998, 1873 (1877); Harder DB 1996, 923 (924); Moxter DB 1998, 1425 (1427).
16   Vgl. Ebke ZIP 1999, 1193 (1201–1203). S. auch Heintzen BB 1999, 1050; Paal, Rechnungslegung und DRSC, 2001, S. 90–93. Weiterhin auch → Rn. 23 ff.
17   Ebke ZIP 1999, 1193 (1197–1200); Großfeld WPg 2001, 129 (132); Paal, Rechnungslegung und DRSC, 2001, S. 61–63; Schildbach DB 1999, 645 (647).
18   S. bereits Ebke ZIP 1999, 1193 (1203).
19   S. Hense WPK-Mitt. 1998, 222 (223).
20   Zitzelsberger WPg 1998, 1015 (1018).
21   Vgl. → 3. Aufl. 2013, § 342 Rn. 19.
22   S. Beschlussempfehlung BT-RA, BT-Drs. 13/10038, 46, 47 = ZIP 1998, 490, die insoweit abhebt auf alle Personen, „die als Diplom-Kaufmann bzw. -Kauffrau, Diplom-Volkswirt oder mit entsprechender Qualifikation die Handelsbücher oder die sonstigen in § 257 Abs. 1 Nr. 1 bezeichneten Unterlagen für Kapitalgesellschaften und andere Kaufleute im Anstellungsverhältnis oder freiberuflich führen. Weiterhin sind Rechnungsleger Personen, die als Wirtschaftsprüfer, vereidigte Buchprüfer, Steuerberater oder Rechtsanwalt bei der Aufstellung der vorgeschriebenen Jahres- oder Konzernabschlüsse handels- oder steuerrechtlich beraten oder Pflichtprüfungen von solchen Unterlagen durchführen. Ferner gehören zu den Rechnungslegern alle Personen, die zu den vorstehend Genannten eine zumindest vergleichbare Qualifikation haben und auf dem Gebiet der Rechnungslegung oder Prüfung tätig sind; dies gilt auch, soweit diese Personen im Bereich der Hochschulen oder anderen staatlichen Stellen tätig sind".

schullehrer, vereidigte Buchprüfer, Steuerberater, Rechtsanwälte oder mit vergleichbarer Qualifikation auf dem Gebiet der Rechnungslegung prüfend, beratend, lehrend, überwachend oder analysierend tätig sind" (§ 6 Abs. 3 S. 2 DRSC-Satzung).

a) Präsidium. Das Präsidium besteht aus dem Präsidenten und dem Vizepräsidenten, **7** die von dem Verwaltungsrat auf Vorschlag des Nominierungsausschusses für drei Jahre gewählt werden (§ 16 Abs. 1 DRSC-Satzung). Die Mitglieder des Präsidiums können ausschließlich aus wichtigem Grund mit einer Dreiviertelmehrheit der Mitglieder des Verwaltungsrates abberufen werden (§ 16 Abs. 3 DRSC-Satzung). Präsident und Vizepräsident leiten ohne Stimmrecht jeweils einen Fachausschuss sowie nach Absprache den Wissenschaftsbeirat (§ 17 Abs. 1 S. 2 DRSC-Satzung). Das Präsidium führt außerdem die Geschäfte des Vereins und vertritt diesen mitsamt der Fachausschüsse nach außen (§ 17 Abs. 1 S. 1 und 3 DRSC-Satzung).[23] § 17 Abs. 2 DRSC-Satzung ordnet eine gesetzliche Vertretungsmacht des Präsidiums für den Verein in Form der **Gesamtvertretung** an. Des Weiteren ist das Präsidium zuständig für die Veröffentlichung des Jahresberichtes des Vereins, die Aufstellung eines Wirtschaftsplanes sowie die Aufstellung des Jahresabschlusses (§ 17 Abs. 3 DRSC-Satzung); es hat ferner den Verwaltungsrat regelmäßig über den Gang der Geschäfte sowie alle wesentlichen Fragen des Vereins zu unterrichten (§ 18 Abs. 1 S. 2 DRSC-Satzung).

b) Verwaltungsrat. Der Verwaltungsrat hat **20 von der Mitgliederversammlung 8 für drei Jahre gewählte Mitglieder** (§ 10 Abs. 1 S. 1 DRSC-Satzung). **Wählbar** sind **nur natürliche Personen,** die von Mitgliedern der in § 4 Abs. 1 DRSC-Satzung benannten Segmente vorgeschlagen wurden (§ 10 Abs. 1 S. 2 DRSC-Satzung). Dabei entfallen zehn Plätze auf die Vorschläge des Segments A (kapitalmarktorientierte Industrieunternehmen und Verbände), jeweils zwei Plätze auf die Vorschläge der Segmente B (nichtkapitalmarktorientierte Unternehmen und Verbände) und D (Versicherungen und Verbände) sowie jeweils drei Plätze auf die Vorschläge der Segmente C (Banken und Verbände) und E (Wirtschaftsprüfung und Verbände), § 10 Abs. 2 DRSC-Satzung. Die Zusammensetzung des Verwaltungsrates beruht auf der aktuellen Mitglieder- und Beitragsstruktur, die bei wesentlichen Änderungen anzupassen ist (§ 10 Abs. 3 DRSC-Satzung). Die **Mitglieder** können **nur aus wichtigem Grund mit einer Dreiviertelmehrheit der Mitgliederversammlung abberufen** werden (§ 10 Abs. 5 DRSC-Satzung).

Der Verwaltungsrat legt mit Dreiviertelmehrheit die **Leitlinien der Arbeit** des Vereins, **9** insbesondere der Fachausschüsse und des Präsidiums fest (§ 11 Abs. 1 S. 1 DRSC-Satzung). Außerdem wählt der Verwaltungsrat mit Dreiviertelmehrheit die **Mitglieder der Fachausschüsse** (§ 11 Abs. 2 S. 1 und 2 DRSC-Satzung) und kann die Fachausschüsse beraten, ohne jedoch ein Weisungsrecht zu haben (§ 11 Abs. 2 S. 2 DRSC-Satzung). Weiterhin **bestellt, berät und überwacht** der Verwaltungsrat das **Präsidium,** welches er bei der Vornahme bestimmter Geschäfte zudem an seine Zustimmung binden kann (§ 11 Abs. 3 DRSC-Satzung). Der Verwaltungsrat wählt aus seiner Mitte einen Vorsitzenden, einen stellvertretenden Vorsitzenden sowie einen Schatzmeister (§ 12 Abs. 1 DRSC-Satzung). Der Verwaltungsrat soll drei Sitzungen im Jahr abhalten, welche grundsätzlich von ihrem Vorsitzenden einzuberufen sind (§ 12 Abs. 2 DRSC-Satzung). **Beschlussfähig** ist der Verwaltungsrat, wenn die Hälfte seiner Mitglieder anwesend oder wirksam vertreten ist (§ 12 Abs. 2 S. 3 DRSC-Satzung), wobei seine Beschlüsse grundsätzlich einer einfachen Mehrheit bedürfen (§ 12 Abs. 3 DRSC-Satzung).

c) Nominierungsausschuss. Der Nominierungsausschuss hat **sieben von der Mit- 10 gliederversammlung für drei Jahre gewählte Mitglieder** (§ 13 Abs. 1 DRSC-Satzung). Jedes in § 4 Abs. 1 DRSC-Satzung genannte Segment hat jeweils mindestens einen Vertreter im Nominierungsausschuss (§ 13 Abs. 1 S. 2 DRSC-Satzung). Die Mitglieder des Nominie-

---

[23] „Vertretung" iSd § 17 Abs. 1 S. 3 DRSC-Satzung dürfte eine Beschreibung des faktischen Auftretens nach Außen sein, nicht dagegen eine Vertretungsregelung im technischen Sinne.

rungsausschusses können nur aus wichtigem Grund mit einer Dreiviertelmehrheit von der Mitgliederversammlung abberufen werden (§ 13 Abs. 3 DRSC-Satzung). Der Nominierungsausschuss macht dem Verwaltungsrat Vorschläge für die Wahl der Mitglieder des Präsidiums sowie der Fachausschüsse (§ 14 Abs. 1 DRSC-Satzung), die für den Verwaltungsrat bindend sind (§ 14 Abs. 2 DRSC-Satzung). Der Nominierungsausschuss wählt aus seiner Mitte einen Vorsitzenden, der grundsätzlich die Sitzungen des Nominierungsausschusses leitet (§ 15 Abs. 1 DRSC-Satzung). Die **Beschlüsse** des Nominierungsausschusses werden **mit einfacher Mehrheit** gefasst (§ 15 Abs. 2 DRSC-Satzung).

11   **d) Mitgliederversammlung.** Die Vereinsmitglieder sind **mindestens einmal im Jahr** zu einer **ordentlichen Mitgliederversammlung** einzuberufen (§ 7 Abs. 1 S. 1 DRSC-Satzung). Die Mitgliederversammlung wählt, beruft ab und entlastet den Verwaltungsrat und den Nominierungsausschuss, setzt die Höhe des Jahresbeitrages fest, beschließt über den Wirtschaftsplan sowie alle wesentlichen Geschäftsführungsmaßnahmen, stellt den Jahresabschluss fest und wählt den Abschlussprüfer (§ 9 Abs. 1 und 2 DRSC-Satzung). Weiterhin ist die Mitgliederversammlung zuständig für Satzungsänderungen oder Ergänzungen sowie die Auflösung des Vereins und ferner auch für die Verwendung seines Vermögens (§ 9 Abs. 3 DRSC-Satzung).

12   **4. Fachausschüsse.** Die Fachausschüsse bestehen aus jeweils **sieben auf fünf Jahre durch den Verwaltungsrat auf Vorschlag des Nominierungsausschusses gewählten Mitgliedern,** die über eine besondere Kompetenz und Erfahrung auf dem Gebiet der Rechnungslegung verfügen müssen (§ 19 Abs. 1 DRSC-Satzung). Die Mitglieder der Fachausschüsse üben ihre Tätigkeit innerhalb der vom Verwaltungsrat festgelegten Leitlinien unabhängig aus (§ 19 Abs. 2 DRSC-Satzung). Die Fachausschussmitglieder können nur mit einer Dreiviertelmehrheit des Verwaltungsrates aus wichtigem Grund abberufen werden (§ 19 Abs. 2 S. 3 DRSC-Satzung). Die Fachausschüsse sind zuständig für die Erstellung von Interpretationen der internationalen Rechnungslegungsstandards, Rechnungslegungsstandards iSv § 342, Stellungnahmen gegenüber nationalen und internationalen Adressaten zu Fragen der Rechnungslegung, Diskussionspapieren sowie sonstigen Stellungnahmen und Veröffentlichungen (§ 20 Abs. 1 DRSC-Satzung). Dabei ist für Interpretationen und Standards nach Maßgabe von § 20 Abs. 4 DRSC-Satzung die fachlich interessierte Öffentlichkeit miteinzubeziehen.

13   **a) IFRS-Ausschuss.** Der IFRS-Ausschuss ist zuständig für die Entwicklung und Bekanntmachung von Interpretationen der internationalen Rechnungslegungsstandards, Stellungnahmen zu IASB-Entwürfen, die Zusammenarbeit mit der European Financial Reporting Advisory Group (EFRAG), die Beratung bei Gesetzgebungsvorhaben und der Umsetzung von EU-Richtlinien sowie für Stellungnahmen zu EU-Richtlinien (§ 21 DRSC-Satzung).

14   **b) HGB-Ausschuss.** Der HGB-Ausschuss ist zuständig für die Entwicklung und Bekanntmachung von deutschen Rechnungslegungsstandards, die Zusammenarbeit mit der EFRAG, die Beratung bei Gesetzgebungsvorhaben und der Umsetzung von EU-Richtlinien sowie für Stellungnahmen zu EU-Richtlinien (§ 22 DRSC-Satzung).

15   **c) Wissenschaftsbeirat.** Der Verwaltungsrat kann einen Wissenschaftsbeirat einrichten, dessen Mitglieder mit Zustimmung des Präsidiums ernannt werden (§ 23 Abs. 1 DRSC-Satzung). Der Wissenschaftsbeirat ist zuständig für die Beratung der Fachausschüsse, ohne selbst ein Fachausschuss zu sein (§ 23 Abs. 1 S. 1 DRSC-Satzung). Die Mitglieder des Wissenschaftsbeirates können ohne Stimmrecht an den Sitzungen der Fachausschüsse teilnehmen (§ 23 Abs. 2 DRSC-Satzung).

16   **d) Unabhängigkeit.** Entscheidendes Kriterium für die Akzeptanz der von einem privaten Rechnungslegungsgremium entwickelten Grundsätze ist die hinreichende **sachliche und persönliche Unabhängigkeit** des Gremiums und seiner Mitglieder. Die Mitglieder

der Fachausschüsse haben ihre Tätigkeit deshalb unabhängig und weisungsfrei auszuüben (Abs. 1 S. 2; § 19 Abs. 2 S. 2 und 3 DRSC-Satzung; § 1 Abs. 1 S. 2 Standardisierungsvertrag).[24] Nach § 1 Abs. 2 S. 1 des Standardisierungsvertrages garantiert das DRSC „die Unabhängigkeit und Funktionsfähigkeit des Rechnungslegungsgremiums und von diesem eingerichteter Arbeitsgruppen". Das BMJ (BMJV) erkennt im Gegenzug die Unabhängigkeit dieser Gremien an (§ 1 Abs. 2 S. 2 Hs. 1 Standardisierungsvertrag). Die Mitglieder der Fachausschüsse müssen allerdings – anders als beispielsweise die Mitglieder des anglo-amerikanischen Vorbilds FASB – ihre sonstigen beruflichen oder geschäftlichen Tätigkeiten nicht zwingend ruhen lassen. Vielmehr sind die Mitglieder der Fachausschüsse ehrenamtlich tätig (§ 19 Abs. 3 DRSC-Satzung). Hieraus resultiert zumindest eine **Besorgnis der Beeinträchtigung der Unabhängigkeit.**[25]

e) Qualifikation. Die Mitglieder der Fachausschüsse müssen Personen aus dem Kreis **17** der Rechnungsleger sein, die durch Fachkenntnisse und Erfahrungen auf dem Gebiet der Rechnungslegung ausgewiesen sind (§ 19 Abs. 1 S. 4 DRSC-Satzung). Die Sicherung der **fachlichen Qualifikation** ist damit hinreichend gewährleistet. Neben der fachlichen ist auch die **persönliche Qualifikation** für die Auswahl der Mitglieder der Fachausschüsse von großer Bedeutung; dies gilt auch und gerade vor dem Hintergrund, dass es sich bei der Entwicklung von Rechnungslegungsstandards in hohem Maße um einen (rechts-)politischen Vorgang handelt.[26] Die interne Abstimmung der Mitglieder untereinander verlangt besondere Fähigkeiten. Besondere persönliche Fähigkeiten der Mitglieder werden sich zudem insgesamt positiv auf die Akzeptanz der erarbeiteten Standards auswirken.

f) Zusammensetzung. Eine weitere zentrale Bedingung für die Herstellung von **18** Akzeptanz und Autorität eines privaten (Rechnungslegungs-)Gremiums ist die Besetzung mit Mitgliedern, die aufgrund ihrer Fähigkeiten und ihres Hintergrundes eine **interessenspezifisch ausgewogene Zusammensetzung** repräsentieren. Hierfür sieht § 19 Abs. 1 S. 3 DRSC-Satzung vor, dass darauf zu achten ist, „dass die Interessen der Aufsteller, Prüfer und Nutzer der Rechnungslegung gewahrt sind." In § 4 Abs. 4 S. 1 Standardisierungsvertrag findet sich ferner die allgemein gehaltene Vorgabe, dass bei der Zusammensetzung der Gremien die Interessen der Bilanzaufsteller, -prüfer und -nutzer gewahrt werden sollen. § 342 enthält keine diesbezüglichen Vorgaben. Für den Rechnungslegungsbeirat[27] hat der Gesetzgeber dagegen in § 342a Abs. 2 (jetzt § 342r Abs. 2)[28] eine pluralistische Besetzung mit Vertretern von Ministerien, Unternehmen, wirtschaftsprüfenden Berufen und Hochschulen ausdrücklich vorgeschrieben.[29]

Das Fehlen einer entsprechenden Vorgabe für die Zusammensetzung in § 342 (jetzt **19** § 342q) wird hierbei nicht als planwidrige Regelungslücke zu qualifizieren sein, die sich mit Hilfe einer Analogie schließen lassen könnte.[30] Im Schrifttum ist teilweise eine „dringende Nachbesserung" gefordert worden.[31] Biener folgert aus dem Fehlen einer entsprechenden

---

[24]　Krit. zur Absicherung der Unabhängigkeit des Standardisierungsrates in der DRSC-Satzung und der DSR-GeschO Ebke ZIP 1999, 1193 (1197–1200). Dem sich anschließend Staub/Schwab Rn. 47; weiterhin auch Paal, Rechnungslegung und DRSC, 2001, S. 61–63; Schildbach DB 1999, 645 (647).

[25]　Paal, Rechnungslegung und DRSC, 2001, S. 63.

[26]　Vgl. Achleitner, Die Normierung der Rechnungslegung: Eine vergleichende Untersuchung unterschiedlicher institutioneller Ausgestaltungen des nationalen und internationalen Standardsetzungsprozesses, 1995, S. 281 ff. (mit einer Auflistung möglicher persönlicher – und fachlicher – Qualifikationen, S. 284); Paal, Rechnungslegung und DRSC, 2001, S. 261.

[27]　Die Bildung eines Rechnungslegungsbeirats nach § 342a Abs. 1 (jetzt § 342r Abs. 1) ist bislang unterblieben, weil das BMJ das DRSC als privatrechtlich organisierte Einrichtung iSd § 342 Abs. 1 S. 1 (jetzt § 342q Abs. 1 S. 1) anerkannt hatte (§ 342a Abs. 9 – jetzt § 342r Abs. 9).

[28]　Staub/Schwab § 342 Rn. 54 und Staub/Schwab § 342a Rn. 9 nimmt – mit einer Unausgewogenheit der vorgesehenen Besetzung argumentierend – an, dass § 342a Abs. 2 verfassungswidrig sei.

[29]　Eine Vertretung der Anleger- und Gläubigerinteressen ist nicht vorgesehen; krit. dazu Staub/Schwab § 342 Rn. 49–53; Schwab BB 1999, 731 (732); Zitzelsberger WPg 1998, 246 (258).

[30]　Paal, Rechnungslegung und DRSC, 2001, S. 65.

[31]　Schwab BB 1999, 731 (734).

gesetzlichen Regelung in § 342, dass der Gesetzgeber dem Gesichtspunkt der Qualität der Mitglieder des Rechnungslegungsgremiums Vorrang vor einer ausgewogenen Zusammensetzung eingeräumt habe.[32] Ausgewogenheit und Qualität sind aber keine Gegensätze. Für die Qualität sorgt das Gesetz dadurch, dass Mitglied des Rechnungslegungsgremiums nur sein darf, wer „Rechnungsleger" ist (Abs. 1 S. 2); die weite Definition des Begriffs „Rechnungsleger" in § 6 Abs. 3 S. 2 DRSC-Satzung ermöglicht die erforderliche Vielfalt. Hinzukommen muss eine **Ausgewogenheit in der Vielfalt.**[33] Dabei dürfen auch Vertreter der Gläubiger- und Anlegerinteressen sowie Finanzanalysten nicht ausgespart werden.

20   **5. Finanzierung.** In § 1 Abs. 1 S. 3 Standardisierungsvertrag ist festgehalten, dass das DRSC für das BMJV **unentgeltlich** tätig wird. Das DRSC finanziert sich vornehmlich aus **Mitgliedsbeiträgen** (§ 5 DRSC-Satzung) und **Erlösen aus der Verwertung seiner Arbeit** sowie **Erträgen aus seinen wirtschaftlichen Geschäftsbetrieben** (§ 2 Abs. 3 S. 3 und Abs. 4 DRSC-Satzung). In der finanziellen Unabhängigkeit des privaten Standardisierungsgremiums manifestiert sich eine elementare Voraussetzung für die Gewährleistung der angestrebten inhaltlichen Unabhängigkeit. So hat das vormalige Finanzierungsmodell[34] eine **Besorgnis der fehlenden finanziellen Unabhängigkeit** begründet[35] sowie zu einer chronischen und substanziellen Unterdeckung des Finanzbedarfs geführt, was nicht zuletzt (jedenfalls mit-)ursächlich für die zwischenzeitliche Kündigung des Standardisierungsvertrages durch das DRSC war.

21   **6. Früherer Standardisierungsrat.** Zum Zwecke der Ermittlung, Festsetzung und Auslegung der Deutschen Standards der Rechnungslegung und der weiteren in Abs. 1 S. 1 Nr. 2 und 3 bezeichneten Aufgaben war als Kernstück des DRSC vormals gem. § 8 Abs. 1 S. 1 DRSC-Satzung aF ein Standardisierungsrat (**Deutscher Standardisierungsrat, DSR**) eingesetzt worden.[36] International trat der DSR unter der Bezeichnung „**German Accounting Standards Board (GASB)**" auf. Der Standardisierungsrat bestand aus dem Präsidenten, dem Vizepräsidenten und fünf weiteren Personen, die auf die Dauer von höchstens vier Jahren vom Vorstand gewählt und bestellt wurden (§ 8 Abs. 1 S. 2 und 3 DRSC-Satzung aF). Der Standardisierungsrat konnte zudem bis zu zwei weitere Mitglieder aus dem Kreis der Rechnungsleger kooptieren (§ 8 Abs. 1 S. 5 DRSC-Satzung aF).

II. Deutsche Rechnungslegungsstandards

22   **1. Verfahren.** Seit der Etablierung des privaten Standardisierungsgremiums im März 1998 sind zahlreiche Entwürfe für Rechnungslegungsstandards vorgelegt und darauf aufbauende Deutsche Rechnungslegungsstandards (DRS) verabschiedet worden.[37] Der Gesetzgeber hat in § 342 Abs. 1 S. 2 (jetzt § 342q Abs. 1 S. 2) festgeschrieben, dass die Empfehlungen des Rechnungslegungsgremiums in einem Verfahren entwickelt und beschlossen werden

---

[32]   Biener FS Weber, 1999, 455.

[33]   Ebke ZIP 1999, 1193 (1199); Paal, Rechnungslegung und DRSC, 2001, S. 63–66; Schwab spricht sich für die Herstellung einer ausgewogenen Besetzung durch umfassende fachbezogene und interessenbezogene Repräsentanz aus, vgl. Staub/Schwab Rn. 49; Hommelhoff/Schwab FS Kruse, 2001, 704 (707); Hommelhoff/Schwab BFuP, 38 (48, 51).

[34]   Zur vormaligen Finanzierung des DRSC s. Ebke ZIP 1999, 1193 (1199, 1200); Paal, Rechnungslegung und DRSC, 2001, S. 58–60; weiterhin Burger/Sing/Ulbrich KoR 2005, 123.

[35]   Ebke ZIP 1999, 1193 (1199, 1200); Staub/Schwab § 342 Rn. 76–78; Paal, Rechnungslegung und DRSC, 2001, S. 235–242. Pellens/Bonse/Gassen DB 1999, 785 (790) plädieren für eine „Subventionierung bzw. eine vollständige Finanzierung durch den Gesetzgeber". Staub/Schwab § 342 Rn. 77; Hommelhoff/Schwab FS Kruse, 2001, 712; Schwab BB 1999, 783 (787) wollen dem Staat „eine finanzielle Beteiligung ansinnen".

[36]   Krit. zur Regelung der Finanzierung der Tätigkeiten des Standardisierungsrates Ebke ZIP 1999, 1193 (1199, 1200); Staub/Schwab § 342 Rn. 76–78; Pellens/Bonse/Gassen DB 1998, 785 (790); Schwab BB 1999, 783 (787).

[37]   Die DRS und die Rechnungslegungs-Interpretationen werden in einer vom DRSC herausgegebenen Loseblattsammlung veröffentlicht. Zu Begriff und Bedeutung der DRS Baetge/Krumnow/Noelle DB 2001, 769 (770–772); Küting/Dürr/Zwirner BuW 2003, 133 (136, 137); Niehus DB 2001, 53.

müssen, das die fachlich interessierte Öffentlichkeit einbezieht. Nach § 4 Standardisierungsvertrag hat das DRSC die Öffentlichkeit über seine Tätigkeit zu informieren (Abs. 1). Die erforderliche **Transparenz** des Standardsetzungsverfahrens soll weiterhin dadurch sichergestellt werden, dass ein Standard nur veröffentlicht werden darf, wenn (1) zuvor ein Entwurf beschlossen und mit einer Frist von sechs Wochen veröffentlicht worden ist, (2) die eingegangenen Stellungnahmen ausgewertet und die wesentlichen Einwendungen und Änderungsvorschläge in einer öffentlichen Sitzung erörtert worden sind und (3) im Falle wesentlicher Änderungen der Entwurf nochmalig mit einer vierwöchigen Frist zur Stellungnahme ausgelegt worden ist (§ 4 Abs. 2 Standardisierungsvertrag).

2. Rechtsnatur. Die Rechtsnatur der DRS ist umstritten. Im Rahmen der Auseinandersetzung um die angebliche „Normsetzungsbefugnis" des DRSC (vgl. → Rn. 5) wird oftmals juristisch nicht genügend differenziert. Zu unterscheiden ist zwischen der Rechtsnatur der GoB,[38] der Ermittlung von GoB[39] und der rechtlichen Bedeutung der Vermutungsregel des § 342 Abs. 2 (jetzt § 342q Abs. 2).[40] 　23

a) Empfehlungen. Die Rechtslage bezüglich der DRS stellt sich im Einzelnen wie folgt dar: DRS sind im Zeitpunkt ihrer Verabschiedung expressis verbis lediglich „Empfehlungen" (§ 342 Abs. 1 S. 1 Nr. 1 – jetzt § 342q Abs. 1 S. 1 Nr. 1) und deshalb **nicht verbindlich.**[41] Empfehlungen bezwecken, den Adressaten ein bestimmtes Verhalten nahe zu legen, ohne sie rechtlich binden zu können (Art. 288 AEUV, § 675 Abs. 2 BGB). An der fehlenden Rechtsverbindlichkeit der Empfehlungen des Rechnungslegungsgremiums ändert nichts, dass die Empfehlungen im Rahmen einer vom BMJV übertragenen Aufgabe nach feststehenden Regeln in einem geordneten, die fachlich interessierte Öffentlichkeit einbeziehenden Verfahren ausschließlich von Rechnungslegern entwickelt und beschlossen wurden. Weitergehende Wirkungen erhalten die Empfehlungen des Rechnungslegungsgremiums vielmehr erst, wenn sie vom BMJV bekannt gemacht worden sind (§ 342 Abs. 2 – jetzt § 342q Abs. 2). § 342 Abs. 2 – jetzt § 342q Abs. 2 – enthält keine (verfassungsrechtlich wohl unzulässige) Ermächtigung zum Erlass von Rechtsverordnungen (Art. 80 Abs. 1 GG).[42] Daher erhalten die Empfehlungen des Rechnungslegungsgremiums mit der Bekanntmachung durch das BMJV **nicht** die Verbindlichkeit von Rechtsverordnungen, also gerade **keine Gesetzeskraft.** 　24

b) Widerlegbare gesetzliche Rechtsvermutung. Soweit vom BMJV bekannt gemachte Empfehlungen des nach Abs. 1 S. 1 anerkannten DRSC eingehalten werden, wird gem. Abs. 2 die „Beachtung der die Konzernrechnungslegung betreffenden Grundsätze 　25

---

[38] Zur umstr. Rechtsnatur der GoB s. BeBiKo/Schmidt/Usinger § 243 Rn. 11; Großfeld/Luttermann BilR S. 16–17; Leffson GoB S. 21 mwN; Tiedtke, Einkommensteuer- und Bilanzsteuerrecht, 2. Aufl. 1995, S. 328. Zur Rechtsnatur s. Icking, Die Rechtsnatur des Handelsbilanzrechts, 2000.

[39] Zu Einzelheiten der Ermittlung von GoB s. Bauch/Oestreicher, Handels- und Steuerbilanzen, 6. Aufl. 2003, S. 54; BeBiKo/Schmidt/Usinger § 243 Rn. 12–22; BSWO Jahresabschluss S. 84, 85; Großfeld/Luttermann BilR S. 63.

[40] S. dazu eingehend Beisse BB 1999, 2180 (2185); Ebke ZIP 1999, 1193 (1202, 1203).

[41] Biener FS Weber, 1999, 451 (457); Ebke ZIP 1999, 1193 (1201); Hellermann NZG 2000, 1097 (1101); Hütten/Brakensiek BB 2000, 870 (872); Küting DStR 2000, 38 (42); Scheffler BFuP 1999, 407 (414); Spanheimer WPg 2000, 997 (1004). Unscharf Beisse BB 1999, 2180 (2185): „qualifizierte Fachnormen".

[42] Biener FS Weber, 1999, 451 (458); Budde/Steuber DStR 1998, 1181 (1185); Ebke ZIP 1999, 1193 (1201); Paal, Rechnungslegung und DRSC, 2001, S. 83–84; aA Beisse BB 1999, 2180 (2185): „... § 342 HGB kann als eine Umgehung des Art. 80 Abs. 1 Satz 1 GG angesehen werden"; Kleindiek/Oehler/Schuppert/Bumke, Die Zukunft des deutschen Bilanzrechts im Zeichen internationaler Rechnungslegung und privater Standardsetzung, 2000, S. 125. Eine Verfassungswidrigkeit des § 342 Abs. 2 nehmen an Budde/Steuber DStR 1998, 1181 (1184); Staub/Schwab Rn. 89: Verstoß „gegen den verfassungsrechtlich verankerten numerus clausus der Rechtsnormen"; dagegen aber Heintzen KoR 2001, 150 (153). Zur Frage der verfassungsrechtlichen Zulässigkeit privater Standardsetzung im Bilanzrecht (insbes. auch zum mittlerweile aufgehobenen § 292a) s. weiterhin Ballwieser FS Weber, 1999, 440 (441, 444); Budde FS Clemm, 1996, 94 (96); Budde/Steuber DStR 1998, 504 (507, 508); Heintzen BB 1999, 1050; Hellermann NZG 2000, 1097 (1100–1102); P. Kirchhof ZGR 2000, 681; Moxter DB 1998, 1425 (1427).

ordnungsmäßiger Buchführung [...] vermutet". Der Begriff „vermutet" hat zahlreiche Autoren zu der Annahme verleitet, es gehe um eine Beweislastregel im prozessualen Sinne.[43] Bei näherem Hinsehen erweist sich die Vermutung gem. Abs. 2 aber als eine (zweistufige) **gesetzliche Rechtsvermutung** mit – zuvörderst – materiell-rechtlichem Gehalt:[44] Konzernrechnungslegungsgrundsätze, die in dem nach Abs. 1 S. 2 vorgeschriebenen Verfahren von einer nach Abs. 1 S. 1 anerkannten Einrichtung entwickelt und beschlossen und vom BMJV bekannt gemacht wurden (Vermutungsgrundlage), haben nach dem Gesetz die Vermutung für sich, die Konzernrechnungslegung betreffende „Grundsätze ordnungsmäßiger Buchführung" (Abs. 2) zu sein (Vermutungsinhalt). Der Inhalt der Vermutung beruht auf der Annahme des Gesetzgebers, dass die bekannt gemachten Empfehlungen (Standards) des anerkannten privaten Rechnungslegungsgremiums (Abs. 1 S. 1 Nr. 1) den unbestimmten Rechtsbegriff der (die Konzernrechnungslegung betreffenden) „Grundsätze ordnungsmäßiger Buchführung" (§ 238 Abs. 1 S. 1, § 243 Abs. 1, § 297 Abs. 2 S. 1, § 342 Abs. 2 – jetzt § 342q Abs. 2) grundsätzlich zutreffend konkretisieren.[45]

26 Die gesetzliche Rechtsvermutung gem. Abs. 2 ist allerdings **widerlegbar;** das heißt, sie gilt – nur – bis zum Beweis des Gegenteils (§ 292 Abs. 1 ZPO analog).[46] Den Gegenbeweis kann jeder führen und mit jedem Beweismittel, namentlich in einem Rechtsstreit. Damit bleibt die Konkretisierung der (die Konzernrechnungslegung betreffenden) GoB weiterhin unter der **Kontrolle der Gerichte**.[47] Prüfungsmaßstab ist, ob die vom BMJV bekannt gemachten DRS mit den Zielvorgaben des (deutschen und europäischen) Rechnungslegungsrechts vereinbar sind;[48] das tatsächliche Verhalten durchschnittlicher Kaufleute ist (entgegen einer früher auch vom BGH vertretenen Ansicht)[49] seit Inkrafttreten des Bilanzrichtlinien-Gesetzes **allein** nicht mehr maßgebend.[50] Für vom BMJV bekannt gemachte Konzernrechnungslegungsgrundsätze des DRSC, die mit den Zielvorgaben des Rechnungslegungsrechts **offensichtlich unvereinbar** oder aus anderen Gründen **rechtswidrig** sind, greift die gesetzliche Rechtsvermutung nach § 342 Abs. 2 – jetzt § 342q Abs. 2 – entsprechend dem Rechtsgedanken des § 1362 Abs. 1 S. 2 BGB nicht ein.[51]

27 **3. Verbindlichkeit.** Hinsichtlich der Verbindlichkeit der Anwendung der DRS für den Berufsstand der Wirtschaftsprüfer wird in der Lit. vielfach eine **Differenzierung nach dem** jeweils von dem Rechnungslegungsstandard **betroffenen Regelungsbereich** vorgeschlagen:[52] Bei Rechnungslegungsstandards, die eine Gesetzesnorm zutreffend auslegen bzw. inhaltlich füllen, soll eine Anwendung des DRS verbindlich sein, da sich der gesetzliche Prüfungsauftrag auch auf die Beachtung der Konzern-GoB beziehe. Werden gesetzliche

---

[43] Vgl. BeBiKo/Schmidt/Holland § 342 Rn. 19; Budde/Steuber DStR 1998, 1181 (1184); Hopt/Merkt § 342 Rn. 4; Schwab BB 1999, 731 (732); vorher schon Hommelhoff/Schwab BFuP 1998, 38 (42); Moxter DB 1998, 1425 (1427) Fn. 23 unter Hinweis auf Schön DB 1998, S. I.

[44] Dazu eingehend Ebke ZIP 1999, 1193 (1202, 1203); Paal, Rechnungslegung und DRSC, 2001, S. 79–90. Anders aber BeBiKo/Schmidt/Holland § 342 Rn. 19; Berberich, Ein Framework für das DRSC – Modell einer verfassungskonformen gesellschaftlichen Selbststeuerung im Bilanzrecht, 2002, S. 127, 128; Staub/Schwab § 342 Rn. 84–89; Hellermann NZG 2000, 1097 (1099); Spanheimer WPg 2000, 997 (1005); Ulmer ZHR 167 (2002), 150 (162) (in Fn. 47).

[45] Kleindiek/Oehler/Biener, Die Zukunft des deutschen Bilanzrechts im Zeichen internationaler Rechnungslegung und privater Standardsetzung, 2000, S. 64; Ebke ZIP 1999, 1193 (1202).

[46] Dazu, dass die Rechtsvermutung gem. § 342 Abs. 2 (jetzt § 342q Abs. 2) widerlegbar ist, s. Ebke ZIP 1999, 1193 (1202); iErg ebenso BeBiKo/Schmidt/Holland § 342 Rn. 19; Beisse BB 1999, 2180 (2185); Ernst WPg 1998, 1025 (1031). Für eine Widerlegbarkeit der Vermutung (unter der Prämisse einer anderen rechtlichen Qualifizierung) auch Staub/Schwab § 342 Rn. 82.

[47] Ebke ZIP 1999, 1193 (1203); Ernst WPg 1998, 1025 (1031); Kölner Komm RechnungslegungsR/Claussen/Mock § 342 Rn. 15; iErg zust. Beisse BB 1999, 2180 (2185).

[48] Zur deduktiven Ermittlung der GoB s. Großfeld/Luttermann BilR S. 63; Tiedtke, Einkommensteuer- und Bilanzsteuerrecht, 2. Aufl. 1995, S. 328 (unter Hinweis auf BFH BStBl. III 1966, 371 (372); BStBl. III 1967, 607 (609); BFH GrS BStBl. II 1969, 292.

[49] BGHZ 34, 324 (327, 328).

[50] Vgl. BeBiKo/Schmidt/Usinger § 243 Rn. 19; Ebke WP S. 19.

[51] Ebke ZIP 1999, 1193 (1203).

[52] BeBiKo/Schmidt/Holland § 342 Rn. 19.

Wahlrechte eingeschränkt, so sei die Anwendung des DRS nicht verbindlich; vielmehr soll lediglich eine Berichterstattung im Prüfbericht vorzunehmen sein (IDW PS 450.133). Sofern ein DRS über die gesetzlichen Vorschriften hinausgehende Rechnungslegungspflichten anordnet, soll sich keine Verbindlichkeit des betreffenden Rechnungslegungsstandards ergeben. Eine Nichtbeachtung dieses DRS dürfte weder Auswirkungen auf den Bestätigungsvermerk noch auf den Prüfbericht haben.

4. Weiterentwicklungen. Das DRSC hat sich in § 4 Abs. 3 S. 1 des Standardisierungs- **28** vertrages mit dem BMJV verpflichtet, bei der Erarbeitung von Rechnungslegungsstandards darauf zu achten, dass die Standards „nicht im Widerspruch zu Rechtsvorschriften stehen". Im nächsten Satz desselben Absatzes heißt es dann: „Eine sinnvolle Weiterentwicklung der Grundsätze ordnungsmäßiger Buchführung ist damit nicht ausgeschlossen". Im Falle einer derartigen „Weiterentwicklung" (die nur im Rahmen der geltenden „Rechtsvorschriften" erfolgen kann[53]) ist die Vereinbarkeit der Rechnungslegungsstandards mit den Vorgaben des Rechnungslegungsrechts in jedem Einzelfall besonders sorgfältig zu prüfen.

5. Bekanntmachung. Um Rechtsverbindlichkeit zu erlangen, müssen die durch das **29** private Rechnungslegungsgremium entwickelten Rechnungslegungsstandards durch das BMJV bekannt gemacht werden (Abs. 2). Das Gesetz selbst sowie die Gesetzesbegründung lassen offen, welche Anforderungen an die Bekanntmachung der Empfehlungen zu stellen sind bzw. welche Rolle das BMJV bei dieser Bekanntmachung einnehmen soll.[54] Als **notwendiges Korrelat der Subdelegation von Aufgaben und Befugnissen** an ein privates Rechnungslegungsgremium ist jedenfalls anzunehmen, dass das von diesem Gremium angewendete Verfahren den in Art. 20 Abs. 3 GG verankerten rechtsstaatlichen Prinzipien genügen muss. Es hat damit zumindest eine materiell-rechtliche Plausibilitätskontrolle durch das BMJV stattzufinden, da dieses an Recht und Gesetz gebunden ist.[55] Gleichzeitig gilt es zu vergegenwärtigen, dass je geringer der fachlich-inhaltliche Beitrag des BMJV ausfällt, desto höhere Anforderungen an die Unabhängigkeit und Qualifikation der Fachausschüsse bzw. deren Mitglieder zu stellen sind.[56]

III. Weitere Aufgaben des Standardisierungsgremiums

1. Beratung (Nr. 2). In Abs. 1 S. 1 Nr. 2 wird als zweite Aufgabe für das Rechnungs- **30** legungsgremium die **Beratung des BMJV bei Gesetzesvorhaben zu Rechnungslegungsvorschriften** genannt. Die Verpflichtung des DRSC zur Zusammenarbeit mit dem und zur Unterstützung des BMJV wurde außerdem in §§ 5, 6 des Standardisierungsvertrags festgeschrieben. Dabei ist die Beratungsfunktion inhaltlich nicht auf Fragen der Konzernrechnungslegung beschränkt; das DRSC kann sich demnach auch zu Fragen des Einzelabschlusses äußern. Dies spiegelt sich auch in § 2 Abs. 1 lit. e DRSC-Satzung wider, wo als ein wesentlicher Zweck des Vereins die Erhöhung der „Qualität der Rechnungslegung" benannt ist.[57] Die Tatsache, dass sich der Gesetzgeber bei der Weiterentwicklung der Rechnungslegung durch das DRSC beraten lässt, unterstreicht die Bedeutung der Unabhängigkeit des Standardisierungsgremiums. Nur wenn die Unabhängigkeit durch eine entspre-

---

[53] Ebke ZIP 1999, 1193 (1203); zust. Beisse BB 1999, 1280 (1285); missverständlich Ernst WPg 1998, 1025 (1030).

[54] Eine Aufstellung der Interpretationsmöglichkeiten hinsichtlich der Rolle des – seinerzeitigen – BMJ bei der Bekanntmachung findet sich bei Ebke ZIP 1999, 1193 (1195). Zu der umstrittenen Frage, ob und inwieweit das BMJ die ihm vorgelegten DRS vor der Bekanntmachung inhaltlich zu überprüfen hat, s. auch Beisse BB 1999, 2180 (2185, 2186); BeBiKo/Schmidt/Holland § 342 Rn. 17, 18; Staub/Schwab § 342 Rn. 94–96; Hommelhoff/Schwab BFuP 1998, 38 (51); Moxter DB 1998, 1425 (1427).

[55] BeBiKo/Schmidt/Holland § 342 Rn. 17; Hommelhoff/Schwab BFuP 1998, 38 (51); Paal, Rechnungslegung und DRSC, 2001, S. 92, 93. Für eine vollumfängliche materiell-rechtliche Prüfung (zumindest in der Anfangszeit des Standardisierungsgremiums) Berberich, Ein Framework für das DRSC – Modell einer verfassungskonformen gesellschaftlichen Selbststeuerung im Bilanzrecht, 2002, 123; dem sich anschließend Staub/Schwab § 342 Rn. 96.

[56] Ebke ZIP 1999, 1193 (1195).

[57] Hierauf Bezug nehmend auch Kölner Komm RechnungslegungsR/Claussen/Mock § 342 Rn. 10.

chende organisatorische bzw. verfahrenstechnische Ausgestaltung und Besetzung sichergestellt ist, können DRSC und die entsprechenden Fachausschüsse (auch) ihrer Beraterfunktion in geeigneter Weise nachkommen.[58]

31   **2. Vertretung (Nr. 3).** Nach Abs. 1 S. 1 Nr. 3 iVm §§ 6, 7 Standardisierungsvertrag übernimmt das DRSC die **Vertretung** der Bundesrepublik Deutschland **in internationalen Standardisierungsgremien.** Diese Formulierung ist bewusst offen gehalten; so findet sich im Gesetz keine nähere Bezeichnung der „internationalen Gremien". § 21 lit. c DRSC-Satzung und § 22 lit. b DRSC-Satzung benennen ausdrücklich die Zusammenarbeit mit der EFRAG. In der Präambel zur DRSC-Satzung heißt es, dass der Verein – ua – das Ziel verfolgt, „die Interessen der deutschen Wirtschaft im Bereich der Rechnungslegung international zu vertreten".[59]

32   **3. Erarbeitung von Interpretationen der internationalen Rechnungslegungsstandards (Nr. 4).** Die in Abs. 1 S. 1 Nr. 4 vorgesehene Aufgabe der Erarbeitung von Interpretationen der internationalen Rechnungslegungsstandards iSd § 315e Abs. 1 wurde durch das BilMoG vom 25.5.2009 (BGBl. 2009 I 1102) neu geschaffen und ist nach § 20 Abs. 1 lit. a DRSC-Satzung iVm § 21 lit. a DRSC-Satzung dem IFRS-Fachausschuss übertragen.[60]

33   Zum Zwecke der Sicherstellung einer hinreichenden Akzeptanz und Qualität der erarbeiteten Interpretationen wurde die entsprechende Formulierung in Abs. 1 S. 2 um die „Interpretationen" erweitert. Bei den Interpretationen iSd Abs. 1 S. 1 Nr. 4 handelt es sich im Übrigen nicht um Empfehlungen, die mit der vorstehend beschriebenen Vermutungswirkung (→ Rn. 23 ff.) durch das BMJV bekannt gemacht werden. Bedeutung und Wirkung der Interpretationen sind dementsprechend geringer als bei den Vermutungen der die Konzernrechnungslegung betreffenden Grundsätze ordnungsgemäßer Buchführung iSd Abs. 2.[61]

§ 342r Rechnungslegungsbeirat

(1) **Beim Bundesministerium der Justiz wird vorbehaltlich Absatz 9 ein Rechnungslegungsbeirat mit den Aufgaben nach § 342 Abs. 1 Satz 1 gebildet.**

(2) **Der Rechnungslegungsbeirat setzt sich zusammen aus**
1. **einem Vertreter des Bundesministeriums der Justiz als Vorsitzendem sowie je einem Vertreter des Bundesministeriums der Finanzen und des Bundesministeriums für Wirtschaft und Klimaschutz,**
2. **vier Vertretern von Unternehmen,**
3. **vier Vertretern der wirtschaftsprüfenden Berufe,**
4. **zwei Vertretern der Hochschulen.**

(3) **¹Die Mitglieder des Rechnungslegungsbeirats werden durch das Bundesministerium der Justiz berufen. ²Als Mitglieder sollen nur Rechnungsleger berufen werden.**

(4) **¹Die Mitglieder des Rechnungslegungsbeirats sind unabhängig und nicht weisungsgebunden. ²Ihre Tätigkeit im Beirat ist ehrenamtlich.**

(5) **Das Bundesministerium der Justiz kann eine Geschäftsordnung für den Beirat erlassen.**

---

[58] Zur Umsetzung dieses Auftrags auf der Grundlage der vormaligen DRSC-Satzung → 3. Aufl. 2013, Rn. 28.

[59] Zur Umsetzung dieses Auftrags auf der Grundlage der vormaligen DRSC-Satzung → 3. Aufl. 2013, Rn. 29.

[60] Zur Übernahme dieser Aufgabe durch das vormalige Rechnungslegungs Interpretations Committee (RIC) → 3. Aufl. 2013, Rn. 30–32.

[61] Begr. RegE BilMoG, BT-Drs. 16/10067, 97; ebenso BeBiKo/Schmidt/Holland § 342 Rn. 13.

(6) Der Beirat kann für bestimmte Sachgebiete Fachausschüsse und Arbeitskreise einsetzen.

(7) ¹Der Beirat, seine Fachausschüsse und Arbeitskreise sind beschlußfähig, wenn mindestens zwei Drittel der Mitglieder anwesend sind. ²Bei Abstimmungen entscheidet die Stimmenmehrheit, bei Stimmengleichheit die Stimme des Vorsitzenden.

(8) Für die Empfehlungen des Rechnungslegungsbeirats gilt § 342q Absatz 2 entsprechend.

(9) Die Bildung eines Rechnungslegungsbeirats nach Absatz 1 unterbleibt, soweit das Bundesministerium der Justiz eine Einrichtung nach § 342q Absatz 1 anerkennt.

Schrifttum: s. bei § 342.

Übersicht

I. Einleitung

Die Vorschrift wurde durch Art. 2 KonTraG vom 27.4.1998 (BGBl. 1998 I 786) in **1** das HGB eingefügt. Bereits am 17.3.1998 war das Deutsche Rechnungslegungs Standards Committee (DRSC) gegründet worden. Durch Vertrag vom 3.9.1998 („Standardisierungsvertrag") hat das seinerzeitige BMJ das DRSC als privatrechtlich organisierte Einrichtung iSd § 342 Abs. 1 S. 1 – jetzt § 342q Abs. 1 S. 1 – anerkannt. Deshalb unterblieb bislang gem. Abs. 9 die Bildung eines **öffentlich-rechtlich organisierten Rechnungslegungsbeirats** nach Abs. 1. Nach der Kündigung des mit dem BMJ seit dem Jahre 1998 bestehenden Standardisierungsvertrags zum 31.12.2010 durch das DRSC (→ § 342q Rn. 2) hätte der als **subsidiäre Alternativlösung** (§ 342a Abs. 9 – jetzt § 342r Abs. 9) konzipierte Rechnungslegungsbeirat eine bislang ungekannte Bedeutung erlangen können. Insoweit wäre allerdings zu befürchten gewesen, dass ein beim BMJ gebildeter öffentlich-rechtlicher Rechnungslegungsbeirat die besonderen, mit der Beauftragung eines privaten Rechnungslegungsgremiums erhofften Vorteile (→ § 342q Rn. 1) nicht in gleichem Maße hätte einlösen können. Zwar wäre die Einbindung von privater Expertenkompetenz erhalten geblieben, wenngleich in abgeschwächter Form. Grundsätzlich wäre aber nicht zuletzt die verstärkte Zusammenarbeit der deutschen Standardsetzungs-Institution mit internationalen sowie ausländischen nationalen privaten Standard Settern gefährdet gewesen. In Ansehung des am 2.12.2011 erfolgten Abschlusses eines neuen **Standardisierungsvertrages** zwischen dem BMJ und dem DRSC bedürfen diese Fragen nunmehr keiner weiteren Vertiefung.

II. Rechnungslegungsbeirat

1. Aufgaben. Dem beim BMJV zu bildenden Rechnungslegungsbeirat sind gem. **2** Abs. 1 dieselben Aufgaben zugewiesen wie dem privaten Rechnungslegungsgremium. Die Vorschrift verweist insoweit auf § 342q Abs. 1 (→ § 342q Rn. 22 ff.).

3   **2. Mitglieder.** Der Rechnungslegungsbeirat wird nach Maßgabe der Abs. 2–4 bei dem und durch das BMJV gebildet, wobei die Mitglieder sich mehrheitlich aus dem Bereich der Privatwirtschaft rekrutieren, um auf diese Weise entsprechenden externen Sachverstand für die Betätigung fruchtbar zu machen.

4   **a) Zusammensetzung.** Der **Rechnungslegungsbeirat** besteht gem. Abs. 2 Nr. 1– 4 aus **insgesamt dreizehn Mitgliedern;** im Einzelnen handelt es sich um einen Vertreter des BMJV als Vorsitzenden sowie um je einen Vertreter des Bundesministeriums der Finanzen (BMF) und des Bundesministeriums für Wirtschaft und Energie (BMWi, seit dem 8.12.2023 Bundesministerium für Wirtschaft und Klimaschutz), vier Vertreter von Unternehmen, vier Vertreter der wirtschaftsprüfenden Berufe und zwei Vertreter der Hochschulen. Anders als gegenwärtig im DRSC wären in dem Rechnungslegungsbeirat damit bereits qua Gesetz sowohl das BMF als auch das BMWi vertreten.[1] Die **proportionale Zusammensetzung** des Gremiums lässt sich in ihrer **Ausgewogenheit** zumindest anzweifeln, da den beteiligten Ministerien (insbesondere dem BMJV) umfangreiche Einflussmöglichkeiten zukommen und zudem die Rechnungslegungsverpflichteten gegenüber den sonstigen Interessengruppen überrepräsentiert sein dürften.[2]

5   **b) Berufung und Qualifikation.** Nach Maßgabe von Abs. 3 S. 1 werden die Mitglieder des Rechnungslegungsbeirats durch das BMJV berufen. Als Mitglieder des Rechnungslegungsbeirats **sollen** nur natürliche Personen berufen werden, die **„Rechnungsleger"** sind (Abs. 3 S. 2[3]).[4] Insoweit ist – anders als im Rahmen von § 342 Abs. 2 S. 2 („ausschließlich von Rechnungslegern") – die **Rechnungslegereigenschaft nicht obligatorisch.**[5] Jedenfalls misst die Bestimmung der fachlichen Qualifikation der zu berufenden Mitglieder eine herausgehobene Bedeutung zu.[6]

6   Die Mitglieder üben ihre Tätigkeit im Rechnungslegungsbeirat **ehrenamtlich** aus (Abs. 4 S. 2), womit die Finanzierung und die hiermit verknüpfte Frage nach der Unabhängigkeit anders zu bewerten sind als bei dem privaten Rechnungslegungsgremium nach § 342 (→ § 342 Rn. 16). Eine – zumindest partielle – finanzielle Absicherung der Mitglieder des Rechnungslegungsbeirats ist nicht vorgesehen. Darüber hinaus könnte die Berufung durch das BMJV die Unabhängigkeit beeinflussen, indem es zu einer „staatlichen Dominanz" kommt.

7   **c) Unabhängigkeit.** Entscheidendes Kriterium für die Akzeptanz eines beim BMJV gebildeten Rechnungslegungsbeirats und der von diesem entwickelten Empfehlungen und Interpretationen ist – ebenso wie bei dem privaten Rechnungslegungsgremium nach § 342 (→ § 342 Rn. 16) – die hinreichende **sachliche und persönliche Unabhängigkeit** des Gremiums und seiner Mitglieder. Die Mitglieder des Rechnungslegungsbeirats haben ihre

---

[1]   BeBiKo/Schmidt/Holland Rn. 3; Kölner Komm RechnungslegungsR/Claussen/Mock Rn. 2.
[2]   Staub/Schwab Rn. 8, 9 – wegen einer Verletzung des Demokratieprinzips von einer Verfassungswidrigkeit des § 342a Abs. 2 ausgehend.
[3]   Das Gesetz enthält auch an dieser Stelle (→ § 342 Rn. 6) keine Definition des Begriffs „Rechnungsleger". S. aber die Beschlussempfehlung des BT-RA, BT-Drs. 13/10038, 46, 47 = ZIP 1998, 490, die insoweit auf alle Personen abhebt, „die als Diplom-Kaufmann bzw. -Kauffrau, Diplom-Volkswirt oder mit entsprechender Qualifikation die Handelsbücher oder die sonstigen in § 257 Abs. 1 Nr. 1 HGB bezeichneten Unterlagen für Kapitalgesellschaften und andere Kaufleute im Anstellungsverhältnis oder freiberuflich führen. Weiterhin sind Rechnungsleger Personen, die als Wirtschaftsprüfer, vereidigte Buchprüfer, Steuerberater oder Rechtsanwalt bei der Aufstellung der vorgeschriebenen Jahres- oder Konzernabschlüsse handels- oder steuerrechtlich beraten oder Pflichtprüfungen von solchen Unterlagen durchführen. Ferner gehören zu den Rechnungslegern alle Personen, die zu den vorstehend genannten eine zumindest vergleichbare Qualifikation haben und auf dem Gebiet der Rechnungslegung oder Prüfung tätig sind; dies gilt auch, soweit diese Personen im Bereich der Hochschulen oder anderen staatlichen Stellen tätig sind".
[4]   Zu dem Begriff „Rechnungsleger" weiterhin auch Kölner Komm RechnungslegungsR/Claussen/Mock Rn. 2.
[5]   Paal, Rechnungslegung und DRSC, 2001, S. 64.
[6]   S. Staub/Schwab Rn. 10.

Tätigkeit folgerichtig unabhängig und weisungsfrei auszuüben (Abs. 4 S. 1). Allerdings gilt es zu berücksichtigen, dass nur wenige private Unternehmen die finanziellen Kapazitäten haben dürften, um besonders qualifizierte Personen für eine ehrenamtliche Tätigkeit – und sei es nur teilweise – freizustellen.[7] Die aus dem privaten Sektor berufenen Mitglieder des Rechnungslegungsbeirats müssen und werden ihre sonstigen beruflichen oder geschäftlichen Tätigkeiten nicht ruhen lassen, woraus wiederum – zumindest – die Besorgnis einer **Beeinträchtigung der Unabhängigkeit** resultieren dürfte.[8]

III. Verfahren

Für das von dem Rechnungslegungsbeirat im Rahmen seiner Entscheidungen zu befol- **8** gende Verfahren finden sich lediglich partielle Maßgaben in Abs. 5–7. Für die weitere Ausgestaltung kann das BMJV gem. Abs. 5 eine **Geschäftsordnung** für den Rechnungslegungsbeirat erlassen. In Ansehung des Demokratiegebots und der Wesentlichkeitstheorie wird Abs. 5 teilweise für verfassungswidrig gehalten; so „seien die maßgeblichen Verfahrensschritte für die Entscheidung des Rechnungslegungsbeirats im Gesetz selbst niederzulegen".[9] Diese Forderung berücksichtigt allerdings nicht hinreichend, dass es sich im Rahmen von § 342r gerade um ein öffentlich-rechtliches Gremium handelt, für welches das unmittelbar übergeordnete BMJV die Organisationsgewalt innehat.

1. Arbeitsgruppen. Der Beirat kann gem. Abs. 6 für bestimmte Sachgebiete Fachaus- **9** schüsse und Arbeitskreise einsetzen. Dies gilt vor dem Hintergrund, dass laut der Gesetzesbegründung der Rechnungslegungsbeirat selbst als reines „Entscheidungsgremium" ausgestaltet sein soll.[10] Die **Berücksichtigung unterschiedlicher Standpunkte** im Sinne einer ausgewogenen Besetzung in den Arbeitsgruppen ist rechtlich allerdings nicht ausreichend gesichert. Insoweit ist die Einfügung einer entsprechenden Bestimmung in § 342q Abs. 6 anzuraten (→ § 342q Rn. 18 f.).

2. Beschlüsse. Der Rechnungslegungsbeirat, seine Fachausschüsse und Arbeitskreise **10** sind **beschlussfähig,** wenn mindestens zwei Drittel der Mitglieder anwesend sind (Abs. 7 S. 1). Zutreffend wird darauf hingewiesen, dass hierdurch der hervorgehobene Einfluss der Vertreter von Unternehmen und wirtschaftsprüfenden Unternehmen zusätzlich (→ Rn. 4) gestärkt wird, da gegen diese Gruppe im Falle einer „Politik des leeren Stuhls" nicht entschieden werden kann.[11] Nach Abs. 7 S. 2 entscheidet bei Abstimmungen die (einfache) **Stimmenmehrheit;** im Falle einer **Stimmengleichheit** ist die Stimme des Vorsitzenden maßgeblich. In der Lit. wird zutreffend darauf hingewiesen, dass durch das einfache Mehrheitserfordernis eine **Majorisierung der Entscheidungen** durch einzelne Interessengruppen (insbesondere durch die zahlenmäßig größte Gruppe der Rechnungslegungsverpflichteten → Rn. 4) eröffnet ist.

IV. Verbindlichkeit der Empfehlungen

Für die Empfehlungen des Rechnungslegungsbeirats gilt gem. Abs. 8 die Bestimmung **11** des § 342q Abs. 2 entsprechend, weshalb insoweit auf die entsprechenden Ausführungen (→ § 342q Rn. 23 ff.) verwiesen werden kann.

---

[7]　In diesem Sinne auch Staub/Schwab Rn. 12, der zudem auf die Gefahr verweist, dass die Bedürfnisse des Mittelstandes nicht hinreichend berücksichtigt werden könnten.

[8]　Zu diesem Gesichtspunkt Paal, Rechnungslegung und DRSC, 2001, S. 63.

[9]　Staub/Schwab Rn. 13.

[10]　Vgl. BT-Drs. 10/10038, 27.

[11]　Staub/Schwab Rn. 18.

Sachverzeichnis

Die fett gedruckten Zahlen bezeichnen Paragraphen,
die mageren Zahlen die Randnummern.

Bearbeiter: Manuel Rothe

Sachverzeichnis